Fitting
Engels · Schmidt · Trebinger · Linsenmaier

Betriebsverfassungsgesetz

Betriebsverfassungsgesetz

Handkommentar

begründet von

Prof. Karl Fitting
Ministerialdirektor a. D.

fortgeführt

in der 4. bis 17. Auflage von **Prof. Dr. jur. Fritz Auffarth,** Vizepräsident des
Bundesarbeitsgerichts a. D., in der 10. bis 21. Auflage von **Heinrich Kaiser,**
Ministerialdirigent im Bundesministerium für Arbeit und Sozialordnung a. D.
und in der 15. bis 21. Auflage von **Dr. jur. Friedrich Heither,**
Vorsitzender Richter am Bundesarbeitsgericht a. D.

26., neubearbeitete Auflage

von

Dr. jur. Gerd Engels
Ministerialdirigent a. D.
im Bundesministerium
für Arbeit und Soziales

Ingrid Schmidt
Präsidentin
des Bundesarbeitsgerichts

Yvonne Trebinger
Ministerialrätin
im Bundesministerium
für Arbeit und Soziales

Wolfgang Linsenmaier
Vorsitzender Richter
am Bundesarbeitsgericht

Verlag Franz Vahlen München 2012

Zitiervorschlag (alternativ):
Fitting § 21 Rn 1 oder FESTL § 21 Rn 1

www.vahlen.de

ISBN 978 3 8006 4204 5

© 2012 Verlag Franz Vahlen GmbH
Wilhelmstraße 9, 80801 München

Satz, Druck und Bindung: Druckerei C. H. Beck, Nördlingen
(Adresse wie Verlag)

Gedruckt auf säurefreiem, alterungsbeständigem Papier
(hergestellt aus chlorfrei, gebleichtem Zellstoff)

Vorwort zur 26. Auflage

Die Neuauflage berücksichtigt die in den letzten zwei Jahren verabschiedeten Gesetze und erfolgten Gesetzesänderungen mit betriebsverfassungsrechtlichem Bezug. Der Kommentar enthält folgende Schwerpunkte:

Das Gesetz für bessere Beschäftigungschancen am Arbeitsmarkt (Beschäftigungschancengesetz) vom 24. 10. 2010 hat mit Wirkung vom 1. 1. 2011 neue gesetzliche Vorgaben für die Förderung von Transfermaßnahmen und für die Inanspruchnahme von Transferkurzarbeit festgelegt. Diese bei Personalanpassungen beliebten Finanzierungsinstrumente sind erstmals wesentlich geändert worden. Die entsprechenden Bestimmungen in den §§ 216a, 216b SGB III stehen rechtlich in einem engen Zusammenhang mit den Regelungen über Betriebsänderungen, Interessenausgleich und Sozialplan. Die Kommentatoren stellen die neuen Regelungen vor und beleuchten deren Auswirkung auf das Zusammenspiel von Arbeitsagentur und Betriebsparteien im Rahmen der Transferleistungen.

Das Gesetz zur Restrukturierung und geordneten Abwicklung von Kreditinstituten, zur Errichtung eines Restrukturierungsfonds für Kreditinstitute und zur Verlängerung der Verjährungsfrist der aktienrechtlichen Organhaftung (Restrukturierungsgesetz) vom 9. 12. 2010 bildet den vorläufigen Schlusspunkt der sog. Finanzmarktkrisengesetzgebung. Es enthält mit dem Kreditinstitute-Reorganisationsgesetz und dem Gesetz zur Änderung des Kreditwesengesetzes zwei Gesetze, die weitreichende Möglichkeiten eröffnen, im Wege von kollektiven Verhandlungslösungen wirtschaftliche Schwierigkeiten in systemrelevanten Kreditinstituten zu überwinden. Der Kommentar stellt die Besonderheiten der gesetzlich vorgesehenen Verfahren zur Krisenprävention oder Krisenbewältigung vor, analysiert sie und zeigt ihre Verortung im Betriebsverfassungsgesetz auf. Damit wird speziell für den Bankensektor eine fundierte Hilfestellung bei schwierigen Fragen angeboten, die sich dort Arbeitgebern, Betriebsräten und vor allem Wirtschaftsausschüssen im Rahmen von Sanierungs-, Reorganisations- oder Restrukturierungsverfahren stellen können.

Aufgrund der in Politik und Öffentlichkeit angeprangerten Missbrauchsfälle in der Leiharbeit ist mit dem Ersten Gesetz zur Änderung des AÜG – Verhinderung von Rechtsmissbrauch der Arbeitnehmerüberlassung vom 28. April 2011 das AÜG in wesentlichen Punkten geändert und ergänzt worden. Die Autoren erläutern die Neuregelungen mit betriebsverfassungsrechtlichem Bezug und zeigen den Betriebsräten auf, wie sie vor Ort ihrer Kontrollfunktion gerecht werden und mit Hilfe ihrer Beteiligungsrechte Missbrauchsfälle verhindern können.

Das Zweite Gesetz zur Änderung des Europäische Betriebsräte-Gesetzes (2. EBRG-ÄndG) vom 14. Juni 2011 hat die Richtlinie 2009/38/EG des Europäischen Parlaments und des Rates vom 6. Mai 2009 über die Einsetzung eines Europäischen Betriebsrats oder die Schaffung eines Verfahrens zur Unterrichtung und Anhörung der ArbN in gemeinschaftsweit operierenden Unternehmen und Unternehmensgruppen umgesetzt. Es verbessert die Rechtsstellung der Europäischen Betriebsräte in gemeinschaftsweit tätigen Unternehmen und Unternehmensgruppen erheblich. Es enthält eine umfassendere Definition der Begriffe Unterrichtung und Anhörung, sieht eine gerechtere Repräsentanz der Arbeitnehmer aus größeren gemeinschaftsweit tätigen Unternehmen und Unternehmensgruppen im besonderen Verhandlungsgremium und im Europäischen Betriebsrat vor, erkennt die Gewerkschaften als Sachverständige in diesen Gremien an, schreibt Regelungen über erforderliche Schulungen der Mitglieder dieser Gremien sowie Bestimmungen über Neuverhandlungen bestehender Vereinbarungen bei wesentlichen Strukturänderungen der Unternehmen oder Unternehmensgruppen fest. Diese Neuorientierungen haben die Autoren zum Anlass

Vorwort

genommen, die Kommentierung des Europäische Betriebsräte-Gesetzes grundlegend zu überarbeiten und auf die Neuerungen ausführlich einzugehen. Auf den mit dem Dritten Gesetz zur Änderung des Umwandlungsgesetzes vom 11. 7. 2011 eingeführten sog. umwandlungsrechtlichen Squeeze-out und die dadurch erforderlich werdende Sicherstellung, dass der zuständige BR auch im Rahmen einer Konzernverschmelzung fristgerecht zu informieren ist, wird hingewiesen.

Entsprechend der Bedeutung des arbeitsgerichtlichen Beschlussverfahrens, das Arbeitgeber oder Betriebsrat einleiten müssen, um ihre Rechte aus dem Betriebsverfassungsgesetz durchzusetzen, ist die ausführliche Darstellung dieses Verfahrens in „Nach § 1" intensiv überarbeitet und auf den neuesten Stand gebracht worden. Gleiches gilt für die Regelungen, die bei der Wahl eines Betriebsrats außerhalb des regelmäßigen Wahlzyklus, also 2012 und 2013, zu beachten sind. Da es auch während der Amtsperiode eines Betriebsrats zu internen Neuwahlen des Betriebsratsvorsitzenden und seines Stellvertreters, der Ausschussmitglieder sowie der freigestellten Betriebsratsmitglieder kommen kann, legen die Autoren besonderes Augenmerk auf die Erläuterungen zu den entsprechenden Vorschriften. Der Kommentar dient auch hier als verlässlicher Wegweiser für die Erledigung dieser organisatorischen Aufgaben des Betriebsrats.

Die Kommentatoren haben das bis Ende 2011 veröffentlichte Schrifttum, über 300 neue Entscheidungen des Bundesarbeitsgerichts, des Bundesverfassungsgerichts, des Europäischen Gerichtshofs und des Europäischen Gerichtshof für Menschenrechte sowie wichtige Grundsatzentscheidungen der Instanzgerichte ausgewertet. Die Autoren danken für die tatkräftige Unterstützung durch Herrn Dr. Jerome Krets, Richter am Arbeitsgericht, der das Stichwortverzeichnis erstellt hat, und Frau Dagmar Heckmann, Richterin am Arbeitsgericht, für ihre wertvolle Hilfe bei der Vervollständigung und Fortführung des Fundstellennachweises.

Die Verfasser hoffen, dass auch die 26. Auflage des Kommentars den Benutzern, insbesondere den Betriebsräten, Gewerkschaften, Arbeitgebern und ihren Verbänden sowie Rechtsanwälten und Wissenschaftlern behilflich ist, auftretende Fragen und Probleme einer sachgerechten und praxisnahen Lösung zuzuführen. Für Kritik und Anregungen sind die Verfasser wie bisher stets dankbar.

Bonn/Erfurt, im Januar 2012 *Die Verfasser*

Inhaltsverzeichnis

VII

Inhaltsverzeichnis

Inhaltsverzeichnis

Inhaltsverzeichnis

X

Inhaltsverzeichnis

Abkürzungsverzeichnis

Abkürzungsverzeichnis

Abkürzungsverzeichnis

Abkürzungsverzeichnis

Abkürzungsverzeichnis

PTNeuOG .... Gesetz zur Neuordnung des Postwesens und der Telekommunikation (Postneuordnungsgesetz)

QS-Systeme .... Qualitätssicherungssysteme

RabelsZ .... (Rabels)Zeitschrift für Ausländisches und Internationales Privatrecht
RABl. .... Reichsarbeitsblatt
RAG .... Entscheidungen des Reichsarbeitsgerichts und Reichsarbeitsgericht
RdA .... Recht der Arbeit (Zeitschrift)
RDG .... Rechtsdienstleistungsgesetz (Gesetz über außergerichtliche Rechtsdienstleistungen)
RDV .... Recht der Datenverarbeitung (Zeitschrift)
RE .... Regierungsentwurf
REFA .... Verband für Arbeitsstudien u. Betriebsorganisation e.V.
RestrukturierungsG.... Gesetz zur Restrukturierung und geordneten Abwicklung von Kreditinstituten, zur Errichtung eines Restrukturierungsfonds für Kreditinstitute und zur Verlängerung der Verjährungsfrist der aktienrechtlichen Organhaftung
RG .... Reichsgericht
RGBl. I .... Reichsgesetzblatt Teil I
RGSt. .... Entscheidungen des Reichsgerichts in Strafsachen
RGZ .... Entscheidungen des Reichsgerichts in Zivilsachen
RL .... Richtlinie
R n .... Randnummer(n)
Rspr. .... Rechtsprechung
RVA .... Reichsversicherungsamt
RVG .... Rechtsanwaltsvergütungsgesetz
RVO .... Reichsversicherungsordnung
RVOrgG .... Gesetz zur Organisationsreform in der gesetzlichen Rentenversicherung

S. .... Satz oder Seite
s. a. .... siehe auch
SAE .... Sammlung arbeitsrechtlicher Entscheidungen (Zeitschrift)
SCE .... Europäische Genossenschaft (Societas Comunis Europaea)
SCEAG .... SCE-Ausführungsgesetz
SCEBG .... Gesetz über die Beteiligung der Arbeitnehmer und Arbeitnehmerinnen in einer Europäischen Genossenschaft (SCE-Beteiligungsgesetz – SCEBG)
SCE-BR .... SCE-Betriebsrat
SchiedsstellenG .... Gesetz über die Errichtung u. das Verfahren der Schiedsstellen für Arbeitsrecht (neue Länder)
Schwbeh. .... Schwerbehinderter
SchwbVertr. .... Schwerbehindertenvertretung, -vertreter
SchwbWO .... Wahlordnung Schwerbehindertenvertretungen
SchwbWV .... WerkstättenVO SchwbG, 3. DVO
SE .... Europäische Gesellschaft (Societas Europaea)
SEAG .... SE-Ausführungsgesetz
SEBG .... Gesetz über die Beteiligung der Arbeitnehmer in einer Europäischen Gesellschaft (SE-Beteiligungsgesetz – SEBG)
SE-BR .... SE-Betriebsrat
SEEG .... Gesetz zur Einführung der Europäischen Gesellschaft

Abkürzungsverzeichnis

VermBG	Fünftes Gesetz zur Förderung der Vermögensbildung der Arbeitnehmer
VermG	Gesetz zur Regelung offener Vermögensfragen (neue Bundesländer)
Verslg.	Versammlung
Vertr.	Vertreter, Vertretung
VDE	Verband Deutscher Elektrotechniker
VDI	Verein Deutscher Ingenieure
Vfg.	Verfügung
VG	Verwaltungsgericht
VGB 1	Unfallverhütungsvorschriften „Allgemeine Vorschriften"
VGH	Verwaltungsgerichtshof
vgl.	vergleiche
vH	vom Hundert
VO	Verordnung
Vorb.	Vorbemerkung
Vors.	Vorsitzender
Vorst.	Vorstand
VRG	Vorruhestandsgesetz
VVaG	Versicherungsverein auf Gegenseitigkeit
VwGO	Verwaltungsgerichtsordnung
VwVfG	Verwaltungsverfahrensgesetz
WA	Wahlausschreiben
WahlVerslg.	Wahlversammlung
Wahlvorst.	Wahlvorstand
WHSS	Willemsen/Hohenstatt/Schweibert/Seibt, Umstrukturierung und Übertragung von Unternehmen, 4. Aufl., 2011
WiAusschuss	Wirtschaftsausschuss
WMVO	Werkstätten-Mitwirkungsverordnung
WO	Wahlordnung zum Betriebsverfassungsgesetz
WOP	Verordnung zur Durchführung der Betriebsratswahlen bei den Postunternehmen (WahlOPost)
WOPersVG	Wahlordnung zum BPersVG
WOS	Zweite Verordnung zur Durchführung des Betriebsverfassungsgesetzes (Wahlordnung Seeschifffahrt)
WpHG	Wertpapierhandelsgesetz
WPK	Wlotzke/Preis/Kreft, Kommentar zum Betriebsverfassungsgesetz, 4. Aufl., 2009
WRV	Weimarer Reichsverfassung
WS I-Mitt.	WS I-Mitteilungen (Zeitschrift des Wirtschafts- u. Sozialwissenschaftlichen Instituts des DGB)
WW	Weiss/Weyand, BetrVG, 3. Aufl., 1994
zB	zum Beispiel
Zbl. Arbeitsmed.	Zentralblatt für Arbeitsmedizin (Zeitschrift)
ZBR	Zeitschrift für Beamtenrecht
ZBVR	Zeitschrift für Betriebsverfassungsrecht – online
ZDG	Zivildienstgesetz
ZDVG	Gesetz über den Vertrauensmann der Zivildienstleistenden
ZfA	Zeitschrift für Arbeitsrecht
ZfS	Zeitschrift für Sozialreform
ZGR	Zeitschrift für Unternehmens- und Gesellschaftsrecht

Abkürzungsverzeichnis

Literaturverzeichnis

Altvater/Hamer/
Ohnesorg/
Peiseler .... Bundespersonalvertretungsgesetz mit Wahlordnungen und ergänzenden Vorschriften, Kommentar, 5. Aufl., 2004
Amthauer .... Zu den Auswirkungen des AGG auf die Betriebsverfassung, 2009
Annuß/Lembke .... Arbeitsrechtliche Umstrukturierung in der Insolvenz, 2005
Anzinger/Koberski ..... Kommentar zum Arbeitszeitgesetz, 3. Aufl., 2009
Arnold/Gräfl .... Kommentar zum TzBfG, 2. Aufl., 2007
Ascheid/Preis/Schmidt
(Hrsg.) .... Kommentar zum Kündigungsrecht, 3. Aufl., 2007
Asshoff/Bachner/Kunz Europäisches Arbeitsrecht im Betrieb, 1996

Bachner .... Die Rechtsstellung des Europäischen Betriebsrats nach französischem und deutschem Arbeitsrecht im Spannungsverhältnis zwischen europäischer und nationaler Arbeitsrechtstradition, 1998
Bachner/Köstler/
Matthießen/Trittin ..... Arbeitsrecht bei Unternehmensumwandlung und Betriebsübergang, 3. Aufl., 2008 (zitiert Bachner ua.)
Backmeister/Trittin/
Mayer .... Kommentar zum Kündigungsschutzgesetz mit Nebengesetzen, 3. Aufl., 2004
Bade .... Freier Mitarbeiter oder Arbeitnehmer, 1999
Bader/Creutzfeld/
Hauck .... ArbGG, 5. Aufl., 2008
Baeck/Deutsch .... Arbeitszeitgesetz, 2. Aufl., 2004
Balze/Rebel/Schack ... Outsourcing und Arbeitsrecht, 1997
Bartenbach/Volz .... Arbeitnehmererfindungen, 4. Aufl., 2006
Bauer .... Arbeitsrechtliche Aufhebungsverträge, 8. Aufl., 2007
Bauer .... Sprecherausschußgesetz, 2. Aufl., 1990
Bauer/Göpfert/
Krieger .... AGG, Allgemeines Gleichbehandlungsgesetz, Kommentar, 3. Aufl., 2011
Baumbach/Hueck ...... Kommentar zum Aktiengesetz, 14. Aufl., 1985
Baumbach/Hueck,
GmbHG .... Kommentar zum GmbH-Gesetz, 19. Aufl., 2010
Baumbach/Lauterbach/
Albers/Hartmann .... Kommentar zur Zivilprozeßordnung, 61. Aufl., 2003
Beck .... Die Mitbestimmung des Betriebsrats bei der Einführung und Anwendung der Personalinformationssysteme, 1987
Beck'sches Formular-
Buch Arbeitsrecht .... Beck'sches Formularbuch Arbeitsrecht, 2. Aufl., 2009
Belling .... Die Haftung des Betriebsrats u. seiner Mitglieder für Pflichtverletzungen, 1990
Belling .... Das Günstigkeitsprinzip im Arbeitsrecht, 1984
Benecke/Hergenröder Kommentar zum Berufsbildungsgesetz, 2009
Benrath .... Tarifvertragliche Öffnungsklauseln zur Einführung variabler Entgeltbestandteile durch Betriebsvereinbarung, Diss. Bonn, 2006/2007

Literaturverzeichnis

Bergwitz .... Die Rechtsstellung des Betriebsrats, Diss., 2003, Berlin

Berg/Platow/Schoof/
Unterhinninghofen ..... TVG und Arbeitskampf, 2004

Berkowsky .... Die Beteiligung des Betriebsrats bei der Kündigung, 1996

Berkowsky .... Die betriebsbedingte Kündigung, 5. Aufl., 2002

Berkowsky .... Die personen- und verhaltensbedingte Kündigung, 4. Aufl., 2005

Bernsau/Dreher/
Hauck .... Betriebsübergang, Kommentar zu § 613a BGB unter Einschluss von betriebsverfassungsrechtlichen und insolvenzrechtlichen Vorschriften, 2. Aufl., 2008

Besgen/Prinz .... Besgen/Prinz, Neue Medien und Arbeitsrecht, 2006

Bichlmeier/Oberhofer   Konkurshandbuch, Band 3, 1991

Biebl .... Das Restmandat des Betriebsrats (Schriften zum Sozial- und Arbeitsrecht), 1991

Biedenkopf .... Die Grenzen der Tarifautonomie, 1964

Biere/Zimpelmann
(Hrsg.) .... Umwelt – Arbeit – Betrieb, 1997

Bischoff .... Die Einigungsstelle im Betriebsverfassungsrecht, 1975

Blank/Geissler/Jäger ... Euro-Betriebsräte, 1996

Blanke .... Europäische Betriebsräte-Gesetz, 2. Aufl., 2006

Blanke/Sterzel .... Privatisierungsrecht für Beamte, 1999

Blanke/Trümner .... Handbuch Privatisierung, 1998

Boecken .... Unternehmensumwandlungen und Arbeitsrecht, 1996

Bonanni .... Der gemeinsame Betrieb mehrerer Unternehmen, Diss. 2003, Köln

Böttcher/Krüger .... Ungeschützte Beschäftigungsverhältnisse, 1995

Borgward/Fischer/
Janert .... Sprecherausschußgesetz für leitende Angestellte, 2. Aufl., 1990

Braun .... Kommentar zur Insolvenzordnung, 2002

Breisig .... Gruppenarbeit und ihre Regelung durch Betriebsvereinbarung, 1997

Brox/Rüthers .... Arbeitskampfrecht, 2. Aufl., 1982

Burger, Anton .... Die Nichtigkeit von Betriebsratswahlen, 2008

Burkert, Anne Katrin .. Das neue Mitbestimmungsrecht des Betriebsrats, Frankfurt am Main, 2005

Buschmann/Dieball/
Stevens-Bartol .... Das Recht der Teilzeitarbeit, 2. Aufl., 2001

Buschmann/Ulber ...... Flexibilisierung: Arbeitszeit/Beschäftigung, 1989

Christiansen .... Betriebszugehörigkeit – Die Zuordnung von Arbeitnehmern aus betriebsverfassungsrechtlicher Sicht, 1998

Cox/Offermann .... Wirtschaftsausschuss, 2004

Cramer/Fuchs/Hirsch/
Ritz .... SGB IX – Kommentar zum Recht der schwerbehinderten Menschen sowie AGG und BGG, 6. Aufl., 2011

Däubler .... Das Grundrecht auf Mitbestimmung, 4. Aufl., 1976

Däubler .... Gewerkschaftsrechte im Betrieb, 11. Aufl., 2010

Däubler .... Gläserne Belegschaften? 4. Aufl., 2002

Däubler .... Internet und Arbeitsrecht, 3. Aufl., 2004

Däubler .... Handbuch Schulung und Fortbildung von betrieblichen Interessenvertretern, 5. Aufl., 2004

Däubler .... Das Arbeitsrecht, 2 Bde., 16. (2006) bzw. 11. (1998) Aufl.

Literaturverzeichnis

Däubler (Hrsg.) .... Kommentar zum Tarifvertragsgesetz, 2. Aufl., 2006

Däubler/Bonin/Deinert AGB-Kontrolle im Arbeitsrecht, 3. Aufl., 2010

Däubler/Hege .... Koalitionsfreiheit, 1976

Däubler/Bertzbach
(Hrsg.) .... Allgemeines Gleichbehandlungsgesetz, Handkommentar, 2. Aufl., 2008

Däubler/Kittner/Klebe/
Wedde (Hrsg.) .... Kommentar zum BetrVG, 12. Aufl., 2010

Dietz/Richardi .... Betriebsverfassungsgesetz, 6. Aufl., 2 Bde., 1981/1982; s. auch Richardi

Dietz/Richardi,
PersVG .... Bundespersonalvertretungsgesetz, 2. Aufl., 2 Bde., 1978

Drumm .... Personalwirtschaftslehre, 2. Aufl., 1992

Dudenbostel .... Hausrecht, Leitungsmacht und Teilnahmebefugnis in der Betriebsversammlung, 1978

Dütz .... Unterlassungs- u. Beseitigungsansprüche des Betriebsrats gegen den Arbeitgeber im Anwendungsbereich des § 87 BetrVG, Hans Böckler Gesellschaft, 1983

Düwell (Hrsg.) .... Betriebsverfassungsgesetz, Handkommentar, 3. Aufl., 2010

Düwell/Lipke .... Kommentar zum ArbGG, 2. Aufl., 2005

Eder .... Regelungsabrede als Alternative zur Betriebsvereinbarung bei der Gestaltung materieller Arbeitsbedingungen, Diss. 2004, Göttingen

Ehrich/Fröhlich.......... Die Einigungsstelle, 2. Aufl., 2010

Eicher/Spellbrink .... SGB II, Kommentar, 2. Aufl.; 2008

Eilers/Koffka/
Mackensen .... Eilers/Koffka/Mackensen (Hrsg), Private Equity, 2009

Erfurter Kommentar ... Müller-Glöge/Preis/Schmidt (Hrsg.), Erfurter Kommentar zum Arbeitsrecht, 11. Aufl., 2011

Esser/Wolmerath .... Mobbing – der Ratgeber für Betroffene und ihre Interessenvertretung, 5. Aufl., 2003

Etzel .... Betriebsverfassungsrecht, 8. Aufl., 2002

Fenski .... Außerbetriebliche Arbeitsverhältnisse, 1994

Fiebig .... Der Ermessensspielraum der Einigungsstelle, 1990

Fiebig/Gallner/Nägele Kündigungsschutzrecht, 3. Aufl., 2007

Fischer, Christian .... Die tarifwidrigen Betriebsvereinbarungen, 1998

Fischer/Reihsner .... Betriebliche Personalpolitik, 2004

Flohr .... Franchise-Vertrag, 1998

Frankfurter Kommen-
tar .... Wimmer (Hrsg.), Frankfurter Kommentar zur Insolvenzordnung, 2002

Freis/Kleinefeld/
Kleinsorge .... Drittelbeteiligungsgesetz, 2004

Frey/Pulte .... Betriebsvereinbarungen in der Praxis, 3. Aufl., 2005

Friedemann .... Das Verfahren der Einigungsstelle für Interessenausgleich und Sozialplan, 1997

Froschauer .... Arbeitsrecht und Umweltschutz, 1994

Fuchs/Köstler .... Handbuch zur Aufsichtsratswahl, 1994

Gagel .... SGB III – Arbeitsförderung, Kommentar, Loseblatt

Galperin/Löwisch .... Kommentar zum Betriebsverfassungsgesetz 1972, 6. Aufl., 1982

Gamillscheg .... Kollektives Arbeitsrecht Band II, 2008

Literaturverzeichnis

Gaul	Die betriebliche Einigungsstelle, 2. Aufl., 1980
Geibel/Süßmann	Wertpapiererwerbs- und Übernahmegesetz (WpÜG), 2. Aufl., 2008
Germelmann/Matthes/ Prütting/Müller-Glöge	Kommentar zum ArbGG, 7. Aufl., 2009
Geßler/Hefermehl/ Eckardt/Kropff	Kommentar zum Aktiengesetz, 1973
Gilberg	Die Mitwirkung des Betriebsrats bei der Berufsbildung, 1999
Gittermann	Arbeitnehmerstatus und Betriebsverfassung in Franchise-Systemen, 1995
GK-ArbGG	Gemeinschaftskommentar zum Arbeitsgerichtsgesetz, Loseblatt, Stand 2011
GK-BetrVG	Gemeinschaftskommentar zum Betriebsverfassungsgesetz von Wiese/Kreutz/Oetker/Raab/Weber/Franzen, 9. Aufl., 2010
GK-MitbestG	Gemeinschaftskommentar zum Mitbestimmungsgesetz von Fabricius/Matthes/Naendrup/Rumpff/Schneider/Westerath, Loseblatt
GK-TzA	Gemeinschaftskommentar zum Teilzeitarbeitsrecht von Becker ua., 1987
Galperin/Löwisch	Kommentar zum Betriebsverfassungsgesetz 1972, 6. Aufl., 1982
Gola/Schomerus	Bundesdatenschutzgesetz, 10. Aufl., 2010
Goldschmidt	Der Sprecherausschuss, 2001
Grauvogel/Hase/ Röhricht	Wirtschaftsausschuss und Betriebsrat, 2. Aufl., 2006
Greßlin	Teilzeitbeschäftigte Betriebsratsmitglieder, 2004
Gross/Thon/Ahmad/ Woitaschek	Kommentar zum BetrVG, 2006
Grunsky	Kommentar zum Arbeitsgerichtsgesetz, 7. Aufl., 1995
HaKo-BetrVG	Handkommentar Betriebsverfassungsrecht von Düwell (Hrsg), 3. Aufl. 2009
Hammer	Berufsbildung u. Betriebsverfassung, 1990
Hammer, Michael	Die betriebsverfassungsrechtliche Schutzpflicht für die Selbstbestimmungsfreiheit des Arbeitnehmers, Diss. Regensburg, 1997
Hanau	Die juristische Problematik des Entwurfs eines Gesetzes zur Verstärkung der Minderheitenrechte (Rechtsgutachten), 1986
Hanau/Steinmeyer/ Wank	Handbuch des europäischen Arbeits- und Sozialrechts, 2002
Hanau/Ulmer	Kommentar zum Mitbestimmungsgesetz, 1981
Hase ua.	Handbuch der Einigungsstelle, 1990
Hauck/Helml/Biebl ...	Arbeitsgerichtsgesetz, Kommentar, 4. Aufl., 2011
Heilmann	Neues Insolvenzrecht und Arbeitnehmerinteressen, 1998
Heiden, Ralph	Entgeltrelevante Zielvereinbarungen aus arbeitsrechtlicher Sicht, Studien zum deutschen und europäischen Arbeitsrecht, Baden-Baden 2007
Heinig, Renate	Arbeitsentgelt und Arbeitszeitregelungen im Spannungsverhältnis zwischen tariflicher und betriebsverfassungsrechtlicher Normsetzungsbefugnis, 1991

Literaturverzeichnis

Heither, Martin	Sozialplan und Sozialrecht – Der Einfluss von Fördermöglichkeiten auf die Gestaltung von Interessenausgleich und Sozialplan, 2002
Hennige, Susanne	Das Verfahrensrecht der Einigungsstelle, 1996
Henssler/Willemsen/ Kalb	Arbeitsrecht, Kommentar, 2. Aufl., 2006
Hess	Insolvenzarbeitsrecht, 2. Aufl., 2000
Hess/Schlochauer/ Worzalla/Glock/ Nicolai/Rose	Kommentar zum Betriebsverfassungsgesetz, 8. Aufl., 2011
Hinrichs	Anhörung des Betriebsrats bei Kündigungen, 1997
Hinrichs, Oda	Kündigungsschutz und Arbeitnehmerbeteiligung bei Massenentlassungen, Diss. Halle, 2001
Hitzfeld	Geheimnisschutz im Betriebsverfassungsrecht, 1990
HK-InsO	Kommentar zur Insolvenzordnung, Heidelberg, 6. Aufl., 2011
Höfer	Gesetz zur Verbesserung der betrieblichen Altersversorgung, Kommentar, Loseblatt
Hohmeister/Goretzki	Verträge über freie Mitarbeit, 1999
Holland	Teilzeitarbeit, 3. Aufl., 1992
v. Hoyningen-Huene ..	Betriebsverfassungsrecht, 6. Aufl., 2007
v. Hoyningen-Huene/ Boemke	Die Versetzung, 1991
v. Hoyningen-Huene/ Linck	Kommentar zum Kündigungsschutzgesetz, 14. Aufl., 2007
v Hoyningen-Huene/ Püttner	Der psychologische Test im Betrieb, 1997
Hromadka	Die Betriebsverfassung, 2. Aufl., 1994
Hromadka/Sieg	SprAuG, 2. Aufl., 2010
Hueck/Nipperdey	Lehrbuch des Arbeitsrechts, 1. Bd., 7. Aufl., 1963, 2. Bd., 7. Aufl., 1967 u. 1970
Hüffer	Aktiengesetz, 9. Aufl., 2010
Hümmerich	Aufhebungsvertrag und Abwicklungsvertrag, 2. Aufl., 2003
Hunold	Lean Production, 1993
Jacobi	Grundlehren des Arbeitsrechts, 1927
Jacobs/Krause/ Oetker	Tarifvertragsrecht, 2007
Jaeger/Röder/ Heckelmann	Praxishandbuch Betriebsverfassungsrecht, 2003
Jakobs	Die Wahlvorstände für die Wahlen des Betriebsrats, des Sprecherausschusses und des Aufsichtsrats, 1995
Joost	Betrieb und Unternehmen als Grundbegriffe im Arbeitsrecht, 1988
Jung	Das Übergangsmandat des Betriebsrats (Hochschulschriften Konstanz), 1999
Kador/Kempe/ Pornschlegel	Handlungsanleitung zur betrieblichen Personalplanung, 3. Aufl., 1989
Kaiser, D.	Sprecherausschüsse für leitende Angestellte, 1995
Kallmeyer	Umwandlungsgesetz, 2. Aufl., 2001
Kamp	Betriebs- und Dienstvereinbarungen Telearbeit – Analyse und Handlungsempfehlungen, 2000

Literaturverzeichnis

Kempen/Zachert .... Tarifvertragsgesetz, 4. Aufl., 2005

Kemper/Kisters-
Kölkes/Berenz/Bode/
Pühler .... Kommentar zum Gesetz zur Verbesserung der betrieblichen
Altersversorgung, 2003

Kiel/Koch .... Die betriebsbedingte Kündigung, 2000

Kittner/Däubler/
Zwanziger .... Kündigungsschutzrecht, 6. Aufl., 2004

Kittner/Pieper .... Arbeitsschutzrecht, 2. Aufl. 2002

Kittner/Zwanziger ..... Arbeitsrecht, Handbuch für die Praxis, 4. Aufl., 2007

Klebe/Ratayczak/
Heilmann/Spoo, ... Basiskommentar zum BetrVG, 16. Aufl., 2010

Kleinsorge/Freis/
Kleinefeld .... Neuregelungen im Mitbestimmungsgesetz mit Wahlordnung 2002

Klinkhammer .... Mitbestimmung in Gemeinschaftsunternehmen, 1977

Klosterkemper .... Das Zugangsrecht der Gewerkschaften zum Betrieb, 1980

Knorr .... Der Sozialplan im Widerstreit der Interessen, 1995

Koberski/Asshoff/
Eustrup/Winkler .... Arbeitnehmer-Entsendegesetz, 3. Aufl., 2011

Kollmer .... Arbeitsstättenverordnung, 3. Aufl., 2009

Kollmer/Klindt .... ArbSchG, 2. Aufl., 2011

Kollmer/Vogl .... Das neue Arbeitsschutzgesetz, 2. Aufl., 1999

Kölner Kommentar .... Zöllner (Hrsg.), Kommentar zum Aktiengesetz, 2. Aufl.,
1986/87

Köstler/Zachert/
Müller .... Aufsichtsratspraxis, 9. Aufl., 2009

Konzen .... Betriebsverfassungsrechtliche Leistungspflichten des Arbeitgebers, 1984

Konzen .... Unternehmensaufspaltungen u. Organisationsänderungen
im Betriebsverfassungsrecht, 1986

Kossens/
Kerschbaumer .... Arbeitnehmer in Teilzeit, 2001

Kothe .... Das neue Umweltauditrecht, 1997

KR-Etzel .... Gemeinschaftskommentar zum Kündigungsschutzgesetz und
sonstigen kündigungsschutzrechtlichen Vorschriften von
Becker/Etzel/Bader/Fischermeier/Friedrich/Lipke/Pfeiffer/
Rost/Spilger/Vogt/Weigand/Wolff, 8. Aufl., 2007

Kretz .... Arbeitnehmer-Entsendegesetz, 1996

Kreutz .... Grenzen der Betriebsautonomie, München, 1979

Krimphove .... Europäisches Arbeitsrecht, 2. Aufl., 2001

Kübler/Prütting .... InsO – Kommentar zur Insolvenzordnung, Loseblatt

Küpferle/Wohlgemuth Personaldatenverarbeitende Systeme, 1987

Küttner .... Personalbuch 2011, 18. Aufl., 2011

Kuhn/Uhlenbruck ..... Konkursordnung, 11. Aufl., 1994

Laux .... Die Antrags- und Beteiligungsbefugnis im arbeitsgerichtlichen Beschlußverfahren, 1985

Laux/Schlachter .... Teilzeit- und Befristungsgesetz, 2. Aufl., 2011

Leese .... Die Abgrenzung der leitenden Angestellten, 1999

Leinemann/Taubert .... Berufsbildungsgesetz, 2. Aufl. 2008

Leiss .... Rationelle Betriebsarbeit, 3. Aufl., 1990

Lelley .... Internet am Arbeitsplatz, 2006

Lerche .... Der Europäische Betriebsrat und der deutsche Wirtschafts-
ausschuß, 1997

Literaturverzeichnis

Linde	Übertragung von Aufgaben des Betriebsrats auf Arbeitsgruppen gemäß § 28 BetrVG, 2006
Linnenkohl	Informationstechnologie u. Mitbestimmung, 1989
Lipp	Honorierung und Tätigkeitsschutz von Betriebsratsmitgliedern, 2008
Löwisch	Kommentar zum Sprecherausschußgesetz, 2. Aufl., 1994
Löwisch/Kaiser	Betriebsverfassungsgesetz, 6. Aufl., 2010
Löwisch/Rieble	TVG, 2. Aufl., 2004
Luhmann	Betriebsjustiz und Rechtsstaat, 1975
Lunk	Die Betriebsversammlung – das Mitgliederorgan des Belegschaftsverbandes, 1991
Lutter/Hommelhoff	SE-Kommentar, 2008
Manz/Mayer/Schröder	Europäische Aktiengesellschaft SE, 2005
Martens	Das Arbeitsrecht der leitenden Angestellten, 1982
Mattheis	Die Mitbestimmung des Betriebsrats bei Versetzungen unter besonderer Berücksichtigung der Versetzung von einem Betrieb in einen anderen Betrieb desselben Unternehmens, Diss., München 1990
Mauroschat, Andreas	Aktienoptionsprogramme, Arbeitsrechtliche Strukturen und Fragestellungen, 2005
Meilicke/Meilicke	Kommentar zum Mitbestimmungsgesetz, 2. Aufl., 1976
Meinel/Heyn/Herms AGG	Allgemeines Gleichbehandlungsgesetz, Kommentar, 2. Aufl. 2010
Meinel/Heyn/Herms TzBfG	Teilzeit- und Befristungsgesetz, Kommentar, 3. Aufl., 2009
Mengel	Compliance und Arbeitsrecht, 2009
Moll	Münchener Anwalts Handbuch Arbeitsrecht, 2. Aufl. 2009
Moll	Die Mitbestimmung des Betriebsrats beim Entgelt, 1977
Moll	Der Tarifvorrang im BetrVG, 1980
Müller, Christopher	Müller, Europäische Betriebsräte-Gesetz, 1997
Müller-Francken	Befugnis zu Eingriffen in die Rechtsstellung des Einzelnen durch Betriebsvereinbarung, Berlin, 1997
Münchener Handbuch	Münchener Handbuch zum Arbeitsrecht, hrsg. von Richardi/Wlotzke/Wißmann/Oetker, Bd. 1 Individualarbeitsrecht, Bd. 2 Kollektivarbeitsrecht/Sonderformen, 3. Aufl., 2009
Nagel/Freis/Kleinsorge	Beteiligung der Arbeitnehmer im Unternehmen auf der Grundlage des europäischen Rechts, 2. Aufl., 2009
Nagel/Riess/Theis	Neue Konzernstrukturen und Mitbestimmung, 1994
Natter/Gross	Arbeitsgerichtsgesetz (ArbGG), Kommentar, 2010
Neumann	Der Dienstvertrag, J. v. Staudingers Kommentar zum BGB, 13. Aufl. (Bearbeitung), §§ 620–630, 1995
Neumann/Biebl	Arbeitszeitgesetz, Kommentar, 14. Aufl., 2004
Neumann/Fenski	Kommentar zum Bundesurlaubsgesetz, 9. Aufl., 2003
Neumann/Pahlen/ Majerski-Pahlen	SGB IX, 12. Aufl., 2010
Niesel/Brand	SGB III, Kommentar, 5. Aufl., 2010
Nikisch	Lehrbuch des Arbeitsrechts, 3. Aufl., 1. Bd., 1961, 3. Bd., 2. Aufl., 1966
Nill	Selbstbestimmung in der Arbeitsgruppe?, 2005
Nollert-Borasio/ Perreng	Allgemeines Gleichbehandlungsgesetz, 2006

Literaturverzeichnis

Obermüller/Hess	Insolvenzordnung, 3. Aufl., 1999
Oetker	Die Mitbestimmung der Betriebs- u. Personalräte bei der Durchführung von Berufsbildungsmaßnahmen, 1986
Otten	Heimarbeitsrecht, 2008
Pahlen	Der Grundsatz der Verhältnismäßigkeit bei der Erstattung von Schulungskosten nach dem BetrVG, 1979
Palandt	Bürgerliches Gesetzbuch, Kommentar, 71. Aufl., 2012
Pauli	Mitbestimmung in Arbeitsförderungsgesellschaften, 1999
Pelzner/Scheddler/ Widlak	Flexibilität im Arbeitsverhältnis, 2001
Pfarr/Bertelsmann	Diskriminierung im Erwerbsleben, 1989
Pfarr/Drüke	Rechtsprobleme der Telearbeit, 1989
Pfarr/Kocher	Kollektivverfahren im Arbeitsrecht, 1999
Plander	Flucht aus dem Normalarbeitsverhältnis: An den Betriebs- und Personalräten vorbei?, 1990
Plander	Der Betriebsrat als Hüter zwingenden Rechts, 1982
Pünnel/Wenning- Morgenthaler	Die Einigungsstelle, 5. Aufl., 2009
Rademacher	Der Europäische Betriebsrat – Die Richtlinie 94/45/EG des Rates vom 22. 9. 1994 und ihre Umsetzung in nationales Recht, 1996
REFA	Methodenlehre des Arbeitsstudiums (MLA), 6 Teile
REFA	Methodenlehre der Planung und Steuerung (MLPS), 3 Teile
Reichold	Betriebsverfassung als Sozialprivatrecht, München, 1995
Richardi	Arbeitsrecht in der Kirche, 4. Aufl., 2003
Richardi (Hrsg.)	Betriebsverfassungsgesetz mit Wahlordnung. Kommentar, 12. Aufl., 2010
Richardi	Empfiehlt es sich, die Regelungsbefugnisse der Tarifvertragsparteien im Verhältnis zu den Betriebsparteien neu zu ordnen? Gutachten zum 61. Deutschen Juristentag 1996
Richardi	Kollektivgewalt und Individualwille bei der Gestaltung des Arbeitsverhältnisses, 1968
Richardi Grundriss	Die neue Betriebsverfassung, 2. Aufl., 2003
Richardi/Dörner/ Weber	Personalvertretungsrecht, 3. Aufl., 2008
Rieble	Die Kontrolle des Ermessens der betriebsverfassungsrechtlichen Einigungsstelle, 1990
Rittweger	Leitfaden Mini-Job, Ich-AG und Wir-AG, 2. Aufl., 2005
RKW Handbuch	RKW Handbuch, Personalplanung, 2. Aufl., 1990
Röder/Baeck	Interessenausgleich und Sozialplan, 2. Aufl., 1997
Roggendorff	Arbeitszeitgesetz, 1994
Rolf	Unternehmensübergreifende Betriebsstruktur nach § 3 BetrVG, Diss. 2003, Mannheim
Rolfs	Kommentar zum Teilzeit- und Befristungsgesetz, 2002
Rotermund	Die Interessenwahrnehmung durch Jugendliche und Auszubildende in der Betriebsverfassung, Diss., Kiel, 2004
Rühl/Schmid/Viethen	Allgemeines Gleichbehandlungsgesetz, 2007
Rumpff/Boewer	Mitbestimmung in wirtschaftlichen Angelegenheiten, 3. Aufl., 1990
Rust/Falke	Allgemeines Gleichbehandlungsgesetz, 2007

Säcker	Gruppenautonomie und Übermachtkontrolle im Arbeitsrecht, Berlin, 1972
Säcker	Informationsrechte der Betriebs- und Aufsichtsratsmitglieder, 1979
Säcker	Rechtsgutachten für die ÖTV, 1976
Sandmann/Marschall	Arbeitnehmerüberlassungsgesetz, Kommentar, Loseblattausgabe
Schack	Die zivilrechtliche Stellung des Einigungsstellenvorsitzenden und die Problematik seiner Unparteilichkeit iSd. § 76 Abs. 2 S. 1 BetrVG, 2002
Schaub	Arbeitsrechts-Handbuch, 14. Aufl., 2011
Schleusener/Suckow/ Voigt	Kommentar zum Allgemeinen Gleichbehandlungsgesetz, 2007
Schmidt	Das Günstigkeitsprinzip im Tarifvertrags- und Betriebsverfassungsrecht, 1994
Schmidt, Eberhard	Mitbestimmung und die Regulierung des Umweltschutzes auf betrieblicher und überbetrieblicher Ebene, aus: Mitbestimmung und neue Unternehmenskulturen, Verlag Bertelsmann Stiftung, 1997
Schmidt, Ludwig	Einkommensteuergesetz, 20. Aufl., 2001
Schmidt/Koberski/ Tiemann/Wascher	Kommentar zum Heimarbeitsgesetz, 4. Aufl., 1998
Schmid/Roßmann	Das Arbeitsverhältnis der Besatzungsmitglieder vom Luftfahrtunternehmen, 1997
Schönfeld	Das Verfahren vor der Einigungsstelle, 1988
Schmiege	Betriebsverfassungsrechtliche Organisationsstrukturen durch Tarifvertrag, Diss. Regensburg, 2005
Scholz	Pressefreiheit und Arbeitsverfassung, 1978
Schüren/Hamann	Arbeitnehmerüberlassungsgesetz, Kommentar, 4. Aufl., 2010
Schwab/Weth/Welker	Kommentar zum ArbGG, 2. Aufl. 2004
Schwab, Brent	Arbeitnehmererfindungsrecht, Handkommentar, 2006
Seibt (Hrsg.)	Beck'sches Formularbuch Mergers & Acquisitions, 2. Aufl., 2011
Selzner	Betriebsverfassungsrechtliche Mitbestimmung in Franchise-Systemen, 1994
Semler/Stengel	Umwandlungsgesetz, 2. Aufl., 2007
Sieg/Maschmann	Unternehmensumstrukturierung aus arbeitsrechtlicher Sicht, 2. Aufl., 2010
Sievers	Kommentar zum Teilzeit- und Befristungsgesetz, 2. Aufl., 2007
Simitis/Dammann/ Mallmann/Reh	Kommentar zum Bundesdatenschutzgesetz, 6. Aufl., 2007
Söllner	Grundriß des Arbeitsrechts, 11. Aufl., 1994
Spengler/Hahn/ Pfeiffer (Hrsg)	Betriebliche Einigungsstelle, 2010
Spinner	Die vereinbarte Betriebsverfassung, Diss. Freiburg, 2000
Stahlhacke/Bader	Stahlhacke/Bader, Arbeitsgerichtsgesetz, 1991
Stahlhacke/Preis/ Vossen	Kündigung und Kündigungsschutz im Arbeitsverhältnis, 9. Aufl., 2005
Staudacher/Hellmann/ Hartmann/Wenk	Teilzeitarbeit, 2003

Literaturverzeichnis

Stege/Weinspach/ Schiefer	Betriebsverfassungsgesetz, 9. Aufl., 2002
Stubbe, Christian	Assessment Center, Schriften zum Sozial- und Arbeitsrecht, Bd. 252, Berlin 2002
Teusch	Die Organisation der Betriebsverfassung durch Tarifvertrag, Diss. Potsdam, 2006
Thüsing, Gregor	Kommentar zum AÜG, 2. Aufl., 2008
Thüsing, Gregor	Arbeitsrechtlicher Diskriminierungsschutz, 2007
Töfflinger	Rechtliche Kriterien für Inhalt und Umfang der Mitbestimmung des Betriebsrats bei technisierter Überwachung (§ 87 Abs. 1 Nr. 6 BetrVG), 1991
Tüttenberg, Juliane	Die Arbeitsgruppe nach § 28a BetrVG, Universitätsschriften, Baden-Baden 2006
Ulber	AÜG, 4. Aufl., 2011
Ulmer/Habersack/ Henssler	Kommentar zum Mitbestimmungsrecht, 2. Aufl., 2006
Utermark	Die Organisation der Betriebsverfassung als Verhandlungsgegenstand, Diss. 2004, Hamburg
Veit, Barbara	Die funktionelle Zuständigkeit des Betriebsrats, 1998
Vogt	Sozialpläne in der betrieblichen Praxis, 2. Aufl., 1981
Wallner	Die Änderungskündigung, 2005
Waltermann	Rechtssetzung durch Betriebsvereinbarung zwischen Privatautonomie und Tarifautonomie, 1996
Wanhöfer	Gemeinschaftsbetrieb und Unternehmensmitbestimmung, 1994
Wank	Arbeitnehmer und Selbständige, 1988
Wank	Arbeiter und Angestellte – Zur Unterscheidung im Arbeits- und Sozialversicherungsrecht, 1992
Wank	Lean Management und Business Reengineering aus arbeitsrechtlicher Sicht, 1995
Weber	Das aufgespaltene Arbeitsverhältnis, 1992
Weber/Ehrich	Einigungsstelle, 1999
Weber/Ehrich/ Hörchens/Oberthür	Handbuch zum Betriebsverfassungsrecht, 2. Aufl., 2003
Wedde	Telearbeit, 1994
Weiss	Gewerkschaftliche Vertrauensleute, 1978
Weiss/Weyand	Betriebsverfassungsgesetz, 3. Aufl., 1994
Wetzling	Der Konzernbetriebsrat, 1978
Widmann/Mayer	Umwandlungsrecht (Loseblattausgabe)
Wiedemann	Kommentar zum TVG, 7. Aufl., 2007
Wiese	Das Initiativrecht nach dem Betriebsverfassungsgesetz, 1977
Willemsen/Hohenstatt/Schweibert/Seibt	Umstrukturierung und Übertragung von Unternehmen, 4. Aufl., 2011
Wimmer	Frankfurter Kommentar zur Insolvenzordnung, 3. Aufl., 2002
Windbichler	Arbeitsrecht im Konzern, 1989
Windeln	Die Reform des Betriebsverfassungsgesetzes im organisatorischen Bereich, 2003
Wißmann, Tim	Tarifvertragliche Gestaltung der betriebsverfassungsrechtlichen Organisation, 2000

Witt .... Die betriebsverfassungsrechtliche Kooperationsmaxime und der Grundsatz von Treu und Glauben, 1987

Witte/Bronner .... Die leitenden Angestellten – Empirische Untersuchung, 2. Bde., 1974/75

Wlotzke/Preis/Kreft ... Kommentar zum Betriebsverfassungsgesetz, 4. Aufl., 2009

Wlotzke/Schwedes/
Lorenz .... Das neue Arbeitsgerichtsgesetz, 1979

Wlotzke/Wißmann/
Koberski/Kleinsorge ... Mitbestimmungsrecht, 4. Aufl., 2011

Wohlgemuth .... Wohlgemuth/Gerloff, Datenschutzrecht, 3. Aufl., 2005

Wohlgemuth .... Wohlgemuth/Lakies/Malottke/Pieper/Proyer, Kommentar zum BBiG, 3. Aufl., 2006

Wolmerath .... Mobbing im Betrieb, Rechtsansprüche und deren Durchsetzbarkeit, 2001

Würdinger .... Aktienrecht und das Recht der verbundenen Unternehmen, 4. Aufl., 1981

Zachert .... Betriebliche Mitbestimmung, 1979

Zmarzlik/Anzinger ..... Jugendarbeitsschutzgesetz, Kommentar, 5. Aufl., 1998

Zöllner .... Zöllner, Zur Frage des Gewerkschaftsausschlusses wegen gewerkschaftsschädigender Kandidatur bei Betriebsratswahlen, Herausgeber: ÖTV, 1983

Zumbeck .... Arbeitsgruppenvereinbarungen nach dem neuen § 28a Betriebsverfassungsgesetz, 2004

Zwanziger .... Das Arbeitsrecht der Insolvenzordnung, 4. Aufl., 2010

Text des Betriebsverfassungsgesetzes

Betriebsverfassungsgesetz

In der Fassung der Bekanntmachung vom 25. September 2001[1)]

(BGBl. I S. 2518)

FNA 801-7

Zuletzt geändert durch Gesetz vom 29. 7. 2009 (BGBl. I S. 2424)

Inhaltsübersicht

Erster Teil. Allgemeine Vorschriften

§ 1 Errichtung von Betriebsräten

(1) [1]In Betrieben mit in der Regel mindestens fünf ständigen wahlberechtigten Arbeitnehmern, von denen drei wählbar sind, werden Betriebsräte gewählt. [2]Dies gilt auch für gemeinsame Betriebe mehrerer Unternehmen.

[1)] Neubekanntmachung des BetrVG idF der Bek. v. 23. 12. 1988 (BGBl. 1989 I S. 1, ber. S. 902) in der ab 28. Juli 2001 geltenden Fassung.

(2) Ein gemeinsamer Betrieb mehrerer Unternehmen wird vermutet, wenn
1. zur Verfolgung arbeitstechnischer Zwecke die Betriebsmittel sowie die Arbeitnehmer von den Unternehmen gemeinsam eingesetzt werden oder
2. die Spaltung eines Unternehmens zur Folge hat, dass von einem Betrieb ein oder
mehrere Betriebsteile einem an der Spaltung beteiligten anderen Unternehmen
zugeordnet werden, ohne dass sich dabei die Organisation des betroffenen Betriebs
wesentlich ändert.

§ 2 Stellung der Gewerkschaften und Vereinigungen der Arbeitgeber

(1) Arbeitgeber und Betriebsrat arbeiten unter Beachtung der geltenden Tarifverträge vertrauensvoll und im Zusammenwirken mit den im Betrieb vertretenen Gewerkschaften und Arbeitgebervereinigungen zum Wohl der Arbeitnehmer und des
Betriebs zusammen.

(2) Zur Wahrnehmung der in diesem Gesetz genannten Aufgaben und Befugnisse
der im Betrieb vertretenen Gewerkschaften ist deren Beauftragten nach Unterrichtung des Arbeitgebers oder seines Vertreters Zugang zum Betrieb zu gewähren, soweit dem nicht unumgängliche Notwendigkeiten des Betriebsablaufs, zwingende
Sicherheitsvorschriften oder der Schutz von Betriebsgeheimnissen entgegenstehen.

(3) Die Aufgaben der Gewerkschaften und der Vereinigungen der Arbeitgeber,
insbesondere die Wahrnehmung der Interessen ihrer Mitglieder, werden durch dieses
Gesetz nicht berührt.

§ 3 Abweichende Regelungen

(1) Durch Tarifvertrag können bestimmt werden:
1. für Unternehmen mit mehreren Betrieben
   a) die Bildung eines unternehmenseinheitlichen Betriebsrats oder
   b) die Zusammenfassung von Betrieben,
   wenn dies die Bildung von Betriebsräten erleichtert oder einer sachgerechten
   Wahrnehmung der Interessen der Arbeitnehmer dient;
2. für Unternehmen und Konzerne, soweit sie nach produkt- oder projektbezogenen
   Geschäftsbereichen (Sparten) organisiert sind und die Leitung der Sparte auch Entscheidungen in beteiligungspflichtigen Angelegenheiten trifft, die Bildung von Betriebsräten in den Sparten (Spartenbetriebsräte), wenn dies der sachgerechten
   Wahrnehmung der Aufgaben des Betriebsrats dient;
3. andere Arbeitnehmervertretungsstrukturen, soweit dies insbesondere aufgrund der
   Betriebs-, Unternehmens- oder Konzernorganisation oder aufgrund anderer Formen der Zusammenarbeit von Unternehmen einer wirksamen und zweckmäßigen
   Interessenvertretung der Arbeitnehmer dient;
4. zusätzliche betriebsverfassungsrechtliche Gremien (Arbeitsgemeinschaften), die der
   unternehmensübergreifenden Zusammenarbeit von Arbeitnehmervertretungen
   dienen;
5. zusätzliche betriebsverfassungsrechtliche Vertretungen der Arbeitnehmer, die die
   Zusammenarbeit zwischen Betriebsrat und Arbeitnehmern erleichtern.

(2) Besteht in den Fällen des Absatzes 1 Nr. 1, 2, 4 oder 5 keine tarifliche Regelung und gilt auch kein anderer Tarifvertrag, kann die Regelung durch Betriebsvereinbarung getroffen werden.

(3) [1] Besteht im Fall des Absatzes 1 Nr. 1 Buchstabe a keine tarifliche Regelung
und besteht in dem Unternehmen kein Betriebsrat, können die Arbeitnehmer mit
Stimmenmehrheit die Wahl eines unternehmenseinheitlichen Betriebsrats beschließen. [2] Die Abstimmung kann von mindestens drei wahlberechtigten Arbeitnehmern
des Unternehmens oder einer im Unternehmen vertretenen Gewerkschaft veranlasst
werden.

(4) [1]Sofern der Tarifvertrag oder die Betriebsvereinbarung nichts anderes bestimmt, sind Regelungen nach Absatz 1 Nr. 1 bis 3 erstmals bei der nächsten regelmäßigen Betriebsratswahl anzuwenden, es sei denn, es besteht kein Betriebsrat oder es ist aus anderen Gründen eine Neuwahl des Betriebsrats erforderlich. [2]Sieht der Tarifvertrag oder die Betriebsvereinbarung einen anderen Wahlzeitpunkt vor, endet die Amtszeit bestehender Betriebsräte, die durch die Regelungen nach Absatz 1 Nr. 1 bis 3 entfallen, mit Bekanntgabe des Wahlergebnisses.

(5) [1]Die aufgrund eines Tarifvertrages oder einer Betriebsvereinbarung nach Absatz 1 Nr. 1 bis 3 gebildeten betriebsverfassungsrechtlichen Organisationseinheiten gelten als Betriebe im Sinne dieses Gesetzes. [2]Auf die in ihnen gebildeten Arbeitnehmervertretungen finden die Vorschriften über die Rechte und Pflichten des Betriebsrats und die Rechtsstellung seiner Mitglieder Anwendung.

§ 4 Betriebsteile, Kleinstbetriebe

(1) [1]Betriebsteile gelten als selbständige Betriebe, wenn sie die Voraussetzungen des § 1 Abs. 1 Satz 1 erfüllen und
1. räumlich weit vom Hauptbetrieb entfernt oder
2. durch Aufgabenbereich und Organisation eigenständig sind.
[2]Die Arbeitnehmer eines Betriebsteils, in dem kein eigener Betriebsrat besteht, können mit Stimmenmehrheit formlos beschließen, an der Wahl des Betriebsrats im Hauptbetrieb teilzunehmen; § 3 Abs. 3 Satz 2 gilt entsprechend. [3]Die Abstimmung kann auch vom Betriebsrat des Hauptbetriebs veranlasst werden. [4]Der Beschluss ist dem Betriebsrat des Hauptbetriebs spätestens zehn Wochen vor Ablauf seiner Amtszeit mitzuteilen. [5]Für den Widerruf des Beschlusses gelten die Sätze 2 bis 4 entsprechend.

(2) Betriebe, die die Voraussetzungen des § 1 Abs. 1 Satz 1 nicht erfüllen, sind dem Hauptbetrieb zuzuordnen.

§ 5[1]) Arbeitnehmer

(1) [1]Arbeitnehmer (Arbeitnehmerinnen und Arbeitnehmer) im Sinne dieses Gesetzes sind Arbeiter und Angestellte einschließlich der zu ihrer Berufsausbildung Beschäftigten, unabhängig davon, ob sie im Betrieb, im Außendienst oder mit Telearbeit beschäftigt werden. [2]Als Arbeitnehmer gelten auch die in Heimarbeit Beschäftigten, die in der Hauptsache für den Betrieb arbeiten. [3]Als Arbeitnehmer gelten ferner Beamte (Beamtinnen und Beamte), Soldaten (Soldatinnen und Soldaten) sowie Arbeitnehmer des öffentlichen Dienstes einschließlich der zu ihrer Berufsausbildung Beschäftigten, die in Betrieben privatrechtlich organisierter Unternehmen tätig sind.

(2) Als Arbeitnehmer im Sinne dieses Gesetzes gelten nicht
1. in Betrieben einer juristischen Person die Mitglieder des Organs, das zur gesetzlichen Vertretung der juristischen Person berufen ist;
2. die Gesellschafter einer offenen Handelsgesellschaft oder die Mitglieder einer anderen Personengesamtheit, soweit sie durch Gesetz, Satzung oder Gesellschaftsvertrag zur Vertretung der Personengesamtheit oder zur Geschäftsführung berufen sind, in deren Betrieben;
3. Personen, deren Beschäftigung nicht in erster Linie ihrem Erwerb dient, sondern vorwiegend durch Beweggründe karitativer oder religiöser Art bestimmt ist;
4. Personen, deren Beschäftigung nicht in erster Linie ihrem Erwerb dient und die vorwiegend zu ihrer Heilung, Wiedereingewöhnung, sittlichen Besserung oder Erziehung beschäftigt werden;
5. der Ehegatte, der Lebenspartner, Verwandte und Verschwägerte ersten Grades, die in häuslicher Gemeinschaft mit dem Arbeitgeber leben.

---

[1]) § 5 Abs. 1 Satz 3 und Abs. 3 Satz 3 angef. mWv 4. 8. 2009 durch G v. 29. 7. 2009 (BGBl. I S. 2424).

(3) [1] Dieses Gesetz findet, soweit in ihm nicht ausdrücklich etwas anderes bestimmt ist, keine Anwendung auf leitende Angestellte. [2] Leitender Angestellter ist, wer nach Arbeitsvertrag und Stellung im Unternehmen oder im Betrieb

1. zur selbständigen Einstellung und Entlassung von im Betrieb oder in der Betriebsabteilung beschäftigten Arbeitnehmern berechtigt ist oder
2. Generalvollmacht oder Prokura hat und die Prokura auch im Verhältnis zum Arbeitgeber nicht unbedeutend ist oder
3. regelmäßig sonstige Aufgaben wahrnimmt, die für den Bestand und die Entwicklung des Unternehmens oder eines Betriebs von Bedeutung sind und deren Erfüllung besondere Erfahrungen und Kenntnisse voraussetzt, wenn er dabei entweder die Entscheidungen im Wesentlichen frei von Weisungen trifft oder sie maßgeblich beeinflusst; dies kann auch bei Vorgaben insbesondere auf Grund von Rechtsvorschriften, Plänen oder Richtlinien sowie bei Zusammenarbeit mit anderen leitenden Angestellten gegeben sein.

[3] Für die in Absatz 1 Satz 3 genannten Beamten und Soldaten gelten die Sätze 1 und 2 entsprechend.

(4) Leitender Angestellter nach Absatz 3 Nr. 3 ist im Zweifel, wer

1. aus Anlass der letzten Wahl des Betriebsrats, des Sprecherausschusses oder von Aufsichtsratsmitgliedern der Arbeitnehmer oder durch rechtskräftige gerichtliche Entscheidung den leitenden Angestellten zugeordnet worden ist oder
2. einer Leitungsebene angehört, auf der in dem Unternehmen überwiegend leitende Angestellte vertreten sind, oder
3. ein regelmäßiges Jahresarbeitsentgelt erhält, das für leitende Angestellte in dem Unternehmen üblich ist, oder
4. falls auch bei der Anwendung der Nummer 3 noch Zweifel bleiben, ein regelmäßiges Jahresarbeitsentgelt erhält, das das Dreifache der Bezugsgröße nach § 18 des Vierten Buches Sozialgesetzbuch überschreitet.

§ 6. (weggefallen)

Zweiter Teil. Betriebsrat, Betriebsversammlung, Gesamt- und Konzernbetriebsrat

Erster Abschnitt. Zusammensetzung und Wahl des Betriebsrats

§ 7 Wahlberechtigung

[1] Wahlberechtigt sind alle Arbeitnehmer des Betriebs, die das 18. Lebensjahr vollendet haben. [2] Werden Arbeitnehmer eines anderen Arbeitgebers zur Arbeitsleistung überlassen, so sind diese wahlberechtigt, wenn sie länger als drei Monate im Betrieb eingesetzt werden.

§ 8 Wählbarkeit

(1) [1] Wählbar sind alle Wahlberechtigten, die sechs Monate dem Betrieb angehören oder als in Heimarbeit Beschäftigte in der Hauptsache für den Betrieb gearbeitet haben. [2] Auf diese sechsmonatige Betriebszugehörigkeit werden Zeiten angerechnet, in denen der Arbeitnehmer unmittelbar vorher einem anderen Betrieb desselben Unternehmens oder Konzerns (§ 18 Abs. 1 des Aktiengesetzes) angehört hat. [3] Nicht wählbar ist, wer infolge strafgerichtlicher Verurteilung die Fähigkeit, Rechte aus öffentlichen Wahlen zu erlangen, nicht besitzt.

(2) Besteht der Betrieb weniger als sechs Monate, so sind abweichend von der Vorschrift in Absatz 1 über die sechsmonatige Betriebszugehörigkeit diejenigen Ar-

beitnehmer wählbar, die bei der Einleitung der Betriebsratswahl im Betrieb beschäftigt sind und die übrigen Voraussetzungen für die Wählbarkeit erfüllen.

§ 9[1] Zahl der Betriebsratsmitglieder

[1] Der Betriebsrat besteht in Betrieben mit in der Regel

5 bis	20 wahlberechtigten Arbeitnehmern aus einer Person,			
21 bis	50 wahlberechtigten Arbeitnehmern			3 Mitgliedern,
51 wahlberechtigten Arbeitnehmern				
bis	100 Arbeitnehmern		aus	5 Mitgliedern,
101 bis	200 Arbeitnehmern		aus	7 Mitgliedern,
201 bis	400 Arbeitnehmern		aus	9 Mitgliedern,
401 bis	700 Arbeitnehmern		aus	11 Mitgliedern,
701 bis	1000 Arbeitnehmern		aus	13 Mitgliedern,
1001 bis	1500 Arbeitnehmern		aus	15 Mitgliedern,
1501 bis	2000 Arbeitnehmern		aus	17 Mitgliedern,
2001 bis	2500 Arbeitnehmern		aus	19 Mitgliedern,
2501 bis	3000 Arbeitnehmern		aus	21 Mitgliedern,
3001 bis	3500 Arbeitnehmern		aus	23 Mitgliedern,
3501 bis	4000 Arbeitnehmern		aus	25 Mitgliedern,
4001 bis	4500 Arbeitnehmern		aus	27 Mitgliedern,
4501 bis	5000 Arbeitnehmern		aus	29 Mitgliedern,
5001 bis	6000 Arbeitnehmern		aus	31 Mitgliedern,
6001 bis	7000 Arbeitnehmern		aus	33 Mitgliedern,
7001 bis	9000 Arbeitnehmern		aus	35 Mitgliedern,

[2] In Betrieben mit mehr als 9000 Arbeitnehmern erhöht sich die Zahl der Mitglieder des Betriebsrats für je angefangene weitere 3000 Arbeitnehmer um 2 Mitglieder.

§ 10. (weggefallen)

§ 11 Ermäßigte Zahl der Betriebsratsmitglieder

Hat ein Betrieb nicht die ausreichende Zahl von wählbaren Arbeitnehmern, so ist die Zahl der Betriebsratsmitglieder der nächstniedrigeren Betriebsgröße zugrunde zu legen.

§ 12. (weggefallen)

§ 13 Zeitpunkt der Betriebsratswahlen

(1) [1] Die regelmäßigen Betriebsratswahlen finden alle vier Jahre in der Zeit vom 1. März bis 31. Mai statt. [2] Sie sind zeitgleich mit den regelmäßigen Wahlen nach § 5 Abs. 1 des Sprecherausschussgesetzes einzuleiten.

(2) Außerhalb dieser Zeit ist der Betriebsrat zu wählen, wenn
1. mit Ablauf von 24 Monaten, vom Tage der Wahl an gerechnet, die Zahl der regelmäßig beschäftigten Arbeitnehmer um die Hälfte, mindestens aber um fünfzig, gestiegen oder gesunken ist,
2. die Gesamtzahl der Betriebsratsmitglieder nach Eintreten sämtlicher Ersatzmitglieder unter die vorgeschriebene Zahl der Betriebsratsmitglieder gesunken ist,
3. der Betriebsrat mit der Mehrheit seiner Mitglieder seinen Rücktritt beschlossen hat,
4. die Betriebsratswahl mit Erfolg angefochten worden ist,

---

[1] **[Amtl. Anm.:]** Gemäß Artikel 14 Satz 2 des Gesetzes zur Reform des Betriebsverfassungsgesetzes (BetrVerf-Reformgesetz) vom 23. Juli 2001 (BGBl. I S. 1852) gilt § 9 (Artikel 1 Nr. 8 des BetrVerf-Reformgesetzes) für im Zeitpunkt des Inkrafttretens bestehende Betriebsräte erst bei deren Neuwahl.

5. der Betriebsrat durch eine gerichtliche Entscheidung aufgelöst ist oder
6. im Betrieb ein Betriebsrat nicht besteht.

(3) [1] Hat außerhalb des für die regelmäßigen Betriebsratswahlen festgelegten Zeitraums eine Betriebsratswahl stattgefunden, so ist der Betriebsrat in dem auf die Wahl folgenden nächsten Zeitraum der regelmäßigen Betriebsratswahlen neu zu wählen. [2] Hat die Amtszeit des Betriebsrats zu Beginn des für die regelmäßigen Betriebsratswahlen festgelegten Zeitraums noch nicht ein Jahr betragen, so ist der Betriebsrat in dem übernächsten Zeitraum der regelmäßigen Betriebsratswahlen neu zu wählen.

§ 14 Wahlvorschriften

(1) Der Betriebsrat wird in geheimer und unmittelbarer Wahl gewählt.

(2) [1] Die Wahl erfolgt nach den Grundsätzen der Verhältniswahl. [2] Sie erfolgt nach den Grundsätzen der Mehrheitswahl, wenn nur ein Wahlvorschlag eingereicht wird oder wenn der Betriebsrat im vereinfachten Wahlverfahren nach § 14 a zu wählen ist.

(3) Zur Wahl des Betriebsrats können die wahlberechtigten Arbeitnehmer und die im Betrieb vertretenen Gewerkschaften Wahlvorschläge machen.

(4) [1] Jeder Wahlvorschlag der Arbeitnehmer muss von mindestens einem Zwanzigstel der wahlberechtigten Arbeitnehmer, mindestens jedoch von drei Wahlberechtigten unterzeichnet sein; in Betrieben mit in der Regel bis zu zwanzig wahlberechtigten Arbeitnehmern genügt die Unterzeichnung durch zwei Wahlberechtigte. [2] In jedem Fall genügt die Unterzeichnung durch fünfzig wahlberechtigte Arbeitnehmer.

(5) Jeder Wahlvorschlag einer Gewerkschaft muss von zwei Beauftragten unterzeichnet sein.

§ 14 a Vereinfachtes Wahlverfahren für Kleinbetriebe

(1) [1] In Betrieben mit in der Regel fünf bis fünfzig wahlberechtigten Arbeitnehmern wird der Betriebsrat in einem zweistufigen Verfahren gewählt. [2] Auf einer ersten Wahlversammlung wird der Wahlvorstand nach § 17 a Nr. 3 gewählt. [3] Auf einer zweiten Wahlversammlung wird der Betriebsrat in geheimer und unmittelbarer Wahl gewählt. [4] Diese Wahlversammlung findet eine Woche nach der Wahlversammlung zur Wahl des Wahlvorstands statt.

(2) Wahlvorschläge können bis zum Ende der Wahlversammlung zur Wahl des Wahlvorstands nach § 17 a Nr. 3 gemacht werden; für Wahlvorschläge der Arbeitnehmer gilt § 14 Abs. 4 mit der Maßgabe, dass für Wahlvorschläge, die erst auf dieser Wahlversammlung gemacht werden, keine Schriftform erforderlich ist.

(3) [1] Ist der Wahlvorstand in Betrieben mit in der Regel fünf bis fünfzig wahlberechtigten Arbeitnehmern nach § 17 a Nr. 1 in Verbindung mit § 16 vom Betriebsrat, Gesamtbetriebsrat oder Konzernbetriebsrat oder nach § 17 a Nr. 4 vom Arbeitsgericht bestellt, wird der Betriebsrat abweichend von Absatz 1 Satz 1 und 2 auf nur einer Wahlversammlung in geheimer und unmittelbarer Wahl gewählt. [2] Wahlvorschläge können bis eine Woche vor der Wahlversammlung zur Wahl des Betriebsrats gemacht werden; § 14 Abs. 4 gilt unverändert.

(4) Wahlberechtigten Arbeitnehmern, die an der Wahlversammlung zur Wahl des Betriebsrats nicht teilnehmen können, ist Gelegenheit zur schriftlichen Stimmabgabe zu geben.

(5) In Betrieben mit in der Regel 51 bis 100 wahlberechtigten Arbeitnehmern können der Wahlvorstand und der Arbeitgeber die Anwendung des vereinfachten Wahlverfahrens vereinbaren.

§ 15[1]) Zusammensetzung nach Beschäftigungsarten und Geschlechter

(1) Der Betriebsrat soll sich möglichst aus Arbeitnehmern der einzelnen Organisationsbereiche und der verschiedenen Beschäftigungsarten der im Betrieb tätigen Arbeitnehmer zusammensetzen.

(2) Das Geschlecht, das in der Belegschaft in der Minderheit ist, muss mindestens entsprechend seinem zahlenmäßigen Verhältnis im Betriebsrat vertreten sein, wenn dieser aus mindestens drei Mitgliedern besteht.

§ 16 Bestellung des Wahlvorstands

(1) [1] Spätestens zehn Wochen vor Ablauf seiner Amtszeit bestellt der Betriebsrat einen aus drei Wahlberechtigten bestehenden Wahlvorstand und einen von ihnen als Vorsitzenden. [2] Der Betriebsrat kann die Zahl der Wahlvorstandsmitglieder erhöhen, wenn dies zur ordnungsgemäßen Durchführung der Wahl erforderlich ist. [3] Der Wahlvorstand muss in jedem Fall aus einer ungeraden Zahl von Mitgliedern bestehen. [4] Für jedes Mitglied des Wahlvorstands kann für den Fall seiner Verhinderung ein Ersatzmitglied bestellt werden. [5] In Betrieben mit weiblichen und männlichen Arbeitnehmern sollen dem Wahlvorstand Frauen und Männer angehören. [6] Jede im Betrieb vertretene Gewerkschaft kann zusätzlich einen dem Betrieb angehörenden Beauftragten als nicht stimmberechtigtes Mitglied in den Wahlvorstand entsenden, sofern ihr nicht ein stimmberechtigtes Wahlvorstandsmitglied angehört.

(2) [1] Besteht acht Wochen vor Ablauf der Amtszeit des Betriebsrats kein Wahlvorstand, so bestellt ihn das Arbeitsgericht auf Antrag von mindestens drei Wahlberechtigten oder einer im Betrieb vertretenen Gewerkschaft; Absatz 1 gilt entsprechend. [2] In dem Antrag können Vorschläge für die Zusammensetzung des Wahlvorstands gemacht werden. [3] Das Arbeitsgericht kann für Betriebe mit in der Regel mehr als zwanzig wahlberechtigten Arbeitnehmern auch Mitglieder einer im Betrieb vertretenen Gewerkschaft, die nicht Arbeitnehmer des Betriebs sind, zu Mitgliedern des Wahlvorstands bestellen, wenn dies zur ordnungsgemäßen Durchführung der Wahl erforderlich ist.

(3) [1] Besteht acht Wochen vor Ablauf der Amtszeit des Betriebsrats kein Wahlvorstand, kann auch der Gesamtbetriebsrat oder, falls ein solcher nicht besteht, der Konzernbetriebsrat den Wahlvorstand bestellen. [2] Absatz 1 gilt entsprechend.

§ 17 Bestellung des Wahlvorstands in Betrieben ohne Betriebsrat

(1) [1] Besteht in einem Betrieb, der die Voraussetzungen des § 1 Abs. 1 Satz 1 erfüllt, kein Betriebsrat, so bestellt der Gesamtbetriebsrat oder, falls ein solcher nicht besteht, der Konzernbetriebsrat einen Wahlvorstand. [2] § 16 Abs. 1 gilt entsprechend.

(2) [1] Besteht weder ein Gesamtbetriebsrat noch ein Konzernbetriebsrat, so wird in einer Betriebsversammlung von der Mehrheit der anwesenden Arbeitnehmer ein Wahlvorstand gewählt; § 16 Abs. 1 gilt entsprechend. [2] Gleiches gilt, wenn der Gesamtbetriebsrat oder Konzernbetriebsrat die Bestellung des Wahlvorstands nach Absatz 1 unterlässt.

(3) Zu dieser Betriebsversammlung können drei wahlberechtigte Arbeitnehmer des Betriebs oder eine im Betrieb vertretene Gewerkschaft einladen und Vorschläge für die Zusammensetzung des Wahlvorstands machen.

(4) [1] Findet trotz Einladung keine Betriebsversammlung statt oder wählt die Betriebsversammlung keinen Wahlvorstand, so bestellt ihn das Arbeitsgericht auf Antrag von mindestens drei wahlberechtigten Arbeitnehmern oder einer im Betrieb vertretenen Gewerkschaft. [2] § 16 Abs. 2 gilt entsprechend.

---

[1]) **[Amtl. Anm.:]** Gemäß Artikel 14 Satz 2 des Gesetzes zur Reform des Betriebsverfassungsgesetzes (BetrVerf-Reformgesetz) vom 23. Juli 2001 (BGBl. I S. 1852) gilt § 15 (Artikel 1 Nr. 13 des BetrVerf-Reformgesetzes) für im Zeitpunkt des Inkrafttretens bestehende Betriebsräte erst bei deren Neuwahl.

§ 17 a Bestellung des Wahlvorstands im vereinfachten Wahlverfahren

Im Fall des § 14 a finden die §§ 16 und 17 mit folgender Maßgabe Anwendung:

1. Die Frist des § 16 Abs. 1 Satz 1 wird auf vier Wochen und die des § 16 Abs. 2 Satz 1, Abs. 3 Satz 1 auf drei Wochen verkürzt.
2. § 16 Abs. 1 Satz 2 und 3 findet keine Anwendung.
3. In den Fällen des § 17 Abs. 2 wird der Wahlvorstand in einer Wahlversammlung von der Mehrheit der anwesenden Arbeitnehmer gewählt. Für die Einladung zu der Wahlversammlung gilt § 17 Abs. 3 entsprechend.
4. § 17 Abs. 4 gilt entsprechend, wenn trotz Einladung keine Wahlversammlung stattfindet oder auf der Wahlversammlung kein Wahlvorstand gewählt wird.

§ 18 Vorbereitung und Durchführung der Wahl

(1) [1] Der Wahlvorstand hat die Wahl unverzüglich einzuleiten, sie durchzuführen und das Wahlergebnis festzustellen. [2] Kommt der Wahlvorstand dieser Verpflichtung nicht nach, so ersetzt ihn das Arbeitsgericht auf Antrag des Betriebsrats, von mindestens drei wahlberechtigten Arbeitnehmern oder einer im Betrieb vertretenen Gewerkschaft. [3] § 16 Abs. 2 gilt entsprechend.

(2) Ist zweifelhaft, ob eine betriebsratsfähige Organisationseinheit vorliegt, so können der Arbeitgeber, jeder beteiligte Betriebsrat, jeder beteiligte Wahlvorstand oder eine im Betrieb vertretene Gewerkschaft eine Entscheidung des Arbeitsgerichts beantragen.

(3) [1] Unverzüglich nach Abschluss der Wahl nimmt der Wahlvorstand öffentlich die Auszählung der Stimmen vor, stellt deren Ergebnis in einer Niederschrift fest und gibt es den Arbeitnehmern des Betriebs bekannt. [2] Dem Arbeitgeber und den im Betrieb vertretenen Gewerkschaften ist eine Abschrift der Wahlniederschrift zu übersenden.

§ 18 a Zuordnung der leitenden Angestellten bei Wahlen

(1) [1] Sind die Wahlen nach § 13 Abs. 1 und nach § 5 Abs. 1 des Sprecherausschussgesetzes zeitgleich einzuleiten, so haben sich die Wahlvorstände unverzüglich nach Aufstellung der Wählerlisten, spätestens jedoch zwei Wochen vor Einleitung der Wahlen, gegenseitig darüber zu unterrichten, welche Angestellten sie den leitenden Angestellten zugeordnet haben; dies gilt auch, wenn die Wahlen ohne Bestehen einer gesetzlichen Verpflichtung zeitgleich eingeleitet werden. [2] Soweit zwischen den Wahlvorständen kein Einvernehmen über die Zuordnung besteht, haben sie in gemeinsamer Sitzung eine Einigung zu versuchen. [3] Soweit eine Einigung zustande kommt, sind die Angestellten entsprechend ihrer Zuordnung in die jeweilige Wählerliste einzutragen.

(2) [1] Soweit eine Einigung nicht zustande kommt, hat ein Vermittler spätestens eine Woche vor Einleitung der Wahlen erneut eine Verständigung der Wahlvorstände über die Zuordnung zu versuchen. [2] Der Arbeitgeber hat den Vermittler auf dessen Verlangen zu unterstützen, insbesondere die erforderlichen Auskünfte zu erteilen und die erforderlichen Unterlagen zur Verfügung zu stellen. [3] Bleibt der Verständigungsversuch erfolglos, so entscheidet der Vermittler nach Beratung mit dem Arbeitgeber. [4] Absatz 1 Satz 3 gilt entsprechend.

(3) [1] Auf die Person des Vermittlers müssen sich die Wahlvorstände einigen. [2] Zum Vermittler kann nur ein Beschäftigter des Betriebs oder eines anderen Betriebs des Unternehmens oder Konzerns oder der Arbeitgeber bestellt werden. [3] Kommt eine Einigung nicht zustande, so schlagen die Wahlvorstände je eine Person als Vermittler vor; durch Los wird entschieden, wer als Vermittler tätig wird.

(4) [1] Wird mit der Wahl nach § 13 Abs. 1 oder 2 nicht zeitgleich eine Wahl nach dem Sprecherausschussgesetz eingeleitet, so hat der Wahlvorstand den Sprecheraus-

schuss entsprechend Absatz 1 Satz 1 erster Halbsatz zu unterrichten. [2]Soweit kein Einvernehmen über die Zuordnung besteht, hat der Sprecherausschuss Mitglieder zu benennen, die anstelle des Wahlvorstands an dem Zuordnungsverfahren teilnehmen. [3]Wird mit der Wahl nach § 5 Abs. 1 oder 2 des Sprecherausschussgesetzes nicht zeitgleich eine Wahl nach diesem Gesetz eingeleitet, so gelten die Sätze 1 und 2 für den Betriebsrat entsprechend.

(5) [1]Durch die Zuordnung wird der Rechtsweg nicht ausgeschlossen. [2]Die Anfechtung der Betriebsratswahl oder der Wahl nach dem Sprecherausschussgesetz ist ausgeschlossen, soweit sie darauf gestützt wird, die Zuordnung sei fehlerhaft erfolgt. [3]Satz 2 gilt nicht, soweit die Zuordnung offensichtlich fehlerhaft ist.

§ 19 Wahlanfechtung

(1) Die Wahl kann beim Arbeitsgericht angefochten werden, wenn gegen wesentliche Vorschriften über das Wahlrecht, die Wählbarkeit oder das Wahlverfahren verstoßen worden ist und eine Berichtigung nicht erfolgt ist, es sei denn, dass durch den Verstoß das Wahlergebnis nicht geändert oder beeinflusst werden konnte.

(2) [1]Zur Anfechtung berechtigt sind mindestens drei Wahlberechtigte, eine im Betrieb vertretene Gewerkschaft oder der Arbeitgeber. [2]Die Wahlanfechtung ist nur binnen einer Frist von zwei Wochen, vom Tage der Bekanntgabe des Wahlergebnisses an gerechnet, zulässig.

§ 20 Wahlschutz und Wahlkosten

(1) [1]Niemand darf die Wahl des Betriebsrats behindern. [2]Insbesondere darf kein Arbeitnehmer in der Ausübung des aktiven und passiven Wahlrechts beschränkt werden.

(2) Niemand darf die Wahl des Betriebsrats durch Zufügung oder Androhung von Nachteilen oder durch Gewährung oder Versprechen von Vorteilen beeinflussen.

(3) [1]Die Kosten der Wahl trägt der Arbeitgeber. [2]Versäumnis von Arbeitszeit, die zur Ausübung des Wahlrechts, zur Betätigung im Wahlvorstand oder zur Tätigkeit als Vermittler (§ 18a) erforderlich ist, berechtigt den Arbeitgeber nicht zur Minderung des Arbeitsentgelts.

Zweiter Abschnitt Amtszeit des Betriebsrats

§ 21 Amtszeit

[1]Die regelmäßige Amtszeit des Betriebsrats beträgt vier Jahre. [2]Die Amtszeit beginnt mit der Bekanntgabe des Wahlergebnisses oder, wenn zu diesem Zeitpunkt noch ein Betriebsrat besteht, mit Ablauf von dessen Amtszeit. [3]Die Amtszeit endet spätestens am 31. Mai des Jahres, in dem nach § 13 Abs. 1 die regelmäßigen Betriebsratswahlen stattfinden. [4]In dem Fall des § 13 Abs. 3 Satz 2 endet die Amtszeit spätestens am 31. Mai des Jahres, in dem der Betriebsrat neu zu wählen ist. [5]In den Fällen des § 13 Abs. 2 Nr. 1 und 2 endet die Amtszeit mit der Bekanntgabe des Wahlergebnisses des neu gewählten Betriebsrats.

§ 21 a[1]) Übergangsmandat

(1) [1]Wird ein Betrieb gespalten, so bleibt dessen Betriebsrat im Amt und führt die Geschäfte für die ihm bislang zugeordneten Betriebsteile weiter, soweit sie die Vor-

[1]) [Amtl. Anm.:] Diese Vorschrift dient der Umsetzung des Artikels 6 der Richtlinie 2001/23/EG des Rates vom 12. März 2001 zur Angleichung der Rechtsvorschriften der Mitgliedstaaten über die Wahrung von Ansprüchen der Arbeitnehmer beim Übergang von Unternehmen, Betrieben oder Betriebsteilen (ABl. EG Nr. L 82 S. 16).

aussetzungen des § 1 Abs. 1 Satz 1 erfüllen und nicht in einen Betrieb eingegliedert werden, in dem ein Betriebsrat besteht (Übergangsmandat). ²Der Betriebsrat hat insbesondere unverzüglich Wahlvorstände zu bestellen. ³Das Übergangsmandat endet, sobald in den Betriebsteilen ein neuer Betriebsrat gewählt und das Wahlergebnis bekanntgegeben ist, spätestens jedoch sechs Monate nach Wirksamwerden der Spaltung. ⁴Durch Tarifvertrag oder Betriebsvereinbarung kann das Übergangsmandat um weitere sechs Monate verlängert werden.

(2) ¹Werden Betriebe oder Betriebsteile zu einem Betrieb zusammengefasst, so nimmt der Betriebsrat des nach der Zahl der wahlberechtigten Arbeitnehmer größten Betriebs oder Betriebsteils das Übergangsmandat wahr. ²Absatz 1 gilt entsprechend.

(3) Die Absätze 1 und 2 gelten auch, wenn die Spaltung oder Zusammenlegung von Betrieben und Betriebsteilen im Zusammenhang mit einer Betriebsveräußerung oder einer Umwandlung nach dem Umwandlungsgesetz erfolgt.

§ 21 b Restmandat

Geht ein Betrieb durch Stilllegung, Spaltung oder Zusammenlegung unter, so bleibt dessen Betriebsrat so lange im Amt, wie dies zur Wahrnehmung der damit im Zusammenhang stehenden Mitwirkungs- und Mitbestimmungsrechte erforderlich ist.

§ 22 Weiterführung der Geschäfte des Betriebsrats

In den Fällen des § 13 Abs. 2 Nr. 1 bis 3 führt der Betriebsrat die Geschäfte weiter, bis der neue Betriebsrat gewählt und das Wahlergebnis bekanntgegeben ist.

§ 23¹⁾ Verletzung gesetzlicher Pflichten

(1) ¹Mindestens ein Viertel der wahlberechtigten Arbeitnehmer, der Arbeitgeber oder eine im Betrieb vertretene Gewerkschaft können beim Arbeitsgericht den Ausschluss eines Mitglieds aus dem Betriebsrat oder die Auflösung des Betriebsrats wegen grober Verletzung seiner gesetzlichen Pflichten beantragen. ²Der Ausschluss eines Mitglieds kann auch vom Betriebsrat beantragt werden.

(2) ¹Wird der Betriebsrat aufgelöst, so setzt das Arbeitsgericht unverzüglich einen Wahlvorstand für die Neuwahl ein. ²§ 16 Abs. 2 gilt entsprechend.

(3) ¹Der Betriebsrat oder eine im Betrieb vertretene Gewerkschaft können bei groben Verstößen des Arbeitgebers gegen seine Verpflichtungen aus diesem Gesetz beim Arbeitsgericht beantragen, dem Arbeitgeber aufzugeben, eine Handlung zu unterlassen, die Vornahme einer Handlung zu dulden oder eine Handlung vorzunehmen. ²Handelt der Arbeitgeber der ihm durch rechtskräftige gerichtliche Entscheidung auferlegten Verpflichtung zuwider, eine Handlung zu unterlassen oder die Vornahme einer Handlung zu dulden, so ist er auf Antrag vom Arbeitsgericht wegen einer jeden Zuwiderhandlung nach vorheriger Androhung zu einem Ordnungsgeld zu verurteilen. ³Führt der Arbeitgeber die ihm durch eine rechtskräftige gerichtliche Entscheidung auferlegte Handlung nicht durch, so ist auf Antrag vom Arbeitsgericht zu erkennen, dass er zur Vornahme der Handlung durch Zwangsgeld anzuhalten sei. ⁴Antragsberechtigt sind der Betriebsrat oder eine im Betrieb vertretene Gewerkschaft. ⁵Das Höchstmaß des Ordnungsgeldes und Zwangsgeldes beträgt 10 000 Euro.

§ 24 Erlöschen der Mitgliedschaft

Die Mitgliedschaft im Betriebsrat erlischt durch
1. Ablauf der Amtszeit,
2. Niederlegung des Betriebsratsamtes,
3. Beendigung des Arbeitsverhältnisses,

---

¹⁾ § 23 Abs. 3 Satz 5 geänd. durch G v. 21. 12. 2000 (BGBl. I S. 1983).

4. Verlust der Wählbarkeit,
5. Ausschluss aus dem Betriebsrat oder Auflösung des Betriebsrats auf Grund einer gerichtlichen Entscheidung,
6. gerichtliche Entscheidung über die Feststellung der Nichtwählbarkeit nach Ablauf der in § 19 Abs. 2 bezeichneten Frist, es sei denn, der Mangel liegt nicht mehr vor.

§ 25 Ersatzmitglieder

(1) [1] Scheidet ein Mitglied des Betriebsrats aus, so rückt ein Ersatzmitglied nach. [2] Dies gilt entsprechend für die Stellvertretung eines zeitweilig verhinderten Mitglieds des Betriebsrats.

(2) [1] Die Ersatzmitglieder werden unter Berücksichtigung des § 15 Abs. 2 der Reihe nach aus den nichtgewählten Arbeitnehmern derjenigen Vorschlagslisten entnommen, denen die zu ersetzenden Mitglieder angehören. [2] Ist eine Vorschlagsliste erschöpft, so ist das Ersatzmitglied derjenigen Vorschlagsliste zu entnehmen, auf die nach den Grundsätzen der Verhältniswahl der nächste Sitz entfallen würde. [3] Ist das ausgeschiedene oder verhinderte Mitglied nach den Grundsätzen der Mehrheitswahl gewählt, so bestimmt sich die Reihenfolge der Ersatzmitglieder unter Berücksichtigung des § 15 Abs. 2 nach der Höhe der erreichten Stimmenzahlen.

Dritter Abschnitt. Geschäftsführung des Betriebsrats

§ 26 Vorsitzender

(1) Der Betriebsrat wählt aus seiner Mitte den Vorsitzenden und dessen Stellvertreter.

(2) [1] Der Vorsitzende des Betriebsrats oder im Fall seiner Verhinderung sein Stellvertreter vertritt den Betriebsrat im Rahmen der von ihm gefassten Beschlüsse. [2] Zur Entgegennahme von Erklärungen, die dem Betriebsrat gegenüber abzugeben sind, ist der Vorsitzende des Betriebsrats oder im Fall seiner Verhinderung sein Stellvertreter berechtigt.

§ 27 Betriebsausschuss

(1) [1] Hat ein Betriebsrat neun oder mehr Mitglieder, so bildet er einen Betriebsausschuss. [2] Der Betriebsausschuss besteht aus dem Vorsitzenden des Betriebsrats, dessen Stellvertreter und bei Betriebsräten mit
9 bis 15 Mitgliedern aus 3 weiteren Ausschussmitgliedern,
17 bis 23 Mitgliedern aus 5 weiteren Ausschussmitgliedern,
25 bis 35 Mitgliedern aus 7 weiteren Ausschussmitgliedern,
37 oder mehr Mitgliedern aus 9 weiteren Ausschussmitgliedern.
[3] Die weiteren Ausschussmitglieder werden vom Betriebsrat aus seiner Mitte in geheimer Wahl und nach den Grundsätzen der Verhältniswahl gewählt. [4] Wird nur ein Wahlvorschlag gemacht, so erfolgt die Wahl nach den Grundsätzen der Mehrheitswahl. [5] Sind die weiteren Ausschussmitglieder nach den Grundsätzen der Verhältniswahl gewählt, so erfolgt die Abberufung durch Beschluss des Betriebsrats, der in geheimer Abstimmung gefasst wird und einer Mehrheit von drei Vierteln der Stimmen der Mitglieder des Betriebsrats bedarf.

(2) [1] Der Betriebsausschuss führt die laufenden Geschäfte des Betriebsrats. [2] Der Betriebsrat kann dem Betriebsausschuss mit der Mehrheit der Stimmen seiner Mitglieder Aufgaben zur selbständigen Erledigung übertragen; dies gilt nicht für den Abschluss von Betriebsvereinbarungen. [3] Die Übertragung bedarf der Schriftform. [4] Die Sätze 2 und 3 gelten entsprechend für den Widerruf der Übertragung von Aufgaben.

(3) Betriebsräte mit weniger als neun Mitgliedern können die laufenden Geschäfte auf den Vorsitzenden des Betriebsrats oder andere Betriebsratsmitglieder übertragen.

§ 28 Übertragung von Aufgaben auf Ausschüsse

(1) [1] Der Betriebsrat kann in Betrieben mit mehr als 100 Arbeitnehmern Ausschüsse bilden und ihnen bestimmte Aufgaben übertragen. [2] Für die Wahl und Abberufung der Ausschussmitglieder gilt § 27 Abs. 1 Satz 3 bis 5 entsprechend. [3] Ist ein Betriebsausschuss gebildet, kann der Betriebsrat den Ausschüssen Aufgaben zur selbständigen Erledigung übertragen; § 27 Abs. 2 Satz 2 bis 4 gilt entsprechend.

(2) Absatz 1 gilt entsprechend für die Übertragung von Aufgaben zur selbständigen Entscheidung auf Mitglieder des Betriebsrats in Ausschüssen, deren Mitglieder vom Betriebsrat und vom Arbeitgeber benannt werden.

§ 28 a Übertragung von Aufgaben auf Arbeitsgruppen

(1) [1] In Betrieben mit mehr als 100 Arbeitnehmern kann der Betriebsrat mit der Mehrheit der Stimmen seiner Mitglieder bestimmte Aufgaben auf Arbeitsgruppen übertragen; dies erfolgt nach Maßgabe einer mit dem Arbeitgeber abzuschließenden Rahmenvereinbarung. [2] Die Aufgaben müssen im Zusammenhang mit den von der Arbeitsgruppe zu erledigenden Tätigkeiten stehen. [3] Die Übertragung bedarf der Schriftform. [4] Für den Widerruf der Übertragung gelten Satz 1 erster Halbsatz und Satz 3 entsprechend.

(2) [1] Die Arbeitsgruppe kann im Rahmen der ihr übertragenen Aufgaben mit dem Arbeitgeber Vereinbarungen schließen; eine Vereinbarung bedarf der Mehrheit der Stimmen der Gruppenmitglieder. [2] § 77 gilt entsprechend. [3] Können sich Arbeitgeber und Arbeitsgruppe in einer Angelegenheit nicht einigen, nimmt der Betriebsrat das Beteiligungsrecht wahr.

§ 29 Einberufung der Sitzungen

(1) [1] Vor Ablauf einer Woche nach dem Wahltag hat der Wahlvorstand die Mitglieder des Betriebsrats zu der nach § 26 Abs. 1 vorgeschriebenen Wahl einzuberufen. [2] Der Vorsitzende des Wahlvorstands leitet die Sitzung, bis der Betriebsrat aus seiner Mitte einen Wahlleiter bestellt hat.

(2) [1] Die weiteren Sitzungen beruft der Vorsitzende des Betriebsrats ein. [2] Er setzt die Tagesordnung fest und leitet die Verhandlung. [3] Der Vorsitzende hat die Mitglieder des Betriebsrats zu den Sitzungen rechtzeitig unter Mitteilung der Tagesordnung zu laden. [4] Dies gilt auch für die Schwerbehindertenvertretung sowie für die Jugend- und Auszubildendenvertreter, soweit sie ein Recht auf Teilnahme an der Betriebsratssitzung haben. [5] Kann ein Mitglied des Betriebsrats oder der Jugend- und Auszubildendenvertretung an der Sitzung nicht teilnehmen, so soll es dies unter Angabe der Gründe unverzüglich dem Vorsitzenden mitteilen. [6] Der Vorsitzende hat für ein verhindertes Betriebsratsmitglied oder für einen verhinderten Jugend- und Auszubildendenvertreter das Ersatzmitglied zu laden.

(3) Der Vorsitzende hat eine Sitzung einzuberufen und den Gegenstand, dessen Beratung beantragt ist, auf die Tagesordnung zu setzen, wenn dies ein Viertel der Mitglieder des Betriebsrats oder der Arbeitgeber beantragt.

(4) [1] Der Arbeitgeber nimmt an den Sitzungen, die auf sein Verlangen anberaumt sind, und an den Sitzungen, zu denen er ausdrücklich eingeladen ist, teil. [2] Er kann einen Vertreter der Vereinigung der Arbeitgeber, der er angehört, hinzuziehen.

§ 30 Betriebsratssitzungen

[1] Die Sitzungen des Betriebsrats finden in der Regel während der Arbeitszeit statt. [2] Der Betriebsrat hat bei der Ansetzung von Betriebsratssitzungen auf die betrieblichen Notwendigkeiten Rücksicht zu nehmen. [3] Der Arbeitgeber ist vom Zeitpunkt der Sitzung vorher zu verständigen. [4] Die Sitzungen des Betriebsrats sind nicht öffentlich.

§ 31 Teilnahme der Gewerkschaften

Auf Antrag von einem Viertel der Mitglieder des Betriebsrats kann ein Beauftragter einer im Betriebsrat vertretenen Gewerkschaft an den Sitzungen beratend teilnehmen; in diesem Fall sind der Zeitpunkt der Sitzung und die Tagesordnung der Gewerkschaft rechtzeitig mitzuteilen.

§ 32 Teilnahme der Schwerbehindertenvertretung

Die Schwerbehindertenvertretung (§ 94 des Neunten Buches Sozialgesetzbuch) kann an allen Sitzungen des Betriebsrats beratend teilnehmen.

§ 33 Beschlüsse des Betriebsrats

(1) [1] Die Beschlüsse des Betriebsrats werden, soweit in diesem Gesetz nichts anderes bestimmt ist, mit der Mehrheit der Stimmen der anwesenden Mitglieder gefasst. [2] Bei Stimmengleichheit ist ein Antrag abgelehnt.

(2) Der Betriebsrat ist nur beschlussfähig, wenn mindestens die Hälfte der Betriebsratsmitglieder an der Beschlussfassung teilnimmt; Stellvertretung durch Ersatzmitglieder ist zulässig.

(3) Nimmt die Jugend- und Auszubildendenvertretung an der Beschlussfassung teil, so werden die Stimmen der Jugend- und Auszubildendenvertreter bei der Feststellung der Stimmenmehrheit mitgezählt.

§ 34 Sitzungsniederschrift

(1) [1] Über jede Verhandlung des Betriebsrats ist eine Niederschrift aufzunehmen, die mindestens den Wortlaut der Beschlüsse und die Stimmenmehrheit, mit der sie gefasst sind, enthält. [2] Die Niederschrift ist von dem Vorsitzenden und einem weiteren Mitglied zu unterzeichnen. [3] Der Niederschrift ist eine Anwesenheitsliste beizufügen, in die sich jeder Teilnehmer eigenhändig einzutragen hat.

(2) [1] Hat der Arbeitgeber oder ein Beauftragter einer Gewerkschaft an der Sitzung teilgenommen, so ist ihm der entsprechende Teil der Niederschrift abschriftlich auszuhändigen. [2] Einwendungen gegen die Niederschrift sind unverzüglich schriftlich zu erheben; sie sind der Niederschrift beizufügen.

(3) Die Mitglieder des Betriebsrats haben das Recht, die Unterlagen des Betriebsrats und seiner Ausschüsse jederzeit einzusehen.

§ 35 Aussetzung von Beschlüssen

(1) Erachtet die Mehrheit der Jugend- und Auszubildendenvertretung oder die Schwerbehindertenvertretung einen Beschluss des Betriebsrats als eine erhebliche Beeinträchtigung wichtiger Interessen der durch sie vertretenen Arbeitnehmer, so ist auf ihren Antrag der Beschluss auf die Dauer von einer Woche vom Zeitpunkt der Beschlussfassung an auszusetzen, damit in dieser Frist eine Verständigung, gegebenenfalls mit Hilfe der im Betrieb vertretenen Gewerkschaften, versucht werden kann.

(2) [1] Nach Ablauf der Frist ist über die Angelegenheit neu zu beschließen. [2] Wird der erste Beschluss bestätigt, so kann der Antrag auf Aussetzung nicht wiederholt werden; dies gilt auch, wenn der erste Beschluss nur unerheblich geändert wird.

§ 36 Geschäftsordnung

Sonstige Bestimmungen über die Geschäftsführung sollen in einer schriftlichen Geschäftsordnung getroffen werden, die der Betriebsrat mit der Mehrheit der Stimmen seiner Mitglieder beschließt.

§ 37 Ehrenamtliche Tätigkeit, Arbeitsversäumnis

(1) Die Mitglieder des Betriebsrats führen ihr Amt unentgeltlich als Ehrenamt.

(2) Mitglieder des Betriebsrats sind von ihrer beruflichen Tätigkeit ohne Minderung des Arbeitsentgelts zu befreien, wenn und soweit es nach Umfang und Art des Betriebs zur ordnungsgemäßen Durchführung ihrer Aufgaben erforderlich ist.

(3) [1] Zum Ausgleich für Betriebsratstätigkeit, die aus betriebsbedingten Gründen außerhalb der Arbeitszeit durchzuführen ist, hat das Betriebsratsmitglied Anspruch auf entsprechende Arbeitsbefreiung unter Fortzahlung des Arbeitsentgelts. [2] Betriebsbedingte Gründe liegen auch vor, wenn die Betriebsratstätigkeit wegen der unterschiedlichen Arbeitszeiten der Betriebsratsmitglieder nicht innerhalb der persönlichen Arbeitszeit erfolgen kann. [3] Die Arbeitsbefreiung ist vor Ablauf eines Monats zu gewähren; ist dies aus betriebsbedingten Gründen nicht möglich, so ist die aufgewendete Zeit wie Mehrarbeit zu vergüten.

(4) [1] Das Arbeitsentgelt von Mitgliedern des Betriebsrats darf einschließlich eines Zeitraums von einem Jahr nach Beendigung der Amtszeit nicht geringer bemessen werden als das Arbeitsentgelt vergleichbarer Arbeitnehmer mit betriebsüblicher beruflicher Entwicklung. [2] Dies gilt auch für allgemeine Zuwendungen des Arbeitgebers.

(5) Soweit nicht zwingende betriebliche Notwendigkeiten entgegenstehen, dürfen Mitglieder des Betriebsrats einschließlich eines Zeitraums von einem Jahr nach Beendigung der Amtszeit nur mit Tätigkeiten beschäftigt werden, die den Tätigkeiten der in Absatz 4 genannten Arbeitnehmer gleichwertig sind.

(6) [1] Die Absätze 2 und 3 gelten entsprechend für die Teilnahme an Schulungs- und Bildungsveranstaltungen, soweit diese Kenntnisse vermitteln, die für die Arbeit des Betriebsrats erforderlich sind. [2] Betriebsbedingte Gründe im Sinne des Absatzes 3 liegen auch vor, wenn wegen Besonderheiten der betrieblichen Arbeitszeitgestaltung die Schulung des Betriebsratsmitglieds außerhalb seiner Arbeitszeit erfolgt; in diesem Fall ist der Umfang des Ausgleichsanspruchs unter Einbeziehung der Arbeitsbefreiung nach Absatz 2 pro Schulungstag begrenzt auf die Arbeitszeit eines vollzeitbeschäftigten Arbeitnehmers. [3] Der Betriebsrat hat bei der Festlegung der zeitlichen Lage der Teilnahme an Schulungs- und Bildungsveranstaltungen die betrieblichen Notwendigkeiten zu berücksichtigen. [4] Er hat dem Arbeitgeber die Teilnahme und die zeitliche Lage der Schulungs- und Bildungsveranstaltungen rechtzeitig bekannt zu geben. [5] Hält der Arbeitgeber die betrieblichen Notwendigkeiten für nicht ausreichend berücksichtigt, so kann er die Einigungsstelle anrufen. [6] Der Spruch der Einigungsstelle ersetzt die Einigung zwischen Arbeitgeber und Betriebsrat.

(7) [1] Unbeschadet der Vorschrift des Absatzes 6 hat jedes Mitglied des Betriebsrats während seiner regelmäßigen Amtszeit Anspruch auf bezahlte Freistellung für insgesamt drei Wochen zur Teilnahme an Schulungs- und Bildungsveranstaltungen, die von der zuständigen obersten Arbeitsbehörde des Landes nach Beratung mit den Spitzenorganisationen der Gewerkschaften und der Arbeitgeberverbände als geeignet anerkannt sind. [2] Der Anspruch nach Satz 1 erhöht sich für Arbeitnehmer, die erstmals das Amt eines Betriebsratsmitglieds übernehmen und auch nicht zuvor Jugend- und Auszubildendenvertreter waren, auf vier Wochen. [3] Absatz 6 Satz 2 bis 6 findet Anwendung.

§ 38 Freistellungen

(1) [1] Von ihrer beruflichen Tätigkeit sind mindestens freizustellen in Betrieben mit in der Regel

200 bis	500 Arbeitnehmern	ein	Betriebsratsmitglied,
501 bis	900 Arbeitnehmern	2	Betriebsratsmitglied,
901 bis	1500 Arbeitnehmern	3	Betriebsratsmitglied,

1501	bis	2000 Arbeitnehmern	4	Betriebsratsmitglied,
2001	bis	3000 Arbeitnehmern	5	Betriebsratsmitglied,
3001	bis	4000 Arbeitnehmern	6	Betriebsratsmitglied,
4001	bis	5000 Arbeitnehmern	7	Betriebsratsmitglied,
5001	bis	6000 Arbeitnehmern	8	Betriebsratsmitglied,
6001	bis	7000 Arbeitnehmern	9	Betriebsratsmitglied,
7001	bis	8000 Arbeitnehmern	10	Betriebsratsmitglied,
8001	bis	9000 Arbeitnehmern	11	Betriebsratsmitglied,
9001	bis	10000 Arbeitnehmern	12	Betriebsratsmitglied,

[2] In Betrieben mit über 10000 Arbeitnehmern ist für je angefangene weitere 2000 Arbeitnehmer ein weiteres Betriebsratsmitglied freizustellen. [3] Freistellungen können auch in Form von Teilfreistellungen erfolgen. [4] Diese dürfen zusammengenommen nicht den Umfang der Freistellungen nach den Sätzen 1 und 2 überschreiten. [5] Durch Tarifvertrag oder Betriebsvereinbarung können anderweitige Regelungen über die Freistellung vereinbart werden.

(2) [1] Die freizustellenden Betriebsratsmitglieder werden nach Beratung mit dem Arbeitgeber vom Betriebsrat aus seiner Mitte in geheimer Wahl und nach den Grundsätzen der Verhältniswahl gewählt. [2] Wird nur ein Wahlvorschlag gemacht, so erfolgt die Wahl nach den Grundsätzen der Mehrheitswahl; ist nur ein Betriebsratsmitglied freizustellen, so wird dieses mit einfacher Stimmenmehrheit gewählt. [3] Der Betriebsrat hat die Namen der Freizustellenden dem Arbeitgeber bekannt zu geben. [4] Hält der Arbeitgeber eine Freistellung für sachlich nicht vertretbar, so kann er innerhalb einer Frist von zwei Wochen nach der Bekanntgabe die Einigungsstelle anrufen. [5] Der Spruch der Einigungsstelle ersetzt die Einigung zwischen Arbeitgeber und Betriebsrat. [6] Bestätigt die Einigungsstelle die Bedenken des Arbeitgebers, so hat sie bei der Bestimmung eines anderen freizustellenden Betriebsratsmitglieds auch den Minderheitenschutz im Sinne des Satzes 1 zu beachten. [7] Ruft der Arbeitgeber die Einigungsstelle nicht an, so gilt sein Einverständnis mit den Freistellungen nach Ablauf der zweiwöchigen Frist als erteilt. [8] Für die Abberufung gilt § 27 Abs. 1 Satz 5 entsprechend.

(3) Der Zeitraum für die Weiterzahlung des nach § 37 Abs. 4 zu bemessenden Arbeitsentgelts und für die Beschäftigung nach § 37 Abs. 5 erhöht sich für Mitglieder des Betriebsrats, die drei volle aufeinanderfolgende Amtszeiten freigestellt waren, auf zwei Jahre nach Ablauf der Amtszeit.

(4) [1] Freigestellte Betriebsratsmitglieder dürfen von inner- und außerbetrieblichen Maßnahmen der Berufsbildung nicht ausgeschlossen werden. [2] Innerhalb eines Jahres nach Beendigung der Freistellung eines Betriebsratsmitglieds ist diesem im Rahmen der Möglichkeiten des Betriebs Gelegenheit zu geben, eine wegen der Freistellung unterbliebene betriebsübliche berufliche Entwicklung nachzuholen. [3] Für Mitglieder des Betriebsrats, die drei volle aufeinanderfolgende Amtszeiten freigestellt waren, erhöht sich der Zeitraum nach Satz 2 auf zwei Jahre.

§ 39 Sprechstunden

(1) [1] Der Betriebsrat kann während der Arbeitszeit Sprechstunden einrichten. [2] Zeit und Ort sind mit dem Arbeitgeber zu vereinbaren. [3] Kommt eine Einigung nicht zustande, so entscheidet die Einigungsstelle. [4] Der Spruch der Einigungsstelle ersetzt die Einigung zwischen Arbeitgeber und Betriebsrat.

(2) Führt die Jugend- und Auszubildendenvertretung keine eigenen Sprechstunden durch, so kann an den Sprechstunden des Betriebsrats ein Mitglied der Jugend- und Auszubildendenvertretung zur Beratung der in § 60 Abs. 1 genannten Arbeitnehmer teilnehmen.

(3) Versäumnis von Arbeitszeit, die zum Besuch der Sprechstunden oder durch sonstige Inanspruchnahme des Betriebsrats erforderlich ist, berechtigt den Arbeitgeber nicht zur Minderung des Arbeitsentgelts des Arbeitnehmers.

§ 40 Kosten und Sachaufwand des Betriebsrats

(1) Die durch die Tätigkeit des Betriebsrats entstehenden Kosten trägt der Arbeitgeber.

(2) Für die Sitzungen, die Sprechstunden und die laufende Geschäftsführung hat der Arbeitgeber in erforderlichem Umfang Räume, sachliche Mittel, Informations- und Kommunikationstechnik sowie Büropersonal zur Verfügung zu stellen.

§ 41 Umlageverbot

Die Erhebung und Leistung von Beiträgen der Arbeitnehmer für Zwecke des Betriebsrats ist unzulässig.

Vierter Abschnitt. Betriebsversammlung

§ 42 Zusammensetzung, Teilversammlung, Abteilungsversammlung

(1) [1]Die Betriebsversammlung besteht aus den Arbeitnehmern des Betriebs; sie wird von dem Vorsitzenden des Betriebsrats geleitet. [2]Sie ist nicht öffentlich. [3]Kann wegen der Eigenart des Betriebs eine Versammlung aller Arbeitnehmer zum gleichen Zeitpunkt nicht stattfinden, so sind Teilversammlungen durchzuführen.

(2) [1]Arbeitnehmer organisatorisch oder räumlich abgegrenzter Betriebsteile sind vom Betriebsrat zu Abteilungsversammlungen zusammenzufassen, wenn dies für die Erörterung der besonderen Belange der Arbeitnehmer erforderlich ist. [2]Die Abteilungsversammlung wird von einem Mitglied des Betriebsrats geleitet, das möglichst einem beteiligten Betriebsteil als Arbeitnehmer angehört. [3]Absatz 1 Satz 2 und 3 gilt entsprechend.

§ 43 Regelmäßige Betriebs- und Abteilungsversammlungen

(1) [1]Der Betriebsrat hat einmal in jedem Kalendervierteljahr eine Betriebsversammlung einzuberufen und in ihr einen Tätigkeitsbericht zu erstatten. [2]Liegen die Voraussetzungen des § 42 Abs. 2 Satz 1 vor, so hat der Betriebsrat in jedem Kalenderjahr zwei der in Satz 1 genannten Betriebsversammlungen als Abteilungsversammlungen durchzuführen. [3]Die Abteilungsversammlungen sollen möglichst gleichzeitig stattfinden. [4]Der Betriebsrat kann in jedem Kalenderhalbjahr eine weitere Betriebsversammlung oder, wenn die Voraussetzungen des § 42 Abs. 2 Satz 1 vorliegen, einmal weitere Abteilungsversammlungen durchführen, wenn dies aus besonderen Gründen zweckmäßig erscheint.

(2) [1]Der Arbeitgeber ist zu den Betriebs- und Abteilungsversammlungen unter Mitteilung der Tagesordnung einzuladen. [2]Er ist berechtigt, in den Versammlungen zu sprechen. [3]Der Arbeitgeber oder sein Vertreter hat mindestens einmal in jedem Kalenderjahr in einer Betriebsversammlung über das Personal- und Sozialwesen einschließlich des Stands der Gleichstellung von Frauen und Männern im Betrieb sowie der Integration der im Betrieb beschäftigten ausländischen Arbeitnehmer, über die wirtschaftliche Lage und Entwicklung des Betriebs sowie über den betrieblichen Umweltschutz zu berichten, soweit dadurch nicht Betriebs- oder Geschäftsgeheimnisse gefährdet werden.

(3) [1]Der Betriebsrat ist berechtigt und auf Wunsch des Arbeitgebers oder von mindestens einem Viertel der wahlberechtigten Arbeitnehmer verpflichtet, eine Betriebsversammlung einzuberufen und den beantragten Beratungsgegenstand auf die Tagesordnung zu setzen. [2]Vom Zeitpunkt der Versammlungen, die auf Wunsch des Arbeitgebers stattfinden, ist dieser rechtzeitig zu verständigen.

(4) Auf Antrag einer im Betrieb vertretenen Gewerkschaft muss der Betriebsrat vor Ablauf von zwei Wochen nach Eingang des Antrags eine Betriebsversammlung nach

Absatz 1 Satz 1 einberufen, wenn im vorhergegangenen Kalenderhalbjahr keine Betriebsversammlung und keine Abteilungsversammlungen durchgeführt worden sind.

§ 44 Zeitpunkt und Verdienstausfall

(1) [1] Die in den §§ 14 a, 17 und 43 Abs. 1 bezeichneten und die auf Wunsch des Arbeitgebers einberufenen Versammlungen finden während der Arbeitszeit statt, soweit nicht die Eigenart des Betriebs eine andere Regelung zwingend erfordert. [2] Die Zeit der Teilnahme an diesen Versammlungen einschließlich der zusätzlichen Wegezeiten ist den Arbeitnehmern wie Arbeitszeit zu vergüten. [3] Dies gilt auch dann, wenn die Versammlungen wegen der Eigenart des Betriebs außerhalb der Arbeitszeit stattfinden; Fahrkosten, die den Arbeitnehmern durch die Teilnahme an diesen Versammlungen entstehen, sind vom Arbeitgeber zu erstatten.

(2) [1] Sonstige Betriebs- oder Abteilungsversammlungen finden außerhalb der Arbeitszeit statt. [2] Hiervon kann im Einvernehmen mit dem Arbeitgeber abgewichen werden; im Einvernehmen mit dem Arbeitgeber während der Arbeitszeit durchgeführte Versammlungen berechtigen den Arbeitgeber nicht, das Arbeitsentgelt zu mindern.

§ 45 Themen der Betriebs- und Abteilungsversammlungen

[1] Die Betriebs- und Abteilungsversammlungen können Angelegenheiten einschließlich solcher tarifpolitischer, sozialpolitischer, umweltpolitischer und wirtschaftlicher Art sowie Fragen der Förderung der Gleichstellung von Frauen und Männern und der Vereinbarkeit von Familie und Erwerbstätigkeit sowie der Integration der im Betrieb beschäftigten ausländischen Arbeitnehmer behandeln, die den Betrieb oder seine Arbeitnehmer unmittelbar betreffen; die Grundsätze des § 74 Abs. 2 finden Anwendung. [2] Die Betriebs- und Abteilungsversammlungen können dem Betriebsrat Anträge unterbreiten und zu seinen Beschlüssen Stellung nehmen.

§ 46 Beauftragte der Verbände

(1) [1] An den Betriebs- oder Abteilungsversammlungen können Beauftragte der im Betrieb vertretenen Gewerkschaften beratend teilnehmen. [2] Nimmt der Arbeitgeber an Betriebs- oder Abteilungsversammlungen teil, so kann er einen Beauftragten der Vereinigung der Arbeitgeber, der er angehört, hinzuziehen.

(2) Der Zeitpunkt und die Tagesordnung der Betriebs- oder Abteilungsversammlungen sind den im Betriebsrat vertretenen Gewerkschaften rechtzeitig schriftlich mitzuteilen.

Fünfter Abschnitt. Gesamtbetriebsrat

§ 47[1] Voraussetzungen der Errichtung, Mitgliederzahl, Stimmengewicht

(1) Bestehen in einem Unternehmen mehrere Betriebsräte, so ist ein Gesamtbetriebsrat zu errichten.

(2) [1] In den Gesamtbetriebsrat entsendet jeder Betriebsrat mit bis zu drei Mitgliedern eines seiner Mitglieder; jeder Betriebsrat mit mehr als drei Mitgliedern entsendet zwei seiner Mitglieder. [2] Die Geschlechter sollen angemessen berücksichtigt werden.

(3) Der Betriebsrat hat für jedes Mitglied des Gesamtbetriebsrats mindestens ein Ersatzmitglied zu bestellen und die Reihenfolge des Nachrückens festzulegen.

---

[1] **[Amtl. Anm.:]** Gemäß Artikel 14 Satz 2 des Gesetzes zur Reform des Betriebsverfassungsgesetzes (BetrVerf-Reformgesetz) vom 23. Juli 2001 (BGBl. I S. 1852) gilt § 47 Abs. 2 (Artikel 1 Nr. 35 Buchstabe a des BetrVerf-Reformgesetzes) für im Zeitpunkt des Inkrafttretens bestehende Betriebsräte erst bei deren Neuwahl.

(4) Durch Tarifvertrag oder Betriebsvereinbarung kann die Mitgliederzahl des Gesamtbetriebsrats abweichend von Absatz 2 Satz 1 geregelt werden.

(5) Gehören nach Absatz 2 Satz 1 dem Gesamtbetriebsrat mehr als vierzig Mitglieder an und besteht keine tarifliche Regelung nach Absatz 4, so ist zwischen Gesamtbetriebsrat und Arbeitgeber eine Betriebsvereinbarung über die Mitgliederzahl des Gesamtbetriebsrats abzuschließen, in der bestimmt wird, dass Betriebsräte mehrerer Betriebe eines Unternehmens, die regional oder durch gleichartige Interessen miteinander verbunden sind, gemeinsam Mitglieder in den Gesamtbetriebsrat entsenden.

(6) [1]Kommt im Fall des Absatzes 5 eine Einigung nicht zustande, so entscheidet eine für das Gesamtunternehmen zu bildende Einigungsstelle. [2]Der Spruch der Einigungsstelle ersetzt die Einigung zwischen Arbeitgeber und Gesamtbetriebsrat.

(7) [1]Jedes Mitglied des Gesamtbetriebsrats hat so viele Stimmen, wie in dem Betrieb, in dem es gewählt wurde, wahlberechtigte Arbeitnehmer in der Wählerliste eingetragen sind. [2]Entsendet der Betriebsrat mehrere Mitglieder, so stehen ihnen die Stimmen nach Satz 1 anteilig zu.

(8) Ist ein Mitglied des Gesamtbetriebsrats für mehrere Betriebe entsandt worden, so hat es so viele Stimmen, wie in den Betrieben, für die es entsandt ist, wahlberechtigte Arbeitnehmer in den Wählerlisten eingetragen sind; sind mehrere Mitglieder entsandt worden, gilt Absatz 7 Satz 2 entsprechend.

(9) Für Mitglieder des Gesamtbetriebsrats, die aus einem gemeinsamen Betrieb mehrerer Unternehmen entsandt worden sind, können durch Tarifvertrag oder Betriebsvereinbarung von den Absätzen 7 und 8 abweichende Regelungen getroffen werden.

§ 48 Ausschluss von Gesamtbetriebsratsmitgliedern

Mindestens ein Viertel der wahlberechtigten Arbeitnehmer des Unternehmens, der Arbeitgeber, der Gesamtbetriebsrat oder eine im Unternehmen vertretene Gewerkschaft können beim Arbeitsgericht den Ausschluss eines Mitglieds aus dem Gesamtbetriebsrat wegen grober Verletzung seiner gesetzlichen Pflichten beantragen.

§ 49 Erlöschen der Mitgliedschaft

Die Mitgliedschaft im Gesamtbetriebsrat endet mit dem Erlöschen der Mitgliedschaft im Betriebsrat, durch Amtsniederlegung, durch Ausschluss aus dem Gesamtbetriebsrat aufgrund einer gerichtlichen Entscheidung oder Abberufung durch den Betriebsrat.

§ 50 Zuständigkeit

(1) [1]Der Gesamtbetriebsrat ist zuständig für die Behandlung von Angelegenheiten, die das Gesamtunternehmen oder mehrere Betriebe betreffen und nicht durch die einzelnen Betriebsräte innerhalb ihrer Betriebe geregelt werden können; seine Zuständigkeit erstreckt sich insoweit auch auf Betriebe ohne Betriebsrat. [2]Er ist den einzelnen Betriebsräten nicht übergeordnet.

(2) [1]Der Betriebsrat kann mit der Mehrheit der Stimmen seiner Mitglieder den Gesamtbetriebsrat beauftragen, eine Angelegenheit für ihn zu behandeln. [2]Der Betriebsrat kann sich dabei die Entscheidungsbefugnis vorbehalten. [3]§ 27 Abs. 2 Satz 3 und 4 gilt entsprechend.

§ 51 Geschäftsführung

(1) [1]Für den Gesamtbetriebsrat gelten § 25 Abs. 1, die §§ 26, 27 Abs. 2 und 3, § 28 Abs. 1 Satz 1 und 3, Abs. 2, die §§ 30, 31, 34, 35, 36, 37 Abs. 1 bis 3 sowie die §§ 40 und 41 entsprechend. [2]§ 27 Abs. 1 gilt entsprechend mit der Maßgabe, dass

der Gesamtbetriebsausschuss aus dem Vorsitzenden des Gesamtbetriebsrats, dessen Stellvertreter und bei Gesamtbetriebsräten mit

9 bis	16	Mitgliedern aus 3 weiteren Ausschussmitgliedern,
17 bis	24	Mitgliedern aus 5 weiteren Ausschussmitgliedern,
25 bis	36	Mitgliedern aus 7 weiteren Ausschussmitgliedern,

mehr als 36 Mitgliedern aus 9 weiteren Ausschussmitgliedern besteht.

(2) [1]Ist ein Gesamtbetriebsrat zu errichten, so hat der Betriebsrat der Hauptverwaltung des Unternehmens oder, soweit ein solcher Betriebsrat nicht besteht, der Betriebsrat des nach der Zahl der wahlberechtigten Arbeitnehmer größten Betriebs zu der Wahl des Vorsitzenden und des stellvertretenden Vorsitzenden des Gesamtbetriebsrats einzuladen. [2]Der Vorsitzende des einladenden Betriebsrats hat die Sitzung zu leiten, bis der Gesamtbetriebsrat aus seiner Mitte einen Wahlleiter bestellt hat. [3]§ 29 Abs. 2 bis 4 gilt entsprechend.

(3) [1]Die Beschlüsse des Gesamtbetriebsrats werden, soweit nichts anderes bestimmt ist, mit Mehrheit der Stimmen der anwesenden Mitglieder gefasst. [2]Bei Stimmengleichheit ist ein Antrag abgelehnt. [3]Der Gesamtbetriebsrat ist nur beschlussfähig, wenn mindestens die Hälfte seiner Mitglieder an der Beschlussfassung teilnimmt und die Teilnehmenden mindestens die Hälfte aller Stimmen vertreten; Stellvertretung durch Ersatzmitglieder ist zulässig. § 33 Abs. 3 gilt entsprechend.

(4) Auf die Beschlussfassung des Gesamtbetriebsausschusses und weiterer Ausschüsse des Gesamtbetriebsrats ist § 33 Abs. 1 und 2 anzuwenden.

(5) Die Vorschriften über die Rechte und Pflichten des Betriebsrats gelten entsprechend für den Gesamtbetriebsrat, soweit dieses Gesetz keine besonderen Vorschriften enthält.

§ 52 Teilnahme der Gesamtschwerbehindertenvertretung

Die Gesamtschwerbehindertenvertretung (§ 97 Abs. 1 des Neunten Buches Sozialgesetzbuch) kann an allen Sitzungen des Gesamtbetriebsrats beratend teilnehmen.

§ 53 Betriebsräteversammlung

(1) [1]Mindestens einmal in jedem Kalenderjahr hat der Gesamtbetriebsrat die Vorsitzenden und die stellvertretenden Vorsitzenden der Betriebsräte sowie die weiteren Mitglieder der Betriebsausschüsse zu einer Versammlung einzuberufen. [2]Zu dieser Versammlung kann der Betriebsrat abweichend von Satz 1 aus seiner Mitte andere Mitglieder entsenden, soweit dadurch die Gesamtzahl der sich für ihn nach Satz 1 ergebenden Teilnehmer nicht überschritten wird.

(2) In der Betriebsräteversammlung hat
1. der Gesamtbetriebsrat einen Tätigkeitsbericht,
2. der Unternehmer einen Bericht über das Personal- und Sozialwesen einschließlich des Stands der Gleichstellung von Frauen und Männern im Unternehmen, der Integration der im Unternehmen beschäftigten ausländischen Arbeitnehmer, über die wirtschaftliche Lage und Entwicklung des Unternehmens sowie über Fragen des Umweltschutzes im Unternehmen, soweit dadurch nicht Betriebs- und Geschäftsgeheimnisse gefährdet werden,
zu erstatten.

(3) [1]Der Gesamtbetriebsrat kann die Betriebsräteversammlung in Form von Teilversammlungen durchführen. [2]Im Übrigen gelten § 42 Abs. 1 Satz 1 zweiter Halbsatz und Satz 2, § 43 Abs. 2 Satz 1 und 2 sowie die §§ 45 und 46 entsprechend.

Sechster Abschnitt. Konzernbetriebsrat

§ 54 Errichtung des Konzernbetriebsrats

(1) [1]Für einen Konzern (§ 18 Abs. 1 des Aktiengesetzes) kann durch Beschlüsse der einzelnen Gesamtbetriebsräte ein Konzernbetriebsrat errichtet werden. [2]Die Errichtung erfordert die Zustimmung der Gesamtbetriebsräte der Konzernunternehmen, in denen insgesamt mehr als 50 vom Hundert der Arbeitnehmer der Konzernunternehmen beschäftigt sind.

(2) Besteht in einem Konzernunternehmen nur ein Betriebsrat, so nimmt dieser die Aufgaben eines Gesamtbetriebsrats nach den Vorschriften dieses Abschnitts wahr.

§ 55 Zusammensetzung des Konzernbetriebsrats, Stimmengewicht

(1) [1]In den Konzernbetriebsrat entsendet jeder Gesamtbetriebsrat zwei seiner Mitglieder. [2]Die Geschlechter sollen angemessen berücksichtigt werden.

(2) Der Gesamtbetriebsrat hat für jedes Mitglied des Konzernbetriebsrats mindestens ein Ersatzmitglied zu bestellen und die Reihenfolge des Nachrückens festzulegen.

(3) Jedem Mitglied des Konzernbetriebsrats stehen die Stimmen der Mitglieder des entsendenden Gesamtbetriebsrats je zur Hälfte zu.

(4) [1]Durch Tarifvertrag oder Betriebsvereinbarung kann die Mitgliederzahl des Konzernbetriebsrats abweichend von Absatz 1 Satz 1 geregelt werden. [2]§ 47 Abs. 5 bis 9 gilt entsprechend.

§ 56 Ausschluss von Konzernbetriebsratsmitgliedern

Mindestens ein Viertel der wahlberechtigten Arbeitnehmer der Konzernunternehmen, der Arbeitgeber, der Konzernbetriebsrat oder eine im Konzern vertretene Gewerkschaft können beim Arbeitsgericht den Ausschluss eines Mitglieds aus dem Konzernbetriebsrat wegen grober Verletzung seiner gesetzlichen Pflichten beantragen.

§ 57 Erlöschen der Mitgliedschaft

Die Mitgliedschaft im Konzernbetriebsrat endet mit dem Erlöschen der Mitgliedschaft im Gesamtbetriebsrat, durch Amtsniederlegung, durch Ausschluss aus dem Konzernbetriebsrat auf Grund einer gerichtlichen Entscheidung oder Abberufung durch den Gesamtbetriebsrat.

§ 58 Zuständigkeit

(1) [1]Der Konzernbetriebsrat ist zuständig für die Behandlung von Angelegenheiten, die den Konzern oder mehrere Konzernunternehmen betreffen und nicht durch die einzelnen Gesamtbetriebsräte innerhalb ihrer Unternehmen geregelt werden können; seine Zuständigkeit erstreckt sich insoweit auch auf Unternehmen, die einen Gesamtbetriebsrat nicht gebildet haben, sowie auf Betriebe der Konzernunternehmen ohne Betriebsrat. [2]Er ist den einzelnen Gesamtbetriebsräten nicht übergeordnet.

(2) [1]Der Gesamtbetriebsrat kann mit der Mehrheit der Stimmen seiner Mitglieder den Konzernbetriebsrat beauftragen, eine Angelegenheit für ihn zu behandeln. [2]Der Gesamtbetriebsrat kann sich dabei die Entscheidungsbefugnis vorbehalten. [3]§ 27 Abs. 2 Satz 3 und 4 gilt entsprechend.

§ 59 Geschäftsführung

(1) Für den Konzernbetriebsrat gelten § 25 Abs. 1, die §§ 26, 27 Abs. 2 und 3, § 28 Abs. 1 Satz 1 und 3, Abs. 2, die §§ 30, 31, 34, 35, 36, 37 Abs. 1 bis 3 sowie die §§ 40, 41 und 51 Abs. 1 Satz 2 und Abs. 3 bis 5 entsprechend.

(2) [1]Ist ein Konzernbetriebsrat zu errichten, so hat der Gesamtbetriebsrat des herrschenden Unternehmens oder, soweit ein solcher Gesamtbetriebsrat nicht besteht, der Gesamtbetriebsrat des nach der Zahl der wahlberechtigten Arbeitnehmer größten Konzernunternehmens zu der Wahl des Vorsitzenden und des stellvertretenden Vorsitzenden des Konzernbetriebsrats einzuladen. [2]Der Vorsitzende des einladenden Gesamtbetriebsrats hat die Sitzung zu leiten, bis der Konzernbetriebsrat aus seiner Mitte einen Wahlleiter bestellt hat. [3]§ 29 Abs. 2 bis 4 gilt entsprechend.

§ 59a Teilnahme der Konzernschwerbehindertenvertretung

Die Konzernschwerbehindertenvertretung (§ 97 Abs. 2 des Neunten Buches Sozialgesetzbuch) kann an allen Sitzungen des Konzernbetriebsrats beratend teilnehmen.

Dritter Teil. Jugend- und Auszubildendenvertretung

Erster Abschnitt. Betriebliche Jugend- und Auszubildendenvertretung

§ 60 Errichtung und Aufgabe

(1) In Betrieben mit in der Regel mindestens fünf Arbeitnehmern, die das 18. Lebensjahr noch nicht vollendet haben (jugendliche Arbeitnehmer) oder die zu ihrer Berufsausbildung beschäftigt sind und das 25. Lebensjahr noch nicht vollendet haben, werden Jugend- und Auszubildendenvertretungen gewählt.

(2) Die Jugend- und Auszubildendenvertretung nimmt nach Maßgabe der folgenden Vorschriften die besonderen Belange der in Absatz 1 genannten Arbeitnehmer wahr.

§ 61 Wahlberechtigung und Wählbarkeit

(1) Wahlberechtigt sind alle in § 60 Abs. 1 genannten Arbeitnehmer des Betriebs.

(2) [1]Wählbar sind alle Arbeitnehmer des Betriebs, die das 25. Lebensjahr noch nicht vollendet haben; § 8 Abs. 1 Satz 3 findet Anwendung. [2]Mitglieder des Betriebsrats können nicht zu Jugend- und Auszubildendenvertretern gewählt werden.

§ 62 Zahl der Jugend- und Auszubildendenvertreter, Zusammensetzung der Jugend- und Auszubildendenvertretung

(1) Die Jugend- und Auszubildendenvertretung besteht in Betrieben mit in der Regel

5	bis	20	der in § 60 Abs. 1 genannten Arbeitnehmer	aus einer Person,
21	bis	50	der in § 60 Abs. 1 genannten Arbeitnehmer	aus 3 Mitgliedern,
51	bis	150	der in § 60 Abs. 1 genannten Arbeitnehmer	aus 5 Mitgliedern,
151	bis	300	der in § 60 Abs. 1 genannten Arbeitnehmer	aus 7 Mitgliedern,
301	bis	500	der in § 60 Abs. 1 genannten Arbeitnehmer	aus 9 Mitgliedern,
501	bis	700	der in § 60 Abs. 1 genannten Arbeitnehmer	aus 11 Mitgliedern,
701	bis	1000	der in § 60 Abs. 1 genannten Arbeitnehmer	aus 13 Mitgliedern,
mehr	als	1000	der in § 60 Abs. 1 genannten Arbeitnehmer	aus 15 Mitgliedern.

(2) Die Jugend- und Auszubildendenvertretung soll sich möglichst aus Vertretern der verschiedenen Beschäftigungsarten und Ausbildungsberufe der im Betrieb tätigen in § 60 Abs. 1 genannten Arbeitnehmer zusammensetzen.

(3) Das Geschlecht, das unter den in § 60 Abs. 1 genannten Arbeitnehmern in der Minderheit ist, muss mindestens entsprechend seinem zahlenmäßigen Verhältnis in der Jugend- und Auszubildendenvertretung vertreten sein, wenn diese aus mindestens drei Mitgliedern besteht.

§ 63 Wahlvorschriften

(1) Die Jugend- und Auszubildendenvertretung wird in geheimer und unmittelbarer Wahl gewählt.

(2) ¹Spätestens acht Wochen vor Ablauf der Amtszeit der Jugend- und Auszubildendenvertretung bestellt der Betriebsrat den Wahlvorstand und seinen Vorsitzenden. ²Für die Wahl der Jugend- und Auszubildendenvertreter gelten § 14 Abs. 2 bis 5, § 16 Abs. 1 Satz 4 bis 6, § 18 Abs. 1 Satz 1 und Abs. 3 sowie die §§ 19 und 20 entsprechend.

(3) Bestellt der Betriebsrat den Wahlvorstand nicht oder nicht spätestens sechs Wochen vor Ablauf der Amtszeit der Jugend- und Auszubildendenvertretung oder kommt der Wahlvorstand seiner Verpflichtung nach § 18 Abs. 1 Satz 1 nicht nach, so gelten § 16 Abs. 2 Satz 1 und 2, Abs. 3 Satz 1 und § 18 Abs. 1 Satz 2 entsprechend; der Antrag beim Arbeitsgericht kann auch von jugendlichen Arbeitnehmern gestellt werden.

(4) ¹In Betrieben mit in der Regel fünf bis fünfzig der in § 60 Abs. 1 genannten Arbeitnehmer gilt auch § 14a entsprechend. ²Die Frist zur Bestellung des Wahlvorstands wird im Fall des Absatzes 2 Satz 1 auf vier Wochen und im Fall des Absatzes 3 Satz 1 auf drei Wochen verkürzt.

(5) In Betrieben mit in der Regel 51 bis 100 der in § 60 Abs. 1 genannten Arbeitnehmer gilt § 14a Abs. 5 entsprechend.

§ 64¹⁾ Zeitpunkt der Wahlen und Amtszeit

(1) ¹Die regelmäßigen Wahlen der Jugend- und Auszubildendenvertretung finden alle zwei Jahre in der Zeit vom 1. Oktober bis 30. November statt. ²Für die Wahl der Jugend- und Auszubildendenvertretung außerhalb dieser Zeit gilt § 13 Abs. 2 Nr. 2 bis 6 und Abs. 3 entsprechend.

(2) ¹Die regelmäßige Amtszeit der Jugend- und Auszubildendenvertretung beträgt zwei Jahre. ²Die Amtszeit beginnt mit der Bekanntgabe des Wahlergebnisses oder, wenn zu diesem Zeitpunkt noch eine Jugend- und Auszubildendenvertretung besteht, mit Ablauf von deren Amtszeit. ³Die Amtszeit endet spätestens am 30. November des Jahres, in dem nach Absatz 1 Satz 1 die regelmäßigen Wahlen stattfinden. ⁴In dem Fall des § 13 Abs. 3 Satz 2 endet die Amtszeit spätestens am 30. November des Jahres, in dem die Jugend- und Auszubildendenvertretung neu zu wählen ist. ⁵In dem Fall des § 13 Abs. 2 Nr. 2 endet die Amtszeit mit der Bekanntgabe des Wahlergebnisses der neu gewählten Jugend- und Auszubildendenvertretung.

(3) Ein Mitglied der Jugend- und Auszubildendenvertretung, das im Laufe der Amtszeit das 25. Lebensjahr vollendet, bleibt bis zum Ende der Amtszeit Mitglied der Jugend- und Auszubildendenvertretung.

§ 65 Geschäftsführung

(1) Für die Jugend- und Auszubildendenvertretung gelten § 23 Abs. 1, die §§ 24, 25, 26, 28 Abs. 1 Satz 1 und 2, die §§ 30, 31, 33 Abs. 1 und 2 sowie die §§ 34, 36, 37, 40 und 41 entsprechend.

(2) ¹Die Jugend- und Auszubildendenvertretung kann nach Verständigung des Betriebsrats Sitzungen abhalten; § 29 gilt entsprechend. ²An diesen Sitzungen kann der Betriebsratsvorsitzende oder ein beauftragtes Betriebsratsmitglied teilnehmen.

---

¹⁾ Siehe hierzu auch das G zur Verlängerung der Amtszeit der Jugendvertretungen in den Betrieben.

§ 66 Aussetzung von Beschlüssen des Betriebsrats

(1) Erachtet die Mehrheit der Jugend- und Auszubildendenvertreter einen Beschluss des Betriebsrats als eine erhebliche Beeinträchtigung wichtiger Interessen der in § 60 Abs. 1 genannten Arbeitnehmer, so ist auf ihren Antrag der Beschluss auf die Dauer von einer Woche auszusetzen, damit in dieser Frist eine Verständigung, gegebenenfalls mit Hilfe der im Betrieb vertretenen Gewerkschaften, versucht werden kann.

(2) Wird der erste Beschluss bestätigt, so kann der Antrag auf Aussetzung nicht wiederholt werden; dies gilt auch, wenn der erste Beschluss nur unerheblich geändert wird.

§ 67 Teilnahme an Betriebsratssitzungen

(1) [1]Die Jugend- und Auszubildendenvertretung kann zu allen Betriebsratssitzungen einen Vertreter entsenden. [2]Werden Angelegenheiten behandelt, die besonders die in § 60 Abs. 1 genannten Arbeitnehmer betreffen, so hat zu diesen Tagesordnungspunkten die gesamte Jugend- und Auszubildendenvertretung ein Teilnahmerecht.

(2) Die Jugend- und Auszubildendenvertreter haben Stimmrecht, soweit die zu fassenden Beschlüsse des Betriebsrats überwiegend die in § 60 Abs. 1 genannten Arbeitnehmer betreffen.

(3) [1]Die Jugend- und Auszubildendenvertretung kann beim Betriebsrat beantragen, Angelegenheiten, die besonders die in § 60 Abs. 1 genannten Arbeitnehmer betreffen und über die sie beraten hat, auf die nächste Tagesordnung zu setzen. [2]Der Betriebsrat soll Angelegenheiten, die besonders die in § 60 Abs. 1 genannten Arbeitnehmer betreffen, der Jugend- und Auszubildendenvertretung zur Beratung zuleiten.

§ 68 Teilnahme an gemeinsamen Besprechungen

Der Betriebsrat hat die Jugend- und Auszubildendenvertretung zu Besprechungen zwischen Arbeitgeber und Betriebsrat beizuziehen, wenn Angelegenheiten behandelt werden, die besonders die in § 60 Abs. 1 genannten Arbeitnehmer betreffen.

§ 69 Sprechstunden

[1]In Betrieben, die in der Regel mehr als fünfzig der in § 60 Abs. 1 genannten Arbeitnehmer beschäftigen, kann die Jugend- und Auszubildendenvertretung Sprechstunden während der Arbeitszeit einrichten. [2]Zeit und Ort sind durch Betriebsrat und Arbeitgeber zu vereinbaren. [3]§ 39 Abs. 1 Satz 3 und 4 und Abs. 3 gilt entsprechend. [4]An den Sprechstunden der Jugend- und Auszubildendenvertretung kann der Betriebsratsvorsitzende oder ein beauftragtes Betriebsratsmitglied beratend teilnehmen.

§ 70 Allgemeine Aufgaben

(1) Die Jugend- und Auszubildendenvertretung hat folgende allgemeine Aufgaben:
1. Maßnahmen, die den in § 60 Abs. 1 genannten Arbeitnehmern dienen, insbesondere in Fragen der Berufsbildung und der Übernahme der zu ihrer Berufsausbildung Beschäftigten in ein Arbeitsverhältnis, beim Betriebsrat zu beantragen;
1a. Maßnahmen zur Durchsetzung der tatsächlichen Gleichstellung der in § 60 Abs. 1 genannten Arbeitnehmer entsprechend § 80 Abs. 1 Nr. 2a und 2b beim Betriebsrat zu beantragen;
2. darüber zu wachen, dass die zugunsten der in § 60 Abs. 1 genannten Arbeitnehmer geltenden Gesetze, Verordnungen, Unfallverhütungsvorschriften, Tarifverträge und Betriebsvereinbarungen durchgeführt werden;

3. Anregungen von in § 60 Abs. 1 genannten Arbeitnehmern, insbesondere in Fragen der Berufsbildung, entgegenzunehmen und, falls sie berechtigt erscheinen, beim Betriebsrat auf eine Erledigung hinzuwirken. Die Jugend- und Auszubildendenvertretung hat die betroffenen in § 60 Abs. 1 genannten Arbeitnehmer über den Stand und das Ergebnis der Verhandlungen zu informieren;
4. die Integration ausländischer, in § 60 Abs. 1 genannter Arbeitnehmer im Betrieb zu fördern und entsprechende Maßnahmen beim Betriebsrat zu beantragen.

(2) [1] Zur Durchführung ihrer Aufgaben ist die Jugend- und Auszubildendenvertretung durch den Betriebsrat rechtzeitig und umfassend zu unterrichten. [2] Die Jugend- und Auszubildendenvertretung kann verlangen, dass ihr der Betriebsrat die zur Durchführung ihrer Aufgaben erforderlichen Unterlagen zur Verfügung stellt.

§ 71 Jugend- und Auszubildendenversammlung

[1] Die Jugend- und Auszubildendenvertretung kann vor oder nach jeder Betriebsversammlung im Einvernehmen mit dem Betriebsrat eine betriebliche Jugend- und Auszubildendenversammlung einberufen. [2] Im Einvernehmen mit Betriebsrat und Arbeitgeber kann die betriebliche Jugend- und Auszubildendenversammlung auch zu einem anderen Zeitpunkt einberufen werden. [3] § 43 Abs. 2 Satz 1 und 2, die §§ 44 bis 46 und § 65 Abs. 2 Satz 2 gelten entsprechend.

Zweiter Abschnitt. Gesamt-Jugend- und Auszubildendenvertretung

§ 72 Voraussetzungen der Errichtung, Mitgliederzahl, Stimmengewicht

(1) Bestehen in einem Unternehmen mehrere Jugend- und Auszubildendenvertretungen, so ist eine Gesamt-Jugend- und Auszubildendenvertretung zu errichten.

(2) In die Gesamt-Jugend- und Auszubildendenvertretung entsendet jede Jugend- und Auszubildendenvertretung ein Mitglied.

(3) Die Jugend- und Auszubildendenvertretung hat für das Mitglied der Gesamt-Jugend- und Auszubildendenvertretung mindestens ein Ersatzmitglied zu bestellen und die Reihenfolge des Nachrückens festzulegen.

(4) Durch Tarifvertrag oder Betriebsvereinbarung kann die Mitgliederzahl der Gesamt-Jugend- und Auszubildendenvertretung abweichend von Absatz 2 geregelt werden.

(5) Gehören nach Absatz 2 der Gesamt-Jugend- und Auszubildendenvertretung mehr als zwanzig Mitglieder an und besteht keine tarifliche Regelung nach Absatz 4, so ist zwischen Gesamtbetriebsrat und Arbeitgeber eine Betriebsvereinbarung über die Mitgliederzahl der Gesamt-Jugend- und Auszubildendenvertretung abzuschließen, in der bestimmt wird, dass Jugend- und Auszubildendenvertretungen mehrerer Betriebe eines Unternehmens, die regional oder durch gleichartige Interessen miteinander verbunden sind, gemeinsam Mitglieder in die Gesamt-Jugend- und Auszubildendenvertretung entsenden.

(6) [1] Kommt im Fall des Absatzes 5 eine Einigung nicht zustande, so entscheidet eine für das Gesamtunternehmen zu bildende Einigungsstelle. [2] Der Spruch der Einigungsstelle ersetzt die Einigung zwischen Arbeitgeber und Gesamtbetriebsrat.

(7) [1] Jedes Mitglied der Gesamt-Jugend- und Auszubildendenvertretung hat so viele Stimmen, wie in dem Betrieb, in dem es gewählt wurde, in § 60 Abs. 1 genannte Arbeitnehmer in der Wählerliste eingetragen sind. [2] Ist ein Mitglied der Gesamt-Jugend- und Auszubildendenvertretung für mehrere Betriebe entsandt worden, so hat es so viele Stimmen, wie in den Betrieben, für die es entsandt ist, in § 60 Abs. 1 genannte Arbeitnehmer in den Wählerlisten eingetragen sind. [3] Sind mehrere Mitglieder der Jugend- und Auszubildendenvertretung entsandt worden, so stehen diesen die Stimmen nach Satz 1 anteilig zu.

(8) Für Mitglieder der Gesamt-Jugend- und Auszubildendenvertretung, die aus einem gemeinsamen Betrieb mehrerer Unternehmen entsandt worden sind, können durch Tarifvertrag oder Betriebsvereinbarung von Absatz 7 abweichende Regelungen getroffen werden.

§ 73 Geschäftsführung und Geltung sonstiger Vorschriften

(1) [1]Die Gesamt-Jugend- und Auszubildendenvertretung kann nach Verständigung des Gesamtbetriebsrats Sitzungen abhalten. [2]An den Sitzungen kann der Vorsitzende des Gesamtbetriebsrats oder ein beauftragtes Mitglied des Gesamtbetriebsrats teilnehmen.

(2) Für die Gesamt-Jugend- und Auszubildendenvertretung gelten § 25 Abs. 1, die §§ 26, 28 Abs. 1 Satz 1, die §§ 30, 31, 34, 36, 37 Abs. 1 bis 3, die §§ 40, 41, 48, 49, 50, 51 Abs. 2 bis 5 sowie die §§ 66 bis 68 entsprechend.

Dritter Abschnitt. Konzern-Jugend- und Auszubildendenvertretung

§ 73a Voraussetzung der Errichtung, Mitgliederzahl, Stimmengewicht

(1) [1]Bestehen in einem Konzern (§ 18 Abs. 1 des Aktiengesetzes) mehrere Gesamt-Jugend- und Auszubildendenvertretungen, kann durch Beschlüsse der einzelnen Gesamt-Jugend- und Auszubildendenvertretungen eine Konzern-Jugend- und Auszubildendenvertretung errichtet werden. [2]Die Errichtung erfordert die Zustimmung der Gesamt-Jugend- und Auszubildendenvertretungen der Konzernunternehmen, in denen insgesamt mindestens 75 vom Hundert der in § 60 Abs. 1 genannten Arbeitnehmer beschäftigt sind. [3]Besteht in einem Konzernunternehmen nur eine Jugend- und Auszubildendenvertretung, so nimmt diese die Aufgaben einer Gesamt-Jugend- und Auszubildendenvertretung nach den Vorschriften dieses Abschnitts wahr.

(2) [1]In die Konzern-Jugend- und Auszubildendenvertretung entsendet jede Gesamt-Jugend- und Auszubildendenvertretung eines ihrer Mitglieder. [2]Sie hat für jedes Mitglied mindestens ein Ersatzmitglied zu bestellen und die Reihenfolge des Nachrückens festzulegen.

(3) Jedes Mitglied der Konzern-Jugend- und Auszubildendenvertretung hat so viele Stimmen, wie die Mitglieder der entsendenden Gesamt-Jugend- und Auszubildendenvertretung insgesamt Stimmen haben.

(4) § 72 Abs. 4 bis 8 gilt entsprechend.

§ 73b Geschäftsführung und Geltung sonstiger Vorschriften

(1) [1]Die Konzern-Jugend- und Auszubildendenvertretung kann nach Verständigung des Konzernbetriebsrats Sitzungen abhalten. [2]An den Sitzungen kann der Vorsitzende oder ein beauftragtes Mitglied des Konzernbetriebsrats teilnehmen.

(2) Für die Konzern-Jugend- und Auszubildendenvertretung gelten § 25 Abs. 1, die §§ 26, 28 Abs. 1 Satz 1, die §§ 30, 31, 34, 36, 37 Abs. 1 bis 3, die §§ 40, 41, 51 Abs. 3 bis 5, die §§ 56, 57, 58, 59 Abs. 2 und die §§ 66 bis 68 entsprechend.

Vierter Teil. Mitwirkung und Mitbestimmung der Arbeitnehmer

Erster Abschnitt. Allgemeines

§ 74 Grundsätze für die Zusammenarbeit

(1) [1]Arbeitgeber und Betriebsrat sollen mindestens einmal im Monat zu einer Besprechung zusammentreten. [2]Sie haben über strittige Fragen mit dem ernsten Willen

zur Einigung zu verhandeln und Vorschläge für die Beilegung von Meinungsverschiedenheiten zu machen.

(2) ¹Maßnahmen des Arbeitskampfes zwischen Arbeitgeber und Betriebsrat sind unzulässig; Arbeitskämpfe tariffähiger Parteien werden hierdurch nicht berührt. ²Arbeitgeber und Betriebsrat haben Betätigungen zu unterlassen, durch die der Arbeitsablauf oder der Frieden des Betriebs beeinträchtigt werden. ³Sie haben jede parteipolitische Betätigung im Betrieb zu unterlassen; die Behandlung von Angelegenheiten tarifpolitischer, sozialpolitischer, umweltpolitischer und wirtschaftlicher Art, die den Betrieb oder seine Arbeitnehmer unmittelbar betreffen, wird hierdurch nicht berührt.

(3) Arbeitnehmer, die im Rahmen dieses Gesetzes Aufgaben übernehmen, werden hierdurch in der Betätigung für ihre Gewerkschaft auch im Betrieb nicht beschränkt.

§ 75¹⁾ Grundsätze für die Behandlung der Betriebsangehörigen

(1) Arbeitgeber und Betriebsrat haben darüber zu wachen, dass alle im Betrieb tätigen Personen nach den Grundsätzen von Recht und Billigkeit behandelt werden, insbesondere, dass jede Benachteiligung von Personen aus Gründen ihrer Rasse oder wegen ihrer ethnischen Herkunft, ihrer Abstammung oder sonstigen Herkunft, ihrer Nationalität, ihrer Religion oder Weltanschauung, ihrer Behinderung, ihres Alters, ihrer politischen oder gewerkschaftlichen Betätigung oder Einstellung oder wegen ihres Geschlechts oder ihrer sexuellen Identität unterbleibt.

(2) ¹Arbeitgeber und Betriebsrat haben die freie Entfaltung der Persönlichkeit der im Betrieb beschäftigten Arbeitnehmer zu schützen und zu fördern. ²Sie haben die Selbständigkeit und Eigeninitiative der Arbeitnehmer und Arbeitsgruppen zu fördern.

§ 76²⁾ Einigungsstelle

(1) ¹Zur Beilegung von Meinungsverschiedenheiten zwischen Arbeitgeber und Betriebsrat, Gesamtbetriebsrat oder Konzernbetriebsrat ist bei Bedarf eine Einigungsstelle zu bilden. ²Durch Betriebsvereinbarung kann eine ständige Einigungsstelle errichtet werden.

(2) ¹Die Einigungsstelle besteht aus einer gleichen Anzahl von Beisitzern, die vom Arbeitgeber und Betriebsrat bestellt werden, und einem unparteiischen Vorsitzenden, auf dessen Person sich beide Seiten einigen müssen. ²Kommt eine Einigung über die Person des Vorsitzenden nicht zustande, so bestellt ihn das Arbeitsgericht. ³Dieses entscheidet auch, wenn kein Einverständnis über die Zahl der Beisitzer erzielt wird.

(3) ¹Die Einigungsstelle hat unverzüglich tätig zu werden. ²Sie fasst ihre Beschlüsse nach mündlicher Beratung mit Stimmenmehrheit. ³Bei der Beschlussfassung hat sich der Vorsitzende zunächst der Stimme zu enthalten; kommt eine Stimmenmehrheit nicht zustande, so nimmt der Vorsitzende nach weiterer Beratung an der erneuten Beschlussfassung teil. ⁴Die Beschlüsse der Einigungsstelle sind schriftlich niederzulegen, vom Vorsitzenden zu unterschreiben und Arbeitgeber und Betriebsrat zuzuleiten.

(4) Durch Betriebsvereinbarung können weitere Einzelheiten des Verfahrens vor der Einigungsstelle geregelt werden.

(5) ¹In den Fällen, in denen der Spruch der Einigungsstelle die Einigung zwischen Arbeitgeber und Betriebsrat ersetzt, wird die Einigungsstelle auf Antrag einer Seite tätig. ²Benennt eine Seite keine Mitglieder oder bleiben die von einer Seite genannten Mitglieder trotz rechtzeitiger Einladung der Sitzung fern, so entscheiden der Vorsitzende und die erschienenen Mitglieder nach Maßgabe des Absatzes 3 allein. ³Die

---

¹⁾ § 75 Abs. 1 neu gef. mWv 18. 8. 2006 durch G v. 14. 8. 2006 (BGBl. I S. 1897).
²⁾ § 76 Abs. 3 Satz 1 eingef., bish. Sätze 1 bis 3 werden Sätze 2 bis 4, neuer Satz 2 geänd. mWv 1. 1. 2002 durch G v. 10. 12. 2001 (BGBl. I S. 3443).

Einigungsstelle fasst ihre Beschlüsse unter angemessener Berücksichtigung der Belange des Betriebs und der betroffenen Arbeitnehmer nach billigem Ermessen. [4]Die Überschreitung der Grenzen des Ermessens kann durch den Arbeitgeber oder den Betriebsrat nur binnen einer Frist von zwei Wochen, vom Tage der Zuleitung des Beschlusses an gerechnet, beim Arbeitsgericht geltend gemacht werden.

(6) [1]Im Übrigen wird die Einigungsstelle nur tätig, wenn beide Seiten es beantragen oder mit ihrem Tätigwerden einverstanden sind. [2]In diesen Fällen ersetzt ihr Spruch die Einigung zwischen Arbeitgeber und Betriebsrat nur, wenn beide Seiten sich dem Spruch im Voraus unterworfen oder ihn nachträglich angenommen haben.

(7) Soweit nach anderen Vorschriften der Rechtsweg gegeben ist, wird er durch den Spruch der Einigungsstelle nicht ausgeschlossen.

(8) Durch Tarifvertrag kann bestimmt werden, dass an die Stelle der in Absatz 1 bezeichneten Einigungsstelle eine tarifliche Schlichtungsstelle tritt.

§ 76 a[1]) Kosten der Einigungsstelle

(1) Die Kosten der Einigungsstelle trägt der Arbeitgeber.

(2) [1]Die Beisitzer der Einigungsstelle, die dem Betrieb angehören, erhalten für ihre Tätigkeit keine Vergütung; § 37 Abs. 2 und 3 gilt entsprechend. [2]Ist die Einigungsstelle zur Beilegung von Meinungsverschiedenheiten zwischen Arbeitgeber und Gesamtbetriebsrat oder Konzernbetriebsrat zu bilden, so gilt Satz 1 für die einem Betrieb des Unternehmens oder eines Konzernunternehmens angehörenden Beisitzer entsprechend.

(3) [1]Der Vorsitzende und die Beisitzer der Einigungsstelle, die nicht zu den in Absatz 2 genannten Personen zählen, haben gegenüber dem Arbeitgeber Anspruch auf Vergütung ihrer Tätigkeit. [2]Die Höhe der Vergütung richtet sich nach den Grundsätzen des Absatzes 4 Satz 3 bis 5.

(4) [1]Das Bundesministerium für Arbeit und Soziales kann durch Rechtsverordnung die Vergütung nach Absatz 3 regeln. [2]In der Vergütungsordnung sind Höchstsätze festzusetzen. [3]Dabei sind insbesondere der erforderliche Zeitaufwand, die Schwierigkeit der Streitigkeit sowie ein Verdienstausfall zu berücksichtigen. [4]Die Vergütung der Beisitzer ist niedriger zu bemessen als die des Vorsitzenden. [5]Bei der Festsetzung der Höchstsätze ist den berechtigten Interessen der Mitglieder der Einigungsstelle und des Arbeitgebers Rechnung zu tragen.

(5) Von Absatz 3 und einer Vergütungsordnung nach Absatz 4 kann durch Tarifvertrag oder in einer Betriebsvereinbarung, wenn ein Tarifvertrag dies zulässt oder eine tarifliche Regelung nicht besteht, abgewichen werden.

§ 77 Durchführung gemeinsamer Beschlüsse, Betriebsvereinbarungen

(1) [1]Vereinbarungen zwischen Betriebsrat und Arbeitgeber, auch soweit sie auf einem Spruch der Einigungsstelle beruhen, führt der Arbeitgeber durch, es sei denn, dass im Einzelfall etwas anderes vereinbart ist. [2]Der Betriebsrat darf nicht durch einseitige Handlungen in die Leitung des Betriebs eingreifen.

(2) [1]Betriebsvereinbarungen sind von Betriebsrat und Arbeitgeber gemeinsam zu beschließen und schriftlich niederzulegen. [2]Sie sind von beiden Seiten zu unterzeichnen; dies gilt nicht, soweit Betriebsvereinbarungen auf einem Spruch der Einigungsstelle beruhen. [3]Der Arbeitgeber hat die Betriebsvereinbarungen an geeigneter Stelle im Betrieb auszulegen.

(3) [1]Arbeitsentgelte und sonstige Arbeitsbedingungen, die durch Tarifvertrag geregelt sind oder üblicherweise geregelt werden, können nicht Gegenstand einer Be-

---

[1]) § 76a Abs. 4 Satz 1 geänd. mWv 28. 11. 2003 durch VO v. 25. 11. 2003 (BGBl. I S. 2304); Abs. 4 Satz 1 geänd. mWv 8. 11. 2006 durch VO v. 31. 10. 2006 (BGBl. I S. 2407).

triebsvereinbarung sein. [2]Dies gilt nicht, wenn ein Tarifvertrag den Abschluss ergänzender Betriebsvereinbarungen ausdrücklich zulässt.

(4) [1]Betriebsvereinbarungen gelten unmittelbar und zwingend. [2]Werden Arbeitnehmern durch die Betriebsvereinbarung Rechte eingeräumt, so ist ein Verzicht auf sie nur mit Zustimmung des Betriebsrats zulässig. [3]Die Verwirkung dieser Rechte ist ausgeschlossen. [4]Ausschlussfristen für ihre Geltendmachung sind nur insoweit zulässig, als sie in einem Tarifvertrag oder einer Betriebsvereinbarung vereinbart werden; dasselbe gilt für die Abkürzung der Verjährungsfristen.

(5) Betriebsvereinbarungen können, soweit nichts anderes vereinbart ist, mit einer Frist von drei Monaten gekündigt werden.

(6) Nach Ablauf einer Betriebsvereinbarung gelten ihre Regelungen in Angelegenheiten, in denen ein Spruch der Einigungsstelle die Einigung zwischen Arbeitgeber und Betriebsrat ersetzen kann, weiter, bis sie durch eine andere Abmachung ersetzt werden.

§ 78 Schutzbestimmungen

[1]Die Mitglieder des Betriebsrats, des Gesamtbetriebsrats, des Konzernbetriebsrats, der Jugend- und Auszubildendenvertretung, der Gesamt-Jugend- und Auszubildendenvertretung, der Konzern-Jugend- und Auszubildendenvertretung, des Wirtschaftsausschusses, der Bordvertretung, des Seebetriebsrats, der in § 3 Abs. 1 genannten Vertretungen der Arbeitnehmer, der Einigungsstelle, einer tariflichen Schlichtungsstelle (§ 76 Abs. 8) und einer betrieblichen Beschwerdestelle (§ 86) sowie Auskunftspersonen (§ 80 Abs. 2 Satz 3) dürfen in der Ausübung ihrer Tätigkeit nicht gestört oder behindert werden. [2]Sie dürfen wegen ihrer Tätigkeit nicht benachteiligt oder begünstigt werden; dies gilt auch für ihre berufliche Entwicklung.

§ 78a Schutz Auszubildender in besonderen Fällen

(1) Beabsichtigt der Arbeitgeber, einen Auszubildenden, der Mitglied der Jugend- und Auszubildendenvertretung, des Betriebsrats, der Bordvertretung oder des Seebetriebsrats ist, nach Beendigung des Berufsausbildungsverhältnisses nicht in ein Arbeitsverhältnis auf unbestimmte Zeit zu übernehmen, so hat er dies drei Monate vor Beendigung des Berufsausbildungsverhältnisses dem Auszubildenden schriftlich mitzuteilen.

(2) [1]Verlangt ein in Absatz 1 genannter Auszubildender innerhalb der letzten drei Monate vor Beendigung des Berufsausbildungsverhältnisses schriftlich vom Arbeitgeber die Weiterbeschäftigung, so gilt zwischen Auszubildendem und Arbeitgeber im Anschluss an das Berufsausbildungsverhältnis ein Arbeitsverhältnis auf unbestimmte Zeit als begründet. [2]Auf dieses Arbeitsverhältnis ist insbesondere § 37 Abs. 4 und 5 entsprechend anzuwenden.

(3) Die Absätze 1 und 2 gelten auch, wenn das Berufsausbildungsverhältnis vor Ablauf eines Jahres nach Beendigung der Amtszeit der Jugend- und Auszubildendenvertretung, des Betriebsrats, der Bordvertretung oder des Seebetriebsrats endet.

(4) [1]Der Arbeitgeber kann spätestens bis zum Ablauf von zwei Wochen nach Beendigung des Berufsausbildungsverhältnisses beim Arbeitsgericht beantragen,
1. festzustellen, dass ein Arbeitsverhältnis nach Absatz 2 oder 3 nicht begründet wird, oder
2. das bereits nach Absatz 2 oder 3 begründete Arbeitsverhältnis aufzulösen,
wenn Tatsachen vorliegen, aufgrund derer dem Arbeitgeber unter Berücksichtigung aller Umstände die Weiterbeschäftigung nicht zugemutet werden kann. [2]In dem Verfahren vor dem Arbeitsgericht sind der Betriebsrat, die Bordvertretung, der Seebetriebsrat, bei Mitgliedern der Jugend- und Auszubildendenvertretung auch diese Beteiligte.

(5) Die Absätze 2 bis 4 finden unabhängig davon Anwendung, ob der Arbeitgeber seiner Mitteilungspflicht nach Absatz 1 nachgekommen ist.

§ 79 Geheimhaltungspflicht

(1) [1] Die Mitglieder und Ersatzmitglieder des Betriebsrats sind verpflichtet, Betriebs- oder Geschäftsgeheimnisse, die ihnen wegen ihrer Zugehörigkeit zum Betriebsrat bekannt geworden und vom Arbeitgeber ausdrücklich als geheimhaltungsbedürftig bezeichnet worden sind, nicht zu offenbaren und nicht zu verwerten. [2] Dies gilt auch nach dem Ausscheiden aus dem Betriebsrat. [3] Die Verpflichtung gilt nicht gegenüber Mitgliedern des Betriebsrats. [4] Sie gilt ferner nicht gegenüber dem Gesamtbetriebsrat, dem Konzernbetriebsrat, der Bordvertretung, dem Seebetriebsrat und den Arbeitnehmervertretern im Aufsichtsrat sowie im Verfahren vor der Einigungsstelle, der tariflichen Schlichtungsstelle (§ 76 Abs. 8) oder einer betrieblichen Beschwerdestelle (§ 86).

(2) Absatz 1 gilt sinngemäß für die Mitglieder und Ersatzmitglieder des Gesamtbetriebsrats, des Konzernbetriebsrats, der Jugend- und Auszubildendenvertretung, der Gesamt-Jugend- und Auszubildendenvertretung, der Konzern-Jugend- und Auszubildendenvertretung, des Wirtschaftsausschusses, der Bordvertretung, des Seebetriebsrats, der gemäß § 3 Abs. 1 gebildeten Vertretungen der Arbeitnehmer, der Einigungsstelle, der tariflichen Schlichtungsstelle (§ 76 Abs. 8) und einer betrieblichen Beschwerdestelle (§ 86) sowie für die Vertreter von Gewerkschaften oder von Arbeitgebervereinigungen.

§ 80 Allgemeine Aufgaben

(1) Der Betriebsrat hat folgende allgemeine Aufgaben:
1. darüber zu wachen, dass die zugunsten der Arbeitnehmer geltenden Gesetze, Verordnungen, Unfallverhütungsvorschriften, Tarifverträge und Betriebsvereinbarungen durchgeführt werden;
2. Maßnahmen, die dem Betrieb und der Belegschaft dienen, beim Arbeitgeber zu beantragen;
2 a. die Durchsetzung der tatsächlichen Gleichstellung von Frauen und Männern, insbesondere bei der Einstellung, Beschäftigung, Aus-, Fort- und Weiterbildung und dem beruflichen Aufstieg, zu fördern;
2 b. die Vereinbarkeit von Familie und Erwerbstätigkeit zu fördern;
3. Anregungen von Arbeitnehmern und der Jugend- und Auszubildendenvertretung entgegenzunehmen und, falls sie berechtigt erscheinen, durch Verhandlungen mit dem Arbeitgeber auf eine Erledigung hinzuwirken; er hat die betreffenden Arbeitnehmer über den Stand und das Ergebnis der Verhandlungen zu unterrichten;
4. die Eingliederung Schwerbehinderter und sonstiger besonders schutzbedürftiger Personen zu fördern;
5. die Wahl einer Jugend- und Auszubildendenvertretung vorzubereiten und durchzuführen und mit dieser zur Förderung der Belange der in § 60 Abs. 1 genannten Arbeitnehmer eng zusammenzuarbeiten; er kann von der Jugend- und Auszubildendenvertretung Vorschläge und Stellungnahmen anfordern;
6. die Beschäftigung älterer Arbeitnehmer im Betrieb zu fördern;
7. die Integration ausländischer Arbeitnehmer im Betrieb und das Verständnis zwischen ihnen und den deutschen Arbeitnehmern zu fördern sowie Maßnahmen zur Bekämpfung von Rassismus und Fremdenfeindlichkeit im Betrieb zu beantragen;
8. die Beschäftigung im Betrieb zu fördern und zu sichern;
9. Maßnahmen des Arbeitsschutzes und des betrieblichen Umweltschutzes zu fördern.

(2) [1] Zur Durchführung seiner Aufgaben nach diesem Gesetz ist der Betriebsrat rechtzeitig und umfassend vom Arbeitgeber zu unterrichten; die Unterrichtung er-

streckt sich auch auf die Beschäftigung von Personen, die nicht in einem Arbeitsverhältnis zum Arbeitgeber stehen. [2]Dem Betriebsrat sind auf Verlangen jederzeit die zur Durchführung seiner Aufgaben erforderlichen Unterlagen zur Verfügung zu stellen; in diesem Rahmen ist der Betriebsausschuss oder ein nach § 28 gebildeter Ausschuss berechtigt, in die Listen über die Bruttolöhne und -gehälter Einblick zu nehmen. [3]Soweit es zur ordnungsgemäßen Erfüllung der Aufgaben des Betriebsrats erforderlich ist, hat der Arbeitgeber ihm sachkundige Arbeitnehmer als Auskunftspersonen zur Verfügung zu stellen; er hat hierbei die Vorschläge des Betriebsrats zu berücksichtigen, soweit betriebliche Notwendigkeiten nicht entgegenstehen.

(3) Der Betriebsrat kann bei der Durchführung seiner Aufgaben nach näherer Vereinbarung mit dem Arbeitgeber Sachverständige hinzuziehen, soweit dies zur ordnungsgemäßen Erfüllung seiner Aufgaben erforderlich ist.

(4) Für die Geheimhaltungspflicht der Auskunftspersonen und der Sachverständigen gilt § 79 entsprechend.

Zweiter Abschnitt. Mitwirkungs- und Beschwerderecht des Arbeitnehmers

§ 81 Unterrichtungs- und Erörterungspflicht des Arbeitgebers

(1) [1]Der Arbeitgeber hat den Arbeitnehmer über dessen Aufgabe und Verantwortung sowie über die Art seiner Tätigkeit und ihre Einordnung in den Arbeitsablauf des Betriebs zu unterrichten. [2]Er hat den Arbeitnehmer vor Beginn der Beschäftigung über die Unfall- und Gesundheitsgefahren, denen dieser bei der Beschäftigung ausgesetzt ist, sowie über die Maßnahmen und Einrichtungen zur Abwendung dieser Gefahren und die nach § 10 Abs. 2 des Arbeitsschutzgesetzes getroffenen Maßnahmen zu belehren.

(2) [1]Über Veränderungen in seinem Arbeitsbereich ist der Arbeitnehmer rechtzeitig zu unterrichten. [2]Absatz 1 gilt entsprechend.

(3) In Betrieben, in denen kein Betriebsrat besteht, hat der Arbeitgeber die Arbeitnehmer zu allen Maßnahmen zu hören, die Auswirkungen auf Sicherheit und Gesundheit der Arbeitnehmer haben können.

(4) [1]Der Arbeitgeber hat den Arbeitnehmer über die aufgrund einer Planung von technischen Anlagen, von Arbeitsverfahren und Arbeitsabläufen oder der Arbeitsplätze vorgesehenen Maßnahmen und ihre Auswirkungen auf seinen Arbeitsplatz, die Arbeitsumgebung sowie auf Inhalt und Art seiner Tätigkeit zu unterrichten. [2]Sobald feststeht, dass sich die Tätigkeit des Arbeitnehmers ändern wird und seine beruflichen Kenntnisse und Fähigkeiten zur Erfüllung seiner Aufgaben nicht ausreichen, hat der Arbeitgeber mit dem Arbeitnehmer zu erörtern, wie dessen berufliche Kenntnisse und Fähigkeiten im Rahmen der betrieblichen Möglichkeiten den künftigen Anforderungen angepasst werden können. [3]Der Arbeitnehmer kann bei der Erörterung ein Mitglied des Betriebsrats hinzuziehen.

§ 82 Anhörungs- und Erörterungsrecht des Arbeitnehmers

(1) [1]Der Arbeitnehmer hat das Recht, in betrieblichen Angelegenheiten, die seine Person betreffen, von den nach Maßgabe des organisatorischen Aufbaus des Betriebs hierfür zuständigen Personen gehört zu werden. [2]Er ist berechtigt, zu Maßnahmen des Arbeitgebers, die ihn betreffen, Stellung zu nehmen sowie Vorschläge für die Gestaltung des Arbeitsplatzes und des Arbeitsablaufs zu machen.

(2) [1]Der Arbeitnehmer kann verlangen, dass ihm die Berechnung und Zusammensetzung seines Arbeitsentgelts erläutert und dass mit ihm die Beurteilung seiner Leistungen sowie die Möglichkeiten seiner beruflichen Entwicklung im Betrieb erörtert werden. [2]Er kann ein Mitglied des Betriebsrats hinzuziehen. [3]Das Mitglied des Be-

triebsrats hat über den Inhalt dieser Verhandlungen Stillschweigen zu bewahren, soweit es vom Arbeitnehmer im Einzelfall nicht von dieser Verpflichtung entbunden wird.

§ 83 Einsicht in die Personalakten

(1) [1] Der Arbeitnehmer hat das Recht, in die über ihn geführten Personalakten Einsicht zu nehmen. [2] Er kann hierzu ein Mitglied des Betriebsrats hinzuziehen. [3] Das Mitglied des Betriebsrats hat über den Inhalt der Personalakte Stillschweigen zu bewahren, soweit es vom Arbeitnehmer im Einzelfall nicht von dieser Verpflichtung entbunden wird.

(2) Erklärungen des Arbeitnehmers zum Inhalt der Personalakte sind dieser auf sein Verlangen beizufügen.

§ 84 Beschwerderecht

(1) [1] Jeder Arbeitnehmer hat das Recht, sich bei den zuständigen Stellen des Betriebs zu beschweren, wenn er sich vom Arbeitgeber oder von Arbeitnehmern des Betriebs benachteiligt oder ungerecht behandelt oder in sonstiger Weise beeinträchtigt fühlt. [2] Er kann ein Mitglied des Betriebsrats zur Unterstützung oder Vermittlung hinzuziehen.

(2) Der Arbeitgeber hat den Arbeitnehmer über die Behandlung der Beschwerde zu bescheiden und, soweit er die Beschwerde für berechtigt erachtet, ihr abzuhelfen.

(3) Wegen der Erhebung einer Beschwerde dürfen dem Arbeitnehmer keine Nachteile entstehen.

§ 85 Behandlung von Beschwerden durch den Betriebsrat

(1) Der Betriebsrat hat Beschwerden von Arbeitnehmern entgegenzunehmen und, falls er sie für berechtigt erachtet, beim Arbeitgeber auf Abhilfe hinzuwirken.

(2) [1] Bestehen zwischen Betriebsrat und Arbeitgeber Meinungsverschiedenheiten über die Berechtigung der Beschwerde, so kann der Betriebsrat die Einigungsstelle anrufen. [2] Der Spruch der Einigungsstelle ersetzt die Einigung zwischen Arbeitgeber und Betriebsrat. [3] Dies gilt nicht, soweit Gegenstand der Beschwerde ein Rechtsanspruch ist.

(3) [1] Der Arbeitgeber hat den Betriebsrat über die Behandlung der Beschwerde zu unterrichten. [2] § 84 Abs. 2 bleibt unberührt.

§ 86 Ergänzende Vereinbarungen

[1] Durch Tarifvertrag oder Betriebsvereinbarung können die Einzelheiten des Beschwerdeverfahrens geregelt werden. [2] Hierbei kann bestimmt werden, dass in den Fällen des § 85 Abs. 2 an die Stelle der Einigungsstelle eine betriebliche Beschwerdestelle tritt.

§ 86 a Vorschlagsrecht der Arbeitnehmer

[1] Jeder Arbeitnehmer hat das Recht, dem Betriebsrat Themen zur Beratung vorzuschlagen. [2] Wird ein Vorschlag von mindestens 5 vom Hundert der Arbeitnehmer des Betriebs unterstützt, hat der Betriebsrat diesen innerhalb von zwei Monaten auf die Tagesordnung einer Betriebsratssitzung zu setzen.

Dritter Abschnitt. Soziale Angelegenheiten

§ 87 Mitbestimmungsrechte

(1) Der Betriebsrat hat, soweit eine gesetzliche oder tarifliche Regelung nicht besteht, in folgenden Angelegenheiten mitzubestimmen:

1. Fragen der Ordnung des Betriebs und des Verhaltens der Arbeitnehmer im Betrieb;
2. Beginn und Ende der täglichen Arbeitszeit einschließlich der Pausen sowie Verteilung der Arbeitszeit auf die einzelnen Wochentage;
3. vorübergehende Verkürzung oder Verlängerung der betriebsüblichen Arbeitszeit;
4. Zeit, Ort und Art der Auszahlung der Arbeitsentgelte;
5. Aufstellung allgemeiner Urlaubsgrundsätze und des Urlaubsplans sowie die Festsetzung der zeitlichen Lage des Urlaubs für einzelne Arbeitnehmer, wenn zwischen dem Arbeitgeber und den beteiligten Arbeitnehmern kein Einverständnis erzielt wird;
6. Einführung und Anwendung von technischen Einrichtungen, die dazu bestimmt sind, das Verhalten oder die Leistung der Arbeitnehmer zu überwachen;
7. Regelungen über die Verhütung von Arbeitsunfällen und Berufskrankheiten sowie über den Gesundheitsschutz im Rahmen der gesetzlichen Vorschriften oder der Unfallverhütungsvorschriften;
8. Form, Ausgestaltung und Verwaltung von Sozialeinrichtungen, deren Wirkungsbereich auf den Betrieb, das Unternehmen oder den Konzern beschränkt ist;
9. Zuweisung und Kündigung von Wohnräumen, die den Arbeitnehmern mit Rücksicht auf das Bestehen eines Arbeitsverhältnisses vermietet werden, sowie die allgemeine Festlegung der Nutzungsbedingungen;
10. Fragen der betrieblichen Lohngestaltung, insbesondere die Aufstellung von Entlohnungsgrundsätzen und die Einführung und Anwendung von neuen Entlohnungsmethoden sowie deren Änderung;
11. Festsetzung der Akkord- und Prämiensätze und vergleichbarer leistungsbezogener Entgelte, einschließlich der Geldfaktoren;
12. Grundsätze über das betriebliche Vorschlagswesen;
13. Grundsätze über die Durchführung von Gruppenarbeit; Gruppenarbeit im Sinne dieser Vorschrift liegt vor, wenn im Rahmen des betrieblichen Arbeitsablaufs eine Gruppe von Arbeitnehmern eine ihr übertragene Gesamtaufgabe im Wesentlichen eigenverantwortlich erledigt.

(2) [1] Kommt eine Einigung über eine Angelegenheit nach Absatz 1 nicht zustande, so entscheidet die Einigungsstelle. [2] Der Spruch der Einigungsstelle ersetzt die Einigung zwischen Arbeitgeber und Betriebsrat.

§ 88 Freiwillige Betriebsvereinbarungen

Durch Betriebsvereinbarung können insbesondere geregelt werden
1. zusätzliche Maßnahmen zur Verhütung von Arbeitsunfällen und Gesundheitsschädigungen;
1 a. Maßnahmen des betrieblichen Umweltschutzes;
2. die Errichtung von Sozialeinrichtungen, deren Wirkungsbereich auf den Betrieb, das Unternehmen oder den Konzern beschränkt ist;
3. Maßnahmen zur Förderung der Vermögensbildung;
4. Maßnahmen zur Integration ausländischer Arbeitnehmer sowie zur Bekämpfung von Rassismus und Fremdenfeindlichkeit im Betrieb.

§ 89 Arbeits- und betrieblicher Umweltschutz

(1) [1] Der Betriebsrat hat sich dafür einzusetzen, dass die Vorschriften über den Arbeitsschutz und die Unfallverhütung im Betrieb sowie über den betrieblichen Umweltschutz durchgeführt werden. [2] Er hat bei der Bekämpfung von Unfall- und Gesundheitsgefahren die für den Arbeitsschutz zuständigen Behörden, die Träger der gesetzlichen Unfallversicherung und die sonstigen in Betracht kommenden Stellen durch Anregung, Beratung und Auskunft zu unterstützen.

(2) [1]Der Arbeitgeber und die in Absatz 1 Satz 2 genannten Stellen sind verpflichtet, den Betriebsrat oder die von ihm bestimmten Mitglieder des Betriebsrats bei allen im Zusammenhang mit dem Arbeitsschutz oder der Unfallverhütung stehenden Besichtigungen und Fragen und bei Unfalluntersuchungen hinzuzuziehen. [2]Der Arbeitgeber hat den Betriebsrat auch bei allen im Zusammenhang mit dem betrieblichen Umweltschutz stehenden Besichtigungen und Fragen hinzuzuziehen und ihm unverzüglich die den Arbeitsschutz, die Unfallverhütung und den betrieblichen Umweltschutz betreffenden Auflagen und Anordnungen der zuständigen Stellen mitzuteilen.

(3) Als betrieblicher Umweltschutz im Sinne dieses Gesetzes sind alle personellen und organisatorischen Maßnahmen sowie alle die betrieblichen Bauten, Räume, technische Anlagen, Arbeitsverfahren, Arbeitsabläufe und Arbeitsplätze betreffenden Maßnahmen zu verstehen, die dem Umweltschutz dienen.

(4) An Besprechungen des Arbeitgebers mit den Sicherheitsbeauftragten im Rahmen des § 22 Abs. 2 des Siebten Buches Sozialgesetzbuch nehmen vom Betriebsrat beauftragte Betriebsratsmitglieder teil.

(5) Der Betriebsrat erhält vom Arbeitgeber die Niederschriften über Untersuchungen, Besichtigungen und Besprechungen, zu denen er nach den Absätzen 2 und 4 hinzuzuziehen ist.

(6) Der Arbeitgeber hat dem Betriebsrat eine Durchschrift der nach § 193 Abs. 5 des Siebten Buches Sozialgesetzbuch vom Betriebsrat zu unterschreibenden Unfallanzeige auszuhändigen.

Vierter Abschnitt. Gestaltung von Arbeitsplatz, Arbeitsablauf und Arbeitsumgebung

§ 90 Unterrichtungs- und Beratungsrechte

(1) Der Arbeitgeber hat den Betriebsrat über die Planung
1. von Neu-, Um- und Erweiterungsbauten von Fabrikations-, Verwaltungs- und sonstigen betrieblichen Räumen,
2. von technischen Anlagen,
3. von Arbeitsverfahren und Arbeitsabläufen oder
4. der Arbeitsplätze
rechtzeitig unter Vorlage der erforderlichen Unterlagen zu unterrichten.

(2) [1]Der Arbeitgeber hat mit dem Betriebsrat die vorgesehenen Maßnahmen und ihre Auswirkungen auf die Arbeitnehmer, insbesondere auf die Art ihrer Arbeit sowie die sich daraus ergebenden Anforderungen an die Arbeitnehmer so rechtzeitig zu beraten, dass Vorschläge und Bedenken des Betriebsrats bei der Planung berücksichtigt werden können. [2]Arbeitgeber und Betriebsrat sollen dabei auch die gesicherten arbeitswissenschaftlichen Erkenntnisse über die menschengerechte Gestaltung der Arbeit berücksichtigen.

§ 91 Mitbestimmungsrecht

[1]Werden die Arbeitnehmer durch Änderungen der Arbeitsplätze, des Arbeitsablaufs oder der Arbeitsumgebung, die den gesicherten arbeitswissenschaftlichen Erkenntnissen über die menschengerechte Gestaltung der Arbeit offensichtlich widersprechen, in besonderer Weise belastet, so kann der Betriebsrat angemessene Maßnahmen zur Abwendung, Milderung oder zum Ausgleich der Belastung verlangen. [2]Kommt eine Einigung nicht zustande, so entscheidet die Einigungsstelle. [3]Der Spruch der Einigungsstelle ersetzt die Einigung zwischen Arbeitgeber und Betriebsrat.

Fünfter Abschnitt. Personelle Angelegenheiten

Erster Unterabschnitt. Allgemeine personelle Angelegenheiten

§ 92 Personalplanung

(1) [1]Der Arbeitgeber hat den Betriebsrat über die Personalplanung, insbesondere über den gegenwärtigen und künftigen Personalbedarf sowie über die sich daraus ergebenden personellen Maßnahmen und Maßnahmen der Berufsbildung an Hand von Unterlagen rechtzeitig und umfassend zu unterrichten. [2]Er hat mit dem Betriebsrat über Art und Umfang der erforderlichen Maßnahmen und über die Vermeidung von Härten zu beraten.

(2) Der Betriebsrat kann dem Arbeitgeber Vorschläge für die Einführung einer Personalplanung und ihre Durchführung machen.

(3) Die Absätze 1 und 2 gelten entsprechend für Maßnahmen im Sinne des § 80 Abs. 1 Nr. 2a und 2b, insbesondere für die Aufstellung und Durchführung von Maßnahmen zur Förderung der Gleichstellung von Frauen und Männern.

§ 92a[1]) Beschäftigungssicherung

(1) [1]Der Betriebsrat kann dem Arbeitgeber Vorschläge zur Sicherung und Förderung der Beschäftigung machen. [2]Diese können insbesondere eine flexible Gestaltung der Arbeitszeit, die Förderung von Teilzeitarbeit und Altersteilzeit, neue Formen der Arbeitsorganisation, Änderungen der Arbeitsverfahren und Arbeitsabläufe, die Qualifizierung der Arbeitnehmer, Alternativen zur Ausgliederung von Arbeit oder ihrer Vergabe an andere Unternehmen sowie zum Produktions- und Investitionsprogramm zum Gegenstand haben.

(2) [1]Der Arbeitgeber hat die Vorschläge mit dem Betriebsrat zu beraten. [2]Hält der Arbeitgeber die Vorschläge des Betriebsrats für ungeeignet, hat er dies zu begründen; in Betrieben mit mehr als 100 Arbeitnehmern erfolgt die Begründung schriftlich. [3]Zu den Beratungen kann der Arbeitgeber oder der Betriebsrat einen Vertreter der Bundesagentur für Arbeit hinzuziehen.

§ 93 Ausschreibung von Arbeitsplätzen

Der Betriebsrat kann verlangen, dass Arbeitsplätze, die besetzt werden sollen, allgemein oder für bestimmte Arten von Tätigkeiten vor ihrer Besetzung innerhalb des Betriebs ausgeschrieben werden.

§ 94 Personalfragebogen, Beurteilungsgrundsätze

(1) [1]Personalfragebogen bedürfen der Zustimmung des Betriebsrats. [2]Kommt eine Einigung über ihren Inhalt nicht zustande, so entscheidet die Einigungsstelle. [3]Der Spruch der Einigungsstelle ersetzt die Einigung zwischen Arbeitgeber und Betriebsrat.

(2) Absatz 1 gilt entsprechend für persönliche Angaben in schriftlichen Arbeitsverträgen, die allgemein für den Betrieb verwendet werden sollen, sowie für die Aufstellung allgemeiner Beurteilungsgrundsätze.

§ 95 Auswahlrichtlinien

(1) [1]Richtlinien über die personelle Auswahl bei Einstellungen, Versetzungen, Umgruppierungen und Kündigungen bedürfen der Zustimmung des Betriebsrats.

---

[1]) § 92a Abs. 2 Satz 3 geänd. mWv 1. 1. 2004 durch G v. 23. 12. 2003 (BGBl. I S. 2848).

[2]Kommt eine Einigung über die Richtlinien oder ihren Inhalt nicht zustande, so entscheidet auf Antrag des Arbeitgebers die Einigungsstelle. [3]Der Spruch der Einigungsstelle ersetzt die Einigung zwischen Arbeitgeber und Betriebsrat.

(2) [1]In Betrieben mit mehr als 500 Arbeitnehmern kann der Betriebsrat die Aufstellung von Richtlinien über die bei Maßnahmen des Absatzes 1 Satz 1 zu beachtenden fachlichen und persönlichen Voraussetzungen und sozialen Gesichtspunkte verlangen. [2]Kommt eine Einigung über die Richtlinien oder ihren Inhalt nicht zustande, so entscheidet die Einigungsstelle. [3]Der Spruch der Einigungsstelle ersetzt die Einigung zwischen Arbeitgeber und Betriebsrat.

(3) [1]Versetzung im Sinne dieses Gesetzes ist die Zuweisung eines anderen Arbeitsbereichs, die voraussichtlich die Dauer von einem Monat überschreitet, oder die mit einer erheblichen Änderung der Umstände verbunden ist, unter denen die Arbeit zu leisten ist. [2]Werden Arbeitnehmer nach der Eigenart ihres Arbeitsverhältnisses üblicherweise nicht ständig an einem bestimmten Arbeitsplatz beschäftigt, so gilt die Bestimmung des jeweiligen Arbeitsplatzes nicht als Versetzung.

Zweiter Unterabschnitt. Berufsbildung

§ 96 Förderung der Berufsbildung

(1) [1]Arbeitgeber und Betriebsrat haben im Rahmen der betrieblichen Personalplanung und in Zusammenarbeit mit den für die Berufsbildung und den für die Förderung der Berufsbildung zuständigen Stellen die Berufsbildung der Arbeitnehmer zu fördern. [2]Der Arbeitgeber hat auf Verlangen des Betriebsrats den Berufsbildungsbedarf zu ermitteln und mit ihm Fragen der Berufsbildung der Arbeitnehmer des Betriebs zu beraten. [3]Hierzu kann der Betriebsrat Vorschläge machen.

(2) [1]Arbeitgeber und Betriebsrat haben darauf zu achten, dass unter Berücksichtigung der betrieblichen Notwendigkeiten den Arbeitnehmern die Teilnahme an betrieblichen oder außerbetrieblichen Maßnahmen der Berufsbildung ermöglicht wird. [2]Sie haben dabei auch die Belange älterer Arbeitnehmer, Teilzeitbeschäftigter und von Arbeitnehmern mit Familienpflichten zu berücksichtigen.

§ 97 Einrichtungen und Maßnahmen der Berufsbildung

(1) Der Arbeitgeber hat mit dem Betriebsrat über die Errichtung und Ausstattung betrieblicher Einrichtungen zur Berufsbildung, die Einführung betrieblicher Berufsbildungsmaßnahmen und die Teilnahme an außerbetrieblichen Berufsbildungsmaßnahmen zu beraten.

(2) [1]Hat der Arbeitgeber Maßnahmen geplant oder durchgeführt, die dazu führen, dass sich die Tätigkeit der betroffenen Arbeitnehmer ändert und ihre beruflichen Kenntnisse und Fähigkeiten zur Erfüllung ihrer Aufgaben nicht mehr ausreichen, so hat der Betriebsrat bei der Einführung von Maßnahmen der betrieblichen Berufsbildung mitzubestimmen. [2]Kommt eine Einigung nicht zustande, so entscheidet die Einigungsstelle. [3]Der Spruch der Einigungsstelle ersetzt die Einigung zwischen Arbeitgeber und Betriebsrat.

§ 98 Durchführung betrieblicher Bildungsmaßnahmen

(1) Der Betriebsrat hat bei der Durchführung von Maßnahmen der betrieblichen Berufsbildung mitzubestimmen.

(2) Der Betriebsrat kann der Bestellung einer mit der Durchführung der betrieblichen Berufsbildung beauftragten Person widersprechen oder ihre Abberufung verlangen, wenn diese die persönliche oder fachliche, insbesondere die berufs- und arbeitspädagogische Eignung im Sinne des Berufsbildungsgesetzes nicht besitzt oder ihre Aufgaben vernachlässigt.

(3) Führt der Arbeitgeber betriebliche Maßnahmen der Berufsbildung durch oder stellt er für außerbetriebliche Maßnahmen der Berufsbildung Arbeitnehmer frei oder trägt er die durch die Teilnahme von Arbeitnehmern an solchen Maßnahmen entstehenden Kosten ganz oder teilweise, so kann der Betriebsrat Vorschläge für die Teilnahme von Arbeitnehmern oder Gruppen von Arbeitnehmern des Betriebs an diesen Maßnahmen der beruflichen Bildung machen.

(4) [1]Kommt im Fall des Absatzes 1 oder über die nach Absatz 3 vom Betriebsrat vorgeschlagenen Teilnehmer eine Einigung nicht zustande, so entscheidet die Einigungsstelle. [2]Der Spruch der Einigungsstelle ersetzt die Einigung zwischen Arbeitgeber und Betriebsrat.

(5) [1]Kommt im Fall des Absatzes 2 eine Einigung nicht zustande, so kann der Betriebsrat beim Arbeitsgericht beantragen, dem Arbeitgeber aufzugeben, die Bestellung zu unterlassen oder die Abberufung durchzuführen. [2]Führt der Arbeitgeber die Bestellung einer rechtskräftigen gerichtlichen Entscheidung zuwider durch, so ist er auf Antrag des Betriebsrats vom Arbeitsgericht wegen der Bestellung nach vorheriger Androhung zu einem Ordnungsgeld zu verurteilen; das Höchstmaß des Ordnungsgeldes beträgt 10 000 Euro. [3]Führt der Arbeitgeber die Abberufung einer rechtskräftigen gerichtlichen Entscheidung zuwider nicht durch, so ist auf Antrag des Betriebsrats vom Arbeitsgericht zu erkennen, dass der Arbeitgeber zur Abberufung durch Zwangsgeld anzuhalten sei; das Höchstmaß des Zwangsgeldes beträgt für jeden Tag der Zuwiderhandlung 250 Euro. [4]Die Vorschriften des Berufsbildungsgesetzes über die Ordnung der Berufsbildung bleiben unberührt.

(6) Die Absätze 1 bis 5 gelten entsprechend, wenn der Arbeitgeber sonstige Bildungsmaßnahmen im Betrieb durchführt.

Dritter Unterabschnitt. Personelle Einzelmaßnahmen

§ 99 Mitbestimmung bei personellen Einzelmaßnahmen

(1) [1]In Unternehmen mit in der Regel mehr als zwanzig wahlberechtigten Arbeitnehmern hat der Arbeitgeber den Betriebsrat vor jeder Einstellung, Eingruppierung, Umgruppierung und Versetzung zu unterrichten, ihm die erforderlichen Bewerbungsunterlagen vorzulegen und Auskunft über die Person der Beteiligten zu geben; er hat dem Betriebsrat unter Vorlage der erforderlichen Unterlagen Auskunft über die Auswirkungen der geplanten Maßnahme zu geben und die Zustimmung des Betriebsrats zu der geplanten Maßnahme einzuholen. [2]Bei Einstellungen und Versetzungen hat der Arbeitgeber insbesondere den in Aussicht genommenen Arbeitsplatz und die vorgesehene Eingruppierung mitzuteilen. [3]Die Mitglieder des Betriebsrats sind verpflichtet, über die ihnen im Rahmen der personellen Maßnahmen nach den Sätzen 1 und 2 bekannt gewordenen persönlichen Verhältnisse und Angelegenheiten der Arbeitnehmer, die ihrer Bedeutung oder ihrem Inhalt nach einer vertraulichen Behandlung bedürfen, Stillschweigen zu bewahren; § 79 Abs. 1 Satz 2 bis 4 gilt entsprechend.

(2) Der Betriebsrat kann die Zustimmung verweigern, wenn
1. die personelle Maßnahme gegen ein Gesetz, eine Verordnung, eine Unfallverhütungsvorschrift oder gegen eine Bestimmung in einem Tarifvertrag oder in einer Betriebsvereinbarung oder gegen eine gerichtliche Entscheidung oder eine behördliche Anordnung verstoßen würde,
2. die personelle Maßnahme gegen eine Richtlinie nach § 95 verstoßen würde,
3. die durch Tatsachen begründete Besorgnis besteht, dass infolge der personellen Maßnahme im Betrieb beschäftigte Arbeitnehmer gekündigt werden oder sonstige Nachteile erleiden, ohne dass dies aus betrieblichen oder persönlichen Gründen gerechtfertigt ist; als Nachteil gilt bei unbefristeter Einstellung auch die Nichtberücksichtigung eines gleich geeigneten befristet Beschäftigten,

4. der betroffene Arbeitnehmer durch die personelle Maßnahme benachteiligt wird, ohne dass dies aus betrieblichen oder in der Person des Arbeitnehmers liegenden Gründen gerechtfertigt ist,

5. eine nach § 93 erforderliche Ausschreibung im Betrieb unterblieben ist oder

6. die durch Tatsachen begründete Besorgnis besteht, dass der für die personelle Maßnahme in Aussicht genommene Bewerber oder Arbeitnehmer den Betriebsfrieden durch gesetzwidriges Verhalten oder durch grobe Verletzung der in § 75 Abs. 1 enthaltenen Grundsätze, insbesondere durch rassistische oder fremdenfeindliche Betätigung, stören werde.

(3) [1] Verweigert der Betriebsrat seine Zustimmung, so hat er dies unter Angabe von Gründen innerhalb einer Woche nach Unterrichtung durch den Arbeitgeber diesem schriftlich mitzuteilen. [2] Teilt der Betriebsrat dem Arbeitgeber die Verweigerung seiner Zustimmung nicht innerhalb der Frist schriftlich mit, so gilt die Zustimmung als erteilt.

(4) Verweigert der Betriebsrat seine Zustimmung, so kann der Arbeitgeber beim Arbeitsgericht beantragen, die Zustimmung zu ersetzen.

§ 100 Vorläufige personelle Maßnahmen

(1) [1] Der Arbeitgeber kann, wenn dies aus sachlichen Gründen dringend erforderlich ist, die personelle Maßnahme im Sinne des § 99 Abs. 1 Satz 1 vorläufig durchführen, bevor der Betriebsrat sich geäußert oder wenn er die Zustimmung verweigert hat. [2] Der Arbeitgeber hat den Arbeitnehmer über die Sach- und Rechtslage aufzuklären.

(2) [1] Der Arbeitgeber hat den Betriebsrat unverzüglich von der vorläufigen personellen Maßnahme zu unterrichten. [2] Bestreitet der Betriebsrat, dass die Maßnahme aus sachlichen Gründen dringend erforderlich ist, so hat er dies dem Arbeitgeber unverzüglich mitzuteilen. [3] In diesem Fall darf der Arbeitgeber die vorläufige personelle Maßnahme nur aufrechterhalten, wenn er innerhalb von drei Tagen beim Arbeitsgericht die Ersetzung der Zustimmung des Betriebsrats und die Feststellung beantragt, dass die Maßnahme aus sachlichen Gründen dringend erforderlich war.

(3) [1] Lehnt das Gericht durch rechtskräftige Entscheidung die Ersetzung der Zustimmung des Betriebsrats ab oder stellt es rechtskräftig fest, dass offensichtlich die Maßnahme aus sachlichen Gründen nicht dringend erforderlich war, so endet die vorläufige personelle Maßnahme mit Ablauf von zwei Wochen nach Rechtskraft der Entscheidung. [2] Von diesem Zeitpunkt an darf die personelle Maßnahme nicht aufrechterhalten werden.

§ 101 Zwangsgeld

[1] Führt der Arbeitgeber eine personelle Maßnahme im Sinne des § 99 Abs. 1 Satz 1 ohne Zustimmung des Betriebsrats durch oder hält er eine vorläufige personelle Maßnahme entgegen § 100 Abs. 2 Satz 3 oder Abs. 3 aufrecht, so kann der Betriebsrat beim Arbeitsgericht beantragen, dem Arbeitgeber aufzugeben, die personelle Maßnahme aufzuheben. [2] Hebt der Arbeitgeber entgegen einer rechtskräftigen gerichtlichen Entscheidung die personelle Maßnahme nicht auf, so ist auf Antrag des Betriebsrats vom Arbeitsgericht zu erkennen, dass der Arbeitgeber zur Aufhebung der Maßnahme durch Zwangsgeld anzuhalten sei. [3] Das Höchstmaß des Zwangsgeldes beträgt für jeden Tag der Zuwiderhandlung 250 Euro.

§ 102 Mitbestimmung bei Kündigungen

(1) [1] Der Betriebsrat ist vor jeder Kündigung zu hören. [2] Der Arbeitgeber hat ihm die Gründe für die Kündigung mitzuteilen. [3] Eine ohne Anhörung des Betriebsrats ausgesprochene Kündigung ist unwirksam.

(2) [1]Hat der Betriebsrat gegen eine ordentliche Kündigung Bedenken, so hat er diese unter Angabe der Gründe dem Arbeitgeber spätestens innerhalb einer Woche schriftlich mitzuteilen. [2]Äußert er sich innerhalb dieser Frist nicht, gilt seine Zustimmung zur Kündigung als erteilt. [3]Hat der Betriebsrat gegen eine außerordentliche Kündigung Bedenken, so hat er diese unter Angabe der Gründe dem Arbeitgeber unverzüglich, spätestens jedoch innerhalb von drei Tagen, schriftlich mitzuteilen. [4]Der Betriebsrat soll, soweit dies erforderlich erscheint, vor seiner Stellungnahme den betroffenen Arbeitnehmer hören. [5]§ 99 Abs. 1 Satz 3 gilt entsprechend.

(3) Der Betriebsrat kann innerhalb der Frist des Absatzes 2 Satz 1 der ordentlichen Kündigung widersprechen, wenn

1. der Arbeitgeber bei der Auswahl des zu kündigenden Arbeitnehmers soziale Gesichtspunkte nicht oder nicht ausreichend berücksichtigt hat,
2. die Kündigung gegen eine Richtlinie nach § 95 verstößt,
3. der zu kündigende Arbeitnehmer an einem anderen Arbeitsplatz im selben Betrieb oder in einem anderen Betrieb des Unternehmens weiterbeschäftigt werden kann,
4. die Weiterbeschäftigung des Arbeitnehmers nach zumutbaren Umschulungs- oder Fortbildungsmaßnahmen möglich ist oder
5. eine Weiterbeschäftigung des Arbeitnehmers unter geänderten Vertragsbedingungen möglich ist und der Arbeitnehmer sein Einverständnis hiermit erklärt hat.

(4) Kündigt der Arbeitgeber, obwohl der Betriebsrat nach Absatz 3 der Kündigung widersprochen hat, so hat er dem Arbeitnehmer mit der Kündigung eine Abschrift der Stellungnahme des Betriebsrats zuzuleiten.

(5) [1]Hat der Betriebsrat einer ordentlichen Kündigung frist- und ordnungsgemäß widersprochen und hat der Arbeitnehmer nach dem Kündigungsschutzgesetz Klage auf Feststellung erhoben, dass das Arbeitsverhältnis durch die Kündigung nicht aufgelöst ist, so muss der Arbeitgeber auf Verlangen des Arbeitnehmers diesen nach Ablauf der Kündigungsfrist bis zum rechtskräftigen Abschluss des Rechtsstreits bei unveränderten Arbeitsbedingungen weiterbeschäftigen. [2]Auf Antrag des Arbeitgebers kann das Gericht ihn durch einstweilige Verfügung von der Verpflichtung zur Weiterbeschäftigung nach Satz 1 entbinden, wenn

1. die Klage des Arbeitnehmers keine hinreichende Aussicht auf Erfolg bietet oder mutwillig erscheint oder
2. die Weiterbeschäftigung des Arbeitnehmers zu einer unzumutbaren wirtschaftlichen Belastung des Arbeitgebers führen würde oder
3. der Widerspruch des Betriebsrats offensichtlich unbegründet war.

(6) Arbeitgeber und Betriebsrat können vereinbaren, dass Kündigungen der Zustimmung des Betriebsrats bedürfen und dass bei Meinungsverschiedenheiten über die Berechtigung der Nichterteilung der Zustimmung die Einigungsstelle entscheidet.

(7) Die Vorschriften über die Beteiligung des Betriebsrats nach dem Kündigungsschutzgesetz bleiben unberührt.

§ 103 Außerordentliche Kündigung und Versetzung in besonderen Fällen

(1) Die außerordentliche Kündigung[1)] von Mitgliedern des Betriebsrats, der Jugend- und Auszubildendenvertretung, der Bordvertretung und des Seebetriebsrats, des Wahlvorstands sowie von Wahlbewerbern bedarf der Zustimmung des Betriebsrats.

(2) [1]Verweigert der Betriebsrat seine Zustimmung, so kann das Arbeitsgericht sie auf Antrag des Arbeitgebers ersetzen, wenn die außerordentliche Kündigung unter Berücksichtigung aller Umstände gerechtfertigt ist. [2]In dem Verfahren vor dem Arbeitsgericht ist der betroffene Arbeitnehmer Beteiligter.

[1)] Wegen ordentlicher Kündigungen siehe § 15 KSchG.

(3) [1] Die Versetzung der in Absatz 1 genannten Personen, die zu einem Verlust des Amtes oder der Wählbarkeit führen würde, bedarf der Zustimmung des Betriebsrats; dies gilt nicht, wenn der betroffene Arbeitnehmer mit der Versetzung einverstanden ist. [2] Absatz 2 gilt entsprechend mit der Maßgabe, dass das Arbeitsgericht die Zustimmung zu der Versetzung ersetzen kann, wenn diese auch unter Berücksichtigung der betriebsverfassungsrechtlichen Stellung des betroffenen Arbeitnehmers aus dringenden betrieblichen Gründen notwendig ist.

§ 104 Entfernung betriebsstörender Arbeitnehmer

[1] Hat ein Arbeitnehmer durch gesetzwidriges Verhalten oder durch grobe Verletzung der in § 75 Abs. 1 enthaltenen Grundsätze, insbesondere durch rassistische oder fremdenfeindliche Betätigungen, den Betriebsfrieden wiederholt ernstlich gestört, so kann der Betriebsrat vom Arbeitgeber die Entlassung oder Versetzung verlangen. [2] Gibt das Arbeitsgericht einem Antrag des Betriebsrats statt, dem Arbeitgeber aufzugeben, die Entlassung oder Versetzung durchzuführen, und führt der Arbeitgeber die Entlassung oder Versetzung einer rechtskräftigen gerichtlichen Entscheidung zuwider nicht durch, so ist auf Antrag des Betriebsrats vom Arbeitsgericht zu erkennen, dass er zur Vornahme der Entlassung oder Versetzung durch Zwangsgeld anzuhalten sei. [3] Das Höchstmaß des Zwangsgeldes beträgt für jeden Tag der Zuwiderhandlung 250 Euro.

§ 105 Leitende Angestellte

Eine beabsichtigte Einstellung oder personelle Veränderung eines in § 5 Abs. 3 genannten leitenden Angestellten ist dem Betriebsrat rechtzeitig mitzuteilen.

Sechster Abschnitt. Wirtschaftliche Angelegenheiten

Erster Unterabschnitt. Unterrichtung in wirtschaftlichen Angelegenheiten

§ 106[1]) Wirtschaftsausschuss

(1) [1] In allen Unternehmen mit in der Regel mehr als einhundert ständig beschäftigten Arbeitnehmern ist ein Wirtschaftsausschuss zu bilden. [2] Der Wirtschaftsausschuss hat die Aufgabe, wirtschaftliche Angelegenheiten mit dem Unternehmer zu beraten und den Betriebsrat zu unterrichten.

(2) [1] Der Unternehmer hat den Wirtschaftsausschuss rechtzeitig und umfassend über die wirtschaftlichen Angelegenheiten des Unternehmens unter Vorlage der erforderlichen Unterlagen zu unterrichten, soweit dadurch nicht die Betriebs- und Geschäftsgeheimnisse des Unternehmens gefährdet werden, sowie die sich daraus ergebenden Auswirkungen auf die Personalplanung darzustellen. [2] Zu den erforderlichen Unterlagen gehört in den Fällen des Absatzes 3 Nr. 9a insbesondere die Angabe über den potentiellen Erwerber und dessen Absichten im Hinblick auf die künftige Geschäftstätigkeit des Unternehmens sowie die sich daraus ergebenden Auswirkungen auf die Arbeitnehmer; Gleiches gilt, wenn im Vorfeld der Übernahme des Unternehmens ein Bieterverfahren durchgeführt wird.

(3) Zu den wirtschaftlichen Angelegenheiten im Sinne dieser Vorschrift gehören insbesondere

1. die wirtschaftliche und finanzielle Lage des Unternehmens;
2. die Produktions- und Absatzlage;
3. das Produktions- und Investitionsprogramm;
4. Rationalisierungsvorhaben;

---

[1]) § 106 Abs. 2 Satz 2 angef., Abs. 3 Nr. 9 geänd., Nr. 9a eingef. mWv 19. 8. 2008 durch G v. 12. 8. 2008 (BGBl. I S. 1666).

5. Fabrikations- und Arbeitsmethoden, insbesondere die Einführung neuer Arbeitsmethoden;

5 a. Fragen des betrieblichen Umweltschutzes;

6. die Einschränkung oder Stilllegung von Betrieben oder von Betriebsteilen;

7. die Verlegung von Betrieben oder Betriebsteilen;

8. der Zusammenschluss oder die Spaltung von Unternehmen oder Betrieben;

9. die Änderung der Betriebsorganisation oder des Betriebszwecks;

9 a. die Übernahme des Unternehmens, wenn hiermit der Erwerb der Kontrolle
verbunden ist, sowie

10. sonstige Vorgänge und Vorhaben, welche die Interessen der Arbeitnehmer des
Unternehmens wesentlich berühren können.

§ 107 Bestellung und Zusammensetzung des Wirtschaftsausschusses

(1) [1]Der Wirtschaftsausschuss besteht aus mindestens drei und höchstens sieben
Mitgliedern, die dem Unternehmen angehören müssen, darunter mindestens einem
Betriebsratsmitglied. [2]Zu Mitgliedern des Wirtschaftsausschusses können auch die in
§ 5 Abs. 3 genannten Angestellten bestimmt werden. [3]Die Mitglieder sollen die zur
Erfüllung ihrer Aufgaben erforderliche fachliche und persönliche Eignung besitzen.

(2) [1]Die Mitglieder des Wirtschaftsausschusses werden vom Betriebsrat für die
Dauer seiner Amtszeit bestimmt. [2]Besteht ein Gesamtbetriebsrat, so bestimmt dieser
die Mitglieder des Wirtschaftsausschusses; die Amtszeit der Mitglieder endet in diesem Fall in dem Zeitpunkt, in dem die Amtszeit der Mehrheit der Mitglieder des
Gesamtbetriebsrats, die an der Bestimmung mitzuwirken berechtigt waren, abgelaufen ist. [3]Die Mitglieder des Wirtschaftsausschusses können jederzeit abberufen werden; auf die Abberufung sind die Sätze 1 und 2 entsprechend anzuwenden.

(3) [1]Der Betriebsrat kann mit der Mehrheit der Stimmen seiner Mitglieder beschließen, die Aufgaben des Wirtschaftsausschusses einem Ausschuss des Betriebsrats
zu übertragen. [2]Die Zahl der Mitglieder des Ausschusses darf die Zahl der Mitglieder
des Betriebsausschusses nicht überschreiten. [3]Der Betriebsrat kann jedoch weitere
Arbeitnehmer einschließlich der in § 5 Abs. 3 genannten leitenden Angestellten bis
zur selben Zahl, wie der Ausschuss Mitglieder hat, in den Ausschuss berufen; für die
Beschlussfassung gilt Satz 1. [4]Für die Verschwiegenheitspflicht der in Satz 3 bezeichneten weiteren Arbeitnehmer gilt § 79 entsprechend. [5]Für die Abänderung und den
Widerruf der Beschlüsse nach den Sätzen 1 bis 3 sind die gleichen Stimmenmehrheiten erforderlich wie für die Beschlüsse nach den Sätzen 1 bis 3. [6]Ist in einem Unternehmen ein Gesamtbetriebsrat errichtet, so beschließt dieser über die anderweitige
Wahrnehmung der Aufgaben des Wirtschaftsausschusses; die Sätze 1 bis 5 gelten entsprechend.

§ 108 Sitzungen

(1) Der Wirtschaftsausschuss soll monatlich einmal zusammentreten.

(2) [1]An den Sitzungen des Wirtschaftsausschusses hat der Unternehmer oder sein
Vertreter teilzunehmen. [2]Er kann sachkundige Arbeitnehmer des Unternehmens
einschließlich der in § 5 Abs. 3 genannten Angestellten hinzuziehen. [3]Für die Hinzuziehung und die Verschwiegenheitspflicht von Sachverständigen gilt § 80 Abs. 3 und 4
entsprechend.

(3) Die Mitglieder des Wirtschaftsausschusses sind berechtigt, in die nach § 106
Abs. 2 vorzulegenden Unterlagen Einsicht zu nehmen.

(4) Der Wirtschaftsausschuss hat über jede Sitzung dem Betriebsrat unverzüglich
und vollständig zu berichten.

(5) Der Jahresabschluss ist dem Wirtschaftsausschuss unter Beteiligung des Betriebsrats zu erläutern.

(6) Hat der Betriebsrat oder der Gesamtbetriebsrat eine anderweitige Wahrnehmung der Aufgaben des Wirtschaftsausschusses beschlossen, so gelten die Absätze 1 bis 5 entsprechend.

§ 109 Beilegung von Meinungsverschiedenheiten

[1]Wird eine Auskunft über wirtschaftliche Angelegenheiten des Unternehmens im Sinne des § 106 entgegen dem Verlangen des Wirtschaftsausschusses nicht, nicht rechtzeitig oder nur ungenügend erteilt und kommt hierüber zwischen Unternehmer und Betriebsrat eine Einigung nicht zustande, so entscheidet die Einigungsstelle. [2]Der Spruch der Einigungsstelle ersetzt die Einigung zwischen Arbeitgeber und Betriebsrat. [3]Die Einigungsstelle kann, wenn dies für ihre Entscheidung erforderlich ist, Sachverständige anhören; § 80 Abs. 4 gilt entsprechend. [4]Hat der Betriebsrat oder der Gesamtbetriebsrat eine anderweitige Wahrnehmung der Aufgaben des Wirtschaftsausschusses beschlossen, so gilt Satz 1 entsprechend.

§ 109 a[1]) Unternehmensübernahme

In Unternehmen, in denen kein Wirtschaftsausschuss besteht, ist im Fall des § 106 Abs. 3 Nr. 9 a der Betriebsrat entsprechend § 106 Abs. 1 und 2 zu beteiligen; § 109 gilt entsprechend.

§ 110 Unterrichtung der Arbeitnehmer

(1) In Unternehmen mit in der Regel mehr als 1000 ständig beschäftigten Arbeitnehmern hat der Unternehmer mindestens einmal in jedem Kalendervierteljahr nach vorheriger Abstimmung mit dem Wirtschaftsausschuss oder den in § 107 Abs. 3 genannten Stellen und dem Betriebsrat die Arbeitnehmer schriftlich über die wirtschaftliche Lage und Entwicklung des Unternehmens zu unterrichten.

(2) [1]In Unternehmen, die die Voraussetzungen des Absatzes 1 nicht erfüllen, aber in der Regel mehr als zwanzig wahlberechtigte ständige Arbeitnehmer beschäftigen, gilt Absatz 1 mit der Maßgabe, dass die Unterrichtung der Arbeitnehmer mündlich erfolgen kann. [2]Ist in diesen Unternehmen ein Wirtschaftsausschuss nicht zu errichten, so erfolgt die Unterrichtung nach vorheriger Abstimmung mit dem Betriebsrat.

Zweiter Unterabschnitt. Betriebsänderungen

§ 111 Betriebsänderungen

[1]In Unternehmen mit in der Regel mehr als zwanzig wahlberechtigten Arbeitnehmern hat der Unternehmer den Betriebsrat über geplante Betriebsänderungen, die wesentliche Nachteile für die Belegschaft oder erhebliche Teile der Belegschaft zur Folge haben können, rechtzeitig und umfassend zu unterrichten und die geplanten Betriebsänderungen mit dem Betriebsrat zu beraten. [2]Der Betriebsrat kann in Unternehmen mit mehr als 300 Arbeitnehmern zu seiner Unterstützung einen Berater hinzuziehen; § 80 Abs. 4 gilt entsprechend; im Übrigen bleibt § 80 Abs. 3 unberührt. [3]Als Betriebsänderungen im Sinne des Satzes 1 gelten
1. Einschränkung und Stilllegung des ganzen Betriebs oder von wesentlichen Betriebsteilen,
2. Verlegung des ganzen Betriebs oder von wesentlichen Betriebsteilen,
3. Zusammenschluss mit anderen Betrieben oder die Spaltung von Betrieben,
4. grundlegende Änderungen der Betriebsorganisation, des Betriebszwecks oder der Betriebsanlagen,
5. Einführung grundlegend neuer Arbeitsmethoden und Fertigungsverfahren.

---

[1]) § 109 a eingef. mWv 19. 8. 2008 durch G v. 12. 8. 2008 (BGBl. I S. 1666).

§ 112[1)] Interessenausgleich über die Betriebsänderung, Sozialplan

(1) [1] Kommt zwischen Unternehmer und Betriebsrat ein Interessenausgleich über die geplante Betriebsänderung zustande, so ist dieser schriftlich niederzulegen und vom Unternehmer und Betriebsrat zu unterschreiben. [2] Das Gleiche gilt für eine Einigung über den Ausgleich oder die Milderung der wirtschaftlichen Nachteile, die den Arbeitnehmern infolge der geplanten Betriebsänderung entstehen (Sozialplan). [3] Der Sozialplan hat die Wirkung einer Betriebsvereinbarung. [4] § 77 Abs. 3 ist auf den Sozialplan nicht anzuwenden.

(2) [1] Kommt ein Interessenausgleich über die geplante Betriebsänderung oder eine Einigung über den Sozialplan nicht zustande, so können der Unternehmer oder der Betriebsrat den Vorstand der Bundesagentur für Arbeit um Vermittlung ersuchen, der Vorstand kann die Aufgabe auf andere Bedienstete der Bundesagentur für Arbeit übertragen. [2] Erfolgt kein Vermittlungsersuchen oder bleibt der Vermittlungsversuch ergebnislos, so können der Unternehmer oder der Betriebsrat die Einigungsstelle anrufen. [3] Auf Ersuchen des Vorsitzenden der Einigungsstelle nimmt ein Mitglied des Vorstands der Bundesagentur für Arbeit oder ein vom Vorstand der Bundesagentur für Arbeit benannter Bediensteter der Bundesagentur für Arbeit an der Verhandlung teil.

(3) [1] Unternehmer und Betriebsrat sollen der Einigungsstelle Vorschläge zur Beilegung der Meinungsverschiedenheiten über den Interessenausgleich und den Sozialplan machen. [2] Die Einigungsstelle hat eine Einigung der Parteien zu versuchen. [3] Kommt eine Einigung zustande, so ist sie schriftlich niederzulegen und von den Parteien und vom Vorsitzenden zu unterschreiben.

(4) [1] Kommt eine Einigung über den Sozialplan nicht zustande, so entscheidet die Einigungsstelle über die Aufstellung eines Sozialplans. [2] Der Spruch der Einigungsstelle ersetzt die Einigung zwischen Arbeitgeber und Betriebsrat.

(5) [1] Die Einigungsstelle hat bei ihrer Entscheidung nach Absatz 4 sowohl die sozialen Belange der betroffenen Arbeitnehmer zu berücksichtigen als auch auf die wirtschaftliche Vertretbarkeit ihrer Entscheidung für das Unternehmen zu achten. [2] Dabei hat die Einigungsstelle sich im Rahmen billigen Ermessens insbesondere von folgenden Grundsätzen leiten zu lassen:

1. Sie soll beim Ausgleich oder bei der Milderung wirtschaftlicher Nachteile, insbesondere durch Einkommensminderung, Wegfall von Sonderleistungen oder Verlust von Anwartschaften auf betriebliche Altersversorgung, Umzugskosten oder erhöhte Fahrtkosten, Leistungen vorsehen, die in der Regel den Gegebenheiten des Einzelfalles Rechnung tragen.
2. Sie hat die Aussichten der betroffenen Arbeitnehmer auf dem Arbeitsmarkt zu berücksichtigen. Sie soll Arbeitnehmer von Leistungen ausschließen, die in einem zumutbaren Arbeitsverhältnis im selben Betrieb oder in einem anderen Betrieb des Unternehmens oder eines zum Konzern gehörenden Unternehmens weiterbeschäftigt werden können und die Weiterbeschäftigung ablehnen; die mögliche Weiterbeschäftigung an einem anderen Ort begründet für sich allein nicht die Unzumutbarkeit.
2a. Sie soll insbesondere die im Dritten Buch des Sozialgesetzbuches vorgesehenen Förderungsmöglichkeiten zur Vermeidung von Arbeitslosigkeit berücksichtigen.
3. Sie hat bei der Bemessung des Gesamtbetrages der Sozialplanleistungen darauf zu achten, dass der Fortbestand des Unternehmens oder die nach Durchführung der Betriebsänderung verbleibenden Arbeitsplätze nicht gefährdet werden.

§ 112 a Erzwingbarer Sozialplan bei Personalabbau, Neugründungen

(1) [1] Besteht eine geplante Betriebsänderung im Sinne des § 111 Satz 3 Nr. 1 allein in der Entlassung von Arbeitnehmern, so findet § 112 Abs. 4 und 5 nur Anwendung, wenn

---

[1)] § 112 Abs. 2 Sätze 1 bis 3 geänd. mWv 1. 1. 2004 durch G v. 23. 12. 2003 (BGBl. I S. 2848).

1. in Betrieben mit in der Regel weniger als 60 Arbeitnehmern 20 vom Hundert der regelmäßig beschäftigten Arbeitnehmer, aber mindestens 6 Arbeitnehmer,
2. in Betrieben mit in der Regel mindestens 60 und weniger als 250 Arbeitnehmern 20 vom Hundert der regelmäßig beschäftigten Arbeitnehmer oder mindestens 37 Arbeitnehmer,
3. in Betrieben mit in der Regel mindestens 250 und weniger als 500 Arbeitnehmern 15 vom Hundert der regelmäßig beschäftigten Arbeitnehmer oder mindestens 60 Arbeitnehmer,
4. in Betrieben mit in der Regel mindestens 500 Arbeitnehmern 10 vom Hundert der regelmäßig beschäftigten Arbeitnehmer, aber mindestens 60 Arbeitnehmer aus betriebsbedingten Gründen entlassen werden sollen. [2] Als Entlassung gilt auch das vom Arbeitgeber aus Gründen der Betriebsänderung veranlasste Ausscheiden von Arbeitnehmern aufgrund von Aufhebungsverträgen.

(2) [1] § 112 Abs. 4 und 5 findet keine Anwendung auf Betriebe eines Unternehmens in den ersten vier Jahren nach seiner Gründung. [2] Dies gilt nicht für Neugründungen im Zusammenhang mit der rechtlichen Umstrukturierung von Unternehmen und Konzernen. [3] Maßgebend für den Zeitpunkt der Gründung ist die Aufnahme einer Erwerbstätigkeit, die nach § 138 der Abgabenordnung dem Finanzamt mitzuteilen ist.

§ 113 Nachteilsausgleich

(1) Weicht der Unternehmer von einem Interessenausgleich über die geplante Betriebsänderung ohne zwingenden Grund ab, so können Arbeitnehmer, die infolge dieser Abweichung entlassen werden, beim Arbeitsgericht Klage erheben mit dem Antrag, den Arbeitgeber zur Zahlung von Abfindungen zu verurteilen; § 10 des Kündigungsschutzgesetzes gilt entsprechend.

(2) Erleiden Arbeitnehmer infolge einer Abweichung nach Absatz 1 andere wirtschaftliche Nachteile, so hat der Unternehmer diese Nachteile bis zu einem Zeitraum von zwölf Monaten auszugleichen.

(3) Die Absätze 1 und 2 gelten entsprechend, wenn der Unternehmer eine geplante Betriebsänderung nach § 111 durchführt, ohne über sie einen Interessenausgleich mit dem Betriebsrat versucht zu haben, und infolge der Maßnahme Arbeitnehmer entlassen werden oder andere wirtschaftliche Nachteile erleiden.

Fünfter Teil. Besondere Vorschriften für einzelne Betriebsarten

Erster Abschnitt. Seeschifffahrt

§ 114 Grundsätze

(1) Auf Seeschifffahrtsunternehmen und ihre Betriebe ist dieses Gesetz anzuwenden, soweit sich aus den Vorschriften dieses Abschnitts nichts anderes ergibt.

(2) [1] Seeschifffahrtsunternehmen im Sinne dieses Gesetzes ist ein Unternehmen, das Handelsschifffahrt betreibt und seinen Sitz im Geltungsbereich dieses Gesetzes hat. [2] Ein Seeschifffahrtsunternehmen im Sinne dieses Abschnitts betreibt auch, wer als Korrespondenzreeder, Vertragsreeder, Ausrüster oder aufgrund eines ähnlichen Rechtsverhältnisses Schiffe zum Erwerb durch die Seeschifffahrt verwendet, wenn er Arbeitgeber des Kapitäns und der Besatzungsmitglieder ist oder überwiegend die Befugnisse des Arbeitgebers ausübt.

(3) Als Seebetrieb im Sinne dieses Gesetzes gilt die Gesamtheit der Schiffe eines Seeschifffahrtsunternehmens einschließlich der in Absatz 2 Satz 2 genannten Schiffe.

(4) [1]Schiffe im Sinne dieses Gesetzes sind Kauffahrteischiffe, die nach dem Flaggenrechtsgesetz die Bundesflagge führen. [2]Schiffe, die in der Regel binnen 24 Stunden nach dem Auslaufen an den Sitz eines Landbetriebs zurückkehren, gelten als Teil dieses Landbetriebs des Seeschifffahrtsunternehmens.

(5) Jugend- und Auszubildendenvertretungen werden nur für die Landbetriebe von Seeschifffahrtsunternehmen gebildet.

(6) [1]Besatzungsmitglieder sind die in § 3 des Seemannsgesetzes genannten Personen. [2]Leitende Angestellte im Sinne des § 5 Abs. 3 dieses Gesetzes sind nur die Kapitäne.

§ 115 Bordvertretung

(1) [1]Auf Schiffen, die mit in der Regel mindestens fünf wahlberechtigten Besatzungsmitgliedern besetzt sind, von denen drei wählbar sind, wird eine Bordvertretung gewählt. [2]Auf die Bordvertretung finden, soweit sich aus diesem Gesetz oder aus anderen gesetzlichen Vorschriften nicht etwas anderes ergibt, die Vorschriften über die Rechte und Pflichten des Betriebsrats und die Rechtsstellung seiner Mitglieder Anwendung.

(2) Die Vorschriften über die Wahl und Zusammensetzung des Betriebsrats finden mit folgender Maßgabe Anwendung:
1. Wahlberechtigt sind alle Besatzungsmitglieder des Schiffes.
2. Wählbar sind die Besatzungsmitglieder des Schiffes, die am Wahltag das 18. Lebensjahr vollendet haben und ein Jahr Besatzungsmitglied eines Schiffes waren, das nach dem Flaggenrechtsgesetz die Bundesflagge führt. § 8 Abs. 1 Satz 3 bleibt unberührt.
3. Die Bordvertretung besteht auf Schiffen mit in der Regel
5 bis 20 wahlberechtigten Besatzungsmitgliedern aus einer Person,
21 bis 75 wahlberechtigten Besatzungsmitgliedern aus drei Mitgliedern,
über 75 wahlberechtigten Besatzungsmitgliedern aus fünf Mitgliedern.
4. (weggefallen)
5. § 13 Abs. 1 und 3 findet keine Anwendung. Die Bordvertretung ist vor Ablauf ihrer Amtszeit unter den in § 13 Abs. 2 Nr. 2 bis 5 genannten Voraussetzungen neu zu wählen.
6. Die wahlberechtigten Besatzungsmitglieder können mit der Mehrheit aller Stimmen beschließen, die Wahl der Bordvertretung binnen 24 Stunden durchzuführen.
7. Die in § 16 Abs. 1 Satz 1 genannte Frist wird auf zwei Wochen, die in § 16 Abs. 2 Satz 1 genannte Frist wird auf eine Woche verkürzt.
8. Bestellt die im Amt befindliche Bordvertretung nicht rechtzeitig einen Wahlvorstand oder besteht keine Bordvertretung, wird der Wahlvorstand in einer Bordversammlung von der Mehrheit der anwesenden Besatzungsmitglieder gewählt; § 17 Abs. 3 gilt entsprechend. Kann aus Gründen der Aufrechterhaltung des ordnungsgemäßen Schiffsbetriebs eine Bordversammlung nicht stattfinden, so kann der Kapitän auf Antrag von drei Wahlberechtigten den Wahlvorstand bestellen. Bestellt der Kapitän den Wahlvorstand nicht, so ist der Seebetriebsrat berechtigt, den Wahlvorstand zu bestellen. Die Vorschriften über die Bestellung des Wahlvorstands durch das Arbeitsgericht bleiben unberührt.
9. Die Frist für die Wahlanfechtung beginnt für Besatzungsmitglieder an Bord, wenn das Schiff nach Bekanntgabe des Wahlergebnisses erstmalig einen Hafen im Geltungsbereich dieses Gesetzes oder einen Hafen, in dem ein Seemannsamt seinen Sitz hat, anläuft. Die Wahlanfechtung kann auch zu Protokoll des Seemannsamtes erklärt werden. Wird die Wahl zur Bordvertretung angefochten, zieht das Seemannsamt die an Bord befindlichen Wahlunterlagen ein. Die Anfechtungserklärung und die eingezogenen Wahlunterlagen sind vom Seemannsamt unverzüglich an das für die Anfechtung zuständige Arbeitsgericht weiterzuleiten.

(3) Auf die Amtszeit der Bordvertretung finden die §§ 21, 22 bis 25 mit der Maßgabe Anwendung, dass

1. die Amtszeit ein Jahr beträgt,

2. die Mitgliedschaft in der Bordvertretung auch endet, wenn das Besatzungsmitglied den Dienst an Bord beendet, es sei denn, dass es den Dienst an Bord vor Ablauf der Amtszeit nach Nummer 1 wieder antritt.

(4) [1] Für die Geschäftsführung der Bordvertretung gelten die §§ 26 bis 36, § 37 Abs. 1 bis 3 sowie die §§ 39 bis 41 entsprechend. [2] § 40 Abs. 2 ist mit der Maßgabe anzuwenden, dass die Bordvertretung in dem für ihre Tätigkeit erforderlichen Umfang auch die für die Verbindung des Schiffes zur Reederei eingerichteten Mittel zur beschleunigten Übermittlung von Nachrichten in Anspruch nehmen kann.

(5) [1] Die §§ 42 bis 46 über die Betriebsversammlung finden für die Versammlung der Besatzungsmitglieder eines Schiffes (Bordversammlung) entsprechende Anwendung. [2] Auf Verlangen der Bordvertretung hat der Kapitän der Bordversammlung einen Bericht über die Schiffsreise und die damit zusammenhängenden Angelegenheiten zu erstatten. [3] Er hat Fragen, die den Schiffsbetrieb, die Schiffsreise und die Schiffssicherheit betreffen, zu beantworten.

(6) Die §§ 47 bis 59 über den Gesamtbetriebsrat und den Konzernbetriebsrat finden für die Bordvertretung keine Anwendung.

(7) Die §§ 74 bis 105 über die Mitwirkung und Mitbestimmung der Arbeitnehmer finden auf die Bordvertretung mit folgender Maßgabe Anwendung:

1. Die Bordvertretung ist zuständig für die Behandlung derjenigen nach diesem Gesetz der Mitwirkung und Mitbestimmung des Betriebsrats unterliegenden Angelegenheiten, die den Bordbetrieb oder die Besatzungsmitglieder des Schiffes betreffen und deren Regelung dem Kapitän aufgrund gesetzlicher Vorschriften oder der ihm von der Reederei übertragenen Befugnisse obliegt.

2. Kommt es zwischen Kapitän und Bordvertretung in einer der Mitwirkung oder Mitbestimmung der Bordvertretung unterliegenden Angelegenheit nicht zu einer Einigung, so kann die Angelegenheit von der Bordvertretung an den Seebetriebsrat abgegeben werden. Der Seebetriebsrat hat die Bordvertretung über die weitere Behandlung der Angelegenheit zu unterrichten. Bordvertretung und Kapitän dürfen die Einigungsstelle oder das Arbeitsgericht nur anrufen, wenn ein Seebetriebsrat nicht gewählt ist.

3. Bordvertretung und Kapitän können im Rahmen ihrer Zuständigkeiten Bordvereinbarungen abschließen. Die Vorschriften über Betriebsvereinbarungen gelten für Bordvereinbarungen entsprechend. Bordvereinbarungen sind unzulässig, soweit eine Angelegenheit durch eine Betriebsvereinbarung zwischen Seebetriebsrat und Arbeitgeber geregelt ist.

4. In Angelegenheiten, die der Mitbestimmung der Bordvertretung unterliegen, kann der Kapitän, auch wenn eine Einigung mit der Bordvertretung noch nicht erzielt ist, vorläufige Regelungen treffen, wenn dies zur Aufrechterhaltung des ordnungsgemäßen Schiffsbetriebs dringend erforderlich ist. Den von der Anordnung betroffenen Besatzungsmitgliedern ist die Vorläufigkeit der Regelung bekannt zu geben. Soweit die vorläufige Regelung der endgültigen Regelung nicht entspricht, hat das Schifffahrtsunternehmen Nachteile auszugleichen, die den Besatzungsmitgliedern durch die vorläufige Regelung entstanden sind.

5. Die Bordvertretung hat das Recht auf regelmäßige und umfassende Unterrichtung über den Schiffsbetrieb. Die erforderlichen Unterlagen sind der Bordvertretung vorzulegen. Zum Schiffsbetrieb gehören insbesondere die Schiffssicherheit, die Reiserouten, die voraussichtlichen Ankunfts- und Abfahrtszeiten sowie die zu befördernde Ladung.

6. Auf Verlangen der Bordvertretung hat der Kapitän ihr Einsicht in die an Bord befindlichen Schiffstagebücher zu gewähren. In den Fällen, in denen der Kapitän eine Eintragung über Angelegenheiten macht, die der Mitwirkung oder Mitbe-

stimmung der Bordvertretung unterliegen, kann diese eine Abschrift der Eintragung verlangen und Erklärungen zum Schiffstagebuch abgeben. In den Fällen, in denen über eine der Mitwirkung oder Mitbestimmung der Bordvertretung unterliegenden Angelegenheit eine Einigung zwischen Kapitän und Bordvertretung nicht erzielt wird, kann die Bordvertretung dies zum Schiffstagebuch erklären und eine Abschrift dieser Eintragung verlangen.

7. Die Zuständigkeit der Bordvertretung im Rahmen des Arbeitsschutzes bezieht sich auch auf die Schiffssicherheit und die Zusammenarbeit mit den insoweit zuständigen Behörden und sonstigen in Betracht kommenden Stellen.

§ 116 Seebetriebsrat

(1) [1] In Seebetrieben werden Seebetriebsräte gewählt. [2] Auf die Seebetriebsräte finden, soweit sich aus diesem Gesetz oder aus anderen gesetzlichen Vorschriften nicht etwas anderes ergibt, die Vorschriften über die Rechte und Pflichten des Betriebsrats und die Rechtsstellung seiner Mitglieder Anwendung.

(2) Die Vorschriften über die Wahl, Zusammensetzung und Amtszeit des Betriebsrats finden mit folgender Maßgabe Anwendung:
1. Wahlberechtigt zum Seebetriebsrat sind alle zum Seeschifffahrtsunternehmen gehörenden Besatzungsmitglieder.
2. Für die Wählbarkeit zum Seebetriebsrat gilt § 8 mit der Maßgabe, dass
   a) in Seeschifffahrtsunternehmen, zu denen mehr als acht Schiffe gehören oder in denen in der Regel mehr als 250 Besatzungsmitglieder beschäftigt sind, nur nach § 115 Abs. 2 Nr. 2 wählbare Besatzungsmitglieder wählbar sind;
   b) in den Fällen, in denen die Voraussetzungen des Buchstabens a nicht vorliegen, nur Arbeitnehmer wählbar sind, die nach § 8 die Wählbarkeit im Landbetrieb des Seeschifffahrtsunternehmens besitzen, es sei denn, dass der Arbeitgeber mit der Wahl von Besatzungsmitgliedern einverstanden ist.
3. Der Seebetriebsrat besteht in Seebetrieben mit in der Regel

5 bis 400 wahlberechtigten Besatzungsmitgliedern	aus einer Person,
401 bis 800 wahlberechtigten Besatzungsmitgliedern	aus drei Mitgliedern,
über 800 wahlberechtigten Besatzungsmitgliedern	aus fünf Mitgliedern.

4. Ein Wahlvorschlag ist gültig, wenn er im Fall des § 14 Abs. 4 Satz 1 erster Halbsatz und Satz 2 mindestens von drei wahlberechtigten Besatzungsmitgliedern unterschrieben ist.
5. § 14a findet keine Anwendung.
6. Die in § 16 Abs. 1 Satz 1 genannte Frist wird auf drei Monate, die in § 16 Abs. 2 Satz 1 genannte Frist auf zwei Monate verlängert.
7. Zu Mitgliedern des Wahlvorstands können auch im Landbetrieb des Seeschifffahrtsunternehmens beschäftigte Arbeitnehmer bestellt werden. § 17 Abs. 2 bis 4 findet keine Anwendung. Besteht kein Seebetriebsrat, so bestellt der Gesamtbetriebsrat oder, falls ein solcher nicht besteht, der Konzernbetriebsrat den Wahlvorstand. Besteht weder ein Gesamtbetriebsrat noch ein Konzernbetriebsrat, wird der Wahlvorstand gemeinsam vom Arbeitgeber und den im Seebetrieb vertretenen Gewerkschaften bestellt; Gleiches gilt, wenn der Gesamtbetriebsrat oder der Konzernbetriebsrat die Bestellung des Wahlvorstands nach Satz 3 unterlässt. Einigen sich Arbeitgeber und Gewerkschaften nicht, so bestellt ihn das Arbeitsgericht auf Antrag des Arbeitgebers, einer im Seebetrieb vertretenen Gewerkschaft oder von mindestens drei wahlberechtigten Besatzungsmitgliedern. § 16 Abs. 2 Satz 2 und 3 gilt entsprechend.
8. Die Frist für die Wahlanfechtung nach § 19 Abs. 2 beginnt für Besatzungsmitglieder an Bord, wenn das Schiff nach Bekanntgabe des Wahlergebnisses erstmalig einen Hafen im Geltungsbereich dieses Gesetzes oder einen Hafen, in dem ein Seemannsamt seinen Sitz hat, anläuft. Nach Ablauf von drei Monaten seit Bekanntgabe des Wahlergebnisses ist eine Wahlanfechtung unzulässig. Die Wahlan-

fechtung kann auch zu Protokoll des Seemannsamtes erklärt werden. Die Anfechtungserklärung ist vom Seemannsamt unverzüglich an das für die Anfechtung zuständige Arbeitsgericht weiterzuleiten.

9. Die Mitgliedschaft im Seebetriebsrat endet, wenn der Seebetriebsrat aus Besatzungsmitgliedern besteht, auch, wenn das Mitglied des Seebetriebsrats nicht mehr Besatzungsmitglied ist. Die Eigenschaft als Besatzungsmitglied wird durch die Tätigkeit im Seebetriebsrat oder durch eine Beschäftigung gemäß Absatz 3 Nr. 2 nicht berührt.

(3) Die §§ 26 bis 41 über die Geschäftsführung des Betriebsrats finden auf den Seebetriebsrat mit folgender Maßgabe Anwendung:

1. In Angelegenheiten, in denen der Seebetriebsrat nach diesem Gesetz innerhalb einer bestimmten Frist Stellung zu nehmen hat, kann er, abweichend von § 33 Abs. 2, ohne Rücksicht auf die Zahl der zur Sitzung erschienenen Mitglieder einen Beschluss fassen, wenn die Mitglieder ordnungsgemäß geladen worden sind.

2. Soweit die Mitglieder des Seebetriebsrats nicht freizustellen sind, sind sie so zu beschäftigen, dass sie durch ihre Tätigkeit nicht gehindert sind, die Aufgaben des Seebetriebsrats wahrzunehmen. Der Arbeitsplatz soll den Fähigkeiten und Kenntnissen des Mitglieds des Seebetriebsrats und seiner bisherigen beruflichen Stellung entsprechen. Der Arbeitsplatz ist im Einvernehmen mit dem Seebetriebsrat zu bestimmen. Kommt eine Einigung über die Bestimmung des Arbeitsplatzes nicht zustande, so entscheidet die Einigungsstelle. Der Spruch der Einigungsstelle ersetzt die Einigung zwischen Arbeitgeber und Seebetriebsrat.

3. Den Mitgliedern des Seebetriebsrats, die Besatzungsmitglieder sind, ist die Heuer auch dann fortzuzahlen, wenn sie im Landbetrieb beschäftigt werden. Sachbezüge sind angemessen abzugelten. Ist der neue Arbeitsplatz höherwertig, so ist das diesem Arbeitsplatz entsprechende Arbeitsentgelt zu zahlen.

4. Unter Berücksichtigung der örtlichen Verhältnisse ist über die Unterkunft der in den Seebetriebsrat gewählten Besatzungsmitglieder eine Regelung zwischen dem Seebetriebsrat und dem Arbeitgeber zu treffen, wenn der Arbeitsplatz sich nicht am Wohnort befindet. Kommt eine Einigung nicht zustande, so entscheidet die Einigungsstelle. Der Spruch der Einigungsstelle ersetzt die Einigung zwischen Arbeitgeber und Seebetriebsrat.

5. Der Seebetriebsrat hat das Recht, jedes zum Seebetrieb gehörende Schiff zu betreten, dort im Rahmen seiner Aufgaben tätig zu werden sowie an den Sitzungen der Bordvertretung teilzunehmen. § 115 Abs. 7 Nr. 5 Satz 1 gilt entsprechend.

6. Liegt ein Schiff in einem Hafen innerhalb des Geltungsbereichs dieses Gesetzes, so kann der Seebetriebsrat nach Unterrichtung des Kapitäns Sprechstunden an Bord abhalten und Bordversammlungen der Besatzungsmitglieder durchführen.

7. Läuft ein Schiff innerhalb eines Kalenderjahres keinen Hafen im Geltungsbereich dieses Gesetzes an, so gelten die Nummern 5 und 6 für europäische Häfen. Die Schleusen des Nordostseekanals gelten nicht als Häfen.

8. Im Einvernehmen mit dem Arbeitgeber können Sprechstunden und Bordversammlungen, abweichend von den Nummern 6 und 7, auch in anderen Liegehäfen des Schiffes durchgeführt werden, wenn ein dringendes Bedürfnis hierfür besteht. Kommt eine Einigung nicht zustande, so entscheidet die Einigungsstelle. Der Spruch der Einigungsstelle ersetzt die Einigung zwischen Arbeitgeber und Seebetriebsrat.

(4) Die §§ 42 bis 46 über die Betriebsversammlung finden auf den Seebetrieb keine Anwendung.

(5) Für den Seebetrieb nimmt der Seebetriebsrat die in den §§ 47 bis 59 dem Betriebsrat übertragenen Aufgaben, Befugnisse und Pflichten wahr.

(6) Die §§ 74 bis 113 über die Mitwirkung und Mitbestimmung der Arbeitnehmer finden auf den Seebetriebsrat mit folgender Maßgabe Anwendung:

1. Der Seebetriebsrat ist zuständig für die Behandlung derjenigen nach diesem Gesetz der Mitwirkung oder Mitbestimmung des Betriebsrats unterliegenden Angelegenheiten,
   a) die alle oder mehrere Schiffe des Seebetriebs oder die Besatzungsmitglieder aller oder mehrerer Schiffe des Seebetriebs betreffen,
   b) die nach § 115 Abs. 7 Nr. 2 von der Bordvertretung abgegeben worden sind oder
   c) für die nicht die Zuständigkeit der Bordvertretung nach § 115 Abs. 7 Nr. 1 gegeben ist.
2. Der Seebetriebsrat ist regelmäßig und umfassend über den Schiffsbetrieb des Seeschifffahrtsunternehmens zu unterrichten. Die erforderlichen Unterlagen sind ihm vorzulegen.

Zweiter Abschnitt. Luftfahrt

§ 117 Geltung für die Luftfahrt

(1) Auf Landbetriebe von Luftfahrtunternehmen ist dieses Gesetz anzuwenden.

(2) [1] Für im Flugbetrieb beschäftigte Arbeitnehmer von Luftfahrtunternehmen kann durch Tarifvertrag eine Vertretung errichtet werden. [2] Über die Zusammenarbeit dieser Vertretung mit den nach diesem Gesetz zu errichtenden Vertretungen der Arbeitnehmer der Landbetriebe des Luftfahrtunternehmens kann der Tarifvertrag von diesem Gesetz abweichende Regelungen vorsehen.

Dritter Abschnitt. Tendenzbetriebe und Religionsgemeinschaften

§ 118 Geltung für Tendenzbetriebe und Religionsgemeinschaften

(1) [1] Auf Unternehmen und Betriebe, die unmittelbar und überwiegend
1. politischen, koalitionspolitischen, konfessionellen, karitativen, erzieherischen, wissenschaftlichen oder künstlerischen Bestimmungen oder
2. Zwecken der Berichterstattung oder Meinungsäußerung, auf die Artikel 5 Abs. 1 Satz 2 des Grundgesetzes Anwendung findet,
dienen, finden die Vorschriften dieses Gesetzes keine Anwendung, soweit die Eigenart des Unternehmens oder des Betriebs dem entgegensteht. [2] Die §§ 106 bis 110 sind nicht, die §§ 111 bis 113 nur insoweit anzuwenden, als sie den Ausgleich oder die Milderung wirtschaftlicher Nachteile für die Arbeitnehmer infolge von Betriebsänderungen regeln.

(2) Dieses Gesetz findet keine Anwendung auf Religionsgemeinschaften und ihre karitativen und erzieherischen Einrichtungen unbeschadet deren Rechtsform.

Sechster Teil. Straf- und Bußgeldvorschriften

§ 119 Straftaten gegen Betriebsverfassungsorgane und ihre Mitglieder

(1) Mit Freiheitsstrafe bis zu einem Jahr oder mit Geldstrafe wird bestraft, wer
1. eine Wahl des Betriebsrats, der Jugend- und Auszubildendenvertretung, der Bordvertretung, des Seebetriebsrats oder der in § 3 Abs. 1 Nr. 1 bis 3 oder 5 bezeichneten Vertretungen der Arbeitnehmer behindert oder durch Zufügung oder Androhung von Nachteilen oder durch Gewährung oder Versprechen von Vorteilen beeinflußt,
2. die Tätigkeit des Betriebsrats, des Gesamtbetriebsrats, des Konzernbetriebsrats, der Jugend- und Auszubildendenvertretung, der Gesamt-Jugend- und Auszubilden-

denvertretung, der Konzern-Jugend- und Auszubildendenvertretung, der Bordvertretung, des Seebetriebsrats, der in § 3 Abs. 1 bezeichneten Vertretungen der Arbeitnehmer, der Einigungsstelle, der in § 76 Abs. 8 bezeichneten tariflichen Schlichtungsstelle, der in § 86 bezeichneten betrieblichen Beschwerdestelle oder des Wirtschaftsausschusses behindert oder stört, oder

3. ein Mitglied oder ein Ersatzmitglied des Betriebsrats, des Gesamtbetriebsrats, des Konzernbetriebsrats, der Jugend- und Auszubildendenvertretung, der Gesamt-Jugend- und Auszubildendenvertretung, der Konzern-Jugend- und Auszubildendenvertretung, der Bordvertretung, des Seebetriebsrats, der in § 3 Abs. 1 bezeichneten Vertretungen der Arbeitnehmer, der Einigungsstelle, der in § 76 Abs. 8 bezeichneten Schlichtungsstelle, der in § 86 bezeichneten betrieblichen Beschwerdestelle oder des Wirtschaftsausschusses um seiner Tätigkeit willen oder eine Auskunftsperson nach § 80 Abs. 2 Satz 3 um ihrer Tätigkeit willen benachteiligt oder begünstigt.

(2) Die Tat wird nur auf Antrag des Betriebsrats, des Gesamtbetriebsrats, des Konzernbetriebsrats, der Bordvertretung, des Seebetriebsrats, einer der in § 3 Abs. 1 bezeichneten Vertretungen der Arbeitnehmer, des Wahlvorstands, des Unternehmers oder einer im Betrieb vertretenen Gewerkschaft verfolgt.

§ 120 Verletzung von Geheimnissen

(1) Wer unbefugt ein fremdes Betriebs- oder Geschäftsgeheimnis offenbart, das ihm in seiner Eigenschaft als
1. Mitglied oder Ersatzmitglied des Betriebsrats oder einer der in § 79 Abs. 2 bezeichneten Stellen,
2. Vertreter einer Gewerkschaft oder Arbeitgebervereinigung,
3. Sachverständiger, der vom Betriebsrat nach § 80 Abs. 3 hinzugezogen oder von der Einigungsstelle nach § 109 Satz 3 angehört worden ist,
3a. Berater, der vom Betriebsrat nach § 111 Satz 2 hinzugezogen worden ist;
3b. Auskunftsperson, die dem Betriebsrat nach § 80 Abs. 2 Satz 3 zur Verfügung gestellt worden ist, oder
4. Arbeitnehmer, der vom Betriebsrat nach § 107 Abs. 3 Satz 3 oder vom Wirtschaftsausschuss nach § 108 Abs. 2 Satz 2 hinzugezogen worden ist,
bekannt geworden und das vom Arbeitgeber ausdrücklich als geheimhaltungsbedürftig bezeichnet worden ist, wird mit Freiheitsstrafe bis zu einem Jahr oder mit Geldstrafe bestraft.

(2) Ebenso wird bestraft, wer unbefugt ein fremdes Geheimnis eines Arbeitnehmers, namentlich ein zu dessen persönlichen Lebensbereich gehörendes Geheimnis, offenbart, das ihm in seiner Eigenschaft als Mitglied oder Ersatzmitglied des Betriebsrats oder einer der in § 79 Abs. 2 bezeichneten Stellen bekanntgeworden ist und über das nach den Vorschriften dieses Gesetzes Stillschweigen zu bewahren ist.

(3) ¹Handelt der Täter gegen Entgelt oder in der Absicht, sich oder einen anderen zu bereichern oder einen anderen zu schädigen, so ist die Strafe Freiheitsstrafe bis zu zwei Jahren oder Geldstrafe. ²Ebenso wird bestraft, wer unbefugt ein fremdes Geheimnis, namentlich ein Betriebs- oder Geschäftsgeheimnis, zu dessen Geheimhaltung er nach den Absätzen 1 oder 2 verpflichtet ist, verwertet.

(4) Die Absätze 1 bis 3 sind auch anzuwenden, wenn der Täter das fremde Geheimnis nach dem Tode des Betroffenen unbefugt offenbart oder verwertet.

(5) ¹Die Tat wird nur auf Antrag des Verletzten verfolgt. ²Stirbt der Verletzte, so geht das Antragsrecht nach § 77 Abs. 2 des Strafgesetzbuches auf die Angehörigen über, wenn das Geheimnis zum persönlichen Lebensbereich des Verletzten gehört; in anderen Fällen geht es auf die Erben über. ³Offenbart der Täter das Geheimnis nach dem Tode des Betroffenen, so gilt Satz 2 sinngemäß.

§ 121 Bußgeldvorschriften

(1) Ordnungswidrig handelt, wer eine der in § 90 Abs. 1, 2 Satz 1, § 92 Abs. 1 Satz 1 auch in Verbindung mit Abs. 3, § 99 Abs. 1, § 106 Abs. 2, § 108 Abs. 5, § 110 oder § 111 bezeichneten Aufklärungs- oder Auskunftspflichten nicht, wahrheitswidrig, unvollständig oder verspätet erfüllt.

(2) Die Ordnungswidrigkeit kann mit einer Geldbuße bis zu 10 000 Euro geahndet werden.

Siebenter Teil. Änderung von Gesetzen

§ 122 (Änderung des Bürgerlichen Gesetzbuchs) *(gegenstandslos)*

§ 123 (Änderung des Kündigungsschutzgesetzes) *(gegenstandslos)*

§ 124 (Änderung des Arbeitsgerichtsgesetzes) *(gegenstandslos)*

Achter Teil. Übergangs- und Schlussvorschriften

§ 125 Erstmalige Wahlen nach diesem Gesetz

(1) Die erstmaligen Betriebsratswahlen nach § 13 Abs. 1 finden im Jahre 1972 statt.

(2) [1]Die erstmaligen Wahlen der Jugend- und Auszubildendenvertretung nach § 64 Abs. 1 Satz 1 finden im Jahre 1988 statt. [2]Die Amtszeit der Jugendvertretung endet mit der Bekanntgabe des Wahlergebnisses der neu gewählten Jugend- und Auszubildendenvertretung, spätestens am 30. November 1988.

(3) Auf Wahlen des Betriebsrats, der Bordvertretung, des Seebetriebsrats und der Jugend- und Auszubildendenvertretung, die nach dem 28. Juli 2001 eingeleitet werden, finden die Erste Verordnung zur Durchführung des Betriebsverfassungsgesetzes vom 16. Januar 1972 (BGBl. I S. 49), zuletzt geändert durch Verordnung vom 16. Januar 1995 (BGBl. I S. 43), die Zweite Verordnung zur Durchführung des Betriebsverfassungsgesetzes vom 24. Oktober 1972 (BGBl. I S. 2029), zuletzt geändert durch die Verordnung vom 28. September 1989 (BGBl. I S. 1795) und die Verordnung zur Durchführung der Betriebsratswahlen bei den Postunternehmen vom 26. Juni 1995 (BGBl. I S. 871) bis zu deren Änderung entsprechende Anwendung.

(4) Ergänzend findet für das vereinfachte Wahlverfahren nach § 14a die Erste Verordnung zur Durchführung des Betriebsverfassungsgesetzes bis zu deren Änderung mit folgenden Maßgaben entsprechende Anwendung:
1. Die Frist für die Einladung zur Wahlversammlung zur Wahl des Wahlvorstands nach § 14a Abs. 1 des Gesetzes beträgt mindestens sieben Tage. Die Einladung muss Ort, Tag und Zeit der Wahlversammlung sowie den Hinweis enthalten, dass bis zum Ende dieser Wahlversammlung Wahlvorschläge zur Wahl des Betriebsrats gemacht werden können (§ 14a Abs. 2 des Gesetzes).
2. § 3 findet wie folgt Anwendung:
   a) Im Fall des § 14a Abs. 1 des Gesetzes erlässt der Wahlvorstand auf der Wahlversammlung das Wahlausschreiben. Die Einspruchsfrist nach § 3 Abs. 2 Nr. 3 verkürzt sich auf drei Tage. Die Angabe nach § 3 Abs. 2 Nr. 4 muss die Zahl der Mindestsitze des Geschlechts in der Minderheit (§ 15 Abs. 2 des Gesetzes) enthalten. Die Wahlvorschläge sind abweichend von § 3 Abs. 2 Nr. 7 bis zum Abschluss der Wahlversammlung zur Wahl des Wahlvorstands bei diesem einzureichen. Ergänzend zu § 3 Abs. 2 Nr. 10 gibt der Wahlvorstand den Ort, Tag und Zeit der nachträglichen Stimmabgabe an (§ 14a Abs. 4 des Gesetzes).

b) Im Fall des § 14a Abs. 3 des Gesetzes erlässt der Wahlvorstand unverzüglich das Wahlausschreiben mit den unter Buchstabe a genannten Maßgaben zu § 3 Abs. 2 Nr. 3, 4 und 10. Abweichend von § 3 Abs. 2 Nr. 7 sind die Wahlvorschläge spätestens eine Woche vor der Wahlversammlung zur Wahl des Betriebsrats (§ 14a Abs. 3 Satz 2 des Gesetzes) beim Wahlvorstand einzureichen.

3. Die Einspruchsfrist des § 4 Abs. 1 verkürzt sich auf drei Tage.

4. Die §§ 6 bis 8 und § 10 Abs. 2 finden entsprechende Anwendung mit der Maßgabe, dass die Wahl aufgrund von Wahlvorschlägen erfolgt. Im Fall des § 14a Abs. 1 des Gesetzes sind die Wahlvorschläge bis zum Abschluss der Wahlversammlung zur Wahl des Wahlvorstands bei diesem einzureichen; im Fall des § 14a Abs. 3 des Gesetzes sind die Wahlvorschläge spätestens eine Woche vor der Wahlversammlung zur Wahl des Betriebsrats (§ 14a Abs. 3 Satz 2 des Gesetzes) beim Wahlvorstand einzureichen.

5. § 9 findet keine Anwendung.

6. Auf das Wahlverfahren finden die §§ 21 ff. entsprechende Anwendung. Auf den Stimmzetteln sind die Bewerber in alphabetischer Reihenfolge unter Angabe von Familienname, Vorname und Art der Beschäftigung im Betrieb aufzuführen.

7. § 25 Abs. 5 bis 8 findet keine Anwendung.

8. § 26 Abs. 1 findet mit der Maßgabe Anwendung, dass der Wahlberechtigte sein Verlangen auf schriftliche Stimmabgabe spätestens drei Tage vor dem Tag der Wahlversammlung zur Wahl des Betriebsrats dem Wahlvorstand mitgeteilt haben muss.

9. § 31 findet entsprechende Anwendung mit der Maßgabe, dass die Wahl der Jugend- und Auszubildendenvertretung aufgrund von Wahlvorschlägen erfolgt.

§ 126[1] Ermächtigung zum Erlass von Wahlordnungen

Das Bundesministerium für Arbeit und Soziales wird ermächtigt, mit Zustimmung des Bundesrates Rechtsverordnungen zu erlassen zur Regelung der in den §§ 7 bis 20, 60 bis 63, 115 und 116 bezeichneten Wahlen über

1. die Vorbereitung der Wahl, insbesondere die Aufstellung der Wählerlisten und die Errechnung der Vertreterzahl;

2. die Frist für die Einsichtnahme in die Wählerlisten und die Erhebung von Einsprüchen gegen sie;

3. die Vorschlagslisten und die Frist für ihre Einreichung;

4. das Wahlausschreiben und die Fristen für seine Bekanntmachung;

5. die Stimmabgabe;

5a. die Verteilung der Sitze im Betriebsrat, in der Bordvertretung, im Seebetriebsrat sowie in der Jugend- und Auszubildendenvertretung auf die Geschlechter, auch soweit die Sitze nicht gemäß § 15 Abs. 2 und § 62 Abs. 3 besetzt werden können;

6. die Feststellung des Wahlergebnisses und die Fristen für seine Bekanntmachung;

7. die Aufbewahrung der Wahlakten.

§ 127 Verweisungen

Soweit in anderen Vorschriften auf Vorschriften verwiesen wird oder Bezeichnungen verwendet werden, die durch dieses Gesetz aufgehoben oder geändert werden, treten an ihre Stelle die entsprechenden Vorschriften oder Bezeichnungen dieses Gesetzes.

§ 128 Bestehende abweichende Tarifverträge

Die im Zeitpunkt des Inkrafttretens dieses Gesetzes nach § 20 Abs. 3 des Betriebsverfassungsgesetzes vom 11. Oktober 1952 geltenden Tarifverträge über die Errich-

---

[1] § 126 Einleitungssatz geänd. mWv 28. 11. 2003 durch VO v. 25. 11. 2003 (BGBl. I S. 2304); geänd. mWv 8. 11. 2006 durch VO v. 31. 10. 2006 (BGBl. I S. 2407).

tung einer anderen Vertretung der Arbeitnehmer für Betriebe, in denen wegen ihrer Eigenart der Errichtung von Betriebsräten besondere Schwierigkeiten entgegenstehen, werden durch dieses Gesetz nicht berührt.

§ 129[1] *[aufgehoben]*

§ 130 Öffentlicher Dienst

Dieses Gesetz findet keine Anwendung auf Verwaltungen und Betriebe des Bundes, der Länder, der Gemeinden und sonstiger Körperschaften, Anstalten und Stiftungen des öffentlichen Rechts.

§ 131 Berlin-Klausel *(gegenstandslos)*

§ 132 (Inkrafttreten)

---

[1] § 129 aufgeh. mWv 1. 7. 2004 durch G v. 18. 5. 2004 (BGBl. I S. 974).

Einleitung

Durch das **BRG vom 4. 2. 1920** (RGBl. S. 147) wurde **erstmals** die **reichsein-** 1
heitliche gesetzliche Grundlage für die Betriebsverfassung gesetzt. Dieses Gesetz regelte die Bildung von einheitlichen Vertretungen aller ArbN (BR) in den Betrieben und Verwaltungen des öffentlichen und privaten Rechts, mit Ausnahme der
Fahrzeuge der See- und Binnenschifffahrt. Im Hinblick auf die unterschiedlichen
Interessen der Arb. und Ang. wurden Gruppenräte (Arb- und AngRäte) errichtet. Für
Unternehmen, die aus mehreren Betrieben bestanden, konnten GesBR gebildet werden. Die Aufgaben der Betriebsvertretungen gliederten sich in die Interessenvertretung der ArbN auf sozialem und personellem Gebiet einerseits, in die Unterstützung
der Betriebsleitung bei der Erfüllung der wirtschaftlichen Zwecke des Betriebs andererseits. Das MBR, dh die Bindung des ArbGeb. in seinen Entschließungen an die
Zustimmung der Betriebsvertretungen, war nur in verhältnismäßig geringem Umfang
festgelegt; so auf sozialem Gebiet beim Erlass der Arbeitsordnungen, auf personellem
Gebiet durch die Vorschriften über den Einspruch gegen die Kündigungen, während
die Vorschriften über das MBR des BR bei Einstellungen nie praktische Bedeutung
gewonnen haben. Dagegen haben die BR durch Abschluss von BV, durch Anregun-
gen gegenüber dem ArbGeb., durch Vertretung der Interessen und Beschwerden der
ArbN auf sozialem Gebiet mit Unterstützung der Gewerkschaften weitgehend zu
Verbesserungen der Arbeitsbedingungen und der menschlichen Beziehungen in den
Betrieben beigetragen. Auf wirtschaftlichem Gebiet war der BR auf die Beratung des
ArbGeb. beschränkt, in und größeren Betrieben hatte er Anspruch auf Vorlage und
Erläuterung des Jahresbeschlusses (vgl. Gesetz über die Betriebsbilanz- und die Be-
triebsgewinn- und -verlustrechnung vom 5. 2. 1921, RGBl. I S. 159). In die bestehen-
den AR der juristischen Personen des Handelsrechts entsandten die BR ein oder zwei
Mitgl. nach Maßgabe des Gesetzes über die Entsendung von BRMitgl. in den AR
vom 15. 2. 1922 (RGBl. I S. 209).

Nach der nationalsozialistischen Machtübernahme wurde das BRG durch § 65 2
Nr. 1 des **Gesetzes zur Ordnung der nationalen Arbeit (AOG)** vom 20. 1. 1934
(RGBl. I S. 45) aufgehoben. Dieses Gesetz legte die Betriebsverfassung entsprechend
dem nationalsozialistischen Gedankengut auf der Grundlage des Führerprinzips fest.
Der Betriebsführer leitete die Geschicke des Betriebes, ihm stand beratend ein Ver-
trauensrat zur Seite, dem er als Vors. angehörte, der jedoch nicht berechtigt war, Vereinbarungen mit dem Betriebsführer zu schließen. Vielmehr wurden die betrieblichen
Normen durch BO gesetzt. Der mit dem AOG unternommene Versuch, das Schwer-
gewicht der sozialen Ordnung auf die einzelnen Betriebe zu verlegen, ist jedoch gescheitert, da auch im Dritten Reich die Regelung der Arbeitsbedingungen im Wesentlichen auf überbetrieblicher Grundlage (Tarifordnungen) erfolgen musste. Das
AOG galt nur für die Betriebe der Privatwirtschaft, eine Sonderregelung der Betriebsverfassung für den öffentlichen Dienst enthielt das Gesetz zur Ordnung der Arbeit in
öffentlichen Verwaltungen und Betrieben vom 23. 3. 1934 (RGBl. I S. 220).

Nach dem Zusammenbruch im Jahre 1945 wurden das AOG durch das Kon- 3
trollratsgesetz Nr. 40, das Gesetz zur Ordnung der Arbeit in öffentlichen Verwaltungen
und Betrieben durch das Kontrollratsgesetz Nr. 56 aufgehoben. Der Kontrollrat erließ
seinerseits das **Kontrollratsgesetz Nr. 22 (Betriebsrätegesetz)** vom 10. 4. 1946
(Amtsbl. des KR 1946 Nr. 6 S. 133). Dieses Gesetz enthielt nur die wichtigsten Vorschriften über die Bildung von BR nach demokratischen Grundsätzen und umschrieb
die Aufgaben und Befugnisse, den Schutz der BR sowie die Verpflichtung dieser Organe, ihre Aufgaben in Zusammenarbeit mit den anerkannten Gewerkschaften durchzuführen. Die nähere Ausgestaltung sowohl des Wahlverfahrens als auch der Funktionen

Einleitung

der BR sollte der Regelung durch die unmittelbar Beteiligten im Betrieb überlassen bleiben. Diese Art der Betriebsverfassungsgesetzgebung, die sehr stark auf die Initiative der Beteiligten im Betrieb abstellte, entsprach nicht der deutschen Mentalität und Tradition. Es wurden daher in den Ländern Rheinland-Pfalz, Hessen, Württemberg-Baden, Baden, Bremen, Schleswig-Holstein, Bayern und Württemberg-Hohenzollern Gesetze erlassen, welche die Betriebsverfassung ganz oder teilweise regelten. Je nach der politischen Konstellation in den gesetzgebenden Körperschaften der einzelnen Länder wurden verschiedenartige Lösungen der einzelnen Fragenkomplexe gefunden. Zum Teil regelten diese Gesetze die Bildung der Organe der Betriebsverfassung und den gesamten Bereich ihrer Befugnisse, zT behandelten sie nur die Aufgaben (so Württemberg-Baden), zT enthielten sie keine Vorschriften über das wirtschaftliche MBR (so Rheinland-Pfalz, Bremen, Schleswig-Holstein).

4   Der Wirtschaftsrat des Vereinigten Wirtschaftsgebietes hat auf dem Gebiete der Betriebsverfassung nur zwei Teilregelungen getroffen. Durch § 1 Abs. 1 des TVG vom 9. 4. 1949 (WiGBl. S. 55) wurde die Befugnis der Sozialpartner festgelegt, im TV auch betriebsverfassungsrechtliche Fragen zu regeln. Von dieser Befugnis ist allerdings nur in beschränktem Umfang Gebrauch gemacht worden. Ferner erließ der Wirtschaftsrat das Gesetz über die Wählbarkeit zum BR vom 9. 8. 1949 (WiGBl. S. 247).

5   **Nach Errichtung der Bundesrepublik** wurde zunächst der Versuch unternommen, übereinstimmende Auffassungen der Sozialpartner zu einem BetrVG zu erzielen, der aber scheiterte. Daraufhin reichte die **CDU-Fraktion des Bundestages den Entwurf eines Gesetzes über die Mitbestimmung der Arbeitnehmer im Betrieb** (BT-Drucks. Nr. 970) ein. Andererseits bereitete der Bundesminister für Arbeit einen Referentenentwurf eines BetrVG vor, der jedoch vor seiner Vorlage im Kabinett nochmals mit den Sozialpartnern beraten werden sollte. Die Beratungen führten nicht zu einer Einigung in den Grundsatzfragen und mussten daher abgebrochen werden.

6   Am 25. 7. 1950 brachte die **Fraktion der SPD den Entwurf eines Gesetzes zur Neuordnung der Wirtschaft** (BT-Drucks. Nr. 1229) ein, der im Wesentlichen die Vorschläge des Deutschen Gewerkschaftsbundes über eine paritätische Besetzung der AR, über die Bildung von WiAusschüssen und über die Regelung des überbetrieblichen MBR enthielt. Am 31. 10. 1950 (BT-Drucks. Nr. 1546) folgte die **Gesetzesvorlage der Bundesregierung mit dem Entwurf eines Gesetzes über die Neuordnung der Beziehungen von ArbN und ArbGeb. in den Betrieben (Betriebsverfassungsgesetz).** Der Entwurf wurde federführend durch den Ausschuss für Arbeit des Bundestages unter Beteiligung des Ausschusses für Wirtschaftspolitik beraten. Beide Ausschüsse bildeten einen gemeinsamen Arbeitskreis, der am 14. 11. 1950 mit der Diskussion des schwierigen Gesetzes begann und im November 1951 einen vorläufigen Entwurf vorlegte. Dieser war bis zum Juli 1952 Gegenstand eingehender Beratungen der zuständigen Ausschüsse des Bundestages. Deren Entwurf (BT-Drucks. Nr. 35 85) wurde mit geringfügigen Änderungen vom Bundestag am 17. 7. 1952 in zweiter Lesung, am 19. 7. 1952 in dritter Lesung verabschiedet. Der Bundesrat hat dem Gesetz am 30. 7. 1952 zugestimmt. Die Verkündung des Gesetzes verzögerte sich, weil zuvor das Kontrollratsgesetz Nr. 22 durch Anordnung der Alliierten Hohen Kommission aufgehoben werden musste. Das geschah durch das Gesetz Nr. 30 vom 30. 9. 1952 mit Wirkung für den sachlichen Geltungsbereich des BetrVG. Daraufhin wurde das BetrVG am 14. 10. 1952 verkündet (BGBl. I S. 681) und trat gemäß § 92 am 14. 11. 1952 in Kraft. Eine Verlängerung der Amtsdauer der BR auf 3 Jahre brachte das Gesetz vom 15. 12. 1964 (BGBl. I S. 1065). Es änderte die §§ 21 und 22. Am 18. 3. 1953 (BGBl. I S. 58) wurde die erste Rechtsverordnung (WO) zur Durchführung des BetrVG erlassen, die durch die Verordnung vom 7. 2. 1962 (BGBl. I S. 64) auf Grund der inzwischen gemachten praktischen Erfahrungen in einzelnen Punkten, insbesondere durch Erweiterung der Möglichkeiten zur schriftlichen Stimmabgabe (Briefwahl), geändert wurde.

Entstehung des Betriebsverfassungsgesetzes

Das BetrVG aus dem Jahre 1952 ist über zwei Jahrzehnte fast unverändert geblie- **7**
ben. Während dieser Zeit hat es sich zwar zunächst im Großen und Ganzen bewährt,
entsprach aber zuletzt nicht mehr den veränderten wirtschaftlichen und sozialen Verhältnissen. Deshalb haben noch **in der 5. Legislaturperiode des Deutschen Bundestages die CDU, die SPD und die FDP Gesetzentwürfe für ein neues
BetrVG** vorgelegt. Ebenso haben auch zahlreiche Verbände, ua. der Deutsche Ge-
werkschaftsbund, Vorschläge für eine Änderung des BetrVG unterbreitet.

In der Regierungserklärung vom 28. 10. 1969 sagte die Bundesregierung eine Re- **8**
form des BetrVG zu und legte am 29. 1. 1971 dem Bundestag den **Regierungsentwurf eines neuen BetrVG** vor (BT-Drucks. VI/1786). Auch **die CDU/CSU** hat
dem Parlament am 8. 2. 1971 einen **eigenen Gesetzesentwurf** zugeleitet (BT-
Drucks. VI/1806). Die beiden Entwürfe sind insbesondere im Ausschuss für Arbeit
und Sozialordnung eingehend in 23 Sitzungen beraten worden. Am 24. und 25. 2.
1971 (Protokolle des Ausschusses für Arbeit Nr. 45 und 46) und am 13. und 14. 5.
1971 (Protokolle Nr. 57 und 58) fanden öffentliche Informationssitzungen (Hearings)
statt, in denen zahlreiche Sachverständige gehört wurden. Das Ergebnis der Beratungen des Ausschusses für Arbeit und Sozialordnung ist nach Beteiligung des Rechtsausschusses und des Wirtschaftsausschusses in dem Schriftlichen Bericht BT-Drucks. VI/
2729, zu Drucks. VI/2729 enthalten. Die Ausschussfassung des neuen Gesetzes unterscheidet sich in zahlreichen Punkten von dem Regierungsentwurf, von denen aber
verhältnismäßig wenige eine wesentliche Änderung enthalten. Das Gesetz wurde in
der Fassung der Ausschussvorlage vom Bundestag in seiner 150. Sitzung am 10. 11.
1971 in zweiter und dritter Lesung verabschiedet (Sitzungsprotokoll S. 8586–8619,
8633–8642 und 8645–8675). Der Bundesrat hat in seiner 374. Sitzung am 3. 12. 1971
(Sitzungsprotokoll S. 341 ff.) wegen zahlreicher Änderungswünsche den Vermittlungsausschuss angerufen. Dieser lehnte jedoch eine Änderung des Bundestagsbeschlusses
ab. Daraufhin hat der Bundesrat in seiner 375. Sitzung am 17. 12. 1971 (Sitzungsprotokoll S. 369 ff.) dem Gesetz zugestimmt. Das Gesetz ist am 18. 1. 1972 (BGBl. I
S. 13) verkündet worden und einen Tag nach seiner Verkündung in Kraft getreten.
Die Erste DVO vom 15. 1. 1972, die die näheren Einzelheiten der Wahl der Betriebsräte und der Jugendvertretungen regelt, ist am 19. 1. 1972 im Bundesgesetzblatt
(BGBl. I S. 49) verkündet worden und am 20. 1. 1972 in Kraft getreten. Die Zweite
DVO (Wahlordnung für die Seeschifffahrt) vom 24. 10. 1972 (BGBl. I S. 2029) ist am
28. 10. 1972 verkündet worden und einen Tag später in Kraft getreten.

Das **BetrVG 72** befasst sich **nur mit der Betriebsverfassung, nicht** mit der ei- **9**
gentlichen **Unternehmensverfassung** und damit auch nicht mit der Beteiligung der
ArbN in AR und in der Geschäftsführung juristischer Personen. Die **§§ 76 ff.**
BetrVG 52 (vgl. Anhang 2) und die **Montanmitbestimmungsgesetze** gelten weiter. Am 1. 7. 1976 ist das **Gesetz über die Mitbestimmung der Arbeitnehmer
(MitbestG)** vom 4. 5. 1976 (BGBl. I S. 1153) in Kraft getreten. Nach diesem Gesetz
besteht – abgesehen von den den Montanmitbestimmungsgesetzen unterfallenden
Unternehmen sowie den Versicherungsvereinen auf Gegenseitigkeit – in allen Kapitalgesellschaften mit in der Regel mehr als 2000 ArbN der AR je zur Hälfte aus Vertretern der Anteilseigner und der ArbN. Außerdem ist in diesen Unternehmen ein
Arbeitsdirektor zu bestellen. Die Vorschriften der §§ 76 ff. BetrVG 52 über die Vertretung der ArbN im AR beschränken sich – abgesehen von den Versicherungsvereinen
auf Gegenseitigkeit – nunmehr auf Kapitalgesellschaften mit in der Regel weniger als
2001 ArbN. Die drei Wahlordnungen zur Durchführung des MitbestG vom 23. 6.
1977 (BGBl. I S. 861 ff.) sind am 26. 6. 1977 in Kraft getreten.

Das **BetrVG 72** brachte unter Berücksichtigung der modernen Entwicklung auf **10**
technischen und wirtschaftlichen Gebieten sowie Erkenntnissen der Arbeitswissenschaft und des Personalwesens **wesentliche Verbesserungen** für die Arbeitnehmer

gegenüber dem BetrVG 52. Es handelt sich nicht nur um eine Novellierung des BetrVG 52, sondern um eine **neue Kodifikation.**

11 Auch das BetrVG 1972 beruht auf den Grundsätzen der vertrauensvollen Zusammenarbeit zwischen Arbeitgeber und Betriebsrat und dem Gebot der betrieblichen Friedenspflicht, insbesondere auch dem Verbot der parteipolitischen Betätigung von Arbeitgeber und Betriebsrat. Die Mitbestimmungsrechte des Betriebsrats wurden gegenüber dem bisherigen Recht, insbesondere im sozialen und personellen Bereich, erheblich ausgebaut. Außerdem wurden eine Reihe von Individualrechten des einzelnen Arbeitnehmers in das Gesetz aufgenommen. Die Regelungen über den Schutz der Mitglieder des Betriebsrats und der weiteren betriebsverfassungsrechtlichen Funktionsträger sowie über die Erleichterung ihrer Tätigkeit wurden erheblich verstärkt. Die Stellung der Gewerkschaften innerhalb der Betriebsverfassung wurde unter gleichzeitiger Sicherung ihrer Koalitionsbetätigung eingehender als bisher geregelt. Ebenso wie nach dem bisherigen Recht blieb die Stellung der leitenden Angestellten innerhalb der Betriebsverfassung zunächst ungeregelt.

12 Für den Bereich des öffentlichen Dienstes ist eine dem Betriebsverfassungsgesetz weitgehend nachgebildete Regelung durch das **Bundespersonalvertretungsgesetz** vom 15. 3. 1974 (BGBl. I S. 693), zuletzt geändert durch Gesetz vom 29. 5. 1990 (BGBl. I S. 1975) getroffen worden. Dieses Gesetz enthält allerdings gegenüber dem Betriebsverfassungsgesetz gewisse Abweichungen, die durch die Besonderheit des öffentlichen Dienstes bedingt sind. In den Erläuterungen ist auf vergleichbare Vorschriften des BPersVG 74 hingewiesen.

Weiterentwicklung des Betriebsverfassungsrechts

13 Das Betriebsverfassungsrecht ist nach 1972 sowohl durch unmittelbare Änderungen des Gesetzes selbst als auch durch den Erlass neuer bzw. die Änderung anderer arbeitsrechtlicher Gesetze mit mittelbarer Auswirkung auf das Betriebsverfassungsgesetz weiterentwickelt worden. In chronologischer Reihenfolge sind hier zu nennen:

14 Nach dem **Arbeitnehmerüberlassungsgesetz** vom 7. 8. 1972 (BGBl. I S. 1393) in der Fassung der Bekanntmachung vom 3. 2. 1995 (BGBl. I S. 158) sind Leiharbeitnehmer betriebsverfassungsrechtlich grundsätzlich dem Betrieb des Verleihers zugeordnet. Allerdings haben auch die Betriebsräte des Entleiherbetriebes gewisse Aufgaben und Beteiligungsrechte hinsichtlich dieses Personenkreises, so zB nach § 99 bei der Beschäftigung von Leiharbeitnehmern im Entleiherbetrieb.

15 Das **Gesetz über Betriebsärzte, Sicherheitsingenieure und andere Fachkräfte für Arbeitssicherheit (Arbeitssicherheitsgesetz – ASiG –)** vom 12. 12. 1973 (BGBl. I S. 1885), geändert durch das Jugendarbeitsschutzgesetz vom 12. 4. 1976 (BGBl. I S. 965), weist dem Betriebsrat wichtige Aufgaben bei der Bestellung und Abberufung dieser Personen sowie bei der Festlegung ihrer Aufgaben zu; ferner werden diese Personen und die Betriebsräte zur engen Zusammenarbeit verpflichtet.

16 Im Jahre 1974 wurde das BetrVG 72 durch einen § 78 a ergänzt, der den Schutz der im Ausbildungsverhältnis beschäftigten Mitglieder und ehemaligen Mitglieder von Betriebsverfassungsorganen (insbesondere von Jugendvertretern) zum Gegenstand hat (**Gesetz zum Schutze in Ausbildung befindlicher Mitglieder von Betriebsverfassungsorganen** vom 18. 1. 1974 – BGBl. I S. 85 –).

17 Einige Vorschriften des Gesetzes (§§ 8, 23, 101, 104, 119, 120) sind durch das **Einführungsgesetz zum Strafgesetzbuch** vom 2. 3. 1974 (BGBl. I S. 469) geändert worden.

18 Nach dem durch das **Gesetz zur Änderung des Heimarbeitsgesetzes und anderer arbeitsrechtlicher Vorschriften (Heimarbeitsänderungsgesetz)** vom 29. 10. 1974 (BGBl. I S. 2879) in das Heimarbeitsgesetz neu eingefügten § 29 a wird den in Heimarbeit Beschäftigten, die eine betriebsverfassungsrechtliche Funktion inne-

haben, ein dem § 15 des Kündigungsschutzgesetzes entsprechender Kündigungsschutz zuerkannt.

Zum **Gesetz über die Mitbestimmung der Arbeitnehmer (MitbestG)** vom **19** 4. 5. 1976 (BGBl. I S. 1153) vgl. S. 57 unten. Durch die drei **Wahlordnungen zur Durchführung des Mitbestimmungsgesetzes** vom 23. 6. 1977 (BGBl. I S. 861 ff.) werden den Betriebsräten, Gesamtbetriebsräten und Konzernbetriebsräten bestimmte Aufgaben und Funktionen bei der Wahl der Aufsichtsratsmitglieder der Arbeitnehmer und ihrer Abberufung zugewiesen.

Das **Bundesdatenschutzgesetz (BDSG)** vom 27. 1. 1977 (BGBl. I S. 201) macht **20** nicht zuletzt deshalb, weil die Betriebsvereinbarung als eine „andere Rechtsvorschrift" iS von § 1 Abs. 4 BDSG anzusehen ist, durch die die Verarbeitung personenbezogener Daten der Arbeitnehmer geregelt werden kann, die Bedeutung derjenigen Beteiligungsrechte des BR deutlich, die in besonderem Maße dem Schutz der persönlichen Integrität und des allgemeinen Persönlichkeitsrechts des Arbeitnehmers dienen (vgl. insbesondere §§ 75, 87 Abs. 1 Nr. 6, 94 und 95 BetrVG). Das **Gesetz zur Fortentwicklung der Datenverarbeitung und des Datenschutzes** vom 20. 12. 1990 (BGBl. I S. 2954) hat das Bundesdatenschutzgesetz novelliert. Es verstärkt den Persönlichkeitsschutz ua. dadurch, dass es auch die Erhebung und Nutzung von personenbezogenen Daten der Arbeitnehmer regelt.

Das **Gesetz zur Beschleunigung und Bereinigung des arbeitsgerichtlichen** **21** **Verfahrens** vom 21. 5. 1979 (BGBl. I S. 545) enthält ua. eine Reihe von Regelungen, durch die das für betriebsverfassungsrechtliche Streitigkeiten maßgebende arbeitsgerichtliche Beschlussverfahren effektiver gestaltet wird.

Das **Gesetz über die Gleichbehandlung von Männern und Frauen am Ar-** **22** **beitsplatz und über die Erhaltung von Ansprüchen bei Betriebsübergang** (Arbeitsrechtliches EG-Anpassungsgesetz) vom 13. 8. 1980 (BGBl. I S. 1308) – vgl. hierzu Anhang 9 – konkretisiert und verstärkt die bereits in § 75 BetrVG enthaltene Verpflichtung zur Gleichbehandlung der Geschlechter im Betrieb und sichert auch bei Übergang von Betriebsteilen den Fortbestand von Ansprüchen aus Betriebsvereinbarungen grundsätzlich für die Dauer eines Jahres.

Das **Gesetz über den Sozialplan im Konkurs- und Vergleichsverfahren** vom **23** 20. 2. 1985 (BGBl. I S. 369), zuletzt geändert durch Gesetz vom 20. 12. 1991 (BGBl. I S. 2289), hat die Frage des Ranges von Sozialplanforderungen im Konkurs gesetzlich geregelt (Text und Kommentierung im Anhang 3a; wegen Gesamtvollstreckungsordnung im Gebiet der ehemaligen DDR vgl. Anhang 3b).

Art. 2 des **Beschäftigungsförderungsgesetzes** vom 26. 4. 1985 (BGBl. I S. 710), **24** geändert durch Gesetz vom 22. 12. 1989 (BGBl. I S. 2406), hat § 112 dahin geändert, dass der Einigungsstelle gewisse Grundsätze für die Aufstellung eines Sozialplans vorgegeben und durch einen § 112a die Erzwingbarkeit eines Sozialplans für die dort genannten Fälle ausgeschlossen wird.

Das **Gesetz zur Sicherung der Eingliederung Schwerbehinderter in Arbeit,** **25** **Beruf und Gesellschaft (Schwerbehindertengesetz – SchwbG –)** idF vom 26. 8. 1986 (BGBl. I S. 1422), zuletzt geändert durch Gesetz vom 21. 6. 1991 (BGBl. I S. 1360), regelt ua. die Institution, die Rechtsstellung und die Aufgaben der Schwerbehindertenvertretung sowie deren Verhältnis zu den Betriebsverfassungsorganen.

Um ein „Aussterben" der Jugendvertretung zu verhindern, hat sie der Gesetzgeber **26** mit dem **Gesetz zur Bildung von Jugend- und Auszubildendenvertretungen in den Betrieben** vom 13. 7. 1988 (BGBl. I S. 1034) unter Einbeziehung auch volljähriger Auszubildenden unter 25 Jahren zu einer Jugend- und Auszubildendenvertretung ausgebaut (Änderungsgesetz 1988), nachdem er mit dem **Gesetz zur Verlängerung der Amtszeit der Jugendvertretungen in den Betrieben** vom 18. 12. 1987 (BGBl. I S. 2792) die zeitlichen Voraussetzungen für diesen Ausbau und einen nahtlosen Übergang zu einem später im Jahr liegenden Wahlzeitraum (Herbst statt Frühjahr) geschaffen hatte. Die entsprechende Anpassung der Ersten DVO (Wahlordnung) erfolgte mit der VO vom 20. 7. 1988 (BGBl. I S. 1072).

Einleitung

27   Mit **dem Gesetz zur Änderung des Betriebsverfassungsgesetzes, über Spre-cherausschüsse der leitenden Angestellten und zur Sicherung der Montan-Mitbestimmung** vom 20. 12. 1988 (BGBl. I S. 2312), das am 1. 1. 1989 in Kraft getreten ist (Änderungsgesetz 1989), ist die Betriebsverfassung in mehreren Punkten geändert worden. Die wichtigsten sind: Präzisierung des Begriffs des leitenden Ange-stellten, Einführung eines besonderen Verfahrens über die Zuordnung der leitenden Angestellten vor den Wahlen, Ausbau des Minderheitenschutzes bei den Wahlen und der Organisation des Betriebsrats zugunsten kleinerer Gewerkschaften und Gruppie-rungen, Verlängerung der Amtszeit des Betriebsrats auf 4 Jahre, Konkretisierung der Unterrichtungs- und Beratungsrechte des Betriebsrats und Anerkennung eines Infor-mations- und Erörterungsrechts des einzelnen Arbeitnehmers bei neuen Techniken, sowie nähere Regelung der Einigungsstellenkosten. Das Betriebsverfassungsgesetz in der nunmehr geltenden Fassung ist am 3. 1. 1989 (BGBl. I S. 1) mit geringfügiger Be-richtigung am 26. 4. 1989 (BGBl. I S. 902) neu bekannt gemacht worden. Die infolge des erweiterten Minderheitenschutzes notwendigen Änderungen der Ersten DVO und der Zweiten DVO (Wahlordnung Seeschifffahrt) erfolgten durch je eine VO vom 28. 9. 1989 (BGBl. I S. 1793 und 1795), die am 6. 10. 1989 in Kraft getreten sind. Außerdem sind mit dem Sprecherausschussgesetz (SprAuG) erstmals Sprecheraus-schüsse der leitenden Angestellten gesetzlich geregelt worden. Die dazu ergangene Erste DVO (Wahlordnung) zum SprAuG vom 28. 9. 1989 (BGBl. I S. 1798) ist am 6. 10. 1989 in Kraft getreten.

28   Aufgrund des **Vertrages** vom 18. 5. 1990 zwischen der Bundesrepublik Deutsch-land und der Deutschen Demokratischen Republik über die **Schaffung einer Wäh-rungs-, Wirtschafts- und Sozialunion** (BGBl. II S. 537) hatte die DDR das Be-triebsverfassungsgesetz sowie die dazu gehörigen Wahlordnungen mit einigen Über-gangsregelungen, insbesondere zu den dort erstmals durchzuführenden Wahlen und zu der Unterscheidung zwischen Arbeitern und Angestellten, für ihr Gebiet mit Wir-kung von 1. 7. 1990 in Kraft gesetzt (Gesetz vom 21. 6. 1990 GBl. I S. 357, 362; s. auch VO vom 11. 7. 1990 GBl. I S. 715). Gemäß dem Vertrag vom 31. 8. 1990 zwi-schen der Bundesrepublik Deutschland und der Deutschen Demokratischen Republik über die Herstellung der Einheit Deutschlands – **Einigungsvertrag** – (vgl. Anlage I Kapitel VIII Sachgebiet A Abschnitt III Nr. 12, 13) in Verbindung mit Art. 1 des Ge-setzes vom 23. 9. 1990 (BGBl. II S. 885, 1022) gelten das Betriebsverfassungsgesetz nebst Wahlordnungen mit den genannten kurzfristigen Übergangsregelungen sowie das SprAuG ab 3. 10. 1990 im Gebiet der ehemaligen DDR als Bundesrecht.

29   Damit ist zwar die Rechtseinheit formal hergestellt worden, jedoch ergeben sich bei der Anwendung des Betriebsverfassungsrechts in den neuen Bundesländern vor allem wegen der dort notwendigen Umstrukturierung der Unternehmen und Betrie-be besondere Probleme. Deshalb hat der Gesetzgeber im **Gesetz über die Spaltung der von der Treuhandanstalt verwalteten Unternehmen** vom 5. 4. 1991 (SpTrUG, BGBl. I S. 854) und in **Art. 1** des **Gesetzes zur Beseitigung von Hemmnissen bei der Privatisierung von Unternehmen und zur Förderung von Investitionen** vom 22. 3. 1991 (BGBl. I S. 766), der das Gesetz zur Regelung offener Vermögensfragen vom 23. 9. 1990 (BGBl. II S. 885, 1159) geändert hat (Neu-fassung des Vermögensgesetzes vom 18. 4. 1991, VermG: BGBl. 1991 I S. 957), auch besondere Beteiligungs- u. Informationsrechte sowie ein Übergangsmandat der Be-triebsräte bei Gesellschaftsspaltungen bzw. –entflechtungen vorgesehen.

30   Das **Gesetz über den Vertrauensmann der Zivildienstleistenden** vom 16. 1. 1991 (BGBl. I S. 53), das ua. § 37 Abs. 5 des Zivildienstgesetzes idF vom 31. 7. 1986 (BGBl. I S. 1206) abgelöst hat, räumt dem Vertrauensmann der Zivildienstleistenden bei der Behandlung von auch die Zivildienstleistenden betreffenden Angelegenheiten ein beratendes Teilnahmerecht an den Sitzungen des Betriebsrats ein.

31   Das **Zweite Gleichberechtigungsgesetz** vom 24. 6. 1994 (BGBl. I S. 1406, 1410) zielt mit seinen in Art. 5 enthaltenen Änderungen der §§ 16, 45, 63, 80, 92, 93 und 96 BetrVG darauf ab, die Chancen der Frauen zur gleichberechtigten Teilnahme

am betrieblichen Leben zu verbessern und hebt im neuen § 80 Abs. 1 Nr. 2a BetrVG ausdrücklich als Aufgabe des Betriebsrats hervor, die Durchsetzung der tatsächlichen Gleichberechtigung von Frauen und Männern, insb. bei der Einstellung, Beschäftigung, Aus-, Fort- und Weiterbildung und dem beruflichen Aufstieg zu fördern. In diesem Zusammenhang steht auch die Dritte Verordnung zur Änderung der Ersten Verordnung zur Durchführung des BetrVG vom 16. 1. 1995 (BGBl. I S. 43).

Betriebsverfassungsrechtliches Neuland ist mit der **Privatisierung** von **Bahn** und **Post** durch das Gesetz zur Neuordnung des Eisenbahnwesens (**Eisenbahnneuordnungsgesetz** – ENeuOG) vom 27. 12. 1993 (BGBl. I S. 2378) und das Gesetz zur Neuordnung des Postwesens und der Telekommunikation (**Postneuordnungsgesetz** – PTNeuOG) vom 14. 9. 1994 (BGBl. I S. 2325) betreten worden. **32**

Für die **privatisierte Bahn** enthält das in Art. 2 ENeuOG eingestellte Gesetz über die Gründung einer Deutsche Bahn Aktiengesellschaft (DBAG) die betriebsverfassungsrechtlich einschlägigen Vorschriften. Sie sehen ein Übergangsmandat der Personalräte bis zur Wahl von Betriebsräten in der DBAG, ein Übergangsmandat der Betriebsräte bei späterer Ausgliederungen aus der DBAG sowie die Einordnung der bei der DBAG tätigen Beamten als **ArbN** iSd. BetrVG vor; diese Beamten verfügen allerdings neben den Betriebsräten bei der DBAG über besondere Personalvertretungen beim Besonderen Eisenbahnvermögen (BEV, s. §§ 3, 20 ENeuOG, § 17 DBGrG), die ausschließlich für statusrechtliche Angelegenheiten der Beamten zuständig sind. **33**

Die bei den **privatisierten Postunternehmen** zu beachtenden betriebsverfassungsrechtlichen Sondervorschriften enthält das Gesetz zum Personalrecht der Beschäftigten der früheren Deutschen Post (Art. 4 PTNeuOG). Hiernach verfügen die Personalräte ebenfalls über ein Übergangsmandat bis zur Wahl von Betriebsräten. Die bei den Postunternehmen beschäftigten Beamten gelten als ArbN und sind grundsätzlich entspr. ihrer jeweiligen Beschäftigung den Arb. oder Ang. zuzuordnen. Anders als bei der Bahn werden die Beamten bei der Betriebsratswahl als eigene – neben Arb. und Ang. – dritte Wählergruppe anerkannt. Die dadurch erforderlichen wahlrechtlichen Sonderbestimmungen regelt die Verordnung zur Durchführung der Betriebsratswahlen bei den Postunternehmen vom 26. 6. 1995 (BGBl. I S. 871 – Text s. Anhang 1a). **34**

Das **Gesetz zur Bereinigung des Umwandlungsrechts** vom 28. 10. 1994 (BGBl. I S. 3210) sieht insb. bei Spaltung von Unternehmen in Art. 1 (**Umwandlungsgesetz**) und Art. 13 (Änderung der §§ 106, 111 BetrVG) eine Reihe von betriebsverfassungsrechtlichen Ausgleichs- und Folgeregelungen vor. Den Betriebsräten werden besondere Informationsrechte sowie ein Übergangsmandat eingeräumt, es wird eine gesetzliche Vermutung für die Annahme eines gemeinsamen Betriebs mehrerer Unternehmen eingeführt, eine gesamtschuldnerische Haftung von Anlagegesellschaft und Betriebsgesellschaft für Sozialplanforderungen begründet sowie Tarifverträge und Betriebsvereinbarungen über die Fortgeltung von Rechten des Betriebsrats bei Betriebsspaltungen zugelassen. **35**

Das **Gesetz zur Umsetzung der EG-Rahmenrichtlinie Arbeitsschutz und weiterer Arbeitsschutz-Richtlinien** vom 7. 8. 1996 (BGBl. I S. 1246) hat in seinem Art. 3 § 81 BetrVG geändert und ua bestimmt, dass in Betrieben ohne Betriebsrat der ArbGeb. die ArbN zu allen Maßnahmen zu hören hat, die Auswirkungen auf ihre Sicherheit und Gesundheit haben können. Sehr viel weitreichender für die Betriebsverfassung sind die mitbestimmungsrechtlichen Auswirkungen, die sich aus der Neuordnung des Arbeitsschutzes und der Einbeziehung von Aspekten der menschengerechten Gestaltung in den gesetzlichen Arbeitsschutz durch das neue **Arbeitsschutzgesetz** (Art. 1 des o. g. Gesetzes) und auf seiner Grundlage erlassenen Verordnungen – ua die Bildschirmarbeitsverordnung vom 4. 12. 1996 (BGBl. I S. 1841, 1843) – ergeben. Hier eröffnet sich ein weiter Anwendungsbereich für die Mitbestimmung des Betriebsrats auf der Grundlage des § 87 Abs. 1 Nr. 7 BetrVG; auch die Rechte des einzelnen ArbN nach § 81 BetrVG erfahren durch entsprechende arbeitsschutzrechtliche Ergänzungen eine deutliche Aufwertung. **36**

37   Die in Art. 17 des **Gesetzes zur Einordnung des Rechts der gesetzlichen Unfallversicherung in das Sozialgesetzbuch** vom 7. 8. 1996 (BGBl. I S. 1254) enthaltenen Änderungen des § 89 BetrVG sind rein technischer Natur. Die durch Art. 5 des **Arbeitsrechtlichen Gesetzes zur Förderung von Wachstum und Beschäftigung (Arbeitsrechtliches Beschäftigungsförderungsgesetz)** vom 25. 9. 1996 (BGBl. I S. 1476) erfolgte Ergänzung des § 113 Abs. 3 BetrVG, nach der ein Unternehmer einen Interessenausgleich dann versucht hatte, wenn er den Betriebsrat nach § 111 Satz 1 BetrVG beteiligt hatte und nicht innerhalb von zwei Monaten, bzw. bei Einschaltung der Einigungsstelle innerhalb von höchstens drei Monaten nach der Beratung ein Interessenausgleich nach § 112 Abs. 2 und 3 BetrVG zustande gekommen war, ist durch Art. 9 des **Gesetzes zu Korrekturen in der Sozialversicherung und zur Sicherung der Arbeitnehmerrechte** vom 19. 12. 1998 (BGBl. I S. 3843) wieder aufgehoben worden.

38   Das **Gesetz zur Reform der Arbeitsförderung (Arbeitsförderungs-Reformgesetz – AFRG)** vom 24. 3. 1997 (BGBl. I S. 594), das ua das Arbeitsförderungsrecht als **Drittes Buch** in das **Sozialgesetzbuch** eingestellt hat, beinhaltet Vorschriften, die in einem engen Bezug zur Betriebsverfassung stehen. Unmittelbare Bedeutung für Interessenausgleich und Sozialplan haben §§ 175 ff. SGB III über Strukturkurzarbeitergeld sowie §§ 254 ff. SGB III über Zuschüsse der Arbeitsverwaltung zu Sozialplanmaßnahmen, die beschäftigungssichernd oder -fördernd sind. Zahlreiche betriebsverfassungsrechtliche Aspekte werden im jeweiligen Zusammenhang erläutert.

39   Die **Insolvenzordnung** vom 5. 10. 1994 (BGBl. I S. 2866 – InsO) ist am 1. 1. 1999 in vollem Umfang in Kraft getreten. Eines ihrer Hauptziele ist, in geeigneten Fällen statt einer Liquidation des notleidenden Unternehmens seine (Teil-)Sanierung zu erreichen und damit auch Arbeitsplätze zu sichern. Die arbeits- und betriebsverfassungsrechtlich relevanten Regelungen betreffen zum einen den Sozialplan in der Insolvenz. Sie lehnen sich hinsichtlich des Umfangs des Sozialplans an die Regelungen des Gesetzes über den Sozialplan im Konkurs- und Vergleichsverfahren (SozplKonkG) an, gehen jedoch auch neue Wege; sie räumen zB ein beiderseitiges Widerrufsrecht bez. solcher Sozialpläne ein, die unmittelbar vor Eröffnung des Insolvenzverfahrens aufgestellt worden sind. Mit Inkrafttreten der InsO sind das SozplKonkG sowie die für das Beitrittsgebiet geltende Gesamtvollstreckungsordnung aufgehoben worden.

40   Weitere wesentliche Regelungen der InsO betreffen die Kündigung eines Arbeitsverhältnisses (§ 113), die Kündigung von Betriebsvereinbarungen (§ 120), das Verfahren zur Herbeiführung eines Interessenausgleichs (§§ 121 f.), einen besonderen Interessenausgleich (§ 125) sowie erleichterte Kündigungsmöglichkeiten nach erfolglosen Verhandlungen über einen Interessenausgleich (§§ 126 bis 128). Diese Vorschriften sind durch das schon erwähnte Arbeitsrechtliche Beschäftigungsförderungsgesetz vom 25. 9. 1996 bereits am 1. 10. 1996 in Kraft getreten.

41   Durch das **Gesetz über Europäische Betriebsräte (Europäische Betriebsräte-Gesetz – EBRG)** vom 28. 10. 1996 (BGBl. I S. 1548, 2022) ist die **Richtlinie 94/45 EG** über die Einsetzung eines **Europäischen Betriebsrats** oder die Schaffung eines Verfahrens zur Unterrichtung und Anhörung der Arbeitnehmer in gemeinschaftsweit operierenden Unternehmen und Unternehmensgruppen (ABl. EG Nr. L 254 v. 30. 9. 94, S. 64) in nationales Recht umgesetzt worden. Dieses Gesetz schafft die Voraussetzungen dafür, dass in ca. 300 großen Unternehmen und Konzernen mit Sitz in Deutschland eine Unterrichtung und Anhörung der Arbeitnehmer über die nationalen Grenzen hinweg gewährleistet wird. Zudem ergänzt es das von seinem räumlichen Geltungsbereich her auf Deutschland begrenzte BetrVG insoweit, als deutsche Betriebsratsmitglieder in den EBR von gemeinschaftsweit tätigen Unternehmen oder Konzernen mit Sitz in einem anderen EU-Mitgliedstaat entsandt werden können und dort Informationen erhalten, die der Betriebsrat in Deutschland bei der Ausübung seiner Beteiligungsrechte nach dem BetrVG nutzbar machen kann (Näheres s. Anhang 4 a mit Übersicht). Zwischenzeitlich ist der Geltungsbereich der EBR-Richtlinie auf das bisher nicht erfasste Vereinigte Königreich erstreckt worden (Richtlinie 97/

74/EG vom 12. 12. 1997, ABl. EG Nr. L 10 v. 16. 1. 1998, S. 22). Die hierdurch erforderlichen Ergänzungen des EBRG sind durch das **EBR-Anpassungsgesetz** vom 22. 12. 1999 (BGBl. I S. 2809) erfolgt.

Durch das **Gesetz zur Änderung des BGB und des ArbGG** vom 29. 6. 1999 **42** (BGBl. I S. 1694) ist ua § 98 ArbGG dahingehend geändert worden, dass die gerichtlichen Entscheidungen im Zusammenhang mit der Bildung der Einigungsstelle im Interesse einer erhöhten Transparenz und damit größeren Akzeptanz von der zuständigen Kammer des ArbGG in voller Besetzung und nicht nur von ihrem Vorsitzenden getroffen werden.

Das **Gesetz zur Förderung der Selbständigkeit** vom 20. 12. 1999 (BGBl. 2000 I **43** S. 2) hat den Beschäftigtenbegriff in § 7 SGB IV präzisiert und eine neue, an drei von fünf Abgrenzungskriterien anknüpfende Vermutungsregelung geschaffen. Diese für das Sozialversicherungsrecht geltende Regelung dürfte bei schwieriger Feststellung des Arbeitnehmerstatus auch im Arbeits-/Betriebsverfassungsrecht bemüht werden.

Durch Art. 2a des am 1. 1. 2001 in Kraft getretenen **Gesetzes über Teilzeitar- 44 beit und befristete Arbeitsverträge** und zur Änderung und Aufhebung arbeitsrechtlicher Bestimmungen vom 21. 12. 2000 (BGBl. I S. 1966) sind in § 93 BetrVG die Sätze 2 und 3 über die Ausschreibung von Teilzeitarbeitsplätzen gestrichen worden. Die weiteren betriebsverfassungsrechtlichen Aspekte werden im jeweiligen Sachzusammenhang erläutert.

Das am 1. 1. 2002 in Kraft getretene **Gesetz zur Einführung des Euro** im Sozial- **45** und Arbeitsrecht sowie zur Änderung anderer Vorschriften vom 21. 12. 2000 (BGBl. I S. 1983) stellt mit Art. 28 die im Betriebsverfassungsgesetz enthaltenen DM-Beträge auf Euro um.

Mit Art. 3 § 40 des **Gesetzes zur Beendigung der Diskriminierung gleich- 46 geschlechtlicher Gemeinschaften: Lebenspartnerschaften** vom 16. 2. 2001 (BGBl. I S. 266) ist in § 5 Abs. 2 Nr. 5 neben dem Ehegatten nun auch der Lebenspartner erwähnt.

Das am 23. 5. 2001 in Kraft getretene **Gesetz zur Änderung des Bundesdaten- 47 schutzgesetzes** vom 18. 5. 2001 (BGBl. I S. 904) ist vor allem in zwei Punkten betriebsverfassungsrechtlich bedeutsam: Die Betriebsvereinbarung ist weiterhin als eine „andere Rechtsvorschrift" iS von § 1 Abs. 3 BDSG anzusehen, die die Nutzung und Verarbeitung personenbezogener Daten der Arbeitnehmer regeln kann; damit wird das Gewicht der besonderen Beteiligungsrechte des BR zum Schutz der persönlichen Integrität und des allgemeinen Persönlichkeitsrechts des Arbeitnehmers nach §§ 75, 87 Abs. 1 Nr. 6, 94 und 95 BetrVG deutlich. Aufgrund des Festhaltens am betrieblichen Datenschutzbeauftragten gibt es neben dem Betriebsrat einen weiteren Wächter über Arbeitnehmerdaten.

Das Schwerbehindertengesetz, das viele rechtliche Verbindungen zur Betriebsver- **48** fassung hat, ist mit dem am 1. 7. 2001 in Kraft getretenen Gesetz vom 19. 6. 2001 (BGBl. I S. 1046) in das **Sozialgesetzbuch – Neuntes Buch – (SGB IX)** Rehabilitation und Teilhabe behinderter Menschen als Teil 2 eingestellt worden. Mit Art. 39 dieses Gesetzes ist die Bezugnahme in §§ 32 und 52 BetrVG vom Schwerbehindertengesetz auf das SGB IX umgestellt worden.

Das BetrVG aus dem Jahre 1972 ist fast drei Jahrzehnte lang im Wesentlichen un- **49** verändert geblieben. Dadurch ist ein erheblicher Anpassungsbedarf entstanden. Dieser hat sich aus tiefgreifenden Änderungen der Arbeits- und Wirtschaftswelt vor allem in Form von neuartigen Unternehmens- und Betriebsstrukturen und besonderen Formen der Beschäftigung ergeben, die ihrerseits mit dazu beigetragen haben, dass die Zahl der Betriebsräte stark zurückgegangen ist. Aus diesen Gründen haben SPD und BÜNDNIS 90/DIE GRÜNEN in der **Koalitionsvereinbarung** vom 20. Oktober 1998 beschlossen, dass die Mitbestimmung am Arbeitsplatz und in den Betrieben im Interesse der Beteiligung und Motivation der Beschäftigten gestärkt und an die Veränderungen in der Arbeitswelt angepasst wird. Dazu sollte das BetrVG grundlegend novelliert werden.

Einleitung

50 Am 14. 2. 2001 beschloss das **Kabinett** den Entwurf eines Gesetzes zur Reform des Betriebsverfassungsgesetzes (BetrVerf-ReformG), der am 16. 2. 2001 als Gesetzentwurf der Bundesregierung dem **Bundesrat** zugeleitet wurde (BR-Drucks. 140/01). Der Bundesrat hat in seiner 761. Sitzung vom 30. 3. 2001 keine Stellungnahme abgegeben (s. BR-Plenarprotokoll v. 30. 3. 2001 S. 135). Der Gesetzentwurf ist am 2. 4. 2001 in den **Bundestag** eingebracht worden (BT-Drucks. 14/5741). Dieser hat in seiner 164. Sitzung am 5. April 2001 (BT-Plenarprotokoll 14/164 S. 15 935 ff.) in erster Lesung auch die Anträge von CDU/CSU: Soziale Partnerschaft stärken – Betriebsverfassungsgesetz zukunftsfähig modernisieren (BT-Drucks. 14/5753) und von der FDP: Reform der Mitbestimmung zur Stärkung des Mittelstandes (BT-Drucks. 14/5764) beraten und den Ausschüssen überwiesen. Der Entwurf ist insbesondere im **Ausschuss für Arbeit und Sozialordnung** beraten worden. Am 14. 5. 2001 (BT-Protokoll des Ausschusses für Arbeit Nr. 14/91) fand eine öffentliche Anhörung von Sachverständigen statt. Das Ergebnis der Beratungen des Ausschusses für Arbeit und Sozialordnung ist nach Beteiligung des Innenausschusses, des Rechtsausschusses, des Ausschusses für Wirtschaft und Technologie und des Ausschusses für Familie, Senioren, Frauen und Jugend im Schriftlichen Bericht vom 20. 6. 2001 (BT-Drucks. 14/6352) enthalten. Die Ausschussfassung des neuen Gesetzes unterscheidet sich in nur wenigen Punkten vom Regierungsentwurf. Das Gesetz wurde in der Fassung der Ausschussvorlage vom Bundestag in seiner 177. Sitzung am 22. 6. 2001 in zweiter und dritter Lesung verabschiedet (BT-Plenarprotokoll 14/177 S. 17 394).

51 Der Bundesrat hat in seiner 766. Sitzung am 13. Juli 2001 das Reformgesetz passieren lassen, ohne den Vermittlungsausschuss anzurufen (BR-Plenarprotokoll 766 S. 325). Das **Gesetz zur Reform des Betriebsverfassungsgesetzes** ist am 27. 7. 2001 (BGBl. I S. 1852) verkündet worden und einen Tag nach seiner Verkündung, am **28. 7. 2001, in Kraft getreten.** Die Bekanntmachung der Neufassung des BetrVG vom 25. 9. 2001 ist veröffentlicht in BGBl. I S. 2518 ff. Die neu gefasste Erste DVO vom 11. 12. 2001, die die näheren Einzelheiten der Wahl der Betriebsräte und der Jugend- und Auszubildendenvertretungen regelt, ist am 14. 12. 2001 im Bundesgesetzblatt (BGBl. I S. 3494) verkündet worden und am 15. 12. 2001 in Kraft getreten.

52 Das Reformgesetz sieht folgende wesentliche Neuerungen vor:
- Schaffung einer verlässlichen Organisationsgrundlage für den Betriebsrat durch eine Kombination aus gesetzlicher und vertraglicher Lösung, die die Bildung von Betriebsräten auch betriebs- und unternehmensübergreifend in Form von Filial- und Spartenbetriebsräten oder auch einen gemeinsamen Betriebsrat mehrerer Unternehmen zulässt
- Erleichterte Bildung von Betriebsräten durch Vereinfachung des Wahlrechts, insbesondere in kleineren Betrieben, und Aufhebung der Gruppen
- Verstärkte Einbeziehung besonderer Arbeits- und Beschäftigungsformen wie zB Leiharbeit in die Betriebsverfassung
- Verbesserte Arbeitsbedingungen des Betriebsrats wie erleichterte Freistellungen, Nutzung moderner Techniken, Hinzuziehung von Auskunftspersonen und Delegation von Beteiligungsrechte an Arbeitsgruppen
- Stärkung der Beteiligungsrechte, insbesondere bei Qualifikation und Beschäftigungssicherung
- Aufgaben des Betriebsrats beim betrieblichen Umweltschutz
- Stärkere Einbeziehung des einzelnen Arbeitnehmers in die Arbeit des Betriebsrats
- Mehr Möglichkeiten des Betriebsrats zur Förderung der Chancengleichheit von Frauen und Männern
- Erhöhte Repräsentanz von Frauen im Betriebsrat durch eine nach oben offene Geschlechterquote
- Stärkung der Jugend- und Auszubildendenvertretung
- Maßnahmen zur Bekämpfung von Rassismus und Fremdenfeindlichkeit.

53 Art. 8 und 9 des Gesetzes zur Reform der arbeitsmarktpolitischen Instrumente **(Job-AQTIV-Gesetz)** vom 10. 12. 2001 (BGBl. I S. 3443) enthalten Regelungen zur

Beschleunigung des Einigungsstellenverfahrens. Zum einen verpflichtet § 76 Abs. 3 die Einigungsstelle nunmehr ausdrücklich zur unverzüglichen Aufnahme ihrer Tätigkeit. Zum anderen wird das arbeitsgerichtliche Verfahren zur Besetzung der Einigungsstelle dahingehend gestrafft, dass diese Entscheidungen wieder vom Kammervorsitzenden allein zu treffen, zwingende kurze Einlassungs- und Ladungsfristen zu beachten sind und die gerichtliche Entscheidung den Beteiligten spätestens innerhalb von vier Wochen nach Antragseingang zuzustellen ist.

Das **Erste Gesetz für moderne Dienstleistungen am Arbeitsmarkt** vom **54** 23. 12. 2002 (BGBl. I S. 4607, 4617) hat in seinem Art. 6 (Änderungen des AÜG) die Rahmenbedingungen der Arbeitnehmerüberlassung grundlegend neu gestaltet. Die bisherigen zum Schutz der Arbeitnehmer vorgesehenen Einschränkungen der gewerblichen Leiharbeit wie besonderes Befristungsverbot, Wiedereinstellungsverbot, Synchronisationsverbot sowie Beschränkung der Überlassungsdauer sind aufgehoben worden. Als Ausgleich hierfür wird der Grundsatz eingeführt, dass LeihArbN für die Zeit der Überlassung die für vergleichbare Arbeitnehmer im Entleiher-Betrieb geltenden wesentlichen Arbeitsbedingungen einschließl. des Arbeitsentgelts (Equal Pay) zu gewähren sind. Gleichzeitig wird eine neue Form der Arbeitnehmerüberlassung zur Vermittlung von Arbeitslosen in Arbeit über Personal-Service-Agenturen (PSA) in Art. 1 (SGB III) eingeführt. Diese Änderungen werfen eine Reihe betriebsverfassungsrechtlicher Fragen auf, die im jeweiligen Sachzusammenhang beantwortet werden.

Die bisherige Vermutungsregelung für das Vorliegen einer Beschäftigung (s. Rn 43) **55** ist infolge der Neufassung des § 7 Abs. 4 SGB IV durch Art. 2 des **Zweiten Gesetzes für moderne Dienstleistungen am Arbeitsmarkt** vom 23. 12. 2002 (BGBl. I S. 4621, 4623) gegenstandslos geworden.

Infolge der Zusammenlegung des Bundesministeriums für Arbeit und Sozialord- **56** nung und des Bundesministeriums für Wirtschaft ist in Art. 173 der **Achten Zuständigkeitsanpassungsverordnung** vom 25. 11. 2003 (BGBl. I S. 2304, 2324) das Betriebsverfassungsgesetz geändert und die Zuständigkeit des neuen Bundesministeriums für Wirtschaft und Arbeit für das Betriebsverfassungsrecht begründet worden.

Mit Art. 81 des **Dritten Gesetzes für moderne Dienstleistungen am Ar- 57 beitsmarkt** vom 23. 12. 2003 (BGBl. I S. 2848, 2907) sind die Bezugnahmen im Betriebsverfassungsgesetz auf die Stellen der Arbeitsverwaltung entsprechend deren Neuorganisation (Bundesagentur für Arbeit, Agenturen für Arbeit) angepasst worden. Ein Regelungsschwerpunkt des Gesetzes ist die Stärkung des aktivierenden Ansatzes der Arbeitsförderung, der vor allem in den Instrumenten Strukturkurzarbeitergeld und Zuschüsse zu Sozialplanmaßnahmen verankert ist. Diese beiden Instrumente zur Abfederung von Personalabbauprozessen bei betrieblichen Restrukturierungen werden unter Betonung des Transfercharakters fortentwickelt und gesetzessystematisch zu Transferleistungen zusammengefasst. Sie sind von erheblichem betriebsverfassungsrechtlichem Belang und werden im jeweiligen Zusammenhang dargestellt.

Das am 1. 1. 2004 in Kraft getretene **Gesetz zu Reformen am Arbeitsmarkt 58** vom 24. 12. 2003 (BGBl. I S. 3002) hat ua das Kündigungsschutzgesetz, das Teilzeit- und Befristungsgesetz und das Arbeitszeitgesetz geändert. Einen betriebsverfassungsrechtlichen Bezug haben insbesondere die Änderungen des KSchG. Es gilt ab 1. 1. 2004 in Betrieben mit zehn oder weniger Arbeitnehmer nicht für neu eingestellte Arbeitnehmer. Die Sozialauswahl wird auf die Dauer der Betriebszugehörigkeit, das Lebensalter, die Unterhaltspflichten und die Schwerbehinderung des Arbeitnehmers beschränkt. Von der Sozialauswahl können diejenigen Arbeitnehmer ausgenommen werden, deren Weiterbeschäftigung wegen ihrer Kenntnisse, Fähigkeiten und Leistungen oder zur Erhaltung einer ausgewogenen Personalstruktur im berechtigten betrieblichen Interesse liegt. Die gerichtliche Überprüfung der Sozialauswahl wird auf grobe Fehlerhaftigkeit beschränkt, wenn Arbeitgeber und Betriebsrat in einer Betriebsvereinbarung nach § 95 BetrVG die Wertigkeit der genannten Sozialdaten zu einander festgelegt oder bei einer Betriebsänderung die zu kündigenden Arbeitnehmer in einem Interessenausgleich namentlich benannt haben. Es wird eine generelle dreiwöchige Klagefrist für die gerichtliche Geltendmachung der Unwirksamkeit einer Kündigung, unabhängig vom Kündigungsgrund, eingeführt; diese Klagefrist ist nunmehr auch bei Geltendmachung einer nicht ordnungsgemäßen Anhörung des Betriebsrats vor erfolgter Kündigung oder der Unwirksamkeit einer außerordentlichen Kündigung eines betriebsverfassungsrechtlichen Funktionsträgers zu beachten.

59 Mit dem Zweiten Gesetz zur Vereinfachung der Wahl der Arbeitnehmervertreter in den Aufsichtsrat vom 18. 5. 2004 (BGBl. I S. 974) wird in dessen Art. 1 das Betriebsverfassungsgesetz 1952 vom **Drittelbeteiligungsgesetz** abgelöst und folglich § 129 BetrVG, der auf das Betriebsverfassungsgesetz 1952 verweist, aufgehoben. Dementsprechend ist auch § 43 Abs. 2 der Ersten Verordnung zur Durchführung des Betriebsverfassungsgesetzes in der Verordnung zum Zweiten Gesetz zur Vereinfachung der Wahl der Arbeitnehmervertreter in den Aufsichtsrat vom 23. 6. 2004 (BGBl. I S. 1393) aufgehoben worden.

60 Das **Kooperationsgesetz der Bundeswehr** (BwKoopG) vom 30. Juli 2004 (BGBl. I S. 2027) sieht vor, dass Arbeitnehmer, Beamte und in Einzelfällen auch Soldaten der Bundeswehr unter Beibehaltung ihres Arbeits- und Dienstverhältnisses zum Bund in privaten Wirtschaftsunternehmen eingesetzt werden können. Aufgrund ihrer Eingliederung in die Kooperationsbetriebe gelten sie dort als Arbeitnehmer. Hieraus ergeben sich eine Vielzahl betriebverfassungsrechtlicher Fragen, die vom doppelten Wahlrecht dieses Personenkreises sowohl zum Personalrat ihrer Dienststelle als auch zum Betriebsrat des jeweiligen Kooperationsbetriebs über die Beteiligungsrechte des Betriebsrats bei diese Personen betreffenden Maßnahmen bis hin zu einer erforderlichen Verzahnung der beiden Vertretungsgremien reicht.

61 Die neue **Arbeitsstättenverordnung** vom 12. 8. 2004 (BGBl. I S. 2179) normiert bewusst keine detaillierten Verhaltensvorgaben mehr, sondern nur noch allgemein gehaltene Anforderungen, die den Betrieben Spielräume für betriebsnahe Arbeitsschutzmaßnahmen bieten sollen. Damit eröffnet sie ein weites Anwendungsfeld insb. für die Mitbestimmung des Betriebsrats und in betriebsratslosen Betrieben für eine direkte Mitwirkung der Arbeitnehmer. Auf beide Aspekte wird im jeweiligen Zusammenhang eingegangen.

62 Das **Erste Gesetz zur Änderung des Postpersonalrechtsgesetzes** vom 9. 11. 2004 (BGBl. I S. 2774) ermöglicht es erstmals den Post-AGn, Beamte auch außerhalb der Muttergesellschaften unter Beibehaltung des Beamtenverhältnisses in Tochter-, Enkel- und Beteiligungsgesellschaften zu beschäftigen. Dazu sind erhebliche Änderungen und Ergänzungen der betriebsverfassungsrechtlich relevanten Vorschriften des Postpersonalrechtsgesetzes erforderlich gewesen. Die kollektive Interessenvertretung der einer Tochter-, Enkel- oder Beteiligungsgesellschaft zugewiesenen Beamten erfolgt nun auf zwei Ebenen: Für die beamtenspezifischen Angelegenheiten ist der jeweilige Betriebsrat der insoweit entscheidungsbefugten Post-AG, im Übrigen der Betriebsrat des Betriebs der jeweiligen Tochter-, Enkel- oder Beteiligungsgesellschaft zuständig, in dem dem Beamten eine Tätigkeit zugewiesen worden ist. Diese Konstruktion verlangt Antworten des Kommentars auf Fragen, die sich insb. bei der Anwendung des Wahlrechts einschließlich der Wahlordnung Post sowie der Beteiligungsrechte der jeweiligen Betriebsräte vor allem bei der Entscheidung der jeweiligen Post-AG über die Zuweisung eines Beamten an eine der o. g. Gesellschaften stellen.

63 Das Gesetz zur Organisationsreform in der gesetzlichen Rentenversicherung vom 9. 12. 2004 (BGBl. I S. 3242) enthält in Art. 83 das **Gesetz zu Übergangsregelungen zur Organisationsreform in der gesetzlichen Rentenversicherung** (BGBl. I S. 3292). Dessen § 4 Abs. 4 bis 6 sieht Übergangsmandate der von der Organisationsreform betroffenen Personal- und Betriebsräte vor, die im jeweiligen Zusammenhang erörtert werden.

64 Ds in Art. 2 des Gesetzes zu Einführung der Europäischen Gesellschaft vom 22. 12. 2004 (BGBl. I S. 3675) enthaltene **Gesetz über die Beteiligung der Arbeitnehmer in einer Europäischen Gesellschaft** (BGBl. I S. 3686) regelt nicht nur die Mitbestimmung im Aufsichts- und Verwaltungsorgan dieser Gesellschaftsform,

sondern sieht auch einen speziellen SE-Betriebsrat vor mit der Folge, dass das Europäische Betriebsräte-Gesetz insoweit keine Anwendung findet. Dieser Grundsatz und die Ausnahmen hiervon werden dargestellt.

Am 1. 1. 2005 sind die durch das **Vierte Gesetz für moderne Dienstleistungen** **65** **am Arbeitsmarkt** vom 24. 12. 2003 (BGBl. I S. 2954) in das **SGB II** eingestellten Vorschriften der §§ 14 ff. über Leistungen zur Eingliederung in Arbeit in Kraft getreten (Art. 61). Erörterungsbedürftig ist die betriebsverfassungsrechtliche Einordnung der erwerbsfähigen Hilfebedürftigen. Besonderes Interesse verdienen die **Ein-Euro-Jobber,** die zwar keine Arbeitnehmer sind, bei deren Einsatz dem Betriebsrat des Beschäftigungsbetriebs jedoch eine erhebliche Prüfkompetenz zusteht.

Ein Schwerpunkt der am 1. 1. 2005 in Kraft getretenen novellierten **Gefahrstoff-** **66** **verordnung** vom 23. 12. 2004 (BGBl. I S. 3758) ist die Verbesserung der Instrumente zur betrieblichen Ermittlung und Beurteilung von Gefährdungen. Hierbei sieht sie vor allem in ihrem dritten und vierten Abschnitt erhebliche Handlungsspielräume für den Arbeitgeber vor, die unter Beteiligung des Betriebsrats bzw. der Arbeitnehmer konkretisiert werden müssen.

Das mit dem Berufsbildungsreformgesetz vom 23. 3. 2005 (BGBl. I S. 931) voll- **67** ständig novellierte **Berufsbildungsgesetz** enthält zahlreiche Schnittstellen mit dem Betriebsverfassungsrecht, die im jeweiligen Sachzusammenhang aufgezeigt und erörtert werden. Dazu zählen auch mit Stufenausbildung, gestreckter Abschlussprüfung und Ausbildungsverbund verknüpfte betriebsverfassungsrechtliche Fragen.

Das als Art. 1 des Zweiten Gesetzes zur Neuregelung des Energiewirtschaftsrechts **68** vom 7. 7. 2005 (BGBl. I S. 1970) beschlossene Gesetz über die Elektrizitäts- und Gasversorgung **(Energiewirtschaftsgesetz – EnWG)** hat jedenfalls mittelbar betriebsverfassungsrechtliche Auswirkungen. Indem es die Entflechtung vom Netzgeschäft einerseits sowie der Erzeugung und dem Vertrieb andererseits vorsieht, wird in aller Regel eine organisatorische Trennung auf betrieblicher Ebene unvermeidlich sein. Damit stellen sich Fragen nach der Zuordnung der Arbeitnehmer zu den neu entstehenden Betrieben und Betriebsteilen, ob trotz der vorgeschriebenen organisatorischen Trennung noch ein gemeinsamer Betrieb iSv. § 1 BetrVG möglich ist und ob die durch das EnWG veranlasste Spaltung der Belegschaft betriebsverfassungsrechtlich mittels eines TV nach § 3 Abs. 3 Nr. 3 überwunden werden kann.

Das Gesetz zur Modernisierung des Schuldenwesens des Bundes vom 12. 7. 2006 **69** (BGBl. I S. 1466) enthält in seinem Art. 2 das **Gesetz über das Personal der Bundeswertpapierverwaltung.** Dieses Gesetz hat betriebsverfassungsrechtliche Relevanz. Es regelt die Interessenvertretung der Beamten und ArbN der Bundeswertpapierverwaltung, die am 1. 8. 2006 Beschäftigte des Bundesamtes für zentrale Dienste und offene Vermögensfragen geworden sind, und denen im Rahmen der Umstrukturierung der Bundesschuldenverwaltung auf Dauer Tätigkeiten bei dem privatrechtlich organisierten Unternehmen Bundesrepublik Deutschland – Finanzagentur GmbH zugewiesen sind. Dort gelten sie für die Anwendung des BetrVG als Arbeitnehmer und sind als solche aktiv und passiv wahlberechtigt zum Betriebsrat. Ihre Dienst- und Arbeitsverhältnisse zum Bund bleiben davon unberührt mit der Folge, dass sie auch aktiv und passiv wahlberechtigt zum Personalrat des Bundesamtes sind (§§ 1 bis 6 BWpVerwPG).

Das als Art. 1 des Gesetzes zur Umsetzung europäischer Richtlinien zur Verwirkli- **70** chung des Grundsatzes der Gleichbehandlung vom 14. 8. 2006 (BGBl. I S. 1897) beschlossene **Allgemeine Gleichbehandlungsgesetz** (AGG) hat weitreichende Konsequenzen für das Betriebsverfassungsrecht. Unmittelbare Auswirkungen auf das BetrVG ergeben sich aus der Neufassung des Katalogs der Diskriminierungsgründe in § 75, die an die Terminologie des § 1 AGG angepasst worden sind, und aus der Vorgabe des Gesetzgebers, dass sich der Begriff der Benachteiligung und die Zulässigkeit einer unterschiedlichen Behandlung auch im Rahmen des BetrVG nach dem AGG richten (BT-Drucks. 16/1780 S. 56). Dem entsprechend werden im Zusammenhang mit der Kommentierung des § 75 die für seine Anwendung maßgeblichen Vorschrif-

Einleitung

ten des AGG eingehend erläutert und die Voraussetzungen für die Ausübung des den Betriebspartnern obliegenden Schutzes der ArbN vor Diskriminierungen dargelegt. Die Grundsätze des § 75 strahlen auf zahlreiche Normenkomplexen des BetrVG aus. Überall dort, wo der Betriebsrat in Ausübung seiner Beteiligungsrechte kontrollierend oder gestaltend auf das betriebliche Geschehen Einfluss nehmen kann, hat er auch selbst darauf zu achten, dass Diskriminierungen unterbleiben oder behoben werden. So ist er insb. gefordert bei personellen Einzelmaßnahmen nach § 99 sowie in sozialen und wirtschaftlichen Angelegenheiten; hier liegt der Schwerpunkt betrieblicher Vertragspolitik und der Betriebsrat wird dafür zu sorgen haben, dass so bedeutende Kollektivvereinbarungen wie solche zur betrieblichen Altersversorgung oder über Sozialplanleistungen frei von Diskriminierungen sind, um Bestand zu haben. Besonderes Augenmerk verdienen altersbezogene Regelungen. Die mit dem AGG verbundenen Verschärfung, dass nunmehr jede Benachteiligung wegen des Alters – nicht nur die wegen Überschreitung bestimmter Altersstufen – zu unterbleiben hat, erfordert ein umsichtiges Tätigwerden der Betriebspartner in einem rechtlich diffizilen Bereich. Der Kommentar geht im jeweiligen Sachzusammenhang vertieft auf alle einschlägigen, das BetrVG betreffende materiellrechtlichen und verfahrensrechtlichen Fragen des AGG ein.

71   Das in Art. 2 des Gesetzes zur Einführung der Europäischen Genossenschaft und zur Änderung des Genossenschaftsrechts vom 14. 8. 2006 (BGBl. I S. 1911) enthaltene **Gesetz über die Beteiligung der Arbeitnehmer in einer Europäischen Genossenschaft** sieht ebenso wie das Gesetz über die Beteiligung der Arbeitnehmer in der SE (s. Rn 64) auf Betriebsebene einen speziellen SCE-Betriebsrat vor. Der Grundsatz, dass das Europäische Betriebsräte-Gesetz verdrängt wird, und die Ausnahmen davon werden erläutert.

72   Am 5. 12. 2006 ist das **Gesetz zum Elterngeld und zur Elternzeit** (BGBl. I S. 2748) beschlossen worden. Auf seine für die Betriebsratsarbeit einschlägigen Regelungen geht der Kommentar im jeweiligen Sachzusammenhang ein.

73   Das **Gesetz über die Mitbestimmung der Arbeitnehmer bei einer grenzüberschreitenden Verschmelzung (MgVG)** vom 21. 12. 2006 (BGBl. I S. 3332) ist am 29. 12. 2006 in Kraft getreten und setzt Art. 16 der Richtlinie 2005/56/EG vom 26. 10. 2005 über die Verschmelzungen von Kapitalgesellschaften aus verschiedenen Mitgliedstaaten um. Auch wenn das Gesetz in erster Linie die Unternehmensmitbestimmung betrifft, und es die betrieblichen Arbeitnehmervertretungsstrukturen unberührt lassen will, können sich Verschmelzungen, wie zu zeigen sein wird, gleichwohl auf der Betriebsebene auswirken.

74   Mit dem **Zweiten Gesetz zur Änderung des Umwandlungsgesetzes** vom 19. 4. 2007 (BGBl. I S. 542) werden die gesellschaftsrechtlichen Vorschriften der in Rn 73 genannten Richtlinie 2005/56/EG vom 26. 10. 2005 umgesetzt. Wie schon bei innerstaatlicher Verschmelzung geschehen, räumt das Gesetz dem Betriebsrat entsprechende Informationsrechte auch bei grenzüberschreitender Verschmelzung ein.

75   Art. 1 des Gesetzes zur Verbesserung der Beschäftigungschancen älterer Menschen vom 19. 4. 2007 (BGBl. I S. 538) enthält die **Änderung des Teilzeit- und Befristungsgesetzes**. Die Neuregelung der sachgrundlosen Befristung ist zum Anlass genommen worden, die Grundzüge des Befristungsrechts wegen seiner betriebsverfassungsrechtlichen Relevanz zu aktualisieren und zu vertiefen.

76   Das **Risikobegrenzungsgesetz** vom 12. 8. 2008 (BGBl. I S. 1666), das die Transparenz bei Unternehmenskäufen durch Finanzinvestoren erhöhen und unerwünschten Entwicklungen in Bereichen, in denen Finanzinvestoren tätig sind, entgegenwirken soll, hat zur Verwirklichung dieses Ziels die Beteiligungsrechte des Wirtschaftsausschusses und des Betriebsrats bei Übernahme eines Unternehmens konkretisiert und erheblich ausgedehnt. Der Katalog der wirtschaftlichen Angelegenheiten in **§ 106 Abs. 3** wird um eine neue **Nr. 9 a** erweitert; sie stellt klar, dass der Unternehmer den Wirtschaftsausschuss rechtzeitig und umfassend über eine geplante Unternehmensübernahme informieren muss, wenn damit der Erwerb der Kontrolle über

das Unternehmen verbunden ist. Es geht also um eine Unternehmensübernahme im Wege des Erwerbs von Geschäftsanteilen oder Aktien an der Zielgesellschaft; es erfolgt dabei lediglich ein Wechsel der Anteilseigner (Gesellschafter), während die Zielgesellschaft selbst durch diese Transaktion unberührt bleibt. Gleichwohl ist der Wirtschaftsausschuss in die Transaktion einzubeziehen, unabhängig davon, ob die Interessen der Arbeitnehmer wesentlich berührt werden können. Bedeutsam ist auch, dass der **neue Satz 2 in § 106 Abs. 2** erstmalig im BetrVG dem Unternehmer die Vorlage eines bestimmten Mindestkatalogs von Unterlagen auferlegt. Das hat zur Folge, dass dann, wenn Unterlagen mit den verlangten Angaben nicht existieren, diese zu erstellen sind.

Schließlich sieht der **neue § 109 a** vor, dass in Unternehmen, in denen kein Wirtschaftsausschuss besteht, der Unternehmer den Betriebsrat entspr. § 106 Abs. 1 und 2 bei einer Unternehmensübernahme zu beteiligen hat. Mit einer umfangreichen Erörterung dieser bedeutsamen Neuregelungen und einer ausführlichen Darstellung der bei Unternehmenskäufen zu beobachtenden Praxis sowie der für eine wirksame Ausübung der neuartigen Beteiligungsrechte erforderlichen gesellschaftsrechtlichen Kenntnisse geben die Autoren Wirtschaftsausschuss und Betriebsräten das nötige Rüstzeug an die Hand, um auf bevorstehende Unternehmensübernahmen erfolgreich Einfluss nehmen zu können.

Nach dem **Gesetz** über das **Personal der Bundesagentur für Außenwirt-** **77** **schaft** vom 8. 12. 2008 (BGBl. I S. 2370) sind die Beamten und Arbeitnehmer der Bundesagentur für Außenwirtschaft ab dem 1. 1. 2009 Beschäftigte des Bundesamtes für Wirtschaft und Ausfuhrkontrolle (BAFA) geworden. Gleichzeitig sind sie der privatrechtlich organisierten **Germany Trade and Invest – Gesellschaft für Außenwirtschaft und Standortmarketing mbH** zugewiesen worden (§§ 1, 2 BfAIPG). Die zugewiesenen Beamten und Arbeitnehmer werden als Arbeitnehmer der GmbH angesehen und in die dortige Betriebsverfassung einbezogen. Ihre dienst- und arbeitsrechtlichen Verhältnisse zum Bund, dem BAFA, bleiben davon unberührt mit der Folge, dass der Bund weiterhin Dienstherr bzw. partiell Arbeitgeber der zugewiesenen Beschäftigten bleibt, während die Aufgabenerledigung in der Gesellschaft für Außenwirtschaft und Standortmarketing mbH nach Weisungen des dortigen Arbeitgebers erfolgt. Die damit verbundenen Schwierigkeiten der Interessenvertretung des zugewiesenen Personals werden dargelegt.

Der betriebsverfassungsrechtliche Begriff des Arbeitnehmers in § 5 Abs. 1 BetrVG ist **78** durch Art. 9 des **Gesetzes zur Errichtung eines Bundesaufsichtsamtes für Flug-** **sicherung** und zur Änderung und Anpassung weiterer Vorschriften vom 29. 7. 2009 (BGBl. I S. 2424, 2429) ergänzt worden. Der neu angefügte S. 3 in § 5 Abs. 1 BetrVG stellt klar, dass Beamte (Beamtinnen und Beamte), Soldaten (Soldatinnen und Soldaten) sowie Arbeitnehmer des öffentlichen Dienstes einschließlich der zu ihrer Berufsausbildung Beschäftigten, die in Betrieben privatrechtlich organisierter Unternehmen tätig sind, als Arbeitnehmer im Sinn des BetrVG gelten. Damit finden die Vorschriften des BetrVG auf diese drei Personengruppen grundsätzlich Anwendung. Dies wird in Zusammenhang mit den einschlägigen Bestimmungen erläutert und auf die Besonderheiten hingewiesen, die sich daraus ergeben können, wenn diese Personen weiterhin in dienstrechtlichen oder arbeitsvertraglichen Beziehung zu ihrem Dienstherrn oder öffentlichen Arbeitgeber stehen. Des Weiteren führt das Gesetz durch Art. 8 im neu geschaffene § 4 des **Gesetzes** zur **Übernahme der Beamten** und Arbeitnehmer der **Bundesanstalt für Flugsicherung** für die dauerhaft bei der DFS Deutsche Flugsicherung GmbH eingesetzten Beamten und Arbeitnehmer spezielle betriebsverfassungsrechtliche Regelungen ein, auf die ebenfalls eingegangen wird.

Mit der **Richtlinie 2009/38/EG** des Europäischen Parlaments und des Rates vom **79** 6. Mai 2009 **über die Einsetzung eines Europäischen Betriebsrats** oder die Schaffung eines Verfahrens zur Unterrichtung und Anhörung der Arbeitnehmer in gemeinschaftsweit operierenden Unternehmen und Unternehmensgruppen (ABlEU

Nr. L 122/28 v. 16. 5. 09) ist die Richtlinie 94/45/EG des Rates (s. Rn 41) aufgehoben worden. Der neue Richtlinientext stellt eine Ergänzung und Neufassung der alten Richtlinie dar. Er enthält eine Reihe erheblicher Verbesserungen, die im Anhang 2 vorgestellt werden. Die Richtlinie 2009/38/EG muss noch durch entspr. Änderungen des EBRG bis zum 5. 6. 2011 in nationales Recht umgesetzt werden (s. Rn 84).

80   Das **Gesetz zur Änderung datenschutzrechtlicher Vorschriften** vom 14. 8. 2009 (BGBl. I S. 2814) hat einen **neuen § 32 BDSG** eingefügt, der die Datenerhebung, -verarbeitung und -nutzung für Zwecke des Beschäftigungsverhältnisses regelt. Auf die Einhaltung dieser datenschutzrechtlichen Regelungen bei Entscheidungen über die Begründung oder Beendigung eines Arbeitsverhältnisses oder bei dessen Durchführung hat der Betriebsrat im Rahmen seiner Überwachungsfunktion und im Rahmen der Ausübung seiner Beteiligungsrechte zu achten. Der Kommentar verdeutlicht, wo und wie dieses Zusammenspiel von betrieblichem Datenschutz und Betriebsratstätigkeit zu erfolgen hat.

81   Das **Gesetz für bessere Beschäftigungschancen am Arbeitsmarkt (Beschäftigungschancengesetz)** vom 24. 10. 2010 hat mit Wirkung vom 1. 1. 2011 neue gesetzliche Vorgaben für die Förderung von Transfermaßnahmen und für die Inanspruchnahme von Transferkurzarbeitergeld festgelegt. Diese bei Personalanpassungen interessanten Finanzierungsinstrumente sind wesentlich geändert worden. Die entsprechenden Regelungen in den §§ 216 a, 216 b SGB III stehen rechtlich in einem engen Zusammenhang mit den Regelungen über Betriebsänderungen, Interessenausgleich und Sozialplan in den §§ 111 ff Betriebsverfassungsgesetz. Die neuen Förderbestimmungen werden erläutert und ihre Auswirkung auf das Zusammenspiel von Arbeitsagentur und Betriebsparteien im Rahmen der Transferleistungen dargestellt.

82   Das **Gesetz zur Restrukturierung und geordneten Abwicklung von Kreditinstituten,** zur Errichtung eines Restrukturierungsfonds für Kreditinstitute und zur Verlängerung der Verjährungsfrist der aktienrechtlichen Organhaftung **(Restrukturierungsgesetz)** vom 9. 12. 2010 (BGBl. I S. 1900) bildet den vorläufigen Schlusspunkt der sog. Finanzmarktkrisengesetzgebung. Es enthält in Art. 1 das Gesetz zur Reorganisation von Kreditinstituten (**Kreditinstitute-Reorganisationsgesetz** – KredReorgG) und in Art. 2 **Änderung** des **Kreditwesengesetzes.** Diese beiden Gesetze eröffnen weitreichende Möglichkeiten, im Wege von kollektiven Verhandlungslösungen wirtschaftliche Schwierigkeiten in systemrelevanten Kreditinstituten zu überwinden. Zu diesem Zweck wird eine Vielzahl verschiedener Verfahren wie Sanierungs-, Reorganisations- oder Restrukturierungsverfahren angeboten. Je nach Ausgestaltung weisen sie eine Reihe unterschiedlicher betriebsverfassungsrechtlicher Aspekte auf. Es wird dargelegt, wie die für eine erfolgreiche Krisenprävention oder Krisenbewältigung im Bankensektor erforderliche Einbeziehung vor allem des Wirtschaftsausschusses zu verwirklichen ist.

83   Mit dem **Ersten Gesetz zur Änderung des AÜG – Verhinderung von Rechtsmissbrauch der Arbeitnehmerüberlassung** vom 28. April 2011 (BGBl. I S. 642) ist das AÜG in wesentlichen Punkten geändert worden. Das ÄnderungsG setzt die RL 2008/104/EG des Europäischen Parlaments und des Rates vom 19. 11. 2008 über Leiharbeit (ABl. L 327 vom 5. 12. 2008, S. 9) um und enthält weitere Verbesserungen. Betriebsverfassungsrechtlich relevant sind die (Neu-)Regelungen des AÜG über seinen erweiterten Anwendungs- und Schutzbereich sowie die verbesserten Rechte der Leiharbeitnehmer. Hier sind vor allem die Kontroll- und Mitbestimmungsrechte des Betriebsrats von Bedeutung.

84   Mit dem **Zweiten Gesetz zur Änderung des Europäische Betriebsräte-Gesetzes (2. EBRG-ÄndG)** vom 14. Juni 2011 (BGBl. I S. 1050) ist die **Richtlinie 2009/38/EG** des Europäischen Parlaments und des Rates vom 6. Mai 2009 über die Einsetzung eines Europäischen Betriebsrats oder die Schaffung eines Verfahrens zur Unterrichtung und Anhörung der Arbeitnehmer in gemeinschaftsweit operierenden Unternehmen und Unternehmensgruppen (ABlEU Nr. L 122/28 v. 16. 5. 09)

umgesetzt worden; sie hat die Richtlinie 94/45 EG des Rates (s. Rn 41) neu gefasst und eine Reihe erheblicher Verbesserungen gebracht. Dem entsprechend sieht das 2. EBRG-ÄndG ua eine umfassendere Definition der Begriffe Unterrichtung und Anhörung, eine gerechtere Repräsentanz der Arbeitnehmer aus größeren gemeinschaftsweit tätigen Unternehmen und Unternehmensgruppen im besonderen Verhandlungsgremium und im Europäischen Betriebsrat, die Anerkennung der Gewerkschaften als Sachverständige in diesen Gremien, Regelungen über erforderliche Schulungen der Mitglieder dieser Gremien sowie Bestimmungen über Neuverhandlungen bestehender Vereinbarungen bei wesentlichen Strukturänderungen der Unternehmen oder Unternehmensgruppen vor. Aufgrund dieser Änderungen ist die Darstellung des Rechts der Europäischen Betriebsräte neu gestaltet worden.

Die bedeutendste Neuerung im **Dritten Gesetz zur Änderung des Umwand-** **85** **lungsgesetzes** vom 11. 7. 2011 (BGBl. I S. 1338) ist der sog. umwandlungsrechtliche Squeeze-out, eine Kombination aus dem Ausschluss der Minderheitsaktionäre einer Aktiengesellschaft und einer anschließenden konzerninternen Verschmelzung der Aktiengesellschaft auf den Großaktionär. Da in diesem Fall weder bei der übernehmenden Muttergesellschaft noch bei der übertragenden Tochtergesellschaft eine Versammlung der Anteilseigner erforderlich ist, stellt der neu gefasste § 62 Abs. 4 S. 4 UmwG sicher, dass die Pflicht zur Zuleitung des Verschmelzungsvertrags gem. § 5 Abs. 3 UmwG an den zuständigen Betriebsrat auch im Rahmen einer Konzernverschmelzung fristgerecht erfüllt wird.

Erläuterungen des Betriebsverfassungsgesetzes

Erster Teil. Allgemeine Vorschriften

§ 1 Errichtung von Betriebsräten

(1) [1] In Betrieben mit in der Regel mindestens fünf ständigen wahlberechtigten Arbeitnehmern, von denen drei wählbar sind, werden Betriebsräte gewählt. [2] Dies gilt auch für gemeinsame Betriebe mehrerer Unternehmen.

(2) Ein gemeinsamer Betrieb mehrerer Unternehmen wird vermutet, wenn

1. zur Verfolgung arbeitstechnischer Zwecke die Betriebsmittel sowie die Arbeitnehmer von den Unternehmen gemeinsam eingesetzt werden oder

2. die Spaltung eines Unternehmens zur Folge hat, dass von einem Betrieb ein oder mehrere Betriebsteile einem an der Spaltung beteiligten anderen Unternehmen zugeordnet werden, ohne dass sich dabei die Organisation des betroffenen Betriebs wesentlich ändert.

Inhaltsübersicht

I. Vorbemerkung

1   Das BetrVG regelt die Beteiligung der ArbN in Betrieb und Unternehmen. Es ist vor allem **Arbeitnehmerschutzrecht**. Die ArbN bedürfen dieses Schutzes, da sie vom ArbGeb. persönlich und wirtschaftlich abhängig sind. Zumindest typischerweise kann der BR die Interessen der ArbN besser wahrnehmen als der einzelne, dem ArbGeb. allein gegenüber stehende ArbN. Die Grundsituation im Betrieb ist geprägt von der Alleinentscheidungsbefugnis des ArbGeb. Dieser verfügt kraft Eigentums oder Besitzes über die Produktionsmittel. Zum anderen kann er auf Grund der mit den ArbN geschlossenen Arbeitsverträgen über deren Arbeitskraft disponieren. Damit ist der ArbGeb. in der Lage, „seinen" Betrieb alleine zu organisieren, über die Arbeitsbedingungen zu bestimmen und soziale Macht auszuüben.

2   Diese Ausgangssituation wird **durch das BetrVG** wesentlich verändert. Durch dieses wird die **Alleinentscheidungsbefugnis des ArbGeb. begrenzt.** Es werden Mitbestimmungs- und Mitwirkungsrechte der ArbN bei den Entscheidungen des ArbGeb. begründet. Die Beteiligungsrechte werden wahrgenommen durch von den ArbN gewählte und damit demokratisch legitimierte InteressenVertr., darunter insb. den BR. Zur effektiven Wahrnehmung der Beteiligungsrechte werden zugleich (Sekundär-)Rechte der InteressenVertr. insb. auf Freistellung, Schulung, Kostenerstattung und Sachmittel begründet.

3   Die Mitbestimmung der ArbN wird maßgeblich verwirklicht über ihre Rechte nach dem BetrVG. Sie findet aber auch statt über die Mitbestimmungsgesetze (vgl. etwa MünchArbR-*v. Hoyningen-Huene* § 210 Rn 7 ff.). Dabei ist die Beteiligung strukturell unterschiedlich organisiert. Im Betriebsverfassungsrecht wird die Mitbestimmung im Wege eines **dualistischen Modells** durch eigene von den ArbN gewählte Organe wahrgenommen. Im Bereich der Unternehmensverfassung erfolgt die Mitbestimmung im Wege eines **Integrationsmodells** durch die Einbeziehung von ArbN in die Aufsichtsorgane der Unternehmen (vgl. GK-*Wiese* Einl. Rn 44). Die beiden Arten der Mitbestimmung stehen rechtlich selbständig nebeneinander. Es gibt aber, insb. bei der Mitbestimmung in wirtschaftlichen Angelegenheiten, Überschneidungen (MünchArbR-*v. Hoyningen-Huene* § 210 Rn 9).

4   Anders als die in Art. 9 Abs. 3 S. 1 GG garantierte Koalitionsfreiheit ist ein Recht der ArbN auf Mitbestimmung in Betrieb und Unternehmen verfassungsrechtlich nicht ausdrücklich gewährleistet. Allerdings erstreckt sich nach Art. 74 Nr. 12 GG die konkurrierende Gesetzgebung des Bundes ausdrücklich auch auf die „Betriebsverfassung". Außerdem folgt aus dem **Sozialstaatsprinzip** (Art. 20 Abs. 1, Art. 28 Abs. 1 GG) einerseits sowie der **Schutzpflicht des Staates für die Grundrechte der ArbN** – insb. aus Art. 1 Abs. 1, Art. 2 Abs. 1, Art. 12 Abs. 1 GG – andererseits (vgl. ErfK/*Dieterich* GG Einl. Rn 38 ff.) nicht nur die Legitimation, sondern auch die Verpflichtung, überhaupt eine Beteiligung der ArbN gesetzlich sicherzustellen (GK-*Wiese* Einl. Rn 48). Zugleich dient das BetrVG auch dem **Demokratiegedanken** und dem gesellschaftlichen Grundprinzip, nach dem Herrschafts- und Leitungsbefugnisse nicht ausschließlich von einer Führungsperson oder einem Führungsorgan ausgeübt werden, sondern unter Mitwirkung der Betroffenen erfolgen sollen (BAG 10. 12. 02 – 1 ABR 7/02 – NZA 04, 223; MünchArbR-*v. Hoyningen-Huene* § 210 Rn 1). Wie die Mitbestimmung zu verwirklichen ist, ist dabei dem Gesetzgeber nicht vorgeschrieben (vgl. BVerfGE 50, 290, 349; *Richardi* Einl. Rn 44). Er hat hierbei vielmehr einen weiten Gestaltungsspielraum (GK-*Wiese* Einl. Rn 50).

Das BetrVG schränkt durch die für die InteressenVertr. der ArbN begründeten Be-   5
teiligungsrechte und die dem ArbGeb. unmittelbar und mittelbar auferlegten finanziellen Verpflichtungen dessen unternehmerische Freiheit und seine Grundrechte aus Art. 12 Abs. 1, Art. 14 Abs. 1 GG ein. Diese Einschränkungen sind **verfassungsgemäß**. Sie sind legitimiert durch das Sozialstaatsprinzip (Art. 20 Abs. 1, Art. 28 Abs. 1 GG), die Sozialbindung des Eigentums (Art. 14 Abs. 2 GG) und die Schutzpflicht des Staates für die Grundrechte der ArbN (GK-*Wiese* Einl. Rn 53 ff.). Soweit MBR in die unternehmerische Entscheidungsfreiheit eingreifen, ist ohnehin nicht das durch Art. 14 Abs. 1 GG gewährleistete Eigentumsrecht, sondern nur die durch Art. 12 Abs. 1 GG garantierte Berufsfreiheit tangiert. Es handelt sich um eine Berufsausübungsregelung. Art. 12 Abs. 1 GG gebietet nicht, diese so zu gestalten, dass die unternehmerische Entscheidungsfreiheit unberührt bleibt (BVerfG 18. 12. 85 AP Nr. 15 zu § 87 BetrVG 1972 Arbeitszeit). MBR stehen nicht etwa unter dem allgemeinen Vorbehalt, dass durch sie nicht in die unternehmerische Entscheidungsfreiheit eingegriffen wird. Daher sind zB die dem BR durch § 87 Abs. 1 Nr. 2 und 3 bei der Arbeitszeit oder durch § 87 Abs. 1 Nr. 10 für Fragen der betrieblichen Lohngestaltung eingeräumten MBR verfassungsrechtlich nicht zu beanstanden (vgl. BAG 31. 8. 82 AP Nr. 8 zu § 87 BetrVG 1972 Arbeitszeit; 4. 3. 86 AP Nr. 3 zu § 87 BetrVG 1972 Kurzarbeit; 16. 12. 86 AP Nr. 8 zu § 87 BetrVG 1972 Prämie).

Das BetrVG dient dem Schutz und der Teilhabe der ArbN. Die verfassungsrecht-   6
lich gewährleisteten **Rechtspositionen der einzelnen ArbN** finden dabei ihren Ausdruck insb. auch in § 75 BetrVG (GK-*Wiese* Einl. Rn 63). Die im kollektiven Interesse der ArbN begründeten MBR des BR können bisweilen aber auch Einschränkungen der Rechte und Freiheiten der einzelnen ArbN mit sich bringen (vgl. GK-*Wiese* Einl. Rn 65). So kann unter bestimmten Umständen der BR die Einstellung oder Versetzung eines ArbN gegen den Willen der Arbeitsvertragsparteien und trotz deren Vertragsfreiheit verhindern. Auch BV über mitbestimmungspflichtige Angelegenheiten können mit Einschränkungen der Individualrechte der einzelnen ArbN verbunden sein. Dies kann zB bei den MBR nach § 87 Abs. 1 Nr. 1 und 6 der Fall sein. Die Betriebsparteien haben aufgrund der ihnen durch das BetrVG verliehenen Betriebsautonomie grundsätzlich auch die Kompetenz, im Rahmen freiwilliger BV Regelungen über formelle und materielle Arbeitsbedingungen zu treffen, welche die ArbN belasten. Sie sind hierbei aber nach § 75 Abs. 1, Abs. 2 S. 1 iVm. Art. 2 Abs. 1 GG zur Wahrung der Handlungsfreiheit und der Persönlichkeitsrechte der ArbN verpflichtet und müssen den Grundsatz der Verhältnismäßigkeit beachten (BAG 12. 12. 06 AP Nr. 94 zu § 77 BetrV 1972; vgl. zur Videoüberwachung am Arbeitsplatz BAG 29. 6. 04 AP Nr. 41 zu § 87 BetrVG 1972 Überwachung). In den §§ 81–86 begründet das BetrVG außerdem betriebsverfassungsrechtliche Rechte einzelner ArbN (vgl. dazu etwa BAG 16. 11. 04 AP Nr. 3 zu § 82 BetrVG 1972).

7   Die durch Art. 9 Abs. 3 GG gewährleistete **Koalitionsfreiheit** und die **Tarifautonomie** sind auch für das Betriebsverfassungsrecht von vielfältiger Bedeutung (vgl. GK-*Wiese* § 1 Rn 66 ff.). Sie finden ihren Niederschlag ua. in dem durch §§ 77 Abs. 3 S. 1, 87 Abs. 1 S. 1 normierten Vorrang des TV. Auch haben die Betriebsparteien nach § 2 Abs. 1 die TV zu beachten und der BR nach § 80 Abs. 1 Nr. 1 über ihre Durchführung zu wachen. Zur Abwehr von Eingriffen in die Koalitionsfreiheit durch tarifwidrige Regelungen steht den betroffenen Gewerkschaften ein Unterlassungsanspruch entsprechend § 1004 BGB zu (vgl. § 2 Rn 92; BAG 20. 4. 99 AP Nr. 89 zu Art. 9 GG; *Dieterich* in FS *Wißmann* S. 114 ff.). Die Gewerkschaften haben nicht nur nach § 2 Abs. 2 zur Wahrnehmung der im BetrVG genannten Aufgaben und Befugnisse, sondern auch zur koalitionsspezifischen Betätigung ein Zutrittsrecht zu den Betrieben (BAG 28. 2. 06 AP Nr. 127 zu Art. 9 GG). Durch TV können ferner unter bestimmten Voraussetzungen gem. § 3 Abs. 1 vom Gesetz abweichende Betriebsratsstrukturen geschaffen und gesetzliche MBR des BR erweitert werden (vgl. Rn 245 ff.).

8   Das durch das BetrVG vorgeschriebene Zusammenwirken zwischen ArbGeb. und BR dient gemeinsamen Zielen, nämlich dem Wohl des Betriebs und der Belegschaft (§ 2 Abs. 1). Die Beteiligung der ArbN hat für den ArbGeb. Nachteile. Er kann nicht mehr allein entscheiden. Die Mitbestimmung verlangt auch einen höheren Personalbedarf. Ferner kann es zu zeitlichen Verzögerungen in der Entscheidungsfindung und deshalb zu geringerer wirtschaftlicher Effektivität kommen. Dem stehen erhebliche Vorteile gegenüber: Die Argumente der Betroffenen werden in die Entscheidung einbezogen, und es bestehen Begründungszwänge. Maßnahmen und Entscheidungen des ArbGeb. gewinnen dadurch an **Plausibilität, Transparenz und Akzeptanz** (vgl. MünchArbR-*v. Hoyningen-Huene* § 210 Rn 4). Außerdem wird durch die Beteiligung der ArbNVertr. der soziale Frieden gestärkt.

9   Das BetrVG besteht **systematisch** im Wesentlichen aus **zwei Teilen.** Im ersten Teil (§§ 1–73) sind die Bildung und die Geschäftsführung des BR und der übrigen Organe der BetrVerf. geregelt. Im zweiten großen Teil (§§ 74–113) geht es um die Rechte und Pflichten der InteressenVertr. der ArbN, insb. um deren Mitwirkung und Mitbestimmung an den Entscheidungen des ArbGeb. Eine Sonderstellung haben die §§ 81–86; sie normieren Individualrechte der einzelnen ArbN. Die §§ 114–118 enthalten besondere Vorschriften für die Seeschifffahrt, die Luftfahrt, Tendenzbetriebe und Religionsgemeinschaften. In diesen Betrieben sind andere Vertretungen vorgesehen oder es ist das BetrVG nicht oder nur eingeschränkt anwendbar (vgl. Rn 34 ff.). Zu den Organen der BetrVerf. gehören auch die nach dem Sprecherausschussgesetz (SprAuG) vom 20. 12. 1988 (BGBl. I S. 2316) gewählten **Sprecherausschüsse der leitenden Ang.** (zum Inhalt des SprAuG und zum Verhältnis zwischen BR und Sprecherausschuss vgl. § 2 Rn 3 und § 5 Rn 441 ff.).

10   Das BetrVG 1972 steht im **Kontext europäischer und internationaler Regelungen** über die Unterrichtung, Anhörung und Beteiligung der ArbN (vgl. GK-*Wiese* Einl. Rn 35). Zu nennen sind insbesondere

– das **Übereinkommen Nr. 135 der Internationalen Arbeitsorganisation vom 23. 6. 1971** über Schutz und Erleichterungen für ArbNVertr. im Betrieb, ratifiziert durch G vom 23. 6. 1973 (BGBl. II S. 953 ff.),

– die **RL 94/45/EG** vom 22. 9. 94 über die **Einsetzung eines Europäischen Betriebsrats** oder die Schaffung eines Verfahrens zur Unterrichtung und Anhörung der ArbN in gemeinschaftsweit operierenden Unternehmen und Unternehmensgruppen, umgesetzt durch das **EBRG** vom 28. 10. 96 (siehe Anhang Nr. 2),

– die **RL 2001/86/EG** vom 8. 10. 01 zur Ergänzung des Statuts der **Europäischen Gesellschaft (SE)** hinsichtlich der Beteiligung der ArbN, umgesetzt durch das G über die Beteiligung der ArbN in einer Europäischen Gesellschaft (**SEBG**) vom 22. 12. 04 (BGBl. I 3675, 3686; vgl. Rn 182 a),

– die **RL 2003/72/EG** vom 22. 7. 03 zur Ergänzung des Statuts der **Europäischen Genossenschaft** hinsichtlich der Beteiligung der ArbN, umgesetzt durch das G

über die Beteiligung der ArbN und ArbNinnen in einer Europäischen Genossenschaft **(SCEBG)** vom 14. 8. 06 (BGBl. I 1917; vgl. Rn 182a),
– die **RL 2005/56/EG** vom 26. 10. 05 über die **Verschmelzung von Kapitalgesellschaften** aus verschiedenen Mitgliedstaaten, umgesetzt durch das **G über die Mitbestimmung der ArbN bei einer grenzüberschreitenden Verschmelzung (MgVG)** vom 21. 12. 06 (BGBl. I 3332; vgl. Rn 182b),
– die **RL 2002/14/EG** vom 11. 3. 02 zur Festlegung eines **allgemeinen Rahmens für die Unterrichtung und Anhörung der ArbN in der EG** (vgl. dazu *Bonin* ArbuR 04, 321; *Kohte* FS 50 Jahre BAG S. 1219; *Reichold* NZA 03, 289).
Entspr. Vorschriften: §§ 1, 12 Abs. 1 BPersVG. 11

II. Geltungsbereich des Gesetzes

1. Räumlicher Geltungsbereich

a) Grundsatz

Das Gesetz gilt nur innerhalb der Grenzen der **Bundesrepublik Deutschland.** 12
In Bezug auf diesen räumlichen Geltungsbereich ist Anknüpfungspunkt der Betrieb 13 (nicht das Unternehmen). Liegt der Betrieb im Inland, ist das BetrVG anzuwenden (**„Territorialitätsprinzip",** vgl. BAG 22. 3. 00 AP Nr. 8 zu § 14 AÜG, vgl. zur Kritik an der Anwendung des Territorialitätsprinzips im Bereich der BetrVerf. *DKKW-Trümner* Rn 23ff.; Münch*ArbR-v. Hoyningen-Huene* § 211 Rn 12).

Auf die Staatsangehörigkeit des ArbGeb. kommt es nicht an. Das BetrVG gilt des- 14 halb auch für **inländische Betriebe ausländischer Unternehmen** (GK-*Franzen* Rn 5).

Auch auf die **Staatsangehörigkeit der ArbN** kommt es nicht an. Es ist **unerheb-** 15 **lich,** ob die ausländischen ArbN mit dem ArbGeb. die Anwendung ausländischen Rechts für ihr ArbVerh. vereinbart haben (BAG 9. 11. 77 AP Nr. 13 zu Internat. Privatrecht, Arbeitsrecht; GK-*Franzen* Rn 5).

Andererseits ist das BetrVG **nicht** anzuwenden auf die **im Ausland gelegenen** 16 **Betriebe deutscher Unternehmen** (BAG 10. 9. 85 AP Nr. 3 zu § 117 BetrVG 1972). Auch hier kommt es nicht darauf an, ob auf die Einzelarbeitsverträge der in diesen Betrieben beschäftigten ArbN deutsches oder ausländisches Recht anzuwenden ist (BAG 25. 4. 78 AP Nr. 16 zu Internat. Privatrecht, Arbeitsrecht; *Richardi* Einl. Rn 68; GK-*Franzen* Rn 9; *DKKW-Trümner* Rn 25; *HSWGNR-Rose* Einl. Rn 51). Für diese in ausländischen Betrieben beschäftigten ArbN bestehen keine MBR der BR inländischer Betriebe. Das gilt auch für selbständige im Ausland gelegene **Betriebsteile** inländischer Betriebe (GK-*Franzen* Rn 11; Münch*ArbR-v. Hoyningen-Huene* § 211 Rn 16; *Richardi* Einl. Rn 69). Auch auf unselbständige im Ausland gelegene Betriebsteile ist das BetrVG nicht anwendbar (BAG 25. 4. 78 AP Nr. 16 zu Internat. Privatrecht, Arbeitsrecht; *Richardi* Einl. Rn 69; aA GK-*Franzen* Rn 11).

Auch auf **im Ausland gelegene Kleinstbetriebe iSv. § 4 Abs. 2** findet das 17 BetrVG keine Anwendung (vgl. BAG 25. 4. 78 AP Nr. 16 zu Internat. Privatrecht, Arbeitsrecht). Der Sinn und Zweck des § 4 Abs. 2, die ArbN in Kleinstbetrieben eines Unternehmens nicht von einer kollektiven InteressenVertr. auszuschließen, gilt nicht grenzübergreifend. Anders als in den Fällen der „Ausstrahlung" (vgl. dazu Rn 22ff.) geht es auch nicht um den persönlichen Anwendungsbereich, sondern um den räumlichen Geltungsbereich des Gesetzes. Dieser hängt nicht von der Größe der betrieblichen Einheit ab.

In ausländischen Betrieben inländischer Unternehmen können daher keine BR 18 gewählt werden. Es bestehen keine MBR nach dem BetrVG. Soweit das BetrVG **MBR auf der Unternehmensebene** vorsieht – wirtschaftliche Angelegenheiten und WiAusschuss – stehen diese MBR nur den ArbN und BR der im Inland gelegenen Betriebe zu. Ist ein Wirtschaftsausschuss zu errichten, werden dessen Mitgl. nur vom BR des im Inland gelegenen Betriebs bzw. von dem für die inländischen Betriebe gebildeten GesBR entsandt. An der Bildung von **GesBR** nehmen die im Ausland gelegenen Betriebe nicht teil (vgl. § 47 Rn 22). Die Unterrichtung der ArbN gem. § 110 bezieht sich nur auf die in inländischen Betrieben eines Unternehmens beschäftigten ArbN. Die Vorschriften über Interessenausgleich und Sozialplan bei Betriebsänderungen (§§ 111–113) gelten nur für inländische Betriebe.

19   Hat das Unternehmen seinen Sitz im Ausland, so ist für die **inländischen Betriebe** ein **GesBR** und **WiAusschuss** zu bilden (vgl. § 47 Rn 23; § 106 Rn 20; BAG 31. 10. 75 AP Nr. 2 zu § 106 BetrVG 1972; *Richardi* Einl. Rn 70 f.; *HSWGNR-Rose* Einl. Rn 49 f.). Die Unterrichtungspflicht nach § 110 beschränkt sich auf die ArbN der inländischen Betriebe, ebenso die Anwendung der Vorschriften über Interessenausgleich und Sozialplan bei Betriebsänderungen.

20   Ein **KBR** kann auch für einen Konzern gebildet werden, der im Ausland seinen Sitz, aber im Inland mindestens zwei abhängige Unternehmen hat (vgl. zur näheren Begründung § 54 Rn 34; *DKKW/Trittin* § 54 Rn 29 ff.; MünchArbR–*v. Hoyningen-Huene* § 211 Rn 15; **aA aber** für Fälle, in denen es an einer inländischen Leitung fehlt, BAG 14. 2. 07 AP Nr. 13 zu § 54 BetrVG 1972; ErfK/*Koch* § 54 Rn 7; *WPK-Preis* Rn 10). Weitgehend unstreitig ist dies in den Fällen, in denen ein inländisches Unternehmen anderen inländischen Unternehmen im Leitungsweg übergeordnet ist (vgl. § 54 Rn 36; ErfK/*Koch* § 54 Rn 7; Richardi-*Annuß* § 54 Rn 35 mwN).

21   Der **räumliche Geltungsbereich** des BetrVG kann weder durch TV noch durch BV verändert werden. Die Vorschrift ist **zwingend.**

b) Im Ausland tätige Arbeitnehmer inländischer Betriebe

22   Inländische Betriebe können im Ausland tätig werden. So können ArbN zu ausländischen Betrieben entsandt werden oder im Ausland, zB auf Montage, beschäftigt werden. Die Frage, ob und inwieweit das BetrVG auf diese ArbN anzuwenden ist, ist keine Frage des räumlichen Geltungsbereichs, sondern des **persönlichen Anwendungsbereichs des Gesetzes** (vgl. BAG 22. 3. 00 AP Nr. 8 zu § 14 AÜG; *Auffarth* FS *Hilger/Stumpf,* S. 31; *Birk* FS *Schnorr v. Carolsfeld,* S. 78 f.; MünchArbR–*v. Hoyningen-Huene* § 211 Rn 17; im Ergebnis ebenso, allerdings mit anderer Begründung *Richardi* Einl. Rn 73 ff.). Man kann von „**Ausstrahlungen**" eines inländischen Betriebs über die Grenzen der Bundesrepublik hinaus sprechen (BAG 10. 9. 85 AP Nr. 3 zu § 117 BetrVG 1972; ErfK/*Koch* Rn 4; *B. Gaul* BB 90, 697 ff.; vgl. auch § 4 SGB IV: Sozialversicherungspflicht für vorübergehend ins Ausland entsandte ArbN).

23   ArbN gehören dann zu einem inländischen Betrieb, wenn sie vorübergehend im Ausland **außerhalb einer betrieblichen Organisation beschäftigt** werden (zB Montagearbeiter, Vertreter, Lkw-Fahrer, fliegendes Personal in Luftfahrtunternehmen – vgl. ErfK/*Koch* Rn 4; *Richardi* Einl. Rn 75; GK-*Franzen* Rn 16; MünchArbR-*v. Hoyningen-Huene* § 211 Rn 18; BAG 25. 4. 78, 7. 12. 89 AP Nr. 16, 27 zu Internat. Privatrecht, Arbeitsrecht; 27. 5. 82 AP Nr. 3 zu § 42 BetrVG 1972).

24   Auch ArbN, die **im Ausland in eine betriebliche Organisation eingegliedert** sind, können noch ArbN eines inländischen Betriebs sein (BAG 25. 4. 78 AP Nr. 16 zu Internat. Privatrecht, Arbeitsrecht; 27. 5. 82 AP Nr. 3 zu § 42 BetrVG 1972; *Richardi* Einl. Rn 77; ErfK/*Koch* Rn 4). Entscheidend ist, ob der Einsatz im Ausland zeitlich beschränkt ist. Das ist der Fall bei einer von vornherein vereinbarten **Befristung** des Auslandseinsatzes; das gilt aber auch dann, wenn sich der ArbGeb. das **Recht des jederzeitigen Rückrufs** vorbehalten hat, zB bei einer Vertr., einer Einarbeitung oder zur Erledigung eines zeitlich befristeten Auftrags (ErfK-*Koch* Rn 4; GK-*Franzen* Rn 16; sehr zurückhaltend HSWGNR-*Rose* Einl. Rn 62). Das BetrVG bleibt auch dann anwendbar, wenn die gesamte Belegschaft, wie zB bei einem Orchester oder Wanderzirkus, vorübergehend im Ausland tätig ist (*Richardi* Einl. Rn 74).

Problematisch ist die Zugehörigkeit zu einem inländischen Betrieb, wenn der 25 ArbN nur für eine **Tätigkeit im Ausland** eingestellt wird. In diesem Fall ist auf die Weisungsgebundenheit der ArbN abzustellen, die eine enge Bindung an den inländischen Betrieb erzeugt (vgl. zB Reiseführer eines inländischen Reiseunternehmens, BAG 7. 12. 89 AP Nr. 27 zu Internat. Privatrecht, Arbeitsrecht). Das gilt selbst dann, wenn von vornherein der ArbN dauerhaft nur im Ausland 26 eingesetzt werden soll. Entscheidend ist, ob der ArbN auch im Ausland im Rahmen der **Zwecksetzung des inländischen Betriebs** tätig wird und den von dort ausgehenden **Weisungen** unterliegt (*Richardi* Einl. Rn 79; GK-*Franzen* Rn 17; ErfK/*Koch* Rn 4). Etwas anderes gilt auch nicht, wenn ArbN dem Betrieb noch nicht angehört haben und für einen befristeten Auslandseinsatz eingestellt werden (so aber BAG 21. 10. 80 AP Nr. 17 zu Internat. Privatrecht, Arbeitsrecht; ErfK/*Koch* Rn 4). Die dauerhafte Zuordnung zu einem inländischen Betrieb kann nicht davon abhängen, ob dort eine kurzfristige Einarbeitung stattgefunden hat. Nach $\S$ 14 Abs. 1 AÜG bleiben ArbN auch dann dem inländischen Betrieb zugeordnet, wenn dessen Inhaber sie an den Inhaber eines im Ausland liegenden Betriebs verleiht (BAG 22. 3. 00 AP Nr. 8 zu $\S$ 14 AÜG).

Die im Ausland tätigen Mitarbeiter inländischer Betriebe, auf die das BetrVG da- 27 nach anzuwenden ist, sind betriebsverfassungsrechtlich **den im Inland tätigen ArbN gleichgestellt**. Ihnen steht nach Maßgabe der $\S\S$ 7, 8 das aktive und passive Wahlrecht zu (BAG 27. 5. 81 AP Nr. 3 zu $\S$ 42 BetrVG 1972; 22. 3. 00 AP Nr. 8 zu $\S$ 14 AÜG; *Richardi* Einl. Rn 80; ErfK/*Koch* Rn 4; vgl. auch $\S$ 7 Rn 16); sie können an BetrVerslg. teilnehmen (vgl. $\S$ 42 Rn 14).

Dem BR eines inländischen Betriebs stehen für diese ArbN die **MBR in perso-** 28 **nellen Angelegenheiten** und in den **sozialen Angelegenheiten** zu, die sich auf einzelne ArbN auswirken können. Das gilt etwa für Kündigungen (BAG 7. 12. 89 AP Nr. 27 zu Internat. Privatrecht, Arbeitsrecht) und für Versetzungen iSv. $\S$ 95 Abs. 3 (BAG 18. 2. 86 AP Nr. 33 zu $\S$ 99 BetrVG 1972). Die ArbN zählen bei der Berechnung der betriebsverfassungsrechtlichen Schwellenwerte mit. Bei der Ermittlung der Schwellenwerte des $\S$ 23 Abs. 1 KSchG zählen allerdings die im Ausland beschäftigten ArbN., deren ArbVerh nicht deutschem, sondern ausländischem Recht unterfallen, nicht mit (BAG 17. 1. 08 AP Nr. 40 zu $\S$ 23 KSchG 1969). Dies gilt selbst dann, wenn die ausländische Betriebsstätte mit der inländischen einen Gemeinschaftsbetrieb bildet (BAG 26. 3. 09 AP Nr. 45 zu $\S$ 23 KSchG 1969).

Die im Ausland tätigen zu einem inländischen Betrieb gehörenden ArbN werden 29 von **BV und Sozialplänen** erfasst (vgl. *Auffarth* FS *Hilger/Stumpf* S. 31).

c) Betriebsratstätigkeit im Ausland

Da der BR auch für die im Ausland tätigen ArbN des Betriebs zuständig ist, 30 kann er grundsätzlich auch im Ausland tätig werden. So kann ein BRMitgl. die im Ausland tätigen ArbN an ihrem Arbeitsplatz aufsuchen, wenn dies sachlich erforderlich ist (vgl. *B. Gaul* BB 90, 697). **BR-Sitzungen** im Ausland werden regelmäßig nicht erforderlich sein. **TeilBetrVerslg.** im Ausland kommen dann in Betracht, wenn wegen der Eigenart des Betriebs eine VollVerslg. aller ArbN des Betriebs nicht durchgeführt werden kann (vgl. $\S$ 42 Rn 55). Es ist zweckmäßig, den im Ausland tätigen ArbN ein Forum der Aussprache zu eröffnen (*DKKW-Trümner* Rn 26; GK-*Franzen* Rn 12; LAG Hamm 12. 3. 80 DB 80, 1030; **aA aber** BAG 27. 5. 82 AP Nr. 3 zu $\S$ 42 BetrVG 1972 mit kr. Anm. *Beitzke*; vgl. auch $\S$ 42 Rn 55). Andernfalls käme nur eine evtl. kostspielige Teilnahme an BetrVerslg des inländischen Betriebs in Betracht. Der BR wird allerdings die Gründe für eine TeilBetrVerslg im Ausland sorgfältig zu prüfen haben (*Lunk* S. 212). Jedenfalls darf er am ausländischen Arbeitsort **Sprechstunden** einrichten (*DKKW-Trümner* Rn 26).

2. Persönlicher Geltungsbereich

31   Das BetrVG gilt für alle **ArbN** iSd. § 5. Die frühere Unterscheidung zwischen Arbeitern und Angestellten ist entfallen (zum ArbNBegriff vgl. § 5 Rn 15 ff.). Zu den ArbN gehören nach § 5 Abs. 1 S. 1 auch die ArbN im **Außendienst** und die ArbN, die mit **Telearbeit** beschäftigt werden (vgl. § 5 Rn 186 ff., 193 ff.). Gleiches gilt nach § 5 Abs. 1 S. 2 für die in **Heimarbeit** Beschäftigten, die in der Hauptsache für den Betrieb arbeiten. Einige Bestimmungen des BetrVG gelten nach § 14 Abs. 2 und 3 AÜG auch für **LeihArbN**, die im Betrieb des Entleihers tätig werden. Nach § 7 sind LeihArbN wahlberechtigt, wenn sie länger als drei Monate im Betrieb eingesetzt werden (vgl. § 7 Rn 37). Sog. **Ein–Euro–Jobber** sind keine ArbN iSd. BetrVG (vgl. § 5 Rn 154; *Engels* NZA 07, 8). Für Streitigkeiten zwischen ihnen und privaten Leistungserbringern sind die SozG zuständig (BAG 8. 11. 06 AP Nr. 89 zu § 2 ArbGG 1979). Bei der Beschäftigung von Ein-Euro-Jobbern hat der BR allerdings ein MBR nach § 99 Abs. 1 S. 1 (BAG 2. 10. 07 AP Nr. 54 zu § 99 BetrVG 1972 Einstellung). Gleiches kann unter bestimmten Voraussetzungen für ArbN von Fremdfirmen gelten (vgl. § 99 Rn 58). Nach dem durch Art. 9 des Gesetzes zur Errichtung eines Bundesaufsichtsamtes für Flugsicherung und zur Änderung und Anpassung weiterer Vorschriften vom 29. 7. 09 (BGBl. I, 2424) neu eingefügten § 5 Abs. 1 S. 3 gelten als ArbN iSd. des BetrVG auch **Beamte** und **Soldaten** sowie **ArbN eines öffentlichen Dienstherrn,** die in Betrieben privatrechtlich organisierter Unternehmen tätig sind (vgl. dazu BAG 15. 12. 11 – 7 ABR 65/10 – PM Nr. 95/11).

3. Gegenständlicher Geltungsbereich

32   Das BetrVG gilt für alle **Betriebe der Privatwirtschaft.** Ein Betrieb gehört zur Privatwirtschaft, wenn sein Inhaber dem Privatrecht zuzuordnen ist. Ist der Inhaber eine juristische Person des öffentlichen Rechts, finden die PersVG des Bundes und der Länder Anwendung (vgl. § 130). Für einige Betriebe der Privatwirtschaft gelten besondere Bestimmungen, zB Luftfahrt und Seeschifffahrt. Zur Anwendbarkeit des BetrVG auf Betriebe der Bahn und Post vgl. Rn 38 ff. und 45 ff. Mit der durch Art. 9 des Gesetzes zur Errichtung eines Bundesaufsichtsamtes für Flugsicherung und zur Änderung und Anpassung weiterer Vorschriften vom 29. 7. 09 (BGBl. I, S. 2424) neu in das BetrVG eingefügten Regelung des § 5 Abs. 1 S. 3 ist nun bestimmt, dass als ArbN iSd. BetrVG auch Beamte und Soldaten sowie ArbN eines öffentlichen Dienstherrn gelten, die in Betrieben privatrechtlich organisierter Unternehmen tätig sind (vgl. § 5 Rn 318 ff., BAG 15. 12. 11 – 7 ABR 65/10 – PM Nr. 95/11). Die generalisierende Regelung geht auf einen Wunsch des Bundesrats vom 26. 4. 2006 zurück (vgl. BT-Ds. 16/1336 S. 22; 16/11 608 S. 43). Rechtstechnisch handelt es sich um eine unwiderlegbare Fiktion (ErfK/*Koch* § 5 Rn 3 a). Nach den allgemeinen für Normenkonkurrenzen geltenden Grundsätzen dürften die Regelungen im DBGrG (vgl. Rn 44), im PostPersRG (vgl. Rn 47 ff.), im BwKoopG (vgl. Rn 56 a), im BWpVerwPG (vgl. Rn 56 b), im BAFlSBAÜbnG (vgl. Rn 56 c) und im BfAIPG (vgl. Rn 56 d) als speziellere Regelungen der generellen – wenngleich späteren – Regelung in § 5 Abs. 1 S. 3 grundsätzlich vorgehen (vgl. zum BwKoopG BAG 4. 5. 11 – 7 ABR 3/10 –; ferner ErfK/*Koch* § 5 Rn 3 a; *Heise/Fedder* NZA 09, 1069; vgl. aber auch *Thüsing* BB 09, 2036). Jedenfalls aufgrund der Neu-Regelung sind nun die in privaten Betrieben beschäftigten Beamten, Soldaten und ArbN des öffentlichen Dienstes bei den Schwellenwerten des BetrVG, insb. etwa in §§ 9, 38 Abs. 1, aber wohl auch in §§ 95 Abs. 2 S. 1, 99 Abs. 1 S. 1, 106 Abs. 1 S. 1, 112 Abs. 1 S. 1 und 2, zu berücksichtigen (vgl. BAG 15. 12. 11 – 7 ABR 65/10 – PM Nr. 95/11; ErfK/*Koch* § 5 Rn 3 a; *Thüsing* BB 09, 2036; wohl auch *Heise/Fedder* NZA 09, 1069; **aA** *Löwisch* BB 09, 2316). Möglicherweise kann die Regelung auch Anlass zur Überprüfung der Rspr. zur Berücksichtigung von LeihArbN (vgl. zuletzt BAG 15. 3. 06 –

7 ABR 39/05 –) sein (ErfK/*Koch* § 5 Rn 3a). Die Beschäftigung von Beamten und ArbN des öffentlichen Dienstes in Betrieben privatrechtlich organisierter Unternehmen kann insb. auf einer Zuweisung nach § 123a Abs. 2 BRRG beruhen. Die Bestimmung eröffnet dem Dienstherrn die Möglichkeit, einen Beamten unter bestimmten Voraussetzungen eine Tätigkeit in einer privatisierten Einrichtung zuzuweisen. Die Zuweisung kann allerdings grundsätzlich nur im Einvernehmen mit der aufnehmenden Einrichtung vorgenommen werden. Bei dem Einsatz handelt es sich für die privatisierte Einrichtung um eine Einstellung iSv. § 99 Abs. 1 S. 1 (BAG 23. 6. 09 – 1 ABR 30/08 – NZA 09, 1162). Auf Tendenzbetriebe findet das BetrVG gemäß § 118 Abs. 1 nur mit Einschränkungen Anwendung.

a) Öffentlicher Dienst

Nicht dem BetrVG, sondern den PersVG des Bundes bzw. der Länder unterliegen **33** gemäß § 130 die Verwaltungen und Betriebe der öffentlichen Hand (vgl. § 130 Rn 2–6). Zur Privatisierung der Deutschen Bundesbahn, der Deutschen Reichsbahn und der Post sowie einiger Stellen des Bundes vgl. Rn 38ff., 45ff., 56a–k. Zur Einbeziehung von in privaten Betrieben eingesetzten Beamten, Soldaten und ArbN des öffentlichen Dienstes in die Betriebsverfassung durch § 5 Abs. 1 S. 3 vgl. Rn 32. Das BPersVG enthält über die genannten Bereiche hinaus auch in den §§ 85–92 Sonderregelungen für bundesunmittelbare Körperschaften und Anstalten des öffentl. Rechts sowie den Bundesgrenzschutz, den Bundesnachrichtendienst und das Bundesamt für Verfassungsschutz. Wegen der **Beteiligung der Soldaten** vgl. SoldatenbeteiligungsG. Wegen des **Vertrauensmanns der Zivildienstleistenden** vgl. § 37 Abs. 1 bis 3 des Zivildienstgesetzes und das ZivildienstvertrauensmannG (ZDVG). Für die **Richtervertretungen** gelten das Deutsche Richtergesetz (DRiG) und die RiG der Bundesländer.

b) Religionsgemeinschaften

Für **Religionsgesellschaften,** die Körperschaften des öffentlichen Rechts sind, **34** gilt das BetrVG schon nach § 130 nicht. Das gilt auch für wirtschaftliche Einrichtungen der Körperschaften des öffentlichen Rechts, zB Klosterbrauerei eines Ordens (BAG 30. 7. 87 AP Nr. 3 zu § 130 BetrVG 1972). Auch auf privatrechtlich organisierte Religionsgemeinschaften und deren karitative und erzieherische Einrichtungen findet das BetrVG nach § 118 Abs. 2 keine Anwendung.

c) Fremde Streitkräfte

Auf die **ArbN** bei den **alliierten Streitkräften der NATO-Staaten** findet **35** grundsätzlich das BPersVG Anwendung (vgl. § 130 Rn 8). Die darin vorgesehenen MBR gelten nur nach Maßgabe des **Abs. 6a des Unterzeichnungsprotokolls (UP) zu Art. 56 Abs. 9 Zusatzabkommen Natotruppenstatut (ZA-NTS).** Bei Streitigkeiten zwischen der Betriebsvertr. und den Dienststellen der alliierten Streitkräfte ist die Bundesrepublik Deutschland im Namen der Dienststelle im Wege der gewillkürten Prozessstandschaft am Verf. beteiligt (BAG 7. 11 2000 AP Nr. 22 zu Art. 56 ZA-NTS). Zur Mitbestimmung vgl. zuletzt BAG 11. 12. 07 AP Nr. 86 zu § 75 BPersVG.

d) Luftfahrt

Für Landbetriebe von **Luftfahrtunternehmen** gilt gem. § 117 Abs. 1 das G ohne **36** Einschränkung. Dagegen sieht § 117 Abs. 2 für die im **Flugbetrieb** beschäftigten ArbN der Luftfahrtunternehmen die Errichtung einer besonderen Vertretung durch **TV** vor (vgl. dazu näher **§ 117 Rn 3ff.**).

e) Seeschifffahrt

37   §§ 114–116 enthalten **Sonderregelungen** für die Betriebsvertr. in Seeschifffahrtsunternehmen **(Bordvertr., SeeBR)**. Die Beteiligungsrechte der §§ 74–113 gelten
grundsätzlich auch hier und werden teils von den Bordvertr., teils vom SeeBR wahrgenommen. Es gibt eine **besondere WO** (Wahlordnung Seeschifffahrt – WOS –).

f) Bundesbahn

38   Das BetrVG gilt nach der Umwandlung der Deutschen Bundesbahn und der
Deutschen Reichsbahn in eine AG auch für die **Mitarbeiter der Deutsche Bahn
Aktiengesellschaft** (vgl. dazu *Engels/Mauß-Trebinger* RdA 97, 217; *C. Meyer* RdA
01, 157).

39   Die Umwandlung vollzog sich in mehreren Stufen. Die früheren Sondervermögen
der Deutschen Bundesbahn (DB) und der Deutschen Reichsbahn (DR) wurden
durch das Gesetz zur Neuordnung des Eisenbahnwesens (ENeuOG, BGBl. I 1993,
S. 2378 ff.) zu einem nicht rechtsfähigen Sondervermögen des Bundes, dem Bundeseisenbahnvermögen (BEV), zusammengefasst. Anschließend wurde der unternehmerische Bereich aus dem BEV ausgegliedert und in eine AG, die Deutsche Bahn Aktiengesellschaft **(DBAG) umgewandelt** (Gesetz über die Gründung einer Deutsche
Bahn Aktiengesellschaft – DBGrG vom 21. 12. 1993, BGBl. I S. 2386). Die hoheitlichen Aufgaben wurden einem Eisenbahnbundesamt übertragen. Die **Strukturreform**
trat am 1. 1. 1994 in Kraft.

40   Das bei DB und DR beschäftigte **Personal** wurde **auf die DBAG übergeleitet.**
Das gilt uneingeschränkt für die ArbN (Arb., Ang. und Auszubildende) der früheren
DB und DR (§ 14 DBGrG). Die bei diesen Dienststellen oder Teilen von Dienststellen bestehenden Arbeits- und Ausbildungsverhältnisse gingen auf die DBAG als neu-
en ArbGeb. über. Dazu wurde eine Liste der Dienststellen oder Teile einer Dienststelle erstellt, die als Betriebe oder Betriebsteile iSd. § 613a BGB auf die DBAG
übergehen. Diese trat in die Arbeits- und Ausbildungsverhältnisse ein, die den aufgeführten Einrichtungen zuzuordnen waren (vgl. *Engels/Müller/Mauß* DB 94, 475).

41   Besonderheiten ergeben sich für die früher bei der Deutschen Bundesbahn und
dem Nachfolgevermögen BEV beschäftigten **Beamten.** Die DBAG kann als juristische Person des Privatrechts keine Beamten beschäftigen. Die Beamten können auf
ihren Status verzichten und ArbN der DBAG werden. Falls das nicht geschieht, werden sie kraft Gesetzes unter Beibehaltung ihres Beamtenstatus der DBAG zugewiesen.
Die DBAG erhält bestimmte Befugnisse eines Dienstherrn (vgl. *Engels/Müller/Mauß*
DB 94, 473).

42   Durch besondere Bestimmungen wurde sichergestellt, dass TV und Dienstvereinbarungen bis zum Abschluss neuer Kollektivvereinbarungen auch weiterhin ihre
normative Wirkung behielten.

43   In den Fällen, in denen die Dienststellen ihre organisatorische Einheit beibehielten,
wurden die Einheiten zu Betrieben oder zu Betriebsteilen iSd. § 4 der DBAG. Für
die übrigen Fälle, in denen die organisatorische Einheit ehemaliger Dienststellen des
BEV verändert wurde, regelten die TVParteien durch TV die Einordnung in die
Organisationsstruktur des BetrVG.

44   Auch auf die der DBAG **zugewiesenen Beamten** findet das **BetrVG** Anwendung. Sie gelten nach § 19 DBGrG als ArbN der DBAG. Sie haben das aktive und
passive Wahlrecht und zählen als ArbN bei den Schwellenwerten des BetrVG (§§ 9,
38, 99, 100, 111) mit. Sie werden in allen sozialen Angelegenheiten von ihrem BR
vertreten. Nur für einige wenige personelle Einzelmaßnahmen muss zur Sicherung
des Beamtenstatus aus verfassungsrechtlichen Gründen das BEV als Dienstherr zuständig bleiben. Bei dieser Dienststelle wird eine besondere Vertr. der Beamten eingerichtet (vgl. Einzelheiten bei *Engels/Mauß-Trebinger* RdA 97, 217; *C. Meyer* RdA 01,
157).

g) Bundespost

Das BetrVG gilt – mit Sonderregelungen – auch für die Betriebe und Mitarbeiter   **45**
der früheren Deutschen Bundespost. Das Postwesen und die Telekommunikation
wurden durch das **Postneuordnungsgesetz – PTNeuOG** vom 14. 9. 1994 (BGBl. I,
2325) neu geordnet. Zuvor war die Deutsche Bundespost ein Sondervermögen des
Bundes. Dieses Sondervermögen bestand aus Teilsondervermögen der Unternehmensbereiche der Deutschen Bundespost, nämlich der „Deutschen Bundespost POST-
DIENST", der „Deutsche Bundespost POSTBANK" und der „Deutsche Bundespost
TELEKOM". Diese Unternehmen der Deutschen Bundespost wurden in **Aktiengesellschaften** umgewandelt. Die AG sind Rechtsnachfolger des Sondervermögens
Deutsche Bundespost (§§ 1, 2 des Gesetzes zur Umwandlung der Unternehmen der
Deutschen Bundespost in die Rechtsform der AG = Postumwandlungsgesetz – PostumwG, Art. 3 des PTNeuOG). Sie erhielten bei ihrer Gründung die Namen **„Deutsche Post AG"**, **„Deutsche Postbank AG"** und **„Deutsche Telekom AG"**. Die
AG sind juristische Personen des Privatrechts. Auf sie und ihre Mitarbeiter ist das
BetrVG anzuwenden. Vgl. zu Fragen der Betriebsverfassung in den privatisierten Unternehmen der Post *Engels/Mauß-Trebinger* RdA 97, 217 und *Engels* AuR 09, 65,
74 ff.

Die Aufgaben, die sich für die Bundesrepublik Deutschland als Anteilseignerin an   **46**
den AG ergeben, werden durch die neu geschaffene „Bundesanstalt für Post und Telekommunikation Deutsche Bundespost" wahrgenommen. Diese Anstalt ist rechtsfähige Anstalt des öffentlichen Rechts (§ 1 des Gesetzes über die Errichtung einer
Bundesanstalt für Post und Telekommunikation Deutsche Bundespost – Bundesanstalt
Post-Gesetz = BAPostG, Art. 1 des PTNeuOG). Die §§ 11 ff. BAPostG (aF), welche
die Aufgabenwahrnehmung der BA Post für die drei AG vorsahen, wurden durch
Art. 1 Nr. 12 des Gesetzes zur Reorganisation der Bundesanstalt für Post und Telekommunikation Deutsche Bundespost und zur Änderung anderer Gesetze vom 14. 9.
05 (BGBl. I S. 2746) aufgehoben.

Die Umwandlung des Sondervermögens in AG und die Schaffung der BA mach-   **47**
ten umfangreiche Regelungen zum **Dienst- und Arbeitsrecht** der bei der **früheren Deutschen Bundespost** tätigen Mitarbeiter erforderlich. Diese Regelungen
enthält das Gesetz zum Personalrecht der Beschäftigten der früheren Deutschen Bundespost (Postpersonalrechtsgesetz – **PostPersRG** = Art. 4 des PTNeuOG). Durch
das Erste Gesetz zur Änderung des PostPersRG vom 9. 11. 04 (BGBl. I S. 2774) hat
das PostPersRG einige nicht unwesentliche Änderungen erfahren (vgl. dazu die Ausführungshinweise des Bundesministeriums der Finanzen vom 12. 11. 04, wiedergegeben in ZBVR 04, 258 ff. und *Stiller* ZBVR 04, 236 ff.; weitere – im Wesentlichen
redaktionelle – Änderungen brachte Art. 2 des Gesetzes zur Reorganisation der BA
Post, vgl. Rn 46).

Beamte der Deutschen Bundespost werden bei der AG beschäftigt, die den bishe-   **48**
rigen Unternehmensbereich übernommen hat, in dem die Beamten tätig waren (§ 2
PostPersRG). Die Beamten behalten gem. § 2 PostPersRG den Status von Bundesbeamten. Auf sie finden die für Bundesbeamte allgemein geltenden Vorschriften Anwendung. Die AG nimmt ihnen gegenüber die dem Bund als Dienstherrn obliegenden Rechte und Pflichten wahr (vgl. BAG 10. 12. 02 AP Nr. 42 zu § 95 BetrVG
1972). Nach § 4 Abs. 3 PostPersRG können sich die Beamten zur Wahrnehmung
einer arbeitsvertraglichen Tätigkeit bei diesen Unternehmen zeitweilig von ihren
Dienstpflichten beurlauben lassen. Da die Zeiten dieser sog. In-Sich-Beurlaubungen
ruhegehaltsfähig und die als ArbN beschäftigten Beamten von der Beamten-, Kranken- und Arbeitslosenversicherung befreit sind, erzielen sie ein höheres Nettoentgelt
als vergleichbare ArbN und nicht beurlaubte Beamte. Die In-Sich-Beurlaubung nach
§ 4 Abs. 3 PostPersRG ist weder nach § 87 Abs. 1 Nr. 5 noch nach § 87 Abs. 1
Nr. 10 mitbestimmungspflichtig. Die Aufstellung von Kriterien für die Auswahl der
zu beurlaubenden Beamten ist aber nach § 95 Abs. 1 mitbestimmungspflichtig. Es

handelt sich dabei um Richtlinien über die personelle Auswahl bei Umgruppierungen (BAG 10. 12. 02 AP Nr. 42 zu § 95 BetrVG 1972). Durch den neu eingefügten § 4 Abs. 4 S. 2 PostPersRG ist nun auch die Möglichkeit eröffnet worden, einem Beamten auch ohne seine Zustimmung dauerhaft eine seinem Amt entsprechende Tätigkeit bei einem Tochter- oder Enkelunternehmen der Postnachfolgeunternehmen zuzuweisen, wenn die AG hieran ein dringendes betriebliches Interesse hat und die Zuweisung nach allgemeinen beamtenrechtlichen Grundsätzen zumutbar ist. Etwas umstritten ist, ob diese Regelung mit Art. 143b Abs. 3 GG vereinbar ist (vgl. *Stiller* ZBVR 04, 236).

49   Die **Arbeitsverhältnisse** der bei der Deutschen Bundespost beschäftigten ArbN gingen auf die drei AG über. Diese traten nach § 21 PostPersRG in die Rechte und Pflichten der mit den Unternehmen der Deutschen Bundespost geschlossenen ArbVerh. ein. Die in den früheren Unternehmen der Deutschen Bundespost im Zeitpunkt der Eintragung der AG in das Handelsregister geltenden TV gelten nach § 21 Abs. 2 PostPersRG bis zum Abschluss neuer TV weiter. Die Kündigung eines ArbVerh. wegen des Übergangs des Betriebs oder eines Betriebsteils ist nach § 22 PostPersRG unzulässig.

50   In den neuen AG findet gem. § 24 Abs. 1 PostPersRG das **BetrVG Anwendung,** soweit im PostPersRG nichts anderes bestimmt ist (vgl. BAG 10. 12. 02 AP Nr. 42 zu § 95 BetrVG 1972; *Engels/Mauß-Trebinger* RdA 97, 217). Die bei den AG beschäftigten **Beamten gelten** gem. § 24 Abs. 2 PostPersRG für die Anwendung des BetrVG **als ArbN.** Nach dem neu eingefügten § 24 Abs. 3 S. 1 PostPersRG gilt dies auch für die Beamten, denen nach § 4 Abs. 4 S. 1–3 PostPersRG eine Tätigkeit bei einem Tochter- oder Enkelunternehmen zugewiesen wird. Damit wird sichergestellt, dass die zugewiesenen Beamten in diesem Unternehmen grundsätzlich dieselbe kollektivrechtliche Stellung erhalten wie dessen übrige ArbN (*Stiller* ZBVR 04, 236, 237). Eine Zuordnung zu den Gruppen der Arbeiter und der Angestellten findet nicht mehr statt. Nur Beamte in der Funktion von leitenden Ang. iSd. § 5 Abs. 3 werden wie solche behandelt (vgl. § 5 Rn 367).

51   Die früheren Beamten der Deutschen Bundespost erhalten jedoch in bestimmtem Umfang betriebsverfassungsrechtlich einen **Sonderstatus.** Auf die Betriebe der drei AG sind die Vorschriften des BetrVG mit den folgenden Abweichungen anzuwenden.

52   Der Sonderstatus wirkt sich bei der **Wahl des BR** aus (§ 26 PostPersRG). Die bei den AG beschäftigten Beamten bilden bei der Wahl zum BR **eine eigene Gruppe,** es sei denn, dass die Mehrheit der Beamten vor der Wahl in geheimer Abstimmung hierauf verzichtet. Die auf die Gruppe der Beamten entfallenden Sitze werden entspr. dem zahlenmäßigen Verhältnis der Gruppen der Beamten und der übrigen ArbN untereinander ermittelt (vgl. zu den Einzelheiten § 14 Rn 85ff.). Die Geschlechterquote des § 15 Abs. 2 ist zu wahren. In Betrieben, in denen Beamte beschäftigt werden, muss dem. § 26 Nr. 6 PostPersRG ein Beamter angehören (vgl. § 16 Rn 32). Beim Ausscheiden eines Vertr. der Beamten aus dem BR rückt ein Ersatzmitgl. aus dieser Gruppe nach. Das Gleiche gilt für die Stellvertr. eines zeitweilig verhinderten Vertr. der Beamten (§ 26 PostPersRG). § 27 PostPersRG, der die Mitwirkung der Beamten in den Gruppen von Arb. und Ang. vorsah, ist wegen des Wegfalls des Gruppenprinzips aufgehoben.

53   Die Beteiligungsrechte des BR richten sich auch in Angelegenheiten der Beamten gem. § 24 Abs. 1 PostPersRG grundsätzlich nach dem BetrVG. Der **BR** hat daher **grundsätzlich als gesamtes Gremium zu beraten und zu beschließen,** auch wenn die Angelegenheit überwiegend oder ausschließlich Beamte betrifft. Eine wichtige **Ausnahme** von diesem Grundsatz macht jedoch § 28 PostPersRG. Danach sind in den dort genannten Angelegenheiten der Beamten – insb. auch nach § 76 Abs. 1 BPersVG – nach gemeinsamer Beratung im gesamten Gremium nur die Vertr. der Beamten zur Beschlussfassung berufen. In den Angelegenheiten des § 76 Abs. 1 BPersVG richtet sich sodann gem. § 29 PostPersRG das weitere Verf. nach § 77 BPersVG. Verweigert der BR gem. § 77 Abs. 2 BPersVG seine Zustimmung, sind für

die daraus folgenden Streitigkeiten der Betriebsparteien gem. § 29 Abs. 9 PostPersRG nicht die ArbG, sondern die VerwG zuständig (vgl. BAG 10. 12. 02 AP Nr. 42 zu § 95 BetrVG 1972). Bei Entscheidungen und Maßnahmen, welche die Beamten betreffen, denen nach § 4 Abs. 4 S. 1–3 PostPersRG eine Tätigkeit in einem Tochter- oder Enkelunternehmen zugewiesen ist, ist nach dem neu eingefügten § 28 Abs. 2 PostPersRG der bei der AG gebildete BR zu beteiligen und gleichzeitig der BR des Betriebs, in dem die zugewiesene Tätigkeit ausgeübt wird, zu unterrichten und ihm Gelegenheit zur Stellungnahme zu geben. Außerdem ist durch einen Einschub in § 28 PostPersRG dem BR der AG ausdrücklich ein Beteiligungsrecht bei Zuweisungen nach § 4 Abs. 4 S. 1–3 PostPersRG eingeräumt worden. Dessen Beschlussfassung erfolgt durch die Beamtenvertreter. Der BR des aufnehmenden Betriebs besitzt ein solches nach § 99 Abs. 1 (vgl. die Anlage 1 zu den Ausführungshinweisen des Bundesministeriums der Finanzen vom 12. 11. 04 ZBVR 04, 258, 260f.).

Weitere Sonderregelungen bestehen für die **Zusammensetzung und die Tätig-** 54 **keit des GesBR** (§ 32 PostPersRG). Wenn dem BR auch Vertr. der Beamten angehören, muss eines der entsandten Mitgl. des BR ein Vertr. der Beamten sein. Dieser Vertr. der Beamten kann nicht gegen die Mehrheit der Vertr. der Beamten im BR bestimmt werden (vgl. § 47 Rn 31). In den ausdrücklich aufgeführten Angelegenheiten der Beamten (§ 76 Abs. 1, § 78 Abs. 1 Nr. 3 bis 5 und § 79 Abs. 3 BPersVG) hat der Vertr. der Beamten im GesBR so viele Stimmen, wie in dem Betrieb, in dem er gewählt wurde, wahlberechtigte Beamte in der Wählerliste eingetragen sind.

Auch den nach § 55 in den **KBR** zu entsendenden Mitgl. des GesBR muss gem. 55 § 33 PostPersRG ein Vertr. der Beamten angehören. Dieser Vertr. kann nicht gegen die Mehrheit der Vertr. der Beamten im GesBR bestimmt werden (vgl. § 55 Rn 6). In den ausdrücklich aufgeführten Angelegenheiten des BPersVG (Rn 54) hat der Vertr. der Beamten im KBR so viele Stimmen, wie die Vertr. der Beamten im GesBR insgesamt Stimmen haben.

Die Überleitung der Beamten in die BetrVerf. hat auch **indirekte Auswirkun-** 56 **gen.** So können die **Berufsverbände der Beamten** die Rechte von **Gewerkschaften** in der BetrVerf. entsprechend wahrnehmen. Das gibt die Schutzfunktion vor, die diese Berufsverbände den Beamten gegenüber haben (vgl. § 2 Rn 34). Für die Mitgl. des BR, die auch Beteiligungsrechte nach dem BPersVG wahrzunehmen haben, können entsprechende **Schulungen** über dieses Rechtsgebiet nach § 37 Abs. 6 BetrVG erforderlich werden.

h) Kooperationsbetriebe nach dem BwKoopG

Wird Beamten, Soldaten oder ArbN des Geschäftsbereichs des Bundesministeriums 56a der Verteidigung unter Beibehaltung ihres Dienst- oder ArbVerh. zum Bund eine Tätigkeit in einem Wirtschaftsunternehmen zugewiesen, mit dem die Bundeswehr eine Kooperation eingegangen ist, so findet auf diese das **Gesetz zur Regelung von Rechtsfragen hinsichtlich der Rechtsstellung von Angehörigen der Bundeswehr bei Kooperationen zwischen der Bundeswehr und Wirtschaftsunternehmen** sowie zur Änderung besoldungs- und wehrsoldrechtlicher Vorschriften **(BwKoopG)** vom 30. 7. 04 (BGBl. I S. 2027) Anwendung (vgl. BAG 4. 5. 11 – 7 ABR 3/10 –; *Engels* ArbuR 09, 65, 75). Nach dessen §§ 2 bis 4 behalten sie grundsätzlich das aktive und passive Wahlrecht zum PersRat ihrer bisherigen Dienststelle. **Im Kooperationsbetrieb gelten sie** nach § 6 Abs. 1 BwKoopG für die Anwendung des BetrVG **als ArbN** und sind dort als solche aktiv und passiv wahlberechtigt. Die den Kooperationsbetrieben zugewiesenen Beamten und ArbN sind grundsätzlich in die Betriebsverfassung einzubeziehen (BAG 4. 5. 11 – 7 ABR 3/10 –). Soweit der Kooperationsbetrieb betriebsverfassungsrechtliche Pflichten deshalb nicht erfüllen kann, weil er nicht Dienstherr und ArbGeb. der überlassenen Personen ist, treffen diese Pflichten nach § 6 Abs. 3 BwKoopG die jeweilige (Stamm-)Dienststelle. Die grundsätzliche Geltung des BetrVG für zugewiesene Beamte und ArbN bedeutet nicht zwingend, dass

dem BR des Kooperationsbetriebs für diese Personengruppen uneingeschränkt alle
betriebsverfassungsrechtlichen MBR zukommen. Bestand und Umfang der betrieblichen Mitbestimmung richten sich nach dem Gegenstand und Zweck des jeweiligen
MBR. Versetzungen zugewiesener Beamter und ArbN innerhalb des Kooperationsbetriebs sind nach Gegenstand und Zweck des MBR nach § 99 Abs. 1 Satz 1 BetrVG
mitbestimmungspflichtig (BAG 4. 5. 11 – 7 ABR 3/10 –; **aA** *Lorse* PersV 10, 204).
Besteht im Kooperationsbetrieb noch kein BR, hat nach § 7 Abs. 1 und 3 BwKoopG
der PersRat der zuweisenden Dienststelle bis zu einer BRWahl, längstens aber für
zwölf Monate ein **Übergangsmandat.** Nach § 8 BwKoopG **gelten** die bisherigen
Dienstvereinbarungen im Kooperationsbetrieb für längstens zwölf Monate **als BV
weiter,** soweit sie nicht durch andere Regelungen ersetzt werden.

i) Bundesrepublik Deutschland-Finanzagentur GmbH und BWpVerwPG

56b   Nach § 1 des als Art. 2 des Gesetzes zur Modernisierung des Schuldenwesens des
Bundes (Bundesschuldenwesenmodernisierungsgesetz) vom 12. 7. 06 (BGBl. S. 1466)
beschlossenen, am 1. 8. 2006 in Kraft getretenen Gesetzes über das Personal der Bun-
deswertpapierverwaltung (Bundeswertpapierverwaltungspersonalgesetz – **BWpVerw-
PG**) wurden die Beamten und ArbN der Bundeswertpapierverwaltung ab dem 1. 8. 06
solche beim Bundesamt für zentrale Dienste und Vermögensfragen. Nach § 2 Abs. 1
BWpVerwPG wurden ihnen zugleich Tätigkeiten bei der – am 19. 9. 2000 gegründeten, zu 100% im Besitz der Bundesrepublik stehenden – BRD – Finanzagentur
GmbH zugewiesen (vgl. dazu *Engels* AuR 09, 65, 75). Nach § 2 Abs. 2 BWpVerw-
PG lässt diese Personalgestellung die bestehenden Dienst- und Arbeitsverhältnisse
zum Bund unberührt. Nach § 3 S. 1 BWpVerwPG hat die BRD – Finanzagentur
GmbH gegenüber den ihr zugewiesenen Beschäftigten die erforderlichen Entschei-
dungs- und Weisungsbefugnisse; die beamtenrechtlichen Dienstvorgesetztenbefugnis-
se liegen aber nach § 3 S. 2 BWpVerwPG beim Bundesamt für zentrale Dienste und
Vermögensfragen. Nach § 4 BWpVerwPG gelten die Beschäftigten iSd. BPersVG als
Beschäftigte des Bundesamtes für zentrale Dienste und Vermögensfragen. Zugleich
gelten sie aber nach § 5 Abs. 1 BWpVerwPG für die Anwendung des BetrVG und
des SprAuG – auch – als ArbN der BRD – Finanzagentur GmbH und sind als solche
aktiv und passiv wahlberechtigt. Nach § 5 Abs. 3 BWpVerwPG treffen Verpflichtungen nach dem BetrVG und dem SprAuG, welche die BRD – Finanzagentur GmbH
mangels Dienstherren- und ArbGebEigenschaft nicht erfüllen kann, das Bundesamt
für zentrale Dienste und Vermögensfragen. Ob der Personalrat beim Bundesamt für
zentrale Dienste und Vermögensfragen oder der BR der BRD – Finanzagentur
GmbH für die Wahrnehmung der Beteiligungsrechte zuständig ist, richtet sich gemäß
§ 6 Abs. 1 und 2 BWpVerwPG danach, ob die entsprechenden Entscheidungsbefugnisse
beim Bundesamt für zentrale Dienste und Vermögensfragen oder bei der BRD – Finanzagentur GmbH liegen. § 8 BWpVerwPG enthält Übergangsvorschriften bis zur unverzüglich durchzuführenden Neuwahl eines BR bei der BRD – Finanzagentur GmbH.
Nach § 9 BWpVerwPG galten am 31. 7. 06 bestehende Dienstvereinbarungen für
längstens 12 Monate als BV fort.

j) DFS Deutsche Flugsicherung GmbH

56c   Durch den ab dem 4. 8. 09 gültigen § 31b des LuftVG idF vom 29. 7. 09 wurde
das Bundesministerium für Verkehr, Bau und Stadtentwicklung ermächtigt, durch
Rechtsverordnung eine GmbH, deren Anteile ausschließlich vom Bund gehalten
werden, mit der Wahrnehmung von in § 27c LuftVG genannten Aufgaben der Flugsicherung zu beauftragen (Flugsicherungsorganisation). Nach § 1 Abs. 1 S. 1 des Gesetzes zur Übernahme der Beamten und ArbN der Bundesanstalt für Flugsicherung
vom 23. 7. 92 (BAFlSBAÜbnG), zuletzt geändert durch das Art. 8 des Gesetzes zur
Errichtung eines Bundesaufsichtsamts für Flugsicherung und zur Änderung und Anpassung weiterer Vorschriften vom 29. 7. 07 (BGBl. I, S. 2424) sind die vormaligen

Beamten und ArbN bei der Bundesanstalt für Flugsicherung nunmehr Beamte und ArbN beim Luftfahrtbundesamt und nehmen Aufgaben in der DFS Deutsche Flugsicherung GmbH wahr. Soweit sie in der DFS Deutsche Flugsicherung GmbH beschäftigt sind, gelten sie nach § 4 Abs. 2 S. 1 BAFlSBAÜbnG als ArbN der DFS Deutsche Flugsicherung GmbH und sind als solche aktiv und passiv wahlberechtigt. Dies deckt sich mit der durch Art. 9 des Gesetzes zur Errichtung eines Bundesaufsichtsamts für Flugsicherung und zur Änderung und Anpassung weiterer Vorschriften vom 29. 7. 07 (BGBl. I, S. 2424) als § 5 Abs. 1 S. 3 in das BetrVG neu eingefügten generellen Regelung.

k) Germany Trade and Invest – Gesellschaft für Außenwirtschaft und Standortmarketing GmbH

Nach § 1 des Gesetzes über das Personal der Bundesagentur für Außenwirtschaft **56d** (BfAIPG) vom 8. 12. 08 (BGBl. I, S. 2370) sind die Beamten und ArbN der Bundesagentur für Außenwirtschaft seit dem 1. 1. 09 solche bei dem Bundesamt für Wirtschaft und Ausfuhrkontrolle. Seit demselben Zeitpunkt sind ihnen nach § 2 Abs. 1 S. 1 BfAIPG Tätigkeiten bei der Germany Trade and Invest – Gesellschaft für Außenwirtschaft und Standortmarketing mbH zugewiesen. Nach § 2 Abs. 2 BfAIPG lässt diese Zuweisung die bestehende Dienst- und Arbeitsverhältnisse mit dem Bund unberührt. Nach § 5 Abs. 1 BfAIPG gelten diese Beschäftigten für die Anwendung des BetrVG als ArbN der Germany Trade and Invest – Gesellschaft für Außenwirtschaft und Standortmarketing mbH und sind als solche aktiv und passiv wahlberechtigt. Nach § 6 Abs. 1 BfAIPG ist der Personalrat des Bundesamts für Wirtschaft und Ausfuhrkontrolle für diejenigen Personalangelegenheiten nach dem BPersVG zuständig, über die das Bundesamt für Wirtschaft und Ausfuhrkontrolle zu entscheiden hat. In Angelegenheiten, in denen die Germany Trade and Invest – Gesellschaft für Außenwirtschaft und Standortmarketing mbH entscheidet, werden gemäß § 6 Abs. 2 BfAIPG die Beteiligungsrechte nach dem BetrVG von deren BR wahrgenommen. § 8 BfAIPG enthält Übergangsregelungen. Nach § 9 S. 1 BfAIPG gelten die in der Bundesagentur für Außenwirtschaft am 31. 12. 08 bestehenden Dienstvereinbarungen für deren bisherige Beschäftigte bei der Germany Trade and Invest – Gesellschaft für Außenwirtschaft und Standortmarketing mbH für längstens 12 Monate als BV fort und werden nicht durch etwa bereits bei der Germany Trade and Invest – Gesellschaft für Außenwirtschaft und Standortmarketing mbH bestehende BV über den gleichen Regelungsgegenstand verdrängt.

l) Energieversorgungsunternehmen iSd. EnWG

Ua. auch betriebsverfassungsrechtliche Auswirkungen hat jedenfalls mittelbar das **56e** als Art. 1 des Zweiten Gesetzes zur Neuregelung des Energiewirtschaftsrechts vom 7. 7. 05 (BGBl. I S. 1970) beschlossene, am 13. 7. 05 in Kraft getretene Gesetz über die Elektrizitäts- und Gasversorgung (Energiewirtschaftsgesetz – **EnWG**). Es dient der Umsetzung der Richtlinien 2003/54/EG und 2003/55/EG vom 26. 6. 03. Diese sehen im Interesse eines funktionierenden, transparenten Wettbewerbs im Bereich der Energieversorgung die Entflechtung vom Netzgeschäft einerseits sowie der Erzeugung und dem Vertrieb andererseits vor (sog. **legal unbundling**, vgl. dazu *Säcker* DB 04, 691; *Bachner* dbr 8/2005 S. 13 ff.; *Seitz/Werner* BB 05, 1961; *Trenkle* AiB 05, 13; *Büdenbender* RdA 06, 193). Dementsprechend müssen die Energieversorgungsunternehmen nach § 6 Abs. 1 S. 2 EnWG für die Unabhängigkeit der Netzbetreiber von anderen Tätigkeitsbereichen der Energieversorgung sorgen. Nach § 7 Abs. 1 EnWG sind sie zur **rechtlichen** sowie nach § 8 Abs. 1 EnWG zur **operationellen Entflechtung** verpflichtet. Hierzu haben sie die Unabhängigkeit hinsichtlich der Organisation, der Entscheidungsgewalt und der Ausübung des Netzgeschäfts sicherzustellen.

Zur Entflechtung stehen **mehrere Modelle** zur Verfügung (vgl. insb. *Säcker* DB 04, 691; *Bachner* dbr 8/2005 S. 13 ff.). Naheliegend ist insb. eine der in § **123 UmwG** vorgesehenen Möglichkeiten der Spaltung (vgl. dazu Rn 160 ff.). Um der Verpflichtung zur organisatorischen Entflechtung zu genügen, wird regelmäßig eine organisatorische Trennung auf betrieblicher Ebene unvermeidlich sein. Dabei kann die **Zuordnung der ArbN** zu den neu entstehenden Betrieben oder Betriebsteilen Schwierigkeiten bereiten (vgl. *Trenkle* AiB 05, 13, 14; *Säcker* DB 04, 691, 692; *Bachner* dbr 8/2005 S. 13, 14). Eine aus diesem Anlass in einem Interessenausgleich vorgenommene Zuordnung kann nach § 323 Abs. 2 UmwG gerichtlich nur auf grobe Fehlerhaftigkeit überprüft werden (vgl. §§ 112, 112a Rn 94, 95). Der einzelne ArbN kann aber – jedenfalls im Falle der Abspaltung (§ 123 Abs. 2 UmwG) und der Ausgliederung (§ 123 Abs. 3 UmwG) – gemäß § **613a Abs. 6 BGB** dem Übergang seines ArbVerh. auf einen neuen Inhaber des bisherigen Betriebs oder Betriebsteils widersprechen. Dieses Recht bleibt nach § 324 UmwG unberührt. Auch das EnWG steht ihm nicht entgegen (*Bachner* dbr 8/2005 S. 13, 14; *Seitz/Werner* BB 05, 1961, 1963; etwas unklar insoweit *Säcker* DB 04, 691, 693).

Umstritten ist, ob trotz der durch § 8 Abs. 1 EnWG vorgeschriebenen organisatorischen Entflechtung noch ein **gemeinsamer Betrieb** iSv. § 1 Abs. 1 S. 2 möglich ist. Die dafür erforderliche einheitliche Leitungsstruktur dürfte wohl nach § 8 Abs. 1 EnWG nicht mehr zulässig sein (ebenso *Bachner* dbr 8/2005 S. 13, 15 f.; *Trenkle* AiB 05, 13, 14 f.; **aA** *Seitz/Werner* BB 05, 1961, 1964). Immerhin ist nach Art. 10 Abs. 2 a der Richtlinie 2003/54/EG ein „Mindestkriterium" für die Entflechtung, dass „die für die Leitung des Übertragungsnetzbetreibers zuständigen Personen nicht betrieblichen Einrichtungen des integrierten Elektrizitätsunternehmen angehören, die direkt oder indirekt für den laufenden Betrieb in den Bereichen Elektrizitätserzeugung, -verteilung und -versorgung zuständig sind" (ebenso für Erdgasunternehmen Art. 13 Abs. 2a der Richtlinie 2003/55/EG). Vermeiden lässt sich die durch das EnWG veranlasste Spaltung der Belegschaft betriebsverfassungsrechtlich aber wohl durch einen **TV nach § 3 Abs. 1 Nr. 3** (vgl. *Bachner* dbr 8/2005 S. 13, 16; *Trenkle* AiB 05, 13, 15).

4. Tendenzbetriebe

57   Das Gesetz gilt für sog. „Tendenzbetriebe" (§ 118 Abs. 1) insoweit, als deren **Eigenart der Beteiligung des BR** nicht entgegensteht; die Anwendung der §§ 106–110 ist ausgeschlossen (Näheres vgl. § 118 Rn 43 ff.). Das BetrVG gilt nicht für Religionsgemeinschaften und ihre karitativen und erzieherischen Einrichtungen (§ 118 Abs. 2). Diese Einrichtungen gehören dann zu einer Religionsgemeinschaft, wenn diese ihre Vorstellungen über Erziehung und Caritas in der Einrichtung durchsetzen kann. Die Durchsetzungsmöglichkeiten können auf Satzungen (Statuten) oder personellen Verpflichtungen beruhen. Die Rechtsform der Einrichtung ist ohne Bedeutung (vgl. BAG 5. 10. 00, 31. 7. 02, 23. 10. 02 AP Nr. 69, 70, 72 zu § 118 BetrVG 1972).

III. Betrieb

1. Allgemeines

58   Das **BetrVG** bestimmt nicht den Begriff des Betriebs. Es setzt ihn vielmehr voraus und ordnet in § 1 nur an, dass in allen Betrieben – unter den genannten zahlenmäßigen Voraussetzungen – BR gewählt werden. Auch das BetrVerf-ReformG **hat auf eine Begriffsbestimmung** aus guten Gründen **verzichtet**. Die von Wissenschaft und Rspr. herausgearbeiteten Merkmale (vgl. Rn 63) führen auch unter veränderten wirtschaftlichen Organisationsformen zu brauchbaren Ergebnissen, wenn auch die

Bestimmung der organisatorischen Einheit „Betrieb" in vielen Fällen schwierig sein kann (vgl. *Heither,* JbArbR Bd 36 (1998), S. 37 ff.; zur Diskussion um den Betriebsbegriff vgl. *Däubler* ArbuR 01, 1; *Richardi/Annuß* DB 01, 41; *Richardi* NZA 01, 348; *Gamillscheg* ArbuR 01, 413).

Der Betrieb ist vom **Unternehmen** zu unterscheiden. Das Unternehmen ist der **59** Rechtsträger (vgl. Rn 144 ff.). Rechte und Pflichten können nur für einen und gegenüber einem Rechtsträger bestehen. Auch die ArbVerh. bestehen nicht zwischen ArbN und Betrieb, sondern zwischen ArbN und Unternehmen. Der Anknüpfungspunkt „Betrieb" für die Beteiligungsrechte der ArbN ist deshalb sinnvoll, weil nur so eine arbeitnehmernahe Gestaltung der Betriebsverfassung möglich ist (*Richardi* NZA 01, 348). Gibt es in einem Unternehmen mehrere Betriebe, sind in den Betrieben BR und auf der Unternehmensebene ein GesBR zu errichten.

§ 1 Abs. 1 S. 1 ist im Zusammenhang mit § 4 zu sehen. Danach gelten **Be-** **60** **triebsteile** unter bestimmten Voraussetzungen als selbständige Betriebe. Sie können einen eigenen BR wählen oder mit Stimmenmehrheit beschließen, an der Wahl des BR im Hauptbetrieb teilzunehmen (Einzelheiten vgl. § 4 Rn 7 ff.). **Kleinstbetriebe,** die die zahlenmäßigen Voraussetzungen des § 1 Abs. 1 S. 1 nicht erfüllen (vgl. Rn 287), sind zwar selbständige Betriebe. Sie sind aber gem. § 4 Abs. 2 dem Hauptbetrieb zuzuordnen mit der Folge, dass ihre ArbN den BR des Hauptbetriebs mit wählen und von diesem vertreten werden.

Die Abgrenzung der organisatorischen Einheit, in der ein BR zu wählen ist, hat **61** sich am **Zweck des BetrVG** zu orientieren, der auf die Beteiligung der ArbN an den sie betreffenden betrieblichen Entscheidungen gerichtet ist. Danach sollen möglichst alle ArbN durch BR vertreten werden. Andererseits muss der BR dort errichtet werden, wo die Entscheidungen des ArbGeb. fallen. Deshalb kommt es auf das Vorhandensein einer Leitungsmacht an (Rn 64).

Das BetrVG hat einen **eigenen Betriebsbegriff.** Definitionen aus anderen Rechts- **62** gebieten (Handels- und Wirtschaftsrecht, Sozialrecht, Steuerrecht) können nicht ohne weiteres herangezogen werden (*GK-Franzen* Rn 26; *ErfK/Koch* Rn 7; *Haase* NZA 1988 Beilage 3, S. 11). Selbst innerhalb des Arbeitsrechts ist der Betriebsbegriff nicht zwingend einheitlich. So können Bestimmungsversuche zu anderen Regelungsbereichen – wie etwa zu § 613 a BGB (vgl. dazu Rn 120 ff.) – nicht uneingeschränkt übernommen werden (vgl. *GK-Franzen* Rn 26). Auch können TV den Betriebsbegriff für ihren Anwendungsbereich selbständig festlegen (*ErfK/Koch* Rn 7). Die Begriffsbestimmung richtet sich nach dem Zweck der Regelung (vgl. *Richardi* Rn 19; *ErfK/Koch* Rn 8). Im BetrVG dient er der Gewährleistung einer sachgerechten Repräsentation der ArbN. Er beschreibt daher grundsätzlich die Einheit, in der die ArbN ihre Beteiligungsrechte gegenüber dem ArbGeb. sinnvoll wahrnehmen können (vgl. *ErfK/Koch* Rn 8).

Zu Recht haben daher Rspr. und Lehre (vgl. zuerst *Jacobi* FS *Ehrenberg* 1926 S. 9; **63** *ders.* Arbeitsrecht, S. 286) eine Begriffsbestimmung vorgenommen, die sich an Sinn und Zweck des BetrVG orientiert (zur Geschichte der Bemühungen um eine Definition vgl. *DKKW-Trümner* Rn 31 ff.). **Betrieb** iSd. BetrVG ist danach „die organisatorische Einheit, innerhalb derer ein ArbGeb. allein oder mit seinen ArbN mit Hilfe von technischen und immateriellen Mitteln bestimmte arbeitstechnische Zwecke fortgesetzt verfolgt" (BAG, st. Rspr., 9. 2. 00 – 7 ABR 21/98; 19. 2. 02, 21. 7. 04 AP Nr. 13, 15 zu § 4 BetrVG 1972; 31. 5. 00, 22. 10. 03, 11. 2. 04, 22. 6. 05 – AP Nr. 12, 21, 22, 23 zu § 1 BetrVG 1972 Gemeinsamer Betrieb; 17. 1. 07 – 7 ABR 63/05 – NZA 07, 703; 9. 12. 09 – 7 ABR 38/08 – NZA 10, 906; *Richardi* Rn 16; *GK-Franzen* Rn 28; *HSWGNR-Rose* Rn 8; *ErfK/Koch* Rn 7; *Hueck/Nipperdey* I S. 93; *Nikisch* I S. 150 ff.; **ablehnend** gegenüber der Rspr. und der herrschenden Meinung insb. *DKKW-Trümner* Rn 49 ff. sowie schon *Joost,* Betrieb und Unternehmen als Grundbegriffe im Arbeitsrecht, § 21, S. 333 f.). Der von Rspr. und Lehre entwickelte Begriff hat sich bis heute als leistungsfähig erwiesen, alle neuen Entwicklungen konnten erfasst werden (vgl. *Heither,* JbArbR Bd 36 (1998), S. 37 ff.). Neue

Versuche einer Begriffsbestimmung bringen keinen Zuwachs an Klarheit. Das BAG hält daher trotz mancher Kritik zu Recht an seiner Rspr. fest (vgl. insb. BAG 9. 2. 00 – 7 ABR 21/98; 17. 1. 07 – 7 ABR 63/05 – NZA 07, 703; 9. 12. 09 – 7 ABR 38/ 08 – NZA 10, 906).

64   Ein Betrieb liegt danach vor, wenn die in einer Arbeitsstätte vorhandenen materiellen **Betriebsmittel** für den oder die verfolgten arbeitstechnischen Zwecke zusammengefasst, geordnet und gezielt eingesetzt werden, und der Einsatz der menschlichen Arbeitskraft von einem einheitlichen **Leitungsapparat** gesteuert wird (vgl. insb. BAG 24. 1. 96 AP Nr. 8 zu § 1 BetrVG 1972 Gemeinsamer Betrieb; 18. 1. 90 AP Nr. 9 zu § 23 KSchG 1969; **abl.** *Joost* Betrieb und Unternehmen als Grundbegriffe im Arbeitsrecht, § 15 I 3, S. 241 ff., der allein auf die räumliche Verbundenheit abstellen will; kritisch auch *DKKW-Trümner* Rn 46, für den eine Kombination von organisations- und belegschaftsbezogenen Momenten maßgeblich ist; ähnlich *Richardi* Rn 20 und *WPK-Preis* Rn 24 ff.).

65   Die **Art des verfolgten Zweckes** (Produktion, Vertrieb, Verwaltung, Dienstleistungen) ist unerheblich (*Richardi* Rn 23; *GK-Franzen* Rn 28). Auch auf die **wirtschaftlichen Ziele des ArbGeb.** kommt es nicht an. Betriebe iSd. BetrVG können Produktionsbetriebe, Dienstleistungsbetriebe, Verwaltungen, Büros, Ladengeschäfte, Bühnen, Apotheken (BAG 5. 8. 65 AP Nr. 2 zu § 21 KSchG), fremdgenutzte Wohnanlagen mit mehreren Mietwohnungen und Hausmeistern (BAG 16. 10. 87 AP Nr. 69 zu § 613 a BGB), Kanzleien, Krankenhäuser, Orchester (vgl. BAG 21. 7. 04 AP Nr. 15 zu § 4 BetrVG 1972) ua. sein. **Familienhaushalte** sind keine Betriebe, da ihre arbeitstechnische Tätigkeit ausschließlich dem Eigenbedarf dient (GK-*Franzen* Rn 28).

66   Der Begriff des Betriebs ist ein **unbestimmter Rechtsbegriff.** Bei der Beurteilung, ob eine Organisationseinheit ein Betrieb, ein selbständiger oder ein unselbständiger Betriebsteil ist, hat in einem Rechtsstreit das Gericht der Tatsacheninstanz einen Beurteilungsspielraum. Die Würdigung durch das LAG ist vom BAG nur daraufhin überprüfbar, ob das LAG den Rechtsbegriff selbst verkannt, gegen Denkgesetze, anerkannte Auslegungsgrundsätze oder allgemeine Erfahrungssätze verstoßen oder wesentliche Umstände außer Acht gelassen hat (BAG 17. 1. 07 – 7 ABR 63/05 – NZA 07, 703; 9. 12. 09 – 7 ABR 38/08 – NZA 10, 906).

2. Abgrenzungsmerkmale im Einzelnen

67   Für die Abgrenzung der Organisationseinheit „Betrieb" kommt es entscheidend darauf an, dass eine **sachgerechte Wahrnehmung der Beteiligungsrechte des BR** gewährleistet ist (GK-*Franzen* Rn 35; *DKKW-Wedde* Einl. Rn 102; *WPK-Preis* Rn 25).

a) Einheitlicher Rechtsträger

68   **Inhaber des Betriebs** kann eine natürliche oder juristische Person oder eine Personengesamtheit sein (vgl. *Richardi* Rn 42; GK-*Franzen* Rn 37; *HSWGNR-Rose* Rn 24; BAG 5. 12. 75 AP Nr. 1 zu § 47 BetrVG 1972). Gem. § 1 Abs. 1 S. 2 können auch mehrere Unternehmen zusammen einen gemeinsamen Betrieb haben (vgl. Rn 78 ff.).

b) Arbeitstechnischer Zweck

69   In einem Betrieb können **mehrere arbeitstechnische Zwecke** verfolgt werden (BAG 14. 9. 88 AP Nr. 9 zu § 1 BetrVG 1972 mwN; *Richardi* Rn 24 f.; GK-*Franzen* Rn 38; *HSWGNRRose* Rn 27).

70   Ob **Hauptverwaltung** und **Produktionsstätte** einen Betrieb bilden, hängt von der einheitlichen oder getrennten Leitung in mitbestimmungspflichtigen Angelegenheiten ab (vgl. BAG 29. 5. 91 AP Nr. 5 zu § 4 BetrVG 1972; *Richardi* Rn 46).

c) Einheitliche Leitung

Entscheidendes Kriterium für einen Betrieb ist das Vorhandensein eines **einheit-** 71
lichen Leitungsapparats, durch den die in einer Arbeitsstätte vorhandenen materiellen und immateriellen Betriebsmittel gezielt eingesetzt werden und der Einsatz der menschlichen Arbeitskraft gesteuert wird (BAG 31. 5. 00 AP Nr. 12 zu § 1 BetrVG 1972 Gemeinsamer Betrieb; 9. 2. 02 – 7 ABR 21/98; 11. 2. 04, 22. 6. 05 AP Nr. 22, 23 zu § 1 BetrVG 1972 Gemeinsamer Betrieb; *Richardi* Rn 27; *Kreutz* FS *Wiese* S. 235; *Peter* DB 90, 424). Die einheitliche Leitung muss sich insb. auch auf die wesentlichen Funktionen des ArbGeb. in sozialen und personellen Angelegenheiten erstrecken (BAG 22. 10. 03, 11. 2. 04, 22. 6. 05 AP Nr. 21, 22, 23 zu § 1 BetrVG 1972 Gemeinsamer Betrieb; GK-*Franzen* Rn 43; *Haas/Salomon* RdA 08, 146, 148). Dabei ist unschädlich, wenn diese Entscheidungen nach Richtlinien einer Zentrale zu treffen sind (GK-*Franzen* Rn 43).

Damit hängt das Vorliegen eines Betriebs entscheidend von der **Organisation des** 72
ArbGeb. ab. Ist das Unternehmen zentral organisiert, gibt es für mehrere Arbeitsstätten einen BR; bei dezentraler Organisation kann es mehrere örtliche BR geben. Das ist kein unsachliches Ergebnis (kritisch aber *Kittner,* ArbuR 95, 394; *Gamillscheg,* ArbuR 01, 413). Vielmehr wird dadurch sichergestellt, dass die InteressenVertr. der ArbN dort gebildet wird, wo im Wesentlichen die mitbestimmungspflichtigen Entscheidungen des ArbGeb. getroffen werden.

Eine **einheitliche technische Leitung** ist jedenfalls dann nicht erforderlich, 73
wenn mehrere arbeitstechnische Zwecke in einer Betriebsstätte verfolgt werden. Wegen der zunehmenden fachlichen Spezialisierung wird die einheitliche fachspezifische technische Leitung in vielen Fällen gar nicht mehr möglich sein. Das schließt nicht aus, dass der Unternehmer die verschiedenen arbeitstechnischen Zwecke organisatorisch zu einer Einheit zusammenfasst (vgl. oben Rn 69) und einen gemeinsamen Betriebsleiter einsetzt (vgl. GK-*Franzen* Rn 39).

d) Räumliche Einheit

Eine **räumliche Einheit** oder wenigstens räumliche Nähe spricht zwar für einen 74
einheitlichen Betrieb, ist aber keine notwendige Voraussetzung (vgl. BAG 24. 2. 76, 23. 9. 82 AP Nr. 2, 3 zu § 4 BetrVG 1972; *Richardi* Rn 32; GK-*Franzen* Rn 40; *HSWGNR-Rose* Rn 35). Sie ist auch ein wichtiges Indiz, weil eine wirksame InteressenVertr. der ArbN durch deren persönlichen Kontakt zu den von ihnen gewählten BR erheblich gefördert wird. Das Fehlen einer räumlichen Einheit spricht aber nicht gegen einen einheitlichen Betrieb. § 4 geht davon aus, dass auch Betriebsteile außerhalb des Betriebs zu diesem gehören. Erst wenn sie räumlich weit entfernt oder durch Aufgabenbereich und Organisation eigenständig sind, gelten sie als selbständige Betriebe. Selbst räumlich weit entfernte Einheiten können Teil des Hauptbetriebs sein, wenn sie nicht einmal die für einen Betriebsteil iSv. § 4 Abs. 1 erforderliche „relative" Selbständigkeit besitzen, weil alle mitbestimmungspflichtigen Entscheidungen in der Zentrale fallen (vgl. § 4 Rn 8).

Betriebliche Tätigkeit ist auch **außerhalb der Betriebsstätte** möglich, für viele 75
Unternehmen typisch, zB für ArbN im Außendienst, Monteure. Diese gehören alle zum Betrieb, für den sie tätig und eingesetzt werden (*Richardi* Rn 36; *HSWGNR-Rose* Rn 37). Doch können sich auswärtige Arbeitsstätten selbst zu einem Betrieb entwickeln (*HSWGNR-Rose* Rn 37).

e) Betriebsgemeinschaft

Das Vorhandensein einer **einheitlichen Betriebsgemeinschaft** ist kein aussage- 76
kräftiges Kriterium (vgl. BAG 9. 2. 00 – 7 ABR 21/98; GK-*Franzen* Rn 41; *Peter* DB 90, 424; **aA** *Kohte* RdA 92, 340, der die soziale Einheit der Beschäftigten betont; ähnlich auch *Gamillscheg* ArbuR 01, 411, 413). Auf subjektive Einstellungen kann es

im Interesse der Rechtssicherheit nicht ankommen. Das Entstehen eines Zusammengehörigkeitsgefühls ist eher die Folge des Umstandes, dass die Belegschaft einer Betriebsstätte einer einheitlichen Leitung in mitbestimmungspflichtigen Angelegenheiten unterworfen wird (GK-*Franzen* Rn 41).

f) Dauer

77   Die Organisation muss **auf gewisse Dauer angelegt** sein, allerdings nicht auf längere oder unbestimmte Zeit. Auch **Saisonbetriebe** oder **Kampagnebetriebe** können Betriebe iSv. § 1 sein (*Richardi* Rn 41; GK-*Franzen* Rn 42). Die von einer Arbeitsgemeinschaft von Bauunternehmen **(ARGE)** eingerichtete **Baustelle** ist jedenfalls dann, wenn sie für eine nicht ganz unerhebliche Zeit eingerichtet und organisatorisch verselbständigt ist, Betrieb dieser Gesellschaft bürgerlichen Rechts. Sie beschäftigt eigene ArbN und übt wichtige ArbGebFunktionen im eigenen Namen aus (vgl. § 9 BRTV-Bau, LAG Düsseldorf 14. 3. 96 – 5 TaBV 75/95 –). Dabei ist unerheblich, ob die ArbN von den entsendenden Unternehmen freigestellt oder abgeordnet werden.

3. Gemeinschaftsbetrieb mehrerer Unternehmen

78   Mehrere rechtlich selbständige Unternehmen können einen **gemeinsamen Betrieb** im betriebsverfassungsrechtlichen Sinn haben (§ 1 Abs. 1 S. 2). In diesem wird ein BR gewählt. Eine umfassende Darstellung der Rechtsfigur des gemeinsamen Betriebs – oft auch als Gemeinschaftsbetrieb bezeichnet – bietet *Bonanni,* Der gemeinsame Betrieb mehrerer Unternehmen, Diss. Köln, 2003. Das **BetrVerf-ReformG** hat die Rechtsfigur des Gemeinschaftsbetriebs nicht neu geschaffen, sondern die **Rspr. des BAG aufgegriffen und bestätigt** (vgl. etwa BAG 24. 1. 96 AP Nr. 8 zu § 1 BetrVG 1972 Gemeinsamer Betrieb). Die von dieser Rspr. entwickelten Grundsätze gelten daher auch weiterhin (vgl. BAG 22. 10. 03, 11. 2. 04, 22. 6. 05 AP Nr. 21, 22, 23 zu § 1 BetrVG 1972 Gemeinsamer Betrieb; 25. 5. 05 DB 05, 1914). Allerdings enthält § 1 Abs. 2 nun widerlegbare Vermutungstatbestände für das Vorliegen eines gemeinsamen Betriebs.

79   Sind an einem gemeinsamen Betrieb **sowohl eine juristische Person des Privatrechts als auch eine Körperschaft des öffentlichen Rechts beteiligt,** findet das BetrVG Anwendung, wenn sich die Betriebsführung auf der Grundlage einer privatrechtlichen Vereinbarung in der Rechtsform einer BGB-Gesellschaft vollzieht (BAG 24. 1. 96 AP Nr. 8 zu § 1 BetrVG 1972 Gemeinsamer Betrieb; vgl. auch BAG 16. 4. 08 AP Nr. 32 zu § 1 BetrVG 1972 Gemeinsamer Betrieb; *DKKW-Trümner* § 1 Rn 78 a; aA *Löwisch* in FS *Söllner* S. 689 ff.). Nach der bisherigen Rspr. des BAG sind die in dem Betrieb tätigen Beamten – mit Ausnahme der spezialgesetzlich ausdrücklich geregelten Fälle – aber keine wahlberechtigten ArbN (BAG 25. 2. 98 AP Nr. 8 zu § 1 BetrVG 1972; 28. 3. 01 AP Nr. 5 zu § 7 BetrVG 1972). Diese Rspr. dürfte aufgrund des durch Art. 9 des Gesetzes zur Errichtung eines Bundesaufsichtsamtes für Flugsicherung und zur Änderung und Anpassung weiterer Vorschriften vom 29. 7. 09 (BGBl. I, 2424) neu eingefügten § 5 Abs. 1 S. 3 überholt sein. Danach gelten als ArbN iSd. des BetrVG auch **Beamte, Arbeitnehmer eines öffentlichen Dienstherrn** und **Soldaten,** die in Betrieben privatrechtlich organisierter Unternehmen tätig sind (vgl. dazu Rn 32, § 5 Rn 318 ff.; BAG 15. 12. 11 – 7 ABR 65/10 – PM Nr. 95/11). Noch nicht abschließend geklärt ist, ob auf einen sog. **Tendenzgemeinschaftsbetrieb,** also auf einen Betrieb, der von einem Tendenzunternehmen und einem Nicht-Tendenzunternehmen gemeinsam geführt wird, der Tendenzschutz nach § 118 Abs. 1 S. 2 Anwendung findet (vgl. dazu *Lunk* NZA 05, 841). Auch hier dürfte es – wie bei sog. Mischunternehmen (vgl. § 118 Rn 6) – darauf ankommen, ob auf betrieblicher Ebene die Verfolgung tendenzgeschützter Zwecke überwiegt. Maßgeblich dürfte eine quantitative Betrachtung sein (vgl. BAG 27. 7. 93 AP Nr. 51 zu § 118 BetrVG 1972; § 118 Rn 6 mwN).

Nach den **von der Rspr.** entwickelten **Grundsätzen** liegt ein gemeinsamer Be- 80 trieb mehrerer Unternehmen vor, wenn die in einer Betriebsstätte vorhandenen materiellen und immateriellen Betriebsmittel für einen einheitlichen arbeitstechnischen Zweck zusammengefasst, geordnet und gezielt eingesetzt werden und der Einsatz der menschlichen Arbeitskraft von einem einheitlichen Leitungsapparat gesteuert wird (BAG 22. 10. 03, 11. 2. 04, 22. 6. 05 AP Nr. 21, 22, 23 zu § 1 BetrVG 1972). Der Begriff des gemeinsamen Betriebs mehrerer Unternehmen ist ein **unbestimmter Rechtsbegriff,** der im Falle einer gerichtlichen Auseinandersetzung nur einer eingeschränkten revisions- oder rechtsbeschwerderechtlichen Prüfung durch das BAG unterliegt (BAG 11. 2. 04 AP Nr. 22 zu § 1 BetrVG 1972 Gemeinsamer Betrieb; 16. 4. 08 AP Nr. 32 zu § 1 BetrVG 1972 Gemeinsamer Betrieb; 13. 8. 08 NZA-RR 09, 255).

Die einheitliche Leitung im Gemeinschaftsbetrieb muss sich – ebenso wie in einem 81 Betrieb eines Unternehmens – auf die Entscheidungen des ArbGeb. im Bereich der **personellen und sozialen Angelegenheiten** des gemeinsamen Betriebs beziehen (BAG 14. 12. 94 AP Nr. 3 zu § 5 BetrVG 1972 Rotes Kreuz; 18. 10. 00 AP Nr. 49 zu § 15 KSchG 1969; 22. 10. 03, 11. 2. 04, 22. 6. 05 AP Nr. 21, 22, 23 zu § 1 BetrVG 1972 Gemeinsamer Betrieb). Die Wahrnehmung einheitlicher unternehmerischer Funktionen im Bereich der wirtschaftlichen Mitbestimmung ist nicht erforderlich (BAG 29. 1. 87 AP Nr. 6 zu § 1 BetrVG 1972).

Eine **unternehmerische Zusammenarbeit allein reicht** für die Annahme eines 82 Gemeinschaftsbetriebs **nicht aus.** Vielmehr müssen die Funktionen des ArbGeb. institutionell einheitlich für die beteiligten Unternehmen wahrgenommen werden (vgl. BAG 31. 5. 00, 22. 10. 03, 11. 2. 04, 22. 6. 05 AP Nr. 12, 21, 22, 23 zu § 1 BetrVG 1972 Gemeinsamer Betrieb). Für die Frage, ob der Kern der Arbeitgeberfunktionen in sozialen und personellen Angelegenheiten von derselben institutionalisierten Leitung ausgeübt wird, ist vor allem entscheidend, ob ein arbeitgeberübergreifender Personaleinsatz praktiziert wird, der charakteristisch für den normalen Betriebsablauf ist (BAG 24. 1. 96, 22. 6. 05 AP Nr. 8, 23 zu § 1 BetrVG 1972 Gemeinsamer Betrieb). Ein Gemeinschaftsbetrieb liegt daher nicht vor, wenn die Steuerung des Personaleinsatzes und die Nutzung der Betriebsmittel nur durch ein Unternehmen erfolgt (BAG 22. 6. 05 AP Nr. 23 zu § 1 BetrVG 1972 Gemeinsamer Betrieb). Bei einer auf eine **Personalgestellung** beschränkten unternehmerischen Zusammenarbeit zweier Unternehmen entsteht kein Gemeinschaftsbetrieb, wenn das personalstellende Unternehmen nicht an der Erreichung des arbeitstechnischen Betriebszwecks des anderen Unternehmens mitwirkt (BAG 16. 4. 08 AP Nr. 32 zu § 1 BetrVG 1972 Gemeinsamer Betrieb). Eine Personalgestellung erfolgt regelmäßig in Form der ArbN-Überlassung; die betriebsverfassungsrechtliche Stellung der überlassenen ArbN richtet sich in einem solchen Fall nach § 14 AÜG (BAG 13. 8. 08 NZA-RR 09, 255). Die mit einem **Konzernverhältnis** verbundene Beherrschung eines Unternehmens durch ein anderes genügt für einen gemeinsamen Betrieb ebenfalls nicht. Dies gilt auch dann, wenn das herrschende Unternehmen dem beherrschten Weisungen erteilt (BAG 11. 12. 2007 NZA-RR 08, 298). Auch durch Einführung einer **Matrixorganisation** in einem Konzern entsteht allein noch kein gemeinsamer Betrieb (*Bauer/Herzberg* NZA 11, 713) Erforderlich ist ein **einheitlicher betriebsbezogener Leitungsapparat** (BAG 29. 4. 99 AP Nr. 21 zu § 23 KSchG 1969). Der Annahme einer einheitlichen Leitung steht nicht entgegen, dass formal der jeweilige VertragsArbGeb. gegenüber den einzelnen ArbN die ArbGebBefugnisse ausübt (BAG 24. 1. 96 AP Nr. 8 zu § 1 BetrVG 1972 Gemeinsamer Betrieb). Wesentliches Indiz für einen gemeinsamen Leitungsapparat ist eine **gemeinsame Personalabteilung,** die für die beteiligten Unternehmen die Entscheidungen in wesentlichen personellen und sozialen Angelegenheiten trifft (BAG 11. 2. 04 AP Nr. 22 zu § 1 BetrVG 1972 Gemeinsamer Betrieb Nr. 22; 13. 8. 08 NZA-RR 09, 255). Die gemeinsame Leitung muss regelmäßig auf eine nicht unerhebliche Zeit angelegt sein. Anhaltspunkte für einen zeitlichen Rahmen enthält § 21 a, wonach das Übergangsmandat längstens für 6 Monate besteht (*Hanau* NJW 2001, 2513). Allerdings ist auch die Errichtung eines Gemeinschaftsbetriebs für ein zeitlich begrenztes Projekt nicht ausgeschlossen.

83   Die Zusammenarbeit der an einem Gemeinschaftsbetrieb beteiligten Arbeitgeber vollzieht sich bei Fehlen anderweitiger Anhaltspunkte regelmäßig in Form einer **BGB-Gesellschaft** (BAG 24. 1. 96 AP Nr. 8 zu § 1 BetrVG 1972 Gemeinsamer Betrieb). Die erforderliche Absprache über die gemeinsame Führung eines einheitlichen Betriebs kann aber auch bei anderen Rechtsformen der Zusammenarbeit erfüllt sein (BAG 16. 4. 08 AP Nr. 32 zu § 1 BetrVG 1972 Gemeinsamer Betrieb). Noch kaum erörtert wird die Frage, ob sich aus der **Anerkennung der Parteifähigkeit der BGB-Außengesellschaft durch die neuere Rspr. des BGH** (vgl. insb. BGH 29. 1. 01; 18. 2. 02 AP Nr. 9, 11 zu § 50 ZPO), des **BFH** (18. 5. 04 NJW 2004, 2773, des **BVerfG** (2. 9. 02 NJW 2002, 3533) und nun auch des **BAG** (vgl. 1. 12. 04 AP Nr. 14 zu § 50 ZPO; anders früher BAG 6. 9. 89 AP Nr. 4 zu § 705 BGB) auch Folgen für das Vorliegen eines gemeinsamen Betriebs ergeben können. Dieser setzt mindestens zwei den Betrieb gemeinsam führende Unternehmen voraus. Daran könnte es fehlen, wenn sich die Unternehmen – seien es natürliche oder juristische Personen – durch Gesellschaftsvertrag gem. § 705 BGB zum gemeinsamen Zweck der Führung eines Betriebs verpflichtet haben (vgl. dazu insb. BAG 24. 1. 96 AP Nr. 8 zu § 1 BetrVG 1972 Gemeinsamer Betrieb) und als sog. Außengesellschaft (vgl. dazu *Palandt* BGB § 705 Rn 33) am Rechtsverkehr teilnehmen. Da eine Außengesellschaft als rechtsfähig erachtet wird, dürfte sie nach § 14 Abs. 1 und 2 BGB ein Unternehmen darstellen. Für die Annahme eines gemeinsamen Betriebs mehrerer Unternehmen wäre dann wohl kein Raum mehr; es würde ein Betrieb eines Unternehmens vorliegen. Ein gemeinsamer Betrieb ist aber immer dann gegeben, wenn – insb. mangels entsprechender ausdrücklicher Vereinbarungen – nur eine nicht rechtsfähige sog. Innengesellschaft vorliegt (vgl. dazu *Palandt* BGB § 705 Rn 33, 11). Dies dürfte der Regelfall sein (vgl. *Bonanni,* Der gemeinsame Betrieb mehrerer Unternehmen, Diss. Köln 2003, S. 55).

84   Die einheitliche Organisation und Leitung des Gemeinschaftsbetriebs setzte nach der Rspr. des BAG zu der bis zum BetrVerf-ReformG bestehenden Rechtslage eine **Führungsvereinbarung** voraus (BAG 18. 1. 90 AP Nr. 9 zu § 23 KSchG 1969; 11. 11. 97 AP Nr. 42 zu § 111 BetrVG 1972; 9. 2. 00 – 7 ABR 21/98; 21. 2. 01 – 7 ABR 9/00). Diese musste nicht ausdrücklich abgeschlossen sein. Sie konnte vielmehr auch konkludent geschlossen werden. Auf die Existenz einer Führungsvereinbarung konnte aus den tatsächlichen Umständen geschlossen werden (BAG 18. 1. 90 AP Nr. 9 zu § 23 KSchG 1969; 24. 1. 96 AP Nr. 8 zu § 1 BetrVG 1972 Gemeinsamer Betrieb). Wurden die ArbGebFunktionen im sozialen und personellen Bereich im Wesentlichen tatsächlich einheitlich ausgeübt, so führte dies regelmäßig zu dem Schluss, dass eine konkludente Führungsvereinbarung vorliegt (BAG 14. 9. 88 AP Nr. 9 zu § 1 BetrVG 1972; 18. 1. 90, aaO; 14. 12. 94 AP Nr. 3 zu § 5 BetrVG 1972 Rotes Kreuz; 18. 10. 00 AP Nr. 49 zu § 15 KSchG 1969).

85   Diese **Rspr. des BAG** wird durch § 1 Abs. 2 Nr. 1 im Ergebnis **bestätigt** (vgl. BAG 11. 2. 04 AP Nr. 22 zu § 1 BetrVG 1972 Gemeinsamer Betrieb; *Richardi* Rn 64 ff.; *DKKW-Trümner* Rn 73 ff.). Danach wird ein gemeinsamer Betrieb mehrerer Unternehmen vermutet, wenn zur Verfolgung arbeitstechnischer Zwecke die Betriebsmittel sowie die ArbN von den Unternehmen gemeinsam eingesetzt werden.

86   Der **Vermutungstatbestand** dient dem Zweck, dem BR und Wahlvorständen den Nachweis einer Führungsvereinbarung zu ersparen (vgl. BT-Drucks. 14/5741 S. 33; BAG 11. 2. 04, 12. 12. 06 AP Nr. 22, 27 zu § 1 BetrVG 1972 Gemeinsamer Betrieb; *WPK/Preis* Rn 36). Er knüpft an das äußere Erscheinungsbild an (*DKKW-Trümner* Rn 85 ff.; *Reichold* NZA 01, 858). Die in der Vermutung genannte Voraussetzung des gemeinsamen Einsatzes bedeutet nicht, dass eine Vereinbarung hierüber festgestellt werden müsste. Andernfalls wäre die Vermutung inhaltsleer und überflüssig (vgl. *DKKW-Trümner* Rn 88; *Reichold* NZA 01, 858; vgl. auch *Richardi* Rn 73; *ders.* NZA 01, 349; *Däubler* ArbuR 01, 1). Zu den Voraussetzungen der Vermutung gehört daher

nicht das Vorliegen einer Führungsvereinbarung. Es genügt, dass die von den Unternehmern zur Verfügung gestellten Betriebsmittel „gemeinsam genutzt" (vgl. *Engels/ Trebinger/Löhr-Steinhaus* DB 01, 532) und die ArbN gemeinsam eingesetzt werden.

Eine **gemeinsame Nutzung der Betriebsmittel** liegt insb. bei gemeinsamer **87** räumlicher Unterbringung vor (vgl. *Richardi* Rn 74). Ein **gemeinsamer Einsatz der ArbN** ist anzunehmen, wenn die ArbN unternehmensübergreifend tätig werden. Dabei genügt es, wenn der für die Erbringung der Arbeitsleistung maßgebliche Rahmen (Arbeitszeit, betriebliche Ordnung) zwischen den Unternehmen nicht unterschiedlich ausgestaltet ist (vgl. *Richardi* Rn 74). Von Bedeutung sind hierbei auch gemeinsame räumliche Unterbringung, personelle, technische und organisatorische Verknüpfung der Arbeitsabläufe, gemeinsame Buchhaltung, Sekretariat, Druckerei, Kantine (vgl. BAG 24. 1. 96, 11. 2. 04 AP Nr. 8, 22 zu § 1 BetrVG 1972 Gemeinsamer Betrieb; 25. 5. 05 DB 05, 1914; BVerwG 13. 6. 01 AP Nr. 14 zu § 1 BetrVG 1972 Gemeinsamer Betrieb).

Unsicherheiten bestehen im Schrifttum zu der Frage, worin die **Vermutungswir- 88 kung** besteht (vgl. insb. *DKKW-Trümner* Rn 90 ff.; *Däubler* ArbuR 01, 1, 12; *Richardi* NZA 01, 346, 349; *Richardi/Annuß* DB 01, 41; *Kreutz* FS *Richardi* S. 637, 652). Der reine Gesetzeswortlaut beschreibt die Rechtsfolge nicht präzise. Bei Vorliegen der Vermutungsvoraussetzungen wird nämlich nicht – unmittelbar – das Bestehen eines gemeinsamen Betriebs, sondern eine **einheitliche Leitung vermutet** (BAG 11. 2. 04, 22. 6. 05 AP Nr. 22, 23 zu § 1 BetrVG 1972 Gemeinsamer Betrieb; *Engels/ Trebinger/Löhr-Steinhaus* DB 01, 532). Dies entspricht zum einen der Gesetzesbegründung (vgl. BT-Drucks. 14/5741 S. 33). Vor allem aber folgt dies aus dem Normcharakter und dem Sinn und Zweck der Vorschrift. Diese begründet keine gesetzliche Fiktion. Vielmehr handelt es sich bei der Sache nach um eine **widerlegliche gesetzliche Tatsachenvermutung iSv. § 292 Abs. 1 ZPO.** Der „gemeinsame Betrieb" ist keine Tatsache, sondern Ergebnis einer rechtlichen Würdigung. Voraussetzung für ihn war und ist das Bestehen einer einheitlichen Leitungsmacht, die wiederum eine ausdrückliche oder konkludente Führungsvereinbarung voraussetzt. Hierbei handelt es sich um eine Tatsache, die einer Vermutungsregel zugänglich ist. Dieses Verständnis der Bestimmung ist sachgerecht und entspricht dem Sinn und Zweck der Regelung, der dahin geht, den BR und Wahlvorständen den schwierigen Nachweis einer Führungsvereinbarung zu ersparen. Bei diesem prozessualen Verständnis des § 1 Abs. 2 wird der Sache nach die Rspr. des BAG, aus den tatsächlichen Umständen auf das Vorliegen einer Führungsvereinbarung zu schließen, dogmatisch abgesichert und klargestellt, dass derjenige der diese Vermutung nicht gelten lassen will, sie widerlegen muss. Zugleich bedeutet dies, dass durch das BetrVerf-ReformG der Begriff des gemeinsamen Betriebs nicht eigenständig neu definiert worden und das Erfordernis einer einheitlichen Leitungsmacht materiellrechtlich nicht entfallen ist (vgl. BAG 11. 2. 04, 22. 6. 05 AP Nr. 22, 23 zu § 1 BetrVG 1972 Gemeinsamer Betrieb; 17. 8. 05 – 7 ABR 62/04 –). Die Vermutungsregelungen in § 1 Abs. 2 ersetzen lediglich den konkreten Nachweis einer Führungsvereinbarung der beteiligten Unternehmen (BAG 12. 12. 06 AP Nr. 27 zu § 1 BetrVG 1972 Gemeinsamer Betrieb). Das BAG hat bislang ausdrücklich offengelassen, wie zu entscheiden sei, wenn die von den Tatsacheninstanzen zu den Tatbestandsmerkmalen des § 1 Abs. 2 Nr. 1 getroffenen Feststellungen zu keinem eindeutigen Ergebnis führen (BAG 13. 8. 08 NZA-RR 09, 255).

Die **Vermutung kann widerlegt werden.** Hierzu müssen die beteiligten Unter- **89** nehmen nachweisen, dass keine gemeinsame Leitung der organisatorischen Einheit in den wichtigen Aufgaben eines ArbGeb. (personeller Einsatz der ArbN und soziale Angelegenheiten) besteht (*Engels/Trebinger/Löhr-Steinhaus* DB 01, 532; *Reichold* NZA 01, 858). Nicht ausreichend ist der Nachweis, dass es keine ausdrückliche Führungsvereinbarung zwischen den beteiligten Unternehmen gibt (*DKKW-Trümner* Rn 95; *Richardi* Rn 75). Daher sind auch bloße Erklärungen oder allein die Kündigung einer Führungsvereinbarung nicht ausreichend, um die Vermutung zu widerlegen (*Richardi* Rn 75; vgl. auch schon BAG 29. 4. 99 AP Nr. 21 zu § 23 KSchG 1969).

90   Werden die **Betriebsmittel nicht gemeinsam eingesetzt,** liegt selbst bei einer
„einheitlichen Leitung" kein gemeinsamer Betrieb vor (*Kreutz* in FS *Richardi* S. 637,
653; vgl. auch BAG 13. 8. 08 NZA-RR 09, 255). Auch wenn dieselbe Person zwei
Betriebe leitet, werden diese allein dadurch nicht zu einem gemeinsamen Betrieb.
Lässt sich eine einheitliche Leitung – zB auf Grund Personenidentität, personellen
Verflechtungen oder gleich lautenden Weisungen einer Konzernspitze (vgl. dazu *Konzen* SAE 88, 94, *Kohte* RdA 92, 309) – oder gar eine ausdrückliche Führungsvereinbarung feststellen, so kann dies aber für die Beurteilung, ob ein „gemeinsamer" Einsatz von Betriebsmitteln und ArbN vorliegt, weiterhin von erheblicher Bedeutung
sein. Aus dem Bestehen einer Organschaft iSv. § 2 Abs. 2 Nr. 2 UStG ergibt sich
nicht zwingend, dass die an der Organschaft beteiligten Unternehmen einen gemeinsamen Betrieb führen (BAG 25. 5. 05 DB 05, 1914).

91   Für einen einheitlichen Betrieb ist **nicht erforderlich, dass nur ein arbeitstechnischer Zweck** verfolgt wird (vgl. BAG 5. 3. 87 AP Nr. 30 zu § 15 KSchG
1969; s. o. Rn 69). Auch die Vermutung in § 1 Abs. 2 Nr. 1 spricht von arbeitstechnischen Zwecken in der Mehrzahl. Für den Gemeinschaftsbetrieb gilt insoweit nichts
anderes als für den Betrieb eines Unternehmens.

92   Das Entstehen eines Gemeinschaftsbetriebs mehrerer Unternehmen kann die Folge
der Spaltung eines Unternehmens sein. Eine **Unternehmensaufspaltung** kann, muss
aber nicht zu einer Betriebsaufspaltung führen. Häufig bleibt die betriebliche Einheit
erhalten. An diesen Tatbestand knüpft § 1 Abs. 2 Nr. 2 an. Die Bestimmung stellt die
Vermutung auf, dass der Betrieb von den an der Spaltung beteiligten Rechtsträgern
gemeinsam geführt wird, sofern durch die Spaltung die Organisation des gespaltenen
Betriebs nicht wesentlich geändert wird (*HSWGNR-Rose* Rn 57; *DKKW-Trümner*
Rn 98 ff.). Sie entspricht inhaltlich dem früheren § 322 Abs. 1 UmwG, der deshalb als
gegenstandslos aufgehoben wurde. Voraussetzungen und Rechtsfolgen sind dieselben.
Besteht trotz der Unternehmensspaltung noch eine einheitliche betriebliche Leitungsmacht fort, besteht betriebsverfassungsrechtlich noch ein einheitlicher Betrieb
(vgl. *Maschmann* NZA Beilage 1/2009, S. 32).

93   Die gesetzliche Vermutung in § 1 Abs. 2 Nr. 2 setzt neben der Unternehmensaufspaltung voraus, dass sich die **Organisation des betroffenen Betriebs nicht wesentlich ändert.** Es handelt sich insoweit um eine **negative Tatbestandsvoraussetzung,** die derjenige, der sich auf die gesetzliche Vermutung beruft, zumindest
behaupten muss. Er genügt dabei seiner Darlegungslast zunächst, indem er vorträgt,
eine wesentliche organisatorische Änderung sei nicht erfolgt (*DKK-Trümner* Rn 112;
Schaub FS *Wlotzke* S. 103; *Hohenstatt* in *Willemsen* Unternehmensumstrukturierungen
Kap. D Rn 34). Nach den Grundsätzen der abgestuften Darlegungs- und Einlassungslast ist es dann Sache der Gegenseite, die organisatorische Änderung im Einzelnen
darzulegen (*Hohenstatt* aaO; *Bauer/Lingemann* NZA 94, 1057).

94   Sind die Voraussetzungen des § 1 Abs. 2 Nr. 2 gegeben, geht auch hier die **Vermutungswirkung** dahin, dass ein einheitlicher Leitungsapparat (fort-)besteht. Auch
diese Vermutungswirkung kann widerlegt werden (vgl. BT-Drucks. 14/5741 S. 33;
DKKW-Trümner Rn 112). Sie tritt allerdings schon nicht ein, wenn sich die Organisation des betroffenen Betriebs bei der Unternehmensaufspaltung wesentlich geändert
hat. Entscheidend ist auch hier die Organisation hinsichtlich des Einsatzes der Betriebsmittel und der ArbN (vgl. *DKKW-Trümner* Rn 110).

95   Der **gemeinsame Betrieb** zweier Unternehmer **wird aufgelöst,** wenn eines der
daran beteiligten Unternehmen seine betriebliche Tätigkeit einstellt und die Vereinbarung über die gemeinsame Führung des Betriebs aufgehoben wird. Sofern dabei die
Identität des nunmehr nur noch von einem ArbGeb. geführten Betriebs erhalten
bleibt, bleibt auch der für diesen gewählte BR im Amt (BAG 19. 11. 03 AP Nr. 19 zu
§ 1 BetrVG 1972 Gemeinsamer Betrieb). Erforderlichenfalls ist nach § 13 Abs. 2 Nr. 1
und 2 ein neuer BR zu wählen. Bis dahin führt der bisherige BR nach § 22 die Geschäfte weiter. Ist die Auflösung des gemeinsamen Betriebs mit einer Betriebsspaltung und
dem **Ende der Betriebsidentität** verbunden, bleibt der BR gem. § 21a Abs. 1 S. 1

und 3 im Wege des Übergangsmandats für längstens 6 Monate im Amt. BV gelten bei Wahrung der Identität in dem Betrieb, im Falle der Betriebsspaltung in den neu entstehenden Teileinheiten fort (vgl. § 77 Rn 161 ff., 166; BAG 18. 9. 02 AP Nr. 7 zu § 77 BetrVG 1972 BV). Die **Insolvenz** eines der beteiligten Unternehmen hat als solche auf den Bestand eines Gemeinschaftsbetriebs keinen Einfluss (BAG 19. 11. 03 AP Nr. 19 zu § 1 BetrVG 1972 Gemeinsamer Betrieb). Auch die bloße Änderung des Betriebszwecks eines der an einem Gemeinschaftsbetrieb beteiligten Unternehmen führt nicht zu dessen Auflösung (BAG 29. 11. 2007 AP Nr. 95 zu § 1 KSchG 1969 Soziale Auswahl).

Die Größe des für einen gemeinsamen Betrieb zu wählenden BR richtet sich nach **96** der Gesamtzahl der bei den mehreren Unternehmen in der Regel insgesamt beschäftigten wahlberechtigten ArbN. Diese Zahl ist auch im Übrigen maßgeblich, soweit das BetrVG auf die **Größe des Betriebs** abstellt, wie zB in §§ 28a, 38, 112a Abs. 1. Auch die Frage, ob es sich um einen wesentlichen Betriebsteil iSv. § 111 S. 1 Nr. 1 und 2 handelt, wird nach den Verhältnissen des Gemeinschaftsbetriebs beurteilt (BAG 11. 11. 97 AP Nr. 42 zu § 111 BetrVG 1972).

Soweit das BetrVG bei den sog. **Schwellenwerten** auf das **Unternehmen** abstellt **97** – wie insb. in §§ 99 Abs. 1 S. 1, 106 Abs. 1 S. 1, 111 S. 1 und 2 – ist eine **differenzierende Beurteilung** geboten.

Nach dem **Wortlaut des § 99 Abs. 1 S. 1** kommt es für das MBR des BR nicht **98** auf die Betriebs-, sondern auf die Unternehmensgröße an. Wegen des fachsprachlich eindeutigen Wortsinns ist es ausgeschlossen, im Wege der Auslegung den Gemeinschaftsbetrieb als Unternehmen anzusehen (BAG 29. 9. 04 AP Nr. 40 zu § 99 BetrVG 1972 Versetzung). Im Übrigen ist innerhalb des § 99 Abs. 1 S. 1 **nach den Gegenständen der Mitbestimmung** zu **differenzieren**.

Geht es um die **Ein- und Umgruppierung,** sind allein die Beschäftigtenzahlen des **99** jeweiligen VertragsArbGeb. maßgeblich. Nur diesen gegenüber besteht auch das MBR.

Geht es um die **Einstellung oder Versetzung,** ist unabhängig von den Zahlen- **100** verhältnissen des VertragsArbGeb. das MBR für alle Beschäftigten des Gemeinschaftsbetriebs auf Grund unmittelbarer Anwendung des § 99 bereits dann gegeben, wenn im Gemeinschaftsbetrieb insgesamt sowie **bei zumindest einem der beteiligten Unternehmen mehr als 20 ArbN beschäftigt** sind (vgl. BAG 29. 9. 04 AP Nr. 40 zu § 99 BetrVG 1972 Versetzung).

Sind **bei keinem** der beteiligten Unternehmen, wohl aber beim Gemeinschaftsbe- **101** trieb insgesamt **mehr als 20 ArbN** beschäftigt, ist § 99 bei Versetzungen und Einstellungen analog anwendbar (vgl. BAG 29. 9. 04 AP Nr. 40 zu § 99 BetrVG 1972 Versetzung).

Für die Bildung eines **Wirtschaftsausschusses nach § 106 Abs. 1 S. 1** ist die **102** Zahl sämtlicher im Gemeinschaftsbetrieb beschäftigter ArbN maßgeblich (vgl. § 106 Rn 18; BAG 1. 8. 90 AP Nr. 8 zu § 106 BetrVG 1972). Hieran hat sich durch das BetrVerf-ReformG nichts geändert.

Für die **MBR des BR nach §§ 111 ff.** ist hinsichtlich des Schwellenwerts nach **103** dem Gegenstand der Beteiligungsrechte zu **differenzieren.** Hinsichtlich der Unterrichtungs- und Beratungsrechte und der Verpflichtung zum Interessenausgleich dürfte auf die Zahl der im Gemeinschaftsbetrieb beschäftigten ArbN abzustellen sein; für die Verpflichtung zum Abschluss eines Sozialplans dürfte es auf den jeweiligen VertragsArbGeb. ankommen (vgl. § 111 Rn 20–23; *Wißmann* FS 25 Jahre ARGE Arbeitsrecht im DAV S. 1037, 1050 f.; aA *Boecken* in FS 50 Jahre BAG, S. 931 ff., der ausschließlich die Zahl der im gemeinsamen Betrieb beschäftigten wahlberechtigten ArbN als maßgeblich ansieht).

Wer im Gemeinschaftsbetrieb **Adressat der Beteiligungsrechte** des BR ist, lässt **104** sich ebenfalls nicht einheitlich beantworten (vgl. hierzu insb. *Wißmann* NZA 01, 409, 410 ff.; *ders.* NZA 03, 1).

Soweit es gem. **§ 99 Abs. 1 S. 1** um Ein- und Umgruppierungen geht, ist Adressat **105** des MBR der VertragsArbGeb. (BAG 23. 9. 03 AP Nr. 28 zu § 99 BetrVG 1972 Ein-

gruppierung; 12. 12. 06 AP Nr. 27 zu § 1 BetrVG 1972 Gemeinsamer Betrieb). Soweit es um Versetzungen und Einstellungen geht, ist der „BetriebsArbGeb." (*Wißmann*
NZA 01, 409, 410) zuständig. Dies sind alle Unternehmen, die sich zur einheitlichen
Leitung des Betriebs verbunden haben (BAG 29. 9. 04 AP Nr. 40 zu § 99 BetrvG
1972 Versetzung). Der BetriebsArbGeb. ist bei Einstellungen und Versetzungen auch
zuständig für den Zustimmungsersetzungsantrag nach § 99 Abs. 4. Der einem Gemeinschaftsbetrieb zugrunde liegenden Führungsvereinbarung entspricht es regelmäßig, dass jeder der mehreren Betriebsinhaber den Antrag für den BetriebsarbGeb.
stellen kann (vgl. § 432 Abs. 1 Satz 1 BGB). In dem Zustimmungsersetzungsverfahren von Amts wegen nach § 83 Abs. 3 ArbGG zu hören sind alle am Gemeinschaftsbetrieb beteiligten Unternehmen. Den Antrag nach § 78 a Abs. 4 auf Auflösung eines
nach § 78 a Abs. 2 zustande gekommenen ArbVerh. kann der VertragsArbGeb. ohne
Mitwirkung der anderen am Gemeinschaftsbetrieb beteiligten ArbGeb. stellen; diese
sind allerdings ebenfalls nach § 83 Abs. 3 ArbGG im Auflösungsverfahren zu hören
(BAG 25. 2. 09 DB 09, 1473).

106   Bei **Maßnahmen iSd. §§ 111 ff.** sind im Gemeinschaftsbetrieb Verhandlungen
über das Ob und Wie der Betriebsänderung mit dem „BetriebsArbGeb.", regelmäßig
also mit der von allen Unternehmen bestellten Betriebsleitung zu führen (vgl. § 111
Rn 23; vgl. auch BAG 12. 11. 02 AP Nr. 155 zu § 112 BetrVG 1972; *Wißmann*
NZA 01, 409, 411). Diese schulden ggf. auch einen Nachteilsausgleich nach § 113
Abs. 3. Die Pflicht zum Abschluss eines Sozialplans trifft dagegen den jeweiligen
VertragsArbGeb. (vgl. § 111 Rn 23). Dieser ist auch Schuldner der Sozialplansprüche.
Gleiches gilt für vertragliche Vergütungsansprüche (BAG 14. 12. 04 AP Nr. 32 zu
§ 611 BGB Haftung des Arbeitgebers).

107   Auch für die Mitbestimmung in **sozialen Angelegenheiten nach § 87 Abs. 1**
gibt es im Gemeinschaftsbetrieb „keine bequeme Einheitslösung" (*Wißmann* NZA 01,
409, 411). Die Gemeinschaft der Unternehmen dürfte zB zuständig sein für die MBR
nach § 87 Abs. 1 Nr. 1, Nr. 2, Nr. 6, Nr. 7 und Nr. 8. Dementsprechend muss sich ein
Antrag des BR auf die Unterlassung der einseitigen Verlängerung der Arbeitszeit durch
den ArbGeb. gegen alle an dem Gemeinschaftsbetrieb beteiligten ArbGeb. richten. Ein
einzelnes an der Führung des Gemeinschaftsbetriebs beteiligtes Unternehmen ist für
einen solchen Antrag nicht passivlegitimiert (BAG 15. 5. 07 AP Nr. 30 zu § 1 BetrVG
1972 Gemeinsamer Betrieb). Adressat des MBR nach § 87 Abs. 1 Nr. 10 dürfte dagegen eher der VertragsArbGeb. sein (vgl. hierzu auch BAG 12. 12. 06 AP Nr. 27 zu § 1
BetrVG 1972 Gemeinsamer Betrieb; vgl. ferner *Wißmann* NZA 01, 409, 411 f.). Dabei
gilt es zu beachten, dass es in einem Gemeinschaftsbetrieb mehrere Vergütungsordnungen geben kann (vgl. BAG 12. 12. 06 AP Nr. 27 zu § 1 BetrVG 1972 Gemeinsamer
Betrieb).

108   Bei **betriebsbedingten Kündigungen** ist die soziale Auswahl im Gemeinschaftsbetrieb auf den gesamten Betrieb zu erstrecken (BAG 29. 11. 07 AP Nr. 95 zu § 1
KSchG 1969 Soziale Auswahl). Eine unternehmensübergreifende Sozialauswahl ist
allerdings dann nicht geboten, wenn ein Gemeinschaftsbetrieb nicht mehr besteht
(BAG 13. 9. 95 AP Nr. 72 zu § 1 KSchG 1969 Betriebsbedingte Kündigung; 27. 11.
03, 29. 11. 07 AP Nr. 64, 95 zu § 1 KSchG 1969 Soziale Auswahl). Dies gilt auch,
wenn bei Ausspruch der Kündigung bereits feststeht, dass bei Ablauf der Kündigungsfrist der Gemeinschaftsbetrieb beendet sein wird (BAG 27. 11. 03 AP Nr. 64 zu § 1
KSchG 1969 Soziale Auswahl; 24. 2. 05 AP Nr. 4 zu § 1 KSchG 1969 Gemeinschaftsbetrieb; 14. 8. 07 AP Nr. 325 zu § 613 a BGB).

109   Bei den **Kosten der BRArbeit** ist ebenfalls zu unterscheiden: Die Kosten für
BRTätigkeit einzelner Mitgl. (Freistellungen wegen BRArbeit, Teilnahme an Schulungen) fallen dem jeweiligen individualrechtlichen VertragsArbGeb. zur Last. Für die
allgemeinen Kosten (Büro, Personal, Sachmittel, Sachverständige) haften die beteiligten Unternehmen als Gesamtschuldner. Der BR eines Gemeinschaftsbetriebs entsendet **Vertreter in den GesBR jedes der beteiligten Unternehmen** (vgl. hierzu
näher § 47 Rn 80–82). Auch für Gemeinschaftsbetriebe kann grundsätzlich kein die

jeweiligen Unternehmensgrenzen überschreitender – gemeinsamer – GesBR gebildet werden (BAG 13. 2. 07 AP Nr. 17 zu § 47 BetrVG 1972).

Werden zwei oder mehrere Betriebe unterschiedlicher Inhaber (Vertragsarbeitge- **110** ber) zu einem gemeinsamen Betrieb zusammengefasst, so gelten die in den Ursprungsbetrieben geltenden **BV, GesBV und KBV** in dem Gemeinschaftsbetrieb persönlich/gegenständlich bezogen auf die ihnen zuvor unterfallenden ArBN fort, sofern sich eine zuverlässige Zuordnung zu den ArBN und/oder den betreffenden Betriebsteilen vornehmen lässt (vgl. § 77 Rn 164; aA *Schönhöft/Brahmstaedt* NZA 10, 851).

4. Verlegung, Stilllegung, Zusammenlegung und Aufspaltung

Der Betrieb bleibt bei einer bloß räumlichen **Verlegung der Betriebsstätte** er- **111** halten (*Richardi* Rn 38). Etwas anderes gilt, wenn mit der Verlegung die bisherige Betriebs- und Produktionsgemeinschaft aufgelöst und damit der Betrieb stillgelegt wird (BAG 12. 2. 87 AP Nr. 67 zu § 613a BGB).

Der Betrieb endet bei einer auf Dauer gewollten **Betriebsstilllegung** (vgl. § 111 **112** Rn 65 ff.). Diese ist die Auflösung der zwischen ArBGeb. und ArBN bestehenden Betriebs- und Produktionsgemeinschaft. Sie setzt die **Einstellung der wirtschaftlichen Betätigung** und die Absicht voraus, die Weiterverfolgung des bisherigen Betriebszwecks dauernd oder für eine ihrer **Dauer** nach unbestimmte, wirtschaftlich nicht unerhebliche Zeitspanne aufzugeben (BAG 29. 5. 91 AP Nr. 5 zu § 4 BetrVG 1972; 21. 6. 01 AP Nr. 50 zu § 15 KSchG 1969). Der Entschluss des Unternehmers, den Betrieb aufzulösen, muss objektiv nach außen erkennbar sein. Das ist z B der Fall, wenn nach Einstellung der Produktion allen ArBN gekündigt wird (BAG 21. 6. 01 AP Nr. 50 zu § 15 KSchG 1969). Der Betrieb endet nicht bei einer nur durch die tatsächlichen Verhältnisse bedingten **vorübergehenden Unterbrechung**, etwa bei Katastrophen oder Arbeitskämpfen (BAG 16. 6. 87 AP Nr. 20 zu § 111 BetrVG 1972). Geht ein Betrieb durch Stilllegung unter, hat der bisherige BR für die damit in Zusammenhang stehenden Mitwirkungs- und Mitbestimmungsrechte gemäß § 21b ein **Restmandat** (vgl. § 21b Rn 6 ff.).

Der Betrieb endet durch **Eingliederung** in einen anderen Betrieb oder im Falle **113** der **Zusammenlegung** mit einem anderen Betrieb durch die Bildung eines neuen einheitlichen Betriebs (BAG 25. 9. 86 AP Nr. 7 zu § 1 BetrVG 1972). Wird der Betrieb in einen Betrieb mit BR eingegliedert, endet das Mandat des BR des eingegliederten Betriebs; der BR des aufnehmenden Betriebs repräsentiert auch die ArBN des eingegliederten Betriebs (vgl. § 21a Rn 14). Besteht im aufnehmenden Betrieb kein BR, behält der BR des eingegliederten Betriebs ein Übergangsmandat (vgl. § 21a Rn 11a, 23; streitig). Im Falle der Zusammenfassung mehrerer Betriebe hat gem. § 21a Abs. 2 der BR des zahlenmäßig größten Betriebs das Übergangsmandat (vgl. § 21a Rn 11).

Der Betrieb endet ferner, wenn er durch eine **Aufspaltung** seine Identität verliert. **114** Entstehen durch die Spaltung neue betriebsratsfähige Einheiten, hat der **bisherige BR** nach § 21a Abs. 1 Satz 1 **ein Übergangsmandat** (vgl. § 21a Rn 8 ff.). Dies gilt nicht, wenn die Betriebsteile in einen Betrieb mit BR eingegliedert werden; in diesem Fall repräsentiert der BR des aufnehmenden Betriebs die ArBN des aufgenommenen Betriebsteils. Entstehen durch die Spaltung Einheiten, die nicht BR-fähig sind, hat der bisherige BR für die damit in Zusammenhang stehenden Mitbestimmungs- und Mitwirkungsrecht nach § 21b ein **Restmandat**. Wird ein durch die Aufspaltung entstandener Teil in einen Betrieb mit BR eingegliedert, repräsentiert dieser die ArBN des aufgenommenen Teils.

5. Betriebsübergang

a) Allgemeines

115   **Betriebe und Betriebsteile können** durch Rechtsgeschäft auf einen anderen Inhaber **übergehen.** Bleibt die Identität des bisherigen Betriebs erhalten, so führt der Betriebsübergang nicht zu einer Beendigung des Betriebs. Dieser bleibt vielmehr als solcher bestehen. Lediglich der Arbeitgeber wechselt.

116   Ein Betriebsübergang hat **individualrechtliche** und **betriebsverfassungsrechtliche Auswirkungen.** Die individualrechtlichen Rechtsfolgen ergeben sich im Wesentlichen aus § 613 a BGB (vgl. Rn 117 ff.). Dagegen sind die betriebsverfassungsrechtlichen Rechtsfolgen gesetzlich nicht näher geregelt (vgl. Rn 136 ff.). Teilaspekte werden durch § 21 a Abs. 3 iVm. Abs. 1 und 2 erfasst.

b) Voraussetzungen und Rechtsfolgen des § 613 a BGB

117   Die Vorschrift des **§ 613 a BGB sichert** im Falle eines Betriebsübergangs den **Fortbestand der Arbeitsverhältnisse** beim neuen ArbGeb. und den **arbeitsrechtlichen Besitzstand** der ArbN (Bestands- und Inhaltsschutz). Sie gilt für alle Betriebe unabhängig von ihrer Größe und dem Bestehen eines BR. § 613 a BGB entspringt und entspricht **europäischem Recht** (vgl. RL Nr. 77/187/EWG; RL 98/50/EG; RL 2001/23/EG) und ist daher nach Möglichkeit europarechtskonform auszulegen (*Bernsau/Dreher/Hauck* Betriebsübergang, § 613 a BGB Rn 4). In den neuen Bundesländern einschl. Ost-Berlin war § 613 a BGB bis zum 31. 12. 1998 nur mit Einschränkungen anzuwenden. Die Bestimmung ist **unabdingbar** (*Bernsau/Dreher/ Hauck* Betriebsübergang § 613 a BGB Rn 113). Auf ihre Wirkungen kann nicht im Voraus verzichtet werden. Der Veräußerer und der Erwerber können die Rechtsfolgen nicht ausschließen. Vereinbarungen mit dem ArbN sind auch aus Anlass eines Betriebsübergangs möglich. Zweifelhaft ist aber, ob auf bereits entstandene Ansprüche ohne sachlichen Grund wirksam verzichtet werden kann (vgl. ErfK/*Preis* § 613 a BGB Rn 83; MüKoBGB/*Müller-Glöge* § 613 a Rn 11 mwN). Ein Verzicht auf Versorgungsanwartschaften ist ohne triftigen Grund nicht möglich (BAG 12. 5. 92 AP Nr. 14 zu § 1 BetrAVG Betriebsveräußerung).

118   Der **Begriff des Betriebs iSv.** § 613 a BGB (vgl. dazu im Einzelnen näher ErfK/ *Preis* § 613 a BGB Rn 5 ff.; MüKoBGB/*Müller-Glöge* § 613 a Rn 14 ff.; *Schaub/Koch* ArbR-Hdb. § 117 Rn 8 ff.; *Bernsau/Dreher/Hauck* Betriebsübergang, § 613 a BGB Rn 33 ff.) ist **nicht identisch mit dem betriebsverfassungsrechtlichen Betriebsbegriff** (vgl. zu diesem Rn 62 ff.). Maßgeblich ist, ob eine wirtschaftliche Einheit vorliegt, die ein neuer Rechtsträger unter Wahrung ihrer Identität fortführt (vgl. etwa BAG 17. 4. 03 AP Nr. 253 zu § 613 a BGB mwN). Bei der Prüfung ist eine Gesamtwürdigung der konkreten Umstände des Einzelfalls vorzunehmen (BAG 23. 9. 10 – 8 AZR 567/09 – NZA 11, 197). Oft ist die Abgrenzung zwischen einem Betriebs- oder Betriebsteilübergang und der bloßen Übernahme einzelner Betriebsmittel oder einer reinen Funktionsnachfolge schwierig. Zu den zu berücksichtigenden Aspekten gehören regelmäßig die Art des betreffenden Unternehmens oder Betriebs, der Wert der materiellen Betriebsmittel wie Gebäude oder bewegliche Güter, der Wert der immateriellen Aktiva, die Übernahme der Hauptbelegschaft, der Übergang der Kundschaft sowie der Grad der Ähnlichkeit zwischen den vor und nach dem Übergang verrichteten Tätigkeiten und die Dauer einer etwaigen Unterbrechung. Die Identität der Einheit kann sich auch aus anderen Merkmalen, wie z.B. dem Personal, den Führungskräften, der Arbeitsorganisation, den Betriebsmethoden und den zur Verfügung stehenden Betriebsmitteln ergeben (BAG 23. 9. 10 – 8 AZR 567/09 – NZA 11, 197).

119   Nach der **älteren Rspr. des BAG** kam es für § 613 a BGB ausschließlich auf den Übergang der sächlichen und immateriellen Betriebsmittel an (vgl. etwa BAG 22. 5.

85 AP Nr. 42 zu § 613a BGB). Die ArbN gehörten nicht zum „Betrieb" iSd. § 613a BGB. Der Übergang ihrer ArbVerh. war nicht Teil des Tatbestands der Vorschrift, sondern ausschließlich deren Rechtsfolge. An dieser Rspr. konnte das BAG insb. auf Grund der Entwicklung des europäischen Rechts (vgl. Rn 116) und der dazu ergangenen Rspr. des EuGH nicht uneingeschränkt festhalten.

Nach der **Rspr. des EuGH** (vgl. insb. EuGH 14. 4. 97 AP Nr. 106 zu § 613a **120** BGB – Christel Schmidt –; 11. 3. 97 AP Nr. 14 zu EWG Richtlinie Nr. 77/187 – Ayse Süzen –; 20. 11. 03 AP Nr. 34 zu EWG Richtlinie Nr. 77/187 – Sodexho – = SAE 01, 339 mit Anm. *Kreßel;* 15. 12. 05 AP Nr. 1 zu RL 2001/23/EG – Güney-Görres; 12. 2. 09 – C-466/07 – NZA 09, 251 – „Klarenberg"; 29. 7. 10 – C-151/ 09 – NZA 10, 1014 „UGT-FSP") kommt es für einen Übergang im Sinne der Betriebsübergangsrichtlinie **entscheidend darauf an, ob** die fragliche Einheit ihre Identität bewahrt. Erforderlich ist, dass eine **auf Dauer angelegte wirtschaftliche Einheit übergeht,** deren Tätigkeit nicht auf die Ausführung eines Auftrags beschränkt ist. Dabei bezieht sich der Begriff der wirtschaftlichen Einheit auf eine organisierte Gesamtheit von Personen und Sachen zur Ausübung einer wirtschaftlichen Tätigkeit mit eigener Zielsetzung (EuGH 20. 11. 03 AP Nr. 34 zu EWG Richtlinie Nr. 77/ 187 – Sodexho – mwN). Allein die bloße Tätigkeit von ArbN ist noch keine wirtschaftliche Einheit (EuGH 11. 3. 97 AP Nr. 14 zu EWG Richtlinie Nr. 77/187 – Ayse Süzen –).

Das **BAG** hat sich der **Rspr. des EuGH** – schon wegen des Gebots der europa- **121** rechtskonformen Auslegung nationalen Rechts – **angeschlossen** (vgl. etwa BAG 13. 11. 97, 17. 4. 03; 6. 4. 06 AP Nr. 169, 170, 253, 299 zu § 613a BGB; 7. 4. 11 – 8 AZR 730/09 –). Es stellt nun ebenfalls darauf ab, ob der neue Rechtsträger die wirtschaftliche Einheit Betrieb oder Betriebsteil unter Wahrung von deren Identität fortführen kann. Hierfür kommt es insb. auf die Eigenart des Betriebs, auf die Art, Bedeutung und den Wert der immateriellen Betriebsmittel wie Gebäude und beweglicher Güter, auf die Übernahme immaterieller Betriebsmittel und der vorhandenen Organisation, den Grad der Ähnlichkeit mit der Betriebstätigkeit des bisherigen Inhabers, die Weiterbeschäftigung der Hauptbelegschaft, den Übergang von Kundschaft und Lieferantenbeziehungen und die Dauer einer eventuellen Unterbrechung der Betriebstätigkeit an (BAG 22. 3. 01 AP Nr. 59 zu Art. 101 GG, 25. 5. 00, 16. 5. 02, 17. 4. 03 AP Nr. 209, 237, 253 zu § 613a BGB).

In **reinen Produktionsbetrieben** bilden die Betriebsanlagen und das technische **122** Know-how als immaterielles Betriebsmittel die wesentlichen Grundlagen des Betriebs (*Bernsau/Dreher/Hauck* Betriebsübergang, § 613a BGB Rn 53f.). Hier kann bereits die Übernahme technischer Produktionsmittel für einen Betriebs- oder Betriebsteilübergang ausreichen (vgl. etwa 22. 5. 85 AP Nr. 43 zu § 613a BGB; 23. 9. 10 – 8 AZR 567/09 – NZA 11, 197). Jedoch kommt auch hier den immateriellen Betriebsmitteln eine erhebliche Bedeutung zu.

In **Dienstleistungsbetrieben** spielen die immateriellen Betriebsmittel eine noch **123** größere Rolle. Hier kann der Eintritt in die bestehenden Kundenbeziehungen oder die Übertragung der Kundenkartei von entscheidender Bedeutung sein (vgl. etwa BAG 25. 6. 85 AP Nr. 23 zu § 7 BetrAVG). Indizien für einen Betriebsübergang können auch die Fortführung des Firmennamens, die Übernahme der Geschäftspapiere und der Eintritt in laufende Verträge sein (vgl. zum Betriebsübergang eines Großhandelsgeschäfts BAG 28. 4. 88 AP Nr. 74 zu § 613a BGB; zum Bowlingbetrieb BAG 3. 7. 86 AP Nr. 53 zu § 613a BGB; zum Bewachungsbetrieb BAG 29. 8. 88 AP Nr. 76 zu § 613a BGB; zur Neuvergabe von Reinigungsarbeiten BAG 11. 12. 97 AP Nr. 172 zu § 613a BGB, EuGH 14. 4. 94 AP Nr. 106 zu § 613a BGB; zur Neuvergabe eines Cateringvertrags BAG 11. 12. 97 AP Nr. 171 zu § 613a BGB, jetzt auch EuGH 20. 11. 03 AP Nr. 34 zu EWG RL Nr. 77/187 – Sodexho –). Die bloße Funktionsnachfolge genügt allerdings nicht (BAG 26. 6. 97, 11. 12. 97, 10. 12. 98 AP Nr. 165, 172, 187 zu § 613a BGB; 23. 9. 10 – 8 AZR 567/09 – NZA 11, 197; 7. 4. 11 – 8 AZR 730/09 –).

124   Die **bloße Tätigkeit von ArbN** ist allein keine wirtschaftliche Einheit (vgl. EuGH 11. 3. 97 AP Nr. 14 zu EWG RL Nr. 77/187/EWG – Ayse Süzen –). In Branchen, in denen es im Wesentlichen auf die menschliche Arbeitskraft ankommt, kann aber auch eine **Gesamtheit von ArbN,** die durch eine gemeinsame Tätigkeit verbunden ist, eine wirtschaftliche Einheit sein (BAG 7. 4. 11 – 8 AZR 730/09 –). Insb. bei der Übernahme von qualifiziertem Personal kann daher auch die Übernahme eines vom bisherigen Betriebsinhaber ausgeführten Auftrags einen Betriebsübergang darstellen. Die Fachkenntnisse der Mitarbeiter, das sog. Know-how, können für einen Betrieb so wichtig sein, dass ein Betriebsübergang bereits dann vorliegt, wenn die know-how-Träger einvernehmlich zum Erwerber wechseln. Die Mitarbeiter verkörpern in einem solchen Fall die immateriellen Betriebsmittel (vgl. BAG 19. 11. 96 AP Nr. 152 zu § 613a BGB; 18. 3. 97 AP Nr. 16 zu § 1 BetrAVG Betriebsveräußerung; 22. 5. 97 AP Nr. 154 zu § 613a BGB). Dies kann im Extremfall ohne Zutun oder gar gegen den Willen des bisherigen Betriebsinhabers zu einem Betriebsübergang führen. Abgrenzungsprobleme können sich ergeben, wenn nur ein Teil der know-how-Träger wechselt.

125   Der Übergang muss sich durch **Rechtsgeschäft** vollziehen. Der Begriff ist weit auszulegen. § 613a BGB will einen lückenlosen Bestandsschutz gewährleisten. Er ist ein Auffangtatbestand, der alle Fälle der rechtsgeschäftlichen Betriebsnachfolge mit Ausnahme der Gesamtrechtsnachfolge (Erbfall, Umwandlung von Unternehmen, vgl. Rn 158ff.) erfasst (vgl. BAG 22. 3. 01 AP Nr. 59 zu Art. 101 GG). Einem rechtsgeschäftlichen Übergang steht nicht entgegen, dass er durch Zwischenschaltung weiterer Personen und damit durch eine Reihe von Rechtsgeschäften erfolgt, die jeweils auf die Übertragung oder Übernahme bestimmter Betriebsmittel gerichtet sind (BAG 9. 2. 94 AP Nr. 104 zu § 613a BGB). Auch die Übernahme eines Auftrags der öffentlichen Hand an Stelle eines früheren Unternehmens erfüllt dieses Tatbestandsmerkmal. Im Übrigen hängt die Rechtsfolge des § 613a BGB nicht davon ab, dass das dem Betriebsübergang zugrunde liegende Rechtsgeschäft wirksam ist (BAG 6. 2. 85 AP Nr. 44 zu § 613a BGB). Führt ein Dritter den Betrieb im Wesentlichen weiter, spricht der Beweis des ersten Anscheins für ein zugrunde liegendes Rechtsgeschäft (BAG 15. 5. 85 AP Nr. 41 zu § 613a BGB). Gegenstand des Rechtsgeschäfts ist die einvernehmliche **Übertragung der Leitungsmacht** auf den Erwerber (BAG 8. 11. 88 AP Nr. 6 zu § 1 BetrAVG Betriebsveräußerung; 9. 2. 94 AP Nr. 104 zu § 613a BGB). Eines Eigentumserwerbs des Erwerbers bedarf es nicht; entscheidend ist die Möglichkeit der wirtschaftlichen Nutzung (BAG 11. 12. 97, 6. 4. 06 AP Nr. 171, 299 zu § 613a BGB). Auf die Frage, ob dem Erwerber die Betriebsmittel zur **eigenwirtschaflichen Nutzung** überlassen werden, kommt es nicht an (BAG 6. 4. 06 AP Nr. 299 zu § 613a BGB im Anschluss an EuGH 15. 12. 05 AP Nr. 1 zu RL 2001/23/EG – Güney-Görres). Auch auf den **Zweck der Übernahme** kommt es nicht an. Es ist unerheblich, ob der Betriebserwerber den Betrieb unverändert auf Dauer oder befristet fortführen oder stilllegen will (BAG 20. 11. 84 AP Nr. 38 zu § 613a BGB; 29. 11. 88 AP Nr. 7 zu § 1 BetrAVG Betriebsveräußerung; 22. 9. 94 AP Nr. 117 zu § 613a BGB). Der Schutzzweck des § 613a BGB gebietet dessen Anwendung selbst dann, wenn der Erwerber den Betrieb sofort einstellt (vgl. ErfK/*Preis* § 613a BGB Rn 52; **aA** MüKoBGB/*Müller-Glöge* § 613a BGB Rn 54). Nicht von § 613a BGB erfasst werden Betriebsübergänge, die im Wege der **Gesamtrechtsnachfolge kraft Gesetzes** vollzogen werden (BAG 2. 3. 06 AP Nr. 25 zu § 419 BGB Funktionsnachfolge; *Bernsau/Dreher/Hauck* Betriebsübergang § 613a BGB Rn 82) Der Betriebsübergang erfolgt zu dem **Zeitpunkt,** in dem die wesentlichen, zur Fortführung des Betriebs erforderlichen Betriebsmittel übergegangen sind und die Entscheidung nicht mehr rückgängig gemacht werden kann (BAG 27. 10. 05 AP Nr. 292 zu § 613a BGB).

126   Der **Übergang eines Betriebsteils** steht für dessen ArbN dem Übergang des gesamten Betriebs grundsätzlich gleich (BAG 17. 4. 03 AP Nr. 253 zu § 613a BGB). Betriebsteile iSd. § 613a BGB sind einerseits die nach § 4 verselbständigten Betriebsteile (vgl. § 4 Rn 14 ff.). Darüber hinaus ist Betriebsteil iSv. § 613 a BGB weiter zu verstehen. Betriebsteile sind Teileinheiten des Betriebs, mit denen innerhalb des betrieblichen Gesamtzwecks ein Teilzweck verfolgt wird, die abgrenzbare Organisationseinheiten darstellen und Gegenstand einer rechtsgeschäftlichen Veräußerung sein können (BAG 4. 3. 93, 26. 8. 99 AP Nr. 101, 196 zu § 613 a BGB). Für die Abgrenzung von Betrieb und Betriebsteil ist eine Gesamtbetrachtung maßgeblich (BAG 27. 1. 11 – 8 AZR 326/09 –; 7. 4. 11 – 8 AZR 730/09 –). Auch der Übergang des Betriebsteils setzt voraus, dass die wirtschaftliche Einheit ihre Identität wahrt (BAG 22. 3. 01 AP Nr. 59 zu Art. 101 GG; 17. 4. 03, 2. 3. 06 AP Nr. 253, 302 zu § 613 a BGB; 27. 1. 11 – 8 AZR 326/09 –). Die vom Erwerber übernommenen Betriebsmittel müssen bereits beim Veräußerer die Qualität eines Betriebsteils gehabt haben (BAG 17. 4. 03, 2. 3. 06 AP Nr. 253, 302 zu § 613 a BGB; 7. 4. 11 – 8 AZR 730/09 –). Ein Betriebsteilübergang kann auch dann vorliegen, wenn der übertragene Teil seine organisatorische Selbständigkeit nicht bewahrt, sofern nur die funktionelle Verknüpfung zwischen den übertragenen Produktionsfaktoren beibehalten wird und sie es dem Erwerber erlaubt, diese Faktoren zu nutzen, um derselben oder einer gleichartigen wirtschaftlichen Tätigkeit nachzugehen (EuGH 12. 2. 09 – C-466/07 – Klarenberg; 8. 4. 11 – 8 AZR 730/09 –; vgl. dazu *Tim Wißmann/Schneider* BB 09, 1126; *Willemsen* NZA 09, 289). Ein Fall der Übertragung eines Betriebsteils ist das „Outsourcing". Der Teilzweck kann auch in einer untergeordneten Hilfsfunktion bestehen, zB Fahr- oder Reinigungsdienste. Einzelne Betriebsmittel (zB einzelne Lkw) ergeben allein noch keinen selbständig übergangsfähigen Betriebsteil (BAG 26. 8. 99 AP Nr. 196 zu § 613 a BGB). **Bei Übertragung nur eines Betriebsteils müssen die ArbN zugeordnet werden.** Das ArbVerh. eines ArbN geht in diesem Fall nur über, wenn der ArbN dem übertragenen Betriebsteil angehört (vgl. BAG 21. 1. 99 – 8 AZR 287/98; 13. 2. 03 AP Nr. 245 zu § 613 a BGB; 7. 4. 11 – 8 AZR 730/09 –). Die Zuordnung richtet sich nach objektiven Kriterien (ErfK/*Preis* § 613 a BGB Rn 72). Entscheidend ist der Schwerpunkt der bisherigen Tätigkeit (*Kreitner* NZA 90, 429). Der ArbN kann den Übergang seines ArbVerh. zwar durch seinen Widerspruch verhindern, ihn aber bei fehlender Zuordnung zu dem übertragenen Betriebsteil nicht herbeiführen. Der Eintritt erfolgt kraft Gesetzes; eine Vereinbarung zwischen den ArbN und den beteiligten ArbGeb. ist nicht erforderlich.

§ 613 a BGB findet auch Anwendung bei einem Betriebsübergang in der **Insol- 127 venz des ArbGeb.** (*Bernsau/Dreher/Hauck* Betriebsübergang, InsO Rn 176 ff. mwN) Nicht anwendbar ist die Bestimmung aber insoweit, als sie die Haftung des Betriebserwerbers für bereits entstandene Ansprüche vorsieht. Hier gehen die Verteilungsgrundsätze des Insolvenzverfahrens vor. Dagegen ist die Haftung des Betriebserwerbers nach § 613 a BGB unbeschränkt, wenn er den Betrieb vor Eröffnung des Insolvenzverfahrens erworben hat (BAG 20. 6. 02 AP Nr. 10 zu § 113 InsO; ErfK/ *Preis* § 613 a BGB Rn 146). Die nach § 128 InsO anwendbaren §§ 125–127 InsO erleichtern dem Insolvenzverwalter betriebsbedingte Kündigungen (vgl. §§ 112, 112 a Rn 67 ff.). Er kann solche auch im Hinblick auf die Planung des Betriebserwerbers aussprechen (vgl. *Zwanziger* § 128 InsO Rn 1). Ein Betriebserwerber kann sich an dem Verfahren nach § 126 InsO beteiligen. Aus § 128 InsO ergibt sich, dass § 613 a Abs. 4 BGB auch in der Insolvenz gilt. Eine allein wegen des Betriebsübergangs ausgesprochene Kündigung ist daher unwirksam. § 128 InsO ist auch auf den Übergang von Betriebsteilen anzuwenden (Zwanziger § 128 InsO Rn 9).

Gem. § 613 a Abs. 5 BGB müssen der bisherige oder der neue Arbeitgeber die **128** ArbN über den Betriebsinhaberwechsel unterrichten (vgl. dazu BAG 13. 7. 06, 14. 12. 06 AP Nr. 311, 318 zu § 613 a BGB; 22. 1. 09 AP Nr. 4 zu § 613 a BGB Unterrichtung; *Hohenstatt/Grau* NZA 07, 13; *Bernsau/Dreher/Hauck* Betriebsübergang § 613 a BGB Rn 138 ff.). Dazu zählt § 613 a Abs. 5 Nr. 1–4 BGB die Gegenstände der Unterrichtung auf (vgl. BAG 13. 7. 06 AP Nr. 312 zu § 613 a BGB). Daneben muss die Unterrichtung dem ArbN Klarheit über die Identität des Erwerbers schaffen (BAG 14. 12. 06 AP Nr. 318 zu § 613 a BGB). Die **Unterrichtungspflicht** erstreckt sich

auf die vom Betriebsübergang betroffenen ArbN (ErfK/*Preis* § 613 a BGB Rn 86).
Die ArbN müssen nach § 613 a Abs. 5 Nr. 3 BGB insb. auch über die **rechtlichen
Folgen** des Betriebsübergangs informiert werden (vgl. dazu BAG 20. 3. 08 NZA 08,
1354; 22. 1. 09 AP Nr. 4 zu § 613 a BGB Unterrichtung; *Reinhard* NZA 09, 63, 64 f.).
Dazu gehören auch die kollektivrechtlichen Folgen des Betriebsübergangs (BAG
14. 12. 06 AP Nr. 318 zu § 613 a BGB; *Bernsau/Dreher/Hauck* Betriebsübergang,
§ 613 a BGB Rn 147), darunter die Frage, inwieweit TVe und BVen abgelöst werden
(BAG 14. 12. 06 AP Nr. 318 zu § 613 a BGB; *Mohnke/Betz* BB 08, 498) und ob im
Falle eines Widerspruchs Ansprüche aus einem Sozialplan bestehen (BAG 13. 7. 06,
14. 12. 06 AP Nr. 311, 318 zu § 613 a BGB). In welchem Umfang auch über die
sozialen und wirtschaftlichen Folgen, wie etwa über die Bonität des Erwerbers
und eine Verringerung der Haftungsmasse unterrichtet werden muss, ist umstritten
und noch nicht abschließend geklärt (vgl. dazu BAG 31. 1. 08 AP Nr. 2 zu § 613 a
BGB Unterrichtung; *Reinhard* NZA 09, 63, 65 ff.). Die Unterrichtung muss vor dem
Übergang des Betriebs erfolgen. Maßgeblich ist der Kenntnisstand des Veräußerers
und des Erwerbers zum Zeitpunkt der Unterrichtung (BAG 14. 12. 06 AP Nr. 318 zu
§ 613 a BGB). Die Information muss in Textform (§ 126 b BGB), vollständig und in
einer auch für einen juristischen Laien verständlichen Sprache vor dem Übergang
erfolgen (BAG 14. 12. 06 AP Nr. 318 zu § 613 a BGB). Andernfalls läuft die Frist für
die Ausübung des Widerspruchsrechts nicht (BAG 13. 7. 06, 14. 12. 06 AP Nr. 311,
318 zu § 613 a BGB; 20. 3. 08 BB 08, 2072; ErfK/*Preis* § 613 a BGB Rn 88; MüKo-
BGB/*Müller-Glöge* § 613 a Rn 117; *Willemsen/Lembke* NJW 2002, 1159).

129   Gemäß § 613 a Abs. 6 S. 1 BGB kann ein ArbN wegen der persönlichen Natur der
Arbeitsleistung (§ 613 BGB) **dem Übergang seines ArbVerh.** auf den neuen Betriebsinhaber innerhalb eines Monats nach Zugang der Unterrichtung nach § 613 a
Abs. 5 BGB **widersprechen.** Dann geht das ArbVerh. nicht über. Es besteht mit
dem bisherigen Inhaber weiter (vgl. etwa BAG 18. 3. 99 AP Nr. 41 zu § 1 KSchG
1969 Soziale Auswahl). EG-Recht steht dem nicht entgegen (EuGH 16. 12. 92 AP
Nr. 97 zu § 613 a BGB). Die einmonatige **Frist** des § 613 a Abs. 6 BGB **für die
Ausübung des Widerspruchsrechts** beginnt mit der vollständigen Unterrichtung
(vgl. BAG 22. 4. 93, 13. 7. 06 – 8 AZR 303/06 – und – 8 AZR 305/06 – AP
Nr. 102, 311, 312 zu § 613 a BGB; 20. 3. 08 – 8 AZR 1016/06 – NZA 08, 1354;
27. 11. 08 – 8 AZR 174/07 – NZA 09, 552). Der Widerspruch kann nach § 613 a
Abs. 6 S. 2 BGB sowohl dem Betriebsveräußerer als auch dem Betriebserwerber gegenüber erklärt werden (vgl. schon BAG 22. 4. 93, 25. 1. 01 AP Nr. 103, 215 zu
§ 613 a BGB). Für die Ausübung des Widerspruchs ist ein sachlicher Grund nicht
erforderlich. Wird das Widerspruchsrecht nach dem Betriebsübergang ausgeübt, so
wirkt es auf dessen Zeitpunkt zurück (BAG 13. 7. 06 AP Nr. 312 zu § 613 a BGB).
Auch kollektiv erklärte Widersprüche sind wirksam, selbst wenn dadurch eine
Drucksituation für den ArbGeb. entsteht. Nach § 242 BGB darf der Widerspruch
aber nicht zu anderen Zwecken als der Sicherung der arbeitsvertraglichen Rechte
und der Beibehaltung des bisherigen ArbGeb. eingesetzt werden (BAG 30. 9. 04 AP
Nr. 275 zu § 613 a BGB; vgl. auch *Rieble* NZA 05, 1). **Das Widerspruchsrecht
kann verwirken** (vgl. dazu BAG 20. 3. 08 – 8 AZR 1016/06 – NZA 08, 1354;
24. 7. 08 AP Nr. 347 zu § 613 a BGB mwN; 27. 11. 08 – 8 AZR 174/07 – NZA
09, 552) oder aufgrund der Umstände des Einzelfalls **rechtsmissbräuchlich** sein
(vgl. BAG 19. 2. 09 – 8 AZR 176/08 – NZA 09, 1095). Ein (Landes-)Gesetz, das bei
der Privatisierung – eines Universitätsklinikums – den Übergang der Arbeitsverhältnisse kraft Gesetzes auf den privaten ArbGeb. vorsieht, ohne dem ArbN die Möglichkeit zu bieten, den Fortbestand seines Arbeitsverhältnisses zum öffentlichen ArbGeb.
geltend zu machen, stellt eine unverhältnismäßige Beschränkung des durch Art. 12
Abs. 1 GG geschützten Interesses der betroffenen ArbN an der Beibehaltung des gewählten Vertragspartners dar und ist daher verfassungswidrig (BVerfG 25. 1. 11
– 1 BvR 1741/09 – NZA 11, 400 entgegen BAG 2. 3. 06 – 8 AZR 124/05 – NZA
06, 848; vgl. ferner *Ubber* BB 11, 2111).

Nach § 613 a Abs. 4 BGB ist die **Kündigung** des ArbVerh. eines ArbN durch den **130** bisherigen ArbGeb. oder durch den neuen Inhaber „wegen" des Betriebsüber- gangs (Betriebsteilübergangs) **unwirksam** (zum Bestandsschutz beim Betriebsüber- gang vgl. *Müller-Glöge* NZA 99, 449 ff.). Das Recht zur Kündigung des ArbVerh. aus anderen Gründen bleibt unberührt. Wegen eines Betriebsübergangs wird gekündigt, wenn der Betriebsübergang die überwiegende Ursache der Kündigung bildet. Der Betriebsübergang muss Beweggrund für die Kündigung sein. Dabei ist ausschließlich auf die Verhältnisse im Zeitpunkt des Zugangs der Kündigung abzustellen (BAG 21. 1. 99 – 8 AZR 298/98 –; 28. 10. 04 AP Nr. 69 zu 1 KSchG 1969 Soziale Aus- wahl). Andere Gründe sind insb. verhaltens- oder personenbedingte Gründe. Be- triebsbedingte Gründe stehen einer Kündigung iSv. § 613 a Abs. 4 BGB dann nicht entgegen, wenn entweder der alte oder der neue ArbGeb. den Betrieb rationalisieren will oder wenn ein Arbeitsplatz unabhängig vom Betriebsinhaberwechsel weggefallen ist (BAG 18. 7. 96 AP Nr. 147 zu § 613 a BGB; zur Kündigung des Betriebsveräuße- rers aufgrund eines Erwerberkonzepts vgl. *Meyer* NZA 03, 244). Die Unwirksamkeit einer Kündigung nach § 613 a Abs. 4 BGB kann auch der ArbN geltend machen, der noch nicht unter das KSchG fällt. § 613 a Abs. 4 BGB enthält ein eigenständiges Kündigungsverbot (BAG 31. 1. 85 AP Nr. 40 zu § 613 a BGB). Es ist empfehlens- wert, wenn der ArbN bei einem Streit über die Wirksamkeit einer Kündigung die Klage gegen beide ArbGeb. richtet. Eine KSchKlage ist allerdings unbegründet, wenn der bisherige Arbgeb. die Kündigung erst nach dem Betriebsübergang ausgesprochen hat. Dann bestand zu ihm kein ArbVerh. mehr (BAG 27. 10. 05 AP Nr. 292 zu § 613 a BGB).

Ist eine Kündigung wegen zunächst beabsichtigter Betriebsstilllegung wirksam und kommt es danach zu einem Betriebsübergang und damit zur Fortführung des Be- triebs, kann der gekündigte ArbN einen Anspruch auf Wiedereinstellung gegen den Betriebserwerber haben; ein **Wiedereinstellungsanspruch** kommt selbst dann in Betracht, wenn der Betriebsübergang nach Ablauf der Kündigungsfrist erfolgt (vgl. BAG 13. 5. 04 AP Nr. 264 zu § 613 a BGB mit zahlreichen Nachw.). Dies gilt aller- dings nicht nach Ablauf der Frist einer insolvenzbedingten Kündigung (BAG 13. 5. 04 AP Nr. 264 zu § 613 a BGB). Diesen Anspruch muss der ArbN unverzüglich nach Kenntnis der Umstände, die den Betriebsübergang ausmachen, gegen den Betriebs- erwerber geltend machen (BAG 10. 12. 98 AP Nr. 186 zu § 613 a BGB).

Auch im Zusammenhang mit einem Betriebsübergang sind Verträge zwischen ArbGeb. und ArbN über die Aufhebung des ArbVerh. möglich. Voraussetzung ist, dass der ArbN auf Grund des **Aufhebungsvertrags** endgültig aus dem Betrieb aus- scheiden soll. Dagegen ist ein Aufhebungsvertrag nichtig, wenn lediglich die Konti- nuität des ArbVerh. bei gleichzeitigem Erhalt des Arbeitsplatzes bezweckt wird (BAG 28. 4. 87 AP Nr. 5 zu § 1 BetrAVG Betriebsveräußerung; 10. 12. 98 AP Nr. 185 zu § 613 a BGB; 18. 8. 05 AP Nr. 31 zu § 620 BGB Aufhebungsvertrag). Diesem Zweck dient der Aufhebungsvertrag, wenn zugleich ein neues ArbVerh. mit dem Betriebserwerber vereinbart oder verbindlich in Aussicht gestellt wird (BAG 10. 12. 98 AP Nr. 185 zu § 613 a BGB; 18. 8. 05 AP Nr. 31 zu § 620 BGB Aufhebungsvertrag).

§ 613 a Abs. 1 S. 1 BGB schreibt individualrechtlich den Eintritt des neuen Be- **131** triebsinhabers in die **Rechte und Pflichten** aus den im Zeitpunkt des Übergangs bestehenden ArbVerh. vor. Zu den Rechten, die nach § 613 a Abs. 1 S. 1 BGB über- gehen, gehören grundsätzlich alle Ansprüche (vgl. BAG 7. 9. 04 AP Nr. 17 zu § 611 BGB Sachbezüge) und der durch die bisherige Betriebszugehörigkeit erworbene Be- sitzstand (vgl. BAG 18. 9. 03 AP Nr. 62 zu § 622 BGB). Darunter fallen auch die mit dem bisherigen Betriebsinhaber individualvertraglich vereinbarten Bezugnahmen auf Tarifverträge und die mit ihm getroffenen Gleichstellungsabreden (vgl. BAG 23. 1. 08 AP Nr. 63 zu § 1 TVG Bezugnahme auf Tarifvertrag; 23. 9. 09 – 4 AZR 331/08 – NZA 10, 1796). Auch eine arbeitsvertraglich vereinbarte **dynamische Verweisung** auf einen TV gehört zu den Rechten und Pflichten aus dem ArbVerh., in die der Betriebserwerber nach § 613 a Abs. 1 Satz 1 BGB eintritt (BAG 23. 9. 09 – 4 AZR

331/08 – NZA 10, 1796). Eine Bezugnahme auf den jeweils für den Betrieb fach-
lich/betrieblich geltenden TV (sog. große dynamische Verweisung) liegt nur vor,
wenn sich das mit hinreichender Deutlichkeit aus dem Vertragstext oder aus besonderen Begleitumständen bei Vertragsschluss ergibt; eine **Gleichstellungsabrede** genügt
nicht (BAG 17. 11. 10 – 4 AZR 391/09 – NZA 11, 356, dort auch mwN zur unterschiedlichen Auslegung von vor und nach dem 1. 1. 02 vereinbarten Bezugnahme-
klauseln). Kein Recht iSv. § 613a Abs. 1 S. 1 BGB ist dagegen das Erreichen des
Schwellenwertes des § 23 Abs. 1 KSchG beim bisherigen ArbGeb. und der dadurch
entstandene KSchutz (BAG 15. 2. 07 AP Nr. 38 zu § 23 KSchG 1969). Der **Betriebserwerber wird Schuldner aller Forderungen** der ArbN aus dem Arbeitsverhältnis, nicht nur der künftig fällig werdenden, sondern auch der rückständigen.
Am Inhalt des ArbVerh. ändert sich nichts. Der **bisherige ArbGeb.** haftet gem.
§ 613a Abs. 2 BGB neben dem neuen ArbGeb. als **Gesamtschuldner** für alle Verpflichtungen, die vor dem Zeitpunkt des Übergangs entstanden sind und vor Ablauf
eines Jahres nach dem Betriebsübergang fällig werden. Nach bisherigem Verständnis
des § 613a BGB gehen bei einem Betriebsübergang nur die Arbeitsverhältnisse der
VertragsArbN des Veräußerers, nicht dagegen diejenigen der dort eingesetzten LeihArbN auf den Erwerber über (BAG 9. 2. 11 NZA 11, 791; ErfK/*Preis* § 613a BGB
Rn 67). Nach der Entscheidung des **EuGH** vom **21. 10. 10** (– C-242/09 – NZA
10, 1225) in der Sache **Albron Catering** erscheint das jedoch beim Übergang eines
konzernangehörenden Unternehmens auf ein nicht zum Konzern gehörendes Unternehmen nicht mehr völlig selbstverständlich (vgl. BAG 9. 2. 11 – 7 AZR 32/10 –
NZA 11, 791; *Bauer/v. Medem* NZA 11, 20; *Gaul/Ludwig* DB 11, 298; *Willemsen*
NJW 11, 1546; *Heuchemer/Schielke* BB 11, 758; *Kühn* NJW 11, 1408).

132   Sind Rechte und Pflichten eines ArbVerh. durch TV oder BV geregelt, so werden
sie gemäß **§ 613a Abs. 1 Satz 2 BGB** Inhalt des ArbVerh. mit dem neuen Betriebsinhaber. Sie verlieren damit grundsätzlich ihren kollektivrechtlichen Charakter
und werden **in individualrechtliche Abreden umgewandelt** (vgl. § 77 Rn 170;
BAG 5. 6. 02 AP Nr. 11 zu § 47 BetrVG 1972; 15. 1. 02 AP Nr. 1 zu § 2 Sozpl-
KonkG; 18. 9. 02 AP Nr. 7 zu § 77 BetrVG 1972 Betriebsvereinbarung; ErfK/*Preis*
Rn 111 ff.; *APS-Steffan* § 613a BGB Rn 121). Zu den transformierten Normen gehört der gesamte Bestand der bis dahin geltenden Tarifnormen. Dies gilt auch für
eine beim Betriebsveräußerer bereits festgelegte dynamische Veränderung, die erst
nach dem Betriebsübergang eintreten soll. Die Wirkungsweise der transformierten
Normen entspricht regelmäßig derjenigen, die bei einem Austritt des Veräußerers aus
dem tarifschließenden ArbGebVerband nach § 3 Abs. 3 TVG eintreten würde (BAG
22. 4. 09 – 4 AZR 100/08 – NZA 10, 2116). Sie können nach den Regeln des Individualarbeitsrechts (zB Änderungskündigung) innerhalb einer einjährigen Sperrfrist
nicht zum Nachteil der ArbN verändert werden, es sei denn, die Norm hätte auch
beim früheren ArbGeb. nicht mehr länger gegolten. Die transformierten Normen
wirken in dieser Zeit wie Mindestarbeitsbedingungen iSv. § 4 Abs. 1, Abs. 3 TVG
(BAG 22. 4. 09 – 4 AZR 100/08 – NZA 10, 2116). Die gesetzliche Anordnung der
Nachbindung dient der Vermeidung der Folgen einer Tarifflucht durch Austritt des
ArbGeb. aus dem ArbGebVerband (BAG 22. 4. 09 – 4 AZR 100/08 – NZA 10,
2116). Tarifnormen, die bereits zum Zeitpunkt des Betriebsübergangs in der Nachwirkung nach § 4 Abs. 5 TVG waren, können aber jederzeit einzelvertraglich auch
zum Nachteil der ArbN abgeändert werden (BAG 22. 4. 09 – 4 AZR 100/08 –
NZA 10, 2116). Nach Ablauf der Jahresfrist kann der Inhalt des Einzelarbeitsvertrags
durch Änderungsvereinbarung oder durch Änderungskündigung geändert werden
((BAG 22. 4. 09 – 4 AZR 100/08 – NZA 10, 2116; ErfK/*Preis* § 613a BGB
Rn 120). Das gilt auch, wenn BV nicht weitergelten können, weil der Betrieb nicht
unter das BetrVG fällt (zB öffentlichrechtliche juristische Personen, Religionsgemeinschaften, § 118 Abs. 2).

133   Gemäß **§ 613a Abs. 1 S. 3 BGB** unterbleibt oder entfällt die Transformation
nach § 613a Abs. 1 S. 2 BGB, wenn die **Rechte und Pflichten beim neuen Be-**

triebsinhaber durch Rechtsnormen eines anderen **TV** oder durch eine andere **BV geregelt** sind oder werden. Dies gilt auch, wenn TV oder BV erst später geschlossen werden (vgl. BAG 14. 8. 01 AP Nr. 85 zu § 77 BetrVG 1972; 18. 11. 03 AP Nr. 15 zu § 77 BetrVG 1972 Nachwirkung; 28. 6. 05 AP Nr. 25 zu § 77 BetrVG 1972 BV). Im Falle eines TV ist für § 613a Abs. 1 S. 3 BGB Voraussetzung sowohl die kongruente Tarifgebundenheit von ArbGeb. und ArbN als auch die Identität des Regelungsgegenstands (BAG 11. 5. 05 AP Nr. 30 zu § 4 TVG Tarifkonkurrenz; 23. 1. 08 AP Nr. 63 zu § 1 TVG Bezugnahme auf Tarifvertrag; *Bepler* RdA 09, 65, 70). In einem solchen Fall, wirkt der neue TV selbst dann, wenn die Tarifbindung erst Monate nach dem Betriebsübergang entsteht (BAG 19. 3 86 AP Nr. 49 zu § 613a BGB). § 613a Abs. 1 S. 3 BGB ist unmittelbar nur bei beiderseitiger Tarifgebundenheit anwendbar. Fand im Veräußererbetrieb ein TV nur aufgrund einzelvertraglicher Bezugnahme Anwendung, ist § 613a Abs. 1 S. 1 BGB einschlägig (ErfK/*Preis* § 613a BGB Rn 127). Die Rechtsfolgen hängen dann bei einem Betriebsübergang von der Auslegung der Bezugnahmeklausel ab. Führt diese dazu, dass ausschließlich der VeräußererTV in Bezug genommen wird, gilt dieser gemäß § 613a Abs. 1 S. 1 BGB auch mit dem Erwerber fort (vgl. BAG 29. 8. 07 AP Nr. 61 zu § 1 TVG Bezugnahme auf Tarifvertrag). Anders ist dies im Falle einer sog. „Tarifwechselklausel" oder einer „großen dynamischen Verweisung". Von einer solchen ist regelmäßig auszugehen, wenn der Vertrag ganz pauschal auf den „jeweils gültigen TV" verweist (BAG 16. 10. 02 AP Nr. 22 zu § 1 TVG Bezugnahme auf TV; ErfK/*Preis* § 613a BGB Rn 127).

Gemäß **§ 613a Abs. 1 S. 4 BGB** ist abweichend von Satz 2 eine Abänderung der **134** Rechte und Pflichten dann möglich, wenn der TV oder die BV nicht mehr gilt. Dies verdeutlicht, dass durch den Betriebsübergang die individualrechtliche Stellung der ArbN nicht verbessert wird, sondern nur erhalten bleibt (ErfK/*Preis* § 613a BGB Rn 121). Eine Abänderung der Rechte und Pflichten aus einem TV ist gemäß § 613a Abs. 1 S. 4 BGB während der Jahresfrist des Satz 2 ferner dann möglich, wenn der neue Betriebsinhaber und ein ArbN bei fehlender Tarifgebundenheit im Geltungsbereich eines anderen TV dessen Anwendung vereinbaren (§ 613a Abs. 1 S. 4 BGB). Dies gilt auch, wenn nur eine Partei nicht tarifgebunden ist (ErfK/*Preis* § 613a BGB Rn 122). Vereinbart werden kann nur der andere Tarifvertrag insgesamt, weil nur dies eine gewisse Richtigkeitsgewähr bietet (ErfK/*Preis* § 613a BGB Rn 122).

Dagegen können tarifvertragliche Rechte und Pflichten, die nach § 613a Abs. 1 **135** S. 2 BGB in das ArbVerh. transformiert wurden, häufig **nicht** im Wege der sog. **Über-Kreuz-Ablösung** zum Nachteil der ArbN **durch freiwillige BV** abgelöst werden (vgl. BAG 6. 11. 07 AP Nr. 337 zu § 613a BGB; 13. 11. 07, 21. 4. 10 AP Nr. 336, 387 zu § 613a BGB; *Bepler* RdA 09, 65, 71; skeptisch auch *Waas* RdA 06, 312, 316; **aa** *Gussen* in Anm. zu AP Nr. 225 zu § 613a BGB; *C. Meyer* NZA 01, 751; *Kania* DB 95, 626; MünchKomm zum BGB *Müller-Glöge* § 613a Rn 143 mwN; *Bernsau/Dreher/Hauck* Betriebsübergang § 613a BGB Rn 292; *Döring/Grau* BB 09, 158; ErfK/*Preis* § 613a BGB Rn 126). Meist wird einer derartigen BV ohnehin bereits die Sperrwirkung des **§ 77 Abs. 3 S. 1** entgegenstehen (vgl. dazu BAG 22. 3. 05 AP Nr. 26 zu § 4 TVG Geltungsbereich). **Im Falle der Unanwendbarkeit des § 77 Abs. 3 S. 1** – etwa in Fällen eines bislang geltenden Firmentarifvertrags (vgl. dazu BAG 6. 11. 07 AP Nr. 337 zu § 613a BGB) oder bei Eingliederung eines übertragenen Betriebs oder Betriebsteils in einen branchenfremden Betrieb – ist angesichts des nicht eindeutigen Wortlauts des § 613a Abs. 1 S. 3 BGB nach dem systematischen Zusammenhang und dem Zweck der Regelung zu **differenzieren.** § 613a Abs. 1 S. 2 BGB erhält dem einzelnen ArbN zwingend für ein Jahr den tariflichen Schutz (vgl. BAG 21. 1. 01 AP Nr. 20 zu § 4 TVG). Der ArbN soll durch den Betriebsübergang nicht schlechter stehen als er ohne diesen stünde. In Ergänzung hierzu sorgt § 613a Abs. 1 S. 3 BGB dafür, dass der ArbN durch den Betriebsübergang auch nicht besser gestellt wird. Ohne den Betriebsübergang ist das einem TV unterfallende ArbVerh. gem. § 77 Abs. 3 S. 1 gegen eine Ablösung durch BV geschützt. Auch bei einem Austritt des ArbGeb. aus dem ArbGebVerband ist wegen der Nachbindung des

§ 3 Abs. 3 TVG eine Ablösung nicht möglich. **§ 3 Abs. 3 TVG** kommt allerdings dann nicht zur Anwendung, wenn eine Tarifbindung wegen Herauswachsens aus dem Geltungsbereich eines TV entfällt. In diesem Fall ist **§ 4 Abs. 5 TVG** entsprechend anwendbar (BAG 10. 12. 97 AP Nr. 20 zu § 3 TVG). Danach können die Rechtsnormen eines TV durch eine andere Abmachung ersetzt werden. Die zwingende Wirkung der Tarifnormen entfällt. Im Bereich der zwingenden Mitbestimmung können daher die Betriebsparteien eine von der bisherigen tariflichen Regelung abweichende Regelung treffen (BAG 24. 2. 87 AP Nr. 21 zu § 77 BetrVG 1972). **§ 4 Abs. 5 TVG** erweitert aber die Regelungsbefugnis der Betriebsparteien nicht (vgl. *Löwisch/Rieble* TVG § 4 Rn 387). Dies bedeutet, dass diese außerhalb der gesetzlichen Mitbestimmung die aufgrund der Nachwirkung des TV bestehende individualrechtliche Position der ArbN nicht durch freiwillige BV verschlechtern können. Daher können auch bei einem mit einem Betriebsübergang verbundenen Herauswachsen aus dem Geltungsbereich eines TV die in das ArbVerh. **transformierten tariflichen Regelungen außerhalb des Bereichs der zwingenden Mitbestimmung** nicht **durch BV abgelöst** werden (BAG 6. 11. 07 AP Nr. 337 zu § 613a BGB; 13. 11. 07 AP Nr. 336 zu § 613a BGB; so wohl auch ErfK/*Preis* § 613a BGB Rn 126; **aA** wohl *Däubler/Bepler* TVG § 4 Rn 902). Dies gilt auch für **sog. teilmitbestimmte Regelungsgegenstände** (BAG 13. 11. 07 AP Nr. 336 zu § 613a BGB). Eine Ablösung ist allerdings wegen § 77 Abs. 3 S. 2 möglich, wenn der transformierte TV den Abschluss ergänzender BV vorsah (vgl. § 77 Rn 117ff.). **Im Bereich der zwingenden Mitbestimmung dürften einer Über-Kreuz-Ablösung weder systematische noch teleologische Gründe entgegenstehen.**

c) Betriebsverfassungsrechtliche Rechtsfolgen eines Betriebsübergangs

136   **Betriebsverfassungsrechtliche Folge eines bevorstehenden Betriebsübergangs** ist zunächst, dass der bisherige ArbGeb. gemäß § 106 Abs. 2, Abs. 3 Nr. 10 den **WiAusschuss zu unterrichten** hat (vgl. dazu BAG 22. 1. 91 AP Nr. 9 zu § 106 BetrVG 1972). Ist wegen Nichterreichens des Schwellenwerts des § 106 Abs. 1 kein WiAusschuss zu errichten, so stehen dessen Unterrichtungs- und Beratungsansprüche nach der Rspr. des BAG nicht dem BR zu (BAG 5. 2. 91 AP Nr. 10 zu § 106 BetrVG 1972). Ob an dieser Rspr. trotz der bis zum 23. 3. 05 umzusetzenden RL 2002/14/EG (MitwirkungsRL) festgehalten werden kann, erscheint zweifelhaft (vgl. *Bonin* ArbuR 04, 312, 324ff.). Ein Informationsanspruch des BR nach § 80 Abs. 2 kommt nur in Betracht, wenn dies zur Durchführung konkreter Aufgaben erforderlich ist (vgl. BAG 5. 2. 91 AP Nr. 10 zu § 106 BetrVG 1972).

137   Der **Übergang des ganzen Betriebs** ist nach bislang ganz überwiegender Auffassung in Rspr. und Schrifttum **keine Betriebsänderung iSv. § 111,** da der Betrieb als solcher erhalten bleibt und nur der ArbGeb. wechselt (vgl. § 111 Rn 50 mwN; BAG 25. 1. 00 AP Nr. 137 zu § 112 BetrVG 1972; *Moll* RdA 03, 129; *Bernsau/Dreher/Hauck* Betriebsübergang, BetrVG Rn 76; **aA** *DKKW-Däubler* § 111 Rn 102). Diese Beurteilung ist gemeinschaftsrechtlich problematisch (vgl. insb. *Karthaus* ArbuR 07, 114). Nach Art. 4 Abs. 2c der **RL 2002/14/EG** vom 11. 3. 02 zur Festlegung eines allgemeinen Rahmens für die Unterrichtung und Anhörung der ArbN in der EG, die nach Art. 3 für Unternehmen mit mind. 50 ArbN oder für Betriebe mit mind. 20 ArbN in einem Mitgliedstaat gilt, erfolgt eine Unterrichtung und Anhörung zu Entscheidungen, die wesentliche Veränderungen der Arbeitsorganisation oder der Arbeitsverträge mit sich bringen können, einschließlich solcher, die Gegenstand der in Art. 9 Abs. 1 genannten Gemeinschaftsbestimmungen sind. Zu diesen gehört die RL 2001/23/EG (BetriebsübergangsRL). Betrachtet man den anlässlich eines Betriebsübergangs eintretenden Wechsel des Arbeitgebers als eine wesentliche Änderung der Arbeitsverträge, dürfte nach der RL 2002/14/EG die vorherige Unterrichtung und Anhörung der ArbNVertretung erforderlich sein. In Unternehmen mit einem WiAusschuss dürfte der sich danach ergebenden Umsetzungspflicht die in § 106 Abs. 1 S. 2, Abs. 2 vorgeschriebene Unterrichtung und Beratung (vgl. Rn 135) genügen (vgl. *Bonin* ArbuR 04, 321, 326; *Franzen* FS *Birk* S. 97, 104f.; vgl. auch *Reichold* NZA 03, 289, 298f.; **aA** *Karthaus* ArbuR 07, 114, 117f.). In Unternehmen, in denen in der Regel nicht mehr als 100 ArbN beschäftigt sind und daher nach § 106 Abs. 1 S. 1 kein WiAusschuss zu bilden ist, ist § 106 Abs. 1 S. 2, Abs. 2 zur Umsetzung der RL 2002/14/EG nicht geeignet. Hier könnte daher – solange der Gesetzgeber den Schwellenwert in § 106 Abs. 1 S. 1 nicht auf 50 absenkt – eine weite, richtlinienkonforme Auslegung des § 111 BetrVG geboten sein, welche zu dessen Anwendung auf Betriebsveräußerungen führt (so *Karthaus* ArbuR 07, 114, 118; *Reichold* NZA 03, 289, 298; vgl. auch GK-*Oetker* § 111 Rn 4, 128; *Franzen* FS *Birk* S. 97, 103). Die Sanktion des § 113 Abs. 3 dürfte allerdings meist daran scheitern, dass die ArbN infolge des Betriebsübergangs regelmäßig nicht entlassen werden oder andere wirtschaftliche Nachteile erleiden. Dies könnte wiederum ein Argument für den allgemeinen Unterlassungsanspruch (vgl. § 111 Rn 131ff.) sein (vgl. *Karthaus* ArbuR 07, 114, 118f.). Anlässlich des Betriebsübergangs kann es zu Betriebsänderungen iSv. § 111 S. 3 kommen, an denen der BR auf jeden Fall zu beteiligen ist (vgl. § 111 Rn 51; BAG 25. 1. 00, aaO; *Neef* NZA 94, 97; *Wißmann* NZA 03, 5; *Bernsau/Dreher/Hauck* Betriebsübergang, BetrVG Rn 76).

Werden **nur Betriebsteile auf einen neuen Inhaber übertragen** (vgl. Rn 128), **138** wird es sich häufig um die Spaltung des Betriebs iSv. § 111 S. 3 Nr. 3 und zugleich um eine grundlegende Änderung der Betriebsorganisation iSv. § 111 S. 3 Nr. 4 handeln (vgl. § 111 Rn 52, 59; BAG 10. 12. 96 AP Nr. 110 zu § 111 BetrVG 1972; *Neef* NZA 94, 100; *Bernsau/Dreher/Hauck* Betriebsübergang, BetrVG Rn 84). Der BR des alten Betriebs ist zu beteiligen (BAG 16. 6. 87 AP Nr. 19 zu § 111 BetrVG 1972).

Im Übrigen kommt es für die betriebsverfassungsrechtlichen Folgen eines Be- **139** triebsübergangs (vgl. *Bernsau/Dreher/Hauck* Betriebsübergang, BetrVG Rn 5ff.; *Moll* RdA 03, 129) entscheidend darauf an, ob die **Identität** des übergegangenen **Betriebs erhalten** bleibt.

Bei **fortbestehender Betriebsidentität** hat der Betriebsübergang keine Auswir- **140** kungen auf die Rechtsstellung des **BR.** Dieser **bleibt im Amt** (vgl. § 21 Rn 34; BAG 11. 10. 95 AP Nr. 2 zu § 21 BetrVG 1972; 5. 6. 02 AP Nr. 12 zu § 47 BetrVG 1972; *Bernsau/Dreher/Hauck* BetrVG Rn 10). Dies gilt auch dann, wenn einzelne ArbN gemäß § 613a Abs. 6 S. 1 BGB dem Übergang ihres ArbVerh. auf den Betriebserwerber widersprechen (*Moll/Ersfeld* DB 11, 1108). Jedenfalls solange der Betrieb dadurch seine Identität nicht verliert, bleibt der bisherige BR im Amt. Da der Betrieb nicht untergeht, ist **für ein Restmandat nach § 21b** kein Raum (§ 21b Rn 6; *Moll/Ersfeld* DB 11, 1108; **aA** LAG Rheinland-Pfalz 18. 4. 05 – 2 TaBV 15/05 –). Dies gilt auch dann, wenn der bisherige ArbGeb. die Arbeitsverhältnisse der widersprechenden ArbN kündigt. Zur Frage, ob überhaupt und ggf. welcher BR zur Kündigung der widersprechenden ArbN anzuhören ist, vgl. § 102 Rn 20b mwN. **Bei BRMitgliedern, die dem Übergang ihres ArbVerh. widersprechen, endet** durch den damit verbundenen Verlust der Wählbarkeit nach § 24 Nr. 4 die **Mitgliedschaft im BR** (*Moll/Ersfeld* DB 11, 1108). Falls durch Widersprüche von BRMitgliedern die Gesamtzahl nach Eintreten sämtlicher Ersatzmitglieder unter die vorgeschriebene Zahl der BRMitglieder sinkt, ist nach § 13 Abs. 2 Nr. 2 BetrVG ein neuer BR zu wählen; der bisherige führt nach § 22 die Geschäfte fort. Falls alle BRMitglieder und sämtliche Ersatzmitglieder dem Übergang ihrer Arbeitsverhältnisse widersprechen, ist zur Meidung einer vertretungsrechtlichen Schutzlücke an eine **entsprechende Anwendung des § 21a Abs. 1 BetrVG** zu denken (skeptisch insoweit *Moll/Ersfeld* DB 11, 1108). In einem betriebsmittelarmen und dienstleistungsorientierten Betrieb kann der Widerspruch aller ArbN dazu führen, dass es bereits an einem Betriebsübergang fehlt (vgl. BAG 23. 9. 10 – 8 AZR 567/09 – NZA 11, 197). Dann besteht der BR im bisherigen Betrieb des alten ArbGeb fort. In betriebsmittelgeprägten Betrieben kann ein Betriebsübergang auch ohne Übernahme von Personal vorliegen (vgl. BAG 23. 9. 10 – 8 AZR 567/09 – NZA 11, 197). Der Widerspruch aller ArbN einschl. der BRMitglieder kann daher dazu führen, dass Belegschaft und BR zwar nicht der ArbGeb., aber der BR abhandenkommt. In einem solchen Fall ist möglicherweise – etwa bei den dann anstehenden Kündigungen – in **entspr.** Anwendung von **§ 21b** an ein Restmandat des bisherigen BR zu denken (ablehnend insoweit *Moll/Ersfeld* DB 11, 1108). Ein Fortbestand des **GesBR** beim Erwerber kommt nur dann in Betracht, wenn auf diesen sämtliche Betriebe übertragen wurden (vgl. § 47 Rn 26; BAG 5. 6. 02 AP Nr. 11 zu § 47 BetrVG 1972; *Bernsau/Dreher/Hauck* Betriebsübergang, BetrVG Rn 27).

141   Der **neue Betriebsinhaber tritt in die betriebsverfassungsrechtliche Stellung des bisherigen Inhabers ein** (vgl. BAG 28. 9. 88 NZA 89, 188; 15. 1. 02 NZA 02, 1034; 9. 12. 08 NZA 09, 254; 9. 12. 09 – 7 ABR 90/07 – NZA 10, 461). Er haftet daher auch für **Kostenerstattungs- und Freistellungsansprüche** des BR nach § 40 Abs. 1 (BAG 9. 12. 09 – 7 ABR 90/07 – NZA 10, 461). Findet der Betriebsübergang nach der Eröffnung des Insolvenzverfahrens über das Vermögen des bisherigen Inhabers statt, haftet der Betriebserwerber nur für Masseverbindlichkeiten nach § 55 InsO, nicht für Insolvenzforderungen nach § 38 InsO. Das gilt auch für kollektivrechtliche Ansprüche des BR nach § 40 Abs. 1. Der BR soll keine bessere Rechtsstellung erhalten als andere Insolvenzgläubiger (BAG 9. 12. 09 – 7 ABR 90/07 – NZA 10, 461; vgl. zur KO BAG 13. 7. 94 AP Nr. 28 zu § 61 KO). Honoraransprüche eines vom BR hinzugezogenen Beraters für vor der Insolvenzeröffnung erbrachte Beratungsleistungen sind Insolvenzforderungen (BAG 9. 12. 09 – 7 ABR 90/07 – NZA 10, 461). Etwas Anderes gilt für die Gebührenansprüche eines vom BR in einem arbeitsgerichtlichen BeschlVerf. hinzugezogenen RA, das vom Insolvenzverwalter aufgenommen wird (vgl. dazu BAG 17. 8. 05 NZA 06, 109) und für die Honoraransprüche eines E-StellenVors. (vgl. dazu BAG 27. 3. 79 AP Nr. 7 zu § 76 BetrVG 1972). In einem arbeitsgerichtlichen Beschlussverfahren tritt der Betriebserwerber automatisch in jeglicher Hinsicht an die Stelle des bisher beteiligten Arbeitgebers (BAG 9. 12. 08 – 1 ABR 75/07 – NZA 09, 254).

142   **BV gelten** bei fortbestehender Betriebsidentität **normativ fort** (vgl. § 77 Rn 168; BAG 18. 9. 02 AP Nr. 7 zu § 77 BetrVG 1972 BV; *Kreft* FS *Wißmann* S. 347, 351). Der normativen Fortgeltung der BV im Erwerberbetrieb kann nicht entgegengehalten werden, es handele sich um einen unzulässigen Vertrag zu Lasten Dritter, weil dadurch Ansprüche gegen den Betriebserwerber begründet würden. Vielmehr gehen die Verpflichtungen des Veräußerers auf den Erwerber über. Die Betriebparteien können allerdings nicht unmittelbar Verpflichtungen des Betriebserwerbers begründen (vgl. BAG 11. 1. 11 – 1 AZR 375/09 – BB 11, 1533; vgl. außerdem zur Haftungsbeschränkung des Betriebserwerbers aus Sozialplänen in der Insolvenz §§ 112, 112a Rn 317). Daher wären wohl auch aufschiebend bedingte BV, die Betriebsveräußerer und Betriebsrat vor dem Betriebsübergang schließen, und die erst beim Betriebserwerber Wirkung entfalten sollen, ohne dessen Zustimmuing nicht möglich. Dagegen bestehen gegen den Abschluss aufschiebend bedingter BV zwischen BR und Betriebserwerber wohl keine durchgreifenden Bedenken. Auch **GesBV** gelten normativ fort. Ihr Bezugsobjekt und Regelungssubstrat ist nicht das Unternehmen, sondern der Betrieb (vgl. § 77 Rn 169 mwN, § 50 Rn 77; BAG 18. 9. 02 aaO; *Kreft* FS *Wißmann* S. 347, 356 ff.; *Rieble/Gutzeit* NZA 03, 233). Der Erwerber ist an Entscheidungen in betriebsverfassungsrechtlichen Streitigkeiten gegen den früheren Betriebsinhaber gebunden (vgl. BAG 5. 2. 91 AP Nr. 89 zu § 613a BGB). Auch **KBV** gelten bei Restrukturierungen auf Konzernebene fort, solange die Identität auf betrieblicher Ebene erhalten bleibt (vgl. § 77 Rn 170; *Braun* ArbRB 04, 118; vgl. auch *C. Meyer* BB 05 Special Nr. 14, S. 5). Auch bei der Privatisierung öffentlich-rechtlicher Betriebe erscheint eine normative Fortgeltung der Dienstvereinbarungen dann nicht ausgeschlossen, wenn sich an der Identität des betrieblichen Substrats nichts ändert (**aA** ErfK/*Preis* § 613a BGB Rn 115 mwN; *Niklas/Mückl* DB 08, 2250). Aus den spezialgesetzlichen Regelungen in § 8 BwKoopG (vgl. Rn 56a), § 9 BWpVerwPG (vgl.

Rn 56b) und in § 9 BfAlPG (vgl. Rn 56d) kann allerdings möglicherweise ein Umkehrschluss gezogen werden; zwingend erscheint dieser jedoch nicht.

Geht ein Betriebsübergang mit einer Eingliederung des bisherigen Betriebs in **143** einen anderen Betrieb, einer Zusammenlegung oder Aufspaltung einher und **verliert dabei der Betrieb seine Identität,** gelten dieselben Grundsätze, die ohne den Betriebsübergang zur Anwendung kommen (vgl. Rn 113, 114).

Geht bei der **Eingliederung** in einen aufnehmenden Betrieb die Identität des übertragenen Betriebs verloren und bleibt die Identität des aufnehmenden Betriebs erhalten, repräsentiert der BR des aufnehmenden Betriebs die ArbN des aufgenommenen Betriebs. Das Amt des BR des aufgenommenen Betriebs erlischt. Wegen der Vergrößerung des aufnehmenden Betriebs kann eine Neuwahl erforderlich werden (§ 13 Abs. 1 Nr. 1).

Geht bei einer **Zusammenlegung** die Identität mehrerer Betriebe verloren, hat der BR des nach der Zahl der Wahlberechtigten größten Betriebs nach § 21a Abs. 2 ein Übergangsmandat (vgl. § 21a Rn 28).

Wird ein **Betriebsteil übertragen und** bleibt dabei die **Identität des Ursprungsbetriebs** erhalten, handelt es sich um eine **Abspaltung.** Der BR im Ausgangsbetrieb bleibt im Amt (vgl. § 21a Rn 9). Die BV gelten dort weiter.

Wird der **abgespaltene und übertragene Betriebsteil als selbständiger Betrieb fortgeführt,** behält der BR des Ursprungsbetriebs gem. § 21a Abs. 1 S. 1, Abs. 3 ein **Übergangsmandat.** Die **BV gelten normativ in dem abgespaltenen Betriebsteil fort** (vgl. § 77 Rn 166; BAG 18. 9. 02 AP Nr. 7 zu § 77 BetrVG 1972 BV; *Kreft* FS *Wißmann* S. 347, 352ff.; *Salamon* RdA 07, 103; zur Kritik an der Rspr. des Ersten Senats des BAG *Preis/Richter* ZIP 04, 925). Dies gilt nicht, wenn der abgespaltene Betriebsteil in einen neuen Betrieb mit BR eingegliedert wird. Dann repräsentiert dieser die ArbN des eingegliederten Betriebsteils. Eines Übergangsmandats bedarf es nicht. BV des Ursprungsbetriebs gelten in dem eingegliederten Betriebsteil nicht fort (vgl. § 77 Rn 173).

Werden im Wege der Aufspaltung der **Ursprungsbetrieb aufgelöst und die Betriebsteile gem.** § 613a BGB übertragen, hat der bisherige BR gem. § 21a Abs. 1 S. 1, Abs. 3 ein Übergangsmandat oder – bei fehlenden BRFähigkeit der übertragenen Teile – für die Abwicklung ein Restmandat nach § 21b. Auch die BV gelten in den entstandenen Teileinheiten so lange fort, wie diese die Kriterien eines Betriebsteils erfüllen und selbständig geführt werden (BAG 18. 9. 02 AP Nr. 7 zu § 77 BetrVG 1972 Betriebsvereinbarung; *Kreft* FS *Wißmann* S. 347, 352f.).

IV. Unternehmen und Konzern

1. Unternehmen

Neben dem Betrieb ist das **Unternehmen** Anknüpfungspunkt für Beteiligungs- **144** rechte der ArbNVertr. Ihm kommt insb. eine **eigenständige betriebsverfassungsrechtliche Bedeutung** zu, wenn in einem Unternehmen **mehrere BR** bestehen; in diesem Fall ist ein GesBR zu errichten (§ 47 Abs. 1). Beteiligungsrechte des BR in wirtschaftlichen Angelegenheiten beziehen sich auf das Unternehmen (§§ 106ff. – Wirtschaftsausschuss, § 110 – Unterrichtung der ArbN) oder richten sich bei Betriebsänderungen gegen den Unternehmer (§§ 111ff.). In den §§ 111ff. sind die Begriffe „Unternehmer" und „Arbeitgeber" identisch. Sie beschreiben lediglich unterschiedliche Funktionen und Rechtsbeziehungen derselben (juristischen oder natürlichen) Person (BAG 15. 1. 91 AP Nr. 21 zu § 113 BetrVG 1972).

Das BetrVG kennt keinen eigenen **Unternehmensbegriff,** es setzt ihn voraus. **145** Unternehmen ist die organisatorische Einheit, mit der der Unternehmer seine wirtschaftlichen oder ideellen Zwecke verfolgt (BAG 7. 8. 86 AP Nr. 5 zu § 1 Betr-

VG 1972; BAG 5. 3. 87 AP Nr. 30 zu § 15 KSchG 1969; GK-*Franzen* Rn 30; *HSWGNR-Rose* Rn 14).

146   Ein Unternehmen setzt einen **einheitlichen Rechtsträger** voraus (BAG 23. 8. 89 AP Nr. 7 zu § 106 BetrVG 1972; *Richardi* Rn 53 f.; *HSWGNR-Rose* Rn 15). Bei Personengesellschaften (OHG; KG) und bei Kapitalgesellschaften (AG, KG auf Aktien, GmbH) ist die Gesellschaft identisch mit dem Unternehmen. Die Gesellschaft kann nur ein Unternehmen haben (BAG 13. 6. 85 AP Nr. 10 zu § 1 KSchG 1969). Die rechtliche Selbständigkeit geht nicht dadurch verloren, dass das Unternehmen von einem oder mehreren anderen Unternehmen wirtschaftlich abhängig ist; dies wird nur bei der Bildung eines KBR berücksichtigt (§ 54). Auch eine natürliche Person (Einzelkaufmann) stellt betriebsverfassungsrechtlich nur ein Unternehmen dar (vgl. § 47 Rn 12; str.). Mehrere natürliche oder juristische Personen können sich in einer GbR zu einem Unternehmen zusammenschließen. Nach der Rspr. des BGH und nun auch des BAG besitzt eine (Außen-)GbR beschränkte Rechtssubjektivität und ist parteifähig (vgl. BAG 1. 12. 04 AP Nr. 14 zu § 50 ZPO mwN).

147   **Betreibt ein Unternehmen nur einen Betrieb,** ist die Unterscheidung von Unternehmen und Betrieb in betriebsverfassungsrechtlicher Hinsicht nicht von Bedeutung.

148   Hat ein Unternehmen **mehrere betriebsratsfähige Betriebe,** ist in jedem ein BR zu wählen. Diese haben gem. § 47 Abs. 1 einen GesBR zu errichten. Bezugsobjekt und Regelungssubstrat der betrieblichen Mitbestimmung bleiben auch in diesem Fall die Betriebe (vgl. BAG 18. 9. 02 AP Nr. 7 zu § 77 BetrVG BV).

149   Die **Beteiligungsrechte des BR** bestehen grundsätzlich **gegenüber dem Unternehmer.** Dieser verfügt über die erforderlichen Informationen und trifft die mitbestimmungsrechtlich relevanten Entscheidungen. Zum Adressaten der Mitbestimmung im gemeinsamen Betrieb mehrerer Unternehmen vgl. Rn 104 ff.

150   Unmittelbar beeinflusst wird die unternehmerische Entscheidung durch die Mitbestimmung im AR und die Bestellung eines Arbeitsdirektors. Betriebsverfassungsrechtlich ist der Unternehmer verpflichtet, den BR und andere Vertr. der ArbN über geplante und erfolgte unternehmerische Entscheidungen zu informieren (§ 53 Abs. 2, §§ 106 ff., 111 ff.). **Die unternehmerische Entscheidung selbst kann der BR letztlich kaum beeinflussen.** Er kann jedoch versuchen, in einem Interessenausgleich Nachteile für die ArbN soweit wie möglich abzuwenden, oder in einem Sozialplan die durch unternehmerische Entscheidungen den ArbN entstehenden Nachteile auszugleichen (vgl. zum Inhalt und Umfang der Beteiligungsrechte in wirtschaftlichen Angelegenheiten in §§ 112, 112 a Rn 10 ff., 96 ff.).

2. Unternehmensverfassung

151   **Gegenstand der Unternehmensverfassung** ist die Regelung der Planungs-, Organisations- und Leitungskompetenz in einem Unternehmen unter Beteiligung der ArbN. Es geht um die institutionelle Teilhabe der ArbN an den wirtschaftlichen (unternehmerischen) Entscheidungen (MünchArbR-*v. Hoyningen-Huene* § 210 Rn 8; GK-*Wiese* Einl. Rn 41).

152   Die **Mitbestimmung im Unternehmen** ist geregelt
- im Gesetz über die Mitbestimmung der ArbN **(MitbestG)** vom 4. 5. 1976 für Kapitalgesellschaften mit in der Regel mehr als 2000 beschäftigten ArbN (vgl. dazu etwa *WWKK* S. 1 ff.),
- im Gesetz über die Mitbestimmung der ArbN in den Aufsichtsräten und Vorständen der Unternehmen des Bergbaus und der Eisen und Stahl erzeugenden Industrie vom 21. 5. 1951 (BGBl. I S. 347; **Montan-MitbestG**),
- im Gesetz zur Ergänzung des Gesetzes über die Mitbestimmung der ArbN in den Aufsichtsräten und Vorständen der Unternehmen des Bergbaus und der Eisen und Stahl erzeugenden Industrie vom 7. 8. 1956 (BGBl. I S. 707; **Mitbest-ErgG**) für herrschende Konzerngesellschaften im Montanbereich,

- in dem die $\S\S$ 76 ff. BetrVG 1952 ablösenden **Drittelbeteiligungsgesetz** vom 18. 5. 04 (BGBl. I 974 ff.) für Unternehmen in der Rechtsform einer AG, KG aA, GmbH, VVaG oder Erwerbs- oder Wirtschaftsgenossenschaft, die in der Regel mehr als 500 ArbN beschäftigen und nicht als Tendenzunternehmen zu charakterisieren sind (vgl. *WWKK* S. 671 ff.; dazu *Seibt* NZA 04, 767),
- im G über die Beteiligung der ArbN in einer Europäischen Gesellschaft **(SEBG)** vom 22. 12. 04 (BGBl. I 3686; vgl. dazu Rn 182 a),
- im G über die Beteiligung der ArbN und ArbNinnen in einer Europäischen Genossenschaft **(SCEBG)** vom 14. 8. 06 (BGBl. I 1917, vgl. Rn 182 a),
- im G über die Mitbestimmung der ArbN bei einer grenzüberschreitenden Verschmelzung **(MgVG)** vom 21. 12. 06 (BGBl. I 3332; vgl. Rn 182 b).

Auch die Mitbestimmung in Unternehmen hat das **Ziel,** bei den unternehme- **153** rischen Planungen und Entscheidungen neben den Interessen der Anteilseigner die **Interessen der ArbN zu berücksichtigen.** Die soziale Komponente der Unternehmenspolitik soll dadurch institutionell abgesichert und gefördert werden.

Unternehmens- und BetrVerf. müssen trotz gleicher Zwecke unterschieden werden. **154** Die Unterschiede sind struktureller Art. Die BetrVerf. knüpft an den Betrieb als organisatorische Einheit an. Sie regelt das Verhältnis des ArbGeb. zu den ArbN des Betriebs. Die Beteiligung der ArbN erfolgt durch gewählte Vertreter (BR) gegenüber dem Arb-Geb. **(dualistisches Modell,** vgl. GK-*Wiese* Einl. Rn 44). In Unternehmen, die der Mitbestimmung unterliegen, werden die Vertr. der ArbN in die Willensbildung des Leitungsorgans einbezogen **(Integrationsmodell).** Die BetrVerf. lässt in der Regel die unternehmerische Entscheidung in den Aufsichts- und Planungsorganen des Unternehmens unberührt. Die Beteiligungsrechte nach dem BetrVG und den MitbestG berühren sich rechtlich im Grundsatz nicht. Faktisch gibt es viele Berührungs-punkte, zB bei der Mitbestimmung in wirtschaftlichen Angelegenheiten (MünchArbR *v. Hoyningen-Huene* $\S$ 210 Rn 9). Im Unternehmen werden unternehmerische (wirtschaftliche) Entscheidungen geplant. Im Betrieb werden die Richtlinienentscheidungen (GK-*Wiese* Einl. Rn 41) ausgeführt und umgesetzt. Betriebliche Mitbestimmung gibt es auch außerhalb der mitbestimmten Unternehmen, Mitbestimmung in Unternehmen nur da, wo MitbestG eingreifen. Sonst entscheidet der Unternehmer allein.

Das BetrVG 1972 regelt als rein arbeitsrechtliches Gesetz **nicht** die eigentliche Un- **155** **ternehmensverfassung.** Die Aufnahme gesellschaftsrechtlicher Vorschriften (Vertr. der ArbN im AR) in die BetrVerf. seit dem BRG 1920 war historisch bedingt, stellte aber einen Fremdkörper dar. Mit dem Drittelbeteiligungsgesetz vom 18. 5. 04 wurde der unübersichtliche Regelungsrest der $\S\S$ 76 ff. BetrVG 1952 redaktionell neu gefasst und systematisiert (vgl. *Seibt* NZA 04, 767).

3. Umwandlung von Unternehmen nach dem Umwandlungsgesetz

a) Rechtliche Grundlagen

Die Umstrukturierungen von Unternehmen nehmen an Umfang und Bedeutung **156** zu. In großen Unternehmen geht es vor allem darum, Unternehmensteile rechtlich zu verselbständigen und die verschiedenen Bereiche unternehmerischer Tätigkeiten übersichtlich zu strukturieren, Verantwortungsbereiche klarer zu definieren sowie beweglichere und reaktionsschnellere Einheiten zu schaffen. Das neue Umwandlungsrecht ist das rechtliche Instrument, das den Unternehmen eine Änderung ihrer Strukturen erleichtern soll. Durch das Gesetz zur Bereinigung des Umwandlungsrechts ist das Umwandlungsrecht im **Umwandlungsgesetz** (UmwG) zusammengefasst und einheitlich geregelt worden (zum Arbeitsrecht im neuen Umwandlungsgesetz vgl. *Boecken,* Unternehmensumwandlungen und Arbeitsrecht 1996; *Däubler* RdA 95, 136; *Willemsen/Hohenstatt/Schweibert/Seibt* Umstrukturierung und Übertragung von Unternehmen; *HWK/Willemsen* $\S\S$ 323 ff. UmwG; *ders.* NZA 96, 791; *Maschmann* NZA Beilage 1/2009 S. 32).

157 Das Umwandlungsrecht ist Organisationsrecht für Unternehmen. Es betrifft die rechtliche Zuordnung von Vermögen. Die Vermögensverschiebungen vollziehen sich bei allen Umwandlungsformen im Wege der **Gesamtrechtsnachfolge,** nicht der Einzelrechtsnachfolge (Übertragung einzelner Vermögensteile). Allerdings wird die Übertragung einzelner Vermögensgegenstände im Wege der Einzelrechtsnachfolge, zB als Betriebsveräußerung nach § 613a BGB, nicht ausgeschlossen.

b) Formen der Umwandlung

158 Die Umwandlung von Unternehmen ist in **verschiedenen Formen** möglich: Verschmelzung (§§ 2–122 UmwG), Spaltung (§§ 123–173 UmwG), Vermögensübertragung (§§ 174–189 UmwG) und Formwechsel (§§ 190–304 UmwG).

159 Die **Verschmelzung** kann gem. § 2 UmwG unter Auflösung des bisherigen Rechtsträgers ohne Abwicklung im Wege der Aufnahme durch Übertragung des gesamten Vermögens auf einen bestehenden Rechtsträger **(Verschmelzung durch Übernahme)** oder im Wege der Übertragung der Vermögen jeweils als Ganzes auf einen neuen, von den übertragenden Rechtsträgern gegründeten Rechtsträger erfolgen **(Verschmelzung durch Neugründung).** Die Verschmelzung durch Aufnahme richtet sich nach §§ 4 ff. UmwG, die Verschmelzung durch Neugründung nach §§ 36 ff. UmwG. Die Anteilseigner des übertragenden Rechtsträgers erhalten als Gegenleistung für die Übertragung des Vermögens Anteile oder Mitgliedschaften an dem übernehmenden oder neuen Rechtsträger. Grundlage der Verschmelzung ist ein Verschmelzungsvertrag (§ 4 UmwG). Mit der Eintragung der Verschmelzung im Handelsregister geht das Vermögen insgesamt auf den neuen Rechtsträger über (zu arbeitsrechtlichen Fragen einer Verschmelzung vgl. *Thannheiser* AuA 01, 100; *Trappehl/Nussbaum* BB 11, 2869).

160 § 123 UmwG sieht **3 Arten der Spaltung** vor: die Aufspaltung, die Abspaltung und die Ausgliederung.

161 Bei der **Aufspaltung** löst sich der bisherige Rechtsträger gem. § 123 Abs. 1 UmwG auf und überträgt sein Vermögen insgesamt auf mindestens 2 bestehende oder neu gegründete Rechtsträger. Die Mitgl. oder Anteilseigner des bisherigen Unternehmens erhalten Anteile oder Mitgliedschaften an den neuen Unternehmen.

162 Bei der **Abspaltung** bleibt der bisherige Rechtsträger nach § 123 Abs. 2 UmwG bestehen und überträgt einen oder mehrere Teile seines Vermögens als Gesamtheit auf einen oder mehrere bereits bestehende oder neu gegründete Rechtsträger. Die Anteilseigner oder Mitgl. des übertragenden Rechtsträgers erhalten als Gegenleistung Anteile oder Mitgliedschaften an den übernehmenden Rechtsträgern.

163 Im Falle der **Ausgliederung** überträgt der bisherige Rechtsträger ebenso wie bei der Abspaltung einen Teil seines Vermögens auf einen anderen Rechtsträger. Anders als bei der Abspaltung erhalten aber nicht die Anteilseigner oder Mitgl. des übertragenden Rechtsträgers Anteile an dem neuen Rechtsträger. Die Anteile erhält vielmehr gem. § 123 Abs. 3 UmwG der bisherige Rechtsträger selbst.

164 Rechtsgrundlage der Unternehmensspaltung ist gem. § 126 UmwG der **Spaltungsvertrag.** Soweit erst durch die Spaltung der neue Rechtsträger entsteht, muss ein Spaltungsplan aufgestellt werden. Dieser tritt nach § 136 UmwG an die Stelle des Spaltungs- und Übernahmevertrags.

165 Bei einer **Vermögensübertragung** löst sich ein Rechtsträger auf und überträgt sein Vermögen ganz oder teilweise auf den Bund, ein Land, eine Gebietskörperschaft oder einen Zusammenschluss von Gebietskörperschaften (vgl. §§ 174, 175 UmwG).

166 Bei einer formwechselnden Umwandlung **(Formwechsel)** erhalten die Rechtsträger eine andere Rechtsform (vgl. §§ 190–304 UmwG).

c) Informationsrechte des Betriebsrats

167 Die Veränderungen auf der Unternehmensebene lösen **Informationsrechte des BR** aus (ausführlich *Boecken* Umwandlungen S. 207 ff.; *Schweibert* in *Willemsen,* Umstrukturierung Kap. C Rn 140 ff.; *Wlotzke* DB 95, 45; *Engelmeyer* DB 96, 2542; *Blechmann* NZA 05, 1143). Der Entwurf des Verschmelzungsvertrages muss dem zuständigen BR einen Monat vor dem Verschmelzungsbeschluss zugeleitet werden (§ 5 Abs. 3 UmwG). Zuständig wird in der Regel der GesBR sein (vgl. *Willemsen,* Umstrukturierung Kap. C Rn 357 mwN; *Wlotzke* DB 95, 45; vgl. aber auch *Blechmann* NZA 05, 1143). Andere unmittelbar betroffene EinzelBR sollten ebenfalls informiert werden. Nach § 126 Abs. 3 UmwG ist bei einer Spaltung der Spaltungsvertrag oder der Spaltungsbeschluss einen Monat vor der Beschlussfassung dem zuständigen BR zuzuleiten. Auch hier wird in der Regel der GesBR zuständig sein. Auch bei einem Formwechsel ist gem. § 194 Abs. 2 UmwG der Entwurf des Umwandlungsbeschlusses spätestens einen Monat vor dem Tage der Verslg. der Anteilseigner, die den Formwechsel beschließen, dem zuständigen BR zuzuleiten.

Diese **Informationsrechte** des BR nach dem UmwG ergänzen die allgemeinen **168** Vorschriften der §§ 80, 90 f., 92, 106 Abs. 2 und 3, 109 a und 111 BetrVG. Jene bestehen uneingeschränkt daneben. Die Angaben haben deskriptiven Charakter (*Blechmann* NZA 05, 1143).

In allen Fällen der Umwandlung sind deren **Folgen für die ArbN** und ihre **Vertr. 169** sowie die insoweit **vorgesehenen Maßnahmen** anzugeben (§§ 5 Abs. 1 Nr. 9, 126 Abs. 1 Nr. 11, 136, 176, 177, 194 Abs. 1 Nr. 7 UmwG). Sämtliche zu erwartende **individual- und kollektivarbeitsrechtlichen Folgen** der Umwandlung sind im gesellschaftsrechtlichen Vertrag (Spaltungsplan, Umwandlungsbeschluss) schriftlich niederzulegen. Als Folgen kommen nicht nur die **unmittelbaren,** durch die Umwandlung selbst hervorgerufenen Änderungen in Betracht. Es müssen auch die **mittelbaren,** nach der Umwandlung eintretenden Folgen bekannt gegeben werden. Zu den unmittelbaren Folgen gehören Angaben darüber, ob und welcher Betrieb in welcher Weise gespalten wird, ob der Betrieb mit einem anderen zusammengelegt werden oder in einen anderen eingegliedert werden soll, welche ArbVerh. übergehen sollen, ob sich der BR verkleinert oder ganz wegfällt, welche Auswirkungen die Umwandlung auf den GesBR oder KBR hat, ob ein BR ein Übergangsmandat wahrzunehmen hat, ob der Tarifbereich wechselt (vgl. *Wlotzke* DB 95, 45; *Kreßel* BB 95, 926). Zu den mittelbaren Folgen gehören zB ein beabsichtigter Personalabbau bei Zusammenlegung von Betrieben, Versetzungen, Umschulungen, Ausgleichsleistungen. Alle Maßnahmen, die abzusehen sind, sind anzugeben (*Wlotzke* DB 95, 45; *Bachner* NJW 95, 2286). Aufgrund der Angaben in den Spaltungs- und Übernahmeverträgen müssen sich die BR ein zuverlässiges Bild über die künftige Betriebs- und Unternehmensstruktur machen können; pauschale Angaben reichen nicht aus. Die BR müssen wissen, ob eine Umorganisation der Interessenvertr. erforderlich wird, ob ein Übergangsmandat auszuüben ist, ob und in welchen Betrieben rechtzeitig Wahlvorbereitungen getroffen werden müssen. Zu den Angaben über die kollektivrechtlichen Folgen, gehört auch die Mitteilung, welche BV, GesBV und KBV nach Auffassung der umwandelnden Unternehmen fortgelten (*Blechmann* NZA 05, 1143). Dem BR sind alle Unterlagen zuzuleiten, die Gegenstand der Anmeldung zur Eintragung sind (OLG Naumburg 17. 3. 03 AP Nr. 2 zu § 5 UmwG; enger *Blechmann* NZA 05, 1143).

Die Informationsrechte des BR sind dadurch gesichert, dass der **Nachweis über 170 die rechtzeitige Zuleitung** der Informationen **Voraussetzung für die Eintragung der Umwandlung in das Register** und folglich Wirksamkeitsvoraussetzung für die Umwandlung ist (OLG Düsseldorf NZA 98, 766; *Wlotzke* DB 95, 45; *Joost* ZIP 95, 986; *Willemsen,* Umstrukturierung Kap. C Rn 356; aA *Gaul* DB 95, 2266; *Kreßel* BB 95, 926). Der BR kann beim Registergericht Bedenken gegen die Eintragung geltend machen (*Blechmann* NZA 05, 1143).

d) Auswirkungen auf Betriebe und Betriebsteile

Eine Veränderung der Unternehmensstruktur kann zu **Änderungen in der Or- 171 ganisation der Arbeitsstätten** führen. Bleibt bei einer Umwandlung die bisherige

Identität des Betriebs erhalten, ändert sich auf betrieblicher Ebene in betriebsverfassungsrechtlicher Hinsicht nichts. Der BR bleibt im Amt, die BV gelten weiter (vgl. auch Rn 135).

172   Die **Verschmelzung** von Unternehmen lässt die Existenz der in ihnen bestehenden BR unberührt. GesBR gehen bei der Verschmelzung zur Neugründung (vgl. § 3 Nr. 2 UmwG) unter. Bei der Verschmelzung zur Aufnahme (vgl. § 3 Nr. 1 UmwG) geht der GesBR des übertragenden Unternehmens unter, der GesBR des aufnehmenden Unternehmens bleibt bestehen (vgl. § 47 Rn 18). Erfolgt bei der **Spaltung** eines Unternehmens die Zuordnung eines Betriebs zu mehreren Unternehmen, ohne dass sich dabei die Organisation des betroffenen Betriebs wesentlich ändert, wird nach Abs. 2 Nr. 2 ein **gemeinsamer Betrieb** mehrerer Unternehmen vermutet (vgl. Rn 92 ff.). An der Existenz des bisherigen BR ändert sich nichts. Betrifft die Spaltung mehrere Betriebe eines Unternehmens, entstehen mehrere Gemeinschaftsbetriebe. War von den BR ein **GesBR** errichtet, **endet** dessen rechtliche Existenz. Es ist bei jedem der nun an den Gemeinschaftsbetrieben beteiligten Unternehmen ein GesBR zu bilden.

173   Infolge von Unternehmensumstrukturierungen können **neue Betriebe oder neue selbständige Betriebsteile** entstehen. Für sie sind BR zu wählen. Führt die Spaltung oder Zusammenlegung von Betrieben zum **Verlust der bisherigen Betriebsidentität,** hat der bisherige BR ein **Übergangsmandat** nach § 21 a Abs. 1 und 2. Das gilt nach der klarstellenden Regelung in § 21 a Abs. 3 auch, wenn die Spaltung oder Zusammenlegung von Betrieben und Betriebsteilen im Zusammenhang mit einer Umwandlung nach dem UmwG erfolgt (vgl. § 21 a Rn 12).

174   Die mit Unternehmensumstrukturierungen einhergehenden Betriebsspaltungen können dazu führen, dass die im bisherigen Betrieb oder selbständigen Betriebsteil geltenden gesetzlichen Beteiligungsrechte des BR in den neu gebildeten Betrieben oder selbständigen Betriebsteilen nicht mehr anzuwenden sind, weil diese neuen Organisationseinheiten die **Schwellenwerte des BetrVG** nicht erreichen. Gleiches gilt für Organisationsrechte des BR wie die Bildung von Ausschüssen oder Freistellungen (§§ 27, 38). Auch BV, die Beteiligungsrechte des BR erweitern oder begründen, gehen mit Auflösung des Betriebs unter.

175   Nach § 325 Abs. 2 UmwG kann in den Fällen, in denen die Spaltung oder Teilübertragung des Unternehmens die Spaltung eines Betriebs zur Folge hat (also kein gemeinschaftlicher Betrieb erhalten bleibt, vgl. Rn 78 ff.) und in den aus der Betriebsspaltung hervorgegangenen neuen Betrieben Rechte oder Beteiligungsrechte des BR entfallen, **durch BV oder durch TV** bestimmt werden, dass diese **Rechte fortbestehen.** Die Rechte können auch auf TV oder BV beruhen (vgl. *Wißmann* in *Widmann/Mayer* Umwandlungsrecht § 325 UmwG Rn 59; *Boecken* Umwandlungen S. 264 ff.; *Wlotzke* DB 95, 46; *Däubler* RdA 95, 145; *HWK/Willemsen* § 325 UmwG Rn 11 ff.). Der Rechtsverlust kann in einem oder mehreren der aus der Spaltung hervorgehenden Betriebe eintreten. Er wird insb. dann eintreten, wenn die Rechte oder Beteiligungsrechte des BR von einer Mindestarbeitnehmerzahl abhängen (§§ 99, 111, aber auch § 38 und § 95 Abs. 2).

176   Eine vereinbarte Fortgeltung für die aus der Spaltung hervorgegangenen neuen Betriebe scheidet aus, wenn diese Betriebe nicht betriebsratsfähig sind (vgl. *Wlotzke* DB 95, 46; *Wißmann* in *Widmann/Mayer* Umwandlungsrecht § 325 UmwG Rn 64). Auch **bestimmt sich die Zahl der Mitgl.** der in den neuen Betrieben zu wählenden BR und die Frage, ob und mit welcher MitglZahl ein Betriebsausschuss zu bilden ist, **ausschließlich nach** der Zahl der in den **neuen Betrieben** beschäftigten ArbN bzw. nach der Größe des neuen BR (vgl. §§ 9, 27; *Wlotzke* DB 95, 46; *Wißmann* in *Widmann/Mayer* Umwandlungsrecht § 325 UmwG Rn 64).

177   Im Übrigen kann eine **Fortgeltungsvereinbarung** alle gesetzlichen und vereinbarten erweiterten **Beteiligungsrechte des BR** in sozialen, personellen und wirtschaftlichen Angelegenheiten erfassen (vgl. *Wlotzke* DB 95, 46). Eine FortgeltungsBV kann Rechtsverluste, die sich aus einer Umwandlung ergeben können, vermeiden.

Die Dauer der Vereinbarung ist zeitlich nicht beschränkt. Eine Fortgeltungsvereinbarung wird zwischen dem ArbGeb. und dem BR des aus der Spaltung hervorgegangenen Betriebs abgeschlossen. Die **BV** ist **freiwillig** iSv. § 88 und kann nicht über die E-Stelle erzwungen werden (*Wißmann* in *Widmann/Mayer* Umwandlungsrecht § 325 UmwG Rn 70). Eine Kündigung kann – auch zeitweise – ausgeschlossen werden. Als Fortgeltungstarifvertrag wird in der Regel ein Firmentarifvertrag in Betracht kommen.

Im Fall der **Teilübertragung** nach §§ 174 f. UmwG können Betriebsteile auf jur. **178** Personen des öffentl. Rechts übergehen, auf die das BetrVG nach § 130 nicht anwendbar ist. Eine entspr. Anwendung des § 325 Abs. 2 UmwG, wonach Rechte des BR auf den PersR übertragen werden können, ist wegen der erheblichen Unterschiede zwischen dem BetrVG einerseits und dem BPersVG sowie den LPVG andererseits nicht möglich (*Wißmann* in *Widmann/Mayer* Umwandlungsrecht § 325 UmwG Rn 66).

Führen Unternehmensspaltungen zu **Vermögensverlagerungen,** etwa bei einer **179** Spaltung des Unternehmens in eine reiche Besitz- oder Anlagegesellschaft und in eine vermögensarme Betriebsgesellschaft, kann dies zu einer erheblichen Schmälerung der Haftungsmasse zum Nachteil der ArbN führen, deren Forderungen erst nach Wirksamwerden der Spaltung begründet werden. Die Gefahr dieser Manipulationsmöglichkeiten ist durch das Instrument der Spaltung gem. § 123 ff. UmwG erheblich gestiegen. § **134 Abs. 1 UmwG** begründet deshalb eine spezielle **Haftung der Anlagegesellschaft für Ansprüche der ArbN aus Sozialplänen und auf Nachteilsausgleich.** Die Anlagegesellschaft haftet über die allgemeine Haftungsregelung des § 133 UmwG hinaus auch für solche Forderungen gegen die „arme" Betriebsgesellschaft gesamtschuldnerisch, die innerhalb von 5 Jahren nach dem Wirksamwerden der Spaltung auf Grund der §§ 111 bis 113 begründet werden. Die Anlagegesellschaft haftet auch dann, wenn diese Forderungen binnen 10 Jahren nach Wirksamwerden der Spaltung fällig und gerichtlich geltend gemacht werden (§ 134 Abs. 3 UmwG; vgl. dazu *Bauer/Lingemann* NZA 94, 1062). § 134 UmwG kann auch bedeutsam sein für die wirtschaftliche Vertretbarkeit eines bei der Betriebsgesellschaft abzuschließenden Sozialplans (vgl. dazu BAG 15. 3. 11 – 1 ABR 97/09 – NZA 11, 1112; §§ 112, 112a Rn 257).

Stellt sich eine Umwandlung zugleich als Betriebsänderung iSv. § 111 dar, können **180** nach § 323 Abs. 2 UmwG die ArbN in einem Interessenausgleich einem bestimmten Betrieb oder Betriebsteil zugeordnet werden. Die **Zuordnung** kann in diesem Fall durch das ArbG nur auf grobe Fehlerhaftigkeit überprüft werden (vgl. zum Spannungsverhältnis zu dem zwingenden § 613a Abs. 1 S. 1 BGB §§ 112, 112a Rn 75; *HWK/ Willemsen* § 324 UmwG Rn 28 ff.).

Nach § 324 UmwG bleibt § **613a Abs. 1, 4–6 BGB** durch die Wirkungen einer **181** Umwandlung **unberührt.** Damit ist die zuvor höchst kontrovers diskutierte Frage, ob § 613a BGB, der einen Betriebsübergang durch Rechtsgeschäft verlangt, auch in Fällen der Umwandlung Anwendung finden kann, positiv entschieden (*HWK/Willemsen* § 324 UmwG Rn 1; *Bernsau/Dreher/Hauck* Betriebsübergang, § 613a BGB Rn 98). Es handelt sich um eine Rechtsgrundverweisung, nicht um eine Rechtsfolgenverweisung. Liegt im Zusammenhang mit der Umwandlung ein Betriebs- oder Betriebsteilübergang vor, gilt das Kündigungsverbot des § 613a Abs. 4 BGB (vgl. *HWK/ Willemsen* § 324 Rn 17). Auch § 613a Abs. 1 S. 2–4 BGB finden Anwendung. Bei Wahrung der Betriebsidentität gelten die Normen einer BV aber kollektivrechtlich weiter (vgl. BAG 6. 8. 02 AP Nr. 154 zu § 112 BetrVG 1972; 15. 1. 02 AP Nr. 1 zu § 2 SozplKonkG; 24. 6. 98 AP Nr. 1 zu § 20 UmwG; *Kreßel* BB 95, 925, 928 f.; aA wohl *Düwell* in *Beseler/Düwell/Göttling* Arbeitsrechtliche Probleme bei Betriebsübergang, Betriebsänderung und Unternehmensumwandlung 2. Aufl. S. 290 f.; vgl. auch BAG 28. 6. 05 AP Nr. 25 zu § 77 BetrVG 1972 BV). Wird eine Personengesellschaft auf eine Kapitalgesellschaft verschmolzen, liegt ein Fall der gesellschaftsrechtlichen Gesamtrechtsnachfolge vor, bei dem der neue Rechtsträger in die Arbeitgeberstellung einrückt, ohne dass es darauf ankäme, ob sich der Vorgang als Betriebsübergang iSv.

§ 613a BGB darstellt. Da in einem solchen Fall der bisherige Rechtsträger erlischt, besteht kein Recht des ArbN, dem Übergang seines Arbeitsverhältnisses gemäß § 613a BGB zu widersprechen (BAG 21. 2. 08 AP Nr. 342 zu § 631a BGB; **aa** *Fandel/Hausch* BB 08, 2402).

182   Nach § **106** Abs. 3 Nr. 8 muss der **WiAusschuss** nicht nur über den Zusammenschluss von Betrieben informiert werden, sondern jetzt auch über den Zusammenschluss oder die Spaltung von Unternehmen oder Betrieben (vgl. § 106 Rn 48 ff.).

4. Umwandlung zu einer SE oder einer SCE

182a   Eine Umwandlung von Unternehmen kann zu einer **Europäischen Gesellschaft (SE) oder einer Europäischen Genossenschaft (SCE)** führen. Das G zur Ausführung der Verordnung (EG) Nr. 2157/2001 des Rates vom 8. 10. 01 über das Statut der Europäischen Gesellschaft (SE) SE-AusführungsG **(SEAG)** vom 22. 12. 04 (BGBl. I 3675) und das G zur Ausführung der Verordnung (EG) Nr. 1435/2003 des Rates vom 22. 7. 03 über das Statut der Europäischen Genossenschaft (SCE) SCE-AusführungsG **(SCEAG)** vom 14. 8. 06 (BGBl. I 1911) stellen diese neuen Rechtsformen seit dem 29. 12. 04, bzw. dem 18. 8. 06 zur Verfügung (vgl. zur SE Anhang 2 Übersicht EBRG Rn 2a; *Blanke* Europäische Betriebsräte-Gesetz Europäische Mitbestimmung-SE 2. Aufl. S. 137 ff.; *Brandt* BB 05 Beilage Nr. 13 S. 1; *WWKK/Kleinsorge* EU-Recht Rn 4 ff.). Der ArbNBeteiligung dienen das G über die Beteiligung der ArbN in einer Europäischen Gesellschaft **(SEBG)** vom 22. 12. 04 (BGBl. I 3675, 3686; vgl. dazu *Engels* ArbuR 09, 10, 19 ff.; *Funke* NZA 09, 412; *Grobys* NZA 05, 84; *Habersack* ZHR 07, 613; *Kowalski* DB 07, 2243; *Krause* BB 05, 1221; *Müller-Bonanni/Müntefering* BB 09, 1699; *Rieble* BB 06, 2018; *Wißmann* FS *Richardi* S. 841: HaKo-BetrVG/*Düwell* Einl. Rn 92; HaKo-BetrVG/*Blanke* Anhang SE; *Ulmer/Habersack/Henssler* Mitbestimmungsrecht 2. Aufl. S. 691 ff.; *WWKK/Kleinsorge* EU-Recht Rn 29 ff.; *Blanke* Europäische Betriebsräte-Gesetz Europäische Mitbestimmung-SE 2. Aufl. S. 155 ff.), das die RL 2001/86/EG umsetzt, und das G über die Beteiligung der ArbN und ArbNinnen in einer Europäischen Genossenschaft **(SCEBG)** vom 14. 8. 06 (BGBl. I 1917), das der Umsetzung der RL 2003/72/EG dient (vgl. dazu *Engels* ArbuR 09, 10, 25 ff.; *WWKK/Kleinsorge* EU-Recht Rn 75 ff.). Ziel beider Gesetze ist es gemäß § 1 SEBG, § 1 SCEBG, die bei den Gründungsgesellschaften erworbenen Rechte der ArbN auf Beteiligung an Unternehmerentscheidungen zu sichern. Das SEBG sieht für die betriebliche Mitbestimmung einen **SE-Betriebsrat (SE-BR)** vor. Dieser verdrängt gemäß § 47 Abs. 1 Nr. 2 SEBG den EBR (vgl. Übersicht EBRG Rn 2a; *Engels* ArbuR 09, 10, 25; *Krause* BB 05, 1221; *Wißmann* FS *Richardi* S. 841, 853). Die Anwendbarkeit des BetrVG auf die in Deutschland befindlichen Betriebe der SE bleibt jedoch gemäß § 47 Abs. 1 SEBG von vornherein unberührt (*Engels* ArbuR 09, 10, 25; *Krause* BB 05, 1221; *Rieble* BB 06, 2018, 2019). Der SE-BR ist grundsätzlich gemäß § 21 Abs. 1 SEBG entsprechend einer zwischen den Leitungen und dem **besonderen Verhandlungsgremium (BGV)** zu schließenden Vereinbarung zu bilden. Kommt es nicht zu einer Vereinbarung nach § 21 SEBG, ist der SE-BR unter den Voraussetzungen des § 22 SEBG nach Maßgabe der §§ 23 ff. SEGB zu bilden (*Engels* ArbuR 09, 10, 24). Eine Errichtung kraft Gesetzes entfällt gemäß §§ 16 Abs. 2 S. 2, 22 Abs. 1 Nr. 2 SEBG allerdings, wenn das nach §§ 5 ff. SEGB gebildete besondere Verhandlungsgremium (BVG) gemäß § 16 Abs. 1 S. 1 SEBG mit der nach § 16 Abs. 1 S. 2 SEBG erforderlichen Mehrheit beschlossen hat, keine Verhandlungen aufzunehmen oder bereits aufgenommene Verhandlungen abzubrechen (*Engels* ArbuR 09, 10, 22, 25). Wird eine SE durch Umwandlung gegründet, kann gemäß § 16 Abs. 3 SEBG ein solcher Beschluss nach Abs. 1 nicht gefasst werden, wenn den ArbN der umzuwandelnden Gesellschaft MBR zustehen. Die Mitglieder des BVG werden nach § 8 Abs. 1 S. 1 SEBG in geheimer und unmittelbarer Wahl von einem Wahlgremium gewählt, das nach § 8 Abs. 2–4 SEBG von KBR, GesBR oder BR gebildet wird (*Engels*

ArbuR 09, 10, 20 f.) und dessen Größe nach § 8 Abs. 6 SEBG auf 40 Mitglieder beschränkt ist (vgl. dazu *WWKK/Kleinsorge* EU-Recht Rn 34, *Engels* ArbuR 09, 10, 21). Das SCEBG enthält dem SEBG weitgehend entsprechende Bestimmungen (vgl. (*WWKK/Kleinsorge* EU-Recht Rn 75 ff.; *Engels* ArbuR 09, 10, 25 f.). Über Streitigkeiten in Angelegenheiten aus dem SEBG und dem SCEBG entscheiden nach **§ 2 a Abs. 1 Nr. 3 d und e ArbGG** – mit Einschränkungen – die Gerichte für Arbeitssachen im BeschlVerf.

5. Grenzüberschreitende Verschmelzung

Für Fälle einer die Grenzen der Bundesrepublik überschreitender Verschmelzung **182b** gilt – im Verhältnis zu den Mitgliedstaaten der EU und der anderen Vertragsstaaten des Abkommens über den Europäischen Wirtschaftsraum – seit dem 29. 12. 06 das **G über die Mitbestimmung der ArbN bei einer grenzüberschreitenden Verschmelzung (MgVG)** vom 21. 12. 06 (BGBl. I 3332; vgl. dazu *Engels* ArbuR 09, 10, 28 f.; *Habersack* ZHR 07, 613; *Lunk/Hinrichs* NZA 07, 773; *Müller-Bonanni/ Müntefering* BB 09, 1699; *dies.* NJW 09, 2347; *Nagel* NZG 07, 57; *Winter* Der Konzern 07, 24; *WWKK/Kleinsorge* EU-Recht Rn 101 ff.). Das G dient der Umsetzung der **RL 2005/56/EG** vom 26. 10. 05 über die Verschmelzung von Kapitalgesellschaften aus verschiedenen Mitgliedstaaten (vgl. insb. Art. 16 RL). Ziel des G ist es nach § 1 Abs. 1 S. 2 MgVG, die MBR der ArbN zu sichern, die diese in den an der Verschmelzung beteiligten Gesellschaften erworben haben. Nach § 1 Abs. 3 MgVG ist es so auszulegen, dass das Ziel der EG, die Mitbestimmung der ArbN in der aus einer grenzüberschreitenden Verschmelzung hervorgehenden Gesellschaft sicherzustellen, gefördert wird. Anders als bei der SE und der SCE geht aus der Verschmelzung keine europäische, sondern eine nationale Rechtsform hervor (*WWKK/Kleinsorge* EU-Recht Rn 88, 94; *Engels* ArbuR 09, 10, 201).

Die RL 2005/56/EG hat die Mitbestimmung an Unternehmensentscheidungen zum Gegenstand (*WWKK/Kleinsorge* EU-Recht Rn 86 f.). Dementsprechend betrifft auch das G in erster Linie die Unternehmensmitbestimmung und nicht die betriebliche Mitbestimmung (*Engels* ArbuR 09, 10, 28). Zu letzterer stellt § 29 S. 1 MgVG klar, dass Regelungen über ArbNVetretungen und deren Strukturen in einer inländischen Gesellschaft, die nach der Verschmelzung erlischt, nach Eintragung der aus der grenzüberschreitenden Verschmelzung hervorgehenden Gesellschaft fortbestehen. Nach § 29 S. 2 MgVG **stellt die Leitung dieser Gesellschaft sicher, dass die ArbNVertretungen ihre Aufgaben weiterhin wahrnehmen können** (vgl. *Lunk/ Hinrichs* NZA 07, 773, 780). ArbNVertretung iSd. G ist dabei nach § 2 Abs. 6 MgVG jede Vertretung der ArbN nach dem BetrVG (BR, GesBR, KBR oder eine nach § 3 Abs. 1 Nr. 1–3 BetrVG gebildete Vertretung). Allerdings ist damit wohl nicht der Fortbestand jeder zuvor bestehenden ArbNVertretung garantiert. Sind etwa an der grenzüberschreitenden Verschmelzung zwei inländische Unternehmen beteiligt, in denen jeweils ein GesBR errichtet ist, ist wie bei einer Verschmelzung nach dem UmwG für einen Fortbestand beider GesBR kein Raum (*Engels* ArbuR 09, 10, 25). Ist jedoch an der grenzüberschreitenden Verschmelzung nur ein inländisches Unternehmen beteiligt, so dürfte der für dieses errichtete GesBR auch dann fortbestehen, wenn das inländische Unternehmen von einem ausländischen aufgenommen wird und dadurch erlischt. Gleiches dürfte für einen inländischen KBR gelten, wenn das herrschende Unternehmen eines Konzerns durch Verschmelzung mit einem ausländischen Unternehmen seine rechtliche Selbständigkeit verliert. Zweifelhaft wird dies allerdings, wenn die Konzernspitze nach der Verschmelzung im Ausland liegt und im Inland kein Ansprechpartner für den KBR mehr vorhanden ist (vgl. dazu § 54 Rn 34 ff.).

Bereits vor einer grenzüberschreitenden Verschmelzung haben die ArbNVertretungen nach § 6 MgVG **Informationsansprüche** (vgl. *Lunk/Hinrichs* NZA 07, 773, 775 f.; *Müller-Bonanni/Müntefering* NJW 09, 2347, 2350 f.). Die Information hat nach

§ 6 Abs. 2 S. 2 MgVG unaufgefordert und unverzüglich nach Offenlegung des Verschmelzungsplans zu erfolgen. Nach dem – § 4 Abs. 3 SEBG nachgebildeten – § 6 Abs. 3 MgVG erstreckt sie sich insb. auf die Identität und Struktur der beteiligten Gesellschaften, betroffenen Tochtergesellschaften und betroffenen Betriebe und deren Verteilung auf die Mitgliedstaaten, auf die in diesem Gesellschaften und Betrieben bestehenden ArbNVertretungen, die Zahl der jeweils beschäftigten ArbN sowie der ArbN, denen MBR in den Organen der Gesellschaften zustehen.

Nach § 10 Abs. 2–4 MgVG bilden der KBR, der GesBR oder der BR das **Wahlgremium,** das nach § 10 Abs. 1 S. 1 MgVG in geheimer und unmittelbarer Wahl nach Maßgabe des § 10 Abs. 1 S. 2–5 MgVG die Mitglieder des **besonderen Verhandlungsgremiums (BVG)** wählt (vgl. *Lunk/Hinrichs* NZA 07, 773, 777), das wiederum gemäß §§ 15 Abs. 1 S. 1, 22 MgVG mit den Leitungen der an der Verschmelzung beteiligten Gesellschaften eine schriftliche Vereinbarung über die (Unternehmens-) Mitbestimmung der Arbeitnehmer in der aus der grenzüberschreitenden Verschmelzung hervorgehenden Gesellschaft schließt (vgl. *Lunk/Hinrichs* NZA 07, 773 ff.). Kommt eine solche Vereinbarung nicht zustande, so finden unter den in § 23 Abs. 1 MgVG beschriebenen Voraussetzungen die in §§ 24 ff. MgVG festgelegten Bestimmungen über die Mitbestimmung kraft Gesetzes Anwendung (vgl. *Lunk/Hinrichs* NZA 07, 773, 779 f.).

Über Streitigkeiten in Angelegenheiten aus dem MgVG haben nach **§ 2 a Abs. 1 Nr. 3 f. ArbGG** – mit Einschränkungen – die Gerichte für Arbeitssachen im BeschlVerf. zu entscheiden.

6. Konzern

183   Das BetrVG kennt keinen einheitlichen Konzernbegriff. In § 8 Abs. 1 S. 2 und § 54 Abs. 1 wird auf § 18 Abs. 1 AktG verwiesen. Erfasst wird daher nur der sog. Unterordnungskonzern (vgl. § 54 Rn 9 f.). In § 76 a (E-Stelle bei Beteiligung des KBR) und in § 87 Abs. 1 Nr. 8 (Wirkungsbereich einer Sozialeinrichtung) sind mit „Konzernunternehmen" und „Konzern" ebenfalls die in § 18 Abs. 1 AktG definierten Konzerne gemeint. Das folgt aus dem sachlichen Zusammenhang dieser Bestimmungen mit den MBR des KBR. Dagegen erfasst der Konzernbegriff in § 18 a Abs. 3 S. 2 auch den Gleichordnungskonzern (vgl. § 18 a Rn 46). Zum Konzern iSv. § 112 a Abs. 2 Satz 2 vgl. §§ 112, 112 a Rn 112. Zum Konzern iSv. § 3 Nr. 2 vgl. § 3 Rn 44. Näheres zum **Begriff des Konzerns** vgl. § 54 Rn 8 ff.

184   In vertraglichen und in faktischen Konzernen kommt unter bestimmten Voraussetzungen eine Haftung des herrschenden Unternehmens in Betracht **(Durchgriffshaftung, Ausfallhaftung, Existenzvernichtungshaftung).** Der BGH hatte hierzu Grundsätze entwickelt (vgl. insb. BGH 29. 3. 93 AP Nr. 2 zu § 303 AktG – „TBB"), denen sich das BAG angeschlossen hatte (vgl. BAG 1. 8. 95, 8. 9. 98 AP Nr. 8, 12 zu § 303 AktG). Die Haftung des herrschenden Unternehmens beruhte nach dieser Rspr. auf der fehlerhaften Ausübung der Konzernleitungsmacht. Sie setzt voraus, dass das herrschende Unternehmen die Konzernleitungsmacht ohne Rücksicht auf die abhängige Gesellschaft ausgeübt hat und die zugefügten Nachteile sich nicht kompensieren lassen (BAG 1. 8. 95 AP Nr. 8 zu § 303 AktG). Die Haftung ergab sich nach dieser Rspr. bei Vermögenslosigkeit einer abhängigen GmbH in entspr. Anwendung der §§ 303, 322 Abs. 2 und 3 AktG, wenn sich die Wahl der haftungsbegrenzenden Gesellschaftsformen als missbräuchlich herausstellte. Das kam in Betracht bei offenkundiger Unterkapitalisierung (vgl. BGH NJW 77, 1449), bei Vermögensverschiebungen aus dem haftenden Unternehmen heraus (vgl. BAG 19. 1. 88 AP Nr. 70 zu § 613 a BGB) sowie bei nachhaltiger und nachteiliger Fremdsteuerung des beherrschten Unternehmens (BAG 1. 8. 95 AP Nr. 8 zu § 303 AktG mwN). Nicht ausgeschlossen war danach auch eine Haftung der von einem herrschenden Unternehmen beherrschten dritten Gesellschaft („Schwesterunternehmen"), wenn das herrschende

Unternehmen seine unternehmerischen und Vermögensinteressen in dieser dritten Gesellschaft konzentriert hat (BAG 8. 9. 98 AP Nr. 12 zu § 303 AktG).

Mit Urteil vom 17. 9. 01 (BGHZ 149, 10 – „Bremer Vulkan") hat der BGH für die **185** GmbH die Haftung des Gesellschafters auf eine neue dogmatische Grundlage gestellt. Der Gläubigerschutz folgt danach bei Eingriffen des Alleingesellschafters einer GmbH nicht dem Haftungssystem des Konzernrechts (§§ 291 ff. AktG). Die **Haftung des Alleingesellschafters folgt** vielmehr **aus dessen Verpflichtung, der Gesellschaft das Stammkapital zu erhalten** (vgl. §§ 30 Abs. 1, 31 Abs. 1 GmbHG). In den Urteilen vom 25. 2. 02 (BGHZ 150, 61) und vom 24. 6. 02 (NJW 02, 3024) hat der BGH diesen Ansatz bestätigt und vertieft. In den Urteilen vom 16. 7. 07 (BGHZ 173, 246 – „Trihotel") vom 26. 4. 08 (BGHZ 176, 221 – „Gamma" –) und vom 9. 2. 09 (DB 09, 981 – „Sanitary" –) hat er seine Rspr. weiterentwickelt und teilweise aufgegeben. Im Ausgangspunkt hat er festgehalten an der als **„Existenzvernichtungshaftung"** bezeichneten Haftung des Gesellschafters für missbräuchliche, zur Insolvenz der Gesellschaft führende oder diese vertiefende „kompensationslose" Eingriffe in deren Gesellschaftsvermögen, das nach seiner Zweckbindung vorrangig der Befriedigung der Gesellschaftsgläubiger dient. Ausdrücklich aufgegeben hat der BGH aber das Konzept einer eigenständigen Haftungsfigur, die an den Missbrauch der Rechtsform anknüpft und als Durchgriffs(außen)haftung des Gesellschafters gegenüber den Gesellschaftsgläubigern ausgestaltet war (BGH 16. 7. 07 BGHZ 173, 246 – Trihotel" –). Statt dessen knüpft der BGH die Existenzvernichtungshaftung des Gesellschafters an die missbräuchliche Schädigung des zweckgebundenen Gesellschaftsvermögens an und ordnet sie – in Gestalt einer schadensersatzrechtlichen Innenhaftung gegenüber der Gesellschaft – allein in § 826 BGB als eine besondere Fallgruppe der vorsätzlichen sittenwidrigen Schädigung ein (BGH 16. 7. 07 BGHZ 173, 246 – „Trihotel" –; 26. 4. 08 BGHZ 176, 221 – „Gamma" –; 9. 2. 09 DB 09, 981 – „Sanitary" –). Alleingesellschafter oder einverständlich handelnde Gesellschafter müssen danach für Nachteile einstehen, die den Gesellschaftsgläubigern dadurch entstehen, dass sie der Gesellschaft vorsätzlich Vermögen entziehen, das diese zur Erfüllung ihrer Verbindlichkeiten benötigt. Es handelt sich bei diesem Modell um eine **reine Innenhaftung,** bei der ausschließlich die Gesellschaft als unmittelbar an ihrem Vermögen Geschädigte die Gläubigerin des Anspruchs ist. Ein direkter Anspruch der Gesellschaftsgläubiger gegen den Gesellschafter besteht dagegen nicht (BGH 16. 7. 07 BGHZ 173, 246 –„Trihotel" –). In Fällen des eröffneten Insolvenzverfahrens ist es ausschließlich Sache des Insolvenzverwalters Ansprüche des Gesellschaft gegen den Gesellschafter geltend zu machen (BGH 16. 7. 07 BGHZ 173, 246 – „Trihotel" –). Ein Durchgriff der Gesellschaftsgläubiger auf den Gesellschafter ist nicht möglich. (vgl. auch BGH 24. 6. 02 NJW 02, 3024; BAG 14. 12. 04 AP Nr. 32 zu § 611 BGB Haftung des Arbeitgebers). Wird das Insolvenzverfahren wegen Masselosigkeit nicht eröffnet, sind die Gesellschaftsgläubiger auf den „Umweg" verwiesen, erst aufgrund eines Titels gegen die Gesellschaft nach der Pfändung und Überweisung der Gesellschaftsansprüche gegen den Gesellschafter vorgehen zu können (BGH 16. 7. 07 BGHZ 173, 246 –„Trihotel" –). Nach der nunmehr vom BGH vertretenen Konzeption ist es daher irreführend, wenn nicht gar unzutreffend, von einer Durchgriffshaftung zu sprechen. Ausdrücklich entschieden hat der BGH auch, dass nach diesem Konzept eine „Unterkapitalisierung" allein für eine Haftung des Gesellschafters nicht ausreicht (BGH 26. 4. 08 BGHZ 176, 221 –„Gamma" –). Zum „Berechnungsdurchgriff" und zum „sozialplanverhindernden Eingriff" vgl. §§ 112, 112a Rn 258 und **BAG 15. 3. 11 – 1 ABR 97/09 – NZA 11, 1112.**

V. Der Betriebsrat

Die wichtigsten Organe der BetrVerf. sind **ArbGeb.** und **BR.** Sie sind Träger von **186** Rechten. Der **Sprecherausschuss** ist die InteressenVertr. einer Gruppe von ArbN, der leitenden Ang. iSv. § 5 Abs. 3 (vgl. dort Rn 313 ff., 358 ff.). Auch **der einzelne ArbN** hat allein oder gemeinsam mit anderen ArbN des Betriebs Rechte in der BetrVerf.: Aktives und passives Wahlrecht (§§ 7, 8), Antragsrecht zur gerichtlichen Bestellung des Wahlvorstandes (§ 16), zur Einberufung einer BetrVerslg zur Bildung eines Wahlvorstandes (§ 17), Wahlanfechtungsbefugnis (§ 19), Antragsrecht auf Ausschluss einzelner Mitgl. des BR oder Auflösung des gesamten BR (§ 23), auf Einberufung einer außerordentlichen BetrVerslg (§ 43), Teilnahmerecht an BetrVerslg, Mitwirkungs- und Beschwerderechte (§§ 81–86).

187   Zur Stellung und zu den Rechten der **Gewerkschaften** vgl. § 2 Rn 32 ff. und 60 ff.

1. Verhältnis zur Belegschaft

188   Der BR ist **Repräsentant der Belegschaft** (vgl. GK-*Franzen* Rn 64; *Richardi* Einl. Rn 101; MünchArbR-*v. Hoyningen-Huene* § 212 Rn 12; *WPK/Preis* Rn 43). Er ist durch eine demokratische Wahl legitimiert und nimmt die Interessen der Belegschaft fremdnützig wahr. Aus dieser begrifflichen Einordnung können keine Schlüsse für die vermögens- und haftungsrechtliche Stellung des BR gezogen werden. Die Belegschaft ist im soziologischen Sinn eine tatsächliche Gemeinschaft (vgl. *Richardi* Einl. Rn 97). Sie ist zwar rechtlich nicht verselbständigt, aber doch immerhin durch das BetrVG „rechtlich verfasst" (vgl. *Richardi* Einl. Rn 96). Dass die Belegschaft eine „rechtlich relevante Personenverbindung" (*Zöllner* FS 25 Jahre BAG S. 745, 752) ist, wird ua. an Bestimmungen wie §§ 2 Abs. 1, 80 Abs. 1 Nr. 2 deutlich. Die auf einer demokratischen Wahl beruhende Repräsentanz der Belegschaft durch den BR trägt zur Legitimation betrieblicher Rechtsetzung durch die Betriebsparteien bei (vgl. BAG 12. 12. 06 AP Nr. 94 zu § 77 BetrVG 1972; vgl. § 77 Rn 55 ff., 193 ff.).

189   Der BR **repräsentiert auch die ArbN** des Betriebs, **die** erst nach der BR-Wahl in den Betrieb eingetreten sind oder aus anderen Gründen **nicht an der Wahl teilgenommen** haben. Dies gilt auch dann, wenn ArbN vom Wahlvorstand wegen Verkennung des Betriebsbegriffs fehlerhaft an der BR-Wahl nicht beteiligt worden sind (vgl. BAG 3. 12. 85 AP Nr. 28 zu § 99 BetrVG 1972; vgl. auch § 4 Rn 15). Der BR ist daher ua. auch zu Kündigungen dieser ArbN anzuhören (vgl. § 102 Rn 20 c; § 4 Rn 15; *DKKW-Bachner* § 102 Rn 122; **aA** aber BAG 3. 6. 04 AP Nr. 141 zu § 102 BetrVG 1972; KR-*Etzel* § 102 Rn 46). Das gilt allerdings nicht, wenn diese ArbN selbst einen anderen BR gewählt haben; dann werden sie von diesem repräsentiert.

190   Der BR handelt zwar fremdnützig, aber gleichwohl **im eigenen Namen** (GK-*Kraft*/Franzen Rn 62). Er hat eigene Rechte und Pflichten. Er ist nicht etwa gesetzlicher Vertreter der Belegschaft (*Richardi* Einl. Rn 99). Er hat **kein „imperatives Mandat"** (vgl. BAG 27. 6. 89 AP Nr. 5 zu § 42 BetrVG 1972; MünchArbR-*v. Hoyningen-Huene* § 212 Rn 12). Er ist an Weisungen der Belegschaft nicht gebunden. Ein „Misstrauensvotum" in einer BetrVerslg. ist rechtlich unerheblich (vgl. § 42 Rn 10).

191   Der BR ist **der gemeinsame Repräsentant der Arbeiter und Angestellten** einschließlich der AT-Angestellten. Das BetrVerf-ReformG hat auf einen besonderen Gruppenschutz für Arb. und Ang. verzichtet. Die insoweit einschlägigen Bestimmungen wurden ersatzlos gestrichen. Zur Gruppenbildung von ArbN und Beamten bei der Post vgl. Rn 45 ff.

192   Dagegen gibt es nach wie vor einen **Minderheitenschutz** für gewerkschaftlich orientierte Wählergruppierungen (Listen) und Fraktionen im BR (vgl. dazu BAG 25. 4. 2001 AP Nr. 8 zu § 25 BetrVG 1972; 21. 7. 04 AP Nr. 4 zu § 51 BetrVG 1972; 21. 7. 04 AP Nr. 13 zu § 47 BetrVG 1972). Dazu zählen folgende Vorschriften: Verhältniswahl, wenn mehrere Wahlvorschläge eingereicht werden (§ 14 Abs. 2 S. 1); Verhältniswahl bei der Besetzung der BR-Ausschüsse (§ 27 Abs. 1 S. 3, § 28 Abs. 1) und des GesBR-Ausschusses (vgl. BAG 21. 7. 04 AP Nr. 4 zu § 51 BetrVG 1972);

Verhältniswahl bei Freistellungen (§ 38 Abs. 2 S. 1). Der mit dem System der Verhältniswahl bezweckte Minderheitenschutz ist darauf angelegt, ein Vertretungsorgan zu schaffen, in dem der Sitzanteil in möglichst genauer Übereinstimmung mit dem Stimmenanteil der verschiedenen Gruppierungen und der in ihnen vertretenen Auffassungen steht. Dies schließt eine Einbuße an Geschlossenheit des Vertretungsorgans ein (vgl. BVerfGE 60, 162; 71, 81). Entschließt sich der Gesetzgeber im Interesse des Minderheitenschutzes für das System der Verhältniswahl, darf er dieses nicht durch ein unangemessen hohes Unterschriftenquorum konterkarieren. Das BVerfG hat daher das in § 12 Abs. 1 S. 2 MitbestG für die Wahlen von ArbNVertr. zum Aufsichtsrat vorgesehene Unterschriftenquorum für verfassungswidrig erklärt (BVerfG 12. 10. 04 AP Nr. 2 zu § 12 MitbestG). Zur Bestellung sog. Beauftragter des BR durch Mehrheitsbeschluss des BR vgl. LAG Baden-Württemberg 26. 7. 10 – 20 TaBV 3/09 –, Rechtsbeschwerde zum BAG eingelegt unter – 7 ABR 69/10 –.

193 Der BR ist trotz des Minderheitenschutzes die einheitliche Vertr. der Interessen der ArbN gegenüber dem ArbGeb. Das schließt unterschiedliche Meinungen und Abstimmungen zur Feststellung von Mehrheiten im BR nicht aus. Die einzelnen Mitgl. dürfen sich aber nicht in erster Linie als Vertr. ihrer „Liste" verstehen (vgl. *Wlotzke* DB 88, 111, 114). Jedes Mitgl. des BR ist **„Repräsentant aller Beschäftigten",** auch soweit diese nicht oder in anderen Gewerkschaften organisiert sind (vgl. zum Personalvertretungsrecht BVerfG 27. 3. 79 AP Nr. 31 zu Art. 9 GG).

2. Rechtsstellung des Betriebsrats

194 Der BR besitzt **keine generelle Rechts- und Vermögensfähigkeit** (vgl. BAG 24. 4. 86 AP Nr. 7 zu § 87 BetrVG 1972 Sozialeinrichtung; 24. 10. 01 AP Nr. 71 zu § 40 BetrVG 1972; 29. 9. 04 AP Nr. 81 zu § 40 BetrVG 1972; *DKKW Wedde* Einl. Rn 122; *GK-Franzen* Rn 71 ff.). Er ist insb. keine juristische Person (*Richardi* Einl. Rn 108; zur rechtshistorischen Einordnung *Bergwitz,* Die Rechtsstellung des BR, Diss. Berlin 2003).

195 Der BR ist aber **insoweit Rechtssubjekt, als ihm das BetrVG Rechte und Pflichten zuweist** (*GK-Franzen* Rn 72). Innerhalb des ihm gesetzlich zugewiesenen Wirkungskreises kann er materiellrechtlich berechtigt und verpflichtet sein (vgl. MünchArbR-*v. Hoyningen-Huene* § 212 Rn 14). Dies gilt insb. hinsichtlich seiner Mitwirkungs- und Mitbestimmungsrechte (vgl. *Richardi* Einl. Rn 109). Dies gilt aber auch insoweit, als das BetrVG dem BR im Rahmen seiner ihm gesetzlich zugewiesenen Aufgaben vermögensrechtliche Ansprüche zuerkennt (vgl. BAG 24. 10. 01; 29. 9. 04 AP Nr. 71, 81 zu § 40 BetrVG 1972 mit Anm. *Reichold; Richardi* Einl. Rn 109 ff.; *GK-Franzen* Rn 72).

196 Soweit der BR Träger betriebsverfassungsrechtlicher Rechte ist, kann er diese im **arbeitsgerichtlichen Beschlussverfahren** verfolgen (vgl. nach § 1 Rn 36, 42). Wegen der Erfüllung seiner betriebsverfassungsrechtlichen Pflichten kann er im Beschl-Verf. in Anspruch genommen werden. Er ist insoweit gem. § 10 ArbGG parteifähig. Nach § 85 Abs. 1 S. 3 ArbGG kann er in einer erforderlich werdenden Zwangsvollstreckung Vollstreckungsgläubiger oder unter Umständen, insbesondere soweit es um Herausgabeansprüche geht, auch Vollstreckungsschuldner sein (vgl. MünchArbR-*v. Hoyningen-Huene* § 212 Rn 14; vgl. aber dazu, dass ein Unterlassungsanspruch gegen den BR wegen dessen Vermögenslosigkeit vollstreckungsrechtlich keinen Sinn macht, auch BAG 17. 3. 10 – 7 ABR 95/08 – NZA 10, 1133).

197 Soweit der BR im Rahmen der ihm gesetzlich zugewiesenen Aufgaben Inhaber vermögensrechtlicher Ansprüche sein kann, bedingt dies im entspr. Umfang seine **partielle Vermögensfähigkeit** (vgl. für den BR BAG 24. 10. 01; 29. 9. 04 AP Nr. 71, 81 zu § 40 BetrVG 1972 mit Anm. *Reichold; DKKW-Wedde* Einl. Rn 123; *GK-Franzen* Rn 72; *Richardi* Einl. Rn 109 ff.; *WPK/Preis* Rn 44; für den KBR BAG 23. 8. 06 AP Nr. 12 zu § 54 BetrVG 1972). Dabei geht es im Wesentlichen um die dem BR nach § 40 Abs. 1 und 2 zustehenden Ansprüche (vgl. BAG 24. 10. 01,

29. 9. 04 AP Nr. 71, 81 zu § 40 BetrVG 1972; vgl. ferner zu einer Vereinbarung nach § 80 Abs. 3 S. 1 BAG 13. 5. 98 AP Nr. 55 zu § 80 BetrVG 1972).

198   Die einmal auf Grund des BetrVG entstandenen **vermögensrechtlichen Rechtspositionen des BR** gehen mit dem **Ende der Amtszeit** des BR **nicht ersatzlos unter.** Schließt sich die Amtszeit eines neuen BR an, wird dieser als Funktionsnachfolger Inhaber des Anspruchs. Der BR mit einem Übergangs- oder Restmandat bleibt Inhaber des Anspruchs (vgl. zur Funktionsnachfolge im Beschlussverfahren Nach § 1 Rn 43). Gibt es weder einen Funktionsnachfolger noch ein gesetzliches Übergangs- oder Restmandat des bisherigen BR, bleibt dieser in entspr. Anwendung von § 22 BetrVG, § 49 Abs. 2 BGB auch nach dem Ende seiner Amtszeit befugt, noch nicht erfüllte Kostenerstattungsansprüche gegen den ArbGeb. weiterzuverfolgen und an den Gläubiger des BR abzutreten (vgl. für den BR BAG 24. 10. 01 AP Nr. 71 zu § 40 BetrVG 1972 mit zustimmender Anm. *Wiese;* vgl. für den KBR BAG 23. 8. 06 AP Nr. 12 zu § 54 BetrVG 1972).

199   Eine über das BetrVG hinausgehende **generelle Vermögensfähigkeit** des BR **kann** allerdings selbst durch Vereinbarung der Betriebsparteien **nicht geschaffen werden.** Die Betriebsparteien haben es nicht in der Hand, den BR über den durch das BetrVG gesteckten Rahmen hinaus als Vermögenssubjekt zu installieren. Der BR kann außerhalb seines gesetzlichen Wirkungskreises nicht als Rechtssubjekt Geschäfte tätigen und selbst Gläubiger oder Schuldner privatrechtlicher Forderungen werden (BAG 24. 4. 86 AP Nr. 7 zu § 87 BetrVG 1972 Sozialeinrichtung; 29. 9. 04 AP Nr. 81 zu § 40 BetrVG 1972).

200   Der BR tritt bei der Wahrnehmung seiner Aufgaben häufig in **Beziehungen zu Dritten.** Außenbeziehungen mit Personen, die nicht dem Betrieb angehören, können entstehen zu Sachverständigen, Rechtsanwälten, Beauftragten von Gewerkschaften, BR anderer Betriebe und Unternehmen, zu Behörden der Arbeitsverwaltung, zu Gerichten ua. Für die Kontakte des BR zu Behörden und Gerichten bestehen häufig gesetzliche Regelungen. Der BR soll zB Stellungnahmen abgeben (Beispiele: § 17 KSchG und § 173 SGB III betr. Kurzarbeit) und er hat gemäß § 89 Abs. 1 S. 2 mit den zuständigen Behörden im Bereich des Arbeitsschutzes zusammenarbeiten (vgl. dazu § 89 Rn 16 ff.; BAG 3. 6. 03 AP Nr. 1 zu § 89 BetrVG 1972; eine Zusammenstellung der einschlägigen gesetzlichen Bestimmungen findet sich bei *Plander* ArbuR 93, 161).

201   Der BR hat auch über die gesetzlich ausdrücklich geregelten Fälle hinaus (vgl. zum Kontakt des GesBR mit BRlosen Verkaufsstellen BAG 9. 12. 09 – 7 ABR 46/08 – NZA 10, 662) das Recht auf Kontakt und **Kommunikation mit außenstehenden Dritten.** Es muss sich dabei aber um die Wahrnehmung von Aufgaben handeln, die dem BR übertragen sind. Nicht zu seinen Aufgaben gehört es, von sich aus und ohne Veranlassung durch den ArbGeb. die außerbetriebliche Öffentlichkeit über „allgemein interessierende Vorgänge" des Betriebs zu unterrichten (BAG 18. 9. 91 AP Nr. 40 zu § 40 BetrVG 1972).

202   Über die Erforderlichkeit der **Inanspruchnahme eines RA** entscheidet der BR selbst in eigener Verantwortung unter pflichtgemäßer Berücksichtigung der objektiven Gegebenheiten und Würdigung aller Umstände (BAG 20. 10. 99, 24. 10. 01, 19. 3. 03 AP Nr. 67, 71, 77 zu § 40 BetrVG 1972). Er beauftragt den RA. Dazu muss er nicht zuvor eine Vereinbarung mit dem ArbGeb. getroffen haben. Gleiches gilt für die Hinzuziehung eines Beraters nach § 111 S. 2 (vgl. § 111 Rn 124).

203   Die **Hinzuziehung eines Sachverständigen** nach § 80 Abs. 3 erfolgt ebenfalls durch den BR. Sie bedarf aber der vorherigen Vereinbarung zwischen ArbGeb. und BR. Über diese kann der BR in einem BeschlVerf. eine arbeitsgerichtliche Entscheidung herbeiführen (BAG 19. 4. 89, 25. 7. 89 AP Nr. 35, 38 zu § 80 BetrVG 1972). Zur Hinzuziehung eines Sachverständigen durch den Wahlvorstand vgl. BAG 11. 11. 09 – 7 ABR 26/08 – NZA 10, 353.

204   Benennt der BR die **Beisitzer einer E-Stelle,** begründet dies nach § 76a Abs. 3 S. 1 deren Anspruch auf Vergütung in ihrer Tätigkeit (vgl. § 76a Rn 14 mwN; GK-*Franzen* Rn 73).

Umstritten ist, **ob der BR** im Rahmen der ihm durch das BetrVG zugewiesenen **205** Aufgaben **mit Dritten im eigenen Namen wirksam Rechtsgeschäfte abschließen kann.** Teilweise wird dies – insb. mit der Erwägung, der BR sei nicht vermögensfähig – **206** verneint (vgl. MünchArbR-*v. Hoyningen-Huene* § 212 Rn 15).

Dagegen geht ein anderer Teil des Schrifttums zu Recht davon aus, dass der **BR 207 auch für Rechtsgeschäfte, die er als Hilfsgeschäfte für die Erfüllung seiner gesetzlichen Aufgaben tätigt, rechtsfähig** ist (so *Richardi* Einl. Rn 113; GK-*Franzen* Rn 73; *Gutzeit* ZIP 09, 354, 355 f.). Der in diesem Fall dem BR gegenüber dem ArbGeb. zustehende Freistellungsanspruch setzt einen wirksamen Vertrag zwischen BR und dem Dritten geradezu voraus. Der Wirksamkeit des zwischen dem BR – vertreten durch seinen Vors. – und dem RA geschlossenen Vertrags steht die (weitgehende) Vermögenslosigkeit des BR nicht entgegen. Vielmehr **kann der BR im Rahmen seiner gesetzlichen Aufgaben Verbindlichkeiten deshalb eingehen, weil er über einen gesetzlichen Freistellungsanspruch gegen den ArbGeb. verfügt.** Dieser Freistellungsanspruch bildet das „Vermögen" des BR (ebenso *Reichold* Anm. zu AP Nr. 81 zu § 40 BetrVG 1972). Die vom BR dem Dritten versprochene (Gegen-) Leistung besteht der Sache nach darin, dem Dritten einen Anspruch gegen den ArbGeb. zu verschaffen. Dies ist dem BR rechtlich auch möglich. Er kann seinen Freistellungsanspruch gegen den ArbGeb. an den Dritten abtreten. Dadurch wandelt sich der Freistellungsanspruch in einen Zahlungsanspruch des Dritten gegenüber dem ArbGeb. um. Allerdings muss der Dritte bei Abschluss des Vertrags mit dem BR auch erkennen (können), dass der BR lediglich die Verschaffung seines Freistellungsanspruchs gegen den ArbGeb. verspricht. Der BRVors. muss daher grundsätzlich den Dritten beim Vertragsschluss entspr. aufklären. Bei der Beauftragung eines RA wird jedoch eine solche Aufklärung regelmäßig entbehrlich sein.

Der BR besitzt **keine Befugnis zur Vertretung der einzelnen ArbN.** Ihm **208** fehlt daher in einem BeschlVerf. die Antragsbefugnis, wenn er ausschließlich Rechte der ArbN reklamiert (vgl. etwa BAG 18. 2. 03 AP Nr. 11 zu § 77 BetrVG 1972 Betriebsvereinbarung). Eine **gesetzliche Prozessstandschaft** des BR kann aber in Fällen gegeben sein, in denen das BetrVG Rechte einzelner ArbN mit kollektivem Bezug begründet, etwa nach § 82 Abs. 2 S. 2 (vgl. dazu BAG 16. 11. 04 AP Nr. 3 zu § 82 BetrVG 1972).

3. Haftung des Betriebsrats, seines Vorsitzenden und seiner Mitglieder

Die Haftung des BR aus **rechtsgeschäftlichen Verbindlichkeiten** (Rn 202) ist **209** entspr. seiner partiellen Vermögensfähigkeit auf dieses Vermögen, also regelmäßig auf den sich aus § 40 BetrVG ergebenden Freistellungsanspruch beschränkt. Diesen kann und muss der BR ggf. an den Dritten abtreten. Dadurch wandelt sich der Freistellungsanspruch in einen Zahlungsanspruch des Dritten gegen den ArbGeb. um. Eine weitergehende Haftung des BR kommt regelmäßig nicht in Betracht (vgl. GK-*Franzen* Rn 75; MünchArbR-*v. Hoyningen-Huene* § 212 Rn 16).

Eine Haftung des BR für Schadensersatzansprüche aus **unerlaubter Handlung 210** (§§ 823 Abs. 1 und 2, 826 BGB) scheidet regelmäßig aus. Zwar erscheint es nicht ausgeschlossen, dass der BR als Kollegialorgan durch ein Fehlverhalten den Tatbestand einer unerlaubten Handlung erfüllt. Mangels Rechtsfähigkeit ist er jedoch nicht deliktsfähig. Seine partielle Rechtsfähigkeit bezieht sich auf die ihm durch das BetrVG eingeräumten Rechtspositionen. Dazu gehört nicht die Begehung unerlaubter Handlungen. Im Übrigen kommt eine Haftung für Schadensersatzansprüche wegen der weitgehenden Vermögenslosigkeit des BR auch praktisch nicht in Betracht (vgl. *Richardi/ Thüsing* vor § 26 Rn 12; *Belling*, Haftung des Betriebsrats, S. 287 f.; HSWGNR-*Rose* Einl. Rn 102).

Eine **Haftung des BRVors.** kann nach § 179 Abs. 1 und 2 BGB (analog) in Be- **211** tracht kommen, wenn er als Vertr. des BR ohne die erforderliche Vertretungsmacht einen Vertrag schließt und dem Dritten dadurch ein Schaden entsteht. Die Haftung dürfte aber auf die Fälle beschränkt sein, in denen das Fehlen der Vertretungsmacht des BRVors. auf Vorsatz oder grober Fahrlässigkeit beruht. Andernfalls würde der ehrenamtlich tätige BRVors. durch das Haftungsrisiko bei der Ausübung seiner Amtsgeschäfte unangemessen behindert (vgl. *Linsenmaier* FS *Wißmann* S. 378, 391 f.).

212   Die **Haftung der einzelnen Mitgl.** des **BR** richtet sich grundsätzlich nach den allgemeinen Regeln des Bürgerlichen Rechts (GK-*Franzen* Rn 77; **aA** *DKKW-Wedde* Einl. Rn 131). Schließen BRMitgl. Verträge im eigenen Namen ab, haften sie nach allgemeinen schuldrechtlichen Bestimmungen (GK-*Franzen* Rn 77). Allerdings ist im Regelfall davon auszugehen, dass BRMitgl. nicht den Willen haben, selbst privatrechtliche finanzielle Verpflichtungen zu übernehmen. Ein entspr. Wille muss daher ausdrücklich erklärt werden oder sich aus den Begleitumständen unzweifelhaft ergeben (vgl. BAG 24. 4. 86 AP Nr. 7 zu § 87 BetrVG 1972 Sozialeinrichtung).

213   Ein **gesetzliches Schuldverhältnis ("Sozialrechtsverhältnis"),** aus dem besondere Pflichten der BRMitgl. gegenüber dem ArbGeb. erwachsen, gibt es entgegen einer im Schrifttum teilweise vertretenen Auffassung (vgl. *Heinze* ZfA 88, 53, 72; *v. Hoyningen-Huene* NZA 89, 121) nicht. Es fehlt hierfür an einer gesetzlichen Grundlage. Auch würde eine über die allgemeine zivilrechtliche Haftung hinausgehende Haftung des BR diesen bei der Amtsausübung unangemessen behindern (*H/S/W/G/N -Rose* Einl. Rn 98; *DKKW-Wedde* Einl. Rn 131).

214   **Einzelne BRMitgl.** können grundsätzlich nach § **823 Abs. 1 und 2 BGB** schadensersatzpflichtig werden (GK-*Franzen* Rn 78). Das Problem hat bislang keine praktische Relevanz erlangt, sondern nur das Schrifttum beschäftigt. Zunächst gilt es zu beachten, dass das Haftungsrisiko nicht zu einer unangemessenen Beschränkung der BRTätigkeit führen darf. Die BRMitgl. dürfen bei ihrer – unentgeltlichen (!) – Amtsausübung nicht durch die Sorge vor finanzieller Haftung behindert werden.

215   In der **fehlerhaften Inanspruchnahme von MBR** liegt regelmäßig keine Pflichtverletzung. Der BR darf gerade in der Ausübung von Mitwirkungs- und Mitbestimmungsrechten nicht durch Haftungsrisiken beeinträchtigt werden.

216   Die BRMitgl. trifft **regelmäßig keine Einstandspflicht für ein Fehlverhalten des BRGremiums.** Zur Sicherung der persönlichen Unabhängigkeit ist eine Deliktshaftung auf Vorsatz und grobe Fahrlässigkeit beschränkt (vgl. *Richardi-Thüsing* vor § 26 Rn 14; *Belling* Haftung des Betriebsrats, S. 246 ff.). Dabei muss das Fehlverhalten des Gremiums ggf. dem einzelnen BRMitgl. eindeutig zurechenbar sein (vgl. *Richardi-Thüsing* vor § 26 Rn 16). Auch muss die Ursächlichkeit einer unerlaubten Handlung für den Eintritt des Schadens feststehen. Außerdem muss der ArbGeb.– schon wegen § 254 Abs. 2 BGB – von den ihm nach dem BetrVG eröffneten Abhilfemöglichkeiten Gebrauch machen.

217   Besteht die unerlaubte Handlung in einer Beschlussfassung des BR haften nach §§ **830, 840 BGB** nur die Mitgl., die dem rechtswidrigen Beschluss zugestimmt haben (GK-*Kraft/Franzen* Rn 82; ErfK/*Koch* Rn 19). Dies muss feststehen. § 830 Abs. 1 S. 2 BGB ist nicht anwendbar (GK-*Kraft/Franzen* Rn 82).

218   Eine Schadensersatzpflicht eines BRMitgl. kann ferner in Betracht kommen, wenn nicht der BR als Gremium, sondern das einzelne Mitgl. – im Rahmen berechtigter, aber auch vermeintlicher Amtswahrnehmung – absolute **Rechtsgüter iSv. § 823 Abs. 1 BGB** verletzt **oder gegen Schutzgesetze iSv. § 823 Abs. 2 BGB schuldhaft verstößt.** Dabei gilt es zu beachten, dass nicht etwa sämtliche Regelungen im BetrVG, die Amtspflichten normieren, Schutzgesetze iSv. § 823 Abs. 2 BGB sind (vgl. GK-*Franzen* Rn 79 f.; *Richardi/Thüsing* vor § 26 Rn 15). Als Schutzgesetz kommt insb. § 79 (Geheimhaltungspflicht) in Betracht (vgl. § 79 Rn 43; GK-*Franzen* Rn 83; *Richardi/Thüsing* vor § 26 Rn 15). Zu denken ist ferner an die Friedenspflicht (§ 74 Abs. 2; vgl. dazu *Rieble* NZA 05, 1, 4 mwN) und solche Bestimmungen, die dem BR eine Schweigepflicht zugunsten der ArbN auferlegen, wie zB §§ 82 Abs. 3, 83 Abs. 1, 99 Abs. 1 S. 3, 102 Abs. 2 S. 5. Auch § 75 Abs. 1 ist ein Schutzgesetz iSv. § 823 Abs. 1, BGB (vgl. § 75 Rn 98 mwN; BAG 5. 4. 84 AP Nr. 2 zu § 17 BBiG). Geschädigte können der ArbGeb. oder einzelne ArbN sein. Das Erfordernis einer nicht durch Haftungsrisiken belasteten Amtsausübung gebietet auch hier, eine Haftung auf die Fälle von Vorsatz und grober Fahrlässigkeit zu beschränken (ErfK/*Koch* Rn 19). Außerhalb der Amtswahrnehmung gibt es allerdings keinen Grund für eine haftungsrechtliche Privilegierung der BRMitglieder (ErfK/*Koch* Rn 19.

Als Anspruchsgrundlage kommt ferner § 826 BGB (**vorsätzliche sittenwidrige** 219 **Schädigung**) in Betracht (vgl. GK-*Franzen* Rn 81).

Der **ArbGeb.** oder die **Belegschaft** haften nicht für unerlaubte Handlungen des 220 BRGremiums (GK-*Franzen* Rn 83 f.). Der BR ist nicht ihr Verrichtungsgehilfe.

Wegen grober Verletzung der gesetzlichen Pflichten können gem. § 23 Abs. 1 ein- 221 zelne Mitgl. aus dem BR ausgeschlossen oder dieser aufgelöst werden. Die Verletzung von Geheimnissen ist nach § 120 strafbar.

4. Aufgaben im Datenschutz

Die Aufgaben des BR beim **betrieblichen Datenschutz** sind wegen des Sachzu- 222– sammenhangs im Einzelnen bei § 83 Rn 16–40 dargestellt (vgl. auch § 87 Rn 234). 234

VI. Arbeitgeber

Das BetrVG kennt den ArbGeb. in einer Vielzahl von Bestimmungen als Normad- 235 ressaten. Es definiert den **Begriff des ArbGeb.** nicht, sondern setzt ihn als bekannt voraus (GK-*Franzen* Rn 89). „Die Suche nach dem Arbeitgeber in der Betriebsverfassung" (*Wißmann* NZA 01, 409 ff.) bereitet bisweilen Schwierigkeiten. Zu unterscheiden ist insb. zwischen dem **Vertragsarbeitgeber** und dem „**Betriebsarbeitgeber"** (Betriebsinhaber). Diese sind nicht immer identisch. Besonders deutlich wird dies bei einem gemeinsamen Betrieb mehrerer Unternehmen und in Fällen der Arbeitnehmerüberlassung (vgl. *Wißmann* NZA 01, 409, 410, 412).

Wer der „**richtige**" **ArbGeb.** ist, **hängt von** dem jeweiligen **Regelungsgegen-** 236 **stand** ab. ArbGeb. iSv. der Betriebsverfassung ist grundsätzlich die Person, die das maßgebliche Entscheidung trifft. Dies ist abhängig von der Struktur des Betriebs, der Maßnahme und dem in Betracht kommenden betriebsverfassungsrechtlichen Recht des BR oder auch des ArbN.

Der **Vertragsarbeitgeber** ist regelmäßig dann der „richtige" ArbGeb., wenn aus- 237 schließlich die von ihm geschuldete Leistung betroffen ist. So ist im Gemeinschaftsbetrieb für Eingruppierungen regelmäßig nicht der Betriebsarbeitgeber, sondern der Vertragsarbeitgeber zuständig (vgl. *Wißmann* NZA 01, 409, 411). Auch die Verhandlungen über einen Sozialplan dürften mit dem Vertragsarbeitgeber zu führen sein. Dieser ist regelmäßig auch Adressat des MBR nach § 87 Abs. 1 Nr. 10. Dasselbe gilt bei den Rechten der ArbN nach §§ 81 ff.

Der **Betriebsarbeitgeber** ist dann der „richtige" ArbGeb., wenn er die maßgeblichen 238 Entscheidungen trifft. Im Gemeinschaftsbetrieb dürfte dies zB der Fall sein bei Einstellungen und Versetzungen nach § 99 und bei den MBR nach § 87 Abs. 1 Nr. 1, 2, 6, 7, 8 (vgl. *Wißmann* NZA 01, 409, 411). Bei der Einstellung von Leiharbeitnehmern folgt die Zuständigkeit des Betriebsarbeitgebers und des bei diesem errichteten BR bereits aus § 14 Abs. 3 AÜG.

ArbGeb. kann eine **natürliche** oder eine **juristische Person** oder auch eine **Ge-** 239 **samthandsgemeinschaft** (BGB-Gesellschaft, OHG, KG) sein (*WPK/Preis* Rn 42). Nach der neueren Rspr. des BAG besitzt auch die **BGB-Außengesellschaft** beschränkte Rechtssubjektivität und kann als solche verklagt werden (BAG 1. 12. 04 AP Nr. 14 zu § 50 ZPO). Im Falle der **Insolvenz** des ArbGeb. tritt der Insolvenzverwalter betriebsverfassungsrechtlich an die Stelle des ArbGeb. Ihn treffen die betriebsverfassungsrechtlichen Pflichten des ArbGeb., zB nach §§ 111 ff. (vgl. etwa BAG 18. 11. 03

AP Nr. 162 zu § 112 BetrVG 1972). Aus §§ 113, 120 ff., 125 ff. InsO ergeben sich Besonderheiten. Diese werden im jeweiligen Sachzusammenhang erläutert.

240   Die **Vertr. des ArbGeb.** als betriebsverfassungsrechtlichem Organ ist im Gesetz nicht ausdrücklich geregelt. § 43 Abs. 2 (vgl. dort Rn 28) und § 108 Abs. 2 (vgl. dort Rn 12) sehen ausdrücklich vor, dass für den ArbGeb. auch sein Vertr. handeln kann. Dies bedeutet nicht, dass der ArbGeb. im Übrigen seine betriebsverfassungsrechtlichen Aufgaben nur selbst oder durch einen gesetzlichen Vertr. wahrnehmen könnte. Er kann sich vielmehr auch gegenüber dem BR durch eine an der Betriebsleitung verantwortlich beteiligte Person vertreten lassen. Die Zulässigkeit rechtsgeschäftlicher Stellvertretung richtet sich nach Art und Funktion des in Frage stehenden Beteiligungsrechts (vgl. BAG 11. 12. 91 AP Nr. 2 zu § 90 BetrVG 1972). Der Vertreter muss daher auf jeden Fall in der Sache kompetent sein (GK-*Franzen* Rn 91; *WPK/ Preis* Rn 42). Ob er als Verhandlungspartner des BR darüber hinaus auch Entscheidungsbefugnisse besitzen muss, ist von der Art des Beteiligungsrechts des BR und dem Stadium der Verhandlungen abhängig (vgl. BAG 11. 12. 91 AP Nr. 2 zu § 90 BetrVG 1972; GK-*Franzen* Rn 91; *HSWGNR-Rose* § 2 Rn 20; **aA** *WPK/Preis* Rn 42). Eine Vertr. durch betriebsfremde Personen (Rechtsanwälte, Verbandsvertreter) ist in der Regel nicht zulässig (MünchArbR-*v. Hoyningen-Huene* § 212 Rn 11; *HSWGNR-Rose* § 2 Rn 21).

VII. Beteiligungsrechte

1. Beteiligungsrechte der einzelnen Arbeitnehmer

241   Das Gesetz sieht in den **§§ 81–86 Individualrechte des einzelnen ArbN** gesetzlich vor. Diese Rechte werden durch das Recht auf Hinzuziehung eines BRMitgl. gestärkt (vgl. BAG 16. 11. 04 AP Nr. 3 zu § 82 BetrVG 1972). Eine Beschwerde in den ihn betreffenden Angelegenheiten kann der einzelne ArbN entweder direkt bei der zuständigen Stelle des Betriebs (§ 84) oder über den BR (§ 85) erheben.

2. Beteiligungsrechte des Betriebsrats

242   Die Rechte der ArbNschaft sind unterschiedlich ausgeprägt und werden unter dem Oberbegriff der „Beteiligung" zusammengefasst (*Richardi* Vor § 74 Rn 21). Zumeist werden vier Beteiligungsformen unterschieden: die Informationsrechte, die Anhörungs- und Vorschlagsrechte, die Beratungsrechte und die (echten) Mitbestimmungsrechte (vgl. GK-*Franzen* Rn 67). Dagegen wird hier nur von einer Zweiteilung in **Mitbestimmungs-** und **Mitwirkungsrechte** ausgegangen. Das entspricht auch der Überschrift zum Vierten Teil des Gesetzes.

243   Die **Mitbestimmung** ist die stärkste Form der Beteiligung. Eine Maßnahme des ArbGeb., die der Mitbestimmung unterliegt, kann regelmäßig nur mit Zustimmung des BR getroffen werden, wobei im Streitfall die E-Stelle entscheidet (vgl. §§ 87 Abs. 2, 91 S. 2, 94 Abs. 1, 95 Abs. 2, 98 Abs. 4 und 5, 99 Abs. 4, 103 Abs. 2, 104, 112 Abs. 4). Außer in den Fällen der §§ 94 Abs. 1, 95 Abs. 2, 99 Abs. 4, 103 Abs. 2 hat der BR auch das **Initiativrecht,** dh er kann selbst verlangen und ggf. erzwingen, dass eine Regelung getroffen wird (vgl. § 87 Rn 583 ff.).

244   **Mitwirkung** bedeutet Beratung und Mitsprache bei der Entscheidung des Arb-Geb., deren Rechtsgültigkeit zwar nicht von der Zustimmung des BR oder dritter Stellen, wohl aber zT von der vorherigen Unterrichtung und Beteiligung des BR abhängt (vgl. §§ 80 Abs. 2, 89 Abs. 2, 90, 92, 96 Abs. 1, 97, 99 Abs. 1, 102 Abs. 1, 111). Diese Anhörungs-, Überwachungs- und Beratungsrechte sind von erheblicher Bedeutung. Einmal dienen sie als Grundlage für eine weitergehende Beteiligung. Außerdem erfordert das Gebot der vertrauensvollen Zusammenarbeit (§ 2 Abs. 1),

dass ArbGeb. und BR bei jeder Meinungsverschiedenheit rechtzeitig verhandeln mit dem Willen, zu einer Einigung zu kommen (§ 74 Abs. 1). Soweit kein MBR besteht, hat die Beteiligung die Form der Mitwirkung. Eine Verletzung von Aufklärungs- und Auskunftspflichten (dazu ausführlich § 80 Rn 48 ff.) durch den ArbGeb. kann gemäß § 121 mit Geldbußen geahndet werden. Außerdem hat der BR einen im BeschlVerf. durchsetzbaren Anspruch auf Erfüllung dieser Informationspflichten (vgl. § 80 Rn 92).

3. Änderung der Beteiligungsrechte des Betriebsrats durch Tarifvertrag oder Betriebsvereinbarung

Das Gesetz enthält **Mindestbestimmungen über die Beteiligungsrechte** des 245 BR. Der **BR kann** auf diese **nicht wirksam verzichten** (vgl. etwa BAG 29. 11. 83 AP Nr. 10 zu § 113 BetrVG 1972; 3. 6. 03 – 1 AZR 349/02 – NZA 03, 1155; 8. 9. 10 – 7 ABR 73/09 – NZA 11, 934; *Joussen* RdA 05, 31).

Der BR darf sein MBR auch **nicht** in der Weise ausüben, dass er **dem ArbGeb.** 246 **das alleinige Gestaltungsrecht** über den mitbestimmungspflichtigen Tatbestand **eröffnet** (BAG 23. 3. 99 AP Nr. 80 zu § 87 BetrVG 1972 Arbeitszeit; 3. 6. 03 AP Nr. 19 zu § 77 BetrVG 1972 Tarifvorbehalt; vgl. auch *Joussen* RdA 05, 31). Eine Vereinbarung, durch die der BR dem ArbGeb. im Kernbereich eines Mitbestimmungstatbestands die Letztentscheidungsbefugnis überlässt, ist unwirksam (BAG 26. 4. 05 AP Nr. 12 zu § 87 BetrVG 1972 mwN).

Nach zutreffender allgemeiner Meinung **können** die **Beteiligungsrechte** des BR 247 in sozialen, personellen und wirtschaftlichen Angelegenheiten **nicht durch TV eingeschränkt werden,** sofern nicht das BetrVG selbst eine solche Möglichkeit – etwa nach Maßgabe des § 87 Abs. 1 Einleitungssatz – vorsieht (BAG 12. 1. 11 – 7 ABR 34/09 –; *Richardi* Einl. Rn 139; GK-*Franzen* Rn 70; *DKKW-Däubler* Einl. Rn 75; HSWGNR-*Rose* Einl. Rn 282; *Lerch/Weinbrenner* NZA 11, 664; *Jacobs/Krause/Oetker* Tarifvertragsrecht § 4 Rn 91; *Wiedemann/Thüsing* TVG § 1 Rn 765).

Streitig ist, **ob und in welchem Umfang die gesetzlichen Beteiligungsrech-** 248 **te des BR durch TV und BV erweitert oder neue Beteiligungsrechte geschaffen werden können** (vgl. *DKKW-Däubler* Einl. Rn 77 ff.; GK-*Franzen* Rn 70; HSWGNR-*Rose* Einl. Rn 287 ff.; *Richardi* Einl. Rn 139 f., Rn 144 ff.; *Lerch/Weinbrenner* NZA 11, 664, 667).

Eine **Erweiterung** der gesetzlichen MBR **durch BV** ist jedenfalls dann möglich, 249 wenn die Grenzen der funktionalen Zuständigkeit des BR eingehalten werden, nicht in Rechte der ArbN eingegriffen wird und für den Konfliktfall Lösungswege vorgesehen sind (vgl. *Lerch/Weinbrenner* NZA 11, 664, 665). Als Rechtsgrundlage kommen **freiwillige BV** und auch **Regelungsabreden** in Betracht (vgl. BAG 14. 8. 01 AP Nr. 4 zu § 77 BetrVG 1972 Regelungsabrede). Da der ArbGeb. diese Vereinbarungen jederzeit kündigen kann, ohne dass Nachwirkung eintritt (vgl. § 77 Abs. 6), werden durch die Erweiterung der Beteiligungsrechte die BR Rechte des ArbGeb. nicht verletzt (vgl. *Richardi* Einl. Rn 140; *Lerch/Weinbrenner* NZA 11, 664, 665).

Eine **funktionale Zuständigkeit des BR** zum Abschluss von BV über die Er- 250 weiterung seiner Beteiligungsrechte besteht grundsätzlich in sozialen (§ 87), personellen (§§ 92 ff.) und wirtschaftlichen Angelegenheiten (vgl. BAG GS 7. 11. 89 AP Nr. 46 zu § 77 BetrVG 1972). Freiwillige BV nach § 88 können zwischen BR und ArbGeb. nicht nur über die dort aufgezählten, sondern auch über weitere Fragen geschlossen werden (vgl. § 88 Rn 2; BAG 14. 8. 01 AP Nr. 4 zu § 77 BetrVG 1972 Regelungsabrede). Die Betriebsparteien haben innerhalb der gesetzlich vorgegebenen Grenzen (vgl. insb. § 77 Abs. 3) eine umfassende Regelungsbefugnis hinsichtlich aller betrieblichen und betriebsverfassungsrechtlichen Fragen sowie des Inhalts, des Abschlusses und der Beendigung von ArbVerh. (BAG GS 7. 11. 89 AP Nr. 46 zu § 77 BetrVG 1972; BAG 19. 1. 99 AP Nr. 28 zu § 87 BetrVG 1972 Ordnung des Betriebs; 12. 12. 06 AP Nr. 94 zu § 77 BetrVG 1972).

251   Daher können durch BV die MBR des BR in **sozialen Angelegenheiten** (§ 87) erweitert werden (vgl. § 87 Rn 7; BAG 14. 8. 01 AP Nr. 4 zu § 77 BetrVG 1972 Regelungsabrede; GK-*Wiese* § 87 Rn 10 mwN; *Lerch/Weinbrenner* NZA 11, 664, 665; **aA** *HSWGNR-Rose* Einl. Rn 289).

252   Auch in **personellen Angelegenheiten** (§§ 92ff.) können die MBR des BR grundsätzlich durch freiwillige BV erweitert werden (vgl. zur Erweiterung durch TV BAG 10. 2. 88 AP Nr. 53 zu § 99 BetrVG 1972 mwN; *Lerch/Weinbrenner* NZA 11, 664, 667; **aA** GK-*Raab* vor § 92 Rn 24; *HSWGNR-Rose* Einl. Rn 293ff.). Die Annahme einer auch personelle Angelegenheiten erfassenden Regelungsbefugnis der Betriebsparteien wird bestätigt durch § 28 Abs. 1, Abs. 2 S. 1 SprAUG. Die Betriebsparteien können einvernehmlich die Wochen-Frist des § 99 Abs. 3 S. 1 verlängern (BAG 16. 11. 04 AP Nr. 44 zu § 99 BetrVG 1972 Einstellung). Auch eine erhebliche Fristverlängerung begegnet jedenfalls dann keinen Bedenken, wenn sie den besonderen Umständen des Einzelfalls Rechnung trägt (BAG 5. 5. 10 EzA § 99 BetrVG 2001 Nr. 16; 6. 10. 10 ZTR 11, 254). Dagegen sind sie nicht befugt, die Fiktionswirkung des § 99 Abs. 3 S. 2 abzubedingen oder gar umzukehren; diese Fiktion steht nicht zu ihrer Disposition, da sie auch im Interesse der Gerichte normiert ist (vgl. BAG 18. 8. 09 NZA 10, 124; 5. 5. 10 – 7 ABR 70/08 – AP Nr. 130 zu § 99 BetrVG 1972; 12. 1. 11 – 7 ABR 25/09 –; *Lerch/Weinbrenner* NZA 11, 664, 667).

253   Die Wirksamkeit von **Kündigungen** kann nach § **102 Abs. 6** durch freiwillige **BV** von der Zustimmung des BR abhängig gemacht werden (vgl. § 102 Rn 124ff.). Dabei unterfällt es auch der Regelungsmacht der Betriebsparteien, ob bei Meinungsverschiedenheiten die E-Stelle verbindlich entscheiden soll (vgl. BAG 21. 6. 00 AP Nr. 121 zu § 102 BetrVG 1972; *Lerch/Weinbrenner* NZA 11, 664, 668). Ebenso können sie abweichend von § 77 Abs. 6 die Nachwirkung der freiwilligen BV vereinbaren (BAG 28. 4. 98 AP Nr. 11 zu § 77 BetrVG 1972 Nachwirkung).

254   Auch in **wirtschaftlichen Angelegenheiten** ist eine Erweiterung der Beteiligungsrechte des BR durch freiwillige BV grundsätzlich möglich (vgl. *DKK-Wedde* Einl. Rn 85). Da eine solche BV nicht erzwingbar ist, wird in die unternehmerische Entscheidungsfreiheit nicht gegen den Willen des ArbGeb. eingegriffen (vgl. *Richardi* Einl. Rn 140). Die Betriebsparteien können daher zB den Katalog des § 111 S. 3 erweitern (*Lerch/Weinbrenner* NZA 11, 664, 67).

255   Ebenso ist die **Schaffung und Erweiterung von MBR durch TV** grundsätzlich zulässig (vgl. insb. BAG 18. 8. 87 AP Nr. 23 zu § 77 BetrVG 1972; 10. 2. 88 AP Nr. 53 zu § 99 BetrVG 1972; 31. 1. 95 AP Nr. 56 zu § 118 BetrVG 1972; 24. 8. 04 AP Nr. 12 zu § 98 BetrVG 1972).

256   In einem **gesetzlich ungeregelten Bereich** können **durch TV auch eigene Vertretungsstrukturen** geschaffen und die **Vertr. mit Beteiligungsrechten ausgestattet** werden. Daher können durch TV in reinen Ausbildungsbetrieben Auszubildendenvertretungen errichtet und diesen vom BetrVG abweichende Zuständigkeiten und Beteiligungsrechte zuerkannt werden (vgl. BAG 24. 8. 04 AP Nr. 12 zu § 98 BetrVG 1972).

257   Auch in dem **durch das BetrVG geregelten Bereich** ist eine Erweiterung der Mitbestimmung des BR durch TV möglich (vgl. eingehend BAG 10. 2. 88 AP Nr. 53 zu § 99 BetrVG 1972). **Nach § 1 Abs. 1 TVG kann** der **TV normativ** (vgl. § 4 Abs. 1 S. 2 TVG) **betriebsverfassungsrechtliche Fragen regeln.** Es genügt insoweit die Tarifbindung des ArbGeb. (§ 3 Abs. 2 TVG). Der TV kann demnach dem BR auch über das BetrVG 1972 hinaus betriebsverfassungsrechtliche Rechtspositionen einräumen. § 1 Abs. 1 und § 3 Abs. 2 TVG sind durch das BetrVG 1972 nicht eingeschränkt worden. Das geschah in Kenntnis der Tatsache, dass das BAG schon zum BetrVG 1952 die Erweiterung der Beteiligungsrechte durch TV für zulässig gehalten hatte (BAG 12. 10. 55 AP Nr. 1 zu § 56 BetrVG). Außerdem weist das BetrVG ausdrücklich darauf hin, dass die Aufgaben der Koalitionen unberührt bleiben (§ 2 Abs. 3). Das BetrVG ist ArbNSchutzrecht. Schutzrechte sind in der Regel einseitig zwingender Natur. Das gilt für alle Beteiligungsrechte. Ein Umkehrschluss aus einzel-

nen Bestimmungen des BetrVG, die ausdrücklich eine Abänderung von Bestimmungen durch TV gestatten, ist nicht möglich, da diese Bestimmungen (§§ 3, 38 Abs. 1, 47 Abs. 4, 55 Abs. 4, 117) nur Wahl und Organisation des BR betreffen (BAG 10. 2. 88 AP Nr. 53 zu § 99 BetrVG 1972).

Eine Erweiterung der gesetzlichen MBR des BR durch TV kommt insb. in **sozia-** **258** **len Angelegenheiten** (§ 87) in Betracht (vgl. § 87 Rn 8; BAG 18. 8. 87 AP Nr. 23 zu § 77 BetrVG 1972; GK-*Wiese* § 87 Rn 11 mwN; *DKKW-Däubler* Einl. Rn 79; *Weyand* ArbuR 89, 201; *Wiedemann/Oetker* § 1 Rn 251 mit Einschränkungen; *Beuthien* ZfA 86, 131, 139; *Lerch/Weinbrenner* NZA 11, 664, 665; **aA** *HSWGNR-Rose* Einl. Rn 292; *Richardi* Einl. Rn 147 ff.). Entspr. muss auch für die Fragen der **menschengerechten Gestaltung der Arbeit** gelten, die ihrem Gehalt nach soziale Fragen sind (§§ 90, 91); hier kann der TV insb. die Fälle konkretisieren, in denen der BR das **MBR** nach § 91 ausüben kann, aber auch „angemessene Maßnahmen" zur Abwendung, Milderung oder zum Ausgleich besonderer negativer Belastungen vorsehen (vgl. *Beuthien* ZfA 86, 131, 144). Die Nachwirkung derartiger TV nach § 4 Abs. 5 TVG kann allerdings – insb. im Falle des Verbandsaustritts des ArbGeb. – zu erheblichen Schwierigkeiten führen.

In **personellen Angelegenheiten** (§§ 92 ff.) ist eine Erweiterung der MBR des **259** BR durch TV jedenfalls dann zulässig, wenn nicht in Rechtspositionen der ArbN eingegriffen wird und im Streitfall die E-Stelle entscheidet (vgl. BAG 10. 2. 88 AP Nr. 53 zu § 99 BetrVG 1972 mwN; *Lerch/Weinbrenner* NZA 11, 664, 667; vgl. auch *Däubler/Hensche* TVG § 1 Rn 822 ff.; **aA** GK-*Raab* vor § 92 Rn 19 ff.; *HSWGNR-Rose* Einl. Rn 293 ff.). Auch kann durch TV die Wirksamkeit einer **Kündigung** von der Zustimmung des BR abhängig gemacht werden (vgl. § 102 Rn 132 mwN; BAG 17. 6. 00 AP Nr. 121 zu § 102 BetrVG 1972; *Lerch/Weinbrenner* NZA 11, 664, 668).

In **wirtschaftlichen Angelegenheiten** wird die Zulässigkeit einer Erweiterung **260** der Beteiligungsrechte des BR durch TV überwiegend verneint (*HSWGNR-Rose* Einl. Rn 297 ff.; *Beuthien* ZfA 86, 131, 141 ff.; **aA** *Lerch/Weinbrenner* NZA 11, 664, 667; differenzierend GK-*Oetker* vor § 106 Rn 12). Dies erscheint nicht zwingend. Der Umstand, dass durch derartige TV die unternehmerische Entscheidung tangiert ist, führt allein noch nicht zu ihrer Unzulässigkeit. TV sind Teil kollektiver Privatautonomie. Deren Betätigung rechtfertigt grundsätzlich auch freiwillige Einschränkungen der unternehmerischen Freiheiten (ebenso *Lerch/Weinbrenner* NZA 11, 664, 669). (Verfassungsrechtliche) Grenzen, welche die Gerichte ggf. wegen der Schutzpflichtfunktion der Grundrechte zu beachten haben, können dort liegen, wo die unternehmerische, durch Art. 12 GG geschützte Freiheit als solche beseitigt wird. Dies dürfte nicht ohne weiteres der Fall sein, wenn Betriebsänderungen der zwingenden Mitbestimmung unterworfen und der Weg zur E-Stelle eröffnet wird.

Die in §§ 81 ff. geregelten **Individualrechte der ArbN** können ebenfalls durch **261** BV und TV erweitert werden (**aA** wohl *HSWGNR-Rose* Einl. Rn 265 ff.).

VIII. Betriebsverfassungsrecht als Privatrecht

Das **BetrVerfRecht** gehört zum **Privatrecht, nicht** zum **öffentlichen Recht.** Es **262** beruht auf dem Grundsatz der Gleichordnung (*Richardi* Einl. Rn 130 ff.; GK-*Wiese* Einl. Rn 87 ff.; *DKKW-Däubler* Einl. Rn 60; *Söllner* § 19 III; MünchArbR-*v. Hoyningen-Huene* § 210 Rn 16). Weder ist im Rahmen der BetrVerf. der ArbGeb. dem BR übergeordnet noch umgekehrt. Sie sind vielmehr gleichgestellte Verfassungsorgane des Betriebs. ArbGeb. und BR üben keine öffentlich-rechtlichen Funktionen aus.

BV, welche die Betriebsparteien schließen, **wirken allerdings** nach § 77 Abs. 4 **263** S. 1 **normativ** und gelten für die ArbVerh. der im Betrieb beschäftigten ArbN unmittelbar und zwingend. Dadurch ist auch die Rechtsstellung der ArbN betroffen. Gleichwohl rechnet die hM das BetrVerfRecht systematisch zu Recht dem Privatrecht zu (vgl. BAG 12. 11. 02 AP Nr. 159 zu § 112 BetrVG 1972).

IX. Auslegung des Gesetzes

264   Die Auslegung des BetrVG folgt den **allgemeinen Regeln über die Auslegung von Gesetzen.** Sie hat sich zunächst am Wortlaut und dem durch ihn vermittelten Wortsinn zu orientieren. Darüber hinaus kommt es auf die Systematik und den Zweck des Gesetzes an. Die gesetzlichen Bestimmungen sind möglichst verfassungskonform auszulegen. Von ständig zunehmender Bedeutung ist auch das Gebot der gemeinschaftsrechtskonformen Auslegung. Die nationalen Gerichte sind insb. verpflichtet, das innerstaatliche Recht nach Möglichkeit so auszulegen, dass keine Kollision mit europäischen Richtlinien eintritt, sondern deren Ziele erreicht werden (stdg. Rspr. des EuGH, vgl. insb. 5. 10. 04 – Rs. C-397/01 – „Pfeiffer" BB 04, 2353 mwN).

265   Da das BetrVG als ArbNSchutzrecht die Alleinentscheidungsbefugnis des ArbGeb. durch Mitbestimmungs- und Mitwirkungsrechte der ArbN begrenzen will (vgl. Rn 2), ist es **im Zweifel „mitbestimmungsfreundlich"** auszulegen. Dies rechtfertigt sich auch aus dem in § 2 Abs. 1 normierten Grundsatz der vertrauensvollen Zusammenarbeit.

266   Das **BetrVG schützt die ArbN mit kollektivrechtlichen Mitteln.** Einzelne Vorschriften sind jedoch als Schutzgesetze zu Gunsten der einzelnen ArbN des Betriebs anzusehen, zB die §§ 20, 74 Abs. 2, 75 Abs. 1 und 2, 78 (vgl. BAG 9. 6. 82 AP Nr. 1 zu § 107 BPersVG). Individuelle Rechte gewähren dem einzelnen ArbN zB die §§ 81–85, 102 Abs. 3, 113. Im Allgemeinen wirkt das BetrVG nur reflexartig auf das Einzelarbeitsverhältnis ein, zB durch Nichtigkeit einseitiger Maßnahmen des ArbGeb. im Bereich des § 87 wegen fehlender Zustimmung des BR (sog. Theorie der Wirksamkeitsvoraussetzung).

X. Betriebsratsfähiger Betrieb

267   Hinsichtlich der im Betrieb beschäftigten ArbN stellt das Gesetz für die Bildung eines BR **zwei Voraussetzungen** auf:
a) Im Betrieb müssen in der Regel mindestens fünf ständige wahlberechtigte ArbN (§ 7) beschäftigt werden.
b) Von den fünf ständigen wahlberechtigten ArbN müssen mindestens drei wählbar (§ 8) sein.

268   Das hat zur Folge, dass ein BR nicht zu errichten ist, wenn in der Regel **weniger als fünf ständige wahlberechtigte ArbN** beschäftigt werden, oder wenn zwar fünf und mehr ArbN dieser Art beschäftigt werden, aber nur ein oder zwei ArbN wählbar sind.

269   **Sinkt** während der Wahlperiode **die Zahl** der ständigen wahlberechtigten ArbN nicht nur vorübergehend unter 5, so dass der Betrieb nunmehr „in der Regel" weniger als die in § 1 geforderte Mindestzahl an ständigen wahlberechtigten ArbN beschäftigt, so endet damit mangels eines betriebsratspflichtigen Betriebs das Amt des BR (vgl. BAG 7. 4. 04 AP Nr. 17 zu § 106 BetrVG 1972; GK-*Franzen* Rn 102; *HSWGNR-Rose* Rn 84 *WPK/Preis* Rn 54). Verringert sich die Zahl der wählbaren ArbN auf unter 3, hat dies allein auf den Bestand des BR keinen Einfluss (*HSWGNR-Rose* Rn 86; GK-*Franzen* Rn 102). Das Amt des BR endet auch, wenn der ArbGeb. die Voraussetzung für den Wegfall des BR durch Entlassung von ArbN gezielt herbeiführt, etwa um einen ihm unbequemen BR auszuschalten (GK-*Franzen* Rn 102).

270   Eine informative Zusammenstellung der **Bedeutung der Betriebsgröße für die Bildung betriebsverfassungsrechtlicher Organe** und deren Rechte und Pflichten findet sich bei *Pulte* BB 05, 549 ff. Wer ArbN iSv. § 1 ist, bestimmt § 5. Das können auch Teilzeitbeschäftigte sein. Nicht mitzuzählen sind die leitenden Ang., da das Gesetz auf sie keine Anwendung findet (vgl. § 5 Rn 347 ff.).

Der sich in vielen Vorschriften (zB §§ 99 Abs. 1, 106 Abs. 1, 110 Abs. 1, 111 S. 1, **271** 115 Abs. 1 u. 2, 116 Abs. 2; vgl. auch § 1 Abs. 1 Nr. 2 MitbestG) wiederholende Begriff „in der Regel" geht von der **Beschäftigtenzahl des Betriebs oder Unternehmens im regelmäßigen** im Gegensatz zu einem nur vorübergehenden **Zustand** aus. Die regelmäßige ArbNZahl kann nicht durch einfaches Abzählen ermittelt werden. Maßgebend ist die Zahl der ArbN, die für den Betrieb oder das Unternehmen im Allgemeinen kennzeichnend ist (vgl. BAG 16. 11. 04 AP Nr. 58 zu § 111 BetrVG 1972). Dabei hat eine vorübergehende Erhöhung der Personalstärke infolge außergewöhnlichen Arbeitsanfalls ebenso außer Betracht zu bleiben wie eine vorübergehende Verringerung der Belegschaft wegen eines zeitweiligen Arbeitsrückgangs (BAG 16. 4. 03 AP Nr. 7 zu § 9 BetrVG 1972).

Zur Feststellung der Zahl der in der Regel beschäftigten ArbN bedarf es eines **272** **Rückblicks** auf die Vergangenheit, aber auch einer **Prognose** zur künftigen Entwicklung (BAG 16. 4. 03 AP Nr. 7 zu § 9 BetrVG 1972 mwN; 16. 11. 04 AP Nr. 58 zu § 111 BetrVG 1972). Es ist also festzustellen, wie viel ArbN, abgesehen von Zeiten außergewöhnlicher Arbeitshäufung (Abschlussarbeiten, Weihnachtsgeschäft) oder eines vorübergehenden Arbeitsrückgangs (Reise- oder Urlaubszeit), im Allgemeinen im Betrieb beschäftigt werden. Es kommt auf den im größten Teil des Jahres bestehenden normalen Zustand an (vgl. BAG 16. 11. 04 AP Nr. 58 zu § 111 BetrVG 1972). Das braucht keineswegs die Durchschnittszahl der ArbN zu sein. Denn diese Zahl stellt das Mittel zwischen der höchsten und der niedrigsten ArbNZahl dar, während es sich bei der hier in Frage stehenden Zahl der „in der Regel" Beschäftigten um die **Zahl der ArbN** handelt, **die in dem während des größten Teils des Jahres** bestehenden „normalen", also regelmäßigen Zustand üblicherweise **beschäftigt** werden. Werden ArbN nicht ständig, sondern lediglich zeitweilig beschäftigt, kommt es für die Frage der regelmäßigen Beschäftigung darauf an, ob sie normalerweise während des größten Teils eines Jahres beschäftigt werden (vgl. BAG 16. 11. 04 AP Nr. 58 zu § 111 BetrVG 1972 mwN). **Teilzeitbeschäftigte** sind voll mitzuzählen. **Beurlaubte, kranke** und ArbN, die ihren **Wehrdienst** oder **Zivildienst** leisten, zählen ebenfalls mit; die ArbN, die vorübergehend zur Vertr. dieser ArbN tätig sind, werden aber nicht berücksichtigt. ArbN in **Mutterschutz:** ja (BAG 19. 7. 83 AP Nr. 23 zu § 113 BetrVG 1972); ArbN in **Elternzeit:** ja, wenn die Zahl der ArbN vor und nach der Elternzeit unverändert ist (BAG 31. 1. 91 AP Nr. 11 zu § 23 KSchG 1969). Die zu ihrer **Berufsausbildung** Beschäftigten zählen zu den ArbN, auch Praktikanten, Umschüler, Volontäre. Für ArbN in **Altersteilzeit** gilt: Bei echter Altersteilzeit (Teilzeit während der gesamten Dauer der Altersteilzeit) zählen diese ArbN mit (*Rieble/Gutzeit* BB 98, 643), bei Altersteilzeit im Blockmodell zählen sie in der zweiten Hälfte nicht mehr mit, sie sind endgültig aus dem Betrieb ausgeschieden (BAG 16. 4. 03 AP Nr. 7 zu § 9 BetrVG 1972). Nicht zu berücksichtigen sind die Helfer im freiwilligen sozialen Jahr (BAG 12. 2. 92 AP Nr. 52 zu § 5 BetrVG 1972). Gewerbsmäßig überlassene **Leiharbeitnehmer** gehören nach § 7 S. 2 zu den wahlberechtigten ArbN, wenn sie länger als 3 Monate im Betrieb eingesetzt werden. Gleichwohl zählen sie nach der Rspr. des BAG bei der Ermittlung der organisatorischen Schwellenwerte des BetrVG nicht mit (vgl. Rn 279). Die auf Grund der Förderung der „**Jobrotation**" (§§ 229 ff. SGB III) Beschäftigten zählen nicht mit, soweit die Geltung der Vorschriften von der Zahl der ArbN im Betrieb oder Unternehmen abhängig ist. Dagegen zählen **Beschäftigte in einer Arbeitsbeschaffungsmaßnahme** (§ 260 SGB III) mit (BAG 13. 10. 04 AP Nr. 71 zu § 5 BetrVG 1972). Die sog. **Ein-Euro-Jobber** sind keine ArbN iSd. BetrVG (*Engels* NZA 07, 8). Nach § 16 Abs. 3 S. 2 SGB II begründen die Arbeiten, welche diese erwerbsfähigen Hilfebedürftigen im öffentlichen Interesse verrichten, kein ArbVerh. im Sinne des Arbeitsrechts. Die Ein-Euro-Jobber erfüllen daher nicht die Voraussetzungen des § 5. Bei ihrer Eingliederung in den Betrieb hat aber der BR nach § 99 mitzubestimmen (BAG 2. 10. 07 AP Nr. 54 zu § 99 BetrVG 1972 Einstellung; *Zwanziger* ArbuR 05, 8, 14; vgl. auch *Süllwold* ZfPR 05, 82 ff.).

273   Es **kommt nicht darauf an, ob** der Betrieb diese Zahl von ArbN **gerade auch im Zeitpunkt der Einleitung der Wahl** oder der mitbestimmungsrelevanten Maßnahme beschäftigt. Beträgt daher die Zahl der in der Regel beschäftigten ständigen wahlberechtigten ArbN eines Betriebs 6, sind aber im Zeitpunkt der Einleitung der Wahl nur 4 ständige ArbN vorhanden, von denen 3 wählbar sind, ist ein BR gleichwohl zu errichten.

274   Bei **reinen Kampagnebetrieben,** die überhaupt nur während eines Teils des Jahres arbeiten, ist die regelmäßige Zahl der ArbN während dieser Zeit maßgebend (vgl. BAG 16. 11. 04 AP Nr. 58 zu § 111 BetrVG 1972; *Richardi* Rn 121; GK-*Franzen* Rn 100; *HSWGNR-Rose* Rn 83). Hat jedoch ein während des ganzen Jahres laufender Betrieb für einige Monate einen Bedarf an zusätzlichen Arbeitskräften (Saisonbetrieb), so rechnen diese ArbN nicht zu den ständigen ArbN (vgl. BAG 16. 11. 04 AP Nr. 58 zu § 111 BetrVG 1972). Etwas anderes gilt wiederum, wenn die Saison den größeren Teil des Jahres dauert, zB in Kurorten (BAG 12. 10. 76 AP Nr. 1 zu § 8 BetrVG 1972: mindestens 6 Monate im Jahr; *Richardi* Rn 122).

275   Der Begriff der „in der Regel" Beschäftigten ist ein **unbestimmter Rechtsbegriff.** Das Revisionsgericht kann daher nur prüfen, ob das Berufungsgericht den unbestimmten Rechtsbegriff richtig erkannt, bei der Subsumtion beibehalten, nicht gegen Denkgesetze und allgemeine Erfahrungssätze verstoßen und alle erheblichen Umstände berücksichtigt hat (BAG 16. 11. 04 AP Nr. 58 zu § 111 BetrVG 1972).

276   Voraussetzung für die Errichtung eines BR ist, dass in der Regel fünf ständige wahlberechtigte (hierzu § 7) ArbN beschäftigt werden. Der **Begriff „ständig"** bezieht sich auf die zu erfüllende Arbeitsaufgabe, mit der ein ArbN auf unbestimmte, zumindest längere Zeit beschäftigt wird (*Richardi* Rn 112). Auch ein neu Eingestellter kann ständiger ArbN sein, wenn er für eine von vornherein nicht begrenzte Zeit in den Betrieb eingegliedert werden soll. Das gilt auch bei Vereinbarung einer Probezeit (*Richardi* Rn 114) oder der vorübergehenden Besetzung des ständigen Arbeitsplatzes mit LeihArbN (vgl. § 5 Rn 214 ff.) oder mit befristet eingestellten ArbN auf einem ständigen Arbeitsplatz (LAG Berlin DB 90, 538).

277   Den Gegensatz zum ständigen ArbN bildet der von vornherein nur vorübergehend beschäftigte ArbN, der im Hinblick auf die ihm zugewiesenen Arbeitsaufgaben nur für eine begrenzte Zeit dem Betrieb angehören soll wie **Aushilfen, Saisonarbeiter** (*Richardi* Rn 122).

278   Der Begriff **„ständig"** stellt nicht auf die Arbeitszeit ab. Auch der nur **teilzeitbeschäftigte** (etwa nur halbtägig beschäftigte) ArbN ist ein „ständiger" ArbN, wenn die Beschäftigung für unbestimmte Zeit vorgesehen ist (vgl. *Richardi* Rn 115).

279   Nach der Rspr. des BAG zu den organisatorischen Schwellenwerten der §§ 7, 9 zählen **Leiharbeitnehmer** nicht zu den ArbN des Entleiherbetriebs (vgl. BAG 16. 4. 03 AP Nr. 7 zu § 9 BetrVG 1972; 22. 10. 03 AP Nr. 28 zu § 38 BetrVG 1972; 10. 3. 04 AP Nr. 8 zu § 7 BetrVG 1972). Dies gilt nach der Rspr. des BAG nicht nur für die gewerbsmäßige, sondern auch für die nicht gewerbsmäßige ArbNÜberlassung und die Konzernleihe (BAG 10. 3. 04 AP Nr. 8 zu § 7 BetrVG 1972; 20. 4. 05 NZA 05, 1006). Die Rspr. ist – zumal nach der Streichung der früheren zeitlichenHöchstgrenze für die Arbeitnehmerüberlassung – nicht unproblematisch (vgl. auch *Dörner* in FS *Wißmann* S. 286, 295 ff.). Jedenfalls beim Schwellenwert des § 111 zählen Leiharbeitnehmer nach drei Monaten mit (vgl. § 111 Rn 25; BAG 18. 10. 11 – 1 AZR 335/10 – PM Nr. 79/11).

280   Von fünf ständigen ArbN müssen **mindestens drei wählbar** sein (vgl. § 8). Die Wähler sollen bei der Wahl eine gewisse Auswahl haben.

281   Das Erfordernis von drei ständigen wählbaren ArbN bedeutet nicht, dass nur diese gewählt werden können. Sind nicht ständige, aber wählbare ArbN im Betrieb, so können auch sie gewählt werden (*Richardi* Rn 119).

282   Sind die Voraussetzungen des § 1 erfüllt, sieht das Gesetz die Errichtung des BR vorbehaltlos vor. Der tatsächlichen Durchsetzung der Errichtung dienen **zahlreiche Vorschriften,** die die **Bildung und das Tätigwerden eines Wahlvorst. gewähr-**

leisten (§§ 16 ff.) und **die unbehinderte Wahl sichern** (§ 20) sollen. Hierzu gehören auch die Bestimmungen über das vereinfachte Wahlverf. in Klein- und Mittelbetrieben (§ 14 a). Insoweit ist auf die verstärkten Möglichkeiten der Gewerkschaften (§§ 14, 14 a, 16 und 17) und den Kündigungsschutz von Mitgl. des Wahlvorst. und der Wahlbewerber und der ArbN, die die Initiative zur Wahl eines BR ergreifen (§ 103, § 15 Abs. 2 bis 3 a KSchG), hinzuweisen. Diese Bestimmungen sind so auszulegen, dass die Bildung des BR erleichtert wird (BAG 14. 12. 65 AP Nr. 5 zu § 16 BetrVG). Jede Behinderung der Wahl wird auf Antrag ua des Wahlvorstandes, des Unternehmers (ArbGeb.) oder einer im Betrieb vertretenen Gewerkschaft strafrechtlich verfolgt (§ 119 Abs. 1 Nr. 1, Abs. 2).

Eine ordnungsgemäße Wahl setzt bei der Wahlbeteiligung **kein bestimmtes Mindestquorum** voraus. Eine geringe Wahlbeteiligung schwächt allerdings – wie bei jeder Wahl – die demokratische Legitimation des gewählten Organs. Die Rechte des BR werden dadurch aber nicht gemindert. **283**

Anders ist die Rechtslage bei den Sprecherausschüssen. Ein **Sprecherausschuss** **284** wird nur gewählt, wenn dies die Mehrheit der leitenden Ang. des Betriebs in einer Verslg. oder durch schriftliche Stimmabgabe verlangt (§ 7 Abs. 2 S. 4 SprAuG).

Ein BR ist **auch** dann zu errichten, **wenn** sich eine **Mehrheit** der ArbN **dagegen** **285** ausgesprochen hat. Allerdings müssen ein etwa vorhandener GesBR oder KBR oder mindestens drei wahlberechtigte ArbN oder eine im Betrieb vertrtene Gewerkschaft die Wahl gemäß § 17 Abs. 1 oder Abs. 3 initiieren. Andernfalls wird kein BR errichtet. Eine **gerichtliche Notbestellung** wie beim AR ist **nicht vorgesehen.**

Wird kein BR errichtet, bleibt der Betrieb grundsätzlich vertretungslos. Im Rahmen **286** seiner originären Zuständigkeit ist aber nach § 50 Abs. 1 S. 2 Halbs. 2 ein etwa errichteter **GesBR** auch **für** den **BRlosen Betrieb zuständig** (vgl. § 50 Rn 29 ff.).

XI. Streitigkeiten

Die Abgrenzung des Betriebs ist für die Errichtung eines BR von entscheidender **287** Bedeutung. Bei Zweifeln über das Vorliegen einer betriebsratsfähigen Organisationseinheit können daher gem. § 18 Abs. 2 der ArbGeb., jeder beteiligte BR, jeder beteiligte Wahlvorstand oder eine im Betrieb vertr. Gewerkschaft unabhängig von einer konkret anstehenden Wahl im BeschlVerf. eine gerichtliche Klärung herbeiführen (vgl. im Einzelnen § 18 Rn 53 ff.). **Zu Einzelheiten des BeschlVerf.** vgl. insbesondere **Nach § 1.**

Wird bei einer BRWahl der **Betriebsbegriff verkannt,** ist die Wahl nach § 19 an- **288** fechtbar. Die Verkennung des Betriebsbegriffs führt dagegen nicht ohne weiteres zur Nichtigkeit der Wahl. Nur wenn der Betriebsbegriff offensichtlich verkannt wurde, kommt eine Nichtigkeit der Wahl in Betracht (vgl. BAG 19. 11. 03 AP Nr. 55 zu § 19 BetrVG 1972). Ansonsten bleibt der unter Verkennung des Betriebsbegriffs gewählte BR bis zur rechtskräftigen Feststellung der Anfechtbarkeit der Wahl im Amt.

Entscheidungen nach § 18 Abs. 2 über das Vorliegen einer betriebsratsfähigen **289** Einheit entfalten für spätere Verfahren **Bindungswirkung** (vgl. BAG 19. 11. 03 AP Nr. 35 zu § 19 BetrVG 1972). Solange eine rechtskräftige Entscheidung nach § 18 Abs. 2 nicht ergangen ist, kann das Bestehen eines Betriebs und die Zuordnung von Betriebsteilen als **Vorfrage in anderen Rechtsstreitigkeiten** mit Wirkung für den jeweils konkreten Streitfall geprüft und entschieden werden (vgl. BAG 3. 12. 85 AP Nr. 28 zu § 99 BetrVG 1972).

An einem **BeschlussVerf. über** die **MBR** des BR bei der Ausübung der betrieb- **290** lichen Leitungsmacht sind **in** einem **Gemeinschaftsbetrieb** alle zur gemeinsamen Betriebsführung verbundenen Unternehmen beteiligt (BAG 15. 5. 07 AP Nr. 30 zu § 1 BetrVG 1972 Gemeinsamer Betrieb).

Nach § 1
Das arbeitsgerichtliche Beschlussverfahren
(§ 2a, §§ 80 ff. ArbGG 1979)

Inhaltsübersicht

I. Vorbemerkungen

1 Nach § 2a Abs. 1 Nr. 1 ArbGG sind die **Gerichte für Arbeitssachen** – ua. – **ausschließlich zuständig für Angelegenheiten aus dem BetrVG.** Ausgenommen ist lediglich in § 2 Abs. 1 Nr. 2 Halbs. 2 ArbGG die Ahndung von Straftaten und Ordnungswidrigkeiten nach §§ 119–121 BetrVG. Für diese sind die ordentlichen Gerichte zuständig. Zur internationalen Zuständigkeit für einen Streit über die Entsendung inländischer ArbNVertr. in den EBR vgl. BAG 18. 4. 07 AP Nr. 1 zu § 18 EBRG.

2 Die in § 2a Abs. 1 ArbGG geregelte Zuständigkeit bezieht sich ausschließlich auf **kollektivrechtliche Streitigkeiten.** Dabei stehen die betriebsverfassungsrechtlichen Streitigkeiten im Vordergrund. Die ausschließliche Zuständigkeit der Gerichte für Arbeitssachen besteht aber **auch** gemäß § 2a Abs. 1 Nr. 2 ArbGG in Angelegenheiten aus dem **SprAuG** (vgl. GK-ArbGG/*Dörner* § 2a Rn 58; GMPM-G/*Matthes* § 2a Rn 59), gemäß § 2a Abs. 1 Nr. 3 ArbGG in bestimmten Angelegenheiten aus dem **MitbestG,** dem **MitbestErgG** und dem **DrittelbeteiligungsG** (GMPM-G/*Matthes* § 2a Rn 64 ff.; GK-ArbGG/*Dörner* Rn 60 ff.), gemäß § 2a Abs. 1 Nr. 3a ArbGG in Streitigkeiten um die **Mitbestimmungsorgane der schwerbehinderten Menschen** (§§ 94 ff. SGB IX, vgl. GK-ArbGG/*Dörner* § 2a, Rn 70 f.; GMPM-G/*Matthes* § 2a Rn 23 ff.; aus der Rspr. BAG 30. 3. 10 – 7 ABR 32/09 – NZA 10, 668; vgl. auch 20. 1. 10 – 7 ABR 39/08 – NZA 10, 1435), gemäß § 2a Abs. 1 Nr. 3b ArbGG in Angelegenheiten aus dem **EBRG** (GK-ArbGG/*Dörner* § 2a Rn 76; GMPM-G/*Matthes* § 2a Rn 53 f.; vgl. aus der Rspr. BAG 27. 6. 00 AP Nr. 1 zu EWG-Richtlinie Nr. 94/45), gemäß § 2a Abs. 1 Nr. 3c ArbGG in Angelegenheiten aus **§ 51 BBiG** (vgl. § 60 Rn 16; GK-ArbGG/*Dörner* § 2a Rn 76a), gemäß § 2a Abs. 1 Nr. 3d ArbGG in Angelegenheiten aus dem **SEBG** (GK-ArbGG/*Dörner* § 2a Rn 76b), gemäß § 2a Abs. 1 Nr. 3e ArbGG in Angelegenheiten aus dem **SCEBG** (GK-ArbGG/*Dörner* § 2a Rn 76c) und gemäß § 2a Abs. 1 Nr. 3f ArbGG in Angelegenheiten aus dem **MgVG.** Nach § 2a Abs. 1 Nr. 4 ArbGG sind die Gerichte für Arbeitssachen schließlich auch ausschließlich zuständig für Entscheidungen über die **Tariffähigkeit und Tarifzuständigkeit einer Vereinigung** (GMPM-G/*Matthes* § 2a Rn 81 ff.; GK-ArbGG/*Dörner* § 2a Rn 77 ff.; BAG 6. 6. 00, 29. 6. 04 AP Nr. 9, 10 zu § 97 ArbGG 1979, 14. 12. 04 AP Nr. 1 zu § 2 TVG Tariffähigkeit „UFO"; 28. 3. 06 – 1 ABR 58/04 – NZA 06, 1112 – „CGM"; 5. 10. 10 – 1 ABR 88/09 – NZA 11, 300 – „GKH"; 14. 12. 10 – 1 ABR 19/10 – NZA 11, 289 – „CGZP"). Für die Fälle des § 2a Abs. 1 Nr. 4 ArbGG enthält **§ 97 ArbGG** besondere Bestimmungen. Von praktischer Bedeutung ist insb. § 97 Abs. 5 S. 1 ArbGG. Danach haben Gerichte – auch anderer Gerichtsbarkeiten (GK-ArbGG/*Dörner* § 2a Rn 81) – ihre Verf. auszusetzen, wenn für diese die Frage der Tariffähigkeit oder Tarifzuständigkeit einer Vereinigung vorgreiflich ist (vgl. dazu BAG 29. 6. 04 AP Nr. 36 zu § 1 TVG; 29. 6. 04, 28. 1. 08 AP Nr. 10, 17 zu § 97 ArbGG 1979; 14. 12. 10 – 1 ABR 19/10 – NZA 11, 289 – „CGZP"). Dies gilt auch, wenn im Rahmen einer Verbandsklage nach § 9 TVG über die Tariffähigkeit einer ArbNVereinigung gestritten wird (BAG 14. 12. 10 – 1 ABR 19/10 – NZA 11, 289 – „CGZP"). Dagegen ist die Tarifgebundenheit einzelner Arbeitgeber kein Rechtsverhältnis, das in einem Beschlussverfahren nach § 2a Abs. 1 Nr. 4 ArbGG selbständig festgestellt werden könnte (vgl. BAG 18. 7. 06 AP Nr. 19 zu § 2 TVG Tarifzuständigkeit; 24. 4. 07 DB 07, 1651). Der BR besitzt keine Antragsbefugnis nach § 97 Abs. 1 ArbGG zur Einleitung eines Verfahrens nach § 2a Abs. 1 Nr. 4 ArbGG (BAG 13. 3. 07 AP Nr. 21 zu § 2 TVG Tarifzuständigkeit).

In all diesen Angelegenheiten findet gemäß § 2a Abs. 2 ArbGG das sog. **Beschl-**   3 **Verf.** statt. Dieses heißt so, weil eine **verfahrensbeendende Sachentscheidung** der Gerichte nicht wie in UrteilsVerf. durch ein Urteil, sondern nach § 84 S. 2 ArbGG durch einen **Beschluss** ergeht. Dieser verfahrensbeendende Beschluss ist insb. von dem verfahrensleitenden Beschluss nach § 83 Abs. 5 ArbGG zu unterscheiden (vgl. GK-ArbGG/*Dörner* § 84 Rn 1). In dieser Kommentierung können nur die wesentlichen Grundsätze des arbeitsgerichtlichen BeschlVerf. dargestellt werden. Wegen näherer Einzelheiten wird auf die einschlägigen Kommentare zum ArbGG verwiesen (vgl. insb. GK-ArbGG/*Bader/Dörner/Mikosch/Schleusener/Schütz/Vossen;* ArbGG/*Düwell/ Lipke* (Hrsg.) 2. Aufl.; *Natter/Gross* ArbGG; *Germelmann/Matthes/Prütting/Müller-Glöge* ArbGG 7. Aufl.; *Grunsky* ArbGG 7. Aufl.; *Hauck/Helml* ArbGG 3. Aufl.; *Heither* ArbGG; *Schaub* Arbeitsgerichtsverfahren 7. Aufl.; *Schwab/Weth* ArbGG 3. Aufl; *Bader/ Creutzfeld/Friedrich* ArbGG 5. Aufl. vgl. auch *DKKW/Klebe* Einl. Rn 170 ff.). Hinweise finden sich ferner regelmäßig in den letzten Rn der Kommentierung zu den einzelnen Bestimmungen.

In Streitigkeiten aus dem **BPersVG** kommt zwar nach § 83 Abs. 2 BPersVG eben-   4 falls das arbeitsgerichtliche BeschlVerf. zur Anwendung. Zuständig sind aber gemäß § 106 BPersVG die **Verwaltungsgerichte**. Die Abgrenzung des Geltungsbereichs von Betriebsverfassungs- und Personalvertretungsrecht folgt aus § 130 BetrVG (BAG 30. 7. 87 AP Nr. 3 zu § 130 BetrVG 1972).

II. Urteils- oder Beschlussverfahren

Das ArbGG sieht für arbeitsrechtliche Streitigkeiten zum einen das Urteilsverf.   5 (§§ 2, 46 ff. ArbGG), zum anderen das BeschlVerf. (§§ 2a, 80 ff. ArbGG; vgl. auch *DKKW/Klebe* Einl. Rn 170 ff.) vor. Die Verfahrensart hat nicht unerhebliche **Auswirkungen** ua. für die Sachverhaltsermittlung (vgl. Rn 45 ff.), die Beteiligung (vgl. Rn 44), die subjektive Rechtskrafterstreckung und Bindungswirkung einer gerichtlichen Entscheidung (vgl. Rn 56 ff.), die Zwangsvollstreckung (vgl. Rn 62 ff.) und die Kosten (Rn 55).

Zunächst bestimmt der Antragsteller durch seinen Antrag die Verfahrensart (GK-   6 ArbGG/*Dörner* § 80 Rn 19, § 81 Rn 6). Ergibt die Auslegung des Antrags kein eindeutiges Ergebnis, hat das Gericht die Sache sogleich in der ihr zukommenden Verfahrensart zu behandeln (GK-ArbGG/*Dörner* § 80 Rn 19). Andernfalls muss es zunächst in der vom Antragsteller gewählten Verfahrensart betrieben werden. Das ArbG muss aber **von Amts wegen prüfen, ob** dies die **zutreffende Verfahrensart** ist.

Ist dies nicht der Fall, hat es gemäß § 48 Abs. 1 ArbGG iVm. § 17 a Abs. 2 S. 1 GVG von Amts wegen – also auch ohne entspr. Antrag – nach Anhörung der Beteiligten die Unzulässigkeit der gewählten Verfahrensart auszusprechen und die **Streitigkeit in die richtige Verfahrensart abzugeben.** Eine Abweisung des Antrags als unzulässig kommt – anders als vor dem 1. 1. 91 (vgl. zur früheren Rechtslage BAG 25. 11. 92 – 7 ABR 80/91 –) – nicht mehr in Betracht (GK-ArbGG/*Dörner* § 80 Rn 20). Falls ein Beteiligter die Verfahrensart rügt, hat das ArbG darüber **nach § 17 a Abs. 3 S. 2 GVG vorab** zu entscheiden. Berufung und Beschwerde sowie die Revision und die Rechtsbeschwerde können nach §§ 65, 73 Abs. 2, 88, 93 Abs. 2 ArbGG grundsätzlich nicht darauf gestützt werden, die Verfahrensart sei unzulässig. Dies gilt allerdings dann nicht, wenn das ArbG trotz Rüge nicht über die Zulässigkeit der Verfahrensart entschieden hat (BAG 26. 3. 92 AP Nr. 7 zu § 48 ArbGG 1979; 21. 5. 99 AP Nr. 1 zu § 611 BGB Zeitungsverlage).

7   **Maßgebend** für die Zuordnung einer Rechtsstreitigkeit zum Beschluss- oder Urteilsverf. ist der Streitgegenstand (GK-ArbGG/*Dörner* § 2 a Rn 17). Entscheidend dafür, ob eine „Angelegenheit aus dem BetrVG" iSv. § 2 a Abs. 1 Nr. 1 ArbGG vorliegt und damit gemäß § 2 a Abs. 2 ArbGG das BeschlVerf. stattfindet, ist, **ob** der geltend gemachte Anspruch, bzw. die begehrte Feststellung ihre **Rechtsgrundlage in einem betriebsverfassungsrechtlichen Rechtsverhältnis** hat. Streitigkeiten zwischen ArbGeb. und BR betreffen danach stets Angelegenheiten aus dem BetrVG und sind im BeschlVerf. auszutragen (GK-ArbGG/*Dörner* § 2 a Rn 17). Handelt es sich dagegen um einen individualrechtlichen Anspruch, der seinen Rechtsgrund im ArbVerh. hat, ist das Urteilsverf. die richtige Verfahrensart (GK-ArbGG/*Dörner* § 2 a Rn 18; *Hauck* in *Hauck/Helml* § 2 a Rn 11; *GMPM-G/Matthes* § 2 a Rn 12). Dies gilt auch dann, wenn es für den individualrechtlichen Anspruch auf eine betriebsverfassungsrechtliche (Vor-)Frage ankommt (GK-ArbGG/*Dörner* § 2 a Rn 16 a) oder wenn der Anspruch auf eine BV gestützt wird.

8   Hiernach sind **im BeschlVerf.** zB zu entscheiden:
– Streitigkeiten über die **Errichtung von Betriebsverfassungsorganen** wie insb. BR, GesBR, KBR, JugAzubiVertr. oder WiAusschuss (vgl. GK-ArbGG/*Dörner* § 2 a Rn 31).
– Streitigkeiten nach § 18 Abs. 2 über das **Vorliegen einer betriebsratsfähigen Organisationseinheit.**
– Streitigkeiten über die Durchführung und Anfechtung einer **BRWahl** (GK-ArbGG/*Dörner* § 2 a Rn 34 f. mit zahlreichen Nachw.).
– Streitigkeiten über das **Bestehen** und den **Umfang von MBR** des BR (GK-ArbGG/*Dörner* § 2 a Rn 40).
– Streitigkeiten über die **Durchführung,** die **Wirksamkeit** und **Geltung von BV** (GK-ArbGG/*Dörner* § 2 a Rn 41; vgl. auch BAG 9. 12. 03 AP Nr. 27 zu § 50 BetrVG 1972).
– Streitigkeiten über **Kosten und Sachmittel des BR** (GK-ArbGG/*Dörner* § 2 a Rn 42 ff.).
– Streitigkeiten über die **Wirksamkeit von E-Stellensprüchen** (vgl. § 76 Abs. 5 S. 5).
– Streitigkeiten über **betriebsverfassungsrechtliche Zutrittsrechte der Gewerkschaften** zum Betrieb (vgl. BAG 19. 9. 06 AP Nr. 5 zu § 2 BetrVG 1972; GK-ArbGG/*Dörner* § 2 a Rn 48 f.).
– **Unterlassungsantrag der Gewerkschaft gegen** die Durchführung oder den Abschluss einer **BV** (BAG 13. 3. 01 AP Nr. 17 zu § 2 a ArbGG 1979).
– Antrag des ArbGeb. nach § 78 a Abs. 4 (GK-ArbGG/*Dörner* § 2 a Rn 47).
– Antrag des ArbGeb. auf Ersetzung der Zustimmung zur fristlosen Kündigung nach § 103 Abs. 2 (*Hauck* in *Hauck/Helml* § 2 a Rn 12).

9   Dagegen gehören zum zB in das **Urteilsverf.:**
– Individualrechtliche **Ansprüche von ArbN** auch **aus BV** und **Sozialplänen** (*Hauck* in *Hauck/Helml* § 2 a Rn 11).

- Zahlung des **Arbeitsentgelts** für die Teilnahme an BetrVerslg. (BAG 1. 10. 74 AP Nr. 2 zu § 44 BetrVG 1972).
- Entgeltansprüche von BRMitgl. für die durch ihre Amtstätigkeit **versäumte Arbeitszeit** sowie Ansprüche auf **bezahlte Freistellung** oder **Abgeltung von BRTätigkeit außerhalb der Arbeitszeit** (BAG 26. 9. 90 AP Nr. 4 zu § 8 BPersVG; 26. 2. 92 AP Nr. 18 zu § 46 BPersVG; GK-ArbGG/*Dörner* § 2 a Rn 23, 25; kritisch hiergegen *GMPM-G/Matthes* § 2 a Rn 17).
- **Kündigungsschutzklagen von BRMitgl.** (BAG 23. 8. 84 AP Nr. 17 zu § 103 BetrVG 1972; GK-ArbGG/*Dörner* § 2 a Rn 26).
- Anspruch des Auszubildenden auf **Weiterbeschäftigung nach § 78 a**
- Streitigkeiten über das betriebliche **Zutrittsrecht von Gewerkschaften zu Werbezwecken** (vgl. BAG 28. 2. 06 AP Nr. 127 zu Art. 9 GG; GK-ArbGG/*Dörner* § 2 a Rn 49).

Die InsO sieht in zwei Fällen ein jeweils vom Insolvenzverwalter einzuleitendes **10** Beschlussverfahren (BeschlVerf.) vor, nämlich einmal in **§ 126 InsO** (vgl. dazu BAG 29. 6. 00 AP Nr. 2 zu § 126 InsO), zum anderen in **§ 122 InsO** (vgl. GK-ArbGG/ *Dörner* § 2 a Rn 56).

III. Rechtsstreitigkeiten und Regelungsstreitigkeiten

Arbeitsgerichtliche BeschlVerf. sind Rechtsstreitigkeiten. In ihnen wird **über 11 Rechtsfragen entschieden.** Dagegen werden **keine Regelungen getroffen.** Die Gerichte können über Umfang und Bestehen von MBR entscheiden. Sie füllen aber diese nicht aus. Dies ist vielmehr Sache der Betriebsparteien. Können diese sich über die Ausgestaltung nicht einigen, ist nicht das ArbG, sondern die **E-Stelle** zur Entscheidung berufen. Diese entscheidet keine Rechtsfragen. Vielmehr ersetzt ihr Spruch die Einigung der Betriebsparteien (vgl. § 87 Abs. 2 S. 2). Das **Verf. vor der E-Stelle** ist **keine Rechts-, sondern** eine **Regelungsstreitigkeit** (vgl. GK-ArbGG/*Dörner* § 2 a Rn 89 f.). Die E-Stelle hat im Rahmen ihrer Tätigkeit eine sog. **Vorfragekompetenz.** Sie kann und muss eigenständig prüfen, ob sie für die Entscheidung der Regelungsstreitigkeit zuständig ist (vgl. *Schmidt* JbArbR Bd. 40, 2003, S. 121, 122). Ihre Entscheidung ist aber insoweit einer (Rechts-)Prüfung durch die ArbG zugänglich (GK-ArbGG/*Dörner* § 2 a Rn 95). Über die **Ablehnung eines E-Stellenvorsitzenden** wegen der Besorgnis der Befangenheit entscheidet in entspr. Anwendung der §§ 1037 Abs. 3 Satz 1, 1062 Abs. 1 Nr. 1 Var. 2, 1065 Abs. 1 Satz 2 ZPO in erster und zugleich letzter Instanz das ArbG in voller Kammerbesetzung (BAG 17. 11. 10 – 7 ABR 100/09 – NZA 11, 940).

Unabhängig von der Vorfragekompetenz der E-Stelle kann vor oder auch parallel **12** zum E-Stellenverf. das Bestehen oder der Umfang eines MBR gerichtlich im Rahmen eines sog. **Vorabentscheidungsverf.** geklärt werden (stdg. Rspr. des BAG, vgl. etwa 2. 4. 96 AP Nr. 5 zu § 87 BetrVG 1972 Gesundheitsschutz; vgl. auch 1. 7. 03 AP Nr. 107 zu § 87 BetrVG 1972 Arbeitszeit; ferner *Schmidt* JbArbR Bd. 40, 2003, S. 121, 123; GK-ArbGG/*Dörner* § 2 a Rn 95). Dagegen besteht für einen Antrag beim ArbG, die E-Stelle sei zuständig, bzw. unzuständig, kein Feststellungsinteresse. Er ist aber ggf. dahin auszulegen, es möge das Bestehen oder Nichtbestehen eines entspr. MBR festgestellt werden (BAG 10. 12. 02 AP Nr. 42 zu § 95 BetrVG 1972; 21. 7. 09 – 1 ABR 42/08 – NZA 09, 1049). Die E-Stelle darf ihr Verfahren nicht wegen eines gerichtlichen Vorabentscheidungsverf. aussetzen (BAG 24. 11. 81 AP Nr. 11 zu § 76 BetrVG 1972; *GMPM-G/Matthes* § 2 a Rn 102).

IV. Verfahrensgrundsätze

1. Der Antrag

13   Das arbeitsgerichtliche BeschlVerf. wird gemäß § 81 Abs. 1 ArbGG durch eine beim örtlich zuständigen (vgl. § 82 ArbGG) ArbG einzureichende Antragsschrift eingeleitet. Bereits die „**richtige**" **Antragstellung** ist gerade in betriebsverfassungsrechtlichen Streitigkeiten, in denen es meist nicht um die Zahlung einer bestimmten Geldsumme, sondern um das Bestehen, den Inhalt und die Durchsetzung von Beteiligungsrechten geht, oft eine zentrale Schwierigkeit. Dies gilt vor allem, wenn der vom Antragsteller formulierte Antrag die eigentliche Streitfrage nicht oder nur unvollkommen erfasst, wenn er zu unbestimmt ist oder wenn ein rechtliches Interesse an der begehrten Feststellung nicht, so nicht oder nicht mehr besteht, insb. wenn die begehrte Entscheidung auf die unzulässige Erstellung eines Rechtsgutachtens hinausläuft (GK-ArbGG/*Dörner* § 81 Rn 2).

14   Allerdings kann und muss das Gericht den Antrag nach Möglichkeit in sachdienlicher Weise auslegen. Das Gericht ist gehalten, die **Auslegung des Antrags** vorzunehmen, die eine vom Antragsteller erkennbar erstrebte Sachentscheidung ermöglicht (BAG 24. 1. 01 AP Nr. 50 zu § 81 ArbGG 1979; 3. 6. 03 AP Nr. 1 zu § 89 BetrVG 1972; 21. 7. 09 – 1 ABR 42/08 – NZA 09, 1049). Dementsprechend findet sich in den Entscheidungen des BAG auch immer wieder die Wendung, der Antrag sei zulässig, bedürfe aber der Auslegung (vgl. etwa BAG 10. 12. 02 AP Nr. 42 zu § 95 BetrVG 1972; 18. 2. 03 AP Nr. 11 zu § 77 BetrVG Betriebsvereinbarung; 1. 7. 03 AP Nr. 102 zu § 87 BetrVG 1972 Arbeitszeit). Auch die Auslegung eines Antrags hat jedoch ihre Grenzen. Insb. darf das Gericht schon wegen § **308 Abs. 1 S. 1 ZPO** einem Antragsteller nicht etwas zusprechen, was dieser gar nicht beantragt hat (BAG 27. 10. 92 AP Nr. 61 zu § 87 BetrVG 1972 Lohngestaltung; GK-ArbGG/*Dörner* § 81 Rn 5 mwN).

a) Antragsarten

15   Ebenso wie im Urteilsverf. gibt es auch im BeschlVerf. die **Rechtsschutzformen** des Leistungs-, Feststellungs- und Gestaltungsantrags (vgl. *GMPM-G/Matthes* § 81 Rn 14 ff.; *Hauck* in *Hauck/Helml* § 81 Rn 6; GK-ArbGG/*Dörner* § 81 Rn 9 ff.; *Düwell/Lipke/Koch* § 81 Rn 3).

16   **Leistungsanträge** kommen in Betracht, wo das BetrVG Ansprüche der Betriebsparteien auf die Vornahme einer Handlung oder auf die Unterlassung bestimmter Handlungen vorsieht (GK-ArbGG/*Dörner* § 81 Rn 10). Unter der Voraussetzung des § 259 ZPO können sie auch künftige Leistungen zum Gegenstand haben (BAG 6. 11. 90 AP Nr. 3 zu § 92 BetrVG 1972). Die Verfolgung eines erst in der Zukunft entstehenden Anspruchs ist freilich nicht möglich; erforderlich für § 259 ZPO ist vielmehr, dass der Anspruch bereits entstanden ist (BAG 27. 10. 10 – 7 ABR 36/09 – NZA 11, 527; 27. 10. 10 – 7 ABR 86/09 – NZA 11, 418). Ein unzulässiger Antrag auf künftige Leistung kann allerdings – auch noch im Rechtsbeschwerdeverf. – als Feststellungsantrag nach § 256 Abs. 1 ZPO verstanden werden (BAG 27. 10. 10 – 7 ABR 36/09 – NZA 11, 527). Nur Leistungsanträge sind gemäß § 85 Abs. 1 ArbGG der Zwangsvollstreckung zugänglich. Zu möglichen Leistungsanträgen vgl. die Beispiele in GK-ArbGG/*Dörner* § 81 Rn 11 mit zahl. aktuellen Rspr. Nachw.

17   **Feststellungsanträge** im BeschlVerf. sind gerichtet auf die Feststellung des Bestehens oder Nichtbestehens eines betriebsverfassungsrechtlichen Rechtsverhältnisses. **Rechtsverhältnis** iSd. – entspr. anwendbaren – § 256 Abs. 1 ZPO ist jedes durch die Herrschaft einer Rechtsnorm über einen konkreten Lebenssachverhalt entstehende rechtliche Verhältnis einer Person zu anderen Personen oder Gegenständen (BAG 3. 5. 06 AP Nr. 61 zu § 81 ArbGG 1979; 14. 12. 10 – 1 ABR 93/09 – NZA 11, 473). Keine Rechtsverhältnisse sind bloße Tatfragen oder abstrakte Rechtsfragen

(BAG 5. 10. 00 AP Nr. 35 zu § 23 BetrVG 1972; 19. 2. 02 AP Nr. 27 zu § 1 TVG Tarifverträge: Lufthansa; 3. 5. 06 AP Nr. 61 zu § 81 ArbGG 1979; 14. 12. 10 – 1 ABR 93/09 – NZA 11, 473). Auch **Teilrechtsverhältnisse** oder **einzelne Ansprüche** können ein Rechtsverhältnis darstellen (BAG 24. 2. 87 AP Nr. 28 zu § 80 BetrVG 1972; 3. 5. 06 AP Nr. 61 zu § 81 ArbGG 1979). Bloße **Elemente oder Vorfragen** können jedoch nicht zum Gegenstand eines Feststellungsantrags gemacht werden (BAG 3. 5. 06 AP Nr. 61 zu § 81 ArbGG 1979; 10. 2. 09 – 1 ABR 94/07 – NZA 09, 562). Auch die rechtlichen **Eigenschaften oder Fähigkeiten** einer Person – wie etwa die Geschäftsfähigkeit oder die Tarifgebundenheit eines Unternehmens – sind regelmäßig kein Rechtsverhältnis, das einer selbständigen gerichtlichen Entscheidung zugänglich wäre (BAG 24. 4. 07 AP Nr. 20 zu § 2 TVG Tarifzuständigkeit; 14. 12. 10 – 1 ABR 93/09 – NZA 11, 473). Bei bestimmten rechtlichen Eigenschaften oder Fähigkeiten – wie etwa der Tariffähigkeit oder Tarifzuständigkeit einer Vereinigung (vgl. 2a Abs. 1 Nr. 4, Abs. 2 ArbGG) oder der Betriebsratsfähigkeit einer Organisationseinheit (vgl. § 18 Abs. 2 BetrVG) – sieht das Gesetz die gesonderte gerichtliche Feststellung allerdings ausdrücklich vor. Die **Tendenzeigenschaft** eines Unternehmens iSd. 118 Abs. 1 Satz 1 ist kein selbständig feststellbares Rechtsverhältnis iSv. § 256 Abs: 1 ZPO; ein darauf gerichteter Feststellungsantrag ist unzulässig (BAG 14. 12. 10 – 1 ABR 93/09 – NZA 11, 473 unter Aufgabe von 21. 7. 98 – 10 AZR 398/97 – NZA 99, 277). Feststellungsanträge, die das **Bestehen oder Nichtbestehen einer Religionsgemeinschaft** und ihrer karitativen und erzieherischen Einrichtungen iSd. § 118 Abs. 2 betreffen, sind dagegen zulässig (BAG 14. 12. 10 – 1 ABR 93/09 – NZA 11, 473 oder Aufgabe von 21. 7. Um ein Rechtsverhältnis geht es, wenn zwischen den Betriebsparteien über das **Bestehen oder Nichtbestehen von MBR oder deren Umfang** gestritten wird (BAG 19. 2. 02 AP Nr. 27 zu § 1 TVG Tarifverträge: Lufthansa; 10. 2. 09 – 1 ABR 94/07 – NZA 09, 562). Den Streit, mit welchem **Inhalt eine BV** durchzuführen sei, können die Betriebsparteien im Wege eines Feststellungsantrags klären lassen (BAG 20. 1. 09 AP Nr. 44 zu § 77 BetrVG 1972 BV). **Beschlüsse der E-Stelle,** durch welche diese ihre Zuständigkeit bejaht oder verneint, begründen kein Rechtsverhältnis zwischen den Betriebsparteien. Dagegen gerichtete Anträge sind regelmäßig dahin auszulegen, es möge das Bestehen eines entspr. MBR festgestellt werden (BAG 10. 12. 02 AP Nr. 42 zu § 95 BetrVG; 8. 6. 04 AP Nr. 13 zu § 87 BetrVG 1972 Gesundheitsschutz; 21. 7. 09 – 1 ABR 42/08 – NZA 09, 1049). Zu weiteren Gegenständen eines Feststellungsantrags vgl. GK-ArbGG/*Dörner* § 81 Rn 15 mit zahlreichen Rspr. Nachw.

Gestaltungsanträge sind auf eine durch die Entscheidung des Gerichts eintretende **18** Rechtsänderung gerichtet (*Hauck* in *Hauck/Helml* § 81 Rn 6). Hierzu gehören zB der Wahlanfechtungsantrag nach § 19 Abs. 1, der Antrag auf Auflösung des BR oder den Ausschluss eines BRMitgl. nach § 23 Abs. 1, der Antrag auf Ersetzung der Zustimmung des BR zu einer personellen Maßnahme nach § 99 Abs. 4 oder auf Ersetzung der Zustimmung zur fristlosen Kündigung eines BRMitgl. nach § 103 Abs. 2.

Auch im BeschlVerf. ist – in entspr. Anwendung der § 260 ZPO – eine **objektive 19 Antragshäufung** möglich. Einen gesetzlich notwendigen Fall der Antragshäufung regelt § 100 Abs. 2 S. 3. Auch echte und sog. unechte **Hilfsanträge** sind möglich (vgl. BAG 15. 1. 02 AP Nr. 23 zu § 50 BetrVG 1972). Das Eventualverhältnis muss aber klar sein. Das Gericht muss erkennen können, für welchen Fall der Hilfsantrag gestellt sein soll. Auch ein **Widerantrag** ist möglich. Er darf sich allerdings grundsätzlich nicht in der spiegelbildlichen Leugnung des Hauptantrags erschöpfen. Besonderheiten gelten insoweit aber für den leugnenden Globalwiderantrag (vgl. dazu BAG 3. 6. 03 AP Nr. 1 zu § 89 BetrVG 1972). Auch eine **Mehrheit von Antragstellern** ist im BeschlVerf. möglich (vgl. *GMPM-G/Matthes* § 81 Rn 47; *Düwell/Lipke/Koch* § 81 Rn 6; aus der Rspr. BAG 24. 8. 11 – 7 ABR 8/10 –). Für bestimmte Fälle verlangt sie das BetrVG sogar (vgl. § 19 Abs. 2 S. 1; § 23 Abs. 1 S. 1). Dabei kommt je nach Streitgegenstand sowohl eine einfache (§ 60 ZPO) als auch eine notwendige (§ 62 ZPO) Streitgenossenschaft in Betracht.

b) Bestimmtheit des Antrags

20   Nach dem auch im BeschlVerf. entspr. anwendbaren § 253 Abs. 2 Nr. 2 ZPO muss eine Antragsschrift eine **bestimmte Angabe des Gegenstandes und des Grundes des erhobenen Anspruchs** sowie einen bestimmten Antrag enthalten. Der Streitgegenstand muss so genau bezeichnet werden, dass die eigentliche Streitfrage mit Rechtskraftwirkung zwischen den Beteiligten entschieden werden kann (BAG 24. 1. 01, 3. 5. 06 AP Nr. 50, 61 zu § 81 ArbGG 1979; 15. 1. 02 AP Nr. 12 zu § 87 BetrVG 1972 Gesundheitsschutz; 3. 6. 03 AP Nr. 1 zu § 89 BetrVG 1972; 12. 1. 11 – 7 ABR 94/09 – NZA 11, 813). Dabei hängt das erforderliche Maß an Konkretisierung von den Umständen des Einzelfalls ab. Ist lediglich das MBR des BR als solches streitig und besteht über ggf. zu beachtende gesetzliche Beschränkungen (noch) kein Streit, müssen die das MBR beschränkenden gesetzlichen Vorgaben nicht notwendig stets in den Feststellungsantrag aufgenommen werden (vgl. BAG 8. 6. 04 AP Nr. 13 zu § 87 BetrVG 1972 Gesundheitsschutz).

21   Das Erfordernis der hinreichenden Bestimmtheit des Antrags erweist sich für die Antragsteller häufig als erhebliche Schwierigkeit. Es gilt auch und vor allem für Anträge, mit denen die **Unterlassung von Handlungen** verlangt wird. Ihnen stattgebende gerichtliche Entscheidungen müssen für den in Anspruch genommenen Beteiligten eindeutig erkennen lassen, was von ihm verlangt wird. Diese **Prüfung darf grundsätzlich nicht in das Vollstreckungsverf. verlagert werden.** Dessen Aufgabe ist es, zu klären, ob der Schuldner einer Verpflichtung nachgekommen ist, nicht wie diese aussieht (BAG 17. 6. 97 – 1 ABR 10/97 –; 3. 6. 03 AP Nr. 1 zu § 89 BetrVG 1972; 22. 6. 10 – 1 AZR 179/09 – NZA 10, 1365; 14. 9. 10 – 1 ABR 32/09 – NZA 11, 364). Daher sollten die Handlungen, deren Unterlassung verlangt wird, möglichst konkret bezeichnet werden. Allerdings sind bei Unterlassungs- und Duldungsanträgen bisweilen – aus Gründen eines effektiven Rechtsschutzes – gewisse generalisierende Formulierungen unvermeidlich (BAG 22. 6. 10 – 1 AZR 179/09 – NZA 10, 1365). Der Konflikt zwischen Rechtssicherheit und effektiver Rechtsschutz ist dann kaum lösbar. Eine Unterlassungsverpflichtung kann zur Folge haben, dass der Schuldner in seinem Organisationsbereich Maßnahmen gegen Dritte ergreifen muss, um seiner Unterlassungsverpflichtung nachzukommen (vgl. BAG 29. 4. 04 AP Nr. 3 zu § 77 BetrVG 1972 Durchführung; 29. 9. 04 AP Nr. 112 zu § 87 BetrVG 1972 Arbeitszeit; *Putzo* in *Thomas/Putzo* § 890 Rn 2c). Dies kann zB bedeuten, dass der ArbGeb. geeignete Maßnahmen treffen muss, um die Leistung von Überstunden durch die bei ihm beschäftigten ArbN zu verhindern. Tritt der zu vermeidende Erfolg dennoch ein, ist ggf. im Rahmen der ZV nach § 890 ZPO zu prüfen, ob der ArbGeb. zur Erfüllung seiner Unterlassungsverpflichtung alles ihm Mögliche und Zumutbare getan hat (BAG 14. 11. 06 AP Nr. 121 zu § 87 BetrVG 1972 Arbeitszeit mwN).

22   Auch bei einem Feststellungsantrag, der auf das Bestehen oder Nichtbestehen eines MBR gerichtet ist, muss die **Maßnahme des ArbGeb. oder der betriebliche Vorgang,** für den die Mitbestimmung in Anspruch genommen wird, **konkret bezeichnet** werden (BAG 15. 1. 02 AP Nr. 12 zu § 87 BetrVG 1972 Gesundheitsschutz; 11. 6. 02 AP Nr. 70 zu § 256 ZPO 1977). Ein Antrag auf Feststellung, dass der BR berechtigt sei, ein BR-Mitglied zu einer **Schulungsveranstaltung** zu entsenden, ist nach einem Beschluss des BAG vom 12. 1. 11 (– 7 ABR 94/09 – NZA 11, 813) nur dann hinreichend bestimmt iSv. § 253 Abs. 2 Nr. 2 ZPO, wenn die zeitliche Lage und der Ort der Veranstaltung genannt werden; es genügt danach nicht, eine nur thematisch und nach Veranstalter eingegrenzte Art von Schulung anzugeben. Das BAG hat in seinem Beschluss ausdrücklich darauf hingewiesen, dass es aufgrund des Erfordernisses eines auf eine konkrete Schulung bezogenen BR-Beschlusses schwierig oder fast unmöglich werden könne, eine rechtskräftige gerichtliche Entscheidung über seine Erforderlichkeit herbeizuführen; es könne daher Sache des eigenverantwortlich handelnden BR sein, das beanspruchte Recht wahrzunehmen und erforderlichenfalls danach klären zu lassen, ob das berechtigterweise geschah (BAG 12. 1. 11 – 7 ABR 94/09 – NZA 11, 813). Das BAG hat ausdrücklich offen gelassen, ob der BR oder das zu schulende Mitglied jedenfalls für die unmittelbar zu leistenden, ihm finanziell nicht möglichen oder zumutbaren Aufwendungen einen Vorschuss des ArbGeb. im Wege einstweiligen Rechtsschutzes verlangen kann (BAG 12. 1. 11 – 7 ABR 94/09 – NZA 11, 813). Die Frage dürfte zu bejahen sein.

Unzulässig ist ein **Antrag, der lediglich den Gesetzeswortlaut wiederholt,** 23 ohne anzugeben, auf welchen Sachverhalt die Norm anzuwenden ist (BAG 17. 3. 87 AP Nr. 7 zu § 23 BetrVG 1972). Vgl. zu weiteren Anträgen, die das BAG als nicht hinreichend bestimmt erachtet hat, GK-ArbGG/*Dörner* § 81 Rn 33 mit entspr. Nachw.

Besondere Risiken bergen für den Antragsteller die sog. **Globalanträge.** Um einen 24 Globalantrag handelt es sich, wenn ein weit gefasster Antrag einschränkungslos eine Vielzahl möglicher Fallgestaltungen erfasst. Dies ist zB der Fall, wenn dem ArbGeb. untersagt werden soll, künftig für ArbN ohne Zustimmung des BR Überstunden anzuordnen oder zu dulden (vgl. BAG 10. 3. 92 AP Nr. 1 zu § 77 BetrVG 1972 Regelungsabrede). Nach der st. Rspr. des BAG ist ein solcher Globalantrag zwar hinreichend bestimmt iSv. § 253 Abs. 2 Nr. 2 ZPO, da er ausnahmslos alle denkbaren Fallgestaltungen erfasst (vgl. BAG 3. 5. 94 AP Nr. 23 zu § 23 BetrVG 1972; 20. 10. 99 – 7 ABR 37/98 –). Er ist aber grundsätzlich insgesamt als unbegründet abzuweisen, wenn unter ihn zumindest auch Fallgestaltungen fallen, in denen er sich als unbegründet erweist (BAG 28. 5. 02 AP Nr. 23 zu Art. 56 ZA-Nato-Truppenstatut; 3. 6. 03 AP Nr. 1 zu § 89 BetrVG 1972; 29. 6. 11 – 7 ABR 135/09 –; ebenso BVerwG 3. 12. 01 ZBR 02, 357; GK-ArbGG/*Dörner* § 81 Rn 37).

Eine teilweise Stattgabe kommt nach der Rspr. des BAG nur ausnahmsweise dann 25 in Betracht, wenn sich dem Antrag der begründete Teil als **Teilziel** des Verf. entnehmen lässt (BAG 6. 12. 94 AP Nr. 24 zu § 23 BetrVG 1972). Dies setzt voraus, dass sich der Antrag auf voneinander zu trennende und klar abgrenzbare Sachverhalte bezieht (BAG 19. 7. 95 AP Nr. 25 zu § 23 BetrVG 1972; GK-ArbGG/*Dörner* § 81 Rn 38).

c) Rechtsschutzinteresse

Auch im BeschlVerf. ist Voraussetzung für eine Sachentscheidung ein **Rechts-** 26 **schutzinteresse** des Antragstellers (vgl. etwa BAG 28. 5. 02 AP Nr. 23 zu § 56 ZA-Nato-Truppenstatut; 18. 9. 02 AP Nr. 7 zu § 77 BetrVG 1972 BV; 19. 2. 08 – 1 ABR 65/05 – NZA-RR 08, 490). Zur Klärung abstrakter Rechtsfragen, die für die Beteiligten keine konkrete rechtliche Auswirkung haben, sind die Gerichte für Arbeitssachen nicht berufen.

Bei einem **Leistungsantrag** bedarf das Rechtsschutzinteresse regelmäßig keiner 27 gesonderten Prüfung. Es ergibt sich bereits aus der Geltendmachung des Anspruchs (vgl. etwa BAG 19. 6. 84 AP Nr. 2 zu § 92 BetrVG 1972; 19. 2. 08 AP Nr. 11 zu § 83 a ArbGG 1979). Auch wenn die geforderte Leistung unmöglich oder bereits erbracht ist, ist der Antrag nicht unzulässig, sondern unbegründet (GK-ArbGG/ *Dörner* § 81 Rn 119). Das Rechtsschutzbedürfnis kann aber ausnahmsweise fehlen, wenn dem Antragsteller ein einfacherer oder billigerer Weg zur Verfügung steht und er gerichtlicher Hilfe zur Erreichung seines Ziels offensichtlich nicht – mehr – bedarf (BAG 19. 2. 08 AP Nr. 11 zu § 83 a ArbGG 1979; 8. 12. 10 – 7 ABR 99/09 – NZA-RR 11, 315).

Bei **Gestaltungsanträgen** kann das Rechtsschutzinteresse fehlen, bzw. nachträg- 28 lich entfallen, wenn das zu gestaltende Rechtsverhältnis nicht mehr besteht, die begehrte Entscheidung also keine gestaltende Wirkung mehr haben kann (BAG 1. 12. 04 EzA § 18 BetrVG 2001 Nr. 1; *GMPM-G/Matthes* § 81 Rn 30). So entfällt zB für einen Wahlanfechtungsantrag nach § 19 das Rechtsschutzinteresse, wenn die Amtszeit des BR geendet hat (BAG 13. 3. 91 AP Nr. 20 zu § 19 BetrVG 1972). Eine die **BRWahl** – mit Wirkung für die Zukunft – für unwirksam erklärende gerichtliche Entscheidung kann sich für die Beteiligten nicht mehr auswirken. Das Rechtsschutzbedürfnis für einen **Antrag des ArbGeb. nach § 99 Abs.** 4 auf Ersetzung der Zustimmung der vom BR verweigerten Zustimmung zur Einstellung eines ArbN auf einen bestimmten Arbeitsplatz entfällt, wenn der ArbGeb. die Maßnahme nicht mehr beabsichtigt (BAG 8. 12. 10 – 7 ABR 99/09 – NZA-RR 11, 315).

29   Für **Feststellungsanträge** hat der Gesetzgeber das Erfordernis des Rechtsschutzinteresses in dem auch im BeschlVerf. – entsprechend – anwendbaren **§ 256 Abs. 1 ZPO** ausdrücklich normiert (vgl. BAG 18. 2. 03 AP Nr. 11 zu § 77 BetrVG 1972 BV). Danach ist ein Feststellungsantrag nur zulässig, wenn der Antragsteller ein rechtliches Interesse daran hat, dass das Bestehen oder Nichtbestehen des Rechtsverhältnisses alsbald durch gerichtliche Entscheidung festgestellt wird. Das Feststellungsinteresse wird insb. dann regelmäßig gegeben sein, wenn zwischen den Betriebsparteien das Bestehen oder der Umfang eines MBR streitig und zu erwarten ist, dass entspr. Streitfälle auch künftig auftreten werden. Dann ist es auch unschädlich, wenn der Vorgang, der konkret Anlass des Streits war, in der Vergangenheit liegt (vgl. etwa BAG 20. 4. 99 AP Nr. 43 zu § 81 ArbGG 1979; 16. 4. 02 AP Nr. 9 zu § 87 BetrVG 1972 Akkord; 28. 5. 02 – 1 ABR 35/01 – NZA 03, 1101; 10. 12. 02 AP Nr. 42 zu § 95 BetrVG 1972; 27. 10. 10 – 7 ABR 36/09 – NZA 11, 527; *Hauck* in *Hauck/ Helml* § 81 Rn 9). Das **Feststellungsinteresse fehlt** dagegen, **wenn** es dem Antragsteller **nur** um die Wirksamkeit oder Unwirksamkeit einer **in der Vergangenheit liegenden Maßnahme** oder um das MBR für einen in der Vergangenheit liegenden Vorgang geht und die gerichtliche Entscheidung für die Beteiligten keine Rechtswirkungen für die Zukunft mehr entfaltet (BAG 18. 2. 03 AP Nr. 11 zu § 77 BetrVG 1972 BV; 28. 5. 02 AP Nr. 23 zu Art. 56 ZA-Nato-Truppenstatut; 3. 5. 06 AP Nr. 29 zu § 50 BetrVG 1972 mwN; 28. 4. 09 – 1 ABR 7/08 – AP Nr. 99 zu § 77 BetrVG 1972). Sofern ein Leistungsantrag möglich und zumutbar ist, kann einem Feststellungsantrag ebenfalls das erforderliche Feststellungsinteresse fehlen (BAG 18. 9. 02 AP Nr. 7 zu § 77 BetrVG 1972 BV). Gleichwohl lässt sich der im Urteilsverf. geltende **prozessökonomische Grundsatz,** wonach einer Feststellungsklage regelmäßig das Rechtsschutzbedürfnis fehle, soweit eine Leistungsklage möglich wäre, nicht ohne weiteres auf das BeschlVerf. übertragen; vielmehr kann dann, wenn es um den Bestand und Inhalt einer Rechtsbeziehung zwischen den Betriebsparteien geht, auch ein Feststellungsantrag sachdienlich sein (BAG 15. 12. 98 AP Nr. 56 zu § 80 BetrVG 1972). Wenn der BR einen Unterlassungsantrag nach § 23 Abs. 3 S. 1 deshalb nicht – mit Aussicht auf Erfolg – verfolgen kann, weil das Bestehen der Verpflichtung des ArbGeb. rechtlich noch ungeklärt ist und es schon deshalb an einer „groben" Pflichtverletzung fehlt, kann der BR das Bestehen der Pflicht mit einem Feststellungsantrag gerichtlich klären lassen, um im Wiederholungsfall nach § 23 Abs. 3 S. 1 vorgehen zu können (BAG 16. 11. 04 AP Nr. 3 zu § 82 BetrVG 1972). Haben sich die Beteiligten in der E-Stelle einvernehmlich auf die Regelung einer Angelegenheit verständigt, besteht regelmäßig an der alsbaldigen Feststellung eines entspr. MBR kein rechtlich schützenswertes Interesse (BAG 11. 6. 02 AP Nr. 70 zu § 256 ZPO 1977). Das erforderliche rechtliche Interesse des BR an der Feststellung der Unzulässigkeit einer erst noch abzuschließenden BV fehlt, wenn der BR diese bereits dadurch verhindern kann, dass er seine Zustimmung verweigert (BAG 27. 1. 04 AP Nr. 56 zu § 81 ArbGG 1979).

d) Antragsteller, Antragsbefugnis

30   **Antragsteller im BeschlVerf.** kann grundsätzlich jede natürliche oder juristische Person sein. Voraussetzung ist ihre **Parteifähigkeit.** Die Parteifähigkeit besitzen im arbeitsgerichtlichen Verf. gemäß § 10 S. 1 Halbs. 1 ArbGG auch Gewerkschaften und ArbGebVerbände. Darüber hinaus sind nach § 10 Abs. 1 Halbs. 2 ArbGG im BeschlVerf. auch die dort genannten Personen und Stellen parteifähig. Nach dem BetrVG beteiligt iSv. § 10 Abs. 1 Halbs. 2 ArbGG sind die Personen und Personengesamtheiten, denen betriebsverfassungsrechtliche Befugnisse zugeordnet sind (BAG 19. 9. 06 AP Nr. 5 zu § 2 BetrVG 1972). Wird in einem BeschlVerf. über das Zutrittsrecht einer

nicht tariffähigen ArbNKoalition zu BetrVers. nach § 46 Abs. 1 gestritten, ist diese Koalition wegen der Doppelrelevanz des reklamierten Rechts für dieses Verfahren als parteifähig anzusehen (BAG 19. 9. 06 AP Nr. 5 zu § 2 BetrVG 1972). Geht im Laufe des Verf. das umstrittene Recht auf einen Funktionsnachfolger über, tritt dieser an die Stelle des bisherigen Antragstellers (vgl. BAG 19. 6. 01 AP Nr. 1 zu § 87 BetrVG 1972 Leiharbeitnehmer; 8. 3. 00 – 7 ABR 73/98 –; 8. 12. 10 – 7 ABR 69/09 – NZA 11, 362; 24. 8. 11 – 7 ABR 8/10 –).

Zulässigkeitsvoraussetzung für eine Sachentscheidung im BeschlVerf. ist ferner die **31** **Antragsbefugnis** des Antragstellers (vgl. BAG 18. 2. 03 AP Nr. 11 zu § 77 BetrVG 1972 BV; GK-ArbGG/*Dörner* § 81 Rn 60 ff.; *GMPM-G/Matthes* § 81 Rn 52 ff.; *Düwell/Lipke/Koch* § 81 Rn 9). Ihr Vorliegen ist während des gesamten Rechtsstreits von Amts wegen zu prüfen. Fehlt sie, ist der Antrag als unzulässig abzuweisen *(GK-ArbGG/Dörner § 81 Rn 63)*.

Funktion der Antragsbefugnis ist es, sog. „**Popularklagen**" auszuschließen (GK- **32** ArbGG/*Dörner* § 81 Rn 62). Damit entspricht die Antragsbefugnis der Prozessführungsbefugnis im Urteilsverf. (vgl. *GMPM-G/Matthes* § 81 Rn 56). Es soll verhindert werden, dass „jedermann" die ArbG – in Verfolgung fremder Rechte – anrufen kann.

Voraussetzung für das Vorliegen der Antragsbefugnis im BeschlVerf. ist, dass der **33** Antragsteller **eigene – betriebsverfassungsrechtliche – Rechte geltend macht** (BAG 14. 11. 06 AP Nr. 121 zu § 87 BetrVG 1972 Arbeitszeit; GK-ArbGG/*Dörner* § 81 Rn 65). Dem BR fehlt daher die Antragsbefugnis, wenn er – ausschließlich – Rechte der ArbN reklamiert (BAG 18. 2. 03 AP Nr. 11 zu § 77 BetrVG 1972 BV).

Die Antragsbefugnis ist stets **gegeben, wenn** das **Gesetz** sie **ausdrücklich vor-** **34** **sieht.** Dies ist zB in den §§ 16 Abs. 2, 17 Abs. 3, 18 Abs. 2, 19 Abs. 2, 23 Abs. 1 u. 3, 76 Abs. 2 u. 5, 99 Abs. 4, 100 Abs. 2, 103 Abs. 2 sowie in § 97 Abs. 1 S. 1, Abs. 5 S. 2 ArbGG (vgl. dazu BAG 29. 6. 04 AP Nr. 10 zu § 97 ArbGG 1979) der Fall. Ist die Antragsbefugnis nicht ausdrücklich gesetzlich geregelt, kommt es darauf an, ob der Antragsteller ein **eigenes betriebsverfassungsrechtliches Recht behauptet** (GK-ArbGG/*Dörner* § 81 Rn 70). Ob ihm das Recht tatsächlich zusteht, ist keine Frage der Antragsbefugnis, sondern der Aktivlegitimation. Besitzt der Antragsteller das geltend gemachte Recht nicht, ist sein Antrag nicht unzulässig, sondern unbegründet. Anderes kann allenfalls in besonderen Ausnahmefällen gelten, in denen bereits die Möglichkeit eines eigenen betriebsverfassungsrechtlichen Rechts des BR nicht ansatzweise in Betracht kommt und ein BR – etwa um das kostengünstige BeschlVerf. zu instrumentalisieren oder den ArbN die gerichtliche Verfolgung ihrer Individualansprüche zu ersparen – eine eigene betriebsverfassungsrechtliche Position ganz offensichtlich vorschiebt.

Der **BR** besitzt ua. die Antragsbefugnis zur Geltendmachung von Kostenerstat- **35** tungsansprüchen seiner Mitgl. (vgl. BAG 30. 3. 94 AP Nr. 42 zu § 40 BetrVG 1972) oder zu deren Freistellung nach § 37 Abs. 2 (vgl. BAG 27. 6. 90 AP Nr. 78 zu § 37 BetrVG 1972). Zu weiteren Fällen vgl. GK-ArbGG/*Dörner* § 81 Rn 84 ff. und *GMPM-G/Matthes* § 81 Rn 63 f. **BRMitgl.** steht die Antragsbefugnis zu, wenn sie eigene Rechte in ihrer Funktion als Amtsträger und nicht nur als ArbN geltend machen (GK-ArbGG/*Dörner* § 81 Rn 92; *GMPM-G/Matthes* § 81 Rn 65). Der **Arb-** **Geb.** ist ua. antragsbefugt, wenn es um das Bestehen oder Nichtbestehen und den Umfang von MBR des BR geht (vgl. BAG 13. 10. 87 AP Nr. 7 zu § 81 BetrVG 1972). Der einzelne **ArbN** ist antragsbefugt für ein Verf., in dem seine betriebsverfassungsrechtliche Stellung, zB seine Wahlberechtigung oder die Eigenschaft als leitender Ang. geklärt werden soll (GK-ArbGG/*Dörner* § 81 Rn 97). **TVParteien** sind in einem BeschlVerf. ua. antragsbefugt, wenn sie – gestützt auf § 23 Abs. 3 S. 1 oder auf § 1004 BGB – die Unterlassung der Durchführung einer gegen § 77 Abs. 3 verstoßenden BV oder Einheitsregelung verlangen (BAG 20. 4. 99 AP Nr. 89 zu Art. 9 GG). Dagegen fehlt den TVParteien die Befugnis, die Unwirksamkeit einer BV durch einen darauf gerichteten Feststellungsantrag geltend zu machen (BAG 23. 2. 88 AP

Nr. 9 zu § 81 ArbGG 1979; GK-ArbGG/*Dörner* § 81 Rn 109). Wegen weiterer Einzelfälle zur Antragsbefugnis vgl. GK-ArbGG/*Dörner* § 81 Rn 83 ff.

36   Die **Einleitung eines arbeitsgerichtlichen BeschlVerf.** durch den BR **bedarf** eines wirksamen **BRBeschlusses.** Liegt ein solcher einem von einem BRVors. namens des BR eingeleiteten BeschlVerf. nicht zugrunde, handelt der BRVors. nicht im Rahmen der (gesetzlichen) Vertretungsmacht. Der BR ist vor Gericht nicht wirksam vertreten. Ein für ihn gestellter Antrag ist als unzulässig abzuweisen (vgl. BAG 18. 2. 03 AP Nr. 11 zu § 77 BetrVG 1972 BV; 9. 12. 03 AP Nr. 1 zu § 33 BetrVG 1972; 29. 4. 04 AP Nr. 3 zu § 77 BetrVG 1972 Durchführung; 19. 1. 05 – 7 ABR 24/04 –; 16. 11. 05 AP Nr. 64 zu § 80 BetrVG 1972; 6. 12. 06 AP Nr. 5 zu § 21 b BetrVG 1972; *Linsenmaier* FS *Wißmann* S. 378, 380 ff.). Der Mangel ist nach dem auch im BeschlVerf. anwendbaren § 56 Abs. 1 ZPO von Amts wegen zu berücksichtigen, kann aber nachträglich durch Genehmigung des BR geheilt werden, wenn diese vor einer den Antrag als unzulässig abweisenden Prozessentscheidung erfolgt (BAG 19. 1. 05 – 7 ABR 24/04 –; 16. 11. 05 AP Nr. 64 zu § 80 BetrVG 1972; 6. 12. 06 AP Nr. 5 zu § 21 b BetrVG 1972; vgl. auch 10. 10. 07 AP Nr. 17 zu § 26 BetrVG 1972; *Linsenmaier* FS *Wißmann* S. 378, 384 ff.). Vor einer Abweisung des Antrags als unzulässig hat das Gericht gemäß § 56 Abs. 2 S. 1 ZPO nach pflichtgemäßem Ermessen zu prüfen, ob der Mangel nicht behoben und der BRVors. bis dahin zur Prozessführung einstweilen zugelassen werden kann (BAG 6. 12. 06 AP Nr. 5 zu § 21 b BetrVG 1972; *Linsenmaier* FS *Wißmann* S. 378, 387 f.). Für den zur Einleitung eines BeschlVerf. erforderlichen BRBeschluss ist erforderlich, aber auch ausreichend, dass der Gegenstand und das angestrebte Ergebnis bezeichnet sind (BAG 29. 4. 04 AP Nr. 3 zu § 77 BetrVG 1972 Durchführung). Auch die **Beauftragung eines RA** bedarf eines ordnungsgemäßen BRBeschlusses (BAG 9. 12. 03 AP Nr. 1 zu § 33 BetrVG 1972; 19. 1. 05 – 7 ABR 24/04 –). Andernfalls besitzt dieser nicht die erforderliche Prozessvollmacht. Dieser Mangel ist vom Gericht aber nur auf Rüge zu berücksichtigen (*Linsenmaier* FS *Wißmann* S. 378, 389 f.). Eine gesetzliche Vermutung dafür, dass ein BRVors. aufgrund eines wirksamen BRBeschlusses handelt, gibt es nicht (*Linsenmaier* FS *Wißmann* S. 378, 385 f.; skeptisch auch BAG 19. 1. 05 – 7 ABR 24/04 –; vgl. aber andererseits BAG 24. 2. 00 AP Nr. 7 zu § 1 KSchG 1969 Namensliste).

e) Antragsrücknahme, Antragsänderung, Vergleich und Erledigterklärung

37   Der Antragsteller kann im 1. Rechtszug gemäß § 81 Abs. 2 S. 1 ArbGG seinen Antrag jederzeit **zurücknehmen.** Im Beschwerde- und Rechtsbeschwerdeverf. ist dies nach §§ 87 Abs. 2 S. 3, 92 Abs. 2 S. 3 ArbGG nur noch mit Zustimmung der anderen Beteiligten möglich. Im Fall der Rücknahme stellt der Vors. das Verf. gemäß § 81 Abs. 2 S. 2 ArbGG ein. Das Verf. ist nach § 269 Abs. 3 S. 1 ZPO als nicht anhängig geworden anzusehen; bereits ergangene Entscheidungen werden wirkungslos.

38   Nach §§ 81 Abs. 3, 87 Abs. 2 S. 3 Halbs. 2 ArbGG ist im ersten und zweiten Rechtszug eine **Antragsänderung** zulässig, wenn die übrigen Beteiligten zustimmen oder das Gericht die Änderung für sachdienlich hält. Antragsänderung bedeutet Änderung oder Erweiterung des Streitgegenstands (BAG 31. 1. 89 AP Nr. 12 zu § 81 ArbGG 1979). Auch eine wesentliche Änderung der entscheidungserheblichen rechtlichen oder tatsächlichen Verhältnisse kann zu einer **Änderung des Streitgegenstands** und damit zugleich zu einer Antragsänderung führen (vgl. BAG 12. 11. 02, 25. 1. 05 AP Nr. 41, 48 zu § 99 BetrVG 1972 Einstellung; 2. 10. 07 – 1 ABR 79/06 – NZA 08, 429; 8. 12. 10 – 7 ABR 69/09 – NZA 11, 362). So kann z. B. die Änderung eines ZuordnungsTV nach § 3 Abs. 1 Nr. 1 b unter bestimmten Umständen eine Änderung des Verfahrensgegenstands zur Folge haben (vgl. BAG 8. 12. 10 – 7 ABR 69/09 – NZA 11, 362). Die Sachdienlichkeit einer Antragsänderung ist zu verneinen, wenn ein völlig neuer Streitstoff in den Rechtsstreit eingeführt werden soll, bei dessen Beurteilung das Ergebnis der bisherigen Prozessführung nicht berücksichtigt werden kann (vgl. BAG 5. 5. 92 – 1 ABR 1/92 – NZA 92, 1089). Hält das Landesarbeitsgericht eine

Antragsänderung für sachdienlich, ist das Rechtsbeschwerdegericht hieran gebunden (BAG 12. 11. 02 AP Nr. 43 zu § 99 BetrVG 1972 Einstellung). Im Rechtsbeschwerdeverf. ist grundsätzlich keine Antragsänderung mehr möglich (vgl. etwa BAG 27. 1. 98 – 1 ABR 38/97 –; 8. 12. 10 – 7 ABR 69/09 – NZA 11, 362). Eine Ausnahme hiervon gilt aber jedenfalls dann, wenn sich der geänderte Sachantrag auf einen in der Beschwerdeinstanz festgestellten Sachverhalt stützen kann, die anderen VerfBeteiligten zustimmen, ihre Verfahrensrechte nicht verkürzt werden und in den Vorinstanzen ein nach § 139 Abs. 1 ZPO gebotener gerichtlicher Hinweis unterblieben ist (BAG 29. 9. 04 AP Nr. 112 zu § 87 BetrVG 1972 Arbeitszeit, vgl. ferner BAG 25. 1. 05 AP Nr. 48 zu § 99 BetrVG 1972 Einstellung; 8. 12. 10 – 7 ABR 69/09 – NZA 11, 362).

Nach § 83a Abs. 1 ArbGG können die Beteiligten, um das Verf. ganz oder zum **39** Teil zu erledigen, vor Gericht einen **Vergleich** schließen, sofern sie über dessen Gegenstand verfügen können. Sie können ferner das Verf. für **erledigt erklären**. Die Verfügungsbefugnis richtet sich nach materiellem Recht (*GMPM-G/Matthes* § 83a Rn 9; *Düwell/Lipke/Koch* § 83a Rn 3). Soweit das BetrVG zwingend ist (zB hinsichtlich Organisationsvorschriften, Betriebsbegriff, ArbNEigenschaft, Grundsätzen der BRWahl), ist kein Vergleich möglich. Die Beteiligten können auch einen außergerichtlichen Vergleich schließen. Das Verf. muss dann aber noch durch eine verfahrensrechtliche Erklärung beendet werden (GK-ArbGG/*Dörner* § 83a Rn 19). Wenn die Beteiligten das Verf. übereinstimmend für erledigt erklären, ist es nach § 83a Abs. 2 S. 1 ArbGG vom Vors. einzustellen. Auch in diesem Fall werden bereits ergangene Entscheidungen – in entspr. Anwendung des § 269 Abs. 3 S. 1 ZPO – wirkungslos (GK-ArbGG/*Dörner* § 83a Rn 24). **§ 278 Abs. 6 ZPO** ist grundsätzlich entsprechend anwendbar. Eine BV können allerdings die Beteiligten nicht zum Gegenstand eines nach § 278 Abs. 6 ZPO festzustellenden Vergleichs machen. Dem steht zumindest die normative Wirkung der BV entgegen. Die Beteiligten eines BeschlVerf. können daher nicht auf diesem (Um-)Weg die gerichtliche Prüfung einer von ihnen beabsichtigten BV nach Maßgabe des § 134 BGB herbeiführen.

Erklärt nur der Antragsteller das Verf. für erledigt, sind nach § 83a Abs. 3 **40** S. 1 ArbGG die übrigen Beteiligten binnen einer vom Vors. zu bestimmenden Frist von mindestens 2 Wochen aufzufordern, mitzuteilen, ob sie der Erledigung zustimmen. Schweigt ein Beteiligter innerhalb der Frist, gilt seine Zustimmung nach § 83a Abs. 3 S. 2 ArbGG als erteilt. Stimmt ein Beteiligter der Erledigterklärung des Antragstellers nicht zu, prüft das Gericht, ob der Antrag erledigt ist (BAG 8. 12. 10 – 7 ABR 69/09 – NZA 11, 362). Dies ist der Fall, wenn er auf Grund eines während des Verf. eingetretenen Umstands unzulässig oder unbegründet geworden ist. Darauf, ob er ursprünglich zulässig und begründet war, kommt es – anders als im Urteilsverf. – nicht an (BAG 14. 8. 01 AP Nr. 1 zu § 21b BetrVG 1972; 23. 1. 08, 19. 2. 08 AP Nr. 10, 11 zu § 83a ArbGG 1979; 8. 12. 10 – 7 ABR 69/09 – NZA 11, 362)). Im arbeitsgerichtlichen BeschlVerf. kann ein erledigendes Ereignis schon vor Rechtshängigkeit – also zwischen dem Eingang und der Zustellung des Antrags eintreten (BAG 23. 1. 08 AP Nr. 10 zu § 83a ArbGG 1979). Ist eine Erledigung eingetreten, stellt das Gericht das Verf. ein (BAG 8. 12. 10 – 7 ABR 69/09 – NZA 11, 362). Der Beschluss ergeht unter Beteiligung der ehrenamtlichen Richter (BAG 23. 1. 08 AP Nr. 10 zu § 83a ArbGG 1979). Andere Beteiligte als der Antragsteller können das Verf. nicht einseitig für erledigt erklären (GK-ArbGG/*Dörner* § 83a Rn 33, 34).

2. Beteiligte des Verfahrens

Nach § 83 Abs. 3 ArbGG sind in dem Verf. der ArbGeb., die ArbN sowie die **41** Stellen zu hören, die nach den in der Vorschrift genannten Gesetzen – darunter insb. dem BetrVG – „im einzelnen Fall beteiligt" sind. Die **Beteiligung** ist vom Gericht in jeder Lage des Verf. von Amts wegen zu prüfen (BAG 29. 9. 04 AP Nr. 40 zu § 99 BetrVG 1972 Versetzung; 28. 3. 06 AP Nr. 2 zu § 2 TVG Tariffähigkeit; GK-ArbGG/*Dörner* § 83 Rn 12). Im Rechtsbeschwerdeverfahren ist aber nicht von Amts wegen zu prüfen, ob sämtliche in den Vorinstanzen angehörten Personen und Stellen tatsächlich beteiligt sind (BAG 10. 2. 09 – 1 ABR 36/08 – NZA 09, 908).

42   Die Beteiligung setzt **Beteiligtenfähigkeit** voraus (GK-ArbGG/*Dörner* § 83 Rn 10 ff.). Maßgeblich hierfür ist § 10 ArbGG. Zu den beteiligtenfähigen Stellen gehört auch eine für einen reinen Ausbildungsbetrieb durch TV errichtete Interessenvertretung iSv. § 18 a Abs. 2 BBiG (vgl. BAG 24. 8. 04 AP Nr. 12 zu § 98 BetrVG 1972). Die Beteiligtenfähigkeit endet grundsätzlich mit dem Ende der rechtlichen Existenz einer Person oder Stelle. Beim BR kommt ein Rest- oder Übergangsmandat nach §§ 21 a, b in Betracht. Mit dem Ende der Beteiligtenfähigkeit wird ein von dem Beteiligten eingelegtes Rechtsmittel grundsätzlich unzulässig (BAG 12. 1. 00 AP Nr. 5 zu § 24 BetrVG 1972). Ist die Beteiligtenfähigkeit aber gerade streitig, wird sie hinsichtlich der Zulässigkeit des Rechtsmittels unterstellt (BAG 12. 1. 00 AP Nr. 5 zu § 24 BetrVG 1972). Auch kommt eine „Prozessabwicklungsbefugnis" in Betracht.

43   **Beteiligt** ist in jedem Fall der **Antragsteller** (BAG 14. 12. 10 – 1 ABR 93/09 – NZA 11, 473). Stets beteiligt ist außerdem der **ArbGeb.** (vgl. BAG 22. 6. 93 AP Nr. 22 zu § 23 BetrVG 1972). Im Übrigen richtet sich die Beteiligung danach, ob eine Person oder Stelle in ihrer betriebsverfassungsrechtlichen oder mitbestimmungsrechtlichen Rechtsstellung **unmittelbar betroffen** ist (vgl. etwa BAG 28. 3. 06 AP Nr. 128 zu § 87 BetrVG 1972 Lohngestaltung mwN). Die unmittelbare Betroffenheit bestimmt sich nach materiellem Recht. Nicht ausreichend ist ein bloßes rechtliches Interesse oder eine individualrechtliche Rechtsposition (GK-ArbGG/*Dörner* § 83 Rn 44; *GMPM-G/Matthes* § 83 Rn 14). Ist zwischen ArbGeb. und GesBR streitig, ob überhaupt sowie ggf. wem ein MBR zusteht, sind die einzelnen BR am Verf. zu beteiligen (BAG 10. 12. 02 AP Nr. 42 zu § 95 BetrVG 1972). **Betroffen** iSv. § 83 Abs. 3 ArbGG ist ein **Betriebsverfassungsorgan** allerdings **nur, wenn es als Inhaber des streitigen Rechts materiellrechtlich ernsthaft in Frage kommt** (BAG 28. 3. 06 AP Nr. 128 zu § 87 BetrVG 1972 Lohngestaltung; 22. 7. 08 AP Nr. 14 zu § 87 BetrVG 1972; 10. 2. 09 – 1 ABR 94/07 – NZA 09, 566; 8. 12. 10 – 7 ABR 69/09 – NZA 11, 362). An einem BeschlVerf. über die Wirksamkeit von ArbGebMaßnahmen in einem Gemeinschaftsbetrieb sind alle den Betrieb führenden Unternehmen beteiligt (vgl. BAG 29. 9. 04 AP Nr. 40 zu § 99 BetrVG 1972 Versetzung; 15. 5. 07 AP Nr. 30 zu § 1 BetrVG 1972 Gemeinsamer Betrieb). Zur Beteiligung in einem BeschlVerf. über die Tarifzuständigkeit einer Koalition vgl. BAG 10. 2. 09 – 1 ABR 36/08 – NZA 09, 908. Zur Beteiligungs- und Beschwerdebefugnis sowie zur Unzulässigkeit einer Nebenintervention vgl. auch BAG 5. 12. 07 AP Nr. 82 zu § 118 BetrVG 1972. Vgl. zu weiteren Einzelfällen GK-ArbGG/*Dörner* § 83 Rn 70–117 mit vielen Rspr. Nachw. Geht ein Betrieb während eines BeschlVerf. unter Wahrung seiner Identität auf einen neuen Inhaber über, so wird dieser automatisch und ohne dass es irgendwelcher Prozesserklärungen bedarf, Beteiligter des Verf. und tritt als neuer ArbGeb. in jeglicher Hinsicht in die verfahrensrechtliche Stellung des bisherigen Betriebsinhabers ein (BAG 9. 12. 08 AP Nr. 356 zu § 613 a BGB; 23. 6. 10 – 7 ABR 3/09 – NZA 10, 1361). Dies gilt jedenfalls dann, wenn der **Betriebsübergang** zweifelsfrei und unstreitig ist. In einem Auflösungsverfahren nach § 78a Abs. 4 sind in einem Gemeinschaftsbetrieb alle an diesem beteiligten Unternehmen zu hören (BAG 25. 2. 09 – 7 ABR 61/07 – DB 09, 1473). Gleiches gilt bei einem auf die Ersetzung der Zustimmung des BR zu einer Einstellung oder Versetzung gerichteten Verf. nach § 99 Abs. 4. Geht im Laufe eines BeschlVerf. die Zuständigkeit zur Wahrnehmung des im Verf. umstrittenen MBR auf ein anderes betriebsverfassungsrechtliches Gremium über, wird dieses automatisch Beteiligter des anhängigen BeschlVerf. (BAG 23. 6. 10 – 7 ABR 3/09 – NZA 10, 1361). Endet das Amt eines BR aufgrund einer Neuwahl wird nach dem Prinzip der Funktionsnachfolge und dem Grundgedanken der Kontinuität betriebsverfassungsrechtlicher Interessenvertretungen der neu gewählte BR **Funktionsnachfolger** seines Vorgängers und tritt in dessen Beteiligtenstellung in einem arbeitsgerichtlichen BeschlVerf. ein (BAG 23. 6. 10 – 7 ABR 3/09 – NZA 10, 1361; 8. 12. 10 – 7 ABR 69/09 – NZA 11, 362;

vgl. auch BAG 24. 8. 11 – 7 ABR 8/10 –). Schwierigkeiten kann die Feststellung der Funktionsnachfolge beim Übergang von der gesetzlichen zur gewillkürten Betriebsverfassung nach § 3, bei der Änderung eines TV nach § 3 Abs. 1 Nr. 1 bis 3 oder bei Umstrukturierungen bereiten (vgl. § 3 Rn 84; BAG 8. 12. 10 – 7 ABR 69/09 – NZA 11, 362). Sofern sich die organisatorischen Einheiten zuverlässig abgrenzen lassen, werden die neu gewählten BRe hinsichtlich der nunmehr von ihnen repräsentierten Einheiten Funktionsnachfolger des BR, der die Einheit zuvor repräsentiert hat (vgl. BAG 8. 12. 10 – 7 ABR 69/09 – NZA 11, 362; 24. 8. 11 – 7 ABR 8/10 –).

Die zu Unrecht **unterbliebene Beteiligung** ist ein **Verfahrensfehler.** Die unter-   **44**
bliebene Anhörung kann auch noch im Rechtsbeschwerdeverf. nachgeholt werden (BAG 15. 1. 02 AP Nr. 23 zu § 50 BetrVG 1972; 10. 12. 02 AP Nr. 43 zu § 95 BetrVG 1972). Die fehlerhaft unterbliebene, aber nachgeholte Beteiligung ist für die Überprüfung einer Entscheidung jedenfalls dann ohne Bedeutung, wenn sie nicht gerügt wird (BAG 15. 1. 02 AP Nr. 23 zu § 50 BetrVG 1972).

3. Ermittlung der entscheidungserheblichen Tatsachen

Nach § 83 Abs. 1 S. 1 ArbGG erforscht das Gericht den Sachverhalt im Rahmen   **45**
der gestellten Anträge von Amts wegen. Die am Verf. Beteiligten haben nach § 83 Abs. 1 S. 2 ArbGG an der Aufklärung des Sachverhalts mitzuwirken. Das BeschlVerf. ist damit geprägt durch eine **Mischform von Beibringungs- und Untersuchungsgrundsatz.**

Zum einen ist das Gericht **beschränkt auf** den vom Antragsteller durch den An-   **46**
trag festgelegten **Streitgegenstand.** Nur in dessen Rahmen ist das Gericht zur Aufklärung berechtigt und verpflichtet (GK-ArbGG/*Dörner* § 83 Rn 142).

Weitergehend als im Urteilsverf. ist das Gericht aber zur **Aufklärung des Sach-   47
verhalts verpflichtet.** Es ist nicht auf den von den Beteiligten vorgetragenen Tatsachenstoff beschränkt und kann von sich aus Beweise erheben. Hierdurch soll vor allem auch im Interesse von Dritten, die am Verf. nicht beteiligt, aber durch eine Entscheidung – zB über eine BRWahl oder die Wirksamkeit einer BV – mittelbar betroffen sind (vgl. zur Präjudizialität Rn 59), vermieden werden, dass die Entscheidung auf Grund eines unzutreffenden oder unvollständigen Tatsachenvortrags ergeht. Eine Pflicht des Gerichts zu einer über das Vorbringen der Beteiligten hinausgehenden Sachverhaltsermittlung besteht allerdings nur, wenn Anhaltspunkte für eine weitere Aufklärungsbedürftigkeit vorliegen (BAG 10. 12. 92 AP Nr. 4 zu § 87 ArbGG 1979).

Dementsprechend ist das Gericht – anders als im Urteilsverf. – **nicht an „Geständ-   48
nisse"** der Beteiligten **oder ein Nichtbestreiten gebunden.** §§ 288, 138 Abs. 3 ZPO sind nicht entspr. anwendbar (*Hauck* in *Hauck/Helml* § 83 Rn 3). Auch ein „Versäumnisbeschluss" ist nicht vorgesehen.

Nach dem durch das Arbeitsgerichts-Beschleunigungsgesetz vom 30. 3. 00 neu   **49**
eingefügten und durch das Zivilprozess-Reformgesetz vom 27. 7. 01 neu gefassten § 83 Abs. 1 a ArbGG kann das **Vorbringen** eines Beteiligten, das nach Ablauf einer vom Vors. gesetzten Frist erfolgt, **zurückgewiesen** werden, wenn nach der freien Überzeugung des Gerichts seine Zulassung die Erledigung des BeschlVerf. verzögern würde und der Beteiligte die Verspätung nicht genügend entschuldigt. Diese der Beschleunigung des Verf. dienende Bestimmung ist im Hinblick auf den – eingeschränkten – Amtsermittlungsgrundsatz und die (mittelbaren) Wirkungen der Entscheidungen für am Verf. nicht beteiligte Dritte nicht unbedenklich (kritisch auch *Trittin/Backmeister* DB 00, 618; *Becker* ZZP 04, 59, 77 ff.).

Gemäß § 83 Abs. 2 ArbGG können zur Aufklärung des Sachverhalts **Urkunden** ein-   **50**
gesehen, **Auskünfte** eingeholt, **Zeugen, Sachverständige** und Beteiligte vernommen und ein **Augenschein** eingenommen werden. Entspr. Anträge hierzu bedarf es nicht. Die zu erheblichen Tatsachen angebotenen Beweise müssen erhoben werden (GK-ArbGG/*Dörner* § 83 Rn 151). Eine Beweisführungslast im zivilprozessualen

Sinne gibt es für das BeschlVerf. nicht (BAG 21. 10. 80 AP Nr. 1 zu § 54 BetrVG 1972).

51   Der Untersuchungsgrundsatz steht der Anwendung der allgemeinen Beweislastgrundsätze nicht entgegen. Sofern das Gericht von einem bestimmten Umstand nicht die erforderliche Überzeugung gewinnen kann, geht dies zu Lasten der objektiv beweisbelasteten Partei (GK-ArbGG/*Dörner* § 83 Rn 153). Gerade in betriebsverfassungsrechtlichen Angelegenheiten kann jedoch die Frage Schwierigkeiten bereiten, wer denn nun die **objektive Beweislast** trägt.

52   Die **Anhörung** der Beteiligten erfolgt – wie sich im Umkehrschluss aus § 83 Abs. 4 S. 3, ggf. iVm. § 90 Abs. 2 ArbGG ergibt – in erster und zweiter Instanz grundsätzlich mündlich. Nach § 83 Abs. 4 S. 3 ArbGG kann das Gericht aber mit Einverständnis der Beteiligten auch ohne mündliche Verhandlung entscheiden. Die Vorschriften über das Rechtsbeschwerdeverf. enthalten keinen Hinweis auf § 83 Abs. 4 ArbGG. Hier steht die Form der Anhörung im pflichtgemäßen Ermessen des Gerichts (GK-ArbGG/*Dörner* § 95 Rn 9).

53   Im BeschlVerf. erster Instanz können sich die Beteiligten gemäß § 11 Abs. 1 S. 1 ArbGG **selbst vertreten oder** durch einen Prozessbevollmächtigten **vertreten lassen.** Anders als im Urteilsverf. gilt dies nach § 87 Abs. 2 S. 2 ArbGG auch für das Beschwerdeverf. vor dem LAG. Dies gilt nach § 92 Abs. 2 S. 2 ArbGG selbst für das Rechtsbeschwerdeverf. vor dem BAG Beschwerde- und Rechtsbeschwerdeschrift sowie Beschwerdebegründungs- und Rechtsbeschwerdebegründungsschrift müssen aber gemäß §§ 89, Abs. 1, 94 Abs. 1, 11 Abs. 4 und 5 ArbGG von einem Rechtsanwalt oder einen Verbandsvertreter unterzeichnet sein.

4. Entscheidung des Arbeitsgerichts, Rechtskraft

54   Das Gericht entscheidet über den Antrag durch Beschluss. Dieser **Beschluss entspricht dem Urteil im Urteilsverf.** und hat verfahrensbeendende Wirkung. Er ist von den verfahrensleitenden Beschlüssen nach § 83 Abs. 5 ArbGG zu unterscheiden. Mit Ausnahme der Fälle der Bestellung eines E-StellenVors., in denen der Vors. nach § 98 Abs. 1 S. 1 ArbGG allein entscheidet, ergeht der Beschluss durch die Kammer unter Mitwirkung der ehrenamtlichen Richter.

55   Der Beschluss ist nach § 84 S. 2 ArbGG **schriftlich abzufassen** und bedarf gemäß § 84 S. 3 ArbGG iVm. § 60 ArbGG der **Verkündung.** Eine **Kostenentscheidung ergeht** grundsätzlich **nicht,** da nach § 2 Abs. 2 GKG (früher: § 12 Abs. 5 ArbGG) im BeschlVerf. keine Kosten erhoben werden. Auch eine Erstattung der außergerichtlichen Kosten findet nicht statt. Diese Grundentscheidung des Gesetzgebers ist, sofern nicht das BetrVG eine Kostenerstattung ausdrücklich vorsieht – vgl. insb. §§ 40, 20 Abs. 3, 76 a Abs. 1 –, auch nicht durch die Anwendung materiellrechtlicher schadensersatzrechtlicher Bestimmungen wie insb. §§ 280 ff. BGB zu korrigieren (vgl. BAG 2. 10. 07 AP Nr. 23 zu § 2 a ArbGG 1979). Soweit die Prozessvertretung des BR durch einen Rechtsanwalt erforderlich war, hat der ArbGeb. unabhängig vom Obsiegen oder Unterliegen die dadurch entstandenen Kosten gemäß § 40 Abs. 1 zu tragen.

56   Ebenso wie Urteile im Urteilsverf. sind verfahrensbeendende Beschlüsse im BeschlVerf. der **Rechtskraft** fähig (BAG 6. 6. 00 AP Nr. 9 zu § 97 ArbGG 1979). Dabei ist zwischen der formellen und der materiellen Rechtskraft zu unterscheiden. **Formell rechtskräftig** werden Beschlüsse, wenn sie mit einem ordentlichen Rechtsmittel nicht mehr angefochten werden können. Die von dieser äußeren Rechtskraft abhängige **materielle (innere) Rechtskraft** bedeutet, dass die in dem Beschluss behandelten Fragen durch die am Verf. Beteiligten bei unverändertem Sachverhalt nicht erneut einer Entscheidung der Gerichte für Arbeitssachen unterbreitet werden können (BAG 6. 6. 00 AP Nr. 9 zu § 97 ArbGG 1979). Eine erneute Entscheidung desselben oder eines anderen Gerichts ist innerhalb bestimmter objektiver, subjektiver und zeitlicher Grenzen ausgeschlossen.

Die materielle Rechtskraft ist **zeitlich grundsätzlich unbegrenzt.** Die Beendi-   57
gung der Rechtskraft kommt aber jedenfalls bei Entscheidungen mit Dauerwirkung
dann in Betracht, wenn sich die maßgeblichen tatsächlichen oder rechtlichen Verhältnisse wesentlich ändern (BAG 6. 6. 00 AP Nr. 9 zu § 97 ArbGG 1979).

Subjektiv wirkt die Rechtskraft entspr. § 325 Abs. 1 ZPO grundsätzlich nur für   58
und gegen die Beteiligten und ihre Rechtsnachfolger. Es kommt auf die Identität
der Beteiligten an. Diese ist auch im Falle der Funktionsnachfolge gegeben (GK-
ArbGG/*Dörner* § 84 Rn 25). Die Rechtskraft einer Entscheidung für oder gegen einen
BR erstreckt sich daher über dessen Amtsperiode hinaus auch auf einen neu gewählten
BR (BAG 20. 3. 96 AP Nr. 32 zu § 19 BetrVG 1972). Ebenso wirkt eine zwischen BR
und ArbGeb. ergangene Entscheidung gegenüber einem Betriebserwerber, wenn die
Identität des Betriebs erhalten geblieben ist (BAG 5. 2. 91 AP Nr. 89 zu § 613a BGB).

Der Beschluss kann ferner über die subjektive Rechtskraft zwischen den Verfah-   59
rensbeteiligten hinaus „**präjudizielle Bindungswirkung" für Dritte** entfalten (vgl.
hierzu näher *Nottebom* RdA 02, 292). Einen gesetzlichen Fall der Rechtskrafterstreckung auf Dritte enthält § 9 TVG hinsichtlich arbeitsgerichtlicher Entscheidungen in
Rechtsstreitigkeiten zwischen TVParteien aus einem TV oder über das Bestehen eines
TV. Über diese besondere Regelung hinaus wird aber allgemein angenommen, dass
rechtskräftige arbeitsgerichtliche Entscheidungen in BeschlVerf. zwischen ArbGeb.
und BR auch Wirkungen für Dritte, insb. die im Betrieb beschäftigten ArbN entfalten
können. Für die nicht beteiligten Dritten bedeutet dies regelmäßig eine Einschränkung ihres Rechtsschutzes. Es muss daher im Einzelfall stets geprüft werden, ob die
Drittwirkung auf Grund materiellen Rechts gerechtfertigt ist (vgl. *Nottebom* RdA
02, 292, 296; GK-ArbGG/*Dörner* § 84 Rn 31). In zahlreichen Fällen ist sie freilich
wegen ihrer Ordnungs- und Bestandssicherungsfunktion **unverzichtbar** (*Nottebom*
RdA 02, 292, 297). Das gilt zB für Entscheidungen in BeschlVerf. zwischen BR und
ArbGeb. über **Wirksamkeit, Geltung und Inhalt von BV** (vgl. BAG 17. 2. 92 AP
Nr. 1 zu § 84 ArbGG 1979). Eine rechtskräftige Entscheidung in einem BeschlVerf.
über das **Vorliegen einer Betriebsänderung** iSv. § 111 entfaltet Bindungswirkung
für einen Rechtsstreit zwischen ArbGeb. und ArbN über einen Nachteilsausgleich
nach § 113 Abs. 3 (BAG 10. 11. 87 AP Nr. 15 zu § 113 BetrVG 1972). Die Feststellung der Unwirksamkeit einer **BRWahl** oder die Entscheidung über die **Betriebsratsfähigkeit eines Betriebs** wirken ebenfalls für die gesamte Belegschaft (BAG 9. 4. 91
AP Nr. 8 zu § 18 BetrVG 1972; 1. 12. 04 EzA § 18 BetrVG 2001 Nr. 1; vgl. zu weiteren Fällen der Bindungswirkung GK-ArbGG/*Dörner* § 84 Rn 32 ff.).

5. Rechtsmittel

Gegen jede Entscheidung des ArbG im BeschlVerf. kann von den ganz oder teil-   60
weise unterlegenen Beteiligten gemäß § 87 Abs. 1 ArbGG **Beschwerde beim LAG**
eingelegt werden. Allerdings ist auch im arbeitsgerichtlichen BeschlVerf. ein **vorge-
richtlicher Rechtsmittelverzicht** grundsätzlich zulässig. Die Betriebsparteien können daher z.B. bereits vor Rechtshängigkeit eines Zustimmungsersetzungsverfahrens
nach § 99 Abs. 4 vereinbaren, sich der erstinstanzlichen arbeitsgerichtlichen Entscheidung zu unterwerfen und dagegen kein Rechtsmittel einzulegen (BAG 8. 9. 10 –
7 ABR 73/09 – NZA 11, 934). Die **Beschwerdeschrift** und die **Beschwerdebe-
gründungsschrift** müssen gemäß §§ 89 Abs. 1, 11 Abs. 4 und 5 ArbGG von einem
Rechtsanwalt oder einem Verbandsvertreter unterzeichnet sein. Die Beschwerdefrist
beträgt gemäß §§ 87 Abs. 2 S. 1, 66 Abs. 1 S. 1 ArbGG einen Monat, die Frist für die
Begründung der Beschwerde zwei Monate. Beide Fristen beginnen gemäß § 87 Abs. 2
S. 1 iVm. § 66 Abs. 1 S. 2 ArbGG mit der Zustellung des in vollständiger Form abgefassten, mit Rechtsmittelbelehrung versehenen (vgl. § 9 Abs. 5 ArbGG) Beschlusses, spätestens aber mit Ablauf von fünf Monaten nach der Verkündung. Enthält ein
verfahrensbeendender Beschluss des LAG keine Sachverhaltsfeststellungen, so führt
dies in einem Rechtsbeschwerdeverfahren regelmäßig zu seiner Aufhebung und zur

Zurückverweisung. Eine Ausnahme gilt, wenn für das BAG der Streitstoff zuverlässig feststellbar ist (BAG 26. 4. 05 AP Nr. 118 zu § 87 BetrVG 1972 Arbeitszeit).

61   Die **Rechtsbeschwerde beim BAG** bedarf grundsätzlich der Zulassung im Beschluss des LAG wegen grundsätzlicher Bedeutung oder wegen Divergenz. Die Nichtzulassung kann gemäß § 92 a ArbGG mit einer Nichtzulassungsbeschwerde angegriffen werden. Nach den Änderungen, die das ArbGG durch das **Anhörungsrügengesetz vom 9. 12. 04** erfahren hat (vgl. dazu *Bepler* RdA 05, 65 ff.) kann eine **Nichtzulassungsbeschwerde** nun auf Divergenz, grundsätzliche Bedeutung und auf die Verletzung des rechtlichen Gehörs eines Beteiligten gestützt werden (vgl. zum geänderten Recht insb. BAG 20. 1. 05, 22. 3. 05, 14. 4. 05, 10. 5. 05 AP Nr. 1, 3, 4, 5 zu § 72 a ArbGG 1979 Rechtliches Gehör; 15. 2. 05 AP Nr. 50 zu § 72 a ArbGG 1979 Divergenz; 14. 3. 05 AP Nr. 53 zu § 72 a ArbGG 1979; 29. 6. 04 AP Nr. 36 zu § 1 TVG). Die Rechtsbeschwerdeschrift und die Rechtsbeschwerdebegründung müssen gemäß §§ 94 Abs. 1, 11 Abs. 4 und 5 ArbGG von einem Rechtsanwalt oder einen Verbandsvertreter unterzeichnet sein.

6. Zwangsvollstreckung

62   **Aus rechtskräftigen Beschlüssen** der ArbG und gerichtlichen Vergleichen findet gemäß § 85 Abs. 1 S. 1 ArbGG die **Zwangsvollstreckung** statt. Es gelten grundsätzlich die Vorschriften der ZPO (§§ 704 ff. ZPO). Die Zwangsvollstreckung einer Verpflichtung zur Vornahme oder Unterlassung einer Handlung erfolgt **gegenüber dem ArbGeb.** gemäß §§ 887 ff. ZPO. Die Vollstreckung einer Verpflichtung zu unvertretbaren Handlungen (§ 888 ZPO) oder Unterlassungen (§ 890 ZPO) erfolgt durch die Verhängung von Zwangs- oder Ordnungsgeldern. **Gegenüber dem BR** kommt wegen dessen Vermögenslosigkeit eine Androhung, Festsetzung oder Vollstreckung von Ordnungs- oder Zwangsgeld nicht in Betracht (BAG 17. 3. 10 – 7 ABR 95/08 – NZA 10, 1133; vgl. zur Unzulässigkeit einer Leistungsklage gegen den Insolvenzverwalter wegen fehlender Vollstreckbarkeit eines Leistungstitels BAG 21. 1. 10 – 6 AZR 785/08 – NZA 10, 413 mit zahlreichen Nachweisen). Dem entspricht die gesetzliche Konzeption des § 23. Dieser sieht in Abs. 3 bei groben Pflichtverstößen des ArbGeb. einen – erforderlichenfalls vollstreckbaren – Unterlassungsanspruch des BR vor. Dagegen normiert er bei groben Pflichtverstößen des BR keinen Unterlassungsanspruch des ArbGeb., sondern in Abs. 1 Satz 1 das Recht des ArbGeb., die Auflösung des BR zu beantragen (BAG 17. 3. 10 – 7 ABR 95/08 – NZA 10, 1133). U. a. deshalb begründen nach dem Beschluss des BAG vom 17. 3. 10 – 7 ABR 95/08 – NZA 10, 1133) Verstöße des BR gegen das Verbot parteipolitischer Betätigung keinen Unterlassungsanspruch des ArbGeb. Die Entscheidung hat erhebliche, teils persönlich-polemische (vgl. *Reichold* RdA 11, 58), teils differenzierte Kritik erfahren (vgl. insb. *Husemann* Anm. zu AP Nr. 12 zu § 74 BetrVG 1972; *Bauer/Willemsen* NZA 10, 1089; *Burger/Rein* NJW 10, 3613; *Wiebauer* BB 10, 3091; vgl. aber auch *Lobinger* RdA 11, 76 Fn 26; *Ilbertz* ZfPR 11, 5). Diese übersieht allerdings weitgehend, dass zwischen ArbGeb. und BR keine „Waffengleichheit" herrscht, sondern strukturelle Unterschiede bestehen. Einerseits kann eben der ArbGeb. anders als der BR nicht aufgelöst werden; andererseits sind gegenüber dem vermögenslosen BR Ordnungs- oder Zwangsgelder keine tauglichen Druckmittel. In den Fällen des § 23 Abs. 3 beträgt das Höchstmaß des gegen den ArbGeb. zu verhängenden Ordnungs- oder Zwangsgeldes 10 000 Euro. Eine Festsetzung von Ordnungs- und Zwangshaft ist unzulässig. Dies gilt auch für einen allgemeinen Unterlassungsantrag. Andernfalls träten unlösbare Wertungswidersprüche auf (BAG 29. 4. 04 AP Nr. 3 zu § 77 BetrVG 1972 Durchführung; 5. 10. 10 – 1 ABR 71/09 – NZA 11, 174). Allerdings kann das Ordnungsgeld nicht nur einmalig, sondern für jeden Fall der Zuwiderhandlung angedroht und festgesetzt werden (vgl. BAG 17. 11. 98 AP Nr. 79 zu § 87 BetrVG 1972 Arbeitszeit). Die Verpflichtung zur Herausgabe beweglicher Sachen wird nach § 883

ZPO vollstreckt, die Verpflichtung zur Abgabe einer Willenserklärung nach § 894 ZPO und die Verpflichtung zur Zahlung eines Geldbetrags nach §§ 803 ff. ZPO. Beschlüsse **in vermögensrechtlichen Streitigkeiten** sind nach § 85 Abs. 1 S. 2 **63** ArbGG **vorläufig vollstreckbar.** Es handelt sich insb. um Streitigkeiten über Sachmittel und Kosten der Organe (zB BR, Wahlvorstand, Honorare für Teilnahme an E-Stelle). Unter den Voraussetzungen des § 62 Abs. 1 S. 2 ArbGG kann die vorläufige Vollstreckbarkeit ausgeschlossen oder die Zwangsvollstreckung eingestellt werden. Gegen einen im BeschlVerf. erwirkten Titel kann der Schuldner nach § 85 Abs. 1 S. 3 iVm. § 767 Abs. 1 ZPO Vollstreckungsabwehrantrag stellen. Antragsbefugt ist der im Titel aufgeführte Vollstreckungsschuldner oder der, gegen den der Titel umgeschrieben worden ist (BAG 18. 3. 08 AP Nr. 6 zu § 3 BetrVG 1972). Auch die Unzulässigkeit der ZV aus einem vollstreckungsfähigen gerichtlichen Vergleich iSv. § 85 Abs. 1 S. 1 ArbGG, § 794 Abs. 1 Nr. 1 ZPO kann in einem neuen BeschlVerf. durch **Vollstreckungsabwehrantrag** nach § 767 Abs. 1 ZPO geltend gemacht werden. Die Unzulässigkeit der ZV kann sich daraus ergeben, dass eine Seite die im Vergleichswege getroffene Vereinbarung gekündigt hat. Die Kündigung kann unbeachtlich sein, wenn der Vergleich lediglich eine unmittelbar aus dem Gesetz folgende Verpflichtung wiedergab (BAG 19. 2. 08 AP Nr. 97 zu § 77 BetrVG 1972).

Aus Beschlüssen, die lediglich auf eine **Feststellung** gerichtet sind, kann nicht **64** vollstreckt werden. Bei **rechtsgestaltenden Entscheidungen** (vgl. Rn 18) tritt die Rechtsfolge mit Rechtskraft des Beschlusses von selbst ein. Es bedarf keiner Zwangsvollstreckung.

7. Einstweilige Verfügungen

Nach § 85 Abs. 2 S. 1 ArbGG ist auch in arbeitsgerichtlichen BeschlVerf. der Er- **65** lass einer **einstw. Vfg. zulässig** (vgl. dazu ausführlich *Schwab/Weth/Walker* § 85 Rn 50 ff.). Für das Verf. gelten nach § 85 Abs. 2 S. 2 ArbGG – mit geringfügigen Maßgaben – die Vorschriften des 8. Buchs der ZPO – dort insb. die §§ 935 ff. iVm. den einschlägigen Vorschriften über den Arrest (§§ 916 ff.) – entsprechend. Die einstw. Vfg. ist im Verhältnis der Betriebsparteien insb. dann von Bedeutung, wenn es darum geht, zu verhindern, dass eine Betriebspartei unter Verletzung von Rechten der anderen vollendete Tatsachen schafft. Das BetrVG enthält einige Vorschriften, welche die jeweilige Durchsetzung des Rechts abschließend regeln (vgl. etwa §§ 99 ff., 98 Abs. 5, 103, 104). In diesen Fällen kann der Erlass einer einstw. Vfg. ganz oder weitgehend ausgeschlossen sein (vgl. *Schwab/Weth/Walker* § 85 Rn 54 ff.).

In Betracht kommen **Sicherungsverfügungen** nach § 935 ZPO und **Regelungs-** **66** **verfügungen** nach § 940 ZPO. Beide haben vorläufigen Charakter. Auch **Leistungsverfügungen,** die zu einer teilweisen oder vollständigen Befriedigung des Anspruchs führen (vgl. etwa *Reichold* in *Thomas/Putzo* § 940 Rn 6 ff.), sind in Ausnahmefällen zulässig (vgl. *Schwab/Weth/Walker* § 85 Rn 53). An sie sind aber strenge Anforderungen zu stellen. Dies gilt umso mehr, als nach § 85 Abs. 2 ArbGG auch im Falle der sich nachträglich als unberechtigt herausstellenden einstw. Vfg. die Haftung des Verfügungsgegners nach § 945 ZPO ausdrücklich ausgeschlossen ist.

Voraussetzung für den Erlass einer einstw. Vfg. ist das Vorliegen eines **Verfügungs-** **67** **anspruchs und eines Verfügungsgrundes.** Beide müssen nach §§ 936, 920 Abs. 2 ZPO vom Antragsteller glaubhaft gemacht werden, zB durch eidesstattliche Versicherung. In diesen müssen die maßgeblichen Tatsachen ganz konkret bezeichnet werden.

Das Vorliegen eines **Verfügungsanspruchs** beurteilt sich nach **materiellem** **68** **Recht.** In Betracht kommen für den BR insb. Beteiligungs- und Beratungsrechte. Dabei richtet sich der einstw. Rechtsschutz nach Art und Funktion des MBR. Bei der Verletzung von MBR in sozialen Angelegenheiten (§ 87) ist ein allgemeiner Unterlassungsanspruch des BR anerkannt (vgl. etwa BAG 29. 2. 00 AP Nr. 105 zu § 87 BetrVG 1972 Lohngestaltung); dieser kann auch im Wege der einstw. Vfg. verfolgt werden (GK-ArbGG/*Vossen* § 85 Rn 44; *Düwell/Lipke/Koch* § 85 Rn 29). Bei Verstößen gegen Mitbestimmungsrechte des BR nach § 99 besteht dagegen kein allgemeiner Unterlassungsanspruch (BAG 23. 6. 09 – 1 ABR 23/08 – NZA 09, 1430). Im Rahmen der wirtschaftlichen Mitbestimmung nach §§ 111 ff. besteht nach hier vertretener Auffassung zwar kein allgemeiner Unterlassungsanspruch des BR (vgl. § 111 Rn 135). Gleichwohl kann das angerufene ArbG zur Sicherung der Beratungs- und Unterrichtungsrechte des BR dem ArbGeb. nach § 938 Abs. 2 ZPO auch vorübergehend die Durchführung der Betriebsänderung untersagen (§ 111 Rn 138; so auch *Düwell/Lipke/Koch* § 85 Rn 30; vgl. auch GK-ArbGG/*Vossen* § 85 Rn 47 mit zahl. Rspr. Nachw.). Im Bereich der personellen Mitbestimmung nach §§ 99 ff. wird eine einstw. Vfg. dann in Betracht kommen, wenn der ArbGeb. sich nicht an das in § 100 geregelte Verf. hält.

69   Für den ArbGeb. kommen **gegen den BR** zB Ansprüche auf Unterlassung einer BetrVerslg. oder der Teilnahme von BRMitgl. an Schulungsveranstaltungen in Betracht (vgl. GK-ArbGG/*Vossen* § 85 Rn 49).

70   Nicht ausgeschlossen ist grundsätzlich auch der berichtigende Eingriff in ein **laufendes BRWahlVerf.** oder in Ausnahmefällen auch dessen Abbruch (vgl. dazu näher § 18 Rn 36 ff.; GK-ArbGG/*Vossen* § 85 Rn 51 ff. *Schwab/Weth/Walker* § 85 Rn 80 ff.). An den Eingriff in die eigenverantwortliche Tätigkeit des Wahlvorstands sind aber strenge Anforderungen zu stellen. Ein Abbruch der BRWahl ist nur in Fällen der offenkundigen Nichtigkeit und nicht bereits in den Fällen der voraussichtlichen Anfechtbarkeit zulässig (vgl. BAG 27. 7. 11 – 7 ABR 61/10 – ; aA *Veit/Wichert* DB 06, 390 mwN). Andernfalls könnte ein Antragsteller mit einer einstw. Vfg. mehr erreichen als mit der Anfechtung einer BRWahl, die nur für die Zukunft wirkt (vgl. LAG Baden-Württemberg 20. 5. 98 AiB 98, 401).

71   Eine **Gewerkschaft** kann sowohl das betriebsverfassungsrechtliche (§ 2 Abs. 2) als auch das koalitionsspezifische **Zugangsrecht** zum Betrieb erforderlichenfalls im Wege der einstw. Vfg. verfolgen (vgl. GK-ArbGG/*Vossen* § 85 Rn 42 mwN; *Düwell/Lipke/Koch* § 85 Rn 27; *Schwab/Weth/Walker* § 85 Rn 89 ff.).

72   Voraussetzung für den Erlass einer einstw. Vfg. ist ferner das Vorliegen eines **Verfügungsgrundes**. Im Falle der Sicherungsverfügung (§ 935 ZPO) muss zu besorgen sein, dass durch eine Veränderung des bestehenden Zustands die Verwirklichung eines Rechts vereitelt oder wesentlich erschwert werden könnte. Im Falle der Regelungsverfügung (§ 940 ZPO) muss die vorläufige Regelung zur Abwendung wesentlicher Nachteile oder zur Verhinderung drohender Gewalt oder aus anderen Gründen nötig erscheinen. Erforderlich ist insb. auch wegen des Ausschlusses eines Schadensersatzanspruchs nach § 85 Abs. 2 ArbGG stets eine umfassende sorgfältige Interessenabwägung (GK-ArbGG/*Vossen* § 85 Rn 55).

73   **Zuständig** für den Erlass einer einstw. Vfg. ist nach § 937 Abs. 1 ZPO das Gericht der Hauptsache, also regelmäßig das örtlich zuständige ArbG. Auch im einstw. Vfg.-Verfahren hat das Gericht von Amts wegen die Zulässigkeit des beschrittenen Rechtswegs zu prüfen (BAG 24. 5. 00 AP Nr. 45 zu § 17a GVG). Ist das BeschlVerf. bereits in der Beschwerdeinstanz, ist das LAG für den Erlass der einstw. Vfg. zuständig. Die Entscheidung ergeht gemäß § 85 Abs. 2 S. 2 ArbGG stets unter Hinziehung der ehrenamtlichen Richter durch die vollbesetzte Kammer. Dies gilt auch, wenn sie – in dringenden Fällen – ohne mündliche Verhandlung ergeht (BAG 28. 8. 91 AP Nr. 2 zu § 85 ArbGG 1979; GK-ArbGG/*Vossen* § 85 Rn 80 mwN auch zur Gegenansicht). Je nach Art und Weise der Erledigung des Gesuchs sind die Rechtsbehelfe unterschiedlich. Wird die einstw. Vfg. ohne mündliche Verhandlung erlassen, ist für den Antragsgegner der Widerspruch nach §§ 936, 924 Abs. 1 ZPO zulässig. Hat das ArbG die Beschwerde ohne mündliche Verhandlung zurückgewiesen, ist hiergegen sofortige Beschwerde nach § 567 Abs. 1 ZPO iVm. §§ 83 Abs. 5, 78 ArbGG zulässig, der das ArbG ggf. gemäß § 572 Abs. 1 Halbs. 1 ZPO abhelfen kann. Entscheidet das ArbG auf Grund einer mündlichen Verhandlung ist gegen seine Entscheidung stets die Beschwerde nach § 87 ArbGG statthaft. Eine Rechtsbeschwerde zum BAG findet nach § 92 Abs. 1 S. 3 ArbGG nicht statt. Die einstw. Vfg.

ist gemäß § 929 Abs. 3 ZPO iVm. § 936 ZPO schon vor ihrer Zustellung an den Schuldner vollziehbar (BAG 28. 8. 91 AP Nr. 2 zu § 85 ArbGG 1979).

§ 2 Stellung der Gewerkschaften und Vereinigungen der Arbeitgeber

(1) **Arbeitgeber und Betriebsrat arbeiten unter Beachtung der geltenden Tarifverträge vertrauensvoll und im Zusammenwirken mit den im Betrieb vertretenen Gewerkschaften und Arbeitgebervereinigungen zum Wohl der Arbeitnehmer und des Betriebs zusammen.**

(2) **Zur Wahrnehmung der in diesem Gesetz genannten Aufgaben und Befugnisse der im Betrieb vertretenen Gewerkschaften ist deren Beauftragten nach Unterrichtung des Arbeitgebers oder seines Vertreters Zugang zum Betrieb zu gewähren, soweit dem nicht unumgängliche Notwendigkeiten des Betriebsablaufs, zwingende Sicherheitsvorschriften oder der Schutz von Betriebsgeheimnissen entgegenstehen.**

(3) **Die Aufgaben der Gewerkschaften und der Vereinigungen der Arbeitgeber, insbesondere die Wahrnehmung der Interessen ihrer Mitglieder, werden durch dieses Gesetz nicht berührt.**

Inhaltsübersicht

I. Vorbemerkung

Die Vorschrift regelt in Abs. 1 iVm. der Sonderbestimmung des § 74 die **Zusam-** 1 **menarbeit** zwischen **ArbGeb., BR, Gewerkschaften** und **ArbGebVerbänden im Betrieb** (Rn 15 ff.). Abs. 2 regelt die **Zugangsrechte der Gewerkschaften** (Rn 60 ff.). Nach Abs. 3 bleiben die **Aufgaben der Koalitionen** unberührt (Rn 80 ff.).

Abs. 1 enthält die **allgemeinen, tragenden Grundsätze der Zusammenarbeit** 2 zwischen ArbGeb. und BR. Er verdeutlicht, dass das BetrVG nicht von einem Konfrontations– sondern von einem Kooperationsmodell ausgeht (vgl. BVerfG 1. 3. 79 BVerfGE 50, 290, 372; *Freckmann/Koller-van Delden* BB 06, 490, 491). Seine Grundsätze sind **Generalklauseln** mit unmittelbarer rechtlicher Wirkung (vgl. *GK-Franzen* Rn 5). Mitwirkungs- und Mitbestimmungsrechte, die das Gesetz nicht vorsieht, werden dadurch aber nicht begründet (*GK-Franzen* Rn 5). Die Grundsätze werden für die Entscheidungen der E-Stelle in § 76 Abs. 5 S. 3 und § 112 Abs. 5 konkretisiert.

Auch weitere Vorschriften wie §§ 75, 80 Abs. 1 Nr. 1, 90 S. 2, 96 verdeutlichen die Zielrichtung der Zusammenarbeit.

3   Eine **Zusammenarbeit zwischen BR und Sprecherausschuss** (vgl. zu dessen Rechtsstellung § 1 Rn 9, zu seinen Aufgaben § 5 Rn 448 ff. sowie insges. *Hromadka/Sieg* SprAuG 2. Aufl.; Erf K/*Oetker* SprAuG) ist weder im BetrVG noch im SprAuG vorgeschrieben. Nach § 2 Abs. 2 S. 3 SprAuG soll aber einmal im Kalenderjahr eine gemeinsame Sitzung des Sprecherausschusses und des BR stattfinden. Außerdem kann der Sprecherausschuss gemäß § 2 Abs. 2 S. 1 SprAuG dem BR oder Mitgl. des BR das Recht einräumen, an seinen **Sitzungen** teilzunehmen. Dies gilt nach § 2 Abs. 2 S. 2 SprAuG auch umgekehrt. Die gemeinsamen Sitzungen und die Teilnahme an Sitzungen des jeweils anderen Organs sollen die Zusammenarbeit erleichtern und Konfrontationen verhindern.

4   Eine Zusammenarbeit kommt in Betracht bei **übereinstimmenden,** aber auch bei **widerstreitenden Interessen.** Gemeinsame Interessen können zB in Fragen der Arbeitszeit, des Urlaubs, der Nutzung von Sozialeinrichtungen und der Lohngestaltung bestehen.

5   Nach § 2 Abs. 1 S. 2 SprAuG ist der ArbGeb. verpflichtet, vor Abschluss einer BV oder sonstigen Vereinbarung mit dem BR, die rechtliche Interessen der leitenden Ang. berührt, den **Sprecherausschuss** rechtzeitig **anzuhören.** Das SprAuG räumt dem Sprecherausschuss aber nicht das Recht ein, Einfluss auf den Inhalt der Vereinbarungen zwischen ArbGeb. und BR zu nehmen.

6   Eine entspr. **Anhörungspflicht** des ArbGeb. gegenüber dem BR ist im BetrVG nicht ausdrücklich vorgesehen. Sie ergibt sich jedoch aus dem Gebot der vertrauensvollen Zusammenarbeit. Der ArbGeb. hat den BR anzuhören, bevor er gemäß § 28 Abs. 1 SprAuG mit dem Sprecherausschuss Richtlinien über den Inhalt, den Abschluss oder die Beendigung von ArbVerh. der leitenden Ang. vereinbart (*Däubler* Gewerkschaftsrechte im Betrieb Rn 255 f.; aA GK-*Franzen* Rn 9). Daher liegen auch vorhergehende gemeinsame Beratungen zwischen BR und Sprecherausschuss nahe. Zum Zustandekommen, der Wirkung und der Auslegung einer zwischen ArbGeb. und Sprecherausschuss gemäß § 28 Abs. 1, Abs. 2 Satz 1 SprAuG geschlossenen Vereinbarung vgl. BAG 10. 2. 09 – 1 AZR 767/07 – NZA 09, 970.

7   § 2 Abs. 1 S. 1 SprAuG schreibt – ähnlich wie § 2 Abs. 1 BetrVG – eine vertrauensvolle **Zusammenarbeit zwischen ArbGeb. und Sprecherausschuss** vor. Diese soll dem Wohl der leitenden Ang. und des Betriebes dienen (zu diesem Ziel vgl. Rn 56). Ebenso vorgeschrieben ist die Beachtung der geltenden TV. TV können nach ihrem persönlichen Geltungsbereich auch leitende Ang. erfassen. Leitende Ang. sind ArbN (vgl. § 5 Rn 340).

8   Eine **Zusammenarbeit** des Sprecherausschusses mit den im Betrieb vertretenen **Gewerkschaften und mit Arbeitgebervereinigungen** ist nicht vorgeschrieben, obwohl die Gewerkschaften auch Interessen der leitenden Ang. vertreten können. Den Gewerkschaften werden keinerlei Rechte in Bezug auf die Errichtung und die Tätigkeit des Sprecherausschusses eingeräumt (dies hält *Däubler* Arbeitsrecht 1 Abschn. 6.18.1 für einen Verstoß gegen Art. 9 Abs. 3 GG; *ders.* Gewerkschaftsrechte im Betrieb Rn 255 h).

9   Abs. 2 regelt das **Zugangsrecht der Gewerkschaften** zur Erfüllung ihrer betriebsverfassungsrechtlichen Aufgaben und Befugnisse (vgl. dazu Rn 60 ff.).

10   Abs. 3 befasst sich mit den **koalitionspolitischen Aufgaben der Gewerkschaften und ArbGebVerbände** (vgl. dazu Rn 80 ff.). Er macht insb. auch deutlich, dass **BR und Gewerkschaft unterschiedliche Aufgaben** und Funktionen im Betrieb und im Rahmen der BetrVerf. haben. Der **BR** ist **Repräsentant aller ArbN** des Betriebs, auch soweit diese nicht oder in einer anderen Gewerkschaft organisiert sind (BVerfG 27. 3. 79 AP Nr. 31 zu Art. 9 GG; vgl. auch § 1 Rn 193).

11   Der **BR** ist **keine „Ersatzgewerkschaft"** (*DKKW-Berg* Rn 3). **Gewerkschaften** werden durch den BR **nicht überflüssig.** Einfluss auf den Inhalt der ArbVerh. können die ArbN nur über ihre Gewerkschaft und den Abschluss von TV gewinnen (vgl.

Rn 45 ff.). Daher wird durch Abs. 3 ebenso wie durch § 74 Abs. 3 (vgl. dort Rn 64 ff.) klar gestellt, dass die Rechte der Gewerkschaften und ihrer Mitgl. durch das BetrVG nicht eingeschränkt werden (*DKKW-Berg* Rn 3; vgl. zur Rechtsstellung der Gewerkschaften im BetrVerfRecht *Germelmann* JbArbR Bd. 14, S. 47; *Brock,* Gewerkschaftliche Betätigung im Betrieb, Berlin 2002; *Däubler* Gewerkschaftsrechte im Betrieb; *Hanau* JArbR, Bd. 17 S. 37; *Gröbing* ArbuR 81, 307; *Krause* RdA 09, 129; zum Zugangsrecht der Gewerkschaften zum Betrieb Rn 60 ff., 86; Zu den Beziehungen Gewerkschaften – BR: *Düttmann* JbArbRb Bd. 17, S. 71).

Trotz ihrer Unabhängigkeit sollen BR und Gewerkschaft im Interesse der ArbN **12** des Betriebs zusammenarbeiten, soweit den Gewerkschaften betriebsverfassungsrechtliche Aufgaben und Befugnisse zukommen (Schriftlicher Bericht des BT-Ausschusses für Arbeit S. 11 A IX zu BT-Drucks. VI/2729).

Die Vorschrift gilt gemäß § 51 Abs. 5 auch für den **GesBR,** nach § 59 Abs. 1 **13** iVm. § 51 Abs. 5 für den **KBR** sowie gemäß § 115 Abs. 1 S. 2 und § 116 Abs. 1 S. 2 für die **BordVertr.** und **SeeBR.**

Entspr. Vorschrift im **BPersVG:** § 2. Nach dem **SprAuG** ist zwar die vertrauens- **14** volle Zusammenarbeit von ArbGeb. und Sprecherausschuss vorgesehen (§ 2 Abs. 1 S. 1). Hinsichtlich einer Zusammenarbeit mit den Gewerkschaften fehlt es dagegen an entspr. Bestimmungen (vgl. Rn 8).

II. Grundsätze der Zusammenarbeit

Die Generalklausel des Abs. 1 enthält **vier Gebote: 15**
1. Der ArbGeb. (oder sein verantwortlicher Vertr., vgl. § 1 Rn 240, § 43 Rn 28, § 108 Rn 12) und der BR sollen **vertrauensvoll zusammenarbeiten** (vgl. Rn 16 ff.);
2. Die Zusammenarbeit hat unter Beachtung der **geltenden TV** zu erfolgen (Rn 29 ff.).
3. Diese Zusammenarbeit hat sich jedenfalls auch auf den **ArbGebVerband** bzw. die **Gewerkschaft** sowohl in getrennten Fühlungnahmen als auch bei gemeinsamen Besprechungen zwischen den Betriebspartnern zu erstrecken (vgl. Rn 32 ff. und § 74 Rn 8).
4. Ziel der Zusammenarbeit ist das **Wohl der ArbN und des Betriebs** (Rn 56 ff.).

1. Vertrauensvolle Zusammenarbeit

Das Gebot der vertrauensvollen Zusammenarbeit konkretisiert für die BetrVerf. **16** den allgemeinen, in § 242 BGB normierten **Grundsatz von Treu und Glauben** (vgl. BAG 21. 4. 83 AP Nr. 20 zu § 40 BetrVG 1972; *Richardi* Rn 7; ErfK/*Koch* Rn 1; *WPK/Preis* Rn 5). Abs. 1 ist daher weder ein Appell noch eine Kompetenznorm (GK-*Franzen* Rn 5).

Das Gebot betrifft das **betriebsverfassungsrechtliche Rechtsverhältnis zwi- 17 schen BR und ArbGeb.** (*Richardi* Rn 8 f.; ErfK/*Koch* Rn 1). Adressaten der Verpflichtung sind neben dem BR auch andere betriebsverfassungsrechtliche Gremien wie GesBR, KBR, JugAzubiVertr. und SchwbVertr. (vgl. *Richardi* Rn 11; ErfK/*Koch* Rn 1). Sie betrifft auch den Betriebsausschuss sowie die sonstigen Ausschüsse des BR, soweit diesen Aufgaben zur selbständigen Erledigung übertragen sind (*Richardi* Rn 9). Einbezogen sind schließlich auch einzelne Mitgl. des BR bei der Ausübung ihrer betriebsverfassungsrechtlichen Aufgaben (BAG 21. 2. 78 AP Nr. 1 zu § 74 BetrVG 1972; GK-*Franzen* Rn 7; *Richardi* Rn 10). Zum Sprecherausschuss vgl. Rn 3 ff.

Soweit Gewerkschaften und ArbGebVerbände Aufgaben und Befugnisse im Rah- **18** men der BetrVerf. wahrnehmen, sind sie ebenfalls an den Grundsatz der vertrauensvollen Zusammenarbeit gebunden (vgl. BAG 14. 2. 76 AP Nr. 2 zu § 45 BetrVG 1972; GK-*Franzen* Rn 10; *Richardi* Rn 11; *HSWGNR-Rose* Rn 52).

19   Dagegen bezieht sich das Gebot der vertrauensvollen Zusammenarbeit **nicht** auf das **ArbVerh. zwischen ArbGeb. und ArbN** oder das Verhältnis der ArbN untereinander (vgl. BAG 13. 7. 62 AP Nr. 1 zu § 242 BGB; GK-*Franzen* Rn 8; *Richardi* Rn 8; ErfK/*Koch* Rn 1). Abs. 1 regelt auch nicht die Zusammenarbeit im BR und das Verhältnis der BRMitgl. untereinander (BAG 5. 9. 67 AP Nr. 8 zu § 23 BetrVG 1972; GK-*Franzen* Rn 8; *Richardi* Rn 8).

20   Die Beziehungen zwischen ArbGeb. und BR sollen auf Zusammenarbeit gerichtet sein. Sie sind verbunden durch das gemeinsame Ziel des Wohles der ArbN und des Betriebs. Die **Streichung** der in § 49 Abs. 1 BetrVG 1952 enthaltenen Worte „unter Berücksichtigung **des Gemeinwohls**" darf **nicht** als **Aufforderung zu Betriebsegoismus** und gesamtwirtschaftlichem Fehlverhalten missverstanden werden (GK-*Franzen* Rn 45; *Richardi* Rn 15; *DKKW-Berg* Rn 7; ErfK/*Koch* Rn 2). Umgekehrt bedeutet aber auch die Umstellung der Worte „Arbeitnehmer" und „Betrieb" gegenüber § 49 Abs. 1 BetrVG 1952 nicht, dass nunmehr nicht mehr das Wohl der ArbN des Betriebs, sondern der ArbNschaft schlechthin gemeint sei (*Richardi* Rn 16; GK-*Franzen* Rn 42; **aA** wohl *DKKW-Berg* Rn 7). Der BR ist aber nicht gehindert, bei seiner Tätigkeit auch **überbetriebliche Gesichtspunkte** (zB Einstellung von Arbeitslosen statt Überstunden) zu berücksichtigen (*Krause* RdA 09, 129, 137; *DKKW-Berg* Rn 7; ErfK/*Koch* Rn 2). Im Übrigen weisen die Gesetzesmaterialien darauf hin, dass die Betriebsparteien durch die Prinzipien des Sozialstaats verpflichtet sein sollen (vgl. BT-Drucks. VI/1786, S. 35; *Richardi* Rn 15; vgl. auch Rn 57).

21   Die zwischen ArbGeb. und ArbN bestehenden **Interessengegensätze** sollen durch das Gebot der vertrauensvollen Zusammenarbeit nicht verdeckt werden. Durch Abs. 1 wird das Spannungsverhältnis nicht geleugnet. Das Gebot vertrauensvoller Zusammenarbeit schließt die Wahrnehmung gegensätzlicher Interessen nicht aus (GK-*Franzen* Rn 12). Die Interessengegensätze sollen aber möglichst durch gegenseitige vertrauensvolle Zusammenarbeit ausgeglichen werden, ohne dass es der Anrufung der E-Stelle oder der ArbG bedarf. Die Zusammenarbeit soll sich in gegenseitiger „Ehrlichkeit und Offenheit" (BAG 22. 5. 59 AP Nr. 3 zu § 23 BetrVG) vertrauensvoll vollziehen (ErfK/*Koch* Rn 1; *Richardi* Rn 14; *WPK/Preis* Rn 4). Kooperation soll an die Stelle von Konfrontation treten.

22   Die Generalklausel enthält **unmittelbar geltendes Recht** (BAG 21. 2. 78 AP Nr. 1 zu § 74 BetrVG 1972; *Richardi* Rn 17; GK-*Franzen* Rn 5; *Freckmann/Koller-van Delden* BB 06, 490, 491). Ebenso wie § 242 BGB im allgemeinen Zivilrecht wirkt sie als Auslegungsregel, soweit es um Inhalt und Abgrenzung der Rechte von BR und ArbGeb. geht (*Richardi* Rn 18).

23   Das **Gebot** der vertrauensvollen Zusammenarbeit **schafft keine Mitwirkungs- oder Mitbestimmungsrechte** in Angelegenheiten, in denen das BetrVG diese nicht vorsieht (vgl. BAG 3. 5. 94 AP Nr. 23 zu § 23 BetrVG 1972; *Richardi* Rn 21; GK-*Franzen* Rn 5). Umgekehrt können Mitwirkungs- oder Mitbestimmungsrechte aber auch nicht unter Berufung auf Abs. 1 beseitigt oder eingeschränkt werden (*WPK/Preis* Rn 6). Das Gebot der vertrauensvollen Zusammenarbeit begründet **Verhaltens- und Nebenpflichten** bei der Wahrnehmung betriebsverfassungsrechtlicher Rechte und der Erfüllung betriebsverfassungsrechtlicher Pflichten (*WPK/Preis* Rn 5). Generell besteht hierbei die Pflicht zur gegenseitigen Rücksichtnahme und Loyalität (vgl. MünchArbR *von Hoyningen-Huene* § 213 Rn 17).

24   Abs. 1 begründet dementsprechend zwar keinen eigenständigen, über § 80 Abs. 2 hinausgehenden Informationsanspruch des BR. Er rechtfertigt aber im Zweifel eine **weite Auslegung der** die **Auskunfts- und Informationspflichten des ArbGeb.** regelnden Bestimmungen (*Freckmann/Koller-van Delden* BB 06, 490, 491). So folgt aus ihm zB das Recht des BR, sich Aufzeichnungen aus den Bruttolohn- und Gehaltslisten der ArbN zu machen (BAG 15. 6. 76 AP Nr. 9 zu § 80 BetrVG 1972), oder der Anspruch, eine komplexe Auskunft schriftlich zu erhalten (BAG 30. 9. 08 – AP Nr. 71 zu § 80 BetrVG 1972). Allerdings besteht nach § 2 Abs. 1 ein Auskunftsanspruch nach § 80 Abs. 2 S. 1 ausnahmsweise dann nur, wenn der BR die begehrte

Information aus den ihm bereits übermittelten Daten ohne Weiteres auf rechnerisch einfachem Weg ableiten kann (BAG 24. 1. 06, 10. 10. 06 AP Nr. 65, 69 zu § 80 BetrVG 1972). Auch bei dem Anspruch des BR auf die **Überlassung von Sachmitteln** gemäß § 40 Abs. 2 ist das Gebot der vertrauensvollen Zusammenarbeit zu beachten (*Freckmann/Koller-van Delden* BB 06, 490, 491). Der ArbGeb. hat daher zB bei der Zurverfügungstellung von Fachzeitschriften für die BRArbeit dessen Auswahlwünsche zu berücksichtigen (BAG 21. 4. 83 AP Nr. 20 zu § 40 BetrVG 1972). Im Verfahren nach § 99 kann der BR nach § 2 gehalten sein, dem ArbGeb. mitzuteilen, dass er für eine abschließende Stellungnahme weitere Informationen benötigt (BAG 14. 12. 04 AP Nr. 122 zu § 99 BetrVG 1972; 5. 5. 10 – 7 ABR 70/08 – AP Nr. 130 zu § 99 BetrVG 1972).

Regelmäßig verstößt es gegen das Gebot der vertrauensvollen Zusammenarbeit, **25** wenn der ArbGeb. die **Kosten der BRArbeit betriebsintern veröffentlicht** und den BR so „an den Pranger" stellt (vgl. BAG 19. 7. 95, 12. 11. 97 AP Nr. 25, 27 zu § 23 BetrVG 1972; *DKKW-Berg* Rn 6). Einen Verstoß gegen Abs. 1 kann es auch darstellen, wenn der ArbGeb. in einer mitbestimmungspflichtigen Angelegenheit vom BR verlangt, sich seinen Regelungsvorstellungen bedingungslos zu unterwerfen und ihm andernfalls das Ausweichen auf mitbestimmungsfreie Regelungsspielräume androht (vgl. BAG 26. 5. 98 AP Nr. 98 zu § 87 BetrVG 1972 Lohngestaltung; *DKKW-Berg* Rn 6).

Aus dem Gebot zur vertrauensvollen Zusammenarbeit folgt ferner die (Neben-) **26** Pflicht des ArbGeb., **alles zu unterlassen, was der Wahrnehmung von MBR entgegensteht** (*Freckmann/Koller-van Delden* BB 06, 490, 491). Der ArbGeb. darf daher keine vollendeten Tatsachen schaffen. Ein allgemeiner, auf die Unterlassung mitbestimmungswidrigen Verhaltens gerichteter Anspruch des BR folgt freilich aus § 2 nicht. Hierfür kommt es vielmehr auf die konkrete Ausgestaltung des MBR, insb. dessen Struktur und Funktion an. Daher besteht eine materiellrechtlicher Unterlassungsanspruch bei Verstößen gegen § 87 BetrVG (vgl. BAG 3. 5. 94 AP Nr. 23 zu § 23 BetrVG 1972), nicht dagegen bei Verletzung der Beteiligungsrechte nach § 111 (vgl. § 111 Rn 135; einstweiliger Rechtsschutz ist aber möglich, vgl. § 111 Rn 138) oder nach § 99 (vgl. BAG 23. 6. 09 – 1 ABR 23/08 – NZA 09, 1430; 9. 3. 11 – 7 ABR 137/09 – NZA 11, 871).

Umgekehrt muss sich auch der BR mit der Wahrnehmung seiner Rechte an das **27** Gebot der vertrauensvollen Zusammenarbeit halten. Er darf sich daher zB bei **innerbetrieblichen Missständen** regelmäßig nicht an die **Öffentlichkeit** wenden, ohne zuvor erfolglos beim ArbGeb. auf Abhilfe gedrungen zu haben (vgl. dazu *Simitis/Kreuder* NZA 92, 1009). Daher kann der BR zB bei Verstößen gegen arbeitszeitrechtliche Schutzbestimmungen trotz § 89 Abs. 1 S. 2 wegen des Gebots zur vertrauensvollen Zusammenarbeit gehindert sein, sogleich ohne vorherige erfolglose Einschaltung des ArbGeb. die staatliche Aufsichtsbehörde zu informieren (vgl. § 89 Rn 14; ErfK/*Kania* § 89 Rn 2; Richardi/*Annuß* § 89 Rn 19; in dieselbe Richtung, ohne dies allerdings abschließend zu entscheiden, BAG 3. 6. 03 AP Nr. 1 zu § 89 BetrVG 1972; vgl. dazu auch *Reichold* SAE 04, 293, 295).

Abs. 1 steht in unmittelbarem **Zusammenhang mit § 74 Abs. 1.** Nach dessen **28** S. 1 sollen ArbGeb. und BR einmal im Monat zu einer Besprechung zusammentreten. Nach dessen S. 2 haben sie mit dem ernsten Willen zur Einigung zu verhandeln und Vorschläge für die Beilegung von Meinungsverschiedenheiten zu machen.

2. Beachtung der geltenden Tarifverträge

Die Zusammenarbeit von ArbGeb. und BR erfolgt „unter Beachtung" der gelten- **29** den TV. Dadurch wird klar gestellt, dass die Betriebsparteien bei der Gestaltung der betrieblichen Angelegenheiten an tarifvertragliche Vorgaben gebunden sind (vgl. *Richardi* Rn 24; GK-*Franzen* Rn 16; ErfK/*Koch* Rn 2). Der **Vorrang der Tarifautonomie** gegenüber der betrieblichen Normsetzungsbefugnis findet außerdem seinen

Ausdruck in § 77 Abs. 3 und in der Regelungssperre des § 87 Abs. 1 Eingangssatz (GK-*Franzen* Rn 16; *Richardi* Rn 24; *WPK/Preis* Rn 11). Die Betriebsparteien können auch in mitbestimmungspflichtigen Angelegenheiten Regelungen nur treffen, soweit die TVParteien ihre Regelungsbefugnis nicht wahrgenommen haben oder den Betriebsparteien durch entspr. Öffnungsklauseln abweichende Regelungen gestatten.

30   Ob und ggf. welcher TV „gilt", richtet sich nach dem TVG, dem jeweiligen Geltungsbereich des TV und den zur Tarifkonkurrenz entwickelten Grundsätzen. Inhalts-, Abschluss- und Beendigungsnormen setzen zu ihrer Anwendbarkeit gemäß §§ 3 Abs. 1, 4 Abs. 1 TVG Tarifgebundenheit auf Seiten der ArbGeb. und ArbN voraus (GK-*Franzen* Rn 17; *WPK/Preis* Rn 11). Für die Geltung von betrieblichen und betriebsverfassungsrechtlichen Regelungen nach § 3 Abs. 2 TVG („Betriebsnormen") genügt die Tarifgebundenheit des ArbGeb. (*Richardi* Rn 25; GK-*Franzen* Rn 17; *WPK/Preis* Rn 11). Den räumlichen, fachlichen, persönlichen und zeitlichen Geltungsbereich eines TV legen die TVParteien fest. Wird ein in einem Betrieb zu regelnder Sachverhalt von mehreren TV erfasst, entsteht das **Problem der Tarifkonkurrenz** (vgl. *Richardi* Rn 26; GK-*Franzen* Rn 18; *Däubler/Zwanziger* TVG § 4 Rn 923 ff.). Dabei gilt jedenfalls für **Betriebsnormen** das Prinzip der **Tarifeinheit** (GK-*Franzen* Rn 18; *Richardi* Rn 26). Danach kommen in einem Betrieb nur die Betriebsnormen eines TV zur Anwendung. Welcher dies ist, bestimmt sich nach bisher überwiegender Auffassung nach dem **Grundsatz der Spezialität.** Danach ist der TV anzuwenden, der den Erfordernissen und Eigenarten des Betriebs und der darin beschäftigten ArbN am Besten gerecht wird (st. Rspr. des BAG, vgl. etwa 20. 3. 91 AP Nr. 20 zu § 4 TVG Tarifkonkurrenz; 26. 1. 94 – 10 AZR 611/92 – NZA 94, 1038; GK-*Franzen* Rn 18; *Richardi* Rn 26; ähnlich *Wiedemann/Wank* § 4 TVG Rn 299 h). Dies erscheint nicht zwingend. Da in diesen Fällen die Betätigungsfreiheit einer Gewerkschaft gegenüber derjenigen einer anderen zurücktreten muss, erscheint im Hinblick auf Art. 9 Abs. 3 GG und die „mitgliedschaftliche Legitimation" die Auflösung der Kollision über das **Mehrheitsprinzip** sachgerechter (so auch *Däubler/Zwanziger* TVG § 4 Rn 935; *Löwisch/Rieble* TVG § 4 Rn 151; *Jacobs* in *Jacobs/Krause/Oetker* Tarifvertragsrecht § 7 Rn 222). Bei **Inhaltsnormen** kann eine Tarifkonkurrenz nur eintreten, wenn neben einem VerbandsTV ein FirmenTV besteht, wenn ausnahmsweise sowohl ArbGeb. als auch ArbN doppelt organisiert sind oder wenn neben einem kraft Verbandsmitgliedschaft anwendbaren TV ein anderer TV für allgemein verbindlich erklärt ist (vgl. *Richardi* Rn 26). In diesem Fall ist es sachgerecht, die Tarifkonkurrenz nach dem Grundsatz der Spezialität aufzulösen (vgl. BAG 20. 3. 91, 26. 1. 94, 4. 4. 01 AP Nr. 20, 22, 26 zu § 4 TVG Tarifkonkurrenz; GK-*Franzen* Rn 19; *Däubler/Zwanziger* TVG § 4 Rn 928 ff.). Ist der ArbGeb. an mehrere TV gebunden, der ArbN aber nur an einen davon, liegt kein Fall der Tarifkonkurrenz, sondern der **Tarifpluralität** vor. Entgegen der früheren Auffassung des BAG (5. 9. 90, 20. 3. 91 AP Nr. 19, 20 zu § 4 TVG Tarifkonkurrenz) ist in diesem Fall **kein Raum für das Prinzip der Tarifeinheit** (*Däubler/Zwanziger* TVG § 4 Rn 943 ff.; *Richardi* Rn 27; GK-*Franzen* Rn 20). Zu Recht hat daher das **BAG** im Urteil vom 7. 7. 10 (– 4 AZR 549/08 – NZA 10, 1968) seine **frühere Rspr. aufgegeben** und geht nun davon aus, dass im Falle der Tarifpluralität in einem Betrieb mehrere TV zur Anwendung kommen können und die Geltung für das einzelne Arbeitsverhältnis von der Gewerkschaftszugehörigkeit des einzelnen ArbN abhängt (BAG 7. 7. 10 – 4 AZR 549/08 – NZA 10, 1968). Für die Verdrängung eines TV durch einen anderen gibt es in diesem Fall anders als bei echter Tarifkonkurrenz keinen Sachgrund, der die Einschränkung der durch Art. 9 Abs. 3 GG garantierten Tarifautonomie rechtfertigen würde (vgl. *Däubler/Zwanziger* TVG § 4 Rn 947; *Richardi* Rn 27). Der Grundsatz der Tarifeinheit hindert nicht das Nebeneinander konkurrierender Gewerkschaften (BAG 14. 12. 04 AP Nr. 1 zu § 2 TVG Tarifzuständigkeit).

31   Ebenso wie die TV haben ArbGeb. und BR auch **Mindestarbeitsbedingungen** (§ 8 MindArbBedG) und **bindende Festsetzungen nach § 19 HAG** zu beachten (*Richardi* Rn 28).

3. Zusammenwirken mit Verbänden

a) Gewerkschaftsbegriff

Die Betriebsparteien erfüllen ihre Aufgaben im Zusammenwirken mit Gewerk- **32** schaften und ArbGebVerbänden. Der **Gewerkschaftsbegriff** wird im BetrVG vorausgesetzt und ist nach bislang überwiegender Auffassung **für das gesamte Arbeitsrecht**, insb. das ArbGG, das TVG und das BetrVG **einheitlich** (BAG 15. 3. 77 AP Nr. 24 zu Art. 9 GG; 19. 9. 06 AP Nr. 5 zu § 2 BetrVG 1972 m. abl. Anm. *Benedikt Schmidt*; *HSWGNR-Rose* Rn 111; *DKKW-Wedde* Einl. Rn 140; *ErfK/Koch* Rn 4; **aA** *Löwisch/Kaiser* § 2 Rn 17 GK-*Franzen* Rn 33 ff.; *Rieble* in FS *Wiedemann* S. 519, 527).

Der Begriff der Gewerkschaft ist nicht identisch mit dem der Koalition iSv. Art. 9 **33** Abs. 3 GG (vgl. BAG 19. 9. 06 AP Nr. 5 zu § 2 BetrVG 1972; *DKKW-Wedde* Einl. Rn 140, *DKKW-Berg* § 2 Rn 11). Er ist vielmehr enger. Gewerkschaftseigenschaft kommt nur den ArbNVereinigungen (Koalitionen) zu, die **tariffähig** sind (BAG 25. 11. 86 AP Nr. 36 zu § 2 TVG; 25. 9. 90 AP Nr. 8 zu § 9 TVG; 19. 9. 06 AP Nr. 5 zu § 2 BetrVG 1972). Der Verband der Gewerkschaftsbeschäftigten (VGB) ist daher mangels Tariffähigkeit keine Gewerkschaft iSd. BetrVG (BAG 19. 9. 06 AP Nr. 5 zu § 2 BetrVG 1972; vgl. auch schon 17. 2. 98 AP Nr. 87 zu Art. 9 GG). Zur Tariffähigkeit vgl. Rn 37 f.

Eine Ausnahme vom Erfordernis der Tariffähigkeit gilt für **Bahn** und **Post**. Dort **34** sind auch nach ihrer Privatisierung weiterhin Beamte beschäftigt (vgl. § 1 Rn 38 ff., 45 ff.). Den Beamtenverbänden fehlt die Fähigkeit, TV für ihre Mitgl. abzuschließen. Dennoch sind sie ebenso wie im Bereich des Personalvertretungsrechts (vgl. dazu BVerwG 25. 7. 06 NZA 06, 1371; *Altvater/Bacher/Hörter/Sabottig/Schneider* BPersVG § 2 Rn 23) auch für das BetrVG als „Gewerkschaften" anzusehen (GK-*Franzen* Rn 35; offen gelassen in BAG 19. 9. 06 AP Nr. 5 zu § 2 BetrVG 1972). Die reinen Beamtenverbände müssen aber die übrigen Anforderungen an eine Gewerkschaft (vgl. Rn 35, 36, 38) erfüllen. Gleiches gilt im Anwendungsbereich des Kooperationsgesetzes der Bundeswehr (BwKoopG) vom 30. 7. 04 (BGBl. S. 2027) für Soldatenverbände. Gemischte Verbände, in denen Arbeiter, Angestellte und Beamte organisiert sind, müssen tariffähig sein.

Die von Rspr. (vgl. etwa BVerfG 6. 5. 64, 20. 1. 81 AP Nr. 15, 31 zu § 2 TVG; **35** BAG 25. 11. 86, 16. 1. 90, 6. 6. 00 AP Nr. 36, 38, 55 zu § 2 TVG; ferner zuletzt insb. 14. 12. 04 AP Nr. 1 zu § 2 TVG Tariffähigkeit – „UFO"; 28. 3. 06 AP Nr. 4 zu § 2 TVG Tariffähigkeit – „CGM"; 5. 10. 10 – 1 ABR 88/09 – NZA 11, 300 – „GKH") und Schrifttum (vgl. etwa *Richardi* Rn 41 ff.; GK-*Franzen* Rn 25 ff.; *HSWGNR-Rose* Rn 117 ff.; *Wiedemann/Oetker* TVG § 2 Rn 7 ff.; *Däubler/Peter* TVG § 2 Rn 6 ff.; *Löwisch/Rieble* TVG § 2 Rn 8 ff.) entwickelten **Voraussetzungen einer Gewerkschaft** wurden unter A. III.2 des gemeinsamen Leitsatzprotokolls zum Ersten **Staatsvertrag vom 18. 5. 90** iVm. dem Zustimmungsgesetz vom 25. 6. 90 (vgl. hierzu insb. auch BAG 6. 6. 00 AP Nr. 9 zu § 97 ArbGG 1979) wie folgt zusammenfassend beschrieben: „Tariffähige Gewerkschaften und Arbeitgeberverbände müssen frei gebildet, gegnerfrei, auf überbetrieblicher Grundlage organisiert und unabhängig sein sowie das geltende Tarifrecht als für sich verbindlich anerkennen; ferner müssen sie in der Lage sein, durch Ausüben von Druck auf den Tarifpartner zu einem Tarifabschluss zu kommen". Eine ArbNVereinigung ist für den beanspruchten Zuständigkeitsbereich entweder insgesamt oder überhaupt nicht tariffähig. Eine **partielle Tariffähigkeit** gibt es nicht (BAG 28. 3. 06 AP Nr. 4 zu § 2 TVG Tariffähigkeit mwN; 5. 10. 10 – 1 ABR 88/09 – NZA 11, 300 – „GKH"; *Wiedemann/Oetker* TVG § 2 Rn 19; *Richardi* RdA 07, 117, 119; **aA** insb. *Rieble* in FS *Wiedemann* S. 519).

Voraussetzungen für eine tariffähige Gewerkschaft sind somit: **36**
– Die Vereinigung muss auf **freiwilliger Basis** beruhen. Zwangsverbände sind keine Koalitionen iSv. Art. 9 Abs. 3 GG (vgl. BAG 14. 12. 04 AP Nr. 1 zu § 2 TVG Tarif-

fähigkeit; 5. 10. 10 − 1 ABR 88/09 − NZA 11, 300 − „GKH"; *Richardi* Rn 42; Däubler/*Däubler* TVG Einl. Rn 87; *Löwisch/Rieble* TVG § 2 Rn 13).
− Die Vereinigung muss **gegnerfrei** sein. In einer Gewerkschaft können daher nicht zugleich ArbGeb. organisiert sein (BAG 14. 12. 04 AP Nr. 1 zu § 2 TVG Tariffähigkeit; Däubler/*Däubler* TVG Einl. Rn 88). Mit dem Grundsatz der Gegnerfreiheit ist es jedoch vereinbar, wenn eine Gewerkschaft Mitgl. hat, die zugleich ArbGeb. einer Hausgehilfin sind, selbst wenn für diese die gleiche Gewerkschaft tarifzuständig ist (BAG 19. 1. 62 AP Nr. 13 zu § 2 TVG; *Richardi* Rn 44).
− Die Vereinigung muss **strukturell vom sozialen Gegenspieler unabhängig** sein (BAG 14. 12. 04 AP Nr. 1 zu § 2 TVG Tariffähigkeit; BVerfG 20. 10. 81 AP Nr. 31 zu § 2 TVG). Das Erfordernis soll sicherstellen, dass die Vereinigung durch ihre koalitionsmäßige Betätigung zu einer sinnvollen Ordnung des Arbeitslebens beitragen kann (BAG 5. 10. 10 − 1 ABR 88/09 − NZA 11, 300 − „GKH"). Dabei schließt nicht jede Beeinträchtigung der Unabhängigkeit die Gewerkschaftseigenschaft aus. Der Grundsatz der Gegnerunabhängigkeit ist erst dann verletzt, wenn durch personelle oder organisatorische Verflechtungen oder durch wesentliche finanzielle Zuwendungen die eigenständige Interessenwahrnehmung der Gewerkschaft ernsthaft gefährdet ist (BAG 14. 12. 04 AP Nr. 1 zu § 2 TVG Tariffähigkeit; 20. 4. 99 AP Nr. 28 zu § 1 TVG Tarifverträge: Rundfunk; 5. 10. 10 NZA 11, 300 − „GKH"; Däubler/*Peter* TVG § 2 Rn 30, 32; *Löwisch/Rieble* TVG § 2 Rn 16 ff.). Die Einziehung der Gewerkschaftsbeiträge durch den ArbGeb. ist unschädlich (*Wiedemann/Oetker* TVG § 2 Rn 320; *Däubler* Gewerkschaftsrechte im Betrieb Rn 524). Das Erfordernis der Unabhängigkeit besteht grundsätzlich auch gegenüber Staat, Kirche und Parteien (vgl. *Richardi* Rn 49; Däubler/*Däubler* TVG Einl. Rn 89). Dies bedeutet nicht, dass eine Gewerkschaft parteipolitisch oder religiös neutral sein müsste. Parteipolitische Betätigungen und Stellungnahmen von Gewerkschaften unterfallen aber nicht dem Schutz des Art. 9 Abs. 3 GG (vgl. *Däubler* Gewerkschaftsrechte im Betrieb Rn 290 ff.).
− Die Vereinigung muss nach überwiegender Auffassung **überbetrieblich organisiert** sein. Sie darf die Mitgliedschaft nicht auf einen bestimmten Betrieb beschränken (BAG 14. 12. 04 AP Nr. 1 zu § 2 TVG Tariffähigkeit; *Richardi* Rn 46; vgl. aber auch ErfK/*Dieterich* GG Art. 9 Rn 25; Däubler/*Däubler* TVG Einl. Rn 90; **aA** für Gewerkschaft iSd. BetrVG *Löwisch/Kaiser* § 2 Rn 17). Das BAG hat dabei dahinstehen lassen, ob es sich bei der Überbetrieblichkeit um ein selbständiges, für eine Gewerkschaft konstitutives Merkmal oder lediglich um eine Indiztatsache für deren Unabhängigkeit handelt (BAG 14. 12. 04 AP Nr. 1 zu § 2 TVG Tariffähigkeit mwN).
− Tariffähigkeit setzt ferner **Tarifwilligkeit** voraus. Der Abschluss von TV muss deshalb zu den − satzungsgemäßen − Aufgaben der Vereinigung gehören (BAG 15. 3. 77 AP Nr. 24 zu Art. 9 GG; 14. 12. 04 AP Nr. 1 zu § 2 TVG Tariffähigkeit; *Richardi* Rn 53; *Löwisch/Rieble* TVG § 2 Rn 57 ff.; *HSWGNR-Rose* Rn 135; GK-*Franzen* Rn 28; **aA** für Gewerkschaften iSd. BetrVG *Löwisch/Kaiser* § 2 Rn 17).
− Nach der Rspr. von BVerfG und BAG muss eine Gewerkschaft das **geltende Tarifrecht als verbindlich anerkennen** (vgl. BVerfG 6. 5. 64 AP Nr. 15 zu § 2 TVG; BAG 6. 6. 00 AP Nr. 55 zu § 2 TVG; 14. 12. 04 AP Nr. 1 zu § 2 TVG Tariffähigkeit). Dies ist insoweit zutreffend, als eine Gewerkschaft sich − selbstverständlich − an Recht und Gesetz halten muss. Wesensmerkmal einer Gewerkschaft ist diese Voraussetzung jedoch nicht (vgl. *Däubler* TVG Einl. Rn 91).
− Die Vereinigung muss grundsätzlich eine **demokratische Struktur** besitzen (vgl. MünchArbR-*Löwisch/Rieble* § 164 Rn 5 ff.; Däubler/*Däubler* TVG Einl. Rn 92; *Richardi* Rn 60). Dies folgt aus der Notwendigkeit einer mitgliedschaftlichen Legitimation für die durch den Abschluss von TV wahrgenommene Rechtssetzungsbefugnis (MünchArbR-*Löwisch/Rieble* § 164 Rn 5). Jedenfalls für Gewerkschaften gilt daher der Grundsatz der Gleichheit aller Mitgl. (*Richardi* Rn 60; vgl. zu abw. Satzungsbestimmungen bei ArbGebVerbänden MünchArbR-*Löwisch/Rieble* § 164

Rn 6; *Löwisch/Rieble* TVG § 2 Rn 31). Anders als Art. 21 Abs. 1 S. 3 GG für die politischen Parteien verlangt Art. 9 Abs. 3 GG allerdings nicht ausdrücklich, dass die innere Organisation demokratischen Grundsätzen entsprechen muss. Auch dürfte es sich bei der demokratischen Binnenstruktur nicht um ein Wesensmerkmal, sondern um eine Verpflichtung der Gewerkschaft gegenüber ihren Mitgliedern handeln. So ist denn auch dieses Merkmal in der jüngeren Rspr. des BAG nicht ausdrücklich genannt (vgl. BAG 14. 12. 04 AP Nr. 1 zu § 2 TVG Tariffähigkeit).

Voraussetzung ist ferner, dass die ArbNVereinigung ihre Aufgabe als Tarifpartnerin **37** sinnvoll erfüllen kann. Dazu gehört zum einen die **Durchsetzungskraft** gegenüber dem sozialen Gegenspieler (BAG 6. 6. 00 AP Nr. 55 zu § 2 TVG; 14. 12. 04, 28. 3. 06 AP Nr. 1, 4 zu § 2 TVG Tariffähigkeit; 5. 10. 10 – 1 ABR 88/09 – NZA 11, 300 – „GKH"). Das von der Rspr. entwickelte Kriterium der **„Mächtigkeit"** bzw. „Durchsetzungsfähigkeit" einer Vereinigung (vgl. etwa BAG 16. 1. 90 AP Nr. 38 zu § 2 TVG) ist durch den Staatsvertrag vom 18. 5. 90 bekräftigt und festgeschrieben worden (BAG 6. 6. 00 AP Nr. 9 zu § 97 ArbGG 1979). Ausreichend ist es, wenn die Durchsetzungskraft in einem zumindest nicht unbedeutenden Teil des beanspruchten Zuständigkeitsbereichs erfüllt ist (BAG 28. 3. 06 AP Nr. 4 zu § 2 TVG Tariffähigkeit). Die Durchsetzungskraft muss erwarten lassen, dass die ArbNVereinigung vom sozialen Gegenspieler wahr- und ernstgenommen wird (BAG 14. 12. 04, 28. 3. 06 AP Nr. 1, 4 zu § 2 TVG Tariffähigkeit; 5. 10. 10 – 1 ABR 88/09 – NZA 11, 300 – „GKH"; *DKKW-Berg* Rn 17; *Richardi* Rn 55). Hat eine ArbNVereinigung am Tarifgeschehen noch nicht teilgenommen, lässt sich ihre Durchsetzungskraft nur prognostisch beurteilen. Dabei kommt der unter Berücksichtigung des räumlichen und fachlichen Zuständigkeitsbereichs zu bewertenden Mitgliederzahl wesentliche Bedeutung zu (BAG 5. 10. 10 – 1 ABR 88/09 – NZA 11, 300 – „GKH"). Bei einer nur kleinen Zahl von Mitgliedern kann sich die Möglichkeit, empfindlichen Druck auf den sozialen Gegenspieler auszuüben, auch daraus ergeben, dass es sich bei den organisierten ArbN um Spezialisten in Schlüsselstellungen handelt (BAG 14. 12. 04, 28. 3. 06 AP Nr. 1, 4 zu § 2 TVG Tariffähigkeit; 5. 10. 10 – 1 ABR 88/09 – NZA 11, 300 – „GKH"). Hat eine ArbNVereinigung bereits in nennenswertem Umfang TVe geschlossen, so belegt dies regelmäßig ihre Durchsetzungskraft. Das gilt sowohl für den Abschluss originärer TVe als auch für AnerkennungsTVe. Deren Indizwirkung entfällt nur ausnahmsweise, wenn es sich um Schein- oder GefälligkeitsTVe handelt, die auf einem Diktat der ArbGebSeite beruhen (BAG 28. 3. 06 AP Nr. 4 zu § 2 TVG Tariffähigkeit; 5. 10. 10 – 1 ABR 88/09 – NZA 11, 300 – „GKH"). Tarifabschlüsse einer Tarifgemeinschaft können nicht als zuverlässiges Indiz für die Durchsetzungskraft jedes einzelnen Mitglieds angesehen werden (BAG 5. 10. 10 – 1 ABR 88/09 – NZA 11, 300 – „GKH").

Die Vereinigung muss außerdem auch von ihrem **organisatorischen Aufbau** her **38** in der Lage sein, ihre Aufgabe als Tarifpartnerin zu erfüllen (BAG 25. 11. 86, 16. 1. 90, 6. 6. 00 AP Nr. 36, 38, 55 zu § 2 TVG; 14. 12. 04, 28. 3. 06 AP Nr. 1, 4 zu § 2 TVG Tariffähigkeit; 5. 10. 10 – 1 ABR 88/09 – NZA 11, 300 – „GKH"). TV müssen vorbereitet und hernach durchgeführt werden. Dies erfordert einen leistungsfähigen organisatorischen Apparat (*DKKW-Berg* Rn 17). Die Anforderungen dürfen aber nicht überspannt werden. Andernfalls besteht die Gefahr, dass im Widerspruch zu Art. 9 Abs. 3 GG die Bildung neuer Gewerkschaften in unzulässiger Weise erschwert wird. Ob der vorhandene organisatorische Aufbau genügt, um die einer Gewerkschaft gestellten Aufgaben zu erfüllen, richtet sich ebenfalls nach dem von der ArbN-Vereinigung gewählten Zuständigkeitsbereich. Ist dieser auf eine Berufsgruppe und wenige räumliche Schwerpunkte konzentriert, kann auch ein relativ kleiner, zentralisierter Apparat ausreichen (BAG 14. 12. 04 AP Nr. 1 zu § 2 TVG Tariffähigkeit). Ihren **Organisationsbereich** und die sich daraus ergebende **Tarifzuständigkeit** legt eine Gewerkschaft in ihrer Satzung autonom selbst fest (BAG 27. 9. 05 AP Nr. 18 zu § 2 TVG Tarifzuständigkeit; 10. 2. 09 DB 09, 1657). Die entsprechenden Satzungsregelungen unterliegen dem Bestimmtheitserfordernis. Aus ihnen muss für die handelnden Gewerkschaftsorgane selbst, für den sozialen Gegenspieler und für Dritte die Tarifzuständigkeit zuverlässig erkennbar sein (BAG 10. 2. 09 DB 09, 1657).

39 Umstritten ist, ob neben der Bereitschaft zur tarifvertraglichen Einigung auch die **Bereitschaft zum Arbeitskampf** ein notwendiges Merkmal einer Gewerkschaft darstellt (bejahend BAG 19. 1. 62 AP Nr. 13 zu § 2 TVG; *DKKW-Berg* Rn 12; *Richardi* Rn 55; generell verneinend MünchArbR-*Löwisch/Rieble* § 164 Rn 23; GK-*Franzen* Rn 29; *HSWGNR-Rose* Rn 137; verneinend jedenfalls für den „Berufsverband kath. Hausgehilfinnen" BVerfG 6. 5. 64 AP Nr. 15 zu § 2 TVG; verneinend – und daher die Gewerkschaftseigenschaft bejahend – für den Marburger Bund BAG 21. 11. 75 AP Nr. 6 zu § 118 BetrVG 1972; die Entscheidung wurde – allerdings aus anderen Gründen – vom BVerfG aufgehoben, BVerfG 11. 10. 77 AP Nr. 1 zu Art. 140 GG; zur Sonderstellung der Beamtenverbände bei Post und Bahn vgl. Rn 34).

40 Unter den Begriff „Gewerkschaft" fallen auch die Zusammenschlüsse von Gewerkschaften **(Spitzenverbände)** iSd. § 2 Abs. 2 TVG sowie **Orts-** und **Bezirksverwaltungen** einer Gewerkschaft, wenn sie eine korporative Verfassung, eigenes Vermögen und die Befugnis zum Abschluss von TV haben (BAG 19. 11. 85 AP Nr. 4 zu § 2 TVG Tarifzuständigkeit; 25. 9. 90 AP Nr. 8 zu § 9 TVG; ErfK/*Koch* Rn 4; *GMPM-G/Matthes* ArbGG § 10 Rn 11 mwN). Die Tariffähigkeit einer gewerkschaftlichen Spitzenorganisation iSd. § 2 Abs. 3 TVG setzt voraus, dass die in ihr zusammengeschlossenen Gewerkschaften ihre Tariffähigkeit der Spitzenorganisation vollständig vermittelt haben. Hierzu muss der Organisationsbereich der Spitzenorganisation mit dem ihrer Mitglieder übereinstimmen (BAG 14. 12. 10 – 1 ABR19/10 – NZA 11, 289 – „Tarifgemeinschaft Christlicher Gewerkschaften für Zeitarbeit und Personalserviceagenturen – CGZP").

b) Arbeitgebervereinigungen

41 Für **Arbeitgebervereinigungen** gelten im Wesentlichen die gleichen Voraussetzungen (*Richardi* Rn 64; *HSWGNR-Rose* Rn 152; aA GK-*Kraft/Franzen* Rn 37). Auch sie beruhen auf dem freiwilligen Zusammenschluss von ArbGeb., dürfen keine ArbN als Mitgl. haben, müssen unabhängig und auf überbetrieblicher Grundlage errichtet sein. Sie sind regelmäßig rechtsfähige Vereine. Ihre grundlegende Aufgabe ist es, die **Arbeitsbedingungen** der bei ihren Mitgl. beschäftigten ArbN **durch Abschluss von TV zu regeln.** Nur tariffähige Vereinigungen können Mitwirkungsrechte nach dem BetrVG geltend machen (*Richardi* Rn 62; aA GK-*Franzen* Rn 37). Die Tariffähigkeit eines ArbGebVerbandes erfordert – anders als bei Gewerkschaften (vgl. Rn 38) – keine soziale Mächtigkeit (*HSWGNR-Rose* Rn 152). Sie ist nicht erforderlich, weil schon ein einzelner ArbGeb. tariffähig ist (vgl. BAG 20. 11. 90 AP Nr. 40 zu § 2 TVG; 10. 12. 02 AP Nr. 162 zu Art. 9 GG Arbeitskampf). Berufsverbände und rein wirtschaftspolitische Vereine **(Industrieverbände)** der Unternehmer sind daher keine ArbGebVereinigungen. **Handwerksinnungen** sind trotz ihres teilweise öffentlich-rechtlichen Charakters Vereinigungen von ArbGeb. iSv. § 2 Abs. 1 u. 2 TVG. Da ihnen durch § 54 Abs. 3 Nr. 1 HandwO in verfassungsrechtlich unbedenklicher Weise (vgl. BVerfG 19. 10. 66 AP Nr. 24 zu § 2 TVG) die Befugnis verliehen ist, TV abzuschließen, ist es konsequent, sie wie Koalitionen zu behandeln (BAG 6. 5. 03 AP Nr. 21 zu § 3 TVG Verbandszugehörigkeit; *Richardi* Rn 62). Zur Relativierung des Erfordernisses demokratischer Legitimation (keine Geltung des Prinzips der gleichen Stimmrechte) vgl. *Löwisch/Rieble* TVG § 2 Rn 31.

c) Vertretensein im Betrieb

42 Um an der Zusammenarbeit von ArbGeb. und BR beteiligt zu sein, müssen Gewerkschaften bzw. ArbGebVereinigungen **im Betrieb vertreten** sein. ArbGebVereinigungen sind im Betrieb vertreten, wenn der ArbGeb. dort Mitgl. ist (ErfK/*Koch* Rn 3; GK-*Franzen* Rn 38).

Eine Gewerkschaft ist im Betrieb vertreten, wenn **mindestens ein Mitgl.** ArbN 43
des Betriebs ist und nicht zu den leitenden Ang. zählt (BAG 25. 3. 92 AP Nr. 4 zu § 2
BetrVG 1972; 10. 11. 04 AP Nr. 7 zu § 17 BetrVG 1972; *DKKW-Berg* Rn 29; *Richardi* Rn 69; GK-*Franzen* Rn 38; ErfK/*Koch* Rn 3). Der Tarifzuständigkeit der Gewerkschaft für den Betrieb oder das Unternehmen bedarf es nicht zwingend. Die
Gewerkschaft darf allerdings den ArbN nicht offensichtlich zu Unrecht als Mitglied
aufgenommen haben (BAG 10. 11. 04 AP Nr. 7 zu § 17 BetrVG 1972). Der Nachweis des Vertretenseins kann nach der Entscheidung des BAG vom 25. 3. 92 (AP
Nr. 4 zu § 2 BetrVG 1972) von einer Gewerkschaft auch durch mittelbare Beweismittel, wie etwa notarielle Erklärungen geführt werden, ohne den Namen des im Betrieb
beschäftigten GewerkschaftsMitgl. zu nennen; ob diese **Beweisführung** ausreiche, sei
eine Frage der freien Beweiswürdigung. Das Schrifttum hat sich dem überwiegend
angeschlossen (*DKKW-Berg* Rn 30; *Richardi* Rn 71; MünchArbR-*v. Hoyningen-Huene*
§ 215 Rn 5; mit Einschränkungen auch GK-*Franzen* Rn 39 ff.). Die Auffassung ist im
Hinblick auf die in Zivilverf. bestehende Obliegenheit zu substantiiertem Vortrag, auf
die (Un-)Möglichkeit des ArbGeb., sich konkret zu verteidigen, und wegen Art. 103
Abs. 1 GG nicht unproblematisch (vgl. jetzt auch BAG 19. 3. 03 AP Nr. 41 zu § 253
ZPO; ferner BGH NJW 96, 391). Die gegen die Entscheidung des BAG vom 25. 3.
92 eingelegte Verfassungsbeschwerde wurde aber vom BVerfG nicht zur Entscheidung
angenommen (BVerfG 21. 3. 94 AP Nr. 4 a zu § 2 BetrVG 1972). Die Auffassung entspricht auch insb. in Fällen, in denen der ArbGeb. der Gewerkschaft ablehnend gegenübersteht, einem ernsthaften Interesse der GewerkschaftsMitgl. im Betrieb.

Sind nur **leitende Ang.** Mitgl. der Gewerkschaft, ist diese im Betrieb nicht vertre- 44
ten, da der BR die Interessen dieser ArbN nicht vertritt (*Richardi* Rn 69; GK-*Franzen*
Rn 38; ErfK/*Koch* Rn 3).

d) Zusammenarbeit von Betriebsrat und Gewerkschaft

Das BetrVG geht von der grundsätzlichen Trennung der Aufgaben des BR und der 45
Gewerkschaften aus (GK-*Franzen* Rn 21; ErfK/*Koch* Rn 2). Der BR wird von der
gesamten Belegschaft gewählt, nicht nur von den Organisierten. Er ist ein eigenständiges, von den Gewerkschaften unabhängiges Organ (*Krause* RdA 09, 129, 133). Der
BR ist frei in seinen Entscheidungen; er ist **in die gewerkschaftliche Organisation nicht eingebaut** und unterliegt keinen Weisungen. Er ist bei seiner Tätigkeit
im Verhältnis zu den ArbN zu gewerkschaftspolitischer Neutralität verpflichtet. Er darf
keinen ArbN wegen dessen Zugehörigkeit oder Einstellung zu einer Gewerkschaft
bevorzugen oder benachteiligen (vgl. *Däubler* Gewerkschaftsrechte im Betrieb Rn 71).

Andererseits ist der BR keine Ersatzgewerkschaft. Die Aufgaben einer Gewerk- 46
schaft bleiben gemäß Abs. 3 von der Tätigkeit des BR unberührt (vgl. Rn 80 ff.).
Es gibt einen **Dualismus** von gewerkschaftlicher und betriebsverfassungsrechtlicher
InteressenVertr. (vgl. *Däubler* Gewerkschaftsrechte im Betrieb Rn 71; *Krause* RdA
09, 129; ErfK/*Koch* Rn 2). Dabei hat der BR bei seiner InteressenVertr. auch das
Wohl des Betriebes zu berücksichtigen (vgl. Rn 56). Er kann seine Ziele gemäß § 74
Abs. 2 nur auf friedliche Weise durchsetzen.

Als selbständige InteressenVertr. mit jeweils eigenen Aufgaben sollen BR und Ge- 47
werkschaften „zusammenarbeiten", nicht gegeneinander (*Däubler* Gewerkschaftsrechte im Betrieb Rn 76).

Der Dualismus der InteressenVertr. birgt **Gefahren** insb. für die Gewerkschaftsbe- 48
wegung. Die relativ starke rechtliche Stellung des BR kann den einzelnen ArbN zu
der Annahme verführen, er brauche keine Gewerkschaft (vgl. *Däubler* Gewerkschaftsrechte im Betrieb Rn 80). Dies kann ein fataler Irrtum sein, werden doch die wesentlichen materiellen Arbeitsbedingungen nach wie vor in TV geregelt und notfalls
durch Arbeitskampf erstritten. Die InteressenVertr. allein durch den BR reicht nicht
aus. Dieser Gefahren sollte sich der BR bewusst sein und ihnen nach Möglichkeit
entgegenwirken. BR dürfen „die Stellung der beteiligten Gewerkschaften und ihrer

Vertr. nicht untergraben" (IAO-Übereinkommen Nr. 135 Art. 5; *Däubler* Gewerkschaftsrechte im Betrieb Rn 84).

49   Das Zusammenwirken der BetrVerfOrgane mit den Koalitionen erfolgt sowohl durch **getrennte Kontaktaufnahme** des ArbGeb. mit seiner ArbGebVereinigung bzw. des BR mit den im Betrieb vertretenen Gewerkschaften, als auch durch **Beteiligung dieser Verbände an BRSitzungen** (§§ 29 Abs. 4, 31) und an **BetrVerslg.** (§ 46 Abs. 1; BAG 18. 3. 64, 14. 2. 67 AP Nr. 1, 2 zu § 45 BetrVG). Auch gemeinsame Beratungen zwischen den Verbänden, ArbGeb. und BR sind möglich.

50   Eine Einbeziehung der Gewerkschaft wird sich für den BR vor allem dann aufdrängen, wenn es gemäß § 80 Abs. 1 Nr. 1 um die **Überwachung der Durchführung der TV** geht.

51   Die Zusammenarbeit mit der Gewerkschaft entbindet den BR nicht generell von der ihm nach § 79 Abs. 1 obliegenden **Geheimhaltungspflicht** (ErfK/*Koch* Rn 2). Soweit aber die Zusammenarbeit die Mitteilung von Betriebsgeheimnissen erforderlich macht, steht dieser § 79 Abs. 1 nicht entgegen. Vielmehr trifft in diesem Fall gemäß § 79 Abs. 2 den Gewerkschaftsbeauftragten die Pflicht zur Geheimhaltung. Aus dem Gebot zur vertrauensvollen Zusammenarbeit folgt allerdings die Pflicht des BR, der Gewerkschaft keine Lohngruppenlisten zum Zweck der Überprüfung der Beitragsehrlichkeit ihrer Mitgl. zu überlassen (BAG 22. 5. 59 AP Nr. 3 zu § 23 BetrVG; ErfK/*Koch* Rn 2).

52   Eine besondere Ausformung der Zusammenarbeit findet sich in § 76 Abs. 8. Danach können die TVParteien anstelle der E-Stelle eine **tarifliche Schlichtungsstelle** einrichten.

e) Pflicht zur Zusammenarbeit

53   Soweit das Gesetz der Gewerkschaft betriebsverfassungsrechtlich Aufgaben zuweist, trifft den BR ebenso wie den ArbGeb. eine **Verpflichtung zur Zusammenarbeit mit der Gewerkschaft** (GK-*Franzen* Rn 22). Soweit dagegen das BetrVG den Gewerkschaften keine eigenständigen Rechte einräumt, ist der BR nicht zur Zusammenarbeit mit der Gewerkschaft verpflichtet (GK-*Franzen* Rn 22; *Richardi* Rn 75; aA wohl ErfK/*Koch* Rn 2). Der BR kann in diesen Fällen die Gewerkschaft um Unterstützung bitten, ist hierzu aber nicht verpflichtet (GK-*Franzen* Rn 22). Er entscheidet dies grundsätzlich eigenverantwortlich. Die Gewerkschaft erhält durch Abs. 1 kein eigenständiges Recht, sich gegen den Willen der Betriebsparteien in die Zusammenarbeit zwischen ArbGeb. und BR einzuschalten (*Richardi* Rn 35). Zwar kein Anspruch der Gewerkschaft, wohl aber eine Verpflichtung des BR zu deren Hinzuziehung kann sich uU ergeben, wenn der BR feststellt, dass er zur Erfüllung seiner Aufgaben gewerkschaftlicher Unterstützung bedarf (vgl. *Däubler* Gewerkschaftsrechte im Betrieb Rn 169 ff.). Zieht der BR die Gewerkschaft zur Unterstützung heran, muss die Zusammenarbeit vertrauensvoll erfolgen.

54   Eine betriebsverfassungsrechtliche **Pflicht der Gewerkschaft zur Zusammenarbeit** mit dem BR besteht nicht (BAG 15. 1. 83 AP Nr. 12 zu § 76 BetrVG 1972; *Däubler* Gewerkschaftsrechte im Betrieb Rn 168; DKKW-*Berg* Rn 24; GK-*Franzen* Rn 23; ErfK/*Koch* Rn 3). Soweit aber die Gewerkschaft betriebsverfassungsrechtliche Befugnisse wahrnimmt, ist sie an den Grundsatz der vertrauensvollen Zusammenarbeit gebunden (GK-*Franzen* Rn 10).

55   Aus Abs. 1 folgt keine Verpflichtung der Gewerkschaft, einem BR **Rechtsschutz** zu gewähren (BAG 3. 10. 78 AP Nr. 14 zu § 40 BetrVG 1972; *Richardi* Rn 36). Ob die Gewerkschaft dem BR auf Ersuchen der organisierten BRMitgl. Rechtsschutz gewähren muss, richtet sich nach ihrer Satzung.

4. Ziel der Zusammenarbeit

56   Ziel der Zusammenarbeit zwischen ArbGeb. und BR ist das **Wohl der ArbN und des Betriebes.** Der ArbGeb. darf nicht allein die Interessen des Betriebes oder

gar seine persönlichen Interessen verfolgen, der BR seine Amtsführung nicht ausschließlich auf die Interessen der ArbN des Betriebes abstellen. Die Grundtendenz des Gesetzes stellt weniger auf die Betonung der Interessengegensätze zwischen Arb-Geb. und ArbN, als vielmehr auf die Zusammenarbeit zur **Vermeidung bzw. Lösung konkreter Konflikte** mit friedlichen Mitteln ab (§ 74 Abs. 1 und 2). Dauernde Obstruktionspolitik von ArbGeb. oder BR kann zu Maßnahmen nach § 23 führen bzw. zur Bestrafung des ArbGeb. nach § 119. Für den ArbGeb. bedeutet das, dass er Wünsche des BR unverzüglich und ernsthaft prüft und dabei soziale Interessen der ArbN berücksichtigt. Andererseits muss der BR das Wohl des Betriebs – und damit zumindest langfristig oft auch der ArbN (Arbeitsplatzsicherung) – im Auge behalten (GK-*Franzen* Rn 42; ErfK/*Koch* Rn 2).

Das Gesetz schreibt nicht mehr – wie § 49 Abs. 1 BetrVG 1952 – ausdrücklich die **57** Berücksichtigung des Gemeinwohls vor. Diese ist den Betriebsparteien freilich auch nicht verwehrt (vgl. Rn 20; *Krause* RdA 09, 129, 137). In Betrieben, deren Tätigkeit in besonderem Maße der Allgemeinheit dient (zB Krankenhäuser, Verkehrs- und Versorgungsbetriebe) haben sie der besonderen Verpflichtung des ArbGeb. Rechnung zu tragen (ErfK/*Koch* Rn 2). Dementsprechend ist die Wahrung des Postgeheimnisses für den Abschluss von BV über eine Videoüberwachung bei Post-Unternehmen von Bedeutung (vgl. BAG 26. 8. 08 AP Nr. 54 zu § 75 BetrVG 1972).

Auch bei Beratungen über **Betriebsänderungen** iSd. § 111 sollten die Betriebs- **58** parteien die Auswirkungen auf die Allgemeinheit beachten. Ebenso sollte der BR darauf achten, dass die Besetzung von Arbeitsplätzen durch **Arbeitslose** den Vorrang hat vor der Anordnung von **Überstunden** (*DKKW-Berg* Rn 7). Falls der BR entgegen den Vorschriften des ArbZG die Anordnung von Überstunden duldet oder gar fordert, kann darin sogar eine grobe Verletzung seiner gesetzlichen Pflichten iSd. § 23 Abs. 1 liegen.

Auch im Rahmen seiner Beteiligung bei der **Personalplanung** (zB Personalbe- **59** darfsplanung) und der **Berufsbildung** kann sich der BR für die Beschäftigung von Arbeitslosen einsetzen. Grundsätzlich obliegt allerdings die Vertr. der Belange der ArbNschaft im überbetrieblichen Bereich den Gewerkschaften.

III. Zugang von Gewerkschaftsbeauftragten zum Betrieb zur Wahrnehmung betriebsverfassungsrechtlicher Aufgaben

Zur Wahrnehmung ihrer betriebsverfassungsrechtlichen Aufgaben garantiert Abs. 2 **60** den im Betrieb vertretenen Gewerkschaften ausdrücklich ein Zugangsrecht. Daneben stellt Abs. 3 klar, dass die Wahrnehmung der Interessen der Mitgl. der Gewerkschaft durch das BetrVG nicht berührt wird (vgl. Rn 80 ff.).

1. Rechtsnatur des Zugangsrechts

Das Zugangsrecht nach Abs. 2 ist ein den **Gewerkschaften zur Wahrnehmung** **61** **ihrer betriebsverfassungsrechtlichen Aufgaben** durch einfaches Gesetzesrecht eingeräumtes Recht auf Zutritt in ein fremdes befriedetes Besitztum. Es folgt nicht bereits unmittelbar aus Art. 9 Abs. 3 GG (BVerfG 17. 2. 81 AP Nr. 9 zu Art. 140 GG; *Richardi* Rn 102). Dementsprechend steht es nur tariffähigen Gewerkschaften, nicht dagegen jeder ArbNKoalition, wie etwa dem nicht tariffähigen VGB, zu (BAG 19. 9. 06 AP Nr. 5 zu § 2 BetrVG 1972). Der Ausschluss nicht tariffähiger ArbNVereinigungen von den Rechten, die das BetrVG Gewerkschaften verleiht, ist verfassungsgemäß. Art. 9 Abs. 3, Abs. 2 GG schließt weitere Zugangsrechte der Gewerkschaften außerhalb ihrer betriebsverfassungsrechtlichen Betätigung nicht aus (vgl. BVerfG 17. 2. 81 AP Nr. 9 zu Art. 140 GG; ErfK/*Koch* Rn 7). Zugangsrechte von ArbNKoalitionen können sich zum Zwecke koalitionsspezifischer Betätigung – unabhängig von der Tariffähigkeit – aus Art. 9 Abs. 3 GG ergeben (vgl. dazu Rn 80 ff.).

62   Das gesetzliche Zugangsrecht des BR beseitigt nicht das **Hausrecht** des ArbGeb. Dabei kann dahin stehen, ob ein Betrieb auch dem Schutz des Art. 13 GG (verneinend: *Däubler* Gewerkschaftsrechte im Betrieb Rn 417) oder nur dem der Art. 12, 14 GG unterfällt. Denn jedenfalls steht er nicht jedermann offen. Das Hausrecht des ArbGeb. wird aber durch das gesetzliche Zugangsrecht der Gewerkschaften in verfassungsrechtlich nicht zu beanstandender Weise eingeschränkt (BVerfG 14. 10. 76 AP Nr. 3 zu § 2 BetrVG 1972; ErfK/*Koch* Rn 4; *Richardi* Rn 105).

63   Seiner Funktion nach ist das Zugangsrecht nach Abs. 2 ein **Hilfsrecht der Gewerkschaft** bei der Wahrnehmung ihrer betriebsverfassungsrechtlichen Rechte und Pflichten. Es dient nicht dazu, die Einflussmöglichkeiten der Gewerkschaften über das Gesetz hinaus auszudehnen (ErfK/*Koch* Rn 4; GK-*Franzen* Rn 52). Insb. können sich die Gewerkschaften zur Wahrnehmung ihrer rein koalitionsspezifischen Aufgaben nicht auf Abs. 2 – wohl aber ggf. auf Art. 9 Abs. 3 GG – berufen (vgl. Rn 86).

2. Voraussetzungen des Zugangsrechts

64   Das Zugangsrecht wird den im Betrieb vertretenen Gewerkschaften nicht voraussetzungslos, sondern „zur Wahrnehmung der in diesem Gesetz genannten Aufgaben und Befugnisse" eingeräumt. Das **Zutrittsrecht ist „akzessorisch"** (*Richardi* Rn 112). Es besteht nur insoweit, als die Gewerkschaften es zur Wahrnehmung ihrer betriebsverfassungsrechtlichen Aufgaben und Befugnisse ausüben (BAG 26. 6. 73 AP Nr. 2 zu § 2 BetrVG 1972). **Ausreichend** ist aber, wenn die Angelegenheit in einem **inneren Zusammenhang mit einer betriebsverfassungsrechtlichen Aufgabe** der Gewerkschaft steht (vgl. BAG 26. 6. 73 AP Nr. 2 zu § 2 BetrVG 1972; 17. 1. 89 AP Nr. 1 zu § 2 LPVG NW; *Däubler* Gewerkschaftsrechte im Betrieb Rn 217 ff.; ErfK/*Koch* Rn 4; DKKW-*Berg* Rn 28, 33; WPK/*Preis* Rn 25; aA GK-*Franzen* Rn 56).

65   Der Gewerkschaft sind im BetrVG ausdrücklich zahlreiche Initiativ-, Teilnahme-, Beratungs- und Kontrollrechte eingeräumt. Dabei handelt es sich insb. um folgende Bestimmungen:

§ 2 Abs. 1:	Allgemeine Unterstützungspflicht (vgl. dazu Rn 66).
§ 3 Abs. 3 S. 2:	Veranlassung einer Abstimmung über die Wahl eines unternehmenseinheitlichen BR.
§ 4 Abs. 2 S. 2 Halbs. 2 iVm. § 3 Abs. 3 S. 2:	Veranlassung einer Abstimmung in einem Betriebsteil über die Teilnahme an der BRWahl im Hauptbetrieb.
§ 14 Abs. 3:	Wahlvorschläge für BRWahl.
§ 16 Abs. 1 S. 6:	Entsendungsrecht in Wahlvorstand.
§ 16 Abs. 2 S. 1:	Antragsrecht auf Bestellung eines Wahlvorstands.
§ 17 Abs. 3:	Einladung zur BetrVerslg. zur Bestellung eines Wahlvorstands.
§ 17 Abs. 4:	Antragsrecht auf Bestellung eines Wahlvorstands.
§ 18 Abs. 1 S. 2:	Antragsrecht auf Ersetzung eines untätigen Wahlvorstands.
§ 18 Abs. 2:	Antragsbefugnis auf arbeitsgerichtliche Entscheidung über das Vorliegen einer betriebsratsfähigen Organisationseinheit.
§ 19 Abs. 2 S. 1:	Berechtigung zur Anfechtung einer BRWahl.
§ 23 Abs. 1 S. 1:	Antragsbefugnis auf Ausschluss eines BRMitgl. oder auf Auflösung des BR.
§ 23 Abs. 3 S. 1:	Antragsbefugnis gegen ArbGeb. bei grober Pflichtverletzung auf Unterlassung, Duldung oder Vornahme einer Handlung. Das Zugangsrecht besteht in diesem Fall, wenn konkrete Anhaltspunkte für einen groben Pflichtenverstoß vorliegen (*Richardi* Rn 109).
§ 31:	Teilnahme an BRSitzungen auf Antrag von einem Viertel der BRMitgl. (für GesBR iVm. § 51 Abs. 1; für KBR iVm. § 59; für JugAzubiVertr. iVm. § 65 Abs. 1; für GesJugAzubiVertr. iVm. § 73

Abs. 2; für KJugAzubiVertr. iVm. § 73 b Abs. 2). Die Bestimmung ist auf Sitzungen des Wirtschaftsausschusses nach § 108 Abs. 2 entspr. anwendbar (BAG 25. 6. 87 AP Nr. 6 zu § 108 BetrVG 1972).

§ 35 Abs. 1: Hilfe bei Verständigung zwischen BR und JugAzubiVertr. oder SchwbVertr.

§ 37 Abs. 7: Hinzuziehung der Spitzenorganisationen bei Entscheidung der obersten Arbeitsbehörde des Landes über Geeignetheit von Schulungs- und Bildungsveranstaltungen.

§ 43 Abs. 4: Antrag auf Einberufung einer BetrVerslg.

§ 46 Abs. 1 S. 1: Teilnahme an Betriebs- oder Abteilungsverslg. (vgl. dazu BAG 19. 9. 06 AP Nr. 5 zu § 2 BetrVG 1972)

§ 53 Abs. 3 S. 2 Teilnahme an BRVerslg.
iVm. § 46
Abs. 1 S. 1:

§ 119 Abs. 2: Antragsrecht bei Straftaten gegen BetrVerfOrgane und ihre Mitgl.

Nach zutreffender Auffassung kann das Zugangsrecht nach Abs. 2 nicht nur auf die **66** der Gewerkschaft besonders zugewiesenen gesetzlichen Befugnisse, sondern auch auf dessen **allgemeine Unterstützungsaufgaben nach Abs. 1** gestützt werden (BAG 17. 1. 89 AP Nr. 1 zu § 2 LPVG NW; *Richardi* Rn 110; ErfK/*Koch* Rn 4; MünchArbR–*v. Hoyningen-Huene* § 215 Rn 7; GK–*Franzen* Rn 53, 62; **aA** HSWGNR–*Rose* Rn 202). Das Zugangsrecht folgt in diesem Fall aber nicht unmittelbar aus Abs. 1, sondern ebenfalls aus Abs. 2 (GK–*Franzen* Rn 53; offen gelassen von *Richardi* Rn 110). Erforderlich ist die Anforderung der Gewerkschaft durch den BR (BAG 17. 1. 89 AP Nr. 1 zu § 2 LPVG NW; HSWGNR–*Rose* Rn 210; MünchArbR–*v. Hoyningen-Huene* § 215 Rn 7).

Zugangsrechte der Gewerkschaften nach Abs. 2 können sich unter Umständen **67** auch ergeben, wenn der Zugang dem Abschluss von TV über betriebsverfassungsrechtliche Fragen nach den §§ 3, 38 Abs. 1 S. 3, 47 Abs. 4, 55 Abs. 4, 72 Abs. 4, 76 Abs. 6, 76 a Abs. 5, 86, 117 Abs. 2 dient (*Richardi* Rn 136; ErfK/*Koch* Rn 4; **aA** HSWGNR–*Rose* Rn 207).

Voraussetzung für das Zugangsrecht ist ferner, dass die **Gewerkschaft im Betrieb 68 vertreten** ist. Es muss daher zumindest ein GewerkschaftsMitgl. im Betrieb beschäftigt sein (vgl. Rn 43, dort auch zur Frage des Nachweises).

3. Inhalt des Zugangsrechts

Das Zugangsrecht haben die **Beauftragten** der Gewerkschaft. Die Auswahl ist Sa- **69** che der Gewerkschaft. Es kann sich um ehrenamtliche oder hauptamtliche Mitarbeiter, aber ebenso auch um ArbN eines anderen Betriebs handeln (BAG 14. 2. 78 AP Nr. 26 zu Art. 9 GG; *Däubler* Gewerkschaftsrechte im Betrieb Rn 223 f.; ErfK/*Koch* Rn 5; *Richardi* Rn 117; *DKK-Berg* Rn 36). Soweit sie dies für erforderlich hält, kann die Gewerkschaft auch mehrere Beauftragte entsenden (*Richardi* Rn 119; ErfK/*Koch* Rn 5). Ausnahmsweise kann der ArbGeb. unter dem Gesichtspunkt der unzulässigen Rechtsausübung (Rechtsmissbrauch) einem bestimmten Beauftragten aus Gründen in seiner Person den Zutritt verweigern. Dies kann der Fall sein, wenn der Beauftragte in der Vergangenheit den Betriebsfrieden nachhaltig gestört oder den ArbGeb., seine Vertreter oder ArbN grob beleidigt hat und eine Wiederholung dieses Verhaltens zu befürchten ist (vgl. BAG 18. 3. 64, 14. 2. 67 AP Nr. 1, 2 zu § 45 BetrVG; *Däubler* Gewerkschaftsrechte im Betrieb Rn 239 ff.; *DKKW-Berg* Rn 38; ErfK/*Koch* Rn 5; HSWGNR–*Rose* Rn 226). Die Gewerkschaft verliert dadurch aber nicht ihr Zutrittsrecht, sondern kann einen anderen Beauftragten entsenden (ErfK/*Koch* Rn 5; *Däubler* Gewerkschaftsrechte im Betrieb Rn 242; *DKK-Berg* Rn 38).

Soweit das Zutrittsrecht nicht von der Anforderung der Gewerkschaft durch den **70** BR abhängt (vgl. Rn 66), bestimmt die Gewerkschaft **Häufigkeit, Zeitpunkt** und

Dauer des Besuchs (*Richardi* Rn 120; ErfK/*Koch* Rn 5). Sofern nicht besondere Umstände vorliegen, ist das Zutrittsrecht während der betriebsüblichen Arbeitszeit wahrzunehmen (vgl. ErfK/*Koch* Rn 6).

71 Umstritten ist, ob das **Zugangsrecht** der Gewerkschaft auch **vor und während eines Arbeitskampfs** besteht. Teilweise wird das Zugangsrecht uneingeschränkt bejaht (*Däubler* Gewerkschaftsrechte im Betrieb Rn 242; *DKKW-Berg* Rn 38 a; ErfK/*Koch* Rn 5), teilweise völlig verneint (*HSWGNR-Rose* Rn 230; *Stege/Weinspach* Rn 21 a; wohl auch GK-*Franzen* Rn 78), teilweise die Auffassung vertreten, das Zugangsrecht ruhe dann, wenn der Betrieb tatsächlich in den Arbeitskampf einbezogen sei. Zutreffend dürfte sein, dass das Zugangsrecht der Gewerkschaft nach Abs. 2 vor und während eines Arbeitskampfes nicht eingeschränkt ist, solange nicht die auf konkrete Tatsachen gestützte Besorgnis gerechtfertigt ist, die Gewerkschaft werde das Zugangsrecht zu Zwecken des Arbeitskampfes missbrauchen. Nach der st. Rspr. des BAG ist die BetrVerf. während eines Arbeitskampfes nicht außer Kraft gesetzt. Der BR bleibt grundsätzlich mit allen Rechten und Pflichten im Amt und hat diese auch während eines Arbeitskampfes neutral wahrzunehmen (BAG 10. 12. 02 AP Nr. 59 zu § 80 BetrVG 1972). Die Tarifautonomie und der aus ihr abzuleitende Grundsatz der Kampfmittelparität verlangen aber in Fällen, in denen ein Betrieb von einem Arbeitskampf unmittelbar betroffen ist, eine **arbeitskampfkonforme Auslegung** und damit ggf. auch eine Einschränkung der Beteiligungsrechte des BR (BAG 10. 12. 02 AP Nr. 59 zu § 80 BetrVG 1972; vgl. auch 13. 12. 11 – 1 ABR 2/10 – PM Nr. 93/11; ferner BVerfG 7. 4. 97 AP Nr. 11 zu Art. 100 GG). MBR des BR scheiden arbeitskampfbedingt insoweit aus, als sie die Arbeitskampffreiheit des ArbGeb. tatsächlich einschränken. Dazu müssen sie geeignet sein, den ArbGeb. an der Durchführung einer beabsichtigten kampfbedingten Maßnahme zumindest vorübergehend zu hindern und auf diese Weise zusätzlichen Druck auf ihn auszuüben (BAG 10. 12. 02 AP Nr. 59 zu § 80 BetrVG 1972). Für reine Unterrichtungsansprüche des BR hat das BAG solche Beeinträchtigungen zu Recht verneint (BAG 10. 12. 02 AP Nr. 59 zu § 80 BetrVG 1972). Gleiches gilt für das Zugangsrecht der Gewerkschaft nach Abs. 2. Auch durch dieses wird die Kampfparität nicht zu Lasten des ArbGeb. verschoben. Dies gilt aber nur, solange sich die Gewerkschaft tatsächlich auf ihre betriebsverfassungsrechtlichen Aufgaben beschränkt. Wenn der Betrieb tatsächlich konkret in einen Arbeitskampf (Streik, Aussperrung) einbezogen ist, dürften betriebsverfassungsrechtliche Aufgaben der Gewerkschaft wohl in geringerem Umfang als normalerweise anfallen (**aA** wohl *DKKW-Berg* Rn 38 a).

72 Das Zugangsrecht besteht **zum Betrieb.** Es ist also nicht auf die Räumlichkeiten des BR oder den Verwaltungsbereich des ArbGeb. beschränkt (*Richardi* Rn 122). Der Beauftragte der Gewerkschaft darf im Betrieb vielmehr den Ort aufsuchen, der sich aus der konkreten betriebsverfassungsrechtlichen Aufgabe ergibt (ErfK/*Koch* Rn 5; *DKKW-Berg* Rn 31; GK-*Franzen* Rn 64). Er ist dementsprechend auch befugt, die ArbN an ihren Arbeitsplätzen aufzusuchen, sofern dies im Rahmen der betriebsverfassungsrechtlichen Aufgabenstellung erforderlich ist (vgl. BAG 17. 1. 89 AP Nr. 1 zu § 2 LPVG NW; *Däubler* Gewerkschaftsrechte im Betrieb Rn 226 ff.; *Richardi* Rn 123; ErfK/*Koch* Rn 5; *WPK/Preis* Rn 26). Dies kann zB der Fall sein, wenn die Gewerkschaft vom BR bei Akkordstreitigkeiten (§ 87 Abs. 1 Nr. 11) zur Unterstützung hinzugezogen wird (*Däubler* Gewerkschaftsrechte im Betrieb Rn 229; *Richardi* Rn 123; *DKKW-Berg* Rn 31). Bei einem in der Wohnung des ArbN liegenden Arbeitsplatz (Heim-, Telearbeitsplätze) ist dessen Zustimmung erforderlich (*DKKW-Berg* Rn 32). § 14 Nr. 2.2 BRTV-Bau sieht ein Zutrittsrecht der Gewerkschaft zu den Baustellen, insb. Wohn-, Schlaf- und Kantinenräumen ausdrücklich vor.

4. Wahrnehmung des Zugangsrechts

73 Die Gewerkschaft hat den ArbGeb. oder seinen Vertreter vor dem Besuch des Beauftragten zu **unterrichten.** Der ArbGeb. soll sich auf den Besuch einstellen und außerdem prüfen können, ob die Voraussetzungen für ein Zugangsrecht vorliegen

oder ausnahmsweise ein Zutrittsverweigerungsgrund gegeben ist (*Däubler* Gewerkschaftsrechte im Betrieb Rn 246; *Richardi* Rn 124). Deshalb hat die Gewerkschaft den ArbGeb. über den Zeitpunkt und den Zweck des Besuchs sowie über die Person des Beauftragten (insoweit) zu unterrichten (*WPK/Preis* Rn 27; *Richardi* Rn 124; **aA** hinsichtlich der Person *Däubler* Gewerkschaftsrechte im Betrieb Rn 246). Die Unterrichtung des BR bzw. der zu besuchenden Person oder Stelle ist sinnvoll, aber nicht zwingend vorgeschrieben.

Die Unterrichtung des ArbGeb. hat im Normalfall so **rechtzeitig** zu erfolgen, dass **74** diesem hinreichend Zeit bleibt, sich auf den Besuch einzustellen und die Zugangsberechtigung zu prüfen. In **Eilfällen** kann die Unterrichtung aber auch unmittelbar vor dem Besuch erfolgen (GK-*Franzen* Rn 69; *Richardi* Rn 125; *WPK/Preis* Rn 27; insoweit weiter *DKKW-Berg* Rn 37: Unterrichtung unmittelbar vor Besuch reicht nicht nur in Eilfällen, sondern regelmäßig aus).

Das Einverständnis des ArbGeb. ist keine Voraussetzung des Zugangsrechts **75** (*DKKW-Berg* Rn 37). Die Gewerkschaft darf aber – sofern nicht ganz ausnahmsweise die Voraussetzungen der §§ 229 ff. BGB vorliegen – das Zugangsrecht nicht gegen den Willen des ArbGeb. im Wege der Selbsthilfe durchsetzen (GK-*Franzen* Rn 68; *Richardi* Rn 126; *WPK/Preis* Rn 29; im Ergebnis ebenso *Däubler* Gewerkschaftsrechte im Betrieb Rn 710 ff.). Sie kann und muss zur Durchsetzung vielmehr die ArbG anrufen. Diese entscheiden gemäß § 2a Abs. 1 Nr. 1 ArbGG im **BeschlVerf.** Sie können den ArbGeb. – in dringenden Fällen auch im Wege der **einstw. Vfg.** nach § 85 Abs. 2 ArbGG – verpflichten, dem Beauftragten der Gewerkschaft Zutritt zu gewähren (*DKKW-Berg* Rn 58; GK-*Franzen* Rn 68; *Richardi* Rn 126; ErfK/*Koch* Rn 8; vgl. auch den Hinweis in BAG 28. 2. 06 AP Nr. 127 zu Art. 9 GG). Eine Gewerkschaft hat **keinen Anspruch auf Erstattung der außergerichtlichen Kosten,** die ihr durch die Führung eines solchen Verfahrens entstehen (BAG 2. 10. 07 AP Nr. 23 zu § 2a ArbGG 1979). Das arbeitsgerichtliche BeschlVerf. kennt grundsätzlich weder eine Kostenentscheidung noch eine Kostenerstattung. Diese Grundentscheidung des Gesetzgebers ist, sofern nicht das BetrVG eine Kostenerstattung ausdrücklich vorsieht – vgl. insb. §§ 40, 20 Abs. 3, 76a Abs. 1 –, auch nicht durch die Anwendung materiellrechtlicher schadensersatzrechtlicher Bestimmungen wie insb. §§ 280 ff. BGB zu korrigieren.

5. Beschränkungen des Zugangsrechts

Sind die Voraussetzungen des Abs. 2 erfüllt, darf der ArbGeb. der Gewerkschaft **76** den **Zutritt** nur **verweigern,** soweit diesem „unumgängliche Notwendigkeiten des Betriebsablaufs, zwingende Sicherheitsvorschriften oder der Schutz von Betriebsgeheimnissen entgegenstehen". Dabei genügt die bloße Behauptung des ArbGeb. nicht. Dieser muss vielmehr Tatsachen vortragen, aus denen sich ergibt, dass diese Gründe vorliegen (*Richardi* Rn 131; GK-*Franzen* Rn 77). Außerdem gilt der Grundsatz der Verhältnismäßigkeit (*Däubler* Gewerkschaftsrechte im Betrieb Rn 232). Deshalb darf der Gewerkschaft nicht der Zutritt zum Betrieb insgesamt verweigert werden, wenn der Verweigerungsgrund nur eine Abteilung oder einen Bereich betrifft (*Richardi* Rn 127; ErfK/*Koch* Rn 6).

Unumgängliche Notwendigkeiten des Betriebsablaufs liegen nur vor, wenn **77** schwerwiegende, dem ArbGeb. unzumutbare Beeinträchtigungen des Arbeitsablaufs zu besorgen sind (*Richardi* Rn 128). Störungen oder Verzögerungen des Arbeitsablaufs genügen allein nicht (GK-*Franzen* Rn 73; *Richardi* Rn 128; ErfK/*Koch* Rn 6).

Zwingende Sicherheitsvorschriften, zu denen sowohl öffentlich-rechtliche, als **78** auch nach § 87 Abs. 1 Nr. 7 vereinbarte gehören, begründen ein Zugangsverweigerungsrecht nur hinsichtlich des – zB durch Strahlenschutzvorschriften – geschützten Bereichs, nicht dagegen generell für den gesamten Betrieb (*Richardi* Rn 129; *DKKW-Berg* Rn 40; vgl. auch *Däubler* Gewerkschaftsrechte im Betrieb Rn 236).

79   Der **Schutz von Betriebsgeheimnissen** steht dem Zugangsrecht der Gewerkschaft nur entgegen, wenn konkret zu befürchten ist, dass der GewerkschaftsVertr. die
ihm nach § 79 Abs. 2 obliegende Geheimhaltungspflicht verletzen wird (ErfK/*Koch*
Rn 6; *WPK/Preis* Rn 30; *Däubler* Gewerkschaftsrechte im Betrieb Rn 238; wohl
auch GK-*Franzen* Rn 75; vgl. ferner *DKKW-Berg* Rn 40; **aA** *Richardi* Rn 130).

IV. Koalitionsaufgaben der Gewerkschaften
und Arbeitgeberverbände

80   Gemäß Abs. 3 werden Aufgaben der Gewerkschaften und der Vereinigungen der
ArbGeb., insb. die Wahrnehmung der Interessen ihrer Mitgl., durch das BetrVG nicht
berührt. Die typischen **Aufgaben der Koalitionen,** wie insb. der **Abschluss und
die Überwachung von TV, Arbeitskampf, Mitgliederwerbung und -bera-
tung sowie Prozessvertretung** werden durch das BetrVG weder geregelt noch
beeinträchtigt (BAG 14. 2. 78, 28. 2. 06 AP Nr. 26, 127 zu Art. 9 GG; 22. 6. 10 –
1 AZR 179/09 – NZA 10, 1365). Die Tätigkeit der Koalitionen endet nicht an den
Werkstoren. Die Gewerkschaften dürfen vielmehr die Interessen ihrer Mitgl. auch im
Betrieb vertreten (*DKKW-Berg* Rn 43). Dies gilt nicht nur für die Wahrnehmung der
Gesamtinteressen der Mitgl., sondern ebenfalls für die Interessen eines einzelnen
Mitgl. (*Richardi* Rn 137). Dabei unterliegen die Verbände auch nicht der Friedens-
pflicht des § 74 Abs. 2, wohl aber der tariflichen Friedenspflicht.

81   Wie sich aus **Art. 9 Abs. 3 GG** ergibt, ist die Hauptaufgabe der Koalitionen, kollektiv die **Arbeits- und Wirtschaftsbedingungen ihrer Mitgl. zu wahren und
zu fördern** (GK-*Franzen* Rn 82). Das durch Art. 9 Abs. 3 GG garantierte „Dop-
pelgrundrecht" gewährleistet einerseits das Recht des Einzelnen zur Gründung,
zum Beitritt und Verbleib sowie jeder koalitionsspezifischen Tätigkeit innerhalb und
außerhalb des Verbands (BVerfG 6. 2. 07 NZA 07, 394; ErfK/*Dieterich* Art. 9 GG
Rn 30). Zum anderen schützt Art. 9 Abs. 3 GG auch die Koalitionen selbst, also
ihren Bestand, ihre organisatorische Ausgestaltung und ihre koalitionsspezifische Betätigung (BVerfG 26. 6. 91, 10. 9. 04 AP Nr. 117, 167 zu Art. 9 GG Arbeitskampf;
6. 2. 07 NZA 07, 394; BAG 22. 6. 10 – 1 AZR 179/09 – NZA 10, 1365; ErfK/
Dieterich Art. 9 GG Rn 38).

82   Die Rspr. zur koalitionsspezifischen Betätigung von Gewerkschaften in Betrieben
war lange Zeit sehr restriktiv (vgl. etwa zur Verteilung einer Gewerkschaftszeitung
BAG 23. 2. 79 AP Nr. 29 zu Art. 9 GG; 13. 11. 91 AP Nr. 7 zu § 611 BGB Abmah-
nung). Sie beruhte auf der sog. „Kernbereichslehre", nach der durch Art. 9 Abs. 3
GG nur der Kernbereich koalitionsmäßiger Betätigung garantiert sein soll (vgl.
BVerfG 17. 2. 81 AP Nr. 9 zu Art. 140 GG). In der Entscheidung vom 14. 11. 95
(AP Nr. 80 zu Art. 9 GG) hat das **BVerfG** die **Kernbereichslehre** jedoch ausdrücklich **aufgegeben** (vgl. zur Entwicklung der Rspr. des BVerfG zu Art. 9 Abs. 3 *Pieroth*
FS BVerfG S. 293 ff.; *Brock* Gewerkschaftliche Betätigung im Betrieb nach Aufgabe
der Kernbereichslehre durch das BVerfG). Der Schutz der koalitionsspezifischen Betä-
tigung ist somit nicht auf einen Kernbereich beschränkt. Er erstreckt sich vielmehr
auf alle koalitionsspezifischen Verhaltensweisen (BVerfG 6. 2. 07 NZA 07, 394 mwN;
BAG 25. 1. 05 AP Nr. 123 zu Art. 9 GG). Er erfasst auch nicht nur den Bereich der
Tarifautonomie, sondern ebenso Aktionen, mit denen gegenüber Gesetzgeber oder
Regierung Forderungen vertreten werden, welche die Arbeits- und Wirtschaftsbedingungen betreffen (BVerfG 6. 2. 07 NZA 07, 394; BAG 25. 1. 05 AP Nr. 123 zu
Art. 9 GG). Die Wahl der Mittel, welche die Koalitionen zur Erfüllung ihrer Aufgaben für geeignet halten, bleibt grundsätzlich ihnen überlassen (BVerfG 6. 2. 07 NZA
07, 394 mwN). Nach der Aufgabe der Kernbereichslehre darf die frühere BAG-Rspr.
zu den Gewerkschaftsrechten im Betrieb nicht unkritisch übernommen werden (vgl. *Däubler* DB 98, 2014 ff.;
DKKW-Berg Rn 43; *WPK/Preis* Rn 34; **aA** wohl GK-*Franzen* Rn 88 f.).

Die Gewährleistung der Koalitionsfreiheit richtet sich zwar wie alle Grundrechte in 83 erster Linie gegen den Staat. Anders als die übrigen Grundrechte entfaltet aber die **Koalitionsfreiheit unmittelbare Drittwirkung** (vgl. BAG 10. 12. 02 AP Nr. 162 zu Art. 9 GG Arbeitskampf; 31. 5. 05 AP Nr. 124 zu Art. 9 GG). Dies folgt aus Art. 9 Abs. 3 S. 2 GG. Danach sind Abreden, die die Koalitionsfreiheit einschränken oder zu behindern suchen, nichtig und hierauf gerichtete Maßnahmen rechtswidrig. Damit wird Art. 9 Abs. 3 GG zu einem integralen Bestandteil des Zivilrechts, der über die Schutzpflichtfunktion der übrigen Grundrechte hinausgeht (ErfK/*Dieterich* Art. 9 GG Rn 42). Dies bedeutet nicht, dass ohne weiteres jegliche gewerkschaftliche Betätigung im Betrieb zulässig wäre. Vielmehr stellt sich das Problem der **Grundrechtskollision zwischen** dem der Gewerkschaft und ihren Mitgl. zustehenden Grundrecht nach **Art. 9 Abs. 3 GG und** den Grundrechten des ArbGeb. und Betriebsinhabers aus **Art. 12, 14 GG.** Der Konflikt ist zu lösen über ein zivilrechtliches Abwägungsprogramm, das die konkreten Interessengegensätze berücksichtigt (ErfK/ *Dieterich* Art. 9 GG Rn 43). Kollidierende Verfassungsrechte sind in ihrer Wechselwirkung zu erfassen und so zu begrenzen, dass sie für alle Beteiligten möglichst weitgehend wirksam werden (BVerfG 6. 2. 07 NZA 07, 394 mwN). Soweit es um die koalitionsspezifische Betätigung der Gewerkschaften in den Betrieben geht, müssen ihre grundrechtlich geschützten Interessen gegenüber den ebenfalls grundrechtlich geschützten Interessen des ArbGeb. abgewogen werden (BAG 28. 2. 06 AP Nr. 127 zu Art. 9 GG mwN). Zu diesen gehört insb. das **Interesse des ArbGeb. an einem reibungslosen Arbeitsablauf** (BVerfG 14. 11. 95 AP Nr. 80 zu Art. 9 GG; BAG 28. 2. 06 AP Nr. 127 zu Art. 9 GG). Aber auch andere Rechtsinstitute, wie etwa der durch Art. 20 Abs. 3 GG garantierte Grundsatz der Gesetzmäßigkeit der Verwaltung, können im Einzelfall in die Abwägung einzubeziehen sein (vgl. zu öffentlichen Unterschriftenaktionen einer Polizeigewerkschaft in Dienstgebäuden der Polizei BAG 25. 1. 05 AP Nr. 123 zu Art. 9 GG; BVerfG 6. 2. 07 NZA 07, 394).

Art 9 Abs. 3 S. 1 und 2 GG entfalten Wirkung auch im **Verhältnis von rivalisie-** 84 **renden Gewerkschaften.** Durch die von Art. 9 Abs. 3 S. 1 GG geschützte Mitgliederwerbung der einen Gewerkschaft ist zugleich der Mitgliederbestand der konkurrierenden Gewerkschaft betroffen. Diese muss die Mitgliederwerbung hinnehmen, solange sie nicht mit unlauteren Mitteln erfolgt oder auf die Existenzvernichtung der Konkurrenzorganisation gerichtet ist (BAG 31. 5. 05 AP Nr. 124 zu Art. 9 GG, zu Ein-Euro-Werbemaßnahmen einer Polizeigewerkschaft). Das UWG findet auf gewerkschaftliche Mitgliederwerbung keine Anwendung (BAG 31. 5. 05 AP Nr. 124 zu Art. 9 GG mwN).

Heftig umstritten ist, wie Gewerkschaften in den Betrieben **gewerkschaftliche** 85 **Werbung** betreiben dürfen (vgl. dazu auch § 74 Rn 68 f.). Die Gewerkschaften sind zur Wahrnehmung ihrer Aufgaben auf die MitglWerbung in den Betrieben angewiesen. Sie haben nach weitgehend unbestrittener Auffassung das Recht, im Betrieb **Plakatwerbung** zu betreiben (BAG 30. 8. 83 AP Nr. 38 zu Art. 9 GG; *Richardi* Rn 159; GK-*Franzen* Rn 93; WPK/*Preis* Rn 32). Sie dürfen hierzu das „Schwarze Brett" benutzen (*Richardi* Rn 159; WPK/*Preis* Rn 32). Reicht dieses – insb. in einem Großbetrieb – für eine effektive Werbung nicht aus, muss der ArbGeb. der Gewerkschaft weitere Werbeflächen zur Verfügung stellen (noch weitergehend *Däubler* Gewerkschaftsrechte im Betrieb Rn 360 ff.). Ein wildes Plakatieren muss der Betriebsinhaber dagegen nicht hinnehmen (*Richardi* Rn 160). Der ArbGeb. muss grundsätzlich auch die Anbringung eines **Gewerkschaftsaufklebers** auf einem dem ArbN zur Verfügung gestellten Schutzhelm dulden, sofern dessen Sachsubstanz nicht beschädigt wird (*Däubler* Gewerkschaftsrechte im Betrieb Rn 370; **aA** noch in Anwendung der mittlerweile überholten Kernbereichslehre BAG 23. 2. 79 AP Nr. 30 zu Art. 9 GG; WPK/*Preis* Rn 36). Weitgehend unbestritten ist auch das Recht der Gewerkschaften, jedenfalls **durch betriebsangehörige Mitgl. außerhalb der Arbeitszeit** und während der Pausen Mitgl. zu werben (vgl. BAG 14. 2. 67 AP Nr. 10 zu Art. 9 GG; GK-*Kraft/Franzen* Rn 89; WPK/*Preis* Rn 32). Die MitglWerbung ist aber auch während der Arbeitszeit nicht generell ausgeschlossen (vgl. BVerfG 14. 11. 95 AP Nr. 80 zu Art. 9 GG; *Däubler* Gewerkschaftsrechte im Betrieb Rn 384 ff.; **aa** GK-*Franzen* Rn 89; *Richardi* Rn 156). Maßgeblich ist, ob dadurch der reibungslose Arbeitsablauf beeinträchtigt oder der Betriebsfrieden gestört wird (*WPK/Preis* Rn 35). Ist dies nicht der Fall, gibt es keinen Grund, die gewerkschaftliche Betätigung zu untersagen. Eine tarifzuständige Gewerkschaft ist grundsätzlich berechtigt, **e-Mails zum Zwecke der Mitgliederwerbung und Unterrichtung** auch ohne Einwilligung des Arbgeb. und ohne vorherige Aufforderung seitens der ArbN an die betrieblichen E-Mail-Adressen der Beschäftigten zu versenden. Diese Befugnis folgt aus der von den Gerichten aufgrund ihrer Schutzpflicht im Wege der gesetzesvertretenden Rechtsfortbildung vorzunehmenden Ausgestaltung der gewerkschaftlichen Betätigungsfreiheit (BAG 20. 1. 09 – 1 AZR 515/08 – NZA 09, 615; **aA** *Mehrens* BB 09, 2086; vgl. auch Rn 86; *Däubler* DB 04, 2102).

86   Grundsätzlich haben auch **außerbetriebliche Gewerkschaftsbeauftragte** zum Zwecke koalitionsspezifischer Betätigung, insb. zur **MitglWerbung** ein **Zutrittsrecht zum Betrieb** (BAG 28. 2. 06 AP Nr. 127 zu Art. 9 GG mwN; vgl. auch 28. 2. 06 – 1 AZR 461/04 –; 22. 6. 10 – 1 AZR 179/09 – NZA 10, 1365; *DKK-Berg* Rn 45; *Däubler* Gewerkschaftsrechte im Betrieb Rn 407 ff.; ErfK/*Dieterich* Art. 9 GG Rn 40; *ders.* RdA 07, 110; *WPK/Preis* Rn 38; HWK/*Gaul* § 2 BetrVG Rn 20; *Edenfeld* SAE 07, 97; **aA** *Richardi* Rn 151 ff.; *Brock* Gewerkschaftliche Betätigung im Betrieb nach Aufgabe der Kernbereichslehre durch das BVerfG S. 229 ff.; HSWGNR-*Rose* Rn 195 ff.). Das Zutrittsrecht ist nicht davon abhängig, ob es bereits betriebsangehörige GewerkschaftsMitgl. gibt, die MitglWerbung betreiben können (so aber GK-*Kraft/Franzen* Rn 96; MünchArbR/*Löwisch/Rieble* § 246 Rn 163; *Klostermeyer* Das Zugangsrecht der Gewerkschaften zum Betrieb S. 151 ff.). Dem steht jedenfalls für Betriebe nicht kirchlicher ArbGeb. die Entscheidung des BVerfG vom 17. 2. 81 (AP Nr. 9 zu Art. 140 GG) nicht entgegen (BAG 28. 2. 06 AP Nr. 127 zu Art. 9 GG; **aA** *Richardi* Rn 151). Zum einen entfaltet diese keine Bindungswirkung für den nicht kirchlichen Bereich. Zum andern hat die Bindungswirkung durch die Entscheidung des BVerfG vom 14. 11. 95 (AP Nr. 80 zu Art. 9 GG), in der das BVerfG der Sache nach die Kernbereichslehre aufgegeben hat, eine Einschränkung erfahren (offen gelassen in BAG 28. 2. 06 AP Nr. 127 zu Art. 9 GG). Durch den Beschluss des BAG 28. 2. 06 ist auch seine Entscheidung vom 19. 1. 82 (AP Nr. 10 zu Art. 140 GG) überholt. Das BAG hat das gesetzlich nicht geregelte und sich auch nicht unmittelbar aus Art. 9 Abs. 3 GG ergebende Zutrittsrecht aufgrund seiner verfassungsrechtlichen Schutzpflicht im Wege der **richterlichen Rechtsfortbildung** entwickelt (BAG 28. 2. 06 AP Nr. 127 zu Art. 9 GG; 22. 6. 10 – 1 AZR 179/09 – NZA 10, 1365; *Schwarze* RdA 10, 115; kritisch gegenüber der Begründung *Dieterich* RdA 07, 110, 112 f.: es gehe nicht um die Gewährleistung des Schutzminimums, sondern um Ausgestaltung). Das Zutrittsrecht besteht nicht einschränkungslos. Gegenüber dem gewerkschaftlichen **Interesse** an einer effektiven Mitgliederwerbung sind die ebenfalls verfassungsrechtlich geschützten Rechtsgüter des ArbGeb. und Betriebsinhabers, darunter insb. sein Haus- und Eigentumsrecht, sein Interesse an einem störungsfreien Arbeitsablauf und der Wahrung des Betriebsfriedens, sowie etwaige Geheimhaltungs- und Sicherheitsinteressen **abzuwägen.** Das Zutrittsrecht hängt damit von den Umständen des konkreten Einzelfalls ab (BAG 22. 6. 10 – 1 AZR 179/09 – NZA 10, 1365). Deshalb hat das BAG im Urteil vom 28. 2. 06 (AP Nr. 127 zu Art. 9 GG) den eine Vielzahl möglicher Fallgestaltungen erfassenden auf die Zukunft gerichteten **Globalantrag** einer Gewerkschaft abgewiesen (kritisch insoweit *Dieterich* RdA 07, 110, 112 f.). Es hat aber ausdrücklich auf die Möglichkeit des **einstweiligen Rechtsschutzes** hingewiesen (BAG 28. 2. 06 AP Nr. 127 zu Art. 9 GG). Im Urteil vom 22. 6. 10 (– 1 AZR 179/09 – NZA 10, 1365) hat das BAG seine Rspr. dahin weiterentwickelt, dass das Verlangen einer Gewerkschaft, einmal im Kalenderhalbjahr im Betrieb Mitgliederwerbung durch betriebsfremde Beauftragte zu betreiben, in der Regel dem Gebot praktischer Konkordanz entspricht. Die Gewerkschaft hat eine

angemessene Ankündigungsfrist einzuhalten (BAG 22. 6. 10 – 1 AZR 179/09 – NZA 10, 1365). Auf eine von ihm selbst provozierte Störung des Betriebsfriedens kann sich ein ArbGeb. schon wegen des in § 162 BGB zum Ausdruck kommenden allgemeinen Rechtsgedankens nicht berufen. Das sich aus Art. 9 Abs. 3 GG ergebende **Zutrittsrecht** ist unabhängig von der Tariffähigkeit und **steht** daher **auch nicht tariffähigen ArbNVereinigungen zu** (vgl. BAG 19. 9. 06 AP Nr. 5 zu § 2 BetrVG 1972).

Zu den Aufgaben der Gewerkschaften gehört es auch, sich gegenüber dem Arb- **87** Geb. für die Interessen ihrer Mitgl. einzusetzen. Dies geschieht häufig durch **gewerkschaftliche Vertrauensleute,** die im Betrieb als ArbN tätig sind. Sie sind Bindeglied zwischen dem hauptamtlichen Funktionärskörper der Gewerkschaft und den GewerkschaftsMitgl. im Betrieb (*DKKW-Berg* Rn 49). Ihre Tätigkeit gehört zur koalitionsspezifischen Betätigung der Gewerkschaften und ist daher verfassungsrechtlich geschützt (vgl. BAG 8. 12. 78 AP Nr. 28 zu Art. 9 GG; *Richardi* Rn 174; *WPK/Preis* Rn 40).

Gewerkschaftliche Vertrauensleute dürfen wegen ihrer gewerkschaftlichen Betäti- **88** gung gemäß § 75 Abs. 1 S. 1 nicht unterschiedlich behandelt, also weder bevorzugt noch benachteiligt werden (vgl. auch das Übereinkommen der IAO Nr. 135 vom 23. 6. 71, das allerdings keine unmittelbaren Rechtsansprüche begründet, BAG 8. 12. 78 AP Nr. 28 zu Art. 9 GG, 19. 1. 82 AP Nr. 10 zu Art. 140 GG; vgl. aber auch *Däubler* Gewerkschaftsrechte im Betrieb Rn 504 ff.).

Nach der Entscheidung des BAG vom 8. 12. 78 (AP Nr. 28 zu Art. 9 GG) besteht **89** kein Anspruch auf Durchführung der **Wahl der gewerkschaftlichen Vertrauensleute im Betrieb.** Dies soll auch dann gelten, wenn die Wahl außerhalb der Arbeitszeit stattfindet (ebenso GK-*Franzen* Rn 100; HSWGNR-*Rose* Rn 166; **aA** *Pfarr* ArbuR 79, 242; *Däubler* Gewerkschaftsrechte im Betrieb Rn 506 ff.; *DKKW-Berg* Rn 51; ErfK/*Koch* Rn 7; *WPK/Preis* Rn 41). Die Begründung des BAG, die Wahl der gewerkschaftlichen Vertrauensleute werde nicht von der Kernbereichsgarantie des Art. 9 Abs. 3 GG erfasst, ist jedoch spätestens seit der Entscheidung des BVerfG vom 14. 11. 95 (AP Nr. 80 zu Art. 9 GG) nicht mehr tragfähig (vgl. Rn 82; ErfK/*Koch* Rn 7). Vielmehr ist auch hier zu prüfen, ob durch die im Betrieb durchgeführte Wahl grundrechtlich geschützte Positionen des ArbGeb. berührt sind, und sodann eine Interessenabwägung vorzunehmen. Sofern die Wahl außerhalb der Arbeitszeit stattfindet, konkrete Anhaltspunkte für eine Störung des Betriebsfriedens nicht vorliegen und für den ArbGeb. mit der Wahl keine besonderen Belastungen verbunden sind, steht daher ihrer Durchführung im Betrieb nichts entgegen (*WPK/Preis* Rn 41; **aA** GK-*Franzen*).

Tarifvertragliche Regelungen über den Schutz der gewerkschaftlichen Vertrauens- **90** leute sind grundsätzlich zulässig (*Däubler* Gewerkschaftsrechte im Betrieb Rn 521 ff.; *Krause* RdA 09, 129, 136; *DKKW-Berg* Rn 54; *WPK/Preis* Rn 42; GK-*Franzen* Rn 101; **aA** MünchArbR-*v. Hoyningen-Huene* § 215 Rn 21; differenzierend *Richardi* Rn 176). Allerdings gilt es, das Verbot unterschiedlicher Behandlung nach § 75 Abs. 1 S. 1, den Grundsatz der Gegnerunabhängigkeit und das damit verbundene Verbot der Gegnerfinanzierung sowie den Gleichheitssatz des Art. 3 Abs. 1 GG zu beachten. Ein besonderer tarifvertraglicher Kündigungsschutz stellt eine Bevorzugung der gewerkschaftlichen Vertrauensleute und damit eine unterschiedliche Behandlung gegenüber den übrigen organisierten und nicht organisierten ArbN dar. Sie dürfte aber grundsätzlich zulässig sein, um dem für gewerkschaftliche Vertrauensleute auf Grund ihrer Betätigung erhöhten Arbeitsplatzrisiko Rechnung zu tragen. Dies dürfte aber wohl nur für personen- und verhaltensbedingte Kündigungen gelten. Bei betriebsbedingten Kündigungen dürfte dagegen eine Privilegierung gewerkschaftlicher Vertrauensleute gegenüber den übrigen ArbN und ihre Herausnahme aus der Sozialauswahl unzulässig sein. Tarifvertragliche Regelungen über die bezahlte Freistellung von gewerkschaftlichen Vertrauensleuten zur Wahrnehmung koalitionsspezifischer Aufgaben dürften wohl weder gegen § 75 Abs. 1 S. 1, noch gegen den Gleichheitssatz noch gegen das Verbot der Gegnerfinanzierung verstoßen (*Däubler* Gewerkschaftsrechte im Betrieb Rn 524; vgl. auch BAG 20. 4. 99 AP Nr. 28 zu § 1 TVG Tarifverträge: Rundfunk).

91　Der **BR als solcher darf weder für eine bestimmte Gewerkschaft noch für die Gewerkschaften überhaupt werben** oder Informationsmaterial verteilen (*Richardi* Rn 171). Er ist Repräsentant aller ArbN, nicht nur der gewerkschaftlich organisierten (vgl. für den PersR BVerfG 27. 3. 79 AP Nr. 31 zu Art. 9 GG). Das Gebot gewerkschaftsneutraler Amtsführung bedeutet jedoch nicht, dass es den **einzelnen BRMitgl.** untersagt wäre, sich im Betrieb gewerkschaftspolitisch zu betätigen. Vielmehr bestimmt **§ 74 Abs.** 3 ausdrücklich, dass ArbN, die im Rahmen des BetrVG Aufgaben übernehmen, in der Betätigung für ihre Gewerkschaft auch im Betrieb nicht beschränkt sind (vgl. *Däubler* Gewerkschaftsrechte im Betrieb Rn 464 ff.).

92　Die Gewerkschaften haben einen Anspruch darauf, dass BV oder Regelungsabreden nicht unter Verletzung des Tarifvorbehalts (§ 77 Abs. 3) oder entgegen zwingender tariflicher Regelungen im Bereich des § 87 abgeschlossen werden und damit der TV unterlaufen wird (vgl. BAG 20. 8. 91 AP Nr. 2 zu § 77 BetrVG 1972 Tarifvorbehalt; BVerfG 29. 6. 93 AP Nr. 2 a zu § 77 BetrVG 1972 Tarifvorbehalt; BAG 20. 4. 99 AP Nr. 89 zu Art. 9 GG – „Burda"; 13. 3. 01 AP Nr. 17 zu 2 a ArbGG 1979; 17. 5. 11 – 1 AZR 473/09 –). Der **Unterlassungsanspruch** folgt aus der entsprechenden Anwendung der §§ 1004 Abs. 1 S. 2, 823 Abs. 2 BGB iVm. Art. 9 Abs. 3 S. 1 GG (BAG 20. 4. 99, 31. 5. 05 AP Nr. 89, 124 zu Art. 9 GG; 17. 5. 11 – 1 AZR 473/09 –; vgl. zum Problem der hinreichenden Bestimmtheit des im Verfahren zu stellenden Antrags aber auch BAG 19. 3. 03 AP Nr. 41 zu § 253 ZPO, kritisch hierzu wiederum *Dieterich* ArbuR 05, 121; vgl. aus dem jüngeren Schrifttum auch *Schmidt* RdA 04, 152; *Schwarze* RdA 05, 159; *Stadler,* Der Unterlassungsanspruch der Gewerkschaft gegen tarifwidrige Regelungsabreden auf der Grundlage des Art. 9 Abs. 3 GG, Diss. Augsburg, 2003). Aus §§ 1004 Abs. 1 S. 2, 823 Abs. 2 BGB iVm. Art. 9 Abs. 3 S. 1 GG kann sich bei tarifwidrigen betrieblichen Regelungen auch ein gewerkschaftlicher **Beseitigungsanspruch** ergeben (BAG 17. 5. 11 – 1 AZR 473/09 –). Dieser umfasst aber keinen Anspruch der Gewerkschaft auf Nachzahlung der tariflichen Leistungen an die ArbN (BAG 17. 5. 11 – 1 AZR 473/09 –). Diesen Anspruch müssen die ArbN vielmehr selbst verfolgen. Die Gewerkschaft kann die Beeinträchtigung ihrer kollektiven Koalitionsfreiheit im Wege des einstweiligen Rechtsschutzes bekämpfen (BAG 17. 5. 11 – 1 AZR 473/09 –).

V. Streitigkeiten

93　Streitigkeiten zwischen den Betriebsparteien, Gewerkschaften und ArbGebVereinigungen über den Inhalt der sich aus Abs. 1 ergebenden Rechte und Pflichten sind nach §§ 2 a, 80 ArbGG im **arbeitsgerichtlichen BeschlVerf.** auszutragen. Dies gilt gleichermaßen, wenn die Gewerkschaft einen Anspruch auf Unterlassen der Anwendung tarifwidriger Regelungen geltend macht (BAG 13. 3. 01 AP Nr. 17 zu § 2 a ArbGG 1979). Vgl. zu den Besonderheiten des BeschlVerf. Nach § 1.

94　Das BeschlVerf. ist auch dann die richtige Verfahrensart, wenn über das **Zugangsrecht einer Gewerkschaft nach Abs. 2** gestritten wird. In dringenden Fällen kann die Gewerkschaft ihr Zutrittsrecht im Wege der einstw. Vfg. gemäß § 85 Abs. 2 ArbGG durchsetzen (vgl. *DKKW-Berg* Rn 58; *GK-Franzen* Rn 68; *Richardi* Rn 126, 178; *ErfK/Koch* Rn 8; vgl. auch den Hinweis in BAG 28. 2. 06 AP Nr. 127 zu Art. 9 GG). Gewerkschaften und ArbGebVereinigungen sind gemäß § 10 ArbGG ungeachtet ihrer Rechtsform partei- und prozessfähig. Unterorganisationen einer Gewerkschaft können dann parteifähig sein, wenn sie als körperschaftlich organisiert und gegenüber der Hauptorganisation weitgehend selbständig sind (BAG 29. 11. 89 AP Nr. 3 zu § 10 ArbGG 1979). Eine nicht tariffähige ArbNVereinigung ist in einem BeschlVerf., in dem es um ihr betriebsverfassungsrechtliches Zutrittsrecht geht, gemäß § 10 Abs. 1

Halbs. 2 ArbGG parteifähig (BAG 19. 9. 06 AP Nr. 5 zu § 2 BetrVG 1972). Eine Gewerkschaft hat **keinen Anspruch auf Erstattung der außergerichtlichen Kosten**, die ihr in einem zur Durchsetzung ihres betriebsverfassungsrechtlichen Zutrittsrechts geführten BeschlVerf. entstehen (BAG 2. 10. 07 AP Nr. 23 zu § 2a ArbGG 1979). Das arbeitsgerichtliche BeschlVerf. kennt grundsätzlich weder eine Kostenentscheidung noch eine Kostenerstattung. Diese Grundentscheidung des Gesetzgebers ist, sofern nicht das BetrVG eine Kostenerstattung ausdrücklich vorsieht – vgl. insb. §§ 40, 20 Abs. 3, 76a Abs. 1 –, auch nicht durch die Anwendung materiellrechtlicher schadensersatzrechtlicher Bestimmungen wie insb. §§ 280 ff. BGB zu korrigieren.

Eine **Antragsbefugnis** haben die Gewerkschaften in betriebsverfassungsrecht-   **95** lichen Streitigkeiten nur, wenn das Gesetz ihnen ein Antragsrecht ausdrücklich einräumt oder wenn sie in ihrer betriebsverfassungsrechtlichen Rechtsstellung unmittelbar betroffen sind. Das ist immer dann der Fall, wenn sie eigene Rechte oder Ansprüche geltend machen, zB Zugangsrechte (vgl. Nach § 1 Rn 24 ff.). Entsprechendes gilt für die Beteiligung nach § 83 Abs. 3 ArbGG. In Verf. über die Nichtigkeit oder die Anfechtbarkeit einer BRWahl sind die im Betrieb vertretenen Gewerkschaften nur zu beteiligen, wenn sie die Wahl nach § 19 Abs. 2 angefochten haben (BAG 19. 9. 85 AP Nr. 12 zu § 19 BetrVG 1972).

Streiten Gewerkschaften und ArbGeb. über **Fragen der Koalitionsfreiheit** iSv.   **96** Abs. 3 (vgl. Rn 80 ff.), entscheiden die ArbG gemäß § 2 Abs. 1 Nr. 2 ArbGG im **Urteilsverf.** (vgl. BAG 29. 6. 65, 14. 2. 67, 2. 6. 87, 28. 2. 06 AP Nr. 6, 10, 49, 127 zu Art. 9 GG). Hier ergeht eine Kostenentscheidung nach Maßgabe der §§ 91 ff. ZPO. Die unterliegende Partei trägt daher die **Kosten** des obsiegenden Gegners. Dies gilt – anders als in einem BeschlussVerf. über das betriebsverfassungsrechtliche Zugangsrecht (vgl. Rn 94) – auch, wenn über das koalitionsspezifische Zugangsrecht einer Gewerkschaft gestritten wird. In erster Instanz besteht allerdings nach § 12a Abs. 1 S. 1 ArbGG kein Anspruch auf Kostenerstattung für einen Prozessbevollmächtigten.

§ 3 Abweichende Regelungen

(1) **Durch Tarifvertrag können bestimmt werden:**
1. **für Unternehmen mit mehreren Betrieben**
   a) **die Bildung eines unternehmenseinheitlichen Betriebsrats oder**
   b) **die Zusammenfassung von Betrieben,**
   wenn dies die Bildung von Betriebsräten erleichtert oder einer sachgerechten Wahrnehmung der Interessen der Arbeitnehmer dient;
2. **für Unternehmen und Konzerne, soweit sie nach produkt- oder projektbezogenen Geschäftsbereichen (Sparten) organisiert sind und die Leitung der Sparte auch Entscheidungen in beteiligungspflichtigen Angelegenheiten trifft, die Bildung von Betriebsräten in den Sparten (Spartenbetriebsräte), wenn dies der sachgerechten Wahrnehmung der Aufgaben des Betriebsrats dient;**
3. **andere Arbeitnehmervertretungsstrukturen, soweit dies insbesondere aufgrund der Betriebs-, Unternehmens- oder Konzernorganisation oder aufgrund anderer Formen der Zusammenarbeit von Unternehmen einer wirksamen und zweckmäßigen Interessenvertretung der Arbeitnehmer dient;**
4. **zusätzliche betriebsverfassungsrechtliche Gremien (Arbeitsgemeinschaften), die der unternehmensübergreifenden Zusammenarbeit von Arbeitnehmervertretungen dienen;**
5. **zusätzliche betriebsverfassungsrechtliche Vertretungen der Arbeitnehmer, die die Zusammenarbeit zwischen Betriebsrat und Arbeitnehmern erleichtern.**

(2) **Besteht in den Fällen des Absatzes 1 Nr. 1, 2, 4 oder 5 keine tarifliche Regelung und gilt auch kein anderer Tarifvertrag, kann die Regelung durch Betriebsvereinbarung getroffen werden.**

(3) [1]Besteht im Fall des Absatzes 1 Nr. 1 Buchstabe a keine tarifliche Regelung und besteht in dem Unternehmen kein Betriebsrat, können die Arbeitnehmer mit Stimmenmehrheit die Wahl eines unternehmenseinheitlichen Betriebsrats beschließen. [2]Die Abstimmung kann von mindestens drei wahlberechtigten Arbeitnehmern des Unternehmens oder einer im Unternehmen vertretenen Gewerkschaft veranlasst werden.

(4) [1]Sofern der Tarifvertrag oder die Betriebsvereinbarung nichts anderes bestimmt, sind Regelungen nach Absatz 1 Nr. 1 bis 3 erstmals bei der nächsten regelmäßigen Betriebsratswahl anzuwenden, es sei denn, es besteht kein Betriebsrat oder es ist aus anderen Gründen eine Neuwahl des Betriebsrats erforderlich. [2]Sieht der Tarifvertrag oder die Betriebsvereinbarung einen anderen Wahlzeitpunkt vor, endet die Amtszeit bestehender Betriebsräte, die durch die Regelungen nach Absatz 1 Nr. 1 bis 3 entfallen, mit Bekanntgabe des Wahlergebnisses.

(5) [1]Die aufgrund eines Tarifvertrages oder einer Betriebsvereinbarung nach Absatz 1 Nr. 1 bis 3 gebildeten betriebsverfassungsrechtlichen Organisationseinheiten gelten als Betriebe im Sinne dieses Gesetzes. [2]Auf die in ihnen gebildeten Arbeitnehmervertretungen finden die Vorschriften über die Rechte und Pflichten des Betriebsrats und die Rechtsstellung seiner Mitglieder Anwendung.

Inhaltsübersicht

I. Vorbemerkung

1   Durch das BetrVerf-ReformG ist § 3 grundlegend neu gestaltet worden (vgl. dazu etwa *Annuß* NZA 02, 290; *Buchner* BB 03, 2121; *Däubler* ArbuR 01, 285, 288; *Eich* Euro AS 03, 12; *Engels/Trebinger/Löhr-Steinhaus* DB 01, 532; *Friese* RdA 03, 92; *dies.* ZfA 03, 237; *Giesen* BB 02, 1480; *Gistel*, Gewillkürte Betriebsverfassungsstruktur und Umstrukturierung, Diss. München, 2005; *Hanau* ZIP 01, 1981; *Kania/Klemm* RdA 06, 22; *Konzen* RdA 01, 76; *Kort* AG 03, 13; *Löwisch* BB 01, 1734; *Picker* RdA 01,

259; *Plander* NZA 02, 483; *ders.* FS 25 Jahre ARGE Arbeitsrecht im DAV S. 969; *Reichold* NZA 01, 857; *Richardi* NZA 01, 346; *Rolf,* Unternehmensübergreifende Betriebsratsstruktur nach § 3 BetrVG, Diss. Mannheim, 2003; *Schmiege* Betriebsverfassungsrechtliche Organisationsstrukturen durch TV, Diss. Regensburg 2005; *Teusch* Die Organisation der Betriebsverfassung durch TV, Diss. Berlin 2007; *ders.* NZA 07, 124; *Thüsing* ZIP 03, 693; *Utermark,* Die Organisation der Betriebsverfassung als Verhandlungsgegenstand, Diss. Hamburg, 2004; vgl. zu § 3 aF *Spinner,* Die vereinbarte Betriebsverfassung, Diss. Freiburg 2000; *Tim Wißmann* Tarifvertragliche Gestaltung der betriebsverfassungsrechtlichen Organisation, Diss. Bonn 2000). Vor allem den TV-Parteien sowie in allerdings sehr eingeschränktem Umfang den Betriebsparteien sind weitgehende Möglichkeiten eröffnet worden, **durch Vereinbarungen BR-Strukturen zu schaffen, die von den gesetzlichen abweichen.** Ein TV oder eine BV, die nach § aF unwirksam waren, aber die Voraussetzungen des § nF erfüllen, verstoßen nach dessen In-Kraft-Treten nicht mehr gegen zwingendes höherrangiges Recht und sind daher auf Wahlen nach dem 28. 7. 01 anwendbar (*DKKW-Trümner* Rn 172; offen gelassen in BAG 10. 11. 04 AP Nr. 4 zu § 3 BetrVG 1972).

1. Neue Betriebsratsstrukturen durch Vereinbarung

Die **organisatorischen Bestimmungen** des BetrVG sind **zweiseitig zwingend** 2 und einer Änderung durch TV oder BV grundsätzlich nicht zugänglich (BAG 10. 2. 88 AP Nr. 53 zu § 99 BetrVG 1972; 10. 11. 04 AP Nr. 2 zu § 3 BetrVG 1972; GK-*Franzen* Rn 3; *Teusch* NZA 07, 124). Daher steht grundsätzlich auch der Betriebsbegriff (vgl. dazu etwa BAG 14. 9. 88 AP Nr. 9 zu § 1 BetrVG 1972; *Joost* Betrieb und Unternehmen als Grundbegriffe im Arbeitsrecht) nicht zur Disposition der Tarifvertrags- oder Betriebsparteien. Etwas anderes gilt nur, wenn das Gesetz Abweichungen ausdrücklich zulässt (GK-*Franzen* Rn 3 mwN). Dies ist durch den **neuen § 3** sehr viel weitgehender als bisher der Fall. Zwar kann von einer grundlegenden Abkehr des Gesetzgebers vom Betriebsbegriff keine Rede sein (*Kort* AG 03, 13 f.). Gleichwohl hat er nun den TV-Parteien **weitreichende Möglichkeiten** eröffnet, **neue betriebsverfassungsrechtliche Organisations- und Repräsentationseinheiten zu bilden,** die auf die jeweilige Situation im Betrieb, Unternehmen und Konzern zugeschnitten sind. Die TV-Parteien können nun unter bestimmten Voraussetzungen unternehmenseinheitliche (Abs. 1 Nr. 1a; vgl. Rn 25–32) oder betriebsübergreifende (Abs. 1 Nr. 1b; vgl. Rn 33–36) BR, SpartenBR (Abs. 1 Nr. 2; vgl. Rn 37–45) oder andere ArbNVertr-Strukturen (Abs. 1 Nr. 3; vgl. Rn 46–51) bilden oder zusätzliche betriebsverfassungsrechtliche Vertretungen (Abs. 1 Nr. 4 u. 5; vgl. Rn 53–65) errichten. § 3 enthält eine abschließende Regelung über die von §§ 1, 4 abweichende Bildung von ArbNVertr. durch TV oder BV (vgl. BAG 10. 11. 04 AP Nr. 2 zu § 3 BetrVG 1972).

Anders als nach § 3 Abs. 2 aF bedürfen die TV **nicht mehr** der **staatlichen Zu-** 3 **stimmung.** Begründet wird diese Änderung mit der Erwägung, dass die Vertragsparteien vor Ort die Sachgerechtigkeit von unternehmensspezifischen ArbNVertr-Strukturen besser beurteilen können als staatliche Stellen. Außerdem sind sie nun in der Lage, auf Umstrukturierungen in Unternehmen und Konzern sehr viel schneller zu reagieren, als dies bei Durchführung eines mitunter zeitaufwendigen Zustimmungsverfahrens möglich wäre (BT-Drucks. 14/5741 S. 33; *Engels/Trebinger/Löhr-Steinhaus* DB 01, 532). Allerdings ist damit auch die Möglichkeit entfallen, die mit einer möglichen Tarifkonkurrenz verbundenen Probleme (vgl. dazu im Einzelnen Rn 16) von vornherein zu unterbinden.

Neu geschaffen wurde durch § 3 Abs. 2 grundsätzlich die Möglichkeit, **abwei-** 4 **chende Vereinbarungen** über BR-Strukturen **durch BV** zu treffen (vgl. Rn 66–72). Da dies jedoch voraussetzt, dass weder eine tarifvertragliche Regelung nach Abs. 1 besteht noch ein anderer TV gilt, ist der Anwendungsbereich der Vorschrift stark eingeschränkt. Auch können durch BV keine anderen ArbNVertr-Strukturen iSv. § 3 Abs. 1 Nr. 3 vorgesehen werden.

5   Für das **fliegende Personal von Luftfahrtunternehmen** enthält § 117 Abs. 2 eine Sonderregelung (vgl. § 117 Rn 2 ff.).

6   Das BetrVG sieht außer in § 3 **noch zahlreiche Möglichkeiten** vor, **von seinen organisatorischen Bestimmungen abzuweichen** (vgl. §§ 21 a Abs. 1 Satz 4, 38 Abs. 1 Satz 4, 47 Abs. 4 u. 9, 55 Abs. 4, 72 Abs. 4 u. 8, 76 Abs. 8, 76 a Abs. 5, 86).

2. Sinn und Zweck der Regelung

7   **Ziel** der nach § 3 erweiterten insb. tarifvertraglichen Gestaltungsmöglichkeiten ist, die **BetrVerf.** **organisatorisch zu flexibilisieren und effektiver zu gestalten.** Die als zu starr empfundene Anbindung des BR an den Betrieb als ausschließliche Organisationsbasis soll aufgelöst und die Möglichkeit eröffnet werden, durch Schaffung neuer ArbNVertr-Strukturen auf die vielfältigen modernen Unternehmensstrukturen angemessen reagieren zu können (BT-Drucks. 14/5741 S. 33). Die „Beteiligten vor Ort" sollen über Vereinbarungslösungen ArbNVertr. schaffen können, die auf die besondere Struktur des jeweiligen Betriebs, Unternehmens oder Konzern passgenau zugeschnitten sind (*Engels / Trebinger / Löhr-Steinhaus* DB 01, 532). Die **ArbN-Vertr.** sollen **dort** gebildet werden können, **wo die unternehmerischen Entscheidungen fallen.**

8   Die mit § 3 verbundene **Kompetenzerweiterung der TV-Parteien** dient **nicht** dem **Selbstzweck,** die Stellung von Koalitionen im Betrieb zu stärken. Vielmehr bedient sich der Gesetzgeber der – allerdings nicht unumstrittenen (vgl. etwa *Picker* RdA 01, 279; *Reichold* NZA 01, 857, 859) – Sachkompetenz der TV-Parteien (vgl. dazu auch BAG 24. 1. 01 AP Nr. 1 zu § 3 BetrVG 1972), um organisatorisch eine effektive Wahrnehmung der betriebsverfassungsrechtlichen Aufgaben zu ermöglichen (vgl. *Friese* ZfA 03, 237, 238, 269). Daher können die TV-Parteien TV nach § 3 Abs. 1 auch **nicht nach freiem Belieben** vereinbaren. Tarifvertragliche Vereinbarungen über abweichende BR-Strukturen sind **vielmehr an sachliche Voraussetzungen geknüpft.** Sie können nur geschlossen werden, wenn dies „die Bildung von BR erleichtert oder einer sachgerechten Wahrnehmung der Interessen der ArbN" (Abs. 1 Nr. 1) oder „der sachgerechten Wahrnehmung der Aufgaben des BR" (Abs. 1 Nr. 2) oder „einer wirksamen und zweckmäßigen InteressenVertr. der ArbN" (Abs. 1 Nr. 3) dient. Zu anderen – zB verbandspolitischen – Zwecken dürfen daher TV über BR-Strukturen nicht geschlossen werden (vgl. zur entspr. gerichtlichen Inhaltskontrolle Rn 21).

3. Verfassungsmäßigkeit der Regelung

9   Die den TV-Parteien durch § 3 Abs. 1 eröffnete Möglichkeit, zum Zwecke der erleichterten Bildung von BR oder zur sachgerechten Wahrnehmung der Interessen der ArbN oder der Aufgaben des BR vom Gesetz abweichende BR-Strukturen zu vereinbaren, ist **verfassungsgemäß** (so – jedenfalls für Abs. 1 Nr. 1 bis 3 – BAG 29. 7. 09 – 7 ABR 27/08 – NZA 09, 1424; vgl. ferner *Friese* ZfA 03, 237, 239 ff.; *Thüsing* ZIP 03, 693, 694 ff.; *Kania / Klemm* RdA 06, 22; *Teusch* NZA 07, 124 ff.; *GK-Franzen* Rn 69 ff.; *Ulber* Anm. zu EzA § 3 BetrVG 2001 Nr. 3; wohl auch *Annuß* in NZA 02, 290 ff.). Die im Schrifttum teilweise erhobenen Bedenken (vgl. insb. *Giesen* BB 02, 1480, 1483 ff. mwN; *Picker* RdA 01, 259, 282 ff.; *Richardi* Rn 8 ff.) sind nicht begründet (vgl. eingehend *Utermark* [Rn 1] S. 28 ff.).

10   § 3 Abs. 1 **verstößt nicht gegen das Rechtsstaats- und Demokratieprinzip** des Art. 20 Abs. 3 (BAG 29. 7. 09 – 7 ABR 27/08 – NZA 09, 1424; *Utermark* [Rn 1] S. 75 ff.; *GK-Franzen* Rn 69; *Teusch* NZA 07, 124, 125; *Ulber* Anm. zu EzA § 3 BetrVG 2001 Nr. 3). Die Bestimmung enthält entgegen *Giesen* (BB 02, 1483 ff.)

keine verfassungswidrige dynamische gesetzliche Verweisung auf einen TV iSd. Entscheidung des BVerfG zum Bergmannsversorgungsschein vom 14. 6. 83 (BVerfGE 64, 208). Die Belegschaftsmitglieder – insb. die nicht tarifgebundenen – werden nicht „schrankenlos der normsetzenden Gewalt der TV-Parteien ausgeliefert" (BVerfG 14. 6. 83 aaO). Sie werden lediglich durch TV einer betriebsverfassungsrechtlichen Einheit zugeordnet, auf die dann die gesetzliche betriebsverfassungsrechtliche Ordnung mit ihren Rechten und Pflichten aufbaut. Der TV führt daher allein nicht zu einer Änderung der Rechtsstellung des ArbN (vgl. *Thüsing* ZIP 03, 693, 695). Dies gilt umso mehr, als die Schwellenwerte in §§ 99, 111 nicht mehr auf den Betrieb, sondern das Unternehmen abstellen. Im Übrigen wird den TV-Parteien die Regelungsbefugnis in § 3 Abs. 1 auch nicht voraussetzungslos eingeräumt. Ihre Ausübung ist vielmehr an bestimmte in Abs. 1 genannte inhaltliche Voraussetzungen gebunden, deren Vorliegen im Streitfall gerichtlich überprüfbar ist (BAG 29. 7. 09 – 7 ABR 27/08 – NZA 09, 1424). Dabei kann der Grundsatz der verfassungskonformen Auslegung gebieten, die Generalklauseln in Abs. 1 nicht zu weit auszulegen (vgl. *Thüsing* ZIP 03, 693, 695) und insb. die sachfremde Instrumentalisierung von TV nach Abs. 1 – etwa zur Bekämpfung konkurrierender Gewerkschaften oder unbequemer gewerkschaftskritischer betrieblicher Gruppen – zu verhindern (vgl. *Friese* ZfA 03, 237, 250; *Krause* RdA 09, 129, 139).

§ 3 Abs. 1 verletzt auch **nicht** die durch **Art. 9 Abs. 3 GG** garantierte negative **11** Koalitionsfreiheit der Außenseiter (BAG 29. 7. 09 – 7 ABR 27/08 – NZA 09, 1424; ferner *Utermark* [Rn 1] S. 29 ff.; *HSWGNR-Rose* Rn 7 ff.). Durch einen TV über BR-Strukturen werden die ArbN nicht Mitglied einer Vereinigung iSv. Art. 9 Abs. 3 GG (vgl. *Thüsing* ZIP 03, 693, 696). Auch ihre Freiheit, sich der einen oder anderen Koalition anzuschließen, bleibt unberührt. Das Grundrecht der negativen Koalitionsfreiheit schützt nicht davor, dass der Gesetzgeber die Ergebnisse von Koalitionsvereinbarungen zum Anknüpfungspunkt gesetzlicher Regelungen nimmt. Auch wird allein dadurch, dass jemand den Vereinbarungen fremder TVParteien unterworfen wird, ein spezifisch koalitionsrechtlicher Aspekt nicht betroffen (BAG 29. 7. 09 – 7 ABR 27/ 08 – NZA 09, 1424; BVerfG 11. 7. 06 AP Nr. 129 zu Art. 9 GG; *WPK/Preis* Rn 3).

II. Gestaltungsmöglichkeiten durch Tarifvertrag (Abs. 1)

§ 3 Abs. 1 eröffnet die Möglichkeit, **unter bestimmten Voraussetzungen durch** **12** **TV** vom Gesetz **abweichende ArbNVertr-Strukturen** vorzusehen. Dabei stellen sich Fragen hinsichtlich der Form der Regelung, der TV-Parteien und der Tarifkonkurrenz (vgl. Rn 13–19), der Erstreikbarkeit (vgl. Rn 20), der gerichtlichen Inhaltskontrolle (vgl. Rn 21), der (Sub-)Delegation auf die Betriebsparteien (vgl. Rn 22) und der Rechtsfolgen von fehlerhaften TV (vgl. Rn 23). Außerdem sind die verschiedenen Fallgruppen des Abs. 1 zu unterscheiden (vgl. Rn 24–65).

1. Allgemeines

a) Form der Regelung, Tarifvertragsparteien und Tarifkonkurrenz

TV-Parteien können nach § 2 Abs. 1 TVG Gewerkschaften, einzelne ArbGeb. **13** sowie Vereinigungen von ArbGeb. sein. Dies gilt grundsätzlich auch für TV nach § 3 Abs. 1. In Betracht kommen grundsätzlich HausTV zwischen ArbGeb. und Gewerkschaft, sog. firmenbezogene VerbandsTV zwischen ArbGebVerband und Gewerkschaft sowie – allerdings allenfalls in Ausnahmefällen – FlächenTV.

Der **HausTV** wird auf **ArbGebSeite** vom Betriebsinhaber geschlossen. Fraglich **14** kann sein, wer bei unternehmensübergreifenden TV den „HausTV" auf ArbGebSeite abschließt. Die Frage kann sich sowohl bei einem bislang von mehreren Unternehmen geführten Gemeinschaftsbetrieb (§ 1 Abs. 1 Satz 2) als auch beim Abschluss unternehmensübergreifender TV nach § 3 Abs. 1 Nr. 2 u. 3 stellen. Zur Veränderung der betriebsverfassungsrechtlichen Struktur eines gemeinsamen Betriebs dürfte ein mit allen an dem Betrieb beteiligten Unternehmen geschlossener TV erforderlich sein (*Utermark* [Rn 1] S. 118). Auch ein unternehmensüberschreitender TV nach § 3 Abs. 1 Nr. 2 u. 3 kann nur mit allen betroffenen Unternehmen geschlossen werden. Dies gilt ebenfalls für einen „KonzernTV", der nur mit den betroffenen Unternehmen, nicht dagegen mit dem „Konzern" geschlossen werden kann. Der Konzern als solcher ist nicht tariffähig (*Thüsing* ZIP 03, 693, 698; *Eich* Euro AS 03, 12, 14; GK-*Kraft/Franzen* Rn 30). Im Einzelfall kommt eine – möglicherweise auch konkludent erteilte – rechtsgeschäftliche Bevollmächtigung in Betracht.

15   Der **echte HausTV** wird auf **ArbNSeite** von der **tarifzuständigen Gewerkschaft** geschlossen. Die TV-Zuständigkeit richtet sich nach der Satzung der Gewerkschaft. Bei satzungsmäßiger Überschneidung der Zuständigkeit von DGB-Gewerkschaften erfolgt die Bestimmung der zuständigen Gewerkschaft entweder durch Einigung unter den betroffenen Gewerkschaften oder durch Schiedsspruch nach § 16 der DGB-Satzung. Einigung und Schiedsspruch sind, sofern die Grenzen einer vertretbaren Satzungsauslegung nicht überschritten sind, für den ArbGeb. bindend (vgl. BAG 14. 12. 99, 27. 9. 05 AP Nr. 14, 18 zu § 2 TVG Tarifzuständigkeit). Mit der danach unzuständigen Gewerkschaft kann kein TV nach § 3 Abs. 1 geschlossen werden (*WPK/Preis* Rn 6). Nach dem Beschluss des **BAG vom 29. 7. 09** (– 7 ABR 27/08 – **NZA 09, 1424**) muss die Gewerkschaft **für alle im Betrieb beschäftigten ArbN tarifzuständig** sein. Nach dieser Entscheidung muss sie außerdem „**im Betrieb vertreten**" sein (BAG 29. 7. 09 – 7 ABR 27/08 – NZA 09, 1424). Nicht ausdrücklich entschieden hat das BAG, ob für das „Vertretensein" auf die zuvor vorhandenen oder auf die geschaffenen Einheiten abzustellen ist, insbesondere ob etwa in den Fällen des Abs. 1 Nr. 1 a und b die Gewerkschaft in jedem durch TV zusammengefassten Betriebe vertreten sein muss, und was insoweit für die Bildung von SpartenBR nach Abs. 1 Nr. 2 gilt. Maßgeblicher Grundgedanke des BAG ist jedenfalls die Erwägung, die Entscheidung einer Gewerkschaft über den Abschluss eines TV nach Abs. 1 Nr. 1 bis 3 setze die Kenntnis der bestehenden betriebsverfassungsrechtlichen Organisation und der mitbestimmungsrechtlich relevanten Entscheidungsabläufe in den betroffenen Betriebsstätten voraus (BAG 29. 7. 09 – 7 ABR 27/08 – NZA 09, 1424).

16   **Umstritten** ist, welche Grundsätze gelten, **wenn mehrere Gewerkschaften die Zuständigkeit** für den Abschluss eines **TV** nach § 3 Abs. 1 **beanspruchen** (vgl. zur ähnlichen Problematik bei TV nach § 47 Abs. 4 die Kommentierung zu § 47 Rn 51 und zu § 55 Abs. 4 die Kommentierung zu § 55 Rn 20).

16a   Nach Auffassung des **Siebten Senats des BAG** kann ein TV nach Abs. 1 Nr. 1 bis 3 von einer tarifzuständigen Gewerkschaft ohne Beteiligung von anderen gleichfalls tarifzuständigen Gewerkschaften geschlossen werden (**BAG 29. 7. 09 – 7 ABR 27/08 – NZA 09, 1424**; ebenso ErfK/*Koch* Rn 2; eher zustimmend auch *Hanau* RdA 10, 312 und *Gaul/Mückl* NZA 11, 657; ablehnend kritisch dagegen *C. Meyer* SAE 10, 27; kritisch auch *Kort* Anm. zu AP Nr. 7 zu § 3 BetrVG 1972; vgl. ferner die ausführliche, überwiegend ablehnende Anmerkung von *Ulber* zu EzA § 3 BetrVG 2001 Nr. 3; vgl. auch *Braun* NZA Beilage 3/2010 S. 108). Allerdings müsse diese für alle im Betrieb beschäftigten ArbN tarifzuständig und „im Betrieb vertreten" sein. Letzteres ergebe sich zwar nicht unmittelbar aus dem Gesetzeswortlaut, folge aber aus der Entstehungsgeschichte der Vorschrift, dem Normzweck und der Gesetzessystematik (BAG 29. 7. 09 – 7 ABR 27/08 – NZA 09, 1424). Dem Abschluss eines TV nach Abs. 1 Nr. 1 bis 3 mit einer tarifzuständigen Gewerkschaft steht nach Auffassung des BAG nicht entgegen, wenn auch eine andere tarifzuständige Gewerkschaft zum Abschluss eines TV willens ist (BAG 29. 7. 09 – 7 ABR 27/08 – NZA 09, 1424). Die im Schrifttum – ua. auch in der 24. Aufl. dieses Kommentars – vertretene Auffassung, wonach der Abschluss eines TV nach § 3 durch nur eine Gewerkschaft dann ausscheide, wenn noch eine andere tarifzuständige Gewerkschaft den Abschluss eines solchen TV beanspruche, sei methodisch nicht begründbar und könne auch wegen der praktischen Konsequenzen nicht überzeugen. Der mit dem Erfordernis der zwingenden Beteiligung anderer tarifzuständiger Gewerkschaften verbundene Eingriff in die durch Art. 9 Abs. 3 GG gewährleistete Abschlussfreiheit der TVParteien könne nicht mit einer möglichen Tarifkonkurrenz gerechtfertigt werden. Während nach § 3 Abs. 1 aF die TVe der Zustimmung der jeweils zuständigen obersten Arbeitsbehörde bedurft hätten und in dem Zustimmungsverfahren mögliche Tarifkonkurrenzen hätten berücksichtigt werden können, habe der Gesetzgeber bei der Neuregelung des § 3 bewusst von einer Regelung der mit einer Tarifkonkurrenz zusammenhängenden Fragen abgesehen und deren Beantwortung den Gerichten überlassen. Durch den Abschluss eines TV nach Abs. 1 Nr. 1 bis 3 mit nur einer Gewerkschaft werde die konkurrierende Gewerkschaft jedenfalls dauerhaft nicht an einer Normsetzungsbefugnis gehindert. Vielmehr könne sie mit den ihr zur Verfügung stehenden Mitteln, zu denen auch der Arbeitskampf gehöre, den ArbGeb. zur Beendigung eines bestehenden und zum Neuabschluss eines TV nach Abs. 1 Nr. 1 bis 3 anhalten. Durch die Anerkennung eines entsprechenden Streikrechts sei eine einseitige Stärkung der Verhandlungsposition der kampfführenden Gewerkschaft nicht zu erwarten; Arbeitskämpfe um den Abschluss eines OrganisationsTV seien bisher nicht in nennenswerter Anzahl bekannt geworden (BAG 29. 7. 09 – 7 ABR 27/08 – NZA 09, 1424). Zu der Frage, ob ein vom BAG grundsätzlich für zulässig erachteter Streik einer konkurrierenden Gewerkschaft auch darauf gerichtet sein kann, einen mit einer anderen Gewerkschaft geschlossenen TV nach Abs. 1 Nr. 1 bis 3 bereits während dessen Laufzeit zu beenden, verhält sich das BAG nicht. Auch das Repräsentations- oder Mehrheitsprinzip stehe dem Abschluss eines TV nach Abs. 1 Nr. 1 bis 3 durch eine nach Zahl der Mitglieder kleine, aber im Unternehmen vertretene und tarifzuständige Gewerkschaft nicht entgegen. Dabei könne dahinstehen, ob ein derartiges Prinzip geeignet sei, eine etwa durch den Abschluss mehrerer unterschiedlicher TVe nach Abs. 1 tatsächlich entstandene Tarifkonkurrenz aufzulösen. Jedenfalls sei es nicht geeignet, bereits den Abschluss eines TV durch eine „kleine" Gewerkschaft zu verhindern (BAG 29. 7. 09 – 7 ABR 27/08 – NZA 09, 1424). Der **Vierte Senat des BAG** hat in einem Urteil vom 9. 12. 09 (– 4 AZR 190/08 – NZA 10, 712) an die Entscheidung des Siebten Senats angeknüpft und entschieden, eine „antizipierte Auflösung einer antizipierten Tarifkonkurrenz" könne nicht dazu führen, dass – bereits – der Abschluss des die Tarifkonkurrenz begründenden TV unwirksam sei. Die Wirksamkeit einer tariflichen Vereinbarung von Rechtsnormen über betriebliche Fragen iSv. § 3 Abs. 2 TVG hänge nicht davon ab, dass sie einheitlich mit allen im Betrieb vertretenen Gewerkschaften erfolgt sei. Eine solche „Zwangsgemeinschaft" sei mit der durch Art. 9 Abs. 3 GG gewährleisteten Abschlussfreiheit der TVParteien nicht vereinbar. Ein Eingriff in diese Abschlussfreiheit könne allenfalls dann zu erwägen sein, wenn die von dem beabsichtigten TVAbschluss ausgeschlossene Gewerkschaft nicht nur vorübergehend, sondern dauerhaft an einer Normsetzung für ihre Mitglieder gehindert wäre. Das sei aber nicht der Fall. Eine tarifzuständige Gewerkschaft könne mit den ihr zur Verfügung stehenden Mitteln, zu denen auch der Arbeitskampf gehöre, den ArbGeb. zur Beendigung eines bestehenden und zum Neuabschluss eines TV anhalten (BAG 9. 12. 09 – 4 AZR 190/08 – NZA 10, 712). Auch der Vierte Senat des BAG verhält sich allerdings nicht – jedenfalls nicht ausdrücklich – zu der Frage, ob ein solcher Arbeitskampf einer konkurrierenden Gewerkschaft bereits während der Laufzeit des von einer anderen Gewerkschaft geschlossenen TV nach § 3 Abs. 2 TVG zulässig sei. Ebenso lässt der Senat die Frage, nach welchem Prinzip eine etwaige Tarifkonkurrenz aufzulösen sei, ausdrücklich offen. Allerdings lässt er eine gewisse Sympathie für das Repräsentationsprinzip erkennen (vgl. BAG 9. 12. 09 – 4 AZR 190/08 – NZA 10, 712).

Die Praxis muss sich bis auf Weiteres an den Entscheidungen des BAG vom 29. 7. 09 (– 7 ABR 27/08 – NZA 09, 1424) und vom 9. 12. 09 (– 4 AZR 190/08 – NZA **16b**

10, 712) orientieren. Diese enthalten beachtliche Erwägungen, werfen aber zugleich hinsichtlich ihrer **Prämissen, Implikationen und Konsequenzen** klärungsbedürftige Fragen auf. So wird denn auch nicht ganz zu Unrecht darauf hingewiesen, dass durch den Beschluss des BAG vom 29. 7. 09 (– 7 ABR 27/08 – NZA 09, 1424) die Fragen der Vermeidung und/oder der Lösung von Tarifkonkurrenzen bei TV nach Abs. 1 nicht erschöpfend beantwortet sind (vgl. *Kort* Anm. zu AP Nr. 7 zu § 3 BetrVG 1972; *Ulber* Anm. zu EzA § 3 BetrVG 2001 Nr. 3; *C. Meyer* SAE 10, 27; vgl. auch *Hanau* RdA 10, 312). Zentraler Ausgangspunkt für jeden Lösungsversuch muss die Erkenntnis sein, dass aufgrund des Gegenstandes eines TV nach Abs. 1 Nr. 1 bis 3 für identische betrieblich-organisatorische Einheiten zur selben Zeit nicht mehrere unterschiedliche Regelungen gelten können (*Ulber* Anm. zu EzA § 3 BetrVG 2001 Nr. 3). Anders als bei Inhaltsnormen nach § 4 Abs. 1 TVG, welche die mehreren einzelnen Arbeitsverhältnisse der einzelnen ArbN regeln und bei denen daher unterschiedliche Regelungen nebeneinander bestehen können, sind TVe nach Abs. 1 Betriebsnormen iSv. § 3 Abs. 2 TVG und betreffen einen und denselben Regelungsgegenstand. Dieser kann nicht gleichzeitig unterschiedlich ausgestaltet sein. Dem muss die rechtliche Beurteilung Rechnung tragen. Sie muss daher entweder mögliche **Kollisionen von vorneherein verhindern oder** aber **Normkonkurrenzen zwar zulassen, aber für die Auflösung** der damit verbundenen Kollisionen **Regeln bereit halten** (vgl. zu den unterschiedlichen Lösungsversuchen nach dem Prioritätsprinzip, dem Spezialitätsprinzip, dem Günstigkeitsprinzip, dem Prinzip der Sachnähe und dem Mehrheitsprinzip *Utermark* [Rn 1] S. 185 ff.; *Thüsing* ZIP 03, 693, 699 f.; *Friese* ZfA 03, 237, 272 ff.; *Annuß* NZA 02, 290, 293; *Däubler* ArbuR 01, 285, 288; *DKKW-Trümner* Rn 157; *GK-Franzen* Rn 33; *Gistel* [Rn 1] S. 118 ff.; *Richardi* Rn 58; *Löwisch/Kaiser* Rn 21; *Plander* FS 25 Jahre ARGE Arbeitsrecht im DAV S. 969, 977 f.; *Kempen/Zachert* TVG § 3 Rn 19; *Teusch* NZA 07, 124, 129; *C. Meyer* SAE 10, 27; *Kort* Anm. zu AP Nr. 7 zu § 3 BetrVG 1972; *Ulber* Anm. zu EzA § 3 BetrVG 2001 Nr. 3). Das BAG hat sich in den Entscheidungen vom 29. 7. 09 (– 7 ABR 27/08 – NZA 09, 1424) und vom 9. 12. 09 (– 4 AZR 190/08 – NZA 10, 712) hierzu letztlich nicht abschließend positioniert. Es hat weder ausdrücklich entschieden, ob nach dem Abschluss eines TV nach Abs. 1 Nr. 1 bis 3 mit einer dafür zuständigen Gewerkschaft der Abschluss eines TV für denselben Zeitraum (Wahlperiode) mit einer anderen Gewerkschaft noch zulässig ist, noch geklärt, wie ggf. die dadurch entstehende Tarifkonkurrenz aufzulösen ist. Auch seinen Ausführungen zur Erstreikbarkeit eines anderen TV durch eine konkurrierende Gewerkschaft lässt sich nicht eindeutig entnehmen, ob dies dieselbe oder erst die nächste Amtsperiode betreffen soll. Die zentrale Aussage der beiden Entscheidungen besteht vielmehr im Wesentlichen darin, dass das Vorhandensein einer konkurrierenden, evtl. auch sehr viel repräsentativeren Gewerkschaft, den Abschluss eines TV nach Abs. 1 Nr. 1 bis 3 mit einer wenn auch weniger repräsentativen, aber „im Betrieb vertretenen" tarifzuständigen Gewerkschaft nicht hindert.

16c   Nach **hier vertretener Auffassung** dürfte es sachgerecht sein, jedenfalls im Anwendungsbereich von § 3 Abs. 1 **Tarifkonkurrenzen** gar nicht erst entstehen zu lassen, sondern von vorneherein zu **verhindern** (für eine Vermeidung späterer Konkurrenzprobleme bereits im Vorfeld „ex limine" insb. auch *C. Meyer* SAE 10, 27). Hierfür sprechen insbesondere Erfordernisse der Rechtssicherheit. Die grundsätzlich bewährten gesetzlichen betriebsverfassungsrechtlichen Repräsentationsstrukturen bieten ein hohes Maß an Verlässlichkeit und sinnvoller Ordnung. Zwar kann es, wie die durch § 3 Abs. 1 eröffneten Gestaltungsmöglichkeiten deutlich machen, sinnvoll sein, auf spezifische Besonderheiten des Betriebs oder des Unternehmens flexibel durch gewillkürte, abweichende Repräsentationsstrukturen zu reagieren. Konkurrenzen von TVen nach Abs. 1 Nr. 1 bis 3 vertragen sich aber schlecht mit dem Erfordernis einer rechtssicheren, geordneten Betriebsverfassung. Dementsprechend wurden in der Vergangenheit in diesem Bereich durch das Zustimmungserfordernis in § 3 Abs. 1 aF zumindest die praktischen Auswirkungen möglicher Tarifkonkurrenzen von vorneherein vermieden (vgl. 20. Aufl. Rn 13). Aus dem Umstand, dass der Gesetzgeber dieses Zustimmungserfordernis hat entfallen lassen, kann wohl berechtigterweise nicht der Schluss gezogen werden, er gehe nun von möglichen Tarifkonkurrenzen in diesem Bereich aus, die sodann nach von ihm nicht vorgegebenen, sondern von der Rspr. entwickelten oder noch zu entwickelnden Regeln aufzulösen seien.

Eine Möglichkeit, Kollisionen von vorneherein zu verhindern, ist das **uneinge-** **16d** **schränkte Prioritätsprinzip.** Nach diesem sperrt jeder mit einer tarifzuständigen Gewerkschaft geschlossene TV den Abschluss eines weiteren TV mit einer anderen Gewerkschaft über denselben Gegenstand (so versteht *Ulber* Anm. zu EzA § 3 BetrVG 2001 Nr. 3 den Beschluss des BAG vom 29. 7. 09 – 7 ABR 27/08 – NZA 09, 1424). Auf die Repräsentativität und Größe der Gewerkschaften kommt es danach nicht an. Falls mehrere Gewerkschaften zum Abschluss unterschiedlicher TVe bereit sind, steht es hiernach dem ArbGeb. frei, für welchen TV mit welcher Gewerkschaft er sich entscheidet. Die Konzeption erscheint im Hinblick auf Art. 9 Abs. 3 GG bedenklich. Das uneingeschränkte Prioritätsprinzip beseitigt nach dem Abschluss eines TV nach § 3 Abs. 1 mit einer Gewerkschaft die Betätigungsfreiheit der anderen, konkurrierenden Gewerkschaft hinsichtlich dieses Regelungsgegenstands. Wird dem ArbGeb. die Wahl der Gewerkschaft, mit welcher er einen TV nach § 3 Abs. 1 abschließt, freigestellt, so hängt die Verwirklichung der Betätigungsfreiheit der anderen Gewerkschaft ohne Anknüpfung an objektive Merkmale ausschließlich von seinem Belieben ab. Damit steht die Betätigungsfreiheit einer Koalition zur Disposition des sozialen Gegenspielers. Eine sachliche Rechtfertigung hierfür ist nicht ohne Weiteres erkennbar. Auch ist die Gefahr nicht von der Hand zu weisen, dass sich unter mehreren konkurrierenden Gewerkschaften eine „schwache" bereit findet, mit dem ArbGeb. einen diesem gefälligen TV abzuschließen (vgl. zu einem für den ArbGeb. äußerst „kostengünstigen" TV in einem filialisierten bundesweiten Einzelhandelsunternehmen – 92 BRMitgl. statt der gesetzl. 1155 BRMitgl. – ArbG Nienburg 22. 11. 07 – 1 BV 10/07 – nv., zitiert nach *Trümner/Sparchholz* AiB 09, 98, 100). Gleiches gilt für die Gefahr des „Windhund-Rennens" (C. Meyer SAE 10, 27), bei dem sich Gewerkschaften um der eigenen Anerkennung darin Konkurrenz machen, dem ArbGeb. einen diesem möglichst genehmen TV nach § 3 Abs. 1 anzubieten. Ob diesen Gefahren durch die Möglichkeit gerichtlicher Kontrolle derartiger TV wirksam begegnet werden kann, erscheint zumindest fraglich, denn zum einen bedarf es hierzu der keineswegs selbstverständlichen Anrufung der Gerichte, zum zweiten ist die gerichtliche Kontrolle wegen des weiten Beurteilungs- und Ermessensspielraums der TVParteien deutlich eingeschränkt und zum dritten führt selbst die gerichtlich festgestellte Rechtswidrigkeit eines TV keineswegs notwendig zur Nichtigkeit der auf seiner Grundlage durchgeführten Wahl (vgl. Rn 23). Die Erwägung des BAG, die Gewerkschaft, die bei dem Abschluss eines TV nach Abs. 1 Nr. 1 bis 3 durch die konkurrierende Gewerkschaft das Nachsehen habe, könne ja für den von ihr angestrebten TV streiken, erscheint – unabhängig davon, dass nach hier vertretener Auffassung derartige TVe nicht erstreikbar sind (vgl. Rn 20) – zwiespältig und wenig belastbar, nachdem das BAG zugleich darauf hinweist, dass eine Stärkung der Verhandlungsposition dieser Gewerkschaft nicht zu erwarten sei, da Arbeitskämpfe um den Abschluss eines OrganisationsTV in nennenswerter Anzahl nicht bekannt geworden seien (BAG 29. 7. 09 – 7 ABR 27/08 – NZA 09, 1424).

Eine zweite Möglichkeit, Kollisionen zu verhindern, ist das **uneingeschränkte** **16e** **Ablösungsprinzip.** Danach würde jeder spätere, auch mit einer anderen Gewerkschaft geschlossene TV nach § 3 Abs. 1 einen früheren TV mit sofortiger Wirkung ablösen. Diese Lösung erscheint kaum vertretbar. Durch sie würde die Fortwirkung eines TV nach § 3 Abs. 1 ebenso wie die darin ausgeübte Betätigungsfreiheit einer Gewerkschaft zur Disposition des ArbGeb. gestellt. Eine zu diesem Ergebnis führende Gesetzesauslegung ist mit Art. 9 Abs. 3 GG schwerlich vereinbar. Nach dem **modifizierten Ablösungsprinzip** löst der spätere TV den früheren nach dessen Beendigung ab (so ErfK/*Koch* Rn 2).

16f   Kollisionen werden auch durch das **modifizierte Konsensprinzip** verhindert. Danach kann ein TV nach § 3 Abs. 1 grundsätzlich nur mit sämtlichen konkurrierenden Gewerkschaften einheitlich geschlossen werden (so die 24. Aufl.; GK-*Franzen* Rn 34; ähnlich *Eich* Euro AS 03, 12, 15 f.; *Annuß* NZA 02, 290, 293). Nach dieser Lösung, der aber das BAG im Beschluss vom 29. 7. 09 (– 7 ABR 27/08 – NZA 09, 1424) eine ausdrückliche Absage erteilt hat, muss ein ArbGeb. oder eine Gewerkschaft, die in Verhandlungen über einen TV nach § 3 Abs. 1 treten, dies im Betrieb, bzw. in den Betrieben bekannt geben (GK-*Franzen* Rn 34; vgl. zu einer nicht unähnlichen Problematik bei der Allgemeinverbindlicherklärung von TV die Bekanntmachungspflicht nach § 5 Abs. 2 TVG). Falls eine dort vertretene tarifzuständige Gewerkschaft daraufhin ebenfalls ihre Zuständigkeit geltend macht, kann der TV nur unter ihrer Einbeziehung geschlossen werden. Reklamiert keine andere Gewerkschaft ihre Zuständigkeit, kann der TV mit einer im Betrieb vertretenen tarifzuständigen Gewerkschaft geschlossen werden. Ein späterer abweichender TV mit einer anderen Gewerkschaft ist dann nicht möglich. Insoweit gilt dann – bis zum Ablauf der regelmäßigen Amtszeit des BR – das Prioritätsprinzip (GK-*Franzen* Rn 34). Ein gleichwohl abgeschlossener anderweitiger TV ist unwirksam. Auch mit dem Konsensprinzip ist eine Beschränkung der Betätigungsfreiheit der tarifzuständigen Gewerkschaften verbunden. Diese ist aber bedingt und gerechtfertigt durch die Betätigungsfreiheit der jeweils anderen. Das Erfordernis einer „Tarifgemeinschaft" bei TV nach § 3 ist nicht mit einer Regelungslücke verbunden. Vielmehr gelten, wenn sich ArbGeb. und tarifzuständige Gewerkschaften nicht verständigen können, die gesetzlichen Betriebsverfassungsstrukturen. Gleichwohl ist nicht zu verkennen, dass das modifizierte Konsensprinzip den Abschluss von TV nach § 3 Abs. 1 in der Praxis erschwert.

16g   Kollisionen werden schließlich auch verhindert durch ein bereits beim Abschluss eines TV nach § 3 Abs. 1 zu beachtendes **Repräsentativitätsprinzip (Mehrheitsprinzip).** Danach ist ein TV nach § 3 Abs. 1 mit der Gewerkschaft zu schließen, die in der/den betroffenen organisatorischen Einheit/en am stärksten vertreten ist (so jedenfalls im Ergebnis wohl *DKKW-Trümner* Rn 157; *Däubler* ArbuR 01, 285, 288; *Engels/Trebinger/Löhr-Steinhaus* DB 01, 532, 533; *Gamillscheg*, Kollektives Arbeitsrecht Bd. II, S. 217 f.; *HSWGNR-Rose* Rn 16; *Konzen* RdA 01, 76, 86; *Hohenstatt/Dzida* DB 01, 2498, 2500; *C. Meyer* SAE 10, 27; *Ulber* Anm. zu EzA § 3 BetrVG 2001 Nr. 3; *Kort* Anm. zu AP Nr. 7 zu § 3 BetrVG 1972; *Braun* NZA Beilage 3/2010 S. 108; vgl. zu einem modifizierten Repräsentativitätsprinzip in Gestalt eines betrieblichen Quorums *Bepler* NZA Beilage 2/2011 S. 73). Diese Lösung führt allerdings zu einer Beschneidung der Betätigungsfreiheit der konkurrierenden, kleineren Gewerkschaft. Sie stellt aber die Entscheidung darüber, welche Gewerkschaft in ihrer Betätigungsfreiheit zurückzustehen hat, nicht zur Disposition des sozialen Gegenspielers, sondern knüpft objektivierend an die stärkste mitgliedschaftliche Legitimation auf ArbNSeite an (vgl. zum Mehrheitsprinzip als Lösung von Tarifkonkurrenzen bei Betriebsnormen *Däubler/Zwanziger* TVG § 4 Rn 935; *Löwisch/Rieble* TVG § 4 Rn 151; *Jacobs* in *Jacobs/Krause/Oetker* Tarifvertragsrecht § 7 Rn 222; vgl. auch schon *Dieterich*, Die betrieblichen Normen nach dem TVG, S. 104). So hat es denn auch das BAG bei einem TV nach § 47 Abs. 4 nicht beanstandet, dass dieser nicht von allen, sondern nur von der im Unternehmen mehrheitlich vertretenen Gewerkschaft abgeschlossen war (BAG 25. 5. 05 AP Nr. 16 zu § 47 BetrVG 1972; vgl. dazu § 47 Rn 51). Dass der Gesetzgeber dem Mehrheitsprinzip bei Vereinbarungen über abweichende Betriebsverfassungsstrukturen Bedeutung beimisst, zeigt auch § 3 Abs. 3 S. 1. Auch der sog. Tarifsenat des BAG scheint derzeit dem Majoritäts- oder Repräsentationsprinzip zuzuneigen, wie es nunmehr für den Bereich des Arbeitnehmerentsendegesetzes in § 7 Abs. 2 AentG geregelt ist (BAG 9. 12. 09 – 4 AZR 190/08 – NZA 10, 712). Allerdings bringt das Mehrheitsprinzip in seiner praktischen Anwendung Schwierigkeiten mit sich. Diese erscheinen aber nicht unüberwindlich. Letztlich ist es Sache der einen TV nach § 3 Abs. 1 abschließenden Parteien, sich darüber zu vergewissern, dass die abschließende Gewerkschaft insgesamt in den betroffenen Einheiten über die stärkste Mitgliederzahl verfügt. Lässt sich dies nicht zuverlässig feststellen, ist es sinnvoll, eine Tarifgemeinschaft zu bilden oder es bei den gesetzlichen Strukturen zu belassen. Hiernach verdient das bereits bei Abschluss eines TV nach Abs. 1 Nr. 1 bis 3 zu beachtende Mehrheitsprinzip den Vorzug (so auch *Ulber* Anm. zu EzA § 3 BetrVG 2001 Nr. 3; **anders aber BAG** 29. 7. 09 – 7 ABR 27/08 – NZA 09, 1424 und 9. 12. 09 – 4 AZR 190/08 – NZA 10, 712; anders auch noch 24. Aufl.).

Soll ein TV nach § 3 Abs. 1 **mehrere Betriebe** betreffen und ist eine Gewerk- **17** schaft nicht für alle Betriebe zuständig, kann der TV nur unter **Beteiligung der für die anderen Betriebe zuständigen Gewerkschaften** geschlossen werden (*Thüsing* ZIP 03, 693, 699; *Friese* ZfA 03, 237, 271; *Eich* Euro AS 03, 12, 15). Es handelt sich um einen EinheitsTV, dessen Rechte nur gemeinsam ausgeübt werden können. Auch nach dem Beschluss des BAG vom 29. 7. 09 (– 7 ABR 27/08 – NZA 09, 1424) könnte in diesem Fall ein TV nicht mit nur einer Gewerkschaft geschlossen werden.

Ist der ArbGeb. Mitglied eines ArbGebVerbandes, kommt auch ein **firmenbezo-** **18** **gener VerbandsTV** in Betracht (GK-*Franzen* Rn 30). Ein solcher ist nicht grundsätzlich ausgeschlossen (*Eich* Euro AS 03, 12, 13 f.; skeptisch dagegen *Thüsing* ZIP 03, 693, 697).

Ein **FlächenTV**, durch den BR-Strukturen für alle MitglUnternehmen geregelt **19** werden, dürfte kaum einmal in Betracht kommen (grundsätzlich verneinend *Thüsing* ZIP 03, 693, 697; *Eich* Euro AS 03, 12, 13 f.). Die nach § 3 Abs. 1 jeweils zu beachtenden Ziele erfordern eine unternehmensbezogene Betrachtung, die in einem FlächenTV nicht möglich ist.

b) Arbeitskämpfe um Tarifverträge nach Abs. 1

TV nach § 3 Abs. 1 Nr. 1 bis 3 können **nicht durch Arbeitskämpfe** (Streik, **20** Aussperrung) erzwungen werden (vgl. *Utermark* [Rn 1] S. 171 ff.; *Friese* ZfA 03, 237, 259 ff.; *Eich* Euro AS 03, 12, 16 f.; *Reichold* NZA 01, 857, 859; GK-*Franzen* Rn 32; *Richardi* Rn 59; HSWGNR-*Rose* Rn 22; *Kort* Anm. zu AP Nr. 7 zu § 3 BetrVG 1972; **aA aber BAG** 29. 7. 09 – 7 ABR 27/08 – NZA 09, 1424; *Däubler* ArbuR 01, 285, 288; ErfK/*Koch* Rn 2; *Plander* NZA 02, 483, 488; DKK-*Trümner* Rn 154 f.; Hako-BetrVG/*Kloppenburg* Rn 9; differenzierend *Thüsing* ZIP 03, 693, 701). Allerdings folgt die Unzulässigkeit von Streiks um TV nach § 3 Abs. 1 Nr. 1 bis 3 nicht etwa aus der Unternehmerfreiheit des ArbGeb. Die Bestimmung der organisatorischen Gestaltung von ArbNVertr-Strukturen steht nicht zur Disposition des Unternehmers, sondern wird durch das BetrVG in zweiseitig bindender Weise geregelt. Auch kann Ziel eines durch Art. 9 Abs. 3 GG gewährleisteten Arbeitskampfs grundsätzlich jede in einem TV regelbare Materie sein. Eine Ausnahme gilt aber für solche Gegenstände, die den Koalitionen nicht zur autonomen Wahrnehmung der MitglInteressen, sondern zu einem anderen, darüber hinausgehenden Zweck überantwortet sind (*Friese* ZfA 03, 237, 268). Dies ist bei § 3 Abs. 1 Nr. 1 bis 3 der Fall. Der Gesetzgeber bedient sich hier zum Zwecke der effektiven Gestaltung der Betriebsverfassung im Interesse der Gesamtbelegschaft der Sachkompetenz der TV-Parteien. Deren Tarifsetzungsbefugnis ist in § 3 Abs. 1 Nr. 1 bis 3 an bestimmte inhaltliche Vorgaben gebunden und dient nicht der Verfolgung mitgliederbezogener Verbandsinteressen. Der Abschluss von TV nach § 3 Abs. 1 Nr. 1 bis 3 gehört daher nicht zu den durch Art. 9 Abs. 3 GG geschützten koalitionsspezifischen Betätigungen (*Friese* ZfA 03, 237, 269). Dagegen kann nach dem Beschluss des BAG vom 29. 7. 09 (– 7 ABR 27/ 08 – NZA 09, 1424) der Abschluss eines TV nach Abs. 1 Nr. 1 bis 3 auch Gegenstand eines Arbeitskampfes sein. **TV nach § 3 Abs. 1 Nr. 4 u. 5** können auch nach hier vertretener Auffassung durch Streiks erzwungen werden (ebenso *Thüsing* ZIP 03, 693, 701; **aA** HSWGNR-*Rose* Rn 22). Die danach errichteten Gremien bzw. Vertr. ersetzen die gesetzlichen Strukturen nicht, sondern sind zusätzliche der Interessenwahrung der ArbN dienende Einrichtungen.

c) Inhaltskontrolle

21   § 3 enthält eine abschließende Regelung über abweichende ArbNVertrStrukturen
(vgl. BAG 10. 11. 04 AP Nr. 2 zu § 3 BetrVG 1972). Die TV-Parteien sind in der
Vereinbarung abweichender BR-Strukturen nicht frei. Ihre Regelungsbefugnis ist
durch die inhaltlichen Vorgaben des § 3 Abs. 1 begrenzt. TV sind danach nur dann
zulässig, wenn und soweit sie der Erleichterung der Errichtung von BR oder der
sachgerechten Wahrnehmung der Interessen der ArbN oder der Aufgaben des BR
dienen. TV nach § 3 Abs. 1 unterliegen insoweit der **Rechtskontrolle durch die
Gerichte** (vgl. BAG 29. 7. 09 – 7 ABR 27/08 – NZA 09, 1424; *Friese* ZfA 03, 237,
252 ff.; *Eich* Euro AS 03, 12, 19 f.; *DKK-Trümner* Rn 156; GK-*Franzen* Rn 7; *Richardi*
Rn 95). Diese Rechtskontrolle ist nicht etwa durch Art. 9 Abs. 3 GG beschränkt
(*Friese* ZfA 03, 237, 254 f.). Angesichts des Spannungsverhältnisses zwischen den Verbandsinteressen und den Interessen der Betriebsbelegschaft(en) gibt es auch keine
Vermutung für die Richtigkeit des TV (*Friese* ZfA 03, 237, 255 f.). Die TV-Parteien
haben aber bei der konkreten Ausgestaltung der ihnen durch § 3 Abs. 1 verliehenen
Befugnis einen erheblichen **Beurteilungsspielraum** und ein **weites Regelungs-
ermessen.** Dies haben die Gerichte zu beachten (*Friese* ZfA 03, 237, 257 ff.; *Utermark* [Rn 1] S. 184 f.; *Richardi* Rn 95; nach *Trümner* AiB 09, 98, 99 und *DKKW-
Trümner* Rn 156 ist die gerichtliche Rechtskontrolle auf „grobe Fehler" beschränkt).

d) Delegation der Regelungsbefugnis auf Betriebsparteien

22   Die TV-Parteien können die ihnen vom Gesetzgeber durch § 3 Abs. 1 verliehene
Regelungsbefugnis jedenfalls unbeschränkt nicht im Wege der **(Sub-)Delegation an
die Betriebsparteien** weitergeben (*Thüsing* ZIP 03, 693, 701; *Annuß* NZA 02, 290,
293). Zulässig dürfte eine tarifliche Öffnungsklausel in den Fällen des Abs. 1 Nr. 1, 2,
4 und 5 aber dann sein, wenn die TV-Parteien die BV von ihrer Zustimmung abhängig machen. Denn in diesem Fall bleibt die Regelungsbefugnis letztlich bei ihnen
(vgl. *Eich* Euro AS 03, 12, 17). Ganz ausgeschlossen ist eine tarifliche Öffnungsklausel
aber wohl in den Fällen des Abs. 1 Nr. 3 (*Richardi* Rn 76; aA *HSWGNR-Rose*
Rn 38). Insoweit macht der Umkehrschluss aus § 3 Abs. 2 deutlich, dass jegliche
Regelung durch die Betriebsparteien gesperrt sein soll (vgl. *Eich* Euro AS 03, 12, 17).

e) Rechtsfolgen bei fehlerhaftem Tarifvertrag

23   **Überschreiten die TV-Parteien** die ihnen durch § 3 Abs. 1 eingeräumte **Regelungsbefugnis** – etwa indem sie die inhaltlichen Vorgaben des § 3 Abs. 1 nicht beachten –, so ist die entspr. **Regelung nichtig** (*Spinner/Wiesencker* FS Löwisch S. 375,
380). Bei Teilnichtigkeit bleibt der gültige Teil wirksam, wenn er noch eine sinnvolle
und in sich geschlossene Regelung enthält. Dies wird aber meistens nicht der Fall
sein. Die Nichtigkeit eines TV nach § 3 Abs. 1 hat nicht notwendig die Nichtigkeit
einer danach durchgeführten BRWahl zur Folge. Eine BRWahl ist nur dann nichtig,
wenn gegen allgemeine Grundsätze jeder ordnungsgemäßen Wahl in so hohem Maße
verstoßen wurde, dass auch der Anschein einer dem Gesetz entspr. Wahl nicht mehr
vorliegt (BAG 22. 3. 00 AP Nr. 8 zu § 14 AÜG; 19. 11. 03 AP Nr. 54 zu § 19 BetrVG
1972). Davon wird bei einer auf einem fehlerhaften TV beruhenden Wahl meist
nicht ausgegangen werden können. Die **Wahl** wird daher **lediglich anfechtbar** sein
(*Thüsing* ZIP 03, 693, 700 f.; GK-*Franzen* Rn 74; aA *Utermark* [Rn 1] S. 180 f.; *Richardi* Rn 96; *Spinner/Wiesencker* FS *Löwisch* S. 375, 385 ff.; differenzierend *Trümner/
Sparchholz* AiB 09, 98, 101). Dementsprechend sind auch die geschlossenen BV nicht
nichtig (so aber *Spinner/Wiesencker* FS *Löwisch* S. 375, 388 f.).

2. Die Fallgruppen des Abs. 1

24   Abs. 1 sieht für die TV-Parteien **unterschiedliche Gestaltungsmöglichkeiten**
vor. Dadurch sollen sie in die Lage versetzt werden, ArbNVertr. zu schaffen, die auf

die besondere Struktur des jeweiligen Betriebs, Unternehmens oder Konzern zugeschnitten sind. In Abs. 1 Nr. 1 bis 3 sind Organisationseinheiten beschrieben, die an die Stelle der gesetzlich vorgesehenen treten und diese ersetzen (Rn 25–51). Eine gleichzeitige, parallele Kombination des gesetzlich vorgesehenen BR mit einer der nach Abs. 1 Nr. 1 bis 3 gebildeten Einheiten (Doppelstrukturen) ist nicht möglich (Rn 52). Nach Abs. 1 Nr. 4 und 5 können zusätzliche Gremien geschaffen werden, die neben den BR oder die nach Abs. 1 Nr. 1 bis 3 geschaffene Organisationseinheit treten (Rn 53–65).

a) Unternehmenseinheitlicher Betriebsrat (Nr. 1 a)

Nach Nr. 1 a kann durch TV für ein Unternehmen mit mehreren Betrieben die **25** Wahl eines **unternehmenseinheitlichen BR** vorgesehen werden. Damit sollen vor allem in kleineren Unternehmen bessere Voraussetzungen für die Wahl von BR geschaffen werden (BT-Drucks. 14/5741 S. 33). Die Vorschrift ist aber auch auf größere Unternehmen anwendbar (vgl. zu den „strategischen Überlegungen" für und gegen die Bildung eines unternehmenseinheitlichen BR insb. aus ArbGeb.-Sicht *Gaul/ Mückl* NZA 11, 657). Darauf, ob es in den Unternehmen bereits BR gibt, kommt es nicht an (*Engels/Trebinger/Löhr-Steinhaus* DB 01, 532, 533).

Voraussetzung ist die Existenz von **mehreren Betrieben in einem Unterneh-** **26** **men.** Betriebe in diesem Sinn sind auch die Betriebsteile, die nach § 4 Satz 1 als selbständige Betriebe gelten (BT-Drucks. 14/5741 S. 34; *Engels/Trebinger/Löhr-Steinhaus* DB 01, 532, 533; *DKKW-Trümner* Rn 22; *Richardi* Rn 17). Allerdings ist es den ArbN dieser Betriebsteile nach dem durch das BetrVerf-ReformG neu eingefügten § 4 Abs. 1 Satz 2 grundsätzlich frei gestellt, ob sie einen eigenen BR wählen oder an der Wahl des BR im Hauptbetrieb teilnehmen wollen. Regelt aber ein **TV nach § 3 Abs. 1** eine andere Zuordnung des Betriebsteils, so **geht** diese grundsätzlich **vor** (BT-Drucks. 14/5741 S. 35; *Utermark* [Rn 1] S. 119; *DKKW-Trümner* Rn 22). Hierzu muss der TV wirksam sein. Dies setzt ua. voraus, dass er vom einer für den Betriebsteil zuständigen Gewerkschaft geschlossen wurde und dass er die Bildung von BR erleichtert oder einer sachgerechten Wahrnehmung der Interessen der ArbN dient.

Fraglich erscheint, unter welchen Voraussetzungen ein unternehmenseinheitlicher **27** BR nach Nr. 1 a gebildet werden kann, wenn es sich bei einem oder mehreren der Betriebe um **gemeinsame Betriebe mehrerer Unternehmen** iSv. § 1 Abs. 1 Satz 2 handelt (vgl. *DKKW-Trümner* Rn 21). Jedenfalls dann, wenn für diese Betriebe ein eigener BR gebildet wird, dürfte ihre Einbeziehung in einen UnternehmensBR iSv. § 3 Abs. 1 Nr. 1 a nicht möglich sein (vgl. auch *Kort* AG 03, 18; *Richardi* Rn 18). Andernfalls würden auf derselben horizontalen Ebene Doppelstrukturen geschaffen, die nach hier vertretener Auffassung nicht möglich sind (vgl. Rn 52). In diesem Fall bleibt daher nur die Möglichkeit, gemäß Abs. 1 Nr. 1 b die **Betriebe zusammenzufassen, die ausschließlich zu dem Unternehmen gehören.** Wegen der Beteiligung des Unternehmens an dem Gemeinschaftsbetrieb ist dann aber gleichwohl noch ein **GesBR** zu errichten. Für diesen ist § 47 Abs. 9 zu beachten. Eine andere Möglichkeit besteht darin, **unternehmensübergreifend** unter Einbeziehung der anderen an dem Gemeinschaftsbetrieb beteiligten Unternehmen **gemäß Abs. 1 Nr. 3 eine andere ArbNVertrStruktur** zu schaffen (*DKKW-Trümner* Rn 21; *Richardi* Rn 18).

Ein TV nach Nr. 1 a darf **nur** geschlossen werden, **wenn** dadurch die **Bildung von** **28** **BR erleichtert** oder einer **sachgerechten Wahrnehmung der Interessen der ArbN gedient** wird (vgl. dazu näher *Utermark* [Rn 1] S. 122 ff.). Die TV-Parteien haben dies **eigenverantwortlich zu beurteilen.** Eine gerichtliche Rechtskontrolle ist – insb. in einem Verf. nach § 18 Abs. 2 oder im Rahmen einer Wahlanfechtung nach § 19 – möglich (vgl. Rn 21, 102; ferner *DKKW-Trümner* Rn 33).

Die Bildung von BR wird insb. **dann** erleichtert, **wenn andernfalls die Gefahr** **29** besteht, **dass** in einzelnen Betrieben oder Betriebsteilen **gar kein BR gewählt wird**

(*Kort* AG 03, 18; GK-*Franzen* Rn 11; *DKKW-Trümner* Rn 29; *Richardi* Rn 22). Dieser Aspekt hat nicht etwa deshalb an Bedeutung verloren, weil nach § 50 Abs. 1 Satz 1 2. Halbsatz der GesBR nun auch für betriebsratslose Betriebe zuständig ist. Diese Zuständigkeit beschränkt sich nämlich nur auf den originären Zuständigkeitsbereich des GesBR nach § 50 Abs. 1 Satz 1 Halbs. 1. Es verbleiben daher in einem betriebsratslosen Betrieb viele „Mitbestimmungslücken" (vgl. *DKKW-Trümner* Rn 29).

30   Der **sachgerechten Wahrnehmung der Interessen der ArbN** dürfte ein unternehmenseinheitlicher BR vor allem dann dienen, **wenn** die **Entscheidungskompetenzen** in beteiligungspflichtigen Angelegenheiten **zentral** auf Unternehmensebene **angesiedelt** sind (BT-Drucks. 14/5741 S. 34; *Richardi* Rn 22). Es ist grundsätzlich sinnvoll, die Vertretungsgremien der ArbN möglichst dort zu errichten, wo die mitzubestimmenden unternehmerischen Entscheidungen fallen. Andererseits kann für die sachgerechte Wahrnehmung der Interessen der ArbN aber auch die Erreichbarkeit ihres Repräsentationsorgans von erheblicher Bedeutung sein. Den Aspekt der möglichst ortsnahen Errichtung des BR macht der Gesetzgeber insb. in § 4 Satz 1 Nr. 2 deutlich (vgl. *DKKW-Trümner* Rn 23).

31   **Andere** als die in Abs. 1 Nr. 1 ausdrücklich genannten **Gesichtspunkte** rechtfertigen den Abschluss von TV nach dieser Vorschrift grundsätzlich nicht. **Keine Rolle** spielen darf insb. das Interesse des Unternehmens an einer **Kosteneinsparung** durch Verringerung von BR-Gremien und BRMitgl. (vgl. BAG 29. 7. 09 – 7 ABR 27/08 – NZA 09, 1424; *DKKW-Trümner* Rn 29, 32; HSWGNR-*Rose* Rn 43; vgl. auch den von *Trümner/Sparchholz* AiB 09, 98, 99 f. dargestellten Fall, in dem der TV die gesetzlich vorgesehenen 1155 BRMitgl. auf 92 reduzierte). Auch die isolierte Begründung, die Arbeit des BR werde erleichtert, reicht alleine nicht aus (*DKKW-Trümner* Rn 32). Allerdings wird die Effektivierung der BR-Arbeit meist auch der sachgerechten Wahrnehmung der Interessen der ArbN dienen. Ein TV nach Abs. 1 Nr. 1 darf nicht dazu missbraucht werden – in kollusivem Zusammenwirken von ArbGeb. und Gewerkschaft – in einzelnen Betrieben unbequeme gewerkschaftskritische Gruppierungen und Listen auszuschalten.

32   Wird ein **UnternehmensBR** nach Abs. 1 Nr. 1 errichtet, **ersetzt** dieser **sowohl** die **örtlichen BR als auch** den von diesen gebildeten **GesBR.** Die Vertretungsstrukturen werden zentralisiert. Die konzentrierte, 1-stufige Interessenwahrnehmung mag insgesamt effektiver werden. Die Berücksichtigung örtlicher Besonderheiten wird allerdings erschwert.

b) Zusammenfassung mehrerer Betriebe (Nr. 1 b)

33   Gemäß § 3 Abs. 1 Nr. 1 b können – anders als nach bisherigem Recht – nun in einem Unternehmen durch TV mehrere Betriebe „zusammengefasst" werden. An der unternehmerischen Organisation und Leitungsstruktur ändert sich dadurch nichts (BAG 18. 3. 08 – 1 ABR 3/07 – NZA 08, 1259; 7. 6. 11 – 1 ABR 110/09 –). Die **„zusammengefassten" Betriebe gelten** vielmehr lediglich gemäß § 3 Abs. 5 Satz 1 **als ein Betrieb** iSd. BetrVG. Die zusammengefassten Organisationseinheiten als solche bestehen fort. In ihnen zuvor geltende BV gelten – beschränkt auf die Organiationseinheit – normativ fort (BAG 18. 3. 08 – 1 ABR 3/07 – NZA 08, 1259; 7. 6. 11 – 1 ABR 110/09 –; *Salamon* NZA 09, 74). Ebenso wie bei Abs. 1 Nr. 1 a sind Betriebe iSd. Vorschrift auch die Betriebsteile, die nach § 4 Satz 1 als selbständige Betriebe gelten (Rn 26). Zu den Schwierigkeiten der Einbeziehung eines Gemeinschaftsbetriebs siehe Rn 27 (ferner *Kort* AG 03, 18).

34   Auch ein TV nach Abs. 1 Nr. 1 b ist nur zulässig, wenn er die **Bildung von BR erleichtert** oder einer **sachgerechten Wahrnehmung der Interessen** der ArbN dient (vgl. Rn 28–31). Die Errichtung eines „FilialBR" wird insb. in Betracht kommen, wenn in einem Unternehmen mit bundesweitem Filialnetz kein unternehmensweiter BR nach Nr. 1 a, sondern RegionalBR errichtet werden sollen (BT-

Drucks. 14/5741 S. 34; *Engels/Trebinger/Löhr-Steinhaus* DB 01, 532, 533; *DKKW-Trümner* Rn 28; *Richardi* Rn 20). Dagegen dürften in dem Fall, der dem Beschluss des ArbG Nienburg 22. 11. 07 – 1 BV 10/07 – (nv., zitiert nach *Trümner/Sparchholz* AiB 09, 98, 100) zugrunde lag und in dem durch einen TV in einem filialisierten bundesweiten Einzelhandelsunternehmen aus den gesetzlichen 1155 BRMitgl. 92 gewillkürte wurden, die Voraussetzungen nach Abs. 1 Nr. 1 b nicht erfüllt sein. Eine Bildung von RegionalBR ist nach Abs. 1 Nr. 1 b allerdings dann nicht möglich, wenn die Filialen die Voraussetzungen des § 1 Abs. 1 Satz 1 nicht erfüllen, daher nach der gesetzlichen Betriebsverfassung keine Betriebe sind und dementsprechend nach § 4 Abs. 2 dem Hauptbetrieb zuzuordnen wären. In einem solchen Fall können RegionalBR aber durch einen TV nach Abs. 1 Nr. 3 gebildet werden (vgl. Rn 50).

Anders als beim UnternehmensBR nach Abs. 1 Nr. 1 a wird durch die Zusam- **35** menfassung von Betrieben nach Abs. 1 Nr. 1 b die mehrstufige Vertretungsstruktur nicht durch eine 1-stufige ersetzt. Vielmehr bilden die BR der zusammengefassten Betriebe **weiterhin** einen **GesBR**.

§ 3 Abs. 1 Nr. 1 b erlaubt nach seinem eindeutigen Wortlaut **nicht** die betriebs- **36** verfassungsrechtliche **Aufteilung eines Betriebs** (*Kort* AG 03, 19; *GK-Franzen* Rn 9; *Richardi* Rn 21; *HSWGNR-Rose* Rn 48 **aA** wohl *DKKW-Trümner* Rn 34–36). Eine Aufspaltung kann aber nach Abs. 1 Nr. 2 oder 3 erfolgen.

c) Spartenbetriebsräte (Nr. 2)

Durch das BetrVerf-ReformG neu geführt wurde die Möglichkeit, **SpartenBR** zu **37** errichten (vgl. dazu *Utermark* [Rn 1] S. 127 ff.; *DKKW-Trümner* Rn 37–63; *Friese* RdA 03, 92 ff.; *Kort* AG 03, 19 ff.; *Gaul/Mückl* NZA 11, 657). Die Bildung derartiger SpartenBR kann gemäß § 3 Abs. 1 Nr. 2 durch TV bestimmt werden für Unternehmen und Konzerne, soweit sie nach produkt- und projektbezogenen Geschäftsbereichen (Sparten) organisiert sind oder die Leitung der Sparte wesentliche Entscheidungen in beteiligungspflichtigen Angelegenheiten trifft (vgl. Rn 39 f.). Voraussetzung ist ferner, dass die Bildung dieser ArbNVertrStruktur der sachgerechten Wahrnehmung der Aufgaben des BR dient (vgl. Rn 41). Die Bestimmung ermöglicht zum einen die spartenmäßige Zergliederung eines Betriebs mit der Folge, dass gemäß § 3 Abs. 5 Satz 1 aus einem einheitlichen Betrieb mehrere Betriebe iSd. Gesetzes werden, für die jeweils ein (Sparten-)BR zu wählen ist (vgl. Rn 42). Zum anderen erlaubt sie die betriebsübergreifende Zusammenfassung von Sparten mehrerer Betriebe und der darin jeweils beschäftigten ArbN (vgl. Rn 43). Ferner ist grundsätzlich auch eine die Grenzen des Unternehmens überschreitende Bildung von SpartenBR im Konzern vorgesehen (vgl. Rn 44). Die Bildung besonderer SpartenGesBR ist nicht möglich; es verbleibt vielmehr bei der Bildung des herkömmlichen GesBR, in dem ggf. die SpartenBR Mitglieder entsenden (vgl. Rn 45). Wirksam errichtete SpartenBR treten hinsichtlich der von ihnen repräsentierten ArbN nicht neben die gesetzlichen BR, sondern verdrängen und ersetzen diese (vgl. Rn 52).

Die Bestimmung zielt nach der Gesetzesbegründung vor allem darauf ab, den **BR** **38** **dort zu errichten, wo** ihm ein **kompetenter Ansprechpartner und Entscheidungsträger** gegenübersteht (BT-Drucks. 14/5741 S. 34).

Voraussetzung ist nach Abs. 1 Nr. 2 zunächst, dass ein Unternehmen oder Konzern **39** **nach produkt- oder projektbezogenen Geschäftsbereichen (Sparten) organisiert** ist (vgl. zur Spartenorganisation *Joost* Betrieb und Unternehmen als Grundbegriffe im Arbeitsrecht S. 122, 123; *DKKW-Trümner* Rn 38). Als Kriterien für die Bildung der Geschäftsbereiche sind ausschließlich der Produkt- oder Projektbezug genannt. Daher setzen andere organisatorische Aufteilungen wie etwa die Aufteilung in die Bereiche Produktion, Vertrieb und Kundenservice keine Sparten iSv. Abs. 1 Nr. 2 dar (*DKKW-Trümner* Rn 38; **aA** *GK-Franzen* Rn 12). Es kann aber Abs. 1 Nr. 3 in Betracht kommen. **Matrixorganisationen** in Konzernen können mit der Bildung von Sparten verbunden sein; zwingend ist dies jedoch nicht (vgl. *Bauer/*

Herzberg NZA 11, 713). Im Schrifttum wird die Errichtung eines SpartenBR für Fälle erwogen, in denen bei einem **konzerninternen Betriebsübergang** ein Teil der ArbN dem Übergang ihrer Arbeitsverhältnis auf den Erwerber widerspricht und diese sodann vom Veräußerer dem Erwerber überlassen werden (vgl. *Moll/Ersfeld* DB 11, 1108). Hiergegen bestehen bereits deshalb Bedenken, weil dabei nicht auf den Produkt- oder Projektbezug abgestellt wird.

40   Voraussetzung für den Abschluss eines TV nach Abs. 1 Nr. 2 ist ferner, dass die **Leitung der Sparte** auch **Entscheidungen in beteiligungspflichtigen Angelegenheiten** trifft. Nach dem Gesetzeswortlaut ist dabei nicht erforderlich, dass es sich um die maßgeblichen Entscheidungen in personellen, sozialen und wirtschaftlichen Angelegenheiten handelt (vgl. *DKKW-Trümner* Rn 45; GK-*Franzen* Rn 13; *Teusch* NZA 07, 124, 127). Allerdings wird in Fällen, in denen die Spartenleitung nicht die mitbestimmungsrechtlich maßgeblichen Entscheidungen trifft, die Errichtung eines SpartenBR meist nicht der sachgerechten Wahrnehmung der Aufgaben des BR dienen (*DKKW-Trümner* Rn 46).

41   Die Errichtung von SpartenBR muss schließlich der **sachgerechten Wahrnehmung der Aufgaben des BR** dienen (vgl. dazu *Teusch* NZA 07, 124, 127). Diese Voraussetzung ist gerade bei der Errichtung von SpartenBR regelmäßig genau zu prüfen. Sie wird meist nur dann vorliegen, wenn die betriebsverfassungsrechtlich maßgeblichen Entscheidungen nicht von der herkömmlichen Betriebsleitung, sondern von den Spartenleitungen getroffen werden.

42   Liegen die beschriebenen Voraussetzungen vor, so kann ein **Betrieb entspr. den Sparten in betriebsverfassungsrechtliche Organisationseinheiten aufgespalten** werden (vgl. *DKKW-Trümner* Rn 39). Da die entstehenden Organisationseinheiten gemäß § 3 Abs. 5 Satz 1 als Betriebe iSd. Gesetzes gelten, werden aus einem größeren Betrieb **mehrere kleinere Betriebe.** Für die MBR ist dies nur deshalb relativ undramatisch, weil wesentliche Bestimmungen, soweit sie an Schwellenwerte anknüpfen (vgl. insb. §§ 99, 111), nicht mehr auf den Betrieb, sondern auf das Unternehmen abstellen. Die TV-Parteien müssen aber darauf achten, dass entweder **alle ArbN in die neue ArbNVertrStruktur einbezogen** werden **oder ein betriebsratsfähiger Teil verbleibt**, für den ein gesetzlicher BR gewählt werden kann. Da nach hier vertretener Auffassung die nach § 3 Abs. 1 gebildeten BR den gesetzlichen BR ersetzen, ist für den Betrieb kein einheitlicher BR mehr zu wählen. Es ist allerdings **nun von den mehreren SpartenBR ein GesBR** gemäß § 47 **zu bilden.** Falls es neben dem bisherigen Betrieb noch andere Betriebe gab und ein GesBR bereits errichtet war, entsenden die SpartenBR dorthin Mitgl.

43   Eine **betriebsübergreifende Bildung von SpartenBR** kommt in Betracht, wenn ein nach Sparten organisiertes Unternehmen mehrere Betriebe hat (vgl. *DKKW-Trümner* Rn 40; ErfK/*Koch* Rn 5). Voraussetzung ist aber, dass die Spartenleitungen nicht dezentral in den Betrieben angesiedelt sind, sondern dass es für die mehreren Sparten je eine **überbetriebliche Spartenleitung** gibt. Durch die Errichtung derartiger betriebsübergreifender SpartenBR werden die bisherigen Betriebe betriebsverfassungsrechtlich „zerschlagen" und gemäß § 3 Abs. 5 Satz 1 neue „Betriebe" gebildet. Die bisherigen BR „entfallen" gemäß § 3 Abs. 4 Satz 2.

44   Möglich ist schließlich in Konzernen die tarifvertragliche Errichtung **unternehmensübergreifender SpartenBR** (vgl. *DKKW-Trümner* Rn 41 ff.; *Richardi* Rn 28; ErfK/*Koch* Rn 5). Konzern iSv. § 3 Abs. 1 Nr. 2 dürfte auch der Gleichordnungskonzern sein (*DKKW-Trümner* Rn 41; *Utermark* [Rn 1] S. 129 f.; *Löwisch/Kaiser* Rn 9; GK-*Franzen* Rn 14; HSWGNR-*Rose* Rn 56; **aA** *Richardi* Rn 28). Erforderlich ist in diesem Fall, dass der TV von allen Konzernunternehmen geschlossen wird. Durch die Bildung derartiger KonzernspartenBR entstehen sodann gemäß § 3 Abs. 5 Satz 1 konzernweite Betriebe. Da an diesen mehrere Unternehmen beteiligt sind, dürfte es sich um besondere durch TV gebildete gemeinsame Betriebe iSv. § 1 Abs. 1 Satz 2 handeln. Diese hätten dann ihrerseits gemäß § 47 unternehmensbezogene GesBRe zu bilden.

Einen besonderen, in der Begründung des Regierungsentwurfs erwähnten „**Spar-** 45 **tengesamtbetriebsrat**" (vgl. BT-Drucks. 14/5741 S. 34) sieht der Text des BetrVG nicht vor. Bislang ist weder in der Rspr. noch im Schrifttum geklärt, welche Phänomene sich hinter dem Begriff verbergen (vgl. zu den unterschiedlichen Verständnismöglichkeiten *DKKW-Trümner* Rn 51–53; vgl. auch GK-*Franzen* Rn 17; *Richardi* Rn 32; *Thüsing* ZIP 03, 693, 703; *Utermark* [Rn 1] S. 136 f.; *Löwisch/Kaiser* Rn 9; *Friese* RdA 03, 92, 95; *Kort* AG 03, 20 f.; *Kania/Klemm* RdA 06, 22, 26; *Teusch* NZA 07, 124; LAG Schleswig-Holstein 21. 11. 06 – 5 Sa 244/06 –, die dagegen eingelegte Nichtzulassungsbeschwerde wurde vom BAG mit B. v. 16. 5. 07 – 7 AZN 34/07 zurückgewiesen; ArbG Frankfurt/Main 30. 3. 04 ArbuR 04, 398, Volltext abrufbar bei juris, die hierzu beim BAG unter – 7 ABR 50/05 – anhängige Rechtsbeschwerde hat sich erledigt; ArbG Frankfurt/Main 24. 5. 06 – 14 BV 518/04 – NZA-RR 07, 25, Volltext abrufbar bei juris). Das BAG hat die „Bildung von Spartengesamtbetriebsräten jedenfalls im Ergebnis als zulässig angesehen" (BAG 16. 5. 07 – 7 AZN 34/07 –), sich jedoch zu möglichen Erscheinungsformen nicht geäußert. Die SpartenBRe entsenden, jedenfalls sofern ein TV nichts anderes vorsieht, Mitgl. in den im Unternehmen nach § 47 errichteten GesBR. Diesen kann man als „Spartengesamtbetriebsrat" bezeichnen; seine Errichtung ergibt sich aber bereits aus dem Gesetz (*Richardi* Rn 32). Falls es in Unternehmen nur noch SpartenBR gibt, sind auch nur diese in dem GesBR vertreten. Andernfalls bilden sie diesen zusammen mit den gesetzlichen BR. Sind die SpartenBRe unternehmensübergreifend gebildet, entsenden sie bei Fehlen einer tariflichen Regelung Vertreter in alle bei den Unternehmen kraft Gesetzes zur errichtenden GesBRe. Durch TV können aber wohl abweichende Regelungen getroffen werden. So ist etwa eine Regelung denkbar, nach der die SpartenBRe mehrerer Unternehmen unter Überschreitung der Unternehmensgrenzen jeweils Vertreter in ein für die jeweilige Sparte errichtetes Gremium entsenden; auch solche Gremien könnten insoweit als „Spartengesamtbetriebsräte" bezeichnet werden, als sie aus Vertretern mehrerer SpartenBRe bestehen. Die Arbeitnehmervertretungsstrukturen des BetrVG würden damit allerdings verlassen. Diese sehen weder mehrere GesBRe für dasselbe Unternehmen, noch unternehmensüberschreitende GesBRe vor (BAG 13. 2. 07 AP Nr. 17 zu § 47 BetrVG 1972). Derartige SpartenGesBRe können daher wohl nicht durch TVe nach Abs. 1 Nr. 2, sondern nur durch solche nach Abs. 1 Nr. 3 vorgesehen werden (so auch *DKK-Trümner* Rn 53; *Richardi* Rn 32; *Kort* AG 03, 20 f.; *Kania/Klemm* RdA 06, 22, 26; **aa** *Gaul/Mückl* NZA 10, 657; **offen gelassen** in BAG 16. 5. 07 – 7 AZN 34/07 –). Vgl. dazu, dass die gesetzliche Betriebsverfassung einen Sparten-KBR nicht vorsieht, BAG 9. 2. 11 – 7 ABR 11/10 – NZA 11, 866.

d) Andere Arbeitnehmervertretungsstrukturen (Nr. 3)

Nach Abs. 1 Nr. 3 können durch TV „**andere ArbNVertr-Strukturen**" bestimmt 46 werden, „soweit dies insb. auf Grund der Betriebs-, Unternehmens- oder Konzernorganisation oder auf Grund anderer Formen der Zusammenarbeit von Unternehmen einer wirksamen und zweckmäßigen Interessenvertretung der ArbN dient". Nach der Gesetzesbegründung eröffnet diese Regelung „die Möglichkeit, über die in Nr. 1 und 2 genannten speziellen Fälle hinaus auch dort eine wirksame und zweckmäßige Interessenvertretung der ArbN zu errichten, wo dies auf Grund von Sonderformen der Betriebs-, Unternehmens- oder Konzernorganisation oder der Zusammenarbeit von Unternehmen in rechtlicher oder tatsächlicher Hinsicht generell mit besonderen Schwierigkeiten verbunden ist" (BT-Drucks. 14/5741 S. 34).

Die Verwendung sehr **unbestimmter Rechtsbegriffe** in der Regelung wird teil- 47 weise heftig kritisiert (vgl. die zahlreichen Nachweise bei *Utermark* [Rn 1] S. 139). Die Generalklausel stelle den TV-Parteien einen Freibrief aus und öffne jeder Beliebigkeit Tür und Tor (*Richardi* Rn 37; *Kort* AG 03, 21; *WPK/Preis* Rn 14). Die gesetzliche Organisation der BetrVerf. werde damit zur Disposition der TV-Parteien gestellt. Es widerspreche außerdem der Koalitionsfreiheit, wenn die TV-Parteien auch für nicht organisierte ArbN eine andere ArbNVertrStruktur festlegen könnten (*HSWGNR-Rose* Rn 62). Von anderen wird dagegen – wohl – positiv vermerkt, mit der generalklauselartigen Offenheit des Tatbestandes traue der Gesetzgeber den TV-Parteien „offenbar auf Grund ihrer größeren Problem- und Sachnähe zu, eine jederzeit angemessene, funktionsfähige Betriebsverfassung bereitstellen zu können". Daher könne „von einer bloß ausnahmsweisen Abänderbarkeit des Organisationsrechts der Betriebsverfassung jedenfalls kaum mehr gesprochen werden" (*DKKW-Trümner* Rn 65).

48   Bei der auch nach Sinn und Zweck sowie unter Berücksichtigung des systematischen Zusammenhangs gebotenen **engen Auslegung der Generalklauseln** in § 3 Abs. 1 Nr. 3 hält die Vorschrift verfassungsrechtlichen Bedenken stand (so auch *Annuß* NZA 02, 291, 292; *Thüsing* ZIP 03, 693, 695, 697; *Kania/Klemm* RdA 06, 22; vgl. auch *Utermark* [Rn 1] S. 139 f.). Die Bestimmung eröffnet den TV-Parteien nicht bedingungslos die Möglichkeit zur Einführung anderer ArbNVertr-Strukturen. **Voraussetzung** ist vielmehr, dass diese einer **wirksamen und zweckmäßigen Interessen-Vertr.** der ArbN dienen. Dies ist nicht schon dann der Fall, wenn die von der gesetzlichen Konzeption abweichende tarifliche Regelung sinnvoll erscheint. Voraussetzung ist vielmehr, dass die gesetzliche Regelung auf Grund der besonderen Umstände den Erfordernissen einer wirksamen und zweckmäßigen InteressenVertr. der ArbN nicht genügt (ErfK/*Koch* Rn 6). Dieses enge Verständnis folgt bereits aus der Systematik der Nr. 1 bis 3 des § 3 Abs. 1. Bei einem weiten Verständnis der Nr. 3 wären nämlich die Nr. 1 und 2 überflüssig. Auch ist Sinn und Zweck der Nr. 3 nicht, die Organisation der BetrVerf. den TV-Parteien zur Disposition zu stellen. Vielmehr geht es darum, in besonderen Konstellationen, in denen sich die im BetrVG vorgesehene Organisation für eine wirksame und zweckmäßige Interessenvertretung der ArbN als nicht ausreichend erweist, den TV-Parteien die Möglichkeit zu geben, durch eine Änderung der BR-Struktur für Abhilfe zu sorgen. Auch unter verfassungsrechtlichen Gesichtspunkten erscheint es geboten, ArbN, die nicht tarifgebunden sind, nur dann einer tarifvertraglichen ArbNVertrStruktur zu unterwerfen, wenn dies zur wirksamen und zweckmäßigen InteressenVertr. der ArbN erforderlich ist. Insb. wenn es um die Bewältigung der Probleme geht, die sich aus der Zusammenarbeit von Unternehmen ergeben (zB just-in-time-Produktion, shop-in-shop, Unternehmensnetzwerk), wird es meist weniger riskant sein, an den bewährten gesetzlichen Vertretungsstrukturen festzuhalten und die erforderliche Kommunikation durch zusätzliche Arbeitsgemeinschaften nach Abs. 1 Nr. 4 herzustellen (vgl. Rn 55).

49   Die mangelnde Wirksamkeit oder Zweckmäßigkeit der gesetzlichen Interessen-Vertr. kann sich aus der Betriebs-, Unternehmens- oder Konzernorganisation oder aus anderen Formen der Zusammenarbeit von Unternehmen ergeben. Wie das Wort „insbesondere" zeigt, sind jedoch noch andere Ursachen möglich (vgl. *Utermark* [Rn 1] S. 140 ff.). Abs. 1 Nr. 3 gestattet bei Vorliegen der in ihm genannten Voraussetzungen eine tarifliche Regelung, die die Errichtung eines unternehmensübergreifenden „StandortBR" auch dann vorsieht, wenn die beteiligten Unternehmen keinen gemeinsamen Betrieb führen (BAG 10. 11. 04 AP Nr. 4 zu § 3 BetrVG 1972).

50   Die gesetzliche BR-Struktur kann sich als unwirksam oder unzweckmäßig erweisen bei **Betrieben mit kontinuierlichem Personalwechsel** (zB Varietés), bei ständig **wechselnden Betriebsstätten** (zB in der Forstwirtschaft, der Binnenschifffahrt, bei Wanderbühnen, Zirkussen) oder bei Betrieben, in denen einer kleinen Stammbelegschaft eine große Zahl kurzzeitig oder unständig Beschäftigter gegenübersteht, wie etwa in **Qualifizierungsgesellschaften oder reinen Ausbildungsbetrieben** (vgl. *DKKW-Trümner* Rn 75). Die Gesetzesbegründung (BT-Drucks. 14/5741 S. 34) nennt als weitere Beispiele die **Just-in-Time-Produktionskette** (vgl. *Kort* AG 03, 22), die **fraktale Fabrik** (vgl. *Kort* AG 03, 22) und das **Shop-in-Shop-Konzept** (vgl. *Kort* AG 03, 23). Zu denken ist ferner an die **virtuelle Fabrik** (*Kort* AG 03, 23; *DKKW-Trümner* Rn 83), die **Inhouse-Produktion** (*Kort* AG 03, 23; *DKKW-Trümner* Rn 83), an **Unternehmensnetzwerke** (*Kort* AG 03, 23) und **Industrieparks**

(*DKKW-Trümner* Rn 83). All diesen Formen ist gemein, dass sie im Rechtssinne keinen Konzern bilden und daher betriebsverfassungsrechtlich nicht erfasst werden (GK-*Franzen* Rn 21). Gemäß Abs. 1 Nr. 3 kann wohl auch für Betriebe mehrerer Unternehmen durch TV ein „gemeinsamer BR" in Fällen gebildet werden, in denen die gesetzlichen Voraussetzungen des § 1 Abs. 1 S. 2, Abs. 2 nicht vorliegen. Nach Abs. 1 Nr. 1 b ist dies nicht möglich, da die Unternehmensgrenzen überschritten werden (vgl. *DKKW-Trümner* Rn 21). Nach der Gesetzesbegründung sollen ferner die TV-Parteien zB auch in der Lage sein, für einen **mittelständischen Konzern** mit wenigen kleinen Konzernunternehmen statt einer 3-stufigen eine 2- oder gar 1-stufige InteressenVertr. vorzusehen oder in einem Gleichordnungskonzern einen KBR zu errichten (BT-Drucks. 14/5741 S. 34; vgl. auch *Gaul/Mückl* NZA 11, 657). Dies macht deutlich, dass andere ArbNVertr.-Strukturen wohl nicht nur auf der untersten Ebene, sondern auf allen Ebenen sollen geschaffen werden können (so auch *DKKW-Trümner* Rn 77; *Kania/Klemm* RdA 06, 22, 24). Ein TV nach Abs. 1 Nr. 3 eignet sich auch zur Errichtung von **RegionalBR** in Fällen, in denen die **Filialen eines bundesweiten Einzelhandelsunternehmen** die Voraussetzungen des § 1 Abs. 1 Satz 1 nicht erfüllen, daher nicht BRfähig sind und dementsprechend nicht nach Abs. 1 Nr. 1 b zusammengefasst werden können (vgl. noch zu § 3 Abs. 1 Nr. 3 aF BAG 24. 1. 01 – 4 ABR 4/00 – NZA 01, 1149)

Das Gesetz enthält **keine näheren Vorgaben,** welche anderen ArbNVertr-Strukturen die TV-Parteien bestimmen können. Hierunter fällt sicherlich die Festlegung der Bereiche, für welche die Vertretungsgremien zu errichten sind. **Ein TV nach Abs. 1 Nr. 3** kann daher zB einen unternehmensübergreifenden StandortBR vorsehen (BAG 10. 11. 04 AP Nr. 2 zu § 3 BetrVG 1972). Die TVParteien müssen dann aber die vom Gesetz abweichende ArbNVertr.-Struktur abschließend selbst regeln. Insb. dürfen sie nicht etwa – über Abs. 3 und § 4 Abs. 2 hinaus – die Entscheidung über die zu wählende ArbNVertr.-Struktur einer jeweiligen Abstimmung der ArbN überlassen (BAG 10. 11. 04 AP Nr. 2 zu § 3 BetrVG 1972). Die Bildung von Wahlkreisen dürfte mit dem Grundsatz der freien Wahl unvereinbar sein (**aA** LAG Hamm 27. 6. 03 – 10 TaBV 22/03 –). **Ob** die TV-Parteien nach § 3 Abs. 1 Nr. 3 befugt sind, abweichend vom BetrVG **Bestimmungen über die Wahl, Amtszeit, Mitgliedschaft und Geschäftsführung** des Organs zu treffen, erscheint **fraglich** (bejahend *ErfK/Koch* Rn 6; *Kania/Klemm* RdA 06, 22, 24; abl. *Richardi* Rn 64; *Friese* RdA 03, 92, 101; *Thüsing* ZIP 03, 693, 704; *Utermark* [Rn 1] S. 147). Jedenfalls können insoweit Abweichungen von den gesetzlichen Vorgaben allenfalls erfolgen, wenn sie erforderlich sind, um der ArbNVertr. eine wirksame und zweckmäßige Vertretung der ArbNInteressen zu ermöglichen. Insbesondere bei größeren Umstrukturierungen wird häufig die in § 21 a Abs. 1 Satz 4 vorgesehene tarifvertragliche Verlängerung des Übergangsmandats sinnvoll sein. Über **die gesetzlichen Mitwirkungsbefugnisse der ArbNVertr. und über die Rechtsstellung ihrer Mitgl. können die TV-Parteien,** wie sich aus § 3 Abs. 5 Satz 2 ergibt, jedenfalls **nicht verfügen.** Sieht der TV eine mehrstufige ArbNVertr. vor, dürften sich die Zuständigkeiten aus der **entspr. Anwendung der §§ 50, 58** ergeben.

51

e) Ersetzung oder Ergänzung der gesetzlichen Vertretungsstruktur

Nicht unumstritten ist – insbesondere bei SpartenBR –, **ob** die gemäß § 3 Abs. 1 Nr. 1 bis 3 errichteten **ArbNVertr. die gesetzlichen InteressenVertr.** (BR, GesBR, KBR) **ersetzen oder zusätzlich neben diese treten.** Nicht zweifelhaft kann sein, dass die nach Abs. 1 Nr. 1 a und b gebildeten BR nicht neben, sondern an die Stelle der gesetzlichen BR treten. Bei nach § 3 Abs. 1 Nr. 2 gebildeten SpartenBR vertritt dagegen ein Teil des Schrifttums die Auffassung, dass diese zusätzlich neben den gesetzlichen BR errichtet werden können (so *Däubler* ArbuR 01, 285, 288, *Friese* RdA 03, 92, 96 f.; *Kort* AG 03, 19). Nach zutreffender Auffassung ist aber auf derselben Vertretungsebene eine Kumulation von gesetzlichem BR und SpartenBR nicht

52

möglich (vgl. insb. *Thüsing* ZIP 03, 693, 702; *DKKW-Trümner* Rn 56; *Utermark* [Rn 1] S. 133 f.; *Teusch* NZA 07, 124, 126). Dass die nach § 3 Abs. 1 Nr. 1 bis 3 gebildete ArbNVertr. den gesetzlichen BR grundsätzlich verdrängt, folgt bereits aus § 3 Abs. 4 Satz 2, wonach bestehende BR durch die Regelungen nach Abs. 3 Nr. 1 bis 3 „entfallen" (vgl. *Thüsing* ZIP 03, 693, 702; *DKKW-Trümner* Rn 56). Die **grundsätzliche Unzulässigkeit von Doppelstrukturen** in den Fällen des Abs. 3 Nr. 1 bis 3 entspricht auch der Systematik des § 3 Abs. 1, ist doch anders als in Nr. 1 bis 3 in den Fällen der Nr. 4 u. 5 ausdrücklich von zusätzlichen Gremien und Vertretungen die Rede. Auch § 3 Abs. 5 Satz 2 macht deutlich, dass die Vertretungen nach Abs. 1 Nr. 1 bis 3 in vollem Umfang an die Stelle der gesetzlichen BR treten (vgl. Rn 80; *DKKW-Trümner* Rn 149). Schließlich fehlt es auch an den im Falle von Doppelstrukturen notwendigen Zuständigkeitsregelungen. Bei einem Nebeneinander von SpartenBR und gesetzlichem BR wäre ein „Horror-Szenario von Kompetenzgerangel" (*Kort* AG 03, 20) zu besorgen. Auch die anderen ArbNVertr-Strukturen nach Abs. 1 Nr. 3 ersetzen die gesetzlichen. Meist werden in diesem Fall ohnehin keine gesetzlichen BR bestehen. Ein Nebeneinander von SpartenBR und gesetzl. BR kommt allenfalls dann in Betracht, wenn neben den Sparten und den dafür errichteten SpartenBRen ein „Restbetrieb" verbleibt, dessen ArbN durch die SpartenBRe nicht repräsentiert sind (vgl. *Richardi* Rn 34).

f) Arbeitsgemeinschaften (Nr. 4)

53   Nach § 3 Abs. 1 Nr. 4 können durch TV „zusätzliche betriebsverfassungsrechtliche Gremien **(Arbeitsgemeinschaften)**" bestimmt werden, „die der unternehmensübergreifenden Zusammenarbeit von ArbNVertr. dienen". Diese Arbeitsgemeinschaften ersetzen die Vertretungsorgane nicht, sondern treten zusätzlich neben diese. Sie sind keine Mitbestimmungsorgane (BT-Drucks. 14/5741 S. 34; *Engels/Trebinger/Löhr-Steinhaus* DB 01, 533; *Utermark* [Rn 1] S. 156, *DKKW-Trümner* Rn 87).

54   Anders als in den Fällen des Abs. 1 Nr. 1 bis 3 sowie auch der Nr. 5 handelt es sich bei den Arbeitsgemeinschaften iSv. Nr. 4 nicht um eine „Vertretung" der ArbN, sondern um ein **zusätzliches Gremium.** Arbeitsgemeinschaften nach Nr. 4 sind daher ihrer Funktion nach keine Repräsentationsorgane der ArbN, sondern eher Arbeitsausschüsse der ArbNVertr. (vgl. *DKKW-Trümner* Rn 90). Die fehlende Einbeziehung der Arbeitsgemeinschaften in den Wahlschutz nach § 119 Abs. 1 Nr. 1 spricht ferner dafür, dass es sich nach der gesetzlichen Konzeption nicht um ein Wahlorgan handelt, sondern um ein durch Delegation entstehendes Gremium (vgl. *DKKW-Trümner* Rn 88).

55   Voraussetzung für die tarifvertragliche Bestimmung einer Arbeitsgemeinschaft iSv. Abs. 1 Nr. 4 ist, dass diese der **unternehmensübergreifenden Zusammenarbeit** der ArbNVertr. dient. Dies bezieht sich entgegen der etwas verkürzten Formulierung in der Regierungsbegründung (BT-Drucks. 14/5741 S. 34) nicht nur auf die Zusammenarbeit zwischen den BR einzelner Unternehmen, sondern auch auf die nach Abs. 1 Nr. 1 bis 3 gebildeten Vertretungen (vgl. *DKKW-Trümner* Rn 93). Die Errichtung von Arbeitsgemeinschaften erscheint insb. dann sinnvoll, wenn mehrere Unternehmen etwa in Form von Just-in-Time-Produktion, im Shop-in-Shop-Konzept oder als Unternehmensnetzwerke zusammenarbeiten (vgl. auch BT-Drucks. 14/5741 S. 34; *Utermark* [Rn 1] S. 161). Die **Kommunikation und der Erfahrungsaustausch** über die aus der Zusammenarbeit sich ergebenden Aufgaben und Probleme kann auf diese Weise **institutionalisiert** werden. Meist wird die Beibehaltung der bewährten gesetzlichen Vertretungsstrukturen verbunden mit der Bildung von Arbeitsgemeinschaften nach Nr. 4 der nicht unproblematischen und risikobehafteten Errichtung von alternativen ArbNVertr.-Strukturen nach § 3 Abs. 1 Nr. 3 vorzuziehen sein (vgl. Rn 48; vgl. auch BT-Drucks. 14/5741 S. 34). Jedenfalls ist die Arbeitsgemeinschaft nach Nr. 4 regelmäßig weit mehr als ein „betriebsverfassungsrechtlicher Stammtisch" (so aber *Hanau* RdA 01, 65; ähnlich auch *WPK/Preis* Rn 18).

Die Art und Weise der Errichtung der ArbNVertr. nach Nr. 4, deren Zusammen- **56** setzung und Geschäftsführung können die TV-Parteien nach Zweckmäßigkeitsgesichtspunkten **weitgehend frei gestalten.** Sie können zB regeln, wie groß die Arbeitsgemeinschaft sein soll, für welchen Zeitraum sie errichtet wird, wie sie bestellt wird (Beschluss nach § 33 oder Wahl analog §§ 27, 28), wann eine Abberufung erfolgen kann, wann und wie oft die Arbeitsgemeinschaft zusammentritt, usw. (vgl. *HSWGNR-Rose* Rn 76; GK-*Kraft* Rn 28). Mitglied einer ArbNVertr. nach Nr. 4 können nur Personen sein, die Mitgl. des BR oder einer anderen Vertr. nach Abs. 1 Nr. 1 bis 3 sind (GK-*Franzen* Rn 24; offen gelassen in *DKKW-Trümner* Rn 88). Das ergibt sich zwar nicht ohne Weiteres aus dem Gesetzestext, wohl aber aus dem Sinn und Zweck der Vorschrift. Die Verbesserung der unternehmensübergreifenden Zusammenarbeit der ArbNVertr. setzt regelmäßig die Mitgliedschaft in einer dieser der ArbNVertr. voraus (GK-*Franzen* Rn 24). Damit stellt sich auch nicht das Problem, dass den Mitgliedern einer ArbNVertr. nach Nr. 4 allein aufgrund dieser Eigenschaft kein besonderer Kündigungsschutz nach § 15 KSchG, § 103 zukommt, da für sie Abs. 5 S. 2 nicht gilt (vgl. *DKKW-Trümner* Rn 88; GK-*Franzen* Rn 24).

Über die **Rechtsstellung der Arbeitsgemeinschaften und ihrer Mitgl.** enthält **57** das Gesetz nur wenige Bestimmungen. Nach § 78 dürfen sie in der Ausübung ihrer Tätigkeit nicht gestört oder behindert und wegen ihrer Tätigkeit nicht benachteiligt oder begünstigt werden. Die Geheimhaltungspflicht gilt zwar nicht unmittelbar nach § 79 Abs. 2, wohl aber in entspr. Anwendung dieser Bestimmung. Im Übrigen folgt im Umkehrschluss aus Abs. 5 Satz 2, dass auf die Arbeitsgemeinschaften die Vorschriften über die Rechte und Pflichten des BR und die Rechtsstellung seiner Mitgl. keine Anwendung finden. Daher haben die Mitgl. der Arbeitsgemeinschaften auf Grund dieser Eigenschaft **keine Rechte nach §§ 37, 38** oder nach § 15 KSchG, § 103 (*WPK/Preis* Rn 17; *Teusch* NZA 07, 124, 128). Die durch die Tätigkeit der Arbeitsgemeinschaft entstehenden **Kosten** trägt in – zumindest entsprechender – Anwendung des § 40 Abs. 1 u. 2 der ArbGeb. (vgl. *DKKW-Trümner* Rn 91; *Richardi* Rn 47; GK-*Franzen* Rn 25, *Utermark* [Rn 1] S. 162; aA *Teusch* NZA 07, 124, 127; wohl auch *Reichold* NZA 01, 857, 859; unentschieden *WPK/Preis* Rn 17). Sind mehrere Unternehmen beteiligt, dürften diese, sofern der TV keine andere Regelung enthält, gesamtschuldnerisch haften.

g) Zusätzliche betriebsverfassungsrechtliche Vertretungen der Arbeitnehmer (Nr. 5)

Nach Abs. 1 Nr. 5 können durch TV „zusätzliche betriebsverfassungsrecht- **58** liche Vertr. der ArbN" errichtet werden, „die die Zusammenarbeit zwischen BR und ArbN erleichtern". Die Bestimmung knüpft an § 3 Abs. 1 Nr. 1 aF an. Deren Beschränkung auf bestimmte Beschäftigungsarten oder Arbeitsbereiche ist jedoch entfallen. Ebenso wie die Arbeitsgemeinschaften nach Nr. 4 treten die Vertr. nach Nr. 5 zusätzlich neben die bestehenden ArbNVertr. Sie sind ebenso wie die Arbeitsgemeinschaften nach Nr. 4 keine Mitbestimmungsorgane (*Engels/Trebinger/Löhr-Steinhaus* DB 01, 532, 533; *DKKW-Trümner* Rn 97). Sie haben gegenüber dem Arb-Geb. keine Vertretungs- oder Mitwirkungsbefugnisse.

Anders als bei den Arbeitsgemeinschaften nach Nr. 4 handelt es sich bei den zu- **59** sätzlichen Vertr. nach Nr. 5 aber um **Vertretungsorgane der ArbN.** Dies kommt nicht nur in der unterschiedlichen Wortwahl, sondern auch darin zum Ausdruck, dass § 119 Abs. 1 Nr. 1 die „Wahl" der in § 3 Abs. 1 Nr. 5 bezeichneten Vertr. der ArbN – anders als die Bestimmung eines Gremiums nach Nr. 4 – ausdrücklich in den Wahlschutz einbezieht (vgl. *DKK-Trümner* Rn 99).

Voraussetzung für einen TV nach Abs. 1 Nr. 5 ist, dass durch die zusätzliche Vertr. **60** die **Zusammenarbeit zwischen BR und ArbN erleichtert** wird. Dabei dürfte die Bestimmung abweichend vom reinen Wortlaut auch dann anwendbar sein, wenn es sich nicht um den gesetzlichen BR, sondern um eine ArbNVertr. iSv. Abs. 1 Nr. 1

bis 3 handelt (vgl. *DKKW-Trümner* Rn 97). So sind denn auch in der Gesetzesbegründung als Beispiele gerade der unternehmenseinheitliche BR und die RegionalBR nach Nr. 1 genannt (BT-Drucks. 14/5741 S. 34). Voraussetzung ist allerdings, dass es überhaupt einen BR oder eine ArbNVertr. iSv. Abs. 1 Nr. 1 bis 3 gibt (GK-*Franzen* Rn 29). Daher endet die Amtszeit einer ArbNVertr. nach Nr. 5 auch stets dann, wenn das Amt des BR oder der ArbNVertr. nach Abs. 1 Nr. 1 bis 3 endet (*DKKW-Trümner* Rn 101; GK-*Franzen* Rn 29). Im Übrigen bestimmt sich das Ende der Amtszeit nach der tariflichen Regelung (*DKKW-Trümner* Rn 101; GK-*Franzen* Rn 29).

61   Die zusätzlichen Vertr. müssen der Erleichterung der Zusammenarbeit zwischen BR und ArbN dienen. Sie kommen daher insb. dort in Betracht, wo der Kontakt zwischen BR und den von ihm zu betreuenden ArbN nicht oder nicht in ausreichendem Umfang besteht (vgl. BT-Drucks. 14/5741 S. 34). Gründe hierfür können zB in räumlichen Entfernungen zwischen dem zentralisierten BR und dezentralisierten Belegschaften oder in Sprachbarrieren liegen (GK-*Franzen* Rn 28). In solchen Fällen kann die zusätzliche ArbNVertr. nach Nr. 5 ein **Bindeglied zwischen ArbN und BR** darstellen (vgl. *DKKW-Trümner* Rn 109; GK-*Franzen* Rn 28). Der BR kann die nach Nr. 5 gebildete ArbNVertr. zu seinen Sitzungen hinzuziehen. Ein eigenständiges Teilnahmerecht kann ihr der TV schon wegen des Grundsatzes der Nichtöffentlichkeit von BRSitzungen (§ 30 Satz 4) nicht einräumen (**aA** *DKKW-Trümner* Rn 110). Auch ein Stimmrecht im BR kann ihnen nicht zuerkannt werden (*DKKW-Trümner* Rn 109).

62   Anders als nach § 3 Abs. 1 Nr. 1 aF sind zusätzliche ArbNVertr. **nicht mehr auf bestimmte Beschäftigungsarten oder Arbeitsbereiche beschränkt.** Zusätzliche Vertr. nach Abs. 1 Nr. 5 sind daher zB auch für Frauen, nicht ständige oder ausländische ArbN möglich (vgl. *DKKW-Trümner* Rn 98). Gewerkschaftliche Vertrauensleutekörper können aber nicht als zusätzliche ArbNVertr. iSv. Abs. 1 Nr. 5 installiert werden (GK-*Franzen* Rn 26; *Richardi* Rn 49).

63   Die zusätzlichen ArbNVertr. nach Abs. 1 Nr. 5 müssen von der ArbNGruppe, die sie vertreten sollen, **nach demokratischen Grundsätzen gewählt** werden (GK-*Franzen* Rn 26; *DKKW-Trümner* Rn 102). Daher müssen unabhängig von gewerkschaftlichen Zugehörigkeiten mit gleichem Stimmrecht unmittelbar alle ArbN wahlberechtigt sein, für welche die zusätzliche Vertr. gebildet werden soll (GK-*Franzen* Rn 26). Eine geheime Wahl ist nicht zwingend geboten, kann aber durch den TV vorgesehen werden. Die Wahl kann in entspr. Anwendung des § 19 angefochten werden. Eine „Ernennung" der zusätzlichen ArbNVertr. durch den BR ist nicht möglich.

64   Mitgl. der zusätzlichen ArbNVertr. haben nicht dieselbe persönliche **Rechtsstellung** wie BRMitgl. (GK-*Franzen* Rn 67; *Richardi* Rn 69). Die Verweisung in Abs. 5 Satz 2 bezieht sich nur auf die nach Abs. 1 Nr. 1 bis 3 errichteten – betriebsratsersetzenden –, nicht dagegen auf die zusätzlichen Gremien nach Nr. 4 bzw. Vertr. nach Nr. 5 (vgl. *Utermark* [Rn 1] S. 163; **aA** *DKKW-Trümner* Rn 100). Die Mitgl. der zusätzlichen ArbNVertr. genießen daher insb. keinen Kündigungsschutz nach § 15 KSchG, § 103 (*Richardi* Rn 70; GK-*Franzen* Rn 67). Ebenso wenig sind die §§ 37, 38 anwendbar (GK-*Franzen* Rn 67; ErfK/*Koch* Rn 8; *Richardi* Rn 69). Die danach – de lege lata – insb. bei den nach Nr. 5 gewählten Vertretern bestehende vergütungs- und kündigungsschutzrechtliche Schutzlücke kann durch das Benachteiligungsverbot des § 78 lediglich abgemildert, aber nicht völlig geschlossen werden. TV können diesen Schutz verstärken. Sie können nach hier vertretener Auffassung auch im Wege des **Arbeitskampfes** erzwungen werden (vgl. Rn 20). Die **Kosten** der zusätzlichen Vertr. trägt in – zumindest entsprechender – Anwendung des § 40 der ArbGeb. (ErfK/*Koch* Rn 8; GK-*Franzen* Rn 67; *DKKW-Trümner* Rn 104). Nach der ausdrücklichen Regelung in § 79 Abs. 2 unterliegen die Mitgl. der zusätzlichen ArbNVertr. der **Geheimhaltungspflicht.** Ebenfalls anwendbar sind die in §§ 2 Abs. 1, 74 Abs. 2, 75 niedergelegten **tragenden Grundsätze des BetrVG** (GK-*Franzen* Rn 67; ErfK/*Koch* Rn 8).

Zusätzliche Vertr. nach Abs. 1 Nr. 5 können auch für den **gemeinsamen Betrieb**   65
mehrerer Unternehmen (§ 1 Abs. 1 Satz 2) vorgesehen werden. Dort kann es
sogar besonders sinnvoll sein, Bindeglieder zwischen dem einheitlichen BR und
den Teilbelegschaften der mehreren VertragsArbGeb. zu schaffen (vgl. *DKKW-Trümner*
Rn 107). Auch die Errichtung zusätzlicher ArbNVertr. auf überbetrieblicher Ebene
ist nicht ausgeschlossen.

III. Gestaltungsmöglichkeiten durch Betriebsvereinbarung
(Abs. 2)

Nach § 3 Abs. 2 kann in den Fällen des Abs. 1 Nr. 1, 2, 4 oder 5 eine **Regelung**   66
durch BV geschaffen werden, wenn keine tarifliche Regelung besteht und auch kein
anderer TV gilt. Die Ermächtigung der Betriebsparteien zur Vereinbarung vom Gesetz abweichender AbNVertr.-Strukturen ist ebenfalls verfassungsgemäß (dazu näher
Utermark [Rn 1] S. 84 ff.) Die Regelung bestätigt nach der Gesetzesbegründung in
den Fällen des Abs. 1 Nr. 1, 2, 4 u. 5 den **„Vorrang tarifvertraglicher Vereinba-**
rungslösungen" und lässt im Falle des Abs. 1 Nr. 3 „wegen der besonderen Tragweite dieser Regelung" eine Vereinbarung der Betriebsparteien überhaupt nicht zu
(BT-Drucks. 14/5741 S. 34). Die Regelungsmöglichkeiten der Betriebsparteien sind
dadurch außerordentlich eingeschränkt. Dies wird überwiegend als unangemessen
und zu weitgehend kritisiert (vgl. etwa *Buchner* NZA 01, 633, 635; *Hanau* RdA 01,
65; *Konzen* RdA 01, 86). Teilweise wird sogar ein „verfassungskonforme Auslegung" des Abs. 2 dahingehend vertreten, dass die Sperrwirkung eines im Betrieb
geltenden TV nur dann eintrete, wenn die TVParteien Regelungen hinsichtlich der
betriebsverfassungsrechtlichen Organisation getroffen hätten (so *Utermark* [Rn 1]
S. 103 ff., 244 f.).

Eine Vereinbarung **anderer ArbNVertr.-Strukturen nach Abs. 1 Nr. 3** durch   67
die Betriebsparteien ist generell **ausgeschlossen.**

Für die Regelungen der Betriebsparteien nach Abs. 1 Nr. 1, 2, 4 u. 5 enthält Abs. 2   68
einen **doppelten Zulässigkeitsvorbehalt.** Zum einen darf es **keinen einschlägi-**
gen, die Angelegenheit nach Abs. 1 **bereits regelnden TV** geben. Unzulässig ist eine
BV ferner **aber auch** dann, **wenn irgendein anderer TV „gilt".** Dies ist, wie die
Gesetzesbegründung ausdrücklich bestätigt (BT-Drucks. 14/5741 S. 34), bereits dann
der Fall, wenn in dem Unternehmen ein TV über Entgelte oder sonstige Arbeitsbedingungen zur Anwendung kommt (*DKK-Trümner* Rn 121; *GK-Franzen* Rn 38; *Ri-*
chardi Rn 75; *Gaul/Mückl* NZA 11, 657). Die Sperrwirkung kann sich auch aus der
Allgemeinverbindlicherklärung eines TV nach § 5 TVG ergeben (*Engels/Trebinger/*
Löhr-Steinhaus DB 01, 532, 533; *ErfK/Koch* Rn 9). Bei tarifgebundenen ArbGeb. ist
damit die Möglichkeit, BV nach Abs. 1 abzuschließen, nahezu ausgeschlossen (*Richardi*
Rn 75). Eine Ausnahme erscheint nur dann möglich, wenn die TV-Parteien die
Möglichkeit einer BV ausdrücklich vorsehen (*Eich* FS *Weinspach* S. 17, 25; HWK/
Gaul § 3 BetrVG Rn 19; *Hanau* NJW 01, 2513, 2514; **aA** GK-*Franzen* Rn 39; *Richar-*
di Rn 76). Damit es nicht zu einer unzulässigen Subdelegation kommt, müssen sie
den Abschluss der BV aber von ihrer Zustimmung, bzw. Genehmigung abhängig
machen (vgl. Rn 22). Eine „Geltung" eines anderen TV liegt iSv. § 3 Abs. 2 nicht
vor, wenn ein nicht tarifgebundener ArbGeb. TV lediglich auf Grund einzelvertraglicher Bezugnahme anwendet. Ein TV „gilt" nur dann, wenn er normativ, also unmittelbar und zwingend iSv. § 4 Abs. 1 TVG wirkt (GK-*Franzen* Rn 38 mwN; *Spin-*
ner/Wiesencker FS *Löwisch* S. 375, 384; **aA** *DKKW-Trümner* Rn 122).

Eine innerhalb der engen Schranken des § 3 Abs. 2 zulässigerweise abgeschlossene   69
BV muss **ferner** den jeweiligen **Sachvoraussetzungen** des Abs. 1 Nr. 1, 2, 4 oder 5
entsprechen (*Richardi* Rn 77).

Eine unter Verletzung der Schranken des § 3 Abs. 2 oder ohne Erfüllung der Sach-   70
voraussetzungen des Abs. 1 geschlossene BV ist unwirksam. Die **Wirksamkeit** kann

als Vorfrage bei einer Wahlanfechtung nach § 19 oder im Rahmen eines Verf. nach § 18 Abs. 2 geprüft werden.

71   Eine BV nach § 3 Abs. 1, 2 ist eine **freiwillige BV iSv. § 88.** Sie kann nicht erzwungen werden. Schon deshalb wirkt sie gemäß § 77 Abs. 6 grundsätzlich nicht nach (GK-*Franzen* Rn 43). Auch eine vereinbarte Nachwirkung gilt nur bis zum Ablauf der regelmäßigen Amtszeit der ArbNVertr. (vgl. *DKKW-Trümner* Rn 123).

72   **Zuständig** für den Abschluss von Vereinbarungen nach Abs. 1 Nr. 1 a u. b wird auf BR-Seite gemäß § 50 Abs. 1 regelmäßig der GesBR sein (*Richardi* Rn 79; GK-*Franzen* Rn 40). Bei der Errichtung von SpartenBR kommt je nachdem, ob es sich um die spartenmäßige Aufspaltung eines Betriebs, um eine betriebsübergreifende Spartenbetriebsratsbildung innerhalb des Unternehmens oder um eine auch die Unternehmensgrenzen überschreitende Regelung handelt, die Zuständigkeit des BR, des GesBR oder des KBR in Betracht (vgl. *DKKW-Trümner* Rn 124). In den Fällen des Abs. 1 Nr. 4 kann der GesBR oder der KBR zuständig sein (vgl. *DKKW-Trümner* Rn 124). Bei Abs. 1 Nr. 5 kommen alle 3 Ebenen in Betracht (vgl. *DKKW-Trümner* Rn 124).

IV. Erstmalige Anwendbarkeit abweichender Regelungen (Abs. 4)

73   § 3 Abs. 4 regelt den **Zeitpunkt,** ab dem die TV oder BV nach Abs. 1 Nr. 1 bis 3 anzuwenden sind. Für kollektive Vereinbarungen nach Nr. 4 u. 5 enthält das Gesetz keine Regelung. Insofern sind ausschließlich die erforderlichenfalls auszulegenden Vereinbarungen maßgeblich. Im Zweifel ist die Bildung ab dem Zeitpunkt zulässig, ab dem die Vereinbarung gilt.

74   Nach § 3 Abs. 4 Satz 1 sind, sofern der TV oder die BV nichts anderes bestimmt, die Regelungen nach Abs. 1 Nr. 1 bis 3 **grundsätzlich** erstmals **bei der nächsten regelmäßigen BRWahl** anzuwenden. Der TV oder die BV muss spätestens vor der Bestellung des Wahlvorstandes (§ 16) geschlossen sein. Andernfalls kann dieser die abweichenden Regelungen nicht mehr berücksichtigen. Besteht im Betrieb kein BR, werden die Wahlen sofort nach den abweichenden Regelungen durchgeführt. Dies gilt auch, wenn aus anderen Gründen (vgl. § 13 Abs. 2) eine Neuwahl erforderlich ist.

75   Nach § 3 Abs. 4 Satz 1 u. 2 können die TV-Parteien oder BV-Parteien einen **anderen Zeitpunkt** für die Wahlen vorschreiben. In diesem Fall **endet** die **Amtszeit bestehender BR,** die durch die Regelungen nach Abs. 1 Nr. 1 bis 3 entfallen, mit der Bekanntgabe des Wahlergebnisses. Die Regelung ist – jedenfalls hinsichtlich der TV – **nicht unbedenklich.** Zwar wird ein vertretungsloser Zustand vermieden. Dennoch wird den TV-Parteien die **Möglichkeit** eröffnet, die **laufende Amtszeit eines BR gegen dessen Willen zu beenden.** Ob dies überhaupt zulässig ist, erscheint fraglich (verneinend ArbG Frankfurt am Main 30. 3. 04 ArbuR 04, 398, Volltext abrufbar bei juris). Voraussetzung für eine derartige tarifliche Regelung dürfte zumindest sein, dass dem amtierenden BR eine sachgerechte Wahrnehmung seiner Aufgaben – insb. wegen Änderungen auf Betriebs- oder Unternehmensseite – unmöglich geworden ist. Andernfalls dürften auch die nach Abs. 1 Nr. 1 bis 3 erforderlichen sachlichen Voraussetzungen für eine abweichende Vereinbarung nicht vorliegen. Diese Voraussetzungen müssen nicht nur hinsichtlich des „Ob", sondern auch hinsichtlich des „Wann" gegeben sein.

V. Rechtswirkungen der Vereinbarungen nach Abs. 1 Nr. 1 bis 3 (Abs. 5)

76   Nach § 3 Abs. 5 Satz 1 gelten die auf Grund eines TV oder einer BV nach Abs. 1 Nr. 1 bis 3 gebildeten betriebsverfassungsrechtlichen Organisationseinheiten als Betriebe iSd. G. Damit definiert das G den Betriebsbegriff nicht etwa neu. Vielmehr legt es im Wege einer **gesetzlichen Fiktion** für die Laufzeit der kollektiven Vereinbarung eine anders abgegrenzte organisatorische Einheit als den Bereich fest, in dem die gesetzliche Mitbestimmungsordnung gilt (*DKK-Trümner* Rn 147). Dabei sind die **Wirkungen** der gesetzlichen Fiktion **auf den Anwendungsbereich des BetrVG begrenzt.** Dazu gehören **aber auch** die kollektivrechtlichen **Regelungen für Interessenvertretungen, die** für ihre Errichtung **auf den BR oder den betriebsverfassungsrechtlichen Betriebsbegriff rekurrieren** (vgl. *Mückl* DB 10, 2615) In anderen arbeitsrechtlichen Bereichen, wie etwa im KSchR, bleibt dagegen der allgemeine Betriebsbegriff maßgeblich (*Thüsing* ZIP 03, 693, 705; *Däubler* ArbuR 01, 285, 288; *DKKW-Trümner* Rn 146, 152; *ErfK/Koch* Rn 12; *GK-Franzen* Rn 68; *Mückl* DB 10, 2615; vgl. zum unterschiedlichen Betriebsbegriff in § 4 einerseits sowie in § 23 KSchG andererseits BAG 21. 6. 95 AP Nr. 16 zu § 1 BetrVG 1972).

Die nach der **Fiktion** des Abs. 5 Satz 1 als Betrieb geltende Einheit ist **maßgeb-** **77** **lich für alle betriebsverfassungsrechtlichen Regelungen,** also zB gemäß § 9 für die Zahl der BRMitgl., gemäß §§ 27, 28 für die Größe der Ausschüsse oder gemäß § 38 für die Zahl der Freistellungen (vgl. BT-Drucks. 14/5741 S. 35; *ErfK/Koch* Rn 12; *Kania/Klemm* RdA 06, 22, 24). Ebenso richten sich die MBR nach der durch die abweichende Vereinbarung geschaffenen Einheit. Werden durch einen TV nach Abs. 1 Nr. 1b Betriebe zusammengefasst, so **gelten in den bisherigen Einheiten die für diese geschlossenen BV normativ fort** (BAG 18. 3. 08 AP Nr. 6 zu § 3 BetrVG 1972; 7. 6. 11 – 1 ABR 110/09 –; vgl. auch BAG 24. 8. 11 – 7 ABR 8/10 – ; *GK-Franzen* Rn 60, *DKKW-Trümner* Rn 151; *Salamon* NZA 09, 74).

Durch Abs. 5 Satz 2 wird ausdrücklich klar gestellt, dass auf die nach Abs. 1 Nr. 1 **78** bis 3 gebildeten ArbNVertr. die **Rechte und Pflichten des BR und die Rechtsstellung seiner Mitgl.** Anwendung finden. Dies sichert den Amtsträgern ua. den Schutz nach § 15 KSchG (*DKKW-Trümner* Rn 149; *ErfK/Koch* Rn 12).

Die nach Abs. 1 Nr. 1 bis 3 gebildete Organisationseinheit ist auch der Bildung **79** der **JugAzubiVertr.** zugrunde zu legen (*DKKW-Trümner* Rn 150; *GK-Franzen* Rn 59). Sie ist ebenfalls für die Bildung des **Sprecherausschusses** maßgeblich. Aufgrund der im SprAuG vorgesehenen Verzahnung zwischen BR und Sprecherausschuss erscheint ein Gleichlauf der Interessenvertretungen geboten (*ErfK-Oetker* § 1 SprAuG Rn 2; *GK-Franzen* Rn 59; *Mückl* DB 10, 2615; **aA** 25. Aufl.; *DKKW-Trümner* Rn 150). Für die **SchwbVertr.** bestimmt sich der Betriebsbegriff gemäß § 87 Abs. 1 Satz 2 SGB IX nach dem BetrVG. Da nach Abs. 5 Satz 2 die nach Abs. 1 Nr. 1 bis 3 gebildeten Organisationseinheiten als Betrieb iSd. BetrVG gelten, sind sie auch für die SchwbVertr. maßgeblich (BAG 10. 11. 04 AP Nr. 2 zu § 3 BetrVG 1972; *GK-Franzen* Rn 59; *DKKW-Trümner* Rn 150). Das gilt auch für das **MitbestG** (vgl. *WWKK/Koberski* § 3 MitbestG Rn 50; *Ulmer/Habersack/Henssler-Henssler* Mitbestimmungsrecht § 3 MitbestG Rn 88; *Mückl* DB 10, 2615), das **DrittelbG** (vgl. *Ulmer/Habersack/Henssler-Henssler* Mitbestimmungsrecht § 3 DrittelbG Rn 5; *WWKK/Kleinsorge* § 3 DrittelbG Rn 6; *Mückl* DB 10, 2615), das **MontMitBestErgG** (vgl. *Mückl* DB 10, 2615), das **InvG** (vgl. *Mückl* DB 10, 2615), das **SEBG** (vgl. *Mückl* DB 10, 2615), das **SCEBG** (vgl. *Mückl* DB 10, 2615) und das **MgVG** (vgl. *Mückl* DB 10, 2615).

Abs. 5 Satz 2 macht ferner deutlich, dass die nach Abs. 1 Nr. 1 bis 3 errichteten **80** ArbNVertr. alle Rechte und Pflichten eines BR innehaben und deshalb nicht neben den gesetzlichen **BR** treten, sondern diesen **ersetzen** (vgl. im Einzelnen Rn 52).

Die Errichtung abweichender ArbNVertr. nach Abs. 1 Nr. 1 bis 3 hat regelmäßig **81** **Auswirkungen** auch **auf den GesBR und KBR** (vgl. *Thüsing* ZIP 03, 693, 703). Wird nach Abs. 1 Nr. 1a ein unternehmenseinheitlicher BR gebildet, entfällt die Grundlage für die Errichtung eines GesBR. Wird ein Betrieb gemäß Abs. 1 Nr. 2 zur Errichtung von SpartenBR „aufgespalten", wird ein GesBR erforderlich. Bei Errichtung unternehmensübergreifender SpartenBR nach Abs. 1 Nr. 2 kommt eine entspr.

Anwendung des § 47 Abs. 9 in Betracht. Für die Errichtung eines „SpartenGesBR" ist kein Raum (vgl. Rn 45).

VI. Ablauf des Tarifvertrags, Umstrukturierungen und Rechtsnachfolge

82   Für die **Amtszeit** einer nach § 3 Abs. 1 Nr. 1 bis 3 errichteten ArbNVertr. enthält das Gesetz keine besondere Regelung. **Verlängerungen oder Verkürzungen** der Amtszeit durch den TV sind **nicht zulässig** (*Thüsing* ZIP 03, 693, 704; *Richardi* Rn 64). Allerdings kann insbesondere bei größeren Umstrukturierungen die in § 21a Abs. 1 Satz 4 vorgesehene tarifvertragliche Verlängerung des Übergangsmandats sinnvoll sein. Probleme können vor allem die Fälle bereiten, in denen der TV durch Kündigung, Zeitablauf oder einvernehmliche Aufhebung endet, in denen der Arb-Geb. Umstrukturierungen vornimmt oder eine Rechtsnachfolge auf ArbGebSeite stattfindet.

1. Beendigung, Nachbindung und Nachwirkung des Tarifvertrags

83   Ein TV nach Abs. 1 gilt wie andere TV über betriebliche oder betriebsverfassungs-rechtliche Fragen gemäß § 4 Abs. 1 Satz 1 u. 2 TVG grundsätzlich unmittelbar und zwingend für die gesamte Dauer seiner Laufzeit. Die **Tarifgebundenheit** des Arb-Geb. an einen TV nach Abs. 1 bleibt gemäß § 3 Abs. 3 TVG bestehen, bis der TV endet. Auch im Falle eines firmenbezogenen VerbandsTV kann daher der ArbGeb. seine Bindung an einen TV nach Abs. 1 nicht durch Austritt aus dem ArbGebVer-band beseitigen. Seine Tarifgebundenheit und die daraus folgende Geltung des TV über die vom Gesetz **abweichenden BR-Strukturen enden daher erst mit Be-endigung des TV.**

84   Ein TV endet durch einvernehmliche Aufhebung, mit Ablauf einer vereinbarten Zeitbefristung oder durch eine wirksame Kündigung. Nach § 4 Abs. 5 TVG gelten allerdings nach Ablauf des TV seine Rechtsnormen weiter, bis sie durch eine andere Abmachung ersetzt werden. **Auf TV nach Abs. 1 Nr. 1 bis 3 findet jedoch § 4 Abs. 5 TVG nach überwiegender Auffassung im Schrifttum keine Anwen-dung** (*Thüsing* ZIP 03, 693, 704; *Eich* Euro AS 03, 20 f.; *GK-Franzen* Rn 35; *DKKW-Trümner* Rn 166; *Richardi* Rn 65; *Utermark* [Rn 1] S. 197 ff.). Dies bedeutet aber nicht, dass damit notwendig das Amt des BR, der für die durch den TV gebildete Einheit ge-wählt wurde, enden würde (so aber wohl *Thüsing* ZIP 03, 693, 704; *Richardi* Rn 65; *Utermark* [Rn 1] S. 200). Das BetrVG enthält jedenfalls – insb. in §§ 13, 21 – keine da-hingehende ausdrückliche Regelung. Geregelt ist lediglich, dass in Fällen, in denen ein Betrieb gespalten wird (§ 21a) oder untergeht (§ 21b), der bisherige BR ein zeit-lich begrenztes Übergangs- oder Restmandat erhält. Für den Fall des Ablaufs eines TV nach Abs. 1 erscheint dies aber nicht zwingend. Vielmehr **steht** in einem solchen Fall dem **Fortbestand des bisherigen BR bis zum Ende der regelmäßigen Amtszeit grundsätzlich nichts im Wege** (so auch *Eich* Euro AS 03, 20 f.; im Er-gebnis ebenso GK-*Franzen* Rn 36). Im Übrigen wird auch der Wille der TV-Parteien regelmäßig nicht dahingehen, der auf Grundlage des TV gebildeten ArbNVertr. mit sofortiger Wirkung ihre Grundlage zu nehmen (*Däubler/Bepler* TVG § 4 Rn 875). Auch wenn ein **neuer TV nach Abs. 1** geschlossen wird, ist dieser sofern er nicht etwas anderes bestimmt – gemäß Abs. 4 Satz 1 erst der nächsten regelmäßigen BRWahl anzuwenden. Bis dahin bleibt der bisherige BR im Amt. Dafür spricht auch der Grundsatz der **Kontinuität der BR-Arbeit.** Bei der folgenden regelmäßigen BRWahl ist allerdings – soweit kein neuer TV nach Abs. 1 geschlossen wurde – wie-der das Gesetz maßgeblich (*Eich* Euro AS 03, 21). Bei der **Rückkehr zur gesetzli-chen Betriebsverfassung** und bei der **Änderung eines TV** nach Abs. 1 kann die Frage der Funktionsnachfolge Schwierigkeiten bereiten (vgl. BAG 8. 12. 10 – 7 ABR 69/09 – NZA 11, 362; 24. 8. 11 – 7 ABR 8/10 –). Die **Funktionsnachfolge** ist

wegen der Kontinuität der Interessenvertretung geboten und liegt im Interesse beider Betriebsparteien. Voraussetzung hierfür ist eine zuverlässige Abgrenzung der vor und nach der Änderung von dem/den jeweiligen BR/en jeweils repräsentierten organisatorischen Einheiten. Die nach einer Änderung des ZuordnungsTV neu errichteten BRe werden jeweils hinsichtlich der nun von ihnen repräsentierten organisatorischen Einheiten Funktionsnachfolger des BR, der diese Einheit zuvor repräsentiert hat (vgl. BAG 8. 12. 10 NZA 11, 362; 24. 8. 11 – 7 ABR 8/10 –; vgl. zur Fortgeltung einer BV nach einer Zusammenfassung von Betrieben zu neuen Organisationseinheiten Rn 85; BAG 7. 6. 11 – 1 ABR 110/09 –).

Fraglich ist, ob und in welchem Umfang BV, die mit der nach Abs. 1 Nr. 1   **85** bis 3 gebildeten ArbNVertr. geschlossen wurden, bei einer Rückkehr zu den gesetzlichen ArbNVertr.-Strukturen oder bei einer Änderung des ZuordnungsTV **fortwirken** (vgl. *DKKW-Trümner* Rn 151; BAG 7. 6. 11 – 1 ABR 110/09 –). Eine ausdrückliche Regelung enthält das Gesetz nicht. Im Falle eines Betriebsübergangs ist die normative Fortgeltung von BV bei Wahrung der Betriebsidentität allgemein anerkannt (vgl. BAG 18. 9. 02 AP Nr. 7 zu § 77 BetrVG 1972 BV mwN). Von einer Wahrung der Betriebsidentität kann beim Wechsel zu einer anderen ArbNVertr.-Struktur nicht ohne weiteres gesprochen werden. Andererseits liegt aber auch kein Betriebsübergang iSv. § 613a BGB vor. An der Betriebsinhaberschaft iSd. Bestimmung ändert sich vielmehr nichts. Auch tatsächliche Veränderungen der Betriebsorganisation gehen mit dem Abschluss oder der Änderung eines ZuordnungsTV nicht notwendig einher (BAG 18. 3. 08 – 1 ABR 3/07 – NZA 08, 1259; 7. 6. 11 – 1 ABR 110/09 –). Daher wirken BV auch nach Abschluss oder Änderung eines ZuordnungsTV in den Organisationseinheiten fort, in denen sie zuvor galten (BAG 18. 3. 08 – 1 ABR 3/07 – NZA 08, 1259; 7. 6. 11 – 1 ABR 110/09 –; 24. 8. 11 – 7 ABR 8/10 –).

2. Umstrukturierungen

Ein TV nach Abs. 1 Nr. 1 bis 3 hindert den ArbGeb. grundsätzlich nicht, auch **wäh-** **86** **rend der Laufzeit des TV Umstrukturierungen** vorzunehmen. Sofern dies nicht eindeutig in dem TV vorgesehen ist, verpflichtet dieser den ArbGeb. weder schuldrechtlich noch normativ, Entscheidungen über die Organisation seines Unternehmens und dessen Betriebe zu unterlassen. Ein TV über abweichende ArbNVertr.-Strukturen endet mit vom ArbGeb. vorgenommenen Umstrukturierungen nicht automatisch. **Es kann aber durch die Strukturveränderung das Substrat für die vereinbarte ArbNVertr.-Struktur entfallen.** Die Einheit, für welche die abweichende Vertretungsstruktur vereinbart ist, kann ihre Identität verlieren. Die **Identität der Einheit** bestimmt sich nicht allein nach den Kriterien der gesetzlichen Betriebsverfassung. Entscheidend ist vielmehr, nach welchen Kriterien der TV die gewillkürte ArbNVertretung bildet. Die Identität einer durch den TV geschaffenen Einheit kann verloren gehen, wenn sich die nach den **Kriterien des TV** maßgeblichen Umstände wesentlich ändern. Stellen (Firmen)TVe für die Errichtung von BRfähigen Organisationseinheiten auf die **Leitungsstrukturen des ArbGeb.** – wie zB. auf Gebietsleitungen – ab, kommt es darauf an, ob dies **statisch oder dynamisch** zu verstehen ist. Bei einer statischen Regelung verlieren bei wesentlichen, vom ArbGeb. vorgenommenen organisatorischen Änderungen der TV sein Substrat und die Einheiten ihre Identität. Bei einer dynamischen Regelung behält der TV seinen Regelungsgegenstand; BRe sind auf der Grundlage des weiterhin anwendbaren TV entsprechend der vom ArbGeb. vorgenommenen organisatorischen Änderung zu bilden. Das Substrat für einen **SpartenBR** nach Abs. 1 Nr. 2 entfällt, wenn der ArbGeb. durch Organisationsänderung die Sparten abschafft. Sind für einen TV nach Abs. 1 Nr. 1b unabhängig von der Organisation des ArbGeb. allein **geografische oder politische Grenzen** maßgeblich, führen Organisationsänderungen nicht ohne Weiteres zu einem Verlust der Identität der tarifvertraglich geschaffenen Einheiten. **Mit dem Verlust der Identität der tarifvertraglich geschaffenen Einheit endet** ebenso wie beim Betrieb iSd. BetrVG auch die **Amtszeit** der für die Einheit errichteten ArbNVertr. In Anwendung der §§ 21 a, 21 b schließt sich **aber** ein **Übergangs- oder Restmandat** der ArbNVertr. an (GK-*Franzen* Rn 62; vgl. zum Schicksal abweichender ArbNVertr. bei Umstrukturierungen auch *Gistel* [Rn 1]). Das Übergangsmandat kann nach § 21 a Abs. 1 Satz 4 über die in § 21 a Abs. 1 Satz 3 vorgesehenen sechs Monate hinaus um weitere sechs Monate verlängert werden (vgl. § 21 a Rn 26). Umstr. ist, welches Schicksal die Betriebsverfassungsorgane erfahren, wenn ein Unternehmen mit einem unternehmenseinheitlichen BR (UBR) iSv. Abs. 1 Nr. 1 a und ein Unternehmen mit gesetzl. BR und einem GesBR gem. §§ 4 ff. UmwG verschmolzen werden (vgl. dazu ArbG Hamburg 13. 6. 06 NZA-RR 06, 645; *Trappehl/Zimmer* BB 08, 778). Am sachgerechtesten dürfte es sein, den UBR für die restliche Dauer der Wahlperiode als BR für die iSv. Abs. 1 Nr. 1 b als zusammengefasst erachteten Betriebe seines bisherigen Unternehmens anzusehen und ihn Vertreter in den gleichfalls fortbestehenden GesBR entsenden zu lassen, in dem weiterhin auch die ebenfalls fortbestehenden gesetzl. BR vertreten sind (so wohl auch ArbG Hamburg 13. 6. 06 NZA-RR 06, 645; **aA** *Trappehl/Zimmer* BB 08, 778).

3. Rechtsnachfolge

87 Probleme können sich im Falle der **Rechtsnachfolge auf ArbGebSeite** ergeben (vgl. dazu *DKKW-Trümner* Rn 158 ff.; *Utermark* [Rn 1] S. 201 ff.; GK-*Franzen* Rn 64; *Trümner* FA 07, 226).

88 Handelt es sich bei dem nach Abs. 1 Nr. 1 bis 3 geschlossenen TV – wie meist – um einen **FirmenTV,** so entstehen im Falle einer **Gesamtrechtsnachfolge** keine Schwierigkeiten. In diesem Fall tritt der Rechtsnachfolger ohne weiteres auf ArbGebSeite an die Stelle der bisherigen TV-Partei (*Utermark* [Rn 1] S. 214; GK-*Franzen* Rn 64).

89 Handelt es sich dagegen um einen Fall des **§ 613 a BGB** – zusätzliche Probleme entstehen noch dadurch, dass der Betrieb iSd. § 613 a BGB meist nicht identisch sein dürfte mit der durch den **TV** nach Abs. 1 Nr. 1 bis 3 geschaffenen Einheit – dürfte der TV nicht normativ fortwirken (vgl. BAG 20. 6. 01 u. 29. 8. 01 AP Nr. 18 u. 17 zu § 1 TVG Bezugnahme auf Tarifvertrag; 23. 9. 03 AP Nr. 28 zu § 99 BetrVG 1972 Eingruppierung; GK-*Franzen* Rn 64; **aA** *Utermark* [Rn 1] S. 201 ff., die aus Gründen einer richtlinienkonformen Auslegung im Hinblick auf Art. 3 III der Richtlinie 2001/23/EG eine kollektivrechtliche Weitergeltung in analoger Anwendung des § 3 Abs. 3 TVG bejaht). Gleichwohl dürfte, solange der neue ArbGeb. an den betrieblichen Strukturen nichts ändert, der BR bis zum Ablauf der regelmäßigen Amtszeit im Amt bleiben (vgl. Rn 84; im Ergebnis ebenso *DKKW-Trümner* Rn 160). Geht ein Betrieb mit einem nach den gesetzlichen Bestimmungen gewählten BR auf ein Unternehmen über, für das ein ZuordnungsTV gilt, erlischt der BR regelmäßig nicht, sondern besteht bis zum Ablauf der regulären Amtszeit weiter (*Trümner* FA 07, 226). Für den Fall einer BV nach Abs. 2 kommt eine Fortwirkung nur in Betracht wenn die veräußerte Einheit und die durch die BV geschaffene betriebsverfassungsrechtliche Einheit identisch sind (vgl. GK-*Franzen* Rn 64; HWK/*Gaul* § 3 BetrVG Rn 38).

90 Handelt es sich um einen **VerbandsTV** und einen Fall der **Gesamtrechtsnachfolge,** so dürfte es zur Fortgeltung der Tarifbindung erforderlich sein, dass der Rechtsnachfolger die Mitgliedschaft im Verband selbst begründet (vgl. BAG 10. 11. 93 AP Nr. 13 zu § 3 TVG Verbandszugehörigkeit; GK-*Franzen* Rn 64; **aA** *Utermark* [Rn 1] S. 213, die eine entsprechende Anwendung des § 3 Abs. 3 TVG befürwortet). Andernfalls fehlt es an der Tarifbindung. Gleichwohl bleibt nach hier vertretener Ansicht der BR bis zum Ablauf der Amtszeit im Amt (vgl. Rn 84, 88). Dies gilt auch im Falle der Einzelrechtsnachfolge (**aA** *DKKW-Trümner* Rn 163).

VII. Tariflose Unternehmen ohne Betriebsrat (Abs. 3)

Nach § 3 Abs. 3 können die ArbN in einem **betriebsratslosen Unternehmen** 91
dann, wenn „im Falle des Abs. 1 Nr. 1 Buchst. a keine tarifliche Regelung" besteht,
„mit Stimmenmehrheit die Wahl eines unternehmenseinheitlichen Betriebsrats beschließen". Die durch das BetrVerf-ReformG neu eingeführte Bestimmung wirft
etliche Fragen auf und bringt, insb. mangels näherer Ausgestaltung, erhebliche Umset-
zungsprobleme mit sich.

Sinn und Zweck der Bestimmung ist ersichtlich, in Unternehmen mit zwei oder 92
mehr – sämtlich – betriebsratslosen Betrieben den ArbN alternativ zur Errichtung
mehrerer EinzelBR die Errichtung eines unternehmenseinheitlichen BR zu ermöglichen. Anders als nach Abs. 1 Nr. 1 a ist hierfür die Zustimmung des ArbGeb. nicht
erforderlich. Über Abs. 3 kann daher grundsätzlich sogar gegen den Willen des Arb-
Geb. abweichend von der gesetzlichen Struktur ein unternehmenseinheitlicher BR –
wohl sogar dauerhaft – erzwungen werden. Die praktische Durchsetzung dürfte freilich Schwierigkeiten bereiten.

Voraussetzung für die Errichtung eines unternehmenseinheitlichen BR nach 93
Abs. 3 Satz 1 ist zunächst, dass in dem Unternehmen **kein BR** besteht. Falls es auch
nur in einem Betrieb des Unternehmens einen BR gibt, kann ein unternehmenseinheitlicher BR nach Abs. 3 nicht errichtet werden (vgl. GK-*Franzen* Rn 44; kritisch
gegenüber dieser Begrenzung *Richardi* Rn 86).

Voraussetzung ist ferner, dass **„im Fall des Abs. 1 Nr. 1 Buchst. a keine tarif-** 94
liche Regelung" besteht. Nicht eindeutig erscheint, ob damit lediglich der Tarifvorrang normiert werden soll oder ob der Verweis darüber hinaus bedeutet, dass der
nach Abs. 3 Satz 1 von den ArbN zu fassende Beschluss iSv. Abs. 1 Nr. 1 die Bildung
von BR erleichtern oder einer sachgerechten Wahrnehmung der Interessen der ArbN
dienen muss. Vieles spricht dafür, dass ein Beschluss der ArbN nicht an diese zusätzliche Voraussetzung geknüpft ist. Anders als die TV-Parteien im Fall des Abs. 1 Nr. 1
kann die Belegschaft diese Prüfung wohl nicht vornehmen. Auch dürfte in betriebsratslosen Unternehmen regelmäßig davon auszugehen sein, dass eine mehrheitliche
Abstimmung der ArbN für einen unternehmenseinheitlichen BR iSv. Abs. 1 Nr. 1
„dienlich" ist.

Dritte Voraussetzung ist ein **mit Stimmenmehrheit gefasster Beschluss der** 95
ArbN über die Wahl eines unternehmenseinheitlichen BR. Erforderlich ist die abso-
lute Stimmenmehrheit aller ArbN des Unternehmens. Die Mehrheit der auf einer
„Unternehmensversammlung" oder mehreren Betriebsversammlungen anwesenden
ArbN genügt nicht. Damit wird die erforderliche Stimmenmehrheit in der Praxis zu
einer hohen Hürde.

Hinsichtlich der Herbeiführung eines entspr. Beschlusses der ArbN bestimmt das 96
Gesetz lediglich in Abs. 3 Satz 2, dass die **Abstimmung** von mindestens 3 wahlbe-
rechtigten ArbN des Unternehmens oder einer im Unternehmen vertretenen Ge-
werkschaft **veranlasst** werden kann. **Von besonderen Formvorschriften** für den
Beschluss bzw. die Abstimmung wurde nach der Gesetzesbegründung **bewusst ab-**
gesehen; insb. wird keine geheime Abstimmung verlangt (BT-Drucks. 14/5741 S. 34;
GK-*Franzen* Rn 45). Das Fehlen formaler Sicherungen wird teilweise kritisiert (vgl.
Däubler ArbuR 01, 3). Problematisch erscheint aber noch mehr, wie in der Praxis die
Abstimmung iSv. Abs. 3 Satz 2 „veranlasst" werden kann. Schwierigkeiten werden
vor allem entstehen, wenn – was in betriebsratslosen Unternehmen häufig der Fall
sein wird – das Unternehmen an der Errichtung eines BR kein Interesse hat. In Unternehmen mit mehreren, ggf. räumlich weit voneinander entfernten Betrieben dürfte es für 3 wahlberechtigte ArbN ohne aktive Kooperation des Unternehmens nahezu
unmöglich sein, eine derartige Abstimmung zu organisieren. Zwar wird der ArbGeb.
zur Unterstützung und zur Erteilung der erforderlichen Auskünfte, insb. über die
ArbN des Unternehmens, verpflichtet sein. Gleichwohl dürfte es große Schwierigkei-

ten bereiten, eine selbst formlose Abstimmung derart zu organisieren, dass zu einem bestimmten Stichtag (welchem?) zuverlässig festgestellt werden kann, ob sich die Mehrheit aller ArbN des Unternehmens für eine unternehmenseinheitliche BRWahl ausspricht. Auch muss trotz fehlender Formvorschriften die Stimmabgabe der ArbN in ggf. „gerichtsverwertbarer" Weise festgehalten werden. Andernfalls sind spätere Anfechtungen der unternehmenseinheitlichen BRWahl programmiert.

97   Eine den besonderen **Kündigungsschutz** der die Abstimmung „veranlassenden" ArbN gewährleistende, § 15 Abs. 3a KSchG entspr. gesetzliche Bestimmung **fehlt** (vgl. *Däubler* ArbuR 01, 3; *DKKW-Trümner* Rn 136). Eine analoge Anwendung des § 15 Abs. 3a KSchG dürfte nicht möglich sein. Ein gewisser relativer Schutz folgt aus § 78.

98   Falls in einer Abstimmung die Mehrheit der ArbN die Wahl eines unternehmenseinheitlichen BR beschließt, ist ein **Wahlvorstand** zu bestellen. Da es in dem Unternehmen bislang überhaupt keinen BR und damit auch keinen GesBR gibt, kommt die Bestellung eines Wahlvorstand durch den GesBR nach § 17 Abs. 1 nicht in Betracht. Die Bestellung eines Wahlvorstand durch den KBR wird in der Praxis mangels Existenz eines solchen ebenfalls meist ausscheiden. Da es in dem Unternehmen mehrere Betriebe gibt, ist die Bestellung eines Wahlvorstand in **einer** Betriebsversammlung nach § 17 Abs. 2 Satz 1 nicht möglich. In entspr. Anwendung des § 17 Abs. 2 Satz 1 dürfte daher eine **Unternehmensversammlung** einzuberufen sein, was insb. in bundesweiten Unternehmen zu erheblichen **praktischen Schwierigkeiten** führen kann (vgl. GK-*Franzen* Rn 46). Zu der Unternehmensversammlung können 3 wahlberechtigte ArbN des Unternehmens oder eine im Unternehmen vertretene Gewerkschaft einladen (§ 17 Abs. 3 analog iVm. § 3 Abs. 3 Satz 2). Findet trotz Einladung keine Unternehmensversammlung statt oder wählt diese keinen Wahlvorstand, so bestimmt ihn auf Antrag von 3 wahlberechtigten ArbN des Unternehmens oder einer im Unternehmen vertretene Gewerkschaft das **ArbG** (§ 17 Abs. 4 Satz 1 analog iVm. § 3 Abs. 3 Satz 2). Zuständig dürfte das ArbG am Unternehmenssitz sein. Der Wahlvorstand führt sodann das Wahlverf. nach §§ 14 ff. durch.

99   Die **Größe** des auf diese Weise errichteten unternehmenseinheitlichen BR hängt von der Zahl der wahlberechtigten ArbN im Unternehmen ab (§ 9). Diese Zahl ist auch maßgeblich für die Größe der Ausschüsse (§§ 27, 28), die Übertragung von Aufgaben auf Arbeitsgruppen (§ 28a) und für Freistellungen (§ 38).

100   Zu der Frage, ob und wie eine nach Abs. 3 herbeigeführte zentrale BR-Struktur wieder beseitigt werden kann, verhält sich das Gesetz nicht ausdrücklich. Anders als in § 4 Abs. 1 Satz 5 ist ein **„Widerruf" nicht vorgesehen.** Die Entscheidung der ArbN entfaltet daher, solange sich an den betrieblichen Strukturen nichts ändert, grundsätzlich Dauerwirkung (vgl. *DKKW-Trümner* Rn 140). Eine Rückkehr zur gesetzlichen Struktur dürfte erst nach einer entsprechenden Abstimmung der Belegschaft möglich sein (vgl. GK-*Franzen* Rn 47).

VIII. Streitigkeiten

101   Streitigkeiten über die Wirksamkeit und die Auslegung von TV nach § 3 Abs. 1 Nr. 1, über BV nach § 3 Abs. 2 oder über die Errichtung eines unternehmenseinheitlichen BR nach § 3 Abs. 3 können entweder selbst den **Streitgegenstand** eines Rechtsstreits bilden **oder** in einem Rechtsstreit eine entscheidungserhebliche **Vorfrage** sein.

102   Die Frage der Wirksamkeit oder der Auslegung kollektiver Vereinbarungen über abweichende ArbNVertr.-Strukturen kann sich insb. in einem **Verfahren nach § 18 Abs. 2** stellen, in dem über das Vorliegen einer **betriebsratsfähigen Organisationseinheit** gestritten wird. Ein solches Verf. können der ArbGeb., jeder beteiligte BR, jeder beteiligte Wahlvorstand oder eine im Betrieb vertretene Gewerkschaft einleiten. Der Streit wird gemäß §§ 2a Abs. 1 Nr. 1, 80 Abs. 1 ArbGG im arbeitsge-

richtlichen BeschlVerf. ausgetragen. Sofern es sich ausschließlich um die „Aufspaltung" eines Betriebes in Sparten handelt, ist nach § 82 Abs. 1 Satz 1 ArbGG das ArbG örtlich zuständig, in dessen Bezirk der Betrieb liegt. Sobald die Betriebsgrenzen überschritten werden, dürfte das **ArbG am Sitz des Unternehmens** zuständig sein (vgl. GK-ArbGG/*Dörner* § 82 Rn 6 b, 8). Bei mehreren Unternehmen eines Konzerns bestimmt der Sitz des herrschenden Unternehmens den Gerichtsstand (GK-ArbGG/ *Dörner* § 82 Rn 10 mwN).

Die Frage der Wirksamkeit oder Auslegung von Vereinbarungen nach § 3 Abs. 1 **103** u. 2 kann sich ferner als Vorfrage in einem **Wahlanfechtungsverf. nach** § 19 stellen (vgl. BAG 10. 11. 04 AP Nr. 2 zu § 3 BetrVG 1972; 29. 7. 09 – 7 ABR 27/08 – NZA 09, 1424). Zur Funktionsnachfolge bei einer Änderung des TV BAG 24. 8. 11 – 7 ABR 8/10 –.

Zweifelhaft kann die Verfahrensart sein, wenn die TV-Parteien die Wirksamkeit **104** oder Auslegung eines nach Abs. 1 Nr. 1 bis 3 geschlossenen TV zum selbständigen Gegenstand eines Rechtsstreits machen. Dies ist nach § 9 **TVG** möglich. Da es sich auch in diesem Fall um eine Angelegenheit aus dem BetrVG iSv. § 2 a Abs. 1 Nr. 1 ArbGG handelt, dürfte ebenfalls nach § 80 Abs. 1 ArbGG nicht das Urteilsverf., sondern das BeschlVerf. die richtige Verfahrensart sein (ebenso *DKKW-Trümner* Rn 169; GK-*Franzen* Rn 73). Dies gilt auch im Falle eines firmenbezogenen VerbandsTV. Ebenso im BeschlVerf. ist der Streit der Betriebsparteien über die Wirksamkeit einer nach § 3 Abs. 2 geschlossenen BV auszutragen.

Maßgeblich ist das BeschlVerf. schließlich auch bei Streitigkeiten über die Zusammensetzung, Organisation oder Geschäftsführung der nach Abs. 1 u. 2 gebildeten **105** Vertr. (*DKK-Trümner* Rn 169). Zu den Besonderheiten des BeschlVerf. vgl. Nach § 1.

§ 4 Betriebsteile, Kleinstbetriebe

(1) [1]**Betriebsteile gelten als selbständige Betriebe, wenn sie die Voraussetzungen des § 1 Abs. 1 Satz 1 erfüllen und**
1. räumlich weit vom Hauptbetrieb entfernt oder
2. durch Aufgabenbereich und Organisation eigenständig sind. [2]**Die Arbeitnehmer eines Betriebsteils, in dem kein eigener Betriebsrat besteht, können mit Stimmenmehrheit formlos beschließen, an der Wahl des Betriebsrats im Hauptbetrieb teilzunehmen; § 3 Abs. 3 Satz 2 gilt entsprechend.** [3]**Die Abstimmung kann auch vom Betriebsrat des Hauptbetriebs veranlasst werden.** [4]**Der Beschluss ist dem Betriebsrat des Hauptbetriebs spätestens zehn Wochen vor Ablauf seiner Amtszeit mitzuteilen.** [5]**Für den Widerruf des Beschlusses gelten die Sätze 2 bis 4 entsprechend.**

(2) **Betriebe, die die Voraussetzungen des § 1 Abs. 1 Satz 1 nicht erfüllen, sind dem Hauptbetrieb zuzuordnen.**

Inhaltsübersicht

I. Vorbemerkung

1   Die Vorschrift regelt die **Behandlung und Zuordnung von Betriebsteilen und Kleinstbetrieben.** Sie dient dazu, BRfähige Betriebsteile von denjenigen zu unterscheiden, die nicht BRfähig sind und damit die Einheiten festzulegen, für die BR gewählt werden können (vgl. BAG 7. 4. 04 AP Nr. 3 zu § 94 SGB IX). Die Bestimmung will sicherstellen, dass ungeachtet der organisatorischen Vorgaben des ArbGeb. alle ArbN des Unternehmens die Möglichkeit haben, an der Wahl eines BR teilzunehmen, der ihre Interessen vertritt und die Mitwirkungsrechte nach dem BetrVG wahrnimmt. Keine Organisationseinheit soll ohne InteressenVertr. sein (*DKKW-Trümner* Rn 2; vgl. bereits BAG 1. 2. 63 AP Nr. 5 zu § 3 BetrVG). Zugleich wird bestimmt, dass grundsätzlich in Betriebsteilen, die räumlich weit vom Hauptbetrieb entfernt oder durch Aufgabenbereich und Organisation eigenständig sind, BR gebildet werden. Solange dies nicht geschehen ist, können aber ArbN dieser Organisationseinheiten die Teilnahme an der BRWahl im Hauptbetrieb beschließen. Dies ist insb. auch insoweit von Bedeutung, als von der Zahl der vom BR repräsentierten ArbN die Organisation der BRArbeit (vgl. § 27, 28, 38) und teilweise auch Mitwirkungsrechte des BR (vgl. §§ 92a, 95 Abs. 2) abhängen.

2   Der durch das BetrVerf-ReformG neu gefasste Abs. 1 Satz 1 entspricht dem früheren § 4 Satz 1. Zur Feststellung eines selbständigen Betriebsteils gelten daher weiterhin die dazu entwickelten Grundsätze. Die frühere Regelung zu den „Nebenbetrieben" in § 4 S. 2 aF wurde durch Abs. 2 abgelöst. Dadurch wurde **klargestellt, dass jeder Kleinstbetrieb,** also jeder organisatorisch eigenständige Betrieb, der die zahlenmäßigen Voraussetzungen des § 1 Abs. 1 S. 1 nicht erfüllt, **dem Hauptbetrieb zugeordnet** wird (vgl. BAG 17. 1. 07 AP Nr. 18 zu § 4 BetrVG 1972). Hiervon war die Rspr. schon zuvor ausgegangen (vgl. BAG 3. 12. 85 AP Nr. 28 zu § 99 BetrVG 1972). Nicht ausdrücklich vom Gesetz beantwortet wird weiterhin die Frage, welcher von mehreren Betrieben Hauptbetrieb iSv. Abs. 2 ist (vgl. dazu Rn 10). Zum Verhältnis zwischen § 4 Abs. 1 und § 1 Abs. 2 sowie § 3 vgl. *Rieble/Klebeck* FS *Richardi* S. 693.

3   Die Vorschrift ist **grundsätzlich zwingend.** Die Bildung von „Wahlkreisen", in denen einzelne Betriebsbereiche BR oder BRMitgl. wählen, ist nicht zulässig (*DKKW-Trümner* Rn 5). Gemäß § 3 Abs. 1 Nr. 1–3 können aber durch TV sowie gemäß § 3 Abs. 2 durch BV abweichende ArbNVertrStrukturen geschaffen werden (vgl. § 3 Rn 24–52, 66–72; BAG 10. 11. 04 AP Nr. 2 zu § 3 BetrVG 1972). Außerdem haben nach Abs. 1 Satz 2 bis 5 die ArbN in betriebsratsfähigen, aber bis dahin betriebsratslosen Betriebsteilen die Entscheidungsmöglichkeit, ob sie sich durch den BR des Hauptbetriebs oder durch einen eigenen BR vertreten lassen wollen (vgl. Rn 27 ff.).

4   Entspr. Vorschriften im **BPersVG:** § 6 Abs. 3, § 12 Abs. 2.

II. Betrieb, einfacher und qualifizierter Betriebsteil, Haupt- und Kleinstbetrieb

5   Das Gesetz definiert die **Begriffe Betrieb, Betriebsteil, Haupt- und Kleinstbetrieb** nicht. Wie sich ua. aus Abs. 1 u. 2 ergibt, setzt es aber jedenfalls die Begriffe Betrieb, Betriebsteil und Hauptbetrieb voraus.

6   **Betrieb** iSd. BetrVG ist eine organisatorische Einheit, innerhalb derer der Unternehmer zusammen mit den von ihm beschäftigten ArbN bestimmte arbeitstechnische Zwecke fortgesetzt verfolgt. Dabei müssen die an der Betriebsstelle vorhandenen materiellen und immateriellen Betriebsmittel für den oder die verfolgten arbeitstechnischen Zwecke zusammengefasst, geordnet und gezielt eingesetzt und die mensch-

liche Arbeitskraft von einem einheitlichen Leitungsapparat gesteuert werden (vgl. § 1 Rn 58 ff.; BAG 29. 5. 91, 19. 2. 02, 21. 7. 04, 17. 1. 07 AP Nr. 5, 13, 15, 18 zu § 4 BetrVG 1972, 22. 6. 05 AP Nr. 23 zu § 1 BetrVG 1972 Gemeinsamer Betrieb; 9. 12. 09 – 7 ABR 38/08 – NZA 10, 906).

Ein **(einfacher) Betriebsteil** ist eine Einheit, die zwar in die Organisation eines **7** (Haupt-)Betriebs eingegliedert und an dessen Zweck ausgerichtet, diesem gegenüber aber organisatorisch abgrenzbar und relativ verselbständigt ist (BAG 25. 9. 86 AP Nr. 7 zu § 1 BetrVG 1972; 19. 2. 02, 21. 7. 04, 17. 1. 07 AP Nr. 13, 15, 18 zu § 4 BetrVG 1972; 7. 5. 08 – 7 ABR 15/07 – NZA 09, 328; 9. 12. 09 – 7 ABR 38/08 – NZA 10, 906; ErfK/*Koch* Rn 2; GK-*Franzen* Rn 4; *Haas/Salamon* NZA 09, 299; *dies.* RdA 08, 146, 150). Es handelt sich um räumlich und organisatorisch unterscheidbare Betriebsbereiche, die aber wegen ihrer Eingliederung in den Betrieb allein nicht bestehen können. Ihre **Selbständigkeit ist „relativ"** (vgl. BAG 29. 1. 92 AP Nr. 1 zu § 7 BetrVG 1972; 21. 7. 04, 17. 1. 07 AP Nr. 15, 18 zu § 4 BetrVG 1972; 9. 12. 09 – 7 ABR 38/08 – NZA 10, 906; GK-*Franzen* Rn 15). Ohne eine gewisse Selbständigkeit der Einheit liegt kein Betriebsteil vor (BAG 21. 7. 04; 17. 1. 07 AP Nr. 15, 18 zu § 4 BetrVG 1972; *Haas/Salamon* RdA 08, 146, 150). Aber auch bei zu großer Selbständigkeit handelt es sich nicht mehr um einen Betriebsteil. Geht die Selbständigkeit soweit, dass die Einheit auch alleine sinnvoll bestehen könnte, liegt nämlich kein Betriebsteil, sondern ein selbständiger Betrieb vor (BAG 21. 7. 04 AP Nr. 15 zu § 4 BetrVG 1972; 7. 5. 08 – 7 ABR 15/07 – NZA 09, 328; GK-*Franzen* Rn 4; ErfK/*Koch* Rn 4).

Für die Differenzierung zwischen Betrieb und (einfachem) Betriebsteil ist entscheidend der **Grad der Verselbständigung,** der im Umfang der Leitungsmacht **8** zum Ausdruck kommt (BAG 21. 7. 04 AP Nr. 15 zu § 4 BetrVG 1972; 9. 12. 09 – 7 ABR 38/08 – NZA 10, 906; *Haas/Salamon* RdA 08, 146, 150; ErfK/*Koch* Rn 4). Erstreckt sich die in der organisatorischen Einheit ausgeübte Leitungsmacht auf die wesentlichen Funktionen des ArbGeb. in den sozialen und personellen Angelegenheiten, handelt es sich um einen Betrieb (BAG 21. 7. 04 AP Nr. 15 zu § 4 BetrVG 1972). Dagegen genügt es für einen Betriebsteil bereits, wenn in der Einheit wenigstens eine Person mit Leitungsmacht vorhanden ist, die überhaupt Weisungsrechte des ArbGeb. ausübt (BAG 20. 6. 95 AP Nr. 8 zu § 4 BetrVG 1972; 19. 2. 02, 17. 1. 07 AP Nr. 13, 18 zu § 4 BetrVG 1972; 9. 12. 09 – 7 ABR 38/08 – NZA 10, 906; GK-*Franzen* Rn 4). Als (einfache) Betriebsteile kommen zB die Druckerei eines Zeitungsbetriebs, die Lackiererei einer Automobilfabrik, die Reparaturwerkstatt eines Spediteurs in Betracht. Auch zentral geleitete Filialen, insb. im Einzelhandel und Bankgewerbe, sind auf örtlicher Ebene häufig nur Betriebsteile eines einheitlichen Betriebs (vgl. § 1 Rn 69 f.; BAG 26. 8. 71 AP Nr. 1 zu § 23 KSchG 1969; 24. 2. 76 AP Nr. 2 zu § 4 BetrVG 1972).

Zu einem **(qualifizierten) BRfähigen Betriebsteil** wird eine Einheit erst unter **9** der **weiteren Voraussetzung,** dass sie **räumlich weit vom Hauptbetrieb** gelegen **oder in Organisation und Aufgabenbereich eigenständig** ist (vgl. Rn 14 ff.; BAG 21. 7. 04 AP Nr. 15 zu § 4 BetrVG 1972; 9. 12. 09 – 7 ABR 38/08 – NZA 10, 906; vgl. zu § 4 Satz 1 aF BAG 19. 2. 02 AP Nr. 13 zu § 4 BetrVG 1972; GK-*Franzen* Rn 4). Die insoweit – **alternativ zur räumlichen Entfernung** – erforderliche Eigenständigkeit in Organisation und Aufgabenbereich macht allerdings die **Abgrenzung zwischen qualifiziertem Betriebsteil und Betrieb schwierig** (vgl. GK-*Franzen* Rn 15; ErfK/*Koch* Rn 4). Gleichwohl ist die Abgrenzung vor allem auch für die Frage von Bedeutung, ob die ArbN in einer bis dahin betriebsratslosen Einheit nach Abs. 1 Satz 2 die Teilnahme an der BRWahl des Hauptbetriebs beschließen können. Sie können dies nur, wenn es sich bei der Einheit nicht um einen Betrieb, sondern um einen qualifizierten Betriebsteil handelt.

Sowohl Abs. 1 als auch Abs. 2 setzen einen **Hauptbetrieb** voraus. Dabei ist der **10** Begriff in den beiden Regelungen nicht identisch (*Richardi* Rn 8). **ISv. Abs. 1 ist als Hauptbetrieb regelmäßig derjenige anzusehen, in dem Leitungsfunktio-**

nen für den Betriebsteil wahrgenommen werden (BAG 7. 5. 08 NZA 09, 328; ErfK/*Koch* Rn 6; *DKKW-Trümner* Rn 26; *Haas/Salamon* NZA 09, 299; *dies.* RdA 08, 146, 152). Dies entspricht dem Grundsatz, dass die InteressenVertr. dort gebildet wird, wo die mitwirkungspflichtigen ArbGebEntscheidungen getroffen werden (BAG 9. 12. 92 – 7 ABR 15/92 –; 7. 5. 08 – 7 ABR 15/07 – NZA 09, 328). Für den **Hauptbetrieb iSv. Abs. 2** gilt dies nicht in gleicher Weise. Der Kleinstbetrieb iSv. Abs. 2 hat ja als Betrieb eine eigene institutionelle Leitung und wird nur deshalb dem „Hauptbetrieb" zugeordnet, weil er nicht die nach Abs. 1 S. 1 erforderliche ArbN-Zahl erreicht. Daher erscheint es sachgerecht, ihn dem räumlich nächsten Betrieb zuzuordnen; dieser ist dann „Hauptbetrieb" iSv. Abs. 2 (so auch *DKKW-Trümner* Rn 66; *Richardi* Rn 47; unentschieden wohl ErfK/*Koch* Rn 6; GK-*Franzen* Rn 7). Dies entspricht dem Grundsatz möglichst ortsnaher Vertretung und gewährleistet Rechtssicherheit (vgl. auch § 1 Abs. 2 SprAuG). Die Praxis muss sich aber auf die Entscheidung des **BAG vom 17. 1. 07** (AP Nr. 18 zu § 4 BetrVG 1972) einstellen. Danach ist Hauptbetrieb der Betrieb, der gegenüber dem nicht BRfähigen Betrieb eine hervorgehobene Bedeutung hat. Diese kann sich daraus ergeben, dass die Leitung dieses Betriebs die Leitung des nicht BRfähigen Betriebs in personellen und sozialen Angelegenheiten beratend unterstützt (BAG 17. 1. 07 AP Nr. 18 zu § 4 BetrVG 1972). Ungeklärt bleiben damit freilich die Fälle, in denen es an einer solchen beratenden Unterstützung fehlt.

11   Vom Hauptbetrieb **weit entfernte Betriebsteile können** wiederum bei räumlicher Nähe **untereinander einen einheitlichen Betrieb bilden,** für den ein BR zu entrichten ist (vgl. BAG 29. 5. 91, 19. 2. 02 AP Nr. 5, 13 zu § 4 BetrVG 1972). Hauptbetrieb, bei dem dieser BR zu entrichten ist, ist in diesem Fall derjenige Betriebsteil, der den anderen organisatorisch übergeordnet ist und diese führt (BAG 19. 2. 02 AP Nr. 13 zu § 4 BetrVG 1972). Voraussetzung ist allerdings eine organisatorische Zusammenfassung der Betriebsteile zu einer betrieblichen Einheit. Fehlt es hieran, bildet jeder Betriebsteil einen Betrieb iSv. Abs. 1 (vgl. BAG 7. 5. 08 – 7 ABR 15/07 – NZA 09, 328).

12   Sog. **„Kleinstbetriebe"** sind selbständige Betriebe, die aber nicht betriebsratsfähig sind, da sie nicht die nach § 1 Abs. 1 Satz 1 erforderliche Mindestzahl von 5 ArbN haben (vgl. GK-*Franzen* Rn 7; ErfK/*Koch* Rn 6; *DKKW-Trümner* Rn 2). Für diese sieht Abs. 2 die Zuordnung zum Hauptbetrieb vor und sorgt so dafür, dass deren Belegschaft nicht vertretungslos ist. Die ArbN des Kleinstbetriebs werden bei den Schwellenwerten mitgezählt.

13   Besteht ein Unternehmen nur aus **nicht BRfähigen Kleinstbetrieben,** so **können** diese **gemeinsam** einen **BR errichten,** wenn sie zusammen die Voraussetzungen des Abs. 1 S 1 erfüllen (*DKKW-Trümner* Rn 66; ErfK/*Koch* Rn 6; *Richardi* Rn 48; GK-*Franzen* Rn 8). Dies ergibt die an Sinn und Zweck orientierte Auslegung des Abs. 2. Hauptbetrieb ist in diesem Fall der größte Kleinstbetrieb. Bei diesem ist der BR zu bilden.

III. Qualifizierter Betriebsteil

14   Abs. 1 Satz 1 bestimmt im Wege einer **gesetzlichen Fiktion,** dass ein (einfacher) Betriebsteil (vgl. Rn 7 f.) unter bestimmten qualifizierenden Voraussetzungen als selbständiger Betrieb gilt, für den ein eigener BR zu wählen ist (vgl. *DKKW-Trümner* Rn 1 a). **Zweck der Regelung** ist, eine ortsnahe InteressenVertr. zu errichten (vgl. *Richardi* Rn 14; vgl. auch BAG 3. 12. 85 AP Nr. 28 zu § 99 BetrVG 1972). Eine zu starke Dezentralisierung kann allerdings auch eine Schwächung der ArbNVertr. zur Folge haben (vgl. *DKK-Trümner* Rn 4). Auch darf die Fiktion des Abs. 1 Satz 1 nicht zu einem unfruchtbaren Nebeneinander mehrerer rivalisierender BR führen (GK-*Franzen* Rn 10).

Rechtsfolge ist, dass die ArbN des als selbständiger Betrieb geltenden Betriebsteils 15
– sofern sie nicht nach Abs. 1 S. 2 die Teilnahme beschließen – an der Wahl des BR
im Hauptbetrieb nicht teilnehmen und von dem dort gewählten BR nicht repräsentiert werden. Sie können vielmehr einen **eigenen BR** wählen. Tun sie dies, werden
sie von diesem so lange repräsentiert, wie dieser amtiert. Wählen sie keinen BR, haben
sie auf betrieblicher Ebene keine Interessenvertretung. Im Rahmen seiner originären
Zuständigkeit vertritt ein etwa gebildeter GesBR nach § 50 Abs. 1 S. 1 Halbs. 2 ihre
Interessen (vgl. § 50 Rn 29 ff.).

Werden ArbN eines Betriebsteils, der die Voraussetzungen des Abs. 1 S. 1 nicht erfüllt, **zu Unrecht** vom Wahlvorstand **an der Wahl des BR des Hauptbetriebs
nicht beteiligt,** so werden sie – auch mitbestimmungsrechtlich – gleichwohl von dem
im Hauptbetrieb gewählten BR vertreten (vgl. § 1 Rn 189; § 102 Rn 20 c; BAG 3. 12.
85 AP Nr. 28 zu § 99 BetrVG 1972; aA BAG 3. 6. 04 AP Nr. 141 zu § 102 BetrVG
1972). Haben sie allerdings selbst – durch anfechtbare, jedoch nicht angefochtene Wahl
– einen eigenen BR gewählt, so werden sie von diesem vertreten.

Werden ArbN eines qualifizierten Betriebsteils – ohne dass sie gemäß Abs. 1
S. 2 die Teilnahme mit Stimmenmehrheit beschlossen haben (vgl. Rn 27 ff.) – **zu Unrecht an der Wahl des Hauptbetriebs beteiligt,** ist die Wahl wegen Verkennung
des Betriebsbegriffs **anfechtbar. Erfolgt keine Anfechtung, werden die ArbN**
des Betriebsteils **vom gewählten BR** für die Dauer seiner Amtszeit **vertreten** (vgl.
Rieble/Klebeck FS *Richardi* S. 693, 699). Dieser kann mit Wirkung **auch** für diesen
Betriebsteil **BV** abschließen. Seine Regelungsbefugnis bezieht sich auf die Organisationseinheit, für die er gewählt ist „oder nach § 19 BetrVG als wirksam gewählt gilt"
(BAG 19. 2. 02 AP Nr. 13 zu § 4 BetrVG 1972). Wird bei der nächsten BRWahl für den
verselbständigten Betriebsteil ein eigener BR gewählt, wirken die BV normativ fort.

Der BR des Hauptbetriebs wird zuständig, wenn ein Betriebsteil die DR-
Fähigkeit verliert, weil die **Beschäftigtenzahl unter fünf absinkt** und er daher nicht
mehr die Voraussetzungen des § 1 Abs. 1 S. 1 erfüllt (**aA LAG** München 28. 4. 04 –
5 Sa 1375/03 – abrufbar in juris; die dagegen eingelegte Nichtzulassungsbeschwerde
wurde mangels Divergenz zurückgewiesen). Dabei kommt es nicht darauf an, ob in
dem zunächst BRfähigen Betriebsteil ein BR gewählt war. **Das Amt eines BR
endet,** wenn die Mindestbeschäftigtenzahl des § 1 Abs. 1 S. 1 nicht mehr erreicht ist
(vgl. § 1 Rn 269 mwN). In diesem Fall dürfen die ArbN des Betriebsteils nicht vertretungslos werden. Dies zeigt auch § 4 Abs. 2.

Wird ein Betriebsteil während der Amtszeit des bislang einheitlich zuständigen
BR **verselbständigt und damit selbst BRfähig,** so handelt es sich um eine **Spaltung** iSv. § 21 a Abs. 1 (vgl. *Rieble/Klebeck* FS *Richardi* S. 693, 698). Der bisherige
BR behält für den verselbständigten Betriebsteil für höchstens sechs Monate ein **Übergangsmandat** und muss unverzüglich einen Wahlvorstand für die BRWahl in dem
neu entstandenen Betrieb bestellen. Der Zweck des **Abs. 1 S. 2** spricht dafür, dass
die ArbN des aufgrund einer Organisationsentscheidung des ArbGeb. verselbständigten Betriebsteils statt einer Neuwahl durch eine Abstimmung nach Abs. 1 S. 2 die
bisherige Vertretungsstruktur aufrechterhalten können. Zuvor geschlossene **BV wirken normativ fort** (**aA** *Rieble/Klebeck* FS *Richardi* S. 693, 702). Die Sechs-Monatsfrist des § 21 a Abs. 1 S. 3 beginnt wohl nur, wenn der ArbGeb. den BR von der Verselbständigung des Betriebsteils unterrichtet (vgl. *DKKW-Buschmann* § 21 a Rn 43)
oder diese offenkundig ist.

Kommt zu einem Betrieb während der Amtszeit eines BR ein vom ArbGeb,
neu geschaffener **selbständiger Betriebsteil hinzu,** so ist der BR für diesen nicht
zuständig, sondern für ihn ein **neuer BR zu wählen** (so die Fallgestaltung in BAG
19. 2. 02 AP Nr. 13 zu § 4 BetrVG 1972). **Fraglich** erscheint, ob die ArbN des hinzugekommenen BRlosen Betriebsteils durch eine Abstimmung nach Abs. 1 S. 2
sogleich die Zuständigkeit des BR des Hauptbetriebs herbeiführen können oder ob
diese Möglichkeit erst bei der nächsten BRWahl besteht und sie zunächst einen eigenen BR wählen müssen.

1. Betriebsratsfähigkeit nach § 1

16   Abs. 1 Satz 1 verlangt zum einen, dass es sich um einen Betriebsteil handelt, der die Voraussetzungen des § 1 Abs. 1 Satz 1 erfüllt (vgl. § 1 Rn 267 ff.). In dem Betriebsteil müssen daher in der Regel **mindestens 5 ständige wahlberechtigte ArbN** beschäftigt sein, von denen drei wählbar sind. Ist dies nicht der Fall, wird der Betriebsteil dem Hauptbetrieb zugeordnet (GK-*Franzen* Rn 3).

2. Weite Entfernung vom Hauptbetrieb

17   (Einfache) Betriebsteile gelten zum einen dann als selbständige Betriebe, wenn sie **räumlich weit vom Hauptbetrieb entfernt** sind. Zweck dieser Regelung ist, den ArbN von Betriebsteilen eine effektive Vertr. durch einen eigenen BR zu ermöglichen, wenn wegen der räumlichen Entfernung zum Hauptbetrieb die persönliche Kontaktaufnahme zwischen den ArbN des Betriebsteils und dem im Hauptbetrieb gebildeten BR so erschwert ist, dass eine wirksame InteressenVertr. nicht zu erwarten ist (vgl. BAG 19. 2. 02 AP Nr. 13 zu § 4 BetrVG 1972; 14. 1. 04 − 7 ABR 26/03 −; 7. 5. 08 − 7 ABR 15/07 − NZA 09, 328; GK-*Franzen* Rn 10; ErfK/*Koch* Rn 3).

18   Bei dem Begriff der räumlich weiten Entfernung handelt es sich um einen **unbestimmten Rechtsbegriff.** Seine Anwendung durch die Tatsachengerichte ist im Rechtsbeschwerdeverf. nur darauf überprüfbar, ob der zutreffende Bewertungsmaßstab angewandt wurde, die Gesamtwürdigung der maßgeblichen Umstände vertretbar erscheint und keine Verstöße gegen Denkgesetze oder Erfahrungssätze vorliegen (BAG 21. 6. 95 AP Nr. 16 zu § 1 BetrVG 1972; 19. 2. 02, 21. 7. 04 AP Nr. 13, 15 zu § 4 BetrVG 1972; 14. 1. 04 − 7 ABR 26/03 −; 7. 5. 08 − 7 ABR 15/07 − NZA 09, 328; 9. 12. 09 − 7 ABR 38/08 − NZA 10, 906). Der Begriff der räumlich weiten Entfernung iSv. § 4 Abs. 1 Nr. 1 ist nicht identisch mit den unbestimmten Rechtsbegriffen der „nicht nur räumlich weit(er) zueinander liegenden Teilen" in § 94 Abs. 6 S. 3 SGB IX und § 18 SchwbWO (BAG 7. 4. 04 AP Nr. 3 zu § 94 SGB IX).

19   Entscheidend ist, ob die räumliche Trennung von Hauptbetrieb und Betriebsteil eine **ordnungsgemäße Betreuung der Belegschaft** des Betriebsteils durch einen einheitlichen BR noch zulässt. Hierzu müssen die ArbN BRMitgl. leicht erreichen können und umgekehrt die BRMitgl. in der Lage sein, sich ohne Schwierigkeiten über die „Verhältnisse vor Ort" zu informieren (BAG 7. 5. 08 − 7 ABR 15/07 − NZA 09, 328; ErfK/*Koch* Rn 3). Ferner muss es für die in dem Betriebsteil beschäftigten BRMitgl. möglich sein, auch kurzfristig zu BRSitzungen im Hauptbetrieb zu erscheinen (BAG 7. 5. 08 − 7 ABR 15/07 − NZA 09, 328; GK-*Franzen* Rn 10). Maßgeblich ist eine Gesamtwürdigung (BAG 14. 1. 04 − 7 ABR 26/03 −; 7. 5. 08 − 7 ABR 15/07 − NZA 09, 328). Darauf, ob die Belegschaft in dem Betriebsteil als eine „Einheit mit eigenem Leben" anzusehen ist (vgl. *DKKW-Trümner* Rn 34), kommt es nicht entscheidend an (vgl. BAG 23. 9. 82 AP Nr. 3 zu § 4 BetrVG 1972; GK-*Franzen* Rn 10).

20   Die Frage, ob trotz der räumlichen Trennung noch eine ordnungsgemäße Betreuung der Belegschaft in dem Betriebsteil möglich ist, richtet sich weniger nach der absoluten Entfernung, als vielmehr nach der **Qualität der Verkehrsverbindungen** und den **konkreten Betreuungsmöglichkeiten** (vgl. BAG 24. 2. 76 AP Nr. 2 zu § 4 BetrVG 1972; 14. 1. 04 − 7 ABR 26/03; 7. 5. 08 − 7 ABR 15/07 − NZA 09, 328; GK-*Franzen* Rn 10 ff.; *Haas/Salamon* RdA 08, 146, 151). Daher ist bei guten bis normalen Verkehrsbedingungen eine Entfernung von 40 bis 45 km noch nicht als „räumlich weit entfernt" anzusehen" anzusehen (BAG 24. 2. 76 AP Nr. 2 zu § 4 BetrVG 1972). Bei optimalen Verkehrsverbindungen und Betreuungsmöglichkeiten kann selbst ein 60 bis 70 km entfernter Betriebsteil noch als nicht weit entfernt iSv. Abs. 1 Satz 1 Nr. 1 angesehen werden (vgl. BAG 24. 9. 68 AP Nr. 9 zu § 3 BetrVG). Dagegen kann bei schlechten Verkehrsverbindungen schon eine Entfernung von 28 km „weit" sein (vgl. BAG 23. 9. 60 AP Nr. 4 zu § 3 BetrVG; vgl. zu weiteren Beispielen aus der Rspr. GK-*Franzen* Rn 13 f.; *Richardi* Rn 19 f.; *HSWGNR-Rose* Rn 41 f.).

3. Eigenständigkeit in Aufgabenbereich und Organisation

Ein einfacher Betriebsteil gilt nach Abs. 1 Satz 1 Nr. 2 außerdem dann als selbstän- 21
diger Betrieb, wenn er **durch Aufgabenbereich und Organisation** eigenständig
ist. Die Nr. 1 u. 2 des Abs. 1 Satz 1 stehen **alternativ** nebeneinander. Es kann daher
auch ein räumlich naher Betriebsteil betriebsratsfähig sein.

Die „Eigenständigkeit in Aufgabenbereich und Organisation" ist ebenfalls ein **un-** 22
bestimmter Rechtsbegriff, bei dessen Anwendung im Falle einer gerichtlichen
Auseinandersetzung den Tatsacheninstanzen ein gewisser Beurteilungsspielraum zusteht (vgl. BAG 29. 1. 92 AP Nr. 1 zu § 7 BetrVG 1972; 14. 1. 04 – 7 ABR 26/03 –;
21. 7. 04 AP Nr. 15 zu § 4 BetrVG 1972; *DKKW-Trümner* Rn 48). Die Abgrenzung
zur organisatorischen Abgrenzbarkeit und relativen Verselbständigung, die bereits für
das Vorliegen eines einfachen Betriebsteils erforderlich ist (vgl. Rn 7 f.), kann im Einzelfall ebenso erhebliche Schwierigkeiten bereiten wie die Frage, ob nicht bereits ein
eigener (Haupt-)Betrieb vorliegt. *Trümner* (*DKKW* Rn 46) ist der Auffassung, die
Fallgruppe des Satzes 1 Nr. 2 sei „im Grunde überflüssig geworden", da nach der
jüngeren Rspr. des BAG (29. 1. 92 AP Nr. 1 zu § 7 BetrVG 1972 mit kr. Anm. *Kohte*) weder rechtskonstruktiv noch in der Rechtsfolge ein Unterschied gegenüber dem
echten Betrieb iSv. § 1 bestehe. Dies ist bereits wegen der in Abs. 1 Satz 2 vorgese-
nen Option unzutreffend (ebenso GK-*Franzen* Rn 15). Nur bei Vorliegen eines qualifizierten betriebsratslosen Betriebsteils, nicht dagegen im Falle eines echten eigenständigen Betriebs haben die ArbN die Möglichkeit, die Teilnahme an der Wahl des
BR im Hauptbetrieb zu beschließen.

Abs. 1 Satz 1 Nr. 2 verlangt, dass der Betriebsteil sowohl durch den Aufgabenbe- 23
reich als auch durch seine Organisation eigenständig ist. Es müssen daher grundsätzlich beide **Voraussetzungen kumulativ** vorliegen (BAG 14. 1. 04 – 7 ABR 26/03 –;
Richardi Rn 25; *DKKW-Trümner* Rn 39; GK-*Franzen* Rn 15).

Ein **eigenständiger Aufgabenbereich** liegt insb. vor, wenn in dem Betriebsteil 24
ein vom Hauptbetrieb abweichender gesonderter arbeitstechnischer Zweck verfolgt
wird (vgl. *DKKW-Trümner* Rn 40, dort auch unter Rn 41 a – 411 zahlreiche Beispiele
aus der Rspr.; *Richardi* Rn 26; GK-*Franzen* Rn 16; *Haas/Salamon* RdA 08, 146, 151).
Meist wird es sich um fachfremde Hilfsfunktionen für den im (Haupt-)Betrieb verfolgten Zweck handeln (vgl. *Richardi* Rn 26), zB die Herstellung von Verpackungs-
material für die im Hauptbetrieb erzeugten Produkte, die Reparaturwerkstatt für den
Wagenpark einer Spedition. Ein Indiz für die Eigenständigkeit des Aufgabenbereichs
kann die Geltung eines anderen TV sein (vgl. BAG 5. 6. 64 AP Nr. 7 zu § 3 BetrVG;
Richardi Rn 26; GK-*Franzen* Rn 16).

Der Begriff der **eigenständigen Organisation** erfordert, dass für den Betriebsteil 25
eine eigene Einsatz der ArbN bestimmende eigene Leitung insb. in mitbestimmungspflichtigen sozialen und personellen Angelegenheiten besteht und ausgeübt wird (vgl.
BAG 28. 6. 95 AP Nr. 8 zu § 4 BetrVG 1972; 14. 1. 04 – 7 ABR 26/03 –). Die arbeitstechnische Selbständigkeit der Produktionsstätten genügt nicht. Die Eigenständigkeit setzt vielmehr auch eine von der Betriebsleitung abgehobene eigene Leitung
auf der Ebene des Betriebsteils voraus (vgl. BAG 17. 2. 83 AP Nr. 4 zu § 4 BetrVG
1972; 29. 1. 92 AP Nr. 1 zu § 7 BetrVG 1972; *Richardi* Rn 27). In einer Filialstruktur
fehlt es regelmäßig an einer Eigenständigkeit der Organisation auf der Ebene der
Filialen (*Haas/Salamon* RdA 08, 146, 151).

Erforderlich für Abs. 1 Satz 1 Nr. 2 ist eine „**relative"** Eigenständigkeit (vgl. 26
BAG 29. 1. 92 AP Nr. 1 zu § 7 BetrVG 1972; 21. 7. 04 AP Nr. 15 zu § 4 BetrVG
1972; GK-*Franzen* Rn 15). Anders als für einen selbständigen Betrieb iSv. § 1 bedarf
es keines umfassenden eigenständigen Leitungsapparates. Erforderlich ist jedoch, dass
in dem Betriebsteil eine eigenständige Leitung institutionalisiert ist, die die wesentlichen ArbGebFunktionen in mitbestimmungspflichtigen Angelegenheiten ausübt
(BAG 21. 7. 04 AP Nr. 15 zu § 4 BetrVG 1972; 9. 12. 09 NZA 10, 906). Die eigene

Leitung muss sich daher nicht auf alle Gegenstände erstrecken, die einer Unternehmensleitung vorbehalten sind (*Richardi* Rn 27). Betreibt ein Unternehmen mehrere Sinfonieorchester und mehrere Chöre, kann ein einzelnes Orchester ein BRfähiger Betriebsteil sein, wenn es einen eigenständigen künstlerischen Aufgabenbereich hat und die wesentlichen mitbestimmungspflichtigen Angelegenheiten auf Seiten des ArbGeb. von dem nur für das Orchester zuständigen Orchestervorstand und Orchesterdirektor wahrgenommen werden (BAG 21. 7. 04 AP Nr. 15 zu § 4 BetrVG 1972). Bei der Anwendung der Vorschrift sollte möglichst ihrem Zweck Rechnung getragen werden, eine sachgerechte Wahrnehmung der ArbNInteressen zu gewährleisten.

IV. Beschluss der Arbeitnehmer eines betriebsratslosen Betriebsteils über Teilnahme an Betriebsratswahl im Hauptbetrieb

27 Abs. 1 Satz 2 eröffnet für ArbN eines selbständigen Betriebsteils, der nach Abs. 1 Satz 1 als eigener Betrieb gilt, für den aber kein eigener BR errichtet ist, die Möglichkeit, die **Teilnahme an der BRWahl im Hauptbetrieb** zu beschließen. Die ArbN eines betriebsratsfähigen, aber betriebsratslosen Betriebsteils können so für ihre InteressenVertr. sorgen, ohne selbst eine BRWahl organisieren zu müssen (ErfK/*Koch* Rn 5). Handelt es sich mangels Erfüllung der Voraussetzungen des Abs. 1 Satz 1 nur um einen einfachen Betriebsteil, haben die ArbN keine Wahlmöglichkeit. Sie gehören dann in jedem Fall zum Hauptbetrieb. Handelt es sich bei der Organisationseinheit bereits um einen Betrieb, gibt es ebenfalls keine Wahlmöglichkeit. In diesem Fall ist – sofern nicht ein TV oder eine BV eine andere ArbNVertrStruktur vorsieht – ein BR für den Betrieb zu wählen.

28 Der Betrieb muss **BRlos** sein (*DKKW-Trümner* Rn 54). Besteht in ihm bereits ein BR, kann keine Zuordnung zum Hauptbetrieb herbeigeführt werden. In diesem Fall kann nur durch TV nach § 3 Abs. 1 Nr. 1 b oder BV nach § 3 Abs. 2 iVm. Abs. 1 Nr. 1 b eine abweichende ArbNVertrStruktur geschaffen werden.

29 Erforderlich für die Teilnahme an der Wahl des BR im Hauptbetrieb ist ein entspr. **Beschluss der ArbN des Betriebsteils.** Für den Beschluss ist ausdrücklich keine Form vorgeschrieben. Nach der Begründung des Bundestagsausschusses für Arbeit und Sozialordnung ist eine Verslg. nicht erforderlich, sondern ein im Umlaufverf. gefasster Beschluss ausreichend (Ausschuss-Drucks. 14/1610 S. 1; *DKKW-Trümner* Rn 59; GK-*Franzen* Rn 21; *Däubler* FS Kreutz S. 69, 74; **aA** *Richardi* Rn 39, der die Abstimmung in einer Versammlung für notwendig hält). Auch eine geheime Abstimmung wird nicht verlangt. Erforderlich ist aber die absolute Stimmenmehrheit der ArbN des Betriebsteils. Deren Feststellung kann gerade angesichts des Fehlens formaler Sicherungen zu Schwierigkeiten führen (vgl. zu der ähnlichen Problematik bei § 3 Abs. 3 dort Rn 96). Insb. bei größeren Betriebsteilen und dann, wenn der ArbGeb. kein Interesse an der Abstimmung hat, kann es schwierig sein, eine formlose Abstimmung derart zu organisieren, dass zu einem bestimmten Stichtag (welchem?) zuverlässig festgestellt werden kann, ob sich tatsächlich die Mehrheit der ArbN des Betriebsteils für die Teilnahme an der Wahl des BR im Hauptbetrieb ausgesprochen hat. Zumindest sollte im Hinblick auf spätere Anfechtungen einer unter Einbeziehung des Betriebsteils durchgeführten BRWahl im Hauptbetrieb die Stimmabgabe in nachvollziehbarer Weise festgehalten werden (GK-*Franzen* Rn 21). Häufig wird die BRlosigkeit einfacher durch die Einleitung einer BRWahl nach § 17 überwunden werden können (vgl. *DKKW-Trümner* Rn 54).

30 **Abstimmungsberechtigt** sind **alle ArbN des Betriebsteils.** Diese müssen nicht wahlberechtigt sein (ErfK/*Koch* Rn 5; GK-*Franzen* Rn 20; *DKKW-Trümner* Rn 58; *Richardi* Rn 38).

31 Nach Abs. 1 Satz 2 Halbsatz 2 iVm. § 3 Abs. 3 Satz 2 kann die **Abstimmung** von mindestens drei wahlberechtigten ArbN des Betriebsteils oder einer in dem Betriebsteil vertretenen Gewerkschaft **veranlasst** werden. Es genügt nicht, dass ArbN

oder Gewerkschaft im Unternehmen vertreten sind, denn § 3 Abs. 3 Satz 2 gilt nur „entsprechend" (*Richardi* Rn 36; ErfK/*Koch* Rn 5; *DKKW-Trümner* Rn 60).

Nach Abs. 1 Satz 3 kann die Abstimmung **auch vom BR des Hauptbetriebs ver-** 32 **anlasst** werden. Dies kann vor allem deshalb sinnvoll sein, weil die ArbN, welche die Abstimmung veranlassen, keinen besonderen Kündigungsschutz nach § 15 Abs. 3a KSchG genießen (vgl. *DKKW-Trümner* Rn 61; ErfK/*Koch* Rn 5).

Nach Abs. 1 Satz 4 ist der Beschluss dem BR des Hauptbetriebs **spätestens zehn** 33 **Wochen vor Ablauf seiner Amtszeit mitzuteilen,** damit er bei der anstehenden Neuwahl des BR berücksichtigt werden kann. Nachdem es auch insoweit an Formvorschriften fehlt, dürfte die Mitteilung formlos möglich sein. Die Mitteilung hat wohl durch denjenigen zu erfolgen, der die Abstimmung veranlasst hat. Eine zu spät eingehende Mitteilung darf der Wahlvorstand wohl nicht mehr berücksichtigen. Die ArbN des Betriebsteils dürfen dann bei der BRWahl des Hauptbetriebs nicht mitwählen (*DKKW-Trümner* Rn 62; ErfK/*Koch* Rn 5).

Der **Wahlvorstand** für die BRWahl im Hauptbetrieb hat in eigener Verantwortung 34 zu **prüfen, ob ein wirksamer Zuordnungsbeschluss** der ArbN in dem selbständigen Betriebsteil vorliegt. Etwaige Mängel des Zuordnungsbeschlusses – insb. hinsichtlich der erforderlichen absoluten Mehrheit – können, sofern der Wahlvorstand den selbständigen Betriebsteil bei der BRWahl beteiligt, im Rahmen einer Anfechtung der BRWahl nach § 19 geltend gemacht werden (vgl. *Hanau* NJW 01, 2513; ErfK/*Koch* Rn 5; GK–*Franzen* Rn 21).

Rechtsfolge des Zuordnungsbeschlusses ist zunächst, dass die ArbN des qualifi- 35 zierten Betriebsteils an der BRWahl des Hauptbetriebs teilnehmen können (GK–*Franzen* Rn 22). Darüber hinaus führt der Zuordnungsbeschluss aber auch dazu, dass der Betriebsteil in jeglicher betriebsverfassungsrechtlicher Hinsicht Teil des Hauptbetriebs ist (GK–*Franzen* Rn 22; *DKKW-Trümner* Rn 63; *Bayreuther* NZA 11, 727). Daher zählen die in dem Betriebsteil beschäftigten ArbN bei den Schwellenwerten mit (*DKKW-Trümner* Rn 63). Auch für § 111 ff. kommt es auf den durch den Zuordnungsbeschluss gebildeten „Gesamtbetrieb" an (GK–*Franzen* Rn 22; *Bayreuther* NZA 11, 727). Gleiches gilt für § 102. Auf das KSchG (insb. § 17 KSchG) schlägt der Zuordnungsbeschluss und der dadurch entstehende „Gesamtbetrieb" aber wohl nicht durch (GK–*Franzen* Rn 24). Der Zuordnungsbeschluss wirkt nicht bereits mit seinem Zustandekommen (so aber *Däubler* FS *Kreutz* S. 69, 75), sondern erst ab der Installation des neuen BR (GK–*Franzen* Rn 22). Er entfaltet **Dauerwirkung.** Er gilt daher auch für die Teilnahme an späteren BRWahlen (*DKKW-Trümner* Rn 63; *Richardi* Rn 40; ErfK/*Koch* Rn 5). Die Wahl eines eigenen BR in dem Betriebsteil ist nicht möglich.

Nach Abs. 1 Satz 5 ist ein **Widerruf** des Beschlusses möglich. Für diesen gelten 36 die Sätze 2 bis 4 entsprechend. Er wirkt sich erst bei der nächsten BRWahl aus (ErfK/*Koch* Rn 5; *DKKW-Trümner* Rn 64; GK–*Franzen* Rn 22). Wird der Zuordnungsbeschluss widerrufen, ist nunmehr wieder die Wahl eines BR für den Betriebsteil möglich.

V. Streitigkeiten

Streitigkeiten darüber, ob eine organisatorische Einheit ein eigener Betrieb ist, ob 37 diesem Betriebsteile zuzuordnen oder wiederum selbst betriebsratsfähig sind, entscheiden die ArbG gemäß § 2a iVm. §§ 80 ff. ArbGG im **Beschlussverf.** Zu den Besonderheiten des BeschlVerf. vgl. **Nach § 1.** Die Frage, ob eine betriebsratsfähige Einheit vorliegt, kann nach § **18 Abs. 2** unabhängig von einer konkret anstehenden oder durchgeführten BRWahl einer arbeitsgerichtlichen Entscheidung zugeführt werden (vgl. BAG 17. 1. 07 AP Nr. 18 zu § 4 BetrVG 1972). Sie kann aber auch Vorfrage in einem Wahlanfechtungsverf. nach § 19 sein. Die Verkennung des Betriebsbegriffs führt regelmäßig nicht zur Nichtigkeit einer BRWahl, rechtfertigt aber deren Anfechtung (BAG 19. 11. 03 AP Nr. 55 zu § 19 BetrVG 1972; 21. 7. 04 AP Nr. 15 zu § 4 BetrVG 1972). Die falsche Zuordnung eines Betriebsteils stellt eine Verkennung des Betriebsbegriffs dar.

38   Soweit für die Zuordnung von Betriebsteilen **unbestimmte Rechtsbegriffe,** wie insb. „räumlich weite Entfernung" (Abs. 1 Satz 1 Nr. 1) oder „eigenständiger Aufgabenbereich und Organisation" (Abs. 1 Satz 1 Nr. 2) von Bedeutung sind, ist deren Anwendung durch die Tatsachengerichte **im Rechtsbeschwerdeverf. nur eingeschränkt überprüfbar** (vgl. BAG 19. 2. 02, 21. 7. 04 AP Nr. 13, 15 zu § 4 BetrVG 1972; 14. 1. 04 – 7 ABR 26/03 –).

§ 5 Arbeitnehmer

(1) [1]Arbeitnehmer (Arbeitnehmerinnen und Arbeitnehmer) im Sinne dieses Gesetzes sind Arbeiter und Angestellte einschließlich der zu ihrer Berufsausbildung Beschäftigten, unabhängig davon, ob sie im Betrieb, im Außendienst oder mit Telearbeit beschäftigt werden. [2]Als Arbeitnehmer gelten auch die in Heimarbeit Beschäftigten, die in der Hauptsache für den Betrieb arbeiten. [3]Als Arbeitnehmer gelten ferner Beamte (Beamtinnen und Beamte), Soldaten (Soldatinnen und Soldaten) sowie Arbeitnehmer des öffentlichen Dienstes einschließlich der zu ihrer Berufsausbildung Beschäftigten, die in Betrieben privatrechtlich organisierter Unternehmen tätig sind.

(2) Als Arbeitnehmer im Sinne dieses Gesetzes gelten nicht
1. in Betrieben einer juristischen Person die Mitglieder des Organs, das zur gesetzlichen Vertretung der juristischen Person berufen ist;
2. die Gesellschafter einer offenen Handelsgesellschaft oder die Mitglieder einer anderen Personengesamtheit, soweit sie durch Gesetz, Satzung oder Gesellschaftsvertrag zur Vertretung der Personengesamtheit oder zur Geschäftsführung berufen sind, in deren Betrieben;
3. Personen, deren Beschäftigung nicht in erster Linie ihrem Erwerb dient, sondern vorwiegend durch Beweggründe karitativer oder religiöser Art bestimmt ist;
4. Personen, deren Beschäftigung nicht in erster Linie ihrem Erwerb dient und die vorwiegend zu ihrer Heilung, Wiedereingewöhnung, sittlichen Besserung oder Erziehung beschäftigt werden;
5. der Ehegatte, der Lebenspartner, Verwandte und Verschwägerte ersten Grades, die in häuslicher Gemeinschaft mit dem Arbeitgeber leben.

(3) [1]Dieses Gesetz findet, soweit in ihm nicht ausdrücklich etwas anderes bestimmt ist, keine Anwendung auf leitende Angestellte. [2]Leitender Angestellter ist, wer nach Arbeitsvertrag und Stellung im Unternehmen oder im Betrieb
1. zur selbständigen Einstellung und Entlassung von im Betrieb oder in der Betriebsabteilung beschäftigten Arbeitnehmern berechtigt ist oder
2. Generalvollmacht oder Prokura hat und die Prokura auch im Verhältnis zum Arbeitgeber nicht unbedeutend ist oder
3. regelmäßig sonstige Aufgaben wahrnimmt, die für den Bestand und die Entwicklung des Unternehmens oder eines Betriebs von Bedeutung sind und deren Erfüllung besondere Erfahrungen und Kenntnisse voraussetzt, wenn er dabei entweder die Entscheidungen im Wesentlichen frei von Weisungen trifft oder sie maßgeblich beeinflusst; dies kann auch bei Vorgaben insbesondere aufgrund von Rechtsvorschriften, Plänen oder Richtlinien sowie bei Zusammenarbeit mit anderen leitenden Angestellten gegeben sein.
[3]Für die in Absatz 1 Satz 3 genannten Beamten und Soldaten gelten die Sätze 1 und 2 entsprechend.

(4) **Leitender Angestellter nach Absatz 3 Nr. 3 ist im Zweifel, wer**

1. **aus Anlass der letzten Wahl des Betriebsrats, des Sprecherausschusses oder von Aufsichtsratsmitgliedern der Arbeitnehmer oder durch rechtskräftige gerichtliche Entscheidung den leitenden Angestellten zugeordnet worden ist oder**
2. **einer Leitungsebene angehört, auf der in dem Unternehmen überwiegend leitende Angestellte vertreten sind, oder**
3. **ein regelmäßiges Jahresarbeitsentgelt erhält, das für leitende Angestellte in dem Unternehmen üblich ist, oder,**
4. **falls auch bei der Anwendung der Nummer 3 noch Zweifel bleiben, ein regelmäßiges Jahresarbeitsentgelt erhält, das das Dreifache der Bezugsgröße nach § 18 des Vierten Buches Sozialgesetzbuch überschreitet.**

Inhaltsübersicht

I. Vorbemerkung

1 Die Vorschrift beschreibt den Kreis der **ArbN,** auf den das BetrVG im Gegensatz zu den übrigen Betriebsangehörigen in vollem Umfang anzuwenden ist. Das ist der Personenkreis, der nach dem G vom BR repräsentiert wird, und dessen Interessen er wahrnehmen kann und zu vertreten hat (zur erweiterten Zuständigkeit des BR für entliehene ArbN vgl. Rn 231 ff., 241 ff.).

2 § 5 Abs. 1 ist durch das **BetrVerf-ReformG** (BT-Drucks. 14/5741) neu gefasst worden, ohne dass materiell-rechtl. Änderungen am ArbN-Begriff erfolgt sind. Gleichzeitig verdeutlicht die Neufassung, dass infolge der Informations- und Kommunikationstechnik zunehmend Tätigkeiten außerhalb fester Betriebsstrukturen erfolgen, ohne dass dadurch der ArbN-Status verloren geht (s. Begründung des Entwurfs BT-Drucks. 14/5741 S. 35; *Konzen* RdA 01, 76, 83).

3 Satz 1 erster Satzteil knüpft damit an den **traditionellen** allgemeinen arbeitsrechtlichen **ArbN-Begriff** an (*DKKW-Trümner* Rn 1 a; *Engels/Trebinger/Löhr-Steinhaus* DB 01, 532, 536). Die Ergänzung in der Klammer stellt klar, dass mit dem Begriff Arbeitnehmer weibliche und männliche ArbN gemeint sind.

4 Arb. und Ang. werden als die immer noch bestehenden beiden klassischen Gruppen der ArbN zur Klarstellung erwähnt. Betriebsverfassungsrechtliche Folgen ergeben sich jedoch hieraus nicht mehr. Das BetrVerf-ReformG hat den **Gruppenschutz aufgegeben** (Begründung des Entwurfs BT-Drucks. 14/5741 S. 23 f., 26, 27, 36; *Engels/Trebinger/Löhr-Steinhaus* DB 01, 532, 534) und § 6 (Begriffsbestimmungen der Arb. und Ang.) aufgehoben.

5 Mit einbezogen in den ArbN-Begriff sind die zu ihrer **Berufsausbildung Beschäftigten,** nicht dagegen die in außerbetrieblichen Einrichtungen zu ihrer Berufsausbildung Beschäftigten; für sie sieht § 51 BBiG eine besondere kollektive Interessenvertretung vor, deren Wahl, Zusammensetzung und Beteiligungsrechte das BMBF durch Erlass einer VO regeln kann (§ 52 BBiG). Die VO ist bisher noch nicht erlassen worden (s. Rn 291–296 u. BAG 13. 6. 07 AP Nr. 12 zu § 5 BetrVG 1972 Ausbildung).

6 Satz 1 zweiter Satzteil verdeutlicht, dass dem ArbN-Status nicht entgegensteht, wenn die zu leistende Arbeit **außerhalb** des räumlichen Bereichs **des Betriebs** zB in Form des klassischen Außendienstes oder der modernen Telearbeit erfolgt. Damit wird hervorgehoben, dass die mit derartigen Beschäftigungsformen verbundene Lockerung des für den ArbN-Status entscheidenden Merkmals der persönlichen Abhängigkeit, die ua. durch die Eingliederung des ArbN in den Betrieb des ArbGeb. begründet wird, nicht schadet (*Löwisch/Kaiser* Rn 9). Wegen des auch **funktional** zu verstehenden betriebsverfassungsrechtlichen **Betriebsbegriffs** ist die Einordnung in den Betrieb nicht stets in tatsächlicher örtlicher Hinsicht erforderlich; es reicht die Einordnung in die betriebliche Organisation aus (Begründung des Entwurfs BT-Drucks. 14/5741 S. 35). Dies entspricht bisherigem Recht (*Engels/Trebinger/Löhr-Steinhaus* DB 01, 532, 536; *Schaub* NZA 01, 364, 365; s. auch Rn 188).

Satz 2 erweitert den ArbN-Begriff um die **in Heimarbeit Beschäftigten,** die in   7
der Hauptsache für den Betrieb arbeiten. Eine generelle Einbeziehung der arbeitnehmerähnlichen Personen ist nicht erfolgt.

Durch Art. 9 des Gesetzes zur Errichtung eines **Bundesaufsichtsamtes** für **Flug-**   8
sicherung und zur Änderung und Anpassung weiterer Vorschriften vom 29. 7. 09 (BGBl. I S. 2424, 2429) ist Abs. 1 ein neuer Satz 3 angefügt worden. Er führt die allgemeine Regelung in das BetrVG ein, dass **Beamte, Soldaten** der Bundeswehr und ArbN des öffentlichen Dienstes bei Zuweisung an privatrechtlich organisierte Unternehmen als **ArbN** in deren Betriebe gelten. Die bereits bestehenden Spezialgesetze, die die Einbeziehung dieses Personenkreises in die Betriebsverfassung regeln (s. Rn 320 ff.), gelten uneingeschränkt weiter.

Andererseits gelten einige ArbN im arbeitsvertraglichen Sinne **nicht als ArbN** iSd.   9
BetrVG. Dieser Personenkreis wird durch § 5 Abs. 2 beschrieben.

Außerdem findet das BetrVG, soweit in ihm nicht ausdrücklich etwas anderes be-   10
stimmt wird (vgl. §§ 105, 107 Abs. 1 u. 3, § 108 Abs. 2), auf **leitende Angestellte** keine Anwendung. Der Personenkreis der leitenden Ang. wird in § 5 Abs. 3 näher umschrieben; der neu angefügte S. 2 stellt klar, dass diese Umschreibung auch für den in Rn 8 genannten Personenkreis gilt.

Leitende Ang. können einen **Sprecherausschuss** wählen und sind zu dieser Inte-   11
ressenvertretung wählbar (§ 3 Abs. 1 und 2 SprAuG). Streitigkeiten darüber, ob ein ArbN an der Wahl zum BR oder Sprecherausschuss teilnehmen darf, werden in einem bes. **Zuordnungsverfahren nach § 18a BetrVG** ausgetragen. Ansonsten kann der Status eines Ang. – leitender Ang. oder nicht – jederzeit in einem BeschlVerf. geklärt werden (vgl. Rn 351 und § 18a Rn 61 ff.).

Die **NichtArbN** und die **leitenden Ang.** nach Abs. 3 besitzen **weder** das **Wahl-**   12
recht noch die **Wählbarkeit** zum BR. Sie bleiben auch bei der Entscheidung darüber außer Betracht, ob ein BRpflichtiger Betrieb vorliegt (§ 1), in welcher Stärke der BR zu errichten ist (§ 9), ob ein MBR bzw. Mitwirkungsrecht auf personellem Gebiet besteht (§ 99 Abs. 1), ob ein WiAusschuss zu bilden ist (§ 106 Abs. 1) und ob der BR in wirtschaftlichen Angelegenheiten mitzubestimmen hat (§ 111). Beteiligungsrechte in Angelegenheiten, die diesen Personenkreis betreffen, stehen dem BR nicht zu.

Der **ArbN-Begriff** des G ist **zwingend;** er kann weder durch TV noch durch   13
BV geändert werden (hM; *DKKW-Trümner* Rn 6; GK-*Raab* Rn 7). Das gilt auch für den Begriff des leitenden Ang. (vgl. Rn 358).

Entspr. Vorschriften: § 4 BPersVG, § 3 MitbestG, § 3 DrittelbG.   14

II. Begriff des Arbeitnehmers

1. Allgemeiner arbeitsrechtlicher Begriff

Das BetrVG enthält keine eigene Begriffsbestimmung. Es geht von einem allge-   15
meinen arbeitsrechtlichen Begriff des ArbN aus (hM; vgl. BAG 12. 2. 92 AP Nr. 52 zu § 5 BetrVG 1972). Dieser Begriff wird für das BetrVG durch § 5 zum einen erweitert, zum anderen eingeschränkt (vgl. oben Rn 2 bis 9). Für die weitaus überwie-

gende Zahl der Mitarbeiter stimmen der allgemeine arbeitsrechtliche und der **betriebsverfassungsrechtliche ArbNBegriff** überein.

16   ArbN ist, wer auf Grund eines privatrechtlichen Vertrages im Dienste eines anderen (ArbG) zur Leistung fremdbestimmter Arbeit in persönlicher Abhängigkeit verpflichtet ist (st. Rspr. des BAG, vgl. 20. 1. 10 – 5 AZR 99/09 – NZA-RR 11, 112
mwN; 25. 5. 05 AP Nr. 117 zu § 611 BGB Abhängigkeit; 14. 3. 07 AP Nr. 13 zu
§ 611 BGB Arbeitnehmerähnlichkeit; 11. 11. 08 AP Nr. 127 zu § 99 BetrVG 1972;
GK-*Raab* Rn 13 ff.; *Richardi* Rn 11; kr. zum herkömmlichen ArbNBegriff s. insb.
MünchArbR-*Richardi* § 16 Rn 12 ff.; s. auch *Wank* ArbN u. Selbständige S. 23 ff.).

17   Entscheidendes Merkmal ist die **persönliche Abhängigkeit** (s. Rn 39 ff.; die von
DKKW-Trümner Rn 12 als maßgeblich angesehene Betriebszugehörigkeit ist insb. für
das Wahlrecht entscheidend; s. § 7 Rn 16 ff.). Persönlich abhängig ist derjenige Mitarbeiter, der seine Arbeit (Dienste) im Rahmen einer von Dritten (ArbGeb.) bestimmten Arbeitsorganisation erbringt. Typische Abgrenzungsmerkmale enthält § 84 Abs. 1
S. 2 HGB (vgl. Rn 40 ff.). Die persönliche Abhängigkeit ist ein wesentliches Element
auch des europarechtlichen ArbNBegriffs (vgl. EuGH 17. 7. 08 NZA 08, 995 mwN;
Schlachter ZESAR 11, 156, 159 ff.; *Oberthür* NZA 11, 253 ff.).

2. Arbeitsverhältnis

a) Arbeitsvertrag

18   Das ArbVerh. wird durch Arbeitsvertrag zwischen ArbGeb. und ArbN begründet.
Dieser **privatrechtliche Vertrag** kann ausdrücklich oder auch stillschweigend durch
entspr. tatsächliches Verhalten geschlossen werden. Ist der Arbeitsvertrag mündlich
abgeschlossen worden, hat der ArbGeb. spätestens 1 Monat nach vereinbartem Beginn des ArbVerh. die wesentlichen Vertragsbedingungen (zB Art der Tätigkeit, Entgelt, Arbeitsort u. -zeit, Urlaubsdauer, Kündigungsfristen) schriftl. niederzulegen, die
Niederschrift zu unterzeichnen und sie dem ArbN auszuhändigen. Zur Erleichterung
kann er auf Gesetze, TV und BV verweisen (§ 2 NachwG; für geringfügig Beschäftigte s. § 2 Abs. 1 S. 4 NachwG).

19   Das nach § 78 a Abs. 2 und nach § 10 Abs. 1 AÜG **kraft G** – oder iVm. nachran-
gigem statuarischen Recht (so zum Gesamthafenbetrieb Hamburg BAG 25. 11. 92
AP Nr. 8 zu § 1 GesamthafenbetriebsG; zu diesem G s. *Martens* NZA 00, 449 ff.) –
entstehende ArbVerh. steht dem durch Rechtsgeschäft begründeten ArbVerh.
gleich. In den genannten Fällen knüpft das G die Rechtsfolge an ein bestimmtes tatsächliches Verhalten der Beteiligten an, zB bei § 78 a an die Begründung eines Berufsausbildungsverhältnisses und das Verlangen auf Weiterbeschäftigung.

20   Die **Wirksamkeit** des Arbeitsvertrages ist keine Voraussetzung für die ArbN-
Eigenschaft. Auch wer auf Grund anfechtbaren oder nichtigen Arbeitsvertrages beschäftigt wird, bleibt ArbN iSd. BetrVG, solange er im Betrieb tatsächlich beschäftigt
wird (hM; BAG 15. 11. 57 und 5. 12. 57 AP Nr. 2 zu § 125 BGB und Nr. 2 zu
§ 123 BGB; *DKKW-Trümner* Rn 9; GK-*Raab* Rn 16; *Richardi* Rn 14, 85 ff.; ErfK-
Koch § 5 BetrVG Rn 2).

20a **AT-Ang.** sind ArbN, deren Vergütung nicht durch TV geregelt wird, weil ihre Tätigkeit höher zu bewerten ist als die Tätigkeit in der obersten Tarifgruppe; für sie gilt
das BetrVG uneingeschränkt (s. zB § 87 Rn 488 ff.; *Hunold* NZA-RR 10, 505 ff.)

21   **Beamte** und **Soldaten,** deren Beschäftigung nicht auf einem privatrechtlichen
Vertrag beruht, und Personen, die kraft eines öffentlich-rechtlichen Zwanges beschäftigt werden (zB Strafgefangene, Fürsorgepflichtarbeiter) sind keine ArbN (zu Einzelheiten vgl. Rn 314, 316 ff.). Beamte, Soldaten und ArbN des öffentlichen Dienstes
gelten aber dann als ArbN, wenn sie in Betrieben privater Unternehmen eingegliedert
sind (Abs. 1 S. 3). Ein-Euro-Jobber sind ebenfalls keine ArbN (s. Rn 155).

b) Gegenstand des Arbeitsvertrages

Gegenstand des Arbeitsvertrages sind **Dienstleistungen,** zu denen sich der ArbN   22
verpflichtet (§ 611 Abs. 1 BGB). Deshalb ist eine Rahmenvereinbarung, die zB nur
die Bedingungen erst noch abzuschließender, auf den jeweiligen Einsatz befristeter
Arbeitsverträge wiedergibt, selbst aber noch keine Verpflichtung zur Arbeitsleistung
begründet, kein Arbeitsvertrag (BAG 7. 5. 08 AP Nr. 12 zu § 9 BetrVG 1972).

Der Arbeitsvertrag ist der Hauptanwendungsfall des im BGB geregelten Dienstver-   23
trages. Arbeits-(Dienst-)verträge sind zu unterscheiden von Werkverträgen (§ 631
BGB). Im Werkvertrag verpflichtet sich der Unternehmer zur Herstellung eines versprochenen individuellen Werks, dh zur Herbeiführung eines bestimmten Arbeitsergebnisses (Erfolg) für den Besteller (vgl. *Palandt* Einf. v. § 631, Anm. 1). Zur Abgrenzung Werkvertrag von ArbNÜberlassung s. Rn 279 ff.; zum Fremdfirmeneinsatz § 99
Rn 63 ff.

Die Pflicht, die **Leistung** grundsätzlich **persönlich** zu **erbringen,** ist ein typi-   24
sches Merkmal für ein ArbVerh. Ist der zur Leistung Verpflichtete berechtigt, die
Leistung durch Dritte erbringen zu lassen, spricht dieser ihm eingeräumte Gestaltungsspielraum idR gegen ein ArbVerh. (BAG 20. 1. 10 – 5 AZR 99/09 – NZA-RR
11, 112 mwN). Das gilt jedoch nicht ausnahmslos. So kann ein ArbVerh. vorliegen,
wenn die persönliche Leistungserbringung die Regel und die Leistungserbringung
durch den Dritten eine seltene Ausnahme ist (BAG 19. 11. 97 AP Nr. 90 zu § 611
BGB Abhängigkeit: Frachtführer).

Ist dagegen der zur Leistung Verpflichtete nach den tatsächlichen Umständen nicht   25
in der Lage, seine vertraglichen Leistungspflichten alleine zu erfüllen, sondern auf den
Einsatz von **Hilfskräften** angewiesen und hierzu vertraglich berechtigt, liegt regelmäßig kein ArbVerh. vor (BAG 12. 12. 01 AP Nr. 111 zu § 611 BGB). Umgekehrt
folgt aus der Verpflichtung zur persönlichen Leistungserbringung nicht automatisch
die ArbNEigenschaft (BAG 26. 5. 99 BB 99, 1876: Rundfunkgebührenbeauftragter).

Jedes Dienstverhältnis führt idR zu einer persönlichen Abhängigkeit. Vom Rechts-   26
verhältnis eines freien Mitarbeiters (Dienstvertrag, § 611 BGB) unterscheidet sich das
ArbVerh. durch den **Grad** der **persönlichen Abhängigkeit,** in welcher der zur
Dienstleistung Verpflichtete zum Dienstberechtigten jeweils steht (BAG 25. 5. 05 AP
Nr. 117 zu § 611 BGB Abhängigkeit mwN; *Rost* NZA 99, 113 f.; s. Rspr.-Übersicht
bei *Hunold* NZA-RR 99, 504).

Der Grad der persönlichen Abhängigkeit hängt von Umfang und Ausgestaltung   27
des Weisungsrechts (Direktionsrechts) ab. Das **Weisungsrecht** des ArbGeb. (s. § 106
GewO; zur Rspr. *Hunold* NZA-RR 01, 337 ff.) ist das typische Abgrenzungsmerkmal
des ArbVerh. vom freien Dienstverhältnis (*Hromadka* NJW 03, 1848). Je stärker die
(örtliche, zeitliche und fachliche) Weisungsbindung, umso eher ist von einem ArbVerh.
auszugehen. Der Grad des Weisungsrechts ist der entscheidende Gesichtspunkt bei der
Feststellung der persönlichen Abhängigkeit (BAG 30. 11. 94 AP Nr. 74 zu § 611
BGB Abhängigkeit). Das Weisungsrecht bez. Umfang, Inhalt und organisatorischer
Einbindung der Arbeitsleistung kennzeichnet das ArbVerh. im Unterschied zum freien
Dienstverhältnis. Der ArbN erbringt seine Leistung fremdbestimmt. Besteht keine
Weisungsgebundenheit, liegt idR kein ArbVerh. vor (BSG 21. 4. 93 AP Nr. 67 zu
§ 611 BGB Abhängigkeit), wohl aber dann, wenn das bestehende Weisungsrecht
nicht ausgeübt wird (BAG 25. 1. 07 AP Nr. 1 zu § 16 SGB II).

Der Grad der persönlichen Abhängigkeit kann ua. auch von der **Eigenart** und der   28
Organisation der zu leistenden **Tätigkeit** abhängen. Manche Tätigkeiten können
sowohl im Rahmen eines ArbVerh. als auch im Rahmen eines anderen Rechtsverhältnisses erbracht werden (BAG 9. 6. 10 – 5 AZR 332/09 – NZA 10, 877; vgl.
Rn 70) und ändere idR nur im Rahmen eines ArbVerh.

Bei **untergeordneten und einfachen Arbeiten** ist eher von einer Eingliederung   29
in die fremde Arbeitsorganisation auszugehen als bei gehobenen Tätigkeiten (*Bade*
Freier Mitarbeiter oder ArbN S. 30 f.). Ein ArbVerh. kann aber auch bei Diensten

höherer Art vorliegen, selbst wenn dem Dienstverpflichteten ein hohes Maß an Gestaltungsfreiheit, Eigeninitiative und fachlicher Selbständigkeit verbleibt (BAG 6. 5. 98, 30. 9. 98 AP Nr. 94, 103 zu § 611 BGB Abhängigkeit; ErfK-*Preis* § 611 BGB Rn 85).

c) Wirklicher Geschäftsinhalt

30   Für die Ermittlung des Grades der persönlichen Abhängigkeit (Dienstvertrag oder Arbeitsvertrag) kommt es auf den **wirklichen Geschäftsinhalt** des Vertrags an, nicht auf die Bezeichnung und die gewünschte Rechtsfolge (vgl. BAG 20. 5. 09 – 5 AZR 31/08 – NZA-RR 10, 172 mwN; *Richardi* Rn 37). Der Geschäftsinhalt kann sich sowohl aus den schriftlichen Vereinbarungen als auch aus der praktischen Durchführung des Vertrags ergeben.

31   Widersprechen sich schriftliche Vereinbarung und tatsächliche Durchführung, kommt es für die Ermittlung des Geschäftsinhalts auf die **tatsächliche Durchführung** an, wobei eine Gesamtwürdigung der Umstände des Einzelfalles maßgebend ist (st. Rspr.; BAG 25. 5. 05 AP Nr. 117 zu § 611 BGB Abhängigkeit; vgl. auch *DKKW-Trümner* Rn 58; MünchArbR-*Richardi* § 17 Rn 1ff.). Die Parteien können sich nicht über zwingende Bestimmungen zum Schutz der ArbN hinwegsetzen.

32   Die tatsächliche Durchführung ist auch dann maßgebend, wenn der **ArbGeb.** zwar nicht selbst tätig wird, ihm aber das Verhalten der unmittelbar Handelnden nach den Grundsätzen der Duldungs- und Anscheinsvollmacht **zugerechnet** werden kann. Das ist der Fall, wenn der vertretene ArbGeb. die abweichende Vertragsdurchführung hätte erkennen und verhindern können und der Beschäftigte nach Treu und Glauben annehmen konnte, der ArbGeb. wisse davon und billige dies (BAG 20. 7. 94 AP Nr. 73 zu § 611 BGB Abhängigkeit).

33   Die Grundsätze in Rn 24 bis 32 gelten nur dann, wenn die Parteien ihr Rechtsverhältnis gerade nicht als ArbVerh., sondern als freies Mitarbeiter- oder Dienstverhältnis bezeichnet haben. Ist ein **ArbVerh. vereinbart**, so ist es auch als solches einzuordnen (BAG 20. 7. 94 AP Nr. 73 zu § 611 BGB Abhängigkeit; AP Nr. 1 zu § 611 BGB Freier Mitarbeiter; vgl. auch *Kreuder* ArbuR 96, 388), selbst wenn das Weisungsrecht nicht ausgeübt wird (LAG Köln NZA-RR 98, 394; *Bade* Freier Mitarbeiter oder ArbN S. 39; *Boemke* ZfA 98, 285, 308).

34   Dagegen kann ein freies **Mitarbeiterverhältnis** durch tatsächliche Erteilung von Weisungen und deren Befolgung **zu** einem **ArbVerh.** werden (BAG 12. 9. 96 AP Nr. 125 zu § 611 BGB Lehrer, Dozenten). Bei rückwirkender gerichtlichen Feststellung des ArbNStatus steht zugleich fest, dass der Dienstverpflichtete als ArbN zu vergüten war und ein Rechtsgrund für die Honorarzahlungen nicht bestand, wenn unterschiedliche Vergütungsordnungen für freie Mitarbeiter und ArbN galten. Der ArbGeb. kann die Rückzahlung zuviel gezahlter Honorare nach § 814 BGB verlangen, es sei denn, der ArbGeb. hatte positive Kenntnis der Rechtslage im Zeitpunkt der Leistung (Näheres s. BAG 9. 2. 05 AP Nr. 12 zu § 611 BGB Lohnrückzahlung; 8. 11. 06 – 5 AZR 706/05 – NZA 07, 321).

35   Wird ein ArbVerh. auf Initiative des ArbN, dessen ArbN-Status rechtskräftig festgestellt worden ist, vertraglich aufgehoben und in eine über Jahre praktizierte freie Mitarbeit umgewandelt, so ist eine erneute Berufung auf den ArbN-Status rechtsmissbräuchlich (BAG 11. 12. 96 AP Nr. 35 zu § 242 BGB Unzulässige Rechtsausübung – Verwirkung; s. auch LAG Köln NZA-RR 02, 346).

36   Die weitgehende Bestimmung der zu erbringenden Leistung, insb. Festlegung über die Verteilung der Arbeitszeit und der Arbeitseinsätze, im **Vertrag selbst** spricht erheblich gegen die Annahme eines ArbVerh., da dann für die Konkretisierung der Arbeitspflicht durch Weisung des Auftraggebers kein Raum mehr ist (BAG 13. 11. 91 AP Nr. 60 zu § 611 BGB Abhängigkeit, 25. 3. 92 AP Nr. 48 zu § 5 BetrVG 1972). Ein gleichberechtigtes Aushandeln der Verteilung der Arbeitszeit ist ein starkes Indiz

dafür, dass der Dienstverpflichtete auch nach Vertragsabschluss selbst über seine Arbeitskraft disponiert (*Weber* ZfA 92, 527, 536).

Die vorstehende Annahme gilt nicht bei **fehlendem gleichberechtigtem Aushandeln** der Vertragsbedingungen. Werden diese im Wesentlichen einseitig vorgegeben und beinhalten sie im Grunde eine Vielzahl von „vorweggenommenen Weisungen", so kann die ArbNEigenschaft auch nicht dadurch ausgeschlossen werden, dass der Dienstgeber die erforderlichen Weisungen bereits in den Vertrag aufnimmt (LAG Nürnberg BB 99, 793, 795 mit zust. Anm. *Plagemann* EWiR § 84 HGB 1/99, 363; *Kreuder* AuR 96, 386, 392; so auch zumindest bei einfachen Tätigkeiten BAG 16. 7. 97 AP Nr. 4 zu § 611 BGB Zeitungsträger). 37

Zu **prozesstaktischen Fragen** bei der Geltendmachung der ArbN-Eigenschaft *Niepalla/Dütemeyer* NZA 02, 712; *Reinecke* RdA 01, 357; *ders.* DB 98, 1282; zu damit eventuell verbundenen **Entgeltverlusten** BAG 21. 1. 98 AP Nr. 55 zu § 612 BGB: für Rundfunkmitarbeiter; s. auch BAG 29. 5. 02 AP Nr. 27 zu § 812 BGB. Zu Rechtsproblemen rückwirkender Statusfeststellungen *Hochrathner* NZA 00, 1083. 38

3. Abgrenzung zum freien Mitarbeiter

a) Grad der persönlichen Abhängigkeit

Jedes Dienstverhältnis führt idR zu einer persönlichen Abhängigkeit. Vom Rechtsverhältnis eines freien Mitarbeiters (Dienstvertrag, § 611 BGB) unterscheidet sich das ArbVerh. durch den **Grad** der **persönlichen Abhängigkeit**, in welcher der zur Dienstleistung Verpflichtete zum Dienstberechtigten jeweils steht. 39

Ein typisches Abgrenzungsmerkmal enthält insoweit der für die Abgrenzung des Handelsvertreters vom abhängig beschäftigten Handlungsgehilfen maßgebliche § 84 **Abs. 1 S. 2 HGB.** Hiernach ist selbständig, wer im Wesentlichen **frei** seine Tätigkeit **gestalten und seine Arbeitszeit bestimmen** kann. Unselbständig und damit persönlich abhängig ist der Mitarbeiter, wenn er eines der Merkmale oder beide Merkmale nicht „im Wesentlichen" erfüllt (s. insb. LAG Nürnberg BB 99, 793, 796; *Boemke* ZfA 98, 285, 312). 40

Diese Bestimmung enthält – über ihren Anwendungsbereich hinaus – eine allgemeine gesetzgeberische Wertung zur Abgrenzungsfrage (BAG 26. 7. 95, 25. 5. 05 AP Nr. 79, 117 zu § 611 BGB Abhängigkeit; *Hohmeister/Goretzki* Verträge über freie Mitarbeit S. 33; *Boemke* ZfA 98, 285, 297 ff.; *Reinecke* NZA 99, 729, 730). 41

Diese allgemeine gesetzgeberische Wertung zur Abgrenzungsfrage spiegelt auch § 7 **Abs. 1 SGB IV** wider. Er nennt als typische Anhaltspunkte für eine Beschäftigung eine Tätigkeit nach Weisungen und eine Eingliederung in die Arbeitsorganisation. 42

Allerdings entfalten Begriffsbestimmungen des **SGB IV** Rechtswirkungen nur für das Sozialversicherungsrecht, nicht für das Arbeitsrecht, so dass zB auch Personen, die als zuvor Arbeitslose einen Existenzgründungszuschuss nach § 421 l SGB III erhalten und für die Dauer des Bezugs dieses Zuschusses als Selbständige gelten, ArbN iSd BetrVG sein können (vgl. DKKW-*Trümner* Rn 11a; *Richardi* Rn 10; *Bauer/Krets* NJW 03, 537, 543; *Deinert* AiB 11, 254 ff.; *Greiner* DB 03, 1058). 43

b) Eingliederung

Der einen **ArbN** ausmachende Grad der persönlichen Abhängigkeit ist erreicht, wenn die Dienstleistung im Rahmen einer von einem Dritten (ArbGeb.) bestimmten Arbeitsorganisation zu erbringen ist. Für eine derartige **Eingliederung** in die fremde Arbeitsorganisation ist kennzeichnend, dass der ArbN insb. hinsichtlich Zeit, Dauer und Ort der Ausführung der übernommenen Dienste einem umfassenden Weisungsrecht des ArbGeb. unterliegt. Die **Eingliederung** in den **Betrieb** mit idR fester Arbeitszeit und festem Arbeitsort ist der typische Fall eines ArbVerh. 44

45   Da der Betriebsbegriff nicht nur räumlich, sondern funktional zu verstehen ist (BAG 29. 1. 92 AP Nr. 1 zu § 7 BetrVG 1972; *Boemke* ZfA 98, 285, 310), muss die Arbeit nicht im Betrieb als festem Arbeitsort erbracht werden; es reicht für die Annahme fremdbestimmter Arbeit die **Einbindung** in die **betriebliche Organisation** aus. Diese kann sich aus einer starken organisatorischen Verbundenheit und ein Angewiesensein auf die Organisation des ArbGeb. ergeben, wie zB, dass die geschuldete Leistung nur mit Hilfe des technischen Apparats des Auftraggebers oder nur in Teamarbeit erbracht werden kann (ErfK-*Preis* § 611 Rn 80 f.; *Hohmeister/Goretzki* Verträge über freie Mitarbeit S. 41; so insb. für Mitarbeiter im Medienbereich, BAG 15. 3. 78 AP Nr. 26 zu § 611 BGB Abhängigkeit). Bei Außendienstmitarbeitern bewirkt zB die starke Einbindung in ein Kundenbetreuungskonzept durch Dienstpläne eine Eingliederung (BAG 6. 5. 98 AP Nr. 102 zu § 611 BGB Abhängigkeit).

46   Dagegen reicht weder eine Tätigkeitsausübung im Betrieb des Auftraggebers aus eigenem Anlass, zB zur Benutzung von betrieblichen Einrichtungen aus Gründen der Arbeitserleichterung (BAG 3. 5. 89 BB 90, 779; *Berger-Delhey/Alfmeier* aaO) noch eine nur gelegentlich notwendige Zusammenarbeit mit ArbN des Betriebs für das ArbN-Merkmal der persönlichen Abhängigkeit aus (BAG 27. 3. 91 AP Nr. 53 zu § 611 BGB Abhängigkeit).

47   Oft tritt noch eine **fachliche Weisungsgebundenheit** hinsichtlich **Inhalt** und **Durchführung der Tätigkeit** hinzu; sie ist jedoch für Dienste höherer Art, zB Tätigkeiten in akademischen Berufen wie Ärzte, Journalisten, Lehrer nicht immer typisch (st. Rspr. des BAG, s. 30. 10. 91 AP Nr. 59 zu § 611 BGB Abhängigkeit; 25. 3. 92 AP Nr. 48 zu § 5 BetrVG 1972; 24. 6. 92 AP Nr. 61 zu § 611 BGB Abhängigkeit; 6. 5. 98 AP Nr. 102 zu § 611 BGB Abhängigkeit; *Griebeling* NZA 98, 1137 ff.; *ders.* RdA 98, 208 ff.; s. Rspr.-Übersicht bei *Hunold* NZA-RR 99, 504).

4. Umstrittene Abgrenzungskriterien

48   Das arbeitsrechtliche Schrifttum ist der in Rn 16 bis 47 dargestellten Rspr. des BAG im Wesentlichen gefolgt (vgl. *Schaub* § 8 Rn 26 ff. mwN; ErfK-*Preis* § 611 BGB Rn 59 ff., 76 ff.; s. auch die Zusammenstellung der von der Rspr. erarbeiteten Abgrenzungskriterien bei *Kittner/Zwanziger* Arbeitsrecht § 5 Rn 63 ff.; *Reiserer/Freckmann* NJW 03, 181).

a) Kritik an herkömmlicher Abgrenzung

49   Allerdings mehren sich die kr. Stimmen, die die Abgrenzungskriterien der Rspr. insb. bei den vielfältigen Formen der sog. **neuen oder abhängigen Selbständigkeit** von Absatzmittlern, Freiberuflern, ehemaligen Verkaufsfahrern als Ein-Mann-Unternehmer etc. (vgl. dazu *Plander,* Flucht aus dem Normalarbeitsverhältnis S. 35 ff., 43 ff.) für nicht brauchbar halten (s. MünchArbR-*Richardi* § 16 Rn 20 ff.; *Wank,* ArbN u. Selbständige S. 23 ff., *ders.* NZA 99, 225; *Weber* Das aufgespaltene Arbeitsverhältnis S. 217 f.; S. 221 ff.; *Brammsen* RdA 10, 267; **aA** *Boemke* ZfA 98, 285; *Griebeling* RdA 98, 208; *Hromadka* NZA 97, 569; *ders.* DB 98, 195; *Rieble* ZfA 98, 327).

50   Bei diesen Formen der Tätigkeit handelt es sich oft um **Scheinselbständigkeit,** mit der Beschäftigungen bezeichnet werden, in denen mittels vorgetäuschter Selbständigkeit unter formaler Bezeichnung als Selbständige oder freie Mitarbeiter versucht wird, das Arbeits- (und Sozialversicherungs-)recht einschl. das BetrVG aus Kostengründen zu unterlaufen, bzw. einzuschränken.

51   Als insoweit **abgrenzungstauglichere typische ArbN-Merkmale** werden angesehen eine auf Dauer angelegte Arbeit, die in eigener Person – ohne Mitarbeiter – nur für einen Auftraggeber und im Wesentlichen ohne eigenes Kapital und ohne eigene Organisation erbracht wird (*Wank* aaO S. 121 ff.), insb. auch die Kontrolle durch den Dienstberechtigten (*Hilger* RdA 89, 1, 4), die mittels moderner Informations- und Kommunikationstechniken oft umfassend ist und zu einer „informationellen" Abhängigkeit führt (*Haupt/Wollenschläger* NZA 01, 289, 292; *Linnenkohl/Kilz/ Rauschenberg/Reh* ArbuR 91, 203, 205 f.). Im Zweifelsfall muss der Auftraggeber darlegen und beweisen, dass trotz der typischen ArbN-Merkmale Selbständigenrecht angewandt werden darf (*Wank* DB 92, 99, 91).

b) Abweichende Rechtsprechung von Instanzgerichten

Im Zuge der in Rn 49 ff. erwähnten Entwicklung mehren sich Entscheidungen **52** von Instanzgerichten, die hilfsweise oder gar in bewusster **Abkehr von der BAG-Rspr.** zum Abgrenzungsmerkmal der persönlichen Abhängigkeit (inhaltliche, zeitliche, örtliche Weisungsgebundenheit u. personelle, materielle Eingliederung) die neuen Kriterien anwenden und sie weiter konkretisieren (vgl. LAG Niedersachsen LAGE § 611 BGB Arbeitnehmerbegriff Nr. 24; LAG Köln AP Nr. 80 zu § 611 BGB Abhängigkeit – die zugrunde liegende Feststellungsklage ist vom BAG v. 23. 4. 97 AP Nr. 40 zu § 256 ZPO 1977 mangels Feststellungsinteresse als unzulässig abgewiesen worden –; LAG Düsseldorf BB 95, 2275; ArbG Nürnberg NZA 97, 37, bestätigt durch LAG Nürnberg ZIP 98, 617, aufgehoben aus verfahrensrechtl. Gründen durch BAG 16. 6. 98 AP Nr. 3 zu § 543 ZPO).

Dabei erfolgt die Feststellung der ArbN-Eigenschaft durch **negative Abgrenzung 53** (vgl. *Kreuder* ArbuR 96, 388; s. Negativ-Katalog bei *Mayer* AiB 99, 207, 212): keine Dispositionsmöglichkeit über die Arbeitszeit, bzw. den Einsatz der Arbeitskraft; fehlender Einsatz eigenen Kapitals; keine eigene Organisation mit eigenen Mitarbeitern (LAG Nürnberg aaO); Verbot, andere als die überlassenen Produkte zu vertreiben; Verbot, eigene Unternehmens- und Vertriebsideen zu entwickeln; Verbot, für sich werbend am Markt tätig zu werden; keine Produktauswahl und Preisgestaltung (kr. zur Diskussion um die „neue Selbständigkeit" s. *Hromadka* NZA 97, 569; *ders.* DB 98, 195; *Richardi* DB 99, 958, 960 hält diese Abgrenzungsmethode für nicht vereinbar mit dem geltenden Recht; ähnl. *Griebeling* RdA 98, 208, 215).

Mit Hilfe dieser Kriterien sind Fremdbestimmung und Unausgewogenheit zwi- **54** schen unternehmerischen Chancen und Risiken festgestellt und folgende Beschäftigte **als ArbN eingestuft** worden (s. die Rspr.-Übersicht bei J. *Kunz/P. Kunz* BuW 95, 407 ff., 447 ff. *Mayer* AiB 99, 207, 208 f. u. *Reiserer* BB 98, 1258, 1260 ff.; vgl. auch *Griebeling* NZA 98, 1137, 1141; *ders.* RdA 98, 208, 212; *Kreuder* ArbuR 96, 386 ff.; *Schliemann* RdA 97, 322, 323 f.):

– **Propagandisten** (LAG Köln AP Nr. 80 zu § 611 BGB Abhängigkeit – zur Revision s. Rn 17 c; s. auch LSG Berlin AP Nr. 83 zu § 611 BGB Abhängigkeit; *Bade* Freier Mitarbeiter oder ArbN S. 53).
– **Einfirmenvertreter** (LAG Niedersachsen LAGE § 611 BGB Arbeitnehmerbegriff Nr. 24; **aA** ArbG Lübeck, BB 96, 177; s. Kriterien-Katalog für ArbNStatus bei *Mayer* AiB 99, 207, 214).
– **Auslieferungs-/Verkaufsfahrer** (LAG Düsseldorf, BB 95, 2275; LAG München NZA 97, 943; zu Formulararbeitsverträgen mit Verkaufsfahrern s. *Schiek* BB 97, 310).
– **Versicherungsvermittler/-vertreter** im Außendienst (ArbG Nürnberg NZA 97, 37, bestätigt durch LAG Nürnberg ZIP 98, 617, das jedoch nach Aufhebung durch BAG (s. Rn 50) nunmehr Prüfmerkmale wie Übernahme von Unternehmerrisiko u. Marktchancen im Rahmen des § 84 Abs. 1 S. 1 HGB für unzulässig hält, s. BB 99, 793; *Bade* Freier Mitarbeiter oder ArbN S. 49; *Mayer* FS *Däubler* S. 77, 85; *Krüger* AiB 98, 621, 634).
– **Kellner** als „selbständiger" Vermittler gastronomischer Dienstleistungen (Hess LSG Die Beiträge 93, 482, best. v. BSG 11. 5. 93 Die Beiträge 93, 481).
– **Pharmaberater** mit detaillierter Berichtspflicht (LAG Hamm DB 90, 2028; *Bade* Freier Mitarbeiter oder ArbN S. 55).
– **Ausbeiner** (Fleischzerleger) im Schlachthof (LG Oldenburg BB 95, 1697).
– **Assessor** in Rechtsanwaltskanzlei (Hess. LAG ArbuR 96, 415).

5. Kombinierte Abgrenzungsmethode

55   Die von Teilen der Instanzgerichte herangezogenen Kriterien (Rn 49 ff.) mögen zwar in Einzelfällen eher zur Annahme eines ArbVerh. führen, eine **größere Abgrenzungssicherheit** bieten sie jedoch **nicht** (*Griebeling* RdA 98, 208, 214, der zudem auf die Übereinstimmung des geltenden ArbN-Begriffes mit dem der Mitgliedstaaten der EU hinweist; *Hromadka* DB 98, 195; *Reinecke* ZIP 98, 581, 587). Eine abhängige Beschäftigung (Scheinselbständigkeit) oder selbständige Tätigkeit kann auch bei der negativen Abgrenzungsmethode nur im Rahmen einer Gesamtwürdigung aller Umstände des Einzelfalles angenommen werden, bei der die genannten Kriterien zu prüfen und zu gewichten sind (*Schliemann* RdA 97, 322, 326).

56   Daher ist weiterhin grundsätzlich an der für die Feststellung der ArbN-Eigenschaft maßgeblichen **persönlichen** (nicht wirtschaftlichen) Abhängigkeit vom ArbGeb. festzuhalten (überzeugend LAG Düsseldorf BB 97, 891; LAG Nürnberg BB 99, 793; *Hohmeister/Goretzki* Verträge über freie Mitarbeit S. 48; *Hanau/Strick* AuA 98, 185, 189). Bei der Prüfung dieses Merkmals ist nach der **typologischen Methode** (s. dazu auch BVerfG 20. 5. 96 NZA 96, 1063) zu verfahren (s. Zusammenstellung der Rspr. bei *Moll* Arbeitsrecht § 4 Rn 8 ff. u. *Reiserer/Freckmann* NJW 03, 180 f.):

57   Unter Würdigung der einzelnen Bestimmungen des Vertrages (Haupt- und Nebenpflichten) und seiner tatsächlichen Durchführung (vgl. Rn 31) kommt es auf das Gesamtbild der Rechtsbeziehung an (BAG 20. 1. 10 – 5 AZR 99/09 – NZA-RR 11, 112; *Hohmeister/Goretzki* Verträge über freie Mitarbeit S. 50; *Buchner* NZA 98, 1144, 1145). Dabei ist für ein ArbVerh. die Befugnis des Berechtigten kennzeichnend, zeitweilig über die **Arbeitsleistung** des Verpflichteten **verfügen** und sie durch **Weisungen** konkretisieren zu können; ob Weisungen tatsächlich erfolgen, ist nicht entscheidend (*Hromadka* DB 98, 195, 199).

58   In Abgrenzung insb. zu Dienst- oder Werkverträgen sprechen Dichte und Tiefe verbindlicher, arbeitsleistungs- und **personenbezogener Vorgaben,** Weisungen und sonstiger Reglementierungen für ein ArbVerh. (LAG Düsseldorf aaO; s. auch Rn 24 ff.; s. Kriterienkatalog bei *Hanau/Strick* AuA 98, 185, 188 u. *Reiserer* BB 98, 1258, 1259).

59   In diese Prüfung sind auch die in Rn 49 ff. genannten **wirtschaftlichen Aspekte** (LAG Düsseldorf BB 97, 892: „als Gegenprobe") durch das vom BAG bereits in früheren Entscheidungen (21. 1. 66 AP Nr. 2 zu § 92 HGB – Versicherungsvermittler – , 13. 8. 80 AP Nr. 37 zu § 611 BGB Abhängigkeit – Kantinenpächter –, in denen allerdings die ArbN-Eigenschaft im konkreten Fall verneint wurde) ebenfalls herangezogene Merkmal des **Unternehmerrisiko** einzubeziehen (*Hanau/Strick* AuA 98, 185, 187; ähnlich ErfK-*Preis* § 611 BGB Rn 74 f.; **aA** wohl LAG Nürnberg BB 99, 793; *Boemke* ZfA 98, 285, 300). Dabei ist dieses wichtige Indiz im Rahmen der Gesamtwürdigung zu beachten.

60   So können auch Vereinbarungen über das **Verwertungsrisiko des Arbeitsergebnisses** Aufschluss über das Maß an persönlicher Abhängigkeit geben (vgl. *Hilger* RdA 89, 1, 4): Wer die Chancen einer Verwertung für sich nutzen kann, ist kaum ArbN; wer die Verwertung nicht beeinflussen kann, das Produkt nicht auf dem Markt anbieten kann, ist ArbN.

61   Die Belastung mit Risiken spricht nur dann für Selbständigkeit, wenn dem Unternehmerrisiko eine **größere Freiheit** bei der Gestaltung der geschuldeten Tätigkeit u. bei der Bestimmung des Umfangs des **Einsatzes der eigenen Arbeitskraft** gegenübersteht (OLG Düsseldorf NZA-RR 98, 145, 149; *Hopt* DB 98, 863, 865, 868). Diese zumindest im Ansatz auch in der BAG-Rspr. erkennbare **(kombinierte) Abgrenzungsmethode** ermöglicht idR sachgerechte Entscheidungen bei der Feststellung der ArbN-Eigenschaft der neuen abhängigen (Schein-)Selbständigen (vgl. *Mayer* Anm. zu BAG 19. 11. 97 AP Nr. 90 zu § 611 BGB Abhängigkeit).

62   Die **Abgrenzungsmerkmale** gelten grundsätzlich **für alle Dienst-** oder **Arb-Verh.** Abstrakte, einheitlich für alle ArbVerh. geltende Merkmale lassen sich nicht

aufstellen. Letztlich kommt es für die Frage, welches Rechtsverhältnis im konkreten Fall vorliegt, auf eine Gesamtwürdigung aller maßgebenden Umstände des Einzelfalles an (BAG 19. 1. 00 AP Nr. 33 zu § 611 BGB Rundfunk; 9. 7. 03 AP Nr. 158 zu § 611 BGB Lehrer, Dozenten).

Bes. Schwierigkeiten gibt es bei Tätigkeiten, die sowohl im Rahmen eines Arb- **63** Verh. als auch im Rahmen eines Dienstverhältnisses erbracht werden können. Hier gibt es im Einzelfall **branchenspezifische Kriterien,** die Aussagen über den Grad der persönlichen Abhängigkeit erlauben (vgl. zB für Handelsvertreter, Mitarbeiter von Rundfunk- und Fernsehanstalten, Presseunternehmen (s. dazu *Richardi* Rn 42; *Bezani* NZA 97, 856).

Maßgeblich ist letztlich die **Verfügungsbefugnis des ArbGeb.** über die Arbeits- **64** leistung des ArbN innerhalb eines bestimmten zeitlichen Rahmens (BAG 9. 6. 93 AP Nr. 66 zu § 611 BGB Abhängigkeit; *Boemke* ZfA 98, 285, 309). Hierfür ist auch kennzeichnend, dass der ArbGeb. über die Verteilung der Arbeitszeit auf die einzelnen Arbeitstage sowie über Beginn und Ende der regelmäßigen Arbeitszeit entscheidet (BAG 27. 3. 91 AP Nr. 53 zu § 611 BGB Abhängigkeit; 29. 6. 91 AP Nr. 2 zu § 9 BetrVG 1972; 30. 10. 91 AP Nr. 59 zu § 611 BGB Abhängigkeit; 25. 3. 92 AP Nr. 48 zu § 5 BetrVG 1972). So ist zB ein Aushilfs-Taxifahrer, der weder Arbeits- oder Schichtzeiten einzuhalten noch Taxifahrten durchzuführen hat und sich jederzeit abmelden kann, kein ArbN (BAG 29. 6. 91 aaO; *Boemke* ZfA 98, 285, 309).

6. Einzelfälle

Die Geeignetheit der kombinierten Abgrenzungsmethode belegt eine Entschei- **65** dung des LAG Düsseldorf vom 4. 9. 96 (BB 97, 891 ff.), nach der ArbN-Eigenschaft auch dann gegeben sein kann, wenn der zur Leistung Verpflichtete **(Frachtführer)** vertraglich eine Erfolgsgarantie (Haftung) übernimmt, selbst die zur Arbeitsverrichtung notwendigen Betriebsmittel stellt (LKW) und berechtigt bzw. verpflichtet ist, die Leistung durch einen Dritten erbringen zu lassen.

Diese Entscheidung hat das BAG (19. 11. 97 AP Nr. 90 zu § 611 BGB Abhängig- **66** keit m. zust. Anm. *Mayer;* s. auch *ders.* AiB 99, 207, 212, *Wank* EWiR § 611 BGB 1/98, 433; *ders.* NJW 99, 271; abl. Anm. *Misera* SAE 98, 169; kr. auch *Rieble* ZfA 98, 327, 355) bestätigt, weil die **vertraglichen Bindungen** (keine freie Tätigkeitsausübung u. Arbeitszeitgestaltung, einheitliche Firmenkleidung, stündliche Rückmeldungen, ständige Dienstbereitschaft, Einräumung eines Jahresurlaubs) und deren praktische **Durchführung** über die in § 425 HGB vorausgesetzte persönliche Abhängigkeit eines Frachtführers hinausgehen und einen für ein ArbVerh. hinreichenden Grad **persönlicher Abhängigkeit** begründen (*Bade* Freier Mitarbeiter oder ArbN S. 69 f.; *Buchner* NZA 98, 1144, 1145; *Krüger* AiB 98, 621, 633; *Reinecke* NZA 99, 729, 733; *Reiserer* BB 98, 1258, 1262).

Dagegen ist ein Frachtführer, der nur für einen Auftraggeber fährt, **kein ArbN,** **67** wenn weder Dauer noch Beginn und Ende der täglichen Arbeitszeit vorgeschrieben sind und er die nicht nur theoretische Möglichkeit hat, auch Transporte für **eigene Kunden** auf eigene Rechnung durchzuführen, unabhängig davon, ob er diese Möglichkeit tatsächlich nutzt (BAG 30. 9. 98 AP Nr. 130 zu § 611 BGB Abhängigkeit m. Anm. *Hromadka* SAE 99, 166; vgl. auch LAG Nürnberg BB 99, 793, 794, 795 f.). Ein **Kurierdienstfahrer,** der allein entscheidet, ob, wann und in welchem Umfang er tätig werden will, und für ausgeführte Frachtaufträge das volle vom Auftraggeber zu leistende Entgelt erhält, ist kein ArbN des Unternehmens, das die Frachtaufträge annimmt und an die Kurierdienstfahrer weitergibt (BAG 27. 6. 01 BB 01, 2220).

Kommen in einem Handelsvertretervertrag zu viele Einschränkungen der handels- **68** vertretertypischen Selbständigkeit zusammen, so dass die mit der Stellung eines selbständigen **Handelsvertreters** verbundenen Vorteile genommen werden und nur die Nachteile, nämlich die Übernahme des wirtschaftlichen Risikos, bleiben, so handelt es sich um einen angestellten Handelsvertreter, also einen ArbN (OLG Düsseldorf

NZR-RR 98, 145, s. Rn 17f.; LAG Nürnberg BB 99, 793, 795f.; ausführl. zu Abgrenzungsfragen bei Handelsvertretern u. anderen Vertriebspersonen *Hopt* DB 98, 863ff.; *Oberthür/Lohr* NZA 01, 126ff.; *Seifert* AuA 98, 405ff.).

69   Dagegen ist es mit dem **Selbständigenstatus** des Handelsvertreters (Versicherungsvertreters) vereinbar, wenn dieser einem fachlichen Weisungsrecht unterliegt, einen Nachweis über die „Kundenbestandspflege" zu führen hat (vgl. § 86 Abs. 2 HGB), ihm ein bestimmter Bezirk oder Kundenkreis zugewiesen wird (s. § 87 Abs. 2 HGB), er wöchentlich an einem Besprechungstermin mit dem Organisationsleiter des Versicherungsunternehmens teilnehmen muss, er an einem tätigkeitsbegleitenden Ausbildungsprogramm an 35 Arbeitstagen im Jahr teilnimmt, er gem. § 92a HGB zulässigerweise vertraglich an nur ein Unternehmen gebunden ist und er über keine eigene Organisation und kein eigenes Kapital verfügt (vgl. § 84 Abs. 4 HGB), wenn er in seiner **Arbeitszeitgestaltung,** also wann er welche Kunden mit welchen Angeboten aufsucht, im Wesentlichen **frei** ist (BAG 20. 9. 00 AP Nr. 8 zu § 2 ArbGG 1979 Zuständigkeitsprüfung; 9. 6. 10 – 5 AZR 332/09 – NZA 10, 877; *Oberthür/Lohr* NZA 01, 126, 131ff.; *Waßer* ArbuR 01, 168ff.).

70   Da die **Tätigkeit** eines **Versicherungsvertreters** sowohl selbständig (§ 92 Abs. 1 iVm. 84 Abs. 1 HGB) als auch im Rahmen eines ArbVerh. (§ 92 Abs. 1 iVm. 84 Abs. 2 HGB) erbracht werden kann, ist bei der **Gesamtwürdigung** auch die Vertragstypenwahl der Parteien zu beachten. Wenn die tatsächliche Durchführung (s. Rn 30ff.) nicht zwingend für ein ArbVerh. spricht, müssen sich die Parteien an dem von ihnen gewählten Vertragstypus festhalten lassen (BAG 9. 6. 10 – 5 AZR 332/09 – NZA 10, 877).

71   Vertragliche **Pflichten** eines **Versicherungsvertreters** (*Waßer* ArbuR 01, 168ff.), die nicht die geschuldete Tätigkeit, sondern sein sonstiges Verhalten betreffen, sind zur Abgrenzung idR nicht geeignet (BAG 15. 12. 99 AP Nr. 5 zu § 92 HGB). So kommt der vertraglichen Pflicht über ein bestimmtes **Ordnungsverhalten** innerhalb der Betriebsräume keine rechtliche Bedeutung bei der Abgrenzung zu (s. auch BAG 20. 9. 00 AP Nr. 37 zu § 611 BGB Rundfunk).

72   Auch der Abschluss eines Kommissionsvertrages schließt nicht aus, dass es sich bei dem **„Kommissionär"** um einen ArbN (oder eine ArbN-ähnliche Person) handelt (BAG 8. 9. 97 AP Nr. 38 zu § 5 ArbGG 1979; *Walker* EWiR § 5 ArbGG 2/98, 53).

73   Eine **Kundenberaterin,** die während der gesamten Woche **dienstbereit** ist und keine eigene Terminplanung machen kann, ist ArbN (BAG 6. 5. 98 AP Nr. 102 zu § 611 BGB Abhängigkeit).

74   Dagegen ist ein **Subunternehmer,** der mit 18 von ihm ausgewählten ArbN und eigenen PKWs im ihm überlassenen Bezirk den **Paketdienst** selbst organisiert und durchführt, kein ArbN (LAG Köln BB 97, 1212).

75   Ein **Zeitungszusteller,** der idR ArbN ist, ist dann Selbständiger, wenn die Anzahl der auszutragenden Zeitungen so groß ist, dass die Einschaltung von Hilfskräften erforderlich ist, das Arbeitsvolumen also erheblich über das hinausgeht, was ein Einzelner in der vorgegebenen Zeit leisten kann (BAG 16. 7. 97 AP Nr. 4 zu § 611 BGB Zeitungträger; *Reinecke* NZA 99, 729, 731).

76   Im **Medienbereich** ist bei der Ermittlung der ArbN-Eigenschaft von Mitarbeitern (zum arbeitsrechtl. Status v. Rundfunkmitarbeitern s. *Heilmann* AuA 98, 190; zu Filmschaffenden *Meiser/Theelen* NZA 98, 1041) zwischen programmgestaltender Tätigkeit und nicht programmgestaltender Tätigkeit zu unterscheiden:

77   Zu den **programmgestaltenden Mitarbeitern** gehören nach st. Rspr. des BVerfG (BVerfGE 64, 256, 260; 59, 231, 20ff., 271) diejenigen, die typischerweise ihre eigene Ansicht zu politischen, wirtschaftlichen, künstlerischen oder anderen Sachfragen, ihre Fachkenntnisse und Informationen, ihre individuelle künstlerische Befähigung und Aussagekraft in die Sendung einbringen. Das ist zB bei Regisseuren, Moderatoren, Kommentatoren, Redakteuren, Wissenschaftlern und Künstlern der Fall. Die Einbindung in ein festes Programmschema und die Vorgaben eines Programmverlaufs

wirken bei programmgestaltenden Mitarbeitern nicht (ArbN)statusbegründend. Auch die Anwesenheit zu feststehenden Zeiten schließen ein freies Mitarbeiterverhältnis eben sowenig aus wie eine Qualitätskontrolle der Arbeit (BAG 20. 5. 09 – 5 AZR 31/08 – NZA-RR 10, 172).

Sie können ihre programmgestaltende Tätigkeit nicht nur im Rahmen **freier Mit-** 78 **arbeit,** sondern ebenso auf der Grundlage eines **ArbVerh.** erbringen (BAG 19. 1. 00 AP Nr. 33 zu § 611 BGB Rundfunk; 20. 9. 00 AP Nr. 37 zu § 611 BGB Rundfunk). Letzteres ist der Fall, wenn der Mitarbeiter zwar am Programm gestalterisch mitwirkt, dabei jedoch weitgehenden inhaltlichen Weisungen unterliegt, ihm also nur ein geringes Maß an Gestaltungsfreiheit, Eigeninitiative und Selbständigkeit verbleibt (BAG 19. 1. 00 AP Nr. 33 zu § 611 BGB Rundfunk; 20. 5. 09 – 5 AZR 31/08 – NZA-RR 10, 172) und der Sender innerhalb eines zeitlichen Rahmens über seine Arbeitsleistung verfügen kann (BAG 14. 3. 07 AP Nr. 13 zu § 611 BGB Arbeitnehmerähnlichkeit). Dagegen ist die Einbindung in ein festes Programmschema und die Vorgabe des Programmablaufs sowie bestimmter Themen nicht statusbegründend (BAG 14. 3. 07 AP Nr. 13 zu § 611 BGB Arbeitnehmerähnlichkeit; BAG 20. 5. 09 – 5 AZR 31/08 – NZA-RR 10, 172).

Nach der Rspr. des BAG ist bei diesem Personenkreis zur Ermittlung **des ArbN-** 79 **Status** vor allem auf ständige **Dienstbereitschaft** u. Einbeziehung in einen festen **Dienstplan** abzustellen (BAG 9. 6. 93 AP Nr. 66 zu § 611 BGB Abhängigkeit, 22. 4. 98, 19. 1. 00 AP Nr. 26, 33 zu § 611 BGB Rundfunk; *Boemke* ZfA 98, 285, 309; *Wrede* NZA 99, 1019, 1022). Dieser ist insb. ohne vorherige Absprache starkes **ArbN-Indiz** (BAG 20. 7. 94, 30. 11. 94 AP Nr. 73, 74 zu § 611 BGB Abhängigkeit; s. auch LAG Köln NZA-RR 99, 119), auch wenn er formal unverbindlich ist, aber jahrelang durchgeführt wird (BAG 16. 6. 98 AP Nr. 44 zu § 5 ArbGG 1979) oder einzelne Einsätze abgelehnt werden können (BAG 30. 11. 94 AP Nr. 74 zu § 611 BGB Abhängigkeit; *Bade* Freier Mitarbeiter oder ArbN S. 27; zur verfassungsrechtl. Zulässigkeit der BAG-Rspr. bez. der Einstufung programmgestaltender Mitarbeiter als ArbN s. BVerfG 18. 2. und 22. 8. 00 NZA 00, 653 u. 1097).

Gleiches gilt für **Dienstanweisungen** und **Rundschreiben,** die Einzelheiten des 80 Vertragsverhältnisses einseitig regeln (BAG 12. 9. 96 AP Nr. 122 zu § 611 BGB Lehrer, Dozenten; *Hilger* RdA 89, 1, 3; *Berger-Delhey/Alfmeier* NZA 91, 257; *Bezani* NZA 97, 856).

Auch nach dem **BVerfG** (18. 2. 00 AP Nr. 9 zu Art. 5 Abs. 1 GG Rundfunkfrei- 81 heit) wird bei programmgestaltenden Mitarbeitern dann ein ArbVerh. zu bejahen sein, wenn der Sender innerhalb eines bestimmten zeitlichen Rahmens über die Arbeitsleistung verfügt, also ständige Dienstbereitschaft erwartet oder den Mitarbeiter in nicht unerheblichem Umfang ohne entspr. Vereinbarung heranzieht.

Ist eine Rundfunkanstalt auf Grund eines **Bestandsschutz-TV** für freie Mitarbei- 82 ter verpflichtet, einen Mindestbeschäftigungsanspruch des freien Mitarbeiters zu erfüllen, ist allein die Aufnahme des Mitarbeiters in Dienstpläne kein die ArbN-Stellung auslösender Umstand; hier dient die Aufnahme in **Dienstpläne** lediglich der Realisierung des **Mindestbeschäftigungsanspruchs** des **freien Mitarbeiters** (BAG 20. 9. 00 AP Nr. 37 zu § 611 BGB Rundfunk).

Einzelabstimmungen (Gegensatz zu Dienstplan) über den jeweiligen Einsatz 83 programmgestaltender Mitarbeiter, die über eine erhebliche Gestaltungsfreiheit verfügen, sprechen **gegen ArbNStatus** (BAG 22. 4. 98 AP Nr. 96 zu § 611 BGB Abhängigkeit: Radio-Sportreporter; zur freien Mitarbeit bei Medien *Schaffeld* AuA 98, 408).

Allein die Aufnahme eines programmgestaltenden Mitarbeiters in **Organisations-** 84 **pläne** wie Dispositions- und **Raumbelegungspläne,** weil er zur Herstellung seines Beitrags auf techn. Einrichtungen und Personal der Rundfunkanstalt angewiesen ist, machen ihn noch nicht zum ArbN (BAG 19. 1. 00 AP Nr. 33 zu § 611 BGB Rundfunk).

Zu den **nicht programmgestaltenden Mitarbeitern** gehören das betriebstech- 85 nische und das Verwaltungspersonal sowie diejenigen, die zwar bei der techn. Realisierung des Programms mitwirken, aber keinen inhaltlichen Einfluss auf das Programm haben (BVerfGE 64, 256, 260; 59, 231, 20 ff., 271; BAG 19. 1. 00 AP Nr. 33 zu § 611 BGB Rundfunk; BAG 20. 5. 09 – 5 AZR 31/08 – NZA-RR 10, 172) oder die, je nach den konkreten Umständen des Einzelfalles, reine Sprecherleistungen erbringen (BAG 14. 3. 07 AP Nr. 13 zu § 611 BGB Arbeitnehmerähnlichkeit). Sie sind idR **ArbN,** selbst wenn einzelne Einsätze vorher verabredet werden müssen (BAG 22. 4. 98 AP Nr 25 zu § 611 BGB Rundfunk: m. Anm. *Krüger* AiB 99, 659: „freier" Kameraassistent).

86   Werden über einen längeren Zeitraum **Terminlisten** für am Folgetag zu erbringende Tätigkeiten überreicht und wird zu erkennen gegeben, dass innerhalb des durch die Liste vorgegebenen Zeitraums über die Arbeitskraft verfügt werden soll, so sind diese Listen mit verbindlichen Dienstplänen vergleichbar und sprechen für ArbN-Status, selbst wenn auf Betreiben des ArbGeb. ein Gewerbe angemeldet worden ist (LAG Düsseldorf NZA-RR 98, 193: Sargträger).

87   Zeitlich genau festgelegte **Berichtspflichten,** verbunden mit der Verpflichtung zu kontinuierlichen Kontakten begründen eine den ArbN-Status auslösende Überwachung (BAG 6. 5. 98 AP Nr. 94 zu § 611 BGB Abhängigkeit: Familienhelferin nach § 31 SGB VIII, dazu *Mayer* AiB 99, 207, 214; *Reiserer* BB 98, 1258, 1259). Verpflichtende Teilnahme an Einweisungen, **Schulungen** und Fortbildungen sind Indiz für ArbN-Status (s. *Hopt* DB 98, 863, 865, 867).

7. Franchise-Vertrag

88   Vom Arbeitsvertrag ist der **Franchise-Vertrag** zu unterscheiden (*Selzner,* Betriebsverfassungsrechtl. Mitbestimmung in Francise-Systemen, S. 39). Dieser ist ein Vertrag zur Begründung eines Dauerschuldverhältnisses, auf Grund dessen der Franchisegeber dem Franchisenehmer gegen Entgelt das Recht gewährt, bestimmte Waren- und/ oder Dienstleistungen unter Verwendung von Namen, Warenzeichen, Ausstattung oder sonstigen Schutzrechten sowie der technischen und gewerblichen Erfahrungen des Franchisegebers und unter Beachtung seiner Organisation zu vertreiben, wobei dem Franchisegeber dem Franchisenehmer gegenüber Beistand, Rat und Schulungspflichten obliegen sowie eine Kontrolle über den Geschäftsbetrieb eingeräumt wird. Der Franchisenehmer schuldet dagegen regelmäßig einen Prozentsatz seines Erlöses als Vergütung (vgl. BAG 30. 5. 78 AP Nr. 9 zu § 60 HGB; *Hänlein* DB 00, 374; s. auch EG VO v. 30. 11. 88 ABl. Nr. L 359 v. 28. 12. 88, S. 46; zu weiteren Definitionsversuchen und Klassifizierungen s. *Gittermann,* ArbN-Status u. Betriebsverfassung in Franchise-Systemen, S. 14 ff.; *Selzner* Betriebsverfassungsrechtl. Mitbestimmung in Francise-Systemen, S. 19 ff.).

89   Der **Franchisenehmer** hat sich also nicht zu einer Dienstleistung, sondern zur Errichtung und Führung seines Betriebs ganz oder überwiegend nach RL und Anweisungen eines anderen verpflichtet, so dass er idR **kein ArbN,** sondern selbständiger Unternehmer ist (vgl. BAG 30. 5. 78 AP Nr. 9 zu § 60 HGB, 24. 4. 80 AP Nr. 1 zu § 84 HGB; *Flohr* Franchise-Vertrag S. 20 ff.). Das ist er vor allem dann, wenn er selbst ArbN einstellen darf und dies zur ordnungsgemäßen Erfüllung der übernommenen Tätigkeit auch tatsächlich tun muss (vgl. LAG Rheinland-Pfalz BB 96, 1890; LAG Düsseldorf BeckRS 10, 74853; *Gittermann* – s. Rn 88 – S. 47).

90   In Fällen eines **Subordinations-Franchising** (s. dazu *Selzner* – s. Rn 88 – S. 23; *Buschbeck-Bülow* BB 89, 352; *dies.* BB 90, 1061; *Skaupy* BB 90, 134; *ders.* BB 90, 1061) mit stark ausgeprägter Weisungsunterworfenheit insb. hinsichtlich Arbeitszeit und Arbeitsort **kann** der **Franchisenehmer ArbN** sein (so BAG 16. 7. 97 AP Nr. 37 zu § 5 ArbGG 1979 m. zust. Anm. *Reichold* EWiR § 5 ArbGG 3/97, 871; sehr informativ: LSG Berlin DB 94, 1829; *Reinecke* NZA 99, 729, 733; *Wank* NJW 99, 271; *Bade* Freier Mitarbeiter oder ArbN S. 57; *Hümmerich* NJW 98, 2625, 2626, 2631; *DKKW-Trümner* Rn 66 ff.; *HSWGNR* Rn 102; *Hopt* DB 98, 863, 864; *Horn/ Henssler* ZIP 98, 595; *Wank* DB 92, 90, 92 f.; **aA** wohl BAG 21. 2. 90 BB 90, 1064

m. zust. Anm. *Skaupy;* LAG Köln DB 89, 1195; MünchArbR-*Richardi* § 18 Rn 69; *Richardi* Rn 151, s. aber dort Rn 152).

Der Franchisenehmer **ist ArbN,** wenn **weder personal- noch finanz- noch** **91** **vertriebspolitische Freiheiten** für ihn bei der tatsächlichen Systemabwicklung übrig bleiben (*Reichold* EWiR § 5 ArbGG 3/97, 871), er insb. die Vertragsverpflichtungen höchstpersönlich, also ohne Mitarbeiter, zu erbringen hat (*Gittermann* – s. Rn 88 – S. 42 f., 47, 67; s. auch BAG 16. 7. 97 AP Nr. 37 zu § 5 ArbGG 1979). Zur Frage betriebsverfassungsrechtlicher Vertretung in Franchise-Systemen s. *Gittermann* – s. Rn 88 – S. 107 ff.; *Selzner* – s. Rn 88 – S. 50 ff.

8. Arbeitnehmerähnliche Personen

ArbN-ähnliche Personen sind keine ArbN (DKKW-*Trümner* Rn 94 ff.; GK- **92** *Raab* Rn 52). Sie leisten keine Dienste in persönlicher Abhängigkeit. Es handelt sich um Personen, die wirtschaftlich abhängig und vergleichbar einem ArbN sozial schutzbedürftig sind (§ 12 a Abs. 1 TVG; zum Begriff vgl. *Willemsen/Müntefering* NZA 08, 193 ff.; *Rebhahn* RdA 09, 236 ff.). **Wirtschaftliche Abhängigkeit** ergibt sich bei ihnen aus der ausschließlich oder **93** überwiegenden Beschäftigung für eine Person oder ein Unternehmen (zB Lehrkräfte, Künstler, Reporter, Kameraleiter, nebenamtliche Dozenten an Volkshochschulen, BAG 26. 1. 77, 23. 9. 81, 25. 8. 82 AP Nr. 13, 22, 32 zu § 611 BGB Lehrer, Dozenten; s. auch OLG Karlsruhe DB 02, 379 zu EDV-Kräften). Es fehlt das Merkmal der persönlichen Abhängigkeit. Eine wirtschaftliche Abhängigkeit ist weder erforderlich noch ausreichend (vgl. BAG 30. 10. 91 AP Nr. 59 zu § 611 BGB Abhängigkeit). Allerdings neigt in letzter Zeit das BAG bez. der Lehrkräfte und Dozenten idR zur Annahme des ArbN-Status (26. 7. 95 AP Nr. 79 zu § 611 BGB Abhängigkeit, 12. 9. 96 AP Nr. 122 u. 125 zu § 611 BGB Lehrer, Dozenten).

Für ArbN-ähnliche Personen können nach § 12 a TVG unter den dort genannten **94** Voraussetzungen TV abgeschlossen werden. Sie werden dadurch nicht zu ArbN iSd. G.

9. Unerhebliche Abgrenzungskriterien

Unerheblich für die rechtliche Einordnung ist der **zeitliche Umfang der Ar-** **95** **beitsleistung** (BAG 15. 3. 06 – 7 ABR 39/05; *Boemke* ZfA 98, 285, 313). Auch **Teilzeitbeschäftigte** sind ArbN, so zB Zusteller von Tageszeitungen (BAG 29. 1. 92 AP Nr. 1 zu § 7 BetrVG 1972; *Greßlin* S. 39; s. aber BAG 16. 7. 97 AP Nr. 4 zu § 611 BGB Zeitungsträger, wonach Zusteller, der zur Bewältigung des übernommenen Arbeitsvolumens weiterer Mitarbeiter bedarf, im Zweifel kein ArbN ist). Dem G lässt sich keine entspr. Einschränkung entnehmen (vgl. GK-*Raab* Rn 29; *Richardi* Rn 54 f.). Die Pflicht zur Arbeitsleistung braucht nicht die ganze Arbeitszeit des ArbN in Anspruch zu nehmen.

Die Arbeit braucht **nicht berufsmäßig** oder im Hauptberuf ausgeübt zu werden **96** (*Richardi* Rn 50 f.; *Boemke* ZfA 98, 285, 313). Auch Kurzzeitbeschäftigte wie zB Ferienarbeiter (AiB 11, 444) können ArbN sein (vgl. DKKW-*Trümner* Rn 32; GK-*Raab* Rn 29).

Die Tätigkeit, die die ArbN-Eigenschaft begründet, kann auch **nebenberuflich** aus- **97** geübt werden (BAG 24. 1. 64 AP Nr. 4 zu § 611 BGB Fleischbeschauer-Dienstverhältnis; 16. 3. 72 AP Nr. 10 zu § 611 BGB Lehrer, Dozenten; *Richardi* Rn 50).

Bei **gelegentlicher Mitarbeit,** die nur an einzelnen Tagen im Monat ausgeübt **98** wird, braucht nicht immer ein ArbVerh. vorzuliegen (vgl. BAG 25. 6. 74 AP Nr. 3 zu § 19 BetrVG 1972 betr. Zeitungsfrauen; offen gelassen für wöchentliches Austragen von Anzeigenblättern oder Prospekten BAG 29. 1. 92 AP Nr. 1 zu § 7 BetrVG 1972); weitergehend DKKW-*Trümner* Rn 10, die auch dann ein ArbVerh. annehmen, wenn der Dienstverpflichtete zum Teil frei entscheiden kann, ob er zur Arbeit erscheint oder nicht; insoweit anders wohl BAG im Aushilfs-Taxifahrerfall vom 29. 6.

91 AP Nr. 2 zu § 9 BetrVG 1972 u. LAG Köln AfP 92, 200 für studentische Abruf-
kräfte. Diese können aber auch ArbN sein (LAG Frankfurt LAGE Nr. 20 zu § 19
BetrVG 1972: mehrjährige mündl. Rahmenvertragsbeziehung, die vierteljährl. mit
Vereinbarung fester Schichten ausgefüllt wird). Dagegen sind Zusteller von Tageszeitungen ArbN (BAG 29. 1. 92 AP Nr. 1 zu § 7 BetrVG 1972; s. aber Rn 75).

99   **Formale Merkmale** wie Modalitäten der Entgeltzahlung (Einzelhonorar, Monats-
entgelt), Abführen von Steuern, Einhalten von Terminen, Gewährung von Urlaub
und Führung von Personalunterlagen sind nicht oder nur sehr eingeschränkt aussagekräftig (vgl. BAG 30. 10. 91 u. 13. 11. 91 AP Nr. 59 u. 60 zu § 611 BGB Abhängigkeit; *Boemke* ZfA 98, 285, 314).

100   Auch darauf, ob die Tätigkeit der **Sozialversicherungspflicht** unterliegt, kommt
es nicht an (BAG 30. 9. 98 AP Nr. 130 zu § 611 BGB Abhängigkeit). Ist die gelegentliche Beschäftigung nicht mehr versicherungsfrei, spricht dies für ein ArbVerh.
Umgekehrt führt die Versicherungsfreiheit noch nicht zur Verneinung der ArbN-
Eigenschaft, wie sich schon aus dem Wortlaut des mit dem BetrVerf-ReformG auf-
gehobenen § 6 ergeben hat. Was eine geringfügige Beschäftigung im sozialversicherungsrechtlichen Sinne ist, bestimmt § 8 SGB IV; maßgebendes Kriterium ist die
Höhe des Arbeitsentgelts (400 € monatlich).

101   Unerheblich ist auch die Staatsangehörigkeit des Mitarbeiters (*Richardi* Rn 80).
102   Bei Vorliegen der Voraussetzungen gehören auch Personen, deren **ArbVerh. ruht,**
zu den ArbN iSd. BetrVG (hM; GK-*Raab* Rn 51). Ein ArbVerh. ruht zB während
der Zeiten des Wehr- oder Zivildienstes. Soweit es auf die Zahl der ArbN ankommt,
sind sie zu berücksichtigen. Diese ArbN sind auch wahlberechtigt (§ 7 Rn 30 ff.) und
wählbar (§ 8 Rn 46 ff.). Zur Sondersituation bei Altersteilzeit in Form des Blockmodells vgl. § 1 Rn 272, § 7 Rn 32, § 8 Rn 17, § 9 Rn 19.

III. Sonderformen des Arbeitsverhältnisses oder des Arbeitseinsatzes

1. Befristet Beschäftigte

103   Befristet beschäftigt ist gem. § 3 Abs. 1 TzBfG ein ArbN mit einem auf bestimmte
Zeit geschlossenen Arbeitsvertrag. Ein auf bestimmte Zeit abgeschlossener Arbeitsvertrag (befristeter Arbeitsvertrag) liegt vor, wenn seine Dauer kalendermäßig bestimmt ist (kalendermäßig befristeter Arbeitsvertrag) oder sich aus Art, Zweck oder
Beschaffenheit der Arbeitsleistung (zweckbefristeter Arbeitsvertrag) ergibt (kr. zum
TzBfG *Wank* RdA 10, 193, 199 ff.).
104   Befristet Beschäftigte sind **ArbN** iSd. BetrVG. Sie sind aktiv und passiv wahlberechtigt. Sie genießen aber **nicht** den üblichen **Kündigungsschutz.** Der ArbGeb. entscheidet allein, ob er den ArbN nach Ablauf der Befristung weiterbeschäftigen will.
Damit wird die berufliche Zukunft dieser ArbN unkalkulierbar. Rechte, die von einer
längeren Betriebszugehörigkeit abhängen, können diese ArbN nicht erwerben.
105   Wegen dieser weitgehend unsicheren Situation der befristet Beschäftigten ordnet
§ 20 TzBfG an, dass der ArbGeb. den **BR** und den **GesBR** (s. *Meinel/Heyn/Herms*
TzBfG § 20 Rn 2) über die Anzahl der befristet beschäftigten ArbN und ihren Anteil
an der Gesamtbelegschaft des Betriebs und des Unternehmens zu **informieren** hat; da
§ 20 TzBfG eine Konkretisierung von § 80 Abs. 2 S. 1 ist, hat die Information rechtzeitig, umfassend und unter Vorlage der erforderlichen Unterlagen zu erfolgen (*Laux/
Schlachter* TzBfG § 20 Rn 4; *Engels* ArbuR 09, 10, 69; *Körner* NZA 06, 573, 574).
106   Dadurch soll es dem BR besser ermöglicht werden, **Einfluss auf** die **betriebliche
Einstellungspraxis** zu nehmen (*Pelzner/Scheddler/Widlak* S. 74). Zum anderen wird
ein indirekter Schutz der befristet Beschäftigten dadurch erreicht, dass der BR mittels
des Zahlenmaterials besser darauf hinwirken kann, den Anteil von Befristungen durch
deren Umwandlungen in Festanstellungen abzubauen und insoweit seine Beteili-

gungsrechte nach § 80 Abs. 2 und §§ 92 ff. sowie § 99 Abs. 2 Nr. 3 zu nutzen (*Engels* ArbuR 09, 10, 69).

Einen verbesserten Schutz der befristet Beschäftigten in Form eines **Diskriminie-** 107 **rungsverbots** sieht § 4 Abs. 2 TzBfG vor: Ein befristet Beschäftigter darf wegen der Befristung des Arbeitsvertrages nicht schlechter behandelt werden als ein vergleichbarer unbefristet Beschäftigter, es sei denn, dass sachliche Gründe eine unterschiedliche Behandlung rechtfertigen (Näheres s. § 75 Rn 53 ff.). Sind bestimmte Beschäftigungsbedingungen von der Dauer des Bestehens des ArbVerh. in demselben Betrieb oder Unternehmen abhängig, so sind für befristet Beschäftigte dieselben Zeiten zu berücksichtigen wie für unbefristet Beschäftigte, es sei denn, dass eine unterschiedliche Berücksichtigung aus sachlichen Gründen gerechtfertigt ist.

a) Grundzüge des Befristungsrechts

Bei der Zulässigkeit befristeter Arbeitsverträge unterscheidet § 14 TzBfG zwischen 108 **sachgrundloser Befristung** und **Sachgrundbefristung.**

Zulässig ist die kalendermäßige Befristung eines Arbeitsvertrages bis zu einer 109 Höchstdauer von **2 Jahren** und bei höchstens **dreimaliger Verlängerung** (zum Begriff Verlängerung: BAG 23. 8. 06 AP Nr. 1 zu § 14 TzBfG; 26. 1. 08 AP Nr. 5 zu § 9 TzBfG; 20. 2. 08 AP Nr. 43 zu § 14 TzBfG; *Laux/Schlachter* TzBfG § 14 Rn 106 ff.; *Bauer* NZA 11, 241 ff.; *Dörner* NZA 07, 57, 60 ff.) in diesem Zeitraum, auch **ohne** dass für die Befristung ein **sachlicher Grund** gegeben ist (§ 14 Abs. 2 S. 1 TzBfG). Zur kalendermäßigen Befristung einer Arbeitszeiterhöhung BAG 2. 9. 09 – 7 AZR 233/08 – NZA 09, 1253.

Diese erleichterte **sachgrundlose Befristung** soll den ArbGeb. die nötige Flexibili- 110 tät ermöglichen, um insb. auf Auftragsspitzen reagieren und sinnvolle Alternativen zu Leiharbeit, Überstunden oder Outsourcing entwickeln zu können (*Viethen* BArbBl. 01, 5, 8); insoweit kann auch der BR insb. auf Grund seiner Beteiligungsrechte nach den §§ 92 ff. initiativ werden. Die Arbeitsvertragsparteien können die Möglichkeit zur sachgrundlosen Befristung vertraglich **ausschließen** (BAG 29. 6. 11 – 7 AZR 774/09 – NZA 11, 1151).

Eine Befristung ohne Sachgrund ist nach dem GWortlaut nur bei einer **Neuein-** 111 **stellung** zulässig. Sie ist also unzulässig, wenn mit demselben ArbGeb. zuvor irgendwann ein befristeter oder unbefristeter Arbeitsvertrag bestanden hat (§ 14 Abs. 2 S. 2 TzBfG; *Laux/Schlachter* TzBfG § 14 Rn 112; *Schiefer* DB 11, 1220). Das BAG (6. 4. 11 – 7 AZR 716/09 – NZA 11, 905) hat nun eine unzulässige „Zuvor-Beschäftigung" ausgeschlossen, wenn das frühere ArbVerh. mehr als drei Jahre zurückliegt (dazu *Höpfner* NZA 11, 893; *Schiefer* DB 11, 1164, 1221). Ein befristeter Arbeitsvertrag mit „demselben" ArbGeb. hat nur dann bestanden, wenn Vertragspartner des ArbN bei beiden Verträgen dieselbe natürliche oder juristische Person ist; dies gilt auch bei konzernverbundenen ArbGeb. (BAG 18. 10. 06 AP Nr. 4 zu § 14 TzBfG Verlängerung m. Anm. *Mengel* RdA 08, 175; 16. 7. 08 NZA 08, 1347; *Bauer* NZA 11, 241, 243; zur Verlängerung sachgrundloser Befristungen *Kahl/Müller-Knapp/Hjort/ Brinkmeier* ArbRAktuell 09, 291609). ArbGeb. und ArbN können jedoch bei Abschluss eines befristeten Arbeitsvertrages vereinbaren, dass auch die Beschäftigung bei einem anderen ArbGeb. als Vorbeschäftigung iSv. § 14 Abs. 2 S. 2 TzBfG behandelt werden soll, diese Vorschrift also zugunsten des ArbN abbedungen wird (BAG 9. 2. 11 – 7 AZR 32/10 – NZA 11, 791).

Sachgrundlose Befristungen im **Anschluss** an **Ausbildungsverhältnisse** sind dage- 112 gen weiterhin zulässig (ErfK-*Müller-Glöge* TzBfG § 14 Rn 94 mwN). Auch kann sich an eine sachgrundlose Befristung ein befristetes ArbVerh. mit Sachgrund anschließen (*Viethen* BArbBl. 01, 5, 8).

Die sachgrundlose Befristung eines Arbeitsvertrages mit einem **Verleiher** iSd. § 1 113 AÜG ist **nicht** als **rechtsmissbräuchliche** Vertragsgestaltung anzusehen, wenn der

ArbN an seinen vormaligen ArbGeb., bei dem er 2 Jahre sachgrundlos befristet beschäftigt war, überlassen wird und die Beschäftigungsdauer beim vormaligen ArbGeb. nicht länger als 4 Jahre dauert (BAG 18. 10. 06 AP Nr. 4 zu § 14 TzBfG Verlängerung; *Düwell/Dahl* NZA 07, 889, 891 f.; s. Rn 258 zur sog. „Drehtürklausel"). Ein Gestaltungsmissbrauch kommt in Betracht, wenn mehrere rechtlich und tatsächlich verbundene VertragsArbGeb. in bewusstem und gewolltem Zusammenwirken mit einem ArbN aufeinanderfolgende befristete Arbeitsverträge nur deshalb schließen, um so über die nach § 14 Abs. 2 TzBfG vorgesehenen Befristungsmöglichkeiten hinaus sachgrundlose Befristungen aneinanderreihen zu können (BAG 9. 3. 11 – 7 AZR 657/09 – NZA 11, 1147; s. auch LAG Köln AiB 11, 556 n. rk). Die zeitliche Beschränkung gilt auch bei einem entspr. Einsatz eines ArbN bei konzernverbundenen Unternehmen (*Bauer/Fischinger* DB 07, 1410, 1412 f.).

114   **Sachgrundlose Kettenbefristungen** sind unzulässig (*Laux/Schlachter* TzBfG § 14 Rn 99; ErfK-*Müller-Glöge* TzBfG § 14 Rn 97). Allerdings sind Abweichungen von den gesetzl. Vorgaben für sachgrundlose Befristungen durch TV möglich, um auf Sondersituationen insb. branchenspezifischer Art angemessen reagieren zu können (BT-Drucks. 4374, S. 14). Zum arbeitsrechtlichen Gleichbehandlungsgrundsatz als Anspruchsgrundlage für den Abschluss eines weiteren befristeten Arbeitsvertrags s. § 75 Rn 31 d.

115   Durch TV kann die Anzahl der Verlängerungen und die Höchstdauer der Befristung ohne Sachgrund auch zuungunsten der ArbN abweichend festgelegt werden (LAG Hessen NZA-RR 11, 240 mwN). Im Geltungsbereich eines solchen TV können auch nicht tarifgebundene ArbGeb. und ArbN die Anwendung der TV-Regelung vereinbaren (§ 14 Abs. 2 S. 3 u. 4 TzBfG; *Schiefer* DB 11, 1164).

116   Art. 1 des G zur Verbesserung der Beschäftigungschancen älterer Menschen v. 19. 4. 07 (BGBl. I S. 538) erleichtert die Befristung von Arbeitsverträgen mit älteren ArbN. Nach § 14 Abs. 3 TzBfG (zur gemeinschaftsrechtswidrigen Vorgängerregelung s. BAG 26. 4. 06 AP Nr. 23 zu § 14 TzBfG; *Dörner* NZA 07, 57 ff.; s. jetzt auch Vorlagebeschluss des BAG 16. 10. 08 – 7 AZR 253/07 (A) – NZA 09, 378 u. dazu EuGH 10. 3. 11 – C-109/09 – NZA 11, 397) ist eine sachgrundlose Befristung mit einem **52-jährigen ArbN** zulässig, wenn er unmittelbar vor Beginn des befristeten ArbVerh. mindestens vier Monate beschäftigungslos iSd. § 119 Abs. 1 Nr. 1 SGB III gewesen ist, Transferkurzarbeitergeld bezogen oder an einer öffentlich geförderten Beschäftigungsmaßnahme nach SGB II oder III teilgenommen hat. Die Höchstbefristungsdauer beträgt fünf Jahre, innerhalb der beliebig viele Verlängerungen möglich sind (s. hierzu *Bader* NZA 07, 713 ff.; *Bauer* NZA 07, 544 f.; *Bayreuther* BB 07, 1113 ff.; *Schiefer/Köster/Korte* DB 07, 1081 ff.).

117   **Existenzgründer** können gem. § 14 Abs. 2 a TzBfG in den ersten vier Jahren nach der Gründung eines Unternehmens befristete Arbeitsverträge ohne Sachgrund bis zur Dauer von vier Jahren abschließen; bis zu dieser Gesamtdauer von vier Jahren ist auch die mehrfache Verlängerung eines befristeten Vertrages zulässig. Dies gilt nicht für Neugründungen im Zusammenhang mit der rechtlichen Umstrukturierung von Unternehmen und Konzernen (s. hierzu § 112 a Abs. 2).

118   Der **Regelfall** der zulässigen Befristung ist die Befristung mit **sachlichem Grund** (§ 14 Abs. 1 TzBfG), die dann zum Tragen kommt, wenn die erleichterten Voraussetzungen der sachgrundlosen Befristung nicht gegeben sind. Der in § 14 Abs. 1 TzBfG enthaltene, nicht abschließende Katalog zulässiger Sachgründe knüpft an die Rspr. des BAG an und nennt typische Gründe, die die Befristung eines Arbeitsvertrages rechtfertigen können, ohne andere, von der Rspr. akzeptierte oder weitere Sachgründe auszuschließen (so Begr. RegE BT-Drucks. 14/4374 S. 13, 18).

119   So kann das aufgrund eines befristeten Arbeitsvertrags auslaufende ArbVerh. eines **BRMitgl. befristet verlängert** werden, wenn der befristete Vertrag zur Sicherung der personellen Kontinuität der BRArbeit geeignet und erforderlich ist. Das ist der Fall, wenn ohne den Abschluss des befristeten Arbeitsvertrags das ArbVerh. mit dem BRMitgl. enden würde (BAG 23. 1. 02 AP Nr. 230 zu § 620 BGB Befristeter Ar-

beitsvertrag m. Anm. *Pauli* ArbuR 03, 391, *Fuchs* AiB 03, 50 f.; *Ricken* SAE 03, 55 ff.).
Ein **Übernahmeanspruch** von befristet beschäftigten BRMitgl, in unbefristete Arb-
Verh. besteht grundsätzl. nicht, es sei denn die Nichtübernahme wäre ein Verstoß
gegen § 78 S. 2 (LAG Berlin-Brandenburg ArbRAktuell 11, 324842; aA ArbG
München AiB 11, 267).

Eine im TV enthaltene Befristung des ArbVerh. auf den Zeitpunkt des Erreichens **120**
des **Regelrentenalters** ist sachlich gerechtfertigt iSv. § 14 Abs. 1 S. 1 TzBfG, wenn
der ArbN nach Vertragsinhalt und -dauer eine Altersversorgung in der gesetzl. Rentenversicherung erlangen kann oder bei Vertragsschluss bereits die für den Bezug
einer Altersrente erforderliche rentenrechtliche Wartezeit erfüllt hat (BAG 18. 6. 08
AP Nr. 48 zu § 14 TzBfG). Sieht ein Arbeitsvertrag eine Beschäftigung „auf unbestimmte Zeit" vor, so wird dadurch eine Altersgrenzenregelung nicht abbedungen
(BAG 8. 12. 10 – 7 AZR 438/09 – NZA 11, 586).

Das **BAG** hat befristete Arbeitsverträge dann für unzulässig erklärt, wenn „der **121**
durch die Kündigungsschutzbestimmungen gewährleistete Bestandsschutz des Arb-
Verh. vereitelt wird und dafür kein **sachlicher Grund** vorliegt" (st. Rspr. seit dem
Beschl. des Großen Senats vom 12. 10. 60 AP Nr. 16 zu § 620 BGB Befristeter Ar-
beitsvertrag; zur BAG-Rspr. *Frohner/Pieper* ArbuR 92, 97; *Gardain* ZTR 96, 252;
Kempff AiB 96, 174; zur Befristung von Arbeitsverträgen bei Nebentätigkeit, insb. mit
Studenten BAG 10. 8. 94 AP Nr. 162 zu § 620 BGB Befristeter Arbeitsvertrag;
Handlungshilfen für BR: *Böttcher/Krüger* Ungeschützte Beschäftigungsverhältnisse
S. 42 ff.; *Krüger* AiB 97, 581; s. ferner *Backhaus* NZA Heft 24/01 Sonderbeil. S. 8;
Hunold NZA 02, 255).

Ein sachlicher Grund ist danach immer dann erforderlich, wenn ohne Befristungs- **122**
abrede kündigungsschutzrechtliche Vorschriften eingreifen würden. Diese stringente
Verknüpfung mit dem Kündigungsschutz enthält § 14 Abs 1 und 2 TzBfG nicht.
Deshalb ist im Gegensatz zur BAG-Rspr. nunmehr auch dann ein **Sachgrund** erforderlich, wenn der ArbN in einem **Kleinbetrieb** iSd. § 23 Abs. 1 KSchG beschäftigt
ist (APS-*Backhaus* § 14 TzBfG Rn 15 f.).

Die **Förderung** der **Aus-** und **Weiterbildung** schwerbehinderter Menschen nach **122a**
§ 235 a Abs. 1 SGB III durch die BA ist kein Sachgrund nach § 14 Abs. 1 S. 1 TzBfG
für die Befristung des zwischen dem ArbGeb. und dem schwerbehinderten Menschen
abgeschlossenen Arbeitsvertrags. Die Aus- und Weiterbildung eines ArbN kann zwar
uU die Befristung eines Arbeitsvertrages sachlich rechtfertigen. Dazu genügt es aber
nicht, wenn der ArbN durch die Beschäftigung lediglich die Möglichkeit erhält, Berufserfahrung zu sammeln; erforderlich ist vielmehr, dass der ArbN **bes.** über die mit
der Berufstätigkeit verbundene Berufserfahrung hinausgehende **Kenntnisse** oder
Qualifikationen erwerben kann (BAG 22. 4. 09 – 7 AZR 96/08 NZA 09, 1099).

In Anlehnung an das BAG nennt § **14 Abs. 1 S. 2 TzBfG** folgende **zulässigen** **123**
Gründe für Befristungen (zur aktuellen Rspr. *Bruns* NZA-RR 10, 113 ff.):

Nur **vorübergehend bestehender betrieblicher Bedarf** an der Arbeitsleistung **124**
(Nr. 1) setzt voraus, dass im Zeitpunkt des Vertragsschlusses mit hinreichender Sicherheit zu erwarten ist, dass nach dem vorgesehenen Vertragsende für die Beschäftigung des befristet eingestellten ArbN im Betrieb kein Bedarf mehr besteht, wie zB
bei vorübergehend erhöhtem oder künftig wegfallendem Arbeitskräftebedarf (BAG
17. 3. 10 – 7 AZR 640/08 – NZA 10, 633 mwN; APS-*Backhaus* § 14 TzBfG
Rn 82) oder bei Beschäftigung im öffentlichen Dienst der öffentliche ArbGeb. zum
Zeitpunkt des Vertragsabschlusses aufgrund konkreter Tatsachen die Prognose erstellen kann, dass für die Beschäftigung des ArbN Haushaltsmittel nur vorübergehend
zur Verfügung stehen (BAG 16. 10. 08 AP Nr. 56 zu § 14 TzBfG; dafür reicht ein
kw-Vermerk nicht aus (BAG 2. 9. 09 – 7 AZR 162/08 – NZA 09. 1257); zur Pro-
jektbefristung BAG 7. 11. 07 AP Nr. 42 zu § 14 TzBfG, *Dörner* NZA 07, 57, 62; zu
Eintagesarbeitsverträgen beim Poolsystem *Strasser/Melf* ArbuR 06, 342, 344 f.). Ein
nur vorübergehender Bedarf liegt nicht vor, wenn dem ArbN Daueraufgaben übertragen werden, die von dem Stammpersonal wegen einer von vornherein unzurei-

chenden Personalausstattung nicht erledigt werden können (BAG 17. 3. 10 – 7 AZR 640/08 – NZA 10, 633).

125   Die für später geplante Besetzung eines Arbeitsplatzes mit einem **Leih-ArbN** ist kein Sachgrund für die Befristung des Arbeitsvertrages mit einem vorübergehend auf diesem Arbeitsplatz eingesetzten ArbN (BAG 17. 1. 07 AP Nr. 30 zu § 14 TzBfG; *Düwell/Dahl* NZA 07, 889, 892). Auch kann sich ein Verleiher gegenüber seinem Leih-ArbN zur Begründung eines eigenen nur vorübergehenden Bedarfs idR nicht auf einen solchen bei einem Entleiher berufen (str.; wie hier ErfK-*Wank* AÜG Einl. Rn 7; *Ulber* AÜG § 9 Rn 314; *Düwell/Dahl* NZA 07, 889, 891).

126   Erster Arbeitsvertrag im Anschluss an Ausbildung oder Studium, um den Übergang des ArbN in eine **Anschlussbeschäftigung** zu erleichtern (Nr. 2); Vertragsverlängerung nach **Nr. 2** nicht zulässig (BAG 10. 10. 07 AP Nr. 5 zu § 14 TzBfG Verlängerung). Zielgruppen sind hier ua. Auszubildende, Praktikanten und Werkstudenten (s. LAG Niedersachsen NZA-RR 04, 13).

127   **Vertretung** eines anderen ArbN **(Nr. 3),** aber auch anderer Personengruppen wie zB von Beamten (BAG 15. 2. 06 AP Nr. 1 zu § 14 TzBfG Vertretung; LAG Köln NZA-RR 07, 517; APS-*Backhaus* § 14 TzBfG Rn 92 f.; *Moll* Arbeitsrecht § 38 Rn 33 ff.; *Dörner* NZA 07, 57, 62 f.). Der befristet eingestellte Vertreter kann auch mit anderen Aufgaben als denen des Vertretenen betraut werden (BAG 8. 8. 07 AP Nr. 41 zu § 14 TzBfG, auch zu einer befristeten Arbeitszeiterhöhung einer unbefristeten Teilzeitkraft; dazu *Lunk/Leder* NZA 08, 504). Auch bei einem ständigen Vertretungsbedarf ist die Befristung des Arbeitsvertrages eines Vertreters nicht missbräuchlich (BAG 6. 10. 10 – 7 AZR 397/09 – NZA 11, 1155; *Bauer* NZA 11, 241, 245).

127a Voraussetzung für eine zulässige befristete Vertretung ist, dass der ArbGeb. rechtlich und tatsächlich in der Lage wäre, dem Vertretenen die Aufgaben des Vertreters zuzuweisen (Kausalzusammenhang); dies ist nicht der Fall, wenn der Vertretene die gesamte Zeit des befristeten ArbVerh. benötigen würde, um die Kenntnisse für die zu übertragende Tätigkeit erst zu erwerben (BAG 14. 4. 10 – 7 AZR 121/09 – NZA 10, 942; *Schiefer* DB 11, 1167). Gleiches gilt, wenn dem Vertreter eine Tätigkeit übertragen ist, die der ArbGeb. dem Vertretenen – bei dessen Anwesenheit – nicht übertragen könnte, weil sie nicht vom Direktionsrecht des ArbGeb. gedeckt ist (BAG 12. 1. 11 – 7 AZR 194/09 – NZA 11, 507). Der Vertreter kann überdies wiederholt zur Vertretung desselben vorübergehend an der Arbeitsleistung verhinderten ArbN befristet beschäftigt werden, ohne dass bes. strenge Anforderungen zu stellen sind (BAG 25. 3. 09 – 7 AZR 34/08 – NZA 10, 34; zur Befristung u. virtueller Dauervertr. *Eisemann* NZA 09, 1113; s. jetzt aber Vorlagebeschl. BAG 17. 11. 10 – 7 AZR 443/09 – NZA 11, 34 an EUGH um Vorabentscheidung, ob wiederholte Befristung bei ständigem Vertretungsbedarf zulässig ist; *Schiefer* DB 11, 1167).

127b Keine nach Nr. 3 zulässige Vertr. ist es, wenn ein ArbN als Ersatz für einen aus dem ArbVerh. Ausgeschiedenen befristet eingestellt wird, selbst wenn diesem eine **Wiedereinstellungszusage** erteilt worden ist (BAG 2. 6. 10 – 7 AZR 136/09 – NZA 10, 1172; s. aber Rn 132a).

128   **Eigenart** der **Arbeitsleistung (Nr. 4),** zB bei programmgestaltenden Mitarbeitern im Rundfunk oder Fernsehen (*Laux/Schlachter* TzBfG § 15 Rn 54 ff.).

129   Befristung zur **Erprobung (Nr. 5).** Der Erprobungszweck muss als Vertragsinhalt vereinbart sein (APS-*Backhaus* § 14 TzBfG Rn 95, 256) und die vereinbarte Dauer der Erprobungszeit in einem angemessenen Verhältnis zu der in Aussicht genommenen Tätigkeit stehen. Grundsätzlich reichen 6 Monate aus (*Schiefer* DB 11, 1168); TV können hier Anhaltspunkte geben. Längere Erprobungsfristen aufgrund bes. Einzelfallumstände sind möglich (BAG 2. 6. 10 – 7 AZR 85/09 – NZA 10, 1293).

130   In der **Person des ArbN** liegender Grund **(Nr. 6).** Hier sind die vom BAG anerkannten Fälle der sozialen Überbrückung gemeint, wenn zB eine befristete Beschäftigung bis zu einer bereits feststehenden Anschlussbeschäftigung, zum Zweck der Stellensuche oder bis zur Erfüllung der Voraussetzungen für den Bezug von Sozialleistungen oder für die Zeit einer befristeten Aufenthaltserlaubnis erfolgen (vgl. BT-

Drucks. 14/4374 S. 19; APS-*Backhaus* § 14 TzBfG Rn 96, 288). Kennzeichnend für diese Fälle ist, dass es ohne den in der Person des ArbN begründeten sozialen Zweck überhaupt nicht zum Abschluss eines Arbeitsvertrags, auch nicht eines befristeten Arbeitsvertrags, gekommen wäre (BAG 21. 1. 09 – AP Nr. 57 zu § 14 TzBfG).

Haushaltsmittel für befristete Beschäftigung **(Nr. 7).** Damit werden Befristungen **131** in mit öffentlichen Mitteln geförderte Einrichtungen anerkannt. Nach BAG (9. 3. 11 – 7 AZR 728/09 – NZA 11, 911) ist diese Befristungsregelung nur dann gerechtfertigt und anwendbar, wenn der Haushaltsplangeber demokratisch legitimiert und nicht mit dem ArbGeb. identisch ist; sie gilt folglich nicht für die BA. Voraussetzung ist, dass der ArbN aus Haushaltsmitteln vergütet wird, die haushaltsrechtlich für eine befristete Beschäftigung bestimmt sind, und der ArbN zu Lasten dieser Mittel eingestellt und entspr. beschäftigt wird (BAG 18. 10. 06, 14. 2. 07, 7. 5. 08 AP Nr. 1, 2, 9 zu § 14 TzBfG Haushalt; 16. 10. 08 AP Nr. 56 zu § 14 TzBfG; *Dörner* NZA 07, 57, 63). Voraussetzung ist nicht, dass bereits bei Vertragsabschluss die Haushaltsmittel für die gesamte Laufzeit der Befristung in einem Haushaltsgesetz ausgebracht sind, es genügt vielmehr eine entspr. aufgrund konkreter Umstände gerechtfertigte Prognose (BAG 22. 4. 09 – 7 AZR 743/07 – NZA 09, 1143). Mit Beschl. vom 27. 10. 10 – 7 AZR 485/09 (A) – BeckRS 11, 69340 – hatte das BAG den EUGH wegen Zweifeln an der Vereinbarkeit dieser Norm mit europäischem Unionsrecht (Verstoß gegen allgem. Gleichheitssatz, missbräuchliche Kettenbefristungen) um Vorabentscheidung ersucht; die Parteien haben den Rechtsstreit inzwischen in der Hauptsache für erledigt erklärt.

Gerichtlicher Vergleich (Nr. 8). Die Mitwirkung des Gerichts bietet ausreichende **132** Gewähr für die Schutzinteressen des ArbN (BT-Drucks. 14/4374 S. 19; *Dörner* NZA 07, 57, 63 f.). Außergerichtliche Vergleiche dürften nicht mehr als Rechtfertigung einer Befristung ausreichen (APS-*Backhaus* § 14 TzBfG Rn 105; *Kliemt* NZA 01, 296, 298).

Ein **sonstiger,** in § 14 Abs. S 1 Nr. 1–8 TzBfG nicht genannter **Sachgrund** für **132a** eine Befristung des Arbeitsvertrags mit einer Ersatzkraft muss den in § 14 Abs. 1 TzBfG zum Ausdruck kommenden Wertungsmaßstäben entsprechen, auch wenn er in einem TV geregelt ist (BAG 9. 12. 09 – 7 AZR 399/08 – NZA 10, 495). Ein solcher ergibt sich aus der mit einer **Wiedereinstellungszusage** eingegangenen Verpflichtung des ArbGeb. gegenüber einem ausgeschiedenen ArbN, wenn nach dem Inhalt der Zusage mit der Geltendmachung des Wiedereinstellungsanspruchs in absehbarer Zeit ernsthaft zu rechnen ist (BAG 2. 6. 10 – 7 AZR 136/09 – NZA 10, 1172). Er besteht nicht für eine tarifliche Altersgrenze von **60 Jahren** für **Flugbegleiter** (BAG 23. 6. 10 – 7 AZR 1021/08 – NZA 10, 1248).

Werden **mehrere aufeinander folgende befristete Arbeitsverträge** geschlos- **133** sen, ist grundsätzlich nur die Befristung des letzten Arbeitsvertrages auf ihre Rechtfertigung zu überprüfen (st. Rspr., BAG 17. 1. 07 AP Nr. 30 zu § 14 TzBfG; 30. 10. 08 – AP Nr. 349 zu § 613a BGB). Haben die Parteien den weiteren befristeten Arbeitsvertrag unter dem Vorbehalt geschlossen, dass er das ArbVerh. nur regeln soll, wenn nicht bereits aufgrund des vorangegangenen Vertrags ein unbefristetes ArbVerh. besteht, ist auch für die in dem vorherigen Vertrag vereinbarte Befristung die gerichtliche Kontrolle eröffnet (BAG 18. 6. 08 AP Nr. 50 zu § 14 TzBfG).

Die Befristung eines Arbeitsvertrages bedarf – wie bereits nach dem seit 1. 5. 2000 **134** geltenden § 623 BGB – zu ihrer Wirksamkeit der **Schriftform** (§ 14 Abs. 4 TzBfG; BAG 26. 7. 06, 16. 4. 08 AP Nr. 24, 46 zu § 14 TzBfG; *Bauer* NZA 11, 241, 246 f.). Folglich müssen bei kalendermäßig befristeten Arbeitsverträgen die Tatsache der Befristung sowie deren zeitliche Dauer schriftlich vereinbart sein. Bei zweckbefristeten Arbeitsverträgen muss der Vertragszweck schriftlich vereinbart sein (BAG 21. 12. 05 AP Nr. 18 zu § 14 TzBfG; *Nadler/v. Medem* NZA 05, 1214).

Die wesentlichen **Rechtsfolgen** bei befristeten Arbeitsverträgen ergeben sich aus **135** §§ 16 und 17 TzBfG. Ist die Befristung wegen fehlender Schriftform oder wegen Unzulässigkeit der Befristung **unwirksam,** bestimmt § 16 TzBfG in beiden Fällen als Rechtsfolge, dass der befristete Arbeitsvertrag als auf **unbestimmte Zeit** geschlossen gilt (BAG 16. 4. 08 AP Nr. 46 zu § 15 TzBfG; zur nachträgl. schriftl. Befristungsabrede BAG 13. 6. 07 AP Nr. 39 zu § 14 TzBfG; weitere Einzelheiten s. *v. Koppenfels* ArbuR 01, 201). Bez. der Kündigungsmöglichkeit in diesen Fällen wird unterschieden:

136   Ist die Befristung wegen eines fehlenden Sachgrundes oder mangels der Voraussetzungen für eine sachgrundlose Befristung unzulässig und damit unwirksam, ist nur der **ArbGeb.**, nicht der ArbN an die vereinbarte **Befristungsdauer gebunden.** Der ArbGeb. kann in diesem Fall frühestens zum vereinbarten Ende des ArbVerh. kündigen, sofern nicht die Möglichkeit einer ordentlichen Kündigung zu einem früheren Zeitpunkt einzelvertraglich oder im anwendbaren TV (s. § 15 Abs. 2 TzBfG) vereinbart ist (§ 16 S. 1 TzBfG).

137   Ist die Befristung nur wegen des Formmangels unwirksam, kann der ArbGeb. auch vor dem vereinbarten Ende ordentlich kündigen (§ 16 S. 2 TzBfG), er muss also die gesetzlichen oder vereinbarten Kündigungsfristen und die sonstigen Kündigungsvorschriften (zB die Beteiligung des BR nach § 102) einhalten.

138   Der ArbN muss die Unwirksamkeit der Befristung **innerhalb von 3 Wochen** nach dem vereinbarten Ende des befristeten Arbeitsvertrages geltend machen und zu diesem Zweck **Klage** beim ArbG auf Feststellung erheben, dass das ArbVerh. auf Grund der Befristung nicht beendet ist (§ 17 S. 1 TzBfG; *Schiefer* DB 11, 1222). Hat der ArbN rechtzeitig Klage erhoben, kann er bis zum Schluss der mündlichen Verhandlung 1. Instanz die Unwirksamkeit der Befristung auch aus anderen als den innerhalb der 3wöchigen Klagefrist benannten Gründen geltend machen (BAG 4. 5. 11 – 7 AZR 252/10 – NZA 11, 1178). Wird das ArbVerh. nach dem vereinbarten Ende fortgesetzt, so beginnt die 3-wöchige Ausschlussfrist mit dem Zugang der Erklärung des ArbGeb., dass das ArbVerh. auf Grund der Befristung beendet sei (§ 17 S. 3 TzBfG).

139   Bei einer wirksamen Befristung **endet** der kalendermäßig befristete Arbeitsvertrag mit **Ablauf** der vereinbarten **und** der zweckbefristete Arbeitsvertrag grundsätzlich mit **Erreichen** des **Zwecks**, ohne dass es einer Kündigung bedarf (§ 15 Abs. 1 u. 2 TzBfG). Hat der ArbGeb. beim zweckbefristeten Arbeitsvertrag den ArbN über den Zeitpunkt der Zweckerreichung nicht mindestens 2 Wochen zuvor schriftlich unterrichtet, endet das ArbVerh. jedoch frühestens 2 Wochen nach Zugang der schriftlichen Mitteilung beim ArbN.

140   Wird das befristete ArbVerh. nach Ablauf der vereinbarten Zeit oder nach Zweckerreichung mit Wissen des ArbGeb. **fortgesetzt,** so gilt es als auf unbestimmte Zeit verlängert, wenn der ArbGeb. nicht unverzüglich widerspricht oder dem ArbN die Zweckerreichung unverzüglich mitteilt.

141   Ein befristeter Arbeitsvertrag kann **grundsätzlich nicht gekündigt** werden. Eine Ausnahme besteht nur dann, wenn ausdrücklich eine ordentliche Kündigung einzelvertraglich oder im anwendbaren TV vereinbart ist.

b) Einzelfälle

142   Befristungen des ArbVerh. zum **65. Lebensjahr** sind zulässig (s. § 41 SGB VI; BAG 27. 7. 05 AP Nr. 27 zu § 620 BGB Altersgrenze), nicht dagegen zum 60. für **Flugbegleiter** (BAG 23. 6. 10 – 7 AZR 1021/08 – NZA 10, 1248).

143   Tritt der **besondere Kündigungsschutz** (BR-Mitglieder: § 15 KSchG; Schwangere: § 9 MuSchG; ArbN in Elternzeit: § 18 BEEG; schwerbehinderte Menschen: §§ 85 ff. SGB IX) erst **während** des befristeten ArbVerh. ein, ist dies unbeachtlich (*Kittner/Däubler/Zwanziger* § 14 TzBfG Rn 20 ff.). Nur in bes. Fällen kann die Berufung auf die Befristung eine unzulässige Rechtsausübung sein (BAG 28. 11. 63 AP Nr. 26 zu § 611 BGB Befristeter Arbeitsvertrag).

144   Wenn bei der Vereinbarung der Befristung schon ein **besonderer Kündigungsschutz besteht** (zB bei befristeter Weiterbeschäftigung eines BRMitgliedes: vgl. BAG 17. 2. 83 AP Nr. 14 zu § 15 KSchG 1969, im Zeitpunkt erneuter Befristung besteht Schwangerschaft und ist ArbGeb. bekannt: BAG 6. 11. 96 AP Nr. 188 zu § 620 BGB Befristeter Arbeitsvertrag) muss ein sachlicher Grund vorliegen. Bestandsschutznormen sind neben § 1 KSchG auch § 15 KSchG, § 9 MuSchG, § 18 BEEG, §§ 85 ff. SGB IX.

Nach LAG Köln (NZA 95, 1105) kann auch eine Befristung auf 6 Monate als **145** Benachteiligung wegen des Geschlechts nach § 611 a BGB aF (s. jetzt § 7 Abs. 2 AGG) unwirksam sein, wenn zu vermuten ist, dass damit die Unzulässigkeit der **Frage nach der Schwangerschaft** kompensiert wird (zustimmend *Kempff* AiB 96, 174).

Auch die **nachträgliche Befristung** eines bereits bestehenden unbefristeten Arb- **146** Verh. bedarf eines sachlichen Grundes, wenn der ArbGeb. zu dessen unbefristeter Fortsetzung nicht bereit ist (BAG 24. 1. 96 AP Nr. 179 zu § 620 BGB Befristeter Arbeitsvertrag, 25. 4. 96 AP Nr 78 zu § 1 KSchG 1969 Betriebsbedingte Kündigung). Das gilt auch dann, wenn der ArbN im Zeitpunkt der Befristungsvereinbarung bereits den allgemeinen Kündigungsschutz genießt sowie wenn die Vereinbarung anlässl. einer vom ArbGeb. erklärten Änderungskündigung getroffen wird (BAG 8. 7. 98 AP Nr. 201 zu § 620 BGB Befristeter Arbeitsvertrag). Kein sachlicher Grund liegt allein darin, dass der neue befristete Arbeitsvertrag günstigere Arbeitsbedingungen enthält und der ArbN zwischen diesem und der Fortsetzung des bisherigen unbefristeten ArbVerh. wählen kann (BAG 26. 8. 98 AP Nr. 203 zu § 620 BGB Befristeter Arbeitsvertrag).

Eine Vereinbarung, das unbefristete ArbVerh. zum Ablauf der ordentlichen Kündi- **147** gungsfrist aus betrieblichen Gründen gegen Zahlung einer Abfindung zu beenden, ist **keine nachträgliche Befristung** des ArbVerh., die eines sachlichen Grundes bedarf (BAG 13. 11. 96 AP Nr. 4 zu § 620 BGB Aufhebungsvertrag).

c) Sonderformen befristeter Beschäftigung

Ein Sonderfall der Befristung ist die Beschäftigung eines ArbN im Rahmen einer **148** **ABM-Maßnahme** nach §§ 260 ff. SGB III (BAG 19. 1. 05 NZA 05, 873; s. auch BAG 13. 10. 04 AP Nr. 71 zu § 5 BetrVG 1972). Nach § 261 SGB III kann die BA Maßnahmen durch Gewährung von Zuschüssen zum Arbeitsentgelt fördern, „wenn die in ihnen verrichteten Arbeiten zusätzlich sind und im öffentlichen Interesse liegen," die Arbeiten also sonst nicht, nicht in diesem Umfang oder erst zu einem späteren Zeitpunkt durchgeführt würden und sie der Allgemeinheit dienen. Wegen der insoweit anderen Sachlage bei **Eingliederungszuschüssen** gem. §§ 217 ff. SGB III geben diese als solche keinen Sachgrund für eine Befristung des Arbeitsvertrages mit dem geförderten ArbN ab (BAG 4. 6. 03 AP Nr. 245 zu § 620 BGB Befristeter Arbeitsvertrag).

Mit dem von der AA im Rahmen von ABM zugewiesen ArbN ist ein **ArbVerh.** **149** (mit Träger oder durchführendem Unternehmen) zu begründen (§ 260 Abs. 1 Nr. 4 SGB III), es gelten also die Vorschriften des **Arbeitsrechts,** also auch des **BetrVG.** ArbN in ABM werden im Rahmen des arbeitstechnischen Zwecks des jeweiligen Betriebs tätig; dem steht nicht entgegen, dass sie auch zur Erhaltung oder Wiedererlangung der Beschäftigungsfähigkeit eingesetzt werden (so zu § 260 aF BAG 13. 10. 04 AP Nr. 71 zu § 5 BetrVG 1972).

Diese Arbeitsverträge werden üblicherweise **befristet** für die **Dauer der Förde-** **150** **rung.** Das ist im Regelfall berechtigt (st. Rspr. BAG 19. 1. 05 NZA 05, 873, das auch eine Zweckbefristung bei ungewisser Förderungsdauer zulässt; zur Ausnahme s. BAG 20. 12. 95 AP Nr. 177 zu § 620 BGB Befristeter Arbeitsvertrag).

Gleiches gilt für ArbN in sog. „**Beschäftigungs- und Qualifizierungsgesell-** **151** **schaften**" (BQG) oder **Transfergesellschaften,** in denen sie idR entspr. dem arbeitsförderungsrechtlichen Zuweisungszeitraum, bzw. der Bezugsdauer des Transferkurzarbeitergeldes (maximal 12 Monate, § 216b Abs. 8 SGB III) befristet beschäftigt werden (zum Ganzen *Küttner/Kania* Kap. 98 Rn 1, 15 ff.; *Pauli* S. 33; *Sieg/Maschmann* Rn 44 ff.; s. auch LAG Brandenburg DB 94, 1245). Ob für sie das BetrVG gilt, hängt von ihrer Eingliederung in den Betrieb ab.

152   Sollen sie **ausschließlich durch Qualifizierungsmaßnahmen** in den ersten Arbeitsmarkt wieder integriert werden, dürfte entspr. der BAG-Rspr. zu außerbetrieblichen Bildungsstätten (s. Rn 291 ff.) das BetrVG für sie nicht gelten, da sie nur Gegenstand des Betriebszwecks sind, ihn nicht mit verwirklichen und folglich nicht eingegliedert sind (*Sieg/Maschmann* Rn 419 f.; *Bachner/Schindele* NZA 99, 130, 134; *Rieble/Klumpp* NZA 03, 1169, 1170 ff.; *Sieg* NZA Beil. 1/05 S. 9, 12; **aa** *DKK-Trümner* Rn 109 a); dies gilt für eine „externe" wie auch „interne" BQG (vgl. § 216 a Abs. 3 u. § 216 b Abs. 3 Nr. 2 SGB III).

153   Erledigen die ArbN in einer BQG dagegen **betriebszweckdienliche Arbeiten** wie zB bei Sanierungsgesellschaften im Umweltschutz oder für die Infrastruktur (zur Beschäftigungsförderung im Umweltbereich *Petschow/Stein/Hildebrandt* WS I-Mitt. 97, 650 ff.), gilt für sie das BetrVG. Für ArbN der BQG, die ausbilden und beraten (Stammpersonal), gilt das BetrVG uneingeschränkt.

154   Die betriebsverfassungsrechtliche Einordnung von **erwerbsfähigen Hilfsbedürftigen,** die keine Arbeit finden können, hängt davon ab, welche der drei nach § 16 **Abs. 3 SGB II** möglichen Varianten zur Schaffung von Arbeitsgelegenheiten für diese Personen gewählt wird (s. *Eicher/Spellbrink* SGB II § 16 Rn 199). Nehmen sie Arbeitsgelegenheiten in einem sozialversicherungspflichtigen Beschäftigungsverhältnis (Entgeltvariante) oder im Rahmen von ABM-Maßnahmen wahr, sind sie ArbN iSd BetrVG (s. Rn 148–150).

155   In den Fällen jedoch, in denen sie für ihre Arbeit nur zuzüglich zu ihrem Arbeitslosengeld II eine angemessene Entschädigung für Mehraufwendungen erhalten (sog. **Ein-Euro-Jobs**), werden sie in einem vom öffentlichen Recht geprägten Rechtsverhältnis tätig und sind **keine ArbN** iSd BetrVG (s. § 16 Abs. 3 Satz 2 SGB II; BAG 26. 9. 07, 20. 2. 08, 19. 3. 08 AP Nr. 3–5 § 16 SGB II; s. auch 19. 11. 08 – 10 AZR 658/07 – NZA 09, 269; *Eicher/Spellbrink* SGB II § 16 Rn 239), sind also weder aktiv noch passiv wahlberechtigt (*Engels* NZA 07, 8, 9; *Rixen* SoSi 05, 152, 155) und zählen bei Schwellenwerten nicht mit (s. aber § 99 Rn 54 f., 200, 240).

2. Auflösend bedingte Arbeitsverträge

156   Die Vorschriften über befristete Arbeitsverträge gelten für Arbeitsverträge, die unter einer **auflösenden Bedingung** (der Eintritt eines künftigen Ereignisses ist ungewiss) geschlossen werden, entsprechend (§ 21 TzBfG). Dies gilt auch für den Sachgrund. Grundsätzlich können daher alle Gründe, die eine Befristung rechtfertigen, auch eine auflösende Bedingung erlauben (*Kliemt* NZA 01, 296, 303). Insoweit kann auf die Rn 110 ff. verwiesen werden. Die dreiwöchige Klagefrist der §§ 21, 17 S. 1 TzBfG gilt sowohl für die Geltendmachung der Rechtsunwirksamkeit der Bedingungsabrede als auch für den Streit über den Eintritt der auflösenden Bedingung (BAG 6. 4. 11 – 7 AZR 704/09 – BeckRS 11, 74721). Bei einer Kombination von auflösender Bedingung u. zeitl. Höchstbefristung führt die Fiktionswirkung der §§ 21, 15 Abs. 5 TzBfG nur zu einem befristeten Fortbestand des ArbVerh. (BAG 29. 6. 11 – 7 AZR 6/10 – NZA 11, 1346).

3. Teilzeitbeschäftigte

a) Grundzüge des Teilzeitrechts

157   **Teilzeitbeschäftigt** sind nach § 2 Abs. 1 TzBfG die ArbN, deren regelmäßige Wochenarbeitszeit kürzer ist als die regelmäßige Wochenarbeitszeit vergleichbarer vollzeitbeschäftigter ArbN des Betriebes. Ist eine regelmäßige Wochenarbeitszeit nicht vereinbart, so ist ein ArbN teilzeitbeschäftigt, wenn seine regelmäßige Arbeitszeit im Durchschnitt eines bis zu einem Jahr reichenden Beschäftigungszeitraums unter der eines vergleichbaren vollzeitbeschäftigten ArbN liegt. Vergleichbar ist ein vollzeitbeschäftigter ArbN des Betriebs mit derselben Art des ArbVerh. und der gleichen oder ähnlichen Tätigkeit. Gibt es einen solchen nicht, ist auf die tarifübliche Arbeitszeit und notfalls darauf abzustellen, wer im jeweiligen Wirtschaftszweig als vergleichbarer ArbN anzusehen ist (*Laux/Schlachter* TzBfG § 2 Rn 33 ff.; kr. zum TzBfG *Wank* RdA 10, 193, 197 ff.).

Ausdrücklich klargestellt wird in § 2 Abs. 2 TzBfG, dass teilzeitbeschäftigte ArbN **158** auch solche mit einer nur **geringfügigen Beschäftigung** nach § 8 Abs. 1 Nr. 1 SGB IV sind.

Einen verbesserten Schutz der Teilzeibeschäftigten in Form eines **Diskriminie- 159 rungsverbots** sieht § 4 Abs. 1 TzBfG vor: Ein teilzeitbeschäftigter ArbN darf wegen der Teilzeitarbeit nicht schlechter behandelt werden als ein vergleichbarer vollzeitbeschäftigter ArbN, es sei denn, dass sachliche Gründe eine unterschiedliche Behandlung rechtfertigen (Näheres s. § 75 Rn 50 ff., 56 f.).

ArbN, deren ArbVerh. länger als 6 Monate bestanden hat und deren ArbGeb., un- **160** abhängig von der Anzahl der in Berufsausbildung Beschäftigten, idR mehr als 15 ArbN beschäftigt, haben einen **Rechtsanspruch auf Teilzeit** (§ 8 TzBfG, der nicht für eine nur befristete Verringerung der Arbeitszeit gilt: BAG 12. 9. 06 AP Nr. 17 zu § 8 TzBfG), dessen Geltendmachung keiner Begründung bedarf (*Laux/ Schlachter* TzBfG § 8 Rn 34 ff., 52; *Meinel/Heyn/Herms* TzBfG § 8 Rn 35; s. zur BAG-Rspr. *Bruns* BB 10, 956 ff.; zur MB des BR bei Teilzeit s. § 87 Rn 124 ff.; *Hamann* NZA 10, 785 ff.).

Der **ArbGeb.** hat der gewünschten Teilzeit **zuzustimmen** und ihre Verteilung **161** entspr. den Wünschen des ArbN festzulegen, soweit betriebliche Gründe (zB wesentliche Beeinträchtigung der Organisation, des Arbeitsablaufs, der Sicherheit im Betrieb oder unverhältnismäßige Kosten) nicht entgegenstehen (BAG 23. 11. 04 NZA 05, 769; 21. 6. 05, 13. 11. 07 AP Nr. 14, 24 zu § 8 TzBfG; *Laux/Schlachter* TzBfG § 8 Rn 135 ff.; *Meinel/Heyn/Herms* TzBfG § 8 Rn 47 ff. mwN; *Lorenz* NZA-RR 06, 281 ff.). Die betrieblichen Ablehnungsgründe kann ein TV festlegen, ebenso eine Quote von Teilzeitarbeitsplätzen und eine nur befristete Verringerung der Arbeitszeit (BAG 21. 11. 06 AP Nr. 18 zu § 8 TzBfG). Ablehnungsgründe hat der ArbGeb. darzulegen und zu beweisen (BAG 8. 5. 07 – AP Nr. 21 zu § 8 TzBfG; s. auch § 99 Rn 222 ff.).

Die fehlende Teilbarkeit eines Vollzeitarbeitsplatzes kann ein dem Verringerungs- **162** wunsch des ArbN entgegenstehender betrieblicher Grund nach § 8 Abs. 4 S. 1 u. 2 TzBfG sein, wenn sich das zugrunde liegende **Organisationskonzept** des ArbGeb. nicht auf seine unternehmerische Vorstellung vom richtigen Arbeitszeitumfang beschränkt, das betriebliche Organisationskonzept auch tatsächlich durchgeführt und es durch die vom ArbN gewünschte Abweichung wesentlich beeinträchtigt wird (BAG 13. 10. 09 – 9 AZR 910/08 – NZA 10, 339).

Macht ein ArbN **sowohl** einen **Verringerungs-** als **auch** einen **Verteilungs- 163 wunsch** nach § 8 TzBfG geltend, hängen beide idR voneinander ab (einheitliches Vertragsangebot). Der ArbGeb. kann das Änderungsangebot wegen § 150 Abs. 2 BGB nur einheitlich annehmen oder ablehnen (BAG 18. 8. 09 – 9 AZR 517/08 – NZA 09, 1207 mwN). Die Klage auf Verringerung der Arbeitszeit ist in diesem Fall schon dann unbegründet, wenn der Anspruch auf die gewünschte Verteilung der Arbeitszeit nicht besteht. Hat der ArbGeb. das Vertragsangebot abgelehnt (§ 8 Abs. 5 S. 1 TzBfG), kann der ArbN einen geänderten Verteilungswunsch nur durch neuerliche Geltendmachung von Verringerung und Verteilung unter den Voraussetzungen des § 8 Abs. 6 TzBfG durchsetzen (BAG 24. 6. 08 AP Nr. 26 zu § 8 Teilzeitarbeit).

Das ist dann anders, wenn der ArbN die Frage der **Verteilung** der Arbeitszeit bis **164** zur Einigung über die Verringerung zurückstellt und sie danach **gesondert** verfolgt. Er kann eine isolierte Klage auf Neuverteilung der Arbeitszeit stellen, wenn der ArbGeb. dem Verringerungswunsch zugestimmt, den Neuverteilungsantrag aber abgelehnt hat (BAG 16. 12. 08 AP Nr. 27 zu § 8 TzBfG mwN).

Ein **Neuverteilungsanspruch** aus § 8 Abs. 4 S. 1 TzBfG ist bis zu den Grenzen **164a** des Rechtsmissbrauchs **nicht** auf das bisher **vereinbarte Arbeitszeitverteilungs-**

modell beschränkt. Der ArbN hat Anspruch auf entspr. Vertragsänderung. Er kann zB verlangen, statt in der 5-Tagewoche in der 4-Tagewoche zu arbeiten (BAG 18. 8. 09 – 9 AZR 517/08 – NZA 09, 1207).

165   Die Vorschrift des § 8 TzBfG ist **kein Gesetzesvorbehalt** iSv § 87 Abs. 1 Einleitungssatz. Sie schließt das MBR des BR nach § 87 nicht aus (BAG 16. 3. 04 AP Nr. 10 zu § 8 TzBfG; 18. 8. 09 – 9 AZR 517/08 – aaO; s. auch § 87 Rn 124 f.). Eine auf § 87 Abs. 1 Nr. 2 gründende BV kann den ArbGeb. zur Ablehnung des ArbN-Wunsches auch eines einzelnen ArbN auf Neuverteilung der Arbeitszeit berechtigen, wenn die gewünschte Arbeitszeitverteilung Auswirkungen auf das kollektive System der Verteilung der betriebsüblichen Arbeitszeit **(kollektiver Bezug)** hat, sich auf den ganzen Betrieb, eine Gruppe von ArbN oder einen Arbeitsplatz auswirkt (BAG 16. 12. 08 AP Nr. 27 zu § 8 TzBfG; 18. 8. 09 aaO; *Engels* ArbuR 09, 10, 68). Eine BV kann aber nicht den gesetzlichen Teilzeitanspruch kontingentieren oder befristen (BAG 24. 6. 08 AP Nr. 8 zu § 117 BetrVG 1972).

166   ArbN haben **während der Elternzeit** (gem. dem neuen § 15 Abs. 1a BEEG auch bei Betreuung von Enkelkindern; zu den Neuerungen *Düwell* NZA 09, 759 ff.). nach Maßgabe des § 15 Abs. 7 BEEG einen **Anspruch auf Teilzeit** (s. auch Rn 172; *Böttcher* AiB 07, 216 ff.). Vorausgesetzte Betriebsgröße und Beschäftigungsdauer entsprechen den in Rn 161 genannten. Ein entspr. Antrag des ArbN ist nur dann wirksam, wenn bereits zuvor oder zumindest gleichzeitig auch der Antrag auf Elternzeit gestellt wird (BAG 5. 6. 07 AP Nr. 49 zu § 15 BErzGG). Die Teilzeit soll mindestens 2 Monate zwischen 15 und 30 Wochenstunden betragen.

167   Der ArbGeb. kann die Teilzeit aufgrund entgegenstehender dringender betrieblicher Gründe **ablehnen.** Diese müssen zwar keine unüberwindbaren, aber doch bes. gewichtige Hindernisse für die beantragte Verkürzung und Umverteilung der Arbeitszeit sein (BAG 15. 12. 09 – 9 AZR 72/09 – NZA 10, 447). Das ist zB der Fall, wenn der ArbGeb. für die Dauer der Elternzeit eine Vollzeitvertretung eingestellt hat, die nicht bereit ist, ihre Arbeitszeit zu verringern und auch keine andere Beschäftigungsmöglichkeit mangels Bereitschaft anderer vergleichbarer ArbN zu einer Verringerung ihrer Arbeitszeit besteht (BAG 19. 4. 05, 5. 6. 07, 15. 4, 08 AP Nr. 44, 49, 50 zu § 15 BErzGG).

168   Ein Teilzeit-ArbN, der länger arbeiten oder zur Vollzeitarbeit zurückkehren will und dies dem ArbGeb. angezeigt hat, hat nach § 9 **TzBfG** einen Anspruch auf **bevorzugte Berücksichtigung,** wenn es mehrere **gleich geeignete Bewerber** bei der Besetzung eines entspr. freien Arbeitsplatzes gibt. Ein solcher liegt vor, wenn auf ihm die gleiche oder eine zumindest vergleichbare Tätigkeit auszuüben ist. Der Teilzeit-ArbN muss nach Eignung und Qualifikation den objektiven Anforderungen dieses Arbeitsplatzes genügen (BAG 8. 5. 07, 16. 9. 08 AP Nr. 3, 6 (Wechsel auf höherwertigen Arbeitsplatz) zu § 9 TzBfG; s. auch § 99 Rn 224 ff.).

169   Der **ArbGeb.** hat das **Vertragsangebot** des Teilzeit-ArbN **anzunehmen,** es sei denn, dass dringende betriebliche Gründe oder Arbeitszeitwünsche anderer Teilzeit-ArbN entgegenstehen (BAG 15. 8. 06 AP Nr. 1 zu § 9 TzBfG). Ein **Ablehnungsgrund** ist gegeben, wenn der ArbGeb. nach seinem unternehmerischen Organisationskonzept nur Teilzeitkräfte beschäftigen will und es hierfür arbeitsplatzbezogene Erfordernisse gibt (BAG 15. 8. 06 AP Nr. 1 zu § 9 TzBfG). Das ist nicht der Fall, wenn mit einem Teilzeitvertrag ausgestattete Servicekräfte über lange Zeiträume gleichbleibend im Umfang von weit mehr als einer Vollzeitstelle eingesetzt werden (LAG Köln NZA-RR 09, 66).

170   Der Wille des ArbGeb., den freien Arbeitsplatz **anders zu vergüten,** ist kein dringender betrieblicher Grund zur Ablehnung (BAG 8. 5. 07 aaO). Deckt der ArbGeb. einen erhöhten Arbeitskräftebedarf nicht durch Einrichtung eines „freien" Arbeitsplatzes, sondern durch **Verlängerung der Arbeitszeit** von Teilzeit-ArbN ab, ist er frei, welchem Teilzeit-ArbN er die Verlängerung anbietet; er ist nicht verpflichtet, das gestiegene Arbeitszeitvolumen anteilig auf alle interessierten Teilzeiter zu verteilen (BAG 13. 2. 07 AP Nr. 2 zu § 9 TzBfG).

Um **mehr Transparenz** über bestehende Beschäftigungsmöglichkeiten zu schaffen, **171** verpflichtet § 7 TzBfG den ArbGeb. zu 3 Maßnahmen: Er hat, sofern er Arbeitsplätze ausschreibt, diese auch als Teilzeitarbeitsplätze auszuschreiben (*Laux/Schlachter* TzBfG § 7 Rn 16 ff.; zur Verletzung dieser Pflicht s. *Fischer* AuR 01, 325 ff. u. § 99 Rn 249), ArbN, die ihm ihr Interesse an Teilzeitarbeit bekundet haben, über entspr. Arbeitsplätze zu unterrichten und den **BR** sowie den **GesBR** über Teilzeitarbeit im Betrieb und Unternehmen zu **informieren,** insb. über vorhandene und geplante Teilzeitarbeitsplätze und über die Umwandlung von Teilzeit- in Vollzeitarbeitsplätze oder umgekehrt; auf Verlangen der ArbN-Vertretung sind ihr die erforderlichen Unterlagen zur Verfügung zu stellen (*Laux/Schlachter* TzBfG § 7 Rn 76 f.).

Das Informationsrecht des **BR** nach § 7 Abs. 3 TzBfG ergänzt insoweit dessen Be- **172** teiligungsrechte insb. nach § 80 und §§ 92 ff. Zur Einführung und Förderung der Teilzeitarbeit kann sich der BR vor allem auf die mit dem BetrVerf-ReformG eingefügten Vorschriften des § 80 Abs. 1 Nr. 2 b und 8 berufen und **initiativ werden.** Hiernach hat sich der BR für Maßnahmen zur Förderung von Familie und Erwerbsarbeit einzusetzen, die hauptsächlich in einem gut gefächerten Angebot von Teilzeit besteht. Gleichzeitig wird damit die Beschäftigung des auf Teilzeit angewiesenen Personenkreises gefördert und gesichert. Dieses Ziel erwähnt auch der neue § 92 a, der dem BR ein umfassendes Vorschlags- und Beratungsrecht einräumt.

Betriebsverfassungsrechtlich sind Teilzeitbeschäftigte **ArbN** des Betriebs (hM; **173** vgl. BAG 29. 1. 92 AP Nr. 1 zu § 7 BetrVG 1972; *DKKW-Trümner* Rn 31; *Greßlin* S. 39). Das gilt auch bei einer Beschäftigung in mehreren Betrieben für den jeweiligen Betrieb (BAG 11. 4. 58 AP Nr. 1 zu § 6 BetrVG). Dauer und Lage der individuellen Arbeitszeit sowie das Bestehen einer Sozialversicherungspflicht sind bedeutungslos (s. Rn 95, 100).

Teilzeitbeschäftigte haben das **Wahlrecht** zum BR und sind **wählbar.** Es gibt kein **174** Zwei-Klassen-Wahlrecht für Stamm- und Randbelegschaft (vgl. *Lipke* NZA 90, 758). Teilzeitbeschäftigte zählen mit, wenn es auf die Zahl der ArbN des Betriebs ankommt. In anderen G sind Teilzeitbeschäftigte aus der Berechnung bestimmter Schwellenwerte ausgenommen (s. pro rata Anrechnung in § 23 Abs. 1 S. 4 KSchG, § 622 Abs. 5 S. 2 BGB, § 2 Abs. 3 S. 3 ArbPlSchG, § 6 Abs. 1 S. 4 ArbSchG, § 11 S. 1 ASiG). Beim BetrVG ist das nicht geschehen.

Teilzeitbeschäftigte sind auch schutzbedürftig. Bei personellen Einzelmaßnahmen **175** betr. Teilzeitbeschäftigte hat der BR **dieselben Beteiligungsrechte** wie in Bezug auf Vollzeitbeschäftigte. Über die Lage der wöchentlichen Arbeitszeit hat der BR uneingeschränkt mitzustimmen (BAG 13. 10. 87 AP Nr. 24 zu § 87 BetrVG 1972 Arbeitszeit).

b) Flexible Teilzeitarbeit

Nach § 12 TzBfG können ArbGeb. und ArbN vereinbaren, dass der ArbN seine **176** Arbeitsleistung entspr. dem Arbeitsanfall zu erbringen hat (**Arbeit auf Abruf** oder **KAPOVAZ** = kapazitätsorientierte variable Arbeitszeit). Die Vereinbarung muss eine bestimmte Dauer der wöchentlichen und täglichen Arbeitszeit festlegen. Es kann vereinbart werden, dass der ArbN über die vertragliche Mindestarbeitszeit hinaus Arbeit auf Abruf leisten muss. Die einseitig vom ArbGeb. abrufbare Arbeit darf höchstens 25% der vereinbarten wöchentlichen Mindestarbeitszeit betragen (BAG 7. 12. 05 AP Nr. 8 zu § 310 BGB).

Wenn die Dauer der wöchentlichen Arbeitszeit nicht festgelegt wird, gilt eine **177** **wöchentliche Arbeitszeit von 10 Stunden** als vereinbart. Wird die Dauer der täglichen Arbeitszeit nicht festgelegt, ist der ArbGeb. verpflichtet, die Arbeitsleistung jeweils für mindestens 3 aufeinander folgende Stunden in Anspruch zu nehmen. Wird der ArbN in derartigen Fällen nicht oder weniger als die vorgeschrieben Stunden beschäftigt, kann er Lohnansprüche aus Annahmeverzug (§ 615 BGB) geltend machen.

178 Der ArbN ist nur dann zur Arbeitsleistung verpflichtet, wenn der ArbGeb. ihm die Lage seiner Arbeitszeit jeweils mindestens 4 Tage im Voraus ankündigt (§ 12 Abs. 2 TzBfG).

179 Die **TV-Parteien** können nach § 12 Abs. 3 TzBfG von den gesetzl. Regelungen der Arbeit auf Abruf auch zuungunsten der ArbN abweichen. Das ist aber nur dann zulässig, wenn sie selbst konkrete Regelungen über die tägliche und wöchentliche Arbeitszeit und die Vorankündigungsfrist im TV vorsehen. Im Geltungsbereich eines derartigen TV können auch nicht tarifgebundene ArbGeb. und ArbN die Anwendung des TV vereinbaren (s. *Meinel/Heyn/Herms* TzBfG § 12 Rn 57 ff.).

180 Bei **Planung** und Einführung von Arbeit-auf-Abruf (Kapovaz)-Arbeitszeitsystems kommen bereits im Vorfeld **Unterrichtungs- und Beratungsrechte des BR** nach § 106 Nr. 4, 5, 9 und 10, nach § 111 Nr. 4 und 5 sowie nach § 90 Nr. 3 in Betracht. Außerdem wird die Einführung des Systems regelmäßig eine neue **Personalplanung** (§ 92, s. auch § 93) erforderlich machen. Wenn mit der Einführung des Systems zugleich eine Zeiterfassung und -abrechnung eingeführt und das Verhalten oder die Leistung der ArbN überwacht wird, greift das MBR nach § 87 Abs. 1 Nr. 6 (Näheres s. § 87 Rn 214 ff.).

181 Die tatsächliche **Einführung** von **Arbeit nach Bedarf (Kapovaz-Arbeit)** sowie ihre nähere **Ausgestaltung** unterliegen der **Mitbestimmung** des BR nach § 87 Abs. 1 Nr. 2 (vgl. BAG 13. 10. 87, 28. 9. 88 AP Nr. 24, 29 zu § 87 BetrVG 1972 Arbeitszeit; Näheres s. § 87 Rn 126). ArbGeb. und BR können sich in jedem Fall auf eine sachgerechte Regelung einigen.

182 Schließlich besteht ein **MBR** bei der Aufstellung von **Entlohnungsgrundsätzen** und bei der Festlegung von Entlohnungsmethoden (§ 87 Abs. 1 Nr. 10, vgl. dort Rn 407 ff.).

183 Bei der **Arbeitsplatzteilung (Job-sharing)** teilen sich 2 oder mehr ArbN die Arbeitszeit an einem Arbeitsplatz. § 13 TzBfG regelt einige individualrechtliche Fragen. Ist einer der an der Arbeitsplatzteilung beteiligten ArbN an der Arbeitsleistung verhindert, sind die anderen ArbN zur Vertretung verpflichtet, wenn sie der Vertretung im Einzelfall zugestimmt haben. Ausnahmsweise kann die Vertretungspflicht vorab für den Fall eines dringenden betrieblichen Erfordernisses vereinbart werden. Dem herangezogenen ArbN muss die Vertretung zumutbar sein (§ 13 Abs. 1 TzBfG). Eine Kündigung wegen des Ausscheidens eines Partners ist unwirksam. Nur Änderungskündigungen aus Anlass des Ausscheidens eines Partners zur Anpassung an die notwendige Arbeitszeit sowie Kündigungen aus anderen Gründen sind möglich (§ 13 Abs. 2 TzBfG).

184 Die **TV-Parteien** können nach § 13 Abs. 3 TzBfG von den gesetzl. Regelungen der Arbeitsplatzteilung (Job-sharing) auf Abruf auch **zuungunsten** der **ArbN** abweichen. Das ist aber nur dann zulässig, wenn sie selbst konkrete Regelungen über die Vertretung der ArbN im TV vorsehen. Im Geltungsbereich eines derartigen TV können auch nicht tarifgebundene ArbGeb. und ArbN die Anwendung des TV vereinbaren (s. *Rolfs* RdA 01, 129, 143).

185 Beteiligungsrechte des BR kommen zB in Betracht nach §§ 106, 111, 87 Abs. 1, 6 und 10 sowie bei der Personalplanung (§ 92) und Beschäftigungssicherung (§ 92 a).

4. Im Außendienst Beschäftigte

186 Der mit dem **BetrVerf-ReformG** neu gefasste § 5 S. 1 zweiter Satzteil stellt klar, dass es mit dem ArbN-Status vereinbar ist, wenn die zu leistende Arbeit außerhalb des räumlichen Bereichs des Betriebs zB in Form des klassischen **Außendienstes** oder der modernen Telearbeit erfolgt. Damit wird verdeutlicht, dass die mit derartigen Beschäftigungsformen verbundene Lockerung des für den ArbN-Status entscheidenden Merkmals der persönlichen Abhängigkeit, die ua. durch die Eingliederung des ArbN in den Betrieb des ArbGeb. begründet wird, nicht schadet.

Für die Bestimmung des **Rechtsstatus** der im Außendienst Tätigen gelten die **187** weiterhin allgemeinen Abgrenzungskriterien (s. Rn 15 ff., insb. 39 ff.; *Boemke* BB 00, 147, 148 f.). Hieran hat der neu gefasste § 5 nichts geändert. Er bestimmt nicht, dass die im Außendienst Beschäftigten immer ArbN sind. Er stellt nur klar, dass dem ArbN-Status nicht entgegensteht, wenn die Arbeitsleistung außerhalb des Betriebs erfolgt (ebenso *Buchner* NZA 01, 633, 636; *Hanau* NJW 01, 2513, 2515; *Löwisch* BB 01, 1734, 1737; *Schaub* NZA 01, 364 f.).

Denn der Betriebsbegriff ist nicht nur räumlich, sondern funktional zu verstehen **188** (BAG 29. 1. 92 AP Nr. 1 zu § 7 BetrVG 1972; 22. 3. 00 AP Nr. 8 zu § 14 AÜG; 19. 6. 01 AP Nr. 92 zu § 87 BetrVG 1972 Arbeitszeit; *Boemke* ZfA 98, 285, 310). Deshalb muss die Arbeit nicht im Betrieb als festem Arbeitsort erbracht werden; es reicht für die Annahme fremdbestimmter Arbeit die **Einbindung** in die **betriebliche Organisation** aus (so Begründung des BetrVerf-ReformGEntwurfs BT-Drucks. 14/ 5741 S. 35; LAG Baden-Württemberg BeckRS 11, 68000; *DKKW-Trümner* Rn 44). Dies entspricht geltendem Recht (*Engels / Trebinger / Löhr-Steinhaus* DB 01, 532, 536; *Schaub* NZA 01, 364, 365; unzutreffend *Däubler* ArbuR 01, 1, 4 und *Richardi / Annuß* DB 01, 41, 43, die hier von einer Aufgabe des funktionalen Betriebsbegriffs ausgehen).

Eine Einbindung in die betriebliche Organisation kann sich aus einer **starken or-** **189** **ganisatorischen Verbundenheit** und ein Angewiesensein auf die Organisation des ArbGeb. ergeben, wie zB, dass die geschuldete Leistung nur mit Hilfe des technischen Apparats oder des Kundenstammes des Auftraggebers oder nur in Teamarbeit erbracht werden kann (ErfK-*Preis* § 611 BGB Rn 80; *Hohmeister / Goretzki* Verträge über freie Mitarbeit S. 41; so insb. für Mitarbeiter im Medienbereich, BAG 15. 3. 78 AP Nr. 26 zu § 611 BGB Abhängigkeit). Bei Außendienstmitarbeitern bewirkt zB die starke Einbindung in ein Kundenbetreuungskonzept durch Dienstpläne eine Eingliederung (BAG 6. 5. 98 AP Nr. 102 zu § 611 BGB Abhängigkeit). Außendienstmitarbeiter gehören dem Betrieb an, von dem die Entscheidungen über ihren Einsatz ausgehen (LAG Baden-Württemberg BeckRS 11, 68000).

Im Außendienst Beschäftigte iSd. § 5 S. 1 zweiter Satzteil sind ArbN, die aus un- **190** terschiedlichen betrieblichen oder persönlichen Gründen ihre Arbeitsleistung außerhalb des räumlichen Bereichs des Betriebs erbringen. Es lässt sich **keine generelle Klassifizierung** dieser Tätigkeiten vornehmen; dafür sind sie zu verschieden, auch was Inhalt und Umfang des Weisungsrechts angeht (ErfK-*Preis* § 611 BGB Rn 80). Man kann allenfalls zwischen ortsungebundener und ortsgebundener Tätigkeit außerhalb des Betriebs unterscheiden. Beide Formen werden von § 5 S. 1 zweiter Satzteil erfasst.

Als Außendienstler mit **ortsungebundener Tätigkeit** sind Bauarbeiter, Monteure, **191** Service- und Wartungspersonal, Reiseleiter, Kundenberater wie zB Pharmaberater, Einfirmenvertreter, Frachtführer, Auslieferungs- bzw. Verkaufsfahrer, Zeitungsausträger (vgl. BAG 22. 3. 00 AP Nr. 8 zu § 14 AÜG) und neuerdings auch Beschäftigte von Pflegedienstagenturen zu nennen (s. *Grimberg* AiB 01, 29 ff. mit Rspr.-Übersicht zum Außendienst). Einige dieser Tätigkeiten wie zB die eines Handelsvertreters oder Frachtführers können auch außerhalb eines ArbVerh. im Rahmen der freien Mitarbeit ausgeübt werden; für die Abgrenzung ist der Grad der persönlichen Abhängigkeit entscheidend (vgl. Rn 39 ff.).

Eine **ortsgebundene Tätigkeit** verrichten sog. **Außen-ArbN**. Das sind Perso- **192** nen, denen aus räumlichen Gründen ein Arbeitsplatz im Betrieb nicht zur Verfügung gestellt werden kann oder denen es wegen ihrer körperlichen Behinderungen oder familiärer Verpflichtungen wie Pflege von Familienangehörigen erlaubt ist, zu Hause in der eigenen Wohnung oder Werkstatt zu arbeiten. Außen-ArbN sind echte ArbN (ErfK-*Koch* § 5 BetrVG Rn 11), keine in Heimarbeit Beschäftigten (hierzu s. Rn 309 ff.).

5. Mit Telearbeit Beschäftigte

193   § 5 S. 1 zweiter Satzteil hebt hervor, dass dem ArbN-Status nicht entgegensteht, wenn die zu leistende Arbeit außerhalb des räumlichen Bereichs des Betriebs in Form der modernen **Telearbeit** erfolgt.

194   **Telearbeit** liegt vor, wenn Arbeiten mit einer gewissen Regelmäßigkeit außerhalb des Betriebs mit Hilfe von neuen Informations- und Kommunikationstechniken erbracht werden (zur Telearbeit: *Wedde* Telearbeit, 2002; *Otten* Heimarbeitsrecht, 2008; *Pfarr/Drüke,* Rechtsprobleme der Telearbeit, 1989; *Fenski* Außerbetriebliche Arbeitsverhältnisse, 1994; *Boemke* BB 00, 147; *Kramer* DB 00, 1329; *Wiese* RdA 09, 344 ff.).

195   Bei Telearbeit sind **4 Gestaltungsformen** erkennbar (BMA Forschungsbericht 269 a, Entwicklung der Telearbeit – Arbeitsrechtliche Rahmenbedingungen – Abschlussbericht – 1997 S. 9 f.; s. auch *Wedde* Telearbeit Rn 5 ff.; *ders.* WS I-Mitt. 97, 206; *ders.* NJW 99, 527; *Linnenkohl* BB 96, 51):

196   Bei der **häuslichen Telearbeit** sind die Beschäftigten räumlich außerhalb des Betriebs entweder zu Hause oder an einem anderen selbstgewählten Ort tätig.

197   Bei **alternierender Telearbeit** werden die Beschäftigten außerdem, wenn auch nur noch zeitweise, im Betrieb tätig.

198   Die **mobile Telearbeit** wird an verschiedenen Orten (moderne Variante des herkömmlichen Außendienstes) oder in Betrieben von Kunden oder Lieferanten erbracht. Bei den zuletzt genannten beiden Formen liegt der eindeutige Schwerpunk (BMA Forschungsbericht 269 a, s. Rn 195, S. 36; *Wedde,* Telearbeit Rn 5 ff.).

199   Telearbeit in **Satelliten-** oder **Nachbarschaftsbüros** wird von einer Gruppe von Beschäftigten in ausgelagerten Büros des Unternehmens oder in Gemeinschaftsbüros verschiedener Unternehmen verrichtet, wobei diese Büros sehr unterschiedlich ausgestaltet sein können, zB als Forum für eine gemeinsame Projektgestaltung, als Profit-Center, Gemeinschaftsbetrieb mehrerer Unternehmen, rechtlich selbständige Einheit.

200   Die so Beschäftigten werden „**Telearbeiter**" genannt, ohne dass diese Bezeichnung Rückschlüsse auf die rechtliche Form der Beschäftigungsverhältnisse erlaubt; Telearbeit kann im Rahmen eines ArbVerh., der Heimarbeit oder einer selbständigen/freiberuflichen Tätigkeit erfolgen (vgl. *Wedde* Telearbeit Rn 3, 83 ff. mwN).

201   Für die Bestimmung des **Rechtsstatus** der mit Telearbeit Beschäftigten gelten die allgemeinen Abgrenzungskriterien (s. Rn 15 ff., insb. 39 ff.; *Wedde* Telearbeit Rn 94 ff.; *Boemke* BB 00, 147, 148 f.). Hieran hat der neu gefasste § 5 nichts geändert. Er bestimmt nicht, dass der mit Telearbeit Beschäftigte immer ArbN ist. Er stellt nur klar, dass es mit dem ArbN-Status vereinbar ist, wenn die Arbeitsleistung außerhalb des Betriebs in Form von Telearbeit erfolgt (*Buchner* NZA 01, 633, 636; *Hanau* NJW 01, 2513, 2515; *Löwisch* BB 01, 1734, 1737; *Schaub* NZA 01, 364 f.). Von bes. Bedeutung ist hier, dass auf Grund des von der BAG-Rspr. anerkannten Rechtsformzwangs eine in tatsächlicher Hinsicht als ArbVerh. einzustufende Tätigkeit nicht durch einen erklärten abweichenden Willen der Parteien unterlaufen werden kann (*Wedde* in BMA Forschungsbericht – s. Rn 195 – S. 28 f.).

202   Die für die ArbN-Eigenschaft entscheidende **persönliche Abhängigkeit** liegt praktisch immer dann vor, wenn der ausgelagerte Arbeitsplatz mit dem Zentralrechner im **online-Betrieb** (direkte Verbindung zur Zentrale) verbunden ist (vgl. *DKKW-Trümner* Rn 37; *GK-Raab* Rn 46; *Boemke* BB 00, 147, 149; *Boemke/Ankersen* BB 00, 2254; zurückhaltender MünchArbR-*Heenen* § 316 Rn 7). Bei diesem System kann der ArbN jederzeit angesprochen und überwacht werden.

203   Bei einem **offline-Betrieb** (Speicherung des Geschriebenen auf bes. Datenträger) hängt die ArbN-Eigenschaft von der konkreten Ausgestaltung der Tätigkeit ab (MünchArbR-*Heenen* § 316 Rn 8; *WPK* Rn 17; *Boemke/Ankersen* BB 00, 2254). Für ArbN-Eigenschaft sprechen kurze Erledigungsfristen, Bereitschaftsdienst, feste Zeiten für Überspielen der Arbeitsergebnisse in den Betrieb oder Abgabe der Disketten, Anmeldung freier Tage oder des Urlaubs unter Berücksichtigung des betrieblichen Urlaubsplans, Bindung nur an einen ArbGeb. durch Zuweisung eines entspr. großen Arbeitsvolumens, Kontrolle durch ArbGeb., Verpflichtung zur persönlichen Arbeitsleistung (vgl. *Peter* DB 98, 573, 574; *Wank* NZA 99, 225, 231; *Wedde* NJW 99, 527, 529).

Allerdings ist für die Feststellung der ArbN-Eigenschaft die Unterscheidung zwi- **204** schen online und offline beim heutigen Stand der DV-Technik nicht mehr von so entscheidender Bedeutung, weil es heute **sehr leistungsfähige PCs** mit nahezu unbegrenzter Speicherkapazität und universell nutzbare Kommunikationsnetze gibt. Es lässt sich der gleiche Umfang an inhaltlicher Bindung bei Beschäftigten feststellen, die ohne direkte elektronische Anbindung an den zentralen Rechner offline arbeiten und alle erforderlichen Programme und Daten auf der Festplatte ihres autonomen PCs oder Notebooks vorhalten, wie bei denjenigen, die online arbeiten. Entscheidendes Merkmal für die **persönliche Abhängigkeit** ist hier der Grad der **Bindung an die Software**: Strukturiert diese die Arbeit inhaltlich vor, ist dies ein starkes Indiz für technisch vermittelte Weisungsgebundenheit (*Wedde* in BMA Forschungsbericht, S. 17 f.; *ders.* Telearbeit Rn 126 ff., der darauf abstellt, ob ein System eine Verhaltens- oder Leistungskontrolle iS von § 87 Abs. 1 Nr. 6 ermöglicht; ErfK-*Koch* BetrVG § 5 Rn 11; s. auch *Wank* NZA 99, 225, 231).

Wird Telearbeit im Rahmen eines **Heimarbeitsverhältnisses** (*Wedde* Telearbeit **205** Rn 190 ff.; *ders.* NJW 99, 527, 528 ff.; *Wank* NZA 99, 225, 233 ff.; zur Heimarbeit vgl. Rn 309 ff.) vergeben, so gelten die in Heimarbeit Beschäftigten gleichwohl betriebsverfassungsrechtlich als ArbN des Betriebs, für den sie in der Hauptsache arbeiten (§ 5 Abs. 1 S. 2).

Der ausgelagerte **Arbeitsplatz gehört** grundsätzlich **zum Betrieb**, denn der be- **206** triebsverfassungsrechtl. Betriebsbegriff ist nicht nur räumlich, sondern auch funktional zu verstehen (vgl. BAG 29. 1. 92 AP Nr. 1 zu § 7 BetrVG 1972 und Rn 188).

Bei **Nachbarschaft- oder Satellitenbüros** ist allerdings **§ 4 Abs. 1 S. 1 Nr. 1** **207** zu beachten, der einer Zugehörigkeit von Nachbarschafts- oder Satellitenbüros zum Betrieb und damit der Bildung eines gemeinsamen BR bei räumlich weiter Entfernung entgegenstehen kann. Da die räumliche Komponente darauf beruht, dass es den ArbN eines Betriebs möglich sein soll, miteinander in Kontakt treten zu können, ist dem Aspekt der räumlichen Entfernung bei der Telearbeit wegen der hier bestehenden kommunikationstechnischen und organisatorischen Verbindung mit dem Betrieb weit weniger Bedeutung beizumessen als bei herkömmlichen Betriebsteilen (*Wedde* in BMA Forschungsbericht, S. 207 ff., 212).

Außerdem kann hier der durch das **BetrVerf-ReformG** neugefasste § 4 Abs. 1 **208** S. 2 weiterhelfen. Hiernach können die in Nachbarschafts- oder Satelittenbüros tätigen ArbN beschließen, an der Wahl des **BR** im **Hauptbetrieb** teilnehmen zu wollen. Tun sie dies, gehören sie zum Hauptbetrieb und werden vom dortigen BR vertreten (s. Näheres bei § 4). Klarheit kann auch durch einen **TV** nach **§ 3 Abs. 1 Nr. 1 b)** über die Zusammenfassung von Betrieben und selbständigen Betriebsteilen geschaffen werden (*Boemke/Ankersen* BB 00, 2254 f.).

Individualrechtl. geht es bei Telearbeit vor allem um folgende kritische Punkte **209** (vgl. *Wedde* Telearbeit Rn 271 ff.; *ders.* NJW 99, 527, 530 ff.; *Boemke* BB 00, 147, 149 ff.):

Der **Wechsel** vom betriebl. Arbeitsplatz **auf** einen **Telearbeitsplatz** in einem vom **210** ArbGeb. eingerichteten Nachbarschafts- oder Satellitenbüro und umgekehrt ist eine Versetzung (s. Muster für Änderungsvertrag zur Umstellung auf alternierende Telearbeit bei *Wank* AuA 98, 193). Ohne Zustimmung des ArbN ist eine Änderungs- oder Beendigungskündigung erforderlich. Der BR ist nach §§ 95, 99, 102 zu beteiligen. Die Versetzung an einen häuslichen Telearbeitsplatz kann der ArbGeb. mangels entspr. Dispositionsbefugnis nicht anordnen (*Wedde* Telearbeit Rn 294 f.).

Bei der **häuslichen Telearbeit** sollte entspr. der Verantwortlichkeit des ArbGeb. **211** die Geltung grundlegender **Arbeitsschutzvorschriften** (vgl. zB § 3 ArbSchG; *Wedde* Telearbeit Rn 388 ff.; *Boemke* BB 00, 1570) vereinbart und Vorkehrungen gegen die Gefahr der Selbstausbeutung **(Arbeitszeitschutz)** getroffen werden. Es ergeben sich bes. **Haftungsrisiken** sowohl für den ArbN als auch den ArbGeb. insb. auch bez.

Dritter, die sich in der Wohnung des ArbN aufhalten (*Wedde* Telearbeit Rn 305 ff.; *Boemke* BB 00, 147, 152 f.). Es können **Kosten** für Energie, Abnutzung, Wartung und Reparaturen entstehen (*Boemke* BB 00, 147, 152). Das vom ArbGeb. zu tragende **Betriebsrisiko** (*Wedde* Telearbeit Rn 381 ff.) bei technischen Störungen sollte klarstellend festgeschrieben werden.

212   Der **Datenschutz** bei Verarbeitung und Nutzung personenbez. Daten muss gewährleistet werden (*Wedde* Telearbeit Rn 527 ff.; *Boemke* BB 00, 1570 ff.).

213   **Zutrittsrechte** (zB des BR, ArbGeb.; zu Einzelheiten *Wedde* in BMA Forschungsbericht S. 131 ff.; *Wiese* RdA 09, 344, 349 ff.) zum häuslichen Arbeitsplatz zur Kontrolle der Arbeitsbedingungen sollten klar geregelt werden.

214   **Regelungsinstrument** für die vorstehenden Fragen sollten TV oder BV sein (zur Analyse betriebl. Vereinbarungen zu Telearbeit; dazu Handlungsempfehlungen *Kamp* Betriebs- und Dienstvereinbarungen Telearbeit; *ders.* WS I-Mitt. 00, 626; s. auch *Peters/Orthwein* CR 97, 293, 355 zu TV und BV bei Telekom und IBM; *Schwarzbach* AiB 01, 577).

215   **Betriebsverfassungsrechtl.** hat der TeleArbN die gleichen Rechte wie die ArbN im Betrieb (s. *Boemke/Ankersen* BB 00, 2254, 2255 ff.; *Wiese* RdA 09, 344, 345 ff.):

216   Er kann an **Wahlen** und **BetrVerslg.** teilnehmen, die **Sprechstunde des BR** aufsuchen, als gewähltes **BR-Mitgl.** an Sitzungen des BR teilnehmen und BR-Arbeit übernehmen. Dabei ist das Arbeitsentgelt einschließlich der Wegezeiten fortzuzahlen (*Boemke/Ankersen* BB 00, 2254, 2255). Andernfalls würden die TeleArbN gegenüber den im Betrieb beschäftigten ArbN benachteiligt (vgl. *Wedde* in BMA Forschungsbericht, (Rn 172) S. 112). Die Auslagerung von Arbeitsplätzen darf nicht zum Verlust von Rechten der ArbN aus der Betriebsverfassung führen. Soweit möglich, muss der ArbN das Aufsuchen des BR mit Besuchen aus dienstlichem Anlass im Betrieb verbinden. Eine Verweisung ausschließlich auf elektronische Kommunikation statt persönlicher Kontakte ist nicht statthaft.

217   Der BR hat bez. der TeleArbN dieselben Rechte wie bez. der übrigen ArbN (*Boemke/Ankersen* BB 00, 2254, 2255 ff.). **Vor** der **Einführung** von Telearbeit kommen **Beteiligungsrechte des BR** nach §§ 80, 90, 92, 92 a, 93, 95, 111, 112 (vgl. *Wedde* Telearbeit 879 ff.; *Peter* DB 98, 573, 577) und **Mitwirkungsrechte** der einzelnen **ArbN** nach § 81 Abs. 4, 86 a in Betracht.

218   **Bei** der **Einführung** muss der ArbGeb. die Beteiligungsrechte des BR nach §§ 80, 87 Abs. 1 Nr. 1, 2, 6, 7, 10 u. 11, §§ 91, 96 ff. und insb. § 97 Abs. 2, § 99 sowie nach § 111 S. 2 Nr. 4 und 5 (vgl. *Wedde* Telearbeit S. 245 ff.; *Peter* DB 98, 573, 578; *Schmechel* NZA 04, 237) und die Mitwirkungsrechte der ArbN nach §§ 81 f. beachten. Daneben bestehen die Beteiligungsrechte des BR in personellen Angelegenheiten nach §§ 92 ff., insb. bei der Ausschreibung von Telearbeitsplätzen (§ 93) und bei Auswahlrichtlinien für Telearbeit (§ 95).

6. Konzernarbeitnehmer, Arbeitsverhältnisse im Konzern

219   Viele rechtlich selbständige Unternehmen sind konzernmäßig **verflochten**. Das BetrVG enthält keine eigene Begriffsbestimmung des Konzerns; es verweist in § 8 Abs. 1 S. 2 und in § 54 Abs. 1 auf §§ 17 und 18 AktG. Zur Frage, wann ein Konzern im betriebsverfassungsrechtlichen Sinne vorliegt, vgl. § 54, Rn 8 ff. Im Konzern kann ein KBR gebildet werden (§§ 54 ff.).

220   Die **Gestaltungsmöglichkeiten** von **ArbVerh.** innerhalb eines Konzerns sind vielfältig (vgl. *Windbichler* S. 67 ff.; *Maschmann* RdA 96, 24 ff.; s. auch *Rüthers/Bakker* ZfA 90, 245 ff.). Konzernspezifisch ist, dass infolge der engen Bindungen des ArbGeb. an andere Konzernunternehmen arbeitsrechtliche Beziehungen auch zu diesen Unternehmen (Drittbeziehungen) entstehen können, sei es in Form vertraglich begründeter Arbeitnehmermobilität innerhalb des Konzerns (*Windbichler* S. 68 ff.), sei es durch tatsächliche Einwirkung auf die Durchführung des ArbVerh. (*Windbichler* S. 166 ff.).

Ist ein ArbN in Betrieben **mehrerer Konzernunternehmen** gleichzeitig tätig, so **221** gehört er betriebsverfassungsrechtlich zu jedem dieser Betriebe, selbst wenn eine Beschäftigung nur geringfügig ist (ebenso *Windbichler* S. 269 f.; ErfK-*Koch* § 5 BetrVG Rn 9).

Eine der praktisch häufigsten Gestaltungsformen bei vom ArbGeb. initiierter Tä- **222** tigkeit eines ArbN in einem anderen Konzernunternehmen ist das Begründen eines **zweiten ArbVerh.**, während das Stammarbeitsverhältnis ruht und bei Rückkehr des ArbN wiederauflebt (vgl. *Windbichler* S. 72 ff.; ErfK-*Koch* § 5 BetrVG Rn 9). Auch hier gehört der ArbN betriebsverfassungsrechtlich zu beiden Betrieben, jedenfalls dann, wenn die Beziehung zum Stammbetrieb nur vorübergehend unterbrochen ist (vgl. zum ruhenden ArbVerh. wegen Wehrdienst BAG 29. 3. 74 AP Nr. 2 zu § 19 BetrVG 1972 u. § 7 Rn 30).

Bei einer ebenfalls oft praktizierten Gestaltungsform des mobilen Einsatzes von **223** ArbN im Konzern hat der ArbN im Wege der Abordnung die aus dem Stammarbeitsvertrag geschuldete Leistung bei einem anderen Konzernunternehmen zu erbringen und diesem ist die Ausübung bestimmter ArbGeb.-Rechte eingeräumt (*Windbichler* S. 81 ff.). Hier handelt es sich um ein sog. **gespaltenes ArbVerh.** (vgl. *Fabricius,* Rechtsprobleme gespaltener ArbVerh. im Konzern, 1982; *Müllner,* Aufgespaltene Arbeitgeberstellung und Betriebsverfassungsrecht, 1978; *Weber, Das* aufgespaltene Arb-Verh., 1992; *Wiedemann, Die* Unternehmensgruppe im Privatrecht, 1988, mit dem Abschnitt „Die Unternehmensgruppe im Arbeitsrecht"; kr. zu diesem Begriff *Windbichler* S. 78 ff., die hier von **„Konzernleihe"** spricht, S. 277 f. Zur gleichgelagerten Problematik im Gesamthafenbetrieb BAG 2. 11. 93 AP Nr. 32 zu § 95 BetrVG 1972).

Erfolgt die Abordnung nur zum **vorübergehenden, flexiblen Einsatz,** zB für **224** bestimmte Projekte, so bleibt die Betriebszugehörigkeit zum Stammbetrieb bestehen; bei einer damit verbundenen längerfristigen Eingliederung in den Drittbetrieb, die nach § 7 S. 2 bei einem dortigen Einsatz von über 3 Monaten anzunehmen ist, ist der ArbN auch diesem zuzurechnen (*DKKW-Trümner* Rn 88 f.; *Rüthers/Bakker* ZfA 90, 245, 313 f.; s. auch *Christiansen* Betriebszugehörigkeit S. 43; **aA** BAG 18. 1. 89 AP Nr. 2 zu § 14 AÜG; 10. 3. 04 AP Nr. 8 zu § 7 BetrVG 1972, s. aber Rn 237 f.; *Windbichler* S. 279 f.; zur ArbNÜberlassung im Konzern s. Rn 245). Sog. **Springer,** die als Spezialisten für bei ganz verschiedenen Unternehmen anfallenden Sonderaufgaben eingestellt werden, gehören ausschließlich zum Stammbetrieb (*Windbichler* S. 278 u. 280).

Erfolgt die **Abordnung als organisatorische Dauerlösung** in der Form, dass die **225** Arbeitsverträge mit dem herrschenden Unternehmen abgeschlossen werden, tatsächlich der ArbN aber in einem Betrieb eines abhängigen Unternehmens beschäftigt wird, so gehört er dem ArbN betriebsverfassungsrechtlich zu dem Betrieb, in dem er arbeitet. Er ist nur dort wahlberechtigt und wählbar (*Windbichler* S. 278, 280; *Konzen* Unternehmensaufspaltungen S. 113; wohl auch BAG 10. 3. 04 AP Nr. 8 zu § 7 BetrVG 1972). Der BR nimmt dann seine Beteiligungsrechte demjenigen gegenüber wahr, der zur Entscheidung befugt ist. Das kann der ArbGeb. des Betriebs sein, in dem der BR gebildet wurde, soweit ihm diese Befugnisse zustehen. Fehlen sie, nimmt der BR seine Rechte gegenüber dem herrschenden Unternehmen wahr; das gilt vor allem für das MBR in personellen Angelegenheiten.

Auch wenn alle ArbN des Konzerns Arbeitsverträge nur mit dem herrschenden **226** Unternehmen oder einer Personalführungsgesellschaft haben und zur Arbeitsleistung in die Betriebe der abhängigen Unternehmen abgeordnet werden, können sie dort Betriebsräte wählen (vgl. *DKKW-Trümner* Rn 89). Das muss erst recht gelten, wenn ein Konzernunternehmen als **Personalführungsgesellschaft** die ausschließliche Aufgabe hat, die von ihr eingestellten ArbN **dauerhaft** anderen Konzernunternehmen zur Arbeitsleistung zu **überlassen** (nach BAG 20. 4. 05 NZA 05, 1006 bleiben in diesem Fall die ArbN gem. § 14 Abs. 1 AÜG (analog) betriebsverfassungsrechtlich dem Betrieb der Personalführungsgesellschaft als VertragsArbGeb zugeordnet und haben das aktive und passive Wahlrecht zum dortigen BR; ob sie dieses Recht auch im Einsatzbetrieb haben, war nicht zu entscheiden).

227   **Individualrechtlich** ist von Bedeutung, ob der ArbGeb. verpflichtet ist, eine **Kündigung** durch Weiterbeschäftigung im Konzern zu vermeiden. Nach Ansicht des BAG (23. 3. 06 AP Nr. 13 zu § 1 KSchG 1969 Konzern mwN) ist der ArbGeb. grundsätzlich nicht verpflichtet, eine solche anderweitige Unterbringung im Konzern zu versuchen (*Maschmann* RdA 96, 24, 34; *Weber* ZfA 92, 527, 584 ff.; für weitergehende Verpflichtungen des ArbGeb. *Martens* FS BAG, S. 376; *Konzen* ZfA 82, 305). Eine solche Verpflichtung des ArbGeb. kann sich jedoch aus Zusagen ergeben oder daraus, dass das Unternehmen, zu dem der Arbeitsvertrag besteht, als beherrschendes Unternehmen Einfluss auf weitere Unternehmen hat (vgl. BAG 23. 3. 06; *Fiebig* DB 93, 582).

228   In einem **Interessenausgleich** nach § 112 kann sich der Unternehmer verpflichten, ArbN in einem anderen Unternehmen unterzubringen. Streitig ist, ob der Interessenausgleich den betroffenen ArbN einen Rechtsanspruch verschaffen kann (zur Bindungswirkung des Interessenausgleichs s. §§ 112, 112 a Rn 43 ff.). In jedem Fall können die ArbN beim Abweichen von einem vereinbarten Interessenausgleich einen Anspruch auf Nachteilsausgleich (§ 113) erwerben. Zur „Durchgriffshaftung" im Konzern bei Ansprüchen aus § 113 vgl. BAG 15. 1. 91 AP Nr. 21 zu § 113 BetrVG 1972; s. auch BAG 28. 4. 92 AP Nr. 25 zu § 16 BetrAVG zur wirtschaftlichen Leistungsfähigkeit eines Konzernunternehmens u. BAG 6. 10. 92 AP Nr. 5 zu § 1 BetrAVG Konzern zur Haftung für Versorgungsansprüche im Konzern.

7. Mittelbares Arbeitsverhältnis

229   Zu den ArbN eines Betriebes gehören auch diejenigen, die nicht vom Betriebsinhaber selbst, sondern von einer **Zwischenperson,** die ihrerseits ArbN des Betriebsinhabers ist, eingestellt und beschäftigt werden, so dass die ArbGeb.Funktionen zwischen dieser und dem eigentlichen (mittelbaren) ArbGeb. aufgeteilt sind (vgl. die Fälle BAG 9. 4. 57 u. 8. 8. 58 AP Nr. 2 u. 3 zu § 611 BGB Mittelbares ArbVerh., Musikkapelle u. 23. 2. 61 AP Nr. 2 zu § 611 BGB Akkordkolonne zur Betriebsgruppe und Eigengruppe; s. auch BAG 18. 4. 89 – Dialysezentrum – AP Nr. 65 zu § 99 BetrVG 1972 mit Anm. *Kraft/Raab; Schaub* § 185 Rn 2). Entscheidend ist, dass eine Bindung an die Weisungen des mittelbaren ArbGeb. besteht und dass das Arbeitsergebnis dessen Betrieb zugute kommt (*Richardi* Rn 101; *Weber/Ehrich/Hörchens/Oberthür* Teil A Rn 45).

230   Im Übrigen kann die Gestaltung der Vertragsbeziehungen als sog. **mittelbares ArbVerh.** rechtsmissbräuchlich sein, wenn die Zwischenperson als ArbGeb. keine unternehmerischen Entscheidungen zu treffen hat und keinen Gewinn erzielen kann (vgl. BAG 20. 7. 82 AP Nr. 5 zu § 611 BGB Mittelbares ArbVerh. für einen städt. Schulhausmeister, der Reinigungskräfte beschäftigt). Dann rechnet ein ArbN ohnehin zur Belegschaft des Betriebes, für den er arbeitet.

8. Leiharbeitnehmer

231   Das Leiharbeitsverhältnis ist ein Sonderfall des mittelbaren ArbVerh. Zu unterscheiden sind die **echten** und die **unechten Leiharbeitsverhältnisse.** Von diesen Leiharbeitsverhältnissen unterscheiden sich die **Unternehmens-ArbN,** die für ihren ArbGeb. und ausschließlich unter dessen Leitung (Erfüllungsgehilfen, § 278 BGB) Arbeiten in fremden Betrieben ausüben (zur Abgrenzung s. Rn 279 ff.; zum Fremdfirmeneinsatz s. § 99 Rn 63 ff.).

a) Echtes Leiharbeitsverhältnis

232   Beim **echten Leiharbeitsverhältnis** besteht ein normaler Arbeitsvertrag. Der ArbN wird im Allgemeinen im Betrieb seines ArbGeb. beschäftigt. Er wird nur ausnahmsweise an einen ArbGeb. verliehen, um im fremden Betrieb auf Grund der An-

weisungen des Entleihers vorübergehend zu arbeiten, etwa um Kenntnisse und Fertigkeiten an ArbN des fremden Betriebes zu vermitteln (s. *Schaub* § 120 Rn 2 ff.).

Bei diesem echten Leiharbeitsverhältnis, das grundsätzlich nicht unter das AÜG 233 fällt, bestehen arbeitsrechtliche Beziehungen sowohl zum verleihenden ArbGeb. als auch zum entleihenden ArbGeb. Die **Arbeitgeberfunktion** ist dahin **aufgespalten,** dass der Entleiher den betrieblichen Arbeitgeberpflichten (zB Arbeitsschutz) zu genügen hat und ihm andererseits die Arbeitsleistung zur Verfügung steht, während der Verleiher für die Lohnzahlung und die Abführung der Sozialversicherungsbeiträge einzustehen hat (vgl. BAG 8. 7. 71 AP Nr. 2 zu § 611 BGB Leiharbeitsverhältnis; *DKKW-Trümner* Rn 82 f.).

Der LeihArbN ist in diesem Fall **ArbN des verleihenden Betriebs.** Rechte aus 234 dem BetrVG nimmt er in diesem Betrieb wahr. Er hat dort das aktive und passive **Wahlrecht** nach den allgemeinen Vorschriften.

Der LeihArbN kann zusätzlich das aktive und passive Wahlrecht zum BR des **ent-** 235 **leihenden Betriebes** erwerben. Das bestimmt der mit dem **BetrVerf-ReformG** neu eingestellte § 7 S. 2 (ausführl. dazu § 7 Rn 37 ff.). Danach steht den echten LeihArbN das aktive Wahlrecht ab dem ersten Einsatztag im Entleiherbetrieb zu, wenn sie dort länger als drei Monate eingesetzt werden sollen. Nur bei einer kurzfristigen Überlassung von bis zu 3 Monaten verbleibt der Schwerpunkt der betriebsverfassungsrechtlich relevanten Arbeitsbeziehungen im Verleiherbetrieb, bei einer längeren verlagert er sich dagegen in den Entleiherbetrieb.

Im Gegensatz zu den unechten LeihArbN nach dem AÜG erwerben die **echten** 236 **LeihArbN** auch das **passive Wahlrecht** gem. § 8 nach einer Mindesteinsatzzeit von 6 Monaten (*DKKW-Trümner* Rn 84; *Däubler* ArbuR 01, 285, 286; *Konzen* RdA 01, 76, 83; *Löwisch* BB 01, 1734, 1737; s. auch *Christiansen* Betriebszugehörigkeit S. 127; **aA** *Thüsing* AÜG § 14 Rn 49).

Die insoweit **abweichende,** auf eine analoge Anwendung des § 14 Abs. 2 S. 1 237 AÜG gestützte **Ansicht des BAG** (10. 3. 04 AP Nr. 8 zu § 7 BetrVG 1972) überzeugt nicht. Für die ArbNÜberlassung nach dem AÜG ist kennzeichnend, dass der Verleiher in der Einsatzsteuerung seiner LeihArbN frei sein und folglich auch ihren Wechsel von einem zu einem anderen Entleiher anordnen können muss. Damit wäre ein BRAmt unechter LeihArbN im Entleiherbetrieb kaum in Einklang zu bringen (vgl. *Schüren* RdA 04, 185 Fn 13). Anders verhält es sich bei echten LeihArbN, die idR nur für eine bestimmte Zeit in einem anderen Betrieb vorübergehend aushelfen (s. Rn 232), um dann wieder in ihren Stammbetrieb zurückzukehren; hier geht es eben nicht um einen ständigen Wechsel von Betrieb zu Betrieb.

Mit der Verleihung des Wahlrechts zum BR im Entleiherbetrieb erkennt das 238 BetrVerf-ReformG generell die **Betriebszugehörigkeit** der echten LeihArbN zum **Entleiherbetrieb** an. Betriebsverfassungsrechtlich unterscheiden sie sich insoweit in nichts von den ArbN des Entleiherbetriebs. Das bedeutet ua, dass sie unter den gleichen Voraussetzungen bei der Berechnung der Schwellenwerte zB der §§ 9 und 38 mitzählen (so Bericht des A+S-Ausschusses BT-Drucks. 14/6352 S. 54; *Brors* NZA 03, 1381; *Däubler* ArbuR 01, 1, 5; *ders.* ArbuR 01, 285, 286; *Konzen* RdA 01, 76, 83; *Schneider* AiB 02, 287 ff.; s. § 9 Rn 26 mwN; **aA** BAG 16. 4. 03 AP Nr. 7 zu § 9 BetrVG 2002; 10. 3. 04, 21. 7. 04 AP Nr. 8, 11 zu § 7 BetrVG 1972; *Löwisch/Kaiser* Rn 4; *Schüren/Hamann* AÜG § 14 Rn 109; *Dewender* RdA 03, 275; *Kreutz* FS *Wissmann* S. 364, 370 f.).

Sie können auch die im G vorgesehenen **individuellen Rechte** wie Teilnahme an 239 Betriebsversammlungen oder Besuch der Sprechstunden des BR sowie die Mitwirkungsrechte nach §§ 81 ff. für sich beanspruchen, ohne dass es noch eines Hinweises auf eine analoge Anwendung des nur für unechte LeihArbN geltenden § 14 Abs. 3 AÜG bedarf.

Beim Einsatz der LeihArbN steht dem BR ein **MBR** nach § 99 zu (BAG 15. 4. 86 240 AP Nr. 35 zu § 99 BetrVG 1972). Das gilt auch für Regelungen in sozialen Angelegenheiten, von denen die LeihArbN betroffen sind (Arbeitszeit, Urlaubspläne, Dienstpläne); das MBR des BR erstreckt sich insoweit auch auf diese ArbN (so schon bisher BAG 28. 9. 88 AP Nr. 60 zu § 99 BetrVG 1972; 28. 7. 92 AP Nr. 7 zu § 87 BetrVG 1972 Werkmietwohnungen; 19. 6. 01 AP Nr. 1 zu § 87 BetrVG 1972 Leiharbeitnehmer; nach *GK-Raab* Rn 66 u. *GK-Kreutz* § 7 Rn 43 ff. hängt eine analoge Anwendung von Vorschriften des BetrVG vom Einzelfall ab).

b) Unechtes Leiharbeitsverhältnis nach AÜG

241 Ein **unechtes Leiharbeitsverhältnis** liegt vor, wenn der ArbN von einem ArbGeb. zu dem Zweck eingestellt wird, an Dritte verliehen zu werden. Die von diesen ArbN in fremden Betrieben verrichtete Tätigkeit wird im allgemeinen Sprachgebrauch als **Leiharbeit** bezeichnet. Es gilt das AÜG. Es soll den Unternehmen mit dem Instrument der ArbNÜberlassung eine flexible und schnelle Reaktion auf Nachfragespitzen oder Auftragsengpässe ermöglichen und zugleich einen Missbrauch dieses Instruments zulasten der ArbN unterbinden.

242 Mit dem **Ersten G zur Änderung des AÜG – Verhinderung von Rechtsmissbrauch der ArbNÜberlassung** vom 28. April 2011 (BGBl. I S. 642) ist das AÜG in wesentlichen Punkten geändert worden. Das ÄnderungsG setzt die RL 2008/104/EG vom 19. 11. 2008 über Leiharbeit um und enthält weitere Verbesserungen. **Betriebsverfassungsrechtlich relevant** sind die (Neu-)Regelungen des AÜG über seinen erweiterten Anwendungs- und Schutzbereich sowie die verbesserten Rechte der LeihArbN. Hier sind vor allem die Kontroll- und Mitbestimmungsrechte des BR (insb. §§ 80, 87, 99) von Bedeutung.

aa) Geltungsbereich des AÜG

243 Das AÜG gilt nicht wie bisher nur für gewerbsmäßige ArbNÜberlassung, sondern für alle **wirtschaftlich** tätige **Unternehmen,** unabhängig davon, ob sie Erwerbszwecke verfolgen oder nicht (vgl. § 1 Abs. 1 S. 1 AÜG). Damit wird gängigen Praktiken zur Umgehung des AÜG, indem der Verleiher dem Entleiher ArbN zu Selbstkosten ohne Gewinnaufschlag überlässt, unterbunden (*Hamann* RdA 11, 321, 323; *Leuchten* NZA 11, 608 f.). Damit ist klargestellt, dass auch für konzerninterne **Personalservicegesellschaften,** die LeihArbN anderen Konzernunternehmen zum Selbstkostenpreis überlassen, das AÜG gilt (vgl. *Ulber* AÜG Einl. C Rn 123, § 1 Rn 361). Folglich unterfallen alle Unternehmen, die Güter oder Dienstleistungen auf einem bestimmten Markt anbieten, dem AÜG und sind nach § 1 Abs. 1 S. 1 AÜG erlaubnispflichtig, wenn sie Dritten ArbN überlassen (*Hamann* RdA 11, 321, 323). Das können auch karitative Unternehmen sein, wenn sie im Wettbewerb mit anderen Marktteilnehmern stehen, die gleiche Leistungen anbieten, wie zB die Caritas bez. Pflegeleistungen (*Ulber* AÜG § 1 Rn 205, 207; *Leuchten* NZA 11, 608, 609; *Lembke* DB 11, 414; *Ulber* AiB 11, 351, 352; **aA** *Hamann* NZA 11, 70, 71).

244 Die zeitliche Überlassung eines LeihArbN an Entleiher darf nur noch **vorübergehend** (ausführlich zu diesem Begriff *Ulber* AÜG § 1 Rn 230 a ff.; *Hamann* NZA 11, 70, 72 ff.; *ders.* RdA 11, 321, 324 ff.), also nicht mehr auf Dauer erfolgen (§ 1 Abs. 1 S. 2 AÜG). An diese Vorgabe sind sowohl Verleiher als auch Entleiher gebunden (*Leuchten* NZA 11, 608, 609; **aA** *Lembke* DB 11, 414 f., der von einem unverbindl. Programmsatz ausgeht). Es soll ein Austausch von Stammpersonal durch LeihArbN verhindert werden. Eine Überlassung wird immer vorübergehend sein, wenn für sie eine der Befristungsgründe des § 14 Abs. 1 S. 2 Nr. 1–5 TzBfG (s. hierzu Rn 124 ff.) vorliegt, wohl aber auch dann, wenn es beim Entleiher einen zusätzlichen Beschäftigungsbedarf gibt, dessen Dauer ungewiss ist (*Hamann* NZA 11, 70, 73 f.). Hier kann der **BR** insb. aufgrund seines Beteiligungsrechts nach § 99 die Einhaltung dieser neuen Vorschrift durchsetzen und **Missbrauch verhindern** (s. § 99 Rn 192 a).

245 Das sog. **Konzernprivileg** in § 1 Abs. 3 Nr. 2 AÜG, das eine großzügige Ausnahme vom AÜG vorsah, ist eingeschränkt worden. Sein Anwendungsbereich erstreckt sich jetzt ausschließlich auf die konzerninterne Überlassung von solchen

ArbN, die nicht zum Zweck der Überlassung eingestellt und beschäftigt werden. Das bedeutet, dass die wesentlichen Vorschriften des AÜG nur dann nicht anzuwenden sind, wenn ausschließlich solche ArbN anderen Konzernunternehmen überlassen werden, die in ihrem Unternehmen einen eigenen Arbeitsplatz haben, auf den sie nach Ende der Überlassung zurückkehren können. Damit ist auch klargestellt, dass das Konzernprivileg nicht für die ArbNÜberlassung durch sog. **Personalführungsgesellschaften** gilt, selbst wenn diese als Mischunternehmen noch andere Dienstleistungen anbieten (so schon für die Vorgängerregelung BAG 9. 2. 11 – 7 AZR 32/10 – NZA 11, 791; *Schüren/Hamann* AÜG § 1 Rn 486, 516 ff.; *Hamann* RdA 11, 321, 323, 332 f.; *Ulber* AÜG Einl. C Rn 123, § 1 Rn 361; *Düwell* DB 11, 1520 f.).

Das AÜG gilt nicht für ArbNÜberlassung zwischen ArbGeb., sofern sie nur **gele- 246 gentlich** erfolgt und der ArbN nicht zum Zweck der Überlassung eingestellt und beschäftigt wird (§ 1 Abs. 3 Nr. 2a AÜG). Mit dieser Ausnahme sollen in Bezug sowohl auf den ArbN als auch das überlassende Unternehmen gelegentlich auftretende Überlassungsfälle ausgeklammert werden, wie zB die Abdeckung eines kurzfristigen Spitzenbedarfs eines anderen Unternehmens (BT-Drucks. 17/4804 S. 8; kr. *Hamann* RdA 11, 321, 333; *Ulber* AÜG § 1 Rn 380 ff.).

Das **AÜG** ist grundsätzlich **nicht** anzuwenden auf die ArbNÜberlassung zwischen **247** ArbGeb. desselben **Wirtschaftszweiges** zur Vermeidung von Kurzarbeit oder Entlassungen, sofern ein für den Entleiher und Verleiher geltender **TV** dies vorsieht (§ 1 Abs. 3 Nr. 1 AÜG; s. dazu *Ulber* AÜG § 1 Rn 313 ff.). Gleiches gilt für die sog. **Kollegenhilfe** (§ 1a AÜG).

Das AÜG ist ebenfalls nicht anwendbar auf die **ArbNÜberlassung ins Ausland 248** in ein auf der Grundlage zwischenstaatlicher Vereinbarung begründetes deutsch-ausländisches Gemeinschaftsunternehmen, an dem der Verleiher beteiligt ist (§ 1 Abs. 3 Nr. 3 AÜG; s. dazu *Ulber* AÜG § 1 Rn 385 ff.).

Dagegen gilt das AÜG für **ArbNÜberlassung aus dem Ausland** (Sitz des Verlei- **249** hers), so dass der Verleiher eine deutsche Erlaubnis benötigt und insb. die bauspezifischen Sonderregelungen (s. Rn 270) zu beachten hat (hM; Bay. OLG DB 99, 1019; *Ulber* AÜG § 1 Rn 226; vgl. auch *Koberski/Asshoff/Eustrup/Winkler* AEntG § 8 Rn 15 ff.; *Hanau* NJW 96, 1369, 1373 mwN; zur grenzüberschreitenden ArbN-Überlassung *Kienle/Koch* DB 01, 922 ff.; zur EU-Osterweiterung *Boemke* BB 05, 266 ff.).

bb) Rechtsstellung des Leiharbeitnehmers nach dem AÜG

Der LeihArbN hat ein **ArbVerh.** mit dem Verleiher. Der Verleiher ist ArbGeb. des **250** LeihArbN (vgl. *Schüren/Hamann* AÜG Einl. Rn 175 ff., 243 ff.). Das ArbVerh. zwischen Verleiher und LeihArbN ist rechtlich **unabhängig** vom **Überlassungsvertrag** zwischen Verleiher und Entleiher. Das bedeutet, dass mit Ende der Überlassung an den Entleiher nicht automatisch auch das ArbVerh. zwischen Verleiher und Leih-ArbN endet. Vielmehr ist der Verleiher verpflichtet, sich um weitere Einsatzmöglichkeiten für den LeihArbN zu bemühen. In der verleihfreien Zeit steht dem LeihArbN weiterhin der Anspruch auf Zahlung des Arbeitsentgelts gegenüber dem Verleiher zu. Im Übrigen finden auf das ArbVerh. zwischen Verleiher und LeihArbN grundsätzlich die gleichen arbeitsrechtlichen Schutzvorschriften einschließlich die des KSchG und des TzBfG Anwendung wie für andere ArbN auch.

Zwischen dem **Entleiher** und dem **LeihArbN** besteht bei einer Tätigkeit im **251** Rahmen legaler ArbNÜberlassung **kein ArbVerh.** (s. aber Rn 253 zu § 10 Abs. 1 S. 1 AÜG). Der LeihArbN wird aber in die Betriebsorganisation des Entleihers eingegliedert. Dieser übt das Direktionsrecht aus und entscheidet über die Zuweisung des konkreten Arbeitsplatzes und die Art und Weise der Erbringung der Arbeitsleistung. Der LeihArbN hat die ihm aus dem Arbeitsvertrag mit dem Verleiher obliegende Arbeitspflicht gegenüber dem Entleiher zu erbringen. Tatsächlich entstehen damit auch zum Entleiher rechtliche Beziehungen arbeitsrechtlicher Natur (BAG 15. 3. 11 – 10 AZB 49/10 – BeckRS 11, 71529). Dieser **gespaltenen ArbGeb.-Stellung** trägt § 13 AÜG Rechnung. Danach kann der LeihArbN vom Entleiher Auskunft über die im Entleiher-Betrieb geltenden Arbeitsbedingungen verlangen. Außerdem greifen für ihn die im Betrieb des Entleihers geltenden öffentlich-rechtlichen Bestimmungen des **Arbeitsschutzes** (vgl. § 11 Abs. 6 AÜG).

252　　Wegen der bes. Schutzbedürftigkeit der LeihArbN, die idR an wechselnden Einsatzorten in fremden Betrieben tätig werden, enthält das AÜG **bes. Schutzvorschriften**. Der Verleiher bedarf für die ArbNÜberlassung einer **Erlaubnis** (§ 1 Abs. 1 AÜG), deren Inhaberschaft er gegenüber dem Entleiher schriftlich bestätigen muss (§ 12 Abs. 1 AÜG). Die Erlaubnis wird nur erteilt, wenn der Verleiher die gewerbliche Zuverlässigkeit besitzt, er insb. die Vorschriften des Sozialversicherungsrechts, des Arbeits- und Arbeitsschutzrechts einhält (s. § 3 Abs. 1 Nr. 1, 2 AÜG).

253　　Hat der Verleiher **nicht** die erforderliche **Erlaubnis,** sind die Verträge zwischen ihm und dem Entleiher sowie zwischen ihm und dem LeihArbN unwirksam (§ 9 Nr. 1 AÜG). Dann gilt ein **ArbVerh.** zwischen **Entleiher** und **LeihArbN** als zustande gekommen, dessen Inhalt und Dauer sich nach den im Entleiher-Betrieb geltenden Vorschriften und sonstigen Regelungen bestimmen; dabei hat der LeihArbN mindestens Anspruch auf das mit dem Verleiher vereinbarte Arbeitsentgelt (§ 10 Abs. 1 S. 4, 5 AÜG; s. auch BAG 30. 1. 91 AP Nr. 8 zu § 10 AÜG). Die Entleiher sollen auf diese Weise veranlasst werden, im eigenen Interesse nur mit zuverlässigen Verleihern Verträge abzuschließen (vgl. *Thüsing/Mengel* AÜG § 10 Rn 2). Im Verhältnis zum Verleiher können Schadenersatzansprüche entstehen (§ 10 Abs. 2 AÜG).

254　　Zum Schutze der Leiharbeitnehmer sind bestimmte Abreden und Maßnahmen unzulässig (§ 9 AÜG; s. zB Rn 255 ff.). Die wichtigsten Arbeitsbedingungen müssen schriftlich in einer Urkunde niedergelegt werden (§ 11 AÜG).

255　　Der wichtigste materiellrechtliche Schutz der LeihArbN folgt aus dem gesetzlich festgelegten **Grundsatz,** dass LeihArbN für die Zeit der **Überlassung** die für vergleichbare ArbN im Entleiher-Betrieb geltenden **wesentlichen Arbeitsbedingungen (Equal Treatment)** einschließl. des **Arbeitsentgelts (Equal Pay)** zu gewähren sind (vgl. § 10 Abs. 4 S. 1 iVm. § 9 Nr. 2, § 3 Abs. 1 Nr. 3 AÜG; s. auch BAG 12. 1. 06 AP Nr. 82 zu § 2 KSchG 1969). Das sind zB auch Arbeitszeitregelungen, bezahlter Urlaub, Arbeitsschutzvorschriften sowie Diskriminierungsverbote. Dazu gehören nicht die im Entleiher-Betrieb geltenden **Ausschlussfristen.** An sie ist der LeihArbN nicht gebunden, wenn er seine Ansprüche nach § 9 Abs. 4 AÜG gegen den Verleiher geltend macht (BAG 23. 3. 11 – 5 AZR 7/10 – NZA 11, 850; *Brors* NZA 10, 1385 ff.; zur Verjährung von Equal-Pay-Ansprüchen *Stoffels* NZA 11, 1057 ff.).

255a　　Die **Regelung,** nach der bisher **arbeitslose LeihArbN** für längstens sechs Wochen abweichend vom Grundsatz des Equal Pay im Betrieb des Entleihers zu einem Nettoarbeitsentgelt in Höhe des Betrages, den der LeihArbN zuletzt als Arbeitslosengeld erhalten hat, beschäftigt werden können, ist **gestrichen** worden (s. § 3 Abs. 1 Nr. 3, § 9 Nr. 2 AÜG). Entspr. Vereinbarungen sind jetzt unwirksam und der Verleiher ist verpflichtet, dem LeihArbN die im Entleiher-Betrieb für einen vergleichbaren ArbN des Entleihers geltenden wesentlichen Arbeitsbedingungen einschl. des Arbeitsentgelts zu gewähren (§ 10 Abs. 4 iVm § 9 Nr. 2 AÜG).

256　　Von diesem **Gleichbehandlungsgrundsatz** gibt es **eine Ausnahme:** Ein **TV** kann abweichende Regelungen vorsehen oder zulassen (§ 3 Abs. 1 Nr. 3, § 9 Nr. 2 AÜG). Er kann auch dauerhaft vom Gleichbehandlungsgrundsatz abweichen. Im Geltungsbereich eines solchen TV können nicht tarifgebundene ArbGeb. und ArbN die Anwendung der TVRegelungen vereinbaren (§ 9 Nr. 2 AÜG; hierzu *Schüren/Hamann* AÜG § 9 Rn 156 ff.; *Thüsing/Mengel* AÜG § 9 Rn 41 ff.; *Ulber* AÜG § 9 Rn 149 ff.; vgl. auch BAG 19. 9. 07 AP Nr. 17 zu § 10 AÜG; BVerfG 29. 12. 04 NZA 05, 153: Verfassungsgemäße Regelung). Dies ermöglicht den TVParteien, die Arbeitsbedingungen der LeihArbN flexibel zu gestalten und Leistungen für Zeiten des Verleihs und des Nichtverleihs in einem Gesamtkonzept zu regeln (zu diesen TV *Furier/Kaus* AiB 04, 360, 369 ff.).

Neu ist allerdings, dass eine nach Maßgabe des § 3 a AÜG **verbindliche Lohnun-** 257
tergrenze vom BMAS durch Verordnung festgesetzt werden kann, die der vom
Grundsatz des Equal Pay abweichende TV **nicht unterschreiten** darf. Voraussetzung
ist, dass Gewerkschaften und ArbGeb.-Verbände, die zumindest auch für ihre jeweiligen
in der ArbNÜberlassung tätigen Mitgl. zuständig sind und bundesweit tarifliche Min-
deststundenentgelte im Bereich der ArbNÜberlassung miteinander vereinbart haben,
beim BMAS einen entspr. Antrag stellen und diesem entsprochen wird (Näheres dazu s.
Hamann RdA 11, 321, 329 ff.; *Leuchten* NZA 11, 608, 610 f.; *Ulber* AiB 11, 351, 354).

Eine **abweichende tarifliche Regelung** (s. Rn 256) gilt **nicht** für solche Leih- 258
ArbN, die in den letzten sechs Monaten vor Überlassung an den Entleiher aus einem
ArbVerh. bei diesem oder einem ArbGeb., der mit dem Entleiher einen Konzern iSd
§ 18 AktG bildet, ausgeschieden ist (§ 3 Abs. 1 Nr. 3 S. 4 AÜG). Diese „**Drehtür-
klausel**" verhindert zwar nicht, dass eine derartige ArbNÜberlassung erfolgen kann
(*Ulber* AiB 11, 351, 353 f.), jedoch sind dann dem LeihArbN die gleichen wesent-
lichen Arbeitsbedingungen einschließl. des Arbeitsentgelts zu gewähren wie ver-
gleichbaren ArbN im Betrieb des Entleihers (§ 10 Abs. 4 S. 4 iVm § 9 Nr. 2 Halbs. 4
AÜG; *Düwell* DB 11, 1520; *Hamann* NZA 11, 70, 75 f.; *ders.* RdA 11, 321, 327 ff.).
Dagegen ist ein Freimachen von mit eigenen ArbN besetzten Arbeitsplätzen zwecks
Einsatzes von LeihArbN durch sog. **Austauschkündigung** unzulässig (BAG 16. 12.
04 – 2 AZR 66/04 – NZA 05, 761; *Hamann* NZA 10, 1211, 1213).

Um den Gleichbehandlungsgrundsatz verwirklichen zu können, müssen **Verleiher** 259
und **LeihArbN** die **Arbeitsbedingungen** im **Entleiher-Betrieb kennen.** Dem
entspr. muss der Entleiher die bei ihm geltenden wesentlichen Arbeitsbedingungen
einschließl. des Arbeitsentgelts dem Verleiher schriftlich mitteilen (§ 12 Abs. 1 S. 3
AÜG) und der LeihArbN hat gegenüber dem Entleiher einen Auskunftsanspruch
(§ 13 AÜG, der nach BAG 19. 9. 07 AP Nr. 17 zu § 10 AÜG zur Erleichterung der
Darlegungs- u. Beweislast führen kann; s. *Trittin/Fischer* AiB 08, 431 f.). Zu den Auswirkungen dieser Regelungen im Rahmen des § 99 s. insb. dortige Rn 83 f., 106, 191 f.).

Entspr. dem Gleichbehandlungsgrundsatz ist dem LeihArbN der **Zugang** zu den 260
Gemeinschaftseinrichtungen oder -diensten wie insb. Kinderbetreuungseinrichtungen, Gemeinschaftsverpflegung und Beförderungsmittel (s. weitere Beispiele § 87
Rn 347) unter den gleichen Voraussetzungen und in gleicher Weise zu gewähren wie
den vergleichbaren ArbN im Entleiher-Betrieb. Eine Ausnahme hiervon gilt nur,
wenn sachliche Gründe eine unterschiedliche Behandlung rechtfertigen (§ 13 b
AÜG; *Ulber* AiB 11, 351, 356). Das ist zB der Fall, wenn der Entleiher gemessen an
der individuellen Einsatzdauer des LeihArbN einen unverhältnismäßigen Organisa-
tions- bzw. Verwaltungsaufwand bei der Gewährung des Zugangs hat (BT-Drucks.
17/4804 S. 10).

Die Chancen der LeihArbN, in die Stammbelegschaft des Entleihers übernommen 261
zu werden, sollen erhöht werden (BT-Drucks. 17/4804 S. 10). Deshalb hat der Entleiher die bei ihm eingesetzten LeihArbN von sich aus über die **freien Arbeitsplätze** zu
informieren, damit sie sich auf diese Stellen bewerben können (§ 13 a AÜG). Die
Informationspflicht besteht unabhängig davon, ob der BR die Ausschreibung der Arbeitsplätze nach § 93 verlangt hat (*Ulber* AiB 11, 351, 355). Sie erstreckt sich auf alle
Arbeitsplätze im gesamten Unternehmen (*Hamann* RdA 11, 321, 334). Eine vorrangige Berücksichtigung der LeihArbN besteht nicht (*Zimmermann* ArbRAktuell 11,
318 129). Die Information kann durch allgemeine Bekanntgabe (zB schwarzes Brett,
Mitarbeiterzeitung, Intranet) an geeigneter und dem LeihArbN zugänglicher Stelle im
Betrieb und Unternehmen erfolgen. Vereinbarungen, die dem LeihArbN die Begründung eines ArbVerh. mit dem Entleiher untersagen oder ihm die Zahlung einer Ver-
mittlungsgebühr an den Verleiher auferlegen, sind unwirksam (§ 9 Nr. 4, 4 a AÜG).

cc) Betriebsverfassungsrechtliche Aspekte des AÜG

Betriebsverfassungsrechtlich ist der LeihArbN grundsätzlich dem **Verleiher-** 262
Betrieb zugeordnet, es sei denn, es liegt ein Fall der Rn 253 vor (dann ausschließl.

Zuordnung zum Entleiherbetrieb: BAG 20. 4. 05 NZA 05, 1006). Er hat dort das aktive und passive **Wahlrecht** nach den allgemeinen Vorschriften. Der dortige BR ist zuständig für alle Angelegenheiten, die sich aus dem arbeitsvertraglichen Grundverhältnis zwischen Verleiher und LeihArbN ergeben (zB Entgelt, Urlaub, Kündigung). Folglich hat der BR des Verleiher-Betriebs nach **§ 87 Abs. 1 Nr.** 3 auch mitzubestimmen, wenn auf Grund der Entsendeentscheidung des Verleihers feststeht, dass sich die vertraglich geschuldete Arbeitszeit des LeihArbN wegen einer davon abweichenden betriebsüblichen Arbeitszeit im Entleiher-Betrieb vorübergehend verlängert (BAG 19. 6. 01 AP Nr. 92 zu § 87 BetrVG 1972 Arbeitszeit). Werden erst später beim Entleiher Überstunden angeordnet, ist der dortige BR (allein) zuständig (*Wißmann* NZA 03, 1, 4; s. Rn 267 f.).

263   Der unechte LeihArbN kann zusätzlich das aktive Wahlrecht zum BR des **Entleiher-Betriebes** erwerben. Das bestimmt der mit dem **BetrVerf-ReformG** eingestellte § 7 S. 2 (ausführl. dazu § 7 Rn 37 ff.; *Maschmann* DB 01, 2446). Danach steht den unechten LeihArbN das aktive Wahlrecht ab dem ersten Einsatztag im Entleiherbetrieb zu, wenn sie dort länger als drei Monate eingesetzt werden sollen. Im Gegensatz zu den echten LeihArbN erwerben die unechten LeihArbN jedoch das passive Wahlrecht gem. § 8 nicht (s. § 14 Abs. 2 AÜG; *Engels/Trebinger/Löhr-Steinhaus* DB 01, 532, 536; kr. *Hamann* NZA 03, 529).

264   Mit der Verleihung des Wahlrechts zum BR im Entleiherbetrieb erkennt das BetrVerf-ReformG die **Betriebszugehörigkeit** der unechten LeihArbN zum **Entleiherbetrieb** an. Was Eingliederung, Arbeitsleistung und Weisungsunterworfenheit betrifft, unterscheiden sie sich nicht von der Stammbelegschaft. Zudem wenden sie sich zunehmend mit ihren Problemen an den BR des Entleiherbetriebs (*Wassermann/Rudolph* AiB 07, 700 ff.).

265   Auch ohne arbeitsvertragliche Beziehungen zwischen Entleiher und LeihArbN ist von einer Betriebszugehörigkeit der LeihArbN zum Entleiherbetrieb auszugehen. Folglich zählen sie bei der Berechnung der **Schwellenwerte** zB der §§ 9 und 38 mit (str.; so Bericht des A+S-Ausschusses BT-Drucks. 14/6352 S. 54; DKKW-*Schneider/Homburg* § 9 Rn 10 b ff.; *Klebe/Ratayczak/Heilmann/Spoo* § 5 Rn 2; *Ulber* AÜG § 14 Rn 74; *Blanke* DB 08, 1153 ff.; *Brors* NZA 03, 1382; *Hamann* NZA 03, 528; *Ratayczak* AiB 04, 212 ff.; *Schüren* RdA 04, 184; s. jetzt auch *Schüren-Hamann* AÜG § 14 Rn 110 f.; s. ferner § 9 Rn 25; **aA;** *Brose* NZA 05, 797 ff.; *Dewender* RdA 03, 275; *Kreutz* FS *Wißmann* S. 364 ff.; *Lindemann/Simon* NZA 02, 365; *Löwisch* BB 01, 1734, 1737; *Maschmann* DB 01, 2446, 2448).

266   Der 7. Senat des **BAG** hat dagegen bisher eine **Betriebszugehörigkeit** der LeihArbN wegen fehlenden Arbeitsvertrages zum Entleiher **verneint** (BAG 16. 4. 03 AP Nr. 7 zu § 9 BetrVG 2002; 22. 10. 03 AP Nr. 28 zu § 38 BetrVG 1972; 10. 3. 04 AP Nr. 8 zu § 7 BetrVG 1972; 21. 7. 04 AP Nr. 11 zu § 7 BetrVG 1972; zur Kritik an dieser Rspr. *Blanke* DB 08, 1153 ff.; s. aber jetzt 1. Senat BAG 18. 10. 11 – 1 AZR 335/10) und dies auch für die nicht gewerbsmäßige Arbeitnehmerüberlassung sowie für die Konzernleihe bestätigt (BAG 10. 3. 04). Aufgrund eines Beitrags des ehem. Vors. dieses Senats (s. *Dörner* FS *Wißmann* S. 286, 295, 298) besteht jedoch die Hoffnung, dass es zumindest bei bestimmten Fallgestaltungen (wiederholt langfristiger Einsatz) zu einer **Änderung** dieser **Rspr.** kommen könnte (s. auch *Brors/Schüren* BB 04, 2745, 2751).

267   Da § 14 AÜG die betriebsverfassungsrechtl. Zuordnung der LeihArbN nur partiell regelt (hM; BAG 28. 7. 92 AP Nr. 7 zu § 87 BetrVG 1972 Werkmietwohnungen; 15. 12. 92 AP Nr. 7 zu § 14 AÜG; 19. 6. 01 AP Nr. 1 zu § 87 BetrVG 1972 Leiharbeitnehmer), ist der **BR** des **Entleiherbetriebs** über die in dieser Norm genannten Fälle hinaus immer dann auch **für LeihArbN** zuständig, wenn der Entleiher auf Grund des ihm zustehenden Direktionsrechts Maßnahmen anordnen kann, die beteiligungspflichtig sind (BAG 15. 12. 92, 19. 6. 01; *Schneider* AiB 02, 287 ff.).

268   Infolgedessen stehen dem BR des Entleiherbetriebs vor allem MBR in sozialen Angelegenheiten (insb. § 87 Abs. 1 Nr. 1, 2, 3, 6, 7, 8, 12) auch für LeihArbN zu (so ausdrücklich zu § 87 Abs. 1 Nr. 2 BAG 19. 6. 01 AP Nr. 1 zu § 87 BetrVG 1972 Leiharbeitnehmer). Nach § 14 Abs. 2 S. 2 AÜG sind die LeihArbN berechtigt, die **Sprechstunden** der ArbN-Vertretungen im Entleiherbetrieb aufzusuchen und an **Betriebs- und JugAzubiVerslg teilzunehmen.** Für sie gelten auch die §§ 81, 82 Abs. 1, 84 bis 86. Gibt es im Entleiherbetrieb keinen BR, entfallen die vorgenannten Beteiligungsrechte, die auch nicht hilfsweise durch den BR des Verleihbetriebs ausgeübt werden können (*Stückmann* DB 99, 1902, 1904 ff.).

Vor der **Übernahme** eines LeihArbN zur Arbeitsleistung im Betrieb des Entlei- **269** hers ist der **BR** des Entleiherbetriebes **nach § 99 zu beteiligen** (§ 14 Abs. 3 S. 1 AÜG). Str. ist, ob diese Bestimmung ein eigenes MBR des BR begründet oder nur auf § 99 BetrVG verweist mit der Folge, dass das MBR nur in Unternehmen mit idR von mehr als 20 wahlberechtigten ArbN besteht (so BAG 9. 3. 11 – 7 ABR 137/09 – NZA 11, 871; *Schüren/Hamann* AÜG § 14 Rn 141, 146 mwN; aA *Ulber* AÜG § 14 Rn 186 mwN).

dd) Besonderheiten des Baugewerbes nach AÜG

In Betrieben des **Baugewerbes** ist die ArbNÜberlassung für Arbeiten, die übli- **270** cherweise von Arbeitern verrichtet werden, **unzulässig.** Von diesem Grundsatz lässt § 1b AÜG weitreichende Ausnahmen für das Bauhaupt- und Baunebengewerbe durch TV zu (s. *Ulber* AÜG § 1b Rn 15 ff.). Nach § 1b S. 2a AÜG ist die ArbNÜberlassung nicht nur zwischen Betrieben des Baugewerbes, sondern auch zwischen diesen und anderen Betrieben gestattet, wenn dies ein für allgemeinverbindlich erklärter TV zulässt und er die beteiligten Betriebe erfasst. Allerdings ist für die ArbNÜberlassung zwischen Betrieben des Baugewerbes Voraussetzung, dass der verleihende Betrieb vor der ersten Überlassung nachweislich seit mindestens drei Jahren von denselben Rahmen- und SozialkassenTV oder von deren Allgemeinverbindlichkeit erfasst wird (s. *Ulber* AÜG § 1b Rn 41 ff.; *ders.* ArbuR 03, 8 f.).

Betreibt der Verleiher trotz des gesetzl. Verbots genn. § 1b AÜG ArbNÜberlassung **271** an einen Betrieb des Baugewerbes, **ohne** die nach § 1 AÜG erforderliche **Erlaubnis** zu haben, gilt nach § 10 Abs. 1 S. 1 AÜG ein ArbVerh. zwischen dem entleihenden Baubetrieb und dem LeihArbN als zustande gekommen (BAG 8. 7. 98 AP Nr. 214 zu § 1 TVG Tarifverträge: Bau); hat er die Erlaubnis, führt der bloße Verstoß gegen § 1b S. 1 AÜG nicht zu einem ArbVerh. (BAG 13. 12. 06 AP Nr. 31 zu § 1 AÜG).

Die Abordnung von ArbN zu einer **Arbeitsgemeinschaft** (sog. **ARGE;** s. dazu **272** *Schwab* NZA-RR 08, 169 ff.; AR-Blattei (D) Baugewerbe VI Arbeitsgemeinschaft), die ein Werk herstellen soll, ist keine ArbNÜberlassung, wenn der ArbGeb. Mitglied der Arbeitsgemeinschaft ist, alle Mitglieder der Arbeitsgemeinschaft zur selbständigen Erbringung von Vertragsleistungen verpflichtet sind und für alle Mitglieder TV desselben Wirtschaftszweiges gelten (§ 1 Abs. 1 S. 2 AÜG), u. z. unabhängig von der Form der Überlassung (*Schwab* NZA-RR 08, 169, 170).

Entspr. den Entscheidungen des EuGH v. 25. 10. 01 (NZA 01, 1299 u. 1377) **273** können nun auch **ausländische ArbGeb.** mit Sitz in einem MitglStaat der **EU** an einer ARGE teilnehmen und zu ihr ArbN abordnen, wenn für sie zwar die deutschen TV desselben Wirtschaftszweiges nicht gelten, sie aber die übrigen vorgenannten Voraussetzungen erfüllen (§ 1 Abs. 1 S. 3 AÜG; *Schwab* NZA-RR 08, 169, 171).

Bei einer **Freistellung** zur ARGE ruht nach § 9 Nr. 2 BRTV-Bau das ArbVerh. **274** zum Stammbetrieb, und der ArbN tritt mit Arbeitsaufnahme in ein solches mit der ARGE ein, wird also – anders als ein LeihArbN – (auch) deren ArbN mit allen Rechten eines „normalen" ArbN nach dem BetrVG (vgl. LAG Nürnberg 9. 5. 96 – 8 (2) Sa 210/95 – nv.; *Christmann* Betriebszugehörigkeit S. 132 f.; *Schwab* NZA-RR 08, 169, 171; aA LAG Düsseldorf DB 96, 1832 – LS –).

Bei einer **Abordnung** zur ARGE ergeben sich arbeitsrechtliche Beziehungen so- **275** wohl zum Stammbetrieb, dem weiterhin insb. die Entgeltzahlung und das Abführen der Sozialversicherungsbeiträge obliegt, als auch zur ARGE, die über die Arbeitsleistung der ArbN verfügen kann und die Weisungsbefugnis hat (*Ulber* AÜG Einl. C

Rn 149 ff.; *Schwab* NZA-RR 08, 169, 170; s. ferner § 12 Arbeitsgemeinschaftsvertrag, 2005, hersg. v. Hauptverband der Deutschen Bauindustrie – MusterARGEVertrag –). Aus dieser ein echtes Leiharbeitsverhältnis kennzeichnenden gespaltenen ArbGebStellung (s. Rn 233) folgt eine betriebsverfassungsrechtl. Zugehörigkeit der ArbN zum Stamm- und zum ARGE-Betrieb (ebenso *Schwab* NZA-RR 08, 169, 174; *Christiansen* aaO; von der BRFähigkeit der ARGE geht auch § 12 MusterARGEVertrag aus, indem er unter Nr. 12.15 von einer „Betriebsvertretung" spricht; **aa** LAG Düsseldorf aaO).

276   Entspr. den in Rn 273 genannten Entscheidungen des EuGH ist eine **Sonderregelung** für Betriebe des Baugewerbes mit Sitz in einem MitglStaat der **EU** geschaffen worden. Danach ist diesen Betrieben ArbNÜberlassung auch gestattet, wenn sie nicht von deutschen Rahmen- und SozialkassenTV oder für allgemeinverbindlich erklärten TV erfasst werden, sie aber nachweislich seit mindestens drei Jahren überwiegend Tätigkeiten ausüben, die unter den Geltungsbereich derselben Rahmen- und SozialkassenTV fallen, von denen der Entleih-Betrieb erfasst wird (§ 1 b S. 3 AÜG).

c) Überlassung von Arbeitnehmern öffentlichrechtlicher Körperschaften an private Arbeitgeber

277   Auf kommunaler Ebene werden oft **ArbN,** die ursprünglich bei **Körperschaften des öffentlichen Rechts** beschäftigt waren, aus unterschiedlichen Gründen und in unterschiedlicher Form **privaten ArbGeb.** zur Arbeitsleistung **überlassen.** Sie werden vorübergehend, über viele Jahre oder dauernd in den Betrieb des privaten ArbGeb. eingegliedert. Dabei bleibt das ArbVerh. formal zur Körperschaft bestehen. Diese behält sich nicht selten eine Personalhoheit insb. bei personellen Einzelmaßnahmen wie Höhergruppierung, Versetzungen und Kündigungen vor. Im Einsatzbetrieb gelten sie, wie Abs. 1 S. 3 jetzt ausdrücklich bestimmt, als dessen ArbN (s. Rn 318).

278   Eine **vertretungsrechtliche Besonderheit** ergibt sich hier daraus, dass sich für die von einem öffentlichen ArbGeb. einem privaten ArbGeb. längere Zeit überlassene ArbN eine **Vertretungslücke** ergibt. Die PersVG der Länder sehen vor, dass Beschäftigte, die länger als drei Monate abgeordnet werden, grundsätzlich nicht mehr vom PersR ihrer Dienststelle vertreten werden (vgl. § 13 Abs. 2 BayPersVG). Diese Lücke ist zugunsten der betroffenen ArbN in der Weise zu schließen, dass der BR im privaten Einsatzbetrieb nicht nur bei nach dem BetrVG beteiligungspflichtigen Entscheidungen des privaten ArbGeb., sondern dann auch bei Entscheidungen der öffentlich-rechtlichen Körperschaft zu beteiligen ist (s. die bemerkenswerte Entscheidung des LAG München AiB 02, 432 m. Anm. *Fleischmann;* **aa** Bay. VGH PersR 99, 503; zur Eingliederung von Beamten s. Rn 316 ff.).

d) Abgrenzung zu anderweitigem Drittpersonaleinsatz

279   Von der ArbNÜberlassung ist die **Tätigkeit eines Unternehmers auf Grund eines Werk- oder Dienstvertrages** mit einem anderen Unternehmer zu unterscheiden. In diesen Fällen wird der Unternehmer für einen anderen Unternehmer in dessen Betrieb tätig **(Dritt-/Fremdfirmen-Einsatz).** Er organisiert die zur Erreichung eines wirtschaftlichen Erfolges notwendigen Handlungen nach seinen betrieblichen Voraussetzungen im Rahmen des Vertrages und bleibt für die Erfüllung der im Vertrag vorgesehenen Dienste bzw. für die Herstellung des geschuldeten Werks gegenüber dem Drittunternehmer verantwortlich. Die zur Ausführung des Werk- oder Dienstvertrages eingesetzten ArbN unterliegen der arbeitsrechtlichen Weisung des Unternehmers und sind dessen Erfüllungsgehilfen (zur Fremdfirmenproblematik *Ulber* AÜG Einl. C Rn 1 ff.; *Bauschke* NZA 00, 1201 ff.).

280   Folglich ist das **AÜG** auf den Einsatz solcher ArbN, die im Auftrag ihres ArbGeb. und nur nach dessen Weisungen in einem fremden Betrieb arbeiten (zB bei Montage-, Reparatur-, Bauarbeiten, Bedienung von Maschinen, Gebäudereinigung; vgl. BAG 5. 3. 91 u. 5. 5. 92 AP Nr. 90 u. 97 zu § 99 BetrVG 1972) **nicht anwendbar.**

In diesem Falle entstehen auch keine MBR des BR im fremden Betrieb beim Einsatz dieser ArbN (*DKKW-Trümner* Rn 90; GK-*Raab* § 99 Rn 32.). Zum Einsatz von FremdfirmenArbN s. § 99 Rn 63.

Der Werk- oder Dienstbesteller kann jedoch dem Werk- oder Dienstunternehmer **281** selbst oder an seiner Stelle dessen Erfüllungsgehilfen **Anweisungen** für die Ausführung der Werk- oder Dienstleistungen erteilen (vgl. § 645 Abs. 1 S. 1 BGB); dabei kann die geschuldete Dienst- oder Werkleistung bis in Einzelheiten hinein **vertraglich** so genau geregelt sein, dass dem Werk- oder Dienstunternehmer bei der Ausführung seiner Leistungen kaum noch ein großer Entscheidungsspielraum bleibt (vgl. BAG 13. 5. 92 NZA 93, 357; 31. 3. 93 NZA 93, 1078). Solche Werk- oder Dienstverträge werden vom AÜG ebenfalls nicht erfasst (BAG 6. 8. 03 AP Nr. 6 zu § 9 AÜG mwN; zur Abgrenzung vgl. *Schüren* FS *Däubler* S. 9; kr. *Bauschke* NZA 00, 1201, 1203, 1206; *Däubler* Arbeitsrecht 2, Abschn. 15.4.4; *Stück* AuA 05, 337).

Gleiches gilt bei **Gebrauchsüberlassung von Maschinen mit Bedienungsper- 282 sonal,** wenn die Gebrauchsüberlassung des Geräts im Vordergrund steht und die Überlassung des Personals nur dienende Funktion hat, indem sie den Einsatz des Geräts erst ermöglichen soll (zB Bagger, Planierraupen, Flugzeuge: BAG 17. 2. 93 AP Nr. 9 zu § 10 AÜG, kr. dazu *Mayer* AiB 94, 60; OLG Düsseldorf BB 02, 2339).

Oft werden **zum Schein** Werk- oder Dienstverträge abgeschlossen, obwohl es sich **283** in Wirklichkeit um ArbNÜberlassung handelt. Die **Abgrenzung** der verschiedenen Erscheinungsformen des Personaleinsatzes bei Dritten ist schwierig (s. *Ulber* AÜG Einl. C Rn 22 ff.; *Schüren* FS *Däubler* S. 90; *Bauschke* NZA 00, 1201, 1203, 1206). Sie richtet sich nach folgenden Kriterien (BAG in st. Rspr.: 30. 1. 91 AP Nr. 8 zu § 10 AÜG; 31. 3. 93 AP Nr. 2 zu § 9 AÜG; s. *Krüger* AiB 98, 621, 630 ff. mit Kontrollfragen zur vertraglichen Durchführungspraxis; *Schirdewahn* AuA 98, 15):

Bei der **ArbNÜberlassung** werden dem Entleiher die Arbeitskräfte zur Verfügung **284** gestellt. Der Entleiher setzt sie nach seinen Vorstellungen und Zielen in seinem Betrieb wie eigene ArbN ein. Die Arbeitskräfte sind voll in den Betrieb des Entleihers eingegliedert und führen ihre Arbeiten allein nach dessen Weisungen aus (**Personalhoheit** des Entleihers; kr. bez. dieses Begriffs *v. Hoyningen-Huene* Anm. zu BAG 9. 7. 91 EzA Nr. 102 zu § 99 BetrVG 1972). Ein ArbN wird also nicht schon dann einem Dritten zur Arbeitsleistung überlassen, wenn er auf Grund seines Arbeitsvertrages Weisungen des Dritten zu befolgen hat; erforderlich ist vielmehr, dass er innerhalb der Betriebsorganisation des Dritten für diesen und nicht weiterhin allein für seinen ArbGeb. tätig wird (BAG 22. 6. 94 AP Nr. 16 zu § 1 AÜG). Die Vertragspflicht des Verleihers gegenüber dem Entleiher endet, wenn er den ArbN ausgewählt und er ihn dem Entleiher zur Arbeitsleistung zur Verfügung gestellt hat. Der Verleiher haftet nur für Verschulden bei der Auswahl der verliehenen ArbN.

Setzt demnach ArbNÜberlassung voraus, dass sich der drittbezogene Personalein- **285** satz auf Seiten des Vertrags-ArbGeb. (Verleihers) darauf beschränkt, einem Dritten (Entleiher) den ArbN zur Förderung von dessen Betriebszwecken zur Verfügung zu stellen, so liegt keine ArbNÜberlassung iSd. AÜG vor, wenn die beteiligten ArbGeb. im Rahmen einer **unternehmerischen Zusammenarbeit** mit dem Einsatz ihrer ArbN jeweils ihre **eigenen Betriebszwecke** verfolgen (BAG 25. 10. 00 AP Nr. 15 zu § 10 AÜG). Das gilt erst recht, wenn die ArbN in einen **Gemeinschaftsbetrieb** entsandt werden, den ihr Vertrags-ArbGeb. und ein Dritter gemeinsam führen (BAG 3. 12. 97 AP Nr. 24 zu § 1 AÜG) oder wenn sie für ihren Vertrags-ArbGeb. bei der Erfüllung von dessen **gesetzlichen Aufgaben** tätig werden (BAG 26. 4. 95 AP Nr. 19 zu § 1 AÜG).

Ob die Arbeitskräfte im Rahmen eines Dienst- oder Werkvertrages eingesetzt wer- **286** den oder ob es sich um ArbNÜberlassung handelt, entscheidet sich nach dem **Geschäftsinhalt** der zwischen den beteiligten Unternehmen abgeschlossenen Verträge. Dabei kann sich der Geschäftsinhalt sowohl aus den schriftlichen Vereinbarungen als auch aus der praktischen Durchführung des Vertrages ergeben. Widersprechen sich schriftliche Vereinbarungen und tatsächliche Durchführung des Vertrages, kommt es für die Ermittlung des Geschäftsinhalts auf die tatsächliche Durchführung an (vgl. BAG 30. 1. 91 AP Nr. 8 zu § 10 AÜG; 31. 3. 93, 6. 8. 03 AP Nr. 2, 6 zu § 9 AÜG; s. Rn 30 f.). Liegt erlaubnisbedürftige ArbNÜberlassung vor, fehlt die Erlaubnis jedoch, kommt ein ArbVerh. zwischen Entleiher und LeihArbN nach § 10 Abs. 1 AÜG zustande (s. Rn 253).

287   **Anzeichen** für eine **Gesetzesumgehung** sind vor allem Ausschluss der Haftung aus dem Werkvertrag und fehlende Projektbezogenheit des Arbeitseinsatzes. Verfügt der Werk- oder Dienstleistungsunternehmer nicht über die betrieblichen oder personellen Voraussetzungen, um die Tätigkeit der von ihm zur Erfüllung seiner Vertragspflichten im Betrieb eines Dritten eingesetzten ArbN vor Ort zu organisieren und ihnen Weisungen zu erteilen, so liegt ArbNÜberlassung vor (BAG 9. 11. 94 AP Nr. 18 zu § 1 AÜG). Weniger eindeutig ist die Berechnung der von der Drittfirma zu zahlenden Vergütung nach Zeiteinheiten (BAG 13. 5. 92 NZA 93, 357).

288   Die **Kontrollmöglichkeiten** des BR im Einsatzbetrieb sind durch das **BetrVerf-ReformG** erheblich verbessert worden. Der ArbGeb. wird durch den neu eingefügten § 80 Abs. 2 S. 1 zweiter Halbs. dazu verpflichtet, den BR auch über die Beschäftigung solcher Personen zu unterrichten, die nicht in einem ArbVerh. zu ihm stehen. Dazu gehören ua. LeihArbN, KonzernArbN und FremdfirmenArbN (*Engels / Trebinger / Löhr-Steinhaus* DB 01, 532, 536). Außerdem hat der BR des aufnehmenden Betriebes einen Anspruch auf **Einsicht in die** mit dem anderen Unternehmer abgeschlossenen **Verträge,** um prüfen zu können, ob ArbNÜberlassung vorliegt (BAG 6. 6. 78 AP Nr. 6 zu § 99 BetrVG 1972). Er kann vom ArbGeb. auch Listen über die Einsatztage und -zeiten der einzelnen ArbN verlangen (BAG 31. 1. 89 AP Nr. 33 zu § 80 BetrVG 1972).

9. Zur Berufsausbildung Beschäftigte

289   Die zu ihrer Berufsausbildung Beschäftigten sind **ArbN iSd.** BetrVG (§ 5 Abs. 1 S. 1), unabhängig davon, ob ihr Berufsausbildungsverhältnis als ArbVerh. oder speziell vom Ausbildungszweck geprägtes Rechtsverhältnis anzusehen ist (*DKKW-Trümner* Rn 99; GK-*Raab* Rn 36; *Richardi* Rn 64).

290   Der Begriff der Berufsausbildung in § 5 Abs. 1 ist **weitergehend als** der des **BBiG.** Er umfasst nicht nur die in § 1 Abs. 3 BBiG umschriebene, breit angelegte berufliche Grundbildung, sondern grundsätzlich alle Maßnahmen, die innerhalb eines Betriebs **berufliche Kenntnisse, Fertigkeiten, Fähigkeiten und Erfahrungen** vermitteln (st. Rspr.: BAG 13. 6. 07 AP Nr. 12 zu § 5 BetrVG 1972 Ausbildung mwN), also auch Maßnahmen der Berufsausbildungsvorbereitung (§ 1 Abs. 2, §§ 68–70 BBiG; s. hierzu *Benecke / Hergenröder* BBiG § 68 Rn 1 ff.; *Wohlgemuth-Lakies* BBiG § 68 Rn 7 ff.). Zu Einschränkungen s. Rn 291 ff.

291   § 5 Abs. 1 S. 1 gilt für solche Personen, mit denen der Ausbildende einen privatrechtlichen **Vertrag** geschlossen hat, dessen Regelungsgegenstand die **Ausbildung** ist (BAG 13. 6. 07 AP Nr. 12 zu § 5 BetrVG 1972 Ausbildung); der Vertrag kann auch durch schlüssiges Verhalten zustande kommen (BAG 10. 2. 81 AP Nr. 25 zu § 5 BetrVG 1972). Erfasst sind damit alle Verträge, für Anlernlinge, Praktikanten (LAG Schleswig-Holstein NZA-RR 04, 251; *Horstmeier* AiB 06, 230 ff.; s. auch Rn 298 f.), Volontäre, Umschüler, Krankenpflegeschüler und Teilnehmer an berufsvorbereitenden betriebsinternen Ausbildungsmaßnahmen (st. Rspr. BAG 10. 2. 81, 24. 9. 81, 25. 10. 89 AP Nr. 25, 26, 40 zu § 5 BetrVG 1972; *Richardi* Rn 65 ff.; *WPK* Rn 11; zu den einzelnen Gruppen *Benecke / Hergenröder* BBiG § 26 Rn 9 ff.; *Maties* RdA 07, 135 ff.) Zu Einzelheiten des BBiG s. Übersicht in § 96 Rn 12 ff.

292   Zu den zu ihrer Berufsausbildung Beschäftigten gehören nach st. Rspr. des BAG auch solche Personen, die auf Grund von **Förderprogrammen** in Betrieben ausgebildet werden (BAG 26. 11. 87 AP Nr. 36 zu § 5 BetrVG 1972), also auch Umschüler und Teilnehmer an berufsvorbereitenden Maßnahmen für jug. Arbeitslose, die in einem Betrieb ausgebildet werden, der von der Arbeitsverwaltung hierfür Förde-

rungsmittel erhält (zum Förderungsrecht s. *Niesel/Brand* SGB III zu dortigen §§ 59 ff., 235a ff. und 240 ff.). Das Gleiche gilt für Teilnehmer einer Ausbildung in einer Schule eines Unternehmens, wenn sie im Rahmen dieser Ausbildung eine praktische Unterweisung im Betrieb dieses Unternehmens erhalten (BAG 10. 2. 81, 24. 9. 81 AP Nr. 25, 26 zu § 5 BetrVG 1972).

Bei solchen **Förderprogrammen** ist betriebsverfassungsrechtlich allein entschei- **293** dend, dass die **privatrechtliche Natur** des **Ausbildungsvertrages** unberührt bleibt (eingehend dazu BAG 13. 5. 92 AP Nr. 4 zu § 5 BetrVG 1972 Ausbildung). Die Rechtsbeziehungen, die zwischen einer fördernden Stelle (Bund, Land, Arbeitsverwaltung) und dem ArbGeb. oder Auszubildenden bestehen, wirken sich nicht auf das Ausbildungsverhältnis aus. Die Inanspruchnahme von Mitteln aus einem Förderungsprogramm kann nur ein Motiv für den Abschluss des Ausbildungsvertrages sein (BAG 12. 6. 86 AP Nr. 33 zu § 5 BetrVG 1972).

Es ist grundsätzlich unerheblich, ob die zu ihrer Berufsausbildung Beschäftigten für **294** die Aufgaben des Betriebes oder Unternehmens oder über den eigenen Bedarf hinaus ausgebildet werden, und ob sie an den betrieblichen Aufgaben bereits während der Ausbildung beteiligt werden (BAG 12. 6. 86, 26. 11. 87 AP Nr. 33, 36 zu § 5 BetrVG 1972). Allerdings ist nach BAG zu **unterscheiden,** ob Auszubildende in einem **produzierenden** Betrieb oder in einem **reinen Ausbildungsbetrieb** ihre berufspraktische Ausbildung erhalten (st. Rspr; s. BAG 13. 6. 07 AP Nr. 12 zu § 5 BetrVG 1972 Ausbildung mwN):

ArbN iSd. BetrVG sind zu ihrer Berufsausbildung Beschäftigte, wenn sie im Rah- **295** men des arbeitstechnischen Zwecks eines **Produktions- oder Dienstleistungsbetriebs** ausgebildet werden und sie deshalb in vergleichbarer Weise wie die sonstigen ArbN in den Betrieb eingegliedert sind (**betriebliche Berufsbildung** iSv. § 2 Abs. 1 Nr. 1 BBiG); nicht erforderlich ist, dass sich der Auszubildende für den Betrieb als nützlich erweist, insb. zum Erreichen des Betriebszwecks beiträgt.

ArbN iSd. BetrVG sind auch zu ihrer Berufsausbildung Beschäftigte, deren Ausbil- **296** dung im Wege einer **Verbundausbildung** (s. § 10 Abs. 5 BBiG u. hierzu *Benecke/ Hergenröder* BBiG § 10 Rn 36 f.; *Wohlgemuth-Lakies* BBiG § 10 Rn 10; *Hänlein* NZA 06, 348 ff.; *Stück/Mühlhausen* NZA-RR 06, 169 ff.) erfolgt. Das gilt unabhängig davon, welches Modell (Verbundausbildung i. e. S.: zeitl. aufeinander folgende Ausbildungsverträge mit mehreren Unternehmen; Ausbildungspartnerschaft bzw. Auftragsausbildung: Ausbildungsvertrag nur mit einem Unternehmen, das Teile der Ausbildung in Betrieben anderer Unternehmen durchführen lässt; Ausbildungsverbund: Mehrere Unternehmen schließen sich zwecks Durchführung der Ausbildung zu einer selbständigen juristischen Person zusammen, mit der der Ausbildungsvertrag geschlossen wird; s. insb. *Stück/Mühlhausen* aaO) gewählt wird (vgl. *Stück/Mühlhausen* NZA-RR 06, 169, 172, 177; s. auch § 11 Abs. 1 Nr. 9 BBiG, der von anzuwendenden BV spricht; einschr. *Hänlein* NZA 06, 348, 349). Zur Frage der Betriebszugehörigkeit in diesen Fällen s. § 7 Rn 17 f. und § 60 Rn 19).

Errichten Unternehmen/Betriebe der Wirtschaft **überbetriebliche Ausbildungs- 297 stätten,** wie zB Lehrwerkstätten oder Ausbildungszentren, in denen ihre Auszubildenden die nach dem Ausbildungsvertrag geschuldete Berufsausbildung erfahren, sind dies ebenfalls Einrichtungen der betrieblichen Berufsbildung und die dort zu ihrer Berufsausbildung Beschäftigten ArbN iSv. § 5 Abs. 1 BetrVG (so klarstellend BAG 26. 1. 94 AP Nr. 54 zu § 5 BetrVG 1972 gegenüber 21. 7. 93 AP Nr. 8 zu § 5 BetrVG 1972 Ausbildung). Dabei ist unerheblich, welche Rechtsform (e. V., GmbH) die „betriebliche" oder überbetriebliche Ausbildungsstätte hat und ob sie den Ausbildungsbedarf eines oder mehrerer Unternehmen deckt (vgl. zu Organisationsformen bei überbetrieblicher Ausbildung *Heidemann* Mitbest. 97 Heft 10, S. 60).

Findet dagegen die praktische Berufsausbildung in einer verselbständigten Einrich- **298** tung statt, die einen Produktions- oder Dienstleistungsbetrieb nachahmt (**sonstige Berufsbildungseinrichtung** iSv. § 2 Abs. 1 Nr. 3 BBiG), wie zB **außerbetriebliche** Ausbildungswerkstätten, Berufsbildungswerke, Berufsförderungswerke oder Rehabilitationszentren, so gehören diese Auszubildenden oder Rehabilitanden nicht zur Belegschaft des Ausbildungsbetriebs; sie werden nicht im Rahmen des arbeitstechnischen Zwecks des Betriebs ausgebildet, sondern sind selbst **Gegenstand** des Betriebszwecks (BAG 13. 6. 07 AP Nr. 12 zu § 5 BetrVG 1972 Ausbildung mwN; ebenso *Richardi* Rn 69; *DKKW-Trümner* Rn 102; GK-*Raab* Rn 41; *Düwell/Kloppenburg* Rn 17; *WPK* Rn 11.

299 Dabei ist für die **Ausklammerung** dieser Auszubildenden **aus** dem **BetrVG** unerheblich, ob sich innerbetriebl. Regelungen auch auf sie erstrecken, sie der Weisungsbefugnis des Ausbilders unterliegen oder gelegentl. zusammen mit anderen Mitarbeitern praktische Arbeiten verrichten (vgl. BAG 20. 3. 96, 12. 9. 96 AP Nr. 9, 10, 11 zu § 5 BetrVG 1972 Ausbildung; 24. 8. 04 AP Nr. 12 zu § 98 BetrVG 1972). **Anders** ist es nur dann, wenn sie für Berufe ausgebildet werden, die in der Einrichtung im Rahmen deren arbeitstechnischen Zwecks primär eingesetzt werden (zB Ausbildung zum Ausbilder oder Betreuer). Dann findet auf sie das BetrVG Anwendung.

300 Mit dieser Rspr. will das BAG auch die **Majorisierung** der in solchen Einrichtungen eine Minderheit bildenden Stammbelegschaft durch eine große Überzahl von Auszubildenden ausschließen (BAG 26. 1. 94 AP Nr. 54 zu § 5 BetrVG 1972; zustimmende Anm. *Kraft* SAE 94, 260; *Meisel* SAE 94, 338).

301 Der Rspr. des BAG entspricht die Regelung in § **36 SGB IX**. Werden Leistungen zugunsten **beruflicher Rehabilitanden** in **Berufsbildungswerken**, Berufsförderungswerken und vergleichbaren Einrichtungen der beruflichen Rehabilitation ausgeführt, so werden diese Rehabilitanden nicht in den Betrieb der Einrichtung eingegliedert; sie sind **keine ArbN iSd. BetrVG**. Sie fallen unter Abs. 2 Nr. 4. Die Interessen der schwerbehinderten Rehabilitanden werden durch die Schwerbehindertenvertr. wahrgenommen (BAG 16. 4. 03 AP Nr. 1 zu § 95 SGB IX).

302 Auch das **BetrVerf-ReformG** hat die in außerbetrieblichen Einrichtungen zu ihrer Ausbildung Beschäftigten **nicht** als **ArbN** iSd. § 5 anerkannt. Infolge dessen lässt § 51 **BBiG** für diesen Personenkreis eine bes. kollektive Interessenvertr. zu, deren Wahl, Zusammensetzung und Beteiligungsrechte das BMBF durch Erlass einer VO regeln kann (§ 52 BBiG). Die VO ist bisher noch nicht erlassen worden (s. auch Rn 5). Bis zum Erlass dieser VO können für außerbetriebliche Einrichtungen **durch TV eigene Vertretungsstrukturen** und Beteiligungsrechte geschaffen werden, die denen des BetrVG (zB §§ 97, 98) entsprechen (so BAG 24. 8. 04 AP Nr. 12 zu § 98 BetrVG 1972; s. auch den entspr. TV für das Telekom Training Center v. 26. 11. 01 u. dazu *Wohlgemuth-Malottke* BBiG § 51 Rn 9).

303 Das BAG hat im Beschl. vom 13. 6. 07 (AP Nr. 12 zu § 5 BetrVG 1972 Ausbildung) seine zu außerbetrieblichen Berufseinrichtungen ergangene Rspr. (s. Rn 298) erweitert. Danach gilt sie auch dann, wenn die **Vermittlung** einer **Berufsausbildung nicht alleiniger** oder überwiegender **Betriebszweck** ist, sondern der ArbGeb. noch weitere arbeitstechnische Zwecke verfolgt. Die Eingliederung der dort zu ihrer Berufsausbildung Beschäftigten hängt davon ab, ob ihr Ausbildungsberuf von den ArbN des Betriebs ausgeübt wird. Ist das der Fall, sind sie ArbN; trifft das nicht zu, fehlt es auch in diesen Fällen an der Eingliederung und sie sind keine ArbN iSd § 5 Abs. 1 S. 1. Diese Azubis sollen aber wegen ihres Schutzbedürfnisses – über den GWortlaut hinaus – eine besondere Interessenvertretung nach § 51 BBiG bilden können, wenn dort 5 wahlberechtigte außerbetriebliche Azubis beschäftigt sind (s. auch § 60 Rn 17).

304 Unerheblich für die Begründung der ArbNEigenschaft iSv. § 5 Abs. 1 ist der Umstand, ob der zu seiner Berufsausbildung Beschäftigte vom ArbGeb. eine **Geldleistung** erhält (BAG 10. 2. 81, 25. 10. 89 AP Nr. 25, 40 zu § 5 BetrVG 1972; zur Vergütungspflicht nach § 17 BBiG *Litterscheid* NZA 06, 639 ff.). Unerheblich ist auch, ob die betriebliche Ausbildung Teil eines einheitlichen Ausbildungsganges ist, der aus einem betrieblich-praktischen und einem schulisch-theoretischen Ausbildungsteil besteht (BAG 10. 2. u. 24. 9. 81 aaO; 8. 5. 90 AP Nr. 80 zu § 99 BetrVG 1972;

28. 7. 92 AP Nr. 7 zu § 87 BetrVG 1972 Werkmietwohnungen). Auch die Bezeichnung sagt über den Inhalt des Vertrages nichts aus. Die Bezeichnung als „Schüler" schadet nicht, wenn betrieblich-praktische Ausbildung vereinbart wird (BAG 10. 2. 81). Eine **rein schulische** Ausbildung wie die der medizinisch-technischen Assistenten reicht dagegen nicht (BAG 28. 7. 92).

Auch **Studenten,** die als Bestandteil des Studiums ein **Hochschul- oder Fach-** 305
schulpraktikum im Betrieb absolvieren, sind jedenfalls dann unstr. zu ihrer Berufsausbildung Beschäftigte, wenn sie während des Praktikums in einer privatrechtlichen Vertragsbeziehung zum Betriebsinhaber stehen (vgl. BAG 30. 10. 91 AP Nr. 2 zu § 5 BetrVG 1972 Ausbildung; *Moll* Arbeitsrecht § 56 Rn 3; *Richardi* Rn 68). **Werkstudenten,** die weisungsgebundene Tätigkeiten in persönlicher Abhängigkeit erbringen, sind ArbN iSd allgemeinen ArbNBegriffs (BAG 11. 11. 08 – AP Nr. 35 zu § 99 BetrVG 1972 Eingruppierung; s. Rn 15 ff.).

Sind die Praktika entspr. der **Studienordnung** ausschließlich als **Hochschul-** 306
maßnahme vorgesehen, so ist eine ArbNEigenschaft der Studenten iSd. § 5 Abs. 1 nicht generell ausgeschlossen (str.; so aber wohl BAG 30. 10. 91 AP Nr. 2 zu § 5 BetrVG 1972 Ausbildung, das ausschließlich den Inhalt der jeweiligen Studienordnung für die Einordnung des Praktikums entscheidend sein lässt; s. auch BAG 18. 11. 08 – 3 AZR 192/07 NZA 09, 435 mwN; *Schwab* NZA 88, 688; ähnlich wie hier *DKKW-Trümner* Rn 105 f.; *Richardi* Rn 68). Entscheidend werden die Umstände des Einzelfalles sein (Dauer u. tatsächliche Durchführung des Praktikums).

Nicht zu den zu ihrer Berufsausbildung Beschäftigten zählen dagegen **Schüler,** die 307
– wie in den Bundesländern Hessen und NRW – vor ihrem Schulabschluss ein ein- oder zweiwöchiges Betriebspraktikum ableisten. Dieses Betriebspraktikum will den Schulabgängern lediglich einen allgemeinen Einblick in die Arbeitswelt ermöglichen. Sie werden im Rahmen dieses Praktikums weder in irgendeiner Form ausgebildet noch sind sie zur Arbeitsleistung verpflichtet (LAG Schleswig-Holstein NZA-RR 04, 251; *Richardi* Rn 68; *Engels/Natter* BB 88, 1453, 1455).

Bei Einrichtungen und Maßnahmen der Berufsbildung einschl. Berufsausbildung 308
besteht ein MBR des BR nach Maßgabe der §§ 96–98 (s. dortige Kommentierung).

10. In Heimarbeit Beschäftigte

§ 5 Abs. 1 S. 2 erweitert den allgemeinen ArbN-Begriff um die **in Heimarbeit** 309
Beschäftigten, die in der Hauptsache für den Betrieb arbeiten. Eine generelle Einbeziehung der arbeitnehmerähnlichen Personen erfolgt nicht.

§ 5 Abs. 1 S. 2 verweist auf die „in Heimarbeit" Beschäftigten. Damit sind die 310
Heimarbeiter und **Hausgewerbetreibenden** gemeint. Wer Heimarbeiter oder Hausgewerbetreibender ist, bestimmen **§ 2 Abs. 1 und 2 HAG** (so ausdrücklich BAG 25. 3. 92 AP Nr. 48 zu § 5 BetrVG 1972).

Heimarbeiter und Hausgewerbetreibende gelten aber nur dann als ArbN, wenn sie 311
„in der Hauptsache" für den Betrieb arbeiten (s. BAG 7. 11. 95 AP Nr. 74 zu § 102 BetrVG 1972; *Schmidt/Koberski/Tiemann/Wascher* HAG § 19 Anh. Rn 140 ff.; *Rost* NZA 99, 113). Die Beschäftigung für den Betrieb muss gegenüber der Leistung von Heimarbeit für andere Auftraggeber **überwiegen.** Damit soll erreicht werden, dass Heimarbeiter betriebsverfassungsrechtlich nur einem Betrieb zugeordnet werden (vgl. BAG 25. 3. 92 – Rn 310 –; *Fenski* Außerbetriebl. Arbeitsverhältnisse S. 113 f.), während andere ArbN mit mehreren Arb-Verh. in mehreren Betrieben wahlberechtigt und wählbar sind (BAG 27. 9. 74 AP Nr. 1 zu § 6 BetrVG 1972; *HSWGNR* Rn 53).

Darauf, welchen **Verdienst** Heimarbeiter oder Hausgewerbetreibende aus der 312
überwiegend ausgeübten Tätigkeit erzielen, kommt es nicht an; auch nicht darauf, ob sie ihren Lebensunterhalt überwiegend mit Heimarbeit verdienen (BAG 27. 9. 74 AP Nr. 1 zu § 6 BetrVG 1972; *Schmidt/Koberski/Tiemann/Wascher* HAG § 19 Anh. Rn 142). Auch der zeitliche Umfang, in dem sie Heimarbeit verrichten, ist nicht entscheidend (**aA** *Otten* Heimarbeitsrecht B Rn 176).

313   Nur **Heimarbeiter** und **Hausgewerbetreibende** selbst gelten als ArbN des Betriebes (nach BAG 25. 3. 92 AP Nr. 48 zu § 5 BetrVG 1972) sind externe Auswerter wissenschaftlicher Literatur keine in Heimarbeit Beschäftigten), nicht die Familienangehörigen oder die Hilfskräfte (*Rost* NZA 99, 113, 115). Nicht als ArbN gelten die den Heimarbeitern gleichgestellten Personen (§ 1 Abs. 2 HAG; vgl. *Richardi* Rn 127).

11. Nicht-Arbeitnehmer nach allgemeinen Grundsätzen

314   Nach allgemeinen Grundsätzen gehören danach **nicht** zu den **ArbN** iSd. BetrVG: **Beamte** und Beamtenanwärter (für sie gelten die PersVG; s. aber Rn 316 ff.), **Soldaten** (Rn 318); Personen, die anstelle des Wehrdienstes **Zivildienst** nach dem ZDG leisten, auch soweit sie zB in der Krankenpflege tätig sind (BAG 19. 6. 01 AP Nr. 35 zu § 99 BetrVG 1972 Einstellung; *DKKW-Trümner* Rn 112; GK-*Raab* Rn 56; *Richardi* Rn 135; dagegen sind **Kriegsdienstverweigerer** in einem freien ArbVerh. nach § 15 a ZDG ArbN iSd. § 5 Abs. 1); Personen, die kraft eines öffentlich-rechtlichen Zwangs beschäftigt werden, zB **Strafgefangene** (BAG 3. 10. 78 AP Nr. 18 zu § 5 BetrVG 1972; *Christiansen* Betriebszugehörigkeit S. 100); Personen, die im Rahmen des **freiwilligen sozialen** oder **ökologischen Jahres** tätig sind (BAG 12. 2. 92 AP Nr. 52 zu § 5 BetrVG 1972; *DKKW-Trümner* Rn 114; *Richardi* Rn 137; **Entwicklungshelfer** (vgl. BAG 27. 4. 77 AP Nr. 1 zu § 611 BGB Entwicklungshelfer).

315   Personen, die in **Maßnahmen** zur **Arbeitsbeschaffung** (§§ 260 ff. SGB III) beschäftigt sind, sind ArbN (vgl. oben Rn 148 f.). Das Gleiche gilt für Personen, die auf Grund eines Verpflichtungsbescheids nach §§ 2, 10 ArbeitssicherstellungsG beschäftigt werden. **Ein-Euro-Jobber** sind dagegen keine ArbN (s. Rn 155).

12. Beamte, Soldaten und Arbeitnehmer des öffentlichen Dienstes in Privatbetrieben

316   Beamte, die (zB bei Beurlaubung, Ausscheiden aus dem Beamtenverhältnis, Ruhestand, Nebentätigkeit) im Betrieb eines privatrechtlichen Unternehmens auf Grund eines **Arbeitsvertrages** tätig werden, sind ArbN (zu einem Nebeneinander von Beamten- und ArbVerh. BAG 27. 6. 01 AP Nr. 20 zu § 611 BGB Faktisches Arbeitsverhältnis).

317   **Beamte,** die zwar ohne einen Arbeitsvertrag mit dem Betriebsinhaber, jedoch im Rahmen ihres öffentlich-rechtlichen Dienstverhältnisses zu ihrem Dienstherrn im Wege der Abordnung, Überlassung (nach BAG 24. 3. 93 AP Nr. 1 zu § 1 TVG Tarifverträge Autokraft findet das AÜG hier keine Anwendung) oder Zuweisung in den **Betrieb** eines privatrechtlich organisierten Unternehmens **eingegliedert** werden, gelten als dessen **ArbN** iSd. BetrVG (*Richardi* Rn 113; *Blanke/Sterzel* Privatisierungsrecht für Beamte Rn 157, 159). Das stellt der durch Art. 9 des Gesetzes zur Errichtung eines **Bundesaufsichtsamtes** für **Flugsicherung** und zur Änderung und Anpassung weiterer Vorschriften vom 29. 7. 09 (BGBl. I S. 2424, 2429) **angefügte S. 3** in Abs. 1 klar. Er knüpft an die jahrzehnte alten Rspr. des BAG (zuletzt (BAG 28. 4. 64 AP Nr. 3 zu § 4 BetrVG) an, die der 7. Senat (25. 2. 98 AP Nr. 8 zu § 8 BetrVG 1972) aufgegeben hatte.

318   Außer den **Beamten** bezieht der neue Abs. 1 S. 3 **Soldaten** der Bundeswehr und **ArbN des öffentlichen Dienstes** einschließlich der zu ihrer Berufsausbildung Beschäftigten, die in **Privatbetrieben** eingesetzt werden (so schon BAG 11. 4. 58 AP Nr. 1 zu § 6 BetrVG) in die dortige Betriebsverfassung ein. Diese drei Personengruppen sind folglich aktiv und passiv wahlberechtigt zum BR (vgl. LAG Berlin-Brandenburg – 15 TaBV 2347/10 – BeckRS 11, 70954: nr.; LAG Schleswig-Holstein – 2 TaBV 35/10 –, – 3 TaBV 36/10 –, – 3 TaBV 31/10 BeckRS 11, 72246, 72247, 74708;

Heise/Fedder NZA 09, 1069; *Thüsing* BB 09, 2036; *Trümner* AiB 09, 539; s. § 7 Rn 52 f.; **aA** *Löwisch* BB 09, 2316 f.), sie bilden keine eigene Gruppe mit Sonderrechten, zählen bei den Schwellenwerten mit und haben im Hinblick auf ihre Tätigkeit im Einsatzbetrieb die gleichen Rechte und Pflichten nach dem BetrVG wie die Stamm-ArbN und werden vom dortigen BR vertreten (vgl. *Hayen* PR 09, 384, 386 ff.; *Trümner* AiB 09, 539, 541; **aA** *Löwisch* BB 09, 2316 ff.).

Soweit diese Personengruppen **auch** in einer dienstrechtlichen oder arbeitsvertragli- **319** chen Beziehung zu einem **Dienstherrn** oder **öffentlichen ArbGeb.** stehen, verbleiben bei diesem idR Entscheidungsbefugnisse insb. in beamtenspezifischen Personalangelegenheiten nach § 76 Abs. 1, § 78 Abs. 1 Nr. 3–5 und § 79 BPersVG oder den entspr. PersVG der Länder. Der Dienstherr hat bei Entscheidungen in diesen Angelegenheiten den **dortigen PersR** zu beteiligen (BAG 9. 6. 11 – 6 AZR 132/10 – BeckRS 11, 74 719; s. auch *Roetteken* PR 11, 366 ff.). Dieser vertritt ihm gegenüber die Interessen auch der in Privatbetrieben tätigen Beamten. Ihnen sollte daher ein doppeltes aktives und passives Wahlrecht sowohl zum PersR der Dienststelle als auch zum BR des Einsatzbetriebs eingeräumt werden (*Pröpper* ZBVR online 3/2011 S. 23 ff.; s. die vergleichbaren spezialgesetzl. Regelungen in §§ 2, 3, 6 Abs. 1 BwKoopG, §§ 4–6 BWpVerwPG. §§ 4–6 BfAlPG, § 4 BAFlSBAÜbnG; s. auch § 7 Rn 10 f.; der entgegenstehende § 13 Abs. 3 S. 4 BPersVG ist nicht mehr zeitgemäß und aufzuheben). Soweit der private ArbGeb. entscheiden kann, ist der dortige BR zuständig (vgl. BAG 23. 6. 09 – 1 ABR 30/08 NZA 09, 1162) und vertritt die Interessen der zugewiesenen Beamten und ArbN (BAG 9. 6. 11 – 6 AZR 132/10 – BeckRS 11, 74 719; s. zum Ganzen die Ausführungen zu § 99 Rn 299 ff. und § 33 Rn 30 a–d, die entspr. gelten). Für eine sinnvolle Interessenvertretung der überlassenen Beamten, Soldaten und ArbN in derartigen Angelegenheiten ist eine Verzahnung der Beteiligung des PersR und des BR angebracht (entspr. § 99 Rn 334 iVm. Rn 311 mwN)

Die Regelung in Abs. 1 S. 3 gilt **allgemein** für alle Privatisierungsgesetze und -vor- **320** haben, die keine eigene betriebsverfassungsrechtliche Regelung vorsehen (zB **Bundesdruckerei** GmbH). Soweit für bestimmte Bereiche oder Unternehmen **spezialgesetzliche Regelungen** bestehen, **gehen** diese **vor** (so für das KooperationG der Bundeswehr – s. Rn 322 – BAG 4. 5. 11 – 7 ABR 3/10 – NZA 11, 1373; *Heise/ Fedder* NZA 09, 1069, 1071; *Trümner* AiB 09, 539, 540). Sie sehen vor allem in unterschiedlicher Ausgestaltungen ergänzende Regelungen vor, die sicherstellen, dass die für das Letztentscheidungsrecht des Dienstherrn relevanten statusberührenden Maßnahmen (zB Beförderungen) weiter von der Stammdienststelle der Beamten und Soldaten vorgenommen werden. Für die öffentlichrechtlich verfassten Dienststellen gilt nicht das BetrVG (s. § 130), sondern Personalvertretungsrecht. Die wichtigsten Spezialregelungen sind folgende:

Im Rahmen der Privatisierung der **Deutschen Bundesbahn** (s. *Burkert/Huschen-* **321** *bett* PersR 10, 468 ff.) und der **Deutschen Bundespost** ist klargestellt worden, dass die bei der DBAG bzw bei den Postunternehmen (Deutsche Post AG, Deutsche Postbank AG, Deutsche Telekom AG) tätigen Beamten als ArbN iSd BetrVG gelten (§ 19 Abs 1 DBGrG, § 24 Abs 2 PostPersRG); außerdem sind Sonderregelungen für die Vertretung der Beamten geschaffen worden (vgl. § 17 DBGrG, dazu *Engels/Müller/ Mauß* aaO; *Engels/Mauß-Trebinger* aaO; *Lorenzen* PersVertr. 94, 145; §§ 26 ff. PostPersRG). Eine erneute Klarstellung ist im **Ersten G zur Änderung des PostPersRG** v. 9. 11. 04 (BGBl. I S 2774) erfolgt. In dessen § 24 Abs. 3 nF wird bestimmt, dass die von den Post-AGn ihren Tochter-, Enkel- und Beteiligungsgesellschaften zugewiesenen Beamten dort als ArbN iSd. BetrVG gelten (*Engels* ArbuR 09, 10, 74 f.; *Stiller* ZBVR 04, 237).

Das **KooperationsG der Bundeswehr** v. 30. 7. 04 (BGBl. I S. 2027) regelt den **322** langfristigen Einsatz von Beamten, Soldaten und ArbN in privatrechtlich organisierten Betrieben von Kooperationspartnern und bestimmt in § 6 Abs. 1, dass die zugewiesenen **Beamten, Soldaten** und ArbN als **ArbN** des Kooperationsbetriebs gelten und als solche das aktive und passive **Wahlrecht zum BR** haben (vgl. BAG 4. 5. 11 –

7 ABR 3/10 – NZA 11, 1373; *Engels* ArbuR 09, 10, 75; s. auch BVerwG 14. 12. 09 – 6 P 16/08 – NZA-RR 10, 274).

323   Nach § 5 des **Bundeswertpapierverwaltungspersonalgesetzes** vom 12. 7. 06 (BGBl. I S. 1469) gelten die **Beamten** und ArbN des Bundesamtes für zentrale Dienste und offene Vermögensfragen, die in der **BRD-Finanzagentur GmbH** eingesetzt werden, als **ArbN** der GmbH und sind als solche aktiv und passiv **wahlberechtigt zum BR** (vgl. *Engels* ArbuR 09, 10, 75).

324   Das Gesetz über das **Personal der Bundesagentur für Außenwirtschaft** vom 8. 12. 08 (BGBl. I S. 2370) bestimmt in seinem § 5 iVm § 2 Abs. 1, dass die der Germany Trade and Invest – **Gesellschaft für Außenwirtschaft und Standortmarketing mbH** zugewiesenen **Beamten** und ArbN als deren ArbN gelten und als solche das aktive und passive Wahlrecht zum dortigen BR haben.

325   Der durch Art. 8 des Gesetzes zur Errichtung eines Bundesaufsichtsamtes für Flugsicherung und zur Änderung und Anpassung weiterer Vorschriften vom 29. 7. 09 (BGBl. I S. 2424, 2429) neu geschaffene § 4 des Gesetzes zur **Übernahme der Beamten** und ArbN der **Bundesanstalt für Flugsicherung** bestimmt, dass die dauerhaft bei der **DFS Deutsche Flugsicherung GmbH** eingesetzten Beamten und ArbN als deren ArbN gelten und aktiv und passiv wahlberechtigt zum dortigen BR sind (BT-Drucks. 16/11 608 S. 42).

IV. Einschränkung des Arbeitnehmerbegriffs nach Abs. 2

326   Die Bestimmung des Abs. 2 zählt einzelne Personengruppen auf, die nicht als ArbN iSd. BetrVG gelten (vgl. *Richardi* Rn 3; *Weber/Ehrich/Hörchens/Oberthür* Teil A Rn 63). Zumeist (insb. Beschäftigte nach Nr. 1, 2, 5, aber regelmäßig auch nach Nr. 3 u. 4) handelt es sich um Personen, die schon nach allgemeinem Arbeitsrecht nicht zu den ArbN gehören, aber der Deutlichkeit halber bes. genannt werden.

1. Vertreter juristischer Personen

327   Ist der Unternehmer eine juristische Person, so sind die Mitgl. des Organs, das zur gesetzl. Vertretung der juristischen Person befugt ist, nicht ArbN iSd. G, auch wenn sie in einem ArbVerh. stehen (zur Frage Organmitglied u. ArbNstatus *Gehlhaar* NZA-RR 09, 569ff.; *v. Hoyningen-Huene* NJW 00, 3233ff.; *Nägele* BB 01, 305ff.; s. auch BAG 10. 4. 91 AP Nr. 54 zu § 611 BGB Abhängigkeit; 13. 5. 96, 6. 5. 99 AP Nr. 27, 46 zu § 5 ArbGG, DB 99, 1811; zur Vorgesellschaft Rn 330), dh bei
   Vereinen (nach §§ 21 u. 22 BGB): die Vorstandsmitgl. (§ 26 BGB; wird der ArbN eines Vereins Vorstandsmitgl. und ein Dienstvertrag mit höheren Bezügen abgeschlossen, wird das bisherige ArbVerh. im Zweifel aufgehoben, BAG 28. 9. 95 AP Nr. 24 zu § 5 ArbGG 1979); ist ein Sondervertr. nach § 30 BGB bestellt, so sind trotzdem auch die Vorstandsmitgl. nicht ArbN; bei Liquidation: die Liquidatoren (§ 48 BGB);
   Stiftungen: die Mitgl. des nach dem Stiftungsgeschäft bestellten gesetzl. Vertretungsorgans (§§ 85, 86 BGB);
   AktG: Die Vorstandsmitgl. (§ 78 AktG); bei Abwicklung: die Abwickler (§ 269 AktG); zur Vereinb. eines ArbVerh. bei Beendigung d. Organstellung BAG 26. 8. 09 – 5 AZR 522/08 – NZA 09, 1205;
   KG auf Aktien: die Komplementäre nach Maßgabe des Gesellschaftsvertrages. Unerheblich ist dabei eine Beschränkung der Vertretungsmacht eines Komplementärs, solange dieser nicht vollständig von der Vertretung ausgeschlossen ist (§ 278 Abs. 2 AktG und §§ 125, 181 HGB);
   GmbH: die Geschäftsführer (§ 35 Abs. 1 GmbHG); hat ein Geschäftsführer einen Arbeitsvertrag mit dem herrschenden Unternehmen, ist dies bez. Organstellung bei GmbH unerheblich, BAG 20. 10. 95 AP Nr. 36 zu § 2 ArbGG 1979; unterbleibt Bestellung zum Geschäftsführer, wird Dienstnehmer nicht automatisch ArbN, BAG 25. 6.

97 AP Nr. 36 zu § 5 ArbGG 1979; bei Abwicklung: die Liquidatoren (grundsätzlich die Geschäftsführer, § 66 GmbHG); wird ein ArbN zum Geschäftsführer bestellt, ist zu vermuten, dass mit Abschluss des Geschäftsführer-Dienstvertrags das ursprüngliche ArbVerh. konkludent aufgehoben wird (BAG 24. 11. 05 AP Nr. 19 zu § 1 KSchG 1969 Wartezeit; 14. 6. 06 AP Nr. 62 zu § 5 ArbGG 1979; 19. 7. 07AP Nr. 18 zu § 35 GmbHG; zum Ganzen *Stück* GmbHR 06, 1009 ff.; *Schrader/Schubert* DB 05, 1457; *dies.* BB 07, 1617 ff.; *Stagat* DB 10, 2801; *Wank/Maties* NZA 07, 353 ff.; s. auch EuGH 11. 11. 10 – C-232/09 – NZA 11, 143, der eine Geschäftsführerin als ArbN iSd der MutterschutzRL 92/85/EWG ansieht, dazu *Schrader/Hilgenstock* ArbRAktuell 11, 320420, *Junker* NZA 11, 950 f., *Reiserer* BB 11, 2262 ff.); der Geschäftsführerdienstvertrag erfüllt auch das Schriftformerfordernis des § 623 BGB für die Auflösung des Arbeitsvertrags (BAG 3. 2. 09 AP Nr. 66 zu § 5 ArbGG 1979). Mit Verlust der Organstellung als Geschäftsführer wandelt sich der zugrunde liegende Anstellungsvertrag (Geschäftsführerdienstvertrag) nicht (wieder) – jedenfalls nicht ohne Weiteres – in einen Arbeitsvertrag um (BAG 5. 6. 08 AP Nr. 211 zu § 626 BGB).

VersVereinen: die Vorstandsmitgl. (§ 34 VAG); während der Liquidation: die Liquidatoren;

Genossenschaften: die Vorstandsmitgl. (§ 24 GenG); während der Liquidation: die Liquidatoren (§ 88 GenG).

Bei **Insolvenz** einer juristischen Person ist gesetzlicher Vertreter der Insolvenzverwalter (vgl. § 80 InsO).

Besteht das zur gesetzl. Vertretung berufene Organ nur aus einer Person, so ist sie **328** als einziges OrganMitgl. nicht ArbN iSd. Betriebsverfassung. Die Anteilseigner einer juristischen Person (Aktionäre) und ihre ARMitgl. können jedoch deren ArbN sein. Einfache Genossenschaftsmitgl., die in Betrieben der Erwerbs- und Wirtschaftsgenossenschaften beschäftigt sind, rechnen zu den ArbN.

Zur ArbNEigenschaft von (GmbH-)Gesellschaftern BAG 28. 11. 90 AP Nr. 137 **329** zu § 1 TVG Tarifverträge Bau; *Loritz* RdA 92, 310 ff.; *Staab* NZA 95, 608).

2. Mitglieder von Personengesamtheiten

Ist der ArbGeb. eine **Personengesamtheit,** so gelten **nur die Personen** nicht als **330** ArbN des Betriebes (des Unternehmens), die kraft Gesetzes, Satzung oder Gesellschaftsvertrags **zur Vertretung** oder Geschäftsführung der Personengesamtheit **berufen** sind (diese Grundsätze gelten auch für juristische Personen im Gründungsstadium, die als Vorgründungs- bzw. **Vorgesellschaften** noch Personengesamtheiten sind). Dies sind bei der

Offene Handelsgesellschaft:
Alle oder einzelne Gesellschafter (§§ 114, 125 HGB).

Partnerschaftsgesellschaft: alle Partner (§ 6 Abs. 2, 3 PartGG iVm. §§ 114, 115 HGB; § 7 Abs. 3 iVm. 125 Abs. 1, 3, 4 HGB);

Gesellschaft bürgerlichen Rechts: alle oder einzelne Gesellschafter (§§ 709, 710, 714 BGB);

Reederei: die Mitreeder bzw. der Korrespondentreeder (§§ 489, 493, 496 HGB);

Kommanditgesellschaft: die persönlich haftenden Gesellschafter (Komplementäre) (§§ 164, 170 HGB); da bei einer GmbH & Co. KG persönlich haftende Gesellschafterin die GmbH ist, zählt deren Geschäftsführer nicht zu den ArbN (anders bei nur förmlicher Bestellung eines Gesamtprokuristen zum Mitgeschäftsführer BAG 13. 7. 95 AP Nr. 23 zu § 5 ArbGG 1979);

Erbengemeinschaft: alle Miterben (§ 2038 Abs. 1 BGB);

eheliche Gütergemeinschaft: einer der Ehegatten (wenn ausdrücklich vereinbart) oder beide Ehegatten (§ 1421 BGB);

nicht rechtsfähiger Verein (zB Gewerkschaft): der Vereinsvorstand (§ 54 BGB, § 26 BGB entspr.).

331   Bei den nicht zur Vertretung oder zur Geschäftsführung berufenen Mitgl. einer Personengesamtheit dürfte im Allgemeinen, wenn sie im Betrieb beschäftigt sind, der ArbN-Charakter überwiegen. Im Einzelfall kann zweifelhaft sein, ob sie lediglich in einem Gesellschafterverhältnis oder in einem ArbVerh. zur Personengesamtheit stehen. Entscheidend ist, ob der eine Vertragspartner dem anderen gegenüber weisungsberechtigt ist und damit die Stellung des ArbGeb. einnimmt (LAG Bremen 29. 3. 57 AP Nr. 1 zu § 611 BGB Arbeits- und Gesellschaftsverhältnis; *DKKW-Trümner* Rn 133; *Richardi* Rn 164 f.).

3. Beschäftigung aus karitativen oder religiösen Gründen

332   Eine vorwiegend durch Beweggründe karitativer oder religiöser Art bestimmte Beschäftigung üben zB **Mönche, Ordensschwestern** (vgl. *Müller,* Zum Recht des Ordensvertrages, S. 41) und **Diakonissen** (ArbG Bremen 31. 5. 56 AP Nr. 4 zu § 5 ArbGG) aus (*Christiansen* Betriebszugehörigkeit S. 138). Bei ihnen spielen Erwerbsgründe keine Rolle, da ihre Versorgung sichergestellt ist durch die religiöse Gemeinschaft, in die sie aufgenommen sind (GK-*Raab* Rn 80; *Richardi* Rn 177; **aA** *DKKW-Trümner* Rn 143 bei Tätigkeit außerhalb ihrer Gemeinschaft).

333   **Nicht** unter Nr. 3 fallen jedenfalls **alle anderen Krankenschwestern** (Caritas-Verband, Innere Mission, Deutsches Rotes Kreuz, Bund freier Schwestern, Arbeiterwohlfahrt). Religiös-sittliche oder karitative Gesichtspunkte sind zwar Wesensbestandteil der Tätigkeit jeder Krankenschwester. Daneben aber gehen sie einem **echten Erwerbsberuf** nach, aus dessen Einkünften sie ihren eigenen Lebensunterhalt und vielfach auch den ihrer Familie bestreiten. Sie sind nicht wie die Ordensschwestern und Diakonissen durch eine religiöse Bindung geprägt. Ihre Vergütung entspricht weitgehend den tariflichen Sätzen. Die Krankenschwestern der letztgenannten Gruppe sind daher **ArbN** sowohl iSd. allgemeinen Arbeitsrechts wie auch des BetrVG (*DKKW-Trümner* Rn 145; GK-*Raab* Rn 81, 84; *Richardi* Rn 178; **aA** *HSWGNR* Rn 133; *Christiansen* Betriebszugehörigkeit S. 140 f.).

334   Allerdings **verneint** das **BAG** die **ArbNEigenschaft** von **Rote-Kreuz-Schwestern,** gleichgültig, ob sie in einem Krankenhaus des DRK beschäftigt sind oder auf Grund eines Gestellungsvertrages im Krankenhaus eines Dritten tätig sind (BAG 3. 6. 75 AP Nr. 1 zu § 5 BetrVG 1972 Rotes Kreuz; 20. 2. 86 AP Nr. 2 zu § 5 BetrVG 1972 Rotes Kreuz; 6. 7. 95 AP Nr. 22 zu § 5 ArbGG 1979; 22. 4. 97 AP Nr. 18 zu § 99 BetrVG 1972 Einstellung; differenzierend *Christiansen* aaO). Die Entscheidungen beruhen auf dem Gedanken der Verbandszugehörigkeit der Schwestern zum Deutschen Roten Kreuz. Neben einer alle maßgebenden Rechte und Pflichten umfassenden Mitgliedschaft soll ein bes. ArbVerh. nicht begründet werden können. Es können aber ArbVerh. und Mitgliedschaftsverhältnis zu einem Schwesternverband grundsätzlich selbständig nebeneinander stehen; beides schließt sich gegenseitig nicht aus (s. auch *DKKW-Trümner* Rn 146 ff.).

335   Das Bestehen eines ArbVerh. zwischen sog. **Gastschwestern** und der Schwesternschaft (nicht zum jeweiligen Krankenhausträger; zur betriebsverfassungsrechtl. Stellung der Gastschwestern in einem von der Schwesternschaft mit betriebenen Krankenhaus BAG 14. 12. 94 AP Nr. 3 zu § 5 BetrVG 1972 Rotes Kreuz u. § 7 Rn 80) wird hingegen vom BAG bejaht (BAG 4. 7. 79 AP Nr. 10 zu § 611 BGB Rotes Kreuz; 14. 12. 94). Maßgebend ist hier nicht die karitative Bestimmung des Tendenzbetriebes (dazu § 118 Rn 5), sondern die Tätigkeit des einzelnen ArbN (vgl. *Kohte* BlStR 83, 129).

4. Beschäftigung aus medizinischen oder erzieherischen Gründen

336   Ausgenommen sind ferner die vorwiegend zu ihrer **Heilung, Wiedereingewöhnung** Beschäftigten, zB Kranke, Körperbehinderte, Alkoholiker, Rauschgiftsüchtige,

Geisteskranke, Nichtsesshafte, soweit sie in Anstalten oder sonst aus arbeitstherapeutischen Gründen beschäftigt werden (vgl. BAG 25. 10. 89 AP Nr. 40 zu § 5 BetrVG 1972; 15. 3. 06 – 7 ABR 39/05; zur Abgrenzung von sozialtherapeutischen zu Berufsausbildungsmaßnahmen; *DKKW-Trümner* Rn 156 ff.).

Hierzu zählen auch die nach § 74 SGB V zur Wiedereingliederung Beschäftigten, **337** die in einem Rechtsverhältnis eigener Art (Schwerpunkt Rehabilitation) zum Arb-Geb. stehen (BAG 29. 1. 92, 19. 4. 94 AP Nr. 1, 2 zu § 74 SGB V; *Richardi* Rn 179; *Gitter* ZfA 95, 123).

Erwerbsfähige Hilfsbedürftige, die nach § 16 Abs 3 SGB II im Rahmen von **338** befristeten sozialversicherungspflichtigen Beschäftigungsverhältnissen oder ABM-Maßnahmen beschäftigt werden, fallen **nicht** unter **Nr. 4** (so zur bisherigen Regelung des § 19 BSHG BAG 5. 4. 00 AP Nr. 62 zu § 5 BetrVG 1972; BAG 5. 10. 00 AP Nr. 16 zu § 106 BetrVG 1972 ausdrückl. für Fälle des § 19 Abs. 2 S. 1 1. Alt. BSHG aF m. Anm. *Schneider* AiB 01, 226). Sie werden nicht zu ihrer Wiedereingewöhnung mit dem Ziel der Rehabilitation oder Resozialisierung tätig, sondern um eine Wiedereingliederung in den normalen Arbeitsmarkt nach längerer Beschäftigungslosigkeit zu erreichen. Sie sind **ArbN** (s. Rn 154 f.; zur Frage der Wahlberechtigung, die davon abhängt, ob diese Beschäftigten nicht nur Gegenstand des Betriebszwecks sind, s. BAG 5. 4. 00 u. Rn 291 ff., 298 sowie § 7 Rn 7). Dagegen sind erwerbsfähige Hilfsbedürftige mit sog. **Ein-Euro-Jobs keine ArbN** iSd BetrVG (s. Rn 155).

Berufliche Rehabilitanden iSd. § 97 SGB III fallen nicht unter Nr. 4; sie wer- **339** den nicht zu ihrer Wiedereingliederung beschäftigt, sondern sollen erstmals befähigt werden, trotz ihrer Behinderung am Arbeitsmarkt teilzunehmen (BAG 13. 5. 92 AP Nr. 4 zu § 5 BetrVG 1972 Ausbildung).

Werden Leistungen zugunsten **beruflicher Rehabilitanden in Berufsbildungs-** **340** **werken,** Berufsförderungswerken und vergleichbaren Einrichtungen der beruflichen Rehabilitation ausgeführt, so werden diese Rehabilitanden nicht in den Betrieb der Einrichtung eingegliedert; sie sind keine ArbN iSd. BetrVG (so § 36 SGB IX; s. auch Rn 301). Sie fallen unter Nr. 4.

Ob behinderte Menschen in einer **Werkstatt für behinderte Menschen** nach **341** § 136 SGB IX und der dazu erlassenen WMVO ArbN sind, hängt davon ab, ob mit ihnen ein Berufsausbildungsvertrag, ein Vertrag iSd. § 26 BBiG oder gar ein normaler Arbeitsvertrag abgeschlossen wird. Dann sind sie ArbN iSd. BetrVG. Wird mit ihnen ein Werkstattvertrag nach § 138 SGB IX abgeschlossen, sind sie arbeitnehmerähnliche Personen (*Neumann/Pahlen/Majerski-Pahlen* SGB IX § 138 Rn 11 f.), für die das BetrVG nicht gilt (s. Rn 92; *Richardi* Rn 180).

Ausgenommen nach Nr. 4 sind ferner Personen, die vorwiegend zu ihrer sittlichen **342** Besserung oder **Erziehung** beschäftigt werden, zB **Strafgefangene** (keine ArbN: BAG 24. 4. 69 AP Nr. 18 zu § 5 ArbGG; BAG 3. 10. 78 AP Nr. 18 zu § 5 BetrVG 1972), es sei denn, sie nach § 39 StVollzG mit einem Dritten ein „freies Beschäftigungsverhältnis" eingehen, unter der Obhut des Jugendamtes stehende Jugendliche (vgl. § 42 SGB VIII) sowie Sicherungsverwahrte nach § 66 StGB in den Unterbringungsanstalten, soweit sie nicht in einem ArbVerh. stehen (*DKKW-Trümner* Rn 162).

5. Familienangehörige des Arbeitgebers

Auch wenn ein echtes ArbVerh. besteht, gelten der **Ehegatte,** nunmehr auch der **343** **Lebenspartner** iSd. des G zur Beendigung der Diskriminierung gleichgeschlechtlicher Gemeinschaften: Lebenspartnerschaften (s. dessen Art. 3 § 40), die **Eltern und Kinder** (auch nichteheliche Kinder) des ArbGeb. **nicht als ArbN** iSd. BetrVG. Voraussetzung ist, dass sie mit dem ArbGeb. in häuslicher Gemeinschaft (Wohnen, Schlafen, Kochen) leben (*DKKW-Trümner* Rn 165; GK-*Raab* Rn 89 f.; *Richardi* Rn 181).

Mit „ArbGeb." iSd. Bestimmung ist eine natürliche Person gemeint; nur mit na- **344** türlichen Personen ist häusliche Gemeinschaft möglich. Eine entspr. Anwendung auf

Familienangehörige von Mitgl. des zur gesetzl. Vertretung berufenen Organs einer
juristischen Person ist möglich (GK-*Raab* Rn 92; *Richardi* Rn 182; **aA** *DKKW-Trümner* Rn 167). Entspr. genügt auch das Verwandtschaftsverhältnis zu einem Mitgl. einer
Personengesamtheit, soweit Vertretungs- oder Geschäftsführungsbefugnis besteht (vgl.
Rn 330).

345   Ein **Verlöbnis** mit dem ArbGeb. schließt die ArbN-Eigenschaft nicht aus
(*DKKW-Trümner* Rn 166). Personen, die zu dem ArbGeb. in einem eheähnlichen
Verhältnis stehen, fallen auch dann nicht unter Nr. 5, wenn sie in die häusliche Ge-
meinschaft aufgenommen sind (vgl. LAG Hamm DB 02, 1332; GK-*Raab* Rn 90;
Richardi Rn 183).

346   Bei einem **Verwandtschaftsverhältnis weiteren Grades** (zB Onkel-Neffe, Groß-
eltern-Enkel) steht das BetrVG der Annahme der ArbNEigenschaft nicht entgegen.
Es kommt im Einzelfall darauf an, ob nur ein familienrechtliches oder ein ArbVerh.
besteht. Diese Frage ist nach allgemeinen arbeitsrechtlichen Gesichtspunkten zu prüfen (*Richardi* Rn 184).

V. Leitende Angestellte

1. Allgemeines

a) Gesetzliche Regelungen

347   Leitende Ang. sind **ArbN** im allgemeinen arbeitsrechtlichen Sinn. Sie sind auf
Grund eines privatrechtlichen Vertrages im Dienste eines anderen (ArbGeb.) zur Leistung fremdbestimmter Arbeit in persönlicher Abhängigkeit verpflichtet (vgl. Rn 17,
39 ff.). Ihre Aufgaben erfüllen sie auf Grund eines „**Arbeitsvertrages**", wie § 5
Abs. 3 S. 2 ausdrücklich feststellt. Sie gehören jedoch nicht zu den „**im Betrieb
tätigen Personen**" iSv. § 75 Abs. 1 (s. § 75 Rn 15).

348   Das BetrVG findet auf diese Gruppe von ArbN keine Anwendung, soweit im G
selbst nicht ausdrücklich etwas anderes bestimmt ist (vgl. §§ 105, 107 und 108). Das
G muss deshalb für seinen **Anwendungsbereich** bestimmen, wer zum Kreis der
leitenden Ang. gehört. Dies ist in § 5 Abs. 3 S. 2 geschehen.

349   Die gesetzl. Definition in § 5 Abs. 3 S. 2 gilt zunächst nur für das BetrVG. **Andere
arbeitsrechtliche G** enthalten für ihren Anwendungsbereich Beschreibungen eines
Personenkreises, der mit dem der leitenden Ang. iSv. § 5 Abs. 3 S. 2 BetrVG zum
Teil, aber nicht völlig übereinstimmt: §§ 14, 17 Abs. 5 Nr. 3 KSchG; § 22 Abs. 2
Nr. 2 ArbGG. Die unterschiedlichen Abgrenzungen beruhen auf dem jeweiligen
Zweck der G.

350   In weiteren G wird auf die Begriffsbestimmung des § 5 Abs. 3 S. 2 **verwiesen,** so
zB im **MitbestG** (§ 3 Abs. 1 Nr. 2), **DrittelbG** (§ 3 Abs. 1) und im **SprAuG** (§ 1
Abs. 1). Für die Anwendungsbereiche dieser G ist deshalb der Kreis der leitenden
Ang. identisch (vgl. zumMitbestG *Wlotzke/Wißmann/Koberski/Kleinsorge* § 3 Rn 10
u. DrittelbG *dies.* § 3 Rn 3).

351   Der **Status** eines Ang. – leitender Ang. oder nicht – kann jederzeit **im arbeitsgerichtlichen BeschlVerf. geklärt** werden (vgl. unten Rn 462 ff.). Für die Zuordnung eines Ang. aus Anlass der Wahlen zu den Interessenvertretungen sieht § 18 a ein
bes. Zuordnungsverfahren vor. Dieses Verfahren gilt nur **für die Wahlen** zu den
Interessenvertretungen. Diese Zuordnung erzeugt keine endgültige Rechtswirkung,
sie hat keine konstitutive Bedeutung (vgl. BAG 25. 2. 97 AP Nr. 72 zu § 87 BetrVG
1972 Arbeitszeit). Eine andere Beurteilung des Status eines Ang. ist in allen Fällen
möglich, in denen es auf diesen Status ankommt, zB Anhörung der jeweiligen Interessenvertretung vor Ausspruch von Kündigungen (vgl. *Engels/Natter* BB 89 Beil. 8
S. 13; *Müller* DB 89, 824, 831).

Wenn in Privatunternehmen oder -betrieben **Beamte** oder **Soldaten** tätig sind 352
(s. Rn 316ff.), die die Kriterien des Abs. 3 S. 2 erfüllen, gelten sie **als leitende Ang.**
Das stellt der neu angefügte S. 3 in Abs. 3 ausdrücklich fest (so speziell für Bahn § 19
Abs. 1 DBGrG, Post §§ 24 Abs. 2 S. 2, 36 Abs. 2 PostPersRG, Bundeswehr § 6
Abs. 2 KooperationsG, für Bundeswertpapierverwaltung § 5 Abs. 2 BWpVerwPG, für
die Germany Trade and Invest-Gesellschaft für Außenwirtschaft und Standortmarke-
ting mbH § 5 Abs. 2 BfAIPG, für die DFS Deutsche Flugsicherung GmbH § 4
Abs. 2 S. 2 BAFlSBAÜbnG).

b) Bedeutung der Abgrenzung

Die Zuordnung eines Ang. entweder zum Kreis der leitenden Ang. oder zu den 353
ArbN des Betriebes, für die der **BR zuständig** ist, ist von großer Bedeutung. Für
alle Angelegenheiten, die nur einen leitenden Ang. oder nur die Gruppe der leitenden Ang. betreffen, ist der BR nicht zuständig. Da das G auf die leitenden Ang. im
Allgemeinen keine Anwendung findet, gehören sie auch **nicht zu** den **wahlberechtigten oder wählbaren ArbN** (§§ 7, 8). Bei allen Bestimmungen, die auf die Zahl
der wahlberechtigten ArbN abstellen (zB §§ 1, 9, 10 Abs. 2, 38, 99, 111) zählen sie
nicht mit.

Die Abgrenzung hat für die Betriebe und Unternehmen, in denen die **leitenden** 354
Ang. eigene Interessenvertr. wählen, noch an Bedeutung gewonnen. Sprecherausschüsse können in Betrieben (§ 1 SprAuG) oder Unternehmen (§ 20 SprAuG) gebildet werden. Dann ist entweder der Sprecherausschuss für Angelegenheiten zuständig,
die einen leitenden Ang. oder die Gruppe der leitenden Ang. betreffen, oder der BR
für alle übrigen ArbN. So muss zB der ArbGeb. vor Ausspruch einer Kündigung den
Sprecherausschuss hören, wenn der zu kündigende ArbN ein leitender Ang. ist (§ 31
Abs. 2 SprAuG); handelt es sich um einen Ang. iSd. BetrVG, ist der BR zu hören
(§ 102 Abs. 1 BetrVG). In Zweifelsfällen wird der ArbGeb. zweckmäßig beide Vertr.
anhören (vgl. auch § 105 Rn 1).

c) Zweck der gesetzlichen Regelung

Die Sonderregelung für leitende Ang. hat ihre Ursache in dem natürlichen **Inte-** 355
ressengegensatz zwischen dem ArbGeb. (Unternehmer) und den ArbN des Betriebes. Der ArbGeb. verfolgt in erster Linie wirtschaftliche Interessen. Er verfügt über
den Einsatz der Produktionsmittel; die ArbN sind persönlich und wirtschaftlich abhängig. Sie bedürfen des Schutzes. Der BR vertritt ihre Interessen. Er will sozialver-
trägliche Arbeitsbedingungen. Das **BetrVG** ist **Schutzgesetz** zugunsten aller und
einzelner ArbN des Betriebes.

In Groß- und Mittelbetrieben werden die unternehmerischen Aufgaben leitenden 356
Ang. übertragen. Diese haben zwar auch spezifische ArbNInteressen. Sie unterscheiden sich von den übrigen ArbN aber dadurch, dass sie im Unternehmen typische
**Unternehmeraufgaben mit einem eigenen erheblichen Entscheidungsspiel-
raum** wahrnehmen; sie müssen sich mit den Interessen des Unternehmens identifi-
zieren. Sie können deshalb nicht gleichzeitig für den ArbGeb. (Unternehmer) handeln und den BR wählen oder zum BR gewählt werden. Sie können in ihrer Person
den Interessengegensatz nicht austragen (BAG 29. 1. 80 AP Nr. 22 zu § 5 BetrVG
1972; BAG 23. 1. 1986 AP Nr. 32 zu § 5 BetrVG 1972).

Dieser Zweck der gesetzlichen Regelung ist bei der **Auslegung** der einzelnen 357
Abgrenzungsmerkmale zu beachten (BAG 9. 12. 75 AP Nr. 11 zu § 5 BetrVG 1972).
Der Umstand, dass ein Ang. die Interessen des ArbGeb. gegenüber dem BR zu ver-
treten hat, ist ein Indiz für unternehmerische Funktionen, der Gegnerbezug ist aber
kein Abgrenzungsmerkmal sondern nur Orientierungsmerkmal (BAG 23. 1. 86 AP
Nr. 32 zu § 5 BetrVG 1972; *DKKW-Trümner* Rn 181).

d) Aufbau der gesetzlichen Regelung

358   Satz 1 bestimmt den persönlichen **Geltungsbereich** des BetrVG. **Satz 2** enthält
die Voraussetzungen, die erfüllt sein müssen, um leitender Ang. iSd. BetrVG (und
SprAuG) sein zu können (**Legaldefinition**). Nur dieser Satz enthält die entscheidenden Voraussetzungen. Deshalb wird im BetrVG (zB § 105) und im SprAuG auch
nur auf die Definition in Abs. 3 verwiesen (vgl. § 1 Abs. 1 SprAuG), nicht auf Abs. 4
(GK-*Raab* Rn 97 f.; *DKKW-Trümner* Rn 180; *Richardi* Rn 194; *Engels/Natter* BB 89
Beil. 8 S. 7). **Abs. 4** hat nur eine **Hilfsfunktion bei der Anwendung der Nr. 3**,
enthält somit keine selbständige Begriffsbestimmung (BAG 22. 2. 94 – 7 ABR 32/93 –
nv.; MünchArbR-*Richardi* § 19 Rn 23).

359   § 5 Abs. 3 S. 2 nennt **alternativ drei Tatbestände,** die den Status eines leitenden
Ang. begründen können. In **Nr. 1** wird die **typische ArbGeb.-Stellung** angesprochen (Berechtigung eines Ang. zur selbständigen Einstellung und Entlassung von
ArbN). In **Nr. 2** wird der Ang. beschrieben, der im Rechtsverkehr kraft der gesetzl.
umschriebenen Vollmacht (Prokura) für den ArbGeb. (Unternehmer) tätig wird, und
dem im Innenverhältnis nicht unbedeutende Aufgaben übertragen wurden (formale
Unternehmerstellung). In **Nr. 3** wird die **Hauptgruppe** der leitenden Ang. gekennzeichnet. In dieser Bestimmung kommt auch der Zweck der gesetzl. Regelung
deutlich zum Ausdruck. Es wird abgestellt auf die **Bedeutung der Aufgaben** und
die Weisungsfreiheit (funktionale Abgrenzung; BAG 16. 4. 02 AP Nr. 68 zu § 5
BetrVG 1972; *Leese* Abgrenzung der leit. Ang. S. 83, 85). Wie der Formulierung
„sonstige Aufgaben" in Nr. 3 zu entnehmen ist, regeln die Nr. 1–3 nur unterschiedliche ArbGeb.-Funktionen, wobei die ihnen jeweils zugrunde liegenden unternehmerischen Aufgaben gleichwertig sind (BAG 16. 4. 02).

360   Für jede dieser drei Alternativen müssen auch die in § 5 Abs. 3 S. 2 eingangs genannten Voraussetzungen erfüllt sein (s. BAG 10. 10. 07 AP Nr. 72 zu § 5 BetrVG
1972; *DKKW-Trümner* Rn 183). Aufgaben und Berechtigungen müssen dem Ang. im
Arbeitsvertrag übertragen (vereinbart) worden sein. Der Ang. muss sie auch tatsächlich im Unternehmen oder im Betrieb wahrnehmen (vgl. Rn 369 ff.).

e) Verfassungsmäßigkeit

361   § 5 Abs. 3 S. 2 kann trotz der Verwendung zahlreicher unbestimmter Rechtsbegriffe in der Praxis von ArbGeb., BR und Sprecherausschüssen sowie von Wahlvorst. angewendet werden. Gerichte können verlässlich entscheiden. Die Zuordnung
anhand einzelner Tatbestandsmerkmale ist überprüfbar. Die Norm verstößt nicht
gegen das **Rechtsstaatsprinzip.** Sie verletzt weder das Bestimmtheitsgebot noch
den Grundsatz der Bindung des Richters an Gesetz und Recht (BVerfG 24. 11. 81
AP Nr. 27 zu § 5 BetrVG 1972 zur früheren Fassung [s. dazu *Engels* DB 82, 697 ff.];
die Bedenken sind nach der Neufassung eher geringer geworden; *Engels/Natter* BB 89
Beil. 8 S. 12; *DKKW-Trümner* Rn 185).

362   Gegen die **Verfassungsmäßigkeit von § 5 Abs. 4** sind in der rechtspolitischen
Diskussion Bedenken geäußert worden (vgl. *Clausen/Löhr/Schneider/Trümner* ArbuR
88, 293). Diese Bedenken sind nicht begründet, wenn – wie hier – Abs. 4 nur als
Orientierungshilfe in Grenzfällen (vgl. *Engels/Natter* BB 89 Beil. 8 S. 9 f.) verstanden wird, der nur den jeweiligen Wahlvorst. eine leichtere Zuordnung aus Anlass
der BR-Wahlen oder Sprecherausschuss-Wahlen ermöglicht, eine selbständige Statusbeurteilung in einem bes. BeschlVerf. aber nicht ausschließt.

363   Der Zwang zur Zuordnung **aus Anlass von Wahlen** rechtfertigt in Grenzfällen,
dh wenn trotz aller Bemühungen der Wahlvorst. um eine zutreffende Beurteilung
anhand der Tatbestandsmerkmale die eine oder andere Entscheidung in gleicher Weise
vernünftig und rechtlich begründbar erscheint, eine Beurteilung nach ausschließlich
formalen Kriterien, obwohl diese nicht in allen Fällen Rückschlüsse auf das eigentlich
entscheidende Merkmal, die Aufgaben, zulassen (vgl. *Buchner* NZA 89 Beil. 1,
S. 2, 9).

Nur Abs. 4 **Nr. 4** ist bez. der nach Art. 3 GG gebotenen **Sachgerechtigkeit kri-** 364
tisch und verfassungsrechtlich problematisch. Es fehlt der Bezug zu unternehmensbezogenen Merkmalen, auf die der Grundtatbestand abstellt (vgl. *DKKW-Trümner*
Rn 246; *Richardi* ArbuR 91, 44; **aA** GK-*Raab* Rn 182 unter Hinweis auf das erhöhte
Interesse an Rechtssicherheit). Art. 3 Abs. 1 GG verbietet nach st. Rspr. des BVerfG
eine an sachwidrigen Kriterien ausgerichtete Differenzierung (BVerfGE 35, 335; 42,
388). Für die Abgrenzung kann es nur auf unternehmensinterne Merkmale ankommen, nicht auf Durchschnittsverdienste aller ArbN.

f) Zwingendes Recht

Die Abgrenzung der leitenden Ang. von den übrigen Ang. des Betriebes nach 365
Abs. 3 ist zwingendes Recht (BAG 5. 3. 74 AP Nr. 1 zu § 5 BetrVG 1972; 19. 8. 75
AP Nr. 1 zu § 105 BetrVG 1972). Weder ein **TV** noch eine **BV** können regeln, wer
leitender Ang. iSd. Betriebsverfassung ist. Auch durch **Vereinbarung zwischen**
ArbGeb. und ArbN kann der Status nicht begründet werden (vgl. *DKKW-Trümner*
Rn 187; *Weber/Ehrich/Hörchens/Oberthür* Teil A Rn 73; *Vogel* NZA 02, 313). Entscheidend sind allein Aufgaben und Funktionen im Betrieb und Unternehmen. „Er-
nennungen" zu leitenden Ang. ohne die Übertragung der in § 5 Abs. 3 S. 2 genannten Aufgaben und Funktionen sind betriebsverfassungsrechtlich bedeutungslos.
Indirekt kann der ArbGeb. durch die gewählte Organisation des Unternehmens und
die Übertragung der notwendigen Aufgaben auf einzelne Ang. den Status eines ArbN
beeinflussen.

Die **Eintragung in die Wählerliste** hat keine rechtsbegründende Wirkung (BAG 366
5. 3. 74 AP Nr. 1 zu § 5 BetrVG 1972; 4. 12. 74 AP Nr. 4 zu § 5 BetrVG 1972).
Nicht die Eintragung begründet den Status, sondern nur die Voraussetzungen des § 5
Abs. 3 S. 2. Das gilt unabhängig davon, ob in einem Betrieb nur der BR oder auch
ein Sprecherausschuss gewählt wird. Im letzteren Falle ist bei Meinungsverschiedenheiten zwischen den Wahlvorst. das Zuordnungsverfahren nach § 18a durchzuführen.
Im Rahmen eines solchen Zuordnungsverfahrens kann es allerdings auf frühere Zuordnungen aus Anlass von Wahlen ankommen (§ 5 Abs. 4 Nr. 1). Die Eintragung ist
damit nur Orientierungshilfe in Grenzfällen.

2. Allgemeine Voraussetzungen

a) Arbeitsvertrag

Die in Nr. 1–3 genannten Merkmale müssen jeweils „**nach Arbeitsvertrag**" er- 367
füllt sein. Dem Ang. müssen im Arbeitsvertrag Befugnisse oder Aufgaben der in
Nr. 1–3 genannten Art übertragen werden (*Richardi* Rn 197 f.; *Wlotzke* DB 89, 111,
119). Diese müssen jedoch nicht im Arbeitsvertrag schriftlich fixiert sein; entspr.
mündliche Absprachen, die auch stillschweigend durch eine entspr. praktische Durchführung des Vertragsverhältnisses getroffen werden können, reichen aus (BAG 23. 3.
76 AP Nr. 14 zu § 5 BetrVG 1972; 16. 4. 02 AP Nr. 68 zu § 5 BetrVG 1972).

Doch ist es zweckmäßig, den Arbeitsvertrag schriftlich abzuschließen, weil nur so 368
Aufgaben und Befugnisse zweifelsfrei ermittelt werden können. Übt ein Ang. mit
Billigung des ArbGeb. leitende Funktionen aus, so wird man selbst bei anders lau-
tenden Verträgen davon auszugehen haben, dass das nach Arbeitsvertrag geschieht
(*Hromadka* BB 90, 57). Bei **Beamten** und **Soldaten** (s. Rn 316 ff.), die in keinem
ArbVerh. stehen, kommt es allein auf die Stellung im Unternehmen oder Betrieb an,
die in anderer rechtsverbindlicher Weise (Dienstrecht, Beamtenrecht) abgesichert sein
muss.

b) Stellung im Unternehmen oder im Betrieb

Die Übertragung von Aufgaben und Befugnissen im Arbeitsvertrag reicht für sich 369
allein nicht aus. Ein ArbN kann nur leitender Ang. sein, wenn er tatsächlich – im

Innenverhältnis (vgl. *Richardi* Rn 199) – die Aufgaben und Befugnisse ausübt, die seinen Status als leitenden Ang. begründen können. **Die tatsächlichen Verhältnisse müssen mit den arbeitsvertraglichen Grundlagen übereinstimmen** (BAG 11. 3. 82 AP Nr. 28 zu § 5 BetrVG 1972). Diese Voraussetzung entspricht im Übrigen einem allgemeinen arbeitsrechtlichen Grundsatz: Es kommt für die Beurteilung eines Rechtsverhältnisses oder eines Status nicht auf die Bezeichnung, sondern auf die tatsächliche Handhabung an (vgl. zum ArbN-Begriff Rn 30 ff.). Gelegentliche oder vertretungsweise Wahrnehmung der Aufgaben genügt nicht, weil sie nicht die „Stellung" im Unternehmen kennzeichnet (*Richardi* ArbuR 91, 37; vgl. auch Rn 400).

370   Die Aufgaben und Befugnisse, die einen leitenden Ang. kennzeichnen, sind im Kern **unternehmerische Aufgaben.** Diese wirken sich in erster Linie auf Bestand und Entwicklung des „Unternehmens" aus. Das wird in den Einleitungsworten der Vorschrift ebenso klargestellt wie in Nr. 3 selbst (*DKKW-Trümner* Rn 194; GK-*Raab* Rn 104 ff.; *Engels/Natter* BB 89, Beil. 8, S. 7). Gehört ein Ang. mehreren Betrieben eines Unternehmens an, kann der Status bei Wahrnehmung unternehmensbezogener Aufgaben nur einheitlich beurteilt werden (BAG 25. 10. 89 AP Nr. 42 zu § 5 BetrVG 1972 betr. Chefpilot; 25. 2. 97 AP Nr. 72 zu § 87 BetrVG 1972 Arbeitszeit).

371   Andererseits können sich die Aufgaben und Befugnisse, die die bes. Stellung eines leitenden Ang. rechtfertigen, auch auf die **Leitung eines Betriebes** konzentrieren (BAG 16. 4. 02 AP Nr. 68 zu § 5 BetrVG 1972; *Leese* Abgrenzung der leit. Ang. S. 109; MünchArbR-*Richardi* § 19 Rn 27, *Richardi* Rn 214). Die dem Ang. übertragenen Aufgaben müssen aber unternehmerische Aufgaben sein. Die Tatbestandsmerkmale der Tatbestandsgruppen müssen in jedem Fall erfüllt werden.

372   Wird ein leitender Ang. aus Anlass des Auslaufens seines Arbeitsvertrages von der Wahrnehmung seiner Aufgaben **freigestellt,** so ändert dies nichts an seinem rechtlichen Status (BAG 23. 3. 76 AP Nr. 14 zu § 5 BetrVG 1972; 18. 8. 82 – 7 AZR 235/80 nv; *Powietzka/Hager* DB 06, 102; aA ArbG München NZA-RR 05, 194).

3. Merkmale nach § 5 Abs. 3 Satz 2 Nr. 1–3

373   Von den Voraussetzungen der drei Tatbestandsgruppen brauchen nur die Voraussetzungen einer Gruppe erfüllt zu sein, um die Eigenschaft eines leitenden Ang. zu begründen.

a) Leitende Angestellte nach Nr. 1

374   Die Zuordnung stellt auf eine **„Berechtigung"** des Ang. ab. Gemeint ist die Berechtigung des Ang. gegenüber dem ArbGeb., also das **Innenverhältnis** (vgl. BAG 10. 10. 07 AP Nr. 72 zu § 5 BetrVG 1972; GK-*Raab* Rn 109; MünchArbR-*Richardi* § 19 Rn 28; *Richardi* Rn 199). Satz 2 stellt insgesamt auf die dem Ang. übertragenen Aufgaben ab (BAG 11. 3. 82 AP Nr. 28 zu § 5 BetrVG 1972 *HSWGNR* Rn 159).

375   Die Berechtigung muss sich auf **Einstellung und Entlassung** beziehen; eine der beiden Befugnisse reicht nicht aus (*DKKW-Trümner* Rn 200; MünchArbR-*Richardi* § 19 Rn 28).

376   Die Einstellungs- und Entlassungsbefugnis muss sich auf **„im Betrieb oder in der Betriebsabteilung beschäftigte Arbeitnehmer"** beziehen. Nach dem Zweck der Norm macht sie einen leitenden Ang. aber erst dann aus, wenn sie für das Unternehmen bedeutsam ist. Deshalb muss die Befugnis für einen **erheblichen Teil der ArbN** bestehen. Hierfür reicht eine Personalkompetenz gegenüber nicht einmal 1% der Belegschaft nicht aus (BAG 10. 10. 07 AP Nr. 72 zu § 5 BetrVG 1972 mwN; *DKKW-Trümner* Rn 202; GK-*Raab* Rn 110; *HSWGNR* Rn 164; *Diringer* RdA 03, 893).

377   Beschränkt sich die Personalverantwortung auf eine vergleichsweise geringe ArbNZahl, kann sie dennoch den Status eines leitenden Ang. nach Nr. 1 begründen, wenn sie gerade für einen für das Unternehmen **qualitativ bedeutsamen Perso-**

nenkreis besteht. Das ist der Fall, wenn sich die Personalkompetenz auf ArbN erstreckt, die entweder hochqualifizierte Tätigkeiten mit entspr. Entscheidungsspielräumen ausüben oder einen für das Unternehmen herausgehobenen Geschäftsbereich betreuen (BAG 10. 10. 07 AP Nr. 72 zu § 5 BetrVG 1972; 25. 3. 09 – 7 ABR 2/08 – NZA 09, 1296 mwN). Die Einstellungs- und Entlassungsbefugnis eines **Poliers** auf seiner Baustelle oder die Befugnisse des Leiters eines kleinen Filialgeschäftes, der Hilfskräfte einstellen und entlassen darf, reichen nicht aus (vgl. BAG 5. 3. 74 AP Nr. 1 zu § 5 BetrVG 1972; BAG 11. 3. 1982 AP Nr. 28 zu § 5 BetrVG 1972; *Richardi* Rn 201).

Nur die **selbständige Entscheidung** über Einstellungen und Entlassungen be-   378
gründet die Eigenschaft als leitender Ang. Selbständig heißt, dass diese Befugnis sowohl im Innenverhältnis als auch im Außenverhältnis besteht und der Ang. nicht an die Zustimmung des ArbGeb. oder sonstiger über- oder gleichgeordneter Stellen im Unternehmen oder im Betrieb gebunden ist (BAG 25. 3. 09 aaO. **Personalleiter,** die die Entscheidungen der Fachabteilungen im Außenverhältnis vollziehen, scheiden damit ebenso aus (*DKKW-Trümner* Rn 201; ErfK-*Koch* Rn 19) wie ein Fast-Food-**Restaurantleiter** mit ArbGeb.-seitig „begleiteter" Kompetenz zur Einstellung und Entlassung gewerblicher ArbN (LAG Hessen NZA-RR 01, 426, AiB 02, 430 m.Anm. *Mansholt*). Dagegen ist von einer selbständigen Einstellungs- und Entlassungsbefugnis auch dann auszugehen, wenn der Ang. nur Richtlinien oder Budgets zu beachten hat oder Zweitunterschriften einholen muss, die einer Richtigkeitskontrolle dienen, aber nicht mit der Entscheidungsbefugnis eines Dritten verbunden sind (BAG 10. 10. 07 AP Nr. 72 zu § 5 BetrVG 1972 mwN; *Löwisch/Kaiser* Rn 28).

Die selbständige Befugnis **fehlt,** wenn ein anderer „**mitentscheidet"** (*Hromadka*   379
BB 90, 59). Nr. 1 wird deshalb auch künftig **nur** für einen **kleinen Personenkreis** zutreffen. Der Gesetzgeber hat insoweit die Rspr. des BAG bestätigt. Ang., die diese Voraussetzung nicht erfüllen, können aber leitende Ang. nach Nr. 3 sein.

b) Leitende Angestellte nach Nr. 2

Dieser Teil der Norm stellt ab auf das Außen- **und** Innenverhältnis.   380

Das Außenverhältnis betrifft die Rechtsbeziehung des ArbGeb. zu Dritten. Der   381
ArbGeb. bedarf vielfach der Vertreter, auch solcher mit weitreichenden Vollmachten. **Generalvollmacht** ist die Vollmacht zur Führung des gesamten Geschäftsbetriebes (§ 105 Abs. 1 AktG), jedenfalls aber eine Vollmacht, die die Besorgung eines wesentlichen Teils der Geschäfte des Vollmachtgebers umfasst. Generalbevollmächtigte werden erwähnt in § 173 ZPO, § 9 Nr. 1 ArbErlaubnisVO, § 22 Abs. 2 Nr. 2 ArbGG. Im Übrigen ist der Umfang der Vollmacht nicht geregelt. Generalbevollmächtigte kommen in der Praxis nur selten vor.

Die **Prokura** enthält eine gesetzlich festgelegte Vollmacht (§§ 48, 49 HGB). Der   382
Prokurist handelt im Rechtsverkehr als Vertreter des ArbGeb. (Unternehmers). Seine Erklärungen wirken unmittelbar für und gegen den Vertretenen (§ 164 Abs. 1 BGB).

Die Vollmacht eines Prokuristen hat einen sehr weiten Umfang. Er ist vom G   383
zwingend festgelegt. Eine Beschränkung des Umfangs der Prokura ist Dritten gegenüber unwirksam (§ 50 Abs. 1 HGB). Beschränkung ist nur in der Form zulässig, dass die Prokura an mehrere Personen gemeinschaftlich erfolgen kann (**Gesamtprokura,** § 48 Abs. 2 HGB) oder dass die Prokura auf eine **Niederlassung,** die unter einer anderen Firma betrieben wird, beschränkt wird (§ 50 Abs. 3 HGB).

Abgesehen von diesen Beschränkungen ermächtigt die Prokura zu allen Arten von   384
gerichtlichen oder außergerichtlichen Geschäften und Rechtshandlungen, die der Betrieb eines Handelsgeschäfts mit sich bringt. Der Prokurist ist das „**Zweite Ich"** des Unternehmers. Ausgenommen sind nur die Veräußerung und Belastung von Grundstücken. Hier kann der Prokurist den Unternehmer nur verpflichten, wenn

ihm diese Befugnis besonders erteilt ist (§ 49 Abs. 2 HGB). Wegen dieses gesetzl. vorgeschriebenen weiten Umfangs der Vollmacht ist die Erteilung der Prokura zum **Handelsregister** anzumelden und dort einzutragen (§ 53 HGB).

385 Das BAG hatte in einer Grundsatzentscheidung gefordert, dass sich der Umfang der Vollmacht im Außenverhältnis mit den Aufgaben des Ang. im Innenverhältnis völlig decken müsste. Nach diesem Urteil fielen nur solche Prokuristen unter Nr. 2, die berechtigt waren, die mit einer Prokura im Außenverhältnis verbundene Vertretungsmacht auch im Innenverhältnis uneingeschränkt auszuüben (BAG 27. 4. 88 AP Nr. 37 zu § 5 BetrVG 1972). Damit konnte nur ein kleiner Personenkreis unter diese Tatbestandsgruppe fallen. In größeren Unternehmen mit dezentralisierter Organisationsstruktur gibt es viele Prokuristen, die nach den Vereinbarungen im Innenverhältnis von der Prokura nur im jeweils übertragenen Aufgabengebiet Gebrauch machen dürfen.

386 Um dieses Ergebnis zu korrigieren, wurde die Tatbestandsgruppe der Nr. 2 geändert. Allerdings ist der geänderte Wortlaut wieder ungenau: Nicht die „Prokura" kann unbedeutend sein, gemeint sind die **Aufgaben,** die der ArbGeb. einem Prokuristen überträgt, sie dürfen **nicht unbedeutend** sein (BAG 11. 1. 95 AP Nr. 55 zu § 5 BetrVG 1972; 25. 3. 09 – 7 ABR 2/08 NZA 09, 1296). Der Ang., dem Prokura erteilt wurde, und dem der ArbGeb. einigermaßen bedeutungsvolle Aufgaben übertragen hat, ist danach leitender Ang. Nr. 2.

387 Welche Aufgaben nicht nur unbedeutend iS dieser Vorschrift sind, lässt sich nur im Blick auf die Aufgaben sagen, die in Nr. 1 und 3 beschrieben werden. Prokuristen iSd. Nr. 2 müssen im Innenverhältnis Aufgaben wahrnehmen, die den in Nr. 3 umschriebenen Leitungsfunktionen entsprechen (BAG 11. 1. 95 AP Nr. 55 zu § 5 BetrVG 1972; 25. 3. 09 – 7 ABR 2/08 NZA 09, 1296; *DKKW-Trümner* Rn 212; GK-*Raab* Rn 119). Darauf weist das Verbindungswort „sonstige" in Nr. 3 hin. Die Auslegung dieses Tatbestandsmerkmals muss auch am Zweck der Bestimmung orientiert sein (vgl. Rn 355 ff.).

388 Für die Erfüllung des in Nr. 2 enthaltenen funktionalen Merkmals ist maßgebend, ob der Prokurist bedeutende unternehmerische Leitungsaufgaben iSd. Nr. 3 wahrnimmt (BAG 25. 3. 09 – 7 ABR 2/08 – NZA 09, 1296). Sind die formalen Voraussetzungen der Tatbestände der Nr. 2 erfüllt, ist nur zu prüfen, ob die durch eine Prokuraerteilung nach außen dokumentierten unternehmerischen Befugnisse auch im **Innenverhältnis** nicht soweit aufgehoben sind, dass eine erhebliche unternehmerische Entscheidungsbefugnis in Wirklichkeit nicht besteht (BAG 11. 1. 95 AP Nr. 55 zu § 5 BetrVG 1972). Das hat Auswirkungen auf die Darlegungslast. Bei negativen Statusfeststellungsbegehren ist darzulegen, dass der Prokurist ungeachtet seiner weitreichenden Vertretungsmacht nur unbedeutende Führungsaufgaben zu erfüllen hat, während für die Behauptung einer positiven Statusfeststellung zunächst der Nachweis der Prokura genügt (BAG 11. 1. 95).

389 Danach sind sog. **Titularprokuristen** nach wie vor **keine leitenden Ang.** (vgl. LAG Rheinland-Pfalz EzA § 5 BetrVG 1972 Nr. 36; LAG Düsseldorf LAGE § 5 BetrVG 1972 Nr. 17; *DKKW-Trümner* Rn 209; GK-*Raab* Rn 117; *Richardi* Rn 205). **Prokuristen** mit ausschließlich **Stabsfunktionen,** die beschränkt auf das Innenverhältnis zum Unternehmer wahrgenommen werden, sind idR keine leitenden Ang. nach Nr. 2, möglicherweise jedoch nach Nr. 3 (BAG 11. 1. 95 AP Nr. 55 zu § 5 BetrVG 1972; 25. 3. 09 – 7 ABR 2/08 – NZA 09, 1296; 29. 6. 11 – 7 ABR 5/10 – NZA-RR 11, 647). Auch andere Aufgaben, die ein Prokurist wahrzunehmen hat, können in ihrer Bedeutung so weit von den in Nr. 3 genannten Aufgaben entfernt sein, dass sie ohne nennenswerte Bedeutung für Bestand und Entwicklung des Unternehmens oder eines Betriebes sind. Wird Prokura nur erteilt, damit der Ang. Zollerklärungen oder sonstige Erklärungen gegenüber Behörden abgeben kann, reicht das nicht aus.

390 Die Erteilung einer **Handlungsvollmacht** (§ 54 HGB) kann die Tatbestandsmerkmale nach Nr. 2 nicht erfüllen (hM; BAG 10. 4. 91 AP Nr. 141 zu § 1 TVG Tarifverträge: Bau; GK-*Raab* Rn 120; *HSWGNR* Rn 168). Handlungsbevollmächtigte können jedoch die Voraussetzungen der Nr. 3 erfüllen.

c) Leitende Angestellte nach Nr. 3

Die Tatbestandsgruppe nach Nr. 3 enthält die Tatbestandsmerkmale, die auf die **391** **Bedeutung der Aufgaben,** die **Entscheidungsfreiheit** sowie die **Kenntnisse und Erfahrungen** des Ang. abstellen. Es ist eine funktionsbezogene Umschreibung des leitenden Ang. (*DKKW-Trümner* Rn 215; GK-*Raab* Rn 121; *Engels/Natter* BB 89 Beil. 8 S. 8f.).

Ang. sind nur dann leitende Ang. iSd. Fallgruppe 3, wenn sie „**Aufgaben** wahr- **392** nehmen, die für den Bestand und die Entwicklung eines Unternehmens oder eines Betriebes **von Bedeutung** sind." Damit sind Aufgaben gemeint, die sich deutlich von den Aufgaben abheben, die anderen Ang. übertragen werden (so schon BAG 5. 3. 74 AP Nr. 1 zu § 5 BetrVG 1972; *Wlotzke* DB 89, 111, 120). „Bestand" oder „Entwicklung" reicht nicht (zB Überwachung einerseits, Forschung andererseits; vgl. MünchArbR-*Richardi* § 19 Rn 37; *Richardi* ArbuR 91, 40).

Es sollen nach dem Zweck des G nur diejenigen Ang. erfasst werden, die der Un- **393** ternehmensleitung wegen ihrer Tätigkeit wegen der Bedeutung ihrer Funktion nahe stehen (BAG 29. 1. 80 AP Nr. 22 zu § 5 BetrVG 1972). Dabei muss es sich um einen beachtlichen **Teilbereich unternehmerischer Gesamtaufgaben** handeln (*DKKW-Trümner* Rn 220). Es können Aufgaben wirtschaftlicher, technischer, kaufmännischer, organisatorischer, personeller oder wissenschaftlicher Art sein (zum Chefarzt s. BAG 5. 5. 10 – 7 ABR 97/08 – NZA 10, 955; *Diringer* RdA 03, 890, 894).

Das G bezieht die Aufgaben ausdrücklich auch auf das **Unternehmen** (vgl. so **394** schon BAG 29. 1. 80, 23. 1. 86 AP Nr. 22, 32 zu § 5 BetrVG 1972, 25. 2. 97 AP Nr. 72 zu § 87 BetrVG 1972 Arbeitszeit). Unternehmerische Aufgaben können sich auch auf den Bestand und die Entwicklung eines **Betriebes** auswirken. Aufgaben mit dieser Tragweite sind ebenfalls unternehmerische Leitungsaufgaben (BAG 10. 10. 07 AP Nr. 72 zu § 5 BetrVG 1972 mwN.; MünchArbR-*Richardi* § 19 Rn 38; *Richardi* Rn 214). Zu den unternehmensbezogenen Aufgaben gehören zB die Leitung des Rechnungswesens, der Öffentlichkeitsarbeit, der Forschung, der Anwendungstechnik. Zu den betriebsbezogenen Aufgaben gehört die Leitung der Produktion (vgl. *Hromadka* BB 90, 60).

Kennzeichen unternehmerischer Leitungsaufgaben ist das **Treffen von Entschei-** **395** **dungen** (vgl. *Wlotzke* DB 89, 111, 120). Das wird aus dem weiteren Tatbestandsmerkmal der „Entscheidungsfreiheit" deutlich. Nicht alle wichtigen Aufgaben in einem Unternehmen oder in einem Betrieb sind Aufgaben der Unternehmensleitung. Das gilt etwa für Aufsichts- und **Überwachungsfunktionen** (BAG 25. 3. 09 – 7 ABR 2/08 – NZA 09, 1296; 29. 6. 11 – 7 ABR 5/10 – NZA-RR 11, 647). So ist zB ein **Qualitätsbeauftragter** nach Din EN ISO 9001 (QE 4.1.2.3.), der zwar über umfangreiche Kontroll- und Berichtsbefugnisse verfügt, aber keine die Unternehmensleitung bindenden Entscheidungen trifft, idR **kein leitender Ang.** (ArbG Würzburg AiB 00, 429 mit Anm. *Heese*).

Auch die **Durchführung** unternehmerischer Entscheidungen ist **keine** unter- **396** nehmerische **Leitungsaufgabe** (BAG 25. 3. 09 – Rn 388 –). Sind unternehmerische Entscheidungen nur durchzuführen oder vorgegebene Ziele zu erarbeiten, begründet dies selbst dann **nicht** den Status eines **leitenden Ang.** nach Nr. 3, wenn die Arbeitsergebnisse der vom Ang. geschuldeten Tätigkeit das Unternehmensschicksal entscheidend prägen können und der Ang. auf Grund seines hohen Spezialisierungsgrades eine **Monopolstellung** im Unternehmen einnimmt und als EDV-Spezialist die Datenverarbeitung im Unternehmen aufbauen soll (LAG Köln DB 01, 1512).

Dass es sich um unternehmerische Leitungsaufgaben handeln muss, wird auch **397** durch das Verbindungswort „**sonstige**" (Aufgaben) verdeutlicht. Das Verbindungswort knüpft an die Tatbestandsgruppen der Nr. 1 und 2 an (formale Arbeitgeberstellung und „Zweites Ich" des Unternehmers). Die in Nr. 3 genannten Aufgaben müssen denen in Nr. 1 und 2 genannten Aufgaben **vergleichbar** sein (vgl. BT-Drucks. 11/2503, S. 30; BAG 16. 4. 02 AP Nr. 68 zu § 5 BetrVG 1972; DKKW-*Trümner* Rn 197; *Engels/Natter* BB 89 Beil. 8 S. 8; *Richardi* ArbuR 91, 37; *WPK* Rn 61; **aA** GK-*Raab* Rn 123).

398   Die Zahl der Ang. eines Unternehmens, die leitende Ang. nach Nr. 3 sein können, hängt von der Größe und vor allem von den **Organisationsstrukturen** eines Unternehmens ab. Die Unternehmensleitung kann zentralisiert oder dezentralisiert sein. Werden die fachlichen Aufgabengebiete jedoch ohne Grund in zahlreiche Teilgebiete aufgeteilt (**„Atomisierung"**) kann es sich nicht mehr um die Wahrnehmung unternehmerischer Leitungsaufgaben handeln (vgl. BAG 9. 12. 75 AP Nr. 11 zu § 5 BetrVG 1972; MünchArbR-*Richardi* § 19 Rn 41; *DKKW-Trümner* Rn 220; *Richardi* Rn 218; GK-*Raab* Rn 127). Leitender Ang. ist dann nur derjenige Ang., der für die aufgeteilten Fachgebiete insgesamt zuständig ist.

399   Unternehmerische Leitungsaufgaben kann auch derjenige Angestellte wahrnehmen, der die Unternehmensführung bei ihren Aufgaben unmittelbar unterstützt, zB der **Vorstandsassistent** (vgl. insoweit schon BAG 23. 1. 86 AP Nr. 32 zu § 5 BetrVG 1972: „Führungsfunktionen in Stab oder Linie"; s. auch Rn 396: Die maßgebliche Beeinflussung derzu treffenden unternehmerischen Entscheidungen reicht aus).

400   Die unternehmerischen Leitungsaufgaben muss der Ang. **„regelmäßig"** wahrnehmen. Eine vorübergehende oder nur gelegentliche Wahrnehmung dieser Aufgaben genügt nicht. Der Ang., der einen leitenden Ang. nur vorübergehend vertritt, kann allein deshalb nicht schon leitender Ang. sein (vgl. BAG 23. 1. 86 AP Nr. 30 zu § 5 BetrVG 1972; MünchArbR-*Richardi* § 19 Rn 42). Nur die Übertragung der Leitungsaufgaben auf längere Zeit kann den Status eines leitenden Ang. begründen.

401   Leitender Ang. ist nicht, wer nur zur **Erprobung** Aufgaben wahrnimmt, die die Tätigkeit eines leitenden Ang. ausmachen (*Richardi* ArbuR 91, 41). Andererseits ist die Vereinbarung einer **Probezeit** kein Hindernis, wenn die Aufgaben uneingeschränkt wahrgenommen werden (*Richardi* Rn 219; *Düwell/Kloppenburg* Rn 76). Werden die Aufgaben in der Probezeit zeitweilig eingeschränkt oder nur beschränkt übertragen, fehlt es an dem statusbegründenden Aufgabenbereich.

402   Ang., die unternehmensleitende Aufgaben wahrzunehmen haben, sind leitende Ang., wenn sie „dabei", dh bei Wahrnehmung dieser Aufgaben die **Entscheidungen im Wesentlichen frei von Weisungen** treffen. Das ist der Fall, wenn rechtlich und tatsächlich ein eigener, erheblicher Entscheidungsspielraum zur Verfügung steht, der Ang. also über eine **weitgehend selbstbestimmte Tätigkeit** im Rahmen der unternehmerischen Leitungsaufgaben verfügt (so schon BAG 23. 1. 86 AP Nr. 32 zu § 5 BetrVG 1972; 29. 6. 11 − 7 ABR 5/10 − NZA-RR 11, 647; *Richardi* Rn 216).

402a   **Angestellte Steuerberater** und/oder **Rechtsanwälte** sind nicht bereits deshalb leitende Ang. nach Nr. 3, weil sie nach den gesetzlichen Bestimmungen − § 57 Abs. 1, 60 Abs. 1 Nr. 2 StBerG und §§ 1, 3, 43a BRAO − ihren Beruf unabhängig und eigenverantwortlich ausüben; maßgeblich ist vielmehr, ob sie der Leitungs- und Führungsebene zuzurechnen sind und unternehmens- oder betriebsleitende Entscheidungen selbst treffen oder maßgeblich vorbereiten (s. hierzu Rn 403f.). Das wäre zB bei der selbständigen Verwaltung eines nicht unerheblichen Budgets oder der zwingenden Mitsprache bei strategischen Entscheidungen der Fall (BAG 29. 6. 11 − 7 ABR 5/10 − NZA-RR 11, 647).

403   Leitender Ang. kann auch der sein, der eine unternehmerische Leitungsaufgabe wahrnimmt, die dabei anfallenden **Entscheidungen** aber nicht selbst trifft, sondern sie **„maßgeblich beeinflusst"**. Damit wird die sog. **Ratgruppe** (wie zB **Stabsangestellte**) erfasst (so schon BAG 29. 1. 80 AP Nr. 22 zu § 5 BetrVG 1972; *Weber/Ehrich/Hörchens/Oberthür* Teil A Rn 97).

Entscheidungen werden maßgeblich beeinflusst, wenn die eigentlichen Entschei- **404** dungsträger **an** den durch Tatsachen und Argumente vorbereiteten **Vorschlägen** „**nicht vorbeigehen können**" (vgl. BAG 5. 5. 10 – 7 ABR 97/08 – NZA 10, 955; 29. 6. 11 – 7 ABR 5/10 – NZA-RR 11, 647; GK-*Raab* Rn 138 ff.: Merkmal ist iS einer Kontrollfrage nicht erfüllt, wenn die Unternehmensleitung von Vorschlägen ohne interne Begründung abweichen kann; *Vogel* NZA 02, 314). Maßgebliche Beeinflussung einer im Rahmen der unternehmensleitenden Aufgaben zu treffenden Entscheidung schließt deshalb einen bes. erheblichen Grad an selbstbestimmter Tätigkeit mit ein (*Engels/Natter* BB 89, Beil. 8 S. 9).

Wiederum hängt der jeweilige **Entscheidungsspielraum** im Einzelfall von Größe **405** und Struktur des Unternehmens und der Organisation ab. Aufschluss kann die **Delegationsstufe** geben, auf der der ArbN Aufgaben in Stab oder Linie wahrzunehmen hat. Von der Unternehmensleitung her betrachtet, ist die Wahrscheinlichkeit, dass wesentliche unternehmerische Entscheidungsspielräume bestehen, umso geringer, je tiefer die Ebene liegt, auf der der Ang. in der Unternehmenshierarchie tätig wird. Doch lässt sich nur im jeweiligen Einzelfall sagen, von welcher Delegationsstufe ab leitende Ang. im Unternehmen nicht mehr beschäftigt werden (BAG 5. 5. 10 – 7 ABR 97/08 – NZA 10, 955; 29. 6. 11 – 7 ABR 5/10 – NZA-RR 11, 647; *Richardi* Rn 223). Der maßgebliche Einfluss fehlt jedenfalls dann, wenn der Ang. nur bei der reinen arbeitstechnischen, vorbestimmten Durchführung unternehmerischer Entscheidungen, zB im Rahmen von Aufsichts- oder Überwachungsfunktionen (s. Rn 395 f.), eingeschaltet wird (BAG 5. 5. 10).

Selbstbestimmte Tätigkeit in diesem Sinne wird nicht dadurch ausgeschlossen, dass **406** der Ang. bei seinen Entscheidungen an **Rechtsvorschriften, Pläne** oder **Richtlinien** gebunden oder auf eine Zusammenarbeit mit anderen leitenden Ang. angewiesen ist (BAG 29. 1. 80 AP Nr. 22 zu § 5 BetrVG 1972 mwN; *DKKW-Trümner* Rn 229; ErfK-*Koch* § 5 BetrVG Rn 22; *Engels/Natter* BB 89 Beil. 8 S. 9).

Entscheidend ist, welche **Kompetenzen** und Einflussmöglichkeiten dem Ang. **in-** **407** **nerhalb** der zu beachtenden **Rahmenbedingungen** eingeräumt sind (BAG 29. 6. 11 – 7 ABR 5/10 – NZA-RR 11, 647 mwN). Das Merkmal der Weisungsfreiheit kann also trotz Bindung an Vorgaben vorliegen, muss es aber nicht. Deshalb kommt es auf den **Grad der Einbindung in Pläne und Richtlinien** an. Falls durch die Vorgaben die Entscheidungen schon weitgehend vorprogrammiert sind und die Tätigkeit des Ang. mehr ausführenden Charakter hat, fehlt es an einer selbstbestimmten Tätigkeit iS dieser Fallgruppe (vgl. schon BAG 9. 12. 75, 23. 3. 76 AP Nr. 11, 14 zu § 5 BetrVG 1972).

Schließlich müssen die Aufgaben, die einem leitenden Ang. übertragen werden, **408** **besondere Erfahrungen und Kenntnisse** voraussetzen. Eine bes. Ausbildung wird nicht verlangt. Die erforderlichen Kenntnisse können durch längere praktische Tätigkeit oder im Selbststudium erworben sein (BAG 9. 12. 75 AP Nr. 11 zu § 5 BetrVG 1972; GK-*Raab* Rn 132; MünchArbR-*Richardi* § 19 Rn 39). Diese Voraussetzung bereitet idR keine Schwierigkeiten. Sie wird bei dem Personenkreis, der den leitenden Ang. zugeordnet werden könnte, praktisch immer vorhanden sein.

Die Tätigkeiten, die einen Ang. zum leitenden Ang. machen, müssen die Tätigkeit **409** des Ang. prägen, sie **schwerpunktmäßig** bestimmen (zur „**Geprägetheorie**" s. BAG 25. 10. 89 AP Nr. 42 zu § 5 BetrVG 1972 – „Chefpilot"; s. auch *Engels/Natter* BB 89 Beil. 8 S. 9; *HSWGNR* Rn 212). Dazu ist erforderlich, dass der Ang. zu einem überwiegenden Teil eine Tätigkeit nach Nr. 3 ausübt.

Ang., die Aufgaben nach Nr. 3 nur zu einem geringeren **Bruchteil** ihrer **Arbeits-** **410** **zeit** wahrnehmen, können keine leitenden Ang. sein (vgl. BAG 23. 1. 86 AP Nr. 32 zu § 5 BetrVG 1972; *Wlotzke* DB 89, 111, 121; kr. zu diesen Anforderungen *Buchner* NZA 89 Beil. 1, S. 2, 8). Die rechtliche Qualifizierung einer Tätigkeit nach Schwerpunkten ist ein durchgängiges arbeitsrechtliches Prinzip. Nur dieses Verständnis wird auch dem Zweck der Norm gerecht.

4. Unerhebliche Kriterien

411   Die in § 5 Abs. 3 S. 2 aufgeführten **Merkmale sind abschließend aufgezählt.**
Auf andere Merkmale kann es bei der Entscheidung nicht ankommen. Das gilt trotz
der Einfügung des Abs. 4. Diese Bestimmung enthält keine eigenen Kriterien, sie soll
nur Auslegungshilfe bei der Anwendung der Nr. 3 sein (vgl. Rn 391 ff.). Unerhebliche Merkmale sind zB die Übertragung einer bedeutenden **Sachverantwortung**
ohne nennenswerte Entscheidungskompetenz (BAG 23. 1. 86 AP Nr. 32 zu § 5
BetrVG 1972). Auch die **Personalverantwortung** als solche ist kein Tatbestandsmerkmal. Die schlichte Vorgesetztenstellung auch gegenüber einer größeren Zahl
unterstellter ArbN reicht für eine Qualifikation als leitender Ang. nicht aus (st. Rspr.
des BAG, vgl. 23. 1. 86 AP Nr. 32 zu § 5 BetrVG 1972). Auch **Überwachungsfunktionen** genügen nicht (vgl. Rn 395).

412   Von der schlichten Vorgesetztenstellung zu unterscheiden ist die Aufgabe der **Ein-
satzlenkung** von ArbN zur Erfüllung oder Gewährleistung arbeitstechnischer Abläufe. Diese Aufgabe kann dann als unternehmensleitende Teilaufgabe angesehen werden,
wenn der Ang. im Wesentlichen frei von Weisungen Entscheidungen auf personellem
und sozialem Gebiet treffen muss, die eine Beteiligung des BR erforderlich machen,
zB Versetzungen, Eingruppierungen, Regelung der Arbeitszeit, des Verhaltens der
ArbN im Betrieb, Fragen der Lohngestaltung ua. Der Gegnerbezug zum BR ist zwar
kein eigenes Tatbestandsmerkmal, er kann aber Anzeichen dafür sein, dass es sich bei
dem Ang. um einen leitenden Ang. handelt (BAG 23. 1. 86 – Rn 357).

413   Unerheblich sind das **Selbstverständnis** und die **Bezeichnung** eines Ang. als
„leitenden Angestellten" im Arbeitsvertrag. **AT-Angestellte** gehören nur dann zu
den leitenden Ang., wenn sie die bes. Voraussetzungen des Abs. 3 S. 2 erfüllen. Unter
AT-Angestellte sind solche Ang. zu verstehen, die nicht unter den persönlichen Geltungsbereich eines TV fallen. Über ihre Eigenschaft als leit. Ang. wird damit noch
nichts gesagt. Das BetrVG kennt keine bes. Gruppe von AT-Angestellten.

5. Die Auslegungsregel des Abs. 4

a) Zweck und Bedeutung der Norm

414   Die Bestimmung soll eine **Entscheidungshilfe** geben und die Anwendung der
Nr. 3 in **Grenzfällen** erleichtern (vgl. BT-Drucks. 11/2503 v. 16. 6. 88, S. 25, 30,
31).

415   Abs. 4 wendet sich in erster Linie an die Wahlvorst., nicht an die Gerichte (vgl.
Wlotzke DB 89, 11, 121). Die Bestimmung steht im sachlichen Zusammenhang mit
dem **Zuordnungsverfahren** nach § 18 a. Nach dieser Bestimmung haben die Wahlvorst. die Ang. der einen oder anderen Gruppe zuzuordnen. Das wird häufig ohne
spezielle Kenntnisse nicht leicht sein, da die Wahlvorst. in erster Linie nach den Kriterien des Abs. 3 S. 2 vorgehen müssen. Sie müssen sich um die exakte Ermittlung des
Sachverhalts und um die rechtliche Würdigung anhand der Tatbestandsmerkmale des
Abs. 3 bemühen. Nur in Ausnahmefällen kann es auf Abs. 4 ankommen.

416   Nach der Vorstellung des Gesetzgebers soll die Norm erst dann zur Anwendung
kommen, wenn nach Ausschöpfung der üblichen Auslegungsgrundsätze **rechtliche
Zweifel** über das Auslegungsergebnis bestehen.

417   Abs. 4 enthält **keine eigenen Tatbestandsmerkmale,** nach denen ein Ang. den
leitenden Ang. zugeordnet werden könnte (ebenso BAG 22. 2. 94, s. Rn 413). Leitender Ang. iSd. BetrVG kann nur ein leitender Ang. iSv. § 5 Abs. 3 S. 2 BetrVG
sein. Nur durch Verweisung auf § 5 Abs. 3 werden leitende Ang. in anderen Vorschriften definiert (vgl. § 105, 107 Abs. 1 u. 3, § 108 Abs. 2, § 114 Abs. 6, § 1 Abs. 1
SprAuG, § 3 Abs. 1 Nr. 2 MitbestG; § 3 Abs. 1 DrittelbG; s. auch *DKKW-Trümner*
Rn 233, 237; *WPK* Rn 69; *Engels / Natter* BB 89, Beil. 8 S. 10).

Abs. 4 enthält auch **keine gesetzlichen Regelbeispiele**. Die Bestimmung gilt 418
nicht „in der Regel", sondern nur „im Zweifel", und zwar nur bei der Prüfung der
Voraussetzungen der Nr. 3 (BAG 22. 2. 94, s. Rn 174); GK-*Raab* Rn 158; *Engels/*
Natter BB 89 Beil. 8 S. 10; *Richardi* NZA 90 Beil. 1 S. 9).

Schließlich werden die **unbestimmten Rechtsbegriffe** des § 5 Abs. 3 S. 2 Nr. 3 419
auch **nicht beispielhaft erläutert** (BAG 22. 2. 94 – 7 ABR 32/93 – nv). Es heißt
eben nicht, dass leitende Ang. „insbesondere" solche Ang. sind, die die Merkmale des
Abs. 4 erfüllen. Insoweit ist Abs. 4 auch keine Auslegungsregel. Eine Zuordnung
nach Abs. 3 Nr. 3 ist möglich, auch ohne dass Merkmale des Abs. 4 erfüllt sind
(*Richardi* ArbuR 91, 41).

Abs. 4 enthält schließlich **keine Vermutung** in dem Sinne, dass eine Tatsache das 420
Vorhandensein einer anderen Tatsache vermuten lässt (BAG 22. 2. 94 – 7 ABR 32/
93 – nv.). Die **Zweifel** iSd. Abs. 4 beziehen sich nicht auf Tatsachen. Sie können nur
bei der rechtlichen Würdigung bleiben. Alle Tatsachen müssen vor der Heranziehung des Abs. 4 eindeutig ermittelt sein (vgl. *DKKW-Trümner* Rn 241; ErfK-*Koch*
Rn 23; *Buchner* NZA 89 Beil. 1, S. 2, 9; *Engels/Natter* BB 89, Beil. 8 S. 10; *Richardi*
ArbuR 91, 41; aA wohl MünchArbR-*Richardi* § 19 Rn 47).

Danach kommt es allein auf **rechtliche Zweifel am Auslegungsergebnis** an, 421
nicht auf Zweifel bei der Ermittlung des Sachverhalts, der für die Entscheidung maßgebend ist (BAG 22. 2. 94 – 7 ABR 32/93 – nv).

Wichtig ist, wann **„Zweifel"** iS dieser Bestimmung vorliegen. Da nach § 5 Abs. 3 422
nach wie vor auf den funktionsbezogenen Grundtatbestand abzustellen ist, kommt
eine Heranziehung des Abs. 4 danach nur in Betracht, wenn nach Ausschöpfung aller
Erkenntnismöglichkeiten und unter Anwendung aller Auslegungsregeln das Auslegungsergebnis noch immer zweifelhaft ist.

Die leichtere Handhabung formaler Merkmale begründet noch keine Zweifel iSv. 423
Abs. 4. Damit würde in unzulässiger Weise der Grundtatbestand des Abs. 3 verdrängt.
Rechtliche Zweifel kann es nur in Grenzfällen geben, wenn das eine Auslegungser-
gebnis ebenso rechtlich vertretbar ist wie das andere. Abs. 4 ist danach nur eine
„Orientierungshilfe in Grenzfällen" (vgl. BAG 22. 2. 94 – 7 ABR 32/93 – nv;
Dänzer-Vanotti NZA 89 Beil. 1, S. 30, 34; *Engels/Natter* BB 89 Beil. 5 S. 10; GK-
Raab Rn 160; *HSWGNR* Rn 223). Es kann leitende Ang. geben, die die Merkmale
des Abs. 4 nicht erfüllen; es kann aber auch Ang. geben, die die Merkmale des Abs. 4
erfüllen, aber nach Abs. 3 keine leitenden Ang. sind.

Da auch die Wahlvorst. sich um die Anwendung der Merkmale der Nr. 3 auf den 424
ermittelten Sachverhalt bemühen müssen, kann es zu rechtserheblichen und rechtlich
unerheblichen Zweifeln kommen. Abs. 4 darf nur bei **rechtlich erheblichen Zwei-**
feln herangezogen werden, also nur wenn die tatbestandsmäßigen Voraussetzungen
nicht aufgeklärt werden können und beide Auslegungsergebnisse gut vertretbar und
begründbar erscheinen. Ob dies der Fall ist, ist eine **Rechtsfrage** (GK-*Raab* Rn 163).

Der Gesetzgeber hat den Zuordnungsstellen insoweit **keinen Wertungsspiel-** 425
raum zugebilligt (ebenso GK-*Raab* Rn 164; wohl auch MünchArbR-*Richardi* § 19
Rn 47; *Engels/Natter* BB 89 Beil. 8 S. 11; aA *Wlotzke* DB 89, 111, 123). Die Zuordnungsstellen haben sich deshalb nicht nur um die einwandfreie Klärung des Sachverhalts, sondern auch um eine Zuordnung nach Abs. 3 Nr. 3 zu bemühen.

Eine **„Daumenregelung"** (*Martens* RdA 89, 73, 83) darf es nicht geben. Erst 426
wenn das Auslegungsergebnis iS dieser Erläuterung zweifelhaft ist, können die Zuordnungsstellen auf Abs. 4 zurückgreifen. Das Vorliegen von begründeten Zweifeln
ist Tatbestandsvoraussetzung, deren Vorliegen vom ArbG nachgeprüft wird. Werden
allzu leichtfertig Zweifel angenommen, ist die Zuordnung fehlerhaft (vgl. *Dänzer-*
Vanotti NZA 89 Beil. 1, S. 30, 34; *Engels/Natter* aaO, S. 11). Sie muss dann vom ArbG
selbst vorgenommen werden.

b) Die einzelnen Merkmale

427   Die Merkmale der Nr. 1–4 sind **formale Merkmale.** Sie geben für sich allein betrachtet keinen Aufschluss über das Vorhandensein der den Status begründenden Merkmale nach Abs. 3 Nr. 3 (vgl. BAG 25. 2. 97 AP Nr. 72 zu § 87 BetrVG 1972 Arbeitszeit, wonach der allgemeine Hinweis auf die Teilnahme an der AR-Wahl als leitender Ang. nicht ausreicht). Ihre voreilige Heranziehung kann deshalb zu unsachgemäßen Ergebnissen führen.

428   Für die rechtliche Beurteilung kann von Bedeutung sein, ob der Ang. **bereits** den leitenden Ang. **zugeordnet** worden war. Das kann geschehen sein aus Anlass einer Wahl oder durch gerichtliche Entscheidung. Entscheidend ist nur eine positive Zuordnung. Diese wiederum kann nur von Bedeutung sein, wenn beide Wahlvorst. den Status des Ang. übereinstimmend beurteilt haben, oder wenn der Wahlvorst. für die letzte BR-Wahl den Ang. nicht in die Wählerliste aufgenommen hatte.

429   Die **Zuordnung** durch einen **Vermittler** (vgl. § 18a) kann **keine Orientierungshilfe** bei einem nachfolgenden BeschlVerf. sein, das ein Beteiligter – Arb-Geb., BR, Sprecherausschuss oder Ang. – anstrengt; dasselbe gilt für die erzwungene Zuordnung auf Grund der Wahlen nach dem MitbestG 1976 (vgl. dort § 10 der 3. WahlO).

430   Liegt eine rechtskräftige **Entscheidung im BeschlVerf.** (Statusverf.) vor, sind alle Beteiligten (ArbGeb., BR, Wahlvorst.) daran gebunden, wenn sich die tatsächlichen Verhältnisse nicht geändert haben. Abs. 4 Nr. 1 beschreibt nur die Wirkung einer positiven Zuordnung. Gemeint ist die Statusbeurteilung in einem BeschlVerf. (nicht in einem Urteilsverfahren), weil der Sachverhalt von Amts wegen aufgeklärt wird und nicht dem Belieben der Parteien überlassen bleibt. Eine Entscheidung im Urteilsverfahren kann diese Bedeutung nicht haben, weil es in diesem Verfahren den Parteien überlassen ist, was sie vortragen (fehlende Richtigkeitsgewähr, vgl. *Richardi* Rn 237; *Hromadka* BB 90, 63; *Martens* RdA 89, 84; **aA** GK-*Raab* Rn 169).

431   War ein Ang. als wahlberechtigt zum BR zugeordnet worden, ist diese Zuordnung für ihn bedeutungslos, wenn er in einem **Statusverfahren** geltend macht, er sei leitender Ang. Steht aber rechtskräftig fest, dass der Ang. kein leitender Ang. ist, kann er in diesem Kreis nicht zugeordnet werden (*Steindorff* ArbuR 88, 266, 270; *Wlotzke* DB 89, 111).

432   Nr. 1 enthält **keine Besitzstandsgarantie.** Die Zuordnung zum Kreis der leitenden Ang. kann als Auslegungshilfe nur herangezogen werden, wenn sich die Tätigkeit des Ang. nach der letzten Zuordnung oder nach der gerichtlichen Entscheidung nicht geändert hat. Es kommt auf die Merkmale des Abs. 3 Nr. 3 an (*DKKW-Trümner* Rn 242; GK-*Raab* Rn 170; *WPK* Rn 71).

433   Nr. 2 stellt auf die **Leitungsebene** ab, auf der der Ang. tätig wird. Maßgebend ist die Führungsebene mit vergleichbar bedeutenden Aufgaben (*Richardi* ArbuR 91, 43), nicht die Delegationsstufe (*Hromadka* BB 90, 63; *Wlotzke* DB 89, 111, 123). Gibt es in einem Unternehmen für verschiedene Bereiche – zB Produktion und Verwaltung – unterschiedliche Leitungsebenen, kommt es auf die Leitungsebene an, in der der Ang. tätig ist.

434   Die Zuordnung einzelner Ang. zu Leitungsebenen geschieht auf Grund von **Organisationsplänen** der Unternehmen. Sind auf dieser Ebene überwiegend leitende Ang. vertreten, spricht dies für diese Zuordnung (*Löwisch/Kaiser* Rn 44). Überwiegend heißt mehr als 50 vH (vgl. *Engels/Natter* BB 89 Beil. 8 S. 12). Dabei können nur die Ang. berücksichtigt werden, deren Status als leitender Ang. feststeht oder nicht umstritten ist (*DKKW-Trümner* Rn 243; GK-*Raab* Rn 176; *Richardi* Rn 240). Ist der Status umstritten, muss er zunächst geklärt werden, bevor die Zuordnungsstellen oder Gerichte auf die Kriterien der Nr. 2 abstellen dürfen. Nr. 2 ist am ehesten sachlich berechtigt, weil auf einer hierarchischen Ebene häufig vergleichbare Aufgaben erledigt werden.

435   Nach Nr. 3 kann das **regelmäßige Jahresarbeitsentgelt,** das für leitende Ang. in dem Unternehmen üblich ist, Orientierungshilfe sein. Zunächst ist das regelmäßige

Jahresarbeitsentgelt des betreffenden Ang. zu ermitteln. Was regelmäßiges Jahresarbeitsentgelt ist, kann § 14 SGB IV entnommen werden. Danach sind Arbeitsentgelt alle laufenden oder einmaligen Einnahmen aus einer Beschäftigung, gleichgültig ob ein Rechtsanspruch auf die Einnahmen besteht, unter welcher Bezeichnung und in welcher Form sie geleistet werden und ob sie unmittelbar aus der Beschäftigung oder im Zusammenhang mit ihr erzielt werden.

Zum regelmäßigen Jahresarbeitsentgelt gehören das Festgehalt und alle zusätzlichen **436** Vergütungsbestandteile, die regelmäßig, wenn auch in unterschiedlicher Höhe anfallen. Unbeachtlich sind nur einmalige Bezüge (*DKKW-Trümner* Rn 244; *GK-Raab* Rn 177; *Richardi* Rn 242). Für variable Vergütungsbestandteile ist der Durchschnitt der letzten Jahre zu ermitteln.

Dieses für einen Ang. ermittelte regelmäßige Jahresarbeitsentgelt ist zu vergleichen **437** mit den Gehältern der **Ang., die vergleichbare Aufgaben** wahrnehmen (*Bauer* SprAuG § 5 BetrVG Anm. VII 4). Für diese Gruppe von ArbN ist das übliche Jahresarbeitsentgelt zu ermitteln. **Üblich** iS dieser Vorschrift ist nicht durchschnittlich. Üblich heißt nur, dass Sonderfälle – höheres Gehalt infolge höheren Lebensalters, Auslandstätigkeit, Berufsanfänger – ausgeschaltet werden (*Richardi* Rn 243).

Lässt sich nur durch die Höhe des Gehaltes eine Orientierungshilfe gewinnen, **438** muss der **ArbGeb.** sowohl im Zuordnungsverfahren als auch in gerichtlichen Verfahren **Auskunft** sowohl über das Gehalt des betreffenden Ang. als auch über die Gehälter der vergleichbaren Gruppe leitender Ang. geben (ErfK-*Koch* Rn 26; *Engels/ Natter* BB 89, Beil. 8, S. 12). Er hat das Gehaltsband einschließlich der Sonderfälle darzustellen. Die Bezieher der Einkommen brauchen im Regelfall nicht namentlich bezeichnet zu werden, sondern nur dann, wenn dies bei der Ermittlung des üblichen Gehalts unbedingt erforderlich ist.

Schließlich kommen als vergleichbare Ang. nur die in Betracht, deren Status fest- **439** steht (vgl. GK-*Raab* Rn 178).

Abs. 4 Nr. 4 darf nur herangezogen werden, wenn auch **bei Anwendung der** **440** **Nr. 3 noch Zweifel** bleiben (*Düwell/Kloppenburg* Rn 97). Zweifel sind wieder Zweifel über das Ergebnis rechtlicher Würdigung („bei der Anwendung"). Da die Höhe der Gehälter feststeht, können Zweifel nur darüber entstehen, welche Jahresarbeitsentgelte in dem Unternehmen **üblich** sind.

Der Rückgriff auf Nr. 4 ist dagegen nicht möglich, wenn die nach Nr. 3 relevan- **441** ten unternehmensbezogenen Gehaltsgrenzen nicht erreicht sind, der in Nr. 4 genannte Betrag aber überschritten wird (GK-*Raab* Rn 180 f.; *Richardi* Rn 246). Nr. 4 enthält deshalb **kein selbständiges Kriterium;** die Bestimmung ist – entspr. ihrem Wortlaut – nur Hilfs-Hilfs-Instrument.

In erster Linie muss es – auch nach dem Zweck der Norm – auf unternehmensbe- **442** zogene Kriterien ankommen. Was „üblich" ist, ist im Regelfall genau bestimmbar. Ein Rückgriff auf Nr. 4 ist meist nicht notwendig. Die Bestimmung ist **praktisch bedeutungslos** (vgl. auch *Buchner* NZA 89 Beil. 1, S. 2, 10; *Bauer* SprAuG § 5 BetrVG Anm. VII 5; *Steindorff* ArbuR 88, 266, 271; *Engels/Natter* BB 89 Beil. 8 S. 12; *Richardi* ArbuR 91, 44; *HSWGNR* Rn 236: äußerst enger Anwendungsbereich).

Nach Nr. 4 soll das Gehalt des Ang. mit einer Bezugsgröße – § 18 SGB IV – ver- **443** glichen werden. Die Bezugsgröße wird jährlich neu festgesetzt (vgl. Sozialversicherungs-RechengrößenVO 2012 v. 2. 12. 11 in BGBl. I S. 2421). Das Dreifache dieser Bezugsgröße beträgt im Jahre **2012** in den alten Bundesländern einschließlich Berlin 94 500 Euro, in den neuen Bundesländern einschließlich Berlin-Ost 80 640 Euro. Dieses Merkmal enthält keinen Bezug zu den Tatbestandsmerkmalen der Nr. 3 in Abs. 3. § 18 SGB IV enthält Angaben über das durchschnittliche Verdienst aller ArbN. Die daran orientierte Gehaltsgrenze ist willkürlich. Sie ist nicht unternehmensbezogen. Sie kann in dem einen Unternehmen zu hoch, im anderen zu niedrig liegen. Sie ist nicht an den Aufgaben des Ang. orientiert. Sie dürfte deshalb bez. Art. 3 Abs. 1 GG problematisch sein (vgl. Rn 362 u. *DKKW-Trümner* Rn 246; aA GK-*Raab* Rn 182; *Richardi* Rn 247).

6. Beispiele aus der Rechtsprechung des BAG

444   Die Aufzählung von Beispielen hat nur einen geringen **Aussagewert.** Jede Entscheidung muss auf die übertragenen Aufgaben sowie deren Bedeutung für den oder die Betriebe des Unternehmens abstellen. Die Entscheidungen können daher nur im Zusammenhang mit den **Sachverhalten** näheren Aufschluss über die Eigenschaft als leitender Ang. geben.

445   Das BAG hat als leitende Ang. anerkannt: **Grubenfahrsteiger** in Bergwerksbetrieben (19. 11. 74 AP Nr. 2 u. 3 zu § 5 BetrVG 1972); dagegen jetzt ablehnend für einen **Fahrsteiger** (23. 1. 86 AP Nr. 30 zu § 5 BetrVG 1972); **Wirtschaftsprüfer** als angestellte Prüfungsleiter und/oder Berichtskritiker von Wirtschaftsprüfungsgesellschaften (28. 1. 75 AP Nr. 5 zu § 5 BetrVG 1972); **Abteilungsleiter** für Organisation und Unternehmensplanung (17. 12. 74 AP Nr. 6 u. 7 zu § 5 BetrVG 1972); **Leiter einer Forschungsabteilung,** der auch am Abschluss von Lizenzverträgen beteiligt war (23. 3. 76 AP Nr. 14 zu § 5 BetrVG 1972); **Leiter einer Betriebsabteilung,** der nicht nur arbeitstechnische Weisungen erteilt, und **Leiter des Ausbildungswesens** (8. 2. 77 AP Nr. 16 zu § 5 BetrVG 1972); **Sicherheitsingenieur** und Sicherheitsfachmann eines Luftfahrtunternehmens mit 6500 Beschäftigten (8. 2. 77 AP Nr. 16 zu § 5 BetrVG 1972); **Leiter der Abteilung** „Technische Kontrolle" eines Luftfahrtunternehmens (8. 2. 77 AP Nr. 16 zu § 5 BetrVG 1972); **Verkaufsleiter,** der nach Kundenwünschen Industrieanlagen entwirft und Kosten ermittelt (1. 6. 76 AP Nr. 15 zu § 5 BetrVG 1972; Abteilungsleiter eines TÜV (29. 1. 80 AP Nr. 24 zu § 5 BetrVG 1972; **Chefpilot,** der eine sichere und effektive Durchführung des Flugbetriebes mit ca. 255 Piloten, Copiloten und Bordingenieuren zu gewährleisten hat (25. 10. 89 AP Nr. 42 zu § 5 BetrVG 1972); **Alleinmeister** im Baubetrieb (10. 4. 91 AP Nr. 141 zu § 1 TVG Tarifverträge: Bau); **Hauptabteilungsleiter** (Prokurist) für das Finanzwesen u. **Hauptabteilungsleiter** für das Rechnungswesen, die dem zuständigen Geschäftsführer unmittelbar nachgeordnet sind (11. 1. 95 AP Nr. 55 zu § 5 BetrVG 1972).

446   **Nicht** als leitende Ang. wurden **anerkannt: Abteilungsleiter** eines Maschinenbauunternehmens (17. 12. 74 AP Nr. 6 zu § 5 BetrVG 1972); **Leiter eines Verbrauchermarktes** mit 45 ArbN, der im personellen und kaufmännischen Bereich keinen eigenen nennenswerten Entscheidungsspielraum hat (19. 8. 75 AP Nr. 1 zu § 105 BetrVG 1972); **Hauptabteilungsleiter** eines von 20 Hauptbüros eines großen Unternehmens (19. 11. 74 AP Nr. 2 zu § 5 BetrVG 1972); **Produktionsleiter** in der Kraftfahrzeugindustrie mit 400 unterstellten ArbN (15. 3. 77 – 1 ABR 86/76); **Verkaufsleiter** in einer Niederlassung eines Kraftfahrzeugunternehmens (15. 3. 77 – 1 ABR 29/76 – DB 78, 496); **Grubenfahrsteiger** (23. 1. 86 AP Nr. 30 zu § 5 BetrVG 1972); **Piloten** und **Co-Piloten** (16. 3. 94 AP Nr. 68 zu § 611 BGB Abhängigkeit m. Anm. *Boemke* SAE 95, 127); **Zentraleinkäufer** eines Warenhausunternehmens (25. 10. 01 DB 02, 746 LS); Chefarzt (5. 5. 10 – 7 ABR 97/08 – NZA 10, 955).

Mit Vorsicht sind auch die Beispielsfälle aus der Rspr. der Instanzgerichte heranzuziehen, da es immer auf die Struktur des jeweiligen Unternehmens ankommt.

447   In vielen Fällen wurde das Verfahren vom BAG wegen weiter erforderlicher Aufklärung einzelner Tatbestandsmerkmale an das LAG zurückverwiesen.

7. Sprecherausschüsse

448   Nach dem **Gesetz über Sprecherausschüsse der leitenden Angestellten** können die leitenden Ang. iSv. § 5 Abs. 3 eine bes. Interessenvertretung **(Sprecherausschuss)** wählen (§ 7 Abs. 2 SprAuG; zum Ganzen *Hromadka/Sieg* SprAuG; *Sieg* FS *Richardi* S. 777 ff.; *ders* AuA 09, 578 ff.).

449   Sprecherausschüsse können in Betrieben mit in der Regel **mindestens 10 leitenden Ang.** gewählt werden (§ 1 Abs. 1 SprAuG). Hat der Betrieb weniger als 10 leitende Ang., gelten diese Ang. für die Anwendung des SprAuG als leitende Ang. des räumlich nächsten Betriebes desselben Unternehmens, der die Voraussetzung des § 1 Abs. 1 SprAuG erfüllt (§ 1 Abs. 2 SprAuG).

Sind in einem Unternehmen mit mehreren Betrieben in der Regel insgesamt min- **450** destens 10 leitende Ang. beschäftigt, kann abweichend von § 1 Abs. 1 und 2 ein **Unternehmenssprecherausschuss** der leitenden Ang. gewählt werden (§ 20 SprAuG). Dazu ist ein Beschluss der Mehrheit der leitenden Ang. des Unternehmens erforderlich. Für den Unternehmenssprecherausschuss gelten die Bestimmungen über den Sprecherausschuss im Betrieb entsprechend (*Goldschmidt* Rn 56 ff.).

Ein Sprecherausschuss wird nur gewählt, wenn dies die Mehrheit der leitenden **451** Ang. des Betriebs in einer Versammlung oder durch schriftliche Stimmabgabe verlangt, sog. **Grundsatzbeschluss** (§ 7 Abs. 2 SprAuG). Die Mehrheit entscheidet, anders als im BetrVG, darüber, ob eine Interessenvertretung zustande kommt. Dies ist sachgemäß, weil die Beteiligungsrechte ohnehin nur sehr gering sind und deshalb Vor- und Nachteile einer solchen Vertretung sehr genau abgewogen werden müssen (zu Sprecherausschusswahl-Ergebnissen *Sieg* FS *Richardi* S. 777, 786).

Ist der Sprecherausschuss gewählt, vertritt er die **Interessen aller leitenden Ang.** **452** eines Betriebes oder Unternehmens, unabhängig davon, ob sich die leitenden Ang. an der Wahl zum Sprecherausschuss beteiligt haben oder nicht (§ 25 Abs. 1 SprAuG; anders noch die Rechtslage für die auf freiwilliger Grundlage als privatrechtliche Vereinigungen gebildeten Sprecherausschüsse, die nur die Interessen ihrer Mitglieder vertreten konnten).

Neben diesen auf gesetzl. Grundlage beruhenden **Sprecherausschüssen** kann es **453** **keine freiwilligen Interessenvertretungen** der leitenden Ang. im Betrieb mehr geben (GK-*Raab* Rn 202; *Hromadka/Sieg* SprAuG Vorb. Zu § 1 Rn 12). Zwar kann die Bildung privatrechtlicher Vereine nicht verboten werden. Doch kann ein ArbGeb. mit der privaten Interessenvertretung nicht zusammenarbeiten, er würde damit gegen § 1 Abs. 1 S. 1 SprAuG (Gebot der vertrauensvollen Zusammenarbeit) verstoßen (vgl. *Wlotzke* DB 89, 174; *ders.* NZA 89, 710; *Martens* NZA 89, 409).

Freiwillig gebildete Organisationen kann es dagegen weiter **anstelle** der gesetzl. **454** vorgesehenen Interessenvertretung geben. Für die Bildung von Sprecherausschüssen nach dem SprAuG muss sich eine Mehrheit der leitenden Ang. finden (§ 7 SprAuG). Kommt sie nicht zustande, sind private Vereinigungen nicht unzulässig (*Goldschmidt* Rn 72 ff.). Nur stehen diesen Vereinen nicht die Rechte und Befugnisse eines Sprecherausschusses nach dem SprAuG zu (*Martens* NZA 89, 409; *Bauer* SprAuG § 1 V; *Hromadka/Sieg* SprAuG Vorb. Zu § 1 Rn 12). Ein gesetzl. Ausschuss kann jederzeit gebildet werden mit der Folge, dass die Tätigkeit des freiwilligen Ausschusses praktisch eingestellt werden muss; ähnlich auch *Borgwardt/Fischer/Janert* Rn 12; *Buchner* NZA 89 Beil. 1 S. 13; GK-*Raab* Rn 203).

Als Interessenvertretung eines Teils der ArbN (auch die leitenden Ang. sind ArbN, **455** vgl. § 5 Rn 340 ff.) ist der Sprecherausschuss ein **Organ der Betriebsverfassung.** Bei wirksamer Vertretung der Interessen dieser ArbN-Gruppe sind Konflikte mit dem ArbGeb. nicht auszuschließen. Die Wahrnehmung der Interessen steht – wie beim BR – jedoch unter dem Gebot der vertrauensvollen Zusammenarbeit (§ 2 Abs. 1 S. 1 SprAuG). Auch **zwischen** beiden Interessenvertretungen der ArbN des Betriebs – **BR und Sprecherausschuss** – kann es zur **Zusammenarbeit** und zu **Konflikten** kommen (vgl. § 2 Rn 3 ff.).

Das SprAuG enthält – ebenso wie das BetrVG – Vorschriften über die Wahl, Zu- **456** sammensetzung und Amtszeit der Sprecherausschüsse (§§ 3–10 SprAuG), über die Geschäftsführung (§§ 11–14 SprAuG), über die Versammlung der leitenden Ang. (§ 15 SprAuG), über Gesamtsprecherausschuss und Konzernsprecherausschuss (§§ 16–24 SprAuG). Die Mitwirkung des Sprecherausschusses ist geregelt in den §§ 25–33 SprAuG. Die §§ 25–29 enthalten dabei die allgemeinen Vorschriften (vergleichbar den §§ 74–80 BetrVG). **Mitwirkungsrechte** sind **nur** in § 30 (Arbeitsbedingungen und Beurteilungsgrundsätze), § 31 (Personelle Maßnahmen) **und** § 32 (Wirtschaftliche Angelegenheiten) geregelt (s. *Sieg* FS *Richardi* S. 777, 788 ff.). § 33 enthält bes. Vorschriften für die Seeschifffahrt.

457 **Aufgaben und Beteiligungsrechte** bleiben deutlich hinter den Rechten des BR zurück und sind nicht vergleichbar. Im Einzelnen: ArbGeb. und Sprecherausschuss können **Richtlinien** über den Inhalt, den Abschluss oder die Beendigung von ArbVerh. der leitenden Ang. vereinbaren (§ 28 Abs. 1 SprAuG; s. *Kramer* DB 96, 1082; *Sieg* FS *Richardi* S. 777, 784). Diese Richtlinien gelten für die ArbVerh. der leitenden Ang. **unmittelbar und zwingend,** soweit dies zwischen ArbGeb. und Sprecherausschuss vereinbart ist (§ 28 Abs. 2 SprAuG); der hierauf gerichtete gemeinsame Wille sich aus der geschlossenen Vereinbarung deutlich und zweifelsfrei ergeben (BAG 10. 2. 09 AP Nr. 1 zu § 28 SprAuG). Ausdrücklich wird klargestellt, dass abweichende Vereinbarungen zugunsten der leitenden Ang. in den Arbeitsverträgen möglich sind (§ 28 Abs. 2 S. 2; *Goldschmidt* Rn 104 ff.). Das **Günstigkeitsprinzip** ist für leitende Ang. gesetzl. geregelt. Es gilt auch für die übrigen ArbN des Betriebs, obwohl eine entspr. ausdrückliche Regelung im BetrVG fehlt (vgl. BAG, Gr. Senat 16. 9. 86 AP Nr. 17 zu § 77 BetrVG 1972).

458 Im Übrigen bestehen **Unterrichtungspflichten** und zT auch **Beratungspflichten.** Der ArbGeb. hat den Sprecherausschuss zu unterrichten, wenn er die **Gehaltsgestaltung** oder sonstige **allgemeine Arbeitsbedingungen** ändern will, oder wenn er allgemeine **Beurteilungsgrundsätze** ändern oder einführen will. Durch diese Informations- und Beratungsrechte werden MBR des BR nicht berührt. So bedürfen allgemeine Beurteilungsgrundsätze der Zustimmung des BR (§ 94 BetrVG). Will der ArbGeb. die Beurteilungsgrundsätze einheitlich für alle ArbN des Betriebs einführen, muss er sich an das mit dem BR Vereinbarte oder an den Spruch der E-Stelle halten. Entspr. gilt bei Fragen der Lohngestaltung (s. § 87 Abs. 1 Nr. 10 BetrVG).

459 Eine beabsichtigte Einstellung oder **personelle Veränderung** eines leitenden Ang. ist dem Sprecherausschuss – ebenso wie dem BR (§ 105 BetrVG) – rechtzeitig mitzuteilen. Vor Kündigungen ist der Sprecherausschuss zu hören. Eine ohne Anhörung des Sprecherausschusses ausgesprochene **Kündigung** ist unwirksam (§ 31 Abs. 2 S. 1 und 2 SprAuG, vgl. hierzu BAG 27. 9. 01 AP Nr. 6 zu § 14 KSchG 1969). Ist der Status eines Ang. zweifelhaft, tut der ArbGeb. gut daran, beide Vertretungen zu hören.

460 Der ArbGeb. ist nach § 32 SprAuG verpflichtet, den Sprecherausschuss mindestens einmal im Kalenderhalbjahr über die **wirtschaftlichen Angelegenheiten** des Betriebs und des Unternehmens zu **unterrichten.** Die Unterrichtungspflicht entspricht inhaltlich der Unterrichtungspflicht gegenüber dem Wirtschaftsausschuss; § 30 Abs. 1 S. 1 SprAuG verweist auf § 106 Abs. 3 BetrVG. Bei geplanten **Betriebsänderungen** iSv. § 111 BetrVG bestehen Unterrichtungs- und Beratungsrechte. Das gilt auch für Maßnahmen zum Ausgleich oder zur Milderung der Nachteile, die leitenden Ang. infolge einer Betriebsänderung entstehen. Der Sprecherausschuss hat aber **keinen Anspruch auf Aufstellung eines Sozialplans.**

461 **Streitigkeiten** aus dem SprAuG, zB über die Bildung, Wahl, Zusammensetzung, Bestehen und Umfang von Beteiligungsrechten, werden im arbeitsgerichtl. Beschl-Verf. ausgetragen (§ 2a Abs. 1 Nr. 2 ArbGG). Der Sprecherausschuss ist in diesem Verfahren partei- und beteiligtenfähig (vgl. Nach § 1 Rn 41 ff.); er kann Anträge stellen (vgl. Nach § 1 Rn 13 ff.). Für das vorgerichtliche Zuordnungsverfahren aus Anlass von Wahlen gelten bes. Bestimmungen (§ 18a BetrVG). Der Status eines Ang. kann außerhalb des Zuordnungsverfahrens nach § 18a in einem BeschlVerf. festgestellt werden (vgl. § 5 Rn 462 ff.).

VI. Streitigkeiten

462 Streitigkeiten über die ArbNEigenschaft eines Betriebsangehörigen, einschl. eines in einem Privatbetrieb tätigen Beamten oder Soldaten (Rn 316 ff.), und Streitigkeiten über die Eigenschaft als leitender Ang. entscheidet das ArbG im BeschlVerf. (§ 2a ArbGG u. dazu s. Nach § 1 Rn 1 ff.; zu Rechtsproblemen rückwirkender Statusfeststellungen *Hochrathner* NZA 00, 1083).

Antragsberechtigt sind der ArbGeb. und der BR (st. Rspr. des BAG, vgl. 23. 1.　**463** 86 AP Nr. 30 zu § 5 BetrVG 1972). Antrags- und beteiligungsbefugt sind auch die ArbN, um deren Status es geht. Das ist vom BAG anerkannt für die Antrags- und Beteiligungsbefugnis der leitenden Ang. (BAG 23. 1. 86 AP Nr. 30 zu § 5 BetrVG 1972). Dasselbe muss aber auch für Mitarbeiter gelten, um deren ArbNEigenschaft es geht.

Im Zusammenhang mit einer BRWahl ist auch eine im Betrieb vertretene Gewerk-　**464** schaft antragsberechtigt. Dabei ist es unerheblich, ob der Antrag vor der Wahl oder nach der Wahl im Rahmen eines **Anfechtungsverfahrens** gestellt wird (*HSWGNR* Rn 296; *Richardi* Rn 303; für das Anfechtungsverfahren zustimmend auch GK-*Raab* Rn 206).

Das **Rechtsschutzinteresse** für die positiv oder negativ beantragte Feststellung　**465** ergibt sich daraus, dass für BR und ArbGeb. der personelle Kompetenzbereich des BR geklärt werden muss (BAG 23. 1. 86 AP Nr. 30 zu § 5 BetrVG 1972). Deshalb kann der ArbN-Status oder der eines (leitenden) Ang. jederzeit – auch ohne einen konkreten, aktuellen Streit hierüber oder ohne Klärung str. Einzelfragen aus dem ArbVerh. – im BeschlVerf. geklärt werden (st. Rspr.: BAG 20. 7. 94 AP Nr. 26 zu § 256 ZPO 1977; LAG Berlin NZA 90, 577; GK-*Raab* Rn 207; *HSWGNR* Rn 294). Das Rechtsschutzinteresse entfällt, wenn der ArbN (leitende Ang.) aus dem Betrieb ausgeschieden ist. Es geht um den persönlichen Status eines ArbN, nicht um die Bewertung einer Stelle. Das Rechtsschutzinteresse wird in jeder Lage des Verfahrens (auch in der Rechtsbeschwerdeinstanz) von Amts wegen geprüft.

Die **Gesamtwürdigung** der verschiedenen Merkmale, die in tatsächlicher Hin-　**466** sicht vorliegen müssen, um den Status eines leitenden Ang. zu begründen, ist in erster Linie Aufgabe des **Tatsachenrichters** (ArbG und LAG); sie ist nur einer beschränkten Nachprüfung in der Rechtsbeschwerdeinstanz zugänglich. Dagegen ist die rechtlich richtige Beurteilung der einzelnen Tatsachen eine unbeschränkt nachprüfbare rechtliche Entscheidung (BAG 23. 1. 86 AP Nr. 30 zu § 5 BetrVG 1972).

Die Feststellung des rechtlichen Status als leitender Ang. kann auch als **Vorfrage**　**467** **im Kündigungsschutzprozess** getroffen werden (BAG 23. 3. 76 AP Nr. 14 zu § 5 BetrVG 1972). Eine Entscheidung in diesem Verfahren wirkt mit Rechtskraft nur für und gegen die an diesem Verfahren beteiligten Parteien (ArbGeb., ArbN), nicht gegenüber dem nichtbeteiligten BR.

§ 6 Arbeiter und Angestellte

(weggefallen)

Zweiter Teil. Betriebsrat, Betriebsversammlung, Gesamt- und Konzernbetriebsrat

Erster Abschnitt. Zusammensetzung und Wahl des Betriebsrats

§ 7 Wahlberechtigung

[1] Wahlberechtigt sind alle Arbeitnehmer des Betriebs, die das 18. Lebensjahr vollendet haben. [2] Werden Arbeitnehmer eines anderen Arbeitgebers zur Arbeitsleistung überlassen, so sind diese wahlberechtigt, wenn sie länger als drei Monate im Betrieb eingesetzt werden.

Inhaltsübersicht

I. Vorbemerkung

1 Die Vorschrift regelt das aktive Wahlrecht zum BR. Während Satz 1 klarstellt, dass grundsätzlich nur solche ArbN zum BR wahlberechtigt sind, die dem Betrieb auf Grund eines Arbeitsvertrages mit dem ArbGeb. (Betriebsinhaber) angehören, begründet Satz 2 ausdrücklich eine Betriebszugehörigkeit auch von ArbN eines anderen ArbGeb. unter bestimmten Voraussetzungen. Sie sind im Einsatzbetrieb zum dortigen BR dann wahlberechtigt, wenn sie für eine längere Zeit als drei Monate zur Arbeitsleistung überlassen werden.

2 Die Wahlberechtigung zur JugAzubiVertr. ist in § 61 Abs. 1, die zur Bordvertr. und zum SeeBR in § 115 Abs. 2 Nr. 1, § 116 Abs. 2 Nr. 1 geregelt. Wegen der Wahlberechtigung für die Wahl der Vertr. der ArbN im AR vgl. unten Rn 93.

3 Die Vorschrift ist **zwingendes Recht.** Auch durch TV oder BV können keine abweichenden Regelungen getroffen werden (hM).

4 Entspr. Vorschriften: § 13 BPersVG, § 5 Abs. 2 DrittelbG; § 3 Abs. 1 SprAuG.

II. Wahlberechtigung

5 Die Vorschrift regelt das **aktive Wahlrecht,** dh die Berechtigung, bei der Wahl des BR mitzuwählen. Danach sind wahlberechtigt alle Personen, die als ArbN iS dieses G anzusehen sind (Rn 6 ff.), dem Betrieb entweder aufgrund eines ArbVerh. zum Betriebsinhaber (Rn 19 ff.) oder – falls ein solches nicht besteht – dem Betrieb auf

Grund einer Überlassung zur Arbeitsleistung für eine längere Zeit als drei Monate angehören (Rn 37 ff.) und am Wahltag das 18. Lebensjahr vollendet haben (Rn 85 ff.). Zur tatsächlichen **Ausübung** des **Wahlrechts** muss die Eintragung in die Wählerliste erfolgen (§ 2 Abs. 3 WO). Wegen des passiven Wahlrechts (Wählbarkeit) vgl. § 8.

1. Arbeitnehmereigenschaft

Wer **ArbN** ist und damit die Grundvoraussetzung für die Wahlberechtigung er- **6** füllt, bestimmt sich nach § 5 (ausführlich hierzu § 5 Rn 15 ff.). Hiernach sind ArbN Arbeiter und Angestellte, unabhängig davon, ob sie befristet (§ 5 Rn 103 ff.) oder in Teilzeit beschäftigt (§ 5 Rn 157 ff.), im Außendienst (§ 5 Rn 186 ff.) oder mit Telearbeit (§ 5 Rn 193 ff.) beschäftigt sind, KonzernArbN (§ 5 Rn 219 ff.) sowie echte und unechte LeihArbN (§ 5 Rn 231 ff.; zur wahlrechtl. Sondersituation dieser Personengruppen vgl. unten Rn 19 ff., 37 ff.).

Des Weiteren können auch ArbN, deren **ArbVerh.** **Besonderheiten** aufweisen, **7** wahlberechtigt sein. Bei der Beschäftigung im Rahmen von **ABM-Maßnahmen** ist dies idR der Fall (§ 5 Rn 148; *Burgmer/Richter* NZA-RR. 06, 1, 5). Im Rahmen von sozialversicherungspflichtigen Beschäftigungsverhältnissen (Entgeltvariante) oder ABM-Maßnahmen tätige **Erwerbsfähige Hilfsbedürftige** (§ 16 Abs. 3 SGB II) sind ArbN und wahlberechtigt, **nicht** dagegen **Ein-Euro-Jobber** (§ 5 Rn 155; so ausdrückl. Hess. LAG 23. 5. 06 BeckRS 06, 43 684; *Engels* NZA 07, 8, 9). Personen, die sozialversicherungsrechtlich als Selbständige gelten (§ 7 Abs. 4 SGB IV), sind dann wahlberechtigt, wenn sie in den Betrieb eingegliedert und ArbN sind (s. § 5 Rn 43, 44 ff.). Die in **Beschäftigungs-** und **Qualifizierungsgesellschaften** tätigen Personen sind – mit Ausnahme des Stammpersonals – idR nicht wahlberechtigt (§ 5 Rn 152 f.).

Obwohl bestimmte Beschäftigtengruppen nach allgemeinem Arbeitsrecht nicht zu **8** den ArbN zählen, gelten sie als ArbN iSd. G. Insoweit ausdrücklich erwähnt sind in § 5 Abs. 1 S. 1 die zu ihrer **Berufsausbildung Beschäftigten.** Sie müssen allerdings in einem Ausbildungsverhältnis zum Betrieb stehen (Einzelheiten s. § 5 Rn 289 ff.). Keine ArbN und damit nicht wahlberechtigt sind dagegen Azubis, die eine bes. Interessenvertr. iSv § 51 BBiG bilden können (s. dazu § 5 Rn 298 ff.).

Ebenfalls ausdrücklich als ArbN iSd. G werden die **in Heimarbeit Beschäftigten** **9** (Heimarbeiter und Hausgewerbetreibende) anerkannt, die in der Hauptsache für den Betrieb arbeiten (§ 5 Rn 309 ff.).

Die in Privatbetrieben tätigen **Beamten, Soldaten** und ArbN des öffentlichen **10** Dienstes gelten, nach dem neuen § 5 Abs. 1 S. 3 als ArbN iSd. BetrVG (s. § 5 Rn 316 ff., 318) und sind daher gem. § 7 S. 1 wahlberechtigt (Näheres s. Rn 51 f.). Bei der **Bahn** sind die der DBAG zugewiesenen Beamten zur Wahrung ihrer Interessen gegenüber sie betreffenden beamtenrechtlichen Entscheidungen des BEV außerdem wahlberechtigt zu den bes. PersVertr. beim **BEV,** die ausschließlich von diesen Beamten gewählt werden (vgl. § 17 Abs. 1 DBGrG; *Engels/Müller/Mauß* DB 94, 473; *Engels/Mauß-Trebinger* RdA 97, 217; *Lorenzen* PersVertr. 94, 145). Die DBAG hat den ihr zugewiesenen Beamten die Teilnahme an der Wahl der bes. PersVertr. zu ermöglichen (§ 17 Abs. 7 DBGrG).

Die in den **Kooperationsbetrieben** der **Bundeswehr** beschäftigten Beamten, **11** ArbN und Soldaten haben ebenfalls ein doppeltes Wahlrecht sowohl zum PersR ihrer Dienststelle beim der Bundeswehr als auch zum BR des Kooperationsbetriebs (§§ 2, 3, 6 Abs. 1 BwKoopG; BAG 4. 5. 11 – 7 ABR 3/10 – NZA 11, 1373; BVerwG 14. 12. 09 – 6 P 16/08 – NZA-RR 10, 274; *Engels* ArbuR 09, 10, 75; s. auch § 99 Rn 332). Gleiches gilt für die in der **BRD-Finanzagentur GmbH** eingesetzten Beamten und ArbN des Bundesamtes für zentrale Dienste und offene Vermögensfragen; sie sind aktiv und passiv wahlberechtigt zum BR der GmbH und zum PR des Bundesamtes (§§ 2, 4, 5 Abs. 1 BWpVerwPG; *Engels* ArbuR 09, 10, 75). Das doppelte Wahlrecht haben auch die der **Gesellschaft für Außenwirtschaft und Standort-**

marketing mbH zugewiesenen **Beamten** und ArbN (s. § 5 Rn 324) sowie die bei der **DFS Deutsche Flugsicherung GmbH** eingesetzten Beamten und ArbN (s. § 5 Rn 325). Dagegen sind die **von** den **Post-AGn** ihren Tochter-, Enkel- und Beteiligungsgesellschaften **zugewiesenen Beamten** nur dort, nicht in der jeweiligen Post-AG mangels Eingliederung wahlberechtigt (BAG 18. 1. 08 AP Nr. 12 zu § 7 BetrVG 1972; kr. *Stiller* ZBVR 04, 237; s. auch § 99 Rn 331). Zur Beamtengruppe in den BR der Postunternehmen vgl. § 14 Rn 72 ff.

12   Ob in **Werkstätten für behinderte Menschen** nach § 136 SGB IX beschäftigte behinderte Menschen ArbN iSd. § 5 Abs. 1 und damit wahlberechtigt sind, bemisst sich nach den Umständen des Einzelfalles (vgl. § 5 Rn 341).

13   **Nicht wahlberechtigt** sind die in § 5 Abs. 2 und 3 genannten Personen, dh insb. die **leitenden Ang.** (vgl. hierzu § 5 Rn 326 ff., 347 ff.).

14   Kein Wahlrecht steht **arbeitnehmerähnlichen Personen** (§ 5 Rn 92 ff.) und sog. **freien Mitarbeitern** zu, die im Rahmen von Dienst- oder Werkverträgen tätig werden und nicht dem Direktionsrecht des ArbGeb. (Betriebsinhabers) unterstehen. Sie sind keine ArbN (vgl. § 5 Rn 39 ff. u. 65 ff., 279 ff.). Das gilt aber dann nicht, wenn es sich bei diesen Verträgen um „Scheinverträge" handelt und tatsächlich fremdbestimmte Arbeit in persönlicher Abhängigkeit geleistet wird, also kein freies Dienstverhältnis, sondern ein ArbVerh. vorliegt (vgl. § 5 Rn 283 ff.).

15   Der Franchisenehmer ist idR kein ArbN, sondern selbständiger Unternehmer. In Fällen des **Subordinations-Franchising** kann der Franchisenehmer jedoch bei starker Weisungsbindung bez. Arbeitszeit und Arbeitsort ArbN sein (vgl. § 5 Rn 88 ff.).

2. Betriebszugehörigkeit

16   Wahlberechtigt sind jedoch nur die ArbN **des Betriebs** (Näheres zum Betriebsbegriff vgl. § 1 Rn 58 ff.). Die ArbN müssen zur Belegschaft des Betriebs gehören. Das erfordert in aller Regel, dass sie zum Betriebsinhaber in einem **ArbVerh.** stehen (1. Komponente) **und** von ihm innerhalb der betrieblichen Organisation zur Erfüllung des Betriebszwecks **eingesetzt** werden (2. Komponente), dh dass ihnen innerhalb der betrieblichen Organisation ein Arbeitsbereich als ArbN zugewiesen ist (st. BAG-Rspr.: BAG 17. 2. 10 – 7 ABR 51/08 – NZA 10, 832; GK-*Kreutz/Raab* Rn 19; *Brors* NZA 02, 123, 124 f.; *Lindemann/Simon* NZA 02, 365, 366; aA *DKKW-Schneider/Homburg* Rn 5, 7 ff.).

17   Ausnahmsweise kann die **Betriebszugehörigkeit** auch nur durch **eine** der beiden **Komponenten** begründet werden (*Brors* NZA 02, 123, 125), wie dies bei ArbVerh. im Konzern, echter Leiharbeit (s. § 5 Rn 219 ff. u. 232 ff.), Beschäftigung von Beamten in Privatbetrieben (Rn 10, § 5 Rn 316 ff.) und bei bestimmter Ausgestaltung der Ausbildung (s. § 60 Rn 16 ff. u. § 5 Rn 296) der Fall sein kann (weitergehend *DKKW-Schneider/Homburg* Rn 5, 7 ff., der allein die Eingliederung ausreichen lässt).

18   Dieser bisher umstrittenen Ansicht (s. zum Meinungsstreit GK-*Kreutz/Raab* Rn 17 ff.) hat sich der Gesetzgeber des **BetrVerf-ReformG** angeschlossen und in dem neu angefügten S. 2 des § 7 bei bestimmten Fallkonstellationen des Drittpersonaleinsatzes auf das **Bestehen** eines **ArbVerh.** zum Betriebsinhaber/ArbGeb. als Voraussetzung für die Wahlberechtigung **verzichtet** und damit die Betriebszugehörigkeit der überlassenen ArbN (auch) zum Einsatzbetrieb anerkannt (Rn 37 ff.; *Düwell/Brors* Rn 6).

a) Arbeitsverhältnis zum Betriebsinhaber

19   Betriebszugehörig ist ein ArbN immer dann, wenn er in einem **ArbVerh.** zum Betriebsinhaber als ArbGeb. steht und im Betrieb zur Erfüllung des Betriebszweck eingesetzt wird (GK-*Kreutz/Raab* Rn 20). Unerheblich ist, ob das ArbVerh. durch Vertrag oder kraft G zustande gekommen ist (§ 5 Rn 18 ff.).

20   Die **Wirksamkeit** des Arbeitsvertrages ist keine Voraussetzung für die Wahlberechtigung. Die **Nichtigkeit** oder **Anfechtbarkeit** eines ArbVerh. lässt die Wahlbe-

rechtigung des betreffenden ArbN solange unberührt, als dieser Rechtsmangel nicht geltend gemacht und der ArbN im Betrieb tatsächlich beschäftigt wird (hM; § 5 Rn 20 mwN).

Dagegen reicht der **bloße Abschluss** des Arbeitsvertrages für ein erst später be- **21** ginnendes ArbVerh. **nicht** aus. Der ArbN muss vielmehr am Tage der Wahl zur ArbNschaft des Betriebs gehören (GK-*Kreutz*/*Raab* Rn 19 f.; *HSWGNR* Rn 17; *Löwisch*/*Kaiser* Rn 20).

Erfolgt die Berufsausbildung oder das Trainee-Programm abschnittsweise in **ver-** **21a** **schiedenen Betrieben** des Ausbildungsunternehmens und bleibt der Schwerpunkt der Ausbildung im Stammbetrieb, sind die Auszubildenden und Trainees idR nur zum dortigen BR wahlberechtigt. Eine nur vorübergehende und partielle Eingliederung in die anderen Betriebe begründet keine Wahlberechtigung zu deren BR (s. § 60 Rn 18 mwN.; s. auch BAG BAG 12. 5. 05 AP Nr. 145 zu § 102 BetrVG 1972).

Auf die **Dauer der Betriebszugehörigkeit** kommt es im Gegensatz zur Wähl- **22** barkeit (§ 8) bei der Wahlberechtigung nach Satz 1 nicht an. Entscheidend ist allein, dass der ArbN am Wahltag dem Betrieb als ArbN angehört. Auch der kurz vor der Wahl in den Betrieb eingetretene ArbN ist wahlberechtigt (vgl. § 4 Abs. 3 WO). Unerheblich ist, ob der ArbN auf Dauer oder nur vorübergehend, unbefristet oder nur **befristet** eingestellt worden ist (*Richardi*/*Thüsing* Rn 31).

Bedeutung und **Umfang** der geschuldeten **Arbeitsleistung** spielen ebenfalls für **23** die Betriebszugehörigkeit keine Rolle. Es kommt nicht darauf an, ob der ArbN haupt- oder **nebenberuflich** tätig ist. Nur bei den in Heimarbeit Beschäftigten stellt § 5 Abs. 1 S. 2 darauf ab, ob sie in der Hauptsache für den Betrieb arbeiten (vgl. § 5 Rn 311).

Teilzeitbeschäftigte ArbN und auch solche mit einer nur **geringfügigen Be-** **24** **schäftigung** nach § 8 Abs. 1 Nr. 1 SGB IV sind wahlberechtigt (hM; vgl. hierzu § 5 Rn 157 ff.; *DKKW*-*Schneider*/*Homburg* Rn 11; GK-*Kreutz*/*Raab* Rn 25; *Greßlin* S. 41; **aA** *Hanau*, FS Müller, S. 172 ff.); andernfalls wäre hier auch eine verdeckte Frauendiskriminierung gegeben (*Richardi*/*Thüsing* Rn 32).

Sind sie in mehreren Betrieben desselben ArbGeb. oder verschiedener ArbGeb. **25** teilzeitbeschäftigt, so sind sie in jedem dieser Betriebe wahlberechtigt (hM; BAG 11. 4. 58 AP Nr. 1 zu § 6 BetrVG; GK-*Kreutz*/*Raab* Rn 26; *Richardi*/*Thüsing* Rn 26; s. Rn 81 ff.).

Wahlberechtigt sind auch ArbN mit flexibler Teilzeit. Folglich sind ArbN mit **Ar-** **26** **beit auf Abruf/kapazitätsorientierter variabler Arbeitszeit** (vgl. § 12 TzBfG) sowie ArbN mit **Arbeitsplatzteilung/Job-Sharing** (vgl. § 13 TzBfG; Näheres vgl. § 5 Rn 176 ff.) wahlberechtigt. Hierbei ist es unerheblich, wenn sie am Tage der Aufstellung der Wählerliste oder am Wahltag gerade nicht im Betrieb arbeiten (*Greßlin* S. 40; *Lipke* NZA 90, 759).

Zeitungsausträger sind grundsätzlich wahlberechtigt (BAG 29. 1. 92 AP Nr. 1 zu **27** § 7 BetrVG 1972 m. Anm. *Kreutz* SAE 94, 75; **aA** ArbG Oldenburg NZA-RR 97, 162 (bei Sonntagszeitung); *Berger-Delhey* AfP 90, 340, 344 f. u. 91, 566, 569 f.; zur Ausnahme, dass ein Zeitungszusteller selbständig ist, s. § 5 Rn 75). Insb. weist das BAG die von der Gegenansicht genannten Argumente einer möglichen **Majorisie-** **rung** der Stammbelegschaft durch geringfügig Beschäftigte und deren mangelnde Schutzbedürftigkeit zu Recht unter Hinweis auf den Grundsatz der formalen Wahlgerechtigkeit (ein Mann/Frau, eine Stimme) zurück (ähnlich schon BAG 26. 11. 87 AP Nr. 36 zu § 5 BetrVG 1972; zum Problem der Majorisierung in reinen Ausbildungsbetrieben s. dagegen § 5 Rn 298 ff.).

Auch spielt es eine Rolle, ob die ArbN ständig oder nur vorübergehend arbeiten. **28** Auch **Aushilfskräfte** sind wahlberechtigt; jedoch müssen auch sie am Wahltag in einem ArbVerh zum Betrieb stehen (vgl. BAG 29. 1. 92 AP Nr. 1 zu § 7 BetrVG 1972 m. Anm. *Kreutz* SAE 94, 75; *Christiansen* Betriebszugehörigkeit S. 105; zum letzteren **aA** LAG Hamm EzA § 6 BetrVG 1972 Nr. 2 für die Fälle, dass dieselben Aushilfskräfte ständig herangezogen werden).

29   Auf die tatsächliche Arbeitsleistung im Betrieb und im Zeitpunkt der Wahl kommt es nicht an. So sind wahlberechtigt auch **kranke** (einschl. Bezieher einer Erwerbsminderungsrente – s. *Burgmer* AuA 05, 718 ff. – u. sog. ausgesteuerter ArbN nach Ablauf des Krankengeldbezugs, § 48 SGB V), **beurlaubte** ArbN (Elternzeit, § 15 BEEG), infolge von Beschäftigungsverboten **arbeitsbefreite** ArbNinnen (§§ 3 Abs. 2, 6 Abs. 1 MuSchG) sowie die in Heimarbeit Beschäftigten, auch wenn sie gerade zZ der Wahl von dem Betrieb, für den sie sonst in der Hauptsache arbeiten, keine Aufträge erhalten. Gleiches gilt für „Kurzarbeit Null" (*DKKW-Schneider/Homburg* Rn 12). Zur Möglichkeit der Briefwahl in diesen Fällen vgl. §§ 24 ff., 35, 36 Abs. 4 WO.

30   Während des **Wehrdienstes** ruht zwar das ArbVerh. (§§ 1, 10, 16 ArbPlSchG), die ArbNEigenschaft und das Wahlrecht bleiben aber erhalten, da nur die Hauptpflichten aus dem ArbVerh. (Lohnzahlungspflicht, Arbeitspflicht) zum Ruhen kommen und ein berechtigtes Interesse des Wehrdienstleistenden an der Zusammensetzung des BR bei der künftigen Wiederaufnahme der Arbeit besteht (BAG 29. 3. 74 AP Nr. 2 zu § 19 BetrVG 1972; GK-*Kreutz/Raab* Rn 23; HSWGNR Rn 18; *Richardi/Thüsing* Rn 44; *Christiansen* Betriebszugehörigkeit S. 95; *Lindemann/Simon* NZA 02, 365, 370).

31   Entspr. gilt während einer **Eignungsübung** (§ 1 Abs. 1 EigÜbG) und während der Ableistung des **Zivildienstes** (§ 78 ZDG; *Lindemann/Simon* NZA 02, 365, 370). Bei einer Heranziehung im Rahmen des Zivilschutzes oder des Katastrophenschutzes entfällt für die Dauer des Einsatzes oder der Teilnahme an Ausbildungsveranstaltungen lediglich die Pflicht zur Arbeitsleistung; der Bestand des ArbVerh. wird nicht berührt (vgl. § 9 ZivilschutzG und § 9 KatastrophenschutzG).

32   Bei **Altersteilzeit** in Form des **Blockmodells** (vgl. § 2 Abs. 2 Nr. 1 ATG) verliert der ArbN sein Wahlrecht mit Beginn der Freistellungsphase, wenn er danach nicht in den Betrieb zurückkehrt. Im Gegensatz zu den sonstigen Fällen eines wahlrechtlich unschädlichen Ruhens des ArbVerh. scheidet hier der Altersteilzeiter aus dem Betrieb aus und geht in den vorzeitigen Ruhestand, so dass wegen des nicht nur vorübergehenden Wegfalls der tatsächlichen Beziehung zum Betrieb die Betriebszugehörigkeit entfällt und mangels Wiederaufnahme der Arbeit ein berechtigtes Interesse an der Zusammensetzung des BR nicht besteht (ebenso BAG 16. 4. 03 AP Nr. 7 zu § 9 BetrVG 2002; *Richardi* Rn 50; *Greßlin* S. 41; *Weber/Ehrich/Hörchens/Oberthür* Teil B Rn 16; *Lindemann/Simon* NZA 02, 365, 370; *Nicolai* DB 03, 2601; aA *DKKW-Schneider/Homburg* Rn 11; *Natzel* NZA 98, 1262, 1264).

33   Im Falle der **Kündigung** des ArbVerh. gilt Folgendes: Bei einer **ordentlichen** Kündigung besteht das Wahlrecht bis zum Ablauf der Kündigungsfrist fort, da bis zu diesem Zeitpunkt das ArbVerh. Bestand hat (*Christiansen* Betriebszugehörigkeit S. 84; *Richardi/Thüsing* Rn 37); das gilt auch dann, wenn der ArbN von der Arbeitspflicht freigestellt ist (differenzierend *Lindemann/Simon* NZA 02, 365, 368). Nach Ablauf der Kündigungsfrist besteht das Wahlrecht fort, wenn und solange der ArbN während des Kündigungsstreitverfahrens weiterbeschäftigt wird (BAG 14. 5. 97, 10. 11. 04 AP Nr. 6, 11 zu § 8 BetrVG 1972; *Christiansen* S. 86; zum Weiterbeschäftigungsanspruch s. § 102 Rn 103 ff.).

34   Nach **Ablauf** der **Kündigungsfrist** steht einem gekündigten ArbN ohne Weiterbeschäftigung das aktive Wahlrecht nicht mehr zu, selbst dann nicht, wenn er Kündigungsschutzklage erhoben hat (BAG 10. 11. 04 – Rn 33; LAG Hamm NZA-RR 03, 480; GK-*Kreutz/Raab* Rn 29; HSWGNR Rn 19; aA *DKK-Schneider/Homburg* Rn 13).

35   Bei einer **außerordentlichen** Kündigung verliert der ArbN seine Wahlberechtigung mit Zugang der Kündigungserklärung, sofern nicht die Voraussetzungen des allgemeinen Anspruchs auf Weiterbeschäftigung vorliegen (BAG 14. 5. 97 AP Nr. 6 zu § 8 BetrVG 1972).

36   Ein **BRMitgl.**, dem der ArbGeb. außerordentlich kündigen will, bleibt für die Neuwahl des BR auf jeden Fall solange wahlberechtigt, wie der BR seine Zustimmung zur Kündigung nicht erteilt oder das ArbG die Zustimmung des BR nicht rechtskräftig ersetzt hat (vgl. § 103; *Richardi/Thüsing* Rn 41; *Weber/Ehrich/Hörchens/ Oberthür* Teil B Rn 17).

b) Fehlendes Arbeitsverhältnis zum Betriebsinhaber

Das **BetrVerf-ReformG** hat § 7 um einen Satz 2 ergänzt. Um der Erosion der **37** Stammbelegschaft und der damit verbundenen negativen Auswirkungen auf die Betriebsverfassung entgegenzuwirken, erkennt die neue Vorschrift unter bestimmten Voraussetzungen die **Betriebszugehörigkeit** auch solcher ArbN an, die in **keinem ArbVerh.** zum ArbGeb. des Betriebs stehen, in dem sie für eine nicht nur kurze Zeit ihre Arbeitsleistung erbringen (BT-Drucks. 14/5741 S. 27 f., LAG Berlin-Brandenburg – 15 TaBV 2347/10 – BeckRS 11, 70954: n. rechtskr.; 36; *Düwell/Brors* Rn 6; *Däubler* AiB 01, 684; *Engels/Trebinger/Löhr-Steinhaus* DB 01, 532, 536; *Hamann* NZA 03, 528; kr. *Buchner* NZA 01, 633, 636; *Reichold* NZA 01, 857, 861). Danach sind ArbN eines anderen ArbGeb. im Einsatzbetrieb zum dortigen BR wahlberechtigt, wenn sie zur Arbeitsleistung überlassen sind und länger als 3 Monate eingesetzt werden.

Ein ArbN ist zur Arbeitsleistung **überlassen,** wenn er in den Einsatzbetrieb derart **38** eingegliedert ist, dass er dem Weisungsrecht des dortigen ArbGeb. unterliegt (*Däubler* ArbuR 01, 285, 286; *Engels/Trebinger/Löhr-Steinhaus* DB 01, 532, 536). Eine derartige Überlassung erfolgt bei bestimmten Formen des **Drittpersonaleinsatzes,** der eine **gespaltene ArbGeb.-Stellung** (gespaltenes ArbVerh.) bewirkt:

Hauptanwendungsfall ist die **ArbNÜberlassung** nach dem **AÜG** (vgl. BT- **39** Drucks. 14/5741 S. 27 f., 36; *Däubler* AiB 01, 684; *Engels/Trebinger/Löhr-Steinhaus* DB 01, 532, 536; *Richter* AiB 04, 154 f.). Damit wird erstmals der sog. unechten Leih-ArbN (dazu § 5 Rn 241 ff.) das aktive Wahlrecht des Entleiherbetriebs zugestanden (§ 5 Rn 263; *Hamann* NZA 03, 529; *Maschmann* DB 01, 2446; *Schneider* AiB 05, 710 ff.; *Thüsing/Lambrich* NZA-Sonderheft 01, 84; kr. *Böhm*). Dem entspr. ist in Art. 2 des BetrVerf-ReformG § 14 Abs. 2 AÜG geändert und dort nur noch am Ausschluss des passiven Wahlrechts der LeihArbN im Entleiherbetrieb festgehalten worden (s. auch § 2 Abs. 3 S. 2 WO).

Die gegen die Anerkennung der Betriebszugehörigkeit von LeihArbN geäußerte **40** **Kritik** (s. insb. *Reichold* NZA 01, 857, 861) überzeugt nicht. Es wird übersehen, dass bereits nach geltendem Recht die Zuständigkeit des BR für im Betrieb beschäftigte ArbN eines fremden ArbGeb. anerkannt ist, soweit diese in den Betrieb eingegliedert sind (so BAG 28. 7. 92 AP Nr. 7 zu § 87 BetrVG Werkdienstwohnung). Das **BAG** stellt auf die **gespaltene ArbGeb.-Stellung** ab. Danach übt der Entleiher gegenüber LeihArbN, die seiner Organisationshoheit und Dispositionsbefugnis unterstellt sind, partielle ArbGeb.-Funktionen aus (s. § 5 Rn 251). Von daher kann es auch **verfassungsrechtlich** nicht bedenklich sein, LeihArbN das aktive Wahlrecht zum BR des Entleiherbetriebs einzuräumen, der partiell für ihn zuständig ist. Damit wird keine Zuständigkeit des BR zum Verleiherbetrieb begründet.

Satz 2 ist nicht auf die ArbNÜberlassung nach dem AÜG begrenzt. Von der Rege- **41** lung erfasst werden auch die **echten LeihArbN** (ErfK-*Koch* § 7 BetrVG Rn 6; *WPK* Rn 23; *Brors* NZA 02, 123, 125; *Däubler* ArbuR 01, 285, 286; *Dewender* RdA 03, 275; *Konzen* RdA 01, 76, 83; *Lindemann/Simon* NZA 02, 365, 367). Sie werden im Allgemeinen im Betrieb ihres ArbGeb. beschäftigt und nur ausnahmsweise an einen ArbGeb. verliehen, um im fremden Betrieb auf Grund der Anweisungen des Entleihers vorübergehend zu arbeiten, etwa um Kenntnisse und Fertigkeiten an ArbN des fremden Betriebes zu vermitteln oder auszuhelfen (vgl. § 5 Rn 232 ff.). Sie sind im Einsatzbetrieb wahlberechtigt.

Dasselbe gilt für volljährige **Auszubildende,** die ein ArbGeb. mangels entspr. Ein- **42** richtungen für die Ausbildungszeit im **Betrieb** eines **anderen Unternehmens ausbilden** lässt; diese sind zum BR des dortigen Betriebs wahlberechtigt (vgl. LAG Hamm DB 88, 2058). Näheres zum Wahlrecht von Auszubildenden in überbetrieblichen Einrichtungen bzw. nach § 51 BBiG und zur Verbundausbildung s. § 5 Rn 296 ff., § 60 Rn 16 ff.

43   Erfasst werden auch **KonzernArbN,** die in bestimmter Weise im Konzern eingesetzt werden (vgl. § 5 Rn 219 ff.; ErfK-*Koch* § 7 BetrVG Rn 6; *Däubler* AiB 01, 684 f.; *Engels/Trebinger/Löhr-Steinhaus* DB 01, 532, 536; *Nicolai* DB 03, 2600). Bei dem oft praktizierten mobilen Einsatz von ArbN im Konzern hat der ArbN im Wege der Abordnung die aus dem Stammarbeitsvertrag geschuldete Leistung bei einem anderen Konzernunternehmen zu erbringen und diesem ist die Ausübung bestimmter ArbGeb.-Rechte eingeräumt (*Windbichler* S. 78 ff., die hier von **„Konzernleihe"** spricht, S. 277 f.). Der Konzern-ArbN ist im Betrieb des anderen Konzernunternehmens, in dem er eingesetzt wird, zum dortigen BR wahlberechtigt.

44   Erfolgt die **Abordnung als organisatorische Dauerlösung** in der Form, dass die Arbeitsverträge mit dem herrschenden Unternehmen abgeschlossen werden, tatsächlich der ArbN aber im Betrieb eines abhängigen Unternehmens beschäftigt wird, so gehört der KonzernArbN betriebsverfassungsrechtlich zu dem Betrieb, in dem er arbeitet. Er ist nur dort wahlberechtigt und wählbar (*Windbichler* S. 278, 280; *Konzern* Unternehmensaufspaltungen S. 113). Der BR nimmt dann seine Beteiligungsrechte demjenigen gegenüber wahr, der zur Entscheidung befugt ist. Das kann der ArbGeb. des Betriebs sein, in dem der BR gebildet wurde, soweit ihm diese Befugnisse zustehen. Fehlen sie, nimmt der BR seine Rechte gegenüber dem herrschenden Unternehmen wahr; das gilt vor allem für das MBR in personellen Angelegenheiten (s. § 5 Rn 225).

45   Auch wenn **alle ArbN** des Konzerns **Arbeitsverträge** nur mit dem **herrschenden Unternehmen** oder einer **Personalführungsgesellschaft** (vgl. § 5 Rn 226, 245) haben und zur Arbeitsleistung in die Betriebe der abhängigen Unternehmen nicht auf Dauer abgeordnet werden, haben sie dort das aktive (und passive) Wahlrecht und können BR wählen (vgl. *DKKW-Trümner* § 5 Rn 89). Das muss erst recht gelten, wenn ein Konzernunternehmen als **Personalführungsgesellschaft** die ausschließliche Aufgabe hat, die von ihr eingestellten ArbN **dauerhaft** anderen Konzernunternehmen zur Arbeitsleistung zu **überlassen** (nach BAG 20. 4. 05 NZA 05, 1006 bleiben in diesem Fall die ArbN gem. § 14 Abs. 1 AÜG (analog) betriebsverfassungsrechtlich dem Betrieb der Personalführungsgesellschaft als VertragsArbGeb zugeordnet und haben das aktive und passive Wahlrecht zum dortigen BR; ob sie dieses Recht auch im Einsatzbetrieb haben, war nicht zu entscheiden; vgl. aber BAG 10. 3. 04 AP Nr. 8 zu § 7 BetrVG 1972 u. dazu § 5 Rn 265).

46   Erfolgt die Abordnung im Konzern nur zum **vorübergehenden, flexiblen Einsatz,** zB für bestimmte Projekte, so bleibt die Betriebszugehörigkeit zum Stammbetrieb bestehen; bei einer damit verbundenen Eingliederung in den Drittbetrieb von über 3 Monaten ist der ArbN auch diesem zuzurechnen und dort wahlberechtigt (vgl. *DKKW-Trümner* § 5 Rn 88 f.; *Rüthers/Bakker* ZfA 90, 245, 313 f.; s. auch *Christiansen* Betriebszugehörigkeit S. 43).

47   Eine gleichgelagerte Situation wie in Rn 46 ergibt sich im **Gesamthafenbetrieb** BAG 2. 11. 93 AP Nr. 32 zu § 95 BetrVG 1972). Neben dem auf Dauer angelegten Gesamthafenarbeitsverhältnis bestehen abgespaltene arbeitsrechtliche Beziehungen zum jeweils beschäftigenden Einzelhafenbetrieb (GK-*Kreutz/Raab* Rn 47; § 5 Rn 19). Bei mehr als 3-monatigen Einsätzen in einem Hafeneinzelbetrieb gehören die GesamthafenArbN auch zu diesem Betrieb und sind dort nach Satz 2 wahlberechtigt. Im **Gesamthafen Hamburg** besteht die Besonderheit, dass bei Arbeitsantritt des zugeteilten GesamthafenArbN ein ArbVerh. mit dem Inhaber des Hafeneinzelbetriebs zustande kommt (BAG 25. 11. 92 AP Nr. 8 zu § 1 GesamthafenbetriebsG). In diesem Fall ergibt sich die Wahlberechtigung aus Satz 1.

48   Bei der Abordnung von **BauArbN** zu einer sog. **ARGE** (s. dazu § 5 Rn 274 f.) ist zu unterscheiden. Bei einer **Freistellung** zur ARGE ruht nach § 9 Nr. 2 BRTV-Bau das ArbVerh. zum Stammbetrieb, und der ArbN tritt mit Arbeitsaufnahme in ein solches mit der ARGE ein, wird also (auch) deren ArbN mit der Folge, dass sich seine

Wahlberechtigung zum BR der ARGE aus § 7 S. 1 ergibt (*Schwab* NZA-RR 08, 169, 174).

Bei einer **Abordnung** zur ARGE ergeben sich arbeitsrechtliche Beziehungen so- 49 wohl zum Stammbetrieb, dem weiterhin insb. die Entgeltzahlung und das Abführen der Sozialversicherungsbeiträge obliegt, als auch zur ARGE, die über die Arbeitsleistung der ArbN verfügen kann und die Weisungsbefugnis hat (Näheres s. § 5 Rn 275). Die Wahlberechtigung des abgeordneten BauArbN zum BR der ARGE folgt aus § 7 S. 2 (*Schwab* aaO).

Satz 2 wirkt sich im Rahmen von **Gestellungsverträgen** aus. Der Gestellungsträ- 50 ger verpflichtet sich, dem Betriebsinhaber die für die Verfolgung des Betriebszwecks erforderlichen Personen zur Verfügung zu stellen, ohne dass zwischen diesen und dem Betriebsinhaber ein Arbeitsvertrag abgeschlossen wird. Ist der Betriebsinhaber gegenüber den gestellten Personen weisungsbefugt, so sind sie in den Betrieb eingegliedert und wahlberechtigt zum dortigen BR. Das trifft auf **alle weltlichen Krankenschwestern** (Caritas-Verband, Innere Mission, Deutsches Rotes Kreuz, Bund freier Schwestern, Arbeiterwohlfahrt) und **Gastschwestern** (s. § 5 Rn 335) zu. Sie sind **ArbN** iSd. BetrVG (**aA** bei Rote-Kreuz-Schwestern BAG; Näheres s. § 5 Rn 334).

ArbN öffentlicher ArbGeb., die privaten ArbGeb. zur Arbeitsleistung überlassen 51 und von diesen eingesetzt werden, ohne dass es zu einem Arbeitsvertrag mit ihnen kommt, gelten nach **§ 5 Abs. 1 S. 3** als ArbN des Einsatzbetriebs und sind dort von Beginn ihres Einsatzes an nach S. 1 wahlberechtigt zum BR des Privatbetriebs (vgl. Gesetzesbegründung BT-Drucks. 16/11608 S. 43; LAG Berlin-Brandenburg – 15 TaBV 2347/10 – BeckRS 11, 70954: nr.; LAG Schleswig-Holstein – 2 TaBV 35/10 – , – 3 TaBV 36/10 – , – 3 TaBV 31/10 BeckRS 11, 72246, 72247, 74708; *Trümner* AiB 09, 539, 541; s. § 5 Rn 318).

Beamte und **Soldaten**, die ohne einen Arbeitsvertrag mit dem Betriebsinhaber 52 im Rahmen ihres öffentlich-rechtlichen Dienstverhältnisses zu ihrem Dienstherrn im Wege der **Abordnung, Überlassung** oder **Zuweisung** in den Betrieb eines privatrechtlich organisierten Unternehmens **eingegliedert** werden, gelten nach **§ 5 Abs. 1 S. 3** dort als ArbN iSd. BetrVG und erlangen dort von Beginn ihres Einsatzes an **das aktive Wahlrecht** zum BR **nach Satz 1** (vgl. Gesetzesbegründung BT-Drucks. 16/11608 S. 43; LAG Berlin-Brandenburg – 15 TaBV 2347/10 – BeckRS 11, 70954: nr.; LAG Schleswig-Holstein – 2 TaBV 35/10 – , – 3 TaBV 36/10 – , – 3 TaBV 31/10 BeckRS 11, 72246, 72247, 74708; *Heise/Fedder* NZA 09, 1069, 1071; *Trümner* AiB 09, 539, 541; *Thüsing* BB 09, 2036 f.; s. § 5 Rn 310 ff.; zu den Sonderbereichen Bahn, Post, Bundeswehr, BRD-Finanzagentur GmbH, Außenwirtschaft, Flugsicherung s. Rn 10 f., § 5 Rn 321 ff., § 99 Rn 299 ff.).

Dem kann nicht unter Hinweis auf spezialgesetzliche Regelungen wie zB in § 5 52a des **Bundeswertpapierverwaltungspersonalgesetzes** entgegengehalten werden, dass es einer ausdrücklichen Verleihung des aktiven und passiven Wahlrechts an die in § 5 Abs. 1 S. 3 genannten Personengruppen bedurft hätte (so aber *Löwisch* BB 09, 2316 f.). Die ausdrückliche Erwähnung des aktiven und passiven Wahlrechts zB der Beamten zum BR im Einsatzbetrieb ist allein der Tatsache geschuldet, dass in den Spezialgesetzen klar zum Ausdruck kommen sollte, dass die Beamten trotz Zuweisung zu einem privatrechtlich organisierten Unternehmen ihr bisheriges Wahlrecht zum PersR nicht verlieren und dennoch auch zum BR ihres Einsatzbetriebs wahlberechtigt sind (Doppelwahlrecht). Auch auf die Verweildauer des zugewiesenen Personals im Einsatzbetrieb kommt es nicht an, da es als dessen ArbN angesehen wird (vgl. *Thüsing* BB 09, 2036; *Trümner* AiB 09, 539; **aA** *Heise/Fedder* NZA 09, 1069, 1070 f. und *Löwisch* BB 09, 2316 f., die das zugewiesene Personal LeihArbN gleichstellen).

Eine das Wahlrecht begründende Überlassung liegt dann nicht vor, wenn beim 53 **Drittpersonaleinsatz** der im Einsatzbetrieb tätige ArbN nicht derart eingegliedert ist, dass er dem Weisungsrecht des dortigen ArbGeb. unterliegt, es also an einer **gespaltenen ArbGeb.-Stellung** fehlt.

54   Das ist bei der Tätigkeit eines Unternehmers auf Grund eines **Werk- oder Dienst-vertrages** mit einem anderen Unternehmer der Fall. Hier kommt es zu einem **Fremdfirmen-Einsatz.** Für diesen ist kennzeichnend, dass die zur Ausführung des Werk- oder Dienstvertrages eingesetzten ArbN der arbeitsrechtlichen Weisung des Unternehmers unterliegen und dessen Erfüllungsgehilfen sind (zur Fremdfirmenproblematik *Bauschke* NZA 00, 1201 ff.). Diese ArbN, die im Auftrag ihres ArbGeb. und nur nach seinen Weisungen in einem fremden Betrieb zB Montage-, Reparatur- und Bauarbeiten ausführen, Gebäude reinigen oder Maschinen bedienen (vgl. § 5 Rn 279 ff.), sind **nicht** zum BR des fremden Betriebs **wahlberechtigt** (*Brors* NZA 02, 123, 126; *Engels/Trebinger/Löhr-Steinhaus* DB 01, 532, 536; *Hanau* RdA 01, 65, 68; *Lindemann/Simon* NZA 02, 365, 367; *Reichold* NZA 01, 857, 861; s. aber Rn 56 ff.; **aA** wohl *Däubler* ArbuR 01, 285, 286).

55   Oft werden **zum Schein** Werk- oder Dienstverträge abgeschlossen, obwohl es sich in Wirklichkeit um ArbNÜberlassung handelt (Näheres s. § 5 Rn 283 ff.). In diesen Fällen sind die ArbN zum BR des Einsatzbetriebs nach Satz 2 wahlberechtigt (*Lindemann/Simon* NZA 02, 365, 367; *Maschmann* DB 01, 2446). Besitzt der „Verleiher" nicht die vorgeschriebene Erlaubnis für die ArbNÜberlassung nach dem AÜG, entsteht ein ArbVerh. zwischen ArbN und Entleiher (§ 10 Abs. 1 S. 1 iVm. § 9 Nr. 1 AÜG; s. § 5 Rn 253), so dass die Wahlberechtigung aus Satz 1 folgt (*Brors* NZA 02, 123, 125).

56   Die **Abgrenzung** der verschiedenen Erscheinungsformen des Personaleinsatzes bei Dritten ist schwierig. **Problematisch** sind die Fälle, in denen die Dienstleistung oder das Werk zu einem festgelegten Zeitpunkt im Betrieb des ArbGeb. von bestimmter Art und Güte in Zusammenarbeit mit den ArbN des Betriebs, also unter **Einbeziehung** in die Planung des **Arbeitsablaufs** und der Produktion, und auf Dauer zu erbringen ist.

57   Sind die FremdfirmenArbN derart in die Arbeitsorganisation des ArbGeb. (Auftraggebers) **eingegliedert,** dass dieser die für ein ArbVerh. typischen Entscheidungen über deren Arbeitseinsatz auch nach Zeit und Ort zu treffen hat (hierauf stellt das BAG bei der Anwendung des § 99 auf Fremdfirmeneinsatz ab; Näheres s. § 99 Rn 63 ff. mwN), hat der ArbGeb. des Einsatzbetriebs die **Personalhoheit** (*Walle* NZA 99, 518, 521) über die FremdfirmenArbN.

58   In solchen Fällen, in denen der Personaleinsatz zumindest partiell und nicht unwesentlich (auch) beim ArbGeb. des Einsatzbetriebs liegt, kommt es zu der für die Anwendung des § 7 S. 2 ausschlaggebenden **Aufspaltung der ArbGeb.-Funktion.** In diesen besonderen Fällen unterscheiden sich die Fremdfirmen-ArbN nicht wesentlich von LeihArbN und sind wie diese **wahlberechtigt** zum BR des Einsatzbetriebs.

c) Mindesteinsatzzeit bei fehlendem Arbeitsverhältnis zum Betriebsinhaber

59   Die Wahlberechtigung der zur Arbeitsleistung überlassenen ArbN setzt voraus, dass sie länger als **3 Monate** eingesetzt werden. Die Kritik, dass es bedenklich sei, schon bei 3-monatiger Überlassungsdauer das Recht zur Legitimation eines 4 Jahre amtierenden BR einzuräumen (so *Däubler* ArbuR 01, 1, 5), übersieht, dass auch befristet Beschäftigte wahlberechtigt sind (*Konzen* RdA 01, 76, 83). Wird ein ArbN überlassen, sind folgende Fallgestaltungen denkbar:

60   Ein ArbN wird für 4 Monate entliehen. In der 1. Woche seiner Einsatzzeit wird im Einsatzbetrieb der BR gewählt. Bei einer Überlassung von mehr als 3 Monaten ist der ArbN ab dem ersten Tag seines Einsatzes wahlberechtigt (s. BT-Drucks. 14/5741 S. 36; *Brors* NZA 02, 123, 125; *Däubler* AiB 01, 684, 686; *Lindemann/Simon* NZA 02, 365, 367). Das folgt aus der Formulierung „länger als 3 Monate eingesetzt **werden".** (Das „Stichtagsprinzip" von *Maschmann* DB 01, 2446 ff., nach dem der LeihArbN nur dann wahlberechtigt sein soll, wenn er länger als 3 Monate **nach dem Wahltag** überlassen worden ist, entspricht nicht dem Wortlaut des § 7 S. 2; ebenso *Brors* aaO).

Ein ArbN wird für 9 Monate entliehen. Nach sieben Monaten wird er gegen **61** einen anderen LeihArbN für die Restzeit von 2 Monaten **ausgetauscht.** Im 8. Monat findet die BR-Wahl statt. An dieser kann der neue LeihArbN nicht teilnehmen. Da das Wahlrecht ein personengebundenes Recht ist, kann dem neuen LeihArbN die Verweildauer seines Vorgängers nicht angerechnet werden. Je nach Fallgestaltung kann sich aber bei der Frage des Zählwertes im Rahmen des § 9 eine Berücksichtigung ergeben (s. § 9 Rn 31 ff., 42 ff.).

Ein ArbN wird für 9 Monate entliehen. Im 2. Monat wird er wegen **Erkrankung** **62** durch einen anderen LeihArbN vorübergehend ersetzt. In dieser Zeit wird der BR gewählt. Der erkrankte ArbN behält sein Wahlrecht (vgl. Rn 29), das er durch Briefwahl ausüben kann.

Ein ArbN wird für 2 Monate entliehen. Die Überlassung wird um 2 weitere Monate **63** **verlängert.** Im 3. Monat findet die BR-Wahl statt. Der LeihArbN ist wahlberechtigt, da er insgesamt länger als 3 Monate eingesetzt wird (so wohl auch *Däubler* AiB 01, 684, 686 f.; *Thüsing/Lambrich* NZA-Sonderheft 01, 84 f.). Er ist dagegen nicht wahlberechtigt, wenn er für 2 Monate entliehen wird, der Verleihvertrag nur eine Verlängerungsmöglichkeit vorsieht und die BR-Wahl im Entleih-Betrieb im 1. Monat stattfindet (*Lindemann/Simon* NZA 02, 365, 367).

Ein ArbN wird für 3 Monate entliehen. Nach einer **Unterbrechung** von 1 Monat **64** wird derselbe ArbN erneut für 3 Monate überlassen. Im 5. Monat steht die BR-Wahl an. Der ArbN ist im Zeitpunkt der Wahl insgesamt länger als 3 Monate im Einsatzbetrieb, allerdings schließt sich der zweite Überlassungszeitraum, der erst zum Erreichen der das Wahlrecht begründenden Mindestdauer führt, nicht unmittelbar an den ersten Überlassungszeitraum an.

In Fragen der Betriebszugehörigkeit ist entspr. dem zu § 1 Abs. 1 KSchG, § 622 **65** Abs. 2 BGB und § 4 BUrlG entwickelten **Grundsatz** des **Sachzusammenhangs** (vgl. *APS-Dörner* § 1 KSchG Rn 37 mwN) darauf abzustellen, ob ein sachlicher Zusammenhang zwischen den beiden – unterbrochenen – Einsätzen des überlassenen ArbN besteht. Hierfür ist insb. maßgeblich, dass die Unterbrechung nicht allzu lange andauerte, der Beendigungsanlass für den ersten Einsatz nicht vom ArbN zu vertreten ist und der erneute Einsatz im gleichen Betrieb erfolgt. Alle drei Voraussetzungen sind erfüllt, so dass der überlassene ArbN im Einsatzbetrieb wahlberechtigt ist (im Ergebnis ähnlich *Thüsing/Lambrich* NZA-Sonderheft 01, 84 f.).

ArbN A und ArbN B werden über einen längeren Zeitraum **abwechselnd** mehr- **66** fach für jeweils 2 Monate überlassen. Im 8. Monat wird der BR gewählt. Zu dieser Zeit arbeitet B im Einsatzbetrieb. Er ist wahlberechtigt, da er insgesamt länger als 3 Monate eingesetzt wird. Das trifft auch auf A zu. Da er im 9. und 10. Monat wieder zum Einsatz kommt, ist es unschädlich, dass er am Tag der Wahl nicht im Einsatzbetrieb tätig ist (vgl. Rn 26 zur ähnl. Situation bei Arbeitsplatzteilung). Die Voraussetzungen für einen sachlichen Zusammenhang (Rn 65) der alternierenden Einsätze von A und B liegen vor.

Dem steht nicht entgegen, dass die Dauer der jeweiligen Unterbrechungen genau **67** so lange wie die Dauer der jeweiligen Einsätze ist. **Allein** mit einer bestimmten **Unterbrechung** kann ein **sachlicher Zusammenhang** zwischen den einzelnen Einsätzen **nicht verneint** werden; je länger jedoch die Unterbrechung währt, desto gewichtiger müssen die für einen sachlichen Zusammenhang sprechenden Umstände sein (vgl. BAG 20. 8. 1998 AP Nr. 10 zu § 1 KSchG 1969 Wartezeit). Diese sind hier in dem geplanten bzw. praktizierten wechselnden Einsatz von A und B über eine längere Zeit hinweg zu finden.

Es erfolgt ein ständiger Austausch der überlassenen ArbN, wobei jeder von ihnen **68** weniger als 3 Monate eingesetzt wird. Keiner der ArbN ist wahlberechtigt. Einwendungen, der ArbGeb. könne dann durch gezielten Einsatz bzw. Austausch von LeihArbN deren Wahlrecht unterlaufen, ist entgegenzuhalten, dass zum einen der Austausch von LeihArbN die Beteiligung des BR nach § 99 auslöst (s. § 99 Rn 58). Des weiteren ist der Austausch eines eingearbeiteten LeihArbN für den ArbGeb. mit höheren Kosten verbunden. Schließlich können bei dieser Fallgestaltung auch nur kurzzeitig tätige LeihArbN bei der Ermittlung der ArbNGrenzzahlen zB in § 9 zu berücksichtigen sein (vgl. § 9 Rn 30 ff.).

69   Sog. **Springer,** die zB von der Konzernzentrale als Spezialisten für bei den einzelnen Konzernunternehmen anfallenden Sonderaufgaben eingestellt werden, gehören grundsätzlich zum Stammbetrieb der Konzernzentrale (*Windbichler* S. 278 u. 280; § 5 Rn 224). Ergibt es sich jedoch, dass ein Springer länger als 3 Monate im Betrieb eines Konzernunternehmens eingesetzt wird, ist er zum dortigen BR wahlberechtigt, wenn in dieser Zeit gewählt wird.

d) Eingliederung in den Betrieb

70   Da der Betriebsbegriff nicht rein räumlich (Betriebsgrundstück), sondern funktional (Betriebszweck) zu verstehen ist, sind – wie dies der durch das BetrVerf-ReformG neu gefasste § 5 S. 1 jetzt ausdrücklich klarstellt – auch sog. **AußenArbN** betriebszugehörig, da sie idR zur Erfüllung des Betriebszwecks eingesetzt werden (Näheres s. § 5 Rn 186 ff. mwN) Das gilt auch für teilzeitbeschäftigte AußenArbN (BAG 29. 1. 92 AP Nr. 1 zu § 7 BetrVG 1972).

71   Mit **Telearbeit** beschäftigte ArbN gehören dem Betrieb an, für den sie tätig sind bzw. in dessen Organisation sie eingebunden sind (Näheres s. § 5 Rn 193 ff.). Im Gegensatz zu den in Heimarbeit Beschäftigten können sie auch zu mehreren Betrieben zugehörig sein.

72   Arbeiten sie in **Nachbarschaft- oder Satellitenbüros** (§ 5 Rn 199) ist allerdings § 4 Abs. 1 S. 1 Nr. 1 zu beachten, der einer Zugehörigkeit von Nachbarschafts- oder Satellitenbüros zum Betrieb und damit der Bildung eines gemeinsamen BR bei räumlich weiter Entfernung entgegenstehen kann. Die dort tätigen TeleArbN können jedoch auf Grund des durch das BetrVerf-ReformG neugefassten § 4 Abs. 1 S. 2 beschließen, an der Wahl des **BR** im **Hauptbetrieb** teilnehmen zu wollen. Tun sie dies, gehören sie zum Hauptbetrieb und sind zum dortigen BR wahlberechtigt. Dieses Ergebnis kann auch durch einen **TV** nach **§ 3 Abs. 1 Nr. 1 a) über die Bildung eines unternehmenseinheitlichen BR oder Nr. 1 b)** über die Zusammenfassung von Betrieben und selbständigen Betriebsteilen erreicht werden (§ 5 Rn 207 f.).

73   Ein ins **Ausland entsandter ArbN** bleibt zum BR des entsendenden Betriebs wahlberechtigt, wenn er nach wie vor dem Inlandbetrieb zuzuordnen ist (DKKW-*Schneider*/*Homburg* Rn 29; ErfK-*Koch* § 7 BetrVG Rn 5). Dies ist zB anzunehmen, wenn er nicht in eine im Ausland bestehende betriebliche Organisation eingegliedert wird, wie dies zB im Regelfall bei Montagearbeiten zutrifft (*Lindemann*/*Simon* NZA 02, 365, 371; *Pulte* AuA 94, 38).

74   Das Gleiche gilt aber auch dann, wenn ein entsandter ArbN zwar in eine im Ausland bestehende betriebliche Organisation eingegliedert wird, seine Tätigkeit im Ausland jedoch nur **zeitlich beschränkter Natur** ist, zB im Falle einer vorübergehenden Vertretung oder zur Erledigung eines zeitlich befristeten Auftrags (vgl. BAG 25. 4. 78 AP Nr. 16 zu Internat. Privatrecht, Arbeitsrecht; vgl. auch § 1 Rn 16 ff.; *Düwell-Brors* Rn 13; **aA** GK-*Kreutz*/*Raab* Rn 35; *Lindemann*/*Simon* NZA 02, 365, 371).

75   Generell hängt die Bewertung der Frage, ob der im Ausland tätige ArbN noch dem Inlandsbetrieb zuzuordnen ist, von der Würdigung aller **Umstände des Einzelfalls** ab, wobei insb. die Dauer des Auslandseinsatzes, die Eingliederung in einen Auslandsbetrieb, das Bestehen und die Voraussetzungen eines Rückrufrechts zu einem Inlandseinsatz sowie der sonstige Inhalt der Weisungsbefugnisse von Bedeutung sind (BAG 7. 12. 89 AP Nr. 27 Intern. Privatrecht, Arbeitsrecht m. Anm. *Lorenz*; *Boemke* NZA 92, 112 ff.).

76   Dagegen ist ein **ständig** zu einer **Auslandsvertr.** des Unternehmens entsandter ArbN auch dann nicht zum BR der in der Bundesrepublik liegenden Hauptgeschäftsstelle wahlberechtigt, wenn für sein ArbVerh. weiterhin das deutsche Arbeitsrecht maßgebend ist (BAG 25. 4. 78 aaO; BAG 21. 10. 80 AP Nr. 17 zu Intern. Privatrecht, Arbeitsrecht; *Lindemann/Simon* NZA 02, 365, 371). Näheres zur Betriebszugehörigkeit von ins Ausland entsandten ArbN vgl. § 1 Rn 22 ff.

Zum Betrieb zählten auch **Betriebsteile,** sofern sie nicht nach § 4 Abs. 1 S. 1 als **77** eigene Betriebe gelten. Aber selbst wenn sie als eigene Betriebe anzusehen sind, eröffnet § 4 Abs. 1 S. 2 den dort beschäftigten ArbN die Möglichkeit, formlos zu beschließen, dass sie an den BR-Wahlen im Hauptbetrieb teilnehmen wollen (s. § 4 Rn 27 ff.). Mit Beschlussfassung begründen sie ihre Betriebszugehörigkeit zum Hauptbetrieb und sind zum dortigen BR wahlberechtigt.

ArbN von **Kleinstbetrieben,** die nach § 4 Abs. 2 dem Hauptbetrieb zuzuordnen **78** sind, sind zum BR des Hauptbetriebs wahlberechtigt (zur Möglichkeit einer anderweitigen Zuordnung von Betriebsteilen und Kleinstbetrieben durch TV vgl. § 3).

Haben mehrere Unternehmen einen **gemeinsamen Betrieb** gebildet (vgl. hierzu **79** im Einzelnen § 1 Rn 78 ff.), ist nur ein BR zu wählen, zu dem die im gemeinsamen Betrieb beschäftigten ArbN der mehreren Unternehmen wahlberechtigt sind.

Ist eine Schwesternschaft des Deutschen Roten Kreuz Mitbetreiberin eines Kran- **80** kenhauses, so sind auch die bei der Schwesternschaft angestellten, in diesem **Krankenhaus** beschäftigten sog. **Gastschwestern** (s. § 5 Rn 335) zum dortigen BR wahlberechtigt (BAG 14. 12. 94 AP Nr. 3 zu § 5 BetrVG 1972 Rotes Kreuz).

3. Zugehörigkeit zu mehreren Betrieben

Hat der ArbN ein ArbVerh. mit mehreren ArbGeb. und wird er zB als Teilzeitkraft **81** in mehreren Betrieben tätig, so ergibt sich eine mehrfache Betriebszugehörigkeit mit der Folge, dass der ArbN in jedem Betrieb zum jeweiligen BR wahlberechtigt ist (vgl. BAG 11. 4. 1958 AP Nr. 1 zu § 6 BetrVG; s. Rn 25).

Das Gleiche gilt, wenn der ArbN zu einem ArbGeb. in einem ArbVerh. steht und **82** von diesem einem anderen ArbGeb. zur Arbeitsleistung unter den Voraussetzungen des § 7 S. 2 überlassen wird (s. Rn 37 ff.).

Gehören einem Unternehmen mehrere Betriebe an und wird ein ArbN in mehre- **83** ren Betrieben dieses Unternehmens eingesetzt, so erwirbt der ArbN die Zugehörigkeit zu diesen Betrieben und ist dort wahlberechtigt. Dabei ist unerheblich, ob die Bindung an einen Betrieb stark überwiegt (BAG 11. 4. 1958 AP Nr. 1 zu § 6 BetrVG; GK-*Kreutz/Raab* Rn 26).

Dagegen sind **in Heimarbeit Beschäftigte** (§ 5 Rn 309 ff.) ausschließlich in dem **84** Betrieb wahlberechtigt, für den sie in der Hauptsache arbeiten. Denn nur in diesem Betrieb gelten sie gem. § 5 Abs. 1 S. 2 als ArbN.

4. Wahlalter

Der ArbN muss **am Wahltag mindestens 18 Jahre alt** sein, dh spätestens an **85** diesem Tage seinen Geburtstag haben (vgl. § 187 Abs. 2 S. 2 BGB). Erstreckt sich die Stimmabgabe über mehrere Tage, so muss das Mindestalter am letzten Tag der Stimmabgabe erreicht sein (hM; *Richardi/Thüsing* Rn 16). Zum BR wahlberechtigt sind demnach nur volljährige ArbN.

Die noch **nicht volljährigen Beschäftigten** des Betriebs wählen unter den Vo- **86** raussetzungen der §§ 60 ff. die JugAzubiVertr. Zu ihrer Berufsausbildung Beschäftigte des Betriebs, die am Wahltag über 18 Jahre, jedoch noch keine 25 Jahre alt sind, sind sowohl zum BR als auch zur JugAzubiVertr. wahlberechtigt (zum letzteren vgl. § 61 Rn 6 f.).

Die Wahlberechtigung zur **Bordvertr.** und zum **SeeBR** ist von keiner Altersgrenze **87** abhängig (vgl. § 115 Abs. 2 Nr. 1, § 116 Abs. 2 Nr. 1).

5. Weitere Voraussetzungen

88   Hinsichtlich der **Staatsangehörigkeit** bestehen keine die aktive Wahlberechtigung einschränkende Vorschriften. Daher sind auch nichtdeutsche Staatsangehörige und staatenlose Personen wahlberechtigt und zwar ohne Rücksicht darauf, ob sie ausreichende deutsche Sprachkenntnisse haben. Wegen Unterrichtung solcher ArbN über das Wahlverfahren durch den Wahlvorst. vgl. § 2 Abs. 5 WO.

89   **Nicht wahlberechtigt** ist ein ArbN, der wegen einer psychischen Krankheit oder einer körperlichen, geistigen oder seelischen Behinderung seine Angelegenheiten nicht selbst besorgen kann und für den zur Besorgung aller seiner Angelegenheiten durch das **Vormundschaftsgericht** gemäß §§ 1896 ff. BGB ein **Betreuer** bestellt worden ist. Die Vorschrift des § 13 Nr. 2 des Bundeswahlgesetzes (BWG) enthält – wie ua ihre Bezugnahme in § 50 Abs. 2 SGB IV für die Wahlen zu den Vertreterversammlungen der Sozialversicherungsträger zeigt – einen allgemeinen Rechtsgrundsatz, der auch für die Wahlberechtigung zum BR gilt (*Richardi/Thüsing* Rn 18; **aA** *DKKW-Schneider/Homburg* Rn 39; *GK-Kreutz/Raab* Rn 62).

90   Kein Verlust der Wahlberechtigung tritt ein, wenn der Betreuer nur durch **einstweilige Anordnung** des **Vormundschaftsgerichts** bestellt worden ist. Andererseits steht der Verlust der Wahlberechtigung nicht entgegen, wenn sich der Aufgabenkreis des Betreuers nicht auf den Post- und Fernmeldeverkehr und die Frage einer Sterilisation des Betreuten erstreckt (vgl. § 13 Nr. 2 BWG iVm. § 1896 Abs. 4, § 1905 BGB).

91   Dagegen wird die **Wahlberechtigung nicht** dadurch **ausgeschlossen,** dass dem ArbN gem. § 45 Abs. 5 StGB das Recht aberkannt worden ist, in öffentlichen Angelegenheiten zu wählen oder zu stimmen; denn die BRWahl ist keine öffentliche Angelegenheit iS dieser Vorschrift (*Richardi/Thüsing* Rn 53).

92   In formeller Hinsicht ist für die Ausübung des Wahlrechts gem. § 2 Abs. 3 WO erforderlich, dass der ArbN in die **Wählerliste eingetragen** ist. Obwohl die Eintragung in die Wählerliste für den materiellen Bestand des Wahlrechts ohne Bedeutung ist, kann nur ein in die Wählerliste eingetragener ArbN seine Stimme abgeben (hM). Zur Frage der Berichtigung oder Ergänzung der Wählerliste vgl. § 4 WO. Andererseits begründet die Eintragung in die Wählerliste nicht das Wahlrecht eines ArbN, bei dem die materiellen Voraussetzungen für die Wahlberechtigung nicht vorliegen.

III. Auswirkungen der Wahlberechtigung

93   ArbN, die zum BR wahlberechtigt sind, besitzen auch das aktive Wahlrecht für die Wahl der Vertr. der ArbN im **Aufsichtsrat** sowie für die Wahl der Wahlmänner nach dem MitbestErG (vgl. § 5 Abs. 2 DrittelbG, § 10 Abs. 3 und § 18 MitbestG, § 6 Abs. 2 MitbestErG).

94   **Bestimmte Befugnisse** der ArbN im Rahmen dieses G stehen **nur wahlberechtigten ArbN** zu. So zB das Wahlvorschlagsrecht (§ 14 Abs. 3 u. 4), die Mitgliedschaft im Wahlvorst. (§ 16 Abs. 1), das Recht, die Bestellung des Wahlvorst. oder seine Ersetzung beim ArbG zu beantragen (§ 16 Abs. 2, § 18 Abs. 1 S. 2) oder eine BetrVerslg. zur Bestellung des Wahlvorst. einzuberufen (§ 17 Abs. 3), das Wahlanfechtungsrecht (§ 19 Abs. 2), das Recht, die Auflösung des BR oder den Ausschluss eines Mitglieds aus dem BR, dem GesBR oder dem KBR zu beantragen (§ 23 Abs. 1, §§ 48, 56), das Antragsrecht zur Einberufung einer BetrVerslg. nach § 43 Abs. 3 S. 1.

95   Die Errichtung des BR und **bestimmte Mitbestimmungsrechte** des BR setzen eine bestimmte Anzahl wahlberechtigter ArbN voraus, zu denen nach Inkrafttreten des BetrVerf-ReformG nun auch die in § 7 S. 2 genannten ArbN zählen, die keinen Arbeitsvertrag mit dem Betriebsinhaber als ArbGeb. haben (*Brors/Schüren* BB 04, 2745, 2751; *Däubler* ArbuR 01, 1, 4 f.; *ders.* ArbuR 01, 285, 286; *ders.* ArbuR 04, 81 f.; *Hamann* NZA 03, 530; *Thüsing/Lambrich* NZA-Sonderheft 01, 86; *Reichold* NZA 01, 857, 861; *Schüren* RdA 04, 184; *Shahatit* BArbBl. 01, 15 f.; **aA** BAG 16. 4.

03 AP Nr. 7 zu § 9 BetrVG 2002; 22. 10. 03 AP Nr. 28 zu § 38 BetrVG 1972; 10. 3. 04 AP Nr. 8 zu § 7 BetrVG 1972; zu einer möglichen Rspr.-Änderung s. § 5 Rn 266; GK-*Kreutz*/*Raab* Rn 76; *Löwisch*/*Kaiser* Rn 12; *Brose* NZA 05, 797 ff.; *Hanau* RdA 01, 65, 68; *Konzen* RdA 01, 76, 84; *Kreutz* FS Wißmann S. 365 ff.; *Löwisch* BB 01, 1734, 1737). Vgl. zB § 1 (Errichtung des BR), § 9 (Größe des BR; a**a** BAG 16. 4. 03; wie hier *Brors*, NZA 03, 1381 f.), § 38 (Freistellungen; a**a** BAG 22. 10. 03), § 99 Abs. 1 S. 1 (MBR des BR bei personellen Einzelmaßnahmen), § 110 Abs. 2 (Unterrichtung der ArbN über die wirtschaftliche Lage des Unternehmens), § 111 S. 1 (MBR des BR bei Betriebsänderungen). Auch die **Stimmengewichtung** im GesBR und im KBR stellt auf die Zahl der wahlberechtigten ArbN im Betrieb bzw. im Unternehmen ab (vgl. § 47 Abs. 7 und 8, § 55 Abs. 3).

IV. Streitigkeiten

Im Zusammenhang mit der BRWahl obliegt die Entscheidung über die Wahlbe- **96** rechtigung eines ArbN **zunächst dem Wahlvorst.** (§§ 2, 4 Abs. 2 WO). Meinungsverschiedenheiten über seine Entscheidung sind im **arbeitsgerichtlichen BeschlVerf.** zu entscheiden (§§ 2 a, 80 ff. ArbGG u. dazu s. Nach § 1 Rn 1 ff.; vgl. auch § 18 Rn 32 ff.). Im Falle des § 18 a erfolgt die Zuordnung der leitenden Ang. in einem bes. Zuordnungsverfahren (vgl. § 18 a Rn 6 ff.).

Das arbeitsgerichtliche BeschlVerf. ist auch die richtige Verfahrensart, wenn außer- **97** halb des Wahlverf. Streit über die Wahlberechtigung eines ArbN entsteht. Beteiligte können sein: der betr. ArbN, dessen Rechtsstellung geklärt werden soll (vgl. BAG 28. 4. 64 AP Nr. 3 zu § 4 BetrVG), der Wahlvorst. (wenn die Wahl noch nicht durchgeführt ist), der ArbGeb., jede im Betrieb vertretene Gewerkschaft und – wenn die Wahl bereits durchgeführt ist – der BR. Die Frage der Wahlberechtigung wird uU als Vorfrage im Anfechtungsverfahren (§ 19) zu entscheiden sein.

§ 8 Wählbarkeit

(1) [1]**Wählbar sind alle Wahlberechtigten, die sechs Monate dem Betrieb angehören oder als in Heimarbeit Beschäftigte in der Hauptsache für den Betrieb gearbeitet haben.** [2]**Auf diese sechsmonatige Betriebszugehörigkeit werden Zeiten angerechnet, in denen der Arbeitnehmer unmittelbar vorher einem anderen Betrieb desselben Unternehmens oder Konzerns (§ 18 Abs. 1 des Aktiengesetzes) angehört hat.** [3]**Nicht wählbar ist, wer infolge strafgerichtlicher Verurteilung die Fähigkeit, Rechte aus öffentlichen Wahlen zu erlangen, nicht besitzt.**

(2) **Besteht der Betrieb weniger als sechs Monate, so sind abweichend von der Vorschrift in Absatz 1 über die sechsmonatige Betriebszugehörigkeit diejenigen Arbeitnehmer wählbar, die bei der Einleitung der Betriebsratswahl im Betrieb beschäftigt sind und die übrigen Voraussetzungen für die Wählbarkeit erfüllen.**

Inhaltsübersicht

I. Vorbemerkung

1   Die Vorschrift regelt das **passive Wahlrecht** zum BR (Wählbarkeit). Die Bildung eines BR setzt die Beschäftigung von mindestens drei wählbaren ArbN voraus (vgl. § 1 Abs. 1 S. 1). Zur Wählbarkeit zur JugAzubiVertr. vgl. § 61 Abs. 2. Wegen Sonderregelungen für die Wählbarkeit zur Bordvertr. und zum SeeBR vgl. § 115 Abs. 2 Nr. 2 und § 116 Abs. 2 Nr. 2.

2   Wegen der Wählbarkeit der Vertr. der ArbN im AR s. § 4 Abs. 3 DrittelbG, § 7 Abs. 3 MitbestG, § 6 Abs. 2 MitbestErG und zur Wählbarkeit der Delegierten § 10 Abs. 3 MitbestG, § 8 Abs. 3 MitbestErG.

3   Die Vorschrift ist **zwingend;** abweichende Regelungen durch TV oder BV sind grundsätzlich nicht zulässig (BAG 16. 2. 73 AP Nr. 1 zu § 19 BetrVG 1972; BAG 12. 10. 76 AP Nr. 1 zu § 8 BetrVG 1972). Eine Ausnahme kann für TV nach § 3 Abs. 1 Nr. 3 (s. dort Rn 51) gelten, die für die dort genannten Vertr. eine kürzere Dauer der Betriebszugehörigkeit als Wählbarkeitsvoraussetzung vorsehen können (vgl. BAG 16. 2. 73 aaO).

4   Entspr. Vorschriften: §§ 14, 15 BPersVG, § 3 Abs. 2 SprAuG (s. auch Rn 2).

II. Wählbarkeit

5   Die **Wählbarkeit,** dh das passive Wahlrecht, ist die Fähigkeit, Mitglied des BR und durch Entsendung aus diesem ggf. des GesBR und des KBR zu werden. Die Voraussetzungen der Wählbarkeit sind in § 8 erschöpfend aufgeführt (BAG 16. 2. 73 AP Nr. 1 zu § 19 BetrVG 1972).

1. Wahlberechtigung

6   Nur **wahlberechtigte ArbN,** die die übrigen Voraussetzungen des § 8 erfüllen, sind wählbar. Demnach sind wählbar nur die ArbN, die nach § 5 als ArbN iS dieses G anzusehen sind, und dem Betrieb nach § 7 zugehören, sei es, dass sie in einem ArbVerh. zum Betriebsinhaber als ArbGeb. stehen, sei es, dass sie dem Betriebsinhaber zur Arbeitsleistung für länger als 3 Monate überlassen werden (zur Ausnahme für unechte LeihArbN nach dem AÜG s. Rn 30).

7   Da sich die **Wahlberechtigung** als **Voraussetzung** für die **Wählbarkeit** ausschließlich nach § 7 bestimmt, wird hier auf die Kommentierung zu § 7 und insb. auf die dortigen Rn 6 ff. zur ArbN-Eigenschaft, Rn 19 ff. zur Betriebszugehörigkeit auf Grund eines ArbVerh. mit dem Betriebsinhaber und Rn 37 ff. zur Betriebszugehörigkeit bei fehlendem ArbVerh. zum Betriebsinhaber generell Bezug genommen.

8   Folgende Punkte sollen wegen ihrer Bedeutung für die Wählbarkeit besonders erwähnt werden:

9   Zum BR wahlberechtigt sind – obwohl sie keine ArbN im arbeitsrechtlichen Sinn sind – die zu ihrer **Berufsausbildung Beschäftigten,** wenn sie in einem „echten" Produktions- oder Dienstleistungsbetrieb ausgebildet werden; Azubis, die eine bes. Interessenvertr. iSv § 51 BBiG bilden können gelten dagegen nicht als ArbN (s. § 7 Rn 8 u. § 5 Rn 298 ff.).

10   Die in **Heimarbeit Beschäftigten** sind in dem Betrieb wählbar, für den sie in der Hauptsache arbeiten.

11   Unerheblich ist, ob der ArbN haupt- oder nebenberuflich oder als **TeilzeitArbN** im Betrieb beschäftigt ist (vgl. § 7 Rn 23 ff.). Auch ArbN in einem ArbVerh. mit Arbeit auf Abruf/kapazitätsorientierter variabler Arbeitszeit (vgl. § 12 TzBfG) sowie ArbN mit Arbeitsplatzteilung/Job-Sharing (vgl. § 13 TzBfG; Näheres vgl. § 7 Rn 26) sind wählbar.

Wählbar ist der wahlberechtigte ArbN, der **am Wahltag mindestens 18 Jahre** alt **12** ist. Erstreckt sich die Stimmabgabe über mehrere Tage, so muss der Wahlbewerber mindestens am letzten Tag der Stimmabgabe das 18. Lebensjahr vollendet, dh an diesem Tag Geburtstag haben. Nicht entscheidend ist der Beginn der Amtszeit des neugewählten BR (*Richardi/Thüsing* Rn 9).

Wird ein jüngerer ArbN gewählt, so ist die Wahl **anfechtbar.** Der Mangel der **13** Wählbarkeit entfällt jedoch, wenn der Gewählte das Mindestalter erreicht hat, ohne dass seine Wahl mit Erfolg angefochten oder die Nichtwählbarkeit gerichtlich festgestellt worden ist (BAG 7. 7. 54 AP Nr. 1 zu § 24 BetrVG; *Richardi/Thüsing* Rn 9). Näheres hierzu § 24 Rn 40 ff.

Ein ArbN, der seinen **Wehrdienst** ableistet, ist gleichwohl wählbar, allerdings für **14** die Zeit der Wehrdienstleistung an der Ausübung des BRAmtes idR verhindert (*DKKW-Schneider/Homburg* Rn 22; *Düwell/Brors* Rn 4; *Richardi/Thüsing* Rn 43; aA *GK-Kreutz* Rn 38).

Das gleiche gilt, wenn ein ArbN zu einer Eignungsübung einberufen wird, **Zivil-** **15** **dienst** leistet, zur Ausbildung zum Luftschutzdienst herangezogen oder zum Dienst im Zivilschutzkorps oder zum Katastrophenschutz verpflichtet wird (vgl. hierzu auch § 7 Rn 30f.).

ArbN in **Elternzeit** verlieren ihre Wählbarkeit nicht. Die in dieser Zeit fehlende **16** Eingliederung in den Betrieb ist unschädlich, da eine Rückkehr in den Betrieb nach Ende der Elternzeit vorgesehen ist (BAG 25. 5. 05 AP Nr. 13 zu § 24 BetrVG 1972 mwN.).

Bei **Altersteilzeit** in Form des **Blockmodells** (vgl. § 2 Abs. 2 Nr. 1 ATG) ver- **17** liert der ArbN sein aktives Wahlrecht mit Beginn der Freistellungsphase, wenn er danach nicht in den Betrieb zurückkehrt (§ 7 Rn 32). Folglich ist er auch nicht wählbar (*Rieble/Gutzeit* BB 98, 638, 641, 643; s. auch BAG 16. 4. 03 AP Nr. 7 zu § 9 BetrVG 2002; 25. 10. 2000 AP Nr. 32 zu § 76 BetrVG 1952 mit zust. Anm. *Rombach;* LAG Nürnberg NZA-RR 06, 358 zum Verlust der Wählbarkeit eines ArbN-Vertr. im AR bei Eintritt in Freistellungsphase; *Nicolai* DB 03, 2601; aA *Natzel* NZA 98, 1262, 1265).

Ein ArbN, dessen **ArbVerh.** ordentlich oder außerordentlich fristlos **gekündigt** **18** worden ist und Kündigungsschutzklage erhoben hat, bleibt, obwohl er nach Ablauf der Kündigungsfrist grundsätzlich nicht aktiv wahlberechtigt ist (s. § 7 Rn 33f.), gleichwohl zum BR selbst dann wählbar, wenn die BRWahl nach Ablauf der Kündigungsfrist erfolgt und der ArbN nicht weiterbeschäftigt wird (BAG 10. 11. 04 AP Nr. 11 zu § 8 BetrVG; ErfK-*Koch* BetrVG § 8 Rn 2; *WPK* Rn 5; *Weber/Ehrich/Hörchens/Oberthür* Teil B Rn 23).

Grund dieser Ausnahme ist es auszuschließen, dass der ArbGeb. durch eine Kündi- **19** gung die Kandidatur eines ihm **unliebsamen Bewerbers verhindert** (BAG 14. 5. 97 AP Nr. 6 zu § 8 BetrVG 1972 mit zust. Anm. *v. Hoyningen-Huene* SAE 98, 91; zum Kündigungsschutz von Wahlbewerbern vgl. § 103 Rn 5ff.). Außerdem kann im Gegensatz zur Wahlberechtigung, die am Wahltag zweifelsfrei feststehen muss, die Wirksamkeit der Wahl eines BRMitgl. wegen der möglichen Stellvertretung nach § 25 zunächst in der Schwebe bleiben (BAG 10. 11. 04 aaO; *DKKW-Schneider* Rn 25; *HSWGNR* Rn 5; *Christiansen* Betriebszugehörigkeit S. 89f.; aA *GK-Kreutz* Rn 18).

Deshalb hat ein **gekündigter ArbN** hinsichtlich der **Wählbarkeit** solange als be- **20** triebsangehörig zu gelten, als nicht rechtskräftig geklärt ist, ob die Kündigung gerechtfertigt war. Wird die auf Feststellung der Rechtsunwirksamkeit der Kündigung gerichtete Klage abgewiesen, so steht damit fest, dass im Zeitpunkt der Wahl ein ArbVerh. nicht bestand; die Wahl dieses BRMitgl. ist deshalb unwirksam. Wird der Kündigungsschutzklage stattgegeben, so steht fest, dass ein ArbVerh. bestand; die Wahl ist wirksam. Dies gilt sowohl im Falle der ordentlichen als auch der außerordentlichen Kündigung.

Der ArbGeb. kann einen **Antrag nach § 9 KSchG**, das ArbVerh. trotz Unwirk- **21** samkeit der Kündigung unter Festsetzung einer vom ArbGeb. zu zahlenden Abfindung aufzulösen, von dem Zeitpunkt an, von dem der Wahlbewerber den bes. Kündigungsschutz genießt (vgl. hierzu § 103 Rn 10), nicht mehr stellen, da dies dem bes. Kündigungsschutz widerspräche (*Richardi/Thüsing* Rn 15 f.). Ist der Antrag früher gestellt worden, so hat das ArbG, falls es ihm stattgibt, den Zeitpunkt der Auflösung festzusetzen. Liegt dieser Zeitpunkt nach der Wahl, so war die Wahl wirksam; das BRMitgl. scheidet jedoch mit der Auflösung des ArbVerh. gemäß § 24 Abs. 1 Nr. 3 aus dem BR aus.

22   Wird ein **gekündigter ArbN gewählt,** so tritt bis zur rechtskräftigen Entscheidung über die Wirksamkeit der Kündigung im Allgemeinen ein ErsMitgl. an die Stelle des Gewählten in den BR ein.

23   Einem gekündigten ArbN, der für den BR kandidiert, wird der ArbGeb., will er nicht gegen das Wahlbehinderungsverbot des § 20 Abs. 1 verstoßen (vgl. § 20 Rn 9 ff.), einen gewissen Kontakt mit den ArbN im Betrieb – etwa Aufsuchen in den Pausen – zugestehen und zu diesem Zweck den **Zutritt zum Betrieb** gestatten müssen (LAG Hamm EzA § 20 BetrVG 1972 Nr. 11; LAG Hamm NZA-RR 03, 480; *HSWGNR* Rn 5, § 20 Rn 13; *Schaub* § 217 Rn 14). Dies gilt jedenfalls dann, wenn die Kündigung nicht offensichtlich begründet ist (anders dagegen, wenn der Kündigung zB eine zustimmende rechtskräftige gerichtliche Entscheidung nach § 103 Abs. 2 vorausgegangen ist; vgl. hierzu LAG Düsseldorf BB 75, 700).

24   Ohne Einfluss auf die Wählbarkeit ist es, wenn nach der Art der Tätigkeit des ArbN zu erwarten ist, dass er sich bei der BRArbeit häufig von einem ErsMitgl. vertreten lassen muss, zB wegen häufiger **Auslandsaufenthalte;** das wäre ein unzulässiges Aufstellen weiterer Wählbarkeitsvoraussetzungen. Deshalb sind auch ArbN, die zwar vorübergehend im Ausland beschäftigt werden, jedoch noch zur Belegschaft des Betriebs gehören (vgl. hierzu § 7 Rn 73 ff.), zum BR dieses Betriebes wählbar (GK-*Kreutz* Rn 21).

25   Zur Wählbarkeit von Mitgl. des Wahlvorst. vgl. § 16 Rn 22. Zur Wählbarkeit von Mitgl. aufgelöster BR oder von aus dem BR ausgeschlossener Mitgl. vgl. § 23 Rn 30.

26   Grundsätzlich sind auch die ArbN, die zwar in **keinem ArbVerh.** zum **Betriebsinhaber** stehen, diesem jedoch entspr. § 7 S. 2 zur Arbeitsleistung überlassen werden, in den BR des Einsatzbetriebs wählbar. Dies trifft auf alle Formen der ArbN-Überlassung mit Ausnahme der gewerbsmäßigen Überlassung nach dem AÜG zu.

27   LeihArbN, die in einem **echten Leiharbeitsverhältnis** stehen (vgl. hierzu § 5 Rn 231 ff.), sind zum BR des Entleiherbetriebs wählbar (str. vgl. hierzu auch § 7 Rn 41; **aA** BAG 17. 2. 10 – 7 ABR 51/08 – NZA 10, 832). Folglich sind auch **KonzernArbN,** die im Wege der „Konzernleihe" oder Abordnung in einem anderen Konzernunternehmen eingesetzt werden (Näheres s. § 5 Rn 219 ff.), zum BR des Einsatzbetriebs wählbar (s. § 7 Rn 43 ff.; ErfK-*Koch* BetrVG § 8 Rn 6; **aA** BAG 10. 3. 04; *Nicolai* DB 03, 2600). Bei einer Abordnung von Bau-ArbN zu einer **ARGE** (Näheres s. § 5 Rn 272 ff.) sind diese ArbN im dortigen Betrieb wählbar (s. § 7 Rn 48 f.; *Schwab* Schwab NZA-RR 08, 169, 174; **aA** LAG Düsseldorf DB 96, 1832).

28   Wählbar sind auch die in Betrieben privater oder privatisierter Unternehmen eingesetzten **Beamten, Soldaten** und **ArbN** des öffentlichen Dienstes, die nach dem neuen § 5 Abs. 1 S. 3 als ArbN des Einsatzbetriebs gelten (vgl. Gesetzesbegründung BT-Drucks. 16/11 608 S. 43; LAG Berlin-Brandenburg – 15 TaBV 2347/10 – BeckRS 11, 70 954: nr.; LAG Schleswig-Holstein – 2 TaBV 35/10 –, – 3 TaBV 36/10 –, – 3 TaBV 31/10 BeckRS 11, 72 246, 72 247, 74 708; *Heise/Fedder* NZA 09, 1069, 1071; *Thüsing* BB 09, 2036; *Trümner* AiB 09, 539, 541; s. § 7 Rn 52 f.; § 5 Rn 309 ff.; **aA** *Löwisch* BB 09, 2316 f.). **Sonderregelungen** für diese Personengruppen gibt es bei Bahn, Post-AGn und deren Tochter-, Enkel- und Beteiligungsgesellschaften, Kooperationsbetrieben der Bundeswehr (s. BAG 4. 5. 11 – 7 ABR 3/10 – NZA 11, 1373) sowie BRD-Finanzagentur GmbH, der Gesellschaft für Außenwirtschaft und Standortmarketing mbH und der DFS Deutsche Flugsicherung GmbH: § 19 Abs. 1 DBGrG, § 24 Abs. 2 und 3 PostPersRG, § 6 BwKoopG; § 5 Abs. 1

BWpVerwPG, § 6 BfAIPG, § 4 Abs. 2 BAFlSBAÜbnG; s. § 5 Rn 313 ff. § 7 Rn 52); einer ausdrücklichen Erwähnung des passiven Wahlrechts dieser Personengruppen bedurfte es nicht (s. hierzu § 7 Rn 52a; **aA** *Löwisch* BB 09, 2316 f.).

Bei der **Bahn** sind die der DBAG zugewiesenen Beamten auch zu den bes. Pers- **29** Vertr. beim BEV wählbar und ggf. zur Wahrnehmung von Mandaten in den bes. Pers-Vertr. von der DBAG freizustellen (§ 17 Abs. 1, 7 DBGrG; s. auch § 5 Rn 316 ff., § 99 Rn 303 ff.). Eine Doppelmitgliedschaft in einem BR der DBAG und einer bes. PersVertr. des BEV ist zulässig (vgl. BAG 11. 4. 58 AP Nr. 1 zu § 6 BetrVG; *Engels/ Müller/Mauß* DB 94, 145; *Engels/Mauß-Trebinger* RdA 97, 217, 219). Gleiches gilt für die in den **Kooperationsbetrieben** der **Bundeswehr** beschäftigten Beamten, ArbN und Soldaten, die sowohl für den PersR ihrer Dienststelle bei der Bundeswehr als auch für den BR des Kooperationsbetriebs wählbar sind (§§ 2, 3, 6 Abs. 1 BwKoopG; *Engels* ArbuR 09, 10, 75; s. auch § 99 Rn 332). Ebenso sind die bei der BRD-Finanzagentur GmbH, beschäftigten Beamten und ArbN außer zum dortigen BR zur PersVertr. ihrer Dienststelle beim Bundesamt für zentrale Dienste und offene Vermögensfragen wählbar (§ 4 BWpVerwPG). Gleiches gilt für die der **Gesellschaft für Außenwirtschaft und Standortmarketing mbH** zugewiesenen **Beamten** und ArbN (s. § 5 Rn 316, § 99 Rn 339 ff.) sowie die bei der **DFS Deutsche Flugsicherung GmbH** eingesetzten Beamten und ArbN (s. § 5 Rn 317, § 99 Rn 341 ff.). Dagegen sind die **von** den **Post-AGn** ihren Tochter-, Enkel- und Beteiligungsgesellschaften **zugewiesenen Beamten** nur für den jeweiligen dortigen BR, nicht auch für den BR in der jeweiligen Post-AG wählbar (BAG 16. 1. 08 AP Nr. 14 zu § 7 BetrVG 1972; kr. *Stiller* ZBVR 04, 237; s. auch § 14 Rn 88, § 99 Rn 331).

Die unechten **LeihArbN** iSd. **AÜG** sind im Entleiherbetrieb **nicht wählbar** **30** (vgl. § 14 Abs. 2 AÜG; BAG 17. 2. 10 – 7 ABR 51/08 – NZA 10, 832). Ihnen ist zwar mit dem **BetrVerf-ReformG** erstmals das aktive Wahlrecht zum BR des Entleiherbetriebs zugestanden worden (Näheres s. § 5 Rn 263 u. § 7 Rn 39). Am Ausschluss des passiven Wahlrechts der Leih-ArbN im Entleiherbetrieb ist jedoch festgehalten worden (s. auch § 2 Abs. 3 S. 2 WO; *Maschmann*, DB 01, 2446 f.; *Stück* AuA 05, 338; kr. *Blanke* DB 08, 1153 ff.; *Däubler* ArbuR 04, 82 u. *Hamann* NZA 03, 529). Damit sind die unechten LeihArbN die einzige Gruppe wahlberechtigter ArbN, die nicht wählbar sind (**aA** BAG 17. 2. 10, nach dem auch echte LeihArbN nicht wählbar sind).

Ein ArbN, der in **zwei Betrieben** eines oder mehrerer ArbGeb. **beschäftigt** ist **31** (s. § 7 Rn 81 ff.), ist in beiden Betrieben wählbar; denn § 8, der die Wählbarkeitsvoraussetzungen abschließend aufzählt, kennt keine Beschränkung der Mitgliedschaft auf einen BR (BAG 11. 4. 58 AP Nr. 1 zu § 6 BetrVG; *DKKW-Schneider/Homburg* Rn 18; GK-*Kreutz* Rn 21; *Richardi/Thüsing* Rn 11).

2. Mindestens sechsmonatige Zugehörigkeit zum Betrieb, Unternehmen oder Konzern

Der wahlberechtigte ArbN muss, um wählbar zu sein, im Zeitpunkt der Wahl **32** **mindestens sechs Monate dem Betrieb angehören** (vgl. Rn 33 ff.). Auf diese Dauer der Betriebszugehörigkeit werden Zeiten einer unmittelbar vorhergehenden Tätigkeit als ArbN in einem anderen Betrieb des **Unternehmens** oder des **Konzerns** angerechnet (vgl. Rn 48 f.). Bei einem Heimarbeiter ist erforderlich, dass er mindestens sechs Monate in der Hauptsache für einen Betrieb des Unternehmens oder Konzerns gearbeitet hat.

Im Regelfall muss der ArbN am Wahltag – wenn an mehreren Tagen gewählt wird, **33** am **letzten Wahltag** (insoweit **aA** GK-*Kreutz* Rn 25) – dem Betrieb mindestens sechs Monate als dessen ArbN angehört haben (hM; *Richardi/Thüsing* Rn 17; vgl. auch BAG 26. 9. 96 AP Nr. 3 zu § 15 KSchG 1969 Wahlbewerber). Die Frist berechnet sich nach §§ 186 ff. BGB.

34   **Betriebszugehörigkeit** bedeutet die Zugehörigkeit des ArbN zur Belegschaft des Betriebs, in dem er auf Grund eines Arbeitsvertrages oder zur Arbeitsleistung gem. § 7 S. 2 überlassen beschäftigt ist (vgl. hierzu § 7 Rn 16 ff.). Eine rein rechtliche Zugehörigkeit reicht hierbei nicht aus; vielmehr muss eine tatsächliche Anbindung an den Betrieb bestanden haben (vgl. BAG 28. 11. 77 AP Nr. 2 zu § 8 BetrVG 1972; GK-*Kreutz* Rn 31).

35   Ausreichend ist eine 6-monatige Beschäftigung lediglich als TeilzeitArbN (*DKKW-Schneider/Homburg* Rn 14; *Richardi/Thüsing* Rn 22; einschr. *Lipke* NZA 90, 760).

36   Zeiten, in denen ein Beschäftigter zu den in § 5 Abs. 2 und 3 genannten Personen gehörte, sind in den sechsmonatigen Zeitraum einzurechnen (ErfK-*Koch* BetrVG § 8 Rn 3; *HSWGNR* Rn 16; *Richardi/Thüsing* Rn 20; aA GK-*Kreutz* Rn 28).

37   Ferner sind Zeiten **vor** der Vollendung des **18. Lebensjahres,** in denen der ArbN im Betrieb als ArbN oder Auszubildender beschäftigt war, zu berücksichtigen.

38   Eine 6-monatige **Überlassung zur Arbeitsleistung** iSv. § 7 S. 2 reicht für die Wählbarkeit aus. Wird ein zur Arbeitsleistung überlassener ArbN zB nach 2 Monaten ArbN des Einsatzbetriebs, weil entweder dessen Inhaber mit ihm einen Arbeitsvertrag abschließt oder ein solcher im Fall der Überlassung nach § 10 Abs. 1 iVm. § 9 Nr. 1 AÜG kraft Gesetzes zustande kommt, wird die 2-monatige Zeit der Überlassung **voll berücksichtigt** (vgl. *DKKW-Schneider/Homburg* Rn 11; *Richardi/Thüsing* Rn 21; aA GK-*Kreutz* Rn 30). Zur fehlenden Wählbarkeit von LeihArbN iSd. AÜG s. Rn 30.

39   Für die sechsmonatige Dauer der Betriebsangehörigkeit wird man einen **zusammenhängenden Zeitraum** fordern müssen. Bei einer **rechtlichen Unterbrechung** der Betriebszugehörigkeit – etwa durch Zeiten einer anderweitigen Tätigkeit oder durch längere Arbeitslosigkeit – beginnt die Sechsmonatsfrist erneut zu laufen (*Richardi/Thüsing* Rn 24).

40   Das gilt allerdings nicht uneingeschränkt. Besteht zwischen den ArbVerh. ein innerer **Sachzusammenhang** derart, dass das neue ArbVerh. als die Fortsetzung des früheren anzusehen ist, ist die frühere Beschäftigungszeit und – soweit die Unterbrechung nur kurzfristig ist (vgl. Rn 49) – auch diese mit zu berücksichtigen (zum Sachzusammenhang s. auch § 7 Rn 65, 67).

41   Zu denken ist zB an **mehrere** aneinander anschließende **befristete ArbVerh.** oder an eine das ArbVerh. lösende **Abwehraussperrung,** an witterungsbedingte Unterbrechungen des ArbVerh. im Baugewerbe (vgl. hierzu LAG Baden-Württemberg AP Nr. 1 zu § 1 KSchG Unterbrechung) oder an kurzfristige, durch Auftragsmangel bedingte Unterbrechungen, insb. wenn die Fortsetzung des ArbVerh. von vornherein in Aussicht genommen ist (vgl. hierzu auch BAG 23. 9. 76, 6. 12. 76 u. 18. 1. 79 AP Nr. 1, 2 u. 3 zu § 1 KSchG 1969 Wartezeit; *Richardi/Thüsing* Rn 25; **weitergehend** *DKKW-Schneider/Homburg* Rn 15, *HSWGNR* Rn 19, *Löwisch/Kaiser* Rn 6, die jede kürzere rechtliche Unterbrechung für unschädlich halten; GK-*Kreutz* Rn 34 f., nimmt in diesen Fällen nur eine entspr. Hemmung der Sechsmonatsfrist an).

42   In **Saisonbetrieben** kommt im Hinblick auf die Dauer der Unterbrechung bei den nur für die Saison eingestellten ArbN eine Zusammenfassung der jeweiligen Betriebszugehörigkeitszeiten nicht in Betracht (*Richardi/Thüsing* Rn 26; *HSWGNR* Rn 20; **aA** GK-*Kreutz* Rn 36; *Düwell/Brors* Rn 7).

43   Im Falle des **Betriebsinhaberwechsels** wird die Betriebszugehörigkeit nicht unterbrochen, da nach § 613 a BGB der neue Betriebsinhaber in die im Zeitpunkt des Betriebsübergangs bestehenden ArbVerh. (nicht jedoch Heimarbeitsverhältnisse, vgl. BAG 3. 7. 80 AP Nr. 23 zu § 613 a BGB) eintritt (GK-*Kreutz* Rn 47; *Richardi/Thüsing* Rn 30).

44   Wird die Betriebszugehörigkeit unter Aufrechterhaltung des ArbVerh. **nur tatsächlich unterbrochen,** so sind nur kürzere tatsächliche Unterbrechungen der Tätigkeit, etwa durch Krankheit, Urlaub, Werksbeurlaubung usw. für die Berechnung der Dauer der Betriebszugehörigkeit ohne Belang (hM).

45   Im Hinblick auf den mit dem Erfordernis einer sechsmonatigen Betriebszugehörigkeit verfolgten gesetzgeberischen Zweck, als Wahlbewerber nur ArbN mit gewissen Betriebskenntnissen zuzulassen, wird man bei einer längeren tatsächlichen Unterbrechung der Betriebszugehörigkeit – etwa bei einer Unterbrechung von mehr als zwei Monaten – eine **Hemmung des Sechsmonats-Zeitraums** annehmen müssen mit der Folge, dass die Zeit der Unterbrechung nicht mitzählt (*Greßlin* S. 44; *Richardi/Thüsing* Rn 23; **aA** *DKKW-Schneider/Homburg* Rn 13; GK-*Kreutz* Rn 34).

Dies gilt allerdings nicht im Falle der Einberufung zum (freiwilligen) **Wehrdienst,** 46 Zivildienst, zu Eignungsübungen oder zum Dienst im Zivilschutzkorps. Diese Einberufungszeiten sind auf Grund **gesetzl. Sonderregelungen** (vgl. § 6 Abs. 2 S. 1 iVm. § 16 Abs. 7 ArbPlSchG, § 78 Abs. 1 S. 1 ZDG, § 18 Abs. 2 ZSKG, § 6 Abs. 1 EigÜG) stets auf die Betriebszugehörigkeit anzurechnen (vgl. LAG Rheinland-Pfalz BB 94, 942; *DKKW-Schneider/Homburg* Rn 13; GK-*Kreutz* Rn 37; *HSWGNR* Rn 19; *Richardi/Thüsing* Rn 27).

Muss ein Staatsangehöriger eines Mitgliedstaates der **EU** seine Tätigkeit zur Erfül- 47 lung der **Wehrpflicht** in seinem Heimatland unterbrechen, so wird die Wehrdienstzeit ebenfalls auf die Betriebszugehörigkeit angerechnet (vgl. EuGH 15. 10. 69 sowie BAG 27. 2. 69 u. 5. 12. 69 AP Nr. 1, 2 u. 3 zu Art. 177 EWG-Vertrag), nicht dagegen bei ArbN anderer Staaten (LAG Frankfurt BB 74, 789; GK-*Kreutz* Rn 39; *Richardi/Thüsing* Rn 29).

Tätigkeiten in einem anderen Betrieb desselben Unternehmens oder im Betrieb 48 eines Unternehmens, das mit dem gegenwärtigen Beschäftigungsbetrieb in einem **Konzern** iSv. § 18 Abs. 1 AktG verbunden ist, sind nach § 8 Abs. 1 S. 1 auf die Sechsmonatsfrist anzurechnen. Damit soll dem Umstand Rechnung getragen werden, dass ArbN in nicht seltenen Fällen innerhalb des Unternehmens und auch zwischen Konzernunternehmen die Betriebszugehörigkeit wechseln (s. dazu § 5 Rn 219ff.).

Die Beschäftigungszeiten in den verschiedenen Betrieben desselben Unternehmens 49 bzw. der Konzernunternehmen müssen **unmittelbar** aneinander anschließen. Dies ist der Fall, wenn entweder das ArbVerh. zum Unternehmen bzw. zu den Konzernunternehmen nicht unterbrochen worden ist oder wenn es zwar unterbrochen gewesen ist, jedoch ein enger zeitlicher und innerer Zusammenhang zwischen der jetzigen Betriebszugehörigkeit und der früheren Betriebszugehörigkeit in dem anderen Betrieb des (Konzern-)Unternehmens besteht (vgl. oben Rn 15; GK-*Kreutz* Rn 44; *Richardi/Thüsing* Rn 33). Keine „Unmittelbarkeit" liegt vor, wenn der ArbN zwischenzeitlich ein ArbVerh. zu einem anderen ArbGeb. begründet hat oder längere Zeit arbeitslos gewesen ist (s. Rn 39; *DKKW-Schneider/Homburg* Rn 9 *HSWG* Rn 18).

Der Mangel einer sechsmonatigen Betriebs-(Unternehmens- oder Konzern-)zuge- 50 hörigkeit berechtigt zur **Anfechtung der Wahl.** Der Mangel wird geheilt, sobald der ArbN die sechsmonatige Betriebszugehörigkeit erfüllt hat, ohne dass rechtskräftig die Wahl mit Erfolg angefochten oder die Nichtwählbarkeit festgestellt ist (vgl. § 24 Abs. 1 Nr. 6).

3. Wählbarkeit ausländischer Arbeitnehmer

Alle ausländischen ArbN sind, sofern sie die weiteren Voraussetzungen für die 51 Wählbarkeit erfüllen, uneingeschränkt zum BR **wählbar** (hM).

4. Verlust der Wählbarkeit durch Richterspruch

Wegen der Bedeutung der Stellung eines BRMitgl. sind jedoch solche ArbN von 52 der Wählbarkeit zum BR ausgeschlossen, die infolge **strafgerichtlicher Verurteilung** die Fähigkeit, Rechte aus öffentlichen Wahlen zu erlangen, nicht besitzen.

Der Verlust der Fähigkeit, Rechte aus öffentlichen Wahlen zu erlangen, ist nach 53 § 45 Abs. 1 StGB stets die automatische Rechtsfolge einer strafgerichtlichen Verurteilung wegen eines **Verbrechens** zu einer Mindestfreiheitsstrafe von einem Jahr. Dieser Verlust ist kein dauernder, sondern auf fünf Jahre nach Rechtskraft des Urteils beschränkt. Das Strafgericht kann auch **in anderen Fällen,** soweit dies gesetzl. bes. vorgesehen ist (vgl. zB §§ 92a, 101, 102 Abs. 2, §§ 108c, 109i StGB), die Fähigkeit, Rechte aus öffentlichen Wahlen zu erlangen, für die Dauer von zwei bis fünf Jahren aberkennen (vgl. § 45 Abs. 2 StGB).

54 Ohne Einfluss auf die Wählbarkeit zum BR ist die nach § 45 Abs. 5 StGB mögliche strafgerichtliche **Aberkennung des Rechts, in öffentlichen Angelegenheiten zu wählen** oder zu stimmen (GK-*Kreutz* Rn 53). Auch eine Entscheidung des BVerfG nach § 39 Abs. 2 BVerfGG, durch die wegen Verwirkung der Grundrechte das Wahlrecht, die Wählbarkeit und die Fähigkeit zur Bekleidung öffentlicher Ämter aberkannt wird, lässt die Wählbarkeit zum BR unberührt, da das BRAmt kein öffentliches Amt ist.

55 Hat ein **ausländischer ArbN** in seinem Heimatland infolge einer strafgerichtlichen Verurteilung die Fähigkeit, Rechte aus öffentlichen Wahlen zu erlangen, verloren, so führt dies dann zu einem Verlust der Wählbarkeit zum BR, wenn die ausländische Entscheidung nicht in Widerspruch zu deutschen Rechtsgrundsätzen steht (GK-*Kreutz* Rn 54; *DKKW-Schneider/Homburg* Rn 30; ErfK-*Koch* BetrVG § 8 Rn 4).

56 Die Wählbarkeit zum BR ist nur für die **Dauer** ausgeschlossen, während der der ArbN die Fähigkeit, Rechte aus öffentlichen Wahlen zu erlangen, nicht besitzt. Näheres über die Berechnung der Zeiten vgl. § 45a StGB. Zu beachten ist, dass das Strafgericht die aberkannte Fähigkeit, Rechte aus öffentlichen Wahlen zu erlangen, unter gewissen Voraussetzungen vorzeitig wieder verleihen kann (vgl. § 45b StGB).

57 Maßgebend für die Beurteilung, ob ein ArbN zum BR wählbar ist, ist der **Wahltag.** Der ArbN muss deshalb an diesem Tag im Besitz der Fähigkeit sein, Rechte aus öffentlichen Wahlen zu erlangen. Wird einem BRMitgl. die Fähigkeit nach der BRWahl aberkannt, so erlischt gem. § 24 Abs. 1 Nr. 4 seine Mitgliedschaft im BR, da er dann nicht mehr wählbar ist (Näheres hierzu vgl. § 24 Rn 31ff.).

5. Eintragung in die Wählerliste

58 Auch für die Wählbarkeit ist in formeller Hinsicht erforderlich, dass der ArbN in die **Wählerliste eingetragen** ist (vgl. § 2 Abs. 3 WO). Zur Frage der Berichtigung oder Ergänzung der Wählerliste vgl. § 4 WO. Außerdem setzt die Wählbarkeit eines ArbN seine Aufnahme in einen ordnungsmäßigen **Wahlvorschlag** voraus (vgl. § 14 Rn 40ff., §§ 6, 33 WO).

III. Sonderregelung für neu errichtete Betriebe

59 **Besteht der Betrieb** am Tage der Einleitung der Wahl **weniger als sechs Monate,** so sind wählbar alle Wahlberechtigten, die an diesem Tage im Betrieb als ArbN beschäftigt sind, es sei denn, sie sind unechte LeihArbN iSd. AÜG, die grundsätzlich nicht wählbar sind (§ 14 Abs. 2 S. 1 AÜG; s. Rn 30), oder sie besitzen infolge strafgerichtlicher Verurteilung nicht die Fähigkeit, Rechte aus öffentlichen Wahlen zu erlangen. Eine bestimmte Dauer der Betriebszugehörigkeit ist in diesem Falle nicht erforderlich. Die BRWahl ist mit dem Erlass des Wahlausschreibens eingeleitet (vgl. § 3 Abs. 1, 31 Abs. 1, 36 Abs. 2 WO). In diesem Zeitpunkt muss der ArbN im Betrieb beschäftigt sein, um wählbar zu sein (GK-*Kreutz* Rn 61; *Richardi/Thüsing* Rn 35).

60 Die Vorschrift des Abs. 2 gilt nur für **neu errichtete Betriebe.** Sie betrifft nicht den Fall, dass der Betrieb auf einen neuen ArbGeb. übergeht, da der Wechsel des ArbGeb., wenn der Betrieb fortgeführt wird, die Zugehörigkeit zum Betrieb unberührt lässt (vgl. § 613a BGB u. Rn 43). Eine Betriebserweiterung, mag sie noch so umfangreich sein, reicht nicht aus (BAG 26. 9. 96 AP Nr. 3 zu § 15 KSchG 1969 Wahlbewerber).

61 Dagegen ist der **Zusammenschluss mehrerer Betriebe** eines Unternehmens unter Aufgabe ihrer Identität zu einem neuen Betrieb als Neuerrichtung iSv. Abs. 2

anzusehen (*DKKW-Schneider/Homburg* Rn 33). Gleiches gilt, wenn sich mehrere Bauunternehmen zu einer sog. ARGE (s. dazu § 5 Rn 272, 274 ff.) zusammenschließen (*Schwab* NZA-RR 08, 169, 174; AR-Blattei (D) Baugewerbe VI Arbeitsgemeinschaft D III 2).

Wird dagegen ein Betrieb in einen anderen Betrieb unter Beibehaltung von dessen **62** Identität lediglich **eingegliedert**, so liegt keine Neuerrichtung vor. Die Betriebszugehörigkeit der ArbN im eingegliederten Betrieb ist jedoch nach Abs. 1 S. 2 anzurechnen. Dies gilt auch für den Fall, dass der Betrieb eines anderen Unternehmens eingegliedert wird, da vor der Eingliederung regelmäßig ein Betriebsübergang mit der Wirkung des § 613 a BGB stattgefunden hat.

Wird ein Betrieb nicht nur vorübergehend **stillgelegt** und später wiedereröffnet, **63** liegt eine Neuerrichtung iSv. Abs. 2 vor (*Richardi/Thüsing* Rn 36). Auch **Kampagnebetriebe** (vgl. § 1 Rn 274) unterfallen der Regelung des Abs. 2, es sei denn, sie sind lediglich unselbständige Betriebsteile eines anderen Betriebs (zweifelnd GK-*Kreutz* Rn 63).

IV. Streitigkeiten

Die Entscheidung über die Wählbarkeit eines Wahlbewerbers hat **zunächst der** **64** **Wahlvorst.** zu treffen. Meinungsverschiedenheiten über dessen Entscheidung sind im **arbeitsgerichtlichen BeschlVerf.** zu entscheiden (§§ 2 a, 80 ff. ArbGG u. dazu s. Nach § 1 Rn 1 ff.). Über das bes. Verfahren bei der Zuordnung von leitenden Ang. im Rahmen der Wahl vgl. § 18 a.

Verstöße gegen Vorschriften über die Wählbarkeit können zur **Anfechtung** der **65** Wahl berechtigen (§ 19). Unterbleibt die rechtzeitige Anfechtung, so erlischt die Mitgliedschaft im BR erst mit der Rechtskraft der nach § 24 Abs. 1 Nr. 6 auch noch nach Ablauf der Anfechtungsfrist und auch unabhängig von einer BRWahl (BAG 17. 2. 10 – 7 ABR 51/08 – NZA 10, 832) möglichen gerichtlichen Entscheidung über die Feststellung der Nichtwählbarkeit (vgl. § 24 Rn 31 ff.).

Aus der Regelung des § 24 Abs. 1 Nr. 6 ergibt sich, dass die Wahl eines nicht- **66** wählbaren ArbN keineswegs stets nichtig ist (GK-*Kreutz* Rn 66). Dies kann nur in bes. krassen Fällen gelten, etwa bei der Wahl einer eindeutig betriebsfremden Person. Verliert ein BRMitgl. nachträglich die Wählbarkeit, so scheidet es mit diesem Ereignis aus dem BR aus, ohne dass es einer gerichtlichen Feststellung bedarf (vgl. § 24 Abs. 1 Nr. 4).

§ 9 Zahl der Betriebsratsmitglieder

[1]Der Betriebsrat besteht in Betrieben mit in der Regel
    5 bis   20 wahlberechtigten Arbeitnehmern aus einer Person,
  21 bis   50 wahlberechtigten Arbeitnehmern aus 3 Mitgliedern,
  51 wahlberechtigten Arbeitnehmern
      bis 100 Arbeitnehmern aus 5 Mitgliedern,
  101 bis 200 Arbeitnehmern aus 7 Mitgliedern,
  201 bis 400 Arbeitnehmern aus 9 Mitgliedern,
  401 bis 700 Arbeitnehmern aus 11 Mitgliedern,
  701 bis 1000 Arbeitnehmern aus 13 Mitgliedern,
1001 bis 1500 Arbeitnehmern aus 15 Mitgliedern,
1501 bis 2000 Arbeitnehmern aus 17 Mitgliedern,
2001 bis 2500 Arbeitnehmern aus 19 Mitgliedern,
2501 bis 3000 Arbeitnehmern aus 21 Mitgliedern,
3001 bis 3500 Arbeitnehmern aus 23 Mitgliedern,
3501 bis 4000 Arbeitnehmern aus 25 Mitgliedern,

4001 bis 4500 Arbeitnehmern aus 27 Mitgliedern,
4501 bis 5000 Arbeitnehmern aus 29 Mitgliedern,
5001 bis 6000 Arbeitnehmern aus 31 Mitgliedern,
6001 bis 7000 Arbeitnehmern aus 33 Mitgliedern,
7001 bis 9000 Arbeitnehmern aus 35 Mitgliedern.

[2]**In Betrieben mit mehr als 9000 Arbeitnehmern erhöht sich die Zahl der Mitglieder des Betriebsrats für je angefangene weitere 3000 Arbeitnehmer um 2 Mitglieder.**

Inhaltsübersicht

I. Vorbemerkung

1   Die Vorschrift legt die nach der Betriebsgröße gestaffelte Zahl der BRMitgl. fest, wobei für die Betriebsgröße die Zahl der in der Regel im Betrieb beschäftigten ArbN maßgebend ist.

2, 3   Das **BetrVerf-ReformG** hat die für die BRGröße maßgebliche ArbNZahl abgesenkt. Dadurch erhöht sich die Zahl der BRMandate. Dies hat der Gesetzgeber für erforderlich gehalten, um die BRArbeit, die in den letzten Jahrzehnten an Umfang und Schwierigkeit ganz erheblich zugenommen hat, „auf mehr Schultern" zu verteilen (BT-Drucks. 14/5741 S. 28, 36; *Engels/Trebinger/Löhr-Steinhaus* DB 01, 532, 536). Dabei werden kleine und mittelgroße Betriebe bis zu 100 ArbN von den Änderungen ausgenommen. Die neue Staffel wirkt sich erst in Betrieben ab 101 ArbN aus.

4   Von bes. Bedeutung bei der Ermittlung der BRGröße ist der durch das **BetrVerf-ReformG** in § 7 neu angefügte Satz 2. Um der Erosion der Stammbelegschaft und der damit verbundenen negativen Auswirkungen ua. auf die BRGröße entgegenzuwirken, erkennt die neue Vorschrift erstmals die **Betriebszugehörigkeit** auch solcher ArbN an, die zwar in **keinem ArbVerh.** zum Betriebsinhaber als ArbGeb. stehen, jedoch in dem Betrieb, dem sie zur Arbeitsleistung überlassen sind, länger als 3 Monate eingesetzt werden (BT-Drucks. 14/5741 S. 27 f., 36; *Däubler* AiB 01, 684, 687 f.; *Engels/Trebinger/Löhr-Steinhaus* DB 01, 532, 536; kr. *Buchner* NZA 01, 633, 636; *Reichold* NZA 01, 857, 861; § 7 Rn 18, 37 ff.).

5   Diese wahlberechtigten und damit betriebszugehörigen ArbN sind unter den gleichen Voraussetzungen wie die ArbN mit einem ArbVerh. zum Betriebsinhaber im Rahmen der Staffel des § 9 zu **berücksichtigen** (sehr umstr., s. dazu Rn 25 mwN).

6   Zur Größe der JugAzubiVertr. vgl. § 62, der Bordvertr. vgl. § 115 Abs. 2 Nr. 3 und des SeeBR vgl. § 116 Abs. 2 Nr. 3. Zur MitglZahl des GesBR vgl. § 47, des KBR vgl. § 55 und des GesJugAzubiVertr. vgl. § 72.

7   Die Zahl der BRMitgl. ist für die jeweilige Betriebsgröße **zwingend,** so dass von der vorgeschriebenen Zahl weder durch TV oder BV noch sonst abgewichen werden kann (BAG 7. 5. 08 AP Nr. 12 zu § 9 BetrVG 1972). Etwas anderes gilt nur für den Fall, dass im Betrieb nicht genügend wählbare ArbN vorhanden sind oder sich als Wahlbewerber zur Verfügung stellen (vgl. unten Rn 49). Die nach § 3 Abs. 1 Nr. 5 möglichen zusätzlichen betriebsverfassungsrechtlichen Vertr. der ArbN, die die Zusammenarbeit zwischen BR und ArbN erleichtern, (vgl. § 3 Rn 58 ff.) stellen keine Erweiterung der Zahl der Mitgl. des BR dar.

8   Entspr. Vorschriften: § 16 BPersVG, § 4 Abs. 1 SprAuG.

II. Zahl der Betriebsratsmitglieder

Die für die Größe des BR maßgebende ArbNZahl des Betriebs wird vom **Wahl-** 9
vorst. (§§ 16 ff.) festgestellt. Zu berücksichtigen sind in Betrieben mit bis zu 51
wahlberechtigten ArbN nur die Wahlberechtigten; sind über 51 wahlberechtigte ArbN
vorhanden, so zählen für die weiteren Größenstufen des BR alle ArbN, gleichgültig,
ob sie wahlberechtigt sind oder nicht.

Unselbständige Betriebsteile gehören zum Betrieb, sofern sie nicht nach § 4 Abs. 1 **10**
als selbständige Betriebe gelten, oder sie zwar als solche gelten, aber auf Grund eines
Beschlusses der dort beschäftigten ArbN an der Wahl des BR im Hauptbetrieb teilnehmen (§ 4 Abs. 1 S. 2); Kleinstbetriebe sind unter den Voraussetzungen des § 4
Abs. 2 dem Hauptbetrieb zuzuordnen (vgl. § 4 Abs. 2). Bestehen gem. § 3 Abs. 1
Nr. 1 bis 3 abweichende Tarifregelungen über die Bildung von betriebsverfassungsrechtlichen Organisationseinheiten (vgl. § 3 Rn 10 ff.), so sind diese bei der Bestimmung der Betriebsgröße zu beachten (s. § 3 Abs. 5).

1. Regelmäßige Betriebszugehörigkeit

Maßgebend für die anstehende BRWahl ist die Zahl der **„in der Regel"** tätigen **11**
ArbN (hM). Das ist die Zahl der ArbN, die für den Betrieb im Allgemeinen kennzeichnend ist (BAG 7. 5. 08, 12. 11. 08 AP Nr. 12, 13 zu § 9 BetrVG 1972 mwN;
zum Begriff „in der Regel" s. § 1 Rn 271 ff.). In Grenzfällen [regelmäßiger Stand
700 oder 701?] wird der Wahlvorst. nach **pflichtgemäßem Ermessen** zu entscheiden haben (BAG 12. 10. 76 AP Nr. 1 zu § 8 BetrVG 1972, 25. 11. 92 AP Nr. 8 zu
§ 1 GesamthafenbetriebsG, GK-*Kreutz* Rn 9, *DKKW-Schneider/Homburg* Rn 14;
HSWGNR Rn 9; im Ergebnis ebenso *Richardi/Thüsing* Rn 10).

Der Wahlvorst. hat bei der Ermittlung der für die BRGröße maßgeblichen ArbN- **12**
Zahl nicht nur einen Rückblick auf die Vergangenheit zu werfen, sondern auch die
künftige, auf Grund konkreter Entscheidungen des ArbGeb. **zu erwartende Entwicklung** des Beschäftigungsstandes des Betriebs zu berücksichtigen (BAG 7. 5. 08,
12. 11. 08 AP Nr. 12, 13 zu § 9 BetrVG 1972 mwN; *DKKW-Schneider/Homburg*
Rn 8; GK-*Kreutz* Rn 10).

Dies kann zB bei Personalabbau oder -aufstockung auf Grund einer konkreten **13**
Personalplanung, an der der BR beteiligt worden ist, oder infolge von Entlassungen
auf Grund eines Interessenausgleichs/Sozialplans der Fall sein (vgl. LAG Köln AiB 99,
281 mit Anm. *Macher* zu bereits getroffenen und umgesetzten Umstrukturierungsent-
scheidungen; LAG Hamburg NZA-RR 06, 413; GK-*Kreutz* Rn 10). Bloße **Befürchtungen** einer Personalrückentwicklung seitens des ArbGeb. sind vom Wahlvorst.
nicht zu berücksichtigen (LAG Hamm AiB 99, 643; ErfK-*Koch* BetrVG § 9 Rn 1).

Zu berücksichtigen sind nur die **betriebszugehörigen** ArbN. Das sind in erster **14**
Linie ArbN, die zum Betriebsinhaber in einem ArbVerh. stehen **und** in die Betriebsorganisation eingegliedert sind (BAG 7. 5. 08, 12. 11. 08 AP Nr. 12, 13 zu § 9
BetrVG 1972; zur insoweit nicht ausreichenden Rahmenvereinbarung s. § 5 Rn 22 f.;
vgl. auch § 7 Rn 16 ff.; s. aber auch unten Rn 25). Fragen stellen sich insoweit nur
bei Sonderfälle:

Bei ArbN, die nur zeitweilig beschäftigt werden **(Aushilfskräfte),** kommt es für **15**
die Annahme der regelmäßigen Beschäftigung darauf an, dass sie normalerweise während des größten Teils eines Jahres beschäftigt werden (BAG 7. 5. 08, 12. 11. 08 AP
Nr. 12, 13 zu § 9 BetrVG 1972). Setzt der ArbGeb. regelmäßig Aushilfskräfte ein,
mit denen er bei Bedarf jeweils für einen Tag befristete Arbeitsverträge abschließt,
zählt die durchschnittliche Anzahl der an einem Arbeitstag beschäftigten Aushilfskräfte zu den in der Regel im Betrieb beschäftigten ArbN (BAG 7. 5. 08). Ob es sich
dabei um dieselben oder um jeweils andere Aushilfskräfte handelt, ist unerheblich
(LAG Düsseldorf DB 91, 238).

16 In Saisonbetrieben sind unter denselben Voraussetzungen, dh bei einer über sechs Monate dauernden Saison, die **Saisonarbeiter** ebenfalls zu berücksichtigen (*GK-Kreutz* Rn 11; *DKKW-Schneider/Homburg* Rn 9b; *Richardi/Thüsing* Rn 12).

17 Auch **Teilzeitbeschäftigte** zählen mit, und zwar die Gesamtzahl der im Betrieb tätigen Teilzeitbeschäftigten; ihre Zahl ist nicht etwa auf eine Zahl vollzeitbeschäftigter ArbN umzurechnen (LAG Hamm DB 79, 2380; *DKKW-Schneider/Homburg* Rn 9; GK-*Kreutz* Rn 11).

18 ArbN, die in **Elternzeit** oder zur Kindbetreuung freigestellt sind, werden nicht berücksichtigt, solange für sie ein Vertreter eingestellt ist (§ 21 Abs. 7 BEEG; so zur inhaltsgl. Vorgängerregelung BAG 15. 3. 06 – 7 ABR 39/05); werden jedoch ArbN anlässlich der Inanspruchnahme von Elternzeit unbefristet eingestellt, so zählen sie mit. Werden für eine beurlaubte Vollzeitkraft zwei Teilzeitkräfte als Vertreter eingestellt, so dürfte nach dem Normzweck des § 21 Abs. 7 BerzGG und den Ausführungen in Rn 11 f. nur „ein Kopf" zu berücksichtigen sein (BAG 15. 3. 06; *Lindemann/Simon* NZA 02, 365, 369).

19 Unberücksichtigt bleiben ArbN, die sich für **Altersteilzeit** in Form des Blockmodells (vgl. § 2 Abs. 2 Nr. 1 ATG) entschieden haben (BAG 16. 4. 03 AP Nr. 7 zu § 9 BetrVG 2002; *Lindemann/Simon* NZA 02, 365, 370). Mit Beginn der Freistellungsphase scheiden sie aus dem Betrieb aus (BAG 16. 4. 03 AP Nr. 1 zu § 9 BetrVG 2002; s. § 7 Rn 32, § 8 Rn 17).

20 Ein ins **Ausland entsandter ArbN,** der zum BR des entsendenden Betriebs wahlberechtigt ist (§ 7 Rn 73 ff.), zählt bei Ermittlung der BRGröße mit (*Lindemann/Simon* NZA 02, 365, 371).

21 **Gekündigte** und als noch betriebszugehörig anzusehende **ArbN** (s. § 7 Rn 33 ff.) zählen dann nicht mit, wenn ihre nach der BRWahl frei werdenden Arbeitsplätze aufgrund einer konkreten Entscheidung (s. Rn 13) dauernd entfallen (*Lindemann/Simon* NZA 02, 365, 368 f.).

22 Beschäftigte in einer **ABM** sind ArbN und zählen mit (BAG 13. 10. 04 AP Nr. 71 zu § 5 BetrVG 1972; § 5 Rn 148 f.). Im Rahmen von sozialversicherungspflichtigen Beschäftigungsverhältnissen (Entgeltvariante) oder ABM-Maßnahmen tätige **Erwerbsfähige Hilfsbedürftige** (§ 16 Abs. 3 SGB II) sind ArbN und zu berücksichtigen, **nicht** dagegen **Ein-Euro-Jobber** (s. § 5 Rn 155).

23 Die in **Beschäftigungs-** und **Qualifizierungsgesellschaften** tätigen Personen sind – mit Ausnahme des Stammpersonals – idR nicht zu berücksichtigen (§ 5 Rn 151 ff.).

24 Ausnahmsweise kann die **Betriebszugehörigkeit** auch **ohne** ein **ArbVerh.** zum Betriebsinhaber begründet werden, wie dies jetzt ausdrücklich in dem durch das **BetrVerf-ReformG** angefügten § 7 S. 2 anerkannt wird. Danach wird bei bestimmten Fallkonstellationen des **Drittpersonaleinsatzes** durch Verleihung des aktiven Wahlrechts die Betriebszugehörigkeit der überlassenen ArbN (auch) zum Einsatzbetrieb anerkannt (vgl. LAG Berlin-Brandenburg – 15 TaBV 2347/10 – BeckRS 11, 70954: nr.; s. Rn 4, 25 ff., § 7 Rn 37 ff.). Folglich zählen auch die in § 7 Rn 39 ff. genannten ArbNGruppen unter den Voraussetzungen des § 9 (s. dazu Rn 11) mit. Das bedeutet insb.:

25 **Echte** LeihArbN (§ 5 Rn 231 ff.) und **unechte LeihArbN** iSd. AÜG (§ 5 Rn 241 ff.), **KonzernArbN,** die im Wege der Konzernleihe entweder auf Dauer oder vorübergehend einem anderen Konzernunternehmen zur Arbeitsleistung überlassen werden (§ 5 Rn 219 ff.), **BauArbN,** die zu einer ARGE abgeordnet sind (§ 5 Rn 272, 274 f.), sind dem Einsatzbetrieb zugehörig und zählen dann mit, wenn sie regelmäßig beschäftigt werden (so insb. für LeihArbN iSd AÜG wohl hM: Beschlussempfehlung u. Bericht des A+S-Ausschusses BT-Drucks. 14/6352 S. 54; *DKKW-Schneider/Homburg* Rn 10 b ff.; *Düwell-Brors* Rn 3 f.; *Brors* NZA 03, 1381 f.; *Brors/Schüren* BB 04, 2745, 2751; *Däubler* ArbuR 04, 81 ff.; *Hamann* NZA 03, 530; *Ratayczak* AiB 04, 212 ff.; *Schneider* AiB 05, 271, 274; *Schüren* RdA 04, 184; **aA** BAG 16. 4. 03 AP Nr. 7 zu § 9 BetrVG 2002 für unechte Leih-ArbN, s. aber jetzt BAG

18. 10. 11 – 1 AZR 335/10; 10. 3. 04 AP Nr. 8 zu § 7 BetrVG 1972 für echte Leih-ArbN und Konzernleihe; ErfK-*Koch* Rn 2; *Kreutz* FS Wissmann S. 364 ff.; *Löwisch/Kaiser* Rn 2; *Brose* NZA 05, 797 ff.).

Ebenso zählen die vom Gesamthafenbetrieb Hamburg zugeteilten bzw. zugewiese- **26** nen Gesamthafenarb. und Aushilfsarb. in den jeweiligen Hafeneinzelbetrieben mit (BAG 25. 11. 92 AP Nr. 8 zu § 1 GesamthafenbetriebsG; vgl. § 7 Rn 47).

Beamte, Soldaten und ArbN des öffentlichen Dienstes, die ohne einen Arbeits- **27** vertrag mit dem Betriebsinhaber im Rahmen ihres öffentlich-rechtlichen Dienstver-hältnisses zu ihrem Dienstherrrn im Wege der **Abordnung, Überlassung** oder **Zu-weisung** in den Betrieb eines privaten Unternehmens **eingegliedert** werden, gelten dort nach dem neuen § 5 Abs. 1 S. 3 als ArbN iSd. BetrVG und zählen mit (LAG Berlin-Brandenburg – 15 TaBV 2347/10 – BeckRS 11, 70954: nr.; LAG Berlin-Brandenburg – 15 TaBV 2347/10 – BeckRS 11, 70954: nr.; LAG Schleswig-Hol-stein – 2 TaBV 35/10 –, – 3 TaBV 36/10 –, – 3 TaBV 31/10 BeckRS 11, 72246, 72247, 74708; s. auch § 7 Rn 10f., 52f. u. Näheres dazu § 5 Rn 316ff., 321ff.).

Gleiches gilt für die bei **Bahn, Post, Kooperationsunternehmen** der **Bun-** **28** **deswehr** (s. BAG 4. 5. 11 – 7 ABR 3/10 – NZA 11, 1373), **BRD-Finanzagentur** GmbH, **Gesellschaft** für **Außenwirtschaft** und Standortmarketing mbH sowie die bei der **DFS** Deutsche Flugsicherung GmbH eingesetzten Beamten, Soldaten und ArbN. Sie erlangen die Zugehörigkeit zu dem privaten Betrieb und zählen grundsätz-lich dort mit (vgl. § 5 Rn 321ff.).

Dies gilt grundsätzlich auch für die **Post-AGn,** so dass es für die Ermittlung der **29** jeweiligen BRGröße unerheblich ist, ob die dort beschäftigten Beamten eine eigene Gruppe bei der BRWahl bilden oder darauf verzichten; letzteres wirkt sich erst bei der Sitzverteilung auf die Gruppen der ArbN und Beamten im BR aus (vgl. § 24 Abs. 2, § 26 Nr. 1 PostPersRG, dazu *Engels/Mauß-Trebinger* aaO, § 14 Rn 72ff.). Die von den Post-AGn ihren **Tochter-, Enkel-** und **Beteiligungsgesellschaften** zuge-wiesenen Beamten (s. § 24 Abs. 3 PostPersRG u. § 14 Rn 86ff., § 99 Rn 327ff.) zählen mangels Eingliederung nicht bei jenen, sondern nur in den Betrieben der jeweiligen Gesellschaften mit, denen sie zugeordnet sind (BAG 16. 1. 08 AP Nr. 14 zu § 7 BetrVG 1972; *Engels* ArbuR 09, 10, 74).

Beim Drittpersonaleinsatz, insb. in der in Rn 31ff. erwähnten Form des Einsatzes **30** von unechten LeihArbN iSd. AÜG, kann sich bei bestimmten Fallgestaltungen erge-ben, dass LeihArbN zwar nach § 7 S. 2 **wahlberechtigt** sind, **jedoch** mangels einer regelmäßigen Betriebszugehörigkeit bei der Staffel des § 9 **nicht mitzählen,** und **umgekehrt,** dass **nicht wahlberechtigte LeihArbN dennoch mitzählen:**

In einem Betrieb werden zum Abfedern einer **einmaligen Auftragsspitze** **31** 10 LeihArbN für 4 Monate eingestellt. In dieser Zeit wird der BR gewählt. Die 10 LeihArbN sind nach § 7 S. 2 wahlberechtigt und können an der BRWahl teilneh-men. Sie sind jedoch **nicht** bei der Bestimmung der BRGröße nach § 9 zu **berück-sichtigen,** da sie nicht „in der Regel" eingesetzt werden.

Ein Betrieb mit 195 ArbN setzt auf **10 Arbeitsplätzen laufend LeihArbN** mit **32** einer jeweiligen Einsatzzeit von 2 Monaten ein. Die einzelnen LeihArbN sind wegen ihrer kurzen Verweildauer im Einsatzbetrieb dort nicht nach § 7 S. 2 wahlberechtigt (s. auch § 7 Rn 61). Da jedoch auf 10 Arbeitsplätzen regelmäßig LeihArbN einge-setzt werden und vom BR des Einsatzbetriebs zu betreuen sind, sind diese LeihArbN mit einem Zählwert von 10 entsprechend der Zahl der von ihnen regelmäßig einge-nommenen Arbeitsplätzen im Rahmen des § 9 zu **berücksichtigen.** Deshalb ist in diesem Betrieb ein 9-köpfiger statt nur eines 7-köpfigen BR zu wählen.

In einem Betrieb werden regelmäßig für einen Zeitraum von über **6 Monaten** im **33** Jahr 10 LeihArbN eingesetzt. Sie sind wahlberechtigt und entspr. der Rspr. zur re-gelmäßigen Betriebszugehörigkeit von Aushilfskräften reicht eine 6-monatige Tätig-keit aus, um bei der Staffel des § 9 berücksichtigt zu werden (s. Rn 15).

Eine das Wahlrecht und damit die **Betriebszugehörigkeit** begründende Überlas- **34** sung liegt dann **nicht** vor, wenn beim **Drittpersonaleinsatz** der im Einsatzbetrieb tätige ArbN nicht derart eingegliedert ist, dass er dem Weisungsrecht des dortigen ArbGeb. unterliegt, es also an einer **gespaltenen ArbGeb.-Stellung** fehlt (s. § 7 Rn 53).

35   Das ist beim sog. **Fremdfirmen-Einsatz** der Fall (vgl. BAG 16. 4. 03 AP Nr. 7 zu § 9 BetrVG 2002; *Maschmann* DB 01, 2446; zur Fremdfirmenproblematik *Bauschke* NZA 00, 1201 ff.). Die ArbN eines anderen ArbGeb., die im Rahmen von werkvertraglichen Beziehungen im Auftrag ihres ArbGeb. und nur nach dessen Weisungen in einem fremden Betrieb Arbeitsleistungen durchführen, zB Montage-, Reparatur- und Bauarbeiten ausführen, Gebäude reinigen oder Maschinen bedienen (vgl. § 5 Rn 279 ff.), gehören **nicht** zum Einsatzbetrieb (vgl. BAG 15. 3. 06 – 7 ABR 39/05; *Engels/Trebinger/Löhr-Steinhaus* DB 01, 532, 536; *Hanau* RdA 01, 65, 68; *Lindemann/Simon* NZA 02, 365, 367; *Reichold* NZA 01, 857, 861; s. auch § 7 Rn 54; **aA** wohl *Däubler* ArbuR 01, 285, 286) und zählen dort nicht mit.

36   In bes. Fällen der Rn 35, in denen beim Fremdfirmen-Einsatz der Personaleinsatz zumindest partiell und nicht unwesentlich (auch) beim ArbGeb. des Einsatzbetriebs liegt, kommt es zu der für die Betriebszugehörigkeit ausschlaggebenden **Aufspaltung der ArbGeb.-Funktion.** In diesen bes. Fällen unterscheiden sich die FremdfirmenArbN nicht wesentlich von LeihArbN und sind wie diese (auch) dem Einsatzbetrieb zugehörig (vgl. § 7 Rn 57 f.).

2. Zeitpunkt der Feststellung

37   Maßgebend ist die Zahl der bei Erlass des Wahlausschreibens für die bevorstehende BRWahl „in der Regel" tätigen ArbN (hM; BAG 12. 10. 76 AP Nr. 1 zu § 8 BetrVG 1972; 16. 4. 03 AP Nr. 1 zu § 9 BetrVG 2002; s. auch § 3 Abs. 2 Nr. 5, § 31 Abs. 1 Nr. 5 WO).

38   **Ändert** sich in der Zeit zwischen Erlass des Wahlausschreibens und Wahl die **Zahl der ArbN,** so nehmen inzwischen hinzugekommene wahlberechtigte ArbN an der Wahl teil, ausgeschiedene ArbN wählen nicht mehr mit (vgl. auch § 4 Abs. 3 WO). Für die Mitgliederzahl des zu wählenden BR ist jedoch unverändert von der Zahl der bei Erlass des Wahlausschreibens „in der Regel" beschäftigten ArbN auszugehen (LAG Hamburg NZA-RR 10, 585; GK-*Kreutz* Rn 12; *HSWGNR* Rn 16 f.; *Richardi/Thüsing* Rn 13). Sinkt allerdings die regelmäßige Beschäftigtenzahl im Zeitraum zwischen dem Erlass des Wahlausschreibens und dem Tag der Wahl des BR unter die Mindestgrenze des § 1, so ist die Wahl abzubrechen (*Düwell/Brors* Rn 10; *Richardi/Thüsing* Rn 13).

39   Eine **nach der Wahl eintretende Änderung** der ArbNZahl hat auf die Größe des BR keine Auswirkung (GK-*Kreutz* Rn 13; *HSWGNR* Rn 18; *Richardi/Thüsing* Rn 24). Etwas anderes gilt nur für die **Sonderfälle,** dass 24 Monate nach der Wahl die Zahl der regelmäßig beschäftigten ArbN um mehr als die Hälfte, mindestens aber um 50, gestiegen oder gesunken ist oder dass die Zahl der regelmäßig beschäftigten wahlberechtigten ArbN unter die Mindestgrenze von fünf ArbN sinkt. Im ersten Fall ist eine Neuwahl durchzuführen (vgl. § 13 Rn 21 ff.), im zweiten Fall entfällt ein BR.

3. Einköpfiger Betriebsrat

40   In Betrieben mit in der Regel 5 bis einschließlich 20 wahlberechtigten ArbN (vgl. § 7) besteht der BR nur aus einem Mitgl. Auch dieser BR ist ein **vollwertiger BR** und hat grundsätzlich dieselben Rechte und Pflichten wie ein mehrköpfiger BR (*DKKW-Schneider/Homburg* Rn 15; GK-*Kreutz* Rn 15; *HSWGNR* Rn 21; *Richardi/Thüsing* Rn 22). **Unterschiede** ergeben sich allerdings daraus, dass die Anwendung einiger Vorschriften des G die Beschäftigung einer bestimmten Anzahl (wahlberechtigter) ArbN im Unternehmen voraussetzt (vgl. zB §§ 99, 110 Abs. 2, § 111). Dem einköpfigen BR wachsen die entspr. Mitwirkungs- und MBR zu, wenn die Zahl der

regelmäßig beschäftigten ArbN über die betr. Grenze steigt (*DKKW-Schneider/Homburg* Rn 16; *HSWGNR* Rn 21; *GK-Kreutz* Rn 17; *Richardi/Thüsing* Rn 23).

4. Mehrköpfiger Betriebsrat

Hat ein Betrieb in der Regel mindestens 21 wahlberechtigte ArbN, so ist ein 41 mehrköpfiger BR zu wählen. Sowohl für den drei- als auch für den fünfköpfigen BR stellt das G auf die Zahl der **wahlberechtigten ArbN** ab, für die größeren BR dagegen nur noch allgemein auf die Zahl der regelmäßig **beschäftigten ArbN** (also einschließlich der nicht wahlberechtigten jug. ArbN). Die Stufe, von der ab für die Größe des BR allein die Zahl der ArbN des Betriebs maßgebend ist, beginnt mit 101 ArbN (*DKKW-Schneider/Homburg* Rn 2; *GK-Kreutz* Rn 5; *Richardi/Thüsing* Rn 3).

Beim Drittpersonaleinsatz, insb. in der in Rn 25, 30 ff. erwähnten Form des Ein- 42 satzes von unechten **LeihArbN** iSd. AÜG (deren Berücksichtigung bei der Staffel umstr. ist, s. Rn 25), können sich insoweit folgende **Besonderheiten** ergeben:

Ein LeihArbN wird mehrmals hintereinander für 2 Monate entliehen. Der Lei- 43 hArbN ist **wahlberechtigt**, da er insgesamt länger als 3 Monate eingesetzt wird (vgl. § 7 Rn 63). Er **zählt** bei regelmäßigem Einsatz stets mit, unabhängig davon, ob er einem Betrieb mit in der Regel 50 oder 150 ArbN zur Arbeitsleistung überlassen wird.

Ein Betrieb mit **100 ArbN** setzt auf **10 Arbeitsplätzen laufend LeihArbN** mit 44 einer jeweiligen Einsatzzeit von 2 Monaten ein. Die einzelnen LeihArbN sind wegen ihrer kurzen Verweildauer im Einsatzbetrieb dort **nicht wahlberechtigt** (s. Rn 32). Da in Betrieben mit bis zu 100 ArbN nur wahlberechtigte ArbN für die BRGröße maßgeblich sind, **zählen** sie **nicht mit.**

In Betrieben **ab 101 ArbN** verhält sich dies anders. In Betrieben dieser Größen- 45 ordnung stellt § 9 nur noch auf ArbN ab. Da auf 10 Arbeitsplätzen regelmäßig Lei- hArbN eingesetzt werden und vom BR des Einsatzbetriebs zu betreuen sind, sind diese LeihArbN, auch wenn sie **nicht wahlberechtigt** sind, mit einem Zählwert von 10 entsprechend der Zahl der von ihnen regelmäßig eingenommenen Arbeitsplätzen im Rahmen des § 9 zu **berücksichtigen** (vgl. *Düwell/Brors* Rn 4; *Ratayczak* AiB 97, 601 f.; s. auch *Blanke* DB 08, 1153 ff.; **aA** LAG Baden-Württemberg AiB 97, 599).

Auch soweit das G für die BRGröße allgemein auf die Zahl der regelmäßigen im 46 Betrieb beschäftigten ArbN abstellt, sind weder die in § 5 Abs. 2 genannten Personen noch die **leitenden Ang.** nach § 5 Abs. 3 mitzuzählen (BAG 12. 10. 76 AP Nr. 1 zu § 8 BetrVG 1972; *DKKW-Schneider/Homburg* Rn 3; *Richardi/Thüsing* Rn 5).

Die Zahl der BRMitgl. ist bis zu einer regelmäßigen ArbNZahl von bis zu 47 9000 ArbN unmittelbar aus der Tabelle des § 9 abzulesen. In Betrieben mit mehr als 9000 ArbN erhöht sich die Zahl der BRMitgl. für je angefangene weitere 3000 ArbN um 2 Mitgl. Demnach besteht der BR in Betrieben mit in der Regel

9001 bis 12000 ArbN aus 37 Mitgl.
12001 bis 15000 ArbN aus 39 Mitgl.
15001 bis 18000 ArbN aus 41 Mitgl.

Eine **obere Grenze** ist **nicht** vorgesehen.

In Großbetrieben kann die Kommunikation zwischen dem BR und den ArbN 48 trotz der verhältnismäßig großen MitglZahl des BR Schwierigkeiten bereiten, selbst unter Berücksichtigung der Möglichkeit genereller Freistellungen von BRMitgl. (vgl. § 38). Für solche Fälle eröffnet das G in § 3 Abs. 1 Nr. 5 die Möglichkeit tariflicher Regelungen über die Errichtung **zusätzlicher ArbNVertr.,** die die Verbindung zwischen BR und der Belegschaft fördern sollen (Näheres vgl. § 3 Rn 58 ff.).

Eine **Abweichung** von der gesetzl. vorgeschriebenen MitglZahl des BR ist nur 49 zulässig, wenn nicht genügend wählbare ArbN vorhanden oder nicht genügend wählbare ArbN zur Übernahme des BRAmtes bereit sind, sei es, dass zu viele gewählte Kandidaten die Annahme der Wahl ablehnen, sei es, dass trotz ordnungsgemäßen

Wahlausschreibens die Vorschlagslisten von vornherein nicht ausreichend Kandidaten enthalten oder dass – was bei der Mehrheitswahl denkbar ist – nicht auf so viele Wahlbewerber, wie der BR Sitze hat, wenigstens eine Stimme entfallen ist (*DKKW-Schneider/Homburg* Rn 4; *Richardi/Thüsing* Rn 16 f.; s. auch § 11 Rn 8; **aa** GK-*Kreutz* Rn 21).

50 Hat das **Geschlecht in der Minderheit,** das nach § 15 Abs. 2 ab einem 3-köpfigen BR in diesem entspr. seinem zahlenmäßigen Verhältnis vertreten sein muss, nicht genügend wählbare ArbN oder ArbNinnen, die zur Übernahme des BRAmtes bereit sind, so sind die freien Sitze des Minderheitsgeschlechts mit gewählten ArbN des anderen Geschlechts zu besetzen (s. § 126 Nr. 5a; § 15 Abs. 5 u. § 22 Abs. 4 WO; *Engels/Trebinger/Löhr-Steinhaus* DB 01, 532, 541).

51 Zu den insoweit geltenden Besonderheiten in Postunternehmen, deren Beamten bei der BRWahl neben der Gruppe der ArbN eine eigene, zweite Wählergruppe bilden wollen, aber nicht alle ihnen zustehenden Sitze einnehmen können oder wollen s. § 14 Rn 83 ff.

52 Entspricht abgesehen von vorstehenden Ausnahmen der BR nicht der gesetzl. vorgeschriebenen Größe, so ist der BR nicht ordnungsgemäß zusammengesetzt. In diesem Fall ist die Wahl des BR **anfechtbar** (LAG Schleswig-Holstein BB 95, 620 – LS –; *Richardi/Thüsing* Rn 19). Wird die Wahl angefochten, so kann das ArbG die fehlerhafte Größe des BR im Falle der **Mehrheitswahl** nicht berichtigen; denn es kann nicht beurteilen, wie der Wähler die ihm zustehenden Stimmen bei Zugrundelegung der richtigen BRGröße verteilt hätte (vgl. BAG 29. 5. 91 AP Nr. 2 zu § 9 BetrVG 1972).

53 Dieser Gesichtspunkt greift aber im Falle der Listenwahl nicht ein. Vielmehr kann bei einer **Listenwahl** im Allgemeinen davon ausgegangen werden, dass die Entscheidung des Wählers für eine Liste nicht von der Anzahl der zu wählenden BRMitgl. abhängt. Deshalb ist im Falle der Listenwahl eine Berichtigung der fehlerhaften BRGröße durch das ArbG als zulässig anzusehen, es sei denn, bes. Umstände stehen dem entgegen (GK-*Kreutz* Rn 25; unklar *Richardi/Thüsing* Rn 20 f.; **aA** BAG 12. 10. 76 AP Nr. 1 zu § 8 BetrVG 1972 u. AP Nr. 5 zu § 19 BetrVG 1972; *DKKW-Schneider/Homburg* Rn 17; *HSWGNR* Rn 22; ErfK-*Koch* BetrVG § 9 Rn 4).

54 Ist bei Listenwahl die **Größe des BR** fälschlicherweise **zu niedrig festgesetzt,** so hat die Berichtigung dahin zu erfolgen, dass aus den Listen entspr. viele Wahlbewerber nachrücken. Sind nicht genügend Wahlbewerber vorhanden, ist gem. § 13 Abs. 2 Nr. 2 eine Neuwahl durchzuführen. Ist die Größe des BR fälschlicherweise zu hoch angesetzt, so hat die Berichtigung dahin zu erfolgen, dass die Wahlbewerber, die nach dem d'Hondt'schen Verfahren (vgl. hierzu § 14 Rn 24) als letzte aus den Listen in den BR eingerückt sind, keine BRMitgl., sondern nur ErstMitgl. sind.

55 Nach BAG (29. 5. 91 AP Nr. 2 zu § 9 BetrVG 1972) führt eine rechtsfehlerhaft **zu hoch festgelegte Größe des BR** zu einer Anfechtbarkeit der Wahl des **gesamten BR,** und zwar auch dann, wenn bei einer Gruppenwahl der Fehler nur darauf beruht, dass für eine Gruppe eine zu hohe Zahl von ArbN zugrunde gelegt worden ist. Auch wenn es keinen Gruppenschutz mehr gibt, wird diese Rspr. ua. in Fällen zu beachten sein, wenn für das Geschlecht in der Minderheit (§ 15 Abs. 2) von einer zu hohen Zahl der Angehörigen eines Geschlechts ausgegangen wird.

56 Werden irrtümlich mehr BRMitgl. als gesetzl. festgelegt gewählt und wird die Wahl **nicht angefochten,** so verbleibt es für die Dauer der Amtszeit bei der höheren Mitgliederzahl (BAG 14. 1. 72 AP Nr. 2 zu § 20 BetrVG Jugendvertreter; *DKKW-Schneider/Homburg* Rn 18; GK-*Kreutz* Rn 26). Entspr. gilt, wenn irrtümlich weniger BRMitgl. als gesetzl. festgelegt gewählt werden und die Wahl nicht angefochten wird. Nach Ablauf der Anfechtungsfrist kann die richtige Zusammensetzung des BR auch nicht mehr als Vorfrage in einem anderen gerichtlichen Verfahren – etwa einem Kündigungsschutzverfahren – entschieden werden (GK-*Kreutz* Rn 27).

III. Streitigkeiten

Die Größe des zu wählenden BR wird zunächst vom **Wahlvorst.** festgelegt (§ 3 57 Abs. 2 Nr. 4 WO). Kommt es über dessen Entscheidung zu Streitigkeiten, so sind diese im **arbeitsgerichtlichen BeschlVerf** zu entscheiden (§§ 2a, 80 ff. ArbGG u. dazu s. Nach § 1 Rn 1 ff.).

Verstöße gegen die zwingenden Bestimmungen über die Zahl der BRMitgl. kön- 58 nen zur **Anfechtung der Wahl** nach § 19 führen, wenn infolge des Verstoßes das Wahlergebnis geändert oder beeinflusst wird und eine Berichtigung nicht möglich ist (vgl. zum letzteren Rn 52 ff.).

Ein Irrtum über die Zahl der beschäftigten ArbN (zB wegen unzutreffender 59 Nichtberücksichtigung von Teilzeitbeschäftigten) ist nur von Belang, wenn die richtige Zahl der ArbN zu einer anderen Größe des BR führen würde. Die Wahl ist bei Zugrundelegung einer unrichtigen Zahl von BRMitgl. in keinem Falle als nichtig anzusehen (BAG 12. 10. 76 AP Nr. 1 zu § 8 BetrVG 1972 u. AP Nr. 5 zu § 19 BetrVG 1972).

§ 10 Vertretung der Minderheitsgruppen

(weggefallen)

§ 11 Ermäßigte Zahl der Betriebsratsmitglieder

Hat ein Betrieb nicht die ausreichende Zahl von wählbaren Arbeitnehmern, so ist die Zahl der Betriebsratsmitglieder der nächstniedrigeren Betriebsgröße zugrunde zu legen.

Inhaltsübersicht

I. Vorbemerkung

Die Vorschrift lässt in Ausnahmefällen eine von § 9 abweichende BRGröße zu und 1 stellt damit sicher, dass die Bildung eines BR nicht an einer zu geringen Zahl wählbarer ArbN scheitert. Die Regelung gilt für die BordVertr., den SeeBR und die JugAzubiVertr. entspr. (vgl. § 115 Abs. 2, § 116 Abs. 2, § 11 analog). Sie gilt jedoch nicht für den GesBR, den KBR, die GesJugAzubiVertr. und die KJugAzubiVertr. Sie gilt ferner nicht für den Fall, dass die dem **Geschlecht in der Minderheit** nach § 15 Abs. 2 **zustehenden Mindestsitze** von diesem nicht besetzt werden können (s. Rn 10).

Die Vorschrift ist **zwingend.** Sie kann auch durch TV oder BV nicht abgedungen 2 werden. Insb. kann nicht die Wahl eines BR mit gerader Sitzzahl oder die Wahl nicht wählbarer ArbN vereinbart werden.

Entspr. Vorschrift: Keine. 3

II. Zurückgehen auf die nächstniedrige Betriebsgröße

Das Zurückgehen auf die Zahl der BRSitze, die sich bei der nächstniedrigen Be- 4 triebsgröße ergeben würde, setzt voraus, dass **am Tage des Erlasses des Wahlaus-**

schreibens nicht die ausreichende Zahl von ArbN im Betrieb beschäftigt ist, die die Voraussetzungen des § 8 erfüllen (vgl. hierzu § 8 Rn 6 ff.).

5   Als **ausreichend** ist die Zahl anzusehen, die nach § 9 für die Zusammensetzung des BR vorgesehen ist. Ausreichend ist demnach die Zahl dann, wenn mindestens ebenso viel wählbare ArbN im Betrieb beschäftigt sind, wie BRMitgl. zu wählen sind. Die Vorschrift des § 6 Abs. 2 WO, nach dem jeder Wahlvorschlag mindestens doppelt so viele Bewerber aufweisen soll, wie BRMitgl. zu wählen sind, ist als bloße Sollvorschrift insoweit ohne Bedeutung. Allerdings müssen mindestens drei wählbare ArbN vorhanden sein, da sonst der Betrieb nicht betriebsratsfähig ist (vgl. § 1 Abs. 1 S. 1).

6   Sind nicht genügend wählbare ArbN vorhanden, so ist auf die Zahl der BRMitgl. der **nächstniedrigen Betriebsgröße** gem. der Staffelung in § 9 zurückzugehen. Nicht zulässig ist die Festlegung einer BRGröße außerhalb der Staffel des § 9, auch wenn mehr wählbare ArbN vorhanden sind, als der nächstniedrigeren BRGröße entspricht. Hat zB ein Betrieb mit 51 wahlberechtigten ArbN nur vier wählbare ArbN, so ist nicht ein BR mit vier Mitgl., sondern ein dreiköpfiger BR zu wählen (BAG 11. 4. 58 AP Nr. 1 zu § 6 WO; *Richardi / Thüsing* Rn 2 f.). Reicht auch diese Zahl nicht aus, so muss man so lange auf die Zahl der BRMitgl. der weiteren nächstniedrigeren Betriebsgrößen zurückgehen, bis die entspr. Zahl von BRSitzen voll besetzt werden kann (hM).

7   Die Zugrundelegung der jeweils nächstniedrigeren Betriebsgröße ist **verbindlich,** so dass die sich aus ihr ergebende Zahl der BRMitgl. maßgebend ist. Sie gilt bis zur nächsten BRWahl als gesetzl. Zahl der BRMitgl. Eine Nachwahl, um die ursprünglich maßgebende Zahl der BRMitgl. zu erreichen, ist nicht zulässig (*DKKW-Schneider/Homburg* Rn 3; GK-*Kreutz* Rn 9; *Richardi / Thüsing* Rn 5).

III. Sinngemäße Anwendung bei Mangel an Wahlbewerbern

8   Seinem Wortlaut nach regelt § 11 nur den Fall, dass nicht genügend ArbN vorhanden sind, die objektiv die Voraussetzungen der Wählbarkeit (§ 8) erfüllen. Dass der wählbare ArbN auch zur Übernahme des Amts bereit ist, wird für die Anwendung des § 11 nicht gefordert. Stellt sich allerdings heraus, dass ein BR unter Zugrundelegung der Zahl der objektiv wählbaren ArbN in dieser Stärke nach § 9 nicht gebildet werden kann, weil zu viele von ihnen nicht bereit sind, ein BRAmt zu übernehmen, so ist § 11 **sinngemäß anzuwenden** und auf eine BRGröße entspr. der Staffel des § 9 zurückzugehen, die die Besetzung des BR mit zur Übernahme des Amts bereiten wählbaren ArbN gestattet (*DKKW-Schneider/Homburg* Rn 4; *HSWGNR* Rn 7; *Richardi/Thüsing* Rn 6; **aA** GK-*Kreutz* Rn 11).

9   Sind zB in einem Betrieb mit 21 wahlberechtigten ArbN zwar genügend wählbare ArbN vorhanden, aber nur einer oder zwei zur **Übernahme des BRAmtes** bereit, so ist ein einköpfiger BR zu wählen (BAG 11. 4. 58 AP Nr. 1 zu § 6 WO; *Richardi/Thüsing* Rn 7; wegen der Befugnisse dieses BR vgl. § 9 Rn 40). Gleiches gilt, wenn trotz ordnungsgemäßen Wahlausschreibens die Vorschlagslisten nicht ausreichend Kandidaten enthalten oder wenn bei Mehrheitswahl nicht so viele Wahlbewerber, wie der BR Mitgl. haben sollte, wenigstens eine Stimme erhalten haben (vgl. § 22 Abs. 4 WO u. dort Rn 9; *DKKW-Schneider/Homburg* Rn 4; *Richardi/Thüsing* Rn 6, 8; **aA** GK-*Kreutz* Rn 11; *HSWGNR* Rn 8).

10   Vorstehendes gilt **jedoch nicht** für den Fall, dass die dem **Geschlecht in der Minderheit** nach dem neuen § 15 Abs. 2 **zustehenden Mindestsitze,** zB wegen mangelnder Bereitschaft zur Übernahme des BRAmtes oder Nichtannahme der Wahl, nicht vollständig besetzt werden können. In diesem Falle sind die vom Minderheitsgeschlecht nicht in Anspruch genommenen BRSitze mit gewählten Vertr. des anderen Geschlechts zu besetzen (s. § 126 Nr. 5 a; § 15 Abs. 5 u. § 22 Abs. 4 WO; *Engels/Trebinger/Löhr-Steinhaus* DB 01, 532, 541).

IV. Streitigkeiten

Entsteht Streit über die Größe des BR nach § 11 iVm. § 9, so entscheidet das **11**
ArbG im BeschlVerf. (§§ 2a, 80 ff. ArbGG u. dazu s. Nach § 1 Rn 1 ff.). Bei unrichtiger Anwendung des § 11 kann die Wahl nach § 19 **anfechtbar** sein.

§ 12 Abweichende Verteilung der Betriebsratssitze

(weggefallen)

§ 13 Zeitpunkt der Betriebsratswahlen

(1) [1]Die regelmäßigen Betriebsratswahlen finden alle vier Jahre in der Zeit
vom 1. März bis 31. Mai statt. [2]Sie sind zeitgleich mit den regelmäßigen Wahlen nach § 5 Abs. 1 des Sprecherausschussgesetzes einzuleiten.

(2) Außerhalb dieser Zeit ist der Betriebsrat zu wählen, wenn
1. mit Ablauf von 24 Monaten, vom Tage der Wahl an gerechnet, die Zahl der
   regelmäßig beschäftigten Arbeitnehmer um die Hälfte, mindestens aber um
   fünfzig, gestiegen oder gesunken ist,
2. die Gesamtzahl der Betriebsratsmitglieder nach Eintreten sämtlicher Ersatzmitglieder unter die vorgeschriebene Zahl der Betriebsratsmitglieder gesunken ist,
3. der Betriebsrat mit der Mehrheit seiner Mitglieder seinen Rücktritt beschlossen hat,
4. die Betriebsratswahl mit Erfolg angefochten worden ist,
5. der Betriebsrat durch eine gerichtliche Entscheidung aufgelöst ist oder
6. im Betrieb ein Betriebsrat nicht besteht.

(3) [1]Hat außerhalb des für die regelmäßigen Betriebsratswahlen festgelegten
Zeitraums eine Betriebsratswahl stattgefunden, so ist der Betriebsrat in dem auf
die Wahl folgenden nächsten Zeitraum der regelmäßigen Betriebsratswahlen
neu zu wählen. [2]Hat die Amtszeit des Betriebsrats zu Beginn des für die regelmäßigen Betriebsratswahlen festgelegten Zeitraums noch nicht ein Jahr betragen, so ist der Betriebsrat in dem übernächsten Zeitraum der regelmäßigen
Betriebsratswahlen neu zu wählen.

Inhaltsübersicht

I. Vorbemerkung

Die Vorschrift regelt den **Zeitpunkt** der BRWahlen. Sie schreibt in Abs. 1 für die **1**
Durchführung der regelmäßigen BRWahlen einen festen Vierjahres-Rhythmus (je-

317

weils im Zeitraum vom 1. März bis 31. Mai) vor. Abs. 2 regelt die Fälle, in denen außerhalb des in Abs. 1 genannten Zeitraums BRWahlen stattfinden. Durch Abs. 3 wird der Anschluss einer außerhalb des regelmäßigen Wahlzeitraums durchgeführten BRWahl an die Wahlzeiträume der regelmäßigen BRWahlen sichergestellt.

2   Die Vorschrift gilt entspr. für die Wahl des SeeBR (vgl. § 116 Abs. 2). Sonderregelungen bestehen für den Zeitpunkt der Wahl der **JugAzubiVertr.** (vgl. § 64 Abs. 1) und der BordVertr. (vgl. § 115 Abs. 2 Nr. 5). Die Vorschrift ist nicht auf den GesBR und den KBR anwendbar. Sie hat aber insoweit praktische Bedeutung für diese Gremien, als diese nach Durchführung der BRWahlen regelmäßig neu zu besetzen sind.

3   Die Vorschrift ist **zwingend** und kann weder durch TV noch durch BV abgeändert werden. Ihre Geltung kann allerdings durch TV nach § 3 Abs. 1 Nr. 3 für die dort ermöglichte anderweitige ArbNVertr.-Struktur ausgeschlossen werden, wenn dies die Eigenart der vom TV erfassten Betriebe bedingt. Auf die zusätzlichen ArbNVertr. nach § 3 Abs. 1 Nr. 4 und 5 findet sie keine Anwendung; der Zeitpunkt ihrer Wahl bleibt der tarifvertraglichen Regelung überlassen.

3a   Entspr. Vorschriften: § 27 BPersVG, § 5 Abs. 1 bis 3 SprAuG.

II. Regelmäßige Betriebsratswahlen

4   Das Änderungsgesetz 1989 hat die Amtszeit der BR von drei auf vier Jahre verlängert und die regelmäßigen BRWahlen auf einen **Vierjahres-Rhythmus** umgestellt. Die nächsten regelmäßigen BRWahlen finden in den Jahren 2010, 2014 usw. statt, und zwar jeweils in der Zeit vom 1. März bis 31. Mai. Die Vorschrift des § 13 legt lediglich den Zeitraum für die Durchführung der BRWahl fest; Beginn und Ende der Amtszeit des BR sind in § 21 geregelt.

5   Die Festlegung eines regelmäßigen Wahlzeitraums erleichtert den Gewerkschaften die **organisatorische Vorbereitung** der Wahl, insb. durch die Möglichkeit, rechtzeitig und generell die Formulare und sonstige Drucksachen herzustellen und ihre an der Durchführung der Wahl interessierten Mitglieder zu schulen. Damit wird auch die Gefahr von Wahlanfechtungen, die durch Maßnahmen ungenügend geschulter Wahlvorst. verursacht werden können und die ArbGeb. mit Mehrkosten erneuter Wahlen belasten, erheblich vermindert. Wegen Schulung von Mitgliedern des Wahlvorst. vgl. § 20 Rn 39. Auch die ArbGebVerbände erhalten so die Möglichkeit, ihre Mitglieder auf die BRWahlen vorzubereiten.

6   Der Zeitraum vom 1. März bis zum 31. Mai bezieht sich auf den **Wahltag**, dh den Tag der Stimmabgabe (*HSWGNR* Rn 5; *Richardi/Thüsing* Rn 6; *WPK* Rn 4). Bei mehreren Wahltagen ist der letzte Tag der Stimmabgabe entscheidend (insoweit **aA** GK-*Kreutz* Rn 13; *Düwell/Brors* Rn 3). Für den einzelnen Betrieb wird sich der konkrete Zeitpunkt der Wahl nach dem Ende der Amtsperiode des bestehenden BR bestimmen (vgl. hierzu § 21).

7   Nach Sinn und Zweck der Vorschrift sollte bis zum Ablauf der Amtszeit des bestehenden BR jedoch nicht nur die Wahlhandlung durchgeführt, sondern auch das **Wahlergebnis endgültig festgestellt und bekannt gegeben** sein, weil frühestens mit diesem Zeitpunkt die Amtszeit des neuen BR beginnen kann (vgl. § 21 S. 2). Andernfalls wäre der Betrieb nach Ablauf der Amtszeit des bisherigen BR bis zur Bekanntmachung des Wahlergebnisses für den neuen BR betriebsratslos.

8   Der gesetzl. vorgeschriebene Wahlzeitraum hindert nicht, mit den **Wahlvorbereitungen** schon vorher zu beginnen, zB wenn erkennbar wird, dass ArbN eines selbständigen Betriebsteils nach § 4 Abs. 1 S. 2 beschließen wollen, an der BRWahl im Hauptbetrieb teilzunehmen, oder dass es Meinungsverschiedenheiten über die Zuordnung der leitenden Ang. geben und sich deshalb das Zuordnungsverfahren nach § 18a langwieriger gestalten wird. Auch im Hinblick darauf, dass während des Wahlverfahrens auftretende Zweifelsfragen uU eine gerichtliche Entscheidung notwendig machen, sollte der für die Vorbereitung und Durchführung der BRWahl in Aussicht

genommene Zeitraum nicht zu kurz bemessen werden. Die Amtszeit des bestehenden BR wird durch eine vorzeitige Wahl des neuen BR grundsätzlich nicht verkürzt. Vielmehr beginnt dessen Amtszeit erst mit Ablauf der Amtszeit des bestehenden BR (vgl. hierzu § 21 Rn 10 ff.).

Der regelmäßige Wahlzeitraum hindert nicht die Wahl eines BR in einem Betrieb, **9** in dem kein BR besteht, außerhalb dieses Zeitraums (vgl. Abs. 2 Nr. 6 u. hierzu Rn 47 ff.).

III. Zeitgleiche Einleitung der Wahlen (Abs. 1 S. 2)

Abs. 1 S. 2 schreibt die **zeitgleiche Einleitung** der regelmäßigen BRWahl mit der **10** Wahl des Sprecherausschusses für leitende Ang. vor. Eine entspr. Verpflichtung enthält § 5 Abs. 1 S. 2 SprAuG. Die Vorschriften über die Amtszeit der Sprecherausschüsse und ihre regelmäßigen Wahlzeiträume entsprechen denen des BR. Schon aus diesem Grunde liegt es nahe, die Wahlen möglichst zeitgleich durchzuführen. Hinzu kommt, dass eine Abgrenzung der zum BR und zum Sprecherausschuss wahlberechtigten ArbN erforderlich ist. Hier sieht § 18 a ein bes. Verfahren für die Bestimmung des Personenkreises der leitenden Ang. vor, dass für die anstehenden Wahlen grundsätzlich verbindlich ist und an dem die Wahlvorst. sowohl für die BRWahl als auch für die Wahl des Sprecherausschusses beteiligt sind (s. aber § 18 a Rn 4 bez. vereinfachtes Wahlverfahren). Auch dies gebietet eine zeitgleiche Einleitung beider Wahlen, damit die Klärung der jeweils wahlberechtigten ArbN, die nicht nur für die Aufstellung der Wählerliste, sondern auch für weitere Entscheidungen der Wahlvorst., zB Größe des BR bzw. des Sprecherausschusses, Zahl der notwendigen Stützunterschriften für Wahlvorschläge, von Bedeutung ist, vor Einleitung der Wahl abgeschlossen ist.

Die Verpflichtung zur zeitgleichen Einleitung der Wahl besteht nur für die **regel- 11 mäßigen Wahlen** des BR und des Sprecherausschusses (*HSWGNR* Rn 6; *Richardi/ Thüsing* Rn 10; *WPK* Rn 5). Regelmäßige Wahlen sind die alle vier Jahre in der Zeit vom 1. März bis 31. Mai stattfindenden Wahlen. Hierunter fallen auch die Wahlen, die nach einer außerhalb des regelmäßigen Wahlzeitraums durchgeführten BRWahl wieder in den regelmäßigen Wahlzeitraum überführt werden (vgl. unten Rn 50 ff.; ebenso GK-*Kreutz* Rn 20). Bei Wahlen außerhalb des regelmäßigen Wahlzeitraums ist eine Verpflichtung der Wahlvorst. zur zeitgleichen Einleitung der Wahl gesetzl. nicht vorgeschrieben, aber möglich (vgl. § 18 a Rn 32 ff.).

Die Wahlen sind zeitgleich **einzuleiten.** Die Einleitung der Wahl erfolgt mit dem **12 Erlass des Wahlausschreibens** durch den Wahlvorst. Das Wahlausschreiben zur BRWahl ist somit am selben Tage wie das zur Wahl des Sprecherausschusses zu erlassen. Dies bedingt eine entspr. Abstimmung der Wahlvorst. untereinander. Bei der Festlegung des Tages des Erlasses des Wahlausschreibens ist darauf zu achten, dass sowohl die Wahl des BR als auch des Sprecherausschusses vor Ablauf der Amtszeit der bestehenden Vertretungen stattfindet und damit eine betriebsrats- oder sprecherausschusslose Zeit vermieden wird. Endet die Amtszeit des bestehenden BR und Sprecherausschusses zu unterschiedlichen Zeiten (zB am 15. 3. und 20. 4.), so ist für die Frage des rechtzeitigen Erlasses des Wahlausschreibens stets von dem früheren Amtsende auszugehen (GK-*Kreutz* Rn 23; vgl. auch § 16 Rn 9 ff.). Das Wahlausschreiben kann vor Beginn des regelmäßigen Wahlzeitraumes, dh vor dem 1. 3. des Wahljahres erlassen werden.

Nur die Einleitung der Wahl muss zeitgleich erfolgen. Es besteht keine Verpflich- **13** tung, auch das **weitere Wahlverfahren** aufeinander abgestimmt durchzuführen. Insb. brauchen die beiden Wahlen nicht am selben Tage durchgeführt zu werden (GK-*Kreutz* Rn 21; *Richardi/Thüsing* Rn 11).

Die Verpflichtung zur zeitgleichen Einleitung der Wahlen besteht nicht nur im **14** Falle der Wahl eines betrieblichen Sprecherausschusses, sondern auch dann, wenn die leitenden Ang. gemäß § 20 SprAuG in Unternehmen mit mehreren Betrieben anstelle der betrieblichen Sprecherausschüsse die Bildung eines **Unternehmenssprecher-ausschusses** beschließen. Dies ergibt sich zum einen daraus, dass § 13 Abs. 1 S. 2 allgemein auf die regelmäßigen Wahlen nach § 5 Abs. 1 SprAuG verweist. Unter diese Bestimmung fällt durch die generelle Verweisung in § 20 Abs. 1 S. 2 SprAuG auch die Wahl eines Unternehmenssprecherausschusses. Zum anderen besteht die Notwendigkeit einer gegenseitigen Abgrenzung der jeweiligen für die BRWahl und die Wahl des Sprecherausschusses wahlberechtigten Personen auch bei der Wahl eines Unternehmenssprecherausschusses (ebenso GK-*Kreutz* Rn 22; *Richardi/Thüsing* Rn 9; *WPK* Rn 5). Zur Beteiligung der einzelnen BRWahlvorst. an dem Zuordnungsver-fahren nach § 18a in diesen Fällen vgl. § 18a Rn 23 f.; zur Verpflichtung der recht-zeitigen Bestellung der Wahlvorst. gerade in diesen Fällen vgl. § 16 Rn 11.

15   Die zeitgleiche Einleitung der Wahlen des BR und des Sprecherausschusses ist eine **Rechtspflicht** der jeweiligen Wahlvorst. (GK-*Kreutz* Rn 22; *Richardi/Thüsing* Rn 11; *Engels/Natter* BB Beil. 8/89, 15). Ihre Missachtung stellt eine Pflichtverletzung des Wahlvorst. dar. Die Einhaltung dieser Pflicht kann durch das ArbG – ggf. im Wege einer einstw. Vfg. – jedenfalls insoweit gesichert werden, dass das ArbG den Tag, an dem die Wahlen einzuleiten sind, konkret festlegt (ErfK-*Koch* Rn 1; **aA** GK-*Kreutz* Rn 24). Bei dieser Entscheidung hat das ArbG darauf zu achten, dass eine betriebs-rats- und sprecherausschusslose Zeit vermieden wird.

16   Dem Wahlvorst. obliegen neben der Verpflichtung zur zeitgleichen Einleitung der Wahl noch zahlreiche weitere Pflichten. Insb. ist hier seine Verpflichtung zu nennen, die Wahl so rechtzeitig einzuleiten und so zügig durchzuführen, dass der neu gewähl-te BR sein Amt mit Ablauf der Amtszeit des bestehenden BR antreten kann und somit eine betriebsratslose Zeit vermieden wird (vgl. § 18 Rn 15). Diese Verpflich-tung kann in **Kollision** mit der Verpflichtung zur zeitgleichen Einleitung der Wahl geraten, zB wenn der Sprecherausschuss die rechtzeitige Bestellung des Wahlvorst. für seine Neuwahl oder dieser Wahlvorst. eine Abstimmung über den Zeitpunkt der zeitgleichen Einleitung der Wahl verzögert. Im Konfliktfall hat die Verpflichtung zur zügigen Durchführung der Wahl, um eine betriebsratslose Zeit zu vermeiden, Vor-rang vor der Verpflichtung zur zeitgleichen Einleitung der Wahl (ebenso HSWGNR Rn 9). Denn die Gewährleistung, dass überhaupt ein BR zur Wahrnehmung der ArbNInteressen besteht, ist höher zu bewerten, als die Durchführung des Zuord-nungsverfahrens nach § 18a, das lediglich einer möglichst richtigen Abgrenzung der zum BR und zum Sprecherausschuss wahlberechtigten und wählbaren ArbN dient (ebenso SWS Rn 1; **aA** GK-*Kreutz* § 18a Rn 19, 32, der dies nur für den Fall als zulässig ansieht, dass der andere Wahlvorst. noch nicht gebildet ist; vgl. auch § 18a Rn 26 ff.).

17   Der **Verstoß** gegen die Verpflichtung zur zeitgleichen Einleitung der Wahl hat für sich allein keine Auswirkung auf die Wirksamkeit der Wahl, etwa dahingehend, dass der Verstoß als solcher bereits eine Anfechtung der Wahl rechtfertigt (ebenso GK-*Kreutz* Rn 25; HSWGNR Rn 9; *Löwisch/Kaiser* Rn 2; *Richardi/Thüsing* Rn 12). Eine derartige Annahme verbietet sich schon deshalb, weil nicht ersichtlich ist, inwiefern die nicht zeitgleiche Einleitung der Wahl als solche Einfluss auf das Wahlergebnis haben kann. Durch die zeitgleiche Einleitung der Wahl soll die Durchführung des Zuordnungsverfahrens nach § 18a ermöglicht werden. Wird dieses Verfahren nicht durchgeführt, hat der Wahlvorst. eigenverantwortlich zu entscheiden, welche ArbN er als leitende Ang. ansieht oder nicht. Diese Entscheidung ist in einem etwaigen Anfechtungsverfahren in vollem Umfang nachprüfbar, weil die Beschränkung des Anfechtungsrechts nach § 18a Abs. 5 wegen des fehlenden Zuordnungsverfahrens nicht Platz greift. Die Verletzung der Pflicht zur zeitgleichen Einleitung der Wahl kann deshalb nur im Zusammenhang mit einer falschen Zuordnung von ArbN zu den leitenden Ang. Bedeutung für eine Wahlanfechtung haben (GK-*Kreutz* Rn 25).

IV. Wahlen außerhalb des regelmäßigen Wahlzeitraums

In bestimmten Fällen ist der BR **außerhalb des Vierjahres-Rhythmus** für die 18 regelmäßigen BRWahlen neu zu wählen. Bei den in Abs. 2 umschriebenen Tatbeständen handelt es sich um Fälle, in denen in der Zwischenzeit entweder kein BR (mehr) vorhanden ist (Abs. 2 Nr. 4 bis 6) oder sonstige Umstände eingetreten sind, die eine Neuwahl des BR notwendig machen (Abs. 2 Nr. 1 bis 3).

Die in Abs. 2 enthaltenen Tatbestände betreffen lediglich die Frage der (Neu-)Wahl 19 des BR. Wegen der Beendigung der Amtszeit des bisherigen BR und des Beginns der Amtszeit des neuen BR vgl. § 21 Rn 20 ff.

Eine außerhalb des regelmäßigen Wahlzeitraums durchgeführte BRWahl ist **nur** 20 **zulässig,** wenn einer der in Abs. 2 genannten Sonderfälle vorliegt. Ist dies nicht der Fall, so ist die außerhalb des regelmäßigen Wahlzeitraums durchgeführte BRWahl **nichtig** (ArbG Regensburg BB 90, 852; *DKKW-Schneider/Homburg* Rn 6; GK-*Kreutz* Rn 14; *Richardi/Thüsing* Rn 15). Aus diesem Grunde ist die Durchführung einer vorgezogenen BRWahl vor dem 1. März des Wahljahres bei Bestehen eines ordnungsgemäßen BR (etwa zur „Ablösung" eines nicht zurückgetretenen BR) unzulässig (GK-*Kreutz* Rn 33). Das gleiche gilt, wenn vor Rechtskraft der Entscheidung über die Wahlanfechtung eines BR ein neuer BR gewählt wird (GK-*Kreutz* Rn 72; *Richardi/Thüsing* Rn 43). Dagegen ist eine verspätete BRWahl (etwa erst im Juni des Wahljahres) zulässig, da die Amtszeit des bisherigen BR spätestens mit Ablauf des 31. Mai des Wahljahres abgelaufen ist und deshalb der Fall des Abs. 2 Nr. 6 vorliegt.

1. Wesentliche Veränderung der Belegschaftsstärke

Der BR ist neu zu wählen, wenn nach Ablauf von 24 Monaten seit der Wahl die 21 Zahl der regelmäßig beschäftigten ArbN **um die Hälfte, mindestens aber um 50,** gestiegen oder gesunken ist. Sinn dieser Regelung ist es, nicht nur die Größe des BR an die Belegschaftsstärke anzupassen, sondern auch keine Zweifel an der Legitimation des BR bei einer so starken Veränderung der Belegschaft aufkommen zu lassen (GK-*Kreutz* Rn 36; Erfk-*Koch* Rn 3).

Im Interesse der Rechtssicherheit löst nur eine Belegschaftsveränderung zum maß- 22 gebenden Stichtag eine Neuwahl aus. Entscheidend ist der **Ablauf von 24 Monaten** seit der Wahl.

Maßgeblicher Stichtag zur Feststellung der erforderlichen Änderung der Beleg- 23 schaft ist der Tag, an dem seit dem Tage der Wahl des BR 24 Monate vergangen sind. Das G stellt zur Berechnung des Stichtages auf den Tag der Wahl ab, nicht etwa auf den Ablauf von 24 Monaten Amtszeit. Tag der Wahl ist der Tag der Stimmabgabe, nicht der Tag der Bekanntgabe des Wahlergebnisses nach § 18, § 34 Abs. 3 WO (*Richardi/Thüsing* Rn 20). Hat sich die Stimmabgabe über mehrere Tage erstreckt, ist der letzte Tag der Stimmabgabe entscheidend.

Für die **Fristberechnung** gelten die §§ 186 ff. BGB. Nach § 187 Abs. 1 BGB wird 24 für den Fristbeginn der Tag der Wahl selbst nicht mitgezählt. Gemäß § 188 Abs. 2 BGB läuft die 24-Monatsfrist mit dem Tage ab, der der Zahl nach dem Tage der Wahl entspricht. Maßgebender Stichtag iSd. Abs. 2 Nr. 1 ist der auf den Ablauf der 24-Monatsfrist folgende Tag (GK-*Kreutz* Rn 38 f.; *Hahn/Rudolph* AiB 08, 651, 654).

Beispiel:

Hat die Wahl des BR am 16. 3. 2010 stattgefunden, so läuft die 24-Monatsfrist mit Ablauf des 16. 3. 2012 ab. Maßgeblicher Stichtag ist somit der 17. 3. 2012.

Änderungen der Belegschaftstärke **vor oder nach** dem Stichtag sind **unerheb-** 25 **lich.** Steigt zB in einem Betrieb mit 200 regelmäßig beschäftigten ArbN in den ersten 24 Monaten nach der Wahl die Zahl der regelmäßig Beschäftigten auf 250 und erst später weiter auf 500, so sind die Voraussetzungen für eine Neuwahl nicht gegeben (GK-*Kreutz* Rn 37; *Richardi/Thüsing* Rn 19).

26 Im Regelfall liegt der Stichtag in der Mitte der vierjährigen Amtszeit des BR. Dies gilt allerdings nicht in den Fällen, in denen der BR außerhalb des für die regelmäßige BR Wahlen festgelegten Zeitraums neu gewählt worden ist und sich seine Amtszeit gemäß Abs. 3 iVm. § 21 S. 3 und 4 uU verkürzt oder verlängert (vgl. § 21 Rn 21 ff.). Gleichwohl ist bei Vorliegen der Voraussetzungen am Stichtag selbst dann neu zu wählen, wenn die Amtszeit des BR nur noch von kurzer Dauer wäre.

27 An dem maßgebenden Stichtag muss die Zahl der ArbN des Betriebs um die Hälfte, mindestens aber um 50, gestiegen oder gesunken sein. Für den Zugang oder Abgang an beschäftigten ArbN ist nur von den **regelmäßig beschäftigten ArbN** auszugehen (zu diesem Begriff vgl. § 1 Rn 271 ff., § 9 Rn 11 ff.); zu diesen zählen auch die nach § 7 S. 2 zur Arbeitsleistung überlassenen ArbN eines anderen ArbGeb., wenn sie regelmäßig im Einsatzbetrieb tätig werden (s. § 9 Rn 11 ff.). Lediglich vorübergehend beschäftigte ArbN, zB **Aushilfskräfte** während der Weihnachtsverkäufe oder der Schulferien, sind nicht zu berücksichtigen (*DKKW-Schneider/Homburg* Rn 9; GK-*Kreutz* Rn 41; *Richardi/Thüsing* Rn 23); etwas anderes gilt, wenn innerhalb regelmäßig Aushilfskräfte beschäftigt werden (vgl. hierzu § 9 Rn 15). Abzustellen ist auf die Gesamtzahl der im Betrieb beschäftigten ArbN, nicht auf die wahlberechtigten ArbN. Auch hier sind jedoch die in § 5 Abs. 2 genannten Personen sowie die leitenden Ang. nach § 5 Abs. 3 nicht mitzuzählen.

28 Es kommt nur auf eine Veränderung der Gesamtzahl der Belegschaft des Betriebes an. **Änderungen in der Zusammensetzung der Belegschaft,** zB Änderungen im Verhältnis des Geschlechts in der Minderheit (§ 15 Abs. 2) zum Mehrheitsgeschlecht oder Änderungen nur innerhalb eines der Geschlechter, lösen keine Neuwahl aus (*DKKW-Schneider/Homburg* Rn 10; GK-*Kreutz* Rn 44; *Richardi/Thüsing* Rn 22).

29 Die regelmäßige Belegschaftsstärke muss sich **um die Hälfte, mindestens aber um 50,** verändert haben. Beide Voraussetzungen müssen vorliegen. Ändert sich in einem Betrieb die regelmäßige Belegschaftsstärke zwar um 50 vH, umfasst diese Veränderung jedoch weniger als 50 regelmäßig beschäftigte ArbN, findet keine Neuwahl statt (*Krause/Niemann* AuA 99, 265, 266). Folglich kann Abs. 2 Nr. 1 nur in Betrieben ab 100 ArbN zur Anwendung kommen (*HSWGNR* Rn 18).

30 **Unerheblich** ist, ob die Veränderung der Belegschaftsstärke in dem vorgeschriebenen Ausmaß auch nach § 9 zu einer **Veränderung der Zahl der BRMitgl.** führt (GK-*Kreutz* Rn 45; *Richardi/Thüsing* Rn 25; *Hahn/Rudolph* AiB 08, 651, 652). Deshalb ist eine zwischenzeitliche Neuwahl auch dann durchzuführen, wenn die Zahl der beschäftigten ArbN in dem gesetzl. angegebenen Ausmaß zurückgegangen ist, zugleich aber auch so viele BRMitgl. ausgeschieden sind, dass die Zahl der restlichen BRMitgl. der niedrigeren Belegschaftsstärke entspricht (GK-*Kreutz* Rn 46; *HSWGNR* Rn 19; *Richardi/Thüsing* Rn 26). Bei der Neuwahl bestimmt sich die Zahl der zu wählenden BRMitgl. nach der aktuellen Belegschaftsstärke (BAG 22. 11. 84 AP Nr. 1 zu § 64 BetrVG 1972).

31 Eine **Neuwahl** des BR nach Abs. 2 Nr. 1 ist bei BR mit einer vierjährigen oder kürzeren Amtszeit (vgl. hierzu § 21 Rn 20 ff.) während dieser Amtszeit **nur einmal** möglich. Hat ein außerhalb des regelmäßigen Wahlzeitraums gewählter BR im Hinblick auf Abs. 3 S. 2 eine längere Amtszeit als vier Jahre (vgl. hierzu § 21 Rn 22), so kann sich innerhalb der mit der Wahl dieses BR eingeleiteten Wahlperiode die Notwendigkeit einer vorzeitigen Neuwahl wegen veränderter Belegschaftsstärke uU zweimal ergeben (GK-*Kreutz* Rn 47; DKKW-*Schneider/Homburg* Rn 12).

32 Der **BR bleibt** bis zur Wahl des neuen BR mit allen Rechten und Pflichten **im Amt** (§ 21 S. 5; ebenso seine Ausschüsse u. der WiAusschuss, LAG Frankfurt BB 94, 717). Er hat unverzüglich den Wahlvorst. für die Durchführung der Neuwahl des BR zu bestellen (vgl. § 16 Rn 13). Unterlässt er dies, so kann dies eine grobe Pflichtverletzung iSd. § 23 Abs. 1 darstellen, es sei denn, bes., sachlich einleuchtende Gründe

(zB hohe Abwesenheitsquote infolge von Kurzarbeit, Konzentration auf Verkaufsprozess im Rahmen eines Insolvenzverfahrens) stehen einer sofortigen Bestellung des Wahlvorst. entgegen. Bei Säumigkeit des BR kann in entspr. Anwendung des § 16 Abs. 2 und 3 auch das ArbG, bzw der GesBR oder, falls ein solcher nicht besteht, der KBR den Wahlvorst. bestellen (vgl. § 16 Rn 75 ff.).

Findet **keine Neuwahl** des BR statt, bleibt der bestehende BR im Amt und führt 32a die Geschäfte nach § 22 bis zum Ablauf der regelmäßigen Amtszeit nach § 21 Satz 3 weiter (BAG 19. 11. 03 AP Nr. 19 zu § 1 BetrVG 1972 Gemeinsamer Betrieb).

2. Neuwahl wegen Absinkens der Mitgliederzahl des Betriebsrats

Der BR ist ferner neu zu wählen, wenn die bei der Wahl maßgebende Gesamtzahl 33 seiner Mitgl. auch nach Eintritt sämtlicher ErsMitgl. nicht mehr erreicht wird. Auszugehen ist von der **ursprünglichen Zahl der BRMitgl.** War die Zahl der BRMitgl. nach § 11 herabgesetzt, so ist diese Zahl entscheidend. Auch wenn die verminderte BRGröße einer verminderten Belegschaftsgröße entsprechen sollte, ist eine Neuwahl durchzuführen (GK-*Kreutz* Rn 52; *Richardi/Thüsing* Rn 28; vgl. auch oben Rn 30).

Die danach maßgebende Zahl von BRMitgl. muss durch den **dauernden Wegfall** 34 **von BRMitgl.** eine Lücke aufweisen, die durch ein ErsMitgl. nicht mehr ausgefüllt werden kann. Ist ein BRMitgl. nur zeitweilig verhindert und für dieses ein ErsMitgl. nicht mehr vorhanden, so besteht keine dauernd unbesetzbare Lücke. Das ist auch der Fall, wenn für ein vorübergehend verhindertes BRMitgl. das letzte vorhandene ErsMitgl. eingetreten ist und während dieser Zeit ein anderes BRMitgl. endgültig ausscheidet; denn das ErsMitgl. kann nach Rückkehr des verhinderten für das ausgeschiedene BRMitgl. nachrücken, so dass die BRGröße der vorgeschriebenen Mitgl Zahl entspricht. Eine Neuwahl findet in diesen Fällen nicht statt (GK-*Kreutz* Rn 55, 58; *Richardi/Thüsing* Rn 30; HSWGNR Rn 23).

Auch wenn in einem **einköpfigen BR** das BRMitglied oder die ErsMitgl. aus 35 dem Amt ausgeschieden sind, findet keine Neuwahl statt; denn der einköpfige BR ist voll besetzt, solange er noch über ein Mitgl. verfügt (ErfK-*Koch* Rn 4; *Düwell-Brors* Rn 8). Allerdings kann das BRMitgl. seinen Rücktritt erklären und dadurch eine Neuwahl des BR nach Abs. 2 Nr. 3 auslösen (vgl. Rn 39). Bis zur Neuwahl bleibt der einköpfige BR im Amt (vgl. § 21 Rn 27).

Die Neuwahl des BR nach Abs. 2 Nr. 2 ist solange ausgeschlossen, als noch **Ers-** 36 **Mitgl.** in den BR **nachrücken** können (vgl. den Gesetzeswortlaut: nach Einrücken „sämtlicher" ErsMitgl.). Die Reihenfolge des Nachrückens bestimmt sich nach § 25 (vgl. § 25 Rn 24 ff.). Bei Erschöpfung einer Liste ist nach § 25 Abs. 2 auf ErsMitgl. anderer Listen, gegebenenfalls auch des anderen Geschlechts, zurückzugreifen (s. hierzu § 25 Rn 24 ff.).

Erst wenn ohne Rücksicht auf Listen- und Geschlechterzugehörigkeit **kein Ers-** 37 **Mitgl.** zur Auffüllung des BR auf die erforderliche MitglZahl mehr zur Verfügung steht, kommt eine Neuwahl in Betracht (GK-*Kreutz* Rn 56; *Krause/Niemann* AuA 99, 265, 266). Deshalb führt der Rücktritt sämtlicher BRMitgl. und ErsMitgl. einer Liste ebenso wenig zu einer vorzeitigen Neuwahl wie der Rücktritt sämtlicher BRMitgl. und ErsMitgl. des Geschlechts in der Minderheit, sofern der BR noch durch andere ErsMitgl. ergänzt werden kann (GK-*Kreutz* Rn 57; *Richardi/Thüsing* Rn 33). Die Größe des neu zu wählenden BR richtet sich nach der aktuellen Belegschaftsstärke im Zeitpunkt des Erlasses des Wahlausschreibens, nicht nach der Größe des bisherigen BR (vgl. BAG 22. 11. 84 AP Nr. 1 zu § 64 BetrVG 1972; GK-*Kreutz* Rn 61).

Hinsichtlich der **Amtszeit** des nicht mehr vollständigen BR und seiner Verpflich- 38 tung zur Bestellung des Wahlvorst. gelten die Ausführungen in Rn 32 und 32a entspr. (vgl. LAG Düsseldorf BeckRS 11, 74967).

3. Rücktritt des Betriebsrats

39   Der BR ist neu zu wählen, wenn er seinen **Rücktritt** beschlossen hat. Der Beschluss über den Rücktritt braucht nicht einstimmig zu erfolgen. Es genügt, wenn der BR mit der **Mehrheit der Stimmen seiner Mitgl.** (dh mit absoluter Stimmenmehrheit, vgl. § 33 Rn 36; *Düwell/Brors* Rn 9; *Richardi/Thüsing* Rn 38) den Rücktritt beschließt. Die Gründe für den Rücktritt (zB Protest, Erzwingung einer Neuwahl) sind unerheblich (LAG Hamm AP Nr. 1 zu § 15 BetrVG; *DKKW-Schneider/Homburg* Rn 17; *HSWGNR* Rn 29). Ein Rücktrittsbeschluss ist deshalb **inhaltlich**, dh im Hinblick auf seine Gründe, **gerichtlich nicht überprüfbar** (BAG 3. 4. 79 AP Nr. 1 zu § 13 BetrVG 1972; *GK-Kreutz* Rn 63). Jedoch kann die Rücktrittserklärung wegen offensichtlichen Mangels der Ernstlichkeit unwirksam sein (GK-*Kreutz* Rn 63; *Richardi/Thüsing* Rn 39).

40   Auch der nur aus **einem Mitgl. bestehende BR** kann zurücktreten. Der Gesetzeswortlaut „mit der Mehrheit seiner Stimmen" bedeutet lediglich das Erfordernis einer qualifizierten Mehrheit und keine Beschränkung der Möglichkeit des Rücktritts auf einen mehrköpfigen BR (GK-*Kreutz* Rn 64; *Richardi/Thüsing* Rn 40; *WPK* Rn 13). Die Frage, ob das einzige BRMitgl. „zurücktritt" oder lediglich sein Amt nach § 24 Abs. 1 Nr. 2 niederlegt mit der Folge, dass ein ErsMitgl. nachrückt, ist durch Auslegung seiner Erklärung zu beantworten. Entscheidend ist, ob er die Amtszeit der Institution BR beenden oder sich lediglich aus ihm – etwa aus persönlichen Gründen – zurückziehen will (GK-*Kreutz* Rn 64; *HSWGNR* Rn 28).

41   Dem Gesamtrücktritt des BR kommt es praktisch gleich, wenn **alle BRMitgl.** und **alle ErsMitgl.** in einer gemeinsamen Aktion **ihr Amt niederlegen** (*HSWGNR* § 22 Rn 5; *Brecht* Rn 15; **aA** GK-*Kreutz* Rn 69, *Richardi/Thüsing* Rn 51, die einen Fall außerhalb des G annehmen und deshalb Fortführung der Geschäfte ausschließen; *HSWGNR* Rn 30). Dies dürfte idR als **kollektiver Rücktritt umzudeuten** sein, da man nur bei Vorliegen bes. Umstände davon ausgehen kann, dass die BR- und ErsMitgl. eine betriebsratslose Zeit bis zur Neuwahl in Kauf nehmen wollen (ebenso ErfK-*Koch* Rn 5); denn im Gegensatz zum Rücktritt des BR (vgl. Rn 39) kommt bei einer echten Amtsniederlegung eine Fortführung der Geschäfte bis zur Neuwahl nicht in Betracht. Etwas anderes gilt, wenn nur ein Teil der BRMitgl. „zurücktritt". Hier kann ggf. eine Neuwahl nach Abs. 2 Nr. 2 (Absinken der erforderlichen MitglZahl) notwendig werden.

42   Der rechtswirksam beschlossene Rücktritt **erfasst den gesamten BR,** auch die BRMitgl., die gegen den Rücktritt gestimmt haben, sowie die ErsMitgl. (*Richardi/Thüsing* Rn 39; *Hahn/Rudolph* AiB 08, 651, 652). Diese können nicht etwa anstelle der zurückgetretenen BRMitgl. in den BR nachrücken und einen neuen BR bilden. Der zurückgetretene BR bleibt bis zur Wahl des neuen BR im Amt (vgl. § 21 Rn 27) und führt solange die Geschäfte weiter (vgl. § 22 Rn 5 ff.). Er ist verpflichtet, zur Durchführung der Neuwahl unverzüglich einen Wahlvorst. zu bestellen (vgl. oben Rn 32, aber auch Rn 32 a).

4. Anfechtung der Wahl

43   Auch bei einer erfolgreichen Anfechtung ist der BR neu zu wählen. Die erfolgreiche Anfechtung der BRWahl hat zur Folge, dass der BR ab **Rechtskraft der gerichtlichen Entscheidung** nicht mehr besteht (§ 19 Rn 49 f.). Der Betrieb ist betriebsratslos. Um zu verhindern, dass der Betrieb bis zum nächsten regelmäßigen Wahlzeitraum ohne BR bleibt, ist auch für diesen Fall eine zwischenzeitliche Neuwahl vorgesehen. Zur **Bestellung des Wahlvorst.** in diesem Fall vgl. § 19 Rn 45 f.

44   Eine **betriebsratslose Zeit** als Wirkung einer erfolgreichen Wahlanfechtung kann der BR nicht allein dadurch verhindern, dass er vor Rechtskraft der gerichtlichen Entscheidung zurücktritt; der zurückgetretene BR verliert nämlich mit Rechtskraft der seine Wahl für unwirksam erklärenden gerichtlichen Entscheidung seine Befugnis zur Weiterführung der BRGeschäfte (BAG 29. 5. 91 AP Nr. 5 zu § 4 BetrVG 1972; GK-*Kreutz* Rn 74; offen gelassen *DKKW-Schneider/Homburg* Rn 23). Er kann sie also nur dadurch verhindern, dass er so rechtzeitig zurücktritt und einen Wahlvorst. bestellt, dass dieser die Neuwahl bis zur Rechtskraft durchziehen kann (vgl. LAG Schleswig-Holstein BeckRS 11, 73471; *Hahn/Rudolph* AiB 08, 651, 654; vgl. auch § 19 Rn 45).

Abs. 2 Nr. 4 erfasst nur die Anfechtung der gesamten BRWahl. Wird nur die Wahl **45** eines BRMitgl. mit Erfolg angefochten, so lässt dies den Bestand des BR als solchen unberührt. In diesem Falle rückt ein ErsMitgl. nach (vgl. § 19 Rn 48).

5. Auflösung des Betriebsrats durch gerichtliche Entscheidung

Mit der durch den rechtskräftigen Beschluss des ArbG bewirkten Auflösung des **46** BR nach § 23 (nicht nur der Amtsenthebung einzelner Mitglieder – in diesem Fall rücken ErsMitgl. nach) hat dieser zu bestehen aufgehört (vgl. § 23 Rn 41). Seine **Amtszeit ist beendet.** Für den betriebsratslosen Betrieb ist deshalb ein neuer BR zu wählen. Die **Bestellung des Wahlvorst.** für die Neuwahl des BR erfolgt gem. § 23 Abs. 2 durch das ArbG (vgl. § 23 Rn 46 ff.).

6. Fehlen eines Betriebsrats

Darüber hinaus ist allgemein auch zwischen den Wahlzeiträumen für die regelmä- **47** ßigen BRWahlen ein BR neu zu wählen, wenn in dem Betrieb **kein BR** besteht. Diese Regelung stellt in einer Art **Generalklausel** sicher, dass in allen betriebsratslosen Betrieben ohne Rücksicht auf die regelmäßigen Wahlzeiträume BRWahlen durchgeführt werden können. Voraussetzung ist, dass der Betrieb gem. § 1 Abs. 1 S. 1 betriebsratsfähig ist. Aus welchem Grunde ein BR nicht gebildet ist, ist gleichgültig (*DKKW-Schneider/Homburg* Rn 27; GK-*Kreutz* Rn 79; *HSWGNR* Rn 36; *Richardi/Thüsing* Rn 50).

Abgesehen von den in Nr. 4 und 5 geregelten Sonderfällen der erfolgreichen An- **48** fechtung einer BRWahl sowie der gerichtlichen Auflösung des BR ist hier insb. an **folgende Fälle** zu denken: der Betrieb ist neu errichtet worden; die ArbN haben bisher davon abgesehen, einen BR zu wählen; die BRWahl war nichtig (vgl. § 19 Rn 4 ff.); der Betrieb wird während eines regelmäßigen Wahlzeitraums betriebsratsfähig; mehrere bisher selbständige Betriebe werden zu einem neuen Betrieb zusammengelegt; ein Betrieb wird in zwei selbständige Betriebe aufgespalten (Verlust der Betriebsidentität); durch Abspaltung eines Betriebsteils von einem Betrieb wird ein neuer Betrieb geschaffen (zu Spaltungsvarianten s § 21a Rn 8 ff.).

Bei einem **Gemeinschaftsbetrieb** kommt es nur dann zu einem Wegfall des BR, **48a** wenn die Betriebsidentität verloren geht. Das ist aber nicht der Fall, wenn zwar ein am Gemeinschaftsbetrieb beteiligtes Unternehmen seine betriebliche Tätigkeit völlig einstellt, das oder die anderen Unternehmen unter Wahrung der Betriebsidentität den bisherigen Betrieb jedoch fortführen (BAG 19. 11. 03 AP Nr. 19 zu § 1 BetrVG 1972 Gemeinsamer Betrieb). Hier ist der BR allenfalls nach Nr. 1 oder 2 neu zu wählen (s. Rn 32 u. 32a).

Die Bestellung des **Wahlvorst.** erfolgt in diesen Fällen in unterschiedlicher Weise: **49** Bei Zusammenlegung von Betrieben mit BR durch den BR des nach der Zahl der wahlberechtigten ArbN größten Betriebs auf Grund des Übergangsmandats nach § 21a Abs. 2. Gibt es keinen BR und gehört der neue Betrieb auch nicht zu einem Unternehmen mit einem GesBR, bzw. zu einem Konzern mit KBR, so wird der Wahlvorst. durch die BetrVerslg. (§ 17 Abs. 2) und im vereinfachten Wahlverfahren durch die Wahlversammlung (§ 17a Nr. 3) gewählt oder, wenn dies nicht zum Erfolg führt, durch das ArbG bestellt (§ 17 Abs. 4, § 17a Nr. 4).

V. Wiederanschluss an die regelmäßigen Wahlzeiträume

50   Durch die Regelung des Abs. 3 wird sichergestellt, dass BR, die außerhalb der regelmäßigen Wahlzeiträume gewählt worden sind, bei der Neuwahl **wieder in den Wahlzeitraum der regelmäßigen BRWahlen eingegliedert** werden. Die Wahl außerhalb des regelmäßigen Wahlzeitraums soll eine Ausnahme bleiben.

51   Die Wiedereingliederung in den regelmäßigen Wahlrhythmus erfolgt entweder bei der nächsten oder bei der übernächsten regelmäßigen BRWahl. Ist ein BR außerhalb des regelmäßigen Wahlzeitraums gewählt worden, so findet die Neuwahl des BR im Allgemeinen im nächstfolgenden regelmäßigen Wahlzeitraum statt. Die Amtszeit jenes BR ist in diesem Falle gegenüber der allgemeinen Amtszeit von vier Jahren verkürzt (vgl. hierzu § 21 Rn 21). War jedoch der zwischenzeitlich gewählte BR zu Beginn des regelmäßigen Wahlzeitraums, dh am 1. März des folgenden Wahljahres noch kein Jahr im Amt, so wird dieser BR erst bei der **übernächsten** regelmäßigen BRWahl neu gewählt. Hierdurch soll eine BRNeuwahl in zu kurzen Abständen verhindert werden.

52   In allen Fällen einer Wahl nach Abs. 2 außerhalb des regelmäßigen Wahlzeitraums ist für den Beginn der Amtszeit des neugewählten BR die Bekanntmachung des Wahlergebnisses maßgebend (vgl. § 21 Rn 7 f.). Der Tag der Bekanntmachung wird nach § 187 Abs. 1 BGB nicht mitgezählt; vielmehr beginnt die Frist erst mit dem folgenden Tag. Das bedeutet, dass die zwischenzeitlich gewählten BR, deren Wahlergebnis **vor dem 1. März** des dem regelmäßigen Wahljahr voraufgegangenen Jahres bekannt gemacht worden ist, im **nächstfolgenden** regelmäßigen Wahlzeitraum neu zu wählen sind. Dagegen sind die BR, deren Wahlergebnis **am 1. März** des dem regelmäßigen Wahljahr voraufgegangenen Jahres **oder später** bekannt gemacht worden ist, erst im **übernächsten** regelmäßigen Wahlzeitraum neu zu wählen (*DKKW-Schneider/Homburg* Rn 31; *GK-Kreutz* Rn 85; *Richardi/Thüsing* Rn 56; *ErfK-Koch* Rn 7).

VI. Streitigkeiten

53   Streitigkeiten über den Zeitpunkt der BRWahl oder über die Zulässigkeit einer BRWahl außerhalb des Wahlzeitraums für die regelmäßigen BRWahlen entscheidet das **ArbG im BeschlVerf.** (§§ 2 a, 80 ff. ArbGG u. dazu s. Nach § 1 Rn 1 ff.).

§ 14 Wahlvorschriften

(1) **Der Betriebsrat wird in geheimer und unmittelbarer Wahl gewählt.**

(2) [1]**Die Wahl erfolgt nach den Grundsätzen der Verhältniswahl.** [2]**Sie erfolgt nach den Grundsätzen der Mehrheitswahl, wenn nur ein Wahlvorschlag eingereicht wird oder wenn der Betriebsrat im vereinfachten Wahlverfahren nach § 14 a zu wählen ist.**

(3) **Zur Wahl des Betriebsrats können die wahlberechtigten Arbeitnehmer und die im Betrieb vertretenen Gewerkschaften Wahlvorschläge machen.**

(4) [1]**Jeder Wahlvorschlag der Arbeitnehmer muss von mindestens einem Zwanzigstel der wahlberechtigten Arbeitnehmer, mindestens jedoch von drei Wahlberechtigten unterzeichnet sein; in Betrieben mit in der Regel bis zu zwanzig wahlberechtigten Arbeitnehmern genügt die Unterzeichnung durch zwei Wahlberechtigte.** [2]**In jedem Fall genügt die Unterzeichnung durch fünfzig wahlberechtigte Arbeitnehmer.**

(5) **Jeder Wahlvorschlag einer Gewerkschaft muss von zwei Beauftragten unterzeichnet sein.**

Inhaltsübersicht

I. Vorbemerkung

Die Vorschrift enthält die **Grundsätze für die Wahl des BR** einschließlich des **1** Wahlvorschlagsrechts. Diese werden ergänzt durch die auf Grund des § 126 erlassene **Wahlordnung** (abgedruckt als Anhang 1).

Die Vorschrift ist durch das BetrVerf-ReformG neu gefasst worden. Mit der Neu- **2** fassung wird die Wahl des BR erheblich erleichtert und vereinfacht. Eine wesentliche Vereinfachung der BRWahl bewirkt die **Aufgabe des Gruppenprinzips** (s. Wegfall insb. der §§ 6, 10; § 5 Rn 4). Es bedarf nunmehr keiner nach Gruppen getrennter Wahlgänge oder einer vorherigen Abstimmung darüber, ob die BRWahl als gemeinsame Wahl durchgeführt werden soll. Die BRMitgl. werden ab sofort gemeinsam von allen ArbN in einem Wahlgang gewählt (*Engels/Trebinger/Löhr-Steinhaus* DB 01, 532, 534).

Die Wahl erfolgt weiterhin als geheime und unmittelbare Wahl. Für die Wahl sind **3** in aller Regel die Grundsätze der **Verhältniswahl** maßgebend, wenn ein Betriebsrat mit mindestens 5 Mitgl. gewählt wird und mehrere Wahlvorschläge eingereicht werden (vgl. hierzu Rn 21 ff. u. §§ 11–19 WO; ausnahmsweise wird ein 5-köpfiger BR in Mehrheitswahl gewählt, wenn für diesen Betrieb das vereinfachte Wahlverfahren nach § 14 a Abs. 5 vereinbart worden ist). Liegt nur ein Wahlvorschlag vor, so erfolgt die Wahl nach den Grundsätzen der **Mehrheitswahl** (vgl. hierzu §§ 20–23 WO). Des Weiteren erfolgt die Wahl nach den Grundsätzen der Mehrheitswahl, wenn der BR im vereinfachten Wahlverfahren nach § 14 a zu wählen ist, es also um die Wahl eines 1- oder 3-köpfigen BR geht (vgl. hierzu Rn 35 ff. u. §§ 28–36 WO); das vereinfachte Wahlverfahren kann jedoch auch für die Wahl eines 5-köpfigen BR vereinbart werden (§ 14 a Abs. 5, § 37 WO). Die Bevorzugung des Mehrheitswahlrechts steht im Zusammenhang damit, die BRWahlen in Kleinbetrieben zu vereinfachen (s. BT-Drucks. 14/5741).

Eine weitere Wahlerleichterung bewirkt, dass das **Ersatzmitgl. des 1-köpfigen** **4** **BR** nicht mehr in einem getrennten Wahlgang gewählt werden muss. Dadurch wird zugleich sichergestellt, dass bei Verhinderung des einzigen BRMitgl. und seines bisher einzigen Vertreters keine BRlose Zeit mehr eintritt.

Das Wahlvorschlagsrecht, das weiterhin sowohl den ArbN des Betriebs als auch den **5** im Betrieb vertretenen Gewerkschaften zusteht, ist infolge der Aufgabe des Gruppenprinzips in der Weise angepasst worden, dass Anknüpfungspunkt für das Unterschriftenquorum nicht mehr die wahlberechtigten Gruppenmitgl., sondern die wahlberechtigten ArbN sind.

Die Vorschrift gilt auch für die Wahl der BordVertr. und des SeeBR, für letztere **6** jedoch mit gewissen Abweichungen hinsichtlich des Wahlvorschlagsrechts (vgl. § 116

Abs. 2 Nr. 4). Zur Wahl der JugAzubiVertr. vgl. § 63. Die Bestimmung gilt nicht für den GesBR, den KBR, die GesJugAzubiVertr. und die KJugAzubiVertr. Die Mitgl. dieser Gremien werden von den jeweils zuständigen betriebsverfassungsrechtlichen ArbNVertretungen entsandt (vgl. § 47 Abs. 2 u. 3; § 55 Abs. 1 u. 2; § 72 Abs. 2 u. 3; § 73 a Abs. 2).

7   Die Vorschrift ist **zwingend.** Weder durch TV noch durch BV können abweichende Wahlbestimmungen getroffen werden. Dies gilt auch für die Wahl der nach § 3 Abs. 1 Nr. 1 bis 3 gebildeten Betriebsräte, nicht jedoch für die zusätzlichen betriebsverfassungsrechtlichen Vertr. der ArbN nach § 3 Abs. 1 Nr. 5 sowie die zusätzlichen betriebsverfassungsrechtlichen Gremien in Form von Arbeitsgemeinschaften der BR nach § 3 Abs. 1 Nr. 4 (so auch GK-*Kreutz* Rn 7), letztere dürften idR durch Entsendung von Mitgl. aus den einzelnen BR gebildet werden. Für die Wahl zusätzlicher Vertreter nach § 3 Abs. 1 Nr. 5 siehe § 3 Rn 63; GK-*Kreutz* § 3 Rn 29.

8   Entspr. Vorschriften: § 19 BPersVG, § 6 SprAuG.

II. Grundsatz der geheimen und unmittelbaren Wahl

9   Die Bildung des BR kann **nur durch eine Wahl** der ArbN des Betriebs erfolgen. Jede andere Art der Errichtung ist unzulässig. Insb. besteht auch keine Befugnis des ArbG oder staatlicher Stellen, einen BR einzusetzen (hM). Lediglich bei der Bestellung des Wahlvorst. sieht das G eine Hilfsfunktion des ArbG (vgl. § 16 Abs. 2, § 23 Abs. 2) und neuerdings nach Inkrafttretens des BetrVerf-ReformG auch eine Hilfsfunktion des GesBR oder, falls ein solcher nicht besteht, des KBR vor (vgl. § 16 Abs. 3, § 17 Abs. 1).

10   Die Wahl des BR erfolgt als **geheime und unmittelbare Wahl.** Die Wahl ist ferner, obwohl dies nicht ausdrücklich im G selbst vorgeschrieben ist, **allgemein** (aA wohl BAG 7. 8. 90 AP Nr. 1 zu § 80 BGB: Der Begriff „allgemeine Wahl" bedeute gemeinsame Wahl sämtlicher wahlberechtigter ArbN und schließe damit eine Gruppenwahl aus; da es keine Gruppenwahl mehr gibt, dürfte die BRWahl nunmehr auch nach BAG als allgemein gelten), **gleich** und **frei** (LAG Baden-Württemberg AiB 91, 276; Rn 18). Dies gilt ohne Rücksicht darauf, ob der BR in Mehrheitswahl oder Verhältniswahl gewählt wird.

11   Die Stimmabgabe der wahlberechtigten ArbN ist **geheim.** Eine Wahl durch Zuruf in einer Betriebsversammlung oder durch öffentliche Abstimmung ist unzulässig (*Richardi/Thüsing* Rn 9; *HSWGNR* Rn 7). Ebenso ist eine Wahl ohne vorgedruckte Stimmzettel unzulässig (vgl. §§ 11 ff. WO). Unzulässig ist ebenfalls die Ausgabe von Stimmzetteln außerhalb des Wahlraumes (GK-*Kreutz* Rn 14; *Richardi/Thüsing* Rn 10).

12   Der für die Durchführung der Wahl verantwortliche Wahlvorst. hat daher **organisatorische Maßnahmen** zu treffen, um die **Geheimhaltung** des eigentlichen Vorgangs des Wählens durch geeignete Vorkehrungen für die unbeobachtete Kennzeichnung der Stimmzettel (zB durch Bereitstellung abgeschirmter Schreibgelegenheiten usw.) zu sichern; insb. darf kein Wahlhelfer in der Kabine bei der Ausfüllung des Stimmzettels Hilfe leisten, auch nicht bei ausländischen ArbN ohne ausreichende deutsche Sprachkenntnisse (ArbG Bremen DB 72, 1831; GK-*Kreutz* Rn 18; *DKK-Schneider/Homburg* Rn 10; *Richardi/Thüsing* Rn 12).

13   Eine Ausnahme besteht nur bei ArbN, die infolge ihrer **Behinderung** bei der Stimmabgabe beeinträchtigt sind, denen es zB wegen Blindheit unmöglich ist, den Stimmzettel selbst auszufüllen; diese behinderten ArbN dürfen eine Person ihres Vertrauens zur Hilfeleistung heranziehen, die gemeinsam mit dem Wähler die Wahlzelle aufsuchen und bei der Kennzeichnung des Stimmzettels behilflich sein darf (*DKK-Schneider/Homburg* Rn 10). Diese Vertrauensperson ist zur Geheimhaltung der Kenntnisse verpflichtet, die sie bei der Hilfeleistung zur Stimmabgabe erlangt hat (so jetzt ausdrücklich § 12 Abs. 4 WO). Der Sicherung des Wahlgeheimnisses dienen im Übrigen die Regelungen in §§ 11 und 12 WO.

Bei der **Briefwahl** ist das Wahlgeheimnis durch die bes. Ausgestaltung der Stimm- **14** abgabe gesichert (vgl. im Einzelnen §§ 24 ff. WO). Im Hinblick darauf, dass die Voraussetzungen der Briefwahl in § 24 WO im Einzelnen festgelegt sind, ist es nicht zulässig, dass der Wahlvorst. ohne Rücksicht auf diese Voraussetzungen generell Briefwahl anordnet (so zu § 26 WO 53 BAG 27. 1. 93 AP Nr. 29 zu § 76 BetrVG 1952).

Das Wahlgeheimnis hat nicht nur ein **Zeugnisverweigerungsrecht** im Rechts- **15** streit über die Frage, welche Liste oder Person der einzelne ArbN gewählt hat, zur Folge (vgl. BAG 6. 7. 56 AP Nr. 4 zu § 27 BetrVG; *DKK-Schneider/Homburg* Rn 12; *GL* Rn 9; *WW* Rn 2), sondern aus ihm ergibt sich darüber hinaus ein generelles Verbot einer gerichtlichen Nachprüfung des Wahlverhaltens des ArbN einschließlich der Verwertung freiwillig abgegebener eidesstattlicher Versicherungen der ArbN (vgl. ArbG Düsseldorf DB 85, 1137; ArbG Frankfurt a. M. AiB 02, 629; GK-*Kreutz* Rn 20; *Richardi/Thüsing* Rn 15).

Der Wahlberechtigte wählt **unmittelbar,** dh ohne Zwischenschaltung von Wahl- **16** männern. Eine Vertr. in der Stimmabgabe ist nicht zulässig. Die Stimmabgabe ist vielmehr, auch wenn sie schriftlich erfolgt (vgl. § 25 WO), stets eine persönliche.

Die BRWahl ist ferner **allgemein,** dh jeder Wahlberechtigte übt sein Wahlrecht **17** formal in gleicher Weise aus (zum abweichenden Begriffsverständnis des BAG zur früheren Gruppenwahl s. Rn 10). Hieraus ergibt sich auch, dass der BR **einheitlich für den Betrieb** gewählt wird. Eine Aufteilung des Betriebs in Wahlkreise, in denen sich die Wahlbewerber gesondert zur Wahl stellen, ist unzulässig (*DDK-Schneider* Rn 14; *Düwell/Brors* Rn 5; *Richardi/Thüsing* Rn 19; *WW* Rn 4; im Ergebnis ebenso GK-*Kreutz* Rn 29; **aA** LAG Hamm – 10 TaBV 22/03 – Juris – unter Verkennung des § 3 Abs. 5; *Gaul/Mückl* NZA 11, 657, 664).

Ferner ist die Wahl **gleich** und **frei** (s. Rn 10), dh jede gültige Stimme hat das **18** gleiche Gewicht und jede Behinderung der Wahl oder Wahlbeeinflussung, die über zulässige Werbemaßnahmen hinausgeht (vgl. hierzu § 20 Rn 6, 8), ist unzulässig. So sind der allgemeine Grundsatz der freien Wahl sowie der ungeschriebene Grundsatz der Chancengleichheit der Wahlbewerber verletzt, wenn der Wahlvorst. während der laufenden BRWahl Dritte in die mit den **Stimmabgabevermerken** versehene **Wählerliste** einsehen lässt (BAG 6. 12. 00 AP Nr. 48 zu § 19 BetrVG 1972).

Die Teilnahme an der Wahl ist keine Pflicht, sondern ein **Recht des wahlberech- 19 tigten ArbN.** Wählt der Wahlberechtigte nicht, so zieht das keine rechtlichen, insbes. arbeitsrechtlichen Folgen nach sich. Andererseits ist ein Verzicht auf das Wahlrecht rechtlich nicht möglich (*Richardi/Thüsing* Rn 20; *DKK-Schneider/Homburg* Rn 5).

Die Wahl erfolgt grundsätzlich **während der Arbeitszeit** (vgl. § 20 Rn 33). Die **20** zur Ausübung des Wahlrechts notwendige Arbeitsunterbrechung hat **keine Minderung des Arbeitsentgelts** zur Folge (vgl. § 20 Abs. 3).

III. Wahl eines Betriebsrats mit mehr als drei Mitgliedern

1. Gemeinsame Wahl

Das BetrVerf-ReformG hat als eine der zentralen Neuregelungen den bisher das ge- **21** samte G durchziehenden **Gruppenschutz aufgegeben** (s. BT-Drucks. 14/5741 S. 23 f., 26, 27, 36; *Engels/Trebinger/Löhr-Steinhaus* DB 01, 532, 534). Es hat § 6 und damit die Begriffsbestimmungen der Arb. und Ang. aufgehoben, an die eine Vielzahl gruppenspezifischer Regelungen angeknüpft hat. Aus dem Wegfall des Gruppenprinzips ergeben sich zahlreiche Änderungen vor allem bei den Vorschriften zur Wahl des BR (§§ 14 ff.). Diese wird erheblich erleichtert und vereinfacht. Es bedarf nunmehr keiner nach Gruppen getrennter Wahlgänge oder einer vorherigen Abstimmung darüber, ob die BRWahl als gemeinsame Wahl durchgeführt werden soll. Die BRMitgl.

werden ab sofort **gemeinsam von allen ArbN in einem Wahlgang** gewählt (*Engels/Trebinger/Löhr-Steinhaus* DB 01, 532, 534).

2. Verhältniswahl

22 Sind **mehr als 3 BRSitze** zu besetzen und sind **2 oder mehr (gültige) Vorschlagslisten** für die BRWahl eingereicht, so findet Verhältniswahl statt. Als Verhältniswahl bezeichnet man das Wahlsystem, das die auf die Minderheit entfallenden Stimmen in einem angemessenen „Verhältnis" berücksichtigt und sich daher besonders für eine Mehrzahl von Wahlvorschlägen eignet. Der Sinn des Verhältniswahlsystems ist der Schutz von Minderheiten. Es soll (möglichst) erreicht werden, dass keine Stimme verloren geht, dass also einem bestimmten Anteil an der Stimmenzahl ein entsprechender Anteil von Vertr. in dem zu wählenden Organ entspricht.

23 Die Verhältniswahl erfolgt als **Listenwahl**. Der Wähler ist an die Liste als solche gebunden. Er kann nur die Liste als solche wählen oder ablehnen (s. § 11 Abs. 3 WO). Er kann dagegen keine auf der Liste stehende Bewerber streichen oder nicht auf ihr stehende Bewerber hinzusetzen, andernfalls ist seine Stimme ungültig (*GK-Kreutz* Rn 35; *Richardi/Thüsing* Rn 25; *WPK-Wlotzke* Rn 10).

24 Die Verteilung der Sitze auf die einzelnen Listen folgt nach dem sog. **d'Hondtschen System** (vgl. § 15 WO). Hiernach werden die Stimmzahlen, die auf die einzelnen Listen entfallen, der Reihe nach durch 1, 2, 3, 4 usw. geteilt und die zu vergebenden BRSitze entspr. den sich hierbei ergebenden Höchstzahlen auf die einzelnen Listen verteilt. Aus den einzelnen zu berücksichtigenden Listen sind die Bewerber in der Reihenfolge gewählt, in der sie in der Liste aufgeführt sind (§ 15 Abs. 4 WO).

25 Bei der Wahl des BR hat der Wahlvorst. das Höchstzahlensystem gemäß § 15 WO wie folgt anzuwenden:

Es ist auf die **Höchstzahlen,** die auf die Einzelnen **Listen** entfallen, **abzustellen.** Jede Vorschlagsliste erhält so viele Mitgl.Sitze zugeteilt, wie Höchstzahlen auf sie entfallen. Der Wahlvorst. hat auf Grund der Höchstzahlen festzustellen, welche Bewerberinnen und Bewerber der einzelnen Listen gewählt sind (vgl. § 15 Abs. 1 u. 2 WO).

Beispiel:

Der BR besteht aus 9 Mitgl., davon mindestens 2 Frauen gemäß § 15 Abs. 2 BetrVG, § 5 WO.

Es sind zwei Listen mit folgenden Bewerberinnen und Bewerbern eingereicht:

Liste I

A	Mann	G	Mann
B	Mann	H	Frau
C	Frau	I	Mann
D	Mann	K	Mann
E	Mann	L	Mann
F	Frau		

Liste II

M	Mann	S	Frau
N	Frau	T	Mann
O	Frau	U	Mann
P	Mann	V	Mann
Q	Mann	W	Mann
R	Mann		

Auf die Liste I entfallen 160, auf die Liste II 120 Stimmen.
Die Höchstzahlberechnung ergibt folgendes Ergebnis:

	Liste I				Liste II		
160	: 1	**160**		120	: 1	**120**
	: 2	**80**			: 2	**60**
	: 3	**53,3**			: 3	**40**

Liste I		Liste II	
: 4	40	: 4	30
: 5	32	: 5	24
: 6	26,6	: 6	120
: 7	22,8	: 7	17,1
: 8	20	: 8	15
: 9	17,7	: 9	13,3

Die Reihenfolge der Höchstzahlen ist: 160, 120, 80, 60, 53,3, 40, 40, 32, 30. An Hand dieser 9 Höchstzahlen, die für die Besetzung der 9 BRSitze entscheidend sind, ist nacheinander für jede Liste gesondert (§ 15 Abs. 2 WO) zu ermitteln, welche Bewerberinnen und Bewerber gewählt sind. Auf die Liste I sind 5 Höchstzahlen und damit 5 BRSitze, auf die Liste II sind 4 Höchstzahlen und damit 4 BRSitze entfallen.

Da sich die Reihenfolge der Bewerberinnen und Bewerber innerhalb der einzelnen Listen nach der Reihenfolge ihrer Benennung bestimmt, sind danach als Vertreter in den BR folgende Personen gewählt:

Aus Liste I: Herr **A**, Herr **B**, Frau **C**, Herr **D**, Herr **E**.

Aus Liste II: Herr **M**, Frau **N**, Frau **O**, Herr **P**.

Hinweis: Mit der Wahl von 3 Frauen ist die Mindestzahl von 2 Sitzen für das Minderheitsgeschlecht übertroffen, so dass es hier keine Verschiebungen bei der Feststellung der in den BR Gewählten gibt (s. hierzu Näheres bei § 15 Rn 15 ff., 21 ff.).

Entfällt auf den letzten zu vergebenden BRSitz in mehreren Listen dieselbe Höchst- 26
zahl, so entscheidet das Los, welcher Liste der Sitz zufällt (vgl. § 15 Abs. 2 WO). Die **nicht gewählten Bewerber** einer Liste sind **ErsMitgl.** in der Reihenfolge, in der sie auf der Liste stehen (vgl. § 25 Rn 5 ff.). Weist die Liste weniger Bewerber auf, als Höchstzahlen auf sie entfallen, so gehen die nicht in Anspruch genommenen, überschüssigen BRSitze auf die anderen Listen in der Reihenfolge der nächsten Höchstzahlen über (§ 15 Abs. 3 WO).

Für den Fall, dass sich unter den auf die Listen entfallenden Höchstzahlen **nicht** 27 die erforderliche **Mindestzahl** von Angehörigen des **Geschlechts in der Minderheit** nach § 15 Abs. 2 BetrVG befindet, richtet sich das weitere Verfahren zur Verteilung der BRSitze nach § 15 Abs. 5 WO (Näheres hierzu bei § 15 Rn 24 ff. u. § 15 WO Rn 6 ff.).

Lehnt ein Gewählter die **Wahl ab**, tritt an seine Stelle die in derselben Liste in der 28 Reihenfolge nach ihr benannte, nicht gewählte Person. Gehört diese dem Minderheitsgeschlecht an, so tritt an ihre Stelle die in derselben Liste in der Reihenfolge nach ihr benannte, nicht gewählte Person desselben Geschlechts, wenn ansonsten das Minderheitsgeschlecht nicht die ihm nach § 15 Abs. 2 zustehenden Sitze erhält (§ 17 Abs. 2 WO; Näheres hierzu s. § 15 Rn 29, 35, § 17 WO Rn 5 ff.).

3. Mehrheitswahl

Sind **mehr als 3 BRMitgl.** zu wählen und ist **nur eine gültige Vorschlagsliste** 29 eingereicht, werden die in dieser Vorschlagsliste aufgeführten Bewerberinnen und Bewerber nach den Grundsätzen der **Mehrheitswahl** gewählt.

Bei der Mehrheitswahl wird die Vorschlagsliste nicht geschlossen gewählt oder ab- 30 gelehnt, vielmehr kann jeder wahlberechtigte ArbN **so viele Kandidaten** auf der Liste **ankreuzen, wie BRMitgl.** insgesamt **zu wählen** sind. Es gibt in diesen Fällen also keine Rangfolge der Wahlbewerber durch Platzierung auf der Liste, vielmehr wird die Reihenfolge, in der die auf der Liste aufgeführten Kandidaten in den BR einrücken, durch die Wähler bestimmt. Die zu vergebenden BRSitze werden **entsprechend der erreichten Stimmenzahl** auf die einzelnen Wahlbewerber verteilt.

Hierbei ist jedoch eine Einschränkung zu beachten. Nach dem durch das BetrVerf- 31 ReformG neugefassten § 15 Abs. 2 steht dem Geschlecht in der Minderheit eine seinem zahlenmäßigen Verhältnis entsprechende Mindestanzahl von BRSitzen zu. Um dieser gesetzlichen Vorgabe zu entsprechen, bestimmt § 22 **Abs. 1 und 2 WO,** dass in getrennten Auszählverfahren zunächst die dem **Geschlecht in der Minderheit** zustehenden Mindestsitze und danach die weiteren, vom Geschlecht unabhängigen Sitze zu verteilen sind. Bei der Bestimmung der gewählten Angehörigen des Minderheitsgeschlechts ist **ausschließlich auf die Stimmen** abzustellen, die **auf die Angehörigen dieses Geschlechts** entfallen sind, mögen Bewerber des anderen Geschlechts (Mehrheitsgeschlecht) auch eine höhere Stimmenzahl erhalten haben (vgl. § 15 Rn 31, § 22 Abs. 1 S. 2 WO).

Beispiel:

Der BR besteht aus 13 Mitgl., von denen mindestens 3 dem Minderheitsgeschlecht (hier Frauen) angehören müssen. Das Wahlergebnis ist wie folgt:

1. A	(Mann)	912 Stimmen
2. B	(Mann)	901 Stimmen
3. C	(Mann)	884 Stimmen
4. D	(Mann)	772 Stimmen
5. E	(Mann)	751 Stimmen
6. F	(Mann)	719 Stimmen
7. G	(Frau)	706 Stimmen
8. H	(Mann)	688 Stimmen
9. I	(Mann)	663 Stimmen
10. K	(Mann)	640 Stimmen
11. L	(Mann)	312 Stimmen
12. M	(Mann)	226 Stimmen
13. N	(Mann)	212 Stimmen
14. O	(Frau)	175 Stimmen
15. P	(Mann)	168 Stimmen
16. Q	(Mann)	157 Stimmen
17. R	(Frau)	103 Stimmen
18. S	(Mann)	96 Stimmen
19. T	(Frau)	75 Stimmen

Gewählt sind als Vertr. des Minderheitsgeschlechts die Frauen: Nr. 7 (G), Nr. 14 (O), Nr. 17 (R); für die weiteren, vom Geschlecht unabhängigen BRSitze sind gewählt: Nr. 1 (A), Nr. 2 (B), Nr. 3 (C), Nr. 4 (D), Nr. 5 (E), Nr. 6 (F), Nr. 8 (H), Nr. 9 (I), Nr. 10 (K), Nr. 11 (L).
Die Wahlbewerber Nr. 12 (M), Nr. 13 (N), Nr. 15 (P), Nr. 16 (Q) sind trotz ihrer gegenüber den Wahlbewerberinnen Nr. 14 (O) und Nr. 17 (R) höheren Stimmenzahlen nicht gewählt.

32   Haben bei dem letzten zu vergebenden BRSitz für das Minderheitsgeschlecht oder bei der Verteilung der weiteren, vom Geschlecht unabhängigen Sitze mehrere Bewerberinnen oder Bewerber **dieselbe Stimmenzahl,** so entscheidet das **Los** darüber, wem der Sitz zufällt (§ 22 Abs. 3 WO).

33   Für den Fall, dass **weniger Angehörige** des **Minderheitsgeschlechts** für den BR kandidiert oder gewählt werden als diesem Geschlecht nach § 15 Abs. 2 BetrVG Mindestsitze zustehen, fallen diese Sitze dem anderen Geschlecht zu (§ 22 Abs. 4 WO; Näheres hierzu bei § 15 Rn 33).

34   **Lehnt** ein Gewählter die **Wahl ab,** tritt an seine Stelle der nicht gewählte Bewerber mit der nächsthöchsten Stimmenzahl. Gehört der Gewählte dem Minderheitsgeschlecht an, so tritt an seine Stelle die gewählte Person dieses Geschlechts mit der nächsthöchsten Stimmenzahl, wenn ansonsten das Minderheitsgeschlecht nicht die ihm nach § 15 Abs. 2 BetrVG zustehenden Mindestsitze erhalten würde (§ 23 Abs. 2 WO; Näheres hierzu s. § 15 Rn 35). Die nicht gewählten Bewerber sind ErsMitgl. (vgl. § 25 Rn 30 ff.), vorausgesetzt, dass auf sie wenigstens eine Stimme entfallen ist.

IV. Wahl eines Betriebsrats mit bis zu drei Mitgliedern (vereinfachtes Wahlverfahren)

35   Während nach bisher geltendem Recht nur die Wahl des 1-köpfigen BR stets in Mehrheitswahl erfolgte, bestimmt der durch das BetrVerf-ReformG neugefasste § 14

Abs. 2, dass das vereinfachte Wahlverfahren nach § 14 a nach den Grundsätzen der Mehrheitswahl zu erfolgen hat. Da dieses Wahlverfahren für Betriebe mit bis zu 50 wahlberechtigten ArbN vorgeschrieben ist, wird nunmehr der **1-köpfige und der 3-köpfige BR generell in Mehrheitswahl** gewählt (vgl. hierzu §§ 28–36 WO). Über den gesetzlich zwingenden Fall hinaus kann das vereinfachte Wahlverfahren auch für Betriebe mit bis zu 100 wahlberechtigten ArbN zwischen Wahlvorst. und ArbGeb. vereinbart werden, so dass **ausnahmsweise** auch die Wahl eines **5-köpfigen BR** in Mehrheitswahl erfolgen kann (§ 14 a Abs. 5, § 37 WO; Näheres hierzu s. bei § 14 a Rn 53 ff.; für auch einen 7-köpfigen BR *DKK-Schneider/Homburg* § 14 a Rn 2; *HSWGNR* § 14 a Rn 26; dies ablehnend *Schaub* § 217 Rn 39; *Quecke* AuR 02, 1 f.). Zur Verfassungsmäßigkeit der Mehrheitswahl im vereinfachten Wahlverfahren vgl. GK-*Kreutz* § 14 a Rn 56; *Richardi/Thüsing* § 14 a Rn 2; *Schaub* § 217 Rn 39; Bedenken haben *Hanau* NJW 01, 2513, 2517; *Franke* DB 02, 211 ff.; *Windeln* S. 174.

Die Wahl des BR nach den Grundsätzen der Mehrheitswahl erfolgt auf Grund von **36** **Wahlvorschlägen** (§ 33 Abs. 1 S. 1 WO). Im Gegensatz zu Vorschlagslisten bei der Verhältniswahl kommt es bei den Wahlvorschlägen im Rahmen der Mehrheitswahl nicht auf die Reihenfolge der Bewerberinnen und Bewerber an. Diese werden auf den Stimmzetteln in alphabetischer Reihenfolge unter Angabe von Familienname, Vorname und Art der Beschäftigung aufgeführt, und der Wähler kann, ohne an einen Wahlvorschlag gebunden zu sein, so viele Bewerberinnen oder Bewerber ankreuzen wie BRMitgl. zu wählen sind (§ 34 Abs. 1 WO). Deshalb wird die Mehrheitswahl auch als **Persönlichkeitswahl** bezeichnet.

Ist nur ein **1-köpfiger BR** zu **wählen,** so ist die Person gewählt, die die meisten **37** Stimmen erhalten hat. Bei Stimmengleichheit entscheidet das Los. Lehnt eine gewählte Person die Wahl ab, so tritt an ihre Stelle die nicht gewählte Person mit der nächsthöchsten Stimmenzahl (§ 34 Abs. 4 WO).

Ersatzmitgl. des **1-köpfigen BR** werden nicht mehr in einem getrennten Wahl- **38** gang gewählt; die entspr. Regelung in § 14 Abs. 4 aF ist im Rahmen des BetrVerf-ReformG ersatzlos gestrichen worden. Ersatzmitgl. sind daher, wie in den übrigen Fällen des § 25, automatisch die nicht gewählten Bewerber mit den nächsthöchsten Stimmenzahlen. Dadurch wird zugleich sichergestellt, dass bei Verhinderung des einzigen BRMitgl. (und seines bisher einzigen Vertreters) keine BRlose Zeit mehr eintritt (BT-Drucks. 14/5741 S. 36).

Sind mehrere (3 bzw. 5) BRMitgl. zu wählen (s. Rn 35), so gelten die Erläuterun- **39** gen in Rn 29 ff. entspr.

V. Wahlvorschläge

Die Wahl des BR erfolgt auf Grund von Wahlvorschlägen. Unter Wahlvorschlag **40** versteht man die **schriftliche oder** – im vereinfachten Wahlverfahren auch zulässige – **mündliche** (vgl. § 14 a Abs. 2 und dort Rn 31) **Benennung** einer oder mehrerer Personen gegenüber dem Wahlvorst., die für die Wahl zum BR vorgeschlagen werden. Wahlvorschläge werden nach der WO als Vorschlagslisten bezeichnet, wenn die Wahl des BR mit mehr als 3 Mitgl. in Verhältniswahl (Listenwahl) erfolgt (§ 6 Abs. 1 WO). Ist ein BR mit bis zu 3 Mitgl. im vereinfachten Wahlverfahren zu wählen, so spricht § 33 WO von Wahlvorschlägen, weil hier keine Listenwahl, sondern Persönlichkeitswahl stattfindet (vgl. *Richardi/Thüsing* Rn 42).

Sind **mehrere BRMitgl.** zu wählen, so soll die Vorschlagsliste mindestens doppelt **41** so viele Bewerberinnen oder Bewerber aufweisen, wie BRMitgl. zu wählen sind (vgl. § 6 Abs. 2 WO); eine Verletzung der **Sollvorschrift** ist unschädlich. Ein Wahlvorschlag ist sogar dann gültig, wenn in ihm, obwohl mehrere BRMitgl. zu wählen sind, nur ein einziger Wahlbewerber genannt ist (BAG 29. 6. 65 AP Nr. 11 zu § 13 BetrVG; *DKK-Schneider/Homburg* Rn 21; GK-*Kreutz* Rn 47; *HSWGNR* Rn 36; **aA** *Heinze*

NZA 88, 570). Ein Wahlbewerber darf nur auf einer Vorschlagsliste kandidieren (vgl. hierzu § 6 Abs. 7 WO).

42   Ist **nur eine Person** zu wählen, ist der Wahlvorschlag nur ein **Einzelvorschlag,** dh es werden jeweils einzelne Personen vorgeschlagen, wobei jeder Vorschlag mindestens zwei Bewerber umfassen soll (§ 33 Abs. 2 iVm. § 6 Abs. 2 WO).

43   Eine BRWahl, die nicht auf Grund von Wahlvorschlägen durchgeführt wird, ist **nichtig,** nicht nur anfechtbar (*DKK-Schneider/Homburg* Rn 18; *Düwell/Brors* Rn 9; GK-*Kreutz* Rn 48; *Richardi/Thüsing* Rn 41). Über die Voraussetzungen der Wählbarkeit vgl. § 8 Rn 5 ff. Wegen des **Kündigungsschutzes** der Wahlbewerber vgl. § 103 Rn 5 ff.

44   Wahlvorschlagsberechtigt sind die wahlberechtigten ArbN des Betriebs (vgl. unten Rn 45 ff.) und die im Betrieb vertretenen Gewerkschaften (vgl. unten Rn 61 ff.).

1. Wahlvorschläge der Arbeitnehmer des Betriebs

45   Wahlvorschläge können zum einen die ArbN des Betriebs machen. Vorschlagsberechtigt sind allerdings nur die **wahlberechtigten ArbN** des Betriebs, einschließlich der in § 7 S. 2 Genannten (vgl. hierzu § 7 Rn 5 ff.; *Richardi/Thüsing* Rn 43; GK-*Kreutz* Rn 50; *Kummert/Dietze* AiB 09, 489, 493). Über die Erfordernisse der Wahlvorschläge im Einzelnen, über die Einreichungsfrist, über Prüfung und weitere Behandlung der Wahlvorschläge vgl. §§ 6 bis 10, §§ 33, 36 Abs. 5 WO. Der ArbGeb. kann keine Wahlvorschläge machen (hM).

46   Ein Wahlvorschlag der ArbN muss, um gültig zu sein, von einer bestimmten Anzahl von **Stützunterschriften** (zur Besonderheit nicht schriftlicher Unterstützung im vereinfachten Wahlverfahren s. § 14 a Abs. 2 u. dort Rn 31 f.) wahlberechtigter ArbN getragen sein. Hierdurch sollen völlig aussichtslose Wahlvorschläge vermieden werden. Im Einzelnen gilt Folgendes:

47   Ein Wahlvorschlag muss grundsätzlich mindestens von einem **Zwanzigstel** der **wahlberechtigten ArbN** unterzeichnet sein. Ergibt die Berechnung des Zwanzigstels keine volle Zahl, ist auf die nächste volle Zahl aufzurunden, da das erforderliche Quorum mindestens ein Zwanzigstel betragen muss (GK-*Kreutz* Rn 59; *Richardi/Thüsing* Rn 59; WPK-*Wlotzke* Rn 27). Stets reicht jedoch die Unterzeichnung von 50 wahlberechtigten ArbN für einen gültigen Wahlvorschlag aus, auch wenn diese weniger als ein Zwanzigstel der Wahlberechtigten darstellen (vgl. hierzu BAG 1. 11. 60 AP Nr. 3 zu § 13 BetrVG).

48   Andererseits ist jedoch **mindestens** die Unterzeichnung von **3 wahlberechtigten ArbN** erforderlich. Dieses Mindesterfordernis ist nur dann nicht einzuhalten, wenn im Betrieb in der Regel nur bis zu 20 wahlberechtigte ArbN beschäftigt werden. In diesem Falle genügt die Unterzeichnung durch zwei Wahlberechtigte. Bei der Wahl eines nur 1-köpfigen BR (vgl. § 9) muss ein Wahlvorschlag deshalb nur von 2 wahlberechtigten ArbN unterzeichnet sein. Zum Begriff „in der Regel" vgl. § 1 Rn 271 ff.

49   Für die Errechnung der Mindestzahlen für die Unterzeichnung ist der Tag des Erlasses des Wahlausschreibens maßgebend. Die erforderliche Mindestzahl von Unterschriften ist **im Wahlausschreiben bekanntzugeben** (vgl. § 3 Abs. 2 Nr. 6, § 31 Abs. 1 Nr. 6, § 36 Abs. 3 Nr. 1 WO). Die erforderliche Anzahl der Unterschriften muss – abgesehen von dem Sonderfall des § 8 Abs. 2 Nr. 3 WO – im Zeitpunkt der Einreichung des Wahlvorschlags beim Wahlvorstand gegeben sein (vgl. § 8 Abs. 1 Nr. 3 WO).

50   Es ist nicht zulässig, dass die Belegschaft in einer BetrVerslg. oder einer anderen Zusammenkunft Vorabstimmungen über die zur Wahl zu stellenden Kandidaten durchführt. Das Vorschlagsrecht der ArbN des Betriebs ist vielmehr in Abs. 4 **abschließend geregelt** (WPK-*Wlotzke* Rn 29; ErfK-*Eisemann* Rn 9). Wohl können ArbN eines Betriebs, die einem Wahlvorschlag einreichen wollen, interne Abstimmungen über die zu benennenden Kandidaten und ihre Reihenfolge vornehmen (zB die Mitgl. oder Vertrauensleute einer im Betrieb vertr. Gewerkschaft).

Alle wahlberechtigten ArbN sind zur Unterzeichnung des Wahlvorschlags berech- **51** tigt, also auch die in § 7 S. 2 genannten ArbN einschl. LeihArbN (*Richardi/Thüsing* Rn 43; GK-*Kreutz* Rn 50; aA *Löwisch/Kaiser* Rn 22). Deshalb können auch im Wahlvorschlag aufgeführte **Bewerber** diesen Vorschlag unterzeichnen. Es muss jedoch deutlich werden, dass der Bewerber mit seiner Unterschrift nicht nur seine Bereitschaft zu Kandidatur entsprechend der Vorgabe des § 6 Abs. 3 Satz 2 WO erklärt, sondern auch den Wahlvorschlag selbst mit seiner Unterschrift unterstützen will. Liegt nur eine Unterschrift vor, kann dieser eine doppelte Bedeutung im o. g. Sinne nur dann zuerkannt werden, wenn dieser Wille eindeutig zum Ausdruck kommt, wie zB durch Leistung der Unterschrift unter der Rubrikbezeichnung „Zustimmung des Kandidaten, zugleich Stützunterschrift zur Liste"; andernfalls kann die Unterschrift des Bewerbers nicht zugleich als Stützunterschrift gewertet werden (LAG Hessen NZA-RR 02, 424 f.; *Schiefer/Korte* NZA 02, 57, 65; *DKK-Schneider/Homburg* Rn 30; GK-*Kreutz* Rn 60). Auch **Mitgl. des Wahlvorst.** sind unterzeichnungsberechtigt (BAG 4. 10. 77 AP Nr. 2 zu § 18 BetrVG 1972; *GL* Rn 49; *DKK-Schneider/Homburg* Rn 30; GK-*Kreutz* Rn 60; *HSWGNR* Rn 29; ErfK-*Eisemann* Rn 10; *Söllner* AcP Bd. 161, 411; aA *Richardi/Thüsing* DB 72, 488; BAG 3. 10. 58 AP Nr. 3 zu § 18 BetrVG; dazu dass Mitgl. des Wahlvorst. sogar zum BR kandidieren können, vgl. § 16 Rn 22). Für eine Interessenkollision, die eine Unterzeichnung ausschließen könnte, ist kein Raum, da die Prüfungspflicht des Wahlvorst. und seine Tätigkeit rechtlich gebunden und gerichtlich überprüfbar sind.

Der (schriftliche) Wahlvorschlag muss mindestens von der geforderten Zahl der **52** wahlberechtigten ArbN **persönlich unterschrieben** werden (BAG 12. 2. 60 AP Nr. 11 zu § 18 BetrVG; LAG Düsseldorf 18. 10. 07 – 11 TaBV 68/07 – juris; *DKK-Schneider/Homburg* Rn 27; *Düwell/Brors* Rn 10; GK-*Kreutz* Rn 67; *Richardi/Thüsing* Rn 56; *WPK-Wlotzke* Rn 28). Nicht erforderlich ist, dass die Unterschriften auf derselben Urkunde geleistet werden. Ein Wahlvorschlag kann durchaus in mehreren **Exemplaren** für Unterschriften umlaufen, allerdings müssen diese Exemplare inhaltlich übereinstimmen (*DKK-Schneider/Homburg* Rn 28; GK-*Kreutz* Rn 69; *Richardi/Thüsing* Rn 56). Die Einreichung von Wahlvorschlägen nebst Einverständniserklärung und Stützunterschriften per **E-Mail** sind nicht zulässig (LAG Düsseldorf 18. 10. 07 – 11 TaBV 68/07 – juris) es sei denn, dass diese in elektronischer Form nach § 126a BGB erfolgt (so *Jansen* DB 06, 334, 337). Auch die Einreichung von Wahlvorschlägen mittels Telekopie oder sog. Kettenfax wahrt nicht die vorgeschriebene Form (vgl. dazu ausführlich BAG 20. 1. 10 – 7 ABR 39/08 – NZA 10, 1435 zum vergleichbaren Fall der Wahl der Schwerbehindertenvertretung).

Die Unterschriften müssen auf dem Wahlvorschlag geleistet werden. Bestehen **53** Wahlvorschläge und Unterschriftenlisten aus **mehreren Blättern,** muss eindeutig und zweifelsfrei erkennbar sein, dass sich die geleisteten Unterschriften auf den betreffenden Wahlvorschlag beziehen und mit ihm eine einheitliche Urkunde bilden (BAG 25. 5. 05 AP Nr. 2 zu § 14 BetrVG 1972; BAG 20. 1. 10 – 7 ABR 39/08 – NZA 10, 1435). Nach BAG 25. 5. 05 u. 20. 1. 10 ist dafür eine körperliche, gegen Trennung gesicherte feste Verbindung nicht zwingende Voraussetzung; ausreichend für die Zusammengehörigkeit können danach auch den Schriftstücken anhaftende Merkmale wie zB die Wiedergabe des Kennworts auf den einzelnen Blättern sein (zustimmend *Schneider* Anm. zu BAG 25. 5. 05 AiB 06, 51 ff.). Zur Vermeidung von Unklarheiten empfiehlt es sich auch weiterhin, die Bewerberliste und die Blätter mit den Stützunterschriften durch zB Zusammenheften, körperlich fest und gegen Trennung gesichert, zu einheitlich zusammenhängenden Urkunde zu verbinden (vgl. hierzu § 6 WO Rn 13 u. LAG Saarland NZA-RR 96, 172; LAG Bremen NZA-RR 98, 401; LAG Hessen ArbuR 04, 318; *Richardi/Thüsing* Rn 57; *DKK-Schneider/Homburg* Rn 19).

Der Wahlvorschlag ist ein Vorschlag aller, die ihn unterzeichnet haben. Eine ohne **54** Einverständnis der Unterzeichner vorgenommene **Änderung des Wahlvorschlags** macht diesen ungültig (vgl. BAG 15. 12. 72 AP Nr. 1 zu § 14 BetrVG 1972; LAG

Düsseldorf DB 82, 1628; GK-*Kreutz* Rn 70). Jeder Wahlberechtigte kann rechtsgültig nur einen Wahlvorschlag unterstützen. Über die Prüfung und Streichung von Unterschriften, über die Funktion von Unterzeichnern als Listen- oder Vorschlagsvertr. vgl. § 6 Abs. 4, 5 und 7, § 33 WO. Über die Ungültigkeit von Wahlvorschlägen infolge unzureichender Zahl von Unterschriften und über die Nachholung von durch Streichung ausgefallenen Unterschriften vgl. § 8 WO.

55   Außer in den Fällen des § 6 Abs. 5 WO ist ein **Zurückziehen von Unterschriften** durch Unterzeichner ordnungsgemäß eingereichter Wahlvorschläge für die Gültigkeit des Wahlvorschlags ohne Bedeutung (vgl. § 8 Abs. 1 Nr. 3 WO; BAG 1. 6. 66 AP Nr. 2 zu § 6 WO; *DKK-Schneider/Homburg* Rn 29; *Richardi/Thüsing* Rn 55; *Stückmann* DB 94, 630). Vor Einreichung des Wahlvorschlags beim Wahlvorst. kann eine Unterschrift zurückgenommen oder widerrufen werden, und zwar durch Erklärung des betreffenden ArbN gegenüber dem Wahlvorst., nicht gegenüber dem Listenvertreter (BVerwG AP Nr. 2 zu § 10 WO PersVG; BVerwG, PersVertr. 86, 155; insoweit aA *GL* Rn 55; GK-*Kreutz* Rn 62; weitergehender ErfK-*Eisemann* Rn 10, der wohl beide Varianten für zulässig erachtet).

56   Ist ein ArbN mit seiner Zustimmung als **Wahlbewerber** in eine Vorschlagsliste aufgenommen worden, so kann er – abgesehen von der Sonderregelung des § 6 Abs. 7 WO im Falle einer Doppelkandidatur – **seine Bewerbung nicht mehr zurückziehen,** da dies eine materielle Änderung des Wahlvorschlags, die nur mit Zustimmung aller Unterzeichner erfolgen kann (vgl. BAG 15. 12. 72 AP Nr. 1 zu § 14 BetrVG 1972), bedeuten würde (vgl. BVerwG AP Nr. 1 zu § 9 WO PersVG; LAG Düsseldorf DB 82, 1628; *DKK-Schneider/Homburg* Rn 24, 31; *Hanau* AR-Blattei, Betriebsverfassung IX, Anm. zu Entscheidung 21; aA *GL* Rn 57; GK-*Kreutz* Rn 71; *Richardi/Thüsing* Rn 61; *Stückmann* DB 94, 630; wohl auch BAG 27. 4. 76 AP Nr. 4 zu § 19 BetrVG 1972). Allerdings kann der Gewählte nach seiner Wahl die Annahme des Amtes ablehnen (vgl. § 17 Abs. 1 S. 2 WO).

57   Eine **Verbindung mehrerer** rechtsgültig eingereichter **Vorschlagslisten** ist unzulässig (§ 6 Abs. 6 WO).

2. Wahlvorschläge der im Betrieb vertretenen Gewerkschaften

58   Das BetrVG 1972 hat erstmals ein eigenständiges Wahlvorschlagsrecht der im Betrieb vertretenen Gewerkschaften vorgesehen; allerdings beschränkt auf betriebsratslose Betriebe. Ziel war, den Gewerkschaften in verstärktem Umfang die Möglichkeit einzuräumen, darauf hinzuwirken, dass in allen betriebsratsfähigen Betrieben auch tatsächlich BR gewählt werden.

59   Durch das Änderungsgesetz 1989 ist den Gewerkschaften **allgemein** ein **eigenständiges Wahlvorschlagsrecht** eingeräumt worden. Damit ist die Tätigkeit der Gewerkschaften als reine Unterstützungsfunktion im Rahmen der BetrVerf. auf ein in eigenem gewerkschaftlichem Interesse liegendes Handeln verlagert worden. Das eigenständige gewerkschaftliche Wahlvorschlagsrecht begründet sich unter Hinweis auf die Rspr. des BVerfG (vgl. BVerfG AP Nr. 7 zu Art. 9 GG) ua. damit, dass dadurch die Ausübung des in Art. 9 Abs. 3 GG verankerten Rechts der Koalitionen, sich im Bereich der BetrVerf. zu betätigen und Einfluss auf die Wahl des BR zu nehmen, erleichtert werden soll.

60   Dieses allgemeine eigenständige Wahlvorschlagsrecht war in den parlamentarischen Beratungen **sehr umstr.** (vgl. hierzu den Bericht des federführenden Ausschusses für Arbeit und Sozialordnung, BT-Drucks. 11/3618 S. 4 ff.). Siehe dazu ausführlicher 23. Aufl. Rn 60.

61   Wahlvorschlagsberechtigt sind nur die im Betrieb vertretenen **Gewerkschaften.** Zum Gewerkschaftsbegriff, der vom BetrVG vorausgesetzt wird und für das gesamte Arbeitsrecht einheitlich ist, vgl. § 2 Rn 32 ff. Dieser Gewerkschaftsbegriff gilt auch für das Wahlvorschlagsrecht (so Begründung des Entwurfs, BT-Drucks. 11/2503, S. 23; vgl. auch Ausschuss-Bericht, BT-Drucks. 11/3618, S. 5; *DKK-Schneider/Hom-*

burg Rn 33; GK-*Kreutz* Rn 83 ff.; *Richardi/Thüsing* Rn 45; ebenso *Löwich* BB 88, 1953; *Engels/Natter* aaO S. 18; *Heither* NZA Beil. 1/90, 13). Der Wahlvorst. hat die Gewerkschaftseigenschaft zu prüfen (*Dänzer-Vanotti* ArbuR **62** 89, 205; *DKK-Schneider/Homburg* Rn 34). ArbNVereinigungen, bei denen sie zu verneinen ist, haben kein Wahlvorschlagsrecht. In den Betrieben der privatisierten Post- und Bahnunternehmen, in denen für eine längere Übergangszeit noch Beamte beschäftigt werden (vgl. hierzu § 1 Rn 41 ff., 48 ff., § 5 Rn 316 ff.), sind auch die im Betrieb vertretenen **Berufsverbände der Beamten** vorschlagsberechtigt (vgl. § 2 Rn 34). Gleiches gilt, soweit Beamte vom Bundesamt für zentrale Dienste und offene Vermögensfragen eine Tätigkeit bei der BRD-Finanzagentur GmbH zugewiesen bekommen (§ 2 BWpVerwPG; vgl. § 1 Rn 56 b). In Betrieben von Wirtschaftsunternehmen mit denen die Bundeswehr eine Kooperation eingegangen ist und in denen Beamten und Soldaten des Geschäftsbereichs des Bundesministeriums der Verteidigung unter Beibehaltung ihres Dienstverhältnisses zum Bund eine Tätigkeit zugewiesen wurde (§ 1 BwKoopG; vgl. § 1 Rn 56 a, § 5 Rn 322), sind die im Betrieb vertretenen **Berufsverbände der Beamten und Soldaten** vorschlagsberechtigt (vgl. § 2 Rn 34).

Im Betrieb vertreten ist eine Gewerkschaft, wenn ihr ein ArbN des Betriebs als **63** Mitglied angehört (vgl. hierzu § 2 Rn 43). Nicht erforderlich ist, dass dieser ArbN wahlberechtigt ist (GK-*Kreutz* Rn 87; *Düwell/Brors* Rn 15). Die Gewerkschaft muss im Zeitpunkt der Einreichung des Wahlvorschlags im Betrieb vertreten sein (*GL* Rn 48; GK-*Kreutz* aaO; *Richardi/Thüsing* Rn 45). Soweit diese Voraussetzung nicht offenkundig erfüllt ist, ist sie dem Wahlvorst. – ggfs. durch notarielle Erklärung ohne Namensnennung einzelner ArbN oder durch eine entspr. eidesstattliche Versicherung (vgl. LAG Düsseldorf BB 89, 286; LAG Nürnberg ArbuR 91, 220; *Däubler* Gewerkschaftsrechte Rn 87 f.; *Grunsky* ArbuR 90, 108; aA *Prütting-Weth* DB 89, 2273) – nachzuweisen (GK-*Kreutz* Rn 88; *DKK-Schneider/Homburg* Rn 34; *Dänzer-Vanotti* ArbuR 89, 205; vgl. auch § 2 Rn 43).

Das Wahlvorschlagsrecht steht **jeder** im Betrieb vertretenen **Gewerkschaft** zu. Es **64** besteht für **jede Art der BRWahl,** gleichgültig ob ein ein- oder mehrköpfiger BR zu wählen ist, ob die Wahl als Verhältniswahl oder als Mehrheitswahl durchgeführt wird oder ob es sich um eine regelmäßige BRWahl oder eine Wahl außerhalb des regelmäßigen Wahlzeitraums handelt.

Als **Wahlbewerber** können die Gewerkschaften nicht nur bei ihr organisierte **65** ArbN, sondern auch sonstige ArbN des Betriebs vorschlagen, sofern sie die allgemeinen Wählbarkeitsvoraussetzungen (vgl. § 8) erfüllen und sich mit ihrer Kandidatur einverstanden erklärt haben (*DKK-Schneider/Homburg* Rn 35; GK-*Kreutz* Rn 90 f.; *Heither* NZA Beil. 1/90, 13; *Däubler* Gewerkschaftsrechte Rn 94).

Das Wahlvorschlagsrecht der Gewerkschaften ist **an die allgemeinen Vorausset- 66 zungen,** die für die Einreichung von Wahlvorschlägen zu beachten sind, gebunden. So müssen auch die Gewerkschaften ihre Wahlvorschläge innerhalb der vom Wahlvorstand festgesetzten Frist (vgl. § 6 WO), ggfs. der festgesetzten Nachfrist (vgl. § 9 WO), einreichen. Ferner können nur nach § 8 wählbare ArbN des Betriebs vorgeschlagen werden.

Die Vorschlagslisten der Gewerkschaften brauchen jedoch nicht von einem Min- **67** destquorum wahlberechtigter ArbN des Betriebs unterzeichnet zu sein. Es genügt die Unterzeichnung durch **zwei Beauftragte der Gewerkschaft.** Diese Regelung ist nicht wegen Verstoßes gegen den Gleichheitsgrundsatz verfassungswidrig, weil die gewerkschaftlichen Wahlvorschläge keiner Stützunterschriften der wahlberechtigten ArbN bedürfen. Diese unterschiedliche Behandlung der Wahlvorschläge ist sachlich gerechtfertigt. Das Unterschriftenquorum der Wahlvorschläge der ArbN soll die Wahl auf ernsthafte Bewerber beschränken. Bei gewerkschaftlichen Wahlvorschlägen ist diesem Gesichtspunkt bereits dadurch Rechnung getragen, dass eine Gewerkschaft hinter dem Wahlvorschlag steht (eingehend hierzu GK-*Kreutz* Rn 97; *Heither* NZA Beil. 1/90, 13; *Engels/Natter* BB 89 Beil. 8, S. 18).

68   Wen die Gewerkschaft als Beauftragte bestimmt, ist ihre Sache. Es können sowohl hauptberufliche Ang. der Gewerkschaft als auch ArbN des Betriebs oder eines anderen Betriebs in ehrenamtlicher Funktion beauftragt werden (GK-*Kreutz* Rn 93; ErfK-*Eisemann* Rn 11; WPK-*Wlotzke* Rn 31; *Engels/Natter* BB 89 Beil. 8, S. 18; *Wlotzke* DB 89, 113). Ihre **Beauftragung** muss sich allerdings entweder unmittelbar aus der Satzung der Gewerkschaft ergeben oder durch ihre satzungsmäßigen Organe ordnungsgemäß ausgesprochen worden sein. Die Beauftragung braucht nicht schriftlich zu erfolgen; jedoch ist dies aus Beweisgründen angezeigt. In Zweifelsfällen kann der Wahlvorst. den Nachweis der Beauftragung verlangen (vgl. § 27 WO Rn 3; LAG Hamm NZA-RR 98, 400; GK-*Kreutz* Rn 93; DKK-*Schneider/Homburg* Rn 34; *Dänzer-Vanotti* ArbuR 89, 205).

69   Ist der Wahlvorschlag der Gewerkschaft nicht von zwei Beauftragten unterschrieben, ist er **ungültig**, sofern die Unterschriften nicht innerhalb der Zweiwochenfrist für die Einreichung von Wahlvorschlägen nachgeholt werden (vgl. § 6 Abs. 1 S. 2 WO; ArbG Siegen DB 74, 1776; GK-*Kreutz* Rn 92). Auch eine etwa fehlende Vollmacht für die Unterzeichnung muss innerhalb dieser Frist nachgeholt werden. Nach LAG Hamm aaO gilt dies jedenfalls dann nicht, wenn der Wahlvorst. den Nachweis der Bevollmächtigung nicht in dieser Frist gefordert hat.

70   Dass ein Wahlvorschlag der Gewerkschaft nicht nur von zwei Beauftragten, sondern **auch von ArbN** des Betriebs **unterzeichnet** ist, ist unschädlich. Das Gleiche gilt im umgekehrten Fall, dass der Wahlvorschlag der ArbN von zwei Beauftragten der Gewerkschaft mit unterschrieben ist. In diesem Falle bleibt der Wahlvorschlag als gewerkschaftlicher Wahlvorschlag gültig, auch wenn er wegen nicht ausreichender Stützunterschriften der ArbN gem. § 8 Abs. 1 Nr. 3 WO ungültig wäre (BAG 17. 3. 05 AP Nr. 4 zu § 27 BetrVG 1972; GK-*Kreutz* Rn 93 f.; *Richardi/Thüsing* Rn 46; *Engels/Natter* BB 89 Beil. 8, S. 19).

71   Das den Gewerkschaften eingeräumte eigenständige Wahlvorschlagsrecht gehört zu ihren Aufgaben und Befugnissen iSv. § 2 Abs. 2 (vgl. hierzu § 2 Rn 60 ff.). Deshalb haben sie das Recht, den **Betrieb** für alle mit der BRWahl zusammenhängenden Aktionen und Aktivitäten auch durch externe Vertreter **zu betreten** (GK-*Kreutz* Rn 98; *Richardi/Thüsing* Rn 63; *Wlotzke* DB 89, 113; *Hanau* Gutachten, S. 8; *Engels/Natter* BB 89 Beil. 8, S. 19). Das gilt zB für die Gewinnung von Wahlbewerbern, für die Information über die Wahl und die Wahlbewerber sowie generell für die Wahlwerbung (WPK-*Wlotzke* Rn 32).

VII. Sonderregelung für Beamte in den Postunternehmen

1. Grundsätzliches

72   Die in den Betrieben der Postunternehmen Deutsche Telekom AG, Deutsche Post AG und Deutsche Post Bank AG (PostAG'n) beschäftigten Beamten gelten auf Grund ihrer Eingliederung gemäß § 24 Abs. 2 PostPersRG grundsätzlich als ArbN iSd. BetrVG (s. auch § 5 Rn 321, § 7 Rn 10, § 8 Rn 28, § 9 Rn 27 f.). Die Regelungen des PostPersRG gehen als spezialgesetzliche Regelung der neuen allgemeinen Regelung des § 5 Abs. 1 Satz 3 vor (s. dazu § 1 Rn 32 u. § 5 Rn 320; *Hayen* ArB 09, 334, 389). Die Beamten der Postunternehmen haben die gleichen Rechte und Pflichten im Rahmen der Betriebsverfassung wie „normale" ArbN. Einzige Ausnahme: die **Beamten** der **PostAG'n** bilden bei der Wahl zum BR eine eigene, **zweite Wählergruppe,** es sei denn, dass sie auf dieses Sonderrecht verzichten (§ 26 Nr. 1 PostPersRG; s. dazu *Richardi/Thüsing* Rn 68 u. ausführl. *Engels/Mauß-Trebinger* RdA 97, 217, 221 ff.). Hinsichtlich der Beamten, denen von den PostAG'n Tätigkeiten in Tochter-, Enkel-, oder sonstigen Beteiligungsgesellschaften zugewiesen werden s. ausführlich Rn 86 ff.

Hintergrund dieser Sonderregelung ist folgendes: Ungeachtet ihrer Tätigkeit bei **73** den privatisierten Postunternehmen bleibt den Beamten ihr Rechtsstatus „unmittelbare Bundesbeamte" erhalten; ihr Dienstherr ist also weiterhin der Bund (§ 2 Abs. 3 PostPersRG). Um die Beamten wie ArbN in den privatisierten Betrieben auch einsetzen und ihnen Aufgaben übertragen zu können, hat der Bund die Postunternehmen mit der Wahrnehmung der Dienstherrenbefugnisse „beliehen" (§ 1 PostPersRG). Folglich können die Postunternehmen gegenüber allen bei ihnen beschäftigten Beamten auch erforderliche personelle Einzelmaßnahmen beamtenrechtlicher Natur, wie zB Versetzungen, Umsetzungen und Abordnungen, treffen (*Engels/Mauß-Trebinger* RdA 97, 217, 218f., 235ff. mwN).

Dementspr. sieht § 28 S. 1 PostPersRG eine Beteiligung des BR in den beamten- **74** spezifischen Tatbeständen der §§ 76 Abs. 1, 78 Abs. 1 Nr. 3 und 79 Abs. 3 BPersVG vor (s. *Engels/Mauß-Trebinger* aaO u. § 99 Rn 299ff., 316ff.). Allerdings gestaltet sich die Beteiligung des BR in diesen speziellen Fällen abweichend von § 33 BetrVG in der Weise, dass nach gemeinsamer Beratung im BR nur die Vertr. der Beamten zur Beschlussfassung berufen sind (§ 28 S. 2 PostPersRG). Diese – dem BPersVG entnommene – Überbetonung des Gruppenprinzips soll verfassungsrechtlich geboten sein, weil Beamte in beamtenspezifischen Angelegenheiten ausschließlich durch von ihnen gewählte Personen vertreten werden müssen (so Begründung zu § 27 – jetzt § 28 – BR-Drucks. 115/94 S. 102). Um sicherzustellen, dass Vertr. der Beamten in den BR gelangen können, ist den Beamten für die BR-Wahl ein eigener Gruppenstatus zuerkannt worden (§ 26 Nr. 1 PostPersRG).

Die Anerkennung einer eigenen Wählergruppe der Beamten in diesen engen **75** Grenzen (Wahl u. beamtenspezifische Angelegenheiten) bedeutet im Einzelnen:
– Die Vertr. der Beamten im BR sind „normale" BRMitglieder mit den gleichen Rechten und Pflichten (s. *Engels/Mauß-Trebinger* RdA 97, 217, 230ff.). Scheidet ein Vertr. der Beamten aus, so rückt als Ersatzmitgl. ein Vertr. der Beamten nach (§ 25 BetrVG, § 26 Nr. 7 iVm. Nr. 2 PostPersRG).
– Es gibt keine Berücksichtigung der Beamten als eigene Gruppe bei der Wahl des BRVorsitzenden (§ 26 BetrVG), der Mitgl. der Ausschüsse (§§ 27, 28 BetrVG dort Rn 12 u. 20) und bei Freistellungen (§ 38 BetrVG dort Rn 30; ausführl. *Engels/Mauß-Trebinger* RdA 97, 217, 230).
– Gleiches gilt für GesBR und KBR, jedoch mit der Maßgabe, dass den in diese Gremien zu entsendenden BR- und GesBRMitgl. ein Vertr. der Beamten angehören muss (§§ 32, 33 PostPersRG). Ebenso muss dem Wahlvorst. ein Beamter angehören (§ 26 Nr. 6 PostPersRG; s. § 16 Rn 32; vgl. *Engels/Mauß-Trebinger* RdA 97, 217, 222, 231).
– Nur dann, wenn im BR eine beamtenspezifische Angelegenheit zu entscheiden ist, lebt die Beamtengruppe als solche auf (§ 28 PostPersRG); dann ist auch das bes. Verfahren zur Durchsetzung der MB- und Mitwirkungsrechte des BR nach § 29 PostPersRG und die spezielle Besetzung der E-Stelle (§ 30 PostPersRG) zu beachten (*Engels/Mauß-Trebinger* RdA 97, 217, 236ff.).

2. Beamte als eigene Gruppe

Die in den Betrieben der **Postunternehmen** Deutsche Telekom AG, Deutsche **76** Post AG und Deutsche Post Bank AG (PostAG'n) beschäftigten Beamten bilden bei der **Wahl** zum BR eine **eigene Wählergruppe** (§ 26 Nr. 1 PostPersRG); hierzu gehören nicht zB in sich beurlaubte Beamte, die in einem ArbVerhältnis zu der AG stehen und folglich ArbN sind (s. § 5 Rn 316; ArbG Bonn AiB 04, 504 mit zust. Anm. *Peiseler*). Damit soll erreicht werden, dass die Beamten entspr. ihrem zahlenmäßigen Verhältnis zu den übrigen ArbN im BR vertreten sind (zu ebenfalls nicht wahlberechtigten Beamten in der AG siehe ausführlich Rn 86ff.). Eine zweite Gruppe „Beamte" im BR und die damit verbundenen erheblichen Schwierigkeiten (s. zur damaligen Rechtslage mit noch drei Gruppen *Engels/Mauß-Trebinger* RdA 97, 217,

223 ff. mwN) können vermieden werden, wenn die Mehrheit der Beamten eines Betriebes der Postunternehmen vor der Wahl in geheimer Abstimmung auf die Bildung einer eigenen Wählergruppe verzichtet (§ 26 Nr. 1 PostPersRG, § 3 WOP (Anh. 2), s. dazu auch Rn 85 b Buchst. c und Rn 85 c). Geschieht dies, so gelten die Beamten als ArbN; sie erhalten keine eigenen Beamtensitze im BR. Bei der **Bahn** stellt sich dieses Problem wegen der dort vorgesehenen Sondervertretung der zugewiesenen Beamten beim BEV nicht, § 17 DBGrG; s. § 7 Rn 10 mwN; in den **Kooperationsunternehmen der Bundeswehr** (s. Rn 62) bedurfte es ebenfalls keiner der Post entsprechenden Sonderregelung, da den Beamten und Soldaten nach den §§ 2 bis 4 BwKoopG das aktive und passive Wahlrecht zum Personalrat der Beschäftigungsdienststelle unverändert zusteht; s. § 7 Rn 11, § 8 Rn 29 und BT-Drucks. 15/ 2944; die Bestimmung einer anderen Dienststelle zur personalbearbeitenden Stelle ändert daran nichts (BVerwG 14. 12. 2009 – 6 AP 16/08 – NZA-RR 10, 274). Gleiches gilt für die der **BRD-Finanzagentur GmbH** zugewiesenen Beamten, die nach § 4 BWpVerwPG zum Personalrat der Beschäftigtendienststelle aktiv und passiv wahlberechtigt sind (s. § 7 Rn 11 und § 8 Rn 28; BT-Drs. 16/1336 S. 17), für die der **DSF Deutsche Flugsicherung** zugewiesenen Beamten und ArbN, die zum Personalrat des Luftfahrtbundesamtes aktiv und passiv wahlberechtigt sind (§ 4 Abs. 1 BAFISBAUbnG), sowie für das der **Bundesagentur für Außenwirtschaft** zugewiesene Personal, das nach § 4 BfAIPG als Beschäftigte des Bundesamtes für Wirtschaft und Ausfuhrkontrolle gilt und zum dortigen Personalrat aktiv und passiv wahlberechtigt ist. Soweit keine spezialgesetzlichen Regelungen bestehen, richtet sich die Frage des aktiven und passiven Wahlrechts der überlassenen Beamten, Arbeitnehmer des öffentlichen Dienstes und der Soldaten zum Personalrat ihrer Stammdienststelle nach den jeweiligen Regelungen des BPersVG bzw. des jeweiligen LPersVG (zum anzuerkennenden doppelten Wahlrecht § 5 Rn 319; zu Fragen der Beteiligung des PersR siehe u. a. BVerwG 14. 12. 2009, NZA-RR 10, 274).

77 **Verzichten** die **Beamten** eines Betriebs **nicht** auf eine eigene Wählergruppe, so müssen sie ebenso wie die ArbN entspr. ihrem zahlenmäßigen Verhältnis im BR vertreten sein, wenn dieser mindestens aus drei Mitgl. besteht (§ 26 Nr. 2 PostPersRG). Im Einzelnen gilt Folgendes:

78 Für die Verteilung der Sitze auf die ArbN und Beamten ist von der Zahl der **Angehörigen jeder Gruppe** auszugehen, die am Tage des Erlasses des Wahlausschreibens **tatsächlich** dem Betrieb als Beschäftigte angehören (GK-*Kreutz* § 10 Anhang Rn 6; anders für die Größe des BR § 9, der auf die Zahl der „in der Regel" beschäftigten ArbN abstellt, vgl. § 9 Rn 11; **aA** BAG 29. 5. 91 AP Nr. 1 zu § 17 BPersVG, das auch bei der Bestimmung der Gruppenstärke entgegen dem GWortlaut auf die idR beschäftigten Gruppenangehörigen abstellt). Dabei werden bei jeder Gruppe auch die nicht wahlberechtigten Gruppenangehörigen (dh jug. ArbN) mitgezählt (GK-*Kreutz* § 10 Anhang Rn 6) sowie die nach § 7 S. 2 wahlberechtigten ArbN (**aA** GK-*Kreutz* § 10 Anhang Rn 6). Nicht mitzuzählen sind die leitenden Ang. nach § 5 Abs. 3 (hM). Nach Erlass des Wahlausschreibens eintretende Veränderungen der zahlenmäßigen Zusammensetzung der ArbNschaft des Betriebs bleiben unberücksichtigt. Grundsätzlich gelten hier die gleichen Grundsätze wie zu § 15 Abs. 2 (s. daher ausführlicher § 15 Rn 16).

79 Die sich aus § 9 unter Einbeziehung der Beamten als ArbN ergebenden Sitze (s. § 9 Rn 27 f.) werden auf die Gruppen der ArbN und Beamten nach den **Grundsätzen der Verhältniswahl** (d'Hondtsches Höchstzahlensystem, § 6 Nr. 3 WOP) verteilt. Der Wahlvorst. hat die Zahlen der im Betrieb beschäftigten ArbN und Beamten nebeneinander zu stellen und durch 1, 2, 3, 4 usw. zu teilen. Er hat diese Teilung so lange durchzuführen, als Höchstzahlen entstehen, die noch für die Zuweisung von Sitzen im BR in Frage kommen. Jede Gruppe erhält soviel Sitze, wie Höchstzahlen auf sie entfallen.

Beispiel:

Ein Betrieb hat 131 Beschäftigte, davon 109 ArbN und 22 Beamte. Der BR besteht aus 7 Mitgl. (§ 9 BetrVG).
Der Wahlvorst. rechnet wie folgt:

	109 ArbN			22 Beamte
: 1	109		: 1	22
: 2	54,5		: 2	11
: 3	36,3		: 3	7,3
: 4	27,2			
: 5	21,8			
: 6	18,6			
: 7	15,5			

Die 7 höchsten Teilzahlen sind: 109; 54,5; 36,3; 27,2; 22; 21,8; 18,6.
Davon entfallen 6 Höchstzahlen auf die ArbN, 1 auf die Beamten. Der BR besteht also aus 6 Vertr. der ArbN und 1 Vertr. der Beamten.

Fällt die niedrigste noch zu berücksichtigende Höchstzahl auf beide Gruppen, so **80** entscheidet das **Los** (§ 6 Nr. 3 Buchst. b WOP). Gleiches gilt, wenn beiden Gruppen gleich viele Beschäftigte angehören (§ 6 Nr. 3 Buchst. c WOP).

Entfällt auf **eine Gruppe** keine Höchstzahl und steht ihr damit **kein BRSitz** zu, **81** kann sie **keine eigene Wählergruppe** bilden. Das bedeutet nicht, dass die Angehörigen dieser Gruppe vom aktiven und passiven Wahlrecht ausgeschlossen sind. In diesem Falle ist vielmehr der BR von ArbN und Beamten in **gemeinsamer Wahl** zu wählen (vgl. zu § 10 aF Rn 14; GK-*Kreutz* 6. Aufl. § 10 aF Rn 21 f.; *Richardi* 7. Aufl. § 10 aF Rn 12). Wird ein Beschäftigter der Minderheitsgruppe gewählt, so hat dieser jedoch nicht die Stellung eines Gruppenvertreters.

Eine weitere praktische **Beschränkung** ergibt sich für die Vertretung der Minder- **82** heitsgruppe im BR im Falle der Gruppenwahl aus § 26 Nr. 3 PostPersRG iVm. § 14 Abs. 4 S. 1 Halbs. 2. Hiernach muss bei Kleingruppen ein Wahlvorschlag von mindestens 2 wahlberechtigten Gruppenangehörigen unterzeichnet sein. Eine Minderheitsgruppe, die nicht mindestens 2 wahlberechtigte ArbN umfasst (zB 1 wahlberechtigten und 6 jug. ArbN) kann daher nicht im BR vertreten sein (GK-*Kreutz* 6. Aufl. § 10 aF Rn 20; **aA** GL § 10 aF Rn 10; *Richardi* 7. Aufl. § 10 aF Rn 11, die in diesem Falle einen Wahlvorschlag auch mit weniger als den gesetzl. vorgeschriebenen Unterschriften als gültig ansehen). Es findet dann gemeinsame Wahl statt.

Ist dagegen eine Gruppe, obwohl ihr wählbare ArbN angehören, **nicht bereit,** **83** sich an der Wahl zu beteiligen, so wird der BR in der nach § 9 maßgebenden Größe **nur mit Vertr. der Mehrheitsgruppe besetzt,** ohne dass bei deren Wahl die ArbN der Minderheitsgruppe mitwirken (*DKK-Schneider/Homburg* 7. Aufl. § 10 aF Rn 12; GK-*Kreutz* 6. Aufl. § 10 aF Rn 24; GL § 10 aF Rn 9; *Richardi* 7. Aufl. § 10 aF Rn 22; vgl. BAG 11. 4. 58 AP Nr. 1 zu § 6 WO; BAG 20. 10. 54 AP Nr. 1 zu § 25 BetrVG).

Sind im Betrieb ArbN und Beamte beschäftigt, so sieht § 26 Nr. 1 iVm. Nr. 3 **83a** PostPersRG als Regelfall die **Gruppenwahl** vor, dh ArbN und Beamten wählen ihre Vertreter im BR in getrennten Wahlgängen (zu den abweichenden Besonderheiten s. Rn 81 bis 83). Auch bei getrennten Wahlgängen findet die Wahl beider Gruppen **grundsätzlich gleichzeitig** statt. Kann aus organisatorischen Gründen die Wahlhandlung nicht für beide Gruppen zur selben Zeit stattfinden (zB in Betrieben mit Schichtarbeit), darf mit der Feststellung des Wahlergebnisses erst nach der Beendigung der gesamten Wahlhandlung begonnen werden, da nicht auszuschließen ist, dass die vorherige Bekanntgabe des Ergebnisses der einen Gruppe die Wahl der anderen Gruppe beeinflusst.

Mit der Aufhebung des § 12 BetrVG im Rahmen des BetrVerf-ReformG und **83b** mangels einer entsprechenden Regelung im PostPersRG ist eine abweichende Verteilung der BRSitze auf die Gruppen entfallen. Die Möglichkeit der **gruppenfremden**

Kandidatur ist dagegen mit dem Ersten G zur Änderung des Postpersonalrechtsgesetzes vom 9. 11. 2004 (BGBl. I S. 2774) wieder eröffnet worden (vgl. § 26 Nr. 4 a PostPersRG). Danach kann sowohl die Gruppe der ArbN als auch die Gruppe der Beamten Angehörige der jeweils anderen Gruppe wählen. Sie gelten in diesem Fall als Angehörige derjenigen Gruppe, die sie gewählt hat. Gleiches gilt für ErsatzMitgl. (§ 26 Nr. 4 a S. 3 PostPersRG). Die Möglichkeit der Wahl gruppenfremder Bewerber ist nicht auf die Gruppenwahl beschränkt (s. auch *Engels/Mauß-Trebinger* RdA 97, 217, 229 mwN; aA BAG 20. 10. 1954 AP Nr. 1 zu § 76 BetrVG). Bei der **gemeinsamen Wahl** muss sich jedoch die Zuordnung eines Wahlbewerbers zur anderen Gruppe sowohl aus dem Wahlvorschlag als auch aus dem Stimmzettel eindeutig ergeben (*Engels/Mauß-Trebinger* RdA 97, 217, 229; *Tumm* AiB 96, 156, 172; *DKK-Schneider/Homburg* 5. Aufl. 1996 zum alten § 12 Rn 17). Bei **Gruppenwahl** muss der gruppenfremde Bewerber in einen Wahlvorschlag der Gruppe, für die er kandidiert, aufgenommen werden. Er kann diesen Wahlvorschlag jedoch nicht selbst unterzeichnen, sondern nur einen seiner eigenen Gruppe. Auch wählt er selbst nur bei seiner Gruppe (*Engels/Mauß-Trebinger* RdA 97, 217, 230; *DKK- Schneider* 5. Aufl. § 12 Rn 15; GK–*Kreutz* 6. Aufl. § 12 Rn 33). Für die Dauer seiner Mitgliedschaft im BR gilt er als **Angehöriger der anderen Gruppe** und ist als Vertreter dieser Gruppe zu zählen, zB bei der Wahl zum Vors. des BR oder zum Mitgl. eines Ausschusses oder bei der Entsendung in den GesBR oder KBR etc. Dagegen bleibt seine arbeits- bzw. dienstrechtl. Stellung als ArbN bzw. Beamter unverändert. Seine Eigenschaft als Beamter lebt im BR auch dann nicht auf, wenn beamtenspezifische Angelegenheiten gemäß § 28 PostPersRG zur Beschlussfassung anstehen, da er gerade nicht als Vertreter der Beamtengruppe in den BR gewählt worden ist (*Engels/Mauß-Trebinger* RdA 97, 217, 229).

83c Die wahlberechtigten Angehörigen der jeweiligen Gruppen können in **getrennter** und **geheimer Abstimmung** die **gemeinsame Wahl** beschließen (§ 26 Nr. 3 PostPersRG). Auch bei der gemeinsamen Wahl bleibt es beim Erfordernis der anteiligen Repräsentation der Beamten (s. Rn 78 f.; *Richardi/Thüsing* Rn 72). Die Beschlussfassung muss **vor der Wahl,** und zwar nach § 6 Nr. 5 Buchst. b WOP **spätestens** bis zum Ablauf der für die Einreichung von Vorschlagslisten maßgebenden Frist von 2 Wochen seit dem Erlass des Wahlausschreibens erfolgen. Eine ohne Abstimmung vorgenommene Gemeinschaftswahl kann nicht durch nachträglich genehmigende Beschlussfassung geheilt werden (GK-*Kreutz* 6. Aufl. § 14 Rn 48; *Richardi* 7. Aufl. Rn 37); die Wahl ist aber nicht nichtig, sondern nur anfechtbar (BAG 2. 3. 55 AP Nr. 1 zu § 18 BetrVG). Da die Abstimmung geheim sein muss, ist eine **förmliche Stimmabgabe** durch schriftliche Stimmzettel erforderlich. Mangels näherer Regelungen über die Durchführung der Abstimmung ist die Zulässigkeit einer **Briefwahl** anzuerkennen, auch wenn sie ausschließlich als Briefwahl erfolgt (BAG 14. 2. 78 AP Nr. 7 zu § 19 BetrVG 1972). Ein **förmlicher Antrag** auf Abstimmung ist nicht erforderlich. Die Abstimmung kann von jedem Wahlberechtigten oder jeder im Betrieb vertretenen Gewerkschaft initiiert werden. Der Wahlvorst. ist nicht verpflichtet, jedoch im Hinblick auf seine Stellung und Unparteilichkeit berechtigt, die Abstimmungen durchzuführen, wenn dies gewünscht wird. Auch können andere ArbN oder der amtierende BR die Abstimmung durchführen. Die Abstimmungen finden als Teil der BRWahl grundsätzlich während der Arbeitszeit statt. Die Kosten der Abstimmungen trägt der ArbGeb. Die Teilnahme an der Abstimmung hat keine Minderung des Arbeitsentgelts zur Folge (vgl. § 20 Rn 43).

83d Das G enthält keine ausdrückliche Regelung, welche **Mehrheit** für die Beschlussfassung über die gemeinsame Wahl erforderlich ist. Das BAG hatte zum insoweit wortgleichen § 13 Abs. 2 BetrVG 1952 entschieden, dass für die Wirksamkeit der Abstimmung erforderlich ist, dass **die Mehrheit aller Wahlberechtigten in beiden Gruppen** sich an ihr **beteiligt** (auch ungültige Stimmzettel rechnen mit) und **die Mehrheit der Abstimmenden in beiden Gruppen** sich für die **gemeinsame Wahl** ausspricht (BAG 7. 7. 54 u. 2. 2. 62 AP Nr. 1, 2 u. 10 zu § 13 BetrVG; ebenso für die Übertragung dieser Grundsätze auf die Abstimmung in den Postunternehmen *Richardi/Thüsing* Rn 73 mwN).

Wird die gemeinsame Wahl erst **nach Erlass des WA** beschlossen, so verlieren **83e** etwa bereits eingereichte Wahlvorschläge ihre Gültigkeit. Der Wahlvorst. hat für die Einreichung neuer Wahlvorschläge eine Nachfrist von einer Woche zu setzen (§ 6 Nr. 5 Buchst. b WOP). Der Beschluss über die gemeinsame Wahl gilt nur für die bevorstehende Wahl, hat also – wie sich bereits aus den Worten „vor der Neuwahl" in § 26 Nr. 3 PostPersRG ergibt – **keine Dauerwirkung.** Findet jedoch eine Wiederholung der Wahl (etwa bei einer wirksam angefochtenen oder nichtigen Wahl) statt, gilt die Abstimmung auch für die Wiederholung der Wahl, es sei denn die Abstimmung über die gemeinsame Wahl war selbst rechtsfehlerhaft.

Für das **vereinfachte Wahlverfahren** gilt die Besonderheit, dass die BRWahl in **83f** den Postunternehmen immer als **gemeinsame Wahl** erfolgt (§ 26 Nr. 3 S. 2 Post-PersRG). Hier besteht keine Möglichkeit ggf. im Wege der Abstimmung auch im vereinfachten Wahlverfahren Gruppenwahl durchzuführen. Für die **Abstimmung** darüber, ob die Beamten bei der Wahl zum BR eine **eigene Wählergruppe** bilden siehe Rn 85 b.

Ergänzend zu den Fällen des § 14 Abs. 2 S. 2 findet **Mehrheitswahl** auch dann **83g** statt, wenn für eine Gruppe nur ein Vertreter zu wählen ist (§ 26 Nr. 4 PostPersRG). § 6 Nr. 17 WOP enthält die dazu notwendigen Wahlvorschriften (s. dazu Rn 85 m). Nach der ersatzlosen Streichung des § 14 Abs. 4 aF und einer fehlenden Sonderregelung für die Postunternehmen, bestimmt sich auch in diesem Fall die Frage des **Ersatzmitgl.** nach § 25. Ersatzmitgl. sind danach automatisch die nicht gewählten Bewerber mit den nächsthöchsten Stimmenzahlen (vgl. Rn 38).

Die Vorgabe des § 15 Abs. 2 über die Mindestquote an BRSitzen für das **Ge- 84 schlecht in der Minderheit** ist in der Weise umgesetzt worden, dass innerhalb der jeweiligen Gruppe im BR das Minderheitsgeschlecht entspr. seinem zahlenmäßigen Anteil an den ArbN und an den Beamten vertreten sein muss (§ 4 Abs. 1 Satz 2 WOP). Damit ist die allgemeine Vorgabe des § 15 Abs. 2 an die Besonderheit des in den Postunternehmen bestehenden Gruppenprinzips angepasst worden. Für die Bestimmung der Mindestsitze für das Minderheitsgeschlecht innerhalb der jeweiligen Gruppe ist jeweils § 5 WO entspr. anzuwenden (§ 6 Nr. 4 WOP). Insoweit kann für die Ermittlung der Mindestsitze des Geschlechts in der Minderheit für die jeweilige Gruppe auf die Beispielsfälle in § 15 Rn 15–20 verwiesen werden.

3. Wahl in Betrieben der Post-Aktiengesellschaften

Die Wahlvorschriften des § 14 und damit auch die Ausführungen in den Rn 1 ff. **85** gelten entspr. für die Betriebe der Postunternehmen Deutsche Telekom AG, Deutsche Post AG und Deutsche Post Bank AG (PostAG'n), in denen die dort beschäftigten Beamten eine eigene, zweite Wählergruppe bilden (§ 26 Nr. 1 PostPersRG; s. dazu oben Rn 76 ff.). Die insoweit zu beachtenden wahlrechtlichen Besonderheiten ergeben sich aus der VO zur Durchführung der Betriebsratswahlen bei den Postunternehmen (WahlO Post (hier: WOP) vom 22. Februar 2002 BGBl. I S. 946). Zum **Wahlrecht** von den PostAG'n beurlaubten Beamten, die mit einem gesonderten Arbeitsvertrag in einer Tochtergesellschaft beschäftigt werden (vgl. LAG Frankfurt aM ArbuR 00, 315; LAG Hamburg 14. 7. 1999 Az. 8 TaBV 5/99 nv) sowie von Beamten, die aufgrund einer ihnen bei einer Tochter-, Enkel- oder Beteiligungsgesellschaft nach § 4 Abs. 4 S. 1 bis 3 PostPersRG zugewiesenen Tätigkeit nicht mehr in der AG beschäftigt sind, siehe ausführlich Rn 86 ff. Für die BRWahl in den PostAG'n sieht die WOP (s. Anh. 2) in ihren Grundzügen Folgendes vor:

1. **Grundlage** für die BRWahlen in den PostAG'n ist die **WO.** Für ihre Anwendung **85a** gelten die bei den PostAG'n beschäftigten Beamten als ArbN. Sie bilden bei der BRWahl neben den ArbN eine eigene Wählergruppe, es sei denn sie verzichten hierauf (**§§ 1–3 WOP).**

85b 2. Um die Wählerliste aufstellen zu können, muss der Wahlvorst. wissen, ob die Beamten bei der BRWahl eine **eigene Wählergruppe** bilden oder hierauf verzichten
(vgl. *Engels/Mauß/Trebinger* RdA 97, 222).

    a) Dazu hat er unverzüglich nach seiner Bestellung die wahlberechtigten Beamten
(s. dazu Rn 76) durch **Aushang** darauf hinzuweisen, dass sie in geheimer Abstimmung darüber entscheiden können, ob sie auf die Bildung einer eigenen
Wählergruppe verzichten. Im Aushang ist der Zeitpunkt zu bestimmen, bis
wann die Beamten dem Wahlvorst. ihre Entscheidung mitzuteilen haben. Die
Abstimmung kann schon vor Erlass des Aushangs durchgeführt oder eingeleitet werden. Der für die Entscheidung zur Verfügung stehende Zeitraum muss
jedoch mindestens 5 Arbeitstage ab Aushang betragen. Der Aushang hat an einer
oder mehreren geeigneten, den Beamten zugänglichen Stellen zu erfolgen (**§ 5
Abs. 1 WOP**). Für die Durchführung der geheimen Abstimmung kann auf die
grundsätzlichen Ausführungen zur Abstimmung über die gemeinsame Wahl
verwiesen werden (s. Rn 83 c).

    b) Für die BRWahl im **vereinfachten Wahlverfahren** besteht folgende Beson-
derheit:

        aa) Vorstehendes findet keine Anwendung im vereinfachten Wahlverfahren
nach § 14a Abs. 1 **(zweistufiges Wahlverfahren – § 5 Abs. 2 S. 1
WOP)**. Hierfür besteht eine **Sonderregelung** in **§ 6 Nr. 18 Buchst. a
WOP**. Danach haben die nach § 28 WO zur WahlVerslg. zur Wahl des
Wahlvorst. Einladenden in ihrer **Einladung** ergänzend darauf hinzuweisen,
dass die wahlberechtigten Beamten in geheimer Abstimmung mit Stimmenmehrheit darüber entscheiden können, ob sie auf die Bildung einer eigenen Wählergruppe verzichten, und dass die Abstimmung hierüber bis zur
Wahl des Wahlvorst. erfolgen kann.

        bb) Für das **einstufige vereinfachte Wahlverfahren** nach § 14a Abs. 3 und 5
verkürzt sich die Frist für die Abstimmung auf mindestens 3 Arbeitstage
(§ 5 Abs. 2 S. 2 WOP).

    c) Die Beamten können auf ihr Recht, eine eigene Wählergruppe zu bilden, nur
mit der **Mehrheit der wahlberechtigten Beamten** in geheimer Abstimmung
verzichten (**§ 3 WOP, § 26 Nr. 1 PostPersRG**). Der Verzicht muss innerhalb
der vom Wahlvorst. festgesetzten Frist diesem mitgeteilt werden. Die Frist über
die Vorabstimmung der Beamten über die Bildung einer eigenen Wählergruppe
ist eine **Ausschlussfrist**. Erfolgt innerhalb dieser Frist keine Mitteilung, so bilden die Beamten für die BRWahl eine eigene Wählergruppe. Gleiches gilt, wenn
keine Mehrheit für den Verzicht auf eine eigene Wählergruppe erreicht wird.

85c 3. Bei einem **Verzicht** der Beamten auf eine eigene Wählergruppe richtet sich das
Wahlverfahren bis auf **eine Ausnahme** unmittelbar nach der **WO**. Aus Gründen
der Rechtssicherheit hat das Wahlausschreiben nach den §§ 3, 31, 36 Abs. 3 WO
zusätzlich die Angabe über den Verzicht der Beamten auf eine eigene Wählergruppe
zu enthalten (**§ 7 WOP**).

85d 4. Bei der **Bildung einer eigenen Wählergruppe** bestimmt § 4 Abs. 1 WOP,
dass

    – die Gruppen der ArbN und der Beamten entsprechend ihrem Verhältnis im BR
vertreten sein müssen. Zur Bestimmung der Sitze s. Rn 79.

    – innerhalb der jeweiligen Gruppe das Geschlecht in der Minderheit mindestens
entsprechend seinem zahlenmäßigen Verhältnis in der Gruppe vertreten sein
muss (s. dazu Rn 84).

85e 5. **§ 6 WOP** enthält sodann **18** zT komplizierte **Sondervorschriften zur WO**.
Grundlage für die BRWahlen in Postunternehmen ist die WO, allerdings in modi-
fizierter Form. Die wesentlichen Besonderheiten sind Folgende:

85f   a) Die **Wählerliste** (§ 2 Abs. 1 WO) ist getrennt nach den Gruppen ArbN und
Beamten und innerhalb der Gruppen getrennt nach den Geschlechtern aufzustellen (**§ 6 Nr. 1 Buchst. a WOP**). Neben dem Abdruck der Wählerliste

und der WO ist auch die WOP auszulegen bzw. elektronisch bekannt zu machen (§ 2 Abs. 4 S. 1 WO, **§ 6 Nr. 1 Buchst. b WOP**).

b) Das **Wahlausschreiben** hat insb. abweichend von § 3 Abs. 2 Nr. 4 WO die **85g** Angabe über den Anteil der Geschlechter innerhalb der Gruppen (**§ 6 Nr. 2 Buchst. b WOP**) sowie abweichend von § 3 Abs. 2 Nr. 5 WO die Angabe über die Verteilung der BRSitze auf die Gruppen und die auf das Geschlecht in der Minderheit entfallenden Mindestsitze für die jeweilige Gruppe (**§ 6 Nr. 2 Buchst. c WOP**) zu enthalten. Des Weiteren ist anzugeben, ob Gruppenwahl oder gemeinsame Wahl stattfindet (**§ 6 Nr. 2 Buchst. d WOP**) und dass bei Gruppenwahl zur Unterzeichnung von Wahlvorschlägen nur die wahlberechtigten Angehörigen der jeweiligen Gruppen berechtigt sind (**§ 6 Nr. 2 Buchst. e WOP**).

c) Die Berechnung der Verteilung der **Sitze** auf die **Gruppen** erfolgt nach der **85h** Verhältniswahl, die in **§ 6 Nr. 3 WOP** beschrieben ist (vgl. ausführlich mit Beispielsfall Rn 79 ff.). Nach **§ 6 Nr. 4 WOP** wird die Verteilung der Mindestsitze auf das **Minderheitsgeschlecht** innerhalb der jeweiligen Gruppe in entsprechender Anwendung des § 5 WO vorgenommen (vgl. dazu Rn 84).

d) Nach **§ 6 Nr. 6 WOP** hat der Wahlvorst. eine Nachfrist von einer Woche zu **85i** setzen, wenn für eine Gruppe kein gültiger Wahlvorschlag eingereicht worden ist. Hat die Gruppe auch innerhalb dieser **Nachfrist** keinen gültigen Wahlvorschlag eingereicht, unterbleibt der Wahlgang für diese Gruppe. Damit bleibt die Gruppe, für die kein gültiger Wahlvorschlag eingereicht worden ist, ohne Vertr. und der BR besteht – in der nach § 9 bestimmten Größe – nur aus Vertretern der anderen Gruppe.

Findet Gruppenwahl statt, geben die Angehörigen der beiden Gruppen **ihre** **85j** **Stimmen getrennt** voneinander ab (**§ 6 Nr. 8 WOP**). Für die Stimmabgabe der beiden Gruppen ist je eine Wahlurne zu verwenden, die am besten durch entspr. Hinweise auf die Gruppe gekennzeichnet werden. Werden für die Gruppe unterschiedliche Stimmzettel verwandt, so können die Stimmzettel beider Gruppen in eine Urne geworfen werden, da durch die unterschiedlichen Stimmzettel eine nach Gruppen getrennte Auszählung sichergestellt ist.

e) Bei **Gruppenwahl** bestimmt sich die **Verteilung der BRSitze** für die Gruppe **85k** der ArbN und die Gruppe der Beamten nach **§ 6 Nr. 9 WOP**. Die Verteilung der BRSitze erfolgt für die jeweilige Gruppe getrennt nach den Grundsätzen der Verhältniswahl (**§ 6 Nr. 9 Buchst. a und b WOP**). Die Vorgehensweise ist bis auf eine Besonderheit mit § 15 WO identisch, so dass insoweit auf die Beispielfälle und dortigen Ausführungen (§ 15 Rn 22 ff.) verwiesen werden kann. Verfügt keine der Vorschlagslisten über Angehörige der Gruppe und sind noch BRSitze für diese Gruppe zu verteilen, bestimmt § 6 Nr. 9 Buchst. c S. 2 WOP, dass die insoweit überschüssigen Mitgl.Sitze auf die folgenden, nicht berücksichtigten Höchstzahlen der Vorschlagslisten der anderen Gruppe übergehen. Stellt der Wahlvorst. nach der Verteilung der BRSitze auf die Vorschlagslisten der jeweiligen Gruppen fest, dass für eine oder beide Gruppen die dem **Minderheitsgeschlecht** nach § 6 Nr. 4 WOP jeweils zustehenden **Mindestsitze** noch nicht erfüllt sind, richtet sich dessen weiteres Vorgehen nach § 6 Nr. 9 Buchst. e WOP iVm. § 15 Abs. 5 WO. Da die Ermittlung für jede Gruppe getrennt vorzunehmen ist, kann auch hier auf die Beispiele zu § 15 Rn 24 ff. verwiesen werden. Verfügt eine Gruppe über nicht ausreichend Kandidaten des Minderheitsgeschlechts, verbleibt der Sitz für das Minderheitsgeschlecht in der Gruppe, er geht nicht auf die andere Gruppe über (§ 6 Nr. 9 Buchst. e WOP iVm. § 15 Abs. 5 WO).

f) Ist bei **Gruppenwahl** für einen Wahlgang **Mehrheitswahl** vorgesehen, weil **85l** nur eine gültige Vorschlagsliste eingereicht worden ist, erfolgt die Ermittlung der Gewählten nach § 22 WO (**§ 6 Nr. 14 WOP**). Insoweit kann auf die Ausführungen zu § 15 Rn 30 ff.; § 22 WO verwiesen werden.

85m   g) Ist bei **Gruppenwahl** nur **ein** Vertreter zu wählen, enthält § **6 Nr. 17 WOP** die erforderlichen Sonderregelungen. Nach § 6 Nr. 17 Buchst. d WOP ist gewählt, wer die meisten Stimmen erhalten hat. Bei Stimmengleichheit entscheidet das Los. Lehnt eine gewählte Person die Wahl ab, so tritt an ihre Stelle die nicht gewählte Person mit der nächsthöchsten Stimmenzahl.

85n   h) Bei **gemeinsamer Wahl** bestimmt sich die **Verteilung der BRSitze** auf die Gruppen der ArbN und Beamte nach § **6 Nr. 10 WOP.** Danach hat der Wahlvorst. zunächst die BRSitze nach den Grundsätzen der Verhältniswahl (d'Hondtsches System), getrennt nach den Gruppen auf die Vorschlagslisten zu verteilen. Die Verteilung der Gruppensitze entspricht der alten Regelung des § 16 WO 72.

Beispiel:

Der BR besteht aus 11 ArbNVertr. (davon entfallen 4 Mindestsitze auf das Minderheitsgeschlecht Frauen) und 4 BeamtenVertr. (wobei 1 Mindestsitz auf das Minderheitsgeschlecht Frauen entfällt). Es hat gemeinsame Wahl stattgefunden, bei der drei Vorschlagslisten als gültig anerkannt wurden. Die Gesamtzahl der gültigen Stimmen beträgt 1382.

Davon entfielen auf die

Liste 1	873 Stimmen;
Liste 2	344 Stimmen;
Liste 3	165 Stimmen.

Der Wahlvorst. errechnet zunächst die Verteilung der **11 ArbNSitze** auf die Listen wie folgt:

Liste 1	:	873	Liste 2	:	344	Liste 3	:	165
	: 1	**873**		: 1	**344**		: 1	**165**
	: 2	**436,5**		: 2	**172**		: 2	82,5
	: 3	**291**		: 3	**114,66**		: 3	55
	: 4	**218,25**		: 4	86			
	: 5	**174,6**		: 5	68			
	: 6	**145, 5**						
	: 7	**124,7**						
	: 8	109,125						
	: 9	90						

Es entfallen	auf die Liste 1	7 ArbNSitze
	auf die Liste 2	3 ArbNSitze
	auf die Liste 3	1 ArbNSitz

Sodann errechnet der Wahlvorst. die Verteilung der vier BeamtenSitze wie folgt:

Liste 1	:	873	Liste 2	:	344	Liste 3	:	165
	: 1	873		: 1	344		: 1	165
	: 2	436,5		: 2	172			
	: 3	291						

Es entfallen	auf die Liste 1	3 BeamtenSitze
	auf die Liste 2	1 BeamtenSitz

Bei der Verteilung der Sitze auf die Listen kommt es nicht darauf an, in welcher Reihenfolge die Vertr. der ArbN und der Beamten auf den Listen stehen. Die Reihenfolge ist jeweils nur für Angehörige derselben Gruppe innerhalb der jeweiligen Liste von Bedeutung:

Liste 1	Liste 2	Liste 3
1. A (ArbN w.)	1. M (Beamter m.)	1. V (Beamte w.)
2. B (Beamter m.)	2. N (Beamte w.)	2. W (ArbN m.)
3. C (ArbN m.)	3. O (Beamter m.)	3. X (ArbN w.)
4. D (ArbN w.)	4. P (Beamter m.)	4. Y (ArbN w.)
5. E (ArbN m.)	5. Q (Beamte w.)	

6. F (ArbN m.)   6. R (Beamter m.)
7. G (ArbN w.)   7. S (ArbN w.)
8. H (Beamte w.)   8. T (ArbN m.)
9. J (Beamter m.)   9. U (ArbN m.)
10. K (ArbN m.)
11. L (ArbN m.)

Gewählt sind danach von der Liste 1 für die ArbNGruppe: A (w), C, D (w.), E, F, G (w.), und K sowie für die BeamtenGruppe: B, H (w.) und J. Von der Liste 2 sind gewählt für die ArbNGruppe: S (w.), T und U und für die BeamtenGruppe: M. Von der Liste 3 ist für die ArbNGruppe W gewählt.

Im Anschluss daran hat der Wahlvorst. zu prüfen, ob nach der Verteilung der Grup- **85o** pensitze die jeweilige Gruppe über die ihr zustehenden **Mindestsitze** für das **Minderheitsgeschlecht** nach § **6 Nr. 4 WOP** verfügt. Ist dies nicht der Fall, richtet sich das weitere Vorgehen nach § **6 Nr. 10 Buchst. e WOP.** Danach hat der Wahlvorst. für die Gruppe, deren Mindestsitze für das Minderheitsgeschlecht noch nicht erreicht sind, den zuletzt verteilten Gruppensitz zu ermitteln, der nicht auf einen Angehörigen des Geschlechts in der Minderheit entfällt. Der so ermittelte Gruppensitz geht an die noch nicht berücksichtigte Person in derselben Vorschlagsliste, die dem Minderheitsgeschlecht derselben Gruppe angehört (§ 6 Nr. 10 Buchst. e Doppelbuchst. aa WOP). Weist diese Vorschlagsliste keine Person des Minderheitsgeschlechts derselben Gruppe auf, hat der Wahlvorst. als nächstes zu ermitteln, auf welche Vorschlagsliste dieser Sitz übergeht. Dies ist nach § 6 Nr. 10 Buchst. e Doppelbuchst. bb WOP diejenige Vorschlagsliste, auf die die folgende, noch nicht für die Gruppe berücksichtigte Höchstzahl entfällt und die zugleich über Angehörige des Minderheitsgeschlechts dieser Gruppe verfügt. Dieses Verfahren ist so lange fortzuführen, bis der Mindestanteil an Gruppensitzen für das Minderheitsgeschlecht erreicht ist (§ 6 Nr. 10 Buchst. cc WOP). Bei der Verteilung der Gruppensitze des Minderheitsgeschlechts sind nur die Angehörigen des Geschlechts derselben Gruppe in der Reihenfolge ihrer Benennung auf den einzelnen Vorschlagslisten zu berücksichtigen (§ 6 Nr. 10 Buchst. e Doppelbuchst. dd WOP). Gibt es insgesamt keine ausreichende Anzahl von kandidierenden Gruppenangehörigen des Geschlechts in der Minderheit verbleibt der Sitz bei der Gruppe und geht nicht auf das Minderheitsgeschlecht der anderen Gruppe über (§ 6 Nr. 10 Buchst. e Doppelbuchst. ee WOP; insoweit unzutreffend GK–*Oetker* § 25 Rn 46, der in diesem Fall bei der Ermittlung des Ersatzmitgl. wohl von einem Wechsel der Gruppe ausgeht). Der nicht mehr vom Minderheitsgeschlecht zu besetzende Gruppensitz verbleibt bei der Vorschlagsliste, die zuletzt ihren Sitz zu Gunsten des Geschlechts in der Minderheit hätte abgeben müssen. Damit wird entsprechend der Intention des § 26 Nr. 2 PostPersRG, § 4 Abs. 1 WOP sichergestellt, dass die Gruppe entsprechend ihrem zahlenmäßigen Verhältnis im BR vertreten ist.

Beispiel:

Wäre in dem unter Rn 85 n gebildeten Beispielsfall auf der Liste 2 der 7. Listenplatz für die ArbN nicht mit einer Frau (S) sondern einem Mann besetzt, wären die auf die Gruppe der ArbN entfallenden Mindestsitze (4) nicht erfüllt. Gewählt wären danach nur drei Frauen, A (w), D (w) und G (w). Entsprechend § 6 Nr. 10 Buchst. e WOP hat der Wahlvorst. daher anhand der zuvor dargestellten Vorgehensweise zu prüfen, ob der vierte Mindestsitz für die Gruppe der ArbN mit einer Frau besetzt werden kann. Die zuletzt verteilte Höchstzahl der Gruppe der ArbN ist auf die Liste 2 (114,66) und dort auf U entfallen. Die Liste 2 selbst verfügt über keine weiteren Kandidaten der ArbNGruppe, so dass der Wahlvorst. die nächste noch nicht berücksichtigte Höchstzahl zu ermitteln hat: dies ist die Zahl 109,125 und entfällt auf die Liste 1. Zu prüfen ist nunmehr, ob die Liste 1 noch über eine Kandidatin des Geschlechts in der Minderheit der ArbNGruppe verfügt. Da auf der Liste 1 als Kandidat der ArbNGruppe nur noch der L steht aber keine Frau, hat der Wahlvorst. in Ermittlung der nächsten noch nicht berücksichtigten Höchstzahl zu prüfen, ob die Liste 3 (nächste zu beachtende Höchstzahl 82,5) eine Kandidatin der ArbNGruppe aufgestellt hat. Dies ist mit

Frau X der Fall. Damit geht, weil weder die Liste 1 noch die Liste 2 über weitere Kandidaten des Minderheitsgeschlechts verfügen, der zuletzt verteilte Sitz für die ArbNGruppe von der Liste 2 auf die Liste 3 über. Gewählt sind in diesem abgewandelten Beispielsfall von der Liste 1 wie gehabt: A (w), C, D (w.), E, F, G (w). und K. Von der Liste 2 sind es S und T. Von der Liste 3 sind gewählt W und X (w).

85p i) Findet bei **gemeinsamer Wahl Mehrheitswahl** statt, weil nur eine gültige Vorschlagsliste eingereicht worden ist, richtet sich die Ermittlung der Gewählten nach **§ 6 Nr. 15 WOP.** Danach werden zunächst getrennt für jede Gruppe die ihr zustehenden Mindestsitze des Minderheitsgeschlechts verteilt, indem diese mit Angehörigen des Geschlechts in der Minderheit in der Reihenfolge der jeweils höchsten auf sie entfallenden Stimmenzahlen besetzt werden. Dabei bleiben höhere Stimmenzahlen des anderen Geschlechts derselben Gruppe außer Betracht. Im Anschluss an die Ermittlung der Mindestsitze für das Minderheitsgeschlecht, hat der Wahlvorst. die **weiteren BRSitze** für die jeweilige Gruppe, unabhängig vom Geschlecht, mit Bewerberinnen und Bewerbern in der Reihenfolge der jeweils höchsten auf sie entfallenden Stimmenzahlen zu besetzen (§ 6 Nr. 15 Buchst. a WOP). Haben für den zuletzt zu vergebenden Sitz mehrere Bewerber/innen die **gleiche Stimmenzahl,** entscheidet das **Los** darüber, wer gewählt ist (§ 6 Nr. 15 Buchst. b WOP). Sind weniger Angehörige des Geschlechts in der Minderheit für die jeweilige Gruppe gewählt worden oder haben sich nicht ausreichend Gruppenangehörige des Minderheitsgeschlechts für das BRAmt beworben, gehen die insoweit überschüssigen BRSitze auf das andere Geschlecht derselben Gruppe über (§ 6 Nr. 15 Buchst. c WOP). Nicht gewählt ist, wer keine Stimme erhalten hat (s. auch § 22 WO Rn 5 mwN). Steht dem Geschlecht in der Minderheit nach der Berechnung nach d'Hondt (§ 6 Nr. 4 WOP iVm. § 5 WO) kein Mindestsitz für die Gruppe zu, werden die zu verteilenden BRSitze der Gruppe gem. § 6 Nr. 15 Buchst. a S. 2 und 4 WOP unabhängig vom Geschlecht mit den Wahlbewerbern besetzt, die die entsprechend höchsten Stimmenzahl erreicht haben (vgl. dazu Beispiel unter § 15 Rn 34). Haben sich insgesamt nicht ausreichend Bewerber/innen für die jeweilige Gruppe zur Wahl gestellt oder sind nicht ausreichend Bewerber/innen gewählt worden, gehen die überschüssigen BRSitze auf nicht gewählte Angehörige der anderen Gruppe in der Reihenfolge der jeweils höchsten auf sie entfallenden Stimmenzahlen über (§ 6 Nr. 15 Buchst. d WOP).

85q j) Für das **vereinfachte Wahlverfahren** enthält **§ 6 Nr. 18 WOP** die maßgeblichen Wahlvorschriften. Zur Abstimmung über die Frage, ob die Beamten eine eigene Wählergruppe bilden siehe Rn 85 b; im zweistufigen Wahlverfahren haben die nach § 28 WO zur Wahlversammlung zur Wahl des Wahlvorst. Einladenden in der Einladung darauf hinzuweisen, dass die Beamten bis zur Wahl des Wahlvorst. die Möglichkeit haben, in geheimer Abstimmung und mit Stimmenmehrheit darüber zu entscheiden, ob sie bei der BRWahl auf die Bildung einer eigenen Wählergruppe verzichten wollen (§ 6 Nr. 18 Buchst. a WOP). Auch im vereinfachten Wahlverfahren muss dem **Wahlvorst.** ein **Beamter** angehören (§ 26 Nr. 6 PostPersRG; § 6 Nr. 18 Buchst. b WOP). Diese Verpflichtung besteht losgelöst davon, ob die Beamten auf die Bildung einer eigenen Wählergruppe verzichtet haben oder nicht (vgl. § 16 Rn 32). Die Verteilung der Sitze auf das **Geschlecht in der Minderheit** erfolgt nach § 6 Nr. 4 WOP, § 32 WO findet ausdrücklich keine Anwendung (§ 6 Nr. 16 Buchst. e WOP). Dies bedeutet, dass beispielsweise in einem dreiköpfigen BR, wovon 1 Sitz den Beamten und 2 Sitze den ArbN zustehen, der Wahlvorst. für die ArbNGruppe ermitteln muss, ob dem Minderheitsgeschlecht dieser Gruppe ein **Mindestsitz** nach § 6 Nr. 4 WOP iVm. § 5 WO zusteht. Für die Ermittlung der **Gewählten** bestimmt § 6 Nr. 18 Buchst. g Doppelbuchst. bb WOP, dass wenn für eine Gruppe nur ein Vertreter zu wählen ist, nach § 34 Abs. 4 WO derjenige, der die meisten Stimmen erhalten hat, gewählt ist. Sind für eine Gruppe mehrere BRMitgl. zu wählen, richtet sich die Ermittlung der Gewählten gem. § 6 Nr. 18 Buchst. e Doppelbuchst. cc WOP iVm. § 34 Abs. 5 WO nach §§ 22 und 23 Abs. 2 WO (s. § 34 WO Rn 7; § 22 Rn 2 ff.). Im **vereinbarten vereinfachten Wahlverfahren nach § 14 a Abs.** 5 gilt für die Ermittlung der Gewählten das Gleiche mit einer Ausnahme: Sind für beide Gruppen mehrere Vertreter zu wählen (2 für die Beamten und 3 für die ArbN), richtet sich die Ermittlung der Gewählten nach § 6 Nr. 15 und 16 WOP (§ 6 Nr. 18 Buchst. i S. 2 WOP).

4. Beamte in Tochter-, Enkel- und Beteiligungsgesellschaften

Mit dem Ersten G zur Änderung des PostPersRG vom 9. 11. 2004 (BGBl. I **86** S. 2774) ist den Postunternehmen (Deutsche Telekom AG, Deutsche Post AG und Deutsche Post Bank AG) die Möglichkeit eingeräumt worden, bei ihnen beschäftigten Beamten Tätigkeiten bei Tochter-, Enkel- und Beteiligungsgesellschaften zuzuweisen (§ 4 Abs. 4 S. 1 bis 3 PostPersRG; BT-Drucks. 15/3404). Die Ausführungshinweise des BMF v. 12. 11. 2004 geben zu den Gesetzesänderungen einige Erläuterungen, die aber nicht abschließend sind (vollständiger Abdruck in ZBVR 04, 258 ff.). Die Rechtsstellung der Beamten bleibt dabei unberührt, sie bleiben weiterhin unmittelbare Bundesbeamte; ihr Dienstherr ist der Bund (§ 4 Abs. 4 S. 6, § 2 Abs. 3 PostPersRG). Dementsprechend verbleiben die dienstrechtl. Befugnisse gegenüber den Beamten bei den jeweiligen Post-AG'n mit Ausnahme des im Rahmen der Zuweisung im erforderlichen Maße auf die Unternehmen übergehenden Direktionsrechts (§ 4 Abs. 4 S. 8 PostPersRG; BT-Drucks. 15/3404, S. 9; *Biletzki* ZTR 10, 10 ff zur amtsangemessenen Beschäftigung).

Beamte, denen nach § 4 Abs. 4 S. 1 bis 3 PostPersRG eine Tätigkeit bei einem **87** Unternehmen (Tochter-, Enkel- oder Beteiligungsgesellschaft) zugewiesen ist, gelten gem. § 24 Abs. 3 S. 1 PostPersRG für die Anwendung des BetrVG als ArbN und sind zum dortigen BR aktiv und passiv wahlberechtigt (vgl. § 7 Rn 11, § 8 Rn 29; BAG 16. 1. 08 AP Nr. 12 zu § 7 BetrVG 1972). Anders als in den PostAG'n, bilden die zugewiesenen **Beamten** im Betrieb der Tochter-, Enkel- oder Beteiligungsgesellschaft bei der BRWahl **keine eigene Wählergruppe.** Dies liegt darin begründet, dass die Entscheidungsbefugnis in beamtenspezifischen Angelegenheiten der §§ 76 Abs. 1, 78 Abs. 1 Nr. 3 bis 5 und 79 Abs. 3 BPersVG der zugewiesenen Beamten bei der jeweiligen Post-AG verblieben ist (§ 28 Abs. 1 S. 1 PostPersRG). Das Beteiligungsrecht des BR in beamtenspezifischen Angelegenheiten der zugewiesenen Beamten richtet sich in diesen Fällen nach § 28 Abs. 2 S. 1 PostPersRG (siehe dazu ausführlich § 99 Rn 316 ff., 327 ff.). Bei **Versetzung eines BRMitgl.** siehe § 103 Rn 77.

Mit der Zuweisung einer Tätigkeit bei einem Unternehmen nach § 4 Abs. 4 S. 1 **88** bis 3 PostPersRG **entfällt** gleichzeitig das bis dahin bestehende **aktive und passive Wahlrecht zum BR** bei der **Post-AG,** da sie nicht mehr in deren Betriebsorganisation eingegliedert sind (s. § 7 Rn 11, § 8 Rn 29; so auch *Stiller* ZBVR 04, 236; BAG 16. 1. 08 AP Nr. 12 zu § 7 BetrVG 1972). Dementsprechend sind sie auch nicht bei der Bestimmung der BRGröße nach § 9 zu berücksichtigen (§ 9 Rn 29). Auch soweit der Post-AG noch Entscheidungsbefugnisse in beamtenspezifischen Angelegenheiten (s. o. Rn 86) zustehen und der BR bei der Post-AG nach § 28 Abs. 2 PostPersRG zu beteiligen ist, beeinflusst dies die Frage des Wahlrechts nicht (so auch BAG aaO; siehe zum im Ergebnis ähnlich gelagerten S V der Beurlaubung eines Beamten von der Post-AG zu einer Tochtergesellschaft: LAG Frankfurt aM ArbuR 00, 315; LAG Hamburg 14. 7. 1999 Az. 8 TaBV 5/99 nv). Nach § 28 Abs. 2 S. 1 2. Halbsatz PostPersRG ist der BR des Betriebs, in dem der Beamte die zugewiesene Tätigkeit ausübt zu beteiligen (s. § 99 Rn 331).

VIII. Streitigkeiten

89 Verstöße gegen die Wahlbestimmungen können unter den Voraussetzungen des
§ 19 die **Anfechtung der Wahl** rechtfertigen. Bei krassen Verstößen kommt ausnahmsweise Nichtigkeit in Frage (Näheres vgl. § 19 Rn 4 ff.).

90 Streitigkeiten aus den Wahlvorschriften sind von den **ArbG im BeschlVerf.** zu entscheiden (§§ 2 a, 80 ff. ArbGG). Sie können auch unabhängig von einer Wahlanfechtung schon **während des Wahlverfahrens** gerichtlich ausgetragen werden (BAG
15. 12. 72 AP Nr. 1 zu § 14 BetrVG 1972). **Antragsberechtigt** ist in diesem Falle neben den Anfechtungsberechtigten jeder, der durch Einzelmaßnahmen des Wahlvorst. in
seinem aktiven oder passiven Wahlrecht betroffen wird (ErfK-*Eisemann* Rn 12; Näheres, insb. zur Möglichkeit des Erlasses von einstw. Vfg. während des Wahlverfahrens vgl.
§ 18 Rn 29). Zum Zuordnungsverfahren hinsichtlich der leitenden Ang. vgl. § 18 a.

§ 14 a Vereinfachtes Wahlverfahren für Kleinbetriebe

(1) [1]In Betrieben mit in der Regel fünf bis fünfzig wahlberechtigten Arbeitnehmern wird der Betriebsrat in einem zweistufigen Verfahren gewählt. [2]Auf
einer ersten Wahlversammlung wird der Wahlvorstand nach § 17 a Nr. 3 gewählt. [3]Auf einer zweiten Wahlversammlung wird der Betriebsrat in geheimer
und unmittelbarer Wahl gewählt. [4]Diese Wahlversammlung findet eine Woche
nach der Wahlversammlung zur Wahl des Wahlvorstands statt.

(2) Wahlvorschläge können bis zum Ende der Wahlversammlung zur Wahl des
Wahlvorstands nach § 17 a Nr. 3 gemacht werden; für Wahlvorschläge der Arbeitnehmer gilt § 14 Abs. 4 mit der Maßgabe, dass für Wahlvorschläge, die erst auf
dieser Wahlversammlung gemacht werden, keine Schriftform erforderlich ist.

(3) [1]Ist der Wahlvorstand in Betrieben mit in der Regel fünf bis fünfzig wahlberechtigten Arbeitnehmern nach § 17 a Nr. 1 in Verbindung mit § 16 vom
Betriebsrat, Gesamtbetriebsrat oder Konzernbetriebsrat oder nach § 17 a Nr. 4
vom Arbeitsgericht bestellt, wird der Betriebsrat abweichend von Absatz 1
Satz 1 und 2 auf nur einer Wahlversammlung in geheimer und unmittelbarer
Wahl gewählt. [2]Wahlvorschläge können bis eine Woche vor der Wahlversammlung zur Wahl des Betriebsrats gemacht werden; § 14 Abs. 4 gilt unverändert.

(4) Wahlberechtigten Arbeitnehmern, die an der Wahlversammlung zur Wahl
des Betriebsrats nicht teilnehmen können, ist Gelegenheit zur schriftlichen
Stimmabgabe zu geben.

(5) In Betrieben mit in der Regel 51 bis 100 wahlberechtigten Arbeitnehmern
können der Wahlvorstand und der Arbeitgeber die Anwendung des vereinfachten Wahlverfahrens vereinbaren.

Inhaltsübersicht

I. Vorbemerkung

Mit dem **BetrVerf-ReformG** ist die Möglichkeit geschaffen worden, in **Kleinbe-** 1
trieben den BR im **vereinfachten Wahlverfahren** zu wählen. Untersuchungen des
Instituts für Arbeitsmarkt- und Berufsforschung (IAB) haben ergeben, dass gerade in
kleineren Betrieben selten BR bestehen. Ein maßgeblicher Grund hierfür ist das besonders für Kleinbetriebe aufwändige Wahlverfahren. Mit dem speziell für Kleinbetriebe geschaffenen vereinfachten Wahlverfahren wird die Errichtung von BR in diesen Größenklassen erleichtert (vgl. BT-Drucks. 14/5741 S. 23, 27, 37).

Das vereinfachte Wahlverfahren findet in Betrieben mit in der Regel **fünf bis** 2
fünfzig wahlberechtigten ArbN Anwendung. Der BR wird in einem **zweistufi-**
gen Verfahren gewählt, wenn zuvor der Wahlvorst. in einer WahlVerslg. gewählt
werden muss (§ 14a Abs. 1 und 2). In einem **einstufigen Verfahren** wird der BR
gewählt, wenn der Wahlvorst. durch einen BR, GesBR bzw. KBR oder das ArbG bestellt wird (§ 14a Abs. 3, § 17a).

In Betrieben mit **51 bis 100 wahlberechtigten ArbN** können **ArbGeb.** und 3
Wahlvorst. die Anwendung des **vereinfachten Wahlverfahrens vereinbaren**
(Abs. 5). Diese **Option** ist im Rahmen der parlamentarischen Beratungen des **Betr-**
Verf-ReformG neu aufgenommen worden (vgl. BT-Drucks. 14/6352 S. 54).

Das **vereinfachte Wahlverfahren** ist für Betriebe mit in der Regel **fünf bis** 4
fünfzig wahlberechtigten ArbN **maßgebliche Wahlvorschrift.** Dh wird in Betrieben dieser Größenklasse die Wahl nach den Regeln für Betriebe mit mehr als 50
wahlberechtigten ArbN durchgeführt, ist die Wahl grundsätzlich gem. § 19 anfechtbar (vgl. § 19 Rn 21). Gleiches gilt, wenn die Wahl des BR nach den Vorschriften
des § 14a durchgeführt worden ist, obwohl die Voraussetzungen hierfür nicht vorliegen (vgl. § 19 Rn 21; BAG 19. 11. 03 AP Nr. 54 zu § 19 BetrVG 1972; ErfK-
Eisemann Rn 1; GK-*Kreutz* Rn 127; *Berg* AiB 02, 17, 18). Die Ermittlung des
Schwellenwerts richtet sich nach § 9 (vgl. dort Rn 11ff.); nach § 7 Satz 2 wahlberechtigte ArbN sind mitzuzählen (s. dazu auch § 9 Rn 24 u. § 7 Rn 95; *Reichold*
NZA 01, 857, 861; *Däubler* ArbuR 01 1, 4; im Ergebnis so wohl auch *Brors* NZA
03, 1380, 1382; aA BAG 16. 4. 03 AP Nr. 1 zu § 9 BetrVG; GK-*Kreutz* Rn 15;
Löwisch/Kaiser Rn 2; HSWGNR Rn 5).

Die Vorschrift gilt nicht für die Wahl der BordVertr. und des SeeBR; für die Bord- 5
Vertr. gilt die Sonderregelung des § 115 Abs. 2 Nr. 6, für den SeeBR ist das vereinfachte Wahlverfahren auf Grund der spezifischen Regelungen zur Wahl des SeeBR
ausgeschlossen (§ 116 Abs. 2 Nr. 5). Für die Wahl der JugAzubiVertr. gilt das vereinfachte Wahlverfahren nach § 14a entspr. (vgl. § 63 Abs. 4 und 5 und dort Rn 12ff.,
29). Die Bestimmung gilt nicht für die Bestellung der Mitgl. des GesBR (vgl. § 47
Abs. 2), des KBR (vgl. § 55), der GesJugAzubiVertr. (vgl. § 72 Abs. 2) und der KJug-
AzubiVertr. (vgl. § 73a Abs. 2).

Die Vorschrift ist **zwingend.** Es können weder durch TV noch durch BV abwei- 6
chende Wahlbestimmungen getroffen werden. Das gilt auch für die nach § 3 Abs. 1
Nr. 1 bis 3 gebildeten BR (vgl. dazu ausführlich § 14 Rn 7). Die Wahl des BR im
vereinfachten Wahlverfahren erfolgt nach den Grundsätzen der Mehrheitswahl (§ 14
Abs. 2 Satz 2) – siehe dazu § 14 Rn 35ff.).

Die **maßgeblichen Vorschriften** zur Durchführung des vereinfachten Wahlver- 7
fahrens sind die **§§ 28 bis 37 der Ersten Verordnung zur Durchführung des**
Betriebsverfassungsgesetzes vom 11. Dezember 2001 (**Wahlordnung** – WO –
BGBl. I S. 3494).

II. Wahl des Betriebsrats im zweistufigen Verfahren
(§ 14a Abs. 1 und 2)

8   Das **zweistufige Verfahren** nach Abs. 1 kommt nur in Betrieben zum Tragen, in denen der Wahlvorst. nicht bereits durch den BR, den GesBR bzw. KBR oder durch das ArbG bestellt worden ist (vgl. Abs. 3 und § 17a und dort Rn 8ff.; GK-*Kreutz* Rn 21; *Richardi/Thüsing* Rn 8; *WPK-Wlotzke* Rn 2; *Windeln* S. 168f.), sondern zunächst in einer WahlVerslg. von den ArbN gewählt werden muss.

1. Erste Wahlversammlung zur Wahl des Wahlvorstands

9   In betriebsratslosen Betrieben mit in der Regel fünf bis fünfzig wahlberechtigten ArbN, in denen der Wahlvorst. nicht bereits durch den GesBR bzw. KBR oder das ArbG bestellt worden ist (vgl. § 17a Rn 8ff.), wird zunächst in einer ersten WahlVerslg. der Wahlvorst. nach § 17a Nr. 3 gewählt. Die Grundsätze der Wahl des Wahlvorst. sind in den §§ 28, 29 WO geregelt.

a) Einladung zur Wahlversammlung zur Wahl des Wahlvorstands

10   Zur WahlVerslg. für die Wahl des Wahlvorst. können drei wahlberechtigte ArbN oder eine im Betrieb vertretene Gewerkschaft einladen (vgl. § 17a Nr. 3 und dort Rn 10, § 28 Abs. 1 S. 1 WO und dort Rn 1). Die **Einladung** zu dieser WahlVerslg. muss mindestens **sieben Tage** vor dem Tag der WahlVerslg. erfolgen (vgl. § 28 Abs. 1 S. 2 WO; bis zum Inkrafttreten der neuen WO vgl. § 125 Abs. 4 Nr. 1 S. 1). Für die Berechnung der Frist finden die §§ 186 bis 193 BGB entsprechende Anwendung (§ 41 WO).

11   Da sich im zweistufigen Verfahren an die Wahl des Wahlvorst. unmittelbar die Einleitung zur Wahl des BR anschließt, muss die **Einladung** zur Wahl des Wahlvorst. neben dem **Hinweis** über Ort, Tag und Zeit der WahlVerslg. zur Wahl des Wahlvorst. (vgl. § 28 Abs. 1 S. 5 Buchst. a WO) **weitere** wesentliche **Hinweise** für die ArbN zur Wahl des BR enthalten. Dies sind gem. § 28 Abs. 1 S. 5 WO:
– dass Wahlvorschläge zur Wahl des BR bis zum Ende der WahlVerslg. zur Wahl des Wahlvorst. gemacht werden können (§ 28 Abs. 1 S. 5 Buchst. b WO),
– dass Wahlvorschläge der ArbN zur Wahl des BR mindestens von einem Zwanzigstel der Wahlberechtigten, mindestens jedoch von drei Wahlberechtigten unterzeichnet sein müssen; in Betrieben mit in der Regel bis zu zwanzig Wahlberechtigten reicht die Unterzeichnung durch zwei Wahlberechtigte (§ 28 Abs. 1 S. 5 Buchst. c WO),
– dass Wahlvorschläge zur Wahl des BR, die erst in der WahlVerslg. zur Wahl des Wahlvorst. gemacht werden, nicht der Schriftform bedürfen (§ 28 Abs. 1 S. 5 Buchst. d WO).

12   Die **Einladung** ist gem. § 28 Abs. 1 S. 3 WO durch **Aushang** an geeigneten Stellen im Betrieb **bekannt zu machen,** so dass alle ArbN die Möglichkeit haben, von der Einladung Kenntnis zu nehmen. Sie kann **ergänzend** auch **mittels** der im Betrieb vorhandenen **Informations- und Kommunikationstechnik** bekannt gemacht werden (§ 28 Abs. 1 S. 4 WO), wie zB durch Rund-E-Mail oder durch Veröffentlichung im Intranet (vgl. § 17a Rn 13). Die Bekanntmachung **ausschließlich in elektronischer Form** ist dagegen nur zulässig, wenn **alle ArbN** von der Bekanntmachung Kenntnis erlangen können und Vorkehrungen getroffen werden, dass Änderungen der Bekanntmachung nur von der einladenden Stelle vorgenommen werden können (vgl. § 28 Abs. 1 S. 4 WO; s. auch BAG 19. 11. 03 AP Nr. 54 zu § 19 BetrVG 1972). Der in der WO verwandte **Begriff „elektronische Form"** ist **nicht identisch** mit dem in § 126a BGB und § 2 Nr. 3 SignaturG verwandten Begriff. Die Bekanntmachung in elektronischer Form setzt daher zu ihrer Wirksamkeit kein qualifiziert signiertes Dokument i. S. d. vorgenannten Vorschriften voraus. Wollen die einladenden ArbN die im Betrieb vorhandene Informations- und Kommunikationstechnik nutzen, so hat der ArbGeb. ihnen die bestehende Infrastruktur hierfür zur Verfügung zu stellen; dies gilt auch, wenn eine im Betrieb vertretene Gewerkschaft zur WahlVerslg. einladen will (so wohl auch *Thüsing/Lambrich* NZA-Sonderheft 01, 79, 88; ErfK-*Eisemann* Rn 2; *Richardi/Thüsing* Rn 6). Vgl. im Übrigen die Ausführungen zu § 17a Rn 13 und § 28 WO Rn 1ff.). Nach Ansicht von *Richardi/Thüsing* Rn 6 ist der ArbGeb jedoch nicht verpflichtet, den Einladenden bei der Einstellung der Einladung in das Intranet mit eigenen Leuten behilflich zu sein.

b) Wahl des Wahlvorstands

Die Einladenden eröffnen die WahlVerslg., ggf. unter Hinweis auf deren Zweck **13** und veranlassen zweckmäßigerweise zunächst die Wahl eines ArbN des Betriebs zum **Versammlungsleiter.** Bis dahin leiten die Einladenden die Verslg. Unterbleibt eine förmliche Wahl des Versammlungsleiters, hat dies keine Auswirkung auf die Gültigkeit der Wahl des Wahlvorst. (vgl. ausführl. dazu § 17 Rn 23, § 29 WO Rn 2 mwN; ErfK-*Eisemann* Rn 3).

Im vereinfachten Wahlverfahren besteht der **Wahlvorst.** abweichend von § 16 **14** Abs. 1 aus **drei Mitgl.** (vgl. § 17a Nr. 1 und dort Rn 15, § 29 WO und dort Rn 3).

Teilnahme-, Vorschlags- und **Stimmberechtigt** sind – mit Ausnahme der in § 5 Abs. 2 und 3 genannten Personen – **alle ArbN** des Betriebs, einschließlich der nach § 7 S. 2 wahlberechtigten ArbN (vgl. § 17a Rn 6, 15, § 29 WO Rn 1).

Der Wahlvorst. wird von der **Mehrheit der anwesenden ArbN** gewählt. Jedes **15** einzelne Mitgl. bedarf der Stimmenmehrheit der anwesenden ArbN. Aus dem Kreis der gewählten Mitgl. des Wahlvorst. wird dann die oder der **Vorsitzende des Wahlvorst.,** ebenfalls von der Mehrheit der anwesenden ArbN, gewählt (§ 29 S. 3 WO). Ergänzend können auch ErsMitgl. gewählt werden (vgl. § 17a Rn 7, 15, § 29 WO Rn 3; *DKK-Schneider/Homburg* Rn 10).

Wie auch bei der Wahl des Wahlvorst. in einer BetrVerslg. nach § 17 Abs. 2 ist **16** eine förmliche, insb. geheime Wahl nicht erforderlich; nach dem Verlauf der WahlVerslg. muss jedoch zweifelsfrei feststehen, wer als Mitgl. des Wahlvorst. gewählt ist (vgl. § 17 Rn 27 mwN, § 29 WO Rn 3; *DKK-Schneider/Homburg* Rn 11).

Die WahlVerslg. zur Wahl des Wahlvorst. findet nach § 44 Abs. 1 grundsätzlich **17** **während der Arbeitszeit** statt. Die Zeit der Teilnahme ist den ArbN einschl. zusätzlicher Wegezeiten wie Arbeitszeit zu vergüten (vgl. ausführlich dazu § 17 Rn 26).

c) Einleitung der Wahl des Betriebsrats

Mit der Wahl des Wahlvorst. ist die erste WahlVerslg. noch nicht beendet. **Unmit-** **18** **telbar** nach seiner Wahl hat der Wahlvorst. die Aufgabe, die **Wahl des BR einzuleiten** (§ 30 Abs. 1 S. 1 WO).

Erste Aufgabe des Wahlvorst. ist es, in der WahlVerslg. unverzüglich die **Wähler-** **19** **liste,** getrennt nach den Geschlechtern, **aufzustellen** (§ 30 Abs. 1 S. 3 WO). Zur Aufstellung der Wählerliste vgl. die Ausführungen zu § 2 WO, § 28 WO Rn 6ff. und § 30 WO Rn 3ff. Hervorzuheben ist die **Pflicht des ArbGeb.,** gem. § 28 Abs. 2 WO, den zur WahlVerslg. für die Wahl des Wahlvorst. Einladenden (einladende Stelle) unverzüglich nach Aushang der Einladung alle für die Anfertigung der Wählerliste **erforderlichen Unterlagen** nach § 2 WO in einem **versiegelten Umschlag** auszuhändigen. Der ArbGeb. hat die erforderlichen Unterlagen ohne schuldhaftes Zögern zusammenzustellen; längstens steht ihm der Zeitraum bis zum Tag der WahlVerslg. zur Wahl des Wahlvorst. zur Verfügung (vgl. § 28 WO Rn 6; *Thüsing/Lambrich* NZA-Sonderheft 01, 79, 88).

Die **einladende Stelle** ist ihrerseits verpflichtet, den ihr vom ArbGeb. übergebenen, **versiegelten Umschlag** dem **Wahlvorst.** unmittelbar nach dessen Wahl in der **20** WahlVerslg. zu **übergeben** (§ 30 Abs. 1 S. 4 WO und dort Rn 3). Damit wird es dem Wahlvorst. ermöglicht, unverzüglich nach seiner Wahl in der WahlVerslg. die

Wählerliste aufzustellen. Hinsichtlich Art und Umfang der erforderlichen Unterlagen vgl. ausführlich § 28 WO Rn 7).

21   Bei bestehenden Unklarheiten ist der ArbGeb. verpflichtet, dem Wahlvorst. die erforderlichen **Auskünfte** zu erteilen (§ 2 WO). Zum bestehenden **Teilnahmerecht** des **ArbGeb.** an der **WahlVerslg.** vgl. § 17 Rn 26; § 30 WO Rn 3; ErfK-*Eisemann* Rn 3. Gerade vor dem Hintergrund, dass der Wahlvorst. die Wählerliste in der WahlVerslg. selbst aufstellen und prüfen muss, ist es angezeigt dem ArbGeb. auch im vereinfachten Wahlverfahren ein Teilnahmerecht zuzusprechen (*WPK-Wlotzke* Rn 8; **aA;** *Richardi/Thüsing* Rn 13; GK-*Kreutz* § 17a Rn 17; wohl auch *Däubler* ArbuR 01, 285, 287). Zur Unterbrechungsmöglichkeit siehe ausführlich § 30 WO Rn 3.

22   Im vereinfachten Wahlverfahren verkürzt sich die **Einspruchsfrist** gegen die Wählerliste auf **drei Tage** seit Erlass des Wahlausschreibens (§ 30 Abs. 2 WO und dort Rn 5 ff.).

23   Stellt der Wahlvorst. nach seiner Wahl fest, dass im Betrieb mehr als fünfzig wahlberechtigte ArbN beschäftigt sind, kann er die BRWahl nicht im vereinfachten Wahlverfahren durchführen. Liegt die Beschäftigtenzahl unter 100 wahlberechtigten ArbN, hat der Wahlvorst. jedoch die Möglichkeit, mit dem ArbGeb. nach § 14a Abs. 5 die Anwendung des vereinfachten Wahlverfahrens zu vereinbaren (vgl. BR-Drucks. 838/01 S. 34 zu § 30 WO; *HSWGNR* Rn 27). Das weitere Wahlverfahren richtet sich dann nach den Vorschriften über das einstufige Verfahren (§ 37 iVm. § 36 WO; *Berg,* AiB 02, 17, 23). Stellt der Wahlvorst. fest, dass die Beschäftigtenzahl über 100 wahlberechtigte ArbN liegt, hat er die Wahl im normalen Wahlverfahren durchzuführen (GK-*Kreutz* Rn 118).

24   Im Anschluss an die Aufstellung der Wählerliste **erlässt** der **Wahlvorst.** in der WahlVerslg. das **Wahlausschreiben** (§ 31 Abs. 1 WO). Das Wahlausschreiben muss die in § 31 Abs. 1 WO aufgeführten Angaben zur Wahl des BR enthalten (vgl. ausführl. § 31 WO Rn 2 ff.). Die Angaben entsprechen im Wesentlichen denjenigen, die auch im normalen Wahlverfahren nach § 3 Abs. 2 WO im Wahlausschreiben enthalten sein müssen. Dazu gehören ua. die Angabe über den Anteil der Geschlechter im Betrieb und die dem Geschlecht in der Minderheit gem. § 15 Abs. 2 im BR zustehende Mindestsitzzahl, wenn der BR aus drei Mitgl. besteht (vgl. dazu § 31 WO Rn 6, 7). Die Berechnung der Mindestsitzzahl erfolgt nach § 5 WO (§ 32 WO). Zur Berechnung vgl. die Ausführungen zu § 15 Rn 15 ff.

25   Des Weiteren ist auf Grund der Besonderheit des vereinfachten Wahlverfahrens im Wahlausschreiben anzugeben,

– dass **Einsprüche** gegen die Wählerliste nur **binnen drei Tage** seit Erlass des Wahlausschreibens zulässig sind (§ 31 Abs. 1 Nr. 3 WO),

– dass Wahlvorschläge nur bis zum Abschluss der WahlVerslg. zur Wahl des Wahlvorst. bei diesem einzureichen sind (§ 31 Abs. 1 Nr. 8 WO),

– die Angabe der Mindestzahl von Wahlberechtigten, von denen ein Wahlvorschlag unterzeichnet sein muss bzw., dass wenn die Wahlvorschläge erst auf der WahlVerslg. gemacht werden, diese nicht der Schriftform bedürfen (§ 31 Abs. 1 Nr. 6 WO),

– dass Wahlberechtigten, die an der WahlVerslg. zur Wahl des BR nicht teilnehmen können, Gelegenheit zur nachträglichen schriftlichen Stimmabgabe gegeben wird und dass das Verlangen auf nachträgliche schriftliche Stimmabgabe spätestens drei Tage vor dem Tag der WahlVerslg. zur Wahl des BR dem Wahlvorst. mitgeteilt werden muss (§ 31 Abs. 1 Nr. 12 WO),

– sowie Ort, Tag und Zeit der nachträglichen schriftlichen Stimmabgabe (§ 31 Abs. 1 Nr. 13 WO).

26   Mit Erlass des Wahlausschreibens ist die BRWahl eingeleitet (§ 31 Abs. 1 S. 2 WO). Ein Abdruck des Wahlausschreibens ist vom Tage seines Erlasses bis zum letzten Tag der Stimmabgabe an einer oder mehreren geeigneten, den Wahlberechtigten zugänglichen Stellen vom Wahlvorst. auszuhängen. Ergänzend kann das Wahlausschreiben auch mittels der im Betrieb vorhandenen Informations- und Kommunikationstechnik bekannt gemacht werden (§ 31 Abs. 2 WO und dort Rn 21 f.).

Nach Erlass des Wahlausschreibens können bei dem Wahlvorst. die Wahlvorschläge **27** eingereicht werden. Die Wahl des BR im vereinfachten Wahlverfahren findet nach den Grundsätzen der **Mehrheitswahl** statt (§ 14 Abs. 2 S. 2 und dort Rn 35 ff.), so dass die Wahlvorschläge nicht in Form von Listen eingereicht werden können. Dementsprechend kommt es im Unterschied zur Verhältniswahl bei den Wahlvorschlägen im Rahmen der Mehrheitswahl nicht auf die Reihenfolge der Bewerberinnen und Bewerber an; es findet **Persönlichkeitswahl** statt (vgl. § 14 Rn 36).

Wahlvorschlagsberechtigt sind die wahlberechtigten ArbN, einschließlich die in § 7 **28** S. 2 Genannten sowie die im Betrieb vertretenen Gewerkschaften (§ 14 Abs. 3 und dort Rn 45 ff., 58 ff.). Die **Wahlvorschläge der ArbN** können im vereinfachten Wahlverfahren sowohl **schriftlich** als auch **mündlich** gemacht werden. Mündlich können sie jedoch nur dann gemacht werden, wenn sie erst in der WahlVerslg. selbst gemacht werden (Abs. 2 2. Halbsatz, § 33 Abs. 1 Satz 3 WO). **Wahlvorschläge** der im Betrieb vertretenen **Gewerkschaften** können dagegen auch im vereinfachten Wahlverfahren **nur schriftlich** (vgl. § 14 Rn 58 ff.) eingereicht werden; die Ausnahme vom Schriftformerfordernis nach § 14 Abs. 4 ist gem. § 14a Abs. 2 2. Halbsatz ausschließlich auf Wahlvorschläge der ArbN beschränkt (vgl. *Thüsing/Lambrich* NZA-Sonderheft 01, 79, 90; *HSWGNR* Rn 16).

Wie im Wahlverfahren mit mehr als fünfzig wahlberechtigten ArbN bedürfen die **29** Wahlvorschläge zu ihrer Gültigkeit auch im vereinfachten Wahlverfahren der erforderlichen Anzahl von Stützunterschriften bzw. Unterstützung nach § 14 Abs. 4. Danach muss ein Wahlvorschlag der ArbN von mindestens einem **Zwanzigstel** der **wahlberechtigten ArbN, mindestens** jedoch von **drei** wahlberechtigten ArbN unterzeichnet sein. Eine **Ausnahme** hiervon besteht für Betriebe mit in der Regel **bis zu zwanzig wahlberechtigten ArbN;** in diesem Fall genügt die Unterzeichnung des Wahlvorschlags durch **zwei wahlberechtigte ArbN** (vgl. ausführlich § 14 Rn 45 ff.).

Die Wahlvorschläge sind **schriftlich** zu machen, wenn sie bereits vor der Wahl- **30** Verslg. vorbereitet werden (so auch *HSWGNR* Rn 16. Dies bietet sich immer dann an, wenn zB nicht alle wahlberechtigten ArbN, die den Vorschlag unterstützen wollen, am Tag der WahlVerslg. anwesend oder der bzw. die Wahlbewerber an diesem Tag verhindert sind. In diesen Fällen haben die wahlberechtigten ArbN die Möglichkeit den Wahlvorschlag bereits vor der WahlVerslg. schriftlich fertig zu stellen und diesen einer Person ihres Vertrauens zu geben, die den Wahlvorschlag am Tag der WahlVerslg. beim Wahlvorst. einreicht (*Berg* AiB 02, 17, 23). Die Person des Vertrauens kann zB einer der unterzeichnenden ArbN, einer der Wahlbewerber aber auch die einladende Stelle sein (vgl. § 33 WO Rn 2).

Von dem Erfordernis der **schriftlichen Unterstützung** kann nur dann abgesehen **31** werden, wenn der Wahlvorschlag erst unmittelbar in der WahlVerslg. selbst gemacht wird. In diesen Fällen reicht es aus, dass die erforderliche **Unterstützung** des Wahlvorschlags nach § 14 Abs. 4 (vgl. Rn 29) zB durch **Handzeichen** erfolgt (vgl. BT-Drucks. 14/5741 S. 37; *Düwell/Brors* Rn 9; *Engels/Trebinger/Löhr-Steinhaus* DB 01, 532, 535; *Thüsing/Lambrich* NZA-Sonderheft 01, 79, 90). Dabei hat der Wahlvorst. darauf zu achten, dass verschiedene Wahlvorschläge nicht von denselben ArbN unterstützt werden (vgl. dazu ausführlich § 33 WO Rn 9). Die Einreichung von mündlichen Wahlvorschlägen hat der Wahlvorst. zu **Protokoll** zu nehmen, damit bei evtl. später auftauchenden Streitigkeiten Zweifelsfragen geklärt werden können (so auch *WPK-Wlotzke* Rn 12; *GK-Kreutz* Rn 42 f.; *Berg* AiB 02, 17, 24). Der Wahlvorschlag kann als **Einheit** entweder nur schriftlich oder nur mündlich gemacht werden. So kann ein schriftlicher Wahlvorschlag, der nicht über genügend Stützunterschriften verfügt, nicht durch mündliche Unterstützung ergänzt werden; er kann nur insgesamt als neuer – mündlicher – Wahlvorschlag eingebracht werden (*Richardi/Thüsing* Rn 21; siehe auch § 33 WO Rn 5).

Zur Unterstützung – sei es schriftlich oder mündlich – sind alle wahlberechtigten **32** ArbN, einschließlich die in § 7 S. 2 Genannten berechtigt (vgl. *Löwisch* BB 01, S. 1734,

1737; *Maschmann* DB 01, 2446, 2448). Der Wahlvorschlag kann daher auch von den
Wahlbewerbern selbst, aber auch von Mitgl. des Wahlvorst. unterstützt werden (vgl.
dazu mwN § 14 Rn 51). Zu den **weiteren Gültigkeitsvoraussetzungen** der Wahlvorschläge der ArbN vgl. § 14 Rn 52 ff. und § 33 WO Rn 2 ff.). Zu beachten ist insbesondere, dass Mängel der Wahlvorschläge nur innerhalb der WahlVerslg. zur Wahl des
Wahlvorst. beseitigt werden können (*SWS* Rn 8; *Weber/Ehrich/Hörchens/Oberthür* Teil
B Rn 121; siehe auch § 33 WO Rn 11).

33   Für die **Wahlvorschläge** der im Betrieb vertretenen **Gewerkschaften** bestehen
im vereinfachten Wahlverfahren **keine Besonderheiten** gegenüber dem normalen
Wahlverfahren, so dass insoweit auf die Ausführungen in § 14 Rn 58 bis 71 verwiesen
wird (*WPK-Wlotzke* Rn 11; unverständlich GK-*Kreutz* Rn 39 ff., der verkennt, dass
§ 14 a auf den Wahlgrundsätzen des § 14 aufbaut und damit unzweifelhaft auch das
Wahlvorschlagsrecht der Gewerkschaften umfasst).

34   Wahlvorschläge können bis zum **Ende der WahlVerslg.** zur Wahl des Wahlvorst.
gemacht werden (Abs. 2 1. Halbsatz). Das Ende der WahlVerslg. richtet sich nach den
jeweiligen Gegebenheiten in der WahlVerslg. Sie ist regelmäßig beendet, wenn keine
Wahlvorschläge mehr eingereicht werden und der Wahlvorst. die Wahlvorschläge
geprüft und evtl. notwendige Rückfragen (zB bei Doppelunterstützung etc.) geklärt
hat. Bevor der Wahlvorst. die WahlVerslg. für beendet erklärt, empfiehlt es sich, die
ArbN hierauf hinzuweisen, damit diese abschließend die Gelegenheit erhalten, noch
Wahlvorschläge einzureichen (im Ergebnis ebenso GK-*Kreutz* Rn 38). Nach der formellen Beendigung eingereichte Wahlvorschläge dürfen vom Wahlvorst. nicht mehr
berücksichtigt werden (*Thüsing/Lambrich* NZA-Sonderheft 01, 79, 90). Dennoch
berücksichtigte Wahlvorschläge berechtigen zur Anfechtung der Wahl nach § 19.

35   Unmittelbar nach **Abschluss der WahlVerslg.** hat der Wahlvorst. die als gültig
anerkannten **Wahlvorschläge bekannt** zu **machen** (§ 33 Abs. 4 WO und dort
Rn 13). Ist in der WahlVerslg. kein Wahlvorschlag zur Wahl des BR gemacht worden, findet die BRWahl nicht statt. Dies hat der Wahlvorst. ebenfalls bekannt zu
machen (vgl. § 33 Abs. 5 WO). Die Möglichkeit der **Nachfristsetzung** zur Einreichung von Wahlvorschlägen nach § 9 WO **besteht** auf Grund des verkürzten Verfahrens im vereinfachten Wahlverfahren **nicht** (vgl. § 33 WO Rn 12; GK-*Kreutz* Rn 109;
SWS Rn 6).

2. Zweite Wahlversammlung zur Wahl des Betriebsrats

36   Die **Wahl des BR** erfolgt in einer **zweiten WahlVerslg.** Sie findet **eine Woche**
nach der ersten WahlVerslg. zur Wahl des Wahlvorst. statt (Abs. 1 Satz 4). Die Frist
bestimmt sich nach den §§ 186 bis 193 BGB. Fällt der Wahltag zB auf einen Feiertag,
so ist erst der nachfolgende Werktag der maßgebliche Wahltag (*Thüsing/Lambrich*
NZA-Sonderheft 01, 79, 91; *SWS* Rn 10).

37   Die Wahl des BR erfolgt nach den Grundsätzen der **Mehrheitswahl** (§ 14 Abs. 2
S. 2 zweiter Halbsatz); s. dazu § 14 Rn 35 ff. Gewählt wird der BR in **geheimer** und
unmittelbarer Wahl (Abs. 1 S. 3). Zu den Grundsätzen der geheimen und unmittelbaren Wahl s. § 14 Rn 9 ff. Die Einzelheiten des Wahlverfahrens sind in § 34 WO
geregelt. Auf den Stimmzetteln sind die Bewerberinnen oder Bewerber in alphabetischer Reihenfolge unter Angabe von Familienname, Vorname und Art der Beschäftigung im Betrieb aufzuführen. Die Wählerin bzw. der Wähler kann nur so viele Bewerberinnen oder Bewerber auf dem Stimmzettel ankreuzen, wie BRMitgl. zu
wählen sind.

38   Wahlberechtigte ArbN, die an der zweiten WahlVerslg. zur Wahl des BR nicht teilnehmen können, haben die Möglichkeit der **nachträglichen schriftlichen Stimmabgabe** (Abs. 4, § 35 Abs. 1 S. 1 WO). Dem Wahlvorst. muss das **Verlangen** auf
nachträgliche schriftliche Stimmabgabe von dem wahlberechtigten ArbN spätestens
drei Tage vor dem Tag der WahlVerslg. zur Wahl des BR mitgeteilt werden (§ 35
Abs. 1 S. 2 WO und dort Rn 1). Der Antrag kann **mündlich** oder **schriftlich** erfol-

gen. Wird er mündlich gestellt, hat der Wahlvorst. dies zu vermerken. In dem Antrag sollte der Grund der voraussichtlichen Abwesenheit angegeben werden; eine Nachprüfungspflicht besteht jedoch nicht (vgl. § 35 WO Rn 1 und zur Briefwahl im normalen Wahlverfahren § 24 WO Rn 3). Durch den Verweis in § 35 Abs. 1 S. 3 WO auf die §§ 24, 25 WO gilt die nachträgliche schriftliche Stimmabgabe auch für diejenigen Wahlberechtigten ArbN, von denen dem Wahlvorst. bekannt ist, das sie im Zeitpunkt der Wahl nach der Eigenart ihres Beschäftigungsverhältnisses voraussichtlich nicht im Betrieb anwesend sein werden, wie zB im Außendienst oder mit Telearbeit Beschäftigte sowie in Heimarbeit Beschäftigte (§ 24 Abs. 2 WO). Diesen ArbN hat der Wahlvorst. ohne gesondertes Verlangen die Wahlunterlagen für die schriftliche Stimmabgabe zukommen zu lassen (*GSKR,* § 14a Rn 13; ErfK-*Eisemann* Rn 4; *DKK-Schneider/Homburg* Rn 25; *GK-Kreutz* Rn 59; *SWS* Rn 12; § 35 WO Rn 3; **aA** *Thüsing/Lambrich* NZA-Sonderheft 01, 79, 91; *Richardi/Thüsing* Rn 29). Gleiches gilt für die Fälle des § 24 Abs. 3 (§ 35 WO Rn 4).

Im Fall der **nachträglichen schriftlichen Stimmabgabe** liegt die Stimmabgabe 39 regelmäßig nach dem Tag der WahlVerslg. zur Wahl des BR (*Thüsing/Lambrich* NZA-Sonderheft 01, 79, 91; *Heilmann,* AiB 01, 621, 623). Der Wahlvorst. kann daher in diesem Fall nicht bereits am Ende der WahlVerslg. zur Wahl des BR die öffentliche Stimmauszählung vornehmen, sondern hat gemäß § 34 Abs. 2 WO am Ende der WahlVerslg. zur Wahl des BR die **Wahlurne** bis zum Fristablauf für die nachträgliche schriftliche Stimmabgabe zu **versiegeln** und aufzubewahren (vgl. § 34 WO Rn 3; ErfK-*Eisemann* Rn 4). Ist die nachträgliche schriftliche Stimmabgabe beantragt worden, bestimmt § 35 Abs. 2 WO zudem, dass der Wahlvorst. dies unter Angabe des Orts, des Tags und der Zeit der öffentlichen Stimmauszählung in gleicher Weise **bekannt zu machen** hat wie das Wahlausschreiben (vgl. § 35 WO Rn 6).

Unmittelbar nach **Ablauf der Frist** für die nachträgliche schriftliche Stimmabgabe 40 hat der Wahlvorst. in öffentlicher Sitzung die eingegangenen Freiumschläge zu öffnen und zu prüfen, ob die Stimmabgabe nach den Vorschriften der Briefwahl (§ 35 Abs. 3 S. 2 WO iVm. § 25 WO) ordnungsgemäß erfolgt ist. Die ordnungsgemäß abgegebenen Wahlumschläge hat der Wahlvorst. nach Vermerk der Stimmabgabe in der Wählerliste in die bis dahin versiegelte Wahlurne einzuwerfen (vgl. § 35 Abs. 3 WO). Im Anschluss daran hat der Wahlvorst. die öffentliche **Stimmauszählung** vorzunehmen und das Wahlergebnis bekannt zu geben (vgl. § 35 Abs. 4 WO Rn 9).

Die Wahlordnung hat keine konkrete **Frist** zur **nachträglichen schriftlichen** 41 **Stimmabgabe** gesetzt. Der **Wahlvorst.** hat die Frist so zu **bemessen,** dass unter Berücksichtigung der Bedingungen im Betrieb und der normalen Postlaufzeit eine ordnungsgemäße Briefwahl möglich ist (vgl. § 35 WO Rn 7; *Thüsing/Lambrich* NZA-Sonderheft 01, 79, 92; *Heilmann* AiB 01, 621, 623). Sie darf zugleich nicht über Gebühr lang sein; eine Frist von einer Woche nach dem Tag der WahlVerslg. zur Wahl des BR dürfte ausreichend sein (vgl. *Thüsing/Lambrich* NZA-Sonderheft 01, 79, 92). Dementsprechend halten *Richardi/Thüsing* Rn 31 und *SWS* Rn 13 eine Frist von mindestens drei Tagen bis längstens eine Woche für angemessen; *DKK-Schneider/ Homburg* § 35 WO Rn 4 geht von einer Frist von vier Tagen aus.

Ist **keine nachträgliche schriftliche Stimmabgabe** erforderlich, weil kein 42 wahlberechtigter ArbN einen Antrag nach § 35 Abs. 1 WO gestellt hat und auch kein Fall des § 24 Abs. 2 und 3 WO vorliegt, hat der Wahlvorst. **unverzüglich nach Abschluss** der Wahl (Tag der WahlVerslg. zur Wahl des BR) die öffentliche **Auszählung der Stimmen** vorzunehmen und das Wahlergebnis bekannt zu geben (§ 34 Abs. 3 WO und dort Rn 4).

Für die **Ermittlung der Gewählten** gilt Folgendes: 43
Ist nur **ein BRMitgl.** zu wählen, ist gewählt, wer die meisten Stimmen erhalten hat; lehnt diese Person die Wahl ab, so tritt an ihre Stelle die nicht gewählte Person mit der nächsthöchsten Stimmenzahl (§ 34 Abs. 4 WO und dort Rn 6). Sind **mehrere BRMitgl.** zu wählen ist das Geschlecht in der Minderheit nach § 15 Abs. 2 zu berücksichtigen (vgl. § 15 Rn 15 ff.). Für die Ermittlung der Gewählten gelten die

§§ 22 und 23 Abs. 2 WO entsprechend (§ 34 Abs. 5 WO und dort Rn 7, § 14 Rn 39, 31 ff., § 15 Rn 30 ff.). **ErsMitgl.** sind die nicht gewählten Bewerber mit der nächsthöchsten Stimmenzahl unter Beachtung des § 25 Abs. 2 Satz 3; die gesonderte Wahl des ErsMitgl. beim **1-köpfigen BR** ist im Rahmen des **BetrVerf-ReformG** aufgehoben worden (vgl. BT-Drucks. 14/5741 S. 36; § 14 Rn 38).

III. Wahl des Betriebsrats im einstufigen Verfahren (§ 14 a Abs. 3)

44   Die Wahl des BR erfolgt im **einstufigen Wahlverfahren,** wenn der Wahlvorst. durch den BR, GesBR bzw. KBR oder das ArbG bestellt wird (Abs. 3). Dies erfasst auch den Fall, dass der GesBR bzw. der KBR den Wahlvorst. in einem betriebsratslosen Kleinbetrieb bestellt (vgl. ausführlicher Rn 2, 9 und § 17 a Rn 8 mwN; **aa** *Löwisch* BB 01, 1734, 1739). Zur Bestellung des Wahlvorst. durch den BR, GesBR bzw. KBR oder das ArbG im vereinfachten Wahlverfahren vgl. ausführlich § 17 a Rn 1 ff.

45   Auch im einstufigen Verfahren wird der BR in geheimer und unmittelbarer Wahl nach den Grundsätzen der Mehrheitswahl auf einer WahlVerslg. gewählt (Abs. 3). **Aufgabe des Wahlvorst.** ist es, unverzüglich nach seiner Bestellung die Wahl des BR einzuleiten (§ 36 Abs. 1 S. 1 WO). Dazu hat er als erstes die **Wählerliste,** getrennt nach den Geschlechtern, aufzustellen (§ 36 Abs. 1 S. 3 WO iVm. § 2 WO). Zur Aufstellung der Wählerliste hat der ArbGeb. dem Wahlvorst. alle für die Anfertigung der Wählerliste erforderlichen Auskünfte zu erteilen und die erforderlichen Unterlagen zur Verfügung zu stellen (vgl. dazu ausführlich § 2 WO Rn 1 ff.). Die **Einspruchsfrist** gegen die Wählerliste beträgt wie im zweistufigen Verfahren **drei Tage** seit Erlass des Wahlausschreibens (§ 36 Abs. 1 S. 3 WO iVm. § 30 Abs. 2 WO und dort Rn 5 f.).

46   Nach Aufstellung der Wählerliste hat der Wahlvorst. das **Wahlausschreiben** zu erlassen (§ 36 Abs. 2 S. 1 WO). Der Inhalt des Wahlausschreibens richtet sich nach § 31 Abs. 1 S. 3 WO, soweit § 36 Abs. 3 WO nichts anderes bestimmt:
– Abweichend von § 31 Abs. 1 Nr. 6 WO ist im einstufigen Wahlverfahren ausschließlich die Mindestzahl von Wahlberechtigten anzugeben, von denen ein Wahlvorschlag unterzeichnet sein muss (§ 36 Abs. 3 Nr. 1 WO). Denn anders als im zweistufigen Verfahren können die Wahlvorschläge im einstufigen Verfahren nur schriftlich abgegeben werden (§ 14 a Abs. 3 S. 2 zweiter Halbsatz).
– Abweichend von § 31 Abs. 3 Nr. 8 WO hat der Wahlvorst. anzugeben, dass die Wahlvorschläge spätestens eine Woche vor dem Tag der WahlVerslg. zur Wahl des BR bei ihm einzureichen sind; der letzte Tag der Frist ist anzugeben (§ 36 Abs. 3 Nr. 2 WO).

47   Die Wahl des BR erfolgt auf Grund von **Wahlvorschlägen.** Listenwahl scheidet aus, da der BR im vereinfachten Wahlverfahren nach den Grundsätzen der **Mehrheitswahl** gewählt wird (vgl. Rn 37). Mit Erlass des Wahlausschreibens können Wahlvorschläge beim Wahlvorst. bis spätestens **eine Woche vor der WahlVerslg.** zur Wahl des BR **schriftlich** eingereicht werden (§ 36 Abs. 5 S. 1 WO). **Wahlvorschlagsberechtigt** sind die wahlberechtigten ArbN, einschließlich die in § 7 S. 2 Genannten sowie die im Betrieb vertretenen Gewerkschaften (§ 14 Abs. 3 und dort Rn 45 ff., 61 ff.). Die **Wahlvorschläge** können im einstufigen Verfahren nur **schriftlich** gemacht werden (vgl. § 36 Abs. 5 S. 1 WO), weil es hier an der ersten WahlVerslg. zur Wahl des Wahlvorst. fehlt. Die Wahlvorschläge bedürfen zu ihrer Gültigkeit der nach § 14 Abs. 4 erforderlichen Anzahl von **Stützunterschriften.** Danach muss ein Wahlvorschlag der ArbN von mindestens einem **Zwanzigstel** der **wahlberechtigten ArbN, mindestens** jedoch von **drei** wahlberechtigten ArbN unterzeichnet sein. Eine **Ausnahme** hiervon besteht für Betriebe mit in der Regel **bis zu zwanzig wahlberechtigten ArbN;** hier genügt die Unterzeichung des Wahlvorschlags durch **zwei wahlberechtigte ArbN** (vgl. ausführlich § 14 Rn 45 ff.). Zur Unterstützung sind alle wahlberechtigten ArbN, einschließlich die in § 7 S. 2 Genannten berechtigt (vgl. *Löwisch* BB 01, S. 1734, 1737; *Maschmann* DB 01, 2446,

2448). Der Wahlvorschlag kann daher auch von den Wahlbewerbern selbst, aber auch von Mitgl. des Wahlvorst. unterstützt werden (vgl. dazu mwN § 14 Rn 51). Zu den **weiteren Gültigkeitsvoraussetzungen** der Wahlvorschläge der ArbN vgl. § 14 Rn 52 ff. und § 36 WO Rn 11 ff.

Für die **Wahlvorschläge** der im Betrieb vertretenen **Gewerkschaften,** die von **48** zwei Beauftragten unterzeichnet sein müssen, bestehen im einstufigen Verfahren **keine Besonderheiten** gegenüber dem normalen Wahlverfahren bzw. dem zweistufigen vereinfachten Wahlverfahren, so dass insoweit auf die Ausführungen in § 14 Rn 58 bis 71 verwiesen wird.

Die Wahlvorschläge sind spätestens eine Woche vor der WahlVerslg. zur Wahl des **49** BR beim Wahlvorst. einzureichen (§ 36 Abs. 5 S. 1 WO). Die **Frist** zur Einreichung der Wahlvorschläge setzt der Wahlvorst. Das **Fristende** muss jedoch spätestens eine Woche vor dem Tag der WahlVerslg. zur Wahl des BR liegen (LAG Ffm. 23. 1. 03 ArbuR 03, 158). Die Entscheidung des Verordnungsgebers, dem Wahlvorst. Spielraum bei der Festsetzung der Frist zu lassen, beruht darauf, dass im Fall des einstufigen Verfahrens nach § 14 a Abs. 3 der Wahlvorst. auf Grund verschiedener Fallkonstellationen bestellt wird und sich hierdurch für den Wahlvorst. verschiedene Zeitabläufe zur Durchführung der BRWahl ergeben:
- In Betrieben mit BR wird der Wahlvorst. vom BR vier Wochen vor Ablauf dessen Amtszeit bestellt (§ 17 a Nr. 1). Die Stimmabgabe soll eine Woche vor Ablauf der Amtszeit des BR liegen (vgl. § 36 Abs. 2 S. 3 WO und dort Rn 5).
- Unterlässt der BR die Bestellung des Wahlvorst. wird dieser frühestens drei Wochen vor Ablauf der Amtszeit des BR vom GesBR bzw. KBR oder durch das ArbG bestellt (§ 17 a Nr. 1). Da auch in diesen Fällen ein BR besteht, soll die Stimmabgabe eine Woche vor Ablauf der Amtszeit des BR liegen (vgl. § 36 Abs. 2 S. 3 WO und dort Rn 5).
- In Betrieben ohne BR wird der Wahlvorst. durch den GesBR bzw. KBR bestellt.

In allen drei Fällen steht dem Wahlvorst. ein **unterschiedlicher Zeitraum** zur Durchführung der BRWahl zur Verfügung. Hieran hat sich der Wahlvorst. bei der Bestimmung der Frist zur Einreichung der Wahlvorschläge zu orientieren (vgl. § 36 WO Rn 11). In Anlehnung an § 28 Abs. 1 Satz 2 WO erscheint eine Frist von sieben Tagen ausreichend (§ 36 WO Rn 11; ebenso GK-*Kreutz* Rn 94 LAG Ffm. 23. 1. 03 ArbuR 03, 158).

Nach **Ablauf der Frist** zur Einreichung von Wahlvorschlägen hat der Wahlvorst. **50** die als **gültig** anerkannten **Wahlvorschläge bekannt** zu **machen** (§ 36 Abs. 5 S. 3 WO). Ist kein Wahlvorschlag zur Wahl des BR gemacht worden, findet die BRWahl nicht statt. Auch dies hat der Wahlvorst. bekannt zu machen (vgl. § 36 Abs. 6 WO). Die Möglichkeit der **Nachfristsetzung** zur Einreichung von Wahlvorschlägen nach § 9 WO **besteht** wegen des verkürzten Verfahrens im vereinfachten Wahlverfahren **nicht** (vgl. § 36 WO Rn 20; ErfK-*Eisemann* Rn 5). Nach Fristablauf eingereichte Wahlvorschläge dürfen vom Wahlvorst. nicht mehr berücksichtigt werden. Dennoch berücksichtigte Wahlvorschläge berechtigen zur Anfechtung der Wahl nach § 19.

Besteht der zu wählende BR aus drei Mitgl., hat der Wahlvorst. die dem **Ge- 51 schlecht in der Minderheit** gem. § 15 Abs. 2 zustehende Mindestsitzzahl im BR zu ermitteln. Die Berechnung der Mindestsitzzahl erfolgt nach § 5 WO (§ 36 Abs. 4 WO). Zur Berechnung der **Mindestsitzzahl** vgl. die Ausführungen zu § 15 Rn 15 ff.

Für das **Wahlverfahren** und die **nachträgliche schriftliche Stimmabgabe** gel- **52** ten die §§ 34 und 35 WO im einstufigen Verfahren entsprechend (§ 36 Abs. 4 WO), so dass insoweit auf die Ausführungen in Rn 38 ff. verwiesen wird.

IV. Vereinfachtes Wahlverfahren kraft Vereinbarung (§ 14 a Abs. 5)

In Betrieben mit 51 bis 100 wahlberechtigten ArbN haben ArbGeb. und Wahl- **53** vorst. die Option, die Anwendung des vereinfachten Wahlverfahrens zu vereinbaren.

Ob die Durchführung der BRWahl nach dem vereinfachten Wahlverfahren in dieser Größenklasse sinnvoll ist, entscheiden ArbGeb. und Wahlvorst. gemeinsam. Die Vereinbarung muss nicht **ausdrücklich** sondern kann auch **konkludent** getroffen werden. Erforderlich sind jedoch zwei korrespondierende Willenserklärungen; **Schweigen** des ArbGeb. auf einer Betriebs- bzw. WahlVerslg. reicht für die Annahme einer konkludenten Vereinbarung zwischen Wahlvorst. und ArbGeb. iSd. Absatzes 5 nicht aus (BAG 19. 11. 03 AP Nr. 54 zu § 19 BetrVG 1972; *Düwell/Brors* Rn 20). Der Wahlvorst. ist an eine evtl. vorherige Vereinbarung des BR mit dem ArbGeb., die Wahl im vereinfachten Verfahren durchzuführen, nicht gebunden (*Rudolph/Lautenbach* AiB 06, 152).

53a   Die Vereinbarung nach Absatz 5 kann auch ein nach Absatz 1 gewählter Wahlvorst. treffen, wenn dieser feststellt, dass im Betrieb mehr als fünfzig wahlberechtigte ArbN beschäftigt sind (vgl. BR-Drucks. 838/01 S. 34 zu § 30 WO; *DKK-Schneider/Homburg* § 30 WO Rn 5; GK-*Kreutz* Rn 116; *HSWGNR* Rn 27; *Düwell/Brors* Rn 20; *Rudolph/Lautenbach* AiB 06, 152; offengelassen von BAG 19. 11. 03 AP Nr. 54 zu § 19 BetrVG 1972, aber wohl mit zustimmender Tendenz; **aA** *Richardi/Thüsing* § 37 WO u. *Löwisch/Kaiser* § 37 WO Rn 1 die die Möglichkeit der Vereinbarung nach Abs. 5 ausschließlich auf nach § 16 BetrVG bestellte Wahlvorst. beschränken).

54   Vereinbaren ArbGeb. und Wahlvorst. die Anwendung des vereinfachten Wahlverfahrens, so ist die BRWahl nach dem einstufigen Wahlverfahren durchzuführen (§ 37 WO). Insoweit kann auf die Ausführungen unter Rn 44 bis 52 verwiesen werden. Dies bedeutet ua., dass die Wahl des BR auch in dieser Größenklasse nach den Grundsätzen der Mehrheitswahl erfolgt.

54a   Der Vereinbarung nach Abs. 5 kommt keine Dauerwirkung zu; sie muss für jede BRWahl neu getroffen werden (*DKK-Schneider/Homburg* Rn 3; ErfK-*Eisemann* Rn 6; GK-*Kreutz* Rn 124 *WPK-Wlotzke* Rn 23 f.; *HSWGNR* Rn 29). Dies gilt auch dann, wenn die BRWahl wegen erfolgreicher Anfechtung erneut durchgeführt werden muss (GK-*Kreutz* Rn 124; *Richardi/Thüsing* Rn 2; *Rudolph/Lautenbach* AiB 06, 152; **aA** *DKK-Schneider/Homburg* Rn 3). Da ein neuer Wahlvorst. erforderlich ist (vgl. § 19 Rn 45) kann die zwischen dem vorherigen Wahlvorst. und ArbGeb. getroffene Vereinbarung nach Absatz 5 den neuen Wahlvorst. nicht binden. Er muss in eigener Verantwortung entscheiden, ob er mit dem ArbGeb. eine Vereinbarung über die Durchführung der Wahl im vereinfachten Wahlverfahren treffen will.

55   Lehnt eine der Parteien die Anwendung des vereinfachten Wahlverfahrens ab, richtet sich die Wahl des BR nach den Vorschriften, die für Betriebe mit mehr als 50 ArbN gelten (vgl. BT-Drucks. 14/6352 S. 54; *Richardi/Thüsing* Rn 2; *Löwisch/Kaiser* Rn 3). Demgemäß hat der Wahlvorst. das normale Wahlverfahren nach § 18 einzuleiten. Dies gilt auch dann, wenn der Wahlvorst. in der Annahme der Voraussetzungen für das vereinfachte Wahlverfahren nach Absatz 1 gewählt worden ist (vgl. *Berg* AiB, 02, 17, 23; siehe auch § 30 WO Rn 11) Das normale Wahlverfahren nach § 18 ist auch dann einzuleiten, wenn der Wahlvorst. feststellt, dass dem Betrieb mehr als 100 wahlberechtigte ArbN angehören (GK-*Kreutz* Rn 118).

V. Streitigkeiten

56   Verstöße gegen die Wahlbestimmungen (vgl. zB Rn 4) können unter den Voraussetzungen des § 19 die **Anfechtung der Wahl** rechtfertigen. Bei krassen Verstößen kommt ausnahmsweise Nichtigkeit in Frage (Näheres vgl. § 19 Rn 4 ff.).

57   Streitigkeiten aus den Wahlvorschriften sind von den **ArbG im BeschlVerf.** zu entscheiden (§§ 2 a, 80 ff. ArbGG). Sie können auch unabhängig von einer Wahlanfechtung schon **während des Wahlverfahrens** gerichtlich ausgetragen werden (BAG 15. 12. 72 AP Nr. 1 zu § 14 BetrVG 1972). **Antragsberechtigt** ist in diesem Falle neben den Anfechtungsberechtigten jeder, der durch Einzelmaßnahmen des Wahlvorst. in seinem aktiven oder passiven Wahlrecht betroffen wird (Näheres, insb. zur

Möglichkeit des Erlasses von einstw. Vfg. während des Wahlverfahrens vgl. § 18 Rn 32 ff.). Zum Zuordnungsverfahren hinsichtlich der leitenden Ang. vgl. § 18 a.

§ 15[1]) Zusammensetzung nach Beschäftigungsarten und Geschlechter

(1) **Der Betriebsrat soll sich möglichst aus Arbeitnehmern der einzelnen Organisationsbereiche und der verschiedenen Beschäftigungsarten der im Betrieb tätigen Arbeitnehmer zusammensetzen.**

(2) **Das Geschlecht, das in der Belegschaft in der Minderheit ist, muss mindestens entsprechend seinem zahlenmäßigen Verhältnis im Betriebsrat vertreten sein, wenn dieser aus mindestens drei Mitgliedern besteht.**

Inhaltsübersicht

I. Vorbemerkung

Die Vorschrift befasst sich mit der Zusammensetzung des BR und hat durch das **1** BetrVerf-ReformG eine grundlegend neue Bedeutung erhalten. Abs. 1 sieht vor, dass sich der BR möglichst aus ArbN der **einzelnen Organisationsbereiche** und der verschiedenen **Beschäftigungsarten** zusammensetzen soll. Von grundlegender Bedeutung für die Zusammensetzung des BR ist jedoch die neugefasste Bestimmung des Abs. 2, die eine verbesserte Repräsentanz des Geschlechts, das in der Belegschaft in der Minderheit ist, im BR gewährleistet. Bereits das am 1. 9. 94 in Kraft getretene G zur Durchsetzung der Gleichberechtigung von Frauen und Männern – 2. GleiBG – vom 24. 6. 1994 (BGBl. I S. 1406, 2103) sah in Art. 5 (Änderung der BetrVG) eine Reihe von Maßnahmen zur besseren Durchsetzung der Gleichstellung von Frauen und Männern im Betrieb vor (s. Rn 11). Nicht ausdrücklich erwähnt ist eine angemessene Berücksichtigung der im Betrieb beschäftigten **ausländischen ArbN.** Es würde jedoch sowohl dem Grundsatz des § 75 entsprechen als auch einer sachgerechten Integration der ausländischen ArbN dienen, wenn auch sie bei der Aufstellung von Wahlvorschlägen angemessen berücksichtigt würden (*DKK-Schneider/Homburg* Rn 2; ErfK-*Eisemann* Rn 1).

Die Regelung des Abs. 1 ist nicht zwingend. Sie enthält aber die Aufforderung an **2** diejenigen, die zu Wahlvorschlägen berechtigt sind, darauf hinzuwirken, dass der BR eine die Organisation des Betriebes und die Struktur seiner ArbNschaft widerspiegelnde Zusammensetzung erhält. Sie ist als „Soll-Vorschrift" ausgestaltet und damit keine wesentliche Wahlvorschrift iS von § 19. Auf die Gültigkeit der Wahl hat es daher keinen Einfluss, wenn die Wahlvorschlagsberechtigten dieser Aufforderung nicht nach kommen. Das gilt selbst dann, wenn die Vorschrift bewusst nicht beachtet

---

[1]) **Amtl. Anm.:** Gemäß Artikel 14 Satz 2 des Gesetzes zur Reform des Betriebsverfassungsgesetzes (BetrVerf-Reformgesetz) vom 23. Juli 2001 (BGBl. I S. 1852) gilt § 15 (Artikel 1 Nr. 13 des BetrVerf-Reformgesetzes) für im Zeitpunkt des Inkrafttretens bestehende Betriebsräte erst bei deren Neuwahl.

worden ist. Ein Verstoß gegen Abs. 1 rechtfertigt daher **keine Wahlanfechtung** nach § 19 (GK-*Kreutz* Rn 14; *Richardi/Thüsing* Rn 20; *Sieg/Maschmann* AuA 02, 22, 23).

3   Die Regelung des Abs. 2, wonach das Geschlecht, das in der Belegschaft in der Minderheit ist, entsprechend seinem zahlenmäßigen Verhältnis im BR vertreten sein muss, ist dagegen eine wesentliche Vorschrift über das Wahlverfahren iS von § 19, deren Verletzung grundsätzlich zur **Wahlanfechtung** berechtigt (*Löwisch* BB 01, 1734, 1738; GK-*Kreutz* Rn 32; ErfK-*Eisemann* Rn 1; vgl. Näheres § 19 Rn 20). Eine **zwingende Verpflichtung,** dementsprechend die **Wahlvorschläge** zu gestalten ist damit jedoch **nicht verbunden,** wie § 6 Abs. 2 WO zeigt (GK-*Kreutz* Rn 21; vgl. § 6 WO Rn 7).

4   Die Vorschrift ist **nicht abdingbar,** auch nicht in dem Sinne, dass durch TV, BV oder eine Absprache zwischen den ArbN oder zwischen ArbN und ArbGeb. eine bestimmte Berücksichtigung von einzelnen Organisationsbereichen, Beschäftigungsarten oder der Geschlechter verbindlich vorgeschrieben werden könnte. Denn abgesehen von den Abweichmöglichkeiten nach § 3 stehen die Regelungen über Wahl und Zusammensetzung des BR nicht zur Disposition und lassen die Schaffung betrieblicher WahlO nicht zu (so zutreffend GK-*Kreutz* Rn 6).

5   Die Vorschrift gilt auch für die Wahl der BordVertr. und des SeeBR. Allerdings ist wegen der geringen Größe dieser Vertr. die Berücksichtigung aller in ihr aufgeführten Gesichtspunkte bei der Kandidatenaufstellung praktisch nicht möglich; Vorrang hat die geschlechterbezogene Besetzung. Für die Wahl der JugAzubiVertr. gelten die gleich lautenden Sondervorschriften des § 62 Abs. 2 und 3. Die Vorschrift gilt nicht für den GesBR, den KBR, die GesJugAzubiVertr. und die KJugAzubiVertr. (§§ 47, 55, 72 und 73 a).

6   Für die Zusammensetzung des Personalrats, Sprecherausschusses und des Europäischen Betriebsrats gelten die Vorschriften § 17 Abs. 6 u. 7 BPersVG, § 4 Abs. 2 SprAuG und §§ 11 Abs. 5, 23 Abs. 5 EBRG unverändert, wonach Frauen und Männer entsprechend ihrem zahlenmäßigen Verhältnis in dem jeweiligen Gremium vertreten sein **sollen.**

II. Berücksichtigung der einzelnen Organisationsbereiche

7   Bei der im Rahmen des **BetrVerf-ReformG** vorgenommenen Änderung in Absatz 1 handelt es sich ausschließlich um eine redaktionelle Anpassung an die Änderungen der §§ 3 und 4 durch das BetrVerf-ReformG.

Organisationsbereiche sind organisatorische Untergliederungen innerhalb eines Betriebs wie zB unselbständige Betriebsabteilungen und unselbständige Kleinstbetriebe, in denen kein eigener BR gewählt werden kann (vgl. § 4) aber auch andere in § 3 vorgesehene betriebsverfassungsrechtliche Organisationseinheiten wie zB Betriebsabteilungen innerhalb einer Sparte oder Betriebe, wenn zB ein unternehmenseinheitlicher oder regionaler BR nach § 3 Abs. 1 Nr. 1 vereinbart worden ist (dazu und zu weiteren Möglichkeiten vgl. § 3 Rn 24 ff.). Nicht zulässig ist es, die Wahl des BR nach Organisationsbereichen in der Form aufzugliedern, dass diese eigene Vertr. in den BR wählen. Das widerspräche sowohl dem Grundsatz der allgemeinen und gleichen Wahl als auch dem Prinzip, dass der BR Vertr. aller ArbN des Betriebes ist (im Ergebnis ebenso ErfK-*Eisemann* Rn 2; GK-*Kreutz* Rn 10; *Richardi/Thüsing* Rn 7, 9). Andererseits bewirkt die gemeinsame Beschäftigung von ArbN innerhalb eines eigenen organisatorischen Verbandes, wie ihn in aller Regel zB eine Betriebsabteilung oder ein Kleinstbetrieb darstellen, im Hinblick auf die vielfältigen aus dieser gemeinsamen Beschäftigung sich ergebenden gleichartigen Fragen, Probleme und Interessen eine **eigene betriebssoziologische Bindung** der ArbN einer solchen Einheit untereinander. Aus diesem Grund erscheint es zweckmäßig, dass dem BR jeweils ArbN derartiger organisatorischer Einheiten angehören, die die besonderen Belange der ArbN der betreffenden einzelnen Organisationsbereiche im BR zur Sprache bringen.

Deshalb soll bei der Aufstellung von Wahlvorschlägen darauf Bedacht genommen werden, dass möglichst die einzelnen Organisationsbereiche im BR vertreten sind.

Beispiele:

Für bestimmte Betriebsabteilungen: Abteilung Einkauf, Abteilung Verkauf, Abteilung Versand, die verschiedenen Produktionsabteilungen größerer Industriebetriebe (weitere Beispiele vgl. § 4 Rn 8 f.).

Die Vertr. der einzelnen Organisationsbereiche sind **keine Arbeitsgruppenspre-** **8** **cher** iSv. § 3 Abs. 1 Nr. 5. Sie haben weder eine gesetzl. näher umschriebene bes. Funktion noch eine bes. Stellung gegenüber den übrigen BRMitgl. Scheidet ein ArbN aus einem bestimmten Organisationsbereich aus dem BR aus, so rückt nach § 25 Abs. 2 das dort bezeichnete ErsMitgl. nach, nicht etwa ein anderer ArbN aus demselben Organisationsbereich (GK-*Kreutz* Rn 10; *DKK-Schneider/Homburg* Rn 4; *Richardi/Thüsing* Rn 10; *HSWGNR* Rn 5).

III. Berücksichtigung der Beschäftigungsarten

Im BR sollen ferner die verschiedenen Beschäftigungsarten vertreten sein, damit **9** der BR seine Tätigkeit auch im Hinblick auf die im Betrieb ausgeübten Berufsarten möglichst sachkundig ausüben kann. Unter Beschäftigungsarten sind demnach die im Betrieb vertr. **Berufsgruppen** zu verstehen (*GL* Rn 6; *DKK-Schneider/Homburg* Rn 2; *Richardi/Thüsing* Rn 8).

Boispiolo:

Für Beschäftigungsarten: Facharbeiter (verschiedener Berufe), angelernte Arbeiter, Hilfsarbeiter, Kraftfahrer, Reinemachepersonal usw., verschiedene Angestelltenkategorien, zB kaufmännische, technische, naturwissenschaftliche Angestellte, in Heimarbeit Beschäftigte, aber auch mit Telearbeit oder im Außendienst Beschäftigte.

Auch sie haben ebenso wenig eine bes. gesetzl. umschriebene Funktion oder eine **10** bes. rechtliche Stellung gegenüber den übrigen BRMitgl. wie die Vertr. von einzelnen Organisationsbereichen (vgl. oben Rn 8).

IV. Berücksichtigung der Geschlechter

1. Allgemeines

Die Berücksichtigung der Geschlechter ist mit dem **BetrVerf-ReformG** in Abs. 2 **11** neu geregelt worden. Ein wesentliches Ziel des BetrVerf-ReformG ist es, den Einfluss der Frauen in den Betriebsräten zu stärken und auf diese Weise die **Gleichstellung** von **Frauen** und **Männern** wirksam zu fördern. Denn vor allem die gleichberechtigte Teilhabe der im Betrieb beschäftigten Frauen im BR ist gerade auch bezogen auf das BRAmt von besonderer Bedeutung. Der BR, der mit den beruflichen Alltagsproblemen der Frauen unmittelbar konfrontiert ist, nimmt eine Schlüsselfunktion bei der Beseitigung von Nachteilen und der Durchsetzung der Gleichstellung von Frauen und Männern ein (vgl. *Fisahn* WS I-Mitt. 95 Heft 1 S. 22 ff.). Dazu ist erforderlich, dass Frauen ihr Potential künftig wirksam in die BRArbeit einbringen und Einfluss auf die Gleichstellungspolitik im Betrieb nehmen können. Bereits im Rahmen des 2. GleiBG hat der Gesetzgeber diese wichtige Aufgabe des BR durch entspr. Änderungen des BetrVG (s. §§ 16 Abs. 1 S. 6, 45 S. 1, 63 Abs. 2 S. 2, 80 Abs. 1 Nr. 2a, 92 Abs. 2 aF, 93 S. 2 u. 3, 96 Abs. 2 S. 2) verdeutlicht (vgl. Begründung des GEntwurfs

BT-Drucks. 12/5468 S. 17, 41 f.; s. auch *Bischoff/Kunz* AiB 97, 562; *Mauer* BB 94, 1283; *Mittmann* NJW 94, 3048; *Schiek* AiB 94, 450; zum Aspekt der tatsächlichen Durchsetzung der Gleichberechtigung s. auch den mit ÄnderungsG zum GG v. 27. 10. 94 [BGBl. I S. 3146] in Art. 3 Abs. 2 GG neu eingefügten S. 2 u. dazu *Berlit* ArbuR 95, 19, *Sannwald* NJW 94, 3313), die jedoch nicht ausreichend waren. Der Anteil der Frauen im BR ist auch nach den im 2. GleibG vorgenommen, verbesserten Regelungen zur Förderung der Gleichstellung von Frauen und Männern nicht wesentlich gestiegen. So ist der Frauenanteil in den BR von 1994 von 23% lediglich auf 25,4% in 1998 gestiegen, während im gleichen Zeitraum der durchschnittliche Anteil der Frauen an der Gesamtbelegschaft von 38% auf 43% gestiegen ist (vgl. BT-Drucks. 14/5741 S. 25; *Rudolph/Wassermann*, Trendreport Betriebsratswahlen 1998, Düsseldorf 1998, S 18). Die Frage, wie das Ziel einer **besseren Repräsentanz der Frauen im BR** am besten erreicht werden kann, ist in den parlamentarischen Beratungen ausführlich diskutiert worden. In den Schlussberatungen ist die noch im Regierungsentwurf vorgesehene „starre" Geschlechterquote (vgl. BT-Drucks. 14/5741 zu Artikel 1 Nr. 13, S. 9 – „Die Geschlechter müssen entsprechend ihrem zahlenmäßigen Verhältnis im BR vertreten sein, wenn …") zugunsten einer Mindestquote für das Geschlecht in der Minderheit in Abs. 2 aufgegeben worden (vgl. Beschlussempfehlung und Bericht des A+S Ausschusses BT-Drucks. 14/6352 zu Artikel 1 Nr. 13, S. 10 und 54). Durch diese sog. „Mindest-Klausel" wird das Ziel einer stärkeren Repräsentanz der Frauen dort gewährleistet, wo sie in den Betrieben in der Minderheit sind und zugleich sichergestellt, dass überall dort, wo Frauen bereits auf Grund ihres starken Engagements in den BR zahlenmäßig überrepräsentiert sind, dies auch in Zukunft möglich bleibt (vgl. Beschlussempfehlung und Bericht des A+S Ausschusses BT-Drucks. 14/6352 S. 54 zu Artikel 1 Nr. 13 und 43). Zugleich wird mit dieser Regelung dem Gedanken des **Gleichberechtigungsgrundsatzes des Art 3 Abs. 2 GG** Rechnung getragen (vgl. § 75 Rn 28 ff.). Insoweit gilt das oben Gesagte in gleichem Maße für Männer, wenn diese im Betrieb in der Minderheit sind.

12 Die Einzelheiten zur Berücksichtigung des Geschlechts in der Minderheit bei der BRWahl und zur Verteilung der BRSitze sind in der **neuen Wahlordnung** (Erste Verordnung zur Durchführung des Betriebsverfassungsgesetzes – Wahlordnung – WO – vom 11. Dezember 2001, BGBl. I S. 3494) geregelt. Entsprechend der weiteren Vorgabe des § 126 Nr. 5a enthält die WO auch Regelungen über das Verfahren zur Verteilung der BRSitze, wenn die dem Geschlecht in der Minderheit zustehenden Mindestsitze im BR nach Absatz 2 bzw. für die JugAzubiVertr. nach § 62 Abs. 3 nicht besetzt werden können (vgl. § 15 Abs. 5 WO, § 22 Abs. 4 WO, § 34 Abs. 5 WO, § 36 Abs. 4 WO, § 39 Abs. 2 und 3 WO, § 40 iVm. § 36 Abs. 4 WO).

13 Mit der in Abs. 2 enthaltenen Zielvorgabe ist keine Zwangskandidatur von Angehörigen des Geschlechts in der Minderheit verbunden. Dementsprechend enthält die Wahlordnung keine Vorgaben für die nach den §§ 14, 14a zu machenden Wahlvorschläge, so dass nach wie vor **reine Frauenlisten, reine Männerlisten** sowie **gemischte Listen** mit Frauen und Männern zulässig sind (vgl. BT-Drucks. 14/5741 S. 53 zu Nummer 81; §§ 3 und 6 WO; GK-*Kreutz* Rn 21; ErfK-*Eisemann* Rn 4; *WPK-Wlotzke* Rn 2; *Richardi/Thüsing* § 14 Rn 35). Dies entspricht tem bisher geltenden Recht für die Vertretung der Gruppen der Arb. und Ang. im BR, die ebenfalls entsprechend ihrem zahlenmäßigen Verhältnis im BR vertreten sein mussten (vgl. § 10 aF).

14 Der Wahlvorst. ist jedoch nach § 3 Abs. 2 Nr. 4 WO verpflichtet, im **Wahlausschreiben** den **Anteil der Geschlechter im Betrieb** anzugeben und den Hinweis darauf, dass das Geschlecht in der Minderheit im BR entspr. seinem zahlenmäßigen Verhältnis vertreten sein muss. Eine Verpflichtung, dies bei der Aufstellung der Wahlvorschläge zu berücksichtigen, besteht nicht (vgl. Rn 3, § 6 Rn 7 WO). Damit wird dem elementaren Grundsatz des Wahlrechts, dass die Wähler ihre Kandidaten frei und ohne Vorgaben aufstellen und wählen können Rechnung getragen. In Betrieben mit überwiegend Männern können weiterhin reine „Frauenlisten", in Betrieben mit Ausländern können diese zB entspr. ihrer Kultur reine „Männerlisten" aufstellen, ohne dass dies Anlass für eine Zurückweisung der Listen durch den Wahlvorst. oder Anlass für eine Wahlanfechtung wäre. Gemäß § 3 Abs. 2 Nr. 5 WO hat der Wahlvorst. im **Wahlausschreiben** neben der Anzahl der zu wählenden BRMitglieder auch die Zahl der auf das **Geschlecht in der Minderheit** entfallenden **Mindestsitze** im BR anzugeben. Die Ermittlung der Mindestsitzzahl für das Geschlecht in der Minderheit erfolgt nach dem **d'Hondtschen Höchstzahlensystem** (vgl. Rn 16 f., § 5 WO).

2. Bestimmung der Anzahl der Mindestsitze für das Geschlecht in der Minderheit

Die erste Aufgabe des Wahlvorst. ist es, festzustellen, welches Geschlecht im Betrieb in der Minderheit ist (vgl. § 5 Abs. 1 S. 1 WO). Das Geschlecht in der Minderheit ist dasjenige Geschlecht (Männer oder Frauen), welches am Tage des Erlasses des Wahlausschreibens durch weniger Angehörige seines Geschlechts (einschließlich der nichtwahlberechtigten jug. ArbN) im Betrieb vertreten ist als das andere Geschlecht.   **15**

Für die Bestimmung der Anzahl der Mindestsitze für das Geschlecht in der Minderheit ist von der Zahl der **Angehörigen des Geschlechts in der Minderheit** auszugehen, die am Tage des Erlasses des Wahlausschreibens (vgl. § 5 Abs. 1 S. 3 WO) **tatsächlich** dem Betrieb als ArbN angehören (*DKK-Schneider/Homburg* Rn 13; *Richardi/Thüsing* Rn 13; *Düwell/Brors* Rn 5; anders für die Größe des BR § 9, der auf die Zahl der „in der Regel" beschäftigte ArbN abstellt, vgl. § 9 Rn 11; **aA** BAG 29. 5. 91 AP Nr. 1 zu § 17 BPersVG, das bei der Bestimmung der Gruppenstärke entgegen dem damaligen GWortlaut auf die idR beschäftigten Gruppenangehörigen abstellt). Bei der Ermittlung der Zahl der Angehörigen des Geschlechts in der Minderheit zählen nicht nur die Wahlberechtigten (hierzu gehören auch die Teilnehmer an ABMaßnahmen BAG 13. 10. 04 AP Nr. 71 zu § 5 BetrVG, nicht dagegen erwerbsfähige Hilfebedürftige, die Arbeitsgelegenheiten in der Mehraufwandsvariante nach § 16 Abs. 3 S. 2 SGB II (Ein-Euro-Jobs) ausüben s. dazu § 5 Rn 155), einschließlich der in § 5 Abs. 1 S. 3 genannten Personengruppen (s. auch LAG Berlin-Brandenburg 16. 2. 11 – 15 TaBV 2347/10 – ArbR 11, 257 – nrkrft.; LAG Schlewig-Holstein 5. 4. 11 – 2 TaBV 35/10 – nrkft.; BAG 15. 12. 11 – 7 ABR 65/10 – PM Nr. 95/11) sowie die nach § 7 Satz 2 wahlberechtigten ArbN mit (*DKK-Schneider/Homburg* Rn 11; *Richardi/Thüsing* Rn 13; *ErfK-Eisemann* Rn 4; *Windeln* S. 160; *Wlotzke* FS 50 Jahre BAG S. 1149, 1160; *Kummert/Dietze* AiB 09, 489, 493 **aA** *HSWGNR* Rn 18; *GK-Kreutz* Rn 18; *Löwisch/Kaiser* Rn 4; *WPK-Wlotzke* Rn 6; *Franke* NJW 02, 656; *Sieg/Maschmann* AuA 02, 22; *Neumann* BB 02, 510, 514), sondern auch die noch nicht wahlberechtigten jug. ArbN (*GK-Kreutz* Rn 19; *HSWGNR* Rn 18; *Richardi/Thüsing* Rn 12; *Neumann* BB 02, 510, 514; *Däubler* AuR 01, 285, 286; **aA** *Quecke* AuR 02, 1 sowie *DKK-Schneider/Homburg* AiB 02, 74, 75, der in Anlehnung an § 9 bis zur Grenzzahl 51 ArbN nur die wahlberechtigten ArbN bei der Berechnung der Mindestquote berücksichtigen will). Zu berücksichtigen sind ferner die in Heimarbeit Beschäftigten, die in der Hauptsache für den Betrieb arbeiten (vgl. § 5 Rn 309 ff.). **Nicht mitzuzählen** sind jedoch auch hier die leitenden Ang. nach § 5 Abs. 3 und die in § 5 Abs. 2 genannten Personen (vgl. BR-Drucks. 838/01 S. 29; *GK-Kreutz* Rn 18) sowie die zur Vertretung sich beruflich weiterbildender ArbN eingestellten arbeitslosen ArbN – gezählt wird nur der in der Weiterbildung befindliche ArbN (vgl. § 231 Abs. 2 SGB III). Nach Erlass des Wahlausschreibens eintretende Veränderungen der zahlenmäßigen Zusammensetzung der ArbNschaft des Betriebs bleiben unberücksichtigt (GK-*Kreutz* Rn 18).   **16**

Die Ermittlung der Mindestsitzzahl für das Geschlecht in der Minderheit erfolgt nach den **Grundsätzen der Verhältniswahl** (d'Hondtsches Höchstzahlensystem; vgl. hierzu § 5 WO), welches auch für die Verteilung der Betriebsratssitze auf die Gruppen der Arb. und Ang. maßgeblich war (vgl. 20. Aufl. § 10 aF Rn 6). Danach hat der Wahlvorst. die Zahlen der im Betrieb beschäftigten Frauen und Männer ne-   **17**

365

beneinander zu stellen und durch 1, 2, 3, 4 usw. zu teilen. Er hat diese Teilung so lange durchzuführen, wie Höchstzahlen entstehen, die noch für die Zuweisung von Sitzen im BR in Frage kommen. Das Geschlecht in der Minderheit erhält danach so viele Sitze, wie Höchstzahlen auf es entfallen (§ 5 Abs. 1, Abs. 2 S. 1 u. 2 WO; ebenso BAG 10. 3. 04 AP Nr. 8 zu § 7 BetrVG 1972; *DKK-Schneider/Homburg* Rn 13 a, 14; *Richardi/Thüsing* Rn 14, 16 a; GK-*Kreutz* Rn 23; ErfK-*Eisemann* Rn 4; *Düwell/Brors* Rn 6; *WPK-Wlotzke* Rn 8; *Quecke* AuR 02, 1; *Windeln* S. 161; **aA** *Franke* NZA 05, 394 ff.; *Link/Fink* AuA 01, Sonderausg. Das neue Betriebsverfassungsrecht zu § 15 S. 20; *Löwisch* BB 01, 1734, 1738; *Löwisch/Kaiser* Rn 5; *Etzel* AuR 02, 62, die von einer prozentualen Berechnungsmethode ausgehen und entstehende Bruchteilsergebnisse aufrunden). Die Anwendung des d'Hondtschen Höchstzahlensystems stellt keinen Verstoß gegen § 15 Abs. 2 als höherrangiges Recht dar (vgl. dazu LAG Rheinland-Pfalz NZA-RR 03, 591; GK-*Kreutz* Rn 23; *DKK-Schneider/Homburg* Rn 13 a; **aA** *Etzel* AuR, 02, 62); zur **Verfassungsmäßigkeit** von § 15 Abs. 2 selbst siehe: BAG 16. 3. 05 AP Nr. 16 zu § 15 BetrVG 1972; LAG Niedersachsen 10. 3. 11 AiB 547; GK-*Kreutz* Rn 16; *Düwell/Brors* Rn 4; ErfK-*Eisemann* Rn 3; *Löwisch/Kaiser* Rn 3; *Brors* NZA 04, 472 ff.; ArbG Bonn, AuR 03, 76; **aA** LAG Köln 13. 10. 03 AuR 04, 111 mit Anm. *Hänlein* ebenda; *Badura* ZBVR 02, 255 ff.; *Ubber/Weller* NZA 04, 893 ff.; *Franke* NZA 05, 394 ff.; *Weller* NZA 05, 1228 ff.; *Podewin* BB 05, 2521; ablehnende Anm. zu BAG 16. 3. 05 *Kamanabrou* RdA 06, 186; zweifelnd *Schiefer/Korte* NZA 02, 57, 61; *Hanau* RdA 01, 65, 70; *Schneider* AiB 02, 74, 81; *Windeln* S. 164). Wird im Wahlausschreiben unzutreffend die Anzahl der Mindestsitze für das Geschlecht in der Minderheit angegeben, rechtfertigt dies nach Auffassung des BAG die Wahlanfechtung nach § 19 BetrVG (BAG 10. 3. 04 AP Nr. 8 zu § 7 BetrVG 1972; s. § 19 Rn 20, 22, 27).

Allgemeines Beispiel:

In einem Betrieb sind 150 ArbN beschäftigt, davon 50 Frauen und 100 Männer. Der BR besteht aus 7 Mitgliedern (§ 9). Die Ermittlung der Mindestsitzzahl für das Geschlecht in der Minderheit berechnet sich nach dem Höchstzahlensystem. Danach rechnet der Wahlvorst. wie folgt:

100 Männer	Höchstzahl	50 Frauen	Höchstzahl
: 1	**100**	: 1	**50**
: 2	**50**	: 2	**25**
: 3	**33,3**	: 3	16,7
: 4	25	: 4	12,5
: 5	20	: 5	10
100 Männer	Höchstzahl	50 Frauen	Höchstzahl
: 6	16,7	: 6	8,3
: 7	14,3	: 7	7,1

Ergebnis:

Auf die Frauen entfallen zwei Höchstzahlen (50 und 25) Damit steht nach der Höchstzahlberechnung fest, dass den Frauen, die in diesem Fall das Geschlecht in der Minderheit sind, mindestens zwei Sitze im BR zustehen.

18   Fällt die niedrigste noch zu berücksichtigende Höchstzahl auf beide Geschlechter, so entscheidet das **Los** (§ 5 Abs. 2 S. 3 WO).

19   Haben beide Geschlechter **gleich viele Angehörige** im Betrieb, so entfällt die Berechnung der Mindestsitzzahl nach § 5 WO, da es in diesem Fall kein vom Wahlvorst. festzustellendes Geschlecht in der Minderheit gibt (vgl. § 5 Abs. 1 S. 1 WO; *Richardi/Thüsing* Rn 13; *Düwell/Brors* Rn 3, 5; *HSWGNR* Rn 19; *Neumann* BB 02, 510, 514). Die Verteilung der nach § 9 festgestellten BR.Sitze erfolgt **unabhängig vom Geschlecht** im Fall der **Verhältniswahl** nach § 15 Abs. 1 bis 4 WO und im Fall der **Mehrheitswahl** nach § 22 Abs. 2 S. 2 und Abs. 3 WO (vgl. *Nielebock* AiB 01, 681, 682). Zugleich entfallen auch die in § 3 Abs. 2 Nr. 4 und 5 WO maßgeblichen Angaben zur Vertretung des Geschlechts in der Minderheit im BR.

Ergibt die Berechnung nach **d'Hondt,** dass dem Geschlecht in der Minderheit 20
kein Mindestsitz zusteht, kann dennoch ein Vertreter dieses Geschlechts in den BR
gewählt werden (ErfK-*Eisemann* Rn 4). Fest steht lediglich, dass dem Geschlecht in
der Minderheit nicht bereits auf Grund seines Anteils im Betrieb ein BRSitz zusteht.
Eine über das zahlenmäßige Verhältnis hinausgehende Vertretung des Geschlechts in
der Minderheit ist durch die **offene „Mindest-Klausel"** zulässig (Beschlussempfehlung des A+S Ausschusses BT-Drucks. 14/6352 S. 54 zu Artikel 1 Nr. 13 und 43;
HSWGNR Rn 14; *Löwisch* BB 01, 1734, 1738; *Nielebock* AiB 01, 681, 683). So können auch in einem Betrieb mit wenigen Frauen diese in den BR gewählt werden
(vgl. dazu unter Rn 34). Ihnen steht nur kein Sitzanspruch nach § 15 Abs. 2 zu.

Beispiel:

In einem Betrieb sind 114 ArbN beschäftigt, davon 14 Frauen und 100 Männer. Der BR
besteht aus 7 Mitgliedern (§ 9). Die Ermittlung der Mindestsitzzahl für das Geschlecht in der
Minderheit berechnet sich nach dem Höchstzahlensystem. Danach rechnet der Wahlvorst.
wie folgt:

100 Männer	Höchstzahl	14 Frauen	Höchstzahl
: 1	**100**	: 1	14
: 2	**50**	: 2	7
: 3	**33,3**	: 3	
: 4	**25**	: 4	
: 5	**20**	: 5	
: 6	**16,7**	: 6	
: 7	**14,3**	: 7	

Ergebnis:
Da auf die Frauen keine Höchstzahl entfällt, steht ihnen kein Mindestsitz nach Absatz 2
zu (so auch BAG 10. 3. 04 AP Nr. 8 zu § 7 BetrVG 1972).

3. Verteilung der Betriebsratssitze

Die Verteilung der Betriebsratssitze auf die Geschlechter bestimmt sich im Fall der 21
Verhältniswahl nach § 15 WO und im Fall der Mehrheitswahl nach § 22 WO.

a) Verhältniswahl

Der BR wird nach den Grundsätzen der Verhältniswahl, dh Listenwahl, gewählt, 22
wenn er aus mehr als drei Mitgliedern besteht und mehr als eine gültige Vorschlagsliste
für die BRWahl eingereicht worden ist (vgl. § 14 Rn 22). Die Verteilung der Sitze auf
die einzelnen Sitze erfolgt nach dem sog. **d'Hondtschen System** (vgl. § 15 WO).
Danach werden die Stimmenzahlen, die auf die einzelnen Listen entfallen sind, der
Reihe nach durch 1, 2, 3, 4 usw. geteilt und die zu vergebenden BRSitze entspr. den
sich hierbei ergebenden Höchstzahlen auf die einzelnen Listen verteilt. Aus den einzelnen zu berücksichtigenden Listen sind grundsätzlich die Bewerberinnen und Bewerber in der Reihenfolge gewählt, in der sie in der Liste aufgeführt sind (§ 15
Abs. 4 WO).

Beispiel:

In einem Betrieb sind 150 ArbN beschäftigt, davon 50 Frauen und 100 Männer. Zu wählen
ist ein 7-köpfiger BR. Dem Geschlecht in der Minderheit, hier den Frauen, stehen zwei
Mindestsitze zu (vgl. Rn 17). Es sind drei Listen mit folgenden Bewerberinnen und Bewerber eingereicht worden:

Liste I	Liste II	Liste III
A Mann	G Frau	M Mann
B Mann	H Frau	N Mann
C Frau	I Mann	O Mann
D Frau	J Mann	P Mann

E Mann   K Mann
F Mann   L Mann

Auf die Liste I sind 80, auf die Liste II 50 und auf die Liste III 20 Stimmen entfallen. Für die Verteilung der Sitze auf die einzelnen Listen rechnet der Wahlvorst. wie folgt:

Liste I		Liste II		Liste III	
: 1	80	: 1	50	: 1	20
: 2	40	: 2	25	: 2	10
: 3	26,7	: 3	16,7	: 3	6,7
: 4	20	: 4	12,5	: 4	5
: 5	16	: 5	10	: 5	4
: 6	13,3	: 6	8,3	: 6	3,3
: 7	11,4	: 7	7,1	: 7	2,9

Die Reihenfolge der sieben Höchstzahlen ist 80, 50, 40, 26,7, 25, 20 und noch mal 20. Danach sind auf die Liste I 4 Höchstzahlen und damit 4 BRSitze, auf die Liste II 2 Höchstzahlen und damit 2 BRSitze und auf die Liste III ist eine Höchstzahl und damit ein BRSitz entfallen. Da sich die Reihenfolge der Bewerberinnen und Bewerber innerhalb der einzelnen Listen grundsätzlich nach der Reihenfolge ihrer Benennung richtet (§ 15 Abs. 4 WO), sind danach als Vertreter in den BR folgende Personen gewählt: Aus Liste I: Herr A, Herr B, Frau C und Frau D. Aus Liste II: Frau G und Frau H sowie aus der Liste III: Herr M. Damit besteht der BR aus drei Männern und vier Frauen. Die nach § 15 Abs. 2 erforderliche Mindestsitzzahl für das Geschlecht in der Minderheit ist erfüllt. Das Geschlecht in der Minderheit hat darüber hinaus zwei weitere Sitze erhalten.

23   Entfällt auf den letzten zu vergebenden BRSitz in mehreren Listen dieselbe Höchstzahl, so entscheidet das **Los** darüber, welcher Liste der Sitz zufällt (vgl. § 15 Abs. 2 S. 3 WO). Verfügt eine Liste insgesamt über weniger Bewerber, als Listenplätze auf sie entfallen, so gehen die nicht in Anspruch genommenen, überschüssigen BRSitze auf die anderen Vorschlagslisten in der Reihenfolge der nächsten Höchstzahlen über (§ 15 Abs. 3 WO).

24   Befindet sich unter den auf die Listen entfallenden Höchstzahlen **nicht** die erforderliche **Mindestzahl** von Angehörigen des **Geschlechts in der Minderheit,** bestimmt sich das weitere Verfahren zur Verteilung der Sitze nach § 15 Abs. 5 WO (zur Verfassungsmäßigkeit dieser Vorschrift s. BAG 16. 3. 05 AP Nr. 16 zu § 15 BetrVG 1972). In einem ersten Schritt hat der Wahlvorstand die Person auf der Liste mit der niedrigsten Höchstzahl zu ermitteln, die nicht dem Geschlecht in der Minderheit angehört. An deren Stelle tritt die Person, die auf der Vorschlagsliste in der Reihenfolge nach ihr benannt ist und dem Geschlecht in der Minderheit angehört (vgl. § 15 Abs. 5 Nr. 1 WO). Damit bleibt der Liste, wenn sie über Angehörige des Geschlechts in der Minderheit verfügt, der ihr nach dem Höchstzahlsystem grundsätzlich zustehende BRSitz erhalten.

Beispiel:

Anders als unter der Rn 22 sind die Listen I bis III mit folgenden Bewerberinnen und Bewerber eingereicht worden:

Liste I	Liste II	Liste III
A Mann	G Mann	M Frau
B Mann	H Frau	N Frau
C Mann	I Mann	O Frau
D Mann	J Mann	P Frau
E Mann	K Mann	
F Frau	L Mann	

Wie im Beispielsfall Rn 22 hat die Liste I 80, die Liste II 50 und die Liste III 20 Stimmen enthalten. Die Reihenfolge der sieben Höchstzahlen ist 80, 50, 40, 26,7, 25, 20 und noch mal 20. Danach sind auf die Liste I 4 Höchstzahlen und damit 4 BRSitze, auf die Liste II 2 Höchstzahlen und damit 2 BRSitze und auf die Liste III ist eine Höchstzahl und damit ein BRSitz entfallen. Da sich die Reihenfolge der Bewerberinnen und Bewerber innerhalb der einzelnen Listen grundsätzlich nach der Reihenfolge ihrer Benennung richtet (§ 15 Abs. 4

WO), wären danach als Vertreter in den BR folgende Personen gewählt: Aus Liste I: Herr A, Herr B, Herr C und Herr D. Aus Liste II: Herr G und Herr H sowie aus der Liste III: Frau M. Nach dem Ausgangsfall (Rn 17) stehen dem Geschlecht in der Minderheit jedoch 2 Mindestsitze im BR zu. Da nach der obigen Verteilung aber bisher nur eine Frau in den BR gewählt ist, muss nach § 15 Abs. 5 WO ermittelt werden, welche weitere Frau in den BR gewählt ist. Nach § 15 Abs. 5 Nr. 1 WO ist die zuletzt verteilte, niedrigste Höchstzahl 20. Sie befindet sich auf der Liste I und III. Da auf dem ersten Listenplatz der Liste III eine Frau, die dem Geschlecht in der Minderheit angehört, benannt ist, scheidet hier das Losverfahren aus. Die gleiche niedrigste Höchstzahl 20, befindet sich auf der Liste I und ist mit einem männlichen Bewerber besetzt. Gemäß § 15 Abs. 5 Nr. 1 tritt an die Stelle des dort benannten Mannes D die nach ihm benannte Bewerberin auf derselben Liste. Da sich auf der Liste I eine Bewerberin des Geschlechts in der Minderheit befindet (hier Frau F), die nach D auf der Liste I benannt ist, geht der Sitz von D gemäß § 15 Abs. 5 Nr. 1 WO auf Frau F über. Der Sitz verbleibt damit bei der Liste I. In den BR gewählt sind damit: Aus Liste I: Herr A, Herr B, Herr C und Frau F. Aus der Liste II: Herr G und Herr H sowie aus Liste III Frau M. Der BR besteht damit aus 5 Männern und 2 Frauen.

Verfügt dagegen die Vorschlagsliste mit der niedrigsten Höchstzahl nicht über Angehörige des Geschlechts in der Minderheit, geht dieser Sitz auf die Vorschlagsliste über, auf die die folgende, noch nicht berücksichtigte Höchstzahl entfällt und die zugleich über Angehörige des Geschlechts in der Minderheit verfügt (vgl. § 15 Abs. 5 Nr. 2 WO). **25**

Beispiel:

Obiges Beispiel (Rn 22) wiederum nur mit einer anderen personellen Besetzung der Listen:

Licto I	Liste II	Liste III
A Mann	G Mann	M Frau
B Mann	H Mann	N Mann
C Mann	I Mann	O Frau
D Mann	J Frau	P Mann
E Mann	K Frau	
F Mann	L Mann	

Wie im Beispielsfall Rn 22 hat die Liste I 80, die Liste II 50 und die Liste III 20 Stimmen enthalten. Die Reihenfolge der sieben Höchstzahlen ist 80, 50, 40, 26,7, 25, 20 und noch mal 20. Danach sind auf die Liste I 4 Höchstzahlen und damit 4 BRSitze, auf die Liste II 2 Höchstzahlen und damit 2 BRSitze und auf die Liste III ist eine Höchstzahl und damit ein BRSitz entfallen. Da sich die Reihenfolge der Bewerberinnen und Bewerber innerhalb der einzelnen Listen grundsätzlich nach der Reihenfolge ihrer Benennung richtet (§ 15 Abs. 4 WO), wären danach als Vertreter in den BR folgende Personen gewählt: Aus Liste I: Herr A, Herr B, Herr C und Herr D. Aus Liste II: Herr G und Herr H sowie aus der Liste III: Frau M. Nach dem Ausgangsfall (Rn 17) stehen dem Geschlecht in der Minderheit jedoch 2 Mindestsitze im BR zu. Da nach der Verteilung aber bisher nur eine Frau in den BR gewählt ist, muss nach § 15 Abs. 5 WO ermittelt werden, welche weitere Frau in den BR gewählt ist. Da auf der Liste III eine Frau, die dem Geschlecht in der Minderheit angehört, auf dem ersten Listenplatz benannt ist, scheidet hier das Losverfahren aus. Die niedrigste Höchstzahl 20, die mit einem männlichen Bewerber besetzt ist, befindet sich auf der Liste I. Der Wahlvorst. hat nach § 15 Abs. 5 Nr. 1 WO zunächst zu prüfen, ob sich auf derselben Vorschlagsliste ein Bewerber des Geschlechts in der Minderheit befindet. Dies ist in diesem Beispiel nicht der Fall. In einem zweiten Schritt hat dann der Wahlvorst. gemäß § 15 Abs. 5 Nr. 2 WO diejenige Vorschlagsliste mit der nächstfolgenden, noch nicht berücksichtigten Höchstzahl und mit Bewerbern des Geschlechts in der Minderheit zu ermitteln. Die nächstfolgende, noch nicht berücksichtigte Höchstzahl in diesem Beispielsfall befindet sich auf der Liste II mit der Höchstzahl 16,7 (s. o. Rn 22). Da die Liste II auch über Bewerber des Geschlechts in der Minderheit verfügt, geht der Sitz von Herrn D gemäß § 15 Abs. 5 Nr. 1 WO von Liste I auf die Liste II an Frau J über.

Fehlt mehr als nur ein Mindestsitz für das Geschlecht in der Minderheit, so ist das nach § 15 Abs. 5 Nr. 1 und 2 WO beschriebene Verfahren solange fortzuführen, bis **26** der gesetzliche Mindestanteil an Betriebsratssitzen des Geschlechts in der Minderheit erreicht ist (vgl. § 15 Abs. 5 Nr. 3 WO).

27   Bei der Ermittlung der fehlenden Sitze für das Geschlecht in der Minderheit sind auf den einzelnen Vorschlagslisten nur die Angehörigen dieses Geschlecht in der Reihenfolge ihrer Benennung zu berücksichtigen (vgl. § 15 Abs. 5 Nr. 4 WO). Dementsprechend erhält in dem obigen Beispielsfall (Rn 25) Frau J und nicht Frau K den von Liste I auf die Liste II übergehenden BRSitz.

28   Findet sich auf keiner Vorschlagsliste mehr ein Angehöriger des Geschlechts in der Minderheit, so verbleiben die Sitze bei den jeweiligen Vorschlagslisten mit Angehörigen des anderen Geschlechts (vgl. § 15 Abs. 5 Nr. 5 WO). Damit wird entsprechend der Intention des § 126 Nr. 5 a sichergestellt, dass der BR auch dann der in § 9 **vorgegebenen BRGröße** entspricht, wenn das Geschlecht in der Minderheit die ihm zustehenden **Mindestsitze** nach § 15 Abs. 2 **nicht besetzen kann,** sei es, weil es nicht über genügend wählbare ArbN verfügt oder sich nicht genügend wählbare ArbN dieses Geschlechts zur Übernahme des BRAmtes bereit erklärt haben (vgl. BT-Drucks. 14/5741 S. 53 zu Nummer 8; *Engels/Trebinger/Löhr-Steinhaus* DB 01, 532, 541; *Reichold* NZA 01, 857, 860; *DKK-Schneider/Homburg* Rn 22; GK-*Kreutz* Rn 28; *Richardi/Thüsing* Rn 18; *SWS* Rn 8). Eine Veränderung der BRGröße kommt erst dann in Betracht, wenn der Betrieb insgesamt nicht über eine ausreichende Zahl von wählbaren ArbN verfügt. In diesem Fall ist für die BRWahl die Zahl der BRMitglieder der nächstniedrigeren Betriebsgröße zugrunde zu legen (vgl. § 11 Rn 6).

29   Lehnt eine gewählte Person die Wahl ab, so tritt unabhängig von ihrem Geschlecht an ihre Stelle grundsätzlich die in derselben Vorschlagsliste in der Reihenfolge nach ihr benannte, nicht gewählte Person (vgl. § 17 Abs. 2 S. 1 WO). Etwas anderes gilt jedoch dann, wenn die die Wahl ablehnende Person dem Geschlecht in der Minderheit angehört und hierdurch das Geschlecht in der Minderheit nicht mehr die ihm nach Abs. 2 zustehenden Mindestsitze erhalten würde. In ausschließlich diesem Fall tritt an die Stelle der die Wahl ablehnenden Person die in derselben Vorschlagsliste nach ihr benannte, nicht gewählte Person, die dem Geschlecht in der Minderheit angehört (vgl. § 17 Abs. 2 S. 2 WO). Verfügt diese Vorschlagsliste über keine weiteren Angehörigen des Geschlechts in der Minderheit, so geht dieser Sitz auf die Vorschlagsliste mit der nächstfolgenden, noch nicht berücksichtigten Höchstzahl und Angehörigen des Minderheitsgeschlechts über (vgl. § 17 Abs. 2 S. 3 WO Rn 5). Erst wenn sich auf keiner Vorschlagsliste mehr ein Angehöriger des Geschlechts in der Minderheit befindet, verbleibt der Sitz auf der Vorschlagsliste mit der Person, die die Wahl ablehnt und geht an die nach ihr benannte nicht gewählte Person des anderen Geschlechts (vgl. § 17 Abs. 2 S. 3 WO). Die nicht gewählten Bewerber der jeweiligen Liste kommen als **ErsMitgl.** in Betracht (vgl. dazu § 25 Rn 26 ff.). Führt im umgekehrten Fall die Ablehnung der Wahl dazu, dass ein zunächst notwendig gewordener Listensprung nicht mehr erforderlich ist, weil mit dem nachrückenden Kandidaten das Geschlecht in der Minderheit die Mindestsitzzahl auch ohne den vorherigen Listensprung erreicht wird, ist das Wahlergebnis durch den Wahlvorst. entsprechend zu korrigieren, d. h. der dazu zuletzt als erforderlich durchgeführte Listensprung ist rückgängig zu machen (s. dazu auch § 19 Rn 27 und § 17 WO Rn 6, § 18 WO Rn 1). Zur Möglichkeit der Teilanfechtung und Korrektur des Wahlergebnisses in diesem Fall s. LAG Niedersachsen 3. 3. 11 – 5 TaBV 96/10 – AiB 11, 547, s. dazu auch § 19 Rn 20.

29a   Im Fall der Verhinderung oder des Ausscheidens eines Angehörigen des Minderheitsgeschlechts, welches nach den Vorschriften des § 15 Abs. 5 Nr. 1 bis 3 WO in den BR gewählt worden ist, rückt derjenige Bewerber als **ErsMitgl.** nach, der zuletzt seinen Sitz zu Gunsten der Erfüllung der Geschlechterquote hat abgeben müssen (LAG Nürnberg 13. 5. 04, AuR 04, 317). Dies gilt jedoch nur für den Fall, dass keine weiteren Angehörigen des Geschlechts in der Minderheit auf den Listen zur Verfügung stehen (in dem dem LAG zugrunde liegenden Fall gab es keine weiteren unberücksichtigten Bewerber des Geschlechts in der Minderheit). Generell zum Nachrücken s. § 25 Rn 26 ff.

b) Mehrheitswahl

Der BR wird nach den Grundsätzen der **Mehrheitswahl** gewählt, wenn nur eine 30 gültige Vorschlagsliste eingereicht worden ist (vgl. § 14 Rn 29 ff.) oder der BR im vereinfachten Wahlverfahren zu wählen ist (vgl. § 14 Rn 35 ff.).

Im Fall der **Mehrheitswahl** werden die zu vergebenden BRSitze entsprechend der 31 erreichten Stimmenzahl auf die einzelnen Wahlbewerber unter Beachtung der dem Geschlecht in der Minderheit entsprechend seinem zahlenmäßigen Verhältnis zustehenden Mindestsitze im BR verteilt. Wie die Verteilung der BRSitze im Fall der Mehrheitswahl vorzunehmen ist, richtet sich nach § 22 WO, der ein getrenntes Auszählverfahren vorsieht. Danach werden nach § 22 Abs. 1 WO zunächst die dem **Geschlecht in der Minderheit** zustehenden **Mindestsitze** in der Weise verteilt, dass die Mindestsitze mit Angehörigen des Minderheitsgeschlechts in der Reihenfolge der jeweils höchsten auf sie entfallenden Stimmenzahlen besetzt werden. Außerbetracht zu bleiben haben dabei auf Angehörige des anderen Geschlechts entfallende höhere Stimmenzahlen. Diese kommen erst im zweiten Schritt zum Tragen. Im Anschluss an die Verteilung der Mindestsitze für das Geschlecht in der Minderheit hat der Wahlvorst. die **weiteren Sitze** auf die Bewerberinnen und Bewerber, **unabhängig von ihrem Geschlecht,** in der Reihenfolge der jeweils höchsten auf sie entfallenden Stimmenzahl zu verteilen (vgl. § 22 Abs. 2 WO).

Beispiel:

Der BR besteht aus 7 Mitgl., von denen mindestens 2 dem Geschlecht in der Minderheit (hier Frauen) angehören müssen.

1.	Frau A	252 Stimmen
2.	Frau B	25 Stimmen
3.	Mann C	180 Stimmen
4.	Mann D	75 Stimmen
5.	Frau E	64 Stimmen
6.	Mann F	164 Stimmen
7.	Mann G	98 Stimmen
8.	Mann H	222 Stimmen
9.	Mann I	32 Stimmen
10.	Frau J	8 Stimmen
11.	Mann K	12 Stimmen
12.	Mann L	7 Stimmen

Gewählt sind als Vertr. des Geschlechts in der Minderheit folgende Frauen: Nr. 1 (A) und Nr. 5 (E). Für die weiteren, vom Geschlecht unabhängigen BRSitze sind gewählt: Nr. 8 (H), Nr. 3 (C), Nr. 6 (F), Nr. 7 (G) und Nr. 4 (D). Der 7-köpfige BR besteht danach aus zwei Frauen und fünf Männern.

Haben bei dem letzten zu verteilenden BRSitz für das Geschlecht in der Minder- 32 heit nach § 22 Abs. 1 WO oder für die weiteren, vom Geschlecht unabhängigen BRSitze nach § 22 Abs. 2 WO mehrere Bewerberinnen oder Bewerber **dieselbe Stimmenzahl** erhalten, so entscheidet das **Los** darüber, wem der Sitz zufällt (vgl. § 22 Abs. 3 WO).

Für den Fall, dass **weniger Angehörige** des **Geschlechts in der Minderheit** für 33 das BRAmt kandidiert haben oder gewählt worden sind, als ihnen Mindestsitze nach Abs. 2 zustehen, sieht § 22 Abs. 4 WO entsprechend der Vorgabe des § 126 Nr. 5 a vor, dass die insoweit überschüssigen BRSitze dem anderen Geschlecht zufallen. Diese Sitze werden entspr. § 22 Abs. 2 S. 2 WO an die Bewerber in der Reihenfolge der jeweils nächsthöchsten erreichten Stimmenzahl verteilt.

Beispiel:

Der BR besteht aus 11 Mitgl. von denen mindestens 4 Mitgl. dem Geschlecht in der Minderheit angehören müssen (hier Frauen):

1.	Mann A	852 Stimmen
2.	Frau B	525 Stimmen
3.	Mann C	180 Stimmen
4.	Mann D	375 Stimmen
5.	Frau E	463 Stimmen
6.	Mann F	764 Stimmen
7.	Mann G	998 Stimmen
8.	Mann H	222 Stimmen
9.	Mann I	231 Stimmen
10.	Frau J	188 Stimmen
11.	Mann K	212 Stimmen
12.	Mann L	342 Stimmen
13.	Mann M	407 Stimmen
14.	Frau N	0 Stimmen
15.	Mann O	65 Stimmen
16.	Mann P	79 Stimmen
17.	Mann Q	48 Stimmen
18.	Mann R	160 Stimmen
19.	Mann S	517 Stimmen

Gewählt sind als Vertr. des Geschlechts in der Minderheit folgende Frauen: Nr. 2 (B), Nr. 5 (E) und Nr. 10 (J). Frau N auf Nr. 14 ist nicht gewählt, da sie keine Stimme erhalten hat. Weitere Frauen haben nicht für das BRAmt kandidiert, so dass der vierte Mindestsitze für das Geschlecht in der Minderheit gemäß § 22 Abs. 4 WO auf das andere Geschlecht übergeht. Anstatt 7 weitere, vom Geschlecht unabhängige BRSitze sind auf Grund des überschüssigen Mindestsitzes für das Geschlecht in der Minderheit 8 weitere BRSitze nach § 22 Abs. 2 WO zu verteilen. Danach sind gewählt: Nr. 7 (G), Nr. 1 (A), Nr. 6 (F), Nr. 19 (S), Nr. 13 (M), Nr. 4 (D), Nr. 12 (L) und Nr. 9 (I). Der 11-köpfige BR besteht danach aus drei Frauen und acht Männern.

34 Steht dem Geschlecht in der Minderheit kein Mindestsitz zu (vgl. Rn 20), werden die zu vergebenden BRSitze unabhängig vom Geschlecht entspr. der erreichten Stimmenzahl auf die einzelnen Wahlbewerber gemäß § 22 Abs. 2 S. 2 und Abs. 3 WO verteilt.

Beispiel:

In einem Betrieb sind 114 ArbN, davon 14 Frauen und 100 Männern beschäftigt. Der BR besteht aus 7 Mitgl., den Frauen steht nach der Berechung nach d'Hondt kein Mindestsitz zu (vgl. Rn 20). Es ist nur eine Vorschlagsliste eingereicht worden. Die Bewerber haben folgende Stimmen erhalten:

Mann A	115
Mann B	56
Frau C	61
Mann D	79
Frau E	102
Mann F	85
Mann G	37
Mann H	42
Frau I	34
Frau J	23
Mann K	22

Ergebnis:

In den BR gewählt sind in der Reihenfolge der erhaltenen Stimmenzahl: Herr A, Frau E, Herr F, Herr D, Frau C, Herr B und Herr H. Damit besteht der BR aus 5 Männern und 2 Frauen.

35 Lehnt eine gewählte Person die Wahl ab, so tritt an ihre Stelle grundsätzlich die nicht gewählte Person mit der nächsthöchsten Stimmenzahl, unabhängig von ihrem

Geschlecht (vgl. § 23 Abs. 2 S. 1 WO). Etwas anderes gilt nur dann, wenn die die Wahl ablehnende Person dem Geschlecht in der Minderheit angehört und hierdurch die dem Geschlecht in der Minderheit zustehenden Mindestsitze nicht mehr mit Personen dieses Geschlechts besetzt wären. In diesem Fall tritt an die Stelle der die Wahl ablehnenden Person die dem Geschlecht in der Minderheit angehörende, nicht gewählte Person mit der nächsthöchsten Stimmenzahl (vgl. § 23 Abs. 2 S. 2 WO Rn 6). Gibt es keine weiteren Angehörigen des Geschlechts in der Minderheit, die sich zur Wahl gestellt und Stimmen erhalten haben, so geht der Sitz auf die nicht gewählte Person des anderen Geschlechts mit der nächsthöchsten Stimmenzahl über (vgl. § 23 Abs. 2 S. 3 WO). Die nicht gewählten Bewerber sind, soweit sie Stimmen erhalten haben, **ErsMitgl.** (vgl. § 25 Rn 30 f.).

V. Streitigkeiten

Verstöße gegen zwingende Bestimmungen über die Verteilung der BR.Sitze kön- **36** nen zur **Anfechtung der Wahl** (§ 19) führen, wenn durch die Verstöße das Wahlergebnis beeinflusst wurde und eine Berichtigung des Wahlergebnisses nicht möglich ist (siehe § 19 Rn 20 ff.). Eine auf die Berichtigung des Wahlergebnisses gerichtete Teilanfechtung ist zulässig, wenn zB lediglich die Verteilung der Sitze auf die Vorschlagslisten fehlerhaft vorgenommen worden ist (BAG 16. 3. 05 AP Nr. 16 zu § 15 BetrVG 1972; s. auch § 19 Rn 27).

Die Verteilung der Sitze auf die Geschlechter ist in erster Linie Aufgabe des Wahl- **37** vorst. Im Streitfall entscheiden die **ArbG im BeschlVerf.** (§§ 2 a, 80 ff. ArbGG; vgl. auch § 19 Rn 20 ff.).

§ 16 Bestellung des Wahlvorstands

(1) [1] **Spätestens zehn Wochen vor Ablauf seiner Amtszeit bestellt der Betriebsrat einen aus drei Wahlberechtigten bestehenden Wahlvorstand und einen von ihnen als Vorsitzenden.** [2] **Der Betriebsrat kann die Zahl der Wahlvorstandsmitglieder erhöhen, wenn dies zur ordnungsgemäßen Durchführung der Wahl erforderlich ist.** [3] **Der Wahlvorstand muss in jedem Fall aus einer ungeraden Zahl von Mitgliedern bestehen.** [4] **Für jedes Mitglied des Wahlvorstands kann für den Fall seiner Verhinderung ein Ersatzmitglied bestellt werden.** [5] **In Betrieben mit weiblichen und männlichen Arbeitnehmern sollen dem Wahlvorstand Frauen und Männer angehören.** [6] **Jede im Betrieb vertretene Gewerkschaft kann zusätzlich einen dem Betrieb angehörenden Beauftragten als nicht stimmberechtigtes Mitglied in den Wahlvorstand entsenden, sofern ihr nicht ein stimmberechtigtes Wahlvorstandsmitglied angehört.**

(2) [1] **Besteht acht Wochen vor Ablauf der Amtszeit des Betriebsrats kein Wahlvorstand, so bestellt ihn das Arbeitsgericht auf Antrag von mindestens drei Wahlberechtigten oder einer im Betrieb vertretenen Gewerkschaft; Absatz 1 gilt entsprechend.** [2] **In dem Antrag können Vorschläge für die Zusammensetzung des Wahlvorstands gemacht werden.** [3] **Das Arbeitsgericht kann für Betriebe mit in der Regel mehr als zwanzig wahlberechtigten Arbeitnehmern auch Mitglieder einer im Betrieb vertretenen Gewerkschaft, die nicht Arbeitnehmer des Betriebs sind, zu Mitgliedern des Wahlvorstands bestellen, wenn dies zur ordnungsgemäßen Durchführung der Wahl erforderlich ist.**

(3) [1] **Besteht acht Wochen vor Ablauf der Amtszeit des Betriebsrats kein Wahlvorstand, kann auch der Gesamtbetriebsrat oder, falls ein solcher nicht besteht, der Konzernbetriebsrat den Wahlvorstand bestellen.** [2] **Absatz 1 gilt entsprechend.**

I. Vorbemerkung

1 Die Vorschrift regelt die Bestellung des Wahlvorst., und zwar in Abs. 1 die Einsetzung des Wahlvorst. für den **Regelfall,** dh durch den **bestehenden BR,** und in Abs. 2 die Bestellung durch das ArbG, falls der BR den Wahlvorst. nicht rechtzeitig einsetzt. In diesem Fall kann nach dem durch das BetrVerf-ReformG neu angefügten Abs. 3 nunmehr auch der GesBR oder, falls ein solcher nicht besteht, der KBR den Wahlvorst. bestellen.

2 Die Wahl bzw. Bestellung des Wahlvorst. in **betriebsratslosen Betrieben** wird in § 17 geregelt. Die beim **vereinfachten Wahlverfahren** bei der Wahl oder Bestellung des Wahlvorst. zu beachtenden Besonderheiten ergeben sich aus. § 17a iVm. § 14a. Zum Übergangsmandat s. § 21a Rn 21f.; zur Bestellung des Wahlvorst. im Falle der gerichtlichen Auflösung des BR vgl. § 23 Rn 35ff.

3 Die Regelung des § 16 gilt grundsätzlich auch für die Wahl der BordVertr. und des SeeBR, jedoch bestehen hier gewisse Abweichungen hinsichtlich der Fristen für die Bestellung des Wahlvorst. und hinsichtlich seiner Mitgl. (vgl. § 115 Abs. 2 Nr. 7 und § 116 Abs. 2 Nr. 6 und 7). Zur Bestellung des Wahlvorst. für die Wahl zur JugAzubiVertr. vgl. § 63 Abs. 2 und 3. Die Vorschrift gilt nicht für die Bestellung der Mitgl. des GesBR (vgl. § 47 Abs. 2), des KBR (vgl. § 55), der GesJugAzubiVertr. (vgl. § 72 Abs. 2) und der KJugAzubiVertr. (vgl. § 73a Abs. 2).

4 Die Vorschrift ist grundsätzlich **zwingend.** Weder durch TV noch durch BV kann hiervon abgewichen werden. Das gilt auch für die nach § 3 Abs. 1 Nr. 1 bis 3 gebildeten Betriebsräte, nicht jedoch für die Wahl zusätzlicher betriebsverfassungsrechtlicher Vertr. der ArbN nach § 3 Abs. 1 Nr. 5 sowie die zusätzlichen betriebsverfassungsrechtlichen Gremien in Form von Arbeitsgemeinschaften der BR nach § 3 Abs. 1 Nr. 4. Letztere dürften idR durch Entsendung von Mitgl. aus den einzelnen BR gebildet werden.

5 Entspr. Vorschriften: § 20 BPersVG, § 7 Abs. 1 SprAuG.

II. Bestellung des Wahlvorstands durch den Betriebsrat

1. Zeitpunkt

Die Vorschrift des Absatzes 1 regelt die **Bestellung des Wahlvorst. durch den** 6
BR, dessen Amtszeit in Kürze ablaufen wird. Dabei sind drei Fälle der Beendigung der Amtszeit zu unterscheiden:
– der Ablauf der regelmäßigen Amtszeit von vier Jahren gemäß § 21 S. 1 (Rn 5 ff., 15),
– die vorzeitige Beendigung der Amtszeit außerhalb des regelmäßigen Wahlzeitraums nach § 21 Satz 5 wegen einer vorzeitigen Neuwahl des BR gemäß § 13 Abs. 2 Nr. 1–3 (Rn 18 ff.) und
– die Beendigung der verkürzten bzw. der verlängerten Amtszeit des nach § 13 Abs. 2 außerhalb des regelmäßigen Wahlzeitraums gewählten BR im Hinblick auf die Wiedereingliederung der Wahl des neuen BR in den regelmäßigen Wahlzeitraum (Rn 13 ff.).

Im Falle des **Ablaufs der regelmäßigen Amtszeit** von vier Jahren hat der BR 7
den Wahlvorst. spätestens an dem Tag zu bestellen, der um zehn Wochen zurückgerechnet dem Tag entspricht, an dem seine Amtszeit abläuft. Ist dieser Tag ein Samstag, Sonntag oder gesetzlicher Feiertag, ist der letzte davorliegende Werktag maßgebend (GK-*Kreutz* Rn 18; ErfK-*Eisemann* Rn 3; *Düwell/Brors* Rn 12). Zur Beendigung der Amtszeit vgl. § 21 Rn 16 ff.

Bei der Frist des Abs. 1 S. 1 handelt es sich um eine **Mindestfrist** (zur Verkürzung 8
der Mindestfrist beim vereinfachten Wahlverfahren s. § 17 a Nr. 1). Die Bestellung des Wahlvorst. zu einem früheren Zeitpunkt ist durchaus zulässig und im Allgemeinen auch zweckmäßig. Das gilt insb., wenn umfangreiche und/oder schwierige Arbeiten und Aufgaben (zB Klärung schwieriger Sachverhalts- oder Rechtsfragen) zu erledigen oder zu erwarten sind, was insb. in Großbetrieben oder in Betrieben mit einer bes. Struktur (etwa mit zahlreichen unselbständigen Betriebsteilen oder Kleinstbetrieben) der Fall sein kann.

Die Notwendigkeit einer früheren Bestellung des Wahlvorst. kann sich vielfach 9
auch aus seiner Verpflichtung nach § 13 Abs. 1 S. 2 und § 18 a ergeben, die Wahlen zeitgleich mit den Wahlen des (Unternehmens-)Sprecherausschusses für leitende Ang. einzuleiten (vgl. hierzu § 13 Rn 10 ff.) und vorher noch das Zuordnungsverfahren nach § 18 a durchzuführen (vgl. hierzu § 18 a Rn 6 ff.).

Wegen dieser **Verzahnung** der **Wahlen** des BR und des (Unternehmens-) 10
Sprecherausschusses ist für die Bestellung des Wahlvorst. in der Praxis vom Ende der Amtszeit derjenigen Vertretung auszugehen, deren Amtszeit zuerst endet. Hierauf ist bes. im Falle der Wahl eines Unternehmenssprecherausschusses zu achten, da hier dessen Wahl und die BRWahlen in sämtlichen Betrieben des Unternehmens zeitlich einzuleiten sind (GK-*Kreutz* § 13 Rn 23; *Dänzer-Vanotti* ArbuR 89, 204).

Endet zB im Falle der Wahl eines **Unternehmenssprecherausschusses** die 11
Amtszeit des BR im Betrieb A bereits am 15. 3., während die Amtszeit des Unternehmenssprecherausschusses und die BR in den übrigen Betrieben des Unternehmens erst im Laufe des April und Mai enden, so ist für die Bestellung aller Wahlvorst. vom Amtsende des BR im Betrieb A am 15. 3. auszugehen. Denn nur in diesem Falle ist einerseits die zeitgleiche Einleitung der Wahl und die vorherige Durchführung des Zuordnungsverfahrens nach § 18 a möglich und andererseits eine rechtzeitige Neuwahl des BR im Betrieb A gewährleistet, die sicherstellt, dass dieser Betrieb wegen des Amtsendes des bestehenden BR am 15. 3. nicht vorübergehend betriebsratslos ist (vgl. hierzu § 13 Rn 14 ff., § 18 a Rn 26 ff.).

Auch **nach** Ablauf der **Zehnwochenfrist** des Abs. 1 S. 1 kann der BR die Bestel- 12
lung des Wahlvorst. noch vornehmen, solange eine rechtskräftige gerichtliche Ersatzbestellung (vgl. hierzu unten Rn 56 ff.) oder eine Bestellung durch den GesBR bzw.

KBR (vgl. hierzu Rn 75 ff.) nicht erfolgt ist (*WPK-Wlotzke* Rn 3). Nach Ablauf seiner Amtszeit kann der BR den Wahlvorst. jedoch nicht mehr bestellen (*HSWGNR* Rn 7). In diesem Falle erfolgt die Bestellung gemäß § 17, § 17 a durch den GesBR bzw. KBR oder, falls nicht noch vor Ablauf der Amtszeit des BR ein gerichtliches Bestellungsverfahren nach Abs. 2 eingeleitet worden ist, durch die BetrVerslg.

13   Die Vorschrift gilt unmittelbar auch für die Fälle, in denen die Amtszeit des BR nach § 13 Abs. 2 Nr. 1–3 iVm. § 21 Satz 5 und § 22 **vorzeitig abläuft.** Da der Zeitpunkt des Ablaufs der Amtszeit in diesen Fällen nicht von vornherein feststeht, kann allerdings die Zehnwochenfrist nicht berechnet werden. Der BR hat deshalb in diesen Fällen den Wahlvorst. **unverzüglich,** dh ohne schuldhaftes Zögern zu bestellen, nachdem ein die Neuwahl bedingender Tatbestand nach § 13 Abs. 2 Nr. 1–3 eingetreten ist (*DKK-Schneider/Homburg* Rn 6; GK-*Kreutz* Rn 20; *Richardi/Thüsing* Rn 4, 22).

14   In den Fällen, in denen der BR ein grundsätzlich auf höchstens sechs Monate befristetes **Übergangsmandat** nach § 21 a Abs. 1 in einem betriebsratslosen Betrieb wahrnimmt, hat die Bestellung des Wahlvorst. spätestens zehn Wochen vor Ablauf des Übergangsmandates zu erfolgen (ebenso ArbG Düsseldorf AiB 97, 602; ErfK-*Eisemann* Rn 3; so auch bei Abspaltung eines Betriebsteils von einem Gemeinschaftsbetrieb BAG 31. 5. 00 AP Nr. 47 zu § 19 BetrVG 1972; aA ArbG Freiburg NZA 97, 179, das bei Teilbetriebsübertragung ein Übergangsmandat des alten BR für den neuen betriebsratslosen Betrieb ablehnt u. dort nur § 17 gelten lässt). Wird aus mehreren zusammengelegten Betrieben oder Betriebsteilen ein neuer Betrieb gebildet, so steht nach § 21 a Abs. 2 das Übergangsmandat und damit das Recht (und die Pflicht) zur rechtzeitigen Bestellung des Wahlvorst. dem BR des der wahlberechtigten ArbN-Zahl nach größeren Betriebs oder Betriebsteils zu (str.; s. § 21 a Rn 18 u. § 17 Rn 5; wie hier LAG Niedersachsen NZA-RR 98, 545, ErfK-*Eisemann* Rn 3; GK-*Kreutz* § 17 Rn 8; u. jetzt auch *DKK-Schneider/Homburg* Rn 3; dem zustimmend LAG Schleswig-Holstein 7. 4. 11 – 4 TaBVGa 1/11 – Juris; aA LAG Frankfurt BB 89, 1198, das jedem BR das Bestellungsrecht einräumt, aber keine BetrVerslg. nach § 17 verlangt; letzteres verlangt dagegen ArbG Bremen AP Nr. 3 zu § 17 BetrVG 1972). Besteht in dem nach Zahl der wahlberechtigten ArbN größten Betrieb kein BR, fällt das Übergangsmandat dem BR des nach der Zahl der wahlberechtigten ArbN nächst größeren Betrieb zu (s. auch § 21 a Rn 19; *Engels/Trebinger/Löhr-Steinhaus* DB 01, 532; ArbG Frankfurt a. M. AiB 02, 629 mit zustimmender Anm. von *Steiner).*

15   **§ 16 gilt nicht** nach einer erfolgreichen rechtskräftigen Anfechtung der BRWahl oder der Feststellung ihrer Nichtigkeit. In diesen Fällen besteht kein BR im Betrieb (mehr), so dass für die Bestellung des Wahlvorst. § 17 (s. neue Zuständigkeit des GesBR) oder § 17 a Nr. 3 und 4 anzuwenden ist (vgl. aber auch § 19 Rn 45 u. § 13 Rn 43). Ebenso gilt § 16 nicht bei Auflösung des BR durch das ArbG gemäß § 23; in diesem Falle bestellt das ArbG den Wahlvorst. (vgl. § 23 Abs. 2 und dortige Rn 35 ff.; *Düwell/Brors* Rn 6).

16   Ist der BR **außerhalb des regelmäßigen Wahlzeitraums** gewählt worden und hat er deshalb gemäß § 13 Abs. 3 iVm. § 21 S. 3 und 4 eine von der regelmäßigen vierjährigen Amtszeit abweichende (**verkürzte oder verlängerte) Amtszeit** (vgl. hierzu § 21 Rn 21 ff.), so muss der Wahlvorst. spätestens (eine frühere Bestellung ist auch in diesem Falle zulässig und vielfach angebracht) am 22. März des Jahres bestellt sein, in dem gemäß § 13 Abs. 3 der BR neu zu wählen ist (*Düwell/Brors* Rn 5).

17   Die Bestellung des Wahlvorst. gehört zu den **gesetzl. Pflichten** des BR. Unterlässt er sie, so kann der Fall des § 23 Abs. 1 vorliegen. Allerdings wäre im Hinblick auf die Dauer des gerichtlichen Verfahrens ein Antrag auf Auflösung des BR unpraktisch. Deshalb sieht das G bei Untätigkeit des BR in § 16 Abs. 2 die arbeitsgerichtliche Ersatzbestellung des Wahlvorst. und im neuen Abs. 3 die Bestellung des Wahlvorst. durch den GesBR bzw. KBR vor (so auch LAG Hessen AuR 06, 253).

18   Zur Bestellung des Wahlvorst. im **vereinfachten Wahlverfahren** s. § 14 a Rn 13 ff., § 17 a Rn 4 f., 8 ff.

2. Mitglieder

Bei den Mitgl. des Wahlvorst. ist zwischen den ordentlichen, dh den stimmberechtig- **19** ten Mitgl., deren ErsMitgl. (vgl. Rn 35 ff.) und den nicht stimmberechtigten Mitgl., die von den nicht im Wahlvorst. vertretenen Gewerkschaften entsandt werden können (vgl. hierzu unten Rn 41 ff.), zu unterscheiden. Wenn im Folgenden von Mitgl. des Wahlvorst. gesprochen wird, sind stets die ordentlichen Mitgl. gemeint. Die von den Gewerkschaften entsandten nicht stimmberechtigten Mitgl. werden als solche bezeichnet.

Die Mitgl. des Wahlvorst. nach Abs. 1 (und auch deren ErsMitgl.) werden **vom** **20** **BR bestellt.** Auf die von den Gewerkschaften nach Abs. 1 S. 6 zu entsendenden nicht stimmberechtigten Mitgl. hat der BR keinen unmittelbaren Einfluss. Allerdings kann er dem Entsendungsrecht der Gewerkschaften dadurch den Boden entziehen, dass er von sich aus Angehörige aller im Betrieb vertretenen Gewerkschaften in den Wahlvorst. beruft und in diesem Falle selbst die in den Wahlvorst. zu berufenen ArbN dieser Gewerkschaften bestimmt.

Der BR kann **jeden wahlberechtigten ArbN** (vgl. § 7 Rn 5 ff.) als Mitglied des **21** Wahlvorst. bestellen. Das können auch die in § 7 S. 2 genannten ArbN und damit auch LeihArbN sein (s. dazu § 7 Rn 37 ff.; ErfK-*Eisemann* Rn 4; GK-*Kreutz* Rn 28; *Rudolph* AiB 09, 711, 713; **aA** *Böhm* DB 06, 104). Die Wählbarkeit (vgl. § 8 Rn 5 ff.) ist nicht erforderlich (so aber unzutreffend *Maschmann* DB 01, 2446, 2448); ebenso wenig braucht es sich um ständig beschäftigte ArbN zu handeln (ErfK-*Eisemann* Rn 4). Nach Änderung des § 5 Abs. 1 S. 3 können auch Beamte, Soldaten und ArbN des öffentl. Dienstes dem Wahlvorstand angehören. Zu den Postunternehmen s. Rn 32. Sind nach Kündigung eines TV nach § 3 einzelne BRe zu wählen, hat der bestehende BR darauf zu achten, dass für den jeweiligen Betrieb dort wahlberechtigte ArbN Mitgl. des Wahlvorst. werden; andernfalls ist die BRWahl anfechtbar (LAG Schleswig-Holstein 19. 3. 10 ArbR 10, 381).

Auch **Mitgl. des BR** können bestellt werden. Ebenso können **Wahlkandidaten** **22** Mitgl. des Wahlvorst. sein (BAG 12. 10. 76 AP Nr. 1 zu § 8 BetrVG 1972; BAG 4. 10. 77 AP Nr. 2 zu § 18 BetrVG 1972; für das PersVG: BVerwG AP Nr. 6 zu § 10 PersVG; GK-*Kreutz* Rn 29 f.; *DKK-Schneider/Homburg* Rn 12; *HSWGNR* Rn 14; *Richardi/Thüsing* Rn 12, 57; *WW* Rn 4; **aA** *GL* Rn 11, § 14 Rn 52). Zwar sollte letzteres – um jeden Anschein der Parteilichkeit des Wahlvorst. zu vermeiden – möglichst unterlassen werden. Andererseits wird sich in kleineren Betrieben gelegentlich kein anderer Ausweg bieten, wenn zB ein Kandidat als einziger die erforderlichen Kenntnisse für die ordnungsgemäße Durchführung der Wahl hat. Zur Frage der Zulässigkeit der Unterzeichnung von Wahlvorschlägen durch Mitgl. des Wahlvorst. vgl. § 14 Rn 51. Nicht dem Betrieb als ArbN angehörige Gewerkschaftsmitgl. können im Allgemeinen nicht zu Mitgl. des Wahlvorst. bestellt werden (vgl. jedoch unten Rn 48 ff.). Zur Unterstützung des Wahlvorst. durch Gewerkschaften, vgl. § 18 Rn 11.

Die Bestellung der Mitgl. des Wahlvorst. erfolgt durch **Beschluss des BR** mit **23** **einfacher Stimmenmehrheit** (§ 33). Eine förmliche Wahl kann vom BR beschlossen oder in der Geschäftsordnung festgelegt werden (§ 36). Sie ist aber nicht vom Gesetzes wegen vorgeschrieben (*DKK-Schneider/Homburg* Rn 9; GK-*Kreutz* Rn 21; *HSWGNR* Rn 13; *WPK-Wlotzke* Rn 6; **aA** *Richardi/Thüsing* Rn 23). Deshalb besteht auch kein Zwang, dann, wenn bei der Bestellung der WahlvorstMitgl. zunächst nicht die erforderliche Mehrheit erreicht worden ist, die folgende Abstimmung auf die beiden Kandidaten mit den meisten Stimmen zu beschränken (GK-*Kreutz* Rn 22; *HSWGNR* Rn 13; **aA** *Richardi/Thüsing* aaO; *GL* Rn 8).

Rechtlich steht nichts entgegen, dem **BetrAusschuss** oder einem Ausschuss nach **24** § 28 durch bes. Beschluss die Bestellung des Wahlvorst. zu übertragen (vgl. § 27 Abs. 3 S. 2 u. dortige Rn 70 ff., § 28 Abs. 1 u. dortige Rn 5 ff.; *Richardi/Thüsing* Rn 24; ErfK-*Eisemann* Rn 4). Dies wird wegen der Einmaligkeit der Aufgabe jedoch nur in bes. gelagerten Fällen zweckmäßig sein. Die Bestellung fällt nicht in den

Rahmen der laufenden Geschäfte. Zur Entsendung nicht stimmberechtigter Mitgl. in den Wahlvorst. durch Gewerkschaften vgl. unten Rn 41 ff.

25 Der ArbN ist **nicht verpflichtet,** das Amt als Mitgl. des Wahlvorst. **anzunehmen** (hM). Lehnt ein ArbN die Übernahme ab, so ist ein neues Mitgl. zu bestellen. Ein bestelltes ErsMitgl. rückt nicht ohne weiteres nach, da weder ein Fall der zeitweiligen Verhinderung noch des Ausscheidens vorliegt (vgl. unten Rn 35 ff.). Jedoch ist es als zulässig anzusehen, dass der BR für den Fall, dass ein bestelltes Mitgl. das Amt nicht annimmt, vorsorglich ein weiteres Mitgl. des Wahlvorst. bestellt oder aber auch das Nachrücken des ErsMitgl. für diesen Fall beschließt. Finden sich nicht genügend ArbN, die bereit sind, im Wahlvorst. mitzuwirken, so kann das **ArbG** in Betrieben mit in der Regel mehr als 20 wahlberechtigten ArbN gemäß Abs. 2 S. 3 auch nicht dem Betrieb angehörende Mitgl. einer im Betrieb vertretenen Gewerkschaft in den Wahlvorst. berufen (vgl. unten Rn 65 ff.).

26 Die Mitgliedschaft im Wahlvorst. **endet** zum einen mit der Beendigung des Amtes des Wahlvorst. als Gremium (vgl. hierzu unten Rn 83). Außerdem kann ein WahlvorstMitgl. dieses Amt jederzeit **niederlegen.** Die Mitgliedschaft endet ferner mit dem Verlust des aktiven Wahlrechts zum BR (zB Ausscheiden aus dem Betrieb, Aufrücken in den Kreis der leit. Ang.). Der BR kann den einmal bestellten Wahlvorst. oder einzelne seiner Mitgl. **nicht abberufen** (vgl. ArbG Berlin DB 74, 830; *DKK-Schneider/Homburg* Rn 17); das kann nur das ArbG nach § 18 Abs. 1 S. 2 (vgl. § 18 Rn 44 ff.).

3. Mitgliederzahl

27 Der Wahlvorst. besteht **in der Regel aus drei Mitgl.** Dies gilt auch für Betriebe, in denen nur ein einköpfiger BR zu wählen ist. Ein Wahlvorst. mit weniger als drei Mitgl. ist kein gesetzlich zusammengesetzter Wahlvorst.

28 Der BR kann eine **Vergrößerung** des Wahlvorst. beschließen, wenn dies zur ordnungsgemäßen Durchführung der Wahl erforderlich ist. Hierzu ist **keine Zustimmung des ArbGeb.** erforderlich. Andererseits ist die Erforderlichkeit als unbestimmter Rechtsbegriff arbeitsgerichtlich nachprüfbar (*Richardi/Thüsing* Rn 10), so dass es sich empfiehlt, die beabsichtigte Erhöhung der Mitgliederzahl mit dem ArbGeb. zu erörtern (so auch *WPK-Wlotzke* Rn 5). Dabei sind die Größe des Betriebs, die Gliederung in Betriebsabteilungen, der Arbeitsrhythmus (zB Schichtarbeit), die räumliche Entfernung der Betriebsteile zu berücksichtigen. Das LAG Nürnberg hat einen neunköpfigen Wahlvorstand in einem Betrieb ohne Außenstelle und nur einem Wahllokal für unwirksam erklärt (LAG Nürnberg 30. 3. 06 dbr 2007, Nr. 1, 36 f.).

29 Von wesentlicher Bedeutung ist auch die Vorschrift des § 12 Abs. 2 WO, wonach während der Wahl stets mindestens ein **stimmberechtigtes Mitgl.** des Wahlvorst. im **Wahllokal anwesend** sein muss. Es wird daher auch abzuwägen sein, ob es sachgerechter ist, den Wahlgang über mehrere Tage zu erstrecken oder mehr WahlvorstMitgl. zu bestellen (ähnlich GK-*Kreutz* Rn 33). Da der Wahlvorst. die Entscheidung über die Anzahl der Wahllokale im Rahmen seiner Verantwortung für eine ordnungsgemäße Durchführung der Wahl zu treffen hat, ist es zulässig, wenn auf Vorschlag des Wahlvorst. hin der BR die Zahl der Mitgl. des Wahlvorst. **nachträglich erhöht,** sofern nach Ansicht des Wahlvorst. eine Erhöhung der Zahl der Wahllokale sachgemäßer ist als eine sich über mehrere Tage hinstreckende BRWahl (ErfK-*Eisemann* Rn 5; *DKK-Schneider/Homburg* Rn 14).

30 Eine **Höchstgrenze** für die Erhöhung der Mitgliederzahl ist nicht vorgesehen (hM). Lediglich ist vorgeschrieben, dass der Wahlvorst. immer aus einer ungeraden Zahl von Mitgl. bestehen muss, damit bei Abstimmungen klare Mehrheiten erreicht werden.

4. Berücksichtigung der Geschlechter

31 Das 2. GleiBG hat Abs. 2 um S. 6 ergänzt, dass in Betrieben mit weiblichen und männlichen ArbN dem Wahlvorst. Frauen und Männer angehören sollen. Mit dieser

Regelung soll erreicht werden, dass die jeweiligen Interessen der Geschlechter bereits im Vorfeld der BRWahl ausgewogen wahrgenommen werden können. Eine weitergehende Regelung, zB in Form einer Muss-Vorschrift oder einer Quotierung, ist wegen der nur organisatorischen Aufgaben des Wahlvorst. als unangemessen abgelehnt worden (BT-Drucks. 12/5468 S. 41 f.). Auch wenn die Vorschrift nicht zwingend ist, enthält sie die Aufforderung an den BR, dafür zu sorgen, dass Frauen in den Wahlvorst. gelangen. Er kann damit ein wichtiges Zeichen setzen und die Bereitschaft bei Frauen zur Teilnahme an der Bildung der betrieblichen Interessenvertretung wecken (*Bischoff/Kunz* AiB 97, 562; *Fisahn* WS I-Mit. 95 Heft 1 S. 22 ff.).

5. Berücksichtigung der Beamten in den Postunternehmen

Werden in Betrieben der Postunternehmen Beamte beschäftigt, so muss dem Wahlvorst. ein Beamter angehören, unabhängig davon, ob die Beamten auf die Bildung einer eigenen Wählergruppe verzichtet haben oder nicht (§ 26 Nr. 6 PostPersRG; *Richardi/Thüsing* Rn 14; *DKK-Schneider/Homburg* Rn 13 a; *Rudolph* AiB 09, 711, 713). **32**

6. Vorsitzender

Der Vors. des Wahlvorst. wird nicht von dessen Mitgliedern aus ihrer Mitte gewählt, sondern vom **BR durch Mehrheitsbeschluss** bestellt. Hat der BR übersehen, den Vors. zu bestellen, ist das Versäumte unverzüglich nachzuholen. Besteht der BR nicht mehr, so wählen die Mitgl. des Wahlvorst. aus ihrer Mitte den Vors. (GK-*Kreutz* Rn 24; *Richardi/Thüsing* Rn 18; *HSWGNR* Rn 18). Die Bestellung eines Stellvertr. des Vors. ist nicht vorgeschrieben, jedoch zulässig (GK-*Kreutz* Rn 38; *Richardi/Thüsing* Rn 56). **33**

Der Vors. hat insbes. die **Aufgabe**, die Sitzungen des Wahlvorst. einzuberufen, zu denen er auch die nicht stimmberechtigten, von den Gewerkschaften entsandten Mitgl. einzuladen hat. Ferner hat er die Vertr. des Wahlvorst. gegenüber dem ArbG oder sonstigen Personen und Stellen im Rahmen der vom Wahlvorst. gefassten Beschlüsse zu übernehmen, ggf. Verhandlungen mit dem ArbGeb. oder sonstigen Stellen zu führen, den erforderlichen Schriftwechsel durchzuführen, zusammen mit mindestens einem weiteren stimmberechtigten Mitgl. des Wahlvorst. das Wahlausschreiben und die Niederschrift über die Feststellung des Wahlergebnisses zu unterzeichnen (vgl. § 3 Abs. 1 u. § 16 Abs. 2 WO). Er ist berechtigt, Erklärungen, die dem Wahlvorst. gegenüber abzugeben sind (vgl. zB § 6 Abs. 5 u. 7 WO), entgegenzunehmen. **34**

7. Ersatzmitglieder

Die ErsMitgl. werden durch **Beschl. des BR** bestimmt, und zwar grundsätzlich jeweils für ein bestimmtes Mitgl. des Wahlvorst. ein ErsMitgl. Aus Gründen der Praktikabilität ist es jedoch auch zulässig, ein ErsMitgl. **für mehrere Mitgl. des Wahlvorst.** zu bestellen (*GL* Rn 14; *DKK-Schneider/Homburg* Rn 15; *Richardi/Thüsing* Rn 19). Ferner ist es zulässig, für die einzelnen Mitgl. des Wahlvorst. jeweils **mehrere ErsMitgl.** zu bestellen; in diesem Falle ist jedoch die Reihenfolge des Nachrückens der einzelnen ErsMitgl. durch den BR festzulegen (GK-*Kreutz* Rn 40; *HSWGNR* Rn 19). Die von den Gewerkschaften nach Abs. 1 S. 6 entsandten nicht stimmberechtigten Mitgl. sind keine ErsMitgl. Allerdings steht es dem BR frei, ein solches Mitgl. als ErsMitgl. zu bestellen (ErfK-*Eisemann* Rn 9). Im Vertretungsfall ist dieses Mitgl. dann stimmberechtigt. **35**

Das ErsMitgl. tritt im Falle der **Verhinderung des ordentlichen Mitgl.** des Wahlvorst. ein. Aus dem Vergleich des Wortlauts des § 16 Abs. 1 S. 4 mit dem des § 25 **36**

Abs. 1 könnte geschlossen werden, dass das ErsMitgl. nicht an die Stelle eines **ausgeschiedenen Mitgl.** des Wahlvorst. tritt. Diese Auslegung ist jedoch zu eng und entspricht nicht dem Erfordernis der Kontinuität des Wahlvorst. (*Düwell/Brors* Rn 10;
GK-*Kreutz* Rn 41; *WPK-Wlotzke* Rn 7; *Richardi/Thüsing* Rn 20; *Jacobs* Wahlvorstände S. 97). Lehnt ein Mitgl. des Wahlvorst. die Übernahme des Amtes ab, so ist ein
neues Mitgl. zu bestellen (oben Rn 25).

37   Hat der Wahlvorst. auch nach Nachrücken der ErsMitgl. nicht mehr die erforder-
liche MitglZahl, so hat der BR ihn **unverzüglich zu ergänzen** (BAG 14. 12. 65
AP Nr. 5 zu § 16 BetrVG; ErfK-*Eisemann* Rn 9). Bleibt der BR **untätig,** erfolgt die
Ergänzung entspr. Abs. 2 auf Antrag durch das ArbG (*DKK-Schneider/Homburg*
Rn 16; *WPK-Wlotzke* Rn 7) oder nach Abs. 3 durch den GesBR bzw. KBR (*WPK-
Wlotzke* Rn 7).

38   Ist die Amtszeit des BR bereits abgelaufen, ist zunächst eine **Ergänzung** durch
den **GesBR** bzw. **KBR** oder, falls diese nicht tätig werden, eine Ergänzung durch die
BetrVerslg. (s. § 17 Abs. 2 S. 2) zu betreiben (ErfK-*Eisemann* Rn 9). Erst wenn trotz
Einladung keine BetrVerslg. stattfindet oder die BetrVerslg. eine Ergänzung des
Wahlvorst. nicht beschließt, erfolgt die Ergänzung des Wahlvorst. auf Antrag durch
das ArbG (vgl. § 17 Abs. 4). Eine Ergänzung des Wahlvorst. in der Weise, dass er selbst
Mitgl. zuwählt, ist nicht zulässig (GK-*Kreutz* Rn 42).

39   Sobald das ErsMitgl. für ein verhindertes oder an Stelle eines ausgeschiedenen
Mitgl. in den Wahlvorst. eingetreten ist, genießt es den **Kündigungsschutz** nach
§ 103 und § 15 KSchG (Näheres vgl. § 103 Rn 5 ff.). Bis zum Eintritt in den Wahlvorst. ist das ErsMitgl. nach § 20 geschützt (vgl. § 20 Rn 15).

40   Die Bestellung von ErsMitgl. ist **nicht zwingend** vorgeschrieben. Wird sie unterlassen, hat dies allein keinen Einfluss auf die Gültigkeit der Wahl.

III. Entsendung nicht stimmberechtigter Mitglieder
durch Gewerkschaften

41   Der durch das Änderungsgesetz 1989 eingefügte Abs. 1 S. 6 räumt jeder im Betrieb
vertretenen Gewerkschaft, die nicht durch ein ordentliches Mitgl. im Wahlvorst. vertreten ist, das Recht ein, einen betriebsangehörigen Beauftragten als **nicht stimmberechtigtes Mitgl.** zusätzlich in den Wahlvorst. **zu entsenden.** Diese Regelung war
sowohl in den parlamentarischen Beratungen (vgl. Ausschussbericht BT-Drucks. 11/
3618, S. 4 f.) als auch in der begleitenden arbeitsrechtlichen Diskussion umstr. (Näheres dazu s. 17. Aufl.).

1. Voraussetzungen

42   Das Entsendungsrecht steht **nur Gewerkschaften** zu (auch hier gilt der allgemeine Gewerkschaftsbegriff, vgl. im Einzelnen hierzu § 2 Rn 32 ff.), die im Betrieb
vertreten sind, dh denen mindestens ein ArbN des Betriebs als Mitgl. angehört (vgl.
§ 2 Rn 43). In Betrieben privatisierter Unternehmen (z. B. Post- und Bahnunternehmen, Kooperationsunternehmen der Bundeswehr, BRD-Finanzagentur GmbH,
DFS-Deutsche Flugsicherung GmbH, Germany Trade and Invest – Gesellschaft für
Außenwirtschaft und Standortmarketing GmbH – vgl. hierzu § 1 Rn 38 ff., 45 ff.,
56 a, b, c und d), in denen für eine längere Übergangszeit Beamte beschäftigt werden,
steht auch den im Betrieb vertretenen **Berufsverbänden der Beamten** das Entsendungsrecht zu (vgl. § 2 Rn 34; *Richardi/Thüsing* Rn 26). In Betrieben von Wirtschaftsunternehmen, mit denen die Bundeswehr eine Kooperation eingegangen ist
und in denen neben Beamten auch Soldaten des Geschäftsbereichs des Bundesministeriums der Verteidigung unter Beibehaltung ihres Dienstverhältnisses zum Bund,
eine Tätigkeit zugewiesen wurde (vgl. § 1 BwKoopG; vgl. § 1 Rn 56 a, § 5 Rn 322),

steht auch den im Betrieb vertretenen **Berufsverbänden der Soldaten** das Entsendungsrecht zu (vgl. § 2 Rn 34). Gleiches gilt in den Fällen, in denen die Bundeswehr ohne eine Kooperation nach dem BwKoopG Soldaten in privatrechtlich organisierten Unternehmen einsetzt (s. dazu auch § 5 Rn 318).

Das Entsendungsrecht besteht ferner nur, wenn die Gewerkschaft **nicht bereits** 43 durch ein **ordentliches Mitgl.** im Wahlvorst. vertreten ist (*Düwell/Brors* Rn 11). Dass ihr ein ErsMitgl. des Wahlvorst. als Mitgl. angehört, steht dem Entsendungsrecht solange nicht entgegen, als das ErsMitgl. nicht in den Wahlvorst. wegen Eintritts des Vertretungsfalls nachgerückt ist. Bei Nachrücken des ErsMitgl. endet die Mitgliedschaft als entsandtes Mitgl. (GK-*Kreutz* Rn 44). Das Entsendungsrecht gehört zu den Aufgaben und Befugnissen der im Betrieb vertretenen Gewerkschaften iSd. § 2 Abs. 2 und kann deshalb ein **Zutrittsrecht** zum Betrieb im Rahmen dieser Vorschrift begründen, zB um einen in den Wahlvorst. zu entsendenden ArbN zu gewinnen (GK-*Kreutz* Rn 45; ErfK-*Eisemann* Rn 7).

Der Wahlvorst. ist berechtigt und verpflichtet, das Vorliegen der Voraussetzungen 44 des Entsendungsrechts **zu prüfen** (*DKK-Schneider/Homburg* Rn 21; GK-*Kreutz* Rn 48; *Richardi/Thüsing* Rn 29; *Engels/Natter* BB 89 Beil. 8 S. 20; *Heither* NZA Beil. 1/90, 14). Denn bei Fehlen der Voraussetzungen würde die Teilnahme des Entsandten gegen den Grundsatz der Nichtöffentlichkeit der Sitzungen des Wahlvorst. verstoßen. Bestehen Zweifel am Entsendungsrecht, hat die Gewerkschaft als diejenige, die sich darauf beruft, seine Voraussetzungen nachzuweisen.

2. Entsendungsrecht

Die Gewerkschaft hat ein Entsendungsrecht; ihr obliegt **keine Verpflichtung,** von 45 diesem Recht Gebrauch zu machen. Der BR oder der Wahlvorst. sind nicht verpflichtet, von sich aus die Gewerkschaften auf das Entsendungsrecht hinzuweisen. Dies folgt zum einen daraus, dass ihnen nicht bekannt zu sein braucht, ob die Gewerkschaft überhaupt im Betrieb vertreten ist oder ob nicht bereits ein ordentl. Mitgl. des Wahlvorst. zu ihren Mitgl. zählt. Zum anderen obliegt es grundsätzlich dem jeweiligen Rechtsinhaber, um die Geltendmachung seines Rechts zu kümmern (GK-*Kreutz* Rn 45; *Richardi/Thüsing* Rn 29; *Heither* NZA Beil. 1/90, 14; *Engels/ Natter* BB 89 Beil. 8 S. 20; offensichtlich weitergehend *Wlotzke* DB 89, 113). Allerdings dürfte der Wahlvorst. verpflichtet sein, auf Anfrage den im Betrieb vertretenen Gewerkschaften die Mitgl. und auch ErsMitgl. des Wahlvorst. mitzuteilen, damit sie beurteilen können, ob und inwieweit für sie ein Entsendungsrecht in Betracht kommt (ErfK-*Eisemann* Rn 7; *WPK-Wlotzke* Rn 8). Diese Pflicht des Wahlvorst. folgt aus seiner allgemeinen Verpflichtung, eine ordnungsgemäße Durchführung der Wahl zu gewährleisten.

Ein Entsendungsrecht kommt erst **nach Bestellung des Wahlvorst.** durch den 46 BR in Betracht. Denn erst dann steht fest, ob die Gewerkschaft nicht bereits durch ein ordentl. Mitgl. im Wahlvorst. vertreten ist. Andererseits ist die Ausübung des Entsendungsrechts an keine bestimmte Frist gebunden. Sie ist auch noch im Laufe der Vorbereitung oder Durchführung der Wahl zulässig (GK-*Kreutz* Rn 45; *Jacobs* Wahlvorstände S. 116). Nach Abschluss der Aufgaben des Wahlvorst., dh nach Bekanntgabe der Gewählten gemäß § 18 WO, kommt eine Entsendung nicht mehr in Betracht.

Die Entsendung muss durch einen satzungsmäßigen oder hierzu bevollmächtigten 47 Vertreter der Gewerkschaft **erklärt** werden. Die Erklärung ist in entspr. Anwendung des § 26 Abs. 3 S. 2 gegenüber dem Vors. des Wahlvorst. abzugeben (GK-*Kreutz* Rn 45).

3. Betriebsangehörige Beauftragte

Die Gewerkschaft (für Bahn u. Post sowie Kooperationsunternehmen der Bundes- 48 wehr s. Rn 42) kann nur einen **betriebsangehörigen Beauftragten** in den Wahlvorst. entsenden. Die Entsendung eines externen Vertreters ist selbst dann unzulässig, wenn sich kein Betriebsangehöriger zur Mitgliedschaft im Wahlvorst. bereit erklärt. Die Möglichkeit der Bestellung Externer gemäß Abs. 2 S. 3 ist auf eine Bestellung durch das ArbG beschränkt und bezieht sich nur auf ordentl. Mitgl. des Wahlvorst. (GK-*Kreutz* Rn 46; *Richardi/Thüsing* Rn 27).

49 Das G beschränkt das Entsendungsrecht der Gewerkschaften nicht auf ihre Mitgl. Vielmehr folgt aus der Verwendung des allgemeinen Begriffs „Beauftragter", dass **auch andere Betriebsangehörige** in den Wahlvorst. entsandt werden können, sofern sie hiermit einverstanden sind (GK-*Kreutz* Rn 46; *Richardi/Thüsing* Rn 27; **aA** *Engels/Natter* BB 89 Beil. 8 S. 20). Allerdings können nur wahlberechtigte ArbN entsandt werden, nicht etwa Jug. unter 18 Jahren (*Jacobs* Wahlvorstände S. 116). Dies folgt, da der entsandte Beauftragte ebenfalls Mitgl. des Wahlvorst. – wenn auch ohne Stimmrecht – ist, aus Abs. 1 S. 1.

50 Unzulässig ist die Entsendung von Personen, die keine **ArbN iSd. BetrVG** sind, etwa von leitenden Ang. iSv. § 5 Abs. 3 oder von Beschäftigten iSv. § 5 Abs. 2 (GK-*Kreutz* Rn 46; *Heither* aaO; *Däubler,* Gewerkschaftsrechte Rn 98; **aA** *Löwisch/Kaiser* Rn 14). Denn die Wahl des BR, deren ordnungsgemäße Durchführung der Wahlvorst. zu gewährleisten hat, ist allein Sache der ArbN des Betriebs und darf nicht von potentiellen Gegenspielern oder Konkurrenten des BR beeinflusst werden. Im Übrigen ist das Entsendungsrecht der Gewerkschaften nicht beschränkt. Zulässig ist zB auch die Entsendung eines ArbN, der vom BR als ErsMitgl. des Wahlvorst. bestellt ist oder der dem amtierenden BR angehört oder für den zu wählenden BR kandidiert (vgl. oben Rn 22). Die im Betrieb, jedoch nicht im Wahlvorst. durch ein ordentliches Mitgl. vertr. Gewerkschaften können jeweils **nur ein zusätzliches** Mitgl. (nicht mehrere) in den Wahlvorst. entsenden (GK-*Kreutz* Rn 47; *Richardi/Thüsing* Rn 28).

51 Zweifelhaft ist, ob die Gewerkschaft für das entsandte Mitgl. zulässigerweise **ErsMitgl.** bestellen kann. Diese Frage dürfte zu verneinen sein. Abs. 1 S. 6 enthält hierzu keine Aussage. Seine Stellung innerhalb des Abs. 1 spricht rechtssystematisch dagegen, den vorangehenden Abs. 1 S. 4, der nur die vom BR zu bestellenden ErsMitgl. regelt, auch auf das von der Gewerkschaft entsandte Mitgl. zu erstrecken. Im Übrigen dienen die vom BR zu bestellenden ErsMitgl. dazu, die Beschlussfähigkeit des Wahlvorst. zu sichern. Mangels Stimmrecht spielt dieser Aspekt bei den entsandten Mitgl. keine Rolle (GK-*Kreutz* Rn 47; *Richardi/Thüsing* Rn 28; *DKK-Schneider/Homburg* Rn 22). Allerdings ist die Gewerkschaft befugt, wenn das von ihr entsandte Mitgl. zB wegen Amtsniederlegung oder Beendigung des ArbVerhältnisses aus dem Wahlvorst. ausgeschieden ist, einen neuen Beauftragten in den Wahlvorst. zu entsenden. Die Gewerkschaft kann das entsandte Mitgl., da dieses nur eine beobachtende Funktion hat und sie von einer Entsendung absehen kann, auch wieder abberufen (GK-*Kreutz* Rn 47).

4. Rechtsstellung im Wahlvorstand

52 Der von der Gewerkschaft entsandte Beauftragte ist – wie sich aus dem insoweit eindeutigen Gesetzeswortlaut ergibt – (zusätzliches, aber nicht stimmberechtigtes) **Mitgl. des Wahlvorst.** Der Beauftragte soll vor allem als „Beobachter für mehr Transparenz bei der Tätigkeit des Wahlvorst. sorgen" (vgl. BT-Drucks. 11/2503, S. 23, 31). Für die Erreichung dieses Zweckes hätte an sich ein Teilnahmerecht an den Sitzungen des Wahlvorst. entspr. § 20 Abs. 1 S. 3 BPersVG ausgereicht. Da der Gesetzgeber trotz dieses Vorbildes den Beauftragten als „Mitglied" bezeichnet, ist es auch als solches anzusehen und hat, soweit sich aus dem fehlenden Stimmrecht nicht etwas anderes ergibt, die **gleichen Rechte und Befugnisse** wie die übrigen Mitgl. des Wahlvorst (GK-*Kreutz* Rn 49; *Richardi/Thüsing* Rn 31; *Heither* NZA Beil. 1/90, 14).

53 So hat es zB ein Teilnahmerecht an allen **Sitzungen** des **Wahlvorst.;** zu diesen ist es wie die ordentl. Mitgl. zu laden. Da der Ausschluss des Stimmrechts nicht auch den Ausschluss eines Beratungsrechts beinhaltet, kann sich das entsandte Mitgl. an der

Beratung im Wahlvorst. beteiligen (GK-*Kreutz* Rn 49; *Dänzer-Vanotti* ArbuR 89, 206; **aa** *DKK-Schneider/Homburg* Rn 22; *Engels/Natter* BB 89 Beil. 8 S. 20). Ferner hat es das Recht, Einblick in die Unterlagen des Wahlvorst. zu nehmen. Auch kann es bei der Durchführung der Wahl hinzugezogen werden, soweit die WO keine Beschränkung auf stimmberechtigte Mitgl. vorsieht (vgl. hierzu § 1 WO Rn 2). Da der Beauftragte Mitgl. des Wahlvorst. ist, steht ihm auch der **besondere Kündigungsschutz** nach § 103 BetrVG und § 15 Abs. 3 KSchG zu (vgl. § 103 Rn 5; GK-*Kreutz* Rn 51; *Heither* NZA Beil. 1/90, 14; **aa** *Engels/Natter* aaO; zur Rechtsstellung vgl. auch Rn 82 ff.).

Der von der Gewerkschaft entsandte Beauftragte hat im Wahlvorst. **kein Stimm-** 54 **recht.** Ihm ist es deshalb untersagt, an den Abstimmungen teilzunehmen. Dies würde zur Unwirksamkeit eines Beschlusses des Wahlvorst. führen, sofern seine Teilnahme entscheidungserheblich ist. Beschlussorgan ist allein der vom BR bestellte Wahlvorst. Aus dem fehlenden Stimmrecht des entsandten Mitgl. folgt, dass es keine Anforderungen erfüllen kann, die den ordentlichen Mitgl. des Wahlvorst. vorbehalten ist. So wird zB das Erfordernis, dass während der Wahl zwei bzw. ein stimmberechtigtes Mitgl. des Wahlvorst. im Wahlraum anwesend sein müssen, nicht dadurch erfüllt ist, dass ein entsandtes Mitgl. zugegen ist. Auch kann ein entsandtes Mitgl., sofern es nicht vom BR als ErsMitgl. bestellt worden ist, nicht als Vertr. für ein verhindertes ordentl. Mitgl. einspringen; dies selbst dann nicht, wenn auch das ErsMitgl. verhindert ist.

Da das entsandte Mitgl. mangels Stimmrechts keinen bestimmenden Einfluss auf 55 die Willensbildung des Wahlvorst. hat, rechtfertigt eine Verletzung des Entsendungsrechts für sich allein **keine Wahlanfechtung** (GK-*Kreutz* Rn 52; ErfK-*Eisemann* Rn 7; *Engels/Natter* aaO S. 20).

IV. Bestellung durch das Arbeitsgericht

1. Voraussetzungen

Acht Wochen vor Ablauf der Amtszeit eines BR mit mehr als 3 Mitgl. (im verein- 56 fachten Wahlverfahren gilt eine kürzere Frist, § 17 a Nr. 1) kann die Bestellung des Wahlvorst. **durch das ArbG beantragt** werden, wenn der BR bis zu diesem Zeitpunkt den Wahlvorst. nicht bestellt hat (*DKK-Schneider/Homburg* Rn 23; *Richardi/Thüsing* Rn 32; GK-*Kreutz* Rn 58, hält die Einhaltung der Frist für eine Frage der Begründetheit des Antrags und lässt deshalb eine frühere Antragstellung zu). Zur Bestellung durch den GesBR bzw. KBR s. unten Rn 75 ff.

Der BR kann – solange seine Amtszeit noch nicht abgelaufen ist – die Bestellung 57 **bis zur rechtskräftigen Entscheidung des Gerichts nachholen** (LAG Hamm AP Nr. 1 zu § 15 BetrVG; *DKK-Schneider/Homburg* Rn 23; *Düwell/Brors* Rn 13; GK-*Kreutz* Rn 13, 54; *Richardi/Thüsing* Rn 21; *Jacobs* Wahlvorstände S. 134; vgl. auch BAG 19. 3. 74 AP Nr. 1 zu § 17 BetrVG 1972). In diesem Falle ist ein anhängiges gerichtliches Verfahren für erledigt zu erklären. Ist der Wahlvorst. bereits durch Gerichtsbeschluss bestellt, muss der BR durch Rechtsmitteleinlegung den Eintritt der Rechtskraft des Beschlusses verhindern; anderenfalls ist allein der gerichtlich bestellte der rechtmäßige Wahlvorst. (GK-*Kreutz* Rn 13; *SWS* Rn 1; *HSWGNR* Rn 42). Nach Ablauf der Amtszeit des BR ist die **Einleitung** des arbeitsgerichtlichen Bestellungsverfahrens nach Abs. 2 nicht mehr zulässig (ein rechtzeitig eingeleitetes Verfahren ist jedoch fortzuführen; vgl. LAG Düsseldorf DB 76, 682; *DKK-Schneider/Homburg* Rn 23; *WPK-Wlotzke* Rn 10; *Jacobs* aaO). In diesem Falle ist der Wahlvorst. durch den GesBR bzw. KBR oder die BetrVerslg. nach § 17 zu bestellen.

Für die **Berechnung der Antragsfrist** gilt in den Fällen des Ablaufs der regelmä- 58 ßigen Amtszeit des BR das oben in Rn 6 ff. Gesagte entspr. Der Antrag kann also frühestens an dem Tag gestellt werden, der um acht Wochen zurückgerechnet dem

Tag des Ablaufs der Amtszeit des BR entspricht. In den Fällen der vorzeitigen Neuwahl nach § 13 Abs. 2 Nr. 1 bis 3 (vgl. oben Rn 13) kann der Antrag zwei Wochen nach dem Tag gestellt werden, an dem der BR den Wahlvorst. hätte bestellen müssen, wenn er unverzüglich gehandelt hätte (*DKK-Schneider/Homburg* Rn 26; GK-*Kreutz* Rn 59; *Richardi/Thüsing* Rn 33).

59   In den Fällen, in denen bei einer außerhalb des regelmäßigen Wahlzeitraums durchgeführten BRWahl die Wahl des neuen BR wieder in den regelmäßigen Wahlzeitraum einzugliedern ist (vgl. § 13 Abs. 3 und oben Rn 13), kann der Antrag frühestens acht Wochen vor dem 31. Mai, dh frühestens am 6. April des Jahres gestellt werden, in dem der BR gemäß § 13 Abs. 3 neu zu wählen ist.

2. Verfahren

60   Das ArbG wird nur auf Antrag tätig. **Antragsberechtigt** sind mindestens drei wahlberechtigte ArbN des Betriebs (§ 7) und jede im Betrieb vertr. Gewerkschaft (vgl. hierzu § 2 Rn 43), in den Betrieben der privatisierten Post- und Bahnunternehmen sowie den Kooperationsunternehmen der Bundeswehr jeder dort vertr. Berufsverband der Beamten bzw. Soldaten (s. Rn 42). Keine Voraussetzung ist, dass die Gewerkschaft für den Betrieb oder das Unternehmen des ArbGeb. tarifzuständig ist (BAG 10. 11. 04 AP Nr. 7 zu § 17 BetrVG 1972). Die Antragsberechtigung ist eine Verfahrensvoraussetzung, die während des gesamten Verfahrens bis zur letzten mündlichen Anhörung in der Rechtsbeschwerdeinstanz bestehen muss (BAG 21. 11. 75 AP Nr. 6 zu § 118 BetrVG 1972; *DKK-Schneider/Homburg* Rn 24; GK-*Kreutz* Rn 61 f.; HSWGNR Rn 36; *Richardi/Thüsing* Rn 37). Der ArbGeb. ist nicht antragsberechtigt (hM). Der Antrag ist schriftlich oder mündlich zur Niederschrift der Geschäftsstelle des ArbG (§ 81 ArbGG) zu stellen und auf die Bestellung eines Wahlvorst. zu richten.

61   Die Antragsteller können **Vorschläge für die Zusammensetzung** des Wahlvorst. machen. Das ArbG ist aber nicht verpflichtet, diese Vorschläge zu berücksichtigen. Es ist vielmehr ebenso wie der BR in der Auswahl der zu bestellenden Personen frei und kann jeden wahlberechtigten ArbN des Betriebs bestellen (*DKK-Schneider/Homburg* Rn 25; GK-*Kreutz* Rn 64; HSWGNR Rn 37; *Richardi/Thüsing* Rn 40). Das ArbG entscheidet im BeschlVerf. (§§ 2a, 80 ff. ArbGG; BAG 4. 11. 60 AP Nr. 2 zu § 16 BetrVG). Sowohl die vorgeschlagenen WahlvorstMitgl. als auch die vom ArbG bestellten WahlvorstMitgl. sind nicht Beteiligte des BeschlVerf. (BAG 10. 11. 04 AP Nr. 7 zu § 17 BetrVG 1972).

62   Durch Verweisung auf Abs. 1 ist sichergestellt, dass das ArbG auch über die Zahl der Mitgl. des Wahlvorst. entscheidet (vgl. oben Rn 27 f.), eine ungerade Zahl von Mitgl. des Wahlvorst. bestellen muss (vgl. oben Rn 30) und, falls es für die Durchführung der Wahl zweckmäßig erscheint, für die Mitgl. des Wahlvorst. ErsMitgl. bestellen kann (vgl. oben Rn 35 f.).

63   Auch wenn der Wahlvorst. durch das ArbG bestellt worden ist, steht den im Betrieb vertr. Gewerkschaften, die nicht bereits durch ein ordentl. Mitgl. im Wahlvorst. vertreten sind, das Recht zu, ein nicht stimmberechtigtes Mitgl. zusätzlich in den Wahlvorst. zu entsenden (ErfK-*Eisemann* Rn 11). Dies folgt aus der generellen Verweisung auf Abs. 1.

64   Ist ein vom ArbG bestellter Wahlvorst. durch Ausscheiden einiger seiner Mitgl. funktionsunfähig geworden, so ist er auf Antrag durch das ArbG zu ergänzen (LAG Düsseldorf DB 75, 260; GL Rn 22).

3. Bestellung nichtbetriebsangehöriger Gewerkschaftsmitglieder

65   Um zu erreichen, dass auch in solchen Betrieben, in denen uU Hemmungen gegen die Wahl eines BR bestehen, dennoch BR gewählt werden, sieht das G vor, dass in den Betrieben mit idR mehr als 20 wahlberechtigten ArbN das ArbG in Ausnahmefällen auch **nicht betriebsangehörige Gewerkschaftsmitgl.**, in den privatisier-

ten Post- und Bahnunternehmen, der BRD-Finanzagentur GmbH sowie in Kooperationsunternehmen der Bundeswehr auch Mitgl. der Berufsverbände der Beamten bzw. Soldaten (vgl. Rn 42), zu Mitgl. des Wahlvorst. bestellen kann.

Ob diese Vorschrift häufig praktiziert werden wird, hängt sowohl von der Bereit- **66** schaft der ArbN ab, sich für den Wahlvorst. zur Verfügung zu stellen, als auch von der Bereitschaft der ArbGeb., die Durchführung der Vorschriften des G zu fördern. Praktische Bedeutung dürfte die Vorschrift wohl weniger im Rahmen des § 16 als bei ihrer entspr. Anwendung nach § 17 Abs. 4 und § 18 Abs. 1 S. 2 sowie § 23 Abs. 2 Satz 2 haben.

Das ArbG kann Nichtbetriebsangehörige in den Wahlvorst. berufen, wenn **67**
– bei ihm die Bestellung des Wahlvorst. **beantragt** wird (vgl. oben Rn 60),
– im Betrieb in der Regel **mehr als 20 wahlberechtigte ArbN** beschäftigt werden (zum Begriff „in der Regel" vgl. § 1 Rn 271 ff.),
– es zur Überzeugung gelangt, dass eine **ordnungsgemäße Durchführung der Wahl** mit einem nur aus wahlberechtigten ArbN des Betriebs bestehenden Wahlvorst. nicht zu erwarten ist, und
– eine oder mehrere **Gewerkschaften „im Betrieb vertreten"** sind (vgl. hierzu § 2 Rn 43).

Liegen diese Voraussetzungen vor, können Nichtbetriebsangehörige auch dann in den Wahlvorst. berufen werden, wenn die ArbN des Betriebs an der Errichtung eines BR desinteressiert sind. Zur Stimmabgabe kann allerdings niemand gezwungen werden.

Zweckmäßigerweise werden die Antragsteller, nach der Sachlage wohl die **antrag- 68 stellende Gewerkschaft,** auf das Vorliegen dieser Voraussetzungen in ihrem Antrag hinweisen und Mitgl. für den Wahlvorst. **vorschlagen.** Eine Bindung des ArbG an die gemachten Vorschläge besteht allerdings auch hier nicht (vgl. oben Rn 61).

Durch die Untergrenze von in der Regel mehr als 20 wahlberechtigten ArbN sind **69** die Kleinbetriebe, für die nach § 9 nur ein einköpfiger BR zu wählen ist, ausgenommen.

Das Gericht kann Nichtbetriebsangehörige nur bestellen, wenn das für die **ord- 70 nungsgemäße Durchführung der Wahl erforderlich** ist. Zweckmäßigkeit allein genügt nicht. Die Erforderlichkeit ist gegeben, wenn nicht genügend ArbN zur Übernahme des Amtes eines Mitgl. des Wahlvorst. bereit oder in der Lage sind (LAG München 20. 4. 04 LAGE § 16 BetrVG 2001 Nr. 1; LAG Düsseldorf DB 75, 260; *DKK-Schneider/Homburg* Rn 28; *GK-Kreutz* Rn 68; *HSWGNR* Rn 39; *Richardi/ Thüsing* Rn 44; *Jacobs* Wahlvorstände S. 113).

Die Notwendigkeit der Bestellung eines oder mehrerer Nichtbetriebsangehöriger **71** kann sich auch daraus ergeben, dass die ArbN des Betriebs nicht in der Lage sind, das förmlich ausgestaltete Wahlverfahren ordnungsgemäß durchzuführen (zB wegen mangelnder Sprachkenntnisse). Das Gericht ist nicht genötigt, den Wahlvorst. in diesen Fällen ausschließlich aus Nichtbetriebsangehörigen zu bestellen. Es kann vielmehr auch lediglich die Ergänzung durch solche Personen auf die erforderliche Anzahl der WahlvorstMitgl. vornehmen (nach *GK-Kreutz* Rn 68, ist auf dies zulässig). In betriebsratslosen Betrieben siehe auch § 17 Rn 35.

Es können nur **Mitgl. solcher Gewerkschaften** bestellt werden, die im Betrieb **72** durch mindestens ein Mitgl. vertreten sind (vgl. hierzu § 2 Rn 43). Dabei können sowohl Angestellte der im Betrieb vertr. Gewerkschaften als auch sonstige Mitgl., zB ArbN eines anderen Betriebs, bestellt werden (*DKK-Schneider/Homburg* Rn 29).

Auch die nichtbetriebsangehörigen Mitgl. des Wahlvorst. handeln **ehrenamtlich 73** (vgl. Rn 86). Da sie zum Betriebsinhaber in keinem Arbeitsverhältnis stehen, haben sie gegen diesen keinen Lohnanspruch. Der ArbGeb. hat ihnen jedoch **notwendige Aufwendungen und Auslagen** als Mitgl. des Wahlvorst. zu erstatten (vgl. § 20 Rn 35 ff.; *DKK-Schneider/Homburg* Rn 29; *GK-Kreutz* Rn 70; *Richardi/Thüsing* Rn 46; *Schaub* § 217 Rn 7; aA *HSWGNR* Rn 40, für den Fall, dass die ArbN des Betriebs keinen BR wollen). Das gilt auch für einen eventuellen Verdienstausfall (*GK-Kreutz* Rn 70; ErfK-*Eisemann* Rn 12). Soweit die Gewerkschaft die Erstattung

der Aufwendungen und Auslagen vorschießt, kann sie vom ArbGeb. gem. § 683
BGB Ersatz dieser Aufwendungen im BeschlVerf. verlangen.

74 Auch bei der Bestellung externer Gewerkschaftsmitgl. zu Mitgl. des Wahlvorst. bleibt
das Recht anderer, nicht im Wahlvorst. vertretener Gewerkschaften zur Entsendung
nicht stimmberechtigter Mitgl. in den Wahlvorst. unberührt (vgl. oben Rn 41 ff.).

V. Bestellung durch den Gesamtbetriebsrat
oder Konzernbetriebsrat

75 Nach dem durch das **BetrVerf-ReformG** neu angefügten Abs. 3 kann nunmehr
auch der **GesBR** oder, falls ein solcher nicht besteht, der **KBR** den Wahlvorst.
bestellen, wenn der BR acht Wochen vor Ablauf seiner Amtszeit seiner Pflicht zur
Bestellung des Wahlvorst. nicht nachgekommen ist. Hierbei handelt es sich um eine
weitere, neben der Regelung des Abs. 2 bestehende Möglichkeit, den Wahlvorst. zu
bestellen (BT-Drucks. 14/5741 S. 38; *Engels/Trebinger/Löhr-Steinhaus* DB 01, 532, 535;
kr. *Link/Fink* AuA 01 Sonderausg. Das neu Betriebsverfassungsrecht S. 21; *Reichold*
NZA 01, 857, 860; *Rieble* ZIP 01, 313, 315).

76 Wird von beiden Möglichkeiten der Bestellung des Wahlvorstands Gebrauch gemacht, so gilt das **Prioritätsprinzip** (ebenso *Löwisch* BB 01, 1734, 1738; *Wlotzke/
Preis* Rn 15; ErfK-*Eisemann* Rn 10; DKK-*Schneider/Homburg* Rn 29 c): Haben drei
wahlberechtigte ArbN oder eine im Betrieb vertretene Gewerkschaft den Antrag auf
gerichtliche Bestellung gestellt und bestellt danach, aber vor rechtskräftigem Abschluss
des gerichtlichen Verfahrens der GesBR den Wahlvorstand, so kommt eine gerichtliche Bestellung nicht mehr in Betracht. Hat dagegen das ArbG den Wahlvorstand
rechtskräftig bestellt, kann der GesBR sein Bestellungsrecht nicht mehr ausüben. Das
Prioritätsprinzip gilt auch dann, wenn der zunächst säumige BR nunmehr den Wahlvorst. bestellen will. Die Möglichkeit der Bestellung durch den BR besteht solange,
bis der GesBR den Wahlvorst. bestellt hat (GK-*Kreutz* Rn 74; ErfK-*Eisemann* Rn 10; HSWGNR Rn 49; **aA** *Düwell/Brors* Rn 14, der trotz erfolgter
Bestellung durch den GesBR der nachfolgenden Bestellung durch den säumigen BR
den Vorrang einräumt). Letzterer Ansicht kann nicht gefolgt werden. Wie auch bei
der Bestellung des Wahlvorst. durch das ArbG nach Absatz 2, kann der säumige
BR die Bestellung des Wahlvorst. nur solange nachholen, wie der Wahlvorst. nicht
bereits wirksam durch rechtskräftige Entscheidung des ArbG bestellt worden ist. Dieser Grundsatz gilt für den säumigen BR auch im Verhältnis zum Bestellungsrecht des
GesBR bzw. KBR nach Absatz 3. Eine spätere Bestellung des Wahlvorst. durch den
BR ist daher unwirksam (*SWS* Rn 7 b).

77 Wegen des einfacheren und schnelleren Bestellungsverfahrens nach Abs. 3 wird das
gerichtliche Bestellungsverfahren nach Abs. 2 die **Ausnahme** bilden. Falls der
GesBR von sich aus nicht tätig wird, sollten aus den vorgenannten Gründen die nach
Abs. 2 Antragsberechtigten versuchen, den GesBR zur Wahrnehmung seines Bestellungsrechts zu bewegen, bevor sie das ArbG einschalten.

78 Wird der GesBR nicht tätig, so bleibt nur der Weg über das gerichtliche Bestellungsverfahren. Der KBR kann hier nicht einspringen und die Bestellung des Wahlvorst. übernehmen. Der **KBR** ist nur dann zur Bestellung des Wahlvorst. berechtigt,
wenn es im Unternehmen keinen GesBR gibt (ErfK-*Eisemann* Rn 10; GK-*Kreutz*
Rn 73). Das ist der Fall, wenn es in einem Konzernunternehmen nur einen BR gibt
oder zwar mehrere BR bestehen, sie aber entgegen ihrer gesetzlichen Verpflichtung
(s. § 47 Abs. 1) keinen GesBR gebildet haben.

79 Ein weiterer, ausschließlich über das gerichtliche Bestellungsverfahren nach Abs. 2
zu lösender Ausnahmefall liegt vor, wenn es im Betrieb keinen oder zu wenige wahlberechtigte ArbN mit der Bereitschaft zur Mitglschaft im Wahlvorst. gibt. In Abs. 3
ist nur § 16 Abs. 1, nicht auch § 16 Abs. 2 in Bezug genommen. Das Recht, unter
bestimmten Voraussetzungen auch **betriebsexterne Personen** in den Wahlvorst. zu

bestellen, ist also weiterhin **nur** dem **ArbG** vorbehalten (s. oben Rn 65 ff.; *Thüsing/ Lambrich* NZA-Sonderheft 02, 91; *Richardi/Thüsing* Rn 48; *Löwisch/Kaiser* Rn 17).

Bei Untätigkeit des BR wachsen dem GesBR, hilfsweise dem KBR die ansonsten **80** dem BR zustehenden Rechte und ihm obliegenden Pflichten nach Abs. 1 zu. Insoweit kann auf die Erläuterungen insb. in den Rn 6 bis 55 verwiesen werden. Die Wahrnehmung seines Bestellungsrechts nach Abs. 3 setzt voraus, dass dem GesBR bzw. KBR das **Zutrittsrecht** zu dem Betrieb zusteht, in dem er den Wahlvorst. bestellen will (ErfK-*Eisemann* Rn 10; *HSWGNR* Rn 48). Er muss – sofern ihm nicht schon entspr. Kenntnisse vorliegen – vor Ort erkunden können, welche wahlberechtigten ArbN in der Lage sein dürften, die BRWahlen erfolgreich durchzuführen. Mit dieser Aufgabe kann der GesBR bzw. KBR einzelne Mitgl. beauftragen.

Das Zutrittsrecht des GesBR bzw. KBR besteht auch nach Bestellung des Wahl- **81** vorst. bis zum Abschluss der Wahl (ErfK-*Eisemann* Rn 16; **aA** *HSWGNR* Rn 48). Nur mit Hilfe dieses Rechts kann der GesBR kontrollieren, ob der Wahlvorst. seinen gesetzlichen Verpflichtungen nachkommt oder er seine Ersetzung durch das ArbG nach § 18 Abs. 1 S. 2 beantragt (s. dazu § 18 Rn 44).

VI. Rechtsstellung des Wahlvorstands und seiner Mitglieder

Der Wahlvorst. hat die **gesetzliche Aufgabe,** die BRWahl einzuleiten und durch- **82** zuführen sowie das Wahlergebnis festzustellen (Näheres vgl. § 18 Rn 6 ff. sowie Erläuterungen zur WO in Anh. 1). Ferner obliegt es ihm, den gewählten BR zur konstituierenden Sitzung einzuberufen (vgl. hierzu § 29 Rn 6 ff.). Im Rahmen seiner gesetzl. Aufgaben ist der Wahlvorst. bei gerichtlichen Streitigkeiten Beteiligter; er wird in entspr. Anwendung des § 26 Abs. 3 (vgl. § 26 Rn 21 ff.) durch den Vors. vertreten (*Richardi/Thüsing* Rn 56; *WPK-Wlotzke* Rn 17).

Das **Amt des Wahlvorst. beginnt** mit seiner endgült. Bestellung durch den BR, GesBR **83** bzw. KBR, im Fall der gerichtlichen Bestellung regelmäßig mit der (mündl.) Verkündung des Einsetzungsbeschlusses (BAG 26. 11. 09 – 2 AZR 186/09 – NZA 10, 443) und **endet** mit der Einberufung des BR zu dessen konstituierender Sitzung (BAG 14. 11. 75 AP Nr. 1 zu § 18 BetrVG 1972; *WPK-Wlotzke* Rn 16; *Richardi/Thüsing* Rn 57; **aA** *DKK-Schneider/Homburg* Rn 20; GK-*Kreutz* Rn 78; ErfK-*Eisemann* Rn 12: mit der Wahl eines Wahlleiters in der konstituierenden Sitzung; vgl. hierzu § 29 Rn 7). Die Mitgliedschaft der von den Gewerkschaften nach Abs. 1 S. 6 entsandten Mitgl. beginnt mit dem Zugang der entspr. Erklärung beim Vors. des Wahlvorst.

Ein wirksam bestellter Wahlvorst. kann nur im Wege des § 18 Abs. 1 S. 2 durch **84** das ArbG **ersetzt** werden (vgl. hierzu § 18 Rn 44). Der BR kann weder den Wahlvorst. in seiner Gesamtheit noch einzelne seiner Mitgl. abberufen (ArbG Berlin DB 74, 830; GK-*Kreutz* Rn 79; ErfK-*Eisemann* Rn 12; zur Abberufungsmöglichkeit nicht stimmberechtigter entsandter Mitgl. vgl. oben Rn 51).

Der Wahlvorst. kann auch **nicht** durch kollektiven Beschluss seine Auflösung oder **85** seinen **Rücktritt** beschließen (LAG Düsseldorf DB 75, 840; *DKK-Schneider/Homburg* Rn 18; *Richardi/Thüsing* Rn 59; ErfK-*Eisemann* Rn 12). Wohl ist es möglich, dass einzelne oder auch sämtliche Mitgl. des Wahlvorst. ihr Amt niederlegen (*HSWGNR* Rn 54; *Richardi/Thüsing* Rn 59 f.; *WPK-Wlotzke* Rn 16; GK-*Kreutz* Rn 83). In diesem Falle rücken entweder ErsMitgl. nach oder – soweit dies nicht möglich – muss eine Nachbestellung von WahlvorstMitgl. erfolgen. Besteht der BR noch, obliegt ihm die Nachbestellung; ansonsten dürfte entspr. dem Grundgedanken im neuen Abs. 3 und in § 17 Abs. 1 der GesBR, hilfsweise der KBR nachbestellen. Scheiden nach Abs. 1 S. 6 entsandte Mitgl. aus dem Wahlvorst. aus, obliegt die Neuentsendung der betr. Gewerkschaft.

Die Mitgliedschaft im Wahlvorst. – auch die der nicht stimmberechtigten Mitgl. **86** nach Abs. 1 S. 6 – ist ein unentgeltliches **Ehrenamt** (BAG 26. 4. 95 AP Nr. 17 zu

§ 20 BetrVG 1972). Für Arbeitsversäumnis, die durch die Tätigkeit im Wahlvorst. erforderlich ist, behalten die WahlvorstMitgl. den **Anspruch auf Arbeitsentgelt** (vgl. hierzu § 20 Rn 43). Notwendige **Aufwendungen** sind ihnen zu erstatten (§ 20 Rn 33, 36 ff.). Zum besonderen **Kündigungsschutz** und zur **Schulung** vom Mitgl. des Wahlvorst. vgl. § 103 Rn 5 ff. sowie § 20 Rn 36 f. Dazu, dass Mitgl. des Wahlvorst. einen Wahlvorschlag unterzeichnen und selbst zum BR kandidieren können, vgl. § 14 Rn 51 und oben Rn 22. Die Mitgl. des Wahlvorst. unterliegen keiner bes. Verschwiegenheits- oder **Geheimhaltungspflicht.** Wohl kommen für sie datenschutzrechtliche Verschwiegenheitspflichten in Betracht (vgl. § 5 BDSG).

VII. Streitigkeiten

87   Verstöße gegen die Vorschriften über die Bestellung des Wahlvorst. können als Verstöße gegen das Wahlverf. unter den Voraussetzungen des § 19 die **Anfechtung der Wahl** rechtfertigen, wenn durch den Verstoß das Wahlergebnis „geändert oder beeinflusst werden konnte" (BAG 2. 3. 55 AP Nr. 1 zu § 18 BetrVG; BAG 14. 9. 88 AP Nr. 1 zu § 16 BetrVG 1972). Eine ohne Wahlvorst. durchgeführte Wahl ist eine Nichtwahl und daher nichtig (*GL* Rn 1; GK-*Kreutz* Rn 5; *Richardi/Thüsing* Rn 1).

88   Streitigkeiten, die aus der Bestellung des Wahlvorst. durch den BR, GesBR bzw. KBR oder im Rahmen des gewerkschaftlichen Entsendungsrechts nach Abs. 1 S. 6 entstehen, sind von den **ArbG im BeschlVerf.** zu entscheiden (§§ 2 a, 80 ff. ArbGG). **Antragsberechtigt** sind, da die fehlerhafte Bestellung des Wahlvorst. eine Wahlanfechtung rechtfertigen kann, in entspr. Anwendung des § 19 Abs. 2 auch die im Betrieb vertr. Gewerkschaften (BAG 14. 12. 65 AP Nr. 5 zu § 16 BetrVG), desgleichen der ArbGeb. (BAG 3. 6. 75 AP Nr. 1 zu § 5 BetrVG 1972 Rotes Kreuz).

89   Derartige Streitigkeiten können nicht nur im Zusammenhang mit einer Anfechtung der BRWahl, sondern auch selbständig – ggf. auch im Wege einer einstw. Vfg. (vgl. § 85 Abs. 2 ArbGG) – zum Gegenstand eines BeschlVerf. gemacht werden (BAG 8. 2. 57 AP Nr. 1 zu § 82 BetrVG; BAG 3. 6. 75 AP Nr. 1 zu § 5 BetrVG 1972 Rotes Kreuz). Die ArbG können die Bestellung des Wahlvorst. nur unter dem Gesichtspunkt der Rechtmäßigkeit, nicht der Zweckmäßigkeit der Auswahl der bestellten Mitgl. nachprüfen (ErfK-*Eisemann* Rn 13; *WPK-Wlotzke* Rn 19). Wegen Bestellung des Wahlvorst. durch das ArbG vgl. Rn 56 ff. Zur Möglichkeit der gerichtlichen Überprüfung von Maßnahmen des Wahlvorst. während des Wahlverfahrens vgl. § 18 Rn 32 ff. Der Streitwert ist- da es sich um eine nichtvermögensrechtliche Streitigkeit handelt – in Anwendung von § 23 Abs. 3 Satz 2 RVG nach billigem Ermessen festzusetzen (bei Streitigkeiten allein über die Bestellung von Personen für einen Wahlvorst. ist ein Betrag von 4000 Euro angemessen – LAG Köln NZA-RR 06, 383).

§ 17 Bestellung des Wahlvorstands in Betrieben ohne Betriebsrat

(1) [1]**Besteht in einem Betrieb, der die Voraussetzungen des § 1 Abs. 1 Satz 1 erfüllt, kein Betriebsrat, so bestellt der Gesamtbetriebsrat oder, falls ein solcher nicht besteht, der Konzernbetriebsrat einen Wahlvorstand.** [2]**§ 16 Abs. 1 gilt entsprechend.**

(2) [1]**Besteht weder ein Gesamtbetriebsrat noch ein Konzernbetriebsrat, so wird in einer Betriebsversammlung von der Mehrheit der anwesenden Arbeitnehmer ein Wahlvorstand gewählt; § 16 Abs. 1 gilt entsprechend.** [2]**Gleiches gilt, wenn der Gesamtbetriebsrat oder Konzernbetriebsrat die Bestellung des Wahlvorstands nach Absatz 1 unterlässt.**

(3) **Zu dieser Betriebsversammlung können drei wahlberechtigte Arbeitneh-mer des Betriebs oder eine im Betrieb vertretene Gewerkschaft einladen und Vorschläge für die Zusammensetzung des Wahlvorstands machen.**

(4) [1]**Findet trotz Einladung keine Betriebsversammlung statt oder wählt die Betriebsversammlung keinen Wahlvorstand, so bestellt ihn das Arbeitsgericht auf Antrag von mindestens drei wahlberechtigten Arbeitnehmern oder einer im Betrieb vertretenen Gewerkschaft.** [2]**§ 16 Abs. 2 gilt entsprechend.**

Inhaltsübersicht

I. Vorbemerkung

Die Vorschrift regelt die Bestellung des Wahlvorst. in Betrieben, in denen kein BR **1** besteht. Da im vereinfachten Wahlverfahren sich die Wahl bzw. Bestellung des Wahl-vorst. nach §§ 14 a, 17 a richtet, kommt diese Vorschrift regelmäßig nur für betriebs-ratslose Betriebe mit mehr als 50 ArbN zum Tragen. Durch das **BetrVerf–ReformG** obliegt in betriebsratslosen Betrieben zunächst dem GesBR, oder falls ein solcher nicht besteht, dem KBR die Bestellung des Wahlvorst. Erst wenn kein GesBR und auch kein KBR besteht oder die Bestellung des Wahlvorst. vom GesBR bzw. KBR unter-lassen wird, wird der Wahlvorst. wie bisher durch die ArbN des Betriebs in einer BetrVerslg. gewählt. Zu dieser BetrVerslg. können drei wahlberechtigte ArbN des Betriebs oder eine im Betrieb vertretene Gewerkschaft einladen. Wird der Wahlvorst. in der BetrVerslg. nicht gewählt, so ist er auf Antrag vom ArbG zu bestellen.

Auf die Wahl der Bordvertr. findet die Vorschrift mit einigen Abweichungen An- **2** wendung (vgl. § 115 Abs. 2 Nr. 8). Die Abs. 2 bis 4 gelten nicht für die Wahl des SeeBR; hier bestehen Sonderregelungen (vgl. § 116 Abs. 2 Nr. 7). Die Vorschrift gilt nicht für die Wahl der JugAzubiVertr. (vgl. § 63 Abs. 2, 3); sie gilt ferner nicht für die in den GesBR, den KBK, die GesJugAzubiVertr. und die KJugAzubiVertr. zu entsen-denden Mitgl. (vgl. hierzu § 47 Abs. 2, § 55 Abs. 1, § 72 Abs. 2 und § 73 a Abs. 2).

Die Vorschrift ist **zwingend.** Eine abweichende Regelung – etwa eine Absprache **3** über die Bestellung des Wahlvorst. mit dem ArbGeb. oder einer Gewerkschaft – ist unzulässig.

Entspr. Vorschriften: §§ 21 u. 22 BPersVG, § 7 Abs. 2 u. 3 SprAuG. **3a**

II. Bestellung durch den Gesamtbetriebsrat bzw. den Konzernbetriebsrat

Der Wahlvorst. wird durch den **GesBR** bestellt, wenn in einem betriebsratsfähigen **4** Betrieb (vgl. § 1) **kein BR besteht.** Besteht kein GesBR (vgl. § 16 Rn 78), obliegt dieses Aufgabe dem **KBR.** Aus welchen Gründen kein BR besteht, ist unerheblich (GK-*Kreutz* Rn 7; *Richardi/Thüsing* Rn 4; HSWGNR Rn 3). Die Bestellung des Wahlvorst. durch den GesBR bzw., wenn dieser nicht besteht, durch den KBR kommt daher in Betracht, wenn erstmals ein BR gewählt werden soll, aber auch dann, wenn die Wahl des BR rechtskräftig angefochten worden ist oder die Wahl nichtig war (vgl. hierzu § 19 Rn 4 ff., 10 ff., 45 ff.). Das Bestellungsrecht des GesBR bzw. KBR nach Abs. 1 besteht auch dann, wenn die Amtszeit des BR abgelaufen ist, ohne dass dieser einen Wahlvorst. bestellt hat und auch kein gerichtliches Bestellungsverfahren nach § 16 Abs. 2 eingeleitet worden ist und der GesBR bzw. KBR, wenn kein GesBR besteht, sein Bestellungsrecht nach § 16 Abs. 3 während der noch laufenden Amtszeit des BR nicht wahrgenommen hat (GK-*Kreutz* § 16 Rn 74). Beispielsfälle s. *Wassermann/Rudolph* AiB 04, 273 ff.

5   Entsteht bei einer Teilbetriebsübertragung ein neuer betriebsratsloser Betrieb oder haben zwei oder mehrere Betriebsstätten bisher getrennte BR gewählt und soll nunmehr aus Rechtsgründen für die Betriebsstätten nur ein BR gewählt werden, erfolgt die Bestellung des Wahlvorst. entspr. den Grundsätzen des **Übergangsmandats** (s. dazu § 21a Rn 6 ff.) durch den **alten BR** des Ursprungsbetriebs (ebenso ArbG Düsseldorf AiB 97, 602; *Richardi/Thüsing* Rn 5; *WPK-Wlotzke* Rn 4; **aA** ArbG Freiburg NZA 97, 179, das für den neuen Betrieb nur § 17 gelten lässt) bzw. durch den BR der nach der wahlberechtigten ArbN-Zahl größeren Betriebsstätte (str.; s. § 16 Rn 14; LAG Schleswig-Holstein 7. 4. 11 – 4 TaBVGa 1/11 – Juris; LAG Niedersachsen NZA-RR 98, 545; jetzt ebenso *DKK-Schneider/Homburg* § 16 Rn 3; GK-*Kreutz* Rn 8; *Düwell/Brors* Rn 3; *SWS* Rn 1b, 1c; **aA** LAG Bremen AP Nr. 3 zu § 17 BetrVG 1972: Für BetrVerslg.; LAG Frankfurt BB 89, 1198: Jeder BR hat ein Bestellungsrecht; *Richardi/Thüsing* Rn 5a: Bestellung in gemeinsamer Sitzung der bestehenden BR). Besteht in dem nach Zahl der wahlberechtigten ArbN größten Betrieb kein BR, fällt das Übergangsmandat dem BR des nach der Zahl der wahlberechtigten ArbN nächst größeren Betriebs zu (s. auch § 21a Rn 19; *Engels/Trebinger/Löhr-Steinhaus* DB 01, 532; ArbG Frankfurt a. M. AiB 02, 629 mit zustimmender Anm. von *Steiner*). Eine Bestellung des Wahlvorst. durch den GesBR nach Abs. 1 kommt erst in Betracht, wenn der Wahlvorst. nicht bereits wegen Untätigbleiben des BR durch das ArbG bzw. den GesBR nach § 16 Abs. 2 und 3 bestellt worden ist. Wird der GesBR bzw. KBR weder während der maßgeblichen Amtszeit des BR im Rahmen des Übergangsmandats (vgl. § 16 Rn 14, §§ 21a, 24) noch nach Ablauf des Übergangsmandats nach Abs. 1 tätig, kann der Wahlvorst. auf einer gemeinsamen BetrVerslg. dieser Betriebsstätten gewählt werden (*Löwisch, BB* 01, 2162, 2163).

6   Die Bestellung des Wahlvorst. durch den GesBR bzw. KBR nach Abs. 1 ist **nicht zulässig,** wenn der im Amt befindliche BR noch vor Ablauf seiner Amtszeit oder – im Falle der Wahlanfechtung – noch vor Rechtskraft der gerichtlichen Entscheidung (vgl. § 19 Rn 45) einen Wahlvorst. bestellt; des Weiteren nicht nach Auflösung des BR gemäß § 23 Abs. 1, da in diesem Falle das ArbG den Wahlvorst. von Amts wegen bestellt (vgl. § 23 Abs. 2). Die Bestellung des Wahlvorst. durch den GesBR nach Abs. 1 ist ferner unzulässig, solange zwar ein BR – auch ein gem. § 22 nur geschäftsführender BR – besteht, dieser jedoch die Bestellung unterlässt; auch in diesem Fall erfolgt die Bestellung des Wahlvorst. ausschließlich nach § 16 Abs. 2 durch das ArbG, sofern bei ihm vor Ablauf der Amtszeit des BR ein entspr. Antrag gestellt wird oder durch den GesBR bzw., wenn kein GesBR besteht, durch den KBR, nach § 16 Abs. 3. Läuft während eines arbeitsgerichtlichen Verfahrens zur Bestellung des Wahlvorst. nach § 16 Abs. 2 die Amtszeit des BR ab, so ist das gerichtliche Bestellungsverfahren fortzuführen (vgl. § 16 Rn 57). Der GesBR bzw. KBR, der während der noch laufenden Amtszeit des BR untätig geblieben ist, kann den Wahlvorst. noch nach Abs. 1 bestellen. Bleibt der GesBR bzw. KBR auch nach Ablauf der Amtszeit des BR weiterhin untätig, kann der Wahlvorst. durch die BetrVerslg. bestellt werden (GK-*Kreutz* Rn 9; *Richardi/Thüsing* Rn 7, s. auch Rn 11 ff.). Wird der Wahlvorst. entweder durch den GesBR bzw. KBR oder durch die BetrVerslg. bestellt, ist das gerichtliche Verfahren nach § 16 Abs. 2 einzustellen (*WPK-Wlotzke* Rn 4; vgl. auch § 16 Rn 57).

7   Für die Bestellung des Wahlvorst. durch den GesBR, oder falls ein GesBR nicht besteht durch den KBR, gilt § 16 Abs. 1 entsprechend. Insoweit kann auf die Erläuterungen zu § 16 Rn 6 ff. verwiesen werden. **Mitgl. des Wahlvorst.** können grund-

sätzlich nur wahlberechtigte ArbN des Betriebs werden, in dem der BR gewählt werden soll; das können auch die in § 7 S. 2 genannten ArbN sein (vgl. § 16 Rn 21; **aA** *Maschmann* DB 01, 2446, 2448). **Mitgl. des GesBR** bzw. des **KBR** können **nicht** zum Wahlvorst. bestellt werden.

Zur Ermittlung, welche wahlberechtigten ArbN bereit sind, das Amt des Wahl- **8** vorst. zu übernehmen, steht dem GesBR bzw. dem KBR ein **Zutrittsrecht** zum Betrieb zu, in dem der Wahlvorst. bestellt werden soll (vgl. § 16 Rn 80; so auch *WPK-Wlotzke* Rn 6; *KRHS* Rn 1; **aA** wohl *Hanau* ZIP 01, S. 1981, 1983, der ein Zutrittsrecht nur bei Erforderlichkeit im Einzelfall gewähren will). Auch kann der GesBR iR seines pflichtgemäßen Ermessens die Möglichkeit der telefonischen Kontaktaufnahme mit den ArbN der betriebsratslosen Einheiten verlangen (LAG Baden-Württemberg 30. 4. 08 – AiB 08, 416f.; so im Ergebnis auch BAG 9. 12. 09 – 7 ABR 46/08 – NZA 10, 662; s. dazu auch § 40 Rn 128).

Indem Abs. 1 dem GesBR die Aufgabe überträgt, in betriebsratslosen Betrieben **9** einen Wahlvorst. zu bestellen, steht dem **GesBR** gegen die Unternehmensleitung auch ein **Auskunftsanspruch** darüber zu, in welchen Betrieben des Unternehmens kein BR besteht (§ 80 Abs. 2 iVm. § 51 Abs. 5; LAG Nürnberg 25. 1. 07 AiB Newsletter 07, 4; *KRHS* Rn 1). Voraussetzung ist nicht, dass der GesBR bzw. KBR zunächst durch die ArbN zum Tätigwerden aufgefordert worden sein muss (LAG Nürnberg aaO). In Unternehmen, in denen kein GesBR besteht, diese aber einem Konzern angehören, steht dem **KBR** gegen die Konzernleitung ein Auskunftsanspruch darüber zu, in welchen Konzernunternehmen betriebsratslose Betriebe bestehen (§ 80 Abs. 2 iVm. § 59 Abs. 1). Denn nur über einen entsprechenden Auskunftsanspruch ist der GesBR bzw. der KBR auch in der Lage, der ihm übertragenen Aufgabe nachzukommen, in betriebsratslosen Betrieben einen Wahlvorst. zu bestellen.

Bleibt der GesBR bzw. der KBR untätig, so ist hiermit **keine grobe Pflichtver-** **10** **letzung** dieser Gremien verbunden (vgl. *Thüsing/Lambrich* NZA-Sonderheft 01, 79, 94; *Richardi/Thüsing* Rn 3; *HSWGNR* Rn 7; **aA** GK-*Kreutz* Rn 11). Der durch das **BetrVerf-ReformG** neu geschaffene Abs. 1 begründet **keine zwingende Verpflichtung** der Gremien zur Bestellung eines Wahlvorst. (LAG Nürnberg aaO; *WPK-Wlotzke* Rn 5; **aA** GK-*Kreutz* Rn 11; *Schaub* § 217 Rn 1 b). Vielmehr bestimmt Abs. 2 S. 2, dass im Fall des **Untätigbleibens** des GesBR bzw. des KBR, der Wahlvorst. durch die BetrVerslg. bestellt werden kann (vgl. Rn 12 ff.). Ziel der Regelung des Abs. 1 ist es allein, die Wahl des BR zu erleichtern, indem der Wahlvorst. nicht wie bisher ausschließlich in einer aufwändigen und kostenintensiven BetrVerslg. gewählt wird (vgl. BT-Drucks. 14/5741 S. 38 zu Nummer 15; *Engels/Trebinger/Löhr-Steinhaus* DB 01, 532, 535).

III. Bestellung durch die Betriebsversammlung

1. Voraussetzungen

In betriebsratslosen Betrieben wird der Wahlvorst. durch die BetrVerslg. gewählt, **11** wenn weder ein GesBR noch ein KBR besteht. Die Gründe für das Nichtbestehen eines GesBR oder KBR sind unerheblich (ErfK-*Eisemann* Rn 3). Deshalb wählt die BetrVerslg. den Wahlvorst. in Unternehmen mit mehreren Betrieben, wenn dort nur in einem Betrieb ein BR besteht. Gleiches gilt für einen betriebsratslosen Betrieb eines Unternehmens mit mehreren BR, die jedoch die Bildung eines GesBR entgegen ihrer gesetzlichen Verpflichtung nach § 47 Abs. 1 unterlassen haben. Gibt es im Unternehmen keinen GesBR und gehört es auch keinem Konzern an, wählt die BetrVerslg. in einem betriebsratslosen Betrieb den Wahlvorst. Gleiches gilt, wenn das Unternehmen zwar einem Konzern angehört, für diesen jedoch kein KBR gebildet worden ist (§ 54).

12   Die BetrVerslg. wählt den Wahlvorst. auch dann, wenn zwar ein GesBR besteht, dieser jedoch die Bestellung des Wahlvorst. nach Abs. 1 **unterlassen** hat. Gleiches gilt, wenn es keinen GesBR gibt, und ein bestehender KBR die Bestellung des Wahlvorst. unterlassen hat. Hat der GesBR bzw. KBR bereits während der noch laufenden Amtszeit des BR trotz dessen Untätigbleibens von seinem Bestellungsrecht nach § 16 Abs. 3 keinen Gebrauch gemacht, ist nach Ablauf der Amtszeit des BR dennoch zunächst der GesBR bzw. KBR nach Abs. 1 für die Bestellung des Wahlvorst. zuständig (vgl. Rn 6). Aufgrund des Untätigbleibens des GesBR bzw. KBR noch während der Amtszeit des ebenfalls untätigbleibenden BR, liegt jedoch die **Vermutung** nahe, dass der GesBR bzw. der KBR die Bestellung des Wahlvorst. auch nach Abs. 1 unterlässt.

13   Das Gesetz sieht keine Frist für die Feststellung des **Unterlassens** der Bestellung des Wahlvorst. durch den GesBR bzw. KBR vor. Wenn der **GesBR** zwar den Wahlvorst. noch nicht bestellt hat, er aber **erkennbar** zur Bestellung des Wahlvorst. **tätig geworden ist,** indem er zB sondiert, ob und welche wahlberechtigten ArbN bereit sind, das Amt des Wahlvorst. zu übernehmen, liegt noch kein Unterlassen iSd. Abs. 1 vor, so dass zu diesem Zeitpunkt die BetrVerslg. noch nicht zuständig ist (vgl. *Thüsing/ Lambrich* NZA-Sonderheft 01, 79, 94; *Richardi/Thüsing* Rn 6; ErfK-*Eisemann* Rn 3). Erst wenn solche Vorbereitungshandlungen vom GesBR bzw. KBR eingestellt werden, ohne einen Wahlvorst. zu bestellen, ist die BetrVerslg. zuständig.

14   Eine **Verpflichtung** der nach Abs. 3 zur BetrVerslg. Einladungsberechtigten, vor einer Einladung zur BetrVerslg. zu erkunden, ob der GesBR bzw. KBR selbst beabsichtigt, nach Abs. 1 den Wahlvorst. zu bestellen bzw. ihm hierzu die Gelegenheit einzuräumen, kann mangels einer entsprechenden Regelung nicht angenommen werden (ErfK-*Eisemann* Rn 3; **aA** wohl *Thüsing/Lambrich* NZA-Sonderheft 01, 79, 94; *Richardi/Thüsing* Rn 6). Vielmehr gilt auch hier im Fall des beiderseitigen Tätigwerdens das **Prioritätsprinzip** (GK-*Kreutz* Rn 16; *DKK-Schneider/Homburg* Rn 2a; *WPK-Wlotzke* Rn 7). Ist zwar zur BetrVerslg. eingeladen worden, wird aber der Wahlvorst. noch vor dem Tag der BetrVerslg. vom GesBR bzw. KBR bestellt, findet eine BetrVerslg. nicht mehr statt. Der Wahlvorst. ist bereits wirksam durch den GesBR bzw. KBR bestellt worden. Eine dennoch auf einer BetrVerslg. durchgeführte Wahl eines Wahlvorst. ist **nichtig** (*Düwell/Brors* Rn 5). Davon unberührt bleibt der für die zur BetrVerslg. **einladenden ArbN** bestehende **Kündigungsschutz** nach § 15 Abs. 3a KSchG (*Düwell/Brors* Rn 11; vgl. Rn 37 ff.). Mangels einer gültigen Wahl des Wahlvorst. besteht allerdings für die auf dieser BetrVerslg. gewählten Mitgl. des Wahlvorst. kein Kündigungsschutz nach § 15 Abs. 3 KSchG.

15   Wenn es den Einladungsberechtigten sinnvoll erscheint, ist es ihnen jedoch unbenommen, vor einer Einladung zur BetrVerslg. den GesBR bzw. den KBR hierüber zu unterrichten und zu erkunden, ob nicht ggf. der GesBR bzw. der KBR beabsichtigt, von seinem Bestellungsrecht nach Abs. 1 Gebrauch zu machen. Dies empfiehlt sich gerade auch zur Vermeidung eines gleichzeitigen oder sich überschneidenden Tätigwerdens von GesBR bzw. KBR einerseits und Einladungsberechtigten andererseits.

2. Einberufung der Betriebsversammlung

16   In Abs. 3 ist festgelegt, wer zu der BetrVerslg. einladen kann. **Einladungsberechtigt** sind mindestens drei wahlberechtigte ArbN des Betriebs (vgl. § 7) sowie jede im Betrieb vertr. Gewerkschaft (§ 2 Rn 43). In den Betrieben der privatisierten Post- und Bahnunternehmen, in denen für eine längere Übergangszeit noch Beamte beschäftigt werden (vgl. hierzu § 1 Rn 38 ff., § 5 Rn 316 ff., § 14 Rn 72 ff.), sind auch die im Betrieb vertretenen Berufsverbände der Beamten einladungsberechtigt (vgl. § 2 Rn 34). In Betrieben von Wirtschaftsunternehmen, mit denen die Bundeswehr eine Kooperation eingegangen ist und in denen Beamten und Soldaten des Geschäftsbereichs des Bundesministeriums der Verteidigung unter Beibehaltung ihres Dienstverhältnisses zum Bund, eine Tätigkeit zugewiesen wurde (§ 1 BwKoopG; vgl.

§ 1 Rn 56a, § 5 Rn 322), sind ebenfalls die im Betrieb vertretenen Berufsverbände der Beamten und Soldaten einladungsberechtigt (vgl. § 2 Rn 34). Gleiches gilt bei der BRD-Finanzagentur und allen anderen Betrieben privatrechtlicher Unternehmen, in denen Beamte und Soldaten eingesetzt werden (s. § 16 Rn 42). Das Einladungsrecht einer Gewerkschaft entfällt nicht deshalb, weil bereits drei ArbN zu derselben BetrVerslg. eingeladen haben (LAG Köln BB 90, 998); das gilt auch für den umgekehrten Fall (so auch GK-*Kreutz* Rn 25).

Vorschriften über die **Form der Einladung** bestehen nicht. Jedoch muss die **17** ArbNschaft rechtzeitig von Termin und Gegenstand unterrichtet werden (nach ArbG München AiB 97, 288 reicht Ladungsfrist von 3 Tagen noch aus, nicht jedoch, wenn fest steht, dass innerhalb der drei Arbeitstage – 30. 12. bis 2. 1. – nicht alle ArbN die Möglichkeit haben, hiervon Kenntnis zu erlangen so LAG Baden-Württemberg 20. 2. 09 AE 09, 200; nach ArbG Essen NZA-RR 05, 258 ff. ist Ladungsfrist von einem Arbeitstag unzureichend, Frist von einer Woche ausreichend, wenn alle ArbN in benachbarten Gebäuden arbeiten, ansonsten zwei Wochen). Es genügt idR, wenn die ArbN durch einen Aushang von der BetrVerslg. Kenntnis nehmen können und damit die Möglichkeit erhalten, an ihr teilzunehmen. Die Einladung kann auch – wie im vereinfachten Wahlverfahren zulässig – mittels der im Betrieb vorhandenen IuK-Technik erfolgen (vgl. ausführlich dazu § 17a Rn 13, § 28 WO Rn 4; *DKK-Schneider/Homburg* Rn 4a); bei der Versendung über E-Mail müssen die Einladenden sicherstellen, dass alle ArbN hiervon Kenntnis erlangen. Nicht ausreichend ist, wenn von 59 ArbN 52 über einen E-Mail Anschluss verfügen (BAG 19. 11. 03 AP Nr. 54 zu § 19 BetrVG 1972). Einer Einladung iS einer Aufforderung zur Teilnahme bedarf es nicht (LAG Hamm EzA Nr. 3 zu § 4 BetrVG 1972). Will eine Gewerkschaft einladen, kann sie vom ArbGeb. die Übersendung ihrer Einladungsschreiben an die ArbN, nicht die Überlassung der Namen und Adressen der ArbN zwecks eigener Versendung (angeblicher Verstoß gegen § 28 BDSG), bei Übernahme der Kosten verlangen (LAG Hamburg RDV 94, 190; s. dazu *Fahlbusch* BetrR 94, 123; kr. *Hoyer* ArbuR 94, 567; s. auch Rn 33). Da für die Einladung keine Schriftform vorgeschrieben ist, braucht der Aushang der Einladung nicht unterschrieben zu sein (LAG Hamm DB 74, 389). In Betrieben mit AußenArbN können die Einladenden vom ArbGeb. die Zuleitung der Einladung auf seine Kosten an diese verlangen (BAG 26. 2. 92 AP Nr. 6 zu § 17 BetrVG 1972; *Richardi/Thüsing* Rn 12).

Wird die Einladung zur BetrVerslg. nicht so bekannt gemacht, dass alle ArbN des **18** Betriebs hiervon Kenntnis nehmen konnten und haben sie auch nicht auf andere Weise tatsächlich von der Verslg. erfahren, so soll die **Wahl** des Wahlvorst. auf dieser BetrVerslg. dann **nichtig sein,** wenn durch das Fernbleiben der nicht unterrichteten ArbN das Wahlergebnis beeinflusst werden konnte (so zu weitgehend BAG 7. 5. 86 AP Nr. 18 zu § 15 KSchG 1969; *DKK-Schneider/Homburg* Rn 4; GK-*Kreutz* Rn 24). Diese sehr strengen Anforderungen an eine ordnungsgem. Einladung müssen für Bereiche, in denen es auf Grund ihrer Eigenart infolge großer Mobilität der ArbN und fehlendem zentralen Einsatzort immer sehr schwierig, oft sogar unmöglich ist, alle Wahlberechtigten zu erreichen, gelockert werden, andernfalls BRWahlen dort leicht verhindert werden können. Für den insoweit typischen **Baubereich** ist ordnungsgem. eingeladen, wenn die Einladung am Betriebssitz (Lohnbüro) und Bauhof/ Lagerplätze (Sammelstelle der BauArb. für Fahrt zum Einsatzort) aushängt. Ist der Wahlvorst. anstatt vom BR bestellt auf einer BetrVerslg. gewählt worden, führt dies nicht zur Nichtigkeit der BRWahl sondern lediglich zu deren Anfechtbarkeit nach § 19 (BAG 21. 7. 04 Nr. 15 zu § 4 BetrVG 1972).

Um BRWahlen zu erleichtern, hat das LAG Nürnberg (ArbuR 98, 492) zutreffend **19** entschieden, dass **Ladungsfehler** bei einer kurzfristig stattfindenden BetrVerslg., von der jedenfalls ein Großteil (90 von 140 ArbN) der Belegschaft hätte Kenntnis haben können, nicht derart gravierend sind, dass von einer gesetzwidrigen Wahl des Wahlvorst. auszugehen ist; jedenfalls liege keine nichtige Wahl des Wahlvorst. vor. Unabhängig davon sei auch nicht zwingende Folge einer nichtigen Bestellung des Wahlvorst. die Nichtigkeit einer ansonsten ordnungsgemäß durchgeführten BRWahl (s. auch den Fall ArbG München AiB 97, 288, das zutreffend geringere Anforderungen stellt u. bei deren Nichterfüllung nur die Anfechtbarkeit der Wahl des Wahlvorst. analog § 19 annimmt; aufschlussreich auch Hess. LAG BB 97, 2220, das dem Antrag des ArbGeb. auf Abbruch einer BRWahl wegen absehbarer Nichtigkeit nicht entsprochen hat, weil der ArbGeb. die Weiterleitung von Einladungen zu einer BetrVerslg. unterlassen hat; s. § 18 Rn 42). Nach BAG 21. 7. 04 aaO hat die Wahl des Wahlvorst. aufgrund einer unzureichende Einladung zur BetrVerslg. nicht die Nichtigkeit der BRWahl zur Folge, sondern berechtigt ebenfalls nur zur Anfechtung (s. o. Rn 18).

19a   Das LAG Sachsen-Anhalt hat in seiner Entscheidung vom 29. 6. 11 – 5 TaBVGA 1/11 – AiB 11, 694 die Wahl eines Wahlvorst. in einem in Vollschicht arbeitenden Unternehmen für nichtig erklärt. Seiner Ansicht nach hätte die Nichtigkeit der Wahl des Wahlvorst. ua durch die Durchführung der WahlVerslg. in zwei TeilVerslg. gem. § 42 Abs. 1 S. 3 verhindert werden können. Dieser Ansicht kann nicht gefolgt werden: das LAG verkennt in seiner Entscheidung die Besonderheit einer BetrVerslg. in Ausgestaltung einer WahlVerslg. Richtig ist zwar, dass die §§ 42 ff. grundsätzlich auch auf die WahlVerslg. Anwendung finden. Das gilt jedoch nicht für die TeilVerslg. Ziel und Zweck einer „normalen" BetrVerslg. ist die Information der Belegschaft durch den BR und ArbGeb. sowie die Diskussion mit der Belegschaft. Diese Ziele sind grundstzl. auch in TeilVerslg. zu erreichen. Dagegen kann das Ziel und der Zweck der WahlVerslg. nach § 17 Abs. 2, den ArbN in einem BRlosen Betrieb die Wahl eines Wahlvorst. in einer einheitlichen Wahl zu ermöglichen, nicht wirksam durch TeilVerslg. erreicht werden. Der Wahlvorst. wird in einer WahlVerslg. in einem Wahlakt einheitlich von der Mehrheit der anwesenden ArbN gewählt. Dazu gehört, dass die anwesenden ArbN berechtigt sind, neben den möglichen Wahlvorschlägen der Einladenden in der WahlVerslg. selbst eigene Wahlvorschläge für die Besetzung des Wahlvorst. zu machen, was auch regelmäßig geschieht (s. dazu Rn 21). Über diese Wahlvorschläge wird sodann in der WahlVerslg. einheitlich abgestimmt. Diesen Anforderungen wird die Wahl des Wahlvorst. in TeilVerslg. nicht gerecht. Die Wahl des Wahlvorst. in mehreren Wahlakten und damit durch verschiedene Wahlgremien hätte zur Folge, dass nicht alle ArbN des Betriebs dieselbe Möglichkeit haben, die jeweils in den einzelnen TeilVerslg. zur Wahl gestellten ArbN in einem einheitlichen Wahlakt aufgrund allen Teilnehmern der WahlVerslg. bekannten Wahlvorschlägen zu wählen (ebenso *Eder* Anm. zu LAG Sachsen-Anhalt AiB 11, 695 f.). Ein solches Vorgehen verstößt gegen die allgemeinen Wahlgrundsätze über eine gleiche, freie und unbeeinflusste Wahl. Die Einladenden haben in Betrieben, die in Vollschicht arbeiten, bei der Festlegung des Termins allerdings darauf zu achten, dass möglichst viele ArbN an der WahlVerslg. teilnehmen können.

20   Beauftragte der **im Betrieb vertretenen Gewerkschaften** haben das Recht, zum Zwecke der Einladung der ArbN des Betriebs zu dieser Versammlung den Betrieb nach Unterrichtung des ArbGeb. gemäß § 2 Abs. 2 zu betreten (s. § 46 Rn 5). Auch dürfen die Beauftragten der im Betrieb vertretenen Gewerkschaften in diesem Falle ArbN des Betriebs ggf. an ihrem Arbeitsplatz aufsuchen, um geeignete ArbN zur Übernahme des Amtes als Wahlvorst. zu gewinnen, sofern dem nicht unumgängliche Notwendigkeiten des Betriebsablaufs, zwingende Sicherheitsvorschriften oder der Schutz von Betriebsgeheimnissen entgegenstehen (*DKK-Schneider/Homburg* Rn 5; *GK-Kreutz* Rn 21; Näheres vgl. § 2 Rn 60 ff.; aA *HSWGNR* Rn 19). Das gilt auch für Betriebe der Arbeitsgemeinschaften (ARGE) des Baugewerbes (s. dazu § 5 Rn 272 ff.).

21   Wer zur BetrVerslg. einlädt, kann nach § 17 Abs. 3 **Vorschläge für die Zusammensetzung des Wahlvorst.** machen. Es können nur betriebsangehörige wahlberechtigte ArbN vorgeschlagen werden; dazu gehören auch die nach § 7 S. 2 wahlberechtigten ArbN (vgl. Rn 7). Die BetrVerslg. ist nicht an diese Vorschläge gebunden. Vielmehr können alle an der BetrVerslg. teilnehmenden ArbN ebenfalls Wahlvorschläge unterbreiten (so auch GK-*Kreutz* Rn 35; *WPK-Wlotzke* Rn 11; *Richardi/Thüsing* Rn 23).

Eine Einladung **durch den ArbGeb.** ist nicht zulässig (*DKK-Schneider/Homburg* 22 Rn 3; *WPK-Wlotzke* Rn 8; *WW* Rn 4; *Schneider* Rn 4; ErfK-*Eisemann* Rn 4; **aA** BAG 19. 3. 74 AP Nr. 1 zu § 17 BetrVG 1972; LAG Hamm DB 80, 1222; GK-*Kreutz* Rn 22 f.; *Richardi/Thüsing* Rn 11; *Schaub* § 217 Rn 3; *Vogt* BetrVerslg., S. 64). Allerdings ist die Wahl eines Wahlvorst., der auf einer vom ArbGeb. einberufenen BetrVerslg. gewählt worden ist, nicht nichtig. Denn entscheidend für seine Bildung ist die ordnungsgemäße Wahl auf der BetrVerslg. als solche, nicht die Einberufung der BetrVerslg. Aus diesem Grunde ist auch die von einem solchen Wahlvorst. durchgeführte BRWahl keineswegs nichtig. Sie ist im Allgemeinen auch nicht anfechtbar, da nur bei Vorliegen bes. Umstände angenommen werden kann, dass dieser Mangel der Einberufung der BetrVerslg. Einfluss auf das Wahlergebnis hat (vgl. hierzu § 19 Rn 4 ff.; ErfK-*Eisemann* Rn 4). Die Mitgl. eines solchen Wahlvorst. genießen ebenso wie die Wahlbewerber für die von ihnen eingeleitete BRWahl den bes. Kündigungsschutz nach § 15 KSchG und § 103 BetrVG (vgl. hierzu § 103 Rn 5 ff.).

Die Einladenden eröffnen die Versammlung, gegebenenfalls unter Hinweis auf de- 23 ren Zweck, und veranlassen zweckmäßigerweise zunächst die Wahl eines ArbN des Betriebs zum **Versammlungsleiter.** Bis dahin leiten die Einladenden die Versammlung (ErfK-*Eisemann* Rn 6). Für die Wahl des Versammlungsleiters genügt die relative Mehrheit (*Richardi/Thüsing* Rn 15). Unterbleibt eine förmliche Wahl des Versammlungsleiters, ist die Mehrheit der Versammelten jedoch erkennbar damit einverstanden, dass der die Versammlung Eröffnende (zB ein Sekretär der einladenden Gewerkschaft) oder ein sonstiger ArbN die Leitung der Versammlung übernimmt, so hat dies auf die Gültigkeit der Bestellung des Wahlvorst. keinen Einfluss (BAG 14. 12. 65 AP Nr. 5 zu § 16 BetrVG; GK-*Kreutz* Rn 32).

Teilnahmeberechtigt an der BetrVerslg. sind alle im Betrieb beschäftigten ArbN 24 iSd § 5 Abs. 1 (auch die nichtwahlberechtigten), nicht dagegen die in § 5 Abs. 2 und 3 genannten Personen (*DKK-Schneider/Homburg* Rn 6; GK-*Kreutz* Rn 34; *WPK-Wlotzke* Rn 9).

Zur **Beschlussfähigkeit** ist nicht erforderlich, dass eine bestimmte Mindestzahl von 25 ArbN an der BetrVerslg. teilnimmt. Denn die Wahl erfolgt nach Abs. 2 S. 1 durch die „Mehrheit der anwesenden ArbN" (*DKK-Schneider/Homburg* Rn 8; ErfK-*Eisemann* Rn 7; *Jacobs* Wahlvorstände S. 165). Allerdings müssen die ArbN ordnungsgemäß zu der BetrVerslg. eingeladen worden sein (vgl. oben Rn 16 f.; LAG Hamm DB 74, 389; *DR* Rn 18; GK-*Kreutz* Rn 25).

Die BetrVerslg. findet nach § 44 Abs. 1 grundsätzlich **während der Arbeitszeit** 26 statt. Die Zeit der Teilnahme ist den ArbN einschl. zusätzlicher Wegezeiten wie Arbeitszeit zu vergüten. Bes. Fahrtkosten sind zu erstatten (Näheres vgl. § 44 Rn 7 ff., 24 ff.). Für die BetrVerslg. gelten unter Berücksichtigung ihres beschränkten Auftrags die allgemeinen Vorschriften über die BetrVerslg., insbes. § 43 Abs. 2 über die **Teilnahme des ArbGeb.** (LAG Berlin ArbuR 1987, 34; GK-*Kreutz* Rn 28; *Düwell/ Brors* Rn 7; *WPK-Wlotzke* Rn 10; *GL* Rn 8; *Jacobs* Wahlvorstände S. 163; **aA** *DKK-Schneider/Homburg* Rn 6; *Richardi/Thüsing* Rn 16) und § 46 über die Teilnahme von Beauftragten der Gewerkschaften bzw. des ArbGebVerbandes (*GL* Rn 7 f.; GK-*Kreutz* Rn 28; *WPK-Wlotzke* Rn 10). Die unbefugte Teilnahme einer betriebsfremden Person führt aber nur zur Anfechtbarkeit der Wahl des Wahlvorst. (ArbG Essen NZA-RR 05, 258 ff.).

3. Wahl des Wahlvorstands

Stimmberechtigt sind nicht nur die wahlberechtigten ArbN, sondern – abgese- 27 hen von den in § 5 Abs. 2 und 3 genannten Personen und leitenden Angestellten – **alle ArbN** des Betriebs, die an der BetrVerslg. teilnehmen (*DKK-Schneider/Homburg* Rn 10; GK-*Kreutz* Rn 34; *Richardi/Thüsing* Rn 20). Eine förmliche, insb. geheime Wahl ist nicht erforderlich, wenn nur nach dem Verlauf der BetrVerslg. zweifelsfrei feststeht, wer gewählt ist (BAG 14. 12. 65 AP Nr. 5 zu § 16 BetrVG; *HSWGNR*

Rn 27; *Richardi/Thüsing* Rn 24). Allerdings muss – jedenfalls wenn mehr Kandidaten vorgeschlagen werden, als der Wahlvorst. Mitgl. hat – eine Abstimmung darüber erfolgen, wer dem Wahlvorst. angehören soll; eine derartige Bestimmung durch den VerslgsLeiter lässt die Bestellung des Wahlvorst. nichtig sein (ArbG Bielefeld BB 87, 1458).

28   **Jeder** in den Wahlvorst. zu wählende ArbN muss mit der **Mehrheit der Stimmen** der an der BetrVerslg. **teilnehmenden** ArbN des Betriebs gewählt werden. Die Mehrheit der abgegebenen Stimmen genügt nicht (LAG München 16. 6. 08 EzA-SD 2008 Nr. 16, 12, GK-*Kreutz* Rn 33; *Richardi/Thüsing* Rn 22; *Schneider* Rn 14).

29   Aus den gewählten Mitgl. des Wahlvorst. bestimmt die BetrVerslg. den **Vors. des Wahlvorst.** Auch hierfür ist die absolute Mehrheit der Stimmen der an der BetrVerslg. teilnehmenden ArbN erforderlich, da die Bestimmung des Vors. mit zur Bestellung des Wahlvorst. gehört (*Richardi/Thüsing* Rn 25; GK-*Kreutz* Rn 40). Hat die BetrVerslg. die Bestellung des Vors. unterlassen, ist der Wahlvorst. berechtigt, seinen Vors. selbst zu bestimmen (vgl. § 16 Rn 33).

30   Der **Entscheidungsspielraum** der BetrVerslg. bei der Bestellung des Wahlvorst. deckt sich infolge der Verweisung auf § 16 Abs. 1 mit dem des BR, dh die BetrVerslg. hat einen Vorsitzenden des Wahlvorst. zu bestellen, sie kann die Zahl der Wahlvorst-Mitgl. erforderlichenfalls über drei erhöhen (vgl. § 16 Rn 28) und ErsMitgl. bestellen (vgl. § 16 Rn 35 f.). Letzteres dürfte sich stets empfehlen, da anderenfalls bei Ausscheiden eines Mitgl. aus dem Wahlvorst. für die Nachwahl eine weitere BetrVerslg. durchgeführt oder das arbeitsgerichtliche Verfahren nach Abs. 3 eingeleitet werden müsste.

31   Auch im Falle der Bestellung des Wahlvorst. durch die BetrVerslg. kann jede im Betrieb vertretene Gewerkschaft, die nicht durch ein ordentl. Mitgl. im Wahlvorst. vertreten ist, zusätzlich einen betriebsangehörigen Beauftragten als nicht stimmberechtigtes Mitgl. in den Wahlvorst. entsenden (vgl. § 16 Rn 41 ff.).

IV. Bestellung durch das Arbeitsgericht

32   Die Bestellung des Wahlvorst. durch das ArbG nach Abs. 4 setzt einen **gescheiterten Versuch** voraus, in einer BetrVerslg. den Wahlvorst. zu wählen. Gleichgültigkeit ist, ob der Versuch scheitert, weil keine BetrVerslg. zustande kommt oder diese keinen Wahlvorst. wählt (LAG Hamm BB 60, 288; DKK-*Schneider/Homburg* Rn 15; *Richardi/Thüsing* Rn 28; HSWGNR Rn 30).

33   Nach BAG (26. 2. 92 AP Nr. 6 zu § 17 BetrVG 1972) muss grundsätzlich eine ordnungsgemäße Einladung zu einer BetrVerslg. nach Abs. 3 erfolgt sein, von der auch dann nicht abgesehen werden könne, wenn der ArbGeb. eine ihm obliegende, zur Bewirkung der Einladung notwendige Mitwirkungshandlung, wie zB das Verschicken der Einladungen an alle AußenArbN auf seine Kosten, verweigert; dessen Mitwirkung müsse gerichtlich durchgesetzt werden. Ein Verzicht auf die Einladung sei allenfalls bei Hindernissen gerechtfertigt, deren Beseitigung den Einladenden nicht möglich oder nicht zumutbar ist. Diese Rspr. ist jedenfalls dann abzulehnen, wenn die überwiegende Zahl der ArbN AußenArbN oder bei Entleihern tätige LeihArbN (so der Ausgangsfall des BAG) sind. Sie überbetont den Wortlaut des Abs. 4 („trotz Einladung") und vereitelt ein Hauptanliegen der Norm, unter schwierigen Bedingungen auch gegen den Widerstand des ArbGeb. erstmalige BR-Wahlen zu ermöglichen (s. auch Rn 18 f.). Verweigert der ArbGeb. eine für die Einladung erforderliche Mitwirkungshandlung, so ist der Weg für Abs. 4 eröffnet (wohl zust. *WPK-Wlotzke* Rn 12).

34   **Antragsberechtigt** sind mindestens drei wahlberechtigte ArbN oder eine im Betrieb vertr. Gewerkschaft (vgl. hierzu § 16 Rn 60). Andere Personen oder Stellen, zB der ArbGeb. oder der ArbGebVerband, können das gerichtliche Verfahren nicht einleiten.

Für die Zusammensetzung des Wahlvorst. gelten dieselben Grundsätze, wie sie 35
für die Bestellung durch die BetrVerslg. maßgebend sind (vgl. oben Rn 30). Für Betriebe mit mehr als 20 wahlberechtigte ArbN kann das ArbG jedoch, soweit dies
für eine ordnungsgemäße Durchführung der Wahl erforderlich ist, darüber hinaus
nichtbetriebsangehörige Gewerkschaftsmitglieder in den Wahlvorst. berufen (vgl. § 16
Rn 65 ff.). Die Erforderlichkeit der Bestellung nichtbetriebsangehöriger Gewerkschaftsmitgl. bestimmt sich nach den konkreten Verhältnissen des einzelnen Betriebs.
Sie ist ua. dann zu bejahen, wenn es nach dem Ablauf der gescheiterten Wahl des
Wahlvorst. auf einer Betriebsversammlung zweifelhaft ist, dass die BRWahl in diesem
Betrieb ohne Beteiligung Externer zu bewältigen ist (ArbG Berlin AiB 02, 106 ff.).
Über die gerichtliche Bestellung im Einzelnen vgl. § 16 Rn 56 ff.

Die BetrVerslg. kann **bis zur rechtskräftigen Entscheidung** des ArbG (oder des 36
Instanzgerichts) die Wahl des Wahlvorst. noch vornehmen (BAG 19. 3. 74 AP Nr. 1
zu § 17 BetrVG 1972; LAG Hamm NZA-RR 10, 191; *DKK-Schneider/Homburg*
Rn 15; GK-*Kreutz* Rn 42; ErfK-*Eisemann* Rn 10; *Richardi/Thüsing* Rn 8, 32; **aA**
Brecht Rn 11; vgl. hierzu auch § 16 Rn 57).

V. Kündigungsschutz

Mit dem **BetrVerf-ReformG** ist denjenigen ArbN, die die Initiative zur Wahl eines 37
BR ergreifen, ein besonderer Kündigungsschutz nach § 15 Abs. 3 a KSchG eingeräumt worden. Damit hat der Gesetzgeber anerkannt, dass für die Zeit der Wahl eines
BR nicht nur schutzwürdige Interessenkonflikte mit dem ArbGeb. auf Seiten des
Wahlvorst. und der Wahlbewerber, sondern auch auf Seiten der eine Wahl initiierenden ArbN bestehen (vgl. BT-Drucks. 14/5741 S. 55, *Engels/Trebinger/Löhr-Steinhaus*
DB 01, 532, 535). Unzulässig ist nach § 15 Abs. 3 a KSchG die Kündigung eines
ArbN, der im vereinfachten Wahlverfahren nach § 14 a, § 17 a Nr. 3 S. 2 zur Wahl-Verslg. oder im normalen Verfahren nach § 17 Abs. 3 zur BetrVerslg. einlädt oder die
Bestellung eines Wahlvorst. beim ArbG beantragt (§ 16 Abs. 2 S. 1, § 17 Abs. 4,
§ 17 a Nr. 4).

Der bes. **Kündigungsschutz** ist **zeitlich beschränkt** auf den Zeitpunkt ab Einladung bzw. Antragstellung bis zur Bekanntgabe des Wahlergebnisses. Wird kein BR 38
gewählt, endet der bes. Kündigungsschutz nach drei Monaten. Steht innerhalb dieses
Zeitraumes noch nicht fest, ob ein BR gewählt wird, weil zB die Bestellung des
Wahlvorst. noch nicht abgeschlossen ist, besteht der Kündigungsschutz nach § 15
Abs. 3 a KSchG bis zu dem Zeitpunkt, in dem feststeht, dass die Wahl nicht stattfindet (so auch KR-*Etzel* § 15 Rn 143; *APS-Linck* § 15 KSchG Rn 58 e). Es kommt
nicht zu einem rückwirkenden Wegfall des Kündigungsschutzes (so anscheinend aber
Nägele BB 02, 354, 357).

Begrenzt ist der **Kündigungsschutz** auf die gesetzliche **Mindestzahl** der einladenden bzw. antragstellenden ArbN. Laden mehr als drei wahlberechtigte ArbN zur 39
BetrVerslg. ein, steht der Kündigungsschutz nach § 15 Abs. 3 a KSchG nur drei Personen zu (*Löwisch* DB 2002, 1503; ErfK-*Eisemann* Rn 11, *APS-Linck* § 15 KSchG
Rn 58 d; LAG München 30. 4. 08 – anhängig BAG 2 AZR 682/08). In der Regel
werden dies die in der Einladung bzw. Antragstellung an erster Stelle Genannten sein
(vgl. *Engels/Trebinger/Löhr-Steinhaus* DB 01, 532, 535). Sind die Einladenden in einer
Reihe nebeneinander aufgeführt, so ergibt sich die Ermittlung der unter den Kündigungsschutz fallenden Personen durch schlichtes Abzählen von links nach rechts entsprechend der Schriftrichtung (ArbG Frankfurt/M. AuR 02, 394). Haben weniger als
drei ArbN eingeladen bzw. den Antrag bei Gericht zur Bestellung eines Wahlvorst.
gestellt, besteht mangels Vorliegen der Tatbestandsvoraussetzungen an der wirksame Einladung (drei wahlberechtigte ArbN) für diese kein bes. Kündigungsschutz nach
§ 15 Abs. 3 a KSchG (ebenso LAG München 30. 4. 08 – 5 Sa 661/07 –; *Richardi/
Thüsing* Anhang zu § 103 Rn 2; *Düwell/Brors* Rn 11; *Fiebig/Gallner/Nägele* § 15

Rn 25 d; *HSWGNR* Rn 20; *Löwisch* DB 02, 1503; *Windeln* S. 165). Kündigt der Arb-Geb. in diesem Beispielsfall wegen der Initiative zur Einleitung einer Betriebsratswahl, ist diese jedoch wegen Verstoßes gegen § 20 nach § 134 BGB nichtig (*Löwisch* aaO). Der bes. Kündigungsschutz nach § 15 Abs. 3 a KSchG besteht ebenfalls nicht, wenn bereits drei ArbN wirksam zur Betriebs- bzw. WahlVerslg. eingeladen oder den Antrag bei Gericht auf Bestellung eines Wahlvorst. gestellt haben. Nicht ausgeschlossen ist der bes. Kündigungsschutz nach § 15 Abs. 3 a KSchG, wenn die Einladung bzw. die Antragstellung bei Gericht durch eine im Betrieb vertretene Gewerkschaft gleichzeitig oder kurz vorher erfolgt ist; insoweit trifft § 15 Abs. 3 a KSchG keine Unterscheidung (**aA** KR-*Etzel* § 15 Rn 140, *HSWGNR* Rn 21 und *Fiebig/Gallner/Nägele* § 15 Rn 25 d, die generell bei bereits erfolgter Einladung bzw. Antragstellung den bes. Kündigungsschutz verneint). Formelle Mängel der Einladung zur WahlVerslg. im vereinfachten Wahlverfahren, wie zB der fehlende Hinweis auf die Frist zur Einreichung von Wahlvorschlägen, tangieren den Bestand des Kündigungsschutzes grundsätzl. nicht (LAG Berlin 25. 6. 03 – 17 Sa 531/03 – Juris; ArbG Frankfurt aM AuR 02, 394 f.; *Berg* AiB 05, 740, 743; *Fiebig/Gallner/Nägele* § 15 Rn 25 d; s. auch § 28 WO Rn 5). Ausreichend ist, dass die Einladung im Betrieb bekannt gemacht und von mindst. drei wahlberechtigten ArbN unterzeichnet wurde und Angaben zu Ort, Zeit und Gegenstand der Versammlung enthält (vgl. LAG Berlin aaO; ArbG Frankfurt aM aaO). An den Kündigungsschutz für die Wahlinitiatoren kann im vereinfachten Wahlverfahren keine höheren Anforderungen gestellt werden, als an die Einladenden im normalen Wahlverfahren (so zutreffend LAG Berlin aaO). Ist die Einladung hinsichtlich der weiteren Anforderungen des § 28 WO formal mangelhaft, empfiehlt sich, dass die Einladenden ihre Einladung formal ordnungsgemäß nachholen.

40 Nicht ausgeschlossen ist die Kündigung aus wichtigem Grund nach § 626 Abs. 1 BGB. Anders als in § 15 Abs. 3 KSchG besteht für die einladenden bzw. antragstellenden ArbN kein nachwirkender Kündigungsschutz. Wird einem solchen ArbN nach der Wahl des BR gekündigt, ist der BR nach § 102 zu beteiligen (vgl. § 102 Rn 20 ff.).

41 Eine ordentliche Kündigung eines Wahlinitiators wegen **Betriebsstilllegung** bzw. Stilllegung einer Betriebsabteilung ist nach § 15 Abs. 4 und 5 KSchG nicht ausgeschlossen; dem steht nicht entgegen, dass § 15 Abs. 3 a KSchG in § 15 Abs. 4 und 5 KSchG nicht erwähnt ist (BAG 4. 11. 04, 12. 3. 09; AP Nr. 57 u. 63 zu § 15 KSchG 1969; *APS-Linck* § 15 KSchG Rn 58 a, 157; *HSWGNR* Rn 23; ErfK-*Ascheid* § 15 KSchG Rn 40, 41; **aA** *Stahlhacke/Preis/Vossen* Rn 1623). Der bes. Kündigungsschutz der Wahlinitiatoren nach § 15 Abs. 3 a KSchG ist allein auf die Zeitspanne bis zur Bekanntgabe des Wahlergebnisses bzw. bis zum Ablauf von drei Monaten nach Wahleinladung, wenn kein BR gewählt wird, begrenzt. Der bes. Kündigungsschutz für Wahlinitiatoren kann für den Fall der Betriebsstilllegung nicht weitergehen als der für BR-Mitgl., WahlvorstMitgl. und Wahlbewerber. Die Kündigung ist nach § 15 Abs. 4 KSchG grundsätzlich erst zum Zeitpunkt der Stilllegung zulässig. Handelt es sich um die Stilllegung einer Betriebsabteilung ist die Freikündigungspflicht nach § 15 Abs. 5 KSchG zu beachten. Dies gilt nicht, wenn es sich um einen selbständigen Betriebsteil iS des § 4 Abs. 1 S. 1 handelt und ein BR gewählt wird (BAG 4. 11. 04 aaO).

VI. Streitigkeiten

42 Verstöße gegen die Regelungen des § 17 haben als Verstöße gegen das Wahlverfahren zu gelten und berechtigen daher unter den Voraussetzungen des § 19 zur Anfechtung der BRWahl (vgl. auch § 19 Rn 10 ff.).

43 Streitigkeiten, die aus der Wahl des Wahlvorst. durch die BertrVerslg. entstehen, sind von den **ArbG im BeschlVerf.** zu entscheiden (§§ 2 a, 80 ff. ArbGG; vgl. hierzu auch § 16 Rn 88; zur umstr. Vfg. auf Abbruch der BRWahl bei Wahl des Wahlvorst. durch BetrVerslg. trotz Bestehens eines BR LAG Hamm DB 94, 992 u. § 18

Rn 42). Im Hinblick auf die in § 17 den im Betrieb vertr. Gewerkschaften eingeräumten Initiativrechte fehlt für ein isoliertes Feststellungsbegehren einer Gewerkschaft, dass im Betrieb ein BR zu bilden ist, das Rechtsschutzinteresse (BAG 3. 2. 76 AP Nr. 8 zu § 118 BetrVG 1972).

§ 17 a Bestellung des Wahlvorstands im vereinfachten Wahlverfahren

Im Fall des § 14 a finden die §§ 16 und 17 mit folgender Maßgabe Anwendung:
1. **Die Frist des § 16 Abs. 1 Satz 1 wird auf vier Wochen und die des § 16 Abs. 2 Satz 1, Abs. 3 Satz 1 auf drei Wochen verkürzt.**
2. **§ 16 Abs. 1 Satz 2 und 3 findet keine Anwendung.**
3. **In den Fällen des § 17 Abs. 2 wird der Wahlvorstand in einer Wahlversammlung von der Mehrheit der anwesenden Arbeitnehmer gewählt. Für die Einladung zu der Wahlversammlung gilt § 17 Abs. 3 entsprechend.**
4. **§ 17 Abs. 4 gilt entsprechend, wenn trotz Einladung keine Wahlversammlung stattfindet oder auf der Wahlversammlung kein Wahlvorstand gewählt wird.**

Inhaltsübersicht

I. Vorbemerkung

Diese Vorschrift ist im Rahmen des **BetrVerf-ReformG** eingefügt worden und **1** regelt die **Bestellung des Wahlvorst.** im **vereinfachten Wahlverfahren** in Betrieben mit **fünf bis fünfzig** wahlberechtigten ArbN. Wie im Wahlverfahren mit mehr als fünfzig wahlberechtigten ArbN ist auch im vereinfachten Wahlverfahren bei der Bestellung des Wahlvorst. zu unterscheiden zwischen Betrieben mit BR und ohne BR (vgl. Rn 4 f., 8 ff.). **Grundlage** für die Bestellung des Wahlvorst. im vereinfachten Wahlverfahren sind die §§ 16 und 17. Wegen der bestehenden Besonderheiten im vereinfachten Wahlverfahren, das sich insbes. durch ein verkürztes Verfahren auszeichnet, enthält § 17 a notwendige **Maßgaberegelungen** zu den §§ 16 und 17.

Keine Anwendung findet § 17 a auf das vereinbarte vereinfachte Wahlverfahren **2** nach § 14 a Abs. 5; der Wahlvorst. ist in diesem Fall bereits nach den allgem. Regeln der §§ 16 und 17 bestellt, denn nur ein bestehender Wahlvorst. kann mit dem ArbGeb. in Betrieben mit 51 bis 100 wahlberechtigten ArbN das vereinfachte Wahlverfahren vereinbaren (*Thüsing/Lambrich* NZA-Sonderheft 01, 79, 87, 94; *GK-Kreutz* Rn 4; *HSWGNR* Rn 2). Die Vorschrift findet ebenfalls keine Anwendung für die Wahl der JugAzubiVertr.; für die Bestellung des Wahlvorst. gelten die Sonderregelungen in § 63 Abs. 2 und 4. Die Vorschrift gilt ebenfalls nicht für die Wahl der Bordvertretung und des SeeBR sowie für die Bestellung der Mitgl. des GesBR (vgl. § 47 Abs. 2), des KBR (vgl. § 55), der GesJugAzubiVertr. (vgl. § 72 Abs. 2) und der KJugAzubiVertr. (vgl. § 73 a Abs. 2).

Die Vorschrift ist grundsätzlich **zwingend.** Hiervon kann weder durch TV noch **3** durch BV abgewichen werden. Dies gilt grundsätzlich auch für die nach § 3 Abs. 1

Nr. 1 bis 3 gebildeten bzw. zu bildenden Betriebsräte im vereinfachten Wahlverfahren (vgl. auch § 16 Rn 4).

II. Bestellung des Wahlvorstands in Betrieben mit Betriebsrat

4   Eine wesentliche Besonderheit der **Bestellung des Wahlvorst.** im vereinfachten Wahlverfahren ist, dass die **Fristen** zur Bestellung erheblich **verkürzt** worden sind. In Betrieben mit in der Regel fünf bis fünfzig wahlberechtigten ArbN, in denen bereits ein BR besteht, verkürzt sich nach Nr. 1 die Frist des § 16 Abs. 1 S. 1 zur Bestellung des Wahlvorst. von zehn auf vier Wochen. Danach muss der BR im vereinfachten Wahlverfahren anders als in Betrieben mit mehr als 50 wahlberechtigten ArbN den Wahlvorst. **spätestens vier Wochen** vor Ablauf seiner Amtszeit bestellen. Bei den genannten Fristen handelt es sich um **Mindestfristen.** Die Bestellung des Wahlvorst. zu einem früheren Zeitpunkt ist hierdurch nicht ausgeschlossen (vgl. auch § 16 Rn 8; ErfK-*Eisemann* Rn 2; *HSWGNR* Rn 4).

5   Kommt der BR im vereinfachten Wahlverfahren seiner Verpflichtung zur **Bestellung des Wahlvorst.** nicht nach, so kann der Wahlvorst. auf Antrag von drei wahlberechtigten ArbN oder einer im Betrieb vertretenen Gewerkschaft **durch das ArbG** bestellt werden (§ 16 Abs. 2). Die in § 16 Abs. 2 bestimmte Frist von acht Wochen ist im vereinfachten Wahlverfahren auf **drei Wochen** verkürzt (Nr. 1). Ebenso kann gem. § 16 Abs. 3 der **GesBR,** oder falls dieser nicht besteht, der **KBR** im vereinfachten Wahlverfahren den Wahlvorst. bestellen, wenn der BR nicht **drei Wochen** vor Ablauf seiner Amtszeit tätig geworden ist (Nr. 1). Wird von beiden Möglichkeiten der Bestellung des Wahlvorst. Gebrauch gemacht, so gilt das **Prioritätsprinzip** (vgl. § 16 Rn 76; ErfK-*Eisemann* Rn 2). Die verkürzten Fristen nach Nr. 1 gelten auch für den BR, der gem. § 21 a das **Übergangsmandat** in Betrieben mit in der Regel fünf bis fünfzig wahlberechtigten ArbN wahrnimmt.

III. Mitgliederzahl des Wahlvorstands

6   Im vereinfachten Wahlverfahren ist die **Mitgliederzahl** des Wahlvorst. auf **drei** beschränkt. Dies ergibt sich aus **Nr. 2,** die die Erhöhung der Mitgliederzahl nach § 16 Abs. 1 S. 2 und 3 ausschließt. Eine höhere Mitgliederzahl ist zur Durchführung der Wahl zum BR in Betrieben mit nicht mehr als fünfzig wahlberechtigten ArbN nicht erforderlich (vgl. BT-Drucks. 14/5741 S. 38). In Betrieben der **Postunternehmen,** die Beamten beschäftigen, muss auch im vereinfachten Wahlverfahren dem Wahlvorst. ein **Beamter** angehören (§ 26 Nr. 6 PostPersRG; § 6 Nr. 18 Buchst. b WOP; s. auch § 14 Rn 85 q).

7   Die Beschränkung des Wahlvorst. auf drei Mitgl. schließt jedoch nicht aus, **ErsMitgl.** zu bestellen (vgl. auch Rn 15 und § 16 Rn 35 ff.; *DKK-Schneider/Homburg* Rn 1; ErfK-*Eisemann* Rn 2; *HSWGNR* Rn 7; aA *Löwisch/Kaiser* Rn 1, der jedoch verkennt, dass Satz 4 des § 16 Abs. 1 von der Anwendung nicht ausgeschlossen ist). Die Bestellung von ErsMitgl. kann auch im vereinfachten Wahlverfahren sinnvoll sein, wenn zB ein Mitgl. des Wahlvorst. ausscheidet oder wegen Krankheit gehindert ist, das Amt auszuüben. Uneingeschränkt gelten auch die übrigen Regeln des § 16 Abs. 1: auch im vereinfachten Wahlverfahren sollen Frauen und Männer dem Wahlvorstand angehören und können im Betrieb vertretene Gewerkschaften einen Beauftragten als nicht stimmberechtigtes Mitglied in den Wahlvorst. entsenden (*DKK-Schneider/Homburg* Rn 1; *Löwisch/Kaiser* Rn 1; GK-*Kreutz* Rn 10).

IV. Bestellung des Wahlvorstands in betriebsratslosen Betrieben

1. Bestellung durch den Gesamtbetriebsrat oder Konzernbetriebsrat

Wie auch im normalen Wahlverfahren wird der Wahlvorst. im vereinfachten **8** Wahlverfahren in betriebsratslosen Betrieben zunächst vom GesBR oder, falls dieser nicht besteht, vom KBR bestellt (vgl. *Thüsing/Lambrich* NZA-Sonderheft 01, 79, 87, 88; *Engels/Trebinger/Löhr-Steinhaus* DB 01, 532, 534 Fn. 26; GK-*Kreutz* Rn 13; *SWS* Rn 4; ErfK-*Eisemann* Rn 3; *HSWGNR* Rn 8; *Richardi/Thüsing* § 14a Rn 8; *KRHS* Rn 2; *Schaub* § 217 Rn 5; *Shahatit* BArBl. 01, S. 15; *Hanau* RdA 01, S. 65, 69; *Quecke* AuR 02, 1, 3; im Ergebnis so wohl auch *Däubler* AuR 01, 285, 287; **aA** *Löwisch* BB 01, 1734, 1739; *Neumann* BB 02, 510, 512; *Löwisch/Kaiser* Rn 2). § 17 Abs. 1 gilt mangels anderweitiger Maßgabe in § 17a uneingeschränkt auch für die Bestellung des Wahlvorst. im vereinfachten Wahlverfahren (vgl. *Engels/Trebinger/Löhr-Steinhaus* DB 01, 532, 534 Fn 26; *Shahatit* BArBl. 01, S. 15; GK-*Kreutz* Rn 13). So bestimmt auch § 17a Nr. 3, dass der Wahlvorst. in den Fällen des § 17 Abs. 2 in der WahlVerslg. gewählt wird. § 17 Abs. 2 setzt seinerseits jedoch voraussetzt, dass für den betriebsratslosen Betrieb kein GesBR oder KBR besteht oder der GesBR, oder falls dieser nicht besteht, der KBR die Bestellung des Wahlvorst. unterlassen hat. Damit kommt die WahlVerslg. zur Bestellung des Wahlvorst. auch im vereinfachten Wahlverfahren erst nachrangig zum Zuge (vgl. so auch *Thüsing/Lambrich* NZA-Sonderheft 01, 79, 87, 88; ErfK-*Eisemann* Rn 3).

2. Wahl durch die Wahlversammlung

Nach Nr. 3 wird der Wahlvorst. in betriebsratslosen Betrieben mit in der Regel **9** fünf bis fünfzig wahlberechtigten ArbN in einer WahlVerslg. von der Mehrheit der anwesenden ArbN gewählt, wenn weder ein GesBR noch ein KBR besteht oder der bestehende GesBR bzw. der KBR die Bestellung des Wahlvorst. nach § 17 Abs. 1 unterlassen hat (vgl. Ausführungen unter Rn 8; § 17 Rn 11 ff.; GK-*Kreutz* Rn 15; *HSWGNR* Rn 9).

Für die Einladung zur WahlVerslg. gilt § 17 Abs. 3 entsprechend (Nr. 3 S. 2), so dass **10** weitgehend auf die Ausführungen hierzu verwiesen werden kann (vgl. § 17 Rn 16 ff.; abweichende Besonderheiten s. Rn 11). **Einladungsberechtigt** sind danach mindestens drei wahlberechtigte ArbN des Betriebs oder eine im Betrieb vertretene Gewerkschaft (vgl. auch § 28 Abs. 1 S. 1 WO und dort Rn 1 ff.). Diese, aber auch jeder andere ArbN kann Vorschläge zur Zusammensetzung des Wahlvorst. machen (vgl. § 17 Rn 21).

Anders als bei der **Einladung** zur BetrVerslg. nach § 17 Abs. 3 sind bei der Einla- **11** dung zur WahlVerslg. nach § 17a Nr. 3 **Besonderheiten** zu beachten. Die **Einladung** zu Wahl des Wahlvorst. muss gem. § 28 Abs. 1 S. 2 WO **mindestens sieben Tage vor dem Tag der WahlVerslg.** erfolgen (bis zum Inkrafttreten der neuen Wahlordnung am 11. Dezember 2001 (BGBl. I S. 3494) bestimmte dies § 125 Abs. 4 Nr. 1 S. 1). Für die Berechnung der Frist finden die §§ 186 bis 193 BGB entsprechende Anwendung (§ 41 WO).

Des Weiteren muss die **Einladung** gem. § 28 Abs. 1 S. 5 WO **folgende Hinweise** **12** enthalten:

a) Ort, Tag und Zeit der WahlVerslg. zur Wahl des Wahlvorst.,

b) dass Wahlvorschläge zur Wahl des BR bis zum Ende der WahlVerslg. zur Wahl des Wahlvorst. gemacht werden können,

c) dass Wahlvorschläge der ArbN zur Wahl des BR mindestens von einem Zwanzigstel der Wahlberechtigten, mindestens jedoch von drei Wahlberechtigten unterzeichnet sein müssen; in Betrieben mit in der Regel bis zu zwanzig Wahlberechtigten reicht die Unterzeichnung durch zwei Wahlberechtigte,

d) dass Wahlvorschläge zur Wahl des BR, die erst in der WahlVerslg. zur Wahl des Wahlvorst. gemacht werden, nicht der Schriftform bedürfen.
Vgl. dazu auch § 28 WO Rn 5.

13   Die **Einladung** ist durch **Aushang** an geeigneten Stellen im Betrieb **bekannt zu machen** (§ 28 Abs. 1 S. 3 WO). Ergänzend kann die Einladung **auch mittels** der im Betrieb vorhandenen **Informations- und Kommunikationstechnik** bekannt gemacht werden (§ 28 Abs. 1 S. 4 WO), wie zB durch Rund-E-Mail oder durch Veröffentlichung im Intranet. Die Bekanntmachung **ausschließlich in elektronischer Form** ist dagegen nur zulässig, wenn alle ArbN von der Bekanntmachung Kenntnis erlangen können und Vorkehrungen getroffen werden, dass Änderungen der Bekanntmachung nur von der einladenden Stelle vorgenommen werden können (vgl. § 28 Abs. 1 S. 4 WO Rn 4). Wollen die einladenden ArbN die im Betrieb vorhandene Informations- und Kommunikationstechnik nutzen, so hat der ArbGeb. ihnen die bestehende Infrastruktur hierfür zur Verfügung zu stellen; dies gilt auch, wenn eine im Betrieb vertretene Gewerkschaft zur WahlVerslg. einladen will (so wohl auch *Thüsing/Lambrich* NZA-Sonderheft 01, 79, 88). Der in der WO verwandte **Begriff „elektronische Form"** ist **nicht identisch** mit dem in § 126a BGB und § 2 Nr. 3 SignaturG verwandten Begriff. Die Bekanntmachung in elektronischer Form setzt daher zu ihrer Wirksamkeit kein qualifiziert signiertes Dokument iSd. vorgenannten Vorschriften voraus.

14   Der ArbGeb. ist verpflichtet, die Einladung zur WahlVerslg. zur Wahl des Wahlvorst. auch im vereinfachten Wahlverfahren allen regelmäßig auswärts beschäftigten ArbN zukommen zu lassen (*Hanau* ZIP 01, S. 1981, 1983; vgl. auch § 17 Rn 17). Im Übrigen wird wegen der gleichgelagerten Fragen zur Einladung und zum Ablauf der WahlVerslg. auf die Ausführungen in § 17 Rn 18 bis 25 verwiesen.

15   Am Tag der WahlVerslg. wird der **dreiköpfige Wahlvorst.** von der Mehrheit der anwesenden ArbN **gewählt.** Jedes einzelne Mitgl. bedarf der Stimmenmehrheit der anwesenden ArbN. Aus dem Kreis der gewählten Mitgl. des Wahlvorst. wird dann die oder der Vorsitzende des Wahlvorst., ebenfalls von der Mehrheit der anwesenden ArbN, gewählt (§ 29 S. 3 WO; GK-*Kreutz* Rn 24). Ergänzend können auch Ers-Mitgl. gewählt werden (vgl. Rn 7, § 29 WO Rn 3). **Teilnahme- und stimmberechtigt** sind nicht nur die wahlberechtigten ArbN, sondern – bis auf die in § 5 Abs. 2 und 3 genannten Personen – **alle ArbN** des Betriebs, einschließlich die nach § 7 S. 2 wahlberechtigten ArbN, die an der WahlVerslg. teilnehmen (vgl. § 17 Rn 21, 27). Wie auch bei der Wahl des Wahlvorst. in einer BetrVerslg. ist eine förmliche, insb. geheime Wahl nicht erforderlich; nach dem Verlauf der WahlVerslg. muss jedoch zweifelsfrei feststehen, wer gewählt ist (vgl. § 17 Rn 27 mwN). Auch im Fall des vereinfachten Wahlverfahrens kann durch die Verweisung auf § 17 Abs. 2 und damit auf § 16 Abs. 1 jede im Betrieb vertretene Gewerkschaft, die nicht durch ein ordentl. Mitgl. im Wahlvorst. vertreten ist, zusätzlich einen betriebsangehörigen Beauftragten als nicht stimmberechtigtes Mitgl. in den Wahlvorst. entsenden (vgl. § 16 Rn 41 ff.).

16   Die WahlVerslg. findet nach § 44 Abs. 1 grundsätzlich **während der Arbeitszeit** statt. Die Zeit der Teilnahme ist den ArbN einschl. zusätzlicher Wegezeiten wie Arbeitszeit zu vergüten (vgl. Ausführungen zu § 17 Rn 26; GK-*Kreutz* Rn 18). Zum **Teilnahmerecht** des **ArbGeb.** vgl. § 17 Rn 26, § 14a Rn 21.

3. Bestellung durch das Arbeitsgericht

17   Die Bestellung des Wahlvorst. durch das ArbG nach Nr. 4 setzt einen **gescheiterten Versuch** voraus, in einer WahlVerslg. den Wahlvorst. zu wählen. Gleichgültig ist, ob der Versuch scheitert, weil keine WahlVerslg. zustande kommt oder diese keinen Wahlvorst. wählt (vgl. zu § 17 Rn 32).

18   Grundsätzlich muss eine ordnungsgemäße Einladung zu einer WahlVerslg. nach Nr. 3 erfolgt sein. Hierzu gelten die gleichen Ausführungen wie zu § 17 Rn 33, auf die hier verwiesen wird.

Antragsberechtigt sind mindestens drei wahlberechtigte ArbN oder eine im Be- 19
trieb vertr. Gewerkschaft (vgl. hierzu § 17 Rn 34 und § 16 Rn 60). Andere Personen
oder Stellen, zB der ArbGeb. oder der ArbGebVerband, können das gerichtliche Verfahren nicht einleiten. Den antragstellenden wahlberechtigten ArbN steht gem. § 15
Abs. 3 a KSchG Kündigungsschutz zu (vgl. § 17 Rn 37 ff.).

Für die Zusammensetzung des Wahlvorst. gelten dieselben Grundsätze, wie sie für 20
die Bestellung durch die WahlVerslg. maßgebend sind (vgl. oben Rn 15). Nach Nr. 4
gilt § 17 Abs. 4 entsprechend und damit auch § 16 Abs. 2, so dass das ArbG für Betriebe mit mehr als 20 wahlberechtigte ArbN auch nichtbetriebsangehörige Gewerkschaftsmitglieder in den Wahlvorst. berufen kann, soweit dies für eine ordnungsgemäße Durchführung der Wahl erforderlich ist (vgl. § 17 Rn 35, § 16 Rn 65 ff.; *Löwisch/
Kaiser* Rn 1; GK-*Kreutz* Rn 27). Insgesamt darf der Wahlvorst. aber nur aus drei Mitgl.
bestehen. Über die gerichtliche Bestellung im Einzelnen vgl. § 16 Rn 56 ff.

Die WahlVerslg. kann **bis zur rechtskräftigen Entscheidung** des ArbG (oder 21
des Instanzgerichts) die Wahl des Wahlvorst. noch vornehmen (GK-*Kreutz* Rn 26;
ErfK-*Eisemann* Rn 4; vgl. hierzu auch § 16 Rn 57).

V. Streitigkeiten

Verstöße gegen die Regelungen des § 17 a haben als Verstöße gegen das Wahlver- 22
fahren zu gelten und berechtigen daher unter den Voraussetzungen des § 19 zur Anfechtung der BRWahl (vgl. auch § 19 Rn 10 ff.).

Streitigkeiten, die aus der Wahl des Wahlvorst. durch die WahlVerslg. entstehen, 23
sind von den **ArbG im BeschlVerf.** zu entscheiden (§§ 2 a, 80 ff. ArbGG; vgl. hierzu auch § 16 Rn 88; zur umstr. Vfg. auf Abbruch der BRWahl bei Wahl des Wahlvorst. durch WahlVerslg. trotz Bestehens eines BR LAG Hamm DB 94, 992 u. § 18
Rn 42). Im Hinblick auf die den im Betrieb vertr. Gewerkschaften eingeräumten
Initiativrechte fehlt für ein isoliertes Feststellungsbegehren einer Gewerkschaft, dass
im Betrieb ein BR zu bilden ist, das Rechtsschutzinteresse (BAG 3. 2. 76 AP Nr. 8
zu § 118 BetrVG 1972).

§ 18 Vorbereitung und Durchführung der Wahl

(1) [1]**Der Wahlvorstand hat die Wahl unverzüglich einzuleiten, sie durchzuführen und das Wahlergebnis festzustellen.** [2]**Kommt der Wahlvorstand dieser Verpflichtung nicht nach, so ersetzt ihn das Arbeitsgericht auf Antrag des Betriebsrats, von mindestens drei wahlberechtigten Arbeitnehmern oder einer im
Betrieb vertretenen Gewerkschaft.** [3]**§ 16 Abs. 2 gilt entsprechend.**

(2) **Ist zweifelhaft, ob eine betriebsratsfähige Organisationseinheit vorliegt, so
können der Arbeitgeber, jeder beteiligte Betriebsrat, jeder beteiligte Wahlvorstand oder eine im Betrieb vertretene Gewerkschaft eine Entscheidung des Arbeitsgerichts beantragen.**

(3) [1]**Unverzüglich nach Abschluss der Wahl nimmt der Wahlvorstand öffentlich die Auszählung der Stimmen vor, stellt deren Ergebnis in einer Niederschrift fest und gibt es den Arbeitnehmern des Betriebs bekannt.** [2]**Dem Arbeitgeber und den im Betrieb vertretenen Gewerkschaften ist eine Abschrift der
Wahlniederschrift zu übersenden.**

Inhaltsübersicht

I. Vorbemerkung

1   Die Vorschrift regelt in Abs. 1 und 3 die Pflichten des Wahlvorst. bei der Einleitung, Durchführung und nach Beendigung der Wahl sowie die Möglichkeit der Ersetzung eines säumigen Wahlvorst. durch das ArbG. In Abs. 2 wird ferner die Möglichkeit eröffnet, bei Zweifeln über das Vorliegen einer betriebsratsfähigen Organisationseinheit eine Entscheidung des ArbG herbeizuführen.

2   Die Vorschrift ist durch das **BetrVerf-ReformG** in drei Punkten geändert worden. Den Antrag auf Ersetzung des Wahlvorst. kann nunmehr auch der BR stellen (Abs. 1). Wegen der weitreichenden Gestaltungsmöglichkeiten von BRStrukturen insb. durch TV nach § 3 nF und der neuen Regelungen in § 4 ist der Streitgegenstand der gerichtlichen Klärung in Abs. 2, was zu einem Betrieb gehört, umfassender umschrieben werden. Das Streichen der Worte „vor der Wahl" verdeutlicht, dass die Klärung, ob ein betriebsratsfähiger Betrieb vorliegt und was zu ihm gehört, auch außerhalb des Wahlverfahrens erfolgen kann (vgl. BT-Drucks. 14/5741 S. 38).

3   Die Vorschrift findet auf die Wahl der BordVertr. und des SeeBR entsprechende Anwendung (vgl. § 115 Abs. 2, § 116 Abs. 2). Für die Wahl der JugAzubiVertr. gilt die Sonderregelung des § 63 Abs. 2 bis 4. Keine Anwendung findet die Vorschrift auf die Entsendung der Mitgl. des GesBR, KBR, der GesJugAzubiVertr. und KJugAzubiVertr.

4   Die Vorschrift ist grundsätzlich **zwingend**. Weder durch TV noch durch BV können abweichende Regelungen getroffen werden. Das gilt auch für die nach § 3 Abs. 1 Nr. 1 bis 3 gebildeten Betriebsräte, nicht jedoch für die Wahl zusätzlicher betriebsverfassungsrechtlicher Vertr. der ArbN nach § 3 Abs. 1 Nr. 5 sowie die zusätzlichen betriebsverfassungsrechtlichen Gremien in Form von Arbeitsgemeinschaften der BR nach § 3 Abs. 1 Nr. 4 (so auch *WPK-Wlotzke* Rn 1). Letztere dürften idR durch Entsendung von Mitgl. aus den einzelnen BR gebildet werden, so dass die Vorschrift nicht greift.

5   Entspr. Vorschriften: § 23 BPersVG, § 7 Abs. 4 SprAuG.

II. Aufgaben des Wahlvorstands

6   § 18 Abs. 1 und 3 umschreibt die **Aufgaben des Wahlvorst.** in den Grundzügen. Der Wahlvorst. hat die Wahl nach den gesetzlichen Vorschriften, die durch die nach § 126 erlassene **Wahlordnung** ergänzt werden (vgl. § 126 Rn 5 ff. sowie Anhang 1), einzuleiten und durchzuführen. Er hat das Wahlverfahren in seinem gesamten Verlauf zu überwachen und für seine ordnungsmäßige Durchführung zu sorgen.

7   Aus seiner Verpflichtung zur ordnungsmäßigen Durchführung der Wahl folgt auch sein Recht, rechtsfehlerhafte Maßnahmen **im Laufe des Wahlverfahrens zu korrigieren,** umso eine sonst drohende erfolgreiche Anfechtbarkeit der Wahl oder gar ihre Nichtigkeit zu vermeiden (LAG Bremen DB 90, 1571; zur Zulässigkeit von gerichtlichen Entscheidungen im Laufe des Wahlverfahrens vgl. unten Rn 32 ff.). Der Sicherung einer ordnungsgemäßen Durchführung der Wahl dient auch das Strafantragsrecht des Wahlvorst. bei Behinderung oder unzulässiger Beeinflussung der Wahl (vgl. § 119 Abs. 2).

Der Wahlvorst. kann, sofern er dies zB wegen seiner erhöhten MitglZahl für sach- **8** gerecht hält, einen **geschäftsführenden Ausschuss** bilden, dem die vielfältigen laufenden Geschäfte des Wahlvorst. (insb. vorbereitender oder technischer Art) zur Erledigung übertragen werden können (*Jacobs* Wahlvorstände S. 226). Zum Begriff der laufenden Geschäfte vgl. § 27 Rn 67 ff. Die das Wahlverfahren betr. materiellen Entscheidungen (zB Erlass des Wahlausschreibens, Entscheidungen über Wahlrecht, Wählbarkeit oder die Gültigkeit von Vorschlagslisten) muss jedoch der Wahlvorst. als solcher treffen (*Jacobs* aaO S. 227; *WPK-Wlotzke* Rn 2).

Der Wahlvorst. trifft seine Entscheidungen nach **pflichtgemäßem Ermessen** **9** durch Beschluss. Die **Beschlüsse** werden mit einfacher Stimmenmehrheit der stimmberechtigten Mitglieder des Wahlvorst. – also ohne Beteiligung der von den Gewerkschaften nach § 16 Abs. 1 S. 6 entsandten Mitgl. – gefasst (§ 1 Abs. 3 S. 1 WO).

Über jede Sitzung des Wahlvorst. ist eine **Niederschrift** aufzunehmen, die min- **10** destens den Wortlaut der gefassten Beschlüsse enthält. Die Niederschrift ist vom Vorsitzenden und einem weiteren stimmberechtigten WahlvorstMitgl. zu unterschreiben (§ 1 Abs. 3 S. 2 u. 3 WO). ErsMitgl nehmen an den Sitzungen des Wahlvorst., solange sie nicht für ein verhindertes oder ausgeschiedenes Mitgl. eingetreten sind, nicht teil, wohl jedoch die von den Gewerkschaften nach § 16 Abs. 1 S. 1 entsandten Mitgl. (vgl. hierzu § 16 Rn 52). Zur Rechtstellung der Mitgl. des Wahlvorst. vgl. § 16 Rn 82 ff.

Auch ohne dass dies ausdrücklich geregelt ist, sind die **Gewerkschaften,** in den **11** Betrieben der privatisierten Post- und Bahnunternehmen, der BRD-Finanzagentur GmbH sowie der Kooperationsunternehmen der Bundeswehr auch die **Berufsverbände der Beamten** bzw. Soldaten (§ 2 Rn 34), berechtigt, dem Wahlvorst. auf sein Verlangen hin fachkundigen Rat zu erteilen, um das komplizierte Wahlverfahren ordnungsgemäß abzuwickeln. Das ergibt sich nicht nur aus der allgemeinen betriebsverfassungsrechtlichen Unterstützungsfunktion der Gewerkschaften, sondern auch aus ihrem Recht, die Wahl anzufechten (§ 19) oder gegen rechtsfehlerhafte Maßnahmen des Wahlvorst. auch während des laufenden Wahlverfahrens gerichtlich vorzugehen (vgl. unten Rn 32 ff.).

Ist ihnen nämlich das Recht einer nachträglichen Beseitigung rechtsfehlerhafter **12** Maßnahmen des Wahlvorst. zuerkannt, muss ihnen auch eine **vorbeugende Hilfe** gestattet sein. Hieran ändert auch nichts die in § 16 Abs. 1 S. 6 den nicht im Wahlvorst. vertretenen Gewerkschaften eingeräumte Möglichkeit, einen betriebsangehörigen Beauftragten als nicht stimmberechtigtes Mitgl. in den Wahlvorst. zu entsenden. Denn diese Regelung soll lediglich für mehr Transparenz der Tätigkeit des Wahlvorst. sorgen (vgl. § 16 Rn 41 ff.). Sie kann eine erforderliche Beratung des Wahlvorst. in schwierigen Sach- oder Rechtsfragen nicht ersetzen.

Ein eigenständiges Teilnahmerecht der Gewerkschaften an den Sitzungen des Wahl- **13** vorst. besteht allerdings mangels einer ausdrücklichen gesetzlichen Regelung nicht. Jedoch ist es zulässig, dass ein Gewerkschaftsbeauftragter zur Erörterung konkreter Zweifelsfragen auf Wunsch des Wahlvorst. auch an dessen **Sitzungen** teilnimmt (GK-*Kreutz* Rn 13; *Schneider* § 16 Rn 38; *Schaub* § 217 Rn 8; LAG Düsseldorf BB 80, 1424). Dem Gewerkschaftsbeauftragten ist zu diesem Zweck gemäß § 2 Abs. 2 **Zutritt zum Betrieb** zu gewähren (ErfK-*Eisemann/Koch* Rn 1; *WPK-Wlotzke* Rn 3; *SWS* Rn 1; **aA** LAG Hamm DB 78, 844 und DB 81, 848; *HSWGNR* Rn 8).

1. Einleitung der Wahl

Der Wahlvorst. hat die Wahl **unverzüglich,** dh ohne schuldhaftes Zögern, alsbald **14** nach seiner Bestellung „**einzuleiten**". Diese Verpflichtung entsteht mit der Bestellung des Wahlvorst. und ist mit Erlass des Wahlausschreibens erfüllt (§ 3 Abs. 1 S. 2, § 31 Abs. 1 S. 2, § 36 Abs. 2 S. 2 WO).

Der Wahlvorst. soll die Wahl so **zügig durchführen,** dass der neugewählte BR **15** sein Amt mit Ablauf der Amtszeit des bestehenden antreten kann, damit keine betriebsratslose Zeit eintritt. Besteht im Betrieb kein oder nur noch ein nach § 22 bloß geschäftsführender BR, so ist die Wahl so zügig durchzuführen, dass möglichst bald der neue BR gewählt ist. Andererseits muss man dem Wahlvorst. genügende Zeit zugestehen, die Wahlvorbereitungen gründlich zu treffen, um eine Anfechtbarkeit der Wahl (§ 19) zu vermeiden. Jedenfalls soll der Wahlvorst. das Wahlausschreiben spätestens sechs Wochen vor dem ersten Tag der Stimmabgabe erlassen (§ 3 Abs. 1 S. 1 WO), wenn der BR nicht im vereinfachten Wahlverfahren nach § 14a gewählt wird (Näheres hierzu s. § 14a Rn 8 ff., § 36 Abs. 2 S. 3 WO).

16   Bis zum Erlass des Wahlausschreibens hat der Wahlvorst.
    – zu beschließen, ob er sich eine **schriftliche Geschäftsordnung** geben will (§ 1 Abs. 2 S. 1 WO) und ob er Wahlhelfer bestellen will (§ 1 Abs. 2 S. 2 WO); dies hängt ua. von der Zahl der erforderlichen Wahllokale ab;
    – die **Wählerlisten** nach § 2 Abs. 1 WO aufzustellen, wobei ihn der ArbGeb. nach § 2 Abs. 2 WO durch Auskünfte und Unterlagen (Listen und dergl.) zu unterstützen hat, und zu beschließen, wo diese ausgelegt werden sollen bzw. ob und wie eine Bekanntmachung der Wählerliste in **elektronischer Form** erfolgen soll (§ 2 Abs. 4 WO);
    – ggf. das Verfahren nach § 18a über die **Zuordnung der leitenden Ang.** durchführen (vgl. § 18a Rn 6 ff.);
    – die **Zahl** der zu wählenden BRMitgl. nach § 9 festzustellen;
    – die Zahl der gem. § 15 Abs. 2 auf das **Minderheitsgeschlecht** entfallenden Mindestsitze im BR nach § 5 WO zu berechnen (vgl. § 15 Rn 15 ff.);
    – zu errechnen, von wievielen ArbN ein **Wahlvorschlag** zu unterstützen ist (vgl. § 14 Rn 45 ff.);
    – zu beschließen, wann und wo **Wahlvorschläge** einzureichen sind (vgl. §§ 6 ff. WO) und wo sie ausgelegt bzw. wo und wie sie elektronisch bekanntgemacht werden sollen (vgl. § 10 WO);
    – zu beschließen, ob für Betriebsteile oder Kleinstbetriebe, die räumlich weit vom Hauptbetrieb entfernt sind, **schriftliche Stimmabgabe** erfolgen soll (§ 24 Abs. 3 WO);
    – Ort, Tag und die Zeit der **Stimmabgabe** festzulegen (vgl. § 3 Abs. 2 Nr. 11 WO);
    – den Ort zu bestimmen, an dem Einsprüche, Wahlvorschläge und sonstige Erklärungen gegenüber dem Wahlvorst. abzugeben sind (vgl. § 3 Abs. 2 Nr. 12 WO);
    – Ort, Tag und Zeit der öffentlichen Stimmauszählung festzulegen (vgl. § 3 Abs. 2 Nr. 13 WO).
    Vgl. hierzu auch die Erläuterungen zu den angegebenen Vorschriften der WO (abgedruckt in Anhang 1).

17   Zu den Besonderheiten, die der Wahlvorst. beim **vereinfachten Wahlverfahren** nach § 14a zu beachten hat, vgl. § 14a Rn 18 ff. sowie die §§ 30 ff. WO und die dortigen Erläuterungen.

18   Aufgrund der in Rn 16 genannten Entscheidungen fertigt der Wahlvorst. das **Wahlausschreiben** an, mit dessen Erlass die Wahl „eingeleitet" ist (§ 3 Abs. 1 S. 2, § 31 Abs. 1 S. 2, § 36 Abs. 2 S. 2 WO). Die regelmäßigen BRWahlen nach § 13 Abs. 1 sind zeitgleich mit den regelmäßigen Wahlen nach § 5 Abs. 1 SprAuG, dh den Wahlen der betrieblichen Sprecherausschüsse oder des Unternehmenssprecherausschusses einzuleiten (vgl. hierzu § 13 Rn 10 ff.).

2. Durchführung der Wahl

19   Nach Erlass des Wahlauschreibens hat der Wahlvorst. insb. folgende Aufgaben: Er hat über **Einsprüche gegen die Richtigkeit der Wählerlisten** zu entscheiden (vgl. § 4 Abs. 1 und 2 WO) und diese bis zum Tage vor Beginn der Stimmabgabe auf dem aktuellen Stand zu halten. Insb. hat er neu in den Betrieb eintretende ArbN noch in die Wählerliste einzutragen und ausgeschiedene ArbN zu streichen (vgl. § 4 Abs. 3 WO).

Ferner hat er **Vorschlagslisten** (vgl. § 7 WO) entgegenzunehmen, sie nach den 20
§§ 6 ff. WO zu prüfen und ggf. eine Nachfrist von einer Woche festzusetzen und
bekanntzumachen, wenn keine Wahlvorschläge eingereicht werden (vgl. § 9 WO). Er
hat die Reihenfolge der eingereichten Vorschlagslisten auszulosen (vgl. § 10 WO)
sowie die Vorschlagslisten bekanntzumachen. Ferner hat er die **Stimmzettel,** die
Wahlumschläge und die Wahlurnen zu beschaffen und schließlich die **Stimmabgabe,**
ggf. mit Unterstützung von Wahlhelfern, zu überwachen (vgl. § 12 WO).

3. Feststellung des Wahlergebnisses

Für die Feststellung des Wahlergebnisses schreibt § 18 Abs. 3 ausdrücklich die **öf-** 21
fentliche Auszählung der Stimmen unverzüglich nach Abschluss der Stimmabgabe vor. Nach Sinn und Zweck der Vorschrift, die davon ausgeht, dass die ArbN nicht
nur an der Stimmauszählung, sondern insb. auch an der Feststellung interessiert sind
zu erfahren, wer gewählt ist, ist die Bestimmung dahin auszulegen, dass die gesamte
Ermittlung des Wahlergebnisses nach § 16 WO in öffentlicher Sitzung erfolgen muss
(GK-*Kreutz* Rn 32; HSW*GNR* Rn 22; *Richardi/Thüsing* Rn 7; *WW* Rn 2; *Schneider*
Rn 12; ArbG Bochum DB 75, 1898; vgl. auch § 13 WO).

Mit der Wahlniederschrift nach § 16 WO liegt das vorläufige Wahlergebnis vor. 22
Das **endgültige Wahlergebnis** steht allerdings erst fest, wenn die Gewählten die
Wahl gem. § 17 WO angenommen haben (vgl. § 18 WO).

Unter **Öffentlichkeit** ist nicht die allgemeine Öffentlichkeit zu verstehen, da dies 23
dem internen betrieblichen Charakter der BRWahl nicht entsprechen würde. Jedoch
beschränkt sich die „Öffentlichkeit" auch nicht nur auf die ArbN des Betriebs. Vielmehr ist allen, die ein berechtigtes Interesse an der BRWahl haben, die Anwesenheit
zu ermöglichen. Hierzu zählen im Hinblick auf ihr Wahlanfechtungsrecht und die
Regelung des Abs. 3 S. 2 jedenfalls auch die im Betrieb vertretenen Gewerkschaften
(BAG 16. 4. 2003 AP Nr. 21 zu § 20 BetrVG 1972; GK-*Kreutz* Rn 33; *Richardi/
Thüsing* § 13 WO Rn 3; DKK-*Schneider/Homburg* § 13 WO Rn 6; aA *SWS* Rn 6).
Die Gewerkschaft muss sich nicht auf die ihr zu übersendende Wahlniederschrift
verweisen lassen, sondern hat das Recht, sich durch eigene Wahrnehmung von der
Ordnungsgemäßheit der Ermittlung des Wahlergebnisses zu überzeugen (BAG aaO).
Das Gebot der öffentlichen Stimmauszählung erfordert, dass den Teilnahmeberechtig-
ten ein ungehinderter Zugang zum Ort der Stimmauszählung möglich ist (BAG
15. 11. 00 AP Nr. 10 zu § 18 BetrVG 1972 mit Anm. *Rädel* AiB 01, 663; vgl. auch
§ 13 WO Rn 4 ff.). Notfalls kann dies auch im Wege des einstweiligen Verfügungsverfahrens durchgesetzt werden (für die Teilnahme eines Gewerkschaftsmitgl. an der
Stimmauszählung s. BAG aaO).

Die **Auszählung der Stimmen** ist in §§ 13, 14 WO geregelt. Die Auszählung 24
muss hiernach unverzüglich nach Abschluss der Wahl erfolgen. Sie erfolgt in der Weise, dass der Wahlvorst. die Stimmzettel den Wahlumschlägen entnimmt und die auf
jede Vorschlagsliste (bei Verhältniswahl) bzw. auf jeden Wahlbewerber (bei Mehrheitswahl) entfallenden Stimmen zusammenzählt. Hierbei hat er jeweils die **Gültig-**
keit der einzelnen Stimmzettel zu prüfen. Es ist zulässig, die Auszählung der
Stimmen über eine EDV-Anlage vorzunehmen (ArbG Bremen DB 72, 1830; LAG
Hamm BB 78, 358; HSW*GNR* Rn 24); jedoch muss die Verantwortlichkeit des
Wahlvorst. für den Auszählungsvorgang und die Öffentlichkeit der Stimmauszählung
gewahrt bleiben (LAG Berlin DB 88, 504; WPK-*Wlotzke* Rn 7). Die Öffentlichkeit
der Stimmauszählung erfordert, dass Ort und Zeitpunkt der Stimmauszählung vorher
im Betrieb öffentlich bekanntgemacht werden (BAG 15. 11. 00 AP Nr. 10 zu § 18
BetrVG 1972). Wegen schriftlicher Stimmabgabe vgl. §§ 24 ff. WO.

Die **Ermittlung der Sitze** erfolgt bei Verhältniswahl nach § 15 WO (vgl. § 14 25
Rn 22 ff., § 15 Rn 11 ff.; 22 ff.), bei Mehrheitswahl nach den §§ 22, 34 und § 36
Abs. 4 WO (vgl. § 14 Rn 29 ff., § 15 Rn 30 ff.).

26   Über das vorläufige Wahlergebnis ist eine Niederschrift nach § 16 WO zu erstellen, in der für die Feststellung des Wahlergebnisses wesentliche Angaben aufzunehmen sind.

27   Die **Bekanntgabe des Wahlergebnisses** erfolgt durch zweiwöchigen Aushang (vgl. § 18 WO), sobald die Namen der BRMitgl. endgültig feststehen, dh wenn feststeht, ob alle Gewählten die Wahl angenommen haben oder ob gewählte Wahlbewerber nach § 17 WO binnen drei Tagen nach Zugang der Benachrichtigung ihrer Wahl gegenüber dem Wahlvorst. die Ablehnung der Wahl erklärt haben und welche Wahlbewerber an ihrer Stelle endgültig in den BR eingetreten sind.

4. Weitere Verpflichtungen des Wahlvorstands

28   Nach § 18 Abs. 3 S. 2 ist der Wahlvorst. verpflichtet, eine **Abschrift der Wahlniederschrift** (dh der Niederschrift über die Feststellung des Wahlergebnisses) dem **ArbGeb.** und den **Gewerkschaften** zu übersenden, von denen er weiß, dass sie im Betrieb vertreten sind (vgl. § 2 Rn 43). Die Übersendung hat unverzüglich nach Unterzeichnung der Wahlniederschrift zu erfolgen (*GL* Rn 5; *Richardi/Thüsing* Rn 7; **aA** GK-*Kreutz* Rn 40: nach Bekanntgabe des endgültigen Wahlergebnisses; zur Frage der Anfechtungsfrist vgl. § 19 Rn 34 ff.).

29   Die Verletzung dieser Vorschrift begründet **kein Wahlanfechtungsrecht,** da sie die ordnungsgemäße Durchführung der Wahl als solche nicht berührt. Wohl können der ArbGeb. und jede im Betrieb vertretene Gewerkschaft durch Anrufung des ArbG die Aushändigung der Wahlniederschrift im arbeitsgerichtlichen Beschlussverf. (§§ 80 ff. ArbGG) erzwingen, ggf. auch im Wege einer einstw. Vfg. nach § 85 Abs. 2 ArbGG. Hat der Wahlvorst. die Übersendung versäumt, kann sie auch vom BR noch vorgenommen werden (LAG Düsseldorf BB 73, 1310).

30   Der Wahlvorst. hat ferner gemäß § 29 Abs. 1 vor Ablauf von einer Woche nach dem Wahltag die Mitgl. des BR zur **konstituierenden Sitzung** einberufen. Hierbei leitet der Vorsitzende des Wahlvorst. – im Falle seiner Verhinderung ein anderes Mitgl. – die BRSitzung, bis der BR aus seiner Mitte einen Wahlleiter bestellt hat (vgl. im Einzelnen § 29 Rn 6 ff.).

31   Die **Wahlakten** werden vom BR, und zwar mindestens bis zur Beendigung seiner Amtszeit aufbewahrt (vgl. § 19 WO).

5. Streitfragen im Laufe des Wahlverfahrens

32   Bei der Vielfalt und Vielzahl der Aufgaben des Wahlvorst. sind **Meinungsverschiedenheiten** über die Rechtsgültigkeit seiner Maßnahmen und Entscheidungen nicht ausgeschlossen. Zu denken ist zB an Streit über die Ordnungsmäßigkeit des Wahlausschreibens, über die Nichtanerkennung des aktiven oder passiven Wahlrechts, über die Anerkennung oder Nichtanerkennung eines Wahlvorschlags.

33   Derartige Rechtsverstöße können zwar auch im Wahlanfechtungsverfahren nach § 19 geltend gemacht werden (vgl. § 19 Rn 10 ff.). Das schließt jedoch eine **gerichtliche Klärung** von auftretenden Streitfragen **im Laufe des Wahlverfahrens** nicht aus; denn es wäre widersinnig, ein mit Rechtsfehlern behaftetes Wahlverfahren mit dem Risiko einer Wahlanfechtung und der Notwendigkeit einer Wahlwiederholung fortzusetzen, obgleich die Mängel schon im Laufe des Wahlverfahrens durch eine gerichtliche Entscheidung hätten beseitigt werden können. Deshalb können rechtsfehlerhafte Maßnahmen des Wahlvorst. bereits im Laufe des Wahlverfahrens zum Gegenstand eines arbeitsgerichtlichen Verfahrens gemacht werden (hM; vgl. BAG 15. 12. 72 AP Nr. 1 zu § 14 BetrVG 1972; 3. 6. 75 AP Nr. 1 zu § 5 BetrVG 1972 Rotes Kreuz; 25. 8. 81 AP Nr. 2 zu § 83 ArbGG 1979; 20. 2. 91 AP Nr. 1 zu § 9 MitbestG (zu ARWahlen); GK-*Kreutz* Rn 64; *HSWGNR* Rn 38 ff., 41, § 19 Rn 3; *Winterfeld* NZA Beil. 1/90, 20; *Zwanziger* DB 99, 2264).

Ist die **Wahl durchgeführt,** ohne dass im Laufe des Wahlverfahrens ein aufgetre- 34
tener Rechtsverstoß geltend gemacht worden ist, ist **nur** noch eine **Anfechtung** der
Wahl nach § 19 möglich.

Für die **Zuordnung von leitenden Ang.** im Rahmen der Wahl stellt § 18a ein 35
bes. Zuordnungsverfahren zur Verfügung (vgl. § 18a Rn 6ff.). Dies beschränkt zwar
im Interesse der Rechtsicherheit die Anfechtung der Wahl auf Fälle einer offensichtlich fehlerhaften Zuordnung, schließt aber im Übrigen den Rechtsweg nicht aus (vgl.
§ 18a Rn 61ff.).

Die Klärung von Streitfragen im Laufe des Wahlverfahrens ist wegen des durch den 36
Wahlablauf bestehenden Zeitdrucks meist von großer Dringlichkeit. Deshalb ergibt
sich vielfach die Notwendigkeit des Erlasses **einstw. Vfg.** gem. § 85 Abs. 2 ArbGG
(vgl. BAG 15. 12. 72 AP Nr. 5 zu § 80 ArbGG 1953; GK-*Kreutz* Rn 74ff.).

Durch eine einstw. Vfg. darf jedoch im Allgemeinen die Durchführung der **Wahl** 37
nicht bis zur endgültigen Klärung der Rechtsfrage **ausgesetzt** werden, da dies im
Hinblick darauf, dass der Betrieb nach Ablauf der Amtszeit des bestehenden BR be-
triebsratslos ist, auf eine vorläufige Suspendierung des G hinauslaufen würde (LAG
Hamm DB 75, 1176; LAG Düsseldorf DB 75, 937 und DB 78, 987; *DKK-
Schneider/Homburg* Rn 13; GK-*Kreutz* Rn 75; *WPK-Wlotzke* Rn 10; *Zwanziger* DB
99, 2265; **aA** LAG Düsseldorf DB 68, 898 und DB 78, 211; *GL* Rn 13; *Winterfeld*
NZA Beil. 1/90, 26 bei Streit über die Abgrenzung des Betriebs).

Wegen dieser Konsequenz kommen bei Streitigkeiten im Laufe des Wahlverfahrens 38
im Allgemeinen auch keine einstw. Vfg. in Betracht, die lediglich eine vorläufige
Regelung schaffen (sog. Sicherungsverfügung), die endgültige Klärung jedoch dem
Ausgang des Streitverfahrens in der Hauptsache vorbehalten. Vielmehr können durch
sog. **Leistungsverfügungen** für die weitere Durchführung der Wahl endgültige
Maßnahmen („vollendete Tatsachen") getroffen werden (LAG Hamm DB 72, 493, DB
73, 1025 und DB 75, 1176; LAG Berlin NZA 06, 509, 511; *WPK-Wlotzke* Rn 10;
GK-*Kreutz* Rn 75; *Winterfeld* NZA 90 Beil. 1, 23ff.; *Veit/Wichert* DB 06, 390;
Rieble/Triskatis NZA 06, 233, 236; **aA** LAG Düsseldorf DB 68, 897 und DB 78, 211;
wohl auch *Heinze* RdA 86, 286).

Hiergegen bestehen auch deshalb keine grundsätzlichen Bedenken, weil bei Ab- 39
wägung der Gesichtspunkte auf der einen Seite die weitere **Durchführung** der
BRWahl ohne großen Zeitverzug **gewährleistet** ist, auf der anderen Seite jedoch –
falls die durch die einstw. Vfg. getroffene Regelung den Streit zwischen den Beteiligten nicht endgültig beilegen sollte – die Möglichkeit der Anfechtung der BRWahl
nicht ausgeschlossen ist und insofern letztlich keine endgültigen Fakten geschaffen
werden (ErfK-*Eisemann/Koch* Rn 10; *Veit/Wichert* aaO; **aA** LAG Baden-Württemberg
MDR 06, 1001).

Durch einstw. Vfg. sind **berichtigende Eingriffe** in das Wahlverfahren zulässig zB 40
Aufnahme eines ArbN in die Wählerliste, Streichung von ArbN aus Betriebsteilen
iSd. § 4 S. 1 auf der Wählerliste des Hauptbetriebs, Zulassung bzw. Nichtzulassung
eines Wahlvorschlags, anderweitige Festlegung der Größe des zu wählenden BR (s.
insoweit aber *Zwanziger* DB 99, 2266; dagegen Eingriffsregelung unbegründet, wenn
Wahlvorst. im Rahmen des § 9 Aushilfen, die über sechs Monate im Jahr beschäftigt
werden, u. ArbN, die wegen Erziehungsurlaubsgewährung unbefristet eingestellt
werden, berücksichtigt, LAG Hamm BB 98, 1211) oder unzutreffende Ermittlung
der Zahl der Mindestsitze für das Minderheitsgeschlecht nach § 15 Abs. 2 bzw. deren
anderweitige Verteilung (vgl. zum alten Gruppenschutz LAG Hamm DB 75, 1176;
LAG Düsseldorf DB 75, 937; ArbG Aachen AuA 94, 253; GK-*Kreutz* Rn 76; *Winterfeld* NZA Beil. 1/90, 20ff.).

Derartige Entscheidungen stellen vielfach nicht unerhebliche Eingriffe in das 41
Wahlverfahren dar. Aus diesem Grunde sind an die materielle Begründetheit des An-
ordnungsanspruchs **strenge Anforderungen** zu stellen (GK-*Kreutz* Rn 77; *WPK-
Wlotzke* Rn 10; *Berg/Heilmann* AiB 09, 363, 365). In diesem Zusammenhang ist ferner zu berücksichtigen, ob die Gefahr einer nachträglichen begründeten Wahlan-

fechtung geringer ist, wenn der berichtigende Eingriff erfolgt, als im umgekehrten Fall.

42   In bes. Ausnahmefällen kann durch eine einstweilige Verfügung auch ein vorzeitiger **Abbruch der Wahl** und die Einleitung einer neuen Wahl vorgesehen werden, dann nämlich, wenn der festgestellte Rechtsmangel nicht korrigierbar ist und die Weiterführung der Wahl mit Sicherheit eine erfolgreiche Anfechtung oder die Nichtigkeit der Wahl zur Folge hätte (GK-*Kreutz* Rn 76, 77; *Richardi/Thüsing* Rn 21; *Düwell/ Brors* Rn 6; *Winterfeld* NZA 90 Beil. 1/90, 25 ff.; *Dzida/Hohenstatt* BB 05 – Special 14, 1 ff.; *Veit/Wichert* DB 06, 390; *Rieble/Triskatis* NZA 06, 233 ff.; *Berg/Heilmann* AiB 09, 363, 365; *Bonanni/Mückl* BB 10, 437; *Heider* NZA 10, 488, 490; vgl. auch LAG Bremen DB 90, 1571; LAG Hamm NZA 90, 704 (LS), DB 94, 992 (LS: Wahl des Wahlvorst. durch BetrVerslg. trotz Bestehens eines BR) u. BB 95, 260; LAG Baden-Württemberg NZA-RR 97, 141 ff.; LAG Hessen NZA-RR 98, 544 – Wahldurchführungsabsprachen von BR zur Bildung nur eines Wahlvorst. für mehrere von ihnen bisher vertretene Einheiten ohne entspr. Organisationsmaßnahme des ArbGeb. rechtfertigen Wahlabbruch, wenn dadurch keine BRlose Zeit eintritt –; LAG Düsseldorf ArbuR 04, 78; LAG Niedersachsen NZA-RR 04, 197 kein Tätigwerden des durch Ersetzungsbeschluss bestellten Wahlvorst. vor Rechtskraft mit zust. Anm. *Beyerlein/ Wybitul* EWiR § 40 BetrVG 2/04, 579; LAG Düsseldorf ArbuR 04, 78; LAG Baden-Württemberg MDR 06, 1001; ebenso LAG Hamm NZA-RR 10, 191, wenn Streit darüber besteht, ob das ArbG den Wahlvorst. bestellen durfte – BAG 26. 11. 09 – 2 AZR 185/08 – NZA-RR 10, 443 schließt jedoch wahlvorbereitende Wahlhandlungen durch Wahlvorst. nicht zwingend aus; LAG Berlin NZA 06, 509 bei Verstoß gegen die Prüfungspflicht nach § 7 Abs. 2 WO; bewusste/offenkundige Verkennung des Betriebsbegriffs: LAG Baden-Württemberg AiB 06, 294, ArbG Hamburg NZA-RR 06, 361 ff.: vorher eingeholtes Rechtsgutachten durch BR verneint Vorliegen eines gemeinsamen Betriebes; LAG Hamburg NZA 06, 936 Kenntnis des Wahlvorst. von dauerhaften Absinken unter 20 ArbN; LAG Schleswig-Holstein 19. 3. 10 ArbR 10, 381 fehlerhafte Bestellung des Wahlvorst.; LAG Hessen – 9 TaBVGa 81/06 – JURIS bei Zulassung erwerbsfähiger Hilfebedürftiger, die Arbeitsgelegenheiten in der Mehraufwandsvariante (sog. **Ein-Euro-Jobs**) nach § 16 Abs. 3 S. 2 SGB II ausüben; LAG Hamburg NZA-RR 10, 585 verlangt zusätzlich, dass der Wahlvorst. nicht nur objektiv sondern auch subjektiv vorwerfbar gehandelt hat; **einschränkend nur für den Fall der Nichtigkeit:** ErfK-*Eisemann/Koch* Rn 10; *Trümner* AiB 93, 669; LAG Baden-Württemberg 9. 3. 10 – 15 TaBVGa 1/10 – BeckRS 2010, 67 125 mit ausführlicher Darstellung des Meinungsstreits; LAG Köln DB 87, 1996, DB 90, 539, NZA-RR 99, 247; AiB 01, 602; LAG München BB 89, 147; LAG Frankfurt BB 91, 417, DB 91, 239, BB 93, 732, NZA 93, 192; Hess. LAG in st. Rspr. 17. 2. 05 EzAÜG Nr. 61 zu § 14 AÜG Betriebsverfassung; Hess. LAG BB 97, 2220, das jedoch einen Antrag des ArbGeb. auf Abbruch ablehnt, wenn dieser auf vom ArbGeb. selbst zu vertretende Umstände gestützt wird, s. § 17 Rn 18; LAG Baden-Württemberg AiB 98, 401; LAG Köln AiB 01, 602; LAG Nürnberg ArbuR 02, 238; LAG Baden-Württemberg – 21 TaBV 4/06 – AiB 06, 638;LAG Hessen 7. 8. 08 keine einstw. Vfg. BRWahl in privatrechtl. organisierter ARGE nach § 44 b SGB II).

43   **Antragsberechtigt** ist jeder, der durch Maßnahmen des Wahlvorst. in seinem aktiven oder passiven Wahlrecht betroffen ist. Darüberhinaus sind auch die nach § 19 Anfechtungsberechtigten antragsberechtigt (so jedenfalls für die im Betrieb vertretenen Gewerkschaften BAG 5. 3. 74 AP Nr. 1 zu § 5 BetrVG 1972; BAG 14. 12. 65 AP Nr. 5 zu § 16 BetrVG; vgl. auch BAG 5. 6. 64 und 24. 9. 68 AP Nr. 7 und 9 zu § 3 BetrVG; LAG Baden-Württemberg 9. 3. 10 – 15 TaBVGa 1/10 – BeckRS 2010, 67 125; GK-*Kreutz* Rn 68; *Zwanziger* DB 99, 2266; *Bonanni/Mückl* BB 10, 437). Auch der Wahlvorst. kann ein arbeitsgerichtliches Verfahren einleiten (vgl. BAG 5. 3. 74 AP Nr. 1 zu § 5 BetrVG 1972). Gegen einen erstgerichtlichen Beschl. im Eilverf., der dem Wahlvorst. die weitere Durchführung einer eingeleiteten BRWahl einstw. untersagt, steht auch dem ArbGeb., nicht nur dem Wahlvorst., die Beschwerdebefugnis zu (LAG Frankfurt BB 93, 732; LAG Baden-Württemberg 9. 3. 10 – 15 TaBVGa 1/10 – BeckRS 2010, 67125; *Dzida/Hohenstatt* BB 05 – Special 14, 1, 2; *Heider* NZA 10, 488, 490).

III. Ersetzung des Wahlvorstands durch das Arbeitsgericht

Kommt der Wahlvorst. seiner Verpflichtung, die Wahl unverzüglich einzuleiten, **44** durchzuführen und das Wahlergebnis festzustellen (vgl. oben Rn 6 ff.), nicht nach, so können mindestens drei wahlberechtigte ArbN des Betriebs oder eine im Betrieb vertr. Gewerkschaft (vgl. § 2 Rn 43) beim ArbG die **Ersetzung des Wahlvorst** beantragen. Werden in Betrieben der privatisierten Unternehmen noch Beamte bzw. Soldaten beschäftigt (z. B. Post- und Bahnunternehmen, Kooperationsunternehmen der Bundeswehr, BRD-Finanzagentur GmbH, DFS-Deutsche Flugsicherung GmbH, Germany Trade and Invest – Gesellschaft für Außenwirtschaft und Standortmarketing GmbH – vgl. hierzu § 1 Rn 38 ff., 45 ff., 56 a, b, c und d, § 5 Rn 316 ff., 321 ff., § 14 Rn 62, 72 ff.) sind auch die im Betrieb vertretenen Berufsverbände der Beamten bzw. Soldaten antragsberechtigt (vgl. § 2 Rn 34, § 16 Rn 42). Vors. für die Ersetzung durch das ArbG ist eine wirksame Bestellung des Wahlvorst.; ist die Wahl des Wahlvorst. für die erstmalige Wahl des BR nichtig, muss zunächst nach § 17 Abs. 3 u. 4 erneut zu einer BetrVerslg. eingeladen werden (ArbG Essen NZA-RR 05, 258).

Der **ArbGeb.** ist **nicht** antragsberechtigt (*HSWGNR* Rn 34). das galt bisher auch **45** für den BR (vgl. *Jacobs* Wahlvorstände S. 194), der allenfalls über seine Mitgl. als wahlberechtigte ArbN den Antrag stellen konnte. Nunmehr ist mit einer entspr. Änderung des Abs. 1 durch das **BetrVerf-ReformG** klargestellt, dass der **BR antragsberechtigt** ist.

Die Antragsbefugnis des BR begründet sich aus der Überlegung, dass der BR, der **46** den Wahlvorst. bestellt hat, auch berechtigt sein muss, diesen bei Untätigkeit durch das ArbG ersetzen zu lassen (vgl. BT-Drucks. 14/5741 S. 38). Folglich dürfte in den Fällen des § 16 Abs. 3 und § 17 Abs. 1, in denen der **GesBR** oder, falls ein solcher nicht besteht, der **KBR** den Wahlvorst. bestellt, diese Gremien über den Wortlaut des Abs. 1 hinaus ebenfalls antragsberechtigt sein (ErfK-*Eisemann/Koch* Rn 8).

Die **Ersetzung einzelner Mitgl.** des Wahlvorst. ist **nicht** zulässig (*DKK-* **47** *Schneider/Homburg* Rn 15; *GL* Rn 6 a; GK-*Kreutz* Rn 47). Die Ersetzung des Wahlvorst. kann nur durch eine Entscheidung des ArbG erfolgen. Der BR kann den einmal bestellten Wahlvorst. nicht mehr abberufen (ArbG Berlin DB 74, 830; vgl. § 16 Rn 84).

Voraussetzung für das Eingreifen des ArbG ist die **Untätigkeit oder Säumigkeit** **48** des Wahlvorst. Ein Verschulden ist nicht erforderlich (GK-*Kreutz* Rn 45; *DKK-Schneider/Homburg* Rn 11; *Richardi/Thüsing* Rn 11). Missbraucht der Wahlvorst. sein Ermessen pflichtwidrig, ohne dass dies eine Verzögerung der Wahl zur Folge hat, so ist eine Ersetzung des Wahlvorst. nicht gerechtfertigt. Derartige Entscheidungen des Wahlvorst. können jedoch selbständig zum Gegenstand eines arbeitsgerichtlichen BeschlVerf. gemacht werden und ggf. den Erlass einer einstw. Vfg. nach § 85 Abs. 2 ArbGG rechtfertigen (vgl. oben Rn 22 ff.).

Unzweckmäßige Maßnahmen des Wahlvorst. rechtfertigen seine Abberufung nicht **49** notwendig, es sei denn, der Wahlvorst. trifft Maßnahmen, die die Durchführung der Wahl geradezu vereiteln; denn das kommt einer Untätigkeit des Wahlvorst. gleich (GK-*Kreutz* Rn 44; *HSWGNR* Rn 32; *DKK-Schneider/Homburg* Rn 11; *Jacobs* Wahlvorstände S. 192). Bei Untätigkeit oder Säumigkeit des Wahlvorst. besteht nur die Möglichkeit seiner gerichtlichen Ersetzung, nicht die Möglichkeit ihn durch gerichtliche Entscheidung zur Durchführung der Wahl zu zwingen (ArbG Iserlohn DB 88, 1759).

Gibt das ArbG dem Antrag statt, so ruft es durch Beschluss den bisherigen Wahl- **50** vorst. ab und ersetzt ihn durch einen in dem Beschluss zugleich zu bestellenden **neuen Wahlvorst.** Mit Rechtskraft der Entscheidung des ArbG hört der bisherige

Wahlvorst. auf zu bestehen. Seine Mitglieder verlieren ihr Amt kraft Gesetzes. Der Beschluss betrifft den Wahlvorst. als solchen, nicht etwa nur die einzelnen Mitglieder des Wahlvorst. (GK-*Kreutz* Rn 50). Die Mitglieder des abberufenen Wahlvorst. genießen nicht den nachwirkenden Kündigungsschutz nach § 15 Abs. 2 S. 2 KSchG (vgl. § 103 Rn 10; ErfK-*Eisemann/Koch* Rn 5; WPK-*Wlotzke* Rn 14). Bis zur Rechtskraft des Ersetzungsbeschlusses kann der neue Wahlvorst. keine gültigen Wahlhandl. vornehmen, da er erst mit Rechtskraft wirksam im Amt ist; entsprechende Wahlhandl. können im Wege der einstw. Vfg. untersagt werden (LAG Niedersachsen BB 04, 1114; s. auch Rn 42; WPK-*Wlotzke* Rn 14).

51   In dem gerichtlichen Abberufungsverfahren ist der Wahlvorst. Beteiligter (*Richardi/Thüsing* Rn 14). Die Abberufung des Wahlvorst. hat **keine rückwirkende Kraft.** Bereits ordnungsgemäß eingeleitete Maßnahmen des Wahlvorst. (zB Erlass des Wahlausschreibens) bleiben vielmehr rechtswirksam (GK-*Kreutz* Rn 52; WPK-*Wlotzke* Rn 14; HSWGNR Rn 36). Rechtsfehlerhafte Maßnahmen des alten Wahlvorst. darf und hat der neue Wahlvorst. allerdings zu berichtigen (GK-*Kreutz* Rn 53; *Richardi/Thüsing* Rn 16).

52   Für die Bestellung des neuen Wahlvorst. gilt § 16 Abs. 2 entspr. (vgl. im Einzelnen § 16 Rn 56 ff.). Die Wiederbestellung des bisherigen Wahlvorst. verbietet sich von selbst, wohl aber kann ein Mitglied desselben wieder bestellt werden, insb. wenn dieses Mitglied keinerlei Anlass für die Abberufung des alten Wahlvorst. gegeben hat (*DKK-Schneider/Homburg* Rn 16; GK-*Kreutz* Rn 50; *Richardi/Thüsing* Rn 15). Das ArbG kann auch, wenn es dies im Interesse einer ordnungsgemäßen Durchführung der Wahl für erforderlich erachtet, Mitglieder einer im Betrieb vertretenen Gewerkschaft, die nicht ArbN des Betriebs sind, in den Wahlvorst. berufen (vgl. § 16 Rn 65 ff.).

IV. Entscheidung über Vorliegen einer betriebsratsfähigen Organisationseinheit (Abs. 2)

53   Wegen der durch das **BetrVerf-ReformG** eröffneten weitreichenden Gestaltungsmöglichkeiten von BRStrukturen durch TV und ggf. BV nach § 3 nF sowie der neuen Regelungen in § 1 zum gemeinsamen Betrieb und § 4 zu Betriebsteilen und Kleinstbetrieben ist der Streitgegenstand der gerichtlichen Klärung in Abs. 2 nF umfassender umschrieben worden als in Abs. 2 aF. Damit wird verdeutlicht, dass in allen Fällen, in denen Zweifel über das Vorliegen einer **betriebsratsfähigen Organisationseinheit und ihren Umfang** bestehen, von den antragsberechtigten Parteien das ArbG angerufen werden kann. Insoweit dient das Verfahren nach Abs. 2 der verbindlichen Klärung, welche Organisationseinheit als Betrieb anzusehen ist, in dem ein BR gewählt wird und in dem er seine Beteiligungsrechte wahrnehmen kann (BAG 17. 1. 07 u. 7. 5. 08 AP Nr. 18 zu § 4 BetrVG u. AP Nr. 19 zu § 1 BetrVG 1972).

54   Um etwaige Wahlanfechtungen möglichst zu vermeiden, sollten **vor der Wahl** die wichtigsten Fragen geklärt werden, wie zB, ob:
– durch die räumliche Zusammenlegung zweier bisher selbständiger Betriebe ein **einheitlicher Betrieb** entstanden ist (BAG 25. 9. 86 AP Nr. 7 zu § 1 BetrVG 1972);
– mehrere Unternehmen einen **gemeinsamen Betrieb** bilden (BAG 9. 4. 91 AP Nr. 8 zu § 18 BetrVG 1972; BAG 13. 8. 08 NZA-RR 09, 255); hier hilft vor allem die durch das BetrVerf-ReformG eingeführte Vermutungsregelung im neuen § 1 Abs. 2 weiter (Näheres hierzu s. § 1 Rn 78 ff.; *Schmädicke/Glaser/Altmüller* NZA-RR 05, 393 ff.);
– **Betriebsteile** nach § 4 S. 1 als selbständig gelten oder zum Hauptbetrieb zu rechnen sind, weil sie unselbständig sind oder die dort beschäftigten ArbN nach § 4 S. 2 an der BRWahl im Hauptbetrieb teilnehmen (so auch *Richardi/Thüsing* Rn 23; vgl. dazu BAG 17. 1. 07 AP Nr. 18 zu § 4 BetrVG 1972 und § 4);

– und welche vom G **abweichende betriebsverfassungsrechtliche Strukturen** durch TV und ggf. BV nach § 3 vereinbart worden sind (unternehmenseinheitlicher BR, FilialBR, betriebs- oder unternehmensübergreifende SpartenBR, andere ArbNStrukturen, Näheres hierzu bei § 3 Rn 24 ff.).

Die Klärung dieser Fragen gehört zur Vorbereitung der Wahl durch den Wahlvorst. **55**

Insb. bei der **Umstrukturierung** von Unternehmen und Konzernen mit idR **56** weitreichenden Auswirkungen auf die Betriebsstruktur und damit auch auf Bestand und Struktur der BR wird die gerichtliche Klärung nach Abs. 2 dann für BR bedeutsam sein, wenn der ArbGeb. ihnen die zur Beurteilung der neuen Strukturen erforderlichen Daten vorenthält. Zur Verpflichtung bei Umwandlungen von Unternehmen nach dem UmwG, über alle zu erwartenden (individual- und) kollektivarbeitsrechtlichen Folgen der Umwandlung (also zB Verkleinerung, Vergrößerung, Wegfall des BR, GesBR, KBR) im gesellschaftsrechtlichen Vertrag bzw. Spaltungsplan oder Umwandlungsbeschluss schriftlich Auskunft zu geben sowie diese Unterlagen dem zuständigen BR einen Monat vor dem Tag der Anteilsinhaberversammlung zuzuleiten vgl. § 5 Abs. 1 Nr. 9 u. Abs. 3, § 126 Abs. 1 Nr. 11 u. Abs. 3, §§ 136, 176, 177, 194 Abs. 1 Nr. 7 u. Abs. 2 UmwG u. dazu *Wlotzke* DB 95, 40, 45).

Die **Klärung, was zur betriebsratsfähigen Organisationseinheit gehört, 57** spielt aber nicht nur für die Wahl des BR eine Rolle, sondern auch zB für die Frage, ob der BR Ausschüsse bilden kann, über Freistellungen verfügt (vgl. §§ 27, 28, 38) und ob ihm Mitbestimmungs- und Mitwirkungsrechte zustehen (vgl. zB § 95 Abs. 2, §§ 99–101, 106, 110 Abs. 2, §§ 111 ff.). Deshalb kann die Entscheidung des ArbG **auch außerhalb des Wahlverfahrens** jederzeit herbeigeführt werden (so bisher schon BAG 25. 11. 80, 9. 4. 91 AP Nr. 3, 8 zu § 18 BetrVG 1972; *DKK-Schneider/Homburg* Rn 19; *Richardi/Thüsing* Rn 22; **aA** LAG Frankfurt DB 88, 2650). Deshalb sind die bisher in Abs. 2 enthaltenen Worte „vor der Wahl" gestrichen worden (vgl. BT-Drucks. 14/5741 S. 38).

Eine im BeschlVerf. nach § 18 Abs. 2 ergangene Entscheidung hat bindende **58** Rechtskraft **(„präjudizielle Bindungswirkung")** zB auch für das Urteilsverfahren über einen Nachteilsausgleichsanspruch nach § 113 (str., wie hier BAG 9. 4. 91 aaO; Näheres s. § 113 Rn 39). Die Entscheidung des ArbG ist solange bindend, als die Voraussetzungen, von denen sie ausgegangen ist, sich nicht ändern (GK-*Kreutz* Rn 63; *Richardi/Thüsing* Rn 29; *WPK-Wlotzke* Rn 17). Zuständig ist das ArbG, in dessen Bezirk der Betrieb liegt, der als Hauptbetrieb angesehen wird (*Richardi/Thüsing* Rn 24). Keine präjudizielle Bindungswirkung kommt dagegen einer rechtskräftigen Entscheidung nach § 18 Abs. 2 über das Vorliegen eines gemeinsamen Betriebs für das Kündigungsschutzverfahren zu, soweit es dort primär um eine individualrechtliche Vorfrage (Betriebsbegriffs iSd. §§ 1, 23 KSchG) geht (BAG 18. 10. 06 AP Nr. 1 zu § 92a BetrVG 1972).

Das Verfahren nach § 18 Abs. 2 wird auf Antrag eingeleitet. **Antragsberechtigt 59** sind
– der Arbeitgeber,
– jeder beteiligte **Betriebsrat.** Wenn der Kleinstbetrieb oder der Betriebsteil bisher als selbständiger Betrieb angesehen wurde und einen eigenen BR hatte, so sind sowohl dieser als auch der BR des Hauptbetriebs beteiligt und deshalb antragsberechtigt (vgl. BAG 24. 2. 76 AP Nr. 2 zu § 4 BetrVG 1972; 29. 1. 87 AP Nr. 6 zu § 1 BetrVG 1972); antragsbefugt ist auch der GesBR, wenn seine Zuständigkeit bestritten wird (BAG 22. 6. 05 AP Nr. 23 zu § 1 BetrVG 1972 Gemeinsamer Betrieb);
– jeder beteiligte **Wahlvorst.** (sowohl der Wahlvorst. des Hauptbetriebs als auch etwa bestehende Wahlvorst. der Kleinstbetriebe oder Betriebsteile (*DKK-Schneider/Homburg* Rn 20);
– jede im Betrieb, Betriebsteil oder Kleinstbetrieb vertretene **Gewerkschaft** (§ 2 Rn 32 f.), in den Betrieben der privatisierten Post- und Bahnunternehmen sowie Kooperationsunternehmen der Bundeswehr auch jeder dort vertr. **Berufsverband der Beamten** bzw. Soldaten (§ 2 Rn 34).

60   **Nicht antragsberechtigt** sind ArbN des Betriebs, Betriebsteils oder Kleinstbetriebs (*DKK-Schneider/Homburg* Rn 20; *WPK-Wlotzke* Rn 17; **aA** GK-*Kreutz* Rn 58, der insoweit eine entspr. Anwendung des § 19 Abs. 2 bejaht). Wohl ist es möglich, dass im Rahmen eines von einem einzelnen ArbN angestrengten Verfahrens über seine Wahlberechtigung oder Wählbarkeit die Frage der Zuordnung eines Betriebsteils oder Kleinstbetriebs inzidenter mitentschieden wird (*Richardi/Thüsing* Rn 26).

61   Ergeht **vor Abschluss** des Wahlverfahrens eine rechtskräftige Entscheidung über die Zuordnung von Betriebsteilen oder Kleinstbetrieben, so ist diese Entscheidung für alle Beteiligten verbindlich und wirkt auch im Verhältnis zwischen ArbGeb. und ArbN (BAG 1. 12. 04 EzA Nr. 1 zu § 18 BetrVG 2001). Sollte der anstehenden Wahl eine andere Betriebsabgrenzung zugrunde gelegen haben, ist die Wahl abzubrechen und ein neues Wahlverfahren einzuleiten, uU auch ein neuer Wahlvorst. zu bestellen (BAG 1. 12. 04 aaO; ErfK-*Eisemann/Koch* Rn 7; *WPK-Wlotzke* Rn 18).

62   Wird **während der Amtszeit** eines BR in dem Feststellungsverfahren nach Abs. 2 (nicht in einem Anfechtungsverfahren nach § 19) rechtskräftig **festgestellt,** dass ein bei der BRWahl als zum Hauptbetrieb gehörig angesehener **Betriebsteil selbständig** ist, bleibt der BR dennoch bis zum Ablauf seiner Amtszeit für diesen Betriebsteil zuständig. Denn die Verkennung des Betriebsbegriffs rechtfertigt im Allgemeinen nur eine Anfechtung der BRWahl, die nur innerhalb der Anfechtungsfrist von zwei Wochen nach Bekanntgabe des Wahlergebnisses geltend gemacht werden kann (vgl. § 19 Rn 10 ff.; *DKK-Schneider/Homburg* Rn 22; GK-*Kreutz* Rn 62 (1); *Wlotzke/Preis* Rn 19; *Gnade,* FS Herschel, S. 149; vgl. auch BAG 11. 4. 78, 7. 12. 88 AP Nr. 8, 15 zu § 19 BetrVG 1972; ferner BAG 9. 4. 91 AP Nr. 8 zu § 18 BetrVG 1972; **aA** *Richardi/Thüsing* Rn 33, der die Wahl eines BR für den Betriebsteil nach § 13 Abs. 2 Nr. 6 zulässt und nur bis zu dessen Wahl eine Zuständigkeit des BR des Hauptbetriebs für den Betriebsteil entspr. § 22 bejaht).

63   Aus demselben Grunde bleibt auch im umgekehrten Fall, in dem ein als selbständig angesehener **Betriebsteil** in dem Verfahren nach Abs. 2 rechtskräftig dem **Hauptbetrieb zugeordnet** wird, ein im Betriebsteil gewählter BR bis zum Ablauf seiner Amtszeit im Amt, wenn die Wahl nicht rechtzeitig angefochten worden ist (in diesem Falle ebenso GK-*Kreutz* Rn 62 (4); **aA** *Richardi/Thüsing* Rn 34).

64   Sind dagegen ein **Betriebsteil** oder Kleinstbetrieb zu Unrecht nicht bei der Wahl des BR im Hauptbetrieb einbezogen worden und ist in ihnen auch **kein eigener BR** gewählt worden, so erstreckt sich nach rechtskräftiger Zuordnung des Betriebsteils oder Nebenbetriebs zum Hauptbetrieb die Zuständigkeit von dessen BR auch auf den Betriebsteil oder Kleinstbetrieb (vgl. hierzu BAG 3. 12. 85 AP Nr. 28 zu § 99 BetrVG 1972; *Richardi/Thüsing* Rn 34). Dieser Fall ist demjenigen vergleichbar, dass sich ein Betrieb nachträglich vergrößert. Da die ArbN des Betriebsteils/Kleinstbetriebs nicht an der Wahl des BR des Hauptbetriebs beteiligt waren, kann in entspr. Anwendung des § 13 Abs. 2 Nr. 1 uU eine Neuwahl wegen Veränderung der Belegschaftsstärke in Betracht kommen (GK-*Kreutz* Rn 62 (3); *Düwell/Brors* Rn 9 aE).

64a   Das oben Gesagte gilt gleichermaßen für die Frage der Zuordnung von Betrieben, Betriebsteilen, Sparten, Unternehmen etc. nach einer Vereinbarung nach § 3 Abs. 1 Nr. 1 bis 3. Auch hier bleibt der BR im Amt, wenn zB ein Betrieb unter Verkennung seiner Zuordnung nach § 3 Abs. 1 Nr. 3 zu einer betriebsratsfähigen Organisationseinheit einen eigenständigen BR gewählt hat (so auch *Richardi/Thüsing* Rn 32; ErfK-*Eisemann/Koch* Rn 7; *HSWGNR* Rn 47). Umgekehrt ist der nach § 3 Abs. 1 Nr. 3 gewählte BR für den ihm nach dem Tarifvertrag nach § 3 Abs. 1 Nr. 3 zugeordneten betriebsratslosen Betrieb zuständig, auch wenn dieser fälschlicherweise bei der BR-Wahl nicht beteiligt wurde. Gleiches gilt, wenn beispielsweise eine Niederlassung in einem Regional-Tarifvertrag nach § 3 Abs. 1 Nr. 1b nicht benannt ist, die aber eindeutig in dessen Bezirk liegt und auch sonst in keinem anderen Zuordnungstarifvertrag genannt ist. Auch hier handelt es sich um einen Fall der Verkennung des Betriebsbegriffs.

Etwas anderes gilt jedoch dann, wenn die Zuordnung unter Verkennung der Vor- **64b** aussetzungen des § 3 Abs. 1 Nr. 1 bis 3 vorgenommen worden ist. So kann beispielsweise eine andere Arbeitnehmervertretungsstruktur nach § 3 Abs. 1 Nr. 3 ausschließlich durch Tarifvertrag erfolgen; eine BRWahl aufgrund einer Betriebsvereinbarung ist unzulässig. Da es sich in diesem Fall nicht mehr um einen Fall der Verkennung des Betriebsbegriffs handelt, ist eine auf dieser Basis durchgeführte BRWahl nichtig (s. auch § 19 Rn 4, 5; ebenso *Dzida/Hohenstatt* BB 05 – Special 14, S. 1, 2; *Mückl/ Koehler* NZA-RR 09, 513, 515; *Bonanni/Mückl* BB 10, 437, 442; insoweit ungenau *Richardi/Thüsing* Rn 32; ErfK-*Eisemann/Koch* Rn 7, die nicht zwischen einer nur unzutreffenden Zuordnung durch den Wahlvorst. aufgrund einer Vereinbarung nach § 3 Abs. 1 Nr. 1 bis 3 und einer Zuordnung aufgrund einer unzulässigen Vereinbarung nach § 3 Abs. 1 Nr. 1 bis 3 unterscheiden.

V. Streitigkeiten

Streitigkeiten, die sich aus dieser Vorschrift ergeben, entscheiden die ArbG im **65** BeschlVerf. (§§ 2a, 80 ff. ArbGG). Über die Möglichkeit, gegen rechtsfehlerhafte Maßnahmen des Wahlvorst. bereits während des Wahlverfahrens – ggf. im Wege der einstw. Vfg. – vorgehen zu können, vgl. oben Rn 32 ff. Über die Möglichkeit einer gerichtlichen Klärung der richtigen Zuordnung von Kleinstbetrieben und Betriebsteilen zum Hauptbetrieb, vgl. oben Rn 53 ff.

Ein vor Durchführung der BRWahl mit einem **Feststellungsantrag** eingeleitetes **66** arbeitsgerichtliches BeschlVerf. kann nach Durchführung der Wahl **nicht** ohne weiteres in ein Verfahren auf **Anfechtung** der inzwischen durchgeführten BRWahl **umgedeutet** werden (BAG 15. 12. 72 AP Nr. 5 zu § 80 ArbGG 1953). Es ist jedoch – allerdings nicht mehr in der Rechtsbeschwerdinstanz – zulässig, innerhalb der Anfechtungsfrist des § 19 von dem ursprünglich gestellten Antrag auf einen entspr. Wahlanfechtungsantrag überzugehen (BAG 14. 1. 83 AP Nr. 9 zu § 19 BetrVG 1972).

Andererseits wird ein nach § 18 Abs. 2 eingeleitetes BeschlVerf. durch eine **zwi-** **67** **schenzeitlich** durchgeführte **BRWahl nicht erledigt** (BAG 25. 11. 80 AP Nr. 3 zu § 18 BetrVG 1972). In einem vom ArbGeb. eingeleiteten BeschlVerf. nach Abs. 2 ist die im Betrieb vertr. Gewerkschaft nicht beteiligungsbefugt, wohl jedoch ein bereits bestellter Wahlvorst. (BAG 25. 9. 86 AP Nr. 7 zu § 1 BetrVG 1972).

§ 18 a Zuordnung der leitenden Angestellten bei Wahlen

(1) [1] **Sind die Wahlen nach § 13 Abs. 1 und nach § 5 Abs. 1 des Sprecherausschussgesetzes zeitgleich einzuleiten, so haben sich die Wahlvorstände unverzüglich nach Aufstellung der Wählerlisten, spätestens jedoch zwei Wochen vor Einleitung der Wahlen, gegenseitig darüber zu unterrichten, welche Angestellten sie den leitenden Angestellten zugeordnet haben; dies gilt auch, wenn die Wahlen ohne Bestehen einer gesetzlichen Verpflichtung zeitgleich eingeleitet werden.** [2] **Soweit zwischen den Wahlvorständen kein Einvernehmen über die Zuordnung besteht, haben sie in gemeinsamer Sitzung eine Einigung zu versuchen.** [3] **Soweit eine Einigung zustande kommt, sind die Angestellten entsprechend ihrer Zuordnung in die jeweilige Wählerliste einzutragen.**

(2) [1] **Soweit eine Einigung nicht zustande kommt, hat ein Vermittler spätestens eine Woche vor Einleitung der Wahlen erneut eine Verständigung der Wahlvorstände über die Zuordnung zu versuchen.** [2] **Der Arbeitgeber hat den Vermittler auf dessen Verlangen zu unterstützen, insbesondere die erforderlichen Auskünfte zu erteilen und die erforderlichen Unterlagen zur Verfügung zu stel-**

len. [3]Bleibt der Verständigungsversuch erfolglos, so entscheidet der Vermittler nach Beratung mit dem Arbeitgeber. [4]Absatz 1 Satz 3 gilt entsprechend.

(3) [1]Auf die Person des Vermittlers müssen sich die Wahlvorstände einigen. [2]Zum Vermittler kann nur ein Beschäftigter des Betriebs oder eines anderen Betriebs des Unternehmens oder Konzerns oder der Arbeitgeber bestellt werden. [3]Kommt eine Einigung nicht zustande, so schlagen die Wahlvorstände je eine Person als Vermittler vor; durch Los wird entschieden, wer als Vermittler tätig wird.

(4) [1]Wird mit der Wahl nach § 13 Abs. 1 oder 2 nicht zeitgleich eine Wahl nach dem Sprecherausschussgesetz eingeleitet, so hat der Wahlvorstand den Sprecherausschuss entsprechend Absatz 1 Satz 1 erster Halbsatz zu unterrichten. [2]Soweit kein Einvernehmen über die Zuordnung besteht, hat der Sprecherausschuss Mitglieder zu benennen, die anstelle des Wahlvorstands an dem Zuordnungsverfahren teilnehmen. [3]Wird mit der Wahl nach § 5 Abs. 1 oder 2 des Sprecherausschussgesetzes nicht zeitgleich eine Wahl nach diesem Gesetz eingeleitet, so gelten die Sätze 1 und 2 für den Betriebsrat entsprechend.

(5) [1]Durch die Zuordnung wird der Rechtsweg nicht ausgeschlossen. [2]Die Anfechtung der Betriebsratswahl oder der Wahl nach dem Sprecherausschussgesetz ist ausgeschlossen, soweit sie darauf gestützt wird, die Zuordnung sei fehlerhaft erfolgt. [3]Satz 2 gilt nicht, soweit die Zuordnung offensichtlich fehlerhaft ist.

Inhaltsübersicht

I. Vorbemerkung

1 Die Vorschrift ist durch das Änderungsgesetz 1989 in das BetrVG eingefügt worden. Sie steht im Zusammenhang mit dem gleichzeitig erlassenen G über die Sprecherausschüsse der leitenden Ang. (vgl. Anh. 4). Die Vorschrift dient der notwendigen Abgrenzung der zum BR und zum Sprecherausschuss wahlberechtigten und wählbaren ArbN, indem bei den jeweils anstehenden Wahlen in einem möglichst einfachen, rasch durchführbaren und kostengünstigen Verfahren für beide Wahlen einheitlich entschieden wird, wer zum Kreis der leitenden Ang. gehört.

2 Die Vorschrift gilt nicht für die Seebetriebe eines Seeschifffahrtsunternehmens, da dort keine Sprecherausschüsse gewählt werden. Bei der Wahl der Sprecherausschüsse in Landbetrieben findet sie hinsichtlich der Kapitäne ebenfalls keine Anwendung, da sie kraft G als leitende Ang. des nach der ArbNZahl größten Landbetriebs gelten (§ 33 Abs. 3 SprAuG). Für die Abgrenzung der übrigen leitenden Ang. des Landbetriebes ist die Vorschrift jedoch anzuwenden (so zu Recht GK-*Kreutz* Rn 7). Auf die Wahl von BR und anderen ArbNVertr. mit bes. Strukturen iSv. § 3 Abs. 1 Nr. 1 bis 3

ist sie grundsätzlich unmittelbar oder entspr. anzuwenden, da diese entweder selbst BR sind oder an deren Stelle treten (*Richardi/Thüsing* Rn 10; ErfK-*Eisemann/Koch* Rn 1; *HSWGNR* Rn 2; **aa** GK-*Kreutz* Rn 8, der die Anwendbarkeit nur für den Fall des unternehmenseinheitlichen BR und eines Unternehmenssprecherausschuss anerkennen will). Das Zuordnungsverfahren gilt nicht für die Wahlen der ArbNVertr. zum AR nach dem MitbestG, auch nicht für die ARWahlen nach § 76 BetrVG 1952 (GK-*Kreutz* Rn 5; *Richardi/Thüsing* Rn 2; *Hromadka* Rn 1; zum letzteren **aa** *Martens* RdA 89, 87, der eine entspr. Anwendung bejaht).

Die Vorschrift ist grundsätzlich (s. aber Rn 4) **zwingend** und kann weder durch **3** TV, BV oder Absprachen zwischen BR und Sprecherausschuss oder den Wahlvorst. abgedungen werden. Auch Absprachen zwischen den TVParteien oder Zuordnungsvereinbarungen zwischen BR, ArbGeb. und SprAusschuss, durch die alle str. Statusfälle langfristig, abschließend und verbindlich festgelegt werden, haben keine verbindliche Wirkung für das Zuordnungsverfahren (GK-*Kreutz* Rn 10; *SWS* Rn 19). Absprachen über Einzelheiten des Zuordnungsverfahrens zu seiner näheren Ausgestaltung sind zulässig (GK-*Kreutz* Rn 10).

Die Vorschrift findet keine Anwendung im **vereinfachten Wahlverfahren** nach **4** § 14a (*Düwell/Brors* Rn 5; *WPK-Wlotzke* Rn 1). In diesem Wahlverfahren ist kein Zeitpuffer für den Abstimmungsprozess betr. die Zuordnung der leitenden Ang. vorgesehen. Im Fall des zweistufigen Wahlverfahrens nach § 14a Abs. 1, das in Betrieben ohne BR Anwendung findet, wird das Zuordnungsverfahren nicht durchführbar sein, da es dort in aller Regel auch keinen Sprecherausschuss geben wird. Aber selbst wenn für die leitenden Ang. in diesem BRlosen Betrieb ein Unternehmenssprecherausschuss gem. § 20 Abs. 1 SprAuG zuständig wäre, ist der auf der ersten Wahlversammlung gewählte Wahlvorst. nicht gehalten, das Zuordnungsverfahren einzuleiten. Er ist ausschließlich verpflichtet, unmittelbar nach seiner Wahl noch in der Wahlversammlung die Wahl des BR einzuleiten (vgl. § 30 WO; Näheres hierzu bei § 14a Rn 18 ff.). Die Verpflichtung des Wahlvorst., die BRWahl grundsätzlich (Ausnahme s. § 14a Abs. 4) innerhalb einer Woche durchzuführen, ist vorrangig. Wegen der generellen Vorrangigkeit des vereinfachten Wahlverfahrens ist auch im einstufigen Wahlverfahren (§ 14a Abs. 3) das Zuordnungsverfahren nicht zwingend. Entspr. gilt für das vereinbarte vereinfachte Wahlverfahren (§ 14a Abs. 5).

Entspr. Vorschriften: keine. **5**

II. Zuordnungsverfahren

1. Allgemeines

Mit Wirkung vom 1. 1. 1989 besteht eine gesetzl. Regelung für Sprecherausschüs **6** se für leitende Ang. (vgl. Art. 2 des Gesetzes vom 20. 12. 1988, BGBl. I S. 2312; vgl. Anhang 4). Die regelmäßigen Wahlen zu den Sprecherausschüssen finden zeitgleich mit den regelmäßigen BR-Wahlen statt (vgl. § 13 Abs. 1 BetrVG 1972, § 5 Abs. 1 SprAuG). Hieraus ergibt sich bei jeder Wahl die Notwendigkeit einer Abgrenzung der zum BR und zum Sprecherausschuss wahlberechtigten Ang. Die materielle Abgrenzung der leitenden Ang. ist nicht selten schwierig und deshalb umstr.; eine gerichtliche Klärung ist jedoch sehr zeitaufwändig und deshalb im Rahmen des Wahlverfahrens vielfach nicht praktikabel. Deshalb sieht § 18a vor, in einem möglichst einfachen, rasch durchführbaren und keine Seite begünstigenden formellen Zuordnungsverfahren für die anstehende Wahl die Frage zu klären, wer zum Kreis der leitenden Ang. gehört. Diese Zuordnung hat nur für die anstehenden Wahlen Bedeutung und keine darüber hinausgehende allgemein verbindliche Wirkung (GK-*Kreutz* Rn 4; *SWS* Rn 14; vgl. unten Rn 50 ff.). Die Zweckmäßigkeit, die Abgrenzung des Personenkreises der leitenden Ang. auch durch verfahrensrechtliche Regelungen zu erleichtern, wird weitgehend begrüßt (vgl. zB *Engels/Natter* BB Beil. 8/89 S. 13; *Wlotzke* DB 89, 124; *Buchner* NZA Beil. 1/89, S. 11), zT wird jedoch die nur auf das Wahlverfahren beschränkte punktuelle Regelung als unbefriedigend angesehen (vgl. *Martens* RdA 89, 86; *Bauer* SprAuG S. 125; zu anderen im Rahmen der Gesetzesnovellierung diskutierten Zuordnungsverfahren vgl. *Hromadka* DB 88, 735; *Hanau* RdA 85, 292; *H. P. Müller* DB 87, 1688; *Martens* RdA 88, 206).

7 Das Zuordnungsverfahren gilt nur bei der Wahl eines gesetzlichen, nicht eines freiwilligen Sprecherausschusses, soweit letzterer überhaupt noch zulässig ist (vgl. hierzu § 5 Rn 453 f.; GK-*Kreutz* Rn 9).

8 Das gesetzliche Zuordnungsverfahren ist in zwei Stufen zu unterteilen. In erster Linie soll eine **einvernehmliche Zuordnung** zwischen den beteiligten Wahlvorst. – im Falle des Abs. 4 zwischen dem Wahlvorst. und der nicht neu zu wählenden Vertr. – versucht werden. Erweist sich dies als nicht möglich, wird in der zweiten Stufe ein **Vermittler** zur Klärung und ggf. Entscheidung der umstrittenen Zuordnungsfälle eingeschaltet (vgl. Rn 42 ff.).

9 Im Übrigen sind im Rahmen des Zuordnungsverfahrens drei Fallgestaltungen zu unterscheiden:

10 Die Zuordnung im Rahmen der regelmäßigen Wahlen von BR und Sprecherausschuss (Abs. 1 S. 1 Halbs. 1; unten Rn 11 ff.), die Zuordnung bei einer sonstigen zeitgleichen Einleitung beider Wahlen (Abs. 1 S. 1 Halbs. 2; unten Rn 32 ff.) sowie die Zuordnung in den Fällen, in denen nur die Wahl des BR oder nur des Sprecherausschusses ansteht (Abs. 4; unten Rn 37 ff.).

2. Regelmäßige Wahlen des Betriebsrats und des Sprecherausschusses

a) Regelfall

11 Bei den regelmäßigen Wahlen des BR und des Sprecherausschusses obliegt die Durchführung des Zuordnungsverfahrens den **beteiligten Wahlvorst.** Sie sind zu seiner Durchführung gesetzlich verpflichtet. Die regelmäßigen Wahlen sind im Betrieb – im Falle der Wahl eines Unternehmenssprecherausschusses in allen Betrieben des Unternehmens – zeitgleich einzuleiten (vgl. § 13 Rn 10 ff.). Die Einleitung der Wahl erfolgt mit dem Erlass des Wahlausschreibens (§ 3 Abs. 1 S. 2 WO 1972). Dieser Termin ist zwischen den beteiligten Wahlvorst. abzusprechen. Er ist maßgebend für die im Rahmen des Zuordnungsverfahrens einzuhaltenden (Mindest-)Fristen (*Wlotzke/Preis* Rn 3).

12 Die Wahlvorst. für die Wahl des BR und des Sprecherausschusses haben nach ihrer Bestellung die Wahl unverzüglich einzuleiten (§ 18 Abs. 1 BetrVG, § 7 Abs. 4 SprAuG). Hierzu gehört insbesondere die **Aufstellung der Wählerliste** (vgl. § 18 Rn 16; § 2 Abs. 1 WO 1972; § 2 Abs. 1 WOSprAuG). Jeder Wahlvorst. trifft die Entscheidung, welche ArbN er in die Wählerliste aufnimmt oder nicht aufnimmt und welche er damit als leitende Ang. ansieht, in eigener Verantwortung zunächst für sich (*DKK-Trümner* Rn 10; *Martens* RdA 89, 86). Bei ihrer Entscheidung haben sie die Abgrenzungskriterien des § 5 Abs. 3 u. 4 und das zwischen diesen Absätzen bestehende Rangverhältnis zu beachten (vgl. hierzu § 5 Rn 373 ff., 414 ff.; *Buchner* NZA Beil. 1/89 S. 11; *Dänzer-Vanotti* NZA Beil. 1/89 S. 33). Die Wahlvorst. sind bei ihrer Entscheidung vom ArbGeb. durch Auskünfte und Überlassung der erforderlichen Unterlagen zu unterstützen (§ 2 Abs. 2 WO 1972, § 2 Abs. 2 WOSprAuG). Die Entscheidung über die Aufnahme in die Wählerliste trifft der jeweilige Wahlvorst. durch Beschluss.

13 Nach Aufstellung der Wählerlisten haben sich die Wahlvorst. **gegenseitig** darüber **zu unterrichten,** welche Ang. sie den leitenden Ang. zugeordnet haben. Die Unterrichtungspflicht beschränkt sich auf den Personenkreis der leitenden Ang. Das bedeutet konkret: Der Wahlvorst. für die BRWahl muss dem Wahlvorst. für die Wahl des Sprecherausschusses die Ang. mitteilen, die er nicht in seine Wählerliste aufge-

nommen hat (ausgenommen natürlich die in § 5 Abs. 2 genannten Personen). Der Wahlvorst. für die Wahl des Sprecherausschusses muss seinerseits den BRWahlvorst. über seine Wählerliste unterrichten (*DKK-Trümner* Rn 11; GK-*Kreutz* Rn 39).

Die Unterrichtung ist an **keine** besondere **Form** gebunden. In der Regel dürfte 14 sich jedoch eine schriftliche Unterrichtung empfehlen, um dem anderen Wahlvorst. eine Unterlage für seine Meinungsbildung über die getroffene Zuordnung zu geben. Es kann zweckmäßig sein, die getroffene Zuordnungsentscheidung näher zu begründen, insbesondere in Fällen, in denen Meinungsverschiedenheiten über die Zuordnung nicht auszuschließen sind (*DKK-Trümner* Rn 12; GK-*Kreutz* Rn 44). Diese Begründung kann auch mündlich durch den Vors. des Wahlvorst. erfolgen, zB in der Sitzung, in der der andere Wahlvorst. über die Zuordnung unterrichtet wird und hierzu ggf. Stellung nimmt.

Die Unterrichtung hat **unverzüglich,** dh ohne schuldhaftes Zögern, nach Aufstellung der Wählerlisten zu erfolgen. Die gegenseitige Unterrichtung muss nicht zeitgleich erfolgen (*DKK-Trümner* Rn 11; GK-*Kreutz* Rn 45; *Richardi/Thüsing* Rn 13; **aA** *Dänzer-Vanotti* ArbuR 89, 206); jedoch dürfte dies vielfach zweckmäßig sein. Sie muss spätestens zwei Wochen vor Einleitung der Wahl, dh vor Erlass des Wahlausschreibens durchgeführt werden. Diese kurze Terminierung erklärt sich aus der Notwendigkeit, vor Erlass des Wahlausschreibens ggf. noch eine einvernehmliche Zuordnung und eine Entscheidung des Vermittlers herbeiführen zu können.

Unterlässt einer der Wahlvorst. die rechtzeitige Unterrichtung und nimmt er 16 auch nicht bis spätestens eine Woche vor Einleitung der Wahl zu der vom anderen Wahlvorst. getroffenen und ihm mitgeteilten Zuordnung Stellung, so kann der andere Wahlvorst. die Wählerliste endgültig entsprechend der von ihm getroffenen Zuordnung aufstellen. Dies folgt zum einen aus Abs. 1 S. 2, der voraussetzt, dass der andere Wahlvorst. von dem fehlenden Einvernehmen Kenntnis erlangt, um ggf. danach zum Zwecke einer einvernehmlichen Zuordnung initiativ werden zu können, zum anderen aus Abs. 2 S. 1, der die Einschaltung des Vermittlers spätestens eine Woche vor Einleitung der Wahl vorschreibt (vgl. *Richardi/Thüsing* Rn 16; **aA** GK-*Kreutz* Rn 48, 51; ErfK-*Eisemann/Koch* Rn 2; WPK-*Wlotzke* Rn 5; *Jacobs* Wahlvorstände S. 276, die auch in diesem Falle eine Verpflichtung zur gemeinsamen Sitzung annehmen).

Nach der gegenseitigen Unterrichtung haben die Wahlvorst. über die vom anderen 17 Wahlvorst. vorgenommene Zuordnung, soweit sie von der eigenen Zuordnung abweicht, zu **beraten.** Dies ist schon wegen des vorgeschriebenen Verständigungsversuches auf der gemeinsamen Sitzung gemäß Abs. 1 S. 2 erforderlich. Die Beratung kann uU zu einer Korrektur der eigenen Zuordnungsentscheidung führen. Sofern dies der Fall ist, ist dies dem anderen Wahlvorst. mitzuteilen. Führt diese Korrektur zu einer inhaltlich übereinstimmenden Zuordnung, sind die Wählerlisten entsprechend dieser Zuordnung aufzustellen.

Stimmen von den Wahlvorst. vorgenommenen Zuordnungen – auch nach einer 18 eventuellen erneuten internen Beratung – nicht überein, haben die Wahlvorst. zu einer **gemeinsamen Sitzung** zusammenzutreten, um in ihr eine einverständliche Zuordnung zu versuchen.

An der gemeinsamen Sitzung **teilnahmeberechtigt** sind die Mitgl. der jeweiligen 19 Wahlvorst. Hierzu zählen auch die nicht stimmberechtigten Mitgl. im Sinne von § 16 Abs. 1 S. 6, da auch sie Mitgl. des Wahlvorst. sind (vgl. § 16 Rn 52; GK-*Kreutz* Rn 50; *Richardi/Thüsing* Rn 19; WPK-*Wlotzke* Rn 5; **aA** *DKK-Trümner* Rn 16 f.). Andere Personen und Stellen haben kein eigenständiges Teilnahmerecht. Jedoch kann der einzelne Wahlvorst. ebenso wie zu seiner eigenen Sitzung auch zu der gemeinsamen Sitzung **Sachkundige** zur Beratung anstehender Zweifelsfragen, zB sachkundige Gewerkschaftsbeauftragte, hinzuziehen. Das Recht zur Hinzuziehung von Gewerkschaftsbeauftragten ist umso mehr anzuerkennen, als im Falle einer einvernehmlichen Zuordnung auf der gemeinsamen Sitzung deren Wahlanfechtungsrecht nach § 19 Abs. 2 berührt wird, da die Anfechtbarkeit der Wahl nur noch im Falle einer offensichtlichen Fehlerhaftigkeit der Zuordnung zulässig ist (vgl. Abs. 6 S. 2 und unten

Rn 69 ff.; GK-*Kreutz* Rn 50). Falls erforderlich kann auch der ArbGeb. zur Auskunftserteilung zu der gemeinsamen Sitzung geladen werden (*WPK-Wlotzke* Rn 5).

20 Es bestehen keine näheren Regelungen über die **Durchführung** der gemeinsamen Sitzung (zB Ladung, Ort, Leitung). Diese bleiben einer Absprache zwischen den Wahlvorst. bzw. ihren Vors. vorbehalten (vgl. auch § 29 Rn 42, 51). Die **Ladung** kann bei einer entsprechenden Absprache durch eine von den Vors. der Wahlvorst. gemeinsam unterschriebenen Einladung erfolgen. Mangels einer solchen Absprache haben die Vors. der einzelnen Wahlvorst. jeweils ihre Mitgl. zu der gemeinsamen Sitzung zu laden. Die **Leitung** der gemeinsamen Sitzung obliegt, sofern keine anderweitige Absprache besteht, den Vors. der beiden Wahlvorst. gemeinsam (GK-*Kreutz* Rn 51; *Jacobs* Wahlvorstände S. 277). Der Zeitpunkt der gemeinsamen Sitzung muss mindestens eine Woche vor Erlass des Wahlausschreibens liegen. Das folgt aus Abs. 2 S. 1, nach dem im Fall eines fehlenden Einvernehmens mindestens die letzte Woche vor Einleitung der Wahl den Einigungsbemühungen und der Entscheidung des Vermittlers vorbehalten ist (GK-*Kreutz* Rn 48; *Löwisch/Kaiser* Rn 5; *SWS* Rn 5).

21 Die gemeinsame Sitzung dient der Erörterung der nicht einvernehmlich vorgenommenen Zuordnungen. **Nur** die zwischen den einzelnen Wahlvorst. **umstrittenen Fälle** stehen zur Debatte (vgl. den Wortlaut von Abs. 1 S. 2: „soweit"; GK-*Kreutz* Rn 52; s. auch *DKK-Trümner* Rn 13). Diese sollen unter Berücksichtigung der für die leitenden Ang. maßgebenden Abgrenzungskriterien des § 5 Abs. 3 u. 4 nochmals zwischen den Wahlvorst. mit dem Ziel einer gemeinsamen Lösung beraten werden. Die gemeinsame Sitzung ist ein Erörterungs- und Beratungsforum (GK-*Kreutz* Rn 52). Eine **gemeinsame Abstimmung** der an der Sitzung teilnehmenden Mitgl. der einzelnen Wahlvorst. über die anstehenden Streitfälle ist nicht zulässig (*DKK-Trümner* Rn 18; GK-*Kreutz* Rn 52; *Richardi/Thüsing* Rn 20; *Engels/Natter* BB Beil. 8/89 S. 15). Eine Entscheidung über diese Streitfälle – ggf. unter Berücksichtigung der gemeinsamen Erörterung – haben vielmehr allein die Einzelnen beteiligten Wahlvorst. und zwar jeder für sich zu treffen (*Jacobs* Wahlvorstände S. 277). Derartige getrennte Abstimmungen können im Rahmen der gemeinsamen Sitzung (**aA** *Jacobs* aaO S. 278), aber auch in eigenen Sitzungen der Wahlvorst. durchgeführt werden.

22 Wird auf Grund der gemeinsamen Sitzung Einvernehmen über die umstrittenen Zuordnungsfälle erzielt, was in einem Protokoll festzuhalten ist (GK-*Kreutz* Rn 53), sind die jeweiligen Wählerlisten entsprechend anzupassen. Wird nur teilweise Einvernehmen erzielt, sind die Wählerlisten insoweit zu ändern. Soweit kein Einvernehmen erzielt wird, ist nunmehr ein Vermittler einzuschalten (*DKK-Trümner* Rn 21; GK-*Kreutz* Rn 54; vgl. hierzu unten Rn 42 ff.). Die Abwicklung des Zuordnungsverfahrens steht jedenfalls dann, wenn es in den gesetzlichen Mindestzeitrahmen durchzuführen ist, unter einem starken Zeitdruck. Deshalb erscheint es vielfach zweckmäßig, sich bereits auf der gemeinsamen Sitzung auch auf die Person des Vermittlers zu verständigen und, soweit dies nicht möglich ist, den Vermittler durch Losentscheid zu bestimmen (vgl. unten Rn 48 f.).

23 Wird in einem Unternehmen mit mehreren Betrieben gemäß § 20 Abs. 1 SprAuG anstelle betrieblicher Sprecherausschüsse ein **Unternehmenssprecherausschuss** gewählt, obliegt die Durchführung dieser Wahl dem Unternehmenswahlvorst. (§ 20 Abs. 2 SprAuG; über die Schwierigkeiten, die sich bei der Bildung eines Unternehmenswahlvorst. ergeben können, vgl. *Schneider* NZA 90, 31 f.). In diesem Falle ist dieser gegenüber den BRWahlvorst. in den einzelnen Betrieben des Unternehmens für die Durchführung des Zuordnungsverfahrens zuständig (*DKK-Trümner* Rn 50; *WPK-Wlotzke* Rn 3; GK-*Kreutz* Rn 20; *Wlotzke* DB 89, 124; *Engels/Natter* BB Beil. 8/89 S. 14; *Dänzer-Vanotti* ArbuR 89, 207). Je nach der Anzahl der Betriebe des Unternehmens können die im Rahmen des Zuordnungsverfahrens notwendigen Gespräche und gemeinsamen Sitzungen mit den betrieblichen Wahlvorst. sehr zeitaufwändig sein. Es empfiehlt sich deshalb, zumindestens in diesen Fällen für das Zuordnungsverfahren einen zeitlich größeren Rahmen als den gesetzlich vorgesehenen

Mindestrahmen zur Verfügung zu stellen. Das setzt eine entsprechend frühere Bestellung der Wahlvorst. voraus (vgl. hierzu 13 Rn 14, § 16 Rn 9 ff.).

Der Unternehmenswahlvorst. hat das Zuordnungsverfahren mit den **einzelnen** 24
Wahlvorst. für die in den Betrieben des Unternehmens zu wählenden BR durchzuführen (GK-*Kreutz* Rn 20, 49; ErfK-*Eisemann/Koch* Rn 1; *Engels/Natter* BB Beil. 8/89 S. 14; *Schneider/Weber* NZA 90, 32; *Dänzer-Vanotti* ArbuR 89, 207). Es findet nicht etwa ein unternehmenseinheitliches Zuordnungsverfahren zwischen dem Unternehmenswahlvorst. und allen BRWahlvorst. der einzelnen Betriebe des Unternehmens statt. Auch die zur Klärung etwaiger umstrittener Fälle vorgeschriebene gemeinsame Sitzung der Wahlvorst. ist grundsätzlich vom Unternehmenswahlvorst. und dem einzelnen BRWahlvorst. durchzuführen. Soll der Einigungsversuch umstrittener Zuordnungsfälle auf einer gemeinsamen Sitzung des Unternehmenswahlvorst. und aller oder mehrerer BRWahlvorst. durchgeführt werden, ist hierfür das Einverständnis aller beteiligten Wahlvorst. erforderlich. Auch in diesem Falle bleiben die einzelnen Wahlvorst. jedoch allein zuständig, um über die Beilegung etwaiger Streitfälle in ihrem jeweiligen Bereich zu beschließen (GK-*Kreutz* Rn 49).

Ein Sprecherausschuss wird nur in Betrieben mit in der Regel 10 leitenden Ang. 25
gewählt (§ 1 Abs. 1 SprAuG). Hat in einem Unternehmen mit mehreren Betrieben ein Betrieb **weniger als 10 leitende Ang.** und wird kein Unternehmenssprecherausschuss gewählt, so nehmen diese leitenden Ang. an der Wahl des Sprecherausschusses des räumlich nächstgelegenen Betriebs des Unternehmens teil, in dem ein Sprecherausschuss zu wählen ist. In diesem Falle hat der Wahlvorst. für die Wahl des Sprecherausschusses in entsprechender Anwendung der Regelungen bei der Wahl eines Unternehmenssprecherausschusses das Abstimmungsverfahren sowohl mit dem BRWahlvorst. des Betriebes, in dem der Sprecherausschuss gewählt wird, **als auch mit dem BRWahlvorst. des Betriebes, dessen leitende Ang.** an der Wahl des Sprecherausschusses des Nachbarbetriebes **teilnehmen,** durchzuführen. Denn die sachgerechte Abgrenzung des Personenkreises der leitenden Ang. mit dem beteiligten Wahlvorst. ist in diesem Falle ebenso notwendig wie bei der Wahl des Unternehmenssprecherausschusses (*Jacobs* Wahlvorstände S. 275; *Schneider* AiB 90, 16; aA GK-*Kreutz* Rn 22, der lediglich eine freiwillige Beteiligung des BRWahlvorst. in dem sprecherausschussunfähigen Betrieb gestattet).

b) Sonderfälle

Die ordnungsmäßige Durchführung des Zuordnungsverfahrens bis zur Einleitung 26
der Wahl setzt die rechtzeitige Bestellung der beteiligten Wahlvorst., eine einvernehmliche Absprache zwischen ihnen über eine zeitgleiche Einleitung der Wahl und eine Beachtung der Einzelheiten des Zuordnungsverfahrens, insbesondere seiner Fristen voraus. Es sind jedoch auch Fälle denkbar, in denen das **Zuordnungsverfahren nicht rechtzeitig** vor Einleitung einer oder gar beider Wahlen **abgeschlossen** werden kann. Da sich zB die Pflicht des noch im Amt befindlichen BR und Sprecherausschusses zur rechtzeitigen Bestellung der jeweiligen Wahlvorst. nach ihrem jeweiligen, in der Regel unterschiedlichen Amtsende bestimmt (vgl. § 16 Rn 7 ff.), ist es – falls sich BR und Sprecherausschuss nicht auf eine zeitgleiche Bestellung einigen – durchaus möglich, dass die Wahlvorst. zu unterschiedliche Zeiten bestellt werden (vgl. GK-*Kreutz* Rn 18). Dies kann zur Folge haben, dass der zuerst bestellte Wahlverst. im Zeitpunkt der Bestellung des zweiten bereits kurz vor Erlass des Wahlausschreibens steht oder dieses gar schon erlassen hat. Ferner ist nicht auszuschließen, dass sich die Wahlvorst. (pflichtwidrig) nicht auf eine zeitgleiche Einleitung verständigen oder dass einer von ihnen die Durchführung des Zuordnungsverfahrens verzögert.

In diesem Falle besteht **keine Verpflichtung** des zuerst bestellten oder des zügig 27
arbeitenden Wahlvorst., mit der Einleitung der Wahl so lange **zu warten,** bis der noch nicht oder später bestellte oder der säumige Wahlvorst. sich ordnungsgemäß an dem Zuordnungsverfahren beteiligt und dieses abgeschlossen ist (vgl. *DKK-Trümner*

Rn 42 f.). Eine der Hauptpflichten des Wahlvorst. ist es, die Wahl so rechtzeitig durchzuführen, dass der neue BR oder Sprecherausschuss vor Amtsende der bestehenden Vertr. gewählt und damit eine betriebsrats- oder sprecherausschusslose Zeit vermieden wird (vgl. § 13 Rn 16). Auf die Erfüllung dieser Pflicht hat es keinen Einfluss, dass der am Zuordnungsverfahren beteiligte weitere Wahlvorst. nicht rechtzeitig bestellt worden ist oder sich nicht oder nicht zügig am Zuordnungsverfahren beteiligt. Denn anderenfalls würde der für die ordnungsgemäße und rechtzeitige Durchführung der Wahl verantwortliche Wahlvorst. sich seiner Verantwortung begeben und von einer Institution abhängig machen, die für die Durchführung dieser Wahl nicht verantwortlich ist.

28   Leitet ein am Zuordnungsverfahren beteiligter Wahlvorst. die Wahl **vor Abschluss des Zuordnungsverfahrens** ein, weil anderenfalls die Wahl nicht rechtzeitig vor Amtsende der noch im Amt befindlichen ArbNVertr. durchgeführt werden kann und damit eine betriebsratslose oder sprecherausschusslose Zeit eintreten würde, so ist das Zuordnungsverfahren mit der Einleitung der Wahl grundsätzlich **beendet** (vgl. *DKK-Trümner* Rn 78 f.; *Hromadka* Rn 13; *Jacobs* Wahlvorstände S. 290; zur Zulässigkeit einer Absprache zwischen den Wahlvorst., das Zuordnungsverfahren freiwillig weiterzuführen vgl. unten Rn 29). Dafür, dass das Zuordnungsverfahren **nicht von Gesetzes wegen** über den Tag der Einleitung der Wahl hinaus fortzusetzen ist, spricht zum einen, dass das Gesetz die zeitgleiche Einleitung der Wahl als das entscheidende Kriterium für die Durchführung des Zuordnungsverfahrens und auch der Abgrenzung seiner verschiedenen Fallgestaltungen bestimmt. Auch die Gesetzesbegründung geht davon aus, dass das Zuordnungsverfahren bis zur Einleitung der Wahl abgeschlossen ist (vgl. BT-Drucks. 11/2503 S. 25, 31). Entscheidend sprechen jedoch Sinn und Funktion des Zuordnungsverfahrens im Rahmen des Wahlverfahrens dagegen, eine gesetzliche Verpflichtung zu seiner Fortführung auch nach Einleitung der Wahl anzunehmen. Das Zuordnungsverfahren wird nicht um seiner selbst willen durchgeführt, sondern will im Rahmen der anstehenden Wahlen eine für das weitere Verfahren grundsätzlich verbindliche Zuordnung der leitenden Ang. gewährleisten. Es ist damit Teil der Wahl. Aus diesem Grunde ist es dem Hauptanliegen einer regelmäßigen Neuwahl des BR und des Sprecherausschusses, die Wahl so rechtzeitig durchzuführen, dass eine vertretungslose Zeit vermieden wird, zu- und untergeordnet. Für die rechtzeitige Durchführung der Wahl ist aber ihre Einleitung, dh der Erlass des Wahlausschreibens von wesentlicher Bedeutung. Mit Erlass des Wahlausschreibens ist zum einen die Wählerliste im Betrieb auszulegen (§ 2 Abs. 4 S. 1 WO), deren Aufstellung das Zuordnungsverfahren vornehmlich dient. Schon dies spricht dafür, dass das Zuordnungsverfahren vor der endgültigen Aufstellung der Wählerliste abgeschlossen sein muss. Entscheidend kommt hinzu, dass die Zahl der zu wählenden BRMitgl., die Mindestsitzzahl für das Geschlecht in der Minderheit und die Mindestzahl der Stützunterschriften für einen Wahlvorschlag von der Zahl der (wahlberechtigten) ArbN abhängt und eine nachträgliche Änderung dieser Zahl durch eine spätere abweichende Zuordnungsentscheidung uU einen Neuerlass des Wahlausschreibens erforderlich machen kann. Da zwischen Erlass des Wahlausschreibens und dem Tag der Stimmabgabe mindestens eine Zeitspanne von sechs Wochen liegen muss (vgl. § 3 Abs. 1 WO), ist nicht auszuschließen, dass in diesem Falle die Wahl erst nach Ablauf der Amtszeit des noch im Amt befindlichen BR bzw. Sprecherausschusses stattfindet mit der Folge einer vertretungslosen Zeit. Die Hinnahme einer solchen Konsequenz kann dem Gesetzgeber nicht unterstellt werden (ebenso *Schneider* AiB 90, 18; *Schneider/Weber* NZA 90, 31; *Blanke/Berg* ua. Betriebsratswahl Rn 210, 241, 256, 274; **aA** GK-*Kreutz* Rn 17 ff., 19, 43, nach dem das Zuordnungsverfahren, da seine Durchführung nach Abs. 1 S. 1 Halbs. 1 lediglich von der Verpflichtung zur zeitgleichen Einleitung der Wahl abhänge, auch dann fortzuführen ist, wenn eine oder beide Wahlen bereits eingeleitet sind; dies soll selbst für den Fall einer betriebsrats- oder sprecherausschusslosen Zeit gelten; ähnlich wohl *Allinger* NZA 90, 563).

Die beteiligten Wahlvorst. können allerdings eine **freiwillige Absprache** treffen, 29
das Zuordnungsverfahren nach Einleitung der Wahl **weiterzuführen** (aA wohl
DKK-Trümner Rn 31 u. 41, nach denen bei einem Verstoß gegen das Gebot der gleichzeitigen Einleitung der Wahlen Abs. 4 anzuwenden sein soll). Dem Zuordnungsverfahren sind einvernehmliche Absprachen nicht fremd, vgl. zB die Absprache zur
zeitgleichen Einleitung der Wahl (vgl. oben Rn 11) oder die Absprache, auch bei
Wahlen außerhalb des regelmäßigen Wahlzeitraums ein Zuordnungsverfahren durchzuführen (vgl. Abs. 1 S. 1 Halbs. 2; vgl. hierzu unten Rn 32). Es besteht kein Grund,
im Falle des Abs. 1 S. 1 Halbs. 1 eine freiwillige Weiterführung des Zuordnungsverfahrens auszuschließen. Die beteiligten Wahlvorst. können am besten abschätzen, ob
bei einer Weiterführung die Gefahr eines Abbruchs der Wahl und die Notwendigkeit
eines erneuten Erlasses des Wahlausschreibens mit der entsprechenden Verzögerung
der Wahl droht oder nicht. Im ersteren Fall sollte das Zuordnungsverfahren wegen
einer betriebsrats- oder sprecherausschusslosen Zeit nicht weitergeführt werden.
Denn der Nachteil einer vertretungslosen Zeit ist schwerwiegender als der Nachteil,
dass wegen fehlender Durchführung des Zuordnungsverfahrens keine Einschränkung
des Wahlanfechtungsrechts nach Abs. 5 S. 2 (vgl. hierzu unten 69) eintritt. Besteht
dagegen keine Gefahr einer betriebsrats- oder sprecherausschusslosen Zeit (zB weil
die geringe Anzahl der umstrittenen Fälle in keinem Falle zu einem Neuerlass des
Wahlausschreibens führen kann), kann es sich empfehlen das Zuordnungsverfahren
wegen der mit ihm verbundenen Einschränkung der Anfechtungsmöglichkeit nach
Abs. 5 S. 1 einvernehmlich weiterzuführen.

Wird einer der beteiligten Wahlvorst. erst zu einem Zeitpunkt bestellt, nach dem 30
der vorher bestellte Wahlvorst. **die Wahl bereits eingeleitet** hat, so findet zwischen
den Wahlvorst. kein Zuordnungsverfahren mehr statt (vgl. *DKK-Trümner* Rn 41). In
diesem Falle hat der zuerst bestellte Wahlvorst. das Zuordnungsverfahren gemäß
Abs. 4 mit der anderen Vertr. durchzuführen (vgl. hierzu unten Rn 37). Der verspätet
bestellte Wahlvorst. hat seinerseits das Zuordnungsverfahren ebenfalls mit der anderen
ArbNVertr. durchzuführen, und zwar, wenn die bisherige noch im Amt ist, mit dieser, anderenfalls mit der neugewählten Vertr.

Hat der Wahlvorst. wegen nicht rechtzeitiger Bestellung des anderen Wahlvorst. 31
das Zuordnungsverfahren mit der anderen ArbNVertr. zwar schon begonnen, bestellt
die andere Vertr. jedoch den Wahlvorst. für ihre Neuwahl noch zu einem Zeitpunkt,
zu dem der erstbestellte Wahlvorst. die Wahl noch nicht eingeleitet hat, so **tritt** der
andere Wahlvorst. in das mit der anderen Vertr. **bereits begonnene Zuordnungsverfahren ein.** Dies ist deshalb zulässig und geboten, weil bei Durchführung des
Zuordnungsverfahrens zwischen den beiden Wahlvorst. die Zuordnung der leitenden
Ang. für beide Wahlen einheitlich erfolgt. Letzteres ist nicht gewährleistet, wenn zwei
getrennte Zuordnungsverfahren zwischen den einzelnen Wahlvorst. und der jeweiligen anderen Vertr. durchgeführt werden (so mit Recht GK-*Kreutz* Rn 32).

3. Sonstige zeitgleiche Einleitung der Wahlen

Bei den regelmäßigen Wahlen des BR und des Sprecherausschusses besteht eine 32
Rechtspflicht zur zeitgleichen Einleitung dieser Wahlen (vgl. § 13 Abs. 2 S. 2). Es
sind jedoch auch außerhalb der regelmäßigen Wahlen Fälle möglich, in denen die
Wahlen zum BR und zum Sprecherausschuss **in zeitlichem Zusammenhang**
durchgeführt werden, zB wenn ein Betrieb neu errichtet wird oder BR und Sprecherausschuss zur gleichen Zeit ihren Rücktritt beschlossen haben. In diesem Falle
besteht zwar keine gesetzliche Verpflichtung, die Wahlen zeitgleich einzuleiten. Jedoch
können die beteiligten Wahlvorst. eine zeitgleiche Einleitung der Wahlen absprechen.
Das liegt in ihrem **freien Ermessen.** Beschließen die Wahlvorst. eine zeitgleiche
Einleitung der Wahlen, so haben sie in gleicher Weise wie bei den regelmäßigen
Wahlen das Zuordnungsverfahren durchzuführen (vgl. Abs. 1 S. 1 Halbs. 2; GK-*Kreutz*
Rn 24; *Düwell/Brors* Rn 6; ErfK-*Eisemann/Koch* Rn 1; *Bauer* NZA Beil. 1/89 S. 22;

Sieg FS Hromadka S. 437, 443; **aA** *DKK-Trümner* Rn 25 ff., die hier aus der Normkonstruktion des § 18 a unzutreffend nur eine gegenseitige Unterrichtung d. Wahlvorst. annehmen und damit den Anwendungsbereich des relativ einfachen, rasch durchführbaren und kostengünstigen Zuordnungsverfahrens unnötig einengen).

33   Werden die Wahlen von BR und Sprecherausschuss außerhalb des regelmäßigen Wahlzeitraums in zeitlichem Zusammenhang durchgeführt, so können sich die Wahlvorst. **freiwillig** auch dann auf die **Durchführung des gemeinsamen Zuordnungsverfahrens** verständigen, wenn sie davon Abstand nehmen, die Wahlen zeitgleich einzuleiten. Bei einer zeitgleichen Einleitung der Wahlen besteht eine Rechtspflicht zur Durchführung des Zuordnungsverfahrens (vgl. Abs. 1 S. 1 Halbs. 2; oben Rn 32). Diese Rechtspflicht beruht aber letztlich ebenfalls auf einer freiwilligen Absprache der beteiligten Wahlvorst., nämlich ihrem Einvernehmen über die zeitgleiche Einleitung der Wahlen. Die Einigung über diesen Punkt ist jedoch für das Zuordnungsverfahren nicht in dem Sinne sachlich unerlässlich, dass es nur in diesem Falle durchgeführt werden könnte. Es ist deshalb kein Grund ersichtlich, weshalb das gemeinsame Zuordnungsverfahren nur bei einem freiwilligen Einvernehmen über die zeitgleiche Einleitung der Wahl zulässig sein soll (dann ist es verbindlich vorgeschrieben), nicht jedoch in den Fällen, in denen die Wahlvorst. – im Allgemeinen doch wohl aus einsichtigen Gründen – von dem zeitgleichen Erlass des Wahlausschreibens absehen, jedoch im Interesse der größeren Rechtssicherheit der Wahlen das gemeinsame Zuordnungsverfahren durchführen (ebenso GK-*Kreutz* Rn 25).

34   Eine freiwillige Absprache der Wahlvorst. über die Durchführung eines gemeinsamen Zuordnungsverfahrens ist **auch dann zulässig,** wenn BR und Sprecherausschuss, deren Neuwahl ansteht, **noch im Amt** sind. Denn der Durchführung nur eines Zuordnungsverfahrens zwischen den Wahlvorst. mit einer einheitlichen Entscheidung über den Personenkreis der leitenden Ang. für beide Wahlen ist der Vorrang einzuräumen, gegenüber zwei getrennten Zuordnungsverfahren zwischen BRWahlvorst. und Sprecherausschuss einerseits und dem Wahlvorst. für die Sprecherausschusswahl und dem BR andererseits mit der Möglichkeit divergierender Zuordnungsentscheidungen (GK-*Kreutz* Rn 25, 34).

35   Verständigen sich die beteiligten Wahlvorst. nicht über die gemeinsame Durchführung des Zuordnungsverfahrens, so hat jeder Wahlvorst. das Zuordnungsverfahren gemäß Abs. 4 mit **jeweils anderen ArbNVertr.** durchzuführen, vorausgesetzt diese sind – sei es auch nur geschäftsführend – noch im Amt (vgl. hierzu Rn 37 ff.; **aA** GK-*Kreutz* Rn 26, 28 f., 34; *Düwell/Brors* Rn 7, die die Anwendung des Abs. 4 auf Fälle beschränkt, wo nur eine Vertretung zu wählen ist, und seine Anwendung generell ausschließt, sobald zwei Wahlvorst. in zeitlichem Zusammenhang die Wahl durchführen). Hierfür spricht nicht nur der Wortlaut von Abs. 4, sondern auch der Gesichtspunkt, dass es besser ist, es werden überhaupt Zuordnungsverfahren mit der Rechtsfolge des Abs. 5 S. 2 (Einschränkung der Anfechtungsmöglichkeit) durchgeführt, als wenn überhaupt kein Zuordnungsverfahren stattfindet. Da die Wahlvorst. bei Bestehen der ArbNVertr. somit auf jeden Fall ein Zuordnungsverfahren durchführen müssen, dürfte es stets sachgerechter sein, sich auf die Durchführung eines gemeinsamen Zuordnungsverfahrens zu verständigen. Denn nur in diesem Falle ist eine einheitliche Zuordnung für beide Wahlen gewährleistet.

36   Verständigen sich die Wahlvorst. wenn kein BR und/oder kein Sprecherausschuss besteht, nicht auf die Durchführung des Zuordnungsverfahrens, so entscheidet jeder Wahlvorst. für sich allein, welche Ang. er als leitende Ang. ansieht. In diesem Falle treten die Rechtswirkungen des Zuordnungsverfahrens (vgl. hierzu unten Rn 68 ff.) nicht ein.

4. Wahl nur des Betriebsrats oder nur des Sprecherausschusses

37   Die Wahlen zum BR und zum Sprecherausschuss brauchen nicht immer im zeitlichen Zusammenhang durchgeführt werden. So kann sich zB die Notwendigkeit

einer Wahl außerhalb des regelmäßigen Wahlzeitraums nur für eine Vertr. ergeben (zB erfolgreiche Anfechtung nur der Wahl des Sprecherausschusses oder Rücktritt nur des BR). Ferner kann die Neuwahl einer außerhalb des regelmäßigen Wahlzeitraums gewählten Vertr. erst im übernächsten Wahlzeitraum notwendig werden (vgl. § 13 Rn 50ff.; § 5 Abs. 3 SprAuG). Ist nur der BR oder nur der Sprecherausschuss zu wählen, so ist in das Zuordnungsverfahren die jeweils andere, nicht neu zu wählende Vertr. eingeschaltet (Abs. 4 S. 1 u. 3). Das Gleiche gilt, wenn die Wahlen in zeitlichem Zusammenhang durchgeführt werden, die Wahlvorst. sich jedoch nicht auf die Durchführung eines gemeinsamen Zuordnungsverfahrens verständigen (vgl. oben Rn 32ff.) oder wenn bei einer regelmäßigen Neuwahl von Sprecherausschuss und BR einer der beteiligten Wahlvorst. bestellt wird, nachdem der andere die Wahl bereits eingeleitet hat (vgl. oben Rn 24f.). Das Zuordnungsverfahren nach Abs. 4 gestaltet sich wie folgt:

Der Wahlvorst. trifft zunächst intern seine Entscheidung, welche Ang. er für die **38** anstehende Wahl als leitende Ang. ansieht. Diese Entscheidung teilt er unverzüglich, spätestens 2 Wochen vor Einleitung der Wahl, der anderen, nicht neu zu wählenden Vertr. mit, dh im Falle der Neuwahl des BR dem Sprecherausschuss bzw. im Falle der Neuwahl des Sprecherausschusses dem BR. Hält die andere Vertr. die vom Wahlvorst. vorgenommene Zuordnung für zutreffend, ist dies dem Wahlvorst. mitzuteilen. Diese Zuordnung ist für die anstehende Wahl maßgebend.

Findet die vom Wahlvorst. vorgenommene Zuordnung ganz oder teilweise nicht **39** die Zustimmung der anderen, nicht neu zu wählenden Vertr., so hat diese Mitgl. zu benennen, die an dem weiteren Zuordnungsverfahren teilnehmen (vgl. Abs. 4 S. 2 u. 3). Es können **nur Mitgl.** der anderen Vertr. benannt werden, nicht etwa sonstige ArbN des Betriebs oder gar Betriebsfremde (vgl. Begründung des Gesetzentwurfs BT-Drucks. 11/2503, S. 32; GK-*Kreutz* Rn 92; *Richardi/Thüsing* Rn 33). Im Übrigen bestehen hinsichtlich der zu benennenden Mitgl. keine näheren Regelungen. Insbesondere bleibt es der anderen Vertr. überlassen, wieviele Mitgl. sie benennt (*Hromadka* Rn 19; *Richardi/Thüsing* Rn 33); jedoch müssen stets mehrere Mitgl. benannt werden (vgl. Wortlaut von Abs. 4 S. 2; **aA** GK-*Kreutz* Rn 93; *Richardi/Thüsing* Rn 33), es sei denn, der BR oder Sprecherausschuss besteht nur aus einer Person. Um eine Pattsituation zu vermeiden, sollte stets eine ungerade Zahl von Mitgl. benannt werden (GK-*Kreutz* aaO hält dies für zwingend). Eine Beachtung des Minderheitenschutzes, wie etwa bei der Besetzung der Ausschüsse des BR, ist nicht erforderlich (GK-*Kreutz* Rn 93). Ferner ist es zulässig, dass die andere Vertr. alle ihre Mitgl. benennt und damit praktisch selbst am Zuordnungsverfahren teilnimmt. Ist der BR zu beteiligen, so kann dieser den BetrAusschuss oder einen anderen Ausschuss des BR mit der weiteren Beteiligung im Zuordnungsverfahren beauftragen (GK-*Kreutz* Rn 93).

Die benannten Mitgl. der anderen Vertretung nehmen „anstelle des Wahlvorst". **40** am Zuordnungsverfahren teil. Das bedeutet im Einzelnen: Sie haben in einer gemeinsamen Sitzung mit dem Wahlvorst. eine Einigung über die Zuordnung zu versuchen (vgl. oben Rn 18ff.). Gelingt dies, ist diese Zuordnung für die anschließende Wahl maßgebend. Anderenfalls müssen sich die benannten Mitgl. und der Wahlvorst. auf die Person des Vermittlers einigen bzw. den Vermittler durch Losentscheid ermitteln (vgl. Rn 42ff.). Die benannten Mitgl. der anderen Vertr. haben über die im Rahmen des Zuordnungsverfahren notwendig werdenden Entscheidungen stets einen förmlichen Beschluss zu fassen (GK-*Kreutz* Rn 94).

Wird nur der BR gewählt, ohne dass für den Betrieb ein (betrieblicher oder Un- **41** ternehmens-)Sprecherausschuss besteht, so kann mangels einer anderen Vertr. das Zuordnungsverfahren nicht durchgeführt werden. Die Festlegung des Personenkreises der leitenden Ang. obliegt allein dem BRWahlvorst., der gemäß § 2 Abs. 2 S. 2 WO hierbei vom ArbGeb. zu unterstützen ist. Die mit dem Zuordnungsverfahren verbundenen Rechtsfolgen (vgl. unten Rn 68ff.) treten in diesem Falle nicht ein. Entsprechendes gilt, wenn nur der Sprecherausschuss gewählt wird und im Betrieb kein BR besteht (GK-*Kreutz* Rn 36; *Goldschmidt* Rn 382).

III. Einschaltung des Vermittlers

1. Bestellung des Vermittlers

42   Einigen sich die beteiligten Wahlvorst. (Abs. 1) oder im Fall, dass nur der BR oder nur der Sprecherausschuss gewählt wird (Abs. 4), der Wahlvorst. und die nicht neu zu wählende ArbVertretung nicht über die Zuordnung der leitenden Ang., haben sie insoweit einen Vermittler einzuschalten. Es ist für die strittigen Zuordnungsfälle **nur ein Vermittler** zu bestellen, nicht etwa für jeden umstrittenen Zuordnungsfall ein gesonderter Vermittler (GK-*Kreutz* Rn 65; *Bauer* SprAuG S. 137).

43   Der für eine Vermittlung in Betracht kommende **Personenkreis** ist beschränkt. Nur Beschäftigte des Betriebs oder eines anderen Betriebs des Unternehmens oder Konzerns oder der ArbGeb. können zum Vermittler bestellt werden (*Goldschmidt* Rn 380), keine externen Personen, wie zB Vertreter von Gewerkschaften oder ArbGebVerbänden oder Rechtsanwälte. Diese Beschränkung erklärt sich aus dem Bestreben, einerseits eine möglichst schnelle und kostengünstige, andererseits jedoch auch eine weitgehend neutrale Vermittlung zu gewährleisten. Eine Klärung der umstrittenen Zuordnungsfälle durch das ArbG oder die E-Stelle hätte dem Anliegen einer schnellen und kostengünstigen Zuordnungsentscheidung nicht genügt. Aus diesem Grunde dürfte auch die Bestellung eines externen Vermittlers, der sich mit dem betriebs- und unternehmensinternen Verhältnissen erst hätte vertraut machen müssen, ausgeschlossen worden sein. Was die Neutralität des Vermittlers anbelangt, so ergeben sich aus der Beschränkung der Auswahlmöglichkeit auf Angehörige des Unternehmens und des Konzerns gewisse Zweifel an der Sachgerechtigkeit der gesetzlichen Regelung. Denn die möglichen Vermittler gehören selbst entweder zu den vom BR oder vom Sprecherausschuss vertretenen ArbNschaft (vgl. *Richardi/Thüsing* Rn 38) oder sind – bei Vermittlung durch den ArbGeb. – betriebsverfassungsrechtlicher Gegenpart von BR und Sprecherausschuss. Alle in Betracht kommenden Personen können deshalb wohl kaum als völlig unbefangen angesehen werden (GK-*Kreutz* Rn 61). Allerdings wären andere Regelungen, wie zB dem Selbsteinschätzungsrecht der leitenden Ang. nach § 11 der 3. WO MitbestG oder ein generelles Letztentscheidungsrecht des ArbGeb., wie es ebenfalls diskutiert worden ist (vgl. BT-Drucks. 10/3384: Art. 3 § 3 Abs. 3; *H. P. Müller* DB 87, 1688), noch erheblich größeren Bedenken ausgesetzt gewesen, da dann stets nur ein- und demselben unmittelbar Betroffenen die Letztentscheidung oblegen hätte. Ob die in die neue gesetzliche Regelung gesetzte Erwartung berechtigt ist, dass die Wahlvorst. angesichts der mit einem Losentscheid verbundene Unsicherheit bestrebt sein werden, sich auf einen für beide Teile akzeptablen Vermittler zu verständigen (so *Wlotzke* DB 89, 126; *Engels/Natter* BB Beil. 8/89 S. 14; *Bauer* SprAuG S. 137; *Jacobs* Wahlvorstände S. 279; zweifelnd *Martens* RdA 89, 86), bleibt abzuwarten.

44   Zu den Beschäftigten, die für eine Vermittlungstätigkeit in Betracht kommen, gehören zum einen alle unternehmens- und konzernangehörigen ArbN einschließlich der leitenden Ang. (zum ArbNBegriff vgl. § 5 Rn 16 ff.; **aA** hinsichtlich leitender Ang. *DKK-Trümner* Rn 57). Es können nur aktive, nicht bereits pensionierte Beschäftigte zum Vermittler bestellt werden (GK-*Kreutz* Rn 57; *Bauer* SprAuG S. 136). Eine bestimmte Dauer der Unternehmens- oder Konzernzugehörigkeit des Vermittlers wird ebenso wenig gefordert wie besondere rechtliche Vorkenntnisse. Im Interesse einer möglichst sachgerechten Aufgabenerfüllung sollte der Vermittler jedoch sowohl eingehendere Kenntnisse der Unternehmens- und Betriebsstruktur als auch Rechtskenntnisse über den Begriff des leitenden Ang. besitzen. Obwohl das Gesetz keine ausdrückliche diesbezügliche Einschränkung enthält, dürften Mitgl. der beteiligten Wahlvorst. als Vermittler ausgeschlossen sein (*Düwell/Brors* Rn 10; **aA** *Richardi/Thüsing* Rn 40). Denn da sie in dieser Eigenschaft bereits vorher in das Zuordnungsverfahren eingeschaltet waren, dürfte ihnen die für eine anschließende Vermittlungtätigkeit gebotene Unbefangenheit fehlen (*Hromadka* Rn 9; *Dänzer-Vanotti* ArbuR 89, 206; *SWS* Rn 5; **aA** GK-*Kreutz* Rn 59). Dagegen sind Mitgl. des BR oder des Sprecherausschusses als Vermittler nicht ausgeschlossen (GK-*Kreutz* Rn 59; *Richardi/Thüsing* Rn 40; *DKK-Trümner* Rn 59 beschränkend auf Mitgl. des BR; **aA** *Martens* RdA 89, 87).

Da das Gesetz allgemein von „Beschäftigten" spricht, kommen auch Personen im **45** Sinne von § 5 Abs. 2 (vgl. hierzu § 5 Rn 326 ff.) für eine Vermittlungtätigkeit in Betracht. Bedenken wegen der ArbGebNähe eines Teiles dieser Beschäftigten sind im Hinblick darauf, dass der ArbGeb. selbst zum Vermittler bestellt werden kann, nicht stichhaltig (GK-*Kreutz* Rn 57; *Löwisch/Kaiser* Rn 7; zweifelnd *G. Müller* DB 89, 828; *DKK-Trümner* Rn 58 **aA** *Dänzer-Vanotti* ArbuR 89, 206). Eine andere Frage ist, ob die Bestellung dieser Personen zum Vermittler ebenso wie die des ArbGeb. nicht nur in Ausnahmefällen erfolgen sollte (vgl. hierzu unten Rn 47).

Der Vermittler braucht nicht aus dem Betrieb zu stammen, in dem die Wahl statt- **46** findet. Es können auch Beschäftigte aus anderen Betrieben desselben Unternehmens und darüber hinaus aus Betrieben anderer Unternehmen, die mit dem Beschäftigungsunternehmen in einem Konzern verbunden sind, zu Vermittlern bestellt werden (zum Begriff des Unternehmens vgl. § 47 Rn 9 ff.; zum Begriff des Konzerns vgl. § 54 Rn 8 ff.). Da Abs. 3 S. 2 im Gegensatz zu § 8 Abs. 1 S. 2 und § 54 Abs. 1 S. 1 nicht auf § 18 Abs. 1 AktG verweist, erstreckt sich der Kreis möglicher Vermittler nicht nur auf Beschäftigte anderer Unternehmen in einem Unterordnungskonzern, sondern auch in einem Gleichordnungskonzern (GK-*Kreutz* Rn 58; *Bauer* SprAuG S. 136; *Löwisch/Kaiser* Rn 7). Für eine einschränkende Interpretation besteht im Interesse, als Vermittler eine möglichst neutrale Person bestellen zu können, keine Veranlassung.

Auch der **ArbGeb.** kann zum Vermittler bestellt werden (*Richardi/Thüsing* Rn 41; **47** *Goldschmidt* Rn 382). Da der ArbGeb. der institutionelle betriebsverfassungsrechtliche Gegenpart von BR und Sprecherausschuss ist, erscheint bei ihm die Frage einer Befangenheit bei seiner Vermittlungtätigkeit besonders problematisch. Sollte schon aus diesem Grunde die Bestellung des ArbGeb. als Vermittler auf besondere Ausnahmefälle beschränkt werden (**aA** GK-*Kreutz* Rn 60), so spricht hierfür auch noch folgende Überlegung: Das Vermittlungsverfahren ist im Interesse einer richtigen Entscheidung auf eine intensive Erörterung der für die Zuordnung maßgeblichen Gesichtspunkte zwischen den Beteiligten angelegt (erneuter Verständigungsversuch, Unterstützungspflicht des ArbGeb. durch Auskunftserteilung und Vorlage der erforderlichen Unterlagen, Beratung des Vermittlers mit dem ArbGeb. vor seiner Entscheidung). Die Möglichkeit, die offenen Zuordnungsfälle auf argumentativem Wege einer richtigen Lösung zuzuführen, würden jedoch erheblich gemindert, wenn die gesetzlich vorgesehene Erörterung und Beratung der Problemfälle zwischen Vermittler und ArbGeb. wegen Personenidentität beider ausscheiden.

Die **Bestimmung der Person des Vermittlers** erfolgt in erster Linie durch die **48** beteiligten Wahlvorst. Findet die Wahl nur des BR oder nur des Sprecherausschusses statt (Abs. 4), obliegt die Bestimmung dem Wahlvorst. für die anstehende Wahl und der nicht neu zu wählenden anderen ArbNVertr. bzw. den von ihr hierfür benannten Mitgl. (vgl. oben Rn 39 f.). Die Entscheidung erfolgt durch getrennte Beschlussfassung der jeweiligen Gremien (*Richardi/Thüsing* Rn 43). Eine geheime Abstimmung ist nicht erforderlich. Das Beschlusserfordernis bezieht sich sowohl auf die Entscheidung, welche Person als Vermittler vorgeschlagen werden soll, als auch auf die Entscheidung, ob ein Vorschlag der anderen Seite akzeptiert werden soll (GK-*Kreutz* Rn 64).

Nimmt ein Unternehmenswahlvorst. am Vermittlungsverfahren teil, so sind sowohl **49** alle BRWahlvorst., mit denen keine Einigung erzielt worden ist, als auch der Unternehmenswahlvorst. berechtigt, Vorschläge für die Person des Vermittlers zu machen (GK-*Kreutz* Rn 66; *Schneider* AiB 90, 18). Die beteiligten BRWahlvorst. brauchen sich zwar nicht, können sich jedoch auf einen einzigen Vermittler verständigen. Allerdings muss dies jeder BRWahlvorst. gesondert beschließen.

50   Können sich die Wahlvorst. (im Falle des Abs. 4: der Wahlvorst. und die andere, nicht neu zu wählenden Vertr.) nicht auf einen Vermittler einigen, so haben sie je eine Person als Vermittler vorzuschlagen. Aus ihnen wird der Vermittler durch **Losentscheid** bestimmt. Die nähere Ausgestaltung des Losentscheids sollte zwischen den beteiligten Wahlvorst. bzw. deren Vors. abgesprochen werden. Mangels Absprache gelten die allgemein üblichen Verfahren eines Losentscheids (vgl. hierzu § 10 WO Rn 2). Um mögliche Zweifel an der Ordnungsmäßigkeit des Losentscheids zu vermeiden, sollte er in Anwesenheit aller Mitgl. der beteiligten Wahlvorst. durchgeführt werden.

51   Eine (hilfsweise) Bestellung des Vermittlers durch das **ArbG.** ist **nicht zulässig** (*DKK-Trümner* Rn 67; *GK-Kreutz* Rn 63; *Löwisch/Kaiser* Rn 15; *Hromadka* Rn 10). Das gilt selbst dann, wenn die Wahlvorst. (pflichtwidrig) keine Vermittler vorschlagen oder alle hierfür in Aussicht genommenen Beschäftigten die Übernahme dieses Amtes ablehnen. In diesem Falle kann das **Zuordnungsverfahren nicht weitergeführt** werden (*GK-Kreutz* Rn 70; *Richardi/Thüsing* Rn 46; *Bauer* SprAuG S. 136 f.). Das Gleiche gilt für den Fall, dass einer der beteiligten Wahlvorst. nicht in der Lage sein sollte, einen seiner Ansicht nach geeigneten Vermittler vorzuschlagen (etwa mangels Bereitschaft aller vorgeschlagenen Personen) und er auch nicht bereit ist, den Vorschlag des anderen Wahlvorst. zu akzeptieren (*DKK-Trümner* Rn 65; *Hromadka* Rn 10). Mangels Einverständnisses liegt keine Einigung des Wahlvorst. auf die Person des Vermittlers vor. Ein Losentscheid scheidet, da nur eine Person vorgeschlagen worden ist, ebenfalls aus (*DKK-Trümner* Rn 65; *GK-Kreutz* Rn 71; *Bauer* aaO; **aA** *SWS* Rn 7; *Löwisch/Kaiser* Rn 15, für den Fall, dass ein Wahlvorst. seine Mitwirkung am Zuordnungsverfahren verweigert). In diesem Fall entscheiden die Wahlvorst. allein über die Aufnahme der noch offenen Streitfälle in die Wählerlisten. Die Rechtswirkungen des Zuordnungsverfahrens (vgl. hierzu unten Rn 68 ff.) treten hinsichtlich dieser Streitfälle nicht ein.

51a   Der Vermittler muss **spätestens in der zweiten Woche** vor Einleitung der Wahl bestellt werden, da er gemäß Abs. 2 S. 1 spätestens eine Woche vor der Wahl eine erneute Verständigung der Wahlvorst. zu versuchen hat (*Hromadka* Rn 8). Wegen des beträchtlichen Zeitdrucks, unter denen das Vermittlungsverfahren jedenfalls bei kurzfristiger Bestellung der Wahlvorst. geraten kann, erscheint es angebracht, in der gemeinsamen Sitzung der Wahlvorst. nach Abs. 1 S. 2 auch schon die Bestellung des Vermittlers, ggf. durch Losentscheid, vorzunehmen (vgl. oben Rn 22).

2. Tätigkeit des Vermittlers

52   Der Vermittler hat zunächst nochmals eine **Verständigung der Wahlvorst.** über die strittigen Zuordnungsfälle zu versuchen. Dieser Versuch muss nach Abs. 2 S. 1 spätestens eine Woche vor Einleitung der Wahl stattfinden. Ein späterer Versuch ist jedoch nicht unzulässig (**aA** *WPK-Wlotzke* Rn 6). Die Vermittlung beschränkt sich auf die noch vorhandenen Streitfälle. Fälle einer einvernehmlichen Zuordnung darf der Vermittler nicht von sich aus neu aufgreifen, auch wenn er sie für nicht zutreffend hält (*GK-Kreutz* Rn 79; *Hromadka* Rn 12).

53   Vor dem erneuten Einigungsversuch wird der Vermittler sich nähere Kenntnis über die umstrittenen Fälle und die Gründe der unterschiedlichen Zuordnung zu verschaffen haben. Er hat, soweit dies seine Vermittlungtätigkeit erfordert, gegen den ArbGeb. Anspruch auf **umfassende Unterstützung.** Insbesondere sind ihm alle zur Erfüllung seiner Vermittlungsfunktion erforderlichen Auskünfte zu erteilen und Unterlagen zur Verfügung zu stellen. Die Auskunfts- und Vorlagepflicht bezieht sich auf alle Aspekte, die für die Zuordnung der leitenden Ang. nach § 5 Abs. 3 u. 4 von Bedeutung sind (vgl. hierzu § 5 Rn 373 ff. und 414 ff.). Betriebs- und Geschäftsgeheimnisse sind nicht ausgenommen, so dass uU – etwa weil eine eindeutige Zuordnung auf Grund des § 5 Abs. 3 Nr. 3 nicht möglich ist –, auch über die Bandbreite der an leitende Ang. gezahlte Gehälter und das Gehalt der umstrittenen Ang. zu unterrichten ist (GK-*Kreutz* Rn 82; *Engels/Natter* BB Beil. 8/89 S. 12; *Löwisch/Kaiser* Rn 10; *Bauer* SprAuG S. 135; *Hromadka* Rn 11; einschränkend *SWS* Rn 8 und *HSWGNR* Rn 9: nur Mitteilung, dass sich das Gehalt innerhalb dieser Bandbreite bewegt; zur Verschwiegenheitspflicht vgl. Rn 48). Ein Anspruch auf Einsicht in die Personalakte besteht allerdings nicht (GK-*Kreutz* Rn 81; *Richardi/Thüsing* Rn 51; *WPK-Wlotzke* Rn 6).

Im Interesse einer möglichst richtigen Entscheidung strittiger Zuordnungsfälle ist **54** der Vermittler berechtigt, alle sachdienlichen Erkenntnisquellen zu nutzen. Hierzu zählen auch Gespräche mit den umstrittenen Ang. über ihre Aufgabe und Stellung im Betrieb. Ferner kommen Gespräche mit dem BR und/oder Sprecherausschuss in Betracht, insbesondere wenn diese sich mit dem Status der umstrittenen Personen bereits befasst haben, etwa im Rahmen einer personellen Einzelmaßnahme. Auch kann eine Besichtigung des Arbeitsbereichs des Ang. geboten sein, um dessen Bedeutung und Umfang konkret kennenzulernen (GK-*Kreutz* Rn 83). Zur Einholung eines Sachverständigengutachtens ist der Vermittler in entsprechender Anwendung von § 80 Abs. 3 nur bei Einverständnis des ArbG berechtigt (*Düwell/Brors* Rn 11; dagegen schließt GK-*Kreutz* Rn 83 dies wegen des internen Charakters des Vermittlungsverfahrens generell aus).

Es bleibt dem Vermittler überlassen, in welcher Weise er den **erneuten Eini- 55 gungsversuch** der beteiligten Gremien durchführt. Er kann mit ihnen die strittigen Zuordnungsfälle jeweils getrennt erörtern. Er kann sie jedoch auch zu einer gemeinsamen Erörterung einladen. Zu dieser Besprechung kann er auch den ArbGeb. im Rahmen der diesem obliegenden Unterstützungsfunktion nach Abs. 2 S. 2 hinzuziehen. In der Sache wird er die Streitfälle mit den beteiligten Wahlvorst. nochmals eingehend anhand der Abgrenzungskriterien des § 5 Abs. 3 u. 4 und der gegebenen betrieblichen und unternehmensbezogenen Gegebenheiten erörtern. Der Vermittler ist zwar nicht verpflichtet, bei dieser Erörterung seine Einschätzung der Streitfälle offenzulegen, jedoch wird in aller Regel wohl deutlich werden, welchen Umständen er eine besondere Bedeutung beimisst. Die jeweiligen Wahlvorst. haben auf Grund des Einigungsversuchs des Vermittlers eine Meinungsbildung darüber herbeizuführen, ob sie ihre ursprüngliche Entscheidung der umstrittenen Fälle beibehalten oder ändern wollen. Auch diese Meinungsbildung erfolgt durch Beschluss. Erfolgt keine erneute Beschlussfassung, verbleibt es bei der ursprünglichen Entscheidung.

Soweit der erneute Verständigungsversuch des Vermittlers **erfolglos** bleibt, hat er **56** selbst eine Entscheidung zu treffen. Vor dieser Entscheidung hat er sich nochmals mit dem **ArbGeb. zu beraten.** Diese Beratung dient dem Zweck, mit dem ArbGeb. als dem Inhaber der Organisationsgewalt des Betriebs und des Unternehmens (vgl. hierzu *H. P. Müller* DB 87, 1687; *Martens* RdA 88, 204) die Streitfälle nochmals in rechtlicher und tatsächlicher Hinsicht zu erörtern. Unterbleibt die Beratung, so hat dies grundsätzlich keinen Einfluss auf die Rechtswirksamkeit der Zuordnungsentscheidung des Vermittlers. Dies gilt insbesondere, wenn der ArbGeb. bereits in den voraufgegangenen Erörterungen seine Einschätzung näher dargelegt hat (GK-*Kreutz* Rn 86; *Richardi/Thüsing* Rn 53).

Die Entscheidung über die Zuordnung der Streitfälle trifft **allein der Vermittler. 57** Er hat hierbei die Voraussetzung des § 5 Abs. 3 u. 4 und das Rangverhältnis der beiden Absätze dieser Vorschrift (vgl. hierzu § 5 Rn 411 ff.; GK-*Kreutz* Rn 87; *Buchner* NZA Beil. 1/89 S. 11) zu beachten. Der Vermittler ist nicht verpflichtet, seine Entscheidung schriftlich zu begründen. Jedoch erscheint dies im Allgemeinen wegen der Folgewirkung dieser Entscheidung nach Abs. 4 und nach § 5 Abs. 4 Nr. 1 zweckmäßig. Die Wahlvorst. sind **verpflichtet**, die umstrittenen Ang. entsprechend der Entscheidung des Vermittlers in die jeweilige **Wählerliste einzutragen.** Sie dürfen diese Zuordnung nicht mehr von sich aus ändern. Etwas anderes gilt nur, wenn sie die Entscheidung des Vermittlers übereinstimmend für offensichtlich fehlerhaft halten (um die dann nicht ausgeschlossene Möglichkeit einer Wahlanfechtung zu vermeiden) oder wenn sie auf Grund nachträglicher Änderung der tatsächlichen Gegebenheiten einvernehmlich eine anderweitige Zuordnung vornehmen (GK-*Kreutz* Rn 89; *Jacobs* Wahlvorstände S. 292). Eine Änderung der Wählerliste auf Grund einer rechtskräftigen gerichtlichen Entscheidung bleibt stets unberührt (vgl. unten Rn 67).

58   Der Vermittler muss seine Entscheidung grundsätzlich vor Einleitung der Wahl, dh vor Erlass des Wahlausschreibens treffen (vgl. oben Rn 28). Etwas anderes gilt nur, wenn die Wahlvorst. bzw. im Falle des Abs. 4 der Wahlvorst. und die andere Vertretung einvernehmlich damit einverstanden sind, das Zuordnungsverfahren auch nach Einleitung der Wahl fortzusetzen (vgl. oben Rn 29). Ist dies nicht der Fall und ist bis zu der Einleitung der Wahl eine Entscheidung nicht getroffen, sind mangels Abschluss des Zuordnungsverfahrens die Wahlvorst. berechtigt, für die anstehende Wahl von der jeweiligen beschlossenen Zuordnung auszugehen. Die Rechtswirkung des Abs. 5 S. 2 (vgl. hierzu unten Rn 68 ff.) treten in diesem Falle nicht ein.

3. Rechtstellung des Vermittlers

59   Der Vermittler ist zur Übernahme der Vermittlungstätigkeit nicht von Gesetzes wegen verpflichtet. Eine derartige Verpflichtung ergibt sich in aller Regel auch nicht aus der arbeits- oder dienstvertraglichen Treuepflicht (GK-*Kreutz* Rn 67, 72; *Bauer* SprAuG S. 136). Der Vermittler ist in seiner Tätigkeit an **keinerlei Weisungen** gebunden, sondern ausschließlich dem Gesetz und seinem Gewissen verpflichtet (GK-*Kreutz* Rn 73, 78; *WPK-Wlotzke* Rn 8). Das allgemeine Benachteiligungs- und Begünstigungsverbot des § 20 Abs. 2 gilt auch für die Vermittlungstätigkeit. Eine Kündigung des Vermittlers wegen seiner Vermittlungstätigkeit ist wegen Gesetzesverstoßes nach § 134 BGB nichtig (GK-*Kreutz* Rn 77; vgl. auch § 20 Rn 8, 15). Die Verletzung dieses Verbotes ist gemäß § 119 Abs. 1 Nr. 1 strafbewehrt. Der Vermittler ist verpflichtet, über Betriebs- und Geschäftsgeheimnisse und sonstige vertrauliche Angelegenheiten, die ihm im Rahmen seiner Vermittlungstätigkeit bekannt werden, **Stillschweigen** zu wahren. Zwar besteht keine gesetzliche Schweigepflicht des Vermittlers, da er nicht in § 79 Abs. 2 genannt ist (**aA** GK-*Kreutz* Rn 76 und *Hromadka* Rn 17, die § 76 Abs. 2 analog anwenden). Jedoch ergibt sich diese Verpflichtung in aller Regel aus seinem Arbeits- oder Dienstvertrag (*Richardi/Thüsing* Rn 49; ErfK-*Eisemann/Koch* Rn 4; *WPK-Wlotzke* Rn 8). Eine Verletzung dieser Verschwiegenheitspflicht ist wegen fehlender Nennung des Vermittlers in § 79 Abs. 2 und § 120 nicht strafbewehrt.

60   Für die Vermittlungstätigkeit ist **keine Vergütung** vorgesehen (vgl. Entwurfsbegründung, BT-Drucks. 11/2503 S. 32). Wohl hat der Vermittler Anspruch auf Fortzahlung des Arbeitsentgelts, wenn er wegen seiner Vermittlungstätigkeit gehindert ist, seine üblichen Vertragspflichten zu erfüllen (vgl. § 20 Abs. 3 u. dortige Rn 43). Im Falle einer Vermittlungstätigkeit außerhalb seiner persönlichen Arbeitszeit ist in entsprechender Anwendung des § 37 Abs. 3 ein Ausgleichsanspruch zu bejahen (vgl. hierzu § 37 Rn 73 ff.; ebenso *WPK-Wlotzke* Rn 8; *Dänzer-Vanotti* ArbuR 89, 207; *Engels/Natter* BB Beil. 8/89 S. 14 Fn. 105; *Hromadka* Rn 16; einschränkend GK-*Kreutz* Rn 74: nur falls der Vermittler kein leitender Ang. ist). Notwendige Auslagen, hierzu zählen insbesondere erforderliche Reisekosten, sind ihm zu erstatten (vgl. § 20 Rn 35 ff.).

IV. Rechtsstreitigkeiten

1. Rechtsstreitigkeiten über den Status des (leitenden) Angestellten

61   Durch Abs. 5 S. 1 wird als genereller Grundsatz klargestellt, dass eine Zuordnung nach § 18a den **Rechtsweg nicht ausschließt**. Eine Ausnahme hiervon besteht

nach Abs. 1 S. 2 nur insofern, als eine Anfechtung der Wahl des BR und/oder des Sprecherausschusses ausgeschlossen ist, soweit sie darauf gestützt wird, dass die Zuordnung fehlerhaft erfolgt sei. Diese Ausnahmeregelung greift wiederum nicht Platz, soweit die Zuordnung offensichtlich fehlerhaft ist (Abs. 5 S. 3).

Die Ausnahme des Abs. 5 S. 2 (Einschränkung des Anfechtungsrechts) von der generellen Rechtsweggarantie des Abs. 5 S. 1 erklärt sich aus dem Bestreben, im Interesse der Rechtssicherheit die Gefahr von Anfechtungen gleich mehrerer Wahlen mit der eventuellen Notwendigkeit anschließender Neuwahlen mehrerer betriebsverfassungsrechtlicher Gremien möglichst einzuschränken (vgl. *Wlotzke* DB 89, 126; *Engels/Natter* BB Beil. 8/89 S. 14). Als Ausnahmeregelung ist Abs. 5 S. 2 **eng auszulegen** (vgl. BAG 12. 9. 96 AP Nr. 11 zu § 5 BetrVG 1972 Ausbildung; aA GK-*Kreutz* Rn 99, der den Normzweck des Abs. 5 S. 2 in einer Sicherung der Effektivität des Zuordnungsverfahrens sieht und eine einschränkende Auslegung deshalb ablehnt). Dies gilt umso mehr, als diese Regelung eine Einschränkung des Rechtsschutzes zum Inhalt hat. Sie erfasst nur die nachträgliche Anfechtung der Wahl, nicht dagegen eine eventuell erforderliche gerichtliche Klärung von Streitfragen über die Frage, ob ein Ang. leitender Ang. ist oder nicht, außerhalb oder im Laufe des Wahlverfahrens. Hieraus ergibt sich im Einzelnen: **62**

Die Zuordnungsentscheidung im Rahmen des Wahlverfahrens entfaltet **keinerlei** **63** **Rechtswirkungen** für andere Bereiche, in denen es darauf ankommt, ob ein ArbN leitender Ang. ist oder nicht (zu der nur eingeschränkten und nur mittelbaren Bedeutung der getroffenen Zuordnung nach § 5 Abs. 4 Nr. 1 vgl. § 5 Rn 427 ff., 351, 366). Das gilt zB für die Wahlen zum Aufsichtsrat nach dem MitbestG oder nach §§ 76 ff. BetrVG 1952 oder für § 14 KSchG oder § 18 Abs. 1 Nr. 1 ArbZG oder generell für die Anwendung des BetrVG oder des SprAuG, etwa bei der Beteiligung des BR im Rahmen von personellen Einzelmaßnahmen (ArbG Frankfurt BetrR 89, 189; *DKK-Trümner* Rn 73; GK-*Kreutz* Rn 4 f.; *WPK-Wlotzke* Rn 12; *Löwisch/Kaiser* Rn 3; *Sieg* FS Hromadka S. 437, 440; *Wlotzke* DB 89, 125; *Engels/Natter* BB Beil. 8/89 S. 13; kr. zu dieser Beschränkung *Hanau* ArbuR 88, 262; *ders.* RdA 85, 291; *Hromadka* DB 86, 860; *ders.* DB 88, 755; *Martens* RdA 88, 206; *H. P. Müller* DB 88, 1689). Die Frage, ob ein ArbN leitender Ang. ist oder nicht, kann vielmehr als Vorfrage jederzeit und in jedem gerichtlichen Verfahren, zB einem Kündigungsschutzverfahren, anders bewertet und entschieden werden.

Ferner ist es bei Vorliegen eines entsprechenden Rechtsschutzinteresses jederzeit **64** zulässig, diese Frage außerhalb der Wahl in einem sog. **Statusverfahren** gerichtlich klären zu lassen (vgl. hierzu § 5 Rn 351, 362 ff.; LAG Berlin NZA 90, 577; *Engels/Natter* BB Beil. 8/89 S. 13 f.; *Wlotzke* DB 89, 125; *Buchner* NZA Beil. 1/89 S. 11). Antragsberechtigt sind der ArbGeb., der BR, der Sprecherausschuss und der ArbN, dessen Rechtsstellung zu klären ist (GK-*Kreutz* Rn 105; *Wlotzke* aaO; *Engels/Natter* aaO).

Eine gerichtliche Klärung des Status eines (leitenden) Ang. ist trotz des Zuord- **65** nungsverfahrens nach § 18 a **auch im Rahmen des Wahlverfahrens** noch zulässig (*DKK-Trümner* Rn 75; GK-*Kreutz* Rn 106; *SWS* Rn 14; *Engels/Natter* BB Beil. 8/89, 14; *Hromadka* Rn 22). Die Einschränkung der Anfechtungsmöglichkeit der Wahl des BR und/oder des Sprecherausschusses nach Abs. 5 S. 2, die als Ausnahmeregelung eng auszulegen ist (vgl. oben Rn 62; ErfK-*Eisemann/Koch* Rn 7), will nur eine nachträgliche Aufhebung der Wahl mit der Folge notwendiger Neuwahlen ausschließen, nicht jedoch einer möglichst rechtmäßigen Durchführung der Wahl im Wege stehen. Deswegen wird die Möglichkeit, eventuelle Streitfragen über den Status von (leitenden) Ang. vor Durchführung der Wahl gerichtlich klären zu lassen, durch das Zuordnungsverfahren nach § 18 a grundsätzlich nicht eingeschränkt (vgl. *Jacobs* Wahlvorstände S. 274; *Goldschmidt* Rn 385; *Winterfeld* NZA Beil. 1/90, 25; *WPK-Wlotzke* Rn 14).

Im Zusammenhang mit der anstehenden Wahl sind zur Einleitung eines gericht- **66** lichen Verfahrens **antragsberechtigt** auch die im Rahmen des Zuordnungsverfahrens nicht beteiligten im Betrieb vertretenen Gewerkschaften (vgl. § 5 Rn 464; ErfK-*Eisemann/Koch* Rn 6; **aa** *Hromadka* Rn 22; *Martens* RdA 89, 88 Fn. 81; GK-*Kreutz* Rn 106, der zwischen einem Statusverfahren im Rahmen des Wahlverfahrens und dem vorgeschalteten Kontrollverfahren im Rahmen der BRWahl unterscheidet und nur im letzteren Falle eine Antragsbefugnis der im Betrieb vertretenen Gewerkschaften bejaht). Antragsberechtigt ist ferner der ebenfalls im Zuordnungsverfahren nicht beteiligte ArbN, dessen Rechtsstellung geklärt werden soll. Dies gilt insbesondere, wenn dieser ArbN bei einer der anstehenden Wahlen kandidieren will und hieran durch eine nicht auszuschließende anderweitige Zuordnungsentscheidung gehindert wird (vgl. § 2 Abs. 3 WO). Grundsätzlich sind auch die beteiligten Wahlvorst. trotz ihrer Beteiligung am Zuordnungsverfahren antragsberechtigt (*Wlotzke* DB 89, 126; *Löwisch/Kaiser* Rn 19; ErfK-*Eisemann/Koch* Rn 6; **aa** GK-*Kreutz* Rn 106, 110; HSWGNR Rn 15; *Engels/Natter* BB Beil. 8/89 S. 14). Allerdings dürfte vor Durchführung des Zuordnungsverfahrens einem von einem Wahlvorst. gesondert eingeleiteten gerichtlichen Statusverfahren im Allgemeinen das Rechtschutzinteresse fehlen. Das Gleiche gilt, wenn die Wahlvorst. die Zuordnung einvernehmlich festgelegt haben oder soweit die Entscheidung des Vermittlers der Ansicht des betreffenden Wahlvorst. entspricht. Im Übrigen ist jedoch das Antragsrecht der Wahlvorst. nicht eingeschränkt. Das gilt nicht nur für den Fall, dass ein Wahlvorst. die Zuordnung des Vermittlers offensichtlich für fehlerhaft hält und deshalb weiterhin eine Anfechtung der Wahl möglich ist (vgl. unten Rn 69 ff.), die zu verhindern zu seinen wesentlichen Aufgaben gehört. Das gilt auch bei der Geltendmachung einer bloß einfachen Rechtsfehlerhaftigkeit der Zuordnung. Denn die Aufgabe des Wahlvorst. erschöpft sich nicht darin, eine Anfechtbarkeit der Wahl zu verhindern. Ihm obliegt es vielmehr, eine in jeder Hinsicht möglichst rechtmäßige Wahl durchzuführen. Hierzu zählt insbesondere die richtige Zuordnung der (leitenden) Angestellten. Denn bei einer Eintragung in die falsche Wählerliste können sie ihr wichtigstes Wahlrecht, nämlich das aktive und passive Wahlrecht zu „ihrer" Vertr., nicht ausüben (vgl. § 2 Abs. 3 WO, § 2 Abs. 3 WOSprAuG).

67   Wird nach erfolgter Zuordnung in einem gerichtlichen Statusverfahren (zu einer Inzidentfeststellung im Rahmen eines Urteilsverfahrens vgl. Rn 70 und § 4 WO Rn 7) rechtskräftig festgestellt, ob ein ArbN leitender Ang. ist oder nicht, so ist diese Entscheidung auch für die anstehende Wahl maßgebend. Eine im Zuordnungsverfahren getroffene andere Entscheidung ist nicht mehr verbindlich (*Martens* RdA 89, 84). Die Wählerlisten sind entsprechend zu berichtigen (GK-*Kreutz* Rn 107; *Löwisch/Kaiser* Rn 17). Ergeht erst nach Durchführung der Wahlen eine derartige rechtskräftige Entscheidung und ist der betreffende Angestellte zB bei der Wahl in den Sprecherausschuss gewählt worden, so verliert er in entsprechender Anwendung des § 9 Abs. 2 Nr. 6 SprAuG mit Rechtskraft der Entscheidung, mit der seine „normale" Angestellteneigenschaft festgestellt wird, die Mitglschaft im Sprecherausschuss. Entsprechendes gilt in analoger Anwendung des § 24 Abs. 1 Nr. 6 im umgekehrten Fall, dass ein Angestellter in den BR gewählt worden ist und nachträglich rechtskräftig festgestellt wird, dass er leitender Angestellter ist (ErfK-*Eisemann/Koch* Rn 6; GK-*Kreutz* Rn 107; im Ergebnis ebenso *Martens* RdA 89, 88; vgl. hierzu auch unten Rn 72 ff.).

68   Die Zuordnungsentscheidungen durch die Wahlvorst. oder den Vermittler haben in zweifacher Hinsicht **unmittelbare Rechtsfolgen:** Zum einen ist ein Einspruch gegen die Wählerlisten nach § 4 Abs. 2 S. 2 u. 3 WO grundsätzlich ausgeschlossen, soweit er Zuordnungsfälle nach § 18 a betrifft. Mit diesem Ausschluss soll die Möglichkeit verhindert werden, dass der Wahlvorst. von der getroffenen Zuordnung auf Grund eines nachträglichen Einspruchs abweicht (Näheres vgl. § 4 WO Rn 7 ff.).

69   Zum anderen ist die **Anfechtung der Wahl** des BR oder des Sprecherausschusses ausgeschlossen, soweit sie auf eine angebliche Fehlerhaftigkeit der getroffenen Zuordnung gestützt wird (vgl. jedoch auch Rn 72 ff.). Etwas anderes gilt, wenn die Zuordnung offensichtlich fehlerhaft ist.

Eine **offensichtliche Fehlerhaftigkeit** ist anzunehmen, wenn sich die Fehlerhaf- **70** tigkeit einem, der sowohl mit den Gegebenheiten des Betriebs und Unternehmens als auch mit den maßgebenden rechtlichen Kriterien für die Bestimmung eines leitenden Ang. vertraut ist, geradezu aufdrängt (BT-Drs. 11/2503 S. 32; *DKK-Trümner* Rn 70; *GK-Kreutz* Rn 102; *Wlotzke* DB 89, 126; *Löwisch/Kaiser* Rn 18). Die offensichtliche Fehlerhaftigkeit kann sich zum einen auf den **Inhalt der Zuordnungsentscheidung** beziehen. Dies ist zB der Fall, wenn der Wahlvorst. seiner Entscheidung ersichtlich die zwingenden und allein maßgebenden gesetzlichen Kriterien des § 5 Abs. 3 S. 2 nicht zugrunde legt bzw. sie grob verkennt (LAG Baden-Württemberg 29. 4. 11 – 7 TaBV 7/10 – BB 11, 1268 – Nichtzulassungsbeschwerde BAG 7 ABN 59/11). Dazu gehört auch, dass ein Ang. ohne jede Rücksicht auf die Abgrenzungskriterien des § 5 Abs. 3 u. 4 als leitender Ang. angesehen worden ist. Sie kann ferner vorliegen, wenn die Wahlvorst. oder der Vermittler ihre Entscheidung ohne Beachtung des Rangverhältnisses zwischen § 5 Abs. 3 und Abs. 4 (vgl. hierzu § 5 Rn 351, 407 ff.) allein auf Grund der Hilfskriterien des § 5 Abs. 4 getroffen haben (*DKK-Trümner* Rn 71; *WPK-Wlotzke* Rn 16; *Engels/Natter* BB Beil. 8/89 S. 14; einschränkend *Wlotzke* DB 89, 126; aA *GK-Kreutz* Rn 103; *SWS* Rn 16; *Löwisch* BB 88, 1955; *H. P. Müller* DB 88, 1701; *Bauer* SprAuG S. 138; wohl auch *Buchner* NZA Beil 1/89 S. 11). Das Gleiche gilt, wenn bei der Zuordnung von falschen Annahmen ausgegangen worden ist, etwa wegen unzutreffender Unterrichtung durch den ArbGeb. (*Löwisch/Kaiser* Rn 18; *Hromadka* Rn 24) oder weil (zwischenzeitlich) durch eine rechtskräftige gerichtliche Entscheidung, uU auch eine bloße Inzidenzentscheidung (insoweit aA *GK-Kreutz* Rn 103), der Status eines Angestellten geklärt worden ist.

Die Zuordnung kann ferner deswegen offensichtlich fehlerhaft sein, weil das **Zu- **71** ordnungsverfahren an schweren Mängeln** leidet (LAG Baden-Württemberg 29. 4. 11 – 7 TaBV 7/10 – BB 11, 1268 – Nichtzulassungsbeschwerde BAG 7 ABN 59/11). Denn dann kann nicht mehr von der Richtigkeit oder jedenfalls Vertretbarkeit der getroffenen Zuordnungsentscheidung, die allein eine Einschränkung des Anfechtungsrechts rechtfertigt, ausgegangen werden (weitergehend *GK-Kreutz:* keinerlei Einschränkung der Anfechtungsmöglichkeiten bei Mängeln des Zuordnungsverfahrens). Dies ist zB der Fall, wenn der Wahlvorst. eine eigenverantwortliche Statusbeurteilung unterlässt und ohne Einzelfallprüfung aufgrund vom ArbGeb. unzureichend zur Verfügung gestellter Unterlagen eine pauschale Zuordnung vornimmt (LAG Baden-Württemberg aaO) Ein schwerer Mangel ist zB ferner anzunehmen, wenn der getroffenen Zuordnung oder der Bestellung des Vermittlers offensichtlich kein wirksamer Beschluss eines oder beider Wahlvorst. zugrunde liegt, etwa bei einer bloßen Absprache lediglich der Vors. der Wahlvorst.

Obwohl dem Wortlaut des Abs. 5 S. 2 nach eine getroffene Zuordnungsentschei- **72** dung die Möglichkeit der Wahlanfechtung generell einschränkt, ist diese Einschränkung auf die Anfechtung der Wahl des ganzen BR bzw. Sprecherausschusses oder auf die Anfechtung der Wahl einer Gruppe des BR zu begrenzen. Die **Anfechtung der Wahl nur eines einzelnen Mitgl.** des BR bzw. des Sprecherausschusses wegen fehlender Wählbarkeit (vgl. hierzu § 19 Rn 42) ist nicht eingeschränkt (im Ergebnis ebenso *GK-Kreutz* Rn 104; *ErfK-Eisemann/Koch* Rn 7; aA *SWS* Rn 17; *Martens* RdA 89, 87). Dies ergibt sich aus Folgendem:

Die Einschränkung der Anfechtungsmöglichkeit will im Interesse der Rechts- **73** sicherheit die Gefahr von Wahlanfechtungen gleich mehrerer Wahlen mit der eventuellen Notwendigkeit mehrerer Neuwahlen begrenzen (vgl. oben Rn 62). Bei der erfolgreichen Anfechtung der Wahl nur eines Mitgl. des BR oder des Sprecherausschusses besteht aber **keine Notwendigkeit einer Neuwahl,** weil in diesem Falle das an nächster Stelle anstehende ErsMitgl. in dem BR bzw. den Sprecherausschuss nachrückt (vgl. § 19 Rn 48). Der rechtspolitische Grund für eine Beschränkung des Wahlanfechtungsrechts fehlt in diesem Falle.

Die **fehlerfreie Besetzung** des BR und des Sprecherausschusses ist außerdem von **74** **so wesentlicher Bedeutung,** dass der Gesetzgeber bei fehlender Wählbarkeit eines

Mitgl. den Verlust der Mitglschaft im BR oder Sprecherausschuss auch noch nach Ablauf der Anfechtungsfrist durch eine rechtskräftige gerichtliche Feststellung der Nichtwählbarkeit vorgesehen hat (vgl. § 24 Abs. 1 Nr. 6 BetrVG, § 9 Abs. 2 Nr. 6 SprAuG). Die in diesen gesetzlichen Regelungen zum Ausdruck kommende entscheidende Bedeutung einer fehlerfreien Besetzung des BR oder des Sprecherausschusses lässt es nicht zu, die Anfechtung einer Wahl wegen fehlender Wählbarkeit davon abhängig sein zu lassen, ob die Zuordnung offensichtlich fehlerhaft ist oder nicht. Denn für die Frage einer falschen Besetzung der betr. Vertr. ist dies irrelevant (vgl. hierzu auch *Martens* RdA 89, 87).

75   Die Vorschrift des Abs. 5 S. 2 ist ferner als **Ausnahmevorschrift** eng auszulegen (vgl. BAG 12. 9. 96 AP Nr. 11 zu § 5 BetrVG 1972 Ausbildung: nicht analogiefähig) und auf die Anfechtung der Wahl beschränkt (vgl. oben Rn 62). Sie erstreckt sich nicht auf die Möglichkeit der nachträglichen Geltendmachung der Nichtwählbarkeit gem. § 24 Abs. 1 Nr. 6 BetrVG und § 9 Abs. 2 Nr. 6 SprAuG. Es ist aber widersprüchlich, eine Wahlanfechtung auszuschließen, nach Ablauf der Anfechtungsfrist jedoch die gerichtliche Geltendmachung der Nichtwählbarkeit zuzulassen. Diesen Widerspruch kann man dadurch vermeiden, dass entweder die Einschränkung der Anfechtungsmöglichkeit nach Abs. 5 S. 2 auf die nachträgliche Geltendmachung der Nichtwählbarkeit entsprechend angewandt wird (so *Martens* RdA 89, 87) oder dass wegen der gesetzlich nicht eingeschränkten Möglichkeit der nachträglichen Geltendmachung der Nichtwählbarkeit die Anfechtung der Wahl eines einzelnen Mitgl. des BR oder Sprecherausschusses von der Einschränkung der Anfechtungsmöglichkeit nach Abs. 5 S. 2 ausgenommen wird. Letzterem ist aus Gründen der materiellen Gerechtigkeit, um nämlich eine fehlerhafte Besetzung des BR oder Sprecherausschusses mit einem Nichtwählbaren über eine ganze vierjährige Amtszeit zu vermeiden, eindeutig der Vorzug zu geben. Dies gilt umso mehr, als eine rechtskräftige Entscheidung darüber, ob ein Gewählter leitender Ang. ist oder nicht, im Statusverfahren je nach Fallgestaltung ebenfalls zu einer Beendigung der Mitglschaft im BR oder Sprecherausschuss führt (vgl. oben Rn 56). Dass das Statusverfahren zT von anderen Antragsberechtigten betrieben werden kann (vgl. hierzu oben Rn 64 f. einerseits sowie § 24 Rn 41 und § 19 Rn 29 ff. andererseits), kann in diesem Zusammenhang keine entscheidende Rolle spielen.

2. Rechtsstreitigkeiten über das Zuordnungsverfahren

76   Im Übrigen sind Streitigkeiten über die Durchführung des Zuordnungsverfahrens, zB über die Einhaltung der gesetzlichen Mindestfristen, über die Durchführung von gemeinsamen Sitzungen der Wahlvorst., über die Bestimmung der vom Sprecherausschuss oder dem BR nach Abs. 4 zu benennenden Mitgl., über das Unterstützungs- und Beratungsrecht des Vermittlers gegenüber dem ArbGeb., als Streitigkeiten im Rahmen des Wahlverfahrens von den ArbG in **BeschlVerf.** zu entscheiden (§§ 2a, 80 ff. ArbGG; *Düwell/Brors* Rn 13). Antragsberechtigt sind die beteiligten Wahlvorst. und der bestellte Vermittler, im Falle des Abs. 4 auch der beteiligte BR und Sprecherausschuss (im Ergebnis ebenso GK-*Kreutz* Rn 111). Zur Möglichkeit des Erlasses einstw. Vfg., die auch im Rahmen des Zuordnungsverfahrens in Betracht kommen (GK-*Kreutz* Rn 111; *HSWGNR* Rn 14), vgl. § 18 Rn 32 ff.

§ 19 Wahlanfechtung

(1) **Die Wahl kann beim Arbeitsgericht angefochten werden, wenn gegen wesentliche Vorschriften über das Wahlrecht, die Wählbarkeit oder das Wahlverfahren verstoßen worden ist und eine Berichtigung nicht erfolgt ist, es sei denn, dass durch den Verstoß das Wahlergebnis nicht geändert oder beeinflusst werden konnte.**

(2) [1] Zur Anfechtung berechtigt sind mindestens drei Wahlberechtigte, eine im Betrieb vertretene Gewerkschaft oder der Arbeitgeber. [2] Die Wahlanfechtung ist nur binnen einer Frist von zwei Wochen, vom Tage der Bekanntgabe des Wahlergebnisses an gerechnet, zulässig.

Inhaltsübersicht

I. Vorbemerkung

Die Vorschrift ermöglicht die Anfechtung rechtsfehlerhafter BRWahlen, und zwar **1** sowohl des gesamten BR als auch der Wahl eines einzelnen oder einzelner BRMitgl. Zur Möglichkeit, die rechtsfehlerhafte Bestellung oder rechtsfehlerhafte Maßnahmen des Wahlvorst. im Laufe des Wahlverfahrens gerichtlich geltend zu machen, vgl. § 16 Rn 87 f., § 18 Rn 32 ff.

Die Vorschrift gilt auch für die Anfechtung der JugAzubiVertr., vgl. § 63 Abs. 2 **2** S. 2. Für die Anfechtung der Wahl der Bordvertr. und des SeeBR bestehen Sonderregelungen, vgl. § 115 Abs. 2 Nr. 9; § 116 Abs. 2 Nr. 8. Die Vorschrift gilt nicht für die Bestellung der Mitgl., des GesBR, des KBR, der GesJugAzubiVertr. und der KJugAzubiVertr. Die Mitgl. dieser Gremien werden durch Beschluss des BR, des GesBR, der JugAzubiVertr. und der KJugAzubiVertr. bestellt. Diese Beschlüsse sind nach den allgemeinen Grundsätzen, die für die gerichtliche Überprüfung von BRBeschlüssen gelten, überprüfbar (vgl. hierzu § 33 Rn 47 ff.). Die Vorschrift ist dagegen auf die Wahl des BRVors. und seines Stellvertr. sowie auf die Bestellung der Mitgl. des BetrAusschusses und anderer Ausschüsse des BR entspr. anwendbar (vgl. hierzu BAG 16. 11. 05 AP Nr. 7 zu § 28 BetrVG 1972 und § 26 Rn 51 ff., § 27 Rn 95 ff.). Wegen der Anfechtung der Wahlen der Wahlmänner sowie der Vertr. der ArbN im Aufsichtsrat nach dem MitbestG vgl. §§ 21 und 22 MitbestG sowie § 11 DrittelbG.

Entspr. Vorschriften: § 25 BPersVG, § 8 Abs. 1 SprAuG. **3**

II. Nichtigkeit der Wahl

Von der nur im Wege des Wahlanfechtungsverfahrens möglichen Geltendmachung **4** der Ungültigkeit der Wahl sind die seltenen Fälle zu unterscheiden, in denen die Wahl schlechthin nichtig ist. Eine **nichtige Wahl** ist nur in **besonderen Ausnahmefällen** anzunehmen, in denen gegen wesentliche Grundsätze des Wahlrechts in einem so hohen Maße verstoßen worden ist, dass nicht einmal der Anschein einer dem G entspr. Wahl mehr vorliegt (BAG 2. 3. 55 AP Nr. 1 zu § 18 BetrVG; BAG 27. 4. 76, 28. 11. 77 und 10. 6. 83 AP Nr. 4, 6 und 10 zu § 19 BetrVG 1972; 29. 4. 98 AP Nr. 58 zu § 40 BetrVG 1972; 22. 3. 00 AP Nr. 8 zu § 14 AÜG; BAG 19. 11. 03 AP Nr. 54 zu § 19 BetrVG 1972; *DKK-Schneider/Homburg* Rn 39; *GL* Rn 39; *GK-Kreutz* Rn 131 ff.; *Richardi/Thüsing* Rn 75; *Krause/Niemann* AuA 98, 152). Erforderlich ist ein **grober** und **offensichtlicher Verstoß** gegen **wesentliche gesetzliche Wahlregeln** (BAG 24. 1. 64 AP Nr. 6 zu § 3 BetrVG; BAG 19. 11. 03 AP Nr. 54 zu § 19 BetrVG 1972; *Richardi/Thüsing* Rn 72). Ob ein Verstoß offensichlich ist, ist nicht vom Standpunkt eines Außenstehenden sondern desjenigen zu beurteilen, dem der Wahlvorgang selbst bekannt ist, weil er mit den Betriebsinterna vertraut ist (hM: vgl. BAG 24. 1. 64 AP Nr. 6 zu § 3 BetrVG; BAG 19. 11. 03 AP Nr. 54 zu § 19 BetrVG 1972; GL Rn 41; GK-*Kreutz* Rn 133; *Richardi/Thüsing* Rn 76; *Müller* FS Schnorr von Carolsfeld, S. 394). Die **Häufung von Verstößen** gegen wesentliche Wahlvorschriften, von denen jeder für sich allein betrachtet lediglich eine Anfechtung der BRWahl rechtfertigt, führt nach der **neuesten Rspr.** des BAG nicht zur Nichtigkeit der Wahl; weder durch eine Addition der Summe der Fehler noch durch eine Gesamtwürdigung der einzelnen Verstöße (BAG 19. 11. 03 AP Nr. 54 zu § 19 BetrVG 1972 unter Aufgabe der bisherigen Rspr. BAG 27. 4. 76 AP Nr. 4 zu § 19 BetrVG 1972; noch **aa** LAG Berlin NZA-RR 03, 587). Die neue BAG Rspr. bringt insoweit mehr Rechtsklarheit und Rechtssicherheit, als nunmehr die Unwirksamkeit einer BRWahl wegen Häufung von Wahlverstößen nur noch innerhalb der Anfechtungsfrist und der übrigen Voraussetzungen des § 19 geltend gemacht werden kann, es sei denn, mindestens einer der Wahlverstöße führt schon für sich allein genommen zur Nichtigkeit der Wahl.

5   **Beispiele:**

Für die Nichtigkeit:
– Wahl eines BR durch Nicht-ArbN, hier Mitgl. der LPG, auch wenn diese später kraft Gesetzes (s. § 5 Rn 328) ArbN wurden (BAG 16. 2. 95 AP Nr. 1 zu Einigungsvertrag Anlage II Kap. VI);
– Bildung eines BR in der BetrVerslg. spontan durch Zuruf (BAG 12. 10. 61 AP Nr. 84 zu § 611 BGB Urlaubsrecht);
– offene Terrorisierung der Belegschaft während des Wahlaktes (BAG 8. 3. 57 AP Nr. 1 zu § 19 BetrVG);
– Wahl ohne Wahlvorst. und ohne geordnetes Verfahren iSd. WO (GK-*Kreutz* Rn 137; weitergehend RAG 4, 315, das schon bei einer Wahl ohne Wahlvorst. stets die Nichtigkeit annimmt; ebenso GL Rn 41); dagegen hat die nichtige Wahl eines Wahlvorst. nicht die Nichtigkeit einer ansonsten ordnungsgemäß durchgeführten BRWahl zur Folge (LAG Nürnberg ArbuR 98, 492; LAG Berlin NZA-RR 03, 588; **aa** LAG München 16. 6. 08 EzA-SD 2008 Nr. 16, 12; offengelassen BAG 19. 11. 03 – 7 ABR 25/03 – AP Nr. 55 zu § 19 BetrVG 1972; BAG 21. 7. 04 AP Nr. 15 zu § 4 BetrVG 1972 – s. auch § 17 Rn 18);
– Wahl eines „Aktionsausschusses" (*Schnorr* zu AP 53, Nr. 172);
– Wahl eines Betriebsrats für einen nichtbetriebsratsfähigen, bzw. einen nicht unter den Geltungsbereich des BetrVG fallenden Betrieb (RAG 2, 79; BAG 9. 2. 82 AP Nr. 24 zu § 118 BetrVG 1972; 29. 4. 98 AP Nr. 58 zu § 40 BetrVG 1972);
– Wahl eines BR aufgrund einer von Gesetzes wegen offenkundig unzulässigen BV nach § 3 Abs. 1 Nr. 3 (Dzida/Hohenstatt BB 05 – Special 14, 1, 2; *Bonanni/Mückl* BB 10, 437, 442; s. dazu auch § 18 Rn 64b);
– Wahl eines unternehmenseinheitlichen BR für mehrere Unternehmen nach § 3 Abs. 3 (ArbG Hamburg – 13. 6. 06 – NZA-RR 06, 645)
– willkürliche Zusammenziehung von selbständigen Betrieben zu einem Betrieb (RAG 12, 409). Allerdings hat nicht jede Verkennung des Betriebsbegriffs die Nichtigkeit der Wahl zur Folge, sondern nur eine „offensichtliche" bzw. „willkürliche" (BAG 17. 1. 78 AP Nr. 1 zu § 1 BetrVG 1972; BAG 1. 4. 78 AP Nr. 8 zu § 19 BetrVG 1972; BAG 19. 11. 03 – 7 ABR 25/03 AP Nr. 55 zu § 19 BetrVG 1972), zB Ausschluss auswärtiger Belegschafts-Mitgl. von der Briefwahl ohne den geringsten einleuchtenden Grund entgegen einer zehnjährigen Übung (BAG 24. 1. 64 aaO) oder Durchführung einer BR-Wahl unter bewusster Verkennung des Betriebsbegriffs – von vornherein eingeholtes Rechtsgutachten durch BR verneint Vorliegen eines gemeinsamen Betriebes (ArbG Hamburg – 11 GaBV 1/06 – NZA-RR 06, 361 ff.). Eine offensichtliche Verkennung des Betriebsbegriffs und damit Nichtigkeit der Wahl liegt ua. vor, wenn diese unter Missachtung einer bindenden gerichtlichen Entscheidung nach § 18 Abs. 2 durchgeführt wird (BAG 19. 11. 03 aaO). Im Übrigen ist die Wahl nur anfechtbar (BAG 13. 9. 84 AP Nr. 3 zu § 1 BetrVG 1972; BAG 19. 11. 03 aaO; GL 40; GK-*Kreutz* Rn 138; *Richardi/Thüsing* Rn 74; *Müller* FS Schnorr von Carolsfeld, S. 395);
– Wahl eines BR für einen Betriebsteil, obwohl für diesen Betriebsteil zusammen mit anderen bereits ein gemeinsamer BR gewählt und diese Wahl nicht angefochten worden ist

(BAG 11. 4. 78 AP Nr. 8 zu § 19 BetrVG 1972; BAG 21. 7. 04 AP Nr. 15 zu § 4 BetrVG 1972);
– Wahl eines gemeinsamen BR für mehrere Filialen, obwohl in diesen bereits BR gewählt worden waren und deren Wahl nicht angefochten worden ist (ArbG Regensburg BB 90, 852);
– Wahl eines BR außerhalb des regelmäßigen Wahlzeitraums, ohne dass eine der Ausnahmeregelungen des § 13 Abs. 2 vorgelegen hat (*GL* Rn 40; *Richardi/Thüsing* Rn 74);
– Wahl einer Person, die offensichtlich kein ArbN des Betriebes ist;
– vorzeitige, vor Abschluss der Wahl und unter Ausschluss der Öffentlichkeit erfolgte Öffnung der Wahlurne in Verbindung mit nichtöffentlicher Stimmauszählung (ArbG Bochum DB 72, 1730; LAG Nürnberg 27. 11. 07 LAGE Nr. 3 a zu § 19 BetrVG 2001);
– Wahl bereits 12 Tage nach Bestellung des bei der Stimmabgabe nicht mehr vollzähligen Wahlvorst. ohne Aufstellung einer Wählerliste und ohne Erlass eines Wahlausschreibens auf der Grundlage nicht mehr zutreffender Stimmzettel, wobei die Stimmauszählung nicht durch WahlvorstMitgl. sondern durch ein gewähltes BRMitgl. erfolgte (BAG 27. 4. 76 AP Nr. 4 zu § 19 BetrVG 1972).

Die Feststellung der Nichtigkeit hat **rückwirkende Kraft.** Der BR hat rechtlich 6 nie bestanden. Seine Handlungen sind rechtsunwirksam. Seine Mitgl. genießen nicht den Kündigungsschutz nach § 15 KSchG und § 103 BetrVG, wohl jedoch den nachwirkenden Kündigungsschutz nach § 15 KSchG in ihrer Eigenschaft als Wahlbewerber (vgl. LAG Düsseldorf DB 79, 1092; *GL* Rn 44; ErfK–*Eisemann/Koch* Rn 17; vgl. auch BAG 7. 5. 86 AP Nr. 18 zu § 15 KSchG 1969, hinsichtl. einer nichtigen Wahl des Wahlvorst); letzteres gilt jedenfalls dann, wenn ihnen der zur Nichtigkeit der Wahl führende Verstoß nicht bekannt und zurechenbar war. Beruht die Nichtigkeit der Wahl nach § 118 Abs. 2 auf einer nicht offenkundigen Verkennung des Geltungsbereichs des BetrVG, steht einem nichtig gewählten BRMitgl. ein Erstattungsanspruch für tatsächliche Aufwendungen nach betriebsverfassungsrechtlichen Grundsätzen zu (BAG 29. 4. 98 AP Nr. 58 zu § 40 BetrVG 1972).

Die Nichtigkeit einer solchen Wahl kann von jedermann, zu jeder Zeit und in je- 7 der Form geltend gemacht werden. Ein nichtiger BR besteht rechtlich nicht. Hierauf kann sich **jedermann** berufen, der an der Feststellung der Nichtigkeit ein Interesse hat (BAG 27. 4. 76, 21. 7. 04 AP Nr. 4 zu § 19 BetrVG 1972, Nr. 15 zu § 4 BetrVG 1972). Dazu gehören auf jeden Fall die Anfechtungsberechtigten nach § 19 Abs. 2. Die Nichtigkeit kann auch von einem einzelnen ArbN geltend gemacht werden (LAG Berlin NZA-RR 03, 587; einschränkend *Burger* S. 110 nur soweit die Verletzung eigener Rechte geltend gemacht wird).

Die Nichtigkeit der Wahl kann **zu jeder Zeit** geltend gemacht werden. Sie ist 8 nicht an die Anfechtungsfrist des § 19 gebunden (hM). Das gilt auch für den Arb-Geb., allerdings mit der Einschränkung, dass er sich auf die Nichtigkeit der Wahl nicht für die Vergangenheit berufen kann, wenn er in Kenntnis der Nichtigkeit den nichtigen BR längere Zeit als rechtmäßige BetrVertr. anerkannt oder als solche behandelt hat. Einer Berufung auf die Nichtigkeit für die Vergangenheit würde in diesem Falle der Einwand der Arglist entgegenstehen (*DKK-Schneider/Homburg* Rn 44; *Küchenhoff* Rn 3 b; einschränkend GK-*Kreutz* Rn 140, *Richardi/Thüsing* Rn 77, ErfK-*Eisemann/Koch* Rn 17; *WPK-Wlotzke* Rn 29; *Schaub* § 218 Rn 13, die dies nur hinsichtlich arbeitsvertraglicher Ansprüche der als BRMitgl. auftretenden ArbN anerkennen; **aA** BAG 27. 4. 76 AP Nr. 4 zu § 19 BetrVG 1972; BAG 21. 7. 04 AP Nr. 15 zu § 4 BetrVG 1972; *HSWGNR* Rn 44; *Krause/Niemann* AuA 98, 152, 153; *Bonanni/Mückl* BB 10, 437, 442). Aus diesem Grunde sind zB Kosten der Schulung vom BRMitgl., die vor Feststellung der Nichtigkeit der BRWahl entstanden sind, vom ArbGeb. zu ragen (vgl. LAG Düsseldorf DB 79, 2140).

Die Geltendmachung der Nichtigkeit der Wahl ist **in jeder Form** möglich. Sie ist 9 nicht an ein bestimmtes gerichtliches Verfahren gebunden. Über sie kann insb. als Vorfrage entschieden werden (zB im Rahmen einer Lohn- oder Kündigungsschutzklage; vgl. BAG 27. 4. 76 AP Nr. 4 zu § 19 BetrVG 1972). Die Nichtigkeit kann aber auch im arbeitsgerichtlichen BeschlVerf. festgestellt werden (*DKK-Schneider/*

Homburg Rn 42; GK-*Kreutz* Rn 143; *Richardi/Thüsing* Rn 81). Im Betrieb vertretene Gewerkschaften sind nach der neueren Rspr. des BAG, sofern sie nicht selbst das Verfahren betreiben, nicht beteiligungsbefugt (vgl. BAG 19. 9. 85 AP Nr. 12 zu § 19 BetrVG 1972; vgl. auch unten Rn 38; aA noch BAG 9. 2. 82 AP Nr. 24 zu § 118 BetrVG 1972). Ist beantragt worden, die Wahl für unwirksam zu erklären, so ist der Antrag in der Regel dahin auszulegen, dass die Wahl unter jedem rechtlichen Gesichtspunkt, dh sowohl der Nichtigkeit als auch der Anfechtbarkeit überprüft werden soll (BAG 24. 1. 64 AP Nr. 6 zu § 3 BetrVG; BAG 28. 4. 64 AP Nr. 3 zu § 4 BetrVG; BAG 12. 10. 76 AP Nr. 1 zu § 8 BetrVG 1972). Zum Einsichtsrecht des ArbGeb. in die Wahlakten vgl. BAG 27. 7. 05 AP Nr. 1 zu § 19 WahlO BetrVG 1972; s. dazu auch § 19 WO Rn 2).

III. Anfechtung der Wahl

1. Voraussetzungen der Anfechtung

10   Die Anfechtung kann darauf gestützt werden, dass gegen **wesentliche Vorschriften** über das Wahlrecht (Rn 11), die Wählbarkeit (Rn 15) oder das Wahlverfahren (Rn 19) verstoßen worden ist. Nicht jeder Verstoß, sondern nur ein Verstoß gegen wesentliche Vorschriften berechtigt zur Anfechtung. Als wesentlich sind solche Vorschriften anzusehen, die tragende Grundprinzipien der BRWahl enthalten. Hierzu zählen grundsätzlich die zwingenden Regelungen (sog. Mussvorschriften; vgl. BAG 14. 9. 88 AP Nr. 1 zu § 16 BetrVG 1972). Bloße Ordnungsvorschriften oder Sollbestimmungen (zB § 6 Abs. 2 WO) rechtfertigen die Anfechtung der Wahl im Allgemeinen nicht (*DKK-Schneider/Homburg* Rn 3; GK-*Kreutz* Rn 17 ff.; *Richardi/Thüsing* Rn 5; *Müller* in FS Schnorr von Carolsfeld, S. 382; aA *Hanau* DB 86 Beil. 4 S. 5, nach dem nur solche Vorschriften wesentlich sind, die Anordnungen treffen, deren Verletzung prinzipiell geeignet ist, das Wahlergebnis zu beeinflussen). Motivirrtum auf Seiten der Wähler begründet die Anfechtbarkeit ebenfalls nicht (BAG 2. 12. 60 AP Nr. 2 zu § 19 BetrVG).

11   Vorschriften über das **Wahlrecht** sind die Bestimmungen über die Wahlberechtigung (§ 7). Hier ist insb. der durch das **BetrVerf-ReformG** neu angefügte § 7 S. 2 zu beachten, nach dem auch ArbN eines anderen ArbGeb. im Einsatzbetrieb wahlberechtigt sein können (Näheres dazu s. § 7 Rn 37 ff.). Werden zB echte oder unechte **Leih-ArbN** iSd. AÜG länger als drei Monate im Entleiherbetrieb eingesetzt, so sind sie als Wahlberechtigte zu der dortigen BRWahl zuzulassen. Geschieht dies nicht, ist dies ein die Anfechtung begründender Verstoß gegen eine wesentliche Wahlvorschrift (*Düwell/Brors* Rn 7; GK-*Kreutz* Rn 22). Generell wahlberechtigt sind auch **Beamte,** die in Betrieben privatisierter Unternehmen tätig sind (s. § 7 Rn 10 f., 51–52 a; die aA BAG 28. 3. 01 AP Nr. 5 zu § 7 BetrVG 1972 ist mit der Änderung des § 5 Abs. 1 überholt – s. dazu auch § 5 Rn 317 u. § 7 Rn 52 a).

12   **Weitere Beispiele:**

Für Anfechtbarkeit wegen Mängel bzgl. der Wahlberechtigung:
Zulassung von Nichtwahlberechtigten zur Wahl, insb. von jug. ArbN, von zur Berufsausbildung vor sog. reinen Berufsausbildungseinrichtungen (s. § 5 Rn 298) Beschäftigten (zuletzt BAG 20. 3. 96 AP Nr. 9, 10 zu § 5 BetrVG 1972 Ausbildung) oder von Personen nach § 5 Abs. 2 oder leitenden Ang. nach § 5 Abs. 3 (LAG Düsseldorf BB 58, 701; LAG Bremen BB 61, 933); Helfer in freiwilligem sozialen Jahr (BAG 12. 2. 92 AP Nr. 52 zu § 5 BetrVG 1972); Nichtzulassung von wahlberechtigten ArbN (vgl. BAG 28. 4. 64 AP Nr. 3 zu § 4 BetrVG, BAG 29. 3. und 25. 6. 74 AP Nr. 2 und 3 zu § 19 BetrVG 1972; s. auch BAG 13. 11. 96 AP Nr. 4 zu § 30 MantelG DDR), von Teilzeitbeschäftigten wie zB Zeitungszusteller (BAG 29. 1. 92 AP Nr. 1 zu § 7 BetrVG 1972; s. aber auch BAG 16. 7. 97 AP Nr. 4 zu § 611 BGB Zeitungsträger u. dazu § 5 Rn 75, 95), Zulassung erwerbsfähiger Hilfebedürftiger, die Ar-

beitsgelegenheiten in der Mehraufwandsvariante (sog. **Ein-Euro-Jobs**) nach § 16 Abs. 3 S. 2 SGB II ausüben (LAG Hessen – 9 TaBVGa 81/06 – JURIS; LAG Rheinland-Pfalz – 10 Ta 14/06 – BeckRS 2006 Nr. 40 792).

Ist die Frage, ob ein ArbN **leitender Ang.** ist oder nicht, in einem Zuordnungs- **13** verfahren nach § 18 a entschieden worden, ist eine Anfechtbarkeit der Wahl mit der Begründung, der ArbN sei zu Unrecht von der Wahl ausgeschlossen oder zu ihr zugelassen worden, nur noch dann gegeben, wenn die Zuordnung offensichtlich fehlerhaft ist (vgl. § 18 a Rn 69 ff.).

Soweit anfechtungsberechtigte ArbN nach § 4 WO Einspruch gegen die Wählerliste **14** erheben konnten und keinen Einspruch eingelegt haben, steht ihnen insoweit kein Anfechtungsrecht mehr zu (LAG Kiel AP Nr. 1 zu § 4 WO; LAG Düsseldorf DB 73, 2050; LAG Frankfurt BB 76, 1271; *Küchenhoff* Rn 14; *Richardi/Thüsing* Rn 10; *SWS* Rn 3; **aA** *DKK-Schneider/Homburg* Rn 6; *WPK-Wlotzke* Rn 5; *GK-Kreutz* Rn 59 f.; *HSWGNR* Rn 23; *Hanau* DB 86, Beil. 4 S. 12; *Bulla* DB 77, 304; *Gnade* FS Herschel, S. 145; vgl. auch § 4 WO Rn 5; weiterhin offengelassen von BAG 14. 11. 01 DB 02, 2003, welches jedoch betont, dass das Anfechtungsrecht wegen anderer Verstöße nicht durch Nichteinlegung eines Einspruchs gegen die Wählerliste verloren geht). Die Wahlanfechtungsbefugnis einer im Betrieb vertretenen Gewerkschaft hängt dagegen nicht davon ab, dass ArbN zuvor Einspruch gegen die Richtigkeit der Wählerliste eingelegt haben (BAG 29. 3. und 25. 6. 74 AP Nr. 2 und 3 zu § 19 BetrVG 1972; LAG Düsseldorf DB 74, 684). Das Gleiche gilt für das Anfechtungsrecht des ArbGeb. (BAG 11. 3. 75 AP Nr. 1 zu § 24 BetrVG 1972).

Die Vorschriften über die **Wählbarkeit** sind in § 8 enthalten. Zu beachten ist, dass **15** nach dem durch das **BetrVerf-ReformG** neu angefügten § 7 S. 2 auch ArbN eines anderen ArbGeb. im Einsatzbetrieb wahlberechtigt und folglich wählbar sein können (Näheres dazu s. § 8 Rn 26 ff.). Eine Ausnahme gilt für unechte **LeihArbN iSd. AÜG**, die im Entleiherbetrieb **nicht wählbar** sind (§ 14 Abs. 2 AÜG, § 2 Abs. 3 S. 4 WO). Ein Verstoß hiergegen berechtigt zur Anfechtung der BRWahl (*Düwell/Brors* Rn 8).

Weitere Beispiele: **16**

Für Anfechtbarkeit wegen Mängel bzgl. der Wählbarkeit:
Zulassung nicht wählbarer ArbN als Wahlkandidaten, zB von ArbN unter 18 Jahren oder von leitenden Ang. oder von einem ArbN, der zwar rein formalrechtlich zum Betrieb in arbeitsvertraglichen Beziehungen steht, tatsächlich aber ausschließlich in einem anderen Betrieb arbeitet (BAG 28. 11. 77 AP Nr. 2 zu § 8 BetrVG 1972; s. auch die Fallgestaltungen bei § 8 WO Rn 1 ff.), Zulassung nicht wählbarer Beamter zur BRWahl in PostAG, wenn diese nach § 4 Abs. 4 PostPersRG eine Tätigkeit in einem Betrieb eines anderen Unternehmens zugewiesen worden ist (BAG 16. 1. 08 AP Nr. 12 zu § 7 BetrVG 1972). Nichtzulassung eines wählbaren ArbN zur Wahl, zB durch unberechtigte Streichung von der Vorschlagsliste.
Ist Wahlkandidaten außerordentlich gekündigt worden (vgl. hierzu § 103 Rn 5 ff.), so gelten sie noch solange als betriebsangehörig und damit als wählbar, als die Wirksamkeit der Kündigung noch nicht feststeht (vgl. § 8 Rn 18 ff.; Gleiches gilt für ordentlich gekündigte ArbN, die nach Ablauf der Kündigungsfrist nicht weiterbeschäftigt werden, deren Kündigungsschutzprozess aber im Zeitpkt. der BRWahl noch nicht abgeschlossen ist (BAG 10. 11. 04 AP Nr. 11 zu § 8 BetrVG 1972). Verkennt Wahlvorst. Wählbarkeit eines gekündigten ArbN, die er ihn auf der Vorschlagsliste anführt und schließt er deshalb diese Liste von der BRWahl aus, ist dies ein Verstoß gegen wesentliche Vorschriften über die Wählbarkeit (BAG 14. 5. 97 AP Nr. 6 zu § 8 BetrVG 1972).

Die Anfechtbarkeit einer Wahl wegen zu Unrecht bejahter oder verneinter Wähl- **17** barkeit ist im Falle einer **Zuordnung** von **leitenden Ang.** nach § 18 a nur noch gegeben, wenn die Zuordnung offensichtlich fehlerhaft gewesen ist; dies gilt nicht, wenn sich die Anfechtung auf die Wahl eines zu Unrecht gewählten BRMitgl. beschränkt (vgl. § 18 a Rn 69 ff.). Als Ausnahmevorschrift kann § 18 a nicht analog auf andere Fälle zwecks Einschränkung des Anfechtungsrechts herangezogen werden (s. § 18 a Rn 62, 75).

18   Auf die fehlende Wählbarkeit kann die Anfechtung nicht mehr gestützt werden, wenn vor Abschluss der gerichtlichen Verhandlung der ArbN **wählbar geworden** ist, zB inzwischen die sechsmonatige Betriebszugehörigkeit erfüllt hat (BAG 7. 7. 54 AP Nr. 1 zu § 24 BetrVG; *DKK-Schneider/Homburg* Rn 8; *WPK-Wlotzke* Rn 6; *Richardi/Thüsing* Rn 7). Wegen nachträglicher Feststellung der Nichtwählbarkeit auch noch nach Ablauf der Anfechtungsfrist vgl. § 24 Rn 40 ff.

19   Vorschriften über das **Wahlverfahren** enthalten die §§ 9 bis 18 und die Vorschriften der Wahlordnung (vgl. Anhang 1); die Anfechtbarkeit begründen nur Verstöße gegen solche Vorschriften, die für die Anwendung der Grundsätze des Gesetzes von wesentlicher, nicht nur förmlicher Bedeutung sind. So liegt zB nach LAG Köln (AiB 01, 602, Anm. *Große-Kock*) kein Verstoß gegen Wahlvorschriften vor, wenn auf einer Wahlvorschlagsliste 80% der wahlberechtigten ArbN aufgeführt sind, selbst wenn sie damit einen besseren Kündigungsschutz (§ 15 Abs. 3 KSchG) erreichen wollen.

20   Zu den wesentlichen Vorschriften des Wahlverfahrens zählt der durch das **BetrVerf-ReformG** neu gefasste § 15 Abs. 2. Jedoch begründet nicht jeder Verstoß hiergegen eine Anfechtung (so wohl *Löwisch* BB 01, 1734, 1738). Es ist vielmehr zu unterscheiden:

Ein **Anfechtungsgrund** liegt grundsätzlich vor, wenn die Zahl der Mindestsitze für das Geschlecht in der Minderheit nicht oder nicht richtig gem. § 5 WO ermittelt worden ist (s. dazu auch BAG 10. 3. 04 AP Nr. 8 zu § 7 BetrVG 1972). Das Gleiche gilt, wenn bei der Verteilung der BRSitze auf das Minderheitsgeschlecht gegen § 15 Abs. 5 WO oder bei der Ermittlung der Gewählten dieses Geschlechts gegen § 22 WO verstoßen worden ist. Nach LAG Niedersachsen 10. 3. 11 – 5 TaBV 96/10 – AiB 11, 547 liegt – unter Hinweis auf eine verfassungskonforme Auslegung des § 17 Abs. 2 WO im Hinblick auf den Grundsatz der Wahlgleichheit – ein Verstoß gegen § 15 Abs. 5 WO dann vor, wenn ein zunächst erforderlicher Listensprung dann nicht korrigiert wird, wenn ein nach § 17 benachrichtigter Kandidat die Wahl nicht annimmt und mit dem nachrückenden Kandidaten der Listensprung zur Erfüllung der Mindestsitze des Geschlechts in der Minderheit nicht mehr erforderlich ist. **Kein Anfechtungsgrund** ist gegeben, wenn § 5 WO deshalb nicht angewendet worden ist, weil es kein Minderheitsgeschlecht gibt (Belegschaft besteht je zur Hälfte aus Frauen und Männern), oder die dem Minderheitsgeschlecht nach § 15 Abs. 2 zustehenden Mindestsitze nicht besetzt werden können, weil es keine oder zu wenige Bewerber dieses Geschlechts gibt oder sie nicht gewählt worden sind (vgl. § 126 Nr. 5 a BetrVG iVm. § 15 Abs. 5 Nr. 5 u. § 22 Abs. 4 WO; so auch *SWS* § 15 Rn 8). Gleiches gilt, wenn Wahlvorschläge keine Bewerberinnen oder Bewerber des Minderheitsgeschlechts aufweisen. In den Gesetzesmaterialien (s. BT-Drucks. 14/5741 S. 53) ist ausdrücklich festgehalten worden, dass mit § 15 Abs. 2 auch weiterhin reine Männerlisten und Frauenlisten zulässig sind (vgl. § 15 Rn 13).

21   Im Zusammenhang mit dem **vereinfachten Wahlverfahren** nach § 14 a können sich folgende **Anfechtungsgründe** ergeben: Es wird im vereinfachten Wahlverfahren gewählt, weil man irrtümlich davon ausgegangen ist, dass im Betrieb weniger als 50 ArbN beschäftigt sind, es aber tatsächlich über 50 ArbN sind, weil zB ArbN eines unselbständigen Betriebsteils oder ArbN iSv. § 7 S. 2 nicht mitgezählt worden sind oder eine Vereinbarung nach § 14 a Abs. 5 konkludent getroffen worden sei (BAG 19. 11. 03 AP Nr. 54 zu § 19 BetrVG 1972). Es wird in einem Betrieb mit weniger als 50 ArbN im normalen Verfahren gewählt, weil unzutreffend von einer größeren ArbNZahl ausgegangen worden ist, indem man fälschlicherweise zB die ArbN eines selbständigen Betriebsteils iSv. § 4 Abs. 1 S. 1 oder FremdfirmenArbN dem Betrieb zugerechnet hat. Entspr. gilt für das vereinbarte vereinfachte Wahlverfahren nach § 14 a Abs. 5, wenn die Grenzzahl von 100 ArbN verkannt worden ist. Vgl. zur Verkennung der Arbeitnehmergrenzzahl im vereinfachten Wahlverfahren: *GK-Kreutz* Rn 138 u. § 14 a Rn 127 f.).

Weitere Beispiele: 22

Für Anfechtbarkeit wegen Mängel des Wahlverfahrens:
- Bestellung des Wahlvorst. durch einen BR, dessen Amtszeit abgelaufen oder sonst beendet ist (BAG 2. 3. 55 AP Nr. 1 zu § 18 BetrVG; kritisch hierzu GK-*Kreutz* Rn 48);
- Wahl eines Wahlvorst. für einen von einem Gemeinschaftsbetrieb abgespaltenen Betriebsteil auf einer Betriebsversammlung nach § 17 Abs. 2 anstelle der Bestellung des Wahlvorst. nach § 16 Abs. 1 durch den für das Gemeinschaftsunternehmen gebildeten BR kraft seines Übergangsmandats (BAG 31. 5. 00 7 AP Nr. 12 zu § 1 BetrVG 1972 Gemeinsamer Betrieb);
- Wahl des Wahlvorst. auf einer BetrVerslg. obwohl er vom BR, dessen Amtszeit endet, hätte bestellt werden müssen (BAG 21. 7. 04 AP Nr. 15 zu § 4 BetrVG 1972);
- Nicht ordnungsgemäße Zusammensetzung des Wahlvorst. (vgl. BAG 3. 6. 75 AP Nr. 1 zu § 5 BetrVG 1972 Rotes Kreuz; LAG Schleswig-Holstein 19. 3. 10 ArbR 10, 381);
- Beschluss des Wahlvorst. die BRWahl im vereinfachten Wahlverfahren nach § 14 a Abs. 5 durchzuführen, ohne dass eine entsprechende Vereinbarung mit dem ArbGeb. getroffen worden ist (BAG 19. 11. 03 AP Nr. 54 zu § 19 BetrVG 1972);
- Nichteinhaltung der Fristen der Wahlordnung zur Einreichung von Wahlvorschlägen (BAG 12. 2. 60 AP Nr. 11 zu § 18 BetrVG);
- Fehlen einer Wählerliste (BAG 27. 4. 76 AP Nr. 4 zu § 19 BetrVG 1972) bzw. fehlende Aufstellung getrennt nach den Geschlechtern (BAG 19. 11. 03 aaO);
- Fehlen oder nicht ordnungsgemäße Bekanntgabe des Wahlausschreibens (BAG 27. 4. 76 aaO, 5. 5. 04 AP Nr. 1 zu § 3 WahlO BetrVG 1972; BAG 21. 7. 04 AP Nr. 15 zu § 4 BetrVG 1972; BAG 21. 1. 09 AP Nr. 61 zu § 19 BetrVG 1972). Dies gilt auch im vereinfachten Wahlverfahren (BAG 19. 11. 03 aaO);
- Unrichtige Angabe der Mindestsitze für das Geschlecht in der Minderheit im Wahlausschreiben (BAG 10. 3. 04 AP Nr. 8 zu § 7 BetrVG 1972);
- nicht ordnungsgemäße Unterrichtung ausländischer ArbN gem. § 2 Abs. 5 WO über Wahlverfahren, Aufstellung der Wähler- und Vorschlagslisten, Wahlvorgang und Stimmabgabe (BAG 13. 10. 04 AP Nr. 1 zu § 2 WahlO BetrVG 1972; LAG Hamm DB 82, 2252; s. auch § 2 WO Rn 12);
- Nichteinhaltung der im Wahlausschreiben angegebenen Zeit der Stimmabgabe ohne ordnungsgemäße Bekanntgabe der Änderung, es sei denn, es steht fest, dass dadurch keine Wahlberechtigten von der Stimmabgabe abgehalten worden sind (vgl. BAG 11. 3. 60 AP Nr. 13 zu § 18 BetrVG; BAG 19. 9. 85 AP Nr. 12 zu § 19 BetrVG 1972);
- Fehlende vorherige Festlegung und Bekanntmachung der konkreten Zeit für die Stimmabgabe, wenn ein Wahlvorst. die einzelnen Filialen eines Einzelhandelsunternehmens nach einem bestimmten „Tourenplan" besucht (LAG Brandenburg NZA-RR 99, 418);
- Fehlende Angabe des Ortes der Wahllokale im Wahlausschreiben, sofern dieses nicht so rechtzeitig ergänzt wird, dass für die Wahlberechtigten keine Einschränkung ihres Stimmrechts eintritt (BAG 19. 9. 85 AP Nr. 12 zu § 19 BetrVG 1972);
- Setzen einer zu kurzen Nachfrist für die Einreichung von Wahlvorschlägen (LAG Frankfurt BB 65, 1395);
- Verkennung des Betriebsbegriffs durch den Wahlvorstand (BAG 17. 1. 78 AP Nr. 1 zu § 1 BetrVG 1972; BAG 13. 11. 96 AP Nr. 4 zu § 30 MantelG DDR; BAG 19. 11. 03 – 7 ABR 25/03 AP Nr. 55 zu § 19 BetrVG 1972; LAG Berlin NZA-RR 00, 246; LAG Köln AiB 01, 352) soweit dieser nicht „offensichtlich" verkannt wird s. Rn 5;
- eine auf einem fehlerhaften Tarifvertrag nach § 3 Abs. 1 Nr. 1 bis 3 beruhende BR-Wahl (LAG Niedersachsen 22. 8. 08 – 12 TaBV 14/08 – juris);
- Wahl eines unternehmenseinheitlichen BR ohne absolute Stimmenmehrheit nach § 3 Abs. 3 (LAG Düsseldorf 16. 10. 08 – 11 TaBV 105/08 – juris);
- Verletzung des Wahlgeheimnisses (*Herschel* DB 63, 1046; vgl. hierzu auch LAG Hamm DB 76, 1920); keine Verletzung der Geheimheit der Wahl bei BRWahl an einem Privatparkplatz, wenn die geheime Stimmabgabe gewährleistet war (ArbG Kiel AiB 04, 66);
- Verstoß gegen den allgemeinen Grundsatz der freien Wahl und den ungeschriebenen Grundsatz der Chancengleichheit der Wahlbewerber, indem der Wahlvorstand Dritten während des noch laufenden Wahlverfahrens Einblick in die mit Stimmabgabevermerken versehene Wählerliste gestattet (BAG 6. 12. 00 AP Nr. 48 zu § 19 BetrVG 1972);
- unterbliebene Auslosung der Reihenfolge der Vorschlagslisten gem. § 10 Abs. 1 WO und Fehlen der beiden an erster Stelle stehenden Bewerber der Vorschlagsliste entsprechend § 11 Abs. 2 WO (vgl. ArbG Wetzlar DB 72, 1731);

– Verletzung der Pflicht des Wahlvorstands nach § 7 Abs. 2 S. 2 WO auf unverzügliche Prüfung der Wahlvorschläge (BAG 25. 5. 05 AP Nr. 2 zu § 14 BetrVG 1972; 21. 1. 09 AP Nr. 61 zu § 19 BetrVG 1972).
– Zurückweisung eines ordnungsgemäßen Wahlvorschlags durch den Wahlvorst. wegen nicht stichhaltiger Bedenken (LAG Hamm EZA § 19 BetrVG 1972 Nr. 9);
– Nichtzulassung eines Wahlvorschlags wegen zu geringer Zahl von Bewerbern (BAG 19. 6. 65 AP Nr. 11 zu § 13 BetrVG);
– Zulassung eines Wahlvorschlags einer ArbNVereinigung, die keine Gewerkschaft iSd. BAG-Rspr. (vgl. hierzu § 2 Rn 32 ff.) ist, oder Nichtzulassung eines Wahlvorschlags einer Gewerkschaft wegen Verkennung des Gewerkschaftsbegriffs (GK-*Kreutz* § 14 Rn 88);
– Unterlassung der Belehrung nach § 6 Abs. 5 S. 2 WO (vgl. LAG Hamm DB 66, 37);
– Streichung einzelner oder mehrerer Kandidaten von der Vorschlagsliste durch einige Unterzeichner (BAG 15. 12. 72 AP Nr. 1 zu § 14 BetrVG 1972);
– Fehlerhafte Terminangabe für Einreichung von Wahlvorschlägen (BAG 9. 12. 92 AP Nr. 2 zu § 6 WahlO z. BetrVG 1972);
– Festsetzung des Endes der Frist für die Einreichung von Wahlvorschlägen auf einen Zeitpunkt, der vor Ende der Arbeitszeit der überwiegenden Zahl der ArbN liegt (BAG 12. 2. 60 AP Nr. 11 zu § 18 BetrVG; ArbG Berlin DB 72, 877);
– unterschiedliche Gestaltung der Stimmzettel (BAG 14. 1. 69 AP Nr. 12 zu § 13 BetrVG);
– Wahl einer unrichtigen Anzahl von BRMitgl. (BAG 12. 10. 76 AP Nr. 1 zu § 8 BetrVG 1972 und AP Nr. 5 zu § 19 BetrVG 1972; BAG 18. 1. 89 AP Nr. 1 zu § 9 BetrVG 1972; BAG 29. 5. 91 AP Nr. 2 zu § 9 BetrVG 1972; BAG 7. 5. 08 AP Nr. 12 zu § 9 BetrVG 1972; LAG Schleswig-Holstein BB 95, 620; LAG Köln NZA-RR 99, 247; vgl. hierzu aber auch § 9 Rn 49 ff.);
– Streichungen oder Ergänzungen in den Wählerlisten, ohne dass hierfür die Voraussetzungen der WO vorliegen (LAG Schleswig-Holstein DB 53, 535; ebenso BAG 27. 1. 93 AP Nr. 29 zu § 76 BetrVG 1952 für die Wahl der ArbNVertr. im AR);
– rechtswidrige Wahlbeeinflussung, zB finanzielle oder sonstige Unterstützung einer bestimmten Gruppe von Kandidaten bei der Wahlwerbung durch den ArbGeb. (BAG 4. 12. 86 AP Nr. 13 zu § 19 BetrVG 1972; im Einzelnen vgl. § 20 Rn 20 ff.);
– Verbindung unterschiedlicher Vorschlagslisten zu einer Liste (vgl. ArbG Hamm DB 72, 1734);
– generelle Zulassung der Briefwahl ohne Vorliegen der Voraussetzungen des § 26 WO aF, jetzt § 24 WO (LAG Schleswig-Holstein NZA-RR 99, 523; für Wahl der ArbNVertr. im AR s. BAG 27. 1. 93 AP Nr. 29 zu § 76 BetrVG 1952);
– keine ordnungsgemäße Versiegelung der Wahlurne bei deren Transport zu einzelnen Filialen eines Einzelhandelsunternehmens zwecks Stimmabgabe (LAG Brandenburg NZA-RR 99, 418);
– Keine vorherige öffentliche Bekanntmachung von Ort und Zeit der Stimmauszählung (BAG 15. 11. 00 AP Nr. 10 zu § 18 BetrVG 1972);
– nicht unverzügliche öffentliche Auszählung der abgegebenen Stimmen nach Abschluss der Wahl ohne genügende Sicherung der abgegebenen Stimmen (ArbG Bochum DB 75, 1898);
– unzureichende Verantwortlichkeit des Wahlvorst. bei der Auszählung der Stimmen mit Hilfe einer EDV-Anlage und unzureichende Öffentlichkeit dieser Stimmauszählung (LAG Berlin DB 88, 504).

23　　　Ein Verstoß gegen wesentliche Wahlvorschriften rechtfertigt eine Anfechtung nicht, wenn der Verstoß im Laufe des Wahlverfahrens **rechtzeitig berichtigt** worden ist (*DKK-Schneider/Homburg* Rn 4; GK-*Kreutz* Rn 33 ff.; *Richardi/Thüsing* Rn 34). Rechtzeitig ist eine Berichtigung dann, wenn sie zu einem Zeitpunkt erfolgt, dass danach die Wahl noch ordnungsgemäß ablaufen kann. Hierbei ist im Falle der nachträglichen Ergänzung oder Berichtigung des Wahlausschreibens nicht in jedem Fall die Einhaltung der sechswöchigen Aushangfrist nach § 3 Abs. 1 S. 1 WO für die Berichtigung erforderlich. Das hängt von dem Inhalt der Ergänzung oder Berichtigung ab. So ist zB die Festlegung oder Änderung des Ortes der Stimmabgabe nach Erlass des Wahlausschreibens zulässig, sofern sie nur so rechtzeitig erfolgt, dass sich die Wahlberechtigten rechtzeitig informieren können und damit keine Einschränkung ihres Wahlrechts eintritt (BAG 19. 9. 85 AP Nr. 12 zu § 19 BetrVG 1972; vgl. auch § 3 WO Rn 3).

Als weitere Voraussetzung der Anfechtung der Wahl muss hinzukommen, dass der **24** wesentliche Verstoß zu einem **anderen Wahlergebnis** geführt hat oder führen konnte, als es ohne den Verstoß zu verzeichnen gewesen wäre. Ausreichend ist, dass das Wahlergebnis ohne den Verstoß möglicherweise anders ausgefallen wäre. Allerdings reicht nicht jede theoretisch denkbare Möglichkeit eines anderen Ergebnisses aus, vielmehr muss nach der allgemeinen Lebenserfahrung und den konkreten Umständen des Falles die Möglichkeit eines anderen Ergebnisses nicht gänzlich unwahrscheinlich sein (BAG 13. 10. 04 AP Nr. 1 zu § 2 WahlO BetrVG 1972; BAG 25. 5. 05 AP Nr. 2 zu § 14 BetrVG 1972; BAG 21. 1. 09 AP Nr. 61 zu § 19 BetrVG 1972; LAG Brandenburg NZA-RR 99, 418; *DKK-Schneider/Homburg* Rn 4; *GK-Kreutz* Rn 45; *Müller* FS Schnorr v. Carolsfeld S. 387). Daher kann die Anfechtung der Wahl bei nur zwei Wahlvorschlägen nicht damit begründet werden, dass ein nicht wahlberechtigter ArbN mitgewählt habe, wenn die obsiegende Liste einen so großen Stimmenvorsprung hatte, dass die eine unberechtigte Stimmabgabe ohne Einfluss auf das Wahlergebnis war. Entsprechendes gilt, wenn leitende Ang. nach § 5 Abs. 3 irrtümlich auf die Wählerliste gesetzt worden sind, diese aber nicht oder nur in einem Umfang gewählt haben, der für das Wahlergebnis unerheblich war. Ebenso begründet die vorzeitige Schließung des Wahllokals keine Anfechtung, wenn feststeht, dass dadurch kein Wahlberechtigter von der Stimmabgabe abgehalten worden ist (vgl. BAG 19. 9. 85 AP Nr. 12 zu § 19 BetrVG 1972). Ein Wahlverstoß, der sich nur auf die Reihenfolge der Ersatzmitgl. auswirkt, kann nicht das Wahlergebnis beeinflussen, da die Reihenfolge der Ersatzmitgl. nicht mehr zum Wahlergebnis iSd. Abs. 1 Halbs. 2 gehört (BAG 21. 2. 01 AP Nr. 49 zu § 19 BetrVG).

Nach der Rspr. des BAG (14. 9. 88 AP Nr. 1 zu § 16 BetrVG 1972; 31. 5. 00 AP **25** Nr. 12 zu § 1 BetrVG 1972 Gemeinsamer Betrieb) lassen **Fehler** bei der **Bestellung** des **Wahlvorst.** nicht ohne weiteres den Schluss zu, dass hierdurch das Wahlergebnis nicht geändert oder beeinflusst werden konnte. Diese Ansicht ist angesichts des rechtlich dezidiert ausgestalteten und damit weitgehend gebundenen Wahlverfahrens ohne Vorliegen bes. zusätzlicher Umstände überzogen (GK-*Kreutz* Rn 48; *Schlömp-Röder* ArbuR 89, 160; **aA** LAG Nürnberg 30. 3. 06 dbr 2007 Nr. 1 S. 36f.; LAG Hessen NZA-RR 04, 27, für den Fall, dass im Rahmen eines Übergangsmandats keine dem Betrieb angehörenden wahlberechtigten ArbN zum Wahlvorst. bestellt worden sind). Bei einem Verstoß gegen das Gebot der öffentlichen Stimmauszählung ist dagegen der Verdacht einer Manipulation und damit die Möglichkeit eines anderen Wahlergebnisses nicht völlig unwahrscheinlich (LAG Berlin DB 88, 505; LAG Schleswig-Holstein NZA-RR 99, 523; LAG Nürnberg 27. 11. 07 LAGE Nr. 3 a zu § 19 BetrVG 2001). Auch im Fall der Durchführung der Wahl im falschen Wahlverfahren (s. Rn 21) kann die Möglichkeit eines anderen Wahlergebnisses nicht per se ausgeschlossen werden; im vereinfachten Wahlverfahren wird ausschließlich nach dem Grundsatz der Mehrheitswahl gewählt, im normalen Wahlverfahren gilt der Grundsatz der Verhältniswahl (so auch GK-*Kreutz* Rn 52; ebenso BAG 19. 11. 03 AP Nr. 54 zu § 19 BetrVG 1972).

Lässt sich der von Amts wegen zu ermittelnde **Sachverhalt nicht eindeutig** da- **26** hingehend **aufklären,** dass der Verstoß keinen Einfluss auf das Wahlergebnis gehabt hat, so ist von einer Beeinflussung des Wahlergebnisses durch den Verstoß auszugehen (BAG 8. 3. 57 AP Nr. 1 zu § 19 BetrVG; GK-*Kreutz* Rn 42; HSWGNR Rn 9; *Richardi/Thüsing* Rn 33). Den Nachteil, dass der Sachverhalt nicht iS einer fehlenden Kausalität aufzuklären ist, trägt der Anfechtungsgegner (GK-*Kreutz* Rn 42; *Müller* FS Schnorr v. Carolsfeld, S. 387 f.).

Ein wesentlicher Verstoß mit möglichen Auswirkungen auf das Wahlergebnis **27** rechtfertigt eine Anfechtung jedoch dann nicht, wenn der Verstoß durch eine entsprechende **Berichtigung des Wahlergebnisses** behoben worden ist oder behoben werden kann (BAG 16. 3. 05 AP Nr. 16 zu § 15 BetrVG 1972; GK-*Kreutz* Rn 119 f.; *HSWGNR* Rn 8; *Richardi/Thüsing* Rn 34, 67). Ist zB bei der Ermittlung des Wahlergebnisses lediglich die Verteilung der Sitze auf die Vorschlagslisten fehlerhaft vorgenommen worden, berechtigt dies zur Teilanfechtung (BAG 16. 3. 05 aaO; LAG Niedersachsen 10. 3. 11 AiB 547).

Beispiel:

Die unrichtige Verteilung der BRSitze auf die Bewerberinnen oder Bewerber des Minderheitsgeschlechts und die anderen Bewerber auf Grund eines Rechenfehlers kann nachträglich berichtigt werden (BAG 16. 3. 05 AP Nr. 16 zu § 15 BetrVG 1972; *Düwell/Brors* § 15 Rn 15; GK-*Kreutz* § 15 Rn 32, § 19 Rn 120). Hierzu kann auch gehören, dass ein zunächst nach § 15 Abs. 5 Nr. 2 WO notwendiger Listensprung rückgängig gemacht wird, wenn aufgrund der Nichtannahme der Wahl eines Wahlkandidaten und des dadurch nachrückenden bisher nicht gewählten Bewerbers der Listensprung zur Erreichung der Mindestsitze für das Geschlecht in der Minderheit nicht mehr erforderlich ist (vgl. zur notwendigen Korrektur des Wahlergebnisses im Fall der Anfechtung LAG Niedersachsen 10. 3. 11 – 5 TaBV 96/10 – NZA 11, 465 und § 17 WO Rn 5, 6) – eine entsprechende Korrektur durch den Wahlvorst. lässt insoweit die Anfechtungsfrist erneut laufen s. dazu Rn 35. Dagegen kann keine Berichtigung erfolgen, wenn bereits die Grundentscheidung, wie viele Mindestsitze dem Geschlecht in der Minderheit zustehen, falsch war (BAG 10. 3. 04 AP Nr. 8 zu § 7 BetrVG 1972; GK-*Kreutz* § 15 Rn 32; *Düwell/Brors* § 15 Rn 15).

28   Stellt sich die Möglichkeit der Berichtigung des Wahlergebnisses erst im Anfechtungsverfahren heraus, so hat das ArbG in dem Beschluss das Wahlergebnis zu berichtigen (vgl. BAG 10. 11. 54, 15. 7. 60 und 26. 11. 68 AP Nr. 2, 10 und 18 zu § 76 BetrVG; BAG 6. 7. 55 AP Nr. 2 zu § 20 BetrVG Jugendvertreter; GK-*Kreutz* Rn 119; *Richardi/Thüsing* Rn 65; *Müller* FS Schnorr v. Carolsfeld S. 391 f.). Die Berichtigung (zB eines offensichtlichen Rechenfehlers) kann nicht durch Beschluss des BR selbst, dh nach Beendigung des Amtes des Wahlvorst. vorgenommen werden (*GL* Rn 37; *WPK-Wlotzke* Rn 25; GK-*Kreutz* Rn 39; *Richardi/Thüsing* Rn 66).

2. Anfechtungsberechtigung

29   Anfechtungsberechtigt sind zum einen mindestens **drei wahlberechtigte ArbN** (zur Wahlberechtigung vgl. § 7 Rn 5 ff.). Hierzu zählen auch die in § 7 S. 2 genannten ArbN, also auch LeihArbN (s. § 7 Rn 37 ff.; *Löwisch* BB 01, 1734, 1737; *Maschmann* DB 01, 2446, 2448). Als gewählt festgestellte BRMitgl. sind von der Anfechtung nicht ausgeschlossen (LAG Hamm DB 76, 1920). Maßgebend für die Feststellung der Wahlberechtigung ist der Tag der Wahl, nicht der Tag der Antragstellung beim ArbG (*Düwell/Brors* Rn 15; *Richardi/Thüsing* Rn 38; **aA** GK-*Kreutz* Rn 63). Nach bisher hM in Literatur und Rspr. musste die Voraussetzung, dass mindestens drei wahlberechtigte ArbN die Wahl anfechten, als Verfahrensvoraussetzung während des gesamten Verfahrens gegeben sein (so BAG 14. 2. 78 u. 10. 6. 83 AP Nr. 7 u. 10 zu § 19 BetrVG 1972; *GL* Rn 13; nach GK-*Kreutz* Rn 57, der die Antragsberechtigung als Frage der Aktivlegitimation bewertet, muss sie am Ende der Letzten mündlichen Tatsachenverhandlung gegeben sein). Nach der Rspr. des BAG hat dagegen ein nachträglicher Wegfall der Wahlberechtigung – zB durch Ausscheiden aus dem Betrieb – keinen Einfluss auf die Anfechtungsbefugnis (so BAG 4. 12. 86 AP Nr. 13 zu § 19 BetrVG 1972 unter ausdrücklicher Aufgabe seiner bisherigen Rspr. und im Anschluss an die Rspr. des BVerwG zum BPersVG, BVerwGE 67, 145, BVerwG PersV 86, 26). Erforderlich ist allerdings, dass wenigstens drei am Wahltag wahlberechtigte ArbN das Wahlanfechtungsverfahren eingeleitet und dieses bis zum Zeitpunkt der Entscheidung – auch wenn nur noch einer von ihnen wahlberechtigt ist – betreiben (*DKK-Schneider/Homburg* Rn 21; *HSWGNR* Rn 22). Scheiden dagegen alle die Wahlanfechtung betreibenden ArbN endgültig aus ihrem ArbVerhältnis aus, so führt dies zum Wegfall des Rechtsschutzinteresses und damit zur Unzulässigkeit des Wahlanfechtungsverfahrens (BAG 15. 2. 89 AP Nr. 17 zu § 19 BetrVG 1972 m. kr. Anm. *v. Weth* SAE 90, 291; BAG 16. 11. 05 AP Nr. 4 zu § 94 SGB IX; *Richardi/Thüsing* Rn 38). Entspr. gilt, wenn drei Wahlberechtigte iSd. § 7 S. 2, also zB LeihArbN, die

Wahl im Entleiherbetrieb anfechten und während des Wahlanfechtungsverfahrens aus diesem Betrieb ausscheiden.

Jeder anfechtende ArbN kann in der ersten Instanz seinen **Antrag** ohne Zustim- **30** mung der übrigen Beteiligten **zurücknehmen** (BAG 12. 2. 85 AP Nr. 27 zu § 76 BetrVG unter Aufgabe von BAG 8. 12. 70 AP Nr. 21 zu § 76 BetrVG). Für einen ausscheidenden Antragsteller kann nach Ablauf der Anfechtungsfrist weder ein anderer wahlberechtigter ArbN (BAG 12. 2. 85 aaO; DKK-*Schneider/Homburg* Rn 22; GK-*Kreutz* Rn 69; *Richardi/Thüsing* Rn 39; **aA** GL Rn 13) noch eine im Betrieb vertretene Gewerkschaft (BAG 10. 6. 83 AP Nr. 10 zu § 19 BetrVG 1972) das Anfechtungsverfahren weiter betreiben. Zur Frage des Verlustes der Anfechtungsberechtigung bei Unterlassen des Einspruchs gegen die Wählerliste nach § 4 WO, vgl. oben Rn 14 sowie § 4 WO Rn 5.

Ferner ist jede im Betrieb vertretene **Gewerkschaft** (§ 2 Rn 32, 43) anfechtungs- **31** berechtigt. In Betrieben privatisierter Unternehmen (zB Post- und Bahnunternehmen, der BRD Finanzagentur GmbH, Kooperationsunternehmen der Bundeswehr und andere – s. auch § 16 Rn 42, in denen für eine längere Übergangszeit noch Beamte bzw. Soldaten beschäftigt werden, sind auch die im Betrieb vertretenen Berufsverbände der Beamten bzw. Soldaten anfechtungsberechtigt (vgl. § 2 Rn 34, § 23 Rn 12). Die örtliche Verwaltungsstelle einer Gewerkschaft ist anfechtungsberechtigt, wenn sie hierzu durch eine Bestimmung der Satzung der Gewerkschaft ermächtigt ist (BAG 1. 6. 66 AP Nr. 15 zu § 18 BetrVG; BAG 29. 3. 74 AP Nr. 2 zu § 19 BetrVG 1972). Auch bei einer Anfechtung durch die Gewerkschaft muss die Verfahrensvoraussetzung, dass die Gewerkschaft im Betrieb vertreten ist, während des ganzen Verfahrens gegeben sein (BAG 21. 11. 75 AP Nr. 6 zu § 118 BetrVG 1972; *DKK-Schneider/Homburg* Rn 23; GL Rn 14; *Richardi/Thüsing* Rn 40; *Düwell/Brors* Rn 15; einschränkend GK-*Kreutz* Rn 71: bis zum Ende der Letzten mündlichen Verhandlung in der Beschwerdeinstanz; **aA** BAG 4. 11. 60 AP Nr. 2 zu § 16 BetrVG).

Schließlich ist der **ArbGeb.**, in dessen Betrieb die BRWahl durchgeführt worden **32** ist, anfechtungsberechtigt. Haben sich zwei oder mehrere ArbGeb. zu einer BGB-Gesellschaft zusammengeschlossen und an diese ArbN abgestellt, so ist zur Anfechtung der im Betrieb der BGB-Gesellschaft durchgeführten BRWahl als ArbGeb. nur die BGB-Gesellschaft, nicht ein einzelner Gesellschafter berechtigt (BAG 28. 11. 77 AP Nr. 6 zu § 19 BetrVG 1972). Folglich ist die BRWahl in einer sog. ARGE (Bau) nur diese anfechtungsberechtigt (ggf. durch die Aufsichtsstelle als deren oberstes Organ; s. § 6 MusterARGEVertrag, zum Ganzen (s. § 5 Rn 272 ff.). In einem gemeinsamen Betrieb mehrerer Unternehmen sind diese gemeinsam, bzw. nur die einheitliche Leitung anfechtungsberechtigt (*DKK-Schneider/Homburg* Rn 24; ErfK-*Eisemann/Koch* Rn 13; HSWGNR Rn 20; WPK-*Wlotzke* Rn 16; *Bonanni/Mückl* BB 10, 437); gleiches gilt für den Fall einer durch TV nach § 3 Abs. 1 Nr. 2 und 3 vereinbarten unternehmensübergreifenden Betriebsratsstruktur. Das Anfechtungsrecht des ArbGeb. ist nicht vom Nachweis eines besonderen rechtlichen Interesses abhängig (BAG 10. 11. 54 AP Nr. 2 zu § 19 BetrVG). Nach einem Betriebsübergang ist der Veräußerer des Betriebs nicht mehr anfechtungs- und beschwerdeberechtigt (LAG Düsseldorf DB 79, 938; ErfK-*Eisemann/Koch* Rn 13; *Wlotzke/Preis* Rn 16).

Kein Anfechtungsrecht hat der **einzelne ArbN,** auch wenn er bei ordnungs- **33** gemäßer Durchführung der Wahl gewählt worden wäre (hM; BAG 20. 4. 56 AP Nr. 3 zu § 27 BetrVG; BAG 12. 2. 85 AP Nr. 27 zu § 76 BetrVG 1952). Nicht anfechtungsberechtigt sind ferner der **BR** oder der **Wahlvorst.** als solcher (BAG 14. 11. 75 AP Nr. 1 zu § 18 BetrVG 1972; BAG 28. 2. 58 AP Nr. 1 zu § 29 BetrVG; GK-*Kreutz* Rn 58; *Müller* FS Schnorr v. Carolsfeld S. 379). Ihre Mitgl. können jedoch als wahlberechtigte ArbN die Anfechtung betreiben (LAG Brandenburg NZA-RR 99, 418; *DKK-Schneider/Homburg* Rn 20). Etwas anderes gilt bei betriebsratsinternen Wahlen wie zB Freistellungswahl, Wahl der weiteren Mitgl. in den **Betriebsausschuss** oder Gesamtbetriebsausschuss; in diesen Fällen ist das einzelne BRMitgl. anfechtungsberechtigt (BAG 15. 1. 92 AP Nr. 10 zu § 26 BetrVG 1972; BAG 21. 7.

04 AP Nr. 4 zu § 51 BetrVG 1972; BAG 16. 3. 05 AP Nr. 6 zu § 28 BetrVG 1972; BAG 20. 4. 05 AP Nr. 30 zu § 38 BetrVG 1972). Dabei kommt es nicht darauf an, ob das anfechtende BRMitgl. durch den Ausgang der Wahl persönlich betroffen ist (BAG 20. 4. 05 AP Nr. 29 zu § 38 BetrVG 1972). Die Anfechtungsbefugnis erlischt mit Ausscheiden des BRMitgl. aus dem BR (BAG 15. 8. 01 AP Nr. 10 zu § 47).

3. Anfechtungsfrist

34   Die Wahl des BR kann innerhalb einer Frist von **zwei Wochen nach Bekanntgabe des Wahlergebnisses** angefochten werden. Der Zeitpunkt der Unterrichtung von ArbGeb. und im Betrieb vertretenen Gewerkschaften nach § 18 Abs. 3 ist nicht maßgebend. Der Beginn der Frist bestimmt sich nach § 187 Abs. 1 BGB. Hiernach beginnt die Frist mit dem Tage, der auf denjenigen folgt, an dem das endgültige Wahlergebnis nach § 18 WO ausgehängt worden ist (*GL* Rn 17). Die Frist endet nach § 188 Abs. 2 BGB zwei Wochen später mit Ablauf des Wochentages, der dem Tag entspricht, an dem das Wahlergebnis ausgehängt worden ist.

Beispiel:

Ist das Wahlergebnis an einem Dienstag ausgehängt worden, so endet die Frist mit Ablauf des Dienstags der zweiten darauf folgenden Woche.

35   Ist der letzte Tag der Frist ein Sonnabend, Sonntag oder Feiertag, so tritt an dessen Stelle der nächste Werktag (§ 193 BGB). Der die Anfechtung erklärende Antrag muss einschließlich Begründung spätestens am letzten Tag der Frist beim ArbG eingegangen sein. Wann die Antragsschrift dem BR zugestellt wird, ist insoweit unerheblich (LAG Berlin NZA-RR 00, 246 u. NZA-RR 01, 36, 38). Die Aufgabe zur Post an diesem Tage genügt nicht. Zur Wahrung der Frist reicht allerdings der Eingang bei einem örtlich nicht zuständigen ArbG aus (BAG 15. 7. 60 AP Nr. 10 zu § 76 BetrVG; *Richardi/Thüsing* Rn 46). Wird das bekanntgemachte endgültige Wahlergebnis nachträglich vom Wahlvorst. geändert, beginnt insoweit eine neue Anfechtungsfrist zu laufen (*Richardi/Thüsing* Rn 45; weitergehend GK-*Kreutz* Rn 82: insgesamt neue Anfechtungsfrist).

36   Die Frist ist eine **Ausschlussfrist.** Mit ihrem Ablauf erlischt das Anfechtungsrecht, so dass von diesem Zeitpunkt an die Wahl **unanfechtbar** wird, auch wenn das Wahlverfahren an wesentlichen Mängeln gelitten hat (BAG 26. 10. 79 AP Nr. 5 zu § 9 KSchG 1969; LAG Berlin NZA-RR 01, 36, 37; GK-*Kreutz* Rn 74; *Düwell/Brors* Rn 16). Der BR bleibt mit allen betriebsverfassungsrechtl. Befugnissen im Amt (BAG 27. 6 95 AP Nr. 7 zu § 4 BetrVG 1972). Da die Anfechtungsfrist eine materiellrechtliche Voraussetzung verfahrensmäßiger Art ist, kann deren Einhaltung allein ein Gericht der Tatsacheninstanz, nicht aber das Rechtsbeschwerdegericht feststellen (BAG 28. 4. 64 AP Nr. 3 zu § 4 BetrVG). Eine Verlängerung der Frist ist nicht möglich, ebenso wenig mangels einer dahingehenden Vorschrift eine Wiedereinsetzung in den vorigen Stand (hM; *Richardi/Thüsing* Rn 47). Ist innerhalb der Frist ein betriebsverfassungsrechtlich erheblicher Anfechtungsgrund nicht vorgetragen, so kann ein solcher nicht nachgeschoben werden. Das liefe auf eine Verlängerung der Anfechtungsfrist hinaus (BAG 24. 5. 65 AP Nr. 14 zu § 18 BetrVG; *GL* Rn 20; GK-*Kreutz* Rn 94; *Müller* FS Schnorr v. Carolsfeld S. 378). Hat allerdings ein Anfechtungsberechtigter die Wahl frist- und ordnungsgemäß angefochten, so muss das Gericht weiteren Anfechtungsgründen, die im Laufe des Verfahrens sichtbar werden, von Amts wegen nachgehen (BAG 3. 6. 69 AP Nr. 17 zu § 18 BetrVG; *WPK-Wlotzke* Rn 17; GK-*Kreutz* Rn 106; *Richardi/Thüsing* Rn 52, 57; *Müller* aaO S. 379). Nach Ablauf der Anfechtungsfrist kann weder eine im Betrieb vertretene Gewerkschaft noch ein anderer Anfechtungsberechtigter dem Verfahren als Antragsteller beitreten und nach Ausscheiden eines der drei antragstellenden ArbN das BeschlVerf. fortsetzen (BAG 10. 6.

83 AP Nr. 10 zu § 19 BetrVG 1972; BAG 12. 2. 85 AP Nr. 27 zu § 76 BetrVG 1952). Wegen nachträglicher Feststellung der Nichtwählbarkeit eines BRMitgl. auch nach Ablauf der Anfechtungsfrist vgl. § 24 Rn 40ff.

Wird die Bekanntgabe des Wahlergebnisses **unterlassen** oder **verzögert** oder er- 37 folgt sie **nicht ordnungsgemäß** (vgl. § 18 WO), so kann die Frist nicht zu laufen beginnen. Die Wahl ist uU dann noch während der ganzen Wahlperiode anfechtbar (*DKK-Schneider/Homburg* Rn 31; GK-*Kreutz* Rn 82; *Müller* aaO S. 375). Jedoch kann die Anfechtung bereits vor der verspäteten Bekanntgabe des Wahlergebnisses erfolgen (LAG München BB 52, 319; *GL* Rn 21; *Richardi/Thüsing* Rn 45; nur einschr. GK-*Kreutz* Rn 83).

Wird der Aushang des Wahlergebnisses vorzeitig vor Ablauf von zwei Wochen ab- 38 genommen, wird die Anfechtungsfrist **unterbrochen,** da den Anfechtungsberechtigten die Möglichkeit der Einsichtnahme beschränkt wird und damit die Bekanntgabe nicht ordnungsgemäß erfolgt (vgl. § 18 WO; ErfK-*Eisemann/Koch* Rn 11).

4. Verfahren

Die Anfechtung erfolgt ausschließlich durch **Anrufung des ArbG,** sei es durch 39 Einreichung eines die Anfechtung erklärenden Schriftsatzes, sei es durch Erklärung zur Niederschrift der Geschäftsstelle des ArbG (§ 81 Abs. 1 ArbGG). Eine Nachprüfung der Rechtswirksamkeit der Wahl kann von Amts wegen nicht eingeleitet werden (*GL* Rn 24). Den mittels eines Schriftsatzes eingereichten Wahlanfechtungsantrag müssen die anfechtenden ArbN entweder selbst unterschreiben oder sich dabei rechtswirksam vertreten lassen (LAG Frankfurt BB 89, 2041). Der Antrag kann die Feststellung der Ungültigkeit der Wahl zum Ziele haben. Er kann jedoch auch eine Korrektur des Wahlergebnisses anstreben (GK-*Kreutz* Rn 88). Der Wahlanfechtung muss eine Begründung beigefügt sein, damit das ArbG Anhaltspunkte dafür hat, worauf die Anfechtung gestützt wird.

Zuständig ist das ArbG, in dessen Bezirk der Betrieb seinen Sitz hat. Die Ent- 40 scheidung über die Anfechtung der BRWahl kann nur durch einen Beschluss des ArbG getroffen werden; ein gerichtlicher Vergleich ist unzulässig (*Schaub* § 218 Rn 25).

Anfechtungsgegner ist bei Anfechtung der Gesamtwahl der **BR** (*GL* Rn 25; 41 *Richardi/Thüsing* Rn 48). Ist nach Ansicht eines Anfechtungsberechtigten die in einem Hauptbetrieb und einem unselbständigen Betriebsteil durchgeführte Wahl von **zwei Betriebsräten** deshalb **unwirksam,** weil für beide **nur** ein **gemeinsamer BR** hätte gewählt werden dürfen, muss die Wahl beider BR angefochten werden. Denn andernfalls wird nach Ablauf der Anfechtungsfrist die nicht angefochtene BRWahl unanfechtbar mit der Folge, dass eine Anfechtung der Wahl des anderen BR ohne Erfolg bleiben muss, da das erstrebte Ziel der Wahl nur eines BR für Hauptbetrieb und Betriebsteil nicht erreichbar ist (BAG 7. 12. 88 AP Nr. 15 zu § 19 BetrVG 1972; *DKK-Schneider/Homburg* Rn 11; vgl. auch § 18 Rn 62); die Anfechtung aller BR-Wahlen muss dabei nicht zwingend in demselben Beschlussverfahren erfolgen (BAG 14. 11. 01 DB 02, 2003). Gleiches gilt für einen **Gemeinschaftsbetrieb.** Wird eine Wahlanfechtung darauf gestützt, dass unter Verkennung des Betriebsbegriffs in einem Gemeinschaftsbetrieb ein weiterer BR für einen unselbständigen Betriebsteil gewählt worden ist, muss eine nachfolgende BRWahl im Gemeinschaftsbetrieb ebenfalls angefochten werden (BAG 31. 5. 00 AP Nr. 12 zu § 1 BetrVG 1972 Gemeinsamer Betrieb).

Ist die Wahl eines **einzelnen** oder mehrerer einzelner **BRMitgl.** angefochten (zB 42 wegen mangelnder Wählbarkeit, § 8), was zulässig ist (BAG 28. 11. 77 AP Nr. 2 zu § 8 BetrVG 1972; *DKK-Schneider/Homburg* Rn 26; *GL* Rn 25, 36; GK-*Kreutz* Rn 90, 96; *Richardi/Thüsing* Rn 49; *v. Hoyningen-Huene* BetrVerfR § 7 VIII 1), so sind nur diese Anfechtungsgegner (BAG 7. 7. 54 AP Nr. 1 zu § 24 BetrVG; *WPK-Wlotzke* Rn 18).

43   Der **Wahlvorst.** ist **nicht Anfechtungsgegner,** da sein Amt mit Abschluss der Durchführung der Wahl erloschen ist (BAG 26. 10. 62 AP Nr. 11 zu § 76 BetrVG, LAG Berlin NZA-RR 00, 246; *Düwell/Brors* Rn 17; *DKK-Schneider/Homburg* Rn 26). Nach Konstituierung des BR ist der Wahlvorst. auch dann nicht Beteiligter in einem Anfechtungsverfahren, wenn die Anfechtung mit Mängeln seiner Bestellung oder seines Verfahrens begründet wird (BAG 14. 1. 83 AP Nr. 9 zu § 19 BetrVG 1972; 25. 9. 86 AP Nr. 7 zu § 1 BetrVG 1972). Die Mitgl. des Wahlvorst. werden jedoch in aller Regel vom Gericht als Auskunftspersonen herangezogen werden.

44   **Tritt** bei einer Anfechtung der Wahl des ganzen **BR** dieser in seiner **Gesamtheit zurück** (vgl. § 13 Rn 39 ff.), so ist im Hinblick auf die weiter bestehende Geschäftsführungsbefugnis des zurückgetretenen BR (vgl. hierzu § 22 Rn 5 ff.) das Verfahren gegen den zurückgetretenen BR fortzusetzen, bis ein neuer BR gewählt ist (BAG 29. 5. 91 AP Nr. 5 zu § 4 BetrVG 1972; LAG Düsseldorf DB 87, 177; GK-*Kreutz* Rn 108; aA *GL* Rn 28; *Müller* FS Schnorr v. Carolsfeld S. 380). Etwas anderes gilt, wenn nur die Wahl eines einzelnen Mitgl. des BR angefochten wird und dieses Mitgl. sein Amt niederlegt; denn die Amtsniederlegung führt zum sofortigen Verlust der Mitglschaft im BR, so dass für eine Weiterführung des Anfechtungsverfahrens das Rechtsschutzinteresse fehlt (ErfK-*Eisemann/Koch* Rn 60). Das Gleiche gilt, wenn die Amtszeit des BR vor rechtskräftiger gerichtlicher Entscheidung endet (BAG 13. 3. 91 AP Nr. 20 zu § 19 BetrVG 1972; *GL* Rn 28; GK-*Kreutz* Rn 109; *HSWGNR* Rn 30; vgl. auch BAG 8. 12. 61 u. 29. 4. 69 AP Nr. 7 u. 9 zu § 23 BetrVG).

5. Neuwahl

45   Die Wahl des BR muss bei erfolgreicher Anfechtung wiederholt werden. Hierzu ist die Bestellung eines **neuen Wahlvorst.** erforderlich. Der BR, dessen Wahl erfolgreich angefochten worden ist, kann den Wahlvorst. nicht bestellen, da er infolge der Anfechtung nicht mehr existent ist und keine Rechtshandlungen mehr vornehmen kann. Das gilt allerdings erst nach Rechtskraft des Beschlusses. Vorher, etwa nach Verkündung des Beschlusses, jedoch vor Ablauf der Rechtsmittelfrist, kann der BR noch den Wahlvorst. bestellen (ArbG Wuppertal AiB 04, 308 mit zust. Anm. *Malottke*; *Burgmer/Richter* NZA-RR 06, 1, 5 f.; *Düwell/Brors* Rn 17; *DKK-Schneider/Homburg* Rn 35; aA GK-*Kreutz* Rn 125; ErfK-*Eisemann/Koch* Rn 8, 9; *WPK-Wlotzke* Rn 23; *Jacobs* Wahlvorstände S. 139; *Müller* FS Schnorr v. Carolsfeld S. 369, nach denen vor Rechtskraft der Entscheidung keine Vorbereitungen für die Neuwahl getroffen werden dürfen. Dies ist jedoch nicht überzeugend. Wenn abzusehen ist, dass eine Anfechtung erfolgreich sein wird, ist nicht einzusehen, warum der BR nicht notwendige Vorentscheidungen für die Neuwahl soll treffen können. Dies gilt umso mehr, als der BR in diesem Falle auch zurücktreten könnte und dann als geschäftsführender BR gemäß § 22 verpflichtet wäre, den Wahlvorst. zu bestellen, vgl. hierzu § 22 Rn 9). Zu den Wirkungen einer erfolgreichen Wahlanfechtung auf den vorher zurückgetretenen BR vgl. § 13 Rn 44. Zum Fortbestehen des Rechtsschutzbedürfnisses für das Wahlanfechtungsverfahren bei Rücktritt des BR LAG Schleswig-Holstein NZA-RR 99, 523).

46   Da eine § 23 Abs. 2 entspr. Regelung fehlt, erfolgt keine unmittelbare Bestellung des Wahlvorst. durch das ArbG. Vielmehr ist, wenn der BR nicht vor Rechtskraft den Wahlvorst. bestellt, dieser durch den GesBR oder, falls ein solcher nicht besteht, durch den KBR zu bestellen (s. § 17 Abs. 1 u. dort Rn 4 ff.). Besteht weder ein GesBR noch ein KBR, so ist der Wahlvorst. in einer **BetrVerslg.** zu wählen (§ 17 Abs. 2 u. dort Rn 11 ff.). GesBR, KBR oder die BetrVerslg. können den alten Wahlvorst. oder einzelne seiner Mitgl. wieder berufen. Der ArbGeb. ist nicht verpflichtet, von sich aus auf eine ordnungsgemäße Neuwahl hinzuwirken (BAG 12. 10. 61 AP Nr. 84 zu § 611 BGB Urlaubsrecht). Unterbleibt eine BetrVerslg. oder wählt diese keinen Wahlvorst., kann die Bestellung gem. § 16 Abs. 2, § 17 Abs. 4 durch das ArbG erfolgen.

In Betrieben der **Postunternehmen** kann sich im Fall der **Gruppenwahl** die An- **47** fechtung auf die Wahl einer Gruppe beschränken, wenn der Anfechtungsgrund nur den Wahlgang einer Gruppe betrifft (BAG 12. 2. 1960 Nr. 11 zu § 18 BetrVG; BAG 20. 5. 1969 AP Nr. 1 zu § 5 BetrVG; BAG 16. 1. 08 Nr. 12 zu § 7 BetrVG 1972). In diesem Fall wird nur ein **Teil des BR neu gewählt.** Bei dieser Neuwahl bleiben die die BRWahl betreffenden Grundentscheidungen maßgebend, wie zB die Größe des BR, die Verteilung der Sitze auf die Gruppen der Beamten und ArbN sowie die Verteilung der Sitze auf das Minderheitsgeschlecht innerhalb der Gruppe, auch wenn sich die maßgebenden ArbNZahlen geändert haben. Das für einen wirksamen Wahlvorschlag maßgebende Unterschriftenquorum bestimmt sich allerdings nach den Verhältnissen bei Erlass des Wahlausschreibens zur Neuwahl der Gruppe; das folgt aus dem mit dem Unterschriftenquorum verfolgten Zweck einer ausreichenden Unterstützung des Wahlvorschlags für die anstehende Wahl (insoweit **aA** GK-*Kreutz* 6. Aufl. Rn 129). Bis zur Neuwahl der Gruppenvertreter werden die Aufgaben des BR von den BRMitgl. der anderen Gruppe wahrgenommen (*DKK-Schneider/Homburg* 7. Aufl. § 19 Rn 38; *GL* Rn 35; GK-*Kreutz* 6. Aufl. § 19 Rn 128), wobei in Höhe der Anzahl der neu zu wählenden Gruppenvertr. vorübergehend ErsMitgl. der anderen Gruppe nachrücken. Wurde von der Möglichkeit der **gruppenfremden Kandidatur** Gebrauch gemacht, kann sich der Fehler (zB Berücksichtigung nicht wahlberechtigter Beamter – s. dazu auch § 14 Rn 87, 88) auf beide Gruppen durchschlagen mit der Folge, dass die **BRWahl insgesamt** zu wiederholen ist (vgl. dazu BAG 16. 1. 08 Nr. 12 zu § 7 BetrVG 1972).

Ist die **Wahl eines BRMitgl.** angefochten und erklärt das ArbG in seiner Ent- **48** scheidung die Anfechtung der Wahl für begründet, so ist das BRMitgl. nicht wirksam gewählt und deshalb kein Mitglied des BR mehr. An seiner Stelle tritt das nach § 25 in Frage kommende ErsMitgl. in den BR ein (*GL* Rn 36; GK-*Kreutz* Rn 130; *Richardi/ Thüsing* Rn 67). Auch diese Entscheidung wirkt erst mit Rechtskraft, so dass das BRMitgl. während des gerichtlichen Verfahrens im Amt bleibt und nicht von einem ErsMitgl. vertreten wird (GK-*Kreutz* Rn 130; *Richardi/Thüsing* Rn 67; *WPK-Wlotzke* Rn 24; **aA** *GL* Rn 36). Wegen Heilung des Mangels der Wählbarkeit durch Zeitablauf vgl. § 8 Rn 13 und 50. Wegen Geltendmachung des Mangels der Wählbarkeit nach Ablauf der Anfechtungsfrist vgl. § 24 Rn 40 ff.

6. Keine Rückwirkung der erfolgreichen Anfechtung

Mit der rechtskräftigen Entscheidung steht die Gültigkeit oder Ungültigkeit der **49** BRWahl fest. Die erfolgreiche Anfechtung der Wahl hat (im Gegensatz zu deren Nichtigkeit) **keine rückwirkende Kraft,** sondern wirkt nur für die Zukunft (BAG 13. 3. 91 AP Nr. 20 zu § 19 BetrVG 1972; BAG 9. 6. 11 – 6 AZR 132/10 – ZTR 11, 119; *DKK-Schneider/Homburg* Rn 34; GK-*Kreutz* Rn 116; *HSWGNR* Rn 35; *Richardi/Thüsing* Rn 62; *Müller* FS Schnorr v. Carolsfeld S. 369). Nach den Bestimmungen des BGB (§ 142) sind zwar Willenserklärungen, die erfolgreich angefochten worden sind, als von Anfang an unwirksam anzusehen. Dieser Grundsatz kann aber nicht auf das ganz andere Gebiet der Anfechtung von Wahlen im Bereich der Betriebsverfassung übertragen werden (hM).

Betriebsverfassungsrechtliche Handlungen des BR sowie mit ihm abgeschlossene **50** BV, die bis zum rechtskräftigen Abschluss des Anfechtungsverfahrens ergangen sind, bleiben daher **gültig** (hM). Den BRMitgl. wird bis dahin auch nicht der besondere Kündigungsschutz des § 15 KSchG und des § 103 BetrVG genommen; dieser entfällt jedoch mit Rechtskraft des der Anfechtung stattgebenden Beschlusses ebenso wie der nachwirkende Kündigungsschutz für BRMitgl. (vgl. § 15 Abs. 1 S. 2 Halbs. 2 KSchG; es bleibt nur der für Wahlbewerber nach § 15 Abs. 3 S. 2 KSchG).

51 Andererseits ergibt sich aus § 22 iVm. § 13 Abs. 2 Nr. 4, dass der BR, dessen Wahl erfolgreich angefochten ist, nicht mehr die Geschäfte bis zur Neuwahl führt (hM; vgl. auch oben Rn 45).

IV. Streitigkeiten

52 Die Entscheidung über die Wahlanfechtung erfolgt im **arbeitsgerichtlichen BeschlVerf.** (§§ 2a, 80ff. ArbGG, s. dazu auch Nach § 1). Dieses ist auch hier Offizialverfahren. Das nachprüfende ArbG ist deshalb nicht an eine vom Antragsteller vorgenommene Einschränkung der Anfechtungsgründe gebunden. Es hat vielmehr **sämtliche Anfechtungsgründe,** auf die es im Laufe des Verfahrens stößt, von Amts wegen zu berücksichtigen, gleichgültig ob sich die Beteiligten darauf berufen oder nicht (BAG 3. 6. 69 AP Nr. 17 zu § 18 BetrVG; BAG 4. 12. 86 AP Nr. 13 zu § 19 BetrVG 1972; *GL* Rn 22, 27; *GK-Kreutz* Rn 106; *Müller* FS Schnorr v. Carolsfeld S. 379). Allerdings besteht **keine Ausforschungspflicht** des Gerichts. Ein Anfechtungsgrund kann auch später nicht wirksam fallen gelassen werden (BAG 3. 10. 58 AP Nr. 3 zu § 18 BetrVG; BAG vom 28. 4. 1964 AP Nr. 4 zu § 4 BetrVG). Greift ein Anfechtungsgrund durch, so braucht das Rechtsbeschwerdegericht, das selbst keine tatsächlichen Feststellungen treffen kann, das Verfahren nicht zwecks Aufklärung und Feststellung weiterer Wahlanfechtungsgründe an das Beschwerdegericht zurückzuverweisen (vgl. BAG 29. 3. 74 AP Nr. 2 zu § 19 BetrVG 1972). Im Anfechtungsverfahren sind die im Betrieb vertretenen Gewerkschaften, wenn sie von ihrem Anfechtungsrecht keinen Gebrauch machen, nicht von Amts wegen zu beteiligen (BAG 19. 9. 85 AP Nr. 12 zu § 19 BetrVG 1972 unter Aufgabe seiner bisherigen Rspr., vgl. zuletzt noch BAG 10. 6. 83 AP Nr. 10 zu § 19 BetrVG 1972; s. auch BAG 27. 1. 93 AP Nr. 29 zu § 76 BetrVG 1952; *GK-Kreutz* Rn 98; aA *DKK-Schneider/Homburg* Rn 25). Dagegen ist der ArbGeb. stets beteiligungs- und rechtsmittelbefugt, da im Anfechtungsverfahren darüber entschieden wird, ob das zwischen ihm und dem gewählten BR bestehende betriebsverfassungsrechtliche Rechtsverhältnis aufgelöst wird oder nicht (BAG 4. 12. 86 AP Nr. 13 zu § 19 BetrVG 1972). Zur Frage der Beteiligung des Wahlvorst. vgl. Rn 43. Das Rechtsschutzinteresse entfällt mit Ablauf der Amtszeit des BR, dessen Wahl angefochten wird (BAG 13. 3. 91 AP Nr. 20 zu § 19 BetrVG 1972). Die **Streitwertfestsetzung** für ein Wahlanfechtungsverfahren erfolgt als Ermessensentscheidung nach § 23 Abs. 3 2. Halbs. RVG, wobei neben den individuell gegebenen Besonderheiten des Verfahrens auch die Größe des aufzulösenden BR zu berücksichtigen sind (vgl. LAG Rheinland-Pfalz NZA-RR 05, 385; zum alten § 8 Abs. S. 2 BRAGO vgl. LAG Köln 20. 1. 03 NZA-RR 03, 555; LAG Schleswig-Holstein NZA-RR 04, 212f.). Das LAG Bremen und LAG Rheinland-Pfalz plädieren dafür, einheitlich von einem zweifachen des Ausgangstreitwerts bei Wahlanfechtung und dreifachen Ausgangstreitwert im Fall der Nichtigkeit sowie einer Erhöhung für jede Stufe der Staffel des § 9 BetrVG um den halben Ausgangswert auszugehen (LAG Bremen 16. 2. 07 NZA 07, 1389; LAG Rheinland-Pfalz 17. 4. 07 NZA-RR 07, 379). Das LAG Berlin-Brandenburg vom 23. 4. 10 geht dagegen von einem dreifachen Hilfswert sowie einer Erhöhung für jede weitere Stufe nach § 9 BetrVG aus (NZA-RR 10, 491). Siehe auch LAG Hamburg 30. 6. 2011 mit einem kurzem Überblick über die Handhabung der Streitwertfestsetzung in den LAG's NZA-RR 11, 488.

53 Zur Möglichkeit gerichtlicher Entscheidungen über Streitfragen im Laufe des Wahlverfahrens vgl. § 18 Rn 32ff.

§ 20 Wahlschutz und Wahlkosten

(1) ¹Niemand darf die Wahl des Betriebsrats behindern. ²Insbesondere darf kein Arbeitnehmer in der Ausübung des aktiven und passiven Wahlrechts beschränkt werden.

(2) Niemand darf die Wahl des Betriebsrats durch Zufügung oder Androhung von Nachteilen oder durch Gewährung oder Versprechen von Vorteilen beeinflussen.

(3) ¹Die Kosten der Wahl trägt der Arbeitgeber. ²Versäumnis von Arbeitszeit, die zur Ausübung des Wahlrechts, zur Betätigung im Wahlvorstand oder zur Tätigkeit als Vermittler (§ 18 a) erforderlich ist, berechtigt den Arbeitgeber nicht zur Minderung des Arbeitsentgelts.

Inhaltsübersicht

I. Vorbemerkung

Die Vorschrift sichert die **ungehinderte Durchführung der Wahl** und schützt 1 den einzelnen ArbN in der Ausübung des aktiven und passiven Wahlrechts (Abs. 1 und 3). Darüber hinaus verbietet sie jede Wahlbeeinflussung durch Begünstigung oder Benachteiligung (Abs. 2). Diese Regelungen werden ergänzt durch den bes. Kündigungsschutz der Mitgl. des Wahlvorst. und der Wahlbewerber nach § 103 BetrVG und § 15 Abs. 3 bis 5 KSchG (vgl. § 103 Rn 5ff.) sowie die Strafvorschrift des § 119 Abs. 1 Nr. 1.

Die Vorschrift gilt auch für die Wahl der JugAzubiVertr. (vgl. § 63 Abs. 2 S. 2), der 2 Bordvertr. und des SeeBR (vgl. § 115 Abs. 2, § 116 Abs. 2). Sie gilt nicht für die Bestellung der Mitgl. des GesBR, des KBR, der GesJugAzubiVertr., der KJugAzubi-Vertr. und des WiAusschusses. Die Bestellung der Mitgl. dieser Institutionen ist durch § 78 geschützt, da es sich insoweit um Beschlussfassung der BR bzw. GesBR und JugAzubiVertr. bzw. KJugAzubiVertr. handelt. Die Kostentragungspflicht des ArbGeb. ergibt sich in diesen Fällen aus § 40 (GK-*Kreutz* Rn 4; *HSWGNR* Rn 2; aA *GL* Rn 2).

Die Vorschrift ist **zwingendes Recht,** auf das kein Beteiligter rechtswirksam ver- 3 zichten kann (GK-*Kreutz* Rn 5).

Entspr. Vorschriften: § 24 BPersVG; § 8 Abs. 2 u. 3 SprAuG; s. auch §§ 30, 42 4 EBRG.

II. Schutz der Wahl

Durch Abs. 1 und 2 sollen die ungehinderte Durchführung der Wahl und die freie 5 Ausübung des aktiven und passiven Wahlrechts geschützt werden. Das Verbot der Wahlbehinderung und Wahlbeeinflussung richtet sich **gegen jedermann**, also nicht nur gegen den ArbGeb. oder die ArbN des Betriebs, sondern auch gegen Außenstehende. Die Vorschrift bezweckt, die BRWahl nach allen Seiten hin zu schützen und zu sichern.

6   Die Abwehr unzulässiger Wahlbeeinträchtigung kann im arbeitsgerichtlichen
BeschlVerf., insb. durch Erwirkung einer einstw. Verf. des ArbG, schon während des
Wahlverfahrens erreicht werden (vgl. §§ 2a, 85 Abs. 2 ArbGG; LAG Köln NZA-RR
01, 423; ArbG Regensburg AiB 03, 554); solche einstw. Verf. sind nicht darauf beschränkt, die weitere Durchführung ordnungswidriger Wahlen zu untersagen (vgl.
den Fall LAG Schleswig- Holstein AP Nr. 4 zu § 24 BetrVG), sondern können auch
berichtigend in den Wahlablauf eingreifen (*Richardi/Thüsing* Rn 3; *Winterfeld* NZA
Beil. 1/90 S. 20; vgl. auch § 18 Rn 32 ff.).

1. Verbot der Behinderung der Wahl

7   Der Schutz des § 20 Abs. 1 und 2 bezieht sich auf die **Wahl des BR.** Wahl bedeutet hier nicht nur die eigentliche Ausübung des aktiven oder passiven Wahlrechts. Dieser Begriff ist vielmehr im weitesten Sinne zu verstehen und umfasst **alle mit der
Wahl zusammenhängenden oder ihr dienenden Handlungen,** Betätigungen
und Geschäfte (*DKK-Schneider/Homburg* Rn 1 f.; GK-*Kreutz* Rn 8; *HSWGNR* Rn 8;
Richardi/Thüsing Rn 4; *Bolt/Gosch* AiB 97, 559), so zB die Betätigung im Wahlvorst.
oder als Wahlhelfer, die Einberufung und Durchführung der Wahlversammlungen zur
Wahl des Wahlvorst. und des BR im vereinfachten Wahlverfahren nach § 14a, § 17a
Nr. 3 und im BetrVerslg. zum Zwecke der Bestellung des Wahlvorstands (§ 17 Abs. 2;
vgl. BayObLG BB 80, 1638), das Tätigwerden des GesBR bzw. des KBR zur Bestellung des Wahlvorst. bei Untätigkeit des BR oder in Betrieben ohne BR (§ 16 Abs. 3,
§ 17 Abs. 1, § 17a), das Betreiben des arbeitsgerichtlichen Verfahrens zur Bestellung
oder Ersetzung des Wahlvorst. (§ 16 Abs. 2, 17 Abs. 4, § 17a Nr. 4, § 18 Abs. 1
Satz 2), oder zur Feststellung, ob eine betriebsratsfähige Organisationseinheit vorliegt
(§ 18 Abs. 2), die Tätigkeit als Vermittler gem. § 18a, ferner die Aufstellung von
Wahlvorschlägen. Auch Maßnahmen, die nach der eigentlichen Wahlhandlung liegen,
jedoch mit der Wahl in unmittelbarem Zusammenhang stehen, zählen hierzu, wie zB
die Stimmauszählung, Bekanntgabe des Wahlergebnisses oder die Anfechtung der
Wahl. Hierunter fällt ferner die Tätigkeit der im Betrieb vertretenen Gewerkschaften,
soweit sie im Zusammenhang mit der BRWahl tätig werden können (vgl. zB § 14
Abs. 5, § 16 Abs. 2, § 17 Abs. 3, § 18 Abs. 1 und 2).

8   Zur Wahl gehört auch die **Wahlwerbung,** und zwar sowohl durch die ArbN
als auch durch die im Betrieb vertretenen Gewerkschaften (BAG 6. 12. 00 AP Nr. 48
zu § 19 BetrVG 1972; *DKK-Schneider/Homburg* Rn 2, 23 ff.; GK-*Kreutz* Rn 9;
HSWGNR Rn 18; *Richardi/Thüsing* Rn 5; *Bolt/Gosch* AiB 97, 561). Das Recht der
im Betrieb vertretenen Gewerkschaften zur Wahlwerbung bei BRWahlen gehört zum
Kernbereich der in Art. 9 Abs. 3 GG enthaltenen gewerkschaftlichen Betätigungsga-
rantie (vgl. BVerfG 30. 11. 65 AP Nr. 7 zu Art. 9 GG; BAG 14. 2. 67 AP Nr. 10 zu
Art. 9 GG). Eine Behinderung der Wahlwerbung ist deshalb verboten, vorausgesetzt
diese verstößt nicht gegen gesetzl. Vorschriften oder arbeitsvertragliche Pflichten. Zur
Frage, dass selbst wahrheitswidrige Wahlpropaganda keine Wahlbehinderung ist, vgl.
Rn 11; zum Verhältnis von Wahlwerbung zum Verbot unzulässiger Wahlbeeinflussung vgl. Rn 24 f. Als zulässig anzusehen ist zB das Verteilen von Handzetteln zugunsten einzelner Listen oder Kandidaten; das gilt jedenfalls dann, wenn die Verteilung während der Arbeitspausen oder vor und nach der Arbeit im Betrieb erfolgt. Ob
eine Verteilung auch während der Arbeitszeit zulässig ist (verneinend GK-*Kreutz*
Rn 19), dürfte davon abhängig sein, ob hierdurch der betriebliche Arbeitsablauf gestört wird (*Düwell/Brors* Rn 2; *WPK-Wlotzke* Rn 4; ErfK-*Eisemann/Koch* Rn 3). Die
Einstellung von Wahlaufrufen bzw Wahlwerbung per **Intranet** oder **E-Mail** dürfte
aufgrund des damit grundsätzlich verbundenen geringen zeitlichen Arbeitsaufwands
zulässig sein (vgl. ArbG Frankfurt 22. 1. 03 RDV 04, 79; Nutzung des Intranets für
Werbeschreiben an im Außendienst Beschäftigte s. ArbG Brandenburg 1. 12. 04 RDV
05, 275; OVG NRW PersV 06, 138 ff.; unklar VG Magdeburg PersV 06, 140, wonach sich im konkreten Fall die Dienststellenleitung die Werbung per Intranet zu-

rechnen lassen musste). Zur Frage der Zulässigkeit von Gewerkschaftswerbung per **E-Mail** hat das BAG entschieden, dass eine tarifzuständige Gewerkschaft grundsätzlich berechtigt ist, E-Mails zu Werbezwecken auch ohne Einwilligung des ArbGeb und Aufforderung durch die ArbN an deren betrieblichen E Mail Adressen zu versenden; die mit der Lektüre der E Mail aufgewandte Arbeitszeit beschränke die Zulässigkeit nicht, da der Umfang typischerweise nicht größer ist als derjenige, den die ArbN aufwenden, wenn sie diese in Papierform überreicht bekommen (BAG 20. 1. 09 AP Nr. 137 zu Art. 9 GG s. dazu auch § 74 Rn 71 a; **aA** *Dumke* RdA 09, 77 ff.; *Arnold/Wiese* NZA 09, 717 ff.; *Maschmann* NZA 08, 613 ff. und BB 10, 245, 247; differenzierend *Schwarze* RdA 10, 115, 118). Die dortigen Ausführungen dürften auf die hier geführte Diskussion zur Zulässigkeit von Wahlwerbung grundsätzlich übertragbar sein – dies auch vor dem Hintergrund, dass bei Gewerkschaften in dieser Frage schwerlich zwischen Mitgliederwerbung und BRWahlwerbung differenziert werden kann (beides gehört zur verfassungsrechtlich geschützten Betätigungsfreiheit der Koalitionen) – (im Ergebnis so auch *Däubler* AiB 02, 82 ff., für die Nutzung des Intranets für Wahlwerbung; **aA** *Beckschulze* DB 07, 1526, 1534; *Maschmann* NZA 08, 613 ff.; kritisch *Gola* MMR 05, 17, 20 ff.). Da die Wahlwerbung wesentlicher Bestandteil der Wahl ist, ist der ArbGeb. nach Abs. 3 als verpflichtet anzusehen, im betriebsüblichen Rahmen auch Flächen zum **Aushang von Wahlplakaten** zur Verfügung zu stellen (GK-*Kreutz* Rn 19; *Däubler* AiB 02, 82, 83). Der ArbGeb. darf hierbei die an der Wahl sich beteiligenden Gruppen nicht unterschiedlich behandeln; gleiches gilt für den Fall der Zulassung von Wahlwerbung im Intranet. Seinerseits muss er sich einer Wahlwerbung zugunsten bestimmter Kandidaten oder Listen enthalten, da die Wahl des BR allein Sache der ArbN des Betriebs ist (ErfK-*Eisemann/Koch* Rn 7; **aA** *HSWGNR* Rn 22). Eine unzulässige Wahlwerbung des ArbGeb. zugunsten einer bestimmten Gruppe liegt auch vor, wenn der ArbGeb. die Wahlwerbung dieser Gruppe finanziell unterstützt (BAG 4. 12. 86 AP Nr. 13 zu § 19 BetrVG 1972). Ein wildes Plakatieren im Betrieb braucht der ArbGeb. nicht zu dulden.

9 Abs. 1 S. 1 **verbietet jede Behinderung der Wahl**, gleichgültig in welcher Weise sie geschieht. Eine Behinderung der Wahl iSv. Abs. 1 S. 1 liegt vor, wenn ein Wähler, Wahlkandidat oder sonstiger an der Wahl Beteiligter, insb. auch der Wahlvorst. oder der Vermittler nach § 18 a Abs. 2, in der Ausübung seiner Rechte, Befugnisse oder Aufgaben beeinträchtigt oder beschränkt wird (*Bolt/Gosch* AiB 97, 559). Es dürfen also keinerlei Maßnahmen oder Handlungen erfolgen, durch die der ungestörte Ablauf der Wahl beeinträchtigt wird.

10 **Beispiele:**

Für Behinderungen:
Nichtzurverfügungstellen von Wahlräumen oder notwendigen Wahlunterlagen wie Wahlzettel, Wahlumschläge, Wahlurnen; Vorenthaltung der für die Aufstellung von Wählerlisten notwendigen Angaben und Unterlagen (vgl. AmtsG Detmold BB 79, 783; LAG Schleswig-Holstein 7. 4. 11 – 4 TaBVGa 1/11 – JURIS); Vornahme von wahlvorbereitenden Maßnahmen durch einen Wahlvorst. für eine einheitliche BRWahl in mehreren Spartenunternehmen, obwohl sie keinen gemeinsamen Betrieb bilden und es im Betrieb eines dieser Unternehmen bereits einen Wahlvorst. gibt, der seine Tätigkeit aufgenommen hat (s. den Fall LAG Köln NZA-RR 01, 423); Verbot der Benutzung des Fernsprechers für notwendige Gespräche in Wahlangelegenheiten; Verweigerung der erforderlichen Arbeitsbefreiung für die Mitgl. des Wahlvorst. oder des Vermittlers nach § 18 a zur Erledigung ihrer Aufgaben; Zurückweisung eines Wahlvorschlags ohne gesetzlichen Grund; Vernichtung von Wahlvorschlägen; Hinderung am Betreten des Wahllokals; Fälschung oder Unterschlagung von Wahlzetteln. Kurzfristige (eine Woche vorher) dienstliche Verpflichtung aller ArbN, an dem Tag der Wahlversammlung einen Erste-Hilfe-Kurs zu absolvieren (ArbG Berlin 29. 5. 09 BB 09, 1928).

11 **Keine Behinderung** der Wahl stellt die **Propaganda** für oder gegen einen Kandidaten oder eine sich an der Wahl beteiligende Liste dar. Das gilt selbst dann, wenn die Propaganda wahrheitswidrig ist (insofern einschr. *WW* Rn 6; wie hier LAG Köln

NZA 94, 431). Hierdurch würde der Begriff der Behinderung, der zugleich nach § 119 Abs. 1 Nr. 1 Straftatbestand ist, in einem übertragenen und nicht vom Sprachgebrauch gedeckten Sinne verstanden. Die Behinderung kann sich nur auf die Einschränkung der Handlungsfreiheit, nicht auf die freie innere Willensbildung beziehen (LAG Köln NZA 94, 431; *GL* Rn 8; *GK-Kreutz* Rn 11; *HSWGNR* Rn 19). Auch die Straftatbestände bei politischen Wahlen (§§ 107 ff. StGB) erfassen die Propagandalüge nicht. Dort sind vielmehr verboten die Täuschung bei Stimmabgabe, die Wahlbestechung, die Wahlnötigung, die Verletzung des Wahlgeheimnisses, die gewaltsame Wahlbehinderung oder -störung, die Wahlfälschung und gewisse Handlungen bei der Erstellung der Wahlunterlagen. Da der Straftatbestand des § 119 Abs. 1 Nr. 1 wohl schwerlich schärfer zu verstehen ist als die entsprechenden Vorschriften bei den allgemeinen politischen Wahlen, ergibt sich schon hieraus, dass Lügen keine Wahlbehinderung sind, wenn sie nicht mit Zwang oder Drohung gekoppelt sind. Demnach ist die wahrheitswidrige Propaganda auch kein zur Anfechtung berechtigender Verstoß gegen das Wahlverfahren, zumal die Lüge als solche zwar ethisch verwerflich ist, rechtswidrig aber nur, wenn noch weitere, insb. vermögensschädigende Wirkungen hinzutreten (OVG Lüneburg VRspr. Bd. 11, 71; VGH Württemberg-Baden ESVGH Bd. 8 S. 73; enger *WW* Rn 6). Der betroffene Wahlbewerber kann sich, wenn die diffamierende wahrheitswidrige Propaganda den strafrechtlichen Tatbestand der Beleidigung oder den zivilrechtlichen der unerlaubten Handlung (§§ 823, 826 BGB) erfüllt, schon vor der Wahl zur Wehr setzen und Gerichtsschutz in Anspruch nehmen, – allerdings nicht unter dem Gesichtspunkt der Wahlbehinderung. In diesen Fällen, insb. für den Erlass einstweiliger Verfügungen, ist das ordentliche Gericht (AmtsG) zuständig, da es sich nicht um einen betriebsverfassungsrechtlichen Tatbestand handelt (*GL* Rn 9; *HSWGNR* Rn 20; *Düwell/Brors* Rn 5; *aA* aus dem Gesichtspunkt der Wahlbeeinflussung ArbG Wesel BB 57, 366; *GK-Kreutz* Rn 33; *Richardi/Thüsing* Rn 15). Zur Wahlpropaganda im Hinblick auf das Verbot einer unzulässigen Wahlbeeinflussung vgl. unten Rn 24 f.

2. Schutz des Wahlrechts des einzelnen Arbeitnehmers

12   Niemand darf einen ArbN in der Ausübung seines aktiven oder passiven Wahlrechts beschränken. Der Begriff des **Wahlrechts** ist ebenso wie der Begriff Wahl im weitesten Sinne zu verstehen. Er erstreckt sich auf alle in Rn 7 ff. bezeichneten Betätigungen, also nicht nur auf die Betätigung als Wähler oder als Wahlkandidat, sondern auch als Mitgl. des Wahlvorst., als Wahlhelfer, als Vermittler gem. § 18 a usw. Hierunter fallen auch die Aufstellung und Unterzeichnung von Wahlvorschlägen (LAG Baden-Württemberg AiB 91, 276).

13   Abs. 1 S. 2 hebt den Fall einer unmittelbaren **Wahlbehinderung des einzelnen ArbN** besonders hervor. Verboten ist danach jede Maßnahme, die darauf gerichtet ist, einen Berechtigten in der Ausübung von Wahlbefugnissen im weitesten Sinne zu beschränken. Im Gegensatz hierzu steht das Verbot der Beeinflussung der Wahl nach Abs. 2, das nicht die äußere Freiheit der ungestörten Ausübung der Wahlbefugnisse, sondern die innere Freiheit der Beteiligten hinsichtlich ihrer Wahlbefugnisse schützt (*GK-Kreutz* Rn 24; *HSWGNR* Rn 19; *Richardi/Thüsing* Rn 8).

14   Eine **unzulässige Beschränkung** liegt vor allem dann vor, wenn es dem einzelnen ArbN unmöglich gemacht wird, sich an der Wahl zu beteiligen, etwa durch eine Anweisung des ArbGeb., gerade am Wahltag eine nicht unbedingt erforderliche Geschäftsreise zu unternehmen, oder dadurch, dass ein ArbN nicht in die Wählerliste aufgenommen wird. Ferner ist unzulässig die Nichtgewährung notwendiger Arbeitsbefreiung für die Stimmabgabe oder für die Tätigkeit der Mitgl. des Wahlvorst., des Vermittlers nach § 18 a oder der Wahlhelfer. Auch das Verbot der Teilnahme an der WahlVerslg. oder der BetrVerslg. zur Wahl des Wahlvorst. (§ 14 a Abs. 1, § 17 Abs. 2) ist eine unzulässige Beschränkung.

Verboten ist vor allem, den ArbN dadurch in der Ausübung von Wahlbefugnissen **15** zu behindern, dass der ArbGeb. ihn aus dem Betrieb entfernt, indem er ihm kündigt oder in einen anderen Betrieb versetzt. Wird eine **Kündigung** mit dem Ziel ausgesprochen, den ArbN an der Ausübung seines Wahlrechts (im weitesten Sinne) zu hindern, so verstößt diese Kündigung gegen das gesetzl. Verbot des Abs. 1 S. 1 und ist deshalb gem. § 134 BGB nichtig (BAG 26. 11. 09 – 2 AZR 186/09 – NZA 10, 443; ArbG München DB 87, 2662; *DKK-Schneider/Homburg* Rn 14; *GL* Rn 4; *HSWGNR* Rn 12; *Richardi/Thüsing* Rn 10; *WW* Rn 3; ebenso, wenn auch mit anderer Begründung, GK-*Kreutz* Rn 18) und ist nach § 119 strafbar (ArbG Emmendingen ArbuR 09, 222). Zur Beweislast in diesen Fällen vgl. unten Rn 32. Das Behinderungsverbot deckt jedoch nicht ein gesetz- oder sonst rechtswidriges Verhalten eines ArbN im Rahmen der BRWahl. Keine unzulässige Wahlbehinderung ist es deshalb, wenn einem Wahlkandidaten, der bei der Werbung für seine Wahl die Ehre anderer schwerwiegend verletzt und dabei mit parteipolitischer und verfassungsfeindlicher Zielsetzung agiert, außerordentlich gekündigt wird (BAG 13. 10. 77 AP Nr. 1 zu § 1 KSchG 1969 Verhaltensbedingte Kündigung; BAG 15. 12. 77 AP Nr. 69 zu § 626 BGB; GK-*Kreutz* Rn 3).

Für die Mitgl. des Wahlvorst. – auch die nicht stimmberechtigten Mitgl. gem. § 16 **16** Abs. 1 S. 6 – und die Wahlkandidaten dürfte der sich aus dem Wahlbehinderungsverbot ergebende Kündigungsschutz allerdings nicht von allzu großer praktischer Bedeutung sein, da sie kraft ausdrücklicher gesetzl. Regelung sowohl gegen ordentliche Kündigungen als auch gegen außerordentliche Kündigungen in gleicher Weise wie BRMitgl. geschützt sind (Näheres vgl. § 103 Rn 5 ff.). Allerdings greift dieser Kündigungsschutz erst mit der Bestellung zum Wahlvorst. bzw. mit der Aufstellung des Wahlvorschlags ein (vgl. hierzu § 103 Rn 10). Abs. 1 S. 2 bleibt daher für die Mitgl. des Wahlvorst. und für Wahlbewerber insofern von Bedeutung, als er gegen Kündigungen schützt, die vor der Bestellung zum Wahlvorst. bzw. vor der Aufstellung des Wahlvorschlags erfolgen. Eine unzulässige Beschränkung kann auch darin liegen, dass der ArbGeb. einem **gekündigten Wahlbewerber,** der die Rechtswirksamkeit der Kündigung gerichtlich angreift, das **Betreten des Betriebs** verbietet und damit den Kontakt mit den Wählern unterbindet. Unter Berücksichtigung der betrieblichen Notwendigkeiten ist einem gekündigten Wahlbewerber Zugang zum Betrieb – etwa in den Pausen – zu gestatten (vgl. ArbG Münster DB 75, 1468; LAG Hamm DB 80, 1223; ArbG München AiB 98, 161 m. Anm. *Rudolph;* LAG Hamm NZA-RR 03, 480; *DKK-Schneider/Homburg* Rn 14; *HSWGNR* Rn 13; **aA** *GL* Rn 5; GK-*Kreutz* Rn 15). Dieser Anspruch kann durch einstw. Vfg. durchgesetzt werden (ArbG München aaO).

Unzulässig ist ferner, dass der ArbGeb. einem ArbN hinsichtlich der Ausübung von **17** Wahlbefugnissen **Anweisungen** (auch wenn diese in Form von Hinweisen oder Empfehlungen gekleidet sind) gibt. Dies ist schon deswegen verboten, weil die ganze Wahlbetätigung der ArbN der Weisungsbefugnis des ArbGeb. entzogen ist (GK-*Kreutz* Rn 17).

Die rechtsirrige Mitteilung des ArbGeb. an wahlberechtigte ArbN, sie seien leiten- **18** de Ang. und deshalb nicht wahlberechtigt, stellt eine unzulässige Wahlbehinderung dar, wenn die Mitteilung nicht eindeutig als eine unverbindliche Meinungsäußerung, sondern als Wunsch oder gar als Weisung für ein bestimmtes Verhalten zu verstehen ist (LAG Hamm DB 72, 1297; LAG Baden-Württemberg DB 72, 1392; *WPK-Wlotzke* Rn 7; GK-*Kreutz* Rn 17; *HSWGNR* Rn 11; *Richardi/Thüsing* Rn 11; weitergehend *DKK-Schneider/Homburg* Rn 11). Das Verbot der Wahlbehinderung richtet sich gegen jedermann, so dass ein Fall der Wahlbehinderung auch vorliegen kann, wenn eine solche Mitteilung durch einen der zur WahlVerslg. nach § 14 a Einladenden erfolgt (LAG Schleswig-Holstein 9. 7. 08 – 6 TaBV 3/08 – Juris).

Eine Beschränkung in der Ausübung von Wahlbefugnissen aller Art liegt nicht nur **19** vor, wenn der ArbN durch bestimmte Maßnahmen von der Ausübung von Wahlbefugnissen abgehalten wird, der Verbotstatbestand ist vielmehr auch gegeben, wenn der ArbN seine Befugnisse ausgeübt hat und ihm deshalb Nachteile zugefügt werden (**Maßregelung**). Solche Maßnahmen, zu denen insb. Kündigung, Versetzung an einen schlechteren Arbeitsplatz usw. gehören, können zwar, abgesehen von dem Fall, dass sie vorher angekündigt waren und daher als Wahlbeeinflussung unter Abs. 2 fallen, nicht zu einer Wahlanfechtung führen, weil ja der Berechtigte von seinen Wahlbefugnissen ordnungsgemäß Gebrauch gemacht hat; wohl aber sind diese Maßnahmen **nichtig** und können **Schadensersatzansprüche** des ArbN auslösen (*DKK-Schneider/Homburg* Rn 18; GK-*Kreutz* Rn 27, 44; *Schaub* § 218 Rn 6). Das gilt sinngemäß für den gleichzubehandelnden Fall, dass ein ArbN das Wahlrecht nicht ausgeübt hat und er deshalb gemaßregelt wird; denn das Wahlrecht umfasst auch das Recht, nicht zu wählen.

3. Verbot unzulässiger Wahlbeeinflussung

20   Verboten ist jede Begünstigung oder Benachteiligung, die darauf zielt, auf den Wahlbeteiligten im weitesten Sinne (Wähler, Wahlkandidat, Wahlvorst., Vermittler nach § 18 a, Unterzeichner von Vorschlagslisten usw.) dahin einzuwirken, dass er seine (Wahl-)Befugnisse nicht nach seiner **eigener Willensentscheidung,** sondern in dem von dritter Seite (zB vom ArbGeb.) gewünschten Sinne ausübt. Das Verbot der Wahlbeeinflussung dient auch der Integrität der BRWahl. Diese soll allein auf der freien Entscheidung der Wahlberechtigten beruhen, denen auch die Freiheit zusteht, nicht zu wählen mit der Folge, dass sie auch bei dieser Entscheidung keinem unzulässigen Druck ausgesetzt werden dürfen (BAG 6. 12. 00 AP Nr. 48 zu § 19 BetrVG 1972; BGH 13. 9. 10 – 1 StR 220/09 – NJW 11, 88). Deshalb darf der Wahlvorst. Dritten keine Einsichtnahme in die mit den Stimmabgabevermerken versehene Wählerliste gestatten; denn ansonsten würden Wahlberechtigte dem unzulässigen Druck ausgesetzt, sich dafür rechtfertigen zu müssen, noch nicht gewählt zu haben (BAG aaO).

21   Verboten ist die Wahlbeeinflussung durch **Zufügung von Nachteilen** (zB Kündigung, Versetzung auf einen schlechteren Arbeitsplatz) oder durch **Androhung** von Nachteilen (zB Ankündigung einer solchen Maßnahme). Dies ist der Fall, wenn der ArbGeb. in einem Schreiben an alle ArbN darauf hinweist, dass bei Wahl einer Gewerkschaftsliste dem Unternehmen schwerer Schaden zugefügt werde (ArbG Heilbronn AiB 99, 581 m. Anm. *Schneider*) oder er im Rahmen einer Einladung zur Mitarbeiterversammlung mit dem Wegfall liberaler Regelungen droht (ArbG Regensburg AiB 03, 554 unter Anerkennung eines allgemeinen Unterlassungsanspruchs des Wahlvorst. iVm. § 20, mit zustimmender Anmerkung *Müller* AiB 03, 554 f.).

22   Auch die **Gewährung von Vorteilen** (zB Beförderung, Lohn- und Gehaltserhöhung, Versetzung auf einen bevorzugten Arbeitsplatz, aber auch Geschenke und Zuwendungen) oder das Versprechen solcher Vorteile zum Zweck der Wahlbeeinflussung sind verboten. Unter Vorteilen im Sinne des § 20 Abs. 2 sind unsachliche, an den Egoismus des Einzelnen appellierende Leistungen (bzw. Besserstellungen) zu verstehen (**aA** *GL* Rn 16; *Richardi/Thüsing* Rn 17).

23   Sammelt ein leitender Ang. (Justitiar des ArbGeb.) Stützunterschriften für eine Vorschlagsliste zur BRWahl, um eine konkurrierende Liste zu erreichen, ist dies nach LAG Hamburg (AiB 98, 701 m. zust. Anm. *Brinkmeier*) ein Verhalten, das über eine unzulässige Wahlbeeinflussung noch hinaus geht und unzulässigerweise aktiv auf die Zusammensetzung des BR abzielt. So wünschenswert dieses Ergebnis erscheint, so ergeben sich doch Zweifel, weil zu den in Abs. 2 genannten Mitteln der Beeinflussung (Benachteiligung/Bevorzugung) keine Feststellungen getroffen werden.

24   Keine unzulässige Wahlbeeinflussung ist die **Werbung** und **Propaganda** für eine bestimmte Liste oder einen bestimmten Kandidaten bei der Wahl, gleichgültig, ob diese Werbung durch im Betrieb vertretene Gewerkschaften oder Gruppierungen von ArbN des Betriebes oder durch sonstige Personen erfolgt (zum Wahlaufruf eines mohammedanischen Vorbeters vgl. LAG Hamm DB 76, 922). Allerdings ist dem ArbGeb. jegliche Wahlwerbung (nicht die Unterrichtung über gesetzliche Wahlvorschriften,

vgl. LAG Hamm DB 82, 1574) untersagt, da die Bildung und Zusammensetzung des BR ausschließlich eine Angelegenheit der ArbN ist und er sich als Gegenspieler des BR jeglichen Einflusses auf dessen Zusammensetzung zu enthalten hat (*DKK-Schneider/Homburg* Rn 19; *Richardi/Thüsing* Rn 18; ErfK-*Eisemann/Koch* Rn 7; aA *Rieble/Triskatis* NZA 06, 233, 239). Auch eine finanzielle Unterstützung der Wahlpropaganda einer bestimmten Vorschlagsliste durch den ArbGeb. (BAG 4. 12. 86 AP Nr. 13 zu § 19 BetrVG 1972) als auch die finanzielle Unterstützung einer bestimmten Vorschlagsliste durch den ArbGeb. ist unzulässig (BGH 13. 9. 10 – 1 StR 220/09 – NJW 11, 88).

Das Recht der ArbN und der Gewerkschaften auf Werbung und Propaganda wird **25** durch die **allgemeine Meinungsfreiheit** und für die Gewerkschaften zusätzlich durch **Art. 9 Abs. 3 GG** gedeckt (vgl. BVerfG AP Nr. 7 zu Art. 9 GG; *DKK-Schneider/Homburg* Rn 23; *GL* Rn 12; *Richardi/Thüsing* Rn 22; *Schneider* Rn 19 ff.). Soweit in Werkszeitungen geworben oder Kritik geübt wird, greift der Schutz der Pressefreiheit gem. Art. 5 Abs. 1 S. 2 GG (BVerfG 8. 10. 96 BB 97, 205). Überdies ist die Wahlwerbung, wie bei jeder Wahl, auch wesentlicher Bestandteil der BRWahl (vgl. BAG 2. 12. 60 AP Nr. 2 zu § 19 BetrVG). Bei den Gewerkschaften kommt hinzu, dass ihnen, wenn sie schon allgemein im Betrieb werben dürfen (vgl. § 74 Rn 66 ff.), dies erst recht anlässlich von BRWahlen gestattet ist. Das gilt umso mehr, als ihnen ein eigenes gewerkschaftliches Wahlvorschlagsrecht zusteht (vgl. § 14 Abs. 3 u. 5; Näheres vgl. § 14 Rn 58 ff.). Denn die sozialpolitische Repräsentanz einer Gewerkschaft im Betrieb wird wesentlich am Abschneiden der von ihr unterstützten Liste bei BRWahlen gemessen. Zwar will Werbung und Propaganda auf die Willensentscheidung des Wählers in einem bestimmten Sinne Einfluss nehmen. Dies ist jedoch solange einem Wahlkampf als wesengemäß und damit als zulässig anzusehen, als eine Abwägung der Standpunkte möglich und die Entscheidungsfreiheit des Wählers gewahrt bleibt. Zudem ist zu beachten, dass Absatz 2 nicht jede Wahlbeeinflussung verbietet, sondern nur eine solche, die durch Zufügung oder Androhung von Nachteilen bzw. Gewährung oder Versprechung von Vorteilen bewirkt wird. Hieran fehlt es jedoch im Allgemeinen bei der Werbung und Propaganda für die BRWahl jedenfalls gegenüber den ArbN als Wählern. Gegenüber anderen Wahlbewerbern kann eine diffamierende Wahlpropaganda dann eine unzulässige Wahlbeeinflussung darstellen, wenn sie hierdurch von einer Teilnahme an der Wahl abgehalten werden sollen. Jedoch ist auch hier zu berücksichtigen, dass im Rahmen eines Wahlkampfes eine gewisse überpointierte Darstellung der jeweiligen Standpunkte allgemein üblich und deshalb nicht als unzulässige Wahlbeeinflussung anzusehen ist. Deshalb ist nicht schon jede unsachliche Propaganda an einem Wahlaufruf als unzulässige Wahlbeeinflussung anzusehen (so jedoch OVG Hamburg für das PersVG, ArbuR 61, 350). Kritik, auch an konkurrierenden Gewerkschaften, gehört zum Wesen des Wahlkampfes und ist deshalb zulässig (vgl. BVerfG AP Nr. 7 zu Art. 9 GG). Auch eine vergleichende Werbung, sofern keine falschen Hoffnungen erweckt werden, und angreifbare Werturteile sind zulässig (BGH AP Nr. 1 zu § 1004 BGB und AP Nr. 6 zu § 54 BGB). Die Propaganda darf aber nicht in eine Hetze gegen eine andere Gewerkschaft ausarten (BAG 14. 2. 67 AP Nr. 10 zu Art. 9 GG; zur Frage der Zulässigkeit auch harter Auseinandersetzungen zwischen rivalisierenden Gewerkschaften und Berufsverbänden vgl. BGH AP Nr. 6 zu Art. 5 Abs. 1 GG Meinungsfreiheit). Wenn auch im Rahmen eines Wahlkampfes nicht jedes Wort auf die Goldwaage gelegt werden darf, so darf andererseits jedoch auch nicht die Ehre anderer, insb. anderer Wahlbewerber, in schwerwiegender Weise verletzt werden (vgl. hierzu oben Rn 11).

Das Verbot der Wahlbeeinflussung richtet sich gegen **jedermann** und gilt deshalb **26** auch für die **Gewerkschaften.** Es fragt sich deshalb, ob eine Gewerkschaft zulässigerweise ihren Mitgl. unter **Androhung des möglichen Ausschlusses** oder **Funktionsverlusts** verbieten kann, auf anderen als dem mit dem Kennwort der Gewerkschaften bezeichneten oder von ihr unterstützten Listen zu kandidieren oder solche Listen zu unterzeichnen. Diese Frage ist bisher im Allgemeinen bejaht worden, allerdings unter unterschiedlichen Voraussetzungen (zur Rspr. und Literatur vor der Entscheidung des BVerfG vom 24. 2. 1999 siehe 23. Aufl. Rn 26)

27   Mit seiner Entscheidung vom 24. 2. 99 hat das **BVerfG** (24. 2. 99 NZA 99, 713; s. dazu *Sachse* ArbuR 99, 387) einer Gewerkschaft **generell** das **Recht** zugestanden, Mitglieder bei **Fremdkandidatur** aus der Gewerkschaft **auszuschließen.** Es hat die insoweit entgegenstehende Entscheidung des BGH (10. 1. 94 nv.) aufgehoben, nach dessen ständiger Rspr. die Gewerkschaften ihre Mitgl. nicht mit verbandsinternen Sanktionen belegen dürfen, wenn diese bei BRWahlen auf einer konkurrierenden Liste kandidieren, dabei aber keine grundlegend gewerkschaftsfeindlichen Positionen vertreten (vgl. BGH AP Nr. 27 zu Art. 9 GG). Auf derartige Modalitäten kommt es nicht an. Bei der Anwendung des § 20 Abs. 2 ist stets die Ausstrahlungswirkung von Art. 9 Abs. 3 GG zu beachten. Das Verbot einer Maßregelung von Gewerkschaftsmitgl., die auf einer konkurrierenden Liste kandidieren, beeinträchtigt die Koalitionsfreiheit. Diese umfasst die Selbstbestimmung der Koalitionen über ihre innere Ordnung sowie ihre Tätigkeiten zur Förderung der Arbeits- und Wirtschaftsbedingungen ihrer Mitgl. Unter Art. 9 GG fallen damit auch verbandsinterne Sanktionen zur Aufrechterhaltung ihrer Geschlossenheit nach innen und außen.

28   Auch im Rahmen der **betrieblichen MB** fördern die Gewerkschaften die Arbeits- und Wirtschaftsbedingungen ihrer Mitgl. und haben somit eine **verfassungsrechtliche Funktion** inne. Nachdem den Gewerkschaften durch das Änderungsgesetz 1989 sogar ein eigenes Wahlvorschlagsrecht für die BRWahlen zugestanden worden ist (vgl. § 14 Rn 58 ff.), wird noch mehr als bisher ihre sozialpolitische Repräsentanz sowohl im Betrieb als auch darüber hinaus wesentlich am Erfolg der von ihnen eingereichten oder unterstützten Listen bei den BRWahlen gemessen (vgl. auch *Zöllner* Rechtsgutachten S. 17 ff., der die gesetzl. Einbindung der Gewerkschaften in die Betriebsverfassung und das daraus folgende Recht der eigenständigen Einflussnahme auf die BRWahl betont). Die Glaubwürdigkeit ihrer Wahlaussagen und das Vertrauen in ihre Durchsetzungsfähigkeit hängen entscheidend vom Eindruck ihrer Geschlossenheit ab. Konkurrierende Listen eigener Mitglieder wirken dem entgegen (BVerfG aaO).

29   Zum anderen ist zu bedenken, dass die **Mitgliedschaft** in der Gewerkschaft **freiwillig** ist und Rechtspflichten sowie eine Unterwerfung unter die Satzungsautonomie begründet, wobei diese Unterwerfung umso mehr respektiert werden muss, je wichtiger die konkrete Angelegenheit im Einzelfall für die Gewerkschaft ist. Die Notwendigkeit einer Unterwerfung unter die Satzungsautonomie besteht umso mehr, als die Gewerkschaft ihre Mitgl. nicht frei auswählen kann, sondern idR einem Aufnahmezwang unterliegt (vgl. BGH NJW 84, 1216; *Sachse* ArbuR 85, 267). Außerdem können diese sich an der gewerkschaftsinternen Willensbildung beteiligen und so selbst deren Entscheidung beeinflussen. Das setzt aber ein demokratischen Ansprüchen gerecht werdendes Verfahren der verbandsinternen Kandidatenaufstellung voraus (*Sachse* ArbuR 99, 390).

30   Aus alledem folgt: Die Drohung einer Gewerkschaft mit **Ausschluss** oder **Funktionsverbot** bei „Fremdkandidatur" kann zwar die Entscheidung zur Kandidatur bei den BRWahlen beeinflussen. Sie ist jedoch **keine rechtswidrige Nachteilsandrohung** iSv. § 20 Abs. 2 und deshalb als zulässig anzusehen. Dabei ist unerheblich, ob die „**Fremdkandidatur**" auf der Liste konkurrierender Gewerkschaften (vgl. dazu BGH AP Nr. 5 zu § 19 BetrVG; BGH AP Nr. 27 zu Art. 9 GG; BAG 2. 12. 60 AP Nr. 2 zu § 19 BetrVG 1972; *DKK-Schneider/Homburg* Rn 25; GK-*Kreutz* Rn 37; *HSWGNR* Rn 28; *WW* Rn 10), auf gewerkschaftsfeindlichen oder sog. freien oder neutralen Listen (vgl. dazu die nunmehr überholte Rspr. des BGH AP Nr. 7 zu § 20 BetrVG 1972; AP Nr. 5 zu § 19 BetrVG 1972; AP Nr. 27 zu Art. 9 GG; ähnlich *WW* Rn 10; GK-*Kreutz* Rn 38; *Richardi/Thüsing* Rn 26) erfolgt. Die Maßregelungsbefugnis bei Fremdkandidatur besteht jedoch nur insoweit, als die Liste nach demokratischen Grundsätzen aufgestellt worden ist (*Sachse* ArbuR 99, 390).

4. Folgen der Zuwiderhandlung

Verstöße gegen die Vorschriften des Abs. 1 und 2 können nicht nur unter den Vo- **31**
raussetzungen des § 19 zur **Wahlanfechtung** führen, sondern bei Vorsatz auch zu
einer strafrechtlichen Verfolgung des Täters Anlass geben, da sie eine **strafbare
Handlung** darstellen, die nach § 119 Abs. 1 Nr. 1 mit Geld- oder Freiheitsstrafe
bedroht ist (vgl. AmtsG Detmold BB 79, 783; *Dörner* in FS Kreutz S. 81, 92). Die
Bestrafung nach §§ 107 ff. StGB ist nicht möglich, da diese Vorschriften nur für politische Wahlen iS des § 108 d StGB gelten (*GL* Rn 18). Für einen **allgemeinen Unterlassungsanspruch** zur Sicherung der Rechte des BR sprechen sich das ArbG
Regensburg AiB 03, 554 mit zustimmender Anmerkung *Müller* ebenda und *Dörner* in
FS Kreutz S. 81, 89 f. aus.

Die **Nichtigkeit der Wahl** wegen rechtswidriger Beeinflussung dürfte nur in Fällen **32**
eines offenen Terrors, der sich auf den eigentlichen Wahlakt erstreckt, gegeben sein.
Damit wäre der Wahl auch der Anschein einer ordnungsmäßigen freien Wahl genommen (weitergehend BAG 8. 3. 57 AP Nr. 1 zu § 19 BetrVG; *DKK-Schneider/
Homburg* Rn 22; *GL* Rn 17; *GK-Kreutz* Rn 43; *Richardi/Thüsing* Rn 28).

Rechtsgeschäftliche Maßnahmen gegenüber ArbN, um die Wahl zu behindern **33**
oder zu beeinflussen, sind **nichtig,** da § 20 Abs. 1 und 2 ein **gesetzliches Verbot**
iSv. § 134 BGB enthält. Das gilt insb. für Kündigungen, die diesem Ziele dienen (vgl.
BAG 13. 10. 77 AP Nr. 1 zu § 1 KSchG 1969 Verhaltensbedingte Kündigung; BAG
26. 11. 09 – 2 AZR 186/09 – NZA 10, 443; *DKK-Schneider/Homburg* Rn 21; *GK-
Kreutz* Rn 41; *GL* Rn 19; *Richardi/Thüsing* Rn 29; vgl. auch oben Rn 12). Die Beweislast dafür, dass die Kündigung erfolgt ist, um die Wahl zu behindern oder zu
beeinflussen, obliegt dem ArbN; jedoch kommen die Grundsätze des Beweises des
ersten Anscheins zur Anwendung (*DKK-Schneider/Homburg* Rn 21; *GL* Rn 19; *Richar-
di/Thüsing* Rn 29), etwa wenn der ArbGeb. allgemein eine betriebsratsfeindliche Haltung erkennen lässt (LAG Kiel AP 54 Nr. 8; ArbG Berlin AiB 02, 305 f.). Eine Verschiebung oder Umkehr der Beweislast tritt dadurch nicht ein (*Herschel* zu AP 54
Nr. 8). Klagt der ArbN jedoch nach § 1 KSchG mit der Behauptung, die Kündigung
sei sozial ungerechtfertigt, so trägt die Beweislast der ArbGeb. Die prozessuale Besserstellung kommt aber nur ArbN zugute, die unter das KSchG fallen und sich auf die
Sozialwidrigkeit der Kündigung berufen. Die Klage nach dem KSchG kann zudem
dazu führen, dass der ArbGeb. sich durch Zahlung einer Abfindung befreien kann,
während bei einem Verstoß gegen § 134 BGB, der die Nichtigkeit der Kündigung
zur Folge hat, diese Möglichkeit nicht besteht.

Soweit ein ArbN durch einen schuldhaften Verstoß gegen § 20 Abs. 1 oder 2 einen **34**
sonstigen Schaden, auch durch außerbetriebliche Stellen, erlitten hat, kann er **Schadensersatz** wegen Verletzung eines Schutzgesetzes (§ 823 Abs. 2 BGB) verlangen
(*DKK-Schneider/Homburg* Rn 20; *GL* Rn 20; *GK-Kreutz* Rn 44; *Richardi/Thüsing*
Rn 30; *Dörner* differenzierend in FS Kreutz S. 81, 89; aA *Rieble* ZfA 03, 283, 287).

III. Kosten der Wahl

Der **ArbGeb.** trägt die Kosten der Wahl. Bei Streit über das Bestehen eines ge- **35**
meinsamen Betriebs mehrerer Unternehmen und die hieraus folgenden Konsequenzen für die BR-Wahl sind diejenigen Unternehmer als kostenpflichtige ArbGeb. (Gesamtschuldner gem. § 421 BGB analog) anzusehen, die Umstände für die Annahme
eines von ihnen gemeinsam geführten Betriebs gesetzt haben; das tatsächliche Bestehen eines derartigen Betriebs ist nicht erforderlich (BAG 8. 4. 92 AP Nr. 15 zu § 20
BetrVG 1972).

Kosten der Wahl sind die bei der Vorbereitung und Durchführung der Wahl ent- **36**
stehenden **Sachkosten,** zB die Kosten für die Beschaffung von Wählerlisten, Stimmzetteln, Wahlurnen, Vordrucken, Portokosten bei Briefwahl (ArbG Halberstadt AuA

94, 57), Kosten für Geschäftsbedürfnisse und für erforderliche Reisen des Wahlvorst. (BAG 15. 5. 57 AP Nr. 5 zu § 242 BGB – Unzulässige Rechtsausübung – Verwirkung; 26. 2. 92 AP Nr. 6 zu § 17 BetrVG 1972). Dem Wahlvorst. sind auch die einschlägigen Gesetzestexte sowie eine Kommentierung der Wahlvorschriften zur Verfügung zu stellen. Das Gleiche gilt für sonstige erforderliche Sachmittel, zB für ein Kraftfahrzeug, um die zur Durchführung der BRWahl erforderlichen Unterlagen (Wahlurne, Stimmzettel, Wahlkabinen usw.) zu den Wahllokalen zu bringen.

37 Benutzen die Mitgl. des Wahlvorst. hierzu ihr **eigenes Fahrzeug**, so haben sie Anspruch auf die betriebsübliche Kilometerpauschale. Im Falle eines Unfalls ist der ArbGeb. zur Tragung der Unfallkosten unter denselben Voraussetzungen verpflichtet wie bei einem ArbN, der auf einer Dienstfahrt mit einem eigenen Pkw einen Unfall erleidet; das ist zB der Fall, wenn der ArbGeb. den ArbN zur Benutzung des eigenen Fahrzeugs aufgefordert hat oder wenn die Benutzung des eigenen Fahrzeugs zur rechtzeitigen Erledigung der gesetzlichen Aufgaben des Wahlvorst. deshalb notwendig war, weil der ArbGeb. kein Fahrzeug zur Verfügung gestellt hat (BAG 3. 3. 83 AP Nr. 8 zu § 20 BetrVG 1972; *DKK-Schneider/Homburg* Rn 32; *GK-Kreutz* Rn 53; aA LAG Hamm EzA Nr. 9 zu § 20 BetrVG 1972; allgemein zur Frage der Tragung von Unfallkosten bei Benutzung des eigenen Pkw des ArbN vgl. *Schaub* § 218 Rn 7, *Gaul* Bd. I S. 610 f.; BAG 16. 11. 78 und 8. 5. 80 AP Nr. 5 und 6 zu § 611 BGB Gefährdungshaftung des Arbeitgebers; LAG Niedersachsen EZA § 40 BetrVG 1972 Nr. 48).

38 Vom ArbGeb. sind die im Zusammenhang mit der Bestellung des Wahlvorst. entstehenden Kosten zu tragen, also auch die in einem Verfahren zur gerichtlichen Bestellung des Wahlvorst. in BRlosen Betrieben gem. § 17 Abs. 4 und § 17a Nr. 4 anfallen. Dazu gehören die **Kosten einer Gewerkschaft,** die ihr in Ausübung ihrer Rechte auf Einleitung eines Verfahrens zur Wahl eines BR entstehen; sie umfassen auch außergerichtliche Kosten bei erforderlicher Beauftragung eines Rechtsanwalts für das gerichtliche Bestellungsverfahren (BAG 31. 5. 00 AP Nr. 20 zu § 20 BetrVG 1972). Der ArbGeb. ist auch verpflichtet, die Kosten des Anfechtungsverfahrens oder sonstiger gerichtlicher Verfahren zur Klärung von Streitfragen im Laufe des Wahlverfahrens zu tragen, soweit die Rechtsverfolgung nicht mutwillig und offensichtlich unbegründet ist (BAG 8. 4. 92 AP Nr. 15 zu § 20 BetrVG 1972; s. auch LAG Düsseldorf NZA 95, 444; *DKK-Schneider/Homburg* Rn 30; *GK-Kreutz* Rn 47; *HSWGNR* Rn 41; *Richardi/Thüsing* Rn 34; vgl. auch unten Rn 41). Auch Kosten für eine **anwaltliche Vertretung** hat der ArbGeb. zu tragen, wenn der Wahlvorst. oder Anfechtungsberechtigte diese bei der Beauftragung des Rechtsanwaltes bei vernünftiger Betrachtung für erforderlich halten durften (BAG 8. 4. 92 aaO; 7. 7. 99 NZA 99, 1232; LAG Düsseldorf aaO). Kosten für eventuelle Wahlpropaganda einzelner Gruppen hat der ArbGeb. nicht zu tragen (*DKK-Schneider/Homburg* Rn 37; *HSWGNR* Rn 41; *GK-Kreutz* Rn 48; aA *WW* Rn 13); das gilt auch für Rechtsanwaltskosten, die durch ein gerichtliches Verfahren zur Beseitigung unzulässiger Wahlpropagandamaßnahmen entstehen (vgl. LAG Hamm EzA § 20 BetrVG 1972, Nr. 10; *GK-Kreutz* Rn 48). Für die Hinzuziehung eines Rechtsanwalts als Sachverständiger gilt § 80 Abs. 3 entsprechend (BAG 11. 11. 09 – 7 ABR 26/08 – NZA 10, 353). Andererseits ist es dem ArbGeb. unter dem Gesichtspunkt der unzulässigen Wahlbeeinflussung untersagt, Wahlpropaganda für einzelne Listen finanziell zu unterstützen (vgl. oben Rn 24). Der ArbGeb. darf eine zulässige Wahlwerbung nicht behindern, sondern muss sie unter Berücksichtigung der betrieblichen Gegebenheiten gestatten (*Becker/Schaffner* BlStR 75, 130; vgl. auch oben Rn 8).

39 Da § 20 Abs. 3 die Kostentragungspflicht des ArbGeb. nicht auf die „sächlichen Kosten" beschränkt, hat der ArbGeb. auch die erforderlichen **persönlichen Kosten der Mitgl. des Wahlvorst.** zu tragen, die diesen in ihrer Eigenschaft als WahlvorstMitgl. entstehen, etwa Reisekosten, die zur ordnungsgemäßen Vorbereitung und Durchführung der Wahl, zB in auswärtigen Nebenbetrieben oder Betriebsteilen, erforderlich sind. Hierzu gehören auch Kosten einer notwendigen und angemessenen

Schulung der Mitgl. des Wahlvorst. über eine ordnungsgemäße Vorbereitung und Durchführung der BRWahl (BAG 5. 3. 74, 7. 6. 84 AP Nr. 5, 10 zu § 20 BetrVG 1972; *HSWGNR* Rn 37;*DKK-Schneider/Homburg* Rn 38; GK-*Kreutz* Rn 61; *Richardi/Thüsing* Rn 37; *WW* Rn 14; *Jacobs* Wahlvorstände S. 386 f.; *Ahlberg* AiB 09, 399 ff.; *Berg/Heilmann* AiB 09, 363, 368; einschr. *v. Hoyningen-Huene* BetrVerfR § 7 II). Im Allgemeinen ist jedenfalls **jedem stimmberechtigten WahlvorstMitgl.**, das erstmals mit dieser Aufgabe betraut wird, eine idR kurzfristige **Schulung** zuzugestehen und der ArbGeb. zur Tragung der Schulungskosten verpflichtet (*Ahlburg* AiB 09, 399 ff.; weitergehend ArbG Frankfurt AiB 99, 401 m. Anm. *Peter*). Eine Schulung von Mitgl. des Wahlvorst. ist nicht etwa deshalb entbehrlich, weil eines der Mitgl. bereits ausreichende Kenntnisse über das Wahlverfahren hat; dies widerspräche dem Grundsatz, dass jedes WahlvorstMitgl. sein Amt unabhängig und eigenverantwortlich ausübt (*DKK-Schneider/Homburg* Rn 39 f.; *Richardi/Thüsing* Rn 44). Im Hinblick darauf, dass den von den Gewerkschaften entsandten zusätzlichen Mitgl. des Wahlvorst. nach § 16 Abs. 1 S. 6 kein Stimmrecht zusteht und sie deshalb keinen bestimmenden Einfluss auf seine Tätigkeit haben, dürfte für sie im Allgemeinen keine Notwendigkeit einer Schulung bestehen (so auch *WPK-Wlotzke* Rn 19).

Zu den Kosten der Wahl zählen auch die Kosten, die durch die Tätigkeit des Vermittlers nach § 18 a im Verfahren über die Zuordnung der leitenden Ang. entstehen, etwa notwendige Reisekosten des Vermittlers. Wegen der Schwierigkeit der Abgrenzung des Personenkreises der leitenden Ang. kann uU auch eine diesbezügliche Schulung des Vermittlers erforderlich sein. In diesem Falle hat der ArbGeb. auch dessen notwendige Schulungskosten zu tragen. **40**

Die Kostentragungspflicht des ArbGeb. besteht allerdings nur insoweit, als die Kosten für eine **ordnungsgemäße Durchführung der Wahl notwendig** sind. Überflüssige Kosten fallen dem ArbGeb. nicht zur Last, zB Schulungskosten für solche WahlvorstMitgl., die bereits ausreichende Kenntnisse über die Vorschriften des Wahlverfahrens haben. Nicht erforderlich sind ferner zB Kosten, die durch einen Beschluss des Wahlvorst. entstehen, Vorschlagslisten um Lichtbilder der Kandidaten zu ergänzen (BAG 3. 12. 87 AP Nr. 13 zu § 20 BetrVG 1972). Dagegen sind die Kosten eines vom ArbG nach § 16 Abs. 2 eingesetzten betriebsfremden Wahlvorst. Kosten der Wahl und vom ArbGeb. zu tragen; denn auch dieser Wahlvorst. dient der Bildung des BR (*GL* Rn 25; GK-*Kreutz* Rn 49; vgl. auch § 16 Rn 73). Zur Frage der Erstattung der Kosten für die Hinziehung eines Rechtsanwalts bei Rechtsstreitigkeiten im Rahmen der Durchführung der BRWahl vgl. § 40 Rn 24 ff., die sinngemäß gelten. Dies umfasst auch die erforderlichen **Kosten** einer **Gewerkschaft,** die ihr in Ausübung ihrer im Zusammenhang mit der BRWahl stehenden Rechte aus dem BetrVG entstehen (BAG 16. 4. 03 AP Nr. 21 zu § 20 BetrVG 1972 – hier: gerichtliche Durchsetzung der Teilnahme eines Gewerkschaftsmitglieds bei der Stimmauszählung einer BRWahl vgl. dazu auch § 18 Rn 23). Erstattungspflichtig sind auch Anwaltskosten eines einstweiligen Verfügungsverfahrens eines Wahlbewerbers, um in den Freischichten den Betrieb zum Zwecke der Unterschriftensammlung für einen Wahlvorschlag betreten zu dürfen (LAG Hamm DB 80, 1223; GK-*Kreutz* Rn 54). **41**

Streitigkeiten über die vom ArbGeb. zu tragenden Kosten sowie über die Notwendigkeit von Geschäftsbedürfnissen und sonstigem durch die Wahl bedingten Sachaufwand sind vom **ArbG im Beschlussverfahren** zu entscheiden (§§ 2 a, 80 ff. ArbGG). Soweit die in diesem Verfahren ergehende rechtskräftige Entscheidung eine Verpflichtung des ArbGeb. ausspricht, ist der Beschluss des Gerichts nach § 85 Abs. 1 ArbGG der Zwangsvollstreckung fähig. Diese Vorschrift ist insb. wichtig, wenn Mitgl. des Wahlvorst. persönlich Verpflichtungen eingegangen sind oder Kosten, die der ArbGeb. zu tragen hat, vorgelegt haben, der ArbGeb. aber seine Kostenpflicht bestreitet (vgl. hierzu BAG 3. 12. 87 AP Nr. 13 zu § 20 BetrVG 1972; ArbG Halberstadt AuA 94, 57). Der rechtskräftige Beschluss wird nach Maßgabe der Zwangsvollstreckungsvorschriften der ZPO vollstreckt (vgl. hierzu Näheres Nach § 1 Rn 62 ff.). **42**

IV. Versäumnis von Arbeitszeit

43   Bei notwendiger Versäumnis von Arbeitszeit infolge der Ausübung des Wahlrechts
– hierunter fällt auch die Teilnahme an den WahlVerslg. im vereinfachten Wahlverfahren nach § 14 a und der BetrVerslg. nach § 17 Abs. 2 (vgl. hierzu § 44 Abs. 1), die
Betätigung im Wahlvorst., nicht jedoch die Anwesenheit bei der öffentlichen Stimmauszählung nach § 18 Abs. 3 S. 1 (vgl. LAG Schleswig-Holstein AP Nr. 14 zu § 20
BetrVG 1972), aber auch die Teilnahme an einer Vorabstimmung nach § 26 Nr. 1
und 3 PostPersRG als Teil der BRWahl in Postunternehmen (vgl. § 14 Rn 83 c, 85 b)
– ist das **Arbeitsentgelt** vom ArbGeb. **weiterzuzahlen**. Notwendig ist eine Ar-
beitszeitversäumnis, die der betr. ArbN bei vernünftiger Überlegung als erforderlich
betrachten konnte (Näheres vgl. § 37 Rn 38 f.). Eine Arbeitsbefreiung, um für Wahlbewerber während der Arbeitszeit Stützunterschriften zu sammeln oder um sich bei
den ArbN als Wahlbewerber vorzustellen, dürfte im Allgemeinen nicht erforderlich
sein (LAG Berlin BB 79, 1036; LAG Hamm DB 80, 1223; ArbG Düsseldorf BB 81,
1579; vgl. aber auch ArbG Berlin ArbuR 79, 315; GK-*Kreutz* Rn 65; ErfK-*Eise-
mann/Koch* Rn 11 aa DKK-*Schneider/Homburg* Rn 35). Zur Frage der Abhaltung
einer zusätzlichen BetrVerslg. zur Vorstellung der Wahlbewerber vgl. § 43 Rn 35.

44   Die Wahl findet **während der Arbeitszeit** statt. Das G bestimmt das zwar nicht
ausdrücklich. Wenn es aber den Betrieben im Rahmen einer gesetzlich vorgeschriebenen Betriebsverfassung die Errichtung eines BR auferlegt, so kann das nur dahin
verstanden werden, dass die zur Verwirklichung der Betriebsverfassung erforderliche
Wahl des BR, auch wenn keine Wahlpflicht, sondern nur ein Wahlrecht besteht, im
Betrieb und während der Arbeit, also während der Arbeitszeit, vorzunehmen ist (GK-
Kreutz Rn 57; *HSWGNR* Rn 42; *Richardi/Thüsing* Rn 46). Ebenso findet die Wahl
im Betrieb statt, sofern nicht bes. Gründe eine andere Regelung als zweckmäßig
erscheinen lassen.

45   **Wahlrecht** iSd. Abs. 3 ist das **aktive** wie das passive **Wahlrecht,** also die Betätigung des ArbN als Wähler und als Wahlbewerber (*HSWGNR* Rn 45). Die Frage der
Notwendigkeit einer Versäumnis von Arbeitszeit wird im Allg. nur in Zusammenhang
mit der Ausübung des passiven Wahlrechts zu prüfen sein, da die eigentliche Wahlhandlung während der Arbeitszeit stattfindet und deshalb die Ausübung des aktiven
Wahlrechts stets eine notwendige Versäumnis der Arbeitszeit darstellt.

46   Die zum Zwecke der Wahl des Wahlvorst. und des BR im vereinfachten Wahlverfahren nach § 14 a abzuhaltenden WahlVerslg. und die BetrVerslg. nach § 17 Abs. 2
finden grundsätzlich während der Arbeitszeit statt (vgl. § 44 Abs. 1). Die Zeit der
Teilnahme an dieser Verslg. einschließlich etwa erforderlicher zusätzlicher Wegezeiten
ist den ArbN wie Arbeitszeit zu vergüten; zusätzliche Fahrtkosten sind ihnen zu erstatten (Näheres vgl. § 44 Rn 24 ff.).

47   Da das Amt des Mitgl. des Wahlvorst. – auch das nicht stimmberechtigten Mitgl.
nach § 16 Abs. 1 S. 6 – **als Ehrenamt unentgeltlich** wahrzunehmen ist, wird eine
Vergütung für das Amt nicht gewährt (GK-*Kreutz* Rn 56; *Richardi/Thüsing* Rn 41).
Dies gilt auch für die Mitgl. des Wahlvorst., die nicht ArbN des Betriebs sind, sondern als Mitgl. der im Betrieb vertretenen Gewerkschaften gem. § 16 Abs. 2 S. 3 in
den Wahlvorst. berufen worden sind (vgl. § 16 Rn 73).

48   Die **Tätigkeit des Wahlvorst.** findet grundsätzlich während der Arbeitszeit statt
(BAG 26. 4. 95 AP Nr. 17 zu § 20 BetrVG 1972; DKK-*Schneider/Homburg* Rn 33;
Richardi/Thüsing Rn 42). Soweit es die Erfüllung der Aufgaben erforderlich macht,
sind alle Mitgl. des Wahlvorst. (auch die nicht stimmberechtigten nach § 16 Abs. 1
S. 6) von ihrer beruflichen Tätigkeit zu befreien. Hier gilt das gleich wie bei
BRMitgl. (vgl. § 37 Rn 16 ff.). Eine stundenmäßige Begrenzung der Tätigkeit des
Wahlvorst. durch den ArbGeb. ist unzulässig (s. auch LAG Schleswig-Holstein NZA-
RR 05, 253 f.; *HSWGNR* Rn 43). Grundsätzl. zu Fragen der Erforderlichkeit vgl.
§ 37 Rn 35 ff. Das Arbeitsentgelt für eine hierdurch bedingte erforderliche Versäum-

nis der Arbeitszeit ist vom ArbGeb. weiterzuzahlen (vgl. hierzu § 37 Rn 57 ff.; LAG Schleswig-Holstein aaO: keine Erstattung versäumter Arbeitszeit, wenn aufgewandte Zeit des Wahlvorst. außerhalb jeglicher effektiven und zügigen Amtsausübung steht). Überstunden, die ein Mitgl. des Wahlvorst. ohne seine Tätigkeit im Wahlvorst. geleistet hätte, sind ihm auch dann zu vergüten, wenn es sich dabei nicht um regelmäßig anfallende Überstunden handelt (BAG 29. 6. 88 AP Nr. 1 zu § 24 BPersVG; *DKK-Schneider/Homburg* Rn 33; ErfK-*Eisemann/Koch* Rn 12; aa *Düwell/Brors* Rn 10). Das Arbeitsentgelt ist auch fortzuzahlen, soweit die Mitgl. des Wahlvorst. Arbeitszeit infolge einer notwendigen und angemessenen **Schulung** zum Zwecke einer ordnungsgemäßen Vorbereitung und Durchführung der Wahl versäumen (LAG Hamm DB 73, 288; GK-*Kreutz* Rn 60; *Richardi/Thüsing* Rn 43; HSWGNR Rn 44; WPK-*Wlotzke* Rn 22; so jetzt auch BAG 7. 6. 84 AP Nr. 10 zu § 20 BetrVG 1972; enger noch BAG 26. 6. 73 u. 5. 3. 74 AP Nr. 4 u. 5 zu § 20 BetrVG 1972 [konkreter betriebsbezogener Anlass erforderlich]. Führen Mitgl. des Wahlvorst. aus betriebsbedingten Gründen Aufgaben ihres Amtes außerhalb der Arbeitszeit durch, so haben sie in entspr. Anwendung des § 37 Abs. 3 Anspruch auf entspr. **Freizeitausgleich** oder Mehrarbeitsvergütung (BAG 26. 4. 95 aaO; *DKK-Schneider/Homburg* Rn 33; GK-*Kreutz* Rn 58; *Richardi/Thüsing* Rn 42; *Jacobs* Wahlvorstände S. 383; aa *SWS* Rn 13 a). Dies gilt entspr. § 37 Abs. 6 auch für eine außerhalb der Arbeitszeit liegende Schulungsteilnahme (aA GK-*Kreutz* Rn 61).

Auch die Tätigkeit des Vermittlers nach § 18 a Abs. 2 im Verfahren über die Zuordnung der leitenden Ang. bei Wahlen findet ebenso wie die Tätigkeiten des Wahlvorst. während der Arbeitszeit statt. Durch die ausdrückliche Erwähnung des Vermittlers in Abs. 3 S. 2 ist klargestellt, dass eine Vermittlungstätigkeit während der Arbeitszeit keine Minderung des Arbeitsentgelts zur Folge hat. Das Gleiche gilt für den Fall einer eventuell notwendig werdenden Schulung des Vermittlers (vgl. oben Rn 40). **49**

Bei unberechtigter Minderung des Arbeitsentgelts muss der ArbN das einbehaltene Arbeitsentgelt einklagen. Es handelt sich um eine im **Urteilsverfahren** zu entscheidende Lohnklage (BAG 11. 5. 73, 5. 3. 74 AP Nr. 2, 5 zu § 20 BetrVG 1972), wobei das ArbG über die Notwendigkeit der Arbeitsversäumnis als Vorfrage entscheidet. Das WahlvorstMitgl. hat darzulegen und ggfl. zu beweisen, dass die Versäumnis der Arbeitszeit zur Betätigung im Wahlvorst. erforderlich iSd. Rn 39, 48 war (BAG 26. 6. 73 AP Nr. 4 zu § 20 BetrVG 1972). Zur Verteilung der Darlegungs- und Beweislast s. auch § 37 Rn 254 und BAG 15. 3. 95 AP Nr. 105 zu § 37 BetrVG 1972; LAG Schleswig-Holstein NZA-RR 05, 253 f.). Hat der betroffene ArbN im BeschlVerf. einen **rechtskräftigen Beschluss** erlangt, dass er zur Ausübung des Wahlrechts in dem dargelegten weiten Sinne, etwa zur Ausübung des Amts als Mitgl. des Wahlvorst., in einem bestimmten Umfang Arbeitszeit versäumen müsse, so hat dieser Beschluss für ein nachfolgendes Urteilsverfahren – etwa für eine Lohnklage – **präjudizielle Wirkung;** auch für dieses Verfahren steht dann bindend fest, dass der geltend gemachte Anspruch dem Grunde nach gerechtfertigt ist (BAG 6. 5. 75 AP Nr. 5 zu § 65 BetrVG 1972; *Richardi/Thüsing* Rn 48; *Düwell/Brors* Rn 11; ErfK-*Eisemann/Koch* Rn 13). Allerdings macht ein rechtskräftig abgeschlossenes BeschlVerf. eine spätere Lohnklage nicht entbehrlich, wenn der ArbGeb. die Erfüllung des Anspruches verweigern sollte. Denn durch den rechtskräftigen Beschluss ist nur die Notwendigkeit der Arbeitsversäumnis festgestellt, nicht jedoch die für eine Vollstreckung notwendige Höhe des Anspruches ziffernmäßig festgelegt. Für die Einklagung einbehaltenen Arbeitslohns bedarf es deshalb bei Zahlungsverweigerung immer der Lohnklage, auch wenn ein die Berechtigung der Arbeitsversäumnis feststellender, im BeschlVerf. ergangener rechtskräftiger Beschluss vorliegt (hM; vgl. auch § 37 Rn 253). **50**

Zweiter Abschnitt. Amtszeit des Betriebsrats

§ 21 Amtszeit

[1] Die regelmäßige Amtszeit des Betriebsrats beträgt vier Jahre. [2] Die Amtszeit beginnt mit der Bekanntgabe des Wahlergebnisses oder, wenn zu diesem Zeitpunkt noch ein Betriebsrat besteht, mit Ablauf von dessen Amtszeit. [3] Die Amtszeit endet spätestens am 31. Mai des Jahres, in dem nach § 13 Abs. 1 die regelmäßigen Betriebsratswahlen stattfinden. [4] In dem Fall des § 13 Abs. 3 Satz 2 endet die Amtszeit spätestens am 31. Mai des Jahres, in dem der Betriebsrat neu zu wählen ist. [5] In den Fällen des § 13 Abs. 2 Nr. 1 und 2 endet die Amtszeit mit der Bekanntgabe des Wahlergebnisses des neu gewählten Betriebsrats.

Inhaltsübersicht

I. Vorbemerkung

1   Die Vorschrift regelt die **Amtszeit des BR.** Die regelmäßige Amtszeit betrug zunächst drei Jahre. Im Interesse einer größeren Kontinuität der BRArbeit (BT-Drucks. 11/3618 S. 10) wurde die Amtszeit durch das Änderungsgesetz 1989 auf vier Jahre verlängert. Seit dem ist der Vierjahreszeitraum beibehalten worden. Ausnahmen gelten für BR, die außerhalb des regelmäßigen Wahlzeitraums gewählt werden (vgl. S. 3 u. 4 iVm. § 13 Abs. 2 u. 3) und solche BR, die infolge der Wahl einer nach § 3 Abs. 1 Nr. 1–3 durch TV oder BV gebildeten ArbNVertr. entfallen (§ 3 Abs. 4 S. 2, vgl. § 3 Rn 84 ff.).

2   § 21 findet Anwendung auf die Amtszeit der nach § 3 Abs. 1 Nr. 1–3 gewählten BR. Das folgt aus § 3 Abs. 5 S. 2 (vgl. § 3 Rn 82; *Thüsing* ZIP 03, 693; **aA** WPK/*Wlotzke* Rn 1). Die Vorschrift gilt für die Amtszeit des SeeBR entsprechend (vgl. § 116 Abs. 2 S. 1). Für die JugAzubiVertr. sowie für die BordVertr. bestehen Sonderregelungen (vgl. § 64 Abs. 2, § 115 Abs. 3). Die **Vorschrift gilt nicht** für den GesBR und den KBR. Für diese ArbNVertr. ist sie allerdings von praktischer Bedeutung, weil die Mitgliedschaft in ihnen mit dem Erlöschen der Mitgliedschaft im BR endet und diese Gremien in aller Regel mit dem Beginn der regelmäßigen Amtszeit der BR personell neu besetzt werden. Entsprechendes gilt für die GesJugAzubiVertr. sowie die KJugAzubiVert. (vgl. § 73 Abs. 2 iVm. § 49; § 73a Abs. 2; iVm. § 57). Auf die zusätzlichen betriebsverfassungsrechtlichen Gremien oder ArbNVertr. nach § 3 Abs. 1 Nr. 4 und 5 findet sie ebenfalls keine Anwendung; deren Dauer ist durch TV oder durch BV zu regeln.

3   Die Vorschrift ist **zwingend.** Sie kann weder durch TV noch durch BV abgeändert werden (GK-*Kreutz* Rn 7; ErfK-*Koch* Rn 1; WPK/*Wlotzke* Rn 2).

4   Entsprechende Vorschriften: § 26 BPersVG, § 5 Abs. 4 SprAuG; §§ 36, 37 EBRG.

II. Beginn der Amtszeit

Die **regelmäßige Amtszeit** beträgt vier Jahre. Für BR, die zwischen den regel- 5
mäßigen Wahlzeiträumen neu gewählt werden, kann sich die Amtszeit verkürzen
oder verlängern. Das gilt auch für BR, die wegen der Bildung einer ArbNVertr.
durch TV oder BV nach § 3 Abs. 1 Nr. 1–3 entfallen, soweit im TV oder in der BV
für die neu zu wählende ArbNVert. ein Wahlzeitraum bestimmt wird, der vom regelmäßigen Wahlzeitraum nach § 13 Abs. 1 S. 1 abweicht (§ 3 Abs. 4 S. 2).

Für den **Beginn der Amtszeit** ist zu unterscheiden, ob 6
– im Zeitpunkt der Bekanntgabe des Wahlergebnisses kein BR (mehr) oder nur
  noch ein geschäftsführender BR besteht (Rn 7 ff.);
– zu diesem Zeitpunkt die Amtszeit des bisherigen BR noch nicht abgelaufen ist
  (Rn 10 ff.).

1. Betriebe ohne Betriebsrat

Besteht am Tage der Bekanntgabe des endgültigen Wahlergebnisses nach § 18 WO 7
2001 **kein BR** (mehr), weil
– in dem Betrieb erstmals ein BR gewählt wird,
– die Amtszeit des bisherigen BR bereits abgelaufen war oder
– die Wahl des BR mit Erfolg angefochten, bzw. der BR durch gerichtliche Entscheidung aufgelöst war,
beginnt die Amtszeit des neuen BR mit der **Bekanntgabe des Wahlergebnisses,**
nicht erst mit Beginn des folgenden Tages (*Richardi/Thüsing* Rn 6; *DKK-Buschmann*
Rn 5, *WPK/Wlotzke* Rn 3). Der Amtsbeginn fällt nicht zwingend mit dem Beginn
der tatsächlichen Amtsführung zusammen, wenn sich etwa der BR am Tage des
Amtsbeginns noch nicht nach § 26, § 29 konstituiert hat.

Bekanntgegeben ist das Wahlergebnis in dem Zeitpunkt, in dem es vom Wahl- 8
vorst. nach § 18 iVm. § 3 Abs. 4 WO 2001 in der Form bekannt gemacht wird, die
der Bekanntmachung des Wahlausschreibens entspricht (zB Aushang, betriebsübliche
Informations- und Kommunikationstechnik). Wird das Wahlergebnis an mehreren
Stellen des Betriebs an verschiedenen Tagen ausgehängt, kommt es auf den Tag des
letzten Aushangs an. Nicht maßgebend ist der Tag der öffentlichen Stimmauszählung
(§ 13 WO 2001) oder der Tag der Fertigung der Wahlniederschrift (§ 16 WO 2001)
oder der schriftlichen Benachrichtigung der Gewählten (§ 17 WO 2001). Unerheblich ist, ob die Bekanntmachung nachträglich berichtigt wird (*DKK-Buschmann* Rn 8;
GK-*Kreutz* Rn 12).

2. Betriebe mit Betriebsrat

Ist ein BR **vorzeitig neu** zu wählen, weil ein Tatbestand des § 13 Abs. 2 Nr. 1–3 9
vorliegt, beginnt die Amtszeit des neuen BR mit dem Zeitpunkt der Bekanntgabe
des endgültigen Wahlergebnisses nach § 18 WO 2001. Für die in § 13 Abs. 2 Nr. 1–3
geregelten Sachverhalte folgt dies daraus, dass gem. S. 5 die Amtszeit des noch bestehenden BR oder nach § 22 die Geschäftsführungsbefugnis des zurückgetretenen BR
mit der Bekanntgabe des Wahlergebnisses des neu gewählten BR endet (*Richardi/
Thüsing* Rn 9). Ein BR ist auch dann vorzeitig zu wählen, wenn in einer Kollektivvereinbarung nach § 3 Abs. 1 Nr. 1–3 für die neugeschaffene Einheit ein von § 13
abweichender Wahlzeitpunkt geregelt ist. In diesem Fall beginnt die Amtszeit der
neugewählten ArbNVertr. mit der Bekanntgabe des Wahlergebnisses (vgl. § 3 Abs. 4
S. 2; GK-*Kreutz* Rn 35; ErfK-*Koch* Rn 6).

Ist im Zeitpunkt der Bekanntgabe des Wahlergebnisses die vierjährige **Amtszeit** 10
des bisherigen BR **noch nicht abgelaufen** und endet sie auch nicht zu diesem

Zeitpunkt (vgl. Rn 7 f.), beginnt die Amtszeit des neu gewählten BR am Tage nach dem Ablauf der Amtszeit des bisherigen BR (vgl. § 21 Satz 2 2. Alt.; *DKK-Buschmann* Rn 10; WPK/*Wlotzke* Rn 4). Endete dessen Amtszeit zB am 15. 4. 10, so begann die Amtszeit des neuen BR am 16. 4. 10.

11   Das gilt nur bei dem **normalen Ablauf der vollen vierjährigen Amtszeit** innerhalb des regelmäßigen Wahlzeitraums gem. § 13 Abs. 1. Dazu muss die Wahl des neuen BR so früh angesetzt werden, dass der bisherige BR über den Tag der Bekanntgabe des Wahlergebnisses hinaus noch im Amt ist. In diesem Fall wird der Beginn der Amtszeit des neugewählten BR bis zum Ablauf der Amtszeit des bisherigen BR hinausgeschoben. Dadurch schließt sich die Amtszeit des neuen BR lückenlos an die des bisherigen BR an.

12   Für den neu gewählten BR ergibt sich bis zum Amtsantritt ein **Zwischenstadium,** in dem er zwar schon gewählt, aber noch nicht im Amt ist. In diesem Zeitraum stehen die dem BR zugewiesenen Rechte, Pflichten und Befugnisse noch dem bisherigen BR zu (WPK/*Wlotzke* Rn 4). Etwaige Beschlüsse des neuen BR in beteiligungspflichtigen Angelegenheiten sind unwirksam (*DKK-Buschmann* Rn 11; GK-*Kreutz* Rn 19). Allerdings steht den Mitgl. des neuen BR der besondere Kündigungsschutz nach § 15 Abs. 1 KSchG, § 103 BetrVG bereits zu. Anderenfalls wäre ihr Schutz gegen außerordentliche Kündigungen bis zum Beginn ihrer Amtszeit unzureichend. Denn als Wahlbewerber sind sie nach § 15 Abs. 2 S. 2 KSchG nur gegen außerordentliche Kündigungen geschützt, die bis zur Bekanntgabe des Wahlergebnisses ausgesprochen werden. Eine solche Schutzlücke wäre aber systemwidrig (vgl. § 103 Rn 33 f.; BAG 22. 9. 83 AP Nr. 11 zu § 78 a BetrVG 1972; GK-*Kreutz* Rn 20; *DKK-Buschmann* Rn 11 a; *Richardi/Thüsing* Rn 10; ErfK-*Koch* Rn 2; **aA** *HSWGNR* Rn 33). Außerdem besteht Versetzungsschutz entsprechend § 103 Abs. 3.

13   Wurde der amtierende BR außerhalb des regelmäßigen Wahlzeitraums gewählt, verkürzt oder verlängert sich seine Amtszeit nach § 13 Abs. 2. Die Amtszeit des in dem maßgeblichen **darauf folgenden regulären Wahlzeitraum** zu wählenden BR beginnt mit der Bekanntgabe des Wahlergebnisses (GK-*Kreutz* Rn 29; *Richardi/Thüsing* Rn 14).

3. Amtsbeginn

14   Die Amtszeit des BR beginnt an dem **maßgebenden Stichtag** unabhängig davon, ob sich der neugewählte BR an diesem Tag auch konstituiert. Für den Beginn der Amtszeit bedarf es keiner besonderen Handlungen oder Erklärungen (*DKK-Buschmann* Rn 12). In einem betriebsratslosen Betrieb muss der ArbGeb. vor Beginn der Amtszeit keine Beteiligungsrechte des BR beachten. Das gilt auch, wenn ihm bekannt ist, dass eine BRWahl ansteht (so für eine vor Beginn der Amtszeit bereits geplante und begonnene Betriebsänderung BAG 28. 10. 92 AP Nr. 63 zu § 112 BetrVG 1972; vgl. hierzu § 111 Rn 34).

III. Ende der Amtszeit

15   Mit Ablauf der Amtszeit **endet der BR als Gremium.** Davon zu unterscheiden ist die Beendigung der Mitgliedschaft des einzelnen BRMitgl. im BR. Diese fällt im Regelfall mit dem Ende des BR zusammen, kann jedoch auch vor Ablauf dessen Amtszeit eintreten (vgl. § 24 Abs. 1 und dort Rn 9 ff.). Die Beendigung der Mitgliedschaft einzelner BRMitgl. lässt die Amtszeit des BR unberührt.

1. Ende der Amtszeit im Regelfall

16   Die regelmäßige Amtszeit hat nur Bedeutung für die BR, die während des regelmäßigen Wahlzeitraums gewählt werden. Die ersten regelmäßigen BRWahlen nach

der durch das Änderungsgesetz 1989 auf vier Jahre verlängerten Amtszeit haben im Zeitraum vom 1. März bis 31. Mai 1990 stattgefunden (vgl. § 13 Rn 4). Dem Vierjahresrhythmus entsprechend finden die künftigen regelmäßigen BRWahlen in den Jahren 2002, 2006, 2014 etc., jeweils in der Zeit vom 1. März bis 31. Mai, statt.

Die Amtszeit endet im Regelfall mit Ablauf von vier Jahren seit ihrem Beginn. Für **17** die Berechnung des Endes der Amtszeit gilt § 188 BGB (ErfK-*Koch* Rn 4). Hat die Amtszeit des BR **mit Ablauf der Amtszeit** des vorausgehenden BR begonnen (vgl. Rn 10 f.), so endet sein Amt vier Jahre später mit Ablauf desjenigen Kalendertages, an dem die Amtszeit seines Vorgängers geendet hat. Beginnt zB die Amtszeit des BR am 7. 5., dh dem Tag nach Ende der Amtszeit des Vorgängers, so endet sie vier Jahre später mit Ablauf des 6. 5. (vgl. *Richardi/Thüsing* Rn 12).

Hat die Amtszeit des BR mit der **Bekanntgabe des Wahlergebnisses** begonnen **18** (vgl. Rn 7 ff.), bleibt dieser Tag bei der Fristberechnung unberücksichtigt. Die Amtszeit endet nach § 188 Abs. 2 iVm. § 187 Abs. 1 BGB vier Jahre später an dem Tag, der seiner Bezeichnung nach dem Tag der Bekanntgabe des Wahlergebnisses entspricht (*DKK-Buschmann* Rn 18; GK-*Kreutz* Rn 22).

Beispiel:

Bekanntgabe des Wahlergebnisses am 11. 4. um 12.00 h; Ende der Amtszeit nach vier Jahren am 11. 4. um 24.00 h.

Die Amtszeit des BR **endet unabhängig** davon, ob im Zeitpunkt ihres Ablaufes **19** bereits ein **neuer BR gewählt** ist (GK-*Kreutz* Rn 24; *DKK-Buschmann* Rn 17; **aA** *Richardi/Thüsing* Rn 13 sofern der neue BR noch nicht gewählt sei; in diesem Fall soll die Amtszeit erst mit der Bekanntgabe des Wahlergebnisses des neugewählten BR, spätestens jedoch am 31. Mai des maßgebenden Wahljahres enden). Die Gegenansicht steht im Widerspruch zu § 21 S. 1, der eine feste Regelamtszeit vorschreibt. Sie verkennt außerdem, dass die Regelungen des § 21 S. 3 und 4 iVm. § 13 Abs. 3 nur dazu dienen, die Wahl und die Amtszeiten der außerhalb der regelmäßigen Wahlzeiträume gewählten BR wieder an die allgemeine Regelung der §§ 13 Abs. 1 und 21 S. 1 und 2 anzuschließen. Der Ausnahmecharakter dieser Vorschrift verbietet es, unter Verletzung der Grundregel des § 21 S. 1, die Amtszeit der BR darüber hinaus zu verlängern und bei unterlassener Neuwahl allgemein erst mit Ablauf des 31. Mai des Jahres enden zu lassen, in dem die regelmäßigen BRWahlen stattfinden.

2. Ende der Amtszeit in Sonderfällen

a) Wahlen außerhalb des regelmäßigen Wahlzeitraums

Die allgemeine Beendigungsregelung gilt nur in den Fällen, in denen sowohl der **20** alte BR als auch der neu zu wählende BR innerhalb der regelmäßigen Wahlzeiträume für die BRWahlen gewählt worden ist bzw. wird. Ist der bestehende BR **außerhalb des regelmäßigen Wahlzeitraums** gewählt worden, hat er eine von der regelmäßigen Amtszeit abweichende Amtsdauer.

Die **Amtszeit ist kürzer** als die regelmäßige Amtszeit, wenn der zwischenzeitlich **21** gewählte BR am 1. März des nächstfolgenden regelmäßigen Wahljahres ein Jahr oder länger im Amt gewesen ist und deshalb nach § 13 Abs. 3 S. 1 bereits bei der nächstfolgenden regelmäßigen BRWahl neu zu wählen ist. In diesem Falle endet die Amtszeit des zwischenzeitlich gewählten BR „spätestens" am 31. Mai des nächstfolgenden regelmäßigen Wahljahres für die BRWahlen (vgl. § 21 S. 4; BAG 6. 12. 06 AP Nr. 5 zu § 21 b BetrVG 1972).

Die **Amtszeit ist länger** als die regelmäßige Amtszeit, wenn der zwischenzeitlich **22** gewählte BR am 1. März des nächstfolgenden Jahres der regelmäßigen BRWahlen weniger als ein Jahr im Amt gewesen ist und deshalb gemäß § 13 Abs. 3 S. 2 erst bei der übernächsten regelmäßigen BRWahl neu zu wählen ist. Hier endet die Amtszeit des zwischenzeitlich gewählten BR „spätestens" am 31. Mai des übernächsten regelmäßigen Wahljahres für die BRWahlen (vgl. § 21 S. 4).

23   Aus dem Gesetzeswortlaut ergibt sich nicht eindeutig, ob in den Fällen der Rn 21 und 22 die Amtszeit des bestehenden, außerhalb des regelmäßigen Wahlzeitraumes gewählten BR erst am 31. Mai des maßgebenden regelmäßigen Wahljahres oder bereits mit der Bekanntgabe des Wahlergebnisses des neu gewählten BR endet. Das Wort **„spätestens"** kann jedoch nur in dem Sinn verstanden werden, dass die Beendigung der Amtszeit mit dem Ablauf des 31. Mai den **Ausnahmefall** darstellt und deshalb im Regelfall die Amtszeit früher endet. Als früherer Zeitpunkt kommt in Anlehnung an § 21 S. 5 und § 22 nur der Zeitpunkt der Bekanntgabe des endgültigen Wahlergebnisses des neuen BR nach § 18 WO 2001 in Betracht. In den Fällen des § 21 S. 3 und 4 endet deshalb die Amtszeit des außerhalb des regelmäßigen Wahlzeitraums gewählten BR mit der Bekanntgabe des Wahlergebnisses des im maßgebenden folgenden regelmäßigen Wahlzeitraum neu gewählten BR (BAG 28. 9. 83 AP Nr. 1 zu § 21 BetrVG 1972; *DKK-Buschmann* Rn 22; *GK-Kreutz* Rn 29 f.; *ErfK-Koch* Rn 5). Ist bis zum 31. Mai des maßgebenden Wahljahres kein neuer BR gewählt oder das Wahlergebnis nicht bekannt gemacht worden, endet die Amtszeit des außerhalb des regelmäßigen Wahlzeitraums gewählten BR mit Ablauf des 31. Mai des betreffenden Jahres (WPK/*Wlotzke* Rn 10).

24   Die Frist nach § 16 Abs. 1 für die **Bestellung des Wahlvorst.** durch den BR ist in diesen Fällen vom 31. Mai des nächstfolgenden regelmäßigen Wahljahres aus zu berechnen. Demnach ist der BR verpflichtet, spätestens zehn Wochen vor dem 31. Mai den Wahlvorst. zu bestellen (vgl. § 16 Rn 9). Eine frühere Bestellung des Wahlvorst. dürfte jedoch gerade in diesen Fällen zweckmäßig und angebracht sein. Bleibt der BR untätig, kann acht Wochen vorher die Bestellung auch durch den GesBR bzw. den KBR erfolgen (§ 16 Abs. 3). Der Antrag auf Bestellung des Wahlvorstands durch das ArbG gemäß § 16 Abs. 2 kann frühestens acht Wochen vor dem 31. Mai des nächstfolgenden maßgebenden Wahljahres gestellt werden (HaKo-BetrVG/*Düwell* Rn 16).

b) Sonstige Sonderfälle

25   Ist gemäß § 13 Abs. 2 Nr. 1 wegen **Veränderung der Belegschaftsstärke** außerhalb des Wahlzeitraums für die regelmäßigen BRWahlen ein neuer BR zu wählen (vgl. § 13 Rn 21 ff.), endet die Amtszeit des bestehenden BR mit der Bekanntgabe des Wahlergebnisses des neu gewählten BR.

26   Das Gleiche gilt bei einer zwischenzeitlichen Neuwahl außerhalb des regelmäßigen Wahlzeitraums wegen **Absinken der MitglZahl** des BR unter die maßgebende Größe (vgl. § 13 Abs. 2 Nr. 2, Rn 33 ff.).

27   Hat der BR mit der Mehrheit seiner Stimmen den **Rücktritt** beschlossen (vgl. § 13 Rn 39 ff.), bleibt er bis zu der Bekanntgabe des Wahlergebnisses des neu gewählten BR geschäftsführend im Amt. Das ergibt sich nicht ausdrücklich aus dem Wortlaut des § 21 S. 5, sondern folgt aus dem systematischen Zusammenhang mit der Regelung des § 22. Danach führt der zurückgetretene BR die Geschäfte bis zur Bekanntgabe des Wahlergebnisses des neuen BR weiter. Die volle Geschäftsführungsbefugnis setzt aber den einstweiligen Weiterbestand des BRAmtes voraus. Deswegen endet die Amtszeit erst mit der Bekanntgabe des Wahlergebnisses des neu gewählten BR (GK-*Kreutz* Rn 33; *Richardi/Thüsing* Rn 19).

28   Die Amtszeit des BR endet auch, wenn **alle Mitgl. und ErsMitgl. aus ihrem Amt ausgeschieden** sind. Mit dem Amtsverlust der letzten BRMitgl. ist die Amtszeit des BR beendet. Eine Weiterführung der Geschäfte kommt im Gegensatz zum Rücktritt mangels einer gesetzlichen Grundlage nicht in Betracht (BAG 12. 1. 00 AP Nr. 5 zu § 24 BetrVG 1972).

Im Falle einer vorzeitigen Neuwahl des BR nach § 13 Abs. 1 Nr. 1–3 bleibt der **29** bestehende BR über seine regelmäßige Amtszeit hinaus auch dann nicht im Amt, wenn das Wahlergebnis für den neugewählten BR erst **nach Ablauf der regulären Amtszeit** des bestehenden BR bekanntgegeben wird. In diesem Fall besteht in der Zwischenzeit kein BR.

Ist die BRWahl mit Erfolg angefochten (§ 19) oder ist der BR durch gerichtliche **30** Entscheidung aufgelöst worden (§ 23 Abs. 1), endet die Amtszeit des BR mit dem Tag der **Rechtskraft der gerichtlichen Entscheidung.** Hat ein LAG die Rechtsbeschwerde nicht zugelassen, tritt die Rechtskraft frühestens mit Ablauf der Frist für die Einlegung der Nichtzulassungsbeschwerde ein, soweit die Beteiligten darauf nicht verzichtet haben (HaKo-BetrVG/*Düwell* Rn 21). Rechtskräftig wird die Entscheidung des LAG, wenn die Nichtzulassungsbeschwerde vom BAG zurückgewiesen wird (BAG 25. 1. 79 AP Nr. 12 zu § 103 BetrVG 1972). Im Falle der **Nichtigkeit** der BRWahl steht mit dem Tage der Rechtskraft der gerichtlichen Entscheidung fest, dass ein rechtsmäßiger BR nicht bestanden hat (vgl. § 19 Rn 6).

Die Amtszeit des BR endet auch vorzeitig, wenn die Zahl der in der Regel ständig **31** beschäftigten wahlberechtigten Arbeitnehmer nicht nur vorübergehend die **vorgeschriebene Mindestzahl von fünf ArbN** unterschreitet (hM) und deshalb der Betrieb nicht mehr betriebsratsfähig ist. Der BR besteht aber fort, wenn lediglich die Zahl der wählbaren ArbN unter drei sinkt. Das Erfordernis mehrerer wählbarer ArbN will lediglich eine Auswahl bei der Wahl ermöglichen. Dieser Zweck wird nach Durchführung der Wahl bedeutungslos und hat deshalb keinen Einfluss auf die Amtszeit des bestehenden BR (*DKK-Buschmann* Rn 26; *HSWGNR* Rn 21; GK-*Kreutz* Rn 38; *Richardi*/*Thüsing* Rn 23).

Die Amtszeit von BR, die für Einheiten gewählt waren, die nunmehr auf Grund **32** einer **Vereinbarungslösung nach § 3 Abs. 1 Nr. 1–3** zusammengefasst worden sind, endet vorzeitig, wenn in dem TV oder der BV ein von § 13 Abs. 1 S. 1 abweichender Wahlzeitpunkt festgelegt wird (§ 3 Abs. 4 S. 2). Ihre Amtszeit endet mit der Bekanntgabe des Wahlergebnisses. Wird einer solchen Einheit, die nach § 3 Abs. 6 als Betrieb gilt, ein weiterer Betrieb zugeordnet, in dem ein BR gewählt ist, bestimmt sich die Dauer dessen Amtszeit danach, ob mit der Zuordnung der Verlust der bisherigen Betriebsidentität verbunden ist. Hierfür gelten die unter Rn 34ff. dargelegten Grundsätze.

Bei einer **Betriebsaufspaltung** oder **Betriebsabspaltung** und einer **Betriebszu-** **33** **sammenlegung** sowie einer **Betriebsstilllegung,** die zum Entstehen eines Übergangsmandates führen (§ 21a), verlängert sich die Amtszeit entsprechend der Dauer des Übergangsmandats (GK-*Kreutz* Rn 41; *HSWGNR* Rn 24).

Ein **Betriebsübergang nach § 613a BGB** beendet nicht die Amtszeit des BR, **34** wenn die Identität des Betriebs beim übernehmenden ArbGeb. fortbesteht (BAG 9. 12. 08 AP Nr. 356 zu § 613a BGB). Etwas anderes gilt, wenn der Betriebserwerber nicht unter den Geltungsbereich des BetrVG fällt, zB bei Erwerb einer erzieherischen oder karitativen Einrichtung durch eine Religionsgemeinschaft (§ 118 Abs. 2). In diesem Fall endet die Amtszeit des BR mit dem Betriebsübergang (BAG 9. 2. 82 AP Nr. 24 zu § 118 BetrVG 1972; GK-*Kreutz* Rn 40; *Richardi*/*Thüsing* Rn 30; aA *DKK-Buschmann* Rn 34, soweit das Vorliegen der Voraussetzungen des § 118 Abs. 2 nicht offenkundig ist). Es entsteht auch kein zeitlich befristetes Übergangsmandat. Die Errichtung einer Mitarbeitervertretung ist dann ausschließlich Angelegenheit der jeweiligen Religionsgemeinschaft (vgl. § 118 Rn 48ff.). Sie kann von dem früheren BR nicht erzwungen werden.

Die **Fusion von Gesellschaften** oder die **Änderung ihrer Rechtsform** lassen **35** die Identität der Betriebe unberührt. Sie beenden nicht die Amtszeit der BR (BAG 28. 9. 1988 AP § 99 BetrVG 1972 Nr. 55). Lediglich damit in Zusammenhang stehende Veränderungen der Belegschaftsstärke (vgl. hierzu § 13 Rn 21ff.) oder anderweitige organisatorische Änderungen (zB Zusammenlegung des übernommenen Betriebs mit einem anderen oder Stilllegung des übernommenen Betriebs), können die

Amtszeit des BR beeinflussen (vgl. § 21a Rn 1). Eben so wenig beendet die Auflösung eines Gemeinschaftsbetriebs das Amt des dafür gewählten BR, sofern die Auflösung der Betriebsführungsgemeinschaft die Identität des Betriebes unberührt lässt (BAG 19. 11. 03 AP Nr. 19 zu § 1 BetrVG 1972 Gemeinsamer Betrieb; HaKo-Betr-VG/*Düwell* Rn 32).

36   Die Eröffnung eines **Insolvenzverfahrens** hat keine Auswirkungen auf die Amtszeit des BR (WPK/*Wlotzke* Rn 17). Die nach § 80 InsO auf den Insolvenzverwalter übergehende Verwaltungs- und Verfügungsbefugnis über das Vermögen des Schuldners umfasst auch die Rechte und Pflichten, die sich aus dessen ArbGebStellung ergeben. Das gilt auch für betriebsverfassungsrechtliche Rechte und Pflichten (GK-*Kreutz* Rn 44).

3. Bedeutung des Endes der Amtszeit

37   Mit dem Ende der Amtszeit **hört der BR kraft Gesetzes auf zu bestehen.** Die ihm zustehenden Rechte, Pflichten und Befugnisse können nach Ablauf der Amtszeit nicht mehr ausgeübt werden. Eine Fortführung der Geschäfte durch den bisherigen BR bis zur Wahl des neuen BR ist nicht zulässig (BAG 15. 1. 74 AP Nr. 1 zu § 68 LPersVG Ba.-Wü.; GK-*Kreutz* Rn 45); zu den Sonderfällen des Übergangs- und des Restmandats vgl. § 21a und § 21b. Der Betrieb bleibt bis zur Wahl eines neuen BR ohne ArbNVertr.

38   Die bisherigen BRMitgl. genießen nach Ende der Amtszeit nicht mehr den verstärkten **Kündigungsschutz** nach § 103 dieses Gesetzes gegen eine außerordentliche Kündigung, wohl jedoch noch den nachwirkenden Kündigungsschutz nach § 15 Abs. 1 Satz 2 KSchG gegen ordentliche Kündigungen innerhalb eines Jahres nach Beendigung der Amtszeit (vgl. § 103 Rn 33 ff.). Letzteres gilt nicht, wenn die Beendigung der Amtszeit auf einer gerichtlichen Entscheidung beruht. Auch der **Versetzungsschutz** des § 103 Abs. 3 wirkt nicht nach. Er dient dem Schutz der betriebsverfassungsrechtlichen Amtsführung (vgl. BT-Drucks. 14/5741 S. 51). Diese endet mit dem Ablauf der Amtszeit.

39   Ferner verlieren mit dem Amtsende des BR seine Mitgl. nicht nur ihre Mitgliedschaft im BR, sondern auch **sonstige Funktionen,** die eine Mitgliedschaft im BR voraussetzen, zB Freistellung, Mitgliedschaft im GesBR und KBR (*DKK-Buschmann* Rn 39).

IV. Streitigkeiten

40   Über Fragen der Amtszeit des BR entscheiden im Streitfall die ArbG im **Beschl-Verf.** (vgl. Nach § 1 Rn 7 ff.) Sie können hierüber auch als Vorfrage im Rahmen eines UrteilsVerf., zB eines Kündigungsschutzprozesses, befinden. Einem Feststellungsbegehren zum (Fort-)Bestand des BRAmtes nach einem Betriebsübergang fehlt nach Ablauf der regulären Amtszeit des BR das **Feststellungsinteresse** (BAG 11. 10. 95 AP Nr. 2 zu § 21 BetrVG 1972; 16. 4. 08 NZA-RR 08, 583). Ist zwischen Arb-Geb. und BR ein Beschl.Verf. über eine nicht mit der Amtszeit zusammenhängende Frage, zB über das Bestehen eines MBR in einer bestimmten Angelegenheit, anhängig, wird das Verfahren nicht durch den Ablauf der Amtszeit beendet, sondern von dem neuen BR fortgeführt (vgl. BAG 25. 4. 78 AP Nr. 11 zu § 80 BetrVG 1972). Das gilt auch, wenn die Amtszeit eines BR auf Grund eines Sachverhaltes nach § 3 Abs. 1 Nr. 1–3 endet, weil die im Wege einer Vereinbarungslösung geschaffene ArbNVertr. gewählt worden ist (vgl. BAG 19. 6. 01 AP Nr. 1 zu § 87 BetrVG 1972 Leiharbeitnehmer). Der bisherige BR ist nach Ablauf seiner Amtszeit nicht mehr beteiligtenfähig (BAG 25. 9. 96 AP Nr. 4 zu § 97 ArbGG 1979). Bei einem (unstr.) Betriebsinhaberwechsel unter Wahrung der Betriebsidentität tritt der Erwerber ohne

entsprechende Prozesserklärungen automatisch in ein laufendes betriebsverfassungsrechtliches Verfahren ein (BAG 9. 12. 08 AP Nr. 356 zu § 613a BGB).

§ 21a[1] Übergangsmandat

(1) [1]Wird ein Betrieb gespalten, so bleibt dessen Betriebsrat im Amt und führt die Geschäfte für die ihm bislang zugeordneten Betriebsteile weiter, soweit sie die Voraussetzungen des § 1 Abs. 1 Satz 1 erfüllen und nicht in einen Betrieb eingegliedert werden, in dem ein Betriebsrat besteht (Übergangsmandat). [2]Der Betriebsrat hat insbesondere unverzüglich Wahlvorstände zu bestellen. [3]Das Übergangsmandat endet, sobald in den Betriebsteilen ein neuer Betriebsrat gewählt und das Wahlergebnis bekannt gegeben ist, spätestens jedoch sechs Monate nach Wirksamwerden der Spaltung. [4]Durch Tarifvertrag oder Betriebsvereinbarung kann das Übergangsmandat um weitere sechs Monate verlängert werden.

(2) [1]Werden Betriebe oder Betriebsteile zu einem Betrieb zusammengefasst, so nimmt der Betriebsrat des nach der Zahl der wahlberechtigten Arbeitnehmer größten Betriebs oder Betriebsteils das Übergangsmandat wahr. [2]Absatz 1 gilt entsprechend.

(3) Die Absätze 1 und 2 gelten auch, wenn die Spaltung oder Zusammenlegung von Betrieben und Betriebsteilen im Zusammenhang mit einer Betriebsveräußerung oder einer Umwandlung nach dem Umwandlungsgesetz erfolgt.

Inhaltsübersicht

I. Vorbemerkung

Organisationsbasis für die Existenz und die Tätigkeit des BR ist der Betrieb (§ 1 **1** Rn 58ff.), eine durch Kollektivvereinbarung nach § 3 Abs. 1 Nr. 1–3 geschaffene Einheit oder der als selbständiger Betrieb geltende Betriebsteil (§ 4 Abs. 1). **Änderungen dieser Organisationsstrukturen,** zB durch Zusammenlegung von Betrieben und/oder Betriebsteilen oder durch die Teilung von Betrieben, können Auswirkungen auf den Bestand des BR oder den Umfang seiner Zuständigkeit (persönlich, räumlich) haben und in den neugeschaffenen oder veränderten Organisationseinheiten die Neuwahl von BR erfordern. Soweit die von der Organisationsänderung be-

---

[1] **Amtl. Anm.:** Diese Vorschrift dient der Umsetzung des Artikels 6 der Richtlinie 2001/23/EG des Rates vom 12. März 2001 zur Angleichung der Rechtsvorschriften der Mitgliedstaaten über die Wahrung von Ansprüchen der Arbeitnehmer beim Übergang von Unternehmen, Betrieben oder Betriebsteilen (ABl. EG Nr. L 82 S. 16).

troffenen ArbN nicht wieder in einen Betrieb eingegliedert werden, für den bereits ein BR gewählt ist, werden sie bis zur Neuwahl eines BR betriebsverfassungsrechtlich nicht mehr repräsentiert. Sie verlieren bis zur Bekanntgabe des Wahlergebnisses des neuen BR ihren bisherigen kollektiven Schutz (BAG 31. 5. 00 AP Nr. 12 zu § 1 BetrVG 1972 Gemeinsamer Betrieb). Das gleiche gilt, wenn die Teilung eines Betriebs in der Weise erfolgt, dass an seiner Stelle zwei oder mehrere selbständige Betriebe entstehen (vgl. *Plander* NZA 00, 393).

2   Das BetrVG 1972 nahm ursprünglich die auf eine bloße Organisationsentscheidung des ArbGeb. zurückgehende Schutzlücke hin. Ausnahmen davon wurden erst seit den 90er Jahren in **Spezialgesetzen** geregelt (*HSWGNR* Rn 2). Ein dreimonatiges Übergangsmandat bestimmten zunächst § 13 des Gesetzes über die Spaltung der von der Treuhandanstalt verwalteten Unternehmen **(SpTrUG)** vom 5. 4. 91 (BGBl. I S. 854) und § 6b Abs. 9 des Gesetzes zur Regelung offener Vermögensfragen **(VermG)** idF vom 4. 8. 97 (BGBl. I S. 1975). Übergangsmandate von ArbN-Vertr. wurden ferner im Rahmen der **Privatisierung der Deutschen Bundesbahn** und der **Deutschen Bundespost** vorgesehen, § 15 und § 20 des Deutsche Bahn Gründungsgesetzes **(DBGrG)** vom 27. 12. 1993 (BGBl. I S. 2378, 2386) sowie § 25 Abs. 1 des Postpersonalrechtsgesetzes **(PostPersRG)** vom 14. 9. 1994 (BGBl. I S. 2325, 2353) und § 24 Abs. 6 des Bundesanstalt Post-Gesetzes (BAPostG) vom 14. 9. 94 (BGBl. I S. 2325). Hinzu kommen weitere Übergangsmandatsregelungen bei Privatisierungen (§ 1 Rn 56a; § 130 Rn 14). Nach **§ 321aF** des Umwandlungsgesetzes **(UmwG)** vom 28. 10. 1994 (BGBl. I S. 3210) bestand ein Übergangsmandat des bisherigen BR, wenn die Spaltung oder Teilübertragung eines Unternehmens die Spaltung eines Betriebs oder die Zusammenlegung von Betrieben zur Folge hatte. Gleichwohl nahm der Gesetzgeber die spezialgesetzlich geregelten Fälle zunächst nicht zum Anlass, ein allgemeines betriebsverfassungsrechtliches Übergangsmandat zu normieren. Als Folge davon war eine **Gleichbehandlung aller ArbN,** die infolge einer betrieblichen Umstrukturierung ihre betriebsverfassungsrechtliche Repräsentation verloren, nicht mehr gewährleistet. Diese Schutzlücke schloss das BAG durch die Anerkennung eines allgemeinen Übergangsmandats (BAG 31. 5. 00 AP Nr. 12 zu § 1 BetrVG 1972 Gemeinsamer Betrieb).

3   Mit dem bereits am 28. 7. 01 in Kraft getretenen § 21a regelt das BetrVerf-ReformG erstmals die **Voraussetzungen** und die **Dauer** eines allgemeinen betriebsverfassungsrechtlichen Übergangsmandats. Dadurch sind die bisherigen spezialgesetzlichen Regelungen zum Übergangsmandat gegenstandslos geworden. Soweit sie nicht ohnehin historisch überholt sind, wurden sie durch Art. 3 Nr. 1 BetrVerf-ReformG (§ 321 UmwG) und Art. 5 Nr. 2 BetrVerf-ReformG (§ 20 DBGrG) aufgehoben. Zugleich wurde mit der Schaffung eines allgemeinen Übergangsmandats die RL 98/50/EG des Rates vom 29. 6. 1998 zur Änderung der BetriebsübergangsRL 77/187/EWG kurz nach Ablauf der bis zum 17. 7. 2001 dauernden Umsetzungsfrist in nationales Recht umgesetzt. Diese RL war zuvor aber bereits durch die RL 2001/23/EG des Rates vom 12. 3. 01 zur Angleichung der Rechtsvorschriften der Mitgliedstaaten über die Wahrung von Ansprüchen der Arbeitnehmer beim Übergang von Unternehmen, Betrieben oder Betriebsteilen (ABl. EG Nr. L 82 S 16) ersetzt worden. Der materielle Normgehalt der RL hat dadurch keine Änderung erfahren (*Löwisch/Schmidt-Kessel* BB 01, 2162). Nach Art. 6 Abs. 1 S. 1 der BetriebsübergangsRL lässt ein Betriebsübergang die Rechtstellung und die Funktion der ANVertr. unberührt. Verliert der Betrieb im Zuge eines Betriebsübergangs seine Selbständigkeit, haben die Mitgliedstaaten Maßnahmen zu treffen, damit die von dem Übergang betroffenen ArbN während eines Zeitraums, der für die Bildung einer ArbNVertr. erforderlich ist, weiterhin angemessen vertreten werden (Art. 6 S. 4 BetriebsübergangsRL).

4   Abs. 1 regelt die Voraussetzungen für das Entstehen des Übergangsmandats und bestimmte Pflichten des das Übergangsmandat ausübenden BR sowie die zeitliche Dauer des Übergangsmandats und dessen Verlängerung durch Kollektivvereinbarung. Abs. 2 bestimmt den zuständigen BR, soweit Betriebe oder Betriebsteile in denen

BR gebildet sind, zu einem neuen Betrieb zusammengefasst werden. Abs. 3 stellt sicher, dass ein Übergangsmandat ungeachtet dessen entsteht, ob die betriebliche Umstrukturierung mit einem Betriebsübergang nach § 613 a BGB einher geht oder mit einer Übertragung von Betrieben und oder Betriebsteilen auf einen anderen Rechtsträger im Wege der Gesamtrechtsnachfolge verbunden ist (vgl. BT-Drucks. 14/5741 S. 39; ErfK-*Koch* Rn 1).

Die Vorschrift ist **zwingend** (GK-*Kreutz* Rn 8; *HSWGNR* Rn 2). Von ihr kann 5 weder durch TV noch durch BV abgewichen werden. Eine **Verlängerung des Übergangsmandats** auf Grund einer Kollektivvereinbarung ist nur innerhalb der zeitlichen Grenze des Abs. 1 S. 3 möglich. Das Übergangsmandat gilt nicht für den GesBR, den KBR, die JugAzubiVertr., die GesJugAzubiVertr., die KJugAzubiVertr. sowie die BordVertr. (§ 115 Abs. 3), wohl aber für den SeeBR (§ 116 Abs. 1 S 2).

II. Das Entstehen des Übergangsmandats

Sinn und Zweck des Übergangsmandats ist es, in der besonderen Situation einer 6 betrieblichen Umstrukturierung den ArbN ihre betriebsverfassungsrechtlichen Beteiligungsrechte zu erhalten und bis zur Neuwahl eines BR in der neu gebildeten Einheit eine **betriebsratslose Zeit zu vermeiden** (BT-Drucks. 14/5741, S 39). Diese Gefahr besteht, wenn eine betriebliche Umorganisation zu einer Änderung der Betriebsidentität (vgl. § 1 Rn 111 ff.) führt, die nach dem Prinzip der betriebsbezogenen Repräsentation zur Folge hat, dass der BR seine Zuständigkeit für den Ursprungsbetrieb oder Teilen davon verliert (GK-*Kreutz* Rn 7; *Richardi/Thüsing* Rn 2; *DKK-Buschmann* Rn 4). Deshalb ist kein Raum für ein Übergangsmandat, soweit der BR nach allgemeinen Regeln im Amt bleibt (ErfK-*Koch* Rn 3).

Für das Übergangsmandat kommt es auf die Art der Umorganisation, damit 7 verbundene rechtsgeschäftliche Übertragungen von Betrieben oder Betriebsteilen oder den Übergang von Arbeitsverhältnissen auf einen anderen Rechtsträger nicht an (*Engels/Trebinger/Löhr-Steinhaus* DB 01, 532). Entscheidend ist die **Änderung der Betriebsidentität** auf Grund der im G genannten Umstrukturierungen in Form einer Spaltung oder Zusammenfassung von Betrieben und/oder Betriebsteilen (*Thüsing* DB 04, 2474). Ob sich die Identität eines Betriebs geändert hat, bestimmt sich nach den konkreten Umständen des Einzelfalls (*Fischer* RdA 05, 39). Hierfür kann auf die zum gleichgelagerten Problem beim Betriebsübergang nach § 613 a BGB entwickelten Kriterien zurückgegriffen werden (WPK/*Wlotzke* Rn 13; *Richardi/Thüsing* Rn 5; EuGH 29. 7. 10 – C-151/09 – NZA 10, 1014; 21. 10. 10 – C-242/09 – NZA 10, 1225; vgl. BAG 24. 8. 06 AP Nr. 315 zu § 613 a BGB). Ein Übergangsmandat ist ausgeschlossen bei einer bloß räumlichen Verlegung des Betriebs (vgl. § 1 Rn 111), einer Änderung des Betriebszwecks unter Beibehaltung der Betriebsorganisation, bei einem bloßen Betriebsinhaberwechsel, bei einem Wechsel der Gesellschafter oder einer Änderung der Rechtsform des Unternehmens (*DKK-Buschmann* Rn 10). Zum Übergangsmandat im Bereich des öffentlichen Dienstes vgl. § 130 Rn 10 ff.

1. Spaltung von Betrieben

§ 21 a Abs. 1 bestimmt nicht die **Voraussetzungen** für das Vorliegen **einer Be-** 8 **triebsspaltung** und deren Wirksamwerden. Auf die Definition der Spaltung eines Rechtsträgers und deren Vollzug nach § 123, 130 Abs. 1 UmwG kann nicht zurückgegriffen werden. Das Übergangsmandat hat nicht die Spaltung eines Unternehmens und die damit zwingend verbundene Übertragung von Vermögensteilen zur Grundlage, sondern Veränderungen der Betriebsorganisation, die sich auf die betriebsverfassungsrechtliche Repräsentation der ArbN auswirkt. Damit löst die Vorschrift nicht das Problem im Einzelfall festzustellen, ob und welche organisatorischen Änderungen der betrieblichen Ebene ein Übergangsmandat entstehen lassen (*DKK-Buschmann* Rn 24; GK-*Kreutz* Rn 22 ff.).

9   Gegenstand der Spaltung iSd. § 21a Abs. 1 ist der Betrieb iSd. § 1 Abs. 1. Dazu zählen auch Betriebsteile, die nach § 4 Abs. 1 als selbständige Betriebe gelten. Für sie muss aber eine eigene ArbNVertr. gewählt worden sein. Auch Gemeinschaftsbetriebe sowie die durch kollektivrechtliche Vereinbarungen nach § 3 Abs. 1 Nr. 1–3 gebildeten Organisationseinheiten, die nach § 3 Abs. 5 S. 1 ebenfalls als Betriebe gelten, können gespalten werden. Trotz des weiten Wortlauts fällt ein Übergangsmandat nicht bei jedem Spaltungsvorgang an. Nach dem Schutzzweck der Norm entsteht es nur bei solchen Umstrukturierungen, die sich auf die Identität des Betriebs auswirken und den Verlust einer betriebsverfassungsrechtlichen Repräsentation zur Folge haben (GK-*Kreutz* Rn 19). Deshalb ist etwa die bloße Übertragung eines Betriebs auf einen anderen Rechtsträger keine Spaltung iSd. Vorschrift (GK-*Kreutz* Rn 86).

9a   Die Spaltung eines Betriebs ist nach § 111 Nr. 3 zugleich eine Betriebsänderung. Sie kann in Form einer Abspaltung oder einer Aufspaltung erfolgen. Bei der **Abspaltung** besteht die organisatorische Einheit des Ursprungsbetriebs fort. Aus ihm werden bestimmte Teilbereiche ausgegliedert. Diese werden entweder als eigenständige Betriebe geführt oder in einen anderen Betrieb eingegliedert dh in dessen Betriebsorganisation eingefügt (*Richardi/Thüsing* Rn 6; *Rieble* NZA 02, 233) oder zu einem Betrieb zusammengefasst (Übergangsmandat nach § 21a Abs. 2 S. 1). Bei der Abspaltung verändert sich zwar auch die Organisation des Ursprungsbetriebs. Da jener seine Identität aber wahrt, bleibt der gewählte BR weiter im Amt. Im Einzelfall kann die darauf bezogene Feststellung allerdings schwierig sein (krit. GK-*Kreutz* Rn 24). Indizien hierfür können der Betriebszweck, die Beibehaltung der Organisationsstruktur und das Fortbestehen des Leitungsapparates oder die Anzahl der von der Organisationsänderung betroffenen ArbN sein (so eindimensional GK-*Kreutz* Rn 25; aA WPK/*Wlotzke* Rn 14). Die Betriebsidentität kann nur durch wesentliche Änderungen in Frage gestellt werden (*DKK-Buschmann* Rn 22). Wird aus einem **Gemeinschaftsbetrieb** unter Beibehaltung der bisherigen Betriebsführungsgemeinschaft ein Teilbereich ausgegliedert und von einem am Gemeinschaftsbetrieb beteiligten Unternehmen fortgeführt, handelt es sich um eine Abspaltung, die sich auf das Amt des für den Gemeinschaftsbetrieb gewählten BR nicht auswirkt. Dieser bleibt auch im Amt, wenn ein am Gemeinschaftsbetrieb beteiligtes Unternehmen seine betriebliche Tätigkeit völlig einstellt, das oder die anderen beteiligten Unternehmen unter Wahrung der Betriebsidentität den bisherigen Betrieb aber fortführen (BAG 19. 11. 03 AP Nr. 19 zu § 1 BetrVG 1972 gemeinsamer Betrieb). Bei der **Aufspaltung** wird der Ursprungsbetrieb aufgelöst (WPK/*Wlotzke* Rn 12). Die aus ihm gebildeten neuen Organisationseinheiten bilden anschließend je eigenständige Betriebe oder werden in bereits bestehende Betriebe eingegliedert oder werden zu einem Betrieb zusammengefasst (Übergangsmandat nach § 21a Abs. 2 S. 1). Dementsprechend ist Spaltung auch die Auflösung einer durch Kollektivvereinbarung nach § 3 Abs. 1 Nr. 1–Nr. 3 geschaffenen Einheit und die damit verbundene Rückkehr zu den gesetzlichen Organisationsstrukturen (*DKK-Buschmann* Rn 30). Bei einem **Gemeinschaftsbetrieb** ist die Auflösung der bisherigen Betriebsführungsgemeinschaft und die getrennte Fortführung der einzelnen Betriebsbereiche durch eines oder mehrerer beteiligter Unternehmen Spaltung iSd. § 21a Abs. 1 (*DKK-Buschmann* Rn 29).

10   Für den **Vollzug der Spaltung** kommt es maßgeblich auf die Unterstellung unter den jeweiligen Leitungsapparat an. Das BetrVG beruht auf dem Gedanken der betriebsbezogenen Interessenvertretung der ArbN. Dazu knüpft es die Zuständigkeit des BR an den Betrieb als Organisationseinheit, für den er gewählt ist (BAG 31. 5. 00 AP § 1 BetrVG 1972 Gemeinsamer Betrieb Nr. 12). Die organisatorische Einheit eines Betriebs wird maßgeblich durch den Leitungsapparat bestimmt, der den Einsatz der Betriebsmittel wie den der ArbN koordiniert und dazu die wesentlichen mitbestimmungspflichtigen Entscheidungen trifft. Demnach setzt der Vollzug einer Spaltung die Errichtung oder den Rückgriff auf bestehende Leitungsapparate und die Zuordnung der auf- oder abgespaltenen Betriebsbereiche zum jeweiligen Leitungsapparat voraus (GK-*Kreutz* Rn 21).

2. Zusammenfassung von Betrieben

Ein Übergangsmandat ordnet das G auch bei der Zusammenfassung von Betrieben **11** und/oder Betriebsteilen zu einem neuen Betrieb an (vgl. § 1 Rn 113). Das folgt aus § 21a Abs. 2 S. 1. Bei der Zusammenfassung bisher eigenständiger Betriebe und/oder Betriebsteile handelt es sich um einen umgekehrten Fall der Aufspaltung, wenn durch das Zusammenfassen ein neuer Betrieb entsteht (*HSWGNR* Rn 10). Durch die **Zusammenfassung zu einem neuen Betrieb** und der damit verbundenen Unterstellung unter einen neuen Leitungsapparat verlieren die Betriebe/Betriebsteile ihre Identität und gehen in dem neu gebildeten Betrieb auf. Damit endet das Amt der für die beteiligten Betriebe gewählten BR. Für die Ausübung des Übergangsmandats stellt § 21a Abs. 2 eine Kollisionsregel auf (Einzelheiten Rn 18). Das Entstehen eines Übergangsmandats nach § 21a Abs. 2 setzt nicht voraus, dass für alle an der Zusammenfassung beteiligten Betriebe ein BR gewählt ist (*Richardi/Thüsing* Rn 11; GK-*Kreutz* Rn 68). Die gegenteilige Auffassung (Nachw. bei *Richardi/Thüsing* aaO) ist mit dem Schutzzweck des Übergangsmandats unvereinbar. Sie lässt sich nicht mit der Kollisionsnorm des Abs. 2 begründen. Der Regelungsgehalt dieser Vorschrift beschränkt sich auf die Bestimmung desjenigen BR, dem das Übergangsmandat zusteht, soweit hierfür mehrere BR in Betracht kommen (WPK/*Wlotzke* Rn 17; aA *Löwisch/Schmidt-Kessel* BB 01, 2162).

3. Eingliederung

Umstritten ist, ob die Vorschrift ein Übergangsmandat auch für den **Fall der Ein-** **11a** **gliederung** eines oder mehrerer Betriebe bzw. auf- oder abgespalte Teile eines solchen in einen bestehenden, bis dato aber betriebsratslosen Betrieb regelt. Dazu wird unter Hinweis auf den Wortlaut und die Entstehungsgeschichte des § 21a eine teleologische Reduktion des Normgehalts gefordert und das Entstehen eines Übergangsmandats bei einer Eingliederung in einen betriebsratslosen Betrieb verneint (GK-*Kreutz* Rn 60; *Richardi/Thüsing* Rn 10; *HSWGNR* Rn 8; *Löwisch/Schmidt-Kessel* BB 01, 2162; *Feudner* BB 03, 882). Der Wortlaut des § 21a Abs. 2 verlangt aber nicht das Entstehen eines neuen Betriebs, sondern die Zusammenfassung zu einem Betrieb. Ob hierfür ein neuer Leitungsapparat erst geschaffen werden muss, oder das Ziel durch eine Zuordnung zu einem bereits bestehenden Leitungsapparat erreicht wird, lässt der Wortlaut der Norm offen. Auch die Entstehungsgeschichte zwingt nicht zu einer Beschränkung des Regelungsgehalts, zumal der Gesetzgeber gerade umfassend die sich aus betrieblichen Umstrukturierungen ergebenden Schutzlücken durch die Anerkennung eines Übergangsmandats schließen wollte. Demzufolge verlangt der Normzweck (Rn 6) auch bei einer Eingliederung in einen betriebsratslosen Betrieb das Entstehen eines Übergangsmandats (*DKK-Buschmann* Rn 38 ff.; WPK/*Wlotzke* Rn 18; *Fischer* RdA 05, 39).

4. Umstrukturierung von Unternehmen

Für das Entstehen eines Übergangsmandats ist es nach Abs. 3 unerheblich, ob die **12** Spaltung von Betrieben oder deren Zusammenfassung auf einem Betriebsübergang oder Teilbetriebsübergang nach § 613a BGB oder einer Umwandlung iSd. 3. und 4. Buches des UmwG beruht (GK-*Kreutz* Rn 88). Entscheidend ist die **tatsächliche Änderung der Betriebsorganisation.** Nach dem Wortlaut des Abs. 3 „gelten auch" kommt es nicht darauf an, ob die Änderung der Betriebsorganisation zu einem Rechtsträgerwechsel des Betriebs führt oder ob ein solcher Wechsel im Weg der Einzel- oder Gesamtrechtsnachfolge vollzogen wird (vgl. BT-Drucks. 14/5741 S 39). Das Übergangsmandat entsteht nicht nur bei einer Änderung der Betriebsorganisation als Folge einer Spaltung nach § 123 UmwG. Es gilt auch bei einer Organisationsänderung nach einer Verschmelzung iSd. 1. Buchs des UmwG (*HSWGN* Rn 17). Damit erledigt sich die innerhalb der Geltung des § 321 UmwG aF umstrittene Frage, ob ein Übergangsmandat über den Wortlaut der Vorschrift hinaus auch bei Verschmelzungen entstehen kann (BT-Drucks. 14/5741 S. 39; *Bachner* NJW 95, 2885).

12a   Nicht bedacht hat der Gesetzgeber aber die Fälle, in denen ein Betrieb unter Wahrung seiner Identität nach § 613a BGB auf den Betriebserwerber übergeht und sämtliche BR-Mitgl. einschließlich der ErsatzMitgl. dem Übergang ihres Arbeitsverhältnisses widersprechen. Infolge dieses Widerspruchs besteht das Arbeitsverhältnis zum Betriebsveräußerer fort. Damit endet deren betriebsverfassungsrechtliches Mandat für die übertragene Einheit nach § 24 Nr. 4. ArbN, deren Arbeitsverhältnisse mangels Widerspruch auf den Betriebserwerber übergehen, bleiben dann zwar in ihrem Betrieb, verlieren aber ihren BR (dazu § 1 Rn 140) und bleiben bis zur Neuwahl ohne den bisherigen betriebsverfassungsrechtlichen Schutz. Das gilt vor allem für dann anstehende Kündigungen oder Sozialpläne. Diese Schutzlücke dürfte nach dem Gebot der unionsrechtskonformen Auslegung durch die Zuerkennung eines Übergangsmandats zu schließen sein (vgl. § 1 Rn 140; **aA** *Moll/Ersfeld* DB 11, 1108).

5. Betriebsratsfähigkeit der neuen Einheit

13   Das Übergangsmandat setzt voraus, dass die nach Spaltung oder Zusammenfassung entstandene Einheit ihrerseits **betriebsratsfähig** ist. Diese Einschränkung trägt der Überbrückungsfunktion des Übergangsmandats Rechnung (GK-*Kreutz* Rn 26; *HSWGNR* Rn 6). Sind in den jeweils neu geschaffenen Einheiten weniger als fünf wahlberechtigte ArbN beschäftigt oder handelt es sich um eine Einrichtung einer Religionsgemeinschaft (§ 118 Abs. 2) kann noch ein **Restmandat** in Betracht kommen (vgl. § 21b; *Richardi/Thüsing* Rn 12ff.). Die Beschränkung des Abs. 1 auf betriebsratsfähige Einheiten steht mit Art. 6 Abs. 1 Satz 3 der Richtlinie 2001/23/EG (vgl. Rn 3) in Einklang (GK-*Kreutz* Rn 26; **aA** *DKK-Buschmann* Rn 34). Danach ist von der nationalen Rechtsordnung die Aufrechterhaltung des Schutzes durch die ArbNVertr. während eines Zeitraums sicherzustellen, der für die Bildung einer ArbNVertr. nach einem Betriebsübergang, der zum Verlust der Selbständigkeit des Betriebs/Betriebsteils führt, erforderlich ist. Diese Verpflichtung besteht nicht, wenn in der neu geschaffenen Einheit nach dem jeweiligen nationalen Recht keine ArbN-Vertr. gebildet werden kann.

6. Keine Eingliederung in Betriebe mit BR

14   Die Definition des Übergangsmandats enthält ein **„negatives" Tatbestandsmerkmal.** Sein Vorliegen schließt das Entstehen eines Übergangsmandats aus. Nach Abs. 1 S. 1, der für den Fall der Zusammenfassung entsprechend gilt (§ 21 Abs. 2 S. 2), entsteht kein Übergangsmandat, wenn ein Betrieb oder ein ausgegliederter Teil des Betriebs in einen Betrieb eingegliedert werden, für den bereits ein BR gewählt ist. Insoweit werden die aufgenommen ArbN Teil der Belegschaft des aufnehmenden Betriebs (Hess. LAG LAG-Report 04, 379). Sie werden von dem dort gewählten BR repräsentiert (GK-*Kreutz* Rn 29). Ein Nebeneinander zweier ArbNVertr. ist nicht vom Schutzzweck des Übergangsmandats geboten; es widerspräche dem Prinzip einer einheitlichen betriebsbezogenen Interessenvertretung. Allerdings kann sowohl im aufnehmenden als auch im abgebenden Betrieb wegen einer wesentlichen Änderung der Belegschaftsstärke eine Neuwahl erforderlich werden (GK-*Kreutz* Rn 31). Das Restmandat des BR des abgebenden Betriebs schließt § 21a Abs. 1 nicht aus (vgl. Rn 28ff.; § 21b Rn 13). Entsprechendes gilt im Falle der Eingliederung.

III. Die Ausübung des Übergangsmandats

1. Personelle Zusammensetzung des BR

Das G regelt nicht die personelle Zusammensetzung des BR, der das Übergangs- **15** mandat auszuüben hat. Lediglich Abs. 2 stellt eine **Kollisionsregel** auf, wenn infolge einer Zusammenfassung von Betrieben/Betriebsteilen mehrere BR für die Ausübung des Übergangsmandats in Betracht kommen.

Grundregel: Während der Dauer des Übergangsmandats bleibt der BR nicht nur **16** als Organ, sondern auch in seiner **bisherigen personellen Zusammensetzung** bestehen und ist für die neue Organisationseinheit zuständig (WPK/*Wlotzke* Rn 26; GK-*Kreutz* Rn 34; DKK-*Buschmann* Rn 32; ErfK-*Koch* Rn 7; *Engels/Trebinger/ Löhr-Steinhaus* DB 01, 532; *Däubler* AuR 01, 1, *Löwisch/Schmidt-Kessel* BB 01, 2162; *Gragert* NZA 04, 289). Entscheidend ist die personelle Zusammensetzung des BR vor der Umstrukturierung und dessen MitglZahl (*Richardi/Thüsing* Rn 22 ff.; *Jung* S. 69). Es scheiden nicht etwa die BRMitgl., die in dem abgespalten Betriebsteil beschäftigt waren und nunmehr der neuen Organisationseinheit angehören, wegen Beendigung des Arbeitsverhältnisses oder Verlustes der Wählbarkeit gem. § 24 Abs. 1 Nr. 3 oder 4 aus dem BR aus (*Rieble* NZA 02, 233; GK-*Kreutz* Rn 34 nur für BRTätigkeit in der Einheit, für die das Übergangsmandat auszuüben ist). Der Normzweck dieser Vorschrift ist hier nicht einschlägig. Die in § 24 Abs. 1 Nr. 3 und 4 angeordnete Beendigung der Mitglschaft im BR bei Beendigung des Arbeitsverhältnisses oder bei Verlust der Wählbarkeit will verhindern, dass dem BR Mitgl. angehören, die nicht mehr zu der Belegschaft gehören, deren Interessen er vertritt (vgl. § 24 Rn 13 ff.). Den **Besonderheiten** des Übergangsmandats trägt diese Vorschrift nicht Rechnung. Das Übergangsmandat ist eine **gesetzliche Ausnahme** vom Prinzip der betriebsbezogenen Interessenvertretung. Es ist deshalb auch nicht danach zu differenzieren, ob der BR in Ausübung des Übergangsmandats in der ursprünglichen Zusammensetzung oder in Ausübung des Normalmandats unter Ausschluss solcher Mitgl. tätig wird, deren Arbeitsverhältnisse im Zuge der betrieblichen Umstrukturierung auf einen anderen ArbGeb. übergegangen sind (ErfK-*Koch* Rn 7). Für die personelle Zusammensetzung des BR während der Dauer des Übergangsmandats ist es deshalb ohne Bedeutung, ob der Ursprungsbetrieb völlig aufgespalten wird oder ob im Falle einer Abspaltung die Arbeitsverhältnisse aller BRMitgl. einschließlich der Ersatz-Mitgl. auf einen anderen ArbGeb. übergehen. Während der Dauer des Übergangsmandats bleibt der BR in der personellen Zusammensetzung, wie sie vor der Umstrukturierung bestanden hat, sowohl für den Ursprungsbetrieb als auch für die neuen betriebsratsfähigen Organisationseinheiten zuständig, für die erst noch ein BR zu wählen ist (*Rieble* Sonderbeil. NZA 03, 62).

Ausnahme: Die Vorschrift des § 24 Abs. 1 Nr. 3 und Nr. 4 ist aber dann zu be- **17** rücksichtigen, wenn das Arbeitsverhältnis eines BRMitgl./ErsatzMitgl. im Zuge der betrieblichen Umstrukturierung mit dem bisherigen Betriebsinhaber endet und auch nicht mit einem ArbGeb. einer daraus gebildeten neuen Einheit fortgesetzt wird (*HSWGNR* Rn 24). In diesem Fall scheidet das BRMitgl. aus dem Ursprungsbetrieb aus und gehört auch nicht mehr zur Belegschaft der neugebildeten Einheit. In einem solchen Fall kommt die Grundregel des § 24 zur Anwendung. Für das endgültig ausgeschiedene BRMitgl. rückt ein ErsatzMitgl. nach.

Bei Zusammenfassung von Betrieben oder Betriebsteilen: Die Kollisions- **18** norm des Abs. 2 bestimmt von mehreren in Betracht kommenden ArbNVertr. diejenige, die für eine zusammengefasste Einheit das Übergangsmandat wahrzunehmen hat. Ausschlaggebend ist die **Zahl der wahlberechtigten ArbN** (DKK-*Buschmann* Rn 40). Diese bestimmt sich nach den Verhältnissen der letzten BRWahl, die für die Größe des BR maßgebend war (GK-*Kreutz* Rn 71). Demgegenüber stellen *Worzalla* (*HSWGNR* Rn 25), *Rieble* (NZA 02, 233) und *Hohenstatt* (D 81) auf den Zeitpunkt der tatsächlichen Zusammenfassung ab. Dieser Zeitpunkt erlaubt aber Manipulationen durch entsprechende Veränderungen der Belegschaftsstärke. Vorzugswürdig ist aus Gründen der Rechtssicherheit und Rechtsklarheit aber auch aus Gründen der tatsächlichen Betriebsratsgröße das Abstellen auf den davor liegenden Wahlzeitpunkt. Zwischenzeitliche Veränderungen der Belegschaftsstärke bleiben unberücksichtigt. Insgesamt gibt die Regelung des Abs. 2 dem Prinzip, nach dem die Belegschaft eines Betriebs nur einheitlich durch einen BR vertreten werden kann, Vorrang vor dem Prinzip der durch Wahl vermittelten Legitimation. Zwar werden deshalb die ArbN eines Betriebs zunächst von einem BR repräsentiert, an dessen Wahl sie nicht beteiligt waren. Andererseits verliert der von ihnen gewählte BR mit Ausnahme eines ihm verbleibenden Restmandats seine Zuständigkeit. Die zeitweise **Verdrängung des Prinzips der demokratischen Legitimation** wird von der Funktion des Übergangsmandats vorgegeben. Das ist angesichts der zeitlichen Beschränkung des Übergangsmandats und im Hinblick auf die alsbaldige Durchführung von BR-Wahlen in den neugeschaffenen Einheiten nicht zu beanstanden (*Richardi/Thüsing* Rn 11).

19   Besteht in dem nach Zahl der wahlberechtigten ArbN größten Betrieb kein BR, fällt das Übergangsmandat dem **BR des nach Zahl der wahlberechtigten ArbN nächst größeren Betrieb** zu (GK-*Kreutz* Rn 73; *Richardi/Thüsing* Rn 11; *DKK-Buschmann* Rn 40; *Engels/Trebinger/Löhr-Steinhaus* DB 01, 532 zweifelnd *Richardi/Annuß* DB 01, 44). Die wohl ausschließlich auf den Wortlaut abstellende Gegenansicht (*Reichold* NZA 01, 859), nach der ein Übergangsmandat bei Zusammenfassung nur entstehe, wenn in dem nach Zahl der wahlberechtigten ArbN größten Betrieb ein BR vorhanden wäre, ist abzulehnen (so auch *Hohenstatt* D 87 ff.). Sie widerspricht dem Zweck des Übergangsmandats. Sie hätte zur Folge, dass ArbN in Betrieben, die mit einem größeren betriebsratslosen Betrieb zusammengefasst würden, allein deswegen den durch das Übergangsmandat vermittelten Schutz verlieren würden. Im Übrigen wäre diese Auffassung, soweit sich die Zusammenfassung im Wege eines Betriebsübergangs vollzieht, auch nicht gemeinschaftsrechtskonform (vgl. Rn 3). Deswegen hat es auf das Entstehen des Übergangsmandats keinen Einfluss, wenn der nach Zahl der wahlberechtigten ArbN kleinste Betrieb mit größeren Einheiten zusammengefasst wird, für die bisher kein BR gebildet war (**aA** *Rieble* NZA 02, 233 bei Verschmelzung eines größeren betriebsratslosen Betriebs mit einem erheblich kleineren Betrieb mit BR). Auch insoweit wird das Entstehen eines Übergangsmandats nicht verdrängt durch die Entscheidung der ArbN des größeren Betriebs, entgegen § 1 keinen BR gewählt zu haben.

2. Inhalt des Übergangsmandats

20   Die sich aus dem Übergangsmandat ergebenden **Rechte und Befugnisse** sind inhaltlich **nicht eingeschränkt** (WPK/*Wlotzke* Rn 28; ErfK-*Koch* Rn 5; GK-*Kreutz* Rn 77; HSWGNR Rn 30; *Richardi/Thüsing* Rn 16; **aA** *Feudner* DB 03, 882). Dem BR obliegt nicht nur die Bestellung des Wahlvorst. für die BRNeuwahl. Vielmehr ist er auch zur Wahrnehmung aller Mitwirkungs- und Mitbestimmungsrechte, insb. auch im personellen und wirtschaftlichen Bereich, sowie zum Abschluss von BV befugt. Die in § 13 Abs. 3 SpTrUG, § 6b Abs. 9 S. 5 VermG und § 20 Abs. 3 DBGrG geregelte Beschränkung in Fällen, in denen die an der Spaltung beteiligten Gesellschaften im Wettbewerb zueinander stehen, hat das G nicht übernommen. Das Übergangsmandat berechtigt ferner zu allen **Befugnissen des BR im organisatorischen Bereich,** zB Durchführung von BetriebsVerslg. oder Sprechstunden, ferner die Entsendung von Mitgl. in den GesBR. Der BR kann auch für die Einheit, für die das Übergangsmandat auszuüben ist, BV abschließen (ErfK-*Koch* Rn 5; *Löwisch/Schmidt-Kessel* BB 01, 2162). Es gibt dem BR auch die Befugnis zum **Führen von Beschlussverfahren** unabhängig davon, ob eine gerichtliche Entscheidung noch während der Dauer des Übergangsmandats ergehen kann. Nach diesem Zeitpunkt wird

das Verfahren von dem neugewählten BR fortgesetzt. Er ist der Funktionsnachfolger des das Übergangsmandat ausübenden BR.

Abs. 1 Satz 2 betont die Pflicht, unverzüglich (vgl. § 121 BGB) **Wahlvorst. für** 21 **die Wahl** eines neuen BR zu bestellen, damit eine betriebsratslose Zeit nach Ablauf der begrenzten Dauer des Übergangsmandats vermieden wird. Wahlvorst. sind deshalb für die nach der Umstrukturierung neu gebildeten betriebsratsfähigen Einheiten, für die kein BR besteht, zu bestellen. Ein Wahlvorst. ist aber auch für den **Ursprungsbetrieb** zu bestellen, wenn infolge des Übergangs der Arbeitsverhältnisse der BRMitgl. auf einen anderen ArbGeb. im Ursprungsbetrieb keine ErsMitgl. mehr zur Verfügung stehen, die nach Ablauf des Übergangsmandats nachrücken könnten. Steht wenigsten ein ErsMitgl. zur Verfügung, rückt es nach Ablauf des Übergangsmandats in den BR nach. Ist nach seinem Eintreten die Gesamtzahl der BRMitgl. unter die für den Ursprungsbetrieb vorgeschriebene Zahl der BRMitgl. gesunken, sind von ihm und nicht von dem das Übergangsmandat ausübenden BR im Ursprungsbetrieb Wahlen einzuleiten. Das gilt auch, wenn zwar genügend ErsMitgl. als Nachrücker zur Verfügung stehen, aber wegen einer Veränderung der Belegschaftsstärke iSd. § 13 Abs. 2 Nr. 1 eine Neuwahl erforderlich wird.

Abs. 1 Satz 2 ist eine Spezialvorschrift für die **Einleitung von BRWahlen** (modi- 22 fiziertes Bestellungsverfahren *Richardi/Thüsing* Rn 21; ErfK-*Koch* Rn 5). Sie verdrängt in ihrem Anwendungsbereich das von § 17 vorgesehene Bestellungsverfahren für bis dato betriebsratslose Betriebe. Es wird die Anwendung des Bestellungsverfahrens für Betriebe mit BR angeordnet (vgl. § 16). Besteht ein Übergangsmandat, ist der Betrieb – begrenzt auf die zeitliche Dauer von 6 Monaten – nicht betriebsratslos. Bestellt der das Übergangsmandat ausübende BR keinen Wahlvorstand, fällt diese Aufgabe zunächst dem GesBR bzw. dem KBR zu (vgl. § 16 Abs. 3). Abs. 1 S 2 gilt auch für das vereinfachte Wahlverfahren nach § 14a.

Das Übergangsmandat als solches bewirkt nicht die **Fortgeltung von BV** aus der 22a bisherigen Einheit in derjenigen, für die das Übergangsmandat wahrzunehmen ist. Der Geltungsbereich solcher BV ist auf diejenige Einheit begrenzt, für die sie ursprünglich abgeschlossen worden ist. Für die Fortgeltung in der neuen Einheit bedarf es einen anderen betriebsverfassungsrechtlichen Geltungsgrundes (*Kreft* FS Wißmann S. 347; **aA** *DKK-Buschmann* Rn 57).

3. Personeller Geltungsbereich

Aus dem Wortlaut des § 21 Abs. 1 Satz 1 „führt die Geschäfte der für die ihm bislang 23 zugeordneten Betriebsteile weiter" folgt **keine Beschränkung des personellen Geltungsbereichs** des Übergangsmandats (WPK/*Wlotzke* Rn 28; *Richardi/Thüsing* Rn 16; GK-*Kreutz* Rn 36ff.; **aA** ErfK-*Koch* Rn 8; HSWGNR Rn 9). Weder ist das Übergangsmandat begrenzt auf den unveränderten Fortbestand des bisher dem BR zugeordneten Betriebsteils, noch ist es beschränkt auf die dem BR bisher zugeordneten ArbN, die vor der Umorganisation von ihm betriebsverfassungsrechtlich repräsentiert waren (*Rieble* NZA 02, 233). Ersteres folgt aus dem Zweck des Übergangsmandats für das ein Bedürfnis unabhängig davon besteht, ob die betroffenen Betriebe/ Betriebsteile in der neuen Einheit unverändert fortgeführt oder aufgelöst werden. Dagegen ist die Erstreckung des Übergangsmandats auf die Gesamtbelegschaft der bis dato betriebsratslosen Einheit Folge der **Kollektivbezogenheit der betrieblichen Interessenvertretung der ArbN**. Der BR ist für die Dauer des Übergangsmandats auch für diejenigen ArbN einer neugeschaffenen Einheit zuständig, die vor der Umstrukturierung betriebsratslos war. Auch wenn diese ArbN den das Übergangsmandat ausübenden BR nicht durch Wahl legitimiert haben, kollektive Interessen für sie wahrzunehmen, werden sie mit Entstehen des Übergangsmandats für ihre Einheit in vollem Umfang betriebsverfassungsrechtlich repräsentiert. Insoweit gelten die gleichen Grundsätze wie bei der Eingliederung eines betriebsratslosen Betriebs in einen Betrieb mit BR. Auch in diesem Fall werden die eingegliederten ArbN, die keinen

BR gewählt haben, mit dem Zeitpunkt der Eingliederung betriebsverfassungsrechtlich vertreten. Ihnen stehen daher auch im umgekehrten Fall die Schutzrechte bei
personellen Maßnahmen des ArbGeb. insbesondere bei Kündigung zu (vgl. § 102).
Soweit es für die Ausübung von Mitwirkungs- und Mitbestimmungsrechten auf das
Erreichen von **Schwellenwerten** ankommt, ist die Belegschaftsstärke der neuen Einheit und nicht die Zahl der in diese Einheit aufgenommenen ArbN maßgebend, die
im Ursprungsbetrieb betriebsverfassungsrechtlich vertreten waren (**aA** ErfK-*Koch*
Rn 7). Erreicht die Belegschaft der neuen Einheit diesen Schwellenwert nicht, kommen die entsprechenden Beteiligungsrechte auch dann nicht in Betracht, wenn im
Ursprungsbetrieb der Schwellenwert erreicht war.

4. Dauer

24   Die Dauer des Übergangsmandats ist **zeitlich befristet.** Die Höchstdauer von
sechs Monaten kann durch eine Kollektivvereinbarung um ein weiteres halbes Jahr
verlängert werden. Den **Fristbeginn** für die Höchstdauer des Übergangsmandats
regelt das G nicht. Das Übergangsmandat knüpft an die Änderung bestehender betrieblicher Strukturen an. Das betrifft einen tatsächlichen Vorgang. Dieser bestimmt
sich nach den konkreten Umständen des Einzelfalls (WPK/*Wlotzke* Rn 30). Auf das
Wirksamwerden rechtlicher Vorgänge auf der Unternehmensebene kommt es nicht
an (*HSWGNR* Rn 40 ff.). Ebenso wenig hat die Eröffnung eines InsOVerf. Einfluss
auf die zeitl. Dauer des Restmandats (*DKK-Buschmann* Rn 47 a).

25   Das Übergangsmandat endet in jedem Fall, sobald in dem neuen, jedoch noch betriebsratslosen Betrieb ein BR gewählt und das Wahlergebnis bekannt gegeben ist.
Erstreckt sich das Übergangsmandat des bisherigen BR auf mehrere Betriebe (zB bei
Teilung eines Betriebs in mehrere selbständige Betriebe) endet es erst, wenn in dem
letzten dieser Betriebe ein BR gewählt und dessen Wahlergebnis bekannt gemacht
worden ist (*HSWGNR* Rn 42). Es endet in jedem Fall mit Ablauf der im G geregelten **Höchstdauer** von sechs Monaten.

26   Abs. 1 Satz 3 eröffnet die Möglichkeit, die **Dauer** des Übergangsmandats durch
eine **Kollektivvereinbarung** um weitere sechs Monate auf insgesamt ein Jahr zu
verlängern. Dieser Zeitraum muss nicht vollständig ausgeschöpft werden (hM; vgl.
Richardi/Thüsing Rn 20). Die entsprechende Kollektivvereinbarung (TV, BV) muss
vor Ablauf der ersten sechs Monate des Übergangsmandats wirksam vereinbart sein
(*HSWGNR* Rn 46). Ist diese Frist verstrichen, hat das Übergangsmandat geendet. Es
kann dann begriffsnotwendig nicht mehr verlängert werden. Die BV ist zwischen
dem das Übergangsmandat ausübenden BR und dem ArbGeb. abzuschließen, für
dessen Betrieb/Betriebsteil das Übergangsmandat wahrgenommen wird. Eine entsprechende BV ist aber auch mit dem ArbGeb. des Ursprungsbetriebs zu schließen,
wenn er die bei ihm beschäftigten BRMitgl. für die Erledigung der BRAufgaben im
Rahmen des Übergangsmandats bei einem anderen ArbGeb. freizustellen hat (**aA**
Richardi/Thüsing Rn 19). Entsprechendes gilt für TV. Deshalb muss der Tarifvertrag
alle ArbGeb., für deren Betriebe das Übergangsmandat über den gesetzlichen Zeitraum hinweg gelten soll, legitimieren. Dazu müssen bei einem Betriebsübergang
sowohl der Veräußerer als auch der Erwerber demselben tarifschließenden Arbeitge-
berverband angehören oder als Haustarifvertrag von den beteiligten Arbeitgebern
abgeschlossen werden. Lediglich bei einer Spaltung ohne Betriebsveräußerung oder
einer Umwandlung nach dem Umweg gestaltet der Tarifvertrag als betriebsverfassungsrechtliche Norm (§ 3 Abs. 2 TVG) das Rechtsverhältnis zwischen den Arbeitgebern automatisch (*Löwisch/Schmidt-Kessel* BB 01, 2162).

5. Kosten

27   Das G enthält keine Regelung darüber, wer die Kosten der Wahrnehmung der
Aufgaben des BR während des Übergangsmandats trägt. Auch für das Übergangs-

mandat gilt das Verbot der Finanzierung der BRTätigkeit durch das Erheben von Beiträgen durch ArbN. Es findet die **allgemeine Kostenregelung** des § 40 Anwendung (*Jung* S. 75). Das bereitet Schwierigkeiten in den Fällen, in denen das Übergangsmandat für den Betrieb eines anderen Rechtsträgers auszuüben und eine eindeutige Kostenzuordnung nicht möglich ist. Für diese Kosten haften die beteiligten ArbGeb. wie beim Gemeinschaftsbetrieb im Verhältnis zum BR als Gesamtschuldner (*Jung* S. 77; ArbG Leipzig 5. 5. 06 NZA-RR 07, 24). Damit ist keine dem ArbGeb. des Ursprungsbetriebs unzumutbare Kostenbelastung verbunden (WPK/*Wlotzke* Rn 35). Das Übergangsmandat ist eine gesetzliche Aufgabe des BR. Es entsteht infolge einer Organisationsentscheidung des ArbGeb. Er kann im Zusammenhang mit der rechtsgeschäftlichen Übertragung von Betrieben/Betriebsteilen auf einen anderen Rechtsträger im Innenverhältnis eine Vereinbarung über die Kosten des Übergangsmandats treffen. Fehlt es daran, kann die Belegschaftsgröße ein taugliches Kriterium für die Kostenaufteilung im Innenverhältnis der beteiligten ArbGeb. sein (*HSWGN* Rn 38). Der **Freistellungsanspruch** eines BRMitgl. für die Wahrnehmung des Übergangsmandats nach § 37 Abs. 2 richtet sich an den jeweiligen VertragsArbGeb. (WPK/*Wlotzke* Rn 36). Dieser ist auch zur Fortzahlung des Entgelts verpflichtet (**aA** ErfK-*Koch* Rn 9; *Thüsing* Rn 24 unbezahlter Freistellungsanspruch). Durch das Übergangsmandat erhöht sich die Zahl der freizustellenden BRMitgl. nach § 38 nicht (**aA** *Gagert* NZA 04, 289). Es kann sich ein höherer Freistellungsbedarf nach § 37 Abs. 2 ergeben.

IV. Übergangsmandat und Restmandat

Entfällt durch eine betriebliche Umstrukturierung die Organisationsbasis des BR **28** für den gesamten Betrieb oder Teile davon, kann neben dem Übergangsmandat auch ein Restmandat des für den Ursprungsbetrieb gewählten BR in Betracht kommen (**aA** *Lelley* DB 08, 1433). Im Gegensatz zum Übergangsmandat richtet sich das Restmandat in allen Fällen an den **Rechtsträger des Ursprungsbetriebs** (vgl. § 21b Rn 13). Es ist stets durch die BRMitgl. auszuüben, die im Zeitpunkt der Betriebsänderung/Stilllegung im Amt waren. Das Restmandat ist zeitlich nicht beschränkt. Es kann auch noch nach Ablauf des Übergangsmandats zum Tragen kommen.

Unter den Voraussetzungen des § 21b kann ein Restmandat entstehen, wenn **29**
– die Aufspaltung des Ursprungsbetriebs das Entstehen nicht betriebsratsfähiger Einheiten zur Folge hat,
– abgespaltene Betriebsteile in einen Betrieb eingegliedert werden in dem ein BR besteht,
– der Ursprungsbetrieb unter Auflösung seiner Identität in einen anderen Betrieb eingegliedert wird für den bereits ein BR gewählt ist (vgl. *Richardi/Thüsing* Rn 8). Einzelheiten bei § 21b Rn 13.

V. Streitigkeiten

Über Streitigkeiten über das Entstehen und die Ausübung des Übergangsmandats **30** im Verhältnis BR und ArbGeb. oder zwischen mehreren BR entscheiden die ArbG im **BeschlVerf.** (vgl. nach § 1 Rn 7ff.). Nach der Bekanntgabe des Wahlergebnisses ist der für die neu geschaffene Einheit gewählte BR an Stelle des das Übergangsmandat ausübenden BR am Verfahren zu beteiligen (vgl. zur Funktionsnachfolge BAG 25. 4. 78 AP § 80 BetrVG 1972 Nr. 11; 21. 3. 03 AP § 21a BetrVG 1972 Nr. 1 *HSWGNR* Rn 47). Das **UrteilsVerf.** ist die zutreffende Verfahrensart für die Geltendmachung von Entgelt- und Freizeitausgleichsansprüchen von BRMitgl. Im UrteilsVerf. kann auch über das Bestehen des Übergangsmandats, seinen Inhalt und persönlichen Geltungsbereich als Vorfrage einer individualrechtlichen Streitigkeit zwischen ArbN und ArbGeb., etwa im Rahmen einer Kündigung, zu entscheiden sein.

§ 21b Restmandat

Geht ein Betrieb durch Stilllegung, Spaltung oder Zusammenlegung unter, so bleibt dessen Betriebsrat so lange im Amt, wie dies zur Wahrnehmung der damit im Zusammenhang stehenden Mitwirkungs- und Mitbestimmungsrechte erforderlich ist.

Inhaltsübersicht

I. Vorbemerkung

1   Wird ein Betrieb stillgelegt oder wird die Betriebsorganisation durch Spaltung oder Zusammenfassung mit anderen Betrieben oder Betriebsteilen (§ 4 Abs. 1) aufgelöst, endet die Amtszeit des BR vorzeitig. Der **Wegfall der Betriebsorganisation** des Ursprungsbetriebs bewirkt nach § 24 Abs. 1 Nr. 4 das Ende der Mitgliedschaft im BR (BAG 14. 8. 01 AP Nr. 1 zu § 21b BetrVG 1972). Ein solcher Vorgang stellt aber regelmäßig eine Betriebsänderung iSd. §§ 111 ff. dar, die weitgehende Mitbestimmungs- und Mitwirkungsrechte des BR auslöst. Dazu gehört ua. das Recht, ggfl. über die E-Stelle die Aufstellung eins Sozialplans zu erzwingen (vgl. § 112 Abs. 4). Durch eine schnelle Auflösung der Betriebsorganisation könnte der ArbGeb. aber die Amtszeit des BR vorzeitig beenden und damit die Beteiligungsrechte nach den §§ 111 ff. unterlaufen. Zur Sicherung der mit einer Betriebsstilllegung verbunden Rechte des BR hatte daher das BAG in st. Rspr. die **Rechtsfigur des Restmandats** entwickelt (BAG 16. 6. 87 AP Nr. 20 zu § 111 BetrVG 1972; 23. 11. 88 AP Nr. 77 zu § 613a BGB; 1. 4. 98 AP Nr. 123 zu § 112 BetrVG 1972).

2   Mit dem durch das **BetrVerf-ReformG** in das G eingefügten § 21b wird die Rechtsfigur des Restmandats erstmals gesetzlich anerkannt und geregelt. Die Vorschrift ist deshalb in enger Anlehnung an die bisherige Rspr. des BAG zum Restmandat auszulegen (*DKK-Buschmann* Rn 1; *Reichold* NZA 01, 857; *Hanau* NZA 01, 65; *Konzen* RdA 01, 85). Sie sichert das **Recht des BR,** die mit der Auflösung der Betriebsorganisation zusammenhängenden betriebsverfassungsrechtlichen Befugnisse, insbesondere die Mitwirkungs- und Mitbestimmungsrechte nach den §§ 111 ff., über das Ende seiner Amtszeit hinaus wahrzunehmen (BT-Drucks. 14/5741 S. 39, 52; BAG 8. 12. 09 – 1 ABR 41/09 – NZA 10, 665).

3   Die Vorschrift gilt nach § 116 Abs. 1 auch für den SeeBR als Folge seiner gesetzlichen Zuständigkeit nach § 116 Abs. 6 Nr. 1c zur Wahrnehmung der Rechte bei Betriebsänderungen (BT-Drucks. 14/5741 S. 52) und deshalb nicht für die BordVertr. (§ 115 Abs. 3). Sie gilt nicht für den GesBR und den KBR, die keine feste Amtszeit haben (*Schubert* ArbuR 03, 132; für analoge Anwendung GK-*Kreutz* Rn 5, jedoch

dürfte eine analogiefähige Gesetzeslücke mangels eines originären Beteiligungsrechts dieser Gremien nicht in Betracht kommen). Auf die JugAzubiVert. findet sie ebenso wenig Anwendung (§ 64) wie auf die GesJugAzubiVertr. bzw. die KJugAzubiVertr. Die Vorschrift ist **zwingend.** Sie kann weder durch TV noch durch BV abgeän- **4** dert werden (*DKK-Buschmann* Rn 1; WPK/*Wlotzke* Rn 2). Ihr Ausschluss kann nicht vertraglich mit den das Restmandat ausübenden BRMitgl. vereinbart werden (BAG 12. 1. 00 AP Nr. 5 zu § 24 BetrVG 1972).

II. Geltungsbereich

Das G ordnet das **Entstehen eines Restmandats** in allen Fällen an, in denen die **5** Auflösung der betrieblichen Organisation die Amtszeit eines BR vorzeitig beendet (ErfK-*Koch* Rn 2). Das Restmandat entsteht daher als Folge der im G genannten Auflösungstatbestände (*HSWGNR* Rn 3). Endet das Amt des BR vorzeitig, weil alle BRMitgl. einschließlich der ErsatzMitgl. infolge der Auflösung ihrer Arbeitsverhältnisse aus dem Betrieb ausscheiden (§ 24 Abs. 1 Nr. 3) und keine Neuwahl erfolgt, kommt ein Restmandat nicht in Betracht.

1. Stilllegung

Die Stilllegung eines Betriebs ist die **Aufhebung der Betriebs- und Produk- 6 tionsgemeinschaft** zwischen ArbGeb. und ArbN für einen nach seiner Dauer unbestimmten, wirtschaftlich nicht unerheblichen Zeitraum (BAG 21. 6. 01 AP Nr. 50 zu § 15 KSchG 1969; 10. 1. 01 AP Nr. 115 zu § 1 KSchG 1969 Betriebsbedingte Kündigung). Nicht jede Betriebsänderung ist zugleich eine Stilllegung iSd. § 21b. Die **räumliche Verlegung** eines Betriebs lässt ebenso wie ein **Betriebsübergang** nach § 613a BGB die betriebliche Organisation unberührt. Es findet lediglich eine Änderung der räumlichen Lage bzw. ein Betriebsinhaberwechsel statt (ErfK-*Koch* Rn 2). Machen in einem solchen Fall ArbN von ihrem Widerspruchsrecht nach § 613a Abs. 6 BGB Gebrauch, kommt in Bezug auf diese ArbN ein Restmandat weder nach Wortlaut noch nach Sinn und Zweck der Vorschrift in Betracht (*Richardi*/*Thüsing* Rn 4b; **aA** LAG Rheinl.-Pfl. NZA-RR 05, 529; *DKK-Buschmann* Rn 17a).

Die bloße Zerstörung von Betriebsanlagen durch äußere Einwirkungen ist ebenso **7** wenig eine Betriebsstilllegung wie eine vorübergehende Produktionseinstellung, zB durch Streik oder Abwehraussperrung (WPK/*Wlotzke* Rn 4). Eine Betriebsstilllegung ist nicht bereits vollzogen, wenn die Betriebsanlagen stillgelegt und die ArbN nicht mehr beschäftigt werden (*DKK-Buschmann* Rn 11). Erforderlich ist vielmehr, dass die Belegschaft **in rechtlicher Hinsicht aufgelöst** worden ist, dh, dass die ArbN in einen anderen Betrieb versetzt oder ihre Arbeitsverhältnisse zB durch Kündigung oder Auflösungsvertrag beendet worden sind (BAG 29. 3. 77 AP Nr. 11 zu § 102 BetrVG 1972; GK-*Kreutz* Rn 9; *HSWGNR* Rn 2; *Richardi*/*Thüsing* Rn 4). **Verzögert sich die Durchführung** der Stilllegung und setzt der ArbGeb. mit den gekündigten ArbN die Produktionsgemeinschaft für die Dauer der Kündigungsfrist fort, kommt nach dem Schutzzweck des § 21b ein Restmandat auch in den Fällen in Betracht, in denen die Arbeitsverhältnisse der BR-Mitglieder einschl. der ErsMitgl. zum ursprünglich geplanten Stilllegungszeitpunkt enden (vgl. GK-*Kreutz* Rn 7).

Hat ein ArbGeb. den ArbN wegen Vernichtung des Betriebs durch Brand oä. ge- **8** kündigt und entschließt er sich erst Monate später, den Betrieb endgültig stillzulegen, so hat er die Mitbestimmungsrechte des BR nach §§ 111ff. selbst dann zu beachten, wenn die reguläre Amtszeit des BR inzwischen bereits abgelaufen ist (BAG 16. 6. 87 AP Nr. 20 zu § 111 BetrVG 1972).

Bei einer **Teilstilllegung** des Betriebs tritt keine Beendigung der Amtszeit des BR **9** ein, solange der Restbetrieb betriebsratsfähig bleibt (GK-*Kreutz* Rn 14; *DKK-Busch-*

mann Rn 12). Jedoch kann sich in diesem Falle die Notwendigkeit einer Neuwahl des BR wegen Veränderung der Belegschaftsstärke ergeben (vgl. § 13 Rn 21 ff.). Auch die Eröffnung eines Insolvenzverfahrens hat keinen Einfluss auf die Amtszeit des BR und löst kein Restmandat aus (*Richardi/Thüsing* Rn 3).

2. Spaltung

10   Ein Restmandat kommt ferner bei einer **Betriebsaufspaltung** in zwei oder mehrere Betriebe/Betriebsteile in Betracht, die entweder als eigenständige Betriebe fortgeführt werden oder in andere Betriebe eingegliedert werden (*DKK-Buschmann* Rn 16; *HSWGNR* Rn 3). Das gilt unabhängig davon, ob mit der Spaltung auch ein Betriebsinhaberwechsel verbunden ist. Die Spaltung muss die Auflösung der Betriebsorganisation zur Folge haben. Die dadurch ausgelösten Mitwirkungs- und Mitbestimmungsrechte richten sich gegen den Inhaber des Ursprungsbetriebs.

11   Bei der **Abspaltung** eine Teils des Betriebs endet die Amtszeit des BR im verbleibenden Ursprungsbetrieb nicht (*WPK/Wlotzke* 6 ff.; *ErfK-Koch* Rn 2). Der dortige BR übt im Rahmen seines Vollmandats die Beteiligungsrechte nach den §§ 111 ff. für die infolge der Abspaltung ausscheidenden AN aus.

3. Zusammenlegung

12   Auch im Falle der **Zusammenlegung von Betrieben,** die nach § 111 S. 2 Nr. 3 stets eine Betriebsänderung ist, kommt ein Restmandat der bisherigen BR in Betracht. Die Zusammenlegung von Betrieben kann in der Weise erfolgen, dass der eine in den anderen eingegliedert wird oder dass aus den zusammengelegten Betrieben ein neuer Betrieb gebildet wird. Im ersten Fall geht der eingegliederte Betrieb unter, im letzten Fall die zusammengelegten Betriebe. Konnten die BR der zusammengelegten oder der eingegliederten Betriebe ihre Beteiligungsrechte nach §§ 111 ff. nicht rechtzeitig vor der Zusammenlegung oder Eingliederung wahrnehmen, bleibt ihnen insoweit (zB zur Aufstellung eines Sozialplans) ein Restmandat (*DKK-Buschmann* Rn 18; *ErfK-Koch* Rn 2).

4. Restmandat und Übergangsmandat

13   Das Entstehen eines Übergangsmandats schließt ein Restmandat nicht aus (*WPK/Wlotzke* Rn 17; *GK-Kreutz* Rn 25; *Richardi/Thüsing* Rn 5; *Fischer* RdA 05, 39). Für das Entstehen des Restmandats ist entscheidend, ob eine der in § 21 b benannten organisatorischen Änderungen zum Untergang eines Betriebs/Betriebsteils führt. Bei eine Spaltung und Fortführung der abgespaltenen Betriebsteile als eigenständige Betriebe steht dem **BR des Ursprungsbetriebs** sowohl ein Restmandat als auch ein Übergangsmandat zu (*GK-Kreutz* Rn 26). Werden die durch Spaltung entstandenen Teile des Betriebs in einen Betrieb mit BR eingegliedert, entsteht kein Übergangsmandat, wohl aber ein Restmandat der BR des Ursprungsbetriebs, das sich an den Inhaber dieses Betriebs richtet (*GK-Kreutz* Rn 27). Bei einer **Zusammenlegung von Betrieben** zu einem einheitlichen Betrieb steht jedem BR für die Einheit, für die er gewählt worden ist, ein Restmandat zu (*GK-Kreutz* Rn 27). Das Übergangsmandat übt in diesem Fall der BR mit der größten ArbNZahl aus (§ 21 a Abs. 2).

III. Ausübung des Restmandats

1. Personelle Zusammensetzung des BR

14   Das Restmandat ist von dem BR auszuüben, der bei Beendigung der Amtszeit auf Grund eines im G genannten Sachverhalts im Amt war (BAG 6. 12. 06 AP Nr. 5 zu

§ 21b BetrVG 1972; 5. 5. 10 – 7 AZR 728/08 – NZA 10, 1025). Für die Größe und die personelle Zusammensetzung des das Restmandats ausübenden BR kommt es auf den **Zeitpunkt der Stilllegung, Spaltung oder Zusammenlegung** an (GK-*Kreutz* Rn 16). Ist zu diesem Zeitpunkt die Zahl der BRMitgl. auf Grund eines vorherigen Ausscheidens aus dem BR und wegen Fehlens von ErsatzMitgl. unter die von § 9 gezogene Grenze gesunken, führen die verbliebenen Mitgl. die Geschäfte gem. § 22, § 13 Abs. 2 Nr. 2 fort. Zu diesen Geschäften gehört auch die Wahrnehmung des Restmandats (*Richardi/Thüsing* Rn 13). Eine **Aufstockung** auf die gesetzmäßige Zahl an BRMitgl. ist ausgeschlossen (BAG 12. 1. 00 AP Nr. 5 § 24 BetrVG 1972).

Das oder die das Restmandat ausübenden früheren BRMitgl. sind nicht gehindert 15 das **Restmandat niederzulegen.** Sie können nicht gezwungen werden, das Restmandat fortzuführen (WPK/*Wlotzke* Rn 12). Soweit der das Restmandat ausübende BR nur noch aus einem Mitgl. besteht, kann die Amtsniederlegung (vgl. § 24 Rn 9 ff.) ausnahmsweise dem ArbGeb. gegenüber erklärt werden, wenn keine Belegschaft mehr vorhanden ist, gegenüber der die Erklärung abgegeben werden könnte (BAG 12. 1. 00 AP Nr. 5 zu 24 BetrVG 1972; BAG 5. 10. 00 AP Nr. 141 zu § 112 BetrVG 1972).

2. Inhalt

Das G enthält keine Regelung zum Inhalt des Restmandats. Nach dem Wortlaut 16 der Vorschrift bleibt der BR zwar im „Amt". Dennoch ist das **Restmandat kein Vollmandat** (GK-*Kreutz* Rn 10; *DKK-Buschmann* Rn 20; *HSWGNR* Rn 5). Sein Inhalt ist eingeschränkt (WPK/*Wlotzke* Rn 13). Das verdeutlicht der Wortlaut des 2. Halbs. der Vorschrift. Er stellt einen **funktionalen Bezug** zu durch die Stilllegung, die Spaltung und die Zusammenfassung ausgelösten Aufgaben des BR her (BAG 8. 12. 09 – 1 ABR 41/09 – NZA 10, 665). Für eine derartige Beschränkung spricht auch die Systematik des G. Die Aberkennung des Restmandats für die BordVertr. im Zusammenhang mit der Stilllegung eines Schiffes beruht darauf, dass die Beteiligungsrechte nach den §§ 111 ff. BetrVG nicht der BordVertr., sondern dem SeeBR zustehen (BT-Drucks. 14/5741 S. 52). Schließlich folgt die funktionale Beschränkung auch aus dem Zweck der Vorschrift. Das Restmandat soll gewährleisten, dass die zur Abwicklung der im G genannten Sachverhalte erforderlichen Regelungen ungeachtet der vorzeitigen Beendigung der Amtszeit noch getroffen werden können (GK-*Kreutz* Rn 11).

Das Restmandat betrifft in erster Linie die sich aus den Vorschriften der §§ 111 ff. 17 ergebenden Beteiligungsrechte (BAG 28. 10. 92, 1. 4. 98 AP Nrn. 63, 123 zu § 112 BetrVG 1972; GK-*Kreutz* Rn 12). Deshalb kann der BR im Restmandat auch noch nach der Betriebsstilllegung und der Beendigung aller Arbeitsverhältnisse die Aufstellung eines Sozialplans fordern und einen darauf gerichteten Spruch der E-Stelle auch anfechten (BAG 26. 5. 09 DB 09, 2331). Das Restmandat erfasst auch die Pflicht, einen bereits abgeschlossenen aber noch nicht erfüllten **Sozialplan** an veränderte Umstände anzupassen (BAG 5. 10. 00 AP Nr. 141 zu § 112 BetrVG 1972). Da das G lediglich die bisherige Rspr. des BAG zum Restmandat kodifiziert ohne sie einschränken zu wollen, bezieht es sich auch auf Aufgaben, die sich daraus ergeben, dass trotz der Stilllegung des Betriebs noch nicht alle **Arbeitsverhältnisse** beendet sind oder einzelne ArbN noch für eine gewisse Zeit mit Abwicklungsarbeiten beschäftigt werden (BAG 23. 11. 88 AP Nr. 77 zu § 613a BGB; BAG 14. 10. 82 AP Nr. 1 zu § 1 KSchG 1969 Konzern). Auf diese ArbN erstreckt sich das Restmandat für solche Beteiligungsrechte, die in der Stilllegung und dem damit im Zusammenhang stehenden Beschluss des ArbGeb. angelegt sind. Der das Restmandat ausübende BR ist daher nach § 102 vor einer Kündigung der Arbeitsverhältnisse der mit Abwicklungsaufgaben betrauten ArbN zu hören (BAG 25. 10. 07 AP Nr. 333 zu § 613a BGB). In Fällen der Betriebsstilllegung kommt ein Restmandat zur Ausübung der **personellen MB** nach § 99 entsprechend dem Gegenstand dieses Beteiligungsrechts nicht in Betracht. Werden etwa die ArbN des stillgelegten Betriebs in andere Betriebe versetzt, entfällt mit der Stilllegung das MBR, weil sowohl die kollektiven Interessen der früheren Belegschaft als auch die betriebsbezogenen Interessen der zu versetzenden ArbN ihren Bezugspunkt verlieren (BAG 8. 12. 09 – 1 ABR 41/09 – NZA 10, 665).

18   Das Restmandat setzt nach seinem **Zweck** einen tatsächlichen Regelungsbedarf voraus. Daran fehlt es, wenn sich die Betriebsparteien in einem Beschlussverfahren über die Nachwirkung einer gekündigten teilmitbestimmten Betriebsvereinbarung streiten, aber keiner der Beteiligten eine Änderung des bestehenden Rechtszustandes erstrebt (BAG 14. 8. 01 AP Nr. 1 zu § 21b BetrVG 1972). Es erstreckt sich auch **nicht** auf die sonstigen, **unerledigt gebliebenen BRAufgaben,** die keinen Bezug zu der Auflösung der Betriebsorganisation aufweisen (aA *DKK-Buschmann* Rn 21). Das Restmandat ist über seinen Wortlaut hinaus kein allgemeines Abwicklungsmandat (aA *Richardi/Annuß* DB 01, 41 unter Hinweis auf *Däubler* AuR 01, 1, der sich aber zur Begründung seiner Ansicht letztlich auf die Abwicklung ein Beschlussverfahren über die Anfechtung eines Sozialplans beruft, der infolge einer bereits vor der endgültigen Stilllegung durchgeführten Betriebsänderung abgeschlossen war. Der Abschluss eines solchen Verfahrens steht jedoch noch in einem funktionalen Zusammenhang mit der späteren Betriebsstilllegung).

3. Dauer

19   Die Ausübung des Restmandats ist in zeitlicher Hinsicht **nicht beschränkt** (ErfK-*Koch* Rn 5, 6; *DKK-Buschmann* Rn 24; *HSWGNR* Rn 10). Ob die **Erlöschenstatbestände des § 24** das Restmandat beenden, entscheidet sich nach Sinn und Zweck des § 21b. Danach endet die Mitglschaft im restmandatierten BR nicht durch die Beendigung des Arbeitsverhältnisses eines BRMitgl., da § 24 Nr. 3 ebenso wie § 24 Nr. 1 BetrVG für ein restmandatiertes BRMitgl. nicht gelten kann (BAG 5. 5. 10 – 7 AZR 728/08 – NZA 10, 1025). Es dauert solange an, bis die dem Restmandat zuzuordnenden Aufgaben abgeschlossen sind (BAG 6. 12. 06 AP Nr. 5 zu § 21b BetrVG 1972) und die das Restmandat ausübenden BRMitgl. hierzu bereit sind (BAG 12. 1. 00 AP Nr. 5 zu § 24 BetrVG 1972; 5. 10. 00 AP Nr. 141 zu § 112 BetrVG 1972). Es kann daher auch noch längere Zeit nach Abschluss der Stilllegung bzw. Spaltung oder der Zusammenlegung zum Tragen kommen (LAG Nieders. 14. 8. 07 ArbuR 08, 162), etwa bei der Abänderung oder der Ergänzung von Sozialplänen. In jedem Fall endet es mit der Amtsniederlegung des letzten verbliebenen BRMitgl. (BAG 12. 1. 00 aaO). Ein erloschenes Restmandat lebt nicht mehr auf (BAG 6. 12. 06 AP Nr. 5 zu § 21b BetrVG 1972). Ein Restmandat ist durch Neuwahl nicht verlängerbar (vgl. BAG 19. 2. 08 NZA-RR 08, 490); Restmandat und Vollmandat schließen sich denklogisch aus.

4. Kosten

20   Die mit der Ausübung des Restmandats verbundenen Kosten hat der **ArbGeb.** des **Ursprungsbetriebs** zu tragen (GK-*Kreutz* Rn 22; *Auktor* NZA 03, 950). Seine Kostentragungspflicht folgt aus § 40. Dazu gehören auch die Kosten der Entgeltfortzahlung, die für ein das Restmandat ausübendes BRMitgl. anfallen, das bei einem anderen ArbGeb. beschäftigt ist. Ist ein solches BRMitgl. gehalten, erforderliche Aufgaben des Restmandats während seiner Arbeitszeit auszuüben, steht ihm nach dem Rechtsgedanken des § 37 Abs. 2 iVm. § 78 ein Anspruch auf Freistellung zu. Ein solcher Anspruch ist teleologisch zu reduzieren und demnach auf unbezahlte Freistellung gerichtet (ErfK-*Koch* Rn 5, 6; *Richardi/Thüsing* Rn 14; *Biebl* S. 61; *Auktor* NZA 03, 950, der den Freistellungsanspruch in einem solchen Fall aus der Fürsorgepflicht des VertragsArbGeb. ableitet). Damit ein restmandatiertes BRMitgl. keine Vermögenseinbuße erleidet und insoweit benachteiligt wäre, ist das ausfallende Entgelt nach dem Rechtsgedanken des § 78 vom ArbGeb. des Ursprungsbetriebs zu zahlen. Ist ein das

Restmandat ausübendes BRMitgl. dagegen arbeitslos oder übt er das **Restmandat in seiner Freizeit** aus, kommt eine Freistellung mangels Arbeitspflicht nicht in Betracht. In beiden Fällen erbringt er lediglich ein Freizeitopfer. Hierfür kann er mangels Anspruchsgrundlage kein Entgelt verlangen. In einem solchen Fall kommt wg. des Ehrenamtsprinzips des § 37 Abs. 1 eine unmittelbare oder entsprechende Anwendung von § 37 Abs. 3 Satz 3 nicht in Betracht (BAG 5. 5. 10 – 7 AZR 728/08 – NZA 10, 1025).

Nicht zu den **Kosten** des Restmandats, sondern denen **des Vollmandats** zählen **21** diejenigen Aufwendungen eines BR, die zwar während der Dauer seines Amts gegenüber dem ArbGeb. entstanden waren, aber vor einer vorzeitigen Beendigung der Amtszeit auf Grund der Auflösung der Arbeitsverhältnisse aller BRMitgl. nicht mehr rechtzeitig geltend gemacht worden sind. Denn der BR bleibt in entsprechender Anwendung des § 22 BetrVG und § 49 Abs. 2 BGB auch nach dem Ende seiner Amtszeit befugt, noch nicht erfüllte Kostenerstattungsansprüche gegen den ArbGeb. weiter zu verfolgen und an den Gläubiger abzutreten (BAG 24. 10. 01 AP Nr. 71 zu § 40 BetrVG 1972; krit. *Richardi/Thüsing* Rn 4a).

IV. Streitigkeiten

Streitigkeiten zwischen dem ArbGeb. und dem früheren BR über das Bestehen **22** eines Restmandats und die damit verbundenen Befugnisse entscheiden die **ArbG im BeschlVerf.** (vgl. Nach § 17ff.). Wird der Betrieb wegen eines laufenden Beschl-Verf. über eine sonstige betriebsverfassungsrechtliche Streitigkeit stillgelegt, kann sich das Verfahren – auch noch im Rechtsbeschwerdeverfahren – erledigen. Widerspricht ein Beteiligter der Erledigung des Antragstellers, hat das Gericht zu prüfen, ob **ein erledigendes Ereignis** eingetreten ist (§ 83a ArbGG). Das ist der Fall, wenn infolge der Stilllegung, Spaltung oder Zusammenfassung der Antrag unzulässig oder unbegründet geworden ist. Ob der Antrag von Anfang an zulässig oder begründet war, ist nicht mehr zu prüfen (BAG 9. 12. 08 AP Nr. 356 zu § 613a BGB; 19. 6. 01 AP Nr. 3, 8 zu § 83a ArbGG 1979). Steht dem BR zur Klärung der streitigen betriebsverfassungsrechtlichen Angelegenheit kein Restmandat zu, entfällt seine **Beteiligtenfähigkeit** nach § 10 S 2 ArbGG soweit er selbst Antragsteller ist. Hat der ArbGeb. den Antrag gestellt, fehlt es an einem feststellungsfähigen Rechtsverhältnis, weil das betriebsverfassungsrechtliche Rechtverhältnis mit Wegfall des Vollmandats und dem Fehlen eines Restmandats beendet ist. Das führt zur Unzulässigkeit des Antrags. Das Verfahren ist in einem solchen Fall einzustellen (BAG 14. 8. 01 AP Nr. 1 zu § 21b BetrVG 1972). Unterbleibt die Erledigungserklärung, ist der Antrag als unzulässig abzuweisen.

Bestand und Inhalt des Restmandats könne auch als Vorfrage eines Individual- **23** rechtsstreits zwischen ArbGeb. und ArbN, etwa über die Anhörung bei Kündigung oder bei der Geltendmachung von Ansprüchen aus einem Sozialplan als Vorfrage entscheidungserheblich sein. In diesem Fall wird darüber im **UrteilsVerf.** nach § 2 Abs. 1 Nr. 3 ArbGG entschieden.

§ 22 Weiterführung der Geschäfte des Betriebsrats

In den Fällen des § 13 Abs. 2 Nr. 1 bis 3 führt der Betriebsrat die Geschäfte weiter, bis der neue Betriebsrat gewählt und das Wahlergebnis bekannt gegeben ist.

Inhaltsübersicht

I. Vorbemerkung

1 Die Vorschrift regelt die **Befugnis zur Weiterführung der Geschäfte** für BR, deren Amtszeit aus bestimmten Gründen vorzeitig endet. Sie ist für BR, deren Amtszeit aus den in § 13 Abs. 2 Nr. 1 und 2 genannten Gründen endet, an sich überflüssig, weil diese BR gemäß § 21 Satz 5 bis zur Bekanntgabe des Wahlergebnisses des neu gewählten BR ohnehin im Amt bleiben. Während der Amtszeit sind die BR aber stets in vollem Umfange geschäftsführungsbefugt. Die Norm hat deshalb Bedeutung allein für die Geschäftsführungsbefugnis eines zurückgetretenen BR (vgl. § 13 Abs. 2 Nr. 3), für den das G logischerweise kein Ende der Amtszeit bestimmen kann. § 21 Satz 5, der die Amtszeit von BR regelt, die wegen einer rechtserheblichen Veränderung der Belegschaftsstärke oder eines Absinkenes von BRMitgl. vorzeitig zu wählen sind, erfasst den Fall der mehrheitlichen Amtsniederlegung nicht (GK-*Kreutz* Rn 9 f.). Darüber hinaus findet die Vorschrift entsprechende Anwendung für die Geltendmachung von BRKosten, wenn sämtl. BRMitgl. wegen Beendigung des Arbeitsverhältnisses aus dem Amt scheiden, ohne dass über einen Kostenerstattungsanspruch nach § 40 rechtskräftig entschieden ist (BAG 17. 11. 10 – 7 ABR 120/09 – NZA 11, 816).

2 Die Vorschrift gilt für die BordVertr. und den SeeBR entsprechend (vgl. § 115 Abs. 3, § 116 Abs. 2). Für die Geschäftsführungsbefugnis der JugAzubiVertr. wird die Vorschrift nicht für anwendbar erklärt. Bei einem Absinken der Gesamtzahl der JugAzubiVertr. unter den gesetzlichen Grenzwert des § 13 Abs. 2 Nr. 2 ergibt sich deren Befugnis zur Weiterführung der Geschäfte jedoch daraus, dass sie in diesem Fall bis zur Bekanntgabe des Wahlergebnisses der neu gewählten JugAzubiVertr. im Amt bleibt (vgl. § 64 Abs. 2 S. 5). Keine Anwendung findet die Bestimmung auf den GesBR, den KBR, die GesJugAzubiVertr., die KJugAzubiVertr. und den WiAusschuss.

3 Die Vorschrift ist **zwingend.** Abweichende Regelungen sind weder durch TV noch durch BV zulässig.

4 Entsprechende Vorschriften: § 27 Abs. 3 BPersVG und § 5 Abs. 5 SprAuG.

II. Volle Geschäftsführungsbefugnis

1. Anwendungsbereich

5 Die Geschäftsführungsbefugnis nach § 22 besteht für die BR, deren Amtszeit infolge einer vorzeitigen Neuwahl vor Ablauf der regelmäßigen Amtszeit endet, weil
  – sich die **regelmäßige ArbNZahl** des Betriebs in dem in § 13 Abs. 2 Nr. 1 genannten Umfang **verändert** hat (vgl. § 13 Rn 21 ff.);
  – die **MitglZahl des BR** unter die gesetzlich vorgeschriebene MitglZahl **gesunken** ist (vgl. § 13 Rn 33 ff.), auch wenn der RumpfBR nur noch aus einem Mitgl. besteht (vgl. BAG 12. 1. 00 AP Nr. 5 zu § 24 BetrVG 1972);
  – der BR seinen **kollektiven Rücktritt** erklärt hat (vgl. § 13 Rn 36 ff.).

6 In den **anderen Fällen einer vorzeitigen Beendigung der Amtszeit** des BR (vgl. hierzu § 13 Abs. 2 Nr. 4 und 5 und dortige Rn 40 ff. sowie § 21 Rn 28, 30 f.) besteht keine Befugnis zur Weiterführung der Geschäfte, auch nicht zur Weiterführung der „laufenden" Geschäfte. Diese Betriebe sind vielmehr betriebsratslos (*DKK-Buschmann* Rn 5; GK-*Kreutz* Rn 14). Betriebsratslosigkeit tritt auch ein, wenn sämtliche Mitgl. des BR ihr Amt niederlegen und keine ErsMitgl. nachrücken (§ 24 Abs. 1 Nr. 2).

§ 22 gilt auch, wenn eine Vereinbarung nach § 3 Abs. 1 Nr. 1–3 erst bei der **7** nächsten regelmäßigen BRWahl zur Anwendung gelangt und bis zu diesem Zeitpunkt ein bestehender, aber künftig entfallender BR zuvor wegen einer in § 13 Abs. 2 Nr. 1–3 geregelten Fallgestaltung neu gewählt werden müsste. Ferner gilt die Vorschrift entsprechend, wenn der BR wegen zeitweiliger Verhinderung von BRMitgl., die auch nicht durch ErsMitgl. vertreten werden können, vorübergehend beschlussunfähig ist (BAG 18. 8. 82 AP Nr. 24 zu § 102 BetrVG 1972; GK-*Kreutz* Rn 13). Zum Übergangs- und Restmandat des BR im Falle von Betriebsauf- oder -abspaltungen, der Zusammenlegung oder der Stilllegung von Betrieben vgl. § 21a und § 21b.

2. Umfang der Geschäftsführungsbefugnis

Die **Geschäftsführungsbefugnis** nach § 22 ist **umfassend,** auch wenn nach der **8** Verkleinerung der Belegschaft nur noch ein BR-Mitgl. von ursprüngl. mehreren im Amt ist (BAG 19. 11. 03 AP Nr. 19 zu § 1 BetrVG 1972 Gemeinsamer Betrieb). Sie ist nicht beschränkt, sondern entspricht vollumfänglich derjenigen eines ordnungsgemäß gewählten und zusammengesetzten BR während seiner Amtszeit (GK-*Kreutz* Rn 16 ff.; *DKK-Buschmann* Rn 8 f.; *Richardi/Thüsing* Rn 5 f.). Insbesondere umfasst sie die Befugnis zur Wahrnehmung **sämtlicher Mitwirkungs- und Mitbestimmungsrechte** (HaKo-BetrVG/*Düwell* Rn 6). Der BR kann auch weiterhin BV abschließen. Ferner kann er alle aus den organisatorischen Vorschriften dieses Gesetzes sich ergebenden Rechte und Befugnisse wahrnehmen. Der BetrAusschuss (§ 27) und etwa gebildete weitere Ausschüsse des BR nach § 28 bleiben mit den ihnen übertragenen Rechten und Befugnissen bestehen. Freistellungen von BRMitgl. gemäß § 38 bleiben wirksam. Auch sind die Mitgl. des BR berechtigt, an Schulungs- und Bildungsveranstaltungen nach § 37 Abs. 6 und 7 teilzunehmen (vgl. hierzu aber auch § 37 Rn 132, 171). Der BR kann ferner Sprechstunden (§ 39) abhalten und hat Betriebs- bzw. Abteilungsverslg. durchzuführen (§§ 42 ff.). Der nach § 22 amtierende BR ist auch vor Kündigungen zu hören. Die in den GesBR entstandenen Mitgl. bleiben dessen Mitgl. Der BR kann auch im Bedarfsfall die Einigungsstelle anrufen oder arbeitsgerichtliche Verfahren einleiten und durchführen. Die BRMitgl. genießen den Schutz nach § 78 sowie besonderen Kündigungsschutz nach § 15 KSchG und § 103 dieses Gesetzes (hM), bzw. auch den besonderen Versetzungsschutz des § 103 Abs. 3.

Der BR ist verpflichtet, in diesen Fällen **unverzüglich,** dh ohne schuldhaftes Zö- **9** gern, einen **Wahlvorstand** für die Durchführung der vorzeitigen Neuwahl zu bestellen (Näheres vgl. § 13 Rn 32, § 16 Rn 7).

III. Ende der Geschäftsführungsbefugnis

Die Geschäftsführungsbefugnis endet mit der **Bekanntgabe des Wahlergebnis- 10 ses** des neu gewählten BR (vgl. hierzu § 21 Rn 8), nicht erst mit Ablauf des Tages der Bekanntmachung. § 187 BGB ist hier nicht anzuwenden, da die Bekanntmachung nicht den Beginn einer Frist, sondern das Ende einer bestehenden Befugnis festlegt (GK-*Kreutz* Rn 20; *HSWGNR* Rn 10). Die Amtszeit des neu gewählten BR schließt sich lückenlos an (vgl. § 21 Rn 6 ff.).

Kommt eine **Neuwahl nicht zustande,** weil der bisherige BR keinen Wahlvor- **11** stand bestellt hat und ein Bestellungsverfahren nach § 16 Abs. 2 oder Abs. 3 unterblieben ist bzw. zu keinem Erfolg geführt hat oder aus sonstigen Gründen, führt der bisherige BR die Geschäfte in vollem Umfang weiter. In diesen Fällen endet die Geschäftsführungsbefugnis des BR nach § 22 endgültig in dem Zeitpunkt, in dem bei **normalem Ablauf die Amtszeit** des BR geendet hätte. § 22 dehnt die Geschäftsführungsbefugnis des BR nicht über seine reguläre Amtszeit aus, sondern sichert sie nur bis zur Bekanntgabe des Wahlergebnisses des vorzeitig neu gewählten BR (*DKK-Buschmann* Rn 13; GK-*Kreutz* Rn 21; *HSWGNR* Rn 11; *Richardi/Thüsing* Rn 8). Kommt eine Neuwahl nicht zustande und hat der ArbGeb. bis zum Ablauf der Amtszeit des geschäftsführenden BR noch nicht alle betriebsverfassungsrechtlichen Kostenfreistellungsansprüche erfüllt, können diese auch nach dem Ende der Amtszeit gegenüber dem ArbGeb. noch geltend gemacht werden (BAG 24. 10. 01 AP Nr. 71 zu § 40 BetrVG 1972). Ist die Wahl eines nur noch geschäftsführend tätigen BR angefochten worden, endet die Amtszeit bereits mit Rechtskraft der gerichtlichen, der Anfechtung stattgebenden Entscheidung (BAG 29. 5. 91 AP Nr. 5 zu § 4 BetrVG 1972). Dasselbe gilt, wenn der BR vor Ablauf seiner normalen Amtszeit gem. § 23 Abs. 1 durch eine rechtskräftige gerichtliche Entscheidung aufgelöst wird.

12   Bei einer **nichtigen Neuwahl** bleibt der vorherige BR zur weiteren Geschäftsführung bis zum Ablauf seiner regulären Amtszeit berechtigt, sobald die Nichtigkeit der Neuwahl feststeht (hM). Ist die Wahl des neuen BR dagegen nur **anfechtbar,** lebt wegen der zukunftsgerichteten Wirkung einer Anfechtung die Geschäftsführungsbefugnis des alten BR nicht wieder auf, da dessen Amtszeit bereits mit der Bekanntgabe des Wahlergebnisses beendet worden war (GK-*Kreutz* Rn 22; *HSWGNR* Rn 11; aA *DKK-Buschmann* Rn 14).

IV. Streitigkeiten

13   Über Fragen der Weiterführung der Geschäfte entscheiden im Streitfall die ArbG im **BeschlVerf.** (Einzelheiten Nach § 1 Rn 7 ff.)

§ 23 Verletzung gesetzlicher Pflichten

(1) [1]**Mindestens ein Viertel der wahlberechtigten Arbeitnehmer, der Arbeitgeber oder eine im Betrieb vertretene Gewerkschaft können beim Arbeitsgericht den Ausschluss eines Mitglieds aus dem Betriebsrat oder die Auflösung des Betriebsrats wegen grober Verletzung seiner gesetzlichen Pflichten beantragen.** [2]**Der Ausschluss eines Mitglieds kann auch vom Betriebsrat beantragt werden.**

(2) [1]**Wird der Betriebsrat aufgelöst, so setzt das Arbeitsgericht unverzüglich einen Wahlvorstand für die Neuwahl ein.** [2]**§ 16 Abs. 2 gilt entsprechend.**

(3) [1]**Der Betriebsrat oder eine im Betrieb vertretene Gewerkschaft können bei groben Verstößen des Arbeitgebers gegen seine Verpflichtungen aus diesem Gesetz beim Arbeitsgericht beantragen, dem Arbeitgeber aufzugeben, eine Handlung zu unterlassen, die Vornahme einer Handlung zu dulden oder eine Handlung vorzunehmen.** [2]**Handelt der Arbeitgeber der ihm durch rechtskräftige gerichtliche Entscheidung auferlegten Verpflichtung zuwider, eine Handlung zu unterlassen oder die Vornahme einer Handlung zu dulden, so ist er auf Antrag vom Arbeitsgericht wegen einer jeden Zuwiderhandlung nach vorheriger Androhung zu einem Ordnungsgeld zu verurteilen.** [3]**Führt der Arbeitgeber die ihm durch eine rechtskräftige gerichtliche Entscheidung auferlegte Handlung nicht durch, so ist auf Antrag vom Arbeitsgericht zu erkennen, dass er zur Vornahme der Handlung durch Zwangsgeld anzuhalten sei.** [4]**Antragsberechtigt sind der Betriebsrat oder eine im Betrieb vertretene Gewerkschaft.** [5]**Das Höchstmaß des Ordnungsgeldes und Zwangsgeldes beträgt 10 000 Euro.**

Inhaltsübersicht

I. Vorbemerkung

Die Vorschrift regelt **Sanktionsmöglichkeiten** gegen den BR, seine Mitgl. und **1** den ArbGeb. im Falle grober Pflichtverletzungen. Sie dient damit mittelbar der Funktionsfähigkeit des BR und dem gesetzmäßigen Verhalten der Betriebspartner. Darüber hinaus weist das AGG dem BR wie einer im Betrieb vertretenen Gewerkschaft auch die soziale Verantwortung für die Einhaltung des im AGG geregelten Diskriminierungsschutzes zu. Dazu bestimmt § 17 Abs. 2 AGG die Voraussetzungen für die Einleitung eines gerichtl. Verf. und ordnet für dessen Durchführung im Wege eine Rechtsfolgenverweisung die Geltung des § 23 Abs. 3 an (Einzelheiten Rn 111 ff.).

Die Abs. 1 und 2 des § 23 regeln **abschließend das Verfahren** und die Voraussetzungen für **eine Auflösung des BR als Kollektivorgan** und für **einen Ausschluss** **1a** **einzelner Mitgl.** Über beide Maßnahmen ist im arbeitsgerichtlichen BeschlVerf. zu entscheiden. Voraussetzung ist neben einer groben Verletzung der gesetzlichen Pflichten ein ordnungsgemäßer Antrag der in Abs. 1 genannten Berechtigten. Eine Abwahl des BR oder eine Absetzung einzelner BRMitgl. durch die ArbN des Betriebs ist nicht zulässig. Der BR hat kein imperatives, sondern ein repräsentatives Mandat (BVerfG NJW 79, 1875). Beschließt das ArbG die Auflösung des BR, hat es von Amts wegen einen Wahlvorst. für die Neuwahl zu bestellen. Nach der früheren Rspr. des BAG haben es die Abs. 1 und 2 nicht ausgeschlossen, vom BR oder einzelnen Mitgl. im arbeitsgerichtlichen BeschlVerf. das Unterlassen betriebsverfassungswidriger Handlungen zu verlangen (BAG 22. 7. 80 AP Nr. 3 zu § 74 BetrVG 1972). Diese Rspr. hat das BAG nunmehr zu Recht wegen der gesetzl. Konzeption des § 23 aufgegeben (BAG 17. 3. 10 – 7 ABR 95/08 – NZA 10, 1133). Danach sieht das G von einer ausdrücklichen Regelung eines gegen den BR oder das BRMitgl. gerichteten **Unterlassungsanspruchs des ArbGeb.** ab und billigt ihm stattdessen das Recht zu, in Fällen grober Pflichtverletzungen die Auflösung des BR oder den Ausschluss aus dem BR zu betreiben. Hinzu kommt, dass ein entsprechender Unterlassungstitel gegenüber dem BR wegen dessen Vermögenslosigkeit nicht vollstreckbar ist und Auflösung oder Ausschluss eine Wiederholung des beanstandeten betriebsverfassungswidrigen Verhaltens hindern.

2   Abs. 3 bietet die Möglichkeit, einen **ArbGeb.**, der grob gegen seine Verpflichtungen aus diesem Gesetz verstoßen hat, auf Antrag des BR oder einer im Betrieb vertretenen Gewerkschaft hin, durch gerichtliche Zwangsmaßnahmen zur Befolgung des
Gesetzes anzuhalten. Die Regelung ist **nicht abschließend.** Die Möglichkeit, nach
allgemeinen Zwangsvollstreckungsregeln die Einhaltung der gesetzlichen Pflichten
des ArbGeb. sicherzustellen, bleibt unberührt (vgl. Rn 96 ff.).

3   Die Vorschrift gilt für die BordVertr. und den SeeBR entsprechend (vgl. § 115
Abs. 3, § 116 Abs. 2). Für die JugAzubiVertr. gilt nur Abs. 1 (vgl. § 65), nicht dage-
gen die Abs. 2 und 3 (*DKK-Trittin* Rn 6; GK-*Oetker* Rn 5). Die Bestellung des
Wahlvorst. erfolgt bei einer Auflösung der JugAzubiVertr. nach § 63 nicht durch das
ArbG, sondern den BR. Verletzt der ArbGeb. die ihm gegenüber der JugAzubiVertr.
obliegenden Pflichten in grober Weise, kann neben jeder im Betrieb vertretenen Ge-
werkschaft nur der BR, nicht die JugAzubiVertr. das Verfahren nach Abs. 3 einleiten
(BAG 15. 8. 78 AP Nr. 1 zu § 23 BetrVG 1972; GK-*Oetker* Rn 5).

4   Abs. 1 und 2 sind nicht auf den GesBR, den KBR, die GesJugAzubiVertr. und die
KJugAzubiVertr. anzuwenden. Hier gelten die Sondervorschriften der §§ 48, 56, 73
Abs. 2 und § 73b Abs. 2. Andererseits gilt Abs. 3 gem. § 51 Abs. 5 und § 59 Abs. 1
iVm. § 51 Abs. 5 auch im Verhältnis des Unternehmers zum GesBR und dem KBR
(*DKK-Trittin* Rn 6; GK-*Oetker* Rn 4; aA *HSWGNR* Rn 3).

5   Die Vorschrift ist **zwingend.** Sie kann weder durch BV noch durch TV abbedungen werden (h. M).

6   Entsprechende Vorschriften: § 28 BPersVG, § 9 Abs. 1 SprAuG.

II. Ausschluss aus dem Betriebsrat – Auflösung des Betriebsrats

1. Antrag

7   Das arbeitsgerichtliche Verfahren nach Abs. 1 setzt einen **Antrag** voraus. Dieser
kann nur von den in der Vorschrift genannten Antragsberechtigten gestellt werden. Er
ist konkret zu begründen (hM) und kann nur auf den in Abs. 1 S. 1 genannten
Grund einer groben Verletzung der gesetzlichen Pflichten gestützt werden.

8   Der Antrag muss **ausdrücklich gestellt** werden. Ein Misstrauensvotum der Betr-
Verslg. gegen den BR oder ein einzelnes BRMitgl. ist kein Antrag auf Auflösung des
BR oder Ausschluss eines Mitglieds aus dem BR. Ein **Misstrauensvotum** ist, da es
eine Abberufung des BR oder eines einzelnen Mitgl. durch die Wähler nicht gibt,
ohne rechtliche Wirkung (hM). Es kann höchstens den BR zum Rücktritt veranlassen. Wird das Misstrauensvotum in Form eines Beschlusses gekleidet, der die Einleitung des arbeitsgerichtlichen Verfahrens fordert, muss der Beschluss durch einen
förmlichen Antrag beim ArbG umgesetzt werden.

2. Antragsberechtigte

9   Der Antrag kann von mindestens einem **Viertel der wahlberechtigten ArbN**
des Betriebs gestellt werden. Die Wahlberechtigung muss im Zeitpunkt der Antragstellung gegeben sein (GK-*Oetker* Rn 64; *Richardi/Thüsing* Rn 33). Antragsberechtigt
sind alle wahlberechtigten ArbN des Betriebs einschl. der in Privatbetrieben tätigen
Beamten, Soldaten und ArbN des öffentl. Dienstes (§ 7 Rn 52). Wahlberechtigt sind
auch die **Leih-ArbN,** wenn sie länger als 3 Monate im Betrieb des Entleihers eingesetzt werden (vgl. § 7 Rn 37 ff.). Auch BRMitgl. sind antragsberechtigt (*DKK-Trittin*
Rn 28). Die Mindestzahl ist zwingend. Das Quorum muss während des gesamten
Verfahrens gewahrt sein (BAG 14. 2. 78 AP Nr. 7 zu § 19 BetrVG 1972); kurzfristige Unterschreitungen sind unschädlich (WPK/*Kreft* Rn 7). Es berechnet sich
nach dem regelmäßigen Stand der Belegschaft (vgl. § 1 Rn 234 ff.). Im Gegensatz

zum Wahlanfechtungsverfahren (vgl. § 19) können in das Verfahren nach § 23 Abs. 1 für ausscheidende andere wahlberechtigte ArbN eintreten, um das erforderliche Mindestquorum zu erhalten (*HSWGNR* Rn 9; **aA** GK-*Oetker* Rn 64). Denn es handelt sich bei dem Verfahren nach § 23 Abs. 1 um eine akute Vertrauenskrise zwischen ArbN und BR bzw. einzelnen BRMitgl. und nicht wie bei der Wahlanfechtung um die Bewertung eines in der Vergangenheit liegenden Ereignisses. Außerdem kennt das Verfahren nach § 23 im Gegensatz zur Wahlanfechtung keine Ausschlussfrist für die Einleitung des gerichtlichen Verfahrens. Demgegenüber können weder ArbGeb. noch eine im Betrieb vertretene Gewerkschaft anstelle ausscheidender wahlberechtigter ArbN in das Verfahren eintreten. Scheiden alle Antragsteller aus dem Betrieb aus, ist das Verfahren mangels Rechtsschutzinteresses zu beenden (BAG 15. 2. 89 AP Nr. 17 zu § 19 BetrVG 1972).

Antragsberechtigt ist ferner der **ArbGeb.** Dies gilt nur hinsichtlich solcher Pflicht- **10** verletzungen, die Rechte und Pflichten des BR oder seiner Mitgl. ihm gegenüber betreffen. Pflichtverletzungen im Verhältnis der BRMitgl. untereinander oder im Verhältnis zur Belegschaft kann der ArbGeb. nach dem Zweck seines Antragsrechts nicht geltend machen. Er ist weder Anwalt der Belegschaft noch des BR (*DKK-Trittin* Rn 30; GK-*Oetker* Rn 67; *Richardi/Thüsing* Rn 30, 35). Der ArbGeb. kann sich zur Begründung seines Antrags auch nicht auf solche Amtspflichtverletzungen stützen, an denen er mitgewirkt hat (zB. Abschluss offenkundig tarifwidriger BV). Das wäre rechtsmissbräuchlich.

Schließlich kann jede **im Betrieb vertretene Gewerkschaft** (§ 2 Rn 24) den **11** Antrag stellen. Ob örtliche Untergliederungen einer Gewerkschaft antragsberechtigt sind, bestimmt sich nach der Satzung der Gewerkschaft. Mangels ausdrücklicher gesetzl. Ermächtigung steht einer gewerkschaftlichen Spitzenorganisation iSd. § 2 Abs. 2, 3 TVG kein eigenes Antragsrecht zu; allenfalls kann sie hierzu von einer im Betrieb vertretenen Einzelgewerkschaft bevollmächtigt werden (GK-*Oetker* Rn 68; *Richardi/Thüsing* Rn 34; **aA** *HSWGNR* Rn 10). Das Antragsrecht der Gewerkschaft besteht auch, soweit es sich um den Ausschluss eines einzelnen BRMitgl. handelt, ohne Rücksicht darauf, ob das BRMitgl. der antragstellenden Gewerkschaft angehört (BAG 22. 6. 93 AP Nr. 22 zu § 23 BetrVG 1992). Die Vertretung der Gewerkschaft im Betrieb muss als Verfahrensvoraussetzung während des gesamten Verfahrens gegeben sein (GK-*Oetker* Rn 68; *HSWGNR* Rn 10; *Richardi/Thüsing* Rn 37; **aA** *DKK-Trittin* Rn 32).

In den Betrieben der **privatisierten Post- und Bahnunternehmen,** in denen **12** für eine längere Übergangszeit noch Beamte beschäftigt werden, sind auch die im Betrieb vertretenen **Berufsverbände der Beamten** antragsbefugt (WPK/*Kreft* Rn 8). Für den Bereich des Personalvertretungsrechts sind die Berufsverbände der Beamten den Gewerkschaften gleichgestellt (BVerwG AP Nr. 1 zu § 2 BPersVG). Dies folgt aus der auch den Beamten zustehenden Koalitionsfreiheit und der Schutzfunktion der Berufsverbände den Beamten gegenüber (GK-*Oetker* Rn 69).

Für den Fall der **Amtsenthebung einzelner BRMitgl.** ist auch der BR antrags- **13** berechtigt. Eine Gruppe im BR ist nicht antragsbefugt (LAG Düsseldorf DB 90, 283). An dem nach § 33 mit einfacher Mehrheit zu fassenden Beschluss des BR, das Verfahren auf Ausschluss eines BRMitgl. zu betreiben, wirkt das auszuschließende BRMitgl. weder bei der Beratung noch bei der Beschlussfassung mit (vgl. BAG 3. 8. 99 AP Nr. 7 zu § 25 BetrVG 1972). Es ist im Sinne des § 25 Abs. 1 Satz 2 „zeitweilig" verhindert. An seiner Stelle wirkt das nach § 25 zu ermittelnde ErsMitgl. mit (vgl. § 25 Rn 18). Dem auszuschließenden BRMitgl. ist jedoch Gelegenheit zur Stellungnahme zu geben. Ein unwirksamer Einleitungsbeschluss kann nach Verfahrenseinleitung nachgeholt werden. Soweit der Verfahrensbevollm. aufgrund ordnungsgem. Beauftragung durch den BR den Antrag eingereicht hat, entsteht auch ein Prozessrechtsverhältnis (vgl. BAG 18. 2. 03 AP Nr. 11 zu § 77 BetrVG 1972 Betriebsvereinbarung; *Linsenmaier* FS Wißmann S. 378; **aA** WPK/*Kreft* 9, bei Annahme einer Identität von Einleitungsbeschluss und Mandatserteilung).

3. Ausschluss von Mitgliedern aus dem Betriebsrat

14   Der Ausschluss eines (oder auch mehrerer) Mitgl. des BR kann nur wegen grober Verletzung der aus dem Amt als BRMitgl., nicht etwa der aus dem Arbeitsverhältnis sich ergebenden Pflichten, erfolgen. Die grobe Pflichtverletzung muss **objektiv erheblich** und **offensichtlich schwerwiegend** und damit von einem solchen Gewicht sein, dass sie das Vertrauen in eine künftig ordnungsgem. Amtsführung zerstört oder zumindest schwer erschüttert (BAG 22. 6. 93 AP Nr. 22 zu § 23 BetrVG 1972; BVerwG 14. 4. 04 NZA-RR 04, 448). Der Begriff der groben Pflichtverletzung räumt als unbestimmter Rechtsbegriff den Tatsacheninstanzen einen Beurteilungsspielraum ein, der vom BAG im Rechtsbeschwerdeverfahren nur eingeschränkt überprüfbar ist (BAG 22. 6. 93 AP Nr. 22 zu § 23 BetrVG 1972).

a) Grobe Pflichtwidrigkeit

15   Zu den **gesetzlichen Pflichten** gehören alle Pflichten aus dem BetrVG, auch die Beachtung der Grundsätze von Recht und Billigkeit nach § 75, sowie aus allen anderen gesetzlichen Vorschriften (vgl. die Übersicht bei *Pulte* NZA 00, 234). Das sind auch die durch **TV** oder **BV** konkretisierten Pflichten (GK-*Oetker* Rn 17; *DKK-Trittin* Rn 7; ErfK-*Koch* Rn 3). Zu den gesetzlichen Amtspflichten zählen auch jene, die sich aus einer besonderen Stellung innerhalb des BR ergeben, etwa der des Vors. oder stellvertr. Vors., ferner aus der Mitglschaft im BetrAusschuss oder einem anderen Ausschuss des BR (*HSWGNR* Rn 15). Eine Verletzung von Pflichten als Mitgl. einer E-Stelle ist nicht zwangsläufig mit einer Verletzung gesetzlicher BRPflichten verbunden. Gleiches gilt für die Verletzung von Pflichten als Mitgl. des GesBR oder KBR (GK-*Oetker* Rn 16). Für den Ausschluss aus dem GesBR und dem KBR enthalten §§ 48 und 56 Sonderregelungen. Zur Verantwortlichkeit der BRMitgl. für rechtswidrige BRBeschlüsse vgl. *Buchner* FS Müller S. 93 ff.

16   Eine zum Ausschluss führende **Pflichtverletzung muss schuldhaft**, dh vorsätzlich oder grob fahrlässig begangen sein (*HSWGNR* Rn 17; *DKK-Trittin* Rn 13; im Grundsatz auch *Richardi/Thüsing* Rn 28; **aA** WPK/*Kreft* Rn 13; GK-*Oetker* Rn 39 ff., der nach dem Zweck des § 23 Abs. 1 eine grobe Pflichtverletzung annimmt, wenn die Handlung darauf schließen lässt, das BRMitgl. werde auch für den Rest der Amtszeit pflichtwidrig handeln). Eine nur objektiv, nicht schuldhafte Pflichtverletzung genügt nicht, es sei denn, es läge ein krankhaftes, querulatorisches Verhalten vor (BAG 5. 9. 67 AP Nr. 8 zu § 23 BetrVG; BVerwG AP Nr. 8 zu § 26 PersVG; **aA** *HSWGNR* Rn 17; *Richardi/Thüsing* Rn 29). Ein Verschulden kann zu verneinen sein, wenn das BRMitgl. einem unverschuldeten Rechtsirrtum unterliegt, weil es sich etwa um einen tatsächlich oder rechtlich schwierig gelagerten Sachverhalt handelt (ArbG Marburg NZA 96, 1331).

17   Es genügt eine **einmalige grobe Pflichtverletzung** (*DKK-Trittin* Rn 11; GK-*Oetker* Rn 37). Wiederholte leichte Pflichtverletzungen können nur in Ausnahmefällen, etwa wg. einer darin zum Ausdruck kommenden Beharrlichkeit, eine grobe Pflichtverletzung sein (*HSWGNR* Rn 16; *Richardi/Thüsing* Rn 27).

17a   Die vorherige Abmahnung einer Amtspflichtverletzung ist weder erforderlich noch möglich. Eine **betriebsverfassungsrechtliche Abmahnung** ist unzulässig. Für die Amtsenthebung genügt es eben nicht, dass aus der subjektiven Sicht des ArbGeb. eine weitere Zusammenarbeit mit dem BR oder eines seiner Mitgl. bei einer Fortführung des beanstandeten Verhaltens nicht mehr möglich scheint. Erforderlich ist vielmehr eine besonders schwerwiegende Pflichtverletzung, die unter Berücksichtigung aller Umstände eine weitere Amtsführung untragbar werden lässt. Diese Anforderungen sind nicht vereinbar mit der Warnfunktion einer Abmahnung. Ein BRMitgl., dessen Pflichtverletzung das vom Gesetz geforderte Ausmaß erreicht, kann von vornherein nicht mit der Billigung dieses Verhaltens und dem Verbleib im Amt rechnen. Die Anerkennung einer Abmahnbefugnis für Pflichtverletzungen, die nach den Vorstellungen des Gesetzgebers nicht für eine Amtsenthebung ausreichen, steht deshalb in Widerspruch zur gesetzlichen Wertung des § 78 (vgl. BAG 5. 12. 75 AP Nr. 1 zu § 87 BetrVG 1972 Betriebsbuße; LAG Düsseldorf LAGE § 23 BetrVG 1972 Nr. 31; LAG Berlin LAGE § 611 BGB Abmahnung Nr. 28; GK-*Oetker* Rn 38; *Richardi/ Thüsing* Rn 11; *Kania* DB 96, 374; **aa** DKK-*Trittin* Rn 45; *SWS* Rn 10a; WPK/ *Kreft* Rn 13; HaKo-BetrVG/*Düwell* Rn 15; *Schleusener* NZA 01, 640). Im Übrigen führt es zu Wertungswidersprüchen, eine betriebsverfassungsrechtliche Abmahnungs-befugnis allein dem ArbGeb., nicht jedoch den sonstigen nach § 23 Abs. 1 Anfech-tungsberechtigten zuzubilligen.

Hat der BR den Antrag auf Ausschluss eines (oder mehrerer) seiner Mitgl. gestellt, **18** ist ein Hinweis auf die Unzumutbarkeit weiterer Zusammenarbeit für die Begrün-dung des Antrags unzureichend. Es ist vielmehr erforderlich, dass der Auszuschlie-ßende durch ein ihm zurechenbares Verhalten die **Funktionsfähigkeit des BR** ernstlich bedroht oder lahmgelegt hat (BAG 5. 9. 67 AP Nr. 8 zu § 23 BetrVG; BAG 21. 2. 78 AP Nr. 1 zu § 74 BetrVG 1972; GK-*Oetker* Rn 43; HSWGNR Rn 18; aa WPK/*Kreft* Rn 4; einschränkend *Richardi/Thüsing* Rn 10, der in der schuldhaften Herbeiführung der Funktionsunfähigkeit eine grobe Pflichtverletzung sieht und, falls diese keinem bestimmten BRMitgl. vorgeworfen werden kann, nur die Auflösung des BR zulassen will).

Als grobe Pflichtverletzung kommt in Betracht: **19**

– Verletzung der Schweigepflicht, wenn sie wiederholt erfolgt oder schwerwiegende Folgen hat. Nicht jeder Beratungspunkt des BR unterliegt der Schweigepflicht, sondern nur Be-triebs- und Geschäftsgeheimnisse, die der ArbGeb. ausdrücklich als geheimhaltungsbe-dürftig bezeichnet hat (vgl. § 79), und solche Gegenstände, die ihrer Natur nach nicht für die Öffentlichkeit bestimmt sind, zB aus dem privaten Bereich von ArbN (vgl. hierzu auch die Schweigepflicht nach § 82 Abs. 2, § 83 Abs. 1, § 99 Abs. 1, § 102 Abs. 2). In Zwei-felsfällen sollte ein BRBeschluss über die Geheimhaltung herbeigeführt werden (vgl. BAG 5. 9. 67 AP Nr. 8 zu § 23 BetrVG; vgl. auch § 79);
– Preisgabe von vertraulichen – unter Ausnutzung oder doch auf Grund der BREigenschaft erlangten – Informationen oder Kenntnissen an den ArbGeb. (LAG München DB 78, 895);
– Weitergabe von Gehaltslisten an außerbetriebliche Stellen (zB an Gewerkschaft zur Überprüfung der Beitragsehrlichkeit (BAG 22. 5. 59 AP Nr. 3 zu § 23 BetrVG);
– Diffamierung von BRMitgl. (LAG Düsseldorf DB 77, 2191);
– Handgreiflichkeiten gegenüber anderen BRMitgl. in der BRSitzung (ArbG Berlin ArbuR 82, 260);
– Aufruf zu einem wilden Streik (LAG Hamm BB 56, 41);
– falsche Angaben eines freigestellten BRMitgl. über Zweck seiner Tätigkeit außerhalb des Betriebs (BAG 21. 2. 78 AP Nr. 1 zu § 74 BetrVG 1972);
– wiederholte (partei-)politische Agitation im Betrieb (BAG 3. 12. 54 und 13. 1. 56 AP Nr. 2 u. 3 zu § 13 KSchG; BAG 21. 2. 78 AP Nr. 1 zu § 74 BetrVG 1972) sowie die Be-handlung von (partei-)politischen Fragen in einer BetrVerslg., die den Betriebsfrieden stört (BAG 4. 5. 55 AP Nr. 1 zu § 44 BetrVG; LAG Düsseldorf DB 77, 2191); nicht jede ge-legentliche politische Tätigkeit von BRMitgl. berechtigt zum Ausschluss (vgl. BAG 8. 8. 68 AP Nr. 57 zu § 626 BGB). Zur Frage, inwieweit das Grundrecht der Meinungsfreiheit nach Art. 5 Abs. 1 GG die Pflichtwidrigkeit tangiert vgl. BVerfG AP Nr. 2 zu § 74 BetrVG 1972 sowie § 74 Rn 33. Parteipolitische Betätigung außerhalb des Betriebs ist zulässig, auch wenn dabei die BRMitglschaft zu erkennen gegeben wird (LAG Hamburg BB 70, 1480; vgl. aber auch LAG Niedersachsen BB 70, 1480);
– Beteiligung an Arbeitskämpfen unter Ausnutzung des BRAmtes (GK-*Oetker* Rn 50); vgl. aber auch § 74 Rn 15;
– grundsätzliche Ablehnung der Zusammenarbeit mit der Mehrheit der anders organi-sierten BRMitgl. (BAG 5. 9. 67 AP Nr. 8 zu § 23 BetrVG);
– ständiges unentschuldigtes Fernbleiben von der BRSitzung;
– Nichtteilnahme an BRSitzungen oder an Abstimmungen im BR;
– Entgegennahme von besonderen, nur dem betreffenden BRMitgl. zugewandten Vorteilen zum Zwecke der Beeinflussung der Amtsführung oder zur Belohnung einer voraufgegan-genen pflichtwidrigen Amtsführung (LAG München DB 78, 895);

- Unterstützung von Maßregelungskündigungen und Missachtung des Überwachungsgebots des § 75 (ArbG Freiburg AiB 98, 402);
- Diffamierung und grobe Beschimpfung des ArbGeb. (BVerwG 24. 1. 90 EzA § 23 BetrVG 1972 Nr. 30; LAG München BB 03, 2168; ArbG Marburg NZA-RR 01, 91);
- Verstoß gegen die Pflicht zur gewerkschaftsneutralen Amtsführung, um den Gewerkschaftsbeitritt betriebsangehöriger ArbN zu erzwingen (LAG Köln NZA-RR 01, 372).
- Drohung der Einschaltung des Gewerbeaufsichtsamts wegen Verstöße gegen das ArbZG um eigener individualrechtlicher Vorteile willen (ArbG München 25. 9. 06 AuA 07, 58).
- Weitergabe von Bewerbungsunterlagen an Dritte (ArbG Wesel 16. 10. 08 NZA-RR 09, 21.

20 **Keine grobe Pflichtverletzung ist regelmäßig:**

- Gewerkschaftliche Betätigung (vgl. § 74 Abs. 3);
- Werbung für eine Gewerkschaft ohne Ausübung von Druck (BVerwG AP Nr. 2 zu § 26 PersVG; OVG Saarland AP Nr. 15 zu Art. 9 GG);
- Erstattung einer Strafanzeige gegen den ArbGeb., soweit diese nicht missbräuchlich ist oder absichtlich unwahre Anschuldigungen enthält (LAG Ba-Wü AP Nr. 2 zu § 78 BetrVG);
- mangelnde Kompromissbereitschaft gegenüber dem ArbGeb.;
- Informationen an das Gewerbeaufsichtsamt oder an die Berufsgenossenschaft über sicherheitstechnische Mängel (vgl. § 89 Rn 14);
- Streitigkeiten innerhalb des BR, die auf sachlichen Meinungsverschiedenheiten beruhen (BAG 5. 9. 67 AP Nr. 8 zu § 23 BetrVG);
- unbefugte Weitergabe von Personaldaten, wenn auf Grund einer Entschuldigung des BR bei den Betroffenen eine Wiederholungsgefahr auszuschließen ist (ArbG Marburg NZA-RR 01, 94).

b) Amts- und Vertragspflichtverletzung

21 Von der Verletzung betriebsverfassungsrechtlicher Pflichten ist die **Verletzung von Pflichten aus dem Arbeitsvertrag** zu unterscheiden. Verletzt ein BRMitgl. seine Vertragspflichten, zB schuldhafte fehlerhafte Arbeitsleistung, kommen nur arbeitsvertragliche Sanktionsmöglichkeiten in Betracht, nicht dagegen ein Ausschluss aus dem BR. Umgekehrt kann eine bloße Amtspflichtverletzung nicht zu arbeitsvertraglichen, sondern nur zu betriebsverfassungsrechtlichen Sanktionen wie der Amtsenthebung führen (*DKK-Trittin* Rn 43; *GK-Oetker* Rn 20; *HSWGNR* Rn 22; *Richardi/ Thüsing* Rn 19).

22 Unter Umständen kann aber eine grobe Verletzung der Pflichten des BRMitgl. zugleich auch eine Verletzung der **Pflichten aus dem Arbeitsverhältnis** darstellen (zB wenn das BRMitgl. unter dem Vorwand angeblicher BRGeschäfte sich unberechtigt von der Arbeit entfernt). In diesem Falle hat **der ArbGeb. die Wahl** (*HSWGNR* Rn 24; *Richardi/Thüsing* Rn 19 ff.; eingehend *GK-Oetker* Rn 22 ff., 27; **aA** nur Ausschlussverfahren: *DKK-Trittin* Rn 43 f.). Er kann sich auf den Antrag auf Ausschluss des Mitgl. aus dem BR beschränken oder außerordentlich kündigen, sofern dessen Verhalten eine Kündigung des Arbeitsverhältnisses aus wichtigem Grund ohne Einhaltung einer Kündigungsfrist rechtfertigt und der BR gemäß § 103 der außerordentlichen Kündigung zugestimmt hat. Verweigert der BR seine Zustimmung, kann der ArbGeb. gemäß § 103 Abs. 2 beim ArbG die Ersetzung der Zustimmung des BR zur außerordentlichen Kündigung beantragen. Der ArbGeb. kann den **Antrag auf Ausschluss aus dem BR und den Antrag auf Ersetzung der Zustimmung des BR zur außerordentlichen Kündigung des BRMitgl. prozessual miteinander verbinden.** Gleichwohl muss bei der Antragstellung aus Gründen der Rechtsklarheit bedacht werden, ob die Entfernung aus dem BR oder die Beendigung des Arbeitsverhältnisses im Vordergrund steht. Im Einzelnen gilt: Beide Anträge zielen auf die Beendigung der Mitgl. im BR. Das wird bei einem Antrag nach § 23 Abs. 1 mit Rechtskraft des arbeitsgerichtlichen Beschlusses, bei einem Antrag nach § 103 Abs. 3 frühestens nach rechtskräftiger Zustimmungsersetzung und Ausspruch der außerordentlichen Kündigung (vgl. § 24 Abs. 1 Nr. 3) erreicht. Zu

einem Ausschlussantrag sollte ein Antrag auf Ersetzung der Zustimmung des BR zur außerordentlichen Kündigung aus materiellrechtlichen Gründen allenfalls hilfsweise gestellt werden. Denn mit der Rechtskraft des Ausschlusses entfällt das Zustimmungserfordernis nach § 103 Abs. 1. Sind die angeführten Gründe für einen Ausschluss unzureichend, dürfte ein hierauf gestütztes Zustimmungsersetzungsverfahren ebenfalls erfolglos sein. Umgekehrt kann ein Ausschlussantrag nach § 23 Abs. 1 hilfsweise (BAG 21. 2. 78 AP Nr. 1 zu § 74 BetrVG 1972; vgl. § 103 Rn 44) oder kumulativ zu einem Antrag nach § 103 Abs. 2 gestellt werden. Denn die rechtskräftige Zustimmungsersetzung bewirkt noch nicht das Ende der Mitgl. im BR (GK-*Oetker* Rn 75; *Richardi/Thüsing* Rn 44; ErfK-*Koch* Rn 14, 15; DKK-*Trittin* Rn 35).

Da für die Ahndung von Amtspflichtverstößen eines BRMitgl. das Gesetz ein **23** Amtsenthebungsverfahren vorsieht, ist an die darüber hinaus ggfl. bestehende **Möglichkeit einer außerordentlichen Kündigung** wegen gleichzeitiger schwerer Verletzung des Arbeitsvertrages ein strenger Maßstab anzulegen (vgl. BAG 8. 8. 68 AP Nr. 57 zu § 626 BGB). Dies gilt jedenfalls dann, wenn die Vertragsverletzung mit der Amtsausübung des BR zusammenhängt; denn BRMitgl. können infolge ihrer exponierten Stellung und gerade bei aktiver BRTätigkeit leichter als andere ArbN in Kollision mit arbeitsvertraglichen Pflichten kommen (vgl. BAG 16. 10. 86 AP Nr. 95 zu § 626 BGB; BAG 15. 7. 92 AP Nr. 9 zu § 611 BGB Abmahnung; GK-*Oetker* Rn 28 ff.; *Richardi/Thüsing* Rn 23; **aA** HSWGNR Rn 26; **weitergehend** DKK-*Trittin* Rn 43, der wegen einer von ihm angenommenen Unterscheidbarkeit von Amtspflichtverletzung und Arbeitsvertragsverstoß das Bestehen einer Konfliktlage von vornherein verneint, weshalb das Verfahren nach § 23 Abs. 1 gegenüber arbeitsvertraglichen Sanktionen vorrangig sein soll). Die von § 23 Abs. 1 bezweckte Sicherung der BRTätigkeit kann nicht dadurch unterlaufen werden, dass sich der ArbGeb. auf individualrechtliche Sanktionen beschränkt. Im Allgemeinen kann eine außerordentliche Kündigung nur solche Gründe gestützt werden, die sich auch künftig nachteilig auf das Arbeitsverhältnis auswirken würden. Beruht diese Prognose auf einem Verhalten, das der Amtstätigkeit zuzurechnen ist, müsste dieser Gefährdung vorrangig durch eine Amtsenthebung begegnet werden (Ultima-Ratio-Prinzip). Das dürfte wegen § 78 S. 2 auch geboten sein (GK-*Oetker* Rn 29).

Hat ein BRMitgl. im Zusammenhang mit dem groben Verstoß ein Schutzgesetz **24** verletzt, so kommt die Geltendmachung von Schadensersatzansprüchen in Betracht (vgl. § 1 Rn 191 ff., § 79 Rn 43).

Der Ausschluss eines BRMitgl. ist **nach Ablauf der Amtsperiode** nicht mehr zu- **25** lässig, selbst wenn es in der folgenden Amtsperiode wiedergewählt wird (*DKK-Trittin* Rn 14; WPK/*Kreft* Rn 14; **aA** GK-*Oetker* Rn 45; HSWGNR Rn 19, *Richardi/ Thüsing* Rn 26; *SWS* Rn 6, wenn sich die frühere Pflichtverletzung auf die aktuelle Amtsführung noch belastend auswirkt). Der Ausschluss erstreckt sich nur auf die jeweilige Wahlperiode. Er steht einer Wiederwahl nicht entgegen, weil ein Ausschluss sich nicht auf die Wählbarkeit gem. § 8 auswirkt (vgl. BAG 29. 4. 69 AP Nr. 9 zu § 23 BetrVG; vgl. auch Rn 28). Das Ausschlussverfahren erledigt sich regelmäßig mit der Neuwahl (BAG 8. 12. 61 AP Nr. 7 zu § 23 BetrVG). Der Antrag wird infolge des Ablaufs der Wahlperiode unzulässig (nach *Richardi/Thüsing* Rn 42 nachträglich unbegründet). Der Antragsteller kann eine Erledigungserklärung abgeben.

c) Rechtsfolgen

Mit der **Rechtskraft** des den Ausschluss aus dem BR aussprechenden arbeitsge- **26** richtlichen Beschlusses **erlischt die Mitgliedschaft** im BR. Gemäß § 25 rückt ein ErsMitgl. nach.

Darüber hinaus hat der rechtskräftige Beschluss des ArbG die Wirkung, dass das **27** ausgeschlossene BRMitgl., sofern es zugleich Mitgl. des GesBR und ggfls. des KBR ist, auch diese Ämter verliert (vgl. §§ 49 und 57). Das Gleiche gilt hinsichtlich des

Amts als Mitgl. des WiAusschusses, sofern das ausgeschlossene BRMitgl. nach § 107 Abs. 1 Satz 1 als BRMitgl. in den WiAusschuss entsandt worden ist.

28   Nicht berührt wird die Mitglschaft in einer E-Stelle oder in einem Aufsichtsrat als ArbNVertreter. Der Ausschluss kann jedoch Anlass für eine **Abberufung** sein (GK-*Oetker* Rn 88; *DKK-Trittin* Rn 40).

29   Der rechtskräftige Ausschluss aus dem BR hat zur Folge, dass das BRMitgl. den besonderen **Kündigungsschutz und Versetzungsschutz** der betriebsverfassungsrechtlichen Funktionsträger **verliert** (ErfK-*Koch* Rn 16; WPK/*Kreft* Rn 17). Soweit dieser Kündigungsschutz auf die Zeit der Mitgliedschaft im BR beschränkt ist, wie zB im Fall der außerordentlichen Kündigung gemäß § 103, versteht sich dies von selbst. Aber auch der nachwirkende Kündigungsschutz für BRMitgl. gegen ordentliche Kündigungen gemäß § 15 Abs. 1 KSchG gilt nicht für durch eine gerichtliche Entscheidung aus dem BR ausgeschlossene BRMitgl. (vgl. § 15 Abs. 1 Satz 2 zweiter Halbs. KSchG; vgl. § 103 Rn 38). Diese Wirkungen treten nicht ein, wenn ein BRMitgl. durch eine einstweilige Verfügung lediglich vorläufig aus dem BR entfernt worden ist (GK-*Oetker* Rn 91). Das ausgeschlossene BRMitgl. behält mangels einer entgegenstehenden gesetzlichen Regelung seine Rechte aus § 37 Abs. 4 und 5 sowie § 38 Abs. 4 (*DKK-Trittin* Rn 39). Das Gegenteil folgt nicht aus dem Rechtsgedanken des § 15 Abs. 1 S. 2 KSchG, der einem völlig anderen Zweck als der Vertragsinhaltsschutz der §§ 37 Abs. 4, 5 und 38 Abs. 4 dient (**aA** GK-*Oetker* Rn 92).

30   Die Frage, ob das ausgeschlossene BRMitgl. **sofort wiedergewählt** werden kann oder erst nach einer gewissen Zeit, etwa erst nach Ablauf der normalen Amtsperiode, ist umstritten. Die Frage wird bei vorzeitiger Neuwahl des BR praktisch. Die Möglichkeit auch der alsbaldigen Wiederwahl ist zu bejahen (BVerwG AP Nr. 7 zu § 10 PersVG; GK-*Oetker* Rn 95; *DKK-Trittin* Rn 15; **aA** *HSWGNR* Rn 33). Das ausgeschlossene Mitglied ist als **Wahlbewerber** zuzulassen. Die materiellen Voraussetzungen der Wählbarkeit sind in § 8 abschließend geregelt (vgl. BAG 16. 2. 73 AP Nr. 1 zu § 19 BetrVG 1972). Eine Einschränkung im Falle eines vorherigen Ausschlusses findet sich darin nicht.

d) Gerichtliches Verfahren

31   Das **ArbG entscheidet im BeschlVerf.** Der Antrag auf Amtsenthebung kann in der 1. Instanz bis zur Verkündigung einer diese Instanz beendenden Entscheidung ohne Zustimmung der übrigen Beteiligten jederzeit zurückgenommen werden (vgl. § 81 Abs. 2 ArbGG; BAG 12. 2. 85 AP Nr. 27 zu § 76 BetrVG 1952; GK-*Oetker* Rn 73). In den Rechtsmittelinstanzen bedarf die Rücknahme der Zustimmung der übrigen Verfahrensbeteiligten (§ 87 Abs. 2, § 92 Abs. 2 S. 3 ArbGG). Läuft ein Auflösungsverfahren und wird zugleich auch der Ausschluss eines Mitgl. aus dem BR betrieben, hat das Auflösungsverfahren aus Gründen der Prozessökonomie Vorrang (*DKK-Trittin* Rn 35; GK-*Oetker* Rn 76; *Richardi/Thüsing* Rn 45). Mit der Auflösung des BR, wird das weitere Verfahren auf Ausschluss einzelner Mitglieder unzulässig. Wird die BRWahl angefochten oder die Feststellung ihrer Nichtigkeit betrieben und wird zugleich ein Antrag auf Auflösung des BR gestellt, ist das Wahlanfechtungsverfahren aus Gründen der Prozessökonomie vorrangig (GK-*Oetker* Rn 78; *HSWGNR* Rn 36; *DKK-Trittin* Rn 35; *Richardi/Thüsing* Rn 46).

32   In dringlichen und eindeutigen Fällen kann durch eine **einstw. Verfg.** dem BRMitgl. die weitere Amtsausübung bis zur rechtskräftigen Entscheidung im Interesse der ordnungsgemäßen Zusammenarbeit untersagt werden, wenn diese mit dem BRMitgl. unter Anlegung eines strengen Maßstabs nicht einmal mehr vorübergehend zumutbar erscheint (vgl. § 85 Abs. 2 ArbGG; BAG 29. 4. 69 AP Nr. 9 zu § 23 BetrVG; LAG Hamm BB 75, 1302; *DKK-Trittin* Rn 37; GK-*Oetker* Rn 84; *Richardi/Thüsing* Rn 49).

33   Das BRMitgl. kann das Verfahren durch **Amtsniederlegung** beenden (vgl. BAG 8. 12. 61, 29. 4. 69 AP Nr. 7, 9 zu § 23 BetrVG; GK-*Oetker* Rn 77; *Richardi/Thüsing*

Rn 41). Der Amtsenthebungsantrag ist in diesem Fall mangels Rechtsschutzinteresses als unzulässig abzuweisen (GK-*Oetker* Rn 80; **aA** *Richardi*/*Thüsing* Rn 41: Zurückweisung des Antrags als unbegründet). Der nachwirkende Kündigungsschutz nach § 15 Abs. 1 S. 2 KSchG bleibt entsprechend dem Schutzgedanken der Vorschrift erhalten. Eine gerichtliche Entscheidung iSd. § 15 Abs. 1 S. 2 KSchG steht einer – aus welchen Gründen auch immer erfolgten – Amtsniederlegung nicht gleich. Bei einem Rücktritt des gesamten BR ist das Ausschlussverfahren fortzusetzen, da der BR bis zur Neuwahl die Geschäfte weiterführt und deshalb das auszuschließende BRMitgl. noch im Amt bleibt (GK-*Oetker* Rn 80; *Richardi*/*Thüsing* Rn 60).

e) Ausschluss von Ersatzmitgliedern

Bei der Frage, ob auch ein **ErsMitgl. ausgeschlossen** werden kann, ist zu unter- **34** scheiden: Ein endgültig nachgerücktes Ersatzmitglied hat die Rechtsstellung eines ordentlichen BRMitgl. Ab dem Zeitpunkt seines endgültigen Nachrückens gilt § 23 Abs. 1 unmittelbar. Für ein Ersatzmitglied, das während oder in einem unmittelbaren Zusammenhang mit einer zeitweiligen Vertretung eine grobe Amtspflichtverletzung begangen hat, gilt § 23 Abs. 1 entsprechend. Ein gegen ihn eingeleitetes Ausschlussverfahren bleibt auch nach Ende des Verhinderungsfalls zulässig, weil durch einen erfolgreichen Antrag ein nochmaliges Nachrücken während der laufenden Amtsperiode verhindert werden kann (*DKK-Trittin* Rn 17; GK-*Oetker* Rn 61; *HSWGNR* Rn 26; *Richardi*/*Thüsing* Rn 31).

4. Auflösung des Betriebsrats

Der BR kann ebenfalls nur wegen **grober Verletzung seiner gesetzlichen** **35** **Pflichten** aufgelöst werden. Dazu muss die in die Gesamtverantwortung des BR-Gremiums fallende Pflichtverletzung objektiv erheblich und offensichtlich schwerwiegend sein (BAG 22. 6. 93 AP Nr. 22 zu § 23 BetrVG 1972; WPK/*Kreft* Rn 18). Das bestimmt sich nach den Umständen des Einzelfalls. Den betrieblichen Gegebenheiten und dem Anlass der Pflichtverletzung kommt dabei ein erhebliches Gewicht zu. Den Tatsacheninstanzen steht bei der Bewertung eines Verhaltens als grobe Pflichtverletzung ein Beurteilungsspielraum zu, der im Rechtsbeschwerdeverfahren nur eingeschränkt vom BAG überprüft werden kann (BAG 21. 2. 78 AP Nr. 1 zu § 74 BetrVG 1972).

a) Grobe Pflichtwidrigkeit

Ein erhebliches Überschreiten der gesetzlichen Befugnisse, die zur Störung von **36** Ordnung und Frieden im Betrieb führt, kann eine grobe Pflichtverletzung sein. Ferner kann die dauernde oder wiederholte **Nichtwahrnehmung von Rechten und Befugnissen,** sofern diese dem BR im Interesse und zum Schutz Dritter gewährt werden, eine Pflichtverletzung darstellen. Das gilt jedenfalls dann, wenn die Nichtwahrnehmung dieser Rechte ermessensmissbräuchlich ist (ErfK-*Koch* Rn 17, 18; GK-*Oetker* Rn 103; *Richardi*/*Thüsing* Rn 4). Die Billigung einer gesetzwidrigen Tätigkeit der Ausschüsse oder seiner Mitgl. kann ebenfalls eine Amtspflichtverletzung des BR sein (**aA** *DKK-Trittin* Rn 48 nur aktives Verhalten). In jedem Fall muss ein konkreter Vorwurf erhoben werden können; allgemeine Behauptungen reichen nicht aus.

Grobe Pflichtverletzungen können sein: **37**

– Nichtbestellung des Vorsitzenden und stellvertretenden Vorsitzenden des BR;
– Unterlassen der Bildung eines BetrAusschusses;
– Unterlassen erforderlicher BRSitzungen;
– Nichtbestellung der Mitgl. des GesBR;

– Nichteinberufung von Pflichtversammlungen nach § 43, insbesondere wenn die Gewerk-
  schaft einen Antrag nach § 43 Abs. 4 gestellt hat (Hess. LAG ArbuR 94, 107);
– Abschluss einer Vereinbarung mit dem ArbGeb., die für die tarifgebundenen ArbN des
  Betriebs einen unzulässigen Verzicht auf die unmittelbare und zwingende Wirkung von
  TV nach § 4 Abs. 1 TVG und einen Ausschluss des grundsätzlichen Verzichtsverbots auf
  tarifliche Ansprüche nach § 4 Abs. 4 TVG bedeuten würde (ArbG Marburg NZA 96, 1331);
– Abschluss von BV entgegen § 77 Abs. 3, insbesondere gegen den ausdrücklichen Willen
  einer TVPartei (BAG 20. 8. 91 AP Nr. 2 zu § 77 BetrVG 1972 Tarifvorbehalt); etwas anderes gilt, wenn infolge Unübersichtlichkeit des TV der Verstoß für juristisch nicht geschulte
  Personen nur schwer erkennbar ist (BAG 22. 6. 93 AP Nr. 22 zu § 23 BetrVG 1972);
– der Abschluss einer Vereinbarung zwischen ArbGeb. und BR in Form einer Regelungsabrede mit eindeutig gesetzes- oder tarifwidrigem Inhalt;
– Beschlüsse, die gegen gesetzliche Schutzvorschriften, insbesondere gegen Arbeitsschutzvorschriften verstoßen, zB Zustimmung zu gesetzwidriger Mehrarbeit;
– grundsätzliche Missachtung der Gebote des § 2 Abs. 1 (vgl. § 2 Rn 7 ff.; ArbG Krefeld
  NZA 95, 803 für den Fall einer grundsätzlichen Ablehnung der vertrauensvollen Zusammenarbeit);
– offensichtliche Verstöße gegen die Diskriminierungsverbote des § 75;
– Beschlüsse, die zu unzulässigen Arbeitskampfmaßnahmen aufrufen oder eindeutig parteipolitischen Inhalt haben.

38   **Keine grobe Pflichtverletzung** ist es, wenn sich der BR bei einer spontanen,
durch provokative Maßnahmen des ArbGeb. verursachte Arbeitsniederlegung mit den
streikenden ArbN solidarisch erklärt und sie nicht zur Wiederaufnahme der Arbeit
auffordert (LAG Hamm DB 76, 343). Keine Pflichtverletzung liegt ferner vor, wenn
die betriebsverfassungsrechtlichen Möglichkeiten und Befugnisse konsequent ausgeschöpft werden (*DKK-Trittin* Rn 7; GK–*Oetker* Rn 19).

39   Die grobe Pflichtverletzung muss **vom BR als Gremium** begangen sein. Der
BR muss als Organ gehandelt haben (*DKK-Trittin* Rn 49; ArbG Dessau 2. 2. 08 AiB
09, 732). Gleichzeitige, jedoch nur dem Einzelnen zurechenbare Pflichtverletzungen
rechtfertigen nicht die Auflösung des BR, sondern lediglich den Ausschluss des jeweiligen BRMitgl. (GK–*Oetker* Rn 98; *HSWGNR* Rn 42; ArbG Marburg NZA 96,
1331). Diese Unterscheidung ist wichtig, da im ersten Fall die Amtszeit des BR mit
der Auflösung endet, im letzten Fall jedoch ErsMitgl. nachrücken.

39a   Die Auflösung des BR kann nur wegen eines Pflichtverstoßes in der zZ der Antragstellung **laufenden Amtsperiode** erfolgen (*DKK-Trittin* Rn 56; GK–*Oetker*
Rn 100; weitergehend *HSWGNR* Rn 44).

40   Anders als beim Ausschluss eines einzelnen BRMitgl. setzt die Verletzung gesetzlicher Pflichten durch den BR **kein Verschulden** voraus (BAG 8. 8. 89 AP Nr. 18
zu § 95 BetrVG 1972; BAG 27. 11. 90 AP Nr. 41 zu § 87 BetrVG 1972 Arbeitszeit;
BAG 22. 6. 93 AP Nr. 22 zu § 23 BetrVG 1972). Ein Verschulden einzelner oder der
Mehrheit der BRMitgl. kommt, soweit es überhaupt feststellbar ist, nicht in Betracht,
da nicht die Verletzung der Pflichten eines oder der einzelnen BRMitgl. in Frage
steht. Es kommt vielmehr darauf an, ob der BR als Gremium objektiv grob pflichtwidrig gehandelt hat. Unerheblich ist, ob alle BRMitgl. an der Pflichtverletzung teilhaben (GK–*Oetker* Rn 99; WPK/*Kreft* Rn 23).

b) Rechtsfolgen

41   Der rechtskräftige Beschluss des ArbG bewirkt die **Auflösung des BR.** Damit
hört der BR auf zu bestehen; seine Amtszeit ist beendet. Der Beschluss erfasst auch
die ErsMitgl. (*DKK-Trittin* Rn 61; GK–*Oetker* Rn 114; *Richardi/Thüsing* Rn 67).
Diese können nicht etwa die Arbeit des BR fortsetzen. Dieser ist nach § 13 Abs. 2
Nr. 5 neu zu wählen, wobei die Wiederwahl bisheriger BRMitgl. nicht ausgeschlossen ist. Die Auflösung des BR durch Beschluss eines LAG ohne Zulassung der
Rechtsbeschwerde tritt nicht bereits mit Verkündung des gerichtlichen Auflösungsbeschlusses, sondern grundsätzlich erst mit Ablauf der Frist für die Einlegung der

Nichtzulassungsbeschwerde bzw. mit der Entscheidung über diese Beschwerde ein. Bis dahin genießen die BRMitgl. den besonderen Kündigungsschutz nach § 15 KSchG und § 103 BetrVG (LAG Hamm BB 78, 715; vgl. hierzu auch BAG 25. 1. 79 AP Nr. 12 zu § 103 BetrVG 1972).

Der rechtskräftige Auflösungsbeschluss des ArbG bewirkt zugleich für die in den **42** **GesBR** des Unternehmens und ggf. in den **KBR** weiterentsandten BRMitgl. den Verlust der Ämter in diesen Gremien (vgl. §§ 49 und 57). Das gleiche gilt für die Mitglschaft im WiAusschuss, wenn dessen Mitgl. vom BR bestellt worden sind. In diesem Fall entfällt mit der Auflösung des BR der WiAusschuss. Sind die Mitgl. des WiAusschusses vom GesBR bestellt worden, scheiden die Mitgl. des aufgelösten BR aus dem WiAusschuss aus, wenn sie in ihrer Eigenschaft als BRMitgl. entsandt worden sind. Auch die Mitglschaft in einer betrieblichen E-Stelle endet, da ein laufendes E-Stellenverfahren durch den Auflösungsbeschluss wegen Wegfalls eines Beteiligten gegenstandslos wird (ErfK-*Koch* Rn 21; GK-*Oetker* Rn 115; *DKK-Trittin* Rn 62). Mit dem Auflösungsbeschluss verliert auch eine Delegation von BR-Aufgaben an eine Arbeitsgruppe nach § 28a ihre Wirkung.

Die Auflösung des BR hat ferner zur Folge, dass die BRMitgl. den besonderen **43** **Kündigungsschutz** nach § 103 dieses Gesetzes und nach § 15 Abs. 1 KSchG verlieren. Der nachwirkende Kündigungsschutz gegen ordentliche Kündigungen gilt nicht, wenn die Beendigung der Mitgliedschaft im BR auf einer gerichtlichen Entscheidung beruht (§ 15 Abs. 1 S. 2; vgl. § 103 Rn 38). Es besteht auch kein **Versetzungs-schutz** mehr (vgl. § 103). Fraglich ist der gesetzliche Ausschluss der Nachwirkung auch in den Fällen, in denen ein oder mehrere BRMitgl. an den zur Auflösung führenden Pflichtwidrigkeiten nicht beteiligt waren. Für sie müsste im Wege einer teleologischen Reduktion der Rechtsfolgen des § 15 Abs. 1 S. KSchG der nachwirkende Kündigungsschutz erhalten bleiben (*DKK-Trittin* Rn 62a).

c) Auflösungsverfahren

Das ArbG entscheidet im BeschlVerf. Der **BR** kann durch einen **Rücktritt** nach **44** § 13 Abs. 2 Nr. 3 dem Auflösungsverfahren nicht die Grundlage entziehen (GK-*Oetker* Rn 106; *HSWGNR* Rn 51; vgl. BAG 29. 5. 91 AP Nr. 5 zu § 4 BetrVG 1972; LAG Hamburg LAGE § 22 BetrVG 1972 Nr. 2). Das Verfahren wird gegen den zurückgetretenen BR, der die Geschäfte gem. § 21 iVm. § 13 Abs. 2 Nr. 3 bis zur Neuwahl eines BR weiterzuführen hat, eingeleitet bzw. fortgesetzt. Entspr. gilt, wenn alle Mitgl. und ErsMitgl. einzeln ihr Amt niederlegen und dies als kollektiver Rücktritt anzusehen ist (vgl. § 13 Rn 38). Sonst bestünde die Möglichkeit einer Umgehung des Gesetzes dadurch, dass der BR zurücktritt, jedoch keinen Wahlvorstand bestellt und so eine vorzeitige Neuwahl des BR verhindert.

Eine **einstw. Verfg.**, durch die dem BR vor Rechtskraft des Auflösungsbeschlusses **45** generell die Ausübung seines Amtes untersagt wird oder die ihn vorläufig auflöst, ist nicht statthaft (*DKK-Trittin* Rn 60; GK-*Oetker* Rn 111; *HSWGNR* Rn 51; *Richardi/Thüsing* Rn 65). Es entstünde ansonsten eine betriebsratslose Zeit, obwohl eine gerichtliche Entscheidung im Hauptsacheverfahren noch aussteht.

5. Bestellung des Wahlvorstands

Die Bestellung des Wahlvorst. erfolgt in einem Anschlussverfahren durch das ArbG **46** **von Amts wegen,** sobald der Auflösungsbeschluss rechtskräftig geworden ist (§ 23 Abs. 2). Eine Verbindung dieses Verfahrens mit dem Auflösungsverfahren ist im Interesse, jede vermeidbare Verzögerung der Durchführung der Neuwahl des BR zu verhindern, zulässig. Dem Erfordernis, dass der Bestellung des Wahlvorst. die rechtskräftige Auflösung des BR vorausgehen muss, kann dadurch Genüge getan werden, dass der Beschlusstenor zunächst die Auflösung des BR feststellt, danach die Mitgl. des Wahlvorst. bestellt und diese Bestellung von der Rechtskraft des Auflösungsbeschlusses abhängig macht (*DKK-Trittin* Rn 63; WPK/*Kreft* Rn 26; wohl auch ErfK-*Koch* Rn 22; **aA** HS*WGNR* Rn 58; GK-*Oetker* Rn 121; *Richardi/Thüsing* Rn 69).

47   Die Bestellung des Wahlvorst. erfordert **keinen besonderen Antrag**. Wird der Antrag auf Auflösung des BR von einer im Betrieb vertretenen Gewerkschaft oder von den ArbN gestellt, so können diese **Vorschläge** für die **Größe und Zusammensetzung des Wahlvorst.** machen (**aA** *Richardi/Thüsing* Rn 71 a). Dem ArbGeb. steht ein derartiges Vorschlagsrecht nicht zu. Sein Antragsrecht nach § 23 Abs. 1 ist auf die Auflösung des BR gerichtet. Diese Beschränkung hebt die in § 23 Abs. 2 S. 2 angeordnete entsprechende Anwendung des § 16 Abs. 2 nicht auf. Der Verweis auf diese Vorschrift legt lediglich das vom ArbG zu beachtende Verfahren bei der Bestellung des Wahlvorst. fest (*DKK-Trittin* Rn 64; **aA** GK-*Oetker* Rn 121; HS*WGNR* Rn 59; *Richardi/Thüsing* Rn 71 a).

48   Das ArbG kann unter den in § 16 Abs. 2 S. 3 genannten Voraussetzungen auch Betriebsfremde in den Wahlvorst. berufen. Der Beschluss über die Bestellung eines Wahlvorstandes ist mit der **Beschwerde** nach § 87 ArbGG anfechtbar (WPK/*Kreft* Rn 24). Beschwerdebefugt sind die Verfahrensbeteiligten des Auflösungsverfahrens, ausgenommen der aufgelöste BR. Näheres zur Bestellung des Wahlvorst. durch das ArbG vgl. § 16 Rn 41 ff.

III. Grobe Pflichtverletzungen des Arbeitgebers

1. Allgemeines

49   Abs. 3 trifft eine **Sonderregelung** für die Fälle, in denen der ArbGeb. in grober Weise seine betriebsverfassungsrechtlichen Pflichten verletzt. Er gewährt dem BR und jeder im Betrieb vertretenen Gewerkschaft einen materiell-rechtlichen **Anspruch** (vgl. § 194 BGB) gegen den ArbGeb., eine Handlung zu unterlassen, die Vornahme einer Handlung zu dulden oder eine Handlung vorzunehmen (BAG 25. 8. 04, 3. 5. 94 AP Nrn. 41, 23 zu § 23 BetrVG 1972). Dieser Anspruch besteht unabhängig von der Dauer des betriebsverfassungswidrigen Verhaltens des ArbGeb. Auch wenn der BR ein solches Verhalten über einen längeren Zeitraum hin geduldet hat, verwirkt er nicht sein Antragsrecht (LAG S-H 4. 3. 08 NZA-RR 08, 414).

50   Die Vorschrift regelt ein **Erkenntnisverf.** (Rn 68 ff.) und ein **Vollstreckungsverf.** (Rn 77 ff.). Das ArbG entscheidet über die nach Abs. 3 geltend gemachten Ansprüche im BeschlVerf. Für den Fall, dass den Anträgen der Gläubiger (BR, Gewerkschaft) entsprochen wird, kann es, wenn der Schuldner (ArbGeb.) der rechtskräftig auferlegten Verpflichtung zuwider handelt, zur **Zwangsvollstreckung** kommen. Für diese enthalten Abs. 3 S. 2–5 weitere Sonderregelungen.

51   Der **Zweck** des § 23 Abs. 3 ist es, **gesetzmäßiges Verhalten des ArbGeb.** im Rahmen der betriebsverfassungsrechtlichen Ordnung **sicherzustellen** (BAG 20. 8. 91 AP Nr. 2 zu § 77 BetrVG 1972 Tarifvorbehalt; GK-*Oetker* Rn 125; *SWS* Rn 14). Im Zweck vergleichbar ist Abs. 3 mit Abs. 1, der gesetzmäßiges Verhalten des BR sichert. Unterschiede bestehen in den Mitteln, mit denen das Ziel erreicht werden soll. Beide Bestimmungen knüpfen an einen in der Vergangenheit liegenden groben Verstoß betriebsverfassungsrechtlicher Organe an, wollen aber in die Zukunft wirken (vgl. Rn 76). Der Gesetzgeber wollte in beiden Fällen eine materiell gleichwertige Regelung.

52   Die Regelung des Abs. 3 weist gegenüber anderen Ansprüchen aus dem BetrVG und deren Vollstreckung folgende **Besonderheiten** auf:
– sie gilt nur bei **groben Verstößen des ArbGeb.** gegen seine Verpflichtungen aus diesem Gesetz (vgl. Rn 59 ff.);
– nur der **BR** und jede im Betrieb vertretene **Gewerkschaft sind antragsbefugt** (vgl. Rn 69);

– der **Höchstbetrag** des Ordnungs- oder Zwangsgeldes ist auf 10000 Euro **beschränkt,** die **Verurteilung zur Haft ist ausgeschlossen** (vgl. Rn 80 und 93). Neben § 23 Abs. 3 kommt auch ein **Anspruch aus einer BV** auf Durchführung 53 darin geregelter Pflichten des ArbGeb. in Betracht. Ein solcher Durchführungsanspruch (Einzelheiten § 77 Rn 227) ist an keine weiteren Voraussetzungen (zB Verschulden des ArbGeb.) gebunden.

Umstritten ist **das Verhältnis des Abs. 3 zu anderen Ansprüchen** des BR und 54 der Gewerkschaften aus dem BetrVG. Das gilt vor allem für den vorbeugenden Unterlassungsanspruch zur Sicherung des Mitbestimmungsverfahrens und zur Verhinderung mitbestimmungswidriger Maßnahmen des ArbGeb., aber auch zu anderen Ansprüchen wie Vornahme einer Handlung, Unterrichtung, Überlassung von Unterlagen usw. Den **Gewerkschaften** stehen zudem Ansprüche aus Art. 9 Abs. 3 GG zu, zB Unterlassung der Vereinbarung von BV unter Verletzung des Tarifvorrangs (§ 77 Abs. 3) oder bindender tariflicher Vorgaben bei BV oder tarifwidriger Regelungsabreden im Bereich des § 87 (BAG 20. 8. 91 AP Nr. 2 zu § 77 BetrVG 1972 Tarifvorbehalt; BVerfG 29. 6. 93 AP Nr. 2a zu § 77 BetrVG 1972 Tarifvorbehalt). Der Abschluss einer Betriebsvereinbarung, die tariflich geregelte Arbeitsbedingungen zum Gegenstand hat und deshalb gegen § 77 Abs. 3 verstößt, ist nach der Rspr. des BAG grundsätzlich geeignet, einen Anspruch iSd. § 23 Abs. 3 zu begründen (Einzelheiten § 77 Rn 235). Die Vorschrift des § 77 Abs. 3 gilt jedoch nicht für Regelungsabreden. Bei einer tarifwidrigen Regelungsabrede kann eine Gewerkschaft einen Unterlassungsantrag gegen den ArbGeb. deshalb nicht auf § 23 Abs. 3, sondern nur auf §§ 1004, 823 BGB iVm. Art. 9 Abs. 3 GG stützen (BAG 20. 4. 99 AP Nr. 89 zu Art. 9 GG).

Die Sonderregelung des Abs. 3 betrifft nur – wie sich aus dem in Anlehnung an 55 die §§ 887, 888 und 890 ZPO geregelten Verf. ergibt **Verpflichtungen des Arb-Geb.,** die die Vornahme einer vertretbaren oder unvertretbaren Handlung, die Unterlassung einer Handlung oder die Duldung der Vornahme einer Handlung zum Inhalt haben (**aA** WPK/*Kreft* Rn 46). Ein Antrag, mit dem etwa dem ArbGeb. aufgegeben werden soll, die Entgegennahme mitbestimmungswidrig erbrachter Überstunden zu unterlassen, betrifft eine Handlung iSd. § 890 Abs. 1 ZPO. Der ArbGeb. ist in einem solchen Fall nicht nur verpflichtet eigene Handlungen zu unterlassen, die zu Überstunden führen, sondern muss ggfls. auch Maßnahmen gegenüber den die Arbeitsleistung erbringenden ArbN ergreifen. Er ist insoweit verpflichtet, den Eintritt eines mitbestimmungswidrigen Zustandes aktiv zu verhindern. Tritt dieser Zustand dennoch ein, ist erst im Rahmen der Zwangsvollstr. nach § 890 ZPO zu prüfen, ob der Schuldner das ihm Mögl. und Zumutbare zur Verhinderung des Erfolgs getan hat (BAG 29. 4. 04 AP Nr. 81 zu § 40 BetrVG 1972; 29. 9. 04 AP Nr. 112 zu § 87 BetrVG 1972 Arbeitszeit).

Unsicherheiten über das Vorliegen einer groben Pflichtverletzung können nicht im 56 Wege eines **Feststellungsantrags** gerichtl. geklärt werden. Ein solcher Antrag ist nicht auf die Klärung eines Rechtsverhältnisses iSd. 256 Abs. 1 ZPO zw. BR und ArbGeb. gerichtet. Gleiches gilt für einen Zwischenfeststellungsantrag nach § 256 Abs. 2 ZPO (WPK/*Kreft* Rn 50) (vgl. Nach § 1 Rn 14; *Richardi/Thüsing* Rn 98; *HSWGNR* Rn 68). Es müssen aus der Pflichtverletzung Rechtsfolgen (Rn 55) gezogen werden (zB Unterlassung gleicher Handlungen in der Zukunft).

Nicht anwendbar ist die Bestimmung des Abs. 3 auf Verpflichtungen des Arb- 57 Geb. auf Herausgabe bestimmter beweglicher Sachen. In diesem Falle erfolgt die Zwangsvollstreckung nach § 85 Abs. 1 ArbGG iVm. § 883 ZPO. Auch auf die Verpflichtung des ArbGeb. zur Abgabe einer Willenserklärung ist Abs. 3 nicht anwendbar. In diesem Falle erfolgt die Zwangsvollstreckung nach § 85 Abs. 1 ArbGG iVm. § 894 ZPO. Schließlich gilt Abs. 3 auch nicht für die Verpflichtung des ArbGeb. zur Erfüllung von Geldforderungen. Derartige Verpflichtungen werden, soweit sie überhaupt im arbeitsgerichtlichen BeschlVerf. entschieden werden, nach § 85 Abs. 1 ArbGG iVm. §§ 803 ff. ZPO vollstreckt.

58   Sonderregelungen, die gegenüber § 23 Abs. 3 im Rahmen ihres Regelungsbereichs **Spezialvorschriften** sind, enthalten § 98 Abs. 5, §§ 101 und 104 (vgl. BAG 5. 12. 78 AP Nr. 4 zu § 101 BetrVG 1972; GK-*Oetker* Rn 161; *DKK-Trittin* Rn 132; aA *Richardi/Thüsing* Rn 78). § 101 ist jedoch nur Sondervorschrift, soweit es um die Aufhebung einer konkreten personellen Einzelmaßnahme geht (vgl. § 101 Rn 5 a); § 101 schließt den Anspruch des BR nach § 23 Abs. 3 auf künftige Beachtung seiner MBR bei personellen Einzelmaßnahmen nicht aus (BAG 17. 3. 87 AP Nr. 7 zu § 23 BetrVG 1972; *Richardi/Thüsing* Rn 79). Diese Sonderregelungen beschränken auch nicht das Recht der Gewerkschaft aus § 23 Abs. 3 (GK-*Oetker* aaO). Nach §§ 119, 121 können bei den dort geregelten und in der Vergangenheit liegenden Pflichtverletzungen Strafen und Geldbußen gegen den ArbGeb. verhängt werden. Die damit verbundenen staatl. Sanktionen begründen aber keine Handlungs- und Erfüllungsansprüche des BR gegenüber einem pflichtwidrig handelnden ArbGeb., um auf diese Weise die betriebsverfassungsrechtl. Ordnung wieder herzustellen (WPK/*Kreft* Rn 28).

2. Grobe Pflichtwidrigkeit

59   Die Ansprüche nach Abs. 3 setzen einen **groben Verstoß** gegen Verpflichtungen des ArbGeb. aus diesem G voraus. Der Begriff des groben Pflichtverstoßes deckt sich inhaltlich weitgehend mit dem in Abs. 1 verwandten Begriff der „groben Verletzung der gesetzlichen Pflichten" des BR (GK-*Oetker* Rn 171; vgl. oben Rn 14 ff., 35 f.).

60   Allerdings betrifft Abs. 3 im Gegensatz zu Abs. 1 nur die Verletzung von Pflichten, die dem ArbGeb. „aus diesem Gesetz" obliegen. Es muss sich um Pflichten des Arb-Geb. im Rahmen der BetrVerf. handeln. Hierzu zählen auch solche **betriebsverfassungsrechtlichen Pflichten** des ArbGeb., die ihre Grundlage nicht im BetrVG selbst, sondern in anderen G oder in TV haben, zB § 17 Abs. 2 KSchG, § 9 ASiG, §§ 98, 99 SGB IX (*DKK-Trittin* Rn 69). Die Verletzung arbeitsvertraglicher Pflichten durch den ArbGeb. kann allenfalls mittelbar über § 75 oder nach den §§ 81 ff. erfasst werden (LAG Köln DB 89, 1341; *Richardi/Thüsing* Rn 91; GK-*Oetker* Rn 170).

61   Ferner fallen grobe Verletzungen von Pflichten, die sich **aus BV** – auch soweit sie auf einem Spruch der E-Stelle beruhen – ergeben, unter die Regelung des Abs. 3, da sie ihre Grundlage in diesem G haben (BAG 23. 6. 92 AP Nr. 20 zu § 23 Betr-VG 1972). Zu den gesetzlichen Pflichten gehören auch solche, die durch TV oder BV lediglich konkretisiert werden (*Richardi/Thüsing* Rn 91; GK-*Oetker* Rn 168; *HSWGNR* Rn 61).

62   Die **groben Pflichtverletzungen** müssen objektiv erheblich und offensichtlich schwerwiegend sein (BAG 29. 2. 00 AP Nr. 105 zu § 87 BetrVG 1972 Lohngestaltung; BAG 16. 7. 91 AP Nr. 44 zu § 87 BetrVG 1972 Arbeitszeit). Auf eine Gefährdung des Betriebsfriedens kommt es nicht an. Bereits ein **einmaliger gravierender Verstoß** kann eine grobe Pflichtverletzung sein (BAG 14. 11. 89 AP Nr. 76 zu § 99 BetrVG 1972). Leichtere Verstöße können bei Wiederholungen zu einem groben Verstoß werden (BAG 16. 7. 91 AP Nr. 44 zu § 87 BetrVG 1972 Arbeitszeit).

63   **Kein grober Verstoß** liegt vor, wenn der ArbGeb. in einer schwierigen und ungeklärten Rechtsfrage nach einer vertretbaren Rechtsansicht handelt (st. Rspr. BAG 19. 1. 10 – 1 ABR 55/08 – NZA 10, 659; 9. 3. 11 – 7 ABR 137/09 – NZA 11, 871). Etwas anderes gilt, wenn der ArbGeb. einen abwegigen Rechtsstandpunkt einnimmt oder die Rechtslage wegen fehlender Informationen über die gesetzliche Lage oder höchstrichterl. Rspr. verkennt.

64   Eine grobe Pflichtverletzung setzt **kein schuldhaftes Verhalten** des ArbGeb. voraus. Es kommt nur darauf an, ob der Verstoß objektiv so erheblich war, dass unter Berücksichtigung des Gebots zur vertrauensvollen Zusammenarbeit die Anrufung des ArbG durch den BR gerechtfertigt erscheint (st. Rspr. BAG 9. 3. 11 – 7 ABR 137/09). Der Zweck der Bestimmung, rechtswidriges Verhalten des ArbGeb. zu ver-

hindern, verlangt kein Verschulden. Die Interessen der ArbGeb. werden im Vollstreckungsverf. ausreichend gewahrt (*Richardi/Thüsing* Rn 94).

Ein Unterlassungsanspruch nach § 23 Abs. 3 verlangt regelmäßig **keine beson-** **65** **dere Darlegung einer Wiederholungsgefahr** (BAG 18. 4. 85 AP Nr. 5 zu § 23 BetrVG 1972; zweifelnd ErfK-*Koch* Rn 25). Der Anspruch ist eine Reaktion auf einen groben Verstoß des ArbGeb. gegen die BetrVerf.; bereits dieser Umstand begründet die Wiederholungsgefahr (BAG 23. 6. 1992 AP Nr. 20 zu § 23 BetrVG 1972). **Etwas anderes kommt ausnahmsweise in Betracht,** wenn eine Wiederholung des betriebsverfassungswidrigen Verhaltes aus faktischen oder rechtlichen Gründen auf absehbare Zeit ausgeschlossen ist (WPK/*Kreft* Rn 62; 15. 5. 07 AP Nr. 30 zu § 1 BetrVG 1972 Gemeinsamer Betrieb). Das ist etwa der Fall, wenn die Betriebsparteien im Anschluss an ein solches Verhalten des ArbGeb. über die davon betroffene betriebsverfassungsrechtl. Angelegenheit eine BV geschlossen haben.

Grobe Pflichtverletzungen können sein: 66

– Beharrliche Weigerung der Zusammenarbeit mit dem BR (§ 2 Abs. 1);
– nachhaltige Verstöße gegen das Verbot der parteipolitischen Betätigung (§ 74 Abs. 2 S. 3);
– offensichtlich grundlose Verweigerung des Zutritts von Gewerkschaftsbeauftragten (§ 2 Abs. 2);
– beharrliche Missachtung der Mitwirkungs-, Mitbestimmungs- und Informationsrechte des BR (LAG Hamm NZA-RR 02, 642);
– Weigerung, vereinbarte BV durchzuführen (§ 77 Abs. 1);
– ungenügende Unterrichtung des Wirtschaftsausschusses in wesentlichen Fragen;
– Unterlassen der Berichte nach § 43 Abs. 2 oder § 110;
– Aktivitäten gegen die Bildung eines BR oder Unterlassen der dem ArbGeb. im Zusammenhang mit der Bildung eines BR obliegenden Duldungs- und Unterstützungspflichten;
– Verstöße gegen das Gleichbehandlungsgebot des § 75;
– grobe Verstöße gegen § 75 Abs. 2 durch unzulässigen Druck auf ArbN wegen krankheitsbedingter Fehlzeiten (LAG Köln DB 89, 1341);
– Initiierung eines Misstrauensvotums gegen den BR;
– Weigerung, ein BRMitgl. an Gesprächen mit ArbN über Entgeltzusammensetzung, Leistungsbeurteilung oder beruflichen Aufstieg teilnehmen zu lassen (ArbG Hamm BB 80, 42);
– mehrfaches Übergehen der MBR des BR bei der Anordnung von Überstunden (BAG 18. 4. 85 AP Nr. 5 zu § 23 BetrVG 1972);
– Verhinderung einer ordnungsgemäß einberufenen BetrVerslg. durch das Entfernen der Einladung vom Schwarzen Brett (LAG Ba-Wü 30. 4. 87 – 13 Ta BV 15/86 –);
– Behinderung einer Freistellung (§ 38) durch die Drohung, freiwillige Leistungen zu streichen (ArbG Rosenheim 22. 6. 88 – 3 BV 4/88 –);
– Aushänge am Schwarzen Brett über Fehlzeiten der BR wegen Krankheit, BR-Tätigkeit und Besuch von Lehrgängen (ArbG Verden DB 89, 1580);
– Anordnung von Überstunden oder deren Entgegennahme ohne Zustimmung des BR (BAG 27. 11. 90 AP Nr. 41 zu § 87 BetrVG 1972 Arbeitszeit);
– Änderung von Dienstplänen (Arbeitszeit) ohne Zustimmung des BR;
– Abschluss von BV entgegen § 77 Abs. 3 (BAG 20. 8. 91 AP Nr. 2 zu § 77 BetrVG 1972 Tarifvorbehalt);
– Nichtweiterleiten von Post (ArbG Elmshorn 27. 3. 91 AiB 91, 269);
– unzulässige formelle Anforderungen an die Ab- und Rückmeldepflichten eines BR-Mitgl.;
– schwerwiegende Verstöße gegen das Benachteiligungsverbot (§ 78);
– einseitige Absage von Schichten (LAG Hamm 29. 6. 93 BB 94, 139);
– Behinderung der Betriebsratsarbeit durch Hinweise an die Belegschaft über BR-Kosten (Etat „recht stark“ ausschöpfen, BAG 12. 11. 97 AP Nr. 118 zu § 37 BetrVG 1972);
– Abschluss einer tarifwidrigen Standortsicherungsvereinbarung zur Verlängerung der tariflichen Arbeitszeit und Kürzung tariflicher Sonderzahlung (LAG Ba-Wü ArbuR 99, 155 ff.;
– Drohung mit Produktionsverlagerung ins Ausland, soweit der BR auf seinem gesetzlichen Kostenfreistellungsanspruch besteht (ArbG Leipzig NZA-RR 03, 142);
– Missachtung eines gerichtlich festgestellten MBR (BAG 8. 8. 89 AP Nr. 11 zu § 23 BetrVG 1972);

– Vornahme mitbestimmungswidriger Versetzungen unter Missachtung des nach § 100
vorgesehenen Verfahrens (BAG 19. 1. 10 – 1 ABR 62/08 – NZA 10, 659).

3. Das Verfahren

67 Das Verf. gegen den ArbGeb. gliedert sich in **zwei Stufen:** In das arbeitsgerichtliche **Erkenntnisverf.** nach Abs. 3 S. 1 und das arbeitsgerichtliche **Vollstreckungsverf.** nach Abs. 3 S. 2 und 3.

a) Erkenntnisverfahren

68 Das arbeitsgerichtliche Erkenntnisverf. nach Abs. 3 S. 1 setzt **einen Antrag** des
BR oder einer im Betrieb vertretenen Gewerkschaft (§ 2 Rn 26) voraus. Die Einleitung eines solchen Verfahrens muss der BR zuvor **wirksam beschließen.** ArbN sind
weder antragsberechtigt noch an einem solchen Verfahren zu beteiligen, auch wenn
es um deren Rechte geht. Die Geltendmachung individueller Rechte der ArbN ist
dem Urteilsverf. vorbehalten (ausführl. WPK/*Kreft* Rn 51).

69 Das Antragsrecht steht dem **BR oder jeder im Betrieb vertretenen Gewerkschaft** zu unabhängig davon, ob sie durch das Verhalten des ArbGeb. in eigenen
Rechten betroffen sind. § § 23 Abs. 3 S. 1 regelt eine entsprechende Prozessstandschaft (BAG 16. 11. 04 AP Nr. 3 zu § 82 BetrVG 1972; *HSWGNR* Rn 61). So kann
etwa eine im Betrieb vertretene Gewerkschaft das gerichtliche Verf. bei einer Verletzung von Mitwirkungs- und MBR des BR einleiten, obwohl sie nicht in einem eigenen Recht betroffen ist. Ferner kann der BR das gerichtliche Verf. einleiten, wenn
der ArbGeb. zB Rechte der Gewerkschaften (etwa nach § 2 Abs. 2, §§ 31 oder 46),
der JugAzubiVertr. (§§ 60 ff.), des WiAusschusses (§§ 106 ff.) oder einzelner ArbN
nach §§ 81 ff. grob verletzt.

70 Andere Personen oder Institutionen (etwa eine Anzahl von BRMitgl. oder von
ArbN, eine Arbeitsgruppe nach § 28 a, die BetrVerslg. oder die JugAzubiVertr.) sind
nicht antragsberechtigt (vgl. BAG 15. 8. 78 AP Nr. 1 zu § 23 BetrVG 1972). Sie
können allenfalls beim BR oder den im Betrieb vertretenen Gewerkschaften die Einleitung eines gerichtlichen Verf. gegen den ArbGeb. nach Abs. 3 anregen. Wohl ist
es möglich, dass zB die JugAzubiVertr. oder einzelne ArbN gemäß § 83 ArbGG an
einem eingeleiteten Verf. zu beteiligen sind (BAG 15. 8. 78, aaO).

71 Mit dem Antrag muss ein bestimmter Verstoß des ArbGeb. gegen seine sich aus dem
BetrVG ergebenden gesetzlichen Pflichten geltend gemacht werden (vgl. Nach § 1
Rn 24). Je nach Art dieser Pflichtverletzungen lautet der Antrag – ggfl. **ergänzt um
abgestufte Hilfsanträge** –, dem ArbGeb. aufzugeben, eine konkret umschriebene
Handlung vorzunehmen oder zu unterlassen oder die Vornahme einer solchen Hand-
lung durch Dritte zu dulden. Die Handlungen müssen genau bezeichnet werden; die
Verletzungshandlung muss abstrahierend beschrieben werden (BAG 19. 1. 10 – 1
ABR 55/08 – NZA 10, 659). Es darf nicht zweifelhaft sein, welche Maßnahmen im
Einzelnen betroffen sein sollen (Einzelheiten Nach § 1 Rn 24; BAG 3. 6. 03 AP Nr. 1
zu § 89 BetrVG 1972). Aus rechtsstaatlichen Gründen muss der ArbGeb. konkret wissen, in welchen Fällen gegen ihn als Sanktion ein Ordnungsgeld verhängt werden kann
(BAG 14. 11. 06 AP Nr. 121 zu § 87 BetrVG 1972 Arbeitszeit). Ansonsten besteht die
Gefahr, dass der Antrag mangels Bestimmtheit (§ 253 Abs. 2 Nr. 2 ZPO) abgewiesen
wird (BAG 14. 9. 10 – 1 ABR 32/09 – NZA 11, 364). An die Bestimmtheit dürfen
aber keine überzogenen Anforderungen gestellt werden (BAG 24. 4. 07 AP Nr. 124 zu
§ 87 BetrVG 1972 Arbeitszeit; Einzelheiten Nach § 1 Rn 20 ff.).

72 Mit dem Antrag kann in den Fällen des § 23 Abs. 3 S. 2 der weitere Antrag, dem
ArbGeb. wegen jeden Zuwiderhandlung gegen die gerichtlich auferlegte Ver-
pflichtung ein **Ordnungsgeld** anzudrohen, verbunden werden (BAG 24. 4. 07 AP
Nr. 124 zu § 87 BetrVG 1972 Arbeitszeit). Das Ordnungsgeld ist eine repressive
Rechtsfolge für einen vorangegangenen Ordnungsverstoß; das Zwangsgeld dient als
Beugemittel (GK-*Oetker* Rn 197).

Der grobe Pflichtverstoß des ArbGeb. ist **materielle Voraussetzung** für einen 73 dem Antrag stattgebenden gerichtlichen Beschluss. Die bloße Befürchtung eines solchen Verstoßes ist unzureichend.

Fehlt eine solche Pflichtverletzung, ist der Antrag als unbegründet abzuweisen (vgl. 74 BAG 29. 2. 00 AP BetrVG 1972 Lohngestaltung Nr. 105; GK-*Oetker* Rn 194; aA *Richardi/Thüsing* Rn 100: Abweisung als unzulässig). Die Umdeutung eines Antrags nach § 23 Abs. 3 S. 1 in einen entspr. Feststellungsantrag ist nicht zulässig, wohl jedoch eine **Antragsänderung.** Soweit das Gericht die Änderung nicht ohnehin für sachdienlich hält, müssen ihr die übrigen Beteiligten zustimmen (*Germelmann/Matthes/Prütting/Müller-Glöge* ArbGG § 87 Rn 27). Eine solche Zustimmung kann auch darin liegen, dass sich die Beteiligten auf den geänderten Antrag einlassen. Im Rechtsbeschwerdeverfahren ist wegen § 559 Abs. 1 ZPO eine Antragsänderung in der Regel nicht mehr möglich (BAG 20. 2. 01 AP Nr. 33 zu § 99 BetrVG 1972 Einstellung). Sie kann aus Gründen der Prozessökonomie ausnahmsweise zugelassen werden, wenn es sich um einen Fall des § 264 Nr. 2 ZPO handelt und der geänderte Sachantrag sich auf den festgestellten Sachverhalt oder unstreitiges Beteiligtenvorbringen stützen lässt (BAG 27. 1. 04 AP § 69 zu ArbGG 1979 Nr. 35) oder die Vorinstanzen durch unterlassene, aber nach § 139 ZPO gebotene Hinweise Verfahrensrechte des BR verletzt haben (BAG 26. 10. 04 AP Nr. 29 zu § 99 BetrVG 1972 Eingruppierung).

Das Verf. zielt auf ein **künftiges Verhalten des ArbGeb.** ab (*Richardi/Thüsing* 75 Rn 98; GK-*Oetker* Rn 209). Je nach der Art der Pflichtverletzung dient es der Beseitigung eines vom ArbGeb. veranlassten rechtswidrigen Zustands oder der Verhinderung bestimmter weiterer rechtswidriger Handlungen oder Unterlassungen des ArbGeb. (zur möglichen Anspruchskonkurrenz vgl. Rn 100). **Bereits begangene grobe Verstöße** des ArbGeb. gegen seine Verpflichtungen aus diesem Gesetz sind zwar materielle Voraussetzungen für einen dem Antrag stattgebenden Beschluss des ArbG, können jedoch nicht selbst Gegenstand einer Verurteilung zu einem Ordnungs- oder Zwangsgeld nach Abs. 3 S. 2 oder 3 sein. UU können sie jedoch, wenn sie gleichzeitig einen Verstoß gegen den Straftatbestand des § 119 darstellen oder als eine Ordnungswidrigkeit iSd. § 121 anzusehen sind, auf Grund dieser Vorschriften geahndet werden.

Der Anspruch nach § 23 Abs. 3 kann aber auch mittels einer **einstw. Verfg.** 76 durchgesetzt werden (Einzelheiten vgl. Nach § 1 Rn 65ff.). § 85 Abs. 2 ArbGG steht dem nicht entgegen, da es um die Sicherung eines zukünftigen betriebsverfassungsgem. Verhaltens des ArbGeb. geht (LAG Köln NZA 85, 634; LAG Düsseldorf NZA 91, 29; GK-*Oetker* Rn 193; *Raab* ZfA 97, 183; aA ErfK-*Koch* Rn 30; *Richardi/Thüsing* Rn 103; HSWGNR Rn 72).

Über den Antrag **entscheidet das ArbG** durch Beschluss (§ 2a Abs. 1 Nr. 1, 76a § 80, § 84 ArbGG). Bei Fehlen der Antragsbefugnis (dazu Nach § 1 Rn 31ff.) wird der Antrag als unzulässig abgewiesen. Fehlt es an einem groben Verstoß wird der Antrag abgewiesen. Trifft den ArbGeb. eine Unterlassungspflicht kann von ihm auch verlangt werden bestimmte Handlungen selbst vorzunehmen oder auf Dritte einzuwirken, um eine ihm zurechenbare Zuwiderhandlung künftig zu verhindern (BAG 29. 4. 04 AP Nr. 3 zu § 77 BetrVG 1972 Durchführung; WPK/*Kreft* Rn 66).

b) Vollstreckungsverfahren

Im arbeitsgerichtlichen BeschlVerf. ordnet § 85 Abs. 1 S. 3 ArbGG für das 77 Zwangsvollstreckungsverfahren die Geltung der Vorschriften des Achten Buches der ZPO an (Einzelheiten Nach § 1 Rn 62ff.). Für das Vollstreckungsverfahren aus Ansprüchen nach § 23 Abs. 3 gelten die in § 23 Abs. 3 S. 2–5 geregelten Besonderheiten (DKK-*Trittin* Rn 99; GK-*Oetker* Rn 196). Bei der **gerichtlichen Vollstreckung** der gem. Abs. 3 S. 1 vom ArbG festgesetzten Verpflichtung ist zu unterscheiden, ob dem ArbGeb. aufgegeben worden ist,

– eine Handlung zu unterlassen oder die Vornahme einer Handlung zu dulden (Abs. 3 S. 2 – vgl. Rn 78 ff.) oder
– eine Handlung vorzunehmen (Abs. 3 S. 3 – vgl. Rn 90 ff.).
Derart titulierte Pflichten des ArbGeb. gegenüber einem BR sind auf den jeweiligen Betrieb beschränkt. Verliert dieser Betrieb infolge einer Umstrukturierung seine Identität, geht die festgestellte Verpflichtung des ArbGeb. nunmehr ins Leere; der **titulierte Anspruch** des BR erlischt. Werden Betriebe unter Fortbestehen ihrer Identität nach § 3 nur in anderer Weise als bisher zusammengefasst (§ 3 Rn 33 ff.), bleiben sie räumlich abgegrenzte Teile des neuen Einheitsbetriebs. Beschränkt auf diese einzelnen Teile behalten darauf bezogene Unterlassungstitel ihre Wirkung (BAG 18. 3. 08 AP Nr. 6 zu § 3 BetrVG 1972; *Salomon* NZA 09, 74).

aa) Ordnungsgeld

78   Ist der ArbGeb. rechtskräftig verpflichtet worden, eine **Handlung zu unterlassen** oder **die Vornahme einer Handlung zu dulden,** ist eine Verurteilung zur Zahlung eines **Ordnungsgeldes** möglich. Die Verhängung einer Ordnungshaft (§ 890 ZPO) ist nicht zugelassen. Eine Verhängung von Ordnungsgeld hat zur **Voraussetzung** eine vorherige Androhung durch das ArbG, deren Nichtbefolgung durch den ArbGeb. sowie einen Antrag auf Einleitung des Vollstreckungsverfahrens.

79   **Vorherige Androhung** durch das ArbG:
Die Androhung der Verhängung eines Ordnungsgeldes bei Nichtbefolgen der im arbeitsgerichtlichen Beschluss ausgesprochenen Verpflichtung kann bereits in dem Beschluss nach Abs. 3 S. 1 selbst enthalten sein (BAG 24. 4. 07 AP Nr. 124 zu § 87 BetrVG 1972 Arbeitszeit). Ist dies nicht der Fall, muss die gerichtliche Androhung auf Antrag eines der nach S. 1 Antragsbefugten (also nicht zwingend desjenigen, der im Erkenntnisverfahren den Antrag nach Abs. 3 S. 1 gestellt hat, vgl. *Richardi/Thüsing* Rn 107; GK-*Oetker* Rn 207) nachgeholt werden. Solange eine Androhung fehlt, kann kein Ordnungsgeld verhängt werden. Die Androhung selbst muss nicht rechtskräftig erfolgt sein (GK-*Oetker* Rn 205; DKK-*Trittin* Rn 104; ErfK-*Koch* Rn 32; **aA** *Richardi/Thüsing* Rn 107; HSWGNR Rn 75).

80   Es braucht kein bestimmtes Ordnungsgeld angedroht zu werden. Der **Hinweis auf das Höchstmaß** von 10 000 Euro genügt (vgl. Abs. 3 S. 5; LAG Düsseldorf ArbuR 03, 154). Die Beschränkung auf diesen Betrag ist damit zu erklären, dass der Kreis der Antragsberechtigten gegenüber dem allgemeinen Recht erweitert ist (vgl. Rn 69). Darüber hinaus trägt die Beschränkung dem besonderen, auf Dauer angelegten betriebsverfassungsrechtlichen Rechtsverhältnis der Betriebsparteien Rechnung. Wird ein niedrigeres Ordnungsgeld angedroht, darf bei der späteren Festsetzung des Ordnungsgeldes diese Summe nicht überschritten werden (GK-*Oetker* Rn 208; *Richardi/ Thüsing* Rn 107).

81   **Nichtbefolgen der** im rechtskräftigen arbeitsgerichtlichen Beschluss ausgesprochenen **Verpflichtung:**
Der aus einem entspr. Titel verpflichtete ArbGeb. muss selbst über die aus seiner Sicht zu treffenden geeigneten und erforderlichen Maßnahmen befinden, um seiner festgestellten Verpflichtung zu genügen. In der Regel wird es sich um technisch-organisatorische Änderungen oder um Anweisungen gegenüber den ArbN im Rahmen des Direktionsrechts handeln. Tritt der zu vermeidende Erfolg gleichwohl ein, ist im Rahmen der Zwangsvollstreckung nach § 890 ZPO zu prüfen, ob der ArbGeb. alles ihm Mögliche und Zumutbare getan hat, um seiner Unterlassungsverpflichtung zu genügen (BAG 14. 11. 06 AP Nr. 121 zu § 87 BetrVG 1972 Arbeitszeit).

82   Der ArbGeb. muss **nach Rechtskraft** des arbeitsgerichtlichen Beschlusses gemäß Abs. 3 S. 1 der in ihm enthaltenen Verpflichtung zuwidergehandelt haben. Zuwiderhandlungen vor Rechtskraft des Beschlusses rechtfertigen nicht die Verhängung eines Ordnungsgeldes (vgl. oben Rn 76; GK-*Oetker* Rn 209).

83   Bei der Festsetzung eines Ordnungsgeldes wegen Verstoßes des ArbGeb. gegen seine Verpflichtung, eine Handlung zu unterlassen oder die Vornahme einer Handlung

zu dulden, handelt es sich nicht um eine Beugemaßnahme. Deshalb ist die Verhängung des angedrohten Ordnungsgeldes auch dann noch zulässig, wenn der ArbGeb. nach einer Zuwiderhandlung, jedoch vor Vollstreckung des Ordnungsgeldes die Handlung unterlässt oder die Vornahme der angedrohten Handlung duldet. Ferner kann das angedrohte Ordnungsgeld wegen einer **jeden Zuwiderhandlung** gegen die gerichtlich angeordnete Verpflichtung erneut verhängt werden (*GK-Oetker* Rn 214; *DKK-Trittin* Rn 109).

Als repressive Rechtsfolge eines vorausgegangenen Ordnungsverstoßes setzt die **84** Verhängung des Ordnungsgeldes ein **Verschulden des ArbGeb.** voraus (GK-*Oetker* Rn 211; *DKK-Trittin* Rn 106). Nicht erforderlich ist ein grobes Verschulden; Fahrlässigkeit genügt. Wenn Abs. 3 S. 1 einen groben Verstoß des ArbGeb. gegen seine Verpflichtungen aus diesem G verlangt, ist dies lediglich eine Voraussetzung dafür dar, dass das ArbG dem ArbGeb. eine der in S. 1 genannten Verpflichtungen auferlegen kann (vgl. oben Rn 73). Dies hat jedoch keine Bedeutung für die Vollstreckung einer gerichtlich festgesetzten Verpflichtung. Andernfalls würde die Möglichkeit einer Zwangsvollstreckung gemäß Abs. 3 S. 2 in einem gegenüber der normalen Zwangsvollstreckung unerträglichen Maße eingeschränkt (vgl. *Richardi/Thüsing* Rn 109).

Bei dem Ordnungsgeld handelt es sich nicht um eine Kriminalstrafe. Es ist daher **85** zulässig, gegen den ArbGeb. wegen derselben Zuwiderhandlung ein Ordnungsgeld nach Abs. 3 S. 2 zu verhängen und ihn außerdem ggf. **nach § 119 zu bestrafen** oder **nach § 121 mit einer Geldbuße** zu belegen (hM).

Antrag: **86**
Das Vollstreckungsverf. wird nicht von Amts wegen eingeleitet. Es erfordert einen **gesonderten Antrag** eines Antragsberechtigten (vgl. hierzu oben Rn 69). Nicht erforderlich ist, dass der Antrag von dem gestellt wird, der das Erkenntnisverf. durchgeführt hat. Vielmehr kann jeder der in Abs. 3 genannten Antragsberechtigten das Vollstreckungsverf. einleiten lassen (*DKK-Trittin* Rn 98). Der Antrag kann erst gestellt werden, nach dem der Beschl. nach Abs. 3 S. 1 rechtskräftig ist und das Ordnungsgeld angedroht ist (*GK-Oetker* Rn 199; *Richardi/Thüsing* Rn 107 Rechtskraft auch der Androhung).

Festsetzung des Ordnungsgeldes: **87**
Die Festsetzung des Ordnungsgeldes erfolgt durch Beschluss des ArbG. Das gilt auch dann, wenn Grundlage der Vollstreckung eine rechtskräftige Entscheidung eines LAG oder des BAG ist. Der Beschluss des ArbG ist mit einer **Vollstreckbarkeitsklausel** nach § 724 ZPO zu versehen und zuzustellen (WPK *Kreft* Rn 70 mwN). Er kann ohne Anhörung ergehen (§ 85 Abs. 1 ArbGG iVm. § 891 ZPO). Jedoch ist dem Arb-Geb. stets **rechtliches Gehör** zu gewähren. Unterbleibt eine Anhörung, ist dem Arb-Geb. jedenfalls Gelegenheit zur schriftlichen Stellungnahme zu geben. Gemäß § 53 Abs. 1 ArbGG entscheidet der Vors. der zuständigen Kammer allein (*Germelmann/Matthes/Prütting/Müller-Glöge* ArbGG § 85 Rn 23). Ist das Verschulden des ArbGeb. (vgl. Rn 84) streitig, hat das ArbG Beweis zu erheben. Es gilt der Freibeweis, bei dem Beweisverfahren und – mittel im Ermessen des Gerichts stehen (WPK/*Kreft* aaO; BGH NJW 97, 3319).

Das bei jeder Zuwiderhandlung im Einzelfall zu verhängende Ordnungsgeld darf **88** den Betrag von 10000 Euro nicht übersteigen (vgl. Abs. 3 S. 5). Werden **mehrere Zuwiderhandlungen** geahndet, kann die Summe von insgesamt 10000 Euro überschritten werden. Das Ordnungsgeld kann wiederholt verhängt werden (*Richardi/Thüsing* Rn 119; ErfK-*Koch* Rn 33; GK-*Oetker* Rn 211). Das festgesetzte Ordnungsgeld fällt an die Staatskasse; beigetrieben wird es nach den Vorschriften der JustizbeitreibungsO.

Gegen die Festsetzung des Ordnungsgeldes, aber auch gegen den selbständigen An- **89** drohungsbeschluss sind die Rechtsmittel des Zwangsvollstreckungsverfahrens gegeben (WPK/*Kreft* Rn 75). Gegen den Festsetzungs- oder Androhungsbeschluss (BAG 2. 6. 08 AP Nr. 11 zu § 85 ArbGG 1979) kann **sofortige Beschwerde** nach § 78 Satz 2 ArbGG iVm. § 83 Abs. 5 ArbGG eingelegt werden. Eine weitere Beschwerde als

Rechtsbeschwerde bedarf der Zulassung nach § 72 Abs. 2 ArbGG iVm. § 78 S. 2 ArbGG. Das BAG ist an die Zulassung gebunden (BAG 28. 2. 03 AP Nr. 2 zu § 78 ArbGG 1979).

bb) Zwangsgeld

90 Führt der ArbGeb. entgegen einer rechtskräftig festgestellten Verpflichtung eine Handlung nicht durch, ist auf Antrag durch das ArbG zu erkennen, dass der ArbGeb. zur Vornahme der Handlung durch Zwangsgeld anzuhalten ist. Hierfür ist unerheblich, ob es sich um eine vertretbare Handlung handelt oder nicht (WPK/*Kreft* Rn 72).

91 Der **Antrag** kann erst gestellt werden, wenn der Beschluss des ArbG **rechtskräftig** geworden ist (*DKK-Trittin* Rn 107; GK-*Oetker* Rn 216). Zum **Antragsrecht** vgl. oben Rn 69.

92 Der Antrag muss keinen bestimmten Geldbetrag beziffern. Im Gegensatz zu Abs. 3 S. 2 kann das Zwangsgeld **ohne vorherige Androhung** verhängt werden (*Richardi/Thüsing* Rn 113). Es kann sofort festgesetzt werden.

93 Bei der Festsetzung des Zwangsgeldes gemäß Abs. 3 S. 3 handelt es sich um eine **Beugemaßnahme**. Deshalb ist seine Verhängung unzulässig, wenn der ArbGeb. inzwischen die Handlung vorgenommen hat (GK-*Oetker* Rn 220). Die Verhängung eines Zwangsgeldes setzt **kein Verschulden** des ArbGeb. voraus (*DKK-Trittin* Rn 108). Die wiederholte Festsetzung ist zulässig, wenn der ArbGeb. trotz Beitreibung des Zwangsgeldes die Handlung nicht vornimmt (GK-*Oetker* Rn 223).

94 Auch die Festsetzung des Zwangsgeldes nach Abs. 3 S. 3 erfolgt durch **Beschluss** (§ 329 ZPO, § 53 ArbGG), der ohne mündliche Verhandlung ergehen kann. In diesem Falle entscheidet der Vors. der zuständigen Kammer des ArbG allein (vgl. § 53 Abs. 1 ArbGG). Die Gewährung rechtlichen Gehörs nach § 891 S. 2 ZPO für den ArbGeb. ist nicht geboten, da dieser die Vollstreckung des Zwangsgeldes durch Vornahme der gerichtlich festgesetzten Handlung abwenden kann (ErfK-*Koch* Rn 31; aA GK-*Oetker* Rn 224; *Richardi/Thüsing* Rn 116).

95 Hinsichtlich der **Höhe des Zwangsgeldes** und der zulässigen **Rechtsmittel** vgl. oben Rn 88 f.: beigetrieben wird das Zwangsgeld nach § 85 Abs. 1 S. 3 ArbGG iVm. §§ 803 ff. ZPO. Es verfällt der Staatskasse.

4. Das Verhältnis zu anderen Vorschriften

a) Das Verhältnis zu anderen Ansprüchen

96 § 23 Abs. 3 ermöglicht dem BR oder einer im Betrieb vertretenen Gewerkschaft bei einem grob pflichtwidrigen Verhalten des ArbGeb. von diesem das Unterlassen eines solchen Verhaltens oder die Beseitigung des betriebsverfassungswidrigen Zustandes zu verlangen (BAG 9. 12. 03 AP Nr. 1 zu § 33 BetrVG 1972). Damit dient die Vorschrift dem **Schutz der betriebsverfassungsrechtlichen Ordnung** (*Richardi/Thüsing* Rn 74). Der ArbGeb. soll dazu angehalten werden, sich künftig entsprechend dieser Ordnung zu verhalten oder einen dieser Ordnung entsprechenden Zustand herzustellen.

97 Diesen Zweck und dieses Ziel verfolgen auch andere und teilweise weitergehende Vorschriften, die das BetrVG dem BR oder der Gewerkschaft zum Schutz der Funktionsfähigkeit der betriebsverfassungsrechtlichen Ordnung zubilligt. § 23 Abs. 3 enthält deshalb **keine abschließende Regelung** (ErfK-*Koch* Rn 34). Weitergehende Ansprüche können sich etwa ergeben aus § 2 Abs. 2 (Zutrittsrecht der Gewerkschaften), § 20 Abs. 3 (Tragung der Kosten der BRWahl), § 29 Abs. 3 (BRSitzung auf Verlangen des ArbGeb.), § 40 (Kosten der BRTätigkeit), § 41 (Umlageverbot, BAG 14. 8. 02 AP Nr. 2 § 41 BetrVG 1972) § 44 (Kosten der BetrVerslg.), § 74 Abs. 2 (Unterlassung von Verstößen gegen die Friedenspflicht), § 78 S. 1 (Schutz der betriebsverfassungsrechtlichen Vertr. vor unzuverlässigen Eingriffen des ArbGeb., vgl. BAG 12. 11. 97 AP Nr. 27 zu § 23 BetrVG 1972), § 80 Abs. 2 (Vorlage von Unterlagen), § 89 Abs. 2 (Mitteilung von Arbeitsschutzvorschriften), § 90 (Unterrichtungs- und Beratungsrechte bei der Gestaltung der Arbeitsplätze), § 93 (Stellenausschreibung auf Verlangen des BR; vgl. *HSWGNR* Rn 83), §§ 111 ff. (Unterrichtungs- und Beratungsrechte bei Betriebsänderungen). Dies sind alles Bestimmungen, die den Arb-Geb. zur Leistung von Geld oder Sachen, zur Vorlage von Unterlagen, zur Unterrichtung verpflichten. Sie geben einen unmittelbaren **Erfüllungsanspruch** und sind daher auch außerhalb des Verf. nach § 23 Abs. 3 nach allgemeinen Vorschriften des arbeitsgerichtlichen Verf. und nach allgemeinem Vollstreckungsrecht (§ 85 ArbGG) durchsetzbar. Dasselbe gilt für **Unterlassungsansprüche** zur Sicherung der Arbeit der InteressenVertr. Die Beachtung der MBR kann aber nicht durch die Vereinbarung einer **Vertragsstrafe** – auch nicht eine zugunsten Dritter – gesichert werden. Solche Vereinbarungen sind wegen fehlender Vermögens- und Rechtsfähigkeit des BR unwirksam (BAG 29. 9. 04 AP Nr. 81 zu § 40 BetrVG 1972) oder stellen eine von § 78 S. 2 untersagte Begünstigung dar oder haben reinen Strafcharakter und sind deshalb gar nicht geeignet, einen betriebsverfassungswidrigen Zustand zu beseitigen. Vielmehr werden die finanziellen Folgen eines betriebsverfassungswidrigen Verhaltens für den ArbGeb. kalkulierbar. Das kommt einem Abkaufe gesetzlicher Rechte gleich (BAG 19. 1. 10 – 1 ABR 62/08 – NZA 10, 592; *Hexel/Lüders* NZA 10, 613; *Gehlhaar* AuR 08, 380; aA *DKK-Trittin* Rn 134 a).

Umstritten war, ob § 23 Abs. 3 einen Unterlassungsanspruch des BR bei einer **98** Verletzung von MBR abschließend regelt. Insoweit hatte der Erste Senat des BAG zunächst angenommen, der BR könne nur bei einem groben Verstoß des ArbGeb gegen das MBR das Unterlassen der mitbestimmungswidrigen Maßnahme verlangen (BAG 22. 2. 83 AP Nr. 2 zu § 23 BetrVG 1972). Diese Rspr. hatte im Schrifttum erhebliche Kritik erfahren. Auch die ArbG waren ihr überwiegend nicht gefolgt. Sie hatten einen Unterlassungsanspruch unabhängig von den Voraussetzungen des § 23 Abs. 3 im Wege einstw. Verf. durchgesetzt (Nachweise bei BAG 3. 5. 94 AP Nr. 23 zu § 23 BetrVG 1972).

Im Beschluss vom 3. 5. 94 (AP Nr. 23 zu § 23 BetrVG 1972) hat das BAG diese **99** Rspr. aufgegeben. Nunmehr ist anerkannt, dass dem BR bei einer Verletzung seines MBR aus § 87 neben dem Sondertatbestand des § 23 Abs. 3 ein **eigenständiger Unterlassungsanspruch** zusteht er sich also unabhängig von den Voraussetzungen des § 23 Abs. 3 gegen zu erwartende Verletzungen des MBR aus § 87 zur Wehr setzen kann (BAG 15. 5. 07 AP Nr. 30 zu § 1 BetrVG 1972 Gemeinsamer Betrieb). Diesen leitet das BAG aus den aus § 87 folgenden besonderen Rechtsbeziehungen zwischen BR und ArbGeb ab.

Nach § 87 darf der ArbGeb. die dort beschriebenen Maßnahmen nur durchführen, **100** wenn er sich mit dem BR hierüber geeinigt hat oder die Einigung durch Spruch der E-Stelle ersetzt wurde (§ 87 Abs. 2). Das Gesetz, das dem BR ein MBR einräumt, muss zugleich sicherstellen, dass der ArbGeb. keine vollendeten Tatsachen schaffen darf und sich nicht über bestehende MBR hinwegsetzen kann. Der Unterlassungsanspruch ergibt sich aus den Rechtsbeziehungen zwischen ArbGeb. und BR. Diese Rechtsbeziehungen sind einem gesetzlich begründeten Dauerschuldverhältnis ähnlich. Es wird bestimmt durch wechselseitige Rücksichtspflichten, die sich aus § 2 ergeben (*v. Hoyningen-Huene* NZA 89, 121). Der ArbGeb. muss alles unterlassen, was der Wahrnehmung der MBR entgegensteht (BAG 3. 5. 94 AP Nr. 23 zu § 23 BetrVG 1972; zuletzt 3. 5. 06 AP Nr. 119 zu § 87 BetrVG 1972 Arbeitszeit; hM).

Das BAG hat damit anerkannt, dass ohne einen allgemeinen Unterlassungsanspruch **101** die MBR nicht hinreichend gesichert sind. Insbesondere reichen individualrechtliche Rechtsfolgen (Theorie der Wirksamkeitsvoraussetzung, vgl. § 87 Rn 599) in der Regel nicht aus, die Einhaltung der Rechte des BR zu gewährleisten. Richtig ist, dass der BR als Träger der MBR selbst die Möglichkeit haben muss, seine Rechte durchzusetzen (BAG 3. 5. 94 AP Nr. 23 zu § 23 BetrVG 1972). Dazu kann auch ein Beseitigungsanspruch gehören (BAG 16. 6. 1998 AP Nr. 7 zu § 87 BetrVG 1972 Gesundheitsschutz).

102 Der allgemeine Unterlassungsanspruch bei Verletzung eines MBR aus § 87 setzt allerdings eine **Wiederholungsgefahr** voraus. Eine solche folgt regelmäßig aus dem mitbestimmungswidrigen Verhalten des ArbGeb. An dieser tatsächlichen Vermutung fehlt es nur dann, wenn auf Grund besonderer Umstände des Einzelfalls eine erneute Beeinträchtigung des Mitbestimmungsrechts unwahrscheinlich ist (BAG 29. 2. 00 AP Nr. 105 BetrVG 1972 Lohngestaltung).

103 Der BR kann einen allgemeinen Unterlassungsanspruch bei Verletzung eines MBR mittels **einstw. Vfg.** durchsetzen. Das ist Praxis der LAG (GK-*Oetker* Rn 145; prozessuale Einzelheiten bei *Clemenz* NZA 05, 129). Im einstw. Rechtsschutzverfahren ist die Rechtsbeschwerde zum BAG unzulässig (BAG 22. 1. 03 AP Nr. 1 zu § 78 ArbGG; *Kerwer* RdA 04, 121).

104 Allerdings begründet nicht jede Verletzung von Rechten des BR ohne Rücksicht auf § 23 Abs. 3 einen Unterlassungsanspruch. Hierfür kommt es nach der st. Rspr. des BAG (BAG 3. 5. 94 AP Nr. 23 zu § 23 BetrVG 1972) auf den Gegenstand des MBR, dessen konkrete Ausgestaltung und die Art der Rechtsverletzung an. Umstritten ist deshalb, ob dem BR auch bei **personellen Einzelmaßnahmen** nach § 99 oder bei **Betriebsänderungen**, die der ArbGeb. ohne die von § 111 vorgeschriebene Konsultation plant, ein Unterlassungsanspruch zusteht.

105 Zum Unterlassungsanspruch bei **personellen Einzelmaßnahmen** vgl. § 99 Rn 295 ff. Ein ArbGeb., der das Zustimmungserfordernis des § 99 Abs. 4 ignoriert, handelt grob betriebsverfassungswidrig. Das rechtfertigt einen Anspruch auf Unterlassen dieser personellen Einzelmaßnahme bereits nach § 23 Abs. 3. Hierzu bedarf es keines allgemeinen Unterlassungsanspruchs. Diesen lehnt BAG zu Recht wegen der besonderen Ausgestaltung des Zustimmungsersetzungsverfahrens nach § 100 wie des Aufhebungsverfahrens nach § 101 ab (BAG 23. 6. 09 – 1 ABR 23/08 –).

106 Zum Unterlassungsanspruch bei **Betriebsänderungen** vgl. § 111 Rn 131 ff. Zum Unterlassungsanspruch bei **Auswahlrichtlinien** § 95 Rn 31.

b) Das Verhältnis zur allgemeinen Zwangsvollstreckung nach § 85 ArbGG

107 Die Regelung des **Abs. 3 stellt auch keine** die allgemeine Zwangsvollstreckung nach § 85 ArbGG ausschließende **Sonderregelung** dar (BAG 17. 5. 83 AP Nr. 19 zu § 80 BetrVG 1972, soweit Vorschriften des BetrVG den ArbGeb. zur Leistung von Geld oder Sachen, zur Vorlage von Unterlagen oder zur Unterrichtung verpflichten; GK-*Oetker* Rn 163; *DKK-Trittin* Rn 135; ErfK-*Koch* Rn 35; aA *HSWGNR* Rn 90).

108 Der Gesetzgeber hat zusammen mit der Vorschrift des § 23 Abs. 3 gleichzeitig § 85 Abs. 1 in das ArbGG eingefügt und damit die Zwangsvollstreckungsvorschriften der ZPO allgemein für das BeschlVerf. für anwendbar erklärt (vgl. § 1 Rn 54 f.). Zweck des § 23 Abs. 3 ist es ua., die Einhaltung des G durch die erweiterte Möglichkeit der Verhängung von Sanktionen gegen den gesetzwidrig handelnden ArbGeb. besser zu sichern. Dieses Ziel würde praktisch in sein Gegenteil verkehrt, wenn § 23 Abs. 3 mit seiner engen Voraussetzung einer vorangegangenen groben Pflichtverletzung die allgemeinen Zwangsvollstreckungsmöglichkeiten ausschließen würde. Insb. wäre damit eine vorbeugende Sicherung der Mitbestimmungs- und Mitwirkungsrechte des BR ausgeschlossen. Der gleichzeitige Erlass sowohl des § 23 Abs. 3 als auch des § 85 Abs. 1 ArbGG und der mit ihnen verfolgte gesetzgeberische Zweck zeigen eindeutig, dass § 85 Abs. 1 ArbGG neben § 23 Abs. 3 anwendbar ist.

109 Deshalb kann der ArbGeb., auch wenn er keine grobe, sondern lediglich **eine leichte Pflichtverletzung** begangen hat, auf Antrag des materiell Berechtigten durch das ArbG zur Erfüllung seiner gesetzlichen Pflichten angehalten werden (vgl. oben Rn 96 ff.). Aus Beschlüssen des ArbG, durch die dem ArbGeb. aufgegeben worden ist, eine Handlung zu unterlassen, die Vornahme einer Handlung zu dulden oder eine Handlung vorzunehmen, kann gemäß § 85 ArbGG nach den allgemeinen Zwangsvollstreckungsvorschriften des Achten Buches der ZPO vollstreckt werden.

Ein materiell Nichtberechtigter aber nach § 23 Abs. 3 Antragsbefugter kann nur **110** das Verfahren nach § 23 Abs. 3 betreiben. Dagegen kann der materiell Berechtigte bei einer groben Pflichtwidrigkeit des ArbGeb einen Unterlassungsanspruch sowohl nach § 23 Abs. 3 als auch nach allgemeinen Grundsätzen durchsetzen. Beim allgem. Unterlassungsanspruch ist er nicht auf das Zwangsvollstreckungsverfahren nach § 23 Abs. 3 S. 2–5 beschränkt. Er kann auch nach allgemeinem Zwangsvollstreckungsrecht vorgehen (GK-*Oetker* Rn 164; ErfK-*Koch* Rn 35; *DKK-Trittin* 137). Dennoch ist hinsichtlich der Art und der Höhe der jeweiligen Ordnungsmittel die speziellere Regelung des § 23 Abs. 3 Satz 5 zu beachten (BAG 29. 4. 04 AP Nr. 3 zu § 77 BetrVG 1972 Durchführung). Jene schließt die Verhängung von Ordnungshaft aus und begrenzt die Höhe des Ordnungsgeldes auf 10 000 Euro, obwohl die Anforderungen eines Unterlassungsanspruchs nach § 23 Abs. 3 strenger sind als die des allgemeinen Unterlassungsanspruchs des BR bei mitbestimmungswidrigem Verhalten des ArbGeb. Demnach können zur Vermeidung von **Wertungswidersprüchen** die Ordnungsmittel zur Durchsetzung des allgemeinen Unterlassungsanspruchs nicht strenger als der in § 23 Abs. 3 geregelte Rahmen sein (BAG 29. 4. 07 AP Nr. 124 zu § 87 BetrVG 1972 Arbeitszeit). Das schließt die Verhängung von Ordnungshaft oder ein 10 000 Euro übersteigendes Ordnungsgeld für jeden Fall der Zuwiderhandlung aus (BAG 5. 10. 10 – 1 ABR 71/09 – NZA 11, 174).

Aufgrund der Geltung des allgem. Zwangsvollstreckungsrechts kann der Schuldner **110a** die Unzulässigkeit der Zwangsvollstreckung auch im Wege einer **Vollstreckungsabwehrklage** geltend machen (§ 85 Abs. 1 S. 1, S. 3 ArbGG iVm. § 767 Abs. 1 ZPO. Dabei geht es allein um die Beseitigung der Vollstreckbarkeit eines Titels, nicht um dessen Wirksamkeit, also nicht um den vollstreckbaren Anspruch selbst (BAG 18. 3. 08 AP Nr. 6 zu § 3 BetrVG 1972). Hält der Schuldner den Titel aber für nicht hinreichend bestimmt und damit keiner Vollstreckung fähig, kann er gegen dessen Vollstreckung ebenfalls im Wege einer Vollstreckungsabwehrklage vorgehen (§ 767 Abs. 1 ZPO analog; BAG 18. 3. 08 aaO).

IV. Antragsbefugnis des BR nach dem AGG

§ 17 Abs. 2 AGG billigt BR oder einer im Betrieb vertretenen Gewerkschaft das **111** Recht zu, sicherzustellen, dass der ArbGeb. seinen Verpflichtungen nach dem AGG nachkommt. Dazu regelt die Vorschrift iVm. § 23 Abs. 3 S. 1 das **Erkenntnisverf.** und verweist hinsichtlich des **Vollstreckungsverf.** auf § 23 Abs. 3 S. 2–5.

1. Erkenntnisverfahren

Das **Antragsrecht** setzt einen groben Verstoß des ArbGeb. gegen dessen Ver- **112** pflichtungen aus dem **Abschnitt 2 des AGG** voraus. Das sind im Einzelnen die Verletzung des Benachteiligungsverbots nach § 7 AGG, der in den §§ 11, 12 AGG geregelten Organisationspflichten (Ausschreibungspflicht, präventive und repressive Schutzmaßnahmen) sowie die in den §§ 13–16 AGG geregelten Rechte von Beschäftigten. Ein kollektiver Bezug ist nicht erforderlich; es genügt nach Sinn und Zweck des Antragsrechts, wenn die Pflichtverletzung nur einen einzelnen Beschäftigten betrifft. Bereits das ist ein Verstoß gegen die kollektive betriebliche Ordnung (*Besgen/Roloff* NZA 07, 670; einschränkend *Klumpp* NZA 06, 904). Trotz des missverständlichen Wortlauts setzt das Antragsrecht nicht auch noch das Vorliegen eines betriebsverfassungsrechtlichen Rechtsverstoßes voraus; § 17 Abs. 2 AGG verweist lediglich hinsichtlich des Verfahrens auf § 23 Abs. 3 (BAG 18. 8. 09 – 1 ABR 47/08 – NZA 10, 222); HK-AGG/*Buschmann* § 17 Rn 13). Es muss sich aber um eine **grobe Pflichtverletzung** handeln, also objektiv erheblich und offensichtlich schwerwiegend sein. Ein einmaliger Verstoß kann hierfür genügen; leichte Verstöße können durch mehrmaliges Wiederholen zur groben Pflichtwidrigkeit werden. Eine solche kann in einem Tun oder Unterlassen liegen, verlangt aber kein schuldhaftes Verhalten des ArbGeb. (*Besgen/Roloff* aaO). Soweit dieser in einer schwierigen und ungeklärten Rechtsfrage nach einer vertretbaren Rechtsansicht handelt, scheidet eine grobe Pflichtverletzung aus. Allerdings verletzt ein ArbGeb. seine **Pflicht zur diskriminierungsfreien Stellenausschreibung** in grober Weise, wenn er für innerbetriebl. Ausschreibungen den Kreis der potentiellen Bewerber aufgrund eines scheinbar neutralen Kriteriums auf jüngere ArbN beschränkt, aber mit dieser Beschränkung kein rechtmäßiges Ziel verfolgt und die Begrenzung hierfür auch offensichtlich untauglich ist (BAG 18. 8. 09 – 1 ABR 47/08 – NZA 10, 222).

113   **Antragsberechtigt** sind der BR und im Rahmen ihrer gesetzlicher Zuständigkeiten auch der GBR oder KBR sowie jede im Betrieb vertretene Gewerkschaft (dazu § 2 Rn 24). Bei LeihArbN ist auch der BR des Entleiherbetriebs antragsbefugt (vgl. § 6 Abs. 2 S. 2 AGG). Einzelne BRMitgl., einer Arbeitsgruppe nach § 28 oder der JugAzubiVertr. sind nicht antragsberechtigt. Die Einleitung des Verfahrens bedarf eines ordnungsgem. **Beschlusses des BR,** nicht hingegen der Zustimmung der benachteiligten ArbN (*HK-AGG/Buschmann* § 17 Rn 18).

114   Zutreffende Verfahrensart ist das **BeschlVerf.;** wegen der Verweisung auf § 23 handelt es sich um eine Angelegenheit iSd BetrVG (hM). Die in individuellen Rechten betroffenen ArbN sind nicht zu beteiligen (*Klumpp* NZA 06, 904). Das Antragsrecht soll den ArbGeb. dazu anhalten, seine Pflichten nach dem AGG zu erfüllen. Je nach Art der Pflichtverletzung kann von ihm das Unterlassen von Handlungen oder die Vornahme einer Handlung bzw. deren Duldung verlangt werden (*Bauer* § 17 AGG Rn 11). Für den **Unterlassungsanspruch** ist keine Wiederholungsgefahr erforderlich (vgl. Rn 65). Ein solcher Antrag muss hinreichend bestimmt sein (vgl. Rn 70 ff., Nach § 1 Rn 20 ff.). Einstw. Vfg. sind möglich (vgl. Rn 76; *Schleusener* AGG Rn 7), § 17 Abs. 2 AGG ist keine bloße Sanktionsregelung (**aA** *Bauer* § 17 AGG Rn 26; *Thüsing* Rn 625). Allerdings darf der BR nicht die Ansprüche von Benachteiligten geltend machen (§ 17 Abs. 2 S. 2 AGG). Für **Feststellungs- und Folgebeseitigungsanträge**, die § 23 Abs. 3 nicht regelt, fehlt es an der Antragsbefugnis (vgl. HK-AGG/*Buschmann* § 17 Rn 28; *Thüsing* Rn 621). Klagen auf Feststellung eines grob pflichtwidrigen Verhaltens des ArbGeb. betreffen auch nicht das Rechtsverhältnis der Betriebsparteien zueinander und erfüllen auch aus diesem Grund nicht die Voraussetzungen des § 256 ZPO.

2. Vollstreckungsverfahren

115   § 85 Abs. 1 S. 3 ArbGG ordnet im arbeitsgerichtl. BeschlussVerf. für die Zwangsvollstreckung die Geltung der Vorschriften des Achten Buches der ZPO an, die nach § 17 Abs. 2 AGG durch die in § 23 Abs. 3 S. 2–5 geregelten Besonderheiten ergänzt werden. Danach kommen nach dem rechtskräftigen Abschluss des Erkenntnisverfahrens die Verhängung eines **Ordnungsgeldes** (dazu Rn 78 ff.) oder der Verhängung eines **Zwangsgeldes** (dazu Rn 90 ff.) in Betracht. Diese sind an die Staatskasse zu zahlen und kommen nicht etwa dem oder den Benachteiligten zugute (*Klumpp* NZA 06, 904).

§ 24 Erlöschen der Mitgliedschaft

Die Mitgliedschaft im Betriebsrat erlischt durch
1. Ablauf der Amtszeit,
2. Niederlegung des Betriebsratsamtes,
3. Beendigung des Arbeitsverhältnisses,
4. Verlust der Wählbarkeit,
5. Ausschluss aus dem Betriebsrat oder Auflösung des Betriebsrats aufgrund einer gerichtlichen Entscheidung,

6. gerichtliche Entscheidung über die Feststellung der Nichtwählbarkeit nach Ablauf der in § 19 Abs. 2 bezeichneten Frist, es sei denn, der Mangel liegt nicht mehr vor.

Inhaltsübersicht

I. Vorbemerkung

Die Vorschrift regelt nach ihrer Änderung durch das BetrVerf-ReformG nur noch **1** die Beendigung der Mitglschaft im BR. Der frühere Abs. 2, der die Auswirkungen des Wechsels der arbeitsrechtlichen Gruppenzugehörigkeit eines BRMitgl. während seiner Mitgliedschaft im BR normiere, ist mit der **Aufgabe des Gruppenprinzips** durch das BetrVerf-ReformG (vgl. Art. 1 Nr. 6) überflüssig geworden. Im Gegensatz zum Erlöschen der Mitglschaft des einzelnen Mitgl. des BR steht die Beendigung der Amtszeit des BR als Kollektivorgan. Diese ist in § 21 geregelt (vgl. § 21 Rn 15 ff.).

Die **Aufzählung** der sechs Gründe in Abs. 1, nach denen die Mitgliedschaft des ein- **2** zelnen Mitgl. im BR erlischt, ist **nicht abschließend**. So ist etwa der Tod ein Unterfall der Beendigung des Arbeitsverhältnisses, da die Arbeitsleistung regelmäßig persönlich zu erbringen ist. Mit dem Tod oder der Todeserklärung erlischt stets die Mitglschaft im BR (GK-*Oetker* Rn 25; *Richardi/Thüsing* Rn 7). Wegen des Verlustes der Wählbarkeit durch Übertritt in den Kreis der leitenden Ang. vgl. Rn 33. Wegen Beendigung der Mitglschaft durch Übertritt in einen anderen Betrieb des Unternehmens vgl. Rn 36; zu den Besonderheiten beim Übergangsmandat vgl. § 21a.

Die Mitglschaft erlischt in den Fällen des Abs. 1 Nr. 1 bis 4 kraft Gesetzes. Es be- **3** darf dafür keiner besonderen gerichtlichen Feststellung. Demgegenüber erlischt die Mitglschaft in den Fällen des Abs. 1 Nr. 5 und 6 nur auf Grund einer die Rechtslage gestaltenden gerichtlichen Entscheidung.

Für noch nicht nachgerückte **ErsMitgl.** gilt Abs. 1 nicht unmittelbar sondern ent- **4** sprechend. Deshalb erlischt bei Vorliegen eines der Tatbestände des Abs. 1 die Anwartschaft des Ersatzmitglieds, in den BR nachzurücken (GK-*Oetker* Rn 59 f.; *Richardi/Thüsing* Rn 5; zum Fall des Abs. 1 Nr. 5 vgl. § 23 Rn 30).

Die Vorschrift gilt auch für die Mitgliedschaft in einer durch Vereinbarung nach **5** § 3 Abs. 1 Nr. 1–3 geschaffenen Arbeitnehmervertretung. Sie betrifft auch die Mitgl. der BordVertr. und des SeeBR, wobei jedoch für die Beendigung der Mitglschaft (vgl. Abs. 1) die ergänzenden Sonderregelungen in § 115 Abs. 3 Nr. 2 und § 116 Abs. 2 Nr. 9 zu beachten sind. Für die JugAzubiVertr. gilt die Vorschrift entsprechend (vgl. § 65 Abs. 1). Sie gilt nicht für den GesBR, den KBR, die GesJugAzubiVertr. und die KJugAzubiVertr. Hier greifen die Sonderbestimmungen in §§ 49, 57, 73 Abs. 2 und 73b Abs. 2 ein.

Die Vorschrift ist **zwingend** und kann weder durch TV noch durch BV abbedun- **6** gen werden (hM).

Entsprechende Vorschriften: § 29 BPersVG, § 9 Abs. 2 SprAuG, § 36 EBRG. **7**

II. Erlöschen der Mitgliedschaft im Betriebsrat

1. Ablauf der Amtszeit

8   Mit dem Ablauf der Amtszeit endet die **Mitglschaft aller Mitgl. des BR**. In Betracht kommen der Ablauf der regelmäßigen Amtszeit (§ 21 Satz 1), ferner die vorzeitige Beendigung der Amtszeit nach § 21 Sätze 3 und 5 sowie die Fälle der verlängerten Amtszeit gemäß § 21 Satz 4 (vgl. § 21 Rn 16 ff.). Schließlich sind die erfolgreiche Anfechtung der Wahl (§ 19) sowie die rechtskräftige Auflösung des BR durch das ArbG (§ 23 Abs. 1) zu nennen. Dabei ist die Mitglschaft des BRMitgl. an das Bestehen des BR als betriebsverfassungsrechtliches Organ gebunden. Mit dem Ende seiner Amtszeit erlischt auch die Mitglschaft. Die Feststellung der Nichtigkeit beendet keine Amtszeit, da ein BR in diesem Fall von Anfang an nicht bestanden hat.

2. Amtsniederlegung

9   Amtsniederlegung ist die **freiwillige Aufgabe** des Amtes des BRMitgl. Sie kann schon unmittelbar nach der Wahl erklärt werden (BVerwG AP Nr. 2 zu § 27 BPersVG). Die Ablehnung der Wahl nach § 17 Abs. 1 Satz 2 WO 2001 zur Vermeidung der in dieser Vorschrift geregelten Annahmefiktion ist keine Amtsniederlegung. Ein BRMitgl. hat vor der Wahlannahme noch kein BRAmt inne (GK-*Oetker* Rn 9).

10   Eine **Form** ist für die Amtsniederlegung **nicht** vorgeschrieben (ErfK-*Koch* Rn 3; *Richardi/Thüsing* Rn 8). Es genügt die mündliche Erklärung gegenüber allen Mitgl. des BR (zB in einer BRSitzung) oder dessen Vors. (vgl. § 26 Abs. 3), nicht gegenüber dem ArbGeb. (LAG Schleswig-Holstein AP Nr. 4 zu § 24 BetrVG) oder der BetrVerslg. (GK-*Oetker* Rn 10). Eine gegenüber der BetrVerslg. abgegebene Erklärung kann allerdings wirksam sein, wenn im Wege der Auslegung festgestellt wird, dass sie auch gegenüber dem BRVors. als Leiter der BetrVerslg oder allen Mitgliedern des BR abgegeben worden ist (*DKK-Buschmann* Rn 7; *Richardi/Thüsing* Rn 8 a). Ist ein Betrieb stillgelegt und besteht zum Zeitpunkt der Betriebsstilllegung der BR nur noch aus einem Mitglied, übt dieser das Restmandat aus. Das Restmandat ist die Fortsetzung des ursprünglichen Mandats. Es kann wie dieses zu jedem Zeitpunkt niedergelegt werden. Ist infolge der Stilllegung des Betriebs keine Belegschaft mehr vorhanden, kann die Amtsniederlegung ausnahmsweise gegenüber dem ArbGeb. erklärt werden (BAG 12. 1. 00 AP Nr. 5 zu § 24 BetrVG 1972). Die Erklärung muss eindeutig sein; es gelten die allgemeinen Auslegungsgrundsätze für Willenserklärungen (§§ 133, 157 BGB). Von der Amtsniederlegung ist die bloße Absichtserklärung, das Amt niederlegen zu wollen, zu unterscheiden. Diese ist rechtlich bedeutungslos. Die Amtsniederlegung bewirkt die Beendigung der Mitgliedschaft im Zeitpunkt ihrer Erklärung, bei schriftlicher Erklärung mit dem Zugang des Schreibens an den Empfänger, es sei denn, dass der Erklärende selbst einen anderen Zeitpunkt festsetzt, zB in dem er mitteilt, er werde mit Ablauf des Monats aus dem Amt ausscheiden.

11   Die Erklärung kann mit Rücksicht auf die mit ihr verknüpfte Rechtsfolge der Beendigung der Mitglschaft im BR **nicht zurückgenommen** oder **widerrufen** werden (BVerwG AP Nr. 2 zu § 27 BPersVG; GK-*Oetker* Rn 15). Sie kann auch nicht an den Eintritt oder Nichteintritt einer Bedingung geknüpft werden (GK-*Oetker* Rn 11; *Richardi/Thüsing* Rn 9). Jedoch kann Mangel der Ernstlichkeit (§ 118 BGB) eingewandt werden (GK-*Oetker* Rn 13; enger *Richardi/Thüsing* Rn 10: nur wenn dem Erklärungsempfänger der Mangel der Ernstlichkeit erkennbar ist). Die Erklärung kann nicht angefochten werden, da sich BR und ArbN nicht mit unklaren und ungewissen Mitgliedschaften belasten können (*DKK-Buschmann* Rn 9; *Richardi/Thüsing* Rn 10; ErfK-*Koch* Rn 3 GK-*Oetker* Rn 12; ebenso Hess. LAG LAGE § 24 BetrVG 1972 Nr. 1; einschränkend *HSWGNR* Rn 7, die eine Anfechtung wegen Drohung oder arglistiger

Täuschung zulassen). Deshalb ist aus Gründen der Rechtssicherheit ein Anfechtungsrecht ausgeschlossen.

Von der Amtsniederlegung zu unterscheiden sind die Fälle, in denen ein BRMitgl. **12**
konkrete **Funktionen** innerhalb des BR **niedergelegt** (zB Niederlegung des Vorsit-
zes, Ausscheiden aus dem BetrAusschuss). Dies berührt die Mitglschaft im BR nicht.
Die vakanten Posten sind vom BR neu zu besetzen (*DKK-Buschmann* Rn 10; GK-
Oetker Rn 17; *HSWGNR* Rn 8; *Richardi/Thüsing* Rn 8 a).

3. Beendigung des Arbeitsverhältnisses

Da nur betriebsangehörige ArbN wählbar sind, erlischt die Mitglschaft im BR mit der **13**
Beendigung des Arbeitsverhältnisses. Entscheidend ist die **rechtliche Beendigung** des
Arbeitsverhältnisses. Daher wird die Mitglschaft nicht beendet und die Ausübung der
Ämter nicht berührt, wenn das Arbeitsverhältnis nur ruht, in seinem rechtlichen Bestand aber aufrechterhalten bleibt. Zu denken ist an Sonderurlaub, Zeiten des Mut-
terschutzes oder Elternzeit (BAG 25. 5. 05 NZA 05, 1002). Auch wenn ein ArbN
zum Wehrdienst oder Zivildienst oder zu einer Wehr- oder Eignungsübung eingezo-
gen wurde, ruhte das Arbeitsverhältnis (vgl. §§ 1 und 10 ArbPlSchG, § 78 ZDG, § 1
EigÜbG). Das Gleiche gilt bei einer Heranziehung zu Einsätzen oder Ausbildungsveranstaltungen im Rahmen freiwilliger Dienste). In diesen Fällen wird die Zugehörigkeit zum BR nicht berührt (*DKK-Buschmann* Rn 20; GK-*Oetker* Rn 32; *Richar-
di/Thüsing* Rn 26; ErfK-*Koch* Rn 6). Das betreffende BRMitgl. ist lediglich zeitweise
an der Ausübung seines Amtes gehindert. Für die Zeit der Verhinderung rückt ein
ErsMitgl. vorübergehend in den BR nach. Zu der Möglichkeit der Rückstellung von
BRMitgl. vom Wehr- oder Zivildienst vgl. § 8 Rn 16. Etwas anderes gilt, wenn der
Einsatz eines **Beamten** in einem Betrieb eines privatrechtlich organisierten Unternehmens endet. In diesem Fall verliert der Beamte die Eigenschaft als ArbN iSd § 5
Abs. 1 Satz 3, die Voraussetzung der Wählbarkeit ist.

Eine Beendigung des Arbeitsverhältnisses erfolgt in erster Linie durch **Kündi-** **14**
gung. Kündigt das BRMitgl. unter Einhaltung der in Betracht kommenden Kündigungsfrist, so erlischt die Mitglschaft im BR erst mit Ablauf der Kündigungsfrist.

Eine ordentliche Kündigung gegenüber einem BRMitgl., die grundsätzlich unzu- **15**
lässig ist (§ 15 Abs. 1 KSchG), kommt nur bei der Stilllegung oder Teilstilllegung des
Betriebs in Betracht (vgl. § 15 Abs. 4 und § 5 KSchG; vgl. § 103 Rn 12 ff.). Für den
Ausspruch einer **außerordentlichen Kündigung** aus wichtigem Grund ist entweder die Zustimmung des BR oder ein die Zustimmung des BR ersetzender rechtskräftiger Beschluss des ArbG erforderlich (vgl. § 103 Rn 17 ff.).

Kündigt der ArbGeb. nach Zustimmung des BR oder einer diese Zustimmung er- **16**
setzenden rechtskräftigen arbeitsgerichtlichen Entscheidung einem BRMitgl. außerordentlich, so endet mit **Zugang der Kündigungserklärung** das Arbeitsverhältnis
und damit die Mitglschaft im BR. Erhebt das BRMitgl. Kündigungsschutzklage, so
bleibt die Wirksamkeit der Kündigung bis zur rechtskräftigen Entscheidung des Kündigungsschutzprozesses offen. Gleichwohl ist das gekündigte BRMitgl. während des
Kündigungsschutzprozesses wegen seiner Entlassung nicht in der Lage, sein BRAmt
wahrzunehmen. Es ist vielmehr während dieser Zeit im Sinne von § 25 Abs. 1 Satz 2
an der Ausübung seines Amtes gehindert. An seine Stelle tritt ein ErsMitgl. in den
BR ein (vgl. BAG 14. 5. 97 AP Nr. 6 zu § 8 BetrVG 1972; GK-*Oetker* Rn 27;
DKK-Buschmann Rn 14; *HSWGNR* Rn 11; *Richardi/Thüsing* Rn 14). Etwas anderes
gilt, soweit das BRMitgl. während des Kündigungsschutzverfahrens einen vorläufigen
Weiterbeschäftigungsanspruch – ggfls. im Wege einer einstw. Verfg. – durchsetzt. In
diesem Falle nimmt es auch wieder seine BRFunktionen wahr (LAG Hamm NZA-
RR 96, 414; NZA-RR 03, 311).

Da während des Kündigungsrechtsstreits über die außerordentliche Kündigung **17**
noch nicht feststeht, ob Betriebszugehörigkeit und BRAmt fortbestehen, kann zugunsten des BRMitgl. im Allgemeinen auch **keine einstweilige Verfügung** zum

Schutze der BRTätigkeit erlassen werden (LAG Köln NZA-RR 03, 425; LAG
Hamm LAGE § 25 BetrVG Rn 4; Hess. LAG AP Nr. 2 zu § 25 BetrVG; LAG
Nürnberg LAGE § 25 BetrVG 1972 Nr. 2; GK-*Oetker* § 25 Rn 29; *HSWGNR*
Rn 12; aA *DKK-Buschmann* Rn 15). Zulässig ist eine einstweilige Verfügung aller-
dings, wenn der ArbGeb. die Kündigung ohne Zustimmung des BR oder eine die Zu-
stimmung ersetzende arbeitsgerichtliche Entscheidung nach § 103 Abs. 2 ausgespro-
chen hat oder die Kündigung aus einem anderen Grunde offensichtlich unbegründet ist
(LAG Düsseldorf DB 75, 700, DB 77, 1053; LAG Schleswig-Holstein DB 76, 1974;
GK-*Oetker* § 25 Rn 27; *HSWGNR* Rn 12; *SWS* Rn 4; aA *Heinze* RdA 86, 288, für
den Fall der Weiterbeschäftigung).

18   Steht zum Zeitpunkt der **Betriebsstilllegung** auf Grund eines Kündigungsschutzverfahrens noch nicht rechtskräftig fest, ob das Arbeitsverhältnis durch die Kündigung
wirksam beendet ist, bleibt das BRMitgl. an der Wahrnehmung seiner Amtsaufgaben
aus rechtlichen und tatsächlichen Gründen gehindert, wenn wegen Wegfalls der Betriebsorganisation keine Weiterbeschäftigung erfolgen kann. Insoweit fehlt es unabhängig von dem Ausgang eines Kündigungsschutzverfahrens an der von § 7 Abs. 1
iVm. § 8 vorausgesetzten Wählbarkeitsvoraussetzung einer Eingliederung in eine
betriebliche Organisation (vgl. BAG 14. 5. 97 AP Nr. 6 zu § 8 BetrVG 1972). Es
kann allerdings ein Restmandat in Betracht kommen (vgl. § 21 b Rn 16 ff.).

19   Etwas anderes gilt in den Fällen, in denen das BR-Mitgl. zusammen mit weiteren
AN bis zum rechtskräftigen Abschluss des Kündigungsschutzverfahrens in einer **betriebsratsfähigen Einheit weiterbeschäftigt** wird. Zwar wäre das BRMitgl. wegen der Ungewissheit über den Fortbestand des Arbeitsverhältnisses faktisch an der
Amtsführung gehindert (vgl. BAG 14. 5. 97 AP Nr. 6 zu § 8 BetrVG 1972). Doch
besteht in einem solchen Fall regelmäßig nicht die Möglichkeit, die zeitweilige Verhinderung durch ein ErsMitgl. zu überbrücken. Gleichwohl bleibt in Bezug auf die
verbliebenen AN ein Schutzbedarf. Zur Vermeidung einer Schutzlücke, die sich aus
einem unterschiedlichen Umfang von Voll- und Restmandat ergeben könnte, bleibt
das gekündigte BRMitgl. bis zum negativen Ausgang des Kündigungsschutzverfahrens im Amt.

20   Das Arbeitsverhältnis kann auch durch einen **Aufhebungsvertrag** zwischen Arb-
Geb. und BRMitgl. beendet werden und zwar zu dem vereinbarten Zeitpunkt der
Aufhebung. Der Aufhebungsvertrag bedarf wegen § 623 BGB der Schriftform.

21   Die erfolgreiche **Anfechtung** oder die **Nichtigkeit des Arbeitsvertrages** wirkt
erst mit ihrer Feststellung für die Zukunft. Das gilt auch für das mit dem Bestand des
Arbeitsverhältnisses verbundene BRAmt (BAG 5. 12. 57 AP Nr. 2 zu § 123 BGB;
BAG 15. 11. 57 AP Nr. 2 zu § 125 BGB; GK-*Oetker* Rn 24; *HSWGNR* Rn 14).

22   Wirksam **befristete Arbeitsverhältnisse** enden auch bei BRMitgl. durch Zeitablauf (vgl. § 103 Rn 11). Wird der ArbN über die Befristung hinaus weiterbeschäftigt
oder liegen die Voraussetzungen des § 15 Abs. 5 TzBfG vor, besteht mit dem Arbeitsverhältnis das Amt fort (*DKK-Buschmann* Rn 18). Sieht eine BV das Ausscheiden
der ArbN mit Vollendung des 65. Lebensjahres vor (vgl. hierzu § 77 Rn 61 ff.), gilt
dies auch für BRMitgl.; räumt die BV die Möglichkeit von Ausnahmen ein, kann
davon zur Sicherung der Amtskontinuität zugunsten eines BRMitgl. bis zum Ablauf
der Amtsperiode Gebrauch gemacht werden (BAG 12. 12. 68 AP Nr. 6 zu § 24
BetrVG; vgl. BAG 23. 1. 02 AP Nr. 230 zu § 620 BGB Befristeter Arbeitsvertrag; aA
BAG 20. 12. 84 AP Nr. 9 zu § 620 BGB Bedingung; GK-*Oetker* Rn 22; *Richardi*/
Thüsing Rn 17; *HSWGNR* Rn 16).

23   Wird ein nach Beendigung des Arbeitsverhältnisses aus dem Betrieb ausgeschiedenes BRMitgl. später **erneut eingestellt,** lebt seine Mitglschaft im BR nicht wieder
auf. Das gilt selbst dann, wenn die spätere Wiedereinstellung von vornherein in Aussicht genommen oder gar zugesichert war. Denn über die zwingenden Vorschriften
des Gesetzes hinsichtlich der Mitglschaft im BR können die Arbeitsvertragsparteien
nicht verfügen (*DKK-Buschmann* Rn 19; ErfK-*Koch* Rn 5; GK-*Oetker* Rn 37; *Richardi*/
Thüsing Rn 19).

Keinen Einfluss auf die Mitglschaft im BR haben **Streik** und **Aussperrung.** Der 24
Streik hat grundsätzlich nur suspendierende Wirkung. Nach Beendigung des Arbeitskampfes lebt das suspendierte Arbeitsverhältnis wieder auf. Das gilt auch für das
BRMitgl. (BAG 21. 4. 71, 25. 10. 88 AP Nr. 43, 110 zu Art. 9 GG; zur Verfassungsmäßigkeit dieser Rechtsprechung vgl. BVerfG DB 75, 792). Zum Weiterbestand
des BRAmtes während eines Arbeitskampfes vgl. auch § 74 Rn 17 ff.

Bei einem nicht nachgerückten **ErsMitgl.** führt eine lösende Aussperrung, soweit 25
diese überhaupt zulässig ist, zu einer Beendigung des Arbeitsverhältnisses und damit
zu einer Beendigung der ErsMitglschaft. Sie gewinnen ihre Eigenschaft als ErsMitgl.
jedoch zurück, wenn sie nach Beendigung des Arbeitskampfes wieder eingestellt
werden. Dies gilt jedenfalls dann, wenn die TVParteien ein Maßregelungsverbot vereinbart haben oder wenn bei der Wiedereinstellung der Ausgesperrten allgemein
vereinbart wird, dass die Arbeitsverhältnisse als nicht unterbrochen gelten (GK-*Oetker*
Rn 38; *HSWGNR* Rn 17; vgl. BAG 21. 4. 71 AP Nr. 43 zu Art. 9 GG Arbeitskampf).

Die **Veräußerung eines Betriebs** hat keine Auswirkungen auf die Mitglschaft im 26
BR, da nach § 613a BGB die im Zeitpunkt des Betriebsübergangs bestehenden Arbeitsverhältnisse kraft Gesetzes auf den neuen Betriebsinhaber überführt werden (vgl.
hierzu § 1 Rn 92 ff.). Der BR bleibt deshalb bei einer Betriebsveräußerung unverändert
im Amt. Wird allerdings **nur ein Betriebsteil veräußert,** so scheiden die BRMitgl.,
die in dem veräußerten Teil ihren Arbeitsplatz haben, grundsätzlich aus dem für den
nicht veräußerten Betriebsteil fortbestehenden BR aus. Infolge des Übergangs der
Arbeitsverhältnisse auf den Erwerber gem. § 613a Abs. 1 BGB stehen sie zu dem
bisherigen Betriebsinhaber nicht mehr in einem Arbeitsverhältnis. Etwas anderes gilt,
wenn sie dem Übergang des Arbeitsverhältnisses auf den Erwerber widersprechen
(§ 613a Abs. 6 BGB und deshalb ArbN des bisherigen Betriebsinhabers bleiben (Einzelheiten § 1 Rn 117 ff.).

Wird bei einer Unternehmensaufspaltung auch ein Betrieb rechtlich geteilt, die 27
Organisation des Betriebs einschließlich der beschäftigten ArbN jedoch unverändert
beibehalten und ist deshalb davon auszugehen, dass der Betrieb als **gemeinsamer
Betrieb** der neuen Unternehmen fortgeführt wird (§ 1 Abs. 2), endet die Mitglschaft
im BR ebenso wenig wie die Amtszeit des dort bestehenden BR. Denn bei einem
gemeinsam geführten Betrieb mehrerer ArbGeb. reicht für das Wahlrecht der im gemeinsamen Betrieb beschäftigten ArbN aus, wenn ihr Arbeitsvertrag zu einem dieser
ArbGeb. besteht (GK-*Oetker* Rn 34).

Die Betriebsstilllegung wirkt sich nicht auf die Befugnis zur Ausübung des **Rest-** 28
mandats aus. Diese Befugnis ist für den Sonderfall des § 21b Folge des originären
Mandats (vgl. § 21b Rn 6 ff.).

Zu den Folgen der Beendigung des ArbVerh. zum Betriebsinhaber auf Grund einer 29
Änderung der betrieblichen Organisation im Rahmen eines **Übergangsmandats**
vgl. § 21a Rn 15 ff.

Die **Eröffnung des Insolvenzverfahrens** über das Vermögen des ArbGeb. hat 30
auf den Bestand des Arbeitsverhältnisses keinen unmittelbaren Einfluss. Die Mitglschaft im BR bleibt deshalb bis zur Auflösung des Betriebes bestehen (GK-*Oetker*
Rn 36; *DKK-Buschmann* Rn 24).

4. Verlust der Wählbarkeit

Die Mitglschaft im BR endet ferner, wenn das BRMitgl. **nachträglich seine** 31
Wählbarkeit verliert. Fehlte die Wählbarkeit schon im Zeitpunkt der Wahl, ist dieser Mangel entweder durch eine Wahlanfechtung (vgl. § 19 Rn 9 ff.) oder nach Ablauf der Anfechtungsfrist in einem gesonderten gerichtlichen Verfahren zur Feststellung der Nichtwählbarkeit gemäß Abs. 1 Nr. 6 (vgl. Rn 40 ff.) geltend zu machen.
Während die fehlende Wählbarkeit im Zeitpunkt der Wahl durch eine gerichtliche

Entscheidung festgestellt werden muss, führt der nachträgliche Verlust der Wählbarkeit von Gesetzes wegen zu einem Amtsverlust.

32   Ein nachträglicher Verlust der Wählbarkeit kann zB dadurch eintreten, dass ein BRMitgl. im Laufe der Amtszeit infolge einer **strafgerichtlichen Verurteilung** die Fähigkeit, Rechte aus öffentlichen Wahlen zu erlangen, verliert (vgl. hierzu § 8 Rn 52 f.) oder für das BRMitgl. im Laufe der Amtszeit ein **Betreuer** nach §§ 1896 ff. BGB bestellt wird (*DKK-Buschmann* Rn 27; *Richardi/Thüsing* Rn 25; **aA** GK-*Oetker* Rn 44). Zum Verlust der Wählbarkeit führt insoweit der Wegfall der – vom G vorausgesetzten – Fähigkeit, eigene Angelegenheiten besorgen zu können.

33   Die Wählbarkeit wird auch verloren, wenn das Mitgl. aus dem persönlichen Geltungsbereich des BetrVG (vgl. § 5 Abs. 2 und 3) ausscheidet. Das BRMitgl. das zum **leitd. Ang.** (§ 5 Abs. 3) wird, kann dem BR nicht mehr angehören. Der Wechsel zum leitd. Ang. ist als Umgruppierung aufzufassen, die jedoch nicht der personellen Mitbestimmung nach § 99, sondern dem Verfahren nach § 105 unterliegt.

34   Da nur betriebsangehörige ArbN zum BR wählbar sind (vgl. § 8 Rn 31 ff.), tritt ein Verlust der Wählbarkeit auch ein, wenn das Mitgl. nicht mehr zur Belegschaft des Betriebs gehört. Deshalb endet das BRAmt auch im Falle einer **Versetzung** des BRMitgl. in einen anderen Betrieb des Unternehmens. Eine nur vorübergehende Abordnung des BRMitgl. in einen anderen Betrieb lässt die Betriebszugehörigkeit unverändert und berührt daher auch nicht die Mitglschaft im BR (GK-*Oetker* Rn 41; *DKK-Buschmann* Rn 28; *Richardi/Thüsing* Rn 21). Zulässig ist die Versetzung, wenn sie mit Einwilligung des BRMitgl. erfolgt. Bei fehlender Einwilligung ist sie gem. § 103 nur zulässig, wenn sie sich im Rahmen des durch den Arbeitsvertrag näher festgelegten Direktionsrechts des ArbG hält und der BR ihr zustimmt (§ 103 Abs. 3 Satz 1). Verweigert der BR die Zustimmung, kann der ArbGeb. das arbeitsgerichtliche Zustimmungsersetzungsverfahren betreiben (§ 103 Abs. 3 Satz 2). Das ArbG kann die Zustimmung ersetzen, wenn dringende betriebliche Gründe dem Schutz betriebsverfassungsrechtlicher Funktionsträger vorgehen (§ 103 Abs. 3 Satz 2; Einzelheiten § 103 Rn 64 ff.).

35   Eine nicht durch den Arbeitsvertrag gestattete Versetzung macht, wenn das BRMitgl. mit ihr nicht einverstanden ist, eine **Änderungskündigung** erforderlich. Dies ist nach § 15 KSchG nur zulässig, wenn sie im Zuge einer Stilllegung oder Teilstilllegung des Betriebs nach § 15 Abs. 4 und 5 KSchG erfolgt. Soweit danach die Änderungskündigung überhaupt zulässig ist, unterliegt sie wiederum der Mitbestimmung des BR nach § 102.

36   Das BRMitgl. scheidet ferner aus dem Betrieb und damit aus dem BR aus, wenn der **Betriebsteil,** in dem das Mitgl. beschäftigt ist, aus dem Betrieb **ausgegliedert** wird, sei es, dass jener mit einem anderen Betrieb zusammengelegt wird, sei es, dass er als selbständiger Betrieb organisiert wird (GK-*Oetker* Rn 43; *Richardi/Thüsing* Rn 22). Mit vollzogener Neugliederung des Betriebsteils verliert das BRMitgl. im Allgemeinen sein Amt (vgl. aber auch Rn 26 ff.; ErfK-*Koch* Rn 8). Dies dürfte allerdings nur dann gelten, wenn es aus betrieblichen Gründen nicht möglich ist, das BRMitgl. im dann nicht ausgegliederten Teil des Betriebes zu beschäftigen. Besteht diese Möglichkeit, so ist das BRMitgl. in entsprechender Anwendung des § 15 Abs. 5 KSchG in diesen Teil des Betriebes zu übernehmen (vgl. BAG 13. 8. 92 AP Nr. 32 zu 15 KSchG 69; *DKK-Buschmann* Rn 29; ErfK-*Koch* Rn 8; **aA** mangels Regelungslücke GK-*Oetker* Rn 43; HSWGNR Rn 27). Bei freigestellten BRMitgl. ist für die Beurteilung der Beschäftigungsmöglichkeit auch die betriebsübliche Entwicklung vergleichbarer Arbeitnehmer (vgl. hierzu § 37 Rn 130 ff., § 38 Rn 91 ff.) zu berücksichtigen.

37   Die Mitglschaft im BR bleibt dagegen bestehen, wenn bei einer Unternehmensteilung ein rechtlich geteilter Betrieb als gemeinsamer Betrieb der neuen Unternehmen fortgeführt wird (vgl. Rn 27). Zur Mitgliedschaft während des Übergangsmandats von BRMitgl., die in einem ausgegliederten Betriebsteil beschäftigt werden vgl. § 21 a Rn 16 ff.

38   Der Verlust der Wählbarkeit muss dauerhaft sein. Deshalb führt ein ruhendes Arbeitsverhältnis während der **Elternzeit** (vormals auch **Wehr- bzw. Zivildienst**)

nicht zum Verlust der Wählbarkeit, weil die fehlende Eingliederung in die betriebliche Organisation nur vorübergehend ist. Bei diesen ArbN ist mit dem Ablauf der Elternzeit wieder mit einer Wiedereingliederung zu rechnen (BAG 25. 5. 05 NZA 05, 1002). Dagegen steht bei einer **Altersteilzeit im Blockmodell** mit dem Eintritt in die Freistellungsphase bereits fest, dass der ArbN nicht wieder in den Betrieb eingegliedert werden wird, sondern am Ende der Freistellungsphase endgültig ausscheidet (*Richardi/Thüsing* Rn 26; *DKK-Buschmann* Rn 17; **aA** *SWS* Rn 4). Er verliert deshalb mit dem Eintritt in die Freistellungsphase seine Wählbarkeit (vgl. § 8 Rn 17; BAG 16. 4. 03 AP Nr. 1 zu § 9 BetrVG 1972).

5. Amtsenthebung

Wird durch **rechtskräftigen Beschl.** des ArbG nach § 23 entweder der BR **aufge-** **39** **löst** oder das Mitgl. aus dem BR **ausgeschlossen,** so erlischt die Mitglschaft der Mitgl. des BR oder des einzelnen ausgeschlossenen Mitgl. mit der Rechtskraft des arbeitsgerichtlichen Beschlusses (Näheres § 23 Rn 26). Die Rechtskraft eines diesbezüglichen Beschlusses eines LAG, das keine Rechtsbeschwerde zugelassen hat, tritt frühestens mit Ablauf der Frist für die Einlegung der Nichtzulassungsbeschwerde ein, es sei denn, es wird vorher auf die Einlegung dieses Rechtsmittels verzichtet (LAG Hamm BB 78, 715).

6. Nachträgliche Feststellung der Nichtwählbarkeit

Gegenüber dem nachträglichen Verlust der Wählbarkeit (Rn 13 ff.) handelt es sich **40** bei einer **bereits im Zeitpunkt der Wahl** fehlenden Wählbarkeit um einen anderen Tatbestand. Dieser Fehler ist in erster Linie durch eine Wahlanfechtung zu bereinigen, die nach § 19 binnen 14 Tagen nach Bekanntgabe des Wahlergebnisses erfolgen kann (vgl. § 19 Rn 23 f.). Auch nach Ablauf der Anfechtungsfrist kann der Mangel der Wählbarkeit jederzeit festgestellt werden (BAG 11. 4. 58 AP Nr. 1 zu § 6 BetrVG). Diese Feststellung erfolgt durch **richterliche Entscheidung** im arbeitsgerichtlichen BeschlVerf. Eine Entscheidung dieser Frage als Vorfrage in einem Urteilsverfahren reicht nicht aus (ErfK-*Koch* Rn 10). Gegenstand des Verfahrens muss die Feststellung der Nichtwählbarkeit als solche sein (GK-*Oetker* Rn 48; HSWGNR Rn 30; *Richardi/Thüsing* Rn 29).

Antragsberechtigt sind nur die nach § 19 Abs. 2 Anfechtungsberechtigten (BAG **41** 11. 3. 75 AP Nr. 1 zu § 24 BetrVG 1972; BAG 28. 11. 77 AP Nr. 2 zu § 8 BetrVG 1972). Das Zuordnungsverfahren nach § 18 a schließt die nachträgliche Feststellung der Nichtwählbarkeit nicht aus (vgl. § 18 a Rn 64; GK-*Oetker* Rn 49; *Richardi/Thüsing* Rn 32).

Der Antrag ist an **keine Frist** gebunden. Er kann auch schon während der An- **42** fechtungsfrist nach § 19 eingereicht werden (GK-*Oetker* Rn 50; *Richardi/Thüsing* Rn 30). Er ist gegen das auszuschließende BRMitgl. zu richten.

Die Feststellung ist **unzulässig,** wenn Anfechtungsberechtigte in einem vorausge- **43** gangenen Anfechtungsverfahren mit der Anfechtung nicht durchgedrungen sind. Etwas anderes gilt, wenn dieser Grund nicht Gegenstand des Anfechtungsverfahrens war (*DKK-Buschmann* Rn 33; GK-*Oetker* Rn 51; *Richardi/Thüsing* Rn 31).

Die nachträgliche Feststellung der Nichtwählbarkeit im Zeitpunkt der Wahl führt **44** dann nicht zum Verlust der Mitglschaft im BR, wenn der **Mangel inzwischen nicht mehr vorliegt** (§ 24 Abs. 1 Nr. 6). War zB das gewählte BRMitgl. im Zeitpunkt der Wahl noch nicht 18 Jahre alt oder noch keine sechs Monate im Betrieb beschäftigt, so fehlte ihm die Wählbarkeit. Dieser Mangel wird aber geheilt, wenn der Gewählte das Mindestalter oder die Mindestbeschäftigungszeit erreicht, ohne dass seine Wahl angefochten oder die Nichtwählbarkeit rechtskräftig festgestellt wurde (BAG 7. 7. 54 AP Nr. 1 zu § 24 BetrVG; *Richardi/Thüsing* Rn 31). Die Heilung muss bis zur letzten mündl. Verhandlung beim LAG erfolgt sein, da die Rechtsbeschwerdeinstanz derartige tatsächliche Feststellungen nicht treffen kann (GK-*Oetker* Rn 54).

45   Mit der Rechtskraft des arbeitsgerichtlichen Beschlusses erlischt die Mitglschaft im BR kraft Gesetzes **für die Zukunft.** Infolgedessen sind Beschlüsse, an denen das BRMitgl. zuvor mitgewirkt hat, wirksam (*DKK-Buschmann* Rn 35; GK-*Oetker* Rn 55; *HSWGNR* Rn 34). Auf der anderen Seite genießt das BRMitgl. bis zur Rechtskraft des Beschlusses den besonderen Kündigungsschutz. Demnach ist eine ordentliche Kündigung, die zwar nach dem Beschluss des ArbG über die Feststellung der Nichtwählbarkeit, jedoch vor dessen Rechtskraft ausgesprochen wird, nach § 15 Abs. 1 KSchG unwirksam (BAG 29. 9. 83 AP Nr. 15 zu § 15 KSchG 1969). Entsprechendes gilt für den besonderen Versetzungsschutz nach § 103 Abs. 3.

III. Folgen des Erlöschens der Mitgliedschaft

46   Die Erlöschensgründe beenden nicht nur die Mitglschaft im BR und damit alle **Funktionen** und **Ämter** innerhalb des BR, sondern, wenn das Mitgl. in den GesBR des Unternehmens (vgl. § 47) oder den KBR des Konzerns (vgl. § 55) entsandt worden ist, zugleich auch diese Ämter (vgl. §§ 49 und 57). Gleiches gilt für die Mitglschaft im WiAusschuss (vgl. § 107 Rn 6; GK-*Oetker* Rn 56; *DKK-Buschmann* Rn 36). Die Mitgliedschaft im Aufsichtsrat des Unternehmens wird durch den Verlust der Mitglschaft im BR nicht berührt. Das gleiche gilt für eine Mitglschaft in einer betrieblichen E-Stelle; jedoch kann das Ausscheiden aus dem BR Anlass für seine Abberufung aus der E-Stelle sein (*Richardi/Thüsing* Rn 34). Nach ihrem Sinn und Zweck ist die Vorschrift des § 24 Abs. 3 nicht anzuwenden auf die Mitgliedschaft in einem **BR im Restmandat.** Das gilt auch dann, wenn das Arbeitsverhältnis eines BRMitgl. nach Entstehen des Restmandats unabhängig vom Untergang des Betriebs ohnehin geendet hätte (BAG 5. 5. 10 – 7 AZR 728/08 – NZA 10, 131).

47   Mit dem Erlöschen der Mitglschaft endet auch der **besondere Kündigungsschutz** des BRMitgl. gegen außerordentliche Kündigungen nach § 103 BetrVG bzw. der besondere Versetzungsschutz nach § 103 Abs. 3. Dieser Schutz ist auf die Dauer der Mitglschaft im BR beschränkt. Dagegen bleibt der **nachwirkende Kündigungsschutz** gegen ordentliche Kündigungen gemäß § 15 Abs. 1 Satz 2 KSchG grundsätzlich auch bei Beendigung der persönlichen Mitglschaft (und nicht nur, wie der Wortlaut dieser Vorschrift an sich nahe legen würde, bei Beendigung der Amtszeit des BR als Kollektivorgan) bestehen. Diese Auslegung des § 15 Abs. 1 KSchG gebieten Sinn und Zweck des nachwirkenden Kündigungsschutzes (BAG 5. 7. 79 AP Nr. 6 zu § 15 KSchG 1969; *DKK-Buschmann* Rn 38; ErfK-*Koch* Rn 11; GK-*Oetker* Rn 58; *Richardi/Thüsing* Rn 35; aA *HSWGNR* Rn 37; Näheres vgl. § 103). Der nachwirkende Kündigungsschutz besteht allerdings nicht, wenn die Beendigung der Mitglschaft wie in den Fällen der Nr. 5 und 6 auf einer gerichtlichen Entscheidung beruht. Der nachwirkende Schutz nach § 37 Abs. 4 und § 38 Abs. 3 und 4 steht ebenfalls dem vor Ablauf der Amtszeit des BR ausgeschiedenen BRMitgl. zu (*DKK-Buschmann* Rn 38; vgl. § 37 Rn 129, § 38 Rn 96).

IV. Streitigkeiten

48   Besteht Streit darüber, ob die Mitglschaft im BR erloschen ist, entscheiden die ArbG im **BeschlVerf.** In den Fällen des Abs. 1 Nr. 5 und Nr. 6 ist das die ausschließliche Verfahrensart (vgl. nach § 1 Rn 7 ff.). Das Erlöschen der Mitglschaft im Falle der Nr. 6 kann im Wege eines Feststellungsantrags geklärt werden. Denn diese Vorschrift sieht die Wählbarkeit unabhängig vom Ablauf der Frist des § 19 Abs. 2 als Rechtsverhältnis an (BAG 17. 2. 10 – 7 ABR 51/08 – NZA 10, 832). Das auch in dieser Ver-

fahrensart stets zu prüfende Rechtsschutzinteresse entfällt, wenn vor der rechtskräftigen Entscheidung das betreffende BRMitgl. aus dem BR ausgeschieden ist (BAG 11. 3. 75 AP Nr. 1 zu § 24 BetrVG 1972; GK-Oetker Rn 55; *Richardi/Thüsing* Rn 37). Ist vor der Einlegung der Rechtsbeschwerde das letzte BRMitgl. aus dem fortbestehenden Betrieb ausgeschieden und kein neuer BR gewählt worden, ist die Rechtsbeschwerde unzulässig (BAG 17. 7. 96 AP Nr. 4 zu § 82a ArbGG 1979). Das Erlöschen der Mitgliedschaft. im BR kann inzidenter auch als Vorfrage in einem UrteilsVerf. (etwa einem Kündigungsschutzverfahren) entschieden werden.

§ 25 Ersatzmitglieder

(1) ¹Scheidet ein Mitglied des Betriebsrats aus, so rückt ein Ersatzmitglied nach. ²Dies gilt entsprechend für die Stellvertretung eines zeitweilig verhinderten Mitglieds des Betriebsrats.

(2) ¹Die Ersatzmitglieder werden unter Berücksichtigung des § 15 Abs. 2 der Reihe nach aus den nichtgewählten Arbeitnehmern derjenigen Vorschlagslisten entnommen, denen die zu ersetzenden Mitglieder angehören. ²Ist eine Vorschlagsliste erschöpft, so ist das Ersatzmitglied derjenigen Vorschlagsliste zu entnehmen, auf die nach den Grundsätzen der Verhältniswahl der nächste Sitz entfallen würde. ³Ist das ausgeschiedene oder verhinderte Mitglied nach den Grundsätzen der Mehrheitswahl gewählt, so bestimmt sich die Reihenfolge der Ersatzmitglieder unter Berücksichtigung des § 15 Abs. 2 nach der Höhe der erreichten Stimmenzahlen.

Inhaltsübersicht

I. Vorbemerkung

Die Vorschrift regelt das Eintreten von ErsMitgl. für zeitweilig verhinderte oder **1** endgültig ausgeschiedene BRMitgl. Sie dient dem **Zweck,** die Tätigkeit des BR und seine Beschlussfähigkeit (§ 33) zu sichern (GK-*Oetker* Rn 7). Die Aufhebung des Gruppenprinzips für Arbeiter und Angestellte bei gleichzeitiger Einführung einer zwingenden Geschlechterquote (§ 15 Abs. 2) durch das BetrVerf-ReformG erforderte umfangreiche **redaktionelle Änderungen.** Beibehalten wurde das Konzept des Abs. 1 zum Nachrücken von ErsMitgl. bei Ausscheiden oder zeitweiliger Verhinderung eines BRMitgl. Mit der Aufgabe des Gruppenprinzips entfiel für den bisherigen Abs. 2, der ein gruppenbezogenes Nachrücken bestimmte, ein darauf gerichteter Regelungsbedarf. Die Neufassung des Abs. 2 berücksichtigt demnach nur noch die erstmals im BetrVerf-ReformG enthaltene Geschlechterquote bei der Besetzung der BRSitze. Die Einbindung des § 15 Abs. 2 bei der Festlegung der Reihenfolge der Nachrücker soll die **Repräsentation der Geschlechter** auch dann noch gewährleisten, wenn ein gewähltes BRMitgl. sein Amt dauerhaft oder vorübergehend nicht ausüben kann (BT-Drucks. 14/5741 S. 39). Aufgehoben wurde durch das BetrVerf-ReformG der bisherige Abs. 3 dieser Vorschrift, der auf die Sonderregel des § 14 Abs. 4 S. 3 aF zur Wahl von BR, die aus einer Person bestehen bzw. des einzigen Gruppenvertreters, verwies. Diese Sonderregelung führt das BetrVerf-ReformG aus Gründen der Wahlerleichterung und -vereinfachung und nach der Aufgabe des Gruppenprinzips nicht mehr fort (BT-Drucks. 14/5741 S. 36). Nunmehr richtet sich auch bei BR, die aus einer Person bestehen, die Feststellung des ErsMitgl. nach dem Grundprinzip des Abs. 1.

2 Die Vorschrift gilt auch für die BordVertr. und den SeeBR (vgl. § 115 Abs. 3, § 116 Abs. 2) sowie für die JugAzubiVertr. (vgl. § 65 Abs. 1). Hinsichtlich der Ers-Mitgl. für den GesBR, den KBR, die GesJugAzubiVertr. und die KJugAzubiVertr. bestehen zwingende Sonderregelungen in § 47 Abs. 3 Satz 1, § 55 Abs. 2, § 72 Abs. 3 und § 73b Abs. 2. Sie verlangen nicht die Beachtung der Geschlechterquote bei der Bestimmung der Nachrücker für verhinderte oder ausscheidende Mitglieder. Die Vorschrift gilt nicht für den WiAusschuss. Für seine Mitgl. ist die Bestellung von ErsMitgl. gesetzlich nicht vorgesehen (vgl. aber § 107 Rn 13). Die Vorschrift gilt auch für eine kollektivrechtliche ArbNVertr. nach § 3 Abs. 1–3. Die Bestellung von ErsMitgl. für zusätzliche Vertr. nach § 3 Abs. 1 Nr. 4–5 bleibt der kollektivrecht-lichen Regelung vorbehalten (GK-*Oetker* Rn 4; DKK-*Buschmann* Rn 2). Zur Bestel-lung von ErsMitgl. des Wahlvorst. vgl. § 16 Rn 35 ff.

3 Die Vorschrift enthält **zwingendes** Recht. Sie kann weder durch TV noch durch BV abgeändert werden (hM).

4 Entsprechende Vorschriften: § 31 BPersVG, § 10 SprAuG, § 22 Abs. 1 S. 2 EBRG.

II. Ersatzmitglieder

5 ErsMitgl. ist ein nicht gewählter Wahlbewerber, der nach § 25 eine **Anwartschaft** darauf hat, entweder im Falle einer nur vorübergehenden Verhinderung des BRMitgl. zeitweilig (Abs. 1 Satz 2) oder im Fall eines vorzeitigen Ausscheidens eines BRMitgl. für den Rest der Amtszeit des BR kraft Gesetzes die Stellung eines ordent-lichen BRMitgl. einzunehmen. Solange dieser Fall nicht eingetreten ist, steht das ErsMitgl. außerhalb des BR (BAG 21. 2. 01 AP Nr. 49 zu § 19 BetrVG 1972). Bei Beendigung der Amtszeit des BR als Kollektivorgan rücken keine ErsMitgl. nach. In diesem Falle besteht kein BR mehr.

6 Ein Mitgl. des BR kann sich im Falle seiner Verhinderung nur durch ein gemäß Abs. 2 nachrückendes ErsMitgl. vertreten lassen, nicht durch ein von ihm selbst be-stimmtes ErsMitgl. oder einen von ihm ausgewählten Bevollmächtigten.

7 Das ErsMitgl. tritt im Falle des Ausscheidens eines ordentlichen Mitgl. endgültig, im Falle der vorübergehenden Verhinderung eines ordentlichen Mitgl. für die Dauer der Verhinderung als vollwertiges Mitgl. mit allen sich aus dieser Stellung ergeben-den **Rechten und Pflichten** in den BR ein (BAG 9. 11. 77, 17. 1. 79, 6. 9. 79 AP Nrn. 3, 5, 7 zu § 15 KSchG 1969; hM). Insbesondere genießt es während der Zeit der Stellvertr. alle **Schutzrechte** eines BRMitgl.; so gelten zB die Behinderungs-und Benachteiligungsverbote des § 78 auch in Bezug auf ErsMitgl.; zur Schulung von ErsMitgl. vgl. BAG 19. 9. 01 AP Nr. 9 zu § 25 BetrVG 1972.

8 Hinsichtlich des **Kündigungsschutzes** ist wie folgt zu unterscheiden:
Vor Eintritt in den BR für ein ausgeschiedenes oder verhindertes BRMitgl. ge-nießt das ErsMitgl. grundsätzlich nicht den Kündigungsschutz der BRMitgl. nach § 103 und § 15 Abs. 1 KSchG (BAG 9. 11. 77, 17. 1. 79 AP Nrn. 3, 5 zu § 15 KSchG 1969; ErfK-*Koch* Rn 11). In den ersten sechs Monaten nach Bekanntgabe des Wahlergebnisses ist es allerdings gegen ordentliche Kündigungen unter dem Gesichts-punkt des **nachwirkenden Kündigungsschutzes** der Wahlbewerber gemäß § 15

Abs. 3 Satz 2 KSchG geschützt (vgl. § 103). Ferner kann sich ein Kündigungsschutz für ErsMitgl. auch vor Eintritt in den BR aus der **Schutzvorschrift des § 78** ergeben, der jede Benachteiligung auch eines ErsMitgl. (vgl. § 78 Rn 16) wegen seiner (zu erwartenden) Tätigkeit untersagt. Eine Kündigung mit dem Ziel, das Eintreten eines ErsMitgl. in den BR zu verhindern, wäre als Verstoß gegen § 78 iVm. § 134 BGB nichtig (GK-*Oetker* Rn 56; *Richardi/Thüsing* Rn 30). Darüber hinaus greift der Kündigungsschutz nach § 15 KSchG und § 103 BetrVG zugunsten eines ErsMitgl. vor Eintritt in den BR dann ein, wenn zwar der Verhinderungsfall noch nicht vorliegt, das ErsMitgl. sich jedoch auf eine BRSitzung, an der es wegen eines Verhinderungsfalles teilnehmen muss, vorbereitet. In diesem Falle genießt das ErsMitgl. vom Tage der Ladung zur Sitzung ab, im Allgemeinen jedoch höchstens für eine Zeit von drei Tagen vor der Sitzung, den einem BRMitgl. zustehenden Kündigungsschutz (BAG 17. 1. 79 AP Nr. 5 zu § 15 KSchG 1969; DKK-*Buschmann* Rn 38; wohl auch GK-*Oetker* Rn 56, *Uhmann* NZA 00, 576; **aA** *HSWGNR* Rn 17).

Während der **Zeit der Mitgliedschaft** im BR steht dem nachgerückten ErsMitgl. **9** der volle Kündigungsschutz eines BRMitgl. nach § 103 und § 15 KSchG zu (BAG 5. 11. 09 – 2 AZR 487/08 – NZA-RR 10, 236). Denn das ErsMitgl. muss sein Amt mit der gleichen Unabhängigkeit ausüben können wie jedes andere BRMitgl. Dies gilt für ein endgültig in den BR nachgerücktes ErsMitgl. auch dann, wenn es im Zeitpunkt des Nachrückens wegen Krankheit selbst verhindert war und deshalb durch ein anderes ErsMitgl. vertreten wurde (vgl. LAG Hamm LAGE § 25 BetrVG Nr. 3). Ist im Falle einer nur vorübergehenden Vertretung das ErsMitgl. selbst zeitweilig verhindert, behält es während der Zeit seiner Verhinderung den besonderen Kündigungsschutz, sofern die Zeit der Verhinderung im Vergleich zur Dauer des Vertretungsfalles als unerheblich anzusehen ist (BAG 9. 11. 77 AP Nr. 3 zu § 15 KSchG 1969). Eine gegenüber einem zeitweise nachgerückten ErsMitgl. während der Vertretungszeit ohne Zustimmung des BR ausgesprochene außerordentliche Kündigung ist auch dann unzulässig, wenn das vertretene BRMitgl. sich krank gemeldet hat und der Arbeit ferngeblieben ist, tatsächlich jedoch nicht arbeitsunfähig war (BAG 5. 9. 86 AP Nr. 26 zu § 15 KSchG 1969).

Scheidet ein ErsMitgl., das für ein zeitweilig verhindertes ordentliches Mitgl. dem **10** BR angehört hat, nach Beendigung des Vertretungsfalles wieder aus dem BR aus, genießt es, wenn es während der Vertr. Aufgaben eines BRMitgl. wahrgenommen hat, nach dem Ausscheiden den **nachwirkenden Kündigungsschutz** gegen ordentliche Kündigungen gemäß § 15 Abs. 1 Satz 2 KSchG (BAG 6. 9. 79 AP Nr. 7 zu § 15 KSchG 1969; DKK-*Buschmann* Rn 39; ErfK-*Koch* Rn 11; GK-*Oetker* Rn 58; wohl auch *Richardi/Thüsing* Rn 31; *Uhmann* NZA 00, 576; **aA** *HSWGNR* Rn 19). Nach dem LAG Brandenburg (AuA 96, 63) soll dies auch dann gelten, wenn das nur kurzfristig nachgerückte ErsMitgl. zur BRSitzung geladen war und sich auf sie vorbereitet, jedoch aus anderen Gründen nicht an ihr teilgenommen hat. Für eine Begrenzung auf 6 Monate *Uhmann* NZA 00, 576. Bei begrenzten Weiterbeschäftigungsmöglichkeiten nach Stilllegung einer Betriebsabteilung geht der Schutz der aktiven Mandatsträger dem von ErsMitgl. vor (BAG 2. 3. 06 AP Nr. 61 zu § 15 KSchG 1969).

§ 103 Abs. 3 beschränkt nunmehr die **Versetzungsbefugnis** des ArbGeb. gegen- **11** über den betriebsverfassungsrechtlichen Funktionsträgern, wenn die Versetzung zum Verlust des betriebsverfassungsrechtlichen Amts oder der Wählbarkeit führen würde. Im Falle des **Ausscheidens** eines ordentliches BRMitgl. rückt das ErsMitgl. endgültig in den BR nach. Er wird selbst zum ordentlichen BRMitgl. Der Schutz des § 103 Abs. 3 steht ihm ab dem Zeitpunkt des Nachrückens zu. Willigt das dauerhaft nachgerückte ErsMitgl. nicht ein, bedarf die Versetzung der Zustimmung des BR oder der sie ersetzenden arbeitsgerichtlichen Entscheidung. Eine dennoch ausgesprochene Versetzung ist unwirksam. Bei **zeitweiliger Verhinderung** eines BRMitgl. und nur vorübergehendem Nachrücken ist zu differenzieren: **Während der zeitweiligen Vertretung** eines ordentlichen BRMitgl. nimmt das ErsMitgl. dessen Rechtsstellung ein. Für die Dauer dieser Zeit steht ihm der besondere Versetzungsschutz des § 103 Abs. 3 zu. Die Vorschrift des § 103 Abs. 3 stellt nicht darauf ab, in welchem zeitlichen Umfang die geschützte betriebsverfassungsrechtliche Funktion durch eine Versetzung verkürzt wird. Nach dem **Ende des Vertretungsfalls** wirkt der Versetzungsschutz nach § 103 Abs. 3 seinem Zweck entsprechend nicht nach. Der Versetzungsschutz erfasst nur amtierende BRMitgl. Zwar gilt er seinem Wortlaut nach auch bei einem Verlust der Wählbarkeit. Damit wird aber kein umfassender Versetzungsschutz gegenüber betriebsübergreifenden Versetzungen von ErsMitgl. begründet. Vielmehr betrifft diese Fallgestaltung nicht den Verlust der Wählbarkeit allgemein, sondern den von Wahlbewerbern. Dazu gehört das ErsMitgl. nicht.

12   Ein in der Berufsausbildung befindliches ErsMitgl. ist berechtigt, nach § 78a Abs. 2 den **Antrag auf Übernahme in ein Arbeitsverhältnis** zu stellen, und zwar nicht nur, wenn es zZ der Antragstellung Mitgl. des BR oder der JugVertr. war, sondern auch dann, wenn es innerhalb des letzten Jahres vor erfolgreichem Abschluss des Berufsausbildungsverhältnisses ein Mitgl. des BR oder der JugVertr. vorübergehend vertreten hat (vgl. § 78a Rn 7ff.).

III. Eintreten von Ersatzmitgliedern

1. Nachrücken für ausgeschiedene Betriebsratsmitglieder

13   Die im § 24 Abs. 1 Nr. 2 bis Nr. 6 aufgeführten Gründe des Erlöschens der Mitgliedschaft bezeichnen zugleich die Fälle, in denen ein Mitgl. aus dem BR **endgültig ausscheidet.** Legt ein einzelnes BRMitgl. sein Amt nieder, scheidet es aus dem Betrieb aus, verliert es die Wählbarkeit, wird es durch rechtskräftigen Beschluss des ArbG aus dem BR ausgeschlossen oder seine Nichtwählbarkeit festgestellt, so tritt stets ein ErsMitgl. ein. Ein Eintritt von ErsMitgl. ist so lange möglich, wie die Amtszeit des BR nicht beendet ist (vgl. hierzu § 21 Rn 16ff.). Deshalb können auch in BR, die nach § 22 die Geschäfte bis zur Neuwahl weiterführen, bei Ausscheiden oder Verhinderung von BRMitgl. ErsMitgl. nachrücken (*HSWGNR* Rn 5). Wird ein BRMitgl. mit dem Beginn der Freistellungsphase einer **Altersteilzeit im sog. Blockmodell** bis zur Beendigung seines ArbVerh vollständig von der Arbeitsleistung freigestellt und ist deshalb auch keine Rückkehr in die betriebliche Organisation zu erwarten, sind die Voraussetzungen der Wählbarkeit iSd. § 8 iVm. § 7 nicht erfüllt. Wählbar sind danach nur die betriebsangehörigen ArbN. Daran fehlt es, wenn das BRMitgl. in der Freistellungsphase nach dem Blockmodell keine Arbeitsleistung erbringen muss und deshalb bis zur Beendigung seines ArbVerh nicht mehr in die betriebliche Organisation eingegliedert ist. Er verliert deshalb mit dem Eintritt in die Freistellungsphase wegen Wegfalls einer Wählbarkeitsvoraussetzung sein Amt (vgl. § 24 Rn 38, § 8 Rn 17; BAG 16. 4. 03 AP Nr. 1 zu § 9 BetrVG 1972). Ein nach Abs. 2 zu ermittelndes ErsMitgl. rückt nach. Das gilt auch, wenn es sich um ein freigestelltes BRMitgl. handelt, dessen arbeitsvertragliche Freistellungsphase nach dem Blockmodell beginnt (vgl. BAG 25. 10. 00 AP Nr. 32 zu § 76 BetrVG 1952).

14   Das ErsMitgl. tritt an die Stelle des ausgeschiedenen BRMitgl. und nimmt **ohne weiteres** und selbsttätig dessen **Rechtsstellung** für den Rest der Amtszeit des BR ein. Einer Benachrichtigung durch den Vors. bedarf es ebenso wenig wie einer Erklärung des ErsMitgl., dass es in den BR eintreten will. Es bedarf auch keines Beschlusses des BR (BAG 17. 1. 79 AP Nr. 5 zu § 15 KSchG 1969; GK–*Oetker* Rn 32, hM). Eine Unterrichtung des ArbGeb. ist ebenfalls nicht erforderlich, im Hinblick auf eine etwa notwendige Arbeitsbefreiung oder den Kündigungsschutz bzw. Versetzungsschutz jedoch zweckmäßig (*DKK–Buschmann* Rn 8; weitergehend GK–*Oetker* Rn 33, der eine aus § 2 Abs. 1 abgeleitete Verpflichtung zur Unterrichtung des ArbGeb. durch den BRVors. annimmt). Das ErsMitgl. wird nun vollwertiges BRMitgl. und hat alle Rechte und Pflichten eines solchen. Allerdings tritt das ErsMitgl. **nur in den**

BR ein. Es übernimmt nicht kraft Gesetzes auch die Funktionen innerhalb des BR, die das ausgeschiedene Mitgl. innehatte (h. M). Es wird zB nicht Mitgl. des BetrAusschusses, der nach § 3 Abs. 1 Nr. 4–5 gebildeten Gremien bzw. Vertretungen oder des GesBR bzw. KBR, wenn das vertretene BRMitgl. diesen Gremien angehört (vgl. aber auch § 27 Rn 22). Auch eine Freistellung des vertretenen BRMitgl. gilt nicht automatisch für das ErsMitgl.

2. Stellvertretung für zeitweilig verhinderte Betriebsratsmitglieder

Im Falle des Abs. 1 Satz 2 rückt das ErsMitgl. nicht endgültig, sondern nur **für die Dauer der zeitweiligen Verhinderung** des ordentlichen Mitgl. nach. Nach deren Beendigung tritt es in die Reihen der ErsMitgl. zurück. Während der Dauer der Stellvertretung ist es Mitgl. des BR und hat alle Rechte und Pflichten eines ordentlichen BRMitgl. (vgl. Rn 7). Das wird sich im Hinblick auf die oft nur kurze Zeit der Stellvertretung nicht immer voll auswirken. Die Stellvertr. beginnt, sobald das ordentliche BRMitgl. verhindert ist. Auch bei der nur zeitweisen Verhinderung ist die Stellvertretung unabhängig von einer förmlichen Benachrichtigung oder einer Annahmeerklärung des ErsMitgl. (vgl. Rn 14). **15**

Während der Zeit der Stellvertretung nimmt das ErsMitgl. nicht nur an den **BRSitzungen** teil, sondern auch alle sonstigen dem BR obliegenden Geschäfte wahr. So kann es sich wie jedes andere BRMitgl. an außerhalb der Sitzungen zu stellenden Anträgen an den BR beteiligen, zB auf Anberaumung einer BRSitzung (§ 29 Abs. 3), auf Zuziehung eines Gewerkschaftsvertreter. (§ 31), auf Aussetzung eines Beschlusses nach § 35 Abs. 1 (*Richardi/Thüsing* Rn 25). Über die Ladung von ErsMitgl. zu BRSitzungen vgl. § 29 Rn 39. Dagegen erstreckt sich die Stellvertretung **nicht auf die Ämter und Funktionen**, die dem zeitweilig verhinderten BRMitgl. im BR übertragen sind und ihm trotz der zeitweiligen Verhinderung erhalten bleiben (vgl. Rn 14). **16**

Eine **zeitweilige Verhinderung** liegt vor, wenn sich ein BRMitgl. vorübergehend aus tatsächlichen oder rechtlichen Gründen nicht in der Lage sieht, sein Amt auszuüben (zB wegen Urlaubs, Dienstreise, Teilnahme an einer Schulungsveranstaltung, während des Rechtsstreits über eine Kündigung des BRMitgl. (vgl. § 24 Rn 15 f.; BAG 14. 4. 00 AP Nr. 6 zu § 8 BetrVG 1972; HaKo–BetrVG-*Düwell* Rn 7; WPK/*Wlotzke* Rn 9). Auf die **Dauer** der zeitweiligen Verhinderung und deren **Vorhersehbarkeit** kommt es nicht an (GK-*Oetker* Rn 21; *DKK-Buschmann* Rn 21; *Richardi/Thüsing* Rn 6). Diese kann unter Umständen sehr kurz sein und zB **nur eine BRSitzung** betreffen (BAG 17. 1. 79 u. 5. 9. 86 AP Nr. 5 u. 26 zu § 15 KSchG 1969). Ein Verhinderungsfall ist selbst dann gegeben, wenn ein BRMitgl. nicht an der ganzen BRSitzung teilnehmen kann; denn auch in diesen Fällen muss gewährleistet sein, dass Beschlüsse möglichst von dem voll besetzten BR gefasst werden (GK-*Oetker* Rn 26; *DKK-Buschmann* Rn 20; **aA** *HSWGNR* Rn 9). Eine **krankheitsbedingte Arbeitsunfähigkeit** eines BRMitgl. führt zwar in der Regel, jedoch nicht zwangsläufig dazu, dass er auch sein Amt nicht ausüben kann. Ob ein Verhinderungsfall iSd. § 25 vorliegt, beurteilt sich nach den Umständen des Einzelfalles (BAG 15. 11. 84 AP Nr. 2 zu § 25 BetrVG 1972; LAG S.-H. 26. 5. 05 AuA 05, 504). So kann eine zeitweilige Verhinderung mangels eindeutiger gegenteiliger Anhaltspunkte vorliegen, wenn sich ein BRMitgl. krank meldet und der Arbeit fernbleibt, auch wenn sich später herausstellen sollte, dass es nicht arbeitsunfähig krank war und der Arbeit unberechtigt ferngeblieben ist (BAG 5. 9. 86 AP Nr. 26 zu § 15 KSchG 1969). Eine zeitweilige Verhinderung liegt auch vor, wenn ein in **Elternzeit** befindliches BRMitgl. aus persönlichen Gründen keine BRArbeit verrichten will (LAG Berlin 1. 3. 05 NZA-RR 06, 32; LAG Hamm 15. 10. 10 – 10 TaBV 37/10 –). Ist es dagegen zur Wahrnehmung seines Amtes bereit, bewirkt das Ruhen des Arbeitsverhältnisses während der Elternzeit keine zeitweilige Verhinderung (BAG 25. 5. 05 NZA 05, 1002). **17**

18   Zeitweilig verhindert ist auch ein BRMitgl., das von einer Entscheidung des BR
unmittelbar betroffen wird, zB wenn über die Stellung eines Antrages nach § 23
(Ausschluss aus dem BR) oder eine das BRMitgl. unmittelbar betreffende personelle
Maßnahme (Umgruppierung, Versetzung, Kündigung) beschlossen werden soll (BAG
9. 8. 99 AP Nr. 7 zu § 25 BetrVG 1972, 25. 3. 76, 23. 8. 84 AP Nrn. 6, 17 zu § 103
BetrVG 1972; *DKK-Buschmann* Rn 24; *GK-Oetker* Rn 27 ff.; *HSWGNR* Rn 11;
WPK/Wlotzke Rn 11). Das gilt insbesondere bei einem Beschluss gem. § 103 über
die Zustimmung des BR zu einer außerordentlichen Kündigung des BRMitgl. oder
dessen Versetzung, die den Verlust des betriebsverfassungsrechtlichen Amts zur Folge
hätte (BAG 26. 8. 81 AP Nr. 13 zu § 103 BetrVG 1972). Soll wegen eines bestimmten Vorgangs mehreren BRMitgl. gekündigt werden, ist bei der Beratung und Abstimmung über die Zustimmung zu den einzelnen Kündigungen jeweils nur dasjenige
BRMitgl. iSd. § 25 zeitweilig verhindert, das durch die ihm gegenüber beabsichtigte
Kündigung unmittelbar betroffen wird, nicht jedoch die BRMitgl., denen aus demselben Anlass ebenfalls gekündigt werden soll (BAG 25. 3. 76 aaO). Das gilt auch,
wenn der ArbGeb. mehrere BRMitgl versetzen will. **Als Faustregel gilt,** dass ein
BRMitgl. wg. Interessenkollision als zeitweilig verhindert anzusehen ist, wenn es bei
der Beschlussfassung um Maßnahmen oder Regelungen geht, die es in seiner Stellung
als ArbN individuell und unmittelbar betreffen. Maßgeblich ist der Zeitpunkt der
Beratung und Beschlussfassung. Ein nur potentielles Betroffensein genügt nicht (BAG
10. 11. 09 – 1 ABR 64/08 – NZA-RR 10, 416).

19   Ein BRMitgl. ist nicht wegen eigener Betroffenheit verhindert bei **organisa-
tionsbezogenen Entscheidungen,** zB: Wahl des Vors., stellv. Vors. oder der Mitgl.
des BetrAusschusses oder eines anderen Ausschusses des BR, Beschluss über die Teilnahme an einer Schulungs- und Bildungsveranstaltung nach § 37 Abs. 6 und 7, Freistellung nach § 38, Bestellung der Mitgl. des GesBR, des KBR, des WiAusschusses
oder Vorschlag zur Wahl als ANVertreter im AR (*GK-Oetker* Rn 28; *DKK-Buschmann* Rn 25; *HSWGNR* Rn 12; *Richardi/Thüsing* Rn 11). Das gilt auch, wenn über
die Abberufung eines BRMitgl. aus solchen Funktionen beschlossen wird. In all diesen Fällen kann das BRMitgl. mit beraten und mit abstimmen, auch wenn es sich um
Funktionen handelt, für die es sich bewirbt oder die es innehat.

20   Das ErsMitgl. kann nur mit beschließen, wenn es auch mit beraten hat. Deshalb
tritt es auch für die **Beratung** an die Stelle des Verhinderten. Das wegen persönlicher
Betroffenheit zeitweilig verhinderte BRMitgl. ist sowohl von der Beratung als auch
der Beschlussfassung ausgeschlossen (BAG 3. 8. 99 AP Nr. 7 zu § 25 BetrVG 1972,
26. 8. 81, 23. 8. 84 AP Nrn. 13, 17 zu § 103 BetrVG 1972; BAG 3. 8. 99 ArbuR 99,
351; *DKK-Buschmann* Rn 24; *GK-Oetker* Rn 28; *HSWGNR* Rn 11; **aA** *Bieback*
ArbuR 77, 327; *Richardi/Thüsing* Rn 9 Ausschluss nur für Abstimmung).

21   Zwar darf ein Vertretungsfall nicht gezielt herbeigeführt werden. Jedoch entscheidet das jeweilige BRMitgl. in eigener Verantwortung darüber, welcher seiner beruflichen, privaten oder betriebsverfassungsrechtlichen Pflichten er im Kollisionsfall den
Vorrang gibt (vgl. BAG 23. 6. 10 – 7 ABR 103/08 – NZA 10, 1298). Erklärt er sich
für verhindert, hat der Vorsitzende **das tatsächl. Vorliegen eines Hinderungs-
grundes nicht nachprüfen.** Vielmehr darf er ohne eigene Ermittlungen davon
ausgehen, dass sich ein BRMitgl. seiner gesetzl. Pflicht zur Teilnahme an einer
BRSitzung nicht ohne triftigen Grund entzieht und seine Verhinderung nur nach
sachgerechter Abwägung unterschiedlicher Pflichten anzeigt (zum vergleichbaren Fall
der Verhinderung ehrenamtl. Richter BAG 14. 12. 10 – 1 ABR 19/10 – NZA 11,
289). Ähnlich auch die hM (vgl. *GK-Oetker* Rn 23 mwN), die zwar das Vorliegen
einer objektiven Verhinderung verlangt, dieser aber den Fall einer subjektiv unzumutbaren Amtsausübung gleichstellt. Gleichwohl ist es aus Gründen der rechtssicheren Vorbereitung und Durchführung von BRSitzungen und zum Schutz einer autonomen Amtsführung geboten, die Entscheidung über das Vorliegen eines Hinde-
rungsgrundes in der Verantwortung des jeweiligen BRMitgl. zu belassen. Daher wird
ein BRMitgl. während seines Erholungsurlaubs regelmäßig verhindert sein (LAG

Düsseldorf 26. 4. 10 – 16 Sa 59/10 – NZA-RR 10, 419) Ferner kann eine Verhinderung vorliegen, wenn sich ein BRMitgl., auf einer Montage/Dienstreise im Ausland befindet (BAG 24. 6. 69 AP Nr. 8 zu § 39 BetrVG; *DKK-Buschmann* Rn 18; GK-*Oetker* Rn 25; *Richardi/Thüsing* Rn 15). Entscheidet er sich für die Teilnahme an der BRSitzung, hat er auch das Kosteninteresse des ArbGeb. zu bedenken.

Die **Dauer der zeitweiligen Verhinderung** kann sich durchaus über einen länge-   **22**
ren Zeitraum erstrecken (zB Langzeiterkrankung, Kuraufenthalt, arbeitsgerichtliches Feststellungsverfahren zum Übergang des Arbeitsverhältnisses auf einen Betriebserwerber, Kündigungsschutzverfahren; BAG 14. 5. 97 AP Nr. 6 zu § 8 BetrVG 1972; LAG Köln ArbuR 98, 378; *DKK-Buschmann* Rn 22; GK-*Oetker* Rn 28 ff.

Kein Verhinderungsfall liegt vor, wenn der ArbGeb. einem BRMitgl. außerordentlich kündigt, bevor der BR zugestimmt oder das ArbG die Zustimmung des BR rechtskräftig ersetzt hat. In diesem Fall fehlt es offenkundig an einer wirksamen Kündigung (*Richardi/Thüsing* Rn 12). Ein Fall zeitweiliger Verhinderung liegt dagegen vor, wenn ein BRMitgl. im Rahmen eines Ausschlussverfahrens durch eine einstweilige Verfügung vorläufig aus dem BR entfernt wird (vgl. hierzu § 23 Rn 32).

Da das Nachrücken der ErsMitgl. auch bei zeitweiliger Verhinderung von BR-   **23**
Mitgl. die volle Besetzung des BR sicherstellen soll, hat der Vors. des BR die Pflicht, durch rechtzeitige Heranziehung der in Frage kommenden ErsMitgl. dafür zu sorgen, dass der BR mit der gesetzlich vorgeschriebenen Zahl der BRMitgl. besetzt ist. Das setzt allerdings voraus, dass das zu ersetzende BRMitgl. einen Verhinderungsfall angezeigt hat oder ein solcher offenkundig ist. Ist das nicht der Fall, kann aus dem bloßen Nichterscheinen eines rechtzeitig geladenen BRMitgl. nicht zwingend auf einen Verhinderungsfall geschlossen werden. Für ein der **BRSitzung unentschuldigt fernbleibendes,** aber nicht verhindertes **BRMitgl.** ist kein ErsMitgl. zu laden. Das pflichtwidrige Verhalten eines BRMitgl., das ohne Angabe von Gründen nicht zur BRSitzung erscheint, ist kein Fall der zeitweiligen Verhinderung; es kann allenfalls einen Antrag nach § 23 rechtfertigen. **Gründe der Rechtssicherheit** und Rechtsklarheit legen es daher nahe, die Einzelheiten der Anzeigepflicht bei Verhinderung in der GO des BR zu regeln und überdies die BRBeschlüsse in der darauffolgenden Sitzung zu bestätigen.

IV. Reihenfolge der Ersatzmitglieder

Die **Reihenfolge,** in der ErsMitgl. für ausgeschiedene oder verhinderte BRMitgl.   **24**
in den BR nachrücken, bestimmt sich nach Abs. 2. Diese Reihenfolge ist strikt zu beachten, da eine fehlerhafte Heranziehung den BR an einer wirksamen Beschlussfassung hindert (BAG 18. 1. 06 AuA 07, 697). Bei der Bestimmung der Reihenfolge ist die **Geschlechterquote** nach § 15 Abs. 2 erst beim Nachrücken solcher BR beachtlich, die nach dem Inkrafttreten dieses G gewählt werden (Art. 14 BetrVerf-ReformG). Für das Nachrücken ist zu unterscheiden, ob das ausgeschiedene oder verhinderte BRMitgl. in **Verhältniswahl** (vgl. Rn 26 ff.) oder in **Mehrheitswahl** (vgl. Rn 30 f.) gewählt worden ist. Bei beiden Wahlvarianten ist der Geschlechterproporz des § 15 Abs. 2 zwingend zu beachten. Diese Vorschrift ist verfassungsgem. (BAG 16. 5. 05 AP Nr. 16 zu § 15 BetrVG 1972). Maßgebend für die Feststellung der auf das Minderheitsgeschlecht entfallenden BRSitze sind die **Angaben im Wahlausschreiben** (§ 3 Abs. 2 Nr. 5; § 5 WO 2001). Eine spätere erhebliche Änderung der Geschlechterrelation während der Amtszeit des BR wirkt sich weder auf dessen Zusammensetzung aus, noch verändert sie die Reihenfolge des Nachrückens. Eine solche Änderung müsste ansonsten Anlass für eine Neuwahl sein. Das sieht das G nicht vor. Zu Besonderheiten beim Nachrücken von ErsMitgl. in BR der Postunternehmen vgl. Rn 36.

Bei der Bestimmung der in den BR eintretenden ErsMitgl. bleiben selbstverständ-   **25**
lich diejenigen **außer Betracht,** die nachträglich die Wählbarkeit verloren haben, zB

dadurch, dass sie inzwischen leitende Ang. geworden sind oder die aus einem sonstigen Grunde aus dem Kreis der ErsMitgl. ausgeschieden sind (vgl. § 24 Rn 12ff., 26ff.; GK-*Oetker* Rn 36).

1. Reihenfolge des Nachrückens bei Verhältniswahl

26   Ist der BR im Wege der **Verhältniswahl** gewählt worden, dh ist die Wahl gemäß § 14 Abs. 1 S. 1 auf Grund mehrerer Vorschlagslisten erfolgt, so rücken die ErsMitgl. zunächst in der **Reihenfolge** nach, in der sie auf der Liste aufgeführt sind, der das ausgeschiedene oder verhinderte Mitgl. angehört. Dabei ist allerdings die Geschlechterquote des § 15 Abs. 2 zwingend zu beachten (WPK/*Wlotzke* Rn 16; GK-*Oetker* Rn 39). Der Verweis in § 25 Abs. 2 S. 1 hat zur Folge, dass gewährleistet bleiben muss, dass das in der Minderheit befindliche Geschlecht entsprechend seinem Anteil an der Belegschaft im BR vertreten bleibt **(Beispiel 1)**. Das gilt jedenfalls solange, wie noch Wahlbewerber dieses Geschlechts überhaupt zur Verfügung stehen (vgl. § 15 Abs. 5 Nr. 5 WO 2001). Andererseits muss das ausscheidende oder zeitweilig verhinderte BRMitgl. nicht in allen Fällen durch einen Wahlbewerber des eigenen Geschlechts ersetzt werden, wenn trotz des Nachrückens eines BRMitgl. des anderen Geschlechts die von § 15 Abs. 2 geforderte Quote gewahrt bleibt **(Beispiel 2)**. Diese Grundsätze gelten auch, wenn ein gewählter Wahlbewerber des Minderheitsgeschlechts die Wahl nicht annimmt. Wird dadurch die auf das Minderheitsgeschlecht entfallende Mindestanteil an BRSitzen nicht gewahrt, rückt der nächste Bewerber auf der betreffenden Vorschlagsliste, der dem Minderheitsgeschlecht angehört, automatisch nach. Die auf der Liste davor stehenden Wahlbewerber des anderen Geschlechts werden übergangen.

Beispiel 1:

Zu wählen ist ein aus 5 Personen bestehender BR. Nach der vom Wahlvorstand gem. § 5 WO festgelegten Mindestquote muss eine Frau dem BR angehören.
Für die BRWahl wurden drei Vorschlagslisten eingereicht.

Liste 1	Liste 2	Liste 3
A (m)	F (f)	K (m)
B (m)	G (m)	L (m)
C (f)	H (m)	M (f)
D (m)	I (f)	N (m)
E (f)	J (m)	

Liste 1: A (m) und B (m)
Liste 2: F (f) und G (m)
Liste 3: K (m)

– Für A (m) ist das anstehende ErsMitgl. C (f).
– Für F (f) ist das anstehende ErsMitgl. I (f), da bei einem Nachrücken des nächsten, auf der Liste 2 geführten Wahlbewerbers H (m) das in der Minderheit befindliche weibliche Geschlecht nicht mehr repräsentiert wäre. Anstelle von H (m) rückt also I (f) in den BR nach.
– Für K (m) ist das anstehende ErsMitgl. L (m).

Beispiel 2:

Ausgangsfall wie in Beispiel 1 jedoch andere Listenfolge

Liste 1	Liste 2	Liste 3
A (m)	F (f)	K (m)
C (f)	G (m)	L (m)
B (m)	H (m)	M (f)
D (m)	I (f)	N (m)
E (f)	J (m)	

Liste 1: A (m) und C (f)
Liste 2: F (f) und G (m)
Liste 3: K (m)

In diesem Fall ist ein weibliches Mitglied mehr als die Quote des § 15 Abs. 2 verlangt in den BR gewählt worden. Scheidet die der Liste 1 zugehörende C (f) aus dem BR aus, bleibt durch F (f) von der Liste 2 die Quote gewahrt. Deshalb kann C (f) ausnahmsweise durch das männliche ErsMitgl. B (m) ersetzt werden.

Abs. 2 S. 2 regelt das Nachrücken, wenn die **Vorschlagsliste,** aus der an sich das 27 ErsMitgl. zu entnehmen wäre, **erschöpft** ist. In diesem Falle ist zunächst die Liste zu ermitteln, auf die der nächste BRSitz entfallen wäre, wenn der BR aus einem Mitgl. mehr, als die gesetzliche Regelung vorsieht, bestehen würde. Aus dieser Liste rückt der nächste nicht gewählte Bewerber in den BR nach. Dieser Fall kann wegen der zwingenden Beachtung der Geschlechterquote vor allem dann eintreten, wenn auf den jeweiligen Vorschlagslisten das in der Minderheit befindliche Geschlecht unzureichend vertreten ist (GK-*Oetker* Rn 41). Die Notwendigkeit des Übergreifens auf eine andere Liste ergibt sich bereits dann, wenn auf der Liste, der das ausscheidende oder verhinderte Mitgl. angehört, ein das Minderheitsgeschlecht nach § 15 Abs. 2 repräsentierendes ErsMitgl. desselben Geschlechts, dem das zu ersetzende BRMitgl. angehört, nicht mehr zur Verfügung steht, es sei denn, die Quote nach § 15 Abs. 2 wäre durch die übrigen BRMitgl. noch gewahrt (vgl. Rn 26).

Das Übergreifen auf eine andere Vorschlagsliste **beschränkt sich nicht** auf solche 28 Listen, die bei der BRWahl **erfolgreich** gewesen sind und aus denen mindestens ein Wahlbewerber als ordentl. Mitgl. gewählt worden ist. Das BetrVG kennt keinerlei Sperrklausel (*DKK-Buschmann* Rn 27; ErfK-*Koch* Rn 9). Vielmehr spricht Abs. 2 S. 2 ohne Einschränkung davon, dass das ErsMitgl. derjenigen Vorschlagsliste zu entnehmen ist, auf die nach den Grundsätzen der Verhältniswahl der nächste Sitz entfallen würde. Deshalb kommen bei Erschöpfung einer oder mehrerer Vorschlagslisten auch solche Listen für die Entsendung von ErsMitgl. in Betracht, die bisher kein Mitgl. im BR gestellt haben.

Beispiel für das Übergreifen auf eine andere Liste: 29

Es kandidieren drei Listen für fünf BRSitze.
Liste A erhält 50 Stimmen. Liste B 33 Stimmen, Liste C 12 Stimmen.
Nach § 15 WO ist die Sitzverteilung wie folgt zu berechnen:

	Liste A	Liste B	Liste C
	50	33	12
: 1	50	33	12
: 2	25	$16^{1}/_{2}$	6
: 3	$16^{2}/_{3}$	11	4

Auf die Liste A entfallen drei und auf die Liste B entfallen zwei Sitze. Scheidet ein auf der Liste A gewähltes BRMitgl. aus und ist diese Liste erschöpft, so wird der freigewordene fünfte BRSitz mit dem an erster Stelle stehenden Wahlbewerber der Liste C mit der Höchstzahl 12 besetzt, obwohl diese Liste bisher nicht im BR vertreten war.

2. Reihenfolge des Nachrückens bei Mehrheitswahl

Der BR wird in Mehrheitswahl gewählt, wenn die Wahl auf Grund nur einer Vor- 30 schlagsliste oder im vereinfachten Wahlverfahren erfolgt (vgl. § 14 Abs. 2 S. 2). In diesem Falle rückt für das verhinderte oder ausgeschiedene BRMitgl. als ErsMitgl. der Wahlbewerber mit der nächsthöchsten Stimmenzahl nach. Wahlbewerber, auf die keine Stimme entfallen ist, sind keine ErsMitgl. (*HSWGNR* Rn 26) Führt das schematische Nachrücken dazu, dass das Minderheitsgeschlecht nicht mehr entsprechend der Zahl der auf ihn entfallenen BRSitze vertreten wäre, rückt ausnahmsweise der Bewerber mit der nächst höheren Stimmenzahl, der dem Minderheitsgeschlecht angehört, für das BR-Mitgl. seines Geschlechts nach. Das gilt jedenfalls so lange, wie noch Wahlbewerber dieses Geschlechts vorhanden sind (GK-*Oetker* Rn 43; *Richardi/ Thüsing* Rn 19; WPK/*Wlotzke* Rn 17).

Beispiel:

Zu wählen ist ein aus 5 Mitgl bestehender BR. Wahlberechtigt sind 100 AN. Dem BR muss nach § 15 Abs. 2 mindestens eine Frau angehören.

A (f)	60 Stimmen
B (m)	24 Stimmen
C (m)	36 Stimmen
D (m)	30 Stimmen
E (m)	15 Stimmen
F (f)	21 Stimmen
G (m)	45 Stimmen
H (m)	66 Stimmen
I (m)	33 Stimmen
J (m)	7 Stimmen

Gewählt sind: A (f), C (m), G (m), H (m), I (m)

Scheidet A (f) aus, rückt wegen § 15 Abs. 2 F (f) nach, obwohl D (m) mehr Stimmen erhalten hat. Schiede stattdessen C (m) aus, rückte D (m) nach. Die Quote bliebe durch A (f) repräsentiert.

Scheidet auch die für A (f) nachgerückte F (f) aus, kommt D (m) zum Zuge, weil die Quote mangels gewählter Wahlbewerberinnen nicht mehr erfüllt werden kann.

31 Besteht der BR nur aus **einer Person,** der im vereinfachten Wahlverfahren stets in Mehrheitswahl gewählt wird (vgl. § 14 Abs. 2 Satz 2), ist die Quote nach § 15 Abs. 2 nicht zu beachten. Sie gilt nur für BR, die mindestens aus drei Mitgl. bestehen.

3. Fehlen von Ersatzmitgliedern

32 Ist der BR in Verhältniswahl gewählt und ist diejenige Liste erschöpft, der das ausscheidende Mitgl. angehört, ist das ErsMitgl. aus der Liste zu bestimmen, auf die nach dem Grundsatz der **Verhältniswahl** der nächste Sitz entfallen wäre. Bei der Ermittlung des ErsMitgl. ist auch in diesem Fall die Quote des § 15 Abs. 2 zu beachten. Das in der Minderheit befindliche Geschlecht muss aber nur dann durch einen Angehörigen seines Geschlechts aus einer anderen Liste ersetzt werden, wenn ansonsten die Mindestquote unterschritten würde.

33 Sind **überhaupt keine ErsMitgl.** mehr vorhanden, die nachrücken können, und scheidet nunmehr ein Mitgl. endgültig aus dem BR aus (nicht bei bloßer zeitweiser Verhinderung), bleibt dessen Sitz unbesetzt. Es ist gemäß § 13 Abs. 2 Nr. 2 ein neuer BR zu wählen (vgl. § 13 Rn 33ff.). Die Amtszeit des nicht mehr vollzähligen BR endet gemäß § 21 Satz 5 mit der Bekanntgabe des Wahlergebnisses für den neuen BR (vgl. § 21 Rn 26).

4. Verhinderung mehrerer Betriebsratsmitglieder oder des Ersatzmitglieds

34 Das Gesetz kennt keine an die Person des einzelnen BRMitgl. anknüpfende Ers-Mitgliedschaft. Die ErsMitgl. rücken vielmehr – ggf. unter Berücksichtigung der Geschlechterquote – in der sich aus der Vorschlagsliste (bei Verhältniswahl) bzw. der erreichten Stimmenzahl (bei Mehrheitswahl) ergebenden Reihenfolge für verhinderte oder ausgeschiedene BRMitgl. in den BR nach. Dadurch werden Zufälligkeiten, die sich aus einem Nebeneinander zeitweiliger oder dauerhafter Verhinderung von BRMitgl. ergeben können, vermieden (GK-*Oetker* Rn 44). Diese sich aus der Vorschlagsliste bzw. der erreichten Stimmenzahl ergebende Reihenfolge hat **qualitative Bedeutung** in dem Sinne, dass das „erste" ErsMitgl. stets vor dem nächstfolgenden anstelle verhinderter oder ausgeschiedener BRMitgl. dem BR angehört (vgl. BAG 17. 1. 79, 6. 9. 79 AP Nr. 5, 7 zu § 15 KSchG 1969). Ist zB für ein nur zeitweilig verhindertes BRMitgl. das in Betracht kommende ErsMitgl. vorübergehend nachgerückt und scheidet nunmehr von derselben Liste ein anderes BRMitgl. endgültig aus dem BR aus, so rückt für dieses das an nächstbereiter Stelle stehende ErsMitgl. unter Beachtung von § 15 Abs. 2 ein. Dieses ErsMitgl. tritt jedoch nicht endgültig in den BR ein, sondern nur solange, bis die zeitweilige Verhinderung des anderen BRMitgl. behoben ist. Anstelle des ausgeschiedenen BRMitgl. tritt dagegen das an erster Stelle stehende, zunächst für das zeitweilig verhinderte BRMitgl. nachgerückte ErsMitgl. endgültig in den BR ein. Ähnliches gilt, wenn zB mehrere BRMitgl. aus derselben Liste zur gleichen Zeit, jedoch unterschiedlich lange zeitweilig verhindert sind. Auch in diesem Falle bestimmt sich die Reihenfolge der dem BR angehörenden Ers-Mitgl. immer nach der sich aus der Liste ergebenden Rangfolge; das „erste" Ers-Mitgl. bleibt deshalb Mitgl. des BR, solange ein ordentliches BRMitgl. aus der Liste verhindert ist.

Ist das **ErsMitgl.**, das für ein ausgeschiedenes oder zeitweilig verhindertes **35** BRMitgl. nachgerückt ist, **selbst zeitweilig verhindert,** so wird es für die Dauer seiner Verhinderung seinerseits von dem an nächstbereiter Stelle stehenden ErsMitgl. vertreten (vgl. zum Grundsatz BAG 6. 9. 79 AP Nr. 7 zu § 15 KSchG 1969).

5. Besonderheiten in Betrieben der PostAG

In BR von **Betrieben der Postunternehmen** sind beim Nachrücken von Ers- **36** Mitgl. gewisse Besonderheiten zu beachten. Die darauf gerichteten Regelungen gehen nach dem Spezialitätsprinzip den allgemeinen Regelungen, die nunmehr auch für die Beamten in Betrieben der Privatwirtschaft wegen § 5 Abs. 1 Satz 3 gelten, vor (§ 5 Rn 313). Demzufolge können die Beamten der Betriebe der Post AG weiterhin eine eigene Gruppe bilden (§ 26 Nr. 1 PostPersRG) und nach § 26 Nr. 2 PostPersRG entsprechend ihrem zahlenmäßigen Verhältnis im BR vertreten sein (vgl. § 14 Rn 72ff.). Zum anderen muss auch bei der Wahl dieser BR der Geschlechterproporz des § 15 Abs. 2 gewährleistet werden (§ 4 Abs. 1 Satz 2 WOP). Das durch das BetrVerf-ReformG aufgegebene allgemeine betriebsverfassungsrechtliche Gruppenprinzip ist deshalb auch nicht mehr für das Nachrücken innerhalb der Beamtengruppe zu beachten. Insgesamt muss bei der Feststellung des ErsMitgl. sowohl der Beamtenquote als auch dem Geschlechterproporz Rechnung getragen werden.

Bilden die **Beamten eine eigene Gruppe,** ist das Geschlecht in der Minderheit **37** entsprechend seinem zahlenmäßigen Verhältnis sowohl in der Gruppe der Beamten als auch der ArbN zu bestimmen (§ 4 Abs. 1 S. 2 WOP). Die jeweiligen Anteile sind nach § 5 WO 2001 zu ermitteln (§ 6 Nr. 4 WOP). Im Ergebnis zwingen § 26 Nr. 2 und Nr. 7 PostPersRG zu einer Modifizierung des Geschlechterproporzes. Für die Feststellung der Mindestquote kommt es dann nicht auf die Gesamtbelegschaft, sondern auf die Gruppe der Beamten einerseits und die ArbN andererseits an (§ 14 Rn 84, 85d; *DKK-Buschmann* Rn 35; **aA** *Richardi/Thüsing* § 14 Rn 89a). In diesem Sinne bestimmt auch § 6 Nr. 2b WOP, dass im Wahlausschreiben der Anteil der Geschlechter jeweils gruppenbezogen anzugeben ist. Haben die Beamten allerdings auf die Bildung einer Gruppe verzichtet (§ 5 Abs. 1 WOP), ist das Minderheitengeschlecht wie im Normalfall belegschaftsbezogen zu ermitteln (§ 4 Abs. 2 WOP). Für das Nachrücken der ErsMitgl. ist zu unterscheiden, ob die BRWahl als Gruppenwahl oder als gemeinsame Wahl stattgefunden hat. Weiterhin ist danach zu differenzieren, ob eine Verhältniswahl oder eine Mehrheitswahl durchgeführt wurde.

Hat die BRWahl als **Gruppen- und Verhältniswahl** (mehrere Listen) stattgefun- **38** den, bestimmt sich das ErsMitgl. aus der Liste der Gruppe, der das zu ersetzende BRMitgl. angehört. Es gelten die unter Rn 26 dargestellten Grundsätze. Wegen § 15 Abs. 2 muss das zu ersetzende BRMitgl. durch einen Wahlbewerber des eigenen Geschlechts nur dann ersetzt werden, wenn ansonsten die auf die jeweilige Gruppe bezogene Mindestquote nicht gewährleistet bleibt. Stehen keine Wahlbewerber des Minderheitengeschlechts innerhalb der Gruppe der Beamten oder der ArbN zur Verfügung, unterbleibt ein Übergreifen auf die Listen der anderen Gruppe. Bei Durchführung der BRWahl als **Gruppen- und Mehrheitswahl** rückt das jeweils nächste

Mitgl. der Gruppe nach, der das zu ersetzende BRMitgl. angehört. Es gelten die unter Rn 30 dargestellten Grundsätze. Ist die Liste erschöpft, weil für das zu ersetzende BRMitgl. einer Gruppe ein Wahlbewerber des gleichen Geschlechts zur Wahrung der Mindestquote des § 15 Abs. 2 nicht mehr zur Verfügung steht, bestimmt sich die Reihenfolge der Ersatzmitgl. innerhalb einer Gruppe allein nach der Höhe der erreichten Stimmenzahlen (§ 25 Abs. 2 S. 3). Infolge des Vorrangs des Gruppenproporzes führt das Fehlen eines ErsMitgl. des gleichen Geschlechts in beiden Fällen nicht dazu, einen der Minderheit angehörenden Wahlbewerber der anderen Gruppe heranzuziehen. Erst wenn innerhalb einer Gruppe überhaupt keine Wahlbewerber mehr vorhanden, ist die gesetzliche Anzahl der BRMitgl. durch das Heranziehen von Wahlbewerbern der anderen Gruppe zu wahren.

39   Hat eine **gemeinsame Wahl als Verhältniswahl** stattgefunden, erfolgt die Verteilung der nach § 6 Nr. 3 WO 2001 für die Beamten und die ArbN festzustellenden Sitze nach § 6 Nr. 10 WOP. Beim Nachrücken ist der Gruppenproporz des § 26 Nr. 2 PostPersRG wie der Geschlechterproporz beachtlich (GK-*Oetker* Rn 47). Muss beim Nachrücken der Geschlechterproporz gewahrt werden, rückt stets der nächste Wahlbewerber derjenigen Liste des in der Minderheit befindlichen Geschlechts nach. Ist die Liste hinsichtlich des Geschlechts in der Minderheit erschöpft, ist das ErsMitgl. aus der nächsten zu berücksichtigenden Liste zu bestimmen. Ist auf keiner der Listen ein Wahlbewerber aus dem Geschlecht in der Minderheit mehr vorhanden, bestimmt sich der Nachrücker aus der Gruppe der Liste, der das zu ersetzende BRMitgl. angehört (vgl. § 6 Nr. 10e ee WOP). Wurde der BR in **Gemeinschaftswahl und Mehrheitswahl** gewählt, rückt stets der Wahlbewerber mit der nächsthöheren Stimmzahl nach, der der Gruppe des zu ersetzenden BRMitgl. angehört (*DKK-Buschmann* Rn 34). Muss der Geschlechterproporz beim Nachrücken gewahrt werden, sind die Angehörigen des Geschlechts in der Minderheit innerhalb der jeweiligen Gruppe in der Reihenfolge der auf sie entfallenden Stimmen heranzuziehen. Steht innerhalb der betroffenen Gruppe kein solcher Nachrücker mehr zur Verfügung, bestimmt sich die Reihenfolge des Nachrückens nach der Anzahl der Stimmen innerhalb der übrigen Gruppenangehörigen. Erst wenn aus diesem Kreis keine Wahlbewerber mehr zur Verfügung stehen, kommt die andere Gruppe zum Zuge.

V. Streitigkeiten

40   Streitigkeiten aus § 25, insbesondere Streitigkeiten über das Nachrücken und über die Reihenfolge des Nachrückens, sind vom ArbG im Allgemeinen im **BeschlVerf.** zu entscheiden (vgl. Nach § 1 Rn 7 ff.). Sie können aber auch in anderen Verfahren als Vorfrage entschieden werden, zB in einem Kündigungsstreitverfahren, wenn das ErsMitgl. die Zulässigkeit seiner Kündigung im Hinblick auf § 15 KSchG bestreitet oder in einem Verfahren, bei dem es auf die Rechtswirksamkeit eines BRBeschlusses ankommt, an dem ein ErsMitgl. mitgewirkt hat.

Dritter Abschnitt. Geschäftsführung des Betriebsrats

§ 26 Vorsitzender

(1) **Der Betriebsrat wählt aus seiner Mitte den Vorsitzenden und dessen Stellvertreter.**

(2) [1] **Der Vorsitzende des Betriebsrats oder im Fall seiner Verhinderung sein Stellvertreter vertritt den Betriebsrat im Rahmen der von ihm gefassten Beschlüsse.** [2] **Zur Entgegennahme von Erklärungen, die dem Betriebsrat gegenüber**

abzugeben sind, ist der Vorsitzende des Betriebsrats oder im Fall seiner Verhinderung sein Stellvertreter berechtigt.

Inhaltsübersicht

I. Vorbemerkung

Die Vorschrift regelt die **organisatorische Gestaltung** des mehrköpfigen BR, indem sie diesen zwingend zur Wahl eines Vors. und stellvertr. Vors. verpflichtet (Abs. 1). Außerdem regelt sie die Stellung dieser Vertretungsorgane des BR sowohl für die Abgabe als auch die Entgegennahme von Erklärungen (Abs. 2). **1**

Die Vorschrift gilt **entsprechend** für den GesBR und KBR (vgl. § 51 Abs. 1 S. 1 und § 59 Abs. 1), für die JugAzubiVertr., GesJugAzubiVertr. und KJug AzubiVertr. (vgl. §§ 65 Abs. 1, 73 Abs. 2 und 73 b Abs. 2) sowie für die Bordvertr. und den SeeBR (vgl. § 115 Abs. 4, § 116 Abs. 3). Sie gilt ferner entsprechend für Vertretungen nach § 3 Abs. 1 Nr. 2 und 3, da diese an die Stelle des BR treten (vgl. § 3 Abs. 5). Für Vertr. nach § 3 Abs. 1. Nr. 4 und 5 bleibt die nähere Ausgestaltung der Wahl des Vors. und eines oder mehrerer Stellvertreter der dort genannten Vertretungen einer Regelung im TV oder in der BV vorbehalten. Zur Wahl des Sprechers einer ArbGruppe nach § 28 a und seines Vertr. vgl. § 28 a Rn 16. **2**

Die Regelung des Abs. 1 ist **zwingendes Recht.** Weder durch BV noch durch TV kann von ihr abgewichen werden. Für ArbNVertretungen nach § 3 Abs. 1 Nr. 2 und 3 sind abweichende Regelungen durch TV oder BV zulässig. Von Abs. 2 kann insoweit abgewichen werden, als der BR auch andere seiner Mitgl. mit seiner Vertr. betrauen kann (vgl. unten Rn 36). **3**

Entsprechende Vorschriften: §§ 32, 33 BPersVG, § 11 Abs. 1 und 2 SprAuG sowie § 13 Abs. 1 S. 2, § 25 EBRG; § 12 S. 2, § 23 Abs. 2 S. 2, Abs. 3 SEBG; § 12 Abs. 1 S. 2, § 23 Abs. 2 S. 2, Abs. 3 SCEBG. **4**

II. Wahl des Vorsitzenden und seines Stellvertreters

1. Allgemeines

Die Wahl des Vors. und des stellvertr. Vors. ist eine **innere Angelegenheit des BR,** dh an ihr nehmen ausschließlich seine Mitglieder teil. Die Wahl kann nicht auf den BetrAusschuss oder einen anderen Ausschuss delegiert werden. Die JugAzubiVertr. nehmen an der Wahl des Vors. und des stellvertr. Vors. nicht teil. **5**

Die Wahl des Vors. und seines Stellvertr. ist eine **gesetzliche Pflichtaufgabe** des mehrköpfigen BR (GK-*Raab* Rn 5; *Löwisch/Kaiser* Rn 2; *Richardi/Thüsing* Rn 1). Nimmt der BR die Wahl nicht vor, so handelt er pflichtwidrig und kann nach § 23 wegen grober Verletzung seiner gesetzlichen Pflichten aufgelöst werden (*DKKW-Wedde* Rn 3). Eine Ersatzbestellung des Vors. und seines Stellvertr. durch das ArbG ist nicht zulässig, selbst wenn im BR keine Wahl zustande kommt oder die Gewählten die Wahl nicht annehmen (GK-*Raab* Rn 5; *HSWGNR* Rn 6). **6**

7   Der ArbGeb. kann Verhandlungen mit einem BR, der **keinen Vors.** hat, ablehnen; denn der **BR** ist solange noch **nicht konstituiert** und damit noch nicht funktionsfähig (BAG 23. 8. 84 AP Nr. 36 zu § 102 BetrVG 1972; LAG Düsseldorf 24. 6. 09 BeckRS 09, 69090; *HSWGNR* Rn 3; *Richardi/Thüsing* Rn 1; offen gelassen von BAG 28. 9. 83 AP Nr. 1 zu § 21 BetrVG 1972; **aA** *DKKW-Wedde* Rn 4 ff.; GK-*Raab* Rn 6; *WPK* Rn 2; *Matusche* AiB 11, 251 ff.). Steht allerdings die Wahl des Vors. und seines Stellvertr. unmittelbar bevor, ist der ArbGeb. nach den Grundsätzen der vertrauensvollen Zusammenarbeit gehalten, mit der Durchführung des Beteiligungsverfahrens zu warten, bis sich der BR konstituiert hat. Das gilt jedenfalls dann, wenn die beabsichtigte Maßnahme nicht unaufschiebbar ist (BAG 28. 9. 83 aaO; *Düwell/Blanke* Rn 3; **aA** *HSWGNR* Rn 3).

8   Die Wahl erfolgt in der **konstituierenden Sitzung** des BR (vgl. § 29 Rn 19). Die Wahl des Vors. und seines Stellvertr. ist keine Wahl in dem Sinne, dass ein Gegenkandidat aufgestellt werden müsste (BAG 29. 1. 65 AP Nr. 8 zu § 27 BetrVG).

2. Wahl

9   Nähere **Wahlvorschriften** bestehen nicht. Mangels ausdrücklicher Vorschriften ist auch eine mündliche Stimmabgabe, unter Umständen sogar eine Wahl durch Zuruf ausreichend, sofern diese Art der Stimmabgabe eine einwandfreie Feststellung des Abstimmungsergebnisses gestattet (*DKKW-Wedde* Rn 7; ErfK-*Koch* Rn 1; GK-*Raab* Rn 9 f.). Im Interesse der Sicherung der Wahlfreiheit des einzelnen BRMitgl. ist die Wahl auf Antrag eines BRMitgl geheim durchzuführen. Hierzu ist kein Mehrheitsbeschluss des BR erforderlich (*DKKW-Wedde* Rn 7; *Düwell/Blanke* Rn 5; *Richardi/Thüsing* Rn 6; **aA** ArbG Bielefeld AiB 99, 341; GK-*Raab* Rn 10).

10   **Wahlberechtigt** sind ausschließlich die Mitgl. des BR. Ist ein BRMitgl. zeitweilig verhindert, so wird es nach § 25 Abs. 1 Satz 2 von einem ErsMitgl. vertreten. Auch der oder die zum Vors. kandidierenden BRMitgl. sind wahlberechtigt (GK-*Raab* Rn 7; *HSWGNR* Rn 11; *Richardi/Thüsing* Rn 3). Nicht wahlberechtigt sind die Mitgl. der JugAzubiVertr.

11   Zum Vors. und stellvertretenden Vors. **wählbar** sind nur Mitgl. des BR (vgl. „aus seiner Mitte"). ErsMitgl. sind nicht wählbar, solange sie nicht endgültig in den BR nachgerückt sind (hM). Für die Kandidatur bestehen keinerlei gesetzliche Vorgaben. Der BR braucht bei der Wahl weder auf die Geschlechterzugehörigkeit noch darauf Rücksicht zu nehmen, ob eine Liste bei der BRWahl bes. erfolgreich gewesen ist. Auch können weder der BR noch ein TV weitere persönliche Wählbarkeitsvoraussetzungen für die Wahl des Vors. oder seines Stellvertr. aufstellen, die über die gesetzlichen Anforderungen gem. §§ 8 und 26 Abs. 1 hinausgehen (BAG 16. 2. 73 AP Nr. 1 zu § 19 BetrVG 1972). Wen der BR aus seiner Mitte zum Vors. und stellvertretenden Vors. wählt, obliegt allein seiner Entscheidung. Damit sind „Koalitionsabsprachen" unter den BRMitgl. nicht ausgeschlossen (BAG 1. 6. 66 AP Nr. 16 zu § 18 BetrVG; *DKKW-Wedde* Rn 10).

12   Die Wahl des Vors. und die seines Stellvertr. sind **gesondert,** also in je einem Wahlgang vorzunehmen. Gewählt ist, wer jeweils die meisten Stimmen auf sich vereinigt Es ist nicht etwa derjenige, der im ersten Wahlgang die meisten Stimmen erhalten hat, zum Vors. und der mit der nächsthöheren Stimmenzahl zum stellvertr. Vors. gewählt (*HSWGNR* Rn 9; *Löwisch/Kaiser* Rn 6; *Richardi/Thüsing* Rn 7; **aA** für den Fall, dass der BR das vor der Wahl beschlossen hat: GK-*Raab* Rn 13; *DKKW-Wedde* Rn 10; *WPK* Rn 7). Im Einzelnen kann der BR den Wahlmodus unter Beachtung der vorstehenden Grundsätze selbst festlegen (BAG 28. 2. 58 AP Nr. 1 zu § 29 BetrVG).

13   Der BR muss bei der Wahl des Vors. und seines Stellvertreters gem. § 33 Abs. 2 **beschlussfähig** sein (*DKKW-Wedde* Rn 8; GK-*Raab* Rn 9; *Richardi/Thüsing* Rn 5).

14   Das G fordert für die Wahl **keine qualifizierte Mehrheit.** Deshalb sind als Vors. und stellvertr. Vors. die Bewerber gewählt, auf die im jeweiligen Wahlgang die meis-

ten der abgegebenen Stimmen entfallen sind (*DKKW-Wedde* Rn 11; GK-*Raab* Rn 11; *HSWGNR* Rn 9). Der BR kann jedoch vor Durchführung der Wahl ein bestimmtes Mindestquorum, etwa die absolute Mehrheit, beschließen (*DKKW-Wedde* Rn 11; ErfK-*Koch* Rn 1; GK-*Raab* Rn 10).

Eine gesetzliche Regelung für den Fall der **Stimmengleichheit** besteht nicht. **15** Zweckmäßigerweise sollte in diesem Fall zunächst eine weitere Abstimmung und erst bei einem etwaigen erneuten Patt einen Losentscheid zwischen den bestplatzierten Bewerbern erfolgen (ähnlich *DKKW-Wedde* Rn 11; GK-*Raab* Rn 12; *Richardi/ Thüsing* Rn 8). Dies sollte der BR möglichst vor der Wahl beschließen. Ein derartiger Beschluss ist jedoch auch noch nach dem ersten Wahlgang zulässig. Trifft der BR keine derartige Regelung, ist unter den Bestplatzierten ein sofortiger Losentscheid durchzuführen (BAG 26. 2. 87, 15. 1. 92 AP Nr. 5, 10 zu § 26 BetrVG 1972; *HSWGNR* Rn 9).

Ein BRMitgl., das zum Vors. des BR oder zu seinem Stellvertr. gewählt wird, **16** braucht das Amt **nicht anzunehmen** (BAG 29. 1. 65 AP Nr. 8 zu § 27 BetrVG; *DKKW-Wedde* Rn 12; GK-*Raab* Rn 24; *HSWGNR* Rn 14; *Richardi/Thüsing* Rn 12). Erklärt sich der Gewählte zur Annahme des Amts nicht bereit, ist eine erneute Wahl vorzunehmen.

Über die Wahl ist eine **Niederschrift** (§ 34) aufzunehmen. In ihr sind auf jeden **17** Fall die Namen der Gewählten und die auf die einzelnen Kandidaten entfallenden Stimmen anzugeben (GK-*Raab* Rn 14).

3. Amtsdauer, Amtsniederlegung, Abberufung

Die Wahl des Vors. und seines Stellvertr. gilt grundsätzlich **für die gesamte 18 Wahlperiode** des BR, so dass beide das Amt bis zum Ende der Amtszeit des BR innehaben. Der BR kann jedoch zulässigerweise beschließen, die Wahl von vornherein auf eine bestimmte Zeit, zB bis zum Ablauf der Hälfte der Amtszeit des BR, zu begrenzen (*DKKW-Wedde* Rn 14; GK-*Raab* Rn 25).

Der Vors. oder stellvertr. Vors. kann das Amt jederzeit durch eine eindeutige und **19** nicht widerrufbare Erklärung gegenüber dem BR **niederlegen** (*DKKW-Wedde* Rn 13; ErfK-*Koch* Rn 1; GK-*Raab* Rn 25; *HSWGNR* Rn 25; *Richardi/Thüsing* Rn 14).

Ferner können der Vors. und/oder stellvertr. Vors. jederzeit durch Mehrheitsbe- **20** schluss des BR aus ihrem Amt **abberufen** werden (BAG 26. 1. 62 AP Nr. 8 zu § 626 BGB Druckkündigung; *DKKW-Wedde* Rn 14 f.; GK-*Raab* Rn 26; *HSWGNR* Rn 26; *Richardi/Thüsing* Rn 28). Sie verlieren damit dieses Amt, bleiben jedoch Mitgl. des BR. Ein bes. Grund für die Abberufung braucht nicht vorzuliegen. Eine Amtsenthebung des Vors. oder stellv. Vors. durch das ArbG in entspr. Anwendung des § 23 ist nicht möglich, wohl jedoch die fristgerechte Anfechtung der Wahl wegen Rechtsverstoßes (vgl. Rn 52 ff.).

III. Stellung des Vorsitzenden

1. Allgemeines

Der Vors. (und der stellvertr. Vors.) ist in erster Linie BRMitgl., ebenso wie die **21** anderen Mitgl. Ihm obliegen jedoch bes. zusätzliche **Befugnisse, Aufgaben und Zuständigkeiten,** die das G speziell dem Vors. zuweist. Neben der Aufgabe, den BR im Rahmen der von ihm gefassten Beschlüsse zu vertreten (vgl. Rn 24 ff.), sowie der Berechtigung zur Entgegennahme von dem BR gegenüber abzugebenden Erklärungen (vgl. Rn 38 ff.) hat der Vors. insb. folgende gesetzliche Aufgaben:
– die **Führung der laufenden Geschäfte** in BR mit weniger als neun Mitgl., falls diese ihm durch Beschluss des BR übertragen worden ist (§ 27 Abs. 3);

- die Mitgliedschaft kraft Amtes im **BetrAusschuss** (§ 27 Abs. 1);
- die **Einberufung der BRSitzungen,** die Festlegung der Tagesordnung für die Sitzungen, die Ladung der BRMitgl., der Schwbvertr., der JugAzubiVertr., ggf. auch des Vertrauensmanns der Zivildienstleistenden zu den Sitzungen sowie die Leitung der BRSitzungen (§ 29 Abs. 2 und 3);
- die Unterzeichnung der **Sitzungsniederschriften** (§ 34 Abs. 1);
- die **Leitung der BetrVerslg.** (§ 42 Abs. 1 Satz 1);
- die Teilnahme an **Sitzungen der JugAzubiVertr.** (§ 65 Abs. 2), falls nicht ein anderes BRMitgl. hiermit beauftragt ist;
- die beratende Teilnahme an den **Sprechstunden der JugAzubiVertr.,** falls nicht ein anderes BRMitgl. hiermit beauftragt ist (vgl. § 69 Satz 4).

Darüber hinaus können dem Vors. sowohl durch die Geschäftsordnung des BR als auch durch speziellen Einzelauftrag noch weitere Aufgaben übertragen werden (vgl. Rn 29).

2. Vertretungsbefugnis im Besonderen

22   Der Vors. des BR ist weder dessen Bevollmächtigter noch dessen gesetzlicher Vertr. in dem Sinne, dass er für den BR handelt und an dessen Stelle die dem BR gesetzlich zugewiesenen Befugnisse, Pflichten und Zuständigkeiten ausübt (hM). Diese werden vielmehr ausschließlich vom BR wahrgenommen. Der Vors. hat eine Eigenzuständigkeit und damit eine Entscheidungsbefugnis aus eigenem Recht nur in den ihm im G ausdrücklich zugewiesenen Angelegenheiten (vgl. Rn 21). Im Übrigen hat er lediglich die von dem BR in Ausübung seiner Pflichten und Befugnisse gefassten Beschlüsse auszuführen und sie nach außen zum Ausdruck zu bringen. Er ist daher **nicht Vertreter im Willen, sondern Vertr. in der Erklärung** (vgl. BAG 26. 9. 63 AP Nr. 2 zu § 70 PersVG Kündigung; BAG 17. 2. 81 AP Nr. 11 zu § 112 BetrVG 1972; *DKKW-Wedde* Rn 17; *Düwell/Blanke* Rn 11; *HSWGNR* Rn 32; *WPK* Rn 14; differenzierend *Richardi/Thüsing* 33 f. u. *Linsenmaier* FS Wissmann S. 380 ff.).

23   Da das G außer in den in Rn 21 genannten Fällen alle Befugnisse und Zuständigkeiten dem BR als solchem, also in seiner Gesamtheit, einräumt, ist es auch **nicht** möglich, dass der BR **generell** (Generalvollmacht jedenfalls unzulässig; *DKKW-Wedde* Rn 20; GK-*Raab* Rn 34, *Richardi/Thüsing* Rn 44) alle oder auch nur einzelne ihm zustehende **Befugnisse** und Rechte dem Vors., dem stellvertr. des Vors. oder einem sonstigen Mitgl. des BR zur selbständigen Ausübung **überträgt** und ihm insoweit Handlungsfreiheit mit verbindlicher Wirkung für und gegen den BR einräumt. Eine Vertretung in der Willensbildung kommt nicht in Betracht (LAG Frankfurt NJW 65, 654 mwN; LAG Hamm DB 65, 1329; *DKKW-Wedde* Rn 17).

24   Die Vertretungsbefugnis des Vors. des BR besteht nur **im Rahmen der vom BR gefassten Beschlüsse** (zur Auslotung des Rahmens *Linsenmaier* FS Wissmann S. 383 f.). Innerhalb dieses Rahmens kann er tätig werden und rechtsgeschäftliche Erklärungen mit verbindlicher Wirkung für den BR abgeben (BAG 10. 10. 07 AP Nr. 17 zu § 26 BetrVG 1972; GK-*Raab* Rn 31, 36 f.; *DKKW-Wedde* Rn 20; *Richardi/ Thüsing* Rn 33, 46). Die Legitimation für derartige Handlungen und Erklärungen des BRVors. kann sich nur aus einem **ordnungsgemäßen BRBeschluss** ergeben, es sei denn, dem BRVors. ist eine Alleinzuständigkeit durch bes. gesetzl. Regelungen zugewiesen; hierzu gehören die in Rn 21 genannten Aufgaben und zB die schriftliche Mitteilung an den ArbGeb. über die Verweigerung der Zustimmung des BR zu personellen Einzelmaßnahmen iSv. § 99, u. zwar auch dann, wenn diese den BRVors. selbst betreffen (BAG 19. 3. 03 AP Nr. 77 zu § 40 BetrVG 1972; s. § 99 Rn 261).

25   Kommt ein Beschluss des BR wegen Verstoßes gegen zwingende Verfahrensvorschriften **(vgl. § 29 Abs. 2) nicht ordnungsgemäß** zustande, ist er unwirksam und begründet keine Vertretungsbefugnis des BRVors. Der BR kann aber erneut über die betr. Angelegenheit beschließen. Der **erneute Beschluss** wirkt grundsätzlich nicht auf den Zeitpunkt des erstmaligen, unwirksamen Beschlusses zurück, sondern legiti-

miert den BRVors. **nur** für die **Zukunft** (BAG 10. 10. 07 AP Nr. 17 zu § 26 BetrVG 1972 m. Anm. *Klimaschewski* AiB 08, 419 ff.).

Der BR kann allerdings eine vom BRVors. ohne Rechtsgrundlage getroffene und **26** folglich schwebend unwirksame Vereinbarung durch eine nachträgliche Beschlussfassung – also nicht stillschweigend – nach § 184 BGB genehmigen (BAG 10. 10. 07 aaO; 17. 11. 10 – 7 ABR 120/09 – NZA-RR 11, 415); dann wirkt die Genehmigung auf den Zeitpunkt der Vornahme des Rechtsgeschäfts zurück. Die **Rückerstreckung** der **Genehmigung** ist nur bez. eines Vertrags **möglich** (s. § 177 BGB; BAG 10. 10. 07 aaO). So kann zB die unwirksame Beauftragung eines Rechtsanwalts durch den BRVors. infolge eines fehlenden (wirksamen) Beschlusses durch einen Genehmigungsbeschluss des BR **geheilt** werden (vgl. BAG 16 11. 05 AP Nr. 64 zu § 80 BetrVG 1972 u. Näheres hierzu s. § 33 Rn 47 a).

Die Rückerstreckung ist **ausgeschossen,** wenn die Beschlussfassung des BR nach **27** dem für die Beurteilung eines Sachverhalts maßgeblichen Zeitpunkt erfolgt. Hier geht es insb. um Vereinbarungen zur Kostentragungspflicht des ArbGeb., deren Erforderlichkeit vor dem Zeitpunkt des Beschlusses, der die Kosten auslöst, zu beurteilen ist (BAG 10. 10. 07 AP Nr. 17 zu § 26 BetrVG 1972). So kann ein nach dem Besuch einer Schulungsveranstaltung gefasster BRBeschluss über die Teilnahme eines BRMitgl. keinen Anspruch des BR nach § 40 Abs. 1 auf Kostentragung des ArbGeb. begründen (BAG 8. 3. 00 AP Nr. 68 zu § 40 BetrVG 1972; s. auch § 99 Rn 260). Ferner können Gesichtspunkte des Vertrauensschutzes einer Rückerstreckung der Genehmigung entgegenstehen (BAG 10. 10. 07 aaO; s. Rn 32 ff.). Diese **Einschränkungen** greifen **nicht** bei der **Genehmigung** einer schwebend unwirksamen Bestellung eines **E-Stellenbeisitzers,** selbst wenn die Tätigkeit der E-Stelle zum Zeitpunkt des Genehmigungsbeschlusses bereits beendet war (s. BAG 10. 10. 07 aaO).

Die Vertretungsmacht des Vors. kann **nicht** durch **ständige betriebliche Übung 28 erweitert** werden (*DKKW-Wedde* Rn 20, 22; bedenklich insoweit BAG 28. 2. 58 AP Nr. 1 zu § 14 AZO). Nur eine ausdrückliche Genehmigung durch den BR im Einzelfall ist möglich (*Richardi/Thüsing* Rn 47). Wegen einer ausnahmsweisen Zurechnung aus Grundsätzen der Rechtsscheinhaftung oder der Haftung kraft widersprüchlichen Verhaltens vgl. Rn 32 ff.

Eine gewisse selbständige Entscheidungsbefugnis ist dem Vors. des BR allenfalls ein- **29** zuräumen, wenn der BR für bestimmte Angelegenheiten im Voraus bindende **Richtlinien** oder **Weisungen** beschließt, die eine Sachentscheidung für sich häufig wiederholende Fälle darstellen (ErfK-*Koch* Rn 2; GK-*Raab* Rn 35; *HSWGNR* Rn 35; *Richardi/Thüsing* 44; MünchArbR-*Joost* § 218 Rn 8; **aA** *DKKW-Wedde* Rn 21; kr. *SWS* Rn 9). Damit wird ein sachlicher Rahmen gesetzt, innerhalb dessen dem Vors. die Vertretung zukommt. Auch Alternativbeschlüsse sind zulässig (*DKKW-Wedde* Rn 21; GK-*Raab* Rn 35). Näheres – insb. zur Beteiligung einzelner sachverständiger BRMitgl. oder der Vorlage von Angelegenheiten von grundsätzlichem Interesse an den BR – kann die **Geschäftsordnung** regeln.

Der Vors. des BR braucht bei seinen Erklärungen den Beschluss des BR nicht vor- **30** zulegen (*Richardi/Thüsing* Rn 37). Den **Nachweis,** dass den Handlungen und Erklärungen des Vors. ein vom BR gefasster Beschluss zugrunde liegt, wird der ArbGeb. nur bei Vorliegen eines berechtigten Interesses fordern können, ggf. dann sogar müssen, zB wenn aus Äußerungen von BRMitgl. oder aus dem Verhalten des BRVors. (sofortige Entscheidung ohne Beratung mit dem BR) sich Zweifel ergeben, ob ein Beschluss des BR überhaupt oder mit dem angegebenen Inhalt vorliegt, oder wenn das Vorliegen eines rechtswirksamen Beschlusses seinerseits Rechtswirksamkeitsvoraussetzung für Erklärungen des ArbGeb. gegenüber Dritten ist, etwa bei Ausspruch einer Kündigung (vgl. hierzu BAG 26. 9. 63 AP Nr. 2 zu § 70 PersVG Kündigung; LAG Schleswig-Holstein DB 73, 1608; GK-*Raab* Rn 42 f.; s. hierzu auch § 102 Rn 51 ff.; **weitergehend** *Richardi/Thüsing* Rn 37, die dieses Recht dem ArbGeb. stets zugestehen; ebenso *HSWGNR* Rn 43).

31   Wird im Streitfall geltend gemacht, ein Beschluss des BR sei nicht oder nicht mit diesem Inhalt gefasst worden, so ist die Frage, ob die Erklärung dem vom BR gefassten Beschluss entspricht, der Nachprüfung nicht verschlossen. Die Erklärung des Vors. des BR hat zwar die **Vermutung** für sich, dass der BR den der Erklärung zugrunde liegenden Beschluss auch so gefasst hat (*Düwell/Blanke* Rn 12; **aA** *WPK* Rn 19). Die Vermutung kann aber durch Gegenbeweis jederzeit entkräftet werden (BAG 17. 2. 81 AP Nr. 11 zu § 112 BetrVG 1972). Der gute Glaube des ArbGeb., dass sich der Vors. im Rahmen eines ordnungsmäßigen BRBeschl. hält, wird grundsätzlich nicht geschützt (*DKKW-Wedde* Rn 23; GK-*Raab* Rn 42; *Richardi/Thüsing* Rn 46; ErfK-*Koch* Rn 4; einschr. nach den Grundsätzen des Vertrauensschutzes BAG 23. 8. 84 AP Nr. 17 zu § 103 BetrVG 1972; vgl. hierzu Rn 32 f.).

32   Unter Umständen kann sich eine Bindung des BR an **nicht von der Vertretungsmacht gedeckten Erklärungen** des Vors. aus den Grundsätzen der Rechtsscheinhaftung oder der Vertrauenshaftung kraft widersprüchlichen Verhaltens ergeben (BAG 24. 2. 00 AP Nr. 7 zu § 1 KSchG 1969 Namensliste; GK-*Raab* Rn 44 ff.; *Richardi/Thüsing* Rn 49 f.; **aA** *HSWGNR* Rn 42; demgegenüber befürworten einen weitergehenden Vertrauensschutz des ArbGeb. LAG Düsseldorf BB 95, 465; MünchArbR-*Joost* § 218 Rn 9).

33   Eine Bindung des BR aus **Grundsätzen der Rechtsscheinhaftung** setzt voraus, dass der BR in einer ihm zurechenbaren Weise den Anschein gesetzt hat, die Erklärung des Vors. sei durch einen Beschluss gedeckt. Dem BR zurechenbar ist der Anschein dann, wenn jedenfalls die Mehrheit der BRMitgl. das nicht durch einen Beschluss des BR gedeckte Verhalten des Vors. kennt und gleichwohl untätig bleibt; zB der BRVors. erklärt nach einer BRSitzung in Anwesenheit und ohne Widerspruch der BRMitgl. dem ArbGeb. gegenüber die Zustimmung des BR zu einer bestimmten Maßnahme, obwohl der BR keinen entspr. Beschluss gefasst hat (*Richardi/Thüsing* Rn 50; *Reitze* ZBVR online 1/2011 S. 22, 23; s. auch BAG 29. 1. 08 AP Nr. 13 zu § 87 BetrVG 1972; enger: Kenntnis des BR als Gremium erforderlich *DKKW-Wedde* Rn 22; GK-*Raab* Rn 48). Nicht ausreichend ist, dass der BR bzw. die Mehrheit seiner Mitgl. das Verhalten des Vors. hätte kennen müssen (*Richardi/Thüsing* Rn 50; so aber GK-*Raab* Rn 46).

34   Eine **Vertrauenshaftung kraft widersprüchlichen Verhaltens,** bei der die noch nicht einmal das subjektive Zurechnungsmoment der Kenntnis der BRMitgl. vom Verhalten des Vors. vorliegen muss, kommt nur in ganz engen Grenzen in Betracht. Sie setzt voraus, dass sich der BR in einer gegen Treu und Glauben verstoßenden Weise mit seinem bisherigen Verhalten in Widerspruch setzt (GK-*Raab* Rn 50; *Richardi/Thüsing* Rn 51).

35   Handelt der Vors. des BR, ohne dass ein entspr. Beschluss gefasst wurde, oder gibt er in einer Angelegenheit gar eine dem Beschluss des BR widersprechende Erklärung ab, so kann er abgesetzt werden. Bei **grober Pflichtverletzung** (§ 23) kann er aus dem BR ausgeschlossen werden. Auch kommt uU eine persönliche Haftung für den aus der unbefugt abgegebenen Erklärung entstandenen Schaden in Betracht (*DKKW-Wedde* Rn 25; GK-*Raab* Rn 41; **aA** *HSWGNR* Rn 45).

36   Die Vertr. durch den Vors. ist **keine notwendige Vertretung** in dem Sinne, dass der BR nur durch den Vors. handeln kann. Es bleibt dem BR vielmehr unbenommen, alle Pflichten, Befugnisse und Zuständigkeiten selbst in seiner Gesamtheit handelnd wahrzunehmen. Im Übrigen kann er zwar nicht generell, aber in von ihm zu bestimmenden Einzelfällen die Ausführung seiner Beschlüsse und die Erklärung seines Willens einem **anderen BRMitgl.** als dem Vors. übertragen (*DKKW-Wedde* Rn 24; ErfK-*Koch* Rn 2; GK-*Raab* Rn 69 ff.; *Richardi/Thüsing* Rn 38; **aA** *HSWGNR* Rn 62), zB auch dem Stellvertr. des Vors. Das Mitgl. bedarf dann einer rechtsgeschäftlichen Vollmacht.

37   Die Übertragung der Vertretungsbefugnis auf ein anderes BRMitgl. ist insb. möglich, wenn der BR dem BetrAusschuss oder einem anderen Ausschuss bestimmte **Aufgaben zur selbständigen Erledigung** überträgt (vgl. § 27 Rn 70 ff., § 28 Rn 6 ff.).

In diesem Falle kann im Interesse einer ordnungsmäßigen Ausübung der Beteiligungsrechte in den betreffenden Angelegenheiten (zB bei personellen Einzelmaßnahmen) auch die Übertragung der Vertretungsbefugnis auf ein Mitgl. des Ausschusses zweckdienlich sein (BAG 4. 8. 75 u. 27. 6. 85 AP Nr. 4 u. 37 zu § 102 BetrVG 1972; *DKKW-Wedde* Rn 24; GK-*Raab* Rn 70; *Richardi/Thüsing* Rn 38). Das Gleiche gilt bei einer Übertragung von Aufgaben auf eine Arbeitsgruppen nach § 28 a.

3. Entgegennahme von Erklärungen

Durch Abs. 3 S. 2 wird klargestellt, dass dem BR gegenüber abzugebende Erklä- **38** rungen grundsätzlich vom BRVors. entgegengenommen werden. Dies gilt nicht nur für **rechtsgeschäftliche Erklärungen** im engeren Sinne, sondern **generell** für dem BR gegenüber abzugebende Erklärungen und Mitteilungen, gleichgültig ob es sich um Mitteilungen des ArbGeb., Äußerungen (zB Beschwerden oder Vorschläge) von ArbN oder Erklärungen anderer betriebsverfassungsrechtlicher Institutionen (zB der JugAzubiVertr. oder des WiAusschusses) handelt.

Wird einem dem BR gegenüber abzugebende Erklärung nicht dem Vors. (im Falle **39** seiner Verhinderung dem stellvertr. Vors.), sondern einem anderen BRMitgl. gegenüber abgegeben, so wird dieser als **Bote** tätig; dem BR ist die Erklärung solange nicht zugegangen, als sie nicht dem Vorsitzenden oder dem BR als solchem zur Kenntnis gelangt ist (vgl. hierzu BAG 28. 2. 74 u. 27. 6. 85 AP Nr. 2 u. 37 zu § 102 BetrVG 1972; *DKKW-Wedde* Rn 27; GK-*Raab* Rn 55; *HSWGNR* Rn 49). Dies ist insb. in den Fällen von Bedeutung, in denen mit dem Zugang der Erklärung eine Frist zu laufen beginnt (vgl. zB § 99 Abs. 3 Satz 2, § 102 Abs. 2 Satz 2). In diesen Fällen ist für den Beginn des Fristablaufs der Zeitpunkt maßgebend, in dem der Vors. oder der BR als solcher Kenntnis von der Erklärung genommen hat (GK-*Raab* Rn 53; *Richardi/Thüsing* Rn 42).

Sind sowohl der BRVors. als auch sein Stellvertr. **verhindert** und hat der BR ver- **40** säumt, für diesen Fall Vorkehrungen zu treffen, kann der ArbGeb. grundsätzlich jedem BRMitgl. gegenüber Erklärungen abgeben mit der Folge, dass eine etwaige gesetzliche Frist zu laufen beginnt (BAG 27. 6. 85 AP Nr. 37 zu § 102 BetrVG 1972; *DKKW-Wedde* Rn 34; ErfK-*Koch* Rn 2; GK-*Raab* Rn 56, 67; **aA** *HSWGNR* Rn 58 ff., die eine Funktionsunfähigkeit des BR annehmen und noch nicht einmal die Kenntnisnahme aller BRMitgl. ausreichen lassen, vielmehr die Bestellung eines weitern Stellvertreters für erforderlich halten).

Der BRVors. oder im Vertretungsfall sein Stellvertreter sind **nicht verpflichtet,** Er- **41** klärungen des ArbGeb. außerhalb der Arbeitszeit oder außerhalb des Betriebs entgegenzunehmen. Geschieht dies dennoch, geht die Erklärung mit der Entgegennahme zu (BAG 27. 8. 82 AP Nr. 25 zu § 102 BetrVG 1972; GK-*Raab* Rn 54). Andererseits können aber auch weder der BR noch sein Vors. oder stellvertr. Vors. einseitig einen Ort außerhalb des Betriebs für die Entgegennahme von Erklärungen des ArbGeb. festlegen, wenn sowohl der Vors. als auch der stellvertr. Vors. nicht im Betrieb anwesend sind (LAG Frankfurt LAGE § 26 BetrVG 1972 Nr. 2).

Kündigt der ArbGeb. die Übergabe eines Anhörungsschreibens zur Kündigung **41a** eines ArbN außerhalb des Betriebs an und lehnt dies der Vors. des BR nicht ab, kann der Vors. das Schreiben dort wirksam entgegennehmen; ist der BRVors. aufgrund von Ortsabwesenheit tatsächlich an der Entgegennahme des Anhörungsschreibens außerhalb des Betriebs verhindert, ist sein Stellvertr. nach Abs. 2 S. 2 zur Entgegennahme berechtigt, wenn nicht zuvor der BRVors. die vom ArbGeb. angekündigte Übergabe außerhalb des Betriebs abgelehnt hatte (BAG 7. 7. 11 – 6 AZR 248/10 – NZA 11, 1108).

Auch für die Entgegennahme von **Zustellungen** in einem arbeitsgerichtlichen **42** Verfahren des BR ist der BRVors. zuständig. Bedient sich allerdings der BR der beim ArbGeb. bestehenden Posteingangsstelle, so ist der dort tätige ArbN, der vom BR mit der Annahme seiner Post betraut ist, bei gerichtlichen Zustellungen Bediensteter iSv. § 178 Abs. 1 Nr. 2 ZPO (BAG 20. 1. 76 AP Nr. 2 zu § 47 BetrVG 1972).

43   Der BR kann allerdings in bestimmten Angelegenheiten (auch) **andere Mitgl. des BR** als zuständig für die Entgegennahme von Erklärungen bestimmen (GK-*Raab* Rn 58; *DKKW-Wedde* Rn 28). Der ArbGeb. braucht sich eine anderweitige Regelung des BR über die Empfangsberechtigung von Erklärungen erst entgegenhalten zu lassen, wenn ihm diese vom BR mitgeteilt ist. Wenn einem **Ausschuss** des BR bestimmte Aufgaben zur selbständigen Erledigung übertragen sind, wird man idR davon ausgehen müssen, dass der Vors. des Ausschusses im Rahmen der übertragenen Aufgaben zur Entgegennahme von Erklärungen berechtigt ist (BAG 4. 8. 75 AP Nr. 4 zu § 102 BetrVG 1972; GK-*Raab* Rn 58; *HSWGNR* Rn 64; *Richardi/Thüsing* Rn 41; *WPK* Rn 25). Das Gleiche gilt bei der Übertragung von Aufgaben auf eine Arbeitsgruppe nach § 28a für den ArbGruppensprecher.

IV. Stellung des Stellvertreters des Vorsitzenden

44   Die Worte „im Falle seiner Verhinderung" bringen zum Ausdruck, dass der Stellvertr. des Vors. die Aufgaben und Befugnisse nur dann wahrnehmen kann und darf, wenn und solange der **Vors. selbst verhindert** ist (vgl. BAG 1. 8. 58 AP Nr. 1 zu § 83 ArbGG). Der Stellvertr. ist daher **kein „zweiter" Vors.** mit gleichen Rechten (BAG 7. 7. 11 – 6 AZR 248/10 – NZA 11, 1108; *DKKW-Wedde* Rn 31; *HSWGNR* Rn 50; *Richardi/Thüsing* Rn 53). Der Vors. kann auch nicht einzelne Aufgaben oder Geschäfte dem Stellvertr. zur einmaligen oder ständigen Erledigung übertragen (*Düwell/Blanke* Rn 16; GK-*Raab* Rn 62; *HSWGNR* Rn 50; *Richardi/Thüsing* Rn 56), jedoch kann dies der BR (vgl. Rn 31, 37).

45   Für die Beurteilung der Frage, wann der Vors. als **verhindert** anzusehen ist, gelten die für die zeitweilige Verhinderung eines BRMitgl. nach § 25 Abs. 1 Satz 2 maßgebenden Grundsätze entspr. (BAG 7. 7. 11 – 6 AZR 248/10 – NZA 11, 1108). Verhinderungsgründe sind insb. Urlaub oder Krankheit des Vors., im Allgemeinen aber nicht eine ganz kurzfristige Verhinderung, zB wenn der Vors. aus irgendwelchen, insb. dienstlichen Gründen den Betrieb auf einige Stunden verlässt, es sei denn, es ist eine unaufschiebbare Angelegenheit zu regeln (GK-*Raab* Rn 64; *HSWGNR* Rn 53; *Richardi/Thüsing* Rn 54). Verhindert ist der Vors. auch, wenn er selbst durch eine Angelegenheit persönlich betroffen wird (BAG 19. 3. 03 AP Nr. 77 zu § 40 BetrVG 1972 mwN; *DKKW-Wedde* Rn 33; GK-*Raab* Rn 64; *HSWGNR* Rn 54; Näheres § 25 Rn 18ff.).

46   Betreibt der BR gemäß § 23 ein Ausschlussverfahren gegen den Vors., so kann dieser als am Verfahren persönlich Beteiligter den BR nicht vertreten; in diesem Falle tritt der Stellvertreter ein (BAG 1. 8. 58 AP Nr. 1 zu § 83 ArbGG). In solchen Fällen ist es allerdings vernünftiger, das BRMitgl. sofort als Vors. abzuberufen und einen neuen Vors. zu wählen. Der stellvertr. Vorsitzende tritt ferner an die Stelle des Vors., soweit es um die Frage der Zustimmung des BR zu einer außerordentlichen Kündigung des BRVors. gem. § 103 geht. Dagegen liegt **kein Vertretungsfall** vor, wenn der ArbGeb. schriftlich über die Zustimmungsverweigerung des BR zu einer den BRVors. selbst betreffenden personellen Einzelmaßnahme unterrichtet werden soll; dieses Schreiben kann der BRVors. unterzeichnen (BAG 19. 3. 03 aaO; s. Rn 24 u. § 99 Rn 261). Auch dann ist kein Vertretungsfall gegeben, wenn der BR nach §§ 99, 101 gegen die einseitige Einstellung eines ArbN vorgehen will, der den BRVors. wegen der beabsichtigten Kündigung ersetzen soll, und die Freistellung von den hierbei ihm entstandenen Anwaltskosten beschießt (HAG Hamm NZA-RR 06, 581).

47   Die zeitweilige Verhinderung des Vors. führt zu einer **Aufspaltung** seiner Vertretung: In seiner Eigenschaft als Vors. des BR tritt sein Stellvertr. an seine Stelle. Im Übrigen (dh ohne den Vorsitz zu übernehmen) rückt das nach § 25 Abs. 2 in Betracht kommende ErsMitgl. in den BR nach.

Scheidet der Vors. aus diesem Amt aus, sei es, dass er den BR ganz verlässt, **48** sei es, dass er lediglich sein Amt als Vors. (nicht als BRMitgl.) niederlegt, so wird sein Stellvertr. nicht automatisch BRVors. Dieser bleibt vielmehr Stellvertr. Der Vors. ist vom BR neu zu wählen (*DKKW-Wedde* Rn 32; *ErfK-Koch* Rn 3; *GK-Raab* Rn 65; *HSWGNR* Rn 29, 55; *Richardi/Thüsing* Rn 15).

Der stellvertr. Vors. **übernimmt** für die Dauer der zeitweiligen Verhinderung des **49** Vors. bzw. bei dessen Ausscheiden bis zu seiner Neuwahl dessen **Aufgaben, Befugnisse und Zuständigkeiten kraft Gesetzes.** Diese Stellung kann ihm durch rechtsgeschäftliche Vereinbarung nicht entzogen werden. Wohl aber kann der BR beschließen, dass im Einzelfall eine bestimmte Aufgabe bei Verhinderung des Vors. von einem anderen BRMitgl. erledigt wird (*GK-Raab* Rn 62).

Ist **auch der Stellvertr.** des Vors. während der Dauer der Stellvertretung zeitweise **50 verhindert,** so muss, wenn dieser Fall nicht in der Geschäftsordnung (§ 36) geregelt ist, der BR eine Regelung der Vertretung des Vors. treffen. In diesem Fall kann der BR für die Dauer der Verhinderung einen weiteren Stellvertr. wählen, der so lange die Aufgaben des Vors. übernimmt (*DKKW-Wedde* Rn 34; *ErfK-Koch* Rn 3; *GK-Raab* Rn 67; *HSWGNR* Rn 60; *Richardi/Thüsing* Rn 55). Sind BRVors. und sein Stellvertr. **dauernd verhindert** (etwa weil sie aus dem BR ausgeschieden sind), so hat der BR eine Neuwahl durchzuführen. Der BR hat in diesen Fällen ein **Selbstzusammentrittsrecht;** er wählt – am zweckmäßigsten unter Leitung des ältesten Mitgl. – einen Wahlleiter zur Durchführung der erforderlichen Wahlen (*DKKW-Wedde* Rn 34; *GK-Raab* Rn 67 f.).

V. Streitigkeiten

Streitigkeiten über Wahl, Abberufung und Zuständigkeit des Vors. oder seines **51** Stellvertr. sind von den ArbG im **BeschlVerf.** zu entscheiden (§§ 2 a, 80 ff. ArbGG u. dazu s. Nach § 1 Rn 1 ff.).

Die **Wahl** des BRVors. und seines Stellvertr. sind auf ihre Rechtmäßigkeit hin **52 gerichtlich überprüfbar** (hM; BAG 12. 10. 76, 13. 11. 91, 15. 1. 92 u. 8. 4. 92 AP Nr. 2, 9, 10 u. 11 zu § 26 BetrVG 1972; *GK-Raab* Rn 73; *HSWGNR* Rn 15 ff.; *Richardi/Thüsing* Rn 58). Das G enthält zwar für Rechtsverstöße gegen die Wahlen nach § 26 keine ausdrückliche Rechtsfolgeregelung. § 19 gilt nur für BRWahlen und ist auf Wahlen innerhalb des BR, die von der Sache her Geschäftsführungsakte des BR darstellen, nicht unmittelbar anwendbar. Auf der anderen Seite verbietet es sich, bei jedem Rechtsverstoß bei betriebsratsinternen Wahlen stets deren Nichtigkeit anzunehmen. Dies würde der Bedeutung der Stellung und der Aufgaben des BRVors. und seines Stellvertr., ohne deren Tätigkeit der BR weitgehend handlungsunfähig ist, nicht gerecht. Auch ist es nicht hinnehmbar, die Rechtswirksamkeit der Wahl über einen längeren Zeitraum im Ungewissen zu lassen.

Aus Gründen der Rechtssicherheit ist es deshalb geboten, ebenso wie bei der **53** BRWahl selbst, auch bei Wahlen innerhalb des BR, die für die Handlungsfähigkeit des BR wesentliche Geschäftsführungsakte zum Gegenstand haben, die Geltendmachung von Rechtsverstößen in **entspr. Anwendung** des § 19 zu beschränken (BAG 13. 11. 91, 15. 1. 92 u. 8. 4. 92 AP Nr. 9, 10 u. 11 zu § 26 BetrVG 1972; 21. 7. 04 AP Nr. 13 zu § 47 BetrVG 1972; *Düwell/Blanke* Rn 18; *GK-Raab* Rn 16 ff.; im Ergebnis ebenso *HSWGNR* Rn 19; *Richardi/Thüsing* Rn 16 ff.). Das bedeutet im Einzelnen:

Nur Rechtsverstöße gegen **wesentliche Wahlvorschriften** können eine Wahlan- **54** fechtung rechtfertigen. Hierzu zählt zB die Durchführung einer mündlichen Wahl statt der beantragten geheimen Abstimmung. Auch die Verletzung der für eine ordnungsmäßige Wahl wesentlichen Verfahrensvoraussetzungen können die Wahlanfechtung rechtfertigen, zB nicht ordnungsgemäße Ladung der BRMitgl. oder fehlende Beschlussfähigkeit des BR bei der Wahl (*DKKW-Wedde* Rn 36 und GK-*Raab* Rn 15 – dieser allerdings nur bei fehlender Beschlussfähigkeit – nehmen in diesen Fällen

Nichtigkeit der Wahl an). Dagegen dürfte in aller Regel ein Verstoß gegen die
Nichtöffentlichkeit der BRSitzung eine Wahlanfechtung nicht rechtfertigen (so bei
Teilnahme des Arbeitsdirektors LAG Düsseldorf BB 61, 900).

55   Die Anfechtung der Wahl ist nur innerhalb einer **Frist von 2 Wochen** nach
Kenntnis des Wahlergebnisses zulässig (BAG 13. 11. 91 u. 15. 1. 92 AP Nr. 9 u. 10 zu
§ 26 BetrVG 1972; 21. 7. 04 AP Nr. 13 zu § 47 BetrVG 1972; *DKKW-Wedde*
Rn 36; GK-*Raab* Rn 18; *HSWGNR* Rn 19; **aA** *Richardi/Thüsing* Rn 25: unbefristet,
jedoch uU Verwirkung des Anfechtungsrechts). Für den Fristbeginn ist idR der Tag
der Wahl maßgebend. Hat allerdings ein BRMitgl., das an der BRSitzung nicht teilgenommen hat, von Durchführung und Ergebnis der Wahl erst später Kenntnis erlangt, ist für den Fristbeginn der Tag der Kenntniserlangung maßgebend.

56   **Anfechtungsberechtigt** ist jedes **BRMitgl.** Diese Abweichung von der Regelung des § 19, der eine Anfechtung durch mindestens drei ArbN fordert, rechtfertigt
sich aus der Besonderheit der betriebsratsinternen Wahl, bei der ein Missbrauch des
Anfechtungsrechts nicht zu befürchten ist, und insb. daraus, dass eine Anfechtung
auch in kleineren Betrieben möglich sein muss (BAG 13. 11. 91 u. 15. 1. 92 AP
Nr. 9 u. 10 zu § 26 BetrVG 1972; 21. 7. 04 AP Nr. 13 zu § 47 BetrVG 1972;
DKKW-Wedde Rn 37; *Richardi/Thüsing* Rn 21).

57   Anfechtungsberechtigt ist ferner jede im Betrieb vertr. **Gewerkschaft** (BAG
12. 10. 76 AP Nr. 2 zu § 26 BetrVG 1972; DKKW-*Wedde* Rn 16, 37; *Düwell/Blanke*
Rn 18; *HSWGNR* Rn 22; **aA** GK-*Raab* Rn 19; *Richardi/Thüsing* Rn 22; vgl. auch
BAG 30. 10. 86 AP Nr. 6 zu § 47 BetrVG 1972). Das Anfechtungsrecht der Gewerkschaften ergibt sich daraus, dass es sich bei der Wahl des Vors. und seines Stellvertr.
um einen konstitutiven Akt des BR handelt, der insb. im Hinblick auf die Vertretungsbefugnis des Vors. von wesentlicher Bedeutung für die gesetzlich vorgesehene
Zusammenarbeit der Gewerkschaften mit dem BR ist und die Gewerkschaft deshalb
in ihrer betriebsverfassungsrechtlichen Stellung unmittelbar berührt.

58   **Nicht anfechtungsberechtigt** sind der BR, der die Wahlmängel selbst beheben
kann, sowie der ArbGeb. und einzelne ArbN des Betriebs, da ihnen keine Kontrollfunktion über die interne Geschäftsführung des BR zukommt (*DKKW-Wedde*
Rn 37; GK-*Raab* Rn 19; *HSWGNR* Rn 23; *Richardi/Thüsing* Rn 23, 24).

59   Die gerichtliche Entscheidung über eine Anfechtung der Wahl des BRVors. und
seines Stellvertr. wirkt **rechtsgestaltend.** Bis zur rechtskräftigen Feststellung der
Ungültigkeit der Wahl bleiben der Vors. und sein Vertr. im Amt (GK-*Raab* Rn 21;
HSWGNR Rn 24).

60   Eine **Nichtigkeit** der Wahl ist nur anzunehmen, wenn so **schwerwiegende und
offensichtliche** Gesetzesverstöße vorliegen, dass nicht einmal der Anschein einer
dem G entspr. Wahl vorliegt (BAG 13. 11. 91 u. 15. 1. 92 AP Nr. 9 u. 10 zu § 26
BetrVG 1972; BAG 13. 11. 91 AP Nr. 3 zu § 27 BetrVG 1972; *DKKW-Wedde*
Rn 36; GK-*Raab* Rn 15; *HSWGNR* Rn 16). Das ist zB anzunehmen, wenn eine
Wahl überhaupt nicht durchgeführt worden ist, sondern der Vors. und sein Stellvertr.
diese Positionen einfach okkupiert haben, oder bei Wahl einer nicht dem BR angehörenden Person. In keinem Falle liegt eine Nichtigkeit vor, wenn eine für die Wahl
bedeutsame Rechtsfrage umstritten ist und der BR sich einer vertretbaren Meinung
anschließt. Für die Frage, ob ein schwerwiegender Gesetzesverstoß auch **offensichtlich** ist, kommt es in erster Linie darauf an, ob sich die Annahme dieses Verstoßes
den BRMitgl. als den mit den tatsächlichen Gegebenheiten vertrauten Personen aufdrängen musste. Die Nichtigkeit der Wahl des Vors. und seines Stellvertr. kann von
jedermann und **jederzeit** geltend gemacht werden (BAG 15. 1. 92 aaO).

61   Der Antrag auf Feststellung der Unwirksamkeit der Wahl ist **auslegungsfähig.** Er
beinhaltet idR nicht die Feststellung ihrer Nichtigkeit, sondern auch eine Anfechtung der Wahl (BAG 15. 1. u. 8. 4. 92 AP Nr. 10 u. 11 zu § 26 BetrVG 1972).
Umgekehrt umfasst ein Antrag, die Wahl für unwirksam zu erklären, nicht nur die
Anfechtung der Wahl, sondern auch das Begehren, ihre Nichtigkeit festzustellen
(BAG 13. 11. 91 AP Nr. 3 zu § 27 BetrVG 1972; GK-*Raab* Rn 74).

Einzelne BRMitgl. haben **keine Befugnis,** ein Verhalten oder Handeln des 62
BRVors. zur gerichtlichen Prüfung zu stellen (LAG Düsseldorf LAGE § 81 ArbGG
1979 Nr. 4; GK-*Raab* Rn 73; *HSWGNR* Rn 65).

§ 27 Betriebsausschuss

(1) [1]**Hat ein Betriebsrat neun oder mehr Mitglieder, so bildet er einen Betriebsausschuss.** [2]**Der Betriebsausschuss besteht aus dem Vorsitzenden des Betriebsrats, dessen Stellvertreter und bei Betriebsräten mit**
9 bis 15 Mitgliedern aus 3 weiteren Ausschussmitgliedern,
17 bis 23 Mitgliedern aus 5 weiteren Ausschussmitgliedern,
25 bis 35 Mitgliedern aus 7 weiteren Ausschussmitgliedern,
37 oder mehr Mitglieder aus 9 weiteren Ausschussmitgliedern.
[3]**Die weiteren Ausschussmitglieder werden vom Betriebsrat aus seiner Mitte in geheimer Wahl und nach den Grundsätzen der Verhältniswahl gewählt.** [4]**Wird nur ein Wahlvorschlag gemacht, so erfolgt die Wahl nach den Grundsätzen der Mehrheitswahl.** [5]**Sind die weiteren Ausschussmitglieder nach den Grundsätzen der Verhältniswahl gewählt, so erfolgt die Abberufung durch Beschluss des Betriebsrats, der in geheimer Abstimmung gefasst wird und einer Mehrheit von drei Vierteln der Stimmen der Mitglieder des Betriebsrats bedarf.**

(2) [1]**Der Betriebsausschuss führt die laufenden Geschäfte des Betriebsrats.** [2]**Der Betriebsrat kann dem Betriebsausschuss mit der Mehrheit der Stimmen seiner Mitglieder Aufgaben zur selbständigen Erledigung übertragen; dies gilt nicht für den Abschluss von Betriebsvereinbarungen.** [3]**Die Übertragung bedarf der Schriftform.** [4]**Die Sätze 2 und 3 gelten entsprechend für den Widerruf der Übertragung von Aufgaben.**

(3) **Betriebsräte mit weniger als neun Mitgliedern können die laufenden Geschäfte auf den Vorsitzenden des Betriebsrats oder andere Betriebsratsmitglieder übertragen.**

Inhaltsübersicht

I. Vorbemerkung

Die Vorschrift bezweckt, durch die Bildung eines BetrAusschusses die Geschäfts- 1
führung des BR zu erleichtern, das BRKollegium zu entlasten und damit eine prak-
tikable BRArbeit zu ermöglichen.

2 Absätze 2 und 3 gelten für den GesBR (vgl. § 51 Abs. 1) und den KBR (vgl. § 59 Abs. 1) **entsprechend.** Dagegen bestehen für die Größe des GesBetrAusschusses und des KBetrAusschusses eigenständige Regelungen (vgl. § 51 Abs. 1, § 59 Abs. 1). Auf die Bordvertr. und den SeeBR findet nur Abs. 3 Anwendung, da die Bildung eines BetrAusschusses für diese ArbNVertr. angesichts ihrer beschränkten MitglZahl (vgl. § 115 Abs. 2 Nr. 3 und § 116 Abs. 2 Nr. 3) nicht möglich ist.

3 Die Vorschrift findet **keine Anwendung** auf die JugAzubiVertr., die GesJugAzubiVertr. und die KJug-AzubiVertr. (*DKKW-Wedde* Rn 2; *Richardi/Thüsing* Rn 71). Sie gilt jedoch entspr. für die durch TV oder BV nach § 3 Abs. 1 Nr. 2 und 3 gebildeten ArbNVertr. Für ArbNVertr. nach § 3 Abs. 1 Nr. 4 bleibt die Bildung eines Ausschusses der Regelung durch TV oder BV vorbehalten. Die Vorschrift gilt nicht für ArbGruppen nach § 28 a.

4 Werden die Aufgaben des WiAusschusses gem. § 107 Abs. 3 S. 1 einem Ausschuss des BR übertragen, sind die Mitgl. gem. § 27 und § 28 zu bestimmen. Dies gilt aber nicht für kooptierte Mitgl. gem. § 107 Abs. 3 S. 3; hier gilt die Sonderregelung dieser Vorschrift.

5 Die Vorschrift ist grundsätzlich **zwingend** und kann weder durch TV noch durch BV abgeändert werden (*DKKW-Wedde* Rn 3; *GK-Raab* Rn 7; *HSWGNR* Rn 7). Für ArbNVertr. nach § 3 Abs. 1 Nr. 2 können TV oder BV abweichende Regelungen vorsehen, wenn dies der sachgerechten Wahrnehmung der Aufgaben dieser ArbN-Vertr. oder der wirksamen und zweckmäßigen Interessenvertretung der ArbN dient.

6 Entsprechende Vorschriften: §§ 32, 33 BPersVG, § 11 Abs. 3 SprAuG und § 26 EBRG, § 23 Abs. 4 SEBG, § 23 Abs. 4 SCEBG.

II. Bestellung des Betriebsausschusses

1. Pflicht zur Bestellung

7 Die Bildung des BetrAusschusses gehört, wenn die Voraussetzungen dafür vorliegen, zu den **Pflichtaufgaben** des BR (*GK-Raab* Rn 10; *Richardi/Thüsing* Rn 4).

2. Zeitpunkt der Bestellung

8 Über den Zeitpunkt der Wahl besteht keine ausdrückliche Regelung. Jedoch sollten in der **konstituierenden Sitzung** des BR nach § 29 Abs. 1 nicht nur der Vors. und sein Stellvertr., sondern auch die übrigen Mitgl. des BetrAusschusses gewählt werden, damit diese grundlegenden Organisationsentscheidungen in der ersten Sitzung des BR erledigt werden (*DKKW-Wedde* Rn 6; *HSWGNR* Rn 9; *Richardi/Thüsing* Rn 9; *WPK* Rn 4; *GK-Raab* Rn 13).

9 Wählt der BR keinen BetrAusschuss, so handelt er **pflichtwidrig.** Ob diese Pflichtverletzung als ein grober Verstoß iS des § 23 Abs. 1 angesehen werden kann, der zur Auflösung des BR in dem durch § 23 vorgesehenen arbeitsgerichtlichen Verfahren führt, ist nach den Umständen des Einzelfalls zu beurteilen. Bei einem großen BR, der zur Erleichterung seiner Arbeit den BetrAusschuss unbedingt benötigt, ist die Unterlassung der Wahl wohl stets als eine grobe Pflichtverletzung anzusehen (*DKKW-Wedde* Rn 3; *ErfK-Koch* Rn 1; *GK-Raab* Rn 11; *HSWGNR* Rn 10; *Richardi/Thüsing* Rn 5; *Reitze* ZBVR online 1/2011 S. 22, 24). Darüber hinaus bestehen keine Sanktionsmöglichkeiten. Insb. ist der ArbGeb. nicht berechtigt, die Fortzahlung des Arbeitsentgelts an die Mitgl. des BR zu versagen, weil dieser die an sich vom BetrAusschuss wahrzunehmenden Aufgaben jetzt selbst erledigt und dadurch mehr Arbeitszeit versäumt wird (*DKKW-Wedde* Rn 3; *GK-Raab* Rn 12; *HSWGNR* Rn 10; *Richardi/Thüsing* Rn 5). Auch kann der ArbGeb. nicht die Zusammenarbeit mit einem BR ohne BetrAusschuss verweigern.

3. Größe des Betriebsausschusses

Die Größe des BetrAusschusses ist **zwingend** vorgeschrieben. Hiernach besteht **10**
der BetrAusschuss bei BR mit
9–15 Mitgl. aus insgesamt 5 Ausschussmitgl.,
17–23 Mitgl. aus insgesamt 7 Ausschussmitgl.,
25–35 Mitgl. aus insgesamt 9 Ausschussmitgl. und
37 und mehr Mitgl. aus insgesamt 11 Ausschussmitgl.
Entscheidend ist die **Zahl der gewählten BRMitgl.**, nicht die gesetzlich vorge- **10a**
schriebene MitglZahl, die uU nicht erreicht wird (vgl. § 11 Rn 4 ff.; GK-*Raab*
Rn 14; *HSWGNR* Rn 12; *Richardi/Thüsing* Rn 6). Sinkt die MitglZahl des BR im
Laufe der Amtszeit, so dass nach § 13 Abs. 2 Nr. 2 eine Neuwahl notwendig wird, so
bleibt der BetrAusschuss größenmäßig unverändert bestehen, solange der BR noch
im Amt ist (*DKKW-Wedde* Rn 5; *HSWGNR* Rn 12; *Richardi/Thüsing* Rn 4). Die
nach § 325 Abs. 2 UmwG bestehende Möglichkeit, im Falle der Spaltung eines Betriebs durch BV oder TV den Fortbestand bestehender Rechte zu sichern, gilt nicht
für die Größe des BR und des BetrAusschusses.

4. Wahl der weiteren Mitglieder des Betriebsausschusses

a) Allgemeines

Kraft Gesetzes gehören dem BetrAusschuss stets der **BRVors.** und sein **Stell-** **11**
vertr. an. Sie sind deshalb nicht gesondert in den BetrAusschuss zu wählen. Die übrigen Ausschussmitgl. sind jedoch zu **wählen.**
Bis auf die in den Abs. 1 S. 3 und 4 enthaltenen Grundentscheidungen enthält das **12**
G keine näheren Regelungen über die Wahl der weiteren Mitgl. des BetrAusschusses.
Diese können auch nicht durch eine Rechtsverordnung nach § 126 BetrVG näher
festgelegt werden, da diese Ermächtigungsnorm auf die Wahlen der ArbN zu den
jeweiligen betriebsverfassungsrechtlichen Vertretungen beschränkt ist und sich nicht
auf interne Wahlen innerhalb dieser Vertretungen erstreckt. Soweit nicht die zwingenden Grundentscheidungen der Abs. 1 S. 3 und 4 entgegenstehen, kann deshalb
der BR **nähere Regelungen der Wahl** beschließen (GK-*Raab* Rn 17; *HSWGNR*
Rn 20; *Engels/Natter* BB Beil. 8/89 S. 21). Das kann jeweils von Fall zu Fall geschehen, jedoch auch als generelle Regelung in der Geschäftsordnung nach § 36 festgelegt werden (*DKKW-Wedde* Rn 8). Sofern keine anderweitige Regelung getroffen ist,
obliegt die Durchführung der Wahl dem BRVors.
Mitgl. des BetrAusschusses kann nur sein, wer auch dem **BR angehört** (vgl. den **13**
Wortlaut von Abs. 1 S. 3: „aus seiner Mitte"; GK-*Raab* Rn 15). ErsMitgl. des BR
können in dieser Eigenschaft, dh solange sie noch nicht in den BR nachgerückt sind,
nicht dem BetrAusschuss angehören (ErfK-*Koch* Rn 2; GK-*Raab* Rn 40; *HSWGNR*
Rn 13).
Im Übrigen bestehen **keine gesetzliche Vorgaben** über die Zusammensetzung des **14**
BetrAusschusses. Auch ist nicht vorgeschrieben, dass die im BR vertr. Geschlechter in
einer bestimmte Weise berücksichtigt werden müssen. Es bleibt vielmehr denjenigen,
die BRMitgl. für die Wahl des BetrAusschuss vorschlagen, überlassen, derartige Gesichtspunkte bei der Aufstellung der Wahlvorschläge zu berücksichtigen. Die Entscheidung, welche BRMitgl. in den BetrAusschuss entsandt werden, wird ausschließlich
durch die Wahl getroffen.
Die Wahl der weiteren Mitgl. des BetrAusschusses erfolgt im Gegensatz zur Wahl **15**
des ihm von Gesetzes wegen angehörenden Vors. und stellvertreten Vors. in **ge-**
heimer Wahl. Das gilt auch im Falle einer Mehrheitswahl, da Abs. 1 S. 4 nur eine
Abweichung von der Verhältniswahl, nicht jedoch von dem Grundsatz der geheimen
Wahl zum Inhalt hat (ErfK-*Koch* Rn 2; GK-*Raab* Rn 22). Die geheime Wahl bedingt

eine förmliche Stimmabgabe mit **Stimmzetteln.** Nicht erforderlich ist die Verwendung vorgedruckter Stimmzettel. Andererseits ist dies durchaus zulässig und im Interesse, die Ordnungsmäßigkeit der Wahl bei Meinungsverschiedenheiten auch belegen zu können, vielfach zweckmäßig. Bei Verwendung nicht vorgedruckter Stimmzettel ist darauf zu achten, dass der Grundsatz der geheimen Wahl gewahrt bleibt (*DKKW-Wedde* Rn 8; vgl. hierzu auch § 38 Rn 39). Der Vors. des BR, dem die Leitung der Wahl obliegt, hat dafür zu sorgen, dass den BRMitgl. eine geheime Stimmabgabe möglich ist. Wird eine Wahlkabine nicht von allen BRMitgl. genutzt, führt dies nicht zu einem Verstoß gegen den Grundsatz der geheimen Wahl (LAG Niedersachsen NZA-RR 09, 532).

16　　Eine ordnungsgemäße Wahl setzt die Beschlussfähigkeit des BR, dh die Beteiligung von **mindestens der Hälfte der BRMitgl.** an der Wahl voraus (vgl. § 33 Abs. 2). Das Erfordernis der Beschlussfähigkeit muss auch bei organisatorischen Akten des BR erfüllt sein, für die eine förmliche Wahl vorgeschrieben ist (*Düwell/Blanke* Rn 5; GK-*Raab* Rn 17; HSWGNR Rn 18; vgl. § 33 Rn 16).

17　　Die Durchführung der Wahl im Einzelnen und ihr Ergebnis sind mit Angabe der jeweils erreichten Stimmenzahl in der Sitzungsniederschrift festzuhalten.

b) Wahlvorschläge

18　　Berechtigt, **Wahlvorschläge,** dh Vorschlagslisten einzureichen, sind nur Mitgl. des BR (nicht auch ErsMitgl., sofern sie nicht in den BR eingetreten sind). Für einen gültigen Wahlvorschlag ist kein bestimmtes Mindestquorum erforderlich. Auch ein einzelnes BRMitgl. ist deshalb berechtigt, einen Wahlvorschlag zu machen (*DKKW-Wedde* Rn 22). Das Vorschlagsrecht ist auch nicht in sonstiger Hinsicht eingeschränkt, etwa dahingehend, dass eine listenmäßige Zusammengehörigkeit bei der Wahl zum BR zu beachten wäre. Vielmehr können BRMitgl., die bei der BRWahl auf konkurrierenden Listen kandidiert haben, für die Wahl des BetrAusschusses einen gemeinsamen Wahlvorschlag unterbreiten (*DKKW-Wedde* Rn 21; GK-*Raab* Rn 18; *Rataycszak* AiB 06, 270). Ein Wahlvorschlag braucht nicht mehrere Kandidaten zu enthalten. Auch ein Vorschlag mit nur einem Kandidaten ist gültig.

19　　Wahlvorschläge können auch **mündlich** gemacht werden, sind dann jedoch vom BRVors. bzw. vom Protokollführer schriftlich festzuhalten. In diesem Falle ist stets klarzustellen, ob es sich um einen eigenen Wahlvorschlag handelt oder um die bloße Ergänzung eines bereits vorliegenden anderen Wahlvorschlags (Vorschlagsliste) (ArbG Hamburg AiB 99, 42; *DKKW-Wedde* Rn 22). Denn in erstem Fall muss eine Verhältniswahl stattfinden, im letzten Falle jedoch eine Mehrheitswahl, falls die Vorschlagsliste der einzige Wahlvorschlag bleibt. Im Zweifelsfalle ist von einem gesonderten Wahlvorschlag auszugehen (ArbG Hamburg aaO).

20　　Stets ist erforderlich, dass sich die für die Wahl vorgeschlagenen BRMitgl. mit ihrer Kandidatur **einverstanden** erklären. Denn die BRMitgl. dürfen nicht darüber im unklaren gelassen werden, ob sie ihre Stimme jemandem geben, der überhaupt nicht Mitgl des BetrAusschusses werden will (**aA** GK-*Raab* Rn 18). Die Bereitschaft zu Kandidatur hat der BRVors. als Leiter der Wahl vor ihrer Durchführung festzustellen.

21　　Da Mitgl. des BetrAusschusses nur Mitgl. des BR sein können, nicht dagegen ErsMitgl. des BR, solange sie noch nicht in diesen nachgerückt sind (vgl. Rn 13), können grundsätzlich auch **nur BRMitgl.** für den BetrAusschuss **vorgeschlagen** werden.

22　　Letzteres gilt allerdings dann nicht, wenn der BR die Ausschussmitgl. und gleichzeitig mit deren Wahl auch ErsMitgl. des BetrAusschusses wählt (vgl. hierzu unten Rn 28 ff.). Es ist wenig sachgerecht, auch endgültig in den BR nachgerückte ErsMitgl. von vornherein von einer Mitarbeit im BetrAusschuss auszuschließen. Deshalb können vorsorglich auch ErsMitgl. des BR als **potenzielle ErsMitgl.** des BetrAusschusses vorgeschlagen werden (vgl. hierzu GK-*Raab* Rn 41; *DKKW-Wedde* Rn 11). Zu den Voraussetzungen für ein Nachrücken eines ErsMitgl. des BR in den BetrAusschuss s. Rn 29.

c) Verhältniswahl

Sind für die Wahl **mehrere Wahlvorschläge,** dh mehrere Listen mit einem oder 23
mehreren Wahlkandidaten, eingereicht worden, so erfolgt die Wahl als **Verhältniswahl** (vgl. hierzu § 14 Rn 22 ff.). Die Verhältniswahl ist stets eine Listenwahl, dh die
BRMitgl. können die Listen nur als solche wählen. Sie können weder die Reihenfolge, in der die Kandidaten auf der Liste stehen, ändern noch können sie auf der Liste
stehende Bewerber streichen oder die Liste um weitere Bewerber ergänzen. Dies
würde ihre Stimme ungültig machen.

Im Gegensatz zur BRWahl enthält das G für die Wahl der weiteren Ausschussmitgl. 24
keine Regelung, in welcher Weise die auf die einzelnen Vorschlagslisten entfallenden
Ausschusssitze zu berechnen sind. Gleichwohl ist das für die BRWahl vorgeschriebene
und eingespielte sog. **d'Hondtsche Höchstzahlensystem** (vgl. hierzu § 15 WO)
auch für die in Verhältniswahl zu wählenden BetrAuschussmitgl. anzuwenden (so für
die entspr. Regelung des § 38 Abs. 2. BAG 11. 3. 92 AP Nr. 11 zu § 38 BetrVG
1972; GK-*Raab* Rn 21; *WPK* Rn 7; für Zulässigkeit anderer Systeme zB *DKKW-
Wedde* Rn 21; *Richardi/Thüsing* Rn 13). Nach dem d'Hondtschen System sind die
Stimmenzahlen, die auf die einzelnen Listen entfallen, der Reihe nach durch 1, 2, 3
usw. zu teilen und die zu vergebenden Ausschusssitze entspr. den sich hiernach ergebenden Höchstzahlen auf die Listen zu verteilen (vgl. hierzu § 14 Rn 24 ff.). Der
BRVors. als Leiter der Wahl hat auf Grund der Höchstzahlen festzustellen, welche
Bewerber der einzelnen Listen gewählt sind. Maßgebend ist hierbei die Reihenfolge,
in der die Bewerber auf den Listen stehen.

d) Mehrheitswahl

Ist nur eine Vorschlagsliste eingereicht worden – sei es, dass sich die BRMitgl. 25
hierauf verständigt haben, sei es, dass die Einreichung weiterer Listen aus sonstigen
Gründen unterblieben ist – so erfolgt die Wahl der weiteren Mitgl. des BetrAusschusses in **Mehrheitswahl.** Das G enthält keine Regelung, in welcher Weise die
Mehrheitswahl durchzuführen ist. Der BR kann deshalb vor der Wahl festlegen, ob
die Mehrheitswahl in Form von getrennten Wahlgängen (hierbei wird über jeden
Bewerber gesondert abgestimmt) oder in einem gemeinsamen Wahlgang (bei dem
in einem Wahlgang auf dem Stimmzettel gleichzeitig so viele Bewerber angekreuzt
werden können, wie im BetrAusschuss Sitze zu besetzen sind) durchgeführt werden
soll (*DKKW-Wedde* Rn 10; *Düwell/Blanke* Rn 6: *ErfK-Koch* Rn 2; GK-*Raab* Rn 20;
Richardi/Thüsing Rn 14).

Findet die Mehrheitswahl in Form **getrennter Wahlgänge** statt, so sind so viele 26
Wahlgänge durchzuführen, wie Ausschussmitgl. zu wählen sind. Derjenige, der in
dem einzelnen Wahlgang die meisten Stimmen erhält, ist gewählt. Erhalten bei den
einzelnen Wahlgängen Bewerber die gleiche Stimmzahl, entscheidet das Los über
die Besetzung des Sitzes. Stehen bei dem letzten Wahlgang für einen Sitz mehr als
zwei Bewerber zur Wahl und ergibt sich auch hier ein Pattsituation, so kann der BR
beschließen, eine Stichwahl durchzuführen. Denn im Gegensatz zu den vorausgegangenen Wahlgängen, in denen der durch Losentscheid ausgeschiedene Bewerber sich
im nächsten Wahlgang wieder zur Wahl stellen kann, kann der Wähler beim letzten
Wahlgang mit mehr als zwei Bewerbern nicht voraussehen, zwischen welchen Bewerbern die Pattsituation eintritt. Ergibt auch die Stichwahl keine Mehrheit, entscheidet das Los über die Besetzung des Sitzes (*DKKW-Wedde* Rn 10; GK-*Raab*
Rn 20; *HSWGNR* Rn 19; vgl. BAG 26. 2. 87, 15. 1. 92 AP Nr. 5, 10 zu § 26
BetrVG 1972: Sofortiger Losentscheid).

Wird die Mehrheitswahl in einem **gemeinsamen Wahlgang** durchgeführt, hat 27
jedes BRMitgl. das Recht, aus der Vorschlagsliste so viele Bewerber zu wählen, wie
weitere Mitgl. des BetrAusschusses zu bestellen sind. Wählt er mehr Bewerber, macht
dies seine Stimme ungültig; wählt er weniger, ist dies unschädlich. Haben für den
letzten zu vergebenden Sitz zwei oder mehre Kandidaten dieselbe Stimmenzahl er-

halten, ist unter ihnen ein Stichentscheid durchzuführen, Ergibt auch dieser keine Mehrheit für einen Wahlbewerber, ist durch Los zu entscheiden, welchem Bewerber, die bei diesem Wahlgang dieselbe Stimmenzahl erreicht haben, der Ausschusssitz zufällt (s. Rn 26).

5. Wahl von Ersatzmitgliedern

28   Das G enthält keine ausdrückliche Regelung über die Wahl von ErsMitgl. für verhinderte oder für aus dem BetrAusschuss ausgeschiedene BRMitgl. Gleichwohl ist in entspr. Anwendung der § 47 Abs. 3 und § 55 Abs. 2 die Bestellung von ErsMitgl. **zulässig** und vielfach **zweckmäßig**, um eine volle Besetzung des BetrAusschusses zu gewährleisten. Das gilt insb. in den Fällen, in denen ihm Aufgaben zur selbständigen Erledigung (vgl. hierzu Rn 70 ff.) übertragen sind. Deshalb wird die Bestellung von ErsMitgl. allgemein als zulässig angesehen (*DKKW-Wedde* Rn 11; ErfK-*Koch* Rn 2; GK-*Raab* Rn 39 ff.; *Richardi/Thüsing* Rn 16; MünchArbR-*Joost* § 218 Rn 23; *HSWGNR* Rn 14; s. aber zur Zulässigkeit von Ersatzfreistellungen BAG 25. 4. 01 AP Nr. 8 zu § 25 BetrVG 1972). Nur der BR kann ErsMitgl. wählen, nicht der BetrAusschuss seine ErsMitgl. selbst bestimmen.

29   Ebenso wie die ordentl. Mitgl. müssen auch die ErsMitgl. des BetrAusschusses **Mitgl. des BR** sein. Es ist deshalb nicht zulässig, dass ErsMitgl. des BR in dieser Eigenschaft Mitgl. des BetrAusschusses werden. Grundsätzlich rückt beim Ausscheiden oder bei einer zeitweiligen Verhinderung eines Mitgl. des BetrAusschusses das für ihn in den BR nachrückende ErsMitgl. nicht auch in den BetrAusschuss nach (vgl. § 25 Rn 14; *DKKW-Wedde* Rn 11; GK-*Raab* Rn 40; *Richardi/Thüsing* Rn 16). Etwas anderes kann allerdings in dem **Sonderfall** gelten, dass der BR bei der Wahl der Ausschussmitgl. gleichzeitig deren ErsMitgl. gewählt hat, in den Wahlvorschlägen auch ErsMitgl. des BR aufgenommen worden sind (vgl. hierzu Rn 22), das ErsMitgl. in den BR nachgerückt ist (vgl. hierzu § 25 Rn 13 ff., 24 ff.). und entspr. der bei dem Nachrücken in den BetrAusschuss zu berücksichtigenden Reihenfolge an nächstbereiter Stelle steht (vgl. auch *DKKW-Wedde* Rn 11, 23; GK-*Raab* Rn 40).

30   Da die Wahl von ErsMitgl. gesetzlich nicht geregelt ist, besteht insoweit eine gewisse Gestaltungsfreiheit des BR. Andererseits muss ihre Wahl jedoch nach denselben Grundsätzen erfolgen, die für die Wahl der weiteren Mitgl. des BetrAusschusses maßgebend sind. Hieraus ergibt sich: Die Wahl der ErsMitgl. muss ebenfalls **geheim** sein. Ferner muss die Wahl den in Abs. 1 S. 3 u. 4 geregelten **Wahlgrundsätzen** entsprechen (*DKKW-Wedde* Rn 23; GK-*Raab* Rn 43 ff.; *Richardi/Thüsing* Rn 18 ff.). Dass sich die Wahl der ordentl. Mitgl. des BetrAusschusses unterschiedlich gestalten kann, je nachdem ob nur eine Vorschlagsliste vorliegt (dann Mehrheitswahl, vgl. Rn 25 ff.), oder ob mehrere Vorschlagslisten zur Wahl stehen (dann Verhältniswahl, vgl. Rn 23 f.), hat auch Auswirkungen auf die Wahl der ErsMitgl. Denn deren Wahl darf das Ergebnis der Wahl der ordentl. Mitgl. des BetrAusschusses in Bezug auf den in der Verhältniswahl liegenden Minderheitenschutz nicht unterlaufen (GK-*Raab* Rn 41). Im Einzelnen ist zu unterscheiden:

31   Sind die weiteren Mitgl. des BetrAusschusses in **Mehrheitswahl** gewählt worden, rücken in entspr. Anwendung des § 25 Abs. 2 S. 3 die BRMitgl. in der Reihenfolge der erreichten Stimmenzahl in den BetrAusschuss nach, die für ihn kandidiert, jedoch nicht die für einen ordentl. Sitz erforderliche Stimmenzahl erreicht haben (GK-*Raab* Rn 43; *Richardi/Thüsing* Rn 19). Hierbei ist allerdings die Geschlechterzugehörigkeit der BRMitgl. ohne Bedeutung, da diese bei der Wahl der BetrAusschussmitgl. keine Rolle spielt. Diese Art des Nachrückens von ErsMitgl. in den BetrAusschuss im Falle der Mehrheitswahl ist maßgebend, wenn der BR keine andere Art ihrer Wahl beschlossen hat.

32   Der BR kann im Falle der Mehrheitswahl jedoch auch beschließen, nach der Wahl der ordentlichen Ausschussmitgl. in einem **gesonderten Wahlgang** ebenfalls in

Mehrheitswahl die ErsMitgl. zu wählen. Dies ist zulässig, weil die Mehrheitswahl stets eine Personenwahl ist, bei der der Wähler so viele Stimmen hat, wie Personen zu wählen sind, und der Erfolg der Wahl allein von der erreichten Stimmenzahl abhängt. Eine gesonderte Wahl erscheint sogar insofern sachgerechter, als sich bei ihr alle Stimmen auf die Wahl der ErsMitgl. konzentrieren und diese nicht lediglich durch die Stimmen ermittelt werden, die für einen ordentlichen Sitz im BetrAusschuss nicht mehr ausgereicht haben. Die Reihenfolge des Nachrückens der ErsMitgl. bestimmt sich nach der in dem gesonderten Wahlgang erreichten Stimmenzahl. Zur Auflösung einer Pattsituation bei Stimmengleichheit vgl. Rn 26.

Sind die weiteren Ausschussmitgl. in Mehrheitswahl gewählt worden, können **33** ErsMitgl. auch im Laufe der Amtszeit aus **konkretem Anlass**, zB weil der BetrAusschuss nicht mehr die vorgeschriebene Zahl von Mitgl. hat und keine ErsMitgl. zum Nachrücken mehr vorhanden sind, **nachgewählt** werden (ebenso GK-*Raab* Rn 47; *Richardi/Thüsing* Rn 16, 30).

Sind die weiteren Mitgl. des BetrAusschusses in **Verhältniswahl** gewählt worden, **34** so sind ErsMitgl in entspr. Anwendung des § 25 Abs. 2 S. 1. der Reihe nach die nicht gewählten BRMitgl. derjenigen Vorschlagslisten, denen die verhinderten oder aus dem BetrAusschuss ausgeschiedenen Mitgl. angehören (BAG 25. 4. 01 AP Nr. 8 zu § 25 BetrVG 1972, 14. 11. 01 AP Nr. 24 zu § 38 BetrVG 1972, 16. 3. 05 NZA 05, 1072; 20. 4. 05 AP Nr. 29 zu § 38 BetrVG 1972; GK-*Raab* Rn 44; *HSWGNR* Rn 14, 24; *Richardi/Thüsing* Rn 19; Näheres zum Nachrücken bei Verhältniswahl vgl. § 25 Rn 26). Allerdings ist auch hier die Geschlechterzugehörigkeit der ErsMitgl. ohne Bedeutung, da diese bei der Wahl der weiteren Ausschussmitgl. keine Rolle spielt. § 25 Abs. 2 S. 1 ist insoweit nicht entspr. anzuwenden.

Ist eine Vorschlagsliste **erschöpft**, so ist entspr. der für ErsMitgl. des BR geltenden **35** Regelung des § 25 Abs. 2 S. 2 das ErsMitgl. derjenigen Vorschlagsliste zu entnehmen, auf die nach den Grundsätzen der Verhältniswahl der nächste Sitz entfallen würde (*DKKW-Wedde* Rn 24; *Richardi/Thüsing* Rn 19; vgl. hierzu § 25 Rn 27). Die **Gegenansicht** des **BAG** (insb. 16. 3. 05 aaO mwN, Rn 34), das bei Erschöpfung einer Liste die analoge Anwendung des § 25 Abs. 2 S. 2 ablehnt und eine Nachwahl in Mehrheitswahl für zulässig hält, überzeugt nicht. Es dürfte wohl keinem Zweifel unterliegen, dass in dem Fall, in dem eine bei der Wahl der weiteren Ausschussmitgl. erfolgreiche Liste weniger Bewerber enthält, als ihr nach dem Ergebnis der Wahl Sitze zustehen, die nicht aus dieser Liste zu besetzenden Sitze mit den nächstbereiten Bewerbern der Listen zu besetzen sind, auf die die nächsten d'Hondtschen Höchstzahlen entfallen. Es ist kein Grund ersichtlich, dass dies nicht auch gilt, wenn eine Liste in einem späteren Zeitpunkt nicht mehr die ausreichende Zahl von nachrückbaren ErsMitgl. aufweist.

Hinzu kommt, dass nur eine analoge Anwendung des § 25 Abs. 2 S. 2 dem Min- **35a** derheitenschutz, den der Gesetzgeber durch die Bestimmung der Verhältniswahl als Regelwahl zur Ermittlung der weiteren Ausschussmitgl. festgeschrieben hat, gerecht werden kann. Wie das BAG selbst einräumen muss, hat die Minderheit bei einer analogen Anwendung des § 25 Abs. 2 S. 2 zumindest bei Erschöpfung der Mehrheitsliste die Chance nachzurücken, die ihr bei der Bestimmung des Nachrückers durch Mehrheitswahl gänzlich genommen wird; hier ist immer die Mehrheit am Zug. Die Feststellung des BAG, es bestehe keine Rechtfertigung dafür, den mit der Verhältniswahl bezweckten Minderheitenschutz durch eine analoge Anwendung von § 25 Abs. 2 S. 2 auf das Nachrücken von Ersatzmitgl. in betriebsinternen Ausschüssen zu beeinträchtigen, ist nicht nachvollziehbar. Um im Falle der Verhinderung oder des Ausscheidens von ordentl. Mitgl. des BetrAusschusses die freiwerdenden Sitze aus der jeweiligen Liste nachbesetzen zu können, empfiehlt es sich, möglichst viele Bewerber in die Vorschlagslisten aufzunehmen (vgl. *Engels/Natter* BB Beil. 8/89 S. 22).

Da die Wahl von ErsMitgl. des BetrAusschusses gesetzlich nicht im Einzelnen ge- **36** regelt ist, ist es auch als zulässig anzusehen, dass der BR anstelle der entspr. Anwendung des § 25 Abs. 2 S. 2 beschließt, im Falle der Erschöpfung einer Liste eine

Neuwahl aller weiteren Mitgl. des BetrAusschusses vorzunehmen (GK-*Raab* Rn 48 hält nur letzteres für zulässig).

37   Im Gegensatz zur Wahl der weiteren Ausschussmitgl. in Mehrheitswahl ist bei einer **Verhältniswahl** eine **gesonderte Wahl** – sei es in Verhältniswahl, sei es in Mehrheitswahl – der ErsMitgl. **grundsätzlich nicht zulässig** (ArbG Berlin NZA-RR 04, 87; GK-*Raab* Rn 48; ebenso bei Freistellung für den Fall, dass die Liste, der der zu ersetzende Freigestellte angehörte, ausreichend Ersatzbewerber hat BAG 25. 4. 01 AP Nr. 8 zu § 25 BetrVG 1972, 14. 11. 01 AP Nr. 24 zu § 38 BetrVG 1972; 16. 3. 05 NZA 05, 1072; **aA** *DKKW-Wedde* Rn 24; *Richardi/Thüsing* Rn 21). Denn dies könnte und würde vielfach eine Änderung des Ergebnisses der Listenwahl der ordentl. Mitgl. des BetrAusschusses in Bezug auf den in der Verhältniswahl liegenden Minderheitenschutz zur Folge haben. Da sich im Falle einer gesonderten Verhältniswahl der ErsMitgl. die Reihenfolge des Nachrückens nach den auf die einzelnen Listen entfallenen Höchstzahlen bei dieser Wahl bestimmen müsste, wäre nicht gewährleistet, dass das ErsMitgl. von derselben Gruppierung im BR getragen wird wie das zu ersetzende Mitgl. des BetrAusschusses.

Beispiel:

Es sind 5 weitere Ausschussmitgl. zu wählen. Drei Listen stehen zur Wahl, die folgende Stimmen erhalten: 1. Liste 11 Stimmen, 2. Liste 7 Stimmen und 3. Liste 5 Stimmen. Die Verteilung der weiteren Ausschusssitze berechnet sich nach dem Höchstzahlsystem wie folgt:

1. Liste		**2. Liste**		**3. Liste**	
11 : 1	11	7 : 1	7	5 : 1	5
: 2	5½	: 2	3½	: 2	2½
: 3	3⅔	: 3	2½	: 3	1⅔

Als ordentl. Mitgl. sind danach gewählt die drei ersten Bewerber der Liste 1 und jeweils der erste Kandidat der Listen 2 und 3. Bei einer gesonderten Wahl der ErsMitgl. und der Annahme, dass sich wieder 3 Listen zur Wahl stellen und auf sie dieselben Stimmen entfallen, müsste als erstes ErsMitgl. stets der erste Kandidat der Liste 1 nachrücken, auch wenn ein ordentl. Mitgl. der Liste 2 oder 3 zu vertreten ist.

38   Erst recht ist es im Falle der Verhältniswahl der weiteren Ausschussmitgl. nicht zulässig, die ErsMitgl. in **Mehrheitswahl** zu wählen. Denn dann würde der in der Verhältniswahl liegende Minderheitenschutz bei der Wahl der ErsMitgl. in Mehrheitswahl unterlaufen (ebenso GK-*Raab* Rn 45, 48; vgl. hierzu auch BAG 25. 4. 01 AP Nr. 8 zu § 25 BetrVG 1972, 14. 11. 01 AP Nr. 24 zu § 38 BetrVG 1972, 16. 3. 05 NZA 05, 1072; 20. 4. 05 AP Nr. 29 zu § 38 BetrVG 1972, das die Mehrheitswahl erst bei Erschöpfung der Liste zulässt; **aA** *DKKW-Wedde* Rn 24).

39   **Ausnahmsweise** kann dann, wenn ein in Verhältniswahl gewähltes weiteres Ausschussmitgl. verhindert ist oder ausscheidet und auf keiner Liste mehr ein ErsMitgl. vorhanden ist, eine **gesonderte Nachwahl** des ErsMitgl. nach den Grundsätzen der Mehrheitswahl erfolgen (so wohl auch BAG 28. 10. 92 AP Nr. 16 zu § 38 BetrVG, während BAG 25. 4. 01, 14. 11. 01, 16. 3. 05 aaO eine Nachwahl bei Erschöpfung der jeweiligen Liste zulässt, s. Rn 35; *DKKW-Wedde* Rn 24; GK-*Raab* Rn 48; *Richardi/Thüsing* Rn 30; *HSWGNR* Rn 24). Es muss keine Neuwahl aller weiteren Mitgl. des BetrAusschusses erfolgen. Sie widerspräche praktischen Bedüfnissen, insb. dem Erfordernis einer kontinuierlichen Ausschussarbeit (BAG 25. 4. 01 aaO).

40   Die Ausführungen in Rn 37 ff. **gelten nicht,** wenn alle BRMitgl. mit der Nachbesetzung der freien Sitzes im BetrAusschuss durch eine **gesonderte Mehrheitswahl einverstanden** sind (GK-*Raab* Rn 48; *WPK* Rn 13). Denn ein Verzicht auf den in der Verhältniswahl liegenden Minderheitenschutz ist zulässig. Dies ergibt sich schon daraus, dass sich die BRMitgl. auf die Vorlage nur einer Vorschlagsliste und damit auf die Mehrheitswahl verständigen können.

41   Die vorstehenden Ausführungen gelten für die ErsMitgl. der weiteren Mitgl. des BetrAusschusses. Sind die dem BetrAusschuss von Amts wegen angehörenden **BR-**

Vors. und/oder dessen **Stellvertr.** zeitweilig **verhindert,** so ist wie folgt zu unterscheiden:

Sind der BRVors. und/oder sein Stellvertr. verhindert und hat der BR für diesen 42 Fall **andere BRMitgl.** als zeitweiligen Vors. und stellvertr. Vors. bestimmt (was zulässig ist, vgl. § 26 Rn 43), so treten diese für die Dauer der Verhinderung des BRVors. und/oder seines Stellvertr. in den BetrAusschuss ein. Hat der BR für diesen Fall keine vorsorgliche Regelung getroffen, so kann er diese jederzeit nachholen. Die Bestellung des temporären BRVors. und/oder seines Stellvertr. erfolgt nach den Grundsätzen des § 26 (vgl. § 26 Rn 9 ff.).

Hat der BR für den Fall der Verhinderung des BRVors. und/oder seines Stellver- 43 treters keine vorsorgliche Regelung getroffen und holt er diese auch nicht nach, so ist die erforderliche Vollständigkeit des BetrAusschusses durch eine Ergänzung aus dem Kreis der zugewählten Mitgl. des BetrAusschusses zu gewährleisten. In diesem Falle rücken deshalb für die Zeit, während der der BRVors. und/oder sein Stellvertreter verhindert sind, die nächstfolgenden nicht mehr erfolgreichen Wahlbewerber für einen Sitz im BetrAusschuss nach. Im Falle der Mehrheitswahl sind das die Bewerber mit den nächsthöchsten Stimmenzahlen. Im Falle der Verhältniswahl sind die Ers-Mitgl. denjenigen Listen zu entnehmen, auf die die nächsten Sitze entfallen wären (so auch *GK-Raab* Rn 42; *DKKW-Wedde* Rn 25).

6. Amtsniederlegung, Abberufung

Die zu weiteren Mitgl. oder ErsMitgl. des BetrAusschusses gewählten BRMitgl. 44 sind zur **Übernahme dieses Amts nicht verpflichtet** (*DKKW-Wedde* Rn 18; GK-*Raab* Rn 23, 30; *Richardi/Thüsing* Rn 22). Daher können die gewählten weiteren Ausschussmitgl. dieses Amt auch jederzeit **niederlegen** (*Richardi/Thüsing* Rn 23). Dies gilt allerdings nicht für den BRVors. und seinen Stellvertr. Sie gehören in dieser Eigenschaft dem BetrAusschuss kraft G an und können aus ihm nur unter gleichzeitiger Niederlegung des Amtes des Vors. oder des stellvertr. Vors. ausscheiden (*DKKW-Wedde* Rn 18; ErfK-*Koch* Rn 2; HSWGNR Rn 32). Da nur BRMitgl. zu Mitgl. des BetrAusschusses gewählt werden können (vgl. Rn 13), führt ein Ausscheiden aus dem BR stets auch zum Verlust der Mitglschaft im BetrAusschuss.

Die Wahl der weiteren Ausschussmitgl. gilt, da der BetrAusschuss bis zum Ende 45 der Amtszeit des BR besteht, grundsätzlich für dessen gesamte Amtszeit. Allerdings können die Mitgl. des BetrAusschusses vom BR vorzeitig **abberufen** werden (vgl. Abs. 1 S. 5; BAG 20. 4. 05 AP Nr. 29 zu § 38 BetrVG 1972; *DKKW-Wedde* Rn 14; ErfK-*Koch* Rn 2; GK-*Raab* Rn 30; *Richardi/Thüsing* Rn 24, 26). Der BetrAusschuss selbst kann ebenso wenig eines seiner Mitgl. abberufen, wie er seine Mitgl. selbst bestimmen kann. Das abzuberufende Ausschussmitgl. ist bei der Abstimmung über seine Abberufung im BR ebenso stimmberechtigt, wie es bei seiner Wahl in den BetrAusschuss stimmberechtigt gewesen ist (*DKKW-Wedde* Rn 14 f.; GK-*Raab* Rn 30; *Richardi/Thüsing* Rn 28).

Sind das oder die abzuberufenden Mitgl. des BetrAusschusses in **Verhältniswahl** 46 gewählt worden, so bedarf die Abwahl einer **geheimen** Abstimmung und ferner einer **qualifizierten Mehrheit** von drei Vierteln der Stimmen der Mitgl. des BR (*Ratayczak* AiB 10, 297). Das Erfordernis einer qualifizierten Mehrheit erklärt sich aus der notwendigen Absicherung des Verhältniswahlrechts. Denn der in ihm liegende Minderheitenschutz wäre nicht gesichert, wenn die so gewählten Ausschussmitgl. mit einfacher Stimmenmehrheit jederzeit abgewählt werden könnten (BAG 29. 4. 92 AP Nr. 15 zu § 38 BetrVG 1972; HSWGNR Rn 33 f.; *Engels/Natter* BB Beil. 8/89 S. 2).

Für die **Berechnung dieser qualifizierten Mehrheit** ist von der gesetzlich vor- 47 geschriebenen bzw. der uU nach § 11 verringerten BRGröße (nicht von der Zahl der anwesenden oder an der Beschlussfassung teilnehmenden BRMitgl.) auszugehen (*DKKW-Wedde* Rn 16; GK-*Raab* Rn 32). Hat sich die Größe des BR durch Ausscheiden von Mitgl. aus dem BR in der Weise geändert, dass auch durch Nachrücken von ErsMitgl. die bisherige Größe nicht aufrechterhalten werden kann (vgl. hierzu § 25 Rn 32f.), so bestimmt sich die qualifizierte Mehrheit nach der nunmehrigen **tatsächlichen Größe** des BR (*DKKW-Wedde* Rn 16; GK-*Raab* Rn 32). In all diesen Fällen ist die maßgebende Ausgangszahl mit 0,75 zu multiplizieren und das Ergebnis, falls es keine ganze Zahl ergibt, auf die nächste volle Zahl aufzurunden.

48　　Sind das oder die abzuberufenden Mitgl. des BetrAusschusses in **Mehrheitswahl** gewählt worden, erfordert eine Abwahl lediglich die einfache Mehrheit der Stimmen im BR. Erforderlich ist stets, dass der BR beschlussfähig ist (vgl. Rn 16).

49　　Ob diese äußerst unterschiedlichen Abberufungsvoraussetzungen innerlich gerechtfertigt sind, erscheint zweifelhaft. Sie dürften kaum dazu beitragen, dass sich die BRMitgl. auf eine Vorschlagsliste verständigen und damit eine Mehrheitswahl ermöglichen.

50　　Die Abberufung muss nur in dem Fall, dass die Wahlen der weiteren Mitgl. des BetrAusschusses in Verhältniswahl erfolgt ist, **geheim** durchgeführt werden. Sind sie in Mehrheitswahl gewählt worden, kann in offener Abstimmung über die Abberufung entschieden werden (*DKKW-Wedde* Rn 16; GK-*Raab* Rn 34). Angesichts der Tatsache, dass die Wahl der weiteren Ausschussmitgl. stets geheim erfolgt (vgl. Rn 15), ist diese Differenzierung nicht einleuchtend. Der BR kann beschließen, dass auch im Falle der Mehrheitswahl die Entscheidung über die Abberufung durch geheime Stimmabgabe zu erfolgen hat (GK-*Raab* Rn 34; *Richardi/Thüsing* Rn 26). Ausreichend ist auch ein entspr. Antrag eines BRMitgl. (vgl. hierzu § 26 Rn 9).

51　　Sind die Mitgl. des BetrAusschusses wirksam gewählt worden, so setzt eine **Neuwahl** der Mitgl. eine wirksame Abberufung der früher gewählten Ausschussmitgl. voraus. Eine Neuwahl **ohne Abberufung** ist grundsätzlich **nichtig** (BAG 13. 11. 91 AP Nr. 3 zu § 27 BetrVG 1972; *DKKW-Wedde* Rn 16; *HSWGNR* Rn 34; **aA** BAG 29. 4. 92 AP Nr. 15 zu § 38 BetrVG 1972, was der gesetzlichen Regelung des Abs. 1 S. 5 widerspricht, s. § 38 Rn 75). Erfolgt die Neuwahl dagegen mit der nach Abs. 1 S. 5 erforderlichen Mehrheit, liegt darin eine Abberufung der bisher Gewählten mit der Folge, dass die neu Gewählten an deren Stelle treten (BAG 20. 4. 05 BB 05, 2360; GK-*Raab* Rn 47).

52　　Der BRVors. und sein Stellvertr. können nicht aus dem BetrAusschuss abberufen werden, es sei denn, sie werden zugleich als Vors. oder stellvertr. Vors. abberufen (vgl. Rn 45 und § 26 Rn 20).

53　　Lassen sich Mitgl. des BetrAusschusses **grobe Pflichtverletzungen** zuschulden kommen, so können sie im arbeitsgerichtlichen Verfahren nach § 23 aus dem BR ausgeschlossen werden, wodurch sie zugleich aus dem BetrAusschuss ausscheiden. Dagegen ist der Ausschluss eines Mitgl. nur aus dem BetrAusschuss durch das ArbG auch in entspr. Anwendung des § 23 nicht zulässig (*DKKW-Wedde* Rn 17; GK-*Raab* Rn 36; *Richardi/Thüsing* Rn 25).

III. Stellung und Aufgaben des Betriebsausschusses

1. Stellung des Betriebsausschusses

54　　Der BetrAusschuss ist keine gesonderte Betriebsvertretung, sondern ein **Organ des BR,** dessen rechtliche Stellung und Aufgaben sich aus § 27 ergeben und das in diesem Rahmen an die Stelle des BR tritt (*DKKW-Wedde* Rn 26; GK-*Raab* Rn 50; *HSWGNR* Rn 35; *Richardi/Thüsing* Rn 38). Dabei bleibt es dem BR unbenommen, daneben noch Sonderausschüsse zu bilden, denen bestimmte Aufgaben sowohl lediglich zur Vorbereitung als auch zur selbständigen Entscheidung (vgl. § 28 Rn 7ff.), nicht aber die Führung der laufenden Geschäfte des BR, übertragen werden können.

55　　Für die **Geschäftsführung des BetrAusschusses** gelten grundsätzlich die Vorschriften der §§ 29 Abs. 2–4, 30ff. über die Geschäftsführung des BR sinngemäß. Da der BetrAusschuss einen erweiterten geschäftsführenden Vorstand des BR darstellt, ist der Vors. des BR ohne weiteres auch Vors. des BetrAusschusses und sein Stellvertr. stellvertr. Vors. des BetrAusschusses mit den Rechten und Befugnissen nach § 26 Abs. 2 (*DKKW-Wedde* Rn 27 f.; *GK-Raab* Rn 51; *HSWGNR* Rn 37; *Richardi/ Thüsing* Rn 39 f.). Der BetrAusschuss hält ebenso wie der BR seine Sitzungen idR während der Arbeitszeit ab (vgl. § 30 Rn 6 ff.). Die Sitzungen des BetrAusschusses sind ebenso wie die des BR nicht öffentlich (LAG Baden-Württemberg BeckRS 11, 76075). Der ArbGeb. ist von den Sitzungen des BetrAusschusses vorher zu verständigen (vgl. § 30 Rn 3, 14 f.).

An den **Sitzungen des BetrAusschusses** können der ArbGeb., Vertr. der Arb- 56 GebVereinigung, der er angehört, und der im BR vertr. Gewerkschaften nach Maßgabe der für ihre Teilnahme an den Sitzungen des BR geltenden Vorschriften (vgl. § 29 Abs. 4 und § 31) teilnehmen, dh zB der Vertr. einer Gewerkschaft, wenn ein Viertel der Mitgl. des BR dies verlangt oder wenn dies der BR oder der BetrAusschuss beschließt (*DKKW-Wedde* Rn 28; *ErfK-Koch* Rn 3; *Richardi/Thüsing* Rn 42 f.; einschr. *GK-Raab* Rn 55.: kein Teilnahmerecht, wenn der BetrAusschuss nur die laufende Geschäftsführung wahrnimmt; s. auch § 31 Rn 27 f.).

Die **SchwbVertr.** hat nach § 95 Abs. 4 S. 1 SGB IX ein eigenständiges Recht, 57 auch an den Sitzungen der Ausschüsse der BR beratend teilzunehmen, unabhängig davon, ob zu behandelnde Angelegenheiten die bes. Belange der Schwbeh. berühren. Zum Teilnahmerecht der SchwbVertr. im Einzelnen vgl. § 32 Rn 17 ff.

Das Recht der **JugAzubiVertr.** nach § 67 Abs. 1 S. 1, zu allen Sitzungen des BR 58 einen Vertreter zu entsenden, besteht nicht für Sitzungen des BetrAusschusses, auf denen nur laufende Geschäfte erledigt werden, da diese nur der Vorbereitung von BRBeschlüssen bzw. BRSitzungen dienen (*GK-Raab* Rn 54 f.; *Richardi/Thüsing* Rn 43; *Düwell/Blanke* Rn 11; *ErfK Koch* Rn 3; aA *DKKW-Wedde* Rn 31). Etwas anderes gilt, wenn dem BetrAusschuss Aufgaben zur selbständigen Erledigung übertragen worden sind und diese Gegenstand einer Sitzung sind. Denn da bei einer Übertragung von Aufgaben zur selbständigen Erledigung der BetrAusschuss an die Stelle des BR tritt, würde eine Verneinung des Teilnahmerechts eines JugVertr. an solchen Sitzungen des BetrAusschusses zu einer unzulässigen Verkürzung der mit § 67 Abs. 1 S. 1 bezweckten Information der JugAzubiVertr über die BRArbeit führen (*DKKW-Wedde* Rn 31; *GK-Raab* Rn 56; *Richardi/Thüsing* Rn 43; § 67 Rn 18; aA *HSWGNR* § 67 Rn 18).

Ein Teilnahmerecht der JugAzubiVertr. an den Sitzungen des BetrAusschusses be- 59 steht ferner stets dann, wenn der BetrAusschuss Angelegenheiten behandelt, die **besonders oder überwiegend** jug. ArbN oder Auszubildende des Betriebs betreffen und hinsichtlich derer die JugAzubiVertr., würde die Angelegenheit im BR behandelt, nach § 67 Abs. 1 S. 2 und Abs. 2 volles Teilnahme- und ggf. Stimmrecht hätte (*GK-Raab* Rn 56 f.; *Richardi/Annuß* § 67 Rn 18; Näheres § 67 Rn 11 ff., 20 ff.).

Allerdings ist im Hinblick auf die beschränkte Größe des BetrAusschusses **nicht** 59a der **gesamten JugAzubiVertr.** das Teilnahmerecht zuzubilligen, sondern lediglich so vielen ihrer Mitgl., dass das Verhältnis der Ausschussmitglieder zu den an seiner Sitzung teilnehmenden JugAzubiVertr. dem zahlenmäßigen Verhältnis der Mitgl. des BR und derjenigen der JugAzubiVertr. entspricht (im Grundsatz ähnlich *GK-Raab* Rn 57; *DKKW-Wedde* Rn 31; *ErfK-Koch* Rn 3; *Richardi/Annuß* § 67 Rn 18). Ergibt die Berechnung keine ganze Zahl, so ist entspr. den allgemeinen Grundsätzen auf- oder abzurunden (nach *GK-Raab* aaO ist stets abzurunden). Diese Beschränkung der Teilnahme der JugAzubiVertr. an den Sitzungen des BetrAusschusses ist aus Gründen einer erforderlichen Stimmengewichtung unumgänglich. Welche ihrer Mitgl. in diesen Fällen an den Sitzungen des BetrAusschusses teilnehmen, bestimmt die JugAzubiVertr.

Im Gegensatz zu § 95 Abs. 4 S. 1 SGB IX hinsichtlich der SchwbVertr. sieht § 3 60 Abs. 1 ZDVG ein Teilnahmerecht des **Vertrauensmanns der Zivildienstleistenden** nur an den Sitzungen des BR und nicht seiner Ausschüsse vor (*DKKW-Wedde*

Rn 30; *HSWGNR* Rn 41; **aA** GK-*Raab* Rn 55, für den Fall, dass dem BetrAusschuss Angelegenheiten zur selbständigen Erledigung übertragen sind). Dem BetrAusschuss ist es jedoch unbenommen, den Vertrauensmann der Zivildienstleistenden zu Sitzungen heranzuziehen, auf denen bes. die Zivildienstleistenden betreffenden Fragen erörtert werden.

61   Auch die Vorschrift des § 33 über die **Beschlussfassung** des BR gilt grundsätzlich für den BetrAusschuss. Allerdings ist der BR, soweit er dem BetrAusschuss bestimmte Aufgaben zur selbständigen Erledigung überträgt, berechtigt, abweichend von der gesetzlichen Regelung für Beschlüsse des Ausschusses bes. Stimmenmehrheiten festzusetzen (s. Rn 73).

62   Die Vorschrift des § 34 über die **Sitzungsniederschrift** gilt ebenfalls für den BetrAusschuss. Die Mitglieder des BR haben jederzeit das Recht, in die Unterlagen des BetrAusschusses Einsicht zu nehmen (vgl. § 34 Abs. 3).

63   Das Gleiche gilt für die Möglichkeit, die **Aussetzung von Beschlüssen** des BetrAusschusses zu beantragen (vgl. § 35), wobei allerdings erforderlich ist, dass die Mehrheit der JugAzubiVertr. (nicht die Mehrheit ihrer an der BetrAusschusssitzung teilnehmenden Mitgl.) den Beschluss als eine erhebliche Beeinträchtigung wichtiger Interessen der durch sie vertr. ArbN ansieht (s. vgl. § 35 Rn 32). Auch die Schwb-Vertr. kann die Aussetzung von Beschlüssen des BetrAusschusses unter den Voraussetzungen des § 35 verlangen (vgl. § 35 Rn 6, 10).

64   Schließlich ist der BetrAusschuss berechtigt, sich eine **Geschäftsordnung** zu geben. Beschließt allerdings der BR eine bes. Geschäftsordnung für den BetrAusschuss, so hat diese Vorrang (*DKKW-Wedde* Rn 29; ErfK-*Koch* Rn 5; GK-*Raab* Rn 59; *Richardi/Thüsing* Rn 44). In der Geschäftsordnung für den BetrAusschuss kann die Verpflichtung einer regelmäßigen Berichterstattung über die Tätigkeit des BetrAusschusses gegenüber dem BR vorgesehen werden (GK-*Raab* Rn 59).

2. Führung der laufenden Geschäfte

65   Der BetrAusschuss hat **von Gesetzes wegen** die Aufgabe, die **laufenden Geschäfte des BR** zu führen. Damit soll eine funktionsfähige Arbeitsweise größerer BR gewährleistet werden. Der BetrAusschuss hat in verwaltungsmäßiger und organisatorischer Hinsicht dafür zu sorgen, dass die dem BR von Gesetzes wegen zugewiesenen Aufgaben ordnungsgemäß durchgeführt werden können. Der BetrAusschuss tritt, was die Erfüllung dieser Aufgaben anbelangt, nicht an die Stelle des BR. Er bereitet lediglich ihre Erfüllung durch den BR vor. Zum Recht des BetrAusschusses, in die Lohn- und Gehaltslisten einzusehen, vgl. § 80 Rn 70 ff.

66   Dem BetrAusschuss ist mit der laufenden Geschäftsführung gesetzlich ein **eigener Zuständigkeitsbereich** zugewiesen. Soweit dieser Zuständigkeitsbereich reicht, entscheidet der BetrAusschuss anstelle des BR (GK-*Raab* Rn 61; *Richardi/Thüsing* Rn 48). Allerdings gilt dies nur im Grundsatz. Der BR ist nicht gehindert, eine Angelegenheit, die zum Kreis der laufenden Geschäfte gehört, im Einzelfall an sich zu ziehen (*DKKW-Wedde* Rn 32; ErfK-*Eisemann* Rn 4; GK-*Raab* Rn 62; *Richardi/Thüsing* Rn 48; **aA** *HSWGNR* Rn 45). Auch kann er eine Entscheidung des BetrAusschusses aufheben, sofern diese noch nicht nach außen wirksam geworden ist (GK-*Raab* aaO; *DKKW-Wedde* aaO; *Richardi/Thüsing* aaO; **aA** *HSWGNR* Rn 59).

67   Das G enthält keine ausdrückliche Definition dessen, was unter **laufenden Geschäften** zu verstehen ist. Diese Frage wird unterschiedlich beantwortet. Kernpunkt des Streites ist hierbei, ob auch die **Ausübung der materiellen Mitwirkungs- und Mitbestimmungsrechte des BR** unter die laufende Geschäftsführung fallen, insb. soweit es sich um eine routinemäßige Erledigung von Einzelfällen handelt. Dies ist jedoch zu **verneinen** (LAG Düsseldorf DB 74, 926; *DKKW-Wedde* Rn 33; *Düwell/Blanke* Rn 10; GK-*Raab* Rn 63 f.; ErfK-*Koch* Rn 4; *HSWGNR* Rn 49; *Löwisch/Kaiser* Rn 16; *WPK* Rn 19; **aA** *Richardi/Thüsing* Rn 50 ff.; MünchArbR-*Joost* § 218 Rn 29).

Die Ansicht, dem BetrAusschuss stehe im Rahmen der laufenden Geschäftsfüh- **67a**
rung auch eine eigene Entscheidungsbefugnis in MBAngelegenheiten zu, erscheint
zum einen schon deshalb bedenklich, weil dem BetrAusschuss im Allgemeinen **keine**
die Willensbildung des BR ersetzende Funktion zukommt und er außerdem
auch nur eine nach innen wirkende Geschäftsführungsbefugnis, aber grundsätzlich
keine Vertretungsbefugnis nach außen hat. Zum anderen sieht § 27 Abs. 2 Satz 2 ausdrücklich die Möglichkeit vor, dem BetrAusschuss mit qualifizierter Mehrheit Aufgaben zur selbständigen Erledigung zu übertragen (vgl. Rn 70 ff.). Insb. angesichts dieser Regelung vermag die Gegenmeinung nicht zu überzeugen.

Bei der Bestimmung des Begriffs der laufenden Geschäfte ist deshalb davon auszu- **68**
gehen, dass grundsätzlich allein dem BR die Wahrnehmung der ihm nach diesem G
zugewiesenen Aufgaben obliegt und dass die Funktion des BetrAusschusses sich insoweit lediglich auf eine den BR bei der Erfüllung dieser Aufgaben unterstützende
Tätigkeit beschränkt. Damit handelt es sich bei den laufenden Geschäften um solche
im **internen verwaltungsmäßigen und organisatorischen Bereich** (GK-*Raab*
Rn 64). Es wird sich im Allgemeinen um regelmäßig anfallende Geschäfte handeln.
Was im Einzelnen darunter fällt, hängt nicht zuletzt sowohl von den konkreten Verhältnissen des einzelnen Betriebs als auch von der Größe des betreffenden BR ab.

Beispiele:

Vorbereitung beabsichtigter Beschlüsse sowie von BRSitzungen; Einholung von Auskünften, Beschaffung von Unterlagen, Besprechungen mit Vertretern der im Betrieb vertretenen
Gewerkschaften über konkrete, der Beteiligung des BR unterliegenden Angelegenheiten;
Vorbesprechung mit dem ArbGeb.; Erstellung von Entwürfen von BV; ggf. Durchführung
von Beschlüssen des BR; Entgegennahme von Anträgen der ArbN; Voruntersuchungen
über die Berechtigung von Beschwerden oder Anregungen, Vorbereitung der Betriebs- und
Abteilungsversammlungen; anfallender Schriftwechsel.

In der nach § 36 zulässigen **Geschäftsordnung** für den BetrAusschuss kann der **69**
Kreis der laufenden Geschäfte näher festgelegt werden, ohne dass dadurch deren Umfang konstitutiv erweitert werden kann (*DKKW-Wedde* Rn 34; GK-*Raab* Rn 66;
HSWGNR Rn 50; aA *Richardi/Thüsing* Rn 59). Zu den laufenden Geschäften gehört nicht die Vertretung des BR nach außen. Diese obliegt dem BRVors. (vgl. hierzu § 26 Rn 22 ff.).

3. Übertragung von Aufgaben zur selbständigen Erledigung

a) Allgemeines

Abs. 2 S. 2 sieht im Hinblick auf den weiten Aufgabenbereich des BR und im In- **70**
teresse einer zügigen Erledigung dieser Aufgaben die Möglichkeit vor, dass der
BR dem BetrAusschuss (oder einem anderen Ausschuss des BR, vgl. hierzu § 28
Rn 6 ff.) mit qualifizierter Mehrheit und schriftlich **Aufgaben zur selbständigen**
Erledigung überträgt. Zu Übertragung von Aufgaben auf eine Arbeitsgruppe vgl.
§ 28 a.

Die Übertragung von Aufgaben zur selbständigen Erledigung bedeutet, dass in die- **71**
sem Fall der BetrAusschuss sowohl in der Willensbildung als auch in der Willensäu-
ßerung **an die Stelle des BR tritt.** Der Beschluss des BetrAusschusses ersetzt den
des BR (ArbG Essen AiB 05, 44; *DKKW-Wedde* Rn 36; ErfK-*Koch* Rn 5; GK-*Raab*
Rn 76; *HSWGNR* Rn 59; *Richardi/Thüsing* Rn 65). Bei einer Übertragung bestimmter Aufgaben zur selbständigen Erledigung ist der Vors. des Ausschusses zur
Entgegennahme von Erklärungen berechtigt (vgl. § 26 Rn 43). Soweit eine Übertragung zur selbständigen Erledigung erfolgt ist, kann der BR einen Beschluss des
BetrAusschusses nur mit absoluter Mehrheit aufheben, und dies auch nur solange, als

der Beschluss des BetrAusschusses noch nicht nach außen wirksam geworden ist
(*DKKW-Wedde* Rn 36; *GK-Raab* Rn 76, 79; *ErfK-Koch* Rn 5; *Richardi/Thüsing*
Rn 65; *Düwell/Blanke* Rn 12; **aA** *HSWGNR* Rn 59).

72   Abs. 2 Satz 2 regelt nur den Fall der Übertragung von Aufgaben auf den Betr-
Ausschuss zur „selbständigen Erledigung", dh den Fall, dass die Beschlüsse des Ausschusses in bestimmten Angelegenheiten an die Stelle der Beschlüsse des BR treten.
Selbstverständlich besteht auch die Möglichkeit, dem BetrAusschuss bestimmte Ange-
legenheiten **lediglich zur Vorberatung** zu übertragen, während die endgültige
Beschlussfassung dem BR vorbehalten bleibt. In diesem Falle sind die Voraussetzun-
gen des Abs. 2 Sätze 2 und 3 – eine qualifizierter Mehrheit und die Schriftform des
Übertragungsbeschlusses – nicht erforderlich. Die Übertragung von Aufgaben lediglich zur Vorbereitung bestimmt sich nach allgemeinen Grundsätzen (vgl. hierzu § 33
Rn 9 ff., 26 ff.; *GK-Raab* Rn 81; *Richardi/Thüsing* Rn 69).

73   Da es im freien Ermessen des BR liegt, dem BetrAusschuss bestimmte Angelegenheiten zur selbständigen Erledigung zu übertragen, ist der BR berechtigt, die **formelle Behandlung** derartiger Angelegenheiten im BetrAusschuss näher zu regeln;
etwa in der Hinsicht, dass ein Beschluss in diesen Angelegenheiten eine bestimmte
qualifizierte Mehrheit im BetrAusschuss oder sogar Einstimmigkeit erfordert,
anderenfalls die Angelegenheiten dem BR zur Beschlussfassung zufließen (GK-*Raab*
Rn 77; *ErfK-Koch* Rn 5; *Richardi/Thüsing* Rn 66; **aA** *HSWGNR* Rn 57). Wird eine
solche Regelung nicht getroffen, gilt für die Beschlussfassung § 33 entspr. (vgl. Rn 61
sowie § 33 Rn 2).

73a   Ferner ist es zulässig, dass der BR für die Behandlung der delegierten Angelegenheit bestimmte **Weisungen** erteilt oder **Richtlinien** aufstellt (*DKKW-Wedde* Rn 38;
ErfK-Koch Rn 5; *Richardi/Thüsing* Rn 66). Auch kann der BR den BetrAusschuss
verpflichten, in bestimmten Zeitabständen über die im BetrAusschuss beschlossenen
Angelegenheiten zu **berichten.**

73b   Desgleichen kann der BR sich vorbehalten, dass nur er berechtigt ist, die **E-Stelle**
anzurufen, wenn in einer MBAngelegenheit zwischen ArbGeb. und dem BetrAusschuss keine Einigung erzielt wird (*GK-Raab* Rn 78; *ErfK-Koch* Rn 5; *Richardi/
Thüsing* Rn 66; *DKKW-Wedde* Rn 37 hält hierzu nur den BR für befugt). Soll über
die dem Ausschuss übertragene Angelegenheit eine BV abgeschlossen werden, so ist
allein der BR zur Anrufung der E-Stelle berechtigt. Dies ergibt sich daraus, dass der
Abschluss von BV allein dem BR vorbehalten ist (vgl. Rn 76).

74   Der **Aufgabenbereich,** der dem BetrAusschuss (oder gemäß § 28 einem anderen
Ausschuss des BR) zur selbständigen Erledigung übertragen werden kann, ist **dem
Gegenstand nach nicht begrenzt;** er muss sich nur im Rahmen der funktionellen
Zuständigkeit des BR halten. Aus diesem Grunde können auch der MB des BR unterliegende Angelegenheiten dem BetrAusschuss zur selbständigen Erledigung übertragen werden (vgl. BAG 1. 6. 76 AP Nr. 1 zu § 28 BetrVG 1972; 17. 3. 05 NZA
05, 1064; *DKKW-Wedde* Rn 38; *GK-Raab* Rn 69; *ErfK-Koch* Rn 5); dazu gehört
auch das Zustimmungsrecht des BR im Fall des § 103 (BAG 17. 3. 05 aaO). Der BR
entscheidet in eigener Verantwortung, welche Aufgaben er dem BetrAusschuss oder
einem anderen, auch einem gemeinsamen Ausschuss nach § 28 überträgt. Die Zweckmäßigkeit dieser Übertragung unterliegt keiner gerichtlichen Kontrolle. Diese ist auf
eine Rechtskontrolle beschränkt (BAG 20. 10. 93 AP Nr. 5 zu § 28 BetrVG 1972;
17. 3. 05 aaO; *ErfK-Koch* Rn 5).

75   Eine **Einschränkung** besteht allerdings für BR der privatisierten **Post-AGn.** In
diesen BR ist die Beschlussfassung über bestimmte Personalangelegenheiten sowohl
der unmittelbar bei ihnen beschäftigten Beamten als auch der von ihnen Tochter-,
Enkel- und Beteiligungsgesellschaften zugewiesenen Beamten (s. § 14 Rn 86 ff., § 99
Rn 331) den gesondert gewählten Beamtenvertr. im BR der jeweiligen Post-AG
vorbehalten (vgl. § 99 Rn 316 ff., § 102 Rn 137). Diese Angelegenheiten können
nicht auf den BetrAusschuss zur selbständigen Erledigung übertragen werden, da sonst
das Selbstbestimmungsrecht der Beamtenvertr. unterlaufen würde (*Richardi/Thüsing*

Rn 70; *Engels/Mauß-Trebinger* RdA 97, 230). Zu Möglichkeit der Bildung eines bes. Beamtenpersonalausschusses in diesen Fällen vgl. § 28 Rn 34 ff. Der **Abschluss von BV** (zu diesem Begriff vgl. § 77 Rn 11 ff.) ist allein **dem BR** **76** **vorbehalten.** Hieraus ergibt sich eine Beschränkung der dem BetrAusschuss zu übertragenden Aufgaben. Soweit eine sachgerechte Erledigung der der Beteiligung des BR unterliegenden Angelegenheiten nur durch Abschluss einer BV möglich ist, verbietet sich eine Übertragung zur selbständigen Erledigung.

Dem BetrAusschuss können **ferner nicht übertragen** werden organisatorische **77** Entscheidungen des BR, wie zB die Bestellung des BRVors. und seines Stellvertr. sowie die Bestellung der weiteren Mitgl. des BetrAusschusses und weiterer Ausschüsse des BR nach § 28. Dies ergibt sich aus der Natur der Sache (*DKKW-Wedde* Rn 37; *GK-Raab* Rn 68; *HSWGNR* Rn 55; *Richardi/Thüsing* Rn 60; kr. ArbG Essen AiB 05, 44, das die Übertragung der Entscheidungsbefugnis über die Teilnahme an einer Schulungsveranstaltung nach § 37 Abs. 6 zulässt). Deshalb kann der BetrAusschuss auch bei einer entspr. Ermächtigung des BR nicht selbst weitere (Unter-)Ausschüsse mit eigener Entscheidungskompetenz bilden (*GK-Raab* Rn 76). Auch die Entsendung der Mitgl. in den GesBR oder den KBR können – wie sich aus § 47 Abs. 2 ergibt – nicht auf den BetrAusschuss übertragen werden. Ferner können solche Angelegenheiten nicht zur selbständigen Erledigung übertragen werden, in denen ein wirksamer Beschluss des BR die Mehrheit der Stimmen seiner Mitglieder erfordert (*ErfK-Koch* Rn 5; vgl. hierzu § 33 Rn 36).

Außerdem darf die Übertragung von Angelegenheiten zur selbständigen Erledi- **78** gung auf den BetrAusschuss oder andere Ausschüsse des BR nicht so weit gehen, dass dem BR als Gesamtorgan **nicht ein Kernbereich** der gesetzlichen Befugnisse **verbleibt** (vgl. BAG 1. 6. 76, 20. 10. 93 AP Nr. 1, 5 zu § 28 BetrVG 1972; 17. 3. 05 NZA 05, 1064; *DKKW Wedde* Rn 37; *GK Raab* Rn 70; *HSWGNR* Rn 55; *Richardi/Thüsing* Rn 60). Bei der Prüfung, ob dem BR ein Kernbereich gesetzlicher Befugnisse verbleibt, ist nicht auf die einzelnen MBTatbestand, sondern auf das gesamte Aufgabengebiet des BR abzustellen (BAG 20. 10. 93 AP Nr. 5 zu § 28 BetrVG 1972; 17. 3. 05 aaO). Denn anderenfalls wäre eine sinnvolle Übertragung von Aufgaben zur selbständigen Erledigung, zB bei der Einstellung oder Kündigung von ArbN, nicht möglich.

b) Voraussetzungen

Die **Übertragung** von Angelegenheiten zur selbständigen Erledigung auf den **79** BetrAusschuss ist in formeller Hinsicht an zwei Voraussetzungen gebunden:
– Der Übertragungsbeschluss muss mit qualifizierter Stimmenmehrheit, nämlich der Mehrheit der Stimmen der Mitgl. des BR gefasst werden (Rn 80 f.).
– Der Übertragungsbeschluss bedarf der Schriftform (Rn 82 ff.).
Die Übertragung bedarf der **Mehrheit der Stimmen der Mitgl. des BR.** Es **80** müssen also mehr als die Hälfte der Mitgl., die der BR nach den §§ 9 und 11 Mitgl. hat, der Übertragung zustimmen. Nicht ausreichend ist die Mehrheit der an der Beschlussfassung teilnehmenden Mitgl.

Nehmen an der Beschlussfassung die **Mitgl. der JugAzubiVertr.** teil, – etwa weil **81** der Gegenstand der Übertragung eine überwiegend die jugendlichen ArbN und Auszubildenden betreffende Angelegenheit darstellt (vgl. § 67 Abs. 2 iVm. § 33 Abs. 3) – so sind die Stimmen der JugAzubiVertr. bei der Berechnung der absoluten Mehrheit mit zu berücksichtigen (*GK-Raab* Rn 72; *Richardi/Thüsing* Rn 61; nach *DKKW-Wedde* Rn 35 soll jeweils die absolute Mehrheit der Stimmen sowohl der BRMitgl. als auch der JugAzubiVertr. erforderlich sein, was jedoch der Regelung des § 33 Abs. 3 widerspricht). Allerdings muss auch in diesem Falle der Beschluss mindestens von der Mehrheit der BRMitgl. getragen sein (*GK-Raab* Rn 72; *WPK* Rn 22 ff.; vgl. § 33 Rn 39 ff.).

82   Die Übertragung bedarf der **Schriftform.** Diese Voraussetzung ist nicht bereits dadurch erfüllt, dass lediglich die Übertragung als solche ordnungsgemäß schriftlich niedergelegt wird. Erforderlich ist vielmehr, dass **auch die Angelegenheiten,** die dem BetrAusschuss zur selbständigen Erledigung übertragen werden, in dem Übertragungsbeschluss **genau umschrieben** werden (*Grosjean* NZA-RR 05, 113, 117). Dies ist aus Gründen der Rechtssicherheit notwendig, damit eindeutig feststeht, in welchen Angelegenheiten der BetrAusschuss anstelle des BR für eine rechtsverbindliche Beschlussfassung zuständig ist (BAG 20. 10. 93 AP Nr. 5 zu § 28 BetrVG 1972; *DKKW-Wedde* Rn 35; GK-*Raab* Rn 73; *HSWGNR* Rn 61; *Richardi/Thüsing* Rn 62). Dafür reicht die Angabe des jeweiligen Paragrafen zur Benennung des übertragenen Rechts im Übertragungsbeschluss aus (BAG 17. 3. 05 NZA 05, 1064).

83   Schriftform bedeutet die schriftliche Niederlegung des Übertragungsbeschlusses in einer Urkunde, die vom BRVors. unterzeichnet werden muss. Dem Erfordernis der Schriftform wird jedoch auch dadurch Genüge getan, dass der Übertragungsbeschluss mit den erforderlichen Angaben gemäß § 34 Abs. 1 in die **Sitzungsniederschrift** aufgenommen und vom BRVors. und einem weiteren BRMitgl. unterzeichnet worden ist (GK-*Raab* Rn 74; *WPK* Rn 26; *Grosjean* NZA-RR 05, 113, 117). Die Schriftform ist auch gewahrt, wenn in der **Geschäftsordnung des BR** dem BetrAusschuss oder einem anderen Ausschuss des BR bestimmte Aufgaben zur selbständigen Erledigung zugewiesen werden, da die Geschäftsordnung gem. § 36 ihrerseits der Schriftform und eines qualifizierten Mehrheitsbeschlusses bedarf (vgl. BAG 4. 8. 75 AP Nr. 4 zu § 102 BetrVG 1972; BAG 20. 10. 93 AP Nr. 5 zu § 28 BetrVG 1972).

84   Wird der Übertragungsbeschluss nicht mit der erforderlichen Mehrheit gefasst oder nicht schriftlich niedergelegt, ist er **unwirksam.** Der BetrAusschuss kann in diesem Fall keine rechtsverbindlichen Beschlüsse in den betreffenden Angelegenheiten fassen. Gleichwohl gefasste Beschlüsse sind unwirksam; jedoch können sie durch einen bestätigenden Beschluss des BR genehmigt werden (*Richardi/Thüsing* Rn 67; ErfK-*Koch* Rn 5; s. auch § 26 Rn 26 f.; **aA** hinsichtlich der Genehmigungsfähigkeit GK-*Raab* Rn 75; *HSWGNR* Rn 62).

85   Für die Wirksamkeit des Übertragungsbeschlusses ist nicht erforderlich, dass er dem **ArbGeb. mitgeteilt** wird (*HSWGNR* Rn 63). Allerdings dürfte sich die unverzügliche Unterrichtung des ArbGeb. im Interesse einer ordnungsgemäßen und zügigen Zusammenarbeit von ArbGeb. und BetrAusschuss in den übertragenen Angelegenheiten empfehlen. Denn der ArbGeb. braucht sich eine entspr. Übertragung von Angelegenheiten auf den BetrAusschuss nicht entgegenhalten zu lassen, solange er von der Übertragung keine Kenntnis erlangt hat. Deshalb kann der ArbGeb., wenn der BetrAusschuss die Übertragung behauptet, verlangen, dass ihm dies – ggf. durch Vorlage des schriftlich niedergelegten Übertragungsbeschlusses – nachgewiesen wird (*DKKW-Wedde* Rn 40; *Richardi/Thüsing* Rn 63; GK-*Raab* Rn 80 und *HSWGNR* Rn 64 leiten aus § 2 Abs. 1 eine Verpflichtung des BR zur Unterrichtung des ArbGeb. ab).

86   Die **Mitgl. des BR** haben jederzeit das Recht, in die Unterlagen des BetrAusschusses, insb. soweit diesem Angelegenheiten zur selbständigen Erledigung übertragen worden sind, **Einsicht zu nehmen** (vgl. § 34 Abs. 3 und dort Rn 33 ff.).

87   Für den **Widerruf der Übertragung** von Angelegenheiten zur selbständigen Erledigung, die ohne Begründung zulässig ist, gelten gemäß Abs. 2 Satz 4 die gleichen Grundsätze wie für die Übertragung selbst, dh der Widerruf bedarf ebenfalls der **Mehrheit der Stimmen der Mitgl. des BR** (*DKKW-Wedde* Rn 41; GK-*Raab* Rn 79; *HSWGNR* Rn 65, *Richardi/Thüsing* Rn 68), ggf. unter Berücksichtigung der Stimmen der JugAzubiVertr. (vgl. Rn 80 f.), sowie der **Schriftform** (vgl. Rn 82 ff.).

88   Die für die Übertragung und den Widerruf maßgebenden Voraussetzungen gelten auch, wenn der Kreis der dem BetrAusschuss zur selbständigen Erledigung übertragenen Aufgaben umfangmäßig oder inhaltlich **geändert** wird.

Der Übertragungsbeschluss gilt längstens für die **Dauer der Amtszeit** des BR, da 89
es allein dem jeweiligen BR obliegt, wie er die Erfüllung seiner Aufgaben organisiert
(*HSWGNR* Rn 67). Will ein nachfolgender BR die Übertragung von Aufgaben auf
den BetrAusschuss seines Vorgängers übernehmen, bedarf ein entspr. Übernahmebe-
schluss der qualifizierten Stimmenmehrheit und der Schriftform.

IV. Führung der laufenden Geschäfte in kleineren Betriebsräten

Im Interesse einer möglichst praktikablen Erledigung der laufenden Geschäfte des 90
BR auch in kleineren Betrieben gestattet Abs. 3, die Führung der laufenden Geschäfte in den BR, die keinen BetrAusschuss bilden können, auf den Vors. des BR oder
andere BRMitgl. zu übertragen.

Der Übertragungsbeschluss ist an keine bes. Voraussetzungen gebunden. Ausrei- 91
chend ist, dass der beschlussfähige BR mit **einfacher Stimmenmehrheit** einen
entspr. Beschluss fasst (*DKKW-Wedde* Rn 44; *GK-Raab* Rn 84; *HSWGNR* Rn 70;
WPK Rn 33; **aA** *Richardi/Thüsing* Rn 75, die für den Beschluss absolute Mehrheit
verlangen). Auch die Schriftform ist nicht erforderlich (*Reitze* ZBVR online 1/2011
S. 22, 23), obwohl sie im Regelfall gegeben sein dürfte, da gemäß § 34 Abs. 1 auch
dieser Beschluss in der Sitzungsniederschrift des BR aufzunehmen ist. Der Übertragungsbeschluss sollte dem ArbGeb. im Interesse einer ordnungsgemäßen und zügigen
Zusammenarbeit mitgeteilt werden.

Die Führung der laufenden Geschäfte kann **dem BRVors.** oder **anderen BR-** 92
Mitgl., dh auch mehreren Mitgl. gemeinsam, übertragen werden. Im letzteren Falle
besteht eine Art „geschäftsführender Ausschuss", der jedoch kein BetrAusschuss iS
des G ist und für dessen Wahl und Zusammensetzung deshalb auch nicht § 27 Abs. 1
maßgebend ist (*DKKW-Wedde* Rn 43; *GK-Raab* Rn 83; *HSWGNR* Rn 69; *Richardi/
Thüsing* Rn 77). Der BR ist in seiner Entscheidung, welches oder welche seiner
Mitgl. er mit der Führung der laufenden Geschäfte beauftragt, frei. Auch kann er ein
oder mehrere ErsMitgl. bestellen. Wird nicht der BRVors., sondern ein anderes
BRMitgl. mit der Führung der laufenden Geschäfte beauftragt, so hat das keinen
Einfluss auf die dem BRVors. von Gesetzes wegen zustehenden Rechte und Befugnis-
se (zB nach § 26 Abs. 2, § 29 Abs. 2 und 3, § 42 Abs. 1).

Nach § 28 Abs. 1 S. 1 kann der BR in Betrieben **mit mehr als 100 ArbN** Aus- 93
schüsse bilden und ihnen bestimmte Aufgaben übertragen (vgl. hierzu § 28 Rn 13 ff.).
Die Bildung derartiger Ausschüsse ist auch in BR möglich, die keinen BetrAusschuss
bilden müssen. Es bestehen keine Bedenken, in diesen Fällen einem derartigen Ausschuss die Führung der laufenden Geschäfte des BR zu übertragen.

Die Übertragung ist auf die Führung der **laufenden Geschäfte** (s. dazu Rn 67 ff.) 94
beschränkt. Eine Übertragung darüber hinausgehend Aufgaben und Befugnisse zur
selbständigen Erledigung auf den BRVors. oder andere BRMitgl. ist nicht zulässig
(*DKKW-Wedde* Rn 43; *GK-Raab* Rn 82; *Richardi/Thüsing* Rn 74). Dies gilt insb. für
die Ausübung von Beteiligungsrechten des BR, die in Betrieben mit bis zu 9 Mitgl.
nur von dem BR als ganzem wahrgenommen werden können (LAG Bremen ArbuR 83, 123; *HSWGNR* Rn 71). Zum Recht des Vors. von BR mit weniger als
neun Mitgl., in die Lohn- und Gehaltslisten Einblick zu nehmen vgl. § 80 Rn 71.

V. Streitigkeiten

Streitigkeiten in Zusammenhang mit der Wahl, Zusammensetzung oder Abberu- 95
fung der weiteren BetrAusschussmitgl. oder des gemäß Abs. 4 mit der Führung der
laufenden Geschäfte beauftragten BRMitgl. sowie Streitigkeiten über die Zuständigkeit des BetrAusschusses oder des beauftragten BRMitgl. entscheiden die ArbG im
BeschlVerf. (§§ 2 a, 80 ff. ArbGG u. dazu s. Nach § 1 Rn 1 ff.).

96　　Auch die **Wahl** der weiteren Mitgl. des BetrAusschusses ist auf ihre Rechtmäßigkeit **gerichtlich überprüfbar.** Im Hinblick auf die für die tägliche BRArbeit wesentliche Aufgabe der laufenden Geschäftsführung und insb. auf die Möglichkeit, dem
BetrAusschuss Aufgaben zur selbständigen Erledigung zu übertragen, kann aber ebenso wenig wie bei der Wahl des BRVors. und seines Stellvertr. (vgl. § 26 Rn 52 ff.)
jeder Rechtsverstoß die Nichtigkeit der Wahl zur Folge haben. Aus denselben Gründen darf auch die Rechtswirksamkeit der Wahl nicht über einen längeren Zeitraum
im Ungewissen bleiben. Aus Gründen der Rechtssicherheit ist es auch hier geboten,
in entspr. Anwendung des § 19 grundsätzlich nur eine zeitlich befristete Wahlanfechtung zuzulassen und eine Nichtigkeit der Wahl nur in bes. Ausnahmefällen anzuerkennen (st. BAG-Rspr. 21. 7. 04 AP Nr. 4 zu § 51 BetrVG 1972 u. AP Nr. 13
zu § 47 BetrVG 1972, 20. 4. 05 AP Nr. 29 zu § 38 BetrVG 1972 u. BB 05, 2360
jeweils mwN; *DKKW-Wedde* Rn 47; ErfK-*Koch* Rn 6; GK-*Raab* Rn 85, 24 ff.; *Richardi / Thüsing* Rn 79, 32).

97　　Als **wesentliche Wahlvorschriften,** die eine Anfechtung der Wahl rechtfertigen
können, sind insb. die Wahlgrundsätze nach Abs. 1 anzusehen (GK-*Raab* Rn 25). Ferner gehören hierzu die für eine ordnungsmäßige Durchführung der Wahl zu beachtenden allgemeinen Verfahrensgrundsätze, wie zB die ordnungsgemäße Ladung der
BRMitgl. unter Mitteilung der TO oder der Beschlussfähigkeit des BR. Auch die
Wahl einer von Abs. 1 S. 2 abweichenden Anzahl weiterer Mitgl. des BetrAusschusses
rechtfertigt die Wahlanfechtung.

98　　Die Anfechtung ist innerhalb einer **Frist von zwei Wochen** nach der **Feststellung** des **Wahlergebnisses** durch den BR zulässig (BAG 16. 11. 05 AP Nr. 7 zu
§ 28 BetrVG 1972; GK-*Raab* Rn 26). Ein späterer Zeitpunkt für den Beginn der
Anfechtungsfrist kann nur dann maßgebend sein, wenn ein BRMitgl. an der Teilnahme an der BRSitzung verhindert war und deshalb keine Kenntnis von Wahl und
Wahlergebnis hat. Allein für dieses BRMitgl. beginnt die Frist erst mit dessen Kenntniserlangung (so jetzt BAG 20. 4. 05 BB 05, 2360; *HSWGNR* Rn 30; aA *Richardi /
Thüsing* Rn 36: unbefristet).

99　　**Anfechtungsberechtigt** ist auch ein einzelnes BRMitgl. (st. BAG-Rspr., zuletzt
BAG 16. 11. 05 AP Nr. 7 zu § 28 BetrVG 1972 mwN; *DKKW-Wedde* Rn 49;
HSWGNR Rn 31; *Gräfl* Jahrb. des Arbeitsrechts Bd. 42, S. 133, 145). Dabei kommt es
nicht darauf an, ob es durch den Ausgang der Wahl persönlich betroffen ist (BAG 20. 4.
05 AP Nr. 29 zu § 38 BetrVG 1972). Anfechtungsberechtigt ist ferner jede im Betrieb
vertr. **Gewerkschaft.** Denn die Wahl des BetrAusschusses ist ebenso wie die Wahl des
BRVors. und seines Stellvertr. (vgl. § 26 Rn 57) ein konstitutiver Geschäftsführungsakt
des BR, der wegen der gesetzlich vorgesehenen Geschäftsführungsbefugnis des Ausschusses und der Möglichkeit, ihm Aufgaben zur selbständigen Erledigung zu übertragen, von wesentlicher Bedeutung für die Unterstützungsfunktion der Gewerkschaften
im Rahmen der Betriebsverfassung ist (BAG 11. 2. 69 AP Nr. 1 zu § 28 BetrVG;
DKKW-Wedde Rn 49; *Düwell / Blanke* Rn 14; *Däubler,* Gewerkschaftsrechte Rn 193;
aA BAG 12. 10. 76 AP Nr. 2 zu § 26 BetrVG 1972; GK-*Raab* Rn 27; *HSWGNR* Rn 31;
Richardi / Thüsing Rn 35; wohl auch BAG 16. 2. 73 AP Nr. 1 zu § 19 BetrVG 1972).

99a　　**Nicht anfechtungsbefugt** sind der ArbGeb. und die ArbN des Betriebs, da ihnen
keine Kontrollfunktion über die Geschäftsführung des BR zukommt (*DKKW-Wedde*
Rn 49; GK-*Raab* Rn 27; *HSWGNR* Rn 31; *Richardi / Thüsing* Rn 34). Etwas anderes
gilt hinsichtlich des ArbGeb. allerdings für den Fall, dass der BR mehr Mitgl. als nach
Abs. 1 vorgesehen in den Ausschuss wählt. Denn hierdurch wird der ArbGeb. unmittelbar belastet, da er eine notwendige Arbeitsbefreiung für die Teilnahme an den Sitzungen des Ausschusses und die Wahrnehmung seiner Aufgaben für mehr BRMitgl.
als gesetzlich vorgesehen hinnehmen muss (ErfK-*Koch* Rn 6; GK-*Raab* aaO).

100　　Die gerichtliche Entscheidung über die Anfechtung der Wahl der Ausschussmitgl.
wirkt **rechtsgestaltend** (BAG 16. 11. 05 AP Nr. 7 zu § 28 BetrVG 1972). Bis zur
rechtskräftigen Feststellung der Ungültigkeit der Wahl bleiben die gewählten Mitgl.
des Ausschusses im Amt.

Eine **Nichtigkeit** der Wahl liegt nur bei ganz **groben** und **offensichtlichen** 101
Rechtsverstößen vor. Dies ist nicht schon bei einem Verstoß gegen zwingende Wahlvorschriften anzunehmen, sondern es muss sich um einen so schwerwiegenden Verstoß handeln, dass nicht einmal der Anschein einer dem G entspr. Wahl vorliegt
(BAG 20. 4. 05 BB 05, 2360). Das ist zB anzunehmen, wenn überhaupt keine Wahl
stattgefunden hat, sondern die Mitgl. durch den BRVors. oder durch bloßen Zuruf
bestimmt worden sind, oder bei einer Wahl außerhalb einer BRSitzung oder bei der
Wahl eines NichtBRMitgl. Auch eine Neuwahl der Mitgl. des BetrAusschusses ohne
vorherige ordnungsgemäße Abberufung der vorher wirksam gewählten Ausschussmitgl. ist nichtig (BAG 13. 11. 91 AP Nr. 3 zu § 27 BetrVG 1972), es sei denn, die
Neuwahl erfolgt mit der für die Abberufung erforderlichen Mehrheit (BAG 20. 4. 05
aaO; s. Rn 51). Das Gleiche gilt, wenn in einem BR mit weniger als 9 Mitgl. ein
Betriebsausschuss gewählt wird.

Dagegen hat, da sowohl die Verhältniswahl als auch die Mehrheitswahl demokrati- 102
sche Wahlen sind, die Wahl der BetrAusschussmitgl. in Mehrheitswahl statt in Verhältniswahl **keine Nichtigkeit** der Wahl, sondern nur ihre Anfechtbarkeit zur Folge
(BAG 21. 7. 04 AP Nr. 4 zu § 51 BetrVG 1972). Das Gleiche gilt, wenn die Wahl
nicht als geheime Wahl durchgeführt worden ist oder die Größe des gewählten Ausschusses nicht der gesetzlichen Regelung entspricht. Auch reicht eine zu Unrecht
unterbliebene Ladung eines weiteren Ersatzmitgl. bei Verhinderung des geladenen
Ersatzmitgl. nicht aus (BAG 20. 4. 05 BB 05, 2360). In keinem Falle liegt eine Nichtigkeit der Wahl vor, wenn eine Rechtsfrage umstritten ist und die BRMitgl. sich
einer bestimmten, vertretbaren Meinung anschließen (BAG 13. 11. 91 aaO).

Bei der Frage, ob ein schwerwiegender Gesetzesverstoß **offensichtlich** ist, kommt 103
es darauf an, dass sich den BRMitgl. als den mit den tatsächlichen Gegebenheiten
vertrauten Personen die Annahme eines schwerwiegenden Gesetzesverstoßes auf
drängen musste. Die Nichtigkeit der Wahl kann **jederzeit** und von **jedermann** geltend gemacht werden. Sie ist an kein bestimmtes Verfahren gebunden.

Der **Antrag** auf Feststellung der Unwirksamkeit der Wahl ist **auslegungsfähig.** 104
IdR beinhaltet er nicht nur die Feststellung ihrer Nichtigkeit, sondern auch eine Anfechtung der Wahl (BAG 15. 1. 92 AP Nr. 10 zu § 26 BetrVG; 29. 4. 92 AP Nr. 15
zu § 38 BetrVG 1972; 16. 11. 05 AP Nr. 7 zu § 28 BetrVG 1972). Umgekehrt umfasst ein Antrag, die Wahl für unwirksam zu erklären, idR nicht nur eine Anfechtung
der Wahl, sondern auch das Begehren, ihre Nichtigkeit festzustellen (BAG 13. 11. 91
AP Nr. 3 zu § 27 BetrVG 1972; 20. 4. 05 BB 05, 2360).

§ 28 Übertragung von Aufgaben auf Ausschüsse

(1) [1]**Der Betriebsrat kann in Betrieben mit mehr als 100 Arbeitnehmern Ausschüsse bilden und ihnen bestimmte Aufgaben übertragen.** [2]**Für die Wahl und
Abberufung der Ausschussmitglieder gilt § 27 Abs. 1 Satz 3 bis 5 entsprechend.**
[3]**Ist ein Betriebsausschuss gebildet, kann der Betriebsrat den Ausschüssen Aufgaben zur selbständigen Erledigung übertragen; § 27 Abs. 2 Satz 2 bis 4 gilt
entsprechend.**

(2) **Absatz 1 gilt entsprechend für die Übertragung von Aufgaben zur selbständigen Entscheidung auf Mitglieder des Betriebsrats in Ausschüssen, deren
Mitglieder vom Betriebsrat und vom Arbeitgeber benannt werden.**

Inhaltsübersicht

I. Vorbemerkung

1　Diese Vorschrift ermöglicht im Interesse der Intensivierung der BRArbeit die Bildung von Ausschüsse des BR und gemeinsamer Ausschüsse von ArbGeb. und BR, denen in BR mit einem BetrAusschuss auch Angelegenheiten zur selbständigen Entscheidung übertragen werden können.

2　Die Vorschrift gilt – mit Ausnahme des Abs. 1 S. 2 – **entspr.** für den GesBR und KBR (vgl. § 51 Abs. 1 und § 59 Abs. 1). Für die JugAzubiVertr. gilt Abs. 1 S. 1 und 2, für die GesJugAzubiVertr. und die KJugAzubiVertr. gilt Abs. 1 S. 1 entspr. (vgl. §§ 65 Abs. 1, 73 Abs. 2 und 73 b Abs. 2). Für die BordVertr. und den SeeBR ist die Vorschrift zwar uneingeschränkt für entspr. anwendbar erklärt (vgl. §§ 115 Abs. 4, 116 Abs. 3), jedoch ist bei diesen ArbNVertr. eine Übertragung von Aufgaben an Ausschüsse zur selbständigen Erledigung nicht möglich, weil diese ArbNVertr. angesichts ihrer beschränkten MitglZahl (vgl. § 115 Abs. 2 Nr. 3 und § 116 Abs. 2 Nr. 3) keinen BetrAusschuss bilden können. Für ArbNVertr. nach § 3 Abs. 1 Nr. 2 und 3 gilt die Vorschrift entspr., da diese an die Stelle des BR treten. Für ArbNVertr. nach § 3 Abs. 1 Nr. 4 und 5 können TV oder BV eine entspr. Regelung vorsehen. Die Vorschrift gilt nicht für ArbGruppen nach § 28 a.

3　Die Vorschrift ist **zwingend** und kann weder durch TV noch durch BV abgeändert werden. Für ArbNVertr. nach § 3 Abs. 1 Nr. 2 und 3 können TV und BV abweichende Regelungen vorsehen, wenn dies der sachgerechten Wahrnehmung der Aufgaben dieser ArbNVertr. oder der wirksamen und zweckmäßigen Interessenvertretung der ArbN dient.).

4　Entsprechende Vorschriften im PersVG, SprAuG, EBRG, SEBG und SCEBG: keine.

II. Ausschüsse des Betriebsrats

1. Zweck und Aufgaben

5　Die Ermächtigung des BR, außer dem BetrAusschuss **andere Ausschüsse** des BR bilden und diesen sogar Aufgaben zur selbständigen Erledigung übertragen zu können, dient der **Intensivierung** sowie der **Straffung und Beschleunigung der BRArbeit.** Im Hinblick auf eine zügige und sachgerechte Erledigung der umfangreichen Aufgaben des BR erscheint es insb. in größeren BR unumgänglich, von der Möglichkeit der Ausschussbildung Gebrauch zu machen. Ebenso wie der BetrAusschuss sind auch andere Ausschüsse des BR keine gesonderten Betriebsvertretungen, sondern Organe des BR (vgl. § 27 Rn 54; *Richardi/Thüsing* Rn 20).

6　Der BR ist zur Bildung von Ausschüsse **berechtigt,** nicht verpflichtet. Im Gegensatz zur Bildung des BetrAusschusses (vgl. § 27 Rn 7 ff.) obliegt diese Entscheidung seinem freien Ermessen (*DKKW-Wedde* Rn 7; *Richardi/Thüsing* Rn 6; enger GK-*Raab* Rn 19: pflichtgemäßes Ermessen).

7　Ebenfalls dem freien **Ermessen** des BR unterliegt, welche **Arten** von **Ausschüssen** er bilden und welche Aufgaben er diesen übertragen will. Er kann lediglich vorbereitende Ausschüsse bilden, er kann aber auch Ausschüsse mit eigener Entscheidungskompetenz errichten. Zu den unterschiedlichen Voraussetzungen, die bei der Bildung dieser Ausschüsse zu beachten sind, vgl. Rn 13 ff.

Vorbereitende Ausschüsse haben den Zweck, in den übertragenen Angelegenhei- **8** ten eine zügige Beratung und sachgerechte Beschlussfassung des BR vorzubereiten. Sie haben keine Sachentscheidungskompetenz, können jedoch im Rahmen ihrer Hilfsfunktion alle Maßnahmen vornehmen, die für eine ordnungsgemäße Beschlussfassung des BR sachdienlich erscheinen, zB vorbereitende Gespräche mit Vertr. des ArbGeb. oder der Gewerkschaften, Vorklärung von Sach- und Rechtsfragen, Erarbeitung von Lösungsmöglichkeiten, ggf. auch die Hinzuziehung eines sachkundigen ArbN des Betriebs (vgl. § 80 Rn 81 ff.) oder von Sachverständigen (vgl. § 80 Rn 86 ff.) oder Beratern iS des § 111 S. 2 (vgl. § 111 Rn 117 ff.).

Der BR kann den Ausschüssen auch bestimmte Angelegenheiten, insb. auch **9** MBAngelegenheiten, **zur selbständigen Erledigung** übertragen. Im Rahmen dieser Übertragung treten die Ausschüsse an die Stelle des BR. Die Willensbildung in den Ausschüssen ersetzt diejenige des BR (*DKKW-Wedde* Rn 9; GK-*Raab* Rn 15; *Richardi / Thüsing* Rn 25). Allerdings können Ausschüsse des BR ebenso wenig wie der BetrAusschuss ermächtigt werden, **Betriebsvereinbarungen** abzuschließen. Der Abschluss von BV ist wegen ihrer normativen Wirkung dem BR vorbehalten.

Der Kreis der **Angelegenheiten,** die den Ausschüssen des BR übertragen werden **10** können, ist gesetzlich nicht näher umschrieben. Er ist **grundsätzlich nicht begrenzt,** muss sich jedoch im Rahmen der funktionellen Zuständigkeit des BR halten (BAG 20. 10. 93 – 7 ABR 26/93 – NZA 94, 567; *DKKW-Wedde* Rn 10; GK-*Raab* Rn 12). So ist zB die Delegation der Beteiligungsrechte des BR nach den §§ 99 und 102 auf einen sog. Personalausschuss zulässig (vgl. BAG 4. 8. 75 und 12. 7. 84 AP Nr. 4 und 32 zu § 102 BetrVG 1972; BAG 1. 6. 76 AP Nr. 1 zu § 28 BetrVG 1972), was sich im Hinblick auf die Ausschlussfristen in § 99 Abs. 3 S. 2 und § 102 Abs. 2 in größeren BR vielfach empfehlen dürfte (zu den in BR der privatisierten Postunternehmen für bestimmte Personalangelegenheiten der dort beschäftigten Beamten bestehenden Einschränkungen vgl. § 27 Rn 75 sowie unten Rn 34 ff.). Ferner ist zu denken an einen Ausschuss zur Verwaltung von Sozialeinrichtungen oder einen Akkord-, Personalplanungs-, Berufsbildungs-, Beschwerde- oder Arbeitsschutzausschuss. Auch können Ausschüsse zur Erledigung begrenzter Aufgaben, zB zur Ausgestaltung von Arbeitsplätzen oder zur Durchführung eines Betriebsfestes, gebildet werden.

Allerdings ist die Übertragung gewisser Angelegenheiten auf Ausschüsse des BR **11** aus der Natur der Sache heraus **ausgeschlossen.** Soweit eine sachgerechte Erledigung einer Angelegenheit nur durch Abschluss einer BV möglich ist, verbietet sich ihre Übertragung auf einen Ausschuss mit eigener Entscheidungskompetenz, da diese von einem Ausschuss nicht abgeschlossen werden kann. Ferner gelten die für den BetrAusschuss bestehenden Einschränkungen einer Übertragung von Angelegenheiten (vgl. hierzu § 27 Rn 77 f.) auch für andere Ausschüsse. In einem BR mit einem BetrAusschuss kann einem anderen Ausschuss nicht die Führung der laufenden Geschäfte des BR übertragen werden, da diese dem BetrAusschuss als gesetzliche Aufgabe zugewiesen ist (vgl. § 27 Rn 65 ff.; *DKKW-Wedde* Rn 11; *Richardi / Thüsing* Rn 24). Soweit allerdings der einem Ausschuss übertragene Aufgabenbereich die Notwendigkeit einer eigenen laufenden Geschäftsführung mit sich bringt (etwa bei einem Wohnungsausschuss die laufende Verwaltung der Wohnungen), kann diese dem Ausschuss übertragen werden (ErfK-*Koch* Rn 1; GK-*Raab* Rn 12; *HSWGNR* Rn 21; *Richardi / Thüsing* Rn 24).

Außer den gesetzlich vorgesehenen Ausschüssen des BR nach §§ 27 und 28 kann **12** nach Ansicht des BAG (BAG 15. 1. 92 AP Nr. 10 zu § 26 BetrVG 1972) durch BV auch die Errichtung **anderer,** nicht im BetrVG vorgesehener Ausschüsse von den BR eines Unternehmens vereinbart werden, etwa eines sog. Koordinierungsausschusses, der sich aus 2 Mitgl. aller in einer bestimmten Region tätigen BR eines Unternehmens zusammensetzt. Die Errichtung eines derartigen unternehmensinternen Ausschusses ist kein zusätzliches betriebsverfassungsrechtliches Gremium iS des § 3

Abs. 1 Nr. 4, da diese Vorschrift nur die Schaffung unternehmensübergreifender Institutionen betrifft. Deshalb gilt auch nicht der Tarifvorrang des § 3 Abs. 2.

2. Voraussetzungen für ihre Bildung

a) Vorbereitende Ausschüsse

13   Die Voraussetzungen für die Bildung von Ausschüssen des BR sind unterschiedlich geregelt, je nachdem, ob ihnen Aufgaben lediglich zur Vorbereitung von BRBeschlüssen oder zur selbständigen Erledigung übertragen werden sollen. **Ausschüsse ohne Sachentscheidungskompetenz** können in Betrieben mit mehr als **100 ArbN.** errichtet werden (LAG Niedersachsen NZA-RR 09, 532). Im Gegensatz zur Bildung des BetrAusschusses wird bei ihnen nicht auf eine bestimmte BRGröße, sondern auf die Zahl der im Betrieb beschäftigten Arbeitnehmer abgestellt.

14   Wer als ArbN iS dieser Vorschrift anzusehen ist, bestimmt sich nach denselben Kriterien wie sie für die Bestimmung der BRGröße maßgebend sind (vgl. § 9 Rn 11 ff.), Es kommt, obwohl dies nicht ausdrücklich geregelt ist, auf den **regelmäßigen Bestand** der ArbN an (*DKKW-Wedde* Rn 3; *WPK* Rn 3), wie dies auch bei anderen Grenzahlen des G (vgl. zB §§ 1, 9, 99, 111) und mittelbar auch beim BetrAusschuss der Fall ist, dessen Bildung und Größe von der BRGröße abhängt, die ihrerseits wiederum durch die Zahl der in der Regel beschäftigten ArbN des Betriebs bestimmt wird (zum Begriff in der Regel vgl. § 1 Rn 271).

15   Da das G. nicht auf die BRGröße, sondern auf die **Größe des Betriebs** abstellt, kann einem 5-köpfiger BR, der in Betrieben mit 51 bis 100 regelmäßig Beschäftigten zu bilden ist, die Zulässigkeit der Ausschussbildung zuwachsen, wenn der Betrieb auf Dauer mehr als 100 ArbN beschäftigt. Umgekehrt kann ein in Betrieben mit 101 bis 200 regelmäßig Beschäftigten zu wählender 7-köpfiger BR das Recht zur Ausschussbildung verlieren, wenn die ArbNZahl seines Betriebs auf Dauer unter 100 ArbN sinkt.

16   In Betrieben mit in der Regel **weniger als 101 ArbN** ist die Bildung von Ausschüssen **unzulässig.** Das schließt allerdings nicht aus, dass BR in solchen Betrieben einzelne BRMitgl. mit bes. Aufgaben, etwa mit der sachlichen Vorbereitung bestimmter vom BR zu erledigenden Aufgaben, beauftragen können. Eine generelle Übertragung bestimmter Aufgaben auf einzelne BRMitgl. ist jedoch nicht zulässig (*DKKW-Wedde* Rn 4; *GK-Raab* Rn 18; *Richardi/Thüsing* Rn 5; *Reitze* ZBVR online 1/2011 S. 22, 25).

17   Für die Übertragung von Aufgaben auf einen Ausschuss ohne eigene Sachentscheidungskompetenz sind weder eine qualifizierte Mehrheit erforderlich noch bestimmte Formerfordernisse einzuhalten. Ausreichend ist ein **einfacher Mehrheitsbeschluss** des BR (vgl. § 33 Rn 26 ff.). Der Schriftform des Übertragungsbeschlusses bedarf es nicht. Jedoch ist der Beschluss in der Sitzungsniederschrift festzuhalten. Diese Grundsätze gelten auch, wenn ein Übertragungsbeschluss **aufgehoben** oder **abgeändert** werden soll.

18   Die Bildung von Ausschüssen des BR ist eine Entscheidung des jeweiligen BR. Deshalb sind derartige Ausschüsse nach einer Neuwahl des BR **neu zu bilden** und zu besetzen.

b) Ausschüsse mit selbständiger Entscheidungskompetenz

19   Die Bildung von Ausschüssen des BR mit selbständiger Entscheidungsbefugnis ist nach Abs. 1 S. 3 nur zulässig, wenn ein **BetrAusschuss besteht.** Derartige Ausschüsse kommen deshalb nur in BR mit 9 oder mehr Mitgl. in Betracht. BR dieser Größenordnung sind in Betrieben mit in der Regel mehr als 200 ArbN zu wählen (vgl. § 9).

20   Der **BetrAusschuss** muss vor Bildung eines Ausschusses mit selbständiger Entscheidungskompetenz **tatsächlich errichtet** sein (*DKKW-Wedde* Rn 6; *GK-Raab*

Rn 4; *Richardi / Thüsing* Rn 5). Insoweit genießt die Bildung des BetrAusschusses gegenüber derjenigen anderer Ausschüsse mit Sachentscheidungskompetenz Priorität. Ein nur vorübergehender Wegfall des BetrAusschusses lässt den Bestand derartiger Ausschüsse allerdings unberührt. Ebenso wie der BetrAusschuss sind auch die übrigen Ausschüsse zu Beginn einer neuen Amtsperiode neu zu bilden und zu besetzen (*HSWGNR* Rn 6).

Werden einem Ausschuss Aufgaben zur selbständigen Erledigung übertragen, so **21** muss, ebenso wie bei der entspr. Übertragung auf den BetrAusschluss, die Übertragung mit der **Mehrheit der Stimmen der Mitgl. des BR** beschlossen werden (Näheres vgl. § 27 Rn 80 f.). Ferner bedarf die Übertragung der **Schriftform** (vgl. § 27 Rn 82 f.). Gleiches gilt, wenn die Übertragung aufgehoben oder inhaltlich geändert werden soll.

3. Errichtung, Größe, Auflösung

Die Errichtung von Ausschüssen steht im Ermessen des BR. Sie kann gerichtlich **22** nicht auf ihre Zweckmäßigkeit, sondern nur auf Rechtsfehler hin überprüft werden (LAG Niedersachsen NZA-RR 09, 532). Will der BR einen Ausschuss bilden, muss er im Einzelnen festlegen, welche Aufgaben der Ausschuss wahrnehmen soll, ob ihm diese Aufgaben lediglich zur Vorbereitung der Entscheidungen des BR oder zur selbständigen Erledigung übertragen werden, welche Größe der Ausschuss haben soll und ggf. auch, wie sich der Ausschuss zusammensetzen soll.

Insb. bei einer Übertragung von Angelegenheiten zur selbständigen Erledigung ist **23** eine **genaue Umschreibung** der zu übertragenden Angelegenheiten erforderlich, damit eindeutig feststeht, in welchen Fällen der Ausschuss anstelle des BR zuständig ist. Da es im freien Ermessen des BR liegt, einem Ausschuss Angelegenheiten zur selbständigen Erledigung zu übertragen ist der BR befugt, nähere Regelungen über die formelle Behandlung der übertragenen Angelegenheiten festzulegen, zB Festlegung einer qualifizierten Stimmenmehrheit bei der Beschlussfassung oder einer Berichtspflicht (vgl. hierzu § 27 Rn 73 ff.). Auch inhaltliche Vorgaben des BR zur Behandlung der übertragenen Angelegenheiten sind zulässig, etwa in Form konkreter Weisungen oder Richtlinien.

Der BR kann auch **Vorgaben für die Zusammensetzung** des Ausschusses da- **24** hingehend machen, dass der BRVors. und/oder sein Stellvertreter, die im Gegensatz zum BetrAusschuss den anderen Ausschüssen des BR nicht von Gesetzes wegen angehören, einem Ausschuss als geborene Mitgl. angehören und deshalb nicht zu wählen sind (*DKKW-Wedde* Rn 14; aA BAG 16. 11. 05 AP Nr. 7 zu § 28 BetrVG 1972, s. dazu Rn 29; GK-*Raab* Rn 31). Dagegen kann der BR nicht festlegen, dass einem Ausschuss (auch) andere Personen als BRMitgl. – etwa noch nicht nachgerückte ErsMitgl. oder sachkundige ArbN des Betriebs – angehören. Denn dies wäre kein Ausschuss des BR mehr.

Im Gegensatz zum BetrAusschuss ist für andere Ausschüsse des BR **keine be- 25 stimmte Größe** vorgeschrieben. Die Größe braucht sich nicht an die des Betr-Ausschusses anzulehnen (hM; **aA** *HSWGNR* Rn 8); ihre Festlegung liegt im Ermessen des BR. Die Zweckmäßigkeit dieser Entscheidung unterliegt keiner gerichtlichen Überprüfung (BAG 20. 10. 93 – 7 ABR 26/93 – NZA 94, 567). Aus diesem Grunde können die weiteren Ausschüsse auch aus weniger als 5 Mitgl. bestehen (*DKKW-Wedde* Rn 12; GK-*Raab* Rn 30; *HSWGNR* Rn 8; *Richardi / Thüsing* Rn 10).

Die Größe von Ausschüssen ist einer der Faktoren, die bei der grundsätzlich vor- **26** geschriebenen Wahl der Ausschussmitgl. in Verhältniswahl den Erfolg der einzelnen zur Wahl anstehenden Listen beeinflussen können. Je größer die Ausschüsse sind, umso mehr kommen die Grundsätze der Verhältniswahl zum Tragen (vgl. hierzu *Wlotzke* DB 89, 114). Es besteht jedoch keine Verpflichtung des BR, im Hinblick hierauf die Größe der weiteren Ausschüsse so festzulegen, dass eine bei der BRWahl erfolgreiche Liste auch bei der Besetzung des weiteren Ausschusses zum Zuge kommt. Denn einen derartigen Schutz der bei der BRWahl angetretenen Listen kennt das G nicht. Ein solcher Schutz kann auch nicht mit Billigkeitserwägungen begründet werden (BAG 20. 10. 93 – 7 ABR 26/93 – NZA 94, 567; *Düwell/Blanke* Rn 11; *HSWGNR* Rn 7). Nicht notwendig ist, dass die Zahl der Ausschussmitgl. stets eine ungerade ist. Allerdings dürfte sich im Hinblick auf die Sicherstellung von Beschlussmehrheiten eine gerade Zahl von Ausschussmitgl. nur in Ausnahmefällen empfehlen (*DKKW-Wedde* Rn 12; *HSWGNR* Rn 8).

27 Ebenso wie die Bildung liegt auch die **Auflösung** eines Ausschusses sowie die Änderung der ihm übertragenen Angelegenheiten der freien Ermessensentscheidung des BR. Hierbei sind – wie bei der Bildung von Ausschüssen – die unterschiedlichen Formerfordernisse zu beachten, je nachdem ob es sich um einen vorbereitenden Ausschuss oder einen Ausschuss mit selbständiger Entscheidungsbefugnis handelt. Im ersten Falle reicht ein einfacher Mehrheitsbeschluss des BR aus, im zweiten Fall ist eine absolute Mehrheit sowie die Schriftform erforderlich (vgl. oben Rn 17, 21).

4. Wahl der Mitglieder, Amtsniederlegung, Abberufung, Geschäftsführung

28 Für die **Wahl** der Mitgl. der Ausschüsse gelten **dieselben Grundsätze** wie für die Wahl der weiteren Mitgl. des BetrAusschusses (vgl. Abs. 1 S. 2 iVm. § 27 Abs. 1 S. 3–5; *DKKW-Wedde* Rn 13; *GK-Raab* Rn 20 ff.). Das gilt unabhängig davon, ob es sich um einen nur vorbereitenden oder um einen Ausschuss mit selbständiger Entscheidungsbefugnis handelt. Im Einzelnen gilt: Die Wahl der Ausschussmitgl. ist geheim (vgl. § 27 Rn 15). Die Mitgl. werden grundsätzlich in Verhältniswahl gewählt. Eine Mehrheitswahl findet nur statt, wenn im BR lediglich eine Vorschlagsliste eingereicht wird (vgl. § 27 Rn 23, 25). Vorgaben für die personelle Besetzung der Ausschüsse, wie zB eine bestimmte Geschlechterzugehörigkeit oder die Berücksichtigung der bei der BRWahl erfolgreichen Listen, bestehen nicht (vgl. § 27 Rn 14). Berechtigt, Wahlvorschläge für die Mitgl. der Ausschüsse einzureichen, sind nur die BRMitgl. (vgl. § 27 Rn 18). Auch können nur BRMitgl., nicht jedoch noch nicht in den BR nachgerückte ErsMitgl. in die weiteren Ausschüsse gewählt werden (vgl. § 27 Rn 13). Zur Möglichkeit, ErsMitgl. des BR als ErsMitgl. für die Wahl der Ausschüsse vorzuschlagen vgl. § 27 Rn 22.

28a Die Wahl von ErsMitgl. ist ebenso wie beim BetrAusschuss zulässig (vgl. § 27 Rn 28 ff.). Es gelten die gleichen Grundsätze. So kann bei Ausscheiden eines Ausschussmitgl. in entspr. Anwendung von § 25 Abs. 2 S. 1 oder 2 (s. § 27 Rn 34 f.) ein Ersatzmitgl. in den Ausschuss nachrücken. Dies gilt jedoch nicht bei der **Erweiterung** des **Ausschusses** zB um ein zusätzliches Mitgl. Dieses ist bisher noch gar nicht gewählt worden und kann daher nicht analog § 25 ersetzt werden. Es ist vielmehr neu zu wählen, uz im Mehrheitswahl, wenn auch die bisherigen Mitgl. ebenfalls in Mehrheitswahl gewählt worden sind. Sind diese in Verhältniswahl gewählt worden, kommt eine isolierte Neuwahl in Mehrheitswahl nicht in Betracht. Vielmehr müssen dann **alle Ausschussmitgl.** neu gewählt werden, um eine **Verhältniswahl** zu ermöglichen und den Minderheitenschutz zu gewährleisten (BAG 16. 3. 05 NZA 05, 1072). Eine vorherige Abberufung der bisherigen Ausschussmitgl. ist nicht erforderlich (s. BAG 20. 4. 05 AP Nr. 29 zu § 38 BetrVG 1972).

29 Abweichend von der Regelung für den BetrAusschuss gehören der **BRVors. und sein Stellvertr.** anderen Ausschüssen **nicht von Gesetzes wegen** an (*DKKW-Wedde* Rn 12; *GK-Raab* Rn 31; *HSWGNR* Rn 9; *Löwisch/Kaiser* Rn 5). Sie können jedoch in den Ausschuss gewählt werden. Ist der BRVors. in einen Ausschuss gewählt worden, wird er im Verhinderungsfall nicht vom stellvertr. Vors. vertreten (vgl. auch LAG Schlesw./Holst. NZA 85, 68; *GK-Raab* Rn 31; *WPK* Rn 5). Entgegen der in Rn 24 vertretenen Ansicht (s. auch *DKKW-Wedde* Rn 14) kann nach BAG (16. 11. 05 AP Nr. 7 zu § 28 BetrVG 1972) der BR bei der Errichtung eines Ausschusses

nicht festlegen, dass der BRVors. und/oder sein Stellvertr. einem Ausschuss als geborenes Mitgl. angehören, weil ansonsten der durch das Verhältniswahlrecht bezweckte Minderheitenschutz nicht gewährleistet wäre (ErfK-*Koch* Rn 1; GK-*Raab* Rn 31; *Richardi/Thüsing* Rn 14).

Die Ausschüsse des BR werden im Allgemeinen für die **Dauer der Amtszeit** des 30 BR gewählt. Etwas anderes gilt, wenn ein Ausschuss ausdrücklich nur für eine bestimmte Zeit oder für einen bestimmten Zweck errichtet wird. In diesem Falle endet die Tätigkeit des Ausschusses mit Zeitablauf oder mit Erfüllung seines Zwecks (*DKKW-Wedde* Rn 8; GK-*Raab* Rn 25).

Die Mitgl. der Ausschüsse des BR können dieses Amt jederzeit **niederlegen** (vgl. 31 § 27 Rn 44) oder aus diesem Amt wieder **abberufen** werden (GK-*Raab* Rn 25). Sind sie in Verhältniswahl gewählt worden, ist zu ihrer Abwahl allerdings eine geheime Wahl und eine qualifizierte Mehrheit erforderlich (vgl. § 27 Rn 46 f.).

Für die **Geschäftsführung** der Ausschüsse gelten grundsätzlich dieselben Rege- 32 lungen wie für den BR. Das gilt insb. in Bezug auf die Beschlussfassung, deren Voraussetzungen der BR allerdings näher regeln kann (vgl. § 27 Rn 73 ff. u. unten Rn 45), für das Teilnahmerecht der Gewerkschaften oder anderer Personen oder Institutionen an den Sitzungen, die Sitzungsniederschrift, die Frage der Aussetzung von Beschlüssen sowie die Geschäftsordnung (vgl. hierzu § 27 Rn 54 ff.).

Da der BRVors. und sein Stellvertr. den weiteren Ausschüssen nicht von Gesetzes 33 wegen angehören, sind sie auch nicht automatisch Vors. und stellvertr. Vors. der weiteren Ausschüsse. Um eine ordnungsmäßige Tätigkeit des Ausschusses sicherzustellen, erscheint auch für sie die **Bestellung eines Vors.** und eines stellvertr. Vors. geboten. Die Bestellung erfolgt durch den BR (*DKKW-Wedde* Rn 13; *Richardi/Thüsing* Rn 21; aA *HSWGNR* Rn 15). Unterlässt der BR sie, kann der Ausschuss seinen Vors. und dessen Stellvertr. selbst wählen (GK-*Raab* Rn 35). Jedenfalls bei einer Übertragung bestimmter Aufgaben zur selbständigen Erledigung ist davon auszugehen, dass der Vors. des Ausschusses insoweit zur Entgegennahme von Erklärungen berechtigt ist (vgl. § 26 Rn 43).

5. Personalausschüsse in Betriebsräten der Post-AGn

In BR von Betrieben der privatisierten Post-AGn besteht nach § 28 Abs. 1 Post- 34 PersRG eine Ausnahme von der gemeinsamen Beschlussfassung im BR. Stehen für die diesen Betrieben zugewiesenen Beamten bestimmte beteiligungspflichtige personelle Maßnahmen an (vgl. hierzu § 99 Rn 301, 317), werden diese zwar vom gesamten BR beraten, zur Beschlussfassung ist jedoch allein die Beamtengruppe im BR berufen (vgl. § 33 Rn 27 ff.); dies gilt auch bez. der Beamten, die von den Post-AGn ihren Tochter-, Enkel- und Beteiligungsgesellschaften zugewiesen worden sind (s. § 28 Abs. 2 Post-PersRG, dazu kr. *Stiller* ZBVR 04, 237; s. auch § 14 Rn 86 ff., § 99 Rn 331). Diese Besonderheiten sind bei der Übertragung von personellen Angelegenheiten auf Ausschüsse des BR zu beachten. Dies bedeutet im Einzelnen:

Bei Bildung eines **bes. Beamtenpersonalausschusses** nur für Beamte müssen 35 dem Ausschuss auf jeden Fall Vertr. der Beamtengruppe im BR angehören, denen auch die alleinige Entscheidungsbefugnis im Ausschuss zusteht (*DKKW-Wedde* Rn 10; GK-*Raab* Rn 14; *Richardi/Thüsing* Rn 9). Um die gemeinsame Beratung zu gewährleisten, müssen dem Beamtenausschuss auch andere BRMitgl angehören, wenn man eine unpraktikable vorherige Beratung im gesamten BR verhindern will (GK-*Raab* Rn 14; *Richardi/Thüsing* Rn 9; *Engels/Maus-Trebinger* RdA 97, 230). Da die Behandlung von Beamtenangelegenheiten in einem Beamtenausschuss sowohl Belange der Beamtengruppe im BR als auch den gesamten BR berührt, setzt seine Bildung einen zustimmenden Beschluss sowohl des BR als auch der Beamtengruppe im BR, und zwar jeweils mit der Mehrheit der Stimmen der Mitgl., voraus (GK-*Raab* aaO; *DKKW-Wedde* aaO; *Richardi/Thüsing* aaO).

36   Die **Wahl** der in einen Beamtenpersonalausschuss zu entsendenden Vertr. der Beamten obliegt allein der Beamtengruppe im BR der Post-AGn. Das folgt aus dem
Alleinentscheidungsrecht der Gruppe in Beamtenangelegenheiten (GK-*Raab* Rn 14).
Werden in der Beamtengruppe für diese Wahl mehrere Wahlvorschläge eingereicht,
erfolgt die Wahl – wie auch sonst – nach den Grundsätzen der Verhältniswahl. Für
die Wahl der übrigen Mitgl. des Beamtenpersonalausschusses gelten die allgemeinen
Grundsätze (vgl. Rn 28 ff.).
37   Die Bildung eines **allgemeinen Personalauschusses** des BR für die Behandlung
von Personalangelegenheiten aller Beschäftigten, dh sowohl der Beamten als auch der
übrigen Beschäftigten, ist unter folgenden Voraussetzung zulässig: Die Bildung muss
sowohl vom BR als auch von der Beamtengruppe im BR, jeweils mit Mehrheit der
Stimmen der Mitgl., beschlossen werden. Die Wahl der Beamtenvertr. des Ausschusses erfolgt allein durch die Beamtengruppe und in Beamtenangelegenheiten ist
die endgültige Beschlussfassung den Beamtenvertretern im Ausschuss vorbehalten
(*DKKW-Wedde* Rn 10; GK-*Raab* Rn 14; *Richardi/Thüsing* Rn 9).
37a   Diese Sonderregelungen gelten nur für die BR der Post-AGn. Sie ergeben sich aus
der seinerzeit vom Gesetzgeber als notwendig angesehenen Sondervertretung der
Beamten durch deren partielle Anerkennung als eigene Gruppe bei den BRWahlen
und innerhalb der BR der Post-AGn mit ausschließlicher Beschlussfassungsbefugnis
der Beamtengruppe in beamtenspezifischen Angelegenheiten (vgl. §§ 26, 28 Post-
PersRG; § 1 Rn 45 ff., § 99 Rn 301, 316 ff.; *Engels* ArbuR 09, 10, 74). Nach der
Regelung im **neuen § 5 Abs. 1 S. 3** gibt es keinen Gruppenschutz für Beamte
mehr. Diese allgemeine Vorschrift tritt jedoch hinter die Spezialvorschriften für die
Post-AGn zurück (§ 5 Rn 320 ff.).

III. Gemeinsam von Arbeitgeber und Betriebsrat
zu besetzende Ausschüsse

38   In der betrieblichen Praxis werden zT der Beteiligung des BR unterliegende Angelegenheiten in **Ausschüssen** behandelt, deren Mitgl. vom **ArbGeb. und BR benannt** werden (zB Akkordausschuss, Ausschuss zur Verwaltung von Sozialeinrichtungen, Wohnungsausschuss, Ausschuss für Arbeitssicherheit oder für menschengerechte
Gestaltung der Arbeit, Eingruppierungsausschuss). Die Bildung derartiger – idR wohl
paritätisch besetzter – Ausschüsse hat sich insb. deshalb als zweckmäßig erwiesen, weil
eine sachgerechte Behandlung bestimmter Angelegenheiten einen bes. Sachverstand
auf speziellen Gebieten erfordert und daher entspr. Sachverständigen des BR und des
ArbGeb. überlassen wird. Außerdem erfordern diese Angelegenheiten vielfach ein
häufiges Zusammenkommen von ArbGeb. und BR.
39   Abs. 2 gestattet die Übertragung von Aufgaben zur **selbständigen Erledigung**
auf von BR und ArbGeb. gemeinsam gebildete Ausschüsse. In Angelegenheiten, die
einem gemeinsamen Ausschuss zur selbständigen Entscheidung übertragen sind, ist die
Entscheidung des Ausschusses verbindlich. Es ist nicht erforderlich, diese vom BR und
ArbGeb. billigen zu lassen (vgl. BAG 12. 7. 84 AP Nr. 32 zu § 102 BetrVG 72;
GK-*Raab* Rn 36; HSWGNR Rn 25; *Richardi/Thüsing* Rn 26; zweifelnd *DKKW-
Wedde* Rn 15 a). Im Hinblick auf die erforderliche selbständige Entscheidungskompe-
tenz des gemeinsamen Ausschusses, ist seine Bildung nur in BR zulässig, die einen
BetrAusschuss gebildet haben (vgl. Abs. 1 S. 3).
40   Abs. 2 betrifft, wie sich aus seinem Wortlaut ergibt, nur gemeinsame Ausschüsse
mit eigener Entscheidungskompetenz. Es bestehen jedoch keine Bedenken gegen die
Zulässigkeit von gemeinsamen Ausschüssen von BR und ArbGeb., die lediglich der
Vorbereitung der Verhandlungen und Entscheidungen von BR und ArbGeb. dienen. Derartige lediglich vorbereitende gemeinsame Ausschüsse von BR und ArbGeb.
können auch in BR ohne Betriebsausschuss und im Hinblick auf das stets erforderliche Einverständnis des ArbGeb. sogar in Betrieben mit weniger als 100 ArbN, in

denen die Bildung eigener Ausschüsse des BR nicht vorgesehnen ist, errichtet werden (*DKKW-Wedde* Rn 20; ErfK-*Koch* Rn 2; GK-*Raab* Rn 38; *HSWGNR* Rn 27). Im letzteren Fall sind gemeinsame Ausschüsse jedoch keine Ausschüsse iSd. Abs. 2.

Ein gemeinsamer Ausschuss iSd. Abs. 2 ist **kein Ausschuss des BR;** das ergibt **41** sich schon aus der Mitgliedschaft auch von Vertr. des ArbGeb. Der gemeinsame Ausschuss steht vielmehr – im Gegensatz zum BetrAusschuss und den anderen Ausschüssen des BR – selbständig neben dem BR. Er ist kein Organ des BR, sondern eine **eigenständige Einrichtung der BetrVerf.** (BAG 20. 10. 93 AP Nr. 5 zu § 28 BetrVG 1972; *DKKW-Wedde* Rn 17; GK-*Raab* Rn 36; *HSWGNR* Rn 25; *Richardi/Thüsing* Rn 27).

Abgesehen von der Anerkennung gemeinsamer Ausschüsse als solche enthält das G **42** über sie **keine nähere Regelungen.** Ihre Bildung ist nicht davon abhängig, dass der BR weitere Ausschüsse iS von Abs. 1 gebildet hat (BAG 20. 10. 93 AP Nr. 5 zu § 28 BetrVG 1972). Größe und Besetzung der Ausschüsse bleiben einer näheren Absprache zwischen den Betriebspartnern vorbehalten (*HSWGNR* Rn 28.; *Richardi/Thüsing* Rn 30). Auch wenn sich der Zuständigkeitsbereich eines gemeinsamen Ausschusses mit dem eines anderen Ausschusses überschneidet oder gar weitgehend deckt, ist es nicht erforderlich, die Größe des gemeinsamen Ausschusses so festzulegen, dass alle Mitgl. des anderen Ausschusses in ihm vertreten sind. Die Größe des gemeinsamen Ausschusses zu bestimmen, ist allein der Vereinbarung der Betriebspartner überlassen (BAG 20. 10. 93 aaO). Andererseits steht nichts entgegen, die Größe des gemeinsamen Ausschusses so festzusetzen, dass alle Mitgl. des BetrAusschusses oder eines anderen Ausschusses in ihm vertreten sind. Im Hinblick auf die selbständige Entscheidungskompetenz des gemeinsamen Ausschusses darf der BR für seine Mitgl. keine unterparitätische Besetzung des Ausschusses akzeptieren, da dies auf einen Verzicht auf Mitwirkung und MB hinausliefe (*DKKW-Wedde* Rn 15 a; ErfK-*Koch* Rn 2; GK-*Raab* Rn 41; *WPK* Rn 16; aA *HSWGNR* Rn 30).

Die Regelung des Abs. 2 betrifft nur die Übertragung einer selbständigen Entscheidungsbefugnis auf die Mitgl. des BR in derartigen Ausschüssen. Die selbständige Entscheidungsbefugnis der vom ArbGeb. benannten Mitgl. muss von diesem ausgesprochen werden. **43**

Was die Übertragung von Aufgaben zur selbständigen Entscheidung auf BRMitgl. **44** in derartigen gemischten Ausschüssen anbelangt, so sind die **gleichen Grundsätze** zu beachten wie bei einer Delegation von Aufgaben zur selbständigen Erledigung auf einen Ausschuss des BR (*Richardi/Thüsing* Rn 29). Dies bedeutet im Einzelnen: Im Interesse der Rechtssicherheit sind die dem gemeinsamen Ausschuss zur selbständigen Erledigung übertragenen Aufgaben möglichst konkret zu umschreiben (vgl. § 27 Rn 82). Das schließt die Verwendung auslegungsbedürftiger und auslegungsfähiger Begriffe nicht aus (BAG 20. 10. 93 AP Nr. 5 zu § 28 BetrVG 1972). Der gemischte Ausschuss kann **keine Betriebsvereinbarung** abschließen (*Reitze* ZBVR online 1/2011 S. 22, 25; vgl. Rn 9). Er kann nur gebildet werden in Betrieben, die auch einen **Betriebsausschuss gebildet** haben (vgl. Rn 19). Die Übertragung derartiger Aufgaben auf den gemischten Ausschuss bedarf der **Mehrheit der Stimmen der Mitgl. des BR** und der **Schriftform** (vgl. Rn 21). Für die Wahl und auch die Abberufung der vom BR zu bestimmenden Mitgl. und ErsMitgl. gelten dieselben Grundsätze wie bei der Wahl und Abberufung von Mitgl. und ErsMitgl. des BetrAusschusses oder anderer Ausschüsse des BR (vgl. Rn 28 ff.).

Das G regelt nicht die Frage, auf welche Weise die gemischten Ausschüsse ihre **45** Entscheidungen treffen. Insb. ist nicht geregelt, ob für einen **Beschluss des Ausschusses die einfache Mehrheit der Ausschussmitgl.** ausreicht, ohne Rücksicht darauf, ob es sich hierbei um vom BR oder vom ArbGeb. in den Ausschuss entsandte Mitgl. handelt (in diesem Falle könnte gegen die Mehrheit der vom BR entsandten Ausschussmitgl. eine Minderheit zusammen mit den vom ArbGeb. entsandten Vertr. eine Entscheidung des Ausschusses herbeiführen), oder ob Voraussetzung für einen Beschluss des Ausschusses darüber hinaus ist, dass die **Mehrheit der vom BR ent-**

sandten Mitgl. dem Beschluss des Ausschusses zugestimmt hat (offengelassen von BAG 12. 7. 84 AP Nr. 32 zu § 102 BetrVG 1972).

46   Sicherlich ist es angesichts des Schweigens des G zulässig, dass BR und ArbGeb. bei der Bildung von gemischten Ausschüssen näher die **Voraussetzungen für die Beschlussfassung im Ausschuss** festzulegen, zB in dem Sinne, dass ein Beschluss des Ausschusses nicht zustande kommt, wenn nicht die Mehrheit der vom BR entsandten Mitgl. dem Beschluss zugestimmt hat (ebenso GK-*Raab* Rn 43; *DKKW-Wedde* Rn 17; *WPK* Rn 18; vgl. auch den Sachverhalt in BAG 20. 10. 93 AP Nr. 5 zu § 28 BetrVG 1972; aA *HSWGNR* Rn 33). Auch kann der BR bestimmen, dass bei Meinungsverschiedenheiten zwischen den entsandten BRMitgl. eine Entscheidung des BR einzuholen ist.

47   Soweit hierüber nichts gesagt ist, wird man entspr. den allgemeinen Grundsätzen über die Beschlussfassung in Kollegialgremien davon ausgehen müssen, dass für einen Beschluss die **einfache Mehrheit der Mitgl.** des Ausschusses ausreicht, wobei allerdings in entspr. Anwendung des § 33 Abs. 2 mindestens die Hälfte der Ausschussmitgl. an der Beschlussfassung teilgenommen haben muss. Denn anderenfalls würde es sich in Wirklichkeit nicht mehr um eine Beschlussfassung „des Ausschusses", sondern um getrennte Beschlussfassungen der vom BR und vom ArbGeb. benannten Ausschussmitglieder handeln (*DKKW-Wedde* Rn 17; GK-*Raab* Rn 44; *HSWGNR* Rn 31 f.; **aA** iS einer Abstimmung nach Bänken: *Richardi/Thüsing* Rn 36).

48   Tritt bei der Abstimmung im gemeinsamen Ausschuss eine **Pattsituation** ein, fällt die übertragene Angelegenheit wieder an BR und ArbGeb. zurück (*DKKW-Wedde* Rn 17; *WPK* Rn 19; ErfK-*Koch* Rn 2; GK-*Raab* Rn 44; **aA** *HSWGNR* Rn 35, nach denen es bei der Pattsituation bleiben und nur die Möglichkeit des Widerrufs der Aufgabenübertragung bestehen soll). Da der gemeinsame Ausschuss mangels einer ausdrücklichen Regelung weder die E-Stelle noch das ArbG anrufen kann, wären anderenfalls die gesetzlich vorgesehenen Instrumente der Konfliktlösung nicht einsetzbar. Das würde jedoch zu einer unnötigen Erschwerung und Verzögerung der Wahrnehmung gesetzlicher Beteiligungsrechte führen (*WPK* aaO).

49   Für die **Berichterstattungspflicht** der vom BR bestellten Mitgl. der gemischten Ausschüsse gegenüber dem BR gilt das in § 27 Rn 73 a Gesagte entspr.

50   Da die gemischten Ausschüsse ihrerseits keine BV abschließen können, sie jedoch vielfach Entscheidungen treffen, die **unmittelbare Wirkung auf den Inhalt der ArbVerh.** haben (zB bei Akkordfestsetzungen), ist es erforderlich, insoweit die **Aufgaben und Befugnisse der gemischten Ausschüsse in einer BV** näher festzulegen. Denn soweit die Entscheidungen des Ausschusses nicht durch das Direktionsrecht des ArbGeb. zum Inhalt der Arbeitsverträge gemacht werden können, kann auf diese Weise sichergestellt werden, dass die Entscheidungen der Ausschüsse ohne Einschaltung des gesamten BR in die ArbVerh. einfließen (*GL* Rn 18; **aA** GK-*Raab* Rn 46; *WPK* Rn 17).

IV. Streitigkeiten

51   Streitigkeiten im Zusammenhang mit der Bildung, Zusammensetzung, Wahl und Zuständigkeit der weiteren Ausschüsse des BR sowie der gemeinsamen Ausschüsse von ArbGeb. und BR gemäß Abs. 3 entscheiden die ArbG im **BeschlVerf.** (§§ 2 a, 80 ff. ArbGG u. dazu s. Nach § 1 Rn 1 ff.). Zur Frage der gerichtlichen Überprüfbarkeit der Entscheidungen des BR im Zusammenhang mit der Bildung weiterer Ausschüsse und der Antragsberechtigung gilt das in § 27 Rn 96 ff. Gesagte entspr. Unter Umständen können derartige Streitigkeiten inzidenter im Urteilsverfahren entschieden werden, zB bei einer Lohnklage eines Akkordarbeiters die Frage der Entscheidungsbefugnis der Akkordkommission.

§ 28 a Übertragung von Aufgaben auf Arbeitsgruppen

(1) ¹In Betrieben mit mehr als 100 Arbeitnehmern kann der Betriebsrat mit der Mehrheit der Stimmen seiner Mitglieder bestimmte Aufgaben auf Arbeitsgruppen übertragen; dies erfolgt nach Maßgabe einer mit dem Arbeitgeber abzuschließenden Rahmenvereinbarung. ²Die Aufgaben müssen im Zusammenhang mit den von der Arbeitsgruppe zu erledigenden Tätigkeiten stehen. ³Die Übertragung bedarf der Schriftform. ⁴Für den Widerruf der Übertragung gelten Satz 1 erster Halbsatz und Satz 3 entsprechend.

(2) ¹Die Arbeitsgruppe kann im Rahmen der ihr übertragenen Aufgaben mit dem Arbeitgeber Vereinbarungen schließen; eine Vereinbarung bedarf der Mehrheit der Stimmen der Gruppenmitglieder. ²§ 77 gilt entsprechend. ³Können sich Arbeitgeber und Arbeitsgruppe in einer Angelegenheit nicht einigen, nimmt der Betriebsrat das Beteiligungsrecht wahr.

Inhaltsübersicht

I. Vorbemerkung

Die durch das BetrVerf-ReformG eingefügte Vorschrift des § 28 a erlaubt es Arb- **1**
Geb. und BR, die Wahrnehmung von Aufgaben des BR, insb. auch die Wahrnehmung von Mitwirkungs- und MBRechten, auf **ArbGruppen zu delegieren.** Diese Regelung dient dem Zweck, den ArbN, denen an ihrem Arbeitsplatz in zunehmendem Maße Selbständigkeit, Eigeninitiative und Mitverantwortlichkeit abverlangt wird, auch bei der Wahrnehmung von betriebsverfassungsrechtlichen Aufgaben und Rechten in stärkerem Maße als bisher eine unmittelbare Beteiligung in den Angelegenheiten zu ermöglichen, die sich auf ihren Arbeitsplatz und die Erfüllung ihrer arbeitsvertraglichen Tätigkeiten beziehen. Die Regelung steht im Zusammenhang mit den Regelungen in § 75 Abs. 2 S. 2 und § 87 Abs. 1 Nr. 13, wonach ArbGeb. und BR die Selbständigkeit und Eigeninitiative der ArbN und ArbGruppen zu fördern haben und die Grundsätze über die Durchführung von eigenverantwortlicher Gruppenarbeit der MB des BR unterliegen (vgl. hierzu § 75 Rn 172ff., § 87 Rn 561ff.).

Die Vorschrift **gilt entspr.** für ArbNVertr. nach § 3 Abs. 1 Nr. 2 und 3, da diese **2**
an die Stelle des BR treten. Für die ArbNVertr. nach § 3 Abs. 1 Nr. 1, die ein BR iSd. G ist, gilt sie unmittelbar. Die Vorschrift gilt ferner entspr. für die Bordvertr. (vgl. § 115 Abs. 4) und den SeeBR (vgl. § 116 Abs. 3). Sie gilt nicht für GesBR und KBR (vgl. § 51 Abs. 1 und § 59 Abs. 1) sowie die JugAzubiVertr., die GesJugAzubi-Vertr. und die KJugAzubiVertr. (vgl. § 65 Abs. 1, § 73 Abs. 2 und § 73b Abs. 2).

Die Vorschrift ist hinsichtlich der Voraussetzungen und der Rechtsfolgen der Über- **3**
tragung von betriebsverfassungsrechtlichen Aufgaben auf eine ArbGruppe **zwingen-**

des Recht, von dem auch nicht durch TV gem. § 3 Abs. 1 Nr. 5 abgewichen werden kann (*Löwisch/Kaiser* Rn 4; *Linde* S. 243; *Tüttenberg* S. 156 f.). Nähere Regelungen über Inhalt und Modalitäten der Übertragung sowie über das von der ArbGruppe bei der Wahrnehmung dieser Aufgaben zu beachtende Verfahren sind zulässig.

4   Entsprechende Vorschriften im BPersVG, SprAuG, EBRG, SEBG und SCEBG: keine.

II. Voraussetzungen der Übertragung von Aufgaben auf eine Arbeitsgruppe

1. Zweck und Bedeutung der Vorschrift

5   In den letzten 10 bis 15 Jahren hat in großem Umfang ein grundlegender Wandel der Unternehmens- und Betriebsstrukturen stattgefunden, der insb. durch eine starke **Dezentralisierung** und **Flexibilisierung** der Entscheidungs- und Arbeitsablaufstrukturen gekennzeichnet war und der auch heute noch nicht abgeschlossen ist. Statt des früher maßgebenden Grundsatzes der Arbeitsteilung (Trennung von planender und ausführender Arbeit, von Führungsaufgaben und ausführenden Tätigkeiten sowie innerhalb der ausführenden Tätigkeiten die Zergliederung von Arbeitsvorgängen in einzelne kleine Arbeitsschritte) wird nunmehr ein ganzheitlicher Arbeitszuschnitt angestrebt. Für Teilbereiche betrieblicher Tätigkeiten werden zB planende, ausführende und kontrollierende Arbeiten in kleineren Einheiten (ArbGruppen) zusammengefasst. Darüber hinaus wird statt der Zergliederung eines einheitlichen Arbeitsvorgangs die von einer ArbGruppe zur Erledigung übertragene Tätigkeit nicht nur größer geschnitten, sondern es werden der ArbGruppe neben der Erfüllung dieser unmittelbaren Produktions- oder Dienstleistungsarbeiten auch damit zusammenhängende Aufgaben wie zB Wartungs- und Instandhaltungsaufgaben sowie insb. eine laufende Qualitätskontrolle der durchzuführenden Arbeiten übertragen. Vielfach ist den Arb-Gruppen auch eine mehr oder weniger weitgehende eigene Entscheidungskompetenz eingeräumt. Im Einzelnen sind die Formen von ArbGruppen sehr vielgestaltig (vgl. zum Ganzen *Linde* S. 5 ff.; *Tüttenberg* S. 30 ff.; *Nill* S. 21 ff.; *Blanke* RdA 03, 140 ff.; *Blanke/Rose* RdA 01, 93 f.; *Geffken* AiB 02, 150 ff.; *Wendeling-Schröder* NZA 01, 359; *Federlin* NZA-Sonderheft 01, 25 f.; *Breisig,* Gruppenarbeit, S. 30 ff.; Bericht der Kommission Mitbestimmung der Bertelsmann- und Hans Böckler-Stiftungen S. 71 ff.). Diese Verlagerung von (komplexen) Teilaufgaben auf bes. Arbeitseinheiten (ArbGruppen) sind für ihre Mitgl. häufig mit einer größeren Entscheidungs-, Verantwortungs- und Gestaltungskompetenz verbunden. Man spricht hier schlagwortartig von Arbeitserweiterung (Job Enlargement), Arbeitsbereicherung (Job Enrichment) und Arbeitswechsels (Job Rotation), die dazu dienen, den kollektiven Handlungsspielraum der ArbGruppe zu vergrößern. Der umfassendere Arbeitsansatz der Gruppenarbeit und die größere Selbständigkeit und Eigenverantwortlichkeit der ArbGruppe bei der Erfüllung ihrer Arbeit hat auch zu einem geänderten Selbstverständnis der ArbGruppe gegenüber der BR geführt. Mit ihrer gesteigerten Selbständigkeit und Eigenverantwortlichkeit bei der Arbeitserfüllung geht das Bestreben der ArbGruppe einher, auch die die Gruppe und ihre Arbeit betreffenden betriebsverfassungsrechtlichen Aufgaben und Beteiligungsrechte in die eigene Hand zu nehmen; gleichzeitig soll die Aufgabenverteilung den BR entlasten und ihm eine Konzentration auf wichtigere Themen wie zB Beschäftigungssicherung ermöglichen (*Zumbeck* S. 10). Diesem Bestreben gibt der neue § 28a Raum, indem er nach Maßgabe dieser Vorschrift der ArbGruppe die Wahrnehmung betriebsverfassungsrechtlicher Aufgaben gestattet. Durch diese Regelung soll ferner generell eine stärkere unmittelbare Beteiligung des einzelnen ArbN an der Gestaltung der Betriebsverfassung ermöglicht werden (Gesetzesbegründung BT-Drucks. 14/5741 S. 29 f., 40).

Die Regelung des § 28a beinhaltet eine wesentliche **strukturelle Änderung** des **6** Betriebsverfassungsrechts. Bisher war die Anwendung und Durchführung betriebsverfassungsrechtlicher Aufgaben und Rechte ausschließlich bipolar ausgerichtet (vgl. hierzu *Blanke/Rose* RdA 01, 93 ff.; *Wendeling-Schröder* NZA 01, 359). Allein ArbGeb. und BR oblag die Regelung von beteiligungspflichtigen Angelegenheiten. ArbN oder ArbNGruppen waren keine Träger betriebsverfassungsrechtlicher Mitwirkungs- und MBRechte. An dieser bipolaren Grundstruktur ändert auch nichts die bisher schon bestehende Möglichkeit der Aufgabenübertragung auf den BetrAusschuss oder anderer Ausschüsse des BR. Ganz abgesehen davon, dass diesen Ausschüssen der Abschluss von BV untersagt ist (vgl. § 27 Rn 76), handelt es sich bei diesen Ausschüssen um Organe des BR, denen nur BRMitgl. angehören. Auch der nach § 28 Abs. 2 mögliche gemeinsame Ausschuss von ArbGeb. und BR ist bipolar zusammengesetzt. In den WiAusschuss können zwar auch nicht dem BR angehörende ArbN des Unternehmens berufen werden. Der WiAusschuss ist jedoch nicht Träger von MBRechten, sondern hat lediglich eine die BRArbeit unterstützende Funktion (vgl. § 106 Rn 23 ff.). Mit § 28a, der die **Delegation** von betriebsverfassungsrechtlichen Mitwirkungs- und MBRechten auf **ArbGruppen,** dh eine Mehrheit von ArbN, gestattet und diese damit zu Trägern von Beteiligungsrechten macht, wird die bipolare Struktur der Betriebsverfassung erstmals durchbrochen (*Engels* FS Wißmann S. 303 ff.). Zwar stehen den ArbGruppen keine originären sondern nur durch eine Delegation übertragene Beteiligungsrechte zu. Das ändert jedoch nichts daran, dass bei einer entspr. Delegation nicht mehr der BR sondern die ArbGruppe Träger von Mitwirkungs- und MBRechten ist (vgl. *Reichold* NZA 01 Beil. zu Heft 24 S. 38). Es wird ein Schritt hin zur direkt-demokratischen Interessenvertretung der ArbN gemacht (*Blanke* RdA 03, 141).

Die Durchbrechung der bisher bipolaren Struktur der Betriebsverfassung bewirkt **6a** eine Dezentralisierung und Flexibilisierung der Entscheidungsfindung, die ArbGeb. und ArbN gleichermaßen zugute kommen können. Entscheidungen mit betriebsverfassungsrechtlichem Bezug lassen sich schneller und sachnäher treffen. Die betroffenen ArbN können sie unmittelbar mit ihren Ideen und Erfahrungen beeinflussen. Dabei ist nicht auszuschließen, dass die Mitgl. der ArbGruppe, die nicht über die gleichen Schutzrechte wie die BRMitgl. verfügen (s. Rn 39), in Auseinandersetzungen mit dem ArbGeb. unter Druck geraten können (*Hjort/Hummel/Helm* AiB 01, 123). In derartigen Situationen, die sich durch eine sorgfältige Abfassung der Rahmenvereinbarung von vornherein weitgehend vermeiden lassen (*Düwell/Blanke* Rn 7; Beispiele bei *Wedde* AiB 01, 630), kann der BR die Angelegenheit an sich ziehen und die Bipolarität ganz oder teilweise wieder herstellen (Rn 26 ff., 37; kr. zum Ganzen *DKKW-Wedde* Rn 5 ff.; zur Empirie *Linde* AiB 04, 334).

Die ArbGruppe ist, wenn ihr betriebsverfassungsrechtliche Aufgaben übertragen **7** werden, **kein Organ des BR.** Das ergibt sich nicht nur aus der fehlenden personellen Verknüpfung zwischen BR und ArbGruppe, sondern auch aus ihrer eigenständigen Entscheidungsbefugnis, die sogar zum Abschluss von BV berechtigt, sowie der Notwendigkeit, dass die Zulässigkeit der Übertragung von Aufgaben auf eine ArbGruppe von einer zuvor zwischen ArbGeb. und BR abzuschließenden Rahmenvereinbarung abhängt (vgl. Rn 14 ff.). Die mitwirkungs- und mitbestimmungsberechtigte ArbGruppe hat eine **eigenständige betriebsverfassungsrechtliche Stellung,** so wie dies auch bei dem gemeinsamen Ausschuss von ArbGeb. und BR der Fall ist (vgl. hierzu § 28 Rn 41; GK-*Raab* Rn 7; HSWGNR Rn 29; *Linde* S. 128 ff.; *Engels* FS Wißmann S. 304; *Löwisch* BB 01, 1741; *Raab* NZA 02, 475; *Reichold* NZA 01, 862; *Natzel* DB 01, 1362; wohl auch *Richardi* NZA 01, 351). Die Sachbereiche, in denen eine Übertragung betriebsverfassungsrechtlicher Aufgaben auf eine ArbGruppe in Betracht kommt, ergeben sich im Einzelnen aus der zwischen ArbGeb. und BR abzuschließenden Rahmenvereinbarung (vgl. Rn 14 ff.) und dem schriftlich und mit einer qualifizierten Mehrheit zu fassenden Übertragungsbeschluss des BR (vgl. Rn 22 ff.).

2. Voraussetzungen der Übertragung

a) Betriebsgröße

8   Die Übertragung von betriebsverfassungsrechtlichen Aufgaben auf eine ArbGruppe
ist nur zulässig in Betrieben mit **mehr als 100 ArbN** (zur Fragwürdigkeit dieser
Schwelle zutreffend *Tüttenberg* S. 45). Auch wenn der Wortlaut der Vorschrift dies
nicht ausdrücklich bestimmt, kommt es auf die Zahl der in der Regel beschäftigten
ArbN an, so wie dies auch bei Grenzzahlen in anderen Vorschriften des G der Fall ist
(vgl. zB §§ 1, 9, 14 a, 38, 99 Abs. 1, 112 Abs. 1; ebenso *DKKW-Wedde* Rn 12; GK-
Raab Rn 10; *HSWGNR* Rn 9; *Linde* S. 105 ff.; *Richardi/Thüsing* Rn 5). Es gelten
insoweit dieselben Grundsätze wie bei der Bildung beratender Ausschüsse des BR
nach § 28 (vgl. § 28 Rn 14). Zum Begriff „in der Regel" vgl. § 1 Rn 271 ff. Für die
Frage, wer iS dieser Vorschrift als ArbN anzusehen ist, gelten dieselben Grundsätze
wie bei der Bestimmung der BRGröße nach § 9 (vgl. § 9 Rn 14 ff.). Auf die Wahlberechtigung kommt es nicht an (*Nill* S. 65). Es zählen deshalb auch jug. ArbN mit
(*Zumbeck* S. 18). Das gleiche gilt für LeiharbN, die nicht für länger als 3 Monate im
Betrieb beschäftigt werden, sofern im Betrieb in der Regel entspr. LeiharbN eingesetzt werden (**aA** *Richardi/Thüsing* Rn 5; *Nill* aaO).
9   Abs. 1 S. 1 stellt nicht auf die BRGröße, sondern auf die Zahl der im Betrieb beschäftigten ArbN ab. Maßgebend für die Feststellung dieser Grenzzahl ist nicht der
Zeitpunkt der BRWahl, sondern der **Zeitpunkt der Übertragung** von Aufgaben
auf die ArbGruppe (*DKKW-Wedde* Rn 13; *Nill* S. 66; *Linde* S. 109; *Tüttenberg* S. 43).
Deshalb kann einem BR mit 5 Mitgl., der in Betrieben mit 51 bis 100 ArbN zu wählen ist, das Recht der Delegation von Aufgaben auf eine ArbGruppe zuwachsen,
wenn sich die Beschäftigtenzahl auf Dauer auf mehr als 100 ArbN erhöht. Andererseits kann ein in Betrieben mit 101 bis 200 regelmäßig Beschäftigten zu wählender
BR mit 7 Mitgl. dieses Recht verlieren, wenn die Beschäftigtenzahl im Laufe der
Amtszeit nicht nur vorübergehend unter 101 ArbN sinkt (*Richardi/Thüsing* Rn 6;
Tüttenberg S. 128 f.).

b) Arbeitsgruppe

10   Die Übertragung von betriebsverfassungsrechtlichen Aufgaben kann nur auf eine
ArbGruppe erfolgen, nicht auf einzelne ArbN. Das G enthält **keine** allgemeine **Definition der ArbGruppe**. Die Definition der Gruppenarbeit in § 87 Abs. 1 Nr. 13,
die entscheidend auf die im wesentliche eigenverantwortliche Erledigung einer
Gruppe übertragenen Gesamtaufgabe abstellt (vgl. hierzu § 87 Rn 565 ff.), enthält
keine allgemeine Definition der Gruppenarbeit, sondern ist – wie sich aus ihrem
Wortlaut eindeutig ergibt – auf diese Vorschrift beschränkt (*Nill* S. 68; *Engels* FS
Wißmann S. 303 f.). Allerdings ist eine Gruppenarbeit iS von § 87 Abs. 1 Nr. 13 stets
auch als Tätigkeit einer ArbGruppe iS von § 28 a anzusehen (*Richardi/Thüsing* Rn 8;
ErfK-Koch Rn 2). Gerade wegen der die Gruppenarbeit kennzeichnenden Eigenver-
antwortlichkeit der Wahrnehmung ihrer Aufgaben, bei der das Weisungsrecht des
ArbGeb. stark zurückgenommen ist, ist sie in bes. Maße geeignet, die Regelung ihrer
Arbeit unter Berücksichtigung der betriebsverfassungsrechtlichen Beteiligungsrechte
autonom zu gestalten (zur Gruppenarbeit in diesem Sinne vgl. *Klein* NZA 01 Beil. zu
Heft 24 S. 15 mit einer Auswertung von BV zur Gruppenarbeit; *Blanke* RdA 03,
143 f.).
11   Als ArbGruppe iS von § 28 a ist jede Zusammenfassung von ArbN zu verstehen,
denen bestimmte Arbeitsaufgaben zur **gemeinsamen Erledigung** übertragen worden sind (vgl. *Federlin* NZA-Sonderheft 01, 25; *Löwisch* BB 01, 1740; *Natzel* DB 01,
1362). ArbN, die sich einen Arbeitsplatz teilen (Job-Sharing), bilden keine Arbeitsgruppe. Ob eine ArbGruppe in die bestehende betriebliche Ablauforganisation integriert ist oder ob sie außerhalb dieser Organisation tätig wird, ist unerheblich (*Richardi/*

Thüsing Rn 8; ErfK-*Koch* Rn 2; GK-*Raab* Rn 15; **aa** *DKKW-Wedde* Rn 20). Als in den Arbeitsablauf integrierte ArbGruppen sind zB anzusehen: Akkordgruppen, **Fertigungsteams** oder sonstige ArbGruppen, die bestimmte Arbeitsaufgaben gemeinsam erledigen. Hierbei ist es unerheblich, ob die Gruppe nach den Weisungen eines Vorgesetzten oder mehr oder weniger eigenverantwortlich ihre Arbeit organisieren (*Tüttenberg* S. 33; *Löwisch* BB 01, 1740; *Federlin* NZA-Sonderheft 01, 28; **aa** *DKKW-Wedde* Rn 15, 16, die für derartige Teams und Gruppen Eigenverantwortlichkeit oder Eigenständigkeit verlangen). Auch Entwicklungs- und Forschungsabteilungen sind in diesem Zusammenhang zu nennen (*Däubler* AuR 01, 289). Als außerhalb der betrieblichen Arbeitsorganisation stehend ist zB eine sog. **Projektgruppe** anzusehen, die zur Lösung von Aufgaben komplexer Sachverhalte, die in aller Regel unterschiedliche (Organisations-)Bereiche der unternehmerischen oder betrieblichen Tätigkeit berühren, gebildet werden; eine dauerhafte organisatorische Verfestigung der Gruppe ist nicht erforderlich (*Thüsing* ZTR 02, 4). Auch Qualitätszirkel sind hier zu nennen (zu den verschiedenen Arten von ArbGruppen vgl. *Linde* S. 5 ff.; *Tüttenberg* S. 31 ff.; *Federlin* NZA-Sonderheft 01, 25). **Virtuelle ArbGruppen,** deren Mitgl. ausschließlich über elektronische Medien kommunizieren, werden ebenfalls erfasst (*Tüttenberg* S. 33 f.).

Zweifelhaft ist, ob es zum Wesen einer ArbGruppe iS von § 28 a gehört, dass die in **12** ihr zusammengefassten ArbN die ihnen obliegenden Arbeitsaufgabe **gemeinsam,** dh durch eine gewollte und gezielte Zusammenarbeit ausüben oder ob es ausreicht, wenn eine Mehrzahl von ArbN ohne diese Zielsetzung eines gemeinsamen Handelns eine gleichartige Tätigkeit ausübt oder in demselben Arbeitsbereich arbeitet. Die Gesetzesbegründung – und auch die Legaldefinition im alten § 3 Abs. 1 Nr. 1 – spricht für Letzteres, da sie in der beispielhaften Aufzählung möglicher Delegationen auch die Übertragung von Aufgaben auf ArbN bestimmter Beschäftigungsarten oder Arbeitsbereiche nennt (vgl. BT-Drucks. 14/5741 S. 40). Dem ist zuzustimmen. Angesichts der Zielsetzung des § 28 a, durch die Delegation von betriebsverfassungsrechtlichen Aufgaben auf ArbGruppen eine stärkere Einbeziehung der unmittelbar betroffenen ArbN bei der Wahrnehmung von Beteiligungsrechten zu ermöglichen, ist der **Begriff der ArbGruppe weit** zu verstehen (so auch *HSWGNR* Rn 2; *Löwisch/Kaiser* Rn 8; *Nill* S. 67; *Tüttenberg* S. 40; *Engels* FS Wißmann S. 304; *Engels/Trebinger/Löhr-Steinhaus* DB 01, 537; *Löwisch* BB 01, 1740; *Natzel* DB 01, 1362; *Däubler* AiB 01, 383; wohl auch GK-*Raab* Rn 13; *Malottke* AiB 01, 626; *Raab* NZA 02, 475 f.; **aa** *DKKW-Wedde* Rn 15, 20; *Düwell/Blanke* Rn 11 f.; ErfK-*Koch* Rn 2; *Linde* S. 124 ff.; *Federlin* NZA-Sonderheft 01, 25; *Wedde* ArbuR 02, 123). Deshalb sind zB auch die betrieblichen Mitarbeiter im Außendienst als eine ArbGruppe anzusehen, bei der eine Aufgabendelegation in Betracht kommen kann (*WPK* Rn 7; *Zumbeck* S. 20; *Däubler* AuR 01, 289; **aa** DKKW-*Wedde* aaO). Die Gefahr einer Zersplitterung der betrieblichen MB ist nicht zu befürchten (so aber GK-*Raab* Rn 18), da eine Delegation von betriebsverfassungsrechtlichen Aufgaben auf eine ArbGruppe nur unter Beteiligung der Betriebspartner (notwendiger Abschluss einer Rahmenvereinbarung, qualifizierter Übertragungsbeschluss) zulässig ist.

Die Bildung einer ArbGruppe kann **betriebsübergreifend** für mehrere Betriebe **12a** oder alle Betriebe eines Unternehmens erfolgen (zB Projektgruppe zur Vorbereitung und Begleitung der Einführung eines unternehmenseinheitlichen IT-Systems; *WPK* Rn 9; *Tüttenberg* S. 50 f.; **aa** *Linde* S. 152, 154; *Nill* S. 69). Das setzt Rahmenvereinbarungen des ArbGeb. mit allen einzelnen BR sowie inhaltsgleiche Übertragungsbeschlüsse der BR voraus (*Richardi/Thüsing* Rn 14; *Zumbeck* S. 24). Eine Zuständigkeit des GesBR besteht nicht (s. Rn 2; DKKW-*Wedde* Rn 18; *Tüttenberg* S. 51). Eine Einschaltung des GesBR kommt allenfalls im Wege der Beauftragung nach § 50 Abs. 2 (s. dort Rn 62 ff.; ebenso *DKKW-Wedde* aaO) und unter der Voraussetzung in Betracht, dass sich die einzelnen BR die Entscheidungsbefugnis vorbehalten. Nur so ist die für den Übertragungsbeschl. nach § 28 a Abs. 1 S. 1 geforderte absolute Stimmenmehrheit eines jeden BR sichergestellt. Eine **unternehmensübergreifende**

ArbGruppe kann in einem gemeinsamen Betrieb mehrerer Unternehmen oder in einer durch TV oder BV nach § 3 Abs. 1 Nr. 2 oder 3 gebildeten Organisationseinheit, die als Betrieb iSd. G gilt (s. § 3 Abs. 5 u. dortige Rn 76 ff.), geschaffen werden (*DKKW-Wedde* Rn 19; *Richardi/Thüsing* Rn 9; *Tüttenberg* S. 52 f.; *Thüsing* ZTR 02, 4). Hier müssen alle betroffenen ArbGeb. die Rahmenvereinbarung unterzeichnen, andernfalls ist sie unwirksam (*Richardi/Thüsing* Rn 14).

12b **Änderungen** in der **personellen Zusammensetzung** der ArbGruppe aufgrund personeller Einzelmaßnahmen ist grundsätzlich unschädlich, es sei denn, Rahmenvereinbarung oder Übertragungsbeschluss sehen etwas anderes vor. Dies gilt grundsätzlich auch dann, wenn alle oder der ganz überwiegende Teil der ArbGruppenMitgl. ausgetauscht wird (vgl. *Düwell/Blanke* Rn 30; wohl auch *WPK* Rn 10; *Linde* S. 280 f.; aa *DKKW-Wedde* Rn 72; *Richardi/Thüsing* Rn 11; *Tüttenberg* S. 125 f.); die neuen Mitgl. können dann aufgrund ihrer Mehrheit ihnen nicht genehme gruppeninterne Regelungen aufheben oder ändern sowie Gruppenvereinbarungen kündigen und neue mit dem ArbGeb. schließen. Erhält die ArbGruppe eine neue Aufgabe, wird sie selbst dann eine neue ArbGruppe, wenn viele der Mitgl. verbleiben (*Linde* S. 281; enger *Richardi/Thüsing* Rn 11; aa wohl *Tüttenberg* S. 126 f.). Wegen der im Einzelfall auftretenden Unsicherheit sollten in der Rahmenvereinbarung Kriterien festgeschrieben werden, bei deren Vorliegen die ArbGruppe endet (ähnlich *Richardi/Thüsing* Rn 11).

13 Weder bei der teilautonomen Gruppenarbeit iS von § 87 Abs. 1 Nr 13 noch bei ArbGruppen iS von § 28a hat der BR ein **spezielles Mitbestimmungsrecht** in Bezug auf Bildung und Umfang der Arbeitsgruppe (vgl. für die Gruppenarbeit iS von § 87 Abs. 1 Nr. 13: § 87 Rn 572; *Engels/Trebinger/Löhr-Steinhaus* DB 01, 540; *Löwisch* BB 01, 1792). Hier können allerdings andere gesetzliche Beteiligungsrechte des BR zu beachten sein, zB nach den §§ 90, 99 oder 111. Das hängt davon ab, ob die Bildung der ArbGruppe eine Änderung der Betriebsorganisation, der Arbeitsverfahren, der Arbeitsabläufe oder der Arbeitsplätze zur Folge oder ihre personelle Besetzung mit einer Versetzung von ArbN verbunden ist (vgl. hierzu § 90 Rn 23 ff., § 99 Rn 118 ff., § 111 Rn 90 ff.). Da eine Delegation von Aufgaben nur auf der Grundlage einer zwischen ArbGeb. und BR abzuschließenden Rahmenvereinbarung zulässig ist, besteht allerdings die Möglichkeit, derartige Fragen im Zusammenhang mit dem Abschluss der Rahmenvereinbarung näher zu regeln.

c) Rahmenvereinbarung

14 Die Übertragung von Aufgaben des BR auf eine ArbGruppe setzt zwingend den **vorherigen Abschluss einer Rahmenvereinbarung** voraus (*DKKW-Wedde* Rn 22; GK-*Raab* Rn 19; *Löwisch* BB 01, 1740; *Nill* S. 70). In dieser sind die notwendigen Regelungen zu treffen, die bei einer Übertragung von Aufgaben auf eine ArbGruppe von Bedeutung und zur sachgerechten Wahrnehmung dieser Aufgaben durch die ArbGruppe erforderlich sind (*DKKW-Wedde* Rn 21, 28; *Linde* S. 205 ff.: abstrakte Umschreibung genügt; *Engels* FS Wißmann S. 305 ff.). Hierzu gehört vor allem eine genaue Umschreibung der ArbGruppe. Dies ist aus Gründen einer eindeutigen Abgrenzung der Zuständigkeit der ArbGruppe und insb. wegen des fachlichen und personellen Geltungsbereichs der mit ihr abgeschlossenen Gruppenvereinbarungen gegenüber den allgemeinen BV erforderlich (*DKKW-Wedde* Rn 34). In der Rahmenvereinbarung sind auch die Aufgabenbereiche zu umschreiben, die für eine Übertragung auf die ArbGruppe in Betracht kommen (vgl. Rn 15). Ferner sollte die Rahmenvereinbarung Verfahrensregelungen enthalten, in welcher Art und Weise die ArbGruppe die ihr übertragenen Aufgaben wahrzunehmen hat (vgl. Rn 16 und 38). In der Rahmenvereinbarung können ferner Regelungen über die Größe und personelle Zusammensetzung der ArbGruppe getroffen werden (*DKKW-Wedde* Rn 37 f.; GK-*Raab* Rn 24; HSWGNR Rn 18; *Linde* aaO; *Blanke* RdA 03, 153; *Raab* NZA 02, 476). Das Gleiche gilt für Fragen der Kompetenzen, der Selbstorganisation und der

Verantwortung der Gruppe bzw. ihren Mitgl. (vgl. hierzu *Federlin* NZA-Sonderheft 01, 28). Bei Gruppenarbeit iSv. § 87 Abs. 1 Nr. 13 sind die im Rahmen dieser Vorschrift bestehenden MBR des BR zu beachten (vgl. hierzu § 87 Rn 572 ff.).

In der Rahmenvereinbarung sollten auch die **beteiligungspflichtigen Angele-** **15** **genheiten,** die für eine Übertragung auf die ArbGruppe in Betracht kommen, näher festgelegt werden (*DKKW-Wedde* Rn 35). Dies sollte allerdings nur in allgemeiner Form geschehen. § 28 a Abs. 1 geht davon aus, dass die Übertragung von beteiligungspflichtigen Aufgaben auf die ArbGruppe ein von dem Abschluss der Rahmenvereinbarung getrennter und gesonderter Akt ist (*Löwisch* BB 01, 1740; *Natzel* DB 01, 1363; *Richardi* NZA 01, 351). Das ergibt sich nicht nur daraus, dass der Übertragungsbeschluss im Gegensatz zum Abschluss der Rahmenvereinbarung einer qualifizierten Mehrheit bedarf, sondern auch aus der Regelung des Abs. 1 S. 4. Diese sieht die Möglichkeit eines Widerrufs der Übertragung vor, ohne dass die Rahmenvereinbarung gekündigt zu werden braucht. Diese Trennung von Rahmenvereinbarung einerseits und Übertragungsbeschluss andererseits hat einen inneren Grund. Sie belässt dem BR eine ausreichende Flexibilität, um sowohl die Übertragung als auch deren Widerruf nach den Umständen des konkreten Einzelfalls auszurichten (*Engels* FS Wißmann S. 306). So ist zB nach etwa inzwischen gesammelten negativen Erfahrungen der Widerruf nur eines bestimmten Teils der übertragenen Aufgaben möglich. Die Kündigung der Rahmenvereinbarung würde demgegenüber der Delegation von Aufgaben auf die ArbGruppe in vollem Umfang die Rechtsgrundlage entziehen (*Engels* aaO).

In der Rahmenvereinbarung sollte auch geregelt werden, in welcher **Art und** **16** **Weise** die ArbGruppe die übertragenen Beteiligungsrechte wahrzunehmen hat (*DKKW-Wedde* Rn 38 f.; *Düwell/Blanke* Rn 17; *GK-Raab* Rn 9). Hierzu gehört zB die Wahl eines ArbGruppensprechers, der sowohl als Gesprächspartner für den Arb-Geb., den BR oder sonstige betriebliche Stellen zur Verfügung steht, als auch die notwendigen Maßnahmen für eine Meinungsbildung und Beschlussfassung in der ArbGruppe vorbereitet und organisiert (vgl. hierzu auch Rn 35 ff.). Um eine kontinuierliche Aufgabenwahrnehmung zu gewährleisten, sollte auch die Wahl eines Vertr. des Gruppensprechers vorgesehen werden, der diesen im Verhinderungsfalle vertritt (zur Vertr. des BRVors. vgl. § 26 Rn 44 ff.; kr. *Linde* S. 160 ff.). Die Rahmenvereinbarung kann auch nähere Regelungen über Gruppensitzungen bzw. Gruppengespräche treffen (*Nill* S. 71; *Engels* FS Wißmann S. 306). Sie kann ferner die Zusammenarbeit zwischen ArbGruppe und BR regeln, zB eine Berichtspflicht der ArbGruppe über ihre Arbeit, insb. über ihre Beschlüsse und über abgeschlossene Gruppenvereinbarungen vorsehen (*Löwisch* BB 01, 1791); zum möglichen Inhalt einer Rahmenvereinbarung vgl. die von *Wedde* AiB 01, 630 ff. erläuterte Musterrahmenvereinbarung sowie die Checkliste bei *Zumbeck* S. 48 f., s. auch S. 85 f.).

Bestehen in einem Betrieb **mehrere ArbGruppen** iS von § 28 a, dürfte es sich **17** idR empfehlen, für jede ArbGruppe eine Rahmenvereinbarung abzuschließen. Hierfür spricht zum einen der praktische Grund, dass auf diese Weise den Besonderheiten der jeweiligen ArbGruppe am besten Rechnung getragen werden kann. Auch aus Rechtsgründen erscheint dies angezeigt, da dann eine etwaige Kündigung der Rahmenvereinbarung einer bestimmten ArbGruppe den Bestand der Rahmenvereinbarung der anderen Gruppen unberührt lässt (*Tüttenberg* S. 54; *Natzel* DB 01, 1363). Wird eine Rahmenvereinbarung für mehrere ArbGruppen abgeschlossen, sollte auf jeden Fall die Zulässigkeit ihrer Teilkündigung für die einzelnen ArbGruppen vorgesehen werden.

Die Rahmenvereinbarung kann **nur als förmliche BV** und nicht als form- **18** lose Regelungsabrede abgeschlossen werden (*DKKW-Wedde* Rn 24; *Richardi/Thüsing* Rn 13; *ErfK-Koch* Rn 2; *Nill* S. 72; *Engels* FS Wißmann S. 307; *Richardi* NZA 01, 351; *Wendeling-Schröder* NZA-Sonderheft 01, 32; aA *GK-Raab* Rn 26; *HSWGNR* Rn 15; *Linde* S. 195; *Tüttenberg* S. 71 f., 74; *Raab* NZA 02, 477; *Natzel* DB 01, 1362, *Malottke* AiB 01, 626 und *Schaub* ZTR 01, 439 halten allerdings eine Regelungsabrede nicht für zweckmäßig). Dies ist zum einen aus Gründen der Rechtssicherheit erforderlich, damit Inhalt, Umfang, Kompetenz und Verfahrensweise der ArbGruppe eindeutig festliegen. Ferner können nur auf diese Weise verbindliche Regelungen mit unmittelbarer und zwingender Wirkung aufgestellt werden (vgl. § 77 Rn 124 ff.). Im Übrigen ist zu bedenken, dass die Rahmenvereinbarung eine von der gesetzlichen Regelung abweichende Wahrnehmung von Beteiligungsrechten zulässt und eine solche Abweichung grundsätzlich einer normativen Regelung bedarf, so wie dies auch in sonstigen Fällen, in denen das G abweichende Regelungen gestattet, der Fall ist (vgl. zB § 3 Abs. 1 u. 2, § 38 Abs. 1 S. 5, § 47 Abs. 4 § 55 Abs. 4, § 72 Abs. 4).

19   Die Rahmenvereinbarung kann nur als **freiwillige BV** abgeschlossen werden. Sie ist nicht über die E-Stelle erzwingbar (*DKKW-Wedde* Rn 24; *GK-Raab* Rn 20; *Richardi/Thüsing* Rn 18; *Linde* S. 202 ff.; *Nill* S. 72; *Däubler* AuR 01, 289; *Engels* FS Wißmann S. 307; *Konzen* RdA 01, 85; *Löwisch* BB 01, 1740; *Natzel* DB 01, 1363; *Wendeling-Schröder* NZA-Sonderheft 01, 33) und hat deshalb auch keine Nachwirkung (*GK-Raab* Rn 28), auch nicht über den neuen § 87 Abs. 1 Nr. 13 (*Blanke* RdA 03, 151). Allerdings haben ArbGeb. und BR nach § 75 Abs. 2 S. 2 die Selbständigkeit und Eigeninitiative von ArbN und ArbGruppen zu fördern. Hieraus ergibt sich zwar keine für ArbGeb. und BR bindende und einklagbare Rechtsverpflichtung (vgl. § 75 Rn 175 f.). Jedoch haben ArbGeb. und BR bei der Frage, ob und in welchen Bereichen eine Delegation von Aufgaben in Betracht kommt, das Gebot des § 75 Abs. 2 S. 2 im Auge zu halten (*GK-Raab* Rn 22; *HSWGNR* Rn 14; *Nill* S. 74; *Franzen* ZfA 01, 434; *Löwisch* BB 01, 1740; *Raab* NZA 02, 477; *Reichold* NZA 01, 864; zu weitgehend *Löwisch/Kaiser* Rn 13: BR soll bei Verstoß gegen § 75 Abs. 2 S. 2 ArbGeb. über BeschlVerf. zum Abschluss der Rahmenvereinbarung zwingen können).

20   Der **Abschluss** der Rahmenvereinbarung bedarf – anders als der Beschluss des BR, der ArbGruppe bestimmte betriebsverfassungsrechtliche Aufgaben zu übertragen (vgl. Rn 35) – **keines qualifizierten Mehrheitsbeschlusses** des BR. Etwas anders gilt nur, wenn schon in der Rahmenvereinbarung selbst konkrete betriebsverfassungsrechtliche Beteiligungsrechte übertragen werden (*Linde* S. 198 f., 244 f.; aA *DKKW-Wedde* Rn 43 u. *Tüttenberg* S. 79 f., die dies für unzulässig halten). In diesem Falle ergibt sich die Notwendigkeit einer absoluten Stimmenmehrheit der Rahmenvereinbarung aus Abs. 1 S. 1 Halbs. 1. Auch die **Kündigung** einer Rahmenvereinbarung ist mit einfacher Stimmenmehrheit des beschlussfähigen BR zulässig. Sofern in der Rahmenvereinbarung keine andere Kündigungsfrist vorgesehen ist, ist sie mit einer Frist von 3 Monaten kündbar (*DKKW-Wedde* Rn 26; *HSWGNR* Rn 21; *JRH-Kappenhagen* Kap. 5 Rn 141; *Nill* S. 102). Da die Rahmenvereinbarung nicht erzwingbar ist, entfaltet sie nach Ablauf der Kündigungsfrist keine Nachwirkung nach § 77 Abs. 6 (*DKKW-Wedde* Rn 27; ErfK-*Koch* Rn 2; *Linde* S. 250; *Natzel* DB 01, 1363). Mit einer wirksamen Kündigung entfällt die Basis für eine Delegation betriebsverfassungsrechtlicher Aufgaben auf die ArbGruppe (*Richardi/Thüsing* Rn 17). Die Wahrnehmung dieser Aufgaben fällt an den BR zurück. Gleiches gilt, wenn die gesetzlichen Voraussetzungen für den Abschluss einer Rahmenvereinbarung entfallen, wie Unterschreiten der betriebl. Mindestgröße von idR mehr als 100 ArbN oder Auflösung der ArbGruppe (*GK-Raab* Rn 27; *Raab* NZA 02, 477; **aA** *Linde* S. 249). Zur Frage der (Weiter-)Geltung von zwischen ArbGeb. und der ArbGruppe abgeschlossenen Gruppenvereinbarungen vgl. Rn 27, 32.

d) Übertragungsbeschluss

21   Bei der in Abs. 1 S. 1 Halbs. 1 geregelten Übertragung von Aufgaben auf eine ArbGruppe handelt es sich ausschließlich um **Aufgaben des BR,** die diesem nach den gesetzlichen Vorschriften obliegen. Nicht gemeint sind Aufgaben, die der Arb-Geb. der ArbGruppe und ihren Mitgl. im Rahmen des ArbVerh. überträgt.

22   In **formeller** Hinsicht ist die Übertragung betriebsverfassungsrechtlicher Aufgaben auf die ArbGruppe an zwei Voraussetzungen gebunden. Die Übertragung bedarf eines **qualifizierten Mehrheitsbeschlusses** des BR, dh es müssen mehr als die

Hälfte der BRMitgl. der Übertragung zustimmen (*DKKW-Wedde* Rn 40). Ferner bedarf der Übertragungsbeschluss der **Schriftform** (*DKKW-Wedde* Rn 50; *Richardi/ Thüsing* Rn 19; GK-*Raab* Rn 30; *Engels* FS Wißmann S. 308; *Löwisch* BB 01, 1740; **aA** *Malottke* AiB 01, 626, die Abs. 1 S. 3 nur auf die Mitteilung der Übertragung an die Arbeitsgruppe bezieht). Diese Voraussetzungen entsprechen denjenigen, die bei der Übertragung von Aufgaben zur selbständigen Erledigung auf den BetrAusschuss zu beachten sind (vgl. § 27 Rn 79 ff.). Zur **Unterrichtung** des **ArbGeb.** über den Übertragungsbeschl. gelten die Ausführungen zu § 27 Rn 85 entspr. (s. auch *Zumbeck* S. 29).

In **materieller** Hinsicht begrenzt Abs. 1 S. 2 die Möglichkeit der Aufgabenüber- **23** tragung auf solche beteiligungspflichtigen Angelegenheiten, die im **Zusammenhang mit der von der ArbGruppe zu erledigenden Tätigkeiten** stehen. Bei der Frage, ob dies der Fall ist, haben ArbGeb. und BR eine Einschätzungsprärogative, die nur eingeschränkt gerichtlich überprüft werden kann (*Tüttenberg* S. 92; *Engels* FS Wißmann S. 309; *Thüsing* ZTR 02, 6; **aA** *Linde* S. 217), Die übertragenen Angelegenheiten müssen die Arbeitstätigkeit der Mitgl. der ArbGruppe einschließlich deren Arbeitsleistung betreffen (*Tüttenberg* S. 90 f.). Welche der gesetzlichen Beteiligungsrechte wegen Sachzusammenhangs mit der Tätigkeit der ArbGruppe übertragungsfähig sind, kann nicht einheitlich für alle ArbGruppen entschieden werden (**aA** *Linde* S. 216). Das hängt nicht nur von der jeweiligen Tätigkeit der ArbGruppe ab. Auch die Entscheidungs- und Gestaltungskompetenzen der jeweiligen ArbGruppe spielen eine Rolle. Insofern ist es unzutreffend und vom Wortlaut des G nicht gedeckt, Abs. 1 S. 2 grundsätzlich eng auszulegen (so aber *DKKW-Wedde* Rn 44; wie hier *Richardi/ Thüsing* Rn 25; GK-*Raab* Rn 32 f.; *Tüttenberg* S. 92). Die Wahrung der Rechte des BR und die Berücksichtigung der Interessen der anderen ArbN des Betriebs muss und kann der BR durch eine entspr. Ausgestaltung seines Übertragungsbeschl. mit Vorgaben, Auflagen oder Genehmigungsvorbehalten selbst sicherstellen (*DKKW-Wedde* Rn 47 f.; *Nill* S. 78). Insb. sollte eine Rückkoppelung durch Informationsaustausch zwischen ArbNGruppe und BR sichergestellt werden (*Zumbeck* S. 23).

Als **übertragungsfähige Sachbereiche** kommen zB in Betracht: Fragen der Ar- **23a** beitszeitgestaltung nach § 87 Abs. 1 Nr. 2 und 3 und der Urlaubsgewährung nach § 87 Abs. 1 Nr. 5 (*DKKW-Wedde* Rn 30; *Tüttenberg* S. 93 f., 96 f.; *Zumbeck* S. 21; differenzierend betr. Nr. 5 *Linde* S. 224 f.). Auch die Regelung der Ordnung der ArbGruppe und des diesbezüglichen Verhaltens ihrer MitGl. (§ 87 Abs. 1 Nr. 1; *Linde* S. 220; **aA** *Tüttenberg* S. 93) kann ebenso dazu gehören wie Fragen gruppenspezifischer Überwachungseinrichtungen (§ 87 Abs. 1 Nr. 6; *Linde* S. 226; *Tüttenberg* S. 99) sowie eines gruppenspezifischen Arbeits- und Gesundheitsschutzes (*Linde* S. 227; *Tüttenberg* S. 99). Bei ArbGruppen, denen eine weitgehende eigene Regelungskompetenz bei der Erfüllung der Arbeit und der Sicherung ihrer Qualität eingeräumt ist, kommt auch eine (partielle) Übertragung der MBR nach § 87 Abs. 1 Nr. 10 (*Düwell/ Blanke* Rn 20; *Linde* S. 229; *Tüttenberg* S. 102; *Engels* FS Wißmann S. 309) und 11 (Fragen der Lohngestaltung und leistungsbezogener Entgelte; ebenso *Düwell/Blanke* Rn 20; *Linde* S. 230; *Tüttenberg* S. 103) sowie Nr. 13 (Grundsätze über die Durchführung der Gruppenarbeit; s. *Düwell/Blanke* Rn 20; GK-*Raab* Rn 33; *Löwisch/Kaiser* Rn 3; *Linde* S. 234; *Blanke* RdA 03, 152; ebenso *Tüttenberg* S. 104 ff., 110, jedoch aufgrund enger Auslegung der Nr. 13), nach § 98 (Durchführung von Bildungsmaßnahmen der Gruppenmitgl., *Wedde* ArbuR 02, 124: **aA** *Linde* S. 239) und nach § 99 (Ein- und Umgruppierungen von Gruppenmitgl.) in Betracht (**aA** *DKKW-Wedde* Rn 31; GK-*Raab* Rn 35; *Linde* S. 239 f.; *Tüttenberg* S. 114).

Dagegen dürften einer ArbGruppe **kein Beteiligungsrechte** in Bezug auf ihre **24** personelle Zusammensetzung übertragen werden können, zB nach § 99 bei einer Einstellung für die ArbGruppe oder bei einer Versetzung in die ArbGruppe (*Linde* S. 239 f.; *Tüttenberg* S. 113 f.; *Zumbeck* S. 21). Bei einer Einstellung verbietet sich dies schon deswegen, weil es hier um die Begründung eines ArbVerh. mit dem ArbGeb. und damit um eine über die Gruppenbelange hinausgehende Entscheidung handelt

(*DKKW-Wedde* Rn 31; GK-*Raab* Rn 35; *Löwisch* BB 01, 1740; *Raab* NZA 02, 478). Das Gleiche gilt bei der Versetzung eines ArbN in die ArbGruppe, da hier auch Gesichtspunkte der abgebenden Stelle und ihrer ArbN zu berücksichtigen sind (*Engels* FS Wißmann S. 309). Auch Beteiligungsrechte in wirtschaftlichen Angelegenheiten, bei denen es um die wirtschaftliche Lage des Betriebs bzw. des Unternehmens geht, kommen für eine Übertragung auf eine ArbGruppe nicht in Betracht, da diese Angelegenheiten keine gruppenspezifischen sondern darüberhinaus gehende Fragen betreffen (so Gesetzesbegründung BT-Drucks. 14/574 S. 40; *DKKW-Wedde* Rn 31, 68; GK-*Raab* Rn 35; *Engels/Trebinger/Löhr-Steinhaus* DB 01, 537; *Blanke* RdA 03, 151; *Löwisch* BB 01, 17 401; zweifelnd *Richardi/Thüsing* Rn 23; *Richardi/Annuß* DB 01, 44; *Federlin* NZA-Sonderheft 01, 28; **aA** *Tüttenberg* S. 115 ff.; *Annuß* NZA 01, 370 Fußn. 25).

25   **Ob** und **in welchem Umfang** der BR übertragungsfähige betriebverfassungs-rechtliche Aufgaben auf eine ArbGruppe überträgt, hat er nach **pflichtgemäßen Ermessen** zu entscheiden (GK-*Raab* Rn 31; *Linde* S. 259; *Tüttenberg* S. 85; *Raab* NZA 02, 478; einschr. *DKKW-Wedde* Rn 3, 9, die wohl von freiem Ermessen ausgehen; **aA** *Nill* S. 77). Zwar sind ArbGeb. und BR nach § 75 Abs. 2 S. 2 gehalten, die Selbständigkeit und Eigeninitiative der ArbN und ArbGruppen zu fördern. Aus diesem Gebot ergibt sich jedoch keine Rechtsverpflichtung zur Übertragung von Aufgaben auf die ArbGruppe. Der BR hat bei seiner Entscheidung, ob und ggf. in welchem Umfang eine Übertragung von Aufgaben auf eine ArbGruppe in Betracht kommt, vielfältige Aspekte zu bedenken. Diese gehen von der allgemeinen Einbettung und Einbindung von isolierten Gruppenentscheidungen in das betriebliche Geschehen und die allgemeine BRTätigkeit einschließlich ihrer Akzeptanz in der Gesamtbelegschaft über die Frage der Sach- und Fach- und Durchsetzungskompetenz der Gruppenangehörigen bei der Wahrnehmung der zu übertragenden Aufgaben gegenüber dem ArbGeb. bis hin zu der Frage, ob und in welchem Umfang von den allgemeinen betrieblichen Regelungen abweichende Sonderregelungen für die Arb-Gruppe sachgerecht bzw. vertretbar erscheinen (*Engels* FS Wißmann S. 308). Bei seiner Entscheidung hat der BR stets das Gebot des § 75 Abs. 2 S. 2 im Auge zu behalten. Seine Entscheidung hat er damit nicht nach freiem, sondern pflichtmäßigen Ermessen zu treffen (ähnlich *Löwisch* BB 01, 1740; *Natzel* DB 01, 1363; die Ansicht von *Däubler* AuR 01, 289, dass mangels Konfrontationsfähigkeit der ArbGruppe im Regelfall nur unterhalb der MB liegende Aufgaben auf eine Arbgruppe übertragen werden sollten, entspricht nicht der gesetzlichen Grundentscheidung und lässt im Übrigen außer Acht, dass im Nichteinigungsfalle die Wahrnehmung des konkreten Streits an den BR zurückfällt; vgl. hierzu Rn 37).

e) Widerruf der Übertragung

26   Der BR kann die Übertragung betriebsverfassungsrechtlicher Aufgaben auf eine ArbGruppe – auch auf deren Wunsch (s. *Tüttenberg* S. 123 f.) – jederzeit **ganz** oder **teilweise widerrufen** (vgl. Abs. 1 S. 4). Auch diese Entscheidung hat er nach pflichtgemäßem Ermessen zu treffen (GK-*Raab* Rn 40; *Franzen* ZfA 01, 434; *Raab* NZA 02, 479); tut er dies nicht, ist der Widerruf dennoch wirksam (*Linde* S. 268; *Tüttenberg* S. 122; *Raab* NZA 02, 479). Der Beschluss über den Widerruf bedarf – ebenso wie der Übertragungsbeschluss – aus Gründen der Rechtssicherheit der Schriftform sowie der absoluten Mehrheit der Stimmen der BRMitgl. (GK-*Raab* Rn 39; *Richardi/Thüsing* Rn 21; *Nill* S. 101). Um gegenüber ArbGeb. und ArbGruppe wirksam zu werden, muss er dieser, dh ihrem Sprecher, oder dem ArbGeb. mitgeteilt werden (*DKKW-Wedde* Rn 53 f.; **aA** *Linde* S. 266: stets gegenüber Sprecher). Ab diesem Zeitpunkt hat die ArbGruppe, falls die Aufgabenübertragung generell widerrufen worden ist, keinerlei Regelungskompetenz mehr (*DKKW-Wedde* Rn 55; *Engels* FS Wißmann S. 310; **aA** *Nill* aaO: ab Widerrufsbeschluss). Liegt nur ein Teilwiderruf

vor, beschränkt sich der Verlust der Regelungskompetenz auf den widerrufenen Teil der übertragenen Aufgaben.

Der Widerruf der Übertragung hat von Gesetzeswegen **keine unmittelbaren** 27 **Auswirkungen** auf die von der ArbGruppe mit dem ArbGeb. abgeschlossenen **Gruppenvereinbarungen** (GK-*Raab* Rn 57; *Richardi/Thüsing* Rn 21; *Nill* S. 103; *Tüttenberg* S. 215; *Engels/Trebinger/Löhr-Steinhaus* DB 01, 537; *Franzen* ZfA 01, 435; *Raab* NZA 02, 481 f.). Diese Vereinbarungen, für die § 77 entspr. gilt (vgl. Rn 32), haben Normwirkung. Ihr Ende bestimmt sich nach den allgemeinen Regeln über das Ende von BV (vgl. hierzu § 77 Rn 142 ff.). ArbGeb. und BR können nach Widerruf der Übertragung die Gruppenvereinbarung jederzeit aufheben (*Engels* FS Wißmann S. 311). Auch kann sie von ArbGeb. oder BR fristgerecht gekündigt werden (*Tüttenberg* S. 216; *Zumbeck* S. 42; *Blanke* RdA 03, 153). Ist mit dem Widerruf der Übertragung von betriebsverfassungsrechtliche Aufgaben eine Auflösung der ArbGruppe verbunden, kommt auch ein Ende von Gruppenvereinbarungen wegen **Wegfalls der Geschäftsgrundlage** in Betracht (vgl. hierzu die entspr. anzuwendenden Ausführungen in § 77 Rn 160 ff.; im Ergebnis ähnl. *Richardi/Thüsing* Rn 30).

Vom Widerruf zu **unterscheiden** ist der Rückfall der Wahrnehmung eines Betei- 28 ligungsrechts auf den BR nach Abs. 2 S. 3, weil sich ArbGeb. und ArbGruppe in einem konkreten Streitfall nicht einigen konnten (vgl. hierzu Rn 37). In diesem Falle ist die Wahrnehmung des Beteiligungsrechts durch den BR auf die Herbeiführung einer Einigung in dem konkreten Streitfall beschränkt. Die generelle Übertragung der Angelegenheit auf die ArbGruppe wird dadurch nicht berührt (GK-*Raab* Rn 42).

III. Rechtsfolgen der Übertragung

Mit der Übertragung von betriebsverfassungsrechtlichen Aufgaben erwirbt die Arb- 29 Gruppe eine **eigenständige Regelungskompetenz** (*Engels* FS Wißmann S. 303 f.). Diese betrifft zum einen die inhaltliche Gestaltung der übertragenen Aufgaben (vgl. Rn 30 ff.). Die Regelungskompetenz erfordert jedoch auch die Beachtung gewisser formeller Voraussetzungen (vgl. Rn 35). Sie hat ferner Auswirkungen auf die Rechtsstellung der ArbGruppe und ihrer Mitgl. (vgl. Rn 39).

1. Inhaltliche Regelungskompetenz

In den übertragenen betriebsverfassungsrechtlichen Angelegenheiten ist die **Arb-** 30 **Gruppe** anstelle des BR **regelungsbefugt** (GK-*Raab* Rn 37 f.; *Nill* S. 81). Dieser kann grundsätzlich nur durch Widerruf der Übertragung oder durch Kündigung der Rahmenvereinbarung das Recht zur eigenen Regelung der Angelegenheit wieder an sich ziehen (*Linde* S. 247; vgl. aber auch Rn 37). Soweit Aufgaben auf die ArbGruppe übertragen worden sind, hat diese grundsätzlich **dieselben Befugnisse und Rechte,** die dem BR bei der Wahrnehmung seiner Aufgaben zustehen (*Linde* S. 292; *Richardi* DB 01, 44). Der ArbGeb. ist zB bei den übertragenen Aufgaben gegenüber der ArbGruppe in demselben Umfang zur Unterrichtung und zur Vorlage der erforderlichen Unterlagen nach § 80 Abs. 2 S. 1 und 2 verpflichtet, wie er dies bei fehlender Übertragung gegenüber dem BR wäre (*Linde* S. 181). Ein Recht der ArbGruppe auf Hinzuziehung eines sachkundigen ArbN nach § 80 Abs. 2 S. 3 dürfte allerdings solange zu verneinen sein, als die ArbGruppe auf den Sachverstand des BR zurückgreifen kann (*Linde* S. 183); *Tüttenberg* S. 144). Denn insoweit stünde auch dem BR kein Hinzuziehungsrecht zu.

Bei der **inhaltlichen Gestaltung** der übertragenen Aufgaben hat die ArbGruppe 31 den **weiten Regelungsspielraum,** wie er auch dem BR zur Verfügung steht. Andererseits ist sie jedoch ebenfalls an die Grenzen gebunden, die auch der Regelungskompetenz des BR gesetzt sind (vgl. hierzu § 77 Rn 52 ff.). Das gilt insb. für die Beachtung des Tarifvorbehalts und des Tarifvorrangs nach § 77 Abs. 3 und § 87 (vgl. hierzu § 77 Rn 67 ff., § 87 Rn 36 ff.) sowie für die Beachtung der Grundsätze für die Behandlung der Betriebsangehörigen nach § 75 (vgl. hierzu § 75 Rn 28 f., 30 ff., 58 ff., 136 ff.).

32 Als Regelungsinstrument für die inhaltliche Gestaltung der übertragenen Aufgaben stehen ArbGeb. und ArbGruppe die Gruppenvereinbarung zur Verfügung. Diese kann sowohl als **formlose Regelungsabrede** als auch als **formelle schriftliche Vereinbarung** abgeschlossen werden (GK-*Raab* Rn 44; ErfK-*Koch* Rn 3; *Linde* S. 284; *Raab* NZA 02, 479). Die Regelung einer übertragenen Angelegenheit durch formlose Regelungsabrede (vgl. hierzu § 77 Rn 216 ff.) empfiehlt sich allerdings in all den Fällen nicht, in denen eine Gruppenvereinbarung von allgemein geltenden BV abweichen, da eine bloße Regelungsabrede die unmittelbaren und zwingenden Normen der BV nicht verdrängen kann (vgl. hierzu § 77 Rn 124 ff.). Die Gruppenvereinbarung kann auch in der formellen Form einer schriftlichen Vereinbarung abgeschlossen werden. In diesem Falle hat sie **dieselbe rechtliche Wirkung wie eine BV** (GK-*Raab* Rn 44, 58; *Richardi/Thüsing* Rn 26; ErfK-*Koch* Rn 3; *HSWGNR* Rn 33; *Löwisch/Kaiser* Rn 22; *Löwisch* BB 01, 1734, 1741; *Raab* NZA 02, 479 f.; *Richardi* NZA 01, 346, 351; *Nill* S. 89; aA *DKKW-Wedde* Rn 57 ff., *Tüttenberg* S. 170, *Wedde* ArbuR 02, 125 u. *Zumbeck* S. 33, die eine Wirkung unterhalb der BVEbene aus der nur analogen Anwendung des § 77, der systematischen Einordnung des § 28 a und den begrenzten Beteiligungsrechten der ArbGruppe ableiten). Das folgt aus der generellen Verweisung von Abs. 2 S. 2 auf § 77. Dessen Regelungen über die **unmittelbare** und **zwingende Wirkungen** der Normen einer BV, über das grundsätzliche Verzichts- und Verwirkungsverbot, über das Kündigungsrecht einer BV und über die **Nachwirkung** ihrer Normen bei mitbestimmungspflichtigen Tatbeständen (vgl. hierzu § 77 Rn 124 ff., 131 ff., 142 ff. und 177 ff.), gelten damit auch für eine schriftliche Gruppenvereinbarung (GK-*Raab* Rn 52; *Linde* S. 283 ff.; *Nill* S. 100 f.; *Tüttenberg* S. 218; *Raab* NZA 02, 482; aA zur Nachwirkung *DKKW-Wedde* Rn 65). Das gilt auch für das Ende der Gruppenvereinbarung aus anderen Gründen als einer Kündigung (vgl. hierzu § 77 Rn 160 ff.). Die gerichtl. **Inhaltskontrolle** ist wie bei BV auf eine reine Rechtskontrolle beschränkt (*Linde* S. 301). Zur Frage der Weitergeltung von Gruppenvereinbarungen bei Widerruf der Übertragung nach Abs. 1 S. 4 vgl. Rn 27.

33 Sind in einem Betrieb betriebsverfassungsrechtliche Aufgaben auf mehrere Arb-Gruppen delegiert worden, können diese bei der Regelung gleichgelagerter Angelegenheiten inhaltlich übereinstimmende Gruppenvereinbarungen abschließen. Rechtlich handelt es sich hierbei um jeweils **selbständige** und **getrennte** Vereinbarungen. Der Abschluss einer einheitlichen Gruppenvereinbarung aller Gruppen ist unzulässig, da das G eine Zusammenfassung mehrerer ArbGruppen zu einer – dem GesBR ähnlichen – „GesArbGruppe" nicht kennt (*Linde* S. 288; aA *Tüttenberg* S. 205; *Natzel* DB 01, 1363).

34 Das Verhältnis einer schriftlichen Gruppenvereinbarung zu einer allgemeinen BV bestimmt sich nach den **Grundsätzen der Spezialität** (GK-*Raab* Rn 55; ErfK-*Koch* Rn 3; *Linde* S. 308 f.; *Nill* S. 99; *Natzel* DB 01, 1363; *Neef* NZA 01, 363; *Raab* NZA 02, 481; *Wendeling-Schröder* NZA-Sonderheft 01, 33; zweifelnd *Däubler* AiB 01, 383; aA *DKKW-Wedde* Rn 57; *Richardi/Thüsing* Rn 28; *Düwell/Blanke* Rn 28 f., *Tüttenberg* S. 178 f., die aber durch Modifizierung der Vorrangtheorie zu ähnl. Ergebnissen wie bei Annahme der Spezialität kommen). Hiernach hat die Gruppenvereinbarung in aller Regel Vorrang vor einer allgemeinen BV (*HSWGNR* Rn 32). Das gilt unabhängig davon, ob ihre Regelungen für die Gruppenmitgl. günstiger oder ungünstiger als die der allgemeinen BV sind; denn da für Gruppenvereinbarungen § 77 maßgebend ist, gelten für sie auch die Grundsätze, die für das Verhältnis mehrere BV zueinander gelten (vgl. hierzu § 77 Rn 192 ff.; wie hier *Linde* aaO; aA *Malottke* AiB 01, 627 u. *Zumbeck* S. 34, die nur günstigere Regelungen als zulässig ansehen). Das gilt grundsätzlich auch im Stadium der Nachwirkung (Rn 32), allerdings mit folgender

Ausnahme: Wenn die eine alte Gruppenvereinbarung ablösende neue Vereinbarung nicht mehr von der ArbGruppe selbst abgeschlossen werden kann (zB Widerruf der Übertragung und Kündigung der Vereinbarung durch BR) und im Betrieb eine BV besteht, die den selben Gegenstand regelt wie die Gruppenvereinbarung und von ihrem Anwendungsbereich die ArbGruppe erfasst (zB Arbeitszeitregelung), jedoch nur aufgrund der Spezialität der Gruppenvereinbarung nicht für die GruppenMitgl. gilt, kommt nach Erlöschen der Regelungszuständigkeit der ArbGruppe der bestehenden BV Vorrang vor einer nur nachwirkenden Gruppenvereinbarung zu, zumal hier auch eine die Nachwirkung rechtfertigende Regelungslücke nicht besteht (GK-*Raab* Rn 60; *Zumbeck* S. 39; *Raab* NZA 02, 482).

2. Beachtung formeller Voraussetzungen bei der Wahrnehmung der Regelungskompetenz

Der Abschluss einer Gruppenvereinbarung setzt voraus, dass ihr **die Mehrheit der** 35 **Mitgl. der ArbGruppe** zustimmt (Abs. 2 S. 1 Halbs. 2). Die Mehrheit der an der Abstimmung teilnehmenden Gruppenmitgl. reicht nicht aus, gleichgültig ob die Nichtteilnahme an der Abstimmung auf einer objektiven Unmöglichkeit (zB Erkrankung) oder auf sonstigen Gründen beruht (*DKKW-Wedde* Rn 69). Da die Vorschrift nicht auf die Wahlberechtigung der Gruppenmitgl. abstellt, sind nicht nur die nach § 7 Wahlberechtigten (so aber GK-*Raab* Rn 46; *Zumbeck* S. 36), sondern **alle Mitgl.** der ArbGruppe, die nach § 5 als ArbN anzusehen sind (ebenso ErfK-*Koch* Rn 3; *Linde* S. 175; vgl. hierzu § 5 Rn 16ff.; aA *HSWGNR* Rn 37), **abstimmungsberechtigt.** Damit sind zB auch der ArbGruppe angehörende jug. ArbN an den Entscheidungen der Gruppenmitgl. zu beteiligen (*Tüttenberg* S. 187). Das gilt für alle Entscheidungen der ArbGruppe, auch wenn sie keinen Abschluss einer Vereinbarung zum Gegenstand haben. Nicht abstimmungsberechtigt sind die in § 5 Abs. 2 bis 4 genannten Personen. Durch das für den Abschluss einer Gruppenvereinbarung bestehende Erfordernis einer absoluten Mehrheit der Gruppenmitgl. wird sichergestellt, dass eine Gruppenvereinbarung mit verbindlicher Wirkung für alle Gruppenmitgl. in einem ausreichenden Maße legitimiert ist, auch wenn sich aus der Gruppenvereinbarung Regelungen mit materiellen Auswirkungen für die Mitgl. der ArbGruppe ergeben (*Düwell/Blanke* Rn 32).

Gegen die Möglichkeit, dass die Minderheit der einer Gruppenvereinbarung nicht 35a zustimmenden Gruppenmitgl. gleichwohl an den Inhalt der Gruppenvereinbarung gebunden sind, werden zT mit dem Hinweis auf die fehlende Möglichkeit der Gruppenmitgl., auf die personale Zusammensetzung der Gruppe Einfluss zu nehmen, und der daraus folgenden fehlenden **Legitimation** der Gruppe Bedenken erhoben (GK-*Raab* Rn 5, 54; *Tüttenberg* S. 190ff.; *Däubler* AuR 01, 289; *Franzen* ZfA 01, 437; *Raab* NZA 02, 481; *Richardi* NZA 01, 351; *Wendeling-Schröder* NZA 01, 359; *dies.* NZA-Sonderheft 01, 32). Diese sind jedoch nicht überzeugend (ebenso *Linde* S. 297ff.; *Nill* S. 97, 120; s. dessen legitimationsrechtl. Ausführungen S. 91ff.). Dem Gesetzgeber steht es frei, in welcher Weise er die Wahrnehmung betriebsverfassungsrechtlicher Beteiligungsrechte ausgestaltet. Es bestünden keine Legitimationsbedenken gegen eine gesetzliche Regelung, die – iS einer unmittelbaren Demokratie – die Wahrnehmung von Beteiligungsrechten durch die ArbN selbst vorsähe. Dann können jedoch auch keine Bedenken gegen eine gesetzliche Regelung erhoben werden, die den Betriebspartnern die Möglichkeit einräumt, in begrenztem Umfang und unter bes. Voraussetzungen (Abschluss einer Rahmenvereinbarung, qualifizierter Übertragungsbeschluss) die Wahrnehmung bestimmter betriebsverfassungsrechtlicher Aufgaben an die ArbN zu delegieren (wie hier *Düwell/Blanke* Rn 32; *Blanke* RdA 03, 153; vgl. in diesem Zusammenhang auch die Regelung des § 50 Abs. 1 Halbs. 2, nach der sich die originäre Zuständigkeit des GesBR auch auf betriebsratslose Betriebe erstreckt). Verlangt man dagegen Einverständnis aller Gruppenmitgl. bei zusätzlichen Pflichten aus einer Gruppenvereinbarung (so GK-*Raab* Rn 54; *Raab* NZA 02, 481), bedeutet

dies im Ergebnis, dass das vom BR an die ArbGruppe delegierte kollektive Recht auf
Abschluss von Gruppenvereinbarungen mit Normwirkung in eine Vielzahl von Individualrechten aufgesplittet und damit aufgegeben wird. Das widerspricht nicht nur
dem Wesen der Delegation, nämlich Weitergabe des Rechts ohne dessen inhaltliche
Änderung. Dieser Lösungsansatz ist zudem problematisch bezogen auf das Rückhol-
recht des BR, weil selbst eine nach Ausübung dieses Rechts abgeschlossene BV des
BR mit dem ArbGeb. die auf individualrechtlicher Ebene geschlossenen Vereinbarungen nicht beseitigen kann, wenn diese günstiger sind. Nicht zielführend ist vor
allem aber, dass ein einzelnes GruppenMitgl. eine Gruppenregelung verhindern
könnte.

36   Im Gegensatz zu § 33, der von Beschlüssen des BR spricht und die Stimmenmehrheit der anwesenden BRMitgl. fordert, spricht § 28 Abs. 2 S. 1 Halbs. 2 lediglich von der Mehrheit der Stimmen der Gruppenmitgl. Wegen des unterschiedlichen
Wortlauts der Vorschriften und bei Berücksichtigung des Umstands, dass die Gruppenmitgl. in aller Regel mit den die Gruppe betreffenden Fragen und Problemen
vertraut sind, dürfte die Wirksamkeit einer Entscheidung der Gruppe nicht davon
abhängig sein, dass sie in einer förmlichen Gruppensitzung getroffen wird. Insofern
kommt auch eine **Abstimmung im Umlaufverfahren** in Betracht (GK-*Raab*
Rn 49; *HSWGNR* Rn 38; *Tüttenberg* S. 201f.; *Raab* NZA 02, 480; **aA** *DKKW-
Wedde* Rn 74; *Linde* S. 173). Allerdings ist stets erforderlich, dass allen Gruppenmitgl.
die regelungsbedürftige Angelegenheit und der der genaue Inhalte der angestrebten
Regelung bekannt ist. Dies hat der Gruppensprecher durch eine rechtzeitige und der
zu regelnden Angelegenheit entspr. Unterrichtung der Gruppenmitgl. sicherzustellen
(*DKK-Wedde* aaO).

37   Eine Regelungskompetenz der Gruppe besteht nur für **freiwillige Regelungen**
der auf sie übertragenen betriebsverfassungsrechtlichen Aufgaben. Zwischen ArbGeb.
und ArbGruppe herrscht das **Einigungsprinzip.** Können sich ArbGeb. und Arb-
Gruppe in einer konkret zu regelnden Angelegenheit nicht einigen, fällt die Regelung des konkreten Streitfalls – nicht die übertragende Aufgabe als solche (*Engels/
Trebinger/Löhr-Steinhaus* DB 01, 537) – wieder an den BR zurück (*Richardi/Thüsing*
Rn 31; ErfK-*Koch* Rn 3; *Tüttenberg* S. 135; *HSWGNR* Rn 42). Hieraus folgt, dass
ausschließlich der BR und nicht die ArbGruppe berechtigt ist, die **E-Stelle** zur
Streitentscheidung anzurufen (*Nill* S. 83; *Engels* FS Wißmann S. 311). Die Feststellung, dass in einer umstrittenen Angelegenheit eine einverständliche Regelung nicht
möglich ist, kann sowohl der ArbGeb. als auch die ArbGruppe treffen (*Richardi/
Thüsing* Rn 32). Im Interesse der Rechtssicherheit erfordert eine derartige Feststellung durch die ArbGruppe eine förmliche Abstimmung, damit eindeutig feststeht,
wer auf ArbNSeite zur Regelung der Angelegenheit befugt ist (*Engels* FS Wißmann
S. 311f.; **aA** GK-*Raab* Rn 43: Ablauf zumutbarer Frist nach Regelungsvorschlag des
ArbGeb. soll ausreichen; dagegen *Linde* S. 274f.). Diese Entscheidung der ArbGruppe
bedarf keiner qualifizierten Mehrheit, da diese nach Abs. 2 S. 1 Halbs. 2 nur beim
Abschluss von Gruppenvereinbarungen erforderlich ist (*Nill* S. 83). Bevor ArbGeb.
oder ArbGruppe die Unmöglichkeit einer freiwilligen Einigung feststellen, sollten sie
sich des auch für sie geltenden Gebots des § 74 Abs. 1 S. 2 bewusst sein, über strittige
Fragen mit dem ernsten Willen zur Einigung zu verhandeln und Vorschläge für die
Beilegung von Meinungsverschiedenheiten zu machen. Allerdings hat die Missachtung dieses Gebots kein Auswirkung auf die Rechtswirksamkeit der Feststellung der
Nichteinigung (vgl. hierzu § 74 Rn 9ff.). Die Feststellung der Nichteinigung ist verbindlich und aus Gründen der Rechtssicherheit nicht widerrufbar (*Engels* FS Wißmann S. 312).

38   Durch die Übertragung von betriebsverfassungsrechtlichen Aufgaben erhält die
ArbGruppe eine eigenständige betriebsverfassungsrechtliche Stellung (vgl. Rn 7).
Daraus folgt, dass die gesetzlichen Regelungen über die Stellung des BR im Rahmen
der übertragenen Aufgaben grundsätzlich für die ArbGruppe entspr. gelten (vgl. *Nill*
S. 84ff.). So ist zB der ArbGeb. verpflichtet, die zur ordnungsgemäßen Wahrneh-

mung der betriebsverfassungsrechtlichen Aufgabe erforderlichen **Kosten der ArbGruppe** nach § 40 zu tragen (*DKKW-Wedde* Rn 78; *ErfK-Koch* Rn 3; *Linde* S. 184f.; *Tüttenberg* S. 142). Ebenso gelten die Grundsätze der §§ 2 und 74 über die **Zusammenarbeit** der Betriebspartner auch im Verhältnis zwischen ArbGeb. und ArbGruppe (*Linde* S. 157f.; *Tüttenberg* aaO). Ferner hat die ArbGruppe die gesetzlichen Regelungen, die im Zusammenhang mit der Meinungsbildung des BR stehen oder ihrer Dokumentation oder Kontrolle dienen, grundsätzlich ebenfalls zu beachten. Hierbei ist es allerdings zulässig, diese Regelungen an die Besonderheiten einer – idR kleinen und überschaubaren – ArbGruppe anzupassen. Zweckmäßigerweise sollte dies in der Rahmenvereinbarung näher geregelt werden. Vorbehaltlich einer konkretisierenden bzw. abweichenden Regelung in der Rahmenvereinbarung gelten deshalb für die ArbGruppe zB grundsätzlich folgende Vorschriften: § 26 zur Wahl des Gruppensprechers und seiner Vertretungsbefugnis, wenn nicht die ArbGruppe eine andere Form einer Vertr. beschließt (*GK-Raab* Rn 50; kr. *Linde* S. 160ff.); § 29 Abs. 2–4 hinsichtlich der Einberufung, Leitung, Tagesordnung von Gruppensitzungen (*Linde* S. 163ff.; *Tüttenberg* S. 195ff.); § 30 über Zeitpunkt von Gruppensitzungen (*Linde* S. 166); § 31 über das Teilnahmerecht von Gewerkschaftsvertretern, wobei für deren Hinzuziehung ein Antrag von einem Viertel der Gruppenmitgl. ausreicht (*Tüttenberg* S. 146f.; **aA** *Linde* S. 168); § 32 über das Teilnahmerecht der SchwbVertr. (*Linde* S. 170); § 33 Abs. 1 u. 2 für nicht der qualifizierten Mehrheit bedürftige Entscheidungen der ArbGruppe; wegen des eigenen Teilnahmerechts von jug. ArbN bei Gruppenentscheidungen vgl. (hierzu Rn 35) ist § 33 Abs. 3 bei Gruppenentscheidungen nicht anzuwenden; § 34 über die Dokumentation von Entscheidungen der ArbGruppe sowie das Einsichtsrecht in ihre Unterlagen (*Linde* S. 177ff.; *Tüttenberg* S. 201). Die ArbGruppe kann sich unter Beachtung bestehender Regelungen in der Rahmenvereinbarung ferner eine eigene Geschäftsordnung geben (§ 36, *Linde* S. 180f.).

IV. Betriebsverfassungsrechtliche Rechtsstellung der Mitglieder der Arbeitsgruppe

Die Mitgl. der ArbGruppe sind, auch wenn dieser betriebsverfassungsrechtlich **39** Aufgaben übertragen werden, **keine BRMitgl.** Deshalb gelten für sie die für BR-Mitgl. geltenden gesetzlichen Schutz- oder Sondervorschriften grundsätzlich nicht (*DKKW-Wedde* Rn 7; *GK-Raab* Rn 8; *ErfK-Koch* Rn 3). Das gilt insb. für den Kündigungsschutz der BRMitgl. nach § 15 KSchG und § 103 BetrVG (*Linde* S. 133f.; *Tüttenberg* S. 149f.) sowie über den Schutz Auszubildender nach § 78a. Auch das Recht des BR und seiner Mitgl. auf Teilnahme an Schulungen nach § 37 Abs. 6 und 7 oder auf Freistellung nach § 38 gilt nicht für die ArbGruppe und ihre Mitgl. (*HSWGNR* Rn 31; *SWS* Rn 6; *Tüttenberg* S. 143, 155; *Zumbeck* S. 31). Auf der anderen Seite dürfen die Mitgl. der ArbGruppe durch die Übertragung betriebsverfassungsrechtlicher Aufgaben **keine Nachteile** erleiden. Deshalb gelten für sie die Regelungen des § 37 Abs. 1–3 über die Ehrenamtlichkeit ihrer Tätigkeit, der Anspruch auf erforderliche Arbeitsbefreiung zur Durchführung ihrer betriebsverfassungsrechtlichen Aufgaben und der Anspruch auf Freizeitausgleich bzw. auf Abgeltung für die Durchführung erforderlicher betriebsverfassungsrechtlicher Tätigkeit außerhalb ihrer Arbeitszeit entspr. (*ErfK-Koch* Rn 3; *Linde* S. 134ff.; *Tüttenberg* S. 153f.; *Raab* NZA 02, 475; *Nill* S. 82). Das Gleiche gilt für das allgemeine **Behinderungs-, Benachteiligungs- und Begünstigungsverbot** nach § 78 (*Linde* S. 141ff.; *Tüttenberg* S. 151f.; **aA** *DKKW-Wedde* Rn 83). Hieraus ergibt sich für die Mitgl. einer ArbGruppe ein relativer Kündigungsschutz; denn eine Kündigung, die wegen der rechtmäßigen Wahrnehmung betriebsverfassungsrechtlicher Aufgaben erfolgt, ist nichtig (*GK-Raab* Rn 8; *Linde* S. 143; vgl. § 78 Rn 18). Das Gleiche gilt auch bei einer beruflichen Benachteiligung aus diesen Gründen (vgl. § 78 Rn 16). Die Verpflichtung der BRMitgl. zur

Verschwiegenheit nach § 79, dürfte für die Mitgl. der ArbGruppe ebenfalls entspr. geltend (*Richardi/Thüsing* Rn 32 a; *Tüttenberg* S. 152 f.; **aA** DKKW-*Wedde* Rn 83; *Linde* S. 144), wobei bei ihnen eine Verletzung dieser Pflicht wegen des strafrechtlichen Analogieverbots nicht nach § 120 strafbewehrt ist. Im Übrigen dürfte sich eine Verschwiegenheitspflicht der Gruppenmitgl. in aller Regel auch aus der arbeitsvertraglichen Treuepflicht ergeben (vgl. § 79 Rn 39). In der Rahmenvereinbarung kann die betriebsverfassungsrechtliche Rechtstellung der Gruppenmitgl. näher geregelt und stärker an die Rechtsstellung von BRMitgl. angepasst werden (GK-*Raab* Rn 8).

V. Streitigkeiten

40　Rechtsstreitigkeiten im Zusammenhang mit der Übertragung von betriebsverfassungsrechtlichen Aufgaben auf eine ArbGruppe entscheiden die ArbG im **BeschlVerf** (Dazu s. Nach § 1 Rn 1 ff.). Das gleich gilt für Streitigkeiten, die sich innerhalb der ArbGruppe bei der Wahrnehmung dieser Aufgaben ergeben, etwa über die Wirksamkeit einer Entscheidung der ArbGruppe. Auch Streitigkeiten im Zusammenhang mit einer zwischen ArbGeb. und ArbGruppe abgeschlossenen Gruppenvereinbarung, etwa über deren Geltungsbereich oder Auslegung, sind im BeschlVerf. zu entscheiden. Da die ArbGruppe eine eigene betriebsverfassungsrechtliche Rechtsstellung innehat (vgl. Rn 7), ist sie bei Streitigkeiten im Zusammenhang mit den übertragenen Aufgaben antrags- und beteiligungsbefugt (GK-*Raab* Rn 61; *Löwisch/Kaiser* Rn 29; *Richardi/Thüsing* Rn 33; *Linde* S. 316; *Zumbeck* S. 38; *Löwisch* BB 01, 1741; **aA** *DKKW-Wedde* Rn 84; *Nill* S. 84).

§ 29 Einberufung der Sitzungen

(1) [1]**Vor Ablauf einer Woche nach dem Wahltag hat der Wahlvorstand die Mitglieder des Betriebsrats zu der nach § 26 Abs. 1 vorgeschriebenen Wahl einzuberufen.** [2]**Der Vorsitzende des Wahlvorstands leitet die Sitzung, bis der Betriebsrat aus seiner Mitte einen Wahlleiter bestellt hat.**

(2) [1]**Die weiteren Sitzungen beruft der Vorsitzende des Betriebsrats ein.** [2]**Er setzt die Tagesordnung fest und leitet die Verhandlung.** [3]**Der Vorsitzende hat die Mitglieder des Betriebsrats zu den Sitzungen rechtzeitig unter Mitteilung der Tagesordnung zu laden.** [4]**Dies gilt auch für die Schwerbehindertenvertretung sowie für die Jugend- und Auszubildendenvertreter, soweit sie ein Recht auf Teilnahme an der Betriebsratssitzung haben.** [5]**Kann ein Mitglied des Betriebsrats oder der Jugend- und Auszubildendenvertretung an der Sitzung nicht teilnehmen, so soll es dies unter Angabe der Gründe unverzüglich dem Vorsitzenden mitteilen.** [6]**Der Vorsitzende hat für ein verhindertes Betriebsratsmitglied oder für einen verhinderten Jugend- und Auszubildendenvertreter das Ersatzmitglied zu laden.**

(3) **Der Vorsitzende hat eine Sitzung einzuberufen und den Gegenstand, dessen Beratung beantragt ist, auf die Tagesordnung zu setzen, wenn dies ein Viertel der Mitglieder des Betriebsrats oder der Arbeitgeber beantragt.**

(4) [1]**Der Arbeitgeber nimmt an den Sitzungen, die auf sein Verlangen anberaumt sind, und an den Sitzungen, zu denen er ausdrücklich eingeladen ist, teil.** [2]**Er kann einen Vertreter der Vereinigung der Arbeitgeber, der er angehört, hinzuziehen.**

Inhaltsübersicht

I. Vorbemerkung

Die Vorschrift regelt wesentliche Einzelheiten der **konstituierenden** Sitzung so- **1** wie der **weiteren Sitzungen** des BR.

Auf die Sitzungen der JugAzubiVertr., der BordVertr. und des SeeBR ist sie **2** **entspr.** anzuwenden (vgl. § 65 Abs. 2, § 115 Abs. 4 und § 116 Abs. 3). Die Abs. 2 bis 4 gelten für den GesBR und den KBR entspr. (vgl. § 51 Abs. 2 Satz 3 und § 59 Abs. 2 Satz 3). Für die Einberufung und Leitung der konstituierenden Sitzung des GesBR und des KBR enthalten § 51 Abs. 2 S. 1 und 2 sowie § 59 Abs. 2 S. 1 und 2 Sonderregelungen. Das Gleiche gilt für die GesJugAzubiVertr. und die KJugAzubi Vertr. (vgl. § 73 Abs. 2 und § 73b Abs. 2).

Mit gewissen Modifikationen gelten Abs. 2 bis 4 für den BetrAusschuss und sonsti- **3** ge Ausschüsse des BR, des GesBR und des KBR entspr., insb. wenn ihnen Aufgaben zur selbständigen Erledigung übertragen sind (BAG 18. 11. 80 AP Nr. 2 zu § 108 BetrVG 1972; *DKKW-Wedde* Rn 1; einschr. GK-*Raab* Rn 2: nur bei Übertragung von Aufgaben zur selbständigen Erledigung; vgl. auch § 27 Rn 55 ff., 70 ff.). Die Vorschrift gilt nicht für zusätzliche betriebsverfassungsrechtliche Vertr. nach § 3 Abs. 1 Nr. 5, wohl jedoch für andere Vertr. der ArbN des Betriebs iS von § 3 Abs. 1 Nr. 2 bis 4, sofern der TV oder die BV keine abweichenden Regelungen enthalten (vgl. § 3 Abs. 5). Vorbehaltlich einer abweichenden Regelung in der Rahmenvereinbarung gelten die Abs. 2 bis 4 auch für ArbGruppen nach § 28a (vgl. dort Rn 38).

Die Vorschrift ist **zwingend.** Abweichende Vereinbarungen sind weder durch TV **4** noch durch BV zulässig.

Entsprechende Vorschriften: § 34 BPersVG, § 12 Abs. 1 bis 4 SprAuG, § 13 Abs. 1 **5** und 2, § 25 Abs. 1 S. 1, § 27 EBRG, § 12 Abs. 1 S. 1, Abs. 2, § 23 Abs. 2, § 24 Abs. 2 S. 2, 3 SEBG, § 12 Abs. 1 S. 1, Abs. 2, § 23 Abs. 2, § 24 Abs. 2 S. 2, 3 SCEBG.

II. Konstituierende Sitzung des Betriebsrats

Die konstituierende Sitzung des BR dient der **Wahl des Vors. und stellvertr.** **6** **Vors.,** in BR mit 9 oder mehr Mitgl. auch der Wahl der weiteren Mitgl. des Betr-Ausschusses (vgl. § 26 Rn 8; § 27 Rn 8).

1. Einberufung der konstituierenden Sitzung

Die konstituierende Sitzung wird vom **Wahlvorst.** unter Mitteilung von Zeit- **7** punkt und TO einberufen. Dieser wird seinerseits durch seinen Vors. vertreten. Das Recht des Wahlvorst. beschränkt sich auf die Einberufung der konstituierenden Sitzung und ihre Leitung durch seinen Vors., bis der BR aus seiner Mitte einen Wahlleiter für die Wahl des BRVors. bestellt hat. Danach endet sein Teilnahmerecht

(*DKKW-Wedde* Rn 10; GK-*Raab* Rn 16; *HSWGNR* Rn 11; *Richardi/Thüsing* Rn 3).
Ein Teilnahmerecht aller Mitgl. des Wahlvorst. an der konstituierenden Sitzung des
BR besteht nicht.

8   Die konstituierende Sitzung ist spätestens **eine Woche nach dem Wahltag** (erstreckt sich die Wahl über mehrere Tage, nach dem letzten Tag der Stimmabgabe)
einzuberufen. Der Wahltag selbst ist bei der Fristberechnung nicht mitzurechnen. Hat
zB die Wahl des BR an einem Mittwoch stattgefunden, so muss die Einberufung zur
konstituierenden Sitzung spätestens bis Mittwoch der folgenden Woche erfolgt sein.
Fällt der letzte Tag der Frist auf einen Samstag, Sonntag oder gesetzlichen Feiertag,
läuft die Frist mit dem nächsten Werktag ab (vgl. § 193 BGB).

9   Die Frist von einer Woche ist eine **Ordnungsvorschrift.** An geringfügige Überschreitungen sind keine Rechtsfolgen geknüpft. Ihre Nichtbeachtung ist insb. dann
unerheblich, wenn bei Ablauf der Frist das endgültige Wahlergebnis noch nicht feststeht. Kommt der Wahlvorst. seiner Verpflichtung, die BRMitgl. zur ersten Sitzung
einzuberufen, dagegen überhaupt nicht oder längere Zeit nicht nach, so müssen die
gewählten BRMitgl. selbst die Initiative ergreifen, sei es, dass ein einzelnes BRMitgl.
zur ersten Sitzung einlädt, sei es, dass sich die BRMitgl. untereinander verständigen
und den Zeitpunkt der ersten Sitzung zum Zweck der Wahl des Vors. und seines
Stellvertr. vereinbaren (*DKKW-Wedde* Rn 7 f.; GK-*Raab* Rn 13; *Richardi/Thüsing*
Rn 10; *SWS* Rn 1; MünchArbR-*Joost* § 219 Rn 4; insoweit **aA** BAG 23. 8. 84 AP
Nr. 36 zu § 102 BetrVG 1972, das ein Selbstversammlungsrecht des BR vor der Konstituierung für unzulässig hält; *HSWGNR* Rn 8: freiwillige Versammlung aller
BRMitgl.). Hierbei muss allerdings sichergestellt sein, dass alle BRMitgl., ggf. auch
nach § 25 heranzuziehende ErsMitgl., vom Zeitpunkt und Ort der konstituierenden
Sitzung unterrichtet sind.

10   Ein Vorgehen gegen einen **säumigen Wahlvorst.** ist nicht vorgesehen; es hat
auch wenig Sinn, da mit der Einberufung der konstituierenden Sitzung die Tätigkeit
des Wahlvorst. ohnehin endet. Ein säumiger Wahlvorst. kann auch nicht mehr gem.
§ 18 Abs. 1 S. 2 abberufen werden mit der Wirkung, dass seine Mitgl. den nachwirkenden Kündigungsschutz verlieren. Denn die Unterlassung der Einberufung der
konstituierenden Sitzung des BR stellt keine die Abberufung rechtfertigende Pflichtverletzung iS von § 18 Abs. 1 S. 2 dar (GK-*Raab* Rn 12).

11   Vor Ablauf der Wochenfrist sind die BRMitgl. lediglich **zur ersten Sitzung** des
BR **einzuberufen.** Es sind also in der Frist nur die BRMitgl. zur konstituierenden
BRSitzung zu laden. Nicht erforderlich ist, dass die Sitzung selbst in dieser Zeit stattfindet (*DKKW-Wedde* Rn 5; ErfK-*Koch* Rn 1; *HSWGNR* Rn 3; *Richardi/Thüsing*
Rn 4; **aA** GK-*Raab* Rn 8 f.; *WPK* Rn 2). Den Zeitpunkt der konstituierenden Sitzung festzulegen, ist vielmehr dem Wahlvorst. überlassen, der, wenn die Amtszeit des
bisherigen BR am Wahltag bereits abgelaufen war oder unmittelbar danach abläuft,
die Sitzung sehr kurzfristig anberaumen muss. Ist dagegen die Amtszeit des bisherigen
BR innerhalb einer Woche nach der Wahl noch nicht abgelaufen, so hat der Wahlvorst. zur konstituierenden Sitzung spätestens am ersten Tag der Amtszeit des neuen
BR einzuladen, damit der BR sofort voll funktionsfähig ist (vgl. Rn 12). Es ist auch
zulässig, die konstituierende Sitzung bereits vor Beginn der Amtszeit der derzeitigen
BR abzuhalten (GK-*Raab* Rn 9; *DKKW-Wedde* Rn 4; *HSWGNR* Rn 3; *Richardi/
Thüsing* Rn 5). Allerdings muss sich diese Sitzung auf die Konstituierung des BR, dh
die Wahl des Vors., seines Stellvertreters und der Mitgl. des BetrAusschusses, deren
Amt erst mit Ablauf der Amtszeit des noch im Amt befindlichen BR beginnt, be-
schränken. Sachentscheidungen in Beteiligungsangelegenheiten können nicht wirksam
beschlossen werden, da die Amtszeit des neu gewählten BR noch nicht begonnen hat
(*Düwell/Blanke* Rn 5).

12   Die konstituierende Sitzung ist auch dann in der vorgeschriebenen Frist anzuberaumen, wenn die **Wahl angefochten** ist (*DKKW-Wedde* Rn 4; GK-*Raab* Rn 7).

13   Bevor sich der BR durch Vornahme der nach § 26 vorgeschriebenen Wahlen
konstituiert hat, braucht der ArbGeb. mit ihm nicht zu verhandeln. In der Zeit vor

der Konstituierung etwa schon gefasste Beschlüsse sind nicht verbindliche Meinungs-
äußerungen der BRMitgl.; sie stellen **keine Beschlüsse des BR** dar (BAG 23. 8. 84
AP Nr. 36 zu § 102 BetrVG 1972; ErfK-*Koch* Rn 1; *HSWGNR* Rn 2; *Richardi/
Thüsing* § 26 Rn 1; **aA** GK-*Raab* § 26 Rn 6; *DKKW-Wedde* § 26 Rn 4; wohl auch,
wenn letztlich noch offengelassen BAG 28. 9. 83 AP Nr. 1 zu § 21 BetrVG 1972).
Steht die Wahl des BRVors. und seines Stellvertreters unmittelbar bevor, hat der
ArbG. dem Grundsatz der vertrauensvollen Zusammenarbeit entspr. zum Zwecke der
Durchführung des Beteiligungsverfahrens die Konstituierung des BR jedenfalls dann
abzuwarten, wenn die beabsichtigte Maßnahme nicht unaufschiebbar ist (BAG 28. 9.
83 aaO).

Zur Sitzung **einzuladen** sind die nach dem bekannt gegebenen Wahlergebnis **14**
(§ 19 WO) **gewählten Mitgl. des BR**. Hat ein Wahlbewerber erklärt, dass er die
Wahl nicht annehme, so ist der statt seiner in den BR einrückende Wahlbewerber
(vgl. hierzu § 18 Abs. 2 WO) zu laden. Steht fest, dass ein Mitgl. durch Krankheit,
Urlaub usw. zeitweilig verhindert ist, so ist das nach § 25 in Frage kommende Ers-
Mitgl. zu laden. Der Wahlvorst. ist nicht berechtigt, zu der Sitzung den ArbGeb. oder
die im Betrieb vertr. Gewerkschaften zu laden, da diese Entscheidungen dem BR
bzw. dessen Vors. vorbehalten sind und daher erst nach Konstituierung des BR ge-
troffen werden können (GK-*Raab* Rn 10, 17; ErfK-*Koch* Rn 1; *HSWGNR* Rn 9;
Richardi Rn 7; **aA** *DKKW-Wedde* Rn 10 für Gewerkschaftsbeauftragten; differenzie-
rend *Düwell/Blanke* Rn 7). Wegen des beschränkten Zwecks der konstituierenden
Sitzung haben kein Teilnahmerecht und sind deshalb auch nicht zu laden die Schwb-
Vertr. und ein Mitgl. der JugAzubiVertr. (GK-*Raab* Rn 17; *WPK* Rn 4; insoweit **aA**
DKKW-Wedde Rn 10; *Düwell/Blanke* Rn 7; *Richardi/Thüsing* Rn 7; *HSWGNR*
Rn 11, die trotz Bejahung eines Teilnahmerechts allerdings keine Ladungspflicht vor-
sehen) sowie der Vertrauensmann der Zivildienstleistenden (GK-*Raab* Rn 17).

Kann trotz ordnungsgemäßer Ladung die Wahl des Wahlleiters nicht durchgeführt **15**
werden, zB weil nicht wenigstens die Hälfte der neu gewählten BRMitgl. bzw. Ers-
Mitgl. erschienen sind und deshalb der BR beschlussunfähig ist, hat der Wahlvorst.
erneut zu einer konstituierenden Sitzung einzuladen (*DKKW-Wedde* Rn 5; GK-*Raab*
Rn 11).

2. Leitung der konstituierenden Sitzung

Der **Vors. des Wahlvorst.** (im Verhinderungsfalle sein Stellvertreter oder ein **16**
sonstiges Mitgl. des Wahlvorst.) hat die Sitzung solange zu leiten, bis der BR aus seiner Mitte einen **Wahlleiter** gewählt hat.

Die Wahl des **Wahlleiters** für die Wahl des BRVors. erfolgt durch den BR. Er **17**
kann – einem oft geübten Brauch entspr. – das älteste BRMitgl. als Wahlleiter bestellen; zwingend ist dies jedoch nicht. Auch das BRMitgl., das als Vors. oder stellvertr.
Vors. in Aussicht genommen ist, kann zum Wahlleiter gewählt werden (GK-
Raab Rn 19; *HSWGNR* Rn 12). Gewählt ist, wer von den aus der Mitte des BR
vorgeschlagenen Kandidaten die meisten Stimmen erhält. Eine qualifizierte Stimmenmehrheit ist für die Wahl des Wahlleiters nicht erforderlich (hM).

Sobald der Wahlleiter gewählt ist, **endet** die Berechtigung des Vors. des Wahl- **18**
vorst., die konstituierende Sitzung zu leiten und – falls er nicht selbst BRMitgl. ist –
an ihr teilzunehmen (BAG 28. 2. 58 AP Nr. 1 zu § 29 BetrVG; *DKKW-Wedde*
Rn 11).

Nach seiner Wahl übernimmt der Wahlleiter die weitere Leitung der konstituie- **19**
renden Sitzung des BR. Er hat zunächst die **Wahl des BRVors.** durchzuführen.
Nach dessen Wahl findet die Wahl des stellvertr. Vors. statt. Auch diese wird im Interesse, jegliche Wahlbeeinflussung zu vermeiden, noch vom Wahlleiter durchgeführt
(*DKKW-Wedde* Rn 12; GK-*Raab* Rn 20; *HSWGNR* Rn 13; MünchArbR-*Joost*
§ 219 Rn 35).

20 Mit der Wahl des Vors. und seines Stellvertr. ist die Aufgabe des Wahlleiters erfüllt. Nunmehr übernimmt der **BRVors. die Leitung** der Sitzung des BR.

21 In der konstituierenden Sitzung des BR sollten ferner die weiteren **Mitgl. des BetrAusschusses gewählt werden** (vgl. § 27 Rn 8). Außerdem kann der BR, wenn die absolute Mehrheit seiner Mitgl. dies beschließt, **weitere Punkte** (zB die Wahl eines Schriftführers oder die Mitgl. des GesBR) beraten und darüber Beschluss fassen. Zwar sind die BRMitgl. gem. § 29 Abs. 2 Satz 3 grundsätzlich unter Mitteilung der vom Vors. festgesetzten Tagesordnung zu laden, jedoch können weitere Punkte, die der sofortigen Erledigung bedürfen, durch Beschluss des BR auf die Tagesordnung gesetzt werden (*DKKW-Wedde* Rn 14; *GK-Raab* Rn 22; **aA** BAG 28. 4. 88 AP Nr. 2 zu § 29 BetrVG 1972; ErfK-*Koch* Rn 2; *HSWGNR* Rn 15; *Richardi/ Thüsing* Rn 15; die Gegenmeinung hält eine Beschlussfassung über weitere Punkte nur für zulässig, wenn alle BRMitgl. hiermit einverstanden sind; zu dieser umstr. Frage vgl. Rn 48 und § 33 Rn 24). Für die Beratung von weiteren Punkten ist jedoch das Teilnahmerecht der SchwbVertr. nach § 32, der JugAzubiVertr. nach § 65 und ggf. des Vertrauensmanns der Zivildienstleistenden nach § 3 Abs. 1 ZDVG zu beachten, die deshalb insoweit hinzugezogen werden müssen (vgl. Rn 35 ff.).

III. Die weiteren Sitzungen des Betriebsrats

1. Einberufung

22 Die **weiteren Sitzungen** des BR hat der **BRVors.** anzuberaumen und die Teilnehmer unter Mitteilung der Tagesordnung zu laden. Im Regelfall beraumt der Vors., sofern nicht durch Beschluss des BR oder durch die Geschäftsordnung (§ 36) turnusmäßige Sitzungen vorgesehen sind, die Sitzungen nach pflichtgemäßen Ermessen an, sobald sich die Notwendigkeit einer Sitzung ergibt. Ggf. kann er sich zuvor mit dem BetrAusschuss beraten. Bei der Festlegung des Sitzungstermins hat der Vors. auf die betrieblichen Notwendigkeiten Rücksicht zu nehmen (vgl. § 30 Rn 10 ff.). Ein Verzicht auf das Einberufungsrecht, zB die Zusage, während des Urlaubs des ArbGeb. keine Sitzung abzuhalten, ist unzulässig (GK-*Raab* Rn 24; *Richardi/Thüsing* Rn 18).

23 Ist der BRVors. verhindert, erfolgt die Einberufung der weiteren BRSitzungen durch den **stellvertr. Vors.** Andere BRMitgl. sind nicht berechtigt, zu einer BR-Sitzung einzuladen (*DKKW-Wedde* Rn 15; ErfK-*Koch* Rn 2; *GK-Raab* Rn 25; *HSWGNR* Rn 18; *Richardi/Thüsing* Rn 16).

24 Sind sowohl der Vors. als auch sein Stellvertr. verhindert und hat der BR für diesen Fall nicht vorsorglich einen weiteren Stellvertr. gewählt (vgl. § 26 Rn 50), hat der BR zur Erledigung dringender Beratungsgegenstände ein **Selbstzusammentrittsrecht**, das von jedem BRMitgl. initiiert werden kann (*DKKW-Wedde* Rn 15; ErfK-*Koch* Rn 2; *Richardi/Thüsing* Rn 16; *Ulrich* AiB 11, 154, 155; vgl. auch GK-*Raab* Rn 25). Für eine wirksame Beschlussfassung auf dieser Sitzung ist mangels ordnungsmäßiger Ladung allerdings erforderlich, dass der BR in vollzähliger Besetzung – ggf. unter Heranziehung von ErsMitgl. – zusammentritt (*SWS* Rn 3). Der BR hat für diese Sitzung durch einfachen Mehrheitsbeschluss einen Sitzungsleiter zu bestimmen (vgl. auch Rn 49).

2. Verpflichtung zur Einberufung einer Sitzung

25 Der BRVors. ist nach Abs. 3 **zur Einberufung einer BRSitzung verpflichtet,** wenn dies ein Viertel der Mitgl. des BR oder der ArbGeb. beantragt.

26 Die Berechnung des **Viertels der Mitgl. des BR** erfolgt in der Weise, dass die Zahl der BRMitgl. durch 4 geteilt und das so gewonnene Ergebnis, sofern es kein ganze Zahl ergibt, auf die nächste ganze Zahl aufgerundet wird. Ist ein BRMitgl. verhindert, kann sich das nachrückende ErsMitgl. an der Antragstellung beteiligen.

In den BR der **privatisierten Post-AGn** sind in bestimmten Personalangelegen- 27
heiten der Beamten nur die Beamtenvertreter im BR zur Beschlussfassung befugt
(vgl. hierzu § 33 Rn 227 ff., § 99 Rn 299 ff., 316 ff.). In diesen Fällen dürfte der
BRVors zur Einberufung einer BRSitzung verpflichtet sein, wenn die Beamtenvertreter dies mehrheitlich fordern. Dies folgt aus ihrer alleinigen Entscheidungskompetenz
in derartigen Angelegenheiten (vgl. *Engels/Mauß-Trebinger* RdA 97, 230).

Außer zur Anberaumung der BRSitzung als solcher ist der BRVors. ferner ver- 28
pflichtet, den Gegenstand, dessen Beratung beantragt wird, auf die **Tagesordnung**
zu setzen.

Den Antragsberechtigten, die die Anberaumung einer BRSitzung verlangen kön- 29
nen, steht auch das Recht zu, die **Ergänzung der Tagesordnung** einer bereits anberaumten oder anzuberaumenden BRSitzung zu verlangen (*DKKW-Wedde* Rn 30;
GK-Raab Rn 30; *HSWGNR* Rn 24; *Richardi/Thüsing* Rn 23). Sofern eine Ergänzung der Tagesordnung aus zeitlichen Gründen nicht möglich ist, hat der BR eine
bes. Sitzung einzuberufen, es sei denn, die Antragsteller sind damit einverstanden,
dass der gewünschte Beratungsgegenstand in die Tagesordnung der nächstfolgenden
Sitzung aufgenommen wird.

Andere Personen, etwa die Belegschaft oder Teile der Belegschaft, eine im Be- 30
trieb vertr. Gewerkschaft, der GesBR oder die SchwbVertr., haben **kein Recht,** die
Einberufung einer BRSitzung zu verlangen. Das gilt auch für ArbN, die nach § 86a
dem BR Themen zur Beratung vorgeschlagen haben (vgl. hierzu § 86a Rn 4 ff.).
Diese Personen oder Stellen können allenfalls die Einberufung einer Sitzung anregen
(*DKKW-Wedde* Rn 31; *ErfK-Koch* Rn 2; *HSWGNR* Rn 23; *Richardi/Thüsing*
Rn 20). Auch die JugAzubiVertr. hat kein Recht, eine BRSitzung zu beantragen.
Wohl steht ihr gemäß § 67 Abs. 3 die für den BR bindende Antragsbefugnis zu, Angelegenheiten, die bes. die jug. ArbN und die Auszubildenden des Betriebs betreffen
und über die sie bereits vorberaten hat, auf die Tagesordnung der nächsten BRSitzung zu setzen (vgl. hierzu § 67 Rn 26 ff.). Desgleichen kann die SchwbVertr. verlangen, dass Angelegenheiten, die einzelne Schwbeh. oder die Schwbeh. als Gruppe bes.
betreffen, auf die Tagesordnung der nächsten BRSitzung gesetzt werden (vgl. § 95
Abs. 4 S. 1 SGB IX). Wird ein Beratungsvorschlag der ArbN nach § 86a von mindestens 5 vH der ArbN des Betriebs unterstützt, hat der BR den Vorschlag innerhalb
von 2 Monaten auf die Tagesordnung einer BRSitzung zu setzen.

Der **Antrag** auf Einberufung einer BRSitzung nach § 29 Abs. 3 ist an den Vors. 31
der BR zu richten. Eine **Form** ist **nicht** vorgeschrieben; mündliches Verlangen genügt.
Der Antrag muss den Gegenstand angeben, dessen Beratung in der Sitzung verlangt
wird. Der Beratungsgegenstand muss zum Aufgabenbereich des BR gehören
(*DKKW-Wedde* Rn 29; *GK-Raab* Rn 28; *HSWGNR* Rn 24; *Richardi/Thüsing*
Rn 22). Der BRVors. ist nicht berechtigt, die Zweckmäßigkeit des Antrags zu prüfen.

Entspricht der Vors. dem Antrag auf Einberufung einer BRSitzung nicht, so han- 32
delt er **pflichtwidrig.** Der Antragsteller kann aber in diesem Fall den BR nicht
anstelle des Vors. von sich aus einberufen (*DKKW-Wedde* Rn 32; *GK-Raab* Rn 31;
HSWGNR Rn 25; *Richardi/Thüsing* Rn 25), sondern nur (bei grober Pflichtverletzung) nach § 23 Abs. 1 vorgehen und zusammen mit anderen Wahlberechtigten beim
ArbG beantragen, dass der Vors. aus dem BR ausgeschlossen wird (*Ulrich* AiB 11,
154, 155). Ggf. kann er seine Gewerkschaft oder den BR veranlassen, den Antrag zu
stellen. Auch kann der pflichtwidrig handelnde BRVors. durch Beschluss des BR von
seinem Amt abberufen werden (vgl. hierzu § 26 Rn 20).

Der Vors. des BR handelt ferner **pflichtwidrig,** wenn er zwar eine Sitzung anbe- 33
raumt, den beantragten Punkt aber **nicht auf die Tagesordnung setzt** oder ohne
Tagesordnung zur BRSitzung einlädt. In diesem Falle wird der beantragte Gegenstand in der anberaumten Sitzung uU nicht behandelt werden können, es sei denn,
die Mehrheit der BRMitgl. stimmt dem zu (*DKKW-Wedde* Rn 20; *Düwell/Blanke*
Rn 11; *GK-Raab* Rn 32; *Brecht* Rn 7; **aA** BAG 28. 4. 88 AP Nr. 2 zu § 29 BetrVG

1972, ErfK-*Koch* Rn 2 und *Richardi/Thüsing* Rn 25: sie lassen eine Beschlussfassung über den betreffenden Punkt nur zu, wenn alle BR.Mitgl. erschienen und damit einverstanden sind; zu der umstr. Frage einer zulässigen Ergänzung der Tagesordnung während einer BR.Sitzung vgl. Rn 48).

3. Ladung

34   Der BRVors. hat zu den BR.Sitzungen **alle Mitgl.** des BR **rechtzeitig einzula-den** (BAG 29. 4. 04 AP Nr. 3 zu § 77 BetrVG 1972 Durchführung), dh ihnen Ort und Zeitpunkt der jeweiligen Sitzung mitzuteilen. Mit der Ladung ist idR auch die Tagesordnung bekannt zu geben (Mustertext für Einladungsschreiben bei *Fuchs* AiB 02, 282). Jedoch können Ladung und Übersendung der Tagesordnung getrennt erfolgen. Finden die BR.Sitzungen entspr. der Geschäftsordnung des BR (turnusgemäß) stets zu einer bestimmten festgelegten Zeit statt, so kann die Ladung der BR.Mitgl. unterbleiben, nicht jedoch die Ladung etwaiger ErsMitgl. (vgl. Rn 39). In diesem Falle ist den BR.Mitgl. jedoch noch die Tagesordnung rechtzeitig mitzuteilen, sofern diese nicht bereits auf der voraufgegangenen BR.Sitzung festgelegt worden und den BR.Mitgl. deshalb bekannt ist (*DKKW-Wedde* Rn 19; GK-*Raab* Rn 37; *HSWGNR* Rn 29; *Richardi/Thüsing* Rn 38).

35   Außer den BR.Mitgl. ist zu allen BR.Sitzungen auch die **SchwbVertr.** unter Mitteilung der Tagesordnung zu laden (vgl. § 32 Rn 20).

36   Werden auf der BR.Sitzung Angelegenheiten behandelt, die auch im Betrieb beschäftigte Zivildienstleistende betreffen, ist der **Vertrauensmann der Zivildienst-leistenden** ebenfalls zur Sitzung zu laden. Zwar sieht das G nicht ausdrücklich eine Ladungspflicht vor; wenn jedoch der Vertrauensmann der Zivildienstleistenden gem. § 3 Abs. 1 ZDVG berechtigt ist, an derartigen Sitzungen beratend teilzunehmen, so müssen ihm auch Ort, Zeitpunkt und Tagesordnung der Sitzung bekanntgegeben werden (GK-*Raab* Rn 40; *HSWGNR* Rn 33; *Richardi/Thüsing* Rn 28; *Rudolph* AiB 10, 340, 342).

37   Die **JugAzubiVertr.** hat je nach dem Beratungsgegenstand unterschiedliche Rechte auf Teilnahme an den BR.Sitzungen (vgl. § 67 Rn 5 ff.). Generell hat sie das Recht, zu allen BR.Sitzungen einen Vertr. zu entsenden. In diesem Falle sind ihr Zeitpunkt und Ort der BR.Sitzung unter Mitteilung der Tagesordnung mitzuteilen mit dem Anheimgeben, einen Vertr. zu der Sitzung zu entsenden. Hat sie im Voraus ein bestimmtes Mitgl. für die Teilnahme an BR.Sitzungen bestimmt, so hat der BRVorsitzende dieses Mitgl. unmittelbar unter Mitteilung der Tagesordnung zu laden (GK-*Raab* Rn 41; **aA** *HSWGNR* Rn 31; *Richardi/Thüsing* Rn 28).

38   **Alle Mitgl. der JugAzubiVertr.** haben das Recht, bei der Beratung solcher Angelegenheiten teilzunehmen, die bes. jug. ArbN und zu ihrer Berufsausbildung Beschäftigte betreffen. In diesem Fall ist jedes Mitgl. der JugAzubiVertr. unter Mitteilung des betreffenden Tagesordnungspunktes zur BR.Sitzung einzuladen. Das Gleiche gilt bei der Behandlung von Angelegenheiten, bei denen die JugAzubiVertr. gemäß § 67 Abs. 2 im BR Stimmrecht haben (zum Teilnahmerecht aller JugAzubiVertr. an den BR.Sitzungen vgl. § 67 Rn 11 ff.).

39   Ist ein BR.Mitgl. oder ein Mitgl. der JugAzubiVertr. verhindert (s. § 25 Rn 15 ff.), an der BR.Sitzung teilzunehmen, so hat der BRVors. sobald er dies erfährt, **von Amts wegen** das entspr. **ErsMitgl.** (vgl. § 25 Rn 24 ff., § 65 Rn 6) unter Mitteilung der Tagesordnung zu laden. Um dem BRVors. die Ladung des ErsMitgl. zu ermöglichen, sollen BR.Mitgl. und die Mitgl. der JugAzubiVertr. ihre Verhinderung unter Angabe des Verhinderungsgrundes (zB Krankheit, Urlaub, Dienstreise) dem BRVors. unverzüglich mitteilen; eine entspr. Verpflichtung kann in der Geschäftsordnung des BR festgelegt werden (*Schneider* AiB 06, 491). Die Angabe des Verhinderungsgrundes soll es dem BRVors. ermöglichen festzustellen, ob ein Verhinderungsfall vorliegt. Ist dies nicht der Fall, ist das ErsMitgl. nicht zu laden, da eine gewillkürte

Stellvertretung nicht zulässig ist (*HSWGNR* Rn 34; *Richardi/Thüsing* Rn 32; vgl. § 25 Rn 21). Bei einer verspäteten oder unterbliebenen Mitteilung muss die Ladung der ErsMitgl. uU sehr kurzfristig erfolgen.

Obwohl das G dies nicht ausdrücklich bestimmt, ist der BRVors. verpflichtet, bei **40** einer **Verhinderung** des ordentl. Mitgl. der **SchwbVertr.** oder des **Vertrauensmanns der Zivildienstleistenden** deren Stellvertr. (vgl. hierzu § 94 Abs. 1 SGB IX, § 2 Abs. 1 ZDVG) zu den BRSitzungen zu laden (vgl. § 32 Rn 21; *DKKW-Wedde* Rn 23; GK-*Raab* Rn 45; **aA** *HSWGNR* Rn 37, nach denen nur die SchwbVertr. als solche zu laden ist).

Nach § 2 Abs. 2 S. 2 SprAuG kann der BR dem **Sprecherausschuss für leiten- 41 de Ang.** oder einzelnen seiner Mitgl. das Recht einräumen, an seinen Sitzungen teilzunehmen. Das Gleiche gilt in Bezug auf den Unternehmenssprecherausschuss und seine Mitgl., falls anstelle betrieblicher Sprecherausschüsse ein Unternehmenssprecherausschuss gebildet worden ist (vgl. § 20 Abs. 1 SprAuG). Die Entscheidung darüber, ob der Sprecherausschuss oder einzelne Mitgl. an einer BRSitzung teilnehmen sollen, trifft der BR durch Beschluss. Er kann diese Entscheidung gemäß § 27 Abs. 3 S. 2 auf den BetrAusschuss delegieren. Liegt ein entspr. Beschluss vor, obliegt dem BRVors. auch insoweit eine entspr. Einladungspflicht. Soll der gesamte Sprecherausschuss an einer BRSitzung teilnehmen, ist die Einladung an den Vors. des Sprecherausschusses zu richten. Sollen nur einige seiner Mitgl. teilnehmen, können diese – falls die Teilnahme nur ganz bestimmter Mitgl. gewünscht wird, zB des Vors. oder eines mit einer bestimmten Aufgabe betrauten oder bes. fachkundigen Mitgl. – unmittelbar geladen werden (*HSWGNR* Rn 40; **aA** GK-*Raab* Rn 49; *Hromadka/Sieg* SprAuG § 2 Rn 21a); im Übrigen ist die Einladung an den Vors. des Sprecherausschusses zu richten mit der Bitte, ein oder mehrere Mitgl. zu der BRSitzung zu entsenden.

Zu der einmal jährlich vorgesehenen gemeinsamen Sitzung des BR und des Spre- **42** cherausschusses (vgl. § 2 Abs. 2 S. 3 SprAuG) werden – sofern zwischen BR und Sprecherausschuss nichts anderes abgesprochen ist – die Mitgl. des BR und des Sprecherausschusses nach Verständigung über Sitzungstermin und Tagesordnung jeweils von ihren Vors. eingeladen (*Richardi/Thüsing* Rn 31).

Zu den Sitzungen des BR sind außerdem in den Fällen des Abs. 4 Satz 1 der **43** ArbGeb. (vgl. Rn 53 ff.) sowie nach Maßgabe des § 31 **Vertr. der Gewerkschaften** einzuladen (vgl. hierzu § 31 Rn 6 ff.).

Eine **Einladungsfrist** und eine **Form** der Einladung ist im G nicht vorgesehen. **44** Diese können aber durch die Geschäftsordnung vorgeschrieben werden. Besteht keine Vorschrift, so ist mit angemessener Frist und in geeigneter Weise einzuladen (*Richardi/Thüsing* Rn 36 f.). Die schriftliche Ladung muss dem BRMitgl. zugehen, dh sie muss in verkehrsüblicher Weise in seine tatsächliche Verfügungsgewalt gelangen, so dass es unter gewöhnlichen Umständen die Möglichkeit hat, von ihr Kenntnis zu nehmen (LAG Hamm BB 92, 1562; *Grosjean* NZA-RR 05, 113, 117). Auch eine mündliche, etwa telefonische Ladung ist zulässig, zB wenn eine Sitzung wegen bes. Umstände kurzfristig stattfinden muss (*DKKW-Wedde* Rn 18; GK-*Raab* Rn 34; *Richardi/Thüsing* Rn 37).

Jedenfalls muss die Ladung **rechtzeitig** ergehen, dh so zeitig, dass die BRMitgl. **44a** sich auf die Sitzung einrichten (zB für Vertr. am Arbeitsplatz sorgen), notwendige Vorberatungen treffen, ggf. dem Vors. eine voraussehbare Verhinderung mitteilen können (GK-*Raab* Rn 35; *Grosjean* aaO). Allerdings ist in unvorhergesehenen Eilfällen auch eine ganz kurzfristige Einladung zulässig (*DKKW-Wedde* Rn 17; ErfK-*Koch* Rn 2; *HSWGNR* Rn 27; *Richardi/Thüsing* Rn 36). Die Forderung des BAG (24. 5. 06 AP Nr. 6 zu § 29 BetrVG 1972) nach einer ausreichenden Frist für eine sachgerechte Sitzungsvorbereitung der BRMitgl. auch in diesen Fällen verkennt die Notwendigkeit für den BR, schnellstmöglich auf überraschende Entscheidungen des ArbGeb. mit weitreichenden Auswirkungen wie Betriebsschließungen und Personalabbau reagieren zu können.

45   Die Ladung aller BRMitgl. einschließlich etwaiger ErsMitgl. ist eine wesentliche
Voraussetzung für das ordnungsgemäße Zustandekommen eines BRBeschlusses (BAG
19. 8. 92 AP Nr. 3 zu § 76a BetrVG 1972; 23. 8. 84 AP Nr. 17 zu § 103 BetrVG
1972; 18. 1. 06 AuA 07, 697). **Ohne Ladung** durch den Vors. des BR kann eine
Sitzung, auf der wirksame Beschlüsse gefasst werden können, nur stattfinden, wenn
alle BRMitgl. – einschließlich etwaiger ErsMitgl. – mit Zeit und Ort der Sitzung
einverstanden sind (LAG Saarbrücken AP Nr. 2 zu § 29 BetrVG; LAG Düsseldorf DB
75, 743; *DKKW-Wedde* Rn 20d; *GK-Raab* Rn 25; *HSWGNR* Rn 19; *Richardi/
Thüsing* Rn 17; zur nachträglichen Ergänzung der Tagesordnung vgl. Rn 48). Ist ein
BRMitgl. objektiv (Krankheit, Urlaub) verhindert und gibt es keine ErsMitgl., reicht
ein einstimmiger Beschluß der zur Verfügung stehenden BRMitgl. aus; auf die Frage
nach einer ordnungsgemäßen Ladung kommt es dann nicht an (LAG Nürnberg
NZA-RR 07, 136).

4. Tagesordnung

46   Die Aufstellung der Tagesordnung und ihre Mitteilung an die BRMitgl. dient dem
Zweck, dass sich alle BRMitgl. auf die Beratung der einzelnen Tagesordnungspunkte
ordnungsgemäß vorbereiten, ggf. auch mit den ArbN des Betriebs Fühlung aufnehmen oder mit den im Betrieb vertr. Gewerkschaften die Angelegenheiten besprechen können. Im Hinblick hierauf muss die Tagesordnung die zu behandelnden
Punkte möglichst konkret angeben (*DKKW-Wedde* Rn 21). Dabei sind keine überhöhten Anforderungen zu stellen (*Grosjean* NZA-RR 05, 113, 118). So müssen bei
einem anstehenden Beschluss zur Einleitung eines Gerichtsverfahrens nicht schon die
zu stellenden Anträge formuliert sein; Nennung des Streitgegenstands und des angestrebten Ergebnisses reicht aus (BAG 29. 4. 04 AP Nr. 3 zu § 77 BetrVG 1972
Durchführung).

47   Abgesehen von den in Rn 29f. genannten Sonderfällen stellt der BRVors. die einzelnen Punkte der Tagesordnung an Hand der **Geschäftslage** zusammen; dabei kann
ihn der BetrAusschuss unterstützen (§ 27 Rn 65ff.). Ihm steht jedoch keine uneingeschränkte Entscheidungsgewalt hinsichtlich der Tagesordnung in dem Sinne zu, dass
es in seinem freien Ermessen stünde, ob und welche Punkte er auf die Tagesordnung
setzen will. Die von ihm festgesetzte Tagesordnung ist auch nicht in dem Sinne verbindlich, dass sie nicht – insb. in Eilfällen – rechtzeitig vor der Sitzung geändert oder
ergänzt werden könnte.

48   Eine **Ergänzung** ist selbst in der BRSitzung noch zulässig, wenn zu dieser Sitzung
ordnungsgemäß eingeladen worden ist und die **Mehrheit** der Mitgl. des BR mit der
Ergänzung einverstanden ist (*DKKW-Wedde* Rn 20a ff.; *Düwell/Blanke* Rn 11; GK-
Raab Rn 55; **aA** die hM: st. BAG-Rspr.: BAG 20. 4. 05 AP Nr. 29 zu § 38 BetrVG
1972u. 24. 5. 06 AP Nr. 6 zu § 29 BetrVG 1972; 10. 10. 07 AP Nr. 17 zu § 26
BetrVG 1972; ErfK-*Koch* Rn 2; *HSWGNR* Rn 41; *Richardi/Thüsing* Rn 39f.; *WPK*
Rn 13f.; *von Hoyningen-Huene* BetrVerfR § 9 IV 1). Die hM hält eine Ergänzung der
Tagesordnung in der BRSitzung nur für zulässig, wenn der vollzählig versammelte
BR hiermit **einstimmig** einverstanden ist. Hierbei soll allerdings das einstimmige
Einverständnis keine formelle Beschlussfassung erfordern, vielmehr soll ausreichend
sein, dass keines der vollzählig versammelten BRMitgl. der Behandlung des neuen
TOPunktes widerspricht (BAG 29. 4. 92 AP Nr. 15 zu § 38 BetrVG 1972; 18. 2. 03
AP Nr. 39 zu § 23 BetrVG 1972; *Linsenmaier* FS Wißmann S. 381).

48a   Das von der hM verlangte Erfordernis der **Einstimmigkeit** erscheint **überzogen.**
Hierbei bleibt unberücksichtigt, dass entspr. den allgemein üblichen Geschäftsord-
nungsgrundsätzen die Tagesordnung durchaus Änderungen und Ergänzungen zugänglich ist und dass insb. – der allgemeinen Praxis entspr. – im Rahmen des Punktes
„Verschiedenes" Angelegenheiten behandelt zu werden pflegen, die nicht ausdrücklich in der Tagesordnung erwähnt sind (vgl. hierzu eingehend GK-*Raab* Rn 54ff.).

5. Leitung der Sitzungen

Die Leitung der BRSitzungen obliegt dem **Vors.**, im Falle seiner Verhinderung 49 dem Stellvertr. Ist auch dieser verhindert, können die anwesenden BRMitgl. durch Mehrheitsbeschluss aus ihrer Mitte einen Sitzungsleiter bestimmen. Sind der Vors. und sein Stellvertr. für längere Zeit verhindert, kann der BR für die Dauer der Verhinderung einen weiteren Stellvertr. wählen; dieser hat dann die Aufgaben des Vors. wahrzunehmen, insb. die erforderlichen Sitzungen einzuberufen und zu leiten (vgl. § 26 Rn 50). Der Vors. eröffnet und schließt die Sitzungen, führt die Rednerliste, gibt und entzieht das Wort, erteilt Ordnungsrufe, leitet die Abstimmungen und stellt ihre Ergebnisse fest. Er sorgt für die nach § 34 vorgeschriebene Sitzungsniederschrift. Er hat im Sitzungszimmer das **Hausrecht** (*DKKW-Wedde* Rn 25; *ErfK-Koch* Rn 2; *GK-Raab* Rn 59; *HSWGNR* Rn 60; *Richardi/Thüsing* Rn 45), dessen Inhalt und Ausübung im Einzelnen in der Geschäftsordnung (§ 36) näher festgelegt werden kann.

Die Frage, ob der Vors. des BR **ein BRMitgl. von einer Sitzung ausschlie-** 50 **ßen** kann, ist zu verneinen (*DKKW-Wedde* Rn 25; *Düwell/Blanke* Rn 12; *ErfK-Koch* Rn 2; *MünchArbR-Joost* § 219 Rn 36; *WPK* Rn 15; **aA** *GK-Raab* Rn 61; *HSWGNR* Rn 60; *Löwisch/Kaiser* Rn 10; *Richardi/Thüsing* Rn 44). Dem Vors. des BR kann eine so weitgehende Befugnis in einem verhältnismäßig kleinem Gremium nicht zugebilligt werden. Dagegen spricht vor allem die Erwägung, dass die Zulassung des Ausschlussrechts die Anerkennung einer Strafgewalt des Vors. bedeuten und diesem eine Machtfülle geben würde, die ihm nach seiner Rechtsstellung nicht zukommt. Da überdies jede dahingehende gesetzliche Regelung fehlt, ist der Vors. auf das Recht beschränkt, bei ungebührlichem Verhalten eines BRMitgl. diesem das **Wort** zu **entziehen.**

Bei **groben Verstößen** kann der BR (nicht der Vors. des BR allein) beim ArbG 50a den **Ausschluss** des BRMitgl. im arbeitsgerichtlichen **BeschlVerf.** nach § 23 beantragen. Eine Bestrafung des BRMitgl. nach § 119 Abs. 1 Nr. 2 kommt dagegen nur in dem wohl seltenen Fall in Betracht, in dem das BRMitgl. unter Missachtung des Wortentzugs durch böswilliges und renitentes Verhalten den Abbruch der BR-Sitzungen erzwingt und dadurch die Tätigkeit des BR vorsätzlich behindert oder stört.

Die jährlich einmal vorgesehene **gemeinsame Sitzung des BR und des Spre-** 51 **cherausschusses** für leitende Ang. (vgl. § 2 Abs. 2 S. 3 SprAuG) wird von den Vors. beider Gremien gemeinsam geleitet. Zulässig ist aber auch eine anderweitige Absprache etwa dahingehend, dass die Leitung dieser Sitzungen zwischen dem Vors. des BR und des Sprecherausschusses wechselt (*DKKW-Wedde* Rn 26; *GK-Raab* Rn 81).

Über Nichtöffentlichkeit und Zeitpunkt der BRSitzungen vgl. § 30. Wegen Be- 52 schlussfassung und Beschlussfähigkeit vgl. § 33. Weitere Regelungen über BRSitzungen enthalten §§ 34 bis 37, 40 Abs. 2.

6. Teilnahmerecht des Arbeitgebers

Der **ArbGeb.** hat **kein allgemeines Recht,** an BRSitzungen teilzunehmen. Ein 53 solches Recht ergibt sich nicht etwa aus § 74 Abs. 1. Diese Vorschrift will lediglich das Zusammenwirken der beiden betriebsverfassungsrechtlichen Organe BR und ArbGeb., insb. bei strittigen Fragen, sicherstellen (*GK-Raab* Rn 63). Ein Anspruch des ArbGeb. auf Teilnahme an einer BRSitzung besteht gemäß § 29 Abs. 4 nur,

– wenn er **selbst die Einberufung** einer Sitzung **beantragt** hat, (hat er lediglich die Ergänzung der Tagesordnung der Sitzung oder einer anzuberaumenden Sitzung verlangt (vgl. oben Rn 29), beschränkt sich sein Teilnahmerecht auf die Behandlung dieses Tagesordnungspunktes) oder

– wenn der **BRVors.** ihn **ausdrücklich eingeladen** hat. Die Entscheidung hierüber obliegt dem pflichtgemäßen Ermessen des BRVors. Eine Verpflichtung zur Einladung besteht, wenn der BR oder der BetrAusschuss die Einladung beschlossen hat. Die Einladung kann sich auf einzelne Punkte der Tagesordnung beschränken (*DKKW-Wedde* Rn 34; GK-*Raab* Rn 64; ErfK-*Koch* Rn 3; **aA** *HSWGNR* Rn 45).

54   In beiden Fällen ist der ArbGeb. rechtzeitig über Zeit und Ort der BRSitzung, im letzten Falle auch über den oder die Tagesordnungspunkte, für die seine Teilnahme gewünscht wird, zu unterrichten.

55   Der ArbGeb. hat kein Recht, eine gemeinsame Sitzung von BR und Sprecherausschuss (vgl. § 2 Abs. 2 S. 3 SprAuG) zu beantragen. Wohl können die Vors. des BR und des Sprecherausschusses ihn zu dieser Sitzung oder zu bestimmten Punkten der Tagesordnung dieser Sitzung einladen (GK-*Raab* Rn 80).

56   Der ArbGeb. ist im Hinblick auf das Gebot der vertrauensvollen Zusammenarbeit nach § 2 Abs. 1 in den Fällen des § 29 Abs. 4 im Allgemeinen **verpflichtet,** entweder selbst oder durch einen Vertr. (vgl. Rn 58) an der BRSitzung **teilzunehmen** (*DKKW-Wedde* Rn 36; GK-*Raab* Rn 69; ErfK-*Koch* Rn 3; *HSWGNR* Rn 48; *Richardi/Thüsing* Rn 48).

57   Besteht eine Teilnahmepflicht des ArbGeb. so kann diese erforderlichenfalls im arbeitsgerichtlichen BeschlVerf. durchgesetzt werden (*DKKW-Wedde* Rn 37; ErfK-*Koch* Rn 3; *HSWGNR* Rn 47; **aA** GK-*Raab* Rn 70). Ein grundsätzliches und hartnäckiges Fernbleiben des ArbGeb. von BRSitzungen kann einen **groben Verstoß** des ArbG gegen seine Verpflichtungen aus diesem G darstellen und den BR oder eine im Betrieb vertr. Gewerkschaft zur Einleitung des gerichtlichen Zwangsverfahrens nach § 23 Abs. 3 (vgl. § 23 Rn 49 ff.) berechtigen. Außerdem kann ein derartiges Verhalten uU eine vorsätzliche Behinderung oder Störung der Tätigkeit des BR iSd § 119 Abs. 1 Nr. 2 sein (*DKKW-Wedde* Rn 37; GK-*Raab* Rn 70; ErfK-*Koch* Rn 3; *HSWGNR* Rn 47).

58   Das Anwesenheitsrecht steht dem **ArbGeb. persönlich** zu, bei juristischen Personen den nach G oder Gesellschaftsvertrag **zur Vertretung Berechtigten.** Der Arb-Geb. kann sich durch eine an der Leitung des Betriebs verantwortlich beteiligte Person vertreten lassen (vgl. § 1 ArbN 240), durch einen in der zu erörternden Angelegenheit bes. sachkundigen ArbN (BAG 11. 12. 91 AP Nr. 2 zu § 90 BetrVG 1972), nicht aber durch eine betriebsfremde Person zB durch einen Rechtsanwalt (*DKKW-Wedde* Rn 36; GK-*Raab* Rn 65 f.; *Richardi/Thüsing* Rn 51 f.). Er kann zu seiner Unterstützung betriebsangehörige Sachbearbeiter mitbringen, sofern für die anstehenden Tagesordnungspunkte deren Sachkunde erforderlich ist (*DKKW-Wedde* Rn 39; GK-*Raab* Rn 66; *HSWGNR* Rn 49). Betriebsfremde Auskunftspersonen oder Sachverständige, die nicht Vertr. des ArbGebVerbandes sind, kann der ArbGeb. zur Sitzung nur heranziehen, wenn der BR zustimmt (*Richardi/Thüsing* Rn 51). Das folgt aus dem Hausrecht des BR in seinen Sitzungen.

59   Der ArbGeb. hat in den Sitzungen des BR **kein Stimmrecht** (*DKKW-Wedde* Rn 38; *Richardi/Thüsing* Rn 50). Er hat auch keine beratende Stimme (*DKKW-Wedde* aaO; **aA** GK-*Raab* Rn 67; *HSWGNR* Rn 51; *Richardi/Thüsing* Rn 49). Selbstverständlich kann und soll er sich zu den anstehenden Punkten äußern. Wo aber das G Außenstehenden eine beratende Stimme einräumt, bringt es dies eindeutig zum Ausdruck (vgl. zB §§ 31, 67). Das Teilnahmerecht erstreckt sich nicht auf die Beschlussfassung zu den einzelnen TOPunkten (LAG Düsseldorf DB 75, 743; *DKKW-Wedde* Rn 38; ErfK-*Koch* Rn 3; *Richardi/Thüsing* Rn 49; *HSWGNR* Rn 52; **aA** GK-*Raab* Rn 68 bei Sitzungen auf Verlangen des ArbGeb.).

60   Dem ArbGeb. kann **nicht die Leitung der Sitzung** übertragen werden (*DKKW-Wedde* Rn 38; GK-*Raab* Rn 57). Zum Anspruch des ArbGeb. auf Abschrift der **Sitzungsniederschrift** bei Teilnahme an der BRSitzung vgl. § 34 Rn 22.

61   § 29 Abs. 4 betrifft nur die Teilnahme des ArbGeb. an **förmlichen Sitzungen** des BR, nicht jedoch sonstige Besprechungen des ArbGeb. mit der Gesamtheit der Mitgl. oder mit einzelnen Mitgl. des BR. Insb. die Besprechungen nach § 74 Abs. 1 finden nicht notwendigerweise in BRSitzungen statt, können allerdings mit solchen verbunden werden.

7. Hinzuziehung von Arbeitgeberverbandsvertretern

Die ArbGebVereinigung kann ebenso wenig wie die Gewerkschaft von sich aus an **62** der BRSitzung teilnehmen. Sie kann vielmehr einen Vertr. nur entsenden, wenn der **ArbGeb. dies ausdrücklich wünscht.** Dabei ist Voraussetzung, dass der ArbGeb. entweder selbst an der Sitzung des BR teilnimmt oder sich durch eine an der Betriebsleitung verantwortlich beteiligte Person vertreten lässt (GK-*Raab* Rn 72; ErfK-*Koch* Rn 3; *HSWGNR* Rn 53; *Richardi/Thüsing* Rn 52). Eine Vertretung des ArbGeb. durch den Beauftragten des ArbGebVerbandes ist nicht zulässig. Andererseits hängt die vom ArbGeb. beabsichtigte Teilnahme eines Vertr. der ArbGebVereinigung nicht davon ab, dass der Vors. des BR seinerseits die ArbGebVereinigung einlädt. Es erscheint allerdings zweckmäßig, den Vors. des BR möglichst frühzeitig zu benachrichtigen, wenn der ArbGeb. einen Vertr. der ArbGebVereinigung hinzuzuziehen beabsichtigt (*DKKW-Wedde* Rn 40; GK-*Raab* Rn 73; *HSWGNR* Rn 54).

Lässt der BR entgegen Abs. 4 Satz 2 einen Vertr. der ArbGebVereinigung, der der **63** ArbGeb. angehört, nicht zu, so handelt er **pflichtwidrig.** Der ArbGeb. kann seine Teilnahme an der Sitzung verweigern (ErfK-*Koch* Rn 3; **aA** GK-*Raab* Rn 74; *HSWGNR* Rn 56). Bei groben Verstößen kann er außerdem nach § 23 vorgehen. Die Wirksamkeit der auf der Sitzung gefassten Beschlüsse des BR wird hierdurch jedoch nicht berührt (GK-*Raab* Rn 74; *HSWGNR* Rn 56).

Der Vertr. der ArbGebVereinigung kann lediglich an der Sitzung teilnehmen und **64** dabei **den ArbGeb. beraten.** Er hat, anders als der Vertreter der Gewerkschaft (§ 31), dem das G dies ausdrücklich einräumt, keine beratende Stimme gegenüber dem BR (*DKKW-Wedde* Rn 41; *WPK* Rn 17; **aA** GK-*Raab* Rn 75; *HSWGNR* Rn 55; *Richardi/Thüsing* Rn 53; vgl. Rn 55). Der BRVors. kann aber dem Vertr. des ArbGeb-Verbandes das **Wort erteilen;** hierzu ist er dem ArbGeb. gegenüber auf dessen Wunsch hin aus dem Grundsatz der vertrauensvollen Zusammenarbeit jedenfalls dann verpflichtet, wenn auch dem ArbGeb. selbst das Wort zu erteilen wäre (*DKKW-Wedde* Rn 41; ErfK-*Koch* Rn 3; vgl. auch § 46 Rn 19 sowie BAG 19. 5. 78 AP Nr. 3 zu § 43 BetrVG 1972).

Der Vertr. der ArbGebVereinigung hat über **Betriebs- und Geschäftsgeheim-** **65** **nisse,** die ihm in der BRSitzung bekannt geworden und vom ArbGeb. ausdrücklich als geheim zu halten bezeichnet worden sind, Stillschweigen zu wahren (§ 79). Die Verletzung der Schweigepflicht kann nach § 120 Abs. 1 Nr. 2 strafrechtlich geahndet werden.

8. Hinzuziehung von Gewerkschaftsvertretern

Über die Möglichkeit der Hinzuziehung von Beauftragten der im BR vertr. Ge- **66** werkschaften zu den BRSitzungen vgl. § 31.

IV. Streitigkeiten

Streitigkeiten über die Anberaumung und die Tagesordnung von Sitzungen, über **67** die Ladungen zu ihnen, über das Anwesenheitsrecht anderer Personen an den Sitzungen, über das Teilnahmerecht des ArbGeb. oder eines Vertr. des ArbGebVerbandes sind von den ArbG im **BeschlVerf.** zu entscheiden (§§ 2 a, 80 ff. ArbGG u. dazu s. Nach § 1 Rn 1 ff.). Der Erlass von einstw. Vfg. ist zulässig (§ 85 Abs. 2 ArbGG).

Beschlüsse des BR, die ohne ordnungsgemäße Ladung aller seiner Mitgl. gefasst **68** werden, sind **nichtig,** es sei denn der vollständig versammelte BR ist mit der Abhaltung der Sitzung einverstanden. Nach hM gilt das Gleiche, wenn Beschlüsse über nicht auf der Tagesordnung der BR-Sitzung stehende Angelegenheiten gefasst werden (vgl. hierzu Rn 48). Letzteres gilt aber auch nach Ansicht des BAG nicht, wenn

Entscheidungen des BR in Form von Wahlen getroffen werden, wie zB bei der Wahl des Vors. oder seines Stellvertr., der Wahl der Mitgl. von BRAusschüssen oder bei der Wahl freizustellender BRMitgl., da ein derartiger Rechtsverstoß im Allgemeinen nur die Anfechtung der Wahl rechtfertigt, nicht jedoch die Nichtigkeit zur Folge hat (st. BAG-Rspr.: 21. 7. 04 AP Nr. 4 zu § 51 BetrVG 1972 mwN; vgl. im Einzelnen § 26 Rn 54 ff.; § 27 Rn 96 ff.; § 38 Rn 105 ff.; allgemein zur Nichtigkeit von BRBeschlüssen vgl. § 33 Rn 52 ff.).

§ 30 Betriebsratssitzungen

[1] **Die Sitzungen des Betriebsrats finden in der Regel während der Arbeitszeit statt.** [2] **Der Betriebsrat hat bei der Ansetzung von Betriebsratssitzungen auf die betrieblichen Notwendigkeiten Rücksicht zu nehmen.** [3] **Der Arbeitgeber ist vom Zeitpunkt der Sitzung vorher zu verständigen.** [4] **Die Sitzungen des Betriebsrats sind nicht öffentlich.**

Inhaltsübersicht

I. Vorbemerkung

1   Die Vorschrift behandelt in Fortsetzung des § 29 **weitere Einzelheiten** der BRSitzungen, insb. ihren Zeitpunkt und ihre Nichtöffentlichkeit. Diese Regelungen sind auch bei einer gemeinsamen Sitzung des BR und des Sprecherausschusses für leitende Ang. gemäß § 2 Abs. 2 S. 3 SprAuG anzuwenden.

2   Die Vorschrift gilt auch für den GesBR und KBR (vgl. § 51 Abs. 1 S. 1, § 59 Abs. 1), ferner für die JugAzubiVertr., die GesJugAzubiVertr. und die KJugAzubiVertr. (vgl. § 65 Abs. 1, § 73 Abs. 2, § 73b Abs. 2) sowie für die Bordvertr. und den SeeBR (vgl. § 115 Abs. 4, § 116 Abs. 3). Das Gleiche gilt für Sitzungen einer ArbN-Vertr. nach § 3 Abs. 1 Nr. 2 bis 5, wobei der TV oder die BV nähere Reglungen treffen kann.

3   Auf Sitzungen des BetrAusschusses (§ 27) und andere Ausschüsse des BR (§ 28) ist die Vorschrift entspr. anzuwenden (BAG 18. 11. 80 AP Nr. 2 zu § 108 BetrVG 1972; *DKKW-Wedde* Rn 1; GK-*Raab* Rn 2; HSW*GNR* Rn 2; *Richardi/Thüsing* Rn 1). Denn diese Ausschüsse unterliegen hinsichtlich der Durchführung der ihnen übertragenen Aufgaben und Befugnisse grundsätzlich den gleichen Vorschriften wie der BR. Das Gleiche gilt für Sitzungen einer ArbGruppe nach § 28a (vgl. dort Rn 38).

4   Die Vorschrift ist **zwingend** und weder durch TV oder BV abdingbar (zur Gestaltung von BRSitzungen *Gröschel* AiB 02, 342; s. auch *Renker* AiB 02, 219). Sie bindet auch den BRVors., der deshalb nicht regelmäßig Sitzungen außerhalb der Arbeitszeit ansetzen kann (GK-*Raab* Rn 3; HSW*GNR* Rn 2).

5   Entsprechende Vorschriften: § 35 BPersVG, § 12 Abs. 5 SprAuG, § 13 Abs. 1 und 2, § 27 EBRG, § 24 Abs. 2 SEBG, § 24 Abs. 2 SCEBG.

II. Sitzungen während der Arbeitszeit

6   Die BRSitzungen finden grundsätzlich **während der Arbeitszeit** statt. Ausnahmen sind nur zuzulassen, wenn die bes. Verhältnisse des Betriebs eine Arbeitsbefrei-

ung der BRMitgl. verbieten, so zB wenn in kleineren Betrieben alle oder fast alle BRMitgl. Arbeitsplätze innehaben, auf denen sie nicht entbehrt oder vertreten werden können (Kranführer, Maschinenwärter, Schalterdienst usw.). Jedoch ist der Arb-Geb. in derartigen Fällen verpflichtet, die ihm zumutbaren Vorkehrungen zu treffen, damit dem Grundsatz von S. 1 entspr. die BRSitzungen jedenfalls idR während der Arbeitszeit durchgeführt werden können (GK-*Raab* Rn 9; ErfK-*Koch* Rn 1).

Wird in mehreren **Schichten** gearbeitet und gehören die BRMitgl. verschiedenen **6a** Schichten an, so wird jeweils für einen Teil der BRMitgl. die Sitzung außerhalb ihrer persönlichen Arbeitszeit stattfinden müssen. In diesen Fällen haben die BRMitgl. nach § 37 Abs. 3 Anspruch auf entspr. bezahlte Arbeitsbefreiung oder, soweit dies nicht möglich ist, auf Vergütung der aufgewendeten Zeit; das Gleiche gilt bei teilzeitbeschäftigten BRMitgl., wenn die BRSitzung außerhalb ihrer persönlichen Arbeitszeit stattfindet (Näheres vgl. § 37 Rn 81 ff.).

Der BR bzw. der BRVors. hat bei der Festlegung der BRSitzungen darauf zu ach- **6b** ten, dass sie für möglichst viele BRMitgl. in ihre **persönlichen Arbeitszeit** fällt, so dass ihnen nicht mehr Freizeitaufwand als unbedingt erforderlich abverlangt wird (*DKKW-Wedde* Rn 8; GK-*Raab* Rn 5; *HSWGNR* Rn 9; *Richardi/Thüsing* Rn 5). Zur Frage der Erstattung notwendiger zusätzlicher Fahrtkosten in diesen Fällen vgl. § 40 Rn 44 f.

Die Abhaltung der BRSitzungen während der **Arbeitspausen** oder unmittelbar **7** vor Beginn oder nach Ende der Arbeitszeit ist außer in den oben genannten Ausnahmefällen grundsätzlich nicht zumutbar (GK-*Raab* Rn 8; *DKKW-Wedde* Rn 7; MünchArbR-*Joost* § 219 Rn 10; aA *SWS* Rn 2). Eine Vereinbarung zwischen Arb-Geb. und BR, dass die BRSitzungen stets außerhalb der Arbeitszeit stattfinden, ist wegen Verstoßes gegen Satz 1 **nichtig** (GK-*Raab* Rn 11).

Für die Teilnahme an der BRSitzung bedürfen die BRMitgl. **keiner bes. Er- 8 laubnis des ArbGeb.** Jedoch müssen sie, soweit sie nicht von der Arbeit freigestellt sind (§ 38) oder die BRSitzungen nicht stets zu einer bestimmten Zeit stattfinden und dies allgemein bekannt ist, den zuständigen Vorgesetzten von Verlassen der Arbeit und von deren Wiederaufnahme nach Schluss der BRSitzung verständigen (BAG 8. 3. 57 AP Nr. 4 zu § 37 BetrVG; BAG 19. 6. 79 AP Nr. 36 zu § 37 BetrVG 1972; GK-*Raab* Rn 12; *Richardi/Thüsing* Rn 2; Näheres § 37 Rn 50 ff.). Zur Frage der Fortzahlung des Arbeitsentgelts an die BRMitgl. für die Zeit der Sitzungsdauer vgl. § 37 Rn 57 ff. Die Sitzungsteilnahme ist erforderliche BRTätigkeit iS von § 37 Abs. 2.

Es bedarf keines Abschlusses einer BV über den Zeitpunkt der BRSitzung mit dem **9** ArbGeb., da § 30 diese Frage abschließend dahingehend regelt, dass die **Anberaumung der BRSitzungen** im Rahmen der gesetzlichen Vorschriften (dh idR während der Arbeitszeit) ausschließlich **Sache des BR und seines Vors.** ist. Andererseits kann gerade in kleineren und mittleren Betrieben eine (unverbindliche) Abstimmung mit dem ArbGeb. durchaus zweckmäßig sein. Vereinbarungen zwischen ArbGeb. und BR über den Zeitpunkt von BRSitzungen können den BRVors. jedoch nicht hindern, falls erforderlich, auch außerhalb der vereinbarten Zeit Sitzungen anzuberaumen (*DKKW-Wedde* Rn 4; GK-*Raab* Rn 11; *HSWGNR* Rn 11; *Richardi/Thüsing* Rn 7). Über die Anzahl der BRSitzungen entscheidet entspr. dem Arbeitsanfall allein der BR bzw. der BRVors. (BAG 23. 4. 74 AP Nr. 11 zu § 37 BetrVG 1972; *DKKW-Wedde* Rn 5; vgl. auch § 29 Rn 22 ff.).

III. Berücksichtigung der betrieblichen Notwendigkeiten

Der BR hat bei Ansetzung der Sitzungen auf die **betrieblichen Notwendigkei- 10 ten** (den Betriebs- und Arbeitsablauf) Rücksicht zu nehmen. Betriebliche Notwendigkeiten sind nicht gleichzusetzen mit betrieblichen Interessen oder Bedürfnissen. Als betriebliche Notwendigkeiten sind nur solche dringenden betrieblichen Gründe anzuerkennen, die zwingenden Vorrang vor dem Interesse des BR auf Abhaltung der BRSitzung zu dem vorgesehenen Zeitpunkt haben (*DKKW-Wedde* Rn 6; *GK-Raab* Rn 7; *ErfK-Koch* Rn 1; *HSWGNR* Rn 5; MünchArbR-*Joost* § 219 Rn 10). Die Rücksichtnahme auf betriebliche Notwendigkeiten kann es uU gebieten, die BRSitzungen an den Beginn oder das Ende und nicht mitten in die Arbeitszeit zu legen; jedoch kann eine derartige Verpflichtung nicht generell angenommen werden (*DKKW-Wedde* Rn 7; *GK-Raab* Rn 8; *Düwell/Blanke* Rn 7; wohl auch *Richardi/Thüsing* Rn 4; **aA** *HSWGNR* Rn 7). Im Allgemeinen können betriebliche Notwendigkeiten **nur in Ausnahmefällen** dazu führen, dass eine BRSitzung außerhalb der Arbeitszeit stattfinden muss (vgl. Rn 6).

11 Die Vorschrift wendet sich in erster Linie an den Vors., dem die Anberaumung der BRSitzungen und damit die Festlegung ihres Zeitpunkts obliegt (§ 29 Abs. 2 Satz 1). Der BR kann den Zeitpunkt von BRSitzungen auch selbst festlegen und hat dann seinerseits auf die betrieblichen Notwendigkeiten Rücksicht zu nehmen (*GK-Raab* Rn 6).

12 Wird eine Sitzung ohne Rücksicht auf betriebliche Notwendigkeiten angesetzt, so wird dadurch die **Rechtmäßigkeit** der in ihr gefassten **Beschlüsse** nicht beeinträchtigt (*DKKW-Wedde* Rn 7; *GK-Raab* Rn 10). Der ArbGeb. kann eine derartige Sitzung auch nicht eigenmächtig unterbinden. Er ist deshalb auch nicht berechtigt, den BRMitgl. das Arbeitsentgelt entspr. zu kürzen (vgl. LAG Hamm EzA § 37 BetrVG 1972 Nr. 58; *DKKW-Wedde* Rn 7; *ErfK-Koch* Rn 1; *GK-Raab* Rn 10).

13 Bei **groben Verstößen** gegen das Gebot der Rücksichtnahme kann § 23 Abs. 1 zur Anwendung kommen (*WPK* Rn 3; vgl. § 23 Rn 14 ff., 35 ff.). UU kann der ArbGeb. die Aufhebung der angesetzten Sitzung durch eine einstw. Vfg. des ArbG (§ 85 Abs. 2 ArbGG) erwirken (*DKKW-Wedde* Rn 7; *GK-Raab* Rn 15; *ErfK-Koch* Rn 1).

IV. Verständigung des Arbeitgebers

14 Der ArbGeb. ist **vom Zeitpunkt** einer jeden BRSitzung **vorher zu verständigen,** damit er unterrichtet ist, dass die BRMitgl. ihre Tätigkeit im Betrieb für die Dauer der Sitzung unterbrechen und er ggf. wegen der Arbeitsunterbrechung erforderlich werdende Maßnahmen treffen kann. Einer Mitteilung der Tagesordnung an den ArbGeb. bedarf es nicht (LAG Hamm EzA § 37 BetrVG 1972 Nr. 58; *GK-Raab* Rn 16; *DKKW-Wedde* Rn 10; *ErfK-Koch* Rn 1; *HSWGNR* Rn 15). Eine Zustimmung des ArbGeb. zur Durchführung der BRSitzung ist ebenfalls nicht erforderlich. Die jeweilige Unterrichtung kann entfallen, wenn die BRSitzungen – zB nach der Geschäftsordnung des BR – stets zu einer bestimmten Zeit stattfinden und dies dem ArbGeb. bekannt ist. Da die Unterrichtungspflicht des BR lediglich dem Zweck dient, dass der ArbGeb. sich auf die Abwesenheit der BRMitgl. einstellen kann, ergibt sich aus ihr kein Anspruch des ArbGeb., ihm nachträglich Beginn und Ende der Sitzung mitzuteilen (ArbG Hamburg AiB 00, 102).

15 Die schuldhafte Unterlassung der Verständigung des ArbGeb. berechtigt diesen zwar nicht, dem BRMitgl. das auf die Zeit der BRSitzungen entfallende Arbeitsentgelt zu verweigern oder zu mindern, sie kann aber zu **Schadensersatzansprüchen** des ArbGeb. führen, wenn dieser durch die Unterlassung an entspr. betrieblichen Dispositionen gehindert worden ist und hierdurch einen Schaden erlitten hat (*GK-Raab* Rn 10, 17; *SWS* Rn 2; *WPK* Rn 5; **aA** *DKKW-Wedde* Rn 10; *HSWGNR* Rn 17).

V. Nichtöffentlichkeit

16 Das Gebot der Nichtöffentlichkeit der BRSitzungen nach Satz 4, das weder durch Beschluss des BR noch durch eine BV oder Tarifregelung aufgehoben werden kann,

beschränkt den **Kreis der an den Sitzungen der BR Teilnehmenden** grundsätzlich auf die BRMitgl. Außer diesen haben im Allgemeinen nur der ArbGeb. (§ 29
Abs. 4), die SchwbVertr. (§ 32), die JugAzubiVertr. (§ 67), die Vertr. von Gewerkschaften und von ArbGebVereinigungen (§§ 31, 29 Abs. 4 S. 2) sowie der Vertrauensmann der Zivildienstleistenden (§ 3 Abs. 1 ZDVG) das Recht, an BRSitzungen
teilzunehmen. Ferner kann der BR dem Sprecherausschuss für leitende Ang. oder
einzelnen seiner Mitgl. das Recht einräumen, an seinen Sitzungen teilzunehmen (vgl.
§ 2 Abs. 2 S. 2 SprAuG). Andere Personen, insb. auch ErsMitgl., soweit sie nicht als
§ 25 in den BR nachgerückt sind, dürfen grundsätzlich nicht teilnehmen (*DKKW-
Wedde* Rn 11; GK-*Raab* Rn 21; ErfK-*Koch* Rn 1; *Richardi/Thüsing* Rn 10 f.). Jedoch
ist die Hinzuziehung einer Schreibkraft zur Unterstützung des Schriftführers zulässig
(*Richardi/Thüsing* Rn 13; *Renker* AiB 02, 219; vgl. auch § 34 Rn 11).

Der Grundsatz der Nichtöffentlichkeit der BRSitzungen schließt allerdings nicht **17**
aus, dass der BR weitere Personen als **Auskunftspersonen** zur **Beratung einzelner
Gegenstände** der Tagesordnung hinzuzieht. Dies ist stets dann als zulässig anzusehen,
wenn der BR das im Hinblick auf eine sachgerechte Behandlung einzelner Tagesordnungspunkte für zweckmäßig erachtet. So kann er zu einzelnen Beratungsgegenstän-
den erforderlichenfalls sachkundige ArbN nach § 80 Abs. 2 S. 3, Sachverständige
nach § 80 Abs. 3 oder einen Berater nach § 111 S. 2 einladen (zu deren Hinzuziehung vgl. § 80 Rn 81 ff., 86 ff., § 111 Rn 117 ff.). Das Gleiche gilt für sonstige Auskunftspersonen, zB Gewerbeaufsichtsbeamte, technische Aufsichtsbeamte der Berufsgenossenschaften, Bedienstete der zuständigen AA, Mitgl. des GesBR, Vertreter der
ArbN im Aufsichtsrat, betroffene ArbN bei personellen Einzelmaßnahmen oder bei
Beschwerden (*DKKW-Wedde* Rn 12; GK-*Raab* Rn 19 f.; ErfK-*Koch* Rn 1; *Richardi/
Thüsing* Rn 12; *Renker* AiB 02, 219). Ferner kann der BR den oder einen Vertr. der
ArbN, die ihm nach § 86 a einen Beratungsgegenstand vorgeschlagen haben (vgl.
hierzu § 86 a Rn 4 ff.), bei der Behandlung dieses Themas Gelegenheit geben, den
Vorschlag näher zu erläutern (*Löwisch* BB 01, 1741).

Der Grundsatz der Nichtöffentlichkeit der BRSitzung schließt ferner nicht aus, **18**
dass sich schwerbeh. BRMitgl. auch in der Sitzung von einer **Hilfsperson** (zB einem
Gehörlosendolmetscher) begleiten lassen. Die Zulässigkeit einer solchen Begleitung
hängt von Art und Schwere der Behinderung und den Umständen des Einzelfalles ab,
insb. auch davon, ob die notwendige Hilfe nicht durch ein anderes BRMitgl. geleistet
werden kann und dies dem schwerbeh. Menschen zumutbar ist.

Die anwesenden Sachverständigen und Auskunftspersonen haben **keine beraten- 19
de Stimme** in dem Sinne, dass sie Einfluss auf die Willensbildung des BR nehmen
dürfen (*HSWGNR* Rn 22; *Richardi/Thüsing* Rn 12). Das schließt jedoch nicht aus,
dass sie uU während der Beratung des betr. Tagesordnungspunktes anwesend sein
dürfen, damit der BR ggf. rückfragen kann (**aA** hinsichtlich Auskunftspersonen GK-
Raab Rn 20). Ihre Anwesenheit bei der Beschlussfassung ist nicht zulässig.

Soweit sich eine **Verschwiegenheitspflicht** der vom BR zugezogenen Sachver- **20**
ständigen und Auskunftspersonen über Betriebs- und Geschäftsgeheimnisse nicht
bereits aus diesem G (vgl. §§ 79, 80 Abs. 3) oder aus ihrer speziellen Rechtstellung ergibt (etwa Dienstpflicht des Gewerbeaufsichtsbeamten oder des technischen Überwa-
chungsbeamten der Berufsgenossenschaft, ArbVerh. des zugezogenen ArbN), ist der
BR verpflichtet, dafür zu sorgen, dass diese Personen solche Geheimnisse nicht erfahren. Sollten sie ihnen gleichwohl bekannt werden, hat der BR diesen Personen eine
bes. Verschwiegenheitspflicht aufzuerlegen (*Richardi/Thüsing* Rn 14; **aA** *DKKW-
Wedde* Rn 13, GK-*Raab* Rn 27 und *HSWGNR* Rn 27, die die Begründung einer
solchen Pflicht durch den BR nicht für zulässig halten). Diese ist allerdings nicht nach
§ 120 strafbewehrt.

Aus dem Grundsatz der Nichtöffentlichkeit der BRSitzung ergibt sich keine über **21**
den Rahmen des § 79 hinausgehende Verschwiegenheitspflicht der BRMitgl. Deshalb besteht auch **keine generelle Pflicht, Stillschweigen über den Inhalt von
BRSitzungen** zu wahren (vgl. BAG 5. 9. 67 AP Nr. 8 zu § 23 BetrVG; LAG Mün-

chen DB 78, 894; LAG Hessen NZA-RR 98, 17; GK-*Raab* Rn 27; *DKKW-Wedde* Rn 13; *HSWGNR* Rn 28; *Richardi/Thüsing* Rn 16). Allerdings kann bei Angelegenheiten, die ihrer Natur nach einer vertraulichen Behandlung bedürfen oder deren allgemeines Bekanntwerden für den Betroffen Nachteile mit sich bringen würde, eine Verpflichtung zur Vertraulichkeit bestehen. Dies gilt insb., wenn der BR die vertrauliche Behandlung der Angelegenheit beschlossen hat (*DKKW-Wedde* Rn 14; ErfK-*Koch* Rn 1; insoweit aA *HSWGNR* Rn 28). Diese Verpflichtung ergibt sich jedoch nicht aus dem Grundsatz der Nichtöffentlichkeit der BRSitzung, sondern aus dem vertraulichen Charakter der betreffenden Angelegenheit.

21a   Ferner ist zu beachten, dass der BR ein Kollektivorgan ist und sich hieraus **gewisse Solidaritätspflichten seiner Mitgl.** ergeben. Aus diesem Grunde dürfte es jedenfalls nicht generell zulässig sein, dass überstimmte BRMitgl. diese Tatsache und ihre Ansicht zu der anstehenden Frage dem ArbGeb. mitteilen (*DKKW-Wedde* Rn 14; **aA** GK-*Raab* § 35 Rn 31; *HSWGNR* Rn 28). Ferner haben die BRMitgl. darauf zu achten, dass die Funktionsfähigkeit des BR nicht durch unangebrachte Indiskretion beeinträchtigt wird (vgl. hierzu BAG 5. 9. 67 AP Nr. 8 zu § 23 BetrVG; *DKKW-Wedde* Rn 14; *HSWGNR* Rn 29).

22   Ein Verstoß gegen das Gebot der Nichtöffentlichkeit beeinträchtigt die **Rechtsgültigkeit der vom BR gefassten Beschlüsse** nicht. Etwas anderes gilt nur dann, wenn feststeht, dass der Beschluss des BR bei Einhaltung des Gebotes der Nichtöffentlichkeit anders ausgefallen wäre (vgl. hierzu BAG 28. 2. 58 AP Nr. 1 zu § 29 BetrVG; BAG 24. 3. 77 AP Nr. 12 zu § 102 BetrVG 1972; GK-*Raab* § 33 Rn 58; *DKKW-Wedde* Rn 15; ErfK-*Koch* Rn 1; *Richardi/Thüsing* Rn 17; *Löwisch/Kaiser* Rn 10; *Grosjean* NZA-RR 05, 113, 118; nach *HSWGNR* Rn 29 und *Hoyningen-Huene* BetrVerfR § 9 IV 2 führt ein Verstoß gegen den Grundsatz der Nichtöffentlichkeit als bloßer Ordnungsvorschrift nie zur Ungültigkeit gefasster Beschlüsse). Zur Zulässigkeit einer **Videokonferenz** s. § 33 Rn 21 b.

VI. Streitigkeiten

23   Streitigkeiten über den Zeitpunkt von BRSitzungen sowie darüber, wer an ihnen teilnehmen oder zu ihnen hingezogen werden kann, entscheiden die **ArbG im BeschlVerf.** (§§ 2 a, 80 ff. ArbGG u. dazu s. Nach § 1 Rn 1 ff.). Ggf. besteht die Möglichkeit des Erlasses einer einstw. Vfg. durch das ArbG (vgl. § 85 Abs. 2 ArbGG).

§ 31 Teilnahme der Gewerkschaften

Auf Antrag von einem Viertel der Mitglieder des Betriebsrats kann ein Beauftragter einer im Betriebsrat vertretenen Gewerkschaft an den Sitzungen beratend teilnehmen; in diesem Fall sind der Zeitpunkt der Sitzung und die Tagesordnung der Gewerkschaft rechtzeitig mitzuteilen.

Inhaltsübersicht

I. Vorbemerkung

Die Vorschrift **konkretisiert** das allgemeine **Gebot der Zusammenarbeit** des **1**
BR mit den Gewerkschaften in Bezug auf die BRSitzungen, indem sie den im BR
vertr. Gewerkschaften auch auf Antrag einer Minderheit, nämlich eines Viertels der
Mitgl. des BR, das Recht geben, beratend an der BRSitzung teilzunehmen. Die Vorschrift gilt auch für die gemeinsame Sitzung von BR und Sprecherausschuss für leitende Ang. gemäß § 2 Abs. 2 S. 3 SprAuG. Dies folgt daraus, dass es für die vorgesehenen gemeinsamen Sitzungen dieser Gremien keine bes. Regelungen gibt und
deshalb die für die Sitzungen der einzelnen Gremien geltenden Vorschriften maßgebend bleiben (GK-*Raab* Rn 6).

Die Vorschrift gilt **entspr.** für den GesBR und den KBR (vgl. § 51 Abs. 1, § 59 **2**
Abs. 1), für die JugAzubiVertr., die GesJugAzubiVertr. und die KonzernJugAzubi-
Vertr. (vgl. § 65 Abs. 1, § 73 Abs. 2, § 73b Abs. 2) sowie für die BordVertr. und den
SeeBR (vgl. § 115 Abs. 4, § 116 Abs. 3). Zur Anwendung der Vorschrift auf Ausschüsse des BR vgl. Rn 26 f. Die Vorschrift gilt ferner entspr. für ArbNVertr. nach
§ 3 Abs. 1 Nr. 2 und 3, da diese an die Stelle des BR treten. Das Gleiche gilt für
ArbGruppen nach § 28a (vgl. dort Rn 38). Die Teilnahme von Gewerkschaftsvertr.
an Zusammenkünften der ArbNVertr. nach § 3 Abs. 1 Nr. 4 und 5 ist im TV oder in
der BV zu regeln.

Die Vorschrift ist **zwingend** und kann weder durch TV noch durch BV einge- **3**
schränkt oder abgedungen werden.

Entsprechende Vorschrift: § 36 BPersVG. **4**

II. Hinzuziehung von Gewerkschaftsvertretern

Die Gewerkschaften haben im Gegensatz zur Regelung des § 46 für die BetrVerslg **5**
kein eigenständiges Recht, an BRSitzungen teilzunehmen (*DKKW-Wedde* Rn 3;
GK-*Raab* Rn 7; *HSWGNR* Rn 1). Ihre Hinzuziehung ist jedoch sowohl durch Beschluss des BR als auch auf Antrag einer BRMinderheit zulässig. Der BRVors ist
nicht berechtigt, von sich aus Gewerkschaftsvertr. hinzuzuziehen.

1. Beschluss des Betriebsrats

Obwohl § 31 nur das Recht einer Minderheit des BR auf Hinzuziehung von Ge- **6**
werkschaftsvertr. zu BRSitzungen regelt, kann auch der BR als solcher ihre Hinzu-
ziehung durch **Mehrheitsbeschluss** beschließen (*DKKW-Wedde* Rn 4; GK-*Raab*
Rn 12; *HSWGNR* Rn 6; *Richardi/Thüsing* Rn 12). Das gilt auch für den einköpfigen
BR, so dass sich dieses einziges Mitgl. ebenfalls mit seiner Gewerkschaft beraten kann
(*DKKW-Wedde* Rn 8; GK-*Raab* Rn 9).

Die Hinzuziehung von Gewerkschaftsbeauftragten **durch den BR** kann sowohl **7**
durch **Beschluss im Einzelfall** als auch generell erfolgen, zB in der **Geschäftsord-**
nung vorgesehen werden (BAG 28. 2. 90 AP Nr. 1 zu § 31 BetrVG 1972; vgl. auch
BAG 18. 11. 80 AP Nr. 2 zu § 108 BetrVG 1972; *DKKW-Wedde* Rn 5; *Düwell/*
Blanke Rn 4; ErfK-*Koch* Rn 1; *WPK* Rn 3; *Däubler,* Gewerkschaftsrechte Rn 142;
aA hinsichtlich einer generellen Hinzuziehung BAG 25. 6. 87 AP Nr. 6 zu § 108
BetrVG 1972 (für Sitzungen des WiAusschusses); GK-*Raab* Rn 19 f.; *Löwisch/Kaiser*
Rn 2; *Richardi/Thüsing* Rn 14 f.; MünchArbR-*Joost* § 219 Rn 22). Hierbei genügt
für einen Beschluss im Einzelfall die einfache Stimmenmehrheit; bei einer diesbezüg-
lichen Regelung in der Geschäftsordnung ist die absolute Mehrheit der Stimmen der
BRMitgl. erforderlich, da der Erlass einer Geschäftsordnung gem. § 36 einer qualifizierten Mehrheit bedarf.

8   Der BR ist nicht verpflichtet, jede im BR vertr. Gewerkschaft hinzuzuziehen, sondern kann seine Entscheidung auf eine bestimmte Gewerkschaft beschränken.

9   Andererseits kann im Hinblick auf die ausdrückliche Vorschrift des § 31 der BR nicht durch Mehrheitsbeschluss den Antrag des Viertels der BRMitgl. auf Hinzuziehung des Vertr. einer bestimmten Gewerkschaft **ablehnen** und dadurch den von den Minderheiten gestellten Antrag zunichte machen (*DKKW-Wedde* Rn 8; *GK-Raab* Rn 15; *HSWGNR* Rn 15; *Richardi/Thüsing* Rn 11).

2. Antrag einer Minderheit im Betriebsrat

10   § 31 dient dem **Schutz gewerkschaftlicher Minderheiten.** Auch ihnen soll die die Möglichkeit gewährleistet werden, sich der Unterstützung ihrer Gewerkschaft zu bedienen. Diese Möglichkeit besteht zum einen in konkreten Einzelfällen. Darüber hinaus kann auch eine Minderheit nach § 31 eine generelle Hinzuziehung von Gewerkschaftsbeauftragten zu den BRSitzungen beantragen, da sich weder aus dem Wortlaut der Vorschrift noch ihrer Entstehungsgeschichte eine Begrenzung des Antragsrecht auf konkrete Einzelfälle ergibt (BAG 28. 2. 90 AP Nr. 1 zu § 31 BetrVG 1972; *DKKW-Wedde* Rn 6; *Düwell/Blanke* Rn 4; **aA** *GK-Raab* Rn 19; *HSWGNR* Rn 11; *Richardi/Thüsing* Rn 14).

11   Der **Antrag** auf Hinzuziehung eines Beauftragten einer im BR vertr. Gewerkschaft kann gestellt werden von einem Viertel der Mitgl. des BR. Der Antrag kann während oder außerhalb der BRSitzung gestellt werden. Er ist nicht an eine bestimmte Form gebunden, sondern kann mündlich gestellt werden. Er bedarf keiner Begründung. Jedoch muss er erkennen lassen, welche Gewerkschaft hinzugezogen werden und bei einer Hinzuziehung aus konkretem Anlass zu welchem Tagesordnungspunkt sie einen Vertr. entsenden soll. Außerdem ist, wenn dies zweifelhaft ist, nachzuweisen, dass die Gewerkschaft im BR vertreten ist, dh dass wenigstens ein BRMitgl. ihr angehört. Wegen seiner Bedeutung ist der Antrag in die Sitzungsniederschrift nach § 34 aufzunehmen (*DKKW-Wedde* Rn 10; *GK-Raab* Rn 11).

12   Der Antrag bedarf der Unterstützung von einem **Viertel der BRMitgl.,** und zwar der Gesamtzahl der BRMitgl. nicht ein Viertel der anwesenden oder an der Beschlussfassung teilnehmenden BRMitgl. (*DKKW-Wedde* Rn 7; *GK-Raab* Rn 9; *HSWGNR* Rn 7; *Richardi/Thüsing* Rn 7). Zur Berechnung des Viertels s. § 29 Rn 26.

13   An dem Antrag kann sich **jedes BRMitgl.,** auch das nicht organisierte oder das anders organisierte Mitgl. beteiligen. Es ist also nicht erforderlich, dass die Antragsteller der Gewerkschaft angehören, deren Beauftragten hinzuzuziehen sie beantragen (*GK-Raab* Rn 8; *HSWGNR* Rn 7; *Richardi/Thüsing* Rn 8).

14   Der **Antrag** ist **an den Vors. des BR** zu richten und im Allgemeinen so frühzeitig zu stellen, dass der Vors. rechtzeitig in der Lage ist, die Gewerkschaft aufzufordern, einen Beauftragten zur Sitzung zu entsenden. Der Antrag kann jedoch auch noch in der Sitzung selbst gestellt werden. In diesem Falle ist ihm zu entsprechen, wenn der Gewerkschaftsvertr. abrufbereit zur Verfügung steht. Ist dies nicht der Fall, kann der BR eine Vertagung der Sitzung oder eine Absetzung des betr. TOPunktes beschließen. Ein Anspruch hierauf besteht jedoch nicht; dies gilt insb. dann, wenn der TOPunkt, zu dem die Hinzuziehung beantragt wird, ordnungsgemäß vorher angekündigt war. Denn dann könnten die Antragsteller eine zügige Beschlussfassung des BR blockieren (*DKKW-Wedde* Rn 9; *GK-Raab* Rn 10; *Richardi/Thüsing* Rn 9). Der Antrag auf Hinzuziehung eines Gewerkschaftsbeauftragten kann auf bestimmte Tagungspunkte beschränkt werden (*DKKW-Wedde* Rn 9; *Richardi/Thüsing* Rn 16).

15   Der Antrag kann nur auf Entsendung eines Beauftragten **im BR vertr.** Gewerkschaft gerichtet werden. Dass die Gewerkschaft im Betrieb vertreten ist, genügt nicht; vielmehr muss der Gewerkschaft mindestens ein BRMitgl. angehören (BAG 28. 2. 90 AP Nr. 1 zu § 31 BetrVG 1972). Sind mehrere Gewerkschaften im BR vertreten, so kann natürlich die Entsendung von Beauftragten mehrerer im BR vertr. Gewerkschaften beantragt werden (*DKKW-Wedde* Rn 10; *GK-Raab* Rn 13; *HSWGNR* Rn 14; *Richardi/Thüsing* Rn 10).

In Betrieben, in denen **Beamte** zwar ohne einen Arbeitsvertrag mit dem Betriebs- **15a** inhaber, jedoch im Rahmen ihres öffentlich-rechtlichen Dienstverhältnisses zu ihrem Dienstherrn im Wege der Abordnung, Überlassung, Zuweisung oder Gestellung in den Betrieb eines privatrechtlich organisierten Unternehmens beschäftigt werden, sind als Gewerkschaften auch die **Berufsverbände der Beamten** anzusehen (vgl. hierzu § 2 Rn 34; s. auch § 5 Rn 318, 321 ff.; *Richardi/Dörner/Weber* BPersVG § 2 Rn 30, 43, 51, 53 f.; enger *DKKW-Wedde* Rn 7: nur bei alleiniger Beschlussfassungsbefugnis der Beamtengruppe).

Es bestehen keine Bedenken, Beauftragte von Gewerkschaften, die nicht im BR **15b** vertreten sind, in geeigneten Fällen als **Auskunftspersonen** zu einzelnen Beratungs-gegenständen zu hören (*DKKW-Wedde* Rn 11; *GK-Raab* Rn 14; *Richardi/Thüsing* Rn 6; vgl. hierzu § 30 Rn 17). Das setzt einen entspr. Beschluss des BR voraus. Wird die Hinzuziehung eines Beauftragten nur einer bestimmten im BR vertr. Gewerk-schaft beantragt, so gibt dies den übrigen im BR vertr. Gewerkschaften nicht das Recht zur Entsendung von Beauftragten.

Der BRVors. **muss** einem ordnungsgemäßen Antrag **stattgeben.** Eine Entschei- **16** dung darüber, ob die Hinzuziehung zweckmäßig ist, steht ihm nicht zu. Entspricht der Vors. dem Antrag nicht und lehnt er die beantragte Hinzuziehung des Gewerk-schaftsvertr. ab, so handelt er pflichtwidrig. Er kann uU – etwa bei wiederholter Nichtbeachtung eines Antrags – nach § 23 im arbeitsgerichtlichen BeschlVerf. wegen grober Verletzung seiner gesetzlichen Pflichten aus dem BR ausgeschlossen werden (*DKKW-Wedde* Rn 12).

III. Beauftragte der im Betriebsrat vertretenen Gewerkschaften

Die Gewerkschaften können – anders als bei der BetrVerslg (vgl. § 46) – an BRSit- **17** zungen nur teilnehmen, wenn ein **Antrag nach § 31** gestellt worden ist oder der **BR die Teilnahme beschlossen** hat (*Richardi/Thüsing* Rn 3). Ist dies der Fall, so steht der Gewerkschaft das Teilnahmerecht zu. Eine Verpflichtung zur Teilnahme besteht nicht (*DKKW-Wedde* Rn 14).

Der Beauftragte der Gewerkschaft braucht kein Angestellter derselben zu sein. Die **18** Gewerkschaft kann vielmehr jedes ihrer Mitgl. als Beauftragten entsenden, auch ArbN des Betriebs (*DKKW-Wedde* Rn 14; *HSWGNR* Rn 18; *Richardi/Thüsing* Rn 19). Die Entsendung von ArbN, die in einem ausgesprochenen Konkurrenzbetrieb tätig sind, dürfte dagegen im Allgemeinen nicht zulässig sein (*GK-Raab* Rn 16; *HSWGNR* Rn 19; *Richardi/Thüsing* Rn 19; aA *DKKW-Wedde* Rn 14).

Die Gewerkschaft ist – jedenfalls bei einem entspr. Begehren der Antragsberechtigten **19** – nicht darauf beschränkt, nur einen Beauftragten zu entsenden. Sie kann mehrere Beauftragte entsenden, wenn dies im Hinblick auf die Tagesordnung im Interesse einer sachgerechten Beratung des BR liegt (*DKKW-Wedde* Rn 14; *Däubler*, Gewerk-schaftsrechte Rn 135; **enger** *GK-Raab* Rn 16, 21: nur wenn sich das Begehren auf verschiedene TOPunkte bezieht; aA *HSWGNR* Rn 22; *Richardi/Thüsing* Rn 18).

Von dem Beauftragten kann im Zweifelsfalle ein **Nachweis** über die Beauftragung **20** verlangt werden (*DKKW-Wedde* Rn 15; *Richardi/Thüsing* Rn 20).

Das Teilnahmerecht des Beauftragten der Gewerkschaft besteht nur für **förmliche 21 BRSitzungen,** nicht für sonstige Besprechungen zwischen ArbGeb. und BR. Seine Teilnahme an solchen Besprechungen setzt das Einverständnis sowohl des BR als auch des ArbGeb. voraus (*GK-Raab* Rn 18; *HSWGNR* Rn 5; *Richardi/Thüsing* Rn 4; aA *DKKW-Wedde* Rn 13).

Der Beauftragte der Gewerkschaft hat im Gegensatz zu dem Vertr. der ArbGeb- **22** Vereinigung (§ 29 Abs. 4 Satz 2) **beratende Stimme,** dh er darf auf die Willensbil-dung des BR Einfluss nehmen. Ihm ist auf Antrag das Wort zu erteilen. Er kann zur

Sache sprechen, jedoch nicht an Abstimmungen teilnehmen. Wohl aber kann er bei ihnen zugegen sein, da das G dies nicht verbietet (*DKKW-Wedde* Rn 16; ErfK-*Koch* Rn 1; GK-*Raab* Rn 22; HSWGNR Rn 27; *Richardi/Thüsing* Rn 22). Die Leitung der Sitzung kann dem Gewerkschaftsbeauftragten nicht übertragen werden (*Däubler,* Gewerkschaftsrechte Rn 137).

23   Der ArbGeb. kann dem Gewerkschaftsbeauftragten das **Betreten des Betriebs** zum Zwecke der Teilnahme an einer BRSitzung, zu der er hinzugezogen wird, **nicht verweigern,** da im Sitzungsraum der Vors. des BR das Hausrecht hat (vgl. § 29 Rn 49). Außerdem ist § 31 gegenüber der allgemeinen Zugangsregelung des § 2 Abs. 2 eine Sonderregelung. Deshalb kann der ArbGeb. dem Gewerkschaftsbeauftragten den Zutritt zum Betrieb auch nicht aus den Gründen des § 2 Abs. 2 verwehren (*Richardi/Thüsing* Rn 24; ErfK-*Koch* Rn 1; *Düwell/Blanke* Rn 5; vgl. auch § 2 Rn 64; aA GK-*Raab* Rn 23 f.; HSWGNR Rn 23). Allerdings kann der ArbGeb. in bes. Ausnahmefällen unter dem Gesichtspunkt des Rechtsmissbrauchs den Zutritt eines bestimmten Gewerkschaftsbeauftragten (etwa bei drohender Gefahr von unerlaubten oder strafbaren Handlungen) untersagen (*Richardi/Thüsing* Rn 24; vgl. auch § 46 Rn 9). Verweigert der ArbGeb. einem Gewerkschaftsbeauftragten widerrechtlich den Zutritt zur BRSitzung, so liegt regelmäßig eine Störung der BRTätigkeit iS des § 78 vor, die strafrechtliche Folgen nach § 119 Abs. 1 Nr. 2 haben kann (*DKKW-Wedde* Rn 18; GK-*Raab* Rn 25; HSWGNR Rn 25; WPK Rn 9). Darüber hinaus kann bei groben Verstößen das Zwangsverfahren nach § 23 Abs. 3 eingeleitet werden.

24   Der Beauftragte der Gewerkschaft hat über **Betriebs- und Geschäftsgeheimnisse,** die vom ArbGeb. als geheimhaltungsbedürftig bezeichnet worden sind, gem. § 79 Abs. 2 **Stillschweigen** zu wahren (*Richardi/Thüsing* Rn 23). Diese Pflicht obliegt ihm auch gegenüber seiner Gewerkschaft. Die Verletzung der Verschwiegenheitspflicht kann nach § 120 Abs. 1 Nr. 2 strafrechtlich geahndet werden. Eine Schweigepflicht des Gewerkschaftsbeauftragten besteht in entspr. Anwendung des § 99 Abs. 1 S. 3 und § 102 Abs. 2 S. 5 auch in Bezug auf persönliche Verhältnisse und Angelegenheiten der ArbN, die ihrem Inhalt oder ihrer Bedeutung nach einer vertraulichen Behandlung bedürfen (*DKKW-Wedde* Rn 17; GK-*Raab* Rn 26; *Richardi/Thüsing* Rn 23; aA HSWGNR Rn 29). Die Verletzung dieser Verschwiegenheitspflicht ist wegen fehlender unmittelbarer Geltung des § 99 Abs. 1 S. 3 und § 102 Abs. 2 S. 5 jedoch nicht strafbewehrt (*DKKW-Wedde* aaO; GK-*Raab* Rn 27). Außerdem kann sich die Verpflichtung zur Wahrung der Vertraulichkeit über persönlichen Verhältnisse und Angelegenheiten von ArbN auch aus der Verpflichtung zur Achtung des allgemeinen Persönlichkeitsrechts des ArbN aus § 823 BGB ergeben (*HSWGNR* Rn 29).

IV. Mitteilung von Zeitpunkt und Tagesordnung der Betriebsratssitzung

25   Ist ein Antrag nach § 31 gestellt oder hat der BR einen Beschluss auf Hinzuziehung eines Gewerkschaftsbeauftragten gefasst, so hat der Vors. des BR der Gewerkschaft den **Zeitpunkt** der BRSitzung und die **Tagesordnung** rechtzeitig mitzuteilen. „Rechtzeitig" bedeutet, dass der Gewerkschaft so frühzeitig Zeitpunkt und Tagesordnung der Sitzung mitzuteilen sind, dass sie einen oder mehrere geeignete Beauftragte auswählen und diese sich ordnungsgemäß auf die BRSitzung vorbereiten können. Die Mitteilung kommt einer **Einladung** gleich. Sie ist vor der Sitzung vorzunehmen. Daher sind hier für die Ausführungen zu § 29 Abs. 2 Satz 3 entspr. heranzuziehen (vgl. § 29 Rn 34 ff.). Unterbleibt die Mitteilung so kann dies eine grobe Pflichtverletzung iSd § 23 darstellen. Ist die Einladung der Gewerkschaft trotz rechtzeitiger Antragstellung nach § 31 unterblieben, so dürfte der TOPunkt, zu dem die Hinzuziehung eines Gewerkschaftsbeauftragten begehrt worden ist, selbst dann nicht behandelt werden können, wenn der BR das mehrheitlich beschließt. Denn das käme

einem Unterlaufen des Antragsrechts der Minderheit gleich (*DKKW-Wedde* Rn 12; ErfK-*Koch* Rn 1; *WPK* Rn 7; aA GK-*Raab* Rn 15).

V. Anwendung auf Ausschüsse des Betriebsrats

§ 31 ist auf Sitzungen von Ausschüssen des BR **entspr. anzuwenden** (BAG 26 18. 11. 80 u. 25. 6. 87 AP Nr. 2 u. 6 zu § 108 BetrVG 1972; *DKKW-Wedde* Rn 19; GK-*Raab* Rn 3; *HSWGNR* Rn 30; *Löwisch/Kaiser* Rn 7; *Richardi/Thüsing* Rn 25). Das gilt nicht nur für Ausschüsse, denen bestimmte Aufgaben zur selbständigen Erledigung übertragen worden sind, sondern auch für bloß vorbereitende Ausschüsse (vgl. hierzu § 28 Rn 7 f., 13 ff.; *Düwell/Blanke* Rn 7; GK-*Raab* Rn 3). Denn gerade auch bei vom BR delegierte vorbereitende Tätigkeiten, wie zB Klärung von Sach- und Rechtsfragen, Erarbeitung von Lösungsmöglichkeiten, Vorbereitung schwieriger BV, etwa über eine betriebliche Altersversorgung, ist häufig eine Unterstützung durch die Gewerkschaft geboten.

Antragsberechtigt sind zum einen der BR und die nach § 31 zur Antragstellung 27 Befugten, dh ein Viertel der Mitgl. des BR (*DKKW-Wedde* Rn 20; GK-*Raab* Rn 4; *Richardi/Thüsing* Rn 26; aA *HSWGNR* Rn 23). Ferner kann jedoch der Ausschuss selbst durch Mehrheitsbeschluss die Hinzuziehung eines Gewerkschaftsbeauftragten beschließen. Das ergibt sich daraus, dass der Ausschuss insoweit an die Stelle des BR tritt (*DKKW-Wedde* Rn 20; GK-*Raab* Rn 4; *HSWGNR* aaO; *Richardi/Thüsing* aaO; *WPK* Rn 2). Aus diesem Grunde kann darüber hinaus auch ein Viertel der Mitgl. des Ausschusses den Hinzuziehungsantrag stellen (GK-*Raab* Rn 4; *Richardi/Thüsing* Rn 26; *Däubler,* Gewerkschaftsrechte Rn 144; *HSWGNR* Rn 23; MünchArbR-*Joost* § 219 Rn 24). In all diesen Fällen genügt es, dass die Gewerkschaft im BR vertreten ist; sie braucht nicht mit einem Mitgl. im Ausschluss vertreten zu sein.

Zum Teilnahmerecht von Gewerkschaftsbeauftragten an Sitzungen des WiAus- 28 schusses vgl. § 108 Rn 21 f.

VI. Streitigkeiten

Streitigkeiten, die sich aus dem Recht auf Hinzuziehung von Gewerkschaftsbeauf- 29 tragten ergeben, sind von den ArbG im **BeschlVerf.** zu entscheiden (§§ 2 a, 80 ff. ArbGG u. dazu s. Nach § 1 Rn 1 ff.). Antragsberechtigt ist auch die betr. Gewerkschaft, falls das Vorliegen der Voraussetzungen ihres Zutrittsrechts streitig ist (BAG 18. 11. 80 AP Nr. 2 zu § 108 BetrVG 1972; GK-*Raab* Rn 28; *HSWGNR* Rn 34; *Richardi/Thüsing* Rn 29). Der Erlass einer einstw. Vfg. ist zulässig (vgl. § 85 Abs. 2 ArbGG).

§ 32 Teilnahme der Schwerbehindertenvertretung

Die Schwerbehindertenvertretung (§ 94 des Neunten Buches Sozialgesetz-buch) kann an allen Sitzungen des Betriebsrats beratend teilnehmen.

Inhaltsübersicht

I. Vorbemerkung

1 Die Regelungen zur Schwerbehindertenvertretung sind in §§ 93 ff. SGB IX enthalten. § 94 SGB IX schreibt die Bildung einer **Schwerbehindertenvertretung** (SchwbVertr.) vor. Diese besteht aus einer Person, die das G **Vertrauensperson** nennt (Näheres zur SchwbVertr. s. Rn 6 ff.).

2 Der BR ist im Rahmen seiner allgemeinen Aufgaben verpflichtet, die Eingliederung der Schwbeh. im Betrieb zu fördern (§ 80 Abs. 1 Nr. 4). Zur Unterstützung dieser Verpflichtung hat die Vertrauensperson der Schwbeh. das Recht, an allen Sitzungen des BR und seiner Ausschüsse (vgl. Rn 17 ff., § 95 Abs. 4 S. 1 SGB IX) teilzunehmen; zu diesen Sitzungen ist sie gem. § 29 Abs. 2 S. 4 rechtzeitig unter Mitteilung der Tagesordnung zu laden. Außerdem kann sie in SchwbAngelegenheiten die Ergänzung der TO der nächsten BRSitzung sowie die Aussetzung eines BRBeschlusses verlangen (vgl. § 35 BetrVG, § 95 Abs. 4 S. 2 SGB IX). Zum Teilnahmerecht des **Vertrauensmannes der Zivildienstleistenden** an den Sitzungen des BR vgl. § 29 Rn 36.

3 Die Vorschrift gilt auch für ArbNVertr. nach § 3 Abs. 1 Nr. 2 bis 4, nicht dagegen für die Teilnahme an Sitzungen zusätzlicher betriebsverfassungsrechtlicher Vertr. iS von § 3 Abs. 1 Nr. 5, es sei denn, der TV oder die BV enthalten entspr. Regelungen. Sie gilt ferner für die gemeinsame Sitzung von BR und Sprecherausschuss für leitende Ang. nach § 2 Abs. 2 S. 3 SprAuG. Zum Teilnahmerecht der GesSchwbVertr. und der KSchwbVertr. an den Sitzungen des GesBR und des KBR vgl. § 52 und § 59 a. Die Teilnahme eines Vertr. der Schwbeh. an den Sitzungen der Vertr. der jug. und zu ihrer Berufsausbildung beschäftigten ArbN (vgl. §§ 60, 72, 73 a) ist gesetzlich nicht vorgesehen. Für die Sitzungen der Bordvertr. und des SeeBR findet § 32 zwar entspr. Anwendung (vgl. § 115 Abs. 4 und § 116 Abs. 3), dürfte jedoch kaum praktisch werden. Auf ArbGruppen nach § 28 a ist die Vorschrift entspr. anzuwenden (vgl. dort Rn 38).

4 Die Vorschrift ist **zwingend** und kann weder durch TV noch durch BV abgedungen werden.

5 Entsprechende Vorschrift: § 40 BPersVG.

II. Die Schwerbehindertenvertretung

6 Die **Institution der SchwbVertr.** ist in den §§ 93 ff. SGB IX geregelt (zu Einzelheiten s. *Neumann/Pahlen/Majerski-Pahlen* SGB IX). In allen Betrieben mit fünf oder mehr nicht nur vorübergehend beschäftigten Schwbeh. wählen diese in unmittelbarer und geheimer Wahl nach den Grundsätzen der Mehrheitswahl eine Vertrauensperson sowie wenigstens einen Stellvertr. (§ 94 SGB IX). Wählbar sind alle ArbN des Betriebs (also nicht nur die Schwbeh.), die zum BR wählbar sind (also nicht leitende Ang. iS von § 5 Abs. 3) und die dem Betrieb seit sechs Monaten angehören (vgl. § 94 Abs. 3 SGB IX). Zur Wahl der GesamtschwbVertr. und KSchwbVertr. vgl. § 97 SGB IX.

7 Die **persönliche Rechtsstellung** des Mitglieds der SchwbVertr. entspricht weitgehend derjenigen eines BRMitgl. Das gilt insb. in Bezug auf
– seine **ehrenamtliche Tätigkeit** (vgl. § 96 Abs. 1 SGB IX),
– das generelle **Verbot der Behinderung,** Begünstigung und Benachteiligung (vgl. § 96 Abs. 2 SGB IX),
– den **Schutz gegen Kündigung,** Versetzung und Abordnung (vgl. § 96 Abs. 3 SGB IX; vgl. Rn 16),
– die **Arbeitsbefreiung** zur Durchführung seiner Aufgaben sowie zur Teilnahme an erforderlichen Schulungs- und Bildungsveranstaltungen (vgl. § 94 Abs. 4 SGB IX),

– **Freistellung von der Arbeit** bei mehr als 200 beschäftigten Schwbeh. (vgl. § 96 Abs. 4 S. 2 SGB IX),
– den **besonderen beruflichen Schutz** des freigestellten Mitgl. des SchwbVertr. (vgl. § 94 Abs. 5 SGB IX),
– den **Anspruch auf Freizeitausgleich** für Amtstätigkeit, die es aus betriebsbedingten Gründen außerhalb seiner Arbeitszeit durchgeführt hat (vgl. § 96 Abs. 6 SGB IX),
– seine **Verschwiegenheitspflicht** (vgl. § 94 Abs. 7 SGB IX),
– die **Kostentragungspflicht** des ArbGeb. für die Tätigkeit der SchwbVertr. (vgl. § 96 Abs. 8 SGB IX).

Der **Stellvertr. der Vertrauensperson** besitzt während der Dauer der Vertretung **8** und der in Betrieben mit in der Regel mindestens 200 Schwbeh. zulässigen Heranziehung zu bestimmten Aufgaben (vgl. § 95 Abs. 1 S. 4 SGB IX) dieselbe persönliche Rechtsstellung wie das ordentl. Mitgl. der SchwbVertr. (vgl. § 96 Abs. 3 S. 2 SGB IX; *Neumann/Pahlen/Majerski-Pahlen* SGB IX § 96 Rn 1 ff.). Im Übrigen hat er dieselbe Rechtsstellung wie ErsMitgl. des BR (vgl. hierzu § 25 Rn 5 ff.).

Die **Räume und der Geschäftsbedarf,** die der ArbGeb. dem BR zur Durch- **9** führung seiner Aufgaben zur Verfügung stellt, kann auch die SchwbVertr. zur Durchführung ihrer Aufgaben benutzen, es sei denn, ihr werden eigene Räume und sachliche Mittel zur Verfügung gestellt (vgl. § 96 Abs. 9 SGB IX).

Die SchwbVertr. hat die Aufgabe, die **Eingliederung** Schwbeh. in den Betrieb zu **10** fördern, ihre **Interessen im Betrieb** zu vertreten und ihnen beratend und helfend zur Seite zu stehen (vgl. § 95 Abs. 1 SGB IX). Zu diesem Zweck arbeiten ArbGeb., SchwbVertr. und BR eng zusammen (vgl. § 99 Abs. 1 SGB IX; *Neumann/Pahlen/Majerski-Pahlen* SGB IX § 99 Rn 1 ff.). Die SchwbVertr. ist berechtigt, mindestens einmal im Kalenderjahr eine **Verslg. der Schwbeh.** des Betriebs durchzuführen (§ 95 Abs. 6 SGD IX). In allen Angelegenheiten, die einen Schwbeh. oder die Schwbeh. als Gruppe berühren, ist sie vom ArbGeb. rechtzeitig und umfassend zu **unterrichten** und **anzuhören;** getroffene Maßnahmen sind ihr unverzüglich mitzuteilen. Ist der Vertr. der Schwbeh. auch Mitgl. des BR, so muss er sich seine Kenntnis aus der Anhörung oder sonstigen Beteiligung des BR zurechnen lassen (LAG München DB 89, 2236).

Ist die Beteiligung der SchwbVertr. unterblieben, so ist die Durchführung oder **11** Vollziehung der beabsichtigten Maßnahme **auszusetzen.** Die Beteiligung ist innerhalb einer Frist von sieben Tagen nachzuholen; sodann ist endgültig zu entscheiden (vgl. § 95 Abs. 2 S. 2 SGB IX). Die unterlassene Beteiligung durch den ArbGeb. gibt der SchwbVertr. außerdem das Recht, allein aus diesem Grunde die Aussetzung eines Beschlusses des Betriebsrats nach § 35 zu verlangen (vgl. § 95 Abs. 4 S. 2 SGB IX). Diese Regelungen zeigen, dass eine zwar erforderliche, jedoch unterbliebene Beteiligung der SchwbVertr. **keine Unwirksamkeit** der getroffenen Maßnahme zur Folge hat (vgl. auch BAG 28. 7. 83 AP Nr. 1 zu § 22 SchwbG; *Neumann/Pahlen/Majerski-Pahlen* SGB IX § 95 Rn 11a; *Düwell* ArbuR 93, 348).

Schwbeh. können der Vertrauensperson die Einsicht in ihre **Personalakte** hin- **12** zuziehen (vgl. § 95 Abs. 3 SGB IX). Im Übrigen hat die SchwbVertr. hinsichtlich der Schwbeh. des Betriebs ähnliche allgemeine Aufgaben, wie sie dem BR nach § 80 Abs. 1 Nr. 1 bis 3 obliegen (vgl. § 95 Abs. 1 S. 2 SGB IX). Andererseits verdrängt sie den BR nicht aus diesen Aufgaben.

Sowohl der BR als auch die SchwbVertr. haben die Eingliederung Schwbeh. in **13** den Betrieb zu fördern (vgl. § 80 Abs. 1 Nr. 4 BetrVG, § 95 Abs. 1 SGB IX). Beide haben sich bei der Erfüllung der ihnen in Bezug auf die Schwbeh. obliegenden Aufgaben gegenseitig zu unterstützen (§ 99 Abs. 2 SGB IX). Diese Zusammenarbeit zwischen BR und SchwbVertr. wird durch das **Teilnahmerecht** des Mitgl. der SchwbVertr. an allen **Sitzungen des BR** und seiner **Ausschüsse** nach § 32 BetrVG und § 95 Abs. 4 S. 1 und an den Besprechungen zwischen SchwbVertr. und BR nach § 74 Abs. 1 (vgl. § 95 Abs. 5 SGB IX) institutionalisiert. So kann sie bei allen im Betrieb zu behandelnden Angelegenheiten die bes. Probleme der Schwbeh. fachkundig vertreten (*Neumann/Pahlen/Majerski-Pahlen* SGB IX § 95 Rn 14).

14   Die SchwbVertr. ist kein Betriebsverfassungsorgan iSd. BetrVG. Sie ist auch kein
      Organ des BR. In Bezug auf die im Betrieb beschäftigten Schwbeh. ist sie allerdings
      ebenfalls ein gesetzliches Organ der Verfassung des Betriebs (BAG 21. 9. 1989 AP
      Nr. 1 zu § 25 SchwbG; GK-*Raab* Rn 9f.; ähnlich *Richardi/Thüsing* Rn 3). Der
      SchwbVertr. stehen jedoch **keine Mitbestimmungsrechte** zu; diese übt allein der
      BR aus (BAG 16. 8. 77 AP Nr. 1 zu § 23 SchwbG; *DKKW-Wedde* Rn 1; GK-*Raab*
      Rn 9; *HSWGNR* Rn 9; *Richardi/Thüsing* aaO).

15   Der BR hat in allen Angelegenheiten, die die Schwbeh. berühren, mit der Schwb-
      Vertr. **eng zusammenzuarbeiten.** Die Vertrauensperson ist als solche nicht Mitgl.
      des BR, sondern hat ein eigenes Amt und eine eigene Verantwortung. Ein **Doppe-
      lamt** mit der Wirkung, dass die Vertrauensperson der Schwbeh. gleichzeitig Mitgl.
      des BR ist, ist zulässig (*DKKW-Wedde* Rn 2; GK-*Raab* Rn 10; *Neumann/Pahlen/
      Majerski-Pahlen* SGB IX § 94 Rn 30). In diesem Falle ist sie trotz der Mitgliedschaft
      im BR in ihrer Eigenschaft als Vertrauensperson der Schwbeh. insoweit nicht an Be-
      schlüsse des BR gebunden; sie kann vielmehr dem ArbGeb. gegenüber auch eine
      abweichende Meinung nach § 95 Abs. 2 SGB IX vertreten (ErfK-*Koch* Rn 1; *Auster-
      mühle* AiB 10, 669, 670). Beide Ämter erlöschen unabhängig voneinander (vgl.
      §§ 21, 24 BetrVG, § 94 Abs. 7 SGB IX; *DKKW-Wedde* Rn 2; GK-*Raab* Rn 10).

16   § 96 Abs. 3 SGB IX gewährt dem Mitgl. der SchwbVertr. denselben **Kündigungs-,
      Versetzungs- und Abordnungsschutz** wie einem Mitgl. des BR. Hierdurch ist es
      nicht nur in den bes. Kündigungsschutz von BRMitgl. nach § 15 KSchG einbezogen,
      sondern auch in den nach § 103. Eine außerordentliche Kündigung eines Mitgl. der
      SchwbVertr. oder seine nicht einvernehmliche Versetzung, die zu einem Amtsverlust
      führen würde, ist deshalb nur mit Zustimmung des BR zulässig (*Richardi/Thüsing*
      Rn 9; vgl. hierzu § 103 Rn 6).

III. Teilnahme an Sitzungen des Betriebsrats und seiner Ausschüsse

17   Die SchwbVertr. ist nach § 32 berechtigt, an **allen Sitzungen des BR** (nicht nur
      an solchen, auf denen Fragen der Schwbeh. behandelt werden) beratend teilzuneh-
      men (LAG Hessen NZA-RR 02, 587; zur Zusammenarbeit von BR und
      SchwbVertr. *Rudolph* AiB 11, 193ff., 382ff.). Nach § 95 Abs. 4 SGB IX besteht die-
      ses Recht auch für **Sitzungen der Ausschüsse** des BR. Deshalb kann die Schwb-
      Vertr. auch an allen Sitzungen des BetrAusschusses und weiterer Ausschüsse des BR
      nach § 28 beratend teilzunehmen (*DKKW-Wedde* Rn 4; ErfK-*Koch* Rn 1; *Richardi/
      Thüsing* Rn 18; **aA** GK-*Raab* Rn 3 für Ausschüsse des BR ohne eigene Entschei-
      dungskompetenz). Das gilt auch für Sitzungen gemeinsamer Ausschüsse des BR und
      des ArbGeb. iS von § 28 Abs. 3 (BAG 21. 4. 93 AP Nr. 4 zu § 25 SchwbG 1986).
      Kein Teilnahmerecht besteht bei nur informellen, vorbereitenden oder vorklärenden
      Gesprächen zwischen BR oder BRMitgl. und ArbGeb. (LAG Schleswig-Holstein
      BeckRS 08, 57950).

18   Da nach der gesetzlichen Konzeption der **Wirtschaftsausschuss** ein Ausschuss des
      BR ist, ist die SchwbVetr. auch berechtigt, an seinen Sitzungen teilzunehmen (BAG
      4. 6. 87 AP Nr. 2 zu § 22 SchbG; 158; *DKKW-Wedde* Rn 5; GK- *Oetker* § 108
      Rn 48; *Richardi/Thüsing* Rn 18; **aA** *HSWGNR* Rn 23).

19   Kraft ausdrücklicher gesetzlicher Regelung ist die SchwbVertr. auch zu den **Be-
      sprechungen** zwischen ArbGeb. und BR nach § 74 Abs. 1 hinzuzuziehen (vgl. § 95
      Abs. 5 SGB IX).

20   Nach § 29 Abs. 2 S. 4 ist die SchwbVertr. zu allen Sitzungen ebenso **zu laden** wie
      BRMitgl., zB **rechtzeitig** und unter Mitteilung der **Tagesordnung.** Entspr. gilt für
      die Besprechungen zwischen ArbGeb. und BR nach § 74 Abs. 1.

21   Nach § 95 Abs. 1 Satz 1 SGB IX ist für die Vertrauensperson der Schwbeh. min-
      destens ein Stellvertr. zu wählen, der die Vertrauensperson im Fall einer Verhinde-
      rung vertritt. Obwohl das BetrVG diesen Stellvertr. nicht erwähnt, ist davon auszuge-

hen, dass der **Stellvertr.** an den Sitzungen des BR und seiner Ausschüsse sowie an den Besprechungen zwischen ArbGeb. und BR nach § 74 Abs. 1 teilnehmen kann, wenn die Vertrauensperson der Schwb. verhindert ist (*DKKW-Wedde* Rn 7; *GK-Raab* Rn 15; *Richardi/Thüsing* Rn 22). Ist dem BRVors. bzw. den Vors. der Ausschüsse die Verhinderung der Vertrauensperson bekannt, so haben sie den Stellvertr. unmittelbar zu laden (vgl. § 29 Rn 40). Der Stellvertr. ist nur bei Verhinderung des ordentl. Mitgl. der SchwbVertr. zur Teilnahme an den Sitzungen des BR und seiner Ausschüsse berechtigt, nicht jedoch, wenn er nach § 95 Abs. 1 S. 4 SGB IX vom ordentl. Mitglied lediglich zu bestimmten Aufgaben herangezogen wird.

Hat in einem Unternehmen mit mehreren Betrieben ein Betrieb, in dem Schwb. **22** beschäftigt werden, keine SchwbVertr., so vertritt gem. § 97 Abs. 6 SGB IX die **GesSchwbVertr.** die Interessen der Schwb. auch dieses Betriebes. In diesem Falle ist die GesSchwbVertr. zu den Sitzungen des BR und seiner Ausschüsse sowie zu den Besprechungen nach § 74 Abs. 1 zu laden (*DKKW-Wedde* Rn 13; *HSWGNR* Rn 13).

Die SchwbVertr. hat kein Recht, die **Einberufung einer BRSitzung** zu bean- **23** tragen (GK-*Raab* Rn 12; *Richardi/Thüsing* Rn 20). Wohl kann sie verlangen, Angelegenheiten, die einzelne Schwb. oder die Schwb. als Gruppe bes. betreffen, auf die Tagesordnung der nächsten BRSitzung zu setzen (vgl. § 95 Abs. 4 SGB IX).

Eine Unterlassung der Ladung oder die Nichtteilnahme der SchwbVertr. haben kei- **24** nen Einfluss auf die **Rechtswirksamkeit von Beschlüssen** des BR (*DKKW-Wedde* Rn 8; GK-*Raab* Rn 13; ErfK-*Koch* Rn 1; *HSWGNR* Rn 16). Diese Vorschrift betrifft nur die innere Ordnung des BR. Andererseits kann die bewusste Ausschaltung der SchwbVertr. eine grobe Pflichtverletzung iS des § 23 Abs. 1 sein (*DKKW-Wedde* Rn 8; GK-*Raab* Rn 13).

Die SchwbVertr. ist **nicht verpflichtet,** an den BRSitzungen teilzunehmen, insb. **25** wenn aus der Tagesordnung ersichtlich ist, dass Belange der Schwbeh. nicht anstehen. Ihre Verpflichtung ergibt sich ausschließlich aus dem SchwbG. Das gilt auch für etwaige sich aus der Verletzung dieser Verpflichtung ergebenden rechtlichen Konsequenzen (*DKKW-Wedde* Rn 9; GK-*Raab* Rn 14; *Richardi/Thüsing* Rn 19). Andererseits darf der SchwbVertr. die Teilnahme weder vom BR noch vom ArbGeb. verwehrt werden. Das wäre eine unzulässige Behinderung ihrer Tätigkeit (vgl. § 96 Abs. 2 SGB IX).

Das Mitgl. der SchwbVertr. ist ebenso wie ein BRMitgl. verpflichtet, sich beim **26** Verlassen seines Arbeitsplatzes bei seinem Vorgesetzten **abzumelden** (vgl. hierzu § 37 Rn 50; *DKKW-Wedde* Rn 11; GK-*Raab* Rn 18). Die Zeit der Teilnahme an den Sitzungen des BR und seiner Ausschüsse ist eine notwendige Arbeitsversäumnis iS von § 96 Abs. S. 1 SGB IX, die den ArbGeb. nicht zu einer Minderung des Arbeitsentgelts berechtigt (einschr., wenn die Sitzungsteilnahme vorher erkennbar offensichtlich überflüssig ist: GK-*Raab* Rn 19; *HSWGNR* Rn 19).

Das Mitgl. der SchwbVertr. ist verpflichtet, über **Betriebs- und Geschäftsge- 27 heimnisse** des ArbGeb., die ihm durch die Teilnahme an den BRSitzungen bekannt werden und die der ArbGeb. ausdrücklich als geheimhaltungsbedürftig bezeichnet hat, **Stillschweigen** zu bewahren (vgl. § 96 Abs. 7 SGB IX). Diese Verschwiegenheitspflicht gilt nicht gegenüber den Mitgl. der in § 79 Abs. 1 BetrVG genannten betriebsverfassungsrechtlichen Institutionen. Eine Verletzung der Verschwiegenheitspflicht ist nach § 155 SGB IX mit Strafe bedroht.

Die SchwbVertr. nimmt **beratend** an den BRSitzungen teil (vgl. hierzu § 31 **28** Rn 23). Das Beratungsrecht ist umfassend; eine Beschränkung auf Fragen der Schwbeh. besteht nicht (GK-*Raab* Rn 16; ErfK-*Koch* Rn 1; *Richardi/Thüsing* Rn 21; *Rudolph* AiB 10, 340, 341). Das Mitgl. der SchwbVertr. hat kein Stimmrecht, auch dann nicht, wenn die betr. Angelegenheit bes. die Schwbeh. betrifft (*DKKW-Wedde* Rn 10; GK-*Raab* Rn 16). Jedoch bestehen keine Bedenken dagegen, dass es bei der Abstimmung anwesend ist (*Neumann/Pahlen/Majerski/Pahlen* SGB IX § 95 Rn 14). Die SchwbVertr. ist berechtigt, die **Aussetzung** eines BRBeschlusses zu beantragen, wenn dieser ihrer Ansicht nach eine erhebliche Beeinträchtigung wichtiger Interessen der Schwbeh. darstellt (vgl. hierzu § 35 Rn 5 ff., 10).

IV. Streitigkeiten

29   Streitigkeiten über das Teilnahmerecht der SchwbVertr. an den Sitzungen des BR und seiner Ausschüsse sowie über ihre Befugnisse innerhalb der Betriebsverfassung entscheiden die ArbG im **BeschlVerf.** (§§ 2 a, 80 ff. ArbGG u. dazu s. Nach § 1 Rn 1 ff.). Auch die SchwbVertr. ist antragsberechtigt. Darüber hinaus sind auch andere Rechtsstreitigkeiten über Rechte und Pflichten der SchwbVertr. sowohl gegenüber dem ArbGeb. als auch dem BR im BeschlVerf. zu entscheiden (BAG 21. 9. 89 AP Nr. 1 zu § 25 SchwbG 1986; *Richardi/Thüsing* Rn 25). Dazu zählen auch Ansprüche auf Ersatz notwendiger Schulungskosten (GK-*Raab* Rn 20; aA *DKKW-Wedde* Rn 14). Dagegen sind Streitigkeiten aus dem ArbVerh., zB der Anspruch auf Fortzahlung des Arbeitsentgelts bei Teilnahme an erforderlichen Schulungsveranstaltungen, wie bei BRMitgl. im Urteilsverfahren geltend zu machen (vgl. hierzu § 37 Rn 253 ff.).

§ 33 Beschlüsse des Betriebsrats

(1) [1]**Die Beschlüsse des Betriebsrats werden, soweit in diesem Gesetz nichts anderes bestimmt ist, mit der Mehrheit der Stimmen der anwesenden Mitglieder gefasst.** [2]**Bei Stimmengleichheit ist ein Antrag abgelehnt.**

(2) **Der Betriebsrat ist nur beschlussfähig, wenn mindestens die Hälfte der Betriebsratsmitglieder an der Beschlussfassung teilnimmt; Stellvertretung durch Ersatzmitglieder ist zulässig.**

(3) **Nimmt die Jugend- und Auszubildendenvertretung an der Beschlussfassung teil, so werden die Stimmen der Jugend- und Auszubildendenvertreter bei der Feststellung der Stimmenmehrheit mitgezählt.**

Inhaltsübersicht

I. Vorbemerkung

1   Die Vorschrift regelt die für die Willensbildung des BR als Kollegialorgan bes. wichtige Fragen der **Beschlussfassung** (Abs. 1 und 3) und der **Beschlussfähigkeit** (Abs. 2). Zu bestimmten Besonderheiten der Beschlussfassung in BR der privatisierten Post- und Bahnunternehmen vgl. Rn 27 ff.

2   Die Vorschrift gilt für Beschlüsse und die Beschlussfähigkeit des **BetrAusschusses** und **weiterer Ausschüsse** des BR entspr. (GK-*Raab* Rn 3; *HSWGNR* Rn 2). Allerdings kann der BR bei der Übertragung bestimmter Aufgaben auf den BetrAusschuss oder weiterer Ausschüsse eine anderweitige Regelung, insb. verschärfte Anforderungen für die Beschlussfassung oder für die Beschlussfähigkeit festlegen (vgl. § 27 Rn 73 ff.; *DKKW-Wedde* Rn 1; GK-*Raab* Rn 3; ErfK-*Koch* Rn 1). Zur Anwendung der Vorschrift auf ArbGruppen nach § 28 a vgl. dort Rn 38.

Für die Beschlussfassung und die Beschlussfähigkeit des **GesBR** und des **KBR** gilt 3 § 33 nicht. Hier greifen die Sonderregelungen des § 47 Abs. 7 bis 9, § 51 Abs. 3, § 55 Abs. 3 und 4 und § 59 Abs. 1 ein. Das Gleiche gilt für die **GesJugAzubiVertr.** und die **KJugAzubiVertr.** (vgl. § 72 Abs. 7 und 8, § 73 Abs. 2 iVm. § 51 Abs. 3, § 73a Abs. 3 und 4, § 73b iVm. § 51 Abs. 3). Auf Beschlüsse des GesBetrAusschusses und KBetrAusschusses sowie weiterer Ausschüsse des GesBR und des KBR findet § 33 dagegen Anwendung (vgl. § 51 Abs. 5, § 59 Abs. 1).

Die Abs. 1 und 2 gelten entspr. für die Beschlüsse der **JugAzubiVertr.** (vgl. § 65 4 Abs. 1) und der **Bordvertr.** (vgl. § 115 Abs. 4). Für die Beschlussfähigkeit des **SeeBR** enthält § 116 Abs. 3 Nr. 1 für bestimmte Ausnahmefälle eine Sonderregelung. Abs. 3 ist auf Beschlüsse der Bordvertr. und des SeeBR nicht anwendbar, da im Seebereich eine JugAzubiVertr. nicht zu bilden ist.

Die Vorschrift findet entspr. Anwendung auf die Beschlussfassung von ArbNVertr. 5 iS von § 3 Abs. 1 Nr. 2 und 3, da diese an die Stelle des BR treten. Die Beschlussfassung der ArbNVertr. nach § 3 Abs. 1 Nr. 4 und 5 bleibt einer Regelung im TV oder der BV überlassen.

Sollen auf einer gemeinsamen Sitzung von BR und Sprecherausschuss der leiten- 6 den Ang. gemäß § 2 Abs. 2 S. 3 SprAuG Beschlüsse gefasst werden, so erfolgen diese in jeweils getrennten Abstimmungen des BR und des Sprecherausschusses. Eine gemeinsame Abstimmung der Mitgl. des BR und des Sprecherausschusses ist unzulässig.

Die Regelung über die Beschlussfähigkeit und die Beschlussfassung des BR ist 7 **zwingendes Recht.** Abweichende Regelungen sind weder durch TV noch durch BV zulässig. Auch die Geschäftsordnung kann keine abweichende Regelung treffen (GK-*Raab* Rn 5; *HSWGNR* Rn 3; *Richardi/Thüsing* Rn 21). Wohl kann die Geschäftsordnung die Durchführung der Beschlussfassung näher regeln (vgl. Rn 26).

Entsprechende Vorschriften: §§ 37, 38 BPersVG, § 13 Abs. 1 und 2 SprAuG und 8 § 13 Abs. 3, § 28 EBRG, § 15 Abs. 2, § 24 Abs. 3 SEBG, § 24 Abs. 3 SCEBG.

II. Allgemeine Voraussetzungen für die Beschlussfassung

Der BR trifft seine Entscheidungen als Kollegialorgan durch **Beschluss.** Dies ist 9 die allein zulässige Form der Willensbildung des BR. Sie kann weder auf den Vors. allein noch auf den Vors. und stellvertr. Vors. gemeinsam übertragen werden (GK-*Raab* Rn 7; *HSWGNR* Rn 4, 7). Grundsätzlich können auch die Beschlüsse des BetrAusschusses nicht die Beschlüsse des BR ersetzen, da dem BetrAusschuss von G wegen nur die Führung der laufenden Geschäfte obliegt (vgl. § 27 Abs. 3 Satz 1). Etwas anderes gilt, wenn dem BetrAusschuss oder anderen Ausschüssen des BR zulässigerweise Aufgaben zur selbständigen Erledigung übertragen worden sind (vgl. hierzu § 27 Rn 70ff., § 28 Rn 7ff.). Im Falle der Übertragung von Aufgaben auf eine Arbeitsgruppe iS von § 28a, obliegt die Beschlussfassung der Arbeitsgruppe.

Keine Beschlüsse iS von § 33 sind **Wahlen des BR,** zB nach §§ 26, 27 oder 38 10 (*DKKW-Wedde* Rn 3; GK-*Raab* Rn 7). Deren Ergebnis bestimmt sich nach der erreichten Stimmenzahl. Allerdings gilt die Regelung des Abs. 2 über die Beschlussfähigkeit und die Stellvertretung durch ErsMitgl. auch für sie (vgl. unten Rn 16).

1. Beschlussfähigkeit

Der BR kann einen Beschluss fassen, wenn er beschlussfähig ist. **Beschlussfähig** 11 ist er nur, wenn mindestens die Hälfte seiner Mitgl. einschließlich etwaiger ErsMitgl. (vgl. Abs. 2 Halbs. 2) an der Beschlussfassung teilnimmt. Da der BR stets aus einer ungeraden Zahl von Mitgl. besteht, ist praktisch für die Beschlussfähigkeit die Teilnahme von mehr als der Hälfte der BRMitgl. erforderlich (*DKKW-Wedde* Rn 4; GK-*Raab* Rn 12; *HSWGNR* Rn 8).

12   Die **Hälfte der BRMitgl.** bedeutet die Hälfte der nach § 9 gesetzlich vorge-
schriebenen oder nach § 11 zulässigerweise ermäßigten Zahl der BRMitgl. Ist die
Gesamtzahl der BRMitgl. auch nach Eintreten sämtlicher ErsMitgl. unter die vorge-
schriebene Zahl gesunken (vgl. § 13 Abs. 2 Nr. 2), ist bis zur Neuwahl des BR von
der Zahl der noch vorhandenen BRMitgl. einschließlich der nachgerückten Ers-
Mitgl. auszugehen (LAG Berlin NZA-RR 06, 32; *DKKW-Wedde* Rn 5; GK-*Raab*
Rn 13; *Richardi/Thüsing* Rn 5). Gleiches gilt, wenn infolge einer vorübergehenden
Verhinderung von BRMitgl. der BR auch nach Einrücken von ErsMitgl. nicht mehr
mit der vorgeschriebenen Zahl besetzt ist (BAG 18. 8. 82 AP Nr. 24 zu § 102
BetrVG 1972; *Grosjean* NZA-RR 05, 119).

13   Für die Beschlussfähigkeit des BR reicht es nicht aus, wenn die Hälfte seiner Mitgl.
anwesend ist. Vielmehr muss mindestens die Hälfte seiner Mitgl. **an der Beschlussfassung teilnehmen** (GK-*Raab* Rn 15; *Düwell/Blanke* Rn 4; *HSWGNR* Rn 10;
Richardi/Thüsing Rn 7). Teilnahme an der Beschlussfassung kann auch in Form der
Stimmenthaltung geschehen. Im Allgemeinen dürfte eine tatsächliche Vermutung
dafür sprechen, dass bei der Beschlussfassung anwesende BRMitgl. auch an der Beschlussfassung teilgenommen haben, so dass idR, wenn ein BRMitgl. einem Beschluss
des BR weder zugestimmt noch diesen abgelehnt hat, eine Stimmenthaltung anzunehmen ist (*DKKW-Wedde* Rn 6; *Düwell/Blanke* Rn 6; ErfK-*Koch* Rn 3; *Richardi/
Thüsing* Rn 7; aA GK-*Raab* Rn 15; *HSWGNR* Rn 11).

13a   Eine **Teilnahme** an der Abstimmung liegt dagegen **nicht** vor, wenn ein an-
wesendes BRMitgl. erklärt, an der Abstimmung nicht teilnehmen zu wollen. Das
an der Abstimmung nicht teilnehmende BRMitgl. wird – anders als das sich der
Stimme enthaltende BRMitgl. – weder bei der Feststellung der Beschlussfähigkeit
noch bei der Beschlussfassung (vgl. unten Rn 34) berücksichtigt. Wegen dieser
Unterschiedlichkeiten muss eindeutig feststehen, ob ein BRMitgl sich der Stimme
enthält oder an der Abstimmung nicht teilnimmt. Die Nichtteilnahme an der
Abstimmung muss deshalb grundsätzlich ausdrücklich erklärt werden (*DKKW-
Wedde* Rn 6; ErfK-*Koch* Rn 3), es sei denn sie ergibt sich eindeutig aus anderen
Umständen, zB bei einem eingeschlafenen BRMitgl. (GK-*Raab* Rn 16; *Richardi/
Thüsing* Rn 7). In Zweifelsfällen hat der BRVors. durch Nachfrage zu klären, ob eine
Nichtteilnahme an der Abstimmung oder eine Stimmenthaltung eines BRMitgl.
vorliegt.

14   Da der Beschluss eines beschlussunfähigen BR unwirksam ist, empfiehlt es sich, in
der **Sitzungsniederschrift** nach § 34 bei der Aufnahme der Stimmenmehrheit nicht
nur die Ja- und Nein-Stimmen, sondern auch die Stimmenthaltungen ausdrücklich
aufzunehmen. Ferner erscheint es geboten, ebenso die Nichtteilnahme von BRMitgl.
an der Abstimmung in die Sitzungsniederschrift aufzunehmen (*DKKW-Wedde* Rn 7;
GK-*Raab* Rn 17; *Richardi/Thüsing* Rn 11).

15   Die Beschlussfähigkeit muss **bei jeder Abstimmung** des BR (vgl. „an der Beschlussfassung") bestehen. Dass der BR zu Beginn seiner Sitzung beschlussfähig gewesen ist, ist weder erforderlich noch ausreichend (*DKKW-Wedde* Rn 8; GK*Raab*
Rn 18; *Richardi/Thüsing* Rn 6). Deshalb kann die Beschlussfähigkeit durch Heranholen abwesender BRMitgl. herbeigeführt werden. Andererseits kann die Beschlussunfähigkeit des BR dadurch bewirkt werden, dass BRMitgl. nicht an der Beschlussfassung teilnehmen und dadurch die für die Beschlussfähigkeit des BR erforderliche
Teilnehmerzahl nicht mehr erreicht wird (*DKKW-Wedde* Rn 8; GK-*Raab* Rn 19;
Richardi/Thüsing Rn 7 halten dies unter Hinweis auf den Rechtsgedanken des § 162
BGB für unzulässig; dem kann nicht zugestimmt werden; denn dieses Mittel der Verhinderung eines Beschlusses ist insb. zur Vermeidung von Zufallsmehrheiten durchaus
legitim). Führen allerdings BRMitgl. ohne triftigen Grund die Beschlussunfähigkeit des BR herbei, so handeln sie pflichtwidrig und können ggf. im arbeitsgericht-
lichen BeschlVerf. wegen grober Verletzung ihrer gesetzlichen Pflichten gemäß § 23
Abs. 1 aus dem BR ausgeschlossen werden (*DKKW-Wedde* Rn 8; GK-*Raab* Rn 19;
HSWGNR Rn 18).

Das Erfordernis der Beschlussfähigkeit des BR muss auch bei Entscheidungen des **16** BR erfüllt sein, für die eine **förmliche Wahl** vorgeschrieben ist, wie zB in den §§ 26, 27 oder 38 für die Wahl des BRVors. und seines Stellvertr., die Wahl der weiteren Mitgl. des BetrAusschusses oder der freizustellenden BRMitgl. (GK-*Raab* Rn 14; *HSWGNR* Rn 19).

Die **Beschlussunfähigkeit** braucht nicht bes. festgestellt zu werden; sie tritt von **17** selbst ein (*Richardi/Thüsing* Rn 11).

Für die Frage der Beschlussfähigkeit des BR kommt es nur auf die Teilnahme von **18** **mindestens der Hälfte der BRMitgl.** an der Beschlussfassung an. Die Stimmen der JugAzubiVertr. zählen, auch wenn sie Stimmrecht im BR haben, für die Frage der Beschlussfähigkeit des BR nicht mit (GK-*Raab* Rn 22; *HSWGNR* Rn 8; *Richardi/Thüsing* Rn 9). Die an der Abstimmung teilnehmenden JugAzubiVertr. können daher einem BR nicht zur Beschlussfähigkeit verhelfen (vgl. auch Rn 39).

In den Fällen, in denen in BR der **privatisierten Post-AGn** der Gruppe der **19** Beamten in bestimmten Personalangelegenheiten der Beamten die alleinige Beschlussfassungsbefugnis zusteht (vgl. Rn 28), ist in entspr. Anwendung des Abs. 2 die Gruppe der Beamten nur beschlussfähig, wenn sich die Mehrheit der Vertr. der Beamtengruppe an der Beschlussfassung beteiligt (GK-*Raab* Rn 14; *Richardi/Thüsing* Rn 10).

2. Weitere Voraussetzungen

Beschlüsse des BR können grundsätzlich nur auf einer **ordnungsgemäßen Sit-** **20** **zung des BR** gefasst werden, nicht etwa auf den monatlichen Besprechungen zwischen ArbGeb. und BR gemäß § 74 Abs. 1 oder auf sonstigen Zusammenkünften des BR (*DKKW-Wedde* Rn 9; GK-*Raab* Rn 9; *Richardi/Thüsing* Rn 3).

Eine Beschlussfassung im **Umlaufverfahren** ist **unzulässig** (vgl. BAG 4. 8. 75 AP **21** Nr. 4 zu § 102 BetrVG 1972; LAG Köln LAGE Nr. 2 zu § 33 BetrVG 1972; *DKKW-Wedde* Rn 3, 10; GK-*Raab* Rn 10; ErfK-*Koch* Rn 3; *HSWGNR* Rn 4; *Richardi/Thüsing* Rn 2; *Grosjean* NZA-RR 05, 113, 118; **aA** LAG München DB 75, 1228 bei klaren und einfach gelagerten Sachverhalten; LAG Hamm DB 74, 1343 für Anhörung nach § 102). Sie widerspricht der Regelung des Abs. 1, die die (gleichzeitige) Anwesenheit der an der Beschlussfassung teilnehmenden BRMitgl. fordert. Außerdem hat der Beschlussfassung eine mündliche Beratung vorauszugehen, durch die nicht nur jedem BRMitgl. die gleichen Informations- und Argumentationsmöglichkeiten eingeräumt werden sollen, sondern auch gewährleistet werden soll, dass jedes BRMitgl. auf Grund der kollegialen Beratung seine eigene Entscheidung trifft. Schließlich würde bei einer Beschlussfassung im Umlaufverfahren das gesetzliche Recht bestimmter Personen oder Stellen auf Teilnahme an der BRSitzung mit der Möglichkeit der Einflussnahme auf den BRBeschluss unterlaufen (vgl. hierzu § 29 Rn 34ff., § 31 Rn 23).

Aus demselben Grunde ist auch eine fernmündliche, schriftliche, telegrafische oder **21a** auf sonstigem **elektronischen Wege** (E-Mail, Internet, Intranet) erfolgte Beschlussfassung unzulässig (*DKKW-Wedde* Rn 10; GK-*Raab* Rn 11; ErfK-*Koch* Rn 3; anders § 108 Abs. 4 AktG). Sie ist auch dann zulässig, wenn alle BRMitgl. mit der Beschlussfassung im Umlaufwege einverstanden sind. Angelegenheiten, die einer schnellen Entscheidung bedürfen, können einem Ausschuss zur selbständigen Erledigung übertragen werden (vgl. § 27 Rn 70ff., § 28 Rn 7ff.).

Auch eine Beschlussfassung per **Videokonferenz** ist grundsätzlich nicht zulässig. **21b** Zwar sind hier die BRMitgl. als anwesend anzusehen, und es ist auch eine mündliche Beratung sichergestellt (s. Rn 21), jedoch wird das Prinzip der Nichtöffentlichkeit der BRSitzungen (vgl. § 30 Rn 16ff.) idR nicht gewährleistet sein (*DKKW-Wedde* Rn 10). Dennoch sind Ausnahmen von diesem Verbot denkbar (**aA** *DKKW-Wedde* Rn 10; GK-*Raab* Rn 11). Wenn sich zB in einem international tätigen Unternehmen die BRMitgl. und ErsMitgl. idR auf Dienstreisen im Ausland befinden und eine BRSitzung an einem Ort nicht oder nur unter schwierigsten Bedingungen möglich wäre, ist eine Videokonferenz als zulässig anzuerkennen (für grundsätzliche Zulässigkeit *Butz/Pleul* AuA 11, 213 ff.; s. auch die dortige Checkliste für Sicherheitsmaßnahmen). Andernfalls wäre der BR in einem solchen Unternehmen nicht funktionsfähig und könnte insb. bei personellen Einzelmaßnahmen, die schnelles Handeln erfordern (s. §§ 99 Abs. 3, 102 Abs. 2), nicht agieren (s. auch § 30 Rn 22). Der BR sollte Einzelheiten in der Geschäftsordnung (§ 36) regeln.

22   Die Beschlussfassung setzt eine **ordnungsgemäße Ladung** der BRMitgl. voraus (BAG 10. 10. 07 AP Nr. 17 zu § 26 BetrVG 1972; *DKKW-Wedde* Rn 12; ErfK-*Koch* Rn 2; *HSWGNR* Rn 20; *Richardi/Thüsing* Rn 3). Zur Ladung der BRMitgl. vgl. § 29 Rn 34 ff. Erforderlich ist die Ladung **aller BRMitgl.** Werden nicht alle BRMitgl. geladen, ist die Sitzung nicht ordnungsgemäß; die auf ihr gefassten Beschlüsse sind unwirksam (BAG 18. 1. 06 – 7 ABR 25/05 – BeckRS 06, 30805639). Dies gilt nicht, wenn ein BRMitgl. plötzlich verhindert ist und es dem BR nicht mehr möglich ist, ein ErsMitgl. rechtzeitig zu laden (BAG 18. 1. 06 aaO) oder wenn alle BRMitgl. anwesend sind und mit der Abhaltung der BRSitzung einverstanden sind (s. dazu § 29 Rn 45). In den Fällen, in denen die **JugAzubiVertr.** im BR Stimmrecht haben (vgl. § 67 Abs. 2), ist auch ihre ordnungsgemäße Ladung im allgemeinen Voraussetzung für eine wirksame Beschlussfassung (vgl. jedoch auch Rn 54). Dagegen hängt die Wirksamkeit gefasster Beschlüsse nicht davon ab, dass der ArbGeb. (vgl. § 29 Rn 53 ff.), die SchwbVertr. (vgl. § 32 Rn 20 f.), der Vertrauensmann der Zivildienstleistenden (vgl. § 29 Rn 36) oder der Gewerkschaftsbeauftragte (vgl. § 31 Rn 26) zur BRSitzung geladen worden sind.

23   Ist ein **BRMitgl. zeitweise verhindert** (zB durch Krankheit oder Urlaub), so tritt für die Dauer der Verhinderung gemäß § 25 ein ErsMitgl. in den BR ein (vgl. § 25 Rn 15 ff.). In diesem Fall ist das **ErsMitgl. zu laden.** Wird das ErsMitgl. nicht geladen, ist der BR an einer wirksamen Beschlussfassung gehindert (BAG 23. 8. 84 AP Nr. 17 zu § 103 BetrVG 1972; LAG Saarbrücken AP Nr. 2 zu § 29 BetrVG; vgl. Rn 37 ff.). Das gilt auch, wenn ein BRMitgl. wegen Interessenkollision (zB personelle Maßnahme betr. den Ehegatte: LAG Düsseldorf DB 05, 954) gehindert ist, an Beratung und Beschlussfassung zu einem bestimmten Tagesordnungspunkt der BRSitzung teilzunehmen. Auch in diesem Falle setzt eine wirksame Beschlussfassung grundsätzlich die ordnungsgemäße Ladung des ErsMitgl. zu diesem TOPunkt voraus (BAG 3. 8. 99 AP Nr. 7 zu § 25 BetrVG 1972; vgl. aber auch Rn 56). Allerdings setzt die Ladung des ErsMitgl. voraus, dass der BRVors. von der Verhinderung Kenntnis hat (*DKKW-Wedde* Rn 12; **aA** *HSWGNR* Rn 21; zu der Mitteilungspflicht des verhinderten BRMitgl. vgl. § 29 Rn 39). Eine Beschlussfassung ist nicht deshalb unwirksam, weil ein BRMitgl. plötzlich verhindert ist und es dem BRVors. nicht möglich war, ein ErsMitgl. zu laden (BAG 23. 8. 84 aaO; 3. 8. 99 aaO; *DKKW-Wedde* Rn 12; *HSWGNR* Rn 21). Ist ein BRMitgl. nicht verhindert, bleibt es jedoch der BRSitzung fern, so darf für dieses BRMitgl. kein ErsMitgl. geladen werden, da eine gewillkürte Stellvertretung unzulässig ist (vgl. § 25 Rn 21 und § 29 Rn 39).

24   Außer der Ladung als solche ist für eine Beschlussfassung des BR grundsätzlich die rechtzeitige **Mitteilung der Tagesordnung** notwendig (*HSWGNR* Rn 20; *Richardi/Thüsing* Rn 3; vgl. § 29 Rn 46 f.). Dies darf jedoch nicht dahin verstanden werden, dass über einen Punkt, der nicht auf der Tagesordnung genannt ist, nicht ein wirksamer Beschluss gefasst werden könnte. Dies würde an der betrieblichen Wirklichkeit, die oft kurzfristige und schnelle Entscheidungen des BR notwendig macht, vorbeigehen. Deshalb sind Beschlüsse über nicht auf der den BRMitgl. übersandten Tagesordnung stehenden Angelegenheiten dann als zulässig anzusehen, wenn sich die Mehrheit der BRMitgl. mit der Behandlung dieses Punktes einverstanden erklärt (*DKKW-Wedde* Rn 13; **aA** die hM: nur bei einstimmigem Einverständnis des vollzählig versammelten BR; zur zulässigen Ergänzung der TO vgl. § 29 Rn 48; zu den Rechtsfolgen eines BRBeschlusses bei einer unzulässigen Ergänzung vgl. Rn 54).

25   Werden Angelegenheiten, die voraussehbar waren, absichtlich nicht auf die Tagesordnung gesetzt, so verletzt der BRVors. seine Verpflichtung nach § 29 Abs. 2 Satz 3;

dies kann uU – insb. im Wiederholungsfall – eine grobe Pflichtverletzung iS von § 23 Abs. 1 sein.

III. Beschlussfassung

Das Verfahren der Abstimmung bei Beschlüssen des BR ist im Einzelnen nicht ge- **26** regelt. Nähere Einzelheiten der Abstimmung (Reihenfolge der Stimmabgabe, schriftliche oder mündliche Stimmenabgabe, offene oder geheime Abstimmung, Feststellung des Abstimmungsergebnisses usw.) können, soweit das G selbst keine Regelung enthält, in der nach § 36 zulässigen **Geschäftsordnung** festgelegt werden. Die GO kann aber nicht eine qualifizierte Mehrheit vorschreiben, wo das G die einfache Mehrheit ausreichen lässt, oder umgekehrt (*DKKW-Wedde* Rn 14; ErfK-*Koch* Rn 3; GK-*Raab* Rn 5 und 35; *HSWGNR* Rn 31; *Richardi/Thüsing* Rn 21). Mangels einer anderweitigen Regelung in der GO wird grundsätzlich offen abgestimmt, es sei denn, die Mehrheit der anwesenden BRMitgl. beschließt eine geheime Abstimmung (*WPK* Rn 13). Der Antrag eines BRMitgl. auf geheime Abstimmung reicht nicht aus.

Die BRMitgl. stimmen **gemeinsam** ab. Eine **Ausnahme** von dem Grundsatz der **27** gemeinsamen Abstimmung aller BRMitgl. besteht nach § 28 PostPersRG in bestimmten Fällen für BR in Betrieben der **privatisierten Post-AGn.** Diese beschäftigen auch auf sie übergeleitete Beamte, für die aus verfassungsrechtlichen Gründen bestimmte Besonderheiten gelten (vgl. hierzu § 14 Rn 72 ff., § 99 Rn 299 ff., 316 ff.; § 102 Rn 137). Stehen bei zugewiesenen Beamten beteiligungspflichtige Angelegenheiten nach § 76 Abs. 1, § 78 Abs. 1 Nr. 3 bis 5 und § 79 Abs. 3 BPersVG an, so hat der ArbGeb. zwar den BR zu beteiligen, dieser ist auch berechtigt und verpflichtet, diese Angelegenheiten im BR gemeinsam zu beraten, zur Beschlussfassung ist in diesen Fällen jedoch allein die Beamtengruppe im BR berufen.

Dieses Verfahren gilt auch für die Behandlung der vorgenannten Angelegenheiten **27a** der von den **Post-AGn** ihren **Tochter-,** Enkel- und Beteiligungsgesellschaften **zugewiesenen Beamten.** Sie werden insoweit ebenfalls von den BR der jeweiligen Post-AG vertreten (§ 28 Abs. 2 PostPersRG; Näheres hierzu s. § 14 Rn 86 ff., § 99 Rn 327 ff., 331), weil bei diesen die dienstrechtlichen Befugnisse bez. dieser Beamten verbleiben (BT-Drucks. 15/3404 S. 9; s. auch BAG 16. 1. 08 AP Nr. 14 zu § 7 BetrVG 1972). Um hier eine sinnvolle und sachgerechte Behandlung der beteiligungspflichtigen Angelegenheiten dieser Beamten sicherzustellen, sollte durch TV oder BV verbindlich festgelegt werden, dass der mitentscheidungsbefugte, aber sachfernere **BR bei der Post-AG** und der nicht mitentscheidungsbefugte, aber sachnähere **BR** zB des Betriebs der **Tochtergesellschaft,** in der der zugewiesene Beamte arbeitet, die diesen Beamten betr. Angelegenheit **gemeinsam beraten,** bevor die Beamtengruppe im BR der Post-AG beschließt. Zumindest sollte der Post-AG-BR vor seiner Entscheidung den BR vor Ort konsultieren und um Stellungnahme bitten. (*Engels* ArbuR 09, 10, 74 f.; zur entspr. Frage bei der Bahn s. Rn 30). Eine **Verzahnung** der beiden BR-Gremien legt der neue § 28 Abs. 2 PostPersRG nahe, indem er eine Unterrichtung des BR vor Ort vorschreibt und die Verpflichtung begründet, diesem BR Gelegenheit zur Stellungnahme zu geben (*Engels* aaO).

Diese ausschließliche Beschlussfassungsbefugnis der Beamtengruppe ist beschränkt **28** auf die vorstehend genannten Angelegenheiten. In **allen anderen Fällen** steht, auch wenn eine Angelegenheit überwiegend oder gar ausschließlich Beamte betreffen sollte, die **Beschlussfassung dem gesamten BR** zu (BAG 12. 8. 97 AP Nr. 15 zu § 99 BetrVG 1972 Versetzung).

Keine Ausnahme von dem Prinzip der gemeinsamen Beschlussfassung im BR **29** besteht im Bereich der ebenfalls **privatisierten Deutschen Bahn AG.** Zwar beschäftigt auch die Deutsche Bahn AG kraft gesetzlicher Zuweisung Beamte (vgl. § 12 Abs. 2 DBGrG). Die beamtenrechtliche Zuordnung ist hier jedoch rechtlich anders gestaltet als bei den Post-AGn. Während diesen die dienstrechtlichen Rechte und

Pflichten in Bezug auf die Beamten grundsätzlich übertragen worden sind (vgl. §§ 1 ff. PostPersRG), bleibt bei der Deutschen Bahn AG Dienstherr der zugewiesenen Beamten das Bundeseisenbahnvermögen (BEV), ein öffentlichrechtliches Sondervermögen des Bundes (§ 1 Eisenbahnneuordnungsgesetz). Folgerichtig werden beim BEV für die der Deutschen Bahn AG zugewiesenen Beamten eigene Personalvertretungen gebildet (vgl. hierzu *Engels/Müller/Mauß* DB 94, 473 ff.). Soweit der Deutschen Bahn AG bestimmte Dienstherrenbefugnisse übertragen werden (vgl. zB § 12 Abs. 4 S. 2 und Abs. 6 DBGrG sowie die DBAG-Zuständigkeitsverordnung vom 1. 1. 94 – BGBl. I S. 53), ist zur Wahrnehmung der nach dem BetrVG bestehenden Mitwirkungs- und Mitbestimmungsrechte grundsätzlich der BR zuständig und insoweit stets als solcher beschlussfassungsbefugt. Für die in **§ 76 Abs. 1 BPersVG** genannten Angelegenheiten schreibt § 17 Abs. 1 und 2 DBGrG die Wahrnehmung der Beteiligungsrechte durch die beim BEV gebildete PersVertr. vor. Nach Ansicht des BAG (Beschluss vom 12. 12. 95 AP Nr. 8 zu § 99 BetrVG Versetzung) schließt diese Beteiligung der PersVertr. die Wahrnehmung der Beteiligungsrechte des BR nach § 99 BetrVG 72 nicht aus (zu dieser Streitfrage vgl. § 99 Rn 305 ff.). In Fällen, in denen bei Personalmaßnahmen der Deutschen Bahn AG sowohl Beteiligungsrechte des PersR nach § 76 Abs. 1 BPersVG als auch Beteiligungsrechte des BR nach § 99 zu beachten sind, ist hiernach eine Beteiligung beider ArbNVertr. erforderlich. Damit ist auch bei Personalmaßnahmen gegenüber Beamten eine Beteiligung des BR sichergestellt.

30   Dies gilt aber **nicht** für Personalmaßnahmen der Deutschen Bahn AG, bei denen nur eine Beteiligungspflicht des PersR beim BEV besteht, was bei Angelegenheiten nach § 76 Abs. 1 Nr. 1, 2, 6 bis 9 BPersVG der Fall sein kann. In diesen Fällen **verkürzt** die Sonderregelung des § 17 Abs. 2 DBGrG die nach § 38 BPersVG bestehende Möglichkeit der Vertr. der Arb. und der Ang., durch die dort vorgeschriebene gemeinsame Beratung auf die Beschlussfassung des Personalrats Einfluss zu nehmen. Wegen der Eigenständigkeit des BR in den Betrieben der Deutschen Bahn AG einerseits und des besonderen PersR beim BEV andererseits ist auch faktisch eine gemeinsame Beratung nicht möglich. Im Interesse einer gemeinsamen Personalpolitik für ArbN und Beamte in den Betrieben der Bahn AG ist es nicht nur sinnvoll, sondern sachlich geboten, dass der besondere PersR beim BEV vor seiner Entscheidung die Haltung des BR zu der beabsichtigten Personalmaßnahme kennenlernt. Deshalb ist der PersR auf jeden Fall berechtigt, vor seiner Entscheidung den BR in derartigen Angelegenheiten zu konsultieren. Im Hinblick auf bestehende Fristen wäre es allerdings sachgerechter, wenn der ArbGeb., bevor er die Zustimmung des PersR zu der beabsichtigten Maßnahme beantragt, den BR unterrichtet und seine Stellungnahme abwartet. Diese könnte der BR dem PersR beim BEV entweder unmittelbar zuleiten oder über den ArbGeb. zukommen lassen, falls dieser das Beteiligungsverfahren nach § 76 Abs. 1 BPersVG noch nicht eingeleitet hat. Eine derartige Verfahrensweise kann durch TV oder BV verbindlich festgelegt werden (vgl. hierzu auch *Engels/Müller/Mauß* DB 94, 478 sowie § 99 Rn 309 ff.).

30a   Für die Beschlussfassung des BR in **Kooperationsbetrieben** der **Bundeswehr** (s. § 99 Rn 332 ff.) gilt Folgendes: Für das dort eingesetzte Personal (Beamten, Soldaten, ArbN) der Bundeswehr bleibt der Bund Dienstherr und ArbGeb. mit der Folge, dass der **PersR** der jeweiligen Dienststelle der Bundeswehr für die vom Bund zu entscheidenden Personalangelegenheiten der in den Kooperationsbetrieben tätigen Beamten, Soldaten und ArbN zuständig bleibt (s. § 1 BwKoopG). Soweit es um Entscheidungen und Weisungen geht, die das privatrechtlich organisierte Kooperationsunternehmen als ArbGeb. gegenüber dem ihm zugewiesenen Personal zur Erledigung der anfallenden Aufgaben im Betrieb trifft, ist der dortige **BR** zuständig und nach den Vorschriften des BetrVG zu beteiligen. So hat der ArbGeb. das MBR des BR nach § 99 Abs. 1 S. 1 BetrVG bei innerbetrieblichen Versetzungen von Beamten, Soldaten und ArbN in Kooperationsunternehmen zu beachten (s. BAG 4. 5. 11 – 7 ABR 3/10 – NZA 11, 1373; BT-Drucks. 15/2944 S. 8). Da wesentliche Entscheidungen in Personalangelegenheiten nicht nur der Beamten, sondern auch der ArbN bei den Dienststellen der Bundeswehr verbleiben, ist eine **Verzahnung** der jeweiligen PersR und der BR der Kooperationsbetriebe geboten (s. Rn 30 zur gleichen Frage bei der Bahn).

Gleiches gilt für die Beschlussfassung der BR in der **BRD-Finanzagentur** 30b **GmbH.** Für die dort eingesetzten Beamten und ArbN bleibt das Bundesamt für zentrale Dienste und offene Vermögensfragen Dienstherr und ArbGeb., so dass dessen PersR für die von ihm zu treffenden Entscheidungen zuständig bleibt; soweit die BRD-Finanzagentur GmbH entscheidungs- und weisungsbefugt ist, um einen Einsatz des zugewiesenen Personals organisieren zu können, ist der dortige BR zu beteiligen (§ 2 Abs. 1, 2, §§ 3–6 BWpVerwPG). Zur Verzahnung von BR und PersR s. Rn 30a.

Ebenso verhält es sich für die Beschlussfassung der BR der Germany Trade and In- 30c vest – Gesellschaft für **Außenwirtschaft** und Standortmarketing mbH. Die Interessen der Beamten und ArbN des Bundesamtes für Wirtschaft und Ausfuhrkontrolle, die der GmbH zugewiesen sind, werden vom PR vertreten, soweit es um Entscheidungen des Bundesamtes geht. Soweit die GmbH entscheiden kann, ist der dortige BR zuständig und kann entspr. Beschlüsse auch bez. der zugewiesenen Beamten und ArbN treffen (s. §§ 2 bis 6 BfAIPG, § 5 Rn 324).

Die gleiche Situation besteht im Bereich der **Flugsicherung.** Die der DFS Deut- 30d sche Flugsicherung zugewiesenen Beamten und ArbN des Luftfahrt-Bundesamtes sind aktiv und passiv wahlberechtigt zum dortigen PR, der ihre Interessen gegenüber dem Bundesamt vertritt und bei dessen Entscheidungen als Dienstherr/ArbGeb. zu beteiligen ist (§§ 4 f. BAFlSBAÜbnG). Soweit es um Entscheidungen der DFS geht, fasst der dortige BR die erforderlichen Beschlüsse und ist bez. der zugewiesenen Beamten und ArbN beschlussfähig (s. auch § 5 Rn 325).

Bei der Beschlussfassung im BR gibt jedes BRMitgl. seine Stimme in **eigener** 31 **Verantwortung** ab. Es ist nicht an Weisungen oder Aufträge gebunden (GK-*Raab* Rn 37). Zur Frage der Mängel bei der Stimmabgabe vgl. Rn 51 ff.

Der Beschluss des BR fordert grundsätzlich eine förmliche Abstimmung innerhalb 32 des BR. Er kann jedoch auch durch schlüssiges Verhalten gefasst werden, zB in der Weise, dass festgestellt wird, es werde **kein Widerspruch** (oder nur der Widerspruch einer Minderheit) gegen einen zur Abstimmung gestellten Antrag erhoben. Eine **stillschweigende Beschlussfassung** gibt es dagegen nicht (BAG 14. 2. 96 AP Nr. 5 zu § 76a BetrVG 1972; *DKKW-Wedde* Rn 3, 11; GK-*Raab* Rn 38; *HSWGNR* Rn 5; *Richardi/Thüsing* Rn 25 f.). Allerdings kommt dem Stillschweigen des BR in bestimmten Fällen rechtliche Bedeutung zu (vgl. § 99 Abs. 3 Satz 2, § 102 Abs. 2 Satz 2; vgl. auch § 26 Rn 29; eingehend *Richardi/Thüsing* Rn 28 ff.).

Ein Beschluss des BR wird im Allgemeinen, sofern das G nicht eine bes. Stim- 33 menmehrheit verlangt (vgl. Rn 36), mit der Mehrheit der Stimmen der teilnehmenden BRMitgl. gefasst **(einfache Stimmenmehrheit),** wobei der BR allerdings beschlussfähig sein muss (vgl. hierzu Rn 11 ff.). **Stimmenthaltung** ist zulässig. Da jedoch die Mehrheit der an der Beschlussfassung teilnehmenden BRMitgl. für den Beschluss stimmen muss, wirkt sich die Stimmenthaltung eines BRMitgl. als Ablehnung aus (*DKKW-Wedde* Rn 16; *Düwell/Blanke* Rn 11; GK-*Raab* Rn 29; *Richardi/Thüsing* Rn 17; *Erfk-Koch* Rn 3; **aA** unter Hinweis auf die geänderte Rspr. des BGH zum Vereinsrecht: *Löwisch/Kaiser* Rn 10; *HSWGNR* Rn 26; *Löwisch* BB 96, 1006).

Beispiel:

Von einem 15 köpfigen BR nehmen 11 BRMitgl. an einer Beschlussfassung teil. 5 Mitgl. stimmen für den Antrag, 4 dagegen und 2 enthalten sich der Stimme. Der Antrag ist nach Abs. 1 mit 5 : (4 + 2) abgelehnt.

Trotz des Gesetzeswortlauts, der für einen Beschluss die Mehrheit der anwesenden 34 BRMitgl. fordert, bleiben BRMitgl., die zwar bei der Beschlussfassung anwesend sind, jedoch ausdrücklich erklären, **an der Beschlussfassung nicht teilzunehmen,** bei der Berechnung der Stimmenmehrheit unberücksichtigt. Denn es wäre widersinnig, die Stimme eines BRMitgl., das an der Beschlussfassung nicht teilnimmt, dennoch bei der Ermittlung der Stimmenmehrheit zu berücksichtigen (*DKKW-Wedde* Rn 16; *HSWGNR* Rn 27; *Richardi/Thüsing* Rn 17; *WPK* Rn 15 **aA** GK-*Raab* Rn 30). Die erklärte Nichtteilnahme wird also auch nicht als Gegenstimme gezählt. Hätten im obigen Beispiel die beiden BRMitgl., statt sich zu enthalten, ihre Nichtteilnahme erklärt, so wäre der BR mit 9 Abstimmenden beschlussfähig gewesen und der Antrag wäre mit 5:4 Stimmen angenommen worden.

35   Bei **Stimmengleichheit** ist ein Antrag **abgelehnt.** Keinesfalls gibt in diesem Falle die Stimme des Vors. den Ausschlag (GK-*Raab* Rn 31; *Richardi* Rn 16).

36   Die einfache Stimmenmehrheit der anwesenden Mitgl. eines beschlussfähigen BR reichen für einen wirksamen Beschluss nicht aus, soweit das G für einen Beschluss eine qualifizierte Mehrheit fordert. Die Mehrheit der Stimmen der Mitgl. des BR, dh die **absolute Mehrheit,** verlangt das G
– beim Rücktritt des BR (vgl. § 13 Abs. 2 Nr. 3),
– bei der Übertragung von Aufgaben zur selbständigen Erledigung auf Ausschüsse oder einzelne BRMitgl. (vgl. § 27 Abs. 3, § 28),
– bei der Übertragung von Aufgaben auf Arbeitsgruppen (vgl. § 28 a),
– bei der Aufstellung einer schriftlichen Geschäftsordnung (vgl. § 36),
– bei der Beauftragung des GesBR, eine Angelegenheit für den BR mit der Unternehmensleitung zu behandeln (vgl. § 50 Abs. 2),
– bei der Übertragung von Aufgaben des Wirtschaftsausschusses auf einen Ausschuss des BR (vgl. § 107 Abs. 3).
In diesen Fällen muss die Mehrheit aller BRMitgl. für den Beschlussvorschlag stimmen, zB in einem BR mit 19 Mitgl. mindestens 10 Mitgl.

37   Wird ein BRMitgl. durch einen Beschluss des BR in seiner Rechtsstellung als ArbN oder als BRMitgl. **persönlich** und **unmittelbar betroffen** (zB personelle Maßnahmen wie Beförderung, Eingruppierung, Versetzung und Kündigung, oder ein Antrag auf Ausschließung aus dem BR nach § 23 Abs. 1 Satz 2), hat es bei diesem Beschluss **kein Stimmrecht.** Gleiches gilt zB bei personellen Maßnahmen betr. den Ehegatte eines BRMitgl. (LAG Düsseldorf DB 05, 954). Dies folgt aus dem allgemeinen Grundsatz, dass zur Vermeidung von Interessenkollisionen niemand Richter in eigener Sache sein kann (BAG 3. 8. 99 AP Nr. 7 zu § 25 BetrVG 1972; 23. 8. 84 AP Nr. 17 zu § 103 BetrVG 1972; 10. 11. 09 – 1 ABR 64/08 – NZA-RR 10, 416; *DKKW-Wedde* Rn 20; s. auch § 99 Rn 273).

37a   Bei bloßen Organisations- oder Geschäftsführungsentscheidungen des BR, die die Rechtsstellung des BRMitgl. als solche nicht tangieren, wie zB bei der Wahl oder Abberufung des BRVors., der Mitgl. des BetrAusschusses oder des GesBR oder beim Beschluss über die Teilnahme an einer Schulungs- und Bildungsveranstaltung, gilt dies allerdings nicht. Bei ihnen ist das betroffene BRMitgl. stets stimmberechtigt (GK-*Raab* Rn 26; ErfK-*Koch* Rn 3; *HSWGNR* Rn 30; vgl. auch § 25 Rn 19). So ist auch ein von einer Kündigung bedrohtes BRMitgl. nicht von der Beratung und Abstimmung ausgeschlossen, wenn der BR gegen eine einseitige Einstellung eines ArbN als Ersatz für das BRMitgl. gem. §§ 99, 101 vorgehen will (LAG Hamm NZR-RR 06, 581). Gleiches gilt bei einem BRBeschluss über die Beauftragung eines Rechtsanwalts in einem Zustimmungsersetzungsverfahren nach § 103 Abs. 2 (LAG Hamm AiB 99, 461).

37b   Lässt der Vors. ein in seiner Amtstätigkeit aus persönlichen Gründen verhindertes BRMitgl. und nicht das ErsMitgl. an der Beschlussfassung mitwirken, leidet der BRBeschluss an einem erheblichen Mangel und ist grundsätzlich unwirksam (BAG 10. 11. 09 – 1 ABR 64/08 – NZA-RR 10, 416 mwN; vgl. aber auch Rn 56).

38   Ist das BRMitgl. wegen persönlichen Betroffenseins vom Stimmrecht ausgeschlossen, so ist es auch **gehindert,** an der vorausgehenden **Beratung** im BR teilzunehmen, da diese in Anwesenheit des Betroffenen nicht unbefangen möglich ist (BAG

3. 8. 99 AP Nr. 7 zu § 25 BetrVG 1972; 10. 11. 09 – 1 ABR 64/08 – NZA-RR 10, 416 mwN; GK-*Raab* Rn 24; ErfK-*Koch* Rn 3; **aA** wohl *DKKW-Wedde* Rn 20). Anstelle des betroffenen BRMitgl. nimmt das nach § 25 anstehende ErsMitgl. an Beratung und Abstimmung teil. Dem BR ist es jedoch unbenommen, das betroffene Mitgl. vor seiner Beschlussfassung anzuhören (GK-*Raab* Rn 25; *HSWGNR* Rn 29). Ein Rechtsanspruch des BRMitgl. auf Anhörung besteht jedoch jedenfalls bei den üblichen individualarbeitsrechtlichen Maßnahmen ohne konkreten BRBezug nicht, da dies gegenüber den übrigen ArbN ein unberechtigter Vorteil wäre (insoweit **aA** GK-*Raab* aaO; *HSWGNR* aaO).

Nehmen die **Mitgl. der JugAzubiVertr.** an der Beschlussfassung des BR teil (vgl. **39** hierzu § 67 Rn 20 ff.), so zählen ihre Stimmen bei der Feststellung der Stimmenmehrheit mit, nicht jedoch bei der Frage, ob der BR beschlussfähig ist (*DKKW-Wedde* Rn 19; GK-*Raab* Rn 21 f.; *HSWGNR* Rn 28; *Richardi/Thüsing* Rn 9).

Beispiel:

Der BR hat 19 Mitgl., die JugAzubiVertr. 5 Mitgl. An der Beschlussfassung müssen nach Abs. 2 mindestens 10 BRMitgl. teilnehmen. Stimmen 6 BRMitgl. gegen den Beschlussvorschlag, 4 BRMitgl. und die 5 JugAzubiVertr. dafür, so ist der Beschluss als Beschluss des BR mit 9 : 6 Stimmen angenommen.

Für die Wirksamkeit eines Beschlusses in Jugend- und Ausbildungsangelegenheiten **40** ist es nicht erforderlich, dass die Mehrheit der Mitgl. der JugAzubiVertr. bei der Beschlussfassung anwesend ist oder dem Beschluss zugestimmt hat. Denn § 65 Abs. 1 iVm. § 33 Abs. 2 gilt nur für eigene Sitzungen der JugAzubiVertr. (*DKKW-Wedde* Rn 18; GK-*Raab* Rn 21; *Richardi/Thüsing* Rn 18).

Bei der Abstimmung in JugAngelegenheiten ist **jeder JugAzubiVertr. stimmbe- 41 rechtigt.** Die JugAzubiVertr. gibt ihre Stimmen nicht gebündelt ab. Das einzelne Mitgl. ist bei der Stimmabgabe nicht an einen Beschluss der JugAzubiVertr. gebunden (GK-*Raab* Rn 21).

Bei der Abstimmung hat die Stimme eines JugAzubiVertr. grundsätzlich das gleiche **42** Gewicht wie die eines BRMitgl. Dies gilt allerdings nicht ausnahmslos. Soweit Beschlüsse der **Mehrheit der Stimmen der BRMitgl.** bedürfen (vgl. Rn 36) und an diesen Beschlüssen die Mitgl. der JugAzubiVertr. teilnehmen (was wohl nur im Falle des § 27 Abs. 3 S. 2 bei der Übertragung von Jugend- und Ausbildungsangelegenheiten auf einen Ausschuss des BR praktisch werden kann), setzt ein wirksamer Beschluss des BR voraus, dass ihm sowohl die Mehrheit des aus BRMitgl. und JugAzubiVertr. gebildeten Gremiums als auch die absolute Mehrheit der BRMitgl. zustimmt (*DKKW-Wedde* Rn 19; GK-*Raab* Rn 33 f.; ErfK-*Koch* Rn 3). Fehlt es an einem dieser Erfordernisse, so ist ein positiver Beschluss nicht zustande gekommen. Es kann also in einem solchen Falle nicht eine Minderheit von BRMitgl. zusammen mit den JugAzubiVertr. einen wirksamen Beschluss fassen. Dies ergibt sich daraus, dass es sich bei den Beschlüssen, für die das G eine absolute Mehrheit der Stimmen der BRMitgl. fordert, stets um organisatorische Akte des BR handelt, die nicht gegen den Willen der Mehrheit seiner Mitgl. gefasst werden sollen.

Beispiel:

Ein BR mit 25 Mitgl. beabsichtigt, einen besonderen Jugend- und Ausbildungsausschuss mit selbständiger Entscheidungsbefugnis zu bilden. Die JugAzubiVertr. in dem Betrieb besteht aus 5 Mitgl. Die Abstimmung ergibt eine Mehrheit von 16 Stimmen für die Bildung des Ausschusses, davon 12 Stimmen von BRMitgl. und 4 Stimmen von JugAzubiVertr. Der Beschluss hat zwar die absolute Mehrheit der Stimmen erzielt; jedoch hat sich nicht die Mehrheit der Mitgl. des BR für ihn ausgesprochen. Der Beschluss über die Bildung des Ausschusses ist deshalb nicht zustande gekommen.

Andererseits kann die Mehrheit der BRMitgl. den Beschluss nicht gegen die Mehr- **43** heit des aus Mitgl. des BR und der JugAzubiVertr. gebildeten Gremiums durchsetzen.

Beispiel:

Beispiel: (Fortsetzung des vorigen Beispiels)
Der Antrag wird von 15 BRMitgl. angenommen; gegen ihn haben gestimmt 10 BRMitgl.
und 5 JugAzubiVertr. Dann ist der Antrag wegen Stimmengleichheit abgelehnt, obwohl ihm
die absolute Mehrheit der BRMitgl. zugestimmt hat.

44   Jede Beschlussfassung ist in die nach § 34 Abs. 1 vorgeschriebene **Niederschrift**
aufzunehmen (vgl. § 34 Rn 13 f.). Die Aufnahme in die Niederschrift ist jedoch keine
Wirksamkeitsvoraussetzung für einen ordnungsgemäßen Beschluss (vgl. § 34 Rn 26).

45   Der **Beschluss** kann, solange er noch nicht durchgeführt ist und keine Rechtswirkungen nach außen entfaltet hat (zB Mitteilung an den ArbGeb.), jederzeit durch
einen entgegenstehenden Beschluss des BR **geändert** oder **aufgehoben** werden
(LAG Hamm LAGE § 611 BGB Direktionsrecht Nr. 11; *DKKW-Wedde* Rn 22;
ErfK-*Koch* Rn 2; GK-*Raab* Rn 43; *Richardi/Thüsing* Rn 34; vgl. auch BAG 15. 12.
61 AP Nr. 1 zu § 615 BGB Kurzarbeit). Hat dagegen der Beschluss bereits **Außenwirkung** entfaltet, zB dadurch, dass die vom BR beschlossene Zustimmung zu einer
Kündigung dem ArbGeb. mitgeteilt worden ist, kann der Erstbeschluss nicht durch
einen erneuten Beschluss des BR rückgängig gemacht werden (*Grosjean* NZA-RR
05, 121). Hat der Beschluss des BR zum Abschluss einer BV geführt, so kann der BR
seinen Beschluss nicht mehr aufheben oder ändern; ihm bleibt allein die Möglichkeit
einer Kündigung der BV (*DKKW-Wedde* Rn 22).

46   Unter den Voraussetzungen des § 35 kann die JugAzubiVertr. oder die SchwbVertr.
die **Aussetzung des Beschlusses** auf die Dauer von einer Woche, vom Zeitpunkt
der Beschlussfassung an gerechnet, verlangen (Näheres vgl. § 35 Rn 5 ff.).

IV. Streitigkeiten, insbesondere
gerichtliche Überprüfung der Beschlüsse

47   Streitigkeiten über die Ordnungsmäßigkeit der Beschlussfassung des BR und über
die Rechtsgültigkeit seiner Beschlüsse sind von den ArbG im **BeschlVerf** (u. dazu s.
Nach § 1 Rn 1 ff.). zu entscheiden. Über sie kann jedoch auch als Vorfrage im Urteilsverfahren, zB im Rahmen eines Kündigungsschutzprozesses, entschieden werden.

47a   Will der BR ein BeschlVerf. einleiten und einen Rechtsanwalt beauftragen, bedarf
es einer wirksamen internen Beschlussfassung des BR und einer nach außen wirksamen Vollmachterteilung gem. §§ 80 f. ZPO. Legt der BR die Einhaltung der Wirksamkeitsvoraussetzungen für diesen Beschluss (s. Rn 11 ff.) unter Beifügung von Unterlagen dar, ist ein pauschales Bestreiten mit Nichtwissen durch den ArbGeb.
unbeachtlich (BAG 9. 12. 03 AP Nr. 1 zu § 33 BetrVG 1972; *Linsenmaier* FS Wissmann S. 386). Fehlt es an einem entspr. Beschluss zur Einleitung eines BeschlVerf.
oder für die Beauftragung eines Rechtsanwalts, kann dieser mit **heilender Wirkung**
vor Abschluss der 1. Instanz nachgeholt werden (vgl. BAG 18. 2. 03 AP Nr. 39 zu
§ 23 BetrVG 1972; 16. 11. 05 AP Nr. 64 zu § 80 BetrVG 1972; *Grosjean* NZA-RR
05, 120 f.; s. auch BAG 10. 10. 07 AP Nr. 17 zu § 26 BetrVG 1972 u. § 26
Rn 25 ff.). Hierauf hat das Gericht den BR hinzuweisen und ihm Gelegenheit zu
geben, die fehlende oder fehlerhafte Beschlussfassung nachzuholen oder zu korrigieren (BAG 6. 12. 06 AP Nr. 5 zu § 21 BetrVG 1972). Der Nachweis darüber, dass der
BR den Beschuss nachgeholt hat, kann noch im Rechtsmittelverfahren erfolgen
(BAG 16. 11. 05 aaO; s. zum Ganzen *Linsenmaier* FS Wißmann S. 378 ff., 386 f., der
eine Heilung des Vertretungsmangels noch im Rechtsbeschwerdeverfahren zulässt,
ebenso LAG Hamburg AuR 05, 465; *Reitze* NZA 02, 492 ff.).

48   Nimmt der BR für bei privatisierten Postunternehmen beschäftigte **Beamte** ein
betriebsverfassungsrechtliches MBR in Anspruch, ist für einen Rechtsstreit hierüber
der Rechtsweg zu den Arbeitsgerichten gegeben (BAG 26. 6. 96 AP Nr. 12 zu § 2 a

ArbGG 1979; BVerwG 22. 2. 98 NZA-RR 98, 30). Er ist im arbeitsgerichtlichen Beschlussverfahren zu entscheiden.

Bei der Überprüfung der Rechtmäßigkeit von Entscheidungen des BR ist zu un- **49** terscheiden zwischen Organisationsentscheidungen, die in förmlichen Wahlen getroffen werden, und sonstigen Beschlüssen des BR. Eine Überprüfung der Rechtsgültigkeit von **förmlichen Wahlen** innerhalb des BR sind entspr. § 19 nur im Rahmen eines fristgebundenen Anfechtungsverfahrens und nur bei Verstoß gegen wesentliche Wahlvorschriften zulässig (vgl. § 26 Rn 52 ff.; § 27 Rn 96 ff.; § 38 Rn 105 ff.). Die frist- und formlose Geltendmachung der Nichtigkeit derartiger Wahlen kommt nur bei ganz groben und offensichtlichen Rechtsverstößen in Betracht (vgl. § 26 Rn 60 § 27 Rn 101 ff.; § 38 Rn 105).

Beschlüsse des BR können **nur** auf ihre **Rechtmäßigkeit** hin gerichtlich über- **50** prüft werden. Eine Überprüfung der sachlichen **Zweckmäßigkeit** des Beschlusses ist **ausgeschlossen** (BAG 3. 4. 79 AP Nr. 1 zu § 13 BetrVG 1972; LAG Düsseldorf DB 75, 1898; *DKKW-Wedde* Rn 23; GK-*Raab* Rn 48, 68; ErfK-*Koch* Rn 4; *Richardi/Thüsing* Rn 40. Vgl. hierzu auch § 77 Rn 230 ff.).

Beschlüsse des BR können **nicht angefochten** werden, da § 19 mangels einer ge- **51** setzlichen Grundlage auf sie nicht anwendbar ist (BAG 21. 7. 04 AP Nr. 13 zu § 47 BetrVG 1972; *DKKW-Wedde* Rn 23; GK-*Raab* Rn 49; HSWGNR Rn 34; *Richardi/Thüsing* Rn 39). Eine Anfechtung der **Stimmabgabe des einzelnen BRMitgl.** nach §§ 119 ff. BGB wegen Irrtums, Täuschung oder Drohung ist dagegen nicht ausgeschlossen (GK-*Raab* Rn 50; ErfK-*Koch* Rn 4; *Richardi/Thüsing* Rn 36). Eine wirksame Anfechtung der Stimmabgabe kann Auswirkungen auf die für die Wirksamkeit des Beschlusses erforderliche Mehrheit haben. Ist dies der Fall, darf der BRVors. den Beschluss nicht ausführen. Die Anfechtung der Stimmabgabe zeitigt allerdings keine Auswirkungen, wenn der Beschluss bereits einem außenstehenden Dritten gegenüber wirksam geworden ist und der Dritte bei der Durchführung einer beteiligungspflichtigen Maßnahme die Anfechtung oder Anfechtbarkeit des Beschlusses weder gekannt hat noch kennen musste (GK-*Raab* Rn 49; *Richardi/Thüsing* Rn 36; **aA** HSWGNR Rn 35. Vgl. auch oben Rn 45).

Die ArbG können die **Rechtsunwirksamkeit** von BRBeschlüssen nur feststellen, **52** wenn sie wegen Rechtswidrigkeit **nichtig** sind. Nichtig sind Beschlüsse des BR nur, wenn sie entweder einen gesetzwidrigen Inhalt haben, nicht in die Zuständigkeit des BR fallen oder nicht ordnungsgemäß zustande gekommen sind (BAG 23. 8. 84 AP Nr. 17 zu § 103 BetrVG 1972).

Einen **gesetzwidrigen Inhalt** haben Beschlüsse, wenn sie inhaltlich gegen ein G, **53** eine VO, eine UVV oder einen TV verstoßen oder der BR außerhalb seiner sachlichen Zuständigkeit gehandelt hat (*DKKW-Wedde* Rn 24; GK-*Raab* Rn 51; *Richardi/Thüsing* Rn 41 ff.).

Die Nichtigkeit eines BRBeschlusses wegen **nicht ordnungsgemäßer Beschluss-** **54** **fassung** liegt nicht schon bei kleinen Formfehlern vor. Sie ist vielmehr nur bei groben Verstößen gegen Vorschriften und Grundsätze gegeben, deren Beachtung unerlässliche Voraussetzung einer Beschlussfassung sind (BAG 23. 8. 84 AP Nr. 17 zu § 103 BetrVG 1972; GK-*Raab* Rn 52; *Richardi/Thüsing* Rn 41). Derartige Voraussetzungen sind zB:

– Ladung aller BRMitgl. grundsätzlich unter Mitteilung der Tagesordnung (zur Frage der zulässigen Ergänzung der Tagesordnung vgl. Rn 24 und § 29 Rn 48). Nach hM ist ein Beschluss über eine nicht auf der Tagesordnung stehende Angelegenheit grundsätzlich nichtig, es sei denn der vollständig versammelte BR ist mit ihrer Behandlung einstimmig einverstanden. Diese Konsequenz zieht das BAG aber nicht in Bezug auf Organisationsentscheidungen des BR in Form von Wahlen, bei denen ein derartiger Verstoß nur die Anfechtbarkeit der Wahl, nicht jedoch ihre Nichtigkeit zur Folge hat (vgl. BAG 13. 11. 91 AP Nr. 3 zu § 27 BetrVG 1972);

– die ordnungsgemäße Hinzuziehung der JugVertr. bei der Behandlung von Angelegenheiten, bei denen die JugAzubiVertr. Stimmrecht haben (§ 67 Abs. 2). Die

Nichtbeteiligung der JugAzubiVertr. berührt die Rechtsgültigkeit eines Beschlusses aber dann nicht, wenn die Beschlussfassung entspr. einem Antrag der JugAzubi-Vertr. erfolgt ist und die JugAzubiVertr. durch ihre Stimmen das Abstimmungsergebnis nicht hätten beeinflussen können (BAG 6. 5. 75 AP Nr. 5 zu § 65 BetrVG 1972);

– die Teilnahme von mindestens der Hälfte der BRMitgl. an der Beschlussfassung (Beschlussfähigkeit);
– Beschlussfassung durch die Mehrheit der teilnehmenden BRMitgl., ggf. unter Einschluss der JugAzubiVertr.;
– in bestimmten Fällen Beschlussfassung durch die Mehrheit der Mitgl. des BR (vgl. Rn 36);
– uU auch Beachtung der Schriftform des Beschlusses (vgl. § 27 Abs. 2 S. 3 und 4; § 28 Abs. 1 S. 2; § 28a Abs. 1 S. 3 und 4; § 36).

55   **Keine Wirksamkeitsvoraussetzung** für die Gültigkeit eines BRBeschlusses sind die Beachtung der Nichtöffentlichkeit der BRSitzung und die Aufnahme des Beschlusses in die Sitzungsniederschrift (*DKKW-Wedde* Rn 28; Erf*K-Koch* Rn 4; GK-*Raab* Rn 59, 64; *Richardi/Thüsing* Rn 43; vgl. auch § 30 Rn 22, § 34 Rn 26).

56   Hat ein **Nichtberechtigter,** etwa ein nach § 25 nicht vertretungsberechtigtes ErsMitgl. oder das durch den Beschluss persönlich betroffene BRMitgl. (vgl. Rn 37 f.) oder das Mitgl. der SchwbVertr., an der Beschlussfassung mitgewirkt, so ist der Beschluss nicht in jedem Falle, sondern nur dann unwirksam, wenn nicht ausgeschlossen werden kann, dass durch die Mitwirkung des Nichtberechtigten das Ergebnis der Beschlussfassung beeinträchtigt werden konnte (BAG 6. 12. 06 AP Nr. 5 zu § 21 BetrVG 1972). Dies ist zB nicht anzunehmen, wenn bei einem aus einer größeren Zahl von Mitgl. bestehenden BR der Nichtberechtigte an einem einstimmig gefassten Beschluss mitgewirkt hat (Erf*K-Koch* Rn 4; GK-*Raab* Rn 57; HSWGNR Rn 38; **aA** BAG 3. 8. 99 AP Nr. 7 zu § 25 BetrVG 1972 für den Fall, dass bei persönlicher Betroffenheit eines BRMitgl. dieses und nicht das ErsMigl. an Beratung und Beschlussfassung teilgenommen hat; ferner wenn der Beschluss zugunsten des selbst betroffenen BRMitgl. ausgefallen ist: *Oetker* ZfA 84, 438; *Richardi/Thüsing* Rn 44).

57   Nichtige BRBeschlüsse haben **keine Rechtswirkung.** Jedoch kann die Unwirksamkeit eines Beschlusses durch einen ordnungsgemäßen späteren Beschluss des BR geheilt werden (BAG 18. 2. 03 AP Nr. 11 zu § 77 BetrVG 1972; 18. 2. 03 AP Nr. 39 zu § 23 BetrVG 1972; 10. 10. 07 AP Nr. 17 zu § 26 BetrVG 1972; s. Rn 47a u. § 26 Rn 25 ff.). Ist ein BRBeschluss nichtig, bedeutet dies für Maßnahmen, bei denen Beteiligungsrechte des BR zu beachten sind, folgendes:

58   Unterliegt eine Maßnahme lediglich der **Mitwirkung** des BR, so hat ein nichtiger BRBeschluss **keine Auswirkungen** auf die Rechtsgültigkeit der Maßnahme des ArbGeb., da diese nicht der Zustimmung des BR bedarf (Erf*K-Koch* Rn 2). Der ArbGeb. hat vielmehr mit der ordnungsgemäßen Einleitung des Mitwirkungsverfahrens seine ihm obliegenden Verpflichtungen erfüllt. Weiß er allerdings von der Nichtigkeit des BRBeschlusses, so kann er uU aus dem Gesichtspunkt der vertrauensvollen Zusammenarbeit verpflichtet sein, eine eventuelle erneute ordnungsgemäße Beschlussfassung abzuwarten. Auf das Anhörungsverfahren nach § 102 Abs. 1 wirken sich allerdings nach BAG (16. 1. 03 AP Nr. 129 zu § 102 BetrVG 1972) Mängel, die im Verantwortlichkeitsbereich des BR entstehen, grundsätzlich selbst dann nicht aus, wenn der ArbGeb. bei Ausspruch der Kündigung weiß oder vermuten kann, dass der BR die Angelegenheit nicht fehlerfrei behandelt hat (s. § 102 Rn 51).

59   Bei Maßnahmen, die der **MB** des BR unterliegen, hat ein Beschluss des BR **konstitutive Wirkung.** Diese kann einem nichtigen BRBeschluss nicht zukommen. Deshalb ist im Falle der Nichtigkeit des BRBeschlusses die vom ArbGeb. vorgenommene Maßnahme grundsätzlich ebenso **unwirksam,** wie wenn der BR überhaupt nicht beteiligt worden wäre. Allerdings können zugunsten des ArbGeb. in diesen Fällen uU die Grundsätze des Vertrauensschutzes eingreifen (vgl. BAG 23. 8. 84,

AP Nr. 17 zu § 103 BetrVG 1972; ErfK-*Koch* Rn 2; *Richardi/Thüsing* Rn 46; vgl. hierzu auch § 26 Rn 32 f. sowie § 102 Rn 53 f.).

§ 34 Sitzungsniederschrift

(1) [1] Über jede Verhandlung des Betriebsrats ist eine Niederschrift aufzunehmen, die mindestens den Wortlaut der Beschlüsse und die Stimmenmehrheit, mit der sie gefasst sind, enthält. [2] Die Niederschrift ist von dem Vorsitzenden und einem weiteren Mitglied zu unterzeichnen. [3] Der Niederschrift ist eine Anwesenheitsliste beizufügen, in die sich jeder Teilnehmer eigenhändig einzutragen hat.

(2) [1] Hat der Arbeitgeber oder ein Beauftragter einer Gewerkschaft an der Sitzung teilgenommen, so ist ihm der entsprechende Teil der Niederschrift abschriftlich auszuhändigen. [2] Einwendungen gegen die Niederschrift sind unverzüglich schriftlich zu erheben; sie sind der Niederschrift beizufügen.

(3) Die Mitglieder des Betriebsrats haben das Recht, die Unterlagen des Betriebsrats und seiner Ausschüsse jederzeit einzusehen.

Inhaltsübersicht

I. Vorbemerkung

Die Vorschrift betrifft die Anfertigung der Niederschrift und ihren Mindestinhalt **1** sowie das Recht aller BRMitgl., die Unterlagen des BR und seiner Ausschüsse einzusehen.

Die Vorschrift gilt **entspr.** für den GesBR (§ 51 Abs. 1 Satz 1), den KBR (§ 59 **2** Abs. 1), die JugAzubiVertr. (§ 65 Abs. 1), die GesJugAzubiVertr. (§ 73 Abs. 2), die KJugAzubiVertr. (§ 73 b Abs. 2), die Bordvertr. (§ 115 Abs. 4 Satz 1) und den SeeBR (§ 116 Abs. 3). Sie ist auf die ArbNVertr. nach § 3 Abs. 1 Nr. 2 und 3 entspr., anzuwenden, da diese ArbNVertr. an die Stelle des BR treten. Das Gleiche gilt für ArbGruppen nach § 28 a (vgl. dort Rn 38). Die Anfertigung von Niederschriften über die Zusammenkünfte der ArbNVertr. nach § 3 Abs. 1 Nr. 4 und 5 ist durch den TV oder die BV zu regeln. Zur Frage ihrer Anwendung auf Ausschüsse des BR und bei einer Übertragung von BRAufgaben auf eine Arbeitsgruppe vgl. Rn 7 f.

Die Vorschrift ist **zwingend.** Sie kann weder durch TV noch durch BV abgedun- **3** gen werden. Ergänzende Regelungen über Erstellung, Inhalt und Form der Niederschrift in der Geschäftsordnung des BR sind zulässig (vgl. § 36 Rn 5 ff.).

Entsprechende Vorschriften: § 41 BPersVG und § 13 Abs. 3 und 4 SprAuG. **4**

II. Niederschrift

1. Inhalt

Die Niederschrift ist eine **Privaturkunde** im Sinne des § 416 ZPO, die zum **5** Zwecke des Nachweises der Ordnungsmäßigkeit und der Rechtsgültigkeit der

BRBeschlüsse angefertigt wird. Sie beweist allerdings nur, dass die Aussteller, dh die Unterzeichner die Angaben in der Niederschrift gemacht haben. Ob diese Angaben richtig sind, wird durch die Niederschrift nicht bewiesen. Über die inhaltliche Richtigkeit ist im Streitfall nach freier richterlicher Beweiswürdigung zu entscheiden (§ 286 ZPO). Die Niederschrift ist auch Urkunde iS von § 267 StGB, so dass sie Gegenstand einer Urkundenfälschung sein kann (GK-*Raab* Rn 12 f.). Sie gehört ebenso wie ein etwaiges bes. Protokollbuch zu den Akten des BR. Der ArbGeb. hat an diesen Urkunden ebenso wenig wie an den übrigen Akten des BR Eigentum (vgl. § 40 Rn 107; *DKKW-Wedde* Rn 12; *Düwell/Blanke* Rn 6; *WPK* Rn 5; aA GK-*Weber* § 40 Rn 180, *HSWGNR* Rn 18, *Richardi/Thüsing* Rn 22, die dem ArbGeb. jedoch kein Besitzrecht zugestehen).

6   Die Niederschrift ist über jede „Verhandlung" des BR zu fertigen. Aus § 34 Abs. 2 und aus der Gesetzessystematik ergibt sich, dass die Vorschrift sich nur auf die **Sitzungen des BR** im engeren Sinn (§§ 29 bis 35) bezieht. Andererseits gilt sie für alle BRSitzungen, auch wenn im Einzelfall kein Beschluss gefasst wurde (*DKKW-Wedde* Rn 2; ErfK-*Koch* Rn 1; GK-*Raab* Rn 6; *Richardi/Thüsing* Rn 3). Für Beratungen des BR außerhalb von BRSitzungen und für Gespräche oder Verhandlungen des BR oder seiner Mitgl. mit dem ArbGeb. oder sonstigen Stellen kann die Geschäftsordnung des BR die Fertigung eines Protokolls vorschreiben (GK-*Raab* Rn 6).

7   Auch über Sitzungen des **BetrAusschusses** und **anderer Ausschüsse** des BR ist eine Niederschrift zu fertigen. Dies gilt nicht nur dann, wenn den Ausschüssen bestimmte Aufgaben zur selbständigen Erledigung übertragen sind, sondern auch bei bloß vorbereitender Tätigkeit dieser Ausschüsse. Denn auch in diesen Fällen kommt eine Beschlussfassung in Betracht (*DKKW-Wedde* Rn 1; GK-*Raab* Rn 3; *Richardi/Thüsing* Rn 2).

8   Bei Übertragung von Aufgaben auf eine **Arbeitsgruppe** nach § 28 a sind Verhandlungen und Entscheidungen der Arbeitsgruppe in Bezug auf die übertragenen Angelegenheiten ebenfalls in einer Niederschrift festzuhalten (*Düwell/Blanke* Rn 2). Das gilt insb. für die Wahrnehmung der übertragenen Beteiligungsrechte. Näheres kann in der nach § 28 a Abs. 1 abzuschließenden Rahmenvereinbarung geregelt werden.

9   Für **gemeinsame Sitzungen** des BR und des Sprecherausschusses für leitende Ang. nach § 2 Abs. 2 S. 3 SprAuG gilt § 34 ebenso wie die entspr. Regelung des § 13 Abs. 3 und 4 SprAuG. Jedem dieser Gremien obliegt die Fertigung einer Niederschrift, es sei denn, es wird ein gemeinsames Protokoll erstellt. Letzteres ist zwischen BR und Sprecherausschuss abzusprechen (GK-*Raab* Rn 5). Das gilt auch für die Frage der Protokollunterzeichnung, die zweckmäßiger Weise außer vom zu bestimmenden Schriftführer von den Vors. beider Gremien erfolgt.

10   Wer die Niederschrift aufzunehmen hat, ist im G nicht bestimmt. Jedenfalls ist die Bestellung eines für die Niederschrift verantwortlichen **Schriftführers** aus dem Kreise der BRMitgl. zulässig (*DKKW-Wedde* Rn 9; *HSWGNR* Rn 9; *Richardi/Thüsing* Rn 5). Die Bestellung hat durch den BR, nicht durch den BRVors. zu erfolgen. Es ist auch die Bestellung mehrerer BRMitgl. zu Schriftführern möglich. Der BR hat keinen Anspruch darauf, dass eine ihm nicht angehörende Person als verantwortlicher Protokollführer an seinen Sitzungen teilnimmt (BAG 17. 10. 90 AP Nr. 8 zu § 108 BetrVG 1972).

11   Allerdings ist die Hinzuziehung einer **Schreibkraft** zur Unterstützung des Schriftführers zulässig (*DKKW-Wedde* Rn 9; ErfK-*Koch* Rn 1; *Richardi/Thüsing* Rn 5; MünchArbR-*Joost* § 219 Rn 66; *WPK* Rn 2; aA GK-*Raab* Rn 8, § 30 Rn 22; *HSWGNR* Rn 10, § 30 Rn 24). In größeren BR mit einer umfangreichen Tagesordnung der BRSitzungen dürfte die Hinzuziehung einer unterstützenden Schreibkraft idR unerlässlich sein. Bei der Bestimmung der Schreibkraft steht dem BR ebenso wie bei dem ihm zur Verfügung zu stellenden Büropersonal ein Mitspracherecht zu (vgl. hierzu § 40 Rn 136). Soweit die Schreibkraft bei ihrer Tätigkeit Kenntnis von Betriebs- und Geschäftsgeheimnissen erhält, ist sie auf Grund der arbeitsvertraglichen

Treuepflicht zur Geheimhaltung verpflichtet. Der BR sollte sie hierauf ausdrücklich hinweisen.

Da das G nichts darüber aussagt, ob die Niederschrift unmittelbar in der Sitzung **12** angefertigt werden muss oder ob sie auf Grund von Notizen nach der Sitzung ausgearbeitet werden kann, dürfte beides zulässig sein (hM). **Tonbandaufnahmen** von der Sitzung zu Protokollzwecken sind nur zulässig, wenn alle Anwesenden ausdrücklich damit einverstanden sind (*DKKW-Wedde* Rn 7; *GK-Raab* Rn 17; *ErfK-Koch* Rn 1; *Richardi/Thüsing* Rn 7; *MünchArbR-Joost* § 219 Rn 65; vgl. auch § 42 Rn 45). Ist dies nicht der Fall, dürfen nur die Beiträge der mit einer Aufnahme einverstandenen Sitzungsteilnehmer auf einem Datenträger erfasst werden (*DKKW-Wedde* Rn 7; *GK-Raab* Rn 17).

Inhaltlich muss die Niederschrift auf jeden Fall den **Wortlaut der Beschlüsse** und **13** die **Stimmenmehrheit,** mit der sie gefasst worden sind, enthalten. Zu den Beschlüssen gehören nicht nur die vom BR angenommenen, sondern auch die abgelehnten. Deshalb muss auch der Wortlaut abgelehnter Anträge in die Niederschrift aufgenommen werden (*DKKW-Wedde* Rn 3; *Richardi/Thüsing* Rn 3). Zum Zwecke der Identifizierbarkeit ist ferner stets die Angabe des **Sitzungsdatums** erforderlich. Nicht erforderlich ist dagegen die genaue Angabe von Beginn und Ende der BRSitzung (ArbG Hamburg AiB 00, 102; *DKKW-Wedde* Rn 3; *GK-Raab* Rn 14).

Ist die Beschlussfassung durch eine förmliche Abstimmung erfolgt, ist auch das **14** **Stimmenverhältnis,** mit dem ein Beschluss gefasst oder abgelehnt worden ist, in die Niederschrift aufzunehmen (*DKKW-Wedde* Rn 3; *GK-Raab* Rn 14; *Richardi/Thüsing* Rn 3). Aus dem Stimmenverhältnis ist zugleich das Ergebnis der Beschlussfassung zu ersehen. Die Angabe, wie jedes BRMitgl. gestimmt hat, ist möglich, aber nicht vorgeschrieben; sie ist aber, wenn der BR namentliche Abstimmung beschlossen hat, erforderlich (*DKKW-Wedde* Rn 3; *ErfK-Koch* Rn 1; **aA** *GK-Raab* Rn 15; *HSWGNR* Rn 6). Bei einer Beschlussfassung in der Weise, dass festgestellt wird, es werde **kein Widerspruch** (oder nur der Widerspruch einer Minderheit) gegen einen zur Abstimmung gestellten Antrag erhoben, ist dies in die Niederschrift aufzunehmen. Über Beschlüsse und Stimmenmehrheit siehe im Einzelnen § 33 Rn 26 ff.

Was im Übrigen in die Niederschrift aufzunehmen ist, kann in der **Geschäftsord-** **15** **nung** näher geregelt werden. Auch ohne eine derartige Regelung sollte zu jedem TOPunkt und seiner Behandlung sowie auch zu anderen Punkten, die in der BRSitzung behandelt worden sind, kurz Stellung genommen werden (*GK-Raab* Rn 15; *HSWGNR* Rn 5; weitergehend *DKKW-Wedde* Rn 3, die dies für erforderlich halten). Erklärungen eines BRMitgl. zu Protokoll sind grundsätzlich ebenfalls aufzunehmen (*DKKW-Wedde* Rn 4; *GK-Raab* Rn 15). Dagegen kann eine wörtliche Wiedergabe oder die Angabe jeder Äußerung eines BRMitgl. in die Niederschrift nicht verlangt werden.

Ob vom ArbGeb. in der BRSitzung mitgeteilte **Betriebs-** und **Geschäftsge-** **16** **heimnisse** oder sonstige geheimhaltungsbedürftige Angaben (vgl. hierzu § 79 Rn 3 ff., 32 ff.) in die Niederschrift aufgenommen werden sollten, kann zweifelhaft sein. Unzulässig ist dies jedenfalls nicht, da das Einsichtsrecht nur BRMitgl. zusteht (Rn 33) und diese nach § 79 zur Verschwiegenheit verpflichtet sind (*DKKW-Wedde* Rn 3; **aA** *GK-Raab* Rn 28 bei einem entspr. berechtigten Verlangen des ArbGeb.). Soweit der BRVors. bei Vorliegen eines berechtigten Interesses anderen Personen Einsicht in die Niederschriften gewährt (vgl. Rn 35), hat er sicherzustellen, dass diese von Betriebs- und Geschäftsgeheimnissen keine Kenntnis erhalten.

Die Niederschrift ist **aufzubewahren,** solange ihr Inhalt von rechtlicher Bedeu- **17** tung ist (*DKKW-Wedde* Rn 12; *GK-Raab* Rn 36; *Richardi/Thüsing* Rn 23). Geht diese über die Amtszeit des BR hinaus, so ist die Niederschrift vom folgenden BR aufzubewahren.

2. Unterzeichnung

18   Der **Vors.** – bei dessen Abwesenheit sein Stellvertr. – sowie ein **weiteres Mitgl.** des BR haben die Niederschrift zu unterzeichnen.

19   Wenn die GO keine Bestimmungen darüber enthält, welches BRMitgl. die Niederschrift neben dem Vors. unterzeichnet, ist das Mitgl. vom BR zu bestimmen. Trifft der BR keine Bestimmung, ist jedes BRMitgl. zur Unterzeichnung berechtigt (*HSWGNR* Rn 11). Ist ein **Schriftführer** aus dem Kreis des BR bestellt, so hat dieser idR neben dem Vors. die Niederschrift zu unterzeichnen (*DKKW-Wedde* Rn 11; *GK-Raab* Rn 18; *Richardi/Thüsing* Rn 9).

20   Ist für einen wirksamen Beschluss die Schriftform erforderlich (vgl. zB § 27 Abs. 3 S. 3 oder § 36), so wird diesem Erfordernis genügt, wenn der Beschluss in die Niederschrift aufgenommen und diese ordnungsgemäß unterzeichnet worden ist.

3. Anwesenheitsliste

21   Die Anwesenheitsliste ist **Bestandteil der Niederschrift** und beweist durch die **eigenhändige Unterschrift** eines jeden Teilnehmers, dass er an der BRSitzung – wenn auch nur zeitweise – teilgenommen hat. Einzutragen haben sich **alle Teilnehmer,** also nicht nur die teilnehmenden BRMitgl. und ErsMitgl. für zeitweilig verhinderte BRMitgl., sondern bei ihrer Teilnahme auch der ArbGeb., die JugAzubi-Vertr., das Mitgl. der SchwbVertr., der Vertrauensmann der Zivildienstleistenden, Vertr. der ArbGebVereinigung oder der Gewerkschaften, Mitgl. des Sprecherausschusses für leitende Ang., sachkundige ArbN, Sachverständige oder sonstige Auskunftspersonen sowie die Schreibkraft (*GK-Raab* Rn 19; *Richardi/Thüsing* Rn 10). Die Eintragung hat **eigenhändig** zu erfolgen. Sie kann deshalb nicht vom Vors. oder Schriftführer stellvertretend vorgenommen werden. Allerdings haben diese bei nur vorübergehender Anwesenheit von Teilnehmern Angaben über den Zeitraum der Teilnahme in der Niederschrift oder auf der Anwesenheitsliste festzuhalten (*DKKW-Wedde* Rn 5; *ErfK-Koch* Rn 1; *GK-Raab* Rn 20).

4. Aushändigung von Teilen der Niederschrift an Arbeitgeber und Gewerkschaftsbeauftragte

22   Der ArbGeb. erhält eine **Abschrift der Niederschrift,** soweit er oder sein Vertreter an der Sitzung **teilgenommen** hat, nicht aber schon, wenn er nach § 29 Abs. 4 zur Teilnahme berechtigt war, aber nicht teilgenommen hat (*DKKW-Wedde* Rn 14; *GK-Raab* Rn 22; *ErfK-Koch* Rn 1; *Richardi/Thüsing* Rn 11). Entspr. gilt für die **Gewerkschaftsbeauftragten** (in Betrieben der privatisierten Post- und Bahnunternehmen ggf. auch für den Beauftragten eines Berufsverbandes der Beamten (vgl. § 31 Rn 15 a, 17 ff.), die durch Beschluss des BR oder nach § 31 zur BRSitzung herangezogen werden. Auch sie erhalten die Niederschrift nur bei tatsächlicher Teilnahme an der Sitzung. Hat der ArbGeb. oder der Gewerkschaftsbeauftragte nicht an der ganzen Sitzung teilgenommen, sondern nur an der Verhandlung über einzelne Punkte, so erhält er **nur den entspr. Teil,** dh den Teil der Niederschrift, der die Verhandlung während seiner Teilnahme wiedergibt (*GK-Raab* Rn 22; *Richardi/Thüsing* Rn 12).

23   Die Abschrift muss nur vom BRVors., nicht auch von einem weiteren BRMitgl. unterschrieben werden (*DKKW-Wedde* Rn 14; *GK-Raab* Rn 23; *Richardi/Thüsing* Rn 12). Einer Gegenzeichnung (Abzeichnung) der Niederschrift durch den ArbGeb. bedarf es nicht. **Unterzeichnet der ArbGeb.** einen ihm zugesandten ordnungsgemäß protokollierten Beschluss des BR, der inhaltlich eine BV zum Gegenstand hat, so wird mit der Unterzeichnung der Formvorschrift des § 77 Abs. 2 Satz 2 für den Abschluss einer BV Genüge getan, sofern der ArbGeb. eine auf Abschluss einer BV gerichtete Willenserklärung bereits abgegeben hat oder mit der Unterzeichnung abgibt (*DKKW-Wedde* Rn 14; *GK-Raab* Rn 23; *Richardi/Thüsing* Rn 13).

Die **übrigen Teilnehmer** an der BR.Sitzung – wie zB das Mitgl. der SchwbVertr., **24** der Vertrauensmann der Zivildienstleistenden, die JugAzubiVertr., Mitgl. des Sprecherausschusses für leitende Ang., Sachverständige, sonstige Auskunftspersonen oder die anwesende Schreibkraft – haben **keinen Anspruch** auf Aushändigung einer Abschrift der Sitzungsniederschrift (GK-*Raab* Rn 22; *Richardi/Thüsing* Rn 11). Andererseits ist es bei Vorliegen eines berechtigten Interesses nicht unzulässig, ihnen eine Abschrift der Niederschrift (ganz oder teilweise) zu überlassen (*DKKW-Wedde* Rn 16; *Düwell/Blanke* Rn 7). Dies gilt allerdings nur insoweit, als dadurch keine Betriebs- und Geschäftsgeheimnisse oder sonstige geheimhaltungsbedürftige Angaben gefährdet werden (vgl. § 79 Rn 3 ff., 29 ff.).

Dagegen haben die **BR.Mitgl.** Anspruch auf Überlassung einer Abschrift der **25** Niederschrift, wenn sie diese für ihre Tätigkeit benötigen (*DKKW-Wedde* Rn 16; *HSWGNR* Rn 21; *WPK* Rn 10; **aA** GK-*Raab* Rn 24; *Richardi/Thüsing* Rn 11; wohl auch LAG Niedersachsen NZA-RR 09, 532). Das Gleiche gilt für den Fall, dass es üblich ist, in der folgenden Sitzung förmlich festzustellen, ob gegen die Niederschrift Einwendungen erhoben werden. Denn dann muss jedes BR.Mitgl. vorher den Inhalt der Niederschrift kennen. Sich diese Kenntnis vor jeder Sitzung durch Einsichtnahme in die BR.Unterlagen nach Abs. 3 zu verschaffen, ist den BR.Mitgl. nicht zumutbar.

5. Unterlassung der Niederschrift

Die Anfertigung der Niederschrift ist zwar vorgeschrieben. Ihre Unterlassung stellt **26** auch eine Pflichtwidrigkeit dar, ist jedoch für die **Rechtsgültigkeit** der BR.Beschlüsse im Allgemeinen **ohne Bedeutung** (BAG 8. 2. 77 BAG AP Nr. 10 zu § 80 BetrVG 1972; GK-*Raab* Rn 9; *Richardi/Thüsing* Rn 20; **aA** LAG Köln NZA 99, 245). Das gilt naturgemäß erst recht, wenn lediglich die erforderlichen Unterschriften oder die Anwesenheitsliste fehlen. Ist die Niederschrift unterblieben und wird die Rechtmäßigkeit eines BR.Beschlusses bestritten, so ist der Beweis für das rechtsgültige Zustandekommen des bestrittenen Beschlusses durch Zeugen oder durch andere Unterlagen zu führen.

Die Anfertigung einer Niederschrift ist jedoch für die Rechtsgültigkeit eines Beschlusses des BR erforderlich, wenn dieser Beschluss kraft gesetzlicher Regelung **27** – nicht durch eine Regelung in der Geschäftsordnung – der **Schriftform** bedarf (*DKKW-Wedde* Rn 13; GK-*Raab* Rn 10; *Richardi/Thüsing* Rn 21; *Grosjean* NZA-RR 05, 117). Das ist zB der Fall beim Erlass einer Geschäftsordnung (§ 36) oder bei der Übertragung von Aufgaben zur selbständigen Erledigung auf den BetrAusschuss oder andere Ausschüsse des BR oder auf Arbeitsgruppen nach § 28 a sowie deren Widerruf (vgl. § 27 Abs. 2, §§ 28 und 28 a Abs. 1) oder bei der Beauftragung des GesBR nach § 50 Abs. 2.

III. Einwendungen gegen die Niederschrift

§ 34 Abs. 2 Satz 2 regelt die Behandlung von **Einwendungen** gegen die Richtig- **28** keit der Niederschrift, insb. gegen die Wiedergabe der Beschlüsse oder Stimmenmehrheiten, die Vollständigkeit der Anwesenheitsliste, ggf. die Protokollierung von Anträgen und von in der Sitzung gemachten Ausführungen.

Die **Berechtigung,** solche Einwendungen zu erheben, ist nicht auf den ArbGeb. **29** und die Gewerkschaftsbeauftragten beschränkt, sondern steht **jedermann** zu, der an der Sitzung teilgenommen und vom Inhalt der Niederschrift Kenntnis genommen hat (*DKKW-Wedde* Rn 17; ErfK-*Koch* Rn 2; GK-*Raab* Rn 25; *Richardi/Thüsing* Rn 15). Das sind insb. die BR.Mitgl.

Einwendungen müssen **unverzüglich,** dh ohne vorwerfbare Verzögerung, und **30** **schriftlich** beim BR, dh bei seinem Vors. (§ 26 Abs. 3), erhoben werden. Der BR.Vors. ist verpflichtet, erhobene Einwendungen dem BR zur Kenntnis zu bringen.

Sind Einwendungen ordnungsgemäß erhoben worden, so sind sie der Niederschrift beizufügen, auch wenn der BR die Einwendungen nicht für berechtigt erachtet. Durch diese Ordnungsvorschrift soll erreicht werden, dass Zweifel an der Richtigkeit der Niederschrift möglichst bald entweder ausgeräumt oder aktenkundig gemacht werden. Die Anfertigung eines vollständigen „Gegenprotokolls", zB des ArbGeb., fällt aber nicht mehr unter den Begriff der „Einwendung" (LAG Frankfurt DB 89, 486; *DKKW-Wedde* Rn 17; ErfK-*Koch* Rn 2; **aA** GK-*Raab* Rn 26). Die Erhebungen von Einwendungen hat auf die Wirksamkeit von Beschlüssen des BR keine Auswirkungen.

31   Durch die Vorschrift des Abs. 2 Satz 2 wird der BR nicht gehindert, in üblicher Weise (zB in der folgenden Sitzung) festzustellen, ob Einsprüche gegen die Niederschrift erhoben werden, und ggf. die Niederschrift zu berichtigen. Dabei können selbstverständlich noch **mündlich** vorgebrachte Einwendungen berücksichtigt werden (GK-*Raab* Rn 26).

32   Will der BR erhobenen **Einwendungen nicht stattgeben**, so wird er zweckmäßigerweise die Angelegenheit auf sich beruhen lassen und abwarten, ob sich aus den widersprechenden Auffassungen ein Streit entwickelt, der eine arbeitsgerichtliche Klärung erfordert. Dieser Streit betrifft eine Angelegenheit der Geschäftsführung des BR und ist vom ArbG im BeschlVerf. zu entscheiden. **Antragsberechtigt** ist auch derjenige, der Einwendungen erhoben hat (*DKKW-Wedde* Rn 24; GK-*Raab* Rn 27). Unter Umständen kann ein Streit über die Berechtigung von Einwendungen auch als Vorfrage in einem anderen Verfahren zu entscheiden sein.

IV. Einsichtsrecht der Mitglieder des Betriebsrats

33   Durch Abs. 3 wird den BRMitgl. das Recht eingeräumt, jederzeit **die Unterlagen des BR und seiner Ausschüsse** einzusehen. Dieses unabdingbare Recht steht jedem BRMitgl. zu und umfasst auch das elektronische Leserecht der Dateien und der E-Mail-Korrespondenz des BR (BAG 12. 8. 09 – 7 ABR 15/08 – NZA 09, 1218). Durch den Begriff **„jederzeit"** wird sichergestellt, dass für das Verlangen keine bes. zeitlichen Beschränkungen bestehen (vgl. auch § 80 Rn 68). Jedes BRMitgl. kann sich ohne zeitliche Verzögerung über die Vorgänge im BR informieren. Der Grundsatz der gleichen Informationsmöglichkeiten soll ausschließen, dass BRMitgl. aufgrund ihres Status oder übertragener Aufgaben (zB BRVors., Stellvertr., Ausschussmitgl., Freistellung) gegenüber anderen BRMitgl. über einen Informationsvorsprung verfügen (BAG 12. 8. 09 aaO).

33a   Auch bes. sachliche Voraussetzungen für die Ausübung des Einsichtsrechts, insb. das Vorliegen eines bes. Interesses des einzelnen BRMitgl., sind nicht erforderlich. Vielmehr sollen die BRMitgl., insb. wegen der möglichen Delegation von Aufgaben nach §§ 27, 28 und 28 a, den **Überblick über die Gesamttätigkeit des BR** und die betriebsverfassungsrechtliche Aufgabenerfüllung behalten (LAG Niedersachsen NZA-RR 01, 249; *DKKW-Wedde* Rn 19; GK-*Raab* Rn 29). Unzulässig ist es deshalb, das Einsichtsrecht von bes. Voraussetzungen (zB Geschäftsordnung oder Beschluss des BR) abhängig zu machen (BAG 12. 8. 09 – 7 ABR 15/08 – NZA 09, 1218). Auch kann die Einsicht nicht durch einen Beschluss des BR untersagt werden (*Richardi/Thüsing* Rn 27). Andererseits ist das Einsichtsrecht in einer Weise auszuüben, dass die Arbeit des BR und seiner Ausschüsse nicht behindert wird (LAG Niedersachsen aaO; *HSWGNR* Rn 32; *Richardi/Thüsing* Rn 27). Insb. darf es nicht missbräuchlich ausgeübt werden.

33b   Das jederzeitige, nicht an das Vorliegen eines bes. Interesses gebundene Einsichtsrecht der BRMitgl. besteht auch bei **personenbezogenen Daten;** es kann nicht durch Maßnahmen nach § 9 BDSG iVm. der dazu geltenden Anlage beschränkt werden (BAG 12. 8. 09 – 7 ABR 15/08 – NZA 09, 1218). Die Vorschriften des BetrVG zu Verschwiegenheitspflichten beim Umgang mit personenbezogenen Daten innerhalb des BR (§ 99 Abs. 1 S. 3 u. § 102 Abs. 2 S. 5 iVm. § 79 Abs. 1 S. 2–4) gehen dem BDSG vor (s. § 1 Abs. 3 S. 1 BDSG). Da die Verschwiegenheitspflicht nicht im Verhältnis der BRMitgl. gilt (§ 79 Abs. 1 S. 3), ist das Einsichtsrecht aller BRMitgl. nicht unter dem Gesichtspunkt des Datenschutzes einschränkbar. Der BR hat aber als Teil der verantwortlichen Stelle nach § 3 Abs. 7 BDSG über Maßnahmen zu beschließen, um einem Missbrauch von persönlichen Daten zu verhindern (BAG 12. 8. 09 aaO).

Es besteht **kein Anspruch auf Überlassung** oder Zurverfügungstellung der einzusehenden Unterlagen. Jedoch kann sich das BRMitgl. aus diesen Notizen machen oder Ablichtungen fertigen (*DKKW-Wedde* Rn 23; *Düwell/Blanke* Rn 11; ErfK-*Koch* Rn 2; GK-*Raab* Rn 31; *Richardi/Thüsing* Rn 28; *WPK* Rn 17; aA hinsichtlich der Fertigung von Ablichtungen BAG 27. 5. 82 AP Nr. 1 zu § 34 BetrVG 1972; *Schaub/Koch* § 220 Rn 27). Dies gilt jedoch nicht, soweit die Geheimhaltungspflicht nach § 79 entgegensteht, was jedoch wegen § 79 Abs. 1 S. 3 regelmäßig nicht der Fall sein dürfte. **34**

Das G gesteht **nur den BRMitgl.** das Einsichtsrecht zu, nicht dagegen den übrigen Personen, die berechtigt sind, allgemein oder im Einzelfall an BRSitzungen teilzunehmen, zB ArbGeb., JugAzubiVertr., SchwbVertr., Vertrauensmann der Zivildienstleistenden, Mitgl. des Sprecherausschusses für leitende Ang. (*Richardi/Thüsing* Rn 24). Andererseits hindert die Vorschrift nicht, dass solchen Personen – soweit nicht die Geheimhaltungspflicht nach § 79 entgegensteht – Informationen an Hand der Unterlagen gegeben werden, soweit ein berechtigtes Interesse besteht (*DKKW-Wedde* Rn 21d; GK-*Raab* Rn 29; *Richardi/Thüsing* Rn 24). Gegenüber der **JugAzubiVertr.** kann im Einzelfall insoweit eine gesetzliche Verpflichtung auf Grund des Unterrichtungsrechts nach § 70 Abs. 2 Satz 1 bestehen. **35**

Das Einsichtsrecht besteht in Bezug auf die **Unterlagen des BR.** Zu den Unterlagen des BR gehören diejenigen schriftlichen Aufzeichnungen und Materialien, die der BR oder ein Ausschuss angefertigt hat oder die ihm ständig zur Verfügung stehen (Niederschriften, Listen, Berechnungen, Betriebsvereinbarungen, Tarifverträge, Gesetzestexte, Erläuterungsbücher). Neben den in Papierform verkörperten Aufzeichnungen sind auch sämtliche auf Datenträgern gespeicherten Dateien sowie die Korrespondenz des BR unter dessen E-Mail-Anschrift erfasst (BAG 12. 8. 09 – 7 ABR 15/08 – NZA 09, 1218). Das Verlangen auf Einsicht kann auf die über die Behandlung eines bestimmten Vorgangs entstandenen Unterlagen beschränkt werden. **36**

Das Einsichtsrecht richtet sich gegen den **BR.** Auf der Grundlage des Abs. 3 kann nicht verlangt werden, dass der ArbGeb. Einsichtnahmen, die er dem BR ordnungsgemäß gewährt hat, auf Wunsch einzelner BRMitgl. wiederholt. Aus Abs. 3 ergibt sich auch kein Anspruch des einzelnen BRMitgl. auf eine bestimmte Art und Weise der Führung oder den Inhalt der Unterlagen des BR (LAG Niedersachsen NZA-RR 01, 249). Sind die Unterlagen beim BR nicht mehr vorhanden, hat das BRMitgl. Anspruch auf Auskunft über deren Verbleib. **37**

Entspr. gilt für die Einsichtnahme in die schriftliche Unterlagen, die sich bei den **Akten der Ausschüsse des BR** befinden, und zwar sowohl des BetrAusschusses als auch der nach § 28 gebildeten Ausschüsse, unabhängig davon, ob ihnen Aufgaben zur selbständigen Erledigung übertragen worden sind oder ob sie nur die Aufgabe haben, Beschlüsse des BR vorzubereiten (GK-*Raab* Rn 3, 33; *Richardi/Thüsing* Rn 26; ErfK-*Koch* Rn 2), als auch des WiAusschusses (GK-*Raab* Rn 34; *WPK* Rn 16; aA *HSWGNR* Rn 30; *Richardi/Thüsing* Rn 26). Das Gleiche gilt für die Einsichtnahme in Unterlagen einer **Arbeitsgruppe,** die bei ihr infolge der Übertragung von Aufgaben nach § 28a und deren Wahrnehmung entstehen (vgl. § 28a Rn 38). **38**

Das Einsichtsrecht besteht auch gegenüber den Mitgl. von **gemischten Ausschüssen** nach § 28 Abs. 3, soweit bei ihnen eigene Unterlagen entstanden sind (GK-*Raab* Rn 35; *Richardi/Thüsing* Rn 26). Wegen Berichterstattung solcher Ausschussmitgl. gegenüber dem BR vgl. § 28 Rn 49, § 27 Rn 73a. **39**

40   Die **Verweigerung der Einsichtnahme,** insb. eine ständige Verweigerung gegenüber bestimmten BRMitgl., kann eine grobe Pflichtverletzung nach § 23 Abs. 1 darstellen.

V. Streitigkeiten

41   Streitigkeiten über die Notwendigkeit der Anfertigung und die Richtigkeit der Niederschriften, über die Berechtigung und Behandlung von Einwendungen und über das Einsichtsrecht nach Absatz 3 sind von den ArbG im **BeschlVerf.** zu entscheiden (§§ 2a, 80ff. ArbGG u. dazu s. Nach § 1 Rn 1ff.; vgl. auch Rn 32).

§ 35 Aussetzung von Beschlüssen

(1) **Erachtet die Mehrheit der Jugend- und Auszubildendenvertretung oder die Schwerbehindertenvertretung einen Beschluss des Betriebsrats als eine erhebliche Beeinträchtigung wichtiger Interessen der durch sie vertretenen Arbeitnehmer, so ist auf ihren Antrag der Beschluss auf die Dauer von einer Woche vom Zeitpunkt der Beschlussfassung an auszusetzen, damit in dieser Frist eine Verständigung, gegebenenfalls mit Hilfe der im Betrieb vertretenen Gewerkschaften, versucht werden kann.**

(2) **[1] Nach Ablauf der Frist ist über die Angelegenheit neu zu beschließen. [2] Wird der erste Beschluss bestätigt, so kann der Antrag auf Aussetzung nicht wiederholt werden; dies gilt auch, wenn der erste Beschluss nur unerheblich geändert wird.**

Inhaltsübersicht

I. Vorbemerkung

1   Die Vorschrift gibt der JugAzubiVertr. und der SchwbVertr. ein **suspendierendes Vetorecht** gegen Beschlüsse des BR.

2   Die Vorschrift gilt **entspr.** für den GesBR (§ 51 Abs. 1) und KBR (§ 59 Abs. 1). Für die BordVertr. und den SeeBR ist sie ebenfalls für entsprechend anwendbar erklärt (vgl. §§ 115 Abs. 4 und 116 Abs. 3). Jedoch dürfte sie im Seebereich eine noch eingeschränktere Bedeutung haben, da eine JugAzubiVertr. nur in Landbetrieben von Seeschifffahrtsunternehmen zu wählen ist (vgl. § 114 Abs. 5) und SchwbVertr. wegen der bes. gesundheitlichen Anforderungen an die Besatzungsmitgl. idR nicht zu bilden sein werden; allerdings kann insoweit eine Zuständigkeit der GesSchwbVertr. gem. § 97 Abs. 6 S. 1 SGB IX in Betracht kommen. Die Vorschrift gilt nicht für Beschlüsse der JugAzubiVertr., der GesJugAzubiVertr. oder der KJugAzubiVertr. (vgl. §§ 65 Abs. 1, 73 Abs. 2 und 73b Abs. 2). Auf ArbNVertr. nach § 3 Abs. 1 Nr. 2 und 3 ist die Bestimmung entspr. anzuwenden, da sie an die Stelle eines BR treten. Für ArbN-Vertr. nach § 3 Abs. 1 Nr. 4 und 5 bleibt eine entspr. Regelung dem TV oder der BV überlassen. Wegen ihrer Anwendung auf den BetrAusschuss und weitere Ausschüsse des BR vgl. Rn 32.

Die Vorschrift ist **zwingend** und kann weder durch TV noch durch BV abgedun- 3
gen werden. Zulässig ist es jedoch, das bei der Antragstellung und der Behandlung
des Antrags zu beachtende Verfahren in der Geschäftsordnung des BR näher zu regeln (GK-*Raab* Rn 7).
Entsprechende Vorschrift: § 39 BPersVG. 4

II. Antrag auf Aussetzung eines Beschlusses

Der Antrag auf Aussetzung kann nur **gegen einen Beschluss des BR** gestellt 5
werden. Die Wahl des BRVors., seines Vertr. (§ 26), der Mitgl. des BetrAusschusses
oder anderer Ausschüsse (§§ 27, 28), der freizustellenden BRMitgl. (§ 38 Abs. 2), der
Mitgl. des GesBR (§ 47 Abs. 2) oder KBR (§ 55 Abs. 1) sind keine Beschlüsse iS
dieser Vorschrift. Deshalb greift hier § 35 nicht ein. Überdies tritt bei einer Wahl stets
sofort eine unmittelbare Wirkung ein, so dass sich schon deshalb die Aussetzung verbietet (BAG 20. 4. 56 AP Nr. 3 zu § 27 BetrVG; *DKKW-Wedde* Rn 3; ErfK-*Koch*
Rn 1; GK-*Raab* Rn 18). Zur Frage der gerichtlichen Überprüfbarkeit dieser Wahlen
vgl. § 26 Rn 52 ff., § 27 Rn 96 ff., § 38 Rn 105 ff.

Antragsberechtigt sind die JugAzubiVertr. (Rn 7 ff.) sowie die SchwbVertr. 6
(Rn 10).

Der **Antrag der JugAzubiVertr.** bedarf eines ordentlichen Beschlusses, der mit 7
der absoluten Mehrheit dieser Vertr. zu fassen ist (vgl. den Wortlaut; GK-*Raab*
Rn 10; GK-*Oetker* § 66 Rn 6; *Richardi/Thüsing* Rn 3; *WPK* Rn 5; aA *DKKW-*
Wedde Rn 5). Da der Aussetzungsantrag die Geltendmachung einer erheblichen Be
einträchtigung wichtiger Interessen der jug. ArbN oder der Auszubildenden voraussetzt, dürfte er in aller Regel nur bei Angelegenheiten in Betracht kommen, die die
jug. oder zu ihrer Berufsausbildung beschäftigten ArbN „überwiegend" oder „besonders" iS des § 67 angehen (vgl. hierzu § 67 Rn 11 ff., 20 ff.).

Bei einem Beschluss über eine Angelegenheit, die die jug. oder zu ihrer Berufsaus- 8
bildung beschäftigten ArbN „überwiegend" betrifft, bei dem daher die gesamte Jug-
AzubiVertr. nach § 67 Abs. 2 Stimmrecht hat (vgl. § 67 Rn 20 ff.), setzt der Antrag
voraus, dass die **Mehrheit** der JugAzubiVertr. **gegen den Beschluss** gestimmt hat
(GK-*Raab* Rn 13; *DKKW-Wedde* Rn 5; *WPK* Rn 5; aA *HSWGNR* Rn 7; *Richardi/*
Thüsing Rn 8).

Bei einem Beschluss, der jug. oder zu ihrer Berufsausbildung beschäftigte ArbN 9
„besonders" betrifft, bei dessen Erörterung daher die gesamte JugAzubiVertr. nach
§ 67 Abs. 1 Satz 2 ein beratendes Teilnahmerecht hat, ist für die Berechtigung zur
Antragstellung zu fordern, dass die JugAzubiVertr. erkennbar gemacht hat, dass sie
mehrheitlich erhebliche Bedenken gegen den zur Abstimmung gestellten Beschluss hatte (*DKKW-Wedde* Rn 5; GK-*Raab* Rn 13; ErfK-*Koch* Rn 1; im Ergebnis
unter dem Gesichtspunkt des Rechtsmissbrauchs ebenso *Richardi/Thüsing* Rn 15; aA
HSWGNR Rn 8). Deshalb erscheint eine entspr. Erklärung zur Niederschrift zweckmäßig.

Die **SchwbVertr.** nimmt nach § 32 beratend an den BRSitzungen teil. Auch von 10
ihr wird man verlangen müssen, dass sie ihre Bedenken vor der Beschlussfassung dar-
getan hat (wohl auch GK-*Raab* Rn 14; *Richardi* Rn 15; aA *HSWGNR* Rn 10). Ist die
SchwbVertr. entgegen § 95 Abs. 2 S. 1 SGB IX in Angelegenheiten, die einzelne
Schwbeh. oder die Schwbeh. als Gruppe berühren, nicht rechtzeitig und umfassend
unterrichtet und vor einer Entscheidung der ArbGeb. nicht gehört worden, so kann
die SchwbVertr. allein wegen der unterbliebenen Beteiligung den Aussetzungsantrag
stellen (vgl. § 95 Abs. 4 S. 2 SGB IX). Im Falle der Verhinderung des ordentlichen
Mitgl. der SchwbVertr. kann dessen Stellvertreter den Aussetzungsantrag stellen (*GL*
Rn 7).

11   **Kein Recht** zur Stellung eines Aussetzungsantrags hat der Vertrauensmann der Zivildienstleistenden. Auch anderen Gruppen, etwa ausländischen ArbN oder Frauen, steht kein Antragsrecht zu.

12   Auch der **Sprecherausschuss** für leitende Ang. hat **kein Recht,** einen Aussetzungsantrag zu stellen (*Richardi/Thüsing* Rn 6).

13   Für den Antrag auf Aussetzung ist **keine Form** vorgeschrieben. Es genügt daher auch ein mündlicher Antrag.

14   Auch eine **Frist** ist für die Antragstellung ausdrücklich nicht vorgeschrieben. Mittelbar ergibt sich eine Frist jedoch daraus, dass der Beschluss nur auf eine Woche, von der Sitzung – nicht vom Antrag – an gerechnet, ausgesetzt werden kann. Deshalb kann nach Ablauf von einer Woche nach Beschlussfassung der Antrag nicht mehr gestellt werden (*DKKW-Wedde* Rn 8; *GK-Raab* Rn 16; *HSWGNR* Rn 17; *Richardi/Thüsing* Rn 12). Wird der Antrag bereits in der Sitzung gestellt, in der der betr. Beschluss gefasst wurde, so ist er in der Niederschrift aufzunehmen.

15   Ist der Beschluss **bereits durchgeführt,** so kann eine Aussetzung nicht mehr beantragt werden (*DKKW-Wedde* Rn 8; *GK-Raab* Rn 17; *HSWGNR* Rn 22; *Richardi/Thüsing* Rn 12; vgl. hierzu auch Rn 29 ff. sowie § 33 Rn 45).

16   Der Antrag ist grundsätzlich an den **Vors. des BR** zu richten (§ 26 Abs. 3 Satz 2). In ihm muss behauptet werden, der Beschluss beeinträchtige in erheblicher Weise wichtige Interessen der von den Antragstellern vertretenen ArbN. Es ist zwar nicht erforderlich, dass die Antragsteller das Vorliegen einer solchen Beeinträchtigung beweisen; eine Begründung für den Antrag ist aber von den Antragstellern zu verlangen (*DKKW-Wedde* Rn 9; *ErfK-Koch* Rn 1; *GK-Raab* Rn 19; *Richardi/Thüsing* Rn 7).

17   Der Antrag kann jederzeit **zurückgenommen** werden mit der Folge, dass sich die Durchführung des weiteren Aussetzungsverfahrens erübrigt (*DKKW-Wedde* Rn 12; *GK-Raab* Rn 10).

III. Aussetzung des Beschlusses

18   **Aussetzen** bedeutet, die Durchführung des Beschlusses um die angegebene Dauer hinauszuschieben. Der eigentliche Bestand des Beschlusses wird durch eine Aussetzung nicht berührt; der Beschluss ist lediglich suspendiert (*GK-Raab* Rn 21; *Richardi/Thüsing* Rn 22). Wegen der Rechtswirkung des Aussetzungsantrags vgl. unten Rn 29 ff.

19   Der Vors. hat ein **formelles Prüfungsrecht,** dh er hat zu prüfen, ob die Antragsberechtigung gegeben ist, Gründe für eine Beeinträchtigung der Interessen bestimmter ArbN dargelegt sind und die Antragsfrist eingehalten ist. Ist dies der Fall, ist er grundsätzlich verpflichtet, den Beschluss auszusetzen. Er kann nicht über die Berechtigung des Antrags entscheiden. Eine Verletzung dieser Pflicht kann ggf. eine grobe Pflichtverletzung iS von § 23 Abs. 1 sein (*Richardi/Thüsing* Rn 26). Andererseits wird man dem Vors. jedoch zubilligen müssen, insb. in dringenden Fällen, von der Berücksichtigung eines Antrags abzusehen, wenn dieser **offensichtlich unbegründet** ist (ähnlich *GK-Raab* Rn 20; *Richardi/Thüsing* Rn 16; *WPK* Rn 7; **aA** nur bei Rechtsmissbrauch: *DKKW-Wedde* Rn 10; *HSWGNR* Rn 16). Letzteres kann der Fall sein, wenn der Antrag offensichtlich auf einem Rechts- oder Tatsachenirrtum beruht, er nicht mit speziellen Interessen der von den Antragstellern vertretenen ArbN, sondern mit allgemeinen Erwägungen begründet wird oder wenn der Antrag offensichtlich mutwillig gestellt ist.

20   Bei einem ordnungsgemäßen Antrag ist der Beschluss auf die **Dauer von einer Woche,** gerechnet von der BRSitzung an, in der er gefasst worden ist, auszusetzen. Für die Berechnung der Frist ist nach § 187 Abs. 1 BGB der Tag, an dem der Beschluss gefasst wurde, nicht mitzuzählen. Die Frist endet mit Ablauf des Wochentages der nächsten Woche, der in seiner Bezeichnung dem Tag der Beschlussfassung entspricht. Eine Verlängerung der Frist ist nicht vorgesehen, jedoch kann der BR im

Hinblick auf den Verlauf der Verständigungsverhandlungen eine längere Aussetzung des Beschlusses beschließen (ErfK-*Koch* Rn 1). Eine Verkürzung der Frist ist grundsätzlich nicht zulässig, es sei denn, es wird im Laufe der Frist die Angelegenheit im allgemeinen Einverständnis geregelt (*DKKW-Wedde* Rn 12; *GK-Raab* Rn 21; vgl. aber auch Rn 29 ff.).

Während der Aussetzungsfrist soll eine **Verständigung** zwischen der Mehrheit im 21 BR und den Antragstellern versucht werden. Dies erfordert entspr. Verhandlungen innerhalb des BR, die aber, besonders wenn die Hilfe der Gewerkschaften in Anspruch genommen wird, nicht notwendig in förmlichen BR Sitzungen stattfinden müssen (*DKKW-Wedde* Rn 14; *GK-Raab* Rn 24).

IV. Hinzuziehung der Gewerkschaften

Die **im Betrieb** – nicht nur die im BR – **vertr. Gewerkschaften** (vgl. hierzu § 2 22 Rn 43) können zur Hilfeleistung bei den Verständigungsverhandlungen herangezogen werden. Jedoch dürften für eine solche Hilfeleistung insb. die im BR vertr. Gewerkschaften in Betracht kommen. Für die Heranziehung ist kein bes. Beschluss des BR erforderlich. Vielmehr können die Beteiligten unmittelbar die im Betrieb vertr. Gewerkschaften in die Verständigungsverhandlungen einbeziehen (*GK-Raab* Rn 24; *Richardi/Thüsing* Rn 18). Aus eigenem Recht können sich die Gewerkschaften nicht in diese Verhandlungen einschalten (*GK-Raab* Rn 24; *HSWGNR* Rn 26; *Richardi/ Thüsing* Rn 18).

Obwohl auch die SchwbVertr einen Aussetzungsantrag stellen kann, ist die Heran- 23 ziehung der Verbände der Schwbeh. in die Verständigungsversuche nicht vorgesehen. Der BR ist jedoch nicht gehindert, in einschlägigen Fällen Vertreter eines solchen Verbandes als Auskunftspersonen zu hören (*DKKW-Wedde* Rn 13; *GK-Raab* Rn 24; *HSWGNR* Rn 27).

V. Erneute Beschlussfassung

Nach Ablauf der Wochenfrist ist über die Angelegenheit **neu zu beschließen** und 24 zwar dahingehend, ob der alte Beschluss aufrechterhalten, aufgehoben oder abgeändert werden soll. Gegenstand der Beschlussfassung ist also nicht der ursprüngliche Antrag, sondern der angegriffene Beschluss (*GK-Raab* Rn 25; *Richardi/Thüsing* Rn 19). Das Aussetzungsverfahren wird durch die **erneute Beschlussfassung abgeschlossen.** Erfolgt keine erneute Beschlussfassung, so ist das Verfahren gegenüber den Antragstellern nicht abgeschlossen, der Beschluss ist aber im Außenverhältnis weiterhin wirksam, kann insb. durch einen Vollzug dem ArbGeb. gegenüber Rechtswirkungen entfalten (*GK-Raab* Rn 22 f., 27).

Nach dem Gesetzeswortlaut findet die erneute Beschlussfassung nach Ablauf der 25 Frist von einer Woche statt, also frühestens an dem Tag, der auf den Ablauf der Frist folgt. Eine **Verschiebung der Beschlussfassung** (zB auf den nächsten Termin turnusmäßiger BR Sitzungen) ist jedoch jedenfalls dann zulässig, wenn der Vollzug des ursprünglichen Beschlusses ebenfalls entspr. hinausgeschoben wird (*DKKW-Wedde* Rn 17; *GK-Raab* Rn 27). Andererseits kann im Einverständnis mit den Antragstellern die erneute Beschlussfassung auch vor Ablauf der Wochenfrist durchgeführt werden (*GK-Raab* Rn 26; *HSWGNR* Rn 28; *WPK* Rn 11).

Bestätigt der BR den angegriffenen Beschluss, so kann ein neuer Antrag 26 nicht gestellt werden, und zwar weder von dem ursprünglichen Antragsteller noch von einem anderen Antragsberechtigten, weil für letzteren die Frist nach § 35 Abs. 1 bereits abgelaufen ist (*DKKW-Wedde* Rn 18; *GK-Raab* Rn 28; *Richardi/Thüsing* Rn 20).

27   **Bestätigt der BR den Beschluss** in seinem **wesentlichen Inhalt,** verändert er ihn aber nur unerheblich, dh in einzelnen Punkten, die bei Gesamtwürdigung des Beschlusses zurücktreten, so ist ebenfalls ein erneuter Aussetzungsantrag ausgeschlossen. Dabei ist es unwesentlich, aus welchen Gründen diese nur unerheblichen Änderungen erfolgt sind, zB um dem Antragsteller in bestimmten Fragen entgegenzukommen, die im Ganzen unerheblich, für den Antragsteller aber bes. wichtig sind (*HSWGNR* Rn 31; ähnlich GK-*Raab* Rn 29).

28   **Ändert der BR seinen Beschluss nicht nur unerheblich,** so kann ein erneuter Aussetzungsantrag gestellt werden. Hierbei ist für die Frage der Zulässigkeit dieses Aussetzungsantrages, dh insb. hinsichtlich der Antragsberechtigung, von der erneuten Beschlussfassung auszugehen (*DKKW-Wedde* Rn 18; *HSWGNR* Rn 31; *Richardi/Thüsing* Rn 21). Eine erhebliche Änderung liegt auch vor, wenn der ursprüngliche Beschluss aufgehoben wird, ohne dass in der Sache ein erneuter Beschluss gefasst worden ist (*GL* Rn 15; **aA** GK-*Raab* Rn 30; *WPK* Rn 12).

VI. Rechtswirkung des Aussetzungsantrages

29   Ein Aussetzungsantrag verpflichtet den BRVors., die Durchführung des BRBeschlusses für eine bestimmte Zeit auszusetzen. Der Antrag hat keine Auswirkung auf die Rechtswirksamkeit des BRBeschlusses. Das zeigt sich nicht nur darin, dass ein Aussetzungsantrag nach Vollzug des Beschlusses unbeachtlich ist (vgl. Rn 15). Das ergibt sich auch daraus, dass Gegenstand der erneuten Beschlussfassung nicht der ursprüngliche Antrag, sondern der angegriffene Beschluss des BR ist. Bei einer Ablehnung des Antrags wird der ursprüngliche Beschluss lediglich bestätigt (vgl. Rn 24). Die Vorschrift des § 35 ist lediglich eine **interne Ordnungsvorschrift für die Willensbildung des BR,** deren Nichtbeachtung zwar uU eine Pflichtverletzung des BR sein kann, im Übrigen die **Wirksamkeit von BRBeschlüssen** jedoch **nicht** berührt (GK-*Raab* Rn 22 f.; ErfK-*Koch* Rn 1).

30   Die Aussetzungsfrist von 1 Woche kann sich mit der förmlichen **Ausschlussfrist** von 1 Woche nach § 99 Abs. 3 und § 102 Abs. 2 Satz 1 überschneiden. Das gilt in verstärktem Maße für die Frist von 3 Tagen nach § 102 Abs. 2 Satz 3. Diese Fristen werden durch einen Aussetzungsantrag jedoch **nicht berührt** (*DKKW-Wedde* Rn 11; ErfK-*Koch* Rn 1; GK-*Raab* Rn 22 f.; *Richardi/Thüsing* Rn 24; *WPK* Rn 8; Münch-ArbR-*Joost* § 219 Rn 61; **aA** *Brecht* Rn 8 und *Oetker* BlStR 83, 293, die die Fristen des § 99 Abs. 3 und § 102 Abs. 2 als unterbrochen ansehen). Das folgt zum einen aus dem unterschiedlichen Charakter der Vorschriften: während § 35 lediglich eine interne Ordnungsvorschrift für die Willensbildung des BR ist, stellen die vorstehend genannten Fristen im Rahmen der personellen MB materielle Ausschlussfristen dar. Der ArbGeb. und im Falle der Einstellung der betroffene ArbN müssen nach Ablauf dieser Ausschlussfristen klar sehen, ob sie mit einem Widerspruch oder der Zustimmung des BR zu rechnen haben. Schließlich ist für den Aussetzungsantrag der SchwbVertr. in § 95 Abs. 4 S. 2 SGB IX ausdrücklich geregelt, dass er keine Fristverlängerung zur Folge hat. Dieselbe Regelung hat § 39 Abs. 1 S. 3 BPersVG für den Bereich der Personalvertretung getroffen. Für den Aussetzungsantrag der JugAzubi-Vertr. etwas anderes anzunehmen, sind keinerlei Gründe ersichtlich.

31   Allerdings hat der BRVors. dem **ArbGeb. mitzuteilen,** dass ein Aussetzungsantrag gestellt worden ist. Der ArbGeb. wird im Rahmen der vertrauensvollen Zusammenarbeit abzuwägen haben, ob er die vorgesehene Maßnahme bis zur erneuten Beschlussfassung des BR zurückstellen kann (GK-*Raab* Rn 23; *HSWGNR* Rn 24; nach *DKK-Wedde* Rn 11 besteht grundsätzlich eine derartige Rechtspflicht). Abzulehnen ist die Ansicht von *Richardi/Thüsing* (Rn 24), der BR habe bei einem Aussetzungsantrag gegen einen zustimmenden Beschluss zu einer Personalmaßnahme bei einer Mitteilung an den ArbGeb. die von den Antragstellern vorgetragenen Gründe zu übernehmen, bis der BR über die Angelegenheit erneut beschlossen habe; dies wäre eine unzulässige Missachtung des – immerhin mit Mehrheit gefassten – BRBeschlusses. Im Übrigen ist der BR **verpflichtet,** bei Stellung eines nicht offensichtlich unbegründeten Antrags alle zumutbaren Anstrengungen zu unternehmen, um die Angelegenheit **beschleunigt** mit den Antragstellern zu klären und ggf. vor Ablauf der dem ArbGeb. gegenüber einzuhaltenden Frist nochmals in der Angelegenheit zu beschließen.

VII. Anwendung auf Beschlüsse von Ausschüssen des Betriebsrats

Ein Antrag auf Aussetzung eines Beschlusses eines **Ausschusses nach §§ 27 und** **32** **28** ist zulässig, wenn dem Ausschuss Aufgaben zur selbständigen Erledigung übertragen worden sind. Denn andernfalls könnte das Aussetzungsrecht durch Verlagerung von Aufgaben auf Ausschüsse unterlaufen werden (*DKKW-Wedde* Rn 1; Erfk-*Koch* Rn 1; GK-*Raab* Rn 6; *Richardi/Thüsing* Rn 25; **weitergehend** auch bei nur vorbereitenden Ausschusses: *Oetker* BlStR 83, 293; vgl. hierzu auch § 27 Rn 63). Auch in diesen Fällen ist der Antrag an den Vors. des BR (nicht des Ausschusses) zu richten (GK-*Raab* Rn 6; *Richardi/Thüsing* Rn 25; *SWS* Rn 6; aA *HSWGNR* Rn 34; *WPK* Rn 2; *Oetker* aaO). Etwas anderes gilt, wenn der Übertragungsbeschluss des BR oder die Geschäftsordnung eine Antragstellung beim Ausschussvors. vorsieht. Die Antragsberechtigung ergibt sich unmittelbar aus § 35 Abs. 1.

Bei Beschlüssen des **WiAusschusses** ist § 35 nicht anwendbar, da er keine originä- **33** ren BRAufgaben, sondern ihm eigens zugewiesene Aufgaben zu erfüllen hat (*DKKW-Wedde* Rn 2; *Düwell/Blanke* Rn 3; GK-*Raab* Rn 6; *Richardi/Thüsing* Rn 25).

VIII. Streitigkeiten

Streitigkeiten, die sich aus Anträgen auf Aussetzung eines BRBeschlusses oder aus **34** der Durchführung der Aussetzung ergeben, sind von den ArbG im **BeschlVerf.** zu entscheiden (§§ 2a, 80ff. ArbGG u. dazu s. Nach § 1 Rn 1ff.). Das gilt auch für den Antrag der SchwbVertr. (BAG 21. 9. 89 AP Nr. 1 zu § 25 SchwbG 1986). UU kommt auch der Erlass einstw. Vfg. in Betracht, zB zur Sicherung der Aussetzung des Beschlusses oder zur Gewährleistung einer rechtzeitigen neuen Beschlussfassung (*DKKW-Wedde* Rn 19; GK-*Raab* Rn 32; *HSWGNR* Rn 35).

§ 36 Geschäftsordnung

Sonstige Bestimmungen über die Geschäftsführung sollen in einer schriftlichen Geschäftsordnung getroffen werden, die der Betriebsrat mit der Mehrheit der Stimmen seiner Mitglieder beschließt.

Inhaltsübersicht

I. Vorbemerkung

Der Erlass einer GO ist dem BR wegen ihrer Bedeutung für einen ordnungsgemä- **1** ßen Ablauf der BRTätigkeit durch **Sollvorschrift** aufgegeben. Wegen der Bedeutung

der GO und aus Gründen der Rechtssicherheit bedarf ihr Erlass der absoluten Mehrheit im BR und der Schriftform.

2   Die Vorschrift gilt **entspr.** für den GesBR (§ 51 Abs. 1 Satz 1), den KBR (§ 59
Abs. 1), die JugAzubiVertr. (§ 65 Abs. 1), die GesJugAzubiVertr. (§ 73 Abs. 2), die
KJugAzubiVertr. (§ 73b Abs. 2), die Bordvertr. (§ 115 Abs. 4 Satz 1) und den SeeBR
(§ 116 Abs. 3). Sie gilt ferner für eine ArbNVertr. nach § 3 Abs. 1 Nr. 2 und 3, da
diese an die Stelle des BR treten. Das Gleiche gilt für ArbGruppen nach § 28a (vgl.
dort Rn 38). Für ArbNVertr. nach § 3 Abs. 1 Nr. 4 und 5 bleibt die Frage der GO
der Regelung durch TV oder BV überlassen.

3   Obwohl dies nicht ausdrücklich geregelt ist, gilt die Vorschrift ferner entspr. für
den **BetrAusschuss** und andere Ausschüsse des BR. Allerdings können die GO
dieser Ausschüsse auch vom BR selbst beschlossen werden (*DKKW-Wedde* Rn 2;
GK-Raab Rn 3; *Richardi/Thüsing* Rn 8; **aA** *HSWGNR* Rn 15; vgl. auch § 27 Rn 64).
Entspr. gilt für Ausschüsse des GesBR und des KBR.

4   Entsprechende Vorschriften: § 42 BPersVG, § 13 Abs. 5 SprAuG und §§ 13 Abs. 1
S. 2, 28 S. 2 EBRG, § 12 Abs. 1 S. 3, § 24 Abs. 1 SEBG, § 24 Abs. 1 SCEBG.

II. Inhalt der Geschäftsordnung

5   Die GO (Muster bei *Ahlburg* AiB10, 300 f.; *Böttcher* AiB 02, 225; s. auch *Zumbeck*
AiB 06, 273) enthält Bestimmungen über die **Ordnung der internen Geschäftsführung,** insb. der Sitzungen des BR. Sie darf zwar Bestimmungen der §§ 26 bis 41
wiederholen, nicht aber von zwingenden Vorschriften abweichen (*DKKW-Wedde*
Rn 3; *GK-Raab* Rn 11; *ErfK-Koch* Rn 1; *Richardi/Thüsing* Rn 5), so zB nicht von
Bestimmungen über die Wahl der AusschussMitgl. (BAG AP Nr. 7 zu § 28 BetrVG
1972, s. § 28 Rn 29), die Beschlussfassung des BR (§ 33), die Teilnahme von Jug-
AzubiVertr. (§ 65), der SchwbVertr. (§ 32) oder des Vertrauensmanns der Zivildienstleistenden (§ 3 Abs. 1 ZDVG) an den Sitzungen des BR. Ebenso wenig kann die GO
absolute Mehrheit verlangen, wo das G eine einfache Mehrheit ausreichen lässt, oder
umgekehrt bei einer gesetzlich vorgeschriebenen absoluten Mehrheit die einfache
Mehrheit ausreichen lassen. Auch kann die GO dem BR keine Aufgaben und Befugnisse übertragen, die ihm nicht bereits durch eine gesetzliche oder tarifliche Regelung obliegen (*DKKW-Wedde* Rn 5; *ErfK-Koch* Rn 1; *HSWGNR* Rn 4; *GK-Raab*
Rn 12; *Richardi/Thüsing* Rn 3).

6   Zulässig sind insb. Vorschriften über **Einzelheiten der BRSitzungen,** so über
die Anberaumung der Sitzungen, die Festlegung regelmäßiger Sitzungen (zB montags
oder freitags aus Rücksicht auf BRMitgl. im Außendienst), die Einladungsfrist, die
Meldepflicht bei Verhinderung eines BRMitgl., die Leitung der Sitzung, wenn Vors.
und stellvertr. Vors. zugleich verhindert sind, die Ausübung des Rederechts (Rede-
ordnung, Rednerliste), die Leitung und Durchführung der Abstimmungen, die Festlegung der Voraussetzungen für eine geheime oder namentliche Abstimmung, das
Hausrecht des Vors.; ferner Regelungen über die Verschwiegenheitspflicht, insb. die
Festlegung von Angelegenheiten, über die Verschwiegenheit zu wahren ist, die Bestellung von BRMitgl. als Schriftführer des BR, Einzelheiten der Sitzungsniederschrift.
Die GO kann auch Fragen des Teilnahmerechts der im BR vertr. Gewerkschaften (zB
generelles Teilnahmerecht, gegenständlicher und zeitlicher Umfang) regeln (BAG
28. 2. 90 AP Nr. 1 zu § 31 BetrVG 1972; *DKKW-Wedde* Rn 5; **aA** *HSWGNR*
Rn 4; *Richardi/Thüsing* Rn 5; vgl. § 31 Rn 6f.).

7   Weiter kann die GO nähere Regelungen über die **Organisation des BR** und die
Art der Erfüllung seiner Aufgaben treffen, zB über die Wahl und Abberufung des
BRVors. und seines Stellvertr. (§ 26 Rn 6ff.), der Mitgl. und ErsMitgl. des BetrAusschusses und weiterer Ausschüsse (§ 27 Rn 11ff., § 28 Rn 28ff.), sowie der freizustellenden BRMitgl. (§ 38 Rn 34ff.), über die Übertragung von Aufgaben zur selbständigen Erledigung auf den BetrAusschuss (§ 27 Abs. 2), über die Bildung und

Zusammensetzung weiterer Ausschüsse des BR mit konkreter Festlegung ihrer Aufgaben (§ 28), über die Beschlussfassung in diesen Ausschüssen und ihre Berichtspflicht gegenüber dem BR, über die Konkretisierung der vom BetrAusschuss nach § 27 Abs. 2 zu erledigenden laufenden Geschäfte, über die Übertragung der laufenden Geschäfte auf den Vors. oder andere BRMitgl. in kleineren BR (§ 27 Abs. 3). Ferner kommen in Betracht Regelungen über die Führung der BRAkten, einschließlich der Einsicht in diese, das beim Aussetzungsantrag und seiner Behandlung zu beachtende Verfahren, die Bekanntmachung von BRBeschlüssen oder sonstiger Mitteilungen des BR an die ArbN oder über die Durchführung von BetrVerslg und/oder Abteilungsverslg.

Maßnahmen, über die **nur gemeinsam mit dem ArbGeb.** entschieden wer- **8** den kann, zB die Zurverfügungstellung von Geschäftsräumen, Zeit und Ort der Sprechstunden, Durchführung der monatlichen Besprechungen, zusätzliche Freistellungen von BRMitgl. nach § 38, können nicht durch die GO, sondern nur durch BV oder eine sonstige Vereinbarung zwischen ArbGeb. und BR geregelt werden (BAG 16. 1. 79 AP Nr. 5 zu § 38 BetrVG 1972; *DKKW-Wedde* Rn 4; ErfK-*Koch* Rn 1; GK-*Raab* Rn 12; *Richardi/Thüsing* Rn 3). Das Gleiche gilt bei der Übertragung von Aufgaben auf eine Arbeitsgruppe nach § 28a für die in diesem Zusammenhang abzuschließende Rahmenvereinbarung. Umgekehrt können Regelungen, die in die GO gehören, nicht Gegenstand einer BV sein (GK-*Raab* Rn 13; *Richardi/Thüsing* Rn 3). Allerdings können sich BV und GO ergänzen, zB bei einer Vereinbarung zwischen ArbGeb. und BR über Ort und Zeit der Sprechstunden sowie einer hieran anknüpfenden entspr. Regelung in der GO.

III. Erlass der Geschäftsordnung

Der **Beschluss des BR** über die GO bedarf der **absoluten Mehrheit** der Stim- **9** men seiner Mitgl. (vgl. hierzu § 33 Rn 36). Durch die Sollvorschrift des § 36 wird dem BR der Erlass der GO aufgegeben (schärfer GK-*Raab* Rn 6: grundsätzliche Verpflichtung zum Erlass); die Nichtbeachtung der Vorschrift macht jedoch die Beschlüsse des BR nicht unwirksam (GK-*Raab* Rn 6; HSWGNR Rn 1). Andererseits ist – insb. in größeren BR – der Nachweis der Beachtung der GO wichtig, wenn es gilt, die Ordnungsmäßigkeit von Beschlüssen des BR und seiner Ausschüsse darzulegen. Der Nichterlass einer GO ist für sich allein keine grobe Pflichtverletzung nach § 23.

Der Erlass der GO bedarf der **Schriftform.** Zur Schriftform gehört auch die Un- **10** terzeichnung durch den Vorsitzenden des BR (HSWGNR Rn 10; *Richardi/Thüsing* Rn 10). Der Schriftform wird genügt, wenn der Beschluss über die GO in die Sitzungsniederschrift aufgenommen und diese ordnungsgemäß unterzeichnet wird (vgl. § 34 Abs. 1 Satz 2).

Eine **Veröffentlichung** der GO ist nicht erforderlich; sie bedarf daher weder des **11** Aushangs noch einer sonstigen Bekanntmachung (*DKKW-Wedde* Rn 8; ErfK-*Koch* Rn 1; GK-*Raab* Rn 9). Wegen der Bedeutung der GO für die BRArbeit, ist die Aushändigung einer Abschrift an jedes BRMitgl. geboten (*DKKW-Wedde* Rn 8). Auf jeden Fall muss eine jederzeitige Kenntnisnahme durch die BRMitgl. möglich sein. Dem ArbGeb. braucht sie nicht bekannt gegeben zu werden (*Richardi/Thüsing* Rn 11). Eine Aushändigung – jedenfalls von Teilen der GO – an ihn kann jedoch dann geboten sein, wenn die GO die Delegation von Aufgaben des BR nach § 27 Abs. 3 S. 2 und § 28 zur selbständigen Erledigung vorsieht (*DKKW-Wedde* Rn 8; schärfer GK-*Raab* Rn 9, HSWGNR Rn 11 u. MünchArbR-*Joost* § 219 Rn 80: Rechtspflicht aus § 2 Abs. 1).

IV. Wirkung der Geschäftsordnung

12   Die GO enthält Verfahrensrichtlinien, die nur für die **Dauer der Amtszeit** des BR gelten (GK-*Raab* Rn 17; *DKKW-Wedde* Rn 11; ErfK-*Koch* Rn 1; *HSWGNR* Rn 12; MünchArbR-*Joost* § 219 Rn 83; **aA** *Richardi/Thüsing* Rn 15, *SWS* Rn 3, die eine Nachwirkung der GO für den folgenden BR bejahen). Allerdings kann sich aus der GO eine allgemeine Übung entwickeln, die auch der spätere BR beachtet. Ebenso kann dieser die bisherige GO durch einen mit Mehrheit seiner Mitgl. gefassten Beschluss als eigene übernehmen (vgl. BAG 17. 3. 05 NZA 05, 1064).

13   Die Mitgl. des BR, insb. der Vors. und sein Stellvertr. sind **an die GO gebunden,** nicht aber der BR als solcher. Dieser kann vielmehr jederzeit im Einzelfall von der GO durch Beschluss, der der absoluten Mehrheit im BR bedarf, abweichen (*DKKW-Wedde* Rn 9; GK-*Raab* Rn 10, 16; ErfK-*Koch* Rn 1; *HSWGNR* Rn 13; MünchArbR-*Joost* § 219 Rn 82; **aA** *Richardi/Thüsing* Rn 13, die bei einer Abweichung im Einzelfall das Einverständnis aller BRMitgl. fordern). Eine generelle Änderung der GO bedarf außerdem der Schriftform (nach *HSWGNR* aaO auch eine Abweichung im Einzelfall), der schon durch die ordnungsgemäße Aufnahme des Beschlusses in die Sitzungsniederschrift Genüge getan wird (vgl. § 34 Rn 20). Dasselbe dürfte aus Gründen der Rechtssicherheit auch für die Aufhebung der GO gelten (*HSWGNR* Rn 13; insoweit **aA** GK-*Raab* Rn 10). Hat der BR eine GO nur im Rahmen einer allgemeinen Übung übernommen, kann er jederzeit und formlos von ihr abweichen.

14   Da die GO nur **interne Vorgänge des BR** regelt, können dem BR nicht angehörige Personen, etwa der ArbGeb. oder einzelne ArbN, aus ihr keine unmittelbaren Rechte herleiten. Eine Verletzung von Vorschriften der GO macht einen Beschluss des BR nicht unwirksam, jedenfalls dann nicht, wenn es sich lediglich um eine Ordnungsvorschrift handelt (*DKKW-Wedde* Rn 10; ErfK-*Koch* Rn 1; GK-*Raab* Rn 18; *HSWGNR* Rn 14; *Richardi/Thüsing* Rn 12; **aA** MünchArbR-*Joost* § 219 Rn 82 bei Verstoß gegen wesentliche Ordnungsvorschriften).

V. Streitigkeiten

15   Streitigkeiten über Erlass, Inhalt oder Auslegung einer GO sind von den ArbG im **BeschlVerf.** zu entscheiden (§§ 2 a, 80 ff. ArbGG u. dazu s. Nach § 1 Rn 1 ff.).

§ 37 Ehrenamtliche Tätigkeit, Arbeitsversäumnis

(1) **Die Mitglieder des Betriebsrats führen ihr Amt unentgeltlich als Ehrenamt.**

(2) **Mitglieder des Betriebsrats sind von ihrer beruflichen Tätigkeit ohne Minderung des Arbeitsentgelts zu befreien, wenn und soweit es nach Umfang und Art des Betriebs zur ordnungsgemäßen Durchführung ihrer Aufgaben erforderlich ist.**

(3) [1]**Zum Ausgleich für Betriebsratstätigkeit, die aus betriebsbedingten Gründen außerhalb der Arbeitszeit durchzuführen ist, hat das Betriebsratsmitglied Anspruch auf entsprechende Arbeitsbefreiung unter Fortzahlung des Arbeitsentgelts.** [2]**Betriebsbedingte Gründe liegen auch vor, wenn die Betriebsratstätigkeit wegen der unterschiedlichen Arbeitszeiten der Betriebsratsmitglieder nicht innerhalb der persönlichen Arbeitszeit erfolgen kann.** [3]**Die Arbeitsbefreiung ist vor Ablauf eines Monats zu gewähren; ist dies aus betriebsbedingten Gründen nicht möglich, so ist die aufgewendete Zeit wie Mehrarbeit zu vergüten.**

(4) [1]**Das Arbeitsentgelt von Mitgliedern des Betriebsrats darf einschließlich eines Zeitraums von einem Jahr nach Beendigung der Amtszeit nicht geringer**

bemessen werden als das Arbeitsentgelt vergleichbarer Arbeitnehmer mit betriebsüblicher beruflicher Entwicklung. [2] Dies gilt auch für allgemeine Zuwendungen des Arbeitgebers.

(5) Soweit nicht zwingende betriebliche Notwendigkeiten entgegenstehen, dürfen Mitglieder des Betriebsrats einschließlich eines Zeitraums von einem Jahr nach Beendigung der Amtszeit nur mit Tätigkeiten beschäftigt werden, die den Tätigkeiten der in Absatz 4 genannten Arbeitnehmer gleichwertig sind.

(6) [1] Die Absätze 2 und 3 gelten entsprechend für die Teilnahme an Schulungs- und Bildungsveranstaltungen, soweit diese Kenntnisse vermitteln, die für die Arbeit des Betriebsrats erforderlich sind. [2] Betriebsbedingte Gründe im Sinne des Absatzes 3 liegen auch vor, wenn wegen Besonderheiten der betrieblichen Arbeitszeitgestaltung die Schulung des Betriebsratsmitglieds außerhalb seiner Arbeitszeit erfolgt; in diesem Fall ist der Umfang des Ausgleichsanspruchs unter Einbeziehung der Arbeitsbefreiung nach Absatz 2 pro Schulungstag begrenzt auf die Arbeitszeit eines vollzeitbeschäftigten Arbeitnehmers. [3] Der Betriebsrat hat bei der Festlegung der zeitlichen Lage der Teilnahme an Schulungs- und Bildungsveranstaltungen die betrieblichen Notwendigkeiten zu berücksichtigen. [4] Er hat dem Arbeitgeber die Teilnahme und die zeitliche Lage der Schulungs- und Bildungsveranstaltungen rechtzeitig bekannt zu geben. [5] Hält der Arbeitgeber die betrieblichen Notwendigkeiten für nicht ausreichend berücksichtigt, so kann er die Einigungsstelle anrufen. [6] Der Spruch der Einigungsstelle ersetzt die Einigung zwischen Arbeitgeber und Betriebsrat.

(7) [1] Unbeschadet der Vorschrift des Absatzes 6 hat jedes Mitglied des Betriebsrats während seiner regelmäßigen Amtszeit Anspruch auf bezahlte Freistellung für insgesamt drei Wochen zur Teilnahme an Schulungs- und Bildungsveranstaltungen, die von der zuständigen obersten Arbeitsbehörde des Landes nach Beratung mit den Spitzenorganisationen der Gewerkschaften und der Arbeitgeberverbände als geeignet anerkannt sind. [2] Der Anspruch nach Satz 1 erhöht sich für Arbeitnehmer, die erstmals das Amt eines Betriebsratsmitglieds übernehmen und auch nicht zuvor Jugend- und Auszubildendenvertreter waren, auf vier Wochen. [3] Absatz 6 Satz 2 bis 6 findet Anwendung.

Inhaltsübersicht

I. Vorbemerkung

1   Die Bestimmung regelt wesentliche Fragen der **allgemeinen Rechtsstellung der BRMitgl.** Sie steht damit in engem Zusammenhang mit §§ 78, 78 a und 103 dieses Gesetzes sowie §§ 15 f. KSchG und konkretisiert den allgemeinen Grundsatz des § 78 S. 2, nach dem die BRMitgl. wegen ihrer Tätigkeit nicht benachteiligt oder begünstigt werden dürfen. § 78 S. 2 kann deshalb zur Auslegung des § 37 herangezogen werden (BAG 3. 6. 69 AP Nr. 11 zu § 37 BetrVG; *DKK-Wedde* Rn 1; GK-*Weber* Rn 6). Zweck der Vorschrift ist die Sicherung der äußeren und inneren Unabhängigkeit der BRMitgl., um so eine ordnungsgemäße und sachdienliche BRArbeit zu gewährleisten. Dem dient zunächst der Grundsatz des Abs. 1, nach dem das Amt der BRMitgl. ein **Ehrenamt** ist, das unentgeltlich zu führen ist. Die BRMitgl. sollen keine finanziellen Vorteile aus dieser Tätigkeit ziehen. Andererseits sollen sie durch ihre Tätigkeit jedoch auch keine Nachteile erleiden. Das gilt sowohl in zeitlicher als auch in finanzieller und beruflicher Hinsicht. Dem dienen insbesondere die Regelungen der Abs. 3 bis 5 und Abs. 6 S. 1 und 2. Die Regelung des Abs. 2, nach der BRMitgl. von ihrer beruflichen Tätigkeit ohne Minderung des Arbeitsentgelts zu befreien sind, wenn und soweit es nach Umfang und Art des Betriebs zu ordnungsgemäßen Durchführungen ihrer Aufgaben erforderlich ist, will die Erfüllung der BRAufgaben während der Arbeitszeit ohne Entgelteinbuße ermöglichen. Zur völligen Freistellung von BRMitgl. vgl. § 38. Von erheblicher Bedeutung ist ferner die in Abs. 6 und 7 geregelte Freistellung von BRMitgl. zum Zwecke der Teilnahme an **Schulungs- und Bildungsveranstaltungen.** Hierdurch soll den betriebsverfassungsrechtlichen Funktionsträgern die Erlangung des für ihre Aufgabenerfüllung erforderlichen Wissens ermöglicht werden.

2   Das **BetrVerf-ReformG** hat das Recht auf Freizeitausgleich für BRTätigkeit außerhalb der Arbeitszeit in zweifacher Hinsicht erweitert. Zum einen ist der Anwendungsbereich des Abs. 3 durch die Einfügung des neuen S. 2 ausdrücklich auf die Fälle erstreckt worden, in denen wegen unterschiedlicher Arbeitszeiten der BRMitgl. die BRTätigkeit nicht innerhalb der persönlichen Arbeitszeit des BRMitgl. erfolgen kann. Zum anderen wird durch eine Ergänzung der Abs. 6 und 7 der Ausgleichsanspruch nach Abs. 3 auch auf außerhalb der persönlichen Arbeitszeit des BRMitgl. durchgeführte Schulungen erstreckt. Hierbei wird durch den neuen Abs. 6 S. 2 einerseits unterstellt, dass Besonderheiten der betrieblichen Arbeitszeitgestaltung als betriebsbedingte Gründe iS des Abs. 3 anzusehen sind, andererseits der Ausgleichsanspruch umfangmäßig unter Anrechnung der Arbeitsbefreiung nach Abs. 2 auf die Arbeitszeit eines vollzeitbeschäftigten ArbN des Betriebs begrenzt ist. Die Neuregelung hat ua. wegen der Einschränkung des Ehrenamtsprinzips Kritik erfahren (vgl. *Berger-Delhey* ZTR 01, 111; *Buchner* NZA 01, 637). Die nähere Ausgestaltung des

Ehrenamts unterliegt jedoch der Gestaltungsfreiheit des Gesetzgebers, deren Grenzen durch die Neuregelung nicht verletzt sind.

Die Abs. 1 bis 3 gelten für den GesBR (vgl. § 51 Abs. 1), den KBR (vgl. § 59 **3** Abs. 1), die GesJugAzubiVertr. (vgl. § 73 Abs. 2) und die KJugAzubiVertr. (vgl. § 73b Abs. 2) **entsprechend**. Nicht dagegen gelten für sie die Abs. 4 bis 7; die in diesen Absätzen enthaltenen Regelungen finden auf die Mitgl. dieser ArbNVertr. bereits in ihrer Eigenschaft als BRMitgl. bzw. Mitgl. der JugAzubiVertr. Anwendung. Für die Mitgl. der JugAzubiVertr. gilt § 37 entsprechend (vgl. § 65 Abs. 1). Das Gleiche gilt für die Mitglieder des SeeBR (vgl. § 116 Abs. 3). Auf die BordVertr. finden nur Abs. 1 bis 3 Anwendung (vgl. § 115 Abs. 4). Dagegen ist § 37 auf ArbNVertr. iS von § 3 Abs. 1 Nr. 2 und 3 in vollem Umfang anzuwenden, da diese Vertretungen an die Stelle des BR treten. Seine Anwendung auf zusätzliche ArbNVertr. iS von § 3 Abs. 1 Nr. 5 bleibt einer tarifvertraglichen oder betrieblichen Regelung vorbehalten; allerdings gelten Abs. 1 und 2 auch ohne eine ausdrückliche kollektivvertragliche Regelung für eine solche ArbNVertr (GK-*Weber* Rn 3; **aA** *HSWGNR* Rn 6). Auf die Mitgl. unternehmensübergreifender Arbeitsgemeinschaften iS des § 3 Abs. 1 Nr. 4 findet § 37 in ihrer Eigenschaft als Mitgl. der beteiligten unternehmensinternen ArbNVertr. Anwendung. Zur Anwendung der Abs. 1 bis 3 auf ArbGruppen nach § 28a vgl. dort Rn 39. Für betriebsangehörige Mitgl. der betrieblichen E-Stelle gelten Abs. 2 und 3 entsprechend; das Gleiche gilt bei Meinungsverschiedenheiten zwischen ArbGeb. und GesBR oder KBR für die unternehmens- und konzernangehörigen Mitgl. der E-Stelle (vgl. § 76a Rn 11ff.). Auf die nach § 78a Abs. 2 begründeten Arbeitsverhältnisse der in einem Ausbildungsverhältnis stehenden betriebsverfassungsrechtlichen Funktionsträger sind die Abs. 4 und 5 entsprechend anzuwenden. Zu teilweise entsprechenden Regelungen für Mitgl. des Wahlvorst. vgl. § 20 Abs. 3 und dort. Rn 47f.

Die Vorschrift ist **zwingend** und kann weder durch TV noch durch BV abge- **4** ändert werden. Soweit es sich allerdings um die Durchführung der Vorschrift handelt, sind Regelungen durch TV und BV zulässig, sofern sich diese in Übereinstimmung mit den Grundsätzen des § 37 halten (*GL* Rn 7; GK-*Weber* Rn 4; **aA** *HSWGNR* Rn 8).

Entsprechende Vorschrift: § 46 BPersVG, § 14 Abs. 1 SprAuG und §§ 38, 40 **5** EBRG.

II. Ehrenamt (Abs. 1)

Das „Amt" des BR ist ein **privatrechtliches Ehrenamt**. Es ist kein Amt im **6** öffentlich-rechtlichen Sinne. Das BRMitgl. versieht daher kein Amt iS des Beamtenrechts und übt auch keine öffentlich-rechtlichen Amtsbefugnisse aus (*GL* Rn 8; GK-*Weber* Rn 7; *Richardi/Thüsing* Rn 5; vgl. § 1 Rn 262f.). Vielmehr bleibt das Rechtsverhältnis des BRMitgl. zum ArbGeb. ein Arbeitsverhältnis, dessen Inhalt allerdings durch die Vorschriften dieses Gesetzes zT modifiziert wird.

Während die Absätze 4 und 5 sowie die Kündigungsschutzvorschriften zugunsten **7** der Mitgl. des BR (vgl. § 103 BetrVG, §§ 15f. KSchG) die **äußere Unabhängigkeit** der BRMitgl. gewährleisten sollen, dient der Grundsatz der unentgeltlichen Ausübung des BRAmtes der **inneren Unabhängigkeit** der BRMitgl. (BAG 20. 10. 93 AP Nr. 90 zu § 37 BetrVG 1972; BAG 5. 5. 10 – 7 AZR 728/08 – NZA 10, 1025; *DKK-Wedde* Rn 1; *HSWGNR* Rn 12; *Richardi/Thüsing* Rn 2). An den Begriff der Unentgeltlichkeit ist im Interesse der Unabhängigkeit der BRMitgl. ein strenger Maßstab anzulegen (BAG 20. 10. 93 aaO; vgl. auch BAG 5. 3. 97 AP Nr. 123 zu § 37 BetrVG 1972; ErfK-*Koch* Rn 1; GK-*Weber* Rn 8; *Richardi/Thüsing* Rn 6; *WW* Rn 2). Deshalb darf das BRMitgl. im Interesse der unparteiischen und unabhängigen Wahrnehmung des Amtes aus dessen Führung keine Vorteile haben, aber auch keine Einbußen erleiden. Notwendige Aufwendungen und Auslagen, die ihm im Rahmen der Ausübung des Amts erwachsen, sind ihm zu ersetzen (vgl. § 40 Abs. 1).

8 Für die Wahrnehmung des Amts darf dem BRMitgl. insbesondere **in keiner Weise irgendeine Vergütung** zufließen, auch nicht in mittelbarer oder versteckter Form (BAG 5. 5. 10 – 7 AZR 728/08 – NZA 10, 1025; *DKK-Wedde* Rn 3; *ErfK-Koch* Rn 1; GK-*Weber* Rn 9; *HSWGNR* Rn 15; *Richardi / Thüsing* Rn 7; *SW* Rn 1). Unzulässig ist zB die Gewährung von Lohn für nicht notwendige Arbeitsversäumnis, die Zuweisung einer besonders verbilligten Werkswohnung, die Einräumung besonders günstiger Konditionen bei einem Firmendarlehen, die Gewährleistung eines längeren Urlaubs, die Zahlung von Sitzungsgeldern zusätzlich zum fortgezahlten Entgelt, die Freistellung von Arbeit, ohne dass dies zur Erfüllung der BRArbeit erforderlich ist (vgl. BAG 1. 3. 63 AP Nr. 8 zu § 37 BetrVG; *Richardi / Thüsing* Rn 7), die Beförderung eines BRMitgl., wenn diese nicht durch dessen Leistung bedingt ist oder den Regelungen der Abs. 4 oder 5 entspricht, Ersatz von nicht notwendig und nicht wirklich entstandenen Auslagen (GK-*Weber* Rn 11; *HSWGNR* Rn 15; *Rüthers* RdA 76, 61 ff.). Nicht zulässig ist auch die Weitergewährung einer pauschalierten Überstundenabgeltung an freigestellte BRMitgl., wenn die Arbeitskollegen im Allgemeinen keine Überstunden mehr leisten. Es ist auch nicht angängig, vom BR die Abhaltung der Sitzungen außerhalb der Arbeitszeit unter Zahlung des entsprechenden Arbeitsentgelts zu fordern, wenn dies nicht aus betrieblichen Gründen erforderlich ist.

9 **Keinen unzulässigen Vorteil** stellt dagegen die Gewährung eines bezahlten Freizeitausgleichs an BRMitgl. dar, die aus betriebsbedingten Gründen notwendige BRArbeit außerhalb ihrer Arbeitszeit ausüben (vgl. Abs. 3) oder aus solchen Gründen an Schulungsveranstaltungen außerhalb ihrer Arbeitszeit teilnehmen (vgl. Abs. 6 iVm. Abs. 3). Das Gleiche gilt, wenn ein BRMitgl. mit Rücksicht auf seine BRTätigkeit an einem geringer entlohnten Arbeitsplatz beschäftigt wird, jedoch weiterhin seinen bisherigen Lohn erhält (*DKK-Wedde* Rn 5; *GL* Rn 10; *HSWGNR* Rn 16; *Richardi / Thüsing* Rn 7). Zur Frage der Änderung der Arbeitsbedingungen auch der BRMitgl. bei einer Massenänderungskündigung vgl. § 103 Rn 12.

10 Der **pauschale Ersatz regelmäßig entstehender Auslagen** und barer Aufwendungen kann als zulässig angesehen werden, wenn die Pauschale im Wesentlichen dem Durchschnitt der wirklichen Auslagen und Aufwendungen entspricht, sich in ihr also keine versteckte Vergütung verbirgt (BAG 9. 11. 55 AP Nr. 1 zu Art. IX KRG Nr. 22 Betriebsrätegesetz; *DKK-Wedde* Rn 3; GK-*Weber* § 40 Rn 21; *HSWGNR* Rn 18; *Rüthers* RdA 76, 63; *Richardi / Thüsing* Rn 8; weitergehend iS einer großzügigeren Pauschalierungsmöglichkeit *Kehrmann* FS Wlotzke S. 374 ff.). Entsteht dem BRMitgl. ein höherer Aufwand, als er bei der Pauschalierung berücksichtigt wurde, so kann es den Mehraufwand erstattet verlangen. Zur Aufwandsentschädigung freigestellter Mitgl. des Personalrats vgl. § 46 Abs. 5 BPersVG.

11 Unzulässig ist nicht nur das Gewähren unberechtigter zusätzlicher Leistungen an BRMitgl., sondern auch das **Versprechen derartiger Leistungen.** Vereinbarungen jeder Art über eine unzulässige Entgeltgewährung, seien es einzelvertragliche Absprachen oder Regelungen in BV oder TV, sind nach § 134 BGB **nichtig,** da sie gegen das Begünstigungsverbot des § 78 verstoßen (hM; vgl. BAG 16. 2. 05 AP Nr. 26 zu § 46 BPersVG; ArbG Bielefeld 11. 5. 11 – 3 Ca 2633/11). Aufgrund solcher Vereinbarungen gezahlte Entgelte sind ohne Rechtsgrund geleistet; sie können aber nicht zurückgefordert werden, weil das Verbot der unzulässigen Entgeltgewährung sich auch gegen den ArbGeb. richtet und deshalb auch der Leistende gegen Abs. 1 verstößt (vgl. § 817 BGB; *DKK-Wedde* Rn 7; *Düwell / Wolmerath* Rn 25; *GL* Rn 14; **aA** GK-*Weber* Rn 15; *ErfK-Koch* Rn 1; *HSWGNR* Rn 20; *Richardi / Thüsing* Rn 9; *Münch-ArbR-Joost* § 220 Rn 133).

12 Das aus dem Ehrenamt folgende Verbot der Gewährung besonderer Vergünstigungen richtet sich nicht nur gegen den ArbGeb. sondern **gegen jedermann.** Unzulässig ist deshalb auch die Gewährung einer Vergütung oder sonstiger Leistungen an BRMitgl. durch die Arbeitnehmer selbst (vgl. § 41) oder durch eine Gewerkschaft.

Verstöße gegen den Grundsatz der ehrenamtlichen Tätigkeit können uU zum Aus- **13** schluss aus dem BR nach § 23 Abs. 1 führen (ErfK-*Koch* Rn 1; *GL* Rn 15; GK-*Weber* Rn 16). Die vorsätzliche Begünstigung oder Benachteiligung eines BRMitgl. um seiner Tätigkeit willen ist nach § 119 Abs. 1 Nr. 3 strafbar.

Die ehrenamtliche Tätigkeit des BRMitgl. steht der von ihm zu leistenden Arbeit **14** gleich. Das hat zur Folge, dass die Tätigkeit als BRMitgl. in **sozialversicherungsrechtlicher Hinsicht** als Arbeitsleistung gilt. Unfälle, die das BRMitgl. in Ausübung von Amtsgeschäften erleidet, sind Arbeitsunfälle, die nach den allgemeinen unfallversicherungsrechtlichen Vorschriften zu entschädigen sind (BSG 20. 1. 76 BB 76, 980; GK-*Weber* Rn 14; *Richardi/Thüsing* Rn 12; *Küttner* Betriebsrat 114 Rn 73). Kein Versicherungsschutz besteht bei Feier von BR-Mitgl., wenn Kostentragung und Organisation allein in der Hand des BR liegt (BSG 20. 2. 01 NZS 01, 636). Das Gleiche gilt auch bei Teilnahme von BRMitgl. an Schulungsveranstaltungen nach § 37 Abs. 6 und 7 (*DKK-Wedde* Rn 8; GK-*Weber* Rn 14; *HSWGNR* Rn 13).

Allerdings ist die BRTätigkeit nicht mit der nach dem Arbeitsvertrag zu erbringenden **15** Arbeitsleistung identisch. Deshalb ist sie in einem **Arbeitszeugnis** grundsätzlich nicht – auch nicht mittelbar – zu erwähnen (BAG 19. 8. 92 AP Nr. 5 zu § 8 BPersVG; LAG Hamm DB 76, 1112 und 91, 1527; LAG Frankfurt DB 78, 167; *DKK-Wedde* Rn 9; GK-*Weber* Rn 14; *HSWGNR* Rn 14; *Richardi/Thüsing* Rn 12; *Witt* BB 96, 2154; *Schleßmann* BB 88, 1322); dies gilt jedenfalls dann, wenn der ArbN damit nicht einverstanden ist. Etwas anderes kann nur in Ausnahmefällen bei einem freigestellten BRMitgl. im Falle eines auf seinen Wunsch hin auszustellenden qualifizierten Zeugnisse gelten, wenn andernfalls eine Beurteilung überhaupt nicht möglich ist (BAG 19. 8. 92 aaO) oder wenn die auf die Arbeitsleistung bezogenen Aussagen des Zeugnisses unrichtig werden, etwa wenn das freigestellte BRMitgl. infolge der Freistellung und inzwischen eingeführter grundlegender technischer Neuerungen in seinem Arbeitsbereich seinem Arbeitsplatz entfremdet worden ist (ArbG Kassel DB 76, 1487; LAG Frankfurt DB 78, 167; *DKK-Wedde* Rn 9; *Brill* BB 81, 616; *Witt* aaO).

III. Arbeitsbefreiung (Abs. 2)

Die Mitgl. des BR sind weiterhin ArbN des Betriebs und deshalb grundsätzlich **16** auch verpflichtet, die ihnen nach ihrem Arbeitsvertrag obliegenden Arbeitsleistungen zu erbringen. Da ihnen durch die Übernahme des BRAmtes jedoch weitere Aufgaben und nicht unerhebliche Amtspflichten obliegen, ist eine Klärung notwendig, in welchem Rangverhältnis diese sich aus dem Amt ergebenden Pflichten und Aufgaben zu denjenigen aus dem Arbeitsvertrag stehen. Das Gesetz räumt der **Erfüllung der BRAufgaben den Vorrang** ein (vgl. Abs. 2 und § 38).

Der Anspruch von BRMitgl. auf Befreiung von der beruflichen Tätigkeit nach **17** Abs. 2 betrifft in erster Linie die **vorübergehende Arbeitsbefreiung aus konkretem Anlass.** Demgegenüber sieht § 38, der einen Unterfall der Generalklausel des § 37 Abs. 2 darstellt (vgl. BAG 22. 5. 73 AP Nr. 2 zu § 37 BetrVG 1972 und Nr. 1 und 2 zu § 38 BetrVG 1972), eine nicht durch konkrete Anlässe bedingte generelle Freistellung oder Teilfreistellung von der Verpflichtung zur Arbeitsleistung vor. Für die in vollem Umfang von der Arbeit freigestellten BRMitgl. ist Absatz 2 ohne Bedeutung. Werden allerdings BRMitgl. nach § 38 nur teilweise von der Arbeit freigestellt (vgl. hierzu § 38 Rn 12ff., 28), können sich für diese aus Abs. 2 Ansprüche auf Arbeitsbefreiung über die Teilfreistellung hinaus ergeben, wenn dies zur ordnungsgemäßen Aufgabenerfüllung erforderlich ist (*DKK-Wedde* Rn 11; *GL* Rn 17; GK-*Weber* Rn 18; *HSWGNR* Rn 23; *Lipp* S. 46f.).

Die Regelung gilt auch für ErsMitgl., soweit sie in den BR nachgerückt sind **18** (*DKK-Wedde* Rn 14; *GL* Rn 19; GK-*Weber* Rn 20).

Abgesehen von der Arbeitsbefreiung aus konkretem Anlass eröffnet Abs. 2 auch die **19** Möglichkeit, BRMitgl. generell für einen **bestimmten Teil** seiner **Arbeitszeit,** etwa für bestimmte Stunden am Tag oder für bestimmte Tage in der Woche oder im Monat freizustellen, sofern dies für die ordnungsgemäße Erfüllung der BRAufgaben erforderlich ist. Dies kann insbesondere in Betrieben mit weniger als 200 ArbN in Betracht kommen, in denen nicht von Gesetzeswegen ein Mitgl. des BR von der Arbeit freizustellen ist (vgl. hierzu § 38 Rn 25; *DKK-Wedde* Rn 11; *GL* Rn 18; *Düwell/Wolmerath* Rn 8; *Sieg* FS Hromadka 437, 448; *Lipp* S. 45 f.; **aA** *HSWGNR* Rn 24).

20   Darüber hinaus gewährt Abs. 2 uU auch einen Anspruch auf generelle Befreiung von einer **bestimmten Art der Arbeit**. So ist zB, wenn dies für eine sachgerechte Erfüllung der Aufgaben des BR erforderlich ist, ein BRMitgl. aus der Wechselschicht in die Normalschicht oder aus dem Außendienst in den Innendienst oder von der Akkordarbeit in die Zeitarbeit zu übernehmen (vgl. BAG 13. 11. 64 und 3. 6. 69 AP Nr. 9 und 11 zu § 37 BetrVG; LAG Düsseldorf DB 75, 311; *DKK-Wedde* Rn 12; *GK-Weber* Rn 19; *SWS* Rn 9; **aA** *HSWGNR* Rn 25, die nur freiwillige Vereinbarungen zulassen).

21   Der Anspruch des BRMitgl. auf Freistellung von der beruflichen Tätigkeit erschöpft sich nicht darin, lediglich die zur ordnungsmäßigen Durchführung der BRAufgaben erforderliche Freizeit zu erhalten, im Übrigen aber mit dem Arbeitspensum eines VollarbN belastet zu bleiben. Der ArbG ist vielmehr verpflichtet, bei der **Zuteilung des Arbeitspensums** auf die erforderliche Inanspruchnahme des BRMitgl. durch die BRTätigkeit angemessen Rücksicht zu nehmen (BAG 27. 6. 90 AP Nr. 78 zu § 37 BetrVG 1972; *DKK-Wedde* Rn 13; *GK-Weber* Rn 19; *SWS* Rn 9; einschränkend MünchArbR-*Joost* § 220 Rn 15).

1. Voraussetzungen

22   Der Anspruch auf Befreiung von der beruflichen Tätigkeit ohne Minderung des Arbeitsentgelts nach Abs. 2 hängt von **zwei Voraussetzungen** ab.
  – Die Arbeitsbefreiung muss der Durchführung der dem **BR obliegenden Aufgaben dienen** (Rn 23 ff.).
  – Die Arbeitsbefreiung muss zur ordnungsgemäßen Durchführung dieser Aufgaben **erforderlich** sein (Rn 35 ff.).

a) Aufgaben des Betriebsrats

23   Es muss sich um Aufgaben handeln, die zu den **Amtsobliegenheiten der BRMitgl.** gehören. Das sind in erster Linie die in diesem Gesetz genannten Aufgaben des BR und seiner Mitgl. Hierzu zählen zB die Teilnahme an Sitzungen des BR, des BetrAusschusses oder anderer Ausschüsse des BR oder an Sitzungen des Sprecherausschusses für leitende Ang. nach § 2 Abs. 2 SprAuG einschließlich notwendiger Vorbereitungen hierzu; die Durchführung von Sprechstunden des BR; die Teilnahme der Mitgl. des GesBR, KBR, des WiAusschusses, der JugAzubiVertr., GesJugAzubi-Vertr. und der KJugAzubiVertr. an deren Sitzungen (die Teilnahme eines Nichtmitgl. nur bei Vorliegen besonderer Gründe, so LAG München, LAGE § 37 BetrVG 1972 Nr. 18 bei Teilnahme eines BRMitgl. an einer Sitzung des GesBR), die Teilnahme an Betr.- und AbtVerslg, der BRVerslg oder der JugAzubiVerslg, jeweils einschließlich der erforderlichen Vorbereitungen; die Beteiligung bei Maßnahmen des Arbeitsschutzes und des Umweltschutzes nach Maßgabe des § 89, insbesondere die Beteiligung an Betriebsbesichtigungen der Gewerbeaufsichtsbeamten oder der Aufsichtsperson der Berufsgenossenschaften und an Unfalluntersuchungen; die Teilnahme an Besprechungen mit dem Sicherheitsbeauftragten, dem Betriebsarzt oder den Sicherheitsfachkräften; Verhandlungen oder Besprechungen mit dem ArbGeb.; Besuch einer zum Betrieb gehörenden auswärtigen Betriebsstätte, auch wenn diese vorübergehend im Ausland gelegen ist (zB Baustelle); Besprechungen mit Vertr. der Gewerkschaften im Rahmen des Zusammenarbeitsgebots nach § 2 Abs. 1; die Erfüllung der allgemei-

nen Aufgaben des BR nach § 80 (BAG 1. 3. 63 AP Nr. 8 zu § 37 BetrVG), wozu auch das Aufsuchen der AN an ihrem Arbeitsplatz gehören kann (BAG 21. 1. 82 AP Nr. 1 zu § 70 BetrVG 1972; BAG 13. 6. 89 AP Nr. 36 zu § 80 BetrVG 1972; BAG 17. 1. 89 AP Nr. 1 zu § 2 LPVG NW; ArbG Hamburg NZA RR 98, 78; einschränkend *HSWGNR* Rn 32; vgl. zum letzteren auch § 39 Rn 31 und § 80 Rn 80); die Teilnahme an Verfahren der E-Stelle; die Unterstützung einzelner ArbN im Rahmen der §§ 81 ff.; die Entgegennahme von Beschwerden der ArbN und die Untersuchung ihrer Berechtigung, zB durch Besichtigung des Arbeitsplatzes des ArbN, auch eines häuslichen Telearbeitsplatzes; wie überhaupt die Durchführung der dem BR obliegenden Mitwirkungs- und Mitbestimmungsrechte.

Ferner zählen zu den Amtsobliegenheiten des BR Aufgaben, die ihm in **anderen** **24** **Gesetzen** (zB §§ 17, 19 KSchG, §§ 9, 11 ASiG, §§ 173 Abs. 1, 216 a u. b. SGB III, § 193 Abs. 5 SGB VII, §§ 120 ff. InsO, § 99 SGB IX; vgl. hierzu auch die Übersicht bei Pulte NZA 2000, 234; *Engels* FS Wlotzke S 279 ff.; *Engels* AuR 09, 10 ff. u. 65 ff. und § 80 Rn 5 ff.) oder in **TV** (zB tarifliche Akkordkommissionen) oder **BV** (GesBV, KBV) übertragen sind (*DKK-Wedde* Rn 16; ErfK-*Koch* Rn 2; GK-*Weber* Rn 23; *Lipp* S. 47 f.; aA *HSWGNR* Rn 29, hinsichtlich TV und BV). Auch wenn durch Absprachen zwischen ArbGeb. und BR, die nicht die Rechtsform einer Betriebsvereinbarung haben (vgl. hierzu § 77 Rn 4 ff., 216 ff.), dem BR weitere Aufgaben zugewiesen werden, gehört deren Wahrnehmung zu den Obliegenheiten des BR.

In grenzüberschreitend tätigen Unternehmen oder Konzernen, für die die **Bildung** **25** **eines Europäischen BR** (EBR) in Betracht kommt oder ein solcher gebildet ist, gehören die sich aus dem EBRG für die nationalen ArbNVertr. ergebenden Aufgaben und Befugnisse zu den Amtsobliegenheiten des BR bzw. GesBR oder KBR (Näheres zu diesem Gesetz vgl. Anh. 2; *Müller* EBRG, 1997; *DKK-Wedde* Rn 18; aA *HSWGNR* Rn 28; *SWS* Rn 5 a). Das gilt auch, wenn auf Grund des EBRG statt des gesetzlichen EBR vorrangige anderweitige Vereinbarungen über eine grenzüberschreitende Unterrichtung und Anhörung der ArbN getroffen werden, für die sich aus einer derartigen Vereinbarung ergebenden Aufgaben und Befugnisse der nationalen ArbNVertr. (zu diesen Möglichkeiten vgl. Anh. 2 Rn 63 ff.; *Müller* EBRG § 17 Rn 1 ff.).

Werden in grenzüberschreitend tätigen Unternehmen, die nicht unter den Geltungs- **26** bereich des EBRG fallen, auf Grund **freiwilliger Absprachen** zwischen ArbGeb. und BR die Errichtung einer grenzüberschreitenden ArbNVertr. oder ein grenzüberschreitender Zusammenarbeit der jeweiligen nationalen ArbNVertr. untereinander vereinbart und hierbei Mitgl. des BR bestimmte Aufgaben und Befugnisse zugewiesen, gehört auch deren Wahrnehmung zu den Amtsobliegenheiten des BR (*Klebe* FS Gnade S. 667 f.; *DKK-Wedde* Rn 18).

Unerheblich ist, ob die Durchführung der BRAufgaben **innerhalb** oder **außer-** **27** **halb des Betriebes** erfolgt (BAG 21. 6. 06 AuA 07, 120; *DKK-Wedde* Rn 17; ErfK-*Koch* Rn 2; GK-*Weber* Rn 24; *HSWGNR* Rn 31). Im Allgemeinen wird sich die Tätigkeit des BR zwar innerhalb des Betriebs vollziehen, jedoch gilt das nicht uneingeschränkt. So kommen zB **Verhandlungen mit Behörden,** etwa dem Gewerbeaufsichtsamt oder den Berufsgenossenschaften im Rahmen der Durchführung des Arbeitsschutzes oder dem Arbeitsamt bei drohenden Massenentlassungen oder drohender Kurzarbeit oder im Rahmen der Aufstellung eines Sozialplans, in Betracht (BAG 23. 9. 82 AP Nr. 42 zu § 37 BetrVG 1972; *Brill* ArbuR 81, 202). Auch ist die Beteiligung an Verhandlungen möglich, die der ArbGeb. mit Behörden führt und an denen der BR zu beteiligen ist oder in denen es auf seine Stellungnahme ankommt (vgl. zB §§ 173, 216 a, b SGB III – Arbeitsförderung – und § 17 KSchG) oder in denen aus sonstigen Gründen die Hinzuziehung des BR erwünscht ist (vgl. BAG 23. 9. 82 AP Nr. 42 zu § 37 BetrVG 1972: Teilnahme an einem Arbeitsmarktgespräch einer Arbeitsagentur; aA *HSWGNR* Rn 32). Das kann auch bei **internationalen Behörden,** zB der EG-Kommission, der Fall sein (LAG Niedersachsen BB 93, 291; GK-*Weber* Rn 24). Auch Besprechungen mit Vertr. der Gewerkschaft im Rahmen des § 2 Abs. 1 können außerhalb des Betriebs (zB in der gewerkschaftlichen Geschäftsstelle) durchgeführt werden, wenn hierfür ein besonderer Anlass besteht (*DKK-Wedde* Rn 18; *GL* Rn 21). Ferner gehört der Besuch eines **Rechtsanwalts** durch ein BRMitgl., um zB ein arbeitsgerichtliches Streitverfahren vorzubereiten, zu den außerhalb des Betriebs wahrzunehmenden Aufgaben (LAG Hamm DB 87, 282).

28　　Der BR tritt vor den **Gerichten für Arbeitssachen** in den Streitfällen auf, in denen er unmittelbar beteiligt ist (BAG 19. 5. 83 AP Nr. 44 zu § 37 BetrVG 1972; LAG Düsseldorf DB 75, 651; GK-*Weber* Rn 25). In Ausnahmefällen kann die Teilnahme eines BRMitgl. an einem Prozess als Zuhörer eine notwendige Arbeitsversäumnis darstellen, wenn es sich um einen grundsätzlichen Rechtsstreit von allgemeiner Bedeutung über eine für die Arbeit des betreffenden BR wesentliche Frage handelt (LAG Bremen DB 64, 1302 und DB 90, 742; LAG Hamburg DB 81, 2236; LAG München BB 87, 685; LAG Köln ArbuR 93, 336; *DKK-Wedde* Rn 22; ErfK-*Koch* Rn 2; *WW* Rn 5; *Leisten* ArbuR 81, 168; auch vom BAG 31. 5. 89 AP Nr. 9 zu § 38 BetrVG 1972 bei Vorliegen besonderer Gründe nicht ausgeschlossen; **aA** die hM: vgl. BAG 19. 5. 83 u. 31. 8. 94 AP Nr. 44 u. 98 zu § 37 BetrVG 1972; LAG Freiburg AP Nr. 3 zu § 37 BetrVG; LAG Frankfurt DB 82, 186; GK-*Weber* Rn 27; *HSWGNR* Rn 32; *Richardi/Thüsing* Rn 17; *SWS* Rn 5; MünchArbR-*Joost* § 220 Rn 7).

29　　Bei Rechtsstreitigkeiten über die betriebsverfassungsrechtliche Stellung, Rechte und Pflichten **einzelner BRMitgl.** gehört ihre Prozessteilnahme ebenfalls zu ihren Amtsobliegenheiten. Etwas anderes gilt für die Teilnahme an der Gerichtsverhandlung in einem Verfahren, in dem ein BRMitgl. das Arbeitsentgelt für Zeiten von Arbeitsversäumnis wegen notwendiger BRArbeit einklagt, da dieser Anspruch arbeitsvertraglicher Natur ist (LAG Düsseldorf LAGE § 37 BetrVG 1972 Nr. 34). Tritt ein BR-Mitgl. als Zeuge vor Gericht auf (sei es auch in einem Strafverfahren gegen den Arb-Geb. nach § 119), so findet das Gesetz über die Entschädigung von Zeugen und Sachverständigen Anwendung. Das BRMitgl. muss seinen Lohnausfall gegen den Staat geltend machen, da es als Zeuge insoweit keine andere Stellung hat wie jeder andere Zeuge (LAG Düsseldorf DB 71, 2315; *DKK-Wedde* Rn 22; GK-*Weber* Rn 26; *SWS* Rn 5).

30　　Abgesehen von der Teilnahme an der BRVerslg. nach § 53 stellt die Teilnahme des BR an **Besprechungen mit BR fremder Betriebe** im Allgemeinen zwar keine dem BR durch das Gesetz gestellte Aufgabe dar. Etwas **anderes** gilt allerdings dann, wenn diese Besprechung durch **konkrete betriebliche Umstände** bedingt ist (BAG 21. 6. 06 AuA 07, 120; *DKK-Wedde* Rn 19; ErfK-*Koch* Rn 2; GK-*Weber* Rn 31; **aA** *HSWGNR* Rn 32). Dies ist zB anzunehmen, wenn mehrere Betriebe verschiedener ArbGeb. zu einem gemeinsamen Betrieb zusammengefasst werden sollen oder wenn mehrere ArbGeb. in Angelegenheiten, die der Beteiligung des BR unterliegen oder diese wesentlich berühren, eng zusammenarbeiten oder wenn in benachbarten Betrieben gleichgelagerte Arbeitsschutzprobleme auftreten. Ferner kann ein Treffen mehrerer BR eines Unternehmens – auch wenn ein GesBR gebildet ist – zu den BRAufgaben gehören, wenn zwischen dem BR und dem GesBR Meinungsverschiedenheiten über dessen Zuständigkeit bestehen oder Einfluss auf den Inhalt der vom GesBR abzuschließenden oder abgeschlossenen Vereinbarungen genommen werden soll (BAG 10. 8. 94 BB 95, 1034; BAG 21. 6. 06 AuA 07, 120; **aA** *HSWGNR* aaO; *Behrens* BB 95, 1035). UU können auch Besprechungen mit **ausländischen** betrieblichen ArbNVertr. zur BRTätigkeit gehören, zB in dem Fall, dass ein Unternehmen oder Konzern mit Betrieben oder Tochterunternehmen in mehreren Staaten eine grenzüberschreitende Maßnahme plant (zB ein grenzüberschreitender EDV-Einsatz), der sowohl nach inländischen als auch nach ausländischem Recht der Beteiligung der jeweiligen ArbNVertr. unterliegt, um die Haltung der einzelnen ArbNVertr. untereinander abzustimmen (ArbG München BB 91, 2375; *DKK-Wedde* Rn 20; *Düwell/Wolmerath* Rn 11; *Klebe* FS Gnade S. 669 ff.; vgl. auch LAG Bad.-Württ. NZA-RR 98, 306 hinsichtlich der Teilnahme eines ArbNVertr. einer ausländischen Schwestergesellschaft an der BetrVerslg; **aA** *HSWGNR* aaO). Ist nach § 3 Abs. 1 Nr. 4 durch

TV oder BV eine **unternehmensübergreifende Arbeitsgemeinschaft** gebildet worden, gehört die Teilnahme an dieser Arbeitsgemeinschaft zur BRTätigkeit.

Nicht zu den Aufgaben des BR gehört die Teilnahme an Veranstaltungen rein **31** gewerkschaftlichen Charakters (BAG 21. 6. 06 AuA 07, 120), auch nicht die Werbung für eine Gewerkschaft. Zur Zulässigkeit der Wahrnehmung gewerkschaftlicher Aufgaben durch BRMitgl. auch im Betrieb vgl. § 74 Rn 64 ff. Jedoch gehört die Zusammenarbeit mit den im Betrieb vertretenen Gewerkschaften im Rahmen des BetrVG zu den Aufgaben des BR (vgl. § 2 Abs. 1; *GL* Rn 21; GK-*Weber* Rn 29). Das gleich gilt für die Teilnahme an Schulungs- und Bildungsveranstaltungen nach den Abs. 6 und 7, die von den Gewerkschaften durchgeführt werden (vgl. Rn 169, 209). Die Teilnahme an Tarifverhandlungen – auch soweit es sich um Firmentarifverträge handelt – gehört dagegen nicht zu den Aufgaben des BR (ErfK-*Koch* Rn 2; *GL* Rn 24; GK-*Weber* Rn 30; *Richardi/Thüsing* Rn 18). Das gilt auch dann, wenn das BRMitgl. in seiner Eigenschaft als Angehöriger der Gewerkschaft Mitgl. der Tarifkommission ist. Auch die Ausübung andere **Ehrenämter,** zB als Arbeitsrichter oder in den Selbstverwaltungsorganen der Sozialversicherungträger, gehört nicht zu den Aufgaben des BR (*DKK-Wedde* Rn 23; GK-*Weber* Rn 28; *Richardi/Thüsing* Rn 18). Es besteht auch kein Anspruch auf Arbeitsbefreiung des BRMitgl. für die Teilnahme an gewerkschaftlichen Veranstaltungen zur Einführung in das Wahlverfahren; denn für die Durchführung der Wahl ist allein der Wahlvorst. zuständig (vgl. BAG 10. 11. 54 AP Nr. 2 zu § 37 BetrVG; *Richardi/Thüsing* Rn 19). Zur Schulung von Mitgl. des Wahlvorst. vgl. § 20 Rn 39.

Nicht zu den Aufgaben des BR gehört ferner, Betriebsangehörige in deren Ar- **32** beitsstreitigkeiten vor den ArbG zu vertreten (LAG Düsseldorf BB 75, 373; ErfK-*Koch* Rn 2; *GL* Rn 22; GK-*Weber* Rn 25; *Richardi/Thüsing* Rn 17; vgl. auch BAG 19. 5. 83 AP Nr. 44 zu § 37 BetrVG 1972) oder die einzelnen ArbN in ihren individuellen Angelegenheiten, etwa steuerlicher oder sozialversicherungsrechtlicher Art, zu beraten (BAG 4. 6. 03 AP Nr. 136 zu § 37 BetrVG 1972; *DKK-Wedde* Rn 23; *HSWGNR* Rn 32).

Soweit ein BRMitgl. Arbeitsbefreiung für die Durchführung von Aufgaben in An- **33** spruch genommen hat, die nicht zu den Aufgaben des BR gehören, hat es auf der Grundlage des Abs. 2 grundsätzlich keinen Anspruch auf Fortzahlung des Arbeitsentgelts. Dies gilt allerdings dann nicht, wenn das BRMitgl. in einem **entschuldbaren Irrtum** davon ausgegangen ist, diese Aufgaben gehörten zu denjenigen des BR (vgl. LAG Bremen DB 90, 742; *DKK-Wedde* Rn 25; ErfK-*Koch* Rn 2; *Neumann-Duesburg* RdA 62, 291; *WW* Rn 6; **aA** BAG 31. 8. 94 AP Nr. 98 zu § 37 BetrVG 1972, BAG 21. 6. 06 AuA 07, 120, das dem BRMitgl. allerdings einen Beurteilungsspielraum einräumt; ebenso *Richardi/Thüsing* Rn 15; GK-*Weber* Rn 21;ohne diese Modifikation *GL* Rn 26; *HSWGNR* Rn 33; *SWS* Rn 6; *Frohner* BlStR 79, 66; vgl. auch Rn 38, 40 ff.). Ein entschuldbarer Irrtum kann insbesondere dann anzuerkennen sein, wenn der ArbGeb. in der Vergangenheit ein entsprechendes Verhalten des BR bzw. seiner Mitgl. unwidersprochen akzeptiert hat, zB eine Zusammenkunft der BR mehrerer Betriebe (vgl. LAG Berlin BB 93, 291).

In diesen Fällen ist auch eine **Abmahnung** des BRMitgl. wegen Verletzung ar- **34** beitsvertraglicher Pflichten **nicht zulässig.** Die doppelte Pflichtenstellung eines nicht freigestellten BRMitgl. – einerseits die arbeitsvertragliche Pflicht zur Erbringung der Arbeitsleistung, andererseits die Amtspflicht zur Wahrnehmung erforderlicher betriebsverfassungsrechtlicher Aufgaben und der hieraus folgenden Arbeitsbefreiung – ist auch bei der Möglichkeit des ArbGeb. zur Abmahnung arbeitsvertraglicher Pflichtverletzungen zu beachten. Wenn jede Verkennung der objektiven Rechtslage hinsichtlich der Wahrnehmung von BRAufgaben eine arbeitsvertragliche Abmahnung des BRMitgl. rechtfertigen würde, wäre die Möglichkeit einer unbefangenen Amtsbetätigung des BRMitgl. beeinträchtigt. Denn dann bestünde die Gefahr, dass das BRMitgl. in Zweifelsfällen wegen einer drohenden Abmahnung auch zulässige BR-Arbeit unterlässt. Im Falle einer **entschuldbaren Fehleinschätzung** der BRAufgaben ist deshalb eine Abmahnung wegen Nichterfüllung der Arbeitspflicht nicht zulässig (vgl. BAG 31. 8. 94 AP Nr. 98 zu § 37 BetrVG 1972, das bei irrtümlicher Annahme von BRAufgaben eine Abmahnung jedenfalls dann ausschließt wenn der Irrtum auf der Verkennung schwieriger und ungeklärter Rechtsfragen beruht; BAG 21. 6. 06 AuA 07, 120; *DKK-Wedde* Rn 32; GK-*Weber* Rn 51; zur Einschränkung der Abmahnungsmöglichkeit vgl. auch Rn 41 und 175).

b) Erforderlichkeit der Arbeitsbefreiung

35   Die **Arbeitsbefreiung** muss zur Durchführung der vom BR zu erfüllenden Aufgaben **erforderlich** sein. Hierbei ist davon auszugehen, dass die BRMitgl. berechtigt sind, ihre Aufgaben im Allgemeinen **während der Arbeitszeit** durchzuführen. Nur in Ausnahmefällen sind sie, wie die Regelung des Absatzes 3 zeigt, gehalten, diese Tätigkeit während ihrer persönlichen Freizeit auszuüben.

36   Die Frage, ob eine Arbeitsbefreiung von BRMitgl. erforderlich ist, beantwortet sich zT unmittelbar aus dem Gesetz. So finden die **BRSitzungen** grundsätzlich während der Arbeitszeit statt, so dass die Arbeitsbefreiung zum Zwecke der Teilnahme an diesen Sitzungen stets erforderlich ist. Dies gilt auch dann, wenn die BRSitzung selbst nicht erforderlich war oder unter Verstoß gegen § 30 Satz 2 anberaumt worden ist; denn auf die Anberaumung der BRSitzung hat das einzelne BRMitgl. keinen Einfluss (LAG Hamm EzA § 37 BetrVG 1972 Nr. 58; *DKK-Wedde* Rn 33; GK-*Weber* Rn 41). Dasselbe gilt für die BRMitgl., die dem **BetrAusschuss,** einem anderen Ausschuss des BR, dem WiAusschuss, dem GesBR oder KBR angehören, hinsichtlich der Teilnahme an den Sitzungen dieser Gremien.

37   Auch die Teilnahme an den **Betriebs-** und **AbtVerslg.** stellt stets einen Fall erforderlicher Arbeitsversäumnis dar. Allerdings stellt sich bei den AbtVerslg. im Einzelfall die Frage, wie viele BRMitgl hieran zweckmäßiger teilnehmen sollten. Das hängt nicht zuletzt von der Tagesordnung ab (GK-*Weber* Rn 44; zu eng *HSWGNR* Rn 40 und *GL* Rn 28, die eine Arbeitsbefreiung in der Regel nur des BRVors. und derjenigen BRMitgl. annehmen, die der betreffenden Abteilung als ArbN angehören; weitergehend *DKK-Wedde* Rn 35, die stets ein Teilnahmerecht aller BRMitgl. bejahen; vgl. auch § 42 Rn 72). Soweit Mitgl. des BR berechtigt sind, an den Sitzungen der JugAzubiVertr. und der JugAzubiVerslg. teilzunehmen (vgl. § 65 Abs. 2, § 71 S. 2), stellt auch dies einen Fall erforderlicher Arbeitsversäumnis dar. Das Gleiche gilt für die Teilnahme von BRMitgl. an Sitzungen des Sprecherausschusses für leitende Ang. gem. § 2 Abs. 2 SprAuG.

38   Die Erforderlichkeit einer Arbeitsbefreiung beschränkt sich aber keineswegs auf die Teilnahme an den BRSitzungen oder den Sitzungen der sonstigen betriebsverfassungsrechtlichen Gremien. Dies schon deshalb nicht, weil die zahlreichen dem BR obliegenden Aufgaben nur zu einem geringen Teil während der BRSitzungen erledigt werden können. Deshalb haben die BRMitgl. **auch außerhalb der BRSitzungen** Anspruch auf entsprechende Arbeitsbefreiung, soweit dies für die Durchführung der dem BR obliegenden Aufgaben erforderlich ist. Was im Einzelfall in diesem Sinne als erforderlich anzusehen ist – und zwar sowohl hinsichtlich der Dauer der Arbeitsbefreiung als auch hinsichtlich der Frage, welche BRMitgl. Anspruch auf Arbeitsbefreiung haben –, kann nur anhand der konkreten Umstände des Einzelfalls beurteilt werden (GK-*Weber* Rn 36). Hierbei erfolgt diese Beurteilung weder nach rein objektiven Gesichtspunkten noch nach der rein persönlichen subjektiven Auffassung des betreffenden BRMitgl. Entscheidend ist vielmehr, dass das betreffende BRMitgl. bei **gewissenhafter Überlegung** und bei **ruhiger, vernünftiger Würdigung aller Umstände** die Arbeitsversäumnis für erforderlich halten durfte, um den gestellten Aufgaben gerecht zu werden (*GL* Rn 29; *DKK-Wedde* Rn 26; nach BAG 8. 3. 57 u. 6. 7. 62 AP Nr. 4 u. Nr. 7 zu § 37 BetrVG sowie BAG 6. 8. 81 AP Nr. 40 zu § 37 BetrVG 1972 ist darauf abzustellen, dass „ein vernünftiger Dritter" bei der Abwägung der Interessen des Betriebs, des BR und der Belegschaft die Arbeitsversäumnis

für sachlich geboten halten würde; ebenso ErfK-*Koch* Rn 3; GK-*Weber* Rn 34; *HSWGNR* Rn 34; *Richardi/Thüsing* Rn 24; *SWS* Rn 7). Hierbei spielen insbesondere Größe und Art des Betriebes, die Vielfalt der konkreten dem BR obliegenden Aufgaben und auch die Aktivität des jeweiligen BR eine wesentliche Rolle. Es besteht insoweit ein **Beurteilungsspielraum** des BRMitgl. (BAG 3. 12. 87 AP Nr. 13 zu § 20 BetrVG 1972; BAG 16. 10. 86 AP Nr. 58 zu § 37 BetrVG 1972; BAG 3. 10. 78 AP Nr. 14 zu § 40 BetrVG 1972; ErfK-*Koch* Rn34; GK-*Weber* Rn 34; *Richardi/Thüsing* Rn 25; MünchArbR-*Joost* § 220 Rn 13). Ein BR, der den weit gesteckten Rahmen seiner gesetzlichen Mitwirkungs- und Mitbestimmungsrechte auszuschöpfen versucht, überschreitet keineswegs die Grenzen der Erforderlichkeit (ErfK-*Koch* Rn 3; GK-*Weber* Rn 36; *Frohner* BlStR 79, 67).

Allerdings genügt ein **Beschluss des BR,** mit dem ein BRMitgl. zur Erledigung **39** einer bestimmten Aufgabe „freigestellt" wird, für sich allein **nicht,** um die Erforderlichkeit einer Arbeitsbefreiung zu begründen (BAG 6. 8. 81 AP Nr. 39 zu § 37 BetrVG 1972; LAG Hamm DB 87, 282; *DKK-Wedde* Rn 26, 30; ErfK-*Koch* Rn 3). Da die Erforderlichkeit der Arbeitsbefreiung sich nach den Umständen des jeweiligen Einzelfalls richtet, ist es nicht zulässig, nach sog. Richtwerten in Anlehnung an die Freistellungsstaffel des § 38 Abs. 1 Höchstgrenzen festzusetzen. Dies verbietet sich schon deshalb, weil § 38 selbst nur Mindestfreistellungen vorschreibt (BAG 21. 11. 78 AP Nr. 34 zu § 37 BetrVG 1972; *DKK-Wedde* Rn 30; ErfK-*Koch* Rn 3; *HSWGNR* Rn 34).

Hat das BRMitgl. nach gewissenhafter Prüfung die Arbeitsbefreiung für erforderlich gehalten und stellt sich nachher heraus, dass diese objektiv doch nicht notwendig **40** war, so hat diese **Fehleinschätzung** auf den Lohnfortzahlungsanspruch des BRMitgl. keinen Einfluss (*DKK-Wedde* Rn 31; ErfK-*Koch* Rn 3; GK-*Weber* Rn 35; *HSWGNR* Rn 34; *WW* Rn 8).

Bei einer derartigen Fehleinschätzung ist auch eine arbeitsvertragliche **Abmah-** **41** **nung** des BRMitgl. wegen nicht berechtigter Arbeitsversäumnis aus denselben Gründen, wie in Rn 34 dargelegt, unzulässig. Gerade bei unbestimmten Rechtsbegriffen wie dem der „Erforderlichkeit" ist die Feststellung des objektiv Richtigen oft nicht leicht zu beurteilen. Auf jeden Fall kommt eine Abmahnung nicht in Betracht, wenn das BRMitgl. bei gewissenhafter Überlegung und bei ruhiger Würdigung aller Umstände die Arbeitsbefreiung für erforderlich halten durfte, mag dies objektiv auch nicht zutreffend gewesen sein (vgl. hierzu BAG 6. 8. 81 u. 31. 8. 94 AP Nr. 39, 40 u. 98 zu § 37 BetrVG 1972; ferner BAG 10. 11. 93 AP Nr. 4 zu § 78 BetrVG 1972; LAG Hessen NZA-RR 98, 17; *DKK-Wedde* Rn 32; ErfK-*Koch* Rn 3; GK-*Weber* Rn 35).

Bei erforderlichen BRTätigkeiten außerhalb des Betriebs (zB Behördenbesuch, **42** Konsultation eines Rechtsanwalts, Teilnahme an der BRVerslg.) oder für BRMitgl., die außerhalb des Betriebs tätig sind (zB Fahrpersonal, Vertr.), zählen auch die während der Arbeitszeit des ArbN aufgewendeten **Wege- und Reisezeiten** zur erforderlichen Arbeitsversäumnis iS von Abs. 2 (BAG 11. 7. 78 und 10. 2. 88 AP Nr. 57 und 64 zu § 37 BetrVG 1972; LAG Düsseldorf/Köln EzA § 37 BetrVG 1972 Nr. 56; LAG Hamm EzA § 37 BetrVG 1972 Nr. 61; *DKK-Wedde* Rn 41; ErfK-*Koch* Rn 3; GK-*Weber* Rn 45; *HSWGNR* Rn 43; *Richardi/Thüsing* Rn 22). Zu Wege- und Reisezeiten außerhalb der Arbeitszeit vgl. Rn 77, 91.

Der Anspruch nach Abs. 2 auf Arbeitsbefreiung ohne Minderung des Arbeitsent- **43** gelts beschränkt sich nicht auf Fälle, in denen eine erforderliche BRArbeit während der Arbeitszeit des einzelnen BRMitgl. zu leisten ist und deshalb unmittelbar zu einer Unterbrechung der beruflichen Tätigkeit führt. Auch soweit die Nichterfüllung der Arbeitspflicht nur eine **mittelbare Folge** notwendiger BRArbeit ist, greift das Entgeltminderungsverbot des Abs. 2 ein. Deshalb hat eine **außerhalb der Arbeitszeit** des BRMitgl. liegende erforderliche BRTätigkeit dann keine Minderung des Arbeitsentgelts zur Folge, wenn ihm die Erbringung der Arbeitsleistung infolge der erforderlichen BRTätigkeit unmöglich oder unzumutbar ist (BAG 7. 6. 89 AP Nr. 72 zu § 37 BetrVG 1972; *DKK-Wedde* Rn 42; GK-*Weber* Rn 43; *HSWGNR* Rn 44; *Bengelsdorf*

AuA 01, 71; vgl. auch LAG Hamm LAGE § 37 BetrVG 1972 Nr. 38). Dies ist zB
anzunehmen, wenn ein in Nachtschicht arbeitendes BRMitgl. an einer ganztägigen
BRSitzung teilnimmt. In diesem Falle ist das BRMitgl. weder in der voraufgehenden
noch in der folgenden Nacht zur Nachtarbeit verpflichtet. Es behält für diese Nachtschichten seinen Lohnanspruch; allerdings ist eine dieser Schichten als bezahlter Freizeitausgleich gemäß § 37 Abs. 3 zu behandeln (so BAG aaO). Aus dem gleichen
Grunde kann ein in Nachtschicht arbeitendes BRMitgl. diese vorzeitig beenden, um
ausreichend ausgeruht an der am Vormittag des folgenden Tages angesetzten BRSitzung teilzunehmen (ArbG Lübeck NZA-RR 00, 427; ArbG Koblenz AiB 89, 79;
DKK-Wedde Rn 42; *Bengelsdorf* aaO).

44   In welchem **Umfang** ein in Schichtarbeit beschäftigtes BRMigl., das in seiner arbeitsfreien Zeit an einer BRSitzung teilnimmt, wegen **Unzumutbarkeit** Anspruch
auf Arbeitsbefreiung in der voraufgehenden und/oder der nachfolgenden Schicht hat,
um ihm eine ausreichende Ruhenszeit zu ermöglichen, richtet sich nach den Umständen des Einzelfalles (vgl. hierzu *Bengelsdorf* AuA 00, 72). Hierbei kommt es auch
auf die Dauer der BRSitzung an (als ausreichend haben angesehen: ArbG Lübeck
NZA-RR 00, 427 sieben Stunden Ruhezeit zwischen Arbeitsende und Beginn einer
vierstündigen BRSitzung; das ArbG Koblenz AiB 89, 79 sieht 5³/4 Stunden Ruhezeit
als ausreichend an; dazu dass bei einer ganztägigen BRSitzung sowohl die voraufge-
hende als auch die folgende Nachtschichtarbeit unzumutbar ist vgl. BAG 7. 6. 89 AP
Nr. 72 zu § 37 BetrVG 1972).

45   Der **Umfang der Arbeitsbefreiung** ist nicht für alle BRMitgl. gleich, sondern
bestimmt sich danach, welche **Aufgaben das jeweilige BRMitgl.** im Rahmen der
BRTätigkeit zu erfüllen hat. Ein BRMitgl., das Mitgl. des BetrAusschusses oder weiterer Ausschüsse des BR ist, ist naturgemäß in einem weitergehenden Maße von der
Arbeitspflicht befreit als ein BRMitgl., dessen Tätigkeit sich im Wesentlichen auf die
Teilnahme an den regelmäßigen BRSitzungen beschränkt. Insoweit hängt die Erforderlichkeit der Arbeitsbefreiung einzelner BRMitgl. insbesondere davon ab, in welcher Weise der BR die Bewältigung der ihm obliegenden Aufgaben auf die einzelnen
BRMitgl. verteilt. Die Entscheidung dieser organisatorischen Frage ist **allein Sache
des BR** (*DKK-Wedde* Rn 27; ErfK-*Koch* Rn 4; *GL* Rn 30; GK-*Weber* Rn 22, 37;
HSWGNR Rn 37; *Richardi/Thüsing* Rn 23). Hierbei hat dieser auch auf eine rationelle Arbeitsgestaltung zu achten. Zu eng ist allerdings die Ansicht, in Betrieben mit
nach § 38 freigestellten Mitgl. sei eine zeitweise Arbeitsbefreiung anderer Mitgl. nur
in Ausnahmefällen erforderlich (so *Richardi/Thüsing* aaO; *SWS* Rn 7 a). Dies könnte
nur dann gelten, wenn die freigestellten BRMitgl. mit den ihnen zugewiesenen Aufgaben nicht ausgelastet wären. Sind sie jedoch ausgelastet, ist es dem BR unbenommen, nicht freigestellten Mitgl. die Erledigung bestimmter weiterer Aufgaben zu
übertragen (*DKK-Wedde* Rn 28; ErfK-*Koch* Rn 4; MünchArbR-*Joost* § 220 Rn 11;
Schaub § 221 Rn 9). Auch ein BRMitgl. kann nicht allgemein darauf verwiesen werden, die von ihm ausgeübte BRTätigkeit habe von einem freigestellten BRMitgl.
verrichtet werden können. Entscheidend ist, ob das BRMitgl. im Einzelfall trotz der
Freistellungen die von ihm wahrgenommene BRTätigkeit für erforderlich halten
konnte (BAG 19. 9. 85 AP Nr. 1 zu § 42 LPVG Rheinland-Pfalz). Auch kann es
möglich sein, dass ein nach § 38 teilfreigestelltes BR-Mitgl. im Einzelfall zeitl. darüber hinaus BR-Arbeit leistet. Die Beurteilung dieser geleisteten BR-Arbeit richtet
sich grdstzl. nach § 37 Abs. 2. Dabei ist insb. zu prüfen, ob die über den Teilfreistel-
lungsrahmen hinausgehende BR-Arbeit erforderlich iSd. § 37 Abs. 2 war (LAG Hessen NZA-RR 07, 296); vgl. dazu auch § 38 Rn 22.

46   Zu eng ist ferner die Ansicht, es sei überflüssig, wenn zu einer **Verhandlung mit
dem ArbGeb.** der gesamten BR erscheine; es genüge vielmehr, wenn der Vors., ggf.
zusammen mit einem sachkundigen BRMitgl. verhandele (*GL* Rn 29). Dies kann
keinesfalls für Besprechungen nach § 74 Abs. 1 und für die Behandlung von grundsätzlichen Fragen gelten, allenfalls für reine Routineverhandlungen (*DKK-Wedde*
Rn 29; GK-*Weber* Rn 39; *HSWGNR* Rn 40).

Im Übrigen stehen **jedem BRMitgl.** gewisse, sich aus dem Wesen seines Mandats **47** ergebende **originäre Aufgaben** zu, die ihm selbst durch einen Beschluss des BR nicht entzogen werden können und die deshalb im Rahmen des Erforderlichen, eine Arbeitsbefreiung rechtfertigen können. Zu denken ist hier zB an Informationsmöglichkeiten im Zusammenhang mit den allgemeinen Aufgaben des BR nach § 80 Abs. 1 Nr. 1, 2 und 3 oder an die Fälle einer Hinzuziehung des BRMitgl. durch einen ArbN nach § 81 Abs. 4 S. 3, § 82 Abs. 2, S. 2, § 83 Abs. 1 S. 2 oder § 84 Abs. 1 S. 2. Werden BRMitgl. von einzelnen ArbN nach diesen Vorschriften zur nterstützung herangezogen, so ist die hierdurch bedingte Arbeitsversäumnis auch dann erforderlich, wenn die Unterstützung auch von einem freigestellten BRMitgl. hätte gewährt werden können. Dies folgt aus dem besonderen Vertrauensverhältnis zwischen dem einzelnen ArbN und dem hinzugezogenen BRMitgl. (*GL* Rn 31; *HSWGNR* Rn 41; LAG Hamm DB 80, 694). Aus diesem Grunde braucht auch ein BRMitgl. das während der Arbeitszeit von einem ArbN des Betriebs angesprochen wird, diesen nicht auf die Sprechstunden des BR zu verweisen (BAG 23. 6. 83 AP Nr. 45 zu § 37 BetrVG 1972; *DKK-Wedde* Rn 37; **aA** LAG Berlin DB 81, 1416; *SWS* Rn 8; *HSWGNR* Rn 42 bei nicht unaufschiebbaren Angelegenheiten; vgl. auch § 39 Rn 30). Aus der Eigenverantwortlichkeit der Amtsführung des einzelnen BRMitgl. kann sich auch seine Berechtigung ergeben, sich in einer konkreten mitbestimmungspflichtigen Angelegenheit mit seiner von der Mehrheitsmeinung abweichenden Ansicht unter Wahrung des Betriebsfriedens mit einem Flugblatt an die betroffenen ArbN zu wenden (LAG Hessen NZA-RR 98, 17).

Verhandlungen über Angelegenheiten, die dem BetrAusschuss oder einem anderen **48** Ausschuss zur selbständigen Erledigung übertragen sind, sind im Allgemeinen von allen Mitgl. des Ausschusses wahrzunehmen (enger *GK Weber* Rn 39: nur bei Verhandlung grundsätzlicher Fragen).

Soweit zur ordnungsgemäßen Durchführung der dem BR gestellten Aufgaben **49** eine **Arbeitsbefreiung** erforderlich ist, ist das BRMitgl. in entsprechendem Umfang von der Verpflichtung zur Arbeitsleistung befreit. Diese Arbeitsbefreiung tritt jeweils von Fall zu Fall ein. Einer **Zustimmung** des ArbGeb. zur Arbeitsbefreiung **bedarf es nicht** (BAG 8. 3. 57, AP Nr. 4 zu § 37 BetrVG; BAG 19. 6. 79, 6. 8. 81 u. 15. 3. 95 AP Nr. 36, 39 u. 105 zu § 37 BetrVG 1972; *DKK-Wedde* Rn 43; *Richardi/Thüsing* Rn 26; *Düwell/Wolmerath* Rn 8; *GK-Weber* Rn 46; enger *GL* Rn 33, die zwar grundsätzlich eine Arbeitsbefreiung durch den ArbGeb. fordern, im Weigerungsfall dem BRMitgl. jedoch das Recht zugestehen, den Arbeitsplatz zu verlassen; sowie *Dütz* DB 76, 1430 ff. und *Frohner* BlStR 79, 68, nach denen nur bei nicht voraussehbarer Arbeitsversäumnis eine Zustimmung des ArbGeb. entbehrlich sein soll; **aA** *HSWGNR* Rn 46; *Meisel* SAE 84, 198; *Loritz* SAE 90, 205).

Ist ein BRMitgl. nicht generell von der Arbeit freigestellt (vgl. hierzu § 38 **50** Rn 12 ff.), so muss es sich beim Verlassen des Arbeitsplatzes **abmelden.** Sind vollzeitbeschäftigte BRMitgl. nur teilweise freigestellt und wird diese Teilfreistellung nicht in starren Blöcken, sondern flexibel gehandhabt (vgl. hierzu § 38 Rn 14), besteht insoweit ebenfalls eine Abmeldepflicht. In begründeten Einzelfällen kann eine Abmeldepflicht entfallen, wenn zB aufgrund der besonderen Art der Arbeitsaufgabe des ArbN und die voraussichtliche Dauer der Arbeitsunterbrechung durch die Wahrnehmung der BRTätigkeit eine Disponierung zur Überbrückung des Arbeitsausfalls durch den ArbGeb. nicht ernsthaft in Betracht kommt (BAG 29. 6. 11 – 7 ABR 135/09 – PM Nr. 54/11). Beispielhaft nennt das BAG BRTätigkeit während der Korrektur von Klassenarbeiten. Nicht ausreichend ist, wenn es dem BRMitgl. bei gewissenhafter Prüfung nicht erforderlich erscheint, die arbeitsvertragl. geschuldete Arbeit umzuorganisieren (BAG 29. 6. 11 aaO). Entfällt die Ab- und Rückmeldepflicht ist das BRMitgl. jedoch verpflichtet, dem ArbGeb. nachträglich die Gesamtdauer der in einem bestimmten Zeitraum geleisteten BRTätigkeit mitzuteilen (BAG 29. 6. 11 – 7 ABR 135/09 – PM Nr. 54/11).

50a Die Abmeldung braucht **nicht persönlich** und kann **mündlich** erfolgen (BAG 13. 5. 97 AP Nr. 119 zu § 37 BetrVG 1972). Hierbei ist dem ArbGeb. bzw. dem Vorgesetzten grundsätzlich ohne nähere Spezifizierung der beabsichtigten Tätigkeit mitzuteilen, dass das BRMitgl. zur Wahrnehmung betriebsverfassungsrechtlicher Aufgaben den Arbeitsplatz verlassen muss. Außer diesen allgemeinen Angaben ist nur die voraussichtliche Dauer der Abwesenheit sowie auch der Ort der beabsichtigten BRTätigkeit mitzuteilen (BAG 15. 3. 95 AP Nr. 105 zu § 37 BetrVG 1972 unter Aufgabe seiner bisherigen Rechtsprechung, wonach auch eine stichwortartige Umschreibung der beabsichtigten BRTätigkeit erforderlich war; *DKK-Wedde* Rn 44 f.; *WPK-Kreft* Rn 17; *Richardi/Thüsing* Rn 27; *aA* so noch *HSWGNR* Rn 47; *SWS* Rn 11). Die Angabe der Dauer der Abwesenheit ist erforderlich, damit der ArbGeb. ggf. notwendige Dispositionen zur Überbrückung des Arbeitsausfalls treffen kann (BAG 29. 6. 11 – 7 ABR 135/09 – PM Nr. 54/11). Die Angabe des Ortes dient einer eventuell erforderlichen Erreichbarkeit des BRMitgl. Eine konkrete, sei es auch nur stichwortartige Umschreibung der beabsichtigten BRTätigkeit, ist vom Zweck der Abmeldung, den ArbGeb. von der Abwesenheit in Kenntnis zu setzen und ihm zu erforderlichen Dispositionen zu ermöglichen, nicht gedeckt. Sie birgt vielmehr die Gefahr in sich, dass das BRMitgl. schon vor Durchführung der BRTätigkeit konkreten Rechtfertigungszwängen ausgesetzt wird, die sich nachteilig auf eine eigenverantwortliche und unabhängige Aufgabenerfüllung auswirken können (BAG 15. 3. 95 aaO; LAG München – 11 TaBVGa 16/09 – NZA-RR 10, 189; zur Frage der bei Streit über die Entgeltfortzahlung bestehenden Darlegungs- und Beweislast vgl. Rn 254; kritisch gegenüber der neuen Rechtsprechung wegen der unterschiedlichen Voraussetzungen bei Abmeldung und Geltendmachung von Entgeltansprüchen *Leege* DB 95, 1511; sie ausdrücklich ablehnend: *HSWGNR* Rn 48).

51 Macht allerdings der ArbGeb. wegen betrieblicher Notwendigkeiten die **Unabkömmlichkeit des BRMitgl.** zu dem betreffenden Zeitpunkt geltend, ist das BRMitgl. nach BAG (Beschl. 13. 5. 97 AP Nr. 119 zu § 37 BetrVG 1972) unter dem Gesichtspunkt der vertrauensvollen Zusammenarbeit gehalten zu prüfen, ob nicht eine zeitliche Verschiebung der beabsichtigten BRTätigkeit möglich ist, und hat im Verneinungsfall dies dem ArbGeb. unter stichwortartiger Angabe der Gründe mitzuteilen. Aber auch in diesem Falle ist die stichwortartige Angabe des Grundes nicht erforderlich wenn es sich um eine betriebsratsvertrauliche oder vertrauliche Angelegenheit von ArbN handelt. In keinem Fall kann der ArbGeb. eine genaue Schilderung der beabsichtigten BRTätigkeit oder gar eine schriftliche Unterrichtung über ihre Art und Dauer verlangen (so schon BAG 19. 6. 79 AP Nr. 36 zu § 37 BetrVG 1972; BAG BB 90, 1625; *DKK-Wedde* Rn 44; ErfK-*Koch* Rn 5). Ebensowenig kann er, falls das BRMitgl einen ArbN aufsuchen will, die Angabe dessen Namens verlangen (BAG 23. 6. 83 AP Nr. 45 zu § 37 BetrVG 1972). In diesem Falle ist auch die Angabe des Ortes jedenfalls dann nicht erforderlich, wenn sich hieraus Rückschlüsse auf den ArbN ziehen lassen.

52 Das BRMitgl. ist verpflichtet, sich nach Beendigung der BRTätigkeit wieder **zurückzumelden,** damit der ArbGeb. etwa für die Zeit der Abwesenheit getroffenen Maßnahmen, zB Stellung eines Vertr. am Arbeitsplatz, wieder rückgängig machen kann (BAG 15. 3. 95 und 13. 5. 97 AP Nr. 105 und 119 zu § 37 BetrVG 1972; LAG Düsseldorf DB 85, 2463; *DKK-Wedde* Rn 44; ErfK-*Koch* Rn 5; GK-*Weber* Rn 50; *HSWGNR* Rn 50).

53 Die Pflicht des BRMitgl., sich beim Verlassen des Arbeitsplatzes zur Wahrnehmung betriebsverfassungsrechtlicher Aufgaben abzumelden und sich nach Beendigung dieser Tätigkeit wieder zurückzumelden, ist eine aus dem Arbeitsvertrag folgende Verpflichtung. Sie ist durch ihren **Zweck,** den ArbGeb. von der Abwesenheit und ihrer Dauer in Kenntnis zu setzen und ihm etwa erforderliche Dispositionen zu ermöglichen, inhaltlich so **konkret bestimmt,** dass dem ArbGeb. **kein Raum für nähere Anweisungen** hinsichtlich des Meldeverfahrens verbleibt. So kann zB der ArbGeb. weder verlangen, dass die Ab- und Zurückmeldung schriftlich noch dass sie persönlich erfolgen muss, da dies durch den Zweck der Meldepflichten nicht gefordert wird (BAG 13. 5. 97 AP Nr. 119 zu § 37 BetrVG 1972). Auch die Bestimmung des Vorgesetzten, bei dem die Meldungen zu erfolgen haben, ist insofern nicht in das freie Belieben des ArbGeb. gestellt, als auch diese vom Zweck der Meldepflichten gedeckt sein muss und insbesondere gegenüber Ab- und Rückmeldepflichten der ArbN aus anderen Anlässen (zB. wegen dringende Arztbesuchs oder Vernehmung als Zeugen vor Gericht) nicht willkürlich abweichen darf. Wenn auch die Bestimmung des Adressaten der Ab- und Zurückmeldung grundsätzlich in die Organisationsgewalt des ArbGeb. fällt (BAG 13. 5. 97 aaO), wäre eine – und sei es auch nur eine psychologische – Erschwerung des Meldeverfahrens bei betriebsverfassungsrechtlich bedingter Abwesenheit ein Verstoß gegen § 78 und damit unwirksam. Infolge des fehlenden Gestaltungsspielraums des ArbGeb. beim Meldeverfahren ist für ein **Mitbestimmungsrecht** des BR nach § 87 Abs. 1 Nr. 1 **kein Raum** (im Ergebnis ebenso BAG 23. 6. 83 u. 13. 5. 97 AP Nr. 45 u. 119 zu § 37 BetrVG 1972; *DKK-Wedde* Rn 46; GK-*Weber* Rn 52; *Richardi/Thüsing* Rn 29; MünchArbR-*Joost* § 220 Rn 18; aA LAG Bad-Württ. DB 76, 1820; *GL* Rn 33).

Besuchen BRMitgl. im Rahmen ihrer betriebsverfassungsrechtlichen (Überwa- **54** chungs-)Aufgaben Abteilungen des Betriebs oder ArbN an ihren Arbeitsplätzen (vgl. hierzu § 39 Rn 31, § 70 Rn 14, § 80 Rn 80), brauchen sie sich grundsätzlich **nicht** bei dem zuständigen Abteilungsleiter oder Vorgesetzten des ArbN unter stichwortartiger Angaben der Gründe für ihren Besuch **anzumelden**. Denn auch dies setzt die BRMitgl. vor der Durchführung ihrer BRTätigkeit konkreten Rechtfertigungszwängen aus (*DKK-Wedde* Rn 46; **aA** LAG Nürnberg NZA 94, 378; LAG Köln LAGE § 2 BetrVG 1972 Nr. 9). Etwas anderes gilt, wenn aus besonderen Sicherheitsgründen der Zutritt zu bestimmten Abteilungen oder Arbeitsplätzen eingeschränkt und von einer vorherigen Anmeldung abhängig ist. Diese Anmeldepflicht haben auch BRMitgl. zu beachten.

Sind die ArbN des Betriebs durch eine Regelung über die **Arbeitszeiterfassung** **55** bei zeitweisem Verlassen des Betriebs zur entsprechenden Bedienung des Zeiterfassungsgeräts verpflichtet, gilt dies auch bei einer BRTätigkeit außerhalb des Betriebs (LAG Berlin DB 84, 2098; *DKK-Wedde* Rn 46; ErfK-*Koch* Rn 5; GK-*Weber* Rn 48).

Die Pflicht eines nicht freigestellten BRMitgl., sich vor Beginn der BRTätigkeit **56** beim ArbGeb. abzumelden, ist jedenfalls auch eine aus dem Arbeitsvertrag folgende Verpflichtung. Die Verletzung dieser Pflicht kann deshalb auch Gegenstand einer arbeitsvertraglichen **Abmahnung** sein (BAG 15. 7. 92 AP Nr. 9 zu § 611 BGB Abmahnung; ErfK-*Koch* Rn 5; *HSWGNR* Rn 45; *Richardi/Thüsing* Rn 28; *SWS* Rn 11 e; *Schaub* § 221 Rn 11; **aA** *DKK-Wedde* Rn 32; *Kittner* Anm. zu BAG 15. 7. 92 EzA § 611 BGB Abmahnung Nr. 26, der die Abmeldepflicht des BRMitgl. als eine ausschließlich betriebsverfassungsrechtliche und deshalb nicht abmahnungsfähige Pflicht ansieht). Ferner kann eine schuldhafte Verletzung dieser Pflicht Schadensersatzansprüche des ArbGeb. auslösen (ErfK-*Koch* Rn 5; *GL* RN 34; GK-*Weber* Rn 51).

2. Verbot der Minderung des Arbeitsentgelts

Wenn das BRMitgl. sein Amt auch unentgeltlich auszuüben hat, so darf seine Tä- **57** tigkeit doch nicht zu einer Schmälerung seines Arbeitseinkommens führen. Das BRMitgl. hat vielmehr, sofern seine BRTätigkeit während der Arbeitszeit erforderlich war, **Anspruch auf das Arbeitsentgelt,** das es erzielt haben würde, wenn es gearbeitet hätte (Lohnausfallprinzip). Es hat Anspruch auf Fortzahlung seines individuellen Arbeitsentgelts. Der Begriff des fortzuzahlenden Arbeitsentgelts iS von Abs. 2 kann mangels einer tariflichen Öffnungsklausel nicht durch TV modifiziert werden (BAG 28. 8. 91 AP Nr. 16 zu § 46 BPersVG; BAG 13. 7. 94 AP Nr. 97 zu § 37 BetrVG 1972; *DKK-Wedde* Rn 48). Zum Entgeltanspruch eines freigestellten BRMitgl. vgl. § 38 Rn 85 ff. Zum Entgeltanspruch bei einer Schulungsteilnahme vgl.

Rn 182 ff. Zur Darlegungs- und Beweislast bei gerichtlicher Geltendmachung des Entgeltanspruchs vgl. Rn 254.

58 Der Lohnfortzahlungsanspruch eines BRMitgl. hat bei berechtigter Arbeitsversäumnis nicht in § 37 Abs. 2, sondern allein im **Arbeitsvertrag** iVm. § 611 Abs. 1 BGB seine Rechtsgrundlage (hM: BAG 18. 9. 73, 18. 6. 74, 17. 9. 74, 19. 7. 77, 31. 7. 86 u. 27. 6. 90 AP Nr. 3, 16, 17, 31, 55 u. 76 zu § 37 BetrVG 1972; GK-*Weber* Rn 54. mit weiteren Nachweisen). Liegen die Voraussetzungen des § 37 Abs. 2 vor, so bleibt der Lohnanspruch bestehen; er verwandelt sich nicht in einen Ersatzanspruch. Die notwendige Arbeitsversäumnis ist wie geleistete Arbeit zu vergüten. Es wird nicht etwa die BRArbeit als solche vergütet; denn das BRAmt ist ein unentgeltliches Ehrenamt (BAG 5. 3. 97 AP Nr. 123 zu § 137 BetrVG 1972; ErfK-*Koch* Rn 6; *SWS* Rn 1, 12). Als arbeitsvertraglicher Anspruch unterliegt der Lohnanspruch der Lohnsteuer und ist sozialabgabenpflichtig. Für ihn gelten auch bestehende tarifliche Ausschlussfristen (BAG 8. 9. 10 – 7 AZR 513/09 – NZA 11, 159; BAG 19. 1. 05 – 7 AZR 208/04 – AuA 05, 436; BAG 26. 2. 92 AP Nr. 18 zu § 46 BPersVG hinsichtlich § 70 BAT; LAG München DB 87, 1156; GK-*Weber* Rn 54; *HSWGNR* Rn 68). Zum Restmandat siehe Rn 72a.

59 Da sich nach dem **Lohnausfallprinzip** der Entgeltfortzahlungsanspruch danach bestimmt, was das BRMitgl. während der Zeit notwendiger BRArbeit verdient hätte, ist einem BRMitgl., das regelmäßig über die vertraglich geschuldete Arbeitsleistung hinaus zu weiteren Arbeitseinsätzen herangezogen wird, bei einer notwendigen Arbeitsversäumnis das Entgelt auch für die zusätzlichen Arbeitseinsätze fortzuzahlen (BAG 3. 12. 97 AP Nr. 124 zu § 37 BetrVG 1972 für den Fall einer notwendigen Schulungsteilnahme). Aus demselben Grunde ist die Arbeitszeit für die volle Schicht zu vergüten, wenn wegen der BRSitzung für im Fahrdienst beschäftigte BRMitgl. notwendig die ganze Schicht ausfällt (LAG Düsseldorf/Köln EzA § 37 BetrVG 1972 Nr. 56; GK-*Weber* Rn 58).

60 In Betrieben mit **Gleitzeitarbeit** hat das BRMitgl. Anspruch auf eine entsprechende Zeitgutschrift, wenn es während der Arbeitszeit erforderliche BRArbeit vornimmt. Dies gilt nicht nur für erforderliche BRArbeit während der Kern- und Normalarbeitszeit (so *HSWGNR* Rn 51, *DKK-Wedde* Rn 42) sondern auch während der Gleitzeit. Denn angesichts der flexiblen Gestaltungsmöglichkeiten im Rahmen der Gleitzeitarbeit erfolgt auch diese BRTätigkeit während der Arbeitszeit des BRMitgl. Zum Ausgleich der während der Gleitzeit durchgeführten BRTätigkeit vgl. Rn 92a.

61 Aus dem Lohnausfallprinzip folgt andererseits, dass für BRTätigkeiten **außerhalb der Arbeitszeit** grundsätzlich kein Lohnanspruch besteht (zum Ausgleichsanspruch, wenn die BRTätigkeit aus betriebsbedingten Gründen außerhalb der Arbeitszeit erfolgt vgl. Rn 73 ff.). Deshalb haben BRMitgl., deren ArbVerh. durch eine zulässige **Aussperrung** suspendiert ist, grundsätzlich keinen Anspruch auf Fortzahlung des Arbeitsentgelts, wenn sie während der Aussperrung BRAufgaben wahrnehmen (BAG 25. 10. 88 AP Nr. 110 zu Art. 9 GG Arbeitskampf; ErfK-*Koch* Rn 6; GK-*Weber* Rn 57; *Lipp* S. 129 ff.; aA *DKK-Wedde* Rn 54; kritisch *Hanau* RdA 91, 278). **Etwas anderes** gilt allerdings, soweit der ArbGeb. während des Arbeitskampfes bei Angelegenheiten, bei denen ein Kampfbezug fehlt, Beteiligungsrechte des BR beachten muss (vgl. § 74 Rn 17 ff.) und zu diesem Zweck den BR einschaltet. In diesen Fällen ergeben sich Entgeltansprüche der BRMitgl. aus Abs. 3. Denn die Beteiligung des BR erfolgt aus betriebsbedingten Gründen außerhalb der Arbeitszeit seiner Mitgl. Die Aussperrung des ArbGeb. führt nämlich zum einen dazu, dass von den BRMitgl. keine Arbeitszeit einzuhalten ist und sie deshalb außerhalb der Arbeitszeit tätig werden. Zum anderen bewirkt sie als eine vom ArbGeb. zu vertretende Maßnahme, dass die BRMitgl. die BRTätigkeit nicht während ihrer Arbeitszeit wahrnehmen konnten (**aA** wohl BAG 25. 10. 88 aaO; GK-*Weber* Rn 57; *Lipp* S. 131 f.). Allerdings haben die BRMitgl. keinen Anspruch auf Bezahlung dieser Tätigkeit als Mehrarbeit, da sie infolge der Aussperrung noch nicht einmal ihre normale Arbeitszeit einhalten müssen.

Versucht im Falle eines **wilden Streiks** der BR im Einverständnis mit dem Arb- 62
Geb. durch Verhandlungen zwischen diesem und den streikenden ArbN zu „schlichten", so ist die Zeit der schlichtenden Tätigkeit, die funktionell zur BRTätigkeit
gehören kann, wie Arbeitszeit auch dann zu vergüten, wenn die Arbeit infolge
des Streiks auch an den Arbeitsplätzen der BRMitgl. ruht (BAG 5. 12. 78 – 6 AZR
485/76 – nicht veröffentlicht; *DKK-Wedde* Rn 54; GK-*Weber* Rn 57; *Däubler*
AiB 11, 473 Anm. zu BAG aaO; **aA** *HSWGNR* Rn 62). Denn durch den wilden
Streik waren die ArbVerh. der BRMitgl. nicht suspendiert; die BRMitgl. waren
vielmehr grundsätzlich zur Arbeit verpflichtet, und der ArbGeb. wäre in Annahmeverzug gekommen, wenn er ihre Arbeit nicht angenommen hätte (vgl. hierzu
BAG 25. 10. 88 aaO unter III 3 c der Gründe). Zum Lohnfortzahlungsanspruch eines
BRMitgl., das während eines Streiks an einer Schulungsveranstaltung teilnimmt, vgl.
Rn 184.

Zum fortzuzahlenden Arbeitsentgelt gehören auch die bei Arbeitsleistung anfallen- 63
den **Nebenbezüge**, wie zB Erschwernis- und Schmutzzulagen, Inkassoprämien,
Zuschläge für Mehr-, Nacht- oder Sonntagsarbeit, die sog. Antrittsgebühr in Drucke-
reien, das Wintergeld nach §§ 212ff. SGB III (vgl. BAG 21. 6. 57 AP Nr. 5 zu § 37
BetrVG betr. Sonntagsarbeit; BAG 1. 1. 78 AP Nr. 7 zu § 2 LohnFG betr. Inkassoprämien; BAG 13. 7. 94 AP Nr. 97 zu § 37 BetrVG 1972 betr. Antrittsgebühr; BAG
23. 4. 74 und 31. 7. 86 AP Nr. 11 und 55 zu § 37 BetrVG 1972 betr. Schlechtwettergeld; BAG 16. 8. 95 AP Nr. 19 zu § 1 TVG TV Lufthansa betr. Mehrflugstunden-
prämien; LAG Niedersachsen EzA § 37 BetrVG 1972 Nr. 68 betr. Nachtarbeitszu-
schlag; LAG Düsseldorf DB 73, 578; GK-*Weber* Rn 60; *DKK-Wedde* Rn 48; ErfK-
Koch Rn 6; *HSWGNR* Rn 57; *Richardi/Thüsing* Rn 31). Es kommt nicht darauf an,
dass derartige Zuschläge regelmäßig anfallen; entscheidend ist, dass sie bei hypothetischer Betrachtung während der Arbeitsbefreiung angefallen wären (BAG 29. 6. 88 AP
Nr. 1 zu § 24 BPersVG; GK-*Weber* Rn 60). Hat das BRMitgl., ohne dass hierfür eine
Notwendigkeit bestand, seine Nachtschicht mit einem Arbeitskollegen getauscht, so
hat es keinen Anspruch auf die Nachtschichtzulage, auch wenn der ArbGeb. den
Tausch hingenommen hat (LAG Düsseldorf DB 75, 311; GK-*Weber* Rn 60). Auch
Leistungen aus einem evtl. bestehenden besonderen Entgeltpool sind weiterzuzahlen
(BAG 17. 2. 93 AP Nr. 2 zu § 42 LPVG Rheinland-Pfalz für den sog. Liquidations-
pool nach dem rheinl.-pfälz. KrankenhausG).

Auch **allgemeine Zuwendungen** des ArbGeb., zB Weihnachtsgratifikationen, 64
Urlaubsgeld, Anwesenheitsprämien, vermögenswirksame Leistungen, sind an die von
der Arbeit befreiten BRMitgl. fortzuzahlen (LAG Düsseldorf DB 74, 1966; GK-
Weber Rn 61; *DKK-Wedde* Rn 50; ErfK-*Koch* Rn 6; *HSWGNR* Rn 57). Das gilt
auch für freiwillige, jederzeit widerrufliche Zulagen (BAG 21. 4. 83 AP Nr. 43 zu
§ 37 BetrVG 1972). Gewährt der ArbGeb. Pharmaberatern eine am Gesamtumsatz
orientierte Jahresprämie, ist ein durch erforderliche BRTätigkeiten geminderter Anteil
am Jahresumsatz zur Vermeidung einer Verdienstminderung auszugleichen. Bei der
Bemessung der Höhe des Ausgleichs sind auch andere Marketingaktivitäten des Arb-
Geb. zur Umsatzsteigerung zu berücksichtigen (LAG Berlin NZA 97, 224; allgemein
zur Berechnung leistungs- oder erfolgsbezogener Jahressonderzahlungen bei BR-
Mitgl. vgl. *Gaul* BB 98, 101).

Trinkgelder, die dem Bedienungspersonal in Gaststätten vom Gast freiwillig ge- 65
geben werden, gehören jedenfalls bei Fehlen einer besonderen arbeitsvertraglichen
Vereinbarung nicht zum vom ArbGeb. fortzuzahlenden Arbeitsentgelt (BAG 28. 6.
95 AP Nr. 112 zu § 37 BetrVG 1972; GK-*Weber* Rn 60; ErfK-*Koch* Rn 6; *Richardi/
Thüsing* Rn 31; **aA** *DKK-Wedde* Rn 48). Etwas anderes gilt, wenn sich die vom Arb-
Geb. für die geleisteten Dienste geschuldete Gegenleistung anstelle oder auch neben
der Zahlung der vereinbarten Vergütung die Verschaffung einer Verdienstmöglichkeit
zum Gegenstand hat. Eine derartige Verpflichtung des ArbGeb. kann sich auch aus
besonderen Umständen ergeben und ist in der Regel anzunehmen, wenn eine so
geringe Vergütung vereinbart ist, dass der ArbN erst bei Berücksichtigung der Trink-

gelder ein für eine derartige Arbeitsleistung übliches Arbeitsentgelt erreichen kann
(BAG aaO).

66   **Leistungen** des ArbGeb., die einen **reinen Aufwendungscharakter** tragen, sind
an BRMitgl., die solche Aufwendungen infolge ihrer Arbeitsbefreiung nicht mehr
haben (etwa Wegegelder, Auslösungen, Beköstigungszulagen, vgl. BAG AP Nr. 1 zu
Art. IX KRG Nr. 22), nicht fortzuzahlen (GK-*Weber* Rn 62; *DKK-Wedde* Rn 51;
HSWGNR Rn 59; *Richardi/Thüsing* Rn 33; *Lipp* S. 104). Dies gilt allerdings nicht in
den Fällen, in denen es sich bei diesen Leistungen um einen besonderen Teil des
Lohnes handelt, zB wenn eine Schmutzzulage nicht als Ausgleich für den Verbrauch
zusätzlicher Reinigungsmittel, sondern als Entgelt für die Leistung von schmutziger
Arbeit gezahlt wird (ErfK-*Koch* Rn 6; GK-*Weber* Rn 63; *Richardi/Thüsing* Rn 33). Ob
eine Leistung des ArbGeb. als Aufwendungsersatz oder als Teil des Arbeitsentgelts
anzusehen ist, bestimmt sich nach der inhaltlichen Ausgestaltung und dem objektiven
Zweck der Leistung. Die gewährte Leistung als Aufwendungsersatz anzusehen erfordert, dass in Fällen, für die eine als Aufwendungsersatz gewährte Leistung vorgesehen
ist, im Vergleich zu Fällen, in denen die Voraussetzungen für die Gewährung nicht
erfüllt sind, typischerweise besondere Aufwendungen anfallen, die jedenfalls in der
Regel den Umfang des gewährten Aufwendungsersatzes erreichen. Hierbei ist eine
Pauschalierung des typischen Mehraufwandes zulässig. Denn Sinn der Pauschalierung
ist es, vom Nachweis des entstandenen Aufwandes im Einzelfall abzusehen und statt
dessen die Gewährung der Pauschalleistung an leicht feststellbare objektive Umstände
zu knüpfen, bei deren Vorliegen nach der Lebenserfahrung eine hohe Wahrscheinlichkeit für das Entstehen derartiger Aufwendungen gegeben ist (BAG 18. 9. 91 AP
Nr. 82 zu § 37 BetrVG 1972). Die nach der Richtlinie für die Gewährung der Aufwandsentschädigung für Lokomotivführer und Zugbegleiter der Deutschen Bundesbahn gewährte Fahrentschädigung ist keine pauschalierte Aufwandsentschädigung im
vorstehenden Sinne, sondern gehört zum fortzuzahlenden Arbeitsentgelt (BAG 5. 4.
00 AP Nr. 131 zu § 37 BetrVG 1972).

66a Dient die Überlassung eines **Dienstwagens** oder die Übernahme der Telefonkos-
ten allein der funktionsgerechten Erledigung der arbeitsvertraglichen Verpflichtungen, steht einem freigestellten BRMitgl kein Anspruch auf Fortgewährung dieser Leistungen zu (BAG 23. 6. 04 AP Nr. 139 zu § 37 BetrVG 1972; BAG 25. 2. 09 – 7 AZR
954/07; GK-*Weber* Rn 62; *SWS* Rn 18, *Lipp* S. 107 f.; aA *DKK-Wedde* Rn 51). Erlaubt dagegen die Überlassung eines Dienstwagens auch dessen private Nutzung, so
ist sie Bestandteil des Arbeitsentgelts und damit auch im Fall der Freistellung eines
BRMitgl. aufgrund des Verbots der Entgeltminderung nach Abs. 2 fortzugewähren
(BAG 23. 6. 04 aaO; *ErfK-Koch* Rn 6). Denn insoweit handelt es sich um eine zusätzl. Gegenleistung für die geschuldete Arbeit in Form eines Sachbezugs (BAG aaO;
BAG 11. 10. 00 AP BGB § 611 Sachbezüge Nr. 13). Ein vertragl. Ausschluss der
Überlassung eines – auch privat genutzten – Dienstwagens im Fall einer Freistellung
von der Arbeit als BRMitgl. nach § 37 Abs. 2 ist wegen Verstoßes gegen im Gesetz
(§ 37 Abs. 2, § 78 S. 2 BetrVG) nach § 134 BGB nichtig (BAG 23. 6. 04 aaO). Die
weitere Überlassung des Dienstwagens zur privaten Nutzung führt nicht zu einer
Begünstigung iSd. § 78 S. 2 (BAG aaO; siehe auch § 78 Rn 22).

66b Die private Nutzung eines Dienstwagens ist gemäß § 8 Abs. 2 S. 2 EStG iVm § 6
Abs. 1 Nr. 4 S. 2 EStG als geldwerter Vorteil zu versteuern. Des Weiteren sind nach
§ 8 Abs. 2 S. 3 EStG die Fahrten zwischen Wohnort und regelmäßiger Arbeitsstätte
mit monatlich 0,03% des Brutto-Wertes des PKW zu versteuern, wenn die betriebliche Einrichtung des ArbGeb. durchschnittlich im Kalenderjahr an einem Arbeitstag je
Arbeitswoche zum Zwecke der beruflichen Tätigkeit aufgesucht wird (LohnsteuerRL
9.4.). Für Außendienstmitarbeiter, die die Arbeitsstätte nicht in diesem Sinne regelmäßig aufsuchen, kommt diese Vorschrift nicht zum Tragen. Fahrten, die ein Außendienstmitarbeiter als nicht freigestelltes BRMitgl. iR seiner BRTätigkeit wie zB zu
BRSitzungen zur Einrichtung des ArbGeb macht, zählen für die nach der LohnsteuerRL 9.4. zu ermittelnden durchschnittlichen Kalendertage nicht mit, da das

Aufsuchen der Einrichtung des ArbGeb. zum Zwecke der BRTätigkeit kein Aufsuchen zur Erbringung ihrer arbeitsvertraglichen Leistung ist (ebenso *Schölzel/Grünberg* AiB 11, 79; *Mayer* AiB 11, 668, 671). Andernfalls würde es sich insoweit um eine vom ArbGeb. nach § 40 zu erstattende Aufwendung handeln (*Schölzel/Grünberg* AiB 11, 79; *Mayer* AiB 11, 668, 671). Zur Besteuerung nur der tatsächlichen Fahrten zwischen Wohnung und Arbeitsstätte s. Schreiben des BMF v. 1. 4. 2011 – IV C 5 – S 2334/08/10010 (DStR 2011, 672).

Pauschalierte **Auslösungen** können, je nach der Vertragsgestaltung, über einen **67** reinen Aufwendungsersatz hinausgehen; insoweit sind sie als fortzuzahlendes Arbeitsentgelt anzusehen (so für den steuerpflichtigen Teil der Nahauslösung gem. § 7 BundesmontageTV BAG 10. 2. 88 AP Nr. 64 zu § 37 BetrVG 1972; LAG Düsseldorf DB 74, 2405; LAG Frankfurt NZA 88, 817; kritisch hierzu *HSWGNR* Rn 59 f.). Auch die nach den Lehrentschädigungsrichtlinien der Deutschen Bundespost gewährte Lehrentschädigung gehört zum fortzuzahlenden Arbeitsentgelt (BAG 15. 7. 92 AP Nr. 19 zu § 46 BPersVG). Dagegen ist die Fernauslösung nach § 6 des BundesmontageTV der Eisen-, Metall- und Elektroindustrie vom 30. 4. 1980 eine pauschalierte, nicht fortzuzahlende Aufwandsentschädigung (BAG 18. 9. 91 AP Nr. 82 zu § 37 BetrVG 1972). Das Gleiche gilt für die sog. Streckenzulage nach Nr. 12 Abs. 1 der Sonderregelung 2 d zum MTB (BAG 28. 8. 91 AP Nr. 16 zu § 46 BPersVG). Nach BAG (Urteil vom 14. 9. 88 NZA 89, 856) ist ferner in einer Regelung, die die Monteuren bei dienstlichen Fahrten einen Anspruch auf Fahrtkostenerstattung gewährt, lediglich ein vereinfachtes Abrechnungsverfahren für die bei tatsächlicher Montagetätigkeit entstehenden Aufwendungen zu sehen, so dass der Anspruch auf Fahrtkostenerstattung nicht zum Arbeitsentgelt zählt. Deshalb steht dem Monteur, der von seiner Wohnung zur Wahrnehmung von BRAufgaben in den Betrieb fährt, kein Anspruch auf Kilometergeld zu.

Bei **Akkordarbeit** ist der Akkordlohn nach Maßgabe der durchschnittlichen bis- **68** herigen Arbeitsleistung des BRMitgl. zu vergüten; ist diese nicht feststellbar, so ist der Durchschnitt der jetzt an vergleichbare ArbN gezahlten Akkordlöhne maßgebend (*DKK-Wedde* Rn 49; ErfK-*Koch* Rn 6; *GL* Rn 35; GK-*Weber* Rn 59; *HSWGNR* Rn 56, *Lipp* S. 113 f.; **aA** *Richardi/Thüsing* Rn 31, der den zuletzt verdienten Akkord zu Grunde legt). Gleiches gilt für monatliche **Provisionen** (BAG 5. 6. 85 NZA 86, 290; *DKK-Wedde* Rn 49; *Lipp* S. 114; *Göpfert/Fellenberg/Klarmann* DB 09, 2041; *Mayer* AiB 11, 668, 669).

Nach § 5 Abs. 2 der DVO zum BPG erhalten BRMitgl. **im Bergbau die Prä-** **69** **mie** auch für zulässigerweise versäumte Untertageschichten, obwohl diese aus öffentlichen Mitteln gezahlten Prämien nach § 4 BPG im Übrigen arbeitsrechtlich nicht als Bestandteil des Lohnes gelten (*GL* Rn 39; *Richardi/Thüsing* Rn 34). Fällt im **Baugewerbe** während der Schlechtwetterzeit (1. 11. bis 31. 3.) die Arbeit **witterungsbedingt** aus, hat das BRMitgl. wie die anderen ArbN Anspruch auf die entsprechenden tariflichen Leistungen und bei Erfüllung der gesetzlichen Voraussetzungen gegen die Bundesanstalt für Arbeit Anspruch auf Wintergeld und Winterausfallgeld (vgl. §§ 209–214 SGB III). Nach dem bis zum 31. 12. 95 geltenden Recht bestand an Schlechtwettertagen nur ein Anspruch auf Schlechtwettergeld (BAG 23. 4. 74 AP Nr. 11 zu § 37 BetrVG 1972); das galt selbst dann, wenn das BRMitgl. während der Zeit des Arbeitsausfalls wegen Schlechtwetters BRTätigkeit verrichtet hatte (BAG 31. 7. 86 AP Nr. 55 zu § 37 BetrVG 1972; *Richardi/Thüsing* Rn 32). Verlieren ArbN durch eine Kündigung, die auf Grund einer entsprechenden Tarifregelung bei witterungsbedingtem Arbeitsausfall zulässig ist, ihren Entgeltanspruch, gilt dies wegen ihres besonderen Kündigungsschutzes nicht für BRMitgl. (BAG 18. 5. 99 AP Nr. 7 zu § 1 TVG TV Betonsteingewerbe). Bei rechtmäßiger betrieblicher **Kurzarbeit** hat auch das BRMitgl. gegen den ArbGeb. grundsätzlich nur Anspruch auf das verkürzte Arbeitsentgelt und im übrigen Anspruch auf Kurzarbeitergeld gegen die Bundesanstalt für Arbeit (LAG Hamm LAGE § 37 BetrVG 1972 Nr. 40; ArbG Aachen BB 75, 136; ErfK-*Koch* Rn 6; GK-*Weber* Rn 56). Führt das BRMitgl. aus betriebsbedingten

Gründen außerhalb der Kurzarbeitszeit BRAufgaben aus, hat es gem. Abs. 3 Anspruch auf Freizeitausgleich oder hilfsweise auf Abgeltung, allerdings ohne einen Mehrarbeitszuschlag, da auch bei normaler Arbeitszeit diese Zeit nur mit dem üblichen Entgelt entlohnt worden wäre (*DKK-Wedde* Rn 49).

70   Auch BRMitgl., die als **Heimarbeiter** beschäftigt sind, haben Anspruch auf Entgeltzahlung für die Zeit, die sie für erforderliche BRArbeit aufwenden. Das gebietet das Benachteiligungsverbot des § 78 S. 2 (*HSWGNR* Rn 65). Da Heimarbeiter keine feste Arbeitszeit haben und sich ihr Entgelt grundsätzlich nach der erbrachten Arbeitsleistung richtet, bereitet die Bestimmung der Höhe des für Zeiten erforderlicher BRTätigkeit zu zahlenden Entgelts allerdings gewisse Schwierigkeiten. Um immer unsichere hypothetische Erwägungen und insbesondere eine unterschiedliche Behandlung der in Heimarbeit beschäftigten BRMitgl. zu vermeiden, erscheint es allein sachgerecht und praktikabel, ihnen für die Zeit erforderlicher BRArbeit den in der jeweils maßgebenden bindenden Festsetzung festgelegten **Mindeststundenlohn** zu zahlen (ErfK-*Koch* Rn 6; aa *HSWGNR* Rn 65 und GK-*Weber* Rn 58, die unter entsprechender Anwendung des § 11 EFZG eine bestimmte Stundenvergütung für die Feiertagsbezahlung berechnen und diese der Vergütung der Zeit der BRTätigkeit zugrunde legen; dieser Ansatz führt aber dazu, dass die Zeit der BRTätigkeit der in Heimarbeit beschäftigten BRMitgl. je nach der Höhe der ihnen zugewiesenen Arbeitsmenge unterschiedlich vergütet wird. *DKK-Wedde* Rn 50 a schlägt den Rückgriff auf das Referenzeinkommen des betreffenden Heimarbeiters vor, hält aber auch eine Orientierung eines am Durchschnitt vergleichbarer Heimarbeiter ermittelten Referenzeinkommens für zulässig).

71   Das fortzuzahlende Arbeitsentgelt unterliegt der **Steuer- und Sozialabgabenpflicht.** Da nach § 3b EStG Zuschläge nur für tatsächlich geleistete Sonntags-, Feiertags- oder Nachtarbeit steuerfrei sind, unterliegen sie bei BRMitgl., die derartige Zuschläge nur auf Grund des Entgeltminderungsverbots fortgezahlt erhalten, nunmehr der Steuer- und damit auch der Sozialabgabenpflicht (BFH DB 74, 1991; aa MünchArbR-*Joost* § 220 Rn 27, 71 f.). Der ArbGeb. ist nicht verpflichtet, dem BRMitgl. die von diesen Zuschlägen zu zahlenden Steuern und Sozialabgaben zu erstatten (BAG 29. 7. 80, 22. 8. 85 AP Nr. 37, 50 zu § 37 BetrVG 1972; BAG 15. 1. 97 AP Nr. 1 zu § 39 LPVG Rheinland-Pfalz; GK-*Weber* Rn 64; *HSWGNR* Rn 70; *Richardi/Thüsing* Rn 35; *Schaub* § 221 Rn 16; aa *DKK-Wedde* Rn 52; *Schneider,* NZA 84, 21; *Becker/Schaffner* BB 82, 498). Vorstehendes gilt allerdings nicht, wenn der ArbGeb. auf Grund einer ausdrücklichen Vereinbarung der Arbeitsvertragsparteien die anfallenden Steuern und Sozialversicherungsbeiträge allein trägt (GK-*Weber* Rn 64). Auch verstößt ein ArbGeb., der den BRMitgl. diese Steuer und Sozialabgaben freiwillig erstattet, nicht gegen das Begünstigungsverbot des § 78.

72   Das zu leistende Arbeitseinkommen darf nicht gemindert werden. Eine solche Minderung würde eintreten, wenn ein BRMitgl. im Hinblick auf den durch seine Amtstätigkeit bedingten Ausfall seiner Arbeitskraft auf einen **minder entlohnten Arbeitsplatz** versetzt würde. Wird dem BRMitgl. eine andere Beschäftigung zugewiesen, weil es wegen seines Amtes die bisherige Arbeit nicht mehr verrichten kann, so behält es mindestens die bisherige Entlohnung (ErfK-*Koch* Rn 6; *Richardi/Thüsing* Rn 7; *GL* Rn 10).

72a   BRTätigkeiten, die **nach Beendigung des Arbeitsverhältnisses** iR des **Restmandats** nach § 21b durchgeführt werden, lösen keine Vergütungsansprüche nach § 37 Abs. 2 aus, da es an der Grundvoraussetzung einer Arbeitspflicht aus einem bestehenden Arbeitsverhältnis fehlt (BAG 5. 5. 10 – 7 AZR 728/08 – NZA 10, 1025). Zu Absatz 3 s. Rn 73; zu § 40 s. Rn 7, 40.

IV. Ausgleich für Betriebsratstätigkeit außerhalb der Arbeitszeit (Abs. 3)

Die Mitgl. des BR sollen – wie sich aus den Abs. 2 u. 3 ergibt – die sich aus ihrem **73** Amt ergebenden Aufgaben grundsätzlich während der Arbeitszeit durchführen (BAG 3. 12. 87 AP Nr. 62 zu § 37 BetrVG 1972 mit weiteren Hinweisen). Dies ist jedoch nicht in allen Fällen möglich. Um zu verhindern, dass BRMitgl., die aus betriebsbedingten Gründen ihre BRTätigkeit nicht während der Arbeitszeit durchführen können, durch einen Verlust persönlicher Freizeit benachteiligt werden, gewährt ihnen Abs. 3 einen Ausgleichsanspruch auf entsprechende Arbeitsbefreiung ohne Minderung des Arbeitsentgelts bzw. hilfsweise auf Abgeltung der aufgewandten Zeit. Mangels Arbeitspflicht besteht für BRTätigkeiten, die **nach Beendigung des Arbeitsverhältnisses** iR des **Restmandats** durchgeführt werden, kein Vergütungsanspruch aus Abs. 3 (BAG 5. 5. 10 – 7 AZR 728/08 – NZA 10, 1025). Auch eine analoge Anwendung des Abs. 3 scheidet aus; eine Vergütung eines solchen mit der BRTätigkeit verbundenen Freizeitopfers ist mit dem Ehrenamtsprinzip nicht vereinbar und stellt eine unzulässige Begünstigung iS des § 78 Satz 2 dar (BAG 5. 5. 10 – 7 AZR 728/08 – NZA 10, 1025).

1. Voraussetzungen

Der **Ausgleichsanspruch** setzt voraus, dass eine BRTätigkeit (Rn 75 ff.) aus be- **74** triebsbedingten Gründen (Rn 79 ff.) außerhalb der Arbeitszeit (Rn 92) durchgeführt worden ist.

a) Betriebsratstätigkeit

Bei der außerhalb der Arbeitszeit durchgeführten Tätigkeit muss es sich um eine **75** **BRTätigkeit** gehandelt haben. dh um die Erfüllung von Aufgaben, die dem BR oder seinen Mitgl. kraft Gesetzes, TV oder BV obliegen oder in unmittelbarem Zusammenhang mit der Erfüllung dieser Aufgaben stehen (vgl. hierzu im Einzelnen Rn 23 ff.). Zur BRTätigkeit gehört – wie sich aus der durch das BetrVerf-ReformG eingefügten Bezugnahme des Abs. 3 in Abs. 6 S 1 ergibt – auch die Teilnahme an Schulungsveranstaltungen (vgl. hierzu Rn 187 ff., 226).

Ferner muss die BRTätigkeit, die außerhalb der Arbeitszeit durchgeführt worden **76** ist, **zur ordnungsgemäßen Durchführung** der Aufgaben des BR **erforderlich** iS von Abs. 2 gewesen sein. Dies ergibt sich aus dem Grundsatz, dass die erforderliche BRArbeit im Allgemeinen während der Arbeitszeit durchgeführt werden soll (vgl. Abs. 2) und die Regelung des Abs. 3 lediglich einen entsprechenden Ausgleich für die Fälle schaffen will, in denen dies aus betrieblichen Gründen nicht möglich ist (*DKK-Wedde* Rn 56; *GK-Weber* Rn 72; *Richardi/Thüsing* Rn 40; *Bengelsdorf* NZA 89, 906). Eine andere Auslegung würde auch zu einer ungleichen Behandlung von BRMitgl. führen. Denn dann stünden BRMitgl., die zwar nützliche, jedoch nicht iS von Abs. 2 erforderliche BRTätigkeiten aus betriebsbedingten Gründen außerhalb der Arbeitszeit durchführen, ein entsprechender Ausgleichsanspruch zu, während BRMitgl., die dieselbe Tätigkeit während der Arbeitszeit durchführen, keinerlei Ansprüche, auch keinen Anspruch auf Fortzahlung des Arbeitsentgelts hätten.

Zur BRTätigkeit iS von Abs. 3 zählen auch solche Tätigkeiten, die für sich allein **77** keine BRTätigkeit darstellen, jedoch in einem unmittelbaren notwendigen sachlichen Zusammenhang mit der Durchführung einer BRTätigkeit stehen. Aus diesem Grunde können auch **Reisezeiten** oder zusätzliche **Wegezeiten,** die ein BRMitgl. zur Erfüllung notwendiger betriebsverfassungsrechtlicher Aufgaben außerhalb seiner Arbeitszeit aufwendet, einen entsprechenden Ausgleichsanspruch auslösen (BAG 11. 7. 78, 16. 4. 03, 10. 11. 04, 16. 2. 05 AP Nr. 57, 138, 140, 141 zu § 37 BetrVG 1972; BAG 12. 8. 09 NZA 09, 1284 ff.; *GK-Weber* Rn 87; *DKK-Wedde* Rn 56; *WPK-Kreft*

Rn 27; § 221 Rn 20; *Bengelsdorf* NZA 89, 911; *HSWGNR* Rn 73). Allerdings ist erforderlich, dass die Reise aus betriebsbedingten Gründen außerhalb der Arbeitszeit des BRMitgl. durchgeführt wird (vgl. hierzu Rn 91). Bestehen über die Durchführung von Dienstreisen nähere tarifliche oder betriebliche Regelungen, sind diese auch bei Reisen von BRMitgl. maßgebend (BAG 16. 4. 03 AP Nr. 138 zu § 37 BetrVG 1972; BAG 21. 6. 06 NZA 06, 1417; BAG 12. 8. 09 NZA 09, 1284 ff.; *DKK-Wedde* Rn 60; GK-*Weber* Rn 87; *HSWGNR* Rn 74). Das folgt aus dem Begünstigungs- und Benachteiligungsverbot des § 78. Zur Frage, ob und inwieweit die Zeit von Dienstreisen außerhalb der Arbeitszeit als **Arbeitszeit** zählt vgl. BAG 16. 4. 03 aaO; BAG 10. 11. 04 aaO; BAG 3. 9. 97 AP Nr. 1 zu § 611 BGB Dienstreise; BAG 22. 2. 78 AP Nr. 3 zu § 17 BAT mwN; *Hunold* DB 77, 1506; *ders.* NZA 93, 10; *Loritz /* Koch BB 87, 1102; *Loritz* NZA 97, 1192.

78   Findet im Betrieb eine **Betr.- oder AbtVerslg.** gemäß § 44 Abs. 1 S. 1 **außerhalb der Arbeitszeit** statt, so findet für BRMitgl. die Regelung des Abs. 3 (und nicht diejenige des § 44 Abs. 1 S. 3) Anwendung, da davon auszugehen ist, dass die Mitgl. des BR **in ihrer Amtseigenschaft** und nicht in ihrer Eigenschaft als ArbN des Betriebs an diesen Verslg. teilnehmen. Da die Teilnahme eine notwendige BRTätigkeit darstellt, steht ihnen auch der Ausgleichsanspruch nach Abs. 3 zu (LAG Düsseldorf EzA § 44 BetrVG 1972 Nr. 1; *DKK-Wedde* Rn 57; GK-*Weber* Rn 86; GK-*Fabricius* § 44 Rn 44; *ErfK-Koch* Rn 7; einschränkend *Richardi/Thüsing* Rn 61; *Greßlin* S. 112: nur bei Teilnahme an der AbtVerslg. eines Betriebsteils, das der BRMitgl. nicht angehört; **aA** offensichtlich BAG 5. 5. 87 AP Nr. 4 zu § 44 BetrVG 1972, das den Entgelt- anspruch auch für BRMitgl. auf § 44 Abs. 1 stützt; *Richardi/Thüsing* Rn 61; *Richardi/ Annuß* § 44 Rn 39; *Greßlin* S. 112 die Anspruch ausschließlich nach § 44 Abs. 1 gewäh- ren, unabhängig davon, ob die Betr.- bzw. AbtVerslg. innerhalb der persönlichen und betrieblichen Arbeitszeit des BRMitgl. abgehalten wird oder nicht; für Erstattung nach § 44 Abs. 1: GK-*Fabricius/Weber* Rn 44, nur dann, wenn die Teilnahme des BRMitgl. innerhalb seiner persönlichen und auch der betrieblichen Arbeitszeit erfolgt und er nicht als Externer teilnimmt). Dies gilt allerdings nicht für die außerordentliche Betr.- und AbtVerslg., die mangels Zustimmung des ArbGeb. gem. § 44 Abs. 2 nicht wäh- rend der Arbeitszeit durchgeführt werden. Denn der Grund für die Durchführung dieser Verslg. außerhalb der Arbeitszeit ist die gesetzliche Regelung des § 44 und kein betriebsbedingter Grund iS des Abs. 3. Etwas anderes gilt allerdings dann, wenn der ArbGeb. seine Zustimmung zur Durchführung der BetrVerslg. während der Arbeits- zeit lediglich aus betriebsbedingten Gründen verweigert. Fällt jedoch die außeror- dentliche BetrVerslg. in die persönliche Arbeitszeit des BRMitgl. besteht ein An- spruch nach Abs. 2 (*Greßlin* S. 112).

b) Betriebsbedingte Gründe

79   Nicht jede BRTätigkeit außerhalb der Arbeitszeit löst einen entsprechenden Aus- gleichsanspruch aus, sondern nur eine solche, die aus betriebsbedingten Gründen außerhalb der Arbeitszeit durchgeführt werden muss. **Betriebsbedingte Gründe** sind insbesondere solche, die sich aus der Eigenart des Betriebs oder der Gestaltung seines Arbeitsablaufs ergeben; es muss ein im Betrieb selbst vorhandener Sachzwang dazu führen, dass die BRTätigkeit nicht während der Arbeitszeit durchgeführt werden kann (BAG 11. 7. 78, 31. 10. 85, 3. 12. 87, 15. 2. 89 u. 26. 1. 94 AP Nr. 57, 52, 62, 70 u. 93 zu § 37 BetrVG 1972; *DKK-Wedde* Rn 58; ErfK-*Koch* Rn 7; GK-*Weber* Rn 76 f.; *Richardi/Thüsing* Rn 43; *SWS* Rn 20, 23). Das gilt sowohl für Tätigkeiten des BRGremiums als auch für BRTätigkeiten seiner einzelnen Mitgl. Zu denken ist hier zB an die Durchführung einer BRSitzung außerhalb der Arbeitszeit aus den Gründen des § 30 S. 2 oder an Teilnahme an der BRSitzung in Betriebe mit Schicht- arbeit für die in unterschiedlichen Schichten tätigen BRMitgl. Betriebsbedingte Gründe liegen auch vor, wenn BRMitgl. in Schlüsselstellungen beschäftigt sind und sie wegen ihrer Unabkömmlichkeit BRTätigkeiten außerhalb ihrer Arbeitszeit durchführen müssen. Das Gleiche gilt für die Teilnahme an Betriebsbesichtigungen oder Unfalluntersuchungen der zuständigen Arbeitsschutzbehörden außerhalb der persönlichen Arbeitszeit des hierfür zuständigen BRMitgl. Auch wenn ein Zeitungszusteller, dessen Arbeit in den frühen Morgenstunden zu erledigen ist, BRTätigkeit in der Normalarbeitszeit ausübt, ist dies durch die Eigenart des Betriebs bedingt (vgl. BAG 25. 8. 99 AP Nr. 130 zu § 37 BetrVG 1972).

Allerdings ist der Begriff der „betriebsbedingten Gründe" nicht nur in diesem engen Sinne zu verstehen. Vielmehr liegen betriebsbedingte Gründe für eine BRTätigkeit außerhalb der Arbeitszeit bereits dann vor, wenn aus Gründen, die in **der Sphäre des Betriebs** liegen, die BRTätigkeit nicht während der Arbeitszeit durchgeführt wird (GK-*Weber* Rn 78; *DKK-Wedde* Rn 58; ErfK-*Koch* Rn 7; *Richardi/Thüsing* Rn 44). Das ist stets anzunehmen, wenn der ArbGeb. direkt oder indirekt Einfluss darauf genommen hat, dass die BRTätigkeit außerhalb der Arbeitszeit durchgeführt worden ist (vgl. BAG 26. 1. 94 AP Nr. 93 zu § 37 BetrVG 1972). Zu denken ist zB daran, dass eine BRSitzung auf Wunsch des ArbGeb. ganz oder teilweise außerhalb der Arbeitszeit abgehalten worden ist oder dass bei Meinungsverschiedenheiten zwischen ArbGeb. und BR in einer wichtigen und für den Betrieb wesentlichen Frage, die im Interesse des Betriebs eine schnelle Entscheidung erfordert, die Verhandlungen zwischen den Betriebspartnern oder die Beratungen des BR über die gewöhnliche Arbeitszeit hinausgehen (GK-*Weber* Rn 78). Betriebsbedingte Gründe liegen auch vor, wenn der ArbGeb. dem BR eine Fülle kurzfristig zu erledigender beteiligungspflichtiger Sachverhalte vorlegt, die der BR auch bei konzentrierter Arbeit nicht innerhalb der üblichen Arbeitszeit bewältigen kann (*DKK-Wedde* Rn 58 a). Das Gleiche gilt, wenn. der ArbGeb. ein BRMitgl veranlasst, erforderliche BRArbeit nicht während seiner Arbeitszeit vorzunehmen.

80

Betriebsbedingte Gründe liegen nach dem durch das BetrVerf-ReformG in Abs. 3 neu eingefügte Satz 2 ferner vor, wenn wegen der **unterschiedlichen Arbeitszeiten** der BRMitgl. die BRTätigkeit nicht innerhalb der persönlichen Arbeitszeit erfolgen kann. Die jeweilige betriebliche Arbeitszeitgestaltung ist Teil der betrieblichen Organisation. Diese ist Grundlage für die Arbeit des BR und seiner Mitgl. (vgl. Begründung des RE BT-Drucks. 14/5741 S. 40). Insofern ist es folgerichtig, dass sich aus ihr keine nachteiligen Folgen für die BRArbeit ergeben dürfen. Das wird durch den neuen Abs. 3 S. 2 gewährleistet. Mit dessen gesetzlicher Fiktion (*Löwisch* BB 01, 1741) ist ua. auch die Frage, ob die BRTätigkeit von **teilzeitbeschäftigten BRMitgl.** außerhalb ihrer Arbeitszeit als betriebsbedingt anzusehen ist (dies wurde zwar überwiegend bejaht, war jedoch nicht unumstritten, vgl. hierzu die 20. Auflage Rn 66), in einem bejahenden Sinne beantwortet (*Düwell/Wolmerath* Rn 18; ErfK-*Koch* Rn 7).

81

Der neue Satz 2 ist weit formuliert. Er erfasst auch die Fälle, in denen – ohne das es auf eine unterschiedliche Dauer der Arbeitszeit der BRMitgl. ankommt – allein wegen der unterschiedlichen Lage der Arbeitszeiten der BRMitgl. die BRTätigkeit eines Mitgl. nicht innerhalb seiner persönlichen Arbeitszeit erfolgen kann. Dies gilt zB – was bisher schon allgemein anerkannt war – für den Fall, dass BRMitgl. in **Wechselschicht** arbeiten. Nimmt ein BRMitgl. entsprechend dem Schichtplan in seiner schichtfreien Zeit notwendige BRTätigkeiten wahr, zB Teilnahme an Sitzungen des BR oder GesBR oder an der BRVerslg., wird diese BRTätigkeit aus betriebsbedingten Gründen außerhalb der persönlichen Arbeitszeit des BRMitgl. ausgeübt (*DKK-Wedde* Rn 63; ErfK-*Koch* Rn 7; GK-*Weber* Rn 82). Das gilt ferner für Betriebe mit **Gleitzeitarbeit.** Denn diese ist ja gerade auf eine unterschiedliche Lage der Arbeitszeit der ArbN ausgerichtet (*Löwisch* BB 01, 1741).

82

Betriebsbedingte Gründe iS des Abs. 3 S. 2 liegen ferner vor, wenn ein BRMitgl. erforderliche BRTätigkeiten wegen des unterschiedlichen **Umfangs der Arbeitszeiten** der BRMitgl. nicht innerhalb seiner persönlichen Arbeitszeit vornehmen kann (*Löwisch* BB 01, 1741; *Richardi/Thüsing* Rn 48). Die Regelung betrifft alle Fälle, in denen BRMitglieder unterschiedlich lange Arbeitszeiten haben. Sie ist insbesondere für BRMitgl. mit einer gegenüber der Regelarbeitszeit verkürzten Arbeitszeit von

83

Bedeutung. Hierbei ist es gleichgültig, ob die verkürzte Arbeitszeit auf der Vereinbarung von Teilzeitarbeit oder einer ihre Unterformen Arbeit auf Abruf oder Arbeitsplatzteilung nach §§ 2, 12 und 13 TzBfG (vgl. hierzu § 5 Rn 157 ff.) beruht oder ob sie sich aus einer Arbeitszeitausgleichsregelung wegen vorübergehender Mehrarbeit ergibt (vgl. hierzu § 3 S. 2, § 7 Abs. 1 ArbZG). Unerheblich ist, ob das Interesse für die verkürzte Arbeitszeit arbeitgeberseitig (zB bessere Auslastung der Betriebsanlagen) oder arbeitnehmerseitig (zB familiäre oder sonstige persönliche Gründe) bedingt ist. Das ist eine dem Abs. 3 vorgelagerte Frage (so zu Recht GK-*Weber* Rn 81). Auch eine auf Veranlassung des ArbN gem. § 8 TzBfG erfolgte Verringerung der Arbeitszeit unterfällt der Regelung des Abs. 3 S. 2 (*Düwell/Wolmerath* Rn 18; GK-*Weber* Rn 81; *Greßlin* S. 79; **aA** *SWS* Rn 23a; *Reichold* NZA 01, 857, 861; *Hanau* RdA 01, 65, 71).

84   Die Unmöglichkeit eines **teilzeitbeschäftigten BRMitgl.**, BRArbeit während seiner Arbeitszeit auszuführen, wird insbesondere wegen seiner unterschiedlichen Arbeitszeit zu vollzeitbeschäftigten BRMitgl. bestehen. Zu denken ist zB an seine Teilnahme an BRSitzungen, an Sitzungen des BetrAusschusses oder anderer Ausschüsse des BR oder an Besprechungen mit dem ArbGeb. nach § 74 Abs. 1, die während der Regelarbeitszeit, jedoch außerhalb der Arbeitszeit des teilzeitbeschäftigten BRMitgl. stattfinden. Wie sich aus der allgemeinen Formulierung des S. 2 ergibt, können auch unterschiedliche Arbeitszeiten zwischen zwei oder mehreren teilzeitbeschäftigten BRMigl. die Rechtsfolge des S. 2 auslösen., zB wenn der BR zwei zu unterschiedlichen Zeiten arbeitende teilzeitbeschäftigte BRMitgl. beauftragt, zur Beschlussvorbereitung eine bestimmte Angelegenheit mit dem ArbGeb. zu besprechen (so auch *Greßlin* S. 67 f.).

85   Um eine Ausgleichsanspruch auszulösen muss die außerhalb der persönlichen Arbeitszeit eines teilzeitbeschäftigten BRMitgl. durchgeführte BRArbeit allerdings ihrerseits zu einer Zeit erfolgen, in der **üblicherweise BRArbeit** geleistet wird. Das folgt daraus, dass die Fiktion des Abs. 3 S. 2 an unterschiedliche Arbeitszeiten von BRMitgl. anknüpft. Diese Voraussetzung ist zB gegeben bei der Teilnahme an einer während der Arbeitszeit stattfindenden BRSitzung oder im Falle einer notwendigen Zusammenarbeit mit einem anderen (teilzeitbeschäftigten) BRMitgl. die Durchführung der BRTätigkeit in dessen Arbeitszeit. Wird die BRTätigkeit außerhalb dieser Zeiten ausgeübt, setzt ein Ausgleichsanspruch voraus, dass hierfür ein besonderer betriebsbedingter Grund vorliegt. Kein Ausgleichsanspruch besteht allerdings, wenn alle teilzeitbeschäftigten BRMitgl. dieselbe Arbeitszeit haben und die BRTätigkeit ohne betriebsbedingten Grund außerhalb ihrer persönlichen Arbeitszeit stattfindet (GK-*Weber* Rn 82; *Greßlin* S. 67 f.). Nicht erforderlich ist dagegen, dass die BRTätigkeit immer von mindestens zwei BRMitgl. zu erbringen ist (so aber *Greßlin* S. 80, 86; für BRTätigkeit eines einzeln tätig gewordenen BRMitgl. außerhalb seiner Arbeitszeit bestehe der Ausgleichsanspruch nur in analoger Anwendung des Abs. 3 S. 2 (*Greßlin* S. 80 ff., 82, 86).

86   Abs. 3 S. 2 regelt ausschließlich die Frage, dass eine BRTätigkeit außerhalb der persönliche Arbeitszeit eines BRMitgl. unter den genannten Voraussetzungen betriebsbedingt ist. Aus dieser Vorschrift ergibt sich **keine rechtliche Verpflichtung** des BR oder seiner Mitgl., die Erledigung von BRAufgaben nach den unterschiedlichen Arbeitszeiten der BRMitgl. auszurichten. Die Annahme einer derartigen Verpflichtung würde die den auf die Normalarbeitszeit abgestellten Handlungs- und Gestaltungsspielraum des BR und seiner Mitgl. unzulässig einengen. Der BR kann – soweit ihm dies geboten oder vertretbar erscheint – bei der Gestaltung seiner Arbeit die unterschiedlichen Arbeitszeiten seiner Mitgl. berücksichtigen. Unterlässt er dies, ergeben sich hieraus keine Auswirkungen darauf, dass die Unmöglichkeit von BRMitgl., die BRTätigkeit während ihrer Arbeitszeit zu erbringen, betriebsbedingt iS des Abs. 3 S. 2 ist (ErfK-*Koch* Rn 7; enger GK-*Weber* Rn 83; *Greßlin* S. 69 ff. nur wenn zB BR Sitzung so gelegt ist, dass sie für die meisten BRMitgl. innerhalb der persönlichen Arbeitszeit stattfindet).

Keine betriebsbedingten Gründe liegen vor, wenn das BRMitgl. aus **persön-** 87
lichen Gründen BRTätigkeiten außerhalb der Arbeitszeit durchführt, die es ohne
weiteres auch während der Arbeitszeit hätte durchführen können (GK-*Weber* Rn 84).
Auch die Unterbrechung des Urlaubs eines BRMitgl., um an einer BRSitzung teilzunehmen, erfolgt nicht aus betriebsbedingten Gründen, so dass kein Anspruch auf
eine entsprechende Verlängerung des Urlaubs besteht (GK-*Weber* Rn 84; *Richardi/*
Thüsing Rn 46; ErfK-*Koch* Rn 7; aA *Ochsmann* BB 78, 562 allerdings nicht wegen
Abs. 3 sondern aus allgemeinen Gründen; *DKK-Wedde* Rn 64).

Betriebsbedingte Gründe können ferner zu verneinen sein, wenn eine **besondere** 88
Gestaltung der BRArbeit dazu führt, dass sie nicht innerhalb der Arbeitszeit der
BRMitgl. durchgeführt wird. Betriebsratsbedingte Gründe sind nicht ohne weiteres
mit betriebsbedingten Gründen gleichzusetzen (ErfK-*Koch* Rn 7; GK-*Weber* Rn 85 f.;
Richardi/Thüsing Rn 45; aA wohl *DKK-Wedde* Rn 59 f.). Dies gilt allerdings **nicht in**
den Fällen des Abs. 3 S. 2, da bei Vorliegen seiner Voraussetzungen die Betriebsbedingtheit − ohne dass es auf die Gestaltung der BRArbeit ankommt − **von Geset-**
zes wegen unterstellt wird (vgl. Rn 81 ff.; *Greßlin* S. 73 f.). Keine betriebsbedingten
Gründe sind zB gegeben, wenn eine BRSitzung nur deshalb außerhalb der Arbeitszeit stattfindet, weil ansonsten die Teilnahme eines in einer Spezialfrage besonders
sachverständigen Gewerkschaftsvertreters nicht möglich ist. Auch die Festsetzung von
Zeit und Ort zB von Sitzungen des GesBR oder des KBR oder der Zeit der
BRVerslg. werden im Allgemeinen nicht durch betriebsbedingte Gründe bestimmt
sein (BAG vom 11. 7. 78 AP Nr. 57 zu § 37 BetrVG 1972; vgl. auch LAG Hamm
EzA § 37 BetrVG 1972 Nr. 61). Allerdings ist zu beachten, dass Abs. 3 S. 2 für den
GesBR und KBR entsprechend gilt (vgl. § 51 Abs. 1, § 59 Abs. 1). Keine betriebsbedingten Gründe dürften ferner vorliegen, wenn in einem Betrieb, der kurzarbeitet,
BRTätigkeiten während der Zeit vorgenommen werden, in der wegen der Kurzarbeit
keine Arbeit geleistet wird (vgl. BAG 26. 4. 95 AP Nr. 17 zu § 20 BetrVG 1972 für
die Tätigkeit eines Wahlvorstands). Etwas anders gilt allerdings, wenn besondere betriebliche Gründe die BRArbeit in dieser Zeit erforderlich machen oder wenn nur in
einem Teil des Betriebs kurzgearbeitet wird und BRMitgl. aus diesem Grund unterschiedliche Arbeitszeiten haben; dann greift Abs. 3 S. 2 Platz.

Der Anspruch eines BRMitgl. auf Freizeitausgleich bzw. Mehrarbeitsvergütung, 89
das nach dem Arbeitsvertrag die **zeitliche Lage seiner Arbeitszeit** ganz oder teilweise **selbst bestimmen** und außerhalb des Betriebs ableisten kann (zB Lehrer),
setzt in der Regel voraus, dass das BRMitgl. dem ArbGeb. vorher mitgeteilt hat, dass
die BRTätigkeit aus betriebsbedingten Gründen nicht innerhalb der Arbeitszeit erfolgen kann (BAG 31. 10. 85 AP Nr. 52 zu § 37 BetrVG 1972). Hat das BRMitgl. eine
entsprechende Mitteilung gemacht, der ArbGeb. aber keine Möglichkeit zur Ausübung der BRTätigkeit während der Arbeitszeit gegeben, liegen betriebsbedingte
Gründe im Sinne des Abs. 3 vor (*DKK-Wedde* Rn 64; *Richardi/Thüsing* Rn 47; *SWS*
Rn 22a; *Rath* BB 89, 2328; aA *HSWGNR* Rn 82). Das Gleiche gilt auch ohne Mitteilung des BRMitgl., wenn sich der ArbGeb. eindeutig und endgültig auch für zukünftige Fälle geweigert hat, die BRTätigkeit während der Arbeitszeit zu ermöglichen
(BAG 3. 12. 87 AP Nr. 62 zu § 37 BetrVG 1972).

Freigestellte BRMitgl. sind ebenfalls gehalten, ihre BRAufgaben während der 90
normalen Arbeitszeit durchzuführen. Das Gleiche gilt für teilweise freigestellte BR-
Mitgl. hinsichtlich ihrer Freistellungszeit. Ist dies infolge eines übermäßigen Arbeitsanfalls nicht möglich und die Mehrarbeit auch nicht durch eine anderweitige Arbeitsauf-
teilung unter den Freigestellten aufzufangen, sind ggf. weitere BRMitgl. (ganz oder
teilweise) freizustellen (BAG 21. 5. 74 AP Nr. 14 zu § 37 BetrVG 1972; *DKK-Wedde*
Rn 61; GK-*Weber* Rn 85; zur Frage weiterer Freistellungen vgl. § 38 Rn 19 ff.). Geschieht dies nicht, kommen für erforderliche Mehrarbeit der Freigestellten Ausgleichsansprüche in Betracht (vgl. hierzu Rn 97, 109).

Bei **Reisen eines BRMitgl.** in erforderlichen betriebsverfassungsrechtlichen An- 91
gelegenheiten hat das BRMitgl. nach Abs. 2 in dem Umfang Anspruch auf entspre-

chende Arbeitsbefreiung dass es in angemessener Weise und zu angemessener Zeit am Reiseziel eintrifft (vgl. Rn 42). Soweit die für die Reise erforderliche Arbeitsbefreiung aus betriebsbedingten Gründen nicht in Anspruch genommen werden kann und deshalb die Reise außerhalb der Arbeitszeit durchgeführt werden muss, besteht ein Anspruch auf entsprechende Arbeitsbefreiung (BAG 11. 7. 78, 16. 4. 03 AP Nr. 57 und 138 zu § 37 BetrVG 1972; *GL* Rn 42; GK-*Weber* Rn 87; *Richardi/Thüsing* Rn 46; *SWS* Rn 23 c; *Bengelsdorf* NZA 89, 911; offengelassen in BAG 15. 2. 89 AP Nr. 70 zu § 37 BetrVG 1972; **aa** LAG Bremen BB 75, 838; LAG Bad.-Württ. AP Nr. 25 zu § 37 BetrVG 1972; LAG Hamm EzA § 37 BetrVG 1972 Nr. 61; **weitergehend** ArbG Siegen NZA-RR 98, 360). So ist zB ein BRMitgl., das zu einer um 9 Uhr beginnenden GesBRSitzung von München nach Hamburg reist, berechtigt, die Reise schon am Vortage unter Inanspruchnahme der erforderlichen Arbeitsbefreiung anzutreten. Ist letzteres aus betriebsbedingten Gründen nicht möglich, hat das BRMitgl. insoweit Anspruch auf einen entsprechenden Freizeitausgleich, als es am Vortag Arbeitszeit für die Durchführung der Reise hätte in Anspruch nehmen können. Bei Reisen **teilzeitbeschäftigter BRMitgl.** ist für die Frage der Inanspruchnahme von Arbeitszeit auf die übliche Arbeitszeit eines vollbeschäftigten BR-Mitgl. abzustellen, dh: soweit die erforderliche Reisezeit in die Arbeitszeit eines vollbeschäftigten BRMitgl. fällt, hat es den Ausgleichsanspruch nach Abs. 3 S. 2; denn insoweit ist es ihm wegen seiner verkürzten Arbeitszeit nicht möglich, die Reise während der Arbeitszeit eines vollzeitbeschäftigten BRMitgl. anzutreten. Insoweit gilt das Gleiche wie bei einer notwendigen BRTätigkeit außerhalb der individuellen Arbeitszeit eines teilzeitbeschäftigten BRMitgl. (vgl. hierzu Rn 83 ff.; *DKK-Wedde* Rn 62; *Richardi/Thüsing* Rn 48; *Greßlin* S. 106 f.; **aA** GK-*Weber* Rn 87; *Bengelsdorf* NZA 89, 912; *Lipke* NZA 90, 761). Bestehen tarifliche oder betriebliche Regelungen über Dienstreisen, sind diese maßgebend (BAG 12. 8. 09 – 7 AZR 218/08 – NZA 09, 1284; vgl. auch Rn 77 und Hinweise zur Frage der Reisezeit als Arbeitszeit). Gleiches gilt bei der Teilnahme an Schulungs- oder Fortbildungsveranstaltungen (BAG 10. 11. 04 AP Nr. 140 zu § 37 BetrVG 1972).

c) Tätigkeit außerhalb der Arbeitszeit

92 Die BRTätigkeit muss **außerhalb der Arbeitszeit** durchgeführt worden sein. Diese Voraussetzung ist auf das einzelne BRMitgl., das bei der Ausübung der betreffenden BRTätigkeit beteiligt war, zu beziehen; es kommt auf dessen **individuelle Arbeitszeit** an, so wie sie sich aus der bestehenden tariflichen Regelung, einer BV nach § 87 Abs. 1 Nr. 2 oder dem Arbeitsvertrag ergibt (BAG 3. 12. 87 AP Nr. 62 zu § 37 BetrVG 1972; *DKK-Wedde* Rn 62; GK-*Weber* Rn 80; *HSWGNR* Rn 84; *Richardi/Thüsing* Rn 42). Für BRMitgl., die in einem **Teilzeitarbeitsverhältnis** einschließlich seiner Unterformen Arbeit auf Abruf und Arbeitsplatzteilung nach den §§ 6 ff., 12 und 13 TzBfG beschäftigt sind, ist ebenfalls ihre jeweilige konkrete persönliche Arbeitszeit maßgebend (vgl. BAG 25. 8. 99 AP Nr. 130 zu § 37 BetrVG 1972; LAG Niedersachsen AiB 86, 94; LAG Frankfurt DB 88, 1706; *DKK-Wedde* Rn 62; ErfK-*Koch* Rn 7; *HSWGNR* Rn 84; *Greßlin* S. 85; *Bengelsdorf* NZA 89, 905 f.).

92a Bei einem in **Gleitzeitarbeit** beschäftigten BRMitgl. liegt die BRTätigkeit auf jeden Fall außerhalb seiner Arbeitszeit, wenn die Tätigkeit außerhalb des Gleitzeitrahmens ausgeübt wird. Führt ein BRMitgl. in der Gleitzeit erforderliche BRArbeit durch, kann es diese (zunächst) im Rahmen der allgemeinen Gleitzeitregelung ausgleichen, ohne dass es insoweit einer besonderen Geltendmachung des Ausgleichsanspruchs und einer ausdrücklichen Gewährung der Arbeitsbefreiung durch den Arb-Geb. (vgl. hierzu Rn 94 f.) bedarf. Ist ein Ausgleich im Gleitzeitrahmen nicht oder nicht in vollem Umfang möglich, etwa wegen zu starker Arbeitsbelastung oder aus sonstigen Gründen, ist die erforderliche BRTätigkeit, da sie dann nicht mehr im Rahmen der vertraglich geschuldeten Arbeitszeit stattgefunden hat, als außerhalb der persönlichen Arbeitszeit liegend anzusehen. Insoweit bestimmt sich der Anspruch auf Freizeitausgleich nach Abs. 3. Für seine Erfüllung ist die Kern- und Normalarbeitszeit in Anspruch zu nehmen. Dies gilt insbesondere auch, wenn nach Ablauf des betrieblich maßgebenden Ausgleichszeitraums ein Zeitguthaben vorhanden ist und hierin Zeitgutschriften für erforderliche BRTätigkeiten enthalten sind, die während der Gleitzeit durchgeführt worden sind (vgl. hierzu Rn 60). Dies im Streitfall darzulegen, obliegt dem BRMitgl. Es empfiehlt sich deshalb, die aus betriebsbedingten Gründen in der Gleitzeit durchgeführten BRArbeiten im Einzelnen festzuhalten.

2. Anspruch auf Arbeitsbefreiung

Das BRMitgl. hat bei Vorliegen der in den Rn 74 ff. genannten Voraussetzungen **93** in erster Linie Anspruch auf entsprechende **Arbeitsbefreiung unter Fortzahlung des Arbeitsentgelts.** Nur wenn der Gewährung der geltend gemachten Arbeitsbefreiung innerhalb eines Monats aus betriebsbedingten Gründen nicht möglich ist, besteht ein **Abgeltungsanspruch** (vgl. hierzu Rn 106 ff.). Dieses **Rangverhältnis** zwischen dem Ausgleichs- und dem Abgeltungsanspruch unterliegt weder der Disposition des ArbGeb. noch des betreffenden BRMitgl. (vgl. BAG 25. 8. 99 AP Nr. 130 zu § 137 BetrVG 1972; *DKK-Wedde* Rn 65; *ErfK-Koch* Rn 81; *GL* Rn 44; GK-*Weber* Rn 88, 98; *HSWGNR* Rn 85; *Richardi/Thüsing* Rn 56).

Das BRMitgl. hat Anspruch auf entsprechende Arbeitsbefreiung unter Fortzahlung **94** des Arbeitsentgelts. Der Anspruch steht dem **einzelnen BRMitgl.**, nicht dem BR zu (GK-*Weber* Rn 89; *HSWGNR* Rn 88). Das BRMitgl. hat den Anspruch auf Arbeitsbefreiung dem ArbGeb. gegenüber **geltend** zu machen (BAG 25. 8. 99 AP Nr. 130 zu § 37 BetrVG 1972). Sind dem ArbGeb. die Voraussetzungen des Ausgleichsanspruchs nicht bekannt, hat das BRMitgl. sie ihm darzulegen, dh ihm mitzuteilen, wann und wie lange es erforderliche BRAufgaben außerhalb der Arbeitszeit durchgeführt hat (*Richardi/Thüsing* Rn 53). Da der Freizeitausgleich grundsätzlich innerhalb eines Monats gewährt werden soll, hat die **Geltendmachung unverzüglich** zu erfolgen. Eine verspätete Geltendmachung des Anspruches, auch wenn sie erst nach Ablauf eines Monats erfolgt, ist jedoch unschädlich (GK-*Weber* Rn 91, 96; *DKK-Wedde* Rn 65; *Richardi/Thüsing* aaO; *Düwell/Wolmerath* Rn 22; **aA** *HSWGNR* Rn 90, MünchArbR-*Joost* § 220 Rn 34, nach denen der Anspruch erlischt, wenn er nicht innerhalb eines Monats geltend gemacht wird). Zur Verjährung des Anspruchs auf Freizeitausgleich vgl. Rn 105.

Der ArbGeb. hat dem BRMitgl. **Arbeitsbefreiung zu gewähren.** Das BRMitgl. **95** darf diesen Anspruch grundsätzlich nicht von sich aus ohne eine entsprechende Gewährung durch den ArbGeb. durchsetzen und einfach von der Arbeit fernbleiben (*DKK-Wedde* Rn 66; *ErfK-Koch* Rn 8; GK-*Weber* Rn 90; *HSWGNR* Rn 88; *Richardi/Thüsing* Rn 54). Insoweit gelten entsprechende Grundsätze wie bei der Urlaubsgewährung (*ErfK-Koch* Rn 8; *SWS* Rn 24; *WPK-Kreft* Rn 31; enger iS eines Bestimmungsrechts des ArbGeb. nach billigem Ermessen: *GL* Rn 48, GK-*Weber* Rn 94; *HSWGNR* Rn 87; *Richardi/Thüsing* Rn 54; *Dütz* DB 76, 1480).

Wenn der ArbGeb. allerdings den Ausgleichsanspruch nicht innerhalb eines Mo- **96** nats erfüllt und **offensichtlich keinerlei erkennbare Gründe** seiner Gewährung entgegenstehen, kann das BRMitgl. den Freizeitausgleich von sich aus in Anspruch nehmen; denn es ist zu berücksichtigen, dass der Anspruch auf Freizeitausgleich durch BRTätigkeit bedingt ist und das BRMitgl. für die Wahrnehmung von BRTätigkeiten während der Arbeitszeit ebenfalls keiner Zustimmung des ArbGeb. bedarf (vgl. oben Rn 49; *DKK-Wedde* Rn 66; *Lichtenstein* BetrR 72, 152; **aA** *ErfK-Koch* Rn 8; GK-*Weber* Rn 98; *HSWGNR* Rn 88; *Richardi/Thüsing* Rn 56 f.; MünchArbR-*Joost* § 220 Rn 35).

Hat ein **freigestelltes BRMitgl.** aus betriebsbedingten Gründen notwendige BR- **97** Arbeit außerhalb seiner Arbeitszeit erledigt (vgl. Rn 90), obliegt es seiner Einschätzung, ob und wann seine Amtstätigkeit die Inanspruchnahme des Freizeitausgleichs gestattet.

98 Der Ausgleichsanspruch besteht in **dem gleichen Umfang,** wie das BRMitgl. aus betrieblichen Gründen außerhalb der Arbeitszeit BRTätigkeit durchgeführt hat. Für so viel Zeit, wie das BRMitgl. für die BRTätigkeit außerhalb der Arbeitszeit aufgewendet hat, ist ihm entsprechende Arbeitsbefreiung zu gewähren. Das gilt auch für den Ausgleichsanspruch teilzeitbeschäftigter BRMitgl. (*Bengelsdorf* NZA 89, 912). Ein Anspruch auf einen dem Mehrarbeitszuschlag entsprechenden Freizeitzuschlag besteht nicht (vgl. den Gesetzeswortlaut: „entsprechende Arbeitsbefreiung"; BAG 19. 7. 77 AP Nr. 29 zu § 37 BetrVG 1972; ErfK-*Koch* Rn 8; GK-*Weber* Rn 99; *Richardi/Thüsing* Rn 51; MünchArbR-*Joost* § 220 Rn 36; *Greßlin* S. 93 f.; *Eich* BB 74, 1445; aA DKK-*Wedde* Rn 68).

99 Auch wenn ein teilzeitbeschäftigtes BRMitgl. aus betriebsbedingten Gründen notwendige BRArbeit in einem Umfang außerhalb der Arbeitszeit durchführt, die über seine vertraglich festgelegte tägliche Arbeitszeit hinausgeht, hat es in dem Umfang Anspruch auf Freizeitausgleich, der zeitlich der BRArbeit außerhalb seiner Arbeitszeit entspricht. Zu denken ist zB an den Fall, dass ein Zeitungsausträger mit einer werktäglichen Arbeitszeit von zwei Stunden morgens früh im Laufe des Tages über 6 Stunden notwendige BRArbeit ausführt. In diesem Falle ist der Freizeitausgleich über mehrere Tage zu gewähren (vgl. BAG 25. 8. 99 AP Nr. 130 zu § 37 BetrVG 1972).

100 Andererseits besteht ein Ausgleichsanspruch nur, wenn die außerhalb der Arbeitszeit des BRMitgl. geleistete BRTätigkeit eine **zusätzliche,** über die geschuldete Arbeitszeit hinausgehende Leistung darstellt (BAG 15. 2. 89 AP Nr. 70 zu § 37 BetrVG 1972; GK-*Weber* Rn 74). Das ist nicht der Fall, wenn die außerhalb der Arbeitszeit durchgeführte BRTätigkeit zusammen mit der während der Arbeitszeit erbrachten Arbeitsleistung bzw. BRTätigkeit nicht wenigstens die vertraglich geschuldete Arbeitszeit in Anspruch genommen hat (vgl. den Tatbestand von BAG aaO, wonach die zweitägige auswärtige BRTätigkeit insgesamt lediglich 8 Stunden dauerte und zusammen mit der außerhalb der Arbeitszeit am folgenden Tage erfolgte Rückreise von ebenfalls 8 Stunden nicht über die vom BRMitgl. in dieser Zeit insgesamt vertraglich geschuldeten Arbeitszeit von 2 × 8 = 16 Stunden hinausging). In einem solchen Falle ist die außerhalb der Arbeitszeit erbrachte BRTätigkeit bereits – gewissermaßen im Vorgriff – insoweit abgegolten, als die an den Arbeitstagen erbrachte BRTätigkeit hinter der geschuldeten Arbeitszeit zurückbleibt.

101 Das Gesetz enthält keine Regelung, in welcher Weise der Anspruch auf Arbeitsbefreiung zu erfüllen ist, zB ob die Arbeitsbefreiung **zusammenhängend** genommen werden muss oder **eine Teilung,** zB in Form einer stundenweisen Arbeitsbefreiung über mehrere Tage hinweg, zulässig ist. Sofern keine betriebsbedingten Gründe entgegenstehen, bestimmt sich die zeitliche Lage der entsprechenden Arbeitsbefreiungen nach den **Wünschen des BRMitgl.** (DKK-*Wedde* Rn 66; ErfK-*Koch* Rn 8; **enger,** Bestimmungsrecht des ArbGeb. nach billigem Ermessen: GL Rn 48; GK-*Weber* Rn 98; HSWGNR Rn 87; *Richardi/Thüsing* Rn 54; *Dütz* DB 76, 1480).

102 Für die Zeit der Arbeitsbefreiung ist dem BRMitgl. das **Arbeitsentgelt fortzuzahlen.** Das BRMitgl. erhält also nicht die Zeit für die außerhalb der Arbeitszeit geleisteten BRTätigkeit vergütet (dann hätte es uU Anspruch auf Mehrarbeitsvergütung), vielmehr hat es einen Anspruch auf Arbeitsbefreiung unter Fortzahlung des Arbeitsentgelts. Fortzuzahlen ist das Arbeitsentgelt, dass das BRMitgl. verdient haben würde, wenn es während der Zeit der Arbeitsbefreiung gearbeitet hätte (BAG 19. 7. 77 AP Nr. 29 zu § 37 BetrVG 1972; BAG 12. 8. 09 – 7 AZR 218/08 – NZA 09, 1284; GK-*Weber* Rn 100; HSWGNR Rn 93; *Richardi/Thüsing* Rn 51). Auch etwaige **Zulagen** sind fortzuzahlen (vgl. Rn 63 ff.). Im Fall des Bestehens eines Anspruchs auf Freizeitausgleich für **Reisezeiten,** die außerhalb der Arbeitszeit anfallen und dessen Vergütung kommt es auf die maßgeblichen tarifvertraglichen bzw. betrieblichen Regelungen über die Durchführung von Dienstreisen im Betrieb des ArbGeb. an (BAG 12. 8. 09 NZA 09, 1284).

Die Arbeitsbefreiung ist **innerhalb eines Monats** zu gewähren. Für den Beginn **103** der Frist ist nicht die Geltendmachung des Anspruchs, sondern der Zeitpunkt maßgebend, an dem das BRMitgl. aus betriebsbedingten Gründen BRTätigkeit außerhalb der Arbeitszeit durchgeführt hat (*DKK-Wedde* Rn 70; GK-*Weber* Rn 93; *Richardi/Thüsing* Rn 52). Die Monatsfrist endet gemäß § 188 Abs. 2 BGB mit dem Ablauf des Tages des folgenden Monats, der durch seine Zahl dem Tag entspricht, an dem die BRTätigkeit ausgeübt wurde. Hat zB ein BRMitgl. am 15. Februar notwendige BRTätigkeit außerhalb der Arbeitszeit durchgeführt, so muss spätestens bis zum Ablauf des 15. März die entsprechende Arbeitsbefreiung gewährt sein.

Wird der Anspruch nicht innerhalb eines Monats erfüllt, so wandelt er sich, falls **104** seiner Erfüllung **betriebsbedingte Gründe** entgegenstehen, in einen **Abgeltungsanspruch** um (vgl. hierzu Rn 106 ff.). Wird die Arbeitsbefreiung nicht innerhalb eines Monats gewährt, obwohl dem keine betrieblichen Gründe entgegenstehen und deshalb im Allgemeinen kein Abgeltungsanspruch entsteht (vgl. Rn 108), so behält das BRMitgl. grundsätzlich den Anspruch auf Arbeitsbefreiung. Die Monatsfrist ist **keine Ausschlussfrist** in dem Sinne, dass nach Ablauf der Frist der Anspruch nicht mehr bestünde (*DKK-Wedde* Rn 70; ErfK-*Koch* Rn 8; GK-*Weber* Rn 91, 96; *Richardi/Thüsing* Rn 53; *Düwell/Wolmerath* Rn 22; *Lipp* S. 139 f.; aA *HSWGNR* Rn 90; MünchArbR-*Joost* § 220 Rn 34; offen gelassen von BAG 18. 9. 73 AP Nr. 3 zu § 37 BetrVG 1972). Zweck dieser verhältnismäßig kurzen Frist ist es sicherzustellen, dass das BRMitgl. möglichst umgehend einen entsprechenden Freizeitausgleich erhält. Wenn der ArbGeb. den Freizeitausgleich ordnungsgemäß gewährt, das BRMitgl. ihn jedoch unbegründet nicht in Anspruch genommen hat, erlischt der Anspruch (*DKK-Wedde* Rn 70; GK-*Weber* Rn 92; *Richardi/Thüsing* Rn 55).

Der Anspruch auf Freizeitausgleich **verjährt** gem. §§ 195, 199 BGB in der ab 1. 1. **105** 02 geltenden Fassung mit Ablauf von drei Jahren, gerechnet vom Schluss des Jahres an, in dem er entstanden ist (*Richardi/Thüsing* Rn 55; GK-*Weber* Rn 101). Für am 1. 1. 02 bestehende Ansprüche vgl. die Übergangsregelung in Art. 229 § 6 EGBGB. Etwa bestehende tarifliche **Ausschlussfristen** erstrecken sich auch auf den Anspruch auf Freizeitausgleich als Anspruch aus dem Arbeitsverhältnis (BAG 16. 4. 03 AP Nr. 138 zu § 37 BetrVG 1972; LAG München DB 87, 1156; ArbG Lübeck NZA-RR 00, 427; *DKK-Wedde* Rn 70; ErfK-*Koch* Rn 8; GK-*Weber* Rn 101; *HSWGNR* Rn 92). Der Anspruch auf Freizeitausgleich entsteht und wird fällig unmittelbar nach der Teilnahme an der jeweiligen BRSitzung (BAG aaO). Wurde der Anspruch auf Freizeitausgleich gewährt, liegt darin grundsätzlich kein Anerkenntnis, die Zeit der Arbeitsbefreiung unabhängig von einer dazu bestehenden Rechtspflicht vergüten zu wollen; der ArbGeb. kann die fehlende Verpflichtung auch noch in einem späteren Rechtsstreit geltend machen (BAG 16. 2. 05 AP Nr. 141 zu § 37 BetrVG 1972).

3. Abgeltung

Eine Abgeltung der Zeit, die das BRMitgl. außerhalb seiner persönlichen Arbeits- **106** zeit für erforderliche BRArbeit aufgewendet hat, kommt nur in Betracht, wenn dem ArbGeb. die beantragte Arbeitsbefreiung aus **betriebsbedingten Gründen** nicht möglich ist. Das gilt auch für freigestellte BRMitgl. Im Hinblick auf das grundsätzliche Rangverhältnis des Ausgleichsanspruchs auf Arbeitsbefreiung und des Abgeltungsanspruchs und dem ihm zugrunde liegenden sozial-, insbesondere gesundheitspolitischen Grundgedanken ist der Begriff der „betriebsbedingten Gründe" **eng auszulegen.** Grundsätzlich soll dem BRMitgl. entsprechende Arbeitsbefreiung gewährt werden und nur in Ausnahmefällen die aufgewendete Zeit mit Geld abgegolten werden. Betriebsbedingte Gründe sind deshalb nur solche, die aus objektiven Gründen eines ordnungsgemäßen Betriebsablaufs auch eine nur vorübergehende Abwesenheit des BRMitgl. als nicht vertretbar erscheinen lassen (GK-*Weber* Rn 103; *DKK-Wedde* Rn 71; ErfK-*Koch* Rn 8; **aA** *GL* Rn 51; *HSWGNR* Rn 95; MünchArbR-*Joost* § 220 Rn 38).

107   Der Abgeltungsanspruch setzt voraus, dass das BRMitgl. **zuvor** den Anspruch auf Freizeitausgleich ordnungsgemäß geltend gemacht hat. Es kann den **Abgeltungsanspruch nicht** dadurch herbeiführen, dass es die Geltendmachung des vorrangigen Anspruchs auf Arbeitsbefreiung unterlässt (BAG 11. 1. 95 und 25. 8. 99 AP Nr. 103 und 130 zu § 37 BetrVG 1972; *DKK-Wedde* Rn 70; ErfK-*Koch* Rn 8; GK-*Weber* Rn 102; *Richardi/Thüsing* Rn 57; *Lipp* S. 140). Die bloße Anzeige der BR-Tätigkeit außerhalb der Arbeitszeit stellt kein Geltendmachung des Anspruchs auf Arbeitsbefreiung dar (BAG 25. 8. 99 aaO; BAG 16. 4. 03 AP Nr. 138 zu § 37 BetrVG 1972).

108   Ferner muss der ArbGeb. die Gewährung des beantragten Freizeitausgleichs aus betriebsbedingten Gründen **verweigert** haben. Die betriebsbedingten Gründe müssen grundsätzlich objektiv vorliegen. Allerdings entsteht der Abgeltungsanspruch auch dann, wenn der ArbGeb. unter Verkennung des Begriffs der betriebsbedingten Gründe die beantragte Arbeitsbefreiung verweigert hat und das BRMitgl. sich hiermit zufrieden gibt; denn eine Verweigerung der Abgeltung durch den ArbGeb. würde im Hinblick auf seine vorausgegangene Verweigerung des Freizeitausgleichs gegen Treu und Glauben verstoßen *(Richardi/Thüsing* Rn 57; in diesem Fall ebenso *HSWGNR* Rn 90; MünchArbR-*Joost* § 220 Rn 38; insoweit **aA** *GL* Rn 51; GK-*Weber* Rn 102).

109   Haben **freigestellte BRMitgl.** aus betriebsbedingten Gründen notwendige BRArbeit außerhalb ihrer Arbeitszeit durchgeführt, entsteht der Abgeltungsanspruch, wenn ihre Arbeitszeit in einem Umfang mit der Erledigung erforderlicher BRArbeit ausgefüllt ist, der die Inanspruchnahme eines Freizeitausgleichs nicht zulässt (LAG Düsseldorf LAGE § 37 BetrVG 1972 Nr. 41; ArbG Freiburg AiB 96, 378; GK-*Weber* Rn 103). Letzteres hat das freigestellte BRMitgl. näher darzulegen (BAG 12. 12. 00 AP Nr. 27 zu § 1 TVG TV Textilindustrie; **aA** *Greßlin* S. 97).

110   Ist eine Arbeitsbefreiung aus betriebsbedingten Gründen nicht möglich, so ist die außerhalb der Arbeitszeit ausgeübte BRTätigkeit wie **Mehrarbeit** zu vergüten. Die Abgeltung wie Mehrarbeit rechtfertigt sich bei **vollzeitbeschäftigten BRMitgl.** daraus, dass sich in diesem Falle die außerhalb der Arbeitszeit ausgeübte BRTätigkeit tatsächlich als eine zusätzliche zu der normalen Arbeitsleistung vollbrachte Tätigkeit darstellt, die nicht in anderer Weise ausgeglichen wird.

111   **Umstritten** ist, ob die Vergütung wie Mehrarbeit ohne Rücksicht auf die vertraglich vereinbarte Dauer der Arbeitszeit des BRMitgl. kraft Gesetzes stets als Mehrarbeit zu vergüten ist oder ob die Vergütung wie Mehrarbeit voraussetzt, dass deren (tarif-)vertragliche Voraussetzungen vorliegen. Diese Frage ist insbesondere für **teilzeitbeschäftigte BRMitgl.** von Bedeutung, denen im erstern Fall schon bei jeder Überschreitung ihrer gegenüber den vollzeitbeschäftigten verkürzten Arbeitszeit ein Anspruch auf Mehrarbeitszuschläge zustünde. Abs. 3 hat zum Ziel, Nachteile auszugleichen, die einem BRMitgl. durch eine außerhalb seiner Arbeitszeit wahrgenommene BRTätigkeit entstehen. Auf der anderen Seite verbietet § 78 S. 2 die Begünstigung von BRMitgl. wegen ihrer Tätigkeit. Würde man einem teilzeitbeschäftigten BRMitgl. bereits bei jeder Überschreitung seiner verkürzten Arbeitszeit einen Mehrarbeitszuschlag zubilligen, so würde es sowohl gegenüber anderen teilzeitbeschäftigten ArbN als auch gegenüber den vollzeitbeschäftigten BRMitgl. begünstigt. Erstere würden für eine von ihnen abverlangte über die vereinbarte Teilzeit hinausgehende Arbeit solange keine Zuschläge erhalten, bis die Grenze, von der ab ein solcher Zuschlag allgemein zu zahlen ist, überschritten wird. Letztere würden für ihre BRTätigkeit während des Vollarbeitszeitraums keine Zuschläge erhalten. Dem teilzeitbeschäftigten BRMitgl. stünden für BRTätigkeiten in demselben Zeitraum Mehrarbeitszuschläge zu, sobald er die für ihn maßgebende verkürzte Arbeitszeit überschreitet. Berücksichtigt man, dass die Erstreckung des Abs. 3 auf Schulungsveranstaltungen durch das BetrVerf-ReformG ua. wegen der gebotenen Gleichbehandlung von teilzeit- mit den vollzeitbeschäftigten BRMitgl. erfolgt ist, wäre eine Gesetzesauslegung, die zu einer Bevorzugung von teilzeitbeschäftigten BRMitgl. führen würde, widersprüchlich. Der Abgeltungsanspruch nach Abs. 3 umfasst deshalb erst

dann Mehrarbeitszuschläge, wenn deren (tarif-)vertragliche Voraussetzungen erfüllt sind. Bis dahin besteht der Anspruch in Höhe der für die regelmäßige Arbeitszeit zu zahlenden Vergütung (BAG 7. 2. 85 AP Nr. 48 zu § 37 BetrVG 1972; ErfK-*Koch* Rn 8; GK-*Weber* Rn 106; *Richardi/Thüsing* Rn 59; *HSWGNR* Rn 97; *SWS* Rn 25; *WW* Rn 16; MünchArbR-*Joost* § 220 Rn 39; *Greßlin* S. 102f.; *Bengelsdorf* NZA 89, 913; *Lipke* NZA 90, 761; *Hanau* RdA 01, 71; aA *GL* Rn 52; *DKK-Wedde* Rn 71; *Düwell/Wolmerath* Rn 23; die ebenfalls abweichende Ansicht in der 20. Aufl. wird aufgegeben). Die außerhalb der persönlichen Arbeitszeit erbrachte Betriebsratstätigkeit ist betriebsratsbedingte Überarbeit und keine betrieblich bedingte Überarbeit; sie kann nicht mit der vertraglich zu leistenden Arbeitszeit zu einer hierüber hinaus geleisteten Gesamtarbeitszeit zusammengerechnet werden (BAG 19. 12. 06 AP Nr. 20 zu § 8 TzBfG).

In welcher **Höhe der Mehrarbeitszuschlag** zu zahlen ist, richtet sich nach einer **112** bestehenden Vereinbarung (Tarifvertrag, Einzelarbeitsvertrag) oder der Betriebsüblichkeit. Eine gesetzliche Regelung des Mehrarbeitszuschlags wie in § 15 AZO ist in dem neuen Arbeitszeitgesetz vom 6. 6. 94 (BGBl. I S. 1170) nicht mehr enthalten.

Wird das Urlaubsentgelt nach dem zurückliegenden Durchschnittslohn berechnet, **113** sind im **Referenzzeitraum** erfolgte Ausgleichszahlungen nach Abs. 3 S. 2 zu berücksichtigen (BAG 11. 1. 95 AP Nr. 103 zu § 37 BetrVG 1972; *DKK-Wedde* Rn 71; *HSWGNR* Rn 98). Dies gilt auch für alle sonstigen Lohnersatzleistungen, deren Höhe sich nach dem Referenzperiodenprinzip bestimmt (*DKK-Wedde* Rn 71).

V. Wirtschaftliche und berufliche Absicherung (Abs. 4 und 5)

Durch die Abs. 4 und 5 soll sichergestellt werden, dass BRMitgl. sowohl während **114** ihrer Amtszeit als auch ein Jahr nach Beendigung der Amtszeit bei der Bemessung ihres Arbeitsentgelts einschließlich allgemeiner Zuwendungen und grundsätzlich auch hinsichtlich der zugewiesenen beruflichen Tätigkeit **nicht schlechter gestellt werden als vergleichbare ArbN** des Betriebs mit betriebsüblicher Entwicklung. Das Einkommen und die berufliche Entwicklung des BRMitgl. sollen nicht durch die Inanspruchnahme durch das BRAmt beeinträchtigt werden. Die Regelungen der Abs. 4 und 5 stellen eine besondere Ausprägung und Konkretisierung des allgemeinen Benachteiligungsverbots des § 78 S. 2 dar, in dem sie seine Durchsetzung durch einfach nachzuweisende Anspruchsvoraussetzungen erleichtern (BAG 17. 5. 77, 15. 1. 92, 17. 8. 05 AP Nr. 28, 84, 142 zu § 37 BetrVG 1972; *DKK-Wedde* Rn 72; GK-*Weber* Rn 109; *Hennecke* BB 86, 936). Abs. 4 und 5 enthalten keine § 78 S. 2 verdrängende abschließende Sonderregelung; diese Vorschrift bleibt vielmehr daneben anwendbar (BAG 15. 1. 92 aaO; BAG 17. 8. 05 aaO; aA *HSWGNR* Rn 100).

Der nachwirkende Schutz von einem Jahr nach Beendigung des BRAmts steht in **115** engem Zusammenhang mit dem **nachwirkenden Kündigungsschutz** der BRMitgl. gegen ordentliche Kündigung nach § 15 Abs. 2 KSchG, der ebenfalls ein Jahr nach Beendigung der Amtszeit des BR fortdauert und innerhalb dessen die BRMitgl. in aller Regel eine verzögerte berufliche Entwicklung nachholen können. Für freigestellte BRMitgl. verlängert sich der nachwirkende Schutzzeitraum nach § 38 Abs. 3 unter bestimmten Voraussetzungen auf zwei Jahre (Näheres vgl. § 38 Rn 92ff.).

1. Wirtschaftliche Absicherung

Während Abs. 2 die Fortzahlung des Arbeitsentgelts an BRMitgl. wegen notwen- **116** diger Arbeitsversäumnis infolge der BRTätigkeit sichert, betrifft Abs. 4 die **Angleichung des Arbeitsentgelts** von BRMitgl. an das **vergleichbarer ArbN** des Betriebs mit **betriebsüblicher Entwicklung**. Das BRMitgl. soll grundsätzlich dasselbe Arbeitsentgelt erhalten, das es verdient haben würde, wenn es das BRAmt nicht übernommen und deshalb vielleicht eine bessere berufliche Entwicklung genommen hätte. Bestehende Tätigkeits- und Qualifikationsunterschiede, die ohne Ausübung des BRAmtes nicht vorlägen, dürfen nicht zuungunsten des BRMitgl. wirken. Da diese hypothetische Betrachtungsweise im Einzelfall zu Schwierigkeiten führen kann, stellt das Gesetz auf das Arbeitsentgelt vergleichbarer ArbN mit betriebsüblicher Entwicklung ab (BAG 19. 1. 05 AuA 05, 436; BAG 16. 1. 08 AP Nr. 144 zu § 37 BetrVG 1972; GK-*Weber* Rn 111; *Richardi/Thüsing* Rn 63; *Schweibert/Buse* NZA 07, 1080). Maßgeblich ist also nicht die hypothetische Weiterentwicklung des BRMitgl. selbst, sondern die Weiterentwicklung vergleichbarer ArbN. Aus diesem Grunde kommt der Entgeltschutz auch dann zum Tragen, wenn der Arbeitsplatz des (freigestellten) BRMitgl. weggefallen ist (BAG 17. 5. 77 AP Nr. 28 zu § 37 BetrVG 1972, GK-*Weber*, Rn 115; ErfK-*Koch* Rn 10; *HSWGNR* Rn 103).

117 Die Regelung des Abs. 4 wird in erster Linie für **freigestellte BRMitgl.** von Bedeutung sein, da die nicht freigestellten ihre berufliche Tätigkeit weiter ausüben und sich ihr Arbeitsentgelt im Allgemeinen nach dieser beruflichen Tätigkeit bestimmt. Allerdings kann Abs. 4 auch für nicht freigestellte BRMitgl. bedeutsam werden, wenn ihre Inanspruchnahme durch das BRAmt dazu führt, dass sie sich ihrer beruflichen Entwicklung nicht in derselben Weise widmen können wie vergleichbare ArbN (BAG 13. 11. 87 AP Nr. 61 zu § 37 BetrVG 1972; GK-*Weber* Rn 110; *HSWGNR* Rn 102).

118 Maßgebend ist das Arbeitsentgelt solcher ArbN des Betriebs, die mit dem BRMitgl. „**vergleichbar**" sind. Hat der Betrieb nur einen vergleichbaren ArbN, ist der Vergleich mit diesem maßgebend (BAG 21. 4. 83 AP Nr. 43 zu § 37 BetrVG 1972; *DKK-Wedde* Rn 74; *HSWGNR* Rn 105; *Greßlin* S. 120 f.). Hat der Betrieb keinen vergleichbaren ArbN, ist auf den ArbN abzustellen, dem das BRMitgl. am ehesten vergleichbar ist (*DKK-Wedde* Rn 74; ErfK-*Koch* Rn 10; **aA** GK-*Weber* Rn 112 und *HSWGNR* Rn 106, die den vergleichbaren ArbN abstrakt bestimmen, damit aber zu einer rein hypothetischen Betrachtungsweise kommen; ähnlich *Hennecke* RdA 86, 241; nach *Lipp* S. 69 ff. soll zunächst unternehmensbezogen ein vergleichbarer ArbN als Maßstab herangezogen werden). Bei der Frage, welche ArbN bei **teilzeitbeschäftigten BRMitgl.** die maßgebliche Vergleichsgruppe sind – voll- und teilzeitbeschäftigte ArbN oder nur teilzeitbeschäftigte ArbN – wird es vorrangig darauf ankommen, ob und inwieweit es zwischen Vollzeit- und Teilzeitbeschäftigten typische unterschiedliche betriebsübliche berufliche Entwicklungen gibt, die nicht gegen das Diskriminierungsverbot von Teilzeitbeschäftigten nach § 4 TzBfG verstoßen; in diesem Fall wären in den Vergleich allein die teilzeitbeschäftigten ArbN zu nehmen (so auch *Lipp* S. 67; **aA** *Greßlin* S. 115 ff., 120, wonach ausschließlich ein Vergleich mit teilzeitbeschäftigten ArbN vorzunehmen ist).

119 **Maßgebender Zeitpunkt** für den Vergleich ist zunächst der Zeitpunkt der Wahl des BRMitgl., dh der Zeitpunkt, in dem sich das BRMitgl. noch – ohne auch das Amt eines BRMitgl. innezuhaben – ausschließlich seiner beruflichen Tätigkeit gewidmet hat (BAG 17. 5. 77 u. 13. 11. 87 AP Nr. 28 u. 61 zu § 37 BetrVG 1972; BAG 19. 1. 05 AuA 05, 436; *DKK-Wedde* Rn 74; GK-*Weber* Rn 112, 118; *HSWGNR* Rn 107; *Richardi/Thüsing* Rn 64; *SWS* Rn 27 a; **aA** *Hennecke* RdA 86, 242, *Schneider* NZA 84, 22: letzter Tag der beruflichen Tätigkeit vor Beginn der ausschließlichen BRTätigkeit; damit wird die Vorschrift aber unzulässigerweise auf freigestellte BRMitgl. beschränkt). Bei **ErsMitgl.** ist der Zeitpunkt des Nachrückens in den BR entscheidend (BAG 15. 1. 92 AP Nr. 84 zu § 37 BetrVG 1972; *Richardi/Thüsing* aaO). Das Arbeitsentgelt des BRMitgl. ist in diesem Zeitpunkt mit dem anderer ArbN zu vergleichen, die unter Berücksichtigung der **Qualifikation** und **der Persönlichkeit** dieselbe oder eine im Wesentlichen gleichqualifizierte Arbeit verrichtet haben (BAG 17. 5. 77, 21. 4. 83 u. 15. 1. 92 AP Nr. 28, 43 u. 84 zu § 37 BetrVG 1972; BAG 19. 1. 05 – AuA 05, 436; *DKK-Wedde* Rn 75; ErfK-*Koch* Rn 10; GK-*Weber* Rn 112; *HSWGNR* Rn 108; *Richardi/Thüsing* Rn 65; *Rüthers* RdA 76, 63). Wird das BRMitgl. wegen seiner BRTätigkeit auf einen anderen Arbeitsplatz versetzt,

ist für den Vergleich gleichwohl der bisherigen Arbeitsplatz maßgebend (*Richardi/ Thüsing* Rn 67).

Der Begriff vergleichbar ist insofern **auch subjektiv** zu verstehen, als es darauf an- **120** kommt, einen Vergleich des jeweiligen BRMitgl. mit entsprechenden anderen ArbN vorzunehmen. Ist ein BRMitgl. zB besonders qualifiziert und in seiner beruflichen Tätigkeit überdurchschnittlich gewesen, so kommt als vergleichbarer ArbN nur einer mit ähnlicher Qualifikation und überdurchschnittlicher Leistung in Betracht (BAG 21. 4. 83 u. 13. 11. 87 AP Nr. 43 u. 61 zu § 37 BetrVG 1972; GK-*Weber* Rn 113; *DKK-Wedde* Rn 76; *HSWGNR* Rn 108; *Richardi/Thüsing* Rn 65; *SWS* Rn 27a; *Hennecke* RdA 86, 242). Entsprechendes gilt im umgekehrten Fall (vgl. BAG 11. 5. 88 EzA § 4 TVG Tariflohnerhöhung Nr. 16). Nicht zu berücksichtigen sind besondere Leistungen des BRMitgl. in seiner Amtsführung (*DKK-Wedde* Rn 76; GK-*Weber* Rn 111; *Rüthers* RdA 76, 61). Sie können allerdings ein Indiz für seine überdurchschnittliche Qualifikation im Allgemeinen sein (vgl. hierzu auch *Kehrmann* FS Wlotzke S. 364; **aA** *Lipp* S. 61f.).

Bei der Bemessung des an das BRMitgl. zu zahlenden Arbeitsentgelts ist die **be-** **121** **triebsübliche Entwicklung** dieser vergleichbaren ArbN zu berücksichtigen. Betriebsüblich ist die Entwicklung, die andere nach Qualifikation und Persönlichkeit vergleichbare ArbN unter Berücksichtigung der betrieblichen Gegebenheiten im Betrieb genommen haben (BAG 15. 1. 92, 17. 8. 05 AP Nr. 84, 142 zu § 37 BetrVG 1972; BAG 19. 1. 05 AuA 05, 436; ErfK-*Koch* Rn 10; GK-*Weber* Rn 116). Eine bloße Vergleichbarkeit der beruflichen Entwicklung in der Vergangenheit ist dabei nicht ausreichend; auch nicht eine Vergleichbarkeit mit nur einem ArbN, wenn die Besserstellung auf individuellen, nur auf diesen ArbN persönlich zugeschnittenen Gründen beruht und damit gerade nicht aufgrund eines typischen Geschehensablaufs erfolgt (BAG 17. 8. 05 AP Nr. 142 zu § 37 BetrVG 1972). Hierbei sind zugunsten des BRMitgl. auch betriebliche Maßnahmen der **beruflichen Fortbildung** (nicht eine rein private Fortbildung, zB auf Volkshochschulen oder Abendgymnasien) zu berücksichtigen, an denen zwar vergleichbare ArbN teilgenommen haben, an denen teilzunehmen dem betreffenden BRMitgl. wegen der BRTätigkeit nicht möglich war (*Lipp* S. 74f.; GK-*Weber* Rn 117; *DKK-Wedde* Rn 78; ErfK-*Koch* Rn 10; *HSWGNR* Rn 110; *Richardi/Thüsing* Rn 66; *Hennecke* RdA 86, 243f.; *ders.* BB 86, 938).

Da die gesetzliche Regelung auf die Verhältnisse vergleichbarer ArbN und deren **122** betriebsübliche Entwicklung abstellt, bleiben **persönliche Umstände** in der Entwicklung des BRMitgl. – etwa durch eine längere Erkrankung – außer Betracht (*DKK-Wedde* Rn 76; ErfK-*Koch* Rn 10; *HSWGNR* Rn 113; **aA** *Lipp* S 77; GK-*Weber* Rn 114). Deshalb hat das BRMitgl. auch dann Anspruch auf das erhöhte Arbeitsentgelt vergleichbarer ArbN, wenn es erfolglos an einer Fortbildungsmaßnahme teilgenommen hat (*DKK-Wedde* Rn 78; *HSWGNR* aaO; einschränkend *Lipp* S. 75f.u. GK-*Weber* Rn 117: nur wenn Misserfolg durch Amtstätigkeit bedingt ist; **aA** *Hennecke* RdA 86, 244).

Die Teilnahme an der betrieblichen Entwicklung gewinnt insbesondere im Rah- **123** men von **Beförderungen** Bedeutung. Beförderungen sind jedenfalls dann als betriebsüblich anzusehen, wenn nach den betrieblichen Gepflogenheiten wenigstens die überwiegende Mehrheit der vergleichbaren ArbN des Betriebs einen derartigen Aufstieg erreicht. Auch ohne Vorliegen dieser Voraussetzung besteht ein Anspruch des BRMitgl. auf eine der Beförderungsstelle entsprechende Bezahlung, wenn das BRMitgl. – lässt man seine Tätigkeit als BRMitgl. außer Betracht – nach den betrieblichen Gepflogenheiten unter den vergleichbaren ArbN zur Beförderung angestanden hätte (BAG 13. 11. 87 u. 15. 1. 92 AP Nr. 61 u. 84 zu § 37 BetrVG 1972; BAG 19. 1. 05 AuA 05, 436; GK-*Weber* Rn 116). Ein Anspruch auf eine der Beförderungsstelle entsprechende Bezahlung kann ferner dann anzuerkennen sein, wenn die Beförderungsstelle mit einem wegen seines Sachwissens besseren Konkurrenten besetzt worden ist, der diesbezügliche Mangel des BRMitgl. aber darauf beruhte, dass er wegen seiner Amtstätigkeit nicht mehr über das erforderliche Wissen verfügte (vgl.

hierzu für den Bereich des öffentlichen Dienstes BAG 29. 10. 98 AP Nr. 22 zu § 46
BPersVG). Die Feststellung der Vergleichbarkeit ist auch dann vorzunehmen, wenn
ein beruflicher Aufstieg des vergleichbaren ArbN im Rahmen einer betrieblichen
Umorganisation erfolgt (*HSWGNR* Rn 109; *DKK-Wedde* Rn 75).

124   Das **Arbeitsentgelt** des BRMitgl. ist demjenigen vergleichbarer ArbN **laufend anzupassen.** Hierbei umfasst diese Entgeltsicherung zum einen den Ausgleich etwaiger
Entgeltminderungen, die dadurch eintreten, dass ein BRMitgl. wegen seiner BRTätigkeit von Akkordarbeit auf Zeitarbeit oder von Wechselschicht auf die einfache Ta-
gesschicht umgesetzt wird (GK-*Weber* Rn 119; *Richardi/Thüsing* Rn 67f.; vgl. hierzu
auch Rn 20). Darüber hinaus sind zum anderen die späteren Steigerungen des Arbeitsentgelts vergleichbarer ArbN auf Grund ihrer betriebsüblichen Entwicklung zu
berücksichtigen (BAG 19. 1. 05 AuA 05, 436; GK-*Weber* Rn 120; *Lipp* S. 87). Bei
unterschiedlichen Gehaltserhöhungen innerhalb der Vergleichsgruppe kommt es auf
die der Mehrzahl der vergleichbaren ArbN gezahlten gleichen Entgelterhöhung an;
lässt sich eine solche Mehrzahl nicht ermitteln, kann zur Vermeidung einer unzulässigen Begünstigung oder Benachteiligung nach § 78 S. 2 der Durchschnitt der den
Angehörigen der Vergleichsgruppe gewährten Gehaltserhöhungen maßgebend sein
(BAG 19. 1. 05 aaO; *Lipp* S. 87).

125   Der Begriff Arbeitsentgelt iS von Abs. 4 ist nicht iS des effektiven Wochen- oder
Monatsverdienstes, sondern iS der **maßgebenden Arbeitsentgelteinheit** zu verstehen (*DKK-Wedde* Rn 81; ErfK-*Koch* Rn 10; *HSWGNR* Rn 115; *Richardi/Thüsing*
Rn 68; vgl. hierzu auch BAG 17. 5. 77 u. 21. 4. 83 AP Nr. 28 u. 43 zu § 37 BetrVG
1972). Das BRMitgl. darf keinen geringeren Stundenlohn, Akkordlohn, Prämiensatz
usw. erhalten als vergleichbare ArbN mit betriebsüblicher Entwicklung. Ein unterschiedlicher Arbeitsverdienst wegen vorübergehender unterschiedlicher Arbeitszeit
wird durch Abs. 4 nicht ausgeglichen. Erhalten zB vergleichbare ArbN wegen vorübergehend anfallender Mehrarbeit, die das BRMitgl. nicht leistet, vorübergehend
insgesamt einen etwas höheren Arbeitsverdienst als üblich, so kommen diese Überstunden dem BRMitgl. nicht zugute. Entsprechendes gilt für eine vorübergehende
Verkürzung der Arbeitszeit vergleichbarer ArbN, an der das BRMitgl. nicht teilnimmt (BAG 17. 5. 77 AP Nr. 28 zu § 37 BetrVG 1972; BAG 7. 2. 85 AP Nr. 3 zu
§ 46 BPersVG; *DKK-Wedde* Rn 81; *GL* Rn 59; GK-*Weber* Rn 121; *Richardi/Thüsing*
Rn 69; *Schaub* § 221 Rn 56; aA *Lipp* S. 111). Dies gilt allerdings nicht, wenn das
BRMitgl. ohne die Arbeitsbefreiung ebenfalls Überstunden oder Kurzarbeit geleistet
hätte (vgl. Rn 63, 69 sowie § 38 Rn 88; BAG 7. 2. 85 aaO; GK-*Weber* Rn 121).

126   Es besteht **kein Anspruch** des BRMitgl. auf eine unveränderte Beibehaltung eines
bestimmten **Lohnabstands** zum Entgelt anderer ArbN, wenn sich die Voraussetzungen hierfür nachträglich geändert haben. Ist zB dem BRMitgl. wegen seiner besonderen Eingangsqualifikation (etwa ein Zweitstudium) eine besondere übertarifliche
Zulage gezahlt worden, die andere vergleichbare ArbN wegen Fehlens dieser Qualifikation nicht erhalten haben, so kann das BRMitgl. sich nicht gegen eine Verringerung oder Aufzehrung des bisher bestehenden Lohnabstands wehren, wenn die anderen ArbN zwischenzeitlich die oder eine vergleichbare Qualifikation erworben haben
und deshalb ebenfalls eine entsprechende Zulage erhalten (LAG Köln NZA 96, 379;
Lipp S. 98).

127   Zu dem Arbeitsentgelt zählen auch **allgemeine Zuwendungen** des ArbGeb.
(BAG 19. 1. 05 AuA 05, 436; *DKK-Wedde* Rn 82; ErfK-*Koch* Rn 10; GK-*Weber*
Rn 122). Auch insoweit werden die BRMitgl. den vergleichbaren ArbN mit betriebsüblicher Entwicklung gleichgestellt. Allgemeine Zuwendungen sind solche, die
der ArbGeb. entweder allen ArbN oder jedenfalls den oder dem einzigen vergleichbaren ArbN gewährt (BAG 21. 4. 83 AP Nr. 43 zu § 37 BetrVG 1972; LAG Rheinland-Pfalz EzA § 37 BetrVG 1972 Nr. 69; *Hennecke* RdA 86, 246). Hierbei ist unerheblich, ob die Zuwendungen auf Grund einer rechtlichen Verpflichtung gezahlt
werden oder ob es sich um freiwillige widerrufliche Zulagen handelt (BAG 21. 4. 83
AP Nr. 43 zu § 37 BetrVG 1972; GK-*Weber* Rn 122; *HSWGNR* Rn 116). Als sol-

che allgemeine Zulagen kommen insbesondere in Betracht Sozialzulagen wie zB Familien-, Kinder-, Hausstands-, Wohnungszulagen, besondere Leistungszulagen und Leistungsprämien, Gewinnbeteiligung, Gratifikationen, vermögenswirksame Leistungen, Vertretungszulagen (die Pauschalierung einer Vertretungszulage schließt eine Nachforderung für zusätzliche Vertretungstage nicht aus, vgl. LAG Köln DB 85, 394). Sehen betriebliche Regelungen für Leistungen aus der betrieblichen Altersversorgung nach der Stellung der ArbN differenzierende Steigerungssätze vor, sind auch diese bei freigestellten BRMitgl. nach Abs. 4 an die Steigerungssätze vergleichbarer ArbN anzupassen (LAG Hessen NZA-RR 01, 539). Erfolgt eine (teilweise) Anrechnung freiwillig gezahlter Zulagen der vergleichbaren ArbN auf Tariflohnerhöhungen, so ist eine derartige Anrechnung auch beim Entgelt des BRMitgl. zulässig (BAG 11. 5. 88 EzA § 4 TVG Tariflohnerhöhung Nr. 16; GK-*Weber* Rn 122). Auch die Gewährung von **Aktienoptionen** an ein BRMitgl. durch eine andere Konzerngesellschaft kann Arbeitsentgelt iS des Abs. 4 sein, wenn die Konzerngesellschaft sie nach Vereinbarung der Arbeitsvertragsparteien anstelle oder neben dem vereinbarten Arbeitsentgelt erbringen soll (BAG 16. 1. 08 AP Nr. 144 zu § 137 BetrVG 1972; *WPK-Kreft* Rn 40; aA wohl *Lipp* S. 101).

Dem BRMitgl. steht gegen den ArbGeb. nach § 242 BGB grundsätzlich ein **128** **Auskunftsanspruch** über das Arbeitsentgelt (einschließlich sonstiger Zuwendungen) vergleichbarer ArbN mit betriebsüblicher beruflicher Entwicklung zu (BAG 19. 1. 05 AuA 05, 436; *DKK-Wedde* Rn 83; *Lipp* S. 29 ff.; *Hennecke* RdA 86, 246; *Thannheiser* AiB 07, 529). Ebenso wie Ansprüche aus Abs. 2 (s. Rn 58) beruhen auch aus Abs. 4 resultierende Ansprüche auf § 611 BGB und dem Arbeitsvertrag mit der Konsequenz, dass, soweit sie von einem tarifvertraglich ausgestalten Anspruch abhängig sind, diese den **tarifvertraglichen Ausschlussfristen** unterliegen (BAG 8. 9. 10 – 7 AZR 513/09 – NZA 11, 159).

Das Verbot der geringeren Bemessung des Arbeitsentgelts eines BRMitgl. besteht **129** nicht nur für die Zeit der Mitgliedschaft des ArbN im BR, sondern auch innerhalb eines Zeitraums von **einem Jahr nach Beendigung der Amtszeit** des BR. bzw. der Beendigung der Mitglschaft im BR. Das BetrVG unterscheidet zwar terminologisch zwischen „Beendigung der Amtszeit" und „Erlöschen der Mitgliedschaft". Dennoch greift entsprechend der Rechtsprechung des BAG zum nachwirkenden Kündigungsschutz von BRMitgl. (vgl. hierzu § 24 Rn 47; § 25 Rn 10) der nachwirkende Schutzzeitraum von einem Jahr nicht nur bei Beendigung der Amtszeit des BR als Kollektivorgan, sondern auch dann Platz, wenn die Mitglschaft eines einzelnen BR-Mitgl. bei Fortbestand des BR als solchem (zB bei vorzeitigem Rücktritt des BRMitglieds oder dem Verlust der Wählbarkeit) endet (GK-*Weber* Rn 124; *GL* Rn 61; *Richardi/Thüsing* Rn 71). Der Schutz des Abs. 4 setzt im Gegensatz zu § 38 Abs. 3 keine bestimmte Dauer der Zugehörigkeit zum BR voraus. Deshalb steht der Schutz auch einem im Laufe der Amtszeit nachgerückten ErsMitgl. zu (GK-*Weber* Rn 123). Der nachwirkende Schutz gilt auch, wenn die Mitglschaft auf Grund einer Wahlanfechtung nach § 19, einer Auflösung des BR oder einem Ausschluss aus dem BR nach § 23 oder einer nachträglichen Feststellung der Nichtwählbarkeit nach § 24 Abs. 1 Nr. 6 endet; denn die Einschränkungen des § 15 Abs. 1 S. 2 KSchG für den Fall, dass die Beendigung der Mitglschaft auf einer gerichtlichen Entscheidung beruht, ist auf die außerordentliche Kündigung beschränkt (*DKK-Wedde* Rn 84; ErfK-*Koch* Rn 10; *Düwell/Wolmerath* Rn 27; *Lipp* S. 16; aA GK-*Weber* Rn 125, bei einer Beendigung nach § 23; *HSWGNR* Rn 119 f.; *Richardi/Thüsing* Rn 71; *SWS* Rn 29). Im Falle einer nichtigen BRWahl ist Abs. 4 jedenfalls so lange anwendbar, als die Nichtigkeit nicht geltend gemacht worden ist (vgl. § 19 Rn 8; weitergehend *DKK-Wedde* Rn 84; aA ErfK-*Koch* Rn 10; *Lipp* S. 16). Über die Verlängerung dieser nachwirkenden Schutzfrist auf zwei Jahre für BRMitgl., die drei Amtszeiten freigestellt waren, vgl. § 38 Abs. 3 und dortige Rn 92 ff.

2. Beruflicher Tätigkeitsschutz

130 Während Abs. 4 der Entgeltsicherung des BRMitgl. dient, sichert Abs. 5 das BR-Mitgl. gegen die Zuweisung von **unterwertigen beruflichen Tätigkeiten.** Diese Regelung trägt der Erkenntnis Rechnung, dass aus Gründen des Persönlichkeitsschutzes das BRMitgl. nicht nur gegen Benachteiligung in finanzieller Hinsicht, sondern auch gegen eine Diskriminierung in der beruflichen Tätigkeit ausreichend geschützt werden muss (LAG Frankfurt DB 87, 442; *DKK-Wedde* Rn 85; GK-*Weber* Rn 126; *HSWGNR* Rn 121). Die Vorschrift ist für völlig freigestellte BRMitgl. (anders bei nur teilweiser Freistellung s. auch *DKK-Wedde* Rn 85) während der Dauer der Freistellung nicht von Bedeutung, wohl jedoch, wenn sie nach Beendigung der Freistellung wieder eine berufliche Tätigkeit aufnehmen (vgl. hierzu § 38 Rn 91 ff.).

131 Grundsätzlich dürfen BRMitgl. nur mit Tätigkeiten beschäftigt werden, die den Arbeiten, die vergleichbare ArbN mit betriebsüblicher Entwicklung verrichten, gleichwertig sind. Zum Begriff **„vergleichbare ArbN"** vgl. oben Rn 118 ff., zum Begriff **„betriebsübliche Entwicklung"** vgl. oben Rn 121 ff.

132 Unter dem Begriff „Tätigkeit" ist die **konkrete berufliche Tätigkeit** zu verstehen, die das BRMitgl. ausübt (ErfK-*Koch* Rn 11; *GL* Rn 63; GK-*Weber* Rn 128; *Richardi/Thüsing* Rn 74). Das BRMitgl. hat keinen Anspruch auf Beschäftigung mit einer gleichen, sondern mit einer **gleichwertigen Tätigkeit.** Ob eine Tätigkeit gleichwertig ist, ist unter Berücksichtigung aller Umstände des Einzelfalls, insbesondere unter Berücksichtigung der Auffassung der in der betreffenden Berufssparte Tätigen zu beurteilen (LAG Frankfurt DB 87, 442; *DKK-Wedde* Rn 86; ErfK-*Koch* Rn 11; *WPK-Kreft* Rn 43; *Lipp* S. 149 f.; aA GK-*Weber* Rn 128 und *HSWGNR* Rn 123, die lediglich auf die Auffassung der im Betrieb Tätigen abstellen; ebenso *Richardi/Thüsing* Rn 74, wenn die Auffassung der im Betrieb Tätigen strenger ist als die in der Berufssparte maßgebende).

133 Die Regelung des Abs. 5 bedeutet zum einen, dass ein BRMitgl. grundsätzlich nicht mit einer Tätigkeit beschäftigt werden darf, die nicht mindestens derjenigen, die es vor Antritt des BRAmtes ausgeübt hat, gleichwertig ist (LAG Frankfurt DB 87, 442). Darüber hinaus ergibt sich aus dieser Vorschrift auch ein Anspruch auf **Zuweisung einer höherwertigen Tätigkeit,** sofern vergleichbare ArbN unter Berücksichtigung der betriebsüblichen Entwicklung inzwischen eine entsprechende höherwertige Tätigkeit ausüben (*DKK-Wedde* Rn 89; ErfK-*Koch* Rn 11; GK-*Weber* Rn 129; *HSWGNR* Rn 126; *Richardi/Thüsing* Rn 75). Voraussetzung hierfür ist allerdings, dass das BRMitgl. die für die Ausübung der beruflichen Tätigkeit **erforderliche berufliche Qualifikation** besitzt. War ihm infolge der Inanspruchnahme durch die BRTätigkeit die Teilnahme an beruflichen Fortbildungsmaßnahmen, die die Voraussetzung für die Übertragung der neuen Aufgabe sind, nicht möglich, so hat es auch keinen Anspruch auf die Zuweisung einer entsprechenden beruflichen Tätigkeit ohne Durchführung entsprechender beruflicher Fortbildungsmaßnahmen (GK-*Weber* Rn 129; *DKK-Wedde* Rn 89; *Düwell/Wolmerath* Rn 28; *Richardi/Thüsing* aaO). Wohl hat es gemäß der Arbeitsentgeltgarantie des Abs. 4 Anspruch auf das Arbeitsentgelt der vergleichbaren ArbN mit der höherwertigen Tätigkeit (vgl. Rn 123; *GL* Rn 64; *HSWGNR* Rn 127; *Richardi/Thüsing* aaO; *Cox/Kölbach* AiB 10, 731). Auch sind freigestellte BRMitgl bei weiteren Maßnahmen der beruflichen Fortbildung bevorzugt zu berücksichtigen (vgl. § 38 Abs. 4 und dortige Rn 97 ff.).

134 Ein Anspruch auf Zuweisung einer gleichen oder gleichwertigen Beschäftigung besteht nicht, wenn dem **zwingende betriebliche Notwendigkeiten** entgegenstehen. Als Ausnahmeregelung ist diese Voraussetzung **eng auszulegen** (*DKK-Wedde* Rn 88; GK-*Weber* Rn 130; *HSWGNR* Rn 127; *Richardi/Thüsing* Rn 76). Zwingende betriebliche Notwendigkeiten sind solche, die im Interesse eines ordnungsgemäßen Betriebsablaufs die Zuweisung einer gleichwertigen Tätigkeit an das BRMitgl. ausschließen. So liegt zB eine zwingende betriebliche Notwendigkeit vor, wenn ein entsprechender **Arbeitsplatz fehlt** (auf Grund des Abs. 5 kann nicht die Schaffung eines weiteren, nicht notwendigen Arbeitsplatzes verlangt werden), ferner, wenn das BRMitgl. nicht an beruflichen Fortbildungsmaßnahmen teilgenommen hat, die für die Ausübung der Tätigkeit unbedingt erforderlich sind (*DKK-Wedde* Rn 88; ErfK-*Koch* Rn 11; *Düwell/Wolmerath* Rn 28; GK-*Weber* Rn 131; *HSWGNR* Rn 127; *Richardi/Thüsing* Rn 75 f.). Wird vor Ablauf der Frist des Abs. 5 ein gleichwertiger Arbeitsplatz frei, ist dieser bei entsprechender Qualifikation mit dem BRMitgl. zu besetzen (LAG Frankfurt DB 87, 442; GK-*Weber* Rn 130).

Das Verbot einer Beschäftigung mit nicht mindestens gleichwertigen Arbeiten besteht nicht nur für die Dauer der Amtszeit, sondern ebenso wie die Entgeltgarantie des Abs. 4 für einen Zeitraum von **einem Jahr nach Beendigung der Mitgliedschaft** im BR (vgl. Rn 129; ErfK-*Koch* Rn 11; *Richardi/Thüsing* Rn 77). **135**

VI. Schulung und Bildung der Betriebsratsmitglieder (Abs. 6 und 7)

1. Allgemeines

Ausgehend von der Erkenntnis, dass die Aufgaben des BR so vielgestaltig und jedenfalls zT so schwierig sind, dass ohne eine entsprechende Schulung seiner Mitglieder eine sachgerechte Erfüllung dieser Aufgaben nicht möglich ist, enthält das BetrVG 1972 ausdrückliche Regelungen über die Arbeitsbefreiung von BRMitgl. zum Zwecke der Teilnahme an Schulungs- und Bildungsveranstaltungen. Hierbei sind **zwei Arten der Arbeitsbefreiung** zu unterscheiden. Die BRMitgl. sind von ihrer beruflichen Tätigkeit ohne Minderung des Arbeitsentgelts für die Teilnahme an solchen Schulungs- und Bildungsveranstaltungen zu befreien, die für die BRArbeit **erforderliche Kenntnisse** vermitteln (Abs. 6; vgl. Rn 138 ff.). Darüber hinaus hat jedes BRMitgl. während seiner regelmäßigen Amtszeit Anspruch auf bezahlte Arbeitsbefreiung für die Dauer von 3 Wochen zur Teilnahme an solchen Schulungs- und Bildungsveranstaltungen, die von der zuständigen obersten Arbeitsbehörde des Landes nach Beratung mit den Spitzenorganisationen der Gewerkschaften und ArbGebVereinigungen **als geeignet anerkannt** sind (Abs. 7; vgl. Rn 195 ff.). Beide Ansprüche stehen selbständig nebeneinander (vgl. Rn 229 f.). Das Verfahren über die Gewährung der Ansprüche auf Arbeitsbefreiung zu Schulungs- und Bildungszwecken ist in beiden Fällen gleich (Abs. 6 Sätze 2 bis 5 und Abs. 7 Satz 3; vgl. Rn 231 ff.). Wegen der Verpflichtung des ArbGeb. zur Tragung der Schulungskosten vgl. § 40 Rn 66 ff. **136**

Die Übernahme des BRAmtes verpflichtet die BRMitgl. zur ordnungsgemäßen Wahrnehmung der ihnen obliegenden Amtspflichten. Soweit hierzu der Erwerb besonderer Kenntnisse erforderlich ist, sind die BRMitgl. zur Teilnahme an entsprechenden Schulungsveranstaltungen **verpflichtet.** Denn die den BRMitgl. obliegenden Aufgaben, Rechte und Pflichten sind ihnen nicht um ihrer selbst willen, sondern zur Wahrnehmung der Interessen der ArbN des Betriebs zuerkannt (GK-*Weber* Rn 134; *DKK-Wedde* Rn 92; vgl. auch BAG 29. 1. 74 AP Nr. 5 zu § 40 BetrVG 1972). Lehnt ein BRMitgl. die Teilnahme an erforderlichen Schulungsmaßnahmen ab, kann dies ggf eine grobe Verletzung der ihm obliegenden Pflichten darstellen (*DKK-Wedde* aaO). **137**

2. Schulungs- und Bildungsveranstaltungen nach Abs. 6

a) Zulässiger Schulungsinhalt

Der Anspruch auf Arbeitsbefreiung zu Schulungs- und Bildungszwecken nach Abs. 6 besteht hinsichtlich solcher Veranstaltungen, die **Kenntnisse** vermitteln, die für die **BRArbeit erforderlich** sind. **138**

Die Kenntnisvermittlung muss sich auf die BRArbeit, dh auf Gegenstände beziehen, die zu den **Aufgaben des BR gehören** (GK-*Weber* Rn 136; ErfK-*Koch* Rn 14; **139**

Richardi/Thüsing Rn 85; *Dütz/Säcker* DB 72, Beilage 17 S. 10; *Däubler* Rn 160 ff.). Was nicht zu den Aufgaben des BR gehört, kann auch nicht Gegenstand einer Schulungs- und Bildungsveranstaltung iS von Abs. 6 mit der Folge eines Freistellungsanspruchs sein. Deshalb fallen Veranstaltungen, die einer rein gewerkschaftlichen Funktionärsschulung oder einer politischen, parteipolitischen, künstlerischen oder kirchlichen Schulung dienen, nicht unter die Regelung des Abs. 6. Unter der weiteren Voraussetzung, dass die Kenntnisvermittlung für die BRArbeit erforderlich ist (vgl. Rn 140 ff.), kann jedoch Gegenstand einer Schulungsveranstaltung nach Abs. 6 alles sein, was zum Aufgabenbereich des BR gehört und damit die BRTätigkeit betrifft. Hierunter fällt im Hinblick auf die sehr weitgehenden Aufgaben des BR nicht nur die Vermittlung von **Kenntnissen rechtlicher Art** im engeren Sinne (zB Kenntnisse über das BetrVG oder das allgemeine Arbeitsrecht), sondern auch **spezieller Sachmaterien**, zB des Akkord- und Prämienlohns oder anderer leistungsbezogener Entgelte, der Arbeitswissenschaften, des Arbeitsschutzes, der Personalplanung, der Betriebs- und Finanzwirtschaft, der Betriebsorganisation oder des Gesellschaftsrechts. Auch die organisatorische und methodische **Gestaltung der BRArbeit** gehört zu den Aufgaben des BR (vgl. Rn 152 f.).

140   Eine Arbeitsbefreiung zur Teilnahme an Schulungs- und Bildungsveranstaltungen setzt ferner voraus, dass die vermittelten Kenntnisse für die BRArbeit **erforderlich** sind. Über die Auslegung des unbestimmten Rechtsbegriffs der „Erforderlichkeit" der für die BRArbeit zu vermittelnden Kenntnisse und der hierunter zu subsumierenden zulässigen Bildungsinhalte bestand in den ersten Jahren nach Inkrafttreten des Gesetzes ein lebhafter Meinungsstreit. Seine Spannweite reichte von der Beschränkung der zulässigen Bildungsinhalte auf bestimmte Spezialkenntnisse bis hin zu der Vermittlung aller Kenntnisse, die sich irgendwie für die Umsetzung in die Tagesarbeit der BR eignen (zu Einzelheiten dieser Auseinandersetzung vgl. die Erläuterungen in der 10. bis 13. Auflage dieses Kommentars). Für die Praxis ist dieser Meinungsstreit mittlerweile jedenfalls im Grundsatz durch die insoweit **ständige und inzwischen gefestigte Rechtsprechung des BAG** entschieden.

141   Nach der Rechtsprechung des BAG ist die Vermittlung von Kenntnissen erforderlich, wenn diese **unter Berücksichtigung der konkreten Verhältnisse** im Betrieb und im BR notwendig sind, damit der BR seine gegenwärtigen oder in naher Zukunft anstehenden Aufgaben sach- und fachgerecht erfüllen kann (BAG 9. 10. 73, 6. 11. 73, 27. 9. 74, 8. 2. 77, 21. 11. 78, 15. 5. 86, 15. 2. 95 u. 19. 7. 95 AP Nr. 4, 6, 18, 26, 35, 54, 106 u. 110 zu § 37 BetrVG 1972; BAG 29. 1. 74 u. 8. 10. 74 AP Nr. 5 u. 7 zu § 40 BetrVG 1972; BAG 27. 11. 73 AP Nr. 9 zu § 89 ArbGG 1953; ErfK-*Koch* Rn 13; *HSWGNR* Rn 138; GK-*Weber* Rn 156 ff.; *Richardi/Thüsing* Rn 86 f.). Das einzelne BRMitgl. kann nicht auf ein Selbststudium oder eine Unterrichtung durch bereits geschulte BRMitgl. verwiesen werden (BAG 21. 11. 78, 16. 10. 86, u. 20. 12. 95 AP Nr. 35, 58 u. 113 zu § 37 BetrVG 1982; BAG 19. 3. 08 EzB Nr. 17 zu § 37 BetrVG; *DKK-Wedde* Rn 94; *HSWGNR* Rn 145 m. w. Angaben; einschränkend für das Eigenstudium GK-*Weber* Rn 175 f.).

142   Wenn auch dieser Umschreibung der „erforderlichen Kenntnisse" iS des Abs. 6 grundsätzlich zuzustimmen ist, so ist andererseits nicht zu verkennen, dass die vom BAG aufgestellten Kriterien ihrerseits interpretationsbedürftig sind und deshalb bei ihrer Anwendung im konkreten Einzelfall durchaus unterschiedlichen Bewertungen unterliegen können. Hier ist vor einer **restriktiven Interpretation zu warnen.** Vielmehr muss man sich bei der Anwendung dieser Grundsätze stets des Grundanliegens, das hinter dem gesetzlichen Bildungsanspruch der BRMitgl. steht, und des inneren Zusammenhangs dieses Bildungsanspruchs mit den gesetzlichen Beteiligungsrechten des BR bewusst bleiben. Die Einräumung von Mitwirkungs- und Mitbestimmungsrechten des BR bei Entscheidungen des ArbGeb. bzw. des Unternehmers ist nur zu rechtfertigen, wenn der BR die notwendigen Voraussetzungen für eine **sach- und fachgerechte Ausübung** seiner Rechte und Befugnisse besitzt. Insofern ist die Grundthese von *Däubler* Rn 85 ff., 129 ff., der Normzweck der Abs. 6 und 7

liege in der Herstellung einer intellektuellen Waffengleichheit von ArbGeb. und BR, durchaus zutreffend (*DKK-Wedde* Rn 91 ff.; *Hoffmann* ArbuR 74, 266; *Kopp* ArbuR 76, 333; trotz im Übrigen starker Kritik insoweit zustimmend *Eich* BB 73, 1032; *Streckel* DB 74, 335; im Ergebnis ebenso *WW* Rn 23 f.; kritisch zu dem Begriff Waffengleichheit *Richardi/Thüsing* Rn 81 f.; *Wank/Maties* NZA 05, 1033, 1034; **aA** BAG 11. 8. 93 AP Nr. 92 zu § 37 BetrVG 1972; LAG Berlin DB 90, 696; LAG Köln DB 93, 789; GK-*Weber* Rn 137; HSWGNR Rn 130). Hierbei ist allerdings zu berücksichtigen, dass trotz der Beteiligungsrechte des BR zwischen ihm und dem ArbGeb. **funktionale Unterschiede** bestehen. Aufgabe des BR ist nicht eine gleichberechtigte Mitleitung des Betriebs oder die Ausübung eines Mitdirektionsrechts gegenüber den ArbN. Seine Funktion liegt vielmehr darin, durch die Ausübung seiner Beteiligungsrechte die sonst gegebene alleinige Entscheidungsbefugnis des ArbGeb. zu binden und damit eine **sachgerechte Berücksichtigung der berechtigten Interessen der ArbN** bei diesen Entscheidungen sicherzustellen (insoweit zustimmend *Richardi/Thüsing* Rn 81; ebenso *GL* Rn 68; abstellend auf die Aufgabenerfüllung *Wank/Maties* NZA 05, 1033, 1034). Soweit diese **Schutzfunktion** des BR allerdings reicht und der BR nicht bereits entsprechende Kenntnisse besitzt oder in zumutbarer sonstiger Weise erlangen kann, ist die Vermittlung von Kenntnissen, ohne die der BR die ihm konkret obliegenden Aufgaben nicht sach- und fachgerecht erfüllen kann, als erforderlich iS von Abs. 6 anzusehen.

Die Vermittlung **allgemeiner Grundkenntnisse des Betriebsverfassungsrechts** 143 gehört auf jeden Fall zu dem nach Abs. 6 zulässigen Schulungsinhalt. Ein Nachweis des von der Rechtsprechung geforderten konkreten betriebsbezogenen Anlasses erübrigt sich hier. Denn die Kenntnisse des – keineswegs einfachen – BetrVG als der gesetzlichen Grundlage für die Tätigkeit des BR ist unabdingbare Voraussetzung für eine ordnungsgemäße BR.Arbeit (vgl. BAG 6. 11. 73 u. 27. 9. 74 AP Nr. 5 u. 18 zu § 37 BetrVG 1972; BAG 29. 1. 74 u. 8. 10. 74 AP Nr. 5 u. 7 zu § 40 BetrVG 1972; BAG 27. 11. 73 AP Nr. 9 zu § 89 ArbGG 1953; vgl. auch BVerwG ZBR 79, 310; *DKK-Wedde* Rn 95; ErfK-*Koch* Rn 14; GK-*Weber* Rn 164; HSWGNR Rn 147; *Richardi/Thüsing* Rn 89; *Däubler* Rn 162 ff.). Dies gilt nicht nur für eine gewisse Übergangszeit nach Inkrafttreten des Gesetzes (so jedoch GK-*Weber* Rn 164), sondern auch nach einer längeren Zeit der Geltung des Gesetzes jedenfalls für die ArbN, die erstmals in den BR gewählt werden (so ausdrücklich BAG 21. 11. 78 u. 7. 6. 89 AP Nr. 35 u. 67 zu § 37 BetrVG 1972; HSWGNR Rn 147; *Richardi/Thüsing* Rn 90; insoweit zustimmend GK-*Weber* Rn 165; **aA** LAG Berlin DB 76, 695; LAG Hamm DB 79, 1364 in ausdrücklichem Gegensatz zum BAG). Schon die gesetzliche Verpflichtung eines jeden BRMitgl., sein Amt in eigener Verantwortung auszuüben, macht es unerlässlich, dass ihm jedenfalls die Grundlagen des Betriebsverfassungsrechts bekannt sind. Die Auffassung, die Schulung von BRMitgl. über Grundkenntnisse des Betriebsverfassungsrechts seien grundsätzlich in Schulungsveranstaltungen nach Abs. 7 zu erwerben (so LAG Hamm DB 72, 2491; *Klinkhammer* BB 73, 1399) steht im Gegensatz zum Gesetzeswortlaut; denn dass diese Kenntnisse für die Arbeit des BR erforderlich, ja unerlässlich sind, kann ernsthaft nicht bestritten werden (GK-*Weber* Rn 162). Wird das BetrVerfRecht in wesentlichen Punkten novelliert, gehört auch eine Schulung über die Neuerungen stets zu einer erforderlichen Schulung. Das gilt insbesondere für eine Schulung über das **BetrVerf-ReformG** vom 23. 7. 2001 (LAG Hamm 17. 10. 03 ArbuR 05, 37; ArbG Berlin AiB 02, 566; GK-*Weber* Rn 164; *DKK-Wedde* Rn 108). In Betrieben, die der Schwelle des § 38 unterfallen gehören auch die rechtlichen **Rahmenbedingungen der Freistellungen nach § 38** zu den erforderlichen Grundkenntnissen der BR-Arbeit (LAG Köln NZA-RR 09, 423 ff.).

Auch die Vermittlung von Grundkenntnissen des **allgemeinen Arbeitsrechts,** 144 insbesondere auch des Arbeitsschutzrechts, ist stets als eine erforderliche Kenntnisvermittlung iS von Abs. 6 anzusehen. Dies ergibt sich zum einen aus der Einbettung des Betriebsverfassungsrechts in das allgemeine Arbeitsrecht, zum anderen aus der allgemeinen Überwachungspflicht des BR nach § 80 Abs. 1 (BAG 15. 5. 86 u. 16. 10. 86 AP Nr. 54 u. 58 zu § 37 BetrVG 1972; BAG 19. 3. 08 EzB Nr 17 zu 37 BetrVG *DKK-Wedde* Rn 97; ErfK-*Koch* Rn 14; GK-*Weber* Rn 166; *Richardi/Thüsing* Rn 91; *Däubler* Rn 168; **aA** *HSWGNR* Rn 1150; einschränkend hinsichtlich des Arbeitsschutzrechts BAG 29. 4. 92 EzA zu § 37 BetrVG 1972 Nr. 111). Hierzu gehören auch Schulungen zum AGG (*Besgen* BB 07, 213; *Nollert-Borasio/Perreng* AGG 2006, § 17 AGG Rn 7; *Rust/Falke* AGG § 17 Rn 34). Die Regelungen des AGG gehören zu den Grundlagen der Arbeitsrechtsordnung (*Thüsing* Arbeitsrechtlicher Diskriminierungsschutz Rn 159; *WPK-Kreft* Rn 50; *Wisskirchen* DB 06, 1491, 1499; *Hayen* AiB 06, 730, 734 f.). Dieser Anspruch besteht unabhängig von der allgem. Schulungsverpflichtung des ArbGeb. nach § 12 AGG (*Besgen* BB 07, 213 **aA** *Hanau* ZIP 06, 2189, 2199 wonach ein Schulungsanspr. der BR-Mitgl. erst dann gegeben sein soll, wenn tatsächlich Diskriminierungsfälle im Betrieb auftauchen).

145   Soweit es um eine besondere **Vertiefung der Kenntnisse** des Betriebsverfassungsrechts oder des allgemeinen Arbeitsrechts um die Vermittlung von **speziellem Fachwissen** in den Bereichen geht, in denen dem BR Beteiligungsrechte zustehen, ist bei der Prüfung der Notwendigkeit der Schulung auf die **konkreten Aufgaben des jeweiligen BR** abzustellen (ErfK-*Koch* Rn 14; *GL* Rn 75). Diese hängen nicht zuletzt von der Art und Struktur des jeweiligen Betriebs ab, so dass nicht generell für alle BR die Frage, ob eine Schulung erforderlich ist oder nicht, beantwortet werden kann.

146   Bei der Prüfung der Frage, ob die konkreten Aufgaben eines BR eine Schulung notwendig erscheinen lassen, ist darauf abzustellen, ob nach den **Verhältnissen des konkreten einzelnen Betriebes** Fragen und Probleme anstehen oder in naher Zukunft anstehen werden, die der Beteiligung des BR unterliegen und bei denen im Hinblick auf den Wissensstand des konkreten BR eine Schulung von BRMitgl. erforderlich erscheint, damit der BR seine Beteiligungsrechte sach- und fachgerecht ausüben kann (hM; BAG 9. 10. 73, 6. 11. 73, 27. 9. 74 u. 14. 6. 77 AP Nr. 4, 5, 6, 18 u. 30 zu § 37 BetrVG 1972; BAG 29. 1. 74 u. 8. 10. 74 AP Nr. 5 u. 7 zu § 40 BetrVG 1972; BAG 27. 11. 73 AP Nr. 9 zu § 89 ArbGG 1953; *DKK-Wedde* Rn 100; *Richardi/Thüsing* Rn 87; *Wank/Maties* NZA 05, 1033, 1035). Die rein theoretische Möglichkeit, dass eine bestimmte Frage einmal im Betrieb auftreten könnte, reicht demnach nicht aus, die Notwendigkeit einer Schulung zu begründen. Vielmehr muss sich das vermittelte Wissen unmittelbar auf die BRTätigkeit auswirken. Es muss eine **Aktualität** für die Notwendigkeit einer Schulung in dem Sinne bestehen, dass die vermittelten Kenntnisse, wenn auch nicht sofort, so doch voraussichtlich in absehbarer Zeit benötigt werden (vgl. BAG 9. 10. 73 u. 15. 2. 95 AP Nr. 4 u. 19 zu § 37 BetrVG 1972; LAG Köln NZA 97, 136 Ls; GK-*Weber* Rn 159; *Richardi/Thüsing* Rn 87, 92; *SWS* Rn 43; **weitergehend** *WW* Rn 24: keine konkrete Aktualität erforderlich; **enger** *GL* Rn 73, die verlangen, dass der BR mit der entsprechenden Angelegenheit ständig konfrontiert wird). Eine Aktualität für die Notwendigkeit einer Schulung über bestimmte technische Kontrolleinrichtungen nach § 87 Abs. 1 Nr. 6 besteht zB nicht, wenn die technischen Gegebenheiten für eine bestimmte Kontrolle nicht bestehen und der ArbGeb. ausdrücklich versichert, diese technischen Gegebenheiten nicht zu schaffen (vgl. LAG Schl.-Holst. DB 94, 336).

147   Allerdings liegt eine Aktualität für die Notwendigkeit einer Schulung nicht nur dann vor, wenn der ArbGeb. bestimmte der Beteiligung des BR unterliegende Maßnahmen beabsichtigt. Vielmehr kann sich diese Aktualität auch im Hinblick auf eine **beabsichtigte Initiative des BR** ergeben (so zutreffend *Kittner* in Anm. zu BAG vom 6. 11. 1973 AP Nr. 5 zu § 37 BetrVG 1972; *DKK-Wedde* Rn 101; *GL* Rn 74; GK-*Weber* Rn 161). Eine solche Initiativmöglichkeit besteht stets in den Angelegenheiten, in denen dem BR echte Mitbestimmungsrechte (zB § 87) oder ausdrückliche Vorschlagsrechte (zB § 92 Abs. 2, § 92 a) eingeräumt sind. Sie ist jedoch keineswegs auf diese Fälle beschränkt. Im Hinblick auf das allgemeine Initiativrecht des BR nach § 80 Abs. 1 Nr. 2 (vgl. § 80 Rn 19 f.) können auch sonstige, in den Aufgabenbereich des BR fallenden Angelegenheiten (zB Maßnahmen nach § 88) eine Aktualität für die Notwendigkeit einer Schulung begründen (insoweit **aA** *GL* Rn 74; *HSWGNR* Rn 155).

Soweit die **Beteiligungsrechte** des BR durch TV oder freiwillige BV zulässiger- **148** weise **erweitert** worden sind (zur Zulässigkeit einer solchen Erweiterung vgl. § 1 Rn 245 ff.), können auch die neuen Sachbereiche und Rechte Gegenstand einer erforderlichen Schulung sein. Abs. 6 spricht allgemein von der für die Arbeit des BR erforderlichen Kenntnisvermittlung. Auch der in Abs. 6 bezogene Abs. 2 nennt generell die zur Erfüllung der Aufgaben des BR notwendige Arbeitsbefreiung. Es wird nicht auf die BRArbeit und Aufgaben „nach diesem Gesetz" abgestellt. Wenn es die Rechtsordnung gestattet, dem BR weitergehende Beteiligungsrecht einzuräumen, gehört auch die Wahrnehmung dieser Rechte zur BRArbeit, die einer Schulung zugänglich sind (**aA** *Loritz* NZA 93, 8 ff.).

Unter Berücksichtigung der konkreten Verhältnisse des Betriebs und des BR kom- **149** men für eine Schulung iS des Abs. 6 **insbesondere** die folgenden Schulungsthemen in Betracht (zur Teilnehmerzahl vgl. Rn 161 ff., zur Dauer der Schulung vgl. Rn 171 ff.):

- **Aids** in der Arbeitswelt (LAG Frankfurt LAGE § 37 BetrVG 1972 Nr. 37);
- **Akkord-** und **Prämienlohn** (vgl. § 87 Abs. 1 Nr. 11; BAG 9. 10. 73 AP Nr. 4 zu § 37 BetrVG 1972; LAG Düsseldorf DB 75, 795; LAG Hamm EzA § 38 BetrVG 1972 Nr. 47); hierbei schließt eine praktische Erfahrung des für Akkordfragen zuständigen BRMitgl. auf diesem Gebiet die Notwendigkeit einer theoretischen und systematischen Untermauerung seines Wissens jedenfalls dann nicht aus, wenn ohne eine gewisse theoretische Schulung eine sachgerechte Aufgabenerfüllung nicht gewährleistet ist (BAG 29. 1. 74 AP Nr. 9 zu § 37 BetrVG 1972; BAG 27. 8. 74 ArbuR 74, 312; LAG Düsseldorf DB 81, 119);
- **Alkohol**(-sucht) am Arbeitsplatz (LAG Düsseldorf BB 95, 2531);
- Rechte und Pflichten des BR im **Arbeitskampf**, wobei im Zeitpunkt der Beschlussfassung vorhersehbar sein muss (s. dazu Rn 146; BAG 16. 3. 88 AP Nr. 63 zu § 37 BetrVG 1972), dass das Gebiet, in dem der Betrieb liegt, zum Streikgebiet erklärt wird bzw. der Betrieb von Fernwirkungen im Zusammenhang mit Arbeitskampfmaßnahmen aus Anlass der tariflichen Auseinandersetzung betroffen sein wird (LAG Düsseldorf 12. 6. 03 ArbuR 03, 398 u. LAG Hamm 11. 8. 03 NZA-RR 04, 82; *DKK-Wedde* Rn 108). Nach LAG Düsseldorf aaO reicht für die Frage der Vorhersehbarkeit der Ablauf der Friedenspflicht im Zeitpkt. der Beschlussfassung nicht aus.
- **Arbeitnehmererfinderrecht** (vgl. § 87 Abs. 1 Nr. 12);
- Fragen des Arbeitsmarkts, der Teilzeitarbeit und anderer Probleme, die mit einer etwa **drohenden Arbeitslosigkeit** der ArbN des Betriebs zusammenhängen;
- allgemeines **Arbeitsrecht,** Grundlagen (vgl. Rn 144) und vertiefte Kenntnisse (vgl. Rn 145);
- Arbeitsrecht, **Sonderprobleme,** insbesondere wenn sie die Zuständigkeit und die Beteiligungsrechte des BR berühren, wie zB das Problem der sog. **Scheinselbständigkeit;**
- **Arbeitsschutz** und **Arbeitssicherheit** (BAG 15. 5. 86 AP Nr. 54 zu § 37 BetrVG 1972; LAG Hamm BB 80, 1374); hierbei hängt wegen der besonderen Bedeutung des Arbeitsschutzes die Notwendigkeit einer Schulung im Hinblick auf die konkreten betrieblichen Gegebenheiten nicht davon ab, dass im Betrieb eine übermäßige Unfallhäufigkeit besteht; Themen der Arbeitssicherheit sind ständig im Fluss und deshalb im Regelfall aktuell (vgl. BAG 15. 5. 75 – 1 ABR 108/73 und 5. 5. 78 – 6 ABR 132/74);
- **Arbeitswissenschaftliche Erkenntnisse** über die menschengerechte Gestaltung der Arbeit (vgl. §§ 90 f.; BAG 29. 1. 74 AP Nr. 9 zu § 37 BetrVG 1972; LAG Düsseldorf DB 75, 795; vgl. ferner BAG 14. 6. 77 AP Nr. 30 zu § 37 BetrVG 1972, das allerdings eine dezidierte Darlegung von konkret anstehenden Änderungen oder Planungen im Betrieb verlangt);

– **Arbeitsstudien** und **Arbeitsbewertung** (BAG 6. 11. 73 AP Nr. 8 zu § 89 ArbGG 1953);
– **Arbeitszeitfragen** (vgl. § 87 Abs. 2 und 3; ArbG Passau BB 92, 2431);
– **Beamtenrecht** in privatisierten Postunternehmen (vgl. Rn 154);
– Fragen der **Berufsbildung** (ArbG Kassel DB 74, 924);
– arbeitsrechtliches **Beschäftigungsförderungsgesetz** (ArbG Detmold AiB 98, 42);
– Betriebliche **Altersversorgung,** (LAG Düsseldorf LAGE § 37 BetrVG 1972 Nr. 28);
– Betriebliches **Vorschlagswesen** (vgl. § 87 Abs. 1 Nr. 12);
– Betriebsratsmanagement (vgl. Rn 152 f.);
– **Betriebsverfassungsrecht,** Grundkenntnisse (vgl. Rn 143) und vertiefte Kenntnisse (vgl. Rn 145);
– **Betriebsversammlung** (LAG Hamm BB 73, 610);
– **betriebswirtschaftliche** oder **betriebsorganisatorische Fragen,** wenn hierfür ein konkreter betriebsbezogener Anlass – etwa eine beabsichtigte Rationalisierungsmaßnahme – besteht;
– Grundkenntnisse **der Betriebswirtschaftslehre** und der **Bilanzanalyse,** jedenfalls für Mitgl. des WiAusschusses (BAG 6. 11. 73 AP Nr. 5 zu § 37 BetrVG 1972; LAG Köln NZA-RR 03, 141; vgl. auch Rn 180); das gilt hinsichtlich einer Schulung über den Jahresabschluss auch für den BR eines Unternehmens, das zwar nicht zur Bildung eines WiAusschusses verpflichtet ist, das dem BR jedoch freiwillig eine vierteljährliche gemeinsame Bilanzlesung und Beratung der wirtschaftlichen Situation des Unternehmens zugestanden hat (vgl. LAG Niedersachsen AiB 01, 228);
– **Bildschirmarbeit** (ArbG Stuttgart DB 83, 1718);
– **Datenschutz im Betrieb,** insbesondere eine Unterrichtung über das Bundesdatenschutzgesetz und seine Bedeutung für die BRArbeit (LAG Niedersachsen EzA § 37 BetrVG 1972 Nr. 64; ArbG Stuttgart DB 83, 1718; *Wohlgemuth* BlStR 80, 211);
– **EDV-Systeme,** insbesondere Personalinformationssysteme (LAG Berlin CR 87, 699; ArbG Stuttgart DB 83, 1718) und sonstige computergestützter betriebliche Informationssysteme. Hierbei ist die Erforderlichkeit der Schulung über derartige Informationssysteme bereits dann zu bejahen, wenn die Eigenart des Betriebs die Einführung bzw. Erweiterung bereits vorhandener computergestützter Technologien latent mit sich bringt (LAG Düsseldorf RDV 90, 265);
– **Europäische Betriebsräte-Gesetz** (vgl. Rn 150 f.);
– **Förderung der Gleichstellung von Frauen und Männern** sowie **Förderung** der **Vereinbarkeit von Familie und Erwerbstätigkeit** (§ 80 Abs. 1 Nr. 2 a, 2 b; § 92 Abs. 3);
– **Gesetze** und Verordnungen, insbesondere neu erlassene, soweit dem BR hierbei Überwachungsaufgaben nach § 80 Abs. 1 Nr. 1 zukommen oder seine Beteiligungsrechte berührt werden (BAG 31. 10. 73 AP Nr. 2 zu § 40 BetrVG 1972; LAG Hamm DB 81, 1678);
– **gesellschaftsrechtliche Fragen,** insbesondere über wesentliche Änderungen des Gesellschaftsrechts, zB über das neue Umwandlungsgesetz, wenn dies für bevorstehende betriebliche Änderungen von Bedeutung ist;
– **Gesprächs-, Diskussions- und Verhandlungsführung** in der BRArbeit (vgl. Rn 153);
– **Gestaltung** von Arbeitsplatz, Arbeitsablauf und Arbeitsumgebung bei anstehenden Änderungen (vgl. §§ 90 f.);
– **Gruppenarbeit,** jedenfalls wenn ihre Einführung geplant wird (so auch *Däubler* Rn 232);
– Fragen der **Jugend- und AuszubildendenVertr.** (LAG Berlin BB 74, 647; *Däubler* Rn 234);
– Schriftliche **Kommunikation** im Betrieb (vgl. Rn 153);

– **Aufgaben und Rechte des KBR** bei einem Strukturwandel des Unternehmens, auch wenn der KBR sich noch nicht konstituiert hat, seine Bildung jedoch verbindlich beschlossen ist (LAG Bremen NZA-RR 01, 310);
– Leistungslohn (s. unter Akkordlohn);
– **Lohngestaltung** (vgl. § 87 Abs. Nr. 10; BAG 29. 1. 74 AP Nr. 9 zu § 37 BetrVG 1972; LAG Düsseldorf LAGE § 37 BetrVG 1972 Nr. 72);
– **Mobbing,** wenn eine diesbezügliche betriebliche Konfliktlage dargelegt wird und der BR das auf der Schulung vermittelte Wissen benötigt, um im Rahmen seiner gesetzlichen Aufgaben sich dieses Problems annehmen zu können (BAG 15. 1. 97 AP Nr. 118 zu § 37 BetrVG 1972; LAG Hamm NZA-RR 07, 202 bei ersten Anzeichen eines Konfliktfalls; LAG Rheinland-Pfalz NZA-RR 05, 376; ArbG Kiel NZA RR 98, 212); *Däubler* Rn 239; weitergehend ArbG Bremen 17. 12. 03 NZA-RR 04, 538 ff., das auch ohne Vorliegen einer konkreten Konfliktlage im Betrieb einen begrenzten Anspruch auf Schulung von zwei BRMitgl. unter Verweis auf die neueste Repräsentativstudie der BAuA aus dem Jahr 2003 „Der Mobbing-Report", die insbs. auf die Erfordernis der Prävention und erforderliche Schulungen im Umgang mit Mobbing hinweist, anerkennt;
– Lehrveranstaltungen in der **Muttersprache** ausländischer BRMitgl. (LAG Hamm DB 74, 1439; ArbG Berlin 3. 3. 11 ArbR 11, 313);
– **Nachweisgesetz** (ArbG Frankfurt/M AiB 98, 703);
– **Personalcomputer** (vgl. Rn 152);
– **Personalinformationssysteme** (ArbG Stuttgart DB 83, 1718);
– **Personalplanung** (§ 92; im Hinblick auf das Vorschlagsrecht des BR nach § 92 Abs. 2 zu eng LAG Berlin DB 90, 696);
– **Personelle Mitbestimmung** (vgl. §§ 99 ff.; LAG Hamm BB 73, 610);
– Sonderfragen in privatisierten **Postunternehmen** (vgl. Rn 154);
– **Qualitätssicherungssystem ISO 9000–9004** und seine praktischen Auswirkungen, wenn die Einführung dieses Systems den gesamten Produktionsprozess erfasst und damit Auswirkungen sowohl auf die dort beschäftigten ArbN als auch auf Beteiligungsrechte des BR haben kann (LAG Rheinland-Pfalz BB 97, 996);
– **Rechtsprechung** des BAG und der LAG zum BetrVG und deren Umsetzung in die betriebliche Praxis; diese sind jedenfalls solange als erforderlich anzusehen, als es angesichts der Fülle der Gerichtsentscheidungen zu diesem Gesetz selbst Fachleuten Mühe macht, den Überblick über die Rechtsprechung zu behalten (BAG 20. 12. 95 AP Nr. 113 zu § 37 BetrVG 1972 bei besonderen betriebsrelevanten Problemen des Mitbestimmungsrechts bei personellen Einzelmaßnahmen; GK-*Weber* Rn 169; *Däubler* Rn 165; *Teichmüller* DB 75, 446; aA *GL* Rn 75;., der ein Selbststudium verlangt; ähnlich *Richardi/Thüsing* Rn 94). Das gilt insbesondere auch bei einem **Wandel der Rechtsprechung** zu einem für die BRArbeit wichtigem Gesetz oder TV (BAG 22. 1. 65 AP Nr. 10 zu § 37 BetrVG);
– **Rhetorikschulung** (vgl. Rn 153);
– **Schwerbehindertenrecht,** falls im Betrieb Schwerbehinderte beschäftigt werden. Die Erforderlichkeit der Schulung ist auch dann nicht ausgeschlossen, wenn der Vertrauensmann der Schwerbehinderten dem BR angehört (vgl. zum Hessischen PersVG Hess. VGH DB 90, 1243);
– **Sexuelle Belästigung am Arbeitsplatz** (ArbG Wesel DB 93, 1096);
– Erstellung eines **Sozialplans,** wenn im Unternehmen umfangreiche Betriebsänderungen anstehen bzw. iR eines Interessenausgleichs mit dem GesBR verhandelt wird aber noch nicht klar ist, ob die sich anschließenden Verhandlungen über einen Sozialplan Aufgabe des GesBR oder des jeweils örtlichen BR ist (LAG Niedersachsen 10. 9. 04 ArbuR 05, 37);
– **sozialversicherungsrechtliche Fragen,** sofern diese für betriebliche Fragen von Bedeutung sind, zB für die Einrichtung oder Ausgestaltung einer betrieblichen Altersversorgung (aA LAG Berlin BB 74, 786; *GL* Rn 72; GK-*Weber* Rn 158) oder über Eingliederungszuschüsse nach §§ 217 ff. SGB III, Zuschüsse zu Transfermaß-

nahmen nach § 216a SGB III oder Gewährung von Transferkurzarbeitergeld nach
§ 216b SGB III (*Däubler* Rn 253); nicht dagegen eine allgemeine Schulung über
Grundzüge des Sozialrechts oder der sozialen Sicherung (BAG 4. 6. 03 AP Nr. 136
zu § 37 BetrVG 1972; LAG Köln NZA-RR 01, 255; ArbG Kiel NZA RR 98,
169; **aA** ArbG Essen ArbuR 99, 75; *Peter* Anm. zu BAG aaO in AiB 05, 250;
Däubler Rn 253);
- **Strafrechtliche Fragen** der Betriebsratstätigkeit gehören als Teil des BetrVG zum
  Grundlagenwissen (LAG Köln 21. 1. 08 – 14 TaBV 44/07 – AuA 08, 561);
- **Suchtkrankheiten** am Arbeitsplatz (LAG Düsseldorf BB 95, 2531);
- **Tarifverträge,** die für den Betrieb maßgebend sind (BAG 9. 10. 73 AP Nr. 4 zu
  § 37 BetrVG 1972; LAG Hamm DB 81, 1678);
- Fragen der Ein- und Durchführung der **Telearbeit** (*DKK-Wedde* Rn 108);
- Fragen des betrieblichen **Umweltschutzes,** wenn im Betrieb umweltschutzbelas-
  tende Verhältnisse bestehen oder drohen; dies war bisher umstritten (siehe dazu in
  der 21. Aufl. Rn 149) ist aber im Hinblick auf die durch das Betr-Verf-ReformG
  eingefügten neuen Beteiligungsrechte des BR beim betrieblichen Umweltschutz
  (vgl. hierzu § 89 Rn 4ff.) nunmehr eindeutig zu bejahen (GK-*Weber* Rn 169;
  DKK-Wedde Rn 108; einengend *HSWGNR* Rn 155: Erforderlichkeit kann durch
  Möglichkeit, sachkundige ArbN nach § 80 Abs. 2 S. 3 hinzuziehen zu können beschränkt sein);
- **Umweltmanagementsysteme,** wenn diese im Betrieb eingeführt werden sollen
  (vgl. hierzu § 89 Rn 6f.; *Däubler* Rn 260; **aA** *HSWGNR* Rn 155);
- Fragen der **Vermögensbildung** (§ 88 Nr. 3);
- **wirtschaftliche Rahmenbedingungen** und Unternehmensstrategien, wenn
  hierfür ein betriebs- bzw. unternehmensbezogener Anlass besteht (LAG Bad.-
  Württemberg NZA-RR 97, 345);
- Aufgaben des **WiAusschusses** (vgl. Rn 180).

150 In BR von Unternehmen, für die die Bildung eines **Europäischen BR** (EBR) in
Betracht kommt oder in denen ein EBR gebildet ist, gehört auch die Schulung über
das EBRG stets zur erforderlichen Schulung. Das ergibt sich nicht nur aus der Beteiligung der nationalen ArbNVertr. bei der Bildung des gesetzlichen EBR, sondern
insbesondere aus der Zusammenarbeit mit ihm. Erforderlich ist stets auch eine Schulung über die nach §§ 17ff. EBRG bestehende Möglichkeit, statt der Bildung des
gesetzlichen EBR vorrangige anderweitige Vereinbarungen über eine grenzüberschreitende Unterrichtung und Anhörung der ArbN zu treffen sowie über den möglichen Inhalt derartiger Vereinbarungen. Denn die nationalen ArbNVertr. sind nicht
nur an der Bildung des Besonderen Verhandlungsgremiums, dem nach §§ 8ff. EBRG
auf ArbNSeite der Abschluss einer derartigen Vereinbarung obliegt, beteiligt, sondern
werden durch eine anderweitige Vereinbarung stets unmittelbar berührt (vgl. auch
DKK-Wedde Rn 107a; GK-*Weber* Rn 169; **aA** *HSWGNR* Rn 156).

151 Zum Schulungsanspruch von EBR- und BVG-Mitgl. s. Rn 194b.

152 Dem BR obliegt eine Fülle von Aufgaben in allgemeinen, sozialen, personellen
und wirtschaftlichen Angelegenheiten, die zudem nicht selten durch eine komplexe
und schwierige Sachproblematik gekennzeichnet sind. Will der BR all diese Aufgaben ordnungsgemäß und verantwortungsbewusst wahrnehmen, ist nicht nur eine
rationelle BRArbeit erforderlich, vielmehr muss der BR auch **inhaltlich und
methodisch** in der Lage sein, anstehende Fragen oder Probleme sachgerecht und
zielbewusst einer Lösung zuzuführen. Aus diesem Grunde können je nach den betrieblichen Verhältnissen auch Schulungsveranstaltungen über ein **effektives BRMa-
nagement,** dh über eine sinnvolle Organisation der BRArbeit und über mögliche
Methoden zur Analyse und Lösung anstehender beteiligungspflichtiger Fragen oder
Probleme, und zwar sowohl in verfahrensmäßiger als auch inhaltlicher Hinsicht, erforderlich iS von § 37 Abs. 6 sein (ErfK-*Koch* Rn 14; **aA** wohl BAG 14. 9. 94 AP
Nr. 99 zu § 37 BetrVG 1972). Aus diesem Grunde ist auch eine Schulung über den
Einsatz eines PC für die Erledigung von BRAufgaben erforderlich, wenn aktuelle

oder absehbare betriebliche bzw. betriebsratsbezogene Anlässe – zB die Anschaffung eines PC für die BRArbeit (vgl. § 40 Rn 131) – die Schulung von BRMitgl. erfordern (BAG 19. 7. 95 AP Nr. 110 zu § 37 BetrVG 1972; *Lelley* Rn 121; *Besgen/Prinz* § 2 Rn 94 ff.).

Das Gleiche gilt für Schulungen über **Gesprächs-, Diskussions-** und **Verhand-** **153** **lungsführung** in der BRArbeit (BAG 24. 5. 95 AP Nr. 109 zu § 37 BetrVG 1972 bei Vorliegen besonderer Gründe; LAG Schleswig-Holst. BB 91, 139; ArbG Dortmund AiB 00, 628; *Däubler* Rn 229; **aa** noch BAG 6. 11. 73 u. 14. 9. 94 AP Nr. 6 u. 99 zu § 37 BetrVG 1972; ferner: LAG Köln LAGE § 37 BetrVG 1972 Nr. 39; LAG Schleswig-Holst. NZA-RR 99, 643 und NZA-RR 00, 366; *Schiefer* NZA 93, 824) oder über die **Sprech- und Argumentationstechnik** von solchen BRMitgl., die hauptsächlich die Verhandlungen mit der ArbGebSeite führen, zB der Vors. und stellvertr. Vors. des BR oder besonders wichtiger Ausschüsse des BR (BAG 15. 2. 95 AP Nr. 106 zu § 37 BetrVG 1972 bei Vorliegen besonderer Gründe; Kenntnisse der **Rhetorik** sind kein Grundwissen im Betriebsverfassungsrecht, dementsprechend sind die Gründe für das Erfordernis einer solchen Schulung konkret darzulegen (BAG 12. 1. 11 – 7 ABR 94/09 – NZA 11, 813; *Bell* AiB 11, 417). In diesem Kontext kann auch eine Schulung zu dem Thema Rhetorik und Verhandlungsführung für Frauen erforderlich sein (LAG Sachsen, NZA-RR 03, 420 – stellvertretende BRVorsitzende). Eine Schulungsnotwendigkeit in Gesprächs-, Diskussions- und Verhandlungsführung kann sich insbesondere dann ergeben, wenn die Vorbereitung oder gar Entscheidung von wichtigen Angelegenheiten einem gemeinsamen Ausschuss von BR und ArbGeb. übertragen worden ist und die ArbGebSeite in dem Ausschuss durch besonders qualifiziertes Personal vertreten ist. Auch eine Schulung über die effektive **schriftliche Kommunikation** im Betrieb kann erforderlich sein, wenn der BR. seine gesetzliche Aufgaben ohne eine Schulung gerade des entsandten BRMitgl. nicht sachgerecht wahrnehmen kann (BAG 15. 2. 95 aaO).

In BR der Betriebe der **privatisierten Postunternehmen** gehört im Hinblick **154** darauf, dass bei bestimmten Personalangelegenheiten der diesen Unternehmen zugewiesenen Beamten sich sowohl die materiellen Beteiligungsrechte des BR als auch das Mitbestimmungsverfahren nach den entsprechenden Vorschriften des BPersVG bestimmen (vgl. §§ 28 f. PostPersRG; Näheres vgl. § 99 Rn 316 ff., § 102 Rn 137, § 76 Rn 12, 98), auch die Schulung über diese einschlägigen Regelungen des BPersVG zu einer erforderlichen Schulung. Da die den Postunternehmen zugewiesenen Beamten weiterhin in einem öffentlich-rechtlichen Beamtenverhältnis stehen, das der BR bei der Ausübung seiner Beteiligungsrechte zu beachten hat, ist auch eine Schulung jedenfalls über die Grundzüge des Beamtenrechts als erforderlich anzusehen.

Nicht als erforderlich angesehen worden sind Schulungsveranstaltungen über **155**
– **Lohnsteuerrichtlinien,** da es weder zu den dem BR in § 80 Abs. 1 Nr. 1 zugewiesenen Aufgaben gehört, darüber zu wachen, dass der ArbGeb. bei der Berechnung des Lohns die Vorschriften des Lohnsteuerrechts beachtet, noch ihm die Aufgabe obliegt, einzelne ArbN in steuerrechtlichen Fragen zu beraten (BAG 11. 12. 73 AP Nr. 5 zu § 80 BetrVG 1972; in Zweifel ziehend *Däubler* Rn 193);
– allgemeine Grundkenntnisse des **Sozial- und Sozialversicherungsrechts** ohne konkreten betriebsbezogenen Anlass (BAG 4. 6. 03 AP Nr. 136 zu § 37 BetrVG 1972 mit ablehnender Anm. *Peter* AiB 05, 250 f.). Die Beratung von ArbN in sozialversicherungsrechtl. Fragen gehört nicht zu den Aufgaben des BR. Die Überwachungspflicht nach § 80 Abs. 1 Nr. 1 erstreckt sich allenfalls auf die Einhaltung sozialversicherungsrechtl. Melde- und Abführungspflichten des ArbGeb. Die abstrakte Möglichkeit der Verwertung der dort vermittelten Kenntnisse reicht zur Begründung der Erforderlichkeit nicht aus.
– Ziele **gewerkschaftlicher Bildung** (BAG 28. 1. 75 AP Nr. 20 § 37 BetrVG 1972);
– **Gesetzentwürfe,** wenn nach dem Stand des Gesetzgebungsverfahrens nicht zu erwarten ist, dass diese ohne wesentliche Änderungen verabschiedet werden (BAG

16. 3. 88 AP Nr. 63 zu § 37 BetrVG 1972); etwas anderes gilt allerdings, wenn mit
dem alsbaldigen Inkrafttreten der geplanten gesetzlichen Regelung zuverlässig ge-
rechnet werden kann;
– Durchführung der **BRWahlen,** da dies Aufgabe des Wahlvorst. ist (zur Schulung
des Wahlvorst. vgl. § 20 Rn 39 ff.);
– Rechte des **KBR,** wenn seine Bildung streitig ist (BAG 24. 7. 91 DB 92, 482);
– Änderungen des Staatsangehörigkeitsrechts **für ausländische BRMitgl.** (ArbG
Marburg NZA-RR 00, 248).

156   Schulungen über für die BRArbeit erforderliches **spezielles Fachwissen** sind
nicht auf die Vermittlung gewisser Grundkenntnisse beschränkt. Vielmehr kann und
wird in der Regel unter Berücksichtigung der konkreten Verhältnisse des einzelnen
Betriebs durchaus eine die Grundkenntnis **vertiefende Schulung notwendig** sein;
das gilt jedenfalls für die BRMitgl., die sich im Rahmen der BRArbeit besonders mit
den entsprechenden Sachbereichen befassen (vgl. Rn 134; BAG 15. 6. 76 AP Nr. 12
zu § 40 BetrVG 1972; GK-*Weber* Rn 189; *DKK-Wedde* Rn 105; *WW* Rn 27; stark
einschränkend hinsichtlich einer vertiefenden Schulung über das BetrVG unter Hinweis auf das Gebot des Selbststudiums und der Schulungsmöglichkeit nach Abs. 7
Richardi/Thüsing Rn 95). Auch kann – etwa nach einer gewissen Zeit – eine **Wieder-
holungsschulung** zur Auffrischung und Erweiterung der bisherigen Kenntnisse notwendig sein. Dies gilt insbesondere in den Bereichen, die durch eine schnelle Entwicklung gekennzeichnet sind (zB die Computertechnik), oder dann, wenn im Betrieb
neue oder besondere Konflikte auftreten (*DKK-Wedde* Rn 105; ErfK-*Koch* Rn 16;
GK-*Weber* Rn 194; **aA** *HSWGNR* Rn 144; MünchArbR-*Joost* § 220 Rn 91). Der BR
muss jedoch konkret darlegen, warum eine Schulung zu einem ähnlichen Thema
erneut erforderlich ist (LAG Nürnberg – 1. 9. 09 – 6 TaBV 18/09 – AuA 09, 672).

157   Schulungsveranstaltungen für BR werden durchweg allgemein angeboten und
nicht speziell für BRMitgl. eines bestimmten Betriebes durchgeführt. Die Allgemeinheit des Angebotes kann zur Folge haben, dass nicht alle auf der Schulungsveranstaltung behandelten Themen für jedes teilnehmende BRMitgl. als erforderlich in vorstehend erläuterten Sinne anzusehen sind. Dies kann jedoch nicht dazu führen, dass für
diese BRMitgl. der Besuch der Veranstaltung damit unzulässig würde. Vielmehr ist,
soweit auf einer Schulungsveranstaltung **teils erforderliche, teils** jedoch auch **nicht
erforderliche Kenntnisse** in engerem Sinne vermittelt werden, nach der Rechtsprechung des BAG wie folgt zu unterscheiden:

158   Werden nicht erforderliche Kenntnisse nur ganz **geringfügig** gestreift, so berührt
dies die Erforderlichkeit der ganzen Schulung nicht (BAG 29. 1. 74 AP Nr. 5 zu § 40
BetrVG 1972; *DKK-Wedde* Rn 110; *Wank/Maties* NZA 05, 1033, 1035). Für einen
Richtwert von 20% *Däubler* Rn 270 und *Wank/Maties* NZA 05, 1033, 1035.

159   Nimmt die Behandlung nicht erforderlicher Themen einen **größeren Umfang**
ein, ist der erforderliche und nicht erforderliche Teil der Schulungsveranstaltung jedoch sowohl in thematischer Hinsicht als auch hinsichtlich der zeitlichen Behandlung
der einzelnen Themen so klar voneinander abgrenzbar, dass ein **zeitweiser Besuch**
der Veranstaltungen möglich und sinnvoll ist, so beschränkt sich – abweichend von
dem an sich maßgebenden Grundsatz, dass die Erforderlichkeit einer Veranstaltung
einheitlich zu bewerten ist – die Erforderlichkeit auf den Teil, auf den für die BRArbeit erforderliche Kenntnisse vermittelt werden (BAG 10. 5. 74 AP Nr. 4 zu § 65
BetrVG 1972, BAG 28. 5. 76 AP Nr. 24 zu § 37 BetrVG 1972, BAG 21. 7. 78 AP
Nr. 4 zu § 38 BetrVG 1972; *GL* Rn 78; GK-*Weber* Rn 170; *HSWGNR* Rn 162;
Wank/Maties NZA 05, 1033, 1035). Bei der Beurteilung der Frage, ob ein zeitweiser
Besuch der Veranstaltung möglich ist, kommt es auch darauf an, ob die Veranstaltung
nur als einheitliches Ganzes angeboten wird (**aA** GK-*Weber* Rn 170).

159a   Hat der BR einen **Seminarplan** aufgestellt, der einzelne Schulungsmaßnahmen
enthält, die nicht als erforderlich erscheinen, führt dies bezogen auf die Entsendung
von BRMitgl. zu für sich betrachtet erforderlichen Schulungen nicht zu deren Unwirksamkeit (LAG Nürnberg, NZA-RR 02, 641).

Ist ein zeitweiser Besuch einer solchen Schulungsveranstaltung praktisch nicht 160
möglich oder sinnvoll, so kommt es darauf an, ob die **Schulungszeit der erforderlichen Themen mit mehr als 50 vH überwiegt.** Ist dies der Fall, ist die gesamte
Veranstaltung als erforderlich anzusehen (BAG 28. 5. 76 AP Nr. 24 zu § 37 BetrVG
1972 unter Aufgabe der vorher vertretenen Geprägetheorie [vgl. hierzu BAG 10. 5.
74 AP Nr. 4 zu § 65 BetrVG 1972; BAG 27. 9. 74 AP Nr. 18 zu § 37 BetrVG 1972],
da diese keine klaren Abgrenzungsmöglichkeiten zulasse; ferner BAG 21. 7. 78 AP
Nr. 4 zu § 38 BetrVG 1972; BAG 4. 6. 03 u. 7. 5. 08 AP Nr. 136 u. 145 zu § 37
BetrVG 1972; ebenso *GL* Rn 79; *DKK-Wedde* Rn 110; ErfK-*Koch* Rn 14; Mün-
chArbR-*Joost* § 220 Rn 88; *Wank/Maties* NZA 05, 1033, 1035; für die Geprägetheorie jedoch *Richardi/Thüsing* Rn 96; *HSWGNR* Rn 163; **kritisch** zur neuen BAG-
Rechtsprechung GK-*Weber* Rn 171 f., der ihr nur zustimmt, wenn die erforderlichen
Kenntnisse nicht auf einer anderen Schulung erworben werden können; ferner *Hanau*, FS Müller S. 176, der sie auf das einzelne BRMitgl. bezogen akzeptiert, nicht
jedoch, wenn Teile der Veranstaltung generell als nicht erforderlich anzusehen sind;
aA *Loritz* NZA 93, 3 ff.). Das BAG bezieht das 50%-Quorum ausdrücklich nur auf
die Anzahl der erforderlichen Schulungsthemen, jedoch muss dieses Quorum auch
hinsichtlich der Schulungszeit erfüllt sein. Ansonsten bestünde zu leicht die Möglichkeit, durch eine Atomisierung der Schulungsthemen das erforderliche Quorum zu
erfüllen, obwohl die zeitliche Behandlung dieser Themen von untergeordneter Bedeutung ist (*DKK-Wedde* Rn 110; GK-*Weber* Rn 171; *Richardi/Thüsing* Rn 95; *SWS*
Rn 48). Bei Würdigung dieser sicherlich großzügigen Rechtsprechung des BAG zu
Veranstaltungen mit nur teilweise erforderlichen Themen ist jedoch zu berücksichtigen, dass das BAG auf der anderen Seite selbst bei einer erforderlichen Kenntnisvermittlung sowohl die Dauer der Schulung (vgl. Rn 171 f.) als auch die Pflicht des
ArbGeb., die Schulungskosten zu tragen (vgl. hierzu § 40 Rn 72 f.), unter dem Gesichtspunkt der Verhältnismäßigkeit bewertet und ggf. begrenzt.

b) Teilnehmerzahl

Im Gegensatz zur Regelung des Abs. 7, die jedem BRMitgl. einen individual- 161
rechtlichen Anspruch auf Teilnahme an den dort genannten Schulungsveranstaltungen einräumt, stellt Abs. 6 mit dem Erfordernis, dass die vermittelten Kenntnisse für
die BRArbeit notwendig sein müssen, auf das **Kollektivorgan BR** als solchen ab
(BAG AP Nr. 9 zu § 25 BetrVG 1972; BAG 6. 11. 73 AP Nr. 5 zu § 37 BetrVG
1972). Der BR muss in die Lage versetzt werden, seine gesetzlichen Aufgaben ordnungsgemäß zu erfüllen. Deshalb ist Träger des Schulungsanspruchs nach Abs. 6 zunächst der BR und nicht von vornherein das einzelne BRMitgl. (*GL* Rn 65; *DKK-
Weber* Rn 142; *DKK-Wedde* Rn 114; *HSWGNR* Rn 166). Erst wenn der BR durch
Beschluss ein bestimmtes Mitgl. für eine Schulungsteilnahme bestimmt hat, erwirbt
dieses einen aus dem Kollektivbeschluss **abgeleiteten Individualanspruch** (BAG
6. 11. 73, 27. 9. 74, 5. 4. 84 u. 16. 10. 86 AP Nr. 5, 18, 46 u. 58 zu § 37 BetrVG
1972; GK-*Weber* Rn 143; *HSWGNR* Rn 166; **weitergehend** *Richardi/Thüsing*
Rn 106 f. und *Schwegler* BlStR 72, 307, die generell auch das einzelne BRMitgl. als
anspruchsberechtigt ansehen).

Dass der BR als Kollektivorgan in der Lage sein muss, seine konkreten Aufgaben 162
ordnungsgemäß zu erfüllen, ist auch der entscheidende Gesichtspunkt für die Beantwortung der Frage, ob der BR berechtigt ist, stets alle seine Mitgl. zu einer bestimmten Schulungsveranstaltung zu entsenden, oder ob insoweit gewisse Einschränkungen
bestehen.

Für eine ordnungsgemäße BRArbeit ist es unerlässlich, dass **jedes BRMitgl.** 163
Grundkenntnisse über das BetrVG als Basis jeder BRArbeit hat. Denn nur dann,
wenn es diese Kenntnisse besitzt, ist es in der Lage, seiner Pflicht zur eigenverant-
wortlichen Erfüllung der mit diesem Amt verbundenen Aufgaben zu genügen. Deshalb kann jedes BRMitgl., das solches Grundwissen noch nicht hat, zulässigerweise

zu einer Schulungsveranstaltung über das BetrVG entsandt werden, ohne dass die Erforderlichkeit der Schulung näher dargelegt werden müsste (BAG 19. 9. 01 AP Nr. 9 zu § 25 BetrVG 1972; BAG 7. 6. 89 u. 20. 12. 95 AP Nr. 67 u. 130 zu § 37 BetrVG 1972; vgl. auch BVerwG ZBR 79, 310; *DKK-Wedde* Rn 95, 115; GK-*Weber* Rn 186; *Richardi/Thüsing* Rn 89, 98; **aA** LAG Hamm DB 79, 1365, für den Fall, dass genügend andere BRMitgl. mit ausreichenden Kenntnissen vorhanden sind). Erfolgt die Schulung kurz vor Ende der Amtszeit, ist allerdings näher darzulegen, warum die Schulung des BRMitgl. im Hinblick auf die konkrete Situation des Betriebs und die auf den BR für den Rest seiner Amtszeit noch zukommenden Aufgaben erforderlich ist (BAG 7. 6. 89 AP Nr. 67 zu § 37 BetrVG 1972; vgl. auch LAG Schleswig-Holstein LAGE § 37 BetrVG 1972 Nr. 22; GK-*Weber* Rn 154; **aA** LAG Rheinland-Pfalz BB 95, 1593; im Falle des Rücktritts des BR: *DKK-Wedde* Rn 112). An dieser Rspr. hält das BAG nicht mehr fest, soweit es sich um die Vermittlung von Grundkenntnissen handelt (BAG 7. 5. 08 AP Nr. 145 zu § 37 BetrVG 1972). Kann der BR Art und Umfang der beteiligungspflichtigen Angelegenheit, die voraussichtlich bis zum Amtsende erstmalig in den BR gewählten BRMitgls. noch anfallen werden, nicht beurteilen, kann die Teilnahme – von Missbrauchsfällen abgesehen – als erforderlich iSd. Abs. 6 angesehen werden (BAG 7. 5. 08 aaO; *WPK-Kreft* Rn 48; *Markowski* AiB 09, 59 ff.; *Schiefer* DB 08, 2649 ff. gdstzl. zustimmend, sieht aber Missbrauchsgefahr). An der Erforderlichkeit der Schulung fehlt es jedoch, wenn absehbar ist, dass das BRMitgl. die zu vermittelnden Grundkenntnisse in seiner verbleibenden Amtszeit nicht mehr einsetzen kann (BAG 17. 11. 10 – 7 ABR 113/09 – NZA 11, 816; GK-*Weber* aaO; *SWS* Rn 47). Der BR hat ein anderes seiner Mitgl. für die Schulungsteilnahme zu benennen. Gleiches gilt, wenn das BRMitgl. lediglich befristet beschäftigt ist und demnächst ausscheidet (BAG 17. 11. 10 – 7 ABR 113/09 – NZA 11, 816).

164   Ebenfalls muss jedes BRMitgl. über gewisse **Grundkenntnisse des allgemeinen Arbeitsrechts** verfügen. Das ergibt sich nicht nur aus der allgemeinen Überwachungspflicht des BR nach § 80 Abs. 1 Nr. 1, sondern insbesondere aus den vielfältigen Verflechtungen des Betriebsverfassungsrechts und der Beteiligungsrechte des BR mit anderen Bereichen des Arbeitsrechts, insbesondere des Individualarbeitsrechts und des Tarifvertragsrechts (*GL* Rn 80; GK-*Weber* Rn 187; *DKK-Wedde* Rn 96, 115; *Richardi/Thüsing* Rn 91, 98; *Kittner* BlStR 79, 257; *Wank/Maties* NZA 05, 1033, 1034; ebenso BAG 16. 10. 86 AP Nr. 58 zu § 37 BetrVG 1972 unter ausdrücklicher Aufgabe seiner einschränkenden Rechtsprechung in BAG 25. 4. 78 AP Nr. 33 zu § 37 BetrVG 1972; das BAG betont jedoch, dass Grundkenntnisse des Arbeitsrechts auch durch langjährige BRTätigkeit erworben werden können und es der Darlegung besonderer Umstände bedarf, falls dies im Einzelfall nicht zutrifft (BAG 19. 3. 08 EzB Nr. 17 zu § 37 BetrVG; **aA** LAG Hamburg AiB 09, 303, wonach auch eine mehrjährige Mitgliedschaft im BR bzw. GBR die Erforderlichkeit nicht entfallen lässt; *HSWGNR* Rn 151).

165   Eine sachgerechte BRArbeit erfordert ferner von jedem BRMitgl. ausreichende Kenntnisse über den für den Betrieb geltenden **Manteltarifvertrag** – MTV – (LAG Hamm DB 81, 1678; *HSWGNR* Rn 170 bei neuem MTV) sowie einen **gewissen Standard an allgemeinen rechtlichen, wirtschaftlichen und technischen Kenntnissen** (vgl. *DKK-Wedde* Rn 98, 115; ErfK-*Koch* Rn 14; GK-*Weber* Rn 188; weitergehend *Däubler* Rn 174; **aA** *HSWGNR* Rn 155).

166   Angesichts der Vielfältigkeit und Vielgestaltigkeit der dem BR obliegenden Aufgaben ist zu ihrer sachgemäßen Erfüllung oft eine gewisse **Aufgabenverteilung** innerhalb des BR und damit verbunden eine gewisse Spezialisierung einzelner BRMitgl. unumgänglich. Nimmt der BR eine solche Aufgabenverteilung vor, so ist es im Allgemeinen nicht erforderlich, allen BRMitgl. auf den entsprechenden Sachgebieten eine besondere Schulung zukommen zu lassen. Vielmehr kommt in diesen Fällen eine **intensivierende und vertiefende Vermittlung besonderer Spezialkenntnisse** nur für solche BRMitgl. in Betracht, die vom BR gerade mit der Wahrnehmung dieser Aufgaben betraut worden sind (BAG 20. 12. 95 AP Nr. 113 zu § 37 BetrVG 1972; BAG 29. 4. 92 NZA 93, 375; LAG Hamm BB 80, 1374; GK-*Weber* Rn 189, 194; *DKK-Wedde* Rn 99, 116; *HSWGNR* Rn 170 f.; *Richardi/Thüsing* Rn 98; *Schiefer* DB 08, 2649 ff.). Dies ist insbesondere in den Fällen von Bedeutung, in denen dem BetrAusschuss oder weiteren Ausschüssen des BR besondere Aufgaben zur selbständigen Erledigung übertragen worden sind (vgl. § 27 Abs. 3 und § 28). So ist zB eine besondere Schulung von BRMitgl. auf dem Gebiet der Akkord- und Leistungsentgelte im Allgemeinen auf die Mitgl., die der **Akkordkommission** angehören oder die sich im Rahmen der BRArbeit besonders mit Akkordfragen befassen, zu beschränken; für diese ist eine Schulung jedoch auf jeden Fall erforderlich (vgl. LAG Hamm EzA § 37 BetrVG 1972 Nr. 67; ferner LAG Düsseldorf DB 81, 119; *DKK-Wedde* Rn 103; *HSWGNR* Rn 171; *Däubler* Rn 183). Das Gleiche gilt hinsichtlich der Schulung auf dem Gebiet der Personalplanung für BRMitgl., die sich im Rahmen der BRArbeit besonders mit diesen Fragen befassen. Im Einzelfall kommt es darauf an, welche Aufgaben das jeweilige BRMitgl. im Rahmen der BRArbeit zu erfüllen hat. Bei der Übertragung von Aufgaben und Besetzung von Posten innerhalb des BR und seiner Ausschüsse ist **der BR autonom;** diese Autonomie ist nicht im Rahmen der Erforderlichkeit der Schulung überprüfbar (einschränkend GK-*Weber* Rn 189; *Richardi/Thüsing* Rn 94).

Da der **Vors. des BR** und sein **Stellvertr.** sowie die freigestellten BRMitgl. in einem weit stärkeren Maße und intensiverem Umfang in mit betriebsverfassungs-rechtlichen Fragen befasst sind, ist es vielfach notwendig, ihnen eine **intensivere Schulung** über das Betriebsverfassungsrecht und solche Sachkomplexe, bei denen Beteiligungsrechte des BR zu beachten sind, zukommen zu lassen (vgl. BAG 27. 9. 74 u. 8. 2. 77 AP Nr. 18 u. 26 zu § 37 BetrVG 1972; *DKK-Wedde* Rn 102; GK-*Weber* Rn 191). Insofern kommen für eine intensivere Schulung sie vielfach in erster Linie in Betracht. **167**

In BR der Betriebe der **privatisierten Postunternehmen** kommen für eine notwendige Schulung über die bei den Beamten maßgeblichen Beteiligungsrechte und über die Grundzüge des Beamtenrechts (vgl. Rn 154) insbesondere die Vertr. der Beamten im BR in Betracht, da bei bestimmten Personalangelegenheiten der Beamten die Beschlussfassungsbefugnis allein der Beamtengruppe im BR zusteht (vgl. § 28 PostPersRG). Haben die Beamten gem. § 26 Nr. 2 PostPersRG auf eine eigene Gruppe im BR verzichtet (vgl. hierzu § 14 Rn 72, 85 b), ist eine notwendige Schulung den Mitgl. des BR zukommen zu lassen, die sich innerhalb des BR besonders mit den Personalangelegenheiten der zugewiesenen Beamten befassen. **168**

c) Träger der Schulung

Wer **Träger der Schulungs- und Bildungsveranstaltung** ist, ist grundsätzlich unerheblich (*DKK-Wedde* Rn 119; GK-*Weber* Rn 147; *HSWGNR* Rn 136; *Richardi/Thüsing* Rn 102; im Grundsatz auch *Däubler* Rn 330 ff., die jedoch im Hinblick auf die verfassungsrechtliche gewährleistete Betätigungsfreiheit der Gewerkschaften durch Art. 9 Abs. 3 GG ihren Schulungen einen gewissen Sonderschutz zuerkennen; kritisch hierzu *Streckel* DB 74, 337). Entscheidend ist, dass auf ihr für die BRArbeit erforderliche Kenntnisse vermittelt werden. Wegen der gleichgerichteten Interessen von Gewerkschaften und BR, die Interessen der ArbN zu vertreten, und der gewerkschaftlichen Unterstützungsfunktion im Rahmen der Betriebsverfassung kommen insbesondere Schulungs- und Bildungsveranstaltungen der **Gewerkschaften** in Betracht. Veranstaltungen der ArbGebSeite sind jedoch keineswegs ausgeschlossen. Ferner ist zu denken an Schulungsveranstaltungen kirchlicher Träger oder von Arbeitskammern, von Volkshochschulen und Universitäten sowie von privaten Veranstaltern, die auch die Schulung von Personalleitern durchführen. Zum Recht des BR, die konkrete Schulungsveranstaltung auszuwählen, vgl. Rn 234. **169**

170   Unerheblich ist, ob an der Schulungsveranstaltung außer BRMitgl. noch **andere Personen teilnehmen**. Denn das ist für die Frage, ob die Veranstaltung für die BR-Arbeit erforderliche Kenntnisse vermittelt, nicht von Bedeutung (*Däubler* Rn 340; *DKK-Wedde* Rn 120; *GK-Weber* Rn 150; *HSWGNR* Rn 136; *Richardi/Thüsing* Rn 105).

d) Dauer der Schulung

171   Die Dauer der Schulung bestimmt sich ausschließlich nach ihrer **Erforderlichkeit**. Denn „soweit" BRMitgl. erforderliche Kenntnisse vermittelt werden, besteht ein Anspruch auf Arbeitsbefreiung nach dem in Abs. 6 für entsprechend anwendbar erklärten Abs. 2 (*DKK-Wedde* Rn 117; *GK-Weber* Rn 118, 192; *GL* Rn 82; *HSWGNR* Rn 161; *Däubler* Rn 286 ff.; *WW* Rn 29; BAG 9. 10. 73 AP Nr. 4 zu § 37 BetrVG 1972). In seinen Beschlüssen vom 27. 9. 74 und 28. 5. 76 (AP Nr. 18 und 24 zu § 37 BetrVG 1972) bezieht das **BAG** das Merkmal der Erforderlichkeit allerdings ausschließlich auf die vermittelten Kenntnisse und bestimmt die Dauer der Schulung nach dem zu § 40 entwickelten **Grundsatz der Verhältnismäßigkeit**. Diese Ansicht begegnet **Bedenken**. Zum einen wird ignoriert, dass Abs. 6 auf Abs. 2 verweist und dort die Dauer der Arbeitsbefreiung durch das Merkmal der Erforderlichkeit bestimmt wird (vgl. Rn 35 ff.). Zum anderen ist es bedenklich, dass mit dem Grundsatz der Verhältnismäßigkeit generell (und nicht etwa auf besondere Ausnahmefälle beschränkt) ein im Gesetz **nicht enthaltenes zusätzliches Begrenzungskriterium** eingeführt wird, das wegen seiner Unbestimmtheit für die Praxis zudem auch kaum klare Aussagen zulässt (*DKK-Wedde* Rn 118; *HSWGNR* Rn 161; **kritisch** *GK-Weber* Rn 182 ff., der zur Begrenzung der Dauer die Grundsätze des Rechtsmissbrauchs und der Zumutbarkeit heranzieht; ErfK-*Koch* Rn 17; im Ergebnis wie das BAG *Richardi/Thüsing* Rn 100; *SWS* Rn 48).

172   Im Hinblick darauf, dass die Erforderlichkeit der Schulung nur unter Berücksichtigung der konkreten Verhältnisse des einzelnen Betriebs beurteilt werden kann, ist eine generelle Aussage über die zulässige Dauer der Veranstaltungen nicht möglich. Diese hängt vielmehr nicht zuletzt von dem jeweiligen Inhalt der Schulung, insbesondere von dem Umfang und der Schwierigkeit der auf ihr behandelten Themen, den jeweiligen Besonderheiten und Problemen des konkreten Betriebes sowie vom Wissensstand innerhalb des BR ab. Generelle Zeitangaben sind deshalb nicht möglich. Das Gesetz gibt allerdings **keinerlei Anhaltspunkte** für die Annahme, Abs. 6 betreffe **nur kurzfristige Schulungen** bis höchstens drei Tagen aus aktuellem Anlass, während längere Schulungen mit Seminarcharakter nur nach Abs. 7 durchgeführt werden könnten (*GK-Weber* Rn 192 f.; ErfK-*Koch* Rn 16; *Richardi/Thüsing* Rn 100; **aA** *SWS* Rn 52; ähnlich *Gaul* Bd. II S. 447: im allg. höchstens eine Woche; *HSWGNR* Rn 148 f.: auch bei Schulung von Neumitgl. über das BetrVG nur drei Tage, für exponierte Funktionsträger höchstens acht Tage).

173   Bei einer Schulung über das BetrVG hat das BAG eine fünf- bzw. sechstägige Schulung als erforderlich anerkannt (vgl. BAG 6. 11. 73 AP Nr. 5 zu § 37 BetrVG 1972; BAG 27. 11. 73 AP Nr. 9 zu § 89 ArbGG 1953). Bei einer Schulung des BRVors. über das BetrVG ist eine vierzehntägige Schulung anerkannt worden (BAG 8. 2. 77 AP Nr. 26 zu § 37 BetrVG 1972; vgl. auch BAG 27. 9. 74 AP Nr. 18 zu § 37 BetrVG 1972). Eine vierzehntägige Schulungsdauer ist auch für andere freigestellte BRMitgl. anerkannt worden (vgl. ArbG Kassel BB 74, 647 und DB 74, 1966; ArbG Kiel BB 73, 848; ArbG Ulm BB 73, 1027; LAG Hamm DB 75, 109 [bei Vorliegen besonderer Umstände]; LAG Bremen BB 74, 184). Bei einem Mitgl. der Akkordkommission ist eine vierzehntägige Schulung über „Lohngestaltung und Mitbestimmung" nicht ausgeschlossen worden (vgl. BAG 29. 1. 74 AP Nr. 9 zu § 37 BetrVG 1972). Dagegen hat das LAG Düsseldorf (EzA § 37 BetrVG 1972 Nr. 72) von einer insgesamt dreiwöchigen Schulung über Probleme der Lohngestaltung trotz Bejahung der Erforderlichkeit lediglich die Kosten für zwei Wochen als dem Gebot der

Verhältnismäßigkeit entsprechend anerkannt. Im gleichen Sinne hält das LAG Köln (LAGE § 37 BetrVG 1972 Nr. 48) von einer vierwöchigen Grundschulung über das BetrVG ohne konkreten Nachweis der Erforderlichkeit nur zwei Wochen für erforderlich und verhältnismäßig. Das LAG Nürnberg hält dagegen für neu gewählte BRMitgl. insg. vier Wochenschulungen ohne besonderen Nachweis im Sinne des § 37 Abs. 6 für erforderlich, insb. dann, wenn diese Schulungen zugleich auch Grundkenntnisse des Arbeitsrechts vermitteln, so dass Schulungen zu diesem Thema überflüssig werden (NZA-RR 02, 641).

e) Beurteilungsspielraum des Betriebsrats

Bei der Beurteilung der Frage, ob die Entsendung eines BRMitgl. zu einer Schu- **174** lung erforderlich ist, handelt es sich um die Anwendung eines unbestimmten Rechtsbegriffs, der dem BR einen gewissen **Beurteilungsspielraum** offen lässt. Das gilt sowohl für den Inhalt der Veranstaltung als auch für deren Dauer und die Teilnehmerzahl (BAG 9. 10. 73, 6. 11. 73, 27. 9. 74, 16. 10. 86 u. 7. 6. 89 AP Nr. 4, 5, 18, 58 u. 67 zu § 37 BetrVG 1972; *DKK-Wedde* Rn 127; ErfK-*Koch* Rn 13; *GL* Rn 83; *GK-Weber* Rn 196 f.; *Richardi/Thüsing* Rn 114; *SWS* Rn 37; im Ergebnis ebenso *Esser* RdA 76, 229, der sich jedoch gegen die Verwendung des Begriffes „Beurteilungsspielraum" wendet; einen Beurteilungsspielraum grundsätzlich ablehnend: *HSWGNR* Rn 175; *Zitscher* DB 84, 1399; *Nipperdey* DB 85, 1093). Der BR darf die Entsendung nicht allein nach seinem subjektiven Ermessen treffen, sondern muss vom Standpunkt eines vernünftigen Dritten aus, der die Interessen der Beteiligten (Betrieb, BR, ArbNschaft) gegeneinander abwägt, fragen, ob unter Berücksichtigung der konkreten Situation im Betrieb und im BR die Schulung nach dem mitgeteilten Lehrplan geeignet erscheint, die Kenntnisse zu vermitteln, die der BR zur ordnungsgemäßen Durchführung der ihm obliegenden Aufgaben benötigt. Nicht entscheidend ist, dass in einer Rückschau die Teilnahme an einer Schulungsveranstaltung sich **nachträglich als nicht erforderlich** herausstellt. Zur Frage des Bestreitens der Erforderlichkeit durch den ArbGeb. vgl. Rn 250. Zum Beurteilungsspielraum der Tatsacheninstanzen vgl. Rn 262.

Unterliegt das BRMitgl. bei der Bewertung der Erforderlichkeit einer **entschuld- 175 baren Fehleinschätzung,** ist der ArbGeb. nicht berechtigt, das BRMitgl. wegen unberechtigter Arbeitsversäumnis arbeitsvertraglich **abzumahnen** (vgl. hierzu BAG 10. 11. 93 AP Nr. 4 zu § 78 BetrVG 1972; **weitergehend** iS eines Ausschlusses jeder Abmahnung: *DKK-Wedde* Rn 32; *Däubler* Rn 342; vgl. hierzu auch oben Rn 34). Bei der Frage, ob die Fehleinschätzung des BRMitgl. entschuldbar ist, ist mit zu berücksichtigen, dass die Schulungsteilnahme auf einem entsprechenden Beschluss des BR beruht.

Trotz des dem BR zustehenden Beurteilungsspielraumes kommt es in der Praxis **176** zwischen den Betriebspartnern immer wieder zu Streitigkeiten über die Teilnahme von BRMitgl. an Schulungsveranstaltungen nach § 37 Abs. 6. Ursache hierfür sind insbesondere Meinungsverschiedenheiten über die Erforderlichkeit der Schulungsinhalte, die Dauer der Schulung und die Teilnehmerzahl. Derartige Meinungsverschiedenheiten und Gerichtsverfahren wirken sich über den konkreten Fall hinaus vielfach negativ auf die allgemeine Zusammenarbeit zwischen ArbGeb. und BR aus, was weder im Interesse des Betriebs noch der ArbN liegt. Um derartige Streitigkeiten mit ihren allgemeinen negativen Auswirkungen zu vermeiden, sollten sich ArbGeb. und BR überlegen, ob es nicht zweckmäßig ist, unter Berücksichtigung der jeweiligen betrieblichen Gegebenheiten und Notwendigkeiten im Rahmen des Beurteilungsspielraums konkretisierende und pauschalierende Regelungen über die Schulung von BRMitgl. zu vereinbaren, zB dadurch, dass näher festgelegt wird, welche Schulungsthemen für den BR des jeweiligen Betriebs als erforderlich anzusehen sind, und dass dem BR ein gewisses Kontingent von Schulungstagen pro Amtszeit zur Verfügung gestellt wird, über das er eigenverantwortlich verfügen kann (zustimmend GK-*Weber*

Rn 196; *DKK-Wedde* Rn 128; *Däubler* Rn 345 ff.; *Wichert* DB 97, 2330; *Cox/Fischer* AiB 05, 650). In der Praxis sind solche Vereinbarungen zT bereits getroffen worden. In ihnen werden zB Informationsveranstaltungen über arbeitsrechtliche und sozialrechtliche Gesetze, über die einschlägigen TV, über die höchstrichterliche Rechtsprechung, über Personalplanung, Arbeitssicherheit, Entgeltfragen und arbeitswissenschaftliche Themen als für die konkrete BRArbeit des betreffenden Unternehmens erforderlich anerkannt. Das in derartigen Vereinbarungen dem BR zur Verfügung gestellte Kontingent an Schulungstagen steigt mit der Größe des BR – allerdings im Allgemeinen degressiv gestaffelt – an; so wird zB in der Vereinbarung eines Unternehmens dem Betriebsobmann ein Kontingent von 21 Schulungstagen, dem 31köpfigen BR ein Kontingent von 396 Schulungstagen pro Amtszeit (das bedeutet auf das einzelne BRMitgl. bezogen ein Kontingent von 12,8 Schulungstagen) zuerkannt. Ähnliche Vereinbarungen könnten auch für die Schulung von Mitgl. der JugAzubiVertr., des Wahlvorst. und des WiAusschusses abgeschlossen werden.

177   Eine derartige Vereinbarung stellt einen Rahmen dar. Eine darüber hinausgehende erforderliche Schulung, zB über nicht voraussehbare, nunmehr jedoch aktuelle Themen, wird dadurch nicht ausgeschlossen (*DKK-Wedde* Rn 128; *Däubler* Rn 347; *Künzl* ZfA 93, 353).

f) Anspruchsberechtigte

178   Die Schulungsmöglichkeit nach Abs. 6 ist auf **BRMitgl.** sowie nach § 65 Abs. 1 auf Mitgl. der JugAzubiVertr. beschränkt. Für **ErsMitgl.** gilt sie grundsätzlich nicht, solange sie nicht in den BR nachgerückt sind. Ist dies der Fall, so sind sie als vollwertige BRMitgl. ebenfalls berechtigt, an Schulungsveranstaltungen nach Abs. 6 teilzunehmen, soweit dies für die BRArbeit erforderlich ist. Dies dürfte im Allgemeinen bei einem nur kurzfristig für ein vorübergehend verhindertes Mitgl. in den BR nachrückendes ErsMitgl. jedoch kaum der Fall sein. Anders ist es, wenn ein ErsMitgl. für ein ausgeschiedenes BRMitgl. endgültig in den BR nachrückt.

179   Eine **Besonderheit** besteht überdies dann, wenn ein bestimmtes ErsMitgl. **sehr häufig** für vorübergehend verhinderte BRMitgl. in den BR **nachrückt.** Das kann insbesondere dann praktisch werden, wenn in größeren Betrieben eine Liste im BR sehr stark vertreten ist und deshalb für jedes zeitweilige verhinderte BRMitgl. aus dieser Liste der Erste nicht mehr gewählte Bewerber für die Dauer der Verhinderung in den BR eintritt (vgl. § 25 Rn 26 ff.). Entsprechendes gilt im Fall der Mehrheitswahl für den ersten nicht mehr gewählten Bewerber (vgl. § 25 Rn 30 f.). In diesen Fällen ist dem ErsMitgl., das zwar nur vorübergehend, jedoch in ständiger und häufiger Wiederholung in den BR eintritt, die Teilnahme an einer Schulungsveranstaltung nach Abs. 6 auch dann zu ermöglichen, wenn es im Zeitpunkt der Schulung einmal nicht für ein verhindertes Mitgl. in den BR nachgerückt ist; der Erwerb der auf der Schulungsveranstaltung vermittelten Kenntnisse unter Berücksichtigung der ErsMitgliedschaft für die Gewährleistung der aktuellen Arbeitsfähigkeit des BR jedoch erforderlich ist (vgl. BAG 19. 9. 01 AP Nr. 9 zu § 25 BetrVG 1972; BAG 15. 5. 86 AP Nr. 53 zu § 37 BetrVG 1972; BAG 10. 5. 74 AP Nr. 2 zu § 65 BetrVG 1972 für den Stellvertr. des einzigen JugAzubiVertr.; LAG Köln NZA-RR 01, 142 bei einem ErsMitgl., das über längere Zeit zu etwa der Hälfte der BRSitzungen herangezogen worden und damit auch künftig zu rechnen ist; ArbG Bremen-Bremerhaven NZA-RR 07, 22 für ErsMitgl. im **einköpfigen BR;** ArbG Mannheim AiB 00, 506 bei einem ErsMitgl., das in den vergangenen 5 Jahren regelmäßig an mehr als einem Viertel der BRSitzungen teilgenommen hat; ArbG Kassel DB 83, 1876; *DKK-Wedde* Rn 121; *ErfK-Koch* Rn 15; *GK-Weber* Rn 152; *HSWGNR* Rn 167; *SWS* Rn 67 a; *WW* Rn 27; *Däubler* Rn 355 ff.; *Wenning-Morgenthaler* BB 85, 1336; vgl. ferner die ausdrückliche gesetzliche Regelung in § 96 Abs. 4 S. 4 SGB IX für den ersten Stellvertr. der Vertrauensperson der Schwbeh.; **einschränkend** *GL* Rn 98 f., die jedoch andererseits für den Stellvertr. im nur einköpfigen BR eine Schulungsmöglichkeit bejahen; LAG Frankfurt BB 84, 1043). Bei der Prüfung der Erforderlichkeit der Teilnahme eines ErsMitgl. an einer Schulungsveranstaltung ist neben der Vermittlung sachbezogenen Wissens auch die im Zeitpunkt der Beschlussfassung zu erwartende Tätigkeit künftiger Vertretungsfälle und die noch verbleibende Amtszeit des BR zu berücksichtigen; bei dieser Entscheidung steht dem BR ein Beurteilungsspielraum zu (BAG 15. 5. 86, aaO). Bei seiner Entscheidung hat der BR nicht nur eine Prognose über die künftige Häufigkeit und Dauer der Heranziehung des ErsMitgl. und die durch die Heranziehung eines ungeschulten ErsMitgl. entstehenden Belastungen für eine sachgerechte BRArbeit zu erstellen, sondern auch Erwägungen darüber anzustellen, ob andere, den Arbeitgeber weniger belastende Maßnahmen ergriffen werden können, wie zB Verlegung der BRSitzung etc. (BAG 19. 9. 01 AP Nr. 9 zu § 25 BetrVG 1972). Nach BAG aaO ist ein angefallener Vertretungsbedarf in einem Zeitraum von drei Monaten ohne weitere Erläuterungen im obigen Sinne nicht ausreichend, um eine Schulung von ErsMitgl. für grundsätzl. erforderlich zu halten.

Das Gesetz sieht zwar nicht ausdrücklich eine Schulungsmöglichkeit für **Mitgl.** **180** **des WiAusschusses** vor. Jedoch ist eine entsprechende Anwendung der Regelung des § 37 Abs. 6 auf sie zu bejahen, und zwar nicht nur für die Mitgl. des WiAusschusses, die zugleich BRMitgl. sind (so aber BAG 6. 11. 73 AP Nr. 5 zu § 37 BetrVG 1972 mit insoweit kritischer Anm. von *Kittner;* BAG 20. 1. 76 AP Nr. 10 zu § 89 ArbGG 1953; BAG NZA 89, 221; BAG 11. 11. 98 AP Nr. 129 zu § 37 BetrVG 1972; *GL* Rn 99; ErfK-*Koch* Rn 15; jedenfalls für solche Mitgl. LAG Hamm NZA-RR 00, 641; aA *HSWGNR* Rn 167), sondern für alle Mitgl. des WiAusschusses (*DKK-Wedde* Rn 123; GK-*Fabricius* § 107 Rn 44 ff.; *Richardi / Thüsing* Rn 111; *Däubler* Rn 368 ff.; *Wichert* DB 97, 2328). Dies ergibt sich daraus, dass die Mitgl. des WiAusschusses vom BR bestellt werden und er darüber hinaus die Aufgaben des WiAusschusses auch einem seiner Ausschüsse übertragen kann (vgl. § 107 Abs. 3 sowie dort Rn 13 ff., 29 ff.). Im Hinblick darauf, dass nach § 107 Abs. 1 Satz 3 die Mitgl. des WiAusschusses die zur Erfüllung ihrer Aufgaben erforderliche fachliche Eignung besitzen sollen, bedarf die Notwendigkeit ihrer Schulung allerdings einer besonderen Darlegung.

Die Regelung des Abs. 6 findet keine Anwendung auf die Schulung von gewerk- **181** schaftlichen Vertrauensleuten im Betrieb. Zur Frage der Schulung von Mitgl. des Wahlvorst. vgl. § 20 Rn 39 ff., zur Schulung von JugAzubiVertr. vgl. § 65 Rn 14 ff. Für die Schulung des Vertrauensmanns bzw. der Vertrauensfrau der Schwbeh. enthält § 96 Abs. 4 S. 2 u. 3 SGB IX eine Sonderregelung.

g) Entgeltfortzahlung

Liegt die Erforderlichkeit der Schulung iS von Abs. 6 vor, so darf für die an der **182** Schulung teilnehmenden BRMitgl. **keine Minderung des Arbeitsentgelts** eintreten. Sie haben vielmehr Anspruch auf das Arbeitsentgelt, das ihnen zustünde, wenn sie – statt an der Schulung teilzunehmen – im Betrieb weitergearbeitet hätten. Die Regelung des Abs. 6 iVm. Abs. 2 begründet nicht etwa einen gesetzlichen Vergütungsanspruch, vielmehr gilt das **Lohnausfallprinzip.**

Fortzuzahlen ist das vereinbarte Arbeitsentgelt einschließlich etwaiger Nebenbezü- **183** ge und Zuschläge (vgl. im Einzelnen Rn 57 ff.). Ein Mehrarbeitszuschlag ist auch dann fortzuzahlen, wenn die Schulungszeit kürzer als maßgebende Arbeitszeit am Schulungstage ist. Ist das BRMitgl. vor der Schulung regelmäßig über die vertraglich geschuldete Arbeitsleistung hinaus zu **zusätzlichen Arbeitseinsätzen** herangezogen worden, ist ihm während der Schulungsteilnahme das Entgelt auch für die ausgefallenen zusätzlichen Arbeitseinsätze fortzuzahlen, wenn davon auszugehen ist, dass der Arbeitseinsatz während der Schulungszeit nur wegen der Teilnahme des BRMitgl. an der Schulung unterblieben ist (BAG 3. 12. 97 AP Nr. 124 zu § 37 BetrVG 1972). Ferner sind **vermögenswirksame Leistungen** auch dann weiterzugewähren, wenn eine tarifliche Regelung hierfür auf die tatsächliche Arbeitsleistung abstellt (LAG

Düsseldorf DB 74, 1966). Auch eine sog. „**Antrittsgebühr**" im Druckereiwesen gehört zum fortzuzahlenden Arbeitsentgelt (BAG 13. 7. 94 AP Nr. 97 zu § 37 BetrVG 1972). Ferner darf die Arbeitsversäumnis wegen Teilnahme an einer Schulungsveranstaltung nicht zu einer Minderung einer **Jahressonderzahlung** führen. Sie ist auch keine Fehlzeit iS einer Anwesenheitsprämienregelung (ArbG Ludwigshafen ArbuR 74, 349). Etwas anderes kann bei der Teilnahme an einer nicht erforderlichen Schulung nach Abs. 6 gelten (LAG Hamm DB 88, 2058; GK-*Weber* Rn 60).

184   Findet während der Zeit der Schulung im Betrieb ein **(Warn-)Streik** statt, so behält das an der Schulung teilnehmende BRMitgl. seinen Lohnanspruch jedenfalls dann, wenn die Teilnahme an der Schulungsveranstaltung bereits vor dem Streik in Aussicht genommen war. Denn ein ArbN verliert nur dann den Lohnanspruch während eines Streiks, wenn er sich an ihm beteiligt. Bleibt das BRMitgl. aus einem anderen, dem ArbGeb. bekannten Grunde berechtigterweise von der Arbeit fern, so beteiligt es sich nicht am Streik (BAG 15. 1. 91 AP Nr. 114 zu Art 9 GG Arbeitskampf; GK-*Weber* Rn 57; HSWGNR Rn 202; aA LAG Hamm DB 90, 2274). Etwas anders gilt, wenn der ArbGeb. zulässigerweise eine Aussperrung erklärt oder während der Zeit der Bestreikung seines Betriebes oder Betriebsteils den Betrieb vorübergehend schließt (vgl. zum letzteren BAG 22. 3. 94 AP Nr. 130 zu Art. 9 GG Arbeitskampf; *Däubler* Rn 4326).

185   Zur Frage des Anspruchs auf Arbeitsentgelt bei Teilnahme an Schulungsveranstaltungen, die zT auch nicht erforderliche Kenntnisse iS von Abs. 6 vermitteln, vgl. Rn 157 ff. Zur Frage der Erstattung der dem BRMitgl. durch die Teilnahme an Schulungsveranstaltungen nach Abs. 6 entstehenden **Kosten** vgl. § 40 Rn 66 ff.

186   Während der Zeit der Teilnahme an einer Schulungs- und Bildungsveranstaltung unterliegt das BRMitgl. dem **gesetzlichen Unfallversicherungsschutz** nach §§ 2 ff. SGB VII; das Gleiche gilt während der An- und Abreise zu bzw. von einer Schulungsveranstaltung (GK-*Weber* Rn 197; *Richardi/Thüsing* Rn 136, 178; *Wolber* Soziale Sicherheit 74, 170 ff.; vgl. auch Rn 14).

h) Freizeitausgleich

187   Nach Abs. 6 S. 1 und 2 in der durch das BetrVerf-ReformG geänderten Fassung haben an einer Schulungsveranstaltung teilnehmenden BRMitgl. einen Anspruch auf **Freizeitausgleich** bzw. hilfsweise auf **Abgeltung** nach Abs. 3, wenn sie aus betriebsbedingten Gründen außerhalb ihrer Arbeitszeit an einer Schulungsveranstaltung teilnehmen. Wegen der früher fehlenden Verweisung auf Abs. 3, des fehlenden Einflusses des ArbGeb. auf die Schulungszeit und der Ehrenamtlichkeit der BRTätigkeit wurde bisher ein solcher Anspruch überwiegend, insbesondere von der Rechtsprechung des BAG (vgl. BAG vom 18. 9. 73, 19. 7. 77, 27. 6. 90, 20. 10. 93 und 5. 3. 97 AP Nr. 3, 31, 76, 90 und 123), verneint (Näheres zum bisherigen Meinungsstand vgl. 20. Auflage Rn 71 f., 147). Der Gesetzgeber des BetrVerf-ReformG hat es im Hinblick auf die immer stärkere Flexibilisierung der betrieblichen Arbeitszeiten und ihre Auswirkungen auf die Arbeit des BR und seiner Mitgl. – und hier insbesondere der teilzeitbeschäftigten Mitgl. – nicht mehr für sachgerecht angesehen, ihnen bei einer Schulungsteilnahme ein erhöhtes Freizeitopfer abzuverlangen und generell einen Ausgleichsanspruch zu versagen (vgl. BT-Drucks. 14/5741 S. 40 f.).

188   Ebenso wie bei der allgemeinen BRTätigkeit löst nicht jede Schulungsteilnahme eines BRMitgl. außerhalb seiner Arbeitszeit einen Ausgleichsanspruch aus, sondern nur eine solche, die aus betriebsbedingten Gründen außerhalb der Arbeitszeit erfolgt. Zum Begriff der betriebsbedingten Gründen vgl. Rn 79 ff. Diese liegen zB vor, wenn die Schulungsteilnahme auf Wunsch oder Veranlassung des ArbGeb. außerhalb der Arbeitszeit des BRMitgl. erfolgt (GK-*Weber* Rn 211; *Löwisch/Kaiser* Rn 66; *Däubler* Rn 446). Letzteres ist zB der Fall, wenn der ArbGeb. der Schulungsteilnahme nach Abs. 6 S. 5 widerspricht und die E-Stelle eine entsprechende Regelung trifft. Betriebsbedingte Gründe liegen ferner vor, wenn ein in einer Schlüsselstellung beschäf-

tigtes BRMitgl. mit Rücksicht auf seine Unabkömmlichkeit an einer außerhalb seiner Arbeitszeit liegenden Schulungsveranstaltung teilnimmt (*Löwisch* BB 01, 1742).

Nach Abs. 6 S. 2 sind **Besonderheiten der betrieblichen Arbeitszeitgestal-** **189** **tung,** die eine Schulung außerhalb der Arbeitszeit des BRMitgl. zur Folge haben, stets als betriebsbedingt anzusehen. Die Besonderheiten können sowohl die Lage der Arbeitszeit als auch ihren Umfang betreffen (BAG 10. 11. 04, 16. 2. 05 AP Nr. 140, 141 zu § 37 BetrVG 1972). Das Gesetz nennt für die Bewertung, ob Besonderheiten der betrieblichen Arbeitszeitgestaltung vorliegen, keinen Bezugspunkt. Sie sind deshalb an dem Üblichen zu messen. Dieses Übliche kann zum einen das **Betriebsübliche** sein (nur in diesem Sinne wohl *Löwisch* BB 01, 1742; übliche Normalarbeitstag im Betrieb: *Löwisch/Kaiser* Rn 67). Ist in einem Betrieb die **Lage** der **täglichen Arbeitszeit** allgemein festgelegt, so stellt eine Abweichung hiervon eine Besonderheit iS des Abs. 6 S. 2 dar. Daher liegt ein betriebsbedingter Grund vor, wenn der an sich in die Arbeitszeit fallende Schulungstag auf Grund einer BV unter gleichzeitiger Anordnung entsprechender Vor- und Nacharbeit arbeitsfrei ist oder wenn im Rahmen eines betrieblichen arbeitszeitlichen Rolliersystems der Schulungstag auf einen Tag fällt, an dem das BRMitgl. arbeitsfrei hat (*Düwell/Wolmerath* Rn 44; *Richardi/Thüsing* Rn 135; GK-*Weber* Rn 205; ErfK-*Koch* Rn 19; *Däubler* Rn 448). Was die **Dauer der Arbeitszeit** anbelangt, ist für die Annahme einer Besonderheit der betrieblichen Arbeitszeitgestaltung von der betriebsüblichen Arbeitszeit eines vollzeitbeschäftigten ArbN auszugehen. Die Beschäftigung von ArbN in **Teilzeitarbeit** ist deshalb eine Besonderheit (BAG 10. 11. 04, 16. 2. 05 AP Nr. 140, 141 zu § 37 BetrVG 1972; *Greßlin* S. 142; ErfK-*Koch* Rn 19; GK-*Weber* Rn 212; *Engels/Trebinger/Löhr-Steinhaus* DB 01, 532, 537). Ist die betriebsübliche Arbeitszeit in einem Betrieb für unterschiedliche Arbeitsbereiche oder ArbNGruppen unterschiedlich festgelegt, ist auf die betriebsübliche Arbeitszeit des Arbeitsbereichs bzw. der ArbNGruppe abzustellen, dem/der das BRMitgl. angehört (BAG 10. 11. 04, 16. 2. 05 AP Nr. 140, 141 zu § 37 BetrVG 1972). Einem in Teilzeit beschäftigten BRMitgl. steht damit grundsätzlich ein Ausgleichsanspruch zu, wenn es außerhalb seiner Arbeitszeit, aber innerhalb der Arbeitszeit des vergleichbaren vollzeitbeschäftigten ArbN an einer Schulungsveranstaltung teilnimmt. Ohne Einfluss ist hierbei, aus welchem Grunde das BRMitgl. in Teilzeit arbeitet, dh ob sie aus arbeitgeber- oder arbeitnehmerseitigem Interesse vereinbart worden ist (vgl. Rn 83; *Düwell/Wolmerath* Rn 45; GK-*Weber* Rn 212; *Greßlin* S. 149; *Däubler* Rn 449; **aA** *Löwisch* BB 01, 1742).

Besonderheiten der betrieblichen Arbeitszeitgestaltung liegen auch vor, wenn die **190** betriebliche **Arbeitszeitgestaltung als solche** von sonst allgemein üblichen Formen abweicht. Das gilt zB für Betriebe mit Schichtarbeit. Das gilt ferner für Betriebe, deren ArbN wenn nicht sogar alle so doch jedenfalls überwiegend zu außergewöhnlichen Zeiten arbeiten (ErfK-*Koch* Rn 19; GK-*Weber* Rn 212). Zu denken ist an solche Betriebe der Gastronomie- oder Vergnügungsbranche, die nur abends und/oder nachts geöffnet haben, oder an Betriebe des Zeitungszustellungsbereichs mit ausschließlichen Arbeitszeiten in den frühen Morgenstunden. Auch dies sind Besonderheiten der betrieblichen Arbeitszeitgestaltung, die eine Anspruch auf Freizeitausgleich und Abgeltung auslösen, wenn BRMitgl. ihretwegen an Schulungen außerhalb ihrer Arbeitszeit teilnehmen.

Auch die **Gleitzeitarbeit** ist eine Besonderheit der betrieblichen Arbeitszeitgestal- **191** tung. Sie ist dadurch gekennzeichnet, dass sie den ArbN des Betriebs einen weiten Gestaltungsspielraum in Bezug auf tägliche Lage und Umfang der Arbeitszeit einräumt, zu der sie vertraglich verpflichtet sind (vgl. hierzu auch Rn 60 u. 92 a).

Kein Ausgleichsanspruch besteht, wenn für eine Schulung außerhalb der Ar- **192** beitszeit des BRMitgl. keine Gründe iS der Rn 188 ff. vorliegen. Das gilt zB für die Teilnahme eines vollzeitbeschäftigten BRMitgl. an einer Schulungsveranstaltung, die während seiner Arbeitszeit stattfindet, jedoch länger als diese dauert. Auch eine Schulung an einem arbeitsfreien Samstag oder nach Dienstschluss am Abend lässt in einem von montags bis freitags arbeitenden Betrieb mit einer täglichen Arbeitszeit von 8 bis

16 Uhr keinen Anspruch auf Freizeitausgleich entstehen (*Richardi/Thüsing* Rn 135; ErfK-*Koch* Rn 19; GK-*Weber* Rn 211; *Schaub* § 221 Rn 46).

193 Im Gegensatz zur allgemeinen Regelung des Abs. 3 ist der **Umfang** des Anspruchs auf Freizeitausgleich aus Anlass einer Schulungsteilnahme eingeschränkt. Nach der ausdrücklichen Anordnung in Abs. 6 S. 2 Halbs. 2 ist er zum einen generell auf die **Arbeitszeit eines vollzeitbeschäftigten ArbN begrenzt.** Außerdem ist auf diese Arbeitszeit eine wirksam gewordene Arbeitsbefreiung nach Abs. 2 anzurechnen (BAG 10. 11. 04, 16. 2. 05 AP Nr. 140, 141 zu § 37 BetrVG 1972; *DKK-Wedde* Rn 137; ErfK-*Koch* Rn 19; *Löwisch/Kaiser* Rn 74). Nimmt zB aus einem Betrieb mit einer um 8 Uhr beginnenden Regelarbeitszeit von 8 Stunden ein teilzeitbeschäftigtes BRMitgl. mit einer Arbeitszeit von 14 bis 18 Uhr an einer von 9 bis 18 Uhr dauernden auswärtigen Schulungsveranstaltung teil, so steht ihm ein Ausgleichsanspruch von 4 Stunden zu. Auf das höchstens zur Verfügung stehende Ausgleichsvolumen von 8 Stunden (Arbeitszeit des vollzeitbeschäftigten ArbN) sind die 4 Stunden der Arbeitszeit des teilzeitbeschäftigten BRMitgl. anzurechnen, in denen es nach Abs. 2 von der Arbeit befreit war. Die in Abs. 6 S. 2 Halbs. 2 vorgesehene Begrenzung des Umfangs des Ausgleichsanspruchs erklärt sich insbesondere aus dem Bestreben, eine Besserstellung der teilzeitbeschäftigten BRMitgl. gegenüber den Vollzeitbeschäftigten zu verhindern (BT-Drucks. 14/5741 S. 41). Ohne diese Begrenzung stünde in dem vorstehenden Beispiel einem vollzeitbeschäftigten BRMitgl. für die Schulungsteilnahme einschließlich einer unterstellten Anreisezeit von einer Stunde eine bezahlte Arbeitsbefreiung von 8 Stunden zu, während das teilzeitbeschäftigte BRMitgl. einen Anspruch auf bezahlten Freizeitausgleich für 5 Stunden (9 bis 14 Uhr) und auf bezahlte Arbeitsbefreiung von 4 Stunden (14 bis 18 Uhr), insgesamt also einen Anspruch für 9 Stunden, erwürbe.

193a Für die Begrenzung des Anspruchs auf die Arbeitszeit eines vollzeitbeschäftigten ArbN kommt es auf dessen jeweils am Schulungstag maßgebende Arbeitszeit und nicht auf dessen durchschnittliche tägliche Arbeitszeit an (BAG 10. 11. 04, 16. 2. 05 AP Nr. 140, 141 zu § 37 BetrVG 1972). Sieht zB die im Betrieb übliche Verteilung der Arbeitszeit auf die einzelnen Wochentage vor, dass Freitags nicht 8 sondern 6 Stunden gearbeitet wird und liegt der Schulungstag auf diesem Tag, so begrenzt sich der Ausgleichsanspruch unter Anrechnung einer gewährten Arbeitsbefreiung auf 6 Stunden, auch wenn die Schulung nebst Reisezeit an diesem Tag mehr als 6 Stunden Zeit in Anspruch nimmt (vgl. dazu auch BAG 10. 11. 04 aaO).

193b Der zum Vergleich heranzuziehende vollzeitbeschäftigte ArbN ist gesetzlich nicht definiert; auszugehen ist von einer Arbeitszeit, deren Dauer sich im Rahmen der für vollzeitbeschäftigte ArbN allgemein üblichen regelmäßigen Arbeitszeit bewegt. Zur Orientierung können insb. die in einschlägigen Tarifverträgen festgelegten regelmäßigen Arbeitszeiten herangezogen werden (BAG 16. 2. 05 AP Nr. 141 zu § 37 BetrVG 1972). Sind die betrieblichen Arbeitszeiten wesentlich geringer als die tarifvertraglichen, können diese nicht als Arbeitszeit eines VollzeitArbN angesehen werden (BAG aaO). Als vergleichbare vollzeitbeschäftigte ArbN sind auch nicht per se diejenigen anzusehen, die mit der durchschnittlichen oder längsten Arbeitszeit beschäftigt sind (BAG aaO). Bestehen im Betrieb unterschiedliche Arbeitszeitregelungen für vollzeitbeschäftigte ArbN kommt es für den Ausgleichsanspruch auf die Arbeitszeit vollzeitbeschäftigter ArbN der Abteilung bzw. der ArbNGruppe an, dem das BRMitgl. angehört (BAG 10. 11. 04 u. 16. 2. 05 aaO). Das BAG hat für die Ermittlung des vergleichbaren **VollzeitArbN** eine **vierstufige Prüfungskette** aufgestellt: 1. Vollzeitbeschäftigte ArbN innerhalb der Abteilung bzw. ArbNGruppe des betroffenen BRMitgl. 2. Sind in diesem Bereich keine vollzeitbeschäftigten ArbN beschäftigt, Prüfung, ob anhand der dortigen Arbeitszeitregelung bestimmt werden kann, mit welcher Arbeitszeit ein vollzeitbeschäftigter ArbN dort tätig wäre. 3. Ist auch das nicht möglich, ist entspr. § 2 Abs. 1 S. 3 TzBfG auf die Arbeitszeit eines vollzeitbeschäftigten ArbN des Betriebs, der gleiche oder ähnliche Tätigkeiten ausübt wie das BRMitgl., abzustellen. 4. Fehlt auch ein solcher ArbN, ist die Arbeitszeit eines vollzeitbeschäftigten ArbN entspr. § 2 Abs. 1 S. 4 TzBfG nach dem für den Betrieb fachlich geltenden Tarifvertrag bzw. der Branchenüblichkeit zu bestimmen (BAG 16. 2. 05 aaO).

Der Ausgleichsanspruch für die Teilnahme an einer Schulungsveranstaltung für **193c** teilzeitbeschäftigte BRMitgl. umfasst neben den reinen Schulungszeiten auch die während der Schulungsveranstaltung anfallenden **Pausenzeiten** (BAG 16. 2. 05 aaO). Damit erfolgt keine Besserstellung gegenüber vollzeitbeschäftigten ArbN, da der Ausgleichsanspruch generell auf die Arbeitszeit eines VollzeitArbN pro Schulungstag beschränkt ist (BAG aaO).

Die aufgewendeten **Wege-, Fahrt- und Reisezeiten** sind grundsätzl. auch bei **193d** Teilnahme an einer Schulungs- oder Bildungsveranstaltung gem. Abs. 6 iVm. Abs. 3 zu erstatten, wenn die dazu erforderlichen Voraussetzungen erfüllt sind und im Betrieb nicht tarifvertragliche oder betriebliche Regelungen über Dienstreisezeiten bestehen, die auch für Reisezeiten gelten, die ein BRMitgl. zur Wahrnehmung von BR-Tätigkeiten aufwendet (BAG 10. 11. 04, 16. 2. 05 AP Nr. 140, 141 zu § 37 BetrVG 1972; siehe grundsätzl. zu Reisezeit auch Rn 77, 91).

Die Begrenzung des Anspruchs auf Freizeitausgleich auf die Arbeitszeit eines voll- **194** zeitbeschäftigten ArbN besteht nur in den Fällen des in Abs. 6 S. 1 bezogenen Abs. 3, dh in denen die Teilnahme an der Schulung außerhalb der persönlichen Arbeitszeit des BRMitgl. erfolgt. Das folgt aus der Stellung dieser Regelung in Abs. 6 S. 2 Halbs 2. Soweit sich die Entgeltansprüche des BRMitgl. aus dem in Abs. 6 S. 1 bezogenen Abs. 2 ergeben, gilt das Lohnausfallprinzip. Ein BRMitgl., das zB allgemein Mehrarbeit leistet, hat auch während der Schulungszeit Anspruch auf die Mehrarbeitszuschläge, wenn die Schulung in seine Arbeitszeit fällt (ErfK-*Koch* Rn 18; *Schaub* § 221 Rn 45). Etwas anderes gilt allerdings, wenn ein solches BRMitgl. aus betriebsbedingten Gründen an einer Schulung außerhalb seiner Arbeitszeit teilnimmt.

Die Ausführungen zu Abs. 3 zur Gewährung des Ausgleichsanspruchs sind auch **194a** hier maßgebend (vgl. Rn 93ff., 106ff.), insbes. gilt der Vorrang des Freizeitausgleichs vor einem Anspruch auf Abgeltung (GK-*Weber* Rn 213).

i) Schulung und Bildung der Mitglieder des EBR und des BVG

Das **EBRG** selbst enthielt bisher **keine Regelung** über eine erforderliche Schu- **194b** lung der Mitgl. des EBR und BVG. Mit Art. 10 Abs. 4 der Neufassung der EBR-RL 2009/38/EG vom 6. Mai 2009 ist jetzt ein Anspruch auf Schulung ohne Minderung des Arbeitsentgelts anerkannt und mit § 38 und § 40 Abs. 1 des 2. EBRG-ÄndG in nationales Recht umgesetzt worden (zur Umsetzung der neuen EBR-RL insgesamt s. Anh. 2 Rn 4, 7 ff.). Nach § 38 Abs. 1 S. 1 EBRG kann der EBR, und nach § 38 Abs. 2 EBRG auch das BVG, seine Mitgl. zur Teilnahme an Schulungs- und Bildungsveranstaltungen bestimmen, soweit diese Kenntnisse vermitteln, die für die Arbeit des EBR bzw. des BVG erforderlich sind. Die Vorschrift ist insoweit Abs. 6 S. 1 des § 37 nachgebildet, so dass für die Frage der Erforderlichkeit auf die grundsätzlichen Ausführungen unter den Rn 138 ff. verwiesen werden kann. Auch hier ist zwischen der Vermittlung von Grundkenntnissen, die generell zu gewähren sind und der Vermittlung besonderer Kenntnisse, die auf die konkreten Verhältnisse abstellen, zu unterscheiden. Zu den allgemeinen Grundkenntnissen gehört zweifellos das EBRG, europäisches Arbeitsrecht, die unterschiedlichen ArbNVertr.Strukturen und ihre Wirkungsweise in den MS, in denen das grenzüberschreitend tätige Unternehmen bzw. die Unternehmensgruppe vertreten ist sowie Sprachkurse in der Sprache, die unternehmensweit bzw. in der Unternehmensgruppe zur Verständigung untereinander gesprochen wird. Siehe zur Fortbildung des EBR auch Anh. 2 Rn 105. § 38 EBRG begründet einen kollektiven Anspruch des EBR bzw. BVG. Das einzelne EBR- bzw. BVG-Mitgl. erwirbt den Anspruch auf Schulungsteilnahme nur aufgrund eines Entsendebeschlusses des EBR bzw. BVG (so auch *Oetker* in *Lutter/Hommelhoff* zum insoweit inhaltsgleichen § 31 SEBG Rn 1) oder des Ausschusses nach § 26 EBRG (s. Rn 194d).

194c   Entsprechend § 37 Abs. 6 Satz 3 und 4 hat der EBR bzw. das BVG die Teilnahme
und die zeitliche Lage rechtzeitig der zL mitzuteilen, wobei die betrieblichen Notwendigkeiten bei der Festlegung der zeitlichen Lage zu berücksichtigen sind (§ 38
Abs. 1 Satz 2 u. 3, Abs. 2 EBRG). Hinsichtlich der Berücksichtigung betrieblicher
Notwendigkeiten kann auf die Ausführungen unter Rn 238 ff. verwiesen werden. Da
die Teilnahme der EBR- bzw. BVG-Mitgl. an Schulungs- und Bildungsveranstaltungen den konkreten Betrieb bzw. das Unternehmen betrifft, in dem das Mitgl. beschäftigt ist, ist es sinnvoll, wenn der EBR bzw. das BVG neben der zL auch den
hiervon unmittelbar betroffenen ArbGeb. informiert (s. auch BT-Drs. 17/4808 S. 12
zu § 38). Dieser hat dadurch die Möglichkeit, evtl. Probleme sowohl mit dem EBR
bzw. BVG als auch mit der zL, gegenüber der der Schulungsanspruch des EBR bzw.
des BVG für seine Mitgl. besteht, zu erörtern. Sind nach Auffassung der zL die betrieblichen Notwendigkeiten nicht ausreichend berücksichtigt worden, kann dies im
arbeitsgerichtl. Beschlussverfahren geklärt werden (so schon *Hennings* in *Manz/Mayer/
Schröder* zu § 31 SEBG). Auch wenn die Anrufung einer E-Stelle wie in § 37 Abs. 6
S. 5 und 6 BetrVG in § 38 i. V. m. § 40 Abs. 1 S. 2 EBRG nicht vorgesehen ist, ist es
zL und EBR bzw. BVG unbenommen zu vereinbaren, dass im Konfliktfall zunächst
eine E-Stelle angerufen wird, bevor ein arbeitsgerichtl. Verfahren angestrengt wird.
Zulässig ist auch gemeinsam festzulegen, dass die E-Stelle abschließend entscheidet.

194d   Der EBR kann seine Aufgabe nach § 38 EBRG auch dem nach § 26 EBRG zu
bildenden Ausschuss übertragen. Dies bietet sich insb. dann an, wenn der EBR sich
nach den Regelungen seiner EBR-Vereinbarung nur einmal im Jahr trifft. Die Aufgabe kann i. R. einer Vereinbarung auch dem nach § 18 Abs. 1 Nr. 5 EBRG gebildeten Ausschuss übertragen werden.

194e   Der Anspruch auf Entgeltfortzahlung bestimmt sich gem. § 40 Abs. 1 S. 2 EBRG
nach den Vorschriften des § 37 Abs. 6 Sätze 1 und 2 BetrVG. Insoweit kann auf die
dortigen Ausführungen unter Rn 182 ff. u. 187 ff. verwiesen werden. Zum Schulungsanspruch allgem. s. auch Anh. 2 Rn 105 ff. Die Kostentragung der Schulung
selbst richtet sich nach § 39 EBRG. Da es sich um erforderliche Schulungen für die
EBR- bzw. BVG-Mitgl. handeln muss, kann insoweit auf die Ausführungen in § 40
Rn 66 ff. zu Schulungskosten im allgem. verwiesen werden. Gem. § 39 Abs. 1 S. 4
iVm § 16 Abs. 2 EBRG haftet der ArbGeb. eines aus Deutschland entsandten Mitgl.
des EBR bzw. BVG neben der zL für dessen Anspruch auf Kostenerstattung als Gesamtschuldner.

3. Schulungs- und Bildungsveranstaltungen nach Abs. 7

a) Rechtsnatur des Anspruchs

195   Im Gegensatz zu dem Schulungsanspruch nach Abs. 6, der ein Kollektivanspruch
des BR ist (vgl. Rn 130), handelt es sich bei dem Anspruch nach Abs. 7 um einen
Individualanspruch des einzelnen BRMitgl. (BAG 6. 11. 73 u. 18. 12. 73 AP
Nr. 5 u. Nr. 7 zu § 37 BetrVG 1972; *DKK-Wedde* Rn 139; *GL* Rn 101; GK-*Weber*
Rn 215; *HSWGNR* Rn 206; *Richardi/Thüsing* Rn 139; *Schwegler* BlStR 72, 312;
Kraft DB 73, 2520). Der Anspruch richtet sich gegen den ArbGeb. Jedoch erfolgt die
Festlegung der Zeit der Teilnahme an den Schulungs- und Bildungsveranstaltungen –
ebenso wie bei denjenigen nach Abs. 6 – durch den BR (vgl. Abs. 7 Satz 3 iVm.
Abs. 6 S. 2 bis 4), der hierbei auf die Berücksichtigung der betrieblichen Notwendig-
keiten zu achten hat (vgl. Rn 231 ff.).

b) Geeignete Schulungsveranstaltungen

196   Während für die Arbeitsbefreiung zur Teilnahme an einer Schulungs- und Bildungsveranstaltung nach Abs. 6 jeweils geprüft werden muss, ob die Veranstaltung
Kenntnisse vermittelt, die für die konkrete Arbeit des einzelnen BR erforderlich sind
(vgl. Rn 140 ff.), ist eine solche Prüfung für die Teilnahme an Schulungs- und Bil-

dungsveranstaltungen nach Abs. 7 entbehrlich. Hier reicht es aus, wenn die betreffende Veranstaltung von der zuständigen obersten Arbeitsbehörde des Landes als **geeignet anerkannt** ist (*DKK-Wedde* Rn 140; *GL* Rn 101; *Richardi/Thüsing* Rn 141). Der Anerkennungsbescheid braucht nicht rechtskräftig zu sein (vgl. Rn 224).

Die oberste Arbeitsbehörde des Landes darf nur **geeignete Schulungs- und Bil-** **197** **dungsveranstaltungen** anerkennen. Der Begriff der Geeignetheit ist ebenso wie der der Erforderlichkeit iS von Abs. 6 ein unbestimmter Rechtsbegriff. Er hat gegenüber diesem einen weiteren Inhalt, umfasst diesen andererseits jedoch. Obwohl das Gesetz keinen ausdrücklichen Bezugspunkt der Eignung der Veranstaltung nennt, fallen nur solche Veranstaltungen unter die Regelung des Abs. 7, die Kenntnisse vermitteln, die **einen betriebsverfassungsrechtlichen Bezug** haben. Die vermittelten Kenntnisse müssen – allgemein gesehen – im Zusammenhang mit der BRArbeit stehen und dieser **im weiten Sinne dienlich und förderlich** sein, ohne dass es darauf ankommt, dass die vermittelten Kenntnisse für die konkrete Arbeit im einzelnen Betrieb benötigt werden (BAG 6. 11. 73, 18. 12. 73, 6. 4. 76 u. 11. 8. 93 AP Nr. 5, 7, 23 u. 92 zu § 37 BetrVG 1973). Dies ergibt sich nicht nur aus der systematischen Stellung des Abs. 7 im Rahmen des Abschnittes über die Geschäftsführung des BR und der Erhöhung des Freistellungsanspruchs für solche Mitgl., die erstmals ein BRAmt übernommen haben, sondern insbesondere aus dem Gesichtspunkt, dass die BRMitgl. in einer gegen § 78 BetrVG verstoßenden Weise gegenüber anderen ArbN begünstigt würden, wenn sie an allgemeinen, nicht im Zusammenhang mit ihrem Amt stehenden Schulungsmaßnahmen teilnehmen dürften (BAG 6. 11. 73, 18. 12. 73, 6. 4. 76 u. 11. 8. 93 AP Nr. 5, 7, 23 u. 92 zu § 37 BetrVG 1972, ErfK-*Koch* Rn 22; GK-*Weber* Rn 217 f.; *HSWGNR* Rn 209 ff.; *Richardi/Thüsing* Rn 142 f.; *SWS* Rn 63; *Kraft* DB 73, 2520; *Liebers* DB 80, 640). Schulungsveranstaltungen, die der Allgemeinbildung der BRMitgl. dienen, sind nicht als geeignet iS von Abs. 7 anzusehen (aA LAG Düsseldorf BB 74, 38; *Däubler* Rn 123, 279; *DKK-Wedde* Rn 141 f.; *WW* Rn 41). Aus diesem Grunde sind nach den Bildungsurlaubsgesetzen einzelner Länder zulässige Bildungsthemen nicht ohne weiteres auch geeignete Schulungsthemen nach Abs. 7 (BAG 6. 4. 76 AP Nr. 23 zu § 37 BetrVG 1972; GK-*Weber* Rn 219).

Allerdings reicht für die Annahme eines betriebsverfassungsrechtlichen Bezuges ein **198** **weiter Zusammenhang** der vermittelten Kenntnisse mit der BRArbeit aus (im Grundsatz zustimmend GK-*Weber* Rn 220; *SWS* Rn 63). Für die Abgrenzung der geeigneten Themen von der nicht von Abs. 7 erfassten Allgemeinbildung der BR-Mitgl. ist entscheidend, ob die Kenntnisvermittlung wegen der Eigenschaft als BR-Mitgl. erfolgt und damit keine unzulässige Begünstigung darstellt. Hierbei ist jedoch auch zu berücksichtigen, dass das BRMitgl. eine besondere Funktion ausübt und für eine sachgerechte Ausübung dieser Funktion – anders als bei einem anderen AN – gewisse Kenntnisse allgemeiner Art nützlich sein können. Aus diesem Grunde kann zB auch die Vermittlung gewisser Grundkenntnisse **gesellschaftspolitischer** Art (etwa zur Stellung der Frau und der Ausländer in unserer Gesellschaft), **sozialpolitischer** Art (etwa über die geltenden Sozialleistungssysteme), **wirtschaftlicher** Art (etwa zur Stellung des AN in der sozialen Marktwirtschaft oder im europäischen Binnenmarkt) oder **staatsbürgerlicher** Art (etwa zum Demokratie- und Sozialstaatsprinzip des GG) jedenfalls dann einer sachgerechten BRArbeit dienlich und damit geeignet iS von Abs. 7 sein, wenn diese Themen auch in den Betrieb hinein- oder auf die BRArbeit ausstrahlen (*GL* Rn 102; aA GK-*Weber* Rn 220; *HSWGNR* Rn 211; *Schiefer* DB 91, 1455 ff.; *Loritz* NZA 93, 5 ff. wohl auch BAG 6. 4. 76 u. 11. 8. 93 AP Nr. 23 u. 92 zu § 37 BetrVG 1972, nach dem die vermittelten Kenntnisse auf die im geltenden Recht vorgesehene BRTätigkeit bezogen und nach Zielsetzung und Inhalt darauf angelegt sein müssen, eine sach- und fachgerechte Ausübung dieser Tätigkeit zu sorgen; ähnlich *Richardi/Thüsing* Rn 144). Die Vermittlung allgemeiner Grundkenntnisse vorstehender Art ist insbesondere dann als geeignet anzusehen, wenn diese Kenntnisse Grundlage dafür sein sollen, um Entwicklung, Hintergrund, Stellenwert und Gesamtzusammenhang der geltenden betriebsverfassungsrechtlichen

Regelungen zu verdeutlichen und in einen größeren Zusammenhang zu stellen. Aus diesem Grunde ist auch eine Schulung über die Geschichte der (betrieblichen) Interessenvertr. der AN als geeignet anzusehen (**aa** hinsichtlich einer Schulung über die Geschichte der Arbeiterbewegung BAG 11. 8. 93 AP Nr. 92 zu § 37 BetrVG 1972).

199 **Geeignet** sind hiernach auf jeden Fall Schulungen, die Fragen der Organisation und Geschäftsführung des BR sowie seine gesetzlichen Aufgaben zum Gegenstand haben; denn hier ist die BRTätigkeit unmittelbar Gegenstand der Schulung. Hierunter fallen insbesondere alle Sachbereiche, bei denen dem BR Beteiligungsrechte zustehen. Geeignet sind deshalb zB Schulungen über

– Arbeitsschutz,
– Arbeitsbewertung,
– arbeitswissenschaftliche Erkenntnisse über die Gestaltung der Arbeit,
– das Personalwesen einschließlich der Personalplanung und Berufsbildung,
– Fragen der Teilzeitarbeit,
– wirtschaftliche und betriebswirtschaftliche Fragen,
– betriebsbezogene Fragen des Umweltschutzes,
– Versammlungspraxis und Versammlungsleitung,
– Diskussions- und Verhandlungstechnik (vgl. BAG 6. 11. 73 AP Nr. 6 zu § 37 BetrVG 1972; LAG Schlesw.-Holst. BB 91, 139; **aa** hinsichtlich eines Seminars über Rethorik BAG 15. 8. 78 – 6 ABR 65/76 – nicht veröffentlicht).

200 Ein **ausreichender Bezug zur BRTätigkeit** besteht ferner bei Schulungen über
– verfassungsrechtliche Grundlagen des Arbeitsrechts und seine Einbettung in das allgemeine Rechtssystem,
– Mitbestimmungs- und Gesellschaftsrecht,
– allgemeines Sozialrecht und Sozialleistungsrecht,
– Fragen des Arbeitsmarktes,
– Ursachen, Vermeidung und Behebung von Arbeitslosigkeit,
– Stellung der Frauen und der Ausländer in Gesellschaft und Beruf,
– internationale Zusammenarbeit von Konzernunternehmen,
– Auswirkung der Tätigkeit der Europäischen Union auf das nationale Arbeits- und Wirtschaftsrecht, insbesondere über hier einschlägige Harmonisierungsrichtlinien und Verordnungen,
– den Europäischen Betriebsrat und die nationalen Interessenvertr. der AN in den MitglStaaten der Europäischen Union (**aa** *HSWGNR* Rn 212),
– Vermögensbildung der ArbN,
– Fragen der Internationalisierung der Wirtschaft.

201 Je nach der konkreten betrieblichen Situation kann das eine oder andere der vorstehend genannten Themen für den einzelnen BR **durchaus als** eine **erforderliche Schulung** iS von Abs. 6 anzusehen sein. Ist dies der Fall, sind die BRMitgl. nicht gezwungen, vorrangig entsprechende Schulungsveranstaltungen nach Abs. 7 in Anspruch zu nehmen (vgl. Rn 229).

202 **Nicht als geeignet** iS von Abs. 7 sind dagegen Veranstaltungen anzusehen, die der rein gewerkschaftlichen Funktionärsschulung oder der allgemein politischen, parteipolitischen oder kirchlichen Schulungen dienen. Auch die ausschließliche Vermittlung von Allgemeinwissen staatsbürgerlicher Art ohne jeglichen Bezug zur BRArbeit fällt nicht unter Abs. 7 (vgl. BAG 18. 12. 73 u. 6. 4. 76 AP Nr. 7 u. 23 zu § 37 BetrVG 1972; *GL* Rn 104; GK-*Weber* Rn 222;*Richardi/Thüsing* Rn 147; *SWS* Rn 63; *Loritz* NZA 93, 5 ff.; **weitergehend** DKK-*Wedde* Rn 141; *Däubler* Rn 279 ff.). Desgleichen nicht allgemeine wirtschaftspolitische oder gesellschaftspolitische Themen ohne jeglichen Bezug zur BRArbeit.

203 Enthält eine Schulungsveranstaltung **teilweise nicht geeignete Themen,** so darf die Anerkennungsbehörde insoweit keine Anerkennung aussprechen. Sie muss entweder die nicht geeigneten Themen von der Anerkennung ausnehmen oder, wenn dies zB wegen der organisatorischen Gestaltung der gesamten Veranstaltung nicht möglich oder nicht zweckmäßig ist, die Anerkennung insgesamt versagen oder durch

entsprechende Bedingungen oder Auflagen sicherstellen, dass die Schulung insgesamt geeignet ist (BAG 11. 8. 93 AP Nr. 92 zu § 37 BetrVG 1972; ErfK-*Koch* Rn 22; GK-*Weber* Rn 223; *HSWGNR* Rn 213 f.; *Richardi/Thüsing* Rn 148, 160; *Hanau,* FS Müller S. 183 ff.; *Schiefer* DB 91, 1457; *Loritz* NZA 93, 5 ff.; **aA** *DKK-Wedde* Rn 144: ausreichend sind überwiegend geeignete Themen; LAG Bad.-Württ. EzA § 37 BetrVG 1972 Nr. 6: Gesamtgepräge muss geeignet sein). Im Gegensatz zur Schulung nach Abs. 6, bei der die Erforderlichkeit nach den konkreten Verhältnissen im einzelnen Betrieb und BR (zB Aktualität des Schulungsthemas, Wissensstand des BR) abhängt und deshalb ein für alle Schulungsteilnehmer passender Schulungsplan nur schwer zu erstellen ist, kommt es bei der Schulung nach Abs. 7 auf die abstrakte Geeignetheit der Themen an. Diese hat die Anerkennungsbehörde im Voraus festzustellen. Es widerspräche dem Grundsatz der Gesetzmäßigkeit der Verwaltung, wenn die Behörde nicht geeignete Themen gleichwohl als geeignet anerkennen würde (so zu Recht BAG 11. 8. 93 aaO; GK-*Weber* aaO; *Hanau* aaO).

Der Charakter der Schulungs- und Bildungsveranstaltungen nach Abs. 7 ist dadurch **204** geprägt, dass sie weniger der Vermittlung von Kenntnissen dienen, die für die konkrete BRArbeit erforderlich im engeren Sinne sind, sondern dass bei ihnen die Vermittlung von zwar **auf die BRArbeit bezogenen,** jedoch mehr als „**Allgemeinwissen**" zu bewertenden Kenntnissen im Vordergrund steht. Im Hinblick hierauf dürfte es sich bei diesen Veranstaltungen in erster Linie um solche handeln, die in Form eines **Blockunterrichts** über einen nicht zu kurzen Zeitraum durchgeführt werden (GK-*Weber* Rn 224). Allerdings ist dies keine Voraussetzung für den Anspruch.

Es muss die **jeweilige Schulungs- und Bildungsveranstaltung** als geeignet an- **205** erkannt sein (BAG 11. 8. 93 AP Nr. 92 zu § 37 BetrVG 1972; *GL* Rn 106; GK-*Weber* Rn 226; *HSWGNR* Rn 220; *Richardi/Thüsing* Rn 141). Nicht ausreichend ist die Anerkennung des Veranstalters. Bei der Prüfung der Eignung der Veranstaltung ist die Person des Veranstalters mit zu berücksichtigen. Denn die Frage, ob eine Schulungs- und Bildungsveranstaltung geeignet ist, lässt sich nicht losgelöst von der Frage beurteilen, wer die Veranstaltung durchführt (GK-*Weber* aaO).

Ob eine Veranstaltung geeignet ist, hängt insbesondere von **ihrem Inhalt** ab. An- **206** erkannt werden muss deshalb der Inhalt, dh das Programm der Veranstaltung (BAG 11. 8. 93 aaO). Hierzu gehören grundsätzlich auch die in Aussicht genommenen Referenten oder mindestens deren Qualifikation (*DKK-Wedde* Rn 145; GK-*Weber* Rn 226). Allerdings ist dies nicht dahin zu verstehen, als müsste der Ablauf des Programms bis in die kleinsten Einzelheiten festgelegt sein. Schon aus Gründen der Praktikabilität muss eine gewisse Beweglichkeit in der Durchführung der Veranstaltung gestattet sein. Aus diesem Grunde ist es zulässig, dass die **Anerkennung für einen bestimmten Veranstaltungstyp,** dessen Inhalt im Wesentlichen festliegt, sowie für mehrere Referenten, deren Auswahl im Einzelnen dem Veranstalter überlassen bleibt, ausgesprochen wird (GK-*Weber* Rn 234; *HSWGNR* Rn 220; *Richardi/Thüsing* Rn 161; *Däubler* Rn 534 ff.). Für die Frage der Eignung einer Veranstaltung ist dagegen unerheblich, ob auch andere Personen als BRMitgl. an ihr teilnehmen (GK-*Weber* Rn 225; *HSWGNR* Rn 215; *Richardi/Thüsing* Rn 162).

Ist eine Veranstaltung genehmigt, so ist zu ihrer **Wiederholung** keine erneute **207** Genehmigung erforderlich (GK-*Weber* Rn 234; *DKK-Wedde* Rn 146; *HSWGNR* Rn 220), es sei denn, dies ist in der Genehmigung ausdrücklich ausgesprochen.

In den Betrieben der **privatisierten Postunternehmen** werden in großem Um- **208** fang zugewiesene Beamte beschäftigt. Die dem BR hinsichtlich dieser Beamten zugewiesenen Beteiligungsrechte in Personalangelegenheiten bestimmen sich in wesentlichem Umfang nach den Vorschriften des BPersVG. Das gilt auch für das Mitbestimmungsverfahren (vgl. §§ 28 f. PostPersRG). Bei der Ausübung dieser Beteiligungsrechte hat der BR auch stets den weiter bestehenden Beamtenstatus der zugewiesenen Beamten zu beachten. Wegen dieses starken inhaltlichen Bezuges der BRTätigkeit zum öffentlichen Recht und der in einem wesentlichen Bereich inhaltlich der PersRTätigkeit entsprechenden Aufgaben kommen insoweit auch Themen die nach § 46 Abs. 7 BPersVG von der Bundeszentrale für politische Bildung als geeignet anerkannt worden sind, als geeignete Schulungsthemen in Betracht (*DKK-Wedde* Rn 143; GK-*Weber* Rn 217).

c) Träger der Veranstaltung

209   Das Gesetz sieht **keinerlei Einschränkung** hinsichtlich des Trägers der Veranstaltung vor. Deshalb kann Träger einer Schulungs- und Bildungsveranstaltung iS von Abs. 7 grundsätzlich jeder sein, sofern nur die Veranstaltung als solche geeignet ist (*HSWGNR* Rn 216; *Däubler* Rn 330 ff.). Von der Natur der Sache her dürften sich in erster Linie die **Gewerkschaften** zur Durchführung von Schulungs- und Bildungsveranstaltungen angesprochen fühlen. Jedoch kommen auch andere Institutionen in Betracht wie zB ArbGebVerbände, Arbeitskammern, Kirchen, Volkshochschulen, Universitäten oder auch private Schulungsträger (zur Frage, inwieweit die Schulung durch die Gewerkschaften einen Art. 9 Abs. 3 GG verfassungsrechtlich garantierten Schutz genießt, vgl. *Däubler* Rn 332 ff.; GK-*Weber* Rn 148; kritisch hierzu *Streckel* DB 74, 337).

d) Anerkennungsverfahren

210   Die Anerkennung einer Veranstaltung setzt einen **Antrag des Trägers** voraus. Der Antrag muss alle Angaben enthalten, die für die Beurteilung der Eignung der Schulungs- und Bildungsveranstaltung erforderlich sind. Deshalb werden in dem Antrag in aller Regel Angaben zu machen sein über den Träger der Veranstaltung, über Zeit und Ort der Veranstaltung, über das Programm nach Inhalt und zeitlichem Ablauf sowie über den Teilnehmerkreis und die in Aussicht genommenen Lehrkräfte (*GL* Rn 108; GK-*Weber* Rn 229; *HSWGNR* Rn 217; *Richardi/Thüsing* Rn 152).

211   Der Antrag ist zwar von Gesetzes wegen an **keine Form** gebunden, im Hinblick auf seinen für die Einigungsprüfung notwendigen Inhalt dürften in der Praxis allerdings nur schriftliche Anträge in Betracht kommen. Für den Antrag ist auch **keine Frist** vorgeschrieben. Die obersten Arbeitsbehörden der Länder benötigen jedoch für eine ordnungsgemäße Prüfung der Eignung der Veranstaltung eine ausreichende Zeit. Deshalb dürfte es im Allgemeinen angebracht sein, den Antrag mindestens acht Wochen vor Beginn der Veranstaltung oder der Veranstaltungsreihe bei der zuständigen Behörde zu stellen (BAG 11. 10. 95 AP Nr. 115 zu § 37 BetrVG 1972; *DKK-Wedde* Rn 147; *HSWGNR* Rn 218; ähnlich GK-*Weber* Rn 230).

212   **Zuständig** für die Anerkennung ist die oberste Arbeitsbehörde des Landes. Aus dem Gesetz ist nicht eindeutig zu entnehmen, ob dies die oberste Arbeitsbehörde desjenigen Landes ist, in dem die Veranstaltung durchgeführt wird (Ortsprinzip) oder in dem der Veranstalter seinen Sitz hat (Trägerprinzip). Der Gesetzeswortlaut lässt beide Auslegungen zu. Insbesondere aus Gründen der Zweckmäßigkeit ist die Zuständigkeit nach dem **Trägerprinzip** zu bestimmen (BAG 18. 12. 73, 5. 11. 74 u. 30. 8. 89 AP Nr. 7, 19 u. 73 zu § 37 BetrVG 1972; *GL* Rn 107; GK-*Weber* Rn 231; *DKK-Wedde* Rn 148; *HSWGNR* Rn 217; *Däubler* Rn 530; trotz Bedenken wohl auch *Richardi/Thüsing* Rn 150 f.; **aA** *Frauenkron* Rn 41; *Wölfel* ArbSozR 72, 208; *Gaul* Bd. II S. 445).

213   Die oberste Arbeitsbehörde entscheidet nach **Beratung** mit den Spitzenorganisationen der Gewerkschaften und ArbGebVerbände. Zum Begriff der Spitzenorganisation vgl. § 2 Abs. 2, § 12 TVG. Spitzenorganisation der Gewerkschaften ist insbesondere der DGB. Da die Prüfung der Geeignetheit einer Schulungs- und Bildungsveranstaltung den obersten Arbeitsbehörden der einzelnen Länder, nicht dem Bundesarbeitsministerium, übertragen ist, sind grundsätzlich die **Spitzenverbände der Koalition auf Landesebene** zu beteiligen, soweit hier selbständige Spitzenorganisationen bestehen (BAG 18. 12. 73 u. 5. 11. 74 AP Nr. 7 u. 19 zu § 37 BetrVG 1972; GK-*Weber* Rn 232; *HSWGNR* Rn 219; *Richardi/Thüsing* Rn 154; *Wölfel* ArbSozR 72, 208; *Weber* BlStR 73, 340). Soweit eine Spitzenorganisation nur auf Bundesebene besteht (vgl. für den DGB § 11 der Satzung des DGB), kann sich diese bei der Beratung durch die entsprechende **Landesorganisation vertreten** lassen (BAG aaO; GK-*Weber* aaO; *HSWGNR* aaO; *Richardi/Thüsing* aaO). Auf ArbGebSeite sind im Hinblick auf die andere Organisationsstruktur Spitzenverbände in der Regel die Vereinigungen der ArbGebVerbände auf Landesebene. Zu beteiligen sind nur die Spitzenorganisationen des Landes, dessen oberste Arbeitsbehörde die Entscheidung über die Anerkennung trifft, nicht die Spitzenorganisationen anderer Länder (BAG 5. 11. 74 u. 6. 4. 76 AP Nr. 19 u. 23 zu § 37 BetrVG 1972).

Erforderlich ist im Allgemeinen eine **Beratung,** dh eine **mündliche Erörterung** 214 des Antrags; im Einverständnis aller Beteiligten kann jedoch hierauf verzichtet werden (*DKK-Wedde* Rn 148; GK-*Weber* Rn 233; *HSWGNR* Rn 219; *Richardi/Thüsing* Rn 155). Eine Beratung ist mehr als eine bloße Anhörung. Deshalb muss sich die Anerkennungsbehörde auch bei einem Verzicht auf eine mündliche Erörterung mit allen vorgetragenen Argumenten auseinandersetzen und ggf. den Beteiligten nochmals Gelegenheit geben, zu schriftlich vorgebrachten Einwendungen Stellung zu nehmen (*Däubler* Rn 533).

Über einen **rechtzeitig** gestellten Antrag ist wegen der Frage der Entgeltzahlungs- 215 pflicht des ArbGeb. auch dann noch zu entscheiden, wenn die Veranstaltung zwischenzeitlich **durchgeführt** worden ist (BAG 11. 10. 95 AP Nr. 115 zu § 37 BetrVG 1972; aA GK-*Weber* Rn 230, 235: vorherige Entscheidung notwendig, da im Falle der Ablehnung des Antrags die Freistellung nicht nachträglich aufgehoben werden könne; vgl. auch Rn 224).

e) Anspruchsberechtigte, Dauer, Entgeltfortzahlung, Freizeitausgleich

Anspruchsberechtigt für die Teilnahme an Schulungs- und Bildungsveranstal- 216 tungen nach Abs. 7 sind nur **BRMitgl.** (und gemäß § 65 Abs. 1 die JugAzubiVertr.). Anderen betriebsverfassungsrechtlichen Funktionsträgern, etwa Mitgl. des Wahlvorst. oder des WiAusschusses, steht dieser Anspruch nicht zu (GK-*Weber* Rn 215; *Richardi/Thüsing* Rn 162). Desgleichen nicht **ErsMitgl.,** solange sie nicht in den BR nachgerückt sind (BAG 14. 12. 94 AP Nr. 100 zu § 37 BetrVG 1972; *DKK-Wedde* Rn 157; *HSWGNR* Rn 207; *Richardi/Thüsing* Rn 163; *SWS* Rn 67; *Schaub* § 221 Rn 48; **weitergehend** *Wenning-Morgenthaler* BB 85, 1339). Doch steht es dem ArbGeb. selbstverständlich frei, auch anderen Personen zum Zwecke der Teilnahme Arbeitsbefreiung zu gewähren.

Der Anspruch des einzelnen BRMitgl. auf Teilnahme an Veranstaltungen nach Abs. 7 217 besteht während der **gesamten Amtszeit.** Deshalb ist auch eine Teilnahme gegen oder am Ende der Amtszeit noch zulässig (*DKK-Wedde* Rn 155; aA BAG 9. 9. 92 u. 28. 8. 96 AP Nr. 86 u. 117 zu § 37 BetrVG 1972, wenn nicht dargelegt wird, auf Grund welcher besonderen Umstände eine solche Festlegung des Zeitpunktes der Schulungsteilnahme durch Beschluss des BR noch pflichtgemäßem Ermessen entsprochen hat. Das BAG verkennt den individualrechtlichen Charakter des Schulungsanspruchs nach Abs. 7 und die Bedeutung des BRBeschlusses nach Abs. 6 S. 2, der jedenfalls bei Schulungen nach Abs. 7 nur die Berücksichtigung der betrieblichen Notwendigkeiten bei der Festlegung der zeitlichen Lage der Schulung, nicht jedoch die materiellen Voraussetzungen des Schulungsanspruchs zum Gegenstand hat. Der Hinweis des BAG auf seinen Beschluss vom 7. 6. 89 AP Nr. 67 zu § 37 BetrVG 1972 geht fehl, weil hier ein kollektiver Schulungsanspruch nach Abs. 6 im Streit stand; wie BAG: GK-*Weber* Rn 244; *ErfK-Koch* Rn 20; *HSWGNR* Rn 229; *Schiefer* NZA 93, 822; differenzierend *Däubler* Rn 313). Auch nach der abweichenden Ansicht des BAG (Beschluss vom 28. 8. 96 aaO) ist eine Zeitspanne zwischen Ende der Veranstaltung und Ende der Amtszeit von mehr als drei Wochen als ausreichend anzusehen, um das vermittelte Wissen noch während der Amtszeit nutzen zu können (ebenso *Däubler* Rn 313).

Scheidet ein BRMitgl. während der Amtszeit **aus dem BR aus** und hat es sei- 218 nen Anspruch nach Abs. 7 noch nicht verbraucht, so kann es den Anspruch nicht mehr geltend machen. Denn dieser Anspruch steht ihm nur als BRMitgl. zu (*ErfK-*

Koch Rn 20; *GL* Rn 115; *GK-Weber* Rn 241, 244; *Richardi/Thüsing* Rn 168; *Schaub* § 221 Rn 48). Dem endgültig nachrückenden **ErsMitgl.** steht der Anspruch nach Abs. 7 **anteilig** für die verbleibende Amtszeit zu (*DKK-Wedde* Rn 156; *GK-Weber* Rn 245; *HSWGNR* Rn 225; *Richardi/Thüsing* Rn 167; *SWS* Rn 67; *Däubler* Rn 305, 354; *Brill* BlStR 83, 178). Das gilt unabhängig davon, ob das ausgeschiedene BRMitgl. seinen Anspruch schon voll ausgeschöpft hat (*GK-Weber* aaO). Sofern das ErsMitgl. vorher noch nicht Mitgl. eines BR oder einer JugAzubiVertr. gewesen ist, erhöht sich der ihm als endgültig nachgerücktem Mitgl. zustehende Anspruch im Hinblick auf Abs. 7 S. 2 um eine Woche (vgl. BAG 19. 4. 89 AP Nr. 68 zu § 37 BetrVG 1972; *DKK-Wedde* Rn 156; *Däubler* Rn 305; *GK-Weber* Rn 245). Einem nur zeitweise für ein vorübergehend verhindertes BRMitgl. in den BR eintretenden ErsMitgl. steht ein Anspruch nach Abs. 7 nicht zu (BAG 14. 12. 94 AP Nr. 100 zu § 37 BetrVG 1992; *GK-Weber* Rn 245; *HSWGNR* Rn 207; *Richardi/Thüsing* Rn 163; **aA** *DKK-Wedde* Rn 156).

219 Jedes BRMitgl. hat bei Schulungsveranstaltungen nach Abs. 7 Anspruch auf bezahlte Freistellung für die **Dauer von drei Wochen**, dh 21 Tage einschl. der Sonn- und Feiertage bzw. 18 Werktage, wenn man die Sonn- und Feiertage unberücksichtigt lässt (*GK-Weber* Rn 237; *DKK-Wedde* Rn 151; ErfK-*Koch* Rn 21; *HSWGNR* Rn 223). Für BRMitgl., die erstmals einen BR angehören und vorher auch nicht Mitgl. der JugAzubiVertr. waren, **erhöht sich der Anspruch auf vier Wochen**, dh 28 Tage einschl. der Sonn- und Feiertage bzw. 24 Werktage. Eine Mitgliedschaft in einem Personalrat ist insoweit einer Mitgliedschaft im BR gleichzustellen, so dass einem BRMitgl., das bereits einmal Mitgl. eines Personalrats war, nur ein dreiwöchiger Anspruch zusteht (*Däubler/Peter* Rn 215; *GK-Weber* Rn 237; *Richardi/Thüsing* Rn 164). Demgegenüber bewirkt eine Mitgliedschaft in einer ausländischen betrieblichen ArbNVertr. keine Verkürzung des vierwöchigen Schulungsanspruches; dies folgt aus der in der Regel bestehenden völligen Andersartigkeit ausländischer BetrVertr. (*DKK-Wedde* Rn 151; *GK-Weber* aaO; *HSWGNR* Rn 223).

220 **Arbeitet ein Betrieb in Fünf-Tage-Woche**, so rechnet man zweckmäßigerweise den drei- bzw. vierwöchigen Anspruch gemäß Abs. 7 auf Arbeitstage um, dh den BRMitgl. steht in diesen Betrieben ein Freistellungsanspruch nach Abs. 7 in Höhe von 15 bzw. 20 Arbeitstagen zu (*Ebert* BB 74, 466; *Kopp* ArbuR 76, 335; *GK-Weber* Rn 237; *DKK-Wedde* Rn 151; *Schaub* § 221 Rn 48; vgl. hierzu auch BAG 8. 3. 84 u. 27. 1. 87 AP Nr. 15 u. 30 zu § 13 BUrlG). In diesem Falle sind Schulungstage, an denen für das betreffende BRMitgl. aus einem anderen Grund keine Arbeitspflicht besteht (zB im Falle der Schichtarbeit ein freier Tag bei Schichtwechsel) nicht auf den Freistellungsanspruch nach Abs. 7 anzurechnen (*GK-Weber* Rn 238; *HSWGNR* Rn 226). Erkrankt ein ArbN während des Bildungsurlaubs, so ist der durch Krankheit bedingte Ausfall entsprechend § 9 BUrlG ebenfalls nicht auf die Dauer des Bildungsurlaubs anzurechnen (*DKK-Wedde* Rn 152; *Däubler* Rn 514).

221 Der Anspruch besteht während der **regelmäßigen Amtszeit** des BR. Die regelmäßige Amtszeit beträgt vier Jahre (vgl. § 21 Rn 1 u. 5). **Verkürzt oder verlängert sich die Amtszeit** eines BR wegen einer außerhalb des regelmäßigen Wahlzeitraums durchgeführten Wahl (vgl. hierzu § 13 Abs. 2 und 3 iVm. § 21 S. 3 und 4), so verkürzt oder verlängert sich der dreiwöchige Freistellungsanspruch nach Abs. 7 S. 1 entsprechend (ErfK-*Koch* Rn 21; *GK-Weber* Rn 240 f.; *HSWGNR* Rn 224; *Richardi/Thüsing* Rn 165; **aA** *DKK-Wedde* Rn 153; *Däubler* Rn 305). Dies ergibt sich daraus, dass Abs. 7 für die Dauer des dreiwöchigen Freistellungsanspruchs auf die „regelmäßige Amtszeit" abstellt. Aus Gründen der praktischen Handhabung sollte man allerdings den Freistellungsanspruch nur verkürzen, wenn die Amtszeit des BR um mindestens ein Jahr kürzer als die regelmäßige Amtszeit beträgt. Für jedes volle fehlende Jahr Amtszeit wäre der Freistellungsanspruch danach um ein Viertel zu kürzen (*GL* Rn 110; *Richardi/Thüsing* Rn 165; *Däubler* Rn 305; **aA** *GK-Weber* Rn 242). Bei einem BRMitgl., das erstmalig einer ArbNVertretung angehört, ist im Falle einer Verkürzung der Amtszeit der von dem dreiwöchigen Regelanspruch nach Abs. 7 S. 1 berechnete verkürzte Anspruch jedoch stets um 1 Woche zu erhöhen, da nach Abs. 7 S. 2 den erstmaligen BRMitgl. gegenüber dem Regelanspruch nach Abs. 7 S. 1 ein um 1 Woche erhöhter Anspruch zusteht (BAG 19. 4. 89 AP Nr. 68 zu § 37 BetrVG 1972; ErfK-*Koch* Rn 21; GK-*Weber* Rn 242; *HSWGNR* Rn 224; *Richardi/Thüsing* Rn 166; *Däubler* Rn 306; *SWS* Rn 62; **weitergehend** *GL* Rn 111, die einem solchen BRMitgl. stets einen vierwöchigen Anspruch zuerkennen). Entsprechendes gilt im Falle der Verlängerung der Amtszeit des BR gem. § 21 S. 4 iVm. § 13 Abs. 3 S. 2. Ein zu viel gewährter Bildungsurlaub kann nicht zurückgefordert werden (*DKK-Wedde* Rn 155; GK-*Weber* Rn 241).

Es bestehen keine Vorschriften darüber, in welcher Weise der Freistellungsanspruch **222** nach Abs. 7 gewährt werden muss. Er kann sowohl **zusammenhängend** genommen als auch **geteilt** werden (*GL* Rn 116; GK-*Weber* Rn 243; *HSWGNR* Rn 228; *Richardi/Thüsing* Rn 169).

Wird der Freistellungsanspruch nicht in Anspruch genommen, so **verfällt** er mit **223** Ablauf der Amtszeit. Eine Übertragung auf die neue Amtszeit ist nicht vorgesehen (GK-*Weber* Rn 244; *HSWGNR* Rn 229; *Richardi/Thüsing* Rn 168; *Düwell/Wolmerath* Rn 51; *WW* Rn 39; *WPK-Kreft* Rn 84; **aA** *DKK-Wedde* Rn 155; *Däubler* Rn 300 bei dringenden betrieblichen oder persönlichen Gründen).

Die BRMitgl. haben bei Teilnahme an als geeignet anerkannten Schulungsveran- **224** staltungen Anspruch auf bezahlte Freistellung. Anspruchsbegründendes Merkmal ist **allein** die **staatliche Anerkennung** als solche, nicht die möglicherweise umstrittene Eignung der Veranstaltung (BAG 11. 8. 93 AP Nr. 92 zu § 37 BetrVG 1972). Nicht erforderlich ist die Unanfechtbarkeit des Anerkennungsbescheids (GK-*Weber* Rn 235). Denn dann könnte die Teilnahme von BRMitgl. an Schulungsveranstaltungen nach Abs. 7 weitgehend blockiert werden (vgl. auch BAG 11. 10. 95 AP Nr. 115 zu § 37 BetrVG 1972, das eine Entscheidung über einen rechtzeitig gestellten Anerkennungsantrag sogar noch nach Durchführung der Veranstaltung zulässt; *Däubler* Rn 547; **aA** nur bei Anordnung der sofortigen Vollziehung des Bescheids: GK-*Weber* Rn 308; *Richardi/Thüsing* Rn 203).

Den teilnehmenden BRMitgl. ist das **Arbeitsentgelt** fortzuzahlen, das sie erhalten **225** hätten, wenn sie – statt an der Schulung teilzunehmen – im Betrieb weitergearbeitet hätten. Es gelten dieselben Grundsätze wie bei der Teilnahme an Schulungsveranstaltungen nach Abs. 6 bzw. bei der allgemeinen Freistellung nach Abs. 2 (vgl. Rn 57 ff., 182 ff.; *Richardi/Thüsing* Rn 177; *HSWGNR* Rn 235).

Auch bei einer Schulungsveranstaltung nach Abs. 7 besteht ein Anspruch auf **Frei-** **226** **zeitausgleich** bzw. **Abgeltung,** wenn ein BRMitgl. aus betriebsbedingten Gründen an einer nach Abs. 7 anerkannten Schulungsveranstaltung außerhalb seiner Arbeitszeit teilnimmt. Das folgt aus der Bezugnahme in Abs. 7 S. 3 auf Abs. 6 S. 2, der seinerseits auf Abs. 3 verweist und daraus, dass die sachliche Begründung für die Gewährung des Ausgleichsanspruchs bei Schulungsveranstaltungen (fortschreitende Flexibilisierung der Arbeitszeit, gebotene Gleichbehandlung von vollzeit- und teilzeitbeschäftigten BRMitgl.) für alle Schulungsveranstaltungen zutrifft (*DKK-Wedde* Rn 157; ErfK-*Koch* Rn 21; *Richardi/Thüsing* Rn 177; *Düwell/Wolmerath* Rn 54; *Däubler* Rn 442; **aA** *Löwisch/Kaiser* Rn 85; GK-*Weber* Rn 247 f.; *HSWGNR* Rn 226; *Greßlin* S. 159; *Löwisch* BB 01, 1742, die wegen der fehlenden Bezugnahme des Abs. 7 S. 3 auf Abs. 6 S 1 einen derartigen Anspruch verneinen und die Bezugnahme des Abs. 6 S. 2 als ein Redaktionsversehen ansehen).

Nimmt ein BRMitgl. während der Betriebsferien an einer Schulungsveranstaltung **227** nach Abs. 7 teil, hat es Anspruch auf entsprechende Nachgewährung des Urlaubs (LAG Frankfurt LAGE § 37 BetrVG 1972 Nr. 31; LAG Niedersachsen ArbuR 89, 60; GK-*Weber* Rn 250).

Bei Schulungsveranstaltungen nach Abs. 7 besteht im Allgemeinen keine über die **228** Entgeltfortzahlung hinausgehende **Kostentragungspflicht** des ArbGeb. Etwas anderes gilt, wenn auf einer solchen Bildungsveranstaltung erforderliche Kenntnisse iS des Abs. 6 vermittelt werden (vgl. § 40 Rn 70).

f) Verhältnis zum Anspruch nach Abs. 6

229   Die **Ansprüche** auf Freistellung zur Teilnahme an Schulungs- und Bildungsveranstaltungen **nach Abs. 6 und 7 stehen nebeneinander** (BAG 6. 11. 73 und 5. 4. 84 AP Nr. 5 und 46 zu § 37 BetrVG 1972; *Düwell/Wolmerath* Rn 47; GK-*Weber* Rn 135, 180; *Richardi/Thüsing* Rn 170). Eine Anrechnung einer Freistellung nach Abs. 6 auf die Schulungsveranstaltungen nach Abs. 7 kommt deshalb nicht in Betracht (BAG 5. 4. 84 aaO; GK-*Weber* Rn 216; *Löwisch/Kaiser* Rn 83). Soweit allerdings „erforderliche Kenntnisse" iS von Abs. 6 bereits auf einer Veranstaltung nach Abs. 7 vermittelt worden sind, ist die Teilnahme an einer Veranstaltung nach Abs. 6 nicht mehr erforderlich. Das bedeutet auf der anderen Seite jedoch nicht, dass die BRMitgl. verpflichtet wären, zunächst die Schulungs- und Bildungsveranstaltungen nach Abs. 7 in Anspruch zu nehmen (*DKK-Wedde* Rn 111, 139; *HSWGNR* Rn 227; *Richardi/ Thüsing* Rn 170; *Kraft* DB 73, 2522; so jetzt auch GK-*Weber* Rn 180, 216).

230   Macht der BR für eines seiner Mitgl. einen Freistellungsanspruch gemäß § 37 Abs. 6 geltend, obwohl die Veranstaltung auch nach § 37 Abs. 7 anerkannt ist, und zahlt der ArbGeb. den Lohn für die Schulungsveranstaltung weiter, so erfüllt er damit nicht den Freistellungsanspruch nach Abs. 7, so dass auch keine Anrechnung auf diesen Anspruch erfolgt (BAG 5. 4. 84 AP Nr. 46 zu § 37 BetrVG 1972; *DKK-Wedde* Rn 111, 139; *HSWGNR* Rn 227; *SWS* Rn 65 a; so jetzt auch GK-*Weber* Rn 180, 216).

4. Festlegung der Teilnahme an den Schulungs- und Bildungsveranstaltungen

a) Entscheidungskompetenz des Betriebsrats

231   Die Teilnahme an einer Schulungsveranstaltung setzt stets einen **vorherigen Beschluss** des BR voraus (grundsätzl. ist Übertragung der Entscheidungsbefugnis auf den Betriebsausschuss gem. § 27 Abs. 2 S. 2 zulässig vgl. ArbG Essen NZA-RR 04, 361 ff.). Hierbei hat der BR zum einen zu entscheiden, welche BRMitgl. an welchen Schulungs- und Bildungsveranstaltungen teilnehmen, und zum anderen, zu welchem Zeitpunkt BRMitgl. an solchen Veranstaltungen teilnehmen.

232   Die **Festlegung der zeitlichen Lage** der Teilnahme an Schulungs- und Bildungsveranstaltungen obliegt allein dem BR (vgl. Abs. 6 S. 2 und Abs. 7 S. 3; GK-*Weber* Rn 264; *Richardi/Thüsing* Rn 115 ff., 171). Das gilt sowohl für die Teilnahme an Schulungs- und Bildungsveranstaltungen nach Abs. 6 als auch nach Abs. 7. Die Willensbildung des BR erfolgt durch Beschluss (vgl. § 33). Ohne einen ordnungsgemäßen Beschluss über die Teilnahme ist ein BRMitgl. nicht berechtigt, Schulungs- und Bildungsveranstaltungen zu besuchen (BAG 20. 11. 73 und 10. 5. 74 AP Nr. 1 und 3 zu § 65 BetrVG 1972; ErfK-*Koch* Rn 23). Nimmt es trotzdem teil, hat es keinen Anspruch auf Entgeltfortzahlung und Kostenerstattung (BAG aaO; vgl. hinsichtlich der Kostentragungspflicht des ArbGeb. BAG 8. 3. 00 AP Nr. 68 zu § 40 BetrVG 1972 unter Aufgabe seiner Ansicht in BAG 28. 10. 92 AP Nr. 4 zu § 29 BetrVG 1972).

233   Demgegenüber ist bei der Frage, ob dem BR eine Entscheidungsbefugnis dahingehend zusteht, **welche seiner Mitgl.** an Schulungs- und Bildungsveranstaltungen teilnehmen, zwischen den Veranstaltungen nach Abs. 6 und Abs. 7 zu unterscheiden. Bei Bildungsveranstaltungen **nach Abs. 7** steht dem einzelnen BRMitgl. ein **individualrechtlicher Anspruch** auf Teilnahme an diesen Veranstaltungen zu. Deshalb beschränkt sich hier die Entscheidungskompetenz des BR auf die Festlegung der zeitlichen Lage des Bildungsurlaubs, wobei er allerdings seine Geschäftsbedürfnisse berücksichtigen darf und die betrieblichen Notwendigkeiten zu beachten hat (zum letzteren vgl. Rn 238). Weitergehende Befugnisse, etwa dahingehend, an welchen Schulungsveranstaltungen das BRMitgl. teilnimmt, hat der BR nicht (BAG 28. 8. 96

AP Nr. 117 zu § 37 BetrVG 1972; ErfK-*Koch* Rn 23; GK-*Weber* Rn 263; *Richardi/ Thüsing* Rn 171; *Kopp* ArbuR 76, 336).

Bei Schulungs- und Bildungsveranstaltungen **nach Abs. 6** ist der BR als solcher **234** Träger des Anspruchs auf Schulung seiner Mitgl. und nicht von vornherein das einzelne BRMitgl. (vgl. Rn 161). Deshalb ist bei diesen Veranstaltungen grundsätzlich der BR berechtigt festzulegen, welche seiner Mitgl. an welchen Schulungen teilnehmen (*GL* Rn 83; GK-*Weber* Rn 256 f., 262; *DKK-Wedde* Rn 124; im Ergebnis ebenso *Richardi/Thüsing* Rn 118). Stehen allerdings mehrere gleichartige und gleichwertige Schulungsveranstaltungen zur Auswahl, hat das BRMitgl. ein vom BR zu beachtendes Auswahlrecht (GK-*Weber* Rn 257). An der Beschlussfassung über die Auswahl darf sich das betroffene BRMitgl. beteiligen (vgl. § 25 Rn 19, § 33 Rn 37 a; ebenso *Richardi/Thüsing* Rn 120). Die Gewerkschaften haben kein Mitwirkungsrecht bei der Beschlussfassung des BR, welche Mitgl. er zu einer Schulungsveranstaltung entsendet (BAG 28. 1. 75 AP Nr. 20 zu § 37 BetrVG 1972).

Allerdings ist der BR bei seiner ihm zustehenden Entscheidungskompetenz nicht **235** völlig frei, vielmehr hat er diese nach **pflichtgemäßem Ermessen** auszuüben (GK-*Weber* Rn 256; *DKK-Wedde* Rn 124). Hierbei sind für ihn insbesondere folgende Entscheidungskriterien verbindlich: Zum einen hat er darauf zu achten, dass die in der Schulungsveranstaltung vermittelten Kenntnisse in **möglichst optimaler Weise für die BRArbeit** fruchtbar werden. Aus diesem Grunde ist der BR nicht nur berechtigt, sondern sogar gehalten, die Auswahl danach zu treffen, welche Aufgaben und Funktionen die einzelnen Mitgl. im BR ausüben (GK-*Weber* Rn 256; *Richardi/ Thüsing* Rn 118). In diesem Rahmen hat er zum anderen bei seiner Auswahlentscheidung die **Grundsätze des § 75 Abs. 1 BetrVG** zu beachten, dh ihm ist insoweit eine unterschiedliche Behandlung der BRMitgl. aus Gründen ihrer Rasse oder wegen ihrer ethnischen Herkunft, ihrer Abstammung oder sonstigen Herkunft, ihrer Nationalität, Religion oder Weltanschauung, ihrer Behinderung, ihres Alters, politischen oder gewerkschaftlichen Betätigung oder Einstellung oder ihres Geschlechts bzw. ihrer sexuellen Identität untersagt. Dieses Verbot gilt generell, dh ihm ist jede Benachteiligung, aber auch jede Bevorzugung von BRMitgl. aus einem der vorstehenden Gründe untersagt (ErfK-*Koch* Rn 23; GK-*Weber* Rn 258; *Richardi/Thüsing* Rn 119; *Däubler* Rn 326). In diesem Rahmen hat der BR auch spezielle Wünsche des einzelnen BRMitgl., zB hinsichtlich bestimmter Schulungsveranstaltungen, zu berücksichtigen (*DKK-Wedde* Rn 124).

Däubler (Rn 327) halten den BR darüber hinaus für verpflichtet, bei seiner Ent- **236** scheidung auch soziale Gesichtspunkte (etwa einen besonders großen Nachholbedarf in bildungsmäßiger Hinsicht, wie er zB bei Gastarbeitern häufig anzutreffen ist) zu berücksichtigen (**aA** GK-*Weber* Rn 259; *GL* Rn 84; *Richardi/Thüsing* Rn 119). Dem ist unter der Einschränkung zuzustimmen, dass man sich bewusst bleibt, dass die Schulungsveranstaltungen nach Abs. 6 und Abs. 7 keine Allgemeinbildung der BRMitgl. bezwecken, sondern darauf bezogen sind, die für die BRArbeit erforderlichen bzw. mit ihr in Zusammenhang stehenden Kenntnisse zu vermitteln.

Konkretisiert man den Gesichtspunkt, durch die Schulung in möglichst optimaler **237** Weise die BRArbeit zu fördern, so ist davon auszugehen, dass der BR **jedem seiner Mitgl.** die Möglichkeit bieten muss, die **Grundkenntnisse,** die für jede BRArbeit unabdingbare Voraussetzungen sind (vgl. Rn 163 f.), durch eine entsprechende Schulung zu erlangen. Soweit die Schulung der Vermittlung bestimmter **Spezialkenntnisse** dient, ist er demgegenüber gehalten, in erster Linie solche BRMitgl. zu entsprechenden Schulungsveranstaltungen zu entsenden, die sich im Rahmen der BRArbeit besonders mit derartigen Angelegenheiten beschäftigen (vgl. Rn 166; *Däubler* Rn 324; GK-*Weber* Rn 260, bejaht in diesen Fällen uU einen Anspruch des BRMitgl. gegen den BR auf Einteilung für eine entsprechende Schulung).

Bei der Festlegung der zeitlichen Lage der Teilnahme an Schulungs- und Bildungs- **238** veranstaltungen ist der BR verpflichtet, **auf die betrieblichen Notwendigkeiten Rücksicht zu nehmen.** Dies ist im Allgemeinen nur hinsichtlich der BRMitgl. von

Bedeutung, die nicht freigestellt sind. Das Gesetz spricht von der Berücksichtigung betrieblicher Notwendigkeiten, nicht der Berücksichtigung betrieblicher Interessen oder Bedürfnissen. An das Vorliegen betrieblicher Notwendigkeiten sind deshalb **strenge Anforderungen** zu stellen Nur wenn die betrieblichen Gegebenheiten den zwingenden Vorrang vor einer Arbeitsbefreiung von BRMitgl. zu Schulungszwecken haben, liegen dringende betriebliche Notwendigkeiten vor, die eine zeitweise Rückstellung von BRMitgl. an Schulungsmaßnahmen rechtfertigen (*DKK-Wedde* Rn 126; *ErfK-Koch* Rn 23; *GL* Rn 88; *GK-Weber* Rn 266; weitergehend dagegen *Richardi/ Thüsing* Rn 115, nach dem der Betriebsablauf nicht beeinträchtigt werden darf; ähnlich *HSWGNR* Rn 176). Ein Fall dringender betrieblicher Notwendigkeiten kann zB angenommen werden, wenn eine für den ordnungsgemäßen Betriebsablauf unabkömmliche Vertretung nicht sichergestellt ist oder wenn ein besonderer Arbeitsanfall, dessen Erledigung nicht hinausgeschoben werden kann (Saisonspitze), vorliegt. Die Rücksichtnahme auf betriebliche Notwendigkeiten kann uU der gleichzeitigen Teilnahme mehrerer BRMitgl. an derselben Schulungsveranstaltung entgegenstehen (*Richardi/Thüsing* Rn 116).

239   Bei der Berücksichtigung der betrieblichen Notwendigkeiten handelt es sich nur um eine Modalität hinsichtlich der Festlegung des Zeitpunktes der Schulungsteilnahme von BRMitgl. Sie darf **nicht** dazu führen, dass die Teilnahme an einer **Schulung** nach Abs. 6 oder Abs. 7 völlig **unterbleibt.** Ist eine Beeinträchtigung betrieblicher Notwendigkeiten nicht zu umgehen, so hat die Schulungsteilnahme der BRMitgl. letztlich den Vorrang (ErfK-*Koch* Rn 23; GK-*Weber* Rn 266; *HSWGNR* Rn 179; *Richardi/Thüsing* Rn 116; *Däubler* Rn 310; *Kopp* ArbuR 76, 336).

b) Unterrichtungs- und Einspruchsrecht des Arbeitgebers

240   **Der ArbGeb.** ist von der beabsichtigten Teilnahme des betreffenden BRMitgl. und der zeitlichen Lage der Schulungs- und Bildungsveranstaltungen **rechtzeitig zu unterrichten.** Das gilt auch bei der Teilnahme freigestellter BRMitgl. (BAG 21. 7. 78 AP Nr. 4 zu § 38 BetrVG 1972). Rechtzeitig ist eine Unterrichtung, die dem ArbGeb. die Prüfung ermöglicht, ob die Voraussetzungen für die Gewährung einer bezahlten Freistellung vorliegen, und die es ihm, falls er die betrieblichen Notwendigkeiten für nicht ausreichend berücksichtigt hält, ferner gestattet, die E-Stelle anzurufen (BAG 18. 3. 77 AP Nr. 27 zu § 37 BetrVG 1972; ErfK-*Koch* Rn 23 GK-*Weber* Rn 268; *HSWGNR* Rn 181; *Richardi/Thüsing* Rn 121). Die Unterrichtung sollte deshalb in der Regel jedenfalls zwei bis drei Wochen vor der Veranstaltung erfolgen.

241   Im Hinblick darauf, dass der ArbGeb. nur dann verpflichtet ist, BRMitgl. unter Fortzahlung des Arbeitsentgelts von ihrer beruflichen Tätigkeit freizustellen, wenn es sich um eine Schulungs- oder Bildungsveranstaltung nach Abs. 6 oder 7 handelt, ist der BR verpflichtet, dem ArbGeb. auch die **näheren Einzelheiten der Schulung,** dh Ort, Zeit, Dauer, Themenplan der Veranstaltung, Genehmigung durch die zuständige Behörde mitzuteilen (LAG Hamm NZA 94, 1134 Ls; *DKK-Wedde* Rn 159; GK-*Weber* Rn 269; *Richardi/Thüsing* Rn 122; *Däubler* Rn 569). Zweckmäßigerweise wird der BR im Falle des Abs. 6 ferner mitteilen, aus welchen Gründen er die Teilnahme des betreffenden BRMitgl. für erforderlich hält (nach GK-*Weber* aaO, *Richardi/Thüsing* aaO ist dies stets erforderlich).

242   Unterlässt der BR die Unterrichtung des ArbGeb. und nimmt das BRMitgl. an der Schulungsveranstaltung teil, so hat es im Allgemeinen **dennoch Anspruch** auf entsprechende **Fortzahlung des Arbeitsentgelts,** wenn im Übrigen dessen Voraussetzungen vorliegen. Denn die vorherige Unterrichtung des ArbGeb. ist keine zusätzliche anspruchsbegründende Voraussetzung des Entgeltfortzahlungsanspruchs, sondern lediglich eine Regelung formalen Charakters (LAG Bad.-Württ. AiB 88, 282; *DKK-Wedde* Rn 130; ErfK-*Koch* Rn 23; GK-*Weber* Rn 270; *Schaub* § 221 Rn 43; *Däubler* Rn 573; **aA** *HSWGNR* Rn 183; *Richardi/Thüsing* Rn 124; MünchArbR-*Joost* § 220 Rn 103; *Wichert* DB 97, 2325). Die Unterlassung der Unterrichtung kann insbeson-

dere im Wiederholungsfall eine grobe Amtspflichtverletzung des BR iS von § 23 Abs. 1 darstellen (*DKK-Wedde* aaO; *GK-Weber* Rn 270).

Der ArbGeb. kann, falls er die betrieblichen Notwendigkeiten für nicht ausrei- **243** chend berücksichtigt hält, zur Klärung dieser Frage die **E-Stelle** gem. § 76 Abs. 5 anrufen. Die E-Stelle hat nur über die Frage der Berücksichtigung der betrieblichen Notwendigkeiten zu entscheiden (*GK-Weber* Rn 271; *HSWGNR* Rn 187; *Richardi/ Thüsing* Rn 126). Spricht sich der ArbGeb. gegen die Teilnahme von BRMitgl. an einer Bildungsveranstaltung aus, weil nach seiner Ansicht die Veranstaltung keine für die BRArbeit erforderliche Kenntnisse vermittelt, so obliegt die Entscheidung dieser Frage dem ArbG nach § 2a ArbGG. Allerdings ist auch in diesem Falle das freiwilli- ge E-Stellenverfahren nach § 76 Abs. 6 möglich (*GK-Weber* Rn 271; *HSWGNR* Rn 187; *Richardi/Thüsing* Rn 126; vgl. hierzu § 76 Rn 106ff.). Im Falle einer Schu- lung nach Abs. 7 kann sich der ArbGeb. nicht auf die Rechtswidrigkeit der Entschei- dung der obersten Arbeitsbehörde des Landes über die Eignung der Veranstaltung berufen. Zur Frage, ob der ArbGeb. die Entscheidung der obersten Arbeitsbehörde gerichtlich nachprüfen lassen kann, vgl. Rn 265.

Das Gesetz hat **keine Frist** festgelegt, binnen derer der ArbGeb. seine Bedenken **244** gegen die mangelnde Berücksichtigung der betrieblichen Notwendigkeiten durch Anrufung der E-Stelle geltend machen muss. Da jedoch sein Schweigen nicht dazu führen darf, dass die Teilnahme von BRMitgl. an der Veranstaltung auf unbegrenzte Zeit hinausgeschoben wird, ist der ArbGeb. verpflichtet, in entsprechender Anwen- dung des § 38 Abs. 2 S. 6 jedenfalls spätestens innerhalb von 14 Tagen, nach Mittei- lung des BR die E-Stelle anzurufen (ArbG Hamm DB 73, 2249; *DKK-Wedde* Rn 132; *Däubler* Rn 574; *Künzl* ZfA 93, 361; insoweit strenger *GL* Rn 92 und *Richardi/ Thüsing* Rn 127: unverzüglich; weitergehend *GK-Weber* Rn 272, *HSWGNR* Rn 190: angemessene Zeit). **Anderenfalls** ist davon auszugehen, dass er gegen die beabsichtigte Teilnahme des BRMitgl. **keine Bedenken** erhebt (*DKK-Wedde* Rn 132; *ErfK-Koch* Rn 24; *Richardi/Thüsing* Rn 128, 176; *Kopp* ArbuR 76, 336).

Da sich der von der E-Stelle von Gesetzes wegen zu entscheidende Streit auf die **245** Frage der Berücksichtigung der betriebliche Notwendigkeiten beschränkt, hat die Nichtanrufung der E-Stelle im Allgemeinen auch nur die Bedeutung, dass der Arb- Geb. **in dieser Hinsicht** keine Bedenken erhebt. Daraus kann für sich allein nicht geschlossen werden, dass er die weiteren Anspruchsvoraussetzungen, zB die Erforder- lichkeit der Schulung mit der Kostenfolge des § 40 anerkennt (BAG 24. 5. 95 AP Nr. 109 zu § 37 BetrVG 1972; *GK-Weber* Rn 273). Etwas anderes gilt, wenn sich aus besonderen Umständen ergibt, dass der ArbGeb. die Teilnahme des BRMitgl. an der Schulungsveranstaltung **vorbehaltlos,** dh auch unter dem Gesichtspunkt der Erfor- derlichkeit der Schulung und der grundsätzlichen Kostentragungspflicht akzeptiert (ArbG Regensburg BB 87, 1460; *GK-Weber* Rn 279; *SWS* Rn 53a). Das ist zB an- zunehmen, wenn der BR den ArbGeb. ausdrücklich und mit detaillierten Angaben über die Schulungsveranstaltung um eine fristgebundene Rückäußerung gebeten hat, ob er gegen die beabsichtigte Teilnahme Bedenken erhebt (insoweit wohl **aA** BAG 24. 5. 95 aaO). Im Übrigen ist das BRMitgl., auch wenn der ArbGeb. die Erforder- lichkeit bestreitet, berechtigt, an der Schulung teilzunehmen (siehe dazu Rn 250).

Die E-Stelle kann den Beschluss des BR bestätigen, wenn sie der Ansicht ist, die **246** betrieblichen Notwendigkeiten seien ausreichend berücksichtigt. In diesem Falle trifft sie, da der Begriff der betrieblichen Notwendigkeiten ein unbestimmter Rechtsbe- griff – wenn auch mit weitem Beurteilungsspielraum – ist, eine Rechtsentscheidung. Hält die E-Stelle die betrieblichen Notwendigkeiten **nicht für ausreichend be- rücksichtigt,** so kann sie sich nicht damit begnügen, den Beschluss des BR aufzu- heben, sie hat vielmehr selbst einen oder mehrere geeignete Zeitpunkte festzusetzen (*DKK-Wedde* Rn 132; *ErfK-Koch* Rn 24; *HSWGNR* Rn 193; *Richardi/Thüsing* Rn 129). Hierbei ist sie nicht nur an die Entscheidungskriterien nach § 76 Abs. 5 S. 3 gebunden, sondern auch an die Beachtung des unbestimmten Rechtsbegriffs der „Berücksichtigung der betrieblichen Notwendigkeiten" (*GK-Weber* Rn 276; *Richardi/*

Thüsing aaO). Der Spruch der E-Stelle ist **gerichtlich überprüfbar** (vgl. Rn 261). Die Überprüfung muss in entsprechender Anwendung des § 76 Abs. 5 S. 4 binnen einer Frist von zwei Wochen beantragt werden (GK-*Weber* Rn 275).

247   Umstritten ist, ob ein BRMitgl. die **Teilnahme** an einer Schulungs- und Bildungsveranstaltung zurückstellen muss, weil ihr der ArbGeb. widersprochen hat, sei es, dass er die betrieblichen Notwendigkeiten nicht für ausreichend berücksichtigt erachtet, sei es, weil er der Ansicht ist, die Veranstaltung sei nicht als erforderlich iS von Abs. 6 anzusehen oder eine Eignungsanerkennung der obersten Arbeitsbehörde des Landes liege nicht vor. Hier ist wie folgt zu unterscheiden:

248   **Widerspricht der ArbGeb.** der Teilnahme eines BRMitgl. an einer Schulungs- und Bildungsveranstaltung, weil der BR bei der Festlegung der zeitlichen Lage die betrieblichen Notwendigkeiten nicht berücksichtigt habe, so ist die Teilnahme grundsätzlich solange **zurückzustellen,** bis ein Spruch der E-Stelle vorliegt (BAG 18. 3. 77 AP Nr. 27 zu § 37 BetrVG 1972; LAG Düsseldorf BB 75, 1388; *DKK-Wedde* Rn 132; ErfK-*Koch* Rn 24; GK-*Weber* Rn 274; *HSWGNR* Rn 191 f.; *Richardi/Thüsing* Rn 130; *WW* Rn 32; MünchArbR-*Joost* § 220 Rn 105; **aA** *Däubler* Rn 580 f., 612: nur bei einer entsprechenden arbeitsgerichtlichen einstweiligen Verfügung). Das folgt aus der gesetzlich angeordneten Entscheidungskompetenz der E-Stelle. Denn stets, wenn das Gesetz bei Meinungsverschiedenheiten zwischen ArbGeb. und BR die E-Stelle einschaltet und vorschreibt, dass ihre Entscheidung die Einigung zwischen ArbGeb. und BR ersetzt, bedeutet dies, dass ohne eine entsprechende Entscheidung der E-Stelle die in Aussicht genommene Maßnahme nicht durchgeführt werden darf. Ebenso wie dies zB im Rahmen der MBR des BR in sozialen Angelegenheiten nach § 87 der Fall ist (vgl. hierzu § 87 Rn 595 ff.), gilt dies auch bei § 37 Abs. 6 S. 4 und 5.

249   In besonderen **Ausnahmefällen** – etwa wenn die E-Stelle nicht rechtzeitig zusammentreten kann und eine einmalige Schulungsveranstaltung unmittelbar bevorsteht – wird der BR die Erlaubnis zur Teilnahme auch durch eine **einstweilige Verfügung des ArbG** erwirken können, zumal Meinungsverschiedenheiten über die Frage, ob die betrieblichen Belange ausreichend berücksichtigt worden sind, letztlich keine Regelungs- sondern eine Rechtsstreitigkeit zum Gegenstand haben (*DKK-Wedde* Rn 132; ErfK-*Koch* Rn 24; GK-*Weber* Rn 277; *Richardi/Thüsing* Rn 130; *Dütz/Säcker* DB 72, Beil. 17, 14 f.; **aA** *HSWGNR* Rn 192; *Heinze* RdA 86, 287).

250   Anderes gilt, wenn der ArbGeb. der Teilnahme eines BRMitgl. an einer Schulungs- und Bildungsveranstaltung deshalb widerspricht, weil auf ihr **keine für die BRArbeit erforderlichen Kenntnisse** vermittelt würden. Abs. 6 nimmt, was die Frage der Arbeitsbefreiung anbelangt, die Regelung des Abs. 2 in Bezug. Deshalb sind die zu Abs. 2 entwickelten Grundsätze, nach denen der ArbGeb. der konkreten Arbeitsversäumnis im Einzelfall nicht zuzustimmen braucht, sondern dass es genügt, dass sich das BRMitgl. bei seinem Vorgesetzten ordnungsgemäß abmeldet, grundsätzlich auch im Falle des Abs. 6 anzuwenden (vgl. hierzu Rn 49 f.; LAG Hamm DB 74, 2486; LAG Düsseldorf LAGE § 37 BetrVG 1972 Nr. 44; LAG Bad.-Wütt. AiB 88, 282; vgl. auch BAG 6. 5. 75 AP Nr. 5 zu § 65 BetrVG 1972; *DKK-Wedde* Rn 133 f.; ErfK-*Koch* Rn 24; *Richardi/Thüsing* Rn 131; *Düwell/Wolmerath* Rn 13; *SWS* Rn 53 a; MünchArbR-*Joost* § 220 Rn 106 für den Fall, dass der ArbGeb. die Arbeitsbefreiung zu Unrecht verweigert; **aA** *GL* Rn 95; GK-*Weber* Rn 280; *HSWGNR* Rn 184; *Streckel* DB 74, 388; *Dütz* DB 76, 1432, der dies nur für kurzfristig angesetzte Schulungsveranstaltungen anerkennt; LAG Frankfurt BB 74, 335).

251   Bestehen zwischen ArbGeb. und BR sowie dem einzelnen BRMitgl. **Meinungsverschiedenheiten über die Erforderlichkeit** einer Schulung, können sowohl der ArbGeb. als auch der BR oder das einzelne BRMitgl. ein arbeitsrechtliches BeschlVerf. zur Klärung dieser Frage einleiten (*GL* Rn 94; *HSWGNR* Rn 185; *Richardi/Thüsing* Rn 131; **aA** *Dütz* DB 76, 1433: nur der ArbGeb., wenn abweichend von der Abmeldung des BRMitgl. genügt). Hat der ArbGeb. ein arbeitsgerichtliches Verfahren zum Zwecke der Feststellung, die beabsichtigte Schulungsteilnahme sei nicht erforderlich, eingeleitet, so hat

dieser Umstand für sich allein nicht zur Folge, dass das BRMitgl. den Besuch der Schulungsveranstaltung zurückstellen muss (LAG Hamm DB 74, 2486; ErfK-*Koch* Rn 24; *Richardi/Thüsing* Rn 131). In keinem Falle ist dies erforderlich, wenn der BR ein BeschlVerf. eingeleitet und vor Beginn der Schulung einen obsiegenden Beschluss der ersten Instanz erwirkt hat (BAG 6. 5. 75 AP Nr. 5 zu § 65 BetrVG 1972; ErfK-*Koch* aaO; *Richardi/Thüsing* aaO; **aA** GK-*Weber* Rn 281; *Dütz* DB 76, 1433).

Das ArbG kann dem BRMitgl. durch **einstweilige Verfügung** die Teilnahme an 252 einer Schulungsveranstaltung gestatten bzw. (auf Antrag des ArbGeb.) untersagen. Dass durch eine die Teilnahme gestattende einstweilige Verfügung endgültige Tatsachen geschaffen werden, steht dem nicht entgegen, jedenfalls dann nicht, wenn die Regelung dringend geboten ist (LAG Hamm DB 72, 2489; ArbG Heilbronn AiB 02, 108; LAG Hessen 19. 8. 04 – 9 TaBVGa 114/04 Juris; ErfK-*Koch* Rn 24; GK-*Weber* Rn 282; *Richardi/Thüsing* Rn 130 f.; *SWS* Rn 53 a; *Däubler* 591, 612; *Fischer* AiB 05, 88, 90; **aA** LAG Düsseldorf NZA-RR 96, 12; LAG Köln DB 04, 551; LAG Hamm 10. 5. 04 – 10 TaBV 41/04 Juris; *Schaub* § 221 Rn 44; *Dütz* DB 76, 1433; *Heinze* RdA 86, 287). Dies gilt auch dann, wenn mehrere Schulungsveranstaltungen über einen längeren Zeitraum hinweg zur Verfügung stehen (insoweit **aA** GK-*Weber* aaO; *HSWGNR* Rn 192).

VII. Streitigkeiten

Streitigkeiten zwischen einem BRMitgl. und dem ArbGeb. über 253
– die **Fortzahlung des Arbeitsentgelts** oder die Höhe des fortzuzahlenden Arbeitsentgelts bei Arbeitsbefreiung zur Durchführung von BRAufgaben (Abs. 2) oder bei Teilnahme an Schulungs- und Bildungsveranstaltungen nach Abs. 6 und 7,
– die **Gewährung von Freizeitausgleich** bzw. die Zahlung von Mehrarbeitsvergütung bei Durchführung notwendiger BRAufgaben außerhalb der Arbeitszeit (Abs. 3),
– die Frage, ob das **Arbeitsentgelt** des BRMitgl. demjenigen **vergleichbarer ArbN** mit betriebsüblicher beruflicher Entwicklung entspricht (Abs. 4) sowie
– die **Zuweisung eines unterwertigen Arbeitsplatzes** aus zwingenden betrieblichen Gründen (Abs. 5)
sind **individualrechtliche Streitigkeiten,** die im **Urteilsverfahren** zu entscheiden sind (so ständige Rechtsprechung des BAG 18. 6. 74, 17. 9. 74 u. 15. 2. 89 AP Nr. 16, 17 u. 70 zu § 37 BetrVG 1972; ErfK-*Koch* Rn 25; GK-*Weber* Rn 284 ff.; *HSWGNR* Rn 237 ff.; *Richardi/Thüsing* Rn 181 ff.; **aA** LAG Bremen LAGE § 37 BetrVG 1972 Nr. 17; *Söllner* ArbuR 73, 384; *Leinemann* ArbuR 74, 32 (de lege ferenda); *Bulla* RdA 78, 209). Als Vorfrage sind hierbei die betriebsverfassungsrechtlichen Voraussetzungen dieser Ansprüche mitzuentscheiden. Ist über diese Vorfragen bereits in einem Beschlussverfahren (vgl. Rn 257) **rechtskräftig** entschieden worden, so hat diese Entscheidung insoweit für das Urteilsverfahren **präjudizielle Wirkung** (BAG 6. 5. 75 AP Nr. 5 zu § 65 BetrVG 1972; ErfK-*Koch* aaO; *Düwell/Wolmerath* Rn 56; GK-*Weber* Rn 291; *HSWGNR* Rn 238; *Richardi/Thüsing* Rn 183, 190). Bei gleichzeitiger Einleitung eines Urteils- und eines BeschlVerf. (zB Geltendmachung von Auslagen und Lohnansprüchen anlässlich einer Schulungsteilnahme) ist es zum Zwecke der Vermeidung unterschiedlicher Entscheidungen zulässig, das Urteilsverfahren bis zum rechtskräftigen Abschluss des BeschlVerf. auszusetzen (*Dütz* Anm. zu BAG AP Nr. 17 zu § 37 BetrVG 1972). Eine Verbindung beider Verfahren ist (leider) nicht zulässig (*DKK-Wedde* Rn 161; GK-*Weber* Rn 292; *HSWGNR* Rn 242; *Richardi/Thüsing* Rn 189; *Dütz* ArbuR 73, 370; *Bulla* RdA 78, 211; **aA** *SWS* Rn 68; *Söllner* ArbuR 73, 384; *Etzel* RdA 74, 221).

Die Ansprüche sind im Streitfall vom **einzelnen BRMitgl. einzuklagen.** Sie kön- 254 nen ohne eine entsprechende Abtretung nicht von der Gewerkschaft geltend gemacht

werden (BAG 27. 11. 73 AP Nr. 4 zu § 40 BetrVG 1972). Das BRMitgl. muss die
Voraussetzungen für seinen Anspruch darlegen und ggf. beweisen (GK-*Weber* Rn 290).
Hierbei gilt hinsichtlich des Entgeltfortzahlungsanspruches wegen erforderlicher BR-
Tätigkeit nach Abs. 2 allerdings ein abgestuftes Verfahren: Zunächst genügt es, wenn
das BRMitgl. stichwortartige Angaben zu Art und Dauer der BRTätigkeit macht.
Erst wenn der ArbGeb. unter Angabe konkreter Gründe seinerseits darlegt, dass sich
in Bezug auf die stichwortartigen Angaben des BRMitgl. berechtigte Zweifel an der
Erforderlichkeit der Arbeitsbefreiung oder ihrem Umfang ergeben, trifft das BR-
Mitgl. die substantiierte Darlegungs- und Beweislast (BAG 15. 3. 95 AP Nr. 105 zu
§ 37 BetrVG 1972; zustimmend Leege DB 95, 1512; grundsätzlich kritisch zur zivil-
rechtsorientierten Beweislastverteilung *Hamm* ArbuR 96, 18; *Nielebock* AiB 95, 737;
DKK-Wedde Rn 44 a; zur Darlegung von Zweifeln des ArbGeb. vgl. LAG Berlin
NZA RR 98, 20).

255　　Bei Entgeltansprüchen nach den Abs. 2 und 6 erstreckt sich die **Darlegungs-** und
Beweislast darauf, dass bei gewissenhafter Überlegung und vernünftiger Würdigung
aller Umstände die Voraussetzungen für eine Arbeitsbefreiung als gegeben angesehen
werden durften (vgl. Rn 38). Ohne Bedeutung für den Anspruch auf Arbeitsentgelt
ist es, wenn sich im Nachhinein diese Erwartung als unzutreffend erweist, zB eine
Schulungsveranstaltung nachträglich die in sie gestellten Erwartungen nicht erfüllt
hat. Hat die oberste Arbeitsbehörde eines Landes eine Schulungsveranstaltung nach
Abs. 7 als geeignet anerkannt, beschränkt sich die Nachweispflicht des BRMitgl.
insoweit auf diese Anerkennung.

256　　Die in Rn 253 genannten Ansprüche unterfallen, da sie arbeitsvertragliche Hauptpflichten betreffen, einer etwaigen **Ausschlussfrist** (BAG 26. 2. 92 AP Nr. 18 zu
§ 46 BPersVG hinsichtlich § 70 BAT; BAG 19. 1. 05 AuA 05, 436).

257　　Hat dagegen der Streit zwischen ArbGeb. und BR bzw. dem einzelnen BRMitgl.
allein die betriebsverfassungsrechtliche Frage zum Inhalt,
– ob nach Art und Umfang des Betriebs eine entsprechende **Arbeitsbefreiung** zur
　ordnungsgemäßen Durchführung der BRAufgaben **erforderlich** ist (Abs. 2),
– ob **betriebsbedingte Gründe** für die Durchführung von BRAufgaben **außerhalb
　der Arbeitszeit** vorliegen (Abs. 3),
– ob eine **Bildungsveranstaltung** für die BRTätigkeit **erforderliche Kenntnisse**
　vermittelt (Abs. 6),
– ob eine **Genehmigung der obersten Arbeitsbehörde eines Landes** für eine
　bestimmte Schulung und Bildungsveranstaltung vorliegt (Abs. 7),
– in welchem **Umfang einem BRMitgl. ein Anspruch auf bezahlte Freistel-
　lung** für die Teilnahme an Schulungs- und Bildungsveranstaltungen zusteht,
– ob und inwieweit der ArbGeb. **Schulungskosten** zu tragen bzw. zu erstatten hat
　(vgl. § 40 Rn 66 ff., 138 ff.),
ohne daraus vergütungsmäßige Folgerungen zu ziehen, so ist dieser Streit vom ArbG
im **BeschlVerf.** zu entscheiden (vgl. §§ 2 a, 80 ff. ArbGG; BAG 13. 11. 64 und 3. 6.
69 AP Nr. 9 und 11 zu § 37 BetrVG; *DKK-Wedde* Rn 162; *WPK-Kreft* Rn 93; GK-
Weber Rn 294 ff.; *HSWGNR* Rn 143 f.; *Richardi/Thüsing* Rn 186; *Dütz/Säcker* DB
72 Beil. 17, 12; *Etzel* RdA 74, 220; *Bulla* RdA 78, 213). Das Gleiche gilt für Streitigkeiten zwischen dem **einzelnen BRMitgl.** und dem **BR** zB über die Teilnahme
an Schulungs- und Bildungsveranstaltungen (vgl. Rn 233 ff.).

258　　**Antragsberechtigt** sind der **BR,** da es sich bei diesen Streitigkeiten um Fragen
seiner Geschäftsführung handelt (BAG 9. 10. 73 AP Nr. 4 zu § 37 BetrVG 1972; *GL*
Rn 120), sowie der **ArbGeb.** Daneben kommt im Einzelfall eine Antragsberechtigung des **einzelnen BRMitgl.** in Betracht, zB wenn nach einem Beschluss des BR
über seine Schulungsteilnahme vom ArbGeb. die Erforderlichkeit der Schulung
bestritten wird (vgl. Rn 161; vgl. auch BAG 6. 11. 73 AP Nr. 5 u. 6 zu § 37 BetrVG
1972; GK-*Weber* Rn 314). Die Gewerkschaften sind bei Streitigkeiten zwischen
ArbGeb. und BR über die Erforderlichkeit einer Schulung auch dann nicht antragsberechtigt an dem Verfahren zu beteiligen, wenn sie Träger der Schulungsveran-

staltung sind (BAG 28. 1. 75 AP Nr. 20 zu § 37 BetrVG 1972; *DKK-Wedde* Rn 162; ErfK-*Koch* Rn 24).

Das **Rechtsschutzinteresse** an der Feststellung der Erforderlichkeit einer Schu- 259 lung entfällt nicht schon deshalb, weil die Schulungsveranstaltung inzwischen stattgefunden hat, sofern dieselbe Rechtsfrage auch in Zukunft zwischen den Beteiligten wieder streitig werden kann (BAG 10. 6. 74 u. 16. 3. 76 AP Nr. 15 u. 22 zu § 37 BetrVG 1972; GK-*Weber* Rn 300; *Richardi/Thüsing* Rn 192).

Die verfahrensrechtliche Konsequenz der Geltendmachung des Anspruch in der 260 **falschen Verfahrensart** richtet sich nach § 48 ArbGG iVm. § 17a GVG: Für das LAG und BAG ist die gewählte – unzulässige – Verfahrensart dann bindend, wenn das ArbG die Verfahrensart für zulässig erachtet hat und keine Seite die Zulässigkeit der Verfahrensart rügt – auch wenn dies ohne Zwischenbeschluss nach § 17 Abs 3 Satz 1 GVG erfolgt ist – § 65, § 73 Abs. 2 ArbGG, § 17a Abs. 5 GVG (so insoweit überzeugend *WPK-Kreft* Rn 94; *Schwab/Weth/Walker* ArbGG § 48 Rn 96; *Germelmann/Matthes/Prütting/Müller-Glöge* § 48 ArbGG § 73 Rn 31; Aufgabe der Auffassung in der 24. Aufl. unter Rn 260; noch **aa** GK-*Weber* Rn 293; *HSWGNR* Rn 241; *Richardi/Thüsing* Rn 187). Hat das ArbG jedoch trotz Rüge der gewählten Verfahrensart nicht nach § 17a Abs. 3 Satz 2 GVG hierüber vorab entschieden und ist die Rüge berechtigt, kann in diesem Fall auf Antrag die Sache noch in der Revisions- oder Rechtsbeschwerdeinstanz an das im ersten Rechtszug zuständige Arbeitsgericht zur Entscheidung in der richtigen Verfahrensart abgegeben werden (*WPK-Kreft* Rn 94).

Meinungsverschiedenheiten zwischen ArbGeb. und BR darüber, ob der BR bei 261 der Festlegung der zeitlichen Lage der Teilnahme an Schulungs- und Bildungsveranstaltungen die **betrieblichen Notwendigkeiten ausreichend berücksichtigt** hat, sind zwar zunächst durch eine Entscheidung der E-Stelle beizulegen. Da es sich jedoch bei dem Begriff „Berücksichtigung der betrieblichen Notwendigkeiten" um einen Rechtsbegriff, wenn auch mit weitem Beurteilungsspielraum, handelt, kann die Verkennung dieses Rechtsbegriffs durch die E-Stelle gemäß § 76 Abs. 7 im **arbeitsgerichtlichen Beschlussverfahren** geltend gemacht werden (*GL* Rn 125; *Dütz/Säcker* DB 72 Beil. 17, 11 f.; GK-*Weber* Rn 283, 301; *HSWGNR* Rn 251; *Henssler* RdA 91, 268, 273; für den Fall, dass die E-Stelle den Beschluss des BR ersetzt, bejaht *Richardi/Thüsing* Rn 195 nur eine Ermessensüberprüfung nach § 76 Abs. 5). Für das Vorliegen zwingender betrieblicher Notwendigkeit iS von Abs. 5 u. 6 ist der ArbGeb. darlegungs- und beweispflichtig (*GL* Rn 117; GK-*Weber* Rn 301).

Die Begriffe „Umfang und Art des Betriebs", „ordnungsgemäße Durchführung 262 der BRAufgaben", „betriebsbedingte Gründe", „zwingende betriebliche Notwendigkeiten", „für die Arbeit des BR erforderlich" sind **unbestimmte Rechtsbegriffe,** bei deren Beurteilung den Gerichten der Tatsacheninstanz ein **Beurteilungsspielraum** zusteht (BAG 6. 11. 73, 6. 8. 81 u. 16. 3. 88 AP Nr. 5, 39 u. 63 zu § 37 BetrVG 1972; GK-*Weber* Rn 316; im Ergebnis ebenso *Richardi/Thüsing* Rn 193, der dies jedoch für eine Frage der freien Beweiswürdigung der Tatsachengerichte hält). Das Revisions-(Rechtsbeschwerde-)gericht kann daher in materiellrechtlicher Hinsicht nur prüfen, ob das Tatsachengericht die Rechtsbegriffe verkannt oder gegen Denkgesetze oder allgemeine Erfahrungssätze verstoßen hat. Aber auch das Tatsachengericht ist hinsichtlich der für die Erfüllung von BRAufgaben erforderlichen Zeitdauer auf Schätzungen angewiesen, weshalb auf Fälle dieser Art § 287 ZPO über seinen Wortlaut hinaus anzuwenden ist (hierzu ausführlich BAG 1. 3. 63 AP Nr. 8 zu § 37 BetrVG; BAG 17. 2. 93 AP Nr. 37 zu § 40 BetrVG 1972). Zum Beurteilungsspielraum des BR vgl. oben Rn 174.

Auch Streitigkeiten über die **Anerkennung** oder Nichtanerkennung **von Schu-** 263 **lungs- und Bildungsveranstaltungen** durch die oberste Arbeitsbehörde des Landes nach Abs. 7 sind von den ArbG im BeschlVerf. zu entscheiden. Zwar handelt es sich bei der Entscheidung der obersten Arbeitsbehörde der Sache nach um einen Verwaltungsakt (vgl. hierzu *Finkelnburg* DB 73, 968), jedoch ist dessen gerichtliche Überprüfung durch § 2a ArbGG den ArbG zugewiesen (BAG 18. 12. 73, 6. 4. 76,

715

30. 8. 89 u. 11. 8. 93 AP Nr. 7, 23, 73 u. 92 zu § 37 BetrVG 1972; BVerwG BB 77, 899; *DKK-Wedde* Rn 163; GK-*Weber* Rn 303; *HSWGNR* Rn 246; *WW* Rn 45; *Däubler* Rn 539; demgegenüber halten die VerwG für zuständig *Richardi/Thüsing* Rn 196; *Finkelnburg* DB 73, 969; *Berger-Delhey* BB 90, 1559 f.; *Schiefer* DB 91, 1458 ff.). Der Antrag ist auf Aufhebung des Anerkennungsbescheides, nicht auf Feststellung seiner Rechtswidrigkeit zu richten (BAG 6. 4. 76 u. 11. 8. 93 AP Nr. 23 u. 92 zu § 37 BetrVG 1972; GK-*Weber* Rn 307).

264   **Antragsberechtigt** sind die in § 37 Abs. 7 genannten Personen und Organisationen, dh der Antragsteller sowie die am Anerkennungsverfahren beteiligten Spitzenorganisationen der Gewerkschaft und der ArbGebVerbände (BAG 30. 8. 89 u. 11. 8. 93 AP Nr. 73 u. 92 zu § 37 BetrVG 1972; *DKK-Wedde* Rn 150; GK-*Weber* Rn 305; *Richardi/Thüsing* Rn 197 f.; *Däubler* Rn 540; aA *Mauer* BB 91, 475), nicht jedoch der ArbGebVerband, der unter Berücksichtigung des Trägerprinzips nicht zu beteiligen war und auch nicht beteiligt worden ist (BAG 5. 11. 74 AP Nr. 19 zu § 37 BetrVG 1972).

265   **Umstritten** ist, ob auch der **einzelne ArbGeb.** antragsberechtigt ist. Das BAG (Beschluss 6. 4. 76 AP Nr. 23 zu § 37 BetrVG 1972) hatte zunächst zwar ein allgemeines Antragsrecht des einzelnen ArbGeb. verneint, dieses jedoch für den Fall zugestanden, dass ein BRMitgl. aus seinem Betrieb an einer anerkannten Veranstaltung teilnimmt (ebenso *HSWGNR* Rn 247; *Loritz,* BB 82, 1386; **weitergehend** *Finkelnburg* DB 73, 968; *Richardi/Thüsing* Rn 158, 199; aA *Däubler* Rn 542 f.). Später hat das BAG jedoch auch dieses Antragsrecht verneint, da der Anerkennungsbescheid der obersten Arbeitsbehörde gegenüber dem einzelnen ArbGeb. wegen fehlender unmittelbarer Betroffenheit keinen Verwaltungsakt, sondern lediglich ein Tatbestandsmerkmal der auf § 37 Abs. 7 beruhenden Lohnfortzahlungsverpflichtung des ArbGeb. darstelle (BAG 25. 6. 81 AP Nr. 38 zu § 37 BetrVG 1972; hiergegen *Müller* DB 85, 704; *Richardi/Thüsing* SAE 84, 8; neuerdings jedoch wieder offen gelassen von BAG 30. 8. 89 AP Nr. 73 zu § 37 BetrVG 1972). Auch eine Inzidentkontrolle des Anerkennungsbescheids im Rahmen einer Lohnklage des BRMitgl. ist nach BAG unzulässig (BAG 17. 12. 81 AP Nr. 41 zu § 37 BetrVG 1972). Nach dieser Rechtsprechung hat der einzelne ArbGeb. keinerlei Möglichkeit, die Rechtmäßigkeit des Anerkennungsbescheides in Frage zu stellen, und dies, obwohl letztlich allein er durch die Anerkennung belastet wird. Es erscheint zweifelhaft, ob diese Rechtsprechung mit der grundgesetzlich gewährleisteten Rechtsweggarantie vereinbar ist, zumal der einzelne ArbGeb. im Anerkennungsverfahren nicht beteiligt wird (kritisch in dieser Hinsicht ebenfalls ErfK-*Koch* Rn 25; GK-*Weber* Rn 306; *HSWGNR* Rn 247; *Richardi/Thüsing* aaO; *Loritz* aaO; *Müller* aaO; *Grunsky* Anm. zu BAG AP Nr. 38 und 41 zu § 37 BetrVG 1972; *Dütz* AR-Blattei, Betriebsverfassung VIII A Anm. zu Entscheidung 53 a; *Richardi/Thüsing* SAE 84, 8; MünchArbR-*Joost* § 220 Rn 125; *Schiefer* DB 91, 1463 f.; vgl. in diesem Zusammenhang auch die verfassungsrechtlichen Ausführungen in BAG vom 9. 2. 93 AP Nr. 1 zu § 9 BildungsurlaubsG Hessen zur gerichtlichen Überprüfungsmöglichkeit der ministeriellen Anerkennung von Bildungsveranstaltungen nach § 9 Abs. 7 Hess. BildungsurlaubsG).

266   Der Antrag auf Aufhebung des Anerkennungsbescheids hat **keine aufschiebende Wirkung** (*Däubler* Rn 547; aA bei Fehlen der Anordnung der sofortigen Vollziehung: GK-*Weber* Rn 308; *HSWGNR* Rn 250; *Richardi/Thüsing* Rn 203).

267   Auch wenn die Veranstaltung schon durchgeführt ist, besteht das **Rechtsschutzinteresse** für einen Antrag auf Aufhebung des Anerkennungsbescheids fort, da dieser Voraussetzung für den Vergütungsanspruch des BRMitgl. ist und letzterer erst durch die Aufhebung des Bescheids entfällt (BAG 11. 8. 93 u. 11. 10. 95 AP Nr. 92 und 115 zu § 37 BetrVG 1972).

§ 38 Freistellungen

(1) [1] Von ihrer beruflichen Tätigkeit sind mindestens freizustellen in Betrieben mit in der Regel

200 bis	500 Arbeitnehmern	ein Betriebsratsmitglied,
501 bis	900 Arbeitnehmern	2 Betriebsratsmitglieder,
901 bis	1500 Arbeitnehmern	3 Betriebsratsmitglieder,
1501 bis	2000 Arbeitnehmern	4 Betriebsratsmitglieder,
2001 bis	3000 Arbeitnehmern	5 Betriebsratsmitglieder,
3001 bis	4000 Arbeitnehmern	6 Betriebsratsmitglieder,
4001 bis	5000 Arbeitnehmern	7 Betriebsratsmitglieder,
5001 bis	6000 Arbeitnehmern	8 Betriebsratsmitglieder,
6001 bis	7000 Arbeitnehmern	9 Betriebsratsmitglieder,
7001 bis	8000 Arbeitnehmern	10 Betriebsratsmitglieder,
8001 bis	9000 Arbeitnehmern	11 Betriebsratsmitglieder,
9001 bis	10000 Arbeitnehmern	12 Betriebsratsmitglieder.

[2] In Betrieben mit über 10000 Arbeitnehmern ist für je angefangene weitere 2000 Arbeitnehmer ein weiteres Betriebsratsmitglied freizustellen. [3] Freistellungen können auch in Form von Teilfreistellungen erfolgen. [4] Diese dürfen zusammengenommen nicht den Umfang der Freistellungen nach den Sätzen 1 und 2 überschreiten. [5] Durch Tarifvertrag oder Betriebsvereinbarung können anderweitige Regelungen über die Freistellung vereinbart werden.

(2) [1] Die freizustellenden Betriebsratsmitglieder werden nach Beratung mit dem Arbeitgeber vom Betriebsrat aus seiner Mitte in geheimer Wahl und nach den Grundsätzen der Verhältniswahl gewählt. [2] Wird nur ein Wahlvorschlag gemacht, so erfolgt die Wahl nach den Grundsätzen der Mehrheitswahl; ist nur ein Betriebsratsmitglied freizustellen, so wird dieses mit einfacher Stimmenmehrheit gewählt. [3] Der Betriebsrat hat die Namen der Freizustellenden dem Arbeitgeber bekannt zu geben. [4] Hält der Arbeitgeber eine Freistellung für sachlich nicht vertretbar, so kann er innerhalb einer Frist von zwei Wochen nach der Bekanntgabe die Einigungsstelle anrufen. [5] Der Spruch der Einigungsstelle ersetzt die Einigung zwischen Arbeitgeber und Betriebsrat. [6] Bestätigt die Einigungsstelle die Bedenken des Arbeitgebers, so hat sie bei der Bestimmung eines anderen freizustellenden Betriebsratsmitglieds auch den Minderheitenschutz im Sinne des Satzes 1 zu beachten. [7] Ruft der Arbeitgeber die Einigungsstelle nicht an, so gilt sein Einverständnis mit den Freistellungen nach Ablauf der zweiwöchigen Frist als erteilt. [8] Für die Abberufung gilt § 27 Abs. 1 Satz 5 entsprechend.

(3) Der Zeitraum für die Weiterzahlung des nach § 37 Abs. 4 zu bemessenden Arbeitsentgelts und für die Beschäftigung nach § 37 Abs. 5 erhöht sich für Mitglieder des Betriebsrats, die drei volle aufeinander folgende Amtszeiten freigestellt waren, auf zwei Jahre nach Ablauf der Amtszeit.

(4) [1] Freigestellte Betriebsratsmitglieder dürfen von inner- und außerbetrieblichen Maßnahmen der Berufsbildung nicht ausgeschlossen werden. [2] Innerhalb eines Jahres nach Beendigung der Freistellung eines Betriebsratsmitglieds ist diesem im Rahmen der Möglichkeiten des Betriebs Gelegenheit zu geben, eine wegen der Freistellung unterbliebene betriebsübliche berufliche Entwicklung nachzuholen. [3] Für Mitglieder des Betriebsrats, die drei volle aufeinander folgende Amtszeiten freigestellt waren, erhöht sich der Zeitraum nach Satz 2 auf zwei Jahre.

Inhaltsübersicht

I. Vorbemerkung

1 Im Interesse einer möglichst **wirksamen BRArbeit** sieht § 38 Abs. 1 als generalisierende Konkretisierung der allgemeinen Vorschrift des § 37 Abs. 2 ab einer bestimmten Betriebsgröße die **völlige Freistellung** von BRMitgl. vor. Die Anzahl der freizustellenden BRMitgl. ist nach der Betriebsgröße gestaffelt. Die gesetzliche Staffel enthält Mindestzahlen. Die Freistellung kann auch in Form von Teilfreistellungen erfolgen, wobei das Gesamtvolumen der Freistellungszeit nach Abs. 1 nicht überschritten werden darf. Durch TV oder BV können von den Regelungen des Abs. 1 abweichende Regelungen getroffen werden. Während Abs. 2 das bei der Freistellung im Einzelnen zu beachtende Verfahren regelt, bezwecken Abs. 3 und 4 die finanzielle und berufliche Absicherung der freigestellten BRMitgl., insbesondere nach Beendigung ihrer Freistellung.

2 Das **BetrVerf-ReformG** hat die Vorschrift in mehreren Punkten geändert. Zum einen ist die Schwelle, ab der eine Freistellung vorgesehen ist, in Anlehnung an die Absenkung der Schwelle für einen 9-köpfigen BR in § 9 von bisher 300 im Betrieb beschäftigten ArbN auf 200 Beschäftigte abgesenkt worden. Außerdem sind die Staffelung für die Freistellungen geändert, die Zahl der Freistellungen geringfügig erhöht und die Zulässigkeit von Teilfreistellungen ausdrücklich geregelt worden. Ferner sind als Konsequenz aus der generellen Aufhebung des betriebsverfassungsrechtlichen Gruppenprinzips (vgl. § 5 Rn 4) die bisher bestehende Verpflichtung zur Berücksichtigung der Gruppen bei der Freistellung und ihr Recht, bei einer gewissen Gruppenstärke ihre freizustellenden BRMitgl. selbst zu bestimmen, entfallen. Die durch das Änderungsgesetz 1989 eingeführte Regelung, dass die Freizustellenden in geheimer Wahl und bei mehreren Freistellungen nach den Grundsätzen der Verhältniswahl zu bestimmen sind sowie die Abberufung der in Verhältniswahl gewählten Freigestellten einer geheimen Wahl und einer qualifizierten Mehrheit von drei Viertel der BRStimmen bedarf, ist entgegen dem Vorschlag im Regierungsentwurf aufrecht erhalten worden (vgl. BT-Drucks. 14/6352 S. 16, 58; zu verfassungsrechtlichen Bedenken gegen den Wegfall der Verhältniswahl vgl. *Löwisch* BB 01, 726). Zur Anwendung der Neuregelungen auf die bei In-Kraft-Treten des BetrVerf-ReformG bestehenden Freistellungen vgl. Rn 76 a ff.

3 Die Vorschrift gilt nicht für den **GesBR** und **KBR**. Deren Mitgl. sind, soweit sie nicht ohnehin von ihrem BR gemäß § 38 freigestellt sind, für die Erfüllung der Aufgaben dieser ArbNVertr. nach § 37 Abs. 2 iVm. § 51 Abs. 1 und § 59 Abs. 1 von ihrer beruflichen Tätigkeit zu befreien. Auch auf JugAzubiVertr., die GesJugAzubi-

Vertr. und die KJugAzubiVertr. findet § 38 keine Anwendung (vgl. §§ 65, 73 Abs. 2 und 73b Abs. 2). Für ihre Mitgl. gilt allein die Regelung der Arbeitsbefreiung nach § 37 Abs. 2. Allerdings ist es zulässig, dass ArbGeb. und BR eine Vereinbarung auch über eine Freistellung von JugAzubiVertr. treffen (vgl. § 65 Rn 25; GK-*Weber* Rn 3). Auf die Mitgl. der Bordvertr. und von ArbGruppen nach § 28a findet § 38 ebenfalls keine Anwendung (vgl. § 115 Abs. 4 und § 28a Rn 39), wohl gilt er für den SeeBR (§ 116 Abs. 3).

Die Vorschrift gilt ferner für die nach § 3 Abs. 1 Nr. 2 und 3 gebildeten Vertr. der **4** ArbN, da diese an die Stelle des BR treten (vgl. § 3 Abs. 5). Für ArbNVertr. nach § 3 Abs. 1 Nr. 5 bleibt eine Freistellungsregelung dem TV oder der BV überlassen.

Die Regelungen über das Freistellungsverfahren des Abs. 2 und die Schutzbestim- **5** mungen der Abs. 3 und 4 sind **zwingendes Recht** und können weder durch TV noch durch BV abgeändert werden (GK-*Weber* Rn 5; GL Rn 3). Von den Regelungen des Abs. 1 kann TV und BV abgewichen werden (vgl. Abs. 1 S. 5).

Entsprechende Vorschrift: § 46 Abs. 4 BPersVG; keine im SprAuG und EBRG. **6**

II. Freistellung von Betriebsratsmitgliedern

Obwohl § 38 lediglich ein **Unterfall der Generalnorm des § 37 Abs.** 2 ist **7** (vgl. § 37 Rn 17), sind die Begriffe „Freistellung" (§ 38) und „Befreiung von der beruflichen Tätigkeit" (§ 37 Abs. 2) zu unterscheiden. Während unter letzterem die Entbindung von der Arbeitspflicht zu verstehen ist, die aus einem konkreten Anlass zur Durchführung von Aufgaben des BR erforderlich ist, versteht man unter **„Freistellung"** die allgemeine Entbindung der BRMitgl. von ihrer Verpflichtung zur Arbeitsleistung zum Zwecke der Erfüllung von BRAufgaben, ohne dass es jeweils eines konkreten Nachweises bedarf, dass die Arbeitsversäumnis wegen der Durchführung der dem BR obliegenden Aufgaben erforderlich ist (BAG 26. 7. 89 AP Nr. 10 zu § 38 BetrVG 1972; GK-*Weber* Rn 7; HSWGNR Rn 7; *Richardi/Thüsing* Rn 7; *Jülicher* ArbuR 73, 161; zur Rechtsstellung freigestellter BRMitgl. vgl. Rn 77 ff.). Der Anspruch auf Freistellung steht dem BR, nicht von vornherein dem einzelnen BRMitgl. zu (DKK-*Wedde* Rn 5; ErfK-*Koch* Rn 1; GK-*Weber* Rn 9). Dieses erwirbt erst nach seiner Wahl gem. Abs. 2 einen hieraus abgeleiteten Individualanspruch auf Freistellung.

1. Zahl der freizustellenden Mitglieder

Abs. 1 Satz 1 sieht eine nach der Betriebsgröße gestaffelte Zahl von mindestens **8** freizustellenden BRMitgl. vor. Diese **Mindestfreistellungen** knüpfen an die „in der Regel" im Betrieb beschäftigten ArbN an. Zu dem Begriff „in der Regel" vgl. § 1 Rn 271 ff. Maßgebend ist der Zeitpunkt der Wahl der Freizustellenden, nicht des Erlasses des Wahlausschreibens für die BRWahl, da Zweck der Freistellung die ordnungsgemäße Erfüllung der BRAufgaben ist, die von der Zahl der zu betreuenden ArbN abhängt (BAG 26. 7. 89 AP Nr. 10 zu § 38 BetrVG 1972; GK-/*Weber* Rn 11; DKK-*Wedde* Rn 10; ErfK-*Koch* Rn 1; HSWGNR Rn 12; *Richardi/Thüsing* Rn 11).

Maßgebend ist die **Zahl der im Betrieb beschäftigten ArbN.** Im Betrieb be- **9** schäftigt sind auch die ArbN, die nach § 4 in zum Betrieb gehörenden Betriebsteilen oder Kleinstbetrieben arbeiten. Bei Bildung eines BR auf Unternehmensebene oder der Zusammenfassung mehrerer Betriebe nach § 3 Abs. 1 Nr. 1 kommt es auf die Zahl der im Unternehmen bzw. in den zusammengefassten Betrieben beschäftigten ArbN an (vgl. zur Zulässigkeit auch LAG Schleswig-Holstein 9. 7. 08 DB 09, 71). Als ArbN sind die in § 5 Abs. 1 genannten Personen zu verstehen und damit auch die Beamten, Soldaten und ArbN des öffentl. Dienstes (BAG 15. 12. 11 – 7 ABR 65/10 – PM Nr. 95/11; s. auch § 1 Rn 32; § 9 Rn 27; *Hayen* AiB 09, 384, 387). Auch die in

Heimarbeit Beschäftigten, die in der Hauptsache für den Betrieb arbeiten, sind zu berücksichtigen. Desgleichen zählen TeilzeitArbN mit, und zwar nach Köpfen und nicht nur nach Quoten entsprechend ihrer Arbeitszeit (*DKK-Wedde* Rn 9; *ErfK-Koch* Rn 1; GK-*Weber* Rn 11; *Richardi/Thüsing* Rn 10; MünchArbR*Joost* § 220 Rn 47; *Lipke* NZA 90, 759). Derartige Forderungen (vgl. zB *Löwisch* RdA 84, 207) hat das BetrVerf-ReformG nicht aufgegriffen. Es kommt nicht darauf an, dass die ArbN zum BR wahlberechtigt sind. Deshalb zählen auch die im Betrieb beschäftigten jugendlichen ArbN mit. Im Betrieb beschäftigte Leiharbeitnehmer zählen unabhängig davon, ob sie wahlberechtigt sind oder nicht (vgl. hierzu und zum Meinungsstand § 7 Rn 95; § 9 Rn 25; **aA** BAG 22. 10. 03 AP Nr. 28 zu § 38 BetrVG 1972 mit kr. Anm. *Ratay-czak* AiB 04, 212 ff.; ebenfalls kr. *Richardi/*Thüsing Rn 9; *WPK-Kreft* Rn 7; BAG 16. 4. 03 AP Nr. 1 zu § 9 BetrVG 2002; *Junker* EWiR 1/03, 1069; *Nicolai* DB 03, 2599, 2600 f.) mit, wenn sie auf Regelarbeitsplätzen beschäftigt werden. Das ist nicht nur der Fall, wenn sie wegen zeitweiser Abwesenheit von ArbN des Betriebs deren Arbeitsplatz vorübergehend einnehmen (zB Vertretung wegen Mutterschafts- oder Erziehungsurlaub), sondern auch dann, wenn ein Regelarbeitsplatz des Betriebs dauernd mit LeihArbN besetzt wird (ErfK-Koch Rn 1 und § 9 Rn 2; *Reichold* NZA 01, 857, 861; in diese Richtung denkend *Dörner* FS Wißmann S. 286, 295; **aA** BAG 22. 10. 03 AP Nr. 28 zu § 38 BetrVG 1972; *Löwisch* BB 01, 1737; *Konzen* RdA 01, 84; *Maschmann* DB 01, 2450; *Gillen/Vahle* BB 06, 2749; *Löwisch/Kaiser* Rn 4). Für ein generelles Mitzählen der LeihArbN, wenn sie länger als drei Monate im Betrieb und damit wahlberechtigt sind: *Düwell/Wolmerath* Rn 5). Unberücksichtigt bleiben die in der Freistellungsphase befindlichen ArbN eines Blockaltersteilzeitmodells (s. § 9 Rn 19 mwN; BAG 16. 4. 03 AP Nr. 1 zu § 9 BetrVG 2002; *Düwell/Wolmerath* Rn 5; *Gillen/Vahle* BB 06, 2749; **aA** *DKK-Wedde* Rn 9; *Greßlin* S. 46). Ebenfalls nicht mitzurechnen sind die in § 5 Abs. 2 genannten Personen sowie die in § 5 Abs. 3 aus dem Geltungsbereich des Gesetzes ausgenommenen leitenden Ang. (*GL* Rn 6; *Richardi/Thüsing* Rn 8). Nicht mitzuzählen sind ferner nach §§ 229 ff. SGB III im Betrieb beschäftigte Arbeitslose, die vertretungsweise für an beruflichen Weiterbildungsmaßnahmen teilnehmende ArbN eingestellt werden. Nach § 231 Abs. 2 SGB III ist ihre Berücksichtigung bei allen arbeitsrechtlichen Vorschriften, deren Geltung von der Zahl der im Betrieb oder unternehmen beschäftigten ArbN abhängt, ausdrücklich ausgeschlossen. Erwerbsfähige Hilfebedürftige, die Arbeitsgelegenheiten in der Mehraufwandsvariante (sog. **Ein–Euro-Jobs**) nach § 16 Abs. 3 S. 2 SGB II ausüben, zählen ebenfalls nicht mit (LAG Hessen – 9 TaBVGa 81/06 – mwN Juris; *Rixen* Soziale Sicherheit S. 152, 155; *WPK-Kreft* Rn 7; s. auch § 5 Rn 155 mwN; **aA** Schulze NZA 05, 1332; zur Mehrbelastung des BR durch diese Personengruppe s. Rn 23). Nehmen sie dagegen die Arbeitsgelegenheit in einem sozialversicherungspflichtigen Beschäftigungsverhältnis oder iR einer AB-Maßnahme war, sind sie mitzurechnen (s. dazu § 5 Rn 154 mwN).

10   Die **Zahl der mindestens freizustellenden ArbN** ist für Betriebe mit bis 10 000 ArbN unmittelbar aus dem Gesetz abzulesen. Darüber hinaus ist für je angefangene weitere 2000 ArbN mindestens 1 weiteres BRMitgl. freizustellen, so zB in Betrieben mit

10 001 bis 12 000 ArbN 13 BRMitgl.
12 001 bis 14 000 ArbN 14 BRMitgl.
14 001 bis 16 000 ArbN 15 BRMitgl.
usw.

Für Freistellungen in Höhe der gesetzlichen Staffel bestehen außer der erforderlichen ArbNZahl keine weiteren Voraussetzungen. Die Erforderlichkeit dieser Freistellungen wird von Gesetzes wegen unwiderleglich vermutet.

10a   Das **BetrVerf-ReformG** hat die Freistellungsstaffel in zweierlei Hinsicht geändert. Zum einen setzen in Betrieben bis zu 2000 ArbN die maßgebenden Grenzzahlen, ab denen die vorgesehene Anzahl von Freistellungen vorzunehmen ist, früher als nach dem bisherigen Recht ein. So ist die Freistellung von 1 BRMitgl. bereits in Betrieben mit in der Regel 200 ArbN (bisher 300 ArbN) vorgesehen, die Freistellung von 2 BRMitgl. in Betrieben mit 501 (bisher 601) ArbN, die Freistellung von 3 BRMitgl. in Betrieben mit 901 (bisher 1001) ArbN und die Freistellung von 4 BRMitgl. in Betrieben mit 1501 (bisher 2001) ArbN. Zum anderen ist in Betrieben mit mehr als 2000 ArbN unter Beibehaltung der bisherigen Staffelung, die Zahl der freizustellenden BRMitgl. jeweils um 1 BRMitgl. erhöht. Zu den Auswirkungen dieser Neuregelung auf die bei Inkrafttreten des BetrVerf-ReformG bestehenden Freistellungen vgl. 21. Aufl. Rn 76a ff.

Stellt ein ArbGeb. ein BRMitgl. von der Arbeit frei, damit es die sonst von einer **11** Bürokraft zu erledigenden Aufgaben wahrnimmt (vgl. § 40 Abs. 2), ist dieses BRMitgl. nicht auf die Anzahl der nach § 38 freizustellenden BRMitgl. anzurechnen (BAG 12. 2. 97 AP Nr. 19 zu § 38 BetrVG 1972).

Die Freistellungen können statt in Vollfreistellungen auch in **Teilfreistellungen 12** erfolgen. Das BetrVerf-ReformG hat diese bisher umstrittene Frage (vgl. zu dieser Streitfrage 20. Aufl. Rn 11) im Sinne der Zulässigkeit von Teilfreistellungen entschieden (vgl. Abs. 1 S. 3). Mit der ausdrücklichen Zulassung von Teilfreistellungen wird zum einen die Möglichkeit von teilzeitbeschäftigten BRMitgl. verbessert, sich in die BRArbeit einzubringen. Sie kommt auch denjenigen vollzeitbeschäftigten BRMitgl. entgegen, die während der Freistellung ihre berufliche Tätigkeit nicht völlig aufgeben wollen. Auch bietet die Möglichkeit der Teilfreistellung dem BR die Chance, insb. in Organisationseinheiten nach § 3 Abs. 1 Nr. 1 bis 3 mit räumlich weit auseinander liegenden Betriebsstätten effiziente BRArbeit sicherzustellen (BT Drucks. 14/4571 S. 41; *DKK-Wedde* Rn 20).

Ausdrücklich klargestellt ist, dass im Falle von Teilfreistellungen das sich aus Abs. 1 **12a** S. 1 und 2 ergebende, auf die Freistellung von vollzeitbeschäftigten BRMitgl. abgestellte Gesamtfreistellungsvolumen nicht überschritten werden darf (vgl Abs. 1 S. 4). Bei dieser Bewertung ist von einer konkreten Betrachtungsweise auszugehen, dh die Summe der einzelnen Frei- bzw. Teilfreistellungen darf die Summe der sich aus der gesetzlichen Regelung ergebenden Vollfreistellungen nicht überschreiten (*Löwisch* BB 01, 1743).

Grundlage für die Berechnung des Freistellungsumfangs für Teilfreistellungen ist **12b** damit die Arbeitszeit eines vollzeitbeschäftigten ArbN (*DKK-Wedde* Rn 19; *Richardi/ Thüsing* Rn 14; ErfK-*Koch* Rn 4; GK-*Weber* Rn 16, 28, 30; *WPK-Kreft* Rn 11; *Windeln* S. 190; *Peter* AiB 02, 282, 283; *Greßlin* S. 170 ff.; *Gillen/Vahle* BB 06, 2749; **aA** *Löwisch/Kaiser* Rn 10, wonach sich die Obergrenze des Umfangs der Freistellung nach der Arbeitszeit des konkret freizustellenden BRMitgl. richtet mit der Folge, dass nach dem dort gebildeten Beispielsfall bei einer hälftigen Freistellung eines teilzeitbeschäftigten BRMitgl. von seiner Arbeitszeit ein vollzeitbeschäftigtes BRMitgl. nur noch zu einem Viertel seiner Arbeitszeit freigestellt werden könnte; ebenfalls **aA** *SWS* Rn 15 und *Hornung* DB 02, 94, 95, die dagegen von einer prozentualen Verteilung der Arbeitszeitvolumina ausgehen, so dass zB bei einer Freistellung eines BRMitgl. zu 50% von seiner Arbeitszeit ein weiteres BRMitgl. ebenfalls zu 50% freigestellt werden kann, unabhängig davon, ob das BRMitgl. teilzeit- oder vollzeitbeschäftigt ist). Bei der Ermittlung, ob der Freistellungsumfang nach Abs. 1 S. 1 bereits erschöpft ist, ist ausschließlich auf den Umfang der Arbeitszeit, für die das BRMitgl. freigestellt wird, abzustellen (vgl. BT-Drucks. 14/5741 S. 41). Diese ist sodann mit der Arbeitszeit eines Vollzeitbeschäftigten in Verhältnis zu stellen. Daraus ergibt sich zweifelsfrei der Anteil des ggf. noch auf andere BRMitgl. zu verteilenden Freistellungsvolumens. Gesichert ist mit dieser Vorgehensweise, dass dem BR immer das gleiche Freistellungsvolumen zur Verfügung steht, unabhängig davon, ob die Teilfreistellung ein vollzeitbeschäftigtes oder teilzeitbeschäftigtes BRMitgl. betrifft (so auch GK-*Weber* Rn 28, 30). Auch nur so kann der Intention des Gesetzgebers Rechnung getragen werden, dass ab einer bestimmten Betriebsgrößenklasse für den BR ein bestimmtes Freistellungsvolumen zur Erfüllung seiner Aufgaben unwiderleglich erforderlich ist. Der Umfang bestimmt sich nach der betrieblichen Vollarbeitszeit; bestehen im Betrieb verschiedene Arbeitszeitmodelle und damit ggf. auch mehrere

Vollarbeitszeiten, kommt es auf das mehrheitlich angewandte Vollzeitmodell an (*Greßlin* S. 173 f.; *Gillen/Vahle* BB 06, 2749).

Beispiel:

BRMitgl. A (vollzeitbeschäftigt mit 37 Stunden) möchte lediglich für 17 Std. freigestellt werden, um den Anschluss an seinen Job nicht zu verlieren. Die restlichen 20 Std. will der BR auf die beiden teilzeitbeschäftigten BRMitgl. B und C (jeweils 20 Stunden) mit je 10 Std. verteilen. Das Freistellungsvolumen eines Vollzeitbeschäftigten wird nicht überschritten, da die Teilfreistellungen insgesamt nicht den Umfang einer Vollfreistellung im Sinne des Abs. 1 S. 1 (hier 37 Stunden) überschreiten. Anstelle der Teilfreistellungen von B und C, könnte der BR auch beschließen, A mit 17 Stunden und B mit 20 Stunden von seiner Arbeit freizustellen. Auch in diesem Fall wird durch die Teilfreistellung des A mit 17 Stunden und der Freistellung von B mit 20 Stunden der Umfang der Freistellung nach Abs. 1 S. 1 mit 37 Stunden nicht überschritten (ebenso *Greßlin* S. 172; aA *HSWGNR* Rn 21; *Hornung* DB 02, 94, die im Fall der Freistellung des teilzeitbeschäftigten BRMitgl. B im Umfang seines vollen Arbeitszeitvolumens bereits von einer Vollfreistellung iSd. Abs. 1 S. 1 und 2 ausgehen, so dass für eine weitere Teilfreistellung kein Raum mehr sei).

12c   Dagegen gewähren die Lösungsansätze, die allein auf die Arbeitszeitvolumina der freizustellenden BRMitgl. bzw. von einer prozentualen Verteilung ausgehen s. Rn 12 b), kein einheitliches Freistellungsvolumen für den BR. Ausgehend vom obigen Beispielsfall könnte bei einer rein prozentualen Verteilung der Freistellung der BR bei einer Teilfreistellung von A mit 17 Stunden (46% von 37 Stunden) lediglich noch 54% auf andere BRMitgl. verteilen. Will er B und C eine Teilfreistellung gewähren, könnten diese nur noch zu je 27%, dh mit je 5,4 Stunden freigestellt werden. Insgesamt ergibt dies prozentual zwar 100% aber stundenmäßig nur ein Freistellungsvolumen von insgesamt 27,8 Stunden. Wollen stattdessen B und C aber je zur Hälfte freigestellt werden, dh mit je 10 Stunden, könnte A nach dieser Lösung keine Teilfreistellung mehr erhalten, da die beiden Teilfreistellungen von B und C bereits 100% ausmachen, auch wenn erst 20 Stunden verbraucht sind. Diese Rechnung trifft im Ergebnis auch auf den Lösungsansatz von *Löwisch/Kaiser* aaO (Rn 12 b) zu. Auch nach deren Berechnungsmethode stehen dem BR je nach Ausgangslage unterschiedliche Freistellungsvolumina zur Verfügung: Wird A zu $^3/_4$ von seiner Arbeit freigestellt (= 27,75 Std.) verbleibt für B noch $^1/_4$ (= 5 Std.). Dies macht insgesamt ein Freistellungsvolumen von 32,75 Std. Soll umgekehrt B zu $^3/_4$ von seiner Arbeit freigestellt werden (= 15 Std.) bleibt für A nur noch $^1/_4$ (= 9,25 Std.) übrig. Dies macht ein Freistellungsvolumen von insgesamt nur 24,25 Stunden aus. Die Ergebnisse dieser Lösungsansätze zeigen, dass diese mit Sinn und Zweck der Regelung nicht vereinbar sind. Sie bringen weder für den Arbeitgeber noch für den BR Planungssicherheit, da sich je nach Ausgangsfall ein unterschiedliches Zeitvolumen für die „Gesamtfreistellung" als Vollfreistellung ergibt.

13   Die Entscheidung darüber, **ob** und **in welchem Umfang** statt Vollfreistellungen **Teilfreistellungen** vorgenommen werden sollen, trifft der BR nach Beratung mit dem ArbGeb. (s. Rn 45 f.) durch Beschluss. Das ergibt sich nicht nur daraus, dass der Anspruch auf Freistellung zunächst ausschließlich dem BR zusteht (vgl. Rn 7), sondern auch aus der alleinigen Verantwortung des BR darüber, in welcher Art und Weise er die ihm obliegenden Aufgaben zu erfüllen gedenkt (GK-*Weber* Rn 29; *Greßlin* S. 176 f.). Bei seiner Entscheidung kann der BR im Interesse der Vermeidung einer Verzettelung der BRArbeit auch festlegen, dass Teilfreistellungen einen bestimmten zeitlichen Mindestumfang haben müssen. Ihre Grenze findet die Möglichkeit der Aufteilung in Teilfreistellungen, wenn sie eine ordnungsgemäße Erfüllung der BRAufgaben nicht mehr gewährleistet („Atomisierung" des Freistellungsanspruchs – so auch *Richardi/Thüsing* Rn 14; *DKK-Wedde* Rn 22; *SWS* Rn 16; Grenze vertrauensvolle Zusammenarbeit: ErfK-*Koch* Rn 4). Die Entscheidung, ob, wie viele und in welchem zeitlichen Umfang Teilfreistellungen vorgesehen werden sollen, hat der BR vor Durchführung der Wahl der Freizustellenden zu treffen (so auch LAG Brandenburg 4. 3. 03 – 2 TaBV 22/02 – Juris, *Greßlin* S. 210, 212). Hierbei kann er selbstverständlich die Zahl der teilzeitbeschäftigten BRMitgl. ebenso berücksichtigen wie den Umstand, dass vollzeitbeschäftigte BRMitgl. nur zu einer Teilfreistellung bereit sind. Zur Verteilung der beschlossenen Freistellungsplätze auf die gewählten Bewerber vgl. unten Rn 41 ff.

Aus seiner Verantwortung für eine sachgerechte Erfüllung der ihm obliegenden **14** Aufgaben kann der BR auch nähere Regelungen über die **zeitliche Lage der Teilfreistellungen** treffen. Hierbei sind unterschiedliche Regelungen denkbar. So kann zB die Teilfreistellung vollzeitbeschäftigter BRMitgl. in der Weise erfolgen, dass sie an jedem Arbeitstag für bestimmte Stunden oder an bestimmten Arbeitstagen in vollem Umfang von der Arbeit freizustellen sind (GK-*Weber* Rn 29). Ferner ist es zulässig, die Lage der Teilfreistellung flexibel dahingehend zu gestalten, dass sie an die jeweiligen Erfordernisse sowohl der BRArbeit, aber auch den beruflichen Tätigkeit des BRMitgl. angepasst werden kann (ErfK-*Koch* Rn 4). Zu denken ist zB an eine Regelung, die es einem vollzeitbeschäftigtem, jedoch nur teilweise freigestelltem BR-Mitgl., das aus beruflichen Gründen an einer dringenden Fortbildung oder wichtigen Dienstreise teilnehmen will, gestattet, die in dieser Zeit liegenden Freistellungszeit zu einem anderen Zeitpunkt zu verwirklichen. Bei Abwägung der jeweiligen Erfordernisse haben im Streitfall die Erfordernisse der BRArbeit Vorrang (ErfK-*Koch* Rn 4). Die Teilfreistellung ist ein Unterfall der Vollfreistellung, so dass der BR auch im Fall der Teilfreistellung nicht die Erforderlichkeit von Umfang und Dauer der Freistellung darlegen muss, soweit er sich im Rahmen der zulässigen Gesamtfreistellung nach Abs. 1 S. 4 hält (GK-*Weber* Rn 29; ErfK-*Koch* Rn 4; *Gillen/Vahle* BB 06, 2749). Da es grundsätzlich der freien Organisationsentscheidung des BR obliegt, in welcher Weise er die Teilfreistellung umsetzt, muss der BR auch nicht die Notwendigkeit der Aufteilung der Freistellung in Teilfreistellungen dem ArbGeb. darlegen (*DKK-Wedde* Rn 19, 22; GK-*Weber* Rn 29; *Greßlin* S. 189ff., 201f.; aA ErfK-*Koch* Rn 4; *HSWGNR* Rn 21–23). Der ArbGeb. kann jedoch die Einigungsstelle nach Abs. 2 S. 4 anrufen, wenn er die Teilfreistellung eines BRMitgl. für sachlich nicht vertretbar hält (GK-*Weber* Rn 29; *SWS* Rn 16; *DKK-Wedde* Rn 22; *Löwisch/Kaiser* Rn 9, 17; *Greßlin* S. 196; s. dazu Rn 60ff.; aA *Gillen/Vahle* BB 06, 2749: Beschlussverf. oder einstw. Vfg.).

Erhöht sich die Zahl der regelmäßig beschäftigten ArbN während der Amts- **15** zeit des BR nicht nur vorübergehend, so ist dieser berechtigt, die Zahl der freizustellenden BRMitgl. entsprechend zu erhöhen (GK-*Weber* Rn 13; *DKK-Wedde* Rn 10; *HSWGNR* Rn 12; *Richardi/Thüsing* Rn 11): Entsprechendes gilt im umgekehrten Fall. Sinkt die Belegschaftsstärke nicht nur vorübergehend, so ist die Zahl der Freigestellten entsprechend zu verringern, es sei denn, die Aufgaben des BR haben sich nicht entsprechend verringert (*DKK-Wedde* aaO; ErfK-*Koch* Rn 1; **enger** iS einer zwingenden Reduzierung der Zahl der Freigestellten GK-*Weber* Rn 14; *Wlotzke/Preis* Rn 10; *Richardi/Thüsing* aaO; *Gillen/Vahle* BB 06, 2749; für das Personalvertretungsrecht vgl. BVerwG 9. 7. 08 Der Personalrat 08, 415).

Bei einer **Erhöhung** der Anzahl der Freigestellten kann der BR beschließen, dass **16** die zusätzliche Freistellung in Form von Teilfreistellungen durchzuführen ist. Bei der zusätzlichen Freistellung findet § 25, der nur für den Fall des Ausscheidens oder einer vorübergehenden Verhinderung eines BRMitgl. gilt, keine Anwendung (BAG 20. 4. 05 AP Nr. 29 zu § 38 BetrVG 1972; BAG 16. 3. 05 AP Nr. 6 zu § 28 BetrVG 1972); es ist vielmehr neu zu wählen. Ist der bisherige Wahl in Form der Mehrheitswahl erfolgt, kann hinsichtlich der zusätzlichen freie isolierte Neuwahl nach den Grundsätzen der Mehrheitswahl erfolgen (so wohl auch BAG 20. 4. 05 aaO; BAG 16. 3. 05 aaO; **aA** *Richardi/Thüsing* Rn 12, wonach der Erste der bei der Wahl der Freizustellenden nicht mehr zum Zuge gekommene Bewerber nunmehr ebenfalls freizustellen ist). Ist dagegen die Wahl als Verhältniswahl durchgeführt worden, hat eine Neuwahl aller freizustellenden BRMitgl. zu erfolgen (BAG 20. 4. 05 AP Nr. 29 zu § 38 BetrVG 1972; BAG 16. 3. 05 AP Nr. 6 zu § 28 BetrVG 1972; *Richardi/*

Thüsing Rn 12; *WPK-Kreft* Rn 24; **aA** *DKK-Wedde* Rn 59 f. u GK-*Weber* Rn 75: isolierte Nachwahl in Mehrheitswahl, wenn Listen unter Anwendung des § 25 erschöpft sind). Eine vorherige **Abberufung** der bisher freigestellten BRMitgl. ist im Fall der Erhöhung der Freistellungen nicht erforderlich (BAG 20. 4. 05 aaO). Eine isolierte Wahl des zusätzlich freizustellenden BRMitgl. in Form der Mehrheitswahl ist dagegen zulässig, wenn alle BRMitgl. dies beschließen (GK-*Weber* Rn 75; *Wlotzke/ Preis* Rn 24; s. auch Rn 55).

17   Dagegen kann im Falle der **Verringerung** der Anzahl der Freizustellenden die Anpassung in der Weise erfolgen, dass die Freistellung des letzten bei der Freistellungswahl noch berücksichtigten Bewerbers aufgehoben wird (**aA** Neuwahl aller Freizustellenden notwendig: *DKK-Wedde* Rn 60; *HSWGNR* Rn 12). Die Anpassung kann auch durch die Abberufung eines der bisher Freigestellten erfolgen (*Richardi/Thüsing* Rn 12), wobei allerdings das hier uU notwendige qualifizierte Quorum von drei Viertel der Stimmen (vgl. hierzu Rn 73) zu beachten ist (GK-*Weber* Rn 14 hält nur dies für zulässig).

18   Die Zahl der freizustellenden BRMitgl. ist als **Mindestzahl** bezeichnet. Die sich nach der Tabelle ergebenden Freistellungen werden im Einzelfall je nach den Verhältnissen des Betriebs, insbesondere in Großbetrieben mit ihren vielfältigen Problemen, uU nicht ausreichen. Die Zahl der Freistellungen kann deshalb auch erhöht werden. Dass eine solche Erhöhung durch TV oder durch eine freiwillige, nicht durch Anrufen der E-Stelle erzwingbare BV erfolgen kann, ist in Abs. 1 Satz 5 ausdrücklich gesagt (vgl. Rn 28 ff.).

19   Darüber hinaus hat der BR aber auch ohne eine derartige Vereinbarung Anspruch auf eine entsprechende Erhöhung der Zahl der freizustellenden BRMitgl., wenn dies zur **ordnungsgemäßen Durchführung seiner Aufgaben erforderlich** ist. Das ergibt sich daraus, dass die Freistellungsstaffel des Abs. 1 ausdrücklich als Mindestzahl bezeichnet und lediglich eine generalisierende Konkretisierung der allgemeinen Regelung des § 37 Abs. 2 ist, die durch § 38 Abs. 1 nicht verdrängt wird (BAG 22. 5. 73 u. 26. 7. 89 AP Nr. 1, 2 und 10 zu § 38 BetrVG 1972; BAG 22. 5. 73 u. 13. 11. 91 AP Nr. 2 u. 80 zu § 37 BetrVG 1972; GK-/*Weber* Rn 17; *DKK-Wedde* Rn 11; *Richardi/ Thüsing* Rn 16; *Gillen/Vahle* BB 06, 2749; **aA** *HSWGNR* Rn 16).

20   Bestehen zwischen ArbGeb. und BR Meinungsverschiedenheiten über die Frage, ob eine Erhöhung der Zahl der freizustellenden BRMitgl. zur ordnungsgemäßen Erfüllung der Aufgaben des BR erforderlich ist, so ist dieser nicht berechtigt, eine entsprechende Erhöhung der Zahl der Freistellungen einseitig zu beschließen. Die Frage der Erforderlichkeit weitergehender Freistellungen ist vielmehr **zunächst in einem arbeitsgerichtlichen Beschlussverfahren** zu klären (BAG 22. 5. 73, 9. 10. 73, 16. 1. 79 u. 26. 7. 89 AP Nr. 2, 3, 5 u. 10 zu § 38 BetrVG 1972; ErfK-*Koch* Rn 2; *GL* Rn 19; GK-*Weber* Rn 22; *Richardi/Thüsing* Rn 16; *Jülicher* ArbuR 73, 164; **aA** *DKK-Wedde* Rn 12, der auch die Anrufung der Einigungsstelle für zulässig erachtet; *Auffarth* ArbuR 72, 35). Eine über die gesetzliche Staffel hinausgehende Freistellung kann deshalb auch nicht lediglich in der Geschäftsordnung des BR festgelegt werden, ohne das hierüber vorher mit dem ArbGeb. eine Vereinbarung getroffen oder ein entsprechender rechtskräftiger arbeitsgerichtlicher Beschluss erlassen worden ist (BAG 16. 1. 79 AP Nr. 5 zu § 38 BetrVG 1972). Eine vorläufige Regelung durch eine einstweilige Verfügung ist zulässig (GK-*Weber* Rn 22; *DKK-Wedde* Rn 12; *Dütz* DB 76, 1433).

21   Über die gesetzliche Staffel hinausgehende Freistellungen sind zulässig, soweit diese zur **ordnungsmäßigen Durchführung der Aufgaben des BR** erforderlich sind (BAG 22. 5. 73 u. 26. 7. 89 AP Nr. 1, 2 u. 10 zu § 38 BetrVG 1972; GK-*Weber* Rn 21; *DKK-Wedde* Rn 13; ErfK-*Koch* Rn 2; *Richardi/Thüsing* Rn 15). Es gelten die Grundsätze für die Arbeitsbefreiung nach § 37 Abs. 2 (*Gillen/Vahle* BB 06, 2749; vgl. hierzu § 37 Rn 35 ff.). Eine Freistellung, die nicht zur Erfüllung der Aufgaben des BR erforderlich ist, ist eine nicht gerechtfertigte Begünstigung des betreffenden BRMitgl. und wegen Verstoßes gegen § 78 Abs. 1 nichtig (*Jülicher* ArbuR 73, 162;

LAG Köln NZA-RR 99, 247 bzgl. Vereinbarung einer Vergütung von „betriebsrats-bedingter" Mehrarbeit; vgl. hierzu § 78 Rn 22 f.).

Über die gesetzliche Staffel hinausgehende Freistellungen sind dann zur ordnungs- **22** mäßigen Durchführung der Aufgaben des BR erforderlich, wenn es den entsprechend der gesetzlichen Staffel freigestellten BRMitgl. auch unter Berücksichtigung der Arbeitsbefreiung der übrigen BRMitgl. nach § 37 Abs. 2 nicht möglich ist, die Aufgaben des BR ordnungsgemäß **innerhalb der betriebsüblichen Arbeitszeit** zu erfüllen (BAG 21. 5. 74 AP Nr. 14 zu § 37 BetrVG 1972; BAG 12. 2. 97 AP Nr. 19 zu § 38 BetrVG 1972). Die Erforderlichkeit muss sich aus den Verhältnissen des betreffenden Betriebs ergeben und ist vom BR durch konkrete Tatsachen darzulegen (BAG 22. 5. 73 AP Nr. 2 zu § 37 BetrVG 1972; BAG 12. 2. 97 aaO). Hierbei sind an die Darlegungslast bei einer erhöhten Freistellung für die gesamte Dauer der Amtsperiode höhere Anforderungen zu stellen, als wenn es lediglich um eine vorübergehende zusätzliche Freistellung für eine nur temporär begrenzte Erweiterung notwendiger BRAufgaben oder um eine Ersatzfreistellung für ein oder mehrere längere Zeit verhinderte freigestellte BRMitgl. geht (BAG 22. 5. 73 u. 26. 7. 89 AP Nr. 1 u. 10 zu § 38 BetrVG 1972). Die Tatsachengerichte haben bei der Prüfung der Erforderlichkeit einen Beurteilungsspielraum, der vom BAG nur eingeschränkt überprüft werden kann (BAG 9. 10. 73 AP Nr. 3 zu § 38 BetrVG 1972). Vgl. zu einer nur in Einzelfällen über die Zeit der Teilfreistellung hinaus geleisteten BR-Arbeit nach § 37 Abs. 2 LAG Hessen NZA-RR 07, 296.

Als Umstände, die eine erhöhte Zahl von freizustellenden BRMitgl. rechtfertigen **23** können, kommen zB in Betracht: Besonderheiten der betrieblichen Organisation, zahlreiche und verstreut liegende betriebliche Außenstellen, durchgehender Dreischichtenbetrieb, längerfristige Beurlaubung eines freigestellten BRMitgl. aber auch die erhöhte Arbeitsbelastung durch die Repräsentation der im Betrieb tätigen LeihArbN (vgl. BAG 22. 10. 03 AP Nr. 28 zu § 38 BetrVG 1972, das eine Darlegung der konkreten Arbeitsbelastung des BR durch LeihArbN im Betrieb fordert; ausführlich zur generellen Arbeitsbelastung des BR durch LeihArbN siehe *Ratayczak* AiB 04, 212 ff.) und erwerbsfähigen Hilfebedürftigen nach § 16 Abs. 3 S. 2 SGB II (Ein-Euro-Job; s. auch *Rixen* Soziale Sicherheit S. 152, 155). Ferner kann die zeitweise Verhinderung eines freigestellten BRMitgl. durch seine Tätigkeit als Vors. des GesBR eine teilweise Freistellung eines weiteren BRMitgl. rechtfertigen, wenn die Aufgaben des BR auch nach einer zumutbaren betriebsratsinternen Umverteilung durch die anderen BRMitgl. nicht erledigt werden können und feststeht, dass eine Arbeitsbefreiung einzelner BRMitgl. nach § 37 Abs. 2 aus konkretem Anlass nicht ausreicht (BAG 12. 2. 97 AP Nr. 19 zu § 38 BetrVG 1972).

Für die **Auswahl** der zusätzlich freizustellenden BRMitgl. gelten die Regelungen **24** des Abs. 2, so dass zusätzliche Freistellungen grundsätzlich zusammen mit den Mindestfreistellungen nach Abs. 1 vorzunehmen sind (GK-*Weber* Rn 24; vgl. auch unten Rn 29; zu Ersatzfreistellungen vgl. Rn 26 f., 47 ff.).

Durch das BetrVerf-ReformG ist die Schwelle, ab der ein BRMitgl. freizustellen **25** ist, von 300 auf 200 im Betrieb beschäftigte ArbN abgesenkt worden. Damit ist eine wesentliche Erleichterung für die BRArbeit geschaffen worden. Obwohl damit die Frage, ob auch BR in Betrieben mit **weniger als 200 ArbN** einen Freistellungsanspruch haben können, an Bedeutung verloren hat, ist sie mit der Herabsetzung des untersten Schwellenwertes auf 200 Beschäftigte nicht abschließend beantwortet. Nach wie vor ist nicht auszuschließen, dass auch in kleineren Betrieben in einem Maße BRArbeit anfällt, die mit der Möglichkeit konkreter Arbeitsbefreiungen nach § 37 Abs. 2 nur unzureichend erledigt werden kann. Deshalb ist auch weiterhin in Fällen, in denen regelmäßig erforderliche Mehrarbeit des BR in einem bestimmten, einer Pauschalierung zugänglichen Mindestumfang anfällt, die Zulässigkeit jedenfalls einer pauschalierten Teilfreistellung zu bejahen (vgl. zum bisherigen Recht: BAG 2. 4. 74 u. 13. 11. 91 AP Nr. 10 u. 80 zu § 37 BetrVG 1972; zustimmend *DKK-Wedde* Rn 15; ErfK-*Koch* Rn 2; GK-*Weber* Rn 24; *Richardi/Thüsing* Rn 15; *Gillen/*

Vahle BB 06, 2749; vgl. auch *Ottow* DB 75, 646; **aA** *HSWGNR* Rn 18 f.). Da es auf die konkreten Umstände des einzelnen Betriebs ankommt, lassen sich Richtwerte nicht aufstellen (BAG 21. 11. 78 AP Nr. 34 zu § 37 BetrVG 1972). Die Einrichtung und Durchführung von Sprechstunden des BR nach § 39 rechtfertigt für sich allein keine pauschale Teilfreistellung eines BRMitgl. (BAG 13. 11. 91 AP Nr. 80 zu § 37 BetrVG 1972).

26   Ist ein freigestelltes BRMitgl. zeitweilig verhindert, so hat der BR, wenn dies für die ordnungsmäßige Durchführung seiner Aufgaben erforderlich ist, auf Grund der allgemeinen Regelung des § 37 Abs. 2 Anspruch auf **Ersatzfreistellung** eines anderen BRMitgl. (BAG 22. 5. 73 und 9. 7. 97 AP Nr. 1 und 23 zu § 38 BetrVG 1972; *DKK-Wedde* Rn 23 f.; *GL* Rn 22; *GK-Weber* Rn 38; *Richardi/Thüsing* Rn 18; *Schneider* AiB 99, 308, der den Anspruch unmittelbar auf § 38 Abs. 1 stützt; **aA** *HSWGNR* Rn 16). Der BR ist in diesem Falle nicht darauf beschränkt, sich lediglich mit Arbeitsbefreiungen aus konkretem Anlass nach § 37 Abs. 2 zu begnügen. Die Notwendigkeit einer Ersatzfreistellung ist durch konkrete Gründe näher darzulegen (BAG 9. 7. 97 AP Nr. 23 zu § 38 BetrVG 1972). Zur Wahl der ersatzweise Freizustellenden vgl. Rn 47 ff.

27   Ob in jedem Falle sofort eine völlige Ersatzfreistellung eines anderen BRMitgl. notwendig ist, lässt sich nicht generell, sondern nur unter Berücksichtigung der konkreten Gegebenheiten des Einzelfalles beurteilen. Zu berücksichtigen sind hierbei insbesondere die Dauer der Verhinderung des freigestellten BRMitgl., die Anzahl der freigestellten BRMitgl. sowie Art, Organisation und räumliche Lage der einzelnen Betriebsstätten sowie die Arbeitszeit des Betriebs (zB Schichtbetrieb). Im Allgemeinen dürfte jedenfalls in größeren Betrieben, in denen mehrere BRMitgl. freigestellt sind, nicht bereits jede kurzfristige Verhinderung eines freigestellten BRMitgl. den BR berechtigen, für die Dauer der Verhinderung ein anderes seiner Mitgl. völlig von der Arbeit freizustellen. Vielmehr ist davon auszugehen, dass der Gesetzgeber bei der Aufstellung der Mindeststaffel des Abs. 1 solche üblichen kurzfristigen Fehlzeiten, die bei jedem ArbN einmal vorkommen, mit berücksichtigt hat (BAG 22. 5. 73 AP Nr. 2 zu § 37 BetrVG 1972; BAG 9. 7. 97 AP Nr. 23 zu § 38 BetrVG 1972; ErfK-*Koch* Rn 3; *GL* Rn 22; *GK-Weber* Rn 37 ff.; *Richardi/Thüsing* Rn 18 f., *SWS* Rn 34; **aA** *DKK-Wedde* Rn 23; *Schneider* AiB 99, 308). Etwas anderes kann jedoch in kleineren Betrieben gelten, in denen nur ein oder zwei BRMitgl. freigestellt sind, oder wenn mehrere Freigestellte gleichzeitig verhindert sind (insoweit zutreffend *DKK-Wedde* Rn 23 f.). In jedem Fall besteht stets die Möglichkeit einer vorübergehenden, aus konkretem Anlass notwendig werdenden Arbeitsbefreiung eines BRMitgl. nach § 37 Abs. 2.

2. Anderweitige Regelungen durch Tarifvertrag oder Betriebsvereinbarung

28   Durch Abs. 1 Satz 5, nach dem durch TV oder BV **anderweitige Regelungen** über die Freistellung vereinbart werden können, wird die Möglichkeit eröffnet, anstelle der gesetzlichen eine anderweitige pauschalierte Regelung der Freistellung festzulegen. Wie sich aus der Stellung des Satzes 5 ergibt, können die anderweitigen Regelungen sowohl die Zahlen und Schwellenwerte der Sätze 1 und 2 als auch die Voraussetzungen und Modalitäten von Teilfreistellungen betreffen. So ist es zB möglich, auch für Betriebe unter 200 ArbN eine pauschalierte völlige oder teilweise Freistellung von BRMitgl. zu vereinbaren oder für die Anzahl der Freizustellenden andere Anknüpfungspunkte als die ArbNZahl des Betriebes festzulegen, zB die Zahl der BRMitgl. oder der Betriebsbereiche bei zersplitterter Betriebsstruktur (*DKK-Wedde* Rn 25 f.; *GL* Rn 31; *GK-Weber* Rn 32; *Richardi/Thüsing* Rn 21 f.). Ferner kann eine Höchstzahl der zulässigen Teilfreistellungen oder festgelegt werden, dass Teilfreistellungen auf jeden Fall einen bestimmten zeitlichen Umfang haben müssen. Auch

können nähere Regelungen über die Lage von Teilfreistellungen getroffen werden (vgl. Rn 14). Dazu gehört auch, die Möglichkeit der teilweisen Freistellung grundsätzl. einzuschränken (s. dazu LAG Brandenburg 4. 3. 03 – 2 TaBV 22/02 – Juris, in dem zu entscheidenden Fall war nach einem TV nur die vollständige Freistellung eines teilzeitbeschäftigten BRMitgl. als Teilfreistellung zulässig; **aA** *Greßlin* S. 206 f., soweit die vollständige Freistellung eines teilzeitbeschäftigten BRMitgl. ausgeschlossen wird).

Die anderweitige Regelungsbefugnis durch TV oder BV bezieht sich – wie sich aus **29** ihrer Stellung in Abs. 1 ergibt – nur auf die in den vorherigen Sätzen des Abs. 1 angesprochenen Angelegenheiten, **nicht** jedoch auf eine **abweichende Regelung des Freistellungsverfahrens** nach Abs. 2 und des dort geregelten Minderheitenschutzes. Das gesetzliche Freistellungsverfahren bleibt vielmehr auch bei Vereinbarung einer über das Gesetz hinausgehenden Anzahl von Freistellungen maßgebend mit der Folge, dass die zusätzlichen Freistellungen zusammen mit den Mindestfreistellungen vorzunehmen sind (LAG Frankfurt DB 91, 249; GK-*Weber* Rn 31, 41; *DKK-Wedde* Rn 29; ErfK-Koch Rn 5; *HSWGNR* Rn 36; *Engels/Natter* BB Beil. 8/89 S. 23).

Im Hinblick auf den allgemeinen Begriff „anderweitig" (nicht „weitergehend") **30** können TV oder BV auch **eine geringere Zahl von Freistellungen** als die Staffel des Gesetzes festlegen (BAG 11. 6. 97 AP Nr. 22 zu § 38 BetrVG 1972; *GL* Rn 31; GK-*Weber* Rn 32; *DKK-Wedde* Rn 26; ErfK-Koch Rn 5; *Richardi/Thüsing* Rn 21; *Schaub* § 221 Rn 24; *Busch* DB 96, 326; **aA** *WW* Rn 5). Allerdings darf sich der BR mit einer geringeren Zahl von Freistellungen als der gesetzlichen Regelung dann nicht einverstanden erklären, wenn damit die ordnungsgemäße Durchführung seiner Aufgaben nicht mehr gewährleistet ist. Dies würde eine Verletzung seiner gesetzlichen Pflichten darstellen. Nicht zulässig ist es, eine Freistellung von BRMitgl. ganz auszuschließen; denn dies stellt keine anderweitige Regelung der Freistellung dar (*DKK Wedde* Rn 27; GK-*Weber* Rn 33; *HSWGNR* Rn 24). Der Zulässigkeit einer Verringerung der Zahl der Freizustellenden steht nicht entgegen, dass infolge der Verringerung kein Mitgl. einer Minderheitsliste freigestellt wird (BAG 11. 6. 97 aaO; *WPK-Kreft* Rn 13).

Die BV über eine anderweitige Regelung der Freistellung kann nur **freiwillig** ab- **31** geschlossen und nicht über die E-Stelle gegen den Willen eines der Betriebspartner erzwungen werden (ErfK-Koch Rn 5; *GL* Rn 30; *HSWGNR* Rn 25; *Richardi/ Thüsing* Rn 20). Eine anderweitige Regelung durch TV kann dagegen zulässigerweise Gegenstand eines Arbeitskampfes sein, da es sich um eine nach § 4 Abs. 1 TVG zulässige normative betriebsverfassungsrechtliche Regelung handelt (*DKK-Wedde* Rn 25; *Düwell/Wolmerath* Rn 9; *WPK-Kreft* Rn 13; *HSWGNR* aaO; **aA** ErfK-Koch aaO; GK-*Weber* Rn 31; *Richardi/Thüsing* aaO; *Gillen/Vahle* BB 06, 2749).

Besteht eine anderweitige tarifvertragliche Regelung der Freistellung, so ist **32** eine BV insoweit zulässig, als sie eine **weitergehende Freistellungsregelung** als der Tarifvertrag enthält. § 77 Abs. 3 findet keine Anwendung, da es sich bei der Freistellung nicht um die Regelung von Arbeitsbedingungen, sondern um eine betriebsverfassungsrechtliche Regelung handelt (*DKK-Wedde* Rn 28; ErfK-Koch Rn 5; GK-*Weber* Rn 34; *Richardi/Thüsing* Rn 23; **aA** *GL* Rn 32). Eine BV mit einer ungünstigeren Freistellungsregelung, als der TV sie vorsieht, ist nicht zulässig, da der TV gegenüber der BV die höherrangige Norm ist. Etwas anderes gilt nur, wenn der TV eine diesbezügliche Öffnungsklausel enthält.

Besteht eine anderweitige Regelung der Freistellung durch TV oder BV, so ist da- **33** von auszugehen, dass der BR an die in der entsprechenden Vereinbarung getroffene Regelung **gebunden** ist. In diesem Falle hat er grundsätzlich keinen Anspruch auf weitergehende Freistellungen (*DKK-Wedde* Rn 29; ErfK-Koch Rn 5; GK-*Weber* Rn 35; *Richardi/Thüsing* Rn 24). Der Anspruch auf Arbeitsbefreiung aus konkretem Anlass nach § 37 Abs. 2 bleibt jedoch unberührt.

3. Wahl der freizustellenden Betriebsratsmitglieder

a) Allgemeines

34   Die Wahl erfolgt durch die BRMitgl. auf einer ordnungsgemäß einberufenen BR-Sitzung. Ist ein BRMitgl. verhindert, nimmt das nachrückende ErsMitgl. an der Wahl teil.

35   Freigestellt werden können **nur BRMitgl.** Die Freistellung anderer ArbN des Betriebs ist nicht zulässig. Auch bei **ErsMitgl.** kommt eine Freistellung erst in Betracht, wenn sie gemäß § 25 für ein BRMitgl. in den BR **nachgerückt** sind (GK-*Weber* Rn 42; *DKK-Wedde* Rn 4; ErfK-*Koch* Rn 6; *HSWGNR* Rn 9).

36   Im Übrigen bestehen – im Gegensatz zum bisherigen Recht, das zwingend die Berücksichtigung der im BR vertretenen Gruppen vorsah – keine gesetzlichen Vorgaben über die freizustellenden BRMitgl. Auch eine Berücksichtigung der im BR vertretenen Geschlechter ist nicht vorgeschrieben (so auch *Greßlin* S. 223). Derartige Gesichtspunkte zu berücksichtigen, bleibt denjenigen vorbehalten, die Wahlvorschläge unterbreiten.

37   Die Wahl erfolgt auf Grund von **Wahlvorschlägen.** Das Recht, Wahlvorschläge einzureichen, steht nur den BRMitgl. zu, nicht den ErsMitgl. des BR, solange sie noch nicht in den BR nachgerückt sind. Ein bestimmtes Mindestquorum für einen gültigen Wahlvorschlag ist nicht vorgeschrieben, so dass auch ein einziges Mitgl. einen Wahlvorschlag unterbreiten und sich selbst vorschlagen kann. Ein gültiger Wahlvorschlag liegt auch vor, wenn er weniger Bewerber enthält, als Freistellungen vorzunehmen sind. Die BRMitgl. sind in ihrem Vorschlagsrecht frei. Es besteht insbesondere keinerlei Bindung in Bezug auf eine listenmäßige Zusammengehörigkeit bei der BRWahl. Vielmehr können sich für die Wahl der Freizustellenden andere „Koalitionen" oder Verbindungen zu einem oder mehreren Wahlvorschlägen zusammen tun (*DKK-Wedde* Rn 41; *Greßlin* S. 208, 219 f.). Bei jedem Wahlvorschlag ist klarzustellen, ob es sich um einen gesonderten Wahlvorschlag oder um die Ergänzung eines bereits vorliegenden anderen Wahlvorschlags (Wahlvorschlagsliste) handelt. Denn im ersteren Falle erfolgt die Wahl als Verhältniswahl, im zweiten Falle als Mehrheitswahl, wenn die Vorschlagsliste der einzige Wahlvorschlag bleibt. Im Zweifelsfall ist von einem gesonderten Wahlvorschlag auszugehen (ArbG Hamburg AiB 99, 42).

38   Die Kandidatur zur Freistellung setzt ebenso wie die Freistellung selbst (vgl. hierzu Rn 70) das **Einverständnis** des vorgeschlagenen BRMitgl. voraus (BAG 11. 3. 92 AP Nr. 11 zu § 38 BetrVG 1972; *GL* Rn 23; *Richardi/Thüsing* Rn 31; *Greßlin* S. 208; **aA** GK-*Weber* Rn 42; *DKK-Wedde* Rn 4, wonach die Einverständniserklärung auch noch nach der Wahl erfolgen kann). Denn die BRMitgl. dürfen nicht im Unklaren darüber gelassen werden, ob sie jemandem ihre Stimme geben, der überhaupt nicht für eine Kandidatur zur Verfügung steht. Der BRVors. hat deshalb die Bereitschaft der vorgeschlagenen Bewerber zur Freistellung festzustellen. Ist ein vollzeitbeschäftigtes BRMitgl. nur zur Teilfreistellung bereit, hat er dies klarzustellen; Entsprechendes gilt für ein teilzeitbeschäftigtes BRMitgl. Zur Möglichkeit eines nachträglichen Widerrufs des Einverständnisses vgl. Rn 70.

39   Die freizustellenden BRMitgl. werden in **geheimer Wahl** bestimmt. Das gilt sowohl im Fall der Verhältniswahl als auch der Mehrheitswahl, da Abs. 2 S. 2 nur eine Abweichung von der Verhältniswahl, nicht jedoch von dem Grundsatz der geheimen Wahl zum Inhalt hat (GK-*Weber* Rn 49). Nähere Regelungen über die Durchführung der Wahl enthält das Gesetz nicht. Insoweit gelten die allgemeinen Grundsätze einer geheimen Abstimmung. Erforderlich ist stets die Verwendung von Stimmzetteln, die so gestaltet sein müssen, dass sie keine Identifizierung des Wählers zulassen. Mangels näherer Regelungen über die Gestaltung des Stimmzettels ist im Interesse, einen zu großen Formalismus zu vermeiden, eine den jeweiligen Umständen gerecht werdende Regelungsfreiheit anzuerkennen. Hierbei muss allerdings die Wahrung des Wahlgeheimnisses gesichert bleiben. Dies ist anzunehmen, wenn die Kennzeichnung des Stimmzettels

in einer einfachen Weise erfolgt, die keinen Rückschluss auf den Wähler zulässt. So
dürften zB gegen die Durchführung der Wahl in der Weise, dass drei eingereichte Vorschlagslisten mit I, II und III bezeichnet werden und jedes BRMitgl. auf einem leeren
Stimmzettel die Nr. der Liste aufschreibt, die es wählen will, keine Bedenken bestehen.
In diesem Falle dürfte die Möglichkeit eines Rückschlusses auf den Wähler aus dem
Schriftbild und damit eine Verletzung des Grundsatzes der geheimen Wahl ausgeschlossen sein. Der Vors. des BR, dem die Leitung der Wahl obliegt, hat dafür zu sorgen, dass
den BRMitgl. eine geheime Abstimmung möglich ist.

Die Durchführung der Wahl und ihr Ergebnis sind mit Angabe der erreichten **40**
Stimmenzahlen in der Sitzungsniederschrift festzuhalten.

b) Wahlgrundsätze

Die Wahl erfolgt grundsätzlich in einem einheitlichen Wahlgang. Dies gilt auch **41**
dann, wenn der BR sich sowohl für Voll- als auch Teilfreistellungen entschieden hat
(so auch *Greßlin* S. 216). Unzulässig ist auch, zunächst die Freistellung des Vors. und
seines Vertr. und danach in einem weiteren Wahlgang die anderen freizustellenden
BRMitgl. zu wählen (LAG Frankfurt DB 91, 1178; LAG Nürnberg DB 91, 1178;
vgl. aber auch Rn 44). Für eine wirksame Wahl ist erforderlich, dass mindestens die
Hälfte der BRMitgl. an der Wahl teilnimmt; denn nur dann ist der BR beschlussfähig. Das Erfordernis der Beschlussfähigkeit muss auch bei organisatorischen Akten des
BR erfüllt sein, für die eine förmliche Wahl vorgeschrieben ist (§ 33 Rn 16; GK-
Weber Rn 48; *GL* Rn 12).

Die Wahl erfolgt, wenn mehrere Wahlvorschläge (Listen) zur Abstimmung stehen, **42**
nach den Grundsätzen der **Verhältniswahl.** Die Verhältniswahl ist eine Listenwahl.
Bei ihr kann der Wähler nur eine der zur Wahl stehenden Liste als solche wählen
(vgl. zur Verhältniswahl allgemein § 14 Rn 22 ff.). Ob nur eine Liste oder mehrere
Listen zur Wahl stehen, hängt davon ab, ob sich die BRMitgl. auf die Vorlage nur
eines Wahlvorschlages verständigen bzw. die Vorlage nur einer Liste akzeptieren,
oder ob sie mehrere konkurrierende Wahlvorschläge zur Wahl stellen. Das G enthält
über die Durchführung der Verhältniswahl bei Freistellungen keine nähere Regelungen. Entsprechend den Regelungen in den §§ 5 und 15 der WO, die bei der Verteilung der BRSitze auf die Geschlechter und die Verteilung der in Verhältniswahl
gewählten BRMitgl. das **d'Hondtsche Höchstzahlensystem** vorschreiben, ist dieses System auch bei der Wahl der in Verhältniswahl freizustellenden BRMitgl. anzuwenden (BAG 11. 3. 92 AP Nr. 11 zu § 38 BetrVG 1972; *DKK-Wedde* Rn 41;
Löwisch/Kaiser Rn 12). Im Übrigen ist der BR bei der Ausgestaltung des Wahlverfahrens frei und kann im Rahmen seiner Geschäftsordnung nähere Regelungen über
die Wahl der freizustellenden BRMitgl. treffen (s. § 36 Rn 7; s. auch GK-*Weber*
Rn 48). Dies bietet sich hinsichtlich der Wahl von Voll- und Teilfreistellungen an.

Nach dem d'Hondtschen System bestimmen sich die gewählten Freizustellenden **43**
nach den **Höchstzahlen,** die auf die einzelnen Listen entfallen (vgl. § 14 Rn 25 f.).
Der BRVors. hat als Leiter der Wahl auf Grund der Höchstzahlen festzustellen, wel-
che Bewerber der einzelnen Listen gewählt sind (vgl. § 15 WO). Maßgebend ist hier-
bei die Reihenfolge, in der die Bewerber auf den Listen stehen (vgl. § 14 Rn 24 f.).
Die Geschlechterzugehörigkeit ist unbeachtlich, da diese bei der Freistellung keine
Rolle spielt. Weist eine Liste weniger Bewerber auf, als ihr nach den erreichten
Höchstzahlen Freistellungen zustehen, sind die überschüssigen Freistellungen entsprechend den folgenden Höchstzahlen aus den anderen Listen zu bestimmen. Hat der
BR sowohl **Voll- als auch Teilfreistellungen** beschlossen (s. Rn 13) und in der
Geschäftsordnung keine näheren Regelungen über die Wahl getroffen (Rn 42), so richten sich die auf die Listen zu verteilenden Höchstzahlen nach der Anzahl der tatsächlich freizustellenden Personen (Beispiel: dem BR stehen nach Abs. 1 drei Vollfreistellungen zu; entscheidet er sich stattdessen zu zwei Voll- und zwei Teilfreistellungen, so
sind danach insg. vier Höchstzahlen zu verteilen; so auch *WPK-Kreft* Rn 18; **aA**

LAG Brandenburg 4. 3. 03 – 2 TaBV 22/02 – Juris, wonach bei Aufteilung einer Vollfreistellung auf mehrere Teilfreistellungen derjenigen Liste die Teilfreistellungen zusteht, der auch die Vollfreistellung zugestanden hätte; im Ergebnis ebenso *Düwell/ Wolmerath* Rn 8; *KRHS* Rn 4; *DKK-Wedde* Rn 21; *Ratayczak* AiB 10, 296, 298; *Greßlin* S. 216 f., 220 der die Verteilung nicht anhand der tatsächlich freizustellenden Personenzahl vornimmt, sondern davon ausgeht, dass die Teilfreistellungen einheitlich der Wahlliste zustehen, welche ansonsten die aufgeteilte Vollfreistellung erhalten hätte, dementsprechend seien die Teilfreizustellenden in der Wahlliste unmittelbar hintereinander zu platzieren). Die Verteilung der Freistellungen auf den einzelnen Listen kann mangels anderweitiger Regelungen im Grundsatz in Anlehnung an § 15 WO erfolgen. Da die zur Wahl stehenden BRMitgl. bereits vor der Wahl entschieden haben sollen, ob sie nur für eine Teilfreistellung zur Verfügung stehen (s. Rn 38), sollte dies auf den Listen entspr. vermerkt werden.

Beispiel:

Einem 15-köpfigen BR stehen nach Abs. 1 drei Freistellungen zu. Er beschließt stattdessen zwei BRMitgl. vollfreizustellen sowie zwei weitere teilfreizustellen. Wie bereits in Rn 43 ausgeführt sind nicht drei sondern insgs. vier Höchstzahlen auf die Listen zu verteilen. Es sind zwei Listen aufgestellt worden. Die Liste I hat 9 Stimmen und die Liste II 6 Stimmen erhalten.

Liste I	Höchstz.	Liste II	Höchstz.
A Vollfreist.	9 3	E Vollfreist.	6 3
B Teilfreist.	4,5 3	F Vollfreist.	3 (Los)
C Vollfreist.	3 (Los)	G Teilfreist.	2
D Vollfreist.	2,25		

Gewählt sind von Liste I A (Vollfreist.) und B (Teilfreist.). Von Liste II ist E (Vollfreist.) gewählt. Über die zweite noch offene Teilfreist. entscheidet das Los, da beide Listen die gleiche Höchstzahl (3) besitzen. Fällt das Los auf die Liste II ist zunächst F zu fragen, ob er auch bereit ist anstelle einer Vollfreistellung eine Teilfreist. anzunehmen. Lehnt dieser eine Teilfreist. ab, geht diese auf den nächsten nach ihm aufgeführten Bewerber G, der sich ausschließlich für eine Teilfreist. beworben hat, über. Das Losverfahren entfällt nicht bereits deshalb, weil die Liste I keinen Kandidaten mehr für eine Teilfreist. aufweist. Wenn nicht bereits vorher definitiv feststeht, dass die Kandidaten ausschließlich für eine Vollfreistellung kandidieren, besteht die Möglichkeit, dass sie auch eine Teilfreistellung annehmen. Erst wenn diese eine Teilfreistellung ablehnen, ginge, wenn das Los auf die Liste I gefallen wäre, die Freistellung auf die Liste II über. Folgte man dem Lösungsansatz von LAG Brandenburg und *Greßlin* aaO, wären im Beispielsfall nur drei Höchstzahlen zu vergeben mit der Folge, dass zwei auf die Liste I und eine auf die Liste II entfielen. Aber welche Liste bekommt danach nun die eigentlich gewollten zwei Teilfreistellungen anstelle der Vollfreistellung? Nach *Greßlin* (S. 220) wohl diejenige Liste, auf die entsprechend dem d'Hondtschen Höchstzahlensystem die gedanklich zu vergebende Vollfreistellung auf den ersten der in der Liste platzierten Teilfreizustellenden entfällt (bereitet praktische Probleme, wenn auf den zu vergebenden Plätzen nach d'Hondt nur „Vollzeitbewerber" stehen). Geht man von dem Grundsatz aus, die zuletzt vergebene Höchstzahl gibt den Ausschlag, bekäme die Liste I die beiden Teilfreistellungen mit der Konsequenz, dass die Liste I insgesamt drei Personen freistellen kann und die Liste II nur eine.

44   Wird nur eine Vorschlagsliste eingereicht, so erfolgt die Wahl als **Mehrheitswahl.** Gleiches gilt, wenn nur ein BRMitgl. freizustellen ist (Abs. 2 S. 2). Gewählt sind der bzw. die Bewerber, die die meisten Stimmen erhalten haben. Da das Gesetz keine Regelung enthält, in welcher Weise die Mehrheitswahl zu erfolgen hat, steht es dem BR frei, die Wahl in Form von getrennten Wahlgängen oder in einem gemeinsamen Wahlgang durchzuführen (*DKK-Wedde* Rn 42; **aA** *Greßlin* S. 216). Hier gilt das Gleiche wie bei der Wahl der weiteren Mitgl. des BetrAusschusses (vgl. § 27 Rn 25 ff.; die dortigen Ausführungen gelten entsprechend). Insb. kann die Wahl in Form getrennter Wahlgänge stattfinden (§ 27 Rn 26). Im unter Rn 43 gebildeten Beispielsfall wären das maximal vier Wahlgänge.

c) Beratung mit dem Arbeitgeber

Der Wahl der freizustellenden BRMitgl. hat eine **Beratung** mit dem ArbGeb. **45** vorauszugehen. Die Beratung hat mit dem **gesamten BR** zu erfolgen. Eine Beratung nur einzelner BRMitgl. mit dem ArbGeb. genügt nicht (BAG 29. 4. 92 AP Nr. 15 zu § 38 BetrVG 1972; GK-*Weber* Rn 43; *HSWGNR* Rn 29; *DKK-Wedde* Rn 368; *Richardi/Thüsing* Rn 27). Die Beratung hat in einer ordnungsgemäß einberufenen BRSitzung stattzufinden, weil nur so Vollzähligkeit und angemessene Vorbereitung gewährleistet ist (*DKK-Wedde* Rn 36; ErfK-*Koch* Rn 7; *WPK-Kreft* Rn 15; *Richardi/Thüsing* aaO; **aA** GK-*Weber* Rn 43: auch in der monatlichen Besprechung nach § 74 Abs. 1). Die Beratung dient dem Zweck, dem ArbGeb. vor der Wahl Gelegenheit zu geben, etwaige aus betrieblichen Gründen bestehende Bedenken gegen die Freistellung bestimmter BRMitgl. erheben zu können. Da der BR gültig eingereichte Wahlvorschläge von sich aus nicht ändern kann, richtet sich die Beratung in erster Linie an diejenigen, die Wahlvorschläge einreichen. Die Vorschlagsberechtigten sind zwar aus dem Gesichtspunkt der vertrauensvollen Zusammenarbeit gehalten, die Bedenken des Arbeitgebers zu würdigen. Letztlich sind die BRMitgl. jedoch sowohl hinsichtlich ihres Wahlvorschlagsrechts als auch ihrer Wahlentscheidung frei (*DKK-Wedde* Rn 34, 38; ErfK-*Koch* Rn 7; *HSWGNR* Rn 29). Allerdings ist je nach der Gewichtigkeit der Einwände nicht auszuschließen, dass der ArbGeb. die E-Stelle anruft, wenn seine Einwände unberücksichtigt bleiben (vgl. Rn 61 f.). Abzulehnen ist daher die Auffassung von *Greßlin* S. 219, der eine der Wahl vorausgehende Beratung mit dem ArbGeb. für sinnlos und damit nicht erforderlich erachtet, da das Ob und der Umfang von Teilfreistellungen erst nach der Wahl feststünden.

Unterbleibt die Beratung mit dem ArbGeb., so führt dies **nicht zur Unwirksam-** **46** **keit der Freistellungswahl** (LAG Nürnberg BB 98, 427; GK-*Weber* Rn 45; *DKK-Wedde* Rn 38; ErfK-*Koch* Rn 7; *WW* Rn 12; MünchArbR-*Joost* § 220 Rn 55; **aA** *HSWGNR* Rn 31; *Richardi/Thüsing* Rn 29; *SWS* Rn 22; *Böhm* DB 74, 725; *Becker/Schaffner* BB 82, 500; *Busch* DB 96, 327; offengelassen von BAG 29. 4. 92 AP Nr. 15 zu § 38 BetrVG 1972). Sie kann jedoch die Anfechtung der Wahl rechtfertigen (LAG Berlin BB 95, 2328; *DKK-Wedde* aaO; *Schaub* § 221 Rn 27; **aA** *Wlotzke/Preis* Rn 15: ausreichender Schutz des ArbGeb. durch Anrufung der E-Stelle). Auch kann eine offensichtlich grundlose oder böswillige Unterlassung der Beratung als ein grober Verstoß gegen die dem BR obliegenden gesetzlichen Verpflichtungen iS des § 23 Abs. 1 angesehen werden (*DKK-Wedde* aaO; GK-*Weber* aaO; *WPK-Kreft* Rn 16).

4. Ersatzfreistellungen

Der BR hat im Falle der Verhinderung eines freigestellten BRMitgl. im allgemei- **47** nen Anspruch auf **Ersatzfreistellung** eines anderen BRMitgl. (vgl. Rn 26 f.). Das Gleiche gilt für den Fall, dass ein freigestelltes BRMitgl. diese Funktion niederlegt oder aus dieser Funktion abberufen wird (vgl. hierzu Rn 70 ff.). Die frühzeitige Wahl von BRMitgl., die anstelle des verhinderten oder aus der Funktion eines freigestellten ausgeschiedenen BRMitgl. freizustellen sind, ist deshalb nicht nur zulässig, sondern vielfach zweckmäßig, um stets die volle Zahl der Freizustellenden zur Erfüllung der BRArbeit zur Verfügung zu haben (*DKK-Wedde* Rn 58; GK-*Weber* Rn 71 f.; *Wlotzke/Preis* Rn 21; **aA** LAG Nürnberg BB 98, 427; *Richardi/Thüsing* Rn 47). Dies dürfte auch im Interesse des ArbGeb. sein, von vornherein zu wissen, welche BRMitgl. für eine Ersatzfreistellung vorgesehen sind.

Die Entscheidung, ob vorsorglich Ersatzfreistellungen vorgenommen werden sol- **48** len, trifft der BR durch Beschluss. Im Falle eines positiven Beschlusses gelten für die Wahl der hilfsweise Freizustellenden **dieselben Grundsätze** wie für die Wahl der ErsMitgl. des BetrAusschusses (vgl. hierzu § 27 Rn 28 ff.). Denn ihre Wahl ist einerseits ebenso wenig wie deren Wahl ausdrücklich geregelt, andererseits stimmen die Grundsätze der Wahl der Mitgl. des BetrAusschusses mit den Wahlgrundsätzen für freizustellende BRMitgl. überein. Im Einzelnen gilt Folgendes:

49 Die Wahl von ErsMitgl. für Freizustellende ist **geheim.** Sie erfolgt durch den BR (vgl. § 27 Rn 15, 30). Sind die Freizustellenden in **Mehrheitswahl** gewählt worden, erfolgt die Bestimmung der ErsMitgl. für Freigestellte in entsprechender Anwendung des § 25 Abs. 2 S. 3 (vgl. § 27 Rn 31 ff. iVm. § 25 Rn 30). Hierbei bleibt allerdings die dort vorgeschriebene Berücksichtigung der Geschlechter unbeachtet, da diese im Gegensatz zu BRWahl bei der Freistellung nicht vorgeschrieben ist. Im Falle der Mehrheitswahl der Freigestellten können die ersatzweise Freizustellenden auch durch eine gesonderte Mehrheitswahl bestimmt werden (vgl. § 27 Rn 32). Auch hier ist auf die Frage Voll- oder Teilfreistellung zu achten.

50 Sind die Freizustellenden in **Verhältniswahl** gewählt worden, so sind ErsMitgl. in entspr. Anwendung des § 25 Abs. 2 S. 1 der Reihe nach die nicht gewählten Bewerber derjenigen Vorschlagslisten, denen das verhinderte oder aus der Freistellungsfunktion ausgeschiedene BRMitgl. angehört (BAG 14. 11. 01 AP Nr. 24 zu § 38 BetrVG 1972; BAG 25. 4. 01 AP Nr. 8 zu § 25 BetrVG 1972; BAG 16. 3. 05 AP Nr. 6 zu § 28 BetrVG 1972; BAG 20. 4. 05 AP Nr. 29 zu § 38 BetrVG 1972; *DKK-Wedde* Rn 58; *Löwisch/Kaiser* Rn 24; GK-*Weber* Rn 74; *WPK-Kreft* Rn 23; *SWS* Rn 23 a; *Greßlin* S. 231 f.; **aA** LAG Berlin LAGE § 38 BetrVG 1972 Nr. 7; *Richardi/Thüsing* Rn 47 a). Auch hier bleibt allerdings die in § 25 Abs. 2 S. 1 vorgeschriebene Berücksichtigung der Geschlechter unberücksichtigt. Soll für ein aus der Freistellungsfunktion ausgeschiedenes BRMitgl. ein Ersatzmitgl. ermittelt werden, ist zu berücksichtigen, ob es sich bei dem ausgeschiedenen BRMitgl. um ein voll- oder teilfreigestelltes Mitgl. handelt.

51 Eine **gesonderte Wahl** der ErsMitgl. dh die Wahl einzelner BRMitgl. in Mehrheitswahl, ist bei einer Verhältniswahl grundsätzlich **nicht zulässig,** da sie den bei dieser Wahl bestehenden Listenschutz unterlaufen würde (so jetzt auch BAG 25. 4. 01 AP Nr. 8 zu § 25 BetrVG 1972; BAG 14. 11. 01 AP Nr. 24 zu § 38 BetrVG 1972; BAG 16. 3. 05 AP Nr. 6 zu § 28 BetrVG 1972 für den Fall, dass die Liste, der der zu ersetzende Freigestellte angehörte, ausreichende ErsBewerber enthält; GK-*Weber* Rn 74; ErfK-*Koch* Rn 6; *DKK-Wedde* Rn 58; **aA** LAG Berlin LAGE § 38 BetrVG 1972 Nr. 7; LAG Nürnberg BB 98, 427; *Richardi/Thüsing* Rn 47; *HSWGNR* Rn 34; *WW* Rn 16; *Dänzer-Vanotti* ArbuR 89, 209; vgl. hierzu auch § 27 Rn 37 f.). Die Gründe der Gegenmeinung **überzeugen nicht.** § 38 Abs. 2 S. 2 zweiter Halbsatz betrifft erkennbar nur den Fall, dass dem BR das Recht auf Freistellung nur eines Mitgl. zusteht. Eine entsprechende Anwendung dieser Vorschrift auf den hier zu erörternden Fall, in dem der BR Anspruch auf Freistellung mehrerer BRMitgl. hat, von denen jedoch nur eine vakant und nachzubesetzen ist, verbietet sich, da dann die gesetzlichen Regelungen in sich unstimmig wären. Denn dann könnte der Minderheitenschutz des Verhältniswahlrechts ohne Änderung der bei der Freistellungswahl bestehenden Mehrheitsverhältnisse unterlaufen werden, wie folgendes **Beispiel** zeigt:

In einem 19-köpfigen BR werden für die 5 Freistellungen 2 Wahlvorschläge eingereicht. Der erste erhält 15 Stimmen, der zweite 4 Stimmen. Nach den d'Hondtschen Höchstzahlen (Liste 1: 15; 7,5; 5; 3,75; Liste 2: 4) entfallen auf die Liste 1 vier und auf die Liste 2 eine Freistellung. Die 15 Wähler der Liste 1 könnten jedoch das über die Liste 2 freigestellte BRMitgl. mit 15 zu 4 Stimmen, dh mit der erforderlichen qualifizierten Mehrheit, sofort abberufen, wozu keine Begründung erforderlich ist, und anschließend mehrheitlich einen Bewerber der Liste 1 als weiter freizustellendes BRMitgl. bestimmen.

Es kann dem Gesetzgeber schlechterdings nicht unterstellt werden, dass er den Minderheitenschutz auf der einen Seite durch Einführung der Verhältniswahl verstärken, auf der anderen Seite jedoch eine Regelung zulassen wollte, die bei gleich bleibenden Mehrheitsverhältnisse den neu geschaffenen Minderheitenschutz konterkariert.

52 Diese **Widersprüchlichkeit verschärft** sich, wenn man bedenkt, dass die Nachwahl eines Freizustellenden mit einfacher Stimmenmehrheit nicht nur bei der Abberufung eines Freigestellten gelten soll, sondern in allen anderen und sicherlich häufigeren Fällen, in denen die Freistellung eines BRMitgl. vorzeitig endet (zB Widerruf des Einverständnisses oder Ausscheiden aus dem BR). In diesen Fällen kommt dem Argument, der Minderheitenschutz werde durch die qualifizierte Mehrheit bei der Abberufung gewährleistet, keinerlei Bedeutung zu. Hier findet vielmehr überhaupt kein Minderheitenschutz mehr statt. Auch eine nur geringfügig schwächere Vorschlagsliste kann nach und nach leerlaufen, wenn die Freistellungen der über sie gewählten BRMitgl. zeitlich versetzt vorzeitig endet, und dies auch dann, wenn die sie tragenden BRMitgl. nach wie vor hinter dieser Liste stehen. So könnten in dem obigen Beispiel die Mehrheitsgruppe die nachträglichen Ersatzfreistellungen selbst dann mit einfacher Stimmenmehrheit jeweils für sich entscheiden, wenn die Liste 1 zehn Stimmen und die Liste 2 neun Stimmen erhalten hätten. Dies macht deutlich, dass eine Verquickung der verschiedenen Wahlsysteme Verhältniswahl und Mehrheitswahl bei der Wahl von Ersatzfreistellungen nicht zulässig ist.

Ist die **Vorschlagsliste,** der das ausgeschiedene BRMitgl. bei der Freistellungswahl 53 angehörte, **erschöpft,** ist in entsprechender Anwendung des § 25 Abs. 2 S. 2 der nunmehr Freizustellende aus der Vorschlagsliste zu entnehmen, auf die nach dem d'Hondtschen System die **nächste Höchstzahl** entfallen ist (ebenso ErfK-Koch Rn 6; *DKK-Wedde* Rn 58; *Wolff* SAE 02, 98, 102 ff.; *ders.* EWiR 02, 649 f.; aA BAG 14. 11. 01 AP Nr. 24 zu § 38 BetrVG 1972; BAG 25. 4. 01 AP Nr. 8 zu § 25 BetrVG 1972; BAG 16. 3. 05 AP Nr. 6 zu § 28 BetrVG 1972, das den in der Verhältniswahl liegenden Listenschutz auf die einzelne Liste beschränkt und bereits bei Erschöpfung der Liste die Wahl des ersatzweise Freizustellenden in Mehrheitswahl zulässt; ebenso *Löwisch* BB 01, 1743; *Löwisch/Kaiser* Rn 24; *SWS* Rn 32 f.; *Greßlin* S. 232). Die diesbezüglichen Ausführungen des BAG (aaO) überzeugen nicht. Es dürfte wohl keinem Zweifel unterliegen, dass in dem Fall, dass ein neugewählter BR die Freizustellenden in Verhältniswahl bestimmt und bei dieser Wahl eine Liste weniger Kandidaten enthält, als ihr nach dem Wahlergebnis Freistellungen zustehen, die überschüssigen Freistellungen aus den Listen vorzunehmen sind, auf die die folgenden Höchstzahlen entfallen (vgl. für die BRWahl § 15 Abs. 3 WO). Es sind keine Gründe ersichtlich, dass dies in entsprechender Anwendung des § 25 Abs. 2 S. 2 nicht auch gelten soll, wenn eine Liste im Laufe der Amtszeit des BR nicht mehr die ausreichende Zahl von Kandidaten für eine ErsFreistellung aufweist. Eine Beeinträchtigung des Minderheitenschutzes ist nicht erkennbar: Ist die Liste der Mehrheitskoalition erschöpft geht die Freistellung auf die Minderheitsliste über, ist dagegen die Liste der Minderheitskoalition erschöpft geht die Freistellung auf die Mehrheitsliste über. Der vom BAG eingeschlagene Weg der isolierten Nachwahl in Form der Mehrheitswahl führt ebenfalls zu dem Ergebnis, dass bei Erschöpfung der Liste der Minderheitskoalition die Freistellung auf die Mehrheitskoalition übergeht. Die dazu verwandte Begründung, dass der Minderheitenschutz nur so weit reicht wie der Wahlvorschlag trifft auch bei der Anwendung des § 25 Abs. 2 S. 2 zu, wobei die Anwendung des § 25 Abs. 2 S. 2 den Vorteil für die Minderheit hat, eine weitere Freistellung zu erhalten (s. auch § 27 Rn 35, 35 a zum Nachrücken von AusschussMitgl.).

Erst wenn auf keiner Liste mehr ein ErsKandidat für die offene Freistellung vor- 54 handen ist, kann eine **isolierte Nachwahl** des ersatzweise freizustellenden BRMitgl. nach den Grundsätzen der **Mehrheitswahl** erfolgen (Aufgabe der gegenteiligen Auffassung in der 22. Aufl.; ebenfalls für isolierte Nachwahl: *DKK-Wedde* Rn 59; GK-*Weber* Rn 75; für isolierte Nachwahl aber bereits nach Erschöpfung der entspr. Vorschlagsliste: BAG 28. 10. 92 AP Nr. 16 zu § 38 BetrVG 1972; BAG 25. 4. 01 AP Nr. 8 zu § 25 BetrVG 1972; BAG 14. 11. 01 AP Nr. 24 zu § 38 BetrVG 1972; BAG 16. 3. 05 AP Nr. 6 zu § 28 BetrVG 1972; *Löwisch/Kaiser* Rn 24; *Greßlin* S. 232 f.; *SWS* Rn 32 f.; aA *WPK-Kreft* Rn 23; *Wolff* SAE 02, 98, 102 ff.; *derselbe* EWiR 02, 649 f., wonach in entsprechender Anwendung des § 13 Abs. 2 Nr. 2 eine Neuwahl aller Freizustellenden vorzunehmen ist; dagegen hat nach *Richardi/Thüsing* Rn 47 a im Fall der Verhältniswahl immer – ohne Zulassung der Möglichkeit des Nachrückens – Neuwahl aller freizustellender BRMitgl. zu erfolgen).

55   Eine **Ausnahme** von den Ausführungen in den Rn 51 bis 53 ist allerdings für den
      Fall zu machen, dass **alle BRMitgl.** mit der Nachbesetzung einer vakanten Freistel-
      lung durch eine gesonderte Mehrheitswahl **einverstanden** sind (GK-*Weber* Rn 75;
      Richardi/Thüsing Rn 47a). Denn ein Verzicht auf den Minderheitenschutz der Ver-
      hältniswahl ist zulässig, was sich schon daraus ergibt, dass sich die BRMitgl. auf die Vor-
      lage nur einer Vorschlagsliste und damit auf die Mehrheitswahl verständigen können.

55a   Die unter den Rn 50 bis 55 gemachten Ausführungen gelten in gleicher Weise für
      das Ausscheiden eines BRMitgl., welches eine **Teilfreistellung** inne hatte. Dieses
      jedoch mit der Besonderheit, dass nur ein BRMitgl. iSd § 25 Abs. 2 S. 1 und 2 nach-
      rücken kann, welches zur Übernahme einer Teilfreistellung bereit ist (s. auch Aus-
      führungen unter Rn 45 zur Bestimmung des gewählten BRMitgl. für eine Teilfrei-
      stellung). Erst wenn kein BRMitgl. auf den Listen für eine Teilfreistellung mehr in
      Betracht kommt, kann eine isolierte Nachwahl dieser Freistellung in Form der
      Mehrheitswahl erfolgen (**aA** *Greßlin* S. 234 der das Nachrücken auf die Liste begrenzt
      und bei Erschöpfung derselben bereits isolierte Nachwahl der Teilfreistellung für er-
      forderlich hält). Stellt sich kein BRMitgl. für eine solche Teilfreistellung zur Verfü-
      gung kann der BR die Neuwahl aller Freistellungen beschließen.

56   Auch die Wahl der ErsMitgl. für freigestellte BRMitgl. ist mit dem ArbGeb. vor
      der Wahl zu beraten (vgl. Rn 45 f.).

5. Unterrichtung des Arbeitgebers, Einigungsstelle

57   Obwohl der BR durch Wahl bestimmt, welche BRMitgl. freigestellt werden sol-
      len, erfolgt die **Freistellung selbst durch den ArbGeb.** Dies ergibt sich daraus,
      dass der ArbGeb. als Gläubiger des Anspruchs auf Arbeitsleistung allein befugt ist,
      generell auf die Erfüllung dieses Anspruchs zu verzichten (*DKK-Wedde* Rn 44; ErfK-
      Koch Rn 8; *GL,* Rn 17; GK-*Weber* Rn 48f.; *HSWGNR* Rn 28; *Richardi/Thüsing*
      Rn 32; MünchArbR-*Joost* § 220 Rn 59). Vor Einverständniserklärung des ArbGeb.
      mit den beschlossenen Freistellungen dürfen die gewählten BRMitgl. ihrer beruf-
      lichen Tätigkeit nicht generell fernbleiben. Die Möglichkeit der Arbeitsbefreiung
      nach § 37 Abs. 2 besteht jedoch in jedem Fall.

58   Der ArbGeb. ist bei Vorliegen der gesetzlichen Voraussetzungen **verpflichtet,** die
      gewählten BRMitgl. freizustellen. Der Freistellungsanspruch kann ggf. durch eine
      einstweilige Verfügung des ArbG vorläufig gesichert werden. Handelt der Arb-
      Geb. bewusst seiner Verpflichtung zur Freistellung zuwider, so kann dies eine grobe
      Pflichtverletzung iS von § 23 Abs. 3 darstellen; auch kann hierin eine nach § 119
      Abs. 1 Nr. 2 strafbare Behinderung der BRArbeit liegen (*DKK-Wedde* Rn 44; GK-
      Weber Rn 52; *GL* Rn 18; *HSWGNR* Rn 28).

59   Der BR hat dem ArbGeb. **die Namen** der für die Freistellung vorgesehenen
      BRMitgl. **mitzuteilen.** Die Mitteilung erfolgt durch den BRVors. Stimmt der Arb-
      Geb. ihrer Freistellung zu (was auch durch schlüssiges Verhalten geschehen kann), so
      sind die BRMitgl. nunmehr von ihrer beruflichen Tätigkeit freigestellt. Das Gleiche
      gilt, falls der ArbGeb. sich über zwei Wochen nach Bekanntgabe der Namen der
      Freizustellenden verschweigt (vgl. Abs. 2 S. 7). Nach widerspruchslosem Ablauf der
      Frist sind die betreffenden BRMitgl. berechtigt, ihrer Arbeit fernzubleiben und sich
      nur der BRArbeit zu widmen (*DKK-Wedde* Rn 43; *HSWGNR* Rn 41; *Richardi/
      Thüsing* Rn 40; GK-*Weber* Rn 54; MünchArbR-*Joost* § 220 Rn 59; **aA** *Dütz* DB 76,
      1434: ausdrückliche Freistellung durch ArbGeb. erforderlich).

60   Hält der ArbGeb. das Ergebnis der Wahl der Freizustellenden ganz oder teilweise
      für **sachlich nicht vertretbar,** so kann er binnen zwei Wochen, nachdem ihm die
      Namen der gewählten Freizustellenden mitgeteilt worden sind, die **E-Stelle** anrufen.
      Da der Umfang der Freistellung bzw. des Gesamtfreistellungsvolumens durch die
      gesetzliche Freistellungsstaffel, durch eine anderweitige tarifliche oder betriebliche
      Vereinbarung oder durch eine gerichtliche Entscheidung (vgl. Rn 20, 28 ff.) verbind-
      lich festlegt, kann sich die „sachliche Nichtvertretbarkeit" der Freistellungsentschei-

dung des BR zum einen auf die **Auswahl der freizustellenden BRMitgl.** beziehen (BAG 9. 10. 73 AP Nr. 3 zu § 38 BetrVG 1972; *GL* Rn 27; GK-*Weber* Rn 58; *HSWGNR* Rn 43; *Richardi/Thüsing* Rn 34), zum anderen aber auch darauf, dass der ArbGeb. durch die **Art der Vornahme von Teilfreistellungen** in einer seiner Ansicht nach unvertretbaren Weise belastet wird (*WPK-Kreft* Rn 11; *Löwisch* BB 01, 1743; *Greßlin* S. 196 ff.; **aA** *Gillen/Vahle* BB 06, 2749: hiergegen soll sich ArbGeb. nur i. R. des Beschlussverf. oder einstw. Vfg. wenden können).

Der BR bestimmt zwar durch autonome Wahl, welche seiner Mitgl. freigestellt **61** werden sollen. Bei dieser Entscheidung ist jedoch gemäß § 2 Abs. 1 auf die betrieblichen Belange Rücksicht zu nehmen. Stehen **zwingende betriebliche Notwendigkeiten** der Freistellung eines oder mehrerer BRMitgl. entgegen, so ist von deren Freistellung abzusehen, wenn andere für eine Freistellung geeignete BRMitgl. vorhanden sind. Dies kann zB der Fall sein, wenn eine für den ordnungsgemäßen Betriebsablauf notwendige, besonders qualifizierte Fachkraft freigestellt werden soll, für die ein Ersatz nicht gefunden werden kann, oder wenn mehrere BRMitgl. aus einer Arbeitsgruppe freigestellt werden sollen und die Arbeitsgruppe dadurch, dass keine Ersatzleute vorhanden und zu beschaffen sind, nicht mehr arbeitsfähig ist (*GL* Rn 27; GK-*Weber* Rn 59; ErfK-*Koch* Rn 8; *Greßlin* S. 198; **aA** *HSWGNR* Rn 43). Dies gilt uneingeschränkt auch für die Teilfreistellung als Unterfall der Freistellung (so auch *Greßlin* S. 197 ff.). Nur wirklich **zwingende Gründe** können die Aufhebung der Wahlentscheidung des BR durch die E-Stelle rechtfertigen, nicht jede Erschwerung des Betriebsablaufs oder bloße Unannehmlichkeiten für den ArbGeb. (*DKK-Wedde* Rn 46; GK-*Weber* aaO; *HSWGNR* Rn 43; *WPK-Kreft* Rn 29). Diese Einschränkung der Entscheidungskompetenz der E-Stelle auf wirklich zwingende Gründe wird auch darin deutlich, dass das Änderungsgesetz 1989 in Abs. 2 S. 4 die Worte „sachlich nicht begründet" durch die Worte „sachlich nicht vertretbar" ersetzt hat; mit diesen, jedenfalls in der Tendenz engeren Worten wird die eigentliche Interpretation des Gesetzes zutreffender eingefangen. Letztlich dürfte bei der Abwägung der im Einzelnen zu bedenkenden Umstände dem Sicherung einer ordnungsgemäßen BRArbeit das ausschlaggebende Gewicht beizumessen sein. Allein die Geltendmachung betrieblicher Gründe iSd § 8 Abs. 4 TzBfG gegen Teilfreistellungen erfüllt nicht die Vors. des Abs. 2 S. 4 (*Greßlin* S. 200; **aA** SWS Rn 16).

Die Anrufung der E-Stelle ist binnen einer **Frist von 2 Wochen** zulässig, nach- **62** dem dem ArbGeb. die freizustellenden BRMitgl. bekannt gegeben worden sind, dh diesem oder der hierfür vertretungsberechtigten Person die entsprechende Mittei-lung zugegangen ist. Dass der ArbGeb. von der Mitteilung Kenntnis genommen hat, ist nicht erforderlich. Die Zwei-Wochen-Frist ist eine **Ausschlussfrist** (GK-*Weber* Rn 56; *HSWGNR* Rn 41). Die Berechnung der Frist bestimmt sich nach den §§ 187 ff. BGB. Da der Tag der Bekanntgabe bei der Berechnung nicht mitzählt, endet die Frist mit Ablauf des Tages der zweiten Woche, der demjenigen entspricht, an dem die Namen der freizustellenden BRMitgl. dem ArbGeb. mitgeteilt worden sind. Fällt der letzte Tag der Frist auf einen Samstag, Sonntag oder gesetzlichen Feiertag, so endet die Frist mit dem nächstfolgenden Werktag.

Die E-Stelle muss vor Ablauf der Frist **angerufen** sein. Besteht eine ständige be- **63** triebliche E-Stelle (vgl. § 76 Abs. 1 Satz 2), so muss vor Ablauf der Frist der Antrag des ArbGeb. auf Überprüfung der vom BR beschlossenen Freistellungen beim Vors. der E-Stelle eingegangen sein. Muss die E-Stelle jedoch erst gebildet werden, so ist die Frist gewahrt, wenn der ArbGeb. innerhalb der Frist beim BR den Antrag stellt, eine E-Stelle zum Zwecke der Überprüfung der Freistellung zu bilden (GK-*Weber* Rn 57; *HSWGNR* Rn 41; *Richardi/Thüsing* Rn 330; nach *DKK-Wedde* Rn 48 muss der Antrag an einen Vorschlag für den E-Stellenvorsitz enthalten).

Der ArbGeb. kann die Geltendmachung der sachlichen Nichtvertretbarkeit auf **64** **einzelne der freizustellenden BRMitgl. beschränken,** so zB wenn er nur die Freistellung eines bestimmten BRMitgl. wegen dessen besonderer Bedeutung für einen ordnungsgemäßen Betriebsablauf für sachlich nicht vertretbar hält (LAG Hamm

DB 73, 142; LAG Düsseldorf DB 73, 627; *DKK-Wedde* Rn 47; *GL* Rn 25; GK-
Weber Rn 61; *HSWGNR* Rn 42; *Richardi/Thüsing* Rn 34).

65   Ruft der ArbGeb. die E-Stelle nicht innerhalb der Frist von 2 Wochen an, so gilt
sein **Einverständnis** mit der Freistellung als erteilt (Abs. 2 S. 7). Ein späteres Anrufen
der E-Stelle, um die beschlossenen Freistellungen auf ihre sachliche Vertretbarkeit zu
überprüfen, ist unzulässig. Auch im arbeitsgerichtlichen Beschlussverfahren kann der
ArbGeb. die sachliche Nichtvertretbarkeit der Freistellung nicht mehr mit Erfolg
geltend machen (GK*Weber* Rn 104).

66   Hat der ArbGeb. die E-Stelle rechtzeitig angerufen und teilt diese seine Bedenken,
dass die Freistellung eines oder mehrerer gewählter BRMitgl. sachlich nicht vertretbar
ist, so darf sie sich nicht damit begnügen, insoweit die vom BR bzw. den Gruppen
getroffene Wahlentscheidung lediglich aufzuheben. Sie muss vielmehr **selbst** ein oder
mehrere **neue freizustellende BRMitgl. bestimmen** (GK-*Weber* Rn 62; *DKK-
Wedde* Rn 49 f.; ErfK-*Koch* Rn 9; *Richardi/Thüsing* Rn 45; einschränkend *HSWGNR*
Rn 45, wonach die E-Stelle, falls der betreffende Wahlvorschlag keine weiteren Kandidaten enthält, in einem Zwischenspruch nur die Berechtigung der Bedenken des
ArbGeb. festzustellen und eine Ersatzfreistellung nur auf Grund einer zuvor vorzunehmenden Nachwahl durch den BR zu treffen hat). Bei ihrer Entscheidung hat die
E-Stelle zum einen die allgemeinen Entscheidungskriterien des § 76 Abs. 5 S. 3 (an-
gemessene Berücksichtigung der Belange des Betriebs und der betroffenen ArbN
bzw. des BR) zu berücksichtigen. Zum andern hat sie jedoch auch dem in der Verhältniswahl liegenden Minderheitenschutz nach Abs. 2 S. 1 Rechnung zu tragen
(BAG 25. 4. 01 AP Nr. 8 zu § 25 BetrVG 1972; GK-*Weber* Rn 63; *DKK-Wedde*
Rn 50; *Düwell/Wolmerath* Rn 12). Dass dieser Minderheitenschutz keine die Entscheidungskriterien des § 76 Abs. 5 S. 3 verdrängende Bedeutung hat und damit die
E-Stelle nicht nur den ersten der bei der Wahl nicht mehr berücksichtigten Wahlbewerber der betreffenden Vorschlagsliste als Freizustellenden bestimmen kann, ergibt
sich aus dem Wortlaut des Abs. 2 S. 6 (vgl. „auch").

67   Durch die Notwendigkeit der Berücksichtigung einer **Vielzahl von Kriterien**
wird die personelle Auswahlentscheidung der E-Stelle erheblich eingeschränkt. Diese
Kriterien können im Einzelfall auch durchaus in Widerspruch zueinander stehen.
Keines dieser Kriterien kann für sich eine absolute Priorität in dem Sinne beanspruchen, dass es auf jeden Fall uneingeschränkt berücksichtigt werden muss (GK-*Weber*
Rn 649; *DKK-Wedde* Rn 50 f.; *Richardi/Thüsing* Rn 38; **aA** hinsichtlich Minderheitenschutzes: *HSWGNR* Rn 45; *Löwisch/Kaiser* Rn 20; MünchArbR-*Joost* § 220
Rn 62; *Buchner* NZA 89 Beil. 1 S. 4). Die E-Stelle hat vielmehr in jedem Einzelfall
unter sorgfältiger Abwägung der zu beachtenden Aspekte zu entscheiden. Sie darf
sich einer Entscheidung nicht etwa deshalb versagen, weil sie glaubt, eines der Kriterien nicht berücksichtigen zu können (GK-*Weber* aaO; *DKK-Wedde* Rn 51; *Heither*
NZA 90 Beil. 1 S. 16; **aA** *Richardi/Thüsing* ArbuR 86, 38 und MünchArbR-*Joost*
§ 220 Rn 62, nach denen dann, wenn auf der Vorschlagsliste kein weiterer Bewerber
als „Ersatz" vorhanden ist, eine Entscheidung der E-Stelle nicht getroffen werden
kann). In einem solchen Falle reicht es aus, wenn die E-Stelle den Grundanliegen,
die hinter den ihr gesetzten Entscheidungskriterien stehen, soweit wie möglich und
vertretbar Rechnung trägt.

68   Die E-Stelle hat bei ihrer Entscheidung über die Freistellung insbesondere **folgende Aspekte zu beachten:**
– Die Freistellung muss inhaltlich rechtmäßig sein, zB kann nur ein BRMitgl. und
   nicht ein ErsMitgl. freigestellt werden. Auch darf die Freistellung ihrerseits nicht
   sachlich unvertretbar im Sinne des Abs. 2 S. 4 sein.
– Die Freistellung muss eine sachgerechte Erfüllung der mit ihr verbundenen Aufgaben und Funktionen erwarten lassen.
– Hinsichtlich der Beachtung des in der Verhältniswahl liegenden Minderheitenschutzes sollte die E-Stelle in erster Linie prüfen, ob nicht ein BRMitgl. aus derselben Liste freizustellen ist, der das zu ersetzende BRMitgl. angehört. Ist dies

nicht möglich oder vertretbar, etwa weil kein weiterer Kandidat auf der Liste steht oder der einzige folgende Bewerber für diese Aufgabe ungeeignet ist, sollte sie prüfen, ob nicht ein geeigneter ErsKandidat auf der Liste steht, auf die nach den Grundsätzen der Verhältniswahl die nächste Freistellung entfallen wäre (vgl. § 25 Rn 26 f.; GK-*Weber* Rn 64; *Engels/Natter* BB Beil. 8/89 S. 23). Im Falle der Mehrheitswahl der Freizustellenden kann bei Abwägung der verschiedenen Aspekte auch der Stimmenabstand der möglichen ErsKandidaten bedeutsam sein.

Die Entscheidung der E-Stelle korrigiert nicht nur das Wahlergebnis des BR, son-   **69** dern ersetzt auch die Einigung zwischen ArbGeb. und BR über die Freistellung. Zur Frage einer gerichtlichen Überprüfung der Entscheidung der E-Stelle vgl. Rn 107.

6. Amtsniederlegung, Abberufung

Die Freistellung setzt in allen Phasen das **Einverständnis** des betreffenden BRMitgl.   **70** voraus. Ebenso wie dies für die Kandidatur zur Freistellung erforderlich ist (vgl. Rn 38), gilt dies für die Freistellung als solche (*GL* Rn 2; GK-*Weber* Rn 67; *DKK-Wedde* Rn 53; *Richardi/Thüsing* Rn 31). Auch kann das freigestellte BRMitgl. sein Einverständnis zur Freistellung jederzeit **widerrufen** und erklären, wieder seine berufliche Tätigkeit aufnehmen zu wollen (*DKK-Wedde* Rn 53; ErfK-*Koch* Rn 10; GK-*Weber* aaO; *Richardi/Thüsing* Rn 44). Dass er je nach den Umständen des Einzelfalles, zB Fehlen eines geeigneten ErsMitgl., ggf. verpflichtet sein kann, die Freistellung noch für eine gewisse Übergangszeit weiter zu übernehmen (so zutreffend *DKK-Wedde* aaO; GK-*Weber* aaO; *Richardi/Thüsing* aaO), ändert nichts an der generellen Möglichkeit einer jederzeitigen Rücknahme des Einverständnisses mit der Freistellung.

Die Freistellung erfolgt im Allgemeinen für die Amtsperiode des BR (*DKK-Wedde*   **71** Rn 52; *HSWGNR* Rn 32; *Richardi/Thüsing* Rn 43). Das ist jedoch nicht im Sinne eines festen, nicht abänderbaren Zeitraums zu verstehen. Vielmehr können die Freigestellten jederzeit vom BR aus dieser Funktion **abberufen** werden.

Die Erfordernisse für eine Abberufung sind unterschiedlich, je nachdem ob die   **72** Wahl des abzuberufenden Freigestellten in Mehrheitswahl oder in Verhältniswahl erfolgt ist. Sind sie in **Mehrheitswahl** gewählt worden, reicht für ihre Abberufung die **einfache Mehrheit** des beschlussfähigen BR aus (vgl. auch § 27 Rn 48). Diese Beschlussfassung braucht von Gesetzes wegen nicht durch geheime Stimmabgabe zu erfolgen. Allerdings kann der BR eine geheime Stimmabgabe beschließen; dies kann auch in der Geschäftsordnung vorgesehen werden (*DKK-Wedde* Rn 56; GK-*Weber* Rn 68). Im Interesse der Absicherung der Wahlfreiheit des einzelnen BRMitgl. reicht es aus, wenn ein BRMitgl. die geheime Stimmabgabe verlangt.

Sind die Freigestellten in **Verhältniswahl** gewählt worden, bedarf ihre Abberufung   **73** einer **qualifizierten Mehrheit** von drei Vierteln der Stimmen des BR. Außerdem muss der Beschluss **geheim** durchgeführt werden (Abs. 2 S. 8 iVm. § 27 Abs. 1 S. 5; vgl. hierzu § 27 Rn 46 f.; BAG 20. 4. 05 AP Nr. 30 zu § 38 BetrVG 1972; so auch GK-*Weber* Rn 68). Die verschärften Anforderungen an die Abberufung im Falle der Verhältniswahl erklären sich aus dem mit ihr verbundenen besonderen Minderheitenschutz, der unterlaufen würde, wenn ein in Verhältniswahl bestimmtes freizustellendes BRMitgl. später mit einfacher Stimmenmehrheit des BR wieder abberufen werden könnte (BAG 29. 4. 92 AP Nr. 15 zu § 38 BetrVG 1972; *WPK-Kreft* Rn 32).

Die Zulässigkeit einer Abberufung ist nicht vom Vorliegen besonderer Gründe ab-   **74** hängig. Über sie entscheidet der BR nach freiem Ermessen (enger GK-*Weber* Rn 69, der bei Vorliegen besonderer Gründe dem ArbGeb. einen aus § 2 Abs. 1 folgenden Rechtsanspruch auf Abberufung zuerkennt; ähnlich *WPK-Kreft* Rn 33).

Eine Neuwahl der Freizustellenden **ohne vorherige Abberufung** der bisher   **75** Freigestellten ist grundsätzl. **unzulässig** (vgl. für den gleichgelagerten Fall der Neuwahl der Mitgl. des BetrAusschusses BAG 13. 11. 91 AP Nr. 3 zu § 27 BetrVG 1972; GK-*Weber* Rn 68; *HSWGNR* Rn 37; **aA** und im Widerspruch zu dieser Entscheidung BAG 29. 4. 92 AP Nr. 15 zu § 38 BetrVG 1972, wonach bei Neuwahl aller

Freizustellenden der Minderheitenschutz durch die erneute Verhältniswahl ausreichend gewährleistet sei und es deshalb nicht des besonderen Minderheitenschutzes bei der Abberufung bedürfe. Diese Entscheidung setzt sich jedoch in unzulässiger Weise über die ausdrückliche gesetzliche Abberufungsregelung in § 38 Abs. 2 S. 8 iVm. § 27 Abs. 1 S. 5 hinweg; wie BAG *Richardi/Thüsing* Rn 46; *WPK-Kreft* Rn 34; *Düwell/Wolmerath* Rn 13. Vgl. hierzu auch § 27 Rn 51). Erfolgt die Neuwahl dagegen mit der nach § 27 Abs. 1 S. 5 erforderlichen Mehrheit, liegt darin eine Abberufung der bisher Gewählten mit der Folge, dass die neu Gewählten an deren Stelle treten (BAG 20. 4. 05 AP Nr. 30 zu § 38 BetrVG 1972).

76   Lassen sich freigestellte BRMitgl. **grobe Pflichtverletzungen** zuschulden kommen, so können sie deswegen uU im arbeitsgerichtlichen Verfahren nach § 23 aus dem BR ausgeschlossen werden, wodurch sie zugleich ihre Funktion als freigestellte BRMitgl. verlieren. Eine Abberufung der Freigestellten aus dieser Funktion durch das ArbG, etwa in entsprechender Anwendung des § 23, ist nicht zulässig (*DKK-Wedde* Rn 52).

III. Rechtsstellung der freigestellten Betriebsratsmitglieder

1. Allgemeines

77   Die freigestellten BRMitgl. sind grundsätzlich von ihrer arbeitsvertraglichen Verpflichtung zur Arbeitsleistung entbunden; im Fall der Teilfreistellung anteilmäßig. Im Rahmen ihrer Freistellung widmen sie sich nur noch der Erfüllung ihrer betriebsverfassungsrechtlichen Aufgaben. Deshalb unterliegen sie insoweit auch nicht mehr dem **Direktionsrecht des ArbGeb.** (LAG Hamm 20. 3. 09 – 10 Sa 1407/08 – ZBVR online 10 Nr. 5, 17; GK-*Weber* Rn 76; *DKK-Wedde* Rn 62; ErfK-*Koch* Rn 10; *HSWGNR* Rn 50; *Richardi/Thüsing* Rn 48). Im Übrigen gelten allerdings die nicht unmittelbar mit der Arbeitsleistung zusammenhängenden Pflichten aus dem Arbeitsverhältnis sowie allgemeine Regelungen über das Verhalten der ArbN und die Ordnung im Betrieb auch für die freigestellten BRMitgl. weiter. Deshalb haben auch freigestellte BRMitgl. grundsätzlich die **betriebsübliche Arbeitszeit** einzuhalten und etwaige diesbezügliche Kontrolleinrichtungen, zB Arbeitszeitkontrollgeräte zu benutzen (BAG 31. 5. 1989 AP Nr. 1 zu § 103 BetrVG 1972; *DKK-Wedde* Rn 62; *GL* Rn 35; GK-*Weber* Rn 77; *HSWGNR* Rn 48; *Richardi/Thüsing* Rn 49; *Natzel* NZA 00, 77). Besteht im Betrieb eine Regelung über **gleitende Arbeitszeit,** so sind die freigestellten BRMitgl. berechtigt, ihre BRTätigkeit innerhalb der Gleitarbeitszeit so wahrzunehmen, wie es ihnen zur sachgerechten Aufgabenerfüllung am zweckdienlichsten erscheint (LAG Düsseldorf NZA 94, 720; ErfK-*Koch* Rn 10; *WPK-Kreft* Rn 36).

78   Das freigestellte BRMitgl. hat sich, sofern die Erfüllung konkreter BRAufgaben nichts anderes verlangt, grundsätzlich am **Sitz des BR** im Betrieb zur Wahrnehmung von BRAufgaben bereitzuhalten. Dies gilt auch für BRMitgl., die vor ihrer Freistellung außerhalb des Betriebs, zB im Außendienst oder auf Montage, oder in einer anderen Betriebsstätte tätig waren. Bei ihnen führt die Freistellung zu einer Änderung des Leistungsorts (BAG 28. 8. 91 AP Nr. 39 zu § 40 BetrVG 1972; BAG 13. 6. 07 AP Nr. 31 zu § 38 BetrVG 1972; *DKK-Wedde* Rn 63; ErfK-*Koch* Rn 10; *HSWGNR* Rn 49; *WPK-Kreft* Rn 42). Die Möglichkeit einer anderen Organisation der BRArbeit durch den BR (vgl. Rn 83) bleibt allerdings unberührt. Arbeitet ein Betrieb in Wechselschicht, so sind die freigestellten BRMitgl. vorbehaltlich einer anderen Organisation der BRArbeit durch den BR ebenfalls nicht verpflichtet, ihre frühere Schichteinteilung beizubehalten. Sie können ihre BRTätigkeit vielmehr so einteilen, wie ihrer Ansicht nach zur ordnungsgemäßen Durchführung ihrer Aufgaben am besten erscheint (*DKK-Wedde* Rn 62; ErfK-*Koch* Rn 10; *WPK-Kreft* Rn 38; **aA** GK-*Weber*

Rn 77 f.; *HSWGNR* Rn 48; MünchArbR-*Joost* § 220 Rn 69: nur mit Einverständnis des ArbGeb.).

Die Freistellung hat der **Erfüllung betriebsverfassungsrechtlicher Aufgaben** 79 zu dienen. Das freigestellte BRMitgl. hat sich allein diesen Aufgaben zu widmen (BAG 17. 10. 90 AP Nr. 8 zu § 108 BetrVG 1972). Hiervon ist, ohne dass dies jeweils im Einzelnen nachgewiesen werden müsste, grundsätzlich auszugehen (BAG 19. 5. 83 AP Nr. 44 zu § 37 BetrVG 1972; GK-*Weber* Rn 77; vgl. auch Rn 82). Führt das BRMitgl. während der Freistellung nicht mit der BRArbeit zusammenhängenden Aufgaben aus (wobei allerdings ein auch nur mittelbarer Zusammenhang ausreicht), besteht insoweit kein Anspruch auf Zahlung des Arbeitsentgelts (vgl. BAG 19. 5. 83 aaO; GK-*Weber* Rn 79, 82; ErfK-*Koch* Rn 11; *Richardi/Thüsing* Rn 56; MünchArbR-*Joost* § 220 Rn 66; **aA** *DKK-Wedde* Rn 64 und *HSWGNR* Rn 52 ff. wegen unzulässiger Vermengung von arbeitsvertraglichen und betriebsverfassungsrechtlichen Pflichten: das freigestellte BRMitgl. sei durch die Freistellung von der Arbeitspflicht entbunden und der ArbGeb. habe keinen vertraglichen Anspruch darauf, dass das BRMitgl. BRAufgaben erfülle. Diese Argumentation verkennt, dass die Freistellung zweckgebunden ist und eine Verpflichtung des ArbGeb., das Arbeitsentgelt trotz Nichtleistung der Arbeit weiterzuzahlen, nur besteht, wenn der Freistellungszweck eingehalten wird. Etwas anderes würde auch eine nicht zu rechtfertigende Begünstigung von freigestellten BRMitgl. darstellen; GK-*Weber* Rn 82).

Aus diesem Grunde ist die Teilnahme eines freigestellten BRMitgl. an einer Ge- 80 richtsverhandlung nur unter denselben Voraussetzungen wie bei einem nicht freigestellten BRMitgl. zulässig (BAG 31. 5. 89 AP Nr. 9 zu § 38 BetrVG 1972; **aA** *DKK-Wedde* Rn 66; vgl. auch § 37 Rn 28). Ferner gelten auch für die Teilnahme freigestellter BRMitgl. an Schulungs- und Bildungsveranstaltungen nach § 37 Abs. 6 und 7 dieselben Voraussetzungen wie für die anderen BRMitgl.; nimmt ein freigestelltes BRMitgl. an einer Schulungsveranstaltung teil, die weder nach § 37 Abs. 7 als geeignet anerkannt ist noch erforderliche Kenntnisse im Sinne von § 37 Abs. 6 vermittelt, so hat es weder Anspruch auf Kostenerstattung noch auf Fortzahlung des Arbeitsentgelts (BAG 21. 7. 78 AP Nr. 4 zu § 38 BetrVG 1972; GK-*Weber* § 37 Rn 155; *Richardi/Thüsing* Rn 55). Übernimmt ein freigestelltes BRMitgl., ohne vom ArbGeb. zu diesem Zweck beurlaubt worden zu sein, das auf mehrere Jahre befristete Vollzeitamt als gewerkschaftlicher Landesvorsitzender und nimmt es im Betrieb keine betriebsverfassungsrechtlichen Aufgaben mehr wahr, rechtfertigt dies eine außerordentliche Kündigung durch den ArbGeb. (LAG Berlin NZA 96, 368).

Soweit ein freigestelltes BRMitgl. aus betriebsbedingten Gründen BRAufgaben 81 **außerhalb der Arbeitszeit** durchführt, hat es Anspruch auf entsprechenden Freizeitausgleich nach § 37 Abs. 3 (vgl. BAG 21. 5. 74 AP Nr. 14 zu § 37 BetrVG 1972; GK-*Weber* Rn 87; *Greßlin* S. 237 f.; weitergehend *Richardi/Thüsing* Rn 51, der auch betriebsratsbedingte Gründe ausreichen lässt, damit aber eine unterschiedliche Behandlung von freigestellten und nicht freigestellten BRMitgl. akzeptiert; ebenso *DKK-Wedde* Rn 64; zum Begriff der betriebsbedingten Gründe vgl. § 37 Rn 79 ff.). Da ein freigestelltes BRMitgl. nicht in den Betriebsablauf eingegliedert ist, ist es grundsätzlich befugt, selbst zu bestimmen, wann es den ihm zustehenden Freizeitausgleich nehmen will (GK-*Weber* Rn 88; *DKK-Wedde* Rn 64; *WPK-Kreft* Rn 39; **aA** *Greßlin* S. 241). Lässt die Belastung mit erforderlichen BRAufgaben es nicht zu, den Freizeitausgleich innerhalb eines Monats in Anspruch zu nehmen, steht dem BRMitgl. ein Abgeltungsanspruch zu (*Richardi/Thüsing* Rn 52; *DKK-Wedde* Rn 64; **aA** GK-*Weber* Rn 89; *Greßlin* S. 241 f.).

Wenn auch ein freigestelltes BRMitgl. hinsichtlich der Erfüllung der betriebsverfas- 82 sungsrechtlichen Aufgaben nicht dem Direktionsrecht des ArbGeb. unterliegt, so ist es doch verpflichtet, auf Verlangen des ArbGeb. in allgemeiner Form darzulegen, dass es sich der Erfüllung betriebsverfassungsrechtlicher Aufgaben gewidmet hat, wenn es diese Aufgaben außerhalb der betriebsüblichen Arbeitszeit oder außerhalb des Betriebs durchgeführt hat (*DKK-Wedde* Rn 65; ErfK-*Koch* Rn 11; *Richardi/Thüsing*

Rn 50; **aA** *HSWGNR* Rn 52 ff.). Eine Verpflichtung des freigestellten BRMitgl., das zur Erfüllung betriebsverfassungsrechtlicher Aufgaben das Betriebsgelände verlässt, dies dem ArbGeb. vorher mitzuteilen, dürfte nur bei Vorliegen besonderer Umstände bestehen (ErfK-*Koch* Rn 11; **weitergehend** *GL* Rn 35; GK-*Weber* Rn 81; *Richardi/ Thüsing* Rn 50). In keinem Falle kann der ArbGeb. von einem freigestellten BR-Mitgl. einen laufenden Tätigkeitsbericht verlangen (*GL* Rn 35; GK-*Weber* Rn 83; *DKK-Wedde* Rn 65). Das verbietet schon das grundlegende Gebot der vertrauensvollen Zusammenarbeit von ArbGeb. und BR. Dieses Gebot hat, falls keine konkreten gegenteiligen Verdachtsmomente vorliegen, auch zum Inhalt, dass der ArbGeb. grundsätzlich davon ausgehen kann und muss, dass die BRMitgl. die ihnen durch das Gesetz eingeräumten Rechte und Befugnisse im Rahmen und zur Erfüllung der dem BR obliegenden Aufgaben wahrnehmen (BAG 19. 5. 83 AP Nr. 44 zu § 37 BetrVG 1972; GK-*Weber* Rn 77).

83   Das freigestellte BRMitgl. unterliegt auch nicht den **Weisungen des BRVors.** (GK-*Weber* Rn 76; *DKK-Wedde* Rn 67; ErfK-*Koch* Rn 10). Allerdings ist folgendes zu beachten: Die Freistellung dient ebenso wie die Arbeitsbefreiung nach § 37 Abs. 2 allein dem Zweck, eine ordnungsgemäße Erfüllung der Aufgaben des BR zu ermöglichen. Wie diese ordnungsgemäße Aufgabenerfüllung zu **organisieren** ist, obliegt, soweit das Gesetz nicht bereits entsprechende Regelungen enthält (zB § 26 Abs. 2; § 27 Abs. 2 S. 1 u. Abs. 3), grundsätzlich dem BR (*DKK-Wedde* Rn 67; *Heither* NZA 90 Beil. 1 S. 16). Ebenso wie dieser Ausschüsse bilden und ihnen bestimmte Aufgabengebiete zur Vorberatung oder sogar selbständigen Entscheidung zuweisen kann (vgl. hierzu § 27 Rn 70 ff., § 28 Rn 5 ff.), ist er auch befugt, den einzelnen freigestellten BRMitgl. bestimmte, im Einzelnen umschriebene **Aufgabengebiete zu übertragen,** die diese in erster Linie zu betreuen haben. Diese Aufgabengebiete können nach fachlichen Aspekten festgelegt werden (zB Akkordangelegenheiten, betriebliche Sozialeinrichtungen, Angelegenheiten ausländischer oder weiblicher ArbN), jedoch kommen auch andere Gesichtspunkte in Betracht, etwa räumlicher Art zB Betreuung bestimmter Betriebsteile. Soweit das Gesetz dem einzelnen ArbN das Recht zugesteht, sich der Hilfe eines BRMitgl. seines Vertrauens zu bedienen (vgl. zB § 82 Abs. 2 S. 2, § 83 Abs. 1 S. 2, § 84 Abs. 1 S. 2), kann dieses Recht durch einen anderweitigen Organisationsbeschluss des BR jedoch nicht beseitigt oder eingeschränkt werden.

84   Das freigestellte BRMitgl. ist **verpflichtet,** sich den betriebsverfassungsrechtlichen Aufgaben zu widmen, insbesondere den ihm durch BRBeschluss etwa besonders übertragenen Angelegenheiten. Widmet sich ein freigestelltes BRMitgl. während der Arbeitszeit anderen als seinen betriebsverfassungsrechtlichen Aufgaben, so kann dies uU eine grobe Amtspflichtverletzung iS von § 23 Abs. 1 darstellen (*GL* Rn 37; *WPK-Kreft* Rn 40). Außerdem kann hierin eine Verletzung der Pflichten aus dem Arbeitsvertrag liegen, da die Freistellung zweckgebunden zur Erfüllung betriebsverfassungsrechtlicher Aufgaben erfolgt (GK-*Weber* Rn 82; *Richardi/Thüsing* Rn 56; **aA** *HSWGNR* Rn 52 ff.).

2. Entgeltfortzahlung

85   Das freigestellte BRMitgl. hat **Anspruch auf das Arbeitsentgelt,** das es erhalten hätte, wenn es nicht freigestellt worden wäre, sondern weiter seine berufliche Tätigkeit ausgeübt hätte. Insoweit gilt für die Frage der Fortzahlung des Arbeitsentgelts an freigestellte BRMitgl. im Grundsatz nichts anderes als bei lediglich vorübergehend von der Arbeit befreiten BRMitgl. (BAG 18. 9. 91 AP Nr. 82 zu § 37 BetrVG 1972; GK-*Weber* Rn 84; *GL* Rn 38; *Richardi/Thüsing* Rn 53; *Göpfert/Fellenberg/Klarmann* DB 09, 2041 ff.; ferner *Aden* RdA 80, 256, der bei einem Freigestellten die BRTätigkeit als Beruf ansieht, um dann sich die Höhe des „Betriebsratsgehalt" nach dem gem. § 37 Abs. 4 anzupassenden Arbeitsvertrag ergebe; ähnlich de lege ferenda *Farthmann* FS Stahlhacke S. 115 ff.; Näheres zum nach § 37 Abs. 2 fortzuzahlenden Arbeitsentgelt vgl. dort Rn 57 ff.). Zu beachten ist allerdings, dass

sich durch die Freistellung die Aufgaben des BRMitgl. und nicht selten auch der Ort seiner Tätigkeit ändern (vgl. oben Rn 78 ff.). Deshalb hat ein freigestelltes BRMitgl., das weiterhin während der Arbeitszeit BRAufgaben wahrnimmt, auch dann Anspruch auf Fortzahlung des Arbeitsentgelts, wenn in seinem früheren Arbeitsbereich wegen vorübergehenden unbezahlten Urlaubs kein Entgelt gezahlt wird (LAG Hamm AiB 98, 404).

Da die freigestellten BRMitgl. nicht in den Arbeitsprozess eingegliedert sind, kann **86** allerdings die Feststellung ihres individuellen Lohnes Schwierigkeiten bereiten. Das gilt insbesondere für solche freigestellten BRMitgl., die im **Leistungslohn** gestanden haben. Da wegen der Freistellung die persönliche Arbeitsleistung als Bezugspunkt ausscheidet, auf der anderen Seite die BRMitgl. wegen ihrer Freistellung insbes. auch in finanzieller Hinsicht nicht benachteiligt werden dürfen, ist ihr Arbeitsentgelt nach demjenigen **vergleichbarer ArbN mit betriebsüblicher Entwicklung** zu bemessen (*DKK-Wedde* Rn 69; *GL* Rn 38; *GK-Weber* Rn 84; *Richardi/Thüsing* Rn 53; *Schneider* NZA 84, 23; aA *Lipp* S. 116 f: Vergütung anhand der auf dem bisherigen Leistungsverhalten beruhenden Prognose; *Schweibert/Buse* NZA 07, 1080, 1082: variabler Anteil anhand des Durchschnitts der letzten 12 Monate, ansonsten Prognose und erst wenn dies nicht möglich ist, soll auf den durchschnittlichen Leistungsstandard vergleichbarer ArbN zurückgegriffen werden; *HSWGNR* Rn 56). Das gilt auch für den Fall, dass der Arbeitsplatz des freigestellten BRMitgl. ersatzlos weggefallen ist (BAG 17. 5. 77 AP Nr. 28 zu § 37 BetrVG 1972; ErfK-Koch Rn 11). Für teilfreigestellte BRMitgl. differenzieren *Göpfert/Fellenberg/Klarmann* DB 09, 2041, 2044 danach, ob die Erreichung der Zielvorgaben allein vom ArbN abhängt oder nicht: ist sie allein von der Leistungsfähigkeit des ArbN abhängig, ist auf die erbrachte Leistung abzustellen, die an die anteilige Arbeitszeit anzupassen ist; ist sie von anderen Faktoren abhängig, soll der von vergleichbaren ArbN erzielte Durchschnitt als Maßstab gelten.

Der Anspruch des freigestellten BRMitgl. umfasst **alle Entgeltbestandteile,** die **87** den vergleichbaren ArbN zufließen und die auch das freigestellte BRMitgl. erhalten hätte, wäre es nicht freigestellt. Zu denken ist hier insbesondere an Mehrarbeitszulagen, Überstundenzuschläge, Nachtarbeitszuschläge (vgl. LAG Niedersachsen EzA § 37 BetrVG 1972 Nr. 68) oder Sozialzulagen. Auch Leistungen aus einem bestehenden Entgeltpool sind weiterzuzahlen (so für den sog. Liquidationspool nach dem rheinl.-pfälz. KrankenhausG hinsichtlich freigestellter Personalratsmitgl. BAG 17. 2. 93 AP Nr. 2 zu § 42 LPVG Rheinland-Pfalz). Das Gleiche gilt für die an Lokomotivführer und Zugbegleiter der Deutschen Bahn gewährte Fahrentschädigung (BAG 5. 4. 00 AP Nr. 131 zu § 37 BetrVG 1972). Auszunehmen sind lediglich solche Leistungen, die reinen Aufwendungsersatzcharakter haben, sofern dem freigestellten BRMitgl. entsprechende Aufwendungen nicht mehr entstehen (Näheres vgl. § 37 Rn 66 ff.).

Da das freigestellte BRMitgl. durch die Freistellung keinen finanziellen Nachteil **88** erleiden soll, hat es auch dann Anspruch auf **Mehrarbeitszuschläge,** wenn zwar die vergleichbaren ArbN Mehrarbeit leisten, im Rahmen der BRTätigkeit Mehrarbeit jedoch nicht anfällt (*DKK-Wedde* Rn 69; ErfK-Koch Rn 11; *WPK-Kreft* Rn 41; *GK-Weber* Rn 85; *Richardi/Thüsing* Rn 54; LAG Hamburg DB 77, 1097; vgl. auch BAG 29. 6. 88 AP Nr. 1 zu § 24 BPersVG; BAG 12. 12. 00 AP Nr. 27 zu § 1 TVG Tarifverträge: Textilindustrie; einschränkend *Aden* RdA 80, 259). Macht in diesem Falle ein BRMitgl. im Rahmen seiner BRTätigkeit aus betriebsbedingten Gründen Überstunden, so steht ihm allerdings nicht außerdem ein Anspruch auf Freizeitausgleich oder gar auf Mehrarbeitsvergütung nach § 37 Abs. 3 zu. Denn dann wäre das BRMitgl. insofern begünstigt, als es Überstunden trotz Freizeitausgleichs oder gar die Überstunden doppelt vergütet erhielte (*DKK-Wedde* Rn 70; ErfK-Koch Rn 11; *GK-Weber* Rn 85; *Richardi/Thüsing* Rn 54; *Greßlin* S. 240 f.). Zum Anspruch freigestellter BRMitgl. auf Freizeitausgleich und Abgeltung nach § 37 Abs. 3 vgl. § 37 Rn 90, 97 und 109. Müssen ArbN der Betriebsabteilung, der das BRMitgl. bis zu seiner Freistellung angehört hat, kurzarbeiten, so muss das freigestellte BRMitgl. nur dann eine entsprechende Minderung des Arbeitsentgelts hinnehmen, wenn sich auch die BRTätigkeit entsprechend verringert, was in der Regel nicht anzunehmen ist (*Schneider* NZA 84, 21, 23; **aa** *Lipp* S. 134).

89   Wie jeder ArbN haben auch freigestellte BRMitgl. uneingeschränkten Anspruch auf **Erholungsurlaub.** Die Befreiung von der Pflicht zur Arbeitsleistung wird bei freigestellten BRMitgl. durch die Befreiung von der Pflicht, sich innerhalb der betriebsüblichen Arbeitszeit den Aufgaben eines BR zu widmen, ersetzt (BAG 20. 8. 02 AP Nr. 27 zu § 38 BetrVG 1972). Unter Beachtung des Begünstigungs- und Benachteiligungsverbots des § 78 S. 2 BetrVG ist das freigestellte BRMitgl. urlaubsrechtlich so zu behandeln, als ob es nicht freigestellt worden wäre. Bestehen in einem Betrieb unterschiedliche Arbeitszeitmodelle sind für die Ermittlung der Höhe des tatsächlichen Urlaubsanspruchs des freigestellten BRMitgl. die Urlaubsansprüche vergleichbarer ArbN maßgeblich (BAG aaO). Ist die Arbeitszeit nicht innerhalb der Woche gleichmäßig auf Arbeitstage verteilt, so muss die für die betroffenen ArbN maßgebliche Anzahl von Urlaubstagen durch Umrechnung ermittelt werden. Dies erfolgt im Wege einer sog. Verhältnismäßigkeitsrechnung, wonach die unterschiedliche Anzahl der Tage mit Arbeitspflicht mit der Anzahl der Urlaubstage zueinander ins Verhältnis gesetzt wird. Ist beispielsweise in einem TV der Urlaubsanspruch nach Werk- und Arbeitstagen festgelegt und arbeitet ein mit dem freigestellten BRMitgl. vergleichbarer vollbeschäftigter ArbN nicht in einer regelmäßigen 5-Tage-Woche, errechnet sich bei einer auf das Jahr bezogenen Verhältnismäßigkeitsrechnung der Urlaubsanspruch in Arbeitstagen wie folgt: Werktage Urlaub/Jahr 3 Arbeitstage/Jahr geteilt durch Werktage/Jahr (BAG aaO). Hatte das freigestellte BRMitgl. vor seiner Freistellung wegen besonderer Arbeitsbedingungen Anspruch auf **Zusatzurlaub,** so behält es diesen Anspruch auch während der Freistellung (BAG 8. 10. 81 AP Nr. 2 zu § 49 BAT; **aa** *Natzel* NZA 2000, 80).

90   Freigestellte BRMitgl. ändern ihre **sozialversicherungsrechtliche Stellung** nicht GK-*Weber* Rn 86; *WPK-Kreft* Rn 41). Die bisherige Unterscheidung zwischen Arb. und Ang. in der Rentenversicherung ist mit dem G zur Organisationsreform in der gesetzlichen Rentenversicherung (RVOrgG) vom 9. 12. 04 (BGBl. I S. 3242) zugunsten eines einheitlichen Arbeitnehmerbegriffs aufgehoben worden. Die Arbeiterrentenversicherung und die Angestelltenversicherung sind unter den Namen „Deutsche Rentenversicherung" zur allgemeinen Rentenversicherung zusammengefasst worden (vgl. BT-Drs. 15/3654 und 15/3824).

3. Besonderer Schutz freigestellter Betriebsratsmitglieder

91   Freigestellte BRMitgl. widmen sich nur noch der BRArbeit. Sie verlieren deshalb nicht selten **berufliche Fertigkeiten und Kenntnisse,** insbesondere in solchen Berufen, die einem starken technologischen Wandel unterliegen. Außerdem kann es im Interesse eines ordnungsgemäßen Arbeitsablaufs erforderlich sein, den durch Freistellung frei werdenden Arbeitsplatz mit einem anderen ArbN zu besetzen. Aus diesem Grund haben BRMitgl., die über einen längeren Zeitraum freigestellt waren, nach Beendigung der Freistellung nicht selten Schwierigkeiten, wieder einen angemessenen Arbeitsplatz im Betrieb zu finden. Sie bedürfen eines besonderen Schutzes.

a) Verlängerung der Schutzfristen des § 37 Abs. 4 und 5

92   Nach § 37 Abs. 4 darf das Arbeitsentgelt von BRMitgl. während der Dauer ihrer Amtstätigkeit sowie eines Zeitraumes von einem Jahr nach Beendigung der Amtszeit nicht geringer bemessen werden, als das Arbeitsentgelt vergleichbarer ArbN mit betriebsüblicher beruflicher Entwicklung (vgl. § 37 Rn 116 ff.). Nach § 37 Abs. 5 gilt Entsprechendes für die berufliche Tätigkeit von BRMitgl. Diese nachwirkenden **Schutzfristen** von einem Jahr nach Beendigung der Amtszeit werden für solche

BRMitgl., die drei volle aufeinander folgende Amtszeiten hintereinander freigestellt waren, gemäß Abs. 3 jeweils auf zwei Jahre verlängert. Hierdurch wird sichergestellt, dass längerfristig freigestellten BRMitgl. ein ausreichender Zeitraum zur Verfügung steht, in dem sie ohne Sorge in finanzieller Hinsicht und in Bezug auf ihre berufliche Tätigkeit eine infolge der Freistellung etwa unterbliebene berufliche Entwicklung nachholen können.

Die Erhöhung der nachwirkenden Schutzfrist auf zwei Jahre setzt eine Freistellung **93** über **drei aufeinander folgende Amtszeiten** voraus. Unter **Freistellung** iS des Abs. 3 ist entsprechend dem Normzweck nur eine völlige Freistellung von der Arbeit zu verstehen, da eine nur teilweise (etwa stunden- oder tageweise) Freistellung in aller Regel weder die Aufgabe des bisherigen Arbeitsplatzes noch eine Berufsentfremdung nach sich zieht (*DKK-Wedde* Rn 72; *ErfK-Koch* Rn 12; *GK-Weber* Rn 91; *Richardi/ Thüsing* Rn 53). Jedoch kommt es hier auf die Umstände des Einzelfalls an, zB auf den Umfang der Freistellung oder die Art der beruflichen Tätigkeit, bei der uU nur eine Vollzeitbeschäftigung gewährleistet, auf dem erforderlichen Wissens- und Erkenntnisstand zu bleiben (für eine analoge Anwendung der Abs. 3 und 4 im Fall einer nur teilweisen Freistellung von der Arbeit insoweit *DKK-Wedde* Rn 72a und b; *WPK-Kreft* Rn 43; aA *ErfK-Koch* Rn 12; *Richardi/Thüsing* Rn 58; *GK-Weber* Rn 90; *Greßlin* S. 242; *Lipp* S. 18). Die Freistellung eines Teilzeitbeschäftigten im Umfang der vereinbarten Arbeitszeit ist eine Freistellung iS des Abs. 3 (*DKK-Wedde* Rn 72a; *ErfK-Koch* Rn 12; *Greßlin* S. 242; so wohl auch *Lipp* S. 18).

Das BRMitgl. muss über drei volle aufeinander folgende Amtszeiten freigestellt **94** gewesen sein. Die **volle Amtszeit** iS von § 21 beträgt vier Jahre (vgl. § 21 Rn 5). Keine volle Amtszeit ist die verkürzte Amtszeit wegen der Notwendigkeit einer vorzeitigen Neuwahl gemäß § 13 Abs. 2 Nr. 1–3 oder die vorzeitige Beendigung der Amtszeit des BR auf Grund einer gerichtlichen Entscheidung gemäß § 19 oder § 23. Auch die **verkürzte Amtszeit** wegen der Wiedereingliederung eines außerhalb des regelmäßigen Wahlzeitraum nach § 13 Abs. 3 Satz 1 iVm. § 21 Satz 3 ist keine volle Amtszeit, da ein solcher BR weniger als vier Jahre im Amt ist (*GK-Weber* Rn 92; *GL* Rn 43; *DKK-Wedde* Rn 73; *HSWGNR* Rn 60; *Lipp* S. 19; aA *Richardi/Thüsing* Rn 59, der jedoch nicht beachtet, dass das Gesetz von „vollen" Amtszeiten spricht; *WPK-Kreft* Rn 44). Etwas anderes gilt allerdings für den Fall, dass der BR gemäß § 13 Abs. 3 Satz 2 iVm. § 21 Satz 4 erst in dem übernächsten regelmäßigen Wahlzeitraum neu zu wählen ist. Denn ein solcher BR ist länger als vier Jahre im Amt (vgl. § 13 Rn 51 und § 21 Rn 22). Hatte der BR infolge einer vorzeitigen Neuwahl eine verkürzte Amtszeit, war die Amtszeit des folgenden BR jedoch gem. § 21 Satz 4 iVm. § 13 Abs. 3 Satz 2 über vier Jahre hinaus verlängert, so sind beide Amtszeiten mit zusammen acht Jahre als zwei volle Amtszeiten anzuerkennen (*DKK-Wedde* Rn 73; *GK-Weber* Rn 93; *HSWGNR* Rn 60; *Richardi/Thüsing* Rn 59; aA *GL* Rn 43).

Die Freistellung muss sich über **drei aufeinander folgende Amtszeiten** erstreckt **95** haben. Es darf keine Amtszeit eines BR dazwischen liegen, in der das BRMitgl. nicht freigestellt gewesen ist. Auf der anderen Seite ist es jedoch nicht erforderlich, dass sich die Amtszeiten der BR nahtlos aneinander anschließen. Ein kurzer Zwischenraum zwischen den Amtszeiten der BR – etwa wegen einer geringfügigen Verzögerung der Wahl – ist unerheblich, da in dieser Zeit das freigestellte BRMitgl. nicht wieder in das Berufsleben eingegliedert werden konnte (*DKK-Wedde* Rn 74; *GK-Weber* Rn 94; *HSWGNR* Rn 61; *Richardi/Thüsing* Rn 60; *WPK-Kreft* Rn 45).

Die Erhöhung der nachwirkenden Schutzfrist auf zwei Jahre setzt voraus, dass das **96** BRMitgl. **auch in der letzten Amtszeit** vor seinem Ausscheiden freigestellt gewesen ist. Denn berücksichtigt man den Normzweck des Abs. 3 (vgl. Rn 91) und seinen inneren Zusammenhang mit dem ebenfalls auf zwei Jahre nach Beendigung der Freistellung (vgl. Rn 101) erhöhten Schulungsgebot des Abs. 4 S. 2 für langjährig freigestellte BRMitgl., so ist es auch im Verhältnis zu den übrigen BRMitgl. nicht gerechtfertigt, einem BRMitgl., das in der letzten Amtszeit vor seinem Ausscheiden dem BR als normales nicht freigestelltes Mitgl. angehört hat, gleichwohl die erhöhte nachwirkende Schutzfrist von zwei Jahren zuzuerkennen. Denn dieses BRMitgl. steht seit vier Jahren wieder im Arbeitsprozess und hatte in den ersten beiden dieser vier Jahre nach Abs. 4 S. 2 Anspruch auf eine bevorzugte Teilnahme an Schulungs- und Bildungsveranstaltungen, um eine durch die Freistellung unterbliebene berufliche Entwicklung nachzuholen (wie hier ErfK-Koch Rn 12; HSWGNR Rn 62; Richardi/ Thüsing Rn 61; aA GK-Weber Rn 95; Düwell/Wolmerath Rn 16; DKK-Wedde Rn 75). Etwas anderes gilt, wenn die Amtszeit dieses BR vorzeitig endet und das BRMitgl. deshalb nicht wenigstens 2 Jahre nach Beendigung der Freistellung wieder im Arbeitsprozess gestanden hat (so auch WPK-Kreft Rn 46). Zur Frage, dass der nachwirkende Schutz auch bei Beendigung der persönlichen Mitgliedschaft im BR bei Fortbestand von dessen Amtszeit und ferner bei einer Wahlanfechtung nach § 19, einer Auflösung des BR oder einem Ausschluss aus dem BR nach § 23 Abs. 1 sowie einer nachträglichen Feststellung der Nichtwählbarkeit nach § 24 Abs. 1 Nr. 6 eingreift, vgl. § 37 Rn 129.

b) Berufliche Weiterbildung

97   Die Vorschrift des Abs. 4, die eine besondere Ausprägung des allgemeinen Benachteiligungsverbots von BRMitgl. (§ 78) darstellt, will freigestellten BRMitgl. eine möglichst schnelle und an die betriebsübliche Entwicklung vergleichbarer ArbN angepasste Wiedereingliederung in das Berufsleben nach Beendigung der Freistellung ermöglichen. Aus diesem Grunde dürfen freigestellte BRMitgl., obwohl sie von ihrer beruflichen Tätigkeit entbunden sind, auch während der Zeit ihrer Freistellung **von inner- und außerbetrieblichen Maßnahmen der Berufsbildung** nicht ausgeschlossen werden (ErfK-Koch Rn 13; GK-Weber Rn 96; HSWGNR Rn 66; Richardi/ Thüsing Rn 62). Unter außerbetrieblichen Maßnahmen der Berufsbildung sind solche Bildungsmaßnahmen zu verstehen, die der Betrieb üblicherweise zur Berufsbildung seiner ArbN nutzt (vgl. § 96 Rn 29, § 98 Rn 30).

98   Die BRMitgl. dürfen von den Berufsbildungsmaßnahmen **nicht ausgeschlossen** werden. Diese Regelung bedeutet nicht, dass freigestellte BRMitgl. einen Anspruch auf bevorzugte Berücksichtigung bei der Teilnahme an solchen Veranstaltungen hätten. Sie dürfen jedoch nicht übergangen werden, sondern sind in gleicher Weise zu berücksichtigen, wie es der Fall wäre, wenn sie anstatt freigestellt zu sein, ihre berufliche Tätigkeit weiter ausgeübt hätten (DKK-Wedde Rn 76; GK-Weber Rn 97; HSWGNR Rn 66; Richardi/Thüsing Rn 62; WW Rn 19). Der BR kann im Rahmen seiner MBR nach § 98 Abs. 3 und 4 auf eine angemessene Berücksichtigung freigestellter BRMitgl. an betrieblichen oder außerbetrieblichen Fortbildungsveranstaltungen hinwirken (WPK-Kreft Rn 47; Lipp S. 157; vgl. hierzu § 98 Rn 28 ff.).

99   Etwas anderes gilt, wenn freigestellte BRMitgl. nicht an angebotenen Fortbildungsveranstaltungen haben teilnehmen können, etwa weil dies wegen der Inanspruchnahme durch die BRAufgaben nicht möglich war. In diesem Falle ist ihnen innerhalb eines Jahres nach Beendigung der Freistellung **bevorzugt** die Möglichkeit zu geben, an betrieblichen und außerbetrieblichen Berufsbildungsmaßnahmen teilzunehmen, um eine wegen der Freistellung unterbliebene berufliche Entwicklung nachzuholen. Die unterbliebene berufliche Entwicklung muss durch die Freistellung bedingt sein. Hat sie in anderen Umständen ihre Ursache, besteht der Anspruch nicht (DKK-Wedde Rn 77; GK-Weber Rn 98; HSWGNR Rn 68; Richardi/Thüsing Rn 63). Der Anspruch dient nur der **Nachholung** einer betriebsüblichen beruflichen Entwicklung (vgl. hierzu § 37 Rn 130 ff.). Abzustellen ist auch hier auf die betriebsübliche berufliche Entwicklung vergleichbarer ArbN (vgl. zu diesem Begriff § 37 Rn 118 f.). Ein Anspruch auf eine besonders bevorzugte berufliche Stellung besteht nicht (GL Rn 49; GK-Weber Rn 97; Richardi/Thüsing Rn 62).

100   Die Verpflichtung des ArbGeb., einem freigestellten BRMitgl. bevorzugt die Möglichkeit zu geben, eine unterbliebene betriebsübliche berufliche Entwicklung nach-

zuholen, besteht **innerhalb eines Jahres nach Beendigung der Freistellung,** nicht erst nach Beendigung der Amtszeit des BR (GK-*Weber* Rn 101; *DKK-Wedde* Rn 77; *Richardi/Thüsing* Rn 64). Dieser Anspruch besteht ohne Rücksicht auf die Dauer der Freistellung (*GL* Rn 50; *Richardi/Thüsing* aaO). Allerdings dürfte eine nur kurzfristige Freistellung in aller Regel keine Nachteile in der beruflichen Entwicklung zur Folge haben.

Ist das BRMitgl. über drei volle aufeinander folgende Amtszeiten (vgl. Rn 94) **101** freigestellt gewesen, **erhöht** sich der Zeitraum, innerhalb dessen dem BRMitgl. bevorzugt Gelegenheit zu geben ist, eine infolge der Freistellung unterbliebene berufliche Entwicklung nachzuholen, **auf zwei Jahre.** Die nachwirkende zweijährige Schutzfrist des Abs. 4 Satz 3 beginnt nicht erst mit Ablauf der Amtszeit des BR, sondern mit der Beendigung der Freistellung (*DKK-Wedde* Rn 79; GK-*Weber* Rn 101; *Richardi/Thüsing* Rn 64).

Die Verpflichtung des ArbGeb., einem freigestellten BRMitgl. die Möglichkeit zu **102** geben, eine wegen der Freistellung unterbliebene betriebsübliche berufliche Entwicklung nachzuholen, besteht im **Rahmen der Möglichkeiten des Betriebs.** Die entsprechende Schulung des BRMitgl. darf für den ArbGeb. nicht unzumutbar sein (GK-*Weber* Rn 100; *DKK-Wedde* Rn 78; *Richardi/Thüsing* Rn 63). Allerdings kann eine entsprechende Schulung nicht bereits mit dem Hinweis auf eine fehlende innerbetriebliche Schulungsmöglichkeit abgelehnt werden. Bestehen entsprechende über- oder außerbetriebliche Fortbildungsmöglichkeiten, so hat das BRMitgl. Anspruch auf Teilnahme an diesen Veranstaltungen auf Kosten des ArbGeb. (*DKK-Wedde* Rn 78; ErfK-*Koch* Rn 13; *HSWGNR* Rn 70; *Lipp* S. 158; *Schneider* NZA 84, 24).

Nach Durchführung einer entsprechenden Schulung hat das BRMitgl. im Rah- **103** men der betrieblichen Möglichkeiten gem. § 37 Abs. 5, **Anspruch auf Zuweisung** einer der Schulung entsprechenden Tätigkeit (ErfK-*Koch* Rn 13; GK-*Weber* Rn 102; *WPK-Kreft* Rn 48; *Richardi/Thüsing* Rn 65).

IV. Streitigkeiten

Streitigkeiten auf Grund der Abs. 1 und 2, etwa über den Umfang der Freistellun- **104** gen bzw. über die Wahl der freizustellenden BRMitgl. entscheiden die ArbG im **Beschlussverfahren** (§§ 2a, 80 ff. ArbGG).

Bei der **Wahl** der freizustellenden BRMitgl. handelt es sich um Geschäftsführungs- **105** akte des BR. Diese sind jedoch für die Funktionsfähigkeit des BR von so wesentlicher Bedeutung, dass es nicht hinnehmbar ist, bei jedem Rechtsverstoß stets die Nichtigkeit der Wahl anzunehmen oder die Rechtswirksamkeit der Wahl über einen längeren Zeitraum im Ungewissen zu lassen. Aus denselben Gründen wie bei der Wahl des BRVors. und seines Stellvertr. sowie der Wahl der weiteren Mitgl. des Betr-Ausschusses ist es deshalb aus Gründen der Rechtssicherheit geboten, in entsprechender Anwendung des § 19 grundsätzlich nur eine **befristete Wahlanfechtung** zuzulassen und die Nichtigkeit der Wahl auf ganz besondere Ausnahmefälle zu beschränken (BAG 15. 1. 92 AP Nr. 10 zu § 26 BetrVG 1972; BAG 11. 3. 92, 20. 4. 05 AP Nr. 11, 30 zu § 38 BetrVG 1972; *DKK-Wedde* Rn 80; GK-*Weber* Rn 50; *Greßlin* S. 209; *Kamphausen* NZA 91, 882). Für die Geltendmachung der Rechtsunwirksamkeit der Wahl der freizustellenden BRMitgl. gelten dieselben Grundsätze wie bei der Wahl des BRVors. und seines Stellvertr. und der Wahl der weiteren Mitgl. des Betr-Ausschusses (vgl. hierzu im Einzelnen § 26 Rn 52 ff.; § 27 Rn 96 ff.; die dortigen Ausführungen gelten bei der Wahl der Freizustellenden entsprechend). Weder die unterlassene Ladung eines Ersatzmitgl. für das nicht erschienene geladene Ersatzmitgl. noch die inhaltl. mangelhafte Ladung betreffend die Neuwahl der freizustellenden BRMitgl. sind so schwerwiegende Verfahrensmängel, als dass sie die Nichtigkeit der Wahl zur Folge hätten (BAG 20. 4. 05 aaO).

106   **Anfechtungsberechtigt** ist auch ein einzelnes BRMitgl. (BAG 15. 1. 92 AP Nr. 10
zu § 26 BetrVG 1972; BAG 21. 7. 04 AP Nr. 4 zu § 51 BetrVG 1972; BAG 16. 3. 05
AP Nr. 6 zu § 28 BetrVG 1972; BAG 20. 4. 05 AP Nr. 30 zu § 38 BetrVG 1972).
Auf die persönliche Betroffenheit des anfechtenden BRMitgl. kommt es nicht an
(BAG 20. 4. 05 AP Nr. 29 zu § 38 BetrVG 1972). Die Anfechtungsfrist beginnt mit
der Feststellung des Wahlergebnisses durch den BR (BAG 20. 4. 05 AP Nr. 30 zu
§ 38 BetrVG 1972). Etwas anderes gilt nur, wenn ein anfechtungsberechtigtes BR-
Mitgl. an der Teilnahme der BRSitzung verhindert war; in diesem Fall beginnt die
Anfechtungsfrist für dieses BRMitgl. mit dessen Kenntniserlangung von der Wahl
und dem Wahlergebnis – andere BRMitgl. können sich auf die verspätete Kenntniserlangung dieses BRMitgl. nicht berufen (BAG 20. 4. 05 aaO). Die Anfechtungsbefugnis erlischt mit Ausscheiden des BRMitgl. aus dem BR (BAG 15. 8. 01 AP Nr. 10
zu § 47). Nicht antragsberechtigt ist dagegen die im Betrieb vertretene Gewerkschaft
(LAG Düsseldorf DB 75, 1987; vgl. auch BAG 12. 10. 76 AP Nr. 2 zu § 26 BetrVG
1972; GK-*Weber* Rn 103; *Richardi/Thüsing* Rn 67; *Kamphausen* NZA 91, 882; **aA**
WPK-Kreft Rn 49: Geltendmachung Verletzung des Minderheitenschutzes). Hat der
BR mehr BRMitgl. freigestellt, als der gesetzlichen Freistellungsstaffel oder einer
anderweitigen Regelung durch TV oder BV oder einer gerichtlichen Entscheidung
entspricht, ist auch der ArbGeb. anfechtungsbefugt, da er durch eine erhöhte Zahl
Freizustellender unmittelbar betroffen wird. Das Gleiche gilt, wenn im Falle von Teilfreistellungen das zulässige Freistellungsvolumen überschritten wird.

107   Soweit der ArbGeb. die sachliche Unvertretbarkeit der Freistellung geltend macht,
hat er vor Anrufung des ArbG das Verfahren vor der **E-Stelle** durchzuführen. Eine
unmittelbare Anrufung des ArbG ist nicht zulässig (ErfK-*Koch* Rn 14; *GL* Rn 52;
GK-*Weber* Rn 104; *Düwell/Wolmerath* Rn 20; **aA** LAG Düsseldorf DB 73, 626). Der
Spruch der E-Stelle kann nach § 76 Abs. 7 vom ArbG daraufhin überprüft werden,
ob er sachlich nicht vertretbar ist; denn der Begriff „sachlich nicht vertretbar" ist ein
unbestimmter Rechtsbegriff, wenn auch mit weitem Beurteilungsspielraum (GK-
Weber Rn 60, 65; *HSWGNR* Rn 74; *Henssler* RdA 91, 268, 272).

108   Da es nicht hinnehmbar ist, die Frage der Unwirksamkeit der Freistellung wegen
sachlicher Unvertretbarkeit über einen längeren Zeitraum im Ungewissen zu lassen,
kann ebenso wie die Anrufung der E-Stelle selbst (vgl. Rn 64), die Anfechtung der
Freistellungswahlen (vgl. Rn 105) und die Anfechtung des Spruches der E-Stelle
wegen Ermessensüberschreitung nach § 76 Abs. 5 S. 4 auch die Anrufung des Arbeitsgerichts zur Überprüfung des unbestimmten Rechtsbegriffs der sachlichen Unvertretbarkeit der Freistellung nur innerhalb einer **Frist von zwei Wochen** erfolgen
(GK-*Weber* Rn 65; *Richardi/Thüsing* Rn 39, **aA** *HSWGNR* Rn 74).

109   Bei Streitigkeiten über die Notwendigkeit von weiteren, über die Staffel des Abs. 1
hinausgehenden Freistellungen (vgl. Rn 20) ist es Sache des BR, im Einzelnen darzulegen, aus welchen Gründen weitere Freistellungen für eine ordnungsgemäße Erfüllung seiner Aufgaben erforderlich sind (BAG 22. 5. 73 AP Nr. 2 zu § 37 BetrVG
1972; GK- *Weber* Rn 22). Diese **Darlegungspflicht** ist in dem Fall, in dem lediglich
eine zusätzliche Freistellung für ein zeitweilig verhindertes BRMitgl. als notwendig
behauptet wird, im Allgemeinen geringer, als wenn auf Dauer über die gesetzliche
Staffel des Abs. 1 hinaus weitere BRMitgl. freigestellt werden sollen (BAG 22. 5.
73 u. 26. 7. 89 AP Nr. 1 u. 10 zu § 38 BetrVG 1972).

110   Streitigkeiten zwischen freigestellten BRMitgl. und dem ArbGeb., die sich aus einer Arbeitsentgeltminderung oder –vorenthaltung oder der Zuweisung eines min-
derwertigen Arbeitsplatzes ergeben (vgl. Abs. 3 iVm. § 37 Abs. 4 und 5), sind individualrechtliche Streitigkeiten, die im **Urteilsverfahren** zu entscheiden sind (vgl. § 37
Rn 253). Das Gleiche gilt für Streitigkeiten von freigestellten BRMitgl. hinsichtlich
der Teilnahme an Berufsbildungsmaßnahmen nach Abs. 4 (*WPK-Kreft* Rn 50; GK-
Weber Rn 105; *HSWGNR* Rn 73; *Richardi/Thüsing* Rn 68).

§ 39 Sprechstunden

(1) [1] Der Betriebsrat kann während der Arbeitszeit Sprechstunden einrichten. [2] Zeit und Ort sind mit dem Arbeitgeber zu vereinbaren. [3] Kommt eine Einigung nicht zustande, so entscheidet die Einigungsstelle. [4] Der Spruch der Einigungsstelle ersetzt die Einigung zwischen Arbeitgeber und Betriebsrat.

(2) Führt die Jugend- und Auszubildendenvertretung keine eigenen Sprechstunden durch, so kann an den Sprechstunden des Betriebsrats ein Mitglied der Jugend- und Auszubildendenvertretung zur Beratung der in § 60 Abs. 1 genannten Arbeitnehmer teilnehmen.

(3) Versäumnis von Arbeitszeit, die zum Besuch der Sprechstunden oder durch sonstige Inanspruchnahme des Betriebsrats erforderlich ist, berechtigt den Arbeitgeber nicht zur Minderung des Arbeitsentgelts des Arbeitnehmers.

Inhaltsübersicht

I. Vorbemerkung

Die Vorschrift bietet die Möglichkeit, in allen Betrieben unabhängig von ihrer **1** Größe Sprechstunden des BR durchzuführen. Durch die Einrichtung von Sprechstunden soll es dem einzelnen ArbN des Betriebs ermöglicht werden, während der Arbeitszeit dem BR seine Beschwerden, Wünsche oder Anregungen vorzubringen und von diesem einen Rat hinsichtlich der vorgetragenen Angelegenheit zu erhalten. Die Einrichtung von Sprechstunden bietet den **Vorteil einer geordneten Verfahrensweise,** indem das Vorbringen von Einzelanliegen der ArbN zeitlich zusammengefasst wird, worauf sich sowohl der BR als auch die ArbN des Betriebs einstellen können. Sprechstunden können auch im Interesse des ArbGeb. liegen, weil bei ihrer zeitlichen Festlegung auf betriebliche Notwendigkeiten Rücksicht genommen werden kann. (Zum Für und Wider von Sprechstunden vgl. *Brill* BB 79, 1247; ferner BAG 23. 6. 83 AP Nr. 45 zu § 37 BetrVG 1972.)

Die Vorschrift gilt nicht für den GesBR, den KBR, die GesJugAzubiVertr. und die **2** KJugAzubiVertr. (vgl. § 51 Abs. 1, § 59 Abs. 1, § 73 Abs. 2 und § 73b Abs. 2). Über eigene Sprechstunden der JugAzubiVertr. vgl. § 69. Für die Bordvertr. und den SeeBR gilt § 39 entsprechend (vgl. § 115 Abs. 4 und § 116 Abs. 3 Nr. 6). Das Gleiche gilt für eine Vertr. der ArbN iS von § 3 Abs. 1 Nr. 2 und 3, da diese an die Stelle des BR treten. Für ArbNVertr. nach § 3 Abs. 1 Nr. 5 bleibt die Einrichtung von Sprechstunden dem TV oder der BV vorbehalten (GK-*Weber* Rn 5).

Die Vorschrift ist insoweit **zwingend,** als sie weder durch TV noch durch BV zu- **3** ungunsten des BR oder der ArbN abgedungen werden kann. Die Festlegung näherer Einzelheiten über die Durchführung der Sprechstunden ist zulässig (*GL* Rn 2; GK-*Weber* Rn 6).

Entsprechende Vorschrift: § 43 BPersVG; keine im SprAuG und EBRG. **4**

II. Einrichtungen der Sprechstunden

5 Die Entscheidung über die Einrichtung von Sprechstunden während der Arbeitszeit **obliegt allein dem BR.** Er entscheidet nach pflichtgemäßem Ermessen darüber, ob und in welcher Weise er Sprechstunden durchführen will (*DKK-Wedde* Rn 3; *ErfK-Koch* Rn 2; *GL* Rn 4, 6; *GK-Weber* Rn 11; *HSWG* Rn 5; *Richardi/Thüsing* Rn 3; *Brill* BB 79, 1247). Eine **Zustimmung des ArbGeb.** ist **nicht** erforderlich. Andererseits ist diesem der Beschluss mitzuteilen. Bei seiner Entscheidung hat der BR die betrieblichen Verhältnisse, insbesondere auch die Zahl der im Betrieb beschäftigten ArbN, zu berücksichtigen.

6 Der BR **kann** Sprechstunden einrichten. Eine gesetzliche Verpflichtung dazu besteht nicht (*DKK-Wedde* Rn 4; *HSWG* Rn 5; *Richardi/Thüsing* Rn 3). Im Allgemeinen dürfte sich die Einrichtung einer festen Sprechstunde allerdings empfehlen (vgl. Rn 1). Die Möglichkeit des BR, die ArbN am Arbeitsplatz aufzusuchen (vgl. hierzu unten Rn 31), ist nicht geeignet, die Sprechstunde zu ersetzen; denn zum einen besteht diese Möglichkeit nicht uneingeschränkt, zum anderen liegt dann – im Gegensatz zur Sprechstunde – die Initiative für ein Gespräch beim BR und nicht beim einzelnen ArbN (*GK-Weber* Rn 37; *Richardi/Thüsing* Rn 30). Da keine ausdrückliche Verpflichtung zur Einrichtung einer Sprechstunde besteht, stellt es jedenfalls im Allgemeinen keine Pflichtverletzung des BR dar, wenn er von ihrer Einrichtung Abstand nimmt (*DKK-Wedde* Rn 5; **aA** für BR in Großbetrieben: *GK-Weber* Rn 11).

7 Die Einführung von Sprechstunden bedarf eines ordnungsgemäßen **Beschlusses** des BR nach § 33 (*GL* Rn 5; *GK-Weber* Rn 12; *Richardi/Thüsing* Rn 4). Für den Beschluss genügt die einfache Mehrheit.

8 Der BR entscheidet auch darüber, **in welcher Form** er die Sprechstunden durchführen will, insbesondere darüber, welches oder welche seiner Mitgl. er mit der **Durchführung der Sprechstunden** beauftragt (*GL* Rn 7; *Richardi/Thüsing* Rn 11; *Brill,* aaO S. 1248). Wenn dies für eine ordnungsgemäße Beratung der ArbN erforderlich ist, hat der BR mehrere seiner Mitgl. mit der Wahrnehmung der Sprechstunden zu beauftragen (*DKK-Wedde* Rn 3; *GK-Weber* Rn 18). Trifft der BR keine anderweitige Entscheidung, ist der **BRVors.,** im Verhinderungsfall sein Stellvertr., berechtigt, die Sprechstunden abzuhalten (*DKK-Wedde* Rn 6; *GL* Rn 7). Die Durchführung der Sprechstunden gehört zur laufenden Geschäftsführung des BR, so dass bei Bestehen eines BetrAusschusses dieser über die Modalitäten der Durchführung befindet (*GK-Weber* Rn 18; *Richardi/Thüsing* Rn 11). Die Mitgl. des BR, die mit der Durchführung der Sprechstunden beauftragt werden, sind, sofern sie nicht ohnehin freigestellt sind, nach § 37 Abs. 2 für die Dauer der Durchführung der Sprechstunden von ihrer beruflichen Tätigkeit befreit. Die Einrichtung und Durchführung von Sprechstunden rechtfertigt in Betrieben ohne freigestellte BRMitgl. (vgl. hierzu § 38 Rn 8 ff.) für sich allein keine pauschale Teilfreistellung eines BRMitgl. (BAG 13. 11. 91 AP Nr. 80 zu § 37 BetrVG; *DKK-Wedde* Rn 7).

9 Soweit dies für eine ordnungsgemäße Beratung der ArbN erforderlich ist, kann der BR unter Beachtung der in § 80 Abs. 3 und 4 geregelten Modalitäten auch **sachkundige** ArbN des Betriebs oder **Sachverständige** zu der Sprechstunde hinzuziehen (*Düwell/Wolmerath* Rn 5; *GK-Weber* Rn 20, 21; *ErfK-Koch* Rn 3; *HSWGNR* Rn 18; *Richardi/Thüsing* Rn 12). Sachverständige können auch Gewerkschaftsbeauftragte sein, deren Hinzuziehung als „Sachverständige" allerdings der Zustimmung des ArbGeb. bedarf (*DKK-Wedde* Rn 9; *GK-Weber* Rn 20; **aA** *HSWGNR* aaO nach denen Gewerkschaftsbeauftragte wegen einseitiger Interessenbindung keine Sachverständige sein können). **Vertreter der Gewerkschaften** können auf Ersuchen des BR jedoch auch im Rahmen der allgemeinen Unterstützungsfunktion der im Betrieb vertretenen Gewerkschaften (vgl. § 2 Abs. 1 und dort Rn 45 ff.) an der Sprechstunde teilnehmen; dies gilt insbesondere, wenn dies zur sachkundigen Beratung der ArbN, zB in Tariffragen, erforderlich erscheint. In diesem Falle ist eine Vereinbarung mit dem ArbGeb. nicht erforderlich; dieser ist vielmehr lediglich gemäß § 2 Abs. 2 zu unterrichten (LAG Bad.-Württ. BB 74, 1206; *DKK-Wedde* Rn 9; ErfK-Koch Rn 4; GK-*Weber* Rn 20; *HSWGNR* Rn 18; *Richardi/Thüsing* Rn 12; *WW* Rn 3; **aA** *GL* Rn 8).

Die Sprechstunden finden grundsätzlich **während der Arbeitszeit** statt. Zur Arbeitszeit zählen nicht die Pausen. Arbeitet der Betrieb in mehreren Schichten, dürfte es sich empfehlen, die Sprechstunden so zu legen, dass den ArbN jeder Schicht der Besuch der Sprechstunden während der Arbeitszeit möglich ist. **10**

Während die Frage, ob Sprechstunden eingerichtet werden sollen, der alleinigen Entscheidungskompetenz des BR unterliegt, ist für die **Festlegung von Zeit und Ort** der Sprechstunden während der Arbeitszeit eine Vereinbarung mit dem ArbGeb. erforderlich. Zweckmäßigerweise sollte dies in einer förmlichen BV erfolgen, ausreichend ist jedoch auch eine formlose Absprache (*DKK-Wedde* Rn 11; GK-*Weber* Rn 15; *HSWGNR* Rn 7; *Richardi/Thüsing* Rn 7; **aA** *GL* Rn 9). Führt der BR die Sprechstunde außerhalb der Arbeitszeit und außerhalb des Betriebs durch, bedarf es keiner Vereinbarung mit dem ArbGeb. (ErfK-Koch Rn 2; GK-*Weber* Rn 14; *GL* Rn 9; *Richardi/Thüsing* Rn 6). **11**

Unter Festlegung der **Zeit** der Sprechstunden ist die Bestimmung der zeitlichen Dauer der Sprechstunden (so auch *WPK-Kreft* Rn 3; **aA** *DKK-Wedde* Rn 12; *Richardi/Thüsing* Rn 5; *Düwell/Wolmerath* Rn 4), die Festlegung ihrer zeitlichen Lage während der Arbeitszeit sowie die Frage ihrer Häufigkeit (zB täglich, an bestimmten Tagen in der Woche oder im Monat) zu verstehen (ErfK-Koch Rn 2; GK-*Weber* Rn 15; *HSWGNR* Rn 8; *SWS* Rn 1). Dauer und Häufigkeit der Sprechstunden werden insbesondere von Art und Größe des Betriebes abhängen. **12**

Unter **Ort** der Sprechstunden ist der Raum zu verstehen, in dem die ArbN des Betriebs den BR aufsuchen können, dh, der Raum, in dem die Sprechstunde durchgeführt wird. **13**

Kommt es über die Festlegung von Zeit und Ort der Sprechstunden nicht zu einer Verständigung zwischen ArbGeb. und BR, so entscheidet hierüber die **E-Stelle** nach § 76 Abs. 5. Sie hat ihre Entscheidung unter angemessener Berücksichtigung der Belange des Betriebs und der betroffenen ArbN nach billigem Ermessen zu treffen. Hinsichtlich der Belange der ArbN ist insbesondere zu berücksichtigen, dass den ArbN ein ordnungsgemäßes Aufsuchen der Sprechstunden des BR ermöglicht wird (*DKK-Wedde* Rn 14; GK-*Weber* Rn 16; *HSWGNR* Rn 10). **14**

Der Spruch der E-Stelle ersetzt die **Einigung** zwischen BR und ArbGeb. über Zeit und Ort der Sprechstunden. Diese Vereinbarung bleibt solange maßgebend, bis sie durch eine andere Vereinbarung zwischen ArbGeb. und BR ersetzt wird. Da es sich bei der Festlegung von Zeit und Ort der Sprechstunden – auch soweit sie auf einem Spruch der E-Stelle beruht – zwar nicht zwingend, jedoch in der Regel um eine Betriebsvereinbarung handelt (GK-*Weber* Rn 15; *Richardi/Thüsing* Rn 7), ist eine Kündigung dieser Vereinbarung nach § 77 Abs. 5 möglich (*WPK-Kreft* Rn 5). **15**

Dem ArbGeb. ist in § 40 Abs. 2 die Verpflichtung auferlegt, den **sachlichen Aufwand** für die Sprechstunden zu tragen (*DKK-Wedde* Rn 16; *GL* Rn 13; GK-*Weber* Rn 27; *Richardi/Thüsing* Rn 13). Er hat die für die Abhaltung der Sprechstunden erforderlichen Räumlichkeiten, Licht, Heizung, Schreibmaterial usw. zur Verfügung zu stellen (vgl. § 40 Abs. 2 und dort Rn 104 ff.). Dies gilt auch für den Fall, dass der BR aus bestimmten Gründen die Sprechstunde außerhalb der Arbeitszeit durchführt. Muss die Sprechstunde aus betriebsbedingten Gründen außerhalb der Arbeitszeit durchgeführt werden, so hat das die Sprechstunde abhaltende BRMitgl. gemäß § 37 Abs. 3 Anspruch auf entsprechenden Freizeitausgleich bzw. auf Abgeltung dieser Zeit (vgl. § 37 Rn 73 ff.). Besuchen der deutschen Sprache nicht mächtige ausländische ArbN die Sprechstunde, hat der ArbGeb. auch die Kosten zu tragen, die notwendig sind, um eine Verständigung zu ermöglichen zB Hinzuziehung eines anderen ArbN als Übersetzer (*DKK-Wedde* Rn 16; *WPK-Kreft* Rn 11). Gehören zum Betrieb auch außerhalb beschäftigte TeleArbN (vgl. hierzu § 5 Rn 193 ff.), ist bei Bestehen einer entsprechenden betrieblichen Infrastruktur dem BR die Möglichkeit einzuräumen, dass er für diese **16**

ArbN über die im Betrieb genutzten elektronischen Netze erreichbar ist (*DKK-Wedde* Rn 16). Diese Möglichkeit schließt jedoch nicht aus, dass ein TeleArbN erforderlichenfalls auch persönlich die Sprechstunde des BR aufsucht (vgl. Rn 26).

III. Teilnahme eines Vertreters der Jugend- und Auszubildendenvertretung

17 Soweit die JugAzubiVertr. keine eigenen Sprechstunden durchführt, kann **eines ihrer Mitgl.** an den Sprechstunden des BR zur Beratung jugendl. oder zu ihrer Berufsausbildung beschäftigter ArbN teilnehmen. Zu den Voraussetzungen eigener Sprechstunden der JugAzubiVertr. vgl. § 69 Rn 4f. Die Teilnahme eines Mitgl. der JugAzubiVertr. dient dem Zweck der Beratung jugendl. oder zu ihrer Berufsausbildung beschäftigter ArbN. Ihnen soll durch die Teilnahme eines von ihnen gewählten Vertr. eine etwaige Befangenheit beim Vorbringen ihrer Anliegen genommen werden. Ferner soll das Mitgl. der JugAzubiVertr., die sich gemäß § 70 insbesondere mit den Belangen der jugendl. und der zu ihrer Berufsausbildung beschäftigten ArbN zu befassen hat, diese bei dem Vorbringen ihrer Anliegen unterstützen und beraten. Die Teilnahme eines Mitgl. der JugAzubiVertr. hat außerdem zur Folge, dass sie über die von jugendl. ArbN in den Sprechstunden vorgebrachten Wünschen und Anliegen unterrichtet wird und so Ansatzpunkte für die eigene Arbeit gewinnt.

18 Das Teilnahmerecht eines Mitgl. der JugAzubiVertr. an den Sprechstunden des BR besteht stets, aber auch nur dann, wenn sie **keine eigenen Sprechstunden** abhält. Hierbei ist es unerheblich, ob die Voraussetzungen für die Durchführung eigener Sprechstunden nicht vorliegen oder ob die JugAzubiVertr. trotz bestehender Möglichkeit von eigenen Sprechstunden Abstand nimmt (*Düwell/Wolmerath* Rn 8; GK-*Weber* Rn 22; *Richardi/Thüsing* Rn 15).

19 An den Sprechstunden „**kann**" ein Mitgl. der JugAzubiVertr. teilnehmen. Eine Verpflichtung hierzu besteht nicht. Ob von der Möglichkeit der Teilnahme Gebrauch gemacht wird, ist ihrer Entscheidung überlassen (*DKK-Wedde* Rn 22; ErfK-*Koch* Rn 4; *HSWGNR* Rn 14; *Richardi/Thüsing* Rn 16; schärfer GK-*Weber* Rn 25, der in der Nichtteilnahme ggf. eine grobe Pflichtverletzung iS von § 23 Abs. 1 sieht). Auch die Entscheidung, **welches ihrer Mitgl.** an den Sprechstunden des BR teilnimmt, obliegt allein der JugAzubiVertr. (GK-*Weber* Rn 24; *Richardi/Thüsing* Rn 17). Trifft sie hierüber keine ausdrückliche Regelung, ist ihr Vors., im Verhinderungsfall sein Stellvertr. teilnahmeberechtigt (*DKK-Wedde* Rn 22; *WPK-Kreft* Rn 8; **aA** *HSWGNR* Rn 14: keine Teilnahme). Für die Zeit der Teilnahme ist das Mitgl. der JugAzubiVertr. von der Verpflichtung zur Arbeitsleistung befreit (§ 65 Abs. 1 iVm. § 37 Abs. 2).

20 Da die Teilnahme eines Mitgl. der JugAzubiVertr. dem Zwecke der Beratung jugendl. und zu ihrer Berufsausbildung beschäftigter ArbN dient, besteht ein **Teilnahmerecht** nur insoweit, als diese die Sprechstunden aufsuchen, nicht dagegen beim Besuch sonstiger erwachsener ArbN (ErfK-*Koch* Rn 4; GL Rn 11; *Richardi/Thüsing* Rn 18; *HSWGNR* Rn 12 einschränkend *WPK-Kreft* Rn 8; GK-*Weber* Rn 26: nur wenn der erwachsene ArbN die Abwesenheit des JugAzubiVertr. verlangt; **aA** *DKK-Wedde* Rn 23; *WW* Rn 4). Im Hinblick hierauf kann es im Interesse einer ordnungsgemäßen Durchführung der Sprechstunden zweckmäßig sein, dass der BR getrennte Sprechstunden für jugendl. und zu ihrer Berufsausbildung beschäftigte sowie für die übrigen ArbN einrichtet (*DKK-Wedde* aaO; GK-*Weber* aaO; *HSWGNR* Rn 13; *Richardi/Thüsing* aaO).

21 Auch soweit ein jugendl. oder zu seiner Berufsausbildung beschäftigter ArbN die Sprechstunde aufsucht, ist er nicht gehalten, sich der Unterstützung des JugAzubiVertr. zu bedienen; vielmehr steht es ihm frei, sich allein mit dem BRMitgl. zu beraten (*DKK-Wedde* Rn 21; GK-*Weber* Rn 23; *HSWGNR* Rn 15).

IV. Zulässiger Gegenstand der Sprechstunde

Die ArbN des Betriebs sind **berechtigt,** die Sprechstunden des BR in allen Ange- 22
legenheiten aufzusuchen, die mit ihrer Stellung als ArbN des Betriebs zusammenhängen und in den Aufgabenbereich des BR fallen (GK-*Weber* Rn 8; *Richardi/Thüsing*
Rn 2). Hierzu zählen zB die Erhebung und Erörterung von Beschwerden über das
Verhalten von Vorgesetzten oder anderer ArbN oder über sonstige betriebliche Angelegenheiten. Nicht erforderlich ist, dass der ArbN sich vorher beim ArbGeb. beschwert hat (GK-*Weber* Rn 8; *HSWGNR* Rn 4; **aA** *SWS* Rn 3). Die ArbN können
dem BR auch Anregungen für seine Arbeit geben (§ 80 Abs. Nr. 3). In diesem Zusammenhang können auch Vorschläge nach § 86a Gegenstand einer Sprechstunde
sein (GK-*Weber* Rn 8). Sucht eine ArbN die Sprechstunde in vertraulichen Angelegenheiten auf (zB drohende Pfändungen, Schwangerschaft, drohende Auswirkungen
eines Strafverfahrens auf das Arbeitsverhältnis) hat der BR die notwendige Diskretion
sicherzustellen (*DKK-Wedde* Rn 8; GK-*Weber* Rn 19).

Angesichts der allgemeinen Überwachungsfunktion des BR in Bezug auf die zu- 23
gunsten der ArbN geltenden Gesetze und sonstigen kollektiven Regelungen (§ 80
Abs. Nr. 1) ist auch eine **Erörterung** der mit dem Arbeitsverhältnis zusammenhängenden Fragen zulässig (*Richardi/Thüsing* Rn 2; *DKK-Wedde* Rn 18; GK-*Weber* Rn 8;
HSWG Rn 4; *WPK-Kreft* Rn 10). Es handelt sich nicht um eine Rechtsdienstleis-
tung (vgl. § 2 Abs. 3 Nr. 3 RDG). Zur Frage der Haftung bei falscher Auskunft vgl.
Rn 34. Eine falsche Auskunft über die Klagefrist nach § 4 KSchG rechtfertigt keine
nachträgliche Klageerhebung nach § 5 KSchG (LAG Hamburg DB 87, 1444; *DKK-
Wedde* Rn 18).

Kein zulässiger Gegenstand für die Erörterung in der Sprechstunde sind rein 24
persönliche Angelegenheiten, die in keinen Zusammenhang mit dem Arbeitsverhältnis oder dem betrieblichen Geschehen stehen wie zB Nachbarschaftsstreitigkeiten
des ArbN oder Fragen eines privaten Verkehrsunfalls. Auch rein gewerkschaftliche
Fragen wie zB Fragen der Mitgliederwerbung oder die Vorbereitung gewerkschaftlicher Veranstaltungen ohne jeden Betriebsbezug sind, da nicht zu den Aufgaben
des BR gehörend, nicht in der Sprechstunde zu erörtern (GK-*Weber* Rn 9;
HSWGNR Rn 4).

Unzulässig ist ferner, da nicht dem Sinn der Sprechstunde entsprechend, in ihr die 25
Belegschaft über die Tätigkeit oder beabsichtigte **kollektive Maßnahmen des BR**
zu unterrichten oder diese mit der Belegschaft zu erörtern. Das Gleiche gilt für die
Unterrichtung über den Stand laufender Tarifverhandlungen. Hierfür stehen dem BR
andere Mittel (zB Schwarzes Brett, ordentliche oder ggf. außerordentliche BetrVerslg.,
schriftliche Information) zur Verfügung (LAG Niedersachsen NZA 87, 33; ArbG
Kassel NZA 87, 534; ArbG Mannheim BB 79, 833; ArbG Osnabrück NZA 95,
1013; GK-*Weber* Rn 9, 30; *Richardi/Thüsing* Rn 24; **aA** *DKK-Wedde* Rn 17).

V. Besuch der Sprechstunde und Entgeltfortzahlung

Berechtigt, die Sprechstunde aufzusuchen, sind **alle ArbN** des Betriebs. Dies gilt 26
auch für die im Betrieb tätigen **LeiharbN,** gleichgültig ob es sich um gewerbsmäßig
oder nicht gewerbsmäßig überlassene LeihArbN handelt (vgl. § 14 Abs. 2 S. 2 AÜG;
BAG 18. 1. 89 AP Nr. 2 zu § 14 AÜG; *DKK-Wedde* Rn 27; GK-*Weber* Rn 10, 29;
HSWGNR Rn 27). sowie für die dem Betrieb zugeordneten TeleArbN (*DKK-Wedde*
Rn 27a; Näheres zu den **TeleArbN** vgl. § 5 Rn 193ff.). Auch wenn der JugAzubi-
Vertr. eigene Sprechstunden eingerichtet hat, sind die jugendlichen ArbN und die in
Ausbildung Beschäftigten nicht auf diese Sprechstunde beschränkt, sondern können
(auch) die des BR aufsuchen. Es können wegen einer Angelegenheit auch mehrere
ArbN gemeinsam die Sprechstunde aufsuchen, wenn dies aus besonderen Gründen

geboten ist (ArbG Hamburg AiB 82, 158; *DKK-Wedde* Rn 25; *Düwell/Wolmerath* Rn 11; einschränkend GK-*Weber* Rn 30). Der ArbN braucht dem ArbGeb. den Anlass seines Besuchs der Sprechstunde nicht mitzuteilen (*DKK-Wedde* Rn 24; GK-*Weber* Rn 32; *Richardi/Thüsing* Rn 23).

27   Dem ArbN entsteht durch den Besuch von Sprechstunden zur Erörterung zulässiger Themen **kein Verlust an Arbeitsentgelt.** Die durch den Besuch bedingte Arbeitsversäumnis ist ihm einschließlich etwa erforderlicher Wegezeiten wie Arbeitszeit zu vergüten. Auch etwaige Zuschläge sind weiterzuzahlen (*DKK-Wedde* Rn 26; ErfK-*Koch* Rn 5; GK-*Weber* Rn 34). Bei LeihArbN richtet sich der Entgeltanspruch gegen den Verleiher; der Entleiher hat ggf. Anspruch auf Minderung des Überlassungsgeldes (vgl. ErfK-*Wank* AÜG § 14 Rn 9).

28   Der Anspruch auf Fortzahlung des Arbeitsentgelts setzt **keine Arbeitsbefreiung** durch den ArbGeb. voraus (*DKK-Wedde* Rn 24; MünchArbR-*Joost* § 219 Rn 92; *Düwell/Wolmerath* Rn 13; **aA** GK-*Weber* Rn 31; *HSWGNR* Rn 20; *Richardi/Thüsing* Rn 23). Allerdings hat der ArbN bei dem Besuch der Sprechstunde auf betriebliche Notwendigkeiten Rücksicht zu nehmen und sich vorher stets bei seinem Vorgesetzten **ordnungsgemäß abzumelden** und nach Rückkehr wieder zurückzumelden (BAG 23. 6. 83 AP Nr. 45 zu § 37 BetrVG 1972; LAG Düsseldorf DB 85, 2463; *Düwell/Wolmerath* Rn 12; *DKK-Wedde* Rn 24; *Richardi/Thüsing* Rn 23; vgl. hierzu auch § 37 Rn 50 ff.). Verweigert der ArbGeb. ohne triftigen Grund den Besuch der Sprechstunde, so kann der ArbN auch gegen den Widerspruch des ArbGeb. die Sprechstunde aufsuchen (*DKK-Wedde* aaO; ErfK-*Koch* aaO; *Düwell/Wolmerath* Rn 12; GK-*Weber* Rn 33; MünchArbR-*Joost* § 307 Rn 100; **aA** *HSWGNR* Rn 20; *SWS* Rn 7 a; *Dütz* DB 76, 1481: vorherige gerichtliche Entscheidung – ggf. eine einstweilige Verfügung – notwendig).

29   Die Pflicht zur Fortzahlung des Arbeitsentgelts besteht allerdings nur insoweit, als der **Besuch der Sprechstunde** oder die sonstige Inanspruchnahme des BR **erforderlich ist.** Dies ist nicht der Fall, wenn ein Querulant ständig die Sprechstunde aufsucht. Es muss ein sachlicher Grund für die Inanspruchnahme des BR gegeben sein (*DKK-Wedde* Rn 24; GK-*Weber* Rn 29; *Richardi/Thüsing* Rn 24; *Brill* BB 79, 1248; **aA** *WW* Rn 7).

30   Es bleibt dem einzelnen ArbN unbenommen, soweit dies erforderlich ist, auch **außerhalb der Sprechstunden** den BR in Anspruch zu nehmen (GK-*Weber* Rn 35; *DKK-Wedde* Rn 28; ErfK-*Koch* Rn 2; *Richardi/Thüsing* Rn 25). Zu denken ist zB an die Erhebung einer Beschwerde beim BR gemäß § 85, zumal dann, wenn das mit der Wahrnehmung der Sprechstunde beauftragte BRMitgl. zur Entgegennahme von Beschwerden nicht befugt ist. Ein BRMitgl., das von einem ArbN im Betrieb angesprochen wird, ist nicht verpflichtet, diesen auf die Sprechstunde zu verweisen (BAG 23. 6. 83 AP Nr. 45 zu § 37 BetrVG 1972; *Richardi/Thüsing* Rn 25; **aA** *SWS* Rn 6). Auch ist ein BRMitgl. berechtigt, einen ArbN auf dessen Bitte hin am Arbeitsplatz aufzusuchen, um mit ihm eine arbeitsplatzbezogene Angelegenheit zu besprechen (LAG Berlin EzA § 39 BetrVG 1972 Nr. 1; *DKK-Wedde* Rn 29).

31   Darüber hinaus verlangt eine sonstige Inanspruchnahme des BR nicht, dass der ArbN den BR aufsucht. Es kann die Initiative zur Wahrnehmung der Interessen des ArbN auch vom BR ausgehen, indem dieser den **ArbN am Arbeitsplatz aufsucht** (BAG 21. 1. 82 AP Nr. 1 zu § 70 BetrVG 1972; *DKK-Wedde* Rn 29). Die gilt jedenfalls dann, wenn konkrete Umstände dies erforderlich erscheinen lassen (LAG Berlin EzA § 39 BetrVG 1972 Nr. 1; nur unter diesen Voraussetzungen: GK-*Weber* Rn 36 ff.; *Richardi/Thüsing* Rn 30; *SWS* Rn 2; zum Zugangsrecht des BR zu den Arbeitsplätzen vgl. auch § 80 Rn 80). Dabei ist das BRMitgl. nicht verpflichtet, die Namen der ArbN anzugeben, die es im Betrieb aufsuchen will (BAG 23. 6. 83 AP Nr. 45 zu § 37 BetrVG 1972). Sofern es bei diesem Besuch zu einer nicht nur ganz kurzfristigen Arbeitsunterbrechung kommt, können die einzelnen ArbN verpflichtete sein, sich bei ihrem Vorgesetzten abzumelden (*DKK-Wedde* Rn 29). Das Aufsuchen der ArbN am Arbeitsplatz darf aber nicht in einer Art und Weise sowie Häufigkeit erfolgen, dass da-

mit ein Aufsuchen der Sprechstunden durch die ArbN – weil überflüssig – unterlaufen wird. Das würde dem Sinn der Sprechstunde (vgl. hierzu Rn 1), den auch der BR als Veranstalter zu beachten hat, konterkarieren (vgl. auch GK-*Weber* Rn 37).

In allen Fällen einer zulässigen und erforderlichen Inanspruchnahme des BR au- **32** ßerhalb der Sprechstunde haben der ArbN nach Abs. 3 und das BRMitgl. nach § 37 Abs. 2 (vgl. hierzu § 37 Rn 57 ff.) Anspruch auf Fortzahlung des Arbeitsentgelts (LAG Berlin EzA § 39 BetrVG 1972 Nr. 1; ErfK-Koch Rn 5; GK-*Weber* Rn 35; *Richardi/Thüsing* Rn 27).

Während des Besuches der Sprechstunde oder einer sonstigen Inanspruchnahme **33** des BR untersteht der ArbN weiter dem gesetzlichen **Unfallversicherungsschutz** (*Richardi/Thüsing* Rn 28).

VI. Haftung für Auskünfte

Die BRMitgl. haften für die Auskünfte, die sie in den von ihnen abgehaltenen **34** Sprechstunden erteilen, nur **bei unerlaubter Handlung** nach den §§ 823 ff. BGB und zwar, da bei falscher Auskunftserteilung wohl allenfalls ein Vermögensschaden in Betracht kommt, nach § 826 BGB bei einer vorsätzlichen sittenwidrigen Schädigung (vgl. § 1 Rn 225 ff.; *DKK-Wedde* Rn 18; ErfK-Koch Rn 6; GK-*Weber* Rn 39; *HSWGNR* Rn 28; *Richardi/Thüsing* Rn 29; MünchArbR-*Joost* § 219 Rn 96; eingehend *Belling,* Haftung des BR S. 132 ff.). Eine Haftung des BR als Kollektivorgan kommt nicht in Betracht (vgl. § 1 Rn 217 ff.). Auch eine Haftung des ArbGeb. scheidet aus, weil die BRMitgl. nicht als dessen Erfüllungsgehilfen im Rahmen des Arbeitsverhältnisses tätig werden, sondern in eigener Verantwortung als Amtsträger handeln (ErfK Koch Rn 6; GK-*Weber* Rn 39; *HSWGNR* Rn 28; *Richardi/Thüsing* Rn 29).

VII. Streitigkeiten

Streitigkeiten über die Einrichtung und Abhaltung von Sprechstunden sind von **35** den ArbG im **BeschlVerf.** zu entscheiden (§§ 2a, 80 ff. ArbGG). Betrifft die Meinungsverschiedenheit Zeit und Ort der Sprechstunde, ist die **E-Stelle** zur Streitentscheidung berufen, deren Entscheidung im Rahmen des § 76 Abs. 5 gerichtlich überprüfbar ist.

Ansprüche auf vorenthaltenes Arbeitsentgelt wegen Teilnahme an der Sprechstunde **36** sind von den ArbG im **Urteilsverfahren** zu entscheiden (GK-*Weber* Rn 40; *WPK* – Rn 14; *Richardi/Thüsing* Rn 32).

§ 40 Kosten und Sachaufwand des Betriebsrats

(1) **Die durch die Tätigkeit des Betriebsrats entstehenden Kosten trägt der Arbeitgeber.**

(2) **Für die Sitzungen, die Sprechstunden und die laufende Geschäftsführung hat der Arbeitgeber in erforderlichem Umfang Räume, sachliche Mittel, Informations- und Kommunikationstechnik sowie Büropersonal zur Verfügung zu stellen.**

Inhaltsübersicht

I. Vorbemerkung

1   Die Vorschrift verpflichtet den ArbGeb., die durch die Tätigkeit des BR entstehenden und zur Durchführung seiner Aufgaben erforderlichen **Kosten** zu tragen sowie dem BR den für seine Arbeit erforderlichen Sachaufwand sowie das erforderliche Büropersonal zur Verfügung zu stellen. Das **BetrVerf-ReformG** hat die dem BR zu überlassenden Mittel ausdrücklich auf Mittel der Informations- und Kommunikationstechnik erstreckt.

2   Die Bestimmung gilt für den GesBR (§ 51 Abs. 1), den KBR (§ 59 Abs. 1), die JugAzubiVertr. (§ 65 Abs. 1), die GesJugAzubiVertr. (§ 73 Abs. 2), die KJugAzubi-Vertr. (§ 73b Abs. 2), die Bordvertr. (§ 115 Abs. 4) und den SeeBR (§ 116 Abs. 3) entsprechend. Obwohl dies nicht ausdrücklich bestimmt ist, gilt sie auch für den WiAusschuss entsprechend (BAG 17. 10. 90 AP Nr. 8 zu § 108 BetrVG 1972). Sie gilt ferner für Vertr. der ArbN iS von § 3 Abs. 1 Nr. 2 und 3, da diese an die Stelle des BR treten. Das Gleiche gilt für die Kosten, die einer ArbGruppe nach § 28a bei der Wahrnehmung der auf sie übertragenen betriebsverfassungsrechtlichen Aufgaben entstehen (vgl. § 28a Rn 38; *WPK-Kreft* Rn 2; **aA** *HSWGNR* Rn 147). Für ArbN-Vertr. nach § 3 Abs. 1 Nr. 4 und 5 können TV oder BV nähere Regelungen treffen, zB Festsetzung eines bestimmten Budgets für die Kosten dieser Gremien (*Hanau* NJW 01, 2514; *WPK-Kreft* Rn 2). Fehlen nähere kollektivrechtliche Regelungen, gilt § 40 entsprechend (*Löwisch* BB 01, 1735; *DKK-Wedde* Rn 2; GK-*Weber* Rn 2f.; **aA** *Reichold* NZA 01, 859; *HSWGNR* Rn 9). Für Ausschüsse des BR gilt § 40 unmittelbar, da die Tätigkeit der Ausschüsse eine Tätigkeit des BR ist. Zu den Kosten der E-Stelle vgl. § 76a.

3   Die Vorschrift ist **zwingendes Recht.** Sie kann weder durch TV noch durch BV abgedungen oder inhaltlich eingeschränkt werden (BAG 9. 6. 99 AP Nr. 66 zu § 40 BetrVG 1972). Allerdings wird man eine gewisse pauschalierende Regelung der Kosten durch TV oder BV aus Gründen der Praktikabilität zulassen können, sofern damit keine Umgehung der Vorschrift verbunden ist (BAG 9. 11. 55 AP Nr. 1 zu Art. IX KRG Nr. 22 Betriebsrätegesetz; *WPK-Kreft* Rn 2; GK-*Weber* Rn 21; *DKK-Wedde* Rn 11f.; *WW* Rn 4; *Löwisch/Kaiser* Rn 2; einschränkend *HSWGNR* Rn 101; *Richardi/Thüsing* Rn 46; *SWS* Rn 25; weitergehend iS einer großzügigeren Pauschalierungsmöglichkeit *Kehrmann* FS Wlotzke S. 374ff.). Ferner ist es zulässig, nähere Vereinbarungen über die Form des Nachweises und über die Abrechnung der BRKosten zu treffen.

4   Entsprechende Vorschriften: § 44 BPersVG, § 14 Abs. 2 SprAuG und §§ 16, 39 EBRG.

II. Kosten der Betriebsratstätigkeit

1. Allgemeines

Der ArbGeb. hat sowohl die **sachlichen** als auch die **persönlichen Kosten der** 5
Tätigkeit des BR und **seiner Mitgl.** zu tragen. Das ist die notwendige Konsequenz
der Ausgestaltung des BRAmtes als unentgeltliches Ehrenamt (§ 37 Abs.
1) und des Umlage- und Benachteiligungsverbots nach §§ 41 und 78 S. 2. Weder das einzelne
BRMitgl. noch die ArbNschaft in ihrer Gesamtheit sollen durch die im gesetzlichen
Rahmen durchgeführte BRTätigkeit (vgl. hierzu § 37 Rn 23 ff.) finanziell belastet
werden. Da die Vergütung für im Rahmen der BRTätigkeit aufgewendete Arbeitszeit
in § 37 eine Sonderregelung erfahren hat, betrifft die Regelung des § 40 die über die
Entgeltfortzahlung hinausgehenden Kosten und Aufwendungen des BR bzw. seiner
Mitgl. Hierbei enthält Abs. 1 die Grundnorm für die Kostentragungspflicht des Arb-
Geb. Hinsichtlich der für die BRArbeit erforderlichen Sach- und Personalmittel sieht
Abs. 2 eine Naturalleistungspflicht des ArbGeb. vor. Die ArbGeb. eines gemeinsamen
Betriebs haften für die Kosten des BR als Gesamtschuldner nach § 421 BGB (BAG
19. 4. 89 AP Nr. 29 zu § 40 BetrVG 1972; GK-*Weber* Rn 6; *WPK-Kreft* Rn 4; vgl.
auch Rn 7).

Die **Unterrichtung der ArbN** des Betriebs über die Kosten der BRTätigkeit 6
durch den ArbGeb. ist nur zulässig, wenn dies unter Beachtung des Grundsatzes der
vertrauensvollen Zusammenarbeit und in objektiver Weise erfolgt, die die Gefahr
einer Beeinträchtigung der BRTätigkeit ausschließt (BAG 19. 7. 95 u. 12. 11. 97 AP
Nr. 25 u. 27 zu § 23 BetrVG 1972; GK-*Weber* Rn 25; *HSWGNR* § 45 Rn 18; *Wlotz-*
ke/Preis Rn 7; weitergehend iS eines generellen Mitteilungsverbots: ArbG Verden
BB 90, 1626; *DKK-Wedde* Rn 13; dagegen halten eine Bekanntgabe der tatsächlich
entstandenen Kosten − insbesondere auch im Hinblick auf die durch Art. 5 Abs. 1
GG garantierte Meinungs- und Äußerungsfreiheit des ArbGeb. − grundsätzlich für
zulässig: *Hunold* BB 99, 1492; *Bengelsdorf* Anm. zu EzA § 43 BetrVG 1972 Nr. 3; *ders.*
AuA 98, 149; *ders.* FS Hanau S. 359 ff.; vgl. auch § 78 Rn 10). Dies ist nicht der Fall,
wenn der ArbGeb. die das Betriebsergebnis negativ beeinflussenden Umstände nur
allgemein und ausschließlich die BRKosten gesondert darstellt (BAG 19. 7. 95 aaO)
oder wenn der ArbGeb. die Teilnahme von ArbN an gewünschten Fortbildungsveranstaltungen oder ursprünglich erwogene zusätzliche Leistungen an die ArbN oder
die Kürzung von zusätzlichen Leistungen mit dem Hinweis auf die Kosten der
BRArbeit ablehnt bzw. rechtfertigt (vgl. BAG 12. 11. 97 aaO; ArbG Wesel AiB 97,
5; ArbG Rosenheim BB 89, 147). Gleiches gilt, wenn der ArbGeb. den Lohn- und
Gehaltsabrechnungen eine monatliche Aufstellung der Betriebsratskosten unter namentlicher Nennung der BRMitgl. beifügt (ArbG Darmstadt AiB 87, 140). Steht die
Mitteilung des ArbGeb. über die Kosten der BRArbeit nicht im Einklang mit den
Grundsätzen des BetrVG, steht dem BR ein Unterlassungsanspruch zu (BAG 12. 11.
97 aaO). Dementsprechend zutreffend einen Unterlassungsanspruch bejahend ArbG
Leipzig, NZA-RR 03, 142, im Fall der Drohung des ArbGeb., den Betrieb aufgrund
der durch den BR entstandenen Kosten schließen und ins Ausland verlagern zu müssen.

Die Kostentragungspflicht des ArbGeb. gilt auch für einen BR, der nur noch ein 7
Rest- oder **Übergangsmandat** nach den §§ 21 a und 21 b wahrnimmt (LAG Hamm
EzA § 40 BetrVG 1972 Nr. 42; *DKK-Wedde* Rn 3; ErfK-*Koch* Rn 1; GK-*Weber* Rn 7;
HSWGNR Rn 3; *WPK-Kreft* Rn 3). Besteht ein Übergangsmandat wegen einer
Betriebsspaltung, bei welcher der BR für eine gewisse Zeit für mehrere Betriebe un-
terschiedlicher ArbGeb. zuständig sein kann, haften ArbGeb. dem BR gegen-
über grundsätzlich als Gesamtschuldner (ArbG Leipzig NZA-RR 07, 24; *Gragert*
NZA 04, 289; s. § 21 a Rn 27). Etwas anderes gilt, wenn Kosten eindeutig und aus-
schließlich dem Betrieb nur eines ArbGeb. zuzuordnen sind, zB Kosten der Eini-

gungsstelle, die wegen Meinungsverschiedenheiten im Betrieb nur eines ArbGeb. gebildet worden ist. In diesem Falle besteht nur eine Haftung dieses ArbGeb. (vgl. *HSWGNR* Rn 3). Im Falle der gesamtschuldnerischen Haftung mehrerer ArbGeb. ist eine Aufteilung der Kosten im Innenverhältnis nach der Kostenverursachung (so auch ArbG Leipzig NZA-RR 07, 24) oder, falls dies nicht möglich ist, nach der ArbNZahl der vom Übergangsmandat betroffenen Betriebe vorzunehmen (vgl. auch *HSWGNR* Rn 3, bei denen jedoch unklar ist, ob diese Kostenaufteilung nur im Innenverhältnis der ArbGeb. oder auch im Außenverhältnis zum BR gelten soll).

8   Der ArbGeb. hat auch die Kosten des BR zu tragen, dessen Wahl **angefochten** worden ist (*DKK-Wedde* Rn 4; ErfK-*Koch* Rn 1; GK-*Weber* Rn 7; *HSWGNR* Rn 4). Auch im Falle der **Nichtigkeit** der Wahl des BR besteht eine Kostentragungspflicht, es sei denn, die Mitgl. des ScheinBR kannten die Nichtigkeit der Wahl (BAG 29. 4. 98 AP Nr. 58 zu § 40 BetrVG 1972 für den Fall der nicht offenkundigen Verkennung des Geltungsbereichs des BetrVG nach § 118 Abs. 2; LAG Düsseldorf DB 79, 2140; ErfK-*Koch* Rn 1; *HSWGNR* Rn 4; *SWS* Rn 3; *WPK-Kreft* Rn 3; enger GK-*Weber* Rn 7 u. *Richardi/Thüsing* Rn 4: Kostentragungspflicht nur, wenn BRMitgl. nach Treu und Glauben von der Rechtmäßigkeit ihres Tuns überzeugt sein konnten). Ist ein KBR unwirksam errichtet worden, gelten die gleichen Grundsätze wie für die Kostenerstattungsansprüche nichtig gewählter BRMitgl. (vgl. ausführlich BAG 23. 8. 06 AP Nr. 12 zu § 54 BetrVG 1972).

9   Die Kostentragungspflicht des ArbGeb. besteht, obwohl dies nicht ausdrücklich im Gesetzeswortlaut ausgesprochen ist, nur insoweit, als die entstehenden Kosten für die **Durchführung der BRArbeit erforderlich** sind (BAG 19. 4. 89 AP Nr. 35 zu § 80 BetrVG 1972; BAG 27. 9. 74 AP Nr. 8 zu § 40 BetrVG 1972; GK-*Wiese/Weber* Rn 10; *HSWGNR* Rn 10; *Richardi/Thüsing* Rn 6). Ob dies der Fall ist, ist weder nach der subjektiven Sicht des BR noch unter rückblickender Betrachtung von einem rein objektiven Standpunkt aus zu beurteilen. Entscheidend ist vielmehr, dass die Kosten im Zeitpunkt ihrer Verursachung bei gewissenhafter Abwägung aller Umstände für erforderlich gehalten werden durften, damit der BR seine Aufgaben sachgerecht erfüllen kann (BAG 18. 4. 67 u. 24. 6. 69 AP Nr. 7 u. 8 zu § 39 BetrVG; *DKK-Wedde* Rn 5; GK-*Weber* Rn 11; ErfK-*Koch* Rn 1; *HSWGNR* Rn 10; *Richardi/Thüsing* Rn 8; *WPK-Kreft* Rn 9). Bei der Bewertung der die Kosten auslösenden Umstände hat der BR einen Beurteilungsspielraum (BAG 16. 10. 86 AP Nr. 58 zu § 37 BetrVG 1972; BAG 3. 12. 87 AP Nr. 13 zu § 20 BetrVG 1972; GK-*Weber* Rn 11, 114). Der Begriff der Erforderlichkeit ist als unbestimmter Rechtsbegriff in der Rechtsbeschwerdeinstanz nur begrenzt daraufhin überprüfbar, ob das Tatsachengericht den Rechtsbegriff verkannt, Denkgesetze oder allgemeine Erfahrungssätze verletzt oder wesentliche Umstände bei der Würdigung übersehen hat (BAG 17. 2. 93 u. 1. 12. 04 AP Nr. 37 u. 82 zu § 40 BetrVG 1972).

10   Im Rahmen seiner Rechtsprechung zu den Schulungskosten (vgl. hierzu Rn 66 ff.) hat das BAG neben dem Merkmal der Erforderlichkeit als weitere allgemeine Voraussetzung der Kostentragungspflicht des ArbGeb. die Beachtung des **Grundsatzes der Verhältnismäßigkeit** aufgestellt (vgl. BAG 31. 10. 72 u. 8. 10. 74 AP Nr. 2 u. 7 zu § 40 BetrVG 1972; BAG 29. 1. 74, 27. 9. 74 u. 28. 5. 76 AP Nr. 8, 18 u. 24 zu § 37 BetrVG 1972; zustimmend *WPK-Kreft* Rn 10; *HSWGNR* Rn 11; *Richardi/Thüsing* Rn 7; MünchArbR-*Joost* § 221 Rn 4; *Blomeyer* BAG-Festschrift S. 33; *ders.,* Die Finanzierung der Mitbest. S. 90 ff.; *Pahlen,* Grundsatz der Verhältnismäßigkeit S. 24 ff., 119 f.; kritisch GK-*Weber* Rn 12, 65, § 37 Rn 182 ff., der zutreffend von der Berücksichtigung der Grundsätze des Rechtsmissbrauchs und der Unzumutbarkeit spricht; ablehnend *DKK-Wedde* Rn 5; *WW* Rn 2). Hiergegen bestehen keine Bedenken, wenn durch dieses Merkmal eine unverhältnismäßige Kostenbelastung des ArbGeb. ausgeschlossen werden soll, wohl aber, wenn dieses zusätzliche und in seiner Abgrenzung äußerst unbestimmte Kriterium dazu verwandt wird, die Kostentragungspflicht des ArbGeb. und damit auch die Aktivität des BR auf ein unteres Niveau festzuschreiben (ErfK-*Koch* Rn 1; vgl. auch Rn 72).

Soweit der BR Aufwendungen für erforderlich halten darf; bedarf er **nicht** der 11
Zustimmung des ArbGeb. Bei außergewöhnlichen Aufwendungen ist es entsprechend dem Grundsatz der vertrauensvollen Zusammenarbeit geboten, sich vorher mit dem ArbGeb. ins Benehmen zu setzen, um ihm Gelegenheit zur Stellungnahme zu geben (BAG 18. 4. 67 AP Nr. 7 zu § 39 BetrVG; *GL* Rn 7; GK-*Weber* Rn 15; *DKK-Wedde* Rn 6; *HSWGNR* Rn 12; *Richardi/Thüsing* Rn 9). Wird dem ArbGeb. keine Gelegenheit zur Stellungnahme gegeben, kann dies eine Pflichtverletzung des BR sein, berührt jedoch nicht die Kostentragungspflicht des ArbGeb., wenn deren Voraussetzungen vorliegen (LAG Bad.-Württ. ArbuR 88, 258; GK-*Weber* aaO).

2. Kosten des Betriebsrats

a) Geschäftsführungskosten

Bei den **sachlichen Kosten des BR** handelt es sich in erster Linie um die soge- 12
nannten **Geschäftsführungskosten**. Das sind alle Kosten, die zu einer sachgerechten und ordnungsgemäßen Durchführung der Aufgaben des BR erforderlich sind. Hierzu zählt der gesamte Sachaufwand, den der BR zur Durchführung seiner Aufgaben benötigt. Zur Pflicht des ArbGeb., dem BR die erforderlichen Räume und sonstigen Sachmittel sowie das notwendige Büropersonal zur Verfügung zu stellen, vgl. Rn 104 ff.

Zu den Geschäftsführungskosten zählen auch Aufwendungen für eine notwendige 13
Hinzuziehung von **Sachverständigen** nach § 80 Abs. 3 (*GL* Rn 10; GK-*Weber* Rn 30; *DKK-Wedde* Rn 33; ErfK-*Koch* Rn 2; *HSWGNR* Rn 16). Voraussetzung ist allerdings, dass vorher ArbGeb. und BR über die Hinzuziehung des Sachverständigen eine Vereinbarung getroffen haben oder diese durch eine arbeitsgerichtliche Entscheidung ersetzt worden ist; insoweit ist § 80 Abs. 3 eine Sonderregelung gegenüber § 40 (BAG 25. 4. 78 u. 26. 2. 92 AP Nr. 11 u. 48 zu § 80 BetrVG 1972; LAG Frankfurt NZA 94, 379; Näheres über die Hinzuziehung von Sachverständigen vgl. § 80 Rn 86 ff.).

Wird ein **Rechtsanwalt** nicht im Rahmen einer Prozessvertretung zur Wahrneh- 14
mung von Rechten des BR tätig (wozu allerdings auch die vorbereitende Beratung des Gerichtsverfahrens und der Versuch gehört; vor Einleitung des Verfahrens noch eine gütliche Einigung zu erreichen, BAG 15. 11. 00 – 7 ABR 24/00 – EzA § 40 BetrVG 1972 Nr. 92; GK-*Weber* Rn 32; Näheres vgl. Rn 24), sondern vom BR zur **gutachtlichen Beratung** über eine abzuschließende BV hinzugezogen, so ist er Sachverständiger iS von § 80 Abs. 3, so dass eine Kostentragungspflicht des ArbGeb. nur bei Vorliegen der Voraussetzungen dieser Vorschrift besteht (BAG 25. 4. 78 aaO; *DKK-Wedde* Rn 34; GK-*Weber* Rn 31; *Richardi/Thüsing* Rn 25). Dies gilt auch für die Einholung eines gesonderten, lediglich der Vorbereitung eines Prozesses dienenden Rechtsgutachtens eines Rechtsanwalts, wenn zu erwarten ist, dass der Rechtsstreit hierdurch doch nicht erspart wird (vgl. LAG Düsseldorf AP Nr. 2 zu § 39 BetrVG; *GL* Rn 10; weitergehend GK-*Weber* Rn 32: Kosten in jedem Fall erstattungsfähig). Wird allerdings der Rechtsstreit erspart, so sind die Kosten eines solchen Gutachtens auch ohne eine Vereinbarung mit dem ArbGeb. über die Hinzuziehung des Anwalts jedenfalls in Höhe der sonst entstandenen Prozessvertretungskosten erstattungsfähig (*DKK-Wedde* Rn 34; *GL* Rn 10; aA *HSWGNR* Rn 16).

Bei der Bereitstellung von **sachkundigen ArbN** als Auskunftspersonen nach § 80 15
Abs. 2 S. 3 (vgl. hierzu § 80 Rn 81 ff.) entstehen grundsätzlich keine besonderen Kostenerstattungsansprüche. Denn deren Auskunftstätigkeit erfolgt im Rahmen des Arbeitsverhältnisses und ist mit dem fortzuzahlenden Arbeitsentgelt abgegolten. (*Natzel* NZA 01, 873; *Löwisch* BB 01, 1798 für einen betriebsinternen Berater nach § 111 S. 2). Etwaige im Rahmen der Beratungstätigkeit entstehende besondere Auslagen, zB zusätzliche Fahrtkosten, hat der ArbGeb. nach den allgemeinen für das Arbeitsverhältnis maßgebenden Grundsätzen zu tragen.

16   Dagegen gehören die Kosten eines vom BR nach § 111 S. 2 **hinzugezogenen Beraters** (vgl. hierzu § 111 Rn 117 ff.) zu den vom ArbGeb. nach § 40 zu tragenden Kosten. In Unternehmen mit mehr als 300 ArbN kann der BR ohne Vereinbarung mit dem ArbGeb. im Rahmen der Wahrnehmung seiner Beteiligungsrechte bei Betriebsänderungen einen Berater hinzuziehen (*WPK-Kreft* Rn 11; *Däubler* AuR 01, 286; *Löwisch* BB 01, 1798; *Annuß* NZA 01, 369; *Hinrichs/Pitt* NZA 11, 1006). Die Erforderlichkeit der Hinzuziehung wird von Gesetzeswegen unterstellt (*ErfK-Kania* § 111 Rn 2 a; *DKK-Däubler* § 111 Rn 135 g; **aA** *Richardi/Annuß* § 111 Rn 52; ArbG Hannover NZA-RR 09, 309). Auch kommt es nicht darauf an, ob die dem BR ausreichender betriebsinterner Sachverstand zur Verfügung steht (*Annuß* NZA 01, 369; *Däubler* AuR 01, 286; *Löwisch* BB 01, 1798; **aA** *Bauer* NZA 01, 376; *Natzel* NZA 01, 874). Die Hinzuziehung eines Beraters soll nicht von möglicherweise zeitaufwändigen gerichtlichen Vorklärungen abhängig sein. Seine Hinzuziehung liegt im **pflichtgemäßen Ermessen** des BR.

17   Die **Höhe** der vom ArbGeb. zu tragende **Beratergebühr** bestimmt sich in erster Linie nach dem marktüblichen Honorar nach § 612 Abs. 2 BGB (*DKK-Wedde* Rn 35 d). Soweit für beratende Berufe entsprechende Gebührenordnungen bestehen, sind diese maßgebend (*Löwisch* BB 01, 1298; **aA** *Hinrichs/Pitt* NZA 11, 1006, 1008 ausschließlich § 612 Abs. 2 BGB). Lässt sich ein marktübliches Honorar nicht ermitteln, kann der Berater die Vergütung nach §§ 316, 315 Abs. 1 BGB nach billigem Ermessen selbst festsetzen (*SWS* Rn 22 a; *Natzel* NZA 01, 874; *Oetker* NZA 02, 465, 472). Die Einhaltung des billigen Ermessens ist gerichtlich überprüfbar. Der Anspruch des Beraters richtet sich gegen den BR. Dieser hat gegenüber dem ArbGeb. Anspruch auf Freistellung von dieser Verbindlichkeit. Nach Abtretung des Freistellungsanspruchs an den Berater kann dieser seinen Vergütungsanspruch gegen den ArbGeb. geltend machen (vgl. BAG 15. 12. 98 AP Nr. 55 zu § 80 BetrVG 1972 zum Vergütungsanspruch gegen einen Sachverständigen nach § 80 Abs. 3; *Däubler* AuR 91, 286; **aA** *Löwisch* BB 01, 1798, *Löwisch/Kaiser* § 111 Rn 50, der unter Hinweis auf die Rechtsprechung des BAG zur Bestellung der Mitgl. der E-Stelle vor der Geltung des § 76 a – vgl. BAG vom 15. 12. 78 AP Nr. 6 zu § 76 BetrVG 1972 – einen unmittelbaren Anspruch des Beraters gegen den ArbGeb. bejaht; hierbei wird jedoch verkannt, dass es sich bei der Hinzuziehung eines Beraters – im Gegensatz zu den Kosten der E-Stelle und ihrer Mitgl. – um nach § 40 zu behandelnde Kosten aus einer unmittelbaren BRTätigkeit handelt).

18   Bei einem umfangreichen **Tätigkeitsbericht** des BR nach § 43 Abs. 1 S. 1 kann es, um eine sachgerechte Diskussion des Berichts auf der BetrVerslg. zu ermöglichen, uU erforderlich sein, den Bericht den ArbN vor der Verslg. auch **schriftlich** vorzulegen. Das Gleiche gilt, wenn ein nicht unerheblicher Teil der Belegschaft, aus welchen Gründen auch immer, nicht an der BetrVerslg. teilnehmen kann (LAG Bad.-Württ. ArbuR 84, 54; *DKK-Wedde* Rn 15; *ErfK-Koch* Rn 2). Zur Herausgabe von Rundschreiben des BR vgl. Rn 118.

19   In Betrieben mit zahlreichen ausländischen ArbN können auch die Kosten für die Hinzuziehung eines **Dolmetschers** (zB in der BetrVerslg. oder der Sprechstunde des BR) oder die **Übersetzung** von Verlautbarungen des BR (zB des Tätigkeitsberichtes nach § 43 oder von erforderlichen Rundschreiben) erforderliche Kosten sein (LAG Düsseldorf BB 69, 1086; ArbG München DB 74, 1118; ArbG Frankfurt AiB 98, 524; *WPK-Kreft* Rn 11; *DKK-Wedde* Rn 15; *ErfK-Koch* Rn 2; *Löwisch/Kaiser* Rn 28; *GK-Weber* Rn 28; *HSWGNR* Rn 15; *Aigner* BB 92, 2357; enger nur Dolmetscher-, keine Übersetzungskosten: *Diller/Powietzka* DB 00, 721; ebenso für Klein- und Mittelbetriebe LAG Düsseldorf DB 81, 1093). Ferner können Dolmetscher- oder Übersetzungskosten, um den BR eines in Deutschland tätigen ausländischen Unternehmens ordnungsgemäß in deutscher Sprache zu unterrichten, erforderliche Kosten sein, wenn nicht alle BRMitgl. die Unterrichtung in fremder Sprache für ausreichend halten und der BR die Unterrichtung nach Prüfung der Erforderlichkeit der Übersetzung in deutscher Sprache verlangt (LAG Frankfurt NZA 95, 285; stark einschränkend *Diller/*

Powietzka aaO S. 718 für den Fall, dass einzelne BRMitgl. über ausreichende Fremd-sprachenkenntnisse verfügen und die Unterrichtung der anderen BRMitgl. überneh-men können). Umgekehrt dürfte dagegen die Übernahme von Dolmetscherkosten nicht in Betracht kommen, wenn der ArbGeb. eines deutschen Betriebs die erforder-liche Unterrichtung des BR in deutscher Sprache vorgenommen hat, ein oder mehrere BRMitgl. jedoch der deutschen Sprache nicht mächtig sind; ebenso wenig braucht der ArbGeb. in diesem Falle für die Durchführung der BRArbeit, zB für die BR- oder Ausschusssitzungen, einen Dolmetscher zur Verfügung zu stellen (*Diller/Powietzka* aaO; **aA** ArbG Frankfurt AiB 98, 524; *DKK-Wedde* Rn 15; *Löwisch/Kaiser* Rn 28). Erstat-tungspflichtige Dolmetscherkosten können sich bei international verflochtenen Unter-nehmen oder Konzernen auch aus einer sachlich erforderlichen Zusammenarbeit der in verschiedenen Ländern bestehenden ArbNVertretungen ergeben. Dass gilt zB für den Fall, dass ein ArbNVertr. einer ausländischen Schwestergesellschaft auf Einladung des BR auf einer BetrVerslg. gemeinsame Probleme der durch personenidentische Ge-schäftsführungen sowie durch sonstige personelle, technische und auftragsbezogene Verknüpfungen eng verbundenen Betriebe darstellt (LAG Bad.-Württ. NZA-RR 98, 306). Dolmetscherkosten kommen auch bei sonstigen notwendigen Auslandskontakten des BR in Betracht (vgl. hierzu Rn 49; **aA** *HSWGNR* Rn 15).

Nicht erforderlich ist ein MitglBeitrag von BRMitgl. zum **Mieterbund**, da die **20** auf Dauer angelegte Mitgliedschaft im Hinblick auf die allgemeine sozialpolitische Zielsetzung des Mieterbundes nicht das adäquate Mittel für den BR zur sachgerech-ten Durchführung seiner gesetzlichen Beteiligungsrechte bei Werkswohnungen ist (BAG 27. 9. 74 AP Nr. 8 zu § 40 BetrVG 1972; *DKK-Wedde* Rn 8; GK-*Weber* Rn 29).

b) Kosten bei Rechtsstreitigkeiten

Zu den Geschäftsführungskosten des BR gehören auch Kosten, die der **gericht-** **21** **lichen Verfolgung oder Verteidigung von Rechten** des BR oder seiner Mitgl. dienen. Denn zur Tätigkeit des BR gehört auch die Wahrnehmung seiner Rechte sowie die seiner Mitgl. Der BR kann deshalb betriebsverfassungsrechtliche Streit-fragen auf Kosten des ArbGeb. gerichtlich klären lassen, wenn eine gütliche Einigung nicht möglich ist. Gleichgültig ist, zwischen wem das gerichtliche Streitverfahren schwebt, ob zwischen dem BR und dem ArbGeb., zwischen dem BR oder einem anderen betriebsverfassungsrechtlichen Organ (zB GesBR oder KBR), zwischen dem BR und einer im Betrieb vertretenen Gewerkschaft (zB bei einer Wahlanfechtung oder bei einem Antrag auf Auflösung des BR) oder zwischen dem BR und einem seiner Mitgl. (vgl. hierzu Rn 60 ff.). Des Weiteren können auch Rechtsstreitigkeiten des BR bzw. eines BRMitgl. mit betriebsfremden Dritten die Kostentragungspflicht des ArbGeb. auslösen, wenn sich die Rechtsstreitigkeit aus der BRTätigkeit ergibt oder sich auf sie bezieht (vgl. hierzu LAG Hamburg LAGE § 40 BetrVG 1972 Nr. 17 hinsichtlich einer presserechtlichen Gegendarstellung zu einer falschen Berichterstat-tung über eine BetrVerslg; ErfK-*Koch* Rn 3; **aA** *HSWGNR* Rn 33; *SWS* Rn 21). Auch reicht es aus, wenn der BR lediglich Beteiligter iS von § 83 ArbGG ist (*WPK-Kreft* Rn 12). Zur BRTätigkeit iS von § 40 gehört auch die Durchführung eines gerichtlichen Statusverfahrens nach § 98 AktG über die Zusammensetzung des Aufsichtsrats (LAG Schlesw.-Holst. LAGE § 40 BetrVG 1972 Nr. 53). Ebenfalls nach § 40 zu erstatten sind die Kosten eines Beschlussverfahrens nach § 17 Abs. 2 AGG iVm § 23 Abs. 3 BetrVG, da auch die Wahrnehmung der nach dem AGG gewährten Rechte unmittelbare BRTätigkeit ist (*Besgen* BB 07, 213, 215). Der ArbGeb. hat in all diesen Fällen die Kosten zu tragen, die dem BR durch seine Beteiligung an dem Ver-fahren entstehen, und zwar unabhängig davon, ob der BR in dem Gerichtsverfahren obsiegt oder nicht (ErfK-*Koch* Rn 3; GK-*Weber* Rn 84 f.; *HSWGNR* Rn 19; *Richardi/Thüsing* Rn 16 ff.; **aA** im Fall des Unterliegens des BR *Platz* ZfA 93, 373, 380 ff.). Bei seiner Entscheidung hat der BR immer auch das Interesse des ArbGeb. an der

Begrenzung seiner Kostentragungspflicht zu beachten (BAG 16. 4. 03 AP Nr. 21 zu § 20 BetrVG; BAG 29. 7. 09 – 7 ABR 95/07 – NZA 09, 1223 ff.).

22 Entsprechend dem allgemeinen Grundsatz, dass der ArbGeb. nur die notwendigen Kosten des BR zu tragen hat, besteht **keine Kostentragungspflicht,** wenn die Einleitung eines gerichtlichen Verfahrens durch den BR zur Klärung der Streitfrage **nicht erforderlich** ist, etwa weil eine anderweitige Klärung möglich ist, zB einvernehmliches Abwarten eines Parallelverfahrens oder eines Musterprozesses (*DKK-Wedde* Rn 23; ErfK-*Koch* Rn 3; GK-*Weber* Rn 87; *HSWGNR* Rn 24; weitergehend LAG Berlin AP Nr. 21 zu § 40 BetrVG 1972, *Richardi/Thüsing* Rn 22 u. *Hanau* SAE 79, 220, die auch ohne eine Anerkennungserklärung des ArbGeb. zur Gleichbehandlung der vergleichbaren Fälle stets verlangen, das Parallelverfahren oder den Musterprozess abzuwarten). Keine Kostentragungspflicht besteht ferner, wenn die Rechtsverfolgung oder Verteidigung von vornherein **offensichtlich aussichtslos oder mutwillig** ist (BAG 29. 7. 09 – 7 ABR 95/07 – NZA 09, 1223 ff.; BAG 3. 10. 78 u. 19. 4. 89 AP Nr. 14 u. 29 zu § 40 BetrVG 1972; BAG 19. 3. 03 AP Nr. 77 zu § 40 BetrVG 1972; GK-*Weber* Rn 86; *Richardi/Thüsing* Rn 22, 25; im Ergebnis ebenso *DKK-Wedde* Rn 25; enger *HSWGNR* Rn 22, die eine Kostentragungspflicht des ArbGeb. auch bei Gerichtsverfahren verneinen, die ohne hinreichenden Anlass oder unter Verletzung des Verhältnismäßigkeitsgrundsatzes geführt werden). Mutwilligkeit kann auch dann vorliegen, wenn der BR bei der Wahl der Rechtsdurchsetzung unter mehreren gleich geeigneten Möglichkeiten nicht die für den ArbGeb. kostengünstigere Lösung gewählt hat – z.B. statt eines mögl. Gruppenverfahrens werden mehrere Einzelverfahren durchgeführt (BAG 29. 7. 09 – 7 ABR 95/07 – NZA 09, 1223 ff.). Nicht erforderlich kann ein Gerichtsverfahren auch sein, weil die zu entscheidende Frage bereits höchstrichterlich entschieden ist und keine Gesichtspunkte und Umstände vorgetragen werden, die zu einer Überprüfung dieser Rechtsprechung Anlass geben (LAG Hamm BB 86, 323; GK-*Weber* Rn 86; aA *DKK-Wedde* Rn 25). Dagegen ist die Rechtsverfolgung dann nicht offensichtlich aussichtslos, wenn es sich um eine bisher ungeklärte Rechtsfrage handelt und die Rechtsauffassung des BR vertretbar ist (BAG 19. 3. 03 AP Nr. 77 zu § 40 BetrVG 1972). Offensichtlich aussichtslos kann zB der Antrag auf Erlass einer einstweiligen Verfügung sein, wenn dieser so spät und zudem noch mit unvollständigen Unterlagen gestellt wird, dass – auch bei Verzicht auf eine mündliche Verhandlung – mit einer rechtzeitigen Gerichtsentscheidung nicht gerechnet werden kann (BAG 28. 8. 91 AP Nr. 2 zu § 85 ArbGG 1979 für den Fall einer Antragseinreichung um 9.00 Uhr und Entscheidungsbedarf durch die vollbesetzte Kammer bis 11.00 Uhr; LAG Frankfurt DB 93, 1096). Dagegen ist der Antrag auf Erlass einer einstweiligen Verfügung nicht bereits bei Verneinung eines Verfügungsanspruchs offensichtlich aussichtslos (so jedoch BAG 28. 8. 91 aaO); das gilt nur dann, wenn das Fehlen eines Verfügungsanspruches offensichtlich ist (*DKK-Wedde* Rn 25). Als mutwillig kann die Einleitung eines gerichtlichen Verfahrens anzusehen sein, wenn vorher kein Einigungsversuch stattgefunden hat (LAG Schleswig-Holstein LAGE § 40 BetrVG 1972 Nr. 24; vgl. auch LAG Köln NZA-RR 00, 640; LAG Hamm 2. 10. 09 – 10 TaBV 189/08 – AuA 10, 179); das gilt allerdings nicht, wenn der ArbGeb. seine abweichende Einstellung zu der Streitfrage bereits mehrfach geäußert oder dokumentiert hat.

23 Da im arbeitsgerichtlichen BeschlVerf. keine Gebühren und Auslagen erhoben werden (vgl. § 12 Abs. 5 ArbGG), beschränkt sich die Kostentragungspflicht des ArbGeb. auf die außergerichtlichen Kosten. Der BR kann im Urteilsverfahren auf die Erstattung der außergerichtlichen Kosten iR eines Vergleichs mit dem ArbGeb. wirksam verzichten (BAG 20. 1. 10 – 7 ABR 68/08 – NZA 10, 777; s. dazu auch § 78 Rn 17).

24 Zu den vom ArbGeb. im Rahmen von Rechtsstreitigkeiten zu tragenden Auslagen des BR zählen auch die Kosten einer **Prozessvertretung des BR durch einen Rechtsanwalt,** wenn der BR bei pflichtgemäßer und verständiger Abwägung der zu berücksichtigenden Umstände die Zuziehung eines Rechtsanwalts für notwendig

erachten konnte (BAG 29. 7. 09 – 7 ABR 95/07 – NZA 09, 1223 ff.; BAG 12. 2. 69 u. 18. 4. 67 AP Nr. 1 u. 7 zu § 39 BetrVG; BAG 26. 11. 74 AP Nr. 6 zu § 20 BetrVG 1972; BAG 3. 10. 78 u. 4. 12. 79 AP Nr. 14 u. 18 zu § 40 BetrVG 1972; GK-*Weber* Rn 9 ff.; *DKK-Wedde* Rn 26 f.; *Richardi/Thüsing* Rn 23; *WW* Rn 8; MünchArbR-*Joost* § 221 Rn 19; einschränkend *HSWGNR* Rn 27 ff.; **aA** für den Fall, dass Streitigkeiten zwischen BR und ArbGeb. in ausschließlichem Verbandsinteresse geführt werden *HSWGNR* Rn 26; *SWS* Rn 12). Im Fall des § 99 Abs. 4 ist die Hinzuziehung eines RA erst dann als erforderlich anzusehen, wenn das Zustimmungsersetzungsverfahren rechtshängig ist (BAG 29. 7. 09 –/ABR 95/07 – NZA 09, 1223). Sieht ein TV vor, dass vor Einleitung eines Zustimmungsersetzungsverfahrens ein innerbetriebliches Schlichtungsverfahren durchzuführen ist, muss auch dieses im Zeitpunkt der Beschlussfassung durch den BR abgeschlossen sein (BAG 29. 7. 09 –/ABR 95/07 – NZA 09, 1223). **Notwendig** ist die Hinzuziehung eines Rechtsanwalts stets in der Rechtsbeschwerdeinstanz, dh in Verfahren vor dem BAG, da im Rechtsbeschwerdeverfahren die Vertretung durch einen Anwalt zwingend vorgeschrieben ist.

Aber auch in **Gerichtsverfahren vor dem ArbG und dem LAG** kommt die 25 Hinzuziehung eines Anwalts dann in Betracht, wenn der BR sie aus seiner Sicht aus sachlichen, in der Natur des Rechtsstreits liegenden Gründen für erforderlich halten darf; zB wegen der (wahrscheinlich) bestehenden Schwierigkeit der Sach- oder Rechtslage oder wenn zur Beurteilung der Sach- oder Rechtslage bestimmte, dem Anwalt in besonderem Maße bekannte Verhältnisse von Bedeutung sind. Bei der Beurteilung der Frage, ob die Sach- oder Rechtslage Schwierigkeiten aufweist, ist zu berücksichtigen, dass sich dies nicht selten erst im Laufe des Prozesses herausstellt und sich deshalb einer exakten vorausschauenden Beurteilung des juristisch oft nicht oder nur wenig geschulten BR entzieht. Für die Berechtigung des BR, auf Kosten des ArbGeb. einen Rechtsanwalt hinzuzuziehen, muss eine bestehende Unsicherheit des BR hinsichtlich der Beurteilung der Schwierigkeit der Sach- oder Rechtslage ausreichen, da dies auch sonst ein wesentlicher Gesichtspunkt für die Beauftragung eines Anwalts ist (ErfK-*Koch* Rn 4; im Ergebnis ebenso GK-*Weber* Rn 96; *Düwell/Wolmerath* Rn 6; *HSWGNR* Rn 29; vgl. auch BAG 3. 10. 78 AP Nr. 14 zu § 40 BetrVG 1972). Die Absicht, einen bestimmten Anwalt mit der Prozessvertretung vor dem BAG zu beauftragen, reicht allerdings allein nicht aus, um die Notwendigkeit einer Vertretung in der unteren Instanz zu begründen.

Der Hinzuziehung eines Rechtsanwalts in Verfahren vor dem ArbG und dem LAG 26 steht grdstzl. **nicht entgegen,** dass in diesen Instanzen nach § 11 ArbGG auch eine Vertretung durch einen **Gewerkschaftsvertreter** möglich ist (BAG 4. 12. 79 u. 20. 10. 99 AP Nr. 18 u. 67 zu § 40 BetrVG 1972; *DKK-Wedde* Rn 28; *WPK-Kreft* Rn 14; *Richardi/Thüsing* Rn 24; MünchArbR-*Joost* § 221; Rn 19, 21; *Schaub* § 222 Rn 7; *Maiß* FA 10, 164, 166; **einschränkend** BAG 26. 11. 74 AP Nr. 6 zu § 20 BetrVG 1972; GK-*Weber* Rn 105 f. u. *HSWGNR* Rn 31: vorrangig Hinzuziehung Gewerkschaftsvertreter, wenn zumutbar und kostengünstiger, cs sci denn, Gewerkschaft lehnt Vertretung ab; ebenso: *Stege* DB 74, 2204; **aA** für die 1. Instanz: *Hanau* SAE 79, 220; LAG Hamm EzA Nr. 34 zu § 40 BetrVG 1972). Diese Möglichkeit steht in keinem Falle der Beauftragung eines Rechtsanwalts entgegen, wenn die Gewerkschaft die Übernahme einer Prozessvertretung ablehnt, zumal diese zur Übernahme einer derartigen Prozessvertretung nicht verpflichtet ist, und zwar weder nach ihren Rechtsschutzrichtlinien (hiernach ist die Rechtsschutzgewährung eine im Allgemeinen freiwillige Leistung nur gegenüber den Mitgl., nicht gegenüber dem BR als Institution) noch aus der betriebsverfassungsrechtlichen Hilfsfunktion der Gewerkschaften nach § 2 Abs. 1 BetrVG; denn diese Vorschrift beinhaltet keine Rechtsverpflichtung der Gewerkschaft zur Zusammenarbeit mit dem BR (vgl. § 2 Rn 54; BAG 3. 10. 78 u. 4. 12. 79 AP Nr. 14 u. 18 zu § 40 BetrVG 1972; GK-*Weber* Rn 106; *HSWGNR* Rn 31; *SWS* Rn 12; *Klinkhammer* ArbuR 77, 144; **aA** LAG Düsseldorf EzA § 40 BetrVG 1972 Nr. 28; LAG Schleswig-Holstein BB 75, 1636; generell die diesbezügliche Rechtsprechung des BAG ablehnend *Schumann* DB 84, 1395 ff.).

27 Aber auch wenn die Gewerkschaft zur Übernahme der Prozessvertretung bereit ist, ist der BR nicht gehalten, von der Beauftragung eines Rechtsanwalts Abstand zu nehmen. Denn in der **Wahl seines Prozessvertreters** ist der BR grundsätzlich **frei;** er kann denjenigen Verfahrensvertreter wählen, zu dem er im Hinblick auf die zu vertretende Angelegenheit das größte Vertrauen hat (*Richardi/Thüsing* Rn 24; enger *HSWGNR* Rn 31; **aA** *Gerauer* NZA 88 Beil. 4 S. 19, wenn die Gewerkschaft den BR bereits vorprozessual vertreten hat). Allerdings hat der BR bei seiner Wahl auch auf die finanziellen Belange des ArbGeb. Rücksicht zu nehmen. Ist im konkreten Fall die Vertretung durch einen Gewerkschaftssekretär oder die anwaltliche Vertretung als **gleichwertig** anzusehen und ist die Gewerkschaft auch zur Prozessvertretung bereit, ist der BR verpflichtet, die für den ArbGeb. kostengünstigere zu wählen (vgl. BAG 26. 11. 74 AP Nr. 6 zu § 20 BetrVG 1972; ErfK-*Koch* Rn 4; *HSWGNR* Rn 31; GK-*Weber* Rn 105 f.; MünchArbR-*Joost* § 221 Rn 21; *Klinkhammer* ArbuR 77, 144; **aA** *DKK-Wedde* Rn 28).

28 Der Grundsatz, bei Gleichwertigkeit die kostengünstigere Lösung zu wählen, gilt auch für die **Beauftragung des Anwalts selbst.** Beauftragt der BR ein nicht am Gerichtsort ansässiges Anwaltsbüro mit der Prozessvertretung, obwohl am Gerichtsort gleichqualifizierte Anwälte ansässig und zur Mandatsübernahme bereit sind, sind Fahrtkosten des beauftragten Anwalts zum Gerichtsort nur zu erstatten, wenn das beauftragte Anwaltsbüro besondere, über das normale Maß hinausgehende Sachkompetenz in den für den Rechtsstreit maßgeblichen Rechtsfragen hat (BAG 16. 10. 86 AP Nr. 31 zu § 40 BetrVG 1972; BAG 15. 11. 00 – 7 ABR 24/00 – EzA § 40 BetrVG 1972 Nr. 92; *DKK-Wedde* Rn 30; *Richardi/Thüsing* Rn 28; *HSWGNR* Rn 48; aber kein grundsätzl. Erfordernis, den erst- und zweitinstanzl. RA zu wechseln, wenn Rechtsstreit vor das BAG geht und bisheriger RA dort nicht ansässig ist, vgl. allgem. LAG Köln 23. 1. 04 NZA-RR 04, 552). Das hat der BR näher darzulegen. Der BR hat ferner die Beauftragung eines Rechtsanwalts zur Prozessvertretung auf der Grundlage der gesetzlichen Vergütung vorzunehmen, die sich nach dem nach dem RVG festzusetzenden Gegenstandswert berechnet. Eine Honorarzusage, die zu einer höheren Vergütung führt, zB die Vereinbarung eines Zeithonorars, darf der BR in der Regel nicht für erforderlich halten (BAG 20. 10. 99 AP Nr. 67 zu § 40 BetrVG 1972 zu § 10 BRAGO – alt; *Maiß* FA 10, 164, 167). Für eine außergerichtliche Beratung und Vertretung bestimmt § 34 RVG seit 1. 7. 06, dass für einen mündl. oder schriftl. Rat oder eine Auskunft (Beratung), die nicht mit einer anderen gebührenpflichtigen Tätigkeit zusammenhängen, sowie für die Ausarbeitung eines schriftl. Gutachtens und für die Tätigkeit als Mediator, der RA auf eine Gebührenvereinbarung hinwirken soll, soweit in Teil 2 Abschnitt 1 des Vergütungsverzeichnisses keine Gebühren bestimmt sind. Für den BR bedeutet dies beim Fehlen gesetzlicher Vergütungsregelungen – und soweit es sich nicht um einen Auftrag handelt, nach dem der RA als Sachverständiger tätig wird (s. Rn 14) – dass ihm zumindest die Beauftragung eines Fachanwalts für Arbeitsrecht zugebilligt werden muss, dessen Vergütung sich iR des Üblichen bewegt (vgl. dazu *Kilian* RdA 06, 120, 122; *Maiß* FA 10, 164, 167).

29 Auch der beauftragte **Anwalt** hat den Grundsatz der **Kostenschonung** des ArbGeb. zu beachten. Verständigen sich zB ArbGeb. und BR bei gleich gelagerten Streitfällen nicht auf die Führung eines Musterprozesses (etwa weil der ArbGeb. sich nicht verbindlich bereit erklärt, den Ausgang des Verfahrens auch für die anderen Streitfälle anzuerkennen), hat der beauftragte Rechtsanwalt im Interesse der Kostensenkung anstelle von Einzelverfahren ein Gruppenverfahren durchzuführen. Unterlässt er dies, hat der ArbGeb. die durch die Einzelverfahren entstandenen Mehrkosten nicht zu tragen (BAG 29. 7. 09 – 7 ABR 95/07 – NZA 09, 1223 ff.; LAG Düsseldorf DB 89, 1036; ErfK-*Koch* Rn 4; *HSWGNR* Rn 35; *DKK-Wedde* Rn 31). Eine Pflicht des ArbGeb. zur Tragung der Kosten eines vom BR mit der Prozessvertretung beauftragten Anwalts besteht nur dann nicht, wenn die Übernahme der Vertretung durch den Anwalt aus Gründen der Interessenkollision nichtig ist; ein Fall des Verbots der Vertretung widerstreitender Interessen nach § 43 a Abs. 4 BRAO liegt nicht schon dann vor, wenn ein Anwalt die Vertretung des BR einerseits und des BRMitgl. anderseits in einem Zustimmungsverfahren nach § 103 Abs. 2 übernommen hat (BAG 25. 8. 04 AP Nr. 1 zu § 43 a BRAO; LAG Niedersachsen NZA-RR 04, 22; *Kilian* RdA 06, 120 ff.; **aA** noch LAG Köln NZA-RR 01, 253; 22. Aufl. Rn 29). Widerstreitende Interessen können jedoch entstehen, wenn der BR im Laufe des Verfahrens nicht mehr an seiner Zustimmungsverweigerung festhält – in diesem Fall hat der Anwalt nach Auffassung des BAG beide Mandate niederzulegen (BAG aaO; zust. *Kilian* aaO).

Bei der Stellung eines **Strafantrags** nach § 119 Abs. 2 wegen Behinderung der **30** BRTätigkeit kann je nach den Umständen des Einzelfalles ebenfalls die Hinzuziehung eines Rechtsanwalts erforderlich sein (LAG Düsseldorf NZA 94, 1052; GK-*Weber* Rn 101; **aA** *HSWGNR* Rn 33). Dem steht nicht entgegen, dass der BR gleichzeitig einen Unterlassungsantrag gegen den ArbGeb. nach § 23 Abs. 3 gestellt hat (LAG Düsseldorf aaO). Ebenso kann je nach den Umständen des Einzelfalls die Hinzuziehung eines Rechtsanwalts zur Erstattung einer Ordnungswidrigkeitsanzeige nach § 121 erforderlich sein (so bei unvollständiger Unterrichtung des WiAusschusses LAG Schleswig-Holst. NZA-RR 01, 592).

Eine Kostentragungspflicht des ArbGeb. aus der Beauftragung eines Rechtsanwalts **31** kann auch in Betracht kommen, wenn diese erfolgte, um Rechte des BR gegenüber dem ArbGeb. wahrzunehmen und der BR davon ausgehen konnte, dass sich durch die Einschaltung eines Rechtsanwalts eine gütliche Regelung ohne gerichtliches Verfahren erreichen lassen würde (LAG Schleswig-Holst. AiB 00, 162; vgl. hierzu auch Rn 14; ferner BAG 15. 11. 00 – 7 ABR 24/00 – EzA § 40 BetrVG 1972 Nr. 92 für einen gütlichen Einigungsversuch eines Anwalts nach Beauftragung zur Prozessführung).

Die Hinzuziehung eines Rechtsanwalts erfordert einen **ordnungsgemäßen Be- 32 schluss des BR** (BAG 14. 2. 96 AP Nr. 5 zu § 76 a BetrVG 1972; BAG 8. 3. 00 AP Nr. 68 zu § 40 BetrVG 1972; BAG 19. 1. 05 ZBVR 05, 110) und zwar im Allgemeinen gesondert für jede Instanz (LAG Schlesw.-Holst. BB 84, 533; LAG Berlin AP Nr. 25 zu § 40 BetrVG 1972; GK-*Weber* Rn 93 f.). Letzteres gilt nicht, wenn zB wegen der besonderen Bedeutung des Rechtsstreits die Prozessvertretung von vornherein für mehrere Instanzen ausgesprochen wird oder wenn gegen eine zugunsten des BR ergangene Entscheidung vom Prozessgegner Rechtsmittel eingelegt wird (*DKK-Wedde* Rn 29). Da eine Prozessvollmacht im Außenverhältnis zum Gericht gem. § 81 ZPO zu allen den Rechtsstreit betreffenden Prozesshandlungen berechtigt, wozu auch die Einlegung von Rechtsmitteln gehört (BAG 18. 2. 03, 9. 12. 03, 20. 4. 05, 23. 8. 06 AP Nr. 11 zu § 77 Betriebsvereinbarung BetrVG 1972, AP Nr. 1 zu § 33 BetrVG 1972, AP Nr. 30 zu § 38 BetrVG 1972; AP Nr. 12 zu § 54 BetrVG 1972), kann eine im Innenverhältnis etwa notwendige Beauftragung des Rechtsanwalts für die nächste Instanz auch noch nach Ablauf der Rechtsmittelfrist erfolgen (BAG 11. 3. 92 AP Nr. 11 zu § 38 BetrVG 1972). Die Beauftragung eines Rechtsanwalts kann, wenn eine vorherige Beschlussfassung des BR nicht möglich oder zumutbar ist, durch den BRVors. erfolgen und nachträglich durch den BR genehmigt werden (BAG 18. 2. 03 AP Nr. 11 zu § 77 Betriebsvereinbarung BetrVG 1972; BAG 6. 12. 06 AP Nr. 5 zu § 21 b BetrVG 1972; LAG Köln LAGE § 40 BetrVG 1972 Nr. 47 im Falle einer vom ArbGeb. gegen den GesBR angestrengten einstweiligen Verfügung; GK-*Weber* Rn 94; *WPK-Kreft* Rn 15). Eine stillschweigende Genehmigung durch konkludentes Gewährenlassen reicht dazu nicht; der BR muss einen ordnungsgemäßen Beschluss fassen (BAG 19. 1. 05 ZBVR 05, 110 mit zust. Anm. *Wolmerath* jurisPR-ArbR 26/2005 Anm. 6). Ist zweifelhaft, ob ein BRBeschluss auch die Einleitung und Durchführung eines Beschlussverfahrens durch einen Rechtsanwalt umfasst, ist ein nachträglicher genehmigender Beschluss des BR zulässig (LAG Hamm LAGE § 29 BetrVG 1972 Nr. 3). Die Heilung des Mangels muss zeitlich vor der Prozessentscheidung erfolgen (BAG 6. 12. 06 AP Nr. 5 zu § 21 BetrVG 1972), in der Rechtsmittelinstanz kann nur noch der Nachweis der rechtzeitigen Beschlussfassung geführt werden (BAG 6. 12. 06 aaO). Hierauf hat das ArbG den BR hinzuweisen (BAG 6. 12. 06 aaO; BAG 16. 11. 05 AP Nr. 64 zu § 80 BetrVG 1972). Der BR muss neben der Beauftragung des Rechtsanwalts auch den Gegenstand der Beauftragung beschließen; im Beschluss muss dem zu beauftragenden Rechtsanwalts nicht benannt sein, die Auswahl des Rechtsanwalts kann auf den BRVorsitzenden übertragen werden (LAG Schlesw.-Holst. AiB 03, 632 mit zustimmender Anmerkung *Komposch* ebenda).

33   Ist die Hinzuziehung eines Rechtsanwalts erforderlich, hat der ArbGeb. auf Verlangen des Anwalts **Vorschüsse auf dessen Honorar** zu zahlen (vgl. § 9 RVG; GK-*Weber* Rn 107; *SWS* Rn 16). Die Höhe der Vergütung des Rechtsanwalts richtet sich nach dem RVG.

34   Ist der ArbGeb., zB wegen drohender oder eingetretener Insolvenz, nicht in der Lage, die entstehenden Prozesskosten aufzubringen, so steht dem BR bei hinreichender Erfolgsaussicht seines Begehrens ein Anspruch auf **Prozesskostenhilfe** zu (vgl. §§ 114 ff., 116 Abs. 1 Nr. 2 ZPO; LAG Köln NZA-RR 01, 253; LAG Rheinland-Pfalz NZA 91, 32).

c) Kosten bei Regelungsstreitigkeiten

35   Zu den Kosten, die durch die BRTätigkeit entstehen, gehören auch die **Kosten der E-Stelle** (hM; BAG 27. 3. 79 AP Nr. 7 zu § 76 BetrVG 1972; GK-*Weber* Rn 109; *Richardi/Thüsing* Rn 29). Durch das Änderungsgesetz 1989 haben die Kosten der E-Stelle in dem neu eingefügten § 76 a eine eigenständige Regelung erfahren (vgl. § 76 a Rn 4 ff.). Wird ein Rechtsanwalt als **Vors. oder Beisitzer einer E-Stelle** tätig, so findet, die Rechtsanwaltsgebührenordnung keine Anwendung. Die Frage der Vergütung richtet sich nach den allgemeinen Honorargrundsätzen für Mitgl. der E-Stelle (vgl. § 76 a Rn 17).

36   § 76 a betrifft allerdings nur die Kosten der E-Stelle selbst und die an ihre Mitgl. zu zahlende Vergütung. Hierzu gehören nicht Kosten, die durch die Beauftragung eines Rechtsanwalts zur **Vertretung des BR vor der E-Stelle** entstehen. Derartige Kosten gehören zur Tätigkeit des BR. Ihre Erstattungspflicht bestimmt sich nach § 40 (BAG 14. 2. 96 AP Nr. 5 zu § 76 a BetrVG 1972; BAG 21. 6. 89 AP Nr. 34 zu § 76 BetrVG 1972; GK-*Weber* Rn 109; GK-*Kreutz* § 76 a Rn 14; *Düwell/Wolmerath* Rn 6; *Kamphausen* NZA 94, 51; *Ziege* NZA 90, 929; **aA** *Bengelsdorf* NZA 89, 497, der § 76 a als eine abschließende Regelung sämtlicher mit der E-Stelle zusammenhängenden Kosten ansieht; *Sowka* NZA 90, 91).

37   Der ArbGeb. hat die Kosten eines vom BR zu seiner Vertretung vor der E-Stelle beauftragten Rechtsanwalts zu tragen, wenn eine derartige Vertretung bei pflichtgemäßer und verständiger Würdigung aller Umstände **erforderlich** ist (GK-*Wiese/Weber* Rn 109; GK-*Kreutz* § 76 a Rn 14; DKK-*Berg* § 76 a Rn 12; **aA** *Bengelsdorf* NZA 89, 497; *Herschel* DB 82, 1984). Insoweit gelten dieselben Grundsätze wie bei der anwaltlichen Vertretung des BR in Rechtsstreitigkeiten vor den ArbG. (vgl. Rn 24 ff.). Eine anwaltliche Vertretung kann zum einen erforderlich sein, wenn der Regelungsgegenstand der E-Stelle **schwierige Rechtsfragen** aufwirft und weder der BR selbst noch die von ihm bestellten Beisitzer über den zu einer sachgerechten Interessenwahrnehmung notwendigen juristischen Sachverstand verfügen (BAG 5. 11. 81 u. 21. 6. 89 AP Nr. 9 u. 34 zu § 76 BetrVG 1972; BAG 14. 2. 96 AP Nr. 5 zu § 76 a BetrVG 1972; DKK-*Berg* § 76 a Rn 12; nach *Kamphausen* NZA 94, 52 f., ist bei der Bewertung der Erforderlichkeit ein strenger Maßstab anzulegen, wenn die Honorarforderung des Anwalts erheblich über die Vergütung der Beisitzer oder gar des Vors. der E-Stelle hinausgeht). Auch bei **schwierigen Fragen tatsächlicher Art,** insbesondere bei komplexen Sachverhalten, kann eine anwaltliche Vertretung vor der E-Stelle erforderlich sein, wenn dem BR der zur Analyse und Bewertung notwendige Sachverstand fehlt, was insbesondere in Klein- und Mittelbetrieben der Fall sein kann, und es dem BR nicht

möglich ist, diesen Sachverstand durch entsprechende Beisitzer seines Vertrauens sicherzustellen (ErfK-Koch Rn 5; ähnlich *DKK-Berg* §76a Rn 12). Schließlich kommt eine anwaltliche Vertretung auch in Betracht, wenn der **ArbGeb.** seinerseits vor der E-Stelle **anwaltlich vertreten** ist. Dies spricht zum einen dafür, dass schwierige Rechts- und Sachfragen zu bewerten sind, und folgt zum anderen aus dem Grundsatz der Waffengleichheit (*DKK-Berg* §76a Rn 12; ErfK-Koch aaO; *GL* Rn 16; *Kamphausen* NZA 94, 52f.; insoweit einschränkend BAG 21. 6. 89 u. 14. 2. 96 jeweils aaO, das in einer anwaltlichen Vertretung des ArbGeb. nur ein Indiz für die Schwierigkeit des Streitgegenstandes sieht; ähnlich GK-*Kreutz* §76a Rn 14). Das Gebühreninteresse des Rechtsanwalts ist kein seine Hinzuziehung vor der E-Stelle rechtfertigender Grund, auch wenn der Anwalt den BR vor Durchführung des E-Stellenverfahrens beraten hat (BAG 14. 2. 96 aaO; *Kamphausen* NZA 94, 52).

Aus dem Grundsatz, dass der ArbGeb. nur die erforderliche Kosten zu tragen hat, **38** ergibt sich für den BR die Verpflichtung, vor der Hinzuziehung eines Anwalts zur Vertretung vor der E-Stelle stets zu prüfen, ob der fehlende Sachverstand nicht durch die **Berufung eines entsprechend sachkundigen Beisitzers** seines Vertrauens sichergestellt werden kann (vgl. hierzu auch *Kamphausen* NZA 94, 50ff.). Allerdings kann je nach Streitgegenstand ein besonderer Sachverstand der Mitgl. der E-Stelle verschiedenster Art gefordert sein. Ist dies der Fall, ist der BR nicht verpflichtet, die Sicherstellung des notwendigen Sachverstandes in anderen Bereichen zugunsten des besonderen Sachverstandes eines Rechtsanwalts zurückzustellen. Hat der BR einen Rechtsanwalt als Beisitzer benannt, dürfte die Beauftragung eines Anwalts zum Verfahrensbevollmächtigten vor der E-Stelle im Allgemeinen nicht erforderlich (LAG Hamm LAGE §76a BetrVG 1972 Nr. 2; *DKK-Berg* §76a Rn 12; ErfK-Koch Rn 5; *Kamphausen* NZA 92, 61; **aA** BAG 14. 2. 1996 AP Nr. 5 zu §76a BetrVG 1972, 892, mit dem Argument der unterschiedlichen Stellung des weisungsungebundenen Mitgl. der E-Stelle und des weisungsgebundenen und nur dem Interesse des Auftraggebers verpflichteten anwaltlichen Vertreters vor der E-Stelle; im Hinblick auf die Entscheidungskriterien für die E-Stelle nach §76 Abs. 5 S. 3 (billiges Ermessen unter angemessener Berücksichtigung der Belange des Betriebs und der betroffenen ArbN) und die Verpflichtung von ArbGeb. und BR nach §2 Abs. 1 zur vertrauensvollen Zusammenarbeit zum Wohl des Betriebs und seiner ArbN dürfte der behauptete Gegensatz in dieser Form wohl überzogen sein). Jedoch kann etwas anderes unter dem Gesichtspunkt der Waffengleichheit gelten, wenn der ArbGeb. sich trotz des juristischen Sachverstands seiner Beisitzer noch durch einen Rechtsanwalt vor der E-Stelle vertreten lässt.

Die **Höhe der Gebühr** einer anwaltlichen Vertretung vor der E-Stelle ist nicht **39** auf die Höhe des Honoraranspruchs eines außerbetrieblichen Beisitzers nach §76a Abs. 3 begrenzt (BAG 14. 2. 96 AP Nr. 5 zu §76a BetrVG 1972; *WPK-Kreft* Rn 20; **aA** *Kamphausen* NZA 94, 51f. für den Fall, dass es sich beim Regelungsgegenstand der E-Stelle um einen solchen mit unbezifferbaren Gegenstandswert handelt). Auf jeden Fall kann der BR dem Anwalt, wenn der Gegenstandswert ohnehin nach billigem Ermessen festzusetzen ist, ein Honorar in Höhe der Vergütung eines Beisitzers der E-Stelle zusagen (BAG 21. 6. 89 AP Nr. 34 zu §76 BetrVG 1972; **aA** *Ziege* NZA 90, 929; *Kamphausen* NZA 92, 91; *Maiß* FA 10, 164, 167). Zu den Gebührenansprüchen des Anwalts allgemein vgl. *Bauer/Röder* DB 89, 226.

3. Aufwendungen der Betriebsratsmitglieder

a) Allgemeines

Zu den Kosten, die durch die Tätigkeit des BR entstehen, gehören auch **Aufwen-** **40** **dungen einzelner BRMitgl.**, die diese im Rahmen und in Erfüllung ihrer BRAufgaben machen (BAG 6. 11. 73 AP Nr. 6 zu §37 BetrVG 1972, BAG 3. 4. 79 AP Nr. 1 zu §13 BetrVG 1972; BAG 18. 1. 89 AP Nr. 28 zu §40 BetrVG 1972; *GL*

Rn 18; *WPK-Kreft* Rn 22; *DKK-Wedde* Rn 36; *HSWGNR* Rn 50) oder die ihnen nur wegen ihrer BRMitglschaft entstehen, zB Kosten eines Anfechtungs- oder Amtsenthebungsverfahrens (*Richardi/Thüsing* Rn 10). Der ArbGeb. hat deshalb auch derartige dem einzelnen BRMitgl. entstehenden Kosten zu tragen, soweit diese zur ordnungsmäßigen Erfüllung der BRAufgaben notwendig sind. Dies gilt auch für Aufwendungen, die einem BRMitgl. bei der Erfüllung seiner Aufgaben iR des **Restmandats** entstehen (s. Rn 7).

41   Im Gegensatz zu § 46 Abs. 5 BPersVG 74, der für freigestellte und teilweise freigestellte Mitgl. des Personalrats eine durch VO (vgl. BGBl. 74, I S. 1499) festzusetzende monatliche Aufwandsentschädigung vorsieht, enthält das BetrVG keine entsprechende Regelung. Wird in einer BV ein **Pauschbetrag für Aufwendungen** der BRMitgl. vorgesehen, was aus Praktikabilitätsgründen zulässig ist, so muss sich dieser Betrag im Rahmen der üblichen und notwendigen Aufwendungen halten und darf keine versteckte Vergütung umfassen (BAG 9. 11. 55 AP Nr. 1 zu Art. IX KRG Nr. 22 Betriebsrätegesetz; *DKK-Wedde* Rn 11, 36; ErfK-*Koch* Rn 7; *GL* Rn 18; GK-*Weber* Rn 21; *Franzen* FS Adomeit S. 173, 178; einschränkend *Richardi/Thüsing* Rn 46; *WPK-Kreft* Rn 23; weitergehend iS einer großzügigeren Pauschalierungsmöglichkeit *Kehrmann* FS Wlotzke S. 374 ff.). Notwendige, über den Pauschbetrag hinausgehende Auslagen sind vom ArbGeb. zu erstatten (LAG Köln DB 85, 394).

42   Zur BRTätigkeit gehören **alle Tätigkeiten eines BRMitgl.**, die es gerade im Hinblick auf seine Mitgliedschaft im BR und zur Erfüllung seiner Aufgaben im BR durchführt (vgl. § 37 Rn 23 ff.). Entscheidend ist, dass das BRMitgl. die Tätigkeit nur deshalb übernimmt, weil es Mitgl. des BR ist und die damit verbundenen Aufwendungen im Interesse einer ordnungsgemäßen Durchführung notwendiger BRAufgaben unter Anlegung eines verständigen Maßstabs für erforderlich halten darf (vgl. hierzu Rn 9 sowie § 37 Rn 38). Hierbei ist auch zu berücksichtigen, welche **Funktionen** das einzelne BRMitgl. im BR ausübt. Nicht zur BRTätigkeit gehört die Teilnahme eines BRMitgl. an den Sitzungen des Aufsichtsrats, dem es angehört (GK-*Weber* Rn 34; *HSWGNR* Rn 51; *WPK-Kreft* Rn 24).

43   Zu den vom ArbGeb. zu tragenden Kosten zählen **alle Aufwendungen** des BRMitgl., die notwendig sind, um seine BRAufgaben ordnungsgemäß zu erfüllen. Insoweit gelten dieselben Grundsätze wie für die Kosten des BR (vgl. hierzu Rn 9 f.). Es muss sich um Aufwendungen handeln, die gerade durch die BR-Tätigkeit entstanden sind und nicht auch schon bei Erfüllung der arbeitsvertraglichen Pflichten entstanden wären (BAG 16. 1. 08 – 7 ABR 71/06 – AP Nr. 28 u. 92 zu § 40 BetrVG 1972; BAG 23. 6. 10 – 7 ABR 103/08 – NZA 10, 1298). Zu diesen Aufwendungen gehören zB notwendige Telefon- oder Briefportokosten in BRAngelegenheiten (GK-*Weber* Rn 75; *DKK-Wedde* Rn 51) oder Reise- und Fahrtkosten (s. dazu ausführlich unter Rn 46 ff.). **Kosten** der **persönlichen Lebensführung** gehören grundsätzlich nicht zu den erstattungsfähigen Aufwendungen (BAG 28. 8. 1991 AP Nr. 39 zu § 40 BetrVG 1972; BAG 23. 6. 10 – 7 ABR 103/08 – NZA 10, 1298). Dennoch können zu den vom ArbGeb. zu tragenden Aufwendungen. auch solche gehören, die dem BRMitgl. iR einer **Pflichtenkollision** entstehen, wenn diese z. B. mit einer grundgesetzlich verankerten Pflicht zur Pflege und Erziehung minderjähriger Kinder kollidiert (so BAG 23. 6. 10 – 7 ABR 103/08 – NZA 10, 1298 zur Erstattung von **Kinderbetreuungskosten** im Fall eines allein erziehenden BRMitgl.; kritisch dazu *Hunold* NZA-RR 11, 57, 63; *Wiebauer* BB 11, 2104). So kann ein Anspruch auf Erstattung von Kinderbetreuungskosten eines teilzeitbeschäftigten BRMitgl. bestehen, wenn eine notwendige BRArbeit die Anwesenheit des BRMitgl. über seine persönliche Arbeitszeit hinaus erfordert und die notwendige Betreuung von Kindern nicht auf andere Weise sichergestellt werden kann (LAG Hessen NZA-RR 98, 121 für die Teilnahme eines teilzeitbeschäftigten Mitgl. des GesBR an dessen auswärtigen Sitzungen; *Löwisch/Kaiser* Rn 36; *DKK-Wedde* Rn 39; *WPK-Kreft* Rn 24; *Däubler* AiB 04, 621, 625; *Hunold* NZA-RR 99, 113, 116; **aA** *SWS* Rn 24 a). Die Kostentragungspflicht kann nicht mit Hinweis auf eine mögliche Verhinderung des BRMitgl. nach

§ 25 Abs. 1 Satz 2 abgelehnt werden; die Erfüllung der BRAufgaben steht nicht im Belieben des einzelnen BRMitgl. und kann bei groben Verletzungen seiner Pflicht zum Ausschluss aus dem BR führen (BAG 23. 6. 10 – 7 ABR 103/08 – NZA 10, 1298; kritisch hinsichtlich der nach BAG daraus resultierenden Kostentragungspflicht *Wiebauer* BB 11, 2104).

Zu den vom ArbGeb. zu erstattenden Aufwendungen zählen nicht nur solche in **44** Geld, sondern **jede Aufopferung von Vermögenswerten.** Beschmutzt oder beschädigt ein BRMitgl. anlässlich der Durchführung von BRAufgaben seine Kleidung, so hat es Anspruch auf Erstattung der Kosten, die zur Behebung dieser Schäden notwendig sind (*DKK-Wedde* Rn 37; *SWS* Rn 24a; *GK-Weber* Rn 78f.; *HSWGNR* Rn 53f.). Benutzt ein BRMitgl. zur Erledigung von BRAufgaben den eigenen Pkw und erleidet es hierbei einen Verkehrsunfall, so kann es die Reparaturkosten unter denselben Voraussetzungen vom ArbGeb. erstattet verlangen, unter denen einem ArbN bei einem Unfall mit dem eigenen Pkw auf einer Dienstfahrt ein derartiger Erstattungsanspruch zusteht (ErfK-*Koch* Rn 7; vgl. zum letzteren BAG 8. 5. 80 AP Nr. 6 zu § 611 BGB Gefährdungshaftung des ArbGeb.). Das ist insbesondere der Fall, wenn der ArbGeb. die Benutzung ausdrücklich gewünscht hat oder weil diese zur rechtzeitigen und ordnungsgemäßen Erledigung von BRAufgaben erforderlich war und der ArbGeb. kein Fahrzeug zur Verfügung gestellt hat (BAG 3. 3. 83 AP Nr. 8 zu § 20 BetrVG 1972; *GK-Weber* Rn 78; *WPK-Kreft* Rn 26; *Richardi/Thüsing* Rn 55; MünchArbR-*Joost* § 221 Rn 25 vgl. auch § 20 Rn 37). Falls nichts Anderweitiges vereinbart ist, umfasst die Ersatzpflicht in der Regel auch den Nutzungsausfallschaden (BAG 7. 9. 95 NJW 96, 476).

Erleidet ein BRMitgl. im Rahmen seiner Tätigkeit einen **Unfall,** so hat es An- **45** spruch auf Erstattung der unfallbedingten Heil- und Kurkosten. Allerdings greift auch hier hinsichtlich der Personenschäden das sozialversicherungsrechtliche Haftungsprivileg nach § 104 Abs. 1 SGB VII ein, dh ein Unfall eines BRMitgl. im Rahmen seiner BRTätigkeit ist ein **Arbeitsunfall** iS von § 8 Abs. 1 iVm. § 2 Abs. 1 Nr. 1 SGB VII, so dass nur ein Anspruch auf Leistungen aus der gesetzlichen Unfallversicherung besteht (ErfK-*Koch* Rn 7; *GK-Weber* Rn 80; *Richardi/Thüsing* Rn 54; *Hanau* RdA 79, 326; *Däubler* Rn 506).

b) Reisekosten

Zu den vom ArbGeb. zu tragenden Aufwendungen zählen insbesondere **Reise- 46 kosten,** die dem BRMitgl. im Rahmen seiner BRTätigkeit entstehen, zB durch die Teilnahme an Sitzungen des GesBR, KBR oder der BRVerslg, durch die Teilnahme an auswärtigen Gerichtsverhandlungen (vgl. hierzu § 37 Rn 28) oder Behördenterminen oder durch den Besuch eines abgelegenen, jedoch zum Betrieb gehörenden Betriebsteils oder Nebenbetriebs. Dazu gehört auch das Aufsuchen von räumlich weit entfernten Betriebsteilen, um eine Abstimmung über die Frage der Mitwahl des BR im Hauptbetrieb nach § 4 Abs. 2 S. 3 zu veranlassen (ArbG Wiesbaden AiB 05, 306f. mit zust. Anm. *Fischer*). Befinden sich BRBüro und Arbeitsplatz des BRMitgl. nicht am selben Ort, so sind auch die notwendigen Fahrten zwischen Arbeitsplatz und BRBüro zu erstatten (ArbG Wiesbaden aaO). Die Reisekosten müssen stets durch die Wahrnehmung von Angelegenheiten bedingt sein, die in die Zuständigkeit des BR fallen (Rn 42). Der kollegiale Besuch eines erkrankten ArbN im Krankenhaus fällt im Allgemeinen nicht hierunter (*GK-Weber* Rn 37; *Richardi/Thüsing* Rn 5; wohl auch *DKK-Wedde* Rn 43). Etwas anderes gilt, wenn die Erkrankung auf einem Arbeitsunfall beruht und der BR die näheren Umstände des Unfalls in Erfahrung bringen will oder wenn sich im Betrieb im Einvernehmen mit dem ArbGeb. eine allgemeine Übung dahingehend entwickelt hat, Langzeiterkrankten nach einer gewissen Zeit einen Besuch abzustatten. Auch Reisekosten anlässlich der Teilnahme an Schulungs- und Bildungsveranstaltungen, die für die BRArbeit erforderliche Kenntnisse vermitteln, sind vom ArbGeb. zu tragen (*DKK-Wedde* Rn 40 ff.; GK-*Weber* Rn 34, 53; *HSWGNR* Rn 55 ff.; vgl. hierzu Rn 66 ff.).

47   Die Erstattung der erforderlichen **Fahrtkosten** hat der ArbGeb. nicht nur für Reisekosten des BRMitgl. in BRAngelegenheiten sondern auch für sonstige Fahrkosten, die ihm durch die BRTätigkeit zusätzlich entstehen zu tragen (GK-*Wiese/Weber* Rn 77). Fährt zB ein BRMitgl. gesondert zu einer BRSitzung, die außerhalb seiner Arbeitszeit liegt, sind ihm die zusätzlich aufgewendeten Fahrtkosten zu erstatten (BAG 18. 1. 89 u. 16. 1. 08 AP Nr. 28 u. 92 zu § 40 BetrVG 1972; *Wulff* AiB 09, 91, 94). Entscheidend für die Erstattungsfähigkeit von Fahrten zwischen der Wohnung und dem Betrieb als Aufwendung für BRTätigkeit ist, dass die Reisekosten ausschließlich wegen der Wahrnehmung erforderlicher BRTätigkeit und nicht auch zugleich zur Erfüllung der Arbeitspflicht des BRMitgl. entstanden sind (BAG 16. 1. 08 aaO). Sitzungen des BR oder des Betriebsausschusses, die außerhalb der persönlichen Arbeitszeit eines BRMitgl. stattfinden und damit eine Anfahrt von der Wohnung erfordern, begründen keinen Verhinderungsfall iS § 25 Abs. 1 S. 2 (BAG 16. 1. 08 AP Nr. 28 u. 92 zu § 40 BetrVG 1972). Fahrtkosten, die zB zur Teilnahme an einer BR- oder Betriebsausschusssitzung entstanden sind, sind nach § 40 unabhängig davon zu erstatten, ob für die außerhalb der persönlichen Arbeitszeit erbrachte BRTätigkeit die Voraussetzungen des § 37 Abs. 3 erfüllt sind; für die Erstattungsfähigkeit nach § 40 kommt es allein darauf an, dass das BRMitgl. zur Teilnahme an der Sitzung verpflichtet war (BAG 16. 1. 08 AP Nr. 28 u. 92 zu § 40 BetrVG 1972). Auch ein BRMitgl., das wegen seiner Amtstätigkeit nicht mehr die kostenlose Beförderung mit Bussen des ArbGeb. in Anspruch nehmen kann, kann nach § 78 S. 2 die Erstattung der notwendigen Beförderungskosten verlangen, die ihm durch die Benutzung des eigenen Pkw oder der öffentlichen Verkehrsmittel entstehen (*HSWGNR* Rn 54; *Richardi/Thüsing* Rn 12; LAG Düsseldorf DB 69, 1086; **aA** *GL* Rn 19). Zur privaten Nutzung von Dienstwagen und lohnsteuerrechtl. Fragen s. § 37 Rn 66a, 66b.

48   Dagegen sind Kosten eines freigestellten BRMitgl. für **Fahrten** zwischen seiner **Wohnung und dem Betrieb** keine nach § 40 Abs. 1 zu erstattenden Aufwendungen (BAG 28. 8. 91 AP Nr. 39 zu § 40 BetrVG 1972; BAG 13. 6. 07 AP Nr. 31 zu § 38 BetrVG 1972). Dies gilt selbst dann, wenn das BRMitgl. vor seiner Freistellung im Außendienst tätig war und für die Fahrten von der Wohnung zu den Außenstellen Anspruch auf Fahrtkostenerstattung hatte, nunmehr infolge seiner Freistellung jedoch seine BRAufgaben am Sitz des BR im Betrieb erfüllt. Denn als gesetzliche Folge der Freistellung verlagert sich für das freigestellte, bisher im Außendienst tätige BRMitgl. der Ort seiner Leistungserfüllung grundsätzlich an den Sitz des BR im Betrieb (vgl. § 38 Rn 78). Ebenso wie die Fahrtkosten der übrigen ArbN zwischen Wohnung und Betrieb zu den persönlichen Lebensführungskosten zählen, gilt dies für freigestellte BRMitgl., die zur Erfüllung ihrer BRTätigkeit an den Sitz des BR fahren. Es verstieße gegen den Grundsatz der Unentgeltlichkeit der BRTätigkeit (§ 37 Abs. 1) und gegen das gesetzliche Begünstigungsverbot des § 78 S. 2, wenn der ArbGeb. den freigestellten BRMitgl. im Gegensatz zu den übrigen ArbN die Fahrtkosten zwischen Wohnung und Betrieb als Kosten der BRTätigkeit erstatten müsste (BAG 28. 8. 91 u. 13. 6. 07 aaO; ErfK-*Koch* Rn 7). Gleiches gilt, wenn sich aufgrund der Freistellung der **Leistungsort** (Sitz des BR) von dem bisherigen Leistungsort (Erbringung der Arbeitsleistung) **ändert** und hierdurch höhere Fahrtkosten entstehen: die Pflicht seine Aufgaben am Sitz des BR durchzuführen ist gesetzliche Folge der Freistellung nach § 38, die insoweit an die Stelle der vertraglichen Arbeitspflicht tritt – wie auch jeder ArbN beim Wechsel des Leistungsorts mit seinem Einverständnis die damit verbundenen höheren Kosten zu tragen hat, obliegt dies auch seinem Einverständnis nach § 38 freigestellten BRMitgl. (BAG 13. 6. 07 aaO; vgl. § 38 Rn 78). Anders verhält es sich bei einem in **Elternzeit** befindlichen BRMitgl.; hier sind die für die Teilnahme an den BR-Sitzungen erforderlich werdenden Fahrtkosten von der Wohnung zum Betrieb zu ersetzen, da es sich mangels Arbeitspflicht während der Elternzeit allein um durch die BRTätigkeit entstandene Aufwendungen handelt (BAG 25. 5. 05 AP Nr. 13 zu

§ 24 BetrVG 1972). Etwas anderes dürfte gelten, wenn das BRMitgl. während der Elternzeit eine Teilzeittätigkeit ausübt und BR-Sitzungen in dieser Zeit anfallen; dann besteht auch hier kein gesonderter Fahrtkostenerstattungsanspruch.

Macht die sachgerechte Erfüllung notwendiger BRAufgaben Reisen ins **Ausland** **49** erforderlich, hat der ArbGeb. die hierfür notwendigen Aufwendungen ebenfalls zu tragen (*DKK-Wedde* Rn 20f.; ErfK-*Koch* Rn 8; GK-*Weber* Rn 35; *WPK-Kreft* Rn 25; *Klebe* FS Gnade S. 669ff.). Das kann zB der Fall sein, wenn der ArbGeb. grenzüberschreitend eine mitbestimmungspflichtige Maßnahme durchführen will und zur Bewertung einer sachgerechten Regelung der grenzüberschreitenden Maßnahme für den oder die inländischen Betriebe nähere Kenntnisse etwa bestehender Besonderheiten in den ausländischen Betrieben oder Betriebsteilen erforderlich sind. Insbesondere kann eine ausländische Dienstreise erforderlich sein, wenn die von einem Unternehmen oder Konzern geplante grenzüberschreitende Maßnahme (zB ein grenzüberschreitender EDV-Einsatz) sowohl nach inländischem als auch nach ausländischem Recht der Beteiligung der jeweiligen ArbNVertr. unterliegt und diese ihre Haltungen zu der beabsichtigten Maßnahme abstimmen wollen (ArbG München CR 92, 477; ErfK-*Koch* Rn 8; aA *SWS* Rn 6). Das Gleiche gilt für die Reise von BR-Mitgl. eines Unternehmens, das mit einem anderen (ausländischem) Unternehmen einen Zusammenschluss plant, zur EG-Kommission nach Brüssel, um dieser die Haltung der ArbN zu dem Zusammenschluss vorzutragen. Art. 18 Abs. 4 der EG-Verordnung Nr. 4064/89 vom 21. 12. 89 über die Kontrolle von Unternehmenszusammenschlüssen sieht die Möglichkeit einer Anhörung der rechtlich anerkannten ArbN-Vertr. der beteiligten Unternehmen ausdrücklich vor (LAG Niedersachsen DB 93, 1043; *HSWGNR* Rn 55).

Reisekosten können auch im Zusammenhang mit der **Tätigkeit des EBR** entste- **50** hen (ErfK *Koch* Rn 8). Zwar haben die Kosten des EBR selbst und seiner Mitgl. in § 39 EBRG eine eigenständige Regelung erfahren, neben der § 40 nicht anwendbar ist. Das schließt jedoch nicht aus, dass bei den inländischen ArbNVertr. von dieser Regelung nicht erfasste Kosten im Zusammenhang mit der EBR-Tätigkeit entstehen. So ist zB daran zu denken, dass vor Sitzungen des EBR oder seines Ausschusses, in Bezug auf Tagesordnungspunkte, die in besonderem Maße deutsche Betriebe oder Unternehmen betreffen, zuvor eine Erörterung dieser Punkte in und zwischen den inländischen ArbNVertr. erforderlich ist, um auf diese Weise das EBRMitgl. umfassend mit den inländischen Aspekten der Angelegenheit vertraut zu machen. Die hierdurch entstehenden Kosten werden nicht von § 39 EBRG, sondern von § 40 BetrVG erfasst (GK-*Weber* Rn 36). Zur Kostentragungspflicht des ArbGeb. für die Auslandsreise eines Mitgl. des KBR, das im Auftrag des KBR mit der ArbNVertr. einer ausländischen Tochtergesellschaft Fragen eines gemeinsamen Antrags zur Bildung des besonderen Verhandlungsgremiums gem. §§ 8ff. EBRG besprechen soll (vgl. ArbG Hamburg AiB 98, 165; *KRHS* Rn 7).

Hat ein grenzüberschreitend tätiges Unternehmen, das nicht dem EBRG unter- **51** liegt, auf Grund **freiwilliger Absprachen** eine grenzüberschreitende Zusammenarbeit der jeweiligen nationalen ArbNVertr. verabredet oder gar eine grenzüberschreitende Interessenvertr. der ArbN institutionalisiert, gehören auch die in diesem Zusammenhang anfallenden notwendigen Reisekosten zu den erforderlichen Kosten iS von § 40.

Die Kostentragungspflicht der ArbGeb. besteht für **notwendige Kosten**. Die **52** Kosten einer nicht erforderlichen Dienstreise hat er ebenso wenig zu tragen, wie nicht erforderliche Kosten einer notwendigen Dienstreise. Nicht erforderlich sind zB Reisekosten eines BRMitgl., das von seinem Urlaubsort an den Betriebsrat zu konstituierenden Sitzungen des BR anreist, weil er sich durch ein ErsMitgl. vertreten lassen kann (BAG 24. 6. 69 AP Nr. 8 zu § 39 BetrVG; *DKK-Wedde* Rn 42). Das Gleiche gilt für eine Anreise am Vortag einer Schulungsveranstaltung, wenn die Anreise zu der erst um 11 Uhr beginnenden Veranstaltung am Schulungstag möglich und zumutbar ist (LAG Schleswig-Holst. NZA 97, 91). Nicht erforderlich sind ferner

Übernachtungskosten, wenn dem BRMitgl. bei einer mehrtägigen Schulung die tägliche An- und Abreise zum bzw. vom Schulungsort zumutbar ist; etwas anderes gilt allerdings für den Fall, dass die Übernachtungskosten wegen Pauschalhonorars des Veranstalters ohne anderweitige Absprachemöglichkeit vom BR nicht beeinflussbar sind (BAG 7. 6. 84 AP Nr. 24 zu § 40 BetrVG 1972). Nach ArbG Düsseldorf AiB 04, 757 mit zust. Anm. *Malottke* ist eine tägliche An- und Abreise bei einer Entfernung von 74 km bzw. eine Mindestfahrtzeit von 1 Std. – unter Hinweis auf den Nutzen des abendlichen Austauschs mit Referenten und Kollegen über fachliche Fragen – nicht zumutbar (so auch *Däubler* AiB 04, 621, 624; aA LAG Köln AiB 03, 487, welches eine Wegzeit von 70 bis 80 Min. noch für zumutbar hält). Zur notwendigen Übernachtung und verbindlicher Reisekostenregelungen s. auch Rn 54.

53   Die vom ArbGeb. zu tragenden Dienstreisekosten umfassen insb. die notwendigen **Fahrtkosten** sowie die Kosten für **Verpflegung, Unterkunft** und evtl. notwendiger zusätzlicher Auslagen (zB notwendige Telefonate). Nicht zu erstatten sind die Kosten der persönlichen Lebensführung, wie zB Aufwendungen für Getränke oder Tabakwaren (BAG 29. 1. 74 u. 15. 6. 76 AP Nr. 5 u. 12 zu § 40 BetrVG 1972, BAG 28. 3. 07 – 7 ABR 33/06 –; *DKK-Wedde* Rn 46; ErfK-*Koch* Rn 8, 12; *Däubler* Rn 482).

54   Besteht eine für die ArbN verbindliche **betriebliche Reisekostenregelung,** so ist diese grundsätzlich auch für Reisen von BRMitgl. im Rahmen ihrer BRTätigkeit maßgebend. Dies gilt jedenfalls insoweit, als die entstehenden Kosten vom BRMitgl. beeinflusst werden können (BAG 17. 9. 74 u. 23. 6. 75 AP Nr. 6 u. 10 zu § 40 BetrVG 1972; BAG 28. 3. 07 – 7 ABR 33/06 –; *DKK-Wedde* Rn 45; GK-*Weber* Rn 40; *Richardi/Thüsing* Rn 49; *Däubler* Rn 478 ff.). Sind sie beeinflussbar und gehen über die geltende Reisekostenregelung hinaus, ist z. B. eine Übernachtung im Tagungshotel – auch unter Berücksichtigung des Nutzens des abendlichen Zusammentreffens mit Referenten und Kollegen – nur dann erforderlich, wenn eine andere fußläufige bzw. mit öffentl. Verkehrsmitteln erreichbare Unterkunft nicht zur Verfügung stand (BAG 28. 3. 07 aaO; BAG 17. 11. 10 – 7 ABR 113/09 – NZA 11, 816.). Sind dagegen zB bei einer Schulungsveranstaltung die Tagessätze des Veranstalters höher als die der betrieblichen Reisekostenregelung und vom BRMitgl. nicht beeinflussbar, so hat der ArbGeb. die höheren Tagessätze des Veranstalters zu erstatten (BAG 29. 1. 74 AP Nr. 9 zu § 37 BetrVG 1972; BAG 7. 6. 84 AP Nr. 24 zu § 40 BetrVG 1972 hinsichtlich der Übernachtungsgebühr eines in der Nähe des Schulungsorts wohnenden BRMitgl.; HSWGNR Rn 76). Schreibt eine Dienstreiseordnung vor, dass nur Flüge der eigenen Linie benutzt werden dürfen, hat der BR grundsätzl. keinen Anspruch auf bevorzugte Buchung auf der eigenen Linie bzw. Benutzung einer fremden Fluglinie im Fall der Überbuchung, soweit er in diesem Zusammenhang auftretende Verspätungsprobleme der BRMitgl. durch eine ihm zumutbare Anpassung der Terminierungspraxis beseitigen kann (LAG Köln BB 02, 2680).

55   Wird im Betrieb bei Dienstreisen üblicherweise die zweite Wagenklasse benutzt, so haben BRMitgl. im Hinblick auf das Begünstigungsverbot des § 78 keinen Anspruch auf die Benutzung der ersten Wagenklasse. Enthält die betriebliche Reisekostenregelung nach der betrieblichen Stellung der ArbN **abgestufte Regelungen** über die zu benutzende Wagenklasse und abgestufte Pauschbeträge für das Tage- und Übernachtungsgeld, so ist – jedenfalls wenn mehrere BRMitgl. gemeinsam reisen – nicht darauf abzustellen, in welcher Stufe das einzelne BRMitgl. einzustufen wäre, wenn es als ArbN des Betriebs eine Dienstreise macht. Denn dann würden BRMitgl., obwohl sie alle in gleicher Funktion – nämlich als BRMitgl. – reisen, uU im selben Zug in unterschiedlichen Klassen fahren und infolge der unterschiedlichen Pauschbeträge in verschiedenen Hotels absteigen müssen. In diesen Fällen ist vielmehr auf ihre **Funktionstätigkeit als BRMitgl.** abzustellen. Deshalb ist es zulässig und stellt keinen Verstoß gegen das Begünstigungsverbot gegen § 78 dar, wenn eine betriebliche Reisekostenregelung für Reisen von BRMitgl. eine besondere Stufe vorsieht und alle BRMitgl. dieser Stufe zuordnet (GK-*Weber* Rn 42; *WPK-Kreft* Rn 26; aA HSWGNR Rn 62; *Schweibert/Buse* NZA 07, 1080, 1083; vgl. auch die Regelung des

§ 44 Abs. 1 S. 2 BPersVG, die die bei Reisen von PRMitgl. die Reisekostenvergütung nach den für Beamte der Besoldungsgruppe A 15 – Regierungsdirektoren – maßgebenden Bestimmungen bemisst). Wenn die betriebliche Reisekostenregelung keine besondere Stufe für reisende BRMitgl. enthält, ist diese durch eine an der Bedeutung der BRTätigkeit zu messende vergleichende Wertung zu ermitteln (*GL* Rn 29; *WW* Rn 10; *DKK-Wedde* Rn 49; *Däubler* AiB 04, 621, 623; ähnlich *Richardi/Thüsing* Rn 50; nur bei einer ausdrücklichen entsprechenden Regelung auf einen Mittelwert GK-*Weber* Rn 42; nach *Schaub* § 222 Rn 10 ist eine Vereinbarung mit dem ArbGeb. erforderlich; nach *Däubler* Rn 479 ist stets die höhere Stufe maßgebend; demgegenüber stellt ausschließlich auf die Stellung und Lebensweise des einzelnen BRMitgl. ab: BAG 29. 4. 75 AP Nr. 9 zu § 40 BetrVG 1972; *HSWGNR* Rn 62).

Werden in einem Betrieb üblicherweise die Aufwendungen anlässlich einer Dienstreise nach steuerlichen **Pauschbeträgen der Lohnsteuerrichtlinien** abgerechnet, so gilt dies auch für die Dienstreise von BRMitgl. (BAG 29. 1. 74 AP Nr. 8 zu § 37 BetrVG 1972; *Richardi/Thüsing* Rn 49; *WPK-Kreft* Rn 26). Über die Pauschsätze hinausgehende notwendige Aufwendungen kann das BRMitgl. gesondert geltend machen (vgl. Rn 54, **aA** *HSWGNR* Rn 59 für nach Inkrafttreten des Jahressteuergesetzes 1996 entstandene Kosten; das hier in § 4 Abs. 5 Nr. 5 EStG vorgesehene Verbot der Abzugsfähigkeit der Reisekosten, die über die dort vorgesehenen Pauschalierungsgrenzen hinausgehen, hat jedoch nur steuerrechtliche Bedeutung und berührt nicht die Kostentragungspflicht des ArbGeb. nach § 40). Soweit eine Pauschalierung nicht erfolgt oder die geltend gemachten Aufwendungen darüber hinaus wachsen, hat das BRMitgl. die Aufwendungen im Einzelnen nachzuweisen (*DKK-Wedde* Rn 11, 45; GK-*Wiese/Weber* Rn 44; *GL* Rn 31; *Richardi/Thüsing* Rn 51; *Däubler* Rn 480f.). **56**

Hängt nach dem angewandten Reisekostenabrechnungssystem die (unterschiedliche) Höhe des Tages- und Übernachtungsgeldes von der Höhe des Jahresarbeitsverdienstes ab, so ist bei einem **teilzeitbeschäftigten BRMitgl.** nicht auf sein tatsächliches Jahresarbeitsentgelt abzustellen, sondern auf den Jahresverdienst, den es bei Vollzeitarbeit erzielt hätte (*DKK-Wedde* Rn 47; **aA** LAG Frankfurt DB 89, 2132, das das BRMitgl. auf den Einzelnachweis erhöhter Aufwendungen verweist; ebenso GK-*Weber* Rn 43; ErfK-*Koch* Rn 8). **57**

Machen mehrere BRMitgl. eine erforderliche Reise und benutzt eines von ihnen hierbei den **eigenen PKW,** so sind die übrigen Mitgl. wegen nicht auszuschließender Gefahren und Risiken (Fahrstil, Haftung) grundsätzlich nicht verpflichtet, in diesem PKW mitzufahren (ArbG Marburg ArbuR 93, 61; *DKK-Wedde* Rn 44; *Peter* AiB 04, 279, 282 **aA** wenn Mitfahrt zumutbar BAG 28. 10. 92 ArbuR 93, 120; LAG Hamm DB 76, 1919 und BB 92, 781; GK-*Weber* Rn 37; *HSWGNR* Rn 57; *SWS* Rn 5; *Däubler* AiB 04, 621, 623; so wohl auch *WPK-Kreft* Rn 25). Dies gilt nicht, wenn die betriebliche Reisekostenregelung etwas anderes bestimmt oder wenn der ArbGeb. ein Dienstfahrzeug zur Verfügung stellt (GK-*Weber* Rn 37; **aA** *Däubler* AiB 04, 621, 623 nur wenn Benutzung des PKW zu den normalen Dienstpflichten des ArbN gehört; ArbG Nürnberg AiB 1996, 248, wenn Entfernung mehr als 500km). **58**

Hat ein BRMitgl. durch eine längere Dienstreise eigene **Aufwendungen erspart** (zB häusliche Verpflegung, Fahrten zwischen Arbeitsstätte und Wohnung), so können diese abgezogen werden (BAG 29. 1. 74 AP Nr. 8 zu § 37 BetrVG 1972; BAG 29. 4. 75 AP Nr. 9 zu § 40 BetrVG 1972; ErfK-*Koch* Rn 8, 12; *GL* Rn 31; *Richardi/Thüsing* Rn 51; *SWS* § 37 Rn 58; *Däubler* Rn 484, **aA** *DKK-Wedde* Rn 50). Hinsichtlich des wirtschaftlichen Werts einer Beköstigung des ArbN ist nicht mehr auf die frühere 20%-Regelung in den Lohnsteuerrichtlinien zurückzugreifen, sondern unter Zugrundelegung generell abstrakter Maßstäbe auf die Werte in § 2 Abs. 1 und 3 der Sozialversicherungsentgeltverordnung abzustellen (vgl. LAG Nürnberg AuA 04, 57; LAG Hamm 13. 1. 06 NZA-RR 06, 249, 251 f., beide noch zu der inhaltlichen Regelung in § 1 Abs. 1 und Abs. 3 Sachbezugsverordnung, die zum 1. 1. 07 durch die Sozialversicherungsentgeltverordnung aufgehoben worden ist). Bei Anwendung einer betrieblichen Reisekostenregelung oder der Abrechnung nach den steuerlichen **59**

Pauschbeträgen kommt eine Anrechnung allerdings nicht in Betracht, weil bei diesen ersparte Aufwendungen bereits berücksichtigt sind (BAG 29. 4. 75 u. 30. 3. 94 AP Nr. 9 u. 42 zu § 40 BetrVG 1972; GK-*Weber* Rn 44; *HSWGNR* Rn 60).

c) Kosten bei Rechtsstreitigkeiten

60   Durch die BRTätigkeit bedingt sind auch die Kosten, die einem BRMitgl. durch die **Führung von Rechtsstreitigkeiten in betriebsverfassungsrechtlichen Angelegenheiten** entstehen, und zwar auch dann, wenn die Rechtsstreitigkeit ausschließlich das Verhältnis des einzelnen BRMitgl. zum BR betrifft (*DKK-Wedde* Rn 52 f.; ErfK-*Koch* Rn 6; GK-*Weber* Rn 88 f.; *HSWGNR* Rn 65 ff.; *Richardi/ Thüsing* Rn 13, 16 ff.; BAG 14. 10. 82 AP Nr. 19 zu § 40 BetrVG 1972). Dies gilt jedenfalls dann, wenn die gesetzliche Rechtsstellung des einzelnen BRMitgl. Streitgegenstand ist oder durch den Rechtsstreit berührt wird. Das ist zB der Fall bei Rechtsstreitigkeiten über die Anfechtung der Wahl eines BRMitgl., über den Ausschluss eines Mitgl. aus dem BR (BAG 19. 4. 89 AP Nr. 29 zu § 40 BetrVG 1972), über die Feststellung des nachträglichen Verlustes seiner Wählbarkeit, über die Wirksamkeit eines Rücktrittsbeschlusses des BR (BAG 3. 4. 79 AP Nr. 1 zu § 13 BetrVG 1972), über die Rechtmäßigkeit von BRBeschlüssen oder internen Wahlen des BR, über die Teilnahme an Schulungsveranstaltungen oder über das Einblicksrecht eines Mitgl. in die BRUnterlagen. Auch wenn ein BRMitgl. im Rahmen seiner Amtstätigkeit von einem Dritten verklagt wird, zB der BRVors. durch die BRSekretärin, sind die Kosten eines derartigen Rechtsstreits durch die BRTätigkeit bedingt (LAG Düsseldorf NZA-RR 97, 383). Falls die Rechtsverfolgung oder -verteidigung nicht von vornherein aussichtslos oder mutwillig ist, hat der ArbGeb. deshalb auch die Kosten zu tragen, die dem einzelnen BRMitgl. durch seine Beteiligung an derartigen Rechtsstreitigkeiten entstehen. Für die Erstattungsfähigkeit der Kosten eines vom BRMitgl. hinzugezogenen Rechtsanwalts gelten die Ausführungen in Rn 24 ff. entsprechend.

61   Im Falle eines gegen ein BRMitgl. eingeleiteten Verfahrens auf **Ausschluss aus dem BR** ist die Erforderlichkeit einer Hinzuziehung eines Anwalts nicht danach zu beurteilen, ob das BRMitgl. in dem Ausschlussverfahren obsiegt oder, wenn in dem Verfahren keine Sachentscheidung ergangen ist, bei hypothetischer Betrachtungsweise obsiegt hätte. Vielmehr kommt es darauf an, ob das BRMitgl. zZ der Beauftragung eine anwaltliche Verteidigung bei vernünftiger Betrachtung für erforderlich halten durfte oder ob diese offensichtlich aussichtslos erschien. Als offensichtlich aussichtslos ist die Verteidigung gegen den Ausschlussantrag anzusehen, wenn das dem BRMitgl. vorgeworfene Verhalten von ihm ernsthaft nicht bestritten werden kann und die rechtliche Würdigung dieses Verhaltens ohne Zweifel als eine grobe Pflichtverletzung iS des § 23 Abs. 1 anzusehen ist (BAG 19. 4. 89 AP Nr. 29 zu § 40 BetrVG 1972; GK-*Weber* Rn 90; ErfK-*Koch* Rn 6). Die Geltendmachung eines Erstattungsanspruchs von Rechtsanwaltskosten wegen eines Ausschlussverfahrens kann jedoch im Einzelfall rechtsmissbräuchlich sein. Ein Rechtsmissbrauch ist jedoch nicht schon dann zu bejahen, wenn das BRMitgl. rechtskräftig aus dem BR ausgeschlossen worden ist. Vielmehr müssen gegen die Geltendmachung des auch in diesem Falle grundsätzlich bestehenden Erstattungsanspruchs Umstände hinzukommen, nach denen die Rechtsausübung grob unbillig erscheint und zu einem schlechthin unzumutbaren Ergebnis führt (BAG 19. 4. 89 aaO; **aA** *Krichel* SAE 90, 301).

62   Hat das BRMitgl. im Rahmen seiner Beteiligung im Verfahren nach § 103 Abs. 2 zur Ersetzung der Zustimmung des BR zu seiner beabsichtigten **außerordentlichen Kündigung** einen Rechtsanwalt zugezogen, ist hinsichtlich der Verpflichtung des ArbGeb. zur Tragung dieser Anwaltskosten zu unterscheiden. Wird dem Zustimmungsersetzungsantrag stattgegeben, hat der ArbGeb. die Anwaltskosten des BRMitgl. grundsätzlich nicht zu tragen. Denn die Beteiligung des BRMitgl. an dem Zustimmungsersetzungsverfahren erfolgt nicht in Erfüllung betriebsverfassungsrechtlicher Aufgaben des BRMitgl., sondern wegen des besonders ausgestalteten Kündigungs-

schutzes von BRMitgl., bei denen das Vorliegen eines wichtigen Grundes als Voraussetzung einer außerordentlichen Kündigung bereits vor Ausspruch der Kündigung im arbeitsgerichtlichen BeschlVerf. und nicht erst in einem nachträglichen Kündigungsschutzverfahren gerichtlich geprüft wird (BAG 3. 4. 79 AP Nr. 16 zu § 40 BetrVG 1972; BAG 31. 1. 90 AP Nr. 28 zu § 103 BetrVG; LAG Hamm NZA-RR 09, 476 ff.; GK-*Weber* Rn 91; *Richardi/Thüsing* Rn 20; *Schaub* § 222 Rn 8; **aA** DKK-*Wedde* Rn 54). Das gilt auch, wenn der BR nur aus einem Mitgl. besteht und diesem außerordentlich gekündigt werden soll (ArbG Hamburg EzA § 40 BetrVG 1972 Nr. 78). Wird dagegen der Antrag des ArbGeb. auf Ersetzung der Zustimmung des BR zur außerordentlichen Kündigung des BRMitgl. rechtskräftig abgewiesen, so hat der ArbG dem an dem Beschlussverfahren beteiligten BRMitgl. die entstandenen Rechtsanwaltskosten in gleicher Weise zu erstatten, wie wenn das BRMitgl. in einem entsprechenden Kündigungsschutzprozess obsiegt hätte; dies folgt aus dem Benachteiligungsverbot des § 78 S. 2 (BAG 31. 1. 90 aaO; *WPK-Kreft* Rn 35; GK-*Weber* Rn 91; ErfK-*Koch* Rn 6; **aA** *HSWGNR* Rn 64). Zur Zulässigkeit einer außerordentlichen Kündigung eines BRMitgl., insbesondere wenn zwischen dem vertragswidrigen Verhalten, das die außerordentliche Kündigung des BRMitgl. rechtfertigen soll, und der BRTätigkeit ein Zusammenhang besteht, vgl. § 103 Rn 30. Die Kosten eines **vom BR** in dem Verfahren nach § 103 Abs. 2 hinzugezogenen Anwalts hat der ArbG nach § 40 Abs. 1 zu tragen, wenn dessen Hinzuziehung erforderlich war (vgl. Rn 21 ff.). Zur Erstattung von Anwaltskosten, wenn im Zustimmungsersetzungsverfahren nach § 103 Abs. 2 sowohl der BR als auch das zu kündigende BRMitgl. vom Anwalt vertreten worden ist s. Rn 29 aE.

Die vorstehenden Ausführungen gelten entsprechend für die Hinzuziehung eines **63** Rechtsanwalts in einem Rechtsstreit über die **Weiterbeschäftigung** eines betriebsverfassungsrechtlichen Funktionsträgers nach Abschluss seiner Ausbildung gem **§ 78 a,** gleichgültig ob die Voraussetzungen des Weiterbeschäftigungsanspruchs (§ 78 a Abs. 2 u. 3) oder die Unzumutbarkeit der Weiterbeschäftigung für den ArbGeb. (§ 78 a Abs. 4) umstritten sind. Denn Gegenstand dieser Verfahren ist ebenfalls keine BRTätigkeit iS von § 40 sondern allein die individualrechtliche Frage des (Fort-)Bestands des durch das Weiterbeschäftigungsverlangen des Azubi begründeten Arbeitsverhältnisses. Die Kosten eines Rechtsstreits über diese individualrechtliche Frage hat der ArbGeb. jedoch ebenso wenig nach § 40 zu tragen wie im Falle der Beteiligung eines BRMitgl. im Verfahren nach § 103 Abs. 2 oder in anderen Fällen, in denen der Bestand des Arbeitsverhältnisses eines BRMitgl. in Streit steht (BAG 5. 4. 00 AP Nr. 33 zu § 78 a BetrVG 1972; *WPK-Kreft* Rn 35). Auch wenn die Wirksamkeit einer Befristung des Arbeitsverhältnisses oder eines Aufhebungsvertrags oder im Falle des § 15 Abs. 4 u. 5 KSchG der zulässige Zeitpunkt der Kündigung oder die Möglichkeit der Übernahme in eine andere, nicht von einer Stilllegung betroffenen Betriebsabteilung umstritten sind, trägt der ArbGeb. die Kosten des Rechtsstreits nicht nach § 40, sondern nur nach den allgemeinen Grundsätzen im Falle seines Unterliegens.

Im Hinblick darauf, dass jedes BRMitgl. sein Amt in eigener Verantwortung aus- **64** übt (BAG 1. 6. 76 AP Nr. 1 zu § 28 BetrVG 1972; BAG 21. 11. 78 AP Nr. 35 zu § 37 BetrVG 1972), ist das einzelne BRMitgl. berechtigt, ein gerichtliches Verfahren zur **Überprüfung von Beschlüssen** und internen **Wahlen** des BR einzuleiten, wenn Zweifel an ihrer formellen oder materiellen Rechtmäßigkeit bestehen. Dem ArbG steht allerdings keine Zweckmäßigkeits- oder Billigkeitskontrolle hinsichtlich der Beschlüsse des BR zu. Kosten eines arbeitsgerichtlichen BeschlVerf., mit dem ein BRMitgl. die Aufhebung eines BRBeschlusses anstrebt, weil es lediglich mit dem Inhalt der Entscheidung nicht einverstanden ist, hat der ArbGeb. nicht zu tragen, da ein Verfahren mit diesem Ziel als von vornherein aussichtslos anzusehen ist (vgl. BAG 3. 4. 79 AP Nr. 1 zu § 13 BetrVG 1972 hinsichtlich eines Rücktrittsbeschlusses des BR; GK-*Weber* Rn 88; *GL* Rn 36; *HSWGNR* Rn 65 ff.).

Ferner hat der ArbGeb. die Kosten zu tragen, die einem BRMitgl. durch eine **65** notwendig werdende **Lohnklage ausschließlich aus Anlass betriebsratsbeding-**

ter Arbeitsversäumnis entstehen, es sei denn, die umstrittene betriebsverfassungsrechtliche (Vor-)Frage hätte in dem billigeren arbeitsgerichtlichen BeschlVerf. verbindlich geklärt werden können. Denn auch diese Kosten sind durch BRTätigkeit bedingt und es kann für ihre Erstattungsfähigkeit nicht darauf ankommen, ob ihre Geltendmachung im Beschlussverfahren oder im Urteilsverfahren zu erfolgen hat (LAG Hamm DB 92, 1833; *DKK-Wedde* Rn 54; *KRHS* Rn 10; *Blomeyer,* Finanzierung der Mitbestimmung, S. 88; **aA** die hM, die die Kostentragungspflicht auf gerichtliche Verfahren zur Klärung betriebsverfassungsrechtlicher Rechte oder Rechtsverhältnisse beschränkt: BAG 14. 10. 82 AP Nr. 19 zu § 40 BetrVG 1972 mit ablehnender Anmerkung von Otto; BAG 30. 6. 93 AP Nr. 8 zu § 12 ArbGG 1979 in Bezug auf die nach § 12a Abs. 1 S. 1 ArbGG nicht erstattungsfähigen erstinstanzlichen Anwaltskosten eines Urteilsverfahrens; LAG Hamm EzA § 40 BetrVG 1972 Nr. 33; *ErfK-Koch* Rn 6; *GL* Rn 36; *HSWGNR* Rn 64; *GK-Weber* Rn 92; *Richardi/Thüsing* Rn 14; *WPK-Kreft* Rn 35; *v. Hoyningen-Huene* BetrVerfR § 9 VI). Dies gilt allerdings nicht, wenn die Lohnklage durch andere als betriebsverfassungsrechtliche Meinungsverschiedenheiten bedingt ist. In diesem Fall hat das BRMitgl. keine andere Stellung wie jeder andere ArbN.

d) Schulungskosten

66   Der ArbGeb. hat auch die Kosten zu tragen, die durch die Teilnahme von BRMitgl. an solchen **Schulungs- und Bildungsveranstaltungen** entstehen, die für die BRArbeit **erforderliche** Kenntnisse vermitteln. Denn das Wissen der BRMitgl. um ihre gesetzlichen Aufgaben und die praktische Durchführung dieser Aufgaben im Betrieb sind derartig eng miteinander verbunden, dass sie nicht getrennt werden können. Deshalb gehört auch die Erlangung der Kenntnisse, die zur Durchführung des Gesetzes und zur ordnungsgemäßen Wahrnehmung der Aufgaben des BR erforderlich sind, zur BRTätigkeit, für die der ArbGeb. gemäß § 40 die notwendigen Kosten zu tragen hat (BAG 31. 10. 72, 29. 1. 74, 8. 10. 74, 28. 5 76, 3. 5. 79 u. 15. 1. 92 AP Nr. 2, 5, 7, 11, 17, u. 41 zu § 40 BetrVG 1972; BAG 25. 4. 78 u. 21. 11. 78 AP Nr. 33 u. 35 zu § 37 BetrVG 1972; *DKK-Wedde* Rn 56 ff.; *ErfK-Koch* Rn 9; *GK-Weber* Rn 45 ff.; *Richardi/Thüsing* Rn 30 ff.). Die Kostentragungspflicht des ArbGeb. bei einer notwendigen Schulung der BRMitgl. besteht auch, wenn diese durch eine Gewerkschaft durchgeführt wird. Das folgt schon aus der gesetzlich anerkannten Hilfsfunktion der Gewerkschaften im Rahmen des Betriebsverfassungsrechts (vgl. hierzu § 2 Rn 45 ff.).

67   Das BVerwG hat für den Bereich des Bundespersonalvertretungsrechts ebenfalls eine Pflicht des Dienstherren bejaht, die Kosten der Schulung von Mitgl. des **Personalrats** zu tragen, die für eine ordnungsgemäße Amtsführung erforderliche Kenntnisse vermittelt (vgl. BVerwG ZBR 79, 310).

68   Das BVerfG hat die Rechtsprechung des BAG zur Kostentragungspflicht des ArbGeb. bei der Schulung von BRMitgl., auch wenn diese von einer Gewerkschaft durchgeführt werden, als **verfassungsgemäß** anerkannt (BVerfG 14. 2. 78 AP Nr. 13 zu § 40 BetrVG 1972).

69   Die Kosten der Teilnahme von BRMitgl. an **Schulungs- und Bildungsveranstaltungen nach § 37 Abs. 6** hat der ArbGeb. stets zu tragen, da diese Schulungs- und Bildungsveranstaltungen eine für die BRArbeit erforderliche Kenntnisvermittlung voraussetzen (vgl. hierzu im Einzelnen § 37 Rn 138 ff.). Werden auf einer Schulungsveranstaltung **nur teilweise erforderliche Kenntnisse** vermittelt, so gelten für die Kostentragungspflicht des ArbGeb. dieselben Grundsätze wie für die Entgeltfortzahlung in diesen Fällen (vgl. hierzu § 37 Rn 157 ff.). Nehmen die erforderlichen Themen mehr als 50 vH der Schulungszeit in Anspruch und lässt sich die Teilnahme sinnvoll nicht auf die erforderlichen Themen beschränken, besteht grundsätzlich eine Kostentragungspflicht des ArbGeb. für die gesamte Veranstaltung (GK-*Weber* Rn 57; *Richardi/Thüsing* Rn 41; **aA** *HSWGNR* Rn 80). Ist eine Beschränkung auf die erfor

derlichen Themen möglich und sind die Kosten teilbar, hat der ArbGeb. die Schulungskosten nur insoweit zu tragen.

Demgegenüber reicht bei **Schulungsveranstaltungen iS von § 37 Abs.** 7 ihre **70** Anerkennung durch die zuständige oberste Arbeitsbehörde als „geeignet" für sich allein nicht aus, um eine Kostentragungspflicht des ArbGeb. zu begründen. Eine Kostentragungspflicht besteht jedoch, wenn auf einer Veranstaltung nach § 37 Abs. 7 Kenntnisse vermittelt werden, die für die BRArbeit als erforderlich iS von § 37 Abs. 6 anzusehen sind (BAG 6. 11. 73, 8. 2. 77 u. 25. 4. 78 AP Nr. 6, 26 u. 33 zu § 37 BetrVG 1972; ErfK-Koch Rn 9; WPK-Kreft Rn 28; GK-Weber Rn 71 ff.; HSWGNR Rn 73 f.; MünchArbR-Joost § 221 Rn 10; **weitergehend** DKK-Wedde Rn 58; Richardi/Thüsing Rn 33; WW Rn 16; Däubler Rn 501 f.: generelle Kostentragungspflicht auch bei Veranstaltungen nach Abs. 7). Letzteres ergibt sich schon daraus, dass anderenfalls BRMitgl. unterschiedlich behandelt würden, je nachdem ob sie erforderliche Kenntnisse auf einer Veranstaltung nach § 37 Abs. 6 oder nach Abs. 7 erlangen. Werden Kosten für eine Schulungsveranstaltung nach § 37 Abs. 7 geltend gemacht, so sind die Umstände, die eine Erforderlichkeit der Schulung in engerem Sinne ergeben, im Einzelnen darzulegen (BAG 26. 8. 75 AP Nr. 21 zu § 37 BetrVG 1972).

In formeller Hinsicht setzt eine Kostentragungspflicht des ArbGeb. für entstandene **71** Schulungskosten voraus, dass der BR die Teilnahme des BRMitgl. an der von ihm besuchten Schulungsveranstaltung **vorher beschlossen** hat. Ein vorausgegangener Beschluss des BR über die Teilnahme an einem anderen Seminar genügt ebenso wenig wie ein nachträglicher Beschluss, mit dem die Teilnahme des BRMitgl. an der durchgeführten Schulungsveranstaltung gebilligt wird (BAG 8. 3. 00 AP Nr. 68 zu § 40 BetrVG 1972 unter ausdrücklicher Aufgabe von BAG 28. 10. 92 AP Nr. 4 zu § 29 BetrVG 1972).

Die Kostentragungspflicht des ArbGeb. bei Teilnahme von BRMitgl. an Schu **72** lungs- und Bildungsveranstaltungen beschränkt sich auf die Erstattung der **erforderlichen Kosten.** Kosten einer nicht erforderlichen Schulung oder nicht erforderliche Kosten einer notwendigen Schulung hat der ArbGeb. nicht zu tragen. Das BAG hat darüber hinaus als zusätzliches Kriterium einer Kostentragungspflicht des ArbGeb. den **Grundsatz der Verhältnismäßigkeit** eingeführt (BAG 31. 10. 72, 29. 1. 74, 8. 10. 74, 5. 1. 92, 30. 3. 93 u. 28. 6. 95 AP Nr. 2, 5, 7, 41, 42, 47 u. 48 zu § 40 BetrVG 1972; BAG 29. 1. 74, 27. 9. 74, 28. 5. 76 u. 8. 2. 77 AP Nr. 8, 18, 24 u. 26 zu § 37 BetrVG 1972; zustimmend HSWGNR Rn 84; Richardi/Thüsing Rn 39; Blomeyer BAG-Festschrift S. 33; ausführlich Pahlen aaO S. 24 ff., 119 f.; kritisch DKK-Wedde Rn 5, 59; GK-Weber Rn 12, 65, § 37 Rn 183 ff.; WW Rn 2). Dieser Grundsatz verpflichtet den BR zu prüfen, ob die Schulungskosten unter Berücksichtigung des Inhalts und des Umfangs des vermittelten Wissens mit der Größe und Leistungsfähigkeit des Betriebs zu vereinbaren sind. Überschreitet der Kostenaufwand einer Schulung den Rahmen des nach den Verhältnissen Zumutbaren, so ist der ArbGeb. nur in diesem Rahmen zu Erstattung entstandener Kosten verpflichtet (BAG 27. 9. 74 AP Nr. 18 zu § 37 BetrVG 1972; GK-Weber Rn 65; GL Rn 28).

Gegen die Berücksichtigung des Grundsatzes der Verhältnismäßigkeit bei der Kostentragungspflicht des ArbGeb. ist insofern nichts einzuwenden, als er dazu dient, eine im Verhältnis zur Größe und Leistungsfähigkeit des Betriebs **unverhältnismäßige Kostenbelastung** des ArbGeb. durch die Schulung von BRMitgl. auszuschließen; denn eine unverhältnismäßige Inanspruchnahme von Befugnissen und Rechten entspricht weder allgemeinen Rechtsgrundsätzen noch denen des BetrVG, das in besonderem Maße durch den Grundsatz der vertrauensvollen Zusammenarbeit von ArbGeb. und BR zum Wohle der ArbN und des Betriebs geprägt ist (vgl. § 2 Abs. 1). Nicht angewandt werden kann der Grundsatz der Verhältnismäßigkeit allerdings, soweit mit seiner Hilfe die Kostentragungspflicht des ArbGeb. von vornherein auf ein allgemeines und durchschnittliches Niveau „festgeschrieben" werden sollte. Das wäre eine unzulässige Einschränkung der Rechte und Befugnisse des BR in Bezug auf die Schulung seiner Mitgl. auf Kosten des ArbGeb. (ErfK-Koch Rn 1; GK-Weber Rn 84;

Däubler Rn 461 ff.). Die Einschränkung der Kostentragungspflicht des ArbGeb. durch den Grundsatz der Verhältnismäßigkeit (besser wohl der Unverhältnismäßigkeit) bedarf deshalb stets einer konkret betriebsbezogenen Begründung (vgl. hierzu auch *DKK-Wedde,* Rn 59, *Däubler* Rn 467 ff., der zutreffend auf die Notwendigkeit eines Vergleiches mit der Managementschulung des Betriebs hinweist; ähnlich ErfK-*Koch* Rn 10).

74   Aus dem Grundsatz, dass der ArbGeb. nur die erforderlichen Kosten zu tragen hat, ergibt sich keine Verpflichtung des BR, das BRMitgl. bei mehreren gleichartigen Schulungsveranstaltungen an der kostengünstigeren teilnehmen zu lassen, wenn diese seiner Ansicht nach im Verhältnis zu anderen als qualitativ geringwertiger anzusehen ist. Bei der Wahl zwischen einer qualitativ höherwertigen Schulungsveranstaltung mit erhöhten Kosten und einer weniger guten mit geringeren Kosten ist im Interesse einer sachgerechten Schulung im Zweifel der **qualitativ höherwertigen Schulung** der Vorzug zu geben, vorausgesetzt, dass sich deren Kosten nicht in einem unangemessenen Rahmen bewegen (vgl. hierzu BAG 29. 1. 74 AP Nr. 9 zu § 37 BetrVG 1972; GK-*Weber* Rn 60; *WPK-Kreft* Rn 29; *DKK-Wedde* Rn 60; *HSWGNR* Rn 81; *Richardi / Thüsing* Rn 40). Nur wenn mehrere gleichzeitig angebotene Veranstaltungen auch nach Ansicht des BR im Rahmen des ihm zustehenden Beurteilungsspielraums als **qualitativ gleichwertig** anzusehen sind, kann eine Beschränkung der Kostentragungspflicht des ArbGeb. auf die Kosten der preiswerteren in Betracht kommen (LAG Schleswig-Holstein BB 88, 1389; GK-*Weber* Rn 58; *Richardi / Thüsing* Rn 40; *Däubler* Rn 465; *Däubler* AiB 04, 621, 622). Bei der Beurteilung der Gleichwertigkeit von Schulungsveranstaltungen darf der BR im Rahmen des ihm zustehenden Beurteilungsspielraums berücksichtigen, wer Träger der Veranstaltung ist und inwieweit die angebotene Schulung eine an der ArbNSicht orientierte und praxisbezogene Schulung erwarten lässt (LAG Köln AiB 03, 487 zur Bevorzugung eines privaten Schulungsträgers gegenüber einer günstigeren Gewerkschaftsschulung; ArbG Düsseldorf AiB 04, 757 f. keine Pflicht zur Entsendung auf kostenlose Schulung des ArbGeb., wenn Inhalte nicht identisch). Ferner darf er auf in der Person des Schulungsteilnehmers liegende und für den Schulungserfolg nicht unwesentliche Umstände Rücksicht nehmen. Deshalb ist der BR zB nicht verpflichtet, ein einer bestimmten Gewerkschaft angehörendes BRMitgl. statt zu der Schulungsveranstaltung der eigenen Gewerkschaft zu der etwas preisgünstigeren einer Konkurrenzgewerkschaft oder des ArbGeb. oder einer von ArbGebSeite getragenen Bildungseinrichtungen zu entsenden, wenn die Schulungskosten der eigenen Gewerkschaft sich ebenfalls in einem angemessenen Rahmen bewegen (BAG 19. 9. 01 AP Nr. 9 zu § 25 BetrVG 1972; BAG 28. 6. 95 AP Nr. 48 zu § 40 BetrVG 1972; ErfK-*Koch* Rn 10; **aA** GK-*Weber* Rn 59; *HSWGNR* Rn 82). Die Angemessenheit in Zweifel ziehend BAG, wenn die vom BR ausgewählte Veranstaltung in den aufzuwendenden Kosten 50 Prozent über der vom ArbGeb. als Alternative genannten liegt und dies allein mit dem dem BR bekannten Referenten begründet wird (BAG 19. 3. 08 EzB Nr. 17 zu § 37 BetrVG).

75   Entsprechendes gilt in Bezug auf den **Ort der Schulungsveranstaltung.** Aus diesem Grunde sind Reisekosten zu einer weiter entfernt liegenden Schulungsstätte zu erstatten, wenn hier die Schulung – etwa im Hinblick auf den Einsatz entsprechender Lehrkräfte oder die Verwendung besonderer pädagogischer Hilfsmittel – eine effektivere Ausbildung ermöglicht (BAG 29. 4. 75 AP Nr. 9 zu § 40 BetrVG 1972; BAG 24. 8. 76 AP Nr. 2 zu § 95 ArbGG 1953; GK-*Weber* Rn 62; *Peter* AiB 04, 279, 281). Das Gleiche gilt, wenn eine nahe gelegene Schulungsstätte für längere Zeit ausgebucht ist (LAG Hamm 17. 10. 03 ArbuR 05, 37; *Däubler* AiB 04, 621, 622; GK-*Weber* Rn 62; *WPK-Kreft* Rn 29; bedenklich LAG Düsseldorf DB 76, 1115, das eine achtmonatige Wartezeit für zumutbar hält) oder die Schulung des gleichen Anbieters in Ortsnähe erst Monate später zu buchen wäre (LAG Köln AiB 03, 487 für den Fall, dass an der zeitl. späteren Schulung die dafür vorgesehenen BRMitgl. nachweislich nicht teilnehmen können und die Schulung terminlich zu nah an dem Ende der Amtszeit des BR liegt).

Zu den vom ArbGeb. im Zusammenhang mit einer erforderlichen Schulung zu **76** tragenden Kosten gehören insbesondere die notwendigen **Reisekosten** (vgl. hierzu Rn 48 ff.). Ferner zählen hierzu etwaige **Teilnehmergebühren** des Veranstalters, vorausgesetzt, die in einer globalen Teilnehmergebühr enthaltenen Einzelpositionen sind ihrerseits erstattungsfähig. Das ist zB der Fall, wenn in der Teilnehmergebühr, Übernachtungs- und Verpflegungskosten, Referentenhonorare, angemessene Tagungsunterlagen enthalten sind. Das gilt allerdings nicht für in der Tagungsgebühr enthaltene Aufwendungen der persönlichen Lebensführung, wie etwa Aufwendungen für Getränke oder Tabakwaren (vgl. BAG 28. 6. 95 AP Nr. 47 zu § 40 BetrVG 1972; vgl. auch Rn 53). Hinsichtlich der Verpflegungskosten kann ggf. ein Abschlag für ersparte eigene Haushaltsaufwendungen in Abzug gebracht werden (s. dazu auch Rn 59). Aus einem einheitlichen Gesamtbetrag für Übernachtungs- und Verpflegungskosten sind grdsätzl. die Verpflegungskosten herauszurechnen; die Verpflegungskosten sind nur insoweit zu erstatten, als in ihnen keine Lohnbestandteile enthalten sind. Als Maßstab können hierbei die einkommensteuergesetzlichen Verpflegungspauschbeträge herangezogen werden; eine Erstattung darüberhinausgehender Beträge kommt nur dann in Betracht, wenn sich dies aus einer Reisekostenrichtlinie des Arbeitgebers ergibt (LAG Köln, AiB 03, 487; siehe auch Rn 59).

Die Kostentragungspflicht des ArbGeb. besteht auch, wenn erforderliche betriebs- **77** verfassungsrechtliche Schulungsveranstaltungen von den **Gewerkschaften durchgeführt** werden (BAG 29. 1. 74, 28. 5. 76, 3. 4. 79, 15. 1. 92, 30. 3. 94 u. 28. 6. 95 BAG AP Nr. 11, 17, 41, 42 47 u. 48 zu § 40 BetrVG 1972; BVerwG ZBR 79, 310; *DKK-Wedde* Rn 66 ff.; ErfK-*Koch* Rn 12; GK-*Weber* Rn 48 ff.; *HSWGNR* Rn 71; *Richardi/Thüsing* Rn 35; *WW* Rn 14; *aA GL* Rn 34; *Ohlgardt* BB 74, 1029; *Eich* DB 74, 91). Die Gewerkschaften werden bei der Durchführung von betriebsverfassungsrechtlichen Schulungsveranstaltungen nicht als sozialer Gegenspieler der ArbGebSeite, sondern im Rahmen ihrer betriebsverfassungsrechtlichen Unterstützungsfunktion tätig. Ebenso wie anderen Schulungsträgern sind ihnen die Kosten einer BRSchulung zu erstatten. Ihnen dies zu verwehren und sie diese Kosten selbst tragen zu lassen, wäre eine einseitige und verfassungsrechtlich unzulässige Benachteiligung der Gewerkschaften (*Däubler* Rn 332 ff.; vgl. auch GK-*Weber* Rn 49). Die Verpflichtung der ArbGeb, die Kosten der gewerkschaftlichen BRSchulung zu tragen, verletzt auch nicht das Grundrecht der Koalitionsfreiheit (BVerfG 14. 2. 78 AP Nr. 13 zu § 40 BetrVG 1972). Die Kostentragungspflicht des ArbGeb. ist auf die Kosten der Schulung betriebsverfassungsrechtlicher Funktionsträger beschränkt.

Die Kostentragungspflicht der ArbGeb. erstreckt sich auf **alle erforderlichen** **78** **Aufwendungen,** die den Gewerkschaften infolge der Durchführung der BRSchulung entstehen. Die Gewerkschaften brauchen hierzu aus ihrem eigenen Vermögen keinerlei eigenen Beitrag zu leisten. Auf der anderen Seite ist die Kostentragungspflicht des ArbGeb. auf die durch die Schulung betriebsverfassungsrechtlicher Funktionsträger verursachten erforderlichen Kosten **begrenzt.** Darüber hinausgehende Leistungen, die dazu führen können, dass den Gewerkschaften über die Erstattung der durch die BRSchulung verursachten Aufwendungen Mittel zuließen und sie damit aus der BRSchulung einen Gewinn erzielen, brauchen die ArbGeb. nicht zu erbringen. Das **widerspräche** dem koalitionsrechtlichen Grundsatz, dass kein sozialer Gegenspieler verpflichtet ist, zur **Finanzierung des gegnerischen Verbandes** beizutragen. Insofern ist bei der BRSchulung durch die Gewerkschaften eine aus koalitionsrechtlichen Grundsätzen sich ergebende Einschränkung der Kostentragungspflicht der ArbGeb. zu beachten (BAG 15. 1. 92, 30. 3. 94, 28. 6. 95 und 17. 6. 98 AP Nr. 41, 42, 47, 48 und 63 zu § 40 BetrVG 1972; GK-*Weber* Rn 50; *HSWGNR* Rn 86; *Richardi/Thüsing* Rn 36; MünchArbR-*Joost* § 221 Rn 14; *aA DKK-Wedde* Rn 67 ff.; *Däubler* Rn 497 ff. mit dem Hinweis auf die fehlende Beeinflussbarkeit der Kosten durch das BRMitgl.).

Zu den vom ArbGeb. nach den vorstehenden Grundsätzen zu tragenden Kosten **79** zählen zum einen die durch die **konkrete Schulungsveranstaltung unmittelbar**

verursachten besonderen Kosten, wie zB Übernachtungs- und Verpflegungskosten, Fahrtkosten und Spesen für auswärtige Referenten, erforderliche Tagungsunterlagen, Kosten angemieteter Tagungs- oder Unterrichtsräume (hM). Hinsichtlich der Übernachtungs- und Verpflegungskosten erscheint es im Hinblick auf das Gewinnerzielungsverbot nicht zulässig, als Kosten für Unterbringung und Verpflegung ohne nähere Aufschlüsselung die steuerlichen Pauschbeträge zugrunde zu legen, da sich diese an den Preisen des Beherbergungsgewerbes orientieren, in denen stets ein Gewinnanteil enthalten ist (BAG 15. 1. 92 AP Nr. 41 zu § 40 BetrVG 1972; ErfK-Koch Rn 12; GK-*Weber* Rn 53).

80   Darüber hinaus kann die Gewerkschaft bei derartigen Schulungen in gewerkschaftseigenen Einrichtungen auch eine **anteilige Beteiligung an allgemeinen Unkosten** wie zB Kosten für Strom, Heizung, Wasser, Reinigung, Mobiliar oder für allgemeine Lehrmittel wie Videogerät oder Projektor insoweit in Rechnung stellen, als diese Kosten durch die BRSchulung bedingt oder diese Sach- und Lehrmittel auch für die BRSchulung genutzt werden (vgl. BAG 28. 6. 95 AP Nr. 48 zu § 40 BetrVG 1972; *DKK-Wedde* Rn 68 ff.; GK-*Weber* Rn 55; *Richardi/Thüsing* Rn 37; *Däubler* Rn 495 f.; **enger** noch BAG 28. 5. 76 u. 3. 4. 79 AP Nr. 11 u. 17 zu § 40 BetrVG 1972, wonach bei einer gewerkschaftlichen Schulung sog. Vorhaltekosten generell von der Erstattungspflicht ausgenommen sein sollten; ebenso ErfK-Koch Rn 12; *HSWGNR* Rn 86 f.; *SWS* § 37 Rn 60; MünchArbR-*Joost* § 221 Rn 14 f.).

81   Entsprechendes gilt für **Personal- und Personalnebenkosten.** So sind zB Honorare an gewerkschaftseigene Referenten nicht nur dann erstattungsfähig, wenn die Lehrtätigkeit nicht zu den Haupt- oder Nebenpflichten aus dem Arbeitsverhältnis mit der Gewerkschaft gehört (so noch BAG 28. 5. 76 u. 3. 7. 79 aaO; ebenso ErfK-Koch Rn 12; GK-*Weber* Rn 56). Vielmehr können auch Personalkosten einer hauptamtlichen Lehrkraft der Gewerkschaft erstattungsfähig sein. Wird eine solche Lehrkraft ausschließlich für BRSchulungen eingesetzt, sind ihre Personalkosten in vollem Umfang erstattungsfähig (vgl. BAG 28. 6. 95 AP Nr. 48 zu § 40 BetrVG 1972 für die hauptamtliche Lehrkraft einer gewerkschaftsnahen selbständigen Bildungseinrichtung; diese Grundsätze gelten jedoch auch für eine gewerkschaftsunmittelbare Schulung; *DKK-Wedde* Rn 69; insoweit **aA** *HSWGNR* Rn 88 f.). Soweit diese Lehrkraft nur zeitweilig auch BRSchulungen durchführt, sind die Personalkosten insoweit als erstattungsfähig anzusehen. Das Gleiche gilt in Bezug auf sonstige Personalkosten des im Rahmen von BRSchulungen eingesetzten Personals (zB Reinigungskräfte).

82   Die Einschränkung der Kostentragungspflicht des ArbGeb. bei BRSchulungen durch die Gewerkschaften aus dem koalitionsrechtlichen Grundsatz, dass sie nicht auf Kosten des ArbGeb. aus der BRSchulung einen Gewinn erzielen dürfen, findet auch Anwendung, wenn rechtlich selbständige, jedoch **gewerkschaftsnahe Schulungseinrichtungen** die BRSchulung durchführen. Allerdings gilt dies nur dann, wenn die Gewerkschaften über die Gesellschafts- oder Vereinsorgane oder in sonstiger Weise den Inhalt, die Durchführung und die Finanzierung der durchzuführenden Schulungen maßgeblich bestimmen können (BAG 30. 3. 94 u. 28. 6. 95 AP Nr. 42, 47 u. 48 zu § 40 BetrVG 1972; ErfK-Koch Rn 12; GK-*Weber* Rn 51; *Richardi/Thüsing* Rn 38; **aA** LAG Berlin ArbuR 95, 282; *DKK-Wedde* Rn 73 ff.; *Däubler* Rn 497 ff.; *Wedde* ArbuR 94; *ders.* DB 94, 732). Diese Möglichkeit ist zum einen bei Bestehen einer **rechtlich gesicherten Beherrschungsmöglichkeit** des Schulungsträgers durch die Gewerkschaften gegeben, zB wenn eine Gewerkschaft einzige Gesellschafterin eines in der Rechtsform einer GmbH bestehenden Schulungsträger ist (vgl. BAG 30. 3. 94 aaO). Das Gleiche gilt, wenn der Schulungsträger zwar keiner unmittelbaren, jedoch einer mittelbaren Beherrschungsmöglichkeit durch die Gewerkschaft unterliegt, zB dadurch, dass von der Gewerkschaft beherrschte Gesellschaft ihrerseits als alleiniger Gesellschafter des Schulungsträgers maßgebenden Einfluss auf diesen nehmen kann (vgl. BAG 17. 6. 98 AP Nr. 63 zu § 40 BetrVG 1972), oder wenn durch eine entsprechende Ausgestaltung der Satzung eines von mehreren Trägern getragenen Vereins der maßgebliche Einfluss der Gewerkschaften gesichert ist

(BAG 28. 6. 95 AP Nr. 48 aaO). Ausreichend ist auch, wenn durch eine rein **tatsächliche personelle Verflechtung** des maßgebenden Vereinsorgans mit den Gewerkschaften (zB Stellung des Vereinsvorstands durch Gewerkschaftsvertreter) deren maßgeblicher Einfluss auf die Schulungsarbeit des Schulungsträgers gesichert ist (BAG 28. 6. 95 AP Nr. 47 aaO; GK-*Weber* Rn 52; vgl. auch die letztlich allerdings nicht entscheidungserhebliche Fallgestaltung in BAG 17. 6. 98 AP Nr. 62 zu § 40 BetrVG 1972). Dagegen ist ein maßgebender Einfluss auf den Schulungsträger und die Gefahr einer Gegnerfinanzierung im Allgemeinen zu verneinen, wenn die für die Programmgestaltung und Durchführung der Schulungsveranstaltungen maßgebenden Vereinsorgane nur zur Hälfte mit Gewerkschaftsvertretern und zu anderen Hälfte mit nicht gewerkschaftsnahen Personen besetzt sind (BAG 17. 6. 98 AP Nr. 61 zu § 40 BetrVG 1972).

Dass ein rechtlich selbständiger gewerkschaftsnaher Schulungsträger **gemeinnützigen Zwecken** dient und deshalb nach den einschlägigen steuerrechtlichen Vorschriften keine eigenwirtschaftliche Zwecke seiner Mitgl. verfolgen darf; reicht für sich allein nicht aus, um die Möglichkeit einer unzulässigen Gegnerfinanzierung zu verneinen. Denn damit ist nicht ausgeschlossen, dass etwaige Überschüsse aus der BRSchulung zur Kostendeckung anderweitiger gewerkschaftlicher Bildungsarbeit, für die aus koalitionsrechtlichen Grundsätzen keine Kostentragungspflicht der ArbGeb. besteht, verwendet werden (BAG 28. 6. 95 und 17. 6. 98 AP Nr. 48 und 62 zu § 40 BetrVG 1972). Die rechtlich selbständigen gewerkschaftsnahen Schulungsträger können durch eine organisatorische, personelle und finanzielle Trennung der Schulung betriebsverfassungsrechtlicher Funktionsträger von der übrigen gewerkschaftlichen oder sonstigen Schulung eine genaue, der Erstattungsfähigkeit dienende Kostenzuordnung und insoweit auch eine Mischkalkulation innerhalb der BRSchulung erreichen (BAG 28. 6. 95 aaO; vgl. Rn 86). **83**

Der koalitionsrechtliche Grundsatz, dass die Gewerkschaften aus Schulungsveranstaltungen, deren Kosten der Arbeitgeber zu tragen hat, keinen Gewinn erzielen dürfen, dient nur dazu, dem ArbGeb. die Nachprüfung zu ermöglichen, ob er für die Selbstkosten des Schulungsträgers in Anspruch genommen wird. Er ist kein selbständiges Korrektiv zur Verringerung der arbeitgeberseitigen Kostentragungspflicht. Dem Schutz des ArbGeb. vor einer unangemessenen Kostenbelastung dient der Grundsatz der Verhältnismäßigkeit, der, auch bei Schulungsveranstaltungen kommerzieller Schulungsträger zu beachten ist (BAG 17. 6. 98 AP Nr. 63 zu § 40 BetrVG 1972). **84**

Da im Falle einer Schulung von betriebsverfassungsrechtlichen Funktionsträgern durch die Gewerkschaften selbst oder durch gewerkschaftsabhängige selbständige Einrichtungen die Kostentragungspflicht des ArbGeb. durch den koalitionsrechtlichen Grundsatz eingeschränkt ist, wonach die Gewerkschaften aus diesen Schulungen keinen Gewinn erzielen dürfen, hat der ArbGeb. Anspruch auf eine nähere Erläuterung bzw. **Aufschlüsselung** der geltend gemachten Aufwendungen nach Grund und Höhe, aus der ihm ersichtlich wird, dass es sich bei diesen Aufwendungen um betriebsratsbezogene Schulungskosten handelt, für die er kostentragungspflichtig ist. Das gilt insbesondere, wenn die erbrachten Leistungen nicht als Einzelabrechnung, sondern ganz oder teilweise in Form eines Pauschalhonorars abgerechnet werden (BAG 15. 1. 92, 30. 3. 94, 28. 6. 95 und 17. 6. 98 AP Nr. 41, 42, 47, 48, 61 und 63 zu § 40 BetrVG 1972; GK-*Weber* Rn 66; *WPK-Kreft* Rn 32; *SWS* § 37 Rn 60a; *Schiefer* DB 08, 2649 ff.; **aA** *DKK-Wedde* Rn 70 ff.; *Wedde* ArbuR 94, 51). **85**

Für die Ermittlung der erstattungspflichtigen Selbstkosten der Gewerkschaft oder ihres Schulungsträgers können die allgemeinen betriebswirtschaftlichen Grundsätze angewandt werden. Es ist deshalb eine **Mischkalkulation** in der Weise zulässig, dass die Selbstkosten des Schulungsträgers, für die eine Kostentragungspflicht des ArbGeb. besteht, kalkulatorisch auf der Grundlage des Vorjahres ermittelt werden und auf dieser Grundlage der auf die jeweilige Schulungsveranstaltung entfallende teilnehmerbezogene Betrag festgelegt wird (BAG 28. 6. 95 und 17. 6. 98 AP Nr. 48 und 63 zu § 40 BetrVG 1972; ErfK-*Koch* Rn 12). Diese Mischkalkulation muss sich auf die durch die **86** betriebsverfassungsrechtlichen Schulungen bedingten Kosten beschränken. Führt der Schulungsträger auch anderweitige nicht erstattungspflichtige Schulungen oder sonstige Aktivitäten durch, sind die erstattungspflichtigen Schulungskosten vorher von den anderen Kosten des Schulungsträgers abzugrenzen (BAG 28. 6. 95 AP Nr. 48 aaO).

87 **Beschränkt** sich ein in der Rechtsform eines gemeinnützigen Vereins geführter gewerkschaftsnaher Schulungsveranstalter auf die **Durchführung betriebsverfassungsrechtlicher Schulungen**, für die eine Kostentragungspflicht des ArbGeb. besteht, ist wegen des für die Gemeinnützigkeit wesentlichen Verbots der Gewinnerzielung eine Aufschlüsselung pauschaler Schulungsgebühren im Allgemeinen nicht erforderlich (BAG 17. 6. 98 AP Nr. 62 und 63 zu § 40 BetrVG 1972). Etwas anderes gilt, wenn konkrete Anhaltungspunkte für eine versteckte Gegnerfinanzierung vorliegen, etwa nach der Gewerkschaftszugehörigkeit gestaffelte Teilnehmerpreise oder ein erhöhtes Entgelt für die Nutzung gewerkschaftlicher Einrichtungen, das deren Selbstkosten übersteigt, oder eine unzulässige Gewinnabführung an die Vereinmitglieder. Derartige Anhaltspunkte sind vom ArbGeb. vorzutragen (BAG 17. 6. 98 AP Nr. 62 zu § 40 BetrVG 1972).

88 Der BR bzw. das an der Schulung teilnehmende BRMitgl. haben bei der Geltendmachung ihres Anspruchs gegen den ArbGeb. auf Tragung der Schulungskosten im Streitfall deren Erstattungsfähigkeit **nachzuweisen.** Solange dies nicht geschieht, steht dem ArbGeb. ein Leistungsverweigerungsrecht zu (BAG 28. 6. 95 und 17. 6. 98 AP Nr. 48, 62 und 63 zu § 40 BetrVG 1972; ErfK-Koch Rn 13). Insbesondere im Falle einer globalen Teilnehmergebühr ist eine nähere **Aufschlüsselung** der Einzelnen in ihr enthaltenen Kosten erforderlich. Diese Pflicht des BR bzw. des BRMitgl zur näheren Aufschlüsselung ergibt sich aus dem Rechtsgedanken des § 666 BGB und dem aus § 242 BGB folgenden Grundsatz, wonach jeder, der fremde Geschäfte besorgt (mögen sie zugleich auch eigene sein), auskunfts- und rechenschaftspflichtig ist. Mit der ordnungsgemäßen Teilnahme an erforderlichen Schulungsveranstaltungen werden Kostentragungspflichten des ArbGeb. begründet. Da der ArbGeb. nur betriebsratsbezogene Schulungskosten zu tragen hat, kann er vom Anspruchsinhaber eine nähere Aufschlüsselung verlangen, aus der ihm die Erstattungsfähigkeit der einzelnen Kostenpositionen erkennbar wird (BAG 30. 3. 94 u. 28. 6. 95 AP Nr. 42, 47 u. 48 BetrVG 1972; GK-*Weber* Rn 66; *HSWGNR* Rn 96; *Richardi/Thüsing* Rn 37; gegen eine Aufschlüsselungspflicht jedenfalls gewerkschaftsnaher rechtlich selbständiger Schulungsträger *DKK-Wedde* Rn 70 ff.; *Däubler* Rn 497 ff.; *Wedde* DB 94, 730).

89 Das BRMitgl. hat gegen den Schulungsträger Anspruch auf Ausstellung einer nach den vorstehenden Gesichtspunkten **aufgeschlüsselten Rechnung,** damit es seinen Anspruch gegen den ArbGeb. auf Tragung der erstattungsfähigen Schulungskosten erfolgreich durchsetzen kann. Diese Pflicht des Schulungsträgers ergibt sich als Nebenpflicht aus dem Schulungsvertrag (BAG 30. 3. 94 u. 28. 6. 95 aaO; *HSWGNR* Rn 99; **aA** *DKK-Wedde* Rn 72).

4. Inhalt und Erfüllung des Anspruchs

90 Im Gegensatz zum Entgeltfortzahlungsanspruch bei Arbeitsversäumnis wegen notwendiger BRArbeit nach § 37 Abs. 2, der einen vertraglichen Anspruch darstellt, ist der Anspruch auf Kostentragung ein Anspruch aus einem durch § 40 begründeten **gesetzlichen Schuldverhältnis** (BAG 24. 10. 01 AP Nr. 71 zu § 40 BetrVG 1972; ErfK-Koch Rn 14; GK-*Weber* Rn 16; *HSWGNR* Rn 90; *Richardi/Thüsing* Rn 42). Im Einzelnen ergeben sich aus ihm folgende Einzelansprüche:

91 Entstehen dem BR Aufwendungen oder Auslagen, so kann er vom ArbGeb. die Zahlung eines **angemessenen Vorschusses** verlangen (*DKK-Wedde* Rn 13; ErfK-*Koch* Rn 14; GK-*Weber* Rn 23; *HSWGNR* Rn 91; *Richardi/Thüsing* Rn 43; *WW* Rn 4; *Dütz/Säcker* DB 72 Beil. 17, 7; *Bulla* DB 74; 1623; **einschränkend** GL Rn 17). Dieser Anspruch kann ggf. im Wege einer einstweiligen Verfügung durchgesetzt werden. In größeren Betrieben empfiehlt es sich, dem BR für dessen Geschäftsbedürfnisse

von vornherein einen entsprechenden **Dispositionsfonds** zur Verfügung zu stellen, aus dem er die ihm oder seinen Mitgl. entstehenden Kosten bezahlen kann (*DKK-Wedde* Rn 12; GK-*Weber* Rn 24; *HSWGNR* Rn 92; *Richardi/Thüsing* Rn 43; *WPK-Kreft* Rn 36; MünchArbR-*Joost* § 221 Rn 28; noch offen lassend, aber mit Hinweis, Fonds müsse der Geschäftsvereinfachung dienen BAG 29. 9. 04 AP Nr. 81 zu § 40 BetrVG 1972). Über den Fonds ist nach einer gewissen Zeit abzurechnen. Der ArbGeb. kann dem BR zur Bestreitung notwendiger Auslagen auch eine Kreditkarte zur Verfügung stellen (*DKK-Wedde* Rn 12). Auch das einzelne BRMitgl. kann auf die voraussichtlich entstehenden Kosten einen angemessenen Vorschuss verlangen (*GL* Rn 27; *Richardi/Thüsing* Rn 43). Hat der ArbGeb. dem BR einen Fonds zur Verfügung gestellt, ist der Vorschuss vorrangig aus diesem zu bezahlen. Unzulässig ist, den Fonds aus zwischen dem ArbGeb. und BR vereinbarten Vertragsstrafeabreden zu speisen (BAG 29. 9. 04 aaO; s. dort auch generell zur Unzulässigkeit einer Vertragsstrafenabrede mit dem BR). Auch kann kein **Sondervermögen**, über das nur der BR verfügungsbefugt ist, außerhalb der durch § 40 gesetzten Grenzen gebildet werden (BAG 29. 9. 04 aaO).

Der Anspruch des BR bzw. des BRMitgl. auf Kostentragung kann im Einzelnen **92** einen **verschiedenen Inhalt** haben. Da der BR grundsätzlich nicht rechts- und damit nicht vermögensfähig ist (vgl. § 1 Rn 197 ff., partielle Vermögensfähigkeit nur soweit das BetrVG vermögensrechtliche Ansprüche zuerkennt BAG 24. 10. 01, 29. 9. 04 AP Nr. 71, 81 zu § 40 BetrVG 1972), kann er selbst keine Verträge schließen und Verbindlichkeiten eingehen. Deshalb kann er zB nicht als Kollektivorgan auf Zahlung eines von ihm beauftragten Rechtsanwalts in Anspruch genommen werden (LAG Hamm LAGE § 19 BRAGO Nr. 2; GK-*Weber* Rn 82). Der BR hat vielmehr gegen den ArbGeb. einen Anspruch auf Übernahme der Kosten dahingehend, dass der ArbGeb. selbst entsprechende Verträge abschließt bzw. Verbindlichkeiten eingeht. Der ArbGeb. kann dieser Verpflichtung auch dadurch Genüge tun, dass er den BR zu einem entsprechenden Handeln bevollmächtigt (ErfK-*Koch* Rn 14; GK-*Weber* Rn 18; aA *HSWGNR* Rn 93 u. *Jahnke* RdA 75, 345, die auch ohne Bevollmächtigung eine unmittelbare Verpflichtung des ArbGeb. durch rechtsgeschäftliches Handeln des BR im Rahmen seiner Aufgaben annehmen). Geht der BR eine Verbindlichkeit ein, die mangels Rechtsfähigkeit des BR den handelnden BRMitgl. zuzuordnen ist, besteht ein Anspruch auf Freistellung von dieser Verbindlichkeit. Gegenüber einem begründeten Freistellungsanspruch des BR kann der ArbGeb. nicht mit behaupteten Schadensersatzansprüchen aufrechnen (vgl. LAG Hamm 15. 6. 05 AuR 06, 74).

Auch der Anspruch des **einzelnen BRMitgl.** auf Kostentragung geht in erster Li- **93** nie auf eine Kostenübernahme im vorstehend genannten Sinne mit der Folge, dass das BRMitgl. nicht aus der einzugehenden Verbindlichkeit haftet. Ist das BRMitgl. allerdings eine Verbindlichkeit eingegangen (zB verbindliche Anmeldung zu einer Schulungsveranstaltung), hat es gegen den ArbGeb. Anspruch auf **Freistellung** von dieser Verbindlichkeit (ErfK-*Koch* Rn 14; GK-*Weber* Rn 17; *GL* Rn 52; aA *HSWGNR* Rn 93: unmittelbare Haftung des ArbGeb.). Dies kann ggf. auch für entstandene **Stornokosten** für eine von einem angemeldeten BRMitgl. wieder abgesagten Schulungsveranstaltung gelten, wenn die Schulungskosten im Fall der tatsächlichen Teilnahme nach §§ 40, 37 Abs. 6 erstattungspflichtig gewesen wären (LAG Köln NZA-RR 03, 141; ausdrücklich den Ersatz von Stornokosten bejahend ArbG Berlin AiB 08, 613 ff. mit zust. Anm. Meissner; ArbG Frankfurt/aM AiB 04, 377 ff. mit zust. Anm. *Burgmer* AiB 04, 378). Hat es die Verbindlichkeit bereits erfüllt, steht ihm ein entsprechender Erstattungs-(Zahlungs-)Anspruch zu (BAG 27. 3. 79 AP Nr. 7 zu § 80 ArbGG 1953).

Im letzten Falle können **Zinsansprüche** des BRMitgl. aus dem Gesichtspunkt des **94** Verzuges (§ 288 BGB) oder der Rechtshängigkeit (§ 291 BGB) in Betracht kommen (BAG 18. 1. 89 AP Nr. 28 zu § 40 BetrVG 1972 unter ausdrücklicher Aufgabe seiner früheren Rechtsprechung [vgl. hierzu BAG 21. 11. 78 AP Nr. 35 zu § 37 BetrVG 1972; BAG 24. 7. 79 AP Nr. 1 zu § 51 BetrVG 1972]; BAG 25. 5. 05 AP Nr. 13 zu § 24 BetrVG 1972; *DKK-Wedde* Rn 127; ErfK-*Koch* Rn 14; GK-*Weber* Rn 19; *Ri-*

chardi/Thüsing Rn 58). Dies gilt nicht im Falle eines Freistellungsanspruchs, da dieser keine Geld-, sondern eine Handlungsschuld zum Gegenstand hat (BAG 21. 11. 78 AP Nr. 35 zu § 37 BetrVG 1972). Ist das BRMitgl. allerdings seinerseits dem Gläubiger gegenüber in Verzug, so umfasst der Freistellungsanspruch auch die diesem zustehenden Verzugszinsen (BAG 3. 10. 78 AP Nr. 14 zu § 40 BetrVG 1972). Gleiches gilt, falls der Gläubiger das BRMitgl. verklagt hat, für die ihm zustehenden Zinsen ab Rechtshängigkeit (GK-*Weber* Rn 19; *Richardi/Thüsing* Rn 58).

95　　Im Falle eines **Betriebsübergangs** auf Grund des § 613a oder einer gesamtschuldnerischen Rechtsnachfolge bestehen die Kostenerstattungsansprüche gegen den Betriebserwerber (BAG 13. 7. 94 AP Nr. 28 zu § 61 KO; *DKK-Wedde* Rn 3). Der neue Betriebsinhaber tritt materiellrechtlich in die betriebsverfassungsrechtliche Stellung des bisherigen Betriebsinhabers ein (BAG 28. 9 88 – 1 ABR 37/87 – DB 89, 386; BAG 9. 12. 09 – 7 ABR 90/07 – NZA 10, 461). Zum Schuldnerwechsel im Rahmen der Insolvenz des Betriebsveräußerers vgl. Rn 101.

96　　Der Anspruch auf Kostenerstattung ist gem. § 850a Nr. 3 ZPO **nicht pfändbar.** Obwohl im Allgemeinen nicht pfändbare Forderungen nach § 400 BGB nicht abtretbar sind, gilt dies nicht, wenn der Empfänger der Abtretung dem bisherigen Inhaber der Forderung einen dem Erstattungsanspruch entsprechenden Barbetrag zahlt (BAG 30. 1. 73, 29. 1. 74 u. 15. 1. 92 AP Nr. 3, 5 u. 41 zu § 40 BetrVG 1972; GK-*Weber* Rn 70; *HSWGNR* Rn 94; *Richardi/Thüsing* Rn 57). Das Gleiche gilt, wenn ein BRMitgl. seinen Anspruch auf Freistellung von den Kosten einer Prozessvertretung schuldbefreiend an den Rechtsanwalt abtritt (LAG Berlin AP Nr. 25 zu § 40 BetrVG 1972). In diesen Fällen wandelt sich der Freistellungsanspruch des BRMitgl. beim Zessionar in einen Zahlungsanspruch um (BAG 25. 8. 04 AP Nr. 1 zu § 43a BRAO; ErfK-*Koch* Rn 14). Zur prozessualen Geltendmachung vgl. Rn 146.

97　　Der BR bzw. das BRMitgl. hat die entstehenden bzw. **entstandenen Aufwendungen** im Einzelnen **nachzuweisen** und abzurechnen (BAG 29. 4. 75 AP Nr. 9 zu § 40 BetrVG 1972, DR Rn 41; GK-*Weber* Rn 16; *HSWGNR* Rn 96). Soweit die Aufwendungen nicht ausreichend nachgewiesen werden, kann der ArbGeb. die Erstattung verweigern (BAG 30. 3. 94 AP Nr. 42 zu § 40 BetrVG 1972).

98　　Da der Erstattungsanspruch des einzelnen BRMitgl. nicht im Arbeitsverhältnis wurzelt, sondern sich aus seiner BRTätigkeit ergibt, unterliegt er keiner tariflichen **Ausschlussklausel.** Er **verjährt** nach §§ 195, 199 BGB in der ab 1. 1. 02 geltenden Fassung mit Ablauf von drei Jahren, gerechnet vom Schluss des Jahres an, in dem er entstanden ist. Für am 1. 1. 02 bestehende Ansprüche vgl. die Übergangsvorschrift des Art. 229 § 6 EGBGB. Auch eine umfassende Erledigungserklärung in einem Vertrag, mit dem das Arbeitsverhältnis aufgehoben wird, erfasst nicht die gesetzlichen Ansprüche des BRMitgl. aus § 40 (LAG Niedersachsen NZA-RR 00, 305). Jedoch können Freistellungs- oder Erstattungsansprüche des BR oder seiner Mitgl. **verwirken,** wenn ihre verspätete Geltendmachung gegen Treu und Glauben verstößt (BAG 14. 11. 78 AP Nr. 39 zu § 242 BGB Verwirkung; LAG Schleswig-Holstein BB 76, 1418; *DKK-Wedde* Rn 85; GK-*Weber* Rn 81; *HSWGNR* Rn 103).

99　　Ist eine vom BR oder einem BRMitgl. begründete Verpflichtung **ihrerseits verjährt,** dürfte in aller Regel kein Freistellungsanspruch gegenüber dem ArbGeb. bestehen, da der BR bzw. das BRMitgl. der Geltendmachung der von ihnen begründeten Forderung die Einrede der Verjährung entgegenhalten können und der ArbGeb. nicht zu mehr verpflichtet ist, als der BR bzw. das BRMitgl. leisten müssen (LAG Schleswig-Holst. NZA-RR 00, 590 bezüglich verjährter Anwaltsforderungen).

100　Im Falle der **Insolvenz des ArbGeb.** ist folgendes zu beachten: Am 1. 1. 1999 ist die neue Insolvenzordnung in Kraft getreten, die die bisher in den alten Bundesländern geltende Konkursordnung und Vergleichsordnung sowie die in den neuen Bundesländern geltende Gesamtvollstreckungsordnung ersetzt. Die neue Insolvenzordnung kennt keine bevorrechtigten Konkursforderungen iS des § 61 KO mehr, sondern nur noch Massegläubiger (§ 53 InsO) und Insolvenzgläubiger (§ 38 InsO). Sie unterscheidet drei Arten von Verbindlichkeiten, nämlich die aus der Masse vorweg zu befriedigenden Kosten des Insolvenzverfahrens (§ 54 InsO), die sonstigen Masseverbindlichkeiten, die auf Vorgänge nach der Insolvenzeröffnung zurückgehen (§ 55 InsO), sowie die zurzeit der Eröffnung des Insolvenzverfahrens bestehenden und nachrangig zu befriedigenden Ansprüche der Insolvenzgläubiger (vgl. *Lakies* BB 98, 2638). Für den Rang der Kostenerstattungsansprüche nach § 40 gegen den ArbGeb. ist im Falle seiner Insolvenz wie folgt zu unterscheiden:

Vor Eröffnung des Insolvenzverfahrens begründete Kostenerstattungsansprü- **101** che sind keine Masse- sondern einfache Insolvenzverbindlichkeiten (so auch zur bisherigen KO: BAG 14. 11. 78 AP Nr. 6 zu § 59 KO; BAG 25. 8. 83 AP Nr. 14 zu § 59 KO hinsichtlich des Honoraranspruchs des Vors. der E-Stelle; *DKK-Wedde* Rn 86; *GK-Weber* Rn 197; *HSWGNR* Rn 104). Für diese haftet ein ArbGeb., der den Betrieb nach Insolvenzeröffnung gem. § 613a BGB übernommen hat, nicht (vgl. zur bisherigen KO BAG 13. 7. 94 AP Nr. 28 zu § 61 KO; BAG 9. 12. 09 – 7 ABR 90/07 – NZA 10, 461). Der Betriebserwerber haftet ausschließlich für die nach Eröffnung entstandenen Kostenerstattungsansprüche als Masseverbindlichkeiten iSd § 55 InsO; dies gilt auch für Verbindlichkeiten nach § 40 Abs. 1 – unabhängig davon, ob der künftige Betriebserwerber bereits vor Eröffnung des Insolvenzverfahrens an Verhandlungen zwischen dem späteren Insolvenzverwalter, dem vorläufigen Insolvenzverwalter und BR beteiligt war (BAG 9. 12. 09 – 7 ABR 90/07 – NZA 10, 461). Die Begründung von Masseverbindlichkeiten iS § 55 InsO setzt voraus, dass es sich um eine vom Insolvenzverwalter nach Eröffnung des Insolvenzverfahrens eingegangenes Schuldverhältnis handelt (BAG 9. 12. 09 – 7 ABR 90/07 – NZA 10, 461). In Bezug auf Honoraransprüche eines RA aus Beratungsvertrag ist grundsätzl. streng danach zu trennen, welche Beratungsleistungen vor und welche nach Insolvenzeröffnung erbracht worden sind (teilbare Leistung iS § 105 InsO siehe dazu ausführlich BAG 9. 12. 09 – 7 ABR 90/07 – NZA 10, 461). Zu Gebührenansprüchen eines RA aus arbeitsgerichtlichen Beschlussverfahren vgl. Rn 102. Bei der Geltendmachung seiner Forderung ist der BR bzw. das BRMitgl. an das Verfahrensrecht der InsO gebunden, dh die behauptete Forderung muss – wie nach dem bisherigen Konkursrecht (vgl. BAG 14. 11. 78 AP Nr. 6 zu § 59 KO) – innerhalb einer vom Insolvenzgericht bestimmten Frist beim Insolvenzverwalter schriftlich zur Tabelle angemeldet werden (vgl. §§ 28, 174 f. InsO). Bleibt die behauptete Forderung in Streit, ist hierüber, da sich ihre Rechtsnatur durch die Insolvenz des ArbGeb. nicht ändert, im arbeitsgerichtlichen Beschlussverfahren zu entscheiden. Zu Verfahrenskosten eines vor Eröffnung des Insolvenzverfahrens begonnenen aber erst unter Fortführung durch den Insolvenzverwalter abgeschlossenen Beschlussverfahrens s. Rn 102.

Nach Eröffnung des Insolvenzverfahrens begründete Kostenerstattungsan- **102** sprüche sind Masseschulden iS von § 55 InsO und aus der Masse vorab zu befriedigen (vgl. zur bisherigen KO BAG 27. 3. 79 AP Nr. 7 zu § 76 BetrVG 1972 bezüglich Kosten der E. Stelle, die, obwohl vor Konkurseröffnung errichtet, erst nach Konkurseröffnung einen Spruch gefällt hat; LAG Hamm EzA § 40 BetrVG 1972 Nr. 42; *DKK-Wedde* Rn 87; *GK-Weber* Rn 198; *Richardi/Thüsing* Rn 59). Das Gleiche gilt für Verbindlichkeiten, die von einem vorläufigen Insolvenzverwalter mit alleiniger Verfügungsbefugnis über das Vermögen des ArbGeb. begründet worden sind (vgl. § 55 Abs. 2 InsO). Hat der Insolvenzverwalter ein vom ArbGeb. vor Eröffnung des Insolvenzverfahrens begonnenes Beschlussverfahren zur Feststellung der Nichtigkeit einer BRWahl fortgesetzt, so handelt es sich bei dem dem RA des BR entstandenen Verfahrenskosten um Masseschulden iSd § 55 Abs. 1 Nr. 1 InsO – auch dann, wenn sämtl. Gebühren vor Eröffnung des Insolvenzverfahrens entstanden sind (BAG 17. 8. 05 AP Nr. 10 zu § 55 InsO; BAG 9. 12. 09 – 7 ABR 90/07 – NZA 10, 461).

Da bei Insolvenz des ArbGeb. bestehende Forderungen vielfach nicht und fast nie **103** in voller Höhe befriedigt werden, sollten sich der BR und seine Mitgl. durch eine **rechtzeitige Vorschusszahlung** absichern (*MünchArbR-Joost* § 221 Rn 58).

III. Sachaufwand und Büropersonal

104   Während Abs. 1 dem ArbGeb. allgemein die mit der BRTätigkeit verbundenen Kosten auferlegt, verpflichtet ihn die Sonderregelung des Abs. 2 zur Bereitstellung des für eine ordnungsmäßige Erledigung der BRAufgaben erforderlichen **Sachaufwands** und des notwendigen **Büropersonals**. Diese Verpflichtung besteht in dem Rahmen, wie es nach Art und Beschaffenheit des Betriebs zur ordnungsmäßigen Durchführung der Aufgaben des BR erforderlich ist (*DKK-Wedde* Rn 88; GK-*Wiese/ Weber* Rn 110; *HSWGNR* Rn 106). Der Begriff der laufenden Geschäftsführung in § 40 Abs. ist weiter als der in § 27 Abs. 3 genannte gleich lautende Begriff. Dieser hat lediglich eine zuständigkeitsabgrenzende Funktion. Jener steht im Zusammenhang mit der allgemeinen Kostentragungspflicht des ArbGeb. und will die ordnungsgemäße Erfüllung der Aufgaben des BR gewährleisten (*Klebe/Kunz* NZA 90, 257; *Richardi/ Annuß* Anm. zu BAG 11. 3. 98 AP Nr. 57 zu § 40 BetrVG 1972; **aA** LAG Hannover NZA 89, 442; *Kraft* SAE 99, 70).

105   Der ArbGeb. hat die erforderlichen Sachmittel und das notwendige Büropersonal **zur Verfügung zu stellen.** Diese Verpflichtung besteht auch soweit der BR noch ein **Restmandat** nach § 21 b ausübt (LAG Bremen 9. 12. 04 DB 05, 1527). Der BR hat einen Überlassungsanspruch. Er ist grundsätzlich nicht berechtigt, sich die Sachmittel oder das Büropersonal selbst zu beschaffen (vgl. BAG 21. 4. 83 AP Nr. 20 zu § 40 BetrVG 1972; *DKK-Wedde* Rn 88; ErfK-*Koch* Rn 15; GK-*Weber* Rn 112; *Richardi/Thüsing* Rn 47, 61; *WPK-Kreft* Rn 42). Der Anspruch ist ggf. im Wege der einstweiligen Verfügung gerichtlich durchzusetzen. In besonderen Ausnahmefällen, etwa wenn der Arbeitgeber sich entgegen einer gerichtlichen Entscheidung weigert, die erforderlichen Sachmittel zu überlassen oder die Erfüllung dieser Pflicht so verzögert, dass hierdurch eine ordnungsmäßige BRArbeit unmöglich oder erheblich beeinträchtigt wird, ist der BR berechtigt, die erforderlichen Sachmittel auf Kosten des Arb-Geb. selbst anzuschaffen (*DKK-Wedde* Rn 88; *Richardi/Thüsing* Rn 47, 62; *Wlotzke/ Preis* Rn 42; GK-*Weber* Rn 112). Anspruchsberechtigt ist der BR, nicht einzelne BRMitgl. bzw. Vorschlagslisten zur BRWahl; eine evtl. Klage ist bereits mangels Antragsbefugnis unzulässig (LAG Berlin-Brandenburg 19. 7. 11 BB 11, 2484). Auch steht einzelnen BRMitgl bzw. einer Vorschlagsliste kein Anspruch gegen den BR auf Überlassung eines Büroraums zur alleinigen Nutzung der Vorschlagsliste zu; die vom ArbGeb. zur Verfügung gestellten Mittel sind vom BR so zu verteilen, wie sie zur Erbringung der BRArbeit erforderlich ist (LAG Berlin-Brandenburg 19. 7. 11 BB 11, 2484).

106   Dass § 40 Abs. 2 dem BR einen Überlassungsanspruch, dh einen Anspruch auf Naturalleistung, gewährt, und dem ArbGeb. ein Auswahlrecht bei der Beschaffung von Sachmitteln und der Gestellung von Büropersonal einräumt (BAG 9. 6. 1999 AP Nr. 66 zu § 40 BetrVG 1972), bedeutet nicht, dass der ArbGeb. auch über die Frage der Erforderlichkeit des Sachmittels oder des zur Verfügung zustellenden Büropersonals zu befinden hätte. Dies ist vielmehr Sache des BR, der seine Entscheidung nach pflichtgemäßem Ermessen unter Berücksichtigung seiner Bedürfnisse und den Belangen des ArbGeb. zu treffen hat. Hierbei steht dem BR ein Beurteilungsspielraum zu (BAG 12. 5. 99 und 9. 6. 99 AP Nr. 65 und 66 zu § 40 BetrVG 1972; *Klebe/Wedde* DB 99, 1955). Da der Begriff der Erforderlichkeit ein unbestimmter Rechtsbegriff ist, unterliegt die Entscheidung des BR der gerichtlichen Kontrolle.

107   Während die **Nutzung** der vom ArbGeb. zur Verfügung gestellten Sachmittel, wie zB Mobiliar, Schreibmaschine, Literatur, dem BR zusteht, behält der ArbGeb. das **Eigentum** an diesen Sachen (*WPK-Kreft* Rn 43; GK-*Weber* Rn 178; *HSWGNR* Rn 140; *Richardi/Thüsing* Rn 74). Das gilt nicht für verbrauchbare Sachen, wie Papier, sonstige Schreibmaterialien usw. Der ArbGeb. verliert vielmehr das Eigentum an dem durch das Beschreiben zu Geschäftspapieren und Akten des BR gewordenen Schreibpapier (§ 950 BGB; *DKK-Wedde* Rn 88; *Schaub* § 222 Rn 23; **aA** *GL* Rn 48;

GK-*Weber* Rn 180; *Richardi/Thüsing* Rn 74, die dem BR nur das Besitzrecht einräumen; nach *HSWGNR* Rn 141, hat der BR nur ein Gebrauchsrecht; ähnlich Münch-ArbR-*Joost* § 221 Rn 48 ff.; vgl. auch *Böhm* RdA 74, 88). Das Eigentum geht aber nicht auf den BR als solchen, wohl aber auf die Gesamtheit der BRMitgl. über, wie diese auch Eigentümer der für den BR eingehenden Schriftstücke und der dem BR von dritter Seite überlassenen Bücher, Akten usw. werden. Die Geschäftspapiere und Akten können daher vom ArbGeb. auch nach Ablauf der Amtszeit des BR nicht herausverlangt werden (GK-*Weber* Rn 182). Dieser hat dann vielmehr die Akten, soweit sie nicht mehr von Interesse sind, zu vernichten und ansonsten dem neu gewählten BR zu übergeben (vgl. GK-*Weber* aaO; *HSWGNR* Rn 141).

1. Räume

Der BR hat Anspruch auf Überlassung der erforderlichen Räume. Hierzu gehört **108** auf jeden Fall ein **Büroraum,** in größeren Betrieben mit mehreren freigestellten BRMitgl. auch mehrere Büroräume. Wenn die Büroräume zur Abhaltung von BR-Sitzungen nicht geeignet sind, ist auch ein **Sitzungszimmer** zu Verfügung zu stellen. Ob die Räume dem BR zur ständigen Benutzung überlassen werden oder ihm nur zu bestimmten Zeiten zur Verfügung stehen, bestimmt sich ebenso wie die Frage nach Zahl und Größe der bereitzustellenden Räume nach den Geschäftsbedürfnissen des BR, die ihrerseits wieder von Art, Größe und Umfang des Betriebes abhängen (GK-*Weber* Rn 120; *DKK-Wedde* Rn 89; *HSWGNR* Rn 107; *Richardi/Thüsing* Rn 63; *WPK-Kreft* Rn 44). Ein fünfköpfiger BR dürfte im allgemeinen Anspruch auf ein eigenes BRZimmer haben (ArbG Frankfurt NZA-RR 99, 420). Im Falle einer ständigen Benutzung hat der BR Anspruch auf ein abschließbares BRZimmer (LAG Köln AuR 02, 150; ArbG Heilbronn BB 84, 982; GK-*Weber* Rn 120; aA *HSWGNR* Rn 107). Hierbei steht die Verwaltung des Schlüssels des Zimmers dem BR zu (LAG Nürnberg NZA 00, 335; ArbG Mannheim AiB 01, 48). Steht dem BR ein Büroraum nicht zur ständigen Benutzung zur Verfügung, hat er auf jeden Fall Anspruch auf einen verschließbaren Aktenschrank zur alleinigen Nutzung (LAG Bremen DB 05, 1527; LAG Schleswig-Holstein NZA-RR 08, 187 ff.; GK-*Wiese/Weber* Rn 120; *HSWGNR* Rn 107). Der zur Verfügung zu stellende Raum muss optisch und akustisch hinreichend abgeschirmt sein und – auch bei nur vorübergehender Nutzung – vom BR in dieser Zeit abschließbar sein (LAG Schleswig-Holstein NZA-RR 08, 187 ff.).

Die überlassenen Räume müssen **funktionsgerecht** sein, dh beheizbar, beleuchtbar **109** und mit dem erforderlichen Mobiliar (zB Schreibtisch, Stühle, Sitzungstisch, Schränke) in einer Weise ausgestattet sein, wie es dem vergleichbaren betrieblichen Standard entspricht (*Richardi/Thüsing* Rn 64). Räume, die nicht den Vorschriften der ArbStättV entsprechen, sind nicht geeignet (LAG Köln AuR 01, 281 Ls; LAG Schleswig-Holstein NZA-RR 08, 187 ff.).

Die dem BR zu überlassenen Räume müssen grundsätzlich **im Betrieb** liegen **110** (ArbG Wiesbaden NZA-RR 00, 195; GK-*Weber* Rn 121; *HSWGNR* Rn 110). Nur in ganz besonders gelagerten Fällen werden für dauernd (zB Privatbahnbereich, wenn die BRMitgl. ihren Arbeitsplatz an verschiedenen Stellen der Strecke haben) oder vorübergehend (zB bei Umbau des Gebäudes, in dem das Sitzungszimmer liegt) auch Räume außerhalb des Betriebes, die allerdings betriebsnah gelegen sein müssen, zur Verfügung gestellt werden können, sei es, dass der ArbGeb. Räume anmietet oder sonst Räume in nicht zum Betrieb gehörenden Gebäuden bereitstellt (GK-*Wiese/Weber* aaO; *HSWGNR* aaO).

Der ArbGeb. ist berechtigt, dem BR andere Räume als die bisher benutzten zur **111** Verfügung zu stellen, sofern diese ebenfalls den konkreten Erfordernissen des BR genügen (LAG Schleswig-Holstein NZA-RR 08, 187 ff.; ArbG Hamburg DB 87, 2658; GK-*Weber* Rn 122; *Richardi/Thüsing* Rn 65). Er darf die bisherigen Räume jedoch nicht eigenmächtig ausräumen (*SWS* Rn 30; *WPK-Kreft* Rn 45). In diesem

Falle hat der BR gegen den ArbGeb. einen Herausgabeanspruch (ArbG Freiburg AiB 97, 413).

112   In den Räumen des BR, die zu Sitzungen, Sprechstunden oder zur Abwicklung des Geschäftsbetriebes dienen, hat der BR das **Hausrecht** (BAG 18. 9. 91 AP Nr. 40 zu § 40 BetrVG 1972; *DKK-Wedde* Rn 92; *WPK-Kreft* Rn 45; GK-*Weber* Rn 123; *HSWGNR* Rn 111; *Richardi/Thüsing* Rn 65; MünchArbR-*Joost* § 221 Rn 37). Dieses hat auch der ArbGeb. zu beachten, der nicht gegen den Willen des BR BRRäume öffnen und betreten darf (LAG Nürnberg NZA 00, 335; ArbG Mannheim AiB 01, 48). Das Hausrecht besteht im Rahmen und zur Erfüllung der ihm obliegenden Aufgaben. Hieraus folgt, dass dem BR kein allgemeines und unbeschränktes Recht zusteht, vom ArbGeb. zu verlangen, den Zutritt eines jeden Dritten zu dem auf dem Betriebsgelände liegenden BRBüro zu gestatten (BAG 18. 9. 91 AP Nr. 40 zu § 40 BetrVG 1972). Etwas anderes gilt, wenn der Anlass hierfür im Rahmen seiner Aufgaben liegt und der Zutritt von Dritten zur Erfüllung dieser Aufgaben geboten ist (ErfK-Koch Rn 15). Deshalb kann der BR zB einen Rechtsanwalt, der in einem Betriebsverfassungsstreit mit der Prozessführung betraut werden soll oder betraut ist, zur Besprechung des Streitfalls im BRBüro empfangen (BAG 20. 10. 99 – 7 ABR 37/98 – nicht veröffentlicht; LAG Schleswig-Holstein DB 99, 392). Der BR kann ferner Vertreter der Medien zur Unterrichtung über seine Einstellung zu in der Öffentlichkeit bekannten betrieblichen Vorfällen in das BRBüro einladen, wenn der ArbGeb. seinerseits an die Öffentlichkeit getreten ist und auch eine Stellungnahme des BR geboten ist (*HSWGNR* Rn 111; vgl. hierzu auch § 74 Rn 34). Die Ausübung des Hausrechts des BR ist erforderlichenfalls durch einstweilige Verfügung sicherzustellen.

113   Für die Durchführung von **BRVerslg.** und von **Betr.-** und **AbtVerslg.** hat der ArbGeb. ebenfalls die erforderlichen Räumlichkeiten einschließlich der sonstigen erforderlichen Sachmittel (zB Bestuhlung, Lautsprecheranlage) zur Verfügung zu stellen. Wenn dies im Betrieb nicht möglich ist, hat er entsprechende Räume anzumieten.

2. Sachmittel

114   Zu den **sächlichen Mitteln,** die der ArbGeb. für die Sitzungen, Sprechstunden und die laufende Geschäftsführung zur Verfügung stellen muss, gehören zunächst alle für eine büromäßige Erledigung dieser Aufgaben erforderlichen Utensilien, wie zB Schreibmaterialien, Diktiergerät, Schreibmaschinen, in größeren Betrieben ggf. auch ein Schreibautomat, Aktenordner, verschließbare Aktenschränke, Briefpapier und Briefmarken. Hierzu kann auch ein Tischrechner mit Additionsrolle gehören (ArbG Münster CR 89, 825). Der BR hat ferner Anspruch auf Mitbenutzung von betrieblichen Kopiergeräten (*Richardi/Thüsing* Rn 68), in größeren Betrieben auch auf ein eigenes **Kopiergerät** (*DKK-Wedde* Rn 97 f.; ErfK-Koch Rn 16; GK-*Wiese/Weber* Rn 127; *SWS* Rn 28). Die erforderlichen Sachmittel müssen dem betriebsüblichen Standard entsprechen. Zur Überlassung von Mitteln der modernen Informations- und Kommunikationstechnik vgl. Rn 127 ff. Der BR ist berechtigt, für seinen Schriftverkehr Briefpapier mit dem Kopf des Unternehmens und dem Zusatz „Der Betriebsrat" zu verwenden (LAG Frankfurt DB 73, 2451; *GL* Rn 42; GK-*Wiese/Weber* Rn 126; unklar insoweit *HSWGNR* Rn 121).

115   Der BR hat ferner Anspruch auf die Bereitstellung von Sachmittel, die ihm eine ordnungsgemäße und angemessene Unterrichtung der AN des Betriebs gestatten. Hierzu gehört in erster Linie ein sog. **„schwarzes Brett",** auf dem der BR seine Bekanntmachungen und Mitteilungen anbringen kann. Das Schwarze Brett ist an einer geeigneten, allen ArbN des Betriebs zugänglichen Stelle aufzuhängen. In größeren Betrieben kommen mehrere Schwarze Bretter in Betracht. Zur Informationsmöglichkeit mit Mitteln der modernen Informations- und Kommunikationstechnik vgl. Rn 133 ff.

Die Entscheidung darüber, was am Schwarzen Brett anzuschlagen ist, liegt beim **116** BR, der aber nur Anschläge anbringen darf; die sich im Rahmen seiner Aufgaben und seiner Zuständigkeit bewegen (LAG Hamburg DB 78, 118; LAG Bad- Württ. DB 78, 799; GK-*Weber* Rn 141; *DKK-Wedde* Rn 94; *HSWGNR* Rn 137; *Richardi/ Thüsing* Rn 78). Hierzu zählt auch die Unterrichtung der Belegschaft über die Rechtsansicht der Gewerkschaft zu einer bestimmten aktuellen betriebsverfassungsrechtlichen Frage; das ergibt sich aus der Unterstützungsfunktion der Gewerkschaft nach § 2 Abs. 1 (GK-*Weber* Rn 143; *HSWGNR* Rn 137; **aA** LAG Bad-Württ. DB 78, 799). Wegen Plakatwerbung der Gewerkschaften vgl. § 74 Rn 71. Der BR ist ferner nicht gehindert, in sachlicher Form seine von der des ArbGeb. abweichende Ansicht in einer bestimmten Frage am Schwarzen Brett bekannt zu geben.

Unzulässig sind jedoch Anschläge, durch die der Frieden des Betriebs beeinträch- **117** tigt wird (LAG Düsseldorf BB 77, 294 für die Bekanntmachung der Korrespondenz zwischen ArbGeb. und BR in einer umstrittenen Frage) oder die offensichtlich Beleidigungen und Ehrenkränkungen des ArbGeb. enthalten (*DKK-Wedde* Rn 95). Letztere dürfen, wenn der BR sich weigert, den Anschlag zurückzunehmen und die Voraussetzungen der Notwehr oder der Nothilfe vorliegen, vom ArbGeb. entfernt werden (GK-*Weber* Rn 144; *HSWGNR* Rn 138; *Richardi/Thüsing* Rn 79; LAG Berlin DB 80, 1704; LAG Hamm 12. 3. 04 RDV 04, 223 f.; **aA** *DKK-Wedde* Rn 96). Im Übrigen muss der ArbGeb. jedoch zur Beseitigung unzulässiger Aushänge den Rechtsweg beschreiten.

Die Unterrichtung der ArbN durch den BR ist jedoch nicht auf das schwarze Brett **118** und die regelmäßigen BetrVerslg. (vgl. hierzu § 42 Rn 7 ff., § 43 Rn 5 ff.) beschränkt (vgl. BAG 8. 2. 77 AP Nr. 10 zu § 80 BetrVG 1972; BAG 27. 11. 02 AP Nr. 75 zu § 40 BetrVG 1972; **aA** *Eich* DB 78, 398). Jedenfalls bei Vorliegen besonderer Umstände (zB Dringlichkeit einer Unterrichtung vor der nächsten BetrVerslg. und Unzugänglichkeit anderer Informationsmittel, keine überhöhten Kosten) können auch **Rundschreiben des BR aus konkretem Anlass** erforderlich sein (BAG 21. 11. 78 AP Nr. 15 zu § 40 BetrVG 1972; LAG Hamburg DB 78, 118; vgl. auch LAG Baden-Württemberg DB 78, 799; *GL* Rn 46; GK-*Weber* Rn 146; *Richardi/Thüsing* Rn 80; *SWS* Rn 23; *Löwisch,* FS Hilger/Stumpf S. 431 ff.; **aA** *HSWGNR* Rn 139; **weitergehend** *Hoffmann* ArbuR 74, 266; *DKK-Wedde* Rn 16). Dieser konkrete Anlass kann sich auch aus der Tätigkeit des GesBR ergeben, da Informationen an die ArbN aus seinem Bereich durch die BR erfolgt und der GesBR nach Ansicht des BAG (Beschluss vom 21. 11. 78 AP Nr. 4 zu § 50 BetrVG 1972) zur Herausgabe eines eigenen Informationsblattes auf Kosten des ArbGeb. nicht berechtigt ist. Letzterem ist nicht zuzustimmen. Bei Vorliegen besonderer Umstände kann auch ein Rundschreiben des GesBR in Angelegenheiten seiner originären Zuständigkeit (vgl. hierzu § 50 Rn 15 ff.) auf Kosten des ArbGeb. in Betracht kommen, insbesondere wenn in einer wichtigen und dringenden Angelegenheit eine schnelle Information durch die einzelnen BR nicht gewährleistet ist (*DKK-Wedde* Rn 16; **aA** GK-*Weber* Rn 148; *Richardi/Thüsing* Rn 81). Wo die Möglichkeit eines Rundschreibens des BR aus konkretem Anlass nicht nur ein seltener Ausnahmefall ist, sollten die Betriebspartner zur Vermeidung von Streitigkeiten im Einzelfall eine nähere Vereinbarung über die Modalitäten von Rundschreiben des BR treffen.

3. Fachliteratur

Zu den dem BR zur Verfügung zu stellenden sächlichen Mitteln gehört insbeson- **119** dere die einschlägige **Fachliteratur,** die der BR zur Erfüllung seiner Aufgaben benötigt. Hierzu zählen zum einen die wichtigsten **arbeits-** und **sozialrechtlichen Gesetzestexte.** Hierzu gehören insbesondere: BetrVG, ArbGG, KSchG, SGB IX, BUrlG, JArbSchG, ArbNErfG, EntgeltfortzahlungsG, ArbZG, ASiG, BeschäftigtenschutzG, BeschFG, SGB III – Arbeitsförderung, ArbPlSchG, ArbStättV, BBiG, BetrAVG, TVG, arbeitsrechtliche Vorschriften des BGB, der GewO und des HGB,

HAG, MuSchG, TzBfG, VermbG, AÜG (zur Überlassung der Gesetzessammlung Nipperdey I Arbeitsrecht vgl. VGH Bad.-Württ. NZA 86, 105). Die wichtigsten arbeitsrechtlichen Gesetzestexte, wie sie in den gängigen Taschenbuchausgaben enthalten sind, sind jedem BRMitgl zu überlassen (BAG 24. 1. 96 AP Nr. 52 zu § 40 BetrVG 1972; LAG Bremen LAGE § 40 BetrVG 1972 Nr. 50; LAG Düsseldorf DB 88, 1072; LAG Rheinland-Pfalz BB 95, 1188; *DKK-Wedde* Rn 113; ErfK-Koch Rn 17; GK-*Weber* Rn 128; *HSWGNR* Rn 123; einschränkend LAG Berlin DB 89, 683 u. BB 93, 725; vgl. auch LAG Hamm BB 90, 1062 und LAGE § 40 BetrVG 1972 Nr. 35; *SWS* Rn 36). Dagegen dürfte es bei der umfassenden arbeitsrechtlichen Gesetzessammlung von „Nipperdey I, Arbeitsrecht" ausreichen, wenn sie in einer Zahl zur Verfügung stehen, die im Bedarfsfall dem einzelnen BRMitgl. eine jederzeitige Einsichtnahme ermöglicht. Außerdem sind dem BR die für den Betrieb maßgebenden TV und Unfallverhütungsvorschriften zu überlassen. Zur Frage der Informationsbeschaffung über das Internet s. Rn 134.

120   Jedem BR – auch in einem Kleinbetrieb – ist stets ein **aktueller Kommentar zum Betriebsverfassungsgesetz,** das die Grundlage seiner gesamten Tätigkeit bildet, zu überlassen (BAG 26. 10. 94 AP Nr. 43 zu § 40 BetrVG 1972; *DKK-Wedde* Rn 112; GK-*Weber* Rn 134; *Richardi/Thüsing* Rn 70; *Bulla* aaO). In mittleren und großen BR können auch mehrere aktuelle Kommentare erforderlich sein, damit der BR unterschiedliche Sichtweisen zu anstehenden Fragen kennen lernen und sich mit ihnen auseinandersetzen kann (ArbG Halberstadt AiB 98, 585; enger LAG Hessen DB 94, 1044). Bei der Auswahl der Kommentare darf der BR bestimmte Werke bevorzugen (BAG 26. 10. 94 aaO; LAG Schleswig-Holstein BB 95, 1188; *DKK-Wedde* aaO; GK-*Weber* aaO; *Richardi/Thüsing* aaO; **aA** *HSWGNR* Rn 127). Bei BRMitgl., die als Außendienstmitarbeiter tätig sind, kann es erforderlich sein, zusätzlich ein persönliches Exemplar eines (preisgünstigen) Basiskommentars zur Verfügung zu stellen (ArbG Düsseldorf NZA-RR 04, 311 ff.).

121   Jedenfalls in mittleren und Großbetrieben sind dem BR auch **kommentierte Ausgaben** der wichtigsten arbeitsrechtlichen Gesetze zur Verfügung zu stellen (LAG Rheinland-Pfalz NZA-RR 00, 534 bzgl. MuSchG für 5 köpfigen BR; *GL* Rn 43; *Kort* NZA 90, 599; **enger** *HSWGNR* Rn 131, *Richardi/Thüsing* Rn 70: im Allgemeinen nur Mitbenutzung; *Bulla* DB 74, 1624; **weitergehend** *DKK-Wedde* Rn 112, 114, und *Sandvoss* MitbGespr. 79, 31, die jedem BR einen Anspruch auf einen Kommentar zu allen wichtigen arbeits- und sozialrechtlichen Gesetzen zuerkennen). Das Gleiche gilt für ein aktuelles arbeitsrechtliches Handbuch (LAG Bremen LAGE § 40 BetrVG 1972 Nr. 50; **aA** *SWS* Rn 36). In kleineren Betrieben kann es ausreichen, wenn Gesetzestexte und geeignete Kommentare des ArbGeb. zur jederzeitigen Mitbenutzung des BR an einer stets zugänglichen Stelle zur Verfügung stehen (*GL* Rn 43; GK-*Weber* Rn 131; *HSWGNR* Rn 125; **aA** *DKK-Wedde* Rn 112). In Betrieben der privatisierten Bahn- und Postunternehmen, in denen auch weiterhin Beamte beschäftigt werden, sind auch ein Kommentar des BPersVG und des Beamtenrechts zur Verfügung zu stellen (*DKK-Wedde* Rn 113). Gleiches gilt in Betrieben der Kooperationsunternehmen der Bundeswehr, in denen Beamte beschäftigt sind; soweit dort auch Soldaten beschäftigt werden, kann auch ein Kommentar zum Soldatenrecht erforderlich sein.

122   Außerdem hat der BR uU Anspruch auf Überlassung von **Spezialliteratur** zu bestimmten Sachbereichen, in denen ihm wesentliche Beteiligungsrechte zustehen. Zu denken ist hier zB an die Bereiche Personalplanung, Akkord- und Prämienwesen, Unfallverhütung, Gestaltung von Arbeitsplatz und Arbeitsmitteln, menschengerechte Gestaltung der Arbeit, gefahrengeneigte Arbeit, Gleichbehandlung (*DKK-Wedde* Rn 113; ErfK-Koch Rn 17).

123   Dem BR ist ferner eine arbeits- und sozialrechtliche **Fachzeitschrift** zur Verfügung zu stellen, in mittleren und größeren Betrieben ggf. auch eine arbeitsrechtliche Entscheidungssammlung (*DKK-Wedde* Rn 115; ErfK-Koch Rn 17; GK-*Wiese/Weber* Rn 128, 135; *HSWGNR* Rn 123, 128; *Sandvoss* aaO S. 33; *Schaub* § 222 Rn 19; einschränkend *Kort* NZA 90, 599; *Richardi/Thüsing* Rn 70; **aA** bezügl. einer Ent-

scheidungssammlung *GL* Rn 44; *Bulla* DB 74, 1624; LAG Düsseldorf BB 78, 1413). Der BR hat bei der Auswahl, welche Zeitschrift für seine Tätigkeit erforderlich ist, einen Ermessensspielraum, der nicht dadurch verletzt ist, dass die Zeitschrift – wie zB die Zeitschrift „Arbeitsrecht im Betrieb" – in einem gewerkschaftseigenen Verlag erscheint (BAG 21. 4. 83 AP Nr. 20 zu § 40 BetrVG 1972; LAG Niedersachsen ArbuR 89, 289; GK-*Weber* Rn 135; *DKK-Wedde* Rn 116; aA *HSWGNR* Rn 130; *SWS* Rn 38; *Schwerdtner* DB 81, 988). Die gegen die Entscheidung des BAG 21. 4. 83 (AP Nr. 20 zu § 40 BetrVG 1972) eingelegte Verfassungsbeschwerde wurde vom Bundesverfassungsgericht nicht zur Entscheidung angenommen (vgl. BVerfG Beschluss 10. 12. 85 AP Nr. 20a zu § 40 BetrVG 1972).

Allgemein dürfte die Überlassung einer Fachzeitschrift ausreichen (LAG Berlin **124** ArbuR 93, 346; *DKK-Wedde* Rn 115). Im Hinblick auf die bes. Bedeutung des Arbeits- und Gesundheitsschutzes für die Arbeitnehmer und die dem BR in diesem Bereich eingeräumten Beteiligungsrechte (vgl. § 87 Rn 257 ff., § 88 Rn 15 ff., § 89 Rn 11 ff.) können in Betrieben mit besonderen Gesundheitsgefährdungen (zB durch gefährliche Stoffe) auch **spezielle Fachzeitschriften** auf diesem Gebiet zu den erforderlichen Sachmitteln gehören. Die Erforderlichkeit des Bezuges spezieller Fachzeitschriften ist vom BR konkret darzulegen (BAG 25. 1. 95 AP Nr. 46 zu § 40 BetrVG 1972, das wegen der bereits vorhandenen Fachliteratur des BR den Bezug der „Arbeit & Ökologie-Briefe" als nicht erforderlich angesehen hat; ebenso GK-*Weber* Rn 136; ErfK-*Koch* Rn 17; zum Letzteren aA LAG Frankfurt BB 91, 1712; *DKK-Wedde* Rn 116). Letzteres gilt auch für die Zeitschrift „Computer-Fachwissen für Betriebs- und Personalräte", wobei zur Begründung der Erforderlichkeit ein allgemeiner Hinweis auf die Bedeutung der neuen Medien und die technische Ausstattung des Betriebs mit Personalcomputern und rechnergestützten CNC Bearbeitungszentren für sich allein nicht ausreicht (LAG Düsseldorf LAGE § 40 BetrVG 1972 Nr. 60).

In Betrieben mit vielen ausländischen ArbN gehört auch ein fremdsprachliches **125** **Wörterbuch** zu den erforderlichen Sachmitteln (*Brill* BB 78, 1575; GK-*Weber* Rn 138; *WPK-Kreft* Rn 48; ErfK-*Koch* Rn 17; *Kort* NZA 90, 599). Unter besonderen Umständen kann dies auch für die **Tagespresse** gelten (vgl. ArbG Darmstadt DB 87, 746 hinsichtlich des „Handelsblatts" für einen BR in der Automobilbranche; *DKK-Wedde* Rn 117; aA BAG 29. 11. 89 AP Nr. 32 zu § 40 BetrVG 1972; *GL* Rn 44; GK-*Weber* Rn 138; *Richardi/Thüsing* Rn 70; *WPK-Kreft* Rn 48; *Brill* DB 77, 2143).

Ein Anspruch auf Überlassung einer Lohnabzugstabelle besteht nicht, da der BR **126** auf dem Gebiet der Lohnsteuer keine Zuständigkeit hat (LAG Düsseldorf BB 70, 79; vgl. hierzu auch BAG 11. 12. 73 AP Nr. 5 zu § 80 BetrVG 1972; *WPK-Kreft* Rn 48).

4. Informations- und Kommunikationstechnik

Das BetrVerf-ReformG hat durch die Ergänzung des Abs. 2 ausdrücklich klarge- **127** stellt, dass auch die **Informations- und Kommunikationstechnik** zu den dem BR zur Verfügung zu stellenden Sachmitteln gehört. Ursache für diese Ergänzung des Abs. 2 waren zT erhebliche Meinungsverschiedenheiten in Rechtsprechung und Rechtslehre darüber, ob und in welchem Umfang der BR Anspruch auf die Geräte und Möglichkeiten der modernen Informations- und Kommunikationstechnik hat und welcher Darlegungslast er zur Begründung ihrer Notwendigkeit unterliegt (vgl. zu dieser Streitfrage im Einzelnen 20. Auflage Rn 91, 104). Durch die neue gesetzliche Regelung ist nunmehr klargestellt, dass auch die Mittel der modernen Informations- und Kommunikationstechnik grundsätzlich zum normalen Geschäftsbedarf des BR gehören, wenn und soweit sie der Erfüllung der BRArbeit dienen (*Däubler* AuR 01, 285, *Löwisch* BB 01, 1744). Bei einer im Betrieb und hier insbesondere in den der BRArbeit ähnlichen Verwaltungsbereichen benutzten Informations- und Kommunikationstechnik bedarf es keiner näheren Darlegung dafür, dass diese Technik auch dem BR zur Verfügung zustellen ist. Der betriebsübliche Standard steht auch dem BR zu (*WPK-Kreft* Rn 49; *Däubler* aaO; *Hanau* RdA 01, 71; *Konzen* RdA 01, 84; *Löwisch* BB 01, 1744 spricht zutreffend vom Prinzip der adäquaten Mittel; einschränkend *Beckschulze/Henkel* DB 01, 1499; *Besgen* NZA 06, 959; aa GK-*Weber* Rn 151; *Weber* NZA 08 280 ff.). Soweit der BR eine über den betrieblichen Standard hinausgehende Technik verlangt, hat er im Zweifelsfalle ihre Erforderlichkeit näher darzulegen. Nach BAG ist mit der Einfügung der Kommunikations- und Informationstechnik als Sachmittel für den BR die Prüfung der Erforderlichkeit grundsätzl. nicht entbehrlich geworden (BAG 3. 9. 03 und 1. 12. 04 AP Nr. 78 u. 82 zu § 40 BetrVG 1972; BAG 20. 1. 10 – 7 ABR 79/08 – NZA 10, 709; BAG 17. 2. 10 – 7 ABR 81/09 – NZA-RR 413). Bei der Beurteilung des erforderlichen Umfangs spielen aber insb. das betriebsübliche Ausstattungsniveau und der Einsatz moderner Kommunikationsmittel auf Seiten des ArbGeb. eine wesentliche Rolle (BAG 1. 12. 04 AP Nr. 82 zu § 40 BetrVG 1972). Dem BR steht bei der Bewertung der Erforderlichkeit ein Beurteilungsspielraum zu (so schon zum bisherigen Recht BAG 11. 11. 98, 12. 5. 99 AP Nr. 64, 65 zu § 40 BetrVG 1972). Dabei hat er die Interessen der Belegschaft an einer sachgerechten Ausübung des BRAmts einerseits und berechtigte Interessen des ArbGeb., auch hinsichtl. der Begrenzung der Kostentragungspflicht, gegeneinander abzuwägen (BAG 3. 9. 03, 1. 12. 04 AP Nr. 78, 82 zu § 40 BetrVG 1972).

128 Zu den erforderlichen Informations- und Kommunikationsmitteln gehört ein dem betrieblichen Standard entsprechendes **Telefon** (unstr.). Der BR hat Anspruch auf einen eigenen Nebenanschluss, von dem er ungestört und unkontrolliert interne und externe Gespräche führen kann (GK-*Weber* Rn 156; *DKK-Wedde* Rn 108; *HSWGNR* Rn 112; *Richardi/Thüsing* Rn 67). In großen Betrieben kommt uU auch ein eigener Amtsanschluss in Betracht (*DKK-Wedde* aaO, insoweit aa BAG ArbuR 91, 188; LAG Frankfurt NZA 86, 650; GK-*Weber* Rn 156; *Richardi/Thüsing* aaO; *HSWGNR* aaO; *Kort* NZA 90, 598). In kleinen Betrieben kann uU die Mitbenutzung des betrieblichen Fernsprechers ausreichen, wobei jedoch die Vertraulichkeit des Gesprächs gewährleistet sein muss (LAG Rheinl.-Pfalz NZA 93, 426; ErfK-*Koch* Rn 16; *WPK-Kreft* Rn 51; s. auch Rn 129). Da das Telefon auch der innerbetrieblichen Kontaktaufnahme und Kommunikation des BR mit den von ihm vertretenen ArbN dient, reicht es in einem Betrieb mit weit zerstreut liegenden Verkaufsstellen nicht aus, dass auf Grund entspr. fernmeldetechnischer Schaltungen nur die ArbN der Verkaufsstellen den BR anrufen können; vielmehr ist auch dem BR die Anrufbarkeit der ArbN der Verkaufsstellen zu ermöglichen (BAG 9. 6. 99 AP Nr. 66 zu § 40 BetrVG 1972). Die telefonische Erreichbarkeit des BR durch die ArbN muss für jedes einzelne BRMitgl. gewährleistet sein; ein Verweis auf die Erreichbarkeit des BRVors. und dessen Stellvertr. bzw. des BRBüros einmal die Woche ist nicht ausreichend (BAG 27. 11. 02 AP Nr. 75 zu § 40 BetrVG 1972). Zur Gewährleistung des innerbetriebl. Dialogs des BR mit den ArbN und zwischen den BRMitgl. ist es grundsätzl. erforderlich, dass die BRMitgl. jederzeit telefonieren können und telefonisch erreichbar sind. Je nach Sachlage kann hierzu auch die Freischaltung einer Amtsleitung gehören (BAG 19. 1. 05 ZBVR 05, 110). Dazu gehört auch, das ArbN in Verkaufsstellen, in denen kein BRMitgl. beschäftigt ist, die Möglichkeit haben, den BR telefonisch zu erreichen; sie können dazu nicht auf ihren Privatanschluss, Mobiltelefon oder öffentlichen Fernsprecher verwiesen werden (BAG 9. 12. 09 – 7 ABR 46/08 – NZA 10, 662 unter Aufgabe seiner Rspr. vom 27. 11. 02 – 7 ABR 33/01 – AP Nr. 76 zu § 40 BetrVG 1972). Gleichermaßen hat der GesBR Anspruch auf Freischaltung der betriebsratslosen Verkaufsstellen sowie auf eine vollständige Liste der vom ArbGeb. freigeschalteten Telefone in den nicht von einem BR repräsentierten Verkaufsstellen, um seine gesetzlichen Aufgaben erfüllen zu können (BAG 9. 12. 09 – 7 ABR 46/08 – NZA 10, 662). Um die stetige Erreichbarkeit des BR zu ermöglichen, hat der BR auch Anspruch auf einen Anrufbeantworter (*Löwisch* BB 01, 1744; *Besgen* NZA 06, 959). Zum Erlass einer einstweiligen Verfügung vgl. LAG Baden-Württemberg LAGE Nr. 6 zu § 40 BetrVG 2001.

Bei Vorliegen besonderer Umstände kann es für die sachgerechte Erledigung von **128a** BRAufgaben erforderlich sein, dem BR auch ein oder mehrere **Handys** zu Verfügung zu stellen (vgl. ArbG Frankfurt AIB 98, 233 für freigestellte BRMitgl. eines Betriebs mit zahlreichen weit auseinander liegenden Betriebstätten; LAG Baden-Württemberg LAGE Nr 6 zu § 40 BetrVG 2001 Handy auch für stellvertretenden BRVors. möglich; LAG München 20. 12. 05 jurisPR-ArbR 35/2006 Anm. 5 grdstzl. bejahend aber im konkreten Fall unter Hinweis auf Stellvertretung ablehnend auch wenn BR-Vors. aufgrund weit auseinander liegender Betriebsstätten viel unterwegs sein muss; LAG Hamm NZA-RR 10, 522; LAG Sachsen-Anhalt – 4 TaBV 4/10 – ArbR 10, 664, wenn die Betriebsstätten weit auseinander liegen und das führen abhörsicherer Gespräche (Telefon im Kundenraum) nicht gewährleistet ist; *DKK-Wedde* Rn 109; vgl. auch *WPK-Kreft* Rn 50; *SWS* Rn 31; *Kliemt/Panzer* AuA-Personal-Profi 03, 8, 10f.; *Wedde* AiB 02, 209, 212; *Besgen* NZA 06, 959; einschränkend *Beckschulze* DB 98, 1817; *GK-Weber* Rn 158; *Richardi/Thüsing* Rn 68).

Ein **Abhören** der Gespräche von BRMitgl. ist sowohl aus persönlichkeitsrecht- **129** lichen (vgl. hierzu § 75 Rn 145) als auch betriebsverfassungsrechtlichen Gründen (Verbot der Störung und Behinderung der BRArbeit, § 78 Satz 1) **unzulässig.** Dagegen ist der Anschluss des BRTelefons an einen automatischen Gebührenzähler, der Zeitpunkt, Dauer und Anzahl der Gebühreneinheiten von Telefongesprächen von BRMitgl. aufzeichnet, jedenfalls dann nicht unzulässig, wenn eine derartige Aufzeichnung im Betrieb allgemein üblich ist und hierin keine Störung oder Behinderung der BRArbeit liegt (BAG 27. 5. 86 AP Nr. 15 zu § 87 BetrVG 1972 Überwachung; LAG Hamburg DB 88, 1473; ErfK-*Koch* Rn 16; *GK-Weber* Rn 161; *HSWGNR* Rn 112; *Richardi/Thüsing* Rn 67; aA ArbG Hamburg DB 85, 601; *DKK-Wedde* Rn 111; *Wohlgemuth/Mostert* ArbuR 86, 146). Nicht zulässig ist dagegen die Aufzeichnung der Zielnummer (*Besgen* NZA 06, 959; aA bei Ferngesprächen BAG ArbuR 91, 188 mit ablehnender Anm. von *Wohlgemuth; GK-Weber* Rn 161).

Der BR hat grundsätzlich auch Anspruch auf ein eigenes **Telefaxgerät.** Die gilt **130** jedenfalls bei einem entsprechenden betrieblichen Standard oder, falls ein solcher nicht besteht, wenn dies wegen besonderer Umstände erforderlich ist, etwa wenn in den vom BR zu betreuenden weit auseinander liegenden Betriebsstätten gesonderte BRBüros eingerichtet sind und eine anderweitige Kommunikation zwischen diesen in einem zeitlich vertretbaren Rahmen sonst nicht durchführbar ist oder wenn zur ordnungsmäßigen Erledigung von BRAufgaben in einem erheblichen Umfang eine schnelle Verbindung zu außerbetrieblichen Stellen, etwa dem GesBR oder KBR, erforderlich ist (so bereits zum bisherigen Recht LAG Hamm LAGE § 40 BetrVG 1972 Nr. 59; *DKK-Wedde* Rn 100; ErfK-*Koch* Rn 16; *Kort* NZA 90, 598; LAG Düsseldorf NZA 93, 1143, das allerdings im konkreten Fall die Erforderlichkeit verneint hat, da arbeitgeberseitig zwischen den ca. 40 km entfernt liegenden Betriebsstätten ein mindestens dreimal täglich verkehrender Kurierdienst eingerichtet war und dem BR die Mitbenutzung des betrieblichen Faxgerätes gestattet war; aA *GK-Wiese/ Weber* Rn 151; *HSWGNR* Rn 114; LAG Rheinland-Pfalz BB 96, 2465 und NZA-RR 98, 403, wenn dem BR die Mitbenutzung der betriebseigenen Telefaxanschlüsse gestattet ist und der Inhalt ein- und ausgehender Faxe nicht gespeichert werden kann). In kleinen Betrieben kann uU die Mitbenutzung eines betrieblichen Faxgerätes ausreichen. Weitergehend LAG Niedersachsen NZA-RR 03, 250, wonach die Möglichkeit der Mitbenutzung regelmäßig hinter den berechtigten Geheimhaltungsinteressen des BR in den Hintergrund tritt – insb. dann, wenn sich die Betriebsparteien regelmäßig in Rechts- und Regelungsstreitigkeiten auseinandersetzen.

Da **Personalcomputer** (PC) mit der dazu gehörenden **Peripherie** (Bildschirm, **131** Drucker) und **Software** heute zu einer normalen Büroausstattung gehören, ist dieser nach dem neuen Abs. 2 grundsätzlich auch dem BR zur Verfügung zu stellen (*Däubler* AuR 01, 285; *Konzen* RdA 01, 84; *Löwisch* BB 01, 1744; *Düwell/Wolmerath* Rn 20f.; *Richardi/Thüsing* Rn 68; *WPK-Kreft* Rn 53; *J/R/H-Schuster* Kap. 4 Rn 132; so auch

schon nach dem bisherigen Recht jedenfalls für mittlere und größere Betriebe: LAG
Bremen 4. 6. 09 NZA-RR 09, 485; LAG Düsseldorf LAGE § 40 BetrVG 1972
Nr. 45; LAG Hamm LAGE § 40 BetrVG 1972 Nr. 55; LAG Bad.-Württ. NZA-RR
96, 252; *WW* Rn 18; wohl auch *Richardi/Thüsing* Rn 68; *Besgen* NZA 06, 959, 961;
aA BAG 16. 5. 07 AP Nr. 90 zu § 40 BetrVG 1972). Zum Drucker und ggf. Farb-
drucker s. LAG Hamm NZA-RR 10, 521). Einer näheren Darlegung der Erforderlichkeit, so wie dies bisher zT gefordert wurde (so BAG 11. 3. 98 und 11. 11. 98 AP
Nr. 57 und 64 zu § 40 BetrVG 1972, BAG 12. 5. 99 AP Nr. 65 zu § 40 BetrVG 1972;
LAG Niedersachsen NZA 89, 442; LAG Köln LAGE § 40 BetrVG 1972 Nr. 57) bedarf
es nicht (so wohl auch *WPK-Kreft* Rn 49, 53; LAG Bremen 4. 6. 09 NZA-RR 09,
485 – Ausnahme Kleinbetriebe; ebenso LAG Hamm NZA-RR 10, 522; LAG Nürnberg 4. 11. 09 – 4 TaBV 44/09 – ArbuR 10, 272; **aA** BAG 16. 5. 07 AP Nr. 90 zu
§ 40 BetrVG 1972; BAG 20. 1. 10 – 7 ABR 79/08 – NZA 10, 709; BAG 17. 2. 10 –
7 ABR 81/09 – NZA-RR 413; GK-*Weber* Rn 151, 153; *HSWGNR* Rn 116f.; *SWS*
Rn 34a; *Weber* NZA 08, 280ff.; *Kliemt/Panzer* AuA-Personal-Profi 03, 8f., 13; LAG
Köln NZA-RR 03, 372; LAG Düsseldorf 21. 11. 02, FA 03, 151 aber unter Hinweis
darauf, dass die Benutzung des PC auch die Möglichkeit dem ArbGeb. bietet ggf. weitergehende Freistellungen nach § 37 Abs. 2 zu sparen; LAG Düsseldorf 23. 8. 05
NZA-RR 06, 139 unter Hinweis darauf, dass mit der Betriebsgröße die Arbeitsbelastung des BR zunimmt, was regelmäßig zur Erleichterung bei der Darlegung der Erforderlichkeit führt – zutreffend wertet das LAG den Verweis des BR ausschließlich
auf hand- und maschinenschriftliche Schreibarbeiten als eine Herabwürdigung des
BR gegenüber ArbGeb, Belegschaft und Dritten; dem zustimmend *WPK-Kreft*
Rn 50; ebenso LAG Schleswig-Holstein 27. 1. 10 – 3 TaBV 31/09 – BB 10, 436).
Auch unter Berücksichtigung der Rspr des BAG zur Darlegung der Erforderlichkeit
kommen die unterinstanzlichen Gerichte vermehrt dazu, festzustellen, dass die Versagung eines PC im heutigen Zeitalter und der rasanten Entwicklung der IuK-Technik
und deren Nutzen mit dem Anliegen des Betriebsverfassungsgesetzes nicht mehr vereinbar ist, da hierdurch die Wahrnehmung und Erledigung der dem BR mit dem
BetrVG übertragenen Aufgaben signifikant beeinträchtigt wird. BRAufgaben können
nicht mehr in verantwortungsvollem Maß wahrgenommen werden; betriebsratsinterne Entscheidungs- und Meinungsbildungsprozesse werden im Vergleich zum ArbGeb.
qualitativ eingeschränkt (vgl. dazu insb. LAG München 19. 12. 07 AiB 08, 545ff.;
LAG Köln 9. 1. 08 AuA 08, 495; LAG Hessen 7. 2. 08 – 9 TaBV 247/07; so auch
WPK-Kreft Rn 53; *Braun* jurisPR-ITR 10/2008 Anm. 5; ebenso LAG Bremen 4. 6.
09 NZA-RR 09, 485, 488, es sei denn, es ist ein Kleinstbetrieb und ArbGeb. nutzt
selbst keine IuK-Technik aA Weber NZA 08, 280ff.).

131a Der PC muss mit einer den Bedürfnissen des BR entsprechenden Hardware ausgestattet sein. Hierzu gehören auch ein Disketten- und ein CD-Rom-Laufwerk, letzteres
schon deshalb, weil in zunehmendem Maße auch für die BRArbeit erforderliches
Wissen, zB arbeitsrechtliche Gesetze, Gerichtsentscheidungen und Fachliteratur auf
CD-Rom zur Verfügung gestellt werden. Auch hier ist vom betriebsüblichen Standard
in den Tätigkeitsbereichen auszugehen, die mit der BRArbeit vergleichbar sind. Das
Gleiche gilt für Software-Programme. Stets zur Verfügung zu stellen sind Programme
für Textverarbeitung und Tabellenkalkulation. Bei Bestehen eines betrieblichen Intranet ist auch ein Programm zu dessen Nutzung zu überlassen. Dem BR kann nicht
veraltete Hard- und Software zur Verfügung gestellt werden; sie muss vielmehr mittlerer Art und Güte sein (BAG 19. 5. 99 AP Nr. 65 zu § 40 BetrVG 1972; *Kliemt/Panzer*
AuA-Personal-Profi 03, 8f.; *Besgen* NZA 06, 959, 961). Hält der BR eine Ausstattung
für erforderlich, die das übliche Niveau übersteigt, hat er dies gesondert darzulegen
(BAG aaO; *Kliemt/Panzer* aaO; **aA** *Löwisch/Kaiser* Rn 20, der den Anspruch auf das
Niveau des ArbGeb. beschränkt). Dies kann insb. für die Art des Zugangs z.B. über
Modem oder DS L gelten (*Besgen* NZA 06, 959, 962; *Beckschulze* DB 07, 1526,
1533). Bei der Diskussion um die Überlassung eines PC und dessen Ausstattung wird
auch die Entscheidung des BAG zu berücksichtigen sein, wonach der Einsatz moder-

ner Kommunikationsmittel auf Seiten des ArbGeb. durchaus die Beurteilung der Frage des erforderlichen Umfangs der dem BR zur Verfügung zu stellenden Sachmittel beeinflusst (BAG 1. 12. 04 AP Nr. 82 zu § 40 BetrVG 1972 zur Nutzung eines unternehmensweiten Intranets). Dies gilt auch für die Frage der Erforderlichkeit einer bestimmten Software, die ein höheres Sicherheitsniveau als die im Unternehmen verwendete hat (LAG Köln NZA-RR 11, 24).

Ob dem BR auch ein **tragbarer PC** (Laptop) zu überlassen ist, dürfte sich neben **132** dem betrieblichen Standard insbes. nach den konkreten Bedürfnissen des BR und seiner Mitgl. bestimmen (*J/R/H-Schuster* Kap. 4 Rn 132; ErfK-*Koch* Rn 16). Ist ein BRMitgl. im Außendienst tätig oder obliegt ihm die Betreuung zahlreicher Filialen oder auswärtiger Betriebsteile, so dass ihm die Nutzung der technischen Infrastruktur des BRBüros nicht möglich ist, kann die Überlassung eines tragbaren PC durchaus erforderlich sein (*Däubler*, Internet und Arbeitsrecht, Rn 427; *Besgen* NZA 06, 959, 962; einschränkend: GK-*Weber* Rn 154; *Richardi/Thüsing* Rn 68; LAG Köln NZA-RR 98, 163 für Mitgl. des GesBR, wenn diese die technische Infrastruktur der BR in den einzelnen Betrieben nutzen können).

Besteht im Betrieb ein innerbetriebliches Informations- und Kommunikationssystem **(Intranet),** hat der BR Anspruch auf Nutzung dieses Systems. Das gilt sowohl **133** für Informationen des BR an die ArbN des Betriebs als auch umgekehrt für die Kommunikation der ArbN mit dem BR (BAG 3. 9. 03, 1. 12. 04 AP Nr. 78, 82 zu § 40 BetrVG 1972; ErfK-*Koch* Rn 16). Das Recht des BR, im Rahmen seiner Aufgaben ein derartige betrieblichen System zu nutzen, ist nach der klarstellenden Ergänzung des Abs. 2 nicht mehr zu bestreiten (*Düwell/Wolmerath* Rn 20f.; *Däubler* AuR 01, 285; *Konzen* RdA 01, 84; *Löwisch* BB 01, 1744; *Beckschulze/Henkel* DB 01, 1491; *J/R/H-Schuster* Rn 132; BAG 3. 9. 03 u. 1. 12. 04 aaO; einschränkend noch BAG 17. 2. 93 AP Nr. 37 zu § 40 BetrVG 1972 hinsichtlich der Nutzung eines Verteilerschlüssels „an alle", mit dem eine Mitteilung an alle ArbN des Betriebs möglich ist; **aA** *Jansen* BB 03, 1726, wonach die Entscheidung über die betriebliche Nutzung des Intranets ausschließlich dem ArbGeb. zusteht). Hierzu gehört auch das Recht, im Rahmen eines Intranets eine eigene **Homepage** des BR mit zu seinen Aufgaben gehörenden Informationen einzurichten, ohne das hierauf der ArbGeb Einfluss nehmen darf (BAG 3. 9. 03, 1. 12. 04 aaO; LAG Köln 21. 9. 01 NZA-RR 02, 251; ArbG Paderborn DB 98, 678, *Besgen/Prinz* § 2 Rn 91; *Däubler*, Internet und Arbeitsrecht, Rn 487ff.; *Wedde* AuR 03, 313 Anm. zu LAG Schleswig-Holstein ebenda; *Beckschulze* DB 03, 2777, 2784; *Wedde* AiB 02, 209, 211; *WPK-Kreft* Rn 54; *Düwell/Wolmerath* Rn 23; *DKK-Wedde* Rn 102; GK-*Weber* Rn 166; *Weber* NZA 08, 280ff.; *Schaub* § 222 Rn 22; *Beckschulze/Henkel* DB 01, 1491; enger *Richardi/Thüsing* Rn 82; **aA** ArbG Frankfurt NZA-RR 02, 252, das einen Intranetzugang und Errichtung einer eigenen Homepage ablehnt, wenn der ArbGeb. dem BR neben den üblichen Informationsmitteln wie schwarzes Brett etc. die Nutzung des betriebsinternen E-Mail-Systems gewährt; ebenfalls ablehnend *Lelley* Rn 117). Die Einrichtung einer Homepage ist grundsätzl. auch dann zu gewähren, wenn das Intranet betriebsübergreifend eingerichtet ist und damit auch ArbN anderer Betriebe hierauf Zugriff haben; Letzteres kann der ArbGeb. durch technische Beschränkungen oder entsprechende Anweisungen verhindern (BAG 1. 12. 04 AP Nr. 82 zu § 40 BetrVG 1972; *Düwell/Wolmerath* Rn 23; enger *Beckschulze* DB 07, 1526, 1533, nur wenn auch ArbGeb. Intranet zur Information der ArbN nutzt; **aA** LAG Rheinland-Pfalz 14. 5. 03 NZA-RR 04, 310f.). Hinsichtlich des Inhalts gelten die Ausführungen zum schwarzen Brett uneingeschränkt (BAG 3. 9. 03 AP Nr. 78 zu § 40 BetrVG 1972; LAG Hamm 12. 3. 04 RDV 04, 223f.; siehe ausführlich dazu Rn 116f.). Dem BR steht ein Unterlassungsanspruch nach § 78 S. 1 zu, wenn der ArbGeb. eigenmächtig vom BR ins Intranet eingestellte Informationen entfernt (BAG 3. 9. 03 aaO; LAG Schleswig-Holstein aaO mit zustimmender Anmerkung *Wedde* AuR 03, 313; LAG Hamm aaO; **aA** *Beckschulze* DB 07, 1526, 1533, wenn ArbGeb. rechtswidrige Seiten entfernt).

133a   Hat der ArbGeb. zur **innerbetrieblichen Kommunikation** ein **E-Mail-System** eingerichtet, kann der BR verlangen, dies ebenfalls zur Unterrichtung der ArbN nutzen zu können (GK-*Weber* Rn 164; *WPK-Kreft* Rn 55; *Wedde* AiB 02, 209, 211; *Besgen* NZA 06, 959; *Priebe* AiB 10, 317, 318; nur in High-Tech- und anderen Unternehmen mit überwiegend elektronischem Schriftverkehr: *Richardi/Thüsing* Rn 82; *Kliemt/Panzer* AuA-Personal-Profi 03, 8, 15 f.; weiter einschränkend *Schaub* § 222 Rn 22 nur wenn Information der ArbN über BetriebsVerslg. oder Informationsblätter wegen Kürze der Zeit untunlich ist). Anders als es in der Entscheidung des ArbG Frankfurt (aaO) zum Ausdruck kommt, gibt es nicht nur die Wahl zwischen Zugang zum Intranet und Einrichtung einer eigenen Homepage oder Nutzung des betriebsinternen E-Mail-Systems. Vielmehr können dem BR beide Kommunikationsmittel zur Verfügung gestellt werden. Für die Übermittlung von Informationen kann der BR nicht ausschließlich auf das E-mail-System verwiesen werden (vgl. BAG 3. 9. 03 − 7 ABR 12/03 AP Nr. 78 zu § 40 BetrVG 1972; *Besgen* NZA 06, 959, 961; aA noch LAG Rheinland-Pfalz 14. 5. 03 NZA-RR 04, 310 f.).

134   Je nach dem betrieblichen Standard und den Erfordernissen des BR kann zu den ihm zu überlassenen Mitteln der modernen Informations- und Kommunikationstechnik auch der Zugang zum **Internet** gehören (BAG 3. 9. 03 − 7 ABR 8/03 AP Nr. 79 zu § 40 BetrVG 1972; BAG 23. 8. 06 AP Nr. 88 zu § 40 BetrVG 1972; BAG 17. 2. 10 − 7 ABR 81/09 − NZA-RR 10, 413; LAG Niedersachsen AiB 07, 361; ErfK-*Koch* Rn 16; *Düwell/Wolmerath* Rn 21; *Wedde* AiB 02, 209, 211 und AiB 04, 694; *Schaub* § 222 Rn 17; kritisch *Richardi/Thüsing* Rn 82; aA LAG Köln 21. 9. 01 NZA-RR 02, 251; *Kliemt/Panzer* AuA-Personal-Profi 03, 8, 15; *Beckschulze* DB 03, 2777, 2783; *Hunold* NZA 04, 370 ff. bei objektiver Erforderlichkeit einschränkend auf die einschlägigen Internetseiten, kein generelles Zugangsrecht). Der Zugang zum Internet kann ein erforderliches Sachmittel des BR zur Erfüllung der ihm obliegenden Aufgaben sein, da sich der BR mit dessen Hilfe umfassend und schnell über aktuelle arbeits- und betriebsverfassungsrechtliche Fragen informieren kann; dies jedenfalls grdstzl. dann, wenn dem ArbGeb. auf Grund der technischen Ausstattung des Betriebs keine bzw. keine ins Gewicht fallenden zusätzlichen Kosten entstehen und andere entgegenstehende Interessen nicht bestehen (BAG 3. 9. 03 AP Nr. 79 zu § 40 BetrVG 1972; BAG 20. 1. 10 − 7 ABR 79/08 − NZA 10, 709; BAG 17. 2. 10 − 7 ABR 81/09 − NZA-RR 10, 413; BAG 17. 2. 10 − 7 ABR 54/10 − AP Nr. 103 zu § 40 BetrVG 1972; LAG Niedersachsen AiB 07, 361; *WPK-Kreft* Rn 55; die Entscheidung ablehnend: *Beckschulze* DB 03, 2777, 2784). Die offenkundige Dienlichkeit des Internets zur Aufgabenerfüllung des BR wird in der neuesten Rspr. des BAG mittlerweile uneingeschränkt anerkannt; anders als noch bisher muss der BR nicht mehr konkret darlegen, für welche der anstehenden BRAufgaben Informationen aus dem Internet erforderlich sind (BAG 20. 1. 10 − 7 ABR 79/08 − NZA 10, 709; BAG 17. 2. 10 − 7 ABR 81/09 − NZA-RR 413 unter Aufgabe der dazu ergangenen Rspr. in BAG 23. 8. 06 AP Nr. 88 zu § 40 BetrVG 1972) oder welche ihm obliegenden Rechte und Pflichten ansonsten vernachlässigt werden müssten (ausdrückliche Abgrenzung zur früheren Entscheidung 16. 5. 07 AP Nr. 90 zu § 40 BetrVG 1972); anders dazu noch *Hunold* NZA 07, 314; *Weber* NZA 08, 280 ff.; nach *Beckschulze* DB 07, 1526, 1532 f: BR muss Positivliste der erforderl. Internetseiten aufstellen; für eine Beschränkung des Internetzugangs auf die für die Arbeit des BR notwendigen Seiten: *Lelley* Rn 110 f.; *Besgen* NZA 06, 959, 962; *Gola* MMR 05, 17, 19). Verfügt der ArbGeb. in diesem Zusammenhang beispielsweise auch über einen Anschluss an eine juristische Datenbank (zB Juris) ist dem BR grundsätzlich ebenfalls ein Zugang zu erlauben, soweit dies keine unverhältnismäßigen Kosten verursacht (GK-*Weber* Rn 167; *WPK-Kreft* Rn 55; *Weber* NZA 08, 280ff.). Der Zugang zum Internet beschränkt sich nicht allein auf Rechtsfragen; auch Informationen von privaten oder staatlichen Institutionen, soweit sie für die Wahrnehmung von BRAufgaben relevant sind, können eingeholt und genutzt werden (BAG 20. 1. 10 − 7 ABR 79/08 − NZA 10, 709; BAG 17. 2. 10 − 7 ABR 81/09 − NZA-RR 413). Der Umstand, dass zwar der ArbGeb. aber nicht die Filialleitungen über einen Internetanschluss verfügen, lassen den Anspruch nicht per se entfallen (BAG 17. 2. 10 – 7 ABR 81/09 – NZA-RR 413; BAG 17. 2. 10 – 7 ABR 54/10 – AP Nr. 103 zu § 40 BetrVG 1972; aA wohl aber LAG Hamm NZA-RR 10, 522). Auch die nur eingeschränkte Nutzung des Internets durch den ArbGeb. rechtfertigt nicht per se die Ablehnung eines Internetzugangs für den BR (LAG Niedersachsen 27. 10. 10 BB 11, 768). Im Rahmen der **Berücksichtigung betrieblicher Belange** kann nach BAG – je nach Einzelfall und der konkreten betrieblichen Situation – die konkrete Möglichkeit der Gefährdung besonderer Geheimhaltungsinteressen gegen einen Internetzugang sprechen. Auch soll nach den o. g. BAG-Entscheidungen die konkrete Gefahr des Missbrauchs des Sachmittels ggf. zur Ablehnung desselben führen können. Dies ist abzulehnen: Um eine missbräuchliche Nutzung des Internets auszuschließen, reicht es aus, die Zugriffsrechte durch entsprechende Konfiguration der Firewall bzw. von Filtersoftware auf solche Bereiche zu beschränken, die einem generellen betrieblichen Nutzungsverbot unterliegen (*Gola* MMR 05, 17, 19). Störungen durch Viren oder Hackerangriffen kann der ArbGeb. in gleicher Weise vorbeugen, wie bei anderen mit Internetzugang ausgestatten PCs (BAG 17. 2. 10 – 7 ABR 81/09 – NZA-RR 413; BAG 14. 7. 10 – 7 ABR 80/08 – DB 10, 2731). Die Eröffnung von Internetanschlüssen ist grundsätzl. nicht auf das Gremium BR beschränkt; der BR kann iR seines Beurteilungsspielraums auch die **Internetöffnung für die einzelnen BR-Mitgl.** zur Erfüllung von BRAufgaben für erforderlich halten, soweit dem berechtigte Belange des ArbGeb. nicht entgegenstehen (BAG 14. 7. 10 – 7 ABR 80/08 – DB 10, 2731; kritisch *Hunold* NZA-RR 11, 57, 61). Die ggf. mit der Freischaltung von Internetanschlüssen verbundene Gebührenpflicht steht dem nicht entgegen (vgl. dazu BAG 17. 2. 10 – 7 ABR 92/09 – AP Nr. 104 zu § 40 BetrVG 1972). Zu weitgehend *Schomaker,* der auch für vorübergehende ErsatzMitgl. einen eigenen Internetzugang für erforderlich hält (Anm. zu BAG 14. 7. 10 in AiB 11, 54, 57). Wird der Zugang zum Internet von einzelnen BRMitgl. zur Unterrichtung der Öffentlichkeit über betriebs- und betriebsratsinterne Vorgänge und Auseinandersetzungen genutzt, verstößt dies gegen den Grundsatz der vertrauensvollen Zusammenarbeit; dem ArbGeb. steht insoweit ein Unterlassungsanspruch zu (LAG Hessen DB 05, 617; *Beckschulze* DB 07, 1526, 1533 f.). Zu den sonstigen Nutzungsmöglichkeiten zur Informationsbeschaffung vgl. ua. *Däubler* Internet und Arbeitsrecht Rn 503 ff.; *Lelley* Rn 99 ff.; *Besgen/Prinz* § 2 Rn 62 ff.).

Ebenfalls zu den erforderlichen Sachmittel der Informations- und Kommunikationstechnik kann die Möglichkeit der **außerbetrieblichen e-mail-Nutzung** gehören, soweit berechtigte Belange des Arbeitgebers dem nicht entgegenstehen (BAG 14. 7. 10 – 7 ABR 80/08 – DB 10, 2731; *Konzen* RdA 01, 84; *Däubler* AuR 01, 286; *Wedde* AiB 02, 209, 211; *DKK-Wedde* Rn 101; *WPK-Kreft* Rn 55; einschr. *Beckschulze/Henkel* DB 01, 1491; aA *HSWGNR* Rn 136; *Kliemt/Panzer* AuA-Personal-Profi 03, 8, 16). 134a

5. Büropersonal

Außerdem hat der ArbGeb. das zur Durchführung der Aufgaben des BR erforderliche **Büropersonal zur Verfügung zu stellen.** Hierbei wird es sich in erster Linie um Schreibkräfte handeln, die die anfallende Schreibarbeit des BR erledigen; jedoch kommen auch Kräfte für andere Hilfstätigkeiten in Betracht, sofern diese nicht von den Schreibkräften mit erledigt werden können (LAG Bad-Württ. ArbuR 89, 93; *ErfK-Koch* Rn 18; *Richardi/Thüsing* Rn 71; *MünchArbR-Joost* § 221 Rn 45). Der Anspruch auf eine Schreibkraft besteht grundsätzl. auch dann, wenn ein freigestelltes BRMitgl. selbst über schreibtechnische Kenntnisse verfügt (ArbG Solingen DB 74, 782; *GK-Weber* Rn 169; *HSWGNR* Rn 142). Der BR ist nicht verpflichtet, sämtliche Bürotätigkeiten selbst zu erledigen (BAG 20. 4. 05 AP Nr. 84 zu § 40 BetrVG 1972). Dem Anspruch auf Überlassung von Büropersonal steht auch nicht entgegen, 135

dass das BRBüro mit PC ausgestattet ist; die Ansprüche auf Überlassung von IuK-
Technik und Büropersonal bestehen nicht wahlweise sondern sowohl als auch (BAG
20. 4. 05 aaO). Bei seiner Entscheidung hat der BR – wie auch beim Sachmittelan-
spruch – die Interessen der Belegschaft an einer sachgerechten Ausübung des BRAmtes einerseits und den berechtigten Interessen des ArbGeb. andererseits, auch soweit
sie auf die Begrenzung seiner Kostentragungspflicht gerichtet sind, zu berücksichtigen
(BAG 20. 4. 05 aaO). Je nach der Größe und Art des Betriebs wird es ausreichen,
wenn der ArbGeb. eine Schreibkraft teilweise – sei es jeweils auf Anforderung, sei es
stundenweise oder für bestimmte Tage in der Woche – für die BRArbeit zur Verfügung stellt. In größeren Betrieben dürfte es im Allgemeinen erforderlich sein, eine
oder ggf. auch mehrere Schreibkräfte ausschließlich für die BRArbeit einzustellen.
Entscheidend ist der tatsächliche Arbeitsanfall (BAG 20. 4. 05 aaO; *Düwell/Wolmerath*
Rn 24; GK-*Weber* Rn 169; *DKK-Wedde* Rn 119). Nach BAG aaO hat der BR dabei
darzulegen, welche bei ihm anfallenden Bürotätigkeiten einer Bürokraft übertragen
werden sollen und welchen zeitlichen Aufwand diese Tätigkeit erfordert; ein Abstellen allein auf die BRGröße und Zugehörigkeit zu verschiedenen Ausschüssen und
Gremien reicht danach nicht. Ist die Bürokraft selbst BRMitgl., ist sie nicht auf die
nach § 38 Abs. 1 vorgeschriebene Anzahl freizustellender BRMitgl. anzurechnen
(BAG 12. 2. 97 AP Nr. 19 zu § 38 BetrVG 1972; *DKK-Wedde* Rn 122; GK- *Weber*
Rn 173; *Richardi/Thüsing* Rn 71; **aA** *GL* Rn 49).

136   Der BR hat einen Anspruch auf **Überlassung** des erforderlichen Büropersonals.
Er kann es schon mangels eigener Rechtspersönlichkeit nicht selbst einstellen. Bei der
Auswahl des dem BR zur Verfügung zu stellenden Büropersonals ist diesem allerdings
ein **Mitspracherecht** einzuräumen. Dies ergibt sich schon daraus, dass diese Tätigkeit ein gewisses Vertrauensverhältnis zum BR voraussetzt (BAG 5. 3. 97 AP Nr. 56
zu § 40 BetrVG 1972; *DKK-Wedde* Rn 120; ErfK-*Koch* Rn 18; *WW* Rn 21; *Zumkel-
ler/Lüber* BB 08, 2067ff.; **aA** GK-*Weber* Rn 170; *HSWGNR* Rn 142; *Richardi/Thüsing*
Rn 72; MünchArbR-*Joost* § 221 Rn 45; offengelassen von BAG 17. 10. 90 AP Nr. 8
zu § 108 BetrVG 1972). Das Büropersonal tritt, auch wenn es ausschließlich für den
BR tätig wird, nicht zu diesem in ein Arbeitsverhältnis. Partner des Arbeitsvertrages
ist allein der ArbGeb. Der ArbGeb. hat gegen den BR keinen Anspruch auf tatsächliche Beschäftigung des ihm als Bürokraft zugewiesenen ArbN, wenn der BR die
weitere Zusammenarbeit mit der Bürokraft wegen angeblichen Vertrauensbruchs
ablehnt (BAG 5. 3. 97 AP Nr. 56 zu § 40 BetrVG 1972).

137   Die **Rechtsstellung des Büropersonals** wird gesetzlich nicht näher umschrieben. Das Direktionsrecht des ArbGeb. erstreckt sich nicht auf die Art und Weise der
Durchführung der BRArbeit. Insoweit ist der BR berechtigt, **Arbeitsanweisungen**
zu geben (LAG Hessen 19. 2. 08 – 4 TaBV 147/07 – Juris; *DKK-Wedde* Rn 121;
ErfK-*Koch* Rn 18; GK-*Weber* Rn 171; *HSWGNR* Rn 144; *Richardi/Thüsing* Rn 73;
Zumkeller/Lüber BB 08, 2067 ff.). Hinsichtlich der Frage der Eingruppierung ist zwischen der Tätigkeit als überlassene Bürokraft und der Amtstätigkeit als BRMitgl. zu
unterscheiden (LAG Hessen aaO). Ebenfalls nicht eingruppierungsrelevant sind Tätigkeiten, die der BR unter Überschreitung seiner ihm übertragenen Direktionsbefugnis zuweist (LAG Hessen aaO, zustimmend *Zumkeller/Lüber* BB 08, 2067 ff.). Das
Büropersonal erlangt ebenso wie BRMitgl. durch seine Tätigkeit Kenntnis von Be-
triebs- und Geschäftsgeheimnissen (zur Teilnahme einer Schreibkraft an BRSitzungen
vgl. § 34 Rn 11). Hierüber hat es Stillschweigen zu bewahren. Obwohl sich in der
Regel eine entsprechende **Verschwiegenheitspflicht** bereits aus dem Arbeitsvertrag
ergeben dürfte (so GK-*Weber* Rn 172, *HSWGNR* Rn 144; *Richardi/Thüsing* Rn 73),
erscheint es im Interesse der Rechtsklarheit geboten, im Anstellungsvertrag ausdrücklich festzulegen, dass es derselben Verschwiegenheitspflicht unterliegt wie BRMitgl.
(*GL* Rn 50; *Düwell/Wolmerath* Rn 26). Die Schweigepflicht des Büropersonals hat
allerdings nur vertragliche und keine strafrechtliche Bedeutung, so dass ihre Verletzung keine Bestrafung nach § 120 ermöglicht.

IV. Streitigkeiten

Streitigkeiten über die Geschäftsführungskosten des BR, insbesondere auch über **138**
deren Notwendigkeit, sowie Streitigkeiten über die Bereitstellung der erforderlichen
Sach- und Personalmittel des BR sind gemäß §§ 2a, 80 ff. ArbGG im **arbeitsge-
richtlichen Beschlussverfahren** zu entscheiden (BAG 12. 2. 65 u. 18. 4. 67 AP
Nr. 1 u. 7 zu § 39 BetrVG; *GL* Rn 51; GK– *Weber* Rn 186; *Richardi / Thüsing* Rn 84;
Dütz / Säcker DB 72, Beil. 17, 12). Das Gleiche gilt für Streitigkeiten über Fragen des
Besitzrechts an BRAkten (BAG 3. 4. 57 AP Nr. 46 zu § 2 ArbGG). Da der BR selbst
nicht vermögensfähig ist, geht bei Streitigkeiten über Geschäftsführungskosten sein
Anspruch gegen den ArbGeb. auf **Übernahme der Kosten** oder für den Fall, dass
eine Verbindlichkeit bereits begründet worden ist, auf **Freistellung von dieser Ver-
bindlichkeit** (vgl. oben Rn 92 ff.). Ein Antrag des BR auf generelle Feststellung der
Erforderlichkeit bestimmter Kosten der BRTätigkeit ist im Allgemeinen unzulässig
(BAG DB 87, 1439).

Auch der Anspruch des **einzelnen BRMitgl.** gegen den ArbGeb. auf Kostenerstat- **139**
tung ist im **arbeitsgerichtlichen BeschlVerf.** geltend zu machen. Denn maßgebend ist, dass der Anspruch nicht wie der im Urteilsverfahren geltend zu machende
Anspruch auf Fortzahlung des Arbeitsentgelts (vgl. § 37 Rn 253) im Arbeitsverhältnis, sondern im BRAmt wurzelt (BAG 24. 6. 69 AP Nr. 8 zu § 39 BetrVG; BAG
6. 11. 73 u. 21. 11. 78, AP Nr. 5, 6 u. 35 zu § 37 BetrVG 1972; BAG 31. 10. 72,
18. 1. 89 u. 16. 1. 08 AP Nr. 2, 28 u. 92 zu § 40 BetrVG 1972; BAG 23. 6. 10 –
7 ABR 103/08 – NZA 10, 1298; GK–*Weber* Rn 187; *HSWGNR* Rn 149; *Richardi /
Thüsing* Rn 85). Das Gleiche gilt für Ansprüche eines BRMitgl. gegen den BR, zB
wenn der ArbGeb. dem BR für seine Sachkosten einen Fonds zur Verfügung gestellt
hat (vgl. Rn 91) und das BRMitgl. die Erstattung von Aufwendungen aus diesem
Fonds verlangt *Richardi / Thüsing* Rn 86; *Dütz* ArbuR 73, 371). Auch Ansprüche inzwischen aus dem BR ausgeschiedener ArbN sind weiterhin im arbeitsgerichtlichen
BeschlVerf. geltend zu machen (BAG 10. 10. 69 AP Nr. 1 zu § 8 ArbGG 1953; GK–
Weber Rn 187; *WPK-Kreft* Rn 59).

Der **Antrag** des BRMitgl. ist, wenn die konkret anstehende Verpflichtung noch **140**
nicht begründet worden ist, auf Übernahme dieser konkret zu bezeichnenden Kosten
zu richten. Ist das BRMitgl. bereits eine Verpflichtung eingegangen und hat es die
noch nicht erfüllt, ist der prozessuale Anspruch darauf zu richten, von der Verbindlichkeit freigestellt zu werden. Hat es die Verbindlichkeit bereits erfüllt, so ist der
Antrag auf Zahlung des Erstattungsbetrages zu stellen (BAG 27. 3. 79 AP Nr. 7 zu
§ 80 ArbGG 1953; vgl. Rn 92 ff.). Die Rechtskraft einer früheren Entscheidung steht
einem neuen Antrag nicht entgegen, wenn insb. zwischenzeitl. eine neue reguläre
BRWahl stattgefunden hat bzw. sich die tatsächlichen Verhältnisse maßgeblich geändert haben (vgl. LAG Köln 9. 1. 08 AuA 08, 495).

Auch der **BR** ist befugt, **in eigenem Namen** Freistellungs- oder Erstattungsan- **141**
sprüche von BRMitgl. im BeschlVerf. geltend zu machen, und zwar mit dem Ziel
der Freistellung seiner Mitgl. von der betreffenden Verbindlichkeit bzw. der Zahlung
der betreffenden Geldschuld an diese Mitgl., nicht an sich selbst (BAG 10. 6. 75 AP
Nr. 1 zu § 73 BetrVG 1972; BAG 27. 3. 79 AP Nr. 7 zu § 80 ArbGG 1953; BAG
15. 1. 92 u. 28. 6. 95 AP Nr. 41 u. 47 zu § 40 BetrVG 1972; *WPK-Kreft* Rn 60;
ErfK–*Koch* Rn 19; GK–*Weber* Rn 188; *Richardi / Thüsing* Rn 86). In diesem Verfahren
sind die betroffenen BRMitgl. (auch eventuell betroffene Mitgl. der JugAzubiVertr.)
Beteiligte (BAG 15. 1. 92 aaO).

Das BeschlVerf. ist auch die richtige Verfahrensart, wenn bei **Insolvenz** des Arb- **142**
Geb. eine (angemeldete) Kostenerstattungsforderung im Insolvenzverfahren in Streit
bleibt (vgl. hierzu auch oben Rn 100 ff.).

Rechtskräftige Beschlüsse über die Verpflichtung des ArbGeb. zur Tragung von **143**
Kosten oder des Sachaufwands des BR nach § 40 sind nach Maßgabe der Zwangs-

vollstreckungsvorschriften der ZPO **vollstreckbar** (vgl. § 85 ArbGG). Aufgrund der grdsätzl. Verpflichtung des ArbGeb, eine Ausstattung „mittlerer Art und Güte" zur Verfügung zu stellen (BAG 12. 5. 1999 AP Nr. 66 zu § 40 BetrVG 1972), erfolgt die Vollstreckung einer arbeitsgerichtlichen Entscheidung zur Sachmittelausstattung des BR analog der §§ 262 ff. BGB (LAG Nürnberg NZA-RR 03, 418).

144 Macht ein einzelnes BRMitgl. Freistellungs- oder Erstattungsansprüche geltend, ist der **BR notwendiger Beteiligter** iS von § 83 ArbGG (BAG 13. 7. 77 AP Nr. 8 zu § 83 ArbGG 1953; ErfK-*Koch* Rn 19; *WPK-Kreft* Rn 59; *HSWGNR* Rn 150). Dies gilt auch, wenn inzwischen ein neuer BR gewählt worden ist, da dieser Funktionsnachfolger des früheren BR ist (BAG 25. 4. 78 AP Nr. 11 zu § 80 BetrVG 1972; BAG 3. 4. 79 AP Nr. 1 zu § 13 BetrVG 1972; GK-*Weber* Rn 187; *Richardi / Thüsing* Rn 87).

145 Ein vom BR oder einem einzelnen BRMitgl. in einem arbeitsgerichtlichen Beschlussverfahren als Verfahrensbevollmächtigter hinzugezogener **Rechtsanwalt** ist in einem BeschlVerf., das wegen der Freistellung von seinen Honoraransprüchen bzw. deren Erstattung eingeleitet wird, **kein Beteiligter** iS von § 83 ArbGG, da er nur in einem vertraglich begründeten, nicht jedoch in einem betriebsverfassungsrechtlichen Rechtsverhältnis zum BR bzw. zum ArbGeb. steht und das BeschlVerf. nur der Klärung betriebsverfassungsrechtlicher Rechtsbeziehungen dient (BAG 3. 10. 78 AP Nr. 14 zu § 40 BetrVG 1972). Das Gleiche gilt in Bezug auf einen von BR nach § 80 Abs. 3 hinzugezogenen Sachverständigen (BAG 25. 4. 78 AP Nr. 11 zu § 80 BetrVG 1972; *HSWGNR* Rn 151).

146 Hat eine **Gewerkschaft** erforderliche Geschäftsführungskosten des BR oder einzelner BRMitgl. verauslagt und sich deren Ansprüche abtreten lassen, so kann sie die abgetretenen Ansprüche ebenfalls im arbeitsgerichtlichen BeschlVerf. geltend machen; denn Anspruchsgrundlage und Rechtscharakter der Forderung ändern sich durch die Abtretung nicht (BAG 30. 1. 73, 29. 1. 74 u. 15. 1. 92 AP Nr. 3, 5 u. 41 zu § 40 BetrVG 1972; BAG 25. 4. 78 AP Nr. 33 zu § 37 BetrVG 1972; ErfK-*Koch* Rn 19; GK-*Weber* Rn 189; *Richardi / Thüsing* Rn 57). Aus eigenem Recht, dh ohne Abtretung, ist sie nicht antragsberechtigt (LAG Düsseldorf DB 76, 1115; *DKK-Wedde* Rn 125; *Richardi / Thüsing* Rn 88). Das Gleiche gilt für die Abtretung eines Freistellungsanspruchs des BR hinsichtlich erforderlicher Anwaltsgebühren an den **Rechtsanwalt,** der ihn in einem arbeitsgerichtlichen Beschlussverfahren vertreten hat (LAG Berlin AP Nr. 25 zu § 40 BetrVG 1972; ErfK-*Koch* Rn 19). Die Abtretung bedarf eines ordnungsmäßigen BRBeschlusses (BAG 13. 5. 98 AP Nr. 55 zu § 80 BetrVG 1972). Sind alle BRMitgl. aus dem Betrieb und damit aus dem BR ausgeschieden und sind auch keine ErsMitgl. vorhanden, können trotz **Amtsende** die ausgeschiedenen BRMitgl. noch einen Beschluss über die Abtretung eines Freistellungsanspruches fassen (LAG Niedersachsen NZA-RR 00, 309). Nach dem Prinzip der Funktionsnachfolge und in entspr. Anwendung des § 22 BetrVG, § 49 S. 2 BGB, gehen mit Amtsende des BR dessen Rechtspositionen nicht ersatzlos unter (BAG 24. 10. 01 AP Nr. 71 zu § 40 BetrVG 1972; BAG 23. 8. 06 AP Nr. 12 zu § 54 BetrVG 1972 auch für KBR; *Richardi / Thüsing* Rn 57). Vielmehr gilt der BR hinsichtlich seiner noch nicht erfüllten Kostenerstattungs- und Freistellungsansprüche als fortbestehend mit der Folge, dass er auch nach Amtsende diese noch gegenüber dem ArbGeb. geltend machen oder an Dritte abtreten kann (BAG aaO mit zust. Anm. *Wiese;* BAG 9. 12. 09 – 7 ABR 90/07 – NZA 10, 461; BAG 17. 11. 10 – 7 ABR 113/09 – NZA 11, 816). GK-*Kreutz* § 22 Rn 15; *WPK-Kreft* Rn 40). Dies gilt grundsätzlich auch im Fall der Nichtigkeit des gewählten Organs s. dazu Rn 8 und BAG 23. 8. 06 aaO.

147 Haben der BR oder einzelne BRMitgl. einen Freistellungsanspruch schuldbefreiend an den Gläubiger der Verpflichtung, auf den sich der Freistellungsanspruch bezieht, **abgetreten,** wandelt sich dieser mit der Abtretung in einen Zahlungsanspruch um (BAG 13. 5. 98 AP Nr. 55 zu § 80 BetrVG 1972; BAG 25. 8. 04 AP Nr. 1 zu § 43 a BRAO; LAG Berlin DB 89, 683). Weder der BR noch das BRMitgl. sind nach Abtretung des Kostenerstattungsanspruches aus Anlass einer Schulungsveranstaltung an die Gewerkschaft an einem von dieser eingeleiteten Beschlussverfahren zu beteiligen, wenn das teilnehmende BRMitgl. keinen Ansprüchen mehr ausgesetzt ist, über die Kostentragung im Grunde keine Meinungsverschiedenheit besteht und sich der Streit über die Höhe der Kostenerstattung auf die Frage beschränkt, ob die Kostenrechnung aus koalitionsrechtlichen Gründen zu beanstanden ist (BAG 15. 1. 92 AP Nr. 41 zu § 40 BetrVG 1972; *DKK-Wedde* Rn 125; *HSWGNR* Rn 150). Ist der BR nicht mehr im Amt, ist dieser iR eines vom Forderungsgläubiger angestrengten Beschlussverfahren nicht mehr zu beteiligen, da die Entscheidung nicht mehr die betriebsverfassungsrechtliche Stellung des BR berühren kann (BAG 9. 12. 09 – 7 ABR 90/07 – NZA 10, 461).

Führen Streitigkeiten über die Tragung der Kosten zu einer wesentlichen Erschwe- **148** rung der BRArbeit, kann der BR im **BeschlVerf.** eine **einstweilige Verfügung** beantragen (vgl. § 85 Abs. 2 ArbGG iVm. § 940 ZPO; *DKK-Wedde* Rn 129; *ErfK-Koch* Rn 19; *GK-Weber* Rn 199; *HSWGNR* Rn 153; *Richardi/Thüsing* Rn 90). Das gilt auch für die Zahlung von Kostenvorschüssen zB für Reise- oder Schulungskosten.

Führt die Weigerung des ArbGeb., die ihm nach § 40 obliegende Pflichten zu er- **149** füllen, zu einer Behinderung der BRArbeit, so kann dies den Straftatbestand des § 119 Abs. 1 Nr. 2 erfüllen (*GK-Weber* Rn 200; *Richardi/Thüsing* Rn 91). In diesen Fällen kommt auch ein Verfahren nach § 23 Abs. 3 in Betracht.

§ 41 Umlageverbot

Die Erhebung und Leistung von Beiträgen der Arbeitnehmer für Zwecke des Betriebsrats ist unzulässig.

Inhaltsübersicht

I. Vorbemerkung

Die Vorschrift verbietet jede Umlage unter den ArbN für Zwecke des BR. Die **1** Vorschrift gilt auch für den GesBR (§ 51 Abs. 1) und den KBR (§ 59 Abs. 1). Sie gilt ferner für die JugAzubiVertr. (§ 65 Abs. 1), die GesJugAzubiVertr. (§ 73 Abs. 2), die KJugAzubiVertr. (73b Abs. 2) die Bordvertr. (§ 115 Abs. 4) und den SeeBR (§ 116 Abs. 3). Auf die ArbNVertretungen nach § 3 Abs. 1 ist sie entsprechend anzuwenden. Die Vorschrift ist **zwingendes Recht.**

Entsprechende Vorschrift: § 45 BPersVG. Das SprAuG und EBRG enthalten keine **2** entsprechende Vorschrift, jedoch ergibt sich das Umlageverbot mittelbar aus der allgemeinen Kostentragungspflicht des ArbGeb. nach § 14 Abs. 2 SprAuG und § 30 EBRG (*GK-Weber* Rn 3).

II. Beitragsverbot für Zwecke des Betriebsrats

Das BRAmt ist ein Ehrenamt (vgl. § 37 Abs. 1). Die Kosten des BR hat der Arb- **3** Geb. zu tragen (§ 40). Deshalb verbietet § 41 es dem BR, die ArbN zu **Beiträgen** für Zwecke des BR zu veranlassen oder solche Beiträge entgegenzunehmen, oder Sammlungen für seine Tätigkeit durchzuführen. Das gilt sowohl für laufende Beitragsannahmen als auch für einmalige Sammlungen (*DKK-Wedde* Rn 2; *ErfK-Eisemann* Rn 1; *GK-Weber* Rn 4; *HSWGNR* Rn 2; *Richardi/Thüsing* Rn 1 f.).

4　　Eine Leistung von Beiträgen liegt nur vor, wenn diese aus dem **Vermögen des ArbN** stammen, sei es, dass sie die Beiträge abführen, sei es, dass ihnen zustehende Ansprüche gekürzt werden (GK-*Weber* Rn 4). Dies ist nicht der Fall, wenn eine Spielbank aus dem Tronc auch Personalaufwendungen bestreitet, die ihr durch die BRTätigkeit ihrer BRMitgl. entstehen. Denn nach dem SpielbankenG NRW steht den ArbN weder Eigentum an dem Tronc zu, noch haben sie Anspruch darauf; dass aus dem Tronc, der von gesetzeswegen der Bestreitung von Personalaufwendungen der Spielbank dient, nicht auch die auf § 37 BetrVG beruhenden Personalaufwendungen abgedeckt werden dürfen (BAG 24. 7. 91 AP Nr. 1 zu § 41 BetrVG 1972; vgl. auch LAG Köln LAGE § 611 BGB Croupier Nr. 1; *DKK-Wedde* Rn 3; GK-*Weber* Rn 4; *Richardi / Thüsing* Rn 4). Unzulässig ist es dagegen, Mittel aus dem Tronc für Sachmittelkosten des BR aufzuwenden. Anders als die Personalkosten der in den BR gewählten ArbN gehören Sachmittelkosten des BR nicht zu den Aufwendungen für das Personal iS der Spielbankgesetze der Länder (ausdrücklich zum SpielbankG SchlH BAG 14. 8. 02 AP Nr. 2 zu § 41 BetrVG 1972 mit zustimmender Anmerkung *Wedde* AuR 03, 272), da sie weder das Vermögen der ArbN erhöhen noch eigene Aufwendungen der ArbN ersparen. Die in den SpielbankG geregelte Verwendung des Troncaufkommens kann auch nicht im Wege der Vereinbarung mit den Arbeitnehmern einer anderen Verwendung zugänglich gemacht werden; die Regelungen sind abschließend und zwingend (BAG aaO).

5　　Das Verbot der Leistung von Beiträgen für Zwecke des BR gilt auch für **Zuwendungen Dritter,** etwa der Gewerkschaften oder politischer Parteien (*WPK-Kreft* Rn 4; GK-*Weber* Rn 7; ErfK-*Eisemann* Rn 1; *HSWGNR* Rn 3; *Richardi / Thüsing* Rn 6; *WW* Rn 2; MünchArbR-*Joost* § 221 Rn 51). Auch Zuwendungen des ArbGeb., die über seine Kostentragungspflicht nach § 40 hinausgehen, sind unzulässig, da sie den Grundsatz der unentgeltlichen Ehrenamtes der BRMitgl. gefährden (*DKK-Wedde* Rn 2; *Richardi / Thüsing* Rn 5; GK-*Weber* Rn 8; noch offengelassen von BAG 29. 9. 04 AP Nr. 81 zu § 40 BetrVG 1972).

6　　Hat der BR **rechtswidrig** Leistungen oder sonstige Zuwendungen der ArbN oder Dritter für BRZwecke entgegengenommen, so können diese Leistungen gem. § 817 BGB **nicht zurückgefordert** werden, da sich das Verbot des § 41 auch gegen den Leistenden richtet (*DKK-Wedde* Rn 2; *GL* Rn 5; *Düwell / Wolmerath* Rn 6; aA ErfK-*Eisemann* Rn 1; GK-*Weber* Rn 9; *Wlotzke-Kreft* Rn 5; *HSWGNR* Rn 4; *Richardi / Thüsing* Rn 3; MünchArbR-*Joost* § 221 Rn 50). Hat der ArbGeb. rechtswidrig Leistungen aus dem Tronc für Sachmittelkosten des BR verwendet, so kann der BR vom ArbGeb. die Rückführung der Gelder an den Tronc in entsprechender Anwendung des § 1004 Abs. 1 S. 1 BGB verlangen (BAG 14. 8. 02 AP Nr. 2 zu § 41 BetrVG 1972). Das Umlageverbot des § 41 zum Schutz der Unabhängigkeit des BR ist Schutzgesetz iSd. § 823 Abs. 2 BGB und gehört damit zu den rechtlich geschützten Interessen im Sinne des § 1004 BGB (BAG aaO; zustimmend *Wedde* AuR 03, 272; *Düwell / Wolmerath* Rn 6; *WPK-Kreft* Rn 3).

7　　Ein Beschluss des BR oder der BetrVerslg., der dem Verbot des § 41 zuwiderläuft, ist nach § 134 BGB **nichtig** (GK-*Weber* Rn 9; *Düwell / Wolmerath* Rn 6; *Richardi / Thüsing* Rn 3).

III. Sammlungen und Spenden für andere Zwecke

8　　§ 41 verbietet nur Beiträge und sonstige Zuwendungen für Zwecke des BR, dh für Zwecke, die mit den Aufgaben des BR zusammenhängen. Geldsammlungen oder Zuwendungen für **andere Zwecke** werden von der Vorschrift unmittelbar nicht erfasst. Da § 41 neben anderen Vorschriften (zB §§ 37, 40, 78) der Absicherung der ehrenamtlichen Tätigkeit und der Unabhängigkeit des BR dient (*GL* Rn 1; GK-*Weber* Rn 1; BAG 14. 8. 02 AP Nr. 2 zu § 41 BetrVG 1972), ist sie auf Leistungen und Zuwendungen an den BR zu anderen Zwecken jedoch jedenfalls dann **entsprechend anwendbar,** wenn hierdurch dem BR in größerem Umfang und auf Dauer Mittel zur eigenen Verwaltung zur Verfügung stehen. Das Ehrenamt und die Unabhängigkeit des BR wird jedoch nicht durch gelegentliche Sammlungen für betriebliche Zwecke gefährdet, die nicht mit den Aufgaben des BR zusammenhängen und mit denen lediglich einer sittlichen Pflicht oder einem allgemeinen Anstandsgebot entsprochen werden soll. Zulässig sind deshalb zB Sammlungen für ein Jubiläums- oder Geburtstagsgeschenk, für eine Kranzspende, für ein gemeinsames Fest der ArbN oder für die Opfer einer besonderen Katastrophe, auch wenn derartige Sammlungen vom BR ausgehen (*Löwisch/Kaiser* Rn 4; *Richardi/Thüsing* Rn 8; **aA** MünchArbR-*Joost* § 221 Rn 52) oder von einzelnen BRMitgl. in die Hand genommen werden (*DKK-Wedde* Rn 5; ErfK-*Eisemann* Rn 2; GK-*Weber* Rn 5; HSWGNR Rn 5; SWS Rn 1; WW Rn 2). Da solche Sammlungen nicht zu den Aufgaben des Rn 5; SWS Rn 1; WW Rn 2). Da solche Sammlungen nicht zu den Aufgaben des BR und der Amtstätigkeit der BRMitgl. gehören, bedarf ihre Durchführung während der Arbeitszeit des Einverständnisses des ArbGeb (*Düwell/Wolmerath* Rn 7). Dieses kann stillschweigend gegeben werden und ist stets anzunehmen, wenn der ArbGeb. trotz Kenntnis derartiger Sammlungen nicht widerspricht.

Nicht als zulässig anzusehen ist dagegen die Verwaltung von (Dauer-)**Kassen,** in **9** die zB Aufsichtsratsvergütungen der ArbNVertr., Überschüsse aus der Kantinenverwaltung oder aus dem Betrieb von Getränke- und Zigarettenautomaten fließen und aus denen ua. Zuwendungen an die ArbN aus besonderem Anlass finanziert oder Zuschüsse an den ArbN des Betriebs dienenden Veranstaltungen gewährt werden, zB Jubiläumsgeschenke, Aufmerksamkeiten anlässlich von Krankheits- oder Unglücksfällen, Zuschüsse zu Betriebsfeiern. Bei der Verwaltung derartiger Kassen hat der BR ständig Verfügungsgewalt über zT nicht unbeträchtliche Mittel. Das ist sowohl unter dem Gesichtspunkt seines Ehrenamtes als auch seiner Neutralität bedenklich (LAG Bad.-Württ. AP Nr. 2 zu § 82 BetrVG; GK-*Weber* Rn 6; GL Rn 4; HSWGNR Rn 7; *Richardi/Thüsing* Rn 8; vgl. auch BAG 22. 4. 60 AP Nr. 1 zu § 2 ArbGB Betriebsverfassungsstreit; aA *DKK-Wedde* Rn 4, falls Einverständnis des ArbGeb. vorliegt). Es bestehen allerdings keine Bedenken, wenn einzelne BRMitgl. eine solche Kasse – allerdings außerhalb ihrer Amtseigenschaft – verwalten (ErfK-*Eisemann* Rn 2; GK-*Weber* Rn 6; *Düwell/Wolmerath* Rn 8; HSWGNR Rn 7).

Auch die Einziehung von **Gewerkschaftsbeiträgen** gehört **nicht** zu den Aufga- **10** ben des BR. Allerdings sind die BRMitgl. nicht daran gehindert, außerhalb ihrer Amtstätigkeit für ihre Gewerkschaft die Aufgabe des Beitragsinkassos zu übernehmen (GL Rn 3; GK-*Weber* Rn 7; HSWGNR Rn 6; *Richardi/Thüsing* Rn 7; vgl. hierzu auch § 74 Rn 64 ff.).

IV. Streitigkeiten

Verstöße gegen § 41 können, wenn es sich um eine grobe Verletzung der gesetzli- **11** chen Pflichten des BR handelt, uU zu seiner Auflösung im arbeitsgerichtlichen Beschlussverfahren nach § 23 Abs. 1 führen (ErfK-*Eisemann* Rn 1).

Auch sonstige Streitigkeiten, die sich aus der Anwendung des § 41 ergeben, ent- **12** scheiden die ArbG im **Beschlussverfahren** (§§ 2a, 80 ff. ArbGG).

Vierter Abschnitt. Betriebsversammlung

§ 42 Zusammensetzung, Teilversammlung, Abteilungsversammlung

(1) [1] Die Betriebsversammlung besteht aus den Arbeitnehmern des Betriebs; sie wird von dem Vorsitzenden des Betriebsrats geleitet. [2] Sie ist nicht öffentlich. [3] Kann wegen der Eigenart des Betriebs eine Versammlung aller Arbeitnehmer zum gleichen Zeitpunkt nicht stattfinden, so sind Teilversammlungen durchzuführen.

(2) [1] Arbeitnehmer organisatorisch oder räumlich abgegrenzter Betriebsteile sind vom Betriebsrat zu Abteilungsversammlungen zusammenzufassen, wenn dies für die Erörterung der besonderen Belange der Arbeitnehmer erforderlich ist. [2] Die Abteilungsversammlung wird von einem Mitglied des Betriebsrats geleitet, das möglichst einem beteiligten Betriebsteil als Arbeitnehmer angehört. [3] Absatz 1 Satz 2 und 3 gilt entsprechend.

Inhaltsübersicht

I. Vorbemerkung

1　　Die Rechtsfragen im Zusammenhang mit BetrVerslg. sind im G nicht systematisch behandelt. Zur BetrVerslg sind im Einzelnen geregelt:
– **Aufgaben** (§ 42 Rn 7 ff., § 45 Rn 5 ff.),
– **Anzahl** (§ 43 Rn 5 ff.),
– **Zeitraum und Zeitpunkt** (§ 43 Rn 8 ff., § 44 Rn 5 ff.),
– **Einberufung** (§ 42 Rn 28 ff.),
– **Teilnehmer** (§ 42 Rn 14 ff., § 43 Rn 28 ff., § 46 Rn 5 ff.),

– **Themen** (§ 45 Rn 5 ff.),
– **Ablauf** (§ 42 Rn 34 ff., § 43 Rn 12 ff., § 45 Rn 5 ff.),
– **Kosten** (§ 42 Rn 52),
– **Arbeitsentgelt und Fahrkostenerstattung** (§ 44 Rn 24 ff.).

§ 42 enthält die **Begriffsbestimmungen** der Verslg. der ArbN des Betriebs, nämlich der BetrVerslg. (Abs. 1 S. 1), der Teilverslg. (Abs. 1 S. 3) und der AbtVerslg. (Abs. 2). Außerdem regelt diese Vorschrift die Leitung dieser Verslg. (Abs. 1 S. 1, Abs. 2 S. 2) und schreibt ihre Nichtöffentlichkeit vor.

Die Vorschrift gilt nicht für den GesBR, den KBR, die GesJugAzubiVertr. und die 2
KJugAzubiVertr. Auf Unternehmens- und Konzernebene finden von G wegen keine Verslg. der ArbN statt. Wegen der BRVerslg. vgl. § 53.

Zur Durchführung einer betrieblicher JugAzubiVerslg. vgl. § 71. 3

Auf die BordVertr. findet § 41 entspr. Anwendung (vgl. § 115 Abs. 5), nicht je 4
doch auf den SeeBR (vgl. § 116 Abs. 4). Allerdings kann der SeeBR auf den einzelnen Schiffen der Reederei Bordverslg. durchführen (vgl. § 116 Abs. 3 Nr. 6 ff.).

Die Vorschrift ist **zwingend** und kann weder durch TV noch durch BV abbedun 5
gen werden (ErfK-*Koch* Rn 2). Zulässig sind lediglich Vereinbarungen über die nähere Ausgestaltung der BetrVerslg. oder die Durchführung von Teil- und AbtVerslg.

Entspr. Vorschriften: § 48 BPersVG; § 15 SprAuG; § 95 Abs. 6 SGB IX zur Verslg. 6
der Schwerbehinderten

II. Betriebsversammlung

1. Allgemeines

a) Aufgaben

Die BetrVerslg. ist das **Forum der Aussprache** zwischen BR und der Belegschaft 7
des Betriebs und der **Unterrichtung der ArbN** über sie interessierende wesentliche Fragen (zu eng BAG 27. 6. 89 AP Nr. 5 zu § 42 BetrVG 1972, weil der Unterrichtungsanspruch nach § 43 Abs. 2 S. 3 unberücksichtigt blieb). Der BR hat in der BetrVerslg. Rechenschaft über seine Tätigkeit zu geben (§ 43 Abs. 1 S. 1). Die BetrVerslg. selbst kann dem BR Anträge unterbreiten und zu seinen Beschlüssen Stellung nehmen (§ 45 S. 2). Zudem hat der ArbGeb. mindestens einmal im Kalenderjahr in einer BetrVerslg. einen Bericht über das Personal- und Sozialwesen und die wirtschaftliche Lage und Entwicklung des Betriebs zu geben (§ 43 Abs. 2 S. 3). Nach der Ergänzung des § 43 Abs. 2 S. 2 durch das BetrVerf-ReformG erstreckt sich die Berichtspflicht des ArbGeb. auch auf den Stand der Gleichstellung von Frauen und Männern im Betrieb, die Integration der im Betrieb beschäftigten ausländischen ArbN sowie den betrieblichen Umweltschutz.

Der BR ist **verpflichtet**, regelmäßig BetrVerslg. abzuhalten (vgl. § 43 Rn 5). Ver 7a
stöße gegen die Verpflichtung können die Auflösung des BR zur Folge haben (Hess. LAG 12. 8. 93 AiB 93, 48).

Eine BetrVerslg. kann während eines **Arbeitskampfes** stattfinden (*DKK-Berg* 7b
Rn 7). Sie ist kein Instrument des Arbeitskampfes, sondern dient der innerbetrieblichen Aussprache. Die Schranken des § 74 Abs. 2 sind zu beachten (vgl. § 44 Rn 30 und § 45 Rn 20; BAG 5. 5. 87 AP Nr. 4, 5 und 6 zu § 44 BetrVG 1972).

b) Betriebsratslose Betriebe

In Betrieben, in denen kein BR besteht, können keine BetrVerslg. iSv. §§ 42 ff. 8
stattfinden. Möglich sind jedoch BetrVerslg. nach § 17 zur Bestellung des Wahlvorstandes und zur Durchführung des vereinfachten Wahlverfahrens nach § 14 a Abs. 1.

c) Organ der Betriebsverfassung

9   Die BetrVerslg. wird häufig als **Organ oder Institution der BetrVerf.** bezeichnet (*DKK-Berg* Rn 1; *Hunold* AR-Blattei, Betriebsverfassung IX; *HSWGNR* Rn 5). Aus diesen Bezeichnungen leiten sich allerdings keine konkreten Rechtsfolgen ab (ErfK-*Koch* Rn 1; GK-*Weber* Rn 9).

10   Die BetrVerslg. hat keine Außenfunktion, also auch **keine Vertretungskompetenz** (ErfK-*Koch* Rn 1). Sie kann keine rechtsgeschäftlichen Erklärungen mit Wirkung für die ArbN des Betriebs abgeben, insb. kann sie keine BV mit dem ArbGeb. abschließen (vgl. Rn 42). Sie hat keine rechtliche Einflussmöglichkeit auf die Tätigkeit des BR, der **kein imperatives Mandat** ausübt. Der BetrVerslg. steht kein Weisungsrecht gegenüber dem BR zu; sie ist dem BR nicht übergeordnet (§ 45 Rn 29; *DKK-Berg* Rn 2). Die BetrVerslg. kann dem BR lediglich Anregungen geben; die Teilnehmer können innerhalb des in § 45 festgelegten Zuständigkeitsbereichs Anträge stellen. Durch Beschluss der BetrVerslg. kann kein rechtserhebliches Misstrauensvotum gegenüber dem BR oder einem seiner Mitgl. ausgesprochen werden (vgl. BVerfG NJW 79, 1875). Eine solche Misstrauensäußerung kann allenfalls dazu führen, dass der BR oder das betreffende Mitgl. von sich aus zurücktritt. Dennoch ist sie als Forum der Aussprache und Meinungsbildung der ArbN unentbehrlich, schon weil sie der Vereinzelung der ArbN am jeweiligen Arbeitsplatz entgegenwirkt.

d) Andere Versammlungen und Informationsmöglichkeiten

11   Die gesetzliche Regelung der BetrVerslg. nach den §§ 42 ff. ist keine ausschließliche in dem Sinne, dass andere Verslg. der ArbN des Betriebs unzulässig wären. So ist es dem ArbGeb. zB nicht verwehrt, die ArbN des Betriebes oder bestimmter Betriebsteile oder Betriebsabteilungen oder die ArbN mit bestimmten Funktionen (zB die Vorgesetzten) zu einer Verslg. zu laden und mit ihnen betriebsbezogene Fragen zu besprechen (vgl. BAG 27. 6. 89 AP Nr. 5 zu § 42 BetrVG 1972; LAG D'dorf DB 85, 872). Solche **Mitarbeiterverslg.** dürfen jedoch nicht als „Gegenveranstaltungen" gegenüber BetrVerslg. missbraucht werden (BAG aaO; ArbG Osnabrück 25. 6. 97 AiB 98, 109; ArbG Darmstadt 6. 5. 96 AiB 96, 609; ArbG Duisburg 15. 12. 93 AuR 94, 276; *SWS* §§ 42–46 Rn 6a; *DKK-Berg* Rn 32). Für unzulässige Gegenveranstaltung sprechen: zeitnahe Terminierung zu BetrVerslg., Weigerung des ArbGeb. auf BetrVerslg. zu erscheinen oder zu berichten. Missbraucht der ArbGeb. solche Mitarbeiterverslg., kann dies eine außerordentliche BetrVerslg. rechtfertigen (§ 43 Abs. 3). Die ArbN sind zum Besuch einer solchen Verslg. nur verpflichtet, wenn der ArbGeb. die Teilnahme kraft seines Direktionsrechts anordnen kann (GK-*Weber* Rn 12). Aus diesem Grund kommt bei der Festlegung der zeitlichen Lage einer solchen MitarbeiterVerslg. außerhalb der betriebsüblichen Arbeitszeit ein Mitbestimmungsrecht des BR nach § 87 Abs. 1 Nr. 3 in Betracht (BAG 13. 3. 01 AP Nr. 87 zu § 87 BetrVG 1972 Arbeitszeit).

    Die **Befugnisse und Aufgaben der BetrVerslg.** iSd. Gesetzes bleiben davon jedoch unberührt. In diese darf der ArbGeb. nicht eingreifen. ArbN, die an vom ArbGeb. einberufenen Verslg. teilnehmen oder – bei Nichtteilnahme – infolge einer durch die Verslg. eintretenden Betriebsstörung nicht arbeiten können, behalten ihren Anspruch auf Arbeitsentgelt (GK-*Weber* Rn 13).

12   Auch eine **Selbstversammlung** der betriebsangehörigen ArbN ist – außer im Falle des § 14a und des § 17 – keine BetrVerslg. iSd. §§ 42 ff. Ebenso gibt es kein Selbsteinberufungsrecht der BetrVerslg. (*Richardi/Annuß* Rn 11; GK-*Weber* Rn 13). Auch wer die Durchführung einer BetrVerslg. verlangen kann (vgl. § 43 Rn 40 ff.), darf die Verslg. nicht selbst einberufen.

13   Die BetrVerslg. ist das wichtigste Forum für den Dialog zwischen BR und ArbN-schaft, jedoch nicht das Einzige. Zulässig ist auch, unter den ArbN des Betriebs außerhalb einer BetrVerslg. eine **Fragebogenaktion** durchzuführen, sofern sich die Fragen im Rahmen der gesetzlichen Aufgaben des BR halten (BAG 8. 2. 77 AP

Nr. 10 zu § 80 BetrVG 1972; ArbG Berlin 24. 10. 07 AiB 08, 424). Ferner ist es zulässig, dass der BR ein **Informationsblatt** herausgibt; zur Verpflichtung des Arb-Geb., die Kosten dieses Informationsblatts zu tragen, vgl. § 40 Rn 113. Der BR kann auch über das „**Schwarze Brett**" informieren oder per **E-Mail** bzw. **im Intranet**, wenn im Betrieb diese technische Möglichkeit besteht. Die Mitgl. des BR können die ArbN auch am **Arbeitsplatz aufsuchen**. Auch die **Sprechstunde** (§ 39) kann der Information dienen. Die Art der Information und Kommunikation kann der ArbGeb. dem BR nicht vorschreiben (BAG 9. 6. 99 AP Nr. 66 zu § 40 BetrVG 1972).

2. Teilnehmer

a) Arbeitnehmer des Betriebes

Die BetrVerslg. besteht aus den ArbN des Betriebs. Zum Betrieb gehören auch Be- **14** triebsteile nach § 4 Abs. 1 S. 2, die an der Wahl des BR des Hauptbetriebs teilnehmen, sowie Kleinstbetriebe nach § 4 Abs. 2. Betriebszugehörig sind auch die ArbN solcher Einheiten, für die nach § 3 Abs. 1 Nr. 1–3 ArbNVertretungen auf Grund einer Kollektivvereinbarung gebildet sind und damit nach der gesetzl. Fiktion des § 3 Abs. 5 als Betrieb anzusehen sind. Das gilt auch für eine nach § 3 Abs. 3 gebildete Einheit (*DKK-Berg* Rn 6a; GK-*Weber* Rn 14; **aA** HaKo-BetrVG/*Tautphäus* Rn 3). Eine Verslg. der ArbN mehrerer Betriebe (auch desselben Unternehmens) ist keine BetrVerslg. iSd. § 42 (*Richardi/Annuß* Rn 3).

Die Teilnahmeberechtigung bestimmt sich nach dem Zweck der BetrVerslg., also der Information der Belegschaft sowie der Aussprache zwischen BR und denjenigen Beschäftigten, deren Interessen der BR vertritt oder deren Arbeits- und Einsatzbedingungen er gemeinsam mit dem ArbGeb. beeinflusst (vgl. BAG 24. 8. 11 – 7 ABR 8/10 –). Dazu zählen zunächst alle im Betrieb beschäftigten ArbN iSd. § 5 Abs. 1 dh Arb., Ang., befristet Beschäftigte, Teilzeitbeschäftigte, ArbN auf ausgelagerten Arbeitsplätzen und AbrufArbN (Kapovaz), die zu ihrer Berufsausbildung Beschäftigten, die in Telearbeit Beschäftigten sowie die Heimarb., die in der Hauptsache für den Betrieb arbeiten (*HSWGNR* Rn 13). Unerheblich ist, ob diese ArbN wahlberechtigt, ständig oder nichtständig Beschäftigte, Jugendliche oder Erwachsene sind oder sogn. Ein-Euro-Jobber (GK-*Weber* Rn 16; *Engels* NZA 07, 8). Betriebszugehörigkeit setzt regelmäßig Arbeits- oder Ausbildungsverhältnis und tatsächliche Eingliederung voraus (vgl. § 7 Rn 16 ff.). ArbN in **Elternzeit** bleiben ArbN des Betriebs und sind deshalb auch teilnahmeberechtigt (BAG 31. 5. 89 AP Nr. 9 zu § 44 BetrVG 1972). Für ArbN, die sich in der Freistellungsphase der **Altersteilzeit** nach dem **Blockmodell** befinden, gelten diese Erwägungen nicht. Zwar ruht auch bei ihnen das Arbeitsverhältnis bis zum Beginn der gesetzlichen Rente (§ 7 Rn 32 ff.). Doch im Gegensatz zu den ArbN in Elternzeit oder Wehrdienst steht bei ihnen bereits im Zeitpunkt des Eintretens in die Freistellungsphase fest, dass sie nicht mehr als aktive ArbN in den Betrieb zurückkehren werden (BAG 16. 4. 03 AP Nr. 1 zu § 9 BetrVG 1972). Bei minderjährigen ArbN ist nur der Minderjährige selbst, nicht der gesetzliche Vertr. teilnahmeberechtigt. Auch im Betrieb beschäftigte **LeihArbN** sind teilnahmeberechtigt (§ 14 Abs. 2 S. 2 AÜG; *Düwell* NZA-RR 11, 1) unabhängig davon, ob sie auf Grund einer mehr als 3 Monate währenden Verweildauer im Entleiherbetrieb nach § 7 dort auch wahlberechtigt sind (GK-*Weber* 16). Teilnahmeberechtigt sind auch Betriebsangehörige **im Außendienst** (*DKK-Berg* Rn 7) oder betriebszugehörige, aber vorübergehend im **Ausland** eingesetzte ArbN (vgl. Rn 55). Teilnahmeberechtigt sind ferner ArbN des Betriebs, die am Tage der BetrVerslg. nicht zu arbeiten brauchen, zB weil sie eine Freischicht haben oder an diesem Tage geleistete Überstunden abfeiern. Auch im **Urlaub** befindlichen ArbN ist die Teilnahme an der BetrVerslg. nicht verwehrt (BAG 5. 5. 87 AP Nr. 5 zu § 44 BetrVG 1972). Das Gleiche gilt für ArbN in **Kurzarbeit** (BAG 5. 5. 87 AP Nr. 5 zu § 44 BetrVG 1972; vgl. § 44 Rn 24 ff.). ArbN sind auch während eines **Arbeitskampfes** zur Teilnahme berechtigt (BAG 5. 5. 87 AP Nr. 4 zu § 44 BetrVG 1972). Zu den teilnahmeberechtigten ArbN zählen nunmehr auch **Beamte und Soldaten** sowie die **ArbN des öffentl. Dienstes,** die in den Betrieben der Privatwirtschaft zum Einsatz kommen (vgl. § 5 Rn 316).

b) **Sonstige Personen**

15　Die **leitenden Ang.** nach § 5 Abs. 3 sind nicht von G wegen als ArbN teilnahmeberechtigt, da das G auf sie keine Anwendung findet (*Richardi/Annuß* Rn 6; *DKK-Berg* Rn 4; *HSWGNR* Rn 13). Sie können zu eigenen Verslg. zusammenkommen, wenn ein Sprecherausschuss besteht (§ 15 SprAuG) oder gebildet werden soll (§ 7 Abs. 2 SprAuG). An BetrVerslg. können sie **als Gäste** teilnehmen, wenn weder der ArbGeb. noch der BR ihrer Teilnahme widersprechen (ErfK-*Koch* Rn 3). Soweit leitende Ang. als **Vertr. des ArbGeb.** anzusehen sind, steht ihnen unter dieser Voraussetzung ein Teilnahmerecht zu. Das Gleiche gilt für die in § 5 Abs. 2 genannten Personen. Eine Teilnahme dieser Personen ist ferner zulässig, wenn sie den ArbGeb. als **Sachverständige** oder **Auskunftsperson** begleiten.

16　**Personen,** die **keine ArbN des Betriebs** sind, haben im Allgemeinen kein Recht, an der BetrVerslg. teilzunehmen. Das Gesetz selbst kennt indessen **Ausnahmen** von diesem Grundsatz. Es gestattet auf Einladung des BR die Teilnahme an der BetrVerslg. ausdrücklich

– dem **ArbGeb.** nach Maßgabe des § 43 Abs. 2 und 3 (vgl. hierzu § 43 Rn 28 ff.),

– **Beauftragten der im Betrieb vertretenen Gewerkschaften** nach Maßgabe des § 46 Abs. 1 S. 1 (vgl. hierzu § 46 Rn 5 ff.) und

– **Beauftragten der ArbGebVereinigung,** der der ArbGeb. angehört, nach Maßgabe des § 46 Abs. 1 S. 2 (vgl. § 46 Rn 17 ff.).

17　Diese gesetzlichen Ausnahmen sind **keine abschließende Regelung** in dem Sinne, dass nicht auch die Teilnahme anderer Personen an der BetrVerslg. zugelassen werden könnte. Gegen die Teilnahme anderer Personen bestehen keine Bedenken, wenn der BR einlädt und hierfür im Rahmen der Zuständigkeit der BetrVerslg. (vgl. hierzu § 45 Rn 5 ff.) ein **sachlicher Grund** vorliegt, dh wenn ihre Teilnahme für eine ordnungsgemäße Erfüllung der Aufgaben der BetrVerslg. sachdienlich ist (so jedenfalls im Grundsatz, wenn auch in der Ausgestaltung unterschiedlich, die hM). Zur Nichtöffentlichkeit der BetrVerslg. vgl. Rn 43 ff.

18　Die Teilnahme von betriebsfremden Mitgl. des **GesBR,** des **KBR,** des **WiAusschusses,** von **Vertr. der ArbN im AR** sowie von Mitgl. des **EBR** an der BetrVerslg. ist stets als sachdienlich anzusehen (BAG 19. 4. 89 AP Nr. 35 zu § 80 BetrVG 1972; *Richardi/Annuß* Rn 35; aA *HSWGNR* Rn 23 unter Hinweis auf das Gebot der Nichtöffentlichkeit). Das ergibt sich schon allein aus der Tatsache, dass in diesen Fällen der Betrieb Teil der größeren Einheit des Unternehmens bzw. des Konzerns mit den sich daraus ergebenden Abhängigkeiten und Berührungspunkten ist. Die ArbN des Betriebs haben ein berechtigtes Interesse daran, von ihren Vertr. auf der Unternehmens- und Konzernebene Informationen über ihren Betrieb betreffende Fragen und Angelegenheiten zu erhalten. Sie müssen auch diese Vertr. mit den ihren Betrieb betreffenden Fragen und Problemen bekannt machen können (BAG 13. 9. 77, 28. 11. 78 AP Nrn. 1, 2 zu § 42 BetrVG 1972; GK-*Weber* Rn 49).

19　Ferner ist es zulässig, dass der BR zur Behandlung eines oder mehrerer Tagesordnungspunkte gemäß § 80 Abs. 3 und mit dem dort vorgesehenen Einverständnis des ArbGeb. einen oder mehrere **Sachverständige** zur BetrVerslg. hinzuzieht (*Richardi/Annuß* Rn 36; GK-*Weber* Rn 50; *DKK-Berg* Rn 5; *HSWGNR* Rn 21).

20　Darüber hinaus können auch andere Personen als **Gäste** an der BetrVerslg. teilnehmen, wenn ihre Teilnahme sachdienlich ist, zB wenn sie zu einem im Rahmen der Zuständigkeit der BetrVerslg. liegenden Thema ein Referat halten oder als Auskunftsperson zur Verfügung stehen bzw. als ArbN eines grenzüberschreitenden Unternehmens über gemeinsame, unternehmensinterne Probleme berichten (BAG

13. 9. 77 AP Nr. 1 zu § 42 BetrVG 1972; LAG Ba.-Wü. NZA-RR 98, 306; ErfK-
Koch Rn 4; GK-*Weber* Rn 51; *DKK-Berg* Rn 5; *Hunold* AR-Blattei SD 530.10
Richardi/Annuß Rn 36; **aA** *HSWGNR* Rn 24). In dieser Funktion kann auch der
Anwalt des BR auftreten. Für den Anwalt des ArbGeb. oder eines einzelnen ArbN
gilt das regelmäßig nicht wegen des Grundsatzes der Nichtöffentlichkeit von Betr-
Verslg. (*Henssler* RdA 99, 47). Ihre Teilnahme erfordert eine Einladung des BR.

Schließlich ist über den vorstehend genannten Personenkreis hinaus auch die **21**
Teilnahme anderer Personen als Gäste jedenfalls dann als zulässig anzusehen, wenn
der **ArbGeb. gegen die Einladung des BR keine Einwände** erhebt oder die
Einladung vom BR und ArbGeb. gemeinsam ausgesprochen wird (einschr. GK-*Weber*
Rn 28; **aA** *HSWGNR* Rn 24). Zu denken ist hier zB an Wissenschaftler oder ausländische ArbN oder ArbGeb., die die Praxis der BetrVerslg. oder das deutsche System der ArbNBeteiligung näher kennen lernen wollen (wegen parteipolitischer Betätigung vgl. § 45 Rn 25).

Für eine ordnungsgemäße Durchführung der BetrVerslg. kann auch die Teilnahme **22**
von **Hilfskräften** notwendig werden. Zu denken ist hier etwa an die Teilnahme
von **Dolmetschern** in Betrieben mit einem erheblichen Anteil ausländischer ArbN
(*Richardi/Annuß* Rn 37; GK-*Weber* Rn 31, 50; *DKK-Berg* Rn 5; LAG Düsseldorf
DB 81, 1093).

Die genannten Personen haben im Gegensatz zu den ArbN des Betriebes und den **23**
in Rn 16 ff. genannten Personen **kein originäres Teilnahmerecht**; ihre Teilnahme
setzt eine entspr. Einladung des BR und in den Fällen der Rn 19 und 21 zusätzlich
das Einverständnis des ArbGeb. voraus. Wird die Teilnahme von **Mitgl. des GesBR,
KBR** oder des **WiAusschusses** gewünscht, ist die Einladung an diese Institutionen
zu richten; die Auswahl der an der BetrVerslg. teilnehmenden Mitgl. haben diese
Gremien durch Beschluss vorzunehmen (BAG 28. 11. 78 AP Nr. 2 zu § 42 BetrVG
1972).

c) Teilnahme- und Stimmrecht

Für die betriebsangehörigen ArbN besteht **kein Teilnahmezwang**. Sie sind zur **24**
Teilnahme an der BetrVerslg. berechtigt, aber nicht verpflichtet (*Richardi/Annuß*
Rn 4; *DKK-Berg* Rn 6; GK-*Weber* Rn 14). Dies gilt auch, wenn BetrVerslg. während
der Arbeitszeit stattfinden.

Wenn **teilnahmeberechtigte ArbN** von einer BetrVerslg. **ausgeschlossen** wer- **25**
den, sind gefasste Beschlüsse rechtsunwirksam, sofern es bei der Abstimmung auf die
Stimmen der ausgeschlossenen ArbN ankommen konnte. Dies gilt jedoch nicht,
wenn zB ArbN wegen ungebührlichen Verhaltens zu Recht ausgeschlossen wurden.

Nimmt der ArbN an einer BetrVerslg. **nicht teil**, hat er weiterzuarbeiten, sofern **26**
dies arbeitsorganisatorisch möglich ist. Zur Frage der Fortzahlung des Arbeitsentgelts
an diese ArbN vgl. § 44 Rn 35. Erleidet ein ArbN während der Teilnahme an einer
BetrVerslg. oder auf dem Wege zu oder von ihr einen Unfall, kann es sich um einen
Arbeitsunfall handeln (§§ 7 und 8 SGB VII).

Stimmberechtigt in der BetrVerslg. sind nur die teilnahmeberechtigten ArbN des **27**
Betriebs (vgl. oben Rn 14), nicht dagegen die sonstigen Teilnehmer.

3. Einberufung

a) Zuständigkeit des Betriebsrats

Eine BetrVerslg. (sei es eine regelmäßige, zusätzliche oder außerordentliche, sei es **28**
eine in Form von Teil- oder AbtVerslg. durchgeführte) kann nur stattfinden, wenn
der BR sie **einberuft**. Über die Einberufung und Tagesordnung beschließt der BR
als Gremium (*DKK-Berg* Rn 8; GK-*Weber* Rn 21; **aA** *Richardi/Annuß* Rn 10 und
Vogt S. 32, die die Einberufung der BetrVerslg. zu den laufenden Geschäften zählen

und deshalb den BetrAusschuss für zuständig halten). Der BRVors. führt den Einberufungsbeschluss lediglich aus. Andere Stellen sind nicht berechtigt eine BetrVerslg. einzuberufen. Von ihnen veranstaltete Verslg. der ArbN des Betriebs sind keine BetrVerslg. iSd. §§ 42 ff., zB eine vom ArbGeb. einberufene Verslg. der ArbN (vgl. Rn 11). Das Gleiche gilt grundsätzlich für eine Einberufung durch die Gewerkschaft. Eine Ausnahme besteht in diesem Falle nur insoweit, als durch die **BetrVerslg. ein Wahlvorstand** gewählt werden soll. Zu dieser Verslg. können auch eine im Betrieb vertretene Gewerkschaft oder drei wahlberechtigte ArbN einladen (vgl. § 17 Abs. 3 und § 17 a Nr. 3).

b) Tagesordnung

29　　Der BR bestimmt die **Tagesordnung** (*DKK-Berg* Rn 11; ErfK-*Koch* Rn 5). In der Gestaltung der Tagesordnung ist der BR grundsätzlich frei. Im Falle des § 43 Abs. 1 muss sie aber die Erstattung des Vierteljahresberichts und im Falle des § 43 Abs. 2 den beantragten Beratungsgegenstand enthalten. Außerdem muss einmal im Kalenderjahr der Bericht des ArbGeb. auf die Tagesordnung gesetzt werden. Dieser Tagesordnungspunkt ist im Einvernehmen mit dem ArbGeb. festzulegen. Die Tagesordnung muss sich im Rahmen der Zuständigkeit der BetrVerslg. nach § 45 halten (GK-*Weber* Rn 26; vgl. § 45 Rn 5 ff.).

30　　Im Hinblick darauf, dass der ArbGeb. oder ein Viertel der ArbN des Betriebs die Abhaltung einer besonderen BetrVerslg. beantragen können (vgl. § 43 Abs. 3), ist ihnen auch das Recht zuzugestehen, die **Ergänzung der Tagesordnung** einer regelmäßigen BetrVerslg. zu beantragen, wenn hierdurch die ordnungsgemäße Abwicklung der übrigen Tagesordnungspunkte nicht beeinträchtigt wird (*Richardi/Annuß* § 43 Rn 34). Die BetrVerslg. kann im Nachhinein beschließen, auch solche Themen zu behandeln, die nicht auf der Tagesordnung stehen.

c) Ort

31　　Vorschriften über den Ort der BetrVerslg. enthält das Gesetz nicht. Im Allgemeinen hat die BetrVerslg. **im Betrieb stattzufinden.** Der BR wird den Ort im Einvernehmen mit dem ArbGeb. von Fall zu Fall festzulegen haben (**aA** *Richardi/Annuß* Rn 16; *HSWGNR* Rn 30; *Vogt* aaO S. 50, die das Recht der Bestimmung des Ortes der BetrVerslg. allein dem ArbGeb. zugestehen), sofern nicht ein geeigneter Raum für die Abhaltung der BetrVerslg. ein für allemal vorgesehen ist. Der ArbGeb. ist zu beteiligen, weil er in entspr. Anwendung der für den BR geltenden Vorschriften des § 40 verpflichtet ist, die zur Abhaltung der BetrVerslg. erforderlichen Räume zur Verfügung zu stellen. Bei der Auswahl des Raumes ist das Gebot der vertrauensvollen Zusammenarbeit zu beachten (GK-*Weber* Rn 22).

Ist im Betrieb kein geeigneter Raum vorhanden oder sind die angebotenen Räume ungeeignet, spricht vieles dafür, dass der **BR Räume außerhalb des Betriebs anmieten kann** (*DKK-Berg* Rn 8; **aA** *HSWGNR* Rn 32 nur ArbGeb.; *Richardi/Annuß* Rn 16; GK-*Weber* Rn 23, 30. Der BR habe nur einen Überlassungsanspruch, der notfalls gerichtlich durchsetzen müsse. Die Sonderregel des § 40 Abs. 2, auf dessen entspr. Anwendung sich die gen. Autoren berufen, gilt aber nur für die laufende Geschäftsführung des BR. Dazu dürfte nicht die Organisation einer BetrVerslg. außerhalb des Betriebs zählen. Dafür gilt die allgemeine Regelung des § 40 Abs. 1, die wie bei Schulungen eine Eigenbeschaffung des BR im Rahmen des Erforderlichen gestattet).

d) Form und Frist

32　　Nähere Vorschriften über Form und Frist der Einberufung enthält das G nicht. Der BR kann deshalb die Einberufung nach pflichtgemäßem Ermessen durchführen, wobei allerdings in betriebsüblicher Weise gewährleistet sein muss, dass den ArbN des

Betriebs die **rechtzeitige Kenntnisnahme** von der BetrVerslg. möglich ist. Bei teil-nahmeberechtigten ArbN, die aufgrund Abwesenheit im Betrieb von der Einladung keine Kenntnis erlangen können, hat der ArbGeb die Privatanschriften zur Verfügung zu stellen (ArbG Berlin NZA-RR 04, 642). Die ArbN müssen sich vorbereiten kön-nen (vgl. Antragsrecht nach § 45 Abs. 2; LAG Düsseldorf 11. 4. 89 DB 89, 2284). Dasselbe gilt für den ArbGeb. und die Beauftragten der Gewerkschaften.

Für die Einberufung ist **keine Form** vorgeschrieben. Es genügt die betriebsübliche Bekanntmachung. In Betracht kommen zB Rundschreiben, Werkzeitung, Schwarzes Brett, E-Mail o. ä. Außer der **Bekanntgabe von Zeit und Ort** der BetrVerslg. ist auch deren **Tagesordnung** bekannt zu machen (*Richardi/Annuß* Rn 14; GK-*Weber* Rn 28; *DKK-Berg* Rn 8).

Der **ArbGeb.** ist zur BetrVerslg. unter Mitteilung der Tagesordnung einzuladen 33 (§ 43 Abs. 2 S. 1). Den im BR vertretenen **Gewerkschaften** sind Zeitpunkt, Ort und Tagesordnung rechtzeitig schriftlich mitzuteilen (§ 46 Abs. 2).

4. Durchführung

a) Leitung und Hausrecht

Zu praktischen Fragen der Durchführung von BetrVerslg. vgl. *Bösche/Grimberg* AiB 34 90, 272. Die **Leitung** der BetrVerslg. obliegt dem Vors. des BR, bei dessen Verhin-derung dem stellvertr. BRVors., nicht etwa, wenn der ArbGeb. anwesend ist, diesem oder einem anwesenden Gewerkschaftsbeauftragten (*Richardi/Annuß* Rn 19; ErfK-*Koch* Rn 7). Ist der BRVors. und sein Stellvertr. verhindert, kann der BR ein anderes seiner Mitgl. mit der Leitung beauftragen (BAG 19. 5. 78 AP Nr. 3 zu § 43 BetrVG 1972; GK-*Weber* Rn 34).

Über die **Befugnisse** des Vors. des BR als Leiter der BetrVerslg. trifft das G keine 35 Bestimmungen. Für die Durchführung der BetrVerslg. wie auch für die Befugnisse ihres Leiters werden die allgemeingültigen parlamentarischen Grundsätze und Ge-pflogenheiten herangezogen werden können (hM vgl. eingehend zum Ablauf einer BetrVerslg. nach parlamentarischem Brauch *Mußler* NZA 85, 445). Der Vors. des BR hat daher die **Rednerliste zu führen,** das **Wort zu erteilen** und **zu entziehen,** er kann die Redezeit beschränken und Ordnungsrufe erteilen. Er hat die **Abstimmun-gen** zu leiten und ihr Ergebnis bekanntzugeben. Zu seinen Aufgaben als VerslgLeiter zählt es auch, den Charakter der BetrVerslg. zu wahren und darum alle Versuche zu unterbinden, Themen zu erörtern, die nicht auf eine BetrVerslg. gehören (vgl. § 45 Rn 24 ff.).

Der Vors. des BR hat in der BetrVerslg. **das Hausrecht** (BAG 18. 3. 64 AP Nr. 1 zu 36 § 45 BetrVG; BAG 13. 9. 77 AP Nr. 1 zu § 42 BetrVG 1972; ErfK-*Koch* Rn 7; *Richardi/Annuß* Rn 23; *DKK-Berg* Rn 9). Es soll ihn die Lage versetzen, die BetrVerslg. ordnungsgemäß durchführen zu können. Das Recht ist deshalb betriebsverfassungs-rechtlicher Natur. Es verdrängt nicht die sachenrechtlichen Eigentums- und Besitz-schutzrechte des ArbGeb. (GK-*Weber* Rn 35). Falls die BetrVerslg. durch nachhaltige grobe Verstöße gegen die Befugnisse ihren Charakter als BetrVerslg. verliert und der BRVors. als Leiter der Verslg. den **gesetzmäßigen Ablauf** der Verslg. nicht mehr sicherstellen kann, wächst das Hausrecht wieder dem ArbGeb. zu.

Das Hausrecht des BR erstreckt sich auch auf die **Zugangswege** zum Verslg-Raum (*DKK-Berg* Rn 9; **aA** GK-*Weber* Rn 39; *Richardi/Annuß* Rn 29; ErfK-*Koch* Rn 7). Der ArbGeb. hat jedem Berechtigten Zugang zu gewähren. Das Zugangsrecht folgt aus dem Recht des BR an der Nutzung der ihm überlassenen Räume zur Durchführung der BetrVerslg. (vgl. BAG 20. 10. 99 – 7 ABR 37/98 – nv. zum Zu-gangsrecht eines bevollm. Rechtsanwalts zum BRBüro).

b) Beschlüsse

37 Nähere Vorschriften über die **Gestaltung und den Ablauf der BetrVerslg.**, insb. über die Beschlussfassung, bestehen nicht. Die Verslg. kann diese Fragen in einer **Geschäftsordnung** regeln. Es kann auch nach parlamentarischem Brauch verfahren werden (GK-*Weber* Rn 42). Zweckmäßigerweise wird der BR, auch wenn keine Geschäftsordnung besteht oder entsprechende Regeln fehlen, über den Verlauf der BetrVerslg. **eine Niederschrift** fertigen. Darin sind vor allem die Beschlüsse zu dokumentieren.

38 Die **Beschlüsse** der BetrVerslg. werden mit **einfacher Mehrheit** gefasst (WPK/ *Kreft* Rn 11; GK-*Weber* Rn 45). **Antragsberechtigt** ist der BR und jeder teilnahmeberechtigte ArbN, nicht dagegen der ArbGeb. (vgl. zum Letzteren § 43 Rn 32; *Richardi/Annuß* § 45 Rn 28). **Stimmberechtigt** sind nur die ArbN des Betriebs (vgl. Rn 27). Auch die Mitgl. des BR sind stimmberechtigt, und zwar auch dann, wenn die BetrVerslg. dem BR Anregungen gibt oder zu seinen Beschlüssen oder seiner Tätigkeit Stellung nimmt (*Richardi/Annuß* § 45 Rn 26).

39 Für die **Beschlussfähigkeit** ist eine Mindestanzahl von Teilnehmern nicht vorgeschrieben. Die BetrVerslg. ist daher, sofern sie ordnungsmäßig einberufen ist, auch dann beschlussfähig, wenn nur wenige ArbN des Betriebs teilnehmen (*Richardi/ Annuß* § 45 Rn 27 f.). Es muss aber für die überwiegende Mehrheit der dem Betrieb angehörenden ArbN wenigstens die Möglichkeit bestehen, an der BetrVerslg. teilzunehmen und ihre Rechte darin auszuüben (LAG Saarbrücken AP Nr. 2 zu § 43 BetrVG). Bei der Feststellung, ob sich für einen Beschluss eine Mehrheit ergibt, sind Stimmenthaltungen nicht zu berücksichtigen (*Richardi/Annuß* § 45 Rn 29).

40 In der BetrVerslg. hat jeder teilnehmende ArbN des Betriebs im Rahmen der Tagesordnung **das Recht, zur Sache zu sprechen und Fragen zu stellen.** Er hat sich dabei in angemessener Form zu Wort zu melden. Dieses Recht kann den ArbN nicht beschränkt oder entzogen werden (LAG Saarbrücken AP Nr. 2 zu § 43 BetrVG); jedoch sind Beschlüsse zur Geschäftsordnung auf Schluss der Debatte zulässig.

41 **Stellungnahmen** und **Willensäußerungen der BetrVerslg.** erfolgen durch Beschluss. Das gilt auch dann, wenn die BetrVerslg. dem BR Anträge unterbreitet oder Anregungen und Wünsche vorbringt. **Der BR ist an sie nicht gebunden** und braucht ihnen nicht zu entsprechen. Gleichwohl dürften sie faktisch nicht unbeachtlich sein. Der BR sollte ihre Berechtigung sorgfältig prüfen und ihnen, soweit sie seine gesetzlichen Pflichten berühren, berücksichtigen. Entspricht er offenbar berechtigten Beschlüssen nicht, so kann hierin eine Vernachlässigung seiner gesetzlichen Pflichten liegen, die uU ein Vorgehen gegen ihn nach § 23 Abs. 1 rechtfertigen kann, zB wenn er willkürlich berechtigten Beschwerden über Missstände im Betrieb, die ihm durch Beschluss der BetrVerslg. unterbreitet werden, nicht einmal prüft (GK-*Weber* § 45 Rn 36; vgl. auch § 45 Rn 29).

42 Die **BetrVerslg. kann keine BV abschließen** oder eine BV aufheben oder kündigen (*Richardi/Annuß* § 45 Rn 31; HSWGNR Rn 40). Das ist ausschließlich Sache des BR (§ 77 Abs. 2), der die BetrVerslg. auch nicht vor dem Abschluss der BV zu hören braucht. Eine Anhörung dürfte sich bei grundlegenden und besonders wichtigen BV allerdings empfehlen.

c) Nichtöffentlichkeit

43 Die Vorschrift des Abs. 1 S. 2, nach der die BetrVerslg. nicht öffentlich ist, unterstreicht den **innerbetrieblichen Charakter der BetrVerslg.** Sie ist ein Ort des Gedankenaustausches zwischen BR und den ArbN des Betriebs sowie der Unterrichtung der Belegschaft über sie unmittelbar interessierende Fragen (vgl. § 43 Abs. 2 S. 3, § 45 S. 1). Die Erörterung derartiger Angelegenheiten soll grundsätzlich unter Ausschluss der Öffentlichkeit erfolgen. Das soll dazu beitragen, betriebsfremde Einflüsse von der BetrVerslg. fernzuhalten (ErfK-*Koch* Rn 8).

Das schließt es nicht aus, dass aus sachdienlichen Gründen und im Rahmen ihrer Zuständigkeit im Einzelfall auch **andere Personen** als die ArbN des Betriebs, der ArbGeb. und die in Betracht kommenden Verbandsvertreter zB **als Sachverständige oder als Gäste** an ihr teilnehmen (vgl. oben Rn 17 ff.). Dadurch wird die Betr-Verslg. nicht zu einer öffentlichen Verslg. (vgl. § 30 Rn 13 ff.). Voraussetzung für die Teilnahme anderer Personen ist, dass ihnen die Teilnahme **ausdrücklich gestattet** und ihre Teilnahme mit den **Aufgaben der konkreten BetrVerslg.** vereinbar ist (BAG 13. 9. 77, 28. 11. 78 AP Nrn. 1, 2 zu § 42 BetrVG 1972; GK-*Weber* Rn 48 ff.; *Richardi/Annuß* Rn 34; einschränkend *HSWGNR* Rn 19: Teilnahme unerlässlich).

Nach dem Gebot der Nichtöffentlichkeit ist eine generelle Hinzuziehung von **44** Reportern der **Presse,** des **Rundfunks oder** des **Fernsehens** zum Zwecke der Berichterstattung über den Verlauf der BetrVerslg. grundsätzlich **nicht zulässig** (*Richardi/Annuß* Rn 38; ErfK-*Koch* Rn 8; Rn 25; *SWS* §§ 42–46 Rn 13; aA GK-*Weber* Rn 48, sofern alle Beteiligten zustimmen; noch weitergehend *DKK-Berg* Rn 15, der die Teilnahme nur von der Zustimmung des BR abhängig macht, jedoch zu Unrecht auf ein Informationsinteresse der Öffentlichkeit verweist). *Simitis/Kreuder* (NZA 92, 1011) wollen Reporter zulassen, wobei nur die Übertragung der Verslg. durch Rundfunk und Fernsehen verboten sein soll. Das aber hieße „Öffentliche Be-triebsVerslg.", die Bestimmung hätte weitgehend ihren Sinn – Wahrung der betriebl. Sphäre – verloren. Der BR kann seine Öffentlichkeitsarbeit außerhalb der BetrVerslg. betreiben. Dafür kann er sich auf das Recht der freien Meinungsäußerung berufen (ErfK-*Dieterich* Art. 5 GG Rn 28 ff.).

Tonaufnahmen oder **bildliche Aufzeichnungen** über den Verlauf der Betr- **45** Verslg. sind nur ausnahmsweise mit Zustimmung des VerslgLeiters zulässig (ErfK-*Koch* Rn 8, GK-*Weber* Rn 53). Die Tatsache der Aufnahme muss vorab bekannt gegeben werden (LAG München DB 78, 895; *Richardi/Annuß* Rn 40; *HSWGNR* Rn 44; nach *Gaul* DB 75, 980 soll die vorherige Zustimmung eines jeden VerslgTeilnehmers – nicht nur des Redners – notwendig sein). Das Verbot solcher Aufzeichnungen ohne vorherige Zustimmung der Betroffenen dient dem **Schutz des Persönlichkeitsrechts** des jeweiligen Sprechers. Er kann verlangen, für seinen Redebeitrag das Tonband abzuschalten (*Loritz* FS Wiese 98, 281). Unterbleibt das, ist die Aufnahme unbefugt iSd. § 201 StGB und damit strafbar (*Richardi/Annuß* Rn 40; GK-*Weber* Rn 53). Sie darf weder von der BetrVerslg. noch vom ArbGeb., dem BR, den Gerichten oder Behörden verwertet werden. Der BRVors. muss das Tonband für den BR in Besitz nehmen und sicher aufbewahren. Heimliche Tonbandaufzeichnungen eines ArbN können eine Kündigung rechtfertigen (LAG Düsseldorf DB 80, 2396).

Eine **Lautsprecherübertragung** in andere Räume des Betriebs, in denen sich in **46** der Regel nur ArbN aufhalten, ist zulässig (GK-*Weber* Rn 55).

Das Gebot der Nichtöffentlichkeit der BetrVerslg. verbietet es nicht, sich während **47** der Verslg. Notizen zu machen. Die Aufnahme eines vollständigen **Wortprotokolls** durch den ArbGeb. widerspricht sowohl dem Grundsatz der vertrauensvollen Zusammenarbeit als auch dem Sinn dessen Teilnahmerechts und ist unzulässig (*Richardi/Annuß* Rn 42; ErfK-*Koch* Rn 8; LAG Hamm 9. 7. 86 NZA 86, 842; aA LAG Ba.-Wü. DB 79, 316; *HSWGNR* Rn 46; GK-*Weber* Rn 54; *Schaub/Koch* § 223 Rn 13, der jeweilige Redner muss einverstanden sein). Der ArbGeb. kann demnach vom BR auch nicht das Anfertigen eines Wortprotokolls verlangen (aA *Loritz* FS Wiese 98, 290 nach entsprechender Anwendung des § 43 Abs. 2 iVm. § 2 Abs. 1, die jedoch allenfalls den Zweck verfolgen, im Interesse der Rechtssicherheit das rechtmäßige Zustandekommen von BR-Beschlüssen zu dokumentieren).

Der **Leiter der Verslg.** ist verpflichtet zur auf die **Nichtöffentlichkeit** zu achten **48** und allen Personen, die nicht teilnahmeberechtigt sind, den Zutritt zu der BetrVerslg. und die Teilnahme an ihr zu verwehren. Zu diesem Zweck hat er notfalls von seinem Hausrecht Gebrauch zu machen, soweit ihm das zugemutet werden kann. Werden außenstehende Personen, die nicht befugt sind, an der BetrVerslg. teilzunehmen, in größerer Zahl zugelassen, handelt es sich nicht mehr um eine BetrVerslg. isd. §§ 42 ff. (hM).

49   Die Anwesenheit nicht teilnahmeberechtigter Personen lässt den Lohnanspruch der teilnehmenden ArbN unberührt (vgl. § 44 Rn 34 a).

50   Etwas anderes gilt nur, wenn es sich um eine „**öffentliche Verslg.**" handelt (vgl. § 44 Rn 34 a).

d) Verschwiegenheitspflichten

51   Erfährt der ArbN in der BetrVerslg., etwa durch den nach § 110 regelmäßig zu erstattenden Lagebericht oder durch den Bericht des ArbGeb. nach § 43 Abs. 2 S. 2, **Geschäfts- und Betriebsgeheimnisse**, so hat er über diese auf Grund seiner arbeitsvertraglichen Treuepflicht Stillschweigen zu bewahren, wenn der ArbGeb. auf die Geheimhaltungsbedürftigkeit ausdrücklich hingewiesen hat (GK-*Weber* Rn 56; ErfK-*Koch* Rn 8; aA *DKK-Berg* Rn 17). Im Übrigen besteht keine Verschwiegenheitspflicht über Inhalt und Ablauf der BetrVerslg.

5. Kosten

52   **Erforderliche Kosten,** die bei der Vorbereitung und der Durchführung der BetrVerslg. entstehen, fallen dem **ArbGeb.** zur Last. Dies ergibt sich aus seiner Kostentragungspflicht nach § 40. Ist es erforderlich, die BetrVerslg. außerhalb des Betriebs abzuhalten, sind die dadurch entstehenden Kosten, insb. für die Anmietung der Räume, für Heizung, Licht usw., vom ArbGeb. zu tragen (LAG Hamm AP Nr. 5 zu § 618 BGB; dort auch zur Haftung des ArbGeb. für die Unterbringung von Fahrrädern der teilnehmenden ArbN für die Dauer der BetrVerslg.). Zu den erstattungsfähigen Kosten können auch die für Dolmetscher gehören (Rn 22).

III. Teilversammlungen

1. Voraussetzungen

53   Grundsätzlich ist die BetrVerslg. als Vollverslg. durchzuführen. Die Durchführung von **Teilverslg.** lässt Abs. 1 S. 3 **als Ausnahme** zu, wenn wegen der Eigenart des Betriebs eine Vollverslg. aller ArbN des Betriebs nicht durchgeführt werden kann. Sie sind von AbtVerslg. zu unterscheiden (vgl. Rn 64 ff. und *Rieble* AuR 95, 245).

54   Es steht **nicht im freien Ermessen** des BR oder seines Vors., ob die BetrVerslg. als Vollverslg. durchzuführen ist oder ob an deren Stelle Teilverslg. treten. Teilverslg. sind vielmehr nur zulässig, wenn infolge der **Eigenart des Betriebes** eine gleichzeitige Verslg. aller ArbN des Betriebs nicht möglich ist (*Richardi/Annuß* Rn 53; *DKK-Berg* Rn 18). Bei der Beurteilung der Voraussetzungen des § 42 Abs. 1 S. 3 steht dem BR ein Bewertungsspielraum zu (GK-*Weber* Rn 61; WPK/*Kreft* Rn 13). Liegen diese Voraussetzungen vor, ist der BR zur Durchführung von Teilversammlungen verpflichtet (*HSWGNR* Rn 48 a).

Die Vorschrift stellt allgemein auf die Eigenart des Betriebs ab. In erster Linie kommt es auf **organisatorisch-technische Besonderheiten** an (BAG 9. 3. 76 AP Nr. 3 zu § 44 BetrVG 1972; ErfK-*Koch* Rn 9; GK-*Weber* Rn 58), nicht auf wirtschaftliche Interessen. Die zu Teilverslg. zwingende Eigenart des Betriebs dürfte meist durch dessen **Größe** bedingt sein, weil eine übergroße ArbNZahl erfahrungsgemäß eine angemessene Durchführung der BetrVerslg., insb. auch eine sachliche Aussprache nicht zulässt (ArbG Wuppertal AiB 97, 347; *Richardi/Annuß* Rn 48; *DKK-Berg* Rn 19; GK-*Weber* Rn 59; aA *SWS* §§ 42–46 Rn 3, die in diesen Fällen eine AbteilungsVerslg. für zwingend halten). Aber auch die Tatsache, dass **in mehreren Schichten** gearbeitet wird, kann zu Teilverslg. zwingen, insb. dann, wenn der Betrieb vollkontinuierlich arbeitet (*Richardi/Annuß* Rn 50; *DKK-Berg* Rn 19; *HSWGNR* Rn 50; LAG Saarbrücken 21. 12. 60 AP Nr. 2 zu § 43 BetrVG).

Das Gleiche gilt, wenn im Betrieb **kein genügend großer Raum** für eine Vollverslg. zur Verfügung steht und auch die Anmietung eines außerhalb des Betriebs gelegenen Raumes nicht möglich oder nicht zumutbar ist (*Richardi/Annuß* Rn 48; *HSWGNR* Rn 49; *GK-Weber* Rn 60; vgl. oben Rn 52).

Dagegen ist der Umstand, dass **Betriebsstätten räumlich auseinander liegen,** an sich noch kein Grund für die Durchführung von Teilverslg. Sind die räumlichen Entfernungen aber so groß, dass den ArbN die An- und Abreise an einem Tag nicht mehr zumutbar ist, besteht die Gefahr, dass sie wg. der damit verbundenen Erschwernisse von einer Teilnahme absehen. Das widerspricht dem Zweckgedanken der BetrVrslg., die in solchen Fällen als TeilsVerslg. abzuhalten ist (*Richardi/Annuß* Rn 49).

Kein Grund für Teilverslg. sind **Ladenöffnungszeiten** in Verkaufsgeschäften, weil das Geschäft geschlossen werden kann (*GK-Weber* Rn 58; aA *HSWGNR* § 44 Rn 12 ff.; *Richardi/Annuß* § 44 Rn 12 mit Einschränkungen; vgl. auch § 44 Rn 10). Zum Einfluss des Infrastrukturauftrags nach Art. 87 f. GG bei der Post AG LAG Schleswig-Holstein 28. 10. 98 LAGE § 44 BetrVG 1972 Nr. 9.

Andererseits kommt in Betrieben mit vielen im **Außendienst** tätigen ArbN, die **55** wegen der Art ihrer Tätigkeit vielfach nicht an den üblichen BetrVerslg. teilnehmen können, die Abhaltung von Teilverslg. für diese Mitarbeiter in Betracht.

Für ArbN, die vorübergehend im **Ausland** (zB auf einer dortigen Baustelle) tätig sind, aber nach den Grundsätzen der „Ausstrahlungstheorie" noch zum Betrieb gehören (vgl. hierzu § 1 Rn 22 ff.; LAG Mü. 7. 7. 10 – 5 TaBV 18/09), kann auch im Ausland eine Teilverslg. durchgeführt werden, jedenfalls soweit nicht zwingende Vorschriften des betreffenden Staates entgegenstehen (*GK-Weber* Rn 24). Denn es ist zweckmäßig, diesen ArbN, die noch zum Betrieb gehören und auf die sich die Zuständigkeit des BR erstreckt, auch ein Forum der Aussprache zu eröffnen (vgl. oben Rn 7), ohne dass sie auf eine evtl. kostspielige Teilnahme an der BetrVerslg. des Heimatbetriebs angewiesen sind. Das sog. **Territorialitätsprinzip** steht zwar der Abhaltung der Betr-Verslg. im ausländischen Betrieb entgegen, wenn der dortige Betriebsinhaber nicht zustimmt. Das hat seinen Grund darin, dass der Normbefehl des BetrVG nicht über die Bundesrepublik Deutschland hinausgeht. Dennoch bleibt die Durchführung einer BetrVerslg. im Ausland, zumindest an einem Ort außerhalb des dortigen Betriebs, zulässig (*Däubler,* Betriebsverfassung in globalisierter Wirtschaft, S. 51 *Beitzke* Anm. zu BAG AP Nr. 3 zu § 42 BetrVG 72; LAG Hamm DB 80, 1030; aA BAG 27. 5. 82 AP Nr. 3 zu § 42 BetrVG 1972, das wegen des auf die Bundesrepublik Deutschland beschränkten Geltungsbereichs einen Rechtsanspruch des BR oder anderer betriebsverfassungsrechtlicher Institutionen auf ein Tätig werden im Ausland ausschließt; ebenso *HSWGNR* Rn 3; vgl. auch Rn 14 und § 1 Rn 22 ff.). Allerdings könnte dieses Durchführungsrecht **einer teleologischen Reduktion** bedürfen. Die Vorschriften über die Teilnahme an BetrVerslg. und die daran knüpfende Kostentragungspflicht des ArbGeb. sind an den Verhältnissen inländischer Betriebe und der dort Beschäftigten ausgerichtet. Mit Rücksicht auf diese Konzeption läge es nahe, vor einer Durchführung einer BetrVerslg. im Ausland zunächst die sonstigen Kommunikationsmöglichkeiten auszuschöpfen, mittels derer der BR mit den ArbN in Kontakt treten und sie über betriebl. Vorgänge informieren kann.

Kann wegen der Eigenart des Betriebs eine Vollverslg. nur außerhalb der Arbeits- **56** zeit durchgeführt werden, steht es im **Ermessen des BR** stattdessen Teilverslg. durchzuführen, wenn diese während der Arbeitszeit stattfinden können (*Richardi/Annuß* Rn 51).

Mit einer **Ermessensentscheidung** – etwa abwechselnd Voll- und Teilverslg. **57** durchzuführen – kann der BR beiden Grundsätzen, Vollverslg. vor Teilverslg. und Verslg. während der Arbeitszeit am ehesten gerecht werden. Der BR bestimmt auch den Teil der Belegschaft, der einer Teilverslg. zuzuordnen ist.

58   **Keine Teilverslg.** ist gegeben, wenn gleichartige ArbNGruppen des Betriebs, etwa nur die Arb., die Ang., die im Leistungslohn beschäftigten ArbN, die weiblichen oder ausländischen ArbN versammelt werden. Derartige Verslg. sind keine BetrVerslg. iSd. §§ 42 ff. (*Richardi/Annuß* Rn 52; *DKK-Berg* Rn 20). Eine Ausnahme besteht insoweit nur hinsichtlich der JugAzubiVerslg. (Näheres vgl. § 71) sowie der in § 95 Abs. 6 SGB IX vorgesehenen Verslg. der Schwbeh. des Betriebs.

2. Durchführung

59   Die Entscheidung des BR zur Durchführung von Teilverslg. ist durch **Beschluss** (§ 33) zu treffen.

60   Soweit Teilverslg. durchgeführt werden, sollten sie in einem engen **zeitlichen Zusammenhang** abgehalten werden, damit sie die Wirkung einer Vollverslg. erzielen (*Richardi/Annuß* Rn 53; *DKK-Berg* Rn 19; *HSWGNR* Rn 55).

61   Den **Vorsitz in der Teilverslg.** führt der BRVors. Werden mehrere Teilverslg. gleichzeitig abgehalten, kann der BR neben dem Vors. und dem stellvertr. Vors. weitere BRMitgl. mit der Leitung beauftragen (*Richardi/Annuß* Rn 54).

62   **Teilnahme-** und **stimmberechtigt** an Teilverslg. sind die ArbN, die in den vom BR zur Teilverslg. zusammengefassten Bereichen des Betriebs beschäftigt sind. Ferner ist der gesamte BR teilnahmeberechtigt. Es können die in Rn 15 ff. genannten Personen unter den dort genannten Voraussetzungen auch an Teilverslg. teilnehmen. Die Teilnahme von ArbN anderer Bereiche des Betriebs verletzt nicht den Grundsatz der Nichtöffentlichkeit.

63   Für Gestaltung und Ablauf der Teilverslg. gelten die für die Vollverslg. geltenden Vorschriften entspr. (vgl. Rn 34 ff.).

IV. Abteilungsversammlungen

1. Voraussetzungen

64   Das G sieht die Möglichkeit vor, anstelle der BetrVerslg. **AbtVerslg.** durchzuführen. Die AbtVerslg. dienen dem **Zweck,** den ArbN in den einzelnen Betriebsabteilungen die Erörterungen ihrer speziellen gemeinsamen Belange zu ermöglichen, die in der Vollverslg. aller ArbN des Betriebs vielfach nicht angesprochen werden können. Die AbtVerslg. ist eine besondere Form der BetrVerslg. Sie sind vorgesehen für die vom BR zusammengefassten ArbN organisatorisch oder räumlich abgegrenzter Betriebsteile, deren spezielle Belange eine gesonderte Erörterung außerhalb der Vollverslg. der ArbN erforderlich machen.

65   Zu AbtVerslg. zusammengefasst werden können nur **ArbN von Betriebsteilen,** die entweder organisatorisch oder räumlich abgegrenzt sind. Es reicht aus, wenn eine dieser Voraussetzungen vorliegt. Der Begriff Betriebsteil in § 42 Abs. 2 deckt sich nicht mit demjenigen in § 4; er ist weitergehend (*GK-Weber* Rn 71; *DKK-Berg* Rn 24).

66   Die **organisatorische Abgrenzung** bestimmt sich nach der jeweiligen betrieblichen Organisationsstruktur. Diese richtet sich nach den verschiedenen Aufgaben, die der Betrieb zu erfüllen hat. Maßnahmen des ArbGeb. können zB nur Interessen der ArbN einzelner Abteilungen berühren. So stellen zB **Produktionsbetrieb** und **Verwaltung** im Allgemeinen organisatorisch abgegrenzte Betriebsteile dar. Innerhalb des Produktionsbetriebs sind weitere Abgrenzungen möglich, sei es, dass der Betrieb verschiedenartige Produkte in organisatorisch selbständigen Einheiten herstellt (zB in einem chemischen Betrieb die Erzeugung von Medikamenten, Kunststoffprodukten, Düngemitteln), sei es, dass der Betrieb zwar nur ein Erzeugnis herstellt, die für das Gesamtprodukt notwendigen Einzelfertigungen jedoch in organisatorisch abgegrenzten Betriebsteilen hergestellt werden (zB in der Automobilindustrie Motorenwerkstatt und Karosseriebau). Die organisatorische Abgrenzung setzt außer einer gewissen Eigenständigkeit in der Aufgabenstellung auch ein bestimmtes Maß an Eigenständigkeit der Leitung voraus (*DKK-Berg* Rn 26; *HSWGNR* Rn 59; *GK-Weber* Rn 69, die auch eine Zusammenfassung bestimmter Kategorien von ArbN unter Hinweis auf Besonderheiten von Konzernstrukturen für zulässig halten).

Räumlich abgegrenzte Betriebsteile sind solche, die entweder durch ihre ört- 67 liche Lage oder ihre jeweilige bauliche Situation besondere betriebliche Einheiten bilden. So sind zB Zweigstellen, sofern sie nicht selbständige Betriebe sind, im Allgemeinen als räumlich abgegrenzte Betriebsteile anzusehen. Das Gleiche gilt für besondere Betriebsstätten. Auch können einzelne Gebäude auf einem größeren Betriebsgelände räumlich abgegrenzte Betriebsteile darstellen.

Die ArbN von organisatorisch oder räumlich abgegrenzten Betriebsteilen bilden 68 nicht von sich aus die AbtVerslg. Sie müssen **vom BR zu diesem Zweck zusammengefasst** worden sein. Hierbei ist der BR nicht darauf beschränkt, lediglich die ArbN der einzelnen organisatorisch oder räumlich abgegrenzten Betriebsteile zu jeweils getrennten AbtVerslg. zusammenzufassen. Vielmehr kann er auch mehrere organisatorische oder räumlich abgegrenzte Betriebsteile zu einer AbtVerslg. zusammenziehen, wenn das für die Erörterung der besonderen Belange der beteiligten ArbN geboten ist (*DKK-Berg* Rn 27).

Die Durchführung von AbtVerslg. muss für die Erörterung der besonderen Belange der ArbN erforderlich sein (*Richardi/Annuß* Rn 64; *GK-Weber* Rn 72). Die **besonderen Belange der einzelnen Abteilungen** müssen nicht durch strukturelle, dh ihrem Wesen nach auf Dauer angelegte Merkmale bedingt sein. Auch ein einmaliger Anlass kann die Notwendigkeit von AbtVerslg. rechtfertigen (*Richardi/Annuß* Rn 65; *GK-Weber* Rn 74; *HSWGNR* Rn 65).

Da die AbtVerslg. im Rahmen der Regelung des § 43 Abs. 1 S. 2 die BetrVerslg. 70 ersetzen, muss zumindest für **die überwiegende Zahl der Betriebsteile** die Durchführung von AbtVerslg. zur Erörterung der besonderen Belange der ArbN der einzelnen Betriebsteile erforderlich sein. Lediglich die besonderen Belange der ArbN eines einzigen oder nur weniger Betriebsteile rechtfertigen es nicht, auch den anderen Betriebsteilen anstelle der allgemeinen BetrVerslg. eine AbtVerslg. aufzuzwingen (*GK-Weber* § 43 Rn 21; *DKK-Berg* Rn 28). Insoweit kann ein besonderer Grund für eine zusätzliche AbtVerslg. gemäß § 43 Abs. 1 S. 4 oder Abs. 3 vorliegen (*Richardi/Annuß* Rn 65). Für ArbN, für die keine AbtVerslg. durchgeführt werden, ist eine TeilsVerslg. anzuberaumen, wenn anderenfalls der mit § 43 Abs. 1 S. 1 verfolgte Zweck, allen ArbN viermal jährlich die Möglichkeit der Information durch den BR und des Gesprächs mit dem BR zu geben, nicht gewährleistet ist.

2. Durchführung

Liegen die Voraussetzungen für die Durchführung von AbtVerslg. vor, ist der BR 71 verpflichtet, in jedem **Kalenderhalbjahr** eine BetrVerslg. in Form von AbtVerslg. abzuhalten. Bei der Beantwortung der Frage, ob diese Voraussetzungen vorliegen, hat der BR einen Beurteilungsspielraum (*Richardi/Annuß* Rn 66). Die Entscheidung über die Durchführung von AbtVerslg. trifft der BR durch Beschluss. AbtVerslg. können ggf. als **Teilverslg.** durchgeführt werden, wie sich aus der Verweisung in Abs. 2 S. 3 auf Abs. 1 ergibt (*GK-Weber* Rn 76). Zu denken ist hier zB an Betriebsabteilungen, die in Schicht arbeiten (*Richardi/Annuß* Rn 66; *ErfK-Koch* Rn 12).

AbtVerslg. unterstehen der **Leitung des BR.** Um jedoch eine möglichst sachkun- 72 dige Leitung und Durchführung der AbtVerslg. zu erreichen, sollte sie von einem Mitgl. des BR geleitet werden, das dem jeweiligen Betriebsteil als ArbN angehört; hiervon kann aus besonderen sachlichen Gründen abgewichen werden. Jedoch muss stets ein BRMitgl. die AbtVerslg. leiten, anderenfalls ist sie keine AbtVerslg. iSd. Gesetzes (*Richardi/Annuß* Rn 69). Der BR beschließt, welches BRMitgl. die jeweilige AbtVerslg. leitet.

73   Für die **Leitung und Durchführung** der AbtVerslg. gelten im Übrigen dieselben Grundsätze wie für die BetrVerslg. (vgl. oben Rn 28 ff.). Das Gleiche gilt für den Grundsatz der Nichtöffentlichkeit der AbtVerslg. (vgl. oben Rn 43 ff.). Die Teilnahme von ArbN anderer Abteilungen verstößt zwar nicht gegen das Gebot der Nichtöffentlichkeit, ist aber mit Sinn und Zweck der AbtVerslg. nicht vereinbar. Stimmberechtigt sind nur die ArbN der zu der AbtVerslg. zusammengefassten Betriebsteile.

74   Auf AbtVerslg. können neben den abteilungsspezifischen Angelegenheiten auch Belange des gesamten Betriebes und aller ArbN erörtert werden. Das ergibt sich schon daraus, dass nach § 43 Abs. 1 S. 2 die AbtVerslg. eine die BetrVerslg. ersetzende Funktion haben.

V. Streitigkeiten

75   Über die Teilnahmeberechtigung an Betr- und AbtVerslg. befindet zunächst der Vors. des BR als Leiter der BetrVerslg.

76   Im Übrigen sind Streitigkeiten im Zusammenhang mit der Abhaltung von Betr- oder AbtVerslg., insb. auch Streitigkeiten über die Teilnahme an diesen Verslg., über ihre Zuständigkeit, über die Kostentragungspflicht des ArbGeb. und über die Zulässigkeit von Teilverslg. und AbtVerslg. von den ArbG **im BeschlVerf.** zu entscheiden (Nach § 1 Rn 5 ff.). Wird durch die Meinungsverschiedenheit die Durchführung einer BetrVerslg. verhindert oder wesentlich erschwert oder geht es um die Durchsetzung von Zugangsrechten für bestimmte Teilnehmer, kann der BR eine **einstw. Vfg.** erwirken (§ 85 Abs. 2 ArbGG; *Bertelsmann* AiB 98, 686; *Richardi/Annuß* Rn 77). Der Anspruch des an der Verslg. teilnehmenden einzelnen ArbN auf Zahlung des Arbeitsentgelts ist dagegen im **UrteilsVerf.** geltend zu machen. Dies gilt auch für die Erstattung etwaiger Fahrkosten, die dem ArbN infolge der Teilnahme an der BetrVerslg. entstanden sind (vgl. hierzu § 44 Rn 24 ff.). Zwar handelt es sich um einen im BetrVG geregelten Anspruch. Dieser betrifft aber keine, das betriebsverfassungsrechtliche Rechtsverhältnis zwischen ArbGeb. und BR berührende, Angelegenheit iSd. § 2a Abs. 1 Nr. 1 ArbGG (*Richardi/Annuß* Rn 78).

§ 43 Regelmäßige Betriebs- und Abteilungsversammlungen

(1) [1]**Der Betriebsrat hat einmal in jedem Kalendervierteljahr eine Betriebsversammlung einzuberufen und in ihr einen Tätigkeitsbericht zu erstatten.** [2]**Liegen die Voraussetzungen des § 42 Abs. 2 Satz 1 vor, so hat der Betriebsrat in jedem Kalenderjahr zwei der in Satz 1 genannten Betriebsversammlungen als Abteilungsversammlungen durchzuführen.** [3]**Die Abteilungsversammlungen sollen möglichst gleichzeitig stattfinden.** [4]**Der Betriebsrat kann in jedem Kalenderhalbjahr eine weitere Betriebsversammlung oder, wenn die Voraussetzungen des § 42 Abs. 2 Satz 1 vorliegen, einmal weitere Abteilungsversammlungen durchführen, wenn dies aus besonderen Gründen zweckmäßig erscheint.**

(2) [1]**Der Arbeitgeber ist zu den Betriebs- und Abteilungsversammlungen unter Mitteilung der Tagesordnung einzuladen.** [2]**Er ist berechtigt, in den Versammlungen zu sprechen.** [3]**Der Arbeitgeber oder sein Vertreter hat mindestens einmal in jedem Kalenderjahr in einer Betriebsversammlung über das Personal- und Sozialwesen einschließlich des Stands der Gleichstellung von Frauen und Männern im Betrieb sowie der Integration der im Betrieb beschäftigten ausländischen Arbeitnehmer, über die wirtschaftliche Lage und Entwicklung des Betriebs sowie über den betrieblichen Umweltschutz zu berichten, soweit dadurch nicht Betriebs- oder Geschäftsgeheimnisse gefährdet werden.**

(3) [1]**Der Betriebsrat ist berechtigt und auf Wunsch des Arbeitgebers oder von mindestens einem Viertel der wahlberechtigten Arbeitnehmer verpflichtet, eine**

Betriebsversammlung einzuberufen und den beantragten Beratungsgegenstand auf die Tagesordnung zu setzen. [2] Vom Zeitpunkt der Versammlungen, die auf Wunsch des Arbeitgebers stattfinden, ist dieser rechtzeitig zu verständigen.

(4) Auf Antrag einer im Betrieb vertretenen Gewerkschaft muss der Betriebsrat vor Ablauf von zwei Wochen nach Eingang des Antrags eine Betriebsversammlung nach Absatz 1 Satz 1 einberufen, wenn im vorhergegangenen Kalenderhalbjahr keine Betriebsversammlung und keine Abteilungsversammlungen durchgeführt worden sind.

Inhaltsübersicht

I. Vorbemerkung

Die Vorschrift regelt den **Zeitraum,** in dem die regelmäßigen Betr- bzw. Abt-VerslG. durchzuführen sind (Abs. 1 S. 1 bis S. 3), die Voraussetzungen **zusätzlicher oder außerordentlicher Betr- oder AbtVerslG.** (Abs. 1 S. 4 und Abs. 3) und das **Recht der Gewerkschaften,** die Durchführung einer unterbliebenen BetrVerslG. zu beantragen (Abs. 4). Sie normiert darüber hinaus auch das **Teilnahmerecht des ArbGeb.** (Abs. 2 S. 1) und dessen Berichtspflicht. **1**

Die Vorschrift gilt nicht für den GesBR, den KBR, die GesJugAzubiVertr., die KJugAzubiVertr. und den SeeBR. Auf die BordVertr. findet sie dagegen Anwendung. Über ihre entspr. Anwendung auf die JugAzubiVerslg. vgl. § 71. Wegen der BR-Verslg. vgl. § 53. **2**

Die Vorschrift ist **zwingend.** Weder TV noch BV können die gesetzliche Mindestzahl von BetrVerslg. herabsetzen oder die Voraussetzungen für zusätzliche oder außerordentliche BetrVerslg. sowie für Teil- oder AbtVerslg. abweichend vom Gesetz regeln. Dagegen ist es zulässig, den im Rahmen der §§ 42 ff. bestehenden Beurteilungsspielraum des BR durch eine kollektivrechtliche Vereinbarung zu konkretisieren (ErfK-*Koch* Rn 1). **3**

Entspr. Vorschriften: § 49 BPersVG; § 15 SprAuG. **4**

II. Regelmäßige Betriebs- und Abteilungsversammlungen

1. Anzahl und Art der Versammlungen

Der BR hat in jedem **Kalendervierteljahr** – nicht innerhalb von drei Monaten – **5** eine Verslg. der ArbN des Betriebs durchzuführen. Dies ist im Regelfall eine Vollverslg. aller ArbN des Betriebs. Soweit die Eigenart des Betriebs einer Vollverslg. aller ArbN entgegensteht (vgl. § 42 Rn 53 ff.), sind Teilverslg. durchzuführen.

6   Sind in dem Betrieb gem. § 42 Abs. 2 **AbtVerslg.** durchzuführen, so sind von den vier jährlichen Verslg. der ArbN zwei als BetrVerslg. aller ArbN (ggf. in Teilverslg.) und die restlichen zwei in Form von AbtVerslg. (ggf. in Form von Teilverslg.) abzuhalten. Die **Festlegung der Reihenfolge** dieser Verslg. ist dem BR überlassen (*Richardi/Annuß* Rn 5; GK-*Weber* Rn 2; ErfK-*Koch* Rn 2). Er kann zwischen einer Vollverslg. der ArbN des Betriebs und AbtVerslg. abwechseln, oder eine andere Reihenfolge festlegen. Sofern sich nur einmal im Jahr die Notwendigkeit ergibt, die besonderen Belange der ArbN in AbtVerslg. zu erörtern (vgl. § 42 Rn 64 ff.), ist nur eine der vierteljährlichen BetrVerslg. in Form von AbtVerslg. durchzuführen.

7   Um stärkere Störungen des Arbeitsablaufs gegenüber einer Vollverslg. zu vermeiden, schreibt Abs. 1 S. 3 vor, dass die **AbtVerslg. möglichst gleichzeitig stattfinden** sollen. Ist allerdings die Durchführung einer AbtVerslg. in einem Betriebsteil ohne Einfluss auf den Arbeitsablauf in den übrigen Betriebsteilen, dürfte gegen eine zeitlich gesonderte Durchführung der AbtVerslg. in diesem Betriebsteil keine Einwände zu erheben sein. Das Gleiche gilt, wenn besondere Umstände eine gleichzeitige Durchführung der AbtVerslg. nicht sachgerecht erscheinen lassen. Hierüber entscheidet der BR durch Beschluss, wobei er auch etwaige negative Auswirkungen auf den Betriebsablauf in seine Überlegungen einbeziehen muss. Die Notwendigkeit einer Zustimmung des ArbGeb. besteht jedoch nicht.

2. Zeitpunkt

8   **Der BR** bestimmt nach pflichtgemäßem Ermessen **den Zeitpunkt** der BetrVerslg. bzw. der AbtVerslg. innerhalb des jeweiligen Kalendervierteljahres. Der ArbGeb. braucht nicht zuzustimmen. Die Einhaltung eines zeitlichen Abstands von drei Monaten ist nicht geboten, aber empfehlenswert. Besondere Umstände (etwa bedeutsame Hauptversammlung., wichtige Entscheidungen der Geschäftsleitung oder des Aufsichtsrats) können ein Abgehen von dem gleichmäßigen Rhythmus rechtfertigen (*Richardi/Annuß* Rn 3; GK-*Weber* Rn 2).

9   Grundsätzlich finden die regelmäßigen Betriebs- und AbtVerslg. **während der Arbeitszeit** statt (vgl. § 44 Abs. 1 und dort Rn 5 ff.). Bei der Festlegung der zeitlichen Lage hat der BR auf die betrieblichen Notwendigkeiten Rücksicht zu nehmen.

10 **Unterlässt es der BR,** die regelmäßigen Betriebs- bzw. AbtVerslg. nach Abs. 1 S. 1 und 2 einzuberufen, handelt er pflichtwidrig. Das gilt auch, wenn der ArbGeb. für die Nichtdurchführung der BetrVerslg. den ArbN besondere Leistungen gewährt. Das Unterlassen kann im Wiederholungsfall eine grobe Verletzung der gesetzlichen Pflichten des BR iSv. § 23 Abs. 1 sein (*Richardi/Annuß* Rn 22; DKK-*Berg* Rn 4; GK-*Weber* Rn 30). Das gilt nicht, wenn betriebsorganisatorische Gegebenheiten vorübergehend der regelmäßigen Durchführung entgegenstehen. Leistet der BR einem zulässigen Antrag der Gewerkschaften nach Abs. 4 nicht Folge (vgl. unten Rn 52 ff.), dürfte ebenfalls eine grobe Pflichtverletzung des BR iSv. § 23 Abs. 1 vorliegen.

11 Die Durchführung der BetrVerslg. oder AbtVerslg. kann **nicht ersetzt** werden durch eine via Lautsprecher übertragene Ansprache des BRVors an die an ihren Arbeitsplätzen verbleibenden ArbN oder das Verteilen einer Informationsschrift.

3. Ablauf der Versammlungen

a) Tagesordnung

12 Die jeweilige Tagesordnung bestimmt den Ablauf der BetrVerslg. bzw. der Abteilungsverslg. (vgl. § 42 Rn 29 f.). Sie muss auf jeden Fall den **vierteljährlichen Tätigkeitsbericht des BR** enthalten. Darüber hinaus können auch andere die ArbN

oder den Betrieb unmittelbar betreffende Angelegenheiten auf die Tagesordnung gesetzt werden (vgl. § 45). Hierüber entscheidet der BR durch Beschluss.

b) Tätigkeitsbericht des Betriebsrats

Der Tätigkeitsbericht ist **vom BR zu erstatten.** Dazu hat der BR den Berichts- 13
inhalt festzulegen und nach § 33 zu beschließen (*Richardi/Annuß* Rn 8; GK-*Weber*
Rn 3). Der Bericht hat die in der Berichtszeit eingetretenen Ereignisse zu dokumentieren und über Tatsachen, die für ArbN bedeutsam sind, Auskunft zu geben.

Der Bericht des BR erfasst auch die Tätigkeit seiner **Ausschüsse** sowie des **GesBR**
und des **WiAusschusses,** soweit sie den Betrieb betrifft oder für ihn von Bedeutung
ist (*DKK-Berg* Rn 7; **aA** hinsichtlich des WiAusschusses *Richardi/Annuß* Rn 10; GK-
Weber Rn 6 mit der Begründung, der WiAusschuss sei funktionell selbständig und die
Unterrichtung der ArbN über die wirtschaftliche Lage und Entwicklung des Unternehmens gemäß § 110 obliege dem ArbGeb. Diese Unterrichtungspflicht des Unternehmers ist jedoch nicht deckungsgleich mit der über die Tätigkeit des WiAusschusses).

Der BR ist nicht auf die Darstellung von Tatsachen beschränkt. Er kann auch Wertungen äußern und die Überlegungen und Erwägungen angeben, von er sich bei
seinen Beschlüssen, Maßnahmen und Stellungnahmen hat leiten lassen. Hierbei hat er
auf seine Verschwiegenheitspflicht, insb. nach §§ 79, 99 Abs. 1 S. 3 und § 102 Abs. 2
S. 4 zu achten (*HSWGNR* Rn 17). Darüber hinaus soll der Bericht über die Geschäftsführung des BR ein allgemeines Bild über das betriebliche Geschehen geben,
soweit dies für die ArbN von Interesse ist.

Die **Tätigkeit der Aufsichtsratsmitglieder der ArbN** ist nach Ansicht des 14
BAG nicht Gegenstand des Berichts des BR (vgl BAG 1. 3. 66 AP Nr. 1 zu § 69
BetrVG; GK-*Weber* Rn 6; *HSWGNR* Rn 16; *Richardi/Annuß* Rn 10). Jedenfalls ist es
den BRMitgl. oder ArbN des Betriebs, die Mitgl. des AR sind, oder den zur
BRVerslg. eingeladenen Aufsichtsratsmitglieder nicht verwehrt, Informationen, die
für die Belegschaft von Interesse sind, weiter zu geben, soweit nicht die Schweigepflicht nach § 93 Abs. 1 S. 2 AktG entgegensteht.

In **TeilVerslg.** ist der vollständige Bericht zu erstatten. In **AbtVerslg.** kann der 15
Tätigkeitsbericht des BR auf die besonderen Belange der Abteilung und der in ihr
beschäftigten ArbN zugeschnitten werden. Jedoch ist er nicht auf bloße Abteilungs-
sangelegenheiten zu beschränken. Allgemein interessierende Fragen sind stets auch in
den Tätigkeitsbericht auf AbtVerslg. aufzunehmen, soweit die AbtVerslg. eine Betr-
Verslg. ersetzen.

Der Bericht ist **vom BRVors. mündlich vorzutragen.** Der BR kann durch Be- 16
schluss ein anderes seiner Mitgl. mit der Berichterstattung beauftragen (*Richardi/
Annuß* Rn 12; *HSWGNR* Rn 13). Umfasst der Bericht verschiedene Sachgebiete
– was in Großbetrieben vielfach der Fall sein dürfte –, kann er von verschiedenen
BRMitgl. erstattet werden (*DKK-Berg* Rn 8). Die Teilnehmer der BetrVerslg. müssen
Gelegenheit haben, zum Bericht Stellung zu nehmen und darüber zu diskutieren
(*DKK-Berg* Rn 9; vgl. Rn 26).

Die **schriftliche Vorlage des Berichts** ist zwar zulässig, kann jedoch nicht er- 17
zwungen werden (*Löwisch* FS Hilger/Stumpf S. 429). Bei umfangreichen Berichten
kann eine schriftliche Vorlage geboten sein, um eine sachgerechte Information und
innerbetriebliche Diskussion über die Tätigkeit des BR zu ermöglichen. Dazu besteht
vor allem Veranlassung, wenn ein größerer Teil der ArbN verhindert ist (LAG Ba.-
Wü. ArbR 84, 54; *DKK-Berg* Rn 9) oder der Bericht ausländischen ArbN übersetzt
werden muss. Die Kosten eines solchen Berichts sind als erforderliche Kosten des BR
vom ArbGeb. zu tragen (vgl. § 40 Rn 18).

In einer **AbtVerslg.** obliegt die **Berichterstattung** dem versammlungsleitenden 18
BRMitgl., sofern der BR keine abweichende Festlegung getroffen hat. Berichtsergän-
zungen müssen von einem Beschluss des BR gedeckt sein.

c) Berichte des Arbeitgebers

19   Einmal in jedem Kalenderjahr ist der **ArbGeb.** verpflichtet, auf einer BetrVerslg. – und zwar **auf einer Vollverslg.** der ArbN, nicht auf einer BetrVerslg. in Form von AbtVerslg. (*Richardi/Annuß* Rn 15) – über die in § 43 Abs. 2 S. 3 geregelten Themen zu berichten. Auf welcher der vier BetrVerslg. im Jahr der ArbGeb. diesen Bericht erstattet, obliegt seiner Entscheidung. Die Berichtspflicht besteht auch in einem von zwei Stadtgemeinden in der Rechtsform einer Gesellschaft des bürgerlichen Rechts betriebenen Tendenzunternehmen (BAG 8. 3. 77 AP Nr. 1 zu § 43 BetrVG 1972). In einem **Gemeinschaftsbetrieb** muss jeder Unternehmer in seiner Eigenschaft als ArbGeb. den Bericht erstatten (LAG Hamburg BB 89, 628; *Hunold* AR-Blattei Betriebsverfassung XI F).

    Der Bericht ist „**im**" **Kalenderjahr** zu erstatten, nicht „für" ein Kalenderjahr. Den Bericht hat der ArbGeb. selbst oder sein unmittelbarer Vertr. vorzutragen; eine weitergehende Delegation ist nicht zulässig (vgl. § 43 Rn 28).

20   Die Unterrichtung hat **mündlich** zu erfolgen, um eine Aussprache mit den ArbN zu erleichtern. Das schließt eine zusätzliche schriftliche Berichtsvorlage nicht aus (*Richardi/Annuß* Rn 17). Die Berichtspflicht des ArbGeb. besteht nicht, soweit durch die Mitteilung von Tatsachen auf der BetrVerslg. **Betriebs- oder Geschäftsgeheimnisse gefährdet** werden (*Richardi/Annuß* Rn 17; *DKK-Berg* Rn 22). Zum Begriff des Betriebs- oder Geschäftsgeheimnisses vgl. § 79 Rn 3 ff. Die Gefährdung muss objektiv vorliegen, auf die subjektive Einschätzung des ArbGeb. kommt es nicht an (GK-*Weber* Rn 17).

21   Der **Bericht über das Personalwesen** erstreckt sich auf die betriebliche Personalplanung (vgl. hierzu im Einzelnen § 92 Rn 2 ff.) und sich daraus eventuell ergebende Maßnahmen der betrieblichen Berufsbildung. Ferner zählt hierzu eine Darstellung der Struktur der Belegschaft (Alter, Geschlecht, Nationalität), der voraussichtlichen Entwicklung der Belegschaftsstärke und -struktur sowie der Fluktuation der ArbN des Betriebs. In dem Bericht kann ferner eingegangen werden auf den Stand der innerbetrieblichen Aus- und Weiterbildung, auf Engpässe in bestimmten Berufsgruppen und auf die Nachwuchsförderung zur Entwicklung eines qualifizierten Stammpersonals (vgl. GK-*Weber* Rn 9 ff.). Unter das **Sozialwesen** fällt insb. der Bericht über die betrieblichen Sozialeinrichtungen (vgl. § 87 Abs. 1 Nr. 8) sowie sonstige Sozialleistungen des Betriebs (vgl. hierzu auch GK-*Weber* Rn 11).

22   Das BetrVerf-ReformG hat die Berichtspflicht des ArbGeb. im Bereich des Personal- und Sozialwesens um zwei weitere Themenschwerpunkte ergänzt (GK-*Weber* Rn 13 ff.; *DKK-Berg* Rn 21 a). Hinzugekommen sind die Themen der betrieblichen Gleichstellung von Frauen und Männern sowie der betrieblichen Integration ausländischer ArbN. Mit der Pflicht, über den **Stand der Gleichstellung** zu unterrichten, wird die Bedeutung dieses Themas erstmals auch für den ArbGeb. der Privatwirtschaft unterstrichen. Das soll die Bereitschaft fördern, sich den im Betrieb konkret stellenden Fragen der Gleichstellung der Geschlechter gezielt anzunehmen, Maßnahmen der Frauenförderung zu ergreifen und den Fragen der Vereinbarkeit familiärer Aufgaben mit beruflichen Anforderungen verstärkte Aufmerksamkeit zu schenken (BT-Drucks. 14/5741 S. 41, 30). Zu Einzelheiten der Gleichstellung vgl. § 80 Rn 34 ff.

23   Die Berichtspflicht über **betrieblichen Integration ausländischer ArbN** soll fremdenfeindlichen Tendenzen nicht nur in der Gesellschaft, sondern gerade in den Betrieben entgegenwirken. Sie soll den einzelnen ArbGeb. dazu anhalten, auf alltägliche und strukturelle Formen der Diskriminierung ausländischer ArbN in seinem Betrieb zu achten, sie innerhalb der Belegschaft zu thematisieren und geeignete Gegenmaßnahmen zu ergreifen (GK-*Weber* Rn 14). Zugleich soll verdeutlicht werden, dass die zu erwartende Zuwanderung ausländischer ArbN und deren Eingliederung in die Gesellschaft auch einer Unterstützung durch betriebliche Maßnahmen bedarf (BT-Drucks. 14/5741 S. 26, 31, 42). Zu Einzelheiten der Integration ausländischer ArbN vgl. § 80 Rn 32.

Im Gegensatz zu der Unterrichtungspflicht des Unternehmers über die wirtschaft- 24
liche Lage und Entwicklung des Unternehmens nach § 110 bezieht sich der Bericht
des ArbGeb. nach § 43 Abs. 2 S. 3 auf die **wirtschaftliche Lage und Entwicklung
des Betriebs.** In vielen Fällen wird der Bericht des ArbGeb. nach § 43 Abs. 2 nur
verständlich sein durch Einbeziehung der den Betrieb berührenden Entwicklung des
Unternehmens. Insoweit kommt dem Bericht des ArbGeb. auch die Funktion einer
Erläuterung des nach § 110 zu erstattenden Berichts aus betrieblicher Sicht zu, zu
dem der ArbGeb. in allen Unternehmen mit mehr als 20 ArbN ohnehin gehalten ist.
Der Bericht des ArbGeb. soll den ArbN in groben Zügen einen Überblick geben
über die wirtschaftliche Situation des Betriebs und seine voraussichtliche Entwicklung, über bestehende Schwierigkeiten, über die Absatz- und Marktlage, über Pro-
duktions- und Investitionsvorhaben, über Rationalisierungsmaßnahmen und durchgeführte oder bevorstehende Betriebsänderungen gemäß § 111 sowie über sonstige
Umstände, die für die wirtschaftliche Lage und Entwicklung des Betriebs von Bedeutung sind. Seine Berichtspflicht darf der ArbGeb. nicht dazu nutzen, die Kosten der
Tätigkeit des BR ohne jeden Anlass oder in missverständlicher Art und Weise bekanntzugeben (BAG 19. 7. 95, 12. 11. 97 AP Nr. 25, Nr. 27 zu § 23 BetrVG 1972;
Weidenfels FA 99, 220; **aA** *Bengelsdorf* AuA 98, 145).

In unmittelbaren Zusammenhang mit den wirtschaftlichen Themen erfasst die Be- 25
richtspflicht des ArbGeb. nunmehr auch den **betrieblichen Umweltschutz.** Damit
unterstreicht das G die Bedeutung dieses Themas nicht nur für den Arbeitsschutz und
damit die Gesundheit der ArbN, sondern auch für die wirtschaftliche Ertragskraft des
Betriebs (GK-*Weber* Rn 16; *HSWGNR* Rn 27). Umweltschutzauflagen können die
wirtschaftliche Ertragskraft eines Unternehmens mindern. Die Berichtspflicht soll den
ArbGeb. dazu anhalten, betrieblich veranlasste Umweltbelastungen gezielt zu vermeiden oder umwelt- und energieschonende Produktionsmethoden zu entwickeln.
Diese Ziele sollen durch den Bericht auf der BetrVerslg. in das Bewusstsein der Belegschaft gerückt werden. Zugleich soll es ein Ansporn für die Belegschaft sein, ihr
Erfahrungswissen zur Verbesserung des betrieblichen Umweltschutzes und damit
auch zur Kostenersparung für den Betrieb zu nutzen. Zu Einzelheiten des betrieblichen Umweltschutzes vgl. § 80 Rn 45; zur Begriffsbestimmung vgl. § 89 Abs. 3.

d) Diskussion der Berichte

Den Teilnehmern der BetrVerslg. bzw. der AbtVerslg. ist ausreichend Gelegenheit 26
zu geben, zum Bericht des BR **Stellung zu nehmen** und dem BR Anregungen
und Hinweise zu geben.

Der **Bericht des ArbGeb.** kann in der BetrVerslg. **erörtert werden.** Der ArbGeb. 27
ist in diesem Falle verpflichtet, sich einer Diskussion zu stellen und ggf. ergänzende und
erläuternde Angaben zu machen, soweit dadurch Betriebs- oder Geschäftsgeheimnisse nicht gefährdet werden. Die Weigerung des ArbGeb., seiner gesetzlichen Berichtspflicht zu genügen, kann eine grobe Pflichtverletzung iSv. § 23 Abs. 3 darstellen
(*Richardi/Annuß* Rn 20). Gleiches gilt, wenn der Bericht bewusst lückenhaft gegeben
wird (*DKK-Berg* Rn 23).

4. Teilnahmerecht des Arbeitgebers

Der ArbGeb. ist berechtigt, an den **regelmäßigen Betriebs- oder AbtVerslg.** 28
teilzunehmen. Ist er verhindert, kann er einen oder mehrere Vertr. zu den BetrVerslg.
entsenden (zur Frage der Vertr. des ArbGeb. vgl. § 1 Rn 204; ferner LAG Düsseldorf
DB 82, 1066). Der ArbGeb. ist als Organ der BetrVerf. teilnahmeberechtigt. Er kann
sich daher nicht durch betriebsfremde Personen, auch nicht durch Rechtsanwälte,
vertreten lassen. Auch die Teilnahme eines Rechtsanwalts als Beistand des ArbGeb.
kommt nicht in Betracht. Das gilt auch bei einem nicht organisierten ArbGeb.,
der keinen Verbandsbeauftragten mitbringen kann. Der betriebsverfassungsrechtliche

Vertr. des ArbGeb. muss „kompetent" sein. Dazu muss er ArbGebFunktion wahrnehmen und den gleichen Überblick über Betrieb und Unternehmen haben wie der
ArbGeb. selbst (GK-*Weber* Rn 52). Bei der Durchführung von AbtVerslg. ist eine
Vertr. des ArbGeb. im Allgemeinen unumgänglich. Eine Vertr. durch betriebs- oder
unternehmensfremde Personen ist nicht zulässig.

29   Der ArbGeb. ist wegen seines gesetzlichen Teilnahmerechts vom BR zu den regelmäßigen Betr- und AbtVerslg. **unter Mitteilung der Tagesordnung** einzuladen.
Eine Teilnahmepflicht besteht im Allgemeinen nicht (*Richardi/Annuß* Rn 53; GK-
Weber Rn 44). Allerdings muss er einmal im Jahr an einer BetrVerslg. teilnehmen, um
seiner Berichtspflicht nach Abs. 2 S. 3 nachzukommen. Ferner ist seine Anwesenheit
erforderlich, wenn er den mündlichen Vierteljahresbericht über die wirtschaftliche
Lage und Entwicklung des Unternehmens nach § 110 Abs. 2 auf der BetrVerslg.
abgibt. Durch die Einladung wird der ArbGeb. zugleich über den Zeitpunkt der
BetrVerslg. unterrichtet und darüber, dass die ArbN des Betriebs den Arbeitsplatz
verlassen werden und der für die Verslg. vorgesehene Raum in Anspruch genommen
wird.

30   Nimmt der ArbGeb. an der Betr- bzw. den AbtVerslg. teil, kann er zu seiner Unterstützung (das ist kein Fall der Vertr., vgl. Rn 28) sowohl andere ArbN des Betriebs,
insb. auch leitende Ang., als auch einen **Beauftragten der ArbGebVereinigung,**
der er angehört, hinzuziehen (vgl. § 46 Abs. 1 S. 2).

31   Sein Teilnahmerecht berechtigt ihn, zu den einzelnen Punkten der Tagesordnung
das Wort zu ergreifen (vgl. Abs. 2 S. 2) oder zum Tätigkeitsbericht des BR Stellung nehmen (*Richardi/Annuß* Rn 54). Andererseits können die Teilnehmer an ihn
Fragen richten, zu deren Beantwortung er – soweit nicht besondere Umstände, insb.
die Gefährdung von Betriebs- oder Geschäftsgeheimnissen (vgl. Rn 24) entgegenstehen – verpflichtet ist (ErfK-*Koch* Rn 9; GK-*Weber* Rn 50; aA *Richardi/Annuß*
Rn 54).

32   Der ArbGeb. kann **keine Anträge stellen.** Zwar kann er die Durchführung einer
BetrVerslg. zu einer bestimmten Frage verlangen. Das berechtigt ihn nicht dazu, auf
der BetrVerslg. Anträge zu Beschlussfassung zu stellen. Die Willensbildung in der
BetrVerslg., wozu auch das Recht der Antragstellung gehört, ist ausschließlich Ange-
legenheit der ArbN (*DKK-Berg* Rn 19; *HSWGNR* Rn 53; aA *Richardi/Annuß*
Rn 55; GK-*Weber* Rn 50). Der ArbGeb. hat **kein Stimmrecht** (hM).

III. Zusätzliche und außerordentliche Betriebs- und Abteilungsversammlungen

33   Neben den in § 43 Abs. 1 S. 1 und 2 genannten regelmäßigen Betr- bzw. Abt-
Verslg. können folgende **zusätzliche** und **außerordentliche** BetrVerslg. bzw. Abt-
Verslg. durchgeführt werden
– die BetrVerslg. nach § 17 und nach § 17a **zur Bestellung des Wahlvorst.** auch
   zur Durchführung des **vereinfachten Wahlverfahrens** (vgl. hierzu § 17 Rn 4 ff.
   und § 17a Rn 9 ff.);
– in jedem Kalenderhalbjahr **eine zusätzliche BetrVerslg.** oder, wenn die Voraussetzungen des § 42 Abs. 2 für die Durchführung von AbtVerslg. vorliegen, stattdessen **eine weitere AbtVerslg.,** wenn dies aus besonderen Gründen zweckmäßig
   erscheint (Abs. 1 S. 4);
– weitere **außerordentliche BetrVerslg.** (Abs. 3), wenn entweder der BR dies für
   erforderlich hält, oder ein Viertel der wahlberechtigten ArbN des Betriebs oder der
   ArbGeb. eine außerordentliche BetrVerslg. beantragen. In den zuletzt genannten
   Fällen ist der BR verpflichtet, eine BetrVerslg. einzuberufen und den beantragten
   Beratungsgegenstand auf die Tagesordnung zu setzen.

1. Zusätzliche Betriebsversammlungen

Eine **zusätzliche BetrVerslg.** je Kalenderhalbjahr bzw. AbtVerslg. nach Abs. 1 **34** S. 4 ist zulässig, wenn dem BR ihre Durchführung aus besonderen Gründen **zweckmäßig** erscheint. Damit kommt es auf die Bewertung des BR an. Der BR hat bei dieser Entscheidung einen erheblichen Ermessensspielraum (BAG 23. 10. 91 AP Nr. 5 § 43 BetrVG 1972). Gleichwohl darf er betriebliche Belange nicht vernachlässigen. Er muss daher „besondere Gründe" haben. Die Möglichkeit, die Angelegenheit auf der nächsten ordentlichen BetrVerslg. zu behandeln, schließt die Zulässigkeit einer zusätzlichen BetrVerslg. nicht aus. Dies gilt jedenfalls dann, wenn die Angelegenheit für die ArbN von unmittelbarem aktuellen Interesse ist (BAG aaO; *DKK-Berg* Rn 11; *Richardi/Annuß* Rn 26; GK-*Weber* Rn 33; *HSWGNR* Rn 33; *Bischof* BB 93, 1940: Erst müssten andere Informationsmöglichkeiten (Rundschreiben, Aushänge, etc.) geprüft werden. Das ist kein angemessener Ersatz. Den ArbN würde die Chance zur Aussprache mit dem BR und den übrigen ArbN genommen).

Ein **besonderer Grund** liegt zB vor, wenn bestimmte Angelegenheiten auf der **35** regelmäßigen BetrVerslg. aus Zeitnot oder aus sonstigen Gründen nicht ordnungsgemäß behandelt werden konnten oder wenn die ArbN des Betriebs über einen besonderen betrieblichen Vorgang (etwa eine bevorstehende Betriebsänderung wie zB Umstellung der Produktion, Stilllegung oder Verlegung von Betriebsteilen, Liquidations- oder Absatzschwierigkeiten, drohende Kurzarbeit, Betriebsinhaberwechsel) informiert werden sollen; ferner, wenn der BR die Auffassung der ArbN zu bestimmten aktuellen und bedeutsamen Fragen, etwa dem bevorstehenden Abschluss einer wichtigen BV, in Erfahrung bringen oder diese mit ihnen besprechen will. Kein besonderer Grund soll nach Ansicht des BAG vorliegen, wenn zwar Betriebsänderungen in Aussicht stehen, aber noch keine Konzepte vorliegen, über die diskutiert werden könnte (BAG 23. 10. 91 AP Nr. 5 zu § 43 BetrVG 1972). Anders ist die Lage, wenn der ArbGeb. in der Werkszeitung Maßnahmen ankündigt und die Bundesagentur für Arbeit schon vorsorglich Massenentlassungen anzeigt.

Die zusätzliche BetrVerslg. kann **in Form von AbtVerslg.** durchgeführt werden, **36** wenn die Voraussetzungen des § 42 Abs. 2 vorliegen. Liegen nur für bestimmte organisatorisch oder räumlich abgegrenzte Betriebsteile besondere Gründe vor, die die Durchführung von AbtVerslg. zweckmäßig erscheinen lassen, so sind die zusätzlichen AbtVerslg. auf diese Abteilungen zu beschränken. Soweit die ArbN in den Abt., in denen keine AbtVerslg. durchgeführt werden, infolge des Arbeitsausfalls in den anderen Abt. ebenfalls nicht arbeiten können, behalten sie ihren Anspruch auf Arbeitsentgelt.

Die Abhaltung einer **zusätzlichen BetrVerslg.** (bzw. zusätzliche AbtVerslg.) ist **37** nicht unbegrenzt möglich. Eine solche Verslg. kann einmal in jedem Kalenderhalbjahr, dh in dem Zeitraum vom 1. 1. bis 30. 6. sowie vom 1. 7. bis 31. 12. stattfinden.

2. Außerordentliche Betriebsversammlungen

Der BR ist berechtigt, über die in Abs. 1 S. 1 und 4 genannten regelmäßigen und **38** zusätzlichen BetrVerslg. hinaus noch außerordentliche BetrVerslg. durchzuführen, wenn er dies für **notwendig** erachtet (Abs. 3). Dieses zusätzliche Erfordernis wird zwar im G nicht ausdrücklich genannt. Doch sollen regelmäßige und zusätzliche Verslg. im Regelfall ausreichen. Für außerordentliche Verslg. bedarf es des Vorliegens besondere Gründe (*Richardi/Annuß* Rn 28; *DKK-Berg* Rn 26). Die Notwendigkeit einer außerordentlichen BetrVerslg. ist insb. dann zu bejahen, wenn in einer Frage von besonderer Bedeutung die unverzügliche Abhaltung einer BetrVerslg. sachlich dringend geboten ist (weitergehend GK-*Weber* Rn 44, sachliche Gründe genügen).

Die außerordentliche BetrVerslg. kann sowohl als **Vollverslg.** als auch in Form **39** von **TeilVerslg.** als auch, soweit die Voraussetzungen des § 42 Abs. 2 vorliegen, in Form von **AbtVerslg.** (vgl. Rn 45) durchgeführt werden. Die Entscheidung über die

Einberufung einer weiteren BetrVerslg. erfolgt durch Beschluss des BR gemäß § 33. Bei Teilnahme an einer außerordentlichen BetrVerslg. besteht im Allgemeinen kein Lohnanspruch (vgl. § 44 Rn 47 f.).

40 Der BR ist verpflichtet, eine außerordentliche BetrVerslg. einzuberufen, wenn dies ein **Viertel der wahlberechtigten ArbN** beantragt. Zum Begriff „wahlberechtigte ArbN" vgl. § 7. Für die Errechnung des erforderlichen Quorums der wahlberechtigten ArbN ist die Zahl der im Zeitpunkt des Antrags im Betrieb tätigen wahlberechtigten ArbN zugrunde zu legen (*Richardi/Annuß* Rn 29). Der Antrag ist an keine besondere Form gebunden. Allerdings muss feststehen, dass er von der erforderlichen ArbNZahl gestellt wird. Die Unterschriftensammlung für eine außerordentliche BetrVerslg. kann ohne Minderung des Arbeitsentgelts während der Arbeitszeit durchgeführt werden (GK-*Weber* Rn 41; *Richardi/Annuß* Rn 30; aA *HSWGNR* Rn 36).

41 Der BR ist auf **Antrag des ArbGeb.** verpflichtet, eine außerordentliche Betr-Verslg. einzuberufen. Der Antrag kann formlos gestellt werden.

42 Beantragen der ArbGeb. oder ein Viertel der wahlberechtigten ArbN des Betriebs eine außerordentliche BetrVerslg., müssen sie zugleich den **Beratungsgegenstand** angeben, den sie erörtert wissen wollen. Anderenfalls ist der BR nicht verpflichtet, die BetrVerslg. einzuberufen (*Richardi/Annuß* Rn 31; *DKK-Berg* Rn 27; GK-*Weber* Rn 41). Allerdings hat der BR nur zu prüfen, ob die BetrVerslg. zur Erörterung und Behandlung des beantragten Gegenstandes zuständig ist, nicht aber, ob die Durchführung der BetrVerslg. von seinem Standpunkt aus zweckmäßig ist (*Richardi/Annuß* Rn 29; *HSWGNR* Rn 37). Wird eine außerordentliche BetrVerslg. wegen eines unzulässigen Tagesordnungspunktes einberufen, kann sie der ArbGeb. durch eine einstw. Vfg. des ArbG untersagen lassen.

43 **Verweigert der BR** ohne zureichenden Grund die Einberufung einer außerordentlichen BetrVerslg., kann dies – insb. im Wiederholungsfall – zu seiner Auflösung nach § 23 führen (*Richardi/Annuß* Rn 41; weitergehend GK-*Weber* Rn 41, nach dem jede nicht fristangemessene Einberufung Auflösungsgrund iSd. § 23 Abs. 1 sein soll).

44 Der ArbGeb. oder ein Viertel der wahlberechtigten ArbN des Betriebs können nachträglich **die Ergänzung der Tagesordnung** verlangen. Der BR kann auch von sich aus die Ergänzung der Tagesordnung einer außerordentlichen BetrVerslg. beschließen (*Richardi/Annuß* Rn 34 f.).

45 Die Regelung des Abs. 3 gilt, obwohl dies nicht ausdrücklich ausgesprochen ist, auch für **AbtVerslg.** iSd. § 42 Abs. 2; dies folgt aus § 44 Abs. 2 (*Richardi/Annuß* Rn 32; *HSWGNR* Rn 35). Bei der Bestimmung des Viertels der wahlberechtigten ArbN für den Antrag ist in diesem Fall von der Zahl der wahlberechtigten ArbN der betroffenen Organisationseinheit auszugehen (GK-*Weber* Rn 43).

3. Zeitpunkt und Ablauf der Versammlungen

46 **Die zusätzlichen** Betr- oder AbtVerslg. nach Abs. 1 S. 4 (vgl. oben Rn 34 ff.) sowie die auf Antrag des ArbGeb. durchzuführenden außerordentlichen Betr- oder AbtVerslg. finden grundsätzlich **während der Arbeitszeit** statt. Etwas anderes gilt nur, wenn die Eigenart des Betriebs eine andere Regelung zwingend erfordert (vgl. § 44 Abs. 1 und dort Rn 7 ff.). Das gleiche gilt für die BetrVerslg. nach § 17 bzw. § 17 a. Die Zeit der Teilnahme der ArbN an diesen Verslg. einschließlich zusätzlicher Wegezeiten ist den ArbN wie Arbeitszeit zu vergüten (Näheres § 44 Rn 24 ff.).

47 **Die übrigen** außerordentlichen Betr- und AbtVerslg. finden nur dann während der Arbeitszeit statt, wenn der **ArbGeb. hiermit einverstanden** ist (vgl. § 44 Abs. 2). Selbstverständlich kann der BR, sofern die vierteljährliche BetrVerslg. nach Abs. 1 S. 1 oder die zusätzliche BetrVerslg. nach Abs. 1 S. 4 noch nicht durchgeführt worden ist, beschließen, die beantragte außerordentliche BetrVerslg. als regelmäßige nach Abs. 1 S. 1 oder zusätzliche nach Abs. 1 S. 4 durchzuführen (*Richardi/Annuß* Rn 40). In diesem Fall führt die Teilnahme an dieser Verslg. nicht zu einer Minderung des Arbeitsentgelts (vgl. § 44 Rn 24 ff.).

Der Ablauf der außerordentlichen und zusätzlichen Verslg. folgt den Regeln, die **48** für die regelmäßigen Verslg. gelten (vgl. Rn 12 ff.).

4. Teilnahme des Arbeitgebers

Ein **Teilnahmerecht des ArbGeb.** besteht nur bei der zusätzlichen Betr- bzw. **49** AbtVerslg. gemäß Abs. 1 S. 4 sowie bei der auf seinen Antrag anberaumten außerordentlichen Betr- bzw. AbtVerslg. (*Richardi/Annuß* Rn 45 ff.; GK-*Weber* Rn 48; *DKK-Berg* Rn 15). Zu diesen Verslg. ist er einzuladen; die Tagesordnung ist ihm mitzuteilen. Im Übrigen gilt für die Teilnahme des ArbGeb. das oben in Rn 28 ff. Gesagte entspr.

Hat der BR gemäß Abs. 3 von sich aus oder auf Antrag von einem Viertel der **50** wahlberechtigten ArbN eine außerordentliche BetrVerslg. einberufen, ist der **Arb-Geb. nicht berechtigt**, an dieser Verslg. teilzunehmen. Es steht dem BR selbstverständlich frei, den ArbGeb. einzuladen, wenn er dies für zweckmäßig erachtet (*Richardi/Annuß* Rn 49; *DKK-Berg* Rn 15; GK-*Weber* Rn 49). In diesem Falle hat der ArbGeb. dieselben Rechte und Befugnisse wie bei einer regelmäßigen BetrVerslg. (vgl. Rn 28 ff.).

Es empfiehlt sich, den **ArbGeb.** über den Zeitpunkt und die Tagesordnung auch **51** solcher außerordentlicher BetrVerslg. **zu unterrichten**, zu denen er nicht eingeladen wird. Das gilt jedenfalls dann, wenn die Verslg. im Einvernehmen mit dem ArbGeb. während der Arbeitszeit oder außerhalb der Arbeitszeit, aber in Räumen des Betriebs stattfindet.

IV. Betriebsversammlungen auf Antrag der Gewerkschaften

Um zu verhindern, dass die BetrVerslg. bzw. AbtVerslg. nicht oder nur in unver- **52** hältnismäßig großen Zeitabständen stattfinden, gibt Abs. 4 den **im Betrieb vertretenen Gewerkschaften** das Recht, beim BR die Einberufung einer BetrVerslg. zu beantragen. Das Antragsrecht setzt voraus, dass im vorangegangenen Kalenderhalbjahr keine BetrVerslg. und auch keine AbtVerslg. durchgeführt worden sind.

Maßgebend ist das der Antragstellung vorangehende **Kalenderhalbjahr.** Kalen- **53** derhalbjahr ist der Zeitraum vom 1. 1. bis 30. 6. sowie vom 1. 7. bis 31. 12. (*DKK-Berg* Rn 31). Nicht ausreichend ist, dass sechs Monate vor Antragstellung keine Betroder AbtVerslg. durchgeführt worden sind. Hat zB die letzte BetrVerslg. im März stattgefunden, so verpflichtet ein im Dezember gestellter Antrag der im Betrieb vertretenen Gewerkschaften den BR nicht zur Einberufung einer BetrVerslg. Die Möglichkeit der Gewerkschaften, uU die Auflösung des BR wegen grober Verletzung seiner Pflichten nach § 23 Abs. 1 zu beantragen besteht aber auch in solchen Fällen.

In dem vorangegangenen Kalenderhalbjahr **dürfen weder Betr- noch Abt-** **54** **Verslg. durchgeführt worden sein.** Es braucht sich hierbei nicht um eine regelmäßige BetrVerslg. oder um die regelmäßigen AbtVerslg. zu handeln. Auch soweit im vorangegangenen Kalenderhalbjahr eine außerordentliche BetrVerslg. – sei es auch eine auf Antrag des ArbGeb. durchgeführte – stattgefunden hat, steht dies dem Antragsrecht der Gewerkschaften nach Abs. 4 entgegen, wenn auf dieser Verslg. ein Tätigkeitsbericht des BR erstattet wurde ist (*Richardi/Annuß* Rn 56; GK-*Weber* Rn 25). Sind im vorangegangenen Kalenderjahr AbtVerslg. durchgeführt worden, müssen sie für die ganz überwiegende Zahl der ArbN des Betriebs AbtVerslg. stattgefunden haben (*DKK-Berg* Rn 32; weitergehend GK-*Weber* Rn 24 und *HSWGNR* Rn 42: für alle ArbN muss eine Verslg. stattgefunden haben; vgl. auch § 42 Rn 70).

Der Antrag kann nur von einer **im Betrieb vertretenen Gewerkschaft** (vgl. § 2 **55** Rn 33) gestellt werden. Er ist an den BR zu richten. Eine besondere Form ist für den Antrag nicht vorgeschrieben. Er kann auch mündlich gestellt werden. Die im Betrieb vertretene Gewerkschaft kann die BetrVerslg. nicht einberufen (*DKK-Berg* Rn 33). Das ist ihr selbst dann verwehrt, wenn der BR dem Antrag nicht Folge leistet. Sie hat jedoch die Möglichkeit, im BeschlVerf. eine einstw. Vfg. zu beantragen (*Richardi/ Annuß* Rn 61). Keine Rechte stehen ihr hinsichtlich der Gestaltung der Tagesordnung dieser BetrVerslg. zu. Da es sich bei dieser BetrVerslg. stets um eine regelmäßige iSv. Abs. 1 S. 1 handelt, muss der BR auf ihr auf jeden Fall seinen Tätigkeitsbericht erstatten.

56 Der BR ist verpflichtet, vor **Ablauf von 2 Wochen** nach Eingang des Antrags eine BetrVerslg. einzuberufen. Dazu muss er innerhalb dieses Zeitraumes zu der BetrVerslg. einladen. Die Verslg. selbst kann zu einem späteren Zeitpunkt stattfinden. In Großbetrieben kann die Zweiwochenfrist für eine ordnungsgemäße organisatorische Vorbereitung zu kurz sein. Allerdings darf der BR den Zeitpunkt der Verslg. nicht unverhältnismäßig hinausschieben. Die Verslg. ist so bald wie möglich durchzuführen.

57 Der BR muss eine **Vollverslg.** aller ArbN des Betriebs – ggfs. in Form von Teilverslg. – einberufen. Die Einberufung von AbtVerslg. ist in diesem Falle nicht zulässig (*Richardi/Annuß* Rn 60; *DKK-Berg* Rn 35).

58 Die **Frist von 2 Wochen** berechnet sich nach §§ 187 ff. BGB (*HSWGNR* Rn 45). Der Tag des Eingangs des Antrags beim BR zählt bei der Berechnung der Frist nicht mit. Der Antrag ist beim BR eingegangen, wenn er dem BRVors., im Falle seiner Verhinderung dem stellvertr. Vors., zugegangen ist (vgl. § 26 Abs. 3 S. 2).

59 Unterlässt es der BR die beantragten BetrVerslg. fristgerecht einzuberufen, handelt er in der Regel **grob pflichtwidrig** Das kann seine Auflösung nach § 23 Abs. 1 rechtfertigen (*Richardi/Annuß* Rn 62; *DKK-Berg* Rn 34; *HSWGNR* Rn 47). Etwas anderes kann nur dann angenommen werden, wenn zwingende Gründe einer rechtzeitigen Einberufung entgegenstehen. In diesem Falle muss die Einberufung so bald wie möglich erfolgen.

V. Streitigkeiten

60 Streitigkeiten im Zusammenhang mit der Einberufung von BetrVerslg. oder AbtVerslg. und der Teilnahme an ihnen sowie über die Zuständigkeit und die Kosten dieser Verslg. sind **im BeschlVerf.** zu entscheiden. Das gleiche gilt für die Verpflichtung des BR zur Einberufung einer BetrVerslg. nach Abs. 4. Die Gewerkschaft kann im letzteren Fall uU auch eine **einstw. Vfg.** gegen den BR zum Zwecke der Durchführung der BetrVerslg. erwirken. Einzelheiten Nach § 1 Rn 5 ff.

§ 44 Zeitpunkt und Verdienstausfall

(1) [1]**Die in den §§ 14 a, 17 und 43 Abs. 1 bezeichneten und die auf Wunsch des Arbeitgebers einberufenen Versammlungen finden während der Arbeitszeit statt, soweit nicht die Eigenart des Betriebs eine andere Regelung zwingend erfordert.** [2]**Die Zeit der Teilnahme an diesen Versammlungen einschließlich der zusätzlichen Wegezeiten ist den Arbeitnehmern wie Arbeitszeit zu vergüten.** [3]**Dies gilt auch dann, wenn die Versammlungen wegen der Eigenart des Betriebs außerhalb der Arbeitszeit stattfinden; Fahrkosten, die den Arbeitnehmern durch die Teilnahme an diesen Versammlungen entstehen, sind vom Arbeitgeber zu erstatten.**

(2) [1]**Sonstige Betriebs- oder Abteilungsversammlungen finden außerhalb der Arbeitszeit statt.** [2]**Hiervon kann im Einvernehmen mit dem Arbeitgeber abgewichen werden; im Einvernehmen mit dem Arbeitgeber während der Arbeitszeit durchgeführte Versammlungen berechtigen den Arbeitgeber nicht, das Arbeitsentgelt der Arbeitnehmer zu mindern.**

Inhaltsübersicht

I. Vorbemerkung

Die Vorschrift bestimmt, welche Betriebs- und AbtVerslg. **während** und welche **außerhalb der Arbeitszeit** stattfinden. Ferner stellt die Vorschrift sicher, dass den ArbN durch die Teilnahme an den Betr- und AbtVerslg., die während der Arbeitszeit stattfinden bzw. an sich stattfinden müssten und nur wegen zwingender betrieblicher Erfordernisse außerhalb der Arbeitszeit durchgeführt werden, **kein finanzieller Nachteil** entsteht. Das gilt nicht nur hinsichtlich der Fortzahlung des Arbeitsentgelts, sondern im Allgemeinen auch hinsichtlich der Erstattung notwendiger Fahrkosten (Abs. 1 S. 2 und 3 und Abs. 2 S. 2 zweiter Halbs.). Die Vorschrift ist durch das BetrVerf-ReformG ergänzt worden. Mit der Einfügung des § 14 a in einen ersten Satz des Abs. 1 wurde klargestellt, dass sich der Zeitpunkt für WahlVerslg., die im Zusammenhang mit dem vereinfachten Wahlverfahren nach § 14 a Abs. 1 und Abs. 5 durchgeführt werden und die Vergütung für die Teilnahme an diesen Veranstaltungen nach den Grundsätzen des § 44 Abs. 1 richtet (BT-Drucks. 14/5741 S. 42). 1

Die Vorschrift gilt für die JugAzubiVerslg. (vgl. § 71) und die Bordverslg. (vgl. § 115 Abs. 5 und § 116 Abs. 3 Nr. 5 ff.) entspr. Wegen der BRVerslg. vgl. § 53 Rn 30. 2

Die Bestimmung ist **zwingend** und kann weder durch TV noch durch BV zuungunsten der ArbN abbedungen werden (vgl. aber auch unten Rn 14). 3

Entspr. Vorschriften: § 50 BPersVG; § 15 Abs. 2 SprAuG. 4

II. Zeitpunkt der Betriebs- und Abteilungsversammlungen

1. Grundsätze

Während der Arbeitszeit finden folgende Verslg. der ArbN statt: 5
– die vierteljährlich abzuhaltenden regelmäßigen Betr- bzw. AbtVerslg. nach § 43 Abs. 1 S. 1 und 2,
– die in jedem Kalenderjahr mögliche zusätzliche BetrVerslg. bzw. zusätzliche AbtVerslg. nach § 43 Abs. 1 S. 4,
– die BetrVerslg. zur Bestellung des Wahlvorst. nach § 17 Abs. 1,
– die erste und zweite WahlVerslg. zur Wahl eines BR im vereinfachten Wahlverfahren nach § 14 a und

    – die auf Antrag des ArbGeb. einzuberufende außerordentliche Betr- oder AbtVerslg. nach § 43 Abs. 3.

6   Außerhalb der Arbeitszeit finden statt:
    – die außerordentlichen BetrVerslg., die der BR auf Antrag eines Viertels der Wahlberechtigten einberuft (§ 43),
    – die außerordentlichen BetrVerslg., die der BR auf Grund eigener Entschließung einberuft (vgl. § 43).

2. Versammlungen während der Arbeitszeit

7   Die in Abs. 1 genannten Verslg. finden regelmäßig **während der Arbeitszeit** statt. Eine Ausnahme ist nur statthaft, wenn die Eigenart des Betriebs eine andere Regelung zwingend erfordert (vgl. Rn 17 ff.).

8   Arbeitszeit iSv. Abs. 1 S. 1 meint die **betriebliche Arbeitszeit,** dh die Zeit, während der jedenfalls ein erheblicher Teil der Belegschaft arbeitet (BAG 27. 11. 87 AP Nr. 7 zu § 44 BetrVG 1972; *Richardi/Annuß* Rn 4; *DKK-Berg* Rn 5; GK-*Weber* Rn 8). Arbeitet der Betrieb in **gleitender Arbeitszeit,** so ist der BR berechtigt, die BetrVerslg. in die **Kernarbeitszeit** zu legen (*Richardi/Annuß* Rn 6; *HSWGNR* Rn 7). Sind **TeilzeitArbN** oder **ArbN mit Kapovaz** beschäftigt, soll die BetrVerslg. zeitlich so gelegt werden, dass möglichst viele dieser ArbN an der Verslg. während ihrer Arbeitszeit teilnehmen können. Zweck der Vorschrift ist es, möglichst vielen ArbN die Teilnahme ohne weitere Mühen und Kosten zu ermöglichen (BAG 27. 11. 87 AP Nr. 7 zu § 44 BetrVG 1972). Der BR muss die benötigte Zeit abschätzen (vgl. Rn 12). Eine Teilnahmepflicht der ArbN besteht nicht.

9   Den Zeitpunkt (Tag und Stunde) der BetrVerslg. bestimmt der BR durch Beschluss. Einer **Zustimmung des ArbGeb.** bedarf es nicht.

10   Der BR darf die während der Arbeitszeit stattfindenden BetrVerslg. nicht willkürlich ansetzen. Er ist gehalten, die **betrieblichen Notwendigkeiten** zu berücksichtigen, auch wenn dies (im Gegensatz zur entspr. Vorschrift über BRSitzungen vgl. § 30 Rn 10) nicht ausdrücklich gesetzlich geregelt ist (*Richardi/Annuß* Rn 8 ff.; *HSWGNR* Rn 5; einschränkend *Bischof* BB 93, 1938: die BetrVerslg. dürfe in der Regel nur gegen Ende der Arbeitszeit stattfinden, damit der ArbGeb. den Zeitausfall besser kalkulieren könne). Diese Rücksichtnahme gebietet schon § 2 Abs. 1. Jedoch kommt nicht nur ein Zeitpunkt in Betracht, von dem die geringstmögliche Störung für den Betriebsablauf ausgeht (so aber *SWS* §§ 42–46 Rn 25). Es geht auch um Interessen der ArbN. Auch ist die Dauer der BetrVerslg. nicht auf 1 Arbeitstag beschränkt; eine **Fortsetzung** am 2. Arbeitstag ist zulässig, wenn anders eine Erledigung der Tagesordnung nicht möglich und die Behandlung der Themen auf einer weiteren Verslg. nicht sachdienlich wäre (LAG Ba.-Wü. AiB 86, 67; GK-*Weber* Rn 16; *DKK-Berg* Rn 3; ablehnend *Lunk* S. 172; weil der ArbGeb. sich nicht darauf einrichten kann). Zu BetrVerslg. im Einzelhandel vgl. Rn 18; dort auch zur gebotenen Rücksichtnahme.

11   Eine besondere Lage ist gegeben, wenn ein Betrieb in **Schichten arbeitet.** Die BetrVerslg. fällt dann für die eine Schicht in die Arbeitszeit, für die andere findet sie außerhalb der Arbeitszeit statt. Hierin wird man keine Unbilligkeit sehen dürfen, wenn der BR bei der Ansetzung der BetrVerslg. diese Fälle berücksichtigt und die nächste BetrVerslg. so anberaumt, dass sie in der Schicht derjenigen ArbN fällt, in deren Freizeit die letzte BetrVerslg. abgehalten wurde (*Richardi/Annuß* Rn 19; *DKK-Berg* Rn 12; GK-*Weber* Rn 12; **aA** *HSWGNR* Rn 18). Ferner ist es als zulässig anzusehen, dass der BR die BetrVerslg. zeitlich so festlegt, dass sie in etwa gleichem Umfang am Ende der einen und am Anfang der nächsten Schicht liegt, damit möglichst viele ArbN teilnehmen können (zu weitgehend LAG Niedersachsen DB 83, 1312 und LAG Schleswig-Holstein DB 91, 2247, die in einem Zweischichtenbetrieb nur diese zeitliche Lage der BetrVerslg. für zulässig halten; so auch *Hunold* AR-Blattei

Betriebsverfassung XI C). In diesem Falle liegt für die ArbN beider Schichten die BetrVerslg. teils in und teils außerhalb der Arbeitszeit. In Schichtbetrieben dürfte die **Durchführung von Teilverslg.** gemäß § 42 Abs. 1 empfehlenswert sein (vgl. § 42 Rn 54; ErfK-*Koch* Rn 3; GK-*Weber* Rn 12).

Wird nur in einer Schicht gearbeitet, wird die Verslg. zweckmäßigerweise entwe- **12** der auf den Beginn oder den letzten Teil der Arbeitszeit anberaumt, so dass ihr mutmaßliches Ende mit dem der Arbeitszeit zusammenfällt (*Richardi/Annuß* Rn 18; *HSWGNR* Rn 18) Ein bestimmter Zeitabstand ist nicht zwingend vorgegeben. Der BR ist berechtigt, die für eine ordnungsgemäße Abwicklung der Tagesordnung der BetrVerslg. erforderliche Zeit in Anspruch zu nehmen. Dehnt sich die BetrVerslg. **über das Ende der normalen Arbeitszeit hinaus** aus, steht den ArbN auch insoweit ein Lohnanspruch zu, als die Überschreitung aus sachlichen Gründen gerechtfertigt ist (vgl. unten Rn 26 f.). Eine Vereinbarung zur zeitlichen Begrenzung der BetrVerslg. auf die Höchstdauer von einer Stunde ist bei den von G wegen während der Arbeitszeit stattfindenden BetrVerslg. unzulässig (LAG Saarbrücken AP Nr. 2 zu § 43 BetrVG; *Richardi/Annuß* Rn 21).

Bei der **Festlegung des Zeitpunkts** der während der Arbeitszeit abzuhaltenden **13** BetrVerslg. soll der BR mit dem ArbGeb. Kontakt aufnehmen und diesen unbeschadet der formellen Einladung nach § 43 Abs. 2 S. 1 oder der Benachrichtigung nach § 43 Abs. 3 S. 2 über den Zeitpunkt der Verslg. frühzeitig unterrichten, damit er die in Bezug auf den Arbeitsausfall erforderlichen Vorkehrungen treffen kann (*Richardi/Annuß* Rn 18; *HSWGNR* Rn 5). Setzt der BR einen mit den betrieblichen Notwendigkeiten unvereinbaren Termin fest, kann dieser ggf. vom ArbG durch einstw. Verfg. aufgehoben werden (vgl. LAG Düsseldorf DB 72, 2212).

Die Vorschrift, wonach die in § 44 Abs. 1 genannten BetrVerslg. während der Ar- **14** beitszeit stattfinden, ist **zwingend.** Von ihr kann weder durch TV noch durch BV abgewichen werden (*Richardi/Annuß* Rn 16; *DKK-Berg* Rn 3; *HSWGNR* Rn 2). Eine **BV über die Dauer der BetrVerslg.** ist unstatthaft (GK-*Weber* Rn 16). Sie könnte zudem weder verhindern, dass die BetrVerslg. über die vereinbarte Dauer fortgesetzt wird, um die ordnungsgemäße Erledigung der Tagesordnung zu gewährleisten, noch den ArbN in solchen Fällen den Lohnanspruch nehmen.

Meinungsverschiedenheiten zwischen BR und ArbGeb. darüber, ob die Eigen- **15** art des Betriebs eine andere Regelung des Zeitpunktes der BetrVerslg. zwingend erfordert, können zu erheblichen Spannungen im Betrieb und zur Störung des Arbeitsfriedens führen, wenn der BR bei ungeklärter Rechtslage eine BetrVerslg. während der Arbeitszeit einberuft, der ArbGeb. aber widerspricht und die ArbN darauf hinweist, dass er einen Lohnanspruch nicht anerkennt. Es kann sich in solchen Fällen empfehlen, die Frage von dem dafür zuständigen ArbG im Voraus **im BeschlVerf.** – ggf. im Wege der einstw. Verfg. – klären zu lassen.

3. Versammlungen außerhalb der Arbeitszeit

Verslg. nach Abs. 1 können **in Ausnahmefällen** – wenn die Eigenart des Be- **16** triebes eine andere Regelung zwingend erfordert – außerhalb der Arbeitszeit abgehalten werden. **Außerordentliche Verslg. nach Abs. 2** (Rn 20 ff.) finden kraft Gesetzes außerhalb der Arbeitszeit statt. Legt sie der BR dennoch in die Arbeitszeit, kann das ArbG deren Durchführung im Wege einer einstw. Verfg. untersagen (ArbG Eberswalde AuA 96, 68).

a) Eigenart des Betriebes

Die Durchführung der BetrVerslg. außerhalb der Arbeitszeit ist **nur ausnahms- 17 weise zulässig,** wenn zwingende, durch die Eigenart des konkreten Betriebs bedingte Gründe vorliegen. § 44 ist **Schutzbestimmung** zugunsten der ArbN (vgl. Rn 8; BAG 27. 11. 87 AP Nr. 7 zu § 44 BetrVG 1972). Es darf sich nicht nur um das übliche wirtschaftliche Interesse des ArbGeb. an der Vermeidbarkeit des Arbeitsausfalls oder um eine bloße Unbequemlichkeit handeln, die es angezeigt erscheinen lässt, die BetrVerslg. in die Zeit außerhalb der Arbeitszeit zu verlegen (*Richardi/Annuß* Rn 11; *DKK-Berg* Rn 8; weitergehend *HSWGNR* Rn 13). Vielmehr muss eine besondere Eigenart des Betriebs bestehen, die es praktisch unmöglich macht, die BetrVerslg. während der Arbeitszeit durchzuführen. Das braucht nicht schlechthin eine technische Unmöglichkeit zu bedeuten, wohl aber eine **technisch untragbare Störung eines eingespielten Betriebsablaufs** (BAG 26. 10. 56 AP Nr. 1 zu § 43 BetrVG für den Fall, dass der Betrieb für einen ganzen Arbeitstag stillgelegt werden müsste; ähnlich LAG Saarbrücken AP Nr. 2 zu § 43 BetrVG; *DKK-Berg* Rn 9; *GK-Weber* Rn 18). Weicht die persönliche Arbeitszeit einer ArbNGruppe (zB Teilzeitbeschäftigte) von der Arbeitszeit der übrigen Belegschaft ab, besteht kein ausreichender Grund für eine Verlegung außerhalb der betrieblichen Arbeitszeit. Es muss ein Zeitpunkt innerhalb der betriebsüblichen Arbeitszeit gefunden werden (BAG 27. 11. 87 AP Nr. 7 zu § 44 BetrVG 1972). Rein wirtschaftliche Erwägungen allein können nur in besonderen Ausnahmefällen, etwa bei **absoluter wirtschaftlicher Unzumutbarkeit**, die Durchführung der BetrVerslg. außerhalb der Arbeitszeit notwendig machen (BAG 9. 3. 76 AP Nr. 3 zu § 44 BetrVG 1972; *GK-Weber* Rn 19; *Hunold* AR-Blattei, Betriebsverfassung XI C; *Lunk* S. 164; *Richardi/Annuß* Rn 10 f.; *HSWGNR* Rn 14).

18   In **Warenhäusern und Ladengeschäften**, in denen die Arbeitszeit im Wesentlichen mit den Öffnungszeiten zusammenfällt, wird die Abhaltung der BetrVerslg. während der Arbeitszeit zwar zur Schließung des Geschäftsbetriebs führen; das ist in umsatzschwächeren Geschäftszeiten tragbar, allerdings kaum in Hauptgeschäftszeiten oder während der „Saison", etwa freitags oder samstags oder während des Weihnachts- oder Ostergeschäfts oder der Schlussverkäufe (vgl. BAG 9. 3. 76 AP Nr. 3 zu § 44 BetrVG 1972; LAG Berlin DB 63, 1327; LAG Ba.-Wü. BB 80, 1267; *GK-Weber* Rn 20; vgl. hierzu auch BAG 31. 8. 82 AP Nr. 8 zu § 87 BetrVG 1972 Arbeitszeit; *Richardi/Annuß* Rn 12: in umsatzschwache Zeiten der betrieblichen Öffnungszeiten legen; aA is nur außerhalb der Ladenöffnungszeiten: *HSWGNR* Rn 17*SWS* §§ 42– 46 Rn 29 a ff.). Auf die ArbN darf der ArbGeb. keinen Druck ausüben, um sie am Arbeitsplatz zu halten, etwa durch Versprechungen oder durch Offenhalten der Geschäftsräume in der Erwartung, es würden nicht alle ArbN an der BetrVerslg. teilnehmen (zu weitgehend deshalb LAG Köln BB 88, 1400; *SWS* Rn 29 b).

19   **Umstritten** ist, ob eine Vollverslg. außerhalb der Arbeitszeit nur durchgeführt werden kann, wenn auch die Durchführung von Teilverslg. während der Arbeitszeit wegen der Eigenart des Betriebs unmöglich ist oder ob umgekehrt die Durchführung von Teilverslg. nur zulässig ist, wenn eine Vollverslg. aller ArbN des Betriebs außerhalb der Arbeitszeit nicht durchgeführt werden kann (zum Meinungsstand *GK-Weber* Rn 22). Das G verlangt sowohl für die Durchführung von Teilverslg. anstelle der Vollverslg. während der Arbeitszeit als auch für die Verlegung der BetrVerslg. außerhalb der Arbeitszeit, dass dies durch die Eigenart des Betriebs bedingt ist. Beide Regelungen sind grundsätzlich als gleichwertig anzusehen; denn dem Gesichtspunkt der Teilnahme aller ArbN des Betriebs an einer Vollverslg. dürfte kein höherer Rang beizumessen sein als dem Interesse der ArbN, ihre persönliche Freizeit nicht zum Besuch einer BetrVerslg. außerhalb der Arbeitszeit opfern zu müssen. Im Hinblick auf die grundsätzliche Gleichwertigkeit der Regelungen des § 42 Abs. 1 S. 3 und § 44 Abs. 1 S. 1 wird man dem BR insoweit einen **Ermessensspielraum** zuerkennen müssen, der es ihm gestattet, unter Berücksichtigung der konkreten Umstände des Einzelfalls von der einen oder der anderen Regelung Gebrauch zu machen (*Richardi/Annuß* Rn 13; *DKK-Berg* Rn 11; *SWS* §§ 42–46 Rn 30; *GK-Weber* 22; aA *HSWGNR* Rn 20). Wenn der BR die für die eine oder andere Regelung sprechenden Gründe als gleichwertig ansieht, kann er auch die Verslg. jeweils abwechselnd einmal als VollVerslg. außerhalb der Arbeitszeit und das nächste Mal als Teilverslg. während der Arbeitszeit abhalten.

b) Außerordentliche Versammlungen

Die in Abs. 2 angeführten BetrVerslg. (dh diejenigen **außerordentlichen Betr-** 20
Verslg., die der BR entweder auf Antrag eines Viertels der Wahlberechtigten oder
auf Grund eigener Entschließung einberuft) sind **außerhalb der Arbeitszeit** abzuhalten. Das gilt nicht, wenn der ArbGeb. der Durchführung während der Arbeitszeit
zustimmt. Die Zustimmung steht im Ermessen des ArbGeb. Er kann dazu nicht gezwungen werden. Sein Einverständnis kann weder durch das ArbG noch durch die
durch die E-Stelle ersetzt werden. Das Einverständnis kann in einer BV geregelt,
jedoch auch formlos erklärt werden (*Richardi/Annuß* Rn 17).

Setzt der BR **ohne Einverständnis des ArbGeb.** die BetrVerslg. während der
Arbeitszeit an, so kann dies – etwa bei bewusstem Verstoß gegen die Vorschrift des
Abs. 2 – als eine iSd. § 23 grobe Pflichtverletzung anzusehen sein, die seine Auflö-
sung rechtfertigen kann (GK-*Weber* Rn 27). Eine entgegen § 44 Abs. 2 während der
Arbeitszeit abgehaltene BetrVerslg. behält ihren Charakter als BetrVerslg. (*Richardi/*
Annuß Rn 24) und stellt, wenn sie sich im Rahmen ihrer Zuständigkeit (§ 45) be-
wegt, keine unzulässige Kampfmaßnahme dar (BAG 14. 10. 60 AP Nr. 25 zu § 123
GewO). Der ArbGeb. kann die Abhaltung einer derartigen BetrVerslg. während der
Arbeitszeit durch eine einstw. Verfg. untersagen lassen.

Da es dem ArbGeb. bei den in Abs. 2 genannten Betr- und AbtVerslg. frei steht, 21
ihre Durchführung während der Arbeitszeit zu gestatten, kann er seine Zustimmung auf eine **bestimmte Höchstdauer** der Verslg. beschränken (*Richardi/Annuß*
Rn 22, 46).

Einem ArbN, der an einer entgegen der Vorschrift des Abs. 2 während der Arbeits- 22
zeit angesetzten BetrVerslg. teilgenommen hat, kann im Allgemeinen **nicht außer-**
ordentlich gekündigt werden. Dieser einmalige Vorgang dürfte kaum die Voraussetzungen des § 626 BGB erfüllen. Ob überhaupt ein vorwerfbarer Verstoß gegen
Pflichten aus dem Arbeitsverhältnis vorliegt, hängt davon ab, ob der ArbN den Verstoß erkannt hat. Dafür genügt es nicht, wenn der ArbGeb. der Abhaltung der
BetrVerslg. während der Arbeitszeit widersprochen und die ArbN auf die etwaigen
Folgen einer Teilnahme an der in unzulässiger Weise während der Arbeitszeit angesetzten BetrVerslg. hingewiesen hat, soweit der ArbN die Mitteilungen des ArbGeb.
für dessen subjektive und unrichtige Rechtsauffassung halten kann. Widerspricht der
ArbGeb. der Einberufung der BetrVerslg. nur dem BRVors. gegenüber, reicht dieser
Widerspruch zur Begründung einer individualrechtlichen Maßnahme im Verhältnis
zum ArbN nicht aus. Bei ArbN, die die Rechtslage nicht kannten, ist eine außeror-
dentliche Kündigung nicht gerechtfertigt, da sie sich auf die Rechtmäßigkeit der
Einladung durch den BRVors. verlassen konnten (BAG 27. 11. 87 AP Nr. 7 zu § 44
BetrVG 1972; *Richardi/Annuß* Rn 49). Zum Anspruch auf Arbeitsentgelt in diesen
Fällen vgl. unten Rn 48.

Findet eine außerordentliche BetrVerslg. nach Abs. 2 außerhalb der Arbeitszeit 23
statt, haben aber einzelne ArbN eine **abweichende Arbeitszeit** derart, dass die
BetrVerslg. in ihre Arbeitszeit fällt, so können sie an der Verslg. nur teilnehmen,
wenn der ArbGeb. gemäß Abs. 2 zustimmt. Der verständige ArbGeb. wird das sicher
tun, wenn dem keine wichtigen betrieblichen Gründe entgegenstehen. Sofern sich
die Teilnahme aller ArbN nicht auf diese Weise ermöglichen lässt, ist die außerordentliche BetrVerslg. ggf. in Teilverslg. aufzuteilen.

4. Betriebsversammlungen während eines Arbeitskampfes

BetrVerslgen können während eines **Arbeitskampfes** durchgeführt werden, auch 23a
wenn ArbN des Betriebs beteiligt sind; auch Kurzarbeit hindert nicht (BAG 5. 5. 87
AP Nr. 4 zu § 44 BetrVG 1972; GK-*Weber* Rn 15; *Richardi/Annuß* Rn 23). Nur
wenn alle ArbN streiken oder ausgesperrt sind, kann keine BetrVerslg. stattfinden
(vgl. auch Rn 30 zur Lohnzahlungspflicht).

III. Fortzahlung des Arbeitsentgelts, Fahrkostenerstattung

24   Die Teilnahme der ArbN an den regelmäßigen Verslg. (weitere Verslg. in Rn 25)
löst **Vergütungsansprüche** aus. Dadurch werden Anreize zur Teilnahme geschaffen.
Zugleich wird sichergestellt, dass die ArbN durch die Teilnahme an den Betr- und
AbtVerslg. keine finanziellen Einbußen erleiden. Dem dienen die Regelungen des
Abs. 1 S. 2 und 3 und des Abs. 2 S. 2 zweiter Halbs. Diese finanzielle Absicherung
der ArbN besteht allerdings nicht bei jeder Betr- bzw. AbtVerslg. Sie ist, auch soweit
sie Platz greift, umfangmäßig nicht in allen Fällen gleich.

1. Vergütungs- und fahrkostenerstattungspflichtige Versammlungen

a) Art der Versammlungen

25   Die Zeit der Teilnahme an
– der BetrVerslg. zur Bestellung des Wahlvorst nach § 17,
– zur Durchführung der Wahl im vereinfachten Wahlverfahren nach § 14a,
– den regelmäßigen Betr- oder AbtVerslg. nach § 43 Abs. 1 S. 1 und 2,
– den in jedem Kalenderhalbjahr möglichen zusätzlichen Betr- oder AbtVerslg. nach
§ 43 Abs. 1 S. 4 sowie
– den auf Antrag des ArbGeb. einberufenen außerordentlichen Betr- oder AbtVerslg.
nach § 43 Abs. 3
ist den ArbN einschl. zusätzlicher Wegezeiten (vgl. hierzu unten Rn 36) wie Arbeitszeit zu vergüten.

b) Dauer der Lohnzahlungspflicht

26   Der Anspruch auf Vergütung nach § 44 Abs. 1 S. 2 und 3 für die Zeit der Teil-
nahme einschließlich der zusätzlichen Wegezeiten ist ein **eigenständiger Anspruch.**
Er ist abhängig von der Teilnahme des ArbN an der in S. 1 genannten BetrVerslg. Es
kommt nicht darauf an, ob und in welchem Umfang der ArbN in dieser Zeit einen
Lohnanspruch erworben hätte (**kein Lohnausfallprinzip,** vgl. BAG 5. 5. 87 AP
Nr. 4 und 6 zu § 44 BetrVG 1972; BSG NZA 89, 284; *Richardi/Annuß* Rn 27;
WPK/*Kreft* Rn 1; *DKK-Berg* Rn 13; GK-*Weber* Rn 31; aA *SWS* §§ 42–46 Rn 49a,
die auf den angeblich „klaren" Wortlaut verweisen). *Kraft/Raab* (Anm. AP Nr. 6
aaO) nehmen einen vertraglichen Lohnanspruch an, der dem Ausgleich von Nachteilen dient. Ansprüche bei Auseinanderfallen von betrieblicher und persönlicher Arbeitszeit seien nicht geregelt. Die Auslegung des BAG verdient den Vorzug. Die
angebliche Lücke wird künstlich geschaffen, während die Norm ersichtlich alle Fallgestaltungen erfassen will. Fällt die BetrVerslg. in die betriebliche Arbeitszeit, entstehen Ansprüche nach S. 2, liegt die Verslg. außerhalb der betrieblichen Arbeitszeit,
entstehen Ansprüche nach S. 3.
Der Anspruch ist **nicht auf die Zeit begrenzt,** in der die Betr- oder AbtVerslg.
während der persönlichen Arbeitszeit des betreffenden ArbN stattfindet, sondern
erstreckt sich auf die gesamte Dauer der BetrVerslg. Das hat Folgen für die Fälle, in
denen kein Lohnanspruch entstehen konnte, zB bei BetrVerslg. außerhalb der persönlichen Arbeitszeit eines ArbN, während eines Arbeitskampfes (BAG 5. 5. 87 AP
Nr. 4 zu § 44 BetrVG 1972) und während Kurzarbeit (BAG 5. 5. 87 AP Nr. 6 zu
§ 44 BetrVG 1972).

27   Die Verpflichtung des ArbGeb., die Zeit der Teilnahme an einer Betr- oder
AbtVerslg., die **außerhalb der betrieblichen Arbeitszeit** stattfindet, wie Arbeits-
zeit zu vergüten, setzt voraus, dass ein sachlicher Grund dafür vorhanden ist, die
Verslg. außerhalb der Arbeitszeit durchzuführen (vgl. Rn 17). Soweit diese Verslg.
generell außerhalb der Arbeitszeit stattfinden, ergibt sich dies unmittelbar aus Abs. 1
S. 3.

Auch die **Fortsetzung einer Verslg.** über die Arbeitszeit hinaus bedarf eines sachlichen Grundes. Dies folgt daraus, dass der ArbGeb. infolge der Entgeltfortzahlungsverpflichtung zusätzlich finanziell belastet wird und eine solche Belastung nur bei Vorliegen eines sachlichen Grundes gerechtfertigt ist. Ein Vergütungsanspruch entsteht jedenfalls dann nicht, wenn der ArbGeb. der Einberufung der BetrVerslg. außerhalb der betrieblichen Arbeitszeit ausdrücklich den ArbN gegenüber widersprochen hatte (BAG 27. 11. 87 AP Nr. 7 zu § 44 BetrVG 1972); ohne einen solchen Hinweis können Ansprüche aus Vertrauenshaftung oder Schadenersatz entstehen (BAG 23. 10. 93 AP Nr. 5 zu § 44 BetrVG 1972). Ein sachlicher Grund, der die Abhaltung der Betr- oder AbtVerslg. über die normale Arbeitszeit hinaus rechtfertigt, liegt zB vor, wenn andernfalls die Tagesordnung nicht ordnungsgemäß abgewickelt werden kann (*Richardi/Annuß* Rn 31; enger GK-*Weber* Rn 38, nur bei Vorliegen der Voraussetzungen des Abs. 1 Satz 1 2. Halbs.).

Die Vergütungspflicht besteht auch für **zusätzliche BetrVerslg.** (§ 43 Rn 34). **27a** Über deren Einberufung entscheidet der BR. Ihm steht ein weiter Beurteilungsspielraum zu, der nur einer eingeschränkten gerichtlichen Kontrolle unterliegt. Der ArbN darf deshalb darauf vertrauen, dass die Verslg. berechtigt ist. Er braucht das Risiko der Fehleinschätzung nicht zu tragen (aA BAG 23. 10. 91 AP Nr. 5 zu § 43 BetrVG 1972). Das gilt jedenfalls dann, wenn der ArbGeb. der Durchführung der Verslg. nicht widerspricht oder seine Weigerung zur Zahlung einer Vergütung für die Zeit der Teilnahme nicht offenbart.

Einen Lohnanspruch haben alle **Teilzeitbeschäftigten** und **ArbN mit Kapovaz,** **28** gleichgültig, ob die BetrVerslg. in deren persönliche Arbeitszeit fällt oder nicht. Das gilt auch für **ArbN auf ausgelagerten Arbeitsplätzen** (zB Telearbeitsplatz). Kein ArbN darf wegen der Teilnahme an der BetrVerslg. einen finanziellen Nachteil erleiden. Ein Betrieb, der seine Arbeit so organisiert, dass diese Formen der Arbeitsleistung anfallen, muss die damit verbundenen Mehrkosten – Vergütung für zusätzliche Wegezeiten (Rn 36 ff.) und Fahrkostenersatz (vgl. Rn 39 ff.) – aufbringen (*Lipke* NZA 90, 763). Gleiches gilt für die an BetrVerslg. teilnehmenden Heimarbeiter (GK-*Weber* Rn 34; *HSWGNR* Rn 38, die ein durchschnittliches Entgelt zuerkennen).

ArbN, die während ihres **Urlaubs** an einer BetrVerslg. teilnehmen, haben An- **29** spruch auf die Vergütung wegen des eigenständigen Charakters der Regelung (vgl. Rn 26; BAG 5. 5. 87 AP Nr. 5 zu § 44 BetrVG 1972), unabhängig davon, ob die BetrVerslg. außerhalb der üblichen für diese ArbN maßgebenden Arbeitszeit stattfindet (BAG 5. 5. 87 AP Nr. 4 zu § 44 BetrVG 1972; *Richardi/Annuß* Rn 33; *DKK-Berg* Rn 13; GK-*Weber* Rn 35; **aA** *HSWGNR* Rn 27). Auch ArbN während einer Elternzeit können an BetrVerslg. teilnehmen. Sie haben Anspruch auf Vergütung (BAG 31. 5. 89 AP Nr. 9 zu § 44 BetrVG 1972; *Lunk* S. 150). Das gilt nicht für ArbN in **Altersteilzeit** nach dem Blockmodell, die sich in der Freistellungsphase befinden. Ihnen fehlt das Teilnahmerecht (vgl. § 42 Rn 14).

BetrVerslg. können während eines **Arbeitskampfes** stattfinden (Rn 23; § 42 **30** Rn 7b). Deshalb ist den Teilnehmern die Zeit der Teilnahme wie Arbeitszeit zu vergüten (BAG 5. 5. 87 AP Nr. 4 zu § 44 BetrVG 1972; **aA** *Lunk* S. 152, aber nicht folgerichtig im Vergleich zu anderen Tatbeständen und nur auf Kampfparität abstellend; *Hunold* AR-Blattei Betriebsverfassung XI D). Die notwendige Aussprache zwischen Belegschaft und BR hat sachlich nichts mit dem Arbeitskampf zu tun. Es können auch Auswirkungen des Arbeitskampfes auf den Betrieb besprochen werden. Die Kampfparität wird durch diese Lohnzahlungspflichten nicht beeinträchtigt. Entspr. gilt für BetrVerslg. während einer **Kurzarbeitsperiode,** auch wenn wegen arbeitskampfbedingter Störungen nicht gearbeitet werden kann (BAG 5. 5. 87 AP Nr. 6 zu § 44 BetrVG 1972; GK-*Weber* Rn 37; **aA** *HSWGNR* Rn 27). Etwas anderes dürfte gelten, wenn der ArbGeb. dem Streik mit einer suspendierenden Betriebsstilllegung begegnet (vgl. BAG 22. 3. 94 AP Nr. 130 zu Art. 9 GG Arbeitskampf). Die damit verbundene Suspendierung aller Arbeitsverhältnisse lässt auch die Voraussetzungen des § 44 entfallen.

c) Höhe des Lohnes

31   Die Zeit der Teilnahme an den Verslg. ist den ArbN **wie Arbeitszeit** zu vergüten. Sie erhalten daher für die Zeit der Teilnahme an diesen Verslg. ihren **individuellen Lohn** weiter. Das gilt etwa für vermögenswirksame Leistungen, die von der Erbringung einer Arbeitsleistung abhängig sind oder für normalerweise gezahlte besondere **Zulagen** wie etwa Schmutzzulagen, Erschwerniszulagen, ferner für Sonn- und Feiertagszuschläge, sofern eine BetrVerslg. an einem Sonn- oder Feiertag durchgeführt wird (*DKK-Berg* Rn 14; *Richardi/Annuß* Rn 37; **aA** BAG 1. 10. 74 AP Nr. 2 zu § 44 BetrVG 1972, das den ArbN, für die die BetrVerslg. in ihre Freizeit fällt, keinen Anspruch auf sog. zeitabhängige Lohnzuschläge wie zB Sonn- und Feiertagszuschläge zuerkennt; *HSWGNR* Rn 31). Bei **Akkordlohn** ist der Durchschnitt des zuletzt erzielten Akkordlohnes zugrunde zu legen (BAG 23. 9. 60 AP Nr. 11 zu § 1 Feiertagslohnzahlungsgesetz; LAG Düsseldorf BB 73, 1395; *HSWGNR* Rn 36). Ist eine vermögenswirksame Leistung oder ihre Höhe von der Zahl der tatsächlich geleisteten Arbeitsstunden abhängig, ist die Zeit der BetrVerslg. mitzurechnen (LAG Düsseldorf DB 79, 784). Das für die Zeit der Teilnahme an der BetrVerslg. gezahlte Entgelt gehört zum lohn- und sozialversicherungspflichtigen Arbeitsentgelt (*Benner* BB 2007 Beil. Nr. 2 S. 1 ff.).

32   Die Zeit der Teilnahme an den Betr- und AbtVerslg. ist **keine Arbeitszeit** (BAG 14. 11. 06 AP Nr. 121 zu § 87 BetrVG 1972 Arbeitszeit), sondern den ArbN lediglich „wie Arbeitszeit" zu vergüten. Es handelt sich um einen eigenständigen Vergütungsanspruch. Deshalb steht er den ArbN des Baugewerbes innerhalb der Schlechtwetterperiode auch dann zu, wenn die Arbeit wg. Schlechtwetter ausfällt.

33   Auf der anderen Seite ergibt sich hieraus, dass für die Betr- und AbtVerslg. auch nicht die Arbeitszeitvorschriften, insb. nicht diejenigen über die höchstzulässige Mehrarbeitszeit gelten. Demzufolge ist die Zeit der Teilnahme an den Verslg., auch soweit sie über die normale Arbeitszeit hinausgeht, **keine „Mehrarbeit"**, also auch nicht als Mehrarbeitszeit zu vergüten. Ein Anspruch auf Mehrarbeitszuschlag besteht deshalb nicht (BAG 18. 9. 73 AP Nr. 1 zu § 44 BetrVG 1972; *Richardi/Annuß* Rn 38; *HSWGNR* Rn 37; *GK-Weber* Rn 42; **aA** *DKK-Berg* Rn 15). Allerdings steht denjenigen ArbN ein Anspruch auf Mehrarbeitszuschlag zu, die normalerweise während der Zeit der BetrVerslg. Mehrarbeit geleistet hätten (BAG 18. 9. 73 AP Nr. 1 zu § 44 BetrVG 1972; *HSWGNR* Rn 37; **aA** *Richardi/Annuß* Rn 38). Wegen der Sonderstellung der BRMitgl. in diesen Fällen vgl. § 37 Rn 57 ff.

d) Wegfall des Lohnanspruchs in besonderen Fällen

34   Die **Lohnzahlungspflicht des ArbGeb.** für die Zeit der Teilnahme an den Betrund AbtVerslg. **entfällt** jedoch insoweit, als der gesetzliche Rahmen einer BetrVerslg. durch die Erörterung unzulässiger Themen erheblich überschritten wird und der an der BetrVerslg. teilnehmende ArbGeb. auf die Unzulässigkeit der Erörterung derartiger Themen und die sich daraus ergebenden Folgen hingewiesen hat (vgl. ArbG Hamburg NZA-RR 98, 214). Unterbleibt ein Hinweis, ist der ArbGeb. mit der Erörterung solcher Themen stillschweigend einverstanden; damit bleibt seine Zahlungspflicht erhalten (LAG Ba.-Wü. DB 87, 1441; LAG Bremen DB 82, 1573; *Richardi/Annuß* Rn 47; *HSWGNR* Rn 32: einschränkungslose Zahlungspflicht). Die Behandlung nicht auf der Tagesordnung stehender, jedoch zulässiger Fragen lässt die Lohnzahlungspflicht des ArbGeb. unberührt. Wird durch ein nur unwesentliches Überschreiten des gesetzlich zulässigen Themenkreises einer BetrVerslg. der Arbeitsfrieden nicht gestört, so kann für eine insgesamt geringfügige Zeit ein Lohnabzug nicht vorgenommen werden (LAG Düsseldorf AP Nr. 7 zu § 43 BetrVG). Es ist als geringfügige, nicht zum Lohnabzug berechtigende Abweichung anzusehen, wenn auf einer BetrVerslg. von drei Stunden Dauer nur etwa eine Viertelstunde Erörterungen außerhalb des zulässigen Themenkreises erfolgen (vgl. auch § 45 Rn 5 ff.).

Der ArbN verliert wegen der **Anwesenheit nichtteilnahmeberechtigter Per-** 34a
sonen an der BetrVerslg. im Allgemeinen nicht seinen Lohnanspruch. Ein Verstoß
gegen das Gebot der Nichtöffentlichkeit einer BetrVerslg. kann nur dann zum Verlust
des Vergütungsanspruchs führen, wenn durch eine große Zahl nicht teilnahmeberechtigter Personen die Verslg. ihren Charakter als BetrVerslg. verliert und der Arb-
Geb. darauf auch hingewiesen hat. Schließlich darf nicht übersehen werden, dass
nicht nur Betriebsfremde von der Teilnahme ausgeschlossen sind, sondern grundsätzlich auch die in § 5 Abs. 2 und 3 genannten Personen, soweit sie nicht als Vertr. oder
Begleiter des ArbGeb. anwesend sind (*Richardi/Annuß* Rn 42 u. § 44 Rn 50f.; im
Ergebnis ebenso GK-*Weber* Rn 60).

e) Ansprüche fernbleibender Arbeitnehmer

Abs. 1 S. 2 gibt allen Teilnehmern an der BetrVerslg. eine Lohnzahlungsgarantie. 35
ArbN, die nicht an einer BetrVerslg. teilnehmen, müssen arbeiten. Für diese Arbeit
erhalten sie ihren Lohn. Nimmt der ArbGeb. die Arbeit nicht an, kommt er in **An-**
nahmeverzug (§ 615 BGB) und muss den vereinbarten Lohn zahlen. Das gilt auch
dann, wenn der ArbGeb. wegen der Teilnahme anderer ArbN an der BetrVerslg. den
leistungsbereiten ArbN nicht beschäftigen kann; der ArbGeb. kann sich weder auf
Unmöglichkeit noch auf die Lehre vom **Betriebsrisiko** berufen (ErfK-*Koch* Rn 12;
Richardi/Annuß Rn 53f.; **aA** GK-*Weber* Rn 65; *SWS* §§ 42–46 Rn 53; WPK/*Kreft*
Rn 16). Verlässt ein ArbN während der Verslg. Arbeitsplatz und Betrieb, hat er ohne
besondere Absprache keinen Lohnanspruch (GK-Weber Rn 65). Auch wenn in
einem Betriebsteil nicht gearbeitet werden kann, weil in anderen Teilen des Betriebs
Teil- oder AbtVerslg. stattfinden, muss an die betroffenen ArbN Lohn weitergezahlt
werden.

f) Vergütung für Wegezeiten

Außer der eigentlichen Zeit der Teilnahme an der Verslg. sind den ArbN auch **zu-** 36
sätzliche Wegezeiten, die sie aufbringen müssen, um an der Betr- bzw. AbtVerslg.
teilnehmen zu können, **wie Arbeitszeit zu vergüten.** Für die Beurteilung der
Frage, ob eine zusätzliche Wegezeit gegeben ist, ist jeweils auf den einzelnen ArbN
abzustellen. „Zusätzlich" sind die Zeiten, die der ArbN über die Wegezeit hinaus
aufwenden muss, die er zur Erfüllung seiner Arbeitspflicht benötigt (BAG 5. 5. 87 AP
Nr. 4 zu § 44 BetrVG 1972). Soweit die Betr- und AbtVerslg. während der Arbeitszeit im Betrieb stattfinden, dürfte diese Regelung nicht von praktischer Bedeutung
sein, da hier zusätzliche Wegezeiten kaum anfallen. Etwas anderes gilt, wenn die
Betr- und AbtVerslg. außerhalb der Arbeitszeit stattfinden, so dass der ArbN eine
zusätzliche Fahrt von seiner Wohnung zum Betrieb machen muss, oder wenn die
BetrVerslg. außerhalb der Betriebsstätte durchgeführt wird und den ArbN ein längerer Anfahrtsweg entsteht (*Richardi/Annuß* Rn 41; *DKK-Berg* Rn 17).

Auch bei Betrieben mit weit verstreuten Betriebsteilen **(Filialen)** können für die 37
dort beschäftigten ArbN bei Teilnahme an einer BetrVerslg. im Hauptbetrieb vergü-
tungspflichtige zusätzliche Wegezeiten entstehen. In diesen Fällen sind – abweichend
von dem allgemeinen Grundsatz, dass die Fahrt zu und von der Arbeit nicht als Arbeitszeit zu vergüten ist – die notwendigen An- und Abfahrtszeiten den ArbN ebenfalls wie Arbeitszeit abzugelten. Kommen teilzeitbeschäftigte ArbN außerhalb ihrer
persönlichen Arbeitszeit oder ArbN auf ausgelagerten Arbeitsplätzen oder Heimarbeiter zur BetrVerslg., muss ihre Wegezeit wie Arbeitszeit vergütet werden (vgl. Rn 28).

Die Vergütungspflicht besteht jedoch nur hinsichtlich der **zusätzlichen Wegezei-** 38
ten, die zur Teilnahme an der BetrVerslg. erforderlich sind. Es ist deshalb die Zeit
zugrunde zu legen, die der ArbN auch sonst für den Weg zu und von der Arbeit
benötigt. Die Vergütung für zusätzliche Wegezeiten gehört zum lohn- und sozialversicherungspflichtigen Arbeitseinkommen.

g) Fahrkostenersatz

39   In den Fällen, in denen die in Rn 17 genannten Betr- und AbtVerslg. wegen der Eigenart des Betriebs ausnahmsweise außerhalb der Arbeitszeit stattfinden, sind den ArbN außerdem die **Fahrkosten,** die ihnen durch die Teilnahme an diesen Verslg. entstehen, zu erstatten. Außerhalb der Arbeitszeit bedeutet hier außerhalb der persönlichen Arbeitszeit des einzelnen ArbN (*DKK-Berg* Rn 19; im Ergebnis ebenso *Richardi/Annuß* Rn 41). Wird also in einem Betrieb, der in Schichten arbeitet, eine allgemeine BetrVerslg. durchgeführt, kann ein Anspruch auf Fahrkostenerstattung nur denjenigen ArbN zustehen, für die die Verslg. nicht in ihre Schicht fällt.

40   Nicht ausdrücklich geregelt ist die Frage, ob den ArbN notwendige Fahrkosten zur Teilnahme an den Betr- und AbtVerslg. zu erstatten sind, die zwar während der Arbeitszeit, jedoch **außerhalb des Betriebs** oder bei einem weit verzweigten Betrieb mit zahlreichen Betriebsstätten oder Betriebsteilen an einem zentralen Ort oder im Hauptbetrieb stattfinden. Da das G im Allgemeinen davon ausgeht, dass die ArbN durch die Inanspruchnahme betriebsverfassungsrechtlicher Rechte und Befugnisse keine finanziellen Nachteile erleiden sollen (vgl. zB § 20 Abs. 3, § 39 Abs. 3, § 44 Abs. 1), ist insoweit die Regelung des § 44 Abs. 1 S. 3 entspr. anzuwenden (*Richardi/Annuß* Rn 42; *GK-Weber* Rn 46; *HSWGNR* Rn 49; *DKK-Berg* Rn 20).

41   Die Verpflichtung zur Fahrkostenerstattung besteht nur insoweit, als den ArbN tatsächlich zusätzliche Fahrkosten entstehen. Eine **Pauschalierung** dürfte zulässig sein (etwa bei Benutzung des eigenen Pkws oder Motorrads die steuerlich anerkannten Werbungskosten; *GK-Weber* Rn 47; *Richardi/Annuß* Rn 43). Die Erstattung der Fahrkosten unterliegt, da es sich um einen Aufwendungsersatz handelt, nicht der Lohnsteuerpflicht. Haben auswärtige ArbN ein Recht auf Teilnahme (vgl. § 42 Rn 14 u. 55), haben sie auch Anspruch auf Fahrkostenersatz. Der Anspruch ist nicht auf Ersatz der Inlandsreisekosten beschränkt (**aA** *Lunk* S. 212). Dafür gibt das G nach Wortlaut und Zweck nichts her (*GK-Weber* Rn 46). Etwas anderes gilt, sofern ArbN aus dem **Urlaub anreisen.** Eine urlaubsbedingt längere Wegstrecke und dadurch verursachte Kosten beruhen auf einer Entscheidung des ArbN, die allein seiner privaten Lebensführung zuzurechnen ist (*GK-Weber* Rn 46).

42   Die Vorschrift des § 44 Abs. 1 ist **zwingend.** Regelungen in einer BV oder einem TV, die eine pauschale Abgeltung der Zeit der Teilnahme an Betr- bzw. AbtVerslg., zusätzlicher Wegezeiten oder von Fahrkosten vorsehen, können einen weitergehenden Anspruch nach § 44 nicht ausschließen (*DKK-Berg* Rn 23; *HSWGNR* Rn 48).

2. Versammlungen mit Anspruch auf Arbeitsentgelt

43   Die vom BR
– auf Grund eines eigenen Entschlusses oder
– auf Antrag von einem Viertel der wahlberechtigten ArbN einberufenen
außerordentlichen BetrVerslg. nach § 43 Abs. 3 können mit **Zustimmung des ArbGeb. während der Arbeitszeit** durchgeführt werden (vgl. Abs. 2 S. 2). In diesem Falle führt der durch die Teilnahme bedingte Arbeitsausfall nicht zu einer Minderung des Arbeitsentgelts der an der Verslg. teilnehmenden ArbN. Der ArbGeb. kann sein Einverständnis nicht auf die Abhaltung der BetrVerslg. während der Arbeitszeit beschränken, eine Lohnzahlungsverpflichtung jedoch ablehnen (*Richardi/Annuß* Rn 46). Die Zustimmung des ArbGeb. kann auch in der Duldung der BetrVerslg. liegen; ein Schweigen auf die Einladung des BR kann als Einverständnis gewertet werden (BAG 27. 11. 87 AP Nr. 7 zu § 44 BetrVG 1972).

44   Bei diesen Verslg. besteht kein Anspruch auf **Vergütung von zusätzlichen Wegezeiten.** Jedoch sind in der Arbeitszeit liegende Wegezeiten zu vergüten, die der ArbN benötigt, um zum Verslg. Ort zu gelangen; ansonsten würde für die Zeit der Anfahrt zur Verslg. eine Minderung des Arbeitsentgelts eintreten. Ein Anspruch auf **Fahrkostenerstattung** ist nicht gegeben.

Die durch die Teilnahme an diesen Verslg. versäumte Arbeitszeit ist so zu vergüten, 45
als hätten die ArbN ihre Arbeit nicht unterbrochen. Sie erhalten ihren Lohn einschließlich etwaiger Zulagen weiter.

Die **Lohnzahlungspflicht** des ArbGeb. besteht nur insoweit, als die BetrVerslg. 46
während der Arbeitszeit durchgeführt wird. Auch hier kommt es auf die persönliche
Arbeitszeit des einzelnen ArbN an. Wird die BetrVerslg. über das Ende der Arbeitszeit hinaus fortgesetzt, so ist der ArbGeb. nicht verpflichtet, diese Zeit zu vergüten.
Denn Abs. 2 S. 2 zweiter Halbs. verbietet lediglich eine Minderung des Arbeitsentgelts. Dieses Verbot kann sich nur auf die Arbeitszeit beziehen, nicht auf Zeiten, für
die ein Lohnanspruch ohnehin nicht besteht (*Richardi/Annuß* Rn 45 f.; *DKK-Berg*
Rn 27). Für BRMitgl. gilt in diesem Fall die Sonderregelung des § 37 Abs. 3 (vgl.
dort Rn 57 f.). Hat der ArbGeb. sein Einverständnis zur Abhaltung der BetrVerslg.
während der Arbeitszeit nur für eine bestimmte Zeit erteilt, beschränkt sich seine
Verpflichtung zur Fortzahlung des Arbeitsentgelts auf diese Zeit, vorausgesetzt, den
ArbN ist die zeitliche Beschränkung des Einverständnisses des ArbGeb. bekannt (*Ri-
chardi/Annuß* Rn 47).

3. Versammlungen ohne Anspruch auf Arbeitsentgelt und Fahrkostenerstattung

Die auf Antrag eines Viertels der wahlberechtigten ArbN oder aus eigenem Ent- 47
schluss des BR einberufenen **außerordentlichen BetrVerslg.** sind **außerhalb der
betrieblichen Arbeitszeit** abzuhalten, wenn der ArbGeb. einer Abhaltung während
der Arbeitszeit nicht zustimmt. In diesem Falle steht den ArbN weder ein Anspruch
auf Zahlung von Arbeitsentgelt für die Zeit der Teilnahme und etwaiger Wegezeiten
noch ein Anspruch auf Fahrkostenerstattung zu. In Betrieben mit gleitender Arbeitszeit kann zwar die nur außerhalb der Arbeitszeit durchzuführende BetrVerslg. während der Gleitzeit abgehalten werden, jedoch darf die Zeit der Teilnahme nicht als
Arbeitszeit gutgeschrieben werden.

Führt der BR ohne Einverständnis des ArbGeb. eine **außerordentliche Betr-** 48
Verslg. während der Arbeitszeit durch, so verlieren die teilnehmenden ArbN
ihren Anspruch auf Fortzahlung des Arbeitsentgelts. Dies gilt allerdings dann nicht,
wenn entweder dem ArbGeb. die Abhaltung der Verslg. bekannt ist und er ihr nicht
widersprochen hat oder den ArbN das Fehlen des Einverständnisses des ArbGeb. und
die Unzulässigkeit der Abhaltung der BetrVerslg. während der Arbeitszeit nicht bekannt ist. In einem derartigen Falle besteht eine Haftung des ArbGeb. aus Rechts-
scheingrundsätzen (*Richardi/Annuß* Rn 48). Falls man eine derartige Haftung verneint, kann sie auch aus einer Verletzung der Fürsorgepflicht folgen, da der ArbGeb.
verpflichtet ist, die ArbN über sein fehlendes Einverständnis zur Abhaltung der
BetrVerslg. während der Arbeitszeit zu unterrichten.

IV. Streitigkeiten

Streitigkeiten über die Abhaltung von BetrVerslg. während der Arbeitszeit und 49
über ihre Kosten werden im **arbeitsgerichtl. BeschlVerf.** entschieden. Das gilt
auch für Streitigkeiten über den Zeitpunkt der BetrVerslg. (WPK/*Kreft* Rn 21). Einzelheiten Nach § 1 Rn 7 ff.

Über Ansprüche der ArbN auf Zahlung des Arbeitsentgelts für die Zeit der Teilnahme an der BetrVerslg. und die zusätzlichen Wegezeiten sowie auf Erstattung der
Fahrkosten entscheiden die ArbG im **UrteilsVerf.** (vgl. BAG 18. 9. 73 u. 1. 10. 74
AP Nr. 1 u. 2 zu § 44 BetrVG 1972; WPK/*Kreft* Rn 21). Auch wenn es sich nicht
um arbeitsvertragliche Ansprüche handelt, sondern um solche aus dem BetrVG (BAG
31. 5. 89 AP Nr. 9 zu § 44 BetrVG), betrifft der Streitgegenstand einer solchen Zah-

lungsklage kein betriebsverfassungsrechtliches Rechtsverhältnis. Es ist daher keine
dem Beschlussverfahren nach § 2a Abs. 1 Nr. 1 ArbGG zugewiesene betriebsverfassungsrechtliche Angelegenheit (GK-ArbGG/*Dörner* § 2a Rn 18 f.).

§ 45 Themen der Betriebs- und Abteilungsversammlungen

**[1] Die Betriebs- und Abteilungsversammlungen können Angelegenheiten ein-
schließlich solcher tarifpolitischer, sozialpolitischer, umweltpolitischer und wirtschaftlicher Art sowie Fragen der Förderung der Gleichstellung von Frauen und
Männern und der Vereinbarkeit von Familie und Erwerbstätigkeit sowie der
Integration der im Betrieb beschäftigten ausländischen Arbeitnehmer behandeln, die den Betrieb oder seine Arbeitnehmer unmittelbar betreffen; die
Grundsätze des § 74 Abs. 2 finden Anwendung. [2] Die Betriebs- und Abteilungsversammlungen können dem Betriebsrat Anträge unterbreiten und zu seinen
Beschlüssen Stellung nehmen.**

Inhaltsübersicht

I. Vorbemerkung

1   Die Vorschrift befasst sich mit den **Rechten, Befugnissen** und **Zuständigkeiten**
der BetrVerslg. Die Zuständigkeiten der BetrVerslg. sind durch das BetrVerf-
ReformG neu gefasst worden. Satz 1 stellt nunmehr klar, dass auf der BetrVerslg.
auch Angelegenheiten umweltpolitischer Art behandelt werden können. Darüber
hinaus wurde die Integration der im Betrieb beschäftigten ArbN neu in den Themenkatalog des § 45 aufgenommen. Dagegen dient die Umbenennung der bisher in
dieser Vorschrift geregelten frauen- und familienpolitischen Themen der sprachlichen
Anpassung an das am 1. 12. 01 in Kraft getretene G zur Durchsetzung der Gleichstellung von Frauen und Männern bei der Bundesverwaltung und in den Gerichten des
Bundes (vgl. BT-Drucks. 14/5741 S. 42; BGBl. I S. 3234). Die Vorschrift regelt Aufgaben und Zuständigkeiten der BetrVerslg. nicht abschließend. Weitere Aufgaben
ergeben sich aus § 43 Abs. 1 S. 1 und Abs. 2 S. 3 (Tätigkeitsbericht des BR, Personal-
und Sozialbericht des ArbGeb.). Ferner hat die BetrVerslg. unter den Voraussetzungen des § 17 die Aufgabe, einen Wahlvorstand (vgl. § 17, § 14a Abs. 1) bzw. einen
BR im vereinfachten Wahlverfahren nach § 14a Abs. 1 Satz 2 zu wählen.

2   Auf die JugAzubiVerslg., die Bordverslg. und die BRVerslg. findet die Vorschrift
entspr. Anwendung (vgl. §§ 53, 71 und § 115 Abs. 5 sowie § 116 Abs. 3 Nr. 5).

3   Die Regelung ist **zwingend.** Sie kann weder durch TV noch BV abbedungen
werden (ErfK-*Koch* Rn 1).

4   Entspr. Vorschriften: § 51 BPersVG; (zu S. 2) § 15 Abs. 2 SprAuG.

II. Themen der Betriebs- und Abteilungsversammlungen

1. Grundsatz

Die Betriebs- und AbtVerslg. können alle Fragen behandeln, die **den Betrieb** oder 5
seine ArbN unmittelbar betreffen. Das schließt auch Fragen ein, die zum Aufgabenbereich des BR gehören (vgl. BAG 4. 5. 55 AP Nr. 1 zu § 44 BetrVG; *Richardi/ Annuß* Rn 7) oder die das Verhältnis zwischen ArbGeb. und den ArbN des Betriebs zum Gegenstand haben (*DKK-Berg* Rn 3).

Damit ist der Kreis der zulässigen Themen einer BetrVerslg. **nicht abschließend** 6
umschrieben. Das Gesetz stellt nicht auf den Aufgabenbereich des BR oder die Beziehungen zwischen ArbGeb. und ArbN ab, sondern auf die den **Betrieb oder seine ArbN unmittelbar betreffenden Angelegenheiten** (GK-*Weber* Rn 4). Die Vorschrift zieht nur zwei Grenzen: Unmittelbare Betroffenheit der ArbN (Rn 7) und Friedenspflicht (Rn 23 ff.).

Auf einer BetrVerslg. können zB die beabsichtigte Stilllegung einer für den Betrieb 7
wichtigen Verkehrsverbindung und deren Auswirkungen auf den Betrieb erörtert, ggfls. auch eine Resolution zu dieser Frage beschlossen werden. Erforderlich ist stets, dass ein **konkreter Bezugspunkt** zwischen der betreffenden Angelegenheit und entweder dem Betrieb oder seinen ArbN besteht. Die ArbN müssen in ihrer Eigenschaft als ArbN dieses Betriebs angesprochen sein. Die jeweilige Angelegenheit muss nicht ausschließlich diesen Betrieb oder seine ArbN betreffen (GK-*Weber* Rn 11; *HSWGNR* Rn 5; *DKK-Berg* Rn 3). Unter dieser Voraussetzung können auch Gründe und Folgen der Internationalisierung von Unternehmensfunktionen **(Globalisierung der Wirtschaft)** oder substantielle Finanzkrisen und der damit verbundene Druck auf Arbeitsbedingungen oder negative Einflüsse auf MBR erörtert werden. Ausgenommen sind nur solche Angelegenheiten, die ArbN ausschließlich in ihrer Eigenschaft als Staatsbürger berühren.

2. Tarifpolitische und sozialpolitische Angelegenheiten

Das Gesetz stellt ausdrücklich klar, dass bei Vorliegen eines konkreten betrieblichen 8
Bezugspunktes auch die Behandlung von **Angelegenheiten tarifpolitischer und sozialpolitischer Art** auf der BetrVerslg. zulässig ist (vgl. § 74 Rn 54 ff.).

Als eine zulässige **tarifpolitische Angelegenheit** ist es zB anzusehen, wenn die 9
ArbN über die für den Betrieb maßgebenden TV oder über grundsätzliche Urteile über die für den Betrieb maßgebenden TV unterrichtet werden. Das Gleiche gilt hinsichtlich der Unterrichtung über den Stand der Tarifverhandlung oder über die Vorstellung einer künftigen Gestaltung des für den Betrieb maßgebenden TV (vgl. *Richardi/Annuß* Rn 12; GK-*Weber* Rn 13; *HSWGNR* Rn 9; *DKK-Berg* Rn 4; *Hunold* AR-Blattei Betriebsverfassung XI F). Auch tarifpolitische Stellungnahmen sind möglich (**aA** *Richardi/Annuß* Rn 12); § 74 Abs. 2 schließt Tarifpolitik nicht aus. Zulässig ist auch eine Information über mögliche Auswirkungen von Arbeitskämpfen in Zulieferbetrieben. Dabei ist das Gebot der betrieblichen Friedenspflicht und insb. das Verbot von Arbeitskampfmaßnahmen zu beachten (vgl. unten Rn 23 ff.).

Der **Begriff „sozialpolitisch"** ist im weiten Sinne zu verstehen. Er umfasst alle 10
gesetzlichen Maßnahmen oder sonstigen Regelungen, die den Schutz oder eine Veränderung der Rechtsstellung der ArbN bezwecken oder damit im Zusammenhang stehen (*Richardi/Annuß* Rn 13). Zur Sozialpolitik gehören insb. Fragen der Sozialversicherung (ArbG Paderborn NZA-RR 98, 23), der Arbeitsmarktpolitik, des Arbeitsund des Unfallschutzes, der beruflichen Bildung, der Vermögensbildung, der flexiblen Altersgrenze sowie der Altersteilzeit, der sozialen und gesellschaftlichen Eingliederung ausländischer, älterer oder arbeitsloser ArbN, der Arbeitsmedizin, usw.

11   Sozialpolitische Angelegenheiten dürfen auch dann auf einer BetrVerslg. erörtert werden, wenn sie **nicht ausschließlich den Betrieb,** sondern eine ganze Branche oder einen größeren Wirtschaftszweig angehen (vgl. BAG 14. 2. 67 AP Nr. 2 zu § 45 BetrVG). Unerlässlich ist jedoch ein konkreter Bezugspunkt zum Betrieb oder seinen ArbN. Zulässig ist zB die Unterrichtung über gesetzliche Neuregelungen und deren Erörterung auf dem Gebiet des Arbeitsschutzes, die gerade für den Betrieb von besonderem Interesse sind (*HSWGNR* Rn 10). Das Gleiche gilt zB für Fragen des Ladenschlusses, soweit die Arbeitszeit der Beschäftigten damit in einem Zusammenhang steht. Zum Thema Wahlfreiheit in der gesetzlichen Krankenversicherung ArbG Paderborn NZA-RR 98, 23.

12   Auch darf die BetrVerslg. die Notwendigkeit der Verbesserung der Gesetzgebung über eine bestimmte sozialpolitische oder arbeitsrechtliche Frage behandeln, wenn aus einem **konkreten Anlass** heraus die bestehende Regelung gerade für den Betrieb als lückenhaft oder verbesserungsbedürftig empfunden wird (ErfK-*Koch* Rn 3; *DKK-Berg* Rn 7; **aA** *SWS* §§ 42–46 Rn 42 a, die die Behandlung derartiger Fragen auf der BetrVerslg. deshalb für unzulässig halten, weil Fragen der Gesetzgebung nicht in die Regelungskompetenz der Betriebspartner fallen). § 45 S. 1 stellt jedoch nicht hierauf ab, sondern allein darauf, dass die Angelegenheiten den Betrieb oder die ArbN unmittelbar betreffen müssen). Zulässig ist die Erörterung von Bestimmungen über die Neutralität der BA im Arbeitskampf und ihre Auswirkung auf den Betrieb und die ArbN oder die Erörterung arbeitsrechtlicher Gesetzgebung (ArbG Münster AiB 96, 555).

13   **Parteipolitische Betätigungen** haben auf einer BetrVerslg. zu unterbleiben (vgl. hierzu unten Rn 22 f.). Die Behandlung von sozialpolitischen Angelegenheiten darf deshalb nicht zu einer parteipolitischen Betätigung, insb. einer einseitigen parteipolitischen Stellungnahme führen.

3. Umweltpolitische und wirtschaftliche Angelegenheiten

14   Durch das BetrVerf-ReformG wurden die umweltpolitischen Angelegenheiten gesondert in den Themenkatalog des S. 1 aufgenommen. Wie die tarif- und sozialpolitischen Angelegenheiten ist auch dieses Thema einer weiten Auslegung zugänglich (GK-*Weber* Rn 16). Es muss aber einen Bezug zum Betrieb oder den dort beschäftigten ArbN aufweisen (ErfK-*Koch* Rn 2; *HSWGNR* Rn 10 ff.). Das folgt aus dem Wortlaut und der Systematik der Vorschrift. Die Ergänzung des Themenkatalogs hat nur klarstellenden Charakter. **Betrieblicher Umweltschutz** (vgl. BAG 11. 10. 95 AP Nr. 115 zu § 37 BetrVG 1972) konnte bereits nach früherem Recht in einer BetrVerslg. erörtert werden. Das galt für die Situation im Betrieb, das Verhalten der ArbN (Abfallvermeidung) ebenso wie für die Erörterung betriebspolitischer Ziele bei der Entwicklung umweltfreundlicher Produkte und umweltfreundlicher Verfahren. Über die mit der Klarstellung verbundene Schaffung von Rechtssicherheit soll die Erweiterung des Themenkatalogs die gewachsene Bedeutung des Umweltschutzes gerade für die wirtschaftlichen Belange des Betriebs betonen (*Wiese* BB 02, 624). Darüber hinaus soll das Thema eine Diskussion innerhalb der Belegschaft anstoßen mit dem Ziel, sie für die Belange des Umweltschutzes zu sensibilisieren und das Wissen der ArbN für die Entwicklung umweltschonender Produktionsverfahren und den Abbau von Umweltbelastungen zu nutzen (vgl. BT-Drucks. 14/5741 S. 26, 42).

15   Als **wirtschaftliche Angelegenheiten** sind sowohl solche auf dem Gebiet der Gesetzgebung oder der allgemeinen Wirtschaftspolitik als auch konkrete wirtschaftliche Maßnahmen des ArbGeb. zu verstehen. Letztere können schon deswegen erörtert werden, weil der ArbGeb. ohnehin verpflichtet ist, einmal im Kalenderjahr der BetrVerslg. einen Bericht über die wirtschaftliche Lage und Entwicklung des Betriebs zu geben. Bei der Behandlung wirtschaftlicher Fragen auf dem Gebiet der Gesetzgebung oder der allgemeinen Wirtschaftspolitik muss ein konkreter betrieblicher Bezugspunkt bestehen (*Richardi/Annuß* Rn 15; ErfK-*Koch* Rn 3; GK-*Weber* Rn 17;

DKK-Berg Rn 9). Dieser liegt zB vor, wenn in einem stark exportorientierten Betrieb aktuelle Fragen der internationalen Währungspolitik (zB die Frage des Wechselkurses) oder der Rohstoff- und Energieversorgung erörtert werden. Ferner ist hier zu denken an strukturpolitische Maßnahmen, an Subventionen für spezielle Wirtschaftsbereiche, an Neuregelungen einzelner Wirtschaftszweige, an Auswirkungen der Steuergesetzgebung auf den Betrieb. Zu den wirtschaftlichen Angelegenheiten zählen ferner ein bevorstehender Betriebsinhaberwechsel, etwa durch Verpachtung oder Veräußerung des Betriebs, sowie Fragen einer etwaigen Unternehmenskonzentration oder multinationaler Zusammenschlüsse, von denen der Betrieb betroffen ist.

4. Gleichstellungsangelegenheiten

Die betriebsbezogene Erörterung von **Gleichstellungsfragen** und solchen der **16** Vereinbarkeit von Familie und Berufstätigkeit waren stets zulässige Themen einer BetrVerslg. Der BR konnte auf diese Weise Wünsche und Bedarf nach entsprechenden Maßnahmen direkt erfahren und sie anschließend mit dem ArbGeb. erörtern. Durch das GleiBG vom 24. 9. 94 wurden diese Themen erstmals gesondert in den Katalog des S. 1 aufgenommen (GK-*Weber* Rn 18; *Pfarr* RdA 95, 204). Klarstellend ist auch die Neufassung durch Art. 1 Nr. 34 BetrVerf-ReformG. Mit dem Ersetzen der Begriffs „Frauenförderung" durch den der „Förderung der Gleichstellung von Frauen und Männern" sowie dem Austausch des Begriffspaares „Vereinbarkeit von Familie und Beruf" durch „Vereinbarkeit von Familie und Erwerbsleben" sollte lediglich der Sprachgebrauch des G dem des Gleichstellungsdurchsetzungsgesetzes angepasst werden (vgl. BT-Drucks. 14/5741 S. 42).

5. Integrationsangelegenheiten

Auch die Integration der im Betrieb beschäftigten **ausländischen ArbN** gehörte **17** bislang bereits zu den erörterungsfähigen Themen einer BetrVerslg. (*HSWGNR* Rn 16). Durch die gesonderte Aufnahme dieses Themas in den gesetzlichen Katalog des S. 1 wird die besondere Verantwortung der Betriebsparteien für die ausländischen ArbN des Betriebs und die der Gesamtbelegschaft herausgestellt. Das hat seinen Grund darin, dass ausländische ArbN von nachteiligen betrieblichen Maßnahmen nach wie vor stärker betroffen sind und auf Grund ihrer besonderen Situation (Sprache, Kultur, Bräuche etc.) Problemen ausgesetzt sind, die bei den inländischen ArbN nicht oder nicht in gleichem Maße auftreten. Darüber hinaus soll durch die BetrVerslg. eine innerbetriebliche Diskussion angestoßen werden, die zum Abbau von Fremdenfeindlichkeit und Rassismus in der Gesellschaft beitragen soll (vgl. BT-Drucks. 14/ 5741 S. 42, 25 ff.; *DKK-Berg* Rn 9 b; GK-*Weber* Rn 19).

6. Weitere Themen

Die in S. 1 aufgeführten Angelegenheiten enthalten **keine abschließende Auf- 18 zählung.** Das ergibt sich aus dem Wort „einschließlich" (GK-*Weber* Rn 20). Auch andere Angelegenheiten können auf der BetrVerslg. diskutiert und behandelt werden, soweit sie den Betrieb oder seine ArbN unmittelbar betreffen. Das gilt auch für einen Erfahrungsaustausch von ArbN grenzüberschreitender Unternehmen oder Unternehmensverflechtungen (LAG Ba.-Wü. NZA-RR 98, 306).

Aus diesem Grunde ist auch die Behandlung **gewerkschaftlicher Angelegenhei- 19 ten** nicht ausgeschlossen (aA *HSWGNR* Rn 7). So kann zB die Betr- oder Abt-Verslg. gewerkschaftliche Fragen und Anregungen, die für den Betrieb von Bedeutung sind (etwa die Einrichtung oder Durchführung von Ausbildungskursen durch die Gewerkschaft), erörtern und hierzu Stellung nehmen (*DKK-Berg* Rn 8; GK-*Weber* Rn 22). Zur Frage der Unterrichtung über einen TV oder über die Tarifverhandlungen vgl. oben Rn 9.

20   Ferner kann über die gesetzlich vorgesehene **Zusammenarbeit zwischen BR
     und** im Betrieb vertretenen **Gewerkschaften** (vgl. zB § 2 Abs. 1) gesprochen wer-
     den (*HSWGNR* Rn 7; vgl. auch LAG Düsseldorf DB 81, 1729, das ein Referat über
     „Vertrauensleutearbeit im Betrieb" als zulässig angesehen hat; ebenso LAG Hamm
     DB 87, 2659, soweit der Bericht keine Werbung für die Gewerkschaft enthält). Koali-
     tionspolitische Gegensätze ohne konkreten Bezug zum Betrieb oder seinen ArbN
     dürfen nicht zum Gegenstand einer BetrVerslg. gemacht werden (*Richardi/Annuß*
     Rn 19). Zur Frage der Werbung für die Gewerkschaften und der gewerkschaftlichen
     Betätigung der BRMitgl. vgl. § 74 Rn 64 ff.
21   Die **Vereinbarung von Arbeitsbedingungen** ist nicht Aufgabe der BetrVerslg.
     Wohl kann sie sich mit der Durchführung der im Betrieb geltenden TV und BV be-
     fassen. Darüber hinaus ist die BetrVerslg. generell befugt, dem BR Anregungen zum
     Abschluss oder zur inhaltlichen Gestaltung von BV zu geben. Der BR ist an diese
     Anregungen allerdings nicht gebunden (vgl. § 42 Rn 41). Die BetrVerslg. kann weder
     mehrheitlich noch einstimmig gegenüber dem ArbGeb. wirksam auf Lohnansprüche
     verzichten. Das gilt auch, soweit die Ansprüche abdingbar sind. Die BetrVerslg. hat
     keine Vertretungsmacht (GK-*Weber* Rn 34).

7. Meinungsfreiheit der Teilnehmer

22   Die an der BetrVerslg. teilnehmenden ArbN haben das Recht, im Rahmen der
     Behandlung der anstehenden Themen ihre Meinung zu allen betrieblichen Angele-
     genheiten frei zu äußern. Hierfür können sie sich auf das **Grundrecht der Mei-
     nungsfreiheit** aus Art. 5 Abs. 1 GG berufen (ErfK-*Dieterich* Art. 5 GG Rn 28 ff.;
     GK-*Weber* Rn 10). Sie können an vorhandenen Missständen im Betrieb Kritik üben,
     ebenso an Personen, die hierfür verantwortlich sind. Die Kritik darf sich auch gegen
     den ArbGeb. oder leitende Ang. des Betriebs richten. Sie darf nicht in unsachlicher
     Form oder in ehrverletzender Weise vorgetragen werden (*DKK-Berg* Rn 13; *Richardi/
     Annuß* Rn 23; vgl. BVerfG 19. 5. 92 AP Nr. 12 zu Art. 5 Abs. 1 GG Meinungsfrei-
     heit).

III. Friedenspflicht

23   Das Gesetz unterwirft BR und ArbGeb. dem **Gebot der betrieblichen Frie-
     denspflicht** (vgl. § 74 Rn 11 ff.). Für andere Teilnehmer gelten die Pflichten nicht
     unmittelbar; sie sind mittelbar dadurch gebunden, dass der BR die Erfüllung dieser
     Verpflichtung mit Hilfe seiner Leitungsgewalt (Hausrecht) sicherstellen muss (aA GK-
     Weber Rn 25 unmittelbare Geltung). Diese Bestimmung setzt der Freiheit der Mei-
     nungsäußerung Grenzen. Bei ihrer Auslegung muss die Bedeutung, die das Grund-
     recht der Meinungsäußerungsfreiheit (Art. 5 GG) für Staat und Gesellschaft hat, be-
     rücksichtigt werden (st. Rspr 28. ErfK-*Schmidt* Art. 5 GG Rn 28 ff.).
     Andererseits können **Maßnahmen des Arbeitskampfes** (insb. Abstimmungen
     über Streiks) nicht Gegenstand der Erörterung oder von Beschlüssen der BetrVerslg.
     sein. Hierbei ist nicht nur die Durchführung der Urabstimmung selbst, sondern auch
     die Erörterung möglicher Kampfmaßnahmen unzulässig (*Richardi/Annuß* Rn 8; GK-
     Weber Rn 26). Zum Verbot von Arbeitskampfmaßnahmen vgl. § 74 Rn 12 ff. Die
     Erörterung und Durchführung von arbeitsrechtlichen Kampfmaßnahmen ist nicht
     Aufgabe der BetrVerslg., sondern den Gewerkschaften vorbehalten.
24   Ferner darf sich die BetrVerslg. nicht mit Themen befassen, deren Behandlung den
     Arbeitsablauf oder den Frieden des Betriebs beeinträchtigen (zu diesen Be-
     griffen vgl. § 74 Rn 27 ff.). Das schließt eine scharfe sachliche Kritik an betrieblichen
     Vorgängen nicht aus (*DKK-Berg* Rn 13). Außerdem ist die Behandlung einer Ange-
     legenheit nicht bereits dann unzulässig, wenn hierdurch möglicherweise der Betriebs-
     frieden gefährdet werden könnte. Vielmehr muss auf Grund objektiver Anhaltspunkte

mit hoher Wahrscheinlichkeit eine Beeinträchtigung des Betriebsfriedens zu erwarten sein (ErfK-*Koch* Rn 5).

Der BR hat in der BetrVerslg. jede parteipolitische Betätigung zu unterlassen und 25 zu unterbinden (vgl. § 74 Rn 37 ff.). Das **Verbot der parteipolitischen Betätigung** gilt absolut. Es kommt nicht darauf an, ob durch diese Betätigung eine konkrete Gefährdung des Betriebsfriedens zu besorgen ist (BAG 13. 9. 77 AP Nr. 1 zu § 42 BetrVG 1972). Der Sinn dieses Verbots liegt nicht nur darin, den Betriebsfrieden zu wahren, sondern auch darin, die ArbN des Betriebes in ihrer Meinungs- und Wahlfreiheit als Staatsbürger nicht zu beeinflussen (BAG aaO; GK-*Weber* Rn 28). Auf der BetrVerslg. darf deshalb keine Werbung oder Propaganda für eine bestimmte Partei betrieben oder Beschlüsse mit einer einseitig parteipolitischen Färbung gefasst werden. Das schließt Erörterungen und Stellungnahmen, die sich inhaltlich mit Vorstellungen einer Partei decken, nicht aus (*HSWGNR* Rn 21).

„Parteipolitik" ist nicht gleichbedeutend mit „Politik". Die Behandlung **politi- 26 scher Themen,** sofern diese den Betrieb oder seine ArbN in ihrer Eigenschaft als ArbN des Betriebes unmittelbar betreffen, ist zulässig. Die sachliche Erörterung betriebsbezogener Fragen ist keine parteipolitische Betätigung. Es verletzt nicht das Verbot parteipolitischer Betätigung, wenn sich die BetrVerslg. zB mit bestimmten, den Betrieb oder seine ArbN unmittelbar betreffenden sozialpolitischen oder wirtschaftlichen Angelegenheiten sachlich befasst, auch wenn diese Angelegenheiten im Meinungsstreit der politischen Parteien eine Rolle spielen (BAG 13. 9. 77 AP Nr. 1 zu § 42 BetrVG 1972; *Richardi/Annuß* Rn 18; *DKK-Berg* Rn 14; *HSWGNR* Rn 21; GK-*Weber* Rn 29). Aus dem gleichen Grunde ist ein sachliches Referat über ein den Betrieb oder seine ArbN unmittelbar betreffendes Thema durch einen Politiker kein Verstoß gegen das parteipolitische Betätigungsverbot (*DKK-Berg* Rn 15). Etwas anderes gilt für Auftritte von Politikern in Wahlkampfzeiten, wenn die Betriebsauftritte ein Teil der Wahlkampfstrategie darstellen und sie außerhalb des Wahlkampfes nicht oder kaum BetrVerslg. besuchen. In diesen Fällen tritt das Sachthema gegenüber dem parteipolitischen Auftritt in den Hintergrund (BAG 13. 9. 77 aaO).

IV. Unterbindung unzulässiger Themen

Die **Verbote des § 74 Abs. 2** gelten unmittelbar für den BR, mittelbar für alle 27 Beteiligten der BetrVerslg. (*Richardi/Annuß* Rn 20; *HSWGNR* Rn 17; ErfK-*Koch* Rn 5; GK-*Weber* Rn 25 für eine unmittelbare Geltung des § 74 Abs. 2 für alle Versammlungsteilnehmer). Der BR darf Fragen, die in der BetrVerslg. nicht erörtert werden dürfen, nicht auf die Tagesordnung der BetrVerslg. setzen oder ihre Behandlung in der Verslg. zulassen.

Der **Vors. des BR** hat darüber zu wachen, dass keine unzulässigen Themen erör- 28 tert werden (*DKK-Berg* Rn 18). Dazu kann er ggfls. von seinem **Hausrecht** Gebrauch machen (vgl. § 42 Rn 36). Unterbindet er die Behandlung unzulässiger Themen nicht, oder regt er selbst deren Behandlung an, kann dies eine grobe Verletzung seiner gesetzlichen Pflichten nach § 23 sein. Das kommt vor allem in Betracht, wenn der Vors. trotz berechtigten Widerspruchs von Teilnehmern auf der Erörterung unzulässiger Themen beharrt und dadurch Unruhe in der Verslg. und im Betrieb entsteht (BAG 4. 5. 55 AP Nr. 1 zu § 44 BetrVG). Entspr. gilt für andere BRMitgl., die an der BetrVerslg. teilnehmen.

Die BetrVerslg. verliert den Charakter einer BetrVerslg. iSd. §§ 42 ff., wenn die 29 **Behandlung unzulässiger Themen** deutlich überwiegt. Beiläufige Verstöße gegen § 45, etwa Anfragen einzelner Teilnehmer, beeinflussen den Charakter der BetrVerslg. nicht. In einem solchen Fall bleibt der Anspruch auf Arbeitsentgelt erhalten (vgl. § 44 Rn 34; *Richardi/Annuß* Rn 33; *DKK-Berg* Rn 19).

Bei **groben Pflichtverstößen des Versammlungsleiters** fällt das Hausrecht an 30 den ArbGeb. zurück (vgl. § 42 Rn 36). Insb. darf ein BRMitgl. nicht die ArbNschaft zu gemeinsamen Maßnahmen gegen den ArbGeb. aufrufen, um diesen durch Androhung wirtschaftl. Nachteile (zB Dienst nach Vorschrift) unter Druck zu setzen und für eine Verbesserung der Lohnbedingungen gefügig zu machen. Wenn ArbGeb. und BR mit der Behandlung unzulässiger Themen einverstanden sind, entstehen für die ArbN keine nachteiligen Folgen hinsichtlich ihrer Lohnansprüche (*DKK-Berg* Rn 19; vgl. auch § 44 Rn 34). Hier gilt Ähnliches wie bei Verstößen gegen das Gebot der Nichtöffentlichkeit (vgl. § 44 Rn 34 a).

31   Der ArbGeb. kann einen ArbN, der sich mit einem Diskussionsbeitrag nicht im Rahmen der nach Abs. 1 S. 1 zulässigen Themen hält, deswegen nicht kündigen, wenn der BR als VerslgLeiter die Fortsetzung des Diskussionsbeitrags nicht verhindert hat (Hess. LAG AiB 89, 209).

V. Verhältnis Betriebsversammlung – Betriebsrat

32   Die BetrVerslg. steht in wechselseitigen Beziehungen zum BR. Dieser beschließt die Abhaltung der BetrVerslg. Die BetrVerslg. ihrerseits bleibt stets dem **BR zugeordnet,** ohne diesem jedoch übergeordnet zu sein. § 45 S. 2 beschränkt die Befugnisse der BetrVerslg. gegenüber dem BR ausdrücklich ein: Sie kann dem BR Anträge unterbreiten und zu seinen Beschlüssen Stellung nehmen (gleich lautend auch § 15 Abs. 4 SprAuG). Antrag ist die Aufforderung zu einem bestimmten Verhalten. Stellungnahme ist die Äußerung zu Tatsachen und Verhalten des BR. Beide Meinungsäußerungen geschehen in Form eines Beschlusses (GK-*Weber* Rn 32).

Ein Antrag auf Abberufung des BR ist unzulässig. Die BetrVerslg. kann keine BV abschließen. Ihr stehen nur **Informations- und Diskussionsrechte** zu (hM). Sie ist ein legitimes Forum für die freie Meinungsäußerung der ArbN über die betrieblichen Angelegenheiten. In diesem Sinne kann sie auch zur Tätigkeit des BR Stellung nehmen. Auch scharfe sachliche Kritik an der Geschäftsführung des BR ist zulässig. Ferner kann die BetrVerslg. dem BR **Anregungen** für seine Tätigkeit geben, der jedoch nicht verpflichtet ist, diesen Anregungen nachzukommen. Der BR übt **kein imperatives Mandat** aus. Er trifft seine Entscheidungen eigenverantwortlich (vgl. § 42 Rn 10). Wohl ist der BR gehalten, Vorschläge und Anregungen aus der BetrVerslg. in seine Überlegungen einzubeziehen und zu prüfen. Er darf sie nicht grundlos ignorieren (vgl. § 42 Rn 41).

33   Beschlossen wird über **Anträge** des BR oder einzelner ArbN des Betriebs. Andere Teilnehmer (vgl. § 42 Rn 15 ff.) und der ArbGeb. sowie die Gewerkschaftsbeauftragten (vgl. § 46) sind nicht antragsberechtigt. **Stimmberechtigt** ist jeder ArbN des Betriebs (vgl. § 42 Rn 38). Ein Antrag ist angenommen, wenn die Mehrheit dafür stimmt. Stimmenthaltung ist möglich. Die Anwesenheit einer Mindestzahl von ArbN ist nicht erforderlich (vgl. § 42 Rn 38 ff.).

VI. Streitigkeiten

34   Streitigkeiten über Aufgaben, Zuständigkeiten und Befugnisse sowie über die Rechtswirksamkeit von Beschlüssen der BetrVerslg. sind von den ArbG im **Beschl-Verf.** zu entscheiden (Einzelheiten Nach § 1 Rn 7 ff.).

§ 46 Beauftragte der Verbände

(1) [1] **An den Betriebs- oder Abteilungsversammlungen können Beauftragte der im Betrieb vertretenen Gewerkschaften beratend teilnehmen.** [2] **Nimmt der Arbeitgeber an Betriebs- oder Abteilungsversammlungen teil, so kann er einen Beauftragten der Vereinigung der Arbeitgeber, der er angehört, hinzuziehen.**

(2) **Der Zeitpunkt und die Tagesordnung der Betriebs- oder Abteilungsversammlungen sind den im Betriebsrat vertretenen Gewerkschaften rechtzeitig schriftlich mitzuteilen.**

Inhaltsübersicht

I. Vorbemerkung

Die Vorschrift regelt das **Teilnahmerecht der Beauftragten** von Gewerkschaften **1** und ArbGebVereinigungen. Das Recht der Gewerkschaft dient der Unterstützung von BR und ArbN durch Beratung. Es ist Ausdruck der Verbundenheit bei gemeinsamer Interessenvertretung (vgl. § 2 Rn 35 ff.). Durch Abs. 2 soll sichergestellt werden, dass die im BR vertretenen Gewerkschaften rechtzeitig über Zeitpunkt und Tagesordnung der Betr- bzw. AbtVerslg. unterrichtet werden. Während die Beauftragten der im Betrieb vertretenen Gewerkschaften aus eigenem Recht beratend teilnehmen, ist die Teilnahme eines Beauftragten der ArbGebVereinigung an die des ArbGeb. geknüpft.

Die Vorschrift gilt für die BRVerslg. (§ 53), die JugAzubiVerslg. (§ 71) und die **2** BRVerslg. (§ 115 Abs. 4, § 116 Abs. 3 Nr. 5) entspr. Auf andere betriebliche Verslg. oder Zusammenkünfte (vgl. § 42 Rn 11) ist sie nicht anzuwenden; dort ist eine Teilnahme von Gewerkschaftsbeauftragten oder Vertr. der ArbGebVereinigung zulässig, wenn die Beteiligten hiermit einverstanden sind.

Die Vorschrift ist **zwingend** und kann weder durch TV noch durch BV abbedun- **3** gen werden.

Entspr. Vorschrift: BPersVG § 52; SprAuG: keine. **4**

II. Teilnahme von Gewerkschaftsvertretern

Die Beauftragten der im Betrieb vertretenen Gewerkschaften nehmen kraft **eige- 5 nen Rechts dieser Gewerkschaften** an sämtlichen (regelmäßigen, zusätzlichen und außerordentlichen) Betr- und AbtVerslg. teil (*Richardi/Annuß* Rn 4; *DKK-Berg* Rn 1; *HSWGNR* Rn 3). Das Gleiche gilt für die BetrVerslg. zur Bestellung des Wahlvorstands nach § 17 und zur Durchführung des vereinfachten Wahlverfahrens nach § 14 a. Gewerkschaftsbeauftragte bedürfen **keiner Zulassung**. Das Zugangsrecht wird für den Arbeitskampf nicht eingeschränkt (vgl. § 2 Rn 49 ff.). Das betriebsverfassungsrechtl. Teilnahmerecht vermittelt einer Gewerkschaft aber nicht die Befugnis, innerhalb oder außerhalb der Betriebsversammlung durch das Verteilen von Broschüren oder Ansprechen von ArbN ua. gezielte **Mitgliederwerbung** zu betreiben. Ein derartiger Anspruch folgt nur aus Art. 9 Abs. 3 GG und unterliegt den dafür von der Rspr. entwickelten Grundsätzen (aA LAG Dü. 11. 1. 11 17 TaBV 160/09).

Die Gewerkschaft muss im Betrieb vertreten sein (vgl. § 2 Rn 33). Dann kann sie **6** auch zu allen AbtVerslg. Beauftragte entsenden, auch wenn keiner der in der betreffenden Abteilung beschäftigten ArbN bei ihr organisiert ist (*Richardi/Annuß* Rn 4; GK-*Weber* Rn 4). Den Gewerkschaften stehen deren **Spitzenverbände** (DGB) gleich. Für das BetrVG gilt ein einheitlicher Gewerkschaftsbegriff (vgl. § 2 Rn 32 ff.). Gemeint sind stets tariffähige Arbeitnehmervereinigungen (BAG 19. 9. 06 AP Nr. 5 zu § 2 BetrVG 1972). Auch nach dem Zweck des Teilnahmerechts und mit Blick auf den Grundsatz der Nichtöffentlichkeit (§ 42 Abs. 1 S. 2) kommt eine Erstreckung des Teilnahmerechts auf nicht tariffähige ArbN-Vereinigungen nicht in Betracht.

7   Die **Gewerkschaft wählt** den an der Verslg. teilnehmenden Beauftragten **aus**
(*Richardi/Annuß* Rn 9; *DKK-Berg* Rn 5; GK-*Weber* Rn 5). Weder dem ArbGeb.
noch dem BR oder dem VerslgLeiter steht insoweit ein Mitspracherecht zu. Es dürfte
jedoch zweckmäßig sein, auf Wünsche des BR Rücksicht zu nehmen. Bei den Be-
auftragten der Gewerkschaft braucht es sich nicht um deren ArbN zu handeln. Die
Gewerkschaften können nicht nur hauptamtliche Kräfte, sondern auch ehrenamtliche
Funktionäre oder ArbN anderer Betriebe als Beauftragte bestimmen (*DKK-Berg*
Rn 5; *HSWGNR* Rn 11). Sie können auch **mehrere Beauftragte** entsenden (GK-
Weber Rn 6; einschränkend *HSWGNR* Rn 10). Die Zahl der Beauftragten muss dem
Zweck der Entsendung angemessen sein. Beauftragte müssen sich auf Verlangen über
ihre Person und ihren Auftrag ausweisen und sich vor Betreten des Betriebs anmelden.

8   **Der ArbGeb. kann** der Teilnahme von Vertr. der im Betrieb vertretenen Gewerkschaften grundsätzlich **nicht widersprechen** oder **sie verhindern** (*DKK-Berg*
Rn 4). Für die Gewerkschaftsvertreter. ist die Teilnahme an den Betr- und AbtVerslg.
eine eigenständige gesetzliche Aufgabe. Sie dürfen deshalb den Betrieb zum Zwecke
der Teilnahme an der Betr- und AbtVerslg. auch ohne ausdrückliche Genehmigung
des ArbGeb. betreten (ErfK-*Koch* Rn 2; GK-*Weber* Rn 8). Eine **Unterrichtungspflicht** gemäß § 2 Abs. 2 gegenüber dem ArbGeb. besteht für die Teilnahme an
BetrVerslg. nicht. § 46 ist gegenüber § 2 Abs. 2 eine Sonderregelung (GK-*Weber*
Rn 8; **aA** *Richardi/Annuß* Rn 14). Es besteht deshalb auch keine Möglichkeit, den
Gewerkschaftsbeauftragten die Teilnahme an der Betr- oder AbtVerslg. aus den in § 2
Abs. 2 letzter S. genannten Gründen zu untersagen.

9   Eine andere Frage ist, ob der ArbGeb. der **Teilnahme eines bestimmten Beauftragten widersprechen** kann. Ein Widerspruchsrecht besteht, wenn objektiv
wegen der Teilnahme eines bestimmten Gewerkschaftsbeauftragten mit einer Störung
des betrieblichen Geschehens ernsthaft zu rechnen ist (*Richardi/Annuß* Rn 14;
HSWGNR Rn 11; GK-*Weber* Rn 9; vgl. auch § 2 Rn 58). Eine Gewerkschaft darf
ihr Teilnahmerecht nicht rechtsmissbräuchlich ausüben (vgl. § 2 Abs. 1 und § 74
Abs. 1). Sie verliert ansonsten ihr Recht auf Entsendung eines bestimmten Beauftragten zur Teilnahme an der BetrVerslg. (vgl. BAG 18. 3. 64, 14. 2. 67 AP Nr. 1 und 2
zu § 45 BetrVG; LAG Hamm 17. 11. 00 – 10 TaBV 55/00 nv.; ähnlich *HSWGNR*
Rn 11). In diesem Fall kann die Gewerkschaft einen **anderen Beauftragten** entsenden. Das rechtsmissbräuchliche Verhalten eines ihrer Beauftragten lässt das Teilnahmerecht der Gewerkschaft unberührt. Ein Gewerkschaftsbeauftragter darf nicht deshalb
ausgeschlossen werden, weil er ArbN eines Konkurrenzunternehmens ist. Gefragt ist
die Sachkunde der Beauftragten. Betriebsgeheimnisse werden nach § 79 Abs. 2 geschützt (LAG Hamburg DB 87, 1595; **aA** *Richardi/Annuß* Rn 14, soweit die für eine
Entsendung sprechenden Gründe nicht überwiegen; *Brötzmann* BB 90, 1055). Die
Vorbereitung eines Streiks durch eine Gewerkschaft verstößt nicht gegen ihre Pflicht,
auf die vertrauensvolle Zusammenarbeit der Betriebspartner hinzuwirken (*Richardi/
Annuß* Rn 15; *DKK-Berg* Rn 5). Auch sachliche Kritik des entsandten Gewerkschaftsvertreter. ist zulässig (BAG 14. 2. 67 AP Nr. 2 zu § 45 BetrVG 1952).

10   Der BR kann die **Teilnahme** eines **Gewerkschaftsbeauftragten** nicht verhindern (*Richardi/Annuß* Rn 13). Lehnt der Vors. des BR die Teilnahme eines Beauftragten einer im Betrieb vertretenen Gewerkschaft ab, handelt er pflichtwidrig. Er
läuft Gefahr, nach § 23 aus dem BR ausgeschlossen zu werden.

11   Da die Gewerkschaft die Interessen ihrer Mitgl. (und in gewissem Umfang auch
der ArbN schlechthin) wahrzunehmen hat, wird ihrem Beauftragten in der Betr-
Verslg. eine **beratende Stimme** zuerkannt. Der Beauftragte hat deshalb ebenso wie
die ArbN das Recht, sich zu Wort zu melden, das Wort zu ergreifen, Fragen zu stellen und zur Sache zu sprechen. Er hat **kein Stimmrecht** und kann **keine Anträge
stellen** (*DKK-Berg* Rn 6; GK-*Weber* Rn 10). Die Redebeiträge der Gewerkschaftsbeauftragten müssen sich im Rahmen der Tagesordnung und des Aufgabenbereichs
der Betr- und AbtVerslg. halten. Sie haben die für die Durchführung der Betr- und
AbtVerslg. maßgebenden Grundsätze des § 74 Abs. 2 zu beachten (GK-*Weber*

Rn 11). Der Gewerkschaftsbeauftragte darf nicht in der BetrVerslg. oder im Zusammenhang mit ihr zu einem Warnstreik aufrufen (LAG Bremen DB 83, 778). Die Gewerkschaftsbeauftragten unterliegen der Verschwiegenheitspflicht nach § 79 (vgl. § 79 Rn 7).

III. Unterrichtung der Gewerkschaften

Der BR hat den in ihm vertretenen Gewerkschaften **Zeitpunkt** und **Tagesord-** 12 **nung** der Betr- und AbtVerslg. rechtzeitig und schriftlich mitzuteilen (Abs. 2).

Die Unterrichtungspflicht besteht nur für die **im BR vertretenen Gewerkschaf-** 13 **ten.** Im BR vertreten ist eine Gewerkschaft, wenn wenigstens ein BRMitgl. bei ihr organisiert ist. Die Einschränkung soll die Ausübung der Unterrichtungspflicht erleichtern (GK-*Weber* Rn 14; *Richardi/Annuß* Rn 7). Die Unterrichtungspflicht besteht hinsichtlich aller Betr- und AbtVerslg., gleichgültig, ob es sich um regelmäßige, zusätzliche oder außerordentliche Verslg. handelt, auch soweit sie in Form von Teilverslg. durchgeführt werden (*HSWGNR* Rn 4; *DKK-Berg* Rn 7). Unterlässt der BRVors. trotz positiver Kenntnis die Unterrichtung einer im BR vertretenen Gewerkschaft, verstößt er gegen seine gesetzlichen Pflichten.

Die Unterrichtung erstreckt sich nach dem Gesetzeswortlaut lediglich auf den 14 **Zeitpunkt** und die **Tagesordnung** der Betr- und AbtVerslg. Jedoch ist der BR auch verpflichtet, den Gewerkschaften den **Ort der Verslg.** mitzuteilen (*DKK-Berg* Rn 8). Änderungen sind unverzüglich bekanntzugeben.

Die Unterrichtung muss **schriftlich** und **rechtzeitig** erfolgen. Schriftlich meint 15 Textform. Dem Formgebot wird genügt, wenn der Gewerkschaft die Sitzungsniederschrift über den Beschluss des BR über Zeit, Ort und Tagesordnung der BetrVerslg. nach § 34 Abs. 2 übersandt wird. Ein Telefax wahrt die Schriftform (vgl. BAG 11. 6. 02 AP Nr. 118 zu § 99 BetrVG 1972). Rechtzeitig ist die Unterrichtung, wenn den Gewerkschaften noch genügend Zeit für eine sachgerechte Vorbereitung der Teilnahme ihres Beauftragten bleibt (*DKK-Berg* Rn 9; *HSWGNR* Rn 6; GK-*Weber* Rn 15). Bei kurzfristig einberufenen Betr- oder AbtVerslg. muss die Unterrichtung der Gewerkschaften unverzüglich (vgl. § 121 BGB) erfolgen.

Der BRVors. ist nicht verpflichtet, einen **ArbGebVerband,** dem der ArbGeb. an- 16 gehört, von der Betr- oder AbtVerslg. zu unterrichten. Das ist Sache des ArbGeb.

IV. Teilnahme eines Vertreters des Arbeitgeberverbandes

Voraussetzung für die Hinzuziehung eines Beauftragten der ArbGebVereinigung 17 ist, dass der ArbGeb. einem **ArbGebVereinigung angehört.** Eine OT-Mitgliedschaft genügt dafür nicht (vgl. § 2 Rn 32; *Richardi/Annuß* Rn 17; aA *HSWGNR* Rn 19), weil das Teilnahmerecht der ArbGebVereinigung an deren Funktion als Tarifvertragspartei knüpft (aA WPK/*Kreft* Rn 4). Ferner muss der ArbGeb. oder sein Vertreter an der BetrVerslg. **tatsächlich teilnehmen** (wegen Teilnahme des Arb-Geb. vgl. § 43 Rn 28 ff.). Der Beauftragte hat – anders als der Gewerkschaftsbeauftragte – **kein eigenständiges Teilnahmerecht** (GK-*Weber* Rn 17; *DKK-Berg* Rn 10; *HSWGNR* Rn 18). Er ist nur dann teilnahmeberechtigt, wenn der ArbGeb. dies ausdrücklich veranlasst. Zweckmäßigerweise teilt der ArbGeb. seine Absicht, den Beauftragten hinzuzuziehen, dem Vors. des BR, der nach § 42 Abs. 1 S. 1 die BetrVerslg. zu leiten hat, vorher mit. Der nicht organisierte ArbGeb. kann keinen Rechtsanwalt anstelle eines Verbandsbeauftragten hinzuziehen (*DKK-Berg* Rn 11; *Henssler* RdA 99, 47). Der Ausschluss von Anwälten ist kein Verstoß gegen die negative Koalitionsfreiheit des ArbGeb. Dieser muss auf die Unterstützung der Tarifpartei verzichten, wenn er ihr nicht angehören will (*Lunk* S. 204; aA *Bauer* NJW 88, 1130). Der ArbGeb. kann nur einen Beauftragten hinzuziehen, auch wenn er mehreren Vereinigungen angehört (*Richardi/Annuß* Rn 19).

18   Der Vors. des BR kann, wenn die gesetzlichen Voraussetzungen vorliegen, **die Teilnahme** des Beauftragten der ArbGebVereinigung **nicht ablehnen.** Er handelt ansonsten pflichtwidrig. Der Beauftragte der ArbGebVereinigung muss sich auf Verlangen über seine Person ausweisen. Ein Nachweis seines Auftrags erübrigt sich, da er nicht aus eigenem Recht erscheint, sondern von dem ohnehin anwesenden ArbGeb. hinzugezogen wird.

19   Im Gegensatz zu dem Beauftragten der Gewerkschaft hat der Beauftragte der Arb-GebVereinigung **keine beratende Stimme** (GK-*Weber* Rn 18; *DKK-Berg* Rn 12; ErfK-*Koch* Rn 5; **aA** *Richardi/Annuß* Rn 22). Ein solches Recht hätte einer gesetzlichen Regelung bedurft. Es besteht daher hier die gleiche Rechtslage wie bei der Teilnahme an der BRSitzung. Auch dort hat der nach § 31 hinzugezogene Gewerkschaftsbeauftragte ein Beratungsrecht, während § 29 Abs. 4 dieses Recht einem vom ArbGeb. hinzugezogenen Beauftragten einer ArbGebVereinigung nicht zubilligt (vgl. § 29 Rn 60). Diese Differenzierung hat ihren Grund darin, dass die BetrVerslg. eine Angelegenheit der ArbN ist. Allerdings kann der BRVors. als Leiter der BetrVerslg. dem Beauftragten des ArbGebVerbandes gestatten, das Wort zu ergreifen.

Der VerslgLeiter ist **auf Verlangen des ArbGeb.** diesem gegenüber verpflichtet, ebenso wie dem ArbGeb. selbst auch dem Beauftragten das Wort zu erteilen (BAG 19. 5. 78 AP Nr. 3 zu § 43 BetrVG 1972). Dem Vertr. des ArbGebVerbandes obliegt es, den ArbGeb. dadurch zu unterstützen, dass er ihm beratend zur Seite steht (vgl. auch § 29 Rn 60). Ebenso wenig wie der ArbGeb. hat er das Recht, an Abstimmungen teilzunehmen oder Anträge zu stellen (hM).

V. Streitigkeiten

20   Streitigkeiten über die Teilnahme und Befugnisse der Beauftragten der im Betrieb vertretenen Gewerkschaften und der ArbGebVereinigung, der der ArbGeb. angehört, sind im arbeitsgerichtl. **BeschlVerf.** zu entscheiden (Einzelheiten Nach § 1 Rn 7 ff.).

21   **Beteiligte** können sein: BR, ArbGeb., eine im Betrieb vertretene Gewerkschaft, nicht dagegen der ArbGebVerband (BAG 19. 5. 78 AP Nr. 3 zu § 43 BetrVG 1972). Die im Betrieb vertretenen Gewerkschaften sind in einem solchen Verf. von Amts wegen zu beteiligen, wenn es um ihr Teilnahmerecht oder um die Entsendung eines bestimmten Gewerkschaftsbeauftragten geht (BAG 18. 3. 64, 14. 2. 67 AP Nrn. 1, 2 zu § 45 BetrVG). Das gilt auch bei einem Streit darüber, ob eine im Betrieb vertretene ArbN-Vereinigung, die nicht tariffähig ist, ein Teilnahmerecht hat. Ist aber die Tariffähigkeit dieser Arbeitnehmervereinigung umstritten, ist das Verfahren nach § 97 Abs. 5 ArbGG auszusetzen (BAG 19. 9. 06 AP Nr. 5 zu § 2 BetrVG 1972). Sind die Einzelheiten des Zutrittsrechts umstritten, kann wegen der typischen Eilbedürftigkeit der Erlass einer einstw. Verfg. (vgl. § 85 Abs. 2 ArbGG) in Betracht kommen (vgl. LAG Hamm EzA zu § 46 BetrVG 1972 Nr. 1).

Fünfter Abschnitt. Gesamtbetriebsrat

§ 47[1] Voraussetzungen der Errichtung, Mitgliederzahl, Stimmengewicht

(1) **Bestehen in einem Unternehmen mehrere Betriebsräte, so ist ein Gesamtbetriebsrat zu errichten.**

---

[1] **Amtl. Anm.:** Gemäß Artikel 14 Satz 2 des Gesetzes zur Reform des Betriebsverfassungsgesetzes (Betr-Verf-Reformgesetz) vom 23. Juli 2001 (BGBl. I S. 1852) gilt § 47 Abs. 2 (Artikel 1 Nr. 35 Buchstabe a des BetrVerf-Reformgesetzes) für im Zeitpunkt des Inkrafttretens bestehende Betriebsräte erst bei deren Neuwahl.

(2) [1]In den Gesamtbetriebsrat entsendet jeder Betriebsrat mit bis zu drei Mitgliedern eines seiner Mitglieder; jeder Betriebsrat mit mehr als drei Mitgliedern entsendet zwei seiner Mitglieder. [2]Die Geschlechter sollen angemessen berücksichtigt werden.

(3) Der Betriebsrat hat für jedes Mitglied des Gesamtbetriebsrats mindestens ein Ersatzmitglied zu bestellen und die Reihenfolge des Nachrückens festzulegen.

(4) Durch Tarifvertrag oder Betriebsvereinbarung kann die Mitgliederzahl des Gesamtbetriebsrats abweichend von Absatz 2 Satz 1 geregelt werden.

(5) Gehören nach Absatz 2 Satz 1 dem Gesamtbetriebsrat mehr als vierzig Mitglieder an und besteht keine tarifliche Regelung nach Absatz 4, so ist zwischen Gesamtbetriebsrat und Arbeitgeber eine Betriebsvereinbarung über die Mitgliederzahl des Gesamtbetriebsrats abzuschließen, in der bestimmt wird, dass Betriebsräte mehrerer Betriebe eines Unternehmens, die regional oder durch gleichartige Interessen miteinander verbunden sind, gemeinsam Mitglieder in den Gesamtbetriebsrat entsenden.

(6) [1]Kommt im Fall des Absatzes 5 eine Einigung nicht zustande, so entscheidet eine für das Gesamtunternehmen zu bildende Einigungsstelle. [2]Der Spruch der Einigungsstelle ersetzt die Einigung zwischen Arbeitgeber und Gesamtbetriebsrat.

(7) [1]Jedes Mitglied des Gesamtbetriebsrats hat so viele Stimmen, wie in dem Betrieb, in dem es gewählt wurde, wahlberechtigte Arbeitnehmer in der Wählerliste eingetragen sind. [2]Entsendet der Betriebsrat mehrere Mitglieder, so stehen ihnen die Stimmen nach Satz 1 anteilig zu.

(8) Ist ein Mitglied des Gesamtbetriebsrats für mehrere Betriebe entsandt worden, so hat es so viele Stimmen, wie in den Betrieben, für die es entsandt ist, wahlberechtigte Arbeitnehmer in den Wählerlisten eingetragen sind; sind mehrere Mitglieder entsandt worden, gilt Absatz 7 Satz 2 entsprechend.

(9) Für Mitglieder des Gesamtbetriebsrats, die aus einem gemeinsamen Betrieb mehrerer Unternehmen entsandt worden sind, können durch Tarifvertrag oder Betriebsvereinbarung von den Absätzen 7 und 8 abweichende Regelungen getroffen werden.

Inhaltsübersicht

I. Vorbemerkung

1　In Unternehmen mit mehreren Betrieben werden wichtige Entscheidungen auf der Unternehmensebene getroffen. Deshalb muss eine wirksame InteressenVertr. der ArbN auch auf dieser Ebene bestehen. Das ist der GesBR. Die §§ 47 ff. regeln die **Errichtung,** die **MitglZahl,** die **Zusammensetzung des GesBR** und die **Stimmengewichtung** in ihm. Zu seinen **Aufgaben** und zu seiner **Zuständigkeit,** insb. zum **Verhältnis von GesBR zu den BR** der Betriebe des Unternehmens vgl. § 50, zu seiner **Geschäftsführung** vgl. § 51. Nach der Aufgabe des Gruppenprinzips durch das BetrVerf-ReformG (vgl. zur Übergangsregelung des Art. 14 S. 2 iVm. Art. 1 Nr. 35 a BetrVerf-ReformG BAG 16. 3. 05 AP Nr. 14 zu § 47 BetrVG 1972; vgl. zur Pattsituation bei der Wahl des GruppenVertr. nach § 47 Abs. 2 Satz 3 aF BAG 15. 8. 01 AP Nr. 10 zu § 47 BetrVG 1972) entsendet nun jeder BR mit bis zu drei Mitgl. – also in Betrieben bis zu 50 wahlberechtigten ArbN, vgl. § 9 – nur noch einen Vertr. in den GesBR. Größere BR entsenden zwei Mitgl.

2　Zur Errichtung der **GesJugAzubiVertr.** vgl. § 72. Zur Errichtung eines **KBR** vgl. § 54.

3　Die Vorschrift ist **zwingendes Recht.** Gemäß Abs. 4 kann aber durch TV oder BV eine abweichende MitglZahl des GesBR vorgesehen werden (vgl. Rn 45 ff.). Auch für die Vertr. von Gemeinschaftsbetrieben im GesBR sind nach Abs. 9 abweichende Regelungen in TV oder BV zum Stimmengewicht möglich (vgl. Rn 80 ff.).

4　Liegen die Voraussetzungen des Abs. 1 vor, **muss** ein GesBR gebildet werden; seine **Bildung liegt nicht im Ermessen der BR.** Das schließt nicht aus, dass sich mehrere BR eines Unternehmens oder auch mehrerer Unternehmen eines Konzerns zur Behandlung spezieller Einzelfragen auf freiwilliger Basis zu einer Arbeitsgemeinschaft zusammenschließen; diese hat allerdings keinerlei rechtliche Kompetenz, kann keine bindenden Beschl. fassen und nicht in die gesetzl. Zuständigkeit des GesBR eingreifen. Zusätzliche betriebsverfassungsrechtliche Gremien zur unternehmensübergreifenden Zusammenarbeit von ArbNVertr. können nach § 3 Abs. 1 Nr. 4 durch TV oder BV geschaffen werden (vgl. § 3 Rn 53 ff.).

5　Vergleichbare Vorschriften des **BPersVG: § 55.** Danach ist bei Aufsplitterung einer Dienststelle in Nebenstellen und Dienststellenteile (§ 6 Abs. 3 BPersVG) ein **GesPersRat** zu bilden. Dieser steht unabhängig neben den in mehrstufigen Verwaltungen nach § 53 BPersVG zu errichtenden Stufenvertretungen (Dienststellenpersonalrat; Bezirkspersonalrat; Hauptpersonalrat).

6　Nach § 16 Abs. 1 SprAuG ist ein **Gesamtsprecherausschuss** zu errichten, wenn in einem Unternehmen mehrere Sprecherausschüsse bestehen. Nach § 16 Abs. 2 SprAuG entsendet jeder Sprecherausschuss eines seiner Mitgl. § 16 Abs. 4 sieht eine § 47 Abs. 7 entspr. Stimmengewichtung vor.

II. Voraussetzungen für die Bildung des Gesamtbetriebsrats (Absatz 1)

7　Die **Errichtung** des GesBR ist gem. Abs. 1 **zwingend** vorgeschrieben, **wenn ein Unternehmen mehrere BR hat.** Für ein Unternehmen kann nur ein GesBR gebildet werden. Er besteht neben den BR der einzelnen Betriebe (vgl. § 50 Rn 5 ff.).

8　Bei Vorliegen der gesetzlichen Voraussetzungen ist die Errichtung des GesBR eine **Rechtspflicht der einzelnen BR.** Daher ist es unerheblich, wenn einzelne BR oder gar deren Mehrheit gegen die Errichtung des GesBR Einwendungen haben. Auch ist für die Errichtung des GesBR eine **übereinstimmende Beschlussfassung einer Mehrheit der BR nicht erforderlich.** Kommen die einzelnen BR ihre Verpflichtung zur Entsendung von Mitgliedern in den GesBR nicht nach, so stellt dies in aller Regel eine grobe Pflichtverletzung iSd. § 23 Abs. 1 dar (*Richardi/Annuß* Rn 40; GK-*Kreutz* Rn 30; *DKKW-Trittin* Rn 4; *HSWGNR-Glock* Rn 23; ErfK/ *Koch* Rn 2).

1. Unternehmen

Die Bildung des GesBR setzt ein Unternehmen voraus. Das BetrVG kennt keinen **9** eigenständigen Unternehmensbegriff, sondern geht von dem **allgemeinen Unternehmensbegriff** aus, wie er von der Rspr. und Rechtslehre entwickelt worden ist (vgl. § 1 Rn 144 ff.).

Die mehreren Betriebe müssen alle von demselben Unternehmen – im Falle des **10** gemeinsamen Betriebs zumindest mit – betrieben werden. Es muss eine **rechtliche Identität des betreibenden Unternehmers** bestehen (BAG 11. 12. 87, 9. 8. 00, 13. 2. 07 AP Nr. 7, 9, 17 zu § 47 BetrVG 1972; 29. 11. 89 AP Nr. 3 zu § 10 ArbGG 1979; *Richardi/Annuß* Rn 6; GK-*Kreutz* Rn 13; *DKKW-Trittin* Rn 15; MünchArbR-*Joost* § 225 Rn 8; *HSWGNR-Glock* Rn 10; ErfK/*Koch* Rn 3). Für Betriebe verschiedener Unternehmen kann **kein gemeinsamer GesBR** errichtet werden (BAG 11. 12. 87, 13. 2. 07 AP Nr. 7, 17 zu § 47 BetrVG 1972; 23. 1. 08 AP Nr. 40 zu § 77 BetrVG 1972 BV; 17. 3. 10 – 7 AZR 706/08 – AP Nr. 18 zu § 47 BetrVG 1972). Dies gilt auch für Gemeinschaftsbetriebe iSv. § 1 Abs. 2 (BAG 13. 2. 07 AP Nr. 17 zu § 47 BetrVG 1972; *Schmidt* FS *Küttner* S. 499, 503). Ein gleichwohl errichteter „GesBR" ist rechtlich nicht existent. Sein Handeln ist unbeachtlich: Mit ihm geschlossene BV und Sozialpläne sind unwirksam (BAG 17. 3. 10 – 7 AZR 706/08 – AP Nr. 18 zu § 47 BetrVG 1972; vgl. zu einem unter Verkennung des Konzernbegriffs errichteten KBR BAG 23. 8. 06 AP Nr. 12 zu § 54 BetrVG 1972). Unternehmensüberschreitend kann gesetzlich nur ein KBR nach § 54 errichtet werden. Außerdem können durch TV unternehmensübergreifend nach § 3 Abs. 1 Nr. 2 SpartenBR gebildet (vgl. § 3 Rn 44) oder nach § 3 Abs. 1 Nr. 3 andere ArbNVertrStrukturen vorgesehen werden (vgl. § 3 Rn 27, 50; *Schmidt* FS *Küttner* S. 499, 503). Die Unwirksamkeit eines derartigen TV dürfte meist nur zur Anfechtbarkeit der Wahl der auf seiner Grundlage errichteten ArbNVertretung führen. Der betreibende Unternehmer kann eine **natürliche Person,** eine **Personengesamtheit** (zB OHG, KG) oder eine **juristische Person** (zB AG, GmbH, Genossenschaft, e. V.) sein. Mehrere natürliche oder/und juristische Personen können sich in einer **Rechtsform ohne Rechtspersönlichkeit** (zB Gesellschaft des bürgerlichen Rechts, nicht rechtsfähiger Verein) vertraglich zur Verfolgung bestimmter (Teil-)Aufgaben (etwa zu Forschungszwecken oder zur Erstellung eines gemeinsamen Großprojekts) zu einem Unternehmen zusammenschließen. Im Umfang der gemeinsam verfolgten Zwecke besteht dann ein eigenes Unternehmen iSv. Abs. 1. Gibt es mehrere Betriebe mit BR, ist von diesen ein GesBR zu bilden (*DKKW-Trittin* Rn 18). Im Übrigen bleiben die beteiligten Unternehmen jedoch selbständig. Bei der **GmbH & Co. KG** kommt die Bildung eines KBR (§ 54) in Betracht, wenn die GmbH und die KG jeweils selbständige Betriebe führen (*HSWGNR-Glock* Rn 17; *DKKW-Trittin* Rn 16). Die einzelnen Bezirke und Landesverbände der SPD sind rechtlich selbständige Zweigvereine; sie sind ihrerseits Unternehmen. Die Bildung eines GesBR auf Bundesebene ist nicht möglich (BAG 9. 8. 00 AP Nr. 9 zu § 47 BetrVG 1972).

Eine rechtliche Identität des betreibenden Unternehmers liegt dagegen **nicht** vor **11** **bei einer bloß wirtschaftlichen** oder **finanziellen Beteiligung,** etwa im Verhältnis zwischen einer juristischen Person und ihren Mitgl., zwischen einer AG und ihren Aktionären, zwischen einer GmbH und ihren Gesellschaftern (vgl. BAG 11. 12. 87 AP Nr. 7 zu § 47 BetrVG 1972). Dies gilt auch dann, wenn alle Aktien oder Geschäftsanteile einer oder denselben mehreren Personen zustehen (*Richardi/Annuß* Rn 6). Auch zwischen Mutter- und Tochtergesellschaften besteht, da sie rechtlich selbständige Unternehmen sind, keine Identität des betreibenden Unternehmers. Gleiches gilt bei der Zusammenfassung rechtlich selbständiger Unternehmen unter **ein-**

heitlicher Leitung, und zwar selbst dann, wenn ein **Beherrschungsvertrag** abgeschlossen oder eine Gesellschaft in die andere eingegliedert ist (BAG 11. 12. 87 AP Nr. 7 zu § 47 BetrVG 1972; *Richardi/Annuß* Rn 6). Andernfalls wären die Bestimmungen über die Einrichtung eines KBR überflüssig. In **Franchise-Systemen** kommt die Bildung von GesBR nicht in Betracht, da es an einem einheitlichen Rechtsträger fehlt (*DKK-Trittin* Rn 18; *GK-Kreutz* Rn 25; *Richardi/Annuß* Rn 12; *HSWGNR-Glock* Rn 17). **Soweit** die Bildung eines **GesBR** wegen fehlender rechtlicher Identität des betreibenden Unternehmens **nicht möglich** ist, kommt gemäß § 54 die Bildung eines **KBR in Betracht** (vgl. § 54 Rn 8 ff.).

12 Eine **juristische Person** stellt nach einhelliger Auffassung **stets ein Unternehmen** iSv. Abs. 1 dar. Sie kann nicht mehrere Unternehmen betreiben. Bestehen mehrere Betriebe, ist daher stets ein GesBR zu bilden (*DKKW-Trittin* Rn 17; *GK-Kreutz* Rn 18; *Richardi/Annuß* Rn 8). Unerheblich ist, ob die Betriebe des Unternehmens gleiche oder unterschiedliche Betriebszwecke haben (*HSWGNR-Glock* Rn 11).

13 Nach zutreffender, mittlerweile überwiegender Auffassung kann auch ein **Einzelunternehmer** (Einzelkaufmann) **betriebsverfassungsrechtlich nur ein Unternehmen** betreiben. Das BetrVG enthält keinen Anhaltspunkt dafür, dass die betriebsverfassungsrechtliche Organisation und Repräsentation von der Rechtsform des Unternehmensträgers abhängen soll. Auch bei einem Einzelunternehmer, der seine Betriebe nicht zu einer einheitlichen und selbständigen Organisation zusammengefasst hat, ist daher ein GesBR und nicht etwa ein KBR zu bilden (*GK-Kreutz* Rn 19; MünchArbR-*Joost* § 225 Rn 8; *Richardi/Annuß* Rn 9; *ErfK/Koch* Rn 2; *DKKW-Trittin* Rn 17).

14 Die Frage, ob bei einer sog. **Betriebsführungsgesellschaft,** die von mehreren Unternehmen zum Zwecke der gemeinsamen Führung ihrer Betriebe errichtet wird, ein GesBR für diese Betriebe zu bilden ist, ist je nach der vertraglichen Ausgestaltung unterschiedlich zu beantworten: Führt die Betriebsführungsgesellschaft die Betriebe der beteiligten Unternehmen in deren und nicht im eigenen Namen, so bleiben die Betriebe weiterhin rechtlich jeweils ihrem Unternehmen zugeordnet. Die Bildung eines GesBR bei der Betriebsführungsgesellschaft scheidet wegen Unterschiedlichkeit der Unternehmen aus (vgl. *Rüthers* BB 77, 612; *Richardi/Annuß* Rn 10; *GK-Kreutz* Rn 24; *DKKW-Trittin* Rn 18; *Schwab* NZA-RR 07, 505, 506). Anders ist dies, wenn die Betriebsführungsgesellschaft die Betriebe im eigenen Namen führt und damit auch ArbGeb. der in den Betrieben beschäftigten ArbN wird; dann ist bei ihr ein GesBR zu bilden (BAG 29. 11. 89 AP Nr. 3 zu § 10 ArbGG 1979; *Richardi/Annuß* Rn 10 mwN; *DKK-Trittin* Rn 18; *Schwab* NZA-RR 07, 505, 506).

15 Von einer Betriebsführungsgesellschaft ist der **Gemeinschaftsbetrieb** mehrerer Unternehmen iSv. § 1 Abs. 1 S. 2 zu unterscheiden (vgl. § 1 Rn 78 ff.). Der BR eines Gemeinschaftsbetriebs kann Mitgl. in den GesBR eines jeden Trägerunternehmens entsenden (Rn 80).

16 Ein **Spitzenverband der freien Wohlfahrtspflege** führt ein Unternehmen, wenn er sich nicht auf die Wahrnehmung verbandlicher Aufgaben, dh der Koordination und der Führung des Verbandes beschränkt, sondern parallel und ergänzend hierzu weitere Tätigkeiten in Einrichtungen sozialfürsorgerischer und heilender Art durch die Beschäftigung von ArbN wahrnimmt. Sind in diesen Einrichtungen BR gebildet, ist ein GesBR zu errichten (BAG 23. 9. 80 AP Nr. 4 zu § 47 BetrVG 1972).

17 Ein **Betriebsübergang** lässt die Rechtsstellung des für den Betrieb gewählten BR jedenfalls so lange unberührt, wie die Betriebsidentität beim neuen Inhaber fortbesteht (BAG 5. 6. 02 AP Nr. 11 zu § 47 BetrVG 1972; 16. 3. 05 AP Nr. 5 zu § 51 BetrVG 1972). Der bisherige BR bleibt im Amt. Besteht bei dem übernehmenden Unternehmen ein GesBR, kann der BR Mitgl. in diesen entsenden. Dadurch erhöht sich die MitglZahl im GesBR (BAG 16. 3. 05 AP Nr. 5 zu § 51 BetrVG 1972; *DKKW-Trittin* Rn 21 d). Werden mehrere – jedoch nicht sämtliche – Betriebe auf ein

anderes Unternehmen übertragen und besteht in diesem noch kein GesBR, so ist ein solcher nach Maßgabe des § 47 neu zu bilden (BAG 5. 6. 02 AP Nr. 11 zu § 47 BetrVG 1972; 18. 9. 02 AP Nr. 93 zu § 77 BetrVG 1972; ErfK/*Koch* Rn 5). Werden sämtliche Betriebe eines Unternehmens unverändert auf ein anderes Unternehmen übertragen, das bisher nicht über eigene Betriebe verfügt, bleibt der GesBR wohl ausnahmsweise im Amt (ebenso ErfK/*Koch* Rn 5; offen gelassen in BAG 5. 6. 02 AP Nr. 11 zu § 47 BetrVG 1972). Sofern der alte Inhaber weiterhin noch mehrere Betriebe führt, bleibt der bisherige GesBR – ohne die von dem BR des übergegangenen Betriebs entsandten Mitgl. – bestehen (vgl. auch Rn 26).

Der Bestand des GesBR ist vom Bestand des Unternehmens abhängig. Ein GesBR **18** endet daher grundsätzlich mit dem rechtlichen Untergang des Unternehmens. Bei einer **formwechselnden Umwandlung** (zu den Formen der Umwandlung vgl. § 1 Rn 158 ff.) bleibt der GesBR jedoch bestehen. Werden zwei Unternehmen im Wege der **Verschmelzung zur Neugründung** aufgelöst (vgl. § 2 Nr. 2 UmwG), gehen mit den sich vereinigenden Unternehmen auch die dort gebildeten GesBR unter (*HSWGNR-Glock* Rn 82). Bei dem neu entstehenden Unternehmen ist ein neuer GesBR zu bilden. Bei einer **Verschmelzung zur Aufnahme** (vgl. § 2 Nr. 1 UmwG) geht der GesBR des übertragenden Unternehmens unter; der GesBR des aufnehmenden Unternehmens bleibt bestehen (*HSWGNR-Glock* Rn 82). Er ist auch für die hinzugekommenen Betriebe zuständig. Die BR der hinzugekommenen Betriebe entsenden Mitgl. in diesen GesBR. Bei einer **Aufspaltung** (§ 123 Abs. 1 UmwG) geht des aufgespaltene Unternehmen und der dort gebildete GesBR unter. Bei den aus der Spaltung hervorgehenden Unternehmen sind jeweils neue GesBR zu errichten. Bei einer **Abspaltung** (§ 123 Abs. 2 UmwG) oder **Ausgliederung** (§ 123 Abs. 3 UmwG) bleibt der GesBR im übertragenden Unternehmen bestehen, soweit die Voraussetzungen des Abs. 1 weiterhin vorliegen. Bei Übertragung auf ein neues Unternehmen ist dort ein neuer GesBR zu bilden. Bei Übertragung auf einen bereits existierenden Rechtsträger, können die BR der übergegangenen Betriebe Vertr. in den GesBR entsenden (vgl. dazu *Röder/Haußmann* DB 99, 1754).

GesBV gelten im Falle eines **Betriebsübergangs** bei Wahrung der Betriebsiden- **19** tität in diesen Betrieben jedenfalls dann normativ fort, wenn es in dem übernehmenden Unternehmen zu dem Regelungsgegenstand keine GesBV gibt (vgl. § 50 Rn 77, § 77 Rn 169 f.; BAG 18. 9. 02 AP Nr. 93 zu § 77 BetrVG 1972). Dies findet seine Rechtfertigung vor allem darin, dass eine GesBV keine Angelegenheit „des Unternehmens" als solchem regelt, sondern ihr Bezugsobjekt weiterhin in den einzelnen Betrieben hat und in diesen gilt (BAG 18. 9. 02 AP Nr. 7 zu § 77 BetrVG 1972 BV). Eine Fortgeltung der GesBV kann allerdings im Einzelfall daran scheitern, dass die betreffende Regelung nach ihrem Inhalt die Zugehörigkeit zum bisherigen Unternehmen zwingend voraussetzt (BAG 18. 9. 02 AP Nr. 7 zu § 77 BetrVG 1972 BV). Die normative Wirkung von GesBV endet grundsätzlich auch nicht bei Unternehmensumwandlungen (differenzierend *Trappehl/Nussbaum* BB 11, 2869).

2. Mehrere Betriebsräte

Die Errichtung des GesBR setzt weiter voraus, dass in dem Unternehmen **mehre- 20 re BR bestehen.** Nicht notwendig ist, dass es sich um mehrköpfige BR handelt. Auch der aus einer Person bestehende BR (früher Betriebsobmann) ist BR iSd. § 47. Nicht erforderlich ist, dass in allen Betrieben eines Unternehmens ein BR besteht. Jedoch müssen mindestens in zwei Betrieben BR gebildet sein. Dabei ist unerheblich, ob es sich um selbständige Betriebe iSv. § 1 oder um nach § 4 Abs. 1 oder gemäß einer entspr. tarifvertraglichen Regelung nach § 3 Abs. 5 als selbständig geltende Betriebe handelt (*Richardi/Annuß* Rn 16; *HSWGNR-Glock* Rn 18). Besteht dagegen nur in einem Betrieb des Unternehmens ein BR, so kann ein GesBR nicht gebildet werden (*DKKW-Trittin* Rn 21 mwN).

21   Wird durch TV oder BV für Unternehmen mit mehreren Betrieben die Bildung
eines unternehmenseinheitlichen BR vereinbart (§ 3 Abs. 1 Nr. 1) oder beschließen
die ArbN eines Unternehmens nach § 3 Abs. 3 die Wahl eines unternehmenseinheitlichen BR, ist kein GesBR zu bilden. Der **unternehmenseinheitliche BR tritt an
die Stelle des GesBR** (*HSWGNR-Glock* Rn 19).

22   **Im Ausland gelegene Betriebe** eines inländischen Unternehmens nehmen an
der Bildung des GesBR nicht teil, da sich der Geltungsbereich des BetrVG nicht auf
sie erstreckt (*Richardi/Annuß* Rn 19; GK-*Kreutz* Rn 8; *HSWGNR-Glock* Rn 20;
MünchArbR-*Joost* § 225 Rn 14; aA *Birk* FS Schnorr von Carolsfeld S. 83; *Däubler*
RabelsZ Bd. 39 S. 462 ff.). Der inländische BR kann sich aber mit den ausländischen
InteressenVertr. zu Arbeitsgemeinschaften auf freiwilliger Grundlage zusammenschließen (vgl. *DKK-Trittin* Rn 22).

23   Hat ein **ausländisches Unternehmen mehrere Betriebe im Geltungsbereich
des BetrVG,** so ist von den dort gebildeten BR ein GesBR zu bilden. Die Bildung
des GesBR setzt nicht voraus, dass der Sitz des Unternehmens innerhalb der Bundesrepublik liegt (*HSWGNR-Glock* Rn 21; GK-*Kreutz* Rn 9; MünchArbR-*Joost* § 225
Rn 13; ErfK/*Koch* Rn 5; *Schwab* NZA-RR 07, 505; *Buchner* FS *Birk* S. 11, 13; vgl.
hinsichtlich der Bildung eines WiAusschusses BAG 1. 10. 74, 31. 10. 75 AP Nr. 1, 2
zu § 106 BetrVG 1972). Die Möglichkeit der Errichtung eines KBR bei ausländischer
Konzernspitze hat das BAG für Fälle, in denen es keine inländische Teilkonzernspitze
gibt, allerdings abgelehnt (BAG 14. 2. 07 AP Nr. 13 zu § 54 BetrVG 1972; 16. 5. 07
AP Nr. 3 zu § 96a ArbGG 1979; vgl. dazu näher § 54 Rn 34 ff.). Unter Berufung
auf diese Entscheidungen meint *Schubert* (Anm. zu EzA BetrVG 2001 § 54 Nr. 3),
auch die Bildung eines GesBR sei davon abhängig, dass die in Deutschland belegenen
Betriebe einer einheitlichen Leitung mit betriebsverfassungsrechtlichen Entscheidungsbefugnissen unterstehen (ähnlich *Richardi/Annuß* Rn 21; *Röder/Powietzka* DB 04,
542, 544). Diese Schlussfolgerung zeigt allerdings eher umgekehrt die Problematik
der Rspr. des BAG zur (Un-)Möglichkeit der Errichtung eines KBR bei ausländischer Konzernspitze. Konsequent zu Ende gedacht würde das Erfordernis eines inländischen Ansprechpartners auf Arbeitgeberseite bedeuten, dass nicht einmal ein BR
errichtet werden könnte, wenn es an einer inländischen Betriebsleitung fehlt und ein
Betrieb – etwa im Wege elektronischer Kommunikation – aus dem Ausland geleitet
wird. Damit würde es möglich, die Betriebsverfassung für in Deutschland gelegene
Betriebe zu suspendieren. Dies wäre mit dem territorialen Geltungsanspruch des
BetrVG nicht vereinbar. Daher kommt es nach der Rspr. des BAG hinsichtlich der
Bildung eines Wirtschaftsausschusses zu Recht nicht darauf an, ob die Unternehmensleitung vom Inland oder Ausland erfolgt (BAG 1. 10. 74, 31. 10. 75 AP Nr. 1, 2
zu § 106 BetrVG 1972).

24   Die **BRlosen Betriebe** bleiben für die Errichtung eines GesBR außer Betracht
und werden bei dessen Zusammensetzung nicht berücksichtigt (*DKKW-Trittin*
Rn 21c). Die originäre Zuständigkeit des GesBR erstreckt sich aber gemäß § 50
Abs. 1 Satz 1 Halbsatz 2 auch auf diese Betriebe (vgl. § 50 Rn 29 ff.).

25   Der GesBR ist **einheitlich für alle Betriebe** des Unternehmens zu errichten.
Seine Bildung wird durch die Anfechtung der Wahl einzelner BR nicht berührt (vgl.
MünchArbR-*Joost* § 225 Rn 14).

III. „Amtszeit"

26   Der GesBR hat – anders als der BR – als solcher **keine Amtszeit.** Er ist eine
Dauereinrichtung und besteht **über die Wahlperioden der einzelnen BR hinaus** (BAG 5. 12. 75, 5. 6. 02 AP Nr. 1, 11 zu § 47 BetrVG 1972; 16. 3. 05 AP Nr. 5
zu § 51 BetrVG 1972; 23. 8. 06 AP Nr. 12 zu § 54 BetrVG 1972; 9. 2. 11 –
7 ABR 11/10 – NZA 11, 866; *Richardi/Annuß* Rn 26; *HSWGNR-Glock* Rn 79;
DKKW-Trittin Rn 7; GK-*Kreutz* § 49 Rn 5; ErfK/*Koch* Rn 11). Die von den BRen

nach jeder regelmäßigen Neuwahl erneut vorzunehmende Entsendung von Mitgliedern in den GesBR ändert nichts an dessen kontinuierlichem Fortbestand (BAG 9. 2. 11 – 7 ABR 11/10 – NZA 11, 866). Allerdings wird der GesBR wegen der regelmäßig gleichzeitig stattfindenden BRWahlen häufig vorübergehend handlungsunfähig (GK-*Kreutz* Rn 50). Der Wegfall einzelner BR ist auf den rechtlichen Bestand des GesBR ohne Einfluss. Dasselbe gilt für Amtsniederlegungen einzelner GesBRMitgl. Das Bestehen des GesBR wird grundsätzlich nur **dadurch beendet, dass die Voraussetzungen für seine Errichtung entfallen** (BAG 5. 6. 02 AP Nr. 11 zu § 47 BetrVG 1972; 7. 4. 04 AP Nr. 17 zu § 106 BetrVG 1972; 16. 3. 05 AP Nr. 5 zu § 51 BetrVG 1972; GK-*Kreutz* Rn 51; *Richardi/Annuß* Rn 27; vgl. zum KBR BAG 23. 8. 06 AP Nr. 12 zu § 54 BetrVG 1972). Dies kann zB der Fall sein, wenn die Betriebe eines Unternehmens zu einem Betrieb zusammengelegt werden oder wenn Betriebe aus einem Unternehmen ausgegliedert werden, so dass dieses nur noch aus einem Betrieb besteht. Der Fortbestand des GesBR endet auch, wenn sämtliche Betriebe auf mehrere übernehmende Unternehmen übertragen werden oder wenn ein übernehmendes Unternehmen bereits einen oder mehrere Betriebe hat und sich die betrieblichen Strukturen im übernehmenden Unternehmen durch Integration der neuen Betriebe entspr. ändern (BAG 5. 6. 02 AP Nr. 11 zu § 47 BetrVG 1972). Gleiches gilt, wenn ein Unternehmen durch Aufspaltung untergeht (*Schmidt* FS *Küttner* S. 499, 504).

Der nur **kurzfristige, vorübergehende Wegfall eines** zur Errichtung eines **27** GesBR erforderlichen **BR** hat auf den Bestand des GesBR keinen Einfluss (vgl. *HSWGNR-Glock* Rn 81). Wegen des Erlöschens der Mitgliedschaft der in den GesBR entsandten einzelnen Mitgl. vgl. § 49.

IV. Regelmäßige Zusammensetzung

1. Entsendung (Absatz 2)

Die Mitgl. des GesBR werden nicht in Urwahl durch die ArbN des Unterneh- **28** mens, sondern durch **Entsendung von BRMitgl. durch die einzelnen BR des Unternehmens** bestimmt. Eine Beauftragung des BetrAusschusses ist nicht zulässig (*Richardi/Annuß* Rn 29; *DKKW-Trittin* Rn 25; aA GK-*Kreutz* Rn 39).

Die **BR** der einzelnen Betriebe des Unternehmens **entsenden** gemäß Abs. 2 **29** Satz 1 entspr. ihrer Größe entweder **ein oder zwei Mitgl.** in den GesBR. Besteht der entsendende BR aus bis zu drei Mitgl., entsendet er ein Mitgl. in den GesBR. Besteht er aus mehr Mitgl., entsendet er zwei Mitglieder.

Der BR kann die ihm im GesBR zustehenden Sitze **nur mit seinen Mitgl.** be- **30** setzen. Andere Personen als BRMitgl. können nicht in den GesBR entsandt werden. Dies gilt auch für ErsatzMitgl., die noch nicht in den BR nachgerückt sind (GK-*Kreutz* Rn 40; *DKKW-Trittin* Rn 29). Der BR kann jedes seiner Mitgl. in den GesBR entsenden (GK-*Kreutz* Rn 41).

Bei den **privatisierten Postunternehmen** (vgl. § 1 Rn 45 ff.) bestehen **Sonder- 31 regelungen** (§ 32 PostPersRG). Wenn in den GesBR nicht nur ein Mitgl. des BR zu entsenden ist und dem entsendenden BR auch Vertr. der Beamten angehören, muss eines der entsandten Mitgl. ein Vertr. der Beamten sein. Dieser Vertr. der Beamten kann nicht gegen die Mehrheit der Vertr. der Beamten im entsendenden BR bestimmt werden (*DKKW-Trittin* Rn 28; *Richardi/Annuß* Rn 33).

In den ausdrücklich aufgeführten **Angelegenheiten der Beamten** (§ 76 Abs. 1, **32** § 78 Abs. 1 Nr. 3 bis 5 und § 79 Abs. 3 BPersVG) hat der Vertr. der Beamten im GesBR so viele Stimmen, wie in dem Betrieb, in dem er gewählt wurde, wahlberechtigte Beamte in der Wählerliste eingetragen sind. Über besondere Rechte des Beamtenvertr. im GesBR (vgl. § 50 Rn 57).

33   Der **BR entscheidet** als Gremium über die Entsendung von BRMitgl. in den GesBR **durch Geschäftsführungsbeschluss mit einfacher Stimmenmehrheit** nach § 33 Abs. 1 (BAG 21. 7. 04, 16. 3. 05 AP Nr. 13, 14 zu § 47 BetrVG 1972; GK-*Kreutz* Rn 38; *Richardi/Annuß* Rn 29; *HSWGNR-Glock* Rn 54; *DKKW-Trittin* Rn 30). Werden mehrere Mitgl. in den GesBR entsandt, so ist für jedes eine gesonderte Beschlussfassung erforderlich (ErfK/*Koch* Rn 6; GK-*Kreutz* Rn 38; *DKKW-Trittin* Rn 32). Auch Gründe des Minderheitenschutzes gebieten keine Verhältniswahl (BAG 21. 7. 04 AP Nr. 13 zu § 47 BetrVG 1972). Umstritten ist, ob der BR beschließen kann, die zu entsendenden BRMitgl. durch eine Wahl zu bestimmen, bei der die relative Mehrheit der Stimmen ausreicht (bejahend: *DKKW-Trittin* Rn 32; *Richardi/Annuß* Rn 29; *Löwisch* BB 02, 1366 ff. und *Löwisch/Kaiser* Rn 9 verlangen für den Fall, dass im BR mehrere Listen vertreten sind, eine Verhältniswahl; aA wegen § 33 Abs. 1 GK-*Kreutz* Rn 38; *HSWGNR-Glock* Rn 54) Das BAG hat sich insoweit nicht festgelegt, allerdings ausgeführt, der Gesetzeswortlaut spreche dafür, dass der Gesetzgeber die Entsendung von BRMitgl. in den GesBR „im Regelfall" nicht durch eine Wahl entschieden wissen wollte, sondern durch Mehrheitsbeschluss nach § 33 (BAG 21. 7. 04 AP Nr. 13 zu § 47 BetrVG 1972).

34   Bei der Entsendung der einzelnen Mitgl. sollen gemäß Abs. 2 Satz 2 die **Geschlechter angemessen berücksichtigt** werden. Der GesBR soll mit seinen Beschlüssen und Maßnahmen zur tatsächlichen Durchsetzung der Gleichstellung von Frauen und Männern (Art. 3 Abs. 2 GG) beitragen. Das gilt etwa für Fördermaßnahmen für Frauen, Berücksichtigung der Frauen bei der Personalentwicklung und beruflichen Aus- und Weiterbildung. Abs. 2 S. 2 ist ausdrücklich als Soll-Bestimmung formuliert. Sie unterscheidet sich von § 15 Abs. 2, wo ein Minderheitenschutz zwingend vorgeschrieben ist. Ihre Nichtbeachtung hat daher keinen Einfluss auf die Wirksamkeit der Entsendung (GK-*Kreutz* Rn 41; *Richardi/Annuß* Rn 31; ErfK/*Koch* Rn 6).

35   Bei **Neuwahl eines BR** – sei es die regelmäßige, sei es eine vorzeitige – hat dieser die von ihm **zu entsendenden Mitgl.** des GesBR **neu zu bestimmen** (ErfK/*Koch* Rn 11).

36   Die **Bestellung** der Mitgl. des GesBR sowie der ErsatzMitgl. erfolgt im Allgemeinen **für die Dauer der Amtszeit des entsendenden BR** (*Richardi/Annuß* Rn 36).

37   Der **Beschluss über die Entsendung** des Mitgl., bzw. der Mitgl. in den GesBR **kann** als betriebsratsinterne Wahl **in entspr. Anwendung des § 19 Abs. 1 angefochten werden** (vgl. dazu näher Rn 83; § 26 Rn 45 ff.).

2. Vollzug der Errichtung

38   Die **Voraussetzungen für die Konstituierung** des GesBR liegen vor, wenn mindestens zwei BR die Entsendung von Mitgl. in den GesBR beschlossen haben (GK-*Kreutz* Rn 48; *Richardi/Annuß* Rn 25).

39   Vollzogen wird die Errichtung des GesBR in der **konstituierenden Sitzung**, zu welcher gem. § 51 Abs. 2 Satz 1 der BR der Hauptverwaltung des Unternehmens, bzw. der BR des größten Betriebs einzuladen hat (vgl. § 51 Rn 7 ff.; GK-*Kreutz* Rn 46; MünchArbR-*Joost* § 225 Rn 18). Der GesBR ist **errichtet, wenn** der **GesBR-Vors. und** sein **Stellvertr.** in der konstituierenden Sitzung **gewählt** sind (GK-*Kreutz* Rn 46).

40   Die Konstituierung ist **auch** dann **wirksam, wenn nicht alle BR ihrer Verpflichtung zur Entsendung** von Mitgl. in den GesBR **nachgekommen** sind (GK-*Kreutz* Rn 48; *HSWGNR-Glock* Rn 24; *Richardi/Annuß* Rn 25).

41   Ist die Wirksamkeit der Errichtung des GesBR insgesamt streitig, kann beim ArbG die Feststellung der **Unwirksamkeit der Errichtung** beantragt werden (vgl. dazu näher Rn 83).

3. Ersatzmitglieder (Absatz 3)

In derselben Weise, in der die einzelnen BR die in den GesBR zu entsendenden 42
Mitgl. bestimmen (vgl. Rn 28 ff.), ist für jedes Mitgl. des GesBR gem. Abs. 3 **mindestens ein ErsatzMitgl.** zu bestellen. Das ErsatzMitgl. tritt gem. § 51 Abs. 1
Satz 1, 25 Abs. 1 Satz 1 u. 2 für das ordentliche Mitgl. in den GesBR ein, wenn dieses zeitweilig verhindert ist oder aus dem GesBR ausscheidet. Werden mehrere ErsatzMitgl. bestimmt, muss die Reihenfolge des Nachrückens festgelegt werden (GK-
Kreutz Rn 53). Der BR kann die ordentlichen und die ErsatzMitgl. jederzeit neu
bestimmen.

Der BR kann die **ErsatzMitgl. nur aus seiner Mitte** bestimmen. Er kann nicht 43
von vornherein auf ErsatzMitgl. nach § 25 Abs. 1 zurückgreifen, solange diese nicht
in den BR nachgerückt sind (*Richardi/Annuß* Rn 38; GK-*Kreutz* Rn 54; *DKKW-
Trittin* Rn 39).

Bei einem **einköpfigen BR** rückt das ErsatzMitgl. (§ 25 Abs. 2 Satz 3) automa- 44
tisch sowohl in den BR als auch in den GesBR nach. Einer besonderen Bestellung
bedarf es nicht (GK-*Kreutz* Rn 53).

V. Abweichende Regelungen durch Tarifvertrag oder Betriebsvereinbarung (Absatz 4)

1. Gegenstand der Regelung

Da nach Abs. 2 Satz 1 die Zahl der Mitgl. des GesBR von der Zahl der im Unter- 45
nehmen bestehenden BR abhängt, kann in Unternehmen mit sehr vielen kleinen
Betrieben ein **unverhältnismäßig großer GesBR** entstehen. Andererseits kann ein
Unternehmen, das aus wenigen sehr großen Betrieben besteht, einen **sehr kleinen
GesBR** erhalten (zB bei nur 3 Großbetrieben ein GesBR mit 6 Mitgl.). Um solche
Missverhältnisse zu bereinigen, gestattet Abs. 4, durch TV oder BV eine **abweichende Regelung der MitglZahl.** vorzusehen. Diese kann sowohl eine Erhöhung als
auch eine Reduzierung der gesetzlichen Mitgliederzahl zum Inhalt haben. Insbesondere kann vereinbart werden, dass für mehrere BR (Betriebe) gemeinsame Vertr.,
aber auch, dass für einen BR (Betrieb) mehr als die gesetzlich vorgesehenen Vertr.
entsandt werden.

Das Gesetz gestattet nur eine abweichende Regelung von der gesetzlichen Mitgl- 46
Zahl des GesBR. Daher können durch TV oder BV die **Voraussetzungen der Errichtung** oder die **Zuständigkeit** des GesBR **nicht abweichend vom Gesetz**
geregelt werden (vgl. BAG 15. 8. 78, 25. 5. 05 AP Nr. 3, 16 zu § 47 BetrVG 1972).

Durch TV oder BV kann auch **nicht** geregelt werden, dass die Bestellung der 47
Mitgl. des GesBR **anders als im Wege der Entsendung** durch die BR erfolgen
soll (BAG 15. 8. 78 AP Nr. 3 zu § 47 BetrVG 1972; *Richardi/Annuß* Rn 45; ErfK/
Koch Rn 8) oder Personen in den GesBR entsandt werden, die nicht BRMitgl. sind
(*Richardi/Annuß* Rn 45; ErfK/*Koch* Rn 8).

2. Gestaltungsmittel

Die abweichende Regelung kann durch **TV oder BV** erfolgen. Hierbei hat die **ta- 48
rifvertragliche Regelung Vorrang** vor einer BV (GK-*Kreutz* Rn 85; *Richardi/
Annuß* Rn 52). Dies gilt auch für die nach Abs. 5 erzwingbare BV (ErfK/*Koch* Rn 10).
Eine spätere tarifliche Regelung löst eine BV ab (GK-*Kreutz* Rn 85). In Betracht
kommen sowohl FirmenTV als auch firmenbezogene VerbandsTV (GK-*Kreutz*
Rn 76; *DKKW-Trittin* Rn 55).

Die vom G abweichende tarifvertragliche Regelung setzt voraus, **dass alle Be- 49
triebe** des Unternehmens **von dem TV erfasst** werden (*Richardi/Annuß* Rn 48;
WPK/Roloff Rn 14). Fallen die Betriebe unter mehrere fachliche tarifliche Geltungs-

bereiche, für die unterschiedliche Gewerkschaften zuständig sind, kann für sie mit den mehreren Gewerkschaften ein **mehrgliedriger TV** geschlossen werden (vgl. *WPK/Roloff* Rn 14; HaKo-BetrVG/*Tautphäus* Rn 32).

50   Ein TV, der nur einen Teil der Betriebe erfasst, kann keinerlei Wirkung entfalten. Eine **„Ausdehnung"** des TV **durch BV** ist **nicht möglich** (ErfK/*Koch* Rn 10; aA *WPK/Roloff* Rn 14). Da der TV jedoch keine Wirkung entfaltet, kann der GesBR mit dem ArbGeb. eine für alle Betriebe geltende BV schließen (vgl. Rn 53; im Ergebnis so auch *Richardi/Annuß* Rn 49; *HSWGNR-Glock* Rn 39).

51   Die abweichende Regelung der Mitgliederzahl des GesBR betrifft eine betriebsverfassungsrechtliche Frage. Daher genügt für die Geltung des TV **§ 3 Abs. 2 TVG** die **Tarifbindung des ArbGeb.** (BAG 25. 5. 05 AP Nr. 16 zu § 47 BetrVG 1972; ErfK/*Koch* Rn 10; *Richardi/Annuß* Rn 48; GK-*Kreutz* Rn 78; *HSWGNR-Glock* Rn 40). Nicht näher erörtert wurde von der Rspr. bislang die Frage, wer auf Gewerkschaftsseite zum Abschluss eines TV über eine abweichende Mitgliederzahl befugt ist, wenn in dem Unternehmen mehrere tarifzuständige Gewerkschaften vertreten sind. Im Beschluss vom 25. 5. 05 (AP Nr. 16 zu § 47 BetrVG 1972) hat es das BAG für unschädlich erachtet, dass der TV nicht von allen, sondern nur von der im Unternehmen mehrheitlich vertretenen Gewerkschaft abgeschlossen war. Die Frage stellt sich **ähnlich wie bei TVen nach § 3 Abs. 1** (vgl. dazu im **Einzelnen § 3 Rn 16 bis 16g;** vgl. ferner zur ähnlichen, allerdings noch komplexeren Problematik bei TV nach § 55 Abs. 4 die Kommentierung zu § 55 Rn 20). Nach hier vertretener Auffassung dürfte es in Anwendung des **Repräsentativitätsprinzips (Mehrheitsprinzip)** erforderlich, aber auch ausreichend sein, dass die mitgliederstärkste Gewerkschaft den TV schließt. Nach dem Beschluss des Siebten Senats des BAG vom 29. 7. 09 (– 7 ABR 27/08 – NZA 09, 1424) zu einem TV nach § 3 und dem Urteil des Vierten Senats vom 9. 12. 09 (– 4 AZR 190/08 – NZA 10, 712) zu § 3 Abs. 2 TVG erscheint es aber möglich, dass das BAG einen TV durch jede tarifzuständige Gewerkschaft zulässt. Die Gefahr von „GefälligkeitsTV" ist dann nicht völlig auszuschließen, zumal Abs. 4 den Abschluss des TV an keine inhaltliche Voraussetzung knüpft.

52   TV über eine abweichende Zahl der Mitgl. des GesBR sind nach allgemeiner Auffassung **grundsätzlich erstreikbar** (*DKKW-Trittin* Rn 54; *HSWGNR-Glock* Rn 42; *Brox/Rüthers* § 8 Rn 261, 269; GK-*Kreutz* Rn 80; ErfK/*Koch* Rn 12; *Richardi/Annuß* Rn 50). Die rechtliche Ausgangslage ist insoweit anders als bei TVen nach § 3 Abs. 1 (vgl. dazu § 3 Rn 20), als hier der Gesetzgeber anders als dort die Tarifsetzungsbefugnis nicht an bestimmte inhaltliche Vorgaben knüpft. Die Frage war bislang nicht von praktischer Bedeutung. Dies könnte sich uU ändern, wenn die Rspr. auch „Verkleinerungs-TVe" mit kleinen, mitgliederschwachen Gewerkschaften zulassen sollte und die ArbGeb. hiervon Gebrauch machen. Allerdings dürfte es im Regelfall weder im – wohlverstandenen – Interesse der Belegschaften noch des ArbGeb. liegen, TV über eine Verkleinerung des GesBR gegen den Willen der am stärksten im Unternehmen vertretenen Gewerkschaft zu schließen. In Zeiten zunehmender Gewerkschaftskonkurrenz erscheint der Abschluss solcher TV freilich auch nicht ausgeschlossen.

53   Bei Fehlen eines TV kommt eine **BV** in Betracht. BV nach Abs. 4 und 5 können nur zwischen dem ArbGeb. und dem ordnungsgemäß gebildeten **GesBR** geschlossen werden. Dieser **muss** daher **zunächst nach § 51 Abs. 2 konstituiert** und für den Abschluss der BV in beschlussfähiger Zusammensetzung zusammengetreten **sein** (BAG 15. 8. 78 AP Nr. 3 zu § 47 BetrVG 1972; *DKKW-Trittin* Rn 52; *HSWGNR-Glock* Rn 44). Die durch die BV getroffene Regelung gilt auch für diejenigen BR, die sich an der Beschlussfassung nicht beteiligt haben. BV über eine abweichende Regelung der MitglZahl des GesBR sind **regelmäßig freiwillige BV.** Im Falle des Abs. 5 (vgl. Rn 71 ff.) kann aber die E-Stelle auch gegen den Willen eines der Betriebspartner eine derartige BV beschließen (*HSWGNR-Glock* Rn 45).

54   Die **abweichende Regelung** durch TV oder BV bleibt **so lange maßgebend, wie der TV oder die BV gilt.** Ist deren Geltung nicht von vornherein befristet (etwa auf die regelmäßige Amtszeit der derzeitigen BR), so gilt sie bis der TV oder die BV ordnungsgemäß gekündigt oder einverständlich aufgehoben worden ist. Danach bestimmt sich die MitglZahl des GesBR wieder nach dem G. Ein TV wirkt gemäß § 4 Abs. 5 TVG nach (*DKKW-Trittin* Rn 54; *HSWGNR-Glock* Rn 43; **aA** GK-*Kreutz* Rn 81). Dagegen entfaltet eine nicht erzwingbare freiwillige BV keine Nachwirkung (GK-*Kreutz* Rn 84; *DKKW-Trittin* Rn 53). TV oder BV gelten regelmäßig weiter, wenn sich die Unternehmensstruktur ändert oder weitere Betrieb hinzukommen (BAG 16. 3. 05 AP Nr. 5 zu § 51 BetrVG 1972). Sie können jedoch gegenstandslos werden, wenn ihre Anwendung keinen Sinn mehr ergibt (BAG 16. 3. 05 AP Nr. 5 zu § 51 BetrVG 1972; vgl. auch *Klasen* BB 93, 2187).

3. Inhalt der Regelung

Der **GesBR** kann über die gesetzlich vorgeschriebene MitglZahl hinaus **vergrö-** 55 **ßert** werden. Eine Höchstgrenze ist gesetzlich nicht vorgeschrieben. Deshalb kann **auch** eine **über 40 Mitgl.** hinausgehende MitglZahl festgelegt werden (*DKKW-Trittin* Rn 45; ErfK/*Koch* Rn 9; GK-*Kreutz* Rn 72; **aA** *Richardi/Annuß* Rn 55). Dies ist sowohl durch TV als auch durch BV möglich.

Das G enthält keine Vorgaben, wie eine Vergrößerung zu erfolgen hat. Dies liegt 56 vielmehr im **Ermessen der TV- oder Betriebsparteien** (*DKKW-Trittin* Rn 45; ErfK/*Koch* Rn 9). So können sie zB für größere BR die Zahl der zu entsendenden Mitgl. erhöhen (vgl. *DKKW-Trittin* Rn 45).

Der GesBR kann gegenüber der gesetzlichen MitglZahl **verkleinert** werden 57 (*Richardi/Annuß* Rn 56; GK-*Kreutz* Rn 69 f.).

Die Verkleinerung kann zum einen dadurch erfolgen, dass auch die BR, die nach 58 Abs. 2 Satz 1 Halbsatz 2 zwei Mitgl. zu entsenden hätten, **nur ein Mitgl.** in den GesBR **entsenden** (vgl. GK-*Kreutz* Rn 70; ErfK/*Koch* Rn 9).

Zum andern ist es möglich, **mehrere Betriebe zur gemeinsamen Entsendung** 59 eines oder mehrerer Mitgl. in den GesBR **zusammenzufassen** (GK-*Kreutz* Rn 69). Diese ausdrücklich in Abs. 5 vorgesehene Ausgestaltung gehört auch zu den Möglichkeiten, die den TV- und Betriebsparteien nach Abs. 4 zur Verfügung stehen (BAG 25. 5. 05 AP Nr. 16 zu § 47 BetrVG 1972; GK-*Kreutz* Rn 67). In diesem Fall muss wie bei einer Regelungsnotwendigkeit nach Abs. 5 festgelegt werden, welche BR gemeinsam Mitgl. in den verkleinerten GesBR entsenden und wie viele Mitgl. von ihnen gemeinsam zu bestimmen sind (BAG 25. 5. 05 AP Nr. 16 zu § 47 BetrVG 1972). Der TV muss nicht sicherstellen, dass jeder BR mit zumindest einem Mitglied im GesBR vertreten ist. Ausreichend, aber auch erforderlich ist, dass jeder BR bei der Bestimmung der Mitglieder des GesBR mitwirken kann (BAG 25. 5. 05 AP Nr. 16 zu § 47 BetrVG 1972; ErfK/*Koch* Rn 9).

Möglich ist schließlich auch eine **Kombination** der Gestaltungsmittel *HSWGNR-* 60 *Glock* Rn 29). Insbesondere können mehrere BR zu einem „Entsendungskörper" (vgl. Rn 63) zusammengefasst und zugleich die auf diese Entsendeeinheit entfallende MitglZahl – auf mehr als zwei – erhöht werden (GK-*Kreutz* Rn 71).

Werden durch TV oder BV mehrere BR zur gemeinsamen Entsendung von 61 GesBRMitgl. zusammengefasst, ist es **sinnvoll, Abs. 5 zu beachten,** wonach unter den dort genannten Voraussetzungen die Betriebe regional oder durch gleichartige Interessen miteinander verbunden sein müssen (vgl. ErfK/*Koch* Rn 9). Zwingend ist dies – anders als im Falle des Abs. 5 (vgl. dazu Rn 69; BAG 15. 8. 78 AP Nr. 3 zu § 47 BetrVG 1972) – aber im Rahmen des Abs. 4 nicht (BAG 25. 5. 05 AP Nr. 16 zu § 47 BetrVG 1972; ErfK/*Koch* Rn 9; *HSWGNR-Glock* Rn 31; *DKKW-Trittin* Rn 44; **aA** GK-*Kreutz* Rn 69; wohl auch *Richardi/Annuß* Rn 56; MünchArbR-*Joost* § 225 Rn 26). Eine von dem Grundsatz abweichende kollektivvertragliche Regelung nach Abs. 4 ist daher nicht unwirksam.

Eine kollektivvertragliche Regelung über die Zusammenfassung mehrerer BR zur 62 gemeinsamen Entsendung von GesBRMitgl. sollte **Verfahrensregeln** über die Bestimmung der zu entsendenden GesBRMitgl. enthalten. Dabei ist umstritten, welche Verfahrensregeln zulässig sind (vgl. insb. GK-*Kreutz* Rn 100 f.; *HSWGNR-Glock* Rn 57 ff.; *DKKW-Trittin* Rn 64).

63   Enthält der TV oder die BV keine Verfahrensregelung, bilden die im TV oder der BV zusammengefassten BR jeweils ein Gremium (**„Entsendungskörper"**), das aus ihren sämtlichen BRMitgliedern besteht (BAG 25. 5. 05 AP Nr. 16 zu § 47 BetrVG 1972; vgl. auch schon 15. 8. 78 AP Nr. 3 zu § 47 BetrVG 1972; ferner *DKKW-Trittin* Rn 63; GK-*Kreutz* Rn 100). In der gemeinsamen Sitzung hat grundsätzlich jedes BRMitglied die gleiche Stimme (BAG 25. 5. 05 AP Nr. 16 zu § 47 BetrVG 1972; *DKKW-Trittin* Rn 63). Die Kollektivvereinbarung kann aber eine abweichende, insb. an Abs. 7 ausgerichtete Stimmengewichtung vorsehen (vgl. GK-*Kreutz* Rn 101; *DKKW-Trittin* Rn 63). TV oder BV können bestimmen, dass die Entsendung der BRMitglieder in den verkleinerten GesBR im Weg der Mehrheitswahl erfolgt. Die Verhältniswahl ist – ebenso wie bei der Entsendung nach Abs. 2 (vgl. Rn 33 mwN) – auch bei einer Entsendung durch einen Entsendungskörper iSv. Abs. 4 und 5 weder gesetzlich vorgeschrieben noch verfassungsrechtlich geboten (BAG 25. 5. 05 AP Nr. 16 zu § 47 BetrVG 1972).

64   Fraglich erscheint, ob ein TV oder eine BV Abstimmungen der einzelnen BR in **getrennten Sitzungen** vorsehen kann (vgl. dazu *Gaul* DB 81, 214; *Klasen* DB 93, 2183; GK-*Kreutz* Rn 99; abl. *DKKW-Trittin* Rn 64). Voraussetzung für eine solche Vorgehensweise dürfte auf jeden Fall sein, dass die einzelnen BR zum Zeitpunkt ihrer Beratung und Beschlussfassung die Abstimmungsergebnisse der anderen BR noch nicht kennen. Die Entsendung von Wahlmännern durch die BR in ein **Wahlmännergremium** kann ein TV oder eine BV wohl vorsehen, wenn sie zugleich die Stimmengewichtung entspr. Abs. 7 gewährleistet (GK-*Kreutz* Rn 98; **aA** *DKKW-Trittin* Rn 64; vgl. auch BAG 15. 8. 78 AP Nr. 3 zu § 47 BetrVG 1972).

65   Ist die **Wirksamkeit** eines **TV** oder einer **BV** über eine abweichende Mitgliederzahl **umstritten,** kann die auf dieser Grundlage erfolgte Entsendung von Mitgliedern in den GesBR in entsprechender Anwendung des § 19 Abs. 1 unter Einhaltung der Frist des § 19 Abs. 2 Satz 2 beim ArbG angefochten werden (vgl. näher Rn 83).

VI. Notwendige Verkleinerung durch Betriebsvereinbarung (Absatz 5 und 6)

1. Voraussetzungen

66   Nach Abs. 5 ist die **Zusammenfassung von BR** zur gemeinsamen Entsendung von GesBRMitgl. durch BV dann **zwingend** vorgeschrieben, **wenn** dem GesBR nach Abs. 2 Satz 1 **mehr als 40 Mitgl.** angehören und keine tarifliche Regelung nach Abs. 4 besteht. Entscheidend ist nicht die abstrakt-rechnerische Möglichkeit der Überschreitung des Schwellenwerts von 40 Mitgl.; erforderlich ist vielmehr, dass dem errichteten GesBR tatsächlich mehr als 40 Mitgl. angehören (GK-*Kreutz* Rn 88; *DKKW-Trittin* Rn 57). Abs. 5 kommt auch dann zur Anwendung, wenn die Mitgl-Zahl erst später auf über 40 ansteigt, etwa weil ein BR erst später seiner Entsendepflicht nach Abs. 2 Satz 1 nachkommt oder neue BR hinzukommen (vgl. GK-*Kreutz* Rn 88; *DKKW-Trittin* Rn 57; *HSWGNR-Glock* Rn 46).

67   Voraussetzung ist ferner, dass **keine tarifliche Regelung nach Abs. 4** besteht. Andernfalls ist für eine BV kein Raum. Dies gilt auch dann, wenn der GesBR nach der tariflichen Regelung mehr als 40 Mitgl. hat (*DKKW-Trittin* Rn 58; GK-*Kreutz* Rn 91; *Richardi/Annuß* Rn 61).

2. Regelungsinhalt

68   Abs. 5 schreibt den Betriebsparteien zwingend (vgl. GK-*Kreutz* Rn 88) den Abschluss einer BV über die MitglZahl des GesBR vor. Die BV muss entspr. dem Sinn und Zweck, die **Arbeitsfähigkeit des GesBR** zu **verbessern,** auf die Verringerung der MitglZahl gerichtet sein (BAG 15. 8. 78 AP Nr. 3 zu § 47 BetrVG 1972; GK-*Kreutz* Rn 88). Nicht zwingend vorgeschrieben ist aber, dass die MitglZahl auf 40 oder weniger Mitgl. abgesenkt wird (GK-*Kreutz* Rn 95; MünchArbR-*Joost* § 225 Rn 25; aA *HSWGNR*-*Glock* Rn 46 a; aA für den Spruch der E-Stelle nach Abs. 6 *Richardi/ Annuß* Rn 66; **offen gelassen** in BAG 15. 8. 78 AP Nr. 3 zu § 47 BetrVG 1972).

Die Verringerung der Zahl der GesBRMitgl. hat durch die Zusammenfassung von **69** BR zur gemeinsamen Entsendung von Mitgl. in den GesBR (vgl. Rn 61 ff.) zu erfolgen. Die Betriebe müssen regional oder durch gleichartige Interessen miteinander verbunden sein. Eine **regionale Verbundenheit** ist gegeben, wenn die Betriebe räumlich nicht weit voneinander entfernt liegen (vgl. hierzu auch § 4 Rn 16 f.). Eine Verbundenheit durch **gleichartige Interessen** ist zB anzunehmen bei gleichen oder verwandten Betriebszwecken, gleicher Struktur der Belegschaft, gleicher Stellung der Betriebe innerhalb der Unternehmensorganisation, wie zB Produktion, Vertrieb (vgl. *Richardi/Annuß* Rn 67). Bei der Ausfüllung der unbestimmte Rechtsbegriffe der „regionalen Verbundenheit" sowie der „Verbundenheit infolge gleichartiger Interessen" haben die Betriebsparteien einen **Beurteilungsspielraum** (GK-*Kreutz* Rn 97; *DKKW-Trittin* Rn 59; *Richardi/Annuß* Rn 67).

Die BV sollte **Verfahrensregeln** über die Bestimmung der gemeinsam zu entsen- **70** denden GesBRMitgl. enthalten (vgl. Rn 62–65). In der BV sollte ferner klar gestellt werden, dass der gesetzliche GesBR bis zur Konstituierung des verkleinerten GesBR im Amt bleibt (vgl. *HSWGN-Glock* Rn 49).

3. Verfahren

Partner der BV sind der ArbGeb. und der GesBR. Der GesBR muss daher zu- **71** nächst einmal errichtet sein (BAG 15. 8. 78 AP Nr. 3 zu § 47 BetrVG 1972). Er bleibt auch im Amt bis der entsprechend der BV verkleinerte GesBR errichtet ist.

Kommt eine Einigung zwischen ArbGeb. und GesBR nicht zustande, entscheidet **72** nach Abs. 6 Satz 1 eine für das Gesamtunternehmen zu bildende **E-Stelle.** Diese tritt auf Antrag des ArbGeb. oder des GesBR zusammen. Die Beisitzer der ArbNSeite benennt der GesBR. Der Spruch der E-Stelle ersetzt gem. Abs. 6 Satz 2 die Einigung zwischen ArbGeb. und GesBR.

Die GesBV über eine Verkleinerung des GesBR bleibt, sofern sie nicht zB auf die **73** regelmäßige Amtszeit der entsendenden BR befristet ist, solange maßgebend, wie die ihr zugrundeliegenden Voraussetzungen unverändert bleiben. Sie kann jederzeit durch eine andere (tarifliche oder betriebliche) Regelung ersetzt und auch gekündigt werden. Anders als im Falle einer freiwilligen BV nach Abs. 4 (vgl. Rn 54) **wirkt eine GesBV nach Abs. 5 gemäß § 77 Abs. 6 nach,** da nach Abs. 6 S. 2 der Spruch der E-Stelle die Einigung zwischen ArbGeb. und GesBR ersetzt (*Richardi/ Annuß* Rn 69; *HSWGNR-Glock* Rn 52; aA GK-*Kreutz* Rn 103).

VII. Stimmengewichtung im Gesamtbetriebsrat (Absatz 7 bis 9)

1. Stimmengewichtung bei gesetzlicher Größe (Absatz 7)

Um eine **gerechte Gewichtung der einzelnen Betriebe** im GesBR zu gewähr- **74** leisten, richtet sich das Stimmengewicht der Vertr. eines Betriebs gem. Abs. 7 nach der Zahl der wahlberechtigten ArbN im entsendenden Betrieb. Dadurch wird den ggf. sehr unterschiedlichen Belegschaftsstärken der einzelnen Betriebe Rechnung getragen (GK-*Kreutz* Rn 55). Entsendet ein BR nur ein Mitgl. in den GesBR, so bestimmt sich dessen **Stimmengewicht** gem. Abs. 7 Satz 1 **nach der Zahl aller wahlberechtigten ArbN im entsendenden Betrieb.** Entsendet der BR mehrere Mitgl., stehen den Vertr. gem. Abs. 7 Satz 2 die Stimmen anteilig zu. Ein einzelnes

Mitgl. des GesBR kann die ihm zustehenden Stimmen stets nur einheitlich abgeben (*Richardi/Annuß* Rn 74; GK-*Kreutz* Rn 61; *HSWGNR-Glock* Rn 77).

75 Für das Stimmengewicht **maßgebend** ist die Zahl der wahlberechtigten ArbN, die bei der letzten Wahl des BR in die **Wählerliste** eingetragen waren. Nachträgliche Veränderungen der Belegschaftsstärke der Betriebe bleiben unberücksichtigt. Dagegen ist eine nachträgliche Berichtigung der Wählerliste durch das ArbG zu beachten (*DKKW-Trittin* Rn 67; *HSWGNR-Glock* Rn 73).

76 In ihrer Stimmabgabe sind die Mitgl. des GesBR frei und an keine Aufträge oder Weisungen des entsendenden BR gebunden. Es besteht **kein imperatives Mandat** (*Richardi/Annuß* Rn 73; *HSWGNR-Glock* Rn 78; GK-*Kreutz* Rn 61). Doch ist das Mitgl. des GesBR schon aus seiner Loyalitätspflicht gegenüber dem entsendenden BR gehalten, das Ergebnis einer Vorberatung des BR jedenfalls in die Beratung des GesBR einzubringen. Außerdem besteht eine tatsächliche Abhängigkeit der Mitgl. des GesBR von dem sie entsendenden BR, denn dieser kann sie ohne besondere Begründung jederzeit abberufen.

77 Soweit der GesBR nach § 28 Satz 1 **PostPersRG** für die Beamten zuständig ist, sind – nach gemeinsamer Beratung – nur die Vertr. der Beamten zur Beschlussfassung berufen. Der Vertr. der Beamten hat so viele Stimmen wie in dem Betrieb, in dem er gewählt wurde, wahlberechtigte Beamte in die Wählerliste eingetragen sind (§ 32 Abs. 1 PostPersRG, vgl. § 1 Rn 45 ff.).

2. Stimmengewichtung bei gemeinsamer Entsendung (Absatz 8)

78 Ist ein **GesBRMitgl. für mehrere Betriebe** entsandt, hat es gem. Abs. 8 Halbsatz 1 im GesBR so viele Stimmen, wie in diesen Betrieben wahlberechtigte ArbN in der Wählerliste eingetragen sind. Sind an der gemeinsamen Entsendung mehrere Betriebe ein oder mehrere gemeinsame Betriebe mehrerer Unternehmen beteiligt, so sind für die Stimmengewichtung grundsätzlich alle in dem jeweiligen Gemeinschaftsbetrieb eingetragenen Wahlberechtigten maßgeblich. Dies folgt im Umkehrschluss aus Abs. 9 (vgl. GK-*Kreutz* Rn 106).

79 Sind **für einzelne Betriebe gemeinsam mehrere GesBRMitgl.** entsandt, so stehen diesen die auf diese Betriebe entfallenden Stimmen gem. Abs. 8 Halbsatz 2 iVm. Abs. 7 Satz 2 anteilig zu. Die Summe der Stimmen wird zu gleichen Teilen auf die mehreren Vertr. verteilt (GK-*Kreutz* Rn 107).

3. Stimmengewichtung bei Entsendung aus einem gemeinsamen Betrieb (Absatz 9)

80 Der **BR eines Gemeinschaftsbetriebs mehrerer Unternehmen** (vgl. § 1 Rn 78 ff.) **entsendet Vertr. in den GesBR jedes der beteiligten Unternehmen.** Das ergibt sich zwingend aus Abs. 9 (BAG 13. 2. 07 AP Nr. 17 zu § 47 BetrVG 1972; GK-*Kreutz* Rn 110; *Richardi/Annuß* Rn 77; *Schmidt* FS *Küttner* S. 499, 502). Auch in Fällen, in denen die Trägerunternehmen ausschließlich gemeinsame Betriebe führen, ist nicht etwa nur ein GesBR zu bilden. Allerdings kann es durch die Errichtung mehrerer GesBRe insb. dann zu Kollisionsfällen kommen, wenn Adressat der MBR nicht der Vertragsarbeitgeber, sondern der „Betriebsarbeitgeber", also die Gemeinschaft der Trägerunternehmen ist. Vgl. zur Zuständigkeit in diesem Fall § 50 Rn 34.

81 Der BR des Gemeinschaftsbetriebs entscheidet, welche Mitgl. er in die GesBR der beteiligten Unternehmen entsendet. Er kann **auch solche Mitgl.** in den GesBR eines beteiligten Unternehmens entsenden, **die in keinem Arbeitsverhältnis zu diesem Unternehmen stehen** (GK-*Kreutz* Rn 112; aA *Richardi/Annuß* Rn 77).

82 Das **Stimmengewicht** der aus einem gemeinsamen Betrieb entsandten GesBR-Mitgl. richtet sich grundsätzlich nach der Zahl aller in dem gemeinsamen Betrieb in

die Wählerliste eingetragenen ArbN (GK-*Kreutz* Rn 110; *Richardi/Annuß* Rn 78). Um hierdurch mögliche Verzerrungen zu vermeiden, eröffnet Abs. 9 die **Möglichkeit, durch TV oder BV von Abs. 7 u. 8 abweichende Regelungen zu treffen** (*Schmidt* FS *Küttner* S. 499, 504). So kann zB die Stimmengewichtung generell dahingehend geregelt werden, dass für sie nur die wahlberechtigten ArbN des jeweiligen VertragsArbGeb. im gemeinsamen Betrieb maßgeblich sind (GK-*Kreutz* Rn 113). Ebenso kann eine Reduzierung des Stimmengewichts für bestimmte Angelegenheiten vorgesehen werden (GK-*Kreutz* Rn 113).

VIII. Streitigkeiten

Streitigkeiten über die Errichtung, MitglZahl und Zusammensetzung des GesBR $\quad$ **83** sowie die Stimmengewichtung sind von den ArbG im Beschlussverf. zu entscheiden (§§ 2 a, 80 ff. ArbGG). **BR-interne Wahlen können** in entsprechender Anwendung des **§ 19 Abs. 1** beim ArbG **angefochten werden** (vgl. Rn 37, 65, § 26 Rn 45 ff.; BAG 15. 8. 01, 21. 7. 04, 16. 3. 05, 25. 5. 05 AP Nr. 10, 13, 14, 16 zu § 47 BetrVG 1972; 16. 11. 05 AP Nr. 7 zu § 28 BetrVG 1972; GK-*Kreutz* Rn 121). Dies gilt auch für die Fälle, in denen die Wirksamkeit eines TV oder einer BV nach Abs. 4 oder 5 streitig ist (vgl. Rn 65; BAG 25. 5. 05 AP Nr. 16 zu § 47 BetrVG 1972). Die Zwei-Wochen-Frist des § 19 Abs. 2 Satz 2 ist entsprechend anwendbar (BAG 15. 8. 01 AP Nr. 10 zu § 47 BetrVG 1972; 16. 11. 05 AP Nr. 7 zu § 28 BetrVG 1972; aA *Reitze* ZBVR 05, 39, 42 f.). Die Frist beginnt regelmäßig mit der Feststellung des Wahl-, bzw. Abstimmungsergebnisses durch den BR (vgl. zur Freistellungswahl BAG 20. 4. 05 AP Nr. 30 zu § 38 BetrVG 1972). War ein anfechtungsberechtigtes BRMitglied an der Sitzungsteilnahme verhindert, beginnt für dieses die Anfechtungsfrist erst mit der Kenntniserlangung von Wahl, bzw. der Abstimmung (vgl. BAG 20. 4. 05 AP Nr. 30 zu § 38 BetrVG 1972). Der Antrag ist regelmäßig nicht auf die Nichtigkeit der Wahl, sondern auf deren für die Zukunft wirkende Ungültigerklärung gerichtet (BAG 15. 8. 01 AP Nr. 10 zu § 47 BetrVG 1972). Nur in ganz besonderen Ausnahmefällen, in denen nicht einmal der Anschein einer dem Gesetz entsprechenden Wahl oder Abstimmung vorliegt, kommt deren **Nichtigkeit** in Betracht (vgl. zur Freistellungswahl BAG 20. 4. 05 AP Nr. 30 zu § 38 BetrVG 1972). Dementsprechend bleiben die vom GesBR bis zu einer rechtskräftigen, die Wahl für ungültig erklärenden, rechtsgestaltenden gerichtlichen Entscheidung gefassten Beschlüsse und abgeschlossenen BV wirksam (vgl. GK-*Kreutz* Rn 122). Etwas anderes gilt allenfalls im Falle offensichtlicher Nichtigkeit.

Ist die **Wirksamkeit der Errichtung des GesBR insgesamt** streitig (vgl. $\quad$ **84** Rn 41), findet die Zwei-Wochen-Frist des § 19 Abs. 2 Satz 2 keine Anwendung (BAG 15. 8. 78 AP Nr. 3 zu § 47 BetrVG 1972; vgl. zum KBR BAG 23. 8. 06 AP Nr. 12 zu § 54 BetrVG 1972; GK-*Kreutz* Rn 122; *Richardi/Annuß* Rn 83; aA *DKKW-Trittin* Rn 79). Auch ein die Unwirksamkeit der Konstituierung feststellender rechtskräftiger Beschluss wirkt aber – wie bei der Anfechtung einer BRWahl – wegen der Bedeutung der Arbeit des GesBR sowie aus Gründen der Rechtssicherheit grundsätzlich – mit Ausnahme der Fälle offensichtlicher Nichtigkeit – nur für die Zukunft (GK-*Kreutz* Rn 122; MünchArbR-*Joost* § 225 Rn 19).

Antragsbefugt ist bei der Anfechtung betriebsratsinterner Wahlen jedes BR- $\quad$ **85** Mitgl., das geltend macht, in seiner Rechtsstellung als BRMitgl. oder einer Schutz genießenden Minderheit verletzt zu sein (BAG 15. 8. 01, 21. 7. 04 AP Nr. 10, 13 zu § 47 BetrVG 1972; 16. 11. 05 AP Nr. 7 zu § 28 BetrVG 1972). Insoweit findet § 19 Abs. 2 S. 1, der zur Anfechtung drei Wahlberechtigte verlangt, keine entsprechende Anwendung. Auf die persönliche Betroffenheit des BRMitglieds von der BRinternen Wahl kommt es nicht an (vgl. zur Freistellungswahl BAG 20. 4. 05 AP Nr. 29 zu § 38 BetrVG 1972). Den Gewerkschaften steht keine eigene Befugnis zu, Mängel bei der Konstituierung des GesBR geltend zu machen (BAG 30. 10. 86 AP Nr. 6 zu § 47

BetrVG 1972). **Beteiligte** an dem Beschlussverf. sind gemäß § 83 Abs. 3 ArbGG regelmäßig der ArbGeb. und der GesBR. Soweit es um die betriebsverfassungsrechtlichen Rechte der Mitgl. des GesBR, der einzelnen BR oder deren Mitgl. geht, sind auch diese zu beteiligen (vgl. BAG 15. 8. 78, 25. 5. 05 AP Nr. 3, 16 zu § 47 BetrVG 1972).

86   **Örtlich Zuständig** ist nach § 82 Abs. 1 Satz 2 ArbGG das ArbG, in dessen Bezirk das Unternehmen seinen Sitz hat. Hat das Unternehmen seinen Sitz im Ausland (vgl. Rn 23), ist das ArbG zuständig, in dessen Bezirk der Betrieb des ausländischen Unternehmens liegt, dem innerhalb der Bundesrepublik die zentrale Bedeutung zukommt (BAG 31. 10. 75 AP Nr. 2 zu § 106 BetrVG 1972). Maßgeblich wird regelmäßig der nach der Zahl der wahlberechtigten ArbN größte Betrieb sein (vgl. zum EBR BAG 18. 4. 07 AP Nr. 1 zu § 18 EBRG).

§ 48 Ausschluss von Gesamtbetriebsratsmitgliedern

Mindestens ein Viertel der wahlberechtigten Arbeitnehmer des Unternehmens, der Arbeitgeber, der Gesamtbetriebsrat oder eine im Unternehmen vertretene Gewerkschaft können beim Arbeitsgericht den Ausschluss eines Mitglieds aus dem Gesamtbetriebsrat wegen grober Verletzung seiner gesetzlichen Pflichten beantragen.

Inhaltsübersicht

I. Vorbemerkung

1   Die Vorschrift eröffnet die Möglichkeit, ein **Mitgl. des GesBR** bei groben Pflichtverletzungen durch gerichtliche Entscheidung aus dem GesBR **auszuschließen.** Der Ausschluss aus dem entsendenden BR ist damit nicht verbunden. Dazu bedarf es eines Verf. nach § 23 Abs. 1. Umgekehrt führt der Verlust der Mitgliedschaft in einem BR zum Amtsverlust im GesBR (§ 49). Die Regelung ist § 23 Abs. 1 nachgebildet. Zu sonstigen Beendigungsgründen der Mitgliedschaft im GesBR vgl. § 49.

2   Für die **GesJugAzubiVertr.** gilt § 48 entspr. (vgl. § 73 Abs. 2). Für den **KBR** enthält § 56 eine Sonderregelung.

3   Die Vorschrift ist **zwingendes Recht.** Von ihr kann weder durch TV noch durch BV abgewichen werden (GK-*Kreutz* Rn 3).

4   Entspr. Vorschrift des **BPersVG:** §§ 54, 56 iVm. § 28, des **SprAuG:** § 17.

II. Voraussetzungen

5   Das Gesetz gestattet im Unterschied zu § 23 Abs. 1 nur den Ausschluss von einzelnen Mitgl. aus dem GesBR, **nicht dagegen die Auflösung des GesBR** als solchen (*Löwisch/Kaiser* Rn 4). Denn der GesBR ist eine Dauereinrichtung (vgl. § 47 Rn 26) und im Unterschied zum BR nicht durch Wahl, sondern durch Entsendung seiner Mitgl. durch die einzelnen BR gebildet worden (*Richardi/Annuß* Rn 1; HSWGNR-*Glock* Rn 1; GK-*Kreutz* Rn 2).

6   Der Antrag auf Ausschluss muss sich nicht auf ein Mitgl. beschränken, sondern kann gegen **mehrere oder alle Mitgl.** des GesBR gerichtet sein, insb. wenn diese

sich gemeinschaftlich einer groben Pflichtverletzung schuldig gemacht haben (*Richardi/Annuß* Rn 1). Ein ErsMitgl. kann ausgeschlossen werden, wenn es endgültig oder zeitweilig in den GesBR nachgerückt ist (vgl. § 23 Rn 34).

Auch wenn alle Mitgl. des GesBR ausgeschlossen werden, ist der **GesBR nicht** 7 **aufgelöst.** Die ErsMitgl. rücken nach (*Richardi/Annuß* Rn 1; *HSWGNR-Glock* Rn 11; *ErfK/Koch* Rn 1).

Ein Ausschluss aus dem GesBR setzt voraus: 8
– eine **grobe Verletzung der** dem Mitgl. des GesBR obliegenden **gesetzlichen Pflichten** (vgl. Rn 9).
– einen **Antrag** von mindestens einem **Viertel der wahlberechtigten ArbN des Unternehmens,** des **ArbGeb.,** des **GesBR** oder einer **im Unternehmen vertretenen Gewerkschaft** (vgl. Rn 10 ff.) sowie
– eine **rechtskräftige Entscheidung des ArbG** über den Ausschluss aus dem GesBR (vgl. Rn 18 ff.).

Der Begriff der „**groben Verletzung der gesetzlichen Pflichten"** entspricht 9 materiell demjenigen des § 23 Abs. 1 (vgl. hierzu § 23 Rn 14 ff.). Allerdings muss das Mitgl. des GesBR die grobe Pflichtverletzung **in seiner Eigenschaft als Mitgl. des GesBR** begangen haben. Sie muss auf die Tätigkeit im GesBR bezogen sein (*Richardi/Annuß* Rn 3; *HSWGNR-Glock* Rn 4; *GK-Kreutz* Rn 18; *DKKW-Trittin* Rn 4; *ErfK/Koch* Rn 1). Dies ergibt sich daraus, dass BR und GesBR zwei selbständige und unabhängige betriebsverfassungsrechtliche Organe mit unterschiedlichen Zuständigkeiten sind. Die Pflichten der Mitgl. des GesBR sind selbständige Pflichten und nicht nur solche, die sich aus ihrer Stellung als BRMitgl. ergeben (*Richardi/Annuß* Rn 3; *HSWGNR-Glock* Rn 4; *DKKW-Trittin* Rn 3). Daher reicht eine grobe Pflichtverletzung, die ein Mitgl. des GesBR nicht in dieser Eigenschaft, sondern in seiner Eigenschaft als Mitgl. des entsendenden BR begangen hat, für einen Ausschluss aus dem GesBR für sich allein nicht aus. Wird allerdings das Mitgl. des GesBR wegen einer Pflichtverletzung gemäß § 23 Abs. 1 aus dem BR ausgeschlossen, so endet auch seine Mitgliedschaft im GesBR, da diese an die Mitgliedschaft im BR gebunden ist (vgl. § 49). Andererseits rechtfertigt eine grobe Pflichtverletzung eines Mitgl. des GesBR in dieser Eigenschaft nicht ohne weiteres den Ausschluss des Mitgl. auch aus dem BR; dies kann nur dann der Fall sein, wenn die Verletzung gleichzeitig eine solche Pflicht betrifft, die ihm auch als BRMitgl. obliegt.

III. Verfahren

1. Antrag

Das gerichtliche Ausschlussverf. setzt einen diesbezüglichen **Antrag** beim zustän- 10 digen ArbG voraus. Der Antrag ist an keine Frist gebunden. Entschieden wird im **BeschlVerf.** (§ 2a Abs. 1 Nr. 1, §§ 80 ff. ArbGG).

Antragsberechtigt ist ein **Viertel der wahlberechtigten ArbN des Unter-** 11 **nehmens.** Maßgebend ist die Zahl der wahlberechtigten ArbN im Zeitpunkt der Antragstellung, nicht diejenige im Zeitpunkt der Bildung des GesBR (*Richardi/Annuß* Rn 7; *GK-Kreutz* Rn 11; *ErfK/Koch* Rn 2; vgl. auch § 23 Rn 7). Erforderlich ist ein Viertel der wahlberechtigten ArbN des Unternehmens; ArbN von betriebsratslosen und nicht betriebsratsfähigen Unternehmen zählen mit (*Richardi/Annuß* Rn 7; *DKKW-Trittin* Rn 7; *HSWGNR-Glock* Rn 6; *ErfK/Koch* Rn 2; *GK-Kreutz* Rn 11). Sie stehen nicht außerhalb der BetrVerf. Der GesBR wird auch in ihrem Interesse tätig (vgl. § 50 Abs. 1 S. 2). Ein Viertel der ArbN eines Betriebs des Unternehmens reicht nicht aus.

Nicht erforderlich ist, dass der Antrag von der **Mehrheit der ArbN des Be-** 12 **triebs,** aus dessen BR das auszuschließende Mitgl. in den GesBR entsandt worden ist, unterstützt wird (*HSWGNR-Glock* Rn 6).

13   Die erforderliche Mindestzahl der Antragsteller ist zwingend und muss **während des gesamten Verf.** gewahrt sein (*Richardi/Annuß* Rn 7; *DKKW-Trittin* Rn 8; ErfK/*Koch* Rn 2; HSWGNR-*Glock* Rn 6; differenzierend GK-*Kreutz* Rn 13). Es geht um die Entscheidung in einer akuten Vertrauenskrise. Es gelten die gleichen Grundsätze wie bei einem Antrag auf Ausschluss aus dem BR (vgl. hierzu § 23 Rn 9). Scheidet ein ArbN während des Verf. aus dem Betrieb aus, zählt er bei der Berechnung der notwendigen Mindestzahl der Antragsteller nicht mehr mit. Andere Wahlberechtigte können sich nachträglich beteiligen (*DKKW-Trittin* Rn 8; HSWGNR-*Glock* Rn 6; GK-*Kreutz* Rn 13). Der Antrag ist an keine Frist gebunden (GK-*Kreutz* Rn 13; ErfK/*Koch* Rn 2).

14   Antragsberechtigt ist auch der **ArbGeb.** Dies ist das Unternehmen, für das der GesBR errichtet ist (GK-*Kreutz* Rn 14; ErfK/*Koch* Rn 2; *DKKW-Trittin* Rn 12).

15   Schließlich kann auch der **GesBR** den Ausschluss eines Mitgl. betreiben. Der Antrag des GesBR bedarf eines förmlichen Beschl. nach § 51 Abs. 4 (vgl. § 51 Rn 59 f.). An diesem Beschluss wirkt das Mitgl. des GesBR, das ausgeschlossen werden soll, nicht mit (*Richardi/Annuß* Rn 9; GK-*Kreutz* Rn 15; ErfK/*Koch* Rn 2). Es ist iSd. § 51 Abs. 1 iVm. § 25 Abs. 1 S. 2 zeitweilig verhindert (vgl. zur Verhinderung aufgrund Interessenkollision BAG 3. 8. 99 AP Nr. 7 zu § 25 BetrVG 1972 mwN). Es wird durch das gemäß § 47 Abs. 3 bestellte ErsMitgl. vertreten (*DKKW-Trittin* Rn 9; ErfK/*Koch* Rn 2; HSWGNR-*Glock* Rn 7; *Richardi/Annuß* Rn 9; WPK/*Roloff* Rn 3; skeptisch, aber letztlich ebenso GK-*Kreutz* Rn 15). Dem betroffenen Mitglied ist vor der Beschlussfassung rechtliches Gehör zu geben (GK-*Kreutz* Rn 15; ErfK/*Koch* Rn 2; *Richardi/Annuß* Rn 9; *DKKW-Trittin* Rn 9; WPK/*Roloff* Rn 3).

16   Die **einzelnen BR** haben **kein Antragsrecht** auf Ausschluss eines Mitgl. aus dem GesBR. Sie können die von ihnen entsandten Mitgl. jederzeit und ohne Begründung aus dem GesBR abberufen können (vgl. § 49 Rn 16 f.). Hinsichtlich der von anderen BR entsandten Mitgl. des GesBR fehlt dem BR für ein Antragsrecht auf Ausschluss aus dem GesBR die sachliche Legitimation (*Richardi/Annuß* Rn 11; GK-*Kreutz* Rn 16; ErfK/*Koch* Rn 2; WPK/*Roloff* Rn 4).

17   Antragsberechtigt ist jede **im Unternehmen vertretene Gewerkschaft.** Im Unternehmen ist eine Gewerkschaft vertreten, wenn mindestens ein ArbN eines Betriebs des Unternehmens bei ihr organisiert ist (vgl. § 2 Rn 43). Das Antragsrecht der Gewerkschaft besteht ohne Rücksicht darauf, ob das auszuschließende Mitgl. des GesBR bei der antragstellenden Gewerkschaft organisiert ist. Auch ist es nicht erforderlich, dass die Gewerkschaft gerade in dem Betrieb vertreten ist, von dessen BR das auszuschließende Mitgl. des GesBR entsandt worden ist (*Richardi/Annuß* Rn 10; *DKKW-Trittin* Rn 11; HSWGNR-*Glock* Rn 9).

2. Rechtskräftige Entscheidung des Arbeitsgerichts

18   Der Ausschluss aus dem GesBR tritt erst mit **Rechtskraft der gerichtlichen Entscheidung** ein (*Richardi/Annuß* Rn 12; HSWGNR Rn 10; GK-*Kreutz* Rn 22; ErfK/*Koch* Rn 5). Bis dahin bleibt die Mitgliedschaft im GesBR bestehen, es sei denn, das betreffende Mitgl. würde von dem entsendenden BR abberufen oder seine Mitgliedschaft würde aus einem sonstigen Grunde zu einem früheren Zeitpunkt enden (vgl. hierzu § 49). Endet die Mitgliedschaft vor der Entscheidung des ArbG über den Ausschluss aus dem GesBR aus einem anderen Grunde, so wird der Antrag auf Ausschluss mangels Rechtsschutzinteresses unzulässig; das BeschlVerf. kann nach Erledigterklärung eingestellt werden (vgl. Nach § 1 Rn 39 f.).

19   Für das ausgeschlossene Mitgl. rückt das gem. § 47 Abs. 3 bestellte **ErsMitgl.** in der vom entsendenden BR festgelegten Reihenfolge nach (*Richardi/Annuß* Rn 14; *DKK-Trittin* Rn 16; *Löwisch/Kaiser* Rn 1). Ist kein ErsMitgl. bestellt worden oder ein ErsMitgl. nicht mehr vorhanden, hat der entsendende BR unverzüglich ein anderes Mitgl. zum Mitgl. des GesBR zu bestellen (HSWGNR-*Glock* Rn 11; *DKKW-Trittin* Rn 16).

Gehörte das aus dem GesBR ausgeschlossene Mitgl. gleichzeitig dem KBR an, so en- **20** det mit dem Verlust der Mitgliedschaft im GesBR auch die **Mitgliedschaft im KBR,** da diese gemäß § 57 an die im GesBR gebunden ist (GK-*Kreutz* Rn 23; *Richardi/ Annuß* Rn 13). Dagegen hat der Ausschluss aus dem GesBR keine Auswirkungen auf die **Mitgliedschaft im BR** (GK-*Kreutz* Rn 23; *Richardi/Annuß* Rn 13; *DKKW-Trittin* Rn 17). Das ArbG kann auch nicht von sich aus ohne einen diesbezüglichen Antrag den Ausschluss aus dem BR aussprechen. Sofern für beide Anträge dasselbe ArbG örtlich zuständig ist, können aber die Anträge auf Ausschluss aus dem GesBR und auf Ausschluss aus dem BR prozessual verbunden werden (GK-*Kreutz* Rn 21; *WPK/Roloff* Rn 9). Allerdings sind die Antragsberechtigten und die Beteiligten nicht vollständig identisch.

Die grobe Pflichtverletzung des Mitgl. des GesBR kann zugleich einen wichtigen **21** Grund zu einer **außerordentlichen Kündigung** gemäß § 626 BGB darstellen (*WPK/Roloff* Rn 8). Da das Mitgl. des GesBR stets auch Mitgl. eines BR ist, kann seine außerordentliche Kündigung gemäß § 103 nur mit Zustimmung dieses BR oder auf Grund eines diese Zustimmung ersetzenden arbeitsgerichtlichen Beschl. erfolgen. Der GesBR kann die Zustimmung zur außerordentlichen Kündigung nicht erteilen. Hierfür ist ausschließlich der entsendende BR zuständig.

Das gerichtliche AusschlussVerf. und das Verf. auf Ersetzung der Zustimmung des **22** BR zur außerordentlichen Kündigung können ebenfalls prozessual miteinander verbunden werden, sofern für beide Anträge dasselbe ArbG örtlich zuständig ist (vgl. hierzu § 23 Rn 21 f.; *WPK/Roloff* Rn 8).

Ist ein BRMitgl. rechtskräftig aus dem GesBR ausgeschlossen, kann es **während** **23** seiner Amtszeit nicht erneut zum Mitgl. des GesBR bestellt werden. Vielmehr würde dies zu einer Umgehung der gerichtlichen Entscheidung führen (*Richardi/ Annuß* Rn 15; GK-*Kreutz* Rn 24; *DKK-Trittin* Rn 18; *HSWGNR-Glock* Rn 12; *Löwisch/Kaiser* Rn 1).

Nach einer Neuwahl des BR ist aber die **erneute Entsendung** des ausgeschlosse- **24** nen Mitgl. in den GesBR zulässig (*Richardi/Annuß* Rn 14; *HSWGNR-Glock* Rn 12; GK-*Kreutz* Rn 24; *DKK-Trittin* Rn 18; **aA** *WPK/Roloff* Rn 7). Denn in diesem Falle besteht eine erneute demokratische Legitimation des ausgeschlossenen Mitgl. des GesBR sowohl durch die Belegschaft des Betriebs, dem es angehört, als auch durch den neu gewählten BR (vgl. auch § 23 Rn 28).

§ 49 Erlöschen der Mitgliedschaft

Die Mitgliedschaft im Gesamtbetriebsrat endet mit dem Erlöschen der Mitgliedschaft im Betriebsrat, durch Amtsniederlegung, durch Ausschluss aus dem Gesamtbetriebsrat aufgrund einer gerichtlichen Entscheidung oder Abberufung durch den Betriebsrat.

Inhaltsübersicht

I. Vorbemerkung

1　Die Vorschrift regelt das **Erlöschen der Mitgliedschaft der einzelnen Mitgl.** im GesBR in Anlehnung an die Gründe für das Erlöschen der Mitgliedschaft im BR nach § 24 Abs. 1.

2　Die Bestimmung gilt gemäß § 73 Abs. 2 für die **GesJugAzubiVertr.** entspr. Für das Erlöschen der Mitgliedschaft im **KBR** enthält § 57 eine Sonderregelung.

3　Die Vorschrift ist **zwingendes Recht.** Weder durch TV noch durch BV kann von ihr abgewichen werden (GK-*Kreutz* Rn 2).

4　Entspr. Vorschrift des **BPersVG:** §§ 54, 56 iVm. § 29, des **SprAuG:** § 16 Abs. 2.

II. Kollektive Beendigungsgründe

5　Eine Beendigung des GesBR als Kollektivorgan ist gesetzlich nicht vorgesehen. Er ist vielmehr eine **Dauereinrichtung** (vgl. § 47 Rn 26). Allerdings erhält er im Anschluss an die regelmäßigen BRWahlen und die dadurch bedingte Neuentsendung von BRMitgl. in den GesBR vielfach eine neue personelle Zusammensetzung. Da die Mitgliedschaft im GesBR mit Ablauf der Amtszeit im BR endet, sind der Vors. und der stellvertr. Vors. auch dann neu zu wählen, wenn sie erneut in den GesBR entsandt wurden (vgl. § 51 Rn 17). Eine kollektive Beendigung der Amtszeit oder der Beginn einer neuen Amtszeit des GesBR ist damit aber nicht verbunden.

6　Anders als gemäß § 23 Abs. 1 für den BR (vgl. § 23 Rn 35 ff.) sieht das Gesetz **keine gerichtliche Auflösung des GesBR** vor.

7　Auch ein **kollektiver Rücktritt** des GesBR mit der Folge seines völligen Wegfalls ist **nicht möglich** (*Richardi/Annuß* Rn 3; *DKKW-Trittin* Rn 8). Erklären die Mitgl. des GesBR geschlossen ihren „Rücktritt", so handelt es sich um Amtsniederlegungen der einzelnen Mitgl. (vgl. Rn 11 ff.). Der GesBR entfällt dadurch nicht. Vielmehr rücken die gem. § 47 Abs. 3 bestellten ErsMitgl. entspr. der festgelegten Reihenfolge in den GesBR nach (*HSWGNR-Glock* Rn 9). Sind in den einzelnen BR keine ErsMitgl. mehr vorhanden, so müssen die BR unverzüglich die von ihnen in den GesBR zu entsendenden Mitgl. neu bestellen.

8　Eine Beendigung des GesBR tritt dann ein, wenn die **Voraussetzungen für seine Errichtung entfallen** (vgl. hierzu § 47 Rn 26).

III. Ausscheiden einzelner Mitglieder

1. Erlöschen der Mitgliedschaft im Betriebsrat

9　Die **Beendigung der Mitgliedschaft im BR** hat stets das Erlöschen der Mitgliedschaft im GesBR zur Folge, da der BR nach § 47 Abs. 2 nur eigene Mitgl. in den GesBR entsenden kann (vgl. § 47 Rn 28 ff.).

10　Die **Tatbestände,** die ein Erlöschen der Mitgliedschaft im BR zur Folge haben, sind im Einzelnen in **§ 24** geregelt.

2. Amtsniederlegung

11　Ebenso wie gemäß § 24 Nr. 2 ein BRMitgl. (vgl. dazu § 24 Rn 9 ff.; BAG 12. 1. 00 AP Nr. 5 zu § 24 BetrVG 1972) kann auch ein GesBRMitgl. sein Amt niederlegen. Die **Amtsniederlegung** kann **jederzeit** erklärt werden und ist an **keine Form** gebunden (*HSWGNR-Glock* Rn 6; *Richardi/Annuß* Rn 6). Sie muss aber eindeutig sein (GK-*Kreutz* Rn 12). Insbesondere muss sich aus ihr zweifelsfrei ergeben, ob nur das

Amt als GesBRMitgl. oder auch das Amt als BRMitgl. niedergelegt werden soll (vgl. GK-*Kreutz* Rn 9). Die Erklärung ist gegenüber dem Vors. des GesBR abzugeben (*Richardi/Annuß* Rn 6; *HSWGNR-Glock* Rn 6; vgl. zur Amtsniederlegung eines BRMitgl. BAG 12. 1. 00 AP Nr. 5 zu § 24 BetrVG 1972). Dieser hat den entsendenden BR unverzüglich zu unterrichten (*DKKW-Trittin* Rn 7). Mit dem Zugang der Erklärung der Amtsniederlegung beim Vors. des GesBR ist die Mitgliedschaft im GesBR beendet, sofern nicht das Mitgl. des GesBR einen anderen Zeitpunkt für die Beendigung seines Amts festgelegt hat. Die Erklärung der Amtsniederlegung kann **nicht zurückgenommen, widerrufen oder angefochten** werden (*Richardi/Annuß* Rn 6; *HSWGNR-Glock* Rn 7; *DKKW-Trittin* Rn 7; ErfK/*Koch* Rn 1; *WPK/Roloff* Rn 3; differenzierend GK-*Kreutz* Rn 11).

Die Amtsniederlegung steht einer **erneuten Entsendung** in den GesBR nicht **12** entgegen, auch wenn sie nach kurzer Zeit erfolgt (*Richardi/Annuß* Rn 6; *HSWGNR-Glock* Rn 8; *DKKW-Trittin* Rn 7; *WPK/Roloff* Rn 3).

Auch der **einzige BR eines Betriebs** mit bis zu 20 wahlberechtigten ArbN, der **13** dem GesBR ohne einen förmlichen Entsendungsakt angehört (vgl. § 47 Rn 33), kann sein Amt im GesBR niederlegen (*DKKW-Trittin* Rn 7; *HSWGNr-Glock* Rn 10; GK-*Kreutz* Rn 14). Niemand kann zur Beibehaltung eines betriebsverfassungsrechtlichen Amts gezwungen werden. Legt das einzige Mitgl. eines einköpfigen BR neben seinem Amt als GesBRMitglied aber nicht auch zugleich sein Amt als BRMitglied nieder, dürfte die isolierte Niederlegung des GesBRAmts regelmäßig eine grobe Pflichtverletzung iSv. § 23 Abs. 1 darstellen, die eine Amtsenthebung als BR rechtfertigt (*Richardi/Annuß* Rn 7; *HSWGNR-Glock* Rn 10; GK-*Kreutz* Rn 14; aA *DKKW-Trittin* Rn 7).

Die Amtsniederlegung des einzelnen Mitgl. des GesBR lässt die **Mitgliedschaft 14 im BR** unberührt (*Richardi/Annuß* Rn 6). Die **Mitgliedschaft im KBR** endet gemäß § 57 automatisch. Legt ein Mitgl. das BRAmt nieder, so endet damit auch seine Mitgliedschaft im GesBR.

3. Ausschluss auf Grund einer gerichtlichen Entscheidung

Die Mitgliedschaft im GesBR endet ferner, wenn ein GesBRMitglied **wegen 15 grober Verletzung der** ihm obliegenden **gesetzlichen Verpflichtungen** durch rechtskräftige gerichtliche Entscheidung gem. § 48 aus dem GesBR ausgeschlossen wird (vgl. § 48 Rn 5 ff.).

4. Abberufung durch den Betriebsrat

Der entsendende BR kann die in den GesBR entsandten Mitgl. jederzeit **abberu- 16 fen.** Zwar ist durch das BetrVerf-ReformG § 47 Abs. 2 Satz 4, in dem die Abberufung ausdrücklich geregelt war, weggefallen. Die Möglichkeit der jederzeitigen Abberufung folgt aber aus dem unverändert gebliebenen § 49 (GK-*Kreutz* Rn 16). Die Abberufung erfolgt in demselben Verfahren wie die Entsendung nach § 47 (BAG 16. 3. 05 AP Nr. 14 zu § 47 BetrVG 1972). **Besondere Gründe** sind für die Abberufung **nicht erforderlich.** Insbesondere muss nicht etwa eine Pflichtverletzung des GesBRMitgl. vorliegen (GK-*Kreutz* Rn 19; *DKKW-Trittin* § 47 Rn 36; *WPK/Roloff* Rn 4).

Die Abberufung bedarf eines **Beschlusses des BR.** Hierfür ist die einfache **17** Mehrheit ausreichend (vgl. BAG 16. 3. 05 AP Nr. 14 zu § 47 BetrVG 1972; GK-*Kreutz* Rn 17). Anders als nach früherem Recht (vgl. dazu BAG 15. 8. 01 AP Nr. 10 zu § 47 BetrVG 1972) findet eine gruppeninterne Entscheidung über die Abberufung nicht mehr statt (BAG 16. 3. 05 AP Nr. 14 zu § 47 BetrVG 1972). Das betroffene Mitgl. kann wohl an der Abstimmung teilnehmen (GK-*Kreutz* Rn 17; *WPK/Roloff* Rn 4). Ist das GesBRMitgl. gemäß § 47 Abs. 8 für mehrere Betriebe entsandt

(vgl. § 47 Rn 78 f.), bedarf es eines Mehrheitsbeschlusses des gesamten Entsendungs-
gremiums (GK-*Kreutz* Rn 20).

18   Die Abberufung wird mit **Mitteilung der Abberufung** durch den Vors.
des BR
an den Abberufenen wirksam (GK-*Kreutz* Rn 18; Erf K/*Koch* Rn 3; *Richardi/Annuß*
Rn 9; **aA** *HSWGNR-Glock* Rn 13; *DKKW-Trittin* Rn 9: mit Zugang beim GesBR-
Vors.; *WPK/Roloff* Rn 4; *HWK/Hohenstatt/Dzidda* § 49 BetrVG Rn 2: bereits mit
Beschlussfassung). Die Abberufung ist ferner dem GesBRVors. mitzuteilen.

5. Nachrücken von Ersatzmitgliedern

19   Für das aus dem GesBR ausscheidende Mitgl. rückt das gem. § 47 Abs. 3 bestellte
ErsMitgl. entspr. der festgelegten Reihenfolge nach, wenn nicht der BR eine Neubestellung des in den GesBR zu entsendenden Mitgl. und des ErsMitgl. vornimmt
(vgl. GK-*Kreutz* Rn 18; *Richardi/Annuß* Rn 11; Erf K/*Koch* Rn 1).

IV. Streitigkeiten

20   Streitigkeiten über den Fortbestand der Mitgliedschaft im GesBR, über die Wirksamkeit einer Amtsniederlegung oder Abberufung sowie über das Nachrücken von
ErsMitgl. entscheiden die **ArbG im BeschlVerf.** (§§ 2 a, 80 ff. ArbGG). **Örtlich**
zuständig ist gemäß § 82 Abs. 1 Satz 2 ArbGG das für den Sitz des Unternehmens
zuständige ArbG. Dies gilt auch bei Streitigkeiten über die Wirksamkeit eines Abberufungsbeschl. des entsendenden BR (GK-*Kreutz* Rn 25; *WPK/Roloff* Rn 5; **aA**
DKKW-Trittin Rn 13). Maßgeblich ist für § 82 Abs. 1 Satz 2 ArbGG nicht, wer Beteiligter ist, sondern der materiellrechtliche Gegenstand des Verfahrens (vgl. GK-
ArbGG/*Dörner* § 82 Rn 11). Dies ist die Mitgliedschaft im GesBR. Die Wirksamkeit
des Abberufungsbeschl. ist lediglich eine Vorfrage (*WPK/Roloff* Rn 5). Die **Abbe-**
rufungsentscheidung kann – ebenso wie andere BRinterne Wahlen – in entsprechender Anwendung des § 19 innerhalb der Zwei-Wochen-Frist des § 19 Abs. 2 S. 2
gerichtlich angefochten werden (vgl. § 47 Rn 83 ff.; BAG 16. 3. 05 AP Nr. 14 zu
§ 47 BetrVG 1972). Zur Anfechtung berechtigt ist grundsätzlich jedes einzelne
BRMitglied. Auf seine persönliche Betroffenheit von der Abberufungsentscheidung
kommt es nicht an (vgl. zur Freistellungswahl BAG 20. 4. 05 AP Nr. 29 zu § 38
BetrVG 1972).

§ 50 Zuständigkeit

(1) [1]**Der Gesamtbetriebsrat ist zuständig für die Behandlung von Angelegenheiten, die das Gesamtunternehmen oder mehrere Betriebe betreffen und nicht
durch die einzelnen Betriebsräte innerhalb ihrer Betriebe geregelt werden können; seine Zuständigkeit erstreckt sich insoweit auch auf Betriebe ohne Betriebsrat.** [2]**Er ist den einzelnen Betriebsräten nicht übergeordnet.**

(2) [1]**Der Betriebsrat kann mit der Mehrheit der Stimmen seiner Mitglieder
den Gesamtbetriebsrat beauftragen, eine Angelegenheit für ihn zu behandeln.**
[2]**Der Betriebsrat kann sich dabei die Entscheidungsbefugnis vorbehalten.** [3]**§ 27
Abs. 2 Satz 3 und 4 gilt entsprechend.**

Inhaltsübersicht

I. Vorbemerkung

Die Vorschrift regelt die **Rechtsstellung des GesBR,** sein **Verhältnis zu den** 1
einzelnen BR und seine **Zuständigkeit.** Durch Abs. 1 Satz 1 Halbsatz 2 (eingefügt
durch das BetrVerf-ReformG) wird klargestellt, dass der GesBR im Rahmen seiner
originären Zuständigkeit auch für Betriebe zuständig ist, in denen kein BR besteht.
Nach § 73 Abs. 2 gilt § 50 für die **GesJugAzubiVertr.** Zur Zuständigkeit des 2
KBR vgl. § 58.
Die Vorschrift ist **zwingend** und kann weder durch TV noch BV abgedungen 3
werden (vgl. Rn 10). Allerdings können dem GesBR für Bereiche, die im Gesetz
nicht abschließend geregelt sind, durch TV Zuständigkeiten übertragen werden (GK-
Kreutz Rn 6).
Entspr. Vorschrift des **BPersVG:** § 82, des **SprAuG:** § 18 Abs. 1 und 2. 4

II. Rechtsstellung des Gesamtbetriebsrats

Der GesBR ist ein **neben den einzelnen BR stehendes selbständiges be-** 5
triebsverfassungsrechtliches Organ. Er ist gem. Abs. 1 Satz 2 den einzelnen BR
nicht übergeordnet. Er kann diesen also weder im Einzelfall Weisungen erteilen
noch generell verbindliche Richtlinien für BV oder die Behandlung von Angelegenheiten durch die BR festlegen (*Richardi/Annuß* Rn 44; GK-*Kreutz* Rn 13; *DKKW-
Trittin* Rn 6; ErfK/*Koch* Rn 1). Er kann allerdings versuchen, etwaige gleichartige
Regelungen der EinzelBR zu koordinieren (*Richardi/Annuß* Rn 44; ErfK/*Koch* Rn 1;
GK-*Kreutz* Rn 13; *HSWGNR-Glock* Rn 5). Rechtliche Durchsetzungsmöglichkei-
ten besitzt er aber insoweit nicht (GK-*Kreutz* Rn 13).
Der GesBR ist den einzelnen BR auch **nicht untergeordnet** (GK-*Kreutz* Rn 14; 6
Richardi/Annuß Rn 45; *DKKW-Trittin* Rn 6; ErfK/*Koch* Rn 1; *HSWGNR-Glock*
Rn 5). Diese können dem GesBR keine verbindlichen Vorgaben machen. Auch ha-
ben die in den GesBR entsandten Mitgl. kein imperatives Mandat. Die BR können
daher keine Weisungen für ihr Abstimmungsverhalten im GesBR erteilen (vgl. § 47
Rn 48; *DKKW-Trittin* Rn 7; ErfK/*Koch* Rn 1). Eine faktische Abhängigkeit entsteht
allerdings dadurch, dass der einzelne BR seine in den GesBR entsandten Mitgl. ohne
besonderen Grund abberufen kann (vgl. § 49 Rn 16 ff.).
GesBR und einzelne BR stehen im Rahmen ihrer Zuständigkeiten **gleichbe-** 7
rechtigt nebeneinander (GK-*Kreutz* Rn 13). Sie haben gem. § 51 Abs. 5 grundsätzlich die gleichen betriebsverfassungsrechtlichen Rechte und Pflichten (vgl. § 51
Rn 62 ff.). Auch wächst weder dem GesBR noch den einzelnen BR eine Regelungskompetenz dadurch zu, dass das zuständige Organ seine originäre Regelungsbefugnis
nicht ausübt (vgl. Rn 10).

8　　Die Zuständigkeit des GesBR hat **keine Ausweitung von gesetzlichen MBR** zur Folge. Diese sind grundsätzlich nicht von der Zuständigkeit von BR oder GesBR, sondern von den gesetzlichen Tatbeständen, insb. den für die Ermittlung der Schwellenwerte maßgeblichen Bezugsgrößen (Betrieb, Unternehmen) abhängig. Zu § 111 (aF) hat das BAG allerdings entschieden, dass für eine Betriebsänderung in Kleinbetrieben, die einem größeren Unternehmen angehören, trotz Nichterreichen des Schwellenwerts in den Kleinbetrieben ein MBR nach §§ 111 ff. besteht, wenn sich die wirtschaftliche Maßnahme betriebsübergreifend auf mehrere Betriebe des Unternehmens erstreckt und in die Zuständigkeit des GesBR fällt (BAG 8. 6. 99 AP Nr. 47 zu § 111 BetrVG 1972; bestätigt durch BAG 23. 9. 03 AP Nr. 43 zu § 113 BetrVG 1972).

III. Verhältnis der Zuständigkeiten von Gesamtbetriebsrat und Betriebsräten

9　　Für das **Verhältnis der originären Zuständigkeit von BR, GesBR und KBR** gilt der **Grundsatz der Zuständigkeitstrennung** (vgl. BAG 14. 11. 06 AP Nr. 43 zu § 87 BetrVG 1972 Überwachung; vgl. auch BAG 8. 6. 04 AP Nr. 20 zu § 76 BetrVG Einigungsstelle; 19. 6. 07 – 1 AZR 454/06 –; GK-*Kreutz* Rn 17 ff.; ErfK/ *Koch* Rn 2; *HSWGNR*-*Glock* Rn 5; *Richardi*/*Annuß* Rn 46; aA *DKKW*-*Trittin* Rn 13: „Auffangzuständigkeit" des BR, falls GesBR nicht errichtet wurde oder von seinen Rechten keinen Gebrauch macht). Die originären **Zuständigkeiten** der betriebsverfassungsrechtlichen Organe **schließen sich wechselseitig aus** (BAG 6. 4. 76 AP Nr. 2 zu § 50 BetrVG 1972; 20. 12. 95 AP Nr. 1 zu § 58 BetrVG 1972; ErfK/*Koch* Rn 2; *Schmitt*/*Rolfes* FS 50 Jahre BAG S. 1081, 1084). Es ist im Rahmen originärer Zuständigkeit nur entweder der BR oder der GesBR oder der KBR zuständig. Es gibt auch **keine Auffangzuständigkeit der BR** (vgl. BAG 17. 5. 11 – 1 ABR 121/09 –) und **keine Rahmenkompetenz des GesBR oder des KBR** (vgl. Rn 28; BAG 14. 11. 06 AP Nr. 43 zu § 87 BetrVG 1972 Überwachung; ErfK/ *Koch* Rn 2; aA *DKKW*-*Trittin* Rn 13). Dies gilt grundsätzlich sowohl für die Gegenstände der notwendigen Mitbestimmung als auch für freiwillige BV. Bei freiwilligen Leistungen, über deren Gewährung der ArbGeb. mitbestimmungsfrei entscheidet, kann er durch die Festlegung des Adressatenkreises und der Regelungsebene zugleich das zuständige betriebsverfassungsrechtliche Organ bestimmen („subjektive Unmöglichkeit" vgl. Rn 24). Der Grundsatz strikter Zuständigkeitstrennung erfährt eine Modifikation durch die – allerdings lediglich in eine Richtung vorgesehenen – **Delegationsmöglichkeiten nach §§ 50 Abs. 2, 58 Abs. 2** (vgl. Rn 62 ff., § 58 Rn 25 ff.). Die massive Kritik *Trittins* (*DKKW*/*Trittin* Rn 33) an dem vom BAG vertretenen Konzept der strikten Zuständigkeitstrennung ist unberechtigt. „Primärzuständigkeiten", „Auffangzuständigkeiten", „Rahmenzuständigkeiten", „Parallelzuständigkeiten", „Annexzuständigkeiten" etc. sind insbesondere mit den Erfordernissen der Rechtssicherheit und der normativen Wirkung von BV unvereinbar. Das zeigt sich spätestens, wenn es zu Zuständigkeitskonflikten zwischen BRen, GesBR (en) und KBR kommt oder wenn es um Konkurrenzen sich widersprechender BV, GBV und KBV (vgl. Rn 74) oder um deren Ablösung oder Abänderung geht.

10　　Die **gesetzliche Zuständigkeitsverteilung** ist **zwingend** und kann weder durch TV noch durch BV abgeändert werden (BAG 28. 4. 92, 11. 11. 98, 9. 12. 03 AP Nr. 11, 18, 27 zu § 50 BetrVG 1972; 30. 8. 95, 14. 11. 06 AP Nr. 29, 43 zu § 87 BetrVG 1972 Überwachung; 21. 1. 03 EzA § 50 BetrVG 2001 Nr. 2). **Daher können GesBR und ArbGeb. die Zuständigkeit der einzelnen BR nicht abbedingen** (BAG 9. 12. 03 AP Nr. 27 zu § 50 BetrVG 1972). Ebenso können die einzelnen BR in Angelegenheiten, in denen nach Abs. 1 der GesBR zuständig ist, auch dann keine Vereinbarungen mit dem ArbGeb. treffen, wenn ein GesBR – gesetzwidrig – nicht errichtet ist oder aber untätig bleibt (*Richardi*/*Annuß* Rn 46; *Schmitt*/*Rolfes*

FS 50 Jahre BAG S. 1081, 1086; ErfK/*Koch* Rn 2; **aa** *DKKW-Trittin* Rn 13; vgl. zum Wegfall von MBR bei Fehlen eines möglichen KBR BAG 14. 12. 93 AP Nr. 81 zu § 7 BetrAVG; *Reinecke* ArbuR 04, 328, 336; vgl. aber dazu, dass die nach der Rspr. bestehende Unmöglichkeit der Errichtung eines KBR im Konzern mit Konzernspitze im Ausland nicht den Wegfall von MBR zur Folge hat, BAG 14. 2. 07 AP Nr. 13 zu § 54 BetrVG 1972; § 54 Rn 34). Die Betriebsparteien haben es nicht in der Hand, die gesetzlichen Zuständigkeitsregelungen durch den Abschluss freiwilliger Vereinbarungen aufzuheben. Sie können daher der Regelung einer Angelegenheit der zwingenden Mitbestimmung, für deren Ausübung kraft Gesetzes der GesBR zuständig ist, nicht durch freiwillige Vereinbarungen auf der betrieblichen Ebene vorgreifen (BAG 11. 12. 01 AP Nr. 22 zu § 50 BetrVG 1972; vgl. auch BAG 21. 1. 03 EzA § 50 BetrVG 2001 Nr. 2). Andererseits können GesBR und ArbGeb. auch keine – sei es auch nur nachwirkende – vom zuständigen BR geschlossene BV wirksam ablösen (BAG 15. 1. 02 AP Nr. 23 zu § 50 BetrVG 1972). Auch kann der GesBR – anders als gem. Abs. 2 die einzelnen BR in umgekehrter Richtung – seine Kompetenzen nicht auf die EinzelBR delegieren (BAG 21. 1. 03 EzA § 50 BetrVG 2001 Nr. 2).

Der Grundsatz der Zuständigkeitstrennung und der nicht zur Disposition der Betriebsparteien stehenden originären Zuständigkeiten von BR, GesBR und KBR gilt im Prinzip auch in **Angelegenheiten, die nicht der zwingenden Mitbestimmung unterliegen** (vgl. insb. § 88). Er erfährt allerdings insofern eine erhebliche Einschränkung, als hier der ArbGeb. unabhängig von der gesetzlichen Zuständigkeitsverteilung die Zuständigkeit des GesBR (oder des KBR) herbeiführen kann, indem er sich – nur – zu einer freiwilligen BV auf unternehmenseinheitlicher oder jedenfalls betriebsübergreifender (oder gar nur auf unternehmensübergreifender) Ebene bereit erklärt. Wenn der ArbGeb. mitbestimmungsfrei darüber entscheiden kann, ob er eine Leistung überhaupt erbringt, kann er sie von einer überbetrieblichen Regelung abhängig machen und so die Zuständigkeit des GesBR für den Abschluss der entspr. BV begründen (vgl. Rn 24; BAG 18. 10. 94 AP Nr. 70 zu § 87 BetrVG 1972 – Lohngestaltung; 30. 8. 95 AP Nr. 29 zu § 87 BetrVG 1972 Überwachung; 13. 3. 01 EzA § 87 BetrVG 1972 Betriebliche Lohngestaltung Nr. 72; 9. 12. 03 AP Nr. 27 zu § 50 BetrVG 1972; 26. 4. 05 AP Nr. 12 zu § 87 BetrVG 1972; 10. 10. 06 AP Nr. 24 zu § 77 BetrVG 1972 Tarifvorbehalt; 23. 3. 10 – 1 ABR 82/08 – NZA 11, 642). Begründet der ArbGeb. auf diese Weise die Zuständigkeit des betriebsverfassungsrechtlichen Organs für eine freiwillige BV, bedarf er zu deren Abänderung oder Ablösung der Mitwirkung dieses Organs. Allerdings ist es ihm wohl grundsätzlich unbenommen, die BV fristgerecht zu kündigen und anschließend auf anderer Regelungsebene mit einem anderen Organ eine neue freiwillige BV zu schließen.

Nach der Kompetenzzuweisung des BetrVG ist für die Wahrnehmung von MBR **12** **in erster Linie** der von den ArbN **unmittelbar durch Wahl legitimierte BR zuständig** (BAG 8. 6. 04 AP Nr. 20 zu § 76 BetrVG Einigungsstelle; 19. 6. 07 AP Nr. 4 zu § 58 BetrVG 1972). Er hat die Interessen der Belegschaften der einzelnen Betriebe gegenüber dem Unternehmer wahrzunehmen.

Bei **Zweifeln über die originäre Zuständigkeit** von GesBR oder EinzelBR **13** obliegt es dem ArbGeb., der MBR zu beachten hat oder BV abschließen will, die in Betracht kommenden ArbNVertr. zur Klärung der Zuständigkeitsfrage aufzufordern. Andernfalls trägt er – insb. zB bei dem von ihm nach § 112 Abs. 2 zu unternehmenden Versuch eines Interessenausgleichs – das Risiko, dass sein Verhandlungsversuch als unzureichend gewertet wird und gemäß § 113 Abs. 3 zum Nachteilsausgleich verpflichtet wird (vgl. BAG 24. 1. 96 AP Nr. 16 zu § 50 BetrVG 1972; *Richardi/Annuß* Rn 48; *Schmitt/Rolfes* FS 50 Jahre BAG S. 1081, 1090; *Wißmann* FS ARGE Arbeitsrecht im DAV S. 1037, 1042).

Verhandlungspartner des GesBR ist in den dem GesBR gem. Abs. 1 originär **14** zustehenden Angelegenheiten grundsätzlich die Unternehmensleitung (GK-*Kreutz* Rn 71; ErfK/*Koch* Rn 1). Diese kann die Verhandlungsbefugnis zwar delegieren.

Den beauftragten Personen müssen dann aber die entspr. Entscheidungsbefugnisse übertragen werden (GK-*Kreutz* Rn 71; *HSWGNR-Glock* Rn 7). Handelt der GesBR gem. Abs. 2 auf Grund einer Beauftragung durch einen oder mehrere BR, können Verhandlungspartner sowohl die Unternehmensleitung als auch die Betriebsleitungen sein. Der GesBR hat keinen Anspruch auf Verhandlungen mit einer bestimmten Person. Der ArbGeb. muss aber bereits wegen des Grundsatzes der vertrauensvollen Zusammenarbeit dem GesBR mit einem Verhandlungspartner begegnen, der über die erforderlichen Informationen und Entscheidungsbefugnisse verfügt (vgl. ErfK/*Koch* Rn 1). Auch muss er die Leitungsstruktur seines Unternehmens so organisieren, dass dem GesBR ein kompetenter Verhandlungspartner gegenübersteht (vgl. BAG 18. 10. 94 AP Nr. 70 zu § 87 BetrVG 1972 Lohngestaltung).

IV. Zuständigkeit des Gesamtbetriebsrats kraft Gesetzes

1. Allgemeines

15 Die **originäre Zuständigkeit des GesBR** ist gem. Abs. 1 von **zwei Vorausset-zungen** abhängig:
– Einmal muss die Angelegenheit entweder **das Gesamtunternehmen oder zu-mindest mehrere Betriebe des Unternehmens** betreffen (Rn 18 f.).
– Zum anderen darf diese Angelegenheit **nicht durch die einzelnen BR inner-halb ihrer Betriebe geregelt werden können** (Rn 20 ff.).

16 Beide **Voraussetzungen müssen kumulativ vorliegen** (BAG 26. 1. 93 AP Nr. 102 zu § 99 BetrVG 1972; 14. 12. 99 AP Nr. 104 zu § 87 BetrVG 1972 Lohnge-staltung; 3. 5. 06 AP Nr. 29 zu § 50 BetrVG 1972; 14. 11. 06 AP Nr. 43 zu § 87 BetrVG 1972 Überwachung).

17 Fehlt es an einer der beider Voraussetzungen, sind die örtlichen BR zuständig (BAG 3. 5. 06 AP Nr. 29 zu § 50 BetrVG 1972; vgl. auch 8. 6. 04 AP Nr. 20 zu § 76 BetrVG Einigungsstelle; 19. 6. 07 AP Nr. 4 zu § 58 BetrVG 1972). Eine Zuständig-keit des GesBR kommt nicht in Betracht, wenn keine Regelungsmöglichkeit besteht. Für die Wahrnehmung des Überwachungsrechts nach § 80 Abs. 1 Nr. 1 ist daher allein der BR zuständig (BAG 16. 8. 11 – 1 ABR 22/10 –).

a) Überbetriebliche Angelegenheiten

18 Nach Abs. 1 S. 1 Halbs. 1 ist der GesBR originär nur zuständig für **überbetriebli-che Angelegenheiten** (*Richardi/Annuß* Rn 6; GK-*Kreutz* Rn 22). Nicht erforderlich ist, dass sämtliche Betriebe des Unternehmens betroffen sind. Die zu regelnde Ange-legenheit muss aber mindestens zwei Betriebe betreffen (BAG 3. 5. 06 AP Nr. 29 zu § 50 BetrVG 1972). Der überbetriebliche Bezug bedeutet nicht, dass durch vom GesBR geschlossene Vereinbarungen Angelegenheiten „des Unternehmens" geregelt würden. **Bezugsobjekt bleiben** vielmehr **die einzelnen Betriebe** (vgl. BAG 18. 9. 02 AP Nr. 7 zu § 77 BetrVG 1972 BV). Dies ist insb. für die normative Fortgeltung von GesBV im Falle des Betriebsübergangs von Bedeutung (vgl. Rn 77; § 77 Rn 169).

19 Angelegenheiten, die nur einen Betrieb betreffen, gehören ausschließlich zur Zu-ständigkeit des BR dieses Betriebs. Ein vom GesBR trotz fehlenden Auftrags des BR nach Abs. 2 gleichwohl gefasster **Beschl. oder zwischen ihm und dem ArbGeb. getroffene Vereinbarungen sind mangels Zuständigkeit des GesBR unwirk-sam** (*Richardi/Annuß* Rn 6). Der an sich zuständige **EinzelBR kann** aber einen Beschl. des GesBR oder eine zwischen diesem und dem ArbGeb. getroffene Verein-barung **nachträglich genehmigen** (aA *Richardi/Annuß* Rn 6). Denn wenn er dem GesBR eine Angelegenheit zur selbständigen Erledigung übertragen kann, muss auch eine nachträgliche Genehmigung zulässig sein. Fälle, in denen ein berechtigtes Ver-trauen des ArbGeb. oder der ArbN auf die Unwirksamkeit des Beschlusses des Ges-BR einer rückwirkenden Genehmigung entgegen stehen könnte, sind schwer vor-

stellbar. Die Genehmigung bedarf ebenso wie der Übertragungsbeschl. nach Abs. 2 der Mehrheit der Stimmen der Mitgl. des BR. Sie hat in entspr. Anwendung des § 184 Abs. 1 BGB rückwirkende Kraft.

b) Keine betriebliche Regelungsmöglichkeit

Erforderlich für die Zuständigkeit des GesBR ist weiter, dass die **Angelegenheit** 20 **nicht durch die einzelnen BR** innerhalb ihrer Betriebe **geregelt werden kann.** In diesem Sinne liegt die Primärzuständigkeit beim BR (vgl. Rn 17).

Der Begriff des „Nichtregelnkönnens" setzt nicht notwendig eine objektive Un- 21 möglichkeit voraus. Ausreichend, aber regelmäßig auch zu verlangen ist jedoch, dass ein **zwingendes Erfordernis für eine betriebsübergreifende Regelung** besteht (BAG 18. 10. 94, 14. 12. 99 AP Nr. 70, 104 zu § 87 BetrVG 1972 Lohngestaltung; 11. 11. 98, 11. 12. 01, 15. 1. 02; 3. 5. 06 AP Nr. 19, 22, 23, 29 zu § 50 BetrVG 1972; 8. 6. 04 AP Nr. 20 zu § 76 BetrVG 1972 Einigungsstelle; 14. 11. 06 AP Nr. 43 zu § 87 BetrVG 1972 Überwachung; ebenso *Richardi/Annuß* Rn 3; Versuche, den Begriff des zwingenden Erfordernisses zu konkretisieren bei GK-*Kreutz* Rn 32 ff.; – zu Unrecht – ablehnend gegenüber der Rspr. des BAG *DKKW-Trittin* Rn 33 ff.).

Ein zwingendes Erfordernis kann sich aus **technischen oder rechtlichen Grün-** 22 **den** ergeben (BAG 9. 12. 03 AP Nr. 27 zu § 50 BetrVG 1972; 26. 4. 05 AP Nr. 12 zu § 87 BetrVG 1972; 14. 11. 06 AP Nr. 43 zu § 87 BetrVG 1972 Überwachung; 23. 3. 10 – 1 ABR 82/08 – NZA 11, 642). Eine produktionstechnische Notwendigkeit liegt insbesondere dann vor, wenn ohne einheitliche Regelung eine technisch untragbare Störung eintreten würde, die zu unangemessenen betrieblichen oder wirtschaftlichen Auswirkungen führen könnte (BAG 23. 9. 75, 9. 12. 03 AP Nr. 1, 27 zu § 50 BetrVG 1972). Abstrakte Kriterien lassen sich hierfür nicht aufstellen. **Maßgeblich** sind vielmehr die **Umstände des Einzelfalls** (ErfK/*Koch* Rn 3; *Richardi/Annuß* Rn 19; vgl. zu Fällen technischer Notwendigkeit Rn 41).

Die **bloße Zweckmäßigkeit** einer unternehmenseinheitlichen Regelung oder ein 23 **Kosteninteresse** des ArbGeb begründen in den Angelegenheiten der zwingenden Mitbestimmung die Zuständigkeit des GesBR nicht (BAG 11. 12. 01, 15. 1. 02, 9. 12. 03, 3. 5. 06 AP Nr. 22, 23, 27, 29 zu § 50 BetrVG 1972; 8. 6. 04 AP Nr. 20 zu § 76 BetrVG 1972 Einigungsstelle; 14. 11. 06 AP Nr. 43 zu § 87 BetrVG 1972 Überwachung; 23. 3. 10 – 1 ABR 82/08 – NZA 11, 642; *Thüsing* ZfA 10, 195). Ebenso wenig genügen das **Koordinierungsinteresse** des ArbGeb. oder sein **Wunsch** nach einer möglichst unternehmenseinheitlichen Regelung (BAG 28. 4. 92, 11. 11. 98 AP Nr. 11, 19 zu § 50 BetrVG 1972; 13. 3. 01 EzA § 87 BetrVG 1972 Betriebliche Lohngestaltung Nr. 72; 23. 3. 10 – 1 ABR 82/08 – NZA 11, 642; *Richardi/Annuß* Rn 13; HSWGNR-*Glock* Rn 15; ErfK/*Koch* Rn 3; *Thüsing* ZfA 10, 195).

Dagegen erfasst Abs. 1 die Fälle der **subjektiven Unmöglichkeit** (BAG 18. 10. 94 24 AP Nr. 70 zu § 87 BetrVG 1972 Lohngestaltung; 26. 4. 05 AP Nr. 12 zu § 87 BetrVG 1972; 10. 10. 06 AP Nr. 24 zu § 77 BetrVG 1972 Tarifvorbehalt; HSWGNR-*Glock* Rn 12; *Thüsing* ZfA 10, 195). Subjektiv unmöglich ist den EinzelBR insb. eine Regelung freiwilliger Leistungen in den Fällen, in denen der ArbGeb. den Zweck der Leistung so definiert, dass dieser nur mit einer überbetrieblichen Regelung erreichbar ist (BAG 18. 10. 94 AP Nr. 70 zu § 87 BetrVG 1972 Lohngestaltung). Das Verlangen des ArbGeb. macht eine einheitliche Regelung dann notwendig, wenn der ArbGeb. nur unter dieser Voraussetzung überhaupt zu der regelungsbedürftigen Maßnahme bereit ist und über das „Ob" der Maßnahme – wie **insb. bei freiwilligen Leistungen** – mitbestimmungsfrei entscheiden kann (vgl. Rn 11; BAG 30. 8. 95 AP Nr. 29 zu § 87 BetrVG 1972 Überwachung; 16. 6. 98 AP Nr. 7 zu § 87 BetrVG 1972 Gesundheitsschutz; 13. 3. 01 EzA § 87 BetrVG 1972 Betriebliche Lohngestaltung Nr. 72; 9. 12. 03 AP Nr. 27 zu § 50 BetrVG 1972; 26. 4. 05 AP Nr. 12 zu § 87 BetrVG 1972; 10. 10. 06 AP Nr. 24 zu § 77 BetrVG 1972 Tarifvorbehalt; 23. 3. 10 – 1 ABR 82/08 – NZA 11, 642; *Richardi/Annuß*

Rn 16 *HSWGNR-Glock* Rn 12; *Thüsing* ZfA 10, 195). Dies gilt nicht nur bei der Gewährung freiwilliger Zulagen, sondern auch bei anderen Gegenständen, die der nicht erzwingbaren Mitbestimmung unterfallen (vgl. BAG 13. 3. 01 EzA § 87 Betriebliche Lohngestaltung Nr. 72; 21. 1. 03 EzA § 50 BetrVG 2001 Nr. 2; 9. 12. 03 AP Nr. 27 zu § 50 BetrVG 1972). Die Vergütung sog. AT-Angestellter, für die keine tarifvertragliche Vergütungspflicht besteht, ist allerdings keine „freiwillige" Leistung, bei welcher der ArbGeb. die Zuständigkeit des GesBR durch sein Verlangen nach einer betriebsübergreifenden, unternehmenseinheitlichen Regelung herbeiführen kann (BAG 23. 3. 10 – 1 ABR 82/08 – NZA 11, 642; ebenso *Lunk/Leder* NZA 11, 249). Der ArbGeb. schuldet eine solche Vergütung jedenfalls nach § 612 Abs. 1 BGB und kann nicht mitbestimmungsfrei darüber entscheiden, ob er die Leistung überhaupt erbringt (BAG 23. 3. 10 – 1 ABR 82/08 – NZA 11, 642). Die Zuständigkeit des GesBR wird auch nicht dadurch begründet, dass ein TV über eine mitbestimmungspflichtige Angelegenheit eine freiwillige abweichende BV zulässt und der ArbGeb. nur zum Abschluss einer unternehmenseinheitlichen oder betriebsübergreifenden BV mit dem GesBR bereit ist. Ebenso wenig wie ein TV unmittelbar die betriebsverfassungsgesetzliche Zuständigkeit zu ändern vermag, kann eine auf freiwillige BV beschränkte Öffnungsklausel mittelbar zu einer Änderung der Zuständigkeit führen (BAG 9. 12. 03 AP Nr. 27 zu § 50 BetrVG 1972; *Thüsing* ZfA 10, 195). Gleiches gilt, wenn ein TV die Möglichkeit vorsieht, eine tarifliche Sonderzahlung durch „freiwillige BV" zu kürzen. Auch hier kann der ArbGeb. über das zuständige Betriebsverfassungsorgan nicht disponieren. Die Theorie der „subjektiven Unmöglichkeit" ist nicht anwendbar, wenn der ArbGeb. zur Reduzierung einer den ArbN zustehenden Leistung oder zu einer diese belastenden Regelung der Mitbestimmung des BR bedarf. In einem solchen Fall gibt es keine mitbestimmungsfreie Vorgabe des ArbGeb., durch welche die Ebene der Mitbestimmung und damit das für diese zuständige Gremium festgelegt wird (BAG 19. 6. 07 AP Nr. 4 zu § 58 BetrVG 1972). Bestreitet der ArbGeb. in einem Streit mit dem BR das Vorliegen eines mitbestimmungspflichtigen Tatbestands überhaupt, kann er nicht hilfsweise einwenden, er sei nur zu einer mit dem GesBR zu treffenden Regelung bereit (BAG 18. 10. 94 AP Nr. 70 zu § 87 BetrVG 1972 Lohngestaltung).

25   Maßgeblich für die Beurteilung der zwingenden Erforderlichkeit einer betriebsübergreifenden Regelung ist vor allem der **Gegenstand des Beteiligungsrechts** (BAG 26. 1. 93 AP Nr. 102 zu § 99 BetrVG 1972; 11. 12. 01, 15. 1. 02 AP Nr. 22, 23 zu § 50 BetrVG 1972; *Fischer* RdA 03, 114, 116). Die Reichweite der Regelungszuständigkeit kann dabei davon abhängen, ob es sich um ein und dieselbe **Angelegenheit iSv. § 50 Abs. 1 Satz 1** oder um mehrere Angelegenheiten handelt. Liegt nur eine Angelegenheit vor, so führt die Notwendigkeit, jedenfalls einen Teil davon betriebsübergreifend zu regeln, zur Zuständigkeit des GesBR für die gesamte Angelegenheit. Die Aufspaltung ein und derselben mitbestimmungspflichtigen Angelegenheit ist ebenso wenig möglich wie die Aufteilung in eine dem GesBR zukommende Rahmenzuständigkeit und eine den einzelnen BR zustehende Ausfüllungskompetenz (vgl. Rn 28, 60 mwN).

26   Besonderheiten bestehen, wenn eine **Gewerkschaft ArbGeb.** ist. Gewerkschaften können mangels eines Tarifpartners keine TV über die Arbeitsbedingungen ihrer Beschäftigten schließen (BAG 17. 2. 98 AP Nr. 87 zu Art. 9 GG). Auch sie müssen aber die Möglichkeit haben, einheitliche Arbeitsbedingungen zu schaffen. Damit entspr. Regelungen tarifersetzende Funktion entfalten können, müssen sie unternehmenseinheitlich Geltung erlangen. Dies eröffnet die Zuständigkeit des GesBR nicht nur für Angelegenheiten der freiwilligen Mitbestimmung, sondern auch insoweit, als mitbestimmungspflichtige Tatbestände berührt sind (BAG 14. 12. 99 AP Nr. 104 zu § 87 BetrVG 1972 Lohngestaltung; 15. 11. 00 AP Nr. 84 zu § 77 BetrVG 1972).

27   In Unternehmen, in denen die maßgebenden ArbGebEntscheidungen der Unternehmensleitung vorbehalten sind, dürfte das Bestreben nach einheitlichen Regelungen von Angelegenheiten eher gegeben sein als in Unternehmen, die derartige Ent-

scheidungen weitgehend den einzelnen Betriebsleitungen überlassen. Doch kann die Unternehmensleitung durch **Konzentration der Entscheidungsgewalt** die an sich gegebene Zuständigkeit des BR für Fragen der Einzelbetriebe nicht ausschalten (BAG 18. 10. 94 AP Nr. 70 zu § 87 BetrVG 1972 Lohngestaltung; *DKKW-Trittin* Rn 28; GK-*Kreutz* Rn 35; *Richardi/Annuß* Rn 13; *HSWGN-Glock* Rn 12). Der Letztentscheidungsvorbehalt **begründet nicht die Notwendigkeit einer betriebsübergreifenden Regelung.**

Eine Beschränkung der originären Zuständigkeit des GesBR auf eine **bloße Rah-** 28 **menkompetenz** ist **mit** dem Grundsatz der **Zuständigkeitstrennung nicht vereinbar** (BAG 14. 11. 06 AP Nr. 43 zu § 87 BetrVG 1972 Überwachung; *Ohlendorf/ Salamon* NZA 06, 131, 135; ErfK/*Koch* Rn 2; GK-*Kreutz* Rn 17f., vgl. allerdings auch Rn 38; **aA** *HSWGNR-Glock* Rn 17; distanziert berichtend *Richardi/Annuß* Rn 47; *WPK/Roloff* Rn 7; überholt wohl BAG 31. 1. 89 AP Nr. 12 zu § 81 ArbGG 1979). Sofern der GesBR für die Behandlung einer Angelegenheit nach § 50 Abs. 1 Satz 1 originär zuständig ist, hat er diese Angelegenheit insgesamt mit dem Arbeitgeber zu regeln. **Innerhalb eines Mitbestimmungstatbestands** ist eine **Aufspaltung der Zuständigkeit auf mehrere betriebsverfassungsrechtliche Organe nicht möglich** (BAG 14. 11. 06 AP Nr. 43 zu § 87 BetrVG 1972 Überwachung; *Ohlendorf/Salamon* NZA 06, 131, 135; *Thüsing* ZfA 10, 195; **aA** *DKKW/Trittin* Rn 58). Die Abgrenzung unterschiedlicher Zuständigkeiten innerhalb eines Mitbestimmungstatbestands wäre häufig zuverlässig kaum möglich und mit den Erfordernissen der Rechtssicherheit und Rechtsklarheit nicht vereinbar (BAG 14. 11. 06 AP Nr. 43 zu § 87 BetrVG 1972 Überwachung). Auch wenn der GesBR im Bereich seiner originären Zuständigkeit mit dem ArbGeb. noch keine abschließende Regelung getroffen hat, verbleibt die Regelungskompetenz bei ihm (BAG 14. 11. 06 AP Nr. 43 zu § 87 BetrVG 1972 Überwachung). Er kann diese grundsätzlich auch nicht auf die örtlichen BR delegieren (BAG 21. 1. 03 EzA BetrVG 2001 § 50 Nr. 2; 14. 11. 06 AP Nr. 43 zu § 87 BetrVG 1972 Überwachung). Angesichts der neueren Rechtsprechung des BAG begegnen die in der Praxis häufig mit dem GesBR geschlossenen Rahmen-GesBV – etwa über den Einsatz von Bildschirmgeräten, elektronisch gesteuerten Datenverarbeitungssystemen oder integrierten Personalinformationssystemen – nicht unerheblichen Bedenken.

c) Zuständigkeit für Betriebe ohne Betriebsrat

Ist die **Zuständigkeit des GesBR** nach Abs. 1 begründet, nimmt er gem. Abs. 1 29 S. 1 Halbs. 2 die Rechte eines BR auch **für solche Betriebe** wahr, **in denen kein BR besteht** (vgl. BAG 9. 12. 09 – 7 ABR 46/08 – NZA 10, 662). Da in diesen Betrieben keine Wahl stattgefunden hat, besteht für deren Belegschaft ein **gewisses Legitimationsdefizit** des GesBR (vgl. GK-*Kreutz* Rn 48). Dies führt jedoch nicht zur Verfassungswidrigkeit der Regelung (GK-*Kreutz* Rn 49; *Löwisch* BB 01, 1734, 1745). Es ist den ArbN betriebsratsloser Betriebe unbenommen, einen BR zu wählen. Um das Legitimationsdefizit zu beseitigen, sollte ein GesBR von seiner Möglichkeit nach § 17 Abs. 1 Satz 1 Gebrauch machen, in einem betriebsratslosen Betrieb einen Wahlvorstand für eine BRWahl zu bestellen. Die in betriebsratslosen Betrieben beschäftigten ArbN können in überbetrieblichen Angelegenheiten mit ArbN aus Betrieben mit einem BR gleichbehandelt werden (GK-*Kreutz* Rn 47). Betriebe ohne BR iSv. Abs. 1 S. 1 Halbs. 2 sind die BRfähigen Betriebe, die keinen BR gewählt haben. Dagegen werden die **Kleinstbetriebe,** die mangels Erreichens der Beschäftigtenzahl des § 1 Abs. 1 S. 1 nicht BRfähig sind, **von Abs. 1 S. 1 Halbs. 2 nicht erfasst.** Sie sind vielmehr nach § 4 Abs. 2 dem Hauptbetrieb zuzuordnen und werden von dessen BR vertreten. Sie sind nur dann BRlos, wenn es auch im Hauptbetrieb keinen BR gibt (GK-*Kreutz* Rn 50; *Salamon* RdA 08, 24, 27; **aA** *Däubler* DB 01, 1670). Nur dann findet Abs. 1 S. 1 Halbs. 2 Anwendung.

30　　Die im Rahmen seiner originären Zuständigkeit bestehenden Beteiligungs- und Mitbestimmungsrechte des GesBR nach Abs. 1 S. 1 Halbs. 2 begründen die Erforderlichkeit, mit den von ihm repräsentierten ArbN in BRlosen Betrieben zu kommunizieren (BAG 9. 12. 09 – 7 ABR 46/08 – NZA 10, 662; *Weber* Anm. I zu AP Nr. 97 zu § 40 BetrVG). Der GesBR kann im Rahmen seiner originären Zuständigkeit auch **GesBV für die BRlosen Betriebe** abschließen (BAG 14. 11. 06 – 1 ABR 4/06 – NZA 07, 399; 9. 12. 09 – 7 ABR 46/08 – NZA 10, 662; vgl. auch *Bieder* SAE 10, 257: GK-*Kreutz* Rn 51; zur GesBV vgl. Rn 73 ff.). Er hat insoweit auch ein Initiativrecht (BAG 21. 7. 09 – 1 ABR 42/08 – NZA 09, 1049; 9. 12. 09 – 7 ABR 46/08 – NZA 10, 662). Er kann auch BV schließen, welche die ArbN belasten. Eine in einem Interessenausgleich mit dem GesBR vereinbarte Namensliste entfaltet die individualrechtlichen Wirkungen des § 1 Abs. 5 KSchG und des § 125 InsO auch für die ArbN BRloser Betriebe. Dies gilt selbst dann, wenn GesBR für den Abschluss eines Sozialplans nicht zuständig ist und daher mangels EinzelBR ein solcher nicht erzwungen werden kann. In Unternehmen mit GesBR liegt es daher im noch gesteigerten Interesse der ArbN eines Betriebs, einen eigenen BR zu wählen.

31　　**GesBV, die vor dem Inkrafttreten des BetrVerf-ReformG geschlossen wurden,** gelten nach dessen Inkrafttreten nicht ohne weiteres automatisch in allen BRlosen Betrieben des Unternehmens (*Löwisch* BB 01, 1734; ErfK/*Koch* Rn 8; GK-*Kreutz* Rn 53; aA *Däubler* DB 01, 1670). Es ist vielmehr nach dem Geltungsbereich der GesBV zu **differenzieren** (GK-*Kreutz* Rn 53). Bezog sich die bisherige GesBV nicht auf sämtliche, sondern **lediglich** auf **einzelne Betriebe** des Unternehmens, wird eine automatische Geltungserstreckung auf die BRlosen Betriebe im Zweifel nicht in Betracht kommen (GK-*Kreutz* Rn 53). Falls die bisherige GesBV **unterschiedslos** für alle Betriebe des Unternehmens **abgeschlossen** war, gilt sie nach dem Inkrafttreten des BetrVerf-ReformG auch für BRlose Betriebe (GK-*Kreutz* Rn 52). Die damit für den ArbGeb. – insb. bei freiwilligen Sozialleistungen – unerwartet entstehenden Kostenbelastungen führen nicht etwa zur Nichtanwendung oder Beendigung der GesBV. Sie können aber – unter dem Gesichtspunkt des Wegfalls der Geschäftsgrundlage – Anlass für eine ggf. auch über die E-Stelle erzwingbare Abänderung der GesBV sein (GK-*Kreutz* Rn 53).

32　　Die Zuständigkeit des GesBR für BRlose Betriebe gilt **nur im Rahmen der** dem GesBR nach Abs. 1 Satz 1 zustehenden **originären Zuständigkeit.** Der GesBR ist daher nicht berechtigt, in BRlosen Betrieben die Rechte des örtlichen BR zu übernehmen und rein betriebsbezogene Angelegenheiten zu regeln (BT-Drucks. 14/5741 S. 43; *Richardi/Annuß* Rn 51; GK-*Kreutz* Rn 51).

d) Zuständigkeit im gemeinsamen Betrieb mehrerer Unternehmen

33　　Der für einen **gemeinsamen Betrieb mehrerer Unternehmen** errichtete BR entsendet Vertr. in den GesBR jedes der beteiligten Unternehmen (vgl. § 47 Rn 80 mwN). Für die Frage, ob und ggf. **welcher** dieser **GesBRe** für Angelegenheiten zuständig ist, die – auch – den Gemeinschaftsbetrieb betreffen, kommt es auf den Regelungsgegenstand an. Nach Abs. 1 S. 1 ist einer dieser GesBRe überhaupt nur dann zuständig, wenn die Angelegenheit auch andere Betriebe als den Gemeinschaftsbetrieb betrifft, und innerhalb des Gemeinschaftsbetriebs mit dem dortigen BR nicht geregelt werden kann. Liegt diese Voraussetzung vor, ist derjenige GesBR zuständig, der die ArbN der weiteren von der Angelegenheit betroffenen Betriebe repräsentiert. Geht es etwa um unternehmenseinheitliche freiwillige Leistungen oder um eine für alle VertragsArbN vorgesehene Altersversorgung, ist der GesBR zuständig, der im Unternehmen des VertragsArbGeb. gebildet ist. Eine mit diesem geschlossene BV wirkt normativ im gemeinsamen Betrieb dann jedoch auch nur für die VertragsArbN dieses VertragsArbGeb. (*Richardi/Annuß* Rn 72; GK-*Kreutz* Rn 78; *Schmidt* FS *Küttner* S. 499, 505 ff.; *Salamon* RdA 08, 24, 31).

Geht es um eine **betriebsorganisationsbezogene Angelegenheit,** die – wie **34** etwa die Einführung einer betriebsübergreifenden elektronischen Datenverarbeitung oder Telefonanlage – mehrere Betriebe betrifft, ist der GesBR zuständig, der die ArbN der Betriebe repräsentiert, die von der betriebsübergreifenden Anlage erfasst werden. Soll die technische Anlage **unternehmensübergreifend Betriebe beider am Gemeinschaftsbetrieb beteiligter Unternehmen** erfassen, ist, sofern die Unternehmen zu einem Konzern gehören, der KBR zuständig. Andernfalls bietet das Gesetz unmittelbar keine Lösung. Ein Teil des Schrifttums vertritt die Auffassung, in Anwendung des Zuordnungsprinzips des § 21 a Abs. 2 S. 1 den GesBR bei dem Trägerunternehmen für zuständig zu erachten, das in dem Gemeinschaftsbetrieb die meisten ArbN beschäftigt (so *Schmidt* FS *Küttner* S. 499, 507; *Däubler* FS *Zeuner* S. 18, 29; 24. Aufl. § 47 Rn 80). Ein anderer Teil des Schrifttums verneint die Zuständigkeit beider GesBRe (so *Richardi/Annuß* Rn 72) und nimmt ersichtlich eine Mitbestimmungslücke in Kauf. Andere meinen, es könnten mehrere BVen nebeneinander bestehen, von denen jede normativ nur für die ArbN gelte, die in einem ArbVerh. zum Trägerunternehmen stehen (so wohl GK-*Kreutz* Rn 78, *Salamon,* RdA 08, 24, 31). Damit wird aber das Problem der notwendig einheitlich zu regelnden betriebsorganisatorischen Angelegenheit nicht gelöst. Vieles spricht dafür, dass in einem solchen Fall beide GesBRe zuständig sind. Sofern mit diesen keine Einigung möglich ist, kann der ArbGeb. die E-Stelle anrufen. § 76 Abs. 2 S. 1 ist in diesem Fall ergänzend dahin auszulegen, dass von den GesBRen zusammen so viele Beisitzer zu bestellen sind wie von dem Betriebsarbeitgeber. Nur so kann wohl systemkonform sowohl der unternehmerischen Entscheidungsfreiheit als auch der gesetzlichen Mitbestimmung Rechnung getragen werden.

2. Einzelheiten

a) Soziale Angelegenheiten

Im Bereich der **sozialen Angelegenheiten** ist in der Regel der BR und nicht der **35** GesBR zuständig, da diese Angelegenheiten meist konkret betriebsbezogen sind und eine objektive sachliche Notwendigkeit für eine gemeinsame Regelung nur in Ausnahmefällen gegeben sein dürfte (BAG 23. 9. 75 AP Nr. 1 zu § 50 BetrVG 1972; 18. 10. 94 AP Nr. 70 zu § 87 BetrVG 1972 Lohngestaltung; *Richardi/Annuß* Rn 20; *DKKW-Trittin* Rn 89 ff.; ErfK/*Koch* Rn 4; HSWGNR-*Glock* Rn 20).

Nicht in die Zuständigkeit des GesBR, sondern des BR fallen regelmäßig Rege- **36** lungen über **Torkontrollen** oder **Betriebsbußen** bei Verletzung der Betriebsordnung (*DKKW-Trittin* Rn 90; ErfK/*Koch* Rn 4; *Richardi/Annuß* Rn 22; HSWGNR-*Glock* Rn 21).

Auch bei Regelungen über **Beginn und das Ende der Arbeitszeit** ist meist der **37** BR zuständig. Eine Zuständigkeit des GesBR kommt in Betracht, wenn alle oder doch mehrere Betriebe produktionstechnisch oder in den Arbeitsabläufen derart miteinander verbunden sind, dass nur eine einheitliche Regelung sachlich zu rechtfertigen ist (vgl. BAG 23. 9. 75 AP Nr. 1 zu § 50 BetrVG 1972; *Richardi/Annuß* Rn 21; GK-*Kreutz* Rn 42; ErfK/*Koch* Rn 4; HSWGNR-*Glock* Rn 22; *DKKW-Trittin* Rn 92; *Thüsing* ZfA 10, 195). Dies gilt auch, wenn die Arbeitsabläufe in den Betrieben auf Grund einer betriebsübergreifenden Arbeitsteilung in zeitlicher Hinsicht wechselseitig derart voneinander abhängig sind, dass ohne eine überbetriebliche Koordinierung untragbare Störungen eintreten (vgl. BAG 9. 12. 03 AP Nr. 27 zu § 50 BetrVG 1972).

Die Einführung von **Kurzarbeit** fällt grundsätzlich in die Zuständigkeit der BR. **38** Die Notwendigkeit der Kurzarbeit ist regelmäßig nach der konkreten Beschäftigungslage im Betrieb zu beurteilen (*Richardi/Annuß* Rn 21; GK-*Kreutz* Rn 42). Der GesBR kann ausnahmsweise dann zuständig sein, wenn mehrere Betriebe produktionstechnisch so eng miteinander verbunden sind, dass die Kurzarbeit in einem Betrieb notwendigerweise eine Produktionseinschränkung in anderen Betrieben zur Folge hat (*HSWGNR-*

Glock Rn 23; ErfK/*Koch* Rn 4; vgl. aber auch BAG 29. 11. 78 AP Nr. 18 zu § 611 BGB Bergbau).

39 Bei Fragen der **Auszahlung des Arbeitsentgelts** besteht grundsätzlich eine Zuständigkeit des einzelnen BR (*Richardi/Annuß* Rn 23; *HSWGNR-Glock* Rn 24; ErfK/*Koch* Rn 4). Das gilt auch bei Regelungen über die Erstattung von **Kontoführungsgebühren** (BAG 15. 1. 02 AP Nr. 23 zu § 50 BetrVG 1972; GK-*Kreutz* Rn 42) oder die Gewährung von Freizeit zum Aufsuchen der Kreditinstitute (vgl. BAG 20. 4. 82 DB 82, 1674). Etwas anderes kann uU bei Einführung einer für das gesamte Unternehmen **zentralen computergesteuerten Entgeltabrechnung** gelten (*HSWGNR-Glock* Rn 24; **aA** wohl *DKKW-Trittin* Rn 94).

40 Die Zuständigkeit des GesBR kann in Ausnahmefällen auch bei der **Aufstellung des Urlaubsplans** zu bejahen sein, wenn Betriebe eines Unternehmens in ihrer Zusammenarbeit derart miteinander verflochten sind, dass – etwa wegen notwendiger Abstimmung allgemeiner Betriebsferien – eine Regelung einheitlich erfolgen muss (*Richardi/Annuß* Rn 24; ErfK/*Koch* Rn 4; *HSWGNR-Glock* Rn 25; **aA** *DKKW-Trittin* Rn 95).

41 Bei der **Einführung und Anwendung technischer Kontrolleinrichtungen** (§ 87 Abs. 1 Nr. 6) kommt es darauf an, ob diese wegen des mit ihnen verfolgten Zwecks unternehmenseinheitlich oder überbetrieblich eingerichtet werden müssen (vgl. ErfK/*Koch* Rn 4; *HSWGNR-Glock* Rn 26; *DKKW-Trittin* Rn 96ff.). Eine technische Notwendigkeit zu einer betriebsübergreifenden Regelung kann bestehen, wenn im Wege **elektronischer Datenverarbeitung** in mehreren Betrieben Daten erhoben und verarbeitet werden, die auch zur Weiterverwendung in anderen Betrieben bestimmt sind (vgl. BAG 14. 11. 06 AP Nr. 43 zu § 87 BetrVG 1972 Überwachung; vgl. zur unternehmenseinheitlichen Einführung eines **computergesteuerten Technikerberichtssystems** BAG 14. 9. 84 AP Nr. 9 zu § 87 BetrVG 1972 Überwachung; zur **unternehmenseinheitlichen Telefonanlage** BAG 30. 8. 95 AP Nr. 29 zu § 87 BetrVG 1972 Überwachung und 11. 11. 98 AP Nr. 19 zu § 50 BetrVG 1972; vgl. ferner zur Zuständigkeit des KBR beim **Austausch von Mitarbeiterdaten zwischen Konzernunternehmen** BAG 20. 12. 95 AP Nr. 1 zu § 58 BetrVG 1972).

42 Betreffen mitbestimmungspflichtige **Arbeits- und Sicherheitsmaßnahmen** (§ 87 Abs. 1 Nr. 7) unternehmensweit einheitlich durchgeführte Montagearbeiten, ist der GesBR zuständig (BAG 16. 6. 98 AP Nr. 7 zu § 87 BetrVG 1972 Gesundheitsschutz; *HSWGNR-Glock* Rn 27). Für die Mitbestimmung nach § 87 Abs. 1 Nr. 7 bei der **Analyse möglicher Gesundheitsgefährdungen am einzelnen Arbeitsplatz** (§ 5 ArbSchG und § 3 Bildschirmarbeitsverordnung) und bei der **Unterweisung in gefahrvermeidendes Verhalten am Arbeitsplatz** (§ 12 ArbSchG) ist grundsätzlich nicht der GesBR, sondern der BR zuständig; dies gilt auch dann, wenn die Arbeitsplätze nach konzern- und unternehmenseinheitlichen Standards eingerichtet sind (BAG 8. 6. 04 AP Nr. 20 zu § 76 BetrVG 1972 Einigungsstelle; *DKKW-Trittin* Rn 102f.; *HSWGNR-Glock* Rn 27; GK-*Kreutz* Rn 43).

43 Die Wahrnehmung der Beteiligungsrechte bei unternehmensbezogenen Sozialleistungen und bei der Errichtung, Form, Ausgestaltung und Verwaltung von **Sozialeinrichtungen, deren Wirkungsbereich sich auf das Unternehmen** erstreckt (vgl. § 87 Abs. 1 Nr. 8, § 88 Nr. 2), gehört zur Zuständigkeit des GesBR, so etwa bei einer unternehmenseinheitlichen Altersversorgung (BAG 19. 3. 81 AP Nr. 14 zu § 80 BetrVG 1972; 8. 12. 81 AP Nr. 1 zu § 1 BetrAVG Ablösung; 21. 1. 03 EzA § 50 BetrVG 2001 Nr. 2; *Richardi/Annuß* Rn 28; *DKKW-Trittin* Rn 104ff.; *HSWGNR-Glock* Rn 28; GK-*Kreutz* Rn 42; ErfK/*Koch* Rn 4).

44 Hinsichtlich der MBR bei der **Aufstellung von Entlohnungsgrundsätzen** und der Einführung und Anwendung von **neuen Entlohnungsmethoden** ist der GesBR zuständig, wenn eine sachliche Notwendigkeit für eine einheitliche Regelung auf Unternehmensebene besteht (ErfK/*Koch* Rn 4; *Richardi/Annuß* Rn 28, 29). Eine solche dürfte allerdings nur dann zu bejahen sein, wenn wegen der völlig oder doch weitgehenden Gleichartigkeit der Struktur, Aufgaben und Tätigkeit von einzelnen

Betrieben des Unternehmens unter dem Gesichtspunkt der Vermeidung einer nicht gerechtfertigten Ungleichbehandlung der ArbN der einzelnen Betriebe eine einheitliche Regelung geboten ist (vgl. hierzu BAG 6. 12. 88 AP Nr. 37 zu § 87 BetrVG 1972 Lohngestaltung; 18. 10. 94 AP Nr. 70 zu § 87 BetrVG 1972 Lohngestaltung; *HSWGNR-Glock* Rn 30). Der Wunsch des ArbGeb. nach unternehmenseinheitlicher Gestaltung kann die Zuständigkeit des GesBR nur begründen, wenn der ArbGeb. mitbestimmungsfrei über das „Ob" einer Maßnahme entscheiden kann (zB Zahlung freiwilliger Zulagen) und zu dieser Maßnahme nur bei einer betriebsübergreifenden Regelung bereit ist (vgl. Rn 24).

Die Ausgestaltung eines **Systems erfolgsabhängiger Vergütung** für sämtliche **45** Vertriebsbeauftragte eines Unternehmens fällt in die Zuständigkeit des GesBR. Das Gleiche gilt, wenn die Vergütungen der AußendienstAng. einheitlich für den Unternehmensbereich geregelt werden (BAG 29. 3. 77 AP Nr. 1 zu § 87 BetrVG 1972 Provision; 6. 12. 88 AP Nr. 37 zu § 87 BetrVG 1972 Lohngestaltung; *Richardi/Annuß* Rn 29; *HSWGNR-Glock* Rn 33; *DKKW-Trittin* Rn 111).

Bei der **Gewährung freiwilliger Leistungen (Weihnachtsgratifikationen, 46 Jahresleistungen, Prämien)** und der Festlegung der näheren Einzelheiten bestimmt regelmäßig der ArbGeb. durch seine mitbestimmungsfreie Vorgabe, die Leistung nur für einzelne Betriebe oder nur unternehmensweit, bzw. betriebsübergreifend einheitlich zu gewähren, die Zuständigkeit des betriebsverfassungsrechtlichen Organs, das bei der Ausgestaltung nach § 87 Abs. 1 Nr. 10 mitzubestimmen hat (vgl. Rn 11; 24; BAG 13. 3. 01 EzA § 87 BetrVG 1972 Betriebliche Lohngestaltung Nr. 72; 9. 12. 03 AP Nr. 27 zu § 50 BetrVG 1972; 26. 4. 05 AP Nr. 12 zu § 87 BetrVG 1972; 10. 10. 06 AP Nr. 24 zu § 77 BetrVG 1972 Tarifvorbehalt; *ErfK/Koch* Rn 4). Entschließt sich der ArbGeb. zu betriebsüberschreitenden Leistungen, ist er an den **Gleichbehandlungsgrundsatz** gebunden. Dieser findet betriebsübergreifend Anwendung. Eine Unterscheidung zwischen den einzelnen Betrieben ist nur zulässig, wenn es dafür sachliche Gründe gibt (BAG 3. 12. 08 AP Nr. 206 zu § 242 BGB Gleichbehandlung). Nach zwei Beschlüssen des Ersten Senats des BAG vom 23. 3. 10 (– 1 ABR 82/08 – NZA 11, 642) und vom 18. 5. 10 (– 1 ABR 96/08 – NZA 11, 171) wirkt der betriebsverfassungsrechtliche Gleichbehandlungsgrundsatz für GesBR und ArbGeb. zwar überbetrieblich. Er wirkt aber nicht zuständigkeitsbegründend. Er begrenze zwar die Regelungsmacht der Betriebsparteien bei der Ausübung der Mitbestimmungsrechte, habe jedoch keinen Einfluss auf die gesetzliche Zuständigkeitsverteilung zwischen den Betriebsverfassungsorganen. Die Verpflichtung sei gleichsam kompetenzakzessorisch. Erst die jeweiligen Betriebsvereinbarungen seien am Maßstab des Gleichbehandlungsgrundsatzes zu messen (BAG 23. 3. 10 – 1 ABR 82/08 – NZA 11, 642; 18. 5. 10 – 1 ABR 96/08 – NZA 11, 171). Dies darf nicht dahingehend (miss-)verstanden werden, dass sich auch die mit den einzelnen BRen geschlossenen BV am überbetrieblichen Gleichbehandlungsgrundsatz messen lassen müssen,. Der betriebsverfassungsrechtliche Gleichbehandlungsgrundsatz als Ausdruck des allgemeinen Gleichheitssatzes verpflichtet einen Normgeber grundsätzlich nur zur Gleichbehandlung der seiner Normsetzung unterfallenden Normadressaten. Eine Verpflichtung des einzelnen BR, bei den mit dem ArbGeb. zu treffenden Regelungen den überbetrieblichen Gleichbehandlungsgrundsatz zu beachten, begegnete daher dogmatischen Schwierigkeiten. Auch erschiene nicht ohne Weiteres klar, wie dem überbetrieblichen Gleichbehandlungsgrundsatz in – parallel oder nacheinander geführten – Verhandlungen mit mehreren BRen – und erforderlichenfalls in unterschiedlichen E-Stellen – Genüge getan werden könnte. Die beiden Entscheidungen des Ersten Senats des BAG vom 23. 3. 10 (– 1 ABR 82/08 – NZA 11, 642) und vom 18. 5. 10 (– 1 ABR 96/08 – NZA 11, 171) können aber zwanglos dahin verstanden werden, dass die gesetzlich angeordnete Zuständigkeit des BR für die Wahrnehmung der Mitbestimmung in einer bestimmten Angelegenheit – etwa nach § 87 Abs. 1 Nr. 10 – der Anwendung des überbetrieblichen Gleichbehandlungsgrundsatzes vorgeht – und letztlich – entgegensteht und die – zuständigen – Betriebsparteien bei ihrer Normsetzung nur dem Gebot des betrieblichen Gleichbehandlungsgrundsatzes unterfallen. Bei diesem Verständnis setzt der überbetriebliche Gleichbehandlungsrundsatz zu seiner Anwendung die Zuständigkeit des GesBR voraus und begründet diese nicht. So verstanden ist das Konzept des BAG durchaus stimmig. An der in der 25. Aufl. vertretenen Auffassung, wonach der betriebsübergreifende Gleichbehandlungsgrundsatz die Zuständigkeit des GesBR begründen könne, wird daher nicht festgehalten.

47   Die **betriebliche Altersversorgung** gehört zu dem Bereich, in dem der Arbeitgeber regelmäßig mitbestimmungsfrei über den Dotierungsrahmen und den Adressatenkreis (Betrieb oder Unternehmen) entscheidet. Der ArbGeb. gibt daher durch seine Entscheidung für eine betriebs-, unternehmens- oder konzernweite Regelung zugleich die betriebsverfassungsrechtliche Regelungsebene vor (BAG 21. 1. 03 EzA § 50 BetrVG 2001 Nr. 2; *Reinecke* ArbuR 04, 328, 335). Das durch diese Vorgabe des ArbGeb. zuständige betriebsverfassungsrechtliche Organ ist dann aber auch für eine Aufhebung oder Abänderung der BV zuständig. Der ArbGeb. kann seinen „Vertragspartner" nicht auswechseln (BAG 11. 12. 01 AP Nr. 22 zu § 50 BetrVG 1972). BV, die ein ArbGeb. über die betriebliche Altersversorgung mit einem durch seine Vorgabe bestimmten Organ geschlossen hat, kann er daher durch eine mit einem anderen Organ geschlossene BV nicht wirksam ablösen oder abändern. Wurde die BV über eine betriebliche Altersversorgung mit dem GesBR geschlossen, ist dieser auch für abändernde Übergangsregelungen zuständig, die nur einzelne Betriebe betreffen (*Reinecke* ArbuR 04, 328, 335). Entscheidet sich der ArbGeb. für eine konzernweite Altersversorgung, ist für die Mitbestimmung bei der Ausgestaltung der – etwa errichtete – KBR zuständig (vgl. § 58 Rn 12; BAG 14. 12. 93 AP Nr. 81 zu § 7 BetrAVG; *Reinecke* ArbuR 04, 328, 335). Ist ein KBR – trotz der Möglichkeit seiner Errichtung (!) – nicht gebildet, entfällt die Mitbestimmung (BAG 14. 12. 93 AP Nr. 81 zu § 7 BetrAVG; *Reinecke* ArbuR 04, 328, 336). Ist die Errichtung eines KBR nicht möglich, entfallen dadurch nicht die MBR; vielmehr werden sie in diesem Fall von den GesBR oder den BR der konzernangehörigen Unternehmen wahrgenommen (so zum Konzern mit Konzernspitze im Ausland (BAG 14. 2. 07 AP Nr. 13 zu § 54 BetrVG 1972; vgl. auch § 54 Rn 34).

48   Für betriebsübergreifende Vereinbarungen über die **Nutzung von Werkswohnungen** (§ 87 Abs. 1 Nr. 9) ist regelmäßig der GesBR zuständig. Die Mitbestimmung bei der konkreten Zuweisung und Kündigung von Wohnräumen ist aber den EinzelBR vorbehalten (*HSWGNR-Glock* Rn 29; *DKKW-Trittin* Rn 108).

b) Gestaltung von Arbeitsplätzen

49   Die Errichtung **neuer Arbeitsstätten** (§ 90 Nr. 1) fällt in die Zuständigkeit des BR. Die Einführung **neuer Technologien** nach § 90 Nr. 2 bis 4 (zB zentrale EDV-Systeme) kann ausnahmsweise in die Zuständigkeit des GesBR fallen, wenn ihre zentrale Einführung zwingend eine einheitliche Regelung erfordert. Sofern die neuen Technologien Differenzierungen nach den einzelnen Betrieben zulassen – was regelmäßig der Fall sein dürfte –, verbleibt es insoweit bei der Zuständigkeit des BR der einzelnen Betriebe. Insb. das **korrigierende MBR** nach § 91 steht in erster Linie dem BR zu, der das Vorliegen besonderer Belastungen auf Grund seiner Sachnähe besser beurteilen kann (*HSWGNR-Glock* Rn 35; *DKKW-Trittin* Rn 117; *Richardi/ Annuß* Rn 30).

c) Personelle Angelegenheiten

50   **In personellen Angelegenheiten** ist zu **unterscheiden** zwischen den allgemeinen personellen Angelegenheiten (§§ 92 ff.) und den personellen Einzelmaßnahmen (§§ 99, 102).

51   Die Frage der **Personalplanung auf Unternehmensebene** (§ 92) dürfte in die Zuständigkeit des GesBR fallen, soweit der Personalbedarf für das gesamte Unter-

nehmen geplant wird, bzw. eine integrierte Gesamtplanung für das Unternehmen (sei es generell, sei es für bestimmte Gruppen von ArbN) betrieben wird. In solchen Fällen ist die sachliche Notwendigkeit einer einheitlichen Regelung für das Gesamtunternehmen grundsätzlich zu bejahen (vgl. *Richardi/Annuß* Rn 32; *DKKW-Trittin* Rn 119; *HSWGNR-Glock* Rn 37; *ErfK/Koch* Rn 5). Im Übrigen ist für die Personalplanung auf der betrieblichen Ebene der BR zuständig.

Hinsichtlich der Beteiligungsrechte der ArbN bei der Aufstellung von **Personalfra-** 52 **gebögen, Formulararbeitsverträgen** und **Beurteilungsgrundsätzen** (vgl. § 94) dürfte eine Zuständigkeit des GesBR dann zu bejahen sein, wenn im Hinblick auf die Gleichartigkeit der Betriebe eine unterschiedliche Regelung dieser Angelegenheiten sachlich nicht vertretbar ist oder wenn die Regelungen Instrumente einer auf das Unternehmen bezogenen Personalplanung sind. Das Gleiche gilt auch hinsichtlich der Beteiligungsrechte bei der **Aufstellung von Auswahlrichtlinien** gem. § 95 (*Richardi/Annuß* Rn 33; *GK-Kreutz* Rn 44; *HSWGNR-Glock* Rn 37; *ErfK/Koch* Rn 5; differenzierend *DKKW-Trittin* Rn 122; vgl. auch BAG 31. 5. 83 AP Nr. 2 zu § 95 BetrVG 1972 zur Aufstellung unternehmenseinheitlicher Anforderungsprofile für bestimmte Arbeitsplätze).

Das aus § 93 folgende Recht, „innerhalb des Betriebs" eine **Ausschreibung von** 53 **Arbeitsplätzen** zu verlangen, steht dem einzelnen BR zu. Dies gilt auch, wenn es um die innerbetriebliche Ausschreibung unternehmensintern zu besetzender Arbeitsplätze geht. Da das Initiativrecht des § 93 ausschließlich auf das Verlangen nach der Ausschreibung beschränkt ist und die Art und Weise der Ausschreibung nicht erfasst (vgl. insb. BAG 27. 10. 92 AP Nr. 29 zu § 95 BetrVG 1972; 1. 2. 11 – 1 ABR 79/09 – NZA 11, 703; *ErfK/Koch* Rn 5; aa *DKKW-Buschmann* § 93 Rn 10), kommt eine Zuständigkeit des GesBR regelmäßig nicht in Betracht (BAG 1. 2. 11 – 1 ABR 79/09 – NZA 11, 703).

Im Bereich der **Berufsbildung** der ArbN dürfte der GesBR für solche Angelegenheiten zuständig sein, die von der Unternehmensleitung **zentral durchgeführt** 54 **werden**. Dies gilt insb. für generelle Regelungen über Berufsbildungsmaßnahmen, wenn diese Ausfluss einer unternehmensweiten Personalplanung sind (BAG 12. 11. 91 AP Nr. 8 zu § 98 BetrVG 1972). Demgegenüber fällt die Mitbestimmung bei der Durchführung einzelner Berufsbildungsmaßnahmen im Betrieb in die Zuständigkeit der BR (*HSWGNR-Glock* Rn 38; *DKKW-Trittin* Rn 125).

Bei **personellen Einzelmaßnahmen** ist grundsätzlich nicht der GesBR, sondern 55 der BR zuständig. Einstellungen, Eingruppierungen, Umgruppierungen und Kündigungen betreffen regelmäßig nur den einzelnen Betrieb (vgl. BAG 26. 1. 93 AP Nr. 102 zu § 99 BetrVG 1972; *Richardi/Annuß* Rn 35; *DKKW-Trittin* Rn 126). Dies gilt auch bei der Versetzung eines ArbN von einem Betrieb des Unternehmens in einen anderen (BAG 26. 1. 93 AP Nr. 102 zu § 99 BetrVG 1972; *GK-Kreutz* Rn 44; *Richardi/Annuß* Rn 35; *ErfK/Koch* Rn 5; *HSWGNR-Glock* Rn 39). Eine solche ist für den aufnehmenden Betrieb eine Einstellung, für den abgebenden Betrieb eine Versetzung iSv. § 95 Abs. 3. Das gilt auch, wenn auf Grund einer sog. Personalrunde mehrere Betriebe von Versetzungen betroffen sind (BAG 26. 1. 93 AP Nr. 102 zu § 99 BetrVG 1972). Die Zuständigkeit des GesBR bei personellen Einzelmaßnahmen kommt ausnahmsweise dann in Betracht, wenn ein ArbVerh. mehreren Betrieben zuzuordnen ist (BAG 21. 3. 96 AP Nr. 81 zu § 102 BetrVG 1972; *HSWGNR-Glock* Rn 39).

Vor einer **Kündigung** ist immer der BR des Betriebes zu hören, in dem der ArbN 56 beschäftigt war; eine Zuständigkeit des GesBR kommt nicht in Betracht (vgl. BAG 21. 3. 96 AP Nr. 81 zu § 102 BetrVG 1972; *ErfK/Koch* Rn 5).

In den **privatisierten Postunternehmen** gelten Sonderregelungen für die Wahr- 57 nehmung von Aufgaben in Angelegenheiten, die einzelne Beamte betreffen (vgl. § 1 Rn 47 und 53). Nach § 28 PostPersRG ist der BR bei personellen Einzelmaßnahmen, die Beamte betreffen (Einstellung, Beförderung, Abordnung, Versetzung, Einleitung von Disziplinarverf., Entlassungen, vgl. § 76 Abs. 1, § 78 Abs. 1 Nr. 3 bis 5

und § 79 Abs. 3 BPersVG), zu beteiligen. Diese Bestimmung gilt nach § 32 Abs. 2
PostPersRG für die Beteiligung des GesBR entspr. Sie geht mithin von einer möglichen Zuständigkeit der GesBR für die Wahrnehmung von Beteiligungsrechten bei
diesen personellen Einzelmaßnahmen aus. Allerdings kommt eine solche nach den
Ausführungen in Rn 55 nur ganz ausnahmsweise in Betracht; in diesen Fällen ist die
personelle Einzelmaßnahme im GesBR zu beraten. An der **Beschlussfassung** dürfen
sich dann **nur die Vertr. der Beamten** beteiligen, die Mitgl. des GesBR sind.
Nach § 32 Abs. 1 Nr. 2 PostPersRG hat in diesem Fall jeder Vertr. so viele Stimmen, wie in dem Betrieb, in dem er gewählt wurde, wahlberechtigte Beamte in der Wählerliste eingetragen sind. Ist das Mitgl. (BeamtenVertr.) für mehrere
Betriebe entsandt worden (§ 47 Abs. 8), hat es so viele Stimmen, wie in den Betrieben, für die es entsandt ist, Beamte in die Wählerlisten eingetragen sind.

d) Wirtschaftliche Angelegenheiten

58   In wirtschaftlichen Angelegenheiten ist ein bestehender GesBR nach der ausdrücklichen Regelung in § 107 Abs. 2 Satz 2 für die **Bestimmung der Mitglieder
des WiAusschusses** sowie nach §§ 108 Abs. 6, 109 S. 4 für den Beschluss über eine
anderweitige Wahrnehmung der **Aufgaben des WiAusschusses** zuständig (*Richardi/
Annuß* Rn 36; *HSWGNR-Glock* Rn 41). Besteht kein GesBR, obwohl ein solcher
gebildet werden könnte, kann der WiAusschuss nicht gebildet werden (vgl. § 107
Rn 20 mwN). Auch wenn der GesBR in den insoweit maßgeblichen Bestimmungen
nicht ausdrücklich neben dem BR genannt wird, ist er auch zuständig für die Beilegung von Streitigkeiten über die Auskunftserteilung des Unternehmens an den Wi-
Ausschuss gemäß § 109 Satz 1, für die Teilnahme an der Erläuterung des Jahresabschlusses nach § 108 Abs. 5 sowie für die vorherige Abstimmung des vom Unternehmen nach
§ 110 zu erstattenden Berichts über die wirtschaftliche Lage und Entwicklung des Unternehmens. Umstritten ist, ob der WiAusschuss die **Unterrichtung** nach § 106
Abs. 1 Satz 2 und § 108 Abs. 4 bei Bestehen eines GesBR stets diesem gegenüber
vorzunehmen hat (so GK-*Oetker* § 108 Rn 58 mwN; *DKKW-Däubler* § 108 Rn 29;
WPK/Preis § 108 Rn 6, vgl. aber auch § 106 Rn 5) oder ob der Adressat der Unterrichtung davon abhängt, um welche Angelegenheit es sich handelt und ob der BR im
WiAusschuss oder im unterrichteten GesBR vertreten ist für dessen Unterrichtung zu
sorgen, insb. wenn der BR des betroffenen Betriebs durch kein Mitgl. im WiAusschuss vertreten ist (vgl. § 106 Rn 20; § 108 Rn 26).

59   Die Wahrnehmung der **MBR bei Betriebsänderungen** obliegt dem GesBR, sofern es sich um Maßnahmen handelt, die das ganze Unternehmen oder mehrere Betriebe des Unternehmens betreffen und notwendigerweise nur einheitlich geregelt
werden können (BAG 8. 6. 99 AP Nr. 47 zu § 111 BetrVG 1972; 11. 12. 01, 23. 10.
02, 3. 5. 06 AP Nr. 22, 26, 29 zu § 50 BetrVG 1972; *Richardi/Annuß* Rn 37; GK-
Kreutz Rn 45; *Schmitt/Rolfes* FS 50 Jahre BAG S. 1081, 1083). Dies ist zB der Fall bei
der **Zusammenlegung mehrerer Betriebe** (BAG 24. 1. 96, 11. 12. 01, 3. 5. 06
AP Nr. 16, 22, 29 zu § 50 BetrVG 1972; GK-*Kreutz* Rn 44). Maßgebend für die
Zuständigkeit des GesBR oder des BR ist der Inhalt der geplanten Betriebsänderungen. Liegt den geplanten Maßnahmen ein unternehmenseinheitliches Konzept
zugrunde, ist es Aufgabe des GesBR, darüber zu befinden, ob dieses unternehmenseinheitliche Konzept gebilligt wird oder ob nicht ein anderes Konzept besser, sinnvoller oder interessengerechter wäre (BAG 20. 4. 94 AP Nr. 27 zu § 113 BetrVG 1972;
BAG 24. 1. 96, 11. 12. 01 AP Nr. 16, 22 zu § 50 BetrVG 1972). Bei einem **unternehmenseinheitlichen Konzept einer mehrere Betriebe betreffenden Betriebsänderung** geht es immer auch um die Frage, in welchem Umfang und in
welcher Weise die einzelnen Betriebe in Anspruch zu nehmen sind. Dieses Vertei-
lungsproblem kann nur auf der Ebene des GesBR gelöst werden (*Wißmann* FS
ARGE Arbeitsrecht im DAV S. 1037, 1042). Entsprechendes gilt bei **Strukturent-
scheidungen,** die das ganze Unternehmen erfassen (vgl. BAG 8. 6. 99 AP Nr. 47 zu

§ 111 BetrVG 1972). Bei der **Stilllegung aller Betriebe** eines Unternehmens liegt die Notwendigkeit eines unternehmenseinheitlichen oder betriebsübergreifenden Interessenausgleichs nicht derart auf der Hand; die Zuständigkeit des GesBR erscheint daher nicht selbstverständlich (vgl. aber – allerdings für den Fall des Konkurses – BAG 17. 2. 81 AP Nr. 11 zu § 112 BetrVG 1972). Geht die für die Zuständigkeit des BR oder des GesBR maßgebliche Planung des ArbGeb. (vgl. BAG 11. 12. 01 AP Nr. 22 zu § 50 BetrVG 1972) von vorneherein dahin, unterschiedslos alle Betriebe stillzulegen, ist nicht ohne Weiteres erkennbar, warum über das Ob und Wie der Betriebsstilllegungen sinnvoll nur mit dem GesBR und nicht mit den einzelnen BR verhandelt werden kann; zur Begründung der Zuständigkeit des GesBR dürfte in solchen Fällen eine betriebsübergreifende „Verzahnung" und „Interdependenz" der mitzubestimmenden Maßnahmen erforderlich sein. Bei **Zweifeln über den zuständigen Verhandlungspartner** für einen Interessenausgleich muss der ArbGeb., der die Initiativlast trägt, die in Betracht kommenden ArbNVertr. zur Klärung der Zuständigkeitsfrage auffordern. Weist er einen möglichen Verhandlungspartner zurück, trägt er das Risiko, dass der Interessenausgleich nicht ausreichend „versucht" wurde iSv. von § 113 Abs. 3 (BAG 24. 1. 96 AP Nr. 16 zu § 50 BetrVG 1972; vgl. auch *Schmitt/Rolfes* FS 50 Jahre BAG S. 1081, 1090; *Wißmann* FS ARGE Arbeitsrecht im DAV S. 1037, 1042).

Aus der Zuständigkeit des GesBR für einen Interessenausgleich folgt 60 nicht ohne weiteres seine **Zuständigkeit** auch **für den Abschluss eines Sozialplans** (BAG 11. 12. 01; 23. 10. 02, 3. 5. 06 AP Nr. 22, 26, 29 zu § 50 BetrVG 1972; *Wißmann* FS ARGE Arbeitsrecht im DAV S. 1037, 1043 ff.; *Joussen* RdA 07, 114; *GK-Kreutz* Rn 45; *HSWGNR-Glock* Rn 44; *ErfK/Koch* Rn 6; aA *Schmitt/Rolfes* FS 50 Jahre BAG S. 1081, 1088 ff.). Interessenausgleich und Sozialplan sind nicht dieselbe Angelegenheit iSv. § 50 Abs. 1 Satz 1 BetrVG. Zwar stellt die von einem ArbGeb. geplante Betriebsänderung, welche die MBR nach §§ 111 ff. auslöst, regelmäßig einen einheitlichen Lebenssachverhalt dar, gleichwohl sind Interessenausgleich und Sozialplan Rechtsinstitute, die sich nach Inhalt und Ausmaß wesentlich unterscheiden (vgl. §§ 112, 112 a Rn 4 ff.; BAG 3. 5. 06 AP Nr. 29 zu § 50 BetrVG 1972; *Wißmann* FS ARGE Arbeitsrecht im DAV S. 1037, 1039 f.). Daher ist auch in den Fällen der Zuständigkeit des GesBR für den Interessenausgleich stets gesondert zu prüfen, ob die Regelung des Ausgleichs oder der Milderung der durch die Betriebsänderung entstehenden Nachteile ebenfalls zwingend unternehmenseinheitlich oder betriebsübergreifend erfolgen muss. Hierfür ist allein der Umstand, dass die erforderlichen finanziellen Mittel von ein und demselben ArbGeb. zur Verfügung gestellt werden müssen, nicht ausreichend (BAG 3. 5. 06 AP Nr. 29 zu § 50 BetrVG 1972; *ErfK/Koch* Rn 6). Auch der betriebsverfassungsrechtliche Gleichbehandlungsgrundsatz begründet allein nicht die Zuständigkeit des GesBR (BAG 3. 5. 06 AP Nr. 29 zu § 50 BetrVG 1972; *Wißmann* FS ARGE Arbeitsrecht im DAV S. 1037, 1043). Dieser ist aber zuständig, wenn ein im Interessenausgleich vorgesehenes unternehmenseinheitliches Sanierungskonzept nur auf der Grundlage eines bestimmten unternehmensbezogenen Sozialplanvolumens realisiert werden kann (BAG 11. 12. 01; 23. 10. 02, 3. 5. 06 AP Nr. 22, 26, 29 zu § 50 BetrVG 1972; *ErfK/Koch* Rn 6).

Der wirtschaftliche Zwang zur Sanierung eines Unternehmens und die Zuständigkeit des GesBR für einen Interessenausgleich und einen Sozialplan begründet nicht zugleich die Zuständigkeit für die Aufhebung einer BV über eine Kontoführungspauschale, die der BR eines einzelnen Betriebs – gem. § 87 Abs. 1 Nr. 4 – mit dem ArbGeb. geschlossen hat (BAG 15. 1. 02 AP Nr. 23 zu § 50 BetrVG 1972; *Fischer* RdA 03, 114 ff.; *Löwisch/Robrecht* SAE 03, 4 ff.). Es handelt sich dabei um zwei Angelegenheiten.

Ist der GesBR für die Verhandlungen und die Einigung über einen Interessenausgleich zuständig, so gilt dies auch für die in einem Interessenausgleich enthaltene **Namensliste iSv. § 1 Abs. 5 KSchG, 125 Abs. 1 Satz 1 InsO** (vgl. §§ 112, 112 a

Rn 21 e; *Ohlendorf/Salamon* NZA 06, 131 ErfK/*Koch* Rn 6; *Zimmer/Rupp* FA 05, 259; *Gaul* BB 04, 2686, 2687; **aA** *Fischer* BB 04, 1101; APS/*Kiel* § 1 KSchG Rn 795). Es handelt sich dabei um ein und dieselbe Angelegenheit iSv. § 50 Abs. 1 Satz 1. Dies folgt bereits aus dem Wortlaut der Bestimmungen („in" einem Interessenausgleich) und entspricht dem regelmäßig vorhandenen notwendigen Zusammenhang zwischen der Ausgestaltung der Betriebsänderung und den dadurch bedingten Entlassungen. (vgl. *Ohlendorf/Salamon* NZA 06, 131). Besonders deutlich wird dies dann, wenn die Namensliste auch der Erhaltung oder der Schaffung einer ausgewogenen Alters- oder Personalstruktur dient. Davon, dass bei Zuständigkeit des GesBR für den Interessenausgleich dieser auch für die Vereinbarung der Namensliste zuständig ist, geht wohl auch das BAG aus (vgl. BAG 12. 5. 10 – 2 AZR 551/08 – NZA 11, 114; 10. 6. 10 – 2 AZR 420/09 – NZA 10, 1352).

e) Sonstige Aufgaben

61   Kraft **ausdrücklicher gesetzlicher Anordnung** sind dem GesBR ferner übertragen:
– die **Bestellung des Wahlvorstands** nach § 16 Abs. 3 und § 17 Abs. 1,
– die Aufgaben im Zusammenhang mit der **Errichtung eines KBR** (vgl. §§ 54 ff.),
– die Mitwirkung bei der **Bestellung des Wahlvorstands für die Wahl der ARMitgl. der ArbN** nach dem DrittelbG, und dem MitbestG (vgl. § 26 Abs. 2 WO DrittelbG; § 4 Abs. 4 der 2. WO MitbestG; § 4 Abs. 4 der 3. WO MitbestG; vgl. *Richardi/Annuß* Rn 41),
– die Stellung eines Antrags auf gerichtliche Feststellung über die Zusammensetzung des Aufsichtsrats (§ 98 Abs. 2 Nr. 4 und 6 AktG; vgl. *Richardi/Annuß* Rn 42),
– die **Anfechtung** der **Wahl der ARMitgl. der ArbN** (vgl. § 22 Abs. 2 MitbestG, § 101 Abs. 2 Nr. 2 und 4 MitbestErgG),
– die Befugnis zur Bestellung von **Europäischen Betriebsräten** (§ 11 Abs. 1 EBRG; vgl. auch Anhang 3 Rn 33 und Rn 54; *Richardi/Annuß* Rn 40),
– die Bildung des Wahlgremiums nach § 8 Abs. 2 oder 3 **SEBG** (vgl. § 1 Rn 182 a),
– die Bildung des Wahlgremiums nach § 10 Abs. 2 oder 3 **MgVG** (vgl. § 1 Rn 182 b).

V. Zuständigkeit des Gesamtbetriebsrats kraft Auftrags

62   **Abs. 2** ermöglicht es den BR, **durch Beauftragung die Zuständigkeit des GesBR** in Angelegenheiten zu **begründen,** die an sich in die Zuständigkeit des einzelnen BR fallen. Zum einen können sich dadurch die einzelnen BR die unmittelbaren Kontakte zunutze machen, die der GesBR zur Unternehmensleitung hat. Zum anderen kann durch die **Delegation** auf den GesBR eine betriebsübergreifende oder unternehmenseinheitliche Regelung in Angelegenheiten geschaffen werden, in denen dies zwar sachlich nicht unbedingt erforderlich, jedoch **zweckmäßig** erscheint (GK-*Kreutz* Rn 54; *Richardi/Annuß* Rn 53; DKKW-*Trittin* Rn 156). Durch die Delegation auf den GesBR können sich die BR dessen Sachkunde, Erfahrung und Verhandlungsgewicht zunutze machen. Auch können dadurch Zweifel hinsichtlich der Zuständigkeit vermieden oder ausgeräumt werden (vgl. *Rieble* RdA 05, 26, 28).

63   Die Beauftragung des GesBR muss bestimmte **Voraussetzungen** erfüllen. Eine unwirksame Delegation begründet keine Zuständigkeit des GesBR. Dessen Rechtshandlungen sind unbeachtlich, von ihm geschlossene BV unwirksam (*Rieble* RdA 05, 26, 27). Allerdings kann der Mangel in den Fällen, in denen es lediglich an einer ordnungsgemäßen Beschlussfassung des delegierenden BR fehlte, wohl durch dessen Genehmigung nachträglich geheilt werden (vgl. auch *Rieble* RdA 05, 26, 30, wonach der delegierende BR „jederzeit nachbessern" könne). Eine wirksame Delegation setzt einen formell wirksamen Übertragungsakt (Rn 64) und die Übertragbarkeit der An-

gelegenheit (Rn 65 f.) voraus (vgl. *Rieble* RdA 05, 26, 27 ff.). Dagegen ist die Wirksamkeit der Delegation als solche grundsätzlich unabhängig vom tatsächlichen Bestehen eines MBR des delegierenden BR (Rn 67).

Zu ihrer formellen Wirksamkeit erfordert die Delegation gem. Abs. 2 Satz 1 einen **64** mit der **qualifizierten Mehrheit** seiner Mitglieder (vgl. § 33 Rn 36) gefassten **Beschluss** des BR. Gem. Abs. 2 Satz 3 iVm. § 27 Abs. 2 Satz 3 bedarf die Übertragung der **Schriftform.** Der Beschluss muss vom BRVors. eigenhändig unterzeichnet sein (*Richardi/Annuß* Rn 60; *GK-Kreutz* Rn 60). Anders als bei der internen Zuständigkeitsverteilung zwischen BR und BetrAusschuss genügt die Aufnahme in die Sitzungsniederschrift nicht. Der GesBR ist ein eigenständiges Organ, dem die schriftliche Urkunde zugehen muss (GK-*Kreutz* Rn 60; *Richardi/Annuß* Rn 60; ErfK/*Koch* Rn 10; *HSWGNR-Glock* Rn 48). Mit dem **Zugang der schriftlichen Mitteilung an den Vors. des GesBR** wird die Übertragung wirksam (vgl. *Rieble* RdA 05, 26, 29). Von diesem Zeitpunkt an obliegt, sofern sich der BR nicht die Entscheidungsbefugnis vorbehalten hat, die Behandlung der Angelegenheit allein dem GesBR. Die **Unterrichtung des ArbGeb.** über die Beauftragung des GesBR oder. den Widerruf ist keine Voraussetzung für deren Wirksamkeit (*DKKW-Trittin* Rn 172; *HSWGNR* Rn 56; vgl. auch *Rieble* RdA 05, 26, 29). Sie entspricht aber dem Gebot der vertrauensvollen Zusammenarbeit.

Die Übertragung auf den GesBR kann grundsätzlich **nur für eine bestimmte Angelegenheit** **65** beschlossen werden. Eine Übertragung ganzer Sachbereiche auf den GesBR, wie sie beim BetrAusschuss möglich ist (vgl. § 27 Rn 74 f.), ist unzulässig (BAG 26. 1. 93 AP Nr. 102 zu § 99 BetrVG 1972; *Rieble* RdA 05, 26, 29; *Richardi/Annuß* Rn 54; GK-*Kreutz* Rn 66; *HSWGNR-Glock* Rn 50; *DKKW-Trittin* Rn 176; ErfK/*Koch* Rn 8). Das Gesetz spricht nur von „einer" Angelegenheit, nicht wie in §§ 27 Abs. 3 und 38 Abs. 1 von Aufgaben, die den Ausschüssen zur selbständigen Erledigung übertragen werden können. Die gesetzliche Zuständigkeit darf nicht generell im Voraus zugunsten des GesBR verschoben werden. Doch ist der Begriff „Angelegenheit" nicht zu eng zu verstehen. So kann der GesBR ermächtigt werden, eine komplexe und vielschichtige Angelegenheit, die gesonderter Verhandlung und Beschlussfassung bedarf, in mehreren Stufen zu erledigen. Auch ist die Übertragung mehrerer gleicher oder ähnlich liegender Fälle zulässig. Im Interesse der klaren Abgrenzung der Zuständigkeit von GesBR und BR muss die übertragene Angelegenheit **möglichst konkret umschrieben** sein (*HSWGNR-Glock* Rn 50).

Die **Angelegenheiten,** deren Übertragung auf den GesBR nach Abs. 2 möglich **66** ist, sind grundsätzlich **nach ihrem Gegenstand nicht beschränkt** (GK-*Kreutz* Rn 63, **aA** *Rieble* RdA 05, 26, 29). Die den materiellen Beteiligungsrechten des BR unterliegenden Angelegenheiten können auf den GesBR übertragen werden. Dies gilt auch für die allgemeinen Aufgaben nach § 80. Die interne Arbeitsorganisation des BR (Geschäftsführung) und die damit verbundenen Aufgaben können aber wohl nicht auf den GesBR delegiert werden (vgl. *Rieble* RdA 05, 26, 29).

Die **Wirksamkeit des Delegationsakts** ist **grundsätzlich unabhängig davon, 67** **ob** dem übertragenden BR in der übertragenen Angelegenheit ein **MBR** tatsächlich zusteht oder ob dieses etwa bereits durch seine Ausübung verbraucht ist (etwas **aA** insoweit wohl *Rieble* RdA 05, 26, 27 f.). Besteht in der übertragenen Angelegenheit kein auszuübendes MBR (mehr), lässt dies die Wirksamkeit des Delegationsakts unberührt. Dementsprechend sind vom GesBR abgeschlossene GesBV – als freiwillige oder ablösende – BV wirksam; gegen den GesBR ergehende gerichtliche Entscheidungen entfalten Wirkung auch gegen den delegierenden BR (vgl. Rn 71). Deshalb kann der BR den GesBR auch in Angelegenheiten (fürsorglich) beauftragen, in denen die Zuständigkeit zwischen BR und GesBR zweifelhaft erscheint (vgl. *Rieble* RdA 05, 26, 28); die Zuständigkeitsfrage muss in einem solchen Fall erst entschieden werden, wenn es um die Kündigung einer vom GesBR abgeschlossenen BV geht (vgl. Rn 73). Allerdings werden durch die Delegation keine neuen MBR begründet. Falls der BR in der übertragenen Angelegenheit kein MBR besaß, kann der GesBR durch die Delegation auch kein solches erhalten (vgl. auch BAG 12. 11. 97 AP Nr. 2 zu § 58 BetrVG 1972). Auch im **Gemeinschaftsbetrieb,** dessen BR Mitglieder in mehrere GesBR entsendet (vgl. § 47 Abs. 9), ist eine Delegation an einen der GesBR nicht ausgeschlossen, soweit es um mitbestimmungspflichtige Angelegenheiten geht, in denen der VertragsArbGeb. Adressat des MBR ist (vgl. § 1 Rn 104 ff.; **aA** *Rieble* RdA 05, 26, 28, 31).

68   Der BR kann die Behandlung der Angelegenheit in vollem Umfang, dh **einschließlich der materiellen Entscheidungsbefugnis** auf den GesBR übertragen. In diesem Falle ist der GesBR in der betreffenden Angelegenheit in vollem Umfang sachlegitimiert (*Richardi/Annuß* Rn 56; ErfK/*Koch* Rn 9). Der BR kann dem GesBR nicht verbindlich bestimmte Richtlinien für die Behandlung der Angelegenheit vorschreiben. Vielmehr ist der GesBR ein selbständiges Organ und im Rahmen der Übertragung allein und in vollem Umfang zur Behandlung der Angelegenheit ermächtigt (*Richardi/Annuß* Rn 58; *DKKW-Trittin* Rn 182; ErfK/*Koch* Rn 9; *HSWGNR-Glock* Rn 52; **aA** GK-*Kreutz* Rn 67).

69   Der BR kann nach Abs. 2 Satz 2 den GesBR lediglich mit der Verhandlung der Angelegenheit beauftragen und sich selbst die **Entscheidungsbefugnis** – etwa den Abschluss der BV – **vorbehalten** (vgl. GK-*Kreutz* Rn 67; *DKK-Trittin* Rn 181; *Richardi/Annuß* Rn 57; *Rieble* RdA 05, 26, 30). Der Vorbehalt muss deutlich erklärt werden. Der GesBR hat dann nur ein Verhandlungsmandat. Schließt er gleichwohl eine BV mit dem ArbGeb., kann der BR diese nachträglich genehmigen. Im Zweifel erfolgt die Beauftragung ohne Vorbehalt (ErfK/*Koch* Rn 9).

70   Der **GesBR ist grundsätzlich verpflichtet, den Auftrag zu übernehmen** (GK-*Kreutz* Rn 58; *Richardi/Annuß* Rn 63; *DKKW-Trittin* Rn 173; *HSWGNR-Glock* Rn 54; MünchArbR-*Joost* § 225 Rn 52; **aA** wohl *Rieble* RdA 05, 26, der annimmt, den GesBR treffe keine Pflicht, in der ihm übertragenen Angelegenheit tätig zu werden). Er kann und muss aber die Wirksamkeit der Delegation prüfen (*Rieble* RdA 05, 26, 27, 31). Er kann den Auftrag ablehnen, wenn dieser nicht wirksam zustande gekommen, unbestimmt oder mit unzulässigen Direktiven verbunden ist oder ein MBR des übertragenden BR in der übertragenen Angelegenheit offensichtlich nicht besteht (vgl. *DKKW-Trittin* Rn 173; *GK-Kreutz* Rn 58; *HSWGNR-Glock* Rn 54).

71   Trotz der Beauftragung **bleibt der BR Träger des MBR.** Die Beauftragung ist aber bei der verfahrensrechtlichen Geltendmachung dann zu berücksichtigen, wenn sie sich auch auf diese erstreckt. In diesem Fall ist nur der beauftragte GesBR am Verf. beteiligt. Er macht die Rechte des BR im Sinne einer **gewillkürten Prozessstandschaft** im eigenen Namen geltend (BAG 6. 4. 76 AP Nr. 2 zu § 50 BetrVG 1972; 27. 6. 00 AP Nr. 56 zu § 2 TVG mwN; vgl. auch 1. 3. 66 AP Nr. 1 zu § 69 BetrVG; *Richardi/Annuß* Rn 55; *Rieble* RdA 05, 26, 27).

72   Will der BR die Angelegenheit wieder an sich ziehen, ist dies nur durch einen entspr. **Widerrufsbeschluss** des BR, der ebenfalls der absoluten Mehrheit der Stimmen seiner Mitgl. bedarf, möglich (*Richardi/Annuß* Rn 62; *HSWGNR-Glock* Rn 55; *DKKW-Trittin* Rn 171; GK-*Kreutz* Rn 62). Auch der Widerruf wird erst wirksam, wenn er schriftlich dem Vors. des GesBR zugegangen ist. Der Widerruf ist **ohne Vorliegen besonderer Gründe** möglich; er braucht nicht begründet zu werden (*DKKW-Trittin* Rn 171; GK-*Kreutz* Rn 621; *Richardi/Annuß* Rn 62; **aA** *Behrens/Kramer* DB 94, 95).

VI. Gesamtbetriebsvereinbarung

73   Die im Rahmen der **originären gesetzlichen Zuständigkeit des GesBR nach Abs. 1** abgeschlossenen Vereinbarungen bezeichnet man meist als **Gesamtbetriebsvereinbarungen** (GK-*Kreutz* Rn 69; *Richardi/Annuß* Rn 69; *HSWGNR-Glock* Rn 57; *DKKW-Trittin* Rn 187). Der daran nicht beteiligte örtliche BR hat grund-

sätzlich keinen eigenen Anspruch auf Durchführung der GesamtBV (BAG 18. 5. 10 –
1 ABR 6/09 – NZA 10, 1433). Der Durchführungsanspruch steht vielmehr dem
GesBR zu (BAG 18. 5. 10 – 1 ABR 6/09 – NZA 10, 1433). Erst wenn der ArbGeb.
seine Pflichten aus der GesBV grob verletzt, kann der örtliche BR unabhängig von
seiner materiellrechtlichen Position im Wege der gesetzlichen Prozessstandschaft nach
§ 23 Abs. 3 die Beachtung der GesBV durchsetzen (BAG 18. 5. 10 – 1 ABR 6/09 –
NZA 10, 1433).

Demgegenüber handelt es sich bei Vereinbarungen, die der GesBR auf Grund
einer **Delegation nach Abs. 2** mit dem ArbGeb. abschließt, um (Einzel-)**BV** (BAG
18. 5. 10 – 1 ABR 6/09 – NZA 10, 1433; *DKKW/Trittin* Rn 187). Denn bei ihnen
handelt der GesBR nicht aus originärem, sondern aus einem vom EinzelBR abgeleiteten Recht. In beiden Fällen verliert die Vereinbarung jedoch nicht ihren betrieblichen Charakter. Auch eine GesBV regelt keine Angelegenheit „des Unternehmens". Ihr Bezugsobjekt sind vielmehr allein die einzelnen Betriebe (BAG 18. 9. 02
AP Nr. 7 zu § 77 BetrVG 1972 BV; *Kreft* FS *Wissmann* S. 347, 357 ff.; *Salamon* RdA
07, 103; *DKKW/Trittin* Rn 187). Eine BV, die der GesBR im Rahmen seines Auftrags nach Abs. 2 abschließt, gilt unmittelbar für den beauftragten BR und die
ArbN dieses Betriebs. Zur Kündigung dieser BV ist nur der BR berechtigt, es sei
denn, die Ermächtigung des GesBR ist ausdrücklich auf die Kündigung erstreckt
worden (ErfK/*Koch* Rn 11; GK-*Kreutz* Rn 69; *DKKW-Trittin* Rn 189). In diesem
Fall steht der Durchführungsanspruch dem örtlichen BR zu (BAG 18. 5. 10 –
1 ABR 6/09 – NZA 10, 1433).

Schließen BR und GesBR über denselben Gegenstand eine BV, richtet sich de- **74**
ren **Konkurrenz** nach **der gesetzlich vorgeschriebenen Zuständigkeit** (vgl.
Rn 9 ff.). Im Bereich der **zwingenden Mitbestimmung** schließen sich die Zuständigkeit der einzelnen BR und die originäre Zuständigkeit des GesBR nach Abs. 1
Satz 1 wechselseitig aus (vgl. Rn 10). Maßgebend ist daher die von dem zuständigen
betriebsverfassungsrechtlichen Organ abgeschlossene BV. Die andere BV – sei sie nun
günstiger oder ungünstiger, früher oder später – ist unwirksam (*Richardi/Annuß* Rn 71;
HSWGNR-Glock Rn 58; GK-*Kreutz* Rn 73 f.). Soweit der ArbGeb. aber aufgrund
einer infolge mangelnder Zuständigkeit des BR bzw. des GesBR unwirksamen BV
Leistungen an ArbN erbracht hat, kann er diese jedenfalls dann grundsätzlich nicht
zurückverlangen, wenn der ArbN auf die Wirksamkeit der vom Arbeitgeber abgeschlossenen BV vertrauen durfte. Das unzuständige Organ kann dem kraft Gesetzes
zuständigen Organ auch dann nicht durch Abschluss „freiwilliger" Vereinbarungen
vorgreifen, wenn das zuständige Organ sein MBR noch nicht ausgeübt hat (BAG
11. 12. 01 AP Nr. 22 zu § 50 BetrVG 1972).

Im Bereich der freiwilligen Mitbestimmung kann der ArbGeb. durch seine **75**
Vorgaben die Regelungsebene und damit das Gremium auf BRSeite bestimmen
(vgl. Rn 11, 24). Eine mit diesem geschlossene BV kann er nur durch Vereinbarung
mit diesem abändern oder einvernehmlich beenden. Er kann sie nicht unmittelbar
durch eine mit einem anderen Gremium geschlossene BV ablösen. Nach fristgerechter
Kündigung der freiwilligen BV kann er aber mit einem anderen Gremium auf einer
anderen Regelungsebene eine neue freiwillige BV schließen; er kann durch seine
Vorgabe die Regelungsebene bestimmen (vgl. Rn 11).

Eine vom GesBR nach Abs. 1 für alle Betriebe geschlossene GesBV erfasst grund- **76**
sätzlich auch **Betriebe, die das Unternehmen neu errichtet oder nach § 613 a**
BGB erwirbt (vgl. auch Rn 32). Dies gilt aber nicht ohne weiteres, wenn die
GesBV nur für einzelne Betriebe geschlossen wurde (vgl. Rn 33). Dann erfasst sie im
Zweifel nicht die neu hinzukommenden Betriebe. Zur Geltung von GesBV in be-
triebsratslosen Betrieben vgl. Rn 30 ff.

Für die Frage der **normativen Fortgeltung einer GesBV** nach einem Betriebs- **77**
übergang (**vgl. dazu § 77 Rn 169;** ferner grundlegend BAG 18. 9. 02 AP Nr. 7 zu
§ 77 BetrVG 1972 BV; *Bachner* NJW 03, 2861 ff.; *Mues* DB 03, 1273 ff.; *C. Meyer* SAE
03, 310 ff.; *Hohenstatt/Müller-Bonanni* NZA 03, 766 ff.; *Rieble* Sonderbeilage zu NZA

Heft 16/2003 S. 62, 69 f.; *Salamon* RdA 07, 103; *DKKW-Trittin* Rn 194; zur Auseinandersetzung mit der Kritik an der Rspr. des BAG vgl. insb. *Kreft* FS *Wissmann* S. 347, 357 ff.) kommt es nicht auf den Fortbestand oder die fortbestehende Zuständigkeit des GesBR an. Entscheidend ist vielmehr grundsätzlich die **Wahrung der jeweiligen Identität der übernommenen Betriebe** (BAG 18. 9. 02 AP Nr. 7 zu § 77 BetrVG 1972 BV; *Salamon* RdA 07, 103). Geht ein einzelner Betrieb des abgebenden Unternehmens auf ein anderes Unternehmen über, das bis dahin keinen Betrieb führte, so bleiben die in ihm geltenden GesBV als EinzelBV bestehen. Gehen alle oder mehrere Betriebe des abgebenden Unternehmens auf ein solches Unternehmen über, so bleiben die in ihnen geltenden GesBV als solche bestehen. Dies gilt auch, wenn nur Teile von Betrieben des abgebenden Unternehmens erworben, aber vom Erwerber als eigene Betriebe geführt werden (BAG 18. 9. 02 AP Nr. 7 zu § 77 BetrVG 1972 BV). Sobald im Erwerberunternehmen nach § 47 ein neuer GesBR errichtet worden ist, ist dieser Adressat für eine Kündigung der fortgeltenden GesBV.

VII. Streitigkeiten

78   **Streitigkeiten über die Zuständigkeit des GesBR** entscheiden die ArbG **grundsätzlich im BeschlVerf.** (§§ 2 a, 80 ff. ArbGG). Besteht zwischen BR, ArbGeb. und GesBR Streit darüber, ob der GesBR zum Abschluss der BV mit dem ArbGeb. zuständig war, kann ein BR die Unanwendbarkeit der BV in dem von ihm repräsentierten Betrieb im BeschlVerf. feststellen lassen (vgl. BAG 9. 12. 03 AP Nr. 27 zu § 50 BetrVG 1972). Die Frage der Zuständigkeit kann sich auch als Vorfrage in einem Urteilsverf. zwischen ArbN und ArbGeb. stellen, etwa wenn es darin auf die Wirksamkeit einer BV ankommt. Anders als in dem vom eingeschränkten Amtsermittlungsgrundsatz beherrschten BeschlVerf. ist die **Zuständigkeit im Urteilsverf. nur** dann **zu prüfen, wenn** sie von einer Partei **bestritten** wird **oder** auf Grund des tatsächlichen Vorbringens der Partei **zweifelhaft** erscheint (BAG 20. 2. 01, 29. 10. 02 AP Nr. 15, 18 zu § 77 BetrVG 1972 Tarifvorbehalt; 23. 1. 08 AP Nr. 40 zu § 77 BetrVG 1972 BV; 23. 6. 09 – 1 AZR 214/08 – NZA 09, 1159). Örtlich zuständig ist gem. § 82 Abs. 1 Satz 2 ArbGG das ArbG, in dessen Bezirk das Unternehmen seinen Sitz hat. Zu den Besonderheiten des BeschlVerf. vgl. Nach § 1.

79   Das für den Sitz des Betriebes zuständige ArbG ist in den Fällen örtlich zuständig, in denen im Rahmen der Behandlung einer von einem BR gemäß Abs. 2 auf den GesBR übertragenen Angelegenheit das ArbG angerufen wird (zB nach §§ 99 Abs. 4 oder 100 Abs. 2 oder zur Bestellung des Vors. der E-Stelle nach § 76 Abs. 2 S. 2). Denn die **Abgrenzung der örtlichen Zuständigkeit** zwischen dem ArbG am Sitz des Betriebes und dem am Sitz des Unternehmens gem. § 82 ArbGG erfolgt nicht nach den VerfBeteiligten, sondern **nach materiellen Kriterien,** dh danach, ob es sich um eine betriebliche Angelegenheit oder um eine solche auf Unternehmensebene handelt (vgl. *Grunsky* ArbGG § 82 Rn 3; GK-ArbGG/*Dörner* § 82 Rn 11). Die von einem BR nach Abs. 2 übertragene Angelegenheit bleibt eine betriebliche, auch wenn sie vom GesBR behandelt wird.

80   Wird in einem Verf. über das Bestehen oder Nichtbestehen des MBR eines BR gestritten, ist nach **§ 83 Abs. 3 ArbGG** der GesBR zu beteiligen, wenn dieser als Inhaber des streitigen MBR materiellrechtlich ernsthaft in Betracht kommt. Gleiches gilt im umgekehrten Fall für die einzelnen BR, wenn über ein MBR des GesBR gestritten wird (vgl. nach § 1 Rn 43; BAG 28. 3. 06 AP Nr. 128 zu § 87 BetrVG 1972 Lohngestaltung; anders noch BAG 13. 3. 84 AP Nr. 9 zu § 83 ArbGG 1979).

§ 51 Geschäftsführung

(1) [1] Für den Gesamtbetriebsrat gelten § 25 Abs. 1, die §§ 26, 27 Abs. 2 und 3, § 28 Abs. 1 Satz 1 und 3, Abs. 2, die §§ 30, 31, 34, 35, 36, 37 Abs. 1 bis 3 sowie die §§ 40 und 41 entsprechend. [2] § 27 Abs. 1 gilt entsprechend mit der Maßgabe, dass der Gesamtbetriebsausschuss aus dem Vorsitzenden des Gesamtbetriebsrats, dessen Stellvertreter und bei Gesamtbetriebsräten mit

9 bis 16 Mitgliedern	aus 3 weiteren Ausschussmitgliedern,
17 bis 24 Mitgliedern	aus 5 weiteren Ausschussmitgliedern,
25 bis 36 Mitgliedern	aus 7 weiteren Ausschussmitgliedern,
mehr als 36 Mitgliedern	aus 9 weiteren Ausschussmitgliedern

besteht.

(2) [1] Ist ein Gesamtbetriebsrat zu errichten, so hat der Betriebsrat der Hauptverwaltung des Unternehmens oder, soweit ein solcher Betriebsrat nicht besteht, der Betriebsrat des nach der Zahl der wahlberechtigten Arbeitnehmer größten Betriebs zu der Wahl des Vorsitzenden und des stellvertretenden Vorsitzenden des Gesamtbetriebsrats einzuladen. [2] Der Vorsitzende des einladenden Betriebsrats hat die Sitzung zu leiten, bis der Gesamtbetriebsrat aus seiner Mitte einen Wahlleiter bestellt hat. [3] § 29 Abs. 2 bis 4 gilt entsprechend.

(3) [1] Die Beschlüsse des Gesamtbetriebsrats werden, soweit nichts anderes bestimmt ist, mit Mehrheit der Stimmen der anwesenden Mitglieder gefasst. [2] Bei Stimmengleichheit ist ein Antrag abgelehnt. [3] Der Gesamtbetriebsrat ist nur beschlussfähig, wenn mindestens die Hälfte seiner Mitglieder an der Beschlussfassung teilnimmt und die Teilnehmenden mindestens die Hälfte aller Stimmen vertreten; Stellvertretung durch Ersatzmitglieder ist zulässig. [4] § 33 Abs. 3 gilt entsprechend.

(4) Auf die Beschlussfassung des Gesamtbetriebsausschusses und weiterer Ausschüsse des Gesamtbetriebsrats ist § 33 Abs. 1 und 2 anzuwenden.

(5) Die Vorschriften über die Rechte und Pflichten des Betriebsrats gelten entsprechend für den Gesamtbetriebsrat, soweit dieses Gesetz keine besonderen Vorschriften enthält.

Inhaltsübersicht

I. Vorbemerkung

Die Vorschrift regelt die **innere Organisation und die Geschäftsführung des** 1
GesBR. Die Regelungen entsprechen weitgehend denjenigen, die für den BR gelten. Gewisse Abweichungen ergeben sich daraus, dass der GesBR eine Dauereinrichtung ist und seine Mitgl. von den einzelnen BR entsandt werden. Abs. 5 stellt klar,

dass dem GesBR im Rahmen seiner Zuständigkeit grundsätzlich dieselben Rechte und Pflichten obliegen wie dem einzelnen BR.

2   Die Änderungen durch das BetrVerf-ReformG berücksichtigen den Wegfall des Gruppenprinzips und gestatten die Bildung von Ausschüssen auch dann, wenn kein GesBetrAusschuss gebildet wurde. Die Mitgl. dieser Ausschüsse werden nach den Grundsätzen des Mehrheitswahlrechts gewählt; auf § 28 Abs. 1 S. 2 wird nicht verwiesen.

3   Abs. 1 S. 2 und Abs. 2, 4 bis 6 gelten für den **KBR** entspr. (vgl. § 59 Abs. 1).

4   Auf die **GesJugAzubiVertr.** findet § 51 Abs. 2 bis 5 entspr. Anwendung (vgl. § 73 Abs. 2). Auf die **KJugAzubiVertr.** findet § 51 Abs. 3 bis 5 entspr. Anwendung, vgl. § 73b Abs. 2.

5   Die Vorschrift ist **zwingend** und weder durch TV noch durch BV abdingbar (GK-*Kreutz* Rn 3)

6   Entspr. Vorschrift des **BPersVG:** §§ 54, 56, des **SprAuG:** § 19.

II. Konstituierung des Gesamtbetriebsrats

7   Der GesBR hat **keine Amtszeit,** da er eine **Dauereinrichtung** ist (vgl. § 47 Rn 26). Demgemäß kommt grundsätzlich nur eine einmalige Konstituierung dieses Gremiums nach § 51 Abs. 2 in Betracht. Die Vorschrift ist aber – zumindest entsprechend – auch anzuwenden, wenn der GesBR vorübergehend keine Mitglieder mehr hat. Dies ist nach § 49 u. a. insbesondere dann der Fall, wenn die Mitgliedschaft sämtlicher in den GesBR entsandten BRMitglieder in dem sie entsendenden BR durch den Ablauf der regelmäßigen Amtszeit nach § 24 Nr. 1 endet (vgl. *Richardi/Annuß* Rn 27; ErfK/*Koch* Rn 1; GK-*Kreutz* Rn 16). In diesem Fall sind sowohl der Vors. und der Stellvertr. als auch die Mitglieder des GeBRAusschusses neu zu wählen (vgl. Rn 17, 18 ff.).

8   Zuständig für die **Einladung zur konstituierenden Sitzung des GesBR,** dh zur Vornahme der Wahl des Vors. des GesBR und seines Stellvertr. ist nach Abs. 2 S. 1 in erster Linie der **BR der Hauptverwaltung** des Unternehmens. Dies gilt auch, wenn die Hauptverwaltung betriebsverfassungsrechtlich nur unselbständiger Betriebsteil eines Produktionsbetriebes ist (*Richardi/Annuß* Rn 25; GK-*Kreutz* Rn 9; ErfK/*Koch* Rn 1; HSWGNR-*Glock* Rn 16; DKKW-*Trittin* Rn 6).

9   Besteht für die Hauptverwaltung kein eigener BR, so ist zur Einladung der **BR des nach der Zahl der wahlberechtigten ArbN größten Betriebs** des Unternehmens zuständig. Maßgebend für die Feststellung dieser Zahl sind (wie bei der Stimmengewichtung nach § 47 Abs. 7 und 8) die Eintragungen in die Wählerlisten bei der letzten BRWahl (*Richardi/Annuß* Rn 24; GK-*Kreutz* Rn 8; ErfK/*Koch* Rn 1).

10   Der nach Abs. 2 S. 1 **zuständige BR ist verpflichtet,** zur konstituierenden Sitzung des GesBR einzuladen, sobald die Voraussetzungen für die Bildung eines GesBR vorliegen. Die Einladung ergeht an alle BR des Unternehmens und enthält die Aufforderung zur Bestellung der Mitgl. des GesBR. Die Unterlassung der Einladung wird in aller Regel eine **grobe Pflichtverletzung** iSd. § 23 Abs. 1 darstellen (*Richardi/Annuß* Rn 28; GK-*Kreutz* Rn 15; DKKW-*Trittin* Rn 8).

11   **Unterbleibt die Einladung** zur konstituierenden Sitzung, können die von den einzelnen BR in den GesBR entsandten Mitgl. von **sich aus zusammentreten,** um die Wahlen nach § 51 Abs. 1 vorzunehmen (*Richardi/Annuß* Rn 28; GK-*Kreutz* Rn 15; ErfK/*Koch* Rn 1; DKKW-*Trittin* Rn 8; aA HSWGNR-*Glock* Rn 21).

12   Der **Vors. des einladenden BR** hat für die Konstituierung dieselbe Stellung wie der Vors. des Wahlvorstand nach § 29 Abs. 1 S. 2. Er leitet gemäß Abs. 2 S. 2 die Sitzung nur, bis der GesBR aus seiner Mitte Wahlleiter bestellt hat. Falls er selbst nicht in den GesBR entsandt wurde, endet seine Teilnahme an der Sitzung mit der Bestellung des Wahlleiters (*Richardi/Annuß* Rn 26; GK-*Kreutz* Rn 14).

Für die **Einberufung späterer Sitzungen** gelten nach Abs. 2 S. 3 die Regelun- 13
gen in § 29 Abs. 2–4 entspr.

III. Vorsitzender

Durch die Verweisung in Abs. 1 S. 1 gilt auch für den GesBR § 26 Abs. 1. Danach 14
sind **der Vors. und sein Stellvertr. von den Mitgl. des GesBR aus ihrer Mitte**
in getrennten Wahlgängen zu wählen (vgl. § 26 Rn 12; GK-*Kreutz* Rn 21). Die
Wahl erfolgt in der konstituierenden Sitzung. Erforderlich ist nach Abs. 3 ein vom
beschlussfähigen GesBR mit einfacher Stimmenmehrheit der anwesenden Mitgl.
gefasster Beschluss.

Der GesBR ist nach Abs. 3 S. 2 nur **beschlussfähig,** wenn mindestens die Hälfte 15
seiner Mitgl. an der Beschlussfassung teilnimmt und die Teilnehmenden mindestens
die Hälfte aller Stimmen vertreten.

Die Wahl des Vors. und seines Stellvertr. erfolgt regelmäßig **für die Dauer ihrer** 16
Amtszeit als BRMitgl. Jedoch kann der Vorsitz jederzeit **niedergelegt** werden.
Auch kann durch Mehrheitsbeschluss des GesBR der Vors. oder sein Stellvertr. jederzeit **abberufen** werden (*Richardi/Annuß* Rn 9; GK-*Kreutz* Rn 23). Ferner kann der
entsendende BR das zum Vors. oder stellvertr. Vors. gewählte Mitgl. des GesBR jederzeit nach § 49 abberufen (vgl. § 49 Rn 16; GK-*Kreutz* Rn 24).

Mit Ablauf der Amtszeit der BR, die den Vors. und stellvertr. Vors. des GesBR 17
entsandt haben, endet nach § 24 Nr. 1 deren Mitgliedschaft im BR und daher nach
§ 49 auch ihre Mitgliedschaft im GesBR (BAG 9. 2. 11 – 7 ABR 11/10 – NZA 11,
866). Der **Vors. und sein Stellvertr. sind daher neu zu wählen.** Dies gilt auch,
wenn der bisherige GesBRVors. und der stellvertr. Vors. bei den regelmäßigen Wahlen nach § 13 Abs. 1 erneut in den EinzelBR gewählt und von diesem in den GesBR
entsandt werden (*Richardi/Annuß* Rn 8; GK-*Kreutz* Rn 24; DKK-*Trittin* Rn 4).

IV. Gesamtbetriebsausschuss und weitere Ausschüsse

1. Errichtung

Nach Abs. 1 S. 2 ist für GesBR mit 9 oder mehr Mitgl. ein **GesBetrAusschuss** zu 18
bilden. Das gehört zu den gesetzlichen Pflichten des GesBR (*Richardi/Annuß* Rn 10;
GK-*Kreutz* Rn 27). Die Stellung des GesBetrAusschusses entspricht nach Abs. 1 S. 1
iVm. § 27 Abs. 2 der des BetrAusschusses.

Der GesBetrAusschuss besteht aus dem **Vors.,** seinem **Stellvertr.** sowie aus den 19
weiteren AusschussMitgl. in der in Abs. 1 S. 2 genannten Zahl. Die Tabelle in
Abs. 1 S. 2 weicht geringfügig von der Tabelle des § 27 Abs. 1 S. 2 ab, da ein GesBR
anders als ein BR auch aus einer geraden Zahl von Mitgl. bestehen kann. Gehen
nach Errichtung des GesBetrAusschusses weitere Betriebe gemäß § 613a BGB auf
den ArbGeb. über, so entsenden deren BR nach § 47 Abs. 2 Mitglieder in den
GesBR. Damit vergrößert sich dieser entsprechend. Dies kann dazu führen, dass sich
auch die in Abs. 1 S. 2 vorgesehene **Zahl der weiteren Mitglieder des GesBetr-**
Ausschusses erhöht (BAG 16. 3. 05 AP Nr. 5 zu § 51 BetrVG 1972). In diesem
Fall sind sämtliche Ausschussmitglieder durch den erweiterten GesBR neu zu wählen.
Ein **Nachrücken von Ersatzmitgliedern oder eine Nachwahl** für die zusätzlichen Sitze im GesBetrAusschuss ist **nicht zulässig** (BAG 16. 3. 05 AP Nr. 5 zu
§ 51 BetrVG 1972; vgl. auch für BRinterne Ausschüsse BAG 16. 3. 05 AP Nr. 6 zu
§ 28 BetrVG 1972). Das Amt des GesBetrAusschusses endet, wenn die Mitgliederzahl
des GesBR nicht nur vorübergehend unter neun absinkt (BAG 16. 3. 05 AP Nr. 5 zu
§ 51 BetrVG 1972).

20   Die weiteren Mitgl. des GesBetrAusschusses werden gemäß Abs. 1 S. 2 iVm. § 27
Abs. 1 S. 3 aus der Mitte des GesBR in **geheimer Wahl** nach den Grundsätzen der
Verhältniswahl gewählt (BAG 21. 7. 04, 16. 3. 05 AP Nr. 4, 5 zu § 51 BetrVG
1972; GK-*Kreutz* Rn 31; *Richardi/Annuß* Rn 13; *DKKW-Trittin* Rn 21, 22a; ErfK/
Koch Rn 6). Wird nur ein Wahlvorschlag gemacht, erfolgt die Wahl nach Abs. 1 S. 2
iVm. § 27 Abs. 1 S. 4 nach den Grundsätzen der Mehrheitswahl (BAG 16. 3. 05 AP
Nr. 5 zu § 51 BetrVG 1972; GK-*Kreutz* Rn 31; *Richardi/Annuß* Rn 13). Der durch
Abs. 1 S. 2 iVm. § 27 Abs. 1 S. 3 vorgesehene Grundsatz der geheimen Wahl lässt
sich wegen der sich aus § 47 Abs. 7 und 8 ergebenden unterschiedlichen Stimmen-
gewichte der GesBRMitglieder praktisch nicht umsetzen. Vielmehr ist bei der
Stimmauszählung regelmäßig feststellbar, welches GesBRMitglied wie gewählt hat.
Da das einzelne GesBRMitglied die ihm zustehenden Stimmen nur einheitlich abge-
ben kann (vgl. § 47 Rn 74), können ihm auch nicht etwa so viele Stimmzettel zur
Verfügung gestellt werden, wie er Stimmen hat. Der **Grundsatz der geheimen
Wahl muss** daher **zurücktreten** (so auch GK-*Kreutz* Rn 32). Es genügt, dass eine
schriftliche Stimmabgabe unter Verwendung von Stimmzetteln erfolgt, auf denen das
jeweilige Stimmengewicht vermerkt ist (GK-*Kreutz* Rn 32).

21   Die **Mitgliedschaft im GesBetrAusschuss endet,** wenn ein Mitglied sein Amt
niederlegt (vgl. *Richardi/Annuß* Rn 17), sein Amt als GesBRMitglied verliert (vgl.
Richardi/Annuß Rn 18) oder abberufen wird (vgl. *Richardi/Annuß* Rn 19). Die Abberufung bedarf gemäß Abs. 1 S. 2 iVm § 27 Abs. 1 S. 5 einer Mehrheit von drei Vierteln der Stimmen der Mitglieder des GesBR (vgl. *Richardi/Annuß* Rn 19). Scheidet
ein weiteres Ausschussmitglied endgültig aus oder ist es zeitweilig verhindert, so
**rückt in entsprechender Anwendung des § 25 Abs. 2 S. 1 ein Ersatzmitglied
nach,** das derjenigen Vorschlagsliste zu entnehmen ist, der das zu ersetzende Mitglied
angehörte. Ist diese Vorschlagsliste erschöpft, so ist das Ersatzmitglied nach den
Grundsätzen der Mehrheitswahl nachzuwählen (ErfK/*Koch* Rn 5). Dies hat das BAG
für BRinterne Ausschüsse ausdrücklich entschieden (BAG 16. 3. 05 AP Nr. 6 zu § 28
BetrVG 1972). Für die weiteren Mitglieder des GesBRAusschusses kann nichts Anderes gelten. Eine vom Grundsatz des Nachrückens (§ 25 Abs. 2 S. 1) abweichende
vorsorgliche (gesonderte) Wahl von Ersatzmitgliedern ist gesetzlich nicht vorgesehen.
Das BAG geht allerdings wohl von der Möglichkeit einer solchen vorsorglichen Wahl
aus (vgl. BAG 21. 7. 04 AP Nr. 4 zu § 51 BetrVG 1972 zu B III 2 der Gründe; ebenso *DKKW-Trittin* Rn 19; *Richardi/Annuß* Rn 15; GK-*Kreutz* Rn 33; *HSWGNR-
Glock* Rn 43). Kein Nachrücken findet statt, wenn sich die Zahl der Ausschussmitglieder erhöht (vgl. Rn 19).

22   Nach Abs. 1 S. 1 iVm. § 28 Abs. 1 S. 1 u. 3 können vom GesBR **weitere Ausschüsse** gebildet und diesen bestimmte Aufgaben übertragen werden. Voraussetzung
ist, dass in dem Unternehmen, für das der GesBR errichtet ist, mehr als 100 ArbN
beschäftigt sind und dem GesBR mindestens 7 Mitglieder (vgl. § 9) angehören (vgl.
GK-*Kreutz* Rn 47; *Richardi/Annuß* Rn 22). Keine Voraussetzung für die Errichtung
der weiteren Ausschüsse ist das Bestehen eines GesBetrAusschusses (GK-*Kreutz*
Rn 47).

23   Den weiteren Ausschüssen können **bestimmte Aufgaben übertragen** werden.
Zur selbständigen Erledigung können aber die Aufgaben nur übertragen werden, wenn
ein GesBetrAusschuss gebildet ist. Dies folgt aus der entspr. Anwendung des § 28
Abs. 1 S. 3 (GK-*Kreutz* Rn 47). GesBV können die weiteren Ausschüsse gemäß § 28
Abs. 1 S. 3 iVm. § 27 Abs. 2 S. 2 Halbs. 2 nicht abschließen.

24   Da Abs. 1 nicht auf § 28 Abs. 1 S. 2 verweist, ist für die **Bestellung und Abberufung** der Mitglieder der weiteren Ausschüsse ein bestimmtes Verf. nicht ausdrücklich vorgesehen. Diese erfolgen daher nach Abs. 3 S. 1 durch Mehrheitsbeschluss des
GesBR (GK-*Kreutz* Rn 46; ErfK/*Koch* Rn 5; **aA** *Löwisch/Kaiser* Rn 8). Alle Mitglieder der weiteren Ausschüsse sind zu wählen. In einer Geschäftsordnung können keine
geborenen Mitglieder festgelegt werden (vgl. BAG 16. 11. 05 AP Nr. 7 zu § 28
BetrVG 1972).

2. Geschäftsführung

Der GesBetrAusschuss führt gemäß Abs. 1 S. 1 iVm. § 27 Abs. 2 S. 1 die laufenden **25** Geschäfte des GesBR (GK-*Kreutz* Rn 45).

Für die Beschlussfassung des GesBetrAusschusses und weiterer Ausschüsse gelten **26** § 33 Abs. 1 u. 2 unmittelbar. Anders als nach § 47 Abs. 7–9 im GesBR gibt es daher keine Stimmengewichtung (vgl. Rn 59; *DKKW-Trittin* Rn 35; GK-*Kreutz* Rn 77). Der GesBetrAusschuss ist nur beschlussfähig, wenn mindestens die Hälfte der Mitgl. an der Beschlussfassung teilnimmt. Stellvertretung durch ErsMitgl. ist nach § 33 Abs. 2 Halbs. 2 zulässig.

V. Anwendung von Vorschriften über die Geschäftsführung des Betriebsrats

Auf die Geschäftsführung des GesBR sind weitgehend die für den BR geltenden **27** Vorschriften anzuwenden. Die Verweisungen in Abs. 1 bis 4 sind **insoweit erschöpfend** und können nicht durch die Generalklausel des Abs. 5 erweitert werden. Diese Bestimmung bezieht sich auf die Rechte und Pflichten des GesBR, nicht auf seine Errichtung und Geschäftsführung (vgl. Rn 63).

Durch die Verweisung auf den nicht zur Geschäftsführung im engeren Sinne gehö- **28** renden **§ 25 Abs. 1** wird das Nachrücken der **ErsMitgl.** im Verhinderungsfalle oder bei Ausscheiden eines Mitgl. des GesBR sichergestellt (vgl. hierzu § 47 Rn 42 ff., § 25 Rn 10 ff.).

Wegen der **Wahl des Vors.** und seines Stellvertr. wird auf § 26 Abs. 1 verwiesen **29** (vgl. § 26 Rn 6 ff.). Wegen der **Stellung des Vors.** und seines Stellvertr. wird auf § 26 Abs. 2 verwiesen (vgl. § 26 Rn 21 ff., 38 ff.). Die Vorschriften über die **Vertr- Befugnis des Vors.** des BR (§ 26 Abs. 2) und seines Stellvertr. sind nach Abs. 1 S. 1 ebenfalls entspr. auf den GesBR anzuwenden (vgl. § 26 Rn 22 ff.).

Besteht ein GesBetrAusschuss, führt dieser die **laufenden Geschäfte** (Abs. 1 S. 1 **30** iVm. § 27 Abs. 2 S. 1).

Der GesBR kann gemäß Abs. 1 S. 1 iVm. § 27 Abs. 2 S. 2 Halbs. 1 mit der Mehr- **31** heit der Stimmen seiner Mitgl., dh mit absoluter Mehrheit dem GesBetrAusschuss **Aufgaben zur selbständigen Erledigung übertragen.** Dies gilt nach § 27 Abs. 2 S. 2 Halbs. 2 nicht für den Abschluss von BV. Auch der Widerruf der Übertragung bedarf der absoluten Mehrheit der Stimmen des GesBR.

Zu der Möglichkeit der **Bildung weiterer** – auch gemeinsamer – **Ausschüsse** **32** vgl. Rn 22 ff.

§ 29 Abs. 1 ist nicht in Bezug genommen. Für die **Konstituierung** des GesBR **33** gilt vielmehr Abs. 2 S. 1 und 2. Für die **Einberufung der Sitzungen** des GesBR gelten nach Abs. 2 S. 3 die Bestimmungen in § 29 Abs. 2 bis 4 entspr. Dabei sind die Vorschriften über die Beteiligung der GesJugAzubiVertr. nach § 73 Abs. 2 iVm. § 67 und der GesSchwbehVertr. nach § 52 zu beachten. Über **Dauer** und **Häufigkeit** der Sitzungen bestimmt allein der GesBR.

Nach dem gemäß Abs. 2 S. 3 entspr. anzuwendenden § 29 Abs. 3 hat der Vors. des **34** BR eine Sitzung einzuberufen und eine bestimmte Angelegenheit auf die Tagesord- nung zu setzen, wenn dies der **ArbGeb.** oder ein **Viertel der Mitgl. beantragt.** Dabei ist das Stimmengewicht nach § 47 Abs. 7 zu berücksichtigen. Dem EinzelBR steht dieses Antragsrecht nicht zu (*Richardi/Annuß* Rn 29).

Die Vorschrift des § 30 über die **BRSitzungen** bedarf bei ihrer entspr. Anwen- **35** dung keiner besonderen Modifizierung. Das gilt auch für die Möglichkeit, nicht teil- nahmeberechtigte Personen zur Beratung bestimmter Angelegenheiten heranzuzie- hen (vgl. § 30 Rn 17 ff.). Da der GesBR im Rahmen seiner Zuständigkeiten der Gesprächs- und Verhandlungspartner der Unternehmensleitung ist, werden im Allgemeinen die Sitzungen des GesBR aus Zweckmäßigkeitsgründen am **Sitz der Hauptverwaltung** abgehalten werden. Zwingend vorgeschrieben ist dies jedoch nicht. Der GesBR kann vielmehr beschließen, eine oder mehrere seiner Sitzungen **auch in einem anderen Betrieb** des Unternehmens abzuhalten (BAG 24. 7. 79 AP Nr. 1 zu § 51 BetrVG 1972; 29. 4. 98 AP Nr. 58 zu § 40 BetrVG 1972; GK-*Kreutz* Rn 50; *DKKW-Trittin* Rn 42). Dies erscheint insb. dann angebracht, wenn besondere Probleme gerade dieses Betriebes zur Beratung anstehen oder wenn in Abständen der Kontakt zu einzelnen BR gepflegt werden soll. Grundsätzlich hat nach Abs. 1 S. 1 iVm. § 30 S. 2 auch der GesBR bei der Anberaumung seiner Sitzungen auf betriebliche Notwendigkeiten Rücksicht zu nehmen (vgl. § 30 Rn 10 ff.). Angesichts des Umstands, dass in jedem Betrieb jeweils nur ein oder zwei ArbN ausfallen, wird dieser Gesichtspunkt nur ganz ausnahmsweise einem bestimmten Sitzungstermin entgegenstehen. Gleiches gilt für die Sitzungen des GesBRAusschusses und der weiteren Ausschüsse.

36   Wegen der entspr. Anwendbarkeit des § 31 können **Beauftragte der Gewerkschaft** an Sitzungen des GesBR teilnehmen, wenn ein Viertel der Mitgl. des GesBR dies will. Dabei ist das Stimmengewicht nach § 47 Abs. 7 zu berücksichtigen. Bei Ermittlung der in diesem Fall erforderlichen Mehrheit gilt Abs. 3 (vgl. GK-*Kreutz* Rn 59).

37   **Umstritten** ist, ob teilnahmeberechtigt nur Vertr. von Gewerkschaften, die im GesBR vertreten sind (so GK-*Kreutz* Rn 59; ErfK/*Koch* Rn 3; HaKo-BetrVG *Tautphäus* Rn 18) oder ob es genügt, dass die Gewerkschaft in einem BR des Unternehmens vertreten ist (so *Richardi/Annuß* Rn 31; *DKKW-Trittin* Rn 45). Da das gewerkschaftliche Teilnahmerecht den Antrag von immerhin einem Viertel der Mitglieder des GesBR voraussetzt, erscheint es gerechtfertigt, das Vertretensein in einem BR ausreichen zu lassen.

38   Abs. 1 S. 1 verweist nicht auf § 32. Die Teilnahme der **GesSchwbehVertr.** ist in § 52 eigenständig geregelt.

39   Für die **Sitzungsniederschrift des GesBR,** ihre Erfordernisse und Behandlung sowie für das Einsichtsrecht der Mitgl. des GesBR in die Unterlagen des GesBR und seiner Ausschüsse gilt § 34 entspr. Ein Einsichtsrecht der übrigen Mitgl. des entsendenden BR besteht nicht (ErfK/*Koch* Rn 4).

40   Der **Antrag auf Aussetzung eines Beschl. des GesBR** (§ 35 entspr.) steht nur der Mehrheit der GesJugAzubiVertr. sowie der GesSchwbehVertr. (§ 52) zu.

41   Bei entspr. Anwendung der Vorschriften über die **GO** (§ 36) sind die Besonderheiten der Beschlussfassung mit absoluter Mehrheit im GesBR (vgl. Rn 53) zu beachten.

42   Die Vorschriften des § 37 Abs. 1 bis 3 über die **ehrenamtliche Tätigkeit,** die **Arbeitsbefreiung** und den **Ausgleich** von amtsbedingter Tätigkeit außerhalb der Arbeitszeit durch **Freizeitgewährung oder Vergütung wie Mehrarbeit** sind ebenfalls auf die Mitgl. des GesBR anzuwenden (*Richardi/Annuß* Rn 48 ff.; *DKKW-Trittin* Rn 47 ff.).

43   § 37 Abs. 4 bis 7 über die Ermittlung des **Arbeitsentgelts** der BRMitgl., über die Art ihrer **Beschäftigung** und ihre Teilnahme an **Bildungsveranstaltungen** finden keine Anwendung auf die Mitgl. des GesBR, da für sie diese Vorschriften bereits in ihrer Eigenschaft als BRMitgl. gelten (ErfK/*Koch* Rn 4; HSWGNR-*Glock* Rn 60; *DKKW-Trittin* Rn 49; GK-*Kreutz* Rn 54). Der Umfang der im GesBR übernommenen Aufgaben kann Auswirkungen auf die Beurteilung der Erforderlichkeit der Teilnahme an Schulungs- und Bildungsveranstaltungen nach § 37 Abs. 6 haben. Diese Erforderlichkeit kann nicht allein nach der im entsendenden BR ausgeübten Tätigkeit beurteilt werden; vielmehr muss hierbei auch die Tätigkeit im GesBR, die letztlich eine aus der BRFunktion fließende Betätigung ist, berücksichtigt werden (BAG 10. 6. 75 AP Nr. 1 zu § 73 BetrVG 1972; GK-*Kreutz* Rn 54; ErfK/*Koch* Rn 4). **Zuständig** für die Entsendung von Mitgl. des GesBR zu Schulungsveranstaltungen ist nicht der GesBR, sondern der **entsendende BR** (BAG 10. 6. 75 AP Nr. 1 zu § 73 BetrVG 1972).

Für die Freistellung von Mitgl. des GesBR gilt **nicht § 38 Abs. 1**; es gibt **keine** 44
Mindestfreistellungen. Über die auch für die GesBRMitgl. geltende Generalklausel
des § 37 Abs. 2 kann der GesBR jedoch die **Freistellung** eines oder mehrerer sei-
ner Mitgl. beanspruchen, wenn und soweit dies zur ordnungsmäßigen Wahrnehmung
der dem GesBR obliegenden Aufgaben erforderlich ist (ErfK/*Koch* Rn 4; *DKKW-
Trittin* Rn 51; GK-*Kreutz* Rn 55; MünchArbR-*Joost* § 225 Rn 79; LAG München
BB 91, 1337; vgl. hierzu § 38 Rn 25 ff.). Da die Entscheidung über die Person der
Freizustellenden allein dem GesBR obliegt, ist insoweit § 38 Abs. 2 entspr. anzuwenden (*Richardi/Annuß* Rn 51; *DKKW-Trittin* Rn 51; **aA** GK-*Kreutz* Rn 55;
HSWGNR-Glock Rn 63; MünchArbR-*Joost* § 225 Rn 79, die das formale Freistel-
lungsverf. nach § 38 Abs. 2 nicht für anwendbar halten). Freiwillige Vereinbarungen
zwischen ArbGeb. und GesBR über Freistellungen von Mitgl. des GesBR sind zulässig (GK-*Kreutz* Rn 55).

Sprechstunden des GesBR während der Arbeitszeit sind **nicht** vorgesehen. § 39 45
ist nicht entspr. anwendbar. ArbGeb. und GesBR können aber freiwillig die Durchführung von Sprechstunden auch des GesBR vereinbaren (*HSWGNR-Glock* Rn 64;
Richardi/Annuß Rn 38).

Die Vorschriften über **Kosten und Sachaufwand (§ 40)** und über das **Umlage-** 46
verbot (§ 41) finden auf den GesBR Anwendung (vgl. BAG 9. 12. 09 –
7 ABR 46/08 – NZA 10, 662). Die Kosten für die Teilnahme der Mitgl. des GesBR
an dessen Sitzungen hat der ArbGeb. im Rahmen des Grundsatzes der Verhältnismäßigkeit auch dann zu tragen, wenn die Sitzungen nicht am Sitz der Hauptverwaltung,
sondern in einem anderen Betrieb des Unternehmens stattfinden (BAG 24. 7. 79 AP
Nr. 1 zu § 51 BetrVG 1972; vgl. auch Rn 35). Weitere Beispiele aus der Rspr.: LAG
Berlin BB 74, 1439: Reisekosten des GesBRVors. zu auswärtigem Betrieb; BAG
5. 11. 81 AP Nr. 9 zu § 76 BetrVG 1972: Kosten eines vom GesBR für die Verhandlungen vor der E-Stelle hinzugezogenen Rechtsanwalts; ArbG Darmstadt 5. 7. 88
AiB 88, 285: Mehrtägige GesBRSitzung im Hotel; ArbG München DB 91, 2295:
Reisekosten des GesBR zu Treffen mit ArbNVertr. einer ausländischen Tochtergesell-
schaft.

Der GesBR hat das Recht, die ArbN des Unternehmens über seine Tätigkeit zu 47
unterrichten. Er ist ein eigenständiges Organ mit eigener originärer Zuständigkeit.
Daher kann auch die Herausgabe eines Informationsblatts durch den GesBR erforderlich sein (ErfK/*Koch* Rn 4; *DKKW-Trittin* Rn 55; **aA** BAG 21. 11. 78 AP Nr. 4
zu § 50 BetrVG 1972; GK-*Kreutz* Rn 57; *Richardi/Annuß* Rn 39; *HSWGNR-Glock*
Rn 66).

Für die Tätigkeit im GesBR sind den Mitgl. **Büropersonal, Räume, Fachlitera-** 48
tur und Sachmittel zur Verfügung zu stellen, soweit die den BR zur Verfügung
gestellten Mittel nicht ausreichen (BAG 9. 12. 09 – 7 ABR 46/08 – NZA 10, 662;
ErfK/*Koch* Rn 4; *HSWGNR-Glock* Rn 65). Zum Zwecke der wechselseitigen Erreichbarkeit kann der GesBR die **Freischaltung** der in seinem Büro und der in
BRlosen Verkaufsstellen eines filialisierten Einzelhandelsunternehmen vorhandenen
Telefone verlangen (BAG 9. 12. 09 – 7 ABR 46/08 – NZA 10, 662; *Weber* Anm I
und *Wedde* Anm. II zu AP Nr. 97 zu § 40 BetrVG 1972; *Bieder* SAE 10, 257). Maßgeblich ist, ob er die Nutzung der im Betrieb vorhandenen **Kommunikationstech-**
nik unter Berücksichtigung auch der Interessen des ArbGeb. für erforderlich halten
darf (BAG 9. 12. 09 – 7 ABR 46/08 – NZA 10, 662).

VI. Beschlüsse des Gesamtbetriebsrats und seiner Ausschüsse

1. Beschlüsse des Gesamtbetriebsrats

Abs. 3 modifiziert die Grundsätze des § 33 über die **Beschlussfassung** des GesBR 49
unter Berücksichtigung des Prinzips der Stimmengewichtung (§ 47 Rn 33 ff.).

50   Nach Abs. 3 S. 3 ist der GesBR **beschlussfähig,** wenn die Hälfte der Mitgl. des
      GesBR an der Beschlussfassung teilnimmt und die teilnehmenden Mitgl.
      mindestens die Hälfte des Stimmengewichts aller GesBRMitgl. repräsentieren.

> **Beispiel:**
>
> Der GesBR hat 20 Mitgl., die ein Gesamtvolumen an Stimmengewicht von 18 000 reprä-
> sentieren. Der GesBR ist beschlussfähig, wenn mindestens 10 Mitgl. an der Beschlussfas-
> sung teilnehmen und diese Mitgl. mindestens 9000 Stimmen vertreten.

51   Nach Abs. 3 S. 1 werden die Beschlüsse des GesBR, soweit nichts anderes be-
      stimmt ist (vgl. insb. Rn 53), mit der **Mehrheit der Stimmen der anwesenden
      Mitgl.** gefasst. Maßgeblich ist dabei nicht die Zahl der Mitgl., sondern die Anzahl
      der **nach § 47 Abs. 7 bis 9 gewichteten Stimmen** (ErfK/*Koch* Rn 2; *Richardi/
      Annuß* Rn 42; *DKKW-Trittin* Rn 32).

> **Beispiel:**
>
> Ein an der Beschlussfassung teilnehmendes Mitgl. vertritt 4800 Stimmen, die anderen
> 9 Mitgl. zusammen 4200 Stimmen. Das erstgenannte Mitgl. kann die übrigen Mitgl. über-
> stimmen und damit den Beschluss herbeiführen.

52   Nach Abs. 3 S. 2 ist ebenso wie bei der Beschlussfassung des BR nach § 33 Abs. 1
      S. 2 ein Antrag bei **Stimmengleichheit** abgelehnt. Da auch insoweit die gewichte-
      ten Stimmen maßgeblich sind, ist der Fall sehr unwahrscheinlich.
53   Bestimmte Beschlüsse des GesBR bedürfen der **absoluten Mehrheit** (vgl. *Richar-
      di/Annuß* Rn 43; ErfK/*Koch* Rn 2). Absolute Mehrheit ist die Mehrheit aller im
      GesBR vertretenen Stimmen. Die absolute Mehrheit ist erforderlich bei
      – **Übertragung von Aufgaben zur selbständigen Erledigung auf den Ges-
        BetrAusschuss** (Abs. 1 S. 1 iVm. § 27 Abs. 2) sowie auf andere Ausschüsse oder
        einzelne Mitgl. (Abs. 1 S. 1 iVm. § 28);
      – der Erlass einer **GO** (Abs. 1 S. 1 iVm. § 36);
      – die **Beauftragung des KBR** mit der Wahrnehmung einer Angelegenheit für den
        GesBR (§ 58 Abs. 2);
      – die **Übertragung der Aufgaben des WiAusschusses** auf einen Ausschuss des
        GesBR (§ 107 Abs. 3).
54   Ist für die Beschlussfassung die **absolute Mehrheit** erforderlich, müssen dem Be-
      schluss so viele Mitgl. des GesBR zustimmen, dass deren Stimmengewicht mehr als
      die Hälfte aller im GesBR vertretenen Stimmengewichte beträgt (ErfK/*Koch* Rn 2;
      Richardi/Annuß Rn 43; *DKKW-Trittin* Rn 33). Werden zB 20 000 wahlberechtigte
      ArbN vertreten (vgl. § 47 Abs. 7), so ist zur Annahme eines Beschlusses etwa über
      die GO des GesBR (Abs. 1 S. 1 iVm. § 36) erforderlich, dass die ihm zustimmenden
      GesBRMitgl. mindestens 10 001 ArbN repräsentieren.
55   Bei der Beschlussfassung des GesBR ist gemäß Abs. 3 S. 3 Halbs. 2 **Stellvertr.
      durch ErsMitgl.** zulässig. Zur Bestellung von ErsMitgl. vgl. § 47 Rn 42 ff., zum
      Nachrücken vgl. oben Rn 28).
56   Nach § 73 Abs. 2 iVm. § 67 Abs. 2 hat die **GesJugAzubiVertr. Stimmrecht**
      im GesBR, soweit der zu fassende Beschluss überwiegend jugendliche oder auszubil-
      dende ArbN des Unternehmens betrifft (vgl. § 67 Rn 20 ff.). In diesen Fällen wer-
      den nach Abs. 3 S. 4 iVm. § 33 Abs. 3 die Stimmen der GesJugAzubiVertr. bei
      der Feststellung der **Stimmenmehrheit** mitgezählt, **nicht** dagegen bei der Frage
      der **Beschlussfähigkeit** des GesBR (*Richardi/Annuß* Rn 44; GK-*Kreutz* Rn 76;
      HSWGNR-Glock Rn 13; *DKKW-Trittin* Rn 34; ErfK/*Koch* Rn 2) oder bei der Fest-
      stellung, ob eine gesetzlich vorgeschriebene **absolute Mehrheit** der Stimmen der
      Mitgl. des GesBR zustande gekommen ist (GK-*Kreutz* Rn 76; vgl. § 33 Rn 39 ff.).
57   Soweit die Stimmen mitgezählt werden, ist auf die Stimmengewichte der Mitgl.
      des GesBR und der GesJugAzubiVertr. abzustellen, nicht auf die Zahl der Personen,

dh die Mitgl. der GesJugAzubiVertr. bringen die von ihnen vertretenen Stimmen in die Beschlussfassung ein. Dabei kann jedes Mitgl. der GesJugAzubiVertr. nur die Stimmen abgeben, die ihm nach § 72 Abs. 7 zustehen. Die GesJugAzubiVertr. gibt die Gesamtheit ihres Stimmengewichts nicht geschlossen ab.

1. Beispiel:

Gegenstand der Beschlussfassung ist ein mit einfacher Mehrheit zu fassender Beschluss, der überwiegend jugendliche und auszubildende ArbN (§ 60 Abs. 1) des Unternehmens betrifft.
Der GesBR ist in einer Besetzung mit 10 Mitgl., die insges. 12 000 Stimmen vertreten, beschlussfähig zusammengetreten. Von der GesJugAzubiVertr. nehmen 5 Mitgl. mit insgesamt 700 Stimmen an der Beschlussfassung teil.
Die Abstimmung ergibt:

für den Beschluss haben gestimmt 7 Mitgl. des GesBR mit insges.	5900 Stimmen
3 Mitgl. der GesJugAzubiVertr. mit insges.	500 Stimmen
	6400 Stimmen
Gegen den Beschluss haben gestimmt 3 Mitgl. des GesBR mit insges.	6100 Stimmen
2 Mitgl. der GesJugAzubiVertr. mit insges.	200 Stimmen
	6300 Stimmen

Der Beschluss, bei dem die Stimmen der GesJugAzubiVertr. den Ausschlag gegeben haben, ist als Beschluss des GesBR mit einfacher Mehrheit zustande gekommen.

2. Beispiel:

Ein Beschluss bedarf der absoluten Mehrheit im GesBR. Er betrifft überwiegend die jug. und auszubildenden ArbN (§ 60 Abs. 1) des Unternehmens.
Der GesBR besteht aus 20 Mitgl. Das Gesamtvolumen der Stimmengewichte beträgt 19 500. An der Beschlussfassung nimmt die JugAzubiVortr. mit 5 Mitgl. und einem Gesamtvolumen von 700 Stimmen teil.

a) Für den Beschluss haben gestimmt:

8 Mitgl. des GesBR mit insgesamt	10 000 Stimmen
5 Mitgl. der GesJugAzubiVertr. mit insgesamt	700 Stimmen
	10 700 Stimmen
Gegen den Beschluss haben gestimmt:	
12 Mitgl. des Ges BR mit insgesamt	9 500 Stimmen

Der Beschluss ist mit absoluter Mehrheit gefasst.

b) Für den Beschluss haben gestimmt:

12 Mitgl. des GesBR mit insgesamt	9 500 Stimmen
5 Mitgl. des GesJugAzubiVertr. mit insgesamt	700 Stimmen
	10 200 Stimmen
Gegen den Beschluss haben gestimmt:	
8 Mitgl. des GesBR mit insgesamt	10 000 Stimmen

Der Antrag ist abgelehnt. Zwar entfallen auf ihn mehr als die Hälfte der insgesamt abzugebenden Stimmen. Das Erfordernis der absoluten Mehrheit der Stimmen der Mitgl. des GesBR ist aber nicht erfüllt. Die Stimmen der GesJugAzubiVertr. sind insoweit unbeachtlich.

c) Für den Beschluss haben gestimmt:

8 Mitgl. des GesBR mit insgesamt	10 000 Stimmen
gegen den Beschluss haben gestimmt:	
12 Mitgl. des GesBR mit insgesamt	9 500 Stimmen
5 Mitgl. der GesJugAzubiVertr. mit insgesamt	700 Stimmen
	10 200 Stimmen

Der Antrag ist abgelehnt. Zwar ist das Erfordernis der absoluten Mehrheit der Stimmen der Mitgl. des GesBR erfüllt. Die im Hinblick auf das Stimmrecht der GesJugAzubiVertr. erforderliche Stimmenmehrheit liegt aber nicht vor.

Soweit bei der **Post-AG** (vgl. § 1 Rn 45 ff.) Beteiligungsrechte in Personalangele- **58** genheiten der Beamten ausnahmsweise vom GesBR wahrgenommen werden (vgl. § 50 Rn 57), sind nur die **Beamtenvertr.** nach gemeinsamer Beratung zur Beschlussfassung berufen (§ 32 Abs. 2 iVm. § 28 S. 2 PostPersRG). Ein Vertr. der Beamten im GesBR hat nach § 32 Abs. 1 Nr. 2 S. 2 PostPersRG so viele Stimmen, wie wahlberechtigte Beamte in der Wählerliste seines Betriebes eingetragen sind (*Richardi/ Annuß* Rn 45).

2. Beschlüsse der Ausschüsse des Gesamtbetriebsrats

59   Das **Prinzip der Stimmengewichtung** findet gemäß Abs. 4 iVm. § 33 Abs. 1 u. 2 **keine Anwendung auf Beschlüsse von Ausschüssen des GesBR** (vgl. Rn 26). Das in einen solchen Ausschuss gewählte Mitgl. des GesBR vertritt nicht mehr die Stimmen der wahlberechtigten ArbN des entsendenden Betriebes, sondern seine Aufgaben sind ihm unmittelbar vom GesBR übertragen worden. In den Ausschüssen wird daher ebenso wie in den Ausschüssen des BR nach Personen abgestimmt. Nach § 33 Abs. 1 hat daher **jedes Mitgl. des Ausschusses** nur **eine Stimme** (*Richardi/ Annuß* Rn 47; GK-*Kreutz* Rn 77). Bei Stimmengleichheit ist ein Antrag nach Abs. 4 iVm. § 33 Abs. 1 S. 2 abgelehnt.

60   Auch für die **Beschlussfähigkeit** kommt es nach Abs. 4 iVm. § 33 Abs. 2 nicht auf die gewichteten Stimmen an. Der Ausschuss ist vielmehr dann beschlussfähig, wenn mindestens die Hälfte seiner Mitgl. an der Beschlussfassung teilnimmt.

61   Wegen **Teilnahme von Mitgl. der GesJugAzubiVertr.** an den Sitzungen des GesBetrAusschusses oder weiterer Ausschüsse des GesBR vgl. § 27 Rn 58.

VII. Rechte und Pflichten des Gesamtbetriebsrats

62   Abs. 5 stellt durch eine **Generalklausel** klar, dass der GesBR grundsätzlich **dieselben Rechte und Pflichten** wie der BR hat. Dies gilt zum einen für die allgemeinen Grundsätze des Gesetzes, wie zB für die Gebote zur vertrauensvollen Zusammenarbeit nach § 2 Abs. 1 oder zur Beachtung des Gleichbehandlungsgrundsatzes nach § 75 Abs. 1 (BAG 16. 8. 11 – 1 ABR 22/10 –; *HSWGNR-Glock* Rn 68; *DKKW-Trittin* Rn 58; GK-*Kreutz* Rn 80; ErfK/*Koch* Rn 4).

63   Der GesBR hat ferner, soweit er zuständig ist (vgl. § 50 Rn 15 ff.), die **gleichen materiellen Beteiligungsrechte wie der BR** (BAG 20. 1. 04 – 9 AZR 23/03 –; *DKKW-Trittin* Rn 58; *HSWGNR-Glock* Rn 69; GK-*Kreutz* Rn 80; ErfK/*Koch* Rn 4). Er hat das Recht, unter den Voraussetzungen des § 80 Abs. 3 Sachverständige hinzuzuziehen (*HSWGNR-Glock* Rn 69; GK-*Kreutz* Rn 80). Eine materielle Ausweitung der MBR ist mit der Zuständigkeit des GesBR aber nicht verbunden (GK-*Kreutz* Rn 81). Über die generelle Zuständigkeit des GesBR nach § 50 hinaus ergeben sich besondere gesetzlich ausdrücklich geregelte Zuständigkeiten insb. aus §§ 16 Abs. 3, 17 Abs. 1, 17a, 54 ff. und 107 Abs. 2 S. 2, im Bereich der Unternehmensmitbestimmung (vgl. GK-*Kreutz* Rn 84), bei der Errichtung des EBR (vgl. GK-*Kreutz* Rn 86), des SE–BR (vgl. § 1 Rn 182a) sowie in bestimmten Fällen der Umwandlung (vgl. GK-*Kreutz* Rn 87) und der grenzüberschreitenden Verschmelzung (vgl. § 1 Rn 182b).

64   Abs. 5 bezieht sich nicht auf **Fragen der Errichtung und Geschäftsführung** des GesBR, dh auf die eigentlichen Organisationsvorschriften, da diese Fragen in den entspr. Vorschriften über den GesBR oder durch ausdrückliche Verweisung auf die für den BR geltenden Vorschriften geregelt sind (ErfK/*Koch* Rn 10; GK-*Kreutz* Rn 79; *HSWGNR-Glock* Rn 69; aA *DKKW-Trittin* Rn 57).

65   **Besondere ausdrückliche Vorschriften** zur Rechtsstellung des GesBR enthält das Gesetz in § 76 Abs. 1 S. 1, § 78 S. 1, § 79 Abs. 1 S. 4, Abs. 2, § 107 Abs. 2 S. 2, Abs. 3 S. 6, § 108 Abs. 6, § 109 S. 4. Diese Bestimmungen haben klarstellende Funktion. Aus ihnen kann nicht der (Umkehr-)Schluss gezogen werden, dass die Rechtsstellung des GesBR auf die dort genannten Rechte beschränkt wäre (*HSWGNR-Glock* Rn 69; GK-*Kreutz* Rn 82).

VIII. Streitigkeiten

Streitigkeiten in Bezug auf die **Geschäftsführung** des GesBR entscheiden die **66** **ArbG im BeschlVerf.** (§§ 2a, 80ff. ArbGG). Örtlich zuständig ist gemäß § 82 Abs. 1 S. 2 ArbGG das ArbG, in dessen Bezirk das Unternehmen seinen Sitz hat (vgl. auch § 47 Rn 86). Zu den Besonderheiten des BeschlVerf. vgl. Nach § 1.

Streitigkeiten über das **Arbeitsentgelt** von Mitgl. des GesBR sind im **Urteilsverf.** **67** auszutragen. Örtlich zuständig ist gemäß § 46 Abs. 2 ArbGG iVm. § 29 ZPO regelmäßig das ArbG, in dessen Bezirk der Beschäftigungsbetrieb liegt.

§ 52 Teilnahme der Gesamtschwerbehindertenvertretung

Die Gesamtschwerbehindertenvertretung (§ 97 Abs. 1 des Neunten Buches Sozialgesetzbuch) kann an allen Sitzungen des Gesamtbetriebsrats beratend teilnehmen.

Inhaltsübersicht

I. Vorbemerkung

Die Bestimmung **entspricht** dem für den BR geltenden § 32. Sie korrespondiert **1** außerdem mit der nach § 97 **Abs. 7 SGB IX** entspr. anwendbaren Regelung des **§ 95 Abs. 4 S. 1 SGB IX.**

Die Regelung ist **zwingend** und kann weder durch TV noch durch BV abbedun- **2** gen werden (GK-*Kreutz* Rn 4).

Entspr. Vorschriften des **BPersVG:** §§ 54, 56 iVm. § 40. **3**

II. Die Gesamtschwerbehindertenvertretung

1. Wahl und Amtszeit

Bildung und Aufgaben der GesSchwbVertr. sind in § 97 **Abs. 1, 5 bis 8** **4** **SGB IX** geregelt. Ist für mehrere Betriebe ein GesBR errichtet, wählen die Schwb-Vertr. der einzelnen Betriebe gemäß § 97 Abs. 1 S. 1 SGB IX eine GesSchwbVertr. Ist eine SchwbVertr. nur in einem der Betriebe des Unternehmens gewählt, nimmt diese nach § 97 Abs. 1 S. 2 SGB IX die Rechte und Pflichten der GesSchwbVertr. wahr.

Zu wählen ist eine **Vertrauensperson** und nach § 97 Abs. 5 SGB IX wenigstens **5** ein stellvertretendes Mitgl. Die **regelmäßigen Wahlen** zur GesSchwbVertr. finden nach § 97 Abs. 7 iVm. § 94 Abs. 5 SGB IX alle vier Jahre in der Zeit vom 1. Dezember bis 31. Januar statt und schließen sich an die Wahlen der SchwbVertr. an, die in der Zeit vom 1. Oktober bis 30. November durchgeführt werden.

Einzelheiten des **Wahlverf.** sind in dem nach § 97 Abs. 7 SGB IX entspr. an- **6** wendbaren § 94 Abs. 6 SGB IX geregelt. **Wahlberechtigt** sind nach § 97 Abs. 1 S. 1

SGB IX (nur) die SchwbVertr. der einzelnen Betriebe (vgl. BAG 24. 5. 06 EzA § 97 SGB IX Nr. 1). **Wählbar** sind nach § 94 Abs. 3 S. 1 SGB IX iVm. § 97 Abs. 7 SGB IX alle im Unternehmen nicht nur vorübergehend Beschäftigten, die am Wahltag das 18. Lebensjahr vollendet haben und dem Unternehmen seit 6 Monaten angehören. Der Gewählte braucht kein schwerbehinderter Mensch zu sein. Nicht wählbar ist, wer kraft Gesetzes nicht dem BR angehören kann, zB leitende Ang. (GK-*Kreutz* Rn 10).

7 Die Wahl erfolgt nach § 97 Abs. 7 iVm. **§ 94 Abs. 6 S. 1 SGB IX geheim** und **unmittelbar** nach den Grundsätzen der **Mehrheitswahl.** Im Übrigen sind gemäß § 97 Abs. 7 iVm. § 94 Abs. 6 S. 2 SGB IX die Vorschriften über die Wahlanfechtung, Wahlschutz und Wahlkosten bei der BRWahl sinngemäß anzuwenden (vgl. BAG 24. 5. 06 EzA § 97 SGB IX Nr. 1; GK-*Kreutz* Rn 12; *Richardi/Annuß* Rn 5; vgl. zur Anfechtung der Wahl der SchwbVertr. BAG 16. 11. 05 AP Nr. 4 zu § 94 SGB IX).

8 Die **Amtszeit** der GesSchwbVertr. beträgt gemäß § 97 Abs. 7 iVm. § 94 Abs. 7 S. 1 SGB IX vier Jahre. Das Amt erlischt vorzeitig, wenn die Vertrauensperson es niederlegt, aus dem ArbVerh. ausscheidet, ihre Wählbarkeit verliert oder der Widerspruchsausschuss bei dem Integrationsamt (§ 119 SGB IX) auf Antrag eines Viertels der wahlberechtigten schwerbehinderten Menschen des Unternehmens das Erlöschen des Amtes einer Vertrauensperson wegen gröblicher Verletzung ihrer Pflichten beschließt.

2. Aufgaben und Rechtsstellung

9 Die GesSchwbVertr. ist ein **gesetzliches Organ der Betriebsverfassung mit eigenen Rechten und Pflichten** (BAG 21. 9. 89 AP Nr. 1 zu § 25 SchwbG 1986; *DKKW-Trittin* Rn 2; GK-*Kreutz* Rn 16). Sie ist weder Organ noch Mitgl. des GesBR (GK-*Kreutz* Rn 16). Sie **vertritt** nach **§ 97 Abs. 6 S. 1 Halbs. 1 SGB IX** die **Interessen der schwerbehinderten Menschen** in allen Angelegenheiten, **die das Gesamtunternehmen oder mehrere Betriebe** des ArbGeb. **betreffen und von den SchwbVertr. der einzelnen Betriebe nicht geregelt werden können.** Die Zuständigkeit erstreckt sich auch auf die Wahrnehmung von Interessen der schwerbehinderten Menschen, die in einem Betrieb ohne SchwbVertr. tätig sind. Die Regelung ist der Vorschrift des § 50 Abs. 1 über das Verhältnis von GesBR und BR nachgebildet. Die Zuständigkeitsabgrenzung erfolgt nach den gleichen Grundsätzen (vgl. § 50 Rn 15ff.; GK-*Kreutz* Rn 13; *Richardi/Annuß* Rn 6). Daher ist die Zuständigkeit der GesSchwbVertr ebenso wie diejenige des GesBR auf die Angelegenheiten beschränkt, deren Regelung den SchwbVertr. der einzelnen Betriebe nicht möglich ist (vgl. BAG 24. 5. 06 EzA § 97 SGB IX Nr. 1). Nach der durch das „Gesetz zur Förderung der Ausbildung und Beschäftigung schwerbehinderter Menschen" vom 23. 4. 04 (BGBl. I S. 606) erfolgten Erweiterung des § 97 Abs. 6 S. 1 SGB IX umfasst die Interessenvertretung jetzt auch **„Verhandlungen und** den **Abschluss entsprechender Integrationsvereinbarungen"** (vgl. *Braun* MDR 05, 62, 65).

10 Die betriebsverfassungsrechtliche **Rechtsstellung** der auf Unternehmensebene gebildeten GesSchwbVertr. **entspricht,** wie die Verweisung in § 97 Abs. 7 SGB IX zeigt, derjenigen der **SchwbVertr. auf der betrieblichen Ebene.** Zwischen beiden besteht weder ein Über- noch ein Unterordnungsverhältnis (GK-*Kreutz* Rn 13).

11 Im Rahmen ihrer Zuständigkeit ist die GesSchwbVertr. vom ArbGeb. in **allen Angelegenheiten zu beteiligen,** die einen einzelnen **schwerbehinderten Menschen** oder die schwerbehinderten Menschen als Gruppe **berühren.** Der **ArbGeb. muss** gemäß § 97 Abs. 7 iVm. § 95 Abs. 2 S. 1 SGB IX die GesSchwbVertr. umfassend und rechtzeitig **unterrichten,** sie vor einer Entscheidung **anhören** und ihr die getroffene **Entscheidung unverzüglich mitteilen.** Ist die Beteiligung unterblieben, so ist nach § 97 Abs. 7 iVm. § 95 Abs. 2 S. 2 SGB IX die Durchführung oder Vollziehung einer Entscheidung auszusetzen und die Beteiligung innerhalb von sieben Tagen nachzuholen. Sodann muss der ArbGeb. endgültig entscheiden. Die unterblie-

bene Beteiligung hat nicht die Unwirksamkeit der Maßnahme zur Folge (vgl. § 32 Rn 11). Daran hat sich auch mit dem „Gesetz zur Förderung der Ausbildung und Beschäftigung schwerbehinderter Menschen" vom 23. 4. 04 (BGBl. I S. 606) nichts geändert (dies kritisieren *Feldes/Kossack* AiB 04, 453, 456).

Nach § 97 Abs. 7 iVm. § 95 Abs. 5 SGB IX wird die GesSchwbVertr. zu den **12** **monatlichen Besprechungen** zwischen ArbGeb. und GesBR (§ 51 Abs. 5 iVm. § 74 Abs. 1) hinzugezogen. Das Teilnahmerecht setzt nicht voraus, dass Angelegenheiten beraten werden, die Schwerbehinderte besonders betreffen (BT-Drucks. 10/5701 S. 11; GK-*Kreutz* Rn 20). Eine Entsprechung für das durch den neuen § 94 Abs. 8 SGB IX eingeführte Teilnahme- und Rederecht der SchwbVertr. auf Betriebsvers. (vgl. dazu *Kossens* ZBVR 04, 211, 212) gibt es auf der Ebene der GesSchwbVertr. nicht.

Die GesSchwbVertr. hat das Recht, mindestens einmal im Kalenderjahr eine **13** **Verslg. der Vertrauensmänner und Vertrauensfrauen** durchzuführen. Auf diese Verslg. finden die für BetrVerslg. geltenden Vorschriften entspr. Anwendung (§ 97 Abs. 8 iVm. § 95 Abs. 6 SGB IX).

3. Persönliche Rechtsstellung

Für die **persönliche Rechtsstellung** der GesSchwbVertr. gelten gemäß § 97 Abs. 7 **14** iVm. § 96 SGB IX die Bestimmungen über die persönlichen Rechte und Pflichten der Vertrauensperson entspr. (vgl. § 32 Rn 17 ff.; ferner *Düwell* BB 01, 2581).

III. Teilnahme an den Sitzungen des Gesamtbetriebsrats und seiner Ausschüsse

Die Vertrauensperson ist **berechtigt,** jedoch nicht verpflichtet, an allen **Sitzun- 15** **gen des GesBR** und seiner Ausschüsse beratend, also ohne Stimmrecht, **teilzu- nehmen.** Die etwas unterschiedlichen Formulierungen in § 52 einerseits („kann ... teilnehmen") und § 95 Abs. 4 S. 1 SGB IX andererseits („hat das Recht ... teilzu- nehmen") machen der Sache nach keinen Unterschied. Das Teilnahmerecht besteht unabhängig davon, ob auf der Sitzung Fragen der schwerbehinderten Menschen be- handelt werden (GK-*Kreutz* Rn 17). Der Vors. des GesBR hat deshalb die Ges- SchwbVertr. unter Mitteilung der Tagesordnung rechtzeitig zu allen Sitzungen zu laden (§ 51 Abs. 2 S. 3 iVm. § 29 Abs. 2). Ist die Vertrauensperson verhindert, ist ihr Stellvertr. berechtigt, an den Sitzungen teilzunehmen (vgl. § 32 Rn 21). Ist die La- dung unterblieben, hat dies keine Bedeutung für die Rechtswirksamkeit der Be- schlüsse des GesBR (*DKKW-Trittin* Rn 10).

Die GesSchwbVertr. hat nicht das Recht, die Einberufung einer GesBRSitzung zu **16** beantragen. Sie kann aber gemäß § 97 Abs. 7 iVm. § 95 Abs. 4 S. 1 Halbs. 2 SGB IX beim GesBR beantragen, **Angelegenheiten,** die einzelne schwerbehinderte Men- schen oder die schwerbehinderten Menschen als Gruppe bes. betreffen, **auf die Ta- gesordnung** der nächsten Sitzung zu **setzen.**

Die GesSchwbVertr. kann gemäß § 97 Abs. 7 iVm. § 95 Abs. 4 S. 2 SGB IX die **17** **Aussetzung von Beschlüssen** des GesBR verlangen, wenn sie der Auffassung ist, dass der Beschluss des GesBR wichtige Interessen der schwerbehinderten Menschen erheblich beeinträchtigt.

Das **Verfahren bei der Aussetzung** von Beschlüssen ist für den GesBR in § 51 **18** Abs. 1 iVm. § 35 geregelt. Auf diese Bestimmungen verweist § 95 Abs. 4 S. 2 Halbs. 2 SGB IX.

IV. Streitigkeiten

Streitigkeiten über das Teilnahmerecht der Vertrauensperson an den Sitzungen des **19** GesBR und seiner Ausschüsse sowie über die Befugnisse der GesSchwbVertr. innerhalb des BetrVG entscheiden die ArbG im BeschlVerf. (§§ 2a, 80ff. ArbGG). Die Wahl der GesSchwbVertr. kann gemäß §§ 97 Abs. 7, 94 Abs. 6 S. 2 SGB IX iVm. § 19 angefochten werden (vgl. BAG 16. 11. 05 AP Nr. 4 zu § 94 SGB IX; 24. 5. 06 EzA § 97 SGB IX Nr. 1). Zu den Kosten der Schwerbehindertenvertretung vgl. BAG 2. 6. 10 – 7 ABR 24/09 – ZTR 10, 671 und 27. 7. 11 – 7 AZR 412/10 –.

§ 53 Betriebsräteversammlung

(1) [1]Mindestens einmal in jedem Kalenderjahr hat der Gesamtbetriebsrat die Vorsitzenden und die stellvertretenden Vorsitzenden der Betriebsräte sowie die weiteren Mitglieder der Betriebsausschüsse zu einer Versammlung einzuberufen. [2]Zu dieser Versammlung kann der Betriebsrat abweichend von Satz 1 aus seiner Mitte andere Mitglieder entsenden, soweit dadurch die Gesamtzahl der sich für ihn nach Satz 1 ergebenden Teilnehmer nicht überschritten wird.

(2) In der Betriebsräteversammlung hat
1. der Gesamtbetriebsrat einen Tätigkeitsbericht,
2. der Unternehmer einen Bericht über das Personal- und Sozialwesen einschließlich des Stands der Gleichstellung von Frauen und Männern im Unternehmen, der Integration der im Unternehmen beschäftigten ausländischen Arbeitnehmer, über die wirtschaftliche Lage und Entwicklung des Unternehmens sowie über Fragen des Umweltschutzes im Unternehmen, soweit dadurch nicht Betriebs- und Geschäftsgeheimnisse gefährdet werden,
zu erstatten.

(3) [1]Der Gesamtbetriebsrat kann die Betriebsräteversammlung in Form von Teilversammlungen durchführen. [2]Im Übrigen gelten § 42 Abs. 1 Satz 1 zweiter Halbsatz und Satz 2, § 43 Abs. 2 Satz 1 und 2 sowie die §§ 45 und 46 entsprechend.

Inhaltsübersicht

I. Vorbemerkung

1 Die durch das BetrVG 1972 eingeführte BRVerslg. ist eine Art „**Parlament der BR** des Unternehmens" (*Richardi/Annuß* Rn 1). Zwar nehmen an ihr nicht – wie ursprünglich im RE vorgesehen (BT-Drucks. VI/1786 S. 12, 43) – alle BRMitgl., sondern nur eine beschränkte Anzahl teil. Gleichwohl entspricht die BRVerslg. ihrer Funktion nach der BetrVerslg. auf Betriebsebene (vgl. *Brill* ArbuR 79, 138, 139).

2 **Zweck** der BRVerslg. ist, einer größeren Zahl von BRMitgl., die nicht dem GesBR angehören, aus erster Hand **Informationen** über dessen Tätigkeit sowie durch einen Bericht des Unternehmers über das Personal- und Sozialwesen und die wirtschaftliche Lage und Entwicklung des Unternehmens **zu vermitteln** (GK-*Kreutz* Rn 1; *Richardi/Annuß* Rn 1). Die BRVerslg. bietet außerdem die Gelegenheit zum **Gedankenaustausch** der BRMitgl. des Unternehmens und dient damit auch einer stärkeren Bindung innerhalb der ArbNschaft (vgl. BR-Drucks. 715/70 S. 43; GK-*Kreutz* Rn 1). Durch das BetrVerf-ReformG wurde die Berichtspflicht erstreckt

auf Fragen der Gleichstellung von Frauen und Männern, auf die Integration der ausländischen ArbN sowie auf Fragen des Umweltschutzes im Unternehmen.

Im **Konzernbereich** findet die Vorschrift keine Anwendung; es gibt kraft Geset- **3** zes keine Verslg. aller BR eines Konzerns (vgl. § 59 Abs. 1). Auch ist gesetzlich keine Verslg. aller **JugAzubiVertr.** des Unternehmens vorgesehen (vgl. § 73 Abs. 2). Beide Verslg. können aber mit Zustimmung des ArbGeb. durchgeführt werden (*HSWGNR-Glock* Rn 3; *DKKW-Trittin* Rn 5). Im Bereich der **Seeschifffahrt** sind Verslg. der Bordvertr. nicht durchzuführen (vgl. § 116 Abs. 4 und 5).

Die Vorschrift ist **zwingend** und kann weder durch TV noch durch BV abbedun- **4** gen werden. Zulässig ist es aber, nähere Einzelheiten für die Durchführung der BRVerslg. in einer zwischen dem GesBR und dem ArbGeb. abzuschließenden ergänzenden BV festzulegen (*Brill* ArbuR 79, 138, 139; *HSWGNR-Glock* Rn 2; *GK-Kreutz* Rn 4). Die Gesamtzahl der Teilnehmer kann durch BV oder TV nicht erweitert werden (*HSWGNR-Glock* Rn 2; *GK-Kreutz* Rn 4; **ErfK**/*Koch* Rn 1; **aA** *DKKW-Trittin* Rn 3).

Entspr. Vorschrift im **BPersVG:** keine, im **SprAuG:** keine. **5**

II. Teilnehmer

1. Betriebsräte

Die BRVerslg. besteht nach Abs. 1 S. 1 aus den Mitgl. des GesBR und Mitgl. der **6** einzelnen BR. Von den BR sind **teilnahmeberechtigt** der **Vors.** und **stellvertr. Vors.** (§ 26) sowie die **weiteren Mitgl. der BetrAusschüsse** (§ 27), soweit die einzelnen BR keine abweichende Regelung treffen.

Es ist **dem einzelnen BR freigestellt,** statt der gesetzlich vorgesehenen Teil- **7** nehmer **andere seiner Mitgl. zu entsenden.** Das wird praktisch vor allem dann bedeutsam, wenn diese Personen schon in ihrer Eigenschaft als Mitgl. des GesBR an der Verslg. teilnehmen. Hierdurch wird die Möglichkeit geschaffen, zum einen den Kreis der Teilnehmer im Interesse einer möglichst großen Informationsbreite zu erweitern, zum anderen zu speziellen Tagesordnungspunkten der BRVerslg. besonders sachkundige BRMitgl. zu entsenden (vgl. *GK-Kreutz* Rn 11; *HSWGNR-Glock* Rn 5).

Die dem **GesBR angehörenden BRMitgl.** sind auf die Gesamtzahl der nach **8** § 53 teilnahmeberechtigten BRMitgl. **nicht anzurechnen** (*Richardi*/*Annuß* Rn 8; *GK-Kreutz* Rn 14; *DKKW-Trittin* Rn 9; *HSWGNR-Glock* Rn 5; *ErfK*/*Koch* Rn 1; MünchArbR-*Joost* § 226 Rn 8). Im Übrigen haben jedoch aus den einzelnen Betrieben nicht mehr BRMitgl. Anspruch auf Teilnahme an der BRVerslg., als der gesetzlichen Zahl der Mitgl. des jeweiligen BetrAusschusses entspricht. Die Höchstzahl der auf die einzelnen BR entfallenden Mitgl. ergibt sich daher aus der Staffel des § 27 Abs. 1 S. 2 (vgl. *GK-Kreutz* Rn 13; *DKKW-Trittin* Rn 9).

Der BR kann nach Abs. 1 S. 2 nur **Mitgl. „aus seiner Mitte"** in die BRVerslg. **9** entsenden. Die Teilnahme von ErsatzMitgl. ist daher nur zulässig, wenn sie endgültig oder im Zeitraum der BRVerslg. in den BR nachgerückt sind (vgl. *Brill* ArbuR 79, 138, 140; *Richardi*/*Annuß* Rn 7; *GK-Kreutz* Rn 12; *HSWGNR-Glock* Rn 6; *DKKW-Trittin* Rn 8).

Die Entsendung anderer als der gesetzlich vorgesehenen Mitgl. erfolgt durch **Be- 10 schluss des BR,** der mit **einfacher Stimmenmehrheit** gefasst wird (*GK-Kreutz* Rn 15; *DKKW-Trittin* Rn 9).

2. Weitere Teilnehmer

Der **Unternehmer** ist zur Teilnahme an der jährlichen BRVerslg. berechtigt und **11** wegen seiner nach Abs. 2 Nr. 2 bestehenden Berichtspflicht auch verpflichtet. Er ist deshalb unter Mitteilung der Tagesordnung zu der Verslg. zu laden (GK-*Kreutz* Rn 34; *Richardi/Annuß* Rn 9; *HSWGNR-Glock* Rn 7). Bei zusätzlichen BRVerslg. (vgl. Rn 30) besteht grundsätzlich weder eine Pflicht noch ein Anspruch des ArbGeb. auf Teilnahme. Er ist aber vorab unter Mitteilung der Tagesordnung zu informieren (vgl. GK-*Kreutz* Rn 34, 51).

12   Nimmt der Unternehmer an der Verslg. teil, kann er nach Abs. 3 S. 2 iVm. § 46 Abs. 1 S. 2 einen **Beauftragten der ArbGebVereinigung** hinzuziehen, der er angehört (*Richardi/Annuß* Rn 9; *HSWGNR-Glock* Rn 8).

13   Teilnahmeberechtigt sind nach Abs. 3 S. 2 iVm. § 46 Abs. 1 S. 1 auch die Beauftragten aller in einem Betrieb des Unternehmens vertretenen **Gewerkschaften** (ErfK/ *Koch* Rn 1; *Richardi/Annuß* Rn 10; *HSWGNR-Glock* Rn 9; GK-*Kreutz* Rn 53). Die sich aus Abs. 3 S. 2 iVm. § 46 Abs. 2 ergebende Verpflichtung des GesBR, den Gewerkschaften Zeitpunkt, Tagesordnung und Ort der BRVerslg. rechtzeitig und schriftlich mitzuteilen, beschränkt sich auf die im GesBR vertretenen Gewerkschaften (*DKKW-Trittin* Rn 25; *HSWGNR-Glock* Rn 30; MünchArbR-*Joost* § 226 Rn 10); sie erstreckt sich nicht auf alle in den einzelnen BR vertretenen Gewerkschaften (so aber *Richardi/Annuß* Rn 29; GK-*Kreutz* Rn 36). Der GesBR muss nicht von sich aus nachforschen, welche Gewerkschaften in den einzelnen BR vertreten sind. Legen die einzelnen BR Wert auf die Teilnahme der in ihnen vertretenen Gewerkschaften, ist es ihnen unbenommen, diese von der BRVerslg. zu informieren.

14   Auch die **GesSchwbVertr.** hat ein Teilnahmerecht (GK-*Kreutz* Rn 41; *DKKW-Trittin* Rn 24; aA *Richardi/Annuß* Rn 11; *HSWGNR-Glock* Rn 10; MünchArbR-*Joost* § 226 Rn 11). Dieses ist zwar auch im Gesetz zur Förderung und Beschäftigung schwerbehinderter Menschen vom 23. 4. 04 (BGBl. S. 606) nicht ausdrücklich geregelt, folgt aber aus der Aufgabenstellung der GesSchwbVertr. (vgl. § 97 Abs. 6 SGB IX) und korrespondiert mit deren sich aus § 52 sowie aus § 97 Abs. 7 iVm. § 95 Abs. 4 S. 1 SGB IX) ergebenden Teilnahmerecht an den Sitzungen des GesBR.

15   Die Teilnahme von Mitgl. der **GesJugAzubiVertr.**, des **KBR**, des **WiAusschusses** und von **ArbNVertr. im AR** ist nicht vorgeschrieben, jedoch nicht unzulässig und kann im Einzelfall je nach Tagesordnung zweckmäßig sein. So ist zB die Teilnahme eines Mitgl. der GesJugAzubiVertr. sinnvoll, wenn es in der BRVerslg um Angelegenheiten geht, die jug. und auszubildende ArbN betreffende (*Brill* ArbuR 79, 138, 143; ErfK/*Koch* Rn 1; *Richardi/Annuß* Rn 11). Ebenso wie bei BetrVerslg. (vgl. dazu § 42 Rn 18, 43) steht der Teilnahme von Mitgl. dieser Gremien an der BRVerslg. nicht entgegen, dass diese nach Abs. 3 S. 2 iVm. § 42 Abs. 1 S. 2 nicht öffentlich ist (vgl. Rn 42; GK-*Kreutz* Rn 41). Diese Gremien haben aber kein eigenes originäres Teilnahmerecht; Voraussetzung der Teilnahme ist daher eine Einladung durch den Vors. des GesBR.

III. Aufgaben

16   Die BRVerslg. hat auf der Ebene des Unternehmens eine **ähnliche Funktion wie die BetrVerslg.** auf der Betriebsebene. Sie hat keine rechtlichen unmittelbaren Einflussmöglichkeiten auf die Tätigkeit des GesBR. Insb. steht ihr diesem gegenüber **kein Weisungsrecht** zu. Sie kann aber nach Abs. 3 S. 2 iVm. § 45 S. 3 dem GesBR Anträge unterbreiten und zu seinen Beschlüssen Stellung nehmen (GK-*Kreutz* Rn 55; MünchArbR-*Joost* § 314 Rn 17). Die von der BRVerslg. gefassten Beschlüsse binden den GesBR nicht (MünchArbR-*Joost* § 226 Rn 16). Gleichwohl sind sie faktisch nicht ohne Bedeutung, kann doch die BRVerslg. über die einzelnen BR mittelbar Einfluss auf die Zusammensetzung des GesBR nehmen (GK-*Kreutz* Rn 55).

17   Hauptaufgabe der BRVerslg. ist die Entgegennahme des **Tätigkeitsberichts des GesBR** (Abs. 2 Nr. 1) und des **Berichts des Unternehmers** über das Personal- und Sozialwesen sowie über die wirtschaftliche Lage und Entwicklung des Unternehmens (Abs. 2 Nr. 2).

Den **Tätigkeitsbericht** hat der GesBR zu erstatten. Deshalb ist der Bericht vom **18** GesBR in seinem Inhalt festzulegen und nach § 51 Abs. 3 zu beschließen (*Richardi/ Annuß* Rn 13; *HSWGNR-Glock* Rn 14; *GK-Kreutz* Rn 19). Für den Tätigkeitsbericht des GesBR gelten im Übrigen dieselben Grundsätze wie für den vom BR auf der BetrVerslg. zu erstattenden Bericht (vgl. dazu § 43 Rn 13 ff.).

Die **Berichtspflicht des Unternehmers** gegenüber der BRVerslg. betrifft das **19** Personal- und Sozialwesen und die wirtschaftliche Lage und Entwicklung des Unternehmens. Sie geht über die Berichtspflicht des ArbGeb. nach § 43 Abs. 2 S. 2 hinaus; diese bezieht sich nur auf den jeweiligen Betrieb. Dagegen ist Gegenstand der Berichtspflicht nach Abs. 2 Nr. 2 das gesamte Unternehmen.

Der **Unternehmer** muss den Bericht grundsätzlich **selbst** erstatten. Unternehmer **20** ist dabei die natürliche Person oder bei juristischen Personen oder Personengesellschaften der nach der Satzung oder dem Gesellschaftsvertrag vertretungsbefugte Vertreter (vgl. *GK-Kreutz* Rn 49). Eine Delegation auf andere Personen ist – anders als nach § 43 Abs. 2 S. 3 für die BetrVerslg. sowie nach § 108 Abs. 2 S. 1 für den Wi-Ausschuss – nicht vorgesehen (*GK-Kreutz* Rn 50; *DKKW-Trittin* Rn 20; LAG Frankfurt DB 89, 1473).

Der Bericht des Unternehmers über das Personal- und Sozialwesen muss entspr. **21** der durch das BetrVerf-ReformG erfolgten klarstellenden Neufassung des Abs. 2 Nr. 2 (vgl. dazu BT-Drucks. 14/5741 S. 43) auch auf Fragen der **Gleichstellung von Frauen und Männern** im Unternehmen eingehen. Die Verpflichtung entspricht den Aufgaben des BR nach § 80 Abs. 1 Nr. 2 a. Zu berichten ist über den tatsächlichen Stand der Gleichstellung. Die Gleichstellung bezieht sich, wie in § 80 Abs. 1 Nr. 2 a beschrieben, auf die Einstellung, auf die Beschäftigung, den beruflichen Aufstieg, auf Fragen der Aus-, Fort- und Weiterbildung. Dabei ist ein Vergleich zwischen der Ausgangssituation im Berichtszeitraum mit dem Ergebnis am Ende des Berichtszeitraums anzustellen.

Der Bericht des Unternehmers hat sich ferner auf Fragen der **Integration** der im **22** Unternehmen beschäftigten **ausländischen ArbN** zu erstrecken. Die Integration ist auch eine Aufgabe des Unternehmens; sie betrifft nicht nur einzelne Betriebe.

Die **Berichtspflicht** des Unternehmers zur **wirtschaftlichen Lage und Entwick- 23 lung** entspricht der Berichtspflicht des ArbGeb. in der BetrVerslg. (§ 43 Abs. 2, vgl. dort Rn 19 ff.). Der Bericht ist jedoch umfassender; er bezieht sich auf das gesamte Unternehmen.

Der Bericht zur wirtschaftlichen Lage muss sich auf Fragen des **Umweltschutzes 24** im Unternehmen erstrecken. Regelungen zum betrieblichen Umweltschutz finden sich in § 89. Der Bericht in der BRVerslg. betrifft betriebsübergreifend das gesamte Unternehmen.

Eine Berichtspflicht besteht nicht, soweit dadurch **Betriebs- oder Geschäftsge- 25 heimnisse gefährdet** werden (vgl. hierzu § 43 Rn 20). Dabei ist zu berücksichtigen, dass sich der Teilnehmerkreis der BRVerslg. auf Personen beschränkt, die der Verschwiegenheitspflicht des § 79 unterliegen (*Brill* ArbuR 79, 138, 144; *GK-Kreutz* Rn 23; **aA** *Richardi/Annuß* Rn 16).

Der **Bericht des Unternehmers** ist **mündlich** zu erstatten. Die Teilnehmer ha- **26** ben keinen Anspruch auf schriftliche Aushändigung des Berichts. Als Grundlage kann in größeren Unternehmen der schriftliche Bericht nach § 110 Abs. 1 dienen. Zur Berichterstattung gehört auch, dass der Unternehmer Fragen zum Bericht beantwortet (LAG Frankfurt DB 89, 1473; *DKKW-Trittin* Rn 21).

Durch die Bezugnahme auf § 45 ist klargestellt, dass die BRVerslg. **alle Ange- 27 legenheiten einschließlich solcher tarifpolitischer, sozialpolitischer und wirtschaftlicher Art** behandeln darf, die das Unternehmen oder seine ArbN unmittelbar betreffen. Entspr. dem Charakter der BRVerslg. als einer Institution auf Unternehmensebene wird es sich bei diesen Angelegenheiten in erster Linie um solche handeln, die über den betrieblichen Bereich eines einzelnen Betriebes hinausgehen und entweder das Unternehmen bzw. seine ArbN insgesamt oder doch mehrere Betriebe des Unternehmens bzw. deren ArbN betreffen (*Richardi/Annuß* Rn 15). Dies schließt nicht aus, dass sich die BRVerslg. auch mit Angelegenheiten befasst, die ausschließlich einen Betrieb des Unternehmens oder dessen ArbN betreffen (GK-*Kreutz* Rn 25).

28   Zu den Begriffen „tarifpolitische, sozialpolitische und wirtschaftliche Angelegenheiten" vgl. § 45 Rn 8 ff. und § 74 Rn 54 ff.

29   Auch die BRVerslg. unterliegt dem **Gebot der betrieblichen Friedenspflicht.** Sie darf nicht zu einem Instrument des Arbeitskampfes gemacht werden (vgl. hierzu § 45 Rn 23 ff.). Auch ist auf ihr **jede parteipolitische Betätigung untersagt** (vgl. § 45 Rn 25 f.; ErfK/*Koch* Rn 2; GK-*Kreutz* Rn 26).

IV. Anzahl, Einberufung und Durchführung

30   Die BRVerslg. ist nach Abs. 1 S. 1 **mindestens einmal im Kalenderjahr** durchzuführen. Wie sich aus dem Wort „mindestens" ergibt, sind **weitere BRVerslg.** während eines Kalenderjahres **zulässig.** Stimmt der Unternehmer weiteren BRVerslg. nicht zu, so sind diese gleichwohl dann zulässig, wenn ihre Durchführung für die Tätigkeit des GesBR oder der BR **sachlich erforderlich** ist (*Richardi/Annuß* Rn 18; *HSWGNR-Glock* Rn 23; GK-*Kreutz* Rn 27). Hierüber entscheidet der GesBR durch Beschluss. Ihm steht hinsichtlich der Erforderlichkeit ein nur beschränkt gerichtlich überprüfbarer Beurteilungsspielraum zu (vgl. zur Teilnahme von BRMitgl. an überbetrieblichen Informationsgesprächen mit anderen BR BAG 10. 8. 94 NZA 95, 796; vgl. auch BAG 21. 6. 06 – 7 AZR 418/05 –).

31   Nach Abs. 3 S. 1 kann der GesBR die BRVerslg. in Teilverslg. durchführen. Der Normalfall sollte aber die Vollverslg. sein (GK-*Kreutz* Rn 28). Durch sie wird dem Zweck (Rn 2) am besten Rechnung getragen (*Richardi/Annuß* Rn 23). Anders als nach § 42 Abs. 1 S. 3 für die BetrVerslg. (vgl. § 42 Rn 54) ist nicht Voraussetzung, dass eine gleichzeitige Verslg. aller Mitgl. der BetrVerslg. nicht möglich ist. Der GesBR trifft die Entscheidung, ob er eine **Voll- oder Teilverslg.** durchführt, nach pflichtgemäßem Ermessen (*DKKW-Trittin* Rn 15; GK-*Kreutz* Rn 27). Eine Teilverslg. kann insb. wegen der Zahl der Teilnehmer zweckmäßig sein, wenn ein Gedankenaustausch der Teilnehmer sonst nicht mehr sinnvoll möglich ist. Dagegen ist die Teilverslg. nicht schon deshalb zweckmäßig, weil die Betriebe räumlich weit auseinander liegen (vgl. § 42 Rn 54). Der wegen der Entfernung häufig erschwerte Gedankenaustausch sollte mindestens einmal im Jahr möglich sein. Im Übrigen können neben einer jährlichen Vollverslg. weitere Teilverslg. durchgeführt werden.

32   Den **Zeitpunkt der BRVerslg.** legt der GesBR durch Beschluss fest. Er entscheidet nach pflichtgemäßem Ermessen (GK-*Kreutz* Rn 29). Der Zustimmung des ArbGeb. bedarf es nicht. Eine vorherige Abstimmung mit dem Unternehmer ist aber schon deshalb erforderlich, weil dieser auf der Verslg. den Bericht nach Abs. 2 Nr. 2 erstatten muss, und entspricht im Übrigen dem Gebot der vertrauensvollen Zusammenarbeit.

33   Die **Einberufung** der BRVerslg. **durch eine andere Stelle** als den GesBR ist **nicht zulässig.** Anders als nach § 43 Abs. 3 u. 4 bei der BetrVerslg. steht auch weder dem ArbGeb. noch den Gewerkschaften ein durchsetzbares Antragsrecht auf ein Einberufung einer BRVerslg. zu (GK-*Kreutz* Rn 37).

34   Unterlässt der GesBR die Einberufung der BRVerslg., so handelt er pflichtwidrig. Die **beharrliche Nichteinberufung** kann eine **grobe Verletzung der** den Mitgl. des GesBR obliegenden **Pflichten** darstellen, die auf Antrag nach § 48 den Ausschluss aus dem GesBR rechtfertigen kann (*Richardi/Annuß* Rn 20; GK-*Kreutz* Rn 37).

35   Die **Einladung** zu der BRVerslg. ist gemäß § 26 Abs. 2 S. 2 **an die Vors. der EinzelBR** zu richten. Eine Einladung der teilnehmenden BRMitgl. ist weder erforderlich noch sinnvoll, da der BR darüber entscheidet, wen er entsenden will (*Richardi/Annuß* Rn 25).

Die Einladung hat so **rechtzeitig** zu erfolgen, dass den einzelnen BR eine ord- **36** nungsgemäße Vorbereitung der Teilnahme möglich ist (*Richardi/Annuß* Rn 26; GK-*Kreutz* Rn 32).

Die **Tagesordnung** für die BRVerslg. wird vom GesBR beschlossen. Außer den **37** nach Abs. 2 obligatorischen Berichten des GesBR und des Unternehmers können auch andere Punkte auf die Tagesordnung gesetzt werden. Allerdings müssen sie sich im Rahmen des zulässigen Themenbereichs des entspr. anwendbaren § 45 halten (GK-*Kreutz* Rn 33). Obwohl das Gesetz dies nicht ausdrücklich vorschreibt, ist den einzelnen BR die Tagesordnung rechtzeitig bekannt zu machen.

Die vom GesBR festgelegte Tagesordnung ist nicht abschließend. Die BRVerslg. **38** kann vielmehr mit einfacher Mehrheit die **Erörterung weiterer Themen** beschlie-ßen (GK-*Kreutz* Rn 33). Dies ist unproblematisch, weil die Beschlüsse der BRVerslg. keine den GesBR bindende Wirkung haben (*Richardi/Annuß* Rn 27).

Die BRVerslg. findet grundsätzlich **während der Arbeitszeit** statt (ErfK/*Koch* **39** Rn 2; *DKKW-Trittin* Rn 28; *HSWGNR-Glock* Rn 36; GK-*Kreutz* Rn 29; Mün-chArbR-*Joost* § 226 Rn 14). Ein ausdrücklicher Verweis auf § 44 Abs. 1 ist entbehr-lich, da die Teilnahme der BRMitgl. an der BRVerslg. BRTätigkeit iSv. § 37 Abs. 2 ist (*DKKW-Trittin* Rn 28).

Soweit für einzelne BRMitgl. die Teilnahme an der BRVerslg. außerhalb ihrer Ar- **40** beitszeit liegt, haben sie unter den Voraussetzungen des § 37 Abs. 3 Anspruch auf entspr. **Freizeitausgleich,** bzw. auf **Vergütung** dieser Zeit wie Mehrarbeit (vgl. § 37 Rn 73 ff.; *Richardi/Annuß* Rn 40; GK-*Kreutz* Rn 60; *HSWGNR-Glock* Rn 36; *DKKW-Trittin* Rn 29). Dies gilt auch für die Zeit der Reise zur BRVerslg., wenn diese aus betriebsbedingten Gründen außerhalb der Arbeitszeit durchgeführt werden muss (BAG 11. 7. 78 AP Nr. 57 zu § 37 BetrVG 1972).

Die durch die Teilnahme an der BRVerslg. den BRMitgl. entstehenden **Kosten, 41** zB für Übernachtung, Verpflegung, An- und Abreise, sind Kosten der BRTätigkeit iSd. § 40 und vom ArbGeb. zu tragen. Das gleiche gilt für die sonstigen durch die Verslg. entstehenden Kosten (GK-*Kreutz* Rn 61; vgl. zu den Kosten eines BRMitgl. an einer überbetrieblichen, keine BRVerslg. darstellenden Informationsveranstaltung von BR BAG 10. 8. 94 NZA 95, 796).

Die BRVerslg. ist nach Abs. 3 S. 2 iVm. § 42 Abs. 1 S. 2 **nicht öffentlich.** Andere **42** als die gesetzlich vorgesehenen Personen (vgl. Rn 11–15) dürfen daher an ihr grund-sätzlich nicht teilnehmen. Jedoch kann auf Grund eines Beschlusses des GesBR die Teilnahme von Sachverständigen und geladenen Gästen im Rahmen der Zuständig-keit des BRVerslg. ebenso wie bei einer BetrVerslg. zulässig sein (vgl. § 42 Rn 19, 43 ff.). Der Vors. des GesBR hat als Leiter der Verslg. auf die Wahrung der Nichtöf-fentlichkeit zu achten (vgl. § 42 Rn 43 ff.).

Die BRVerslg. wird nach Abs. 3 S. 2 iVm. § 42 Abs. 1 S. 1 Halbs. 2 vom Vors. des **43** GesBR geleitet. Ist dieser verhindert, obliegt die Leitung dem stellvertr. Vors. des GesBR (*Richardi/Annuß* Rn 31). Die sich aus der **VerslgLeitung** ergebenden Rechte und Befugnisse entsprechen denjenigen des BRVors. als Leiter der BetrVerslg. (vgl. § 42 Rn 34 ff.).

Die BRVerslg. kann **Beschlüsse** fassen. Sie kann dem GesBR Anträge unterbrei- **44** ten und zu dessen Beschlüssen Stellung nehmen (vgl. Rn 16; *Richardi/Annuß* Rn 39; GK-*Kreutz* Rn 53; *HSWGNR-Glock* Rn 35). Jedes an der Verslg. teilnehmende BRMitgl. hat eine Stimme (GK-*Kreutz* Rn 57; *Richardi/Annuß* Rn 39). Die Rege-lung des § 47 Abs. 7 und 8 über die Stimmengewichtung ist nicht anwendbar (GK-*Kreutz* Rn 57). Die **Beschlussfähigkeit** bestimmt sich entspr. § 33 Abs. 2; die Hälfte der gesetzlichen Mitgl. müssen an der Abstimmung teilnehmen (GK-*Kreutz* Rn 58). Eine bestimmte Form ist für die Beschlüsse der BRVerslg. nicht vorgeschrieben. Eine Protokollierung entspr. § 34 Abs. 1 ist aber zu empfehlen. Die Beschlüsse der BRVerslg. binden den GesBR nicht (vgl. Rn 16).

Der **Unternehmer** kann bei der jährlichen BRVerslg. nach Abs. 3 S. 2 iVm. § 43 **45** Abs. 2 S. 2 zu allen Punkten der Tagesordnung das **Wort** ergreifen und Stellung nehmen. Insoweit hat er die gleichen Befugnisse wie bei der Teilnahme an der BetrVerslg. (vgl. § 43 Rn 28 ff.).

V. Streitigkeiten

46 Streitigkeiten über die Abhaltung und Durchführung der BRVerslg. entscheiden die **ArbG** im **BeschlVerf.** (§§ 2a, 80 ff. ArbGG). Zuständig ist das ArbG, in dessen Bezirk das Unternehmen seinen Sitz hat. Für Streitigkeiten, die zwischen dem einzelnen BR oder einem seiner Mitgl. und dem ArbGeb. über das Recht zur Teilnahme an der Verslg. entstehen, ist gemäß § 82 Abs. 1 S. 2 ArbGG das ArbG örtlich zuständig, in dessen Bezirk der Betrieb liegt. Ansprüche auf Arbeitsentgelt für die Zeit der Teilnahme an der BRVerslg. sind im **Urteilsverf.** einzuklagen (vgl. hierzu auch § 37 Rn 253 ff.). Vgl. zu den Besonderheiten des BeschlVerf. Nach § 1.

Sechster Abschnitt. Konzernbetriebsrat

§ 54 Errichtung des Konzernbetriebsrats

(1) [1]**Für einen Konzern (§ 18 Abs. 1 des Aktiengesetzes) kann durch Beschlüsse der einzelnen Gesamtbetriebsräte ein Konzernbetriebsrat errichtet werden.** [2]**Die Errichtung erfordert die Zustimmung der Gesamtbetriebsräte der Konzernunternehmen, in denen insgesamt mehr als 50 vom Hundert der Arbeitnehmer der Konzernunternehmen beschäftigt sind.**

(2) **Besteht in einem Konzernunternehmen nur ein Betriebsrat, so nimmt dieser die Aufgaben eines Gesamtbetriebsrats nach den Vorschriften dieses Abschnitts wahr.**

Inhaltsübersicht

I. Vorbemerkung

1   In Konzernen fallen häufig wesentliche Entscheidungen nicht auf der Unternehmens-, sondern auf der Konzernebene. Der Gesetzgeber hat daher für Konzerne fakultativ die Möglichkeit eröffnet, als **Repräsentation aller im Konzern beschäftigten ArbN** einen KBR zu bilden (vgl. *Richardi/Annuß* vor § 54 Rn 1; *HSWGNR-Glock* Rn 1). Der KBR wird auf der dritten Repräsentationsebene errichtet und tritt neben BR und GesBR (GK-*Kreutz/Franzen* Rn 3). Seine praktische Bedeutung nimmt angesichts immer komplexerer Unternehmensverflechtungen ständig zu (GK-*Kreutz/Franzen* Rn 1).

Abs. 1 legt die **Voraussetzungen** fest, unter denen für einen Konzern ein KBR **2** gebildet werden kann (vgl. Rn 21 bis 48). Wegen der Bestellung der Mitgl. und der Zusammensetzung des KBR vgl. § 55, wegen seiner Aufgaben und seiner Geschäftsführung vgl. §§ 58 und 59.

Die Bestimmung **bezweckt,** die Beteiligung der ArbN an den die einzelnen Un- **3** ternehmen bindenden Leitungsentscheidungen in sozialen, personellen und wirtschaftlichen Angelegenheiten sicher zu stellen (BAG 21. 10. 80, 22. 11. 95 AP Nr. 1, 7 zu § 54 BetrVG 1972; ErfK/*Koch* Rn 1; *DKKW-Trittin* Rn 2; *HSWGNR-Glock* Rn 3). Es soll dort eine InteressenVertr. der ArbN errichtet werden, wo unternehmerische Leitungsmacht konkret entfaltet und ausgeübt wird (BAG 21. 10. 80, 13. 10. 04 AP Nr. 1, 9 zu § 54 BetrVG 1972). Damit soll auch einer Aushöhlung betriebsverfassungsrechtlicher Beteiligungsrechte auf Unternehmensebene entgegengewirkt werden (GK-*Kreutz/Franzen* Rn 4). Mit der Errichtung des KBR ist aber keine Erweiterung der MBR und Beteiligungsrechte verbunden (GK-*Kreutz/Franzen* Rn 4).

Wenngleich die praktische Bedeutung des KBR beträchtlich ist, ist seine **Errich- 4 tung** nicht obligatorisch, sondern **fakultativ.** Die Entscheidung ist einer **qualifizierten Mehrheit** der GesBR (bzw. im Falle des Abs. 2 der BR) der Konzernunternehmen vorbehalten. Die Bildung von KBR wurde durch das BetrVerf-ReformG nur insofern erleichtert, als die GesBR, bzw. BR, welche die Errichtung des KBR beschließen, nicht mehr wie früher mehr als 75%, sondern nur noch mehr als 50% der in den Konzernunternehmen beschäftigten ArbN repräsentieren müssen.

Nach dem durch das BetrVerf-ReformG neu eingefügten § 73a ist nun auch die Bil- **5** dung einer **KonzernJugAzubiVertr.** vorgesehen (vgl. die Erläuterungen zu § 73a). Das Repräsentationsquorum beträgt dort allerdings nach § 73a Abs. 1 S. 2 75% (vgl. § 73a Rn 13).

Die Vorschrift ist **zwingend** und kann weder durch TV noch durch BV abbedun- **6** gen oder abgeändert werden. Durch TV nach § 3 Abs. 2 Nr. 2 und 3 oder durch BV nach § 3 Abs. 2 Nr. 2 können aber auch andere unternehmensübergreifende ArbN-VertrStrukturen geschaffen werden (vgl. § 3 Rn 44, 46 ff.).

Entspr. Vorschrift des **BPersVG:** keine. Die Vorschriften über die Stufenvertr. **7** (§§ 53 ff. BPersVG) sind nicht vergleichbar. Das **SprAuG** sieht in §§ 21–24 SprAuG fakultativ einen Konzernsprecherausschuss vor.

II. Konzern

Voraussetzung für die Errichtung eines KBR ist das **Bestehen eines Konzerns.** **8** Das BetrVG enthält keine eigene Begriffsbestimmung des Konzerns, sondern verweist in Abs. 1 auf den **Konzernbegriff des § 18 Abs. 1 AktG** (BAG 14. 2. 07 AP Nr. 13 zu § 54 BetrVG 1972; 16. 5. 07 AP Nr. 3 zu § 96a ArbGG 1979; 27. 10. 10 – 7 ABR 85/09 – NZA 11, 524; 9. 2. 11 – 7 ABR 11/10 – NZA 11, 866). Es handelt sich dabei um eine „definitorische Verweisung" (GK-*Kreutz/Franzen* Rn 12; *DKKW-Trittin* vor § 54 Rn 5). Auch für den betriebsverfassungsrechtlichen Konzernbegriff sind daher grundsätzlich die Merkmale maßgebend, durch die in § 18 AktG der Konzern beschrieben wird (BAG 13. 10. 04, 14. 2. 07 AP Nr. 9, 13 zu § 54 BetrVG 1972; 16. 5. 07 AP Nr. 3 zu § 96a ArbGG 1979; 27. 10. 10 – 7 ABR 85/09 – NZA 11, 524; 9. 2. 11 – 7 ABR 11/10 – NZA 11, 866). Dagegen enthält das EBRG in § 6 Abs. 1 eine eigenständige, ausschließlich für den Bereich des EBRG geltende Legaldefinition des herrschenden Unternehmens sowie in § 6 Abs. 2 besondere Vermutungstatbestände für einen beherrschenden Einfluss (vgl. dazu BAG 30. 3. 04 AP Nr. 3 zu § 5 EBRG). Aber auch bei der Anwendung des § 54 kann es wegen der unterschiedlichen Zielsetzungen von Gesellschaftsrecht und BetrVG zu

Abweichungen zwischen gesellschaftsrechtlichem und betriebsverfassungsrechtlichem Konzernbegriff kommen (*DKKW-Trittin* vor § 54 Rn 6; **aA** aber wohl BAG 14. 2. 07 AP Nr. 13 zu § 54 BetrVG 1972; 16. 5. 07 AP Nr. 3 zu § 96a ArbGG 1979). Der Siebte Senat des BAG hat zuletzt ausdrücklich offen gelassen, ob die für einen Konzern erforderliche Abhängigkeit des beherrschten vom herrschenden Unternehmen ausnahmsweise auch anders als gesellschaftsrechtlich vermittelt sein kann (BAG 9. 2. 11 – 7 ABR 11/10 – NZA 11, 866). Während der gesellschaftsrechtliche Konzernbegriff des Aktienrechts vor allem auf den Gläubiger- und Minderheitenschutz abstellt, steht bei der betriebsverfassungsrechtlichen Mitbestimmung im Konzern der Interessenausgleich zwischen der ArbGebSeite und den Belegschaften der zum Konzern gehörenden Unternehmen und Betriebe im Vordergrund (BAG 21. 10. 80 AP Nr. 1 zu § 54 BetrVG 1972). Daher besteht zB die Möglichkeit, einen KBR auch bei einem Tochterunternehmen eines mehrstufigen Unterordnungskonzerns, dem sog. „Konzern im Konzern" zu errichten (BAG 21. 10. 80, 14. 2. 07 AP Nr. 1, 13 zu § 54 BetrVG 1972; 16. 5. 07 AP Nr. 3 zu § 96a ArbGG 1979; vgl. ferner Rn 32f.); in den neueren Entscheidungen stellt das BAG hierfür aber nicht mehr auf die Unterschiede zwischen Gesellschafts- und Betriebsverfassungsrecht ab (vgl. BAG 14. 2. 07 AP Nr. 13 zu § 54 BetrVG 1972; 16. 5. 07 AP Nr. 3 zu § 96a ArbGG 1979).

1. Allgemeines

9   Abs. 1 bezieht sich ausdrücklich auf den Konzern iSv. § 18 Abs. 1 AktG. Zu dessen Verständnis bedarf es auch des § 17 AktG. **§§ 17 und 18 AktG** lauten:

§ 17 Abhängige und herrschende Unternehmen

(1) **Abhängige Unternehmen sind rechtlich selbständige Unternehmen, auf die ein anderes Unternehmen (herrschendes Unternehmen) unmittelbar oder mittelbar einen beherrschenden Einfluss ausüben kann.**

(2) **Von einem in Mehrheitsbesitz stehenden Unternehmen wird vermutet, dass es von dem an ihm mit Mehrheit beteiligten Unternehmen abhängig ist.**

§ 18 Konzern und Konzernunternehmen

(1) **[1] Sind ein herrschendes und ein oder mehrere abhängige Unternehmen unter einheitlichen Leitung des herrschenden Unternehmens zusammengefasst, so bilden sie einen Konzern; die einzelnen Unternehmen sind Konzernunternehmen. [2] Unternehmen, zwischen denen ein Beherrschungsvertrag (§ 291) besteht oder von denen das eine in das andere eingegliedert ist (§ 319), sind als unter einheitlicher Leitung zusammengefasst anzusehen. [3] Von einem abhängigen Unternehmen wird vermutet, dass es mit dem herrschenden Unternehmen einen Konzern bildet.**

(2) **Sind rechtlich selbständige Unternehmen, ohne dass das eine Unternehmen von dem anderen abhängig ist, unter einheitlicher Leitung zusammengefasst, so bilden sie auch einen Konzern; die einzelnen Unternehmen sind Konzernunternehmen.**

Abs. 1 verweist nur auf § 18 Abs. 1 AktG und nicht auf § 18 Abs. 2 AktG. Daher kann ein KBR **nur** in einem sogenannten **Unterordnungskonzern, nicht** dagegen in einem **Gleichordnungskonzern** gebildet werden (BAG 22. 11. 95, 23. 8. 06 AP Nr. 7, 12 zu § 54 BetrVG 1972; 9. 2. 11 – 7 ABR 11/10 – NZA 11, 866; *DKKW-Trittin* Rn 13; ErfK/*Koch* Rn 2; GK-*Kreutz/Franzen* Rn 8).

10   Ein **Unterordnungskonzern** iSv. § 18 Abs. 1 AktG setzt ein **Abhängigkeitsverhältnis** und tatsächliche Beherrschung der abhängigen Unternehmen durch **einheitliche Leitung** des herrschenden Unternehmens voraus (BAG 16. 8. 95 AP Nr. 30 zu § 76 BetrVG 1972; 22. 11. 95 AP Nr. 7 zu § 54 BetrVG 1972; ErfK/*Koch* Rn 3). Von einem abhängigen Unternehmen wird gemäß § 18 Abs. 1 S. 3 AktG vermutet, dass es mit dem herrschenden Unternehmen einen Konzern bildet. Nach § 17 Abs. 2 AktG wird von einem in Mehrheitsbesitz stehenden Unternehmen vermutet, dass es von dem an ihm mit Mehrheit beteiligten Unternehmen abhängig ist (vgl. BAG 23. 8. 06, 14. 2. 07 AP Nr. 12, 13 zu § 54 BetrVG 1972; 27. 10. 10 – 7 ABR 85/09 – NZA 11, 524; 9. 2. 11 – 7 ABR 11/10 – NZA 11, 866). Die durch

den Mehrheitsbesitz und die sich daraus gemäß §§ 18 Abs. 1 S. 3, 17 Abs. 2 AktG ergebende begründete Konzernvermutung kann aber wiederum durch die unwiderlegbare Konzernvermutung des § 18 Abs. 1 S. 2 AktG beseitigt werden (BAG 14. 2. 07 AP Nr. 13 zu § 54 BetrVG 1972). Nach dieser sind Unternehmen, zwischen denen ein Beherrschungsvertrag iSv. § 291 Abs. 1 AktG besteht, als unter einheitlicher Leitung zusammengefasst anzusehen. Dies gilt auch für ausländische Muttergesellschaften (BAG 14. 2. 07 AP Nr. 13 zu § 54 BetrVG 1972). Für einen Unterordnungskonzern kann **grundsätzlich nur ein einziger – beim herrschenden Unternehmen angesiedelter KBR** errichtet werden; die Bildung mehrerer nebeneinander bestehender KBRe sieht das Gesetz ebenso wenig vor wie einen KBR für einen Teil des Konzerns. Die gesetzliche Betriebsverfassung kennt auch keinen „Sparten-KBR" (BAG 9. 2. 11 – 7 ABR 11/10 – NZA 11, 866; vgl. aber zum „Mehrmütterkonzern" Rn 31 und zum „Konzern im Konzern" Rn 32 f.).

Für die Annahme eines Konzerns iSd. § 54 ist es **unerheblich,** in welcher **11** **Rechtsform** das herrschende oder die abhängigen Unternehmen geführt werden. Der Unternehmensbegriff wird in den §§ 15 ff. AktG rechtsformenneutral verwendet (BAG 5. 5. 88 AP Nr. 8 zu § 1 AÜG; 13. 10. 04, 23. 8. 06, 14. 2. 07 AP Nr. 9, 12, 13 zu § 54 BetrVG 1972; 16. 5. 07 AP Nr. 3 zu § 96 a ArbGG 1979; 27. 10. 10 – 7 ABR 85/09 – NZA 11, 524; 9. 2. 11 – 7 ABR 11/10 – NZA 11, 866; BGH 23. 9. 91 AP Nr. 1 zu § 303 AktG; GK-*Kreutz/Franzen* Rn 22). Die Möglichkeit der Bildung von KBR ist daher nicht auf die dem AktG unterfallenden Unternehmen beschränkt. Ein KBR kann vielmehr auch gebildet werden, wenn die einzelnen Konzernunternehmen nicht in Form einer AG oder KG a. A., sondern als GmbH oder als Personengesellschaften (OHG, KG, Gesellschaft des bürgerlichen Rechts) geführt werden oder wenn es sich um natürliche Personen (Einzelkaufleute) handelt (BAG 22. 11. 95, 13. 10. 04 AP Nr. 7, 9 zu § 54 BetrVG 1972; *Richardi/Annuß* Rn 6; GK-*Kreutz/Franzen* Rn 23; *DKKW-Trittin* vor § 54 Rn 9; *HSWGNR-Glock* Rn 10; *Oetker* ZfA 86, 194 f.). Für einen Unterordnungskonzern genügt es, wenn eine **natürliche Person** ihre unternehmerischen Interessen bei mehreren selbständigen Unternehmen als Allein- oder Mehrheitsgesellschafter verfolgen kann (BAG 8. 3. 94 AP Nr. 6 zu § 303 AktG; 22. 11. 95, 23. 8. 06 AP Nr. 7, 12 zu § 54 BetrVG 1972; *HSWGNR-Glock* Rn 10). Ein Konzern kommt ebenfalls in Betracht, wenn sich der Allein- oder Mehrheitsgesellschafter einer GmbH zugleich als Einzelkaufmann unternehmerisch betätigt (BGH 23. 9. 91 AP Nr. 1 zu § 303 AktG).

In sog. **öffentlich-privatrechtlichen Mischkonzernen** kann trotz der öffent- **12** lich-rechtlichen Organisation des herrschenden Unternehmens für die privatrechtlich organisierten beherrschten Unternehmen ein KBR errichtet werden (BAG 27. 10. 10 – 7 ABR 85/09 – NZA 11, 524; *Junker* EWiR § 54 BetrVG 1/11). Öffentlichrechtliche Körperschaften, wie die Bundesrepublik, die Länder oder Gemeinden, können herrschende Unternehmen iSd. Konzernrechts sein, wenn sie in privater Rechtsform organisierte Unternehmen beherrschen (BAG 27. 10. 10 – 7 ABR 85/09 – NZA 11, 524; BGHZ 69, 334; BGHZ 135, 107; *DKKW-Trittin* vor § 54 Rn 11; *WPK/Roloff* Rn 3; MünchArbR/*Joost* § 227 Rn 8; **aA** GK-*Kreutz/Franzen* § 54 Rn 23). Wegen § 130 kommt aber die Errichtung eines KBR nur für die beherrschten Unternehmen in Betracht, die privatrechtlich organisiert sind. Das öffentlich-rechtlich organisierte herrschende, dem Personalvertretungsrecht unterfallende Unternehmen wird nicht in die Errichtung des KBR einbezogen (BAG 27. 10. 10 – 7 ABR 85/09 – NZA 11, 524; *Richardi/Annuß* Rn 7).

2. Abhängigkeitsverhältnis

Für das Abhängigkeitsverhältnis genügt nach § 17 Abs. 1 AktG die **Möglichkeit** **13** des herrschenden Unternehmens, unmittelbar oder mittelbar einen **beherrschenden Einfluss** auf das beherrschte Unternehmen **auszuüben.** Die tatsächliche Ausübung

ist keine Voraussetzung (BAG 16. 8. 95 AP Nr. 30 zu § 76 BetrVG 1972; 22. 11. 95
AP Nr. 7 zu § 54 BetrVG 1972; GK-*Kreutz/Franzen* Rn 17; ErfK/*Koch* Rn 3).

14 Auf die **Mittel der Beherrschung** kommt es – jedenfalls solange sie gesellschaftsrechtlich vermittelt sind – nicht an (vgl. BAG 13. 10. 04 AP Nr. 9 zu § 54 BetrVG
1972). In Betracht kommen **Stimmrechte, Entsenderechte** sowie insb. ein – die
unwiderlegliche Konzernvermutung des § 18 Abs. 1 S. 2 AktG auslösender – **Beherrschungsvertrag iSv.** § 291 AktG (vgl. BAG 14. 2. 07 AP Nr. 13 zu § 54
BetrVG 1972) oder eine **Eingliederung** (§ 319 AktG). Das Abhängigkeitsverhältnis
wird meist gesellschaftsrechtlich vermittelt sein. Nicht abschließend geklärt ist, ob das
zwingend der Fall sein muss oder ob die Abhängigkeit ausnahmsweise auch anders
vermittelt sein kann (vgl. dazu Rn 26).

15 Der nach § 17 Abs. 1 ausreichende mittelbare Einfluss ist auch im Falle **mehrstu-
figer Abhängigkeit** gegeben (GK-*Kreutz/Franzen* Rn 21).

16 Die Möglichkeit der beherrschenden Einflussnahme muss sich auf die **zentralen
Geschäftsbereiche,** wie Produktion, Personalpolitik, Finanzen, Organisation, Ein-
kauf, Vertrieb, Forschung und Entwicklung beziehen (*DKKW-Trittin* vor § 54 Rn 15;
ErfK/*Koch* Rn 3).

17 Besitzt ein Unternehmen an einem anderen die Mehrheit (vgl. § 16 Abs. 1 AktG),
so wird **nach § 17 Abs. 2 AktG** die **Abhängigkeit** dieses anderen Unternehmens
widerlegbar **vermutet** (vgl. Rn 10, 26). Die Mehrheitsbeteiligung sichert die Möglichkeit, die Organe des im Mehrheitsbesitz stehenden Unternehmens mit Personen
zu besetzen, die den Direktiven des die Mehrheit besitzenden Unternehmens Folge
leisten (*DKKW-Trittin* vor § 54 Rn 20).

3. Einheitliche Leitung

18 Das oder die abhängigen Unternehmen müssen **unter einheitlicher Leitung zusammengefasst** sein (vgl. GK-*Kreutz/Franzen* Rn 27 ff.; ErfK/*Koch* Rn 3; *DKKW-
Trittin* vor § 54 Rn 26 ff.).

19 Die einheitliche Leitung kann sich aus Mehrheitsbeteiligung, Beherrschungsver-
trag oder Eingliederung ergeben (vgl. zum Vertrags- und Eingliederungskonzern
Rn 21 ff.) oder auf faktischer Abhängigkeit beruhen (zum faktischen Konzern vgl.
Rn 25 ff.).

20 Die **einheitliche Leitungsmacht muss tatsächlich ausgeübt werden.** Allein
die Möglichkeit der Ausübung genügt nicht (BAG 22. 11. 95 AP Nr. 7 zu § 54
BetrVG 1972; 30. 3. 04 AP Nr. 3 zu § 5 EBRG; ErfK/*Koch* Rn 3; *DKKW-Trittin* vor
§ 54 Rn 26; GK-*Kreutz/Franzen* Rn 27; HSWGNR-*Glock* Rn 12). Die Art der Ausübung der einheitlichen Leitung ist unerheblich. Erforderlich ist aber, dass die Geschäftspolitik des abhängigen Unternehmens durch die Planung des herrschenden
Unternehmens gesteuert wird (*DKKW-Trittin* vor § 54 Rn 26).

a) Vertrags- und Eingliederungskonzern

21 Ein sog. **Vertragskonzern** entsteht, wenn eine Gesellschaft ihre Leitung gemäß
§ 291 Abs. 1 S. 1 AktG durch **Beherrschungsvertrag** einem anderen Unternehmen unterstellt (vgl. zum grenzüberschreitenden Beherrschungsvertrag BAG 14. 2. 07
AP Nr. 13 zu § 54 BetrVG 1972; *Mayer* ArbuR 06, 303). Besteht ein Beherrschungsvertrag, so ist nach **§ 308 Abs. 1 S. 1 AktG** das herrschende Unternehmen berechtigt, dem Vorstand der beherrschten Gesellschaft hinsichtlich deren Leitung Weisungen zu erteilen (MünchArbR-*Joost* § 227 Rn 21). Soweit nichts anderes vereinbart
ist, können diese Weisungen nach § 308 Abs. 1 S. 2 AktG für die beherrschte Gesellschaft auch nachteilig sein.

22 Die **Eingliederung** ist ein besonderes Rechtsinstitut des Aktienrechts, das anders
als der Beherrschungsvertrag nur auf AG Anwendung findet (MünchArbR-*Joost*
§ 227 Rn 22). Nach § 319 AktG erfolgt die Eingliederung durch Beschluss der

Hauptversammlung der einzugliedernden AG unter Zustimmung der Hauptgesellschaft. Die Hauptgesellschaft ist danach gemäß § 323 Abs. 1 AktG berechtigt, dem Vorstand der eingegliederten AG Weisungen auch nachteiliger Art zu erteilen.

Liegt ein Beherrschungsvertrag oder eine Eingliederung vor, so sind die beherrsch- **23** ten oder eingegliederten Unternehmen nach **§ 18 Abs. 1 S. 2 AktG** als unter einheitlicher Leitung zusammengefasst anzusehen. Nach dem Gesetzeswortlaut handelt es sich dabei um eine gesetzliche Fiktion. Rspr. und Schrifttum gehen aber von einer **unwiderleglichen Vermutung** aus (BAG 14. 2. 07 AP Nr. 13 zu § 54 BetrVG 1972; ErfK/*Koch* Rn 3; GK-*Kreutz/Franzen* Rn 29; DKKW-*Trittin* Rn 29; HSWGNR-*Glock* Rn 13; *Richardi/Annuß* Rn 8; *Röder/Powietzka* DB 04, 542, 543). Für die Praxis ist die dogmatische Unterscheidung ohne Bedeutung.

Auf **andere Unternehmensverträge** nach § 292 AktG oder **sonstige schuld-** **24** **rechtliche Verträge** zwischen Unternehmen ist § 18 Abs. 1 S. 2 AktG nicht anwendbar. Sie können aber zu einer faktischen Beherrschung führen oder mit einer solchen verbunden sein.

b) Faktischer Konzern

Ein sog. **faktischer Konzern** liegt vor, wenn die einheitliche Leitung nicht auf **25** einem Beherrschungsvertrag oder Eingliederung beruht, sondern durch andere Mittel gesichert ist (ErfK/*Koch* Rn 4; *Röder/Powietzka* DB 04, 542, 543). Entscheidend ist, ob das herrschende Unternehmen in der Lage ist, im abhängigen Unternehmen seinen Willen durchzusetzen (BAG 30. 10. 86 AP Nr. 1 zu § 55 BetrVG 1972; Münch-ArbR-*Joost* § 227 Rn 23). Auf die Mittel der Einflussnahme kommt es nicht an (BAG 30. 10. 86 AP Nr. 1 zu § 55 BetrVG 1972; 13. 10. 04 AP Nr. 9 zu § 54 BetrVG 1972).

Die Beherrschung kann sich aus **Mehrheitsbeteiligungen** am beherrschten Un- **26** ternehmen ergeben. Bei Personengesellschaften (OHG, KG) wird allerdings allgemein die Auffassung vertreten, wegen des Einstimmigkeitsprinzips des § 119 Abs. 1 HGB könne allein wegen des Mehrheitsbesitzes oder der Stimmenmehrheit nicht von einer Abhängigkeit ausgegangen werden (vgl. BAG 22. 11. 95 AP Nr. 7 zu § 54 BetrVG 1972 mwN; *Röder/Powietzka* DB 04, 542; vgl. aber auch BAG 30. 3. 04 AP Nr. 3 zu § 5 EBRG unter Hinweis auf die entgegengesetzte Wertung in § 4 Abs. 1 S. 1 MitBestG). Mittel der Beherrschung können ferner **Stimmrechte** oder **Stimmbindungsverträge** (BAG 23. 8. 06 AP Nr. 12 zu § 54 BetrVG 1972; ErfK/ *Koch* Rn 4) oder die **personenidentische Besetzung von Leitungsorganen** sein (MünchArbR-*Joost* § 227 Rn 23). Nicht abschließend geklärt ist, ob die Abhängigkeit zwingend gesellschaftsrechtlicher Art sein muss (so etwa MünchArbR-*Joost* § 227 Rn 16, wohl auch BGH NJW 84, 1893) oder ob sich ausnahmsweise auch aus **schuldrechtlichen Verträge** oder gar nur aus langfristigen Liefer-, Abnahme- oder Lizenzverträgen ergeben kann (so DKKW-*Trittin* vor § 54 Rn 24; HSWGNR-*Glock* Rn 14). Das **BAG** hat zuletzt ausdrücklich **offen** gelassen, **ob das Abhängigkeitsverhältnis ausnahmsweise auch anders als gesellschaftsrechtlich begründet sein kann** (BAG 9. 2. 11 – 7 ABR 11/10 – NZA 11, 866; vgl. auch schon BAG 30. 10. 86 AP Nr. 1 zu § 55 BetrVG 1972; vgl. ferner GK-*Kreutz/Franzen* Rn 19; *Ratayczak* AiB 11, 698). Für das Erfordernis einer gesellschaftsrechtlich vermittelten Abhängigkeit sprechen insbesondere Gründe der Rechtssicherheit. Das Gebot einer wirksamen Mitbestimmung kann dagegen dafür sprechen, auch eine anders vermittelte Abhängigkeit genügen zu lassen. Eine solche müsste allerdings mit der gesellschaftsrechtlich vermittelten zumindest gleichwertig sein. Hierzu müsste das herrschende Unternehmen über die rechtlich verstetigte Möglichkeit verfügen, grundsätzlich alle unternehmensrelevanten Entscheidungen des abhängigen Unternehmens zu steuern. Die Möglichkeit, Teilbereiche des anderen Unternehmens zu beeinflussen, würde nicht ausreichen (BAG 9. 2. 11 – 7 ABR 11/10 – NZA 11, 866). Das BAG hat daher zu Recht einen DRK-Landesverband und seine Untergliederungen nicht als Konzern erachtet (9. 2. 11 – 7 ABR 11/10 – NZA 11, 866). Die auf Grund der Beherrschung mögliche einheitliche Leitung muss tatsächlich ausgeübt werden. Allein die Möglichkeit genügt nicht (BAG 22. 11. 95 AP Nr. 7 zu § 54 BetrVG 1972).

27   Eine erhebliche Erleichterung zur Darlegung und zum Beweis eines Konzerns bilden die **widerleglichen Vermutungen** des § 18 Abs. 1 S. 3 AktG und des § 17 Abs. 2 AktG. Nach § 18 Abs. 1 S. 3 AktG wird von einem abhängigen Unternehmen vermutet, dass es mit dem herrschenden Unternehmen einen Konzern bildet. Nach § 17 Abs. 2 AktG wird von einem im Mehrheitsbesitz stehenden Unternehmen vermutet, dass es von dem an ihm mit Mehrheit beteiligten Unternehmen abhängig ist. Die Kombination der beiden Bestimmungen führt daher **in Fällen des Mehrheitsbesitzes** zur **Konzernvermutung.** Die Frage, wann ein „Mehrheitsbesitz" in diesem Sinne vorliegt, ist in § 16 AktG näher geregelt. Die Vermutungen des § 17 Abs. 2 AktG und des § 18 Abs. 1 S. 3 AktG sind – unter allerdings strengen Voraussetzungen – widerlegbar (vgl. BAG 22. 11. 95 AP Nr. 7 zu § 54 BetrVG 1972). Hierzu muss dargelegt und bewiesen werden, dass beherrschtes und abhängiges Unternehmen tatsächlich nicht einheitlich geleitet werden (GK-*Kreutz/Franzen* Rn 30). Erforderlich ist, dass die vorhandene Leitungsmacht in keinem Bereich ausgeübt wird.

28   Von einem **qualifiziert faktischen** Konzern spricht man, wenn das herrschende Unternehmen die Geschäfte des abhängigen dauernd und umfassend praktisch wie eine eigene Betriebsabteilung führt (BAG 15. 1. 91 AP Nr. 21 zu § 113 BetrVG 1972; 6. 10. 92 AP Nr. 5 zu § 1 BetrAVG Konzern). Die Unterscheidung zwischen faktischem und qualifiziert faktischem Konzern hat **nur haftungsrechtliche,** aber keine betriebsverfassungsrechtliche **Bedeutung.** Ein KBR kann in beiden Fällen errichtet werden.

4. Sonderfälle

a) Gemeinschaftsunternehmen

29   Ein Unternehmen kann von mehreren anderen Unternehmen iSd. § 17 Abs. 1 AktG abhängig sein („Mehrmütterherrschaft"). Ein derartiges **Gemeinschaftsunternehmen** setzt voraus, dass die anderen Unternehmen die Möglichkeit gemeinsamer Herrschaftsausübung vereinbart haben (BAG 30. 10. 86 AP Nr. 1 zu § 55 BetrVG 1972; 13. 10. 04 AP Nr. 9 zu § 54 BetrVG 1972 mit zustimmender Anm. *Joost;* GK-*Kreutz/Franzen* Rn 39). In diesem Fall kann das Gemeinschaftsunternehmen entweder von nur einem der anderen oder aber auch von mehreren anderen Unternehmen beherrscht werden (GK-*Kreutz/Franzen* Rn 40; ErfK/*Koch* Rn 5; HSWGNR-*Glock* Rn 16, 17; *Dörner* FS Leinemann S. 487, 494). Entscheidend hierfür ist, wer tatsächlich die Leitungsmacht über das abhängige Unternehmen ausübt (GK-*Kreutz/Franzen* Rn 40). Wird die einheitliche Leitung nur von einer der „Mütter" ausgeübt, besteht nur zwischen dieser und dem abhängigen Unternehmen ein Konzern (ErfK/*Koch* Rn 4; HSWGNR-*Glock* Rn 17). Wenn dagegen die „Mütter" die Leitungsmacht an dem Gemeinschaftsunternehmen tatsächlich gemeinsam ausüben, bildet das abhängige Unternehmen mit jedem der herrschenden Unternehmen einen Konzern (BAG 18. 6. 70 AP Nr. 20 zu § 76 BetrVG 1952; 30. 6. 86 AP Nr. 1 zu § 55 BetrVG 1972; 13. 10. 04 AP Nr. 9 zu § 54 BetrVG 1972 mit zustimmender Anm. *Joost;* GK-*Kreutz/Franzen* Rn 40; HSWGNR-*Glock* Rn 16; ErfK/*Koch* Rn 5; WPK/*Roloff* Rn 8; **aA** *Richardi/Annuß* Rn 18 ff.). Eine einheitliche gemeinsame Leitung liegt insb. im Falle eines Konsortial- oder Stimmbindungsvertrags vor, der die gemeinsame Herrschaft sicherstellt (*DKKW-Trittin* Rn 21). Eine gesicherte Herrschaftsgewalt ist auch ohne organisatorische oder vertragliche Bande möglich, wenn sich die herrschenden Unternehmen zu einer gemeinsamen Willensausübung zusammengefunden haben. Das ist typischerweise dann anzunehmen, wenn gleich gerichtete Interessen eine gemeinsame Unternehmenspolitik gewährleisten (BAG 13. 10. 04 AP Nr. 9 zu § 54 BetrVG 1972). Nicht ausreichend für die konzernrechtliche Zurechnung eines

Gemeinschaftsunternehmens zu mehreren „Müttern" ist aber, wenn diese nur gemäß ihrer Kapitalanteile Aktionärsrechte ausüben, ohne dass eine Koordination stattfindet (*HSWGNR-Glock* Rn 16; *Fitting/Wlotzke/Wißmann* § 5 Rn 39 ff.).

Für den Regelungsbereich der §§ 54 ff. gilt bei mehrfacher Abhängigkeit die wi- **30** derlegbare Vermutung des § 18 Abs. 1 S. 3 AktG (BAG 30. 10. 86 AP Nr. 1 zu § 55 BetrVG 1972; ErfK/*Koch* Rn 5; *HSWGNR-Glock* Rn 16; anders aber für den Anwendungsbereich des § 76 Abs. 4 S. 1 BetrVG 1952 BAG 16. 8. 95 AP Nr. 30 zu § 76 BetrVG 1952). Diese Vermutung greift insb. auch im Falle der **gleichberechtigten 50 : 50-Unternehmen** (vgl. BAG 30. 10. 86 AP Nr. 1 zu § 55 BetrVG 1972; *DKKW-Trittin* Rn 21a).

Aus der mehrfachen Konzernzugehörigkeit des Gemeinschaftsunternehmen folgt **31** nach hM, dass **bei jedem der herrschenden Unternehmen** (Mütter) unter Beteiligung des GesBR, bzw. im Falle des Abs. 2 des BR, ein **KBR zu bilden** ist (BAG 30. 10. 86 AP Nr. 1 zu § 55 BetrVG 1972; 13. 10. 04 AP Nr. 9 zu § 54 BetrVG 1972 mit zustimmender Anm. *Joost;* LAG München 27. 2. 09 – 9 TaBV 86/08 –; *Dörner* FS *Leinemann* S. 487, 496, 499; GK-*Kreutz/Franzen* Rn 41; *WPK/Roloff* Rn 8; HaKo-BetrVG/*Tautphäus* Rn 12; *Reichold* SAE 07, 286; *Müller/Schulz* BB 10, 1923; aA *Windbichler* Arbeitsrecht im Konzern S. 317). Die Errichtung eines KBR bei jeder der beiden Mütter kann allerdings zu **Zuständigkeits- und Konkurrenzproblemen** beim Abschluss von KBV führen (vgl. GK-*Kreutz/Franzen* Rn 41 mwN). Auch steht eine für alle möglichen Fälle dogmatisch und praktisch befriedigende Lösung noch aus (vgl. zu möglichen Kollisionsregeln *Dörner* FS *Leinemann* S. 487, 501 ff.). Die mitbestimmungsrechtlichen Schwierigkeiten rechtfertigen jedoch letztlich nicht den Schluss, es sei nur ein KBR zu errichten. Vor allem die Fallkonstellationen, in denen die mehreren Mütter nicht nur Gemeinschaftsunternehmen, sondern darüber hinaus noch andere Unternehmen beherrschen, zeigen, dass die Errichtung nur eines KBR nicht genügt, sondern bei jeder Mutter ein solcher zu errichten ist (vgl. *Joost* Anm. AP Nr. 9 zu § 54 BetrVG 1972). Auch wenn die Mutterunternehmen zur Leitung eine **BGB-Gesellschaft** nach den §§ 705 ff. BGB gegründet haben, ist diese – jedenfalls solange sie nur als Innengesellschaft tätig wird – nach hM nicht als herrschendes Unternehmen anzusehen und bei ihr kein KBR zu bilden; vielmehr erfolgt auch hier die Errichtung jeweils bei den mehreren Mutterunternehmen (BAG 13. 10. 04 AP Nr. 9 zu § 54 BetrVG 1972 mwN; *Dörner* FS *Leinemann* S. 487, 498; *Reichold* SAE 07, 286; *DKKW-Trittin* Rn 21a; GK-*Kreutz/ Franzen* Rn 41; aA *Windbichler* S. 317; *Dzida/Hohenstatt* NZA 07, 945, 949; *Hanau* ZGR 84, 469, 479 f.). Dies erscheint zumindest in den Fällen, in denen alle betriebsverfassungsrechtlichen Entscheidungen einschließlich derjenigen zum Abschluss von KBV von der BGB-Gesellschaft getroffen werden, nicht zwingend. Das Argument, die BGB-Gesellschaft trete nicht als Außengesellschaft auf und beschäftige selbst keine ArbN, überzeugt nicht ohne weiteres. Für das Vorliegen eines herrschenden Unternehmens – auch im betriebsverfassungsrechtlichen Sinn – ist nicht erforderlich, dass dieses einen eigenen Geschäftsbetrieb hat und selbst ArbN beschäftigt (BAG 30. 3. 04 AP Nr. 3 zu § 5 EBRG mwN).

b) Konzern im Konzern

Bei einem mehrstufigen Konzern besteht ein sog. **„Konzern im Konzern"** **32** wenn das herrschende Unternehmen („Mutter") von seiner Leitungsmacht zwar im wesentlichen Umfang, aber doch nur teilweise (zB als Richtlinienkompetenz) Gebrauch macht und einem abhängigen Unternehmen („Tochter") noch wesentliche Leitungsaufgaben zur eigenständigen Ausübung gegenüber den diesem nachgeordneten Unternehmen („Enkel") belässt (BAG 21. 10. 80, 14. 2. 07 AP Nr. 1, 13 zu § 54 BetrVG 1972; 16. 5. 07 AP Nr. 3 zu § 96a ArbGG 1979; *DKKW-Trittin* Rn 14; *HSWGNR-Glock* Rn 19; ErfK/*Koch* Rn 5; GK-*Kreutz/Franzen* Rn 32; *Fitting/ Wlotzke/Wißmann* § 5 Rn 30 ff.; *Röder/Powietzka* DB 04, 542, 543; *Kort* NZA 09,

464, 467 f.; *Pflüger* NZA 09, 130; **aA** *Richardi/Annuß* Rn 12 ff.; MünchArbR-*Joost* § 227 Rn 12 ff.; *Meik* BB 91, 2441). Da sich der betriebsverfassungsrechtliche Konzernbegriff an der effektiven Verwirklichung der betriebsverfassungsrechtlichen Beteiligungsrechte zu orientieren hat (vgl. Rn 8), ist für den Bereich des BetrVG die Möglichkeit eines Konzerns im Konzern zu bejahen. Denn Sinn und Zweck der Möglichkeit der Errichtung eines KBR ist es, die Beteiligung der KonzernArbNschaft an den Entscheidungen der Konzernleitung sicher zu stellen. Dieser gesetzgeberische Zweck würde nicht erreicht, wenn bei einer Tochtergesellschaft, der ein wesentlich eigener Entscheidungsspielraum zur Verfügung steht, kein KBR errichtet werden könnte (BAG 14. 2. 07 AP Nr. 13 zu § 54 BetrVG 1972; 16. 5. 07 AP Nr. 3 zu § 96 a ArbGG 1979). Beschränkt sich zB die bis zu den Enkeln durchgreifende Leitung der Mutter im Wesentlichen auf den finanziellen und kaufmännischen Bereich, während in personellen und sozialen Angelegenheiten der Tochter eine weitgehende eigene Entscheidungsbefugnis zusteht, so würde die Errichtung eines KBR nur bei der Mutter zu einer Verkürzung der Beteiligungsrechte der ArbN führen. Die MBR des bei der Mutter errichteten KBR würden im personellen und sozialen Bereich leer laufen, da insoweit die Tochter die für die Enkel relevanten Entscheidungen trifft (BAG 14. 2. 07 AP Nr. 13 zu § 54 BetrVG 1972; 16. 5. 07 AP Nr. 3 zu § 96 a ArbGG 1979).

33　　Deshalb ist bei einem mehrstufigen Konzern **auch bei der Konzernspitze des Unterkonzerns ein KBR** zu errichten, wenn dieser bei beteiligungspflichtigen Angelegenheiten eine originäre, nicht durch konkrete Weisungen der Mutter gebundene Entscheidungskompetenz zusteht und sie auch tatsächlich Gebrauch davon macht (vgl. BAG 21. 10. 80, 14. 2. 07 AP Nr. 1, 13 zu § 54 BetrVG 1972; 16. 5. 07 AP Nr. 3 zu § 96 a ArbGG 1979; vgl. ferner die Nachweise in Rn 32).

c) Konzerne mit Auslandsbeziehung

34　　Umstr. ist, ob ein KBR gebildet werden kann, wenn das **herrschende Unternehmen** seinen **Sitz im Ausland** hat und es in Deutschland keine „Unterkonzernspitze" gibt. Ein Teil des Schrifttums bejaht diese Möglichkeit (vgl. insb. mit eingehender Begründung *Buchner* FS Birk S. 11, 14 ff.; vgl. ferner *Birk* FS Schnorr v. Carolsfeld S. 61, 85; *Simitis* FS Kegel 153, 179; *Gaumann/Liebermann* DB 06, 1157; MünchArbR-*Joost* § 227 Rn 30; *DKKW-Trittin* Rn 29 b-t; *Löwisch/Kaiser* Rn 7; *Trittin/Gilles* ArbuR 08, 136; wohl auch *Mayer* ArbuR 06, 303, 306), ein Teil verneint sie (GK-*Kreutz/Franzen* Rn 43 f.; *Richardi/Annuß* Rn 35; ErfK/*Koch* Rn 7; *HSWGNR-Glock* Rn 21; *Freckmann* BB 07, 2408; *Henssler* ZfA 05, 289, 310 ff.; *Junker* SAE 08, 41; *Kort* NJW 09, 129, 130; *ders.* NZA 09, 464, 468 f.; *Röder/Powietzka* DB 04, 542, 546 f.; *Schubert* Anm. zu EzA BetrVG 2001 § 54 Nr. 3; *Ullrich* DB 07, 2710). Nach der neueren Rspr. des Siebten Senats des **BAG** kann ein KBR grundsätzlich nicht errichtet werden, wenn die Konzernobergesellschaft ihren Sitz im Ausland hat; etwas Anderes gilt danach nur, wenn bei einem mehrstufigen Konzern einem im Inland ansässigen abhängigen Unternehmen als inländischer Teilkonzernspitze noch wesentliche Leitungsaufgaben in personellen, sozialen und wirtschaftlichen Angelegenheiten zur eigenständigen Ausübung gegenüber den diesen nachgeordneten Unternehmen verblieben (BAG 14. 2. 07 AP Nr. 13 zu § 54 BetrVG 1972; 16. 5. 07 AP Nr. 3 zu § 96 a ArbGG 1979; zustimmend *Dzida/Hohenstatt* NZA 07, 945; *Junker* SAE 08, 41; *Schubert* Anm. zu EzA BetrVG 2001 § 54 Nr. 3; *Ullrich* DB 07, 2710; ablehnend *Buchner* FS Birk S. 11, 14 ff.; *Trittin/Gilles* ArbuR 08, 136; kritisch gegenüber der dogmatischen Begründung *Bachmann* RdA 08, 108). Die Praxis wird sich auf diese Rspr. einzustellen haben. Im Beschluss vom 27. 10. 10 (– 7 ABR 85/09 – NZA 11, 524) hat der Siebte Senat allerdings ausgeführt, der streitgegenständliche Fall – des KBR im sog. gemischt öffentlich-rechtlichen Unterordnungskonzern – verlange keine Entscheidung, ob an der Rechtsprechung des Senats zu einer im Ausland gelegenen Konzernspitze uneingeschränkt festzuhalten sei. Für die Rspr. sprechen beachtliche Gründe. Zwingend erscheint sie gleichwohl nicht. Das BAG begründet seine Entscheidung mit der Erwägung, § 54 Abs. 1 S. 1 knüpfe seinem **Wortlaut** nach an den Konzerntatbestand des § 18 Abs. 1 AktG an; danach komme die Errichtung eines KBR nur in Betracht, wenn nicht nur die unter einer einheitlichen Leitung zusammengefassten Unternehmen, sondern auch eine Konzernobergesellschaft ihren Sitz im Inland habe; in anderen Fällen sei die Möglichkeit der Errichtung eines KBR durch die Auslegung von § 54 Abs. 1 S. 1 nicht zu erreichen. Anschließend begründet das BAG ausführlich und sorgfältig, warum eine Rechtsfortbildung etwa durch analoge Anwendung des § 5 Abs. 3 MitbestG oder durch Heranziehung des in dieser Vorschrift und in § 11 Abs. 3 PublG enthaltenen Rechtsgedankens unzulässig sei. **Diskussionswürdig** ist an der Rspr. insb. die Prämisse, § 54 Abs. 1 S. 1 lasse keine andere **Auslegung** zu. Das BAG erklärt ein restriktives Verständnis zum „Wortsinn" der Norm und diesen sodann zur Grenze der Auslegung (*Bachmann* RdA 08, 108, 110, 112). Dagegen bedarf es bei einem spezifisch betriebsverfassungsrechtlichen Verständnis überhaupt nicht der analogen Anwendung des § 5 Abs. 3 MitbestG (*Buchner* FS Birk S. 11, 17, 24; *DKKW-Trittin* Rn 29b)). Zutreffend ist allerdings, dass sich das AktG nicht auf Konzerne erstreckt, deren Obergesellschaft ihren Sitz im Ausland hat. Trotz des in Abs. 1 Satz 1 enthaltenen Verweises auf § 18 AktG erscheint aber eine am Zweck betriebsverfassungsrechtlicher Mitbestimmung orientierte Auslegung des Abs. 1 Satz 1, nach der auch für Konzerne mit ausländischer Konzernspitze ein KBR errichtet werden kann, nicht ausgeschlossen. Bei der Rspr zum „Konzern im Konzern" stellt das BAG ja auch durchaus entscheidend auf den **mit der Errichtung eines KBR verfolgten gesetzgeberischen Zweck** ab (vgl. BAG 21. 10. 80, 14. 2. 07 AP Nr. 1, 13 zu § 54 BetrVG 1972; 16. 5. 07 AP Nr. 3 zu § 96a ArbGG 1979). Dieser besteht, wie sich bereits aus der in § 58 Abs. 1 S. 1 BetrVG geregelten Zuständigkeit ergibt, vor allem darin, bei der Behandlung von Angelegenheiten mitzuwirken, die den Konzern oder mehrere Konzernunternehmen betreffen und nicht durch die einzelnen GesBR innerhalb ihrer Unternehmen geregelt werden können. Er entfällt nicht etwa deshalb, weil sich die Konzernspitze im Ausland befindet. Der Einwand, bei fehlender inländischer Leitungsmacht habe der KBR keinen **Ansprechpartner auf ArbGebSeite**, könne seine Beteiligungsrechte gegenüber einer im Ausland ansässigen, dem territorialen Geltungsbereich des BetrVG nicht unterfallenden Konzernobergesellschaft nicht durchsetzen und sei daher funktionslos (so BAG 14. 2. 07 AP Nr. 13 zu § 54 BetrVG 1972; ebenso *Dzida/Hohenstatt* NZA 07, 945, 947; *Junker* SAE 08, 41, 42; **aA** *Buchner* FS Birk S. 11, 20; *Trittin/Gilles* ArbuR 08, 136, 140; *Bachmann* RdA 08, 108, 110), ist nicht zwingend (er wurde allerdings, worauf das BAG zutreffend hinweist, auch in diesem Kommentar in der 23. Aufl. akzeptiert). Zum einen könnte dieser Einwand auch gegen die Errichtung eines GesBR oder gar eines BR erhoben werden, wenn der Arbeitgeber im Ausland ansässig ist und im Inland keine Leitungsmacht vorhält. Vor allem aber kann sich ein ArbGeb. hinsichtlich seiner im Geltungsbereich des BetrVG liegenden Betriebe der betriebsverfassungsrechtlichen Mitbestimmung nicht dadurch entziehen, dass er seinen Sitz ins Ausland verlegt. Er muss vielmehr nicht zuletzt im eigenen Interesse die Kommunikation mit einem ordnungsgemäß errichteten betriebsverfassungsrechtlichen Organ ermöglichen. Wie er dies bewerkstelligt, obliegt seiner Entscheidung (*Buchner* FS Birk S. 11, 21). BR, GesBR und KBR sind jedenfalls auch gegenüber einem im Ausland ansässigen Unternehmen nicht gehindert, zur Durchsetzung ihrer Rechte deutsche ArbG anzurufen oder erforderlichenfalls nach § 76 Abs. 2 S. 2 u. 3 BetrVG eine E-Stelle errichten zu lassen, die bei Ausbleiben des ArbGeb. durch Spruch entscheidet. Auch Bestimmungen wie § 113 Abs. 3 zeigen, dass sich ein ArbGeb. betrieblicher Mitbestimmung nicht sanktionslos entziehen kann. Dies gilt auch, wenn das herrschende Unternehmen eines Konzerns seinen Sitz nicht im Geltungsbereich des BetrVG hat. Der KBR wird nicht „für" das herrschende Unternehmen, sondern wegen der unternehmensübergreifenden Konzernstruktur errichtet. Auch bleiben Substrat betriebsverfassungsrechtlicher Mitbestimmung, auch wenn diese von GesBR oder KBR wahrgenommen werden, immer die Betriebe (*Buchner* FS *Birk* S. 11, 19). Liegen die Betriebe mehrerer abhängiger Unternehmen im Inland, so befinden sich jedenfalls ein Teil des Konzerns und die darin beschäftigten Belegschaften im Geltungsbereich des BetrVG. Dies rechtfertigt die Errichtung eines KBR für diesen Teil. Im Übrigen entspricht es zu Recht der ganz überwiegenden Auffassung, dass ein GesBR auch dann errichtet werden kann, wenn das Unternehmen seinen Sitz im Ausland hat (vgl. die Nachweise in § 47 Rn 23). Das BAG hat dies im Beschluss vom 14. 2. 07 (AP Nr. 13 zu § 54 BetrVG 1972) nicht in Zweifel gezogen, allerdings auch nicht etwa bestätigt.

Wird die Möglichkeit der Errichtung eines KBR verneint, so **führt** dies nach der Rspr. des Siebten Senats des BAG **nicht zum Wegfall der Beteiligungsrechte** der ArbN, sondern nur zu ihrer Verlagerung auf eine andere Ebene in den verbundenen Unternehmen. Die Beteiligungsrechte sollen in diesem Fall von den GesBR und BR der konzernangehörigen Unternehmen wahrgenommen werden können (BAG 14. 2. 07 AP Nr. 13 zu § 54 BetrVG 1972; **aA** wohl *Dzida* NZA 08, 1625, 1267). Dem steht die Entscheidung des Dritten Senats des BAG vom 14. 12. 93 (AP Nr. 81 zu § 7 BetrAVG) nicht zwingend entgegen. Nach dieser entfällt allerdings ein dem KBR zustehendes MBR, wenn ein solcher nicht errichtet ist. Das Schrifttum konstatiert insoweit eine „Mitbestimmungslücke" (ErfK/*Koch* Rn 2). Die Entscheidung vom 14. 12. 93 (AP Nr. 81 zu § 7 BetrAVG) betraf aber einen Fall, in dem die Errichtung eines KBR rechtlich möglich war. Darin liegt ein wesentlicher Unterschied. Gleichwohl ist eine gewisse Inkonsistenz unübersehbar, erscheint es doch nicht ganz widerspruchsfrei, in Fällen, in denen ein MBR dem KBR zustünde, weil eine Angelegenheit nicht durch die GesBR innerhalb der Unternehmen geregelt werden kann, gleichwohl wegen der Unmöglichkeit der Errichtung eines KBR die Zuständigkeit von GesBR und BR anzunehmen (vgl. *Dzida* NZA 08, 1625, 1266). Die Unstimmigkeit beruht darauf, dass das BAG in den Entscheidungen vom 14. 2. 07 (AP Nr. 13 zu § 54 BetrVG 1972) und vom 16. 5. 07 (AP Nr. 3 zu § 96 a ArbGG 1979) im Wesentlichen formell argumentiert und sich weniger an der materiellen Mitbestimmung orientiert hat. Die fehlende Möglichkeit der Bildung eines KBR kann auch für den ArbGeb. Schwierigkeiten mit sich bringen (vgl. *Dzida/Hohenstatt* NZA 07, 945, 948). Er kann dann – etwa bei der Altersversorgung – unternehmensübergreifende konzerneinheitliche Regelungen nicht mit nur einem hierfür zuständigen betriebsverfassungsrechtlichen Organ schließen, sondern muss versuchen, übereinstimmende Regelungen mit den einzelnen GesBR und BR herbeizuführen. Allerdings hat er auf die Errichtung eines KBR ohnehin keinen Anspruch.

Vgl. zur Frage des Fortbestandes eines KBR im Falle einer **grenzüberschreitenden Verschmelzung** auch § 29 MgVG (vgl. dazu § 1 Rn 182 b).

35 **Wäre** entgegen der Rspr. des BAG in einem Konzern mit Konzernspitze im Ausland trotz fehlender Teilkonzernspitze im Inland ein KBR zu errichten, so wäre er in entspr. Anwendung des § 59 Abs. 2 beim größten inländischen Unternehmen **anzusiedeln** (*DKKW-Trittin* Rn 30).

36 Weitgehende Einigkeit besteht, dass jedenfalls dann ein inländischer KBR errichtet werden kann, wenn ein ausländisches Unternehmen im Wege eines **grenzüberschreitenden Konzerns im Konzern** einen Überordnungskonzern im Inland beherrscht. In diesem Fall kann bei der inländischen Tochter ein KBR für diese und für die Enkel errichtet werden, wenn die Tochter in einem wesentlichen Bereich über eine eigene originäre Leitungsmacht verfügt (BAG 14. 2. 07 AP Nr. 13 zu § 54 BetrVG 1972; 16. 5. 07 AP Nr. 3 zu § 96 a ArbGG 1979; GK-*Kreutz/Franzen* Rn 44; *Richardi/Annuß* Rn 35; ErfK/*Koch* Rn 7; HSWGNR-*Glock* Rn 21; *Röder/Powietzka* DB 04, 542, 545 f.).

37 Liegen **abhängige Unternehmen im Ausland,** so nehmen die ArbNVertr. dieser Unternehmen nicht an der Bildung des KBR für das innerhalb der Bundesrepublik liegende herrschende Unternehmen teil (*Richardi/Annuß* Rn 34; HSWGNR-*Glock* Rn 22; GK-*Kreutz/Franzen* Rn 42).

III. Errichtung des Konzernbetriebsrats

1. Allgemeines

Die **Errichtung** eines KBR ist **fakultativ.** Er kann nicht errichtet werden, wenn **38** die Voraussetzungen nicht vorliegen. Ein dennoch errichtetes Gremium hat nicht die dem KBR gesetzlich zugewiesenen Rechte, Befugnisse und Zuständigkeiten (BAG 14. 2. 07 AP Nr. 13 zu § 54 BetrVG 1972; 16. 5. 07 AP Nr. 3 zu § 96 a ArbGG 1979).

Die Errichtung des KBR setzt **nicht notwendig** das Bestehen von mindestens **39** **zwei GesBR** in den Konzernunternehmen voraus; vielmehr genügt der Beschluss eines GesBR – oder BR iSv. Abs. 2 –, wenn dieser gemäß Abs. 1 S. 2 mehr als 50% der ArbN der Konzernunternehmen repräsentiert (so mit eingehender Begründung *Kreutz* NZA 08, 259; GK-*Kreutz/Franzen* Rn 47; ErfK/*Koch* Rn 6; *DKKW-Trittin* Rn 40, 41; *Däubler* in FS *Kreutz* S. 69, 80; **aA** wenngleich wohl nicht tragend BAG 13. 10. 04 NZA 05, 647; *Richardi/Annuß* Rn 32, 41; *WPK/Roloff* Rn 12; *Wollwert* NZA 11, 437). Zwar spricht der Wortlaut von Abs. 1 Satz 1 und 2 eher für das Erfordernis von mindestens zwei ArbNVertr. im Konzern. Zwingend ist dies aber nicht (*Kreutz* NZA 08, 259, 261). Dafür, dass bereits eine ArbNVertr. mit der nach Abs. 1 Satz 2 erforderlichen Repräsentanz ausreicht, spricht insb. die durch das BetrVerf-ReformG eingefügte, klarstellende Regelung des § 58 Abs. 1 S. 1 Halbs. 2, wonach sich die – originäre – Zuständigkeit des KBR auch auf die Betriebe der Konzernunternehmen ohne BR erstreckt (vgl. § 58 Rn 28 ff.). Für dieses Verständnis spricht auch, dass andernfalls eine Mitbestimmung bei unternehmensüberschreitenden Angelegenheiten wohl nicht möglich wäre (vgl. zu der Problematik unter „anderen Vorzeichen" auch Rn 34). Das Problem des „Legitimationsdefizits" stellt sich nicht anders dar als in den sonstigen Fällen des § 58 Abs. 1 S. 1 Halbs. 2 (*Kreutz* NZA 08, 259, 263). Immerhin ist durch Abs. 1 Satz 2 eine erhebliche Repräsentativität gewährleistet. Hat ein Konzernunternehmen nur einen betriebsratsfähigen Betrieb, so tritt nach Abs. 2 an die Stelle des GesBR der BR dieses Unternehmens. Es können also dann auch zwei BR die Bildung eines KBR beschließen, wenn zwei Konzernunternehmen jeweils nur einen Betrieb haben und in ihnen mehr als 50 vH der ArbN des Konzerns beschäftigt sind (*HSWG* Rn 21; *DKKW-Trittin* Rn 41; GK-*Kreutz/Franzen* Rn 47).

Die **Initiative** zur Errichtung eines KBR kann jeder GesBR eines der zum Konzern **40** gehörenden Unternehmen ergreifen, dh sowohl der GesBR des herrschenden, als auch der eines jeden abhängigen Unternehmens (GK-*Kreutz/Franzen* Rn 48; *DKKW-Trittin* Rn 42; *HSWGNR-Glock* Rn 26; ErfK/*Koch* Rn 6). Der GesBR, der die Errichtung anstrebt, wird zweckmäßigerweise die übrigen GesBR auffordern, ebenfalls einen Beschluss über die Bildung des KBR herbeizuführen. Die Initiative ist jederzeit möglich (*DKKW-Trittin* Rn 44).

2. Beschlüsse der Gesamtbetriebsräte

Die Errichtung des KBR erfolgt durch selbständige **Beschlüsse der einzelnen** **41** **GesBR** der Konzernunternehmen (vgl. § 51 Rn 49 ff.). Nicht erforderlich ist, dass die GesBR aller Konzernunternehmen zustimmen. Ausreichend aber auch notwendig ist vielmehr nach Abs. 1 S. 2 die Zustimmung von GesBR, die mehr als 50% der ArbN des Konzerns repräsentieren. Im BeschlussVerf. muss das ArbG das Vorliegen der Voraussetzungen des Abs. 1 S. 2 erforderlichenfalls von Amts wegen aufklären (BAG 16. 5. 07 AP Nr. 3 zu § 96 a ArbGG 1979).

Wird in einem **mehrstufigen Konzern** auch für eine Tochter ein KBR gebildet **42** (vgl. Rn 30), so sind für die Errichtung des KBR bei der Mutter dennoch die GesBR der einzelnen Konzernunternehmen (Mutter, Tochter und Enkel) und nicht etwa der KBR bei der Tochter zuständig.

43   Entgegen dem Wortlaut des Abs. 1 S. 2 („Gesamtbetriebsräte") reicht für die Bildung eines KBR auch der **Beschluss des GesBR eines der Konzernunternehmen** aus, wenn dieser mehr als 50 vH der ArbN der Konzernunternehmen vertritt (*DKKW-Trittin* Rn 36; *GK-Kreutz/Franzen* Rn 51; *HSWGNR-Glock* Rn 27; ErfK/*Koch* Rn 8).

44   **Spricht sich ein GesBR** (oder im Falle des § 54 Abs. 2 ein BR) **gegen** die **Errichtung** eines KBR **aus**, so handelt er nicht pflichtwidrig (*Richardi/Annuß* Rn 42). Der Vors. eines GesBR verstößt aber gegen seine Pflichten, wenn er eine Aufforderung, die Errichtung eines KBR zu beschließen, dem GesBR nicht zur Beschlussfassung vorlegt (*Richardi/Annuß* Rn 42).

45   Der KBR ist errichtet, sobald die GesBR, bzw. BR der Konzernunternehmen, die zusammen mehr als 50 vH der ArbN des Konzerns beschäftigen, entspr. **übereinstimmende Beschlüsse** gefasst haben (*Richardi/Annuß* Rn 43; *HSWGNR-Glock* Rn 28; *DKKW-Trittin* Rn 48; *GK-Kreutz/Franzen* Rn 54). Damit steht aber nur die Bildung des KBR und nicht dessen Zusammensetzung fest.

46   Bei der Ermittlung der **maßgebenden Beschäftigtenzahl** zählen alle ArbN (vgl. § 5 Rn 15 ff.) der Konzernunternehmen mit. Auf die Wahlberechtigung kommt es nicht an. Leitende Ang. nach § 5 Abs. 3 zählen nicht mit. Maßgebend ist die Zahl der zZ der Beschlussfassung beschäftigten ArbN, nicht etwa – wie nach § 9 Abs. 1 – die Zahl der im Betrieb regelmäßig tätigen ArbN (*Richardi/Annuß* Rn 39; *GK-Kreutz/Franzen* Rn 52; *HSWGNR-Glock* Rn 25; *DKKW-Trittin* Rn 38). Bei der Ermittlung des Quorums kommt es nicht darauf an, ob in den Konzernunternehmen GesBR bzw. BR bestehen. Daher zählen auch die ArbN in BRlosen Betrieben mit (BAG 11. 8. 93 AP Nr. 6 zu § 54 BetrVG 1972; *Richardi/Annuß* Rn 40; *DKKW-Trittin* Rn 39; *HSWGNR-Glock* Rn 25; *GK-Kreutz/Franzen* Rn 53; jetzt auch MünchArbR-*Joost* § 227 Rn 37).

47   Bei der Ermittlung des Quorums der GesBR zählen die **ArbN in BRlosen Betrieben** nicht mit, die vom GesBR im Rahmen seiner Zuständigkeit nach § 50 in überbetrieblichen Angelegenheiten vertreten werden. Andernfalls würde die Zahl der bei der Ermittlung des Quorums zu berücksichtigen ArbN höher sein als das Stimmengewicht des GesBR im KBR (vgl. dazu § 55 Abs. 3). Die Mitgl. des GesBR und des KBR können nur die ArbN vertreten, die in den entspr. InteressenVertr. wahlberechtigt sind. Nur so wird das Gremium auf der jeweils höheren Ebene legitimiert.

48   Ist der KBR durch entspr. Beschlüsse der GesBR errichtet, so sind nach § 55 Abs. 1 S. 1 die **GesBR** aller Konzernunternehmen **verpflichtet, Mitgl. in den KBR zu entsenden.** Die Pflicht trifft auch die GesBR oder BR, die keinen Beschluss über die Bildung des KBR gefasst oder sich gegen seine Errichtung ausgesprochen haben (*HSWGNR-Glock* Rn 29; *GK-Kreutz/Franzen* Rn 55). Zur Einberufung des KBR zur konstituierenden Sitzung vgl. § 59 Rn 14 ff.

49   Die **Zuständigkeit des KBR** erstreckt sich auf alle Konzernunternehmen, also auch auf solche, deren GesBR sich gegen die Errichtung eines KBR ausgesprochen, die Beschlussfassung unterlassen oder keine Mitgl. in den KBR entsandt haben. Sie erstreckt sich nach § 58 Abs. 1 S. 1 Halbs. 2 auch auf Konzernunternehmen ohne GesBR und auf Betriebe ohne BR (vgl. § 58 Rn 28 ff.).

3. Bestand und Beendigung des Konzernbetriebsrats

50   Der ordnungsgemäß gebildete KBR ist – ebenso wie der GesBR – eine **Dauereinrichtung** (BAG 23. 8. 06 AP Nr. 12 zu § 54 BetrVG 1972; *Richardi/Annuß* Rn 45; *DKKW-Trittin* Rn 51; *HSWGNR-Glock* Rn 31; *GK-Kreutz/Franzen* Rn 57). Er hat **keine feste Amtszeit.**

51   Das **Amt** des **KBR endet, wenn** die **Voraussetzungen** für seine Errichtung **dauerhaft entfallen** (BAG 23. 8. 06 AP Nr. 12 zu § 54 BetrVG 1972; *Richardi/*

Annuß Rn 49; *HSWGNR-Glock* Rn 34). Dies ist insb. der Fall, wenn das Konzernverhältnis endet (BAG 23. 8. 06 AP Nr. 12 zu § 54 BetrVG 1972; GK-*Kreutz/Fran-
zen* Rn 61). Das kann der Fall sein, wenn eine Mehrheitsbeteiligung zu einer Min-
derheitsbeteiligung wird; dann greift die Vermutung des § 17 Abs. 2 AktG nicht
mehr (BAG 23. 8. 06 AP Nr. 12 zu § 54 BetrVG 1972). Änderungen in der Zusammensetzung des Konzerns lassen den Bestand des KBR grundsätzlich unberührt
(BAG 23. 8. 06 AP Nr. 12 zu § 54 BetrVG 1972; *Richardi/Annuß* Rn 51). Der KBR
endet daher grundsätzlich nicht deshalb, weil ein Unternehmen in den Konzern eintritt oder diesen verlässt (BAG 23. 8. 06 AP Nr. 12 zu § 54 BetrVG 1972). Das Ausscheiden eines Unternehmens führt nur dann zum Ende des KBR, wenn nach dem
Ausscheiden kein Konzern mehr besteht (*Richardi/Annuß* Rn 51). Das Ausscheiden
aus einem Konzern beendet aber das Entsenderecht des GesBR des ausscheidenden
Unternehmens (vgl. BAG 14. 2. 07 AP Nr. 13 zu § 54 BetrVG 1972).

Ferner kann der KBR jederzeit **durch** entspr. übereinstimmende **Beschlüsse der** 52
GesBR der Konzernunternehmen wieder **aufgelöst** werden (*Richardi/Annuß* Rn 47;
HSWGNR-Glock Rn 37; GK-*Kreutz/Franzen* Rn 60; ErfK/*Koch* Rn 9). Es reicht
aus, wenn die GesBR der Konzernunternehmen, in denen mehr als die Hälfte der
ArbN des Konzerns beschäftigt sind, für die Auflösung des KBR stimmen (*Richardi/
Annuß* Rn 48; GK-*Kreutz/Franzen* Rn 60; *HSWGNR-Glock* Rn 37; ErfK/*Koch*
Rn 9).

Der KBR kann sich **nicht selbst durch Beschluss auflösen**. Er kann **nicht** sei- 53
nen **kollektiven Rücktritt** erklären (*Richardi/Annuß* Rn 46; *HSWGNR-Glock*
Rn 32; GK-*Kreutz/Franzen* Rn 59). Die einzelnen Mitgl. des KBR können allerdings ihr Amt niederlegen (vgl. § 57). In diesem Fall rücken aber die bestellten Ers-
Mitgl. nach (ErfK/*Koch* Rn 9). Der KBR kann auch **nicht durch Beschluss** des
ArbG aufgelöst werden (*DKKW-Trittin* Rn 55). Lediglich einzelne Mitgl. des KBR
können aus ihm durch Beschluss des ArbG ausgeschlossen werden (vgl. § 57).

Wird ein KBR zu Unrecht und unter **Verkennung der Voraussetzungen des** 54
§ 54 errichtet, so stehen diesem Gremium von vornherein keine betriebsverfassungsrechtlichen Befugnisse zu (BAG 23. 8. 06 AP Nr. 12 zu § 54 BetrVG 1972).
Hierauf kann sich grundsätzlich jedermann und jederzeit berufen, der hieran ein
rechtliches Interesse hat. § 19 ist auf die Errichtung des KBR ebensowenig anwendbar wie auf die Errichtung des GesBR (BAG 23. 8. 06 AP Nr. 12 zu § 54 BetrVG
1972; differenzierend je nach dem Maß der Verkennung des Vorliegens einer inländischen Konzernspitze *Dzida/Hohenstatt* NZA 07, 945, 948). Ein unter Verkennung des
Konzernbegriffs errichteter KBR kann aber gleichwohl von dem herrschenden Unternehmen nach §§ 59 Abs. 1, 40 Abs. 1 Erstattung oder Freistellung von den
Kosten verlangen, die er zur Wahrnehmung betriebsverfassungsrechtlicher Aufgaben
für erforderlich halten durfte. Etwas Anderes gilt nur, wenn der KBR unter offensichtlicher Verkennung des Konzernbegriffs oder unter Missachtung der sonstigen für
die Errichtung eines KBR bestehenden gesetzlichen Voraussetzungen errichtet wurde
(BAG 23. 8. 06 AP Nr. 12 zu § 54 BetrVG 1972).

IV. Konzernunternehmen mit nur einem Betriebsrat (Abs. 2)

Die §§ 54, 55, 57, 58 und 59 berücksichtigen in ihrem Wortlaut nur den **Regel-** 55
fall, dass der KBR durch die GesBR von Konzernunternehmen gebildet wird. Damit wird unterstellt, dass sämtliche Konzernunternehmen in der Regel aus mehreren
Betrieben bestehen und einen GesBR haben.

Da dies nicht immer so ist, regelt **Abs. 2** den Fall, dass **in einem Konzernun-** 56
ternehmen kein GesBR, sondern nur ein BR besteht. Er bestimmt, dass dann
sämtliche Vorschriften über Rechte, Pflichten und Zuständigkeit der GesBR der
Konzernunternehmen im Zusammenhang mit der Bildung und Zusammensetzung
des KBR für diesen BR gelten. Die Regelung betrifft in erster Linie den Fall, dass das

Konzernunternehmen nur aus einem betriebsratsfähigen Betrieb besteht (*Richardi/ Annuß* Rn 55; *HSWGNR-Glock* Rn 39; *DKKW-Trittin* Rn 57; GK-*Kreutz/Franzen* Rn 64; ErfK/*Koch* Rn 10).

57　　Umstritten ist, ob und in welcher Weise Abs. 2 anzuwenden ist, wenn ein Konzernunternehmen aus **mehreren BRfähigen Betrieben** besteht, jedoch **nur in einem** dieser Betriebe **ein BR gebildet** worden ist und deshalb die Errichtung eines GesBR nicht möglich ist. Zum Teil wird die Anwendung des Abs. 2 abgelehnt, weil dieser ein einheitlich-zentralistisch organisiertes Unternehmen voraussetze, dessen sämtliche ArbN durch den GesBR repräsentiert werden müssten (so *Richardi/Annuß* Rn 55; *WPK/Roloff* Rn 13); zum Teil wird dem bestehenden BR im Zusammenhang mit der Bildung und Zusammensetzung des KBR in vollem Umfang die Funktion des GesBR zuerkannt, und zwar auch insoweit, als es auf die Zahl der in den einzelnen Betrieben des betr. Konzernunternehmens beschäftigten ArbN ankommt (so *DKKW-Trittin* Rn 59a bis 59e).

58　　Zutreffend dürfte sein, den in dem mehrbetrieblichen Konzernunternehmen bestehenden **einzigen BR** im Rahmen der Bildung und Zusammensetzung des KBR zu **beteiligen**. Dies entspricht dem Wortlaut sowie dem Sinn und Zweck des Gesetzes (GK-*Kreutz/Franzen* Rn 65; *HSWGNR-Glock* Rn 39). Der BR ist **aber nur Repräsentant der in seinem Betrieb beschäftigten ArbN**. Für die ArbN der anderen Betriebe des Unternehmens hat er keine Legitimation (GK-*Kreutz/Franzen* Rn 65). Soweit es bei der Bildung des KBR auf das Stimmengewicht ankommt (wie insb. für Abs. 1 S. 2), ist daher auf die Belegschaft in dem von dem BR repräsentierten Betrieb abzustellen (GK-*KreutzFranzen* Rn 65; ErfK/*Koch* Rn 10; HaKo-BetrVG/*Tautphäus* Rn 28; *Däubler* FS *Kreutz* S. 69, 79, 80).

59　　Bestehen in einem mehrbetrieblichen Konzernunternehmen **mehrere BR**, haben diese jedoch entgegen der gesetzlichen Regelung des § 47 **keinen GesBR gebildet,** findet **Abs. 2 keine Anwendung** (GK-*Kreutz/Franzen* Rn 66; *HSWGNR-Glock* Rn 40; *DKKW-Trittin* Rn 60; *Richardi/Annuß* Rn 55; ErfK/*Koch* Rn 10; *Däubler* FS *Kreutz* S. 69, 79). Diese BR sind an der Bildung des KBR nicht beteiligt. Sie müssen zunächst einen GesBR bilden. Anders als in den Fällen der Rn 58 haben die BR dies in der Hand.

60　　Aufgrund der Regelung des Abs. 2 nimmt der einzige BR eines Konzernunternehmens in gleicher Weise wie der GesBR an der **Beschlussfassung über die Bildung eines KBR** (§ 54) und an der **Entsendung und Abberufung** von Mitgl. in den KBR (§§ 55, 57) teil. Dieser BR hat ferner, falls auf ihn die Voraussetzung des § 59 Abs. 2 zutrifft, zur konstituierenden Sitzung des KBR einzuladen. Auch kann er mit der absoluten Mehrheit der Stimmen seiner Mitgl. den KBR mit der Behandlung einer Angelegenheit beauftragen (§ 58 Abs. 2).

V. Streitigkeiten

61　　Streitigkeiten über die Errichtung eines KBR sind von den **ArbG im Beschl-Verf.** zu entscheiden (§§ 2a, 80ff. ArbGG). Zuständig ist das ArbG, in dessen Bezirk das herrschende Unternehmen seinen Sitz hat (§ 82 Abs. 1 S. 2 ArbGG). Zu Antragsbefugnis, Beteiligung, Feststellungsinteresse und Kosten bei einem Streit über die wirksame Errichtung eines KBR vgl. insb. BAG 23. 8. 06 AP Nr. 12 zu § 54 BetrVG 1972 (vgl. auch BAG 16. 5. 07 AP Nr. 3 zu § 96a ArbGG 1979). Zu den Besonderheiten des BeschlVerf. vgl. Nach § 1.

§ 55 Zusammensetzung des Konzernbetriebsrats, Stimmengewicht

(1) [1]**In den Konzernbetriebsrat entsendet jeder Gesamtbetriebsrat zwei seiner Mitglieder.** [2]**Die Geschlechter sollen angemessen berücksichtigt werden.**

(2) **Der Gesamtbetriebsrat hat für jedes Mitglied des Konzernbetriebsrats mindestens ein Ersatzmitglied zu bestellen und die Reihenfolge des Nachrückens festzulegen.**

(3) **Jedem Mitglied des Konzernbetriebsrats stehen die Stimmen der Mitglieder des entsendenden Gesamtbetriebsrats je zur Hälfte zu.**

(4) ¹**Durch Tarifvertrag oder Betriebsvereinbarung kann die Mitgliederzahl des Konzernbetriebsrats abweichend von Absatz 1 Satz 1 geregelt werden.** ²**§ 47 Abs. 5 bis 9 gilt entsprechend.**

Inhaltsübersicht

I. Vorbemerkung

Die Vorschrift regelt in Anlehnung an § 47 Abs. 2 bis 9 die **MitglZahl und Zu-** **1** **sammensetzung** des KBR, die Verpflichtung, ErsatzMitgl. zu bestellen und die Reihenfolge ihres Nachrückens festzulegen (Abs. 2), die **Stimmengewichtung** im KBR (Abs. 3 und 4 iVm. § 47 Abs. 7 und 8) sowie die Möglichkeit der **abweichenden Festlegung der MitglZahl** des KBR durch TV oder BV (Abs. 4 iVm. § 47 Abs. 5 und 6).

Abgesehen von der Möglichkeit einer abweichenden Festlegung der MitglZahl des **2** KBR durch TV oder BV ist die Vorschrift **zwingendes Recht** (GK-*Kreutz/Franzen* Rn 3).

Entspr. Vorschrift des **BPersVG:** keine, des **SprAuG:** § 21 Abs. 2–4. **3**

II. Regelmäßige Zusammensetzung

1. Entsendung

Die GesBR der Konzernunternehmen (dh des herrschenden Unternehmens und **4** der abhängigen Unternehmen, vgl. § 54 Rn 8ff.) entsenden jeweils **zwei** ihrer **Mitgl.** in den KBR. Ist dieser wirksam errichtet, ist jeder GesBR, auch wenn er der Errichtung des KBR widersprochen hatte, **verpflichtet,** die auf ihn entfallenden Vertr. zu entsenden (*Richardi/Annuß* Rn 13; *HSWGNR-Glock* Rn 2). Kommen in einem Konzern weitere Unternehmen mit GesBR dazu, so entsenden diese ebenfalls Mitglieder in den KBR; dieser vergrößert sich entsprechend (vgl. zum GesBR § 47 Rn 17; BAG 16. 3. 05 AP Nr. 5 zu § 51 BetrVG 1972).

Bei den **privatisierten Postunternehmen** muss nach § 33 PostPersRG eines **5** der beiden zu entsendenden GesBRMitgl. **ein Vertr. der Beamten** sein. Welches Mitgl. entsandt wird, bestimmt der GesBR. Er ist grundsätzlich in der Entscheidung frei, kann allerdings den Vertr. der Beamten nicht gegen die Mehrheit der Vertr. der Beamten bestimmen. Zu den besonderen Rechten des BeamtenVertr. im KBR vgl. § 58 Rn 17.

6   Entsandt werden können **nur Mitgl. des GesBR** (bzw. im Falle des § 54 Abs. 2 des betreffenden BR). Da die Mitgliedschaft im GesBR von der Mitgliedschaft im BR abhängt (vgl. § 47 Rn 30), endet sie spätestens mit Ablauf der Amtszeit des BR (GK-*Kreutz/Franzen* Rn 13; *DKKW-Trittin* Rn 4). Zur Möglichkeit vorzeitiger Abberufung vgl. Rn 10 ff., zum Verlust der Mitgliedschaft aus sonstigen Gründen vgl. § 57.

7   Die Vorschrift des § 55 Abs. 1 S. 1 und 2 über die Entsendung der Mitgl. des KBR stimmt mit § 47 Abs. 2 S. 2 und S. 2 überein. Insoweit wird auf die sinngemäß geltenden **Rn 28 ff. zu § 47 verwiesen.**

8   Besteht für ein Konzernunternehmen kein GesBR, sondern **nur ein BR,** so ist dieser nach § 54 Abs. 2 zur Entsendung verpflichtet (vgl. § 54 Rn 55 ff.). Besteht der BR nur aus einer Person, ist diese kraft Amtes Mitgl. des KBR (*Richardi/Annuß* Rn 4).

9   Grundsätzlich werden die von den GesBR (bzw. im Falle des § 54 Abs. 2 dem BR) zu entsendenden Mitgl. des KBR durch **Beschluss des GesBR** (bzw. des BR) bestimmt. Wegen der Beschlussfassung im GesBR vgl. § 51 Rn 49 ff.; wegen der Beschlussfassung im BR vgl. § 33 Rn 26 ff.

2. Abberufung

10   Die Mitgl. des KBR können jederzeit ohne besonderen Grund **abberufen** werden (GK-*Kreutz/Franzen* Rn 14). § 55 Abs. 1 S. 4 (aF), der die Abberufung ausdrücklich vorsah, ist zwar durch das BetrVerf-ReformG aufgehoben worden. Die Möglichkeit der Abberufung folgt aber weiterhin aus § 57.

11   Die Abberufung erfolgt nach denselben Regeln wie die Entsendung. Erforderlich ist also ein Beschluss des entsendenden GesBR, bzw. BR (vgl. auch § 57 Rn 12; **§ 49 Rn 16 ff.**). Wegen sonstiger Gründe des **Erlöschens der Mitgliedschaft** im KBR vgl. § 57.

12   Für das abberufene Mitgl. **rückt** nach § 59 Abs. 1 iVm. § 25 Abs. 1 das nach Abs. 2 bestellte **ErsMitgl. nach,** sofern der GesBR, bzw. BR nichts anderes beschließen (GK-*Kreutz/Franzen* Rn 15).

3. Ersatzmitglieder

13   Nach Abs. 2 hat der GesBR für jedes Mitgl. mindestens ein ErsMitgl. zu bestellen, das für das ordentliche Mitgl. in den KBR eintritt, wenn dieses zeitweilig verhindert ist oder aus dem KBR ausscheidet. Dabei kann der GesBR die **ErsMitgl. nur aus seiner Mitte** bestimmen und muss vor vornherein auf ErsMitgl. nach § 47 Abs. 3 zurückgreifen (GK-*Kreutz/Franzen* Rn 15).

14   Werden mehrere ErsMitgl. für ein entsandtes GesBRMitgl. bestellt, so hat der GesBR die **Reihenfolge des Nachrückens** festzulegen.

15   Diese Regeln gelten nach § 54 Abs. 2 entspr. für den **einzigen BR eines Konzernunternehmens.** Besteht der BR nur aus einer Person, so ist dieser die „Bestellung" eines ErsMitgl. nicht möglich. Im Falle seiner endgültigen oder zeitweiligen Verhinderung rückt als ErsMitgl. der Kandidat nach, auf den bei der BRWahl die nächst höchste Stimmenzahl entfiel.

III. Stimmengewichtung

16   Im KBR findet – wie im GesBR – eine **Stimmengewichtung** statt. Nach Abs. 3 stehen jedem Mitgl. des KBR die Stimmen der Mitgl. des entsendenden GesBR je zur Hälfte zu. Im Falle des § 54 Abs. 2 haben die von dem einzigen BR des Konzernunternehmens in den KBR entsandten Mitgl. das sich aus der entspr. Anwen-

dung des § 47 Abs. 7 ergebende Stimmengewicht (*Richardi/Annuß* Rn 23; GK-*Kreutz/Franzen* Rn 22; *HSWGNR-Glock* Rn 16).

Jedes Mitgl. des KBR kann seine **Stimme nur einheitlich abgeben;** eine Auf- **17** splitterung der Stimmen ist nicht zulässig (*Richardi/Annuß* Rn 29; GK-*Kreutz/Franzen* Rn 23; ErfK/*Koch* Rn 1; *DKKW-Trittin* Rn 15).

In ihrer Stimmabgabe sind die Mitgl. des KBR frei und an keine Aufträge oder **18** Weisungen des entsendenden GesBR gebunden. Es besteht **kein imperatives Mandat** (*Richardi/Annuß* Rn 28; GK-*Kreutz/Franzen* Rn 23; *DKKW-Trittin* Rn 16; ErfK/*Koch* Rn 1). Eine tatsächliche Bindung entsteht aber dadurch, dass der entsendende GesBR oder BR das KBRMitgl. jederzeit ohne besondere Gründe abberufen kann.

IV. Abweichende Regelungen durch Tarifvertrag oder Betriebsvereinbarung

Da sich einerseits bei einer Vielzahl von Konzernunternehmen mit jeweils weni- **19** gen Beschäftigten ein unverhältnismäßig großer KBR, anderseits bei wenigen Konzernunternehmen mit einer sehr großen Belegschaft ein unverhältnismäßig kleiner KBR ergeben kann, gestattet das Gesetz in Abs. 4 – ähnlich wie beim GesBR – für den KBR eine **von der gesetzlichen MitglZahl abweichende Regelung durch TV oder BV.**

Parteien des TV sind nach überwiegender Auffassung das herrschende Unter- **20** nehmen und die für dieses tarifzuständige Gewerkschaft (*Richardi/Annuß* Rn 16; ErfK/*Koch* Rn 1; *DKKW-Trittin* Rn 20; *WPK/Roloff* Rn 3; HaKo BetrVG/*Tautphäus* Rn 13; *HSWGNR-Glock* Rn 5; aA GK-*Kreutz/Franzen* Rn 29). Das herrschende Unternehmen ist „Konzernarbeitgeber" iSd. BetrVG (vgl. dazu näher § 58 Rn 6, 34). Ein von ihm abgeschlossener TV nach Abs. 4 wirkt betriebsverfassungsrechtlich zugunsten und zulasten der beherrschten Unternehmen. Größere Schwierigkeiten kann die Ermittlung der für einen TV nach Abs. 4 zuständigen Gewerkschaft bereiten. Dies gilt insbesondere, wenn in den Konzernunternehmen verschiedene Gewerkschaften tarifzuständig sind oder wenn es konkurrierende Gewerkschaften gibt (vgl zur ähnlichen Problematik bei TV nach § 3 Abs. 1 die Kommentierung zu § 3 **Rn 16 bis 16g** sowie bei TV nach § 47 Abs. 4 die Kommentierung zu **§ 47 Rn 51**). Hier spricht viel dafür, nach dem Repräsentativitätsprinzip (Mehrheitsprinzip) die in den Konzernunternehmen insgesamt mitgliederstärkste Gewerkschaft für zuständig zu erachten. Dies erscheint die mit Art. 9 Abs. 3 GG am ehesten zu vereinbarende Lösung, stellt sie doch objektivierend auf die mitgliedschaftliche Legitimation ab. Nach den Entscheidungen des BAG vom 29. 7. 09 (– 7 ABR 27/08 – NZA 09, 1424) und vom 9. 12. 09 (– 4 AZR 190/08 – NZA 10, 712) ist das herrschende Unternehmen aber wohl nicht gehindert, sich den Tarifpartner unter den tarifzuständigen Gewerkschaften auszusuchen.

Liegt kein TV vor, kann nach Abs. 4 S. 1 eine **BV zwischen dem herrschen- 21 den Unternehmen und** dem nach § 55 Abs. 1 bereits gebildeten **KBR** geschlossen werden (*Richardi/Annuß* Rn 18; *DKKW-Trittin* Rn 21; GK-*Kreutz/Franzen* Rn 31; vgl. hierzu auch § 47 Rn 53).

Wegen der **Gestaltungsmöglichkeiten** des TV oder der BV vgl. die Erläuterun- **22** gen zu dem nach § 55 Abs. 4 S. 2 entspr. anzuwendenden § 47 Abs. 5 bis 9 (vgl. § 47 Rn 66 ff.).

Die Verkleinerung des regelmäßig zusammengesetzten KBR erfolgt durch **Zu- 23 sammenfassung der GesBR** (oder im Falle des § 54 Abs. 2 der BR) von Konzernunternehmen, die entweder regional oder durch gleichartige Interessen miteinander verbunden sind, zur gemeinsamen Entsendung.

Das **Stimmengewicht** der von zusammengefassten GesBR entsandten Mitgl. be- **24** stimmt sich nach dem Gesamtvolumen der Stimmengewichte dieser GesBR (*Richardi/Annuß* Rn 36).

25　Soweit bei den **Post-AG** (vgl. § 1 Rn 45 ff.) der KBR ausnahmsweise für Angelegenheiten der Beamten (§ 28 S. 1 PostPersRG) zuständig ist, sind nach gemeinsamer Beratung im KBR nur die Vertr. der Beamten zur Beschlussfassung berufen
(§ 33 Abs. 2 PostPersRG). Jeder Vertr. der Beamten hat so viele Stimmen wie die
Vertr. der Beamten im GesBR insgesamt Stimmen haben (§ 33 Abs. 1 Nr. 2 Post-
PersRG).

V. Erzwingbare Betriebsvereinbarung

26　Besteht bei regelmäßiger Zusammensetzung nach § 55 Abs. 1 der KBR aus **mehr
als 40 Mitgl.** und besteht auch kein TV über eine abweichende Zusammensetzung,
so können der ArbGeb. (dh der Unternehmer des herrschenden Unternehmens) und
der nach den gesetzlichen Bestimmungen gebildete KBR den Abschluss einer BV
über die MitglZahl des KBR verlangen (Abs. 4 S. 2 iVm. § 47 Abs. 5, 6). Kommt
diese BV nicht freiwillig zustande, entscheidet über sie die für das herrschende Unternehmen zu bildende **E-Stelle.**

27　Wegen des weiteren Verf. wird auf die Erläuterungen zu den sinngemäß geltenden
§ 47 Abs. 5 und 6 verwiesen (vgl. § 47 Rn 66 ff.).

VI. Gemeinschaftsbetrieb und KBR

28　Die **Verweisung in Abs. 4 S. 2** – ua. – **auf** die entspr. Anwendung des § 47
Abs. 9 bereitet Auslegungsschwierigkeiten (vgl. *Richardi/Annuß* Rn 25; GK-*Kreutz/
Franzen* Rn 39 ff.). Sie bedeutet nicht, dass für Gemeinschaftsunternehmen, also für
von mehreren herrschenden Unternehmen abhängige Unternehmen (vgl. § 47
Rn 29 ff.) die Bestimmung des § 47 Abs. 9 entspr. anwendbar wäre (*Richardi/Annuß*
Rn 27).

29　Die Verweisung betrifft vielmehr – ebenso wie § 47 Abs. 9 selbst – nur **Gemeinschaftsbetriebe** iSv. § 1 Abs. 1 S. 2 (*Richardi/Annuß* Rn 25; GK-*Kreutz/Franzen*
Rn 40 f.). Wenn in diesen gemeinsamen Betrieben ArbN konzernfremder Unternehmen beschäftigt sind, kann es zur Vermeidung von Stimmengewichtsverzerrungen
sinnvoll sein, durch TV oder BV Stimmengewichtungen zu vereinbaren, die von der
andernfalls maßgeblichen Stimmengewichtung nach Abs. 3, Abs. 4 S. 2 iVm. § 47
Abs. 7 abweichen (GK-*Kreutz/Franzen* Rn 40 f.; *Richardi/Annuß* Rn 25).

30　Für eine solche entspr. Anwendung ist aber dann kein Raum, wenn das **Stimmengewicht** der aus einem gemeinsamen Betrieb in den GesBR entsandten Mitgl.
bereits in unmittelbarer Anwendung des § 47 Abs. 9 **beschränkt** worden ist (GK-
Kreutz/Franzen Rn 41).

VII. Streitigkeiten

31　Streitigkeiten über **Zusammensetzung** und **MitglZahl** des KBR sowie über die
Stimmengewichtung sind vom ArbG im BeschlVerf. zu entscheiden (§§ 2 a, 80 ff.
ArbGG). Örtlich zuständig ist das ArbG, in dem das herrschende Unternehmen seinen Sitz hat und der KBR gebildet ist (§ 82 Abs. 1 S. 2 ArbGG). Zu den Besonderheiten des BeschlVerf. vgl. Nach § 1.

§ 56 Ausschluss von Konzernbetriebsratsmitgliedern

**Mindestens ein Viertel der wahlberechtigten Arbeitnehmer der Konzernun-
ternehmen, der Arbeitgeber, der Konzernbetriebsrat oder eine im Konzern**

vertretene Gewerkschaft können beim Arbeitsgericht den Ausschluss eines Mitglieds aus dem Konzernbetriebsrat wegen grober Verletzung seiner gesetzlichen Pflichten beantragen.

Inhaltsübersicht

I. Vorbemerkung

Die Vorschrift regelt in Anlehnung an die entspr. Bestimmung des § 48 die **Möglichkeit des Ausschlusses** von Mitgl. aus dem KBR. 1

Die Regelung ist **zwingend** und kann weder durch TV noch durch BV abbedungen werden (GK-*Kreutz/Franzen* Rn 2). 2

Entspr. Vorschrift des **BPersVG:** keine, des **SprAuG:** § 22 Abs. 1. 3

II. Ausschluss aus dem Konzernbetriebsrat

Ebenso wie der GesBR kann auch der **KBR nicht** durch das ArbG **insgesamt aufgelöst** werden. Vielmehr besteht nur die Möglichkeit, **einzelne Mitgl.** durch gerichtliche Entscheidung aus dem KBR **auszuschließen.** Zur **Abberufung** von Mitgl. aus dem KBR durch den GesBR vgl. § 55 Rn 10, § 57 Rn 12, § 49 **Rn 16 ff.** 4

Die **Voraussetzungen für den Ausschluss** eines Mitgl. aus dem KBR entsprechen weitgehend denjenigen für einen Ausschluss aus dem GesBR (vgl. dazu § 48 Rn 5 ff.). Die **grobe Pflichtverletzung** muss eine Pflicht betreffen, die dem auszuschließenden Mitgl. in **seiner Eigenschaft als Mitgl. des KBR** obliegt (*Richardi/Annuß* Rn 3; GK-*Kreutz/Franzen* Rn 12; *DKKW-Tittin* Rn 3; *ErfK/Koch* Rn 1). Die Verletzung von Pflichten, die es in seiner Eigenschaft als Mitgl. des BR oder des GesBR zu beachten hat, rechtfertigen für sich allein nicht den Ausschluss aus dem KBR. Ein Ausschluss aus dem GesBR oder dem BR hat aber zugleich den Verlust der Mitgliedschaft im KBR zur Folge, da sie an die Mitgliedschaft im GesBR (vgl. § 57) und diese wiederum an die Mitgliedschaft im BR (vgl. § 49) gebunden ist. Der Ausschluss eines Mitgl. aus dem KBR hat dagegen keinen Einfluss auf seine Mitgliedschaft im GesBR oder BR (*Richardi/Annuß* Rn 10; *DKKW-Tittin* Rn 3). 5

Die **Regelung der Antragsberechtigung** lehnt sich an § 48 an (vgl. dazu § 48 Rn 10 ff.). Wird der Ausschlussantrag von ArbN gestellt, so bedarf er der Unterstützung von mindestens einem Viertel der wahlberechtigten ArbN der Konzernunternehmen (*HSWGNR-Glock* Rn 5; *Richardi/Annuß* Rn 5; GK-*Kreutz/Franzen* Rn 6; *WPK/Roloff* Rn 2; **aA** *DKKW-Tittin* Rn 4: nur ArbN der Konzernbetriebe, in denen BR bestehen; dieser übersieht aber, dass nach dem durch das BetrVerf-ReformG neu eingefügten § 58 Abs. 1 S. 1 Halbs. 2 der KBR nun auch für gesamtbetriebsratslose Unternehmen und betriebsratslose Betriebe des Konzerns zuständig ist). 6

Den Antrag auf Ausschluss kann auch eine **Gewerkschaft** stellen, die im Konzern vertreten ist, dh die mindestens einen ArbN eines Konzernunternehmens zu ihrem Mitgl. zählt (*ErfK/Koch* Rn 1; GK-*Kreutz/Franzen* Rn 10). 7

ArbGeb. iSv. § 56 ist **nur die Konzernleitung,** nicht die Leitung der abhängigen Konzernunternehmen (GK-*Kreutz/Franzen* Rn 7). 8

Antragsberechtigt ist ferner der **KBR,** jedoch nicht der GesBR eines Konzernunternehmens (*Richardi/Annuß* Rn 7; *HSWGNR-Glock* Rn 7; GK-*Kreutz/Franzen* Rn 9; *ErfK/Koch* Rn 1). Dieser kann aber die von ihm entsandten Mitgl. aus dem KBR abberufen (vgl. § 55 Rn 10; § 57 Rn 12). 9

10   **Zuständig** ist nach § 82 Abs. 1 S. 2 ArbGG das ArbG, in dessen Bezirk das herrschende Unternehmen seinen Sitz hat. Zu den **Rechtsfolgen** einer rechtskräftigen arbeitsgerichtlichen Entscheidung über den Ausschluss eines Mitgl. aus dem KBR vgl. die Erl. zum GesBR, **§ 48 Rn 18 ff.**

§ 57 Erlöschen der Mitgliedschaft

Die Mitgliedschaft im Konzernbetriebsrat endet mit dem Erlöschen der Mitgliedschaft im Gesamtbetriebsrat, durch Amtsniederlegung, durch Ausschluss aus dem Konzernbetriebsrat aufgrund einer gerichtlichen Entscheidung oder Abberufung durch den Gesamtbetriebsrat.

Inhaltsübersicht

I. Vorbemerkung

1   Die Vorschrift regelt in Anlehnung an die entspr. Bestimmung des § 49 für den GesBR das **Erlöschen der Mitgliedschaft** im KBR.

2   Die Vorschrift ist **zwingend** und weder durch TV noch durch BV abdingbar (GK-*Kreutz/Franzen* Rn 2).

3   Entspr. Vorschrift des **BPersVG:** keine, des **SprAuG:** § 22 Abs. 2.

II. Erlöschen der Mitgliedschaft

4   Die Bestimmung regelt – wie § 49 – nur die Beendigung der Mitgliedschaft des **einzelnen Mitgl. des KBR, nicht** die **Beendigung des KBR als Kollektivorgan.** Da der KBR eine Dauereinrichtung ist und keine feste Amtszeit hat (vgl. § 54 Rn 50 ff.), kann ihn das ArbG bei einem groben Pflichtenverstoß nicht auflösen, sondern nur einzelne seiner Mitgl. ausschließen (vgl. § 56). Auch ein kollektiver Rücktritt des KBR ist ebenso wie beim GesBR nicht möglich (vgl. § 49 Rn 7; *Richardi/Annuß* Rn 2; ErfK/*Koch* Rn 1; *DKKW-Trittin* Rn 4; *WPK/Roloff* Rn 1).

5   Allerdings **endet der KBR,** wenn die **Voraussetzungen für seine Errichtung** nachträglich **wegfallen** (vgl. § 54 Rn 51 f.; BAG 23. 8. 06 AP Nr. 12 zu § 54 BetrVG 1972; vgl. zum GesBR § 47 Rn 26 mwN und BAG 16. 3. 05 AP Nr. 5 zu § 51 BetrVG 1972). Dies ist der Fall, wenn die GesBR der Konzernunternehmen die Auflösung des KBR beschließen (vgl. § 54 Rn 52 f.) oder wenn die Voraussetzungen für das Bestehen eines Konzerns nach § 18 Abs. 1 AktG nachträglich entfallen (zB durch Veränderung der Beteiligungs- oder Beherrschungsverhältnisse).

6   Anders als bei dem gesetzlich zwingend vorgeschriebenen GesBR besteht bei dem nach § 54 Abs. 1 fakultativen KBR die **Möglichkeit der kollektiven Auflösung** (GK-*Kreutz/Franzen* Rn 5; *Richardi/Annuß* Rn 3). Erforderlich ist dazu in entspr. Anwendung des § 54 Abs. 1 S. 2, dass GesBR, bzw. im Fall des § 54 Abs. 2 BR, die mehr als 50% der im Konzern beschäftigten ArbN repräsentieren, die Auflösung des KBR beschließen (GK-*Kreutz/Franzen* Rn 5; *Richardi/Annuß* Rn 3). Allein die unterbliebene Neuentsendung von KBRMitgl. durch die GesBR stellt aber regelmäßig noch keinen konkludenten Auflösungsbeschluss dar (ErfK/*Koch* Rn 1; *DKKW-Trittin* Rn 6; **aA** GK-*Kreutz/Franzen* Rn 5).

7   **Änderungen in der Konzernzusammensetzung** (Ausscheiden bisheriger Konzernunternehmen aus dem Konzern, Einbeziehung neuer Unternehmen in den Kon-

zernverband) **berühren den Bestand des KBR** als solchen **nicht** (vgl. §54 Rn 52). Allerdings scheiden die Mitgl. des KBR, die von den ausgeschiedenen Konzernunternehmen entsandt worden sind, aus dem KBR aus. Die GesBR, bzw. im Falle des §54 Abs. 2 BR von neu in den Konzern einbezogenen Unternehmen entsenden ihrerseits neue Mitgl. (*Richardi/Annuß* §54 Rn 51; vgl. zum GesBR BAG 16. 3. 05 AP Nr. 5 zu §51 BetrVG 1972).

Die Gründe für das **Erlöschen der Mitgliedschaft** im KBR entsprechen weitge- **8** hend denjenigen für das Erlöschen der Mitgliedschaft im GesBR (vgl. dazu §**49 Rn 9 ff.**).

Die Beendigung der Mitgliedschaft im GesBR hat stets das Erlöschen der Mit- **9** gliedschaft im KBR zur Folge, da der GesBR nach §55 Abs. 1 S. 1 nur eigene Mitgl. in den KBR entsenden kann (vgl. §55 Rn 6). Auch die Beendigung der Mitgliedschaft im BR führt zum Erlöschen der Mitgliedschaft im KBR, da mit ihr die Mitgliedschaft im GesBR endet (vgl. §49 Rn 9).

Ebenso wie ein Mitgl. des GesBR kann auch ein Mitgl. des KBR sein **Amt je- 10 derzeit formlos niederlegen** (vgl. §49 Rn 11).

Die Mitgliedschaft im KBR endet ferner, wenn ein KBRMitgl. wegen grober Ver- **11** letzung der ihm obliegenden Pflichten gemäß §56 **aus dem KBR ausgeschlossen** wird (vgl. §56 Rn 4 ff.).

Der entsendende GesBR, bzw. BR kann die in den KBR entsandten Mitgl. jeder- **12** zeit abberufen (vgl. §55 Rn 10; vgl. zum GesBR §49 Rn 16 ff.). Zwar ist durch das BetrVerf-ReformG §55 Abs. 1 S. 4 (aF), in dem die **Abberufung** ausdrücklich geregelt war, weggefallen. Die Möglichkeit der Abberufung folgt aber aus dem unverändert gebliebenen §57 (GK-*Kreutz/Franzen* Rn 12). Besondere Gründe für die Abberufung sind nicht erforderlich. Sie bedarf eines Beschlusses des GesBR bzw. im Falle des §54 Abs. 2 des BR und wird mit Zugang an den Abberufenen wirksam (vgl. §49 Rn 18 mwN).

Die Mitgliedschaft im KBR endet ferner, wenn dieser durch Beschluss der GesBR **13** aufgelöst wird (vgl. Rn 6), die **Voraussetzungen für seine Errichtung nachträglich entfallen** (vgl. §54 Rn 5 f.) oder das Unternehmen, zu dem das KBRMitgl. gehört, aus dem Konzernverband ausscheidet (vgl. Rn 7).

Mit dem Erlöschen der Mitgliedschaft im KBR enden auch **Ämter und Funk- 14 tionen,** die die Mitgliedschaft im KBR voraussetzen, zB Mitgliedschaft im KonzernBetrAusschuss (vgl. *Richardi/Annuß* Rn 8; *HSWGNR-Glock* Rn 8).

Für die aus dem KBR ausgeschiedenen Mitgl. rücken die gem. §55 Abs. 2 bestell- **15** ten **ErsMitgl.** der einzelnen GesBR entspr. der festgelegten Reihenfolge in den KBR nach. Der GesBR kann jedoch unter Abberufung des zunächst nachgerückten ErsMitgl auch ein anderes seiner Mitgl. in den KBR entsenden (GK-*Kreutz/Franzen* Rn 14; *DKKW-Trittin* Rn 11).

III. Streitigkeiten

Streitigkeiten über das Erlöschen der Mitgliedschaft im KBR entscheiden die **16 ArbG im BeschlVerf.** (§§2a, 80 ff. ArbGG). Zuständig ist gemäß §82 Abs. 1 S. 2 ArbGG das ArbG, in dessen Bezirk das herrschende Unternehmen seinen Sitz hat. Zu den Besonderheiten des BeschlVerf. vgl. Nach §1.

Dies gilt wohl auch, wenn streitig ist, ob die Mitgliedschaft im GesBR – und da- **17** mit auch die Mitgliedschaft im KBR – beendet ist (vgl. §49 Rn 20).

§58 Zuständigkeit

(1) [1]**Der Konzernbetriebsrat ist zuständig für die Behandlung von Angelegenheiten, die den Konzern oder mehrere Konzernunternehmen betreffen und**

nicht durch die einzelnen Gesamtbetriebsräte innerhalb ihrer Unternehmen geregelt werden können; seine Zuständigkeit erstreckt sich insoweit auch auf Unternehmen, die einen Gesamtbetriebsrat nicht gebildet haben, sowie auf Betriebe der Konzernunternehmen ohne Betriebsrat. ²Er ist den einzelnen Gesamtbetriebsräten nicht übergeordnet.

(2) ¹Der Gesamtbetriebsrat kann mit der Mehrheit der Stimmen seiner Mitglieder den Konzernbetriebsrat beauftragen, eine Angelegenheit für ihn zu behandeln. ²Der Gesamtbetriebsrat kann sich dabei die Entscheidungsbefugnis vorbehalten. ³§ 27 Abs. 2 Satz 3 und 4 gilt entsprechend.

Inhaltsübersicht

I. Vorbemerkung

1 Die Vorschrift regelt die **Rechtsstellung** des KBR, sein **Verhältnis zu den GesBR** und seine **Zuständigkeit**. Durch Abs. 1 S. 1 Halbs. 2 (eingefügt durch das BetrVerf-ReformG) wird klargestellt, dass der KBR im Rahmen seiner originären Zuständigkeit auch für Unternehmen ohne GesBR und für betriebsratslose Unternehmen zuständig ist.

2 Die Vorschrift ist **zwingendes Recht** und weder durch TV noch durch BV abdingbar oder abänderbar (GK-*Kreutz/Franzen* Rn 4).

3 Entspr. Vorschrift des **BPersVG**: keine; des **SprAuG**: § 23.

II. Rechtsstellung des Konzernbetriebsrats, Verhältnis zum Gesamtbetriebsrat und „Konzernarbeitgeber"

4 Der KBR ist ein **selbständiges Organ der Betriebsverfassung** (BAG 12. 1. 97 AP Nr. 2 zu § 58 BetrVG 1972; ErfK/*Koch* Rn 1; MünchArbR-*Joost* § 227 Rn 43). Er hat nach § 59 Abs. 1 iVm. § 51 Abs. 5 im Rahmen seiner originären Zuständigkeit nach Abs. 1 dieselben Rechte und Pflichten wie ein BR (BAG 20. 12. 95, 12. 11. 97 AP Nr. 1, 2 zu § 58 BetrVG 1972; GK-*Kreutz/Franzen* Rn 6; ErfK/*Koch* Rn 1; DKKW-*Trittin* Rn 3). KBR, GesBR und BR sind eigenständige Organe mit unterschiedlich abgegrenzten Zuständigkeitsbereichen und können sich – mit Ausnahme der gesetzlich vorgesehenen Fälle der Delegation (§ 50 Abs. 2, § 58 Abs. 2) – wechselseitig nicht vertreten (BAG 12. 11. 97 AP Nr. 2 zu § 58 BetrVG 1972).

5 Der KBR ist **weder dem GesBR noch den EinzelBR** der Konzernunternehmen **übergeordnet** (BAG 12. 11. 97 AP Nr. 2 zu § 58 BetrVG 1972). Er besitzt diesen gegenüber weder Weisungsbefugnisse noch Richtlinienkompetenzen (GK-*Kreutz/Franzen* Rn 7). Er kann aber versuchen, eine gleichartige Regelungen der GesBR zu koordinieren (GK-*Kreutz/Franzen* Rn 7; DKKW-*Trittin* Rn 3; ErfK/*Koch* Rn 1). Der KBR ist den GesBR aber **auch nicht untergeordnet** (BAG 12. 11. 97 AP Nr. 2 zu § 58 BetrVG 1972). Diese können dem KBR keine Weisungen erteilen

(GK-*Kreutz/Franzen* Rn 7; *DKKW-Trittin* Rn 3). Die in den KBR entsandten Mitgl. haben kein imperatives Mandat. Eine faktische Abhängigkeit entsteht aber dadurch, dass die GesBR, bzw. BR ($ 54 Abs. 2) ihre in den KBR entsandten Mitgl. jederzeit ohne besonderen Grund abberufen können (vgl. $ 57 Rn 12).

Das BetrVG enthält keine Regelung, wer im Verhältnis zum KBR „Arbeitgeber" **6** ist (vgl. GK-*Kreutz/Franzen* Rn 9 ff.). Der Konzern selbst ist weder eine Rechtsperson noch (Vertrags-)ArbGeb. der vom KBR repräsentierten ArbN (*HSWGNR-Glock* Rn 3). Gleichwohl setzt das BetrVG einen **„Konzernarbeitgeber"** voraus (*DKKW-Trittin* Rn 99; *HSWGNR-Glock* Rn 3). Der KBR benötigt zumindest im Bereich der originären Zuständigkeit nach Abs. 1 S. 1 einen Ansprech-, Verhandlungs- und Vertragspartner auf der Ebene der Konzernleitung. Es entspricht daher zu Recht allgemeiner Auffassung, dass dem KBR jedenfalls im Bereich seiner originären Zuständigkeit als Verhandlungs- und Vertragspartner das herrschende Konzernunternehmen gegenübersteht, das durch sein jeweiliges Leitungsorgan handelt und mit dem KBR sog. KBV (vgl. Rn 34 ff.) abschließen kann (BAG 12. 11. 97 AP Nr. 2 zu $ 58 BetrVG 1972; GK-*Kreutz/Franzen* Rn 11 ff., 14; Erf K/*Koch* Rn 1; *HSWG* Rn 2a; *DKKW-Trittin* Rn 110; *Kort* NZA 09, 464, 470; *Richardi/Annuß* Rn 34; jetzt auch MünchArbR-*Joost* $ 227 Rn 44). Anders ist dies, wenn der KBR nicht nach Abs. 1 in eigener Zuständigkeit tätig wird, sondern von einem GesBR nach Abs. 2 beauftragt wird (vgl. Rn 25 ff.). In diesem Fall muss er mit der Leitung des betroffenen Unternehmens verhandeln und mit diesem eine BV abschließen (BAG 12. 11. 97 AP Nr. 2 zu $ 58 BetrVG 1972).

III. Zuständigkeit des Konzernbetriebsrats

1. Allgemeines

Der Gesetzgeber hat die **Zuständigkeitsregelung** des $ 58 derjenigen zwischen **7** GesBR und einzelnen BR ($ 50) nachgebildet (BR-Drucks. 715/70 S. 44). Zu unterscheiden ist demnach zwischen der originären Zuständigkeit des KBR nach der Generalklausel des Abs. 1 S. 1 (vgl. Rn 8 ff.), der besonderen dem KBR gesetzlich ausdrücklich zugewiesenen Zuständigkeit (vgl. Rn 21 ff.) und der nach Abs. 2 auf den KBR delegierten Zuständigkeit (vgl. Rn 25 ff.). Die originäre Zuständigkeit des KBR erstreckt sich nach Abs. 1 S. 2 auch auf Unternehmen ohne GesBR sowie auf BRlose Betriebe (vgl. Rn 28 ff.).

Für das **Verhältnis der originären Zuständigkeit von BR, GesBR und KBR 8** gilt der **Grundsatz der Zuständigkeitstrennung** (vgl. im Einzelnen $ 50 Rn 9 ff.; BAG 14. 11. 06 AP Nr. 43 zu $ 87 BetrVG 1972 Überwachung) Die gesetzlichen Zuständigkeiten von KBR, GesBR und BR schließen sich gegenseitig aus (vgl. $ 50 Rn 9; BAG 20. 12. 95 AP Nr. 1 zu $ 58 BetrVG 1972). Die **gesetzliche Zuständigkeitsverteilung ist zwingend** und kann weder durch TV noch durch BV abgeändert werden (vgl. $ 50 Rn 10 mwN; BAG 9. 12. 03 AP Nr. 27 zu $ 50 BetrVG 1972; 14. 11. 06 AP Nr. 43 zu $ 87 BetrVG 1972 Überwachung). Delegationen sind nur nach Maßgabe von $ 50 Abs. 2, $ 58 Abs. 2 möglich. In Angelegenheiten, die nicht der erzwingbaren Mitbestimmung unterliegen, kann der ArbGeb. durch seine Vorgaben die Zuständigkeit steuern (vgl. $ 50 Rn 11).

2. Originäre Zuständigkeit

Nach Abs. 1 S. 1 ist die – originäre – Zuständigkeit des GesBR nur unter **zwei 9 Voraussetzungen** gegeben: Zum einen muss es sich um eine Angelegenheit handeln, die alle oder doch mehrere Konzernunternehmen betrifft; zum anderen dürfen die Angelegenheiten nicht durch die GesBR der Konzernunternehmen geregelt werden können. Beide Voraussetzungen müssen **kumulativ** vorliegen.

10   Da der Gesetzgeber Abs. 1 S. 1 der Regelung des § 50 Abs. 1 S. 1 nachgebildet hat (vgl. Rn 7), sind bei der Auslegung die von der Rspr. **zu § 50 Abs. 1 S. 1 entwickelten Grundsätze** heranzuziehen. Die Zuständigkeit des KBR ist also nach denselben Kriterien abzugrenzen, nach denen § 50 Abs. 1 S. 1 die Zuständigkeit des GesBR bestimmt (BAG 20. 12. 95, 19. 6. 07 AP Nr. 1, 4 zu § 58 BetrVG 1972; 22. 7. 08 AP Nr. 14 zu § 87 BetrVG 1972; GK-*Kreutz/Franzen* Rn 8; *DKKW-Trittin* Rn 8 ff.). Auf die **Erläuterungen zu § 50 (Rn 9 bis 60)** wird verwiesen.

11   Die Übertragung der zu § 50 Abs. 1 entwickelten Grundsätze bedeutet insb., dass der **Begriff des „Nichtregelnkönnens"** keine objektive Unmöglichkeit der Regelung durch die einzelnen BR, bzw. GesBR voraussetzt. Voraussetzung ist vielmehr nur, dass ein **zwingendes Erfordernis für eine konzerneinheitliche oder** zumindest **unternehmensübergreifende Regelung** besteht (vgl. **§ 50 Rn 21 mwN;** BAG 19. 6. 07 AP Nr. 4 zu § 58 BetrVG 1972; 22. 7. 08 AP Nr. 14 zu § 87 BetrVG 1972). Dabei ist auf die Verhältnisse des jeweiligen Konzerns, seiner Unternehmen und Betriebe abzustellen (BAG 22. 7. 08 AP Nr. 14 zu § 87 BetrVG 1972). Die Zuständigkeit kann sich aus objektiv zwingenden Gründen oder aus der „subjektiven Unmöglichkeit" einer Regelung auf Betriebs- oder Unternehmensebene ergeben (BAG 19. 6. 07 AP Nr. 4 zu § 58 BetrVG 1972; 22. 7. 08 AP Nr. 14 zu § 87 BetrVG 1972). Ein objektiv zwingendes Erfordernis für eine konzerneinheitliche oder unternehmensübergreifende Regelung kann sich aus **technischen oder rechtlichen Umständen** ergeben (BAG 22. 7. 08 AP Nr. 14 zu § 87 BetrVG 1972). Allein der **Wunsch des ArbGeb.**, reine **Zweckmäßigkeitsgründe, Kostengesichtspunkte** oder das **Koordinierungsinteresse** der Konzernleitung genügen nicht, um die Zuständigkeit des KBR zu begründen **(vgl. § 50 Rn 23 mwN).** Entscheidend ist vielmehr, ob sich das Ziel der geplanten Regelung nur durch eine einheitliche Regelung auf Konzernebene erreichen lässt (BAG 20. 12. 95 AP Nr. 1 zu § 58 BetrVG 1972). Der KBR ist nicht bereits deshalb zuständig, weil die Initiative zu einer regelungsbedürftigen Angelegenheit von der Konzernleitung ausgeht. Geht es aber um die **Regelung freiwilliger Leistungen,** ist die Zuständigkeit des KBR gegeben, wenn die Konzernleitung sie nur konzerneinheitlich oder unternehmensübergreifend gewähren will **(vgl. § 50 Rn 11, 24 mwN;** *Christoffer* BB 08, 951, 952).

12   In **sozialen Angelegenheiten (§ 87 Abs. 1)** ist der KBR ua. zuständig für Regelungen über die Errichtung und Verwaltung von **Sozialeinrichtungen,** deren Wirkungsbereich sich auf den Konzern erstreckt (BAG 21. 6. 79 AP Nr. 1 zu § 87 BetrVG 1972 Sozialeinrichtung; 14. 12. 93 AP Nr. 81 zu § 7 BetrAVG; vgl. auch § 50 Rn 43, § 87 Rn 331 ff., § 88 Rn 20 ff.). Der KBR ist für die Wahrnehmung des MBR nach § 87 Abs. 1 Nr. 1 zuständig, wenn durch einen **Verhaltenskodex („codes of conduct") für den gesamten Konzern** eine konzerneinheitliche „Unternehmensphilosophie" umgesetzt und für ein „ethisch-moralisch einheitliches Erscheinungsbild" und eine konzernweite Identität gesorgt werden soll (BAG 22. 7. 08 AP Nr. 14 zu § 87 BetrVG 1972; 17. 5. 11 – 1 ABR 121/09 –; ebenso *Dzida* NZA 08, 1265, 1266). Die Mitbestimmung für die konzernweite Einführung von **Personalinformationssystemen** nach § 87 Abs. Nr. 6 fällt dann in die Zuständigkeit des KBR, wenn sich der Zweck nur durch eine einheitliche Regelung auf Konzernebene erreichen lässt (*Christoffer* BB 08, 951, 952; vgl. zur Zuständigkeit des GesBR bei betriebsübergreifender elektronischer Datenverarbeitung BAG 14. 11. 06 AP Nr. 43 zu § 87 BetrVG 1972 Überwachung). In Angelegenheiten der **betrieblichen Altersversorgung** macht der ArbGeb. regelmäßig die entscheidende Vorgabe, da er durch seine mitbestimmungsfreie Entscheidung für eine betriebs-, unternehmens- oder konzernweite Regelung zugleich die betriebsverfassungsrechtliche Regelungsebene bestimmt **(vgl. § 50 Rn 47 mwN;** *Christoffer* BB 08, 951, 952). Der KBR ist regelmäßig zuständig, wenn eine Unterstützungskasse mit konzernweitem Wirkungskreis besteht (vgl. *Reinecke* ArbuR 04, 328, 336). Erhalten jedoch nur ArbN eines Konzernunternehmens neben Leistungen aus einer konzerneinheitlichen Versorgungsordnung zusätzliche Versorgungsleistungen, so ist hierfür nicht der KBR, sondern der GesBR des betreffenden Unternehmens zuständig (BAG 19. 3. 81 AP Nr. 14 zu § 80 BetrVG 1972). Für Fälle, in denen die Zuständigkeit zweifelhaft erscheint, empfiehlt *Reinecke,* „den sicheren Weg zu gehen" und gleich lautende BV, GesBV und KonzernBV abzuschließen (*Reinecke* ArbuR 04, 328, 335; so auch der Sachverhalt in BAG 17. 6. 03 AP Nr. 44 zu § 1 BetrAVG Ablösung). In solchen Fällen kommt auch eine fürsorgliche Beauftragung des KBR nach Abs. 2 in Betracht (vgl. Rn 25 ff.; § 50 Rn 67). Fehlt es an dem – gesetzlich zuständigen – KBR, haben die ArbGeb. bei der Gestaltung der betrieblichen Altersversorgung „freie Hand" (*Reinecke* ArbuR 04, 328, 336; vgl. auch BAG 14. 12. 93 AP Nr. 81 zu § 7 Betr-AVG). Eine Zuständigkeit des KBR kann auch für das **Werkwohnungswesen** (§ 87 Abs. 1 Nr. 9) in Betracht kommen (vgl. § 50 Rn 48). Der KBR ist ferner zuständig, wenn **Mitarbeiterdaten** zwischen den einzelnen Konzernunternehmen ausgetauscht werden sollen und durch eine KBV eine Rechtsgrundlage nach § 4 Abs. 1 BDSG geschaffen werden soll (BAG 20. 12. 95 AP Nr. 1 zu § 58 BetrVG 1972; vgl. dazu auch *Hummel/Hilbrans* ArbuR 05, 207; vgl. ferner § 50 Rn 41).

In Ausnahmefällen können auch **Fragen der allgemeinen Personalpolitik** **13** (§§ 92, 94, 95, 96, 98) in die Zuständigkeit des KBR fallen (*DKKW-Trittin* Rn 57; *Richardi/Annuß* Rn 11; *Christoffer* BB 08, 951, 953; vgl. § 50 Rn 51 bis 53). Zuständig kann der KBR sein, wenn es um die unternehmensübergreifende Ausschreibung von Arbeitsplätzen nach § 93 geht (*Richardi/Annuß* Rn 11).

Bei **personellen Einzelmaßnahmen** kommt eine Zuständigkeit des KBR grund- **14** sätzlich nicht in Betracht (vgl. auch § 50 Rn 55). Dies gilt auch, wenn das herrschende Unternehmen ArbN einstellt, die nach dem Arbeitsvertrag im gesamten Konzernbereich eingesetzt werden können (*HSWGNR-Glock* Rn 16; *Richardi/Annuß* Rn 13; *DKKW-Trittin* Rn 61). Der konkrete Einsatz eines solchen ArbN in einem anderen Konzernunternehmen unterliegt dem personellen Beteiligungsrecht des dort bestehenden BR. Dies gilt auch für die Versetzung von einem Konzernunternehmen in ein anderes (vgl. BAG 30. 4. 81 AP Nr. 12 zu § 99 BetrVG 1972; 19. 12. 91 AP Nr. 26 zu § 95 BetrVG 1972; ErfK/*Koch* Rn 3; *Christoffer* BB 08, 953).

In **wirtschaftlichen Angelegenheiten** sind regelmäßig die BR oder GesBR zu- **15** ständig (**vgl. § 50 Rn 58 ff.**; MünchArbR-*Joost* § 227 Rn 51). Eine originäre Zuständigkeit des KBR kommt in Betracht, wenn eine geplante Betriebsänderung Betriebe verschiedener Konzernunternehmen betrifft, wie zB die unternehmensüberschreitende Zusammenlegung von Betrieben (*Richardi/Annuß* Rn 15) oder ein konzernweiter Personalabbau, der mit der unternehmensübergreifenden Übernahme von ArbN verbunden ist (*Christoffer* BB 08, 951, 953). Entscheidend ist, ob den geplanten Maßnahmen ein unternehmensübegreifendes Konzept zugrunde liegt. In einem solchen Fall liegt die Initiativlast für einen **Interessenausgleich** auf ArbGebSeite zunächst beim herrschenden Unternehmen (*Schmitt/Rolfes* FS 50 Jahre BAG S. 1081, 1095). Neben diesem trifft die Pflicht zum Versuch eines Interessenausgleichs aber auch die betroffenen Konzernunternehmen (vgl. auch Art 2 Abs. 4 Massenentlassungsrichtlinie). Eine Haftung aus **§ 113 Abs. 3** trifft in einem solchen Fall sowohl das herrschende Unternehmen als auch die beherrschten Gesellschaften (*Schmitt/Rolfes* FS 50 Jahre BAG S. 1081, 1096; *Wißmann* FS 25 Jahre ARGE Arbeitsrecht im DAV S. 1037, 1046 f.). Aus der Zuständigkeit des KBR für einen Interessenausgleich folgt nicht ohne Weiteres seine Zuständigkeit für den Abschluss eines Sozialplans. Er ist hierfür nur dann zuständig, wenn auch insoweit eine unternehmensübergreifende Regelung erforderlich ist. Dies kann der Fall sein, wenn die im Interessenausgleich vereinbarten Betriebsänderungen mehrere Betriebe verschiedener Konzernunternehmen erfassen und die Durchführung des Interessenausgleichs von betriebsübergreifenden, einheitlichen Kompensationsregelungen in einem abzuschließenden Sozialplan abhängen (*Christoffer* BB 08, 951, 954; vgl. zum GesBR BAG 23. 10. 02 AP Nr. 26 zu § 50 BetrVG 1972). Vertragspartner des KBR für einen **Sozialplan** ist das herrschende Unternehmen (*Wißmann* FS 25 Jahre ARGE Arbeitsrecht im DAV S. 1037, 1048).

16　Wenn **in einem Interessenausgleich oder Sozialplan unternehmensübergreifende Regelungen** getroffen werden sollen, kann die Beauftragung des KBR durch die betroffenen GesBR oder BR – eventuell nach § 50 Abs. 2 vermittelt über den GesBR – nach Abs. 2 sinnvoll sein. Eine unternehmensübergreifende Versetzungspflicht kann aber nicht über die E-Stelle erzwungen werden (BAG 17. 9. 91 AP Nr. 59 zu § 112 BetrVG 1972).

17　Der KBR kann **keinen WiAusschuss** errichten. Der WiAusschuss ist auf das Unternehmen als Rechtsträger bezogen (BAG 23. 8. 89 AP Nr. 7 zu § 106 BetrVG 1972; ErfK/*Koch* Rn 3; aa *DKKW-Trittin* Rn 66). Der KBR kann jedoch in Konzernen mit mehr als 100 ArbN einen Ausschuss errichten. Dieser hat allerdings nicht die Stellung und Befugnisse eines Wirtschaftsausschusses (GK-*Kreutz/Franzen* Rn 29; MünchArbR-*Joost* § 227 Rn 52).

18　Der **KBR selbst oder einer seiner Ausschüsse kann sich der Angelegenheiten annehmen,** die auf Unternehmensebene in die Zuständigkeit des WiAusschusses fallen. Denn die Erörterung und Beratung derartiger Angelegenheiten ist auf Konzernebene ebenso wichtig wie auf Unternehmensebene. Nur weil §§ 106 ff. auf das Unternehmen abstellen, ist die Erörterung derartiger Angelegenheiten auf Konzernebene nicht unzulässig (GK-*Kreutz/Franzen* Rn 29; *DKKW-Trittin* Rn 66; aA *HSWGNR-Glock* Rn 20).

19　In den **privatisierten Postunternehmen** gelten Sonderregelungen für die Wahrnehmung von Aufgaben in Angelegenheiten, die einzelne Beamte betreffen (vgl. § 1 Rn 47, 53). Nach § 28 **PostPersRG** ist der BR bei personellen Einzelmaßnahmen, die Beamte betreffen (Einstellung, Beförderung, Abordnung, Versetzung, Einleitung von Disziplinarverf., Entlassungen usw., vgl. § 76 Abs. 1, § 78 Abs. 1 Nr. 3 bis 5 und § 79 Abs. 3 BPersVG) zu beteiligen. Diese Bestimmung gilt nach § 33 **Abs. 2** PostPersRG für die Beteiligung des KBR entsprechend. § 33 PostPersRG geht mithin davon aus, dass der **KBR** für die Wahrnehmung von Beteiligungsrechten bei diesen **personellen Einzelmaßnahmen** zuständig sein kann. Das kann jedoch allenfalls ausnahmsweise der Fall sein (vgl. Rn 14).

20　Im Rahmen seiner Zuständigkeiten hat der KBR nach § 59 Abs. 1 iVm. § 51 Abs. 5 auch die **Überwachungsaufgaben** nach § 80 Abs. 1 Nr. 1, die **Auskunftsansprüche** nach § 80 Abs. 2 S. 1 und den Anspruch auf Hinzuziehung eines **Sachverständigen** nach § 80 Abs. 3.

3. Besondere Zuständigkeiten

21　Kraft besonderer gesetzlicher Zuweisung ist der KBR in zahlreichen Fällen an der **Organisation der Unternehmensmitbestimmung** beteiligt (vgl. GK-*Kreutz/ Franzen* Rn 31 f.; *Richardi/Annuß* Rn 17 ff.).

22　Dem KBR obliegt insbes.
– die Bestellung des Hauptwahlvorstands für die Wahl der ARMitglieder der ArbN des herrschenden Unternehmens nach § 26 **Abs. 3 WODrittelbG** und nach § 4 **Abs. 4 3. WOMitbestG,**
– das Recht zur Anfechtung der Wahl der ArbNVertr. im AR nach § 22 **Abs. 2 Nr. 2 MitbestG** und nach § 101 **Abs. 2 Nr. 2 MitbestGErgG,**
– die Entgegennahme des Antrags auf Abstimmung über die Abberufung eines ARMitgl. nach § 88 **3. WOMitbestG** und nach § 39 **Abs. 1 Nr. 2 WODrittelbG**
– und gemäß § 1 **Abs. 4 S. 1 und 2 MontanMitbestG** die Bildung der Wahlkörpers nach § 6 **Ab. 1 S. 2 MontanMitbestG.**

23　Im Rahmen der grenzüberschreitenden Unternehmensmitbestimmung obliegt dem KBR insb.
– die Bestellung der inländischen ArbNVertr. des besonderen Verhandlungsgremiums (bVG) nach § 11 **Abs. 2 EBRG,**

– die Bestellung und Abberufung der auf das Inland entfallenden ArbNVertr. für einen EBR bei gemeinschaftsweit tätiger Unternehmensgruppe nach §§ **18 Abs. 2, 23 Abs. 2 und 4 EBRG,**
– die Bildung des Wahlgremiums nach § **8 Abs. 2 SEBG** (vgl. § 1 Rn 182a),
– die Bildung des Wahlgremiums nach § **8 Abs. 2 SCEBG** (vgl. § 1 Rn 182a) und
– die Bildung des Wahlgremiums nach § **10 Abs. 2 MgVG** (vgl. § 1 Rn 182b).

Nach den durch das **BetrVerf-ReformG** angefügten § **16 Abs. 3** und dem ge- **24** änderten § **17 Abs. 1** hat der KBR bei Fehlen eines GesBR in Betrieben ohne BR sowie in Betrieben mit BR, in denen ein Wahlvorstand nicht rechtzeitig gebildet wird, den **Wahlvorstand** für die Wahl eines BR zu bestellen. Dadurch soll in allen BRfähigen Betrieben die BRWahl sichergestellt werden.

4. Zuständigkeit kraft Auftrags

Nach Abs. 2 S. 1 kann ein GesBR oder im Fall des § 54 Abs. 2 auch ein BR den **25** KBR beauftragen, eine Angelegenheit für ihn zu behandeln (vgl. BAG 19. 6. 07 AP Nr. 4 zu § 58 BetrVG 1972). Sofern dies von der Ermächtigung nach § 50 Abs. 2 gedeckt ist, kann ein GesBR die **Beauftragung** durch einen BR im Wege der „Durchgangsdelegation auch an den KBR weiter delegieren (*Rieble* RdA 05, 26, 28; *ErfK/Koch* Rn 5; *DKKW-Trittin* Rn 97; *HSWGNR-Glock* Rn 25). Abs. 2 S. 1 ist § 50 Abs. 2 S. 1 (**vgl. dazu § 50 Rn 62 ff.**) nachgebildet. Voraussetzung für eine wirksame Delegation ist ein mit qualifizierter Mehrheit, dh der Hälfte der nach § 47 Abs. 7 gewichteten Stimmen des GesBR gefasster Beschluss (*GK-Kreutz/Franzen* Rn 42). Dieser bedarf der Schriftform. Die Beauftragung kann nach Abs. 2 S. 2 auf die Verhandlungsbefugnis beschränkt (vgl. § 50 Rn 70) und jederzeit ohne besonderen Grund widerrufen werden (vgl. § 50 Rn 65).

Die Wirksamkeit des Delegationsaktes selbst hängt nicht davon ab, ob dem über- **26** tragenden GesBR oder BR in der Angelegenheit ein MBR tatsächlich zusteht (vgl. § 50 Rn 67). Gleichwohl werden durch die Delegation keine MBR begründet; GesBR und BR können keine Rechte übertragen, die sie nicht haben (vgl. auch BAG 12. 11. 97 AP Nr. 2 zu § 58 BetrVG 1972).

Durch die Delegation der Angelegenheit vom GesBR bzw. EinzelBR auf den **27** KBR findet **auf Seiten des ArbGeb. keine Verlagerung der Zuständigkeit** auf die Konzernleitung statt. Verhandlungspartner des KBR bleibt vielmehr das Konzernunternehmen, zu dem der delegierende GesBR, bzw. BR gehört (BAG 12. 11. 97 AP Nr. 2 zu § 58 BetrVG 1972; *ErfK/Koch* Rn 5; MünchArbR-*Joost* § 227 Rn 54; *Rieble* RdA 05, 26, 28; **aA** *GK-Kreutz/Franzen* Rn 47: Konzernleitung; *DKKW-Trittin* Rn 98: Wahlrecht des KBR).

5. Zuständigkeit für Unternehmen ohne Gesamtbetriebsrat und Betriebe ohne Betriebsrat

Nach der durch das BetrVerf-ReformG eingefügten, klarstellenden Regelung des **28** Abs. 1 S. 1 Halbs. 2 ist der KBR **zuständig auch für Unternehmen, die** einen **GesBR nicht gebildet** haben, sowie auf Betriebe der Konzernunternehmen ohne BR. Dies ermöglicht – allerdings nur im Rahmen der originären Zuständigkeit des KBR – eine Gleichbehandlung der ArbN des Konzerns in mitbestimmungspflichtigen Angelegenheiten.

Die Zuständigkeit des KBR nach Abs. 1 S. 1 Halbs. 2 erstreckt sich zum einen auf **29** die Unternehmen, in denen ein GesBR gebildet werden könnte, die **EinzelBR** aber ihrer **Verpflichtung** hierzu **nicht nachgekommen** sind (GK-*Kreutz/Franzen* Rn 35). Sie erfasst zum anderen alle **BRlosen Betriebe** im Konzern (GK-*Kreutz/ Franzen* Rn 36). Dazu gehöre auch BRlose Betriebe in Unternehmen, in denen ein GesBR besteht und nach § 50 Abs. 1 S. 1 Halbs. 2 im Rahmen seiner originären

Zuständigkeit für diese Betriebe zuständig ist. Kleinstbetriebe, die nach § 4 Abs. 2 dem Hauptbetrieb zuzuordnen sind, sind nicht BRlos iSv. Abs. 1 S. 1 Halbs. 2, sondern werden vom BR des Hauptbetriebs vertreten (vgl. § 50 Rn 29; GK-*Kreutz/ Franzen* Rn 37).

30   Die Zuständigkeit des KBR für GesBRlose Unternehmen oder BRlose Betriebe besteht **nur im Rahmen der** dem KBR nach Abs. 1 S. 1 zustehenden **originären Zuständigkeit.** Der KBR kann daher keine Angelegenheiten regeln, die in die gesetzliche Zuständigkeit – pflichtwidrig – nicht errichteter GesBR oder BRloser Betriebe fallen (GK-*Kreutz/Franzen* Rn 38; vgl. auch § 50 Rn 34).

31   **KBV** (vgl. Rn 34 ff.), die **vor** dem Inkrafttreten des **BetrVerf-ReformG geschlossen** wurden, gelten nicht ohne weiteres in GesBRlosen Unternehmen oder BRlosen Betrieben. Es ist vielmehr, ebenso wie bei GesBV (vgl. dazu § 50 Rn 31 ff.), nach dem Geltungsbereich der KBV zu **differenzieren** (GK-*Kreutz/Franzen* Rn 39).

32   Falls die KBV **unterschiedslos** für alle – zuvor im KBR repräsentierten – Unternehmens-, bzw. Betriebsbelegschaften **abgeschlossen** war, dürfte sie auch die nach Abs. 1 S. 1 Halbs. 2 in die Zuständigkeit des KBR fallenden Unternehmen und Betriebe erfassen (vgl. § 50 Rn 32). Bei dadurch unerwartet für den Konzern entstehenden Mehrbelastungen kommt eine Anpassung nach den Grundsätzen des Wegfalls der Geschäftsgrundlage in Betracht.

33   **Bezog sich** die **KBV** nicht auf sämtliche, sondern **lediglich auf einzelne Konzernunternehmen,** wird eine automatische Geltungserstreckung auf gesamtbetriebsratslose Unternehmen und betriebsratslose Betriebe im Zweifel nicht in Betracht kommen (vgl. § 50 Rn 34).

IV. Konzernbetriebsvereinbarung

34   Der KBR kann im Rahmen seiner **originären Zuständigkeit nach Abs. 1 S. 1** sog. **KBV mit dem herrschenden Konzernunternehmen** abschließen (BAG 12. 11. 97 AP Nr. 2 zu § 58 BetrVG 1972; GK-*Kreutz/Franzen* Rn 11 ff., 14; ErfK/ *Koch* Rn 6; *DKKW-Trittin* Rn 110; *HSWGNR-Glock* Rn 3, 28; *WPK/Roloff* Rn 12; *Kort* NZA 09, 464, 470; jetzt wohl auch *Richardi/Annuß* Rn 43; vgl. ferner Münch-ArbR-*Joost* § 227 Rn 59 ff.). Das BetrVG setzt einen „Konzernarbeitgeber" nicht nur als Verhandlungs-, sondern auch als Vertragspartner voraus (vgl. Rn 6). Schließt der KBR in originärer Zuständigkeit mit dem ArbGeb. eine KBV ab, hat der nicht beteiligte örtliche BR aus eigenem Recht grundsätzlich keinen Anspruch auf Durchführung der KBV (BAG 18. 5. 10 – 1 ABR 6/09 – NZA 10, 1433). Der örtliche BR kann die Beachtung der KBV nur nach Maßgabe des § 23 Abs. 3 durchsetzen (BAG 18. 5. 10 – 1 ABR 6/09 – NZA 10, 1433). War der KBR gem. Abs. 2 kraft Beauftragung durch den GesBR tätig, steht der Durchführungsanspruch dem GesBR zu (BAG 18. 5. 10 – 1 ABR 6/09 – NZA 10, 1433). Das gilt entsprechend in Fällen der Delegation nach § 50 Abs. 2 iVm. § 54 Abs. 2 (BAG 18. 5. 10 – 1 ABR 6/09 – NZA 10, 1433).

35   Die zwischen KBR und Konzernleitung abgeschlossenen **KBV gelten nach § 77 Abs. 4 unmittelbar und zwingend** für die Arbeitsverhältnisse der in den Konzernunternehmen beschäftigten ArbN (vgl. BAG 22. 1. 02 AP Nr. 4 zu § 77 BetrVG 1972 84; ErfK/*Koch* Rn 6; *DKKW-Trittin* Rn 107; *HSWGNR-Glock* Rn 29; GK-*Kreutz/Franzen* Rn 49; *Kort* NZA 09, 464, 470). Es ist nicht erforderlich, dass die abhängigen Unternehmen der BV selbst abschließen oder dem herrschenden Unternehmen eine Abschlussvollmacht erteilen (*WPK/Roloff* Rn 12; **aA** *Richardi/Annuß* Rn 43; MünchArbR-*Joost* § 227 Rn 65).

36   Die unmittelbare und zwingende Geltung der KBV in den abhängigen, aber gleichwohl rechtlich selbständigen Unternehmen rechtfertigt sich – trotz dogmatischer Schwierigkeiten (vgl. dazu *Richardi/Annuß* Rn 33 ff.; MünchArbR-*Joost* § 227 Rn 59 ff.) – im Anwendungsbereich des BetrVG aus dem **Vorrang des BetrVG vor**

dem Gesellschaftsrecht (vgl. GK-*Kreutz/Franzen* Rn 14; *DKKW-Trittin* Rn 107 f.). Wenn das Gesetz den „Konzernarbeitgeber" voraussetzt, ihm betriebsverfassungsrechtliche Rechte und Pflichten verleiht und ihn zum Vertragspartner des eigens gesetzlich vorgesehenen KBR macht, legitimiert es die konzerndimensionale Geltung der vom KBR und „Konzernarbeitgeber" im Rahmen der gesetzlichen Zuständigkeit geschlossenen BV.

Für die unmittelbare Wirkung der KBV in den abhängigen Konzernunternehmen 37 kommt es nicht darauf an, ob es sich um einen **Vertragskonzern** oder einen **faktischen Konzern** handelt (GK-*Kreutz/Franzen* Rn 15; *DKK-Trittin* Rn 8).

Auch zu einer Differenzierung zwischen sog. **horizontaler und vertikaler KBV** 38 besteht kein Anlass (GK-*Kreutz/Franzen* Rn 16).

Für die **normative Fortgeltung einer KBV** nach einem Betriebsübergang gelten 39 dieselben Grundsätze wie bei der GesBV (vgl. dazu **§ 50 Rn 77; § 77 Rn 169, 170;** grundlegend BAG 18. 9. 02 AP Nr. 93 zu § 77 BetrVG 1972; vgl. auch *C. Meyer* BB Spezial 14/2005 S. 5 ff.; *Salamon* NZA 09, 471). Regelungssubstrat einer KBV ist wie bei einer GesBV der einzelne Betrieb. Solange dessen Identität erhalten bleibt, steht der normativen Fortgeltung einer KBV als BV grundsätzlich nichts im Wege (vgl. § 77 Rn 170). Gibt es beim Betriebserwerber allerdings schon eine GesBV oder eine KBV über denselben Regelungsgegenstand, so verdrängt diese regelmäßig die bisher anwendbare KBV (vgl. § 77 Rn 169 wwN).

Für das **Verhältnis von KBV, GesBV und BV** gelten dieselben Grundsätze wie 40 zwischen GesBV und BV (vgl. dazu § 50 Rn 74 f.).

Die **Zuständigkeit von KBR, GesBR und BR schließen sich wechselseitig** 41 **aus** (BAG 20. 12. 95 AP Nr. 1 zu § 58 BetrVG 1972; 14. 11. 06 AP Nr. 43 zu § 87 BetrVG 1972 Überwachung).

Überträgt ein GesBR eine **Angelegenheit nach Abs. 2** dem KBR zur selbstän- 42 digen Erledigung, so vereinbart dieser eine **BV nicht mit der Konzernspitze, sondern mit dem Konzernunternehmen,** dessen GesBR ihn beauftragt hat (BAG 12. 11. 97 AP Nr. 2 zu § 58 BetrVG 1972; *HSWGNR-Glock* Rn 28; *Konzen* RdA 84, 77; *ErfK/Koch* Rn 6; aA *DKKW-Trittin* Rn 98: Wahlrecht; GK-*Kreutz/Franzen* Rn 47: Konzernleitung).

V. Streitigkeiten

Streitigkeiten über die Zuständigkeit des KBR entscheiden die **ArbG im Beschl-** 43 **Verf.** (§§ 2 a, 80 ff. ArbGG). Bei einem Streit über die originäre Zuständigkeit des KBR ist das ArbG am Sitz des herrschenden Unternehmens zuständig; bei einem Streit aus abgeleiteter Zuständigkeit dasjenige am Sitz des jeweiligen Konzernunternehmens (GK-*Kreutz/Franzen* Rn 57). Beteiligt am Verfahren sind neben dem in Anspruch genommenen ArbGeb nach § 83 Abs. 3 ArbGG die **Betriebsverfassungsorgane, die als Inhaber des streitigen Rechts materiellrechtlich ernsthaft in Frage kommen** (vgl. BAG 28. 3. 06 AP Nr. 128 zu § 87 BetrVG 1972 Lohngestaltung). Zu den Besonderheiten des BeschlVerf. vgl. Nach § 1.

§ 59 Geschäftsführung

(1) **Für den Konzernbetriebsrat gelten § 25 Abs. 1, die §§ 26, 27 Abs. 2 und 3, § 28 Abs. 1 Satz 1 und 3, Abs. 2, die §§ 30, 31, 34, 35, 36, 37 Abs. 1 bis 3 sowie die §§ 40, 41 und 51 Abs. 1 Satz 2 und Abs. 3 bis 5 entsprechend.**

(2) [1] **Ist ein Konzernbetriebsrat zu errichten, so hat der Gesamtbetriebsrat des herrschenden Unternehmens oder, soweit ein solcher Gesamtbetriebsrat nicht besteht, der Gesamtbetriebsrat des nach der Zahl der wahlberechtigten Arbeitnehmer größten Konzernunternehmens zu der Wahl des Vorsitzenden und des**

stellvertretenden Vorsitzenden des Konzernbetriebsrats einzuladen. [2]Der Vorsitzende des einladenden Gesamtbetriebsrats hat die Sitzung zu leiten, bis der Konzernbetriebsrat aus seiner Mitte einen Wahlleiter bestellt hat. [3]§ 29 Abs. 2 bis 4 gilt entsprechend.

Inhaltsübersicht

I. Vorbemerkung

1   Abs. 1 regelt in Anlehnung an § 51 die innere **Organisation und Geschäftsführung** des KBR durch Verweisung auf die für BR und GesBR geltenden Bestimmungen. Durch Abs. 2 werden Einzelheiten der konstituierenden Sitzung und durch Verweisung auf § 29 der weiteren Sitzungen des KBR festgelegt.

2   Die Vorschrift ist **zwingendes** Recht und weder durch TV noch BV abdingbar (GK-*Kreutz/Franzen* Rn 4).

3   Entspr. Vorschrift des **BPersVG:** keine; des **SprAuG:** § 24.

II. Vorsitzender

4   Für die **Bestellung des Vors. des KBR** und **seines Stellvertr.** gelten durch Verweisung in § 59 Abs. 1 auf § 26 Abs. 1 dieselben Regelungen wie für die Bestellung des Vors. des GesBR und dessen Stellvertr.

5   Da der KBR **keine feste Amtszeit** hat, verlieren der Vors. und sein Stellvertr. ihr Amt nur durch Erlöschen der Mitgliedschaft im KBR (§ 57), durch Niederlegung ihres Amtes oder Absetzung durch den KBR (*Richardi/Annuß* Rn 8). Ein Ausscheiden aus dem KBR erfolgt insb. mit Ablauf der Amtszeit des BR, dem sie angehören. Wenn sie in diesen wiedergewählt werden, muss sie dieser erneut in den GesBR (vgl. § 47 Rn 36 f.) und dieser in den KBR entsenden.

6   Die **Befugnisse** des Vors. und seines Stellvertr. entsprechen denjenigen des BRVors. und dessen Stellvertr. (Abs. 1 iVm. § 26 Abs. 2, § 27 Abs. 3). Der Vors. (oder im Falle seiner Verhinderung sein Stellvertr.) vertritt den KBR im Rahmen der von diesem gefassten Beschlüsse. Er ist zur Entgegennahme von Erklärungen befugt, die dem KBR gegenüber abzugeben sind (§ 26 Abs. 2). Im KBR mit weniger als 9 Mitgl. kann ihm – oder einem andern Mitgl. des KBR – die Führung der laufenden Geschäfte übertragen werden.

III. Konzernbetriebsausschuss

7   Der KBR hat einen **KBetrAusschuss** zu bilden, wenn er mehr als acht Mitgl. hat. Dieser hat die **laufenden Geschäfte** des KBR zu führen. Die MitglZahl des KBetrAusschusses entspricht nach Abs. 1 iVm. § 51 Abs. 1 S. 2 derjenigen des GesBetrAusschusses (vgl. § 51 Rn 18 ff.). Sie kann sich erhöhen, wenn im Konzern neue Unternehmen hinzukommen (vgl. § 51 Rn 19; BAG 16. 3. 05 AP Nr. 5 zu § 51 BetrVG 1972).

Von Gesetzes wegen gehören dem KBetrAusschuss der **Vors.** sowie der **stellvertr.** 8
Vors. des KBR an. Die Bestimmung der **weiteren Mitgl.** des KBetrAusschusses
entspricht durch die Verweisung auf § 51 Abs. 1 S. 2 der Regelung für den Ges-
BetrAusschuss (vgl. dazu § 51 Rn 19 f.).

Die **weiteren Mitgl.** des KBR werden gemäß Abs. 1 iVm. § 51 Abs. 1 S. 2 iVm. 9
§ 27 Abs. 1 S. 3 aus der Mitte des KBR in geheimer Wahl nach den Grundsätzen der
Verhältniswahl gewählt (vgl. § 51 Rn 20 mwN; dort auch zu der sich aus der Stimmengewichtung ergebenden praktischen Unmöglichkeit einer geheimen Wahl). Wird
nur ein Wahlvorschlag gemacht, findet Mehrheitswahl statt. Erhöht sich durch Hinzukommen weiterer KBRMitglieder die gesetzlich vorgeschriebene Zahl der Mitglieder des KBetrAusschusses, so sind sämtliche Ausschussmitglieder neu zu wählen (vgl.
§ 51 Rn 19; BAG 16. 3. 05 AP Nr. 5 zu § 51 BetrVG 1972).

Auch der KBR kann – wie sich aus der Verweisung auf § 28 Abs. 1 S. 1 und 3 er- 10
gibt – neben dem KBetrAusschuss zur Vorbereitung oder zur selbständigen Erledigung bestimmter Aufgaben **weitere Ausschüsse** bilden. Voraussetzung für deren
Bildung ist, dass im Konzern mehr als 100 ArbN beschäftigt sind und der KBR aus
mindestens sieben Mitgliedern besteht (*Richardi/Annuß* Rn 16). Ist ein KBetrAusschuss gebildet, können den weiteren Ausschüssen auch Aufgaben zur selbständigen
Erledigung übertragen werden. KBV können diese Ausschüsse nicht abschließen
(§ 28 Abs. 1 Satz 3 iVm. § 27 Abs. 2 S. 1).

Für die **Zusammensetzung** und die **Bestellung der Mitgl.** dieser Ausschüsse 11
gelten dieselben Grundsätze wie beim KBetrAusschuss.

Auch die Errichtung von **gemeinsamen Ausschüssen** nach § 28 Abs. 3 (vgl. 12
hierzu § 28 Rn 38 ff.) ist zulässig.

Auf die Beschlüsse der Ausschüsse des KBR findet – ebenso wie für die Ausschüsse 13
des GesBR – das Prinzip der Stimmengewichtung keine Anwendung; vielmehr hat
jedes Mitgl. im Ausschuss nur 1 Stimme (vgl. § 51 Rn 59 f.; *Richardi/Annuß*
Rn 15; *DKKW-Trittin* Rn 30).

IV. Konstituierung des Konzernbetriebsrats

Abs. 2 S. 1 und 2 regelt die **Einberufung der konstituierenden Sitzung** des 14
KBR (vgl. dazu die Erläuterungen zu § 51 Rn 7 ff.). Wenn die Voraussetzungen für
die Errichtung des KBR (§ 54 Abs. 1) vorliegen, erfolgt die Einladung zur konstituierenden Sitzung entweder
– durch den **GesBR des herrschenden Unternehmens**
– oder wenn ein solcher nicht besteht, durch den **GesBR des nach der Zahl der
wahlberechtigten ArbN größten Konzernunternehmens.** Maßgebend für
die Ermittlung der **höchsten ArbNZahl** sind die Eintragungen in die Wählerlisten bei der letzten Wahl zu den einzelnen BR. Besteht in einem Betrieb kein BR,
so ist auf die gegenwärtige Zahl der wahlberechtigten ArbN abzustellen (*Richardi/
Annuß* Rn 18; **aA** GK-*Kreutz/Franzen* Rn 8; *HSWGNR-Glock* Rn 7: ArbN dieses
Betriebs zählen nicht mit).

Der einberufende GesBR hat **auch** diejenigen **GesBR** zur Entsendung von Mitgl. 15
in den KBR aufzufordern, **die sich gegen die Bildung des KBR ausgesprochen
haben** (ErfK/*Koch* Rn 1; *DKKW-Trittin* Rn 42; vgl. auch § 54 Rn 48 f.). Ist für das
herrschende Unternehmen **nur ein BR** gebildet, so ist dieser nach Abs. 2 S. 1 iVm.
§ 54 Abs. 2 für die Einladung zuständig (vgl. § 54 Rn 60).

Für die **weiteren Sitzungen** gelten nach Abs. 2 S. 3 § 29 Abs. 2 bis 4 entspr. 16

Der KBR ist **nicht verpflichtet,** seine Sitzungen **am Sitz des herrschenden** 17
Unternehmens einzuberufen (BAG 23. 8. 06 AP Nr. 12 zu § 54 BetrVG 1972).

941

V. Geschäftsführung des Konzernbetriebsrats

18   Auf die **Geschäftsführung** des KBR sind nach Abs. 1 weitgehend die für den BR geltenden Vorschriften anzuwenden. Die Verweisung deckt sich mit derjenigen für den GesBR nach § 51 Abs. 1 S. 1 (**vgl. dazu § 51 Rn 25 f.**). Außerdem gelten einige Sonderregelungen über die Geschäftsführung des GesBR entspr.

19   Für das **Teilnahmerecht von Gewerkschaftsbeauftragten** an den Sitzungen des KBR gilt § 31 entsprechend. Es genügt, wenn die Gewerkschaft in einem BR oder GesBR vertreten ist (vgl. § 51 Rn 37; *Richardi/Annuß* Rn 23; *DKKW-Trittin* Rn 27; *MünchArbR-Joost* § 2275 Rn 67; aA *HSWGNR-Glock* Rn 24; GK-*Kreutz/Franzen* Rn 26; ErfK/*Koch* Rn 2). Das **Teilnahmerecht des ArbGeb.** richtet sich gemäß Abs. 2 S. 3 nach § 29 Abs. 4.

20   Nach Abs. 1 iVm. § 35 kann unter den dort genannten Voraussetzungen die Mehrheit der **KJugAzubiVertr.** (§ 73 b) oder der **KSchwerbVertr.** (§ 97 Abs. 2 SGB IX) eine Aussetzung von Beschlüssen des KBR verlangen.

21   Nach Abs. 1 iVm. § 40 hat das herrschende Unternehmen die durch die Tätigkeit des KBR entstehenden erforderlichen **Kosten** zu tragen. Voraussetzung ist ein ordnungsgemäßer Beschluss des KBR (vgl. BAG 23. 8. 06 AP Nr. 12 zu § 54 BetrVG 1972). Ein solcher Beschluss kann uU auch noch im Nachhinein gefasst und das Handeln des Vors. genehmigt werden (BAG 23. 8. 06 AP Nr. 12 zu § 54 BetrVG 1972).

22   Die **Aufzählung** der auf den KBR entspr. anzuwendenden Geschäftsführungsvorschriften des BR und GesBR in § 59 ist **abschließend.** Sie kann nicht über den nach Abs. 1 entspr. anzuwendenden § 51 Abs. 5 erweitert werden (vgl. hierzu § 51 Rn 63; GK-*Kreutz/Franzen* Rn 4; aA *DKKW-Trittin* Rn 32). § 51 Abs. 5 bezieht sich nicht auf Fragen der Geschäftsführung; er betrifft nur die Rechte und Pflichten des KBR gegenüber dem ArbGeb.

23   Das G sieht **keine Sprechstunden** des KBR während der Arbeitszeit vor. Auch eine BRVerslg. iSd. § 53 ist auf der Ebene des Konzerns nicht vorgeschrieben. Sie ist aber mit Zustimmung der ArbGeb. möglich. Wegen der Teilnahme von Mitgl. des KBR an **Schulungs- und Bildungsveranstaltungen** vgl. § 51 Rn 43, wegen ihrer **Freistellung** vgl. § 51 Rn 44.

24   Der KBR hat nach Abs. 1 iVm. § 51 Abs. 5 das Recht, nach Maßgabe des § 80 Abs. 2 S. 3 sachkundige ArbN als **Auskunftspersonen** heranzuziehen. Unter den Voraussetzungen des § 80 Abs. 3 kann er **Sachverständige** zur Erfüllung seiner Aufgaben hinzuziehen (*Richardi/Annuß* Rn 26; *HSWGNR-Glock* Rn 42; *DKKW-Trittin* Rn 33).

VI. Beschlüsse des Konzernbetriebsrats und seiner Ausschüsse

25   Für die **Beschlussfassung des KBR** gelten durch die Verweisung auf § 51 Abs. 3 die für die Beschlussfassung des GesBR maßgebenden Grundsätze. Die Beschlüsse werden unter Berücksichtigung des Stimmengewichts gefasst (vgl. dazu § 51 Rn 53 ff.). Voraussetzung für die Beschlussfassung ist eine ordnungsgemäß nach Abs. 2 S. 3 iVm. § 29 Abs. 2 bis 4 unter Angabe der Tagesordnung einberufene Sitzung (BAG 23. 8. 06 AP Nr. 12 zu § 54 BetrVG 1972).

26   Der KBR ist nur **beschlussfähig,** wenn mindestens die Hälfte seiner Mitgl. anwesend ist und an der Beschlussfassung teilnimmt und wenn die teilnehmenden Mitgl. mindestens die Hälfte des Gesamtstimmengewichts im KBR vertreten

27   Für die Beschlussfassung des beschlussfähigen KBR kommt es sowohl bei den mit einfacher, als auch bei den mit absoluter Mehrheit zu fassenden Beschlüssen (vgl. § 51 Rn 51 ff.) auf die **Stimmengewichte** an. Etwas anderes gilt für die Beschlussfassung in den Ausschüssen (vgl. § 51 Rn 59 f.).

Die **KJugAzubiVertr.** kann zu allen Sitzungen des KBR einen Vertr. entsenden 28 (§ 73b Abs. 2 iVm. § 67). Deshalb ist sie einzuladen. Werden in der Sitzung des KBR Angelegenheiten behandelt, die besonders die Jugendlichen und Auszubildenden (§ 60) betreffen, hat zu diesen Tagesordnungspunkten die gesamte KJugAzubi-Vertr. ein Teilnahmerecht. Soweit die vom KBR zu fassenden Beschlüsse überwiegend die in § 60 Abs. 1 genannten Personen betreffen, haben die JugAzubiVertr. auch Stimmrecht (§ 73b Abs. 2 iVm. § 67 Abs. 1 und 2). Im Übrigen hat die KJugAzubi-Vertr. nach Maßgabe des § 67 Abs. 3 ein Antragsrecht.

Die nach § 97 Abs. 2 SGB IX zu bildende **KSchwbVertretung** hat nach § 59a 29 das Recht, an allen Sitzungen des KBR beratend teilzunehmen.

VII. Rechte und Pflichten des Konzernbetriebsrats

Die Generalklausel des § 51 Abs. 5 findet durch Verweisung in Abs. 1 entspr. An- 30 wendung auf die Rechte und Pflichten des KBR. Demgemäß hat der KBR im Rahmen seiner Zuständigkeit **grundsätzlich dieselben Rechte und Pflichten wie ein BR** (vgl. § 51 Rn 62ff.).

Aus der ausdrücklichen Erwähnung des KBR in einigen Vorschriften (zB § 76 31 Abs. 1 S. 1, § 78 S. 1, § 79 Abs. 1 S. 4, Abs. 2) kann nicht der (Umkehr-)Schluss gezogen werden, dass die Rechtsstellung des KBR auf die dort genannten Rechte beschränkt wäre (*HSWGNR-Glock* Rn 42).

VIII. Streitigkeiten

Die sich aus § 59 ergebenden Streitigkeiten entscheiden die **ArbG im Beschl-** 32 **Verf.** (§§ 2a, 80ff. ArbGG). Zuständig ist nach § 82 Abs. 1 S. 2 ArbGG das ArbG, in dessen Bezirk das (herrschende) Konzernunternehmen seinen Sitz hat. Zu den Besonderheiten des BeschlVerf. vgl. Nach § 1.

Das einem Mitgl. des KBR **vorenthaltene Arbeitsentgelt** ist im **Urteilsverf.** 33 einzuklagen. Örtlich zuständig ist gemäß § 29 Abs. 1 ZPO das ArbG, in dessen Bezirk der Beschäftigungsbetrieb liegt.

§ 59a Teilnahme der Konzernschwerbehindertenvertretung

Die Konzernschwerbehindertenvertretung (§ 97 Abs. 2 des Neunten Buches Sozialgesetzbuch) kann an allen Sitzungen des Konzernbetriebsrats beratend teilnehmen.

Die Bestimmung wurde eingefügt durch das BetrVerf-ReformG. Sie **entspricht** 1 § 97 Abs. 7 iVm. § 95 Abs. 4 S. 1 SGB IX. Auch auf der Konzernebene kann die Vertr. schwerbehinderter Menschen deren Eingliederung in die Betriebe und Unternehmen fördern und ihre Interessen wahrnehmen.

Die Vorschrift ist **zwingend** und kann durch TV oder BV weder abbedungen 2 noch geändert werden. Wegen der Einzelheiten wird auf die Kommentierung zu dem für die GesSchwbVertr. maßgeblichen § 52 verwiesen.

Dritter Teil. Jugend- und Auszubildendenvertretung

Erster Abschnitt. Betriebliche Jugend- und Auszubildendenvertretung

§ 60 Errichtung und Aufgabe

(1) In Betrieben mit in der Regel mindestens fünf Arbeitnehmern, die das 18. Lebensjahr noch nicht vollendet haben (jugendliche Arbeitnehmer) oder die zu ihrer Berufsausbildung beschäftigt sind und das 25. Lebensjahr noch nicht vollendet haben, werden Jugend- und Auszubildendenvertretungen gewählt.

(2) Die Jugend- und Auszubildendenvertretung nimmt nach Maßgabe der folgenden Vorschriften die besonderen Belange der in Absatz 1 genannten Arbeitnehmer wahr.

Inhaltsübersicht

I. Vorbemerkung

1. Entwicklung

1 Die im BetrVG 1952 nur in Grundzügen und unsystematisch geregelten Vorschriften über eine JugVertr. wurden durch das **BetrVG 1972** zusammengefasst und erweitert. Dabei wurden Organisation, Aufgaben, Stellung und Rechte der JugVertr. wesentlich ausgebaut.

2 Durch das **Gesetz zur Bildung von Jug- und AzubiVertr. in den Betrieben (JAVG)** v. 13. 7. 88 (BGBl. I S. 1034) sowie das Änderungsgesetz 1989 (BGBl. I S. 2312) wurde die frühere JugVertr. zu einer JugAzubiVertr. Neben den jug. ArbN wurden die über 18 Jahre alten Azubi in die InteressenVertr. einbezogen. Die Altersgrenze von 25 Jahren soll den Charakter einer Vertretung junger ArbN wahren (vgl. BT-Drucks. 11/2474 S. 9 ff.; *Engels/Natter* DB 88, 229). Die beiden Altersgrenzen dürften rechtlich nicht zu beanstanden sein. Insbesondere sind sie wohl nicht an §§ 1, 7 AGG zu messen. Nach § 2 Abs. 1 Nr. 4 AGG gilt das AGG zwar auch für die „Mitgliedschaft und Mitwirkung in einer Beschäftigten- oder Arbeitgebervereinigung". Die im BetrVG vorgesehenen betrieblichen Interessenvertretungen sind aber weder eine „Beschäftigtenvereinigung" im Sinne des AGG noch eine „Arbeitnehmerorganisation" iSv. Art. 3 Abs. 1 Buchst. d der RL 2000/78/EG, deren Umsetzung das AGG dient (vgl. *Däubler/Däubler* AGG § 2 Rn 40). § 2 Abs. 1 Nr. 4 AGG betrifft nicht die Beschäftigung, sondern die Rechtsverhältnisse zwischen den Verbänden und ihren Mitgliedern sowie Bewerbern (ErfK/*Schlachter* § 2 AGG Rn 10).

Im Übrigen gibt es für diese Altersgrenzen und die damit verbundene Gruppenbildung sachliche Gründe, die wohl einer Prüfung nach Maßgabe des Art. 3 Abs. 1 GG standhalten.

Die Änderungen durch das **BetrVerf-ReformG** dienten insb. dem Ziel, das Amt 3 der betrieblichen InteressenVertr. der jungen ArbN attraktiv zu machen und die Effizienz der Arbeit der JugAzubiVertr. zu steigern (BT-Drucks. 14/5741 S. 31). Deshalb wird in Betrieben mit 5 bis 50, bzw. 51 bis 100 jug. ArbN im vereinfachten Wahlverfahren die Bildung einer JugAzubiVertr. erleichtert (§ 63 Abs. 4 Abs. 4 und Abs. 5). Durch die Absenkung der Grenzzahlen des § 62 erhöht sich die Zahl der Mitgl. der JugAzubiVertr. Das dient ebenso der Entlastung der Mitgl. der JugAzubiVertr. wie die ihr erstmals eingeräumte Möglichkeit, Ausschüsse zu bilden. Die erweiterte Zuständigkeit der GesJugAzubiVertr. für Betriebe ohne JugAzubiVertr. verfolgt das Ziel, eine einheitliche Vertretung aller jug. ArbN zu erreichen (BT-Drucks. 14/5741 S. 31; vgl. § 73 Abs. 2 iVm. § 50 Abs. 1 Satz 1). Durch die mögliche Bildung einer KJugAzubiVertr. sollen die Interessen jug. ArbN bei einheitlichen Entscheidungen zur Berufsbildung auf der Ebene des Konzerns wahrgenommen werden (BT-Drucks. 14/5741 S. 45).

2. Betriebsverfassungsrechtliche Stellung

Trotz des Ausbaus der JugVertr. zu einer JugAzubiVertr. und ihrer eingehenden 4 Regelung in einem eigenen Teil des G ist die JugAzubiVertr. **kein selbständiges und gleichberechtigt neben dem BR stehendes Organ der BetrVerf.** Die Interessen der jug. ArbN und der zu ihrer Berufsausbildung Beschäftigten unter 25 Jahren werden ebenso wie die aller übrigen ArbN des Betriebs gegenüber dem ArbGeb. allein vom BR wahrgenommen (BAG 13. 3. 91 AP Nr. 2 zu § 60 BetrVG 1972; GK-*Oetker* vor § 60 Rn 27, 28 mwN; *DKKW-Trittin* Rn 6, 29). Diese Aufgabenzuweisung wurde weder durch das JAVG (vgl. BAG 13. 3. 91 AP Nr. 2 zu § 60 BetrVG 1972; *Engels/Natter* BB 88, 1454) noch durch das BetrVerf-ReformG geändert.

Aufgabe der JugAzubiVertr. ist es, die speziellen Interessen der jug. und der zu 5 ihrer Ausbildung beschäftigten ArbN gegenüber dem BR zum Ausdruck zu bringen und so dafür zu sorgen, dass ihre Belange im Rahmen der BRArbeit angemessen und sachgerecht berücksichtigt werden (vgl. insgesamt zur „Interessenwahrnehmung durch Jugendliche und Auszubildende in der Betriebsverfassung" *Rotermund* Diss. 2004).

Außer in den §§ 60 bis 73 werden die JugAzubiVertr. bzw. ihre Mitgl. angespro- 6 chen in § 29 Abs. 2, § 33 Abs. 3, § 35 Abs. 1, § 37 Abs. 7, § 39 Abs. 2, §§ 78, 78 a, 79 Abs. 2, 80 Abs. 1, §§ 103, 114, 119, 120, 125, 126 dieses G sowie in § 15 KSchG, § 29 a HAG, § 14 AÜG und § 82 ArbGG.

Zur **GesJugAzubiVertr.** s. §§ 72 ff. Mit dem BetrVerf-ReformG wurde durch die 7 Einfügung der §§ 73 a f. erstmals die Bildung einer **KJugAzubiVertr** auf Konzernebene ermöglicht. In **Seeschifffahrtsunternehmen** sind nach § 114 Abs. 5 JugAzubiVertr. nur für die Landbetriebe zu bilden.

Die §§ 60 ff. sind **zwingend.** Von ihnen kann weder durch TV (vgl. aber Rn 11) 8 noch durch BV abgewichen werden (GK/*Oetker* vor § 60 Rn 34 ff.; *HSWGNR-Rose* Rn 21; *DKKW-Trittin* Rn 10). Die Bildung einer JugAzubiVertr. kann nicht ausgeschlossen werden.

Entspr. Vorschrift: **§ 57 BPersVG.** 9

II. Voraussetzungen

1. Betriebsbezogene Voraussetzungen

Eine JugAzubiVertr. ist zu wählen, wenn in einem Betrieb idR mindestens 5 ArbN 10 beschäftigt werden, die das 18. Lebensjahr noch nicht vollendet haben oder die zu ihrer Berufsausbildung beschäftigt werden und das 25. Lebensjahr noch nicht vollendet haben (*Richardi/Annuß* Rn 3). Ferner muss in dem Betrieb ein BR gebildet sein (vgl. Rn 22). Die Wahl ist **gesetzl. vorgeschrieben.** Der BR ist deshalb verpflichtet, den Wahlvorstand zur Durchführung der Wahl der JugAzubiVertr. zu bestellen (vgl. § 80 Abs. 1 Nr. 5).

11   Zum Begriff **Betrieb** vgl. § 1 Rn 59 ff. Auch in einer durch Vereinbarung nach § 3 Abs. 1 Nr. 1–3 gebildete Organisationseinheit, die nach § 3 Abs. 5 als Betrieb gilt, ist eine JugAzubiVertr. zu bilden (*Richardi/Annuß* Rn 7).

12   Zum Begriff „**in der Regel**" vgl. § 1 Rn 271 ff. Für die Bildung einer JugAzubi-Vertr. müssen im Betrieb üblicherweise 5 oder mehr jug. oder auszubildende ArbN beschäftigt werden. Unerheblich ist, ob die Zahl gerade im Zeitpunkt der Einleitung der Wahl oder am Wahltag erreicht wird (*Richardi/Annuß* Rn 6).

13   Sinkt die Zahl der jug. oder auszubildenden ArbN dauerhaft unter 5, so **endet** das **Amt der JugAzubiVertr.**, da eine Voraussetzung für ihre Errichtung nicht mehr vorliegt.

2. Personenkreis

14   **Jug. ArbN** sind die ArbN, die das 18. Lebensjahr noch nicht vollendet haben und deshalb wegen ihres Alters noch nicht zum BR wahlberechtigt sind. Zum Begriff des ArbN vgl. § 5 Rn 15 ff.

15   Außerdem sind die zu ihrer **Berufsausbildung Beschäftigten** zu berücksichtigen, die noch keine 25 Jahre alt sind (vgl. § 5 Rn 289 ff.).

3. Außerbetriebliche, betriebs- und unternehmensübergreifende Ausbildung

16   Sofern die Ausbildung ausschließlich in einem Betrieb des Ausbildenden stattfindet, ist die betriebsverfassungsrechtliche Zuordnung regelmäßig unproblematisch. Besteht in diesem Betrieb ein BR, so ist dort auch die JugAzubiVertr. zu bilden. Schwierigkeiten bereiten dagegen die Fälle, in denen die Ausbildung gemäß § 2 Abs. 1 Nr. 3 BBiG idF des G zur Reform der beruflichen Bildung vom 20. 3. 05 (BGBl. I S. 931) außerhalb der betrieblichen Berufsbildung in **sonstigen Berufsbildungseinrichtungen** erfolgt (Rn 17), in denen sie abschnittsweise in **verschiedenen Betrieben desselben Ausbildungsunternehmens** durchgeführt wird (Rn 18) oder in denen die Ausbildung **unternehmensübergreifend** stattfindet (Rn 19; vgl. zu den Besonderheiten über- und außerbetrieblichen Ausbildungsstätten auch § 5 Rn 297 ff.). Welcher BR in derartigen Fällen mitbestimmungsrechtlich für die Azubi zuständig ist, hängt entscheidend von der Art des MBR und den Umständen des Einzelfalls ab. Generalisierend lässt sich allenfalls sagen, dass **wohl regelmäßig der BR desjenigen Betriebs zuständig** sein wird, **dessen Leitung die mitbestimmungspflichtige Entscheidung trifft.** So werden zB die Beteiligungsrechte nach § 96 beim BR des Betriebs liegen, dessen Leitung über die Maßnahmen der Berufsbildung entscheidet. Für eine Anhörung nach § 102 wird der BR des Betriebs zuständig sein, in dem die (Gesamt-)Ausbildung im Wesentlichen organisiert und überwacht wird und die für das Ausbildungsverhältnis grundlegenden Entscheidungen getroffen werden (vgl. BAG 12. 5. 05 AP Nr. 145 zu § 102 BetrVG 1972).

17   Nach der st. Rspr. des BAG (vgl. BAG 21. 7. 93, 20. 3. 96, 13. 6. 07 AP Nr. 8, 10, 12 zu § 5 BetrVG 1972 Ausbildung; 24. 8. 04 AP Nr. 12 zu § 98 BetrVG 1972; vgl. auch 30. 9. 08 – 1 ABR 81/07 – DB 09, 350; 24. 8. 11 – 7 ABR 8/10 –) sind die in **reinen Ausbildungsbetrieben** zu ihrer Berufsausbildung Beschäftigten keine ArbN iSd. BetrVG. Es fehlt an der erforderlichen Eingliederung. Diese setzt voraus, dass die Azubi Tätigkeiten erlernen, die auch zu den beruflichen Aufgaben der ArbN des Betriebs gehören (BAG 26. 1. 94 AP Nr. 54 zu § 5 BetrVG 1972; 13. 6. 07 AP Nr. 12 zu § 5 BetrVG 1972 Ausbildung). Dementsprechend verneint das BAG eine

Eingliederung der Azubi auch dann, wenn es sich zwar nicht um reine Ausbildungs-betriebe iSv. § 2 Abs. 1 Nr. 3 BBiG handelt, aber die **Berufsausbildung selbst** den **Gegenstand des Betriebszwecks einer „betriebsverfassungsrechtlichen Einheit"** bildet (BAG 13. 6. 07 AP Nr. 12 zu § 5 BetrVG 1972 Ausbildung). Mangels Eingliederung sind in diesen Fällen die Azubi bei der BRWahl im reinen Ausbildungsbetrieb nicht wahlberechtigt. Auch kann für sie keine JugAzubiVertr nach § 60 errichtet werden. Um die Vertretungslosigkeit zu beseitigen, sah der am 15. 8. 02 in Kraft getretene § 18 a BBiG (aF) erstmals für Azubi in außerbetrieblichen Ausbildungseinrichtungen eine **besondere InteressenVertr.** vor (vgl. dazu *Moderegger* ArbRB 02, 339, 342; ErfK/*Schlachter* 5. Aufl. §§ 18 a, 18 b BBiG Rn 1–3). Die Bestimmung wurde mit dem Gesetz zur Reform der beruflichen Bildung vom 20. 3. 05 (BGBl. I S. 931) im wesentlichen unverändert zu **§ 51 BBiG.** Sie lautet:

§ 51 Interessenvertretung

(1) **Auszubildende, deren praktische Berufsbildung in einer sonstigen Berufsbildungseinrichtung außerhalb der schulischen oder betrieblichen Berufsbildung (§ 2 Abs. 1 Nr. 3) mit in der Regel mindestens fünf Auszubildenden stattfindet und die nicht wahlberechtigt zum Betriebsrat nach § 7 des Betriebsverfassungsgesetzes, zur Jugend- und Auszubildendenvertretung nach § 60 des Betriebsverfassungsgesetzes oder zur Mitwirkungsvertretung nach § 36 des Neunten Buches Sozialgesetzbuch sind (außerbetriebliche Auszubildende), wählen eine besondere Interessenvertretung.**

(2) **Absatz 1 findet keine Anwendung auf Berufsbildungseinrichtungen von Religionsgemeinschaften sowie auf andere Berufsbildungseinrichtungen, soweit sie eigene gleichwertige Regelungen getroffen haben.**

Azubi, die andere Mitwirkungsgremien wählen können, sind bei der Wahl dieser besonderen InteressenVertr. nicht wahlberechtigt. § 51 Abs. 2 BBiG nimmt wegen des kirchlichen Selbstbestimmungsrechts (Art. 140 GG iVm. Art. 137 Abs. 3 WRV) Berufsbildungseinrichtungen von Religionsgemeinschaften aus (vgl auch § 118 Abs. 2). Ausgenommen sind ferner andere Berufsbildungseinrichtungen, die schon ohne Rechtspflicht gleichwertige Vertr. geschaffen haben. Um eine solche Vertr. handelt es sich zB bei der durch den **TV über die Mitbestimmung im Telekom Training Center (TTC, jetzt TT; TV Nr. 122)** vorgesehenen reinen AzubiVertr. (vgl. dazu BAG 24. 8. 04 AP Nr. 12 zu § 98 BetrVG 1972; 30. 9. 08 – 1 ABR 81/07 – DB 09, 350; 24. 8. 11 – 7 ABR 8/10 –; vgl. auch *Klinkhammer* FS 50 Jahre BAG S. 963 ff.). Da insoweit ein gesetzlich ungeregelter Bereich vorliegt, hat das BAG angenommen, dass die TVParteien insoweit wirksam eigene Vertretungsstrukturen und Kompetenzen schaffen und der tariflichen InteressenVertr. Beteiligungsrechte – zB bei der Festlegung der Dauer der Ausbildungszeit – zuerkennen können, welche die gesetzl. JugAzubiVertr. nicht hat (BAG 24. 8. 04 AP Nr. 12 zu § 98 BetrVG 1972). Der TV Nr. 122 regelt die Mitbestimmungsstrukturen im Betrieb TT (vormals: TTC). Er beseitigt jedoch nicht die MBRe der BRe in den Einsatzbetrieben. Werden Azubi eines reinen Ausbildungsbetriebs zum Zwecke ihrer praktischen Ausbildung vorübergehend in einem anderen Betrieb eingesetzt, handelt es sich für diesen Betrieb um eine Einstellung iSv. § 99 Abs. 1 Satz 1, bei welcher der BR des Einsatzbetriebs mitzubestimmen hat (BAG 30. 9. 08 – 1 ABR 81/07 – DB 09, 350). Die Azubi sind berechtigt, an den Betriebsversammlungen im Ausbildungsbetrieb teilzunehmen (BAG 24. 8. 11 – 7 ABR 8/10 –).

Nach dem Beschluss des BAG vom 13. 6. 07 (AP Nr. 12 zu § 5 BetrVG 1972 Ausbildung) findet § 51 Abs. 1 BBiG trotz des dagegen sprechenden Wortlauts wegen des Zwecks der Regelung und zur Vermeidung einer Schutzlücke **nicht nur** auf **reine Ausbildungsbetriebe iSv. § 2 Abs. 1 Nr. 3 BBiG** Anwendung. Eine besondere Interessenvertr. kann danach vielmehr auch in Betrieben gebildet werden, deren Betriebszweck nicht ausschließlich oder überwiegend in der Vermittlung einer Berufsausbildung besteht. Voraussetzung ist lediglich, dass die Berufsausbildung selbst Gegenstand des Betriebszwecks einer „betriebsverfassungsrechtlichen Einheit" ist und in dieser mindestens fünf Azubi beschäftigt sind (BAG 13. 6. 07 AP Nr. 12 zu § 5 BetrVG 1972 Ausbildung).

§ 18 b BBiG (aF) enthielt eine Ermächtigung des Bundesministeriums für Bildung und Forschung (BMBF), durch **Rechtsverordnung** mit Zustimmung des Bundesrats die besonderen InteressenVertr. insbes. hinsichtlich ihrer **Zusammensetzung, Amtszeit,** der **Durchführung der Wahl** sowie der **Art** und dem **Umfang der Beteiligung** näher auszugestalten. Die hierzu vom BMBF vorgelegte VO (BT-Drucks. 14/6352 S. 5) wurde vom Bundesrat abgelehnt (BR-Drucks. 339/02 S. 1 ff.). Nach dem neuen **§ 52 BBiG** bedarf nunmehr die Rechtsverordnung nicht mehr der Zustimmung des Bundesrats. Sie ist jedoch noch immer nicht erlassen. Sie ist nicht etwa entbehrlich, sondern zur Wahl der besonderen Interessenvertr. erforderlich (vgl. BAG 24. 8. 04 AP Nr. 12 zu § 98 BetrVG 1972). Soll die Schutzlücke, deren Beseitigung §§ 51, 52 BBiG dienen, nicht fortbestehen, besteht daher zumal nach dem Beschluss des BAG vom 13. 6. 07 (AP Nr. 12 zu § 5 BetrVG 1972 Ausbildung) durchaus Handlungsbedarf (ebenso *DKKW-Trittin* Rn 17 c).

18   Wird die **Berufsausbildung abschnittsweise in verschiedenen Betrieben** des Ausbildungsunternehmens durchgeführt, jedoch von einem der Betriebe des Ausbildungsunternehmens derart mit zentral bindender Wirkung auch für die anderen Betriebe geleitet, dass die wesentlichen der Beteiligung des BR unterliegenden, die Ausbildungsverhältnisse berührenden Entscheidungen dort getroffen werden, so gehört der Azubi während der gesamten Ausbildungszeit dem die Ausbildung leitenden **Stammbetrieb** an und ist dort wahlberechtigt zum BR und zur JugAzubiVertr. Dagegen begründet die vorübergehende Beschäftigung in den anderen Betrieben keine Wahlberechtigung zu deren ArbNVertr. (vgl. BAG 13. 3. 91 AP Nr. 2 zu § 60 BetrVG 1972; 13. 3. 91 EzA BetrVG § 60 Nr. 4; *HSWGNR-Rose* Rn 32; *Richardi / Annuß* Rn 9; **aA** wohl *DKKW-Trittin* Rn 18).

19   Schließen sich mehrere Ausbildende gemäß **§ 10 Abs. 5 BBiG** zu einem **Ausbildungsverbund** zusammen (vgl. dazu Beschlussempfehlung BT-Drucks. 15/4752 zu § 10; *Taubert* NZA 05, 503, 506; *ders.* FS *Leinemann* S. 135; *Opolony* BB 05, 1050, 1051; *Hänlein* NZA 06, 348; *Stück/Mühlhausen* NZA-RR 06, 169) und führen sie die Ausbildung der Azubi **unternehmensübergreifend** in der Weise durch, dass verschiedene Ausbildungsabschnitte in mehreren Unternehmen stattfinden, so ist der Auszubildende grundsätzlich dem Ausbildungsbetrieb, hilfsweise der Hauptverwaltung desjenigen Unternehmens zuzurechnen, mit dem er den **Berufsausbildungsvertrag** geschlossen hat (vgl. auch BAG 13. 3. 91 AP Nr. 2 zu § 60 BetrVG 1972). In diesem ist er zum BR und zur JugAzubiVertr. wahlberechtigt. Auch wenn die Ausbildungsabschnitte in den Betrieben der anderen Unternehmen länger als drei Monate dauern, findet § 7 S. 2 auf Azubi – etwas Anderes gilt für jugendliche ArbN. – weder unmittelbar noch entsprechend Anwendung (*Opolony* BB 01, 2055, 2056; wohl auch *Hänlein* NZA 06, 348, 349). Die Azubi werden nicht „zur Arbeitsleistung" überlassen. Führen die mehreren Unternehmen die Ausbildung allerdings in einem **gemeinsamen Betrieb** durch (vgl. GK-*Oetker* Rn 13; *Opolony* BB 05, 1050, 1051), und handelt es sich dabei nicht um einen reinen Ausbildungsbetrieb (vgl. Rn 18), so ist, sofern in dem Betrieb ein BR besteht, dort eine JugAzubiVertr. zu bilden. Überlässt der Betriebsinhaber einem Dritten vertraglich Einrichtungen seines Betriebs, damit dieser mit eigenen Ausbildern die Berufsausbildung seiner Auszubildenden durchführen kann, die nicht dem Weisungsrecht des Betriebsinhabers unterliegen, werden die Auszubildenden des Dritten nicht zu Angehörigen dieses Betriebs (BAG 4. 4. 90 AP Nr. 1 zu § 60 BetrVG 1972).

4. Altersbegrenzung

20   Zu berücksichtigen sind nur die zu ihrer Berufsausbildung Beschäftigten, die das 25. Lebensjahr noch nicht vollendet haben. Durch diese **Altersgrenze** soll der Charakter der Interessenvertretung junge ArbN gewährleistet werden. Sie dürfte rechtlich nicht zu beanstanden sein (vgl. Rn 2).

Ältere ArbN, die zB im Rahmen von Förderungsmaßnahmen der BA in einen an- 21
deren Beruf umgeschult werden, zählen nicht mit.

5. Bestehen eines Betriebsrats

Für die Errichtung einer JugAzubiVertr. ist ferner Voraussetzung, dass in dem Be- 22
trieb ein **BR gebildet** ist (ErfK/*Koch* Rn 1; GK-*Oetker* Rn 38 ff.; *HSWGNR-Rose*
Rn 34; *Richardi/Annuß* Rn 11; *WPK/Roloff* Rn 10; MünchArbR-*Joost* § 228 Rn 7;
Rotermund, Interessenwahrnehmung S, 32 ff.; **aA** *DKKW-Trittin* Rn 27; wohl auch
Däubler Arbeitsrecht 1, Rn 1161, die eine analoge Anwendung des § 63 Abs. 3 befürworten). Zum einen ist die JugAzubiVertr. kein eigenständiges, neben dem BR
stehendes Organ der BetrVerf., das losgelöst und unabhängig vom BR Beteiligungsrechte ausüben kann (vgl. Rn 4). Zum anderen obliegt dem BR die Bestellung des
Wahlvorstands für die Wahl der JugAzubiVertr. (vgl. § 63 Abs. 2). Der GesBR (§ 63
Abs. 3 iVm. § 16 Abs. 2) bzw. der KBR oder das ArbG können einen Wahlvorstand
nur bestellen, wenn der BR säumig ist. Besteht kein BR, ist eine JugAzubiVertr. auch
dann nicht zu bilden, wenn in dem Betrieb idR mehr als 5 jug. oder auszubildende
ArbN beschäftigt sind. Die Wahl einer JugAzubiVertr. in einem BRlosen Betrieb ist
nichtig (*HSWGNR-Rose* Rn 34; *Richardi/Annuß* Rn 11).

Ein nur **kurzfristiger Wegfall des BR** (etwa bei einer erfolgreichen Wahlan- 23
fechtung oder bei einer verzögerten Neuwahl des BR) führt nicht zum Wegfall
einer bestehenden JugAzubiVertr. (*Richardi/Annuß* Rn 11; GK-*Oetker* Rn 43 und
HSWGNR-Rose Rn 38: Begrenzung der betriebsratslosen Zeit auf 6 Monate entspr.
§ 21 a Abs. 1 S. 3). Sie ist allerdings bis zur Neuwahl des BR in der Erfüllung ihrer
Aufgaben weitgehend beschränkt, da sie nur über den BR die Interessen der jug. und
zu ihrer Berufsausbildung beschäftigten ArbN wahrnehmen kann (vgl. §§ 65 ff. sowie
Rn 4). Ein kurzfristiger Wegfall des BR beeinflusst auch nicht die weitere Durchführung einer bereits eingeleiteten Wahl der JugAzubiVertr.

III. Rechtsstellung und Aufgaben

Die JugAzubiVertr. hat die **Aufgabe,** die bes. Interessen der jug. ArbN und der zu 24
ihrer Berufsausbildung Beschäftigten unter 25 Jahren wahrzunehmen, und zwar zum
einen gegenüber dem BR (vgl. § 70), zum anderen zusammen mit dem BR gegenüber dem ArbGeb. (vgl. §§ 67, 68). Ein Recht der JugAzubiVertr., unabhängig vom
BR die Interessen der jug. oder zu ihrer Berufsausbildung beschäftigten ArbN gegenüber dem ArbGeb. wahrzunehmen, besteht nicht. Denn die **JugAzubiVertr. ist kein
selbständiges,** neben dem BR bestehendes **Organ** mit eigenen Vertretungsrechten
(BAG 20. 11. 73 AP Nr. 1 zu § 65 BetrVG 1972; 8. 2. 77 AP Nr. 10 zu § 80 BetrVG
1972; 13. 3. 91 Nr. 2 zu § 60 BetrVG 1972; vgl. auch Rn 4). Auch in Ausnahmefällen tritt die JugAzubiVertr. nicht an die Stelle des BR (aA *DKKW-Trittin* Rn 27).

Die **JugAzubiVertr. sind keine Mitgl. des BR.** Sie haben nur die Befugnis, mit 25
abgestuften Rechten (vgl. § 67) an den Sitzungen des BR teilzunehmen. Die Jug-
AzubiVertr. kann **keine BV** mit dem ArbGeb. abschließen. Auch die Ausübung von
MBR und Mitwirkungsrechten für die jug. und der zu ihrer Berufsausbildung Beschäftigten steht nicht der JugAzubiVertr., sondern allein dem BR zu (*DKKW-Trittin*
Rn 29; GK-*Oetker* vor§ 60 Rn 18 ff.; *HSWGNR-Rose* Rn 41; *Richardi/Annuß* Rn 14).
Allerdings ist der BR verpflichtet, die JugAzubiVertr. in Angelegenheiten, die **besonders** oder **überwiegend** die jug. oder auszubildende ArbN betreffen, gemäß § 67 bei
der **Beratung** bzw. **Beschlussfassung zu beteiligen** (vgl. § 67 Rn 11 ff.). Im Übrigen kann sich die JugAzubiVertr. aller Angelegenheiten annehmen, die für die jug.
ArbN und die zu ihrer Berufsausbildung Beschäftigten des Betriebs von Belang sind.
Sie kann diese innerhalb der JugAzubiVertr., mit dem BR und zusammen mit diesem
auch mit dem ArbGeb. erörtern. Sie hat den **Kontakt mit den jug. ArbN** und den

zu ihrer Berufsausbildung Beschäftigten zu pflegen, ohne den BR hiervon auszuschließen.

IV. Streitigkeiten

26   Streitigkeiten über die Bildung einer JugAzubiVertr. sowie über ihre Zuständigkeit sind gem. §§ 2a, 80 ff. ArbGG von den **ArbG im BeschlVerf.** zu entscheiden. Das gilt auch für Streitigkeiten zwischen BR und JugAzubiVertr. Die JugAzubiVertr. ist in einem solchen Verfahren eine nach § 10 2. Halbs. ArbGG beteiligungsfähige Stelle (GK-*Oetker* Rn 65). Nach § 2a Abs. 1 Nr. 3c ArbGG erstreckt sich die Zuständigkeit der ArbG im BeschlVerf. auch auf Streitigkeiten aus § 51 BBiG (vgl. Rn 17). Daher ist auch eine nach § 51 Abs. 1 BBiG errichtete InteressenVertr. – derzeit fehlt es allerdings noch an der RechtsVO nach § 52 BBiG (vgl. Rn 17) – nach § 10 Halbs. 2 ArbGG beteiligtenfähig (vgl. BAG 24. 8. 04 AP Nr. 12 zu § 98 BetrVG 1972). Gleiches gilt für eine tarifliche InteressenVertr. iSv. § 51 Abs. 2 BBiG (vgl. BAG 24. 8. 04 AP Nr. 12 zu § 98 BetrVG 1972). Zu den Besonderheiten des BeschlVerf. vgl. Nach § 1.

§ 61 Wahlberechtigung und Wählbarkeit

(1) **Wahlberechtigt sind alle in § 60 Abs. 1 genannten Arbeitnehmer des Betriebs.**

(2) [1]**Wählbar sind alle Arbeitnehmer des Betriebs, die das 25. Lebensjahr noch nicht vollendet haben; § 8 Abs. 1 Satz 3 findet Anwendung.** [2]**Mitglieder des Betriebsrats können nicht zu Jugend- und Auszubildendenvertretern gewählt werden.**

Inhaltsübersicht

I. Vorbemerkung

1   Die Vorschrift regelt das **aktive und passive Wahlrecht** zur JugAzubiVertr. Zur Bestellung der Mitgl. der GesJugAzubiVertr. vgl. § 72 Rn 12 ff.

2   Das JAVG (vgl. § 60 Rn 2) hat wegen des Ausbaus der JugVertr. zu einer JugAzubiVertr. die **Wahlberechtigung** auf die zu ihrer Berufsausbildung Beschäftigten unter 25 Jahren ausgeweitet (Abs. 1) und diese Altersgrenze auch für die Wählbarkeit zur JugAzubiVertr. festgelegt (Abs. 2).

3   Die Vorschrift ist **zwingend** und weder durch TV noch durch BV abdingbar oder abänderbar (GK-*Oetker* Rn 1).

4   Entspr. Vorschrift: § 58 BPersVG.

II. Wahlberechtigung

5   **Wahlberechtigt sind alle jug. ArbN unter 18 Jahren.** Das sind alle Beschäftigten des Betriebs, die wegen fehlender Volljährigkeit noch nicht zum BR wahlberech-

tigt sind. Unerheblich ist, ob der jug. ArbN unbefristet oder befristet, in Voll- oder Teilzeit beschäftigt ist. Maßgebend ist das **Alter am Wahltag.** Erstreckt sich die Wahl über mehrere Tage, ist maßgebend das Alter am letzten Wahltag. Die jug. ArbN müssen ArbN des **Betriebs** sein, dh in einem Arbeits- oder Ausbildungsverhältnis zum Betriebsinhaber stehen und zur Belegschaft des Betriebs gehören. Weitere Voraussetzungen bestehen nicht. Ohne Einfluss auf die Wahlberechtigung ist, ob ein jug. ArbN wegen seines Alters unter Vormundschaft steht (§ 1773 BGB). Einer bes. Ermächtigung des Erziehungsberechtigten bedarf es zur Ausübung des Wahlrechts nicht (*GK-Oetker* Rn 9 ff., 13; *Rotermund,* Interessenwahrnehmung, S. 51 ff.).

Ferner sind **wahlberechtigt** die zu ihrer **Berufsausbildung Beschäftigten** (vgl. 6 zu diesem Begriff im Einzelnen **§ 5 Rn 289 ff.**) des Betriebs (vgl. zur außerbetrieblichen, betriebs- und unternehmensübergreifenden Ausbildung § 60 Rn 16 ff.), die das 25. Lebensjahr noch nicht vollendet haben. Maßgebender Zeitpunkt ist der **Wahltag.** Erstreckt sich die Wahl über mehrere Tage, ist der letzte Wahltag maßgebend. Das Wahlrecht der über 18 Jahre alten zu ihrer Berufsausbildung beschäftigten ArbN zum BR wird durch ihre Wahlberechtigung auch zur JugAzubiVertr. nicht berührt. Sie sind auch zum BR wahlberechtigt (vgl. § 7 Rn 42; *DKKW-Trittin* § 60 Rn 9).

Zur Ausübung des Wahlrechts ist in formeller Hinsicht erforderlich, dass der jug. 7 oder in der Berufsausbildung stehende ArbN des Betriebs in die **Wählerliste** eingetragen ist. Anderenfalls kann er sein Wahlrecht nicht wahrnehmen (vgl. §§ 38, 2 Abs. 3 WO, MünchArbR-*Joost* § 316 Rn 13).

III. Wählbarkeit

Wählbar zur JugAzubiVertr. sind nach Abs. 2 alle ArbN, die das 25. Lebensjahr 8 noch nicht vollendet haben (vgl. Rn 9 ff.), nicht infolge strafgerichtlicher Verurteilung die Fähigkeit, Rechte aus öffentlichen Wahlen zu erlangen, verloren haben (vgl. Rn 13) und nicht Mitglied des BR sind (vgl. Rn 14). In **formeller Hinsicht** ist für die Wählbarkeit der jug. zu ihrer Berufsausbildung beschäftigten Wahlbewerber die Eintragung in die **Wählerliste** notwendig (§§ 38, 2 Abs. 3 WO). Dies gilt nicht für ArbN, die zwar wählbar, jedoch nicht wahlberechtigt sind. ArbN des Betriebs im Alter von 18 bis 25 Jahren, die nicht zu ihrer Berufsausbildung, sondern als normale ArbN beschäftigt werden, sind deshalb auch ohne Eintragung in die Wählerliste wählbar.

1. Altersgrenze

Die Altersgrenzen in § 61 Abs. 1 iVm. § 60 Abs. 1, Abs. 2 dürften rechtlich nicht 9 zu beanstanden sein. Sie sind nicht an den Maßgaben der §§ 1, 7 AGG zu messen (vgl. § 60 Rn 2). Im Übrigen gibt es für die am Alter orientierte Gruppenbildung sachliche Gründe, die wohl Art. 3 Abs. 1 GG genügen. Alle ArbN des Betriebs, die das **25. Lebensjahr** noch nicht vollendet haben, sind zur JugAzubiVertr. wählbar. Ein Mindestalter ist nicht erforderlich (ErfK/*Koch* Rn 1). Bei minderjährigen ArbN, dh ArbN unter 18 Jahren, ist eine Zustimmung des gesetzl. Vertreters zur Kandidatur nicht erforderlich (*HSWGNR-Rose* Rn 12; *Richardi/Annuß* Rn 7; *DKKW-Trittin* Rn 8; *GK-Oetker* Rn 29; *Rotermund,* Interessenwahrnehmung, S. 53 ff.).

Die Wählbarkeit ist nicht auf die zur JugAzubiVertr. wahlberechtigten ArbN be- 10 schränkt. Vielmehr sind auch ArbN des Betriebs, die über 18 Jahre alt sind und nicht zu ihrer Berufsausbildung beschäftigt werden, wählbar, sofern sie das 25. Lebensjahr noch nicht vollendet haben. Die **ArbN zwischen 18 und 25 Jahren** sind damit **sowohl zur JugAzubiVertr. als auch zum BR wählbar. Allerdings** ist eine **Doppelmitgliedschaft** in beiden ArbNVertr. **nicht zulässig** (vgl. unten Rn 14).

11   Maßgebender **Zeitpunkt** für die **Höchstaltersgrenze** ist der Tag des Beginns der
Amtszeit der JugAzubiVertr., nicht der Tag der Wahl (zum Beginn der Amtszeit vgl.
§ 64 Rn 12). Das folgt aus § 64 Abs. 3 (hM). Der Wahlbewerber darf, um wählbar zu
sein, an diesem Tage das 25. Lebensjahr noch nicht vollendet haben. Vollendet ein
JugAzubiVertr. während der Amtszeit das 25. Lebensjahr, beeinflusst das nicht seine
Mitgliedschaft in der JugAzubiVertr. (vgl. § 64 Rn 14).

2. Dauer der Betriebszugehörigkeit

12   Die Wählbarkeit zur JugAzubiVertr. ist anders als zum BR von **keiner** bestimmten
Betriebszugehörigkeit abhängig (*DKKW-Trittin* Rn 10; *Richardi/Annuß* Rn 8;
ErfK/*Koch* Rn 1). Der Beschäftigte muss aber ArbN des Betriebs sein (vgl. zur außerbetrieblichen und zur betriebsübergreifenden Ausbildung § 60 Rn 16 ff.). Zur
Möglichkeit der Wahl von zum Wehrdienst einberufenen ArbN sowie zur Möglichkeit der Rückstellung von Wahlbewerbern und gewählten JugAzubiVertr. vom Wehrdienst vgl. § 8 Rn 14 ff.
       Ausländische ArbN des Betriebs sind wählbar, sofern sie die übrigen Vorausset-
zungen der Wählbarkeit erfüllen (*DKKW-Trittin* Rn 11; GK-*Oetker* Rn 34).

3. Ausschluss der Wählbarkeit

13   Die Wählbarkeit ist ebenso wie die zum BR ausgeschlossen, wenn der Wahlbewerber infolge **strafgerichtlicher Verurteilung** die Fähigkeit, Rechte aus öffentlichen
Wahlen zu erlangen, nicht besitzt (vgl. § 8 Rn 52 ff.).
14   Zur JugAzubiVertr. ist nach Abs. 2 S. 2 **nicht wählbar,** wer bereits **Mitgl. des
BR** ist. **ErsMitgl. des BR** sind wählbar, solange sie nicht für ein verhindertes oder
ausgeschiedenes BRMitgl. in den BR nachgerückt sind (*DKKW-Trittin* Rn 15; GK-
Oetker Rn 38; *HSWGNR-Rose* Rn 19; *Richardi/Annuß* Rn 11). Rückt ein ErsMitgl.
nach, so scheidet es gemäß § 65 iVm. § 24 Abs. 1 Nr. 4 wegen nachträglichen Verlustes der Wählbarkeit aus der JugAzubiVertr. aus, da es als nunmehriges Mitgl. des
BR nicht mehr zur JugAzubiVertr. wählbar ist. Das gilt auch, wenn es nur vorübergehend für ein zeitweilig verhindertes BRMitgl. in den BR nachrückt. Scheidet das
ErsMitgl. nach Beendigung der zeitweiligen Verhinderung des BRMitgl. wieder aus
dem BR aus, so tritt es nicht wieder in die JugAzubiVertr. ein. Das Ausscheiden aus
der JugAzubiVertr. ist vielmehr **endgültig** (BAG 21. 8. 79 AP Nr. 6 zu § 78 a Betr-
VG 1972; ErfK/*Koch* Rn 1; *HSWGNR-Rose* Rn 20; GK-*Oetker* Rn 41; *Rotermund,*
Interessenwahrnehmung, S. 58 ff.; **aA** *DKKW-Trittin* Rn 16; *Richardi/Annuß* Rn 11,
die bei nur vorübergehendem Nachrücken eines JugAzubiVertr. in den BR diesen im
Verhältnis zur JugAzubiVertr. lediglich als zeitweilig verhindert ansehen, so dass er
nach Beendigung der zeitweiligen Verhinderung wieder in die JugAzubiVertr. eintritt; diese Ansicht lässt außer Acht, dass bei – auch nur vorübergehendem – Eintritt
in den BR die Wählbarkeit erlischt). Daher sollte es sich ein Mitgl. der JugAzubi-
Vertr., das zugleich ErsMitgl. für den BR ist, überlegen, ob es bei nur einer Vertretung für einen vorübergehenden Verhinderungsfall die ErsMitglschaft (dann allerdings
endgültig) niederlegt. Eine andere Möglichkeit besteht darin, das ErsMitgl. als verhindert anzusehen und so den Verlust der Mitgliedschaft in der JugAzubiVertr zu
vermeiden (GK-*Oetker* Rn 41; *Rotermund,* Interessenwahrnehmung, S. 60).
15   Da ein Mitgl. des BR zur JugAzubiVertr. nicht wählbar ist, kann es auch nicht zur
JugAzubiVertr. **kandidieren,** es sei denn, es legt vorher die Mitgliedschaft im BR
nieder. Umgekehrt schließt die Mitgliedschaft in der JugAzubiVertr. eine Kandidatur
für den BR nicht aus (*DKKW-Trittin* Rn 17; *Richardi/Annuß* Rn 12). Wird das Mitgl.
der JugAzubiVertr. in den BR gewählt und nimmt es die Wahl an, so verliert es die
Wählbarkeit zur JugAzubiVertr. und scheidet aus ihr aus (vgl. § 65 iVm. § 24 Abs. 1
Nr. 4).

IV. Streitigkeiten

Über die Wahlberechtigung und die Wählbarkeit entscheidet zunächst der Wahl- **16**
vorstand Streitigkeiten über seine Entscheidung sind ebenso wie bei der BRWahl im
arbeitsgerichtlichen BeschlVerf. zu entscheiden (§§ 2a, 80 ff. ArbGG). Im Einzelnen vgl. § 7 Rn 96, § 8 Rn 64 ff., § 18. Zu den Besonderheiten des BeschlVerf.
vgl. Nach § 1.

§ 62 Zahl der Jugend- und Auszubildendenvertreter, Zusammensetzung der Jugend- und Auszubildendenvertretung

(1) **Die Jugend- und Auszubildendenvertretung besteht in Betrieben mit in
der Regel**

5 bis	20 der in § 60 Abs. 1 genannten Arbeitnehmer aus einer Person,
21 bis	50 der in § 60 Abs. 1 genannten Arbeitnehmer aus 3 Mitgliedern,
51 bis	150 der in § 60 Abs. 1 genannten Arbeitnehmer aus 5 Mitgliedern,
151 bis	300 der in § 60 Abs. 1 genannten Arbeitnehmer aus 7 Mitgliedern,
301 bis	500 der in § 60 Abs. 1 genannten Arbeitnehmer aus 9 Mitgliedern,
501 bis	700 der in § 60 Abs. 1 genannten Arbeitnehmer aus 11 Mitgliedern,
701 bis	1000 der in § 60 Abs. 1 genannten Arbeitnehmer aus 13 Mitgliedern,
mehr als	1000 der in § 60 Abs. 1 genannten Arbeitnehmer aus 15 Mitgliedern.

(2) **Die Jugend- und Auszubildendenvertretung soll sich möglichst aus Vertretern der verschiedenen Beschäftigungsarten und Ausbildungsberufe der im Betrieb tätigen in § 60 Abs. 1 genannten Arbeitnehmer zusammensetzen.**

(3) **Das Geschlecht, das unter den in § 60 Abs. 1 genannten Arbeitnehmern in
der Minderheit ist, muss mindestens entsprechend seinem zahlenmäßigen Verhältnis in der Jugend- und Auszubildendenvertretung vertreten sein, wenn diese
aus mindestens drei Mitgliedern besteht.**

Inhaltsübersicht

I. Vorbemerkung

Die Vorschrift regelt **Größe** und **Zusammensetzung** der JugAzubiVertr. Das **1**
BetrVerf-ReformG hat die für die Größe der JugAzubiVertr. maßgebenden Grenzzahlen erheblich verändert.

Durch das **BetrVerf-ReformG** wurde ferner mit § 62 Abs. 3 für eine aus mindes- **2**
tens drei Mitgl. bestehende JugAzubiVertr. eine **zwingende Geschlechterquote**
eingeführt. Das Minderheitengeschlecht muss in der JugAzubiVertr. mindestens entsprechend dem zahlenmäßigen Verhältnis der nach § 60 Abs. 1 wahlberechtigten
Beschäftigten vertreten sein.

Die Regelung ist **zwingend** und kann weder durch TV noch durch BV abgedun- **3**
gen werden. Abs. 2 ist allerdings nur eine Sollvorschrift (vgl. Rn 8).

Entspr. Vorschrift: **§ 59 BPersVG.** **4**

II. Zahl der Mitglieder

5   Die **Größe der JugAzubiVertr.** ergibt sich aus der Tabelle des Abs. 1 (vgl. generell zu Betriebsgrößen im Arbeitsrecht *Pulte* BB 05, 549). Die maßgebliche Beschäftigtenzahl ist vom Wahlvorstand festzustellen. Zu berücksichtigen sind nur jug. ArbN, dh ArbN des Betriebes unter 18 Jahren, sowie die zu ihrer Berufsausbildung Beschäftigten unter 25 Jahren. Zum Betrieb gehören auch die **nicht betriebsratsfähigen Kleinstbetriebe (vgl. § 4 Abs. 2)** sowie die **Betriebsteile,** deren AN sich an der Wahl des BR im Hauptbetrieb beteiligen (§ 4 Abs. 1 S. 2). Eine durch kollektivrechtliche Vereinbarung geschaffene **Einheit nach § 3 Abs. 1 Nr. 1–3** ist auch **für** die Wahl der **JugAzubiVertr. maßgebend** (vgl. für die SchwbVertr. BAG 10. 11. 04 AP Nr. 2 zu § 3 BetrVG 1972). Zur Bestimmung der Betriebszugehörigkeit von Auszubildenden bei außerbetrieblicher sowie bei betriebs- oder unternehmensübergreifender Ausbildung s. § 60 Rn 16 ff. Erklären sich nicht genügend ArbN zur Übernahme des Amtes eines JugAzubiVertr. bereit, ist die nächstniedrigere Größe der JugAzubiVertr. zugrunde zu legen. § 11 findet entspr. Anwendung (*DKKW-Trittin* Rn 4; GK-*Oetker* Rn 15; *Richardi/Annuß* Rn 6; Einzelheiten § 11 Rn 6 ff.).

6   Maßgebend ist die Zahl der am Tage des **Erlasses des Wahlausschreibens** „in der Regel" im Betrieb beschäftigten jug. und zu ihrer Berufsausbildung beschäftigten ArbN (zum Begriff „in der Regel" vgl. § 1 Rn 271 ff.). **Ändert** sich in der Zeit zwischen Erlass des Wahlausschreibens und Wahl die Zahl der wahlberechtigten ArbN so nehmen inzwischen hinzugekommene ArbN an der Wahl teil, ausgeschiedene ArbN wählen nicht mehr mit. Für die Größe der JugAzubiVertr. ist jedoch unverändert die Zahl der im Zeitpunkt des Erlasses des Wahlausschreibens idR beschäftigten ArbN maßgeblich (*DKKW-Trittin* Rn 6; GK-*Oetker* Rn 13; *HSWGNR-Rose* Rn 4; *Richardi/Annuß* Rn 5). Im Falle einer vorzeitigen Neuwahl der JugAzubiVertr. bestimmt sich ihre Größe nach der Zahl der bei Erlass des Wahlausschreibens zu dieser Wahl idR beschäftigten jug. oder auszubildenden ArbN, nicht nach der Zahl der ArbN bei der Wahl der JugAzubiVertr., deren Amtszeit vorzeitig endet (BAG 22. 11. 84 AP Nr. 1 zu § 64 BetrVG 1972).

7   Ohne Bedeutung ist es, wenn sich die **Zahl der nach § 60 Abs. 1 wahlberechtigten ArbN nach der Wahl ändert.** Selbst bei einer erheblichen Änderung ist keine Neuwahl durchzuführen. § 13 Abs. 2 Nr. 1, der bei erheblicher Veränderung der Belegschaftsstärke eine Neuwahl des BR vorschreibt, findet auf die JugAzubiVertr. keine Anwendung (vgl. § 64 Abs. 1 S. 2; *DKKW-Trittin* Rn 8). Etwas anderes gilt nur, wenn die Zahl der im Betrieb idR beschäftigten jug. oder auszubildenden ArbN nicht nur vorübergehend unter 5 sinkt. In diesem Falle entfällt eine Voraussetzung für die Bildung der JugAzubiVertr. Eine bestehende JugAzubiVertr. verliert ihr Amt (*Richardi/Annuß* Rn 7; ErfK/*Koch* Rn 1).

III. Berücksichtigung der Beschäftigungsarten und Geschlechter

1. Beschäftigungsarten

8   Abs. 2 ist § 15 Abs. 1 nachgebildet (vgl. § 15 Rn 6 ff.). Er soll die JugAzubiVertr. befähigen, ihre Arbeit möglichst sachkundig unter Berücksichtigung der im Betrieb ausgeübten Beschäftigungsarten und Ausbildungsberufe durchzuführen. Die **Sollvorschrift** richtet sich an diejenigen, die **Wahlvorschläge einreichen.** Sie sollen diese so gestalten, dass die JugAzubiVertr. eine der Struktur der jug. und der zu ihrer Berufsausbildung beschäftigten ArbN und ihrer betrieblichen Tätigkeit entsprechende Zusammensetzung erhält. Hierauf soll im Wahlausschreiben ausdrücklich hingewiesen werden (§§ 38, 3 Abs. 3 WO). Kommen die Wahlberechtigten der Aufforderung nicht nach, so hat dies auf die **Gültigkeit der Wahl keinen Einfluss** (*DKKW-*

Trittin Rn 11; *GK-Oetker* Rn 25; *HSWGNR-Rose* Rn 9; *Richardi/Annuß* Rn 8; vgl.
auch § 15 Rn 2).

2. Geschlechterrepräsentanz

In dem durch das BetrVerf-ReformG geänderten Abs. 3 ist eine **Geschlechter-** 9
quote zwingend vorgeschrieben. Damit wird dem **Gleichberechtigungsgrundsatz**
des Art. 3 Abs. 2 GG Rechnung getragen. Das bei den jug. und den zur Berufsausbildung Beschäftigten AN in der Minderheit befindliche Geschlecht muss seinem
zahlenmäßigen Verhältnis entsprechend in der JugAzubiVertr. vertreten sein. Das in
der Minderheit befindliche Geschlecht soll Gelegenheit erhalten, geschlechtsspezifi-
sche Themen und Problemstellungen in die Arbeit der JugAzubiVertr. einzubringen
(vgl. BT-Drucks. 14/5741 S. 37 und S. 44). Für die GesJugAzubiVertr. (§ 72) und die
KJugAzubiVertr. (§ 73 a) gilt die Quote nicht.

Die **Verteilung der Sitze** in der JugAzubiVertr. **auf die Geschlechter** ist in der 10
WO geregelt. Für die Wahl gelten die Vorschriften der §§ 38 ff. WO. Hinsichtlich der
Berücksichtigung der Geschlechter bei der Sitzverteilung vgl. die Kommentierung zu
§ 15 und zu § 3 WO.

IV. Streitigkeiten

Die Zahl der zu wählenden JugAzubiVertr. sowie die auf das Minderheitsge- 11
schlecht entfallende Anzahl der Sitze stellt der Wahlvorstand fest. Meinungsver-
denheiten über seine Entscheidung sind im **arbeitsgerichtlichen BeschlVerf.** zu
entscheiden (§§ 2 a, 80 ff. ArbGG). Zu dessen Besonderheiten vgl. Nach § 1. Verstöße gegen Abs. 1 und Abs. 3 berechtigen zur **Anfechtung der Wahl** (Einzelheiten
bei § 19). In dem Wahlanfechtungsverfahren ist der BR zu beteiligen (BAG 20. 2. 86
AP Nr. 1 zu § 63 BetrVG 1972). Erfolgt keine Wahlanfechtung, bleibt es für die
Dauer der Amtsperiode bei der vom Wahlvorstand festgelegten Zahl (vgl. BAG 14. 1.
72 AP Nr. 2 zu § 20 BetrVG Jugendvertreter; *DKKW-Trittin* Rn 14; *HSWGNR-
Rose* Rn 15; *Richardi/Annuß* Rn 11). Bei einem Verstoß gegen Abs. 3 kann das Gericht das Wahlergebnis berichtigen (vgl. § 19 Rn 28).

§ 63 Wahlvorschriften

(1) **Die Jugend- und Auszubildendenvertretung wird in geheimer und unmittelbarer Wahl gewählt.**

(2) **¹Spätestens acht Wochen vor Ablauf der Amtszeit der Jugend- und Auszubildendenvertretung bestellt der Betriebsrat den Wahlvorstand und seinen
Vorsitzenden. ²Für die Wahl der Jugend- und Auszubildendenvertreter gelten
§ 14 Abs. 2 bis 5, § 16 Abs. 1 Satz 4 bis 6, § 18 Abs. 1 Satz 1 und Abs. 3 sowie
die §§ 19 und 20 entsprechend.**

(3) **Bestellt der Betriebsrat den Wahlvorstand nicht oder nicht spätestens sechs
Wochen vor Ablauf der Amtszeit der Jugend- und Auszubildendenvertretung
oder kommt der Wahlvorstand seiner Verpflichtung nach § 18 Abs. 1 Satz 1
nicht nach, so gelten § 16 Abs. 2 Satz 1 und 2, Abs. 3 Satz 1 und § 18 Abs. 1
Satz 2 entsprechend; der Antrag beim Arbeitsgericht kann auch von jugendlichen Arbeitnehmern gestellt werden.**

(4) **¹In Betrieben mit in der Regel fünf bis fünfzig der in § 60 Abs. 1 genannten Arbeitnehmer gilt auch § 14 a entsprechend. ²Die Frist zur Bestellung des
Wahlvorstands wird im Fall des Absatzes 2 Satz 1 auf vier Wochen und im Fall
des Absatzes 3 Satz 1 auf drei Wochen verkürzt.**

(5) **In Betrieben mit in der Regel 51 bis 100 der in § 60 Abs. 1 genannten Arbeitnehmer gilt § 14 a Abs. 5 entsprechend.**

Inhaltsübersicht

I. Vorbemerkung

1 Die Vorschrift legt – weitgehend durch Verweisungen auf Vorschriften zur BRWahl – die Grundsätze für die Wahl der JugAzubiVertr. fest und regelt ferner Bestellung und Aufgaben des Wahlvorstands. Sie wird ergänzt durch §§ 38 ff. WO.

2 Durch das JAVG, das Änderungsgesetz 1989 und das 2. GleiBG ist die Vorschrift in mehrfacher Hinsicht geändert, insb. die Verhältniswahl auch für die JugAzubiVertr eingeführt worden. Die Novellierung der Vorschrift durch das **BetrVerf-ReformG** betraf notwendige Folgeänderungen und Ergänzungen, die sich aus der Aufgabe des Gruppenprinzips, der erweiterten Zuständigkeit des GesBR und des KBR für die Bestellung von Wahlvorständen und der Durchführung von BRWahlen in einem vereinfachten Wahlverfahren ergeben.

3 Die Vorschrift ist **zwingendes Recht** und weder durch TV noch durch BV abdingbar (GK-*Oetker* Rn 5).

4 Entspr. Vorschrift: **§ 60 Abs. 1 BPersVG.**

II. Wahlgrundsätze

5 Die Bildung der JugAzubiVertr. erfolgt durch **geheime** und **unmittelbare Wahl.** Es gelten auch die ungeschriebenen Wahlgrundsätze der **freien** und **gleichen Wahl** (vgl. BAG 6. 12. 00 AP Nr. 48 zu § 19 BetrVG 1972; Einzelheiten bei § 14). Zum Wahlverfahren vgl. etwa *Heilmann* AiB 05, 517 ff.; *Maschmann* Personal 02, 40 ff.; *Sieg/Duffing* AuA 02, 394 ff.

1. Verhältniswahl

6 Nach Abs. 2 S. 2 iVm. § 14 Abs. 2 S. 1 wird die Wahl grundsätzlich als **Verhältniswahl** durchgeführt (vgl. dazu näher § 14 Rn 22 ff.). Eine **Mehrheitswahl** findet nach Abs. 2 S. 2, Abs. 4 S. 1, Abs. 5 iVm. § 14 Abs. 2 S. 2 statt, wenn entweder nur ein Wahlvorschlag eingereicht worden ist oder die JugAzubiVertr. im vereinfachten Wahlverfahren zu wählen ist. Es gelten dieselben Grundsätze wie bei der BRWahl (vgl. dazu § 14 und § 14a).

Bei der **Verhältniswahl** kann der wahlberechtigte jug. oder zu seiner Berufsaus- 7
bildung beschäftigte ArbN nur eine **Liste** wählen. Er kann keine auf der Liste stehenden Bewerber streichen oder nicht auf ihr stehende Bewerber hinzufügen. Anderenfalls ist seine Stimmabgabe ungültig. Die Verteilung der Sitze auf die einzelnen
Listen erfolgt nach dem sog. **d'Hondt'schen Höchstzahlensystem** (vgl. hierzu
§ 15 WO und § 14 Rn 24 ff.). Entsprechend den erreichten Höchstzahlen sind aus
den einzelnen Listen die Bewerber in der Reihenfolge gewählt, in der sie auf der
Liste aufgeführt sind. Dabei ist sicherzustellen, dass das in der Minderheit befindliche
Geschlecht entspr. § 62 Abs. 3 repräsentiert wird. Es gelten die Grundsätze des § 15
Abs. 2 und die hierzu ergangenen Vorschriften der WO (zu Einzelheiten vgl. die
Kommentierung bei § 15 sowie §§ 5, 15, 38 WO).

2. Mehrheitswahl

Ist nur ein gültiger Wahlvorschlag eingereicht worden und findet deshalb nach 8
Abs. 2 S. 2 iVm. § 14 Abs. 2 S. 2 eine **Mehrheitswahl** statt, kann jeder Wahlberechtigte auf dem Stimmzettel so viele Kandidaten ankreuzen, wie Mitgl. der JugAzubi-
Vertr. zu wählen sind (vgl. § 39 Abs. 3 WO). Werden mehr Kandidaten angekreuzt,
ist die Stimme ungültig. Werden weniger angekreuzt, hat das auf die Gültigkeit der
abgegebenen Stimmen keinen Einfluss. Die zu besetzenden Sitze der JugAzubiVertr.
werden nach den **erreichten Stimmenzahlen** verteilt. Dabei ist gleichfalls sicherzustellen, dass das in der Minderheit befindliche Geschlecht gem. § 62 Abs. 3 repräsentiert wird (Einzelheiten bei § 15).
Die Wahl findet stets in Mehrheitswahl statt, wenn nach Abs. 4 oder 5, § 10 WO die 9
JugAzubiVertr. im vereinfachten Wahlverfahren nach § 14 a gewählt wird. Bei
einer nur aus einer Person bestehenden JugAzubiVertr. ist die Geschlechterquote des
§ 62 Abs. 3 nicht zu beachten.

3. Vorschlagsrecht

Die Wahl erfolgt auf Grund von **Wahlvorschlägen** (vgl. § 39 WO). Vorschlagsbe- 10
rechtigt sind nur die jug. und die zu ihrer Berufsausbildung beschäftigten ArbN des
Betriebs (vgl. § 61 Abs. 1 iVm. § 14 Abs. 3). Jeder Wahlvorschlag muss nach Abs. 2
S. 2 iVm. § 14 Abs. 4 S. 1 und 2 von einem Zwanzigstel der wahlberechtigten ArbN,
mindestens jedoch von drei Wahlberechtigten unterzeichnet sein. In Betrieben mit in
der Regel bis zu 20 zur JugAzubiVertr. wahlberechtigten ArbN genügt die Unterzeichnung durch 2 Wahlberechtigte. In jedem Falle genügt die Unterzeichnung durch
50 Wahlberechtigte. In den Vorschlagslisten sind Familienname, Vorname, Geburtsdatum, Art der Beschäftigung sowie der Ausbildungsberuf aufzuführen (§§ 39 Abs. 1
S. 3, 6 Abs. 3 S. 1 WO).
Auch die im Betrieb vertretenen **Gewerkschaften** sind berechtigt, zu der Wahl 11
der JugAzubiVertr. einen Wahlvorschlag einzureichen (Abs. 2 iVm. § 14 Abs. 3
und 5). Dieser Wahlvorschlag bedarf keiner Unterzeichnung durch wahlberechtigte
ArbN des Betriebs; er muss jedoch von zwei Beauftragten der Gewerkschaft unterzeichnet sein (vgl. hierzu im Einzelnen § 14). Das Wahlvorschlagsrecht der Gewerkschaften setzt voraus, dass ein Wahlvorstand gebildet ist, der das Wahlverfahren durch
das Wahlausschreiben eingeleitet hat. Da für die Bildung des Wahlvorstand das Bestehen eines BR notwendige Voraussetzung ist (vgl. Rn 14), können die Gewerkschaften in einem BRlosen Betrieb keine Wahlvorschläge für die Wahl der JugAzubiVertr.
machen (*HSWGNR-Rose* Rn 7).

4. Wahl im vereinfachten Wahlverfahren

In Betrieben mit 5 bis 50 der zur JugAzubiVertr. Wahlberechtigten ist nach Abs. 4 12
der Vorschrift die Wahl im **vereinfachten Wahlverfahren nach § 14 a** durchzufüh-

ren. Damit soll die Bildung einer Interessenvertretung der jug. und der zur Ausbildung beschäftigten ArbN erleichtert und gefördert werden (BT-Drucks. 14/5741 S. 37, S. 44). Aufgrund der Beratungen im Ausschuss für Arbeit und Sozialordnung wurde auch für Betriebe mit 51 bis 100 der zur JugAzubiVertr. Wahlberechtigten die Möglichkeit geschaffen, die JugAzubiVertr. im vereinfachten Wahlverfahren durchzuführen, soweit sich der ArbGeb. und der Wahlvorstand darüber verständigen (BT-Drucks. 14/6352 S. 58).

a) Vereinfachtes Wahlverfahren kraft Gesetzes

13   In **Betrieben mit 5 bis 50 der zur JugAzubiVertr. wahlberechtigten ArbN** erfolgt die Wahl stets im vereinfachten Wahlverfahren. Es gilt § 14a Abs. 3, da der Wahlvorstand für die Wahl der JugAzubiVertr. nicht in einer ersten Wahlversammlung, sondern durch den BR oder die Berechtigten nach Abs. 3 bestellt wird. Es findet deshalb nur eine Wahlversammlung statt, auf der die JugAzubiVertr. gewählt wird. Es gelten die allgemeinen Wahlgrundsätze. Die Wahl erfolgt als Mehrheitswahl. Wahlvorschläge können eine Woche vor der Wahlversammlung zur Durchführung der Wahl eingereicht werden (§ 14a Abs. 3 Satz 2). Wahlberechtigte, die an dieser Wahlversammlung nicht teilnehmen können, ist Gelegenheit zur Briefwahl zu geben (vgl. § 14a Abs. 4). Einzelheiten der Durchführung der Wahl im vereinfachten Wahlverfahren bei § 14a.

b) Vereinfachtes Wahlverfahren kraft Vereinbarung

14   In **Betrieben mit bis zu 100 der zur JugAzubiVertr. Wahlberechtigten** können der Wahlvorstand und der ArbGeb. die Durchführung der Wahl im vereinfachten Wahlverfahren **vereinbaren.** Zur Rechtssicherheit und Beweisbarkeit empfiehlt sich eine schriftliche Vereinbarung. Kommt keine Vereinbarung zustande, richtet sich die Wahl nach den allgemeinen Grundsätzen. Einzelheiten bei § 14a.

5. Wahlanfechtung

15   Die Wahl der JugAzubiVertr. kann nach Abs. 2 S. 2 iVm. § 19 ebenso wie eine BRWahl **angefochten** werden, wenn gegen wesentliche Vorschriften des Wahlrechts, der Wählbarkeit und des Wahlverfahrens verstoßen worden ist (vgl. die Erläuterungen zu § 19). **Anfechtungsberechtigt** sind – außer dem ArbGeb. und den im Betrieb vertretenen Gewerkschaften – drei jug. oder zu ihrer Berufsausbildung beschäftigte ArbN (*DKKW-Trittin* Rn 10; GK-*Oetker* Rn 77; *Richardi/Annuß* Rn 31). Im Wahlanfechtungsverfahren ist der BR Beteiligter (BAG 20. 2. 86 AP Nr. 1 zu § 63 BetrVG 1972). Ebenso wie die BRWahl kann die Wahl der JugAzubiVertr. **nichtig** sein, wenn gegen allgemeine Grundsätze einer jeden Wahl in so hohem Maße verstoßen worden ist, dass nicht einmal der Anschein einer dem G entsprechenden Wahl vorliegt (vgl. BAG 22. 3. 00 AP Nr. 8 zu § 14 AÜG; 19. 11. 03 AP Nr. 55 zu § 19 BetrVG 1972; Einzelheiten bei § 19 Rn 4–9). Ein Abbruch der Wahl ist nur in Fällen der offenkundigen Nichtigkeit und nicht bereits in den Fällen der voraussichtlichen Anfechtbarkeit zulässig (vgl. zur BRWahl BAG 27. 7. 11 – 7 ABR 61/10 –).

6. Wahlschutz und Wahlkosten

16   Für den **Schutz** und die **Kosten der Wahl** der JugAzubiVertr. gilt nach Abs. 2 die Vorschrift des § 20 entsprechend. Danach trägt der ArbGeb. die Kosten der Wahl. Versäumnis von Arbeitszeit, die zur Ausübung des Wahlrechts oder zur Betätigung im Wahlvorstand erforderlich ist, berechtigt nach Abs. 2 iVm. § 20 Abs. 3 S. 2 nicht zur Minderung des Arbeitsentgelts (§ 20 Rn 35 ff.). Zur Schulung von Mitgl. des Wahlvorstands vgl. § 20 Rn 39 f.

Die Wahlbewerber für die JugAzubiVertr. sowie die WahlvorstandsMitgl. genießen **17** den gleichen **Sonderkündigungsschutz** wie die Wahlbewerber und die WahlvorstandsMitgl. für die BRWahl. § 103 dieses G und § 15 Abs. 2 KSchG beschränken den KSchutz nicht auf die BRWahl (vgl. § 103 Rn 3; *DKKW-Trittin* Rn 12; *ErfK/ Koch* Rn 1; *GK-Oetker* Rn 71; *HSWGNR-Rose* Rn 20; *Richardi/Annuß* Rn 30). Das gilt auch für den Versetzungsschutz nach § 103 Abs. 3. § 78 a gilt dagegen nicht für Wahlbewerber und Mitgl. des Wahlvorstand (vgl. § 78 a Rn 1); insoweit ist aber uU die Schutzvorschrift des § 20 zu beachten (vgl. § 20 Rn 9 ff.). Hat ein Wahlbewerber für einen Sitz in der JugAzubiVertr. eine ausreichende Zahl von Stimmen erhalten, so genießt er den Schutz des § 78 a bereits mit der Feststellung des Wahlergebnisses nach § 16 WO, nicht erst mit Beginn der Amtszeit der JugAzubiVertr. (BAG 22. 9. 83 AP Nr. 11 zu § 78 a BetrVG 1972).

III. Wahlvorstand

1. Bestellung durch den Betriebsrat

Die **Bestellung** des Wahlvorstands **obliegt** gem. Abs. 2 Satz 1 dem **BR**. Der **18** Wahlvorstand kann weder durch die noch im Amt befindliche JugAzubiVertr. noch durch die JugAzubiVerslg. bestellt werden (*DKKW-Trittin* 15; *GK-Oetker* Rn 9 ff.; *HSWGNR-Rose* Rn 29). Da es sich bei der Bestellung des Wahlvorstands um eine Angelegenheit handelt, die überwiegend die jug. und zu ihrer Berufsausbildung beschäftigte ArbN betrifft, hat die JugAzubiVertr. bei der Bestellung des Wahlvorstand gem. § 67 Abs. 2 **Stimmrecht im BR**. Auch kann die JugAzubiVertr. die Frage der Besetzung des Wahlvorstand gem. § 67 Abs. 3 vorberaten und ihre Ansicht dem BR zuleiten. Der BR ist verpflichtet, spätestens 8 Wochen vor Ablauf der Amtszeit der JugAzubiVertr. den Wahlvorstand für die Durchführung der Neuwahl zu bestellen. Zum Ablauf der Amtszeit vgl. § 64 Abs. 2. Eine frühere Bestellung als 8 Wochen vor Ablauf der Amtszeit ist zulässig. Endet die Amtszeit der JugAzubiVertr. vor Ablauf der regulären Wahlperiode und ist deshalb vorzeitig eine Neuwahl durchzuführen (vgl. hierzu § 64 Rn 13), so muss die Bestellung des Wahlvorstand unverzüglich nach Eintritt des die vorzeitige Neuwahl bedingenden Ereignisses erfolgen (vgl. § 16 Rn 7).

Die Bestellung des Wahlvorstand für die Wahl der JugAzubiVertr. gehört zu den **19** **gesetzl. Aufgaben des BR** (vgl. § 80 Abs. 1 Nr. 5). Unterlässt er die Bestellung, verstößt er gegen seine gesetzl. Pflichten. Das kann einen groben Verstoß iSd. § 23 Abs. 1 darstellen, der zur Auflösung des BR berechtigt (*HSWGNR-Rose* Rn 31; *Richardi/Annuß* Rn 5).

Die **Größe des Wahlvorstandes** ist nicht ausdrücklich geregelt. Der BR be- **20** stimmt die Anzahl der WahlvorstandsMitgl. nach pflichtgemäßem Ermessen. Ziel muss sein, eine ordnungsgemäße Durchführung der Wahl zu gewährleisten. Aus § 63 Abs. 2 Satz 1 folgt, dass zum Wahlvorstand jedenfalls ein Vorsitzender gehört. Es fehlt zwar an einem Verweis auf § 16 Abs. 1 S. 3. Dennoch entspricht es allgemeiner Auffassung, dass dem Wahlvorstand auch Beisitzer angehören und er aus einer ungeraden Zahl von Mitgl. bestehen muss (*GK-Oetker* Rn 19; *DKKW-Trittin* Rn 18; *ErfK/Koch* Rn 2; *Richardi/Annuß* Rn 6; *HSWGNR-Rose* Rn 37). Regelmäßig wird ein dreiköpfiger Wahlvorstand ausreichen. In besonderen Fällen kann aber auch ein größerer Wahlvorstand erforderlich sein (vgl *GK-Oetker* Rn 20). Der BR kann sowohl jug. und auszubildende ArbN als auch sonstige ArbN des Betriebs zu Mitgl. des Wahlvorstand bestellen (*Richardi/Annuß* Rn 7). Mindestens ein Mitgl. des Wahlvorstands muss jedoch das passive Wahlrecht zum BR besitzen (vgl. § 38 S. 2 WO). In Betrieben mit weiblichen und männlichen jug. ArbN oder Auszubildenden sollen dem Wahlvorstand gemäß Abs. 2 S. 2 iVm. § 16 Abs. 1 Satz 5 Frauen und Männer angehören. Der BR kann **ErsMitgl.** bestellen. Der Wahlvorstand kann aus dem Kreis der nach § 61 Abs. 1 wahlberechtigten ArbN **Wahlhelfer** bestellen (*GK-Oetker* Rn 21).

21   Nach Abs. 2 Satz 2 iVm. § 16 Abs. 1 Satz 6 hat jede im Betrieb vertretene **Gewerkschaft,** die nicht durch ein ordentl. Mitgl. im Wahlvorstand vertreten ist, das Recht, einen dem Betrieb angehörigen **Beauftragten** als nicht stimmberechtigtes Mitgl. in den Wahlvorstand zu **entsenden** (vgl. § 16 Rn 41 ff.). Das Entsenderecht setzt nicht voraus, dass die Gewerkschaft unter den zur JugAzubiVertr. Wahlberechtigten vertreten ist. Ausreichend ist, dass ihr ein ArbN des Betriebs als Mitgl. angehört (vgl. § 2 Rn 43).

22   Der BR hat nach Abs. 2 S. 1 eines der Mitgl. zum **Vors. des Wahlvorstands** zu bestellen. Andernfalls kann der Wahlvorstand mit Stimmenmehrheit aus seiner Mitte ein Mitgl. zum Vors. zu wählen (*DKKW-Trittin* Rn 17; *GK-Oetker* Rn 26).

2. Bestellung durch den GesBR oder den KBR

23   Für die Bestellung des Wahlvorstands ist der **BR originär zuständig.** Bleibt dieser untätig, kann nach Abs. 3 iVm. § 16 Abs. 3 Satz 1 der GesBR oder, falls ein solcher nicht besteht, der KBR den Wahlvorstand bestellen. Diesen Gremien steht das **Bestellungsrecht** zu, wenn 6 Wochen vor Ablauf der Amtszeit der JugAzubiVertr. noch kein Wahlvorstand bestellt ist. In den Fällen einer vorzeitigen Wahl beträgt die Frist 2 Wochen gerechnet ab dem Zeitpunkt, an dem der BR bei unverzüglichem Handeln die Wahl hätte einleiten müssen (vgl. § 16).

24   Die mit dem **BetrVerf-ReformG** eingefügte **Bestellungskompetenz** des GesBR bzw. des KBR ist eine Alternative zur arbeitsgerichtlichen Bestellung eines Wahlvorstands. Dadurch wird die Bestellung von Wahlvorständen für die Wahl der JugAzubiVertr. insgesamt erleichtert (BT-Drucks. 14/5741 S. 38, 44). Eine Bestellung durch den GesBR oder den KBR kommt aber nicht in Betracht, wenn in dem Betrieb kein BR besteht (*GK-Oetker* Rn 39).

3. Bestellung durch das Arbeitsgericht

25   Bestellt der BR den Wahlvorstand nicht oder nicht rechtzeitig, kann seine **Bestellung** nicht nur durch den GesBR bzw. KBR, sondern alternativ auch **durch das ArbG** erfolgen. Als nicht rechtzeitig ist die Bestellung unter entspr. Anwendung des § 16 Abs. 2 jedenfalls dann anzusehen, wenn 6 Wochen vor Ablauf der Amtszeit der JugAzubiVertr. der Wahlvorstand noch nicht bestellt ist. Ist eine vorzeitige Neuwahl der JugAzubiVertr. notwendig (vgl. § 64 Rn 10), so ist die Bestellung des Wahlvorstands nicht rechtzeitig, wenn sie nicht innerhalb von 2 Wochen nach dem die Neuwahl bedingenden Ereignis erfolgt ist (vgl. § 16 Rn 56). Der BR kann die Bestellung des Wahlvorstands nachholen, solange das ArbG eine Bestellung noch nicht vorgenommen hat. Eine gerichtliche Bestellung des Wahlvorstands kommt nicht in Betracht, wenn im Betrieb kein BR besteht (vgl. § 60 Rn 22; *Richardi/Annuß* Rn 11; **aA** *DKKW-Trittin* Rn 23).

26   Für die Bestellung des Wahlvorstands durch das ArbG gelten im Wesentlichen die gleichen Grundsätze wie für die gerichtliche Bestellung des Wahlvorstands für die BRWahl (vgl. dazu § 16 Rn 56 ff.). Allerdings kann das ArbG in den Wahlvorstand für die Wahl der JugAzubiVertr. **nur ArbN des Betriebs,** nicht externe Gewerkschaftsmitgl. berufen, da § 63 Abs. 3 nur § 16 Abs. 2 S. 1 und 2, dagegen nicht S. 3 für entspr. anwendbar erklärt (*DKKW-Trittin* Rn 27; *GK-Oetker* Rn 37; *Richardi/Annuß* Rn 13).

27   **Antragsberechtigt** für die Einleitung des gerichtlichen Verfahrens zur Bestellung des Wahlvorstands sind außer den im Betrieb vertretenen Gewerkschaften oder mindestens drei zum BR wahlberechtigten ArbN des Betriebs nach Abs. 3 Hs. 2 **auch jug. ArbN** (*DKKW-Trittin* Rn 28; *ErfK/Koch* Rn 2; *HSWGNR-Rose* Rn 34; *Richardi/Annuß* Rn 12; **aA** *GK-Oetker* Rn 31, der die zum BR wahlberechtigten ArbN ausschließt). Es können also auch drei zur JugAzubiVertr. wahlberechtigte ArbN unter 18 Jahren – ggf. zusammen mit zum BR wahlberechtigten ArbN – das arbeitsgericht-

liche Verfahren zur Bildung des Wahlvorstands einleiten. Mit dem Antrag können gemäß Abs. 3 iVm. § 16 Abs. 2 S. 2 Vorschläge für die Zusammensetzung des Wahlvorstands gemacht werden. Das ArbG ist an diese nicht gebunden (vgl. § 16 Rn 61).

Die Antragsberechtigten können bei **Säumnis des Wahlvorstands** gemäß Abs. 3 **28** iVm. § 18 Abs. 1 S. 2 das gerichtliche Verfahren zum Zwecke einer Ersetzung durch einen neuen Wahlvorstand einleiten (vgl. § 18 Rn 44 ff.).

4. Bestellung für das vereinfachte Wahlverfahren

Keine Besonderheiten gelten für das vereinfachte Wahlverfahren. Es **verkürzen** **29** sich lediglich die **Fristen** für die Bestellung des Wahlvorstands. Abs. 4 S. 2 verkürzt die für den BR geltende Bestellungsfrist von 8 auf 4 Wochen. Bei Untätigbleiben des BR wird die Frist für die Bestellung durch den GesBR bzw. KBR oder das ArbG von 6 auf 3 Wochen halbiert.

5. Aufgaben des Wahlvorstands

Der Wahlvorstand hat nach Abs. 2 S. 2 iVm. § 18 Abs. 1 S. 1 die Wahl der Jug- **30** AzubiVertr. unverzüglich **einzuleiten, durchzuführen** und das **Wahlergebnis festzustellen.** Er kann mit dem ArbGeb. eine Vereinbarung über die Durchführung einer Wahl im vereinfachten Wahlverfahren treffen. Er hat gemäß Abs. 2 S. 2 iVm. § 18 Abs. 3 die Auszählung der Stimmen und die Feststellung des Wahlergebnisses öffentlich durchzuführen und eine Abschrift der Wahlniederschrift sowohl den im Betrieb vertretenen Gewerkschaften als auch dem ArbGeb. zu übersenden. Er hat außerdem die gewählten JugAzubiVertr. zur konstituierenden Sitzung der JugAzubi-Vertr. einzuberufen (§ 65 Abs. 2 iVm. § 29 Abs. 1).

Die diesbezüglichen Pflichten des Wahlvorstands für die Wahl der JugAzubiVertr. **31** decken sich mit denen des Wahlvorstands bei der BRWahl. Die Ausführungen in § 18 Rn 6 ff. gelten sinngemäß.

IV. Streitigkeiten

Streitigkeiten im Zusammenhang mit der Wahl sowie der Bestellung und der Zu- **32** ständigkeit des Wahlvorstands sind von den ArbG im **BeschlVerf.** zu entscheiden (§§ 2a, 80 ff. ArbGG). Zu den Besonderheiten des BeschlVerf. vgl. Nach § 1.

§ 64 Zeitpunkt der Wahlen und Amtszeit

(1) [1]**Die regelmäßigen Wahlen der Jugend- und Auszubildendenvertretung finden alle zwei Jahre in der Zeit vom 1. Oktober bis 30. November statt.** [2]**Für die Wahl der Jugend- und Auszubildendenvertretung außerhalb dieser Zeit gilt § 13 Abs. 2 Nr. 2 bis 6 und Abs. 3 entsprechend.**

(2) [1]**Die regelmäßige Amtszeit der Jugend- und Auszubildendenvertretung beträgt zwei Jahre.** [2]**Die Amtszeit beginnt mit der Bekanntgabe des Wahlergebnisses oder, wenn zu diesem Zeitpunkt noch eine Jugend- und Auszubildendenvertretung besteht, mit Ablauf von deren Amtszeit.** [3]**Die Amtszeit endet spätestens am 30. November des Jahres, in dem nach Absatz 1 Satz 1 die regelmäßigen Wahlen stattfinden.** [4]**In dem Fall des § 13 Abs. 3 Satz 2 endet die Amtszeit spätestens am 30. November des Jahres, in dem die Jugend- und Auszubildendenvertretung neu zu wählen ist.** [5]**In dem Fall des § 13 Abs. 2 Nr. 2 endet die Amtszeit mit der Bekanntgabe des Wahlergebnisses der neu gewählten Jugend- und Auszubildendenvertretung.**

(3) **Ein Mitglied der Jugend- und Auszubildendenvertretung, das im Laufe der Amtszeit das 25. Lebensjahr vollendet, bleibt bis zum Ende der Amtszeit Mitglied der Jugend- und Auszubildendenvertretung.**

Inhaltsübersicht

I. Vorbemerkung

1　Die Vorschrift regelt den **Zeitpunkt der Wahlen** zur JugAzubiVertr. (Abs. 1), ihre Amtszeit (Abs. 2) sowie den Fortbestand der Mitgliedschaft eines ArbN in der JugAzubiVertr., der während der Amtszeit das 25. Lebensjahr vollendet (Abs. 3).

2　Durch das JAVG ist der Zeitraum für die regelmäßigen Wahlen der JugAzubiVertr. vom Frühjahr (1. Mai bis 30. Juni) auf den Herbst (1. Okt. bis 30. Nov.) des jeweils maßgebenden Wahljahres verschoben worden.

3　Die Vorschrift ist **zwingend** und kann weder durch TV noch durch BV abgedungen werden (GK-*Oetker* Rn 5).

4　Entspr. Vorschrift: **§ 60 Abs. 2 BPersVG.**

II. Regelmäßige Wahlen

5　Ebenso wie für die BRWahl (vgl. § 13 Abs. 1) wird für die Wahl der JugAzubiVertr. ein fester **regelmäßiger Wahlzeitraum** vorgeschrieben. Da die regelmäßige Amtszeit der JugAzubiVertr. 2 Jahre beträgt (vgl. Rn 12 f.), finden ihre regelmäßigen Wahlen (beginnend im Jahre 1988, vgl. § 125 Abs. 2) alle 2 Jahre statt.

6　Der **gesetzl. festgelegte Zeitraum** vom 1. 10. bis zum 30. 11. bezieht sich auf den **Wahltag** (*DKKW-Trittin* Rn 4; *Richardi/Annuß* Rn 5). Während dieses Zeitraums hat die Stimmabgabe für die Wahl der JugAzubiVertr. zu erfolgen. Die Bestellung des Wahlvorstand ist schon vorher möglich und vielfach sogar angebracht. Vor Ablauf des 30. 11. sollte nicht nur die Stimmabgabe, sondern auch die Stimmauszählung durchgeführt und das **endgültige Wahlergebnis** bekanntgemacht sein, da spätestens mit Ablauf des 30. 11. die Amtszeit der bisherigen JugAzubiVertr. endet.

7　Im Übrigen gelten die Bemerkungen zu § 13 Abs. 1 über die regelmäßige BRWahl für die Wahl der JugAzubiVertr. sinngemäß (vgl. dazu § 13 Rn 4 ff.).

III. Wahl außerhalb des regelmäßigen Wahlzeitraums

8　Unter denselben Voraussetzungen, unter denen der BR außerhalb des regelmäßigen Wahlzeitraums gewählt werden kann (vgl. § 13 Abs. 2), ist auch die Wahl der JugAzubiVertr. **außerhalb** des für sie **maßgebenden Wahlzeitraums** möglich. Eine Ausnahme besteht wegen der kürzeren Amtszeit der JugAzubiVertr. nur insofern, als eine wesentliche Veränderung der Zahl der im Betrieb beschäftigten jug. oder zu ihrer Berufsausbildung beschäftigten ArbN keine Neuwahl der JugAzubiVertr. auslöst (§ 13 Abs. 1 Nr. 1 ist in § 64 Abs. 1 nicht für entspr. anwendbar erklärt).

9　Die JugAzubiVertr. ist außerhalb des regelmäßigen Wahlzeitraums neu zu wählen, wenn

– die **Gesamtzahl** ihrer Mitgl. auch nach Eintreten sämtlicher ErsMitgl. unter die gesetzl. vorgeschriebene Zahl (vgl. §62 Abs. 1) gesunken ist (Abs. 1 S. 2 iVm. §13 Abs. 2 Nr. 2; vgl. §13 Rn 33 ff.),
– die JugAzubiVertr. mit der Mehrheit ihrer Stimmen den **Rücktritt** beschlossen hat (Abs. 1 S. 2 iVm. §13 Abs. 2 Nr. 3; vgl. §13 Rn 39 ff.),
– die **Wahl** mit Erfolg **angefochten** worden ist (Abs. 1 S. 2 iVm. §13 Abs. 2 Nr. 4; vgl. §13 Rn 43 sowie §63 Rn 15),
– die JugAzubiVertr. durch eine **gerichtliche Entscheidung aufgelöst** ist (Abs. 1 S. 2 iVm. §13 Abs. 2 Nr. 5; vgl. §13 Rn 46 sowie §65 Rn 4),
– im Betrieb eine **JugAzubiVertr. bisher nicht besteht,** obwohl die Voraussetzungen für ihre Bildung vorliegen (Abs. 1 S. 2 iVm. §13 Abs. 2 Nr. 6; vgl. §13 Rn 47 sowie §60 Rn 10 ff.).

Ist eine JugAzubiVertr. außerhalb des regelmäßigen Wahlzeitraums gewählt worden, **10** so wird durch die Bezugnahme in Abs. 1 auf §13 Abs. 3 die **Wiedereingliederung in den regelmäßigen Wahlzeitraum** sichergestellt (vgl. *Richardi/Annuß* Rn 14; *GK-Oetker* Rn 16). Die Neuwahl der JugAzubiVertr. findet in diesem Falle
– bereits im **nächstfolgenden regelmäßigen Wahlzeitraum** statt, wenn sie am 1. Okt. des nächsten regelmäßigen Wahljahres bereits 1 Jahr oder länger im Amt gewesen ist, dh wenn die Amtszeit der JugAzubiVertr. mit dem 1. Okt. des dem regelmäßigen Wahljahr voraufgehenden Jahres oder früher begonnen hat (vgl. §13 Abs. 3 S. 1), oder
– erst im **übernächsten regelmäßigen Wahlzeitraum** statt, wenn die JugAzubi-Vertr. am 1. Okt. des nächstfolgenden regelmäßigen Wahlzeitraums noch nicht 1 Jahr im Amt gewesen ist. dh wenn die Amtszeit der JugAzubiVertr. im Laufe des 1. Okt. des Jahres, das dem nächstfolgenden regelmäßigen Wahljahr vorausgeht, oder später begonnen hat. Näheres über die Wiedereingliederung in den regelmäßigen Wahlzeitraum vgl. §13 Rn 50 ff., die für die Wahl der JugAzubiVertr. sinngemäß gelten.

IV. Amtszeit der Jugend- und Auszubildendenvertretung

Die Amtszeit der JugAzubiVertr. beträgt nach Abs. 2 S. 1 im Regelfall **2 Jahre.** **11** Durch die gegenüber der Amtszeit des BR verkürzte Amtszeit der JugAzubiVertr. von 2 Jahren soll erreicht werden, dass die jug. und zu ihrer Berufsausbildung beschäftigten ArbN. wenigstens einmal vor Vollendung des 18. Lebensjahres bzw. vor Abschluss ihrer Ausbildung Gelegenheit haben, an der Wahl der JugAzubiVertr. teilzunehmen.

Für **Beginn** und **Ende der Amtszeit** der JugAzubiVertr. (Abs. 2 S. 2 bis 5) be- **12** stehen gegenüber der Amtszeit des BR keine Besonderheiten. Die Ausführungen zu §21 Rn 5 ff. gelten deshalb sinngemäß. Das Gleiche gilt für Beginn und Ende der Amtszeit in den Sonderfällen einer außerhalb des regelmäßigen Wahlzeitraums durchgeführten Wahl der JugAzubiVertr. (vgl. hierzu §21 Rn 20 ff.). Nach Abs. 2 S. 5 endet im Falle des §13 Abs. 2 Nr. 2 die Amtszeit der JugAzubiVertr. mit der Bekanntgabe des Wahlergebnisses der neu gewählten JugAzubiVertr. Dagegen sieht das G im Falle des Rücktritts der JugAzubiVertr. (Abs. 1 S. 2 iVm. §13 Abs. 2 Nr. 3) eine Fortführung der Geschäfte entsprechend §22 nicht vor. Angesichts der ausdrücklichen Regelung des Abs. 2 S. 5 ist für eine analoge Anwendung des §22 kein Raum (*ErfK/Koch* Rn 1; *Richardi/Annuß* Rn 22; *WPK/Roloff* Rn 12; *Rotermund, Interessenwahrnehmung* S. 61 ff.; *GK-Oetker* Rn 22 unter überholter Abgrenzung zur 21. Aufl. dieses Kommentars, der mit der 22. Aufl. die Beurteilung in diesem Punkt ausdrücklich geändert hat; aA *DKKW-Trittin* Rn 10).

Die Amtszeit der JugAzubiVertr. endet, wenn der Betrieb untergeht (vgl. *Richardi/* **13** *Annuß* Rn 25). Beim Betriebsübergang bleibt die JugAzubiVertr. bestehen. Die Spaltung eines Betriebs lässt die JugAzubiVertr. hinsichtlich des verbleibenden Restbetriebs unberührt (*GK-Oetker* Rn 26). Hinsichtlich der in einem abgespalteten Teil beschäftigten ArbN verliert die JugAzubiVertr. ihr Mandat (GK-*Oetker* Rn 27). Für ein **Übergangsmandat** der JugAzubiVertr. nach § 21 a oder ein **Restmandat** nach § 21 b ist nach allgemeiner Auffassung kein Raum (*Richardi/Annuß* Rn 25; GK-*Oetker* Rn 27; HaKo-BetrVG/*Düwell* § 21 a Rn 20, § 21 b Rn 4; *Rotermund*, Interessenwahrnehmung S. 63 ff.).

V. Vollendung des 25. Lebensjahres

14 Nach Abs. 3 verliert ein Mitgl. der JugAzubiVertr. seine Mitgliedschaft nicht dadurch, dass es **im Laufe der Amtszeit das 25. Lebensjahr vollendet** (*DKKW-Trittin* Rn 12). Abs. 3 ist insoweit eine Sonderregelung gegenüber § 24 Abs. 1 Nr. 4 und dient der **Kontinuität des Amtes.** Unberührt bleibt die Beendigung der Mitgliedschaft in der JugAzubiVertr. aus anderen Gründen (vgl. hierzu § 65 iVm. § 24). Abs. 3 greift nur ein, wenn das Mitgl. der JugAzubiVertr. während der Amtszeit das 25. Lebensjahr vollendet. War es schon vor Beginn der Amtszeit 25 Jahre alt, so war es nicht wählbar und die Wahl anfechtbar. Auch ohne Wahlanfechtung kann der Mangel der Wählbarkeit gemäß § 65 Abs. 1 iVm. § 24 Abs. 1 Nr. 6 in einem gesonderten Verfahren festgestellt werden. Dieser Antrag ist nicht an die Anfechtungsfrist des § 19 gebunden (*Richardi/Annuß* Rn 26). Das Amt des Mitgl. endet mit der Rechtskraft der gerichtlichen Entscheidung. Ein ErsMitgl., das nach der Wahl, aber vor Amtsbeginn das 25. Lebensjahr vollendet hat, kann nicht nach mehr nachrücken (*Richardi/Annuß* Rn 27; LAG Düsseldorf 13. 10. 92 NZA 93, 474).

VI. Streitigkeiten

15 Streitigkeiten über den Zeitpunkt der Wahlen zur JugAzubiVertr., über vorzeitige Neuwahlen sowie über die Amtszeit der JugAzubiVertr. entscheiden die ArbG im **BeschlVerf.** (§§ 2 a, 80 ff. ArbGG). Zu den Besonderheiten des BeschlVerf. vgl. Nach § 1.

§ 65 Geschäftsführung

(1) **Für die Jugend- und Auszubildendenvertretung gelten § 23 Abs. 1, die §§ 24, 25, 26, 28 Abs. 1 Satz 1 und 2, die §§ 30, 31, 33 Abs. 1 und 2 sowie die §§ 34, 36, 37, 40 und 41 entsprechend.**

(2) **[1]Die Jugend- und Auszubildendenvertretung kann nach Verständigung des Betriebsrats Sitzungen abhalten; § 29 gilt entsprechend. [2]An diesen Sitzungen kann der Betriebsratsvorsitzende oder ein beauftragtes Betriebsratsmitglied teilnehmen.**

Inhaltsübersicht

I. Vorbemerkung

Die Vorschrift regelt Fragen der **Organisation** und der **Geschäftsführung** der 1
JugAzubiVertr. Dazu erklärt sie eine Reihe der für den BR geltenden Bestimmungen
auf die JugAzubiVertr. für entspr. anwendbar. Ferner billigt sie der JugAzubiVertr.
ausdrücklich das Recht auf eigene Sitzungen zu. Durch das BetrVerf-ReformG wurde
für JugAzubiVertr. die Möglichkeit eröffnet **Ausschüsse** zu bilden (vgl. Rn 7).
Entspr. Vorschriften: **§ 60 Abs. 2 und 3, § 61 Abs. 5, § 62 BPersVG.** 2

II. Entsprechend anwendbare Vorschriften

Durch Abs. 1 werden eine Reihe der die Organisation und die Geschäftsführung 3
des BR regelnden Bestimmungen für die JugAzubiVertr. für entspr. anwendbar erklärt. Dabei handelt es sich um folgende Angelegenheiten:

1. Auflösung und Beendigung der Mitgliedschaft

Auflösung und Ausschluss: Bei einem Verstoß gegen gesetzliche Pflichten be- 4
steht nach § 23 Abs. 1 (vgl. § 23 Rn 7 ff.) die Möglichkeit, die JugAzubiVertr. aufzulösen oder einzelne Mitgl. aus ihr auszuschließen.
Antragsberechtigt sind der ArbGeb., eine im Betrieb vertretene Gewerkschaft,
ein Viertel der wahlberechtigten jug. und zu ihrer Ausbildung beschäftigten ArbN
sowie – für den Ausschluss eines Mitgl. aus der JugAzubiVertr. – auch die JugAzubi-
Vertr. selbst. Obwohl im G nicht ausdrücklich geregelt, ist auch der BR sowohl für
die Auflösung der JugAzubiVertr. als auch für den Ausschluss eines ihrer Mitgl. antragsberechtigt (ErfK/*Koch* Rn 1; GK–*Oetker* Rn 9; *HSWGNR-Rose* Rn 8; *Richar-
di/Annuß* Rn 5; *WPK/Roloff* Rn 2; HaKo-BetrVG/*Kloppenburg* Rn 17; **aA** *DKKW-
Trittin* Rn 3; *Rotermund,* Interessenwahrnehmung, S. 70 ff.). Dies folgt aus der Pflicht
des BR, in Jugend- und Ausbildungsfragen eng mit der JugAzubiVertr. zusammenzuarbeiten (vgl. § 67). Im Übrigen nimmt Abs. 1 den gesamten § 23 Abs. 1, also auch
dessen S. 2 in Bezug.
Das ArbG hat bei einer Auflösung der JugAzubiVertr. nicht von Amts wegen einen
Wahlvorstand zu bestellen, wie es der nicht für entspr. anwendbar erklärte § 23
Abs. 2 bei einer Auflösung des BR vorsieht. Die **Bestellung des Wahlvorstands** ist
Aufgabe des BR. Erst wenn er untätig bleibt, kann der GesBR bzw. der KBR nach
§ 63 Abs. 3 oder alternativ dazu das ArbG auf Antrag einer im Betrieb vertretenen
Gewerkschaft oder von 3 ArbN des Betriebs (ohne Rücksicht auf ihr Lebensalter)
einen Wahlvorstand bestellen (vgl. § 63 Rn 18 ff., § 16 Rn 56 ff.; *Rotermund,* Interes-
senwahrnehmung, S. 72 f.).
Hinsichtlich der **Beendigung der Mitgliedschaft** verweist Abs. 1 auf § 24 (vgl.
dort Rn 8 ff.). Der Verlust der Wählbarkeit infolge der Vollendung des 25. Lebensjahres führt nicht zu einem Erlöschen der Mitgliedschaft in der JugAzubiVertr. (vgl. § 64
Rn 15), wohl jedoch die nachträgliche Mitgliedschaft im BR (vgl. § 61 Rn 14).

2. Ersatzmitglieder

5   Scheidet ein Mitgl. der JugAzubiVertr. aus, rückt nach Abs. 1 iVm. § 25 ein **Ers-Mitgl.** nach. Dabei ist zu unterscheiden, ob die JugAzubiVertr. in **Verhältniswahl** oder in **Mehrheitswahl** gewählt worden ist. Im Fall der Verhältniswahl rückt grundsätzlich ein Bewerber aus der Liste nach, der das verhinderte oder ausgeschiedene Mitgl. angehört (vgl. § 25 Rn 24). Im Fall der Mehrheitswahl rückt als ErsMitgl. der nicht gewählte Bewerber mit der nächsthöchsten Stimmenzahl nach (näheres vgl. § 25 Rn 30). In beiden Fällen ist aber die Geschlechterquote des § 62 Abs. 3 zu berücksichtigen (Einzelheiten bei § 25 Rn 24 ff.). Das Ausscheiden eines Mitgl. und das Nachrücken eines ErsMitgl. darf grundsätzlich nicht dazu führen, dass das Minderheitengeschlecht nicht mehr gemäß § 62 Abs. 3, § 15 Abs. 2 entsprechend seinem zahlenmäßigen Verhältnis in der JugAzubiVertr. vertreten ist. Dies gilt aber nur, wenn die JugAzubiVertr. aus mindestens drei Mitgl. besteht. Bei einer einköpfigen JugAzubiVertr. rückt der mit der nächst höchsten Stimmenzahl gewählte Bewerber nach. Die gesonderte Wahl eines ErsMitgl., die nach früherem Recht bei der aus einer Person bestehenden JugAzubiVertr. vorgeschrieben war, ist entfallen. Zum Kündigungsschutz von ErsMitgl. vgl. § 25 Rn 8 ff., § 103.

3. Vorsitz und Stellvertretung

6   Die **Wahl** des **Vors.** und **stellvertr. Vors.** der JugAzubiVertr. sowie deren **Aufgaben** richten sich gemäß Abs. 3 nach § 26 (vgl. dazu § 26 Rn 6 ff., 38 ff.). Dementsprechend vertreten sie die JugAzubiVertr. im Rahmen der gesetzlichen Zuständigkeit dieses Gremiums und der von ihm gefassten Beschlüsse und sind zur Entgegennahme von Erklärungen berechtigt, die für die JugAzubiVertr. bestimmt sind. Die Vertretungsbefugnis besteht aber nur im Verhältnis zum BR und nicht gegenüber dem ArbGeb. (vgl. § 60 Rn 4; GK-*Oetker* Rn 26; *HSWGNR-Rose* Rn 25). Darüber hinaus haben sie die Sitzungen der JugAzubiVertr. Einzuberufen und zu leiten und den BR hiervon zu unterrichten.

4. Ausschüsse

7   Mit der durch das **BetrVerf-ReformG** eingefügten Verweisung auf § 28 Abs. 1 S. 1 und 2 wurde für Betriebe mit mehr als 100 jug. oder zur Ausbildung beschäftigten ArbN die Möglichkeit geschaffen, **Ausschüsse** zu bilden. Damit soll eine größere Effektivität der Arbeit der JugAzubiVertr. ermöglicht werden (BT-Drucks. 14/5741 S. 44; GK-*Oetker* Rn 29). Die JugAzubiVertr. kann den Ausschüssen lediglich vorbereitende Aufgaben übertragen. Zur selbständigen Erledigung können Aufgaben nicht übertragen werden. Abs. 1 verweist nur auf § 28 Abs. 1 S. 1 und 2, nicht dagegen auf § 28 Abs. 1 S. 3 (GK-*Oetker* Rn 29; *HSWGNR-Rose* Rn 29; *WPK/Roloff* Rn 6; *Rotermund*, Interessenwahrnehmung, S. 73 ff.). Die Errichtung ist von der JugAzubiVertr. mit einfacher Mehrheit zu beschließen. Bei der Besetzung der Ausschüsse muss keine Rücksicht auf die Beschäftigungsarten oder die Geschlechtszugehörigkeit genommen werden. Die Ausschüsse werden im Allgemeinen für die Dauer der Amtszeit der JugAzubiVertr. gebildet. Die JugAzubiVertr. kann den Vors. des Ausschusses bestimmen. Für die Geschäftsführung des Ausschusses sind die für die JugAzubiVertr. geltenden Bestimmungen anzuwenden. Weitere Einzelheiten bei § 28. Die Errichtung eines Betriebsausschusses ist mangels Verweises auf § 27 nicht zulässig (vgl. Rn 22).

5. Sitzungen

8   Die JugAzubiVertr hat nach Abs. 2 S. 1 Halbs. 1 das Recht, nach Verständigung des BR **eigene Sitzungen** abzuhalten (vgl. Rn 26 ff.). Hinsichtlich der Einberufung

verweist Abs. 2 S. 1 Halbs. 2 auf § 29 (vgl. Rn 27 ff.). Im Übrigen verweist bereits Abs. 1 – etwas unsystematisch – auf die §§ 30, 31, 33 Abs. 1 und 2, 34 und 36. Nach Abs. 1 iVm § 30 S. 1 finden die Sitzungen in der Regel **während der Arbeitszeit** statt. Nach § 30 S. 2 ist auf **betriebliche Notwendigkeiten** Rücksicht zu nehmen. Nach § 30 S. 3 ist der **ArbGeb.** vom Zeitpunkt der Sitzung vorher zu **verständigen.** Nach § 30 S. 4 sind die Sitzungen **nicht öffentlich.** Der ArbGeb. ist verpflichtet, an Sitzungen der JugAzubiVertr teilzunehmen, die auf sein Verlangen anberaumt sind und zu denen er eingeladen wurde (*Rotermund*, Interessenwahrnehmung, S. 91 ff.; *DKKW-Trittin* Rn 41).

Nach Abs. 1 iVm. § 31 kann ein **Beauftragter einer Gewerkschaft an der Sit-** **9** **zung der JugAzubiVertr. teilnehmen.** Umstritten ist, ob die Gewerkschaft in der JugAzubiVertr. vertreten sein muss oder ob es ausreicht, wenn sie im BR vertreten ist (vgl. *DKKW-Trittin* Rn 10; GK-*Oetker* Rn 78 ff.; ErfK/*Koch* Rn 1; HSWGNR-*Rose* Rn 44; *Richardi/Annuß* Rn 25). Es ist zu differenzieren: Beantragt ein Viertel der Mitgl. der JugAzubiVertr. die Teilnahme, muss die Gewerkschaft in der JugAzubi- Vertr. vertreten sein (*DKKW-Trittin* Rn 10; GK-*Oetker* Rn 80; *Rotermund*, Interessenwahrnehmung, S. 98 f.; **aA** *Richardi/Annuß* Rn 25). Beschließt die JugAzubiVertr. mit Mehrheit die Hinzuziehung, muss die Gewerkschaft nicht in der JugAzubiVertr. vertreten sein. Beschließt der BR die Teilnahme des Beauftragten einer Gewerkschaft, genügt es, wenn diese im BR vertreten ist (*DKKW-Trittin* Rn 10; ErfK/*Koch* Rn 1; HSWGNR-*Rose* Rn 44; **aA** GK-*Oetker* Rn 81; *Rotermund*, Interessenwahrnehmung, S. 99 f.). Das folgt aus der generellen Beratungsfunktion des BR gegenüber der JugAzubiVertr., dem Teilnahmerecht des BRVors. an ihren Sitzungen nach Abs. 2 S. 2 und dem Umstand, dass bei Teilnahme des ArbGeb. auch dieser einen Vertreter des ArbGebVerbands hinzuziehen kann. Der Vors. der JugAzubiVertr. hat bei Teilnahme eines Gewerkschaftsbeauftragten der betreffenden Gewerkschaft Zeitpunkt, Ort und Tagesordnung der Sitzung rechtzeitig mitzuteilen (vgl. Rn 30).

Hinsichtlich **Beschlussfassung** und **Beschlussfähigkeit** der JugAzubiVertr. ist **10** § 33 Abs. 1 u. 2 entsprechend anwendbar. **Stimmberechtigt** sind nur die Mitgl. der JugAzubiVertr., nicht das an ihren Sitzungen teilnehmende BRMitgl.

Im Allgemeinen werden Beschlüsse der JugAzubiVertr. mit der Mehrheit der Stimmen der anwesenden Mitgl. gefasst. Der **absoluten Mehrheit** der Stimmen der JugAzubiVertr. bedürfen Beschlüsse über

– ihren **Rücktritt** (vgl. § 64 Abs. 1 iVm. § 13 Abs. 2 Nr. 3),
– ihre **Geschäftsordnung** (vgl. § 36),
– die **Beauftragung der GesJugAzubiVertr.,** eine Angelegenheit für sie mit dem GesBR zu behandeln (vgl. § 73 Abs. 2 iVm. § 50 Abs. 2),
– den Antrag auf **Aussetzung eines Beschlusses des BR** gem. § 35 (vgl. § 66 Rn 3).

Beschlussfähig ist die JugAzubiVertr., wenn mehr als die Hälfte ihrer Mitgl. an der Beschlussfassung teilnimmt.

Näheres zur Beschlussfassung und Beschlussfähigkeit vgl. § 33 Rn 9 ff.

Sitzungsniederschrift (§ 34): Die JugAzubiVertr. ist verpflichtet, über jede Ver- **11** handlung eine Niederschrift aufzunehmen, die mindestens den Wortlaut der Beschlüsse und die Stimmenmehrheit, mit der sie gefasst sind, enthält. Dies ist insb. von Bedeutung in Angelegenheiten, die die JugAzubiVertr. gem. § 67 Abs. 3 S. 1 vorzuberaten hat oder in denen sie die Aussetzung eines Beschlusses des BR beantragt (vgl. § 66). Jedes Mitgl. der JugAzubiVertr. hat das Recht, in die Unterlagen **Einsicht zu nehmen** (vgl. § 34 Rn 33 ff.).

Geschäftsordnung der JugAzubiVertr. (§ 36): Die JugAzubiVertr. kann sich mit **12** der Mehrheit der Stimmen ihrer Mitgl. eine Geschäftsordnung geben. Zur Geschäftsordnung im Einzelnen vgl. § 36 Rn 5 ff.

6. Rechtsstellung der einzelnen Mitglieder

13   **Ehrenamtliche Tätigkeit** der JugAzubiVertr. (vgl. § 37 Abs. 1 u. dort Rn 6 ff.).
Arbeitsbefreiung und **Entgeltschutz:** Die Mitgl. der JugAzubiVertr. werden
von ihrer Arbeitspflicht befreit, soweit dies für die Aufgabenerfüllung der JugAzubi-
Vertr. erforderlich ist (vgl. § 37 Abs. 2 u. dort Rn 16 ff.).
  Der **Freizeitausgleich** und ggf. der **Entgeltausgleich** für erforderliche Tätigkeit
der Mitgl. der JugAzubiVertr. außerhalb ihrer Arbeitszeit bestimmt sich nach § 37
Abs. 3 (vgl. § 37 Rn 73 ff.). Der ehrenamtlichen Tätigkeit steht das JugArbSchG nicht
entgegen. Die Erledigung ehrenamtlicher Aufgaben der JugAzubiVertr. ist keine Be-
schäftigung durch den ArbGeb. iSd. ArbZG. Aus Gesundheitsgründen ist den jug.
ArbN in erster Linie der Freizeitausgleich zu gewähren. Ist das aus Gründen der Berufsausbildung, nicht möglich, ist eine Mehrarbeitsvergütung entsprechend § 37 Abs. 3
Satz 3 zu zahlen.
  Zur **finanziellen und beruflichen Gleichstellung** der Mitgl. der JugAzubiVertr.
mit vergleichbaren ArbN des Betriebs mit betriebsüblicher Entwicklung vgl. § 37
Abs. 4 u. 5 u. dort Rn 114 ff.
  Bestandsschutz: Zum Kündigungsschutz der Mitgl. der JugAzubiVertr. vgl.
§ 103 Rn 3 ff.; zum Versetzungsschutz vgl. § 103 Rn 64 ff.; zum Anspruch auf Übernahme in ein Dauerarbeitsverhältnis nach Abschluss der Berufsausbildung vgl. § 78 a.
  Benachteiligungs- und Begünstigungsverbot kraft ausdrücklicher Regelung des
§ 78; **Geheimhaltungspflicht** nach § 79 Abs. 2.

7. Schulungs- und Bildungsveranstaltungen

14   Nach Abs. 1 ist auch § 37 entsprechend anwendbar. Das Mitgl. der JugAzubiVertr.
hat daher wie ein Mitgl. des BR Anspruch darauf, anlässlich der Teilnahme an einer
erforderlichen **Schulungs- und Bildungsveranstaltung** bei Fortzahlung des Entgelts von seiner Arbeitspflicht freigestellt zu werden (Einzelheiten bei § 37 Rn 136;
vgl. *Rudolph / Dannenberg* AiB 97, 213).
  Bei der Beurteilung der **Erforderlichkeit einer Schulung** nach § 37 Abs. 6 ist
einerseits zu berücksichtigen, dass die Aufgaben der JugAzubiVertr. im Verhältnis zu
denjenigen des BR begrenzter sind und einen anderen Zuschnitt haben. Dabei besteht wegen der allgemein geringeren betrieblichen Erfahrungen der Mitgl. der Jug-
AzubiVertr. für ihr Aufgabengebiet aber eher ein erhöhter Schulungs- und Bildungsbedarf (*DKKW-Trittin* Rn 21, 22; **aA** *HSWGNR-Rose* Rn 52, *Richardi / Annuß*
Rn 41; GK-*Oetker* Rn 49).

15   Darüber, **welche Schulungen** für Mitgl. der JugAzubiVertr. **erforderlich** sind,
besteht im einzelnen Streit (vgl. etwa BAG 10. 5. 74, 6. 5. 75 AP Nr. 4, 5 zu § 65
BetrVG 1972; *Richardi / Annuß* Rn 41 ff.; GK-*Oetker* Rn 49 ff.; *HSWGNR-Rose*
Rn 52 ff.; *DKKW-Trittin* Rn 21, 22; ErfK / *Koch* Rn 2; *Rotermund,* Interessenwahrneh-
mung, S. 79 ff.). Maßgeblich ist grundsätzlich, ob die Schulung für die Arbeit der
JugAzubiVertr. notwendig ist. Erforderlich sind daher jedenfalls **Schulungen über
die Aufgaben, Pflichten und Rechte der JugAzubiVertr. und ihrer Mitgl.**
(BAG 10. 5. 74 AP Nr. 4 zu § 65 BetrVG 1972; *Richardi / Annuß* Rn 42; *Rotermund,*
Interessenwahrnehmung, S. 81). Grundsätzlich erforderlich sind aber auch **allgemeine Grundkenntnisse des BetrVG** (*DKKW-Trittin* Rn 22). Die Teilnahme- und
Stimmrechte nach § 67 Abs. 1 S. 2, Abs. 2 können unterschiedliche Angelegenheiten
aus dem BetrVG betreffen. Die Mitgl. der JugAzubiVertr. müssen daher über entsprechende Kenntnisse verfügen. Grundsätzlich erforderlich sind auch Schulungen über
spezielle, die jug. oder auszubildenden ArbN betreffende Regelungen, wie insbes. das
JugArbSchutzG und das **BBiG** (*DKKW-Trittin* Rn 22; **aA** aber BAG 10. 5. 74,
6. 5. 75 AP Nr. 4, 5 zu § 65 BetrVG 1972; GK-*Oetker* Rn 52, 53; *Rotermund,* Interessenwahrnehmung, S. 81 f.). Die JugAzubiVertr. hat gerade insoweit nach § 70
Abs. 1 Nr. 2 besondere Überwachungsaufgaben (vgl. § 70 Rn 13). Dann muss sie

auch über die hierzu erforderlichen Kenntnisse verfügen. Eher fraglich erscheint dagegen, ob die Mitgl. der JugAzubiVertr. auch **allgemeine Kenntnisse des Arbeitsrechts** benötigen (bejahend *DKKW-Trittin* Rn 22; verneinend GK-*Oetker* Rn 51; *WPK/Roloff* Rn 14). Eine Veranstaltung zum Thema Gesundheitsschutz im Betrieb erscheint allenfalls dann als erforderlich, wenn das Thema Jugendschutz im Mittelpunkt steht (BAG 10. 6. 75 AP Nr. 6 zu § 65 BetrVG 1972; GK-*Oetker* Rn 54). Der Erforderlichkeit kann nicht etwa generell die relativ kurze Amtszeit von zwei Jahren entgegengehalten werden. **Schulungen kurz vor Ende der Amtszeit** sind allerdings dann nicht mehr erforderlich, wenn absehbar ist, dass das erworbene Wissen bis zum Ende der Amtszeit voraussichtlich nicht mehr eingesetzt werden kann (vgl. zu § 37 Abs. 6 BAG 17. 11. 10 – 7 ABR 113/09 – NZA 11, 816; vgl. auch 7. 5. 08 – 7 AZR 90/07 – NZA-RR 09, 195).

Zur **Dauer der Schulung** und Erforderlichkeit der **Schulung von ErsMitgl.** 16 vgl. § 37 Rn 171 ff., 176, die sinngemäß gelten (s. auch *Rudolph/Dannenberg* AiB 97, 213). Die Teilnahme des nicht endgültig nachgerückten ErsMitgl. einer mehrköpfigen JugAzubiVertr. an einer Schulungsveranstaltung ist im Regelfall für ihre Arbeit nicht erforderlich (BAG 10. 5. 74 AP Nr. 2 zu § 65 BetrVG 1972; vgl. auch BAG 19. 9. 01 AP Nr. 9 zu § 25 BetrVG 1972; vgl. jedoch auch BAG 15. 5. 86 AP Nr. 53 zu § 37 BetrVG 1972; aA *DKKW-Trittin* Rn 24).

Über die **Teilnahme** eines Mitgl. der JugAzubiVertr. an einer Schulungsveranstal- 17 tung **entscheidet der BR** und nicht die JugAzubiVertr. (*Rotermund,* Interessenwahrnehmung, S. 77). Die JugAzubiVertr. hat keine selbständigen Mitwirkungs- und MBR, sondern kann nur durch und über den BR tätig werden (BAG 20. 11. 73, 10. 5. 74 AP Nr. 1, 3 zu § 65 BetrVG 1972; 15. 1. 92 AP Nr. 41 zu § 40 BetrVG 1972; *DKKW-Trittin* Rn 25; *HSWGNR-Rose* Rn 54; *WPK/Roloff* Rn 18; *Richardi/Annuß* Rn 45). Bei seiner Entscheidung hat der BR gem. § 67 Abs. 2 **die JugAzubiVertr. mit vollem Stimmrecht** zu beteiligen. Gleiches gilt bei Schulungs- und Bildungsveranstaltungen nach § 37 Abs. 6 für die Frage, welche Mitgl. der JugAzubiVertr. an der Veranstaltung teilnehmen. Auch wenn ein Mitgl. der GesJugAzubiVertr. an einer Schulung teilnehmen soll, entscheidet nicht etwa die GesJugAzubiVertr., sondern der BR unter Hinzuziehung der JugAzubiVertr. des Betriebs, dem der zu schulende JugAzubiVertr. angehört (vgl. BAG 10. 6. 75 AP Nr. 1 zu § 73 BetrVG 1972).

Entsprechende Anwendung findet auch § 37 Abs. 7. Daher hat jedes Mitgl. der 18 JugAzubiVertr. einen Anspruch auf bezahlte Freistellung für geeignete Schulungsveranstaltungen. Obwohl die regelmäßige Amtszeit der JugAzubiVertr. gegenüber derjenigen des BR 2 Jahre kürzer ist, haben ihre Mitgl. gleichwohl den **vollen Freistellungsanspruch** von 3 bzw. 4 Wochen nach § 37 Abs. 7 (*DKKW-Trittin* Rn 26; GK-*Oetker* Rn 57; *Richardi/Annuß* Rn 47, *WPK/Roloff* Rn 15; *Rotermund,* Interessenwahrnehmung, S. 84 f.). Gerade bei den Mitgl. der JugAzubiVertr. wird vielfach ein vierwöchiger Anspruch auf Bildungsurlaub in Betracht kommen, da sie vorher idR nicht Mitgl. einer anderen ArbNVertr. iSd. BetrVG waren.

8. Kosten und Sachaufwand

Nach dem gemäß Abs. 1 ebenfalls für entsprechend anwendbar erklärten § 40 hat 19 der ArbGeb. die durch die Tätigkeit der JugAzubiVertr. entstehenden **Kosten** zu tragen und die erforderlichen **Sachmittel** zur Verfügung zu stellen (vgl. zu Einzelheiten § 40 Rn 5 ff.). Im Streitfall ist es Sache des BR, die Ansprüche gegenüber dem ArbGeb. gelten zu machen (BAG 30. 3. 94 AP Nr. 42 zu § 40 BetrVG 1972; GK-*Oetker* Rn 58; *HSWGNR-Rose* Rn 57; *Rotermund,* Interessenwahrnehmung, S. 86). Voraussetzung ist ein entspr. Beschl. des BR. Zu den erstattungsfähigen Kosten gehören auch diejenigen in Rechtsstreitigkeiten, die durch die Tätigkeit der JugAzubiVertr. oder deren Mitgl. entstehen (GK-*Oetker* Rn 61). Ebenso können Aufwendungen erstattungsfähig sein, die einem Mitgl. der JugAzubiVertr. durch die Hinzuziehung eines Rechtsanwalts in einem vom BR eingeleiteten Ausschlussverfahren entstanden sind (vgl. BAG 29. 7. 82 ArbuR 82, 258). Der ArbGeb. hat aber nicht die Kosten eines Rechtsanwalts zu tragen, die einem Mitgl. der JugAzubiVertr. in einem Verfahren nach § 78a Abs. 4 (Auflösung eines durch Übernahmeverlagen zustande gekommen Arbeitsverhältnisses) entstehen (BAG 5. 4. 00 AP Nr. 33 zu § 78a BetrVG 1972; *WPK/Roloff* Rn 16). Geht ein Mitgl. der JugAzubiVertr. zur Erfüllung seiner gesetzlichen Aufgaben Zahlungspflichten ein, hat der ArbGeb. diese nach Maßgabe des § 40 zu erstatten (BAG 5. 4. 00 AP Nr. 33 zu § 78a BetrVG 1972). Die JugAzubi-Vertr. ist in einem Verfahren, in dem über die Höhe der vom ArbGeb. zu tragenden Schulungskosten gestritten wird, nicht zu beteiligen (BAG 30. 3. 94 AP Nr. 42 zu § 40 BetrVG 1972)

20   Auch das **Umlageverbot** des § 41 ist entsprechend anwendbar. Es dürfen daher für die Arbeit der JugAzubiVertr. keine Leistungen oder Beiträge erhoben werden (GK-*Oetker* Rn 62; *WPK/Roloff* Rn 16).

9. Zusammenarbeit mit dem Betriebsrat

21   Für die Zusammenarbeit zwischen BR und der JugAzubiVertr. sind außer den in diesem Abschnitt genannten Vorschriften (vgl. §§ 66 bis 70) folgende Regelungen maßgebend:
– § 29 Abs. 2 S. 4 über die **Ladung der JugAzubiVertr.** zu den BRSitzungen, soweit sie ein Recht auf Teilnahme an diesen Sitzungen haben (vgl. § 67),
– § 35 über die **Aussetzung von Beschlüssen des BR** auf Antrag der JugAzubi-Vertr.,
– § 39 Abs. 2 über das Teilnahmerecht eines Mitgl. der JugAzubiVertr. an den **Sprechstunden des BR,** sofern sie keine eigenen Sprechstunden durchführen (vgl. § 69),
– § 80 Abs. 1 Nr. 3 und 5 über die **Zusammenarbeit** zwischen JugAzubiVertr. und dem BR und dessen Pflicht, Anregungen der JugAzubiVertr. entgegenzunehmen und ggf. von ihr Stellungnahmen und Vorschläge anzufordern.

III. Nicht anwendbare Vorschriften

22   **Keine Anwendung** auf die JugAzubiVertr. finden die Vorschriften über folgende Angelegenheiten:

1. Betriebsausschuss

22a   Die JugAzubiVertr. kann keinen BetrAusschuss mit selbständigen Entscheidungsbefugnissen bilden. Abs. 1 verweist nicht auf § 27. Größere JugAzubiVertr. können allerdings vorbereitende Aufgaben an Ausschüsse delegieren (vgl. Rn 7). Die JugAzubi-Vertr. kann die Führung der laufenden Geschäfte mangels Bezugnahme auf § 27 Abs. 3 nicht generell auf ihren Vors. oder ein anderes Mitgl. übertragen (*DKKW-Trittin* Rn 31; GK-*Oetker* Rn 27). Zur **Teilnahme** von Mitgl. der JugAzubiVertr. an Sitzungen von Ausschüssen des BR vgl. § 27 Rn 58f. und § 67 Rn 11.

2. Sitzungsteilnahme Dritter

23   § 32 ist nicht in Bezug genommen. Daher besteht **kein Teilnahmerecht der Schwerbehindertenvertretung** nach § 94 SGB IX (*WPK/Roloff* Rn 7; *Richardi/ Annuß* Rn 26). Gleiches gilt für den Vertrauensmann der Zivildienstleistenden (§ 3 Abs. 1 ZDVG).

3. Aussetzen von Beschlüssen

Nicht für anwendbar erklärt ist auch § 35. Eine **Aussetzung von Beschlüssen** der JugAzubiVertr. ist daher nicht vorgesehen (vgl. zur Aussetzung von BRBeschl. § 66). **24**

4. Freistellungsstaffel

Keine Anwendung findet die **Freistellungsstaffel** des § 38. Das erklärt sich aus der besonderen beruflichen Situation der JugAzubiVertr. Sie befinden sich vielfach noch in der Berufsausbildung. Deren erfolgreicher Abschluss soll durch eine völlige Freistellung nicht gefährdet werden. Die Mitgl. der JugAzubiVertr. sind jedoch im Rahmen des § 37 Abs. 2 von ihrer **beruflichen Tätigkeit zu befreien,** soweit dies nach Umfang und Art des Betriebs zur ordnungsgemäßen Durchführung ihrer Aufgaben erforderlich ist. Dies kann in Großbetrieben mit vielen jug. oder auszubildenden ArbN faktisch zu einer völligen Freistellung führen. Ferner ist es zulässig, dass unter den Voraussetzungen des § 37 Abs. 2 insb. durch Vereinbarungen zwischen ArbGeb. und BR Mitgl. der JugAzubiVertr. ständig von der Arbeit freigestellt werden (*DKKW-Trittin* Rn 34; *GK-Oetker* Rn 36). Die Freistellung darf aber nicht zu einer Beeinträchtigung der Berufsausbildung führen, so dass in der Berufsausbildung stehende JugAzubiVertr. nicht völlig freigestellt werden dürfen (*Richardi/Annuß* Rn 39). **25**

IV. Eigene Sitzungen

1. Sitzungen

Nach Abs. 2 S. 1 hat die JugAzubiVertr. das Recht, nach Verständigung des BR **eigene Sitzungen** durchzuführen. Sie bedarf zur Durchführung eigener Sitzungen **keines Einverständnisses des BR.** Sie hat den BR lediglich vorher zu verständigen. Die Verständigung des BR ist keine Wirksamkeitsvoraussetzung für die Rechtmäßigkeit der Sitzungen der JugAzubiVertr. Es handelt sich insoweit um eine Ordnungsvorschrift. Sie dient dem Zweck, dem BR als dem maßgebenden betriebsverfassungsrechtlichen Organ Kenntnis von den Sitzungen der JugAzubiVertr. zu geben und ihm die Teilnahme zu ermöglichen (*DKKW-Trittin* Rn 36; *ErfK/Koch* Rn 4; *GK-Oetker* Rn 64; *HSWGNR-Rose* Rn 34; *Richardi/Annuß* Rn 13). Die Thematik der Sitzungen der JugAzubiVertr. muss sich innerhalb ihrer gesetzlichen Zuständigkeit halten. **26**

2. Einberufung

Bereits Abs. 1 enthält mehrere die Sitzungen betreffende Verweisungen, insbes. auf §§ 30, 31, 33 Abs. 1 und 2, 34. Insoweit wird auf die Rn 8 ff. Bezug genommen. Im Übrigen verweist Abs. 2 S. 1 Halbs. 2 hinsichtlich der Einberufung der Sitzungen auf § 29. Die dortigen Anm. gelten daher entspr. **27**

Die **konstituierende Sitzung** der JugAzubiVertr. hat nach § 29 Abs. 1 S. 1 der Wahlvorstand einzuberufen. Sie wird nach § 29 Abs. 1 S. 2 bis zur Wahl eines Wahlleiters aus der Mitte der JugAzubiVertr. von dem Vors. des Wahlvorstand geleitet. Die **weiteren Sitzungen** ruft nach § 29 Abs. 2 S. 1 der Vors. der JugAzubiVertr. ein. Er setzt nach § 29 Abs. 2 S. 2 auch die Tagesordnung fest. Die Mitgl. der JugAzubiVertr. sind nach § 29 Abs. 2 S. 3 zu den Sitzungen rechtzeitig und unter Mitteilung der Tagesordnung zu laden. Mitgl. der JugAzubiVertr., die an der Sitzung nicht teilnehmen können, haben dies nach § 29 Abs. 2 S. 5 dem Vors. unverzüglich mitzuteilen. In diesem Fall hat der Vors. nach § 29 Abs. 2 S. 6 die in Betracht kommenden Ers-Mitgl. zu laden. **28**

29   Nach § 29 Abs. 3 können sowohl der ArbGeb. als auch ein Viertel der JugAzubi-Vertr. die **Einberufung** einer Sitzung der JugAzubiVertr. **beantragen.** Der Vors. der JugAzubiVertr. ist verpflichtet, dem Antrag stattzugeben und den beantragten Gegenstand auf die Tagesordnung zu setzen. Der BR hat kein die JugAzubiVertr. bindendes Recht, eine Sitzung der JugAzubiVertr. zu beantragen (*DKKW-Trittin* Rn 40; *HSWGNR-Rose* Rn 37; *GK-Oetker* Rn 71; *Rotermund,* Interessenwahrnehmung, S. 89 f.; **aA** *Richardi/Annuß* Rn 16, der dies aus § 67 Abs. 3 S. 2 herleitet). Ein solches Recht ist nicht geboten, da der BR die zu behandelnde Angelegenheit der Jug. auf die Tagesordnung setzen kann und hierzu die JugAzubiVertr. hinzuziehen muss. Der ArbGeb. hat im Rahmen des § 29 Abs. 4 das Recht, an den Sitzungen der JugAzubiVertr., die auf seinen Antrag hin stattfinden oder zu denen er eingeladen ist, teilzunehmen und ggf. einen Vertr. der ArbGebVereinigung, der er angehört, hinzuzuziehen.

3. Teilnahmerecht des Betriebsrats

30   Der BRVors. oder ein anderes hiermit beauftragtes BRMitgl. haben nach Abs. 2 S. 2 das Recht, an allen **Sitzungen der JugAzubiVertr.** teilzunehmen (zum Recht des BR, hierbei einen Beauftragten der in ihm vertretenen Gewerkschaften hinzuzuziehen, vgl. oben Rn 9). Dieses Recht dient sowohl dem **Zweck,** die JugAzubiVertr. in allen Fragen sachkundig zu beraten, als auch dazu, dem BR Kenntnis über die Belange und Probleme der JugAzubiVertr. zu verschaffen. Eine Verpflichtung des BRVors. oder des beauftragten BRMitgl. zur Teilnahme an den Sitzungen der JugAzubiVertr. besteht nicht. Jedoch kann ein ständiges oder wiederholtes Fernbleiben von den Sitzungen der JugAzubiVertr. uU eine Vernachlässigung der vom G vorgesehenen Zusammenarbeit darstellen. Der BRVors. bzw. das beauftragte BRMitgl. haben **kein Stimmrecht** in der JugAzubiVertr. (*DKKW-Trittin* Rn 42; *GK-Oetker* Rn 77).

31   Der BRVors. bzw. das beauftragte BRMitgl. sind zu allen Sitzungen der JugAzubiVertr. zu allen Sitzungen **unter Mitteilung der Tagesordnung zu laden.** § 29 Abs. 2 S. 3 gilt sinngemäß. Die Verletzung dieser Pflicht kann, insb. im Wiederholungsfall, eine **grobe Verletzung** gesetzl. Pflichten iSd. § 23 Abs. 1 darstellen und ggf. zur Auflösung der JugAzubiVertr. bzw. zum Ausschluss des Vors. aus der JugAzubiVertr. führen.

V. Streitigkeiten

32   Streitigkeiten über die Organisation und Geschäftsführung der JugAzubiVertr. – auch im Verhältnis zum BR – sind von den ArbG im **BeschlVerf.** zu entscheiden (§§ 2 a, 80 ff. ArbGG). Da über die Teilnahme von JugAzubiVertr. an Schulungs- und Bildungsveranstaltungen nach § 37 Abs. 6 und 7 der BR zu beschließen hat (vgl. Rn 17), ist bei Streitigkeiten mit dem ArbGeb. über die Teilnahme neben der beteiligten JugAzubiVertr. auch der BR antrags- und beteiligungsbefugt, soweit die Rechtmäßigkeit der von ihm gefassten Beschlüsse streitig ist (vgl. BAG 6. 5. 75 AP Nr. 5 zu § 65 BetrVG 1972). Die JugAzubiVertr. ist in einem Verfahren, in dem über die Höhe der vom ArbGeb. zu tragenden Schulungskosten gestritten wird, nicht zu beteiligen (BAG 30. 3. 94 AP Nr. 42 zu § 40 BetrVG 1972). Ein minderjähriger JugAzubiVertr. braucht für eine Beteiligung an arbeitsgerichtlichen Streitverfahren nicht die Zustimmung des gesetzl. Vertreters (ArbG Bielefeld DB 73, 1754). Lohnansprüche von JugAzubiVertr. und Ansprüche auf Freizeitausgleich gem. § 37 Abs. 3 sind im **Urteilsverf.** geltend zu machen (§ 2 Abs. 1 Nr. 3 ArbGG). Zu den Besonderheiten des BeschlVerf. vgl. Nach § 1.

§ 66 Aussetzung von Beschlüssen des Betriebsrats

(1) **Erachtet die Mehrheit der Jugend- und Auszubildendenvertreter einen Beschluss des Betriebsrats als eine erhebliche Beeinträchtigung wichtiger Interessen der in § 60 Abs. 1 genannten Arbeitnehmer, so ist auf ihren Antrag der Beschluss auf die Dauer von einer Woche auszusetzen, damit in dieser Frist eine Verständigung, gegebenenfalls mit Hilfe der im Betrieb vertretenen Gewerkschaften, versucht werden kann.**

(2) **Wird der erste Beschluss bestätigt, so kann der Antrag auf Aussetzung nicht wiederholt werden; dies gilt auch, wenn der erste Beschluss nur unerheblich geändert wird.**

Inhaltsübersicht

I. Vorbemerkung

Die Vorschrift wiederholt inhaltlich weitgehend § 35, soweit in ihm die JugAzubi- **1** Vertr. angesprochen ist (**aA** *WPK/Roloff* Rn 1, der aber zu keinen abweichenden Ergebnissen gelangt, da er eine an dem „umfassenderen" § 35 ausgerichtete Auslegung der Bestimmung befürwortet). Sie regelt nur die **Aussetzung von Beschlüssen des BR.** Eine gesetzliche Möglichkeit, eigene Beschlüsse der JugAzubiVertr. auszusetzen, besteht nicht. Die JugAzubiVertr. kann aber einen von ihr gefassten Beschluss aufheben, sofern er noch nicht nach außen (insb. gegenüber dem BR) wirksam geworden ist. Die Vorschrift gilt für die GesJugAzubiVertr. und die KJugAzubiVertr. entspr. (vgl. § 73 Abs. 2 und § 73b Abs. 2).

Entspr. Vorschrift: **§ 61 Abs. 2 iVm. § 39 BPersVG.** **2**

II. Aussetzungsantrag

Die Vorschrift regelt die Aussetzung nicht abweichend von § 35; auf dessen **3** Kommentierung wird daher verwiesen. Der Aussetzungsantrag bedarf eines **Beschlusses** der JugAzubiVertr. als Organ. (*DKKW-Trittin* Rn 2; ErfK/*Koch* Rn 1; GK-*Oetker* Rn 6; *WPK/Roloff* Rn 6; *Richardi/Annuß* Rn 4). Dies folgt aus § 35; dort ist ausdrücklich von der Mehrheit der „Jugend- und Auszubildendenvertretung" – nicht, wie in § 66 Abs. 1, von derjenigen der „Jugend- und Auszubildendenvertreter" – die Rede. Der Beschluss bedarf der **absoluten Mehrheit** der Stimmen der JugAzubi-Vertr. (*DKKW-Trittin* Rn 3; GK-*Oetker* Rn 6; ErfK/*Koch* Rn 1; *WPK/Roloff* Rn 6).

Der Antrag der JugAzubiVertr. setzt nicht voraus, dass objektiv eine erhebliche **4** Beeinträchtigung wichtiger Interessen der jug. oder der zu ihrer Berufsausbildung beschäftigten ArbN vorliegt. Ausreichend ist, dass dies nach der subjektiven Ansicht der Mehrheit der JugAzubiVertr. der Fall ist (*DKKW-Trittin* Rn 4; GK-*Oetker* Rn 9; *WPK/Roloff* Rn 4; *Opolony* BB 01, 2055, 2056). In aller Regel wird allerdings ein Aussetzungsantrag nur in den Fällen in Betracht kommen, in denen die JugAzubiVertr. gem. § 67 Abs. 1 S. 2 und Abs. 2 in ihrer Gesamtheit ein **Teilnahmerecht** an den Sitzungen des BR oder **Stimmrecht** bei den Beschlüssen des BR hat (*DKKW-Trittin* Rn 5; *HSWGNR-Rose* Rn 11; *Richardi/Annuß* Rn 5). Das Recht, die Aussetzung eines BRBeschlusses zu verlangen, besteht nicht, wenn sich die Jug-

AzubiVertr. bei der Beschlussfassung im BR mehrheitlich für den Beschluss ausgesprochen haben (*DKKW-Trittin* Rn 5; *GK-Oetker* Rn 13; *HSWGNR-Rose* Rn 9; *Richardi/Annuß* Rn 6).

5   Der Aussetzungsantrag kann auch gestellt werden, wenn die Mitgl. der JugAzubiVertr. entgegen § 67 Abs. 1 S. 2 und Abs. 2 vom BR **nicht** zur Behandlung der die jug. oder zu ihrer Berufsausbildung beschäftigten ArbN „besonders" oder „überwiegend" betr. **Angelegenheiten hinzugezogen** worden sind. In diesem Fall dürfte der Aussetzungsantrag stets berechtigt sein und zwar auch dann, wenn nach dem Abstimmungsergebnis die Stimmen der Mitgl. der JugAzubiVertr. rechnerisch keine anderweitige Entscheidung hätten herbeiführen können (*DKKW-Trittin* Rn 6; *Richardi/Annuß* Rn 6).

6   Damit für den BR ersichtlich ist, worin die JugAzubiVertr. die Beeinträchtigung wichtiger Interessen der jug. oder auszubildenden ArbN erblickt, sollte der Antrag begründet werden. Wirksamkeitsvoraussetzung ist dies aber nicht (*Richardi/Annuß* Rn 5; *DKKW-Trittin* Rn 7; **aA** *GK-Oetker* Rn 10). Zur Frist für den Aussetzungsantrag vgl. § 35 Rn 14.

III. Erneute Beschlussfassung

7   Ist der Aussetzungsantrag rechtzeitig und ordnungsgemäß gestellt, ist der **Beschluss auszusetzen**. Nach Ablauf der **Verständigungsfrist** (vgl. hierzu § 35 Rn 20) ist über die Angelegenheiten erneut zu beschließen. Bei Bestätigung des ersten Beschlusses kann nach Abs. 2 kein erneuter Aussetzungsantrag gestellt werden; das gilt auch bei einer nur unerheblichen Änderung des ursprünglichen Beschlusses (vgl. hierzu im Einzelnen § 35 Rn 24 ff.). Wegen der Rechtswirkung des Aussetzungsantrages, insb. soweit er Beschlüsse betrifft, die innerhalb einer Ausschlussfrist gefasst werden müssen, vgl. § 35 Rn 29 ff.

IV. Streitigkeiten

8   Streitigkeiten über die Voraussetzungen sowie die Wirkungen des Aussetzungsantrags entscheiden die ArbG im **BeschlVerf.** (§§ 2a, 80 ff. ArbGG). Zu den Besonderheiten des BeschlVerf. vgl. Nach § 1.

§ 67 Teilnahme an Betriebsratssitzungen

(1) ¹**Die Jugend- und Auszubildendenvertretung kann zu allen Betriebsratssitzungen einen Vertreter entsenden.** ²**Werden Angelegenheiten behandelt, die besonders die in § 60 Abs. 1 genannten Arbeitnehmer betreffen, so hat zu diesen Tagesordnungspunkten die gesamte Jugend- und Auszubildendenvertretung ein Teilnahmerecht.**

(2) **Die Jugend- und Auszubildendenvertreter haben Stimmrecht, soweit die zu fassenden Beschlüsse des Betriebsrats überwiegend die in § 60 Abs. 1 genannten Arbeitnehmer betreffen.**

(3) ¹**Die Jugend- und Auszubildendenvertretung kann beim Betriebsrat beantragen, Angelegenheiten, die besonders die in § 60 Abs. 1 genannten Arbeitnehmer betreffen und über die sie beraten hat, auf die nächste Tagesordnung zu setzen.** ²**Der Betriebsrat soll Angelegenheiten, die besonders die in § 60 Abs. 1 genannten Arbeitnehmer betreffen, der Jugend- und Auszubildendenvertretung zur Beratung zuleiten.**

I. Vorbemerkung

Auch soweit jug. oder zu ihrer Berufsausbildung beschäftigte ArbN betroffen sind, **1** obliegt die Wahrnehmung ihrer Interessen gegenüber dem ArbGeb. dem BR (vgl. § 60 Rn 4, 24). § 67 stellt durch verschiedenartige und unterschiedlich stark ausgestaltete Befugnisse sicher, dass die JugAzubiVertr. in angemessener Weise an den Entscheidungen des BR beteiligt wird. Sie sieht ein der Intensität nach gestaffeltes **Teilnahme- und Stimmrecht** der JugAzubiVertr. für BRSitzungen (Abs. 1 u. 2) sowie ein bes. **Antrags-** und **Informationsrecht** in JugAzubi-Angelegenheiten (Abs. 3) vor. Für die GesJugAzubiVertr. und die KJugAzubiVertr. gilt § 67 entspr. (vgl. § 73 Abs. 2 und § 73 b Abs. 2).

Die Vorschrift ist **zwingend** und kann weder durch TV noch durch BV abgedun- **2** gen werden.

Entspr. Vorschrift: § 40 BPersVG. **3**

II. Teilnahmerecht an den Betriebsratssitzungen

Die JugAzubiVertr. ist nicht zur Ausübung von Mitwirkungs- und MBR befugt. **4** Dieses Recht steht vielmehr allein dem BR zu (vgl. BAG 24. 8. 04 AP Nr. 12 zu § 98 BetrVG 1972, dort auch zur Möglichkeit, eine tarifliche außerbetriebliche InteressenVertr. mit Beteiligungsrechten auszustatten; vgl. auch § 60 Rn 17). Die JugAzubiVertr. nehmen aber mit abgestuften Beteiligungsrechten an den Entscheidungen des BR teil. Abs. 1 S. 1 begründet ein **Recht auf Teilnahme** eines Vertreters der JugAzubiVertr. **an allen BRSitzungen** (Rn 5 ff.), Abs. 1 S. 2 ein Teilnahmerecht der gesamten JugAzubiVertr. in bestimmten Angelegenheiten (Rn 11 ff.). Die JugAzubiVertr. sind keine Mitgl. des BR. Sie treten lediglich im Rahmen der Regelungen dieser Vorschrift zu den Sitzungen des BR hinzu, teils nur durch ein Mitgl., teils durch alle Mitgl., teils nur mit beratender Stimme, teils mit vollem Stimmrecht.

1. Teilnahmerecht eines Mitglieds

Die JugAzubiVertr. hat das Recht, zu **allen Sitzungen des BR einen** Vertr. zu **5** entsenden **(allgemeines Teilnahmerecht).** Eine Verpflichtung zur Teilnahme besteht nicht (*DKKW-Trittin* Rn 2; *Richardi/Annuß* Rn 6). Grundsätzlich darf keine BRSitzung unter Ausschluss der JugAzubiVertr. stattfinden. Ausnahmen sind zulässig, wenn aus bes. Anlass das Verhältnis zwischen BR und JugAzubiVertr. oder ein bestimmtes Verhalten der JugAzubiVertr. erörtert werden soll. In diesem Falle hat der BR zumindest das Recht, die betr. Angelegenheit ohne Teilnahme eines Mitgl. der JugAzubiVertr. vorzuberaten (GK-*Oetker* Rn 10 f.; *HSWGNR-Rose* Rn 19; *Richardi/Annuß* Rn 5; *Gillerke* AuA 93, 52; HaKo-BetrVG/*Kloppenburg* Rn 2; noch weitergehend *Rotermund*, Interessenwahrnehmung, S. 107 ff.; **aA** *DKKW-Trittin* Rn 3; *WPK/Roloff* Rn 2). Die JugAzubiVertr. ist jedoch sowohl über die Tatsache einer gesonderten Behandlung der Angelegenheit im BR als auch über deren Ergebnis zu unterrichten (HaKo–BetrVG/*Kloppenburg* Rn 2). Das gebietet der Grundsatz der vertrauensvollen Zusammenarbeit, der in bes. Maße im Verhältnis zwischen BR und JugAzubiVertr. gilt.

6 Das **allgemeine Teilnahmerecht** besteht nach dem Wortlaut des § 67 Abs. 1 nur für die **Plenarsitzungen** des BR. Ein Recht auf Teilnahme auch an den Sitzungen des BetrAusschusses (vgl. § 27) oder weiterer Ausschüsse des BR (vgl. § 28) folgt aus dem Zweck dieser Vorschrift jedenfalls dann, wenn diesen Ausschüssen bestimmte Angelegenheiten zur selbständigen Erledigung übertragen worden sind und sie insoweit an die Stelle des BR treten (*DKKW-Trittin* Rn 7; ErfK/*Koch* Rn 1; GK-*Oetker* Rn 7; *Richardi/Annuß* Rn 10; *Opolony* BB 01, 2955, 2058; **aA** *HSWGNR-Rose* Rn 18). Zum Teilnahmerecht von Mitgl. der JugAzubiVertr., soweit dem **BetrAusschuss** oder weiteren **Ausschüssen** des BR Angelegenheiten zur selbständigen Erledigung übertragen sind, die „besonders" oder „überwiegend" jug. oder auszubildende ArbN betreffen, vgl. § 27 Rn 58 sowie unten Rn 15, 20.

7 Die JugAzubiVertr. hat das Recht auf **Entsendung eines Vertr.** Der Vertr. muss Mitgl. der JugAzubiVertr. sein. Die Entsendung einer anderen Person ist nicht zulässig. Ein ErsMitgl. kann nur entsandt werden, wenn es bereits in die JugAzubiVertr. nachgerückt ist (*DKK-Trittin* Rn 4; GK-*Oetker* Rn 13; *HSWGNR-Rose* Rn 10).

8 Die **Bestimmung, welches ihrer Mitgl.** an den BRSitzungen **teilnimmt,** trifft die JugAzubiVertr. durch Beschluss (*Richardi/Annuß* Rn 7). Dafür ist die einfache Stimmenmehrheit ausreichend. Der BR hat kein Recht, einem von der JugAzubiVertr. entsandten Mitgl. die Teilnahme zu verwehren oder sich ein Mitgl. der JugAzubiVertr. „auszusuchen". Die Bestimmung, welches Mitgl. der JugAzubiVertr. an den Sitzungen des BR teilnimmt, kann generell im Voraus getroffen werden, etwa in der Form, dass stets ihr Vors. an den Sitzungen des BR teilnimmt (*WPK/Roloff* Rn 3). Sie kann aber auch von Fall zu Fall getroffen werden, was zweckmäßig sein dürfte, wenn sich einzelne Mitgl. der JugAzubiVertr. auf bestimmte Sachgebiete spezialisiert haben und diese schwerpunktmäßig auf der BRSitzung behandelt werden (GK-*Oetker* Rn 14 f.; *HHSWGNR-Rose* Rn 9). Wegen der Einladung des Mitgl. der JugAzubiVertr. zu den BRSitzungen durch den BRVors. vgl. § 29 Rn 37 ff.

9 Das Recht der Teilnahme des Mitgl. der JugAzubiVertr. nach Abs. 1 S. 1 beschränkt sich auf eine **beratende Teilnahme.** Das entsandte Mitgl. hat kein Stimmrecht im BR. Es ist jedoch berechtigt, zu allen Tagesordnungspunkten der BRSitzung das Wort zu ergreifen und Stellung zu nehmen (*DKKW-Trittin* Rn 9; GK-*Oetker* Rn 21; *Richardi/Annuß* Rn 9). Der BRVors. darf ihm das Wort nur unter denselben Voraussetzungen wie einem BRMitgl. entziehen (vgl. hierzu § 29 Rn 49 ff.).

10 Das Mitgl. der JugAzubiVertr. hat über **Betriebs- und Geschäftsgeheimnisse,** die ihm durch die Teilnahme an der BRSitzung bekannt werden, Stillschweigen zu bewahren (vgl. § 79 Rn 2 ff.).

2. Teilnahmerecht der gesamten Vertretung

11 Die **gesamte JugAzubiVertr.** ist berechtigt, an den Sitzungen des BR teilzunehmen, wenn Angelegenheiten behandelt werden, die besonders jug. ArbN oder zu ihrer Berufsausbildung Beschäftigte betreffen **(besonderes Teilnahmerecht).**

12 Der Begriff **„besonders"** ist nicht im Gegensatz zu dem in Abs. 2 verwandten Begriff „überwiegend" zu verstehen (*DKKW-Trittin* Rn 12; GK-*Oetker* Rn 25, 26; **aA** *HSWGNR-Rose* Rn 23). Er ist weit auszulegen und umfasst alle Angelegenheiten, die für jug. ArbN oder zu ihrer Berufsausbildung Beschäftigte qualitativ oder quantitativ von gesteigerter Bedeutung sind (*WPK/Roloff* Rn 4; *Rotermund,* Interessenwahrnehmung, S. 115 ff.). Das weite Verständnis ist mit dem Wortlaut vereinbar, entspricht Sinn und Zweck der Regelung und der Entstehungsgeschichte (GK-*Oetker* Rn 26; *Rotermund,* Interessenwahrnehmung, S. 115 ff.). Der Wechsel in Abs. 1 S. 2 von „überwiegend" zu „besonders" war von der Absicht getragen, das Teilnahmerecht der JugAzubiVertr. zu erweitern (vgl. BT-Drucks. VI/1786 S. 63). Die Verwendung

des Begriffs „besonders" in Abs. 1 S. 2 bedeutete daher nur, dass eine Angelegenheit selbst dann dem Teilnahmerecht der JugAzubiVertr. unterliegen soll, wenn von ihr zwar nicht überwiegend der Personenkreis des § 60 Abs. 1 erfasst wird, dieser aber in besonderer Weise betroffen ist (vgl. *Richardi/Annuß* Rn 12).

Eine besondere Betroffenheit liegt vor bei Angelegenheiten, die für jug. oder aus- **13** zubildende ArbN des Betriebs **in dieser ihrer Eigenschaft** von spezieller Bedeutung sind. Dies kann der Fall sein, weil der Beratungsgegenstand Vorschriften oder Maßnahmen auf Grund von Vorschriften betrifft, die gerade den **Schutz der jug. oder auszubildenden ArbN** bezwecken (etwa das JArbSchG, Vorschriften über die Berufsausbildung; vgl. zum grundlegend novellierten BBiG § 70 Rn 6), Bestimmungen über die Wahl und Tätigkeit der JugAzubiVertr. im Rahmen ihrer Aufgaben – vgl. hierzu zB § 70, § 80 Abs. 1 Nr. 3 u. 5). Dies kann aber auch deswegen der Fall sein, weil die Angelegenheit wegen ihrer altersspezifischen Bedeutung für die jug. oder auszubildenden ArbN von bes. Interesse ist (zB die Berücksichtigung der Berufsschulferien bei der Festlegung des Urlaubsplans oder die Errichtung einer Jugendsportabteilung im Betrieb).

Nicht erforderlich ist, dass die Angelegenheit ausschließlich oder doch überwie- **14** gend jug. oder auszubildende ArbN betrifft. Auch die Behandlung von Angelegenheiten, die ebenfalls für die erwachsenen ArbN von Bedeutung sind, rechtfertigen eine Teilnahme der JugAzubiVertr., sofern die Angelegenheiten in ihrem Schwerpunkt ArbN iSd. § 60 Abs. 1 in dieser ihrer Eigenschaft betreffen (*DKKW-Trittin* Rn 10). Wenn auch in erster Linie an **Maßnahmen kollektiven Charakters** zu denken ist, kann doch auch eine (personelle) Einzelmaßnahme gegenüber einem jug. oder auszubildenden ArbN hierunter fallen, wenn bei ihr bes. jug.- oder ausbildungsspezifische Gesichtspunkte eine Rolle spielen oder wenn sie von präjudizieller Bedeutung für die jug. oder auszubildenden ArbN ist (ErfK/*Koch* Rn 2, *Gillerke* AuA 93, 53; weitergehend *DKKW-Trittin* Rn 15, *Richardi/Annuß* Rn 13, HaKo-BetrVG/*Kloppenburg* Rn 4 und wohl auch *WPK/Roloff* Rn 4, der ein Teilnahmerecht der JugAzubiVertr. bei jeder personellen Einzelmaßnahme gegenüber einem jug. ArbN oder zu ihrer Berufsausbildung Beschäftigten unter 25 Jahren bejaht; demgegenüber schließen *HSWGNR-Rose* Rn 24 und wohl auch GK-*Oetker* Rn 27 ein Teilnahmerecht der JugAzubiVertr. bei personellen Einzelmaßnahmen gegenüber jug. und auszubildenden ArbN generell aus). Zum Stimmrecht in diesen Fällen vgl. Rn 21.

Die gesamte JugAzubiVertr. hat das Recht auf Teilnahme nur bei den **speziellen** **15** **Tagesordnungspunkten,** die bes. die Belange der jug. oder auszubildenden ArbN betreffen. Nur soweit und solange diese Tagesordnungspunkte behandelt werden, sind alle Mitgl. der JugAzubiVertr. zur Teilnahme berechtigt (*DKKW-Trittin* Rn 18; *HSWGNR-Rose* Rn 21; *Richardi/Annuß* Rn 15). Das Teilnahmerecht beschränkt sich auch hier auf eine **beratende Teilnahme** (*Opolony* BB 01, 2055, 2058). Volles Stimmrecht haben die Mitgl. der JugAzubiVertr. nur unter der zusätzlichen Voraussetzung des Abs. 2 (vgl. hierzu Rn 20 ff.). Die beratende Teilnahme umfasst das Recht, das Wort zu ergreifen und zu der Angelegenheit Stellung zu nehmen. Dieses Recht hat jedes einzelne an der Sitzung teilnehmende Mitgl. der JugAzubiVertr., nicht nur der Vors. (HaKo-BetrVG/*Kloppenburg* Rn 5). Das Wort darf nur ergreifen, wem es vom BRVors., der die Sitzung leitet, erteilt worden ist. Der BRVors. darf den Mitgl. der JugAzubiVertr. das Wort nicht willkürlich abschneiden oder entziehen (vgl. im Einzelnen § 29 Rn 49 f.).

Teilnahmeberechtigt ist im Fall des Abs. 1 S. 2 die gesamte JugAzubiVertr. – dh **16** alle Mitgl. der JugAzubiVertr. –, auch wenn sie in Ausnahmefällen mehr Mitgl. als der BR haben sollte (s. dazu *Gillerke* AuA 93, 52, 54; HaKo-BetrVG/*Kloppenburg* Rn 4). Ein Ausschluss einzelner Mitgl. ist unzulässig. Der BRVors. hat die **einzelnen Mitgl.** der JugAzubiVertr. unter Mitteilung der Tagesordnung einzuladen (vgl. § 29 Abs. 2 S. 3 u. 4). Ist ein Mitgl. an der Teilnahme verhindert, so hat es dies dem BRVors. unverzüglich mitzuteilen. Der BRVors. hat sodann das nächstfolgende ErsMitgl. unter Berücksichtigung der Quote des § 62 Abs. 3 zu laden. Die Ladung der einzelnen Mitgl.

der JugAzubiVertr. muss durch den BRVors. oder dessen Stellvertr. erfolgen. Sie kann nicht auf den Vors. der JugAzubiVertr. delegiert werden (*Richardi/Annuß* Rn 16). Unterbleibt die Einladung der JugAzubiVertr., ist ein ohne ihre Anwesenheit gefasster **Beschluss nicht unwirksam** (*Opolony* BB 01, 2055, 2058). Die Mitgl. der Jug-AzubiVertr. dürfen im Falle des Abs. 1 S. 2 nur mit beratender Stimme teilnehmen. Ihre Nichtteilnahme hat deshalb keinen unmittelbaren Einfluss auf das Abstimmungsergebnis (*DKKW-Trittin* Rn 16; *GK-Oetker* Rn 34; *HSWGNR-Rose* Rn 27; *Richardi/Annuß* Rn 19; vgl. auch BAG 6. 5. 75 AP Nr. 5 zu § 65 BetrVG 1972). Die Jug-AzubiVertr. kann in einem solchen Fall aber einen Aussetzungsantrag nach § 66 Abs. 1 stellen (vgl. § 66 Rn 5).

17   Der BRVors., der die JugAzubiVertr. nicht zur BRSitzung einlädt, handelt pflichtwidrig und verstößt gegen die ihm gesetzl. obliegenden Pflichten. Sofern die Nichteinladung als ein **grober Pflichtverstoß** anzusehen ist, kann er gem. § 23 Abs. 1 aus dem BR ausgeschlossen werden. Lehnt der BR in seiner Gesamtheit die Hinzuziehung der JugAzubiVertr. ab, obwohl die Voraussetzungen für ihre Teilnahme an der Sitzung gegeben sind, so verstößt der BR als solcher gegen die ihm obliegenden Pflichten und kann uU nach § 23 Abs. 1 aufgelöst werden.

18   Das Teilnahmerecht der gesamten JugAzubiVertr. nach Abs. 1 S. 2 bezieht sich nur auf die **Plenarsitzung des BR**. Gesetzl. nicht geregelt ist das Teilnahmerecht in den Fällen, in denen bes. jug. oder auszubildende ArbN betr. Angelegenheiten nicht im BR selbst, sondern in einem seiner **Ausschüsse** behandelt werden. Zweifellos bedarf die Übertragung der Behandlung einer derartigen Angelegenheit auf den BetrAusschuss oder einen anderen Ausschuss des BR der beratenden Teilnahme der Mitgl. der JugAzubiVertr. gem. Abs. 1 S. 2. Bei der Teilnahme an Ausschussberatungen selbst ist entspr. dem Grundgedanken des Abs. 1 S. 2 davon auszugehen, dass an den Ausschussberatungen so viele Mitgl. der JugAzubiVertr. beratend teilnehmen können, dass im Ausschuss in etwa dasselbe zahlenmäßige Verhältnis zwischen BRMitgl. und Mitgl. der JugAzubiVertr. wie im BR besteht (ebenso *DKKW-Trittin* Rn 20; *GK-Oetker* Rn 32; *Gillerke* AuA 93, 54; *Richardi/Annuß* Rn 18; *Rotermund,* Interessenwahrnehmung, S. 123 ff.; *Opolony* BB 01, 2055, 2058; nach *HSWGNR-Rose* Rn 13 steht den Mitgl. der JugAzubiVertr. kein Teilnahmerecht an Sitzungen von Ausschüssen des BR zu). Das gilt sowohl dann, wenn dem Ausschuss lediglich eine vorberatende Funktion zukommt (*DKKW-Trittin* Rn 20; *Gillerke* AuA 93, 54), als auch dann, wenn ihm bestimmte jug. oder auszubildende ArbN betr. Angelegenheiten zur selbständigen Erledigung übertragen worden sind.

19   Die **Auswahl** der an den Ausschusssitzungen teilnehmenden Mitgl. hat die Jug-AzubiVertr. zu treffen (*Richardi/Annuß* Rn 19). Sie kann aus ihrer Mitte auch Ers-Mitgl. bestellen, die für den Fall an den Ausschusssitzungen teilnehmen, dass ein in erster Linie bestelltes Mitgl. der JugAzubiVertr. verhindert ist. Hat die JugAzubiVertr. für die Teilnahme an Ausschusssitzungen bestimmte Mitgl. ausgewählt und dem Ausschussvors. mitgeteilt, so hat dieser die betr. Mitgl. der JugAzubiVertr. unter **Mitteilung der Tagesordnungspunkte** unmittelbar zu den Ausschusssitzungen zu laden (vgl. Rn 16). Falls eine Auswahl nicht getroffen ist, sind der JugAzubiVertr. Zeitpunkt und Tagesordnung der betr. Ausschusssitzung mitzuteilen mit der Aufforderung, die entspr. Anzahl von Mitgl. der JugAzubiVertr. zu den Ausschusssitzungen zu entsenden.

III. Stimmrecht im Betriebsrat

20   Nach Abs. 2 haben die Mitgl. der JugAzubiVertr. im BR **Stimmrecht**, soweit die zu fassenden Beschlüsse des BR **„überwiegend"** jug. oder zu ihrer Berufsausbildung beschäftigte ArbN betreffen. Das gilt auch, wenn die JugAzubiVertr. mehr Mitgl. haben sollte als der BR (*Gillerke* AuA 93, 52, 54). Der Begriff „überwiegend" ist **quantitativ** zu verstehen (ErfK/*Koch* Rn 2; *GK-Oetker* Rn 38; *HSWGNR-Rose*

Rn 32; *Richardi/Annuß* Rn 20; *DKKW-Trittin* Rn 21; *Opolony* BB 01, 2055, 2058). Das bedeutet, dass der Beschluss zahlenmäßig mehr jug. oder auszubildende ArbN als andere ArbN betreffen muss. Das dürfte zB der Fall sein beim Abschluss einer BV über die „Ordnung in der betrieblichen Ausbildungswerkstatt", die neben den mit der Berufungsausbildung betrauten ArbN idR zahlenmäßig überwiegend die auszubildenden ArbN betreffen wird.

Der Begriff „überwiegend" hat **kollektiven Charakter.** Deshalb besteht ein **21** Stimmrecht der JugAzubiVertr. im BR bei einer Einzelmaßnahme nur in den Fällen, in denen diese einen kollektiven Bezug hat. Das ist zB der Fall bei einer **personellen Einzelmaßnahme** gegenüber einem Ausbilder oder bei der Entscheidung des BR über die Zustimmung zu einer außerordentlichen Kündigung eines Mitgl. der JugAzubiVertr. oder der Teilnahme eines JugAzubiVertr. an Schulungsveranstaltungen (vgl. BAG 6. 5. 75 AP Nr. 5 zu § 65 BetrVG 1972), idR jedoch nicht bei einer personellen Einzelmaßnahme gegenüber einem jug. oder auszubildenden ArbN (*GK-Oetker* Rn 41; *HSWGNR-Rose* Rn 33; *Opolony* BB 01, 2055, 2058).

Umfasst ein Beschluss des BR sowohl Angelegenheiten, die jug. oder auszubilden- **22** de ArbN „überwiegend" betreffen, als auch Angelegenheiten, bei denen dies nicht der Fall ist, so ist, soweit dies möglich ist, eine **getrennte Beschlussfassung** durchzuführen. In den Angelegenheiten, die jug. oder auszubildende ArbN überwiegend betreffen, ist die JugAzubiVertr. bei der Beschlussfassung zu beteiligen. In den übrigen Angelegenheiten beschließen die Mitgl. des BR allein (*DKKW-Trittin* Rn 22; *GK-Oetker* Rn 42; *HSWGNR-Rose* Rn 36). Ist eine Aufteilung des Beschlusses von seinem Inhalt her nicht möglich, ist darauf abzustellen, ob der Beschluss insgesamt mehr die jug. oder auszubildende ArbN betrifft oder nicht. Im ersten Fall sind die JugAzubiVertr. stimmberechtigt.

Soweit der BetrAusschuss oder ein **anderer Ausschuss** des BR über eine Ange- **23** legenheit, die jug. oder auszubildende ArbN überwiegend betrifft, zu beschließen hat, haben die teilnahmeberechtigten Mitgl. der JugAzubiVertr. in diesen Ausschüssen **volles Stimmrecht.** Wegen der Reduzierung der teilnahmeberechtigten JugAzubiVertr. vgl. oben Rn 18 sowie § 27 Rn 59.

Die **Stimmen der Mitgl. der JugAzubiVertr.** sind nur zu berücksichtigen, so- **24** weit es um die Feststellung geht, ob ein Beschluss des BR bzw. des Ausschusses des BR die erforderliche Mehrheit gefunden hat oder nicht. Zur Frage der erforderlichen Mehrheit, wenn ein Beschluss des BR der absoluten Mehrheit bedarf, vgl. § 33 Rn 41. Für die Ermittlung der Beschlussfähigkeit zählen die Stimmen der JugAzubiVertr. nicht mit (vgl. § 33 Rn 12; *DKKW-Trittin* Rn 23; *HSWGNR-Rose* Rn 37). Das Stimmrecht steht dem einzelnen JugAzubiVertr. zu. Dieser ist nicht an einen etwa vorausgegangenen Beschluss der JugAzubiVertr. gebunden.

Hat der BR die Mitgl. der JugAzubiVertr. an der Beschlussfassung nicht beteiligt, **25** obwohl sie hätten beteiligt werden müssen, so ist im Allgemeinen **kein rechtswirksamer Beschluss** zustande gekommen (*DKKW-Trittin* Rn 24; *Matusche* AiB 96, 535, 537; *Richardi/Annuß* Rn 25; einschränkend *HSWGNR-Rose* Rn 38). Etwas anderes kann gelten, wenn die unterbliebene Beteiligung der JugAzubiVertr. auf das Ergebnis der Beschlussfassung keinen Einfluss haben konnte, weil etwa der Beschluss einem Antrag der JugAzubiVertr. entsprach oder die Teilnahme der JugAzubiVertr. nicht zu einem anderen Beschluss hätte führen können, da die Differenz zwischen den dem Beschluss zustimmenden und ihn ablehnenden Stimmen größer ist als die MitglZahl der JugAzubiVertr. (vgl. hierzu BAG 6. 5. 75 AP Nr. 5 zu § 65 BetrVG 1972; *ErfK/Koch* Rn 2; *GK-Oetker* Rn 44; *WPK/Roloff* Rn 10; **aA** *DKKW-Trittin* Rn 24, *Matusche* AiB 96, 535, 537 u. wohl auch *Gillerke* AuA 93, 55). Zur Frage des Aussetzungsantrags in diesen Fällen vgl. § 66 Rn 5.

IV. Antragsrecht der Vertretung

26   Die JugAzubiVertr. hat kein Recht, eine Sitzung des BR zu beantragen. Sie ist jedoch nach Abs. 3 befugt, die Aufnahme einer bes., die jug. oder zu ihrer Berufsausbildung beschäftigten ArbN betr. Angelegenheit in die **Tagesordnung der nächsten BRSitzung** zu verlangen. Voraussetzung hierfür ist, dass es sich um eine betriebliche Angelegenheit handelt, bei deren Beratung die gesamte JugAzubiVertr. ein Teilnahmerecht hat, weil sie jug. oder auszubildende ArbN **besonders** oder gar überwiegend betrifft (vgl. hierzu Rn 11 ff.; ErfK/*Koch* Rn 3), und die JugAzubiVertr. diese Angelegenheit bereits vorberaten hat.

27   Das Erfordernis der **Vorberatung** der Angelegenheit **in der JugAzubiVertr.** soll sicherstellen, dass diese sich mit der betr. JugAzubiAngelegenheit bereits befasst hat (*WPK/Roloff* Rn 11). Nicht erforderlich ist, dass die JugAzubiVertr. hierbei schon zu einer abschließenden Meinungsbildung gekommen ist (*DKKW-Trittin* Rn 27; GK-*Oetker* Rn 57; *HSWGNR-Rose* Rn 41; *Richardi/Annuß* Rn 28). Sie muss die Angelegenheit jedoch beraten, dh eingehend erörtert haben, um eine sachkundige Diskussion in der BRSitzung zu ermöglichen. Hat die Erörterung in der JugAzubiVertr. bereits zu einem bestimmten Ergebnis geführt, wird dies zweckmäßigerweise bereits zusammen mit dem Antrag dem BR mitgeteilt. Die Vorberatung der Angelegenheit ist dem BRVors. mit dem Antrag bekanntzumachen. Sie wird zweckmäßigerweise in der Sitzungsniederschrift festgehalten.

28   Der BRVors. ist verpflichtet, den beantragten Beratungsgegenstand auf die **Tagesordnung der nächsten BRSitzung** zu setzen, wenn die Voraussetzungen des Abs. 3 S. 1 vorliegen. Unterlässt er dies, verstößt er gegen seine gesetzl. Pflichten, was uU – etwa bei ständiger Weigerung – als ein grober Verstoß iSd. § 23 Abs. 1 anzusehen ist (*DKKW-Trittin* Rn 29). Allerdings besteht die Verpflichtung nur, wenn der Antrag beim BRVors. so **rechtzeitig** eingeht, dass seine Aufnahme in die Tagesordnung der nächsten BRSitzung noch möglich und zumutbar ist. Andernfalls ist die Angelegenheit auf die Tagesordnung der nächstfolgenden Sitzung zu setzen (*WPK/Roloff* Rn 11). Zu der Sitzung hat der BRVors., da in diesem Falle stets die Voraussetzungen des Abs. 1 S. 2 vorliegen, alle Mitgl. der JugAzubiVertr. einzuladen (vgl. Rn 11 ff.). Der BR muss sich auf der **nächsten Sitzung** mit der **Angelegenheit befassen**. Er ist allerdings nicht verpflichtet, die Sache abschließend oder gar iSd. Vorbeschlusses der JugAzubiVertr. zu behandeln. Vielmehr steht ihm bei diesem Tagesordnungspunkt – abgesehen von der Beratungspflicht als solcher – dieselbe Freiheit zu wie bei anderen Tagesordnungspunkten (*DKKW-Trittin* Rn 30; GK-*Oetker* Rn 60; *HSWGNR-Rose* Rn 45). Der BR kann die Angelegenheit einem **Ausschuss** zur weiteren Behandlung zuweisen (*WPK/Roloff* Rn 11). Er kann auch der JugAzubiVertr. anheim geben, die Angelegenheit nochmals unter Berücksichtigung etwaiger neuer Gesichtspunkte zu beraten.

29   Ist die Behandlung von Angelegenheiten der von der JugAzubiVertr. beantragten Art einem Ausschuss des BR zur selbständigen Entscheidung übertragen worden, so kann die JugAzubiVertr. ihren Antrag **unmittelbar bei diesem Ausschuss** anbringen (GK-*Oetker* Rn 63; *Richardi/Annuß* Rn 33). Wird der Antrag beim BR eingebracht, hat dieser den Antrag dem zuständigen Ausschuss zu überweisen. Über das Teilnahmerecht der Mitgl. der JugAzubiVertr. in diesem Falle vgl. Rn 18 sowie § 27 Rn 59.

V. Informationspflicht des Betriebsrats

30   Behandelt der BR von sich aus eine Angelegenheit, die bes. jug. oder zu ihrer Berufsausbildung beschäftigte ArbN betrifft, soll er diese Angelegenheit nach Abs. 2 S. 2 zuvor der **JugAzubiVertr. zur Beratung** zuleiten. Diese soll die Angelegenheit vor der Erörterung im BR vorberaten können, um in der Lage zu sein, ihre Ansichten in der BRSitzung angemessen zu vertreten. Der BR kann der JugAzubiVertr. für die Vorberatung eine **Äußerungsfrist** setzen. Die vorherige Beratung in der JugAzubi-Vertr. ist keine Wirksamkeitsvoraussetzung für eine abschließende Beschlussfassung im BR (*DKKW-Trittin* Rn 28; ErfK/*Koch* Rn 3; GK-*Oetker* Rn 70; HSWGNR-*Rose* Rn 48; *Richardi/Annuß* Rn 34). Jedoch darf der BR die Vorberatung in der Jug-AzubiVertr. nicht ohne sachlichen Grund verhindern. Dies kann – jedenfalls im Wiederholungsfall – eine grobe Amtspflichtverletzung darstellen (*Richardi/Annuß* Rn 34). In jedem Falle haben bei der Behandlung der Angelegenheit im BR die Mitgl. der JugAzubiVertr. gem. Abs. 2 S. 1 ein beratendes Teilnahmerecht und sind zu diesem Tagesordnungspunkt zu der BRSitzung zu laden (vgl. Rn 11 ff.).

Die Zuleitung der Angelegenheit an die JugAzubiVertr. braucht nicht durch 31 den BR auf Grund eines Beschlusses zu erfolgen. Vielmehr kann der BRVors. im Rahmen der ordnungsgemäßen **Vorbereitung der BRSitzung** die Angelegenheit der JugAzubiVertr. zur Vorberatung zuleiten (*DKKW-Trittin* Rn 32; ErfK/*Koch* Rn 3; GK-*Oetker* Rn 67; *Richardi/Annuß* Rn 32). Werden bes. jug. oder zu ihrer Berufsausbildung beschäftigte ArbN betr. Angelegenheiten von einem Ausschuss des BR wahrgenommen, hat der Vors. des Ausschusses die JugAzubiVertr. zu informieren.

VI. Streitigkeiten

Streitigkeiten über das Recht zur Teilnahme der JugAzubiVertr. an den Sitzungen 32 des BR und seiner Ausschüsse und deren Stimmrecht, sowie solche über die Wirksamkeit von gemeinsamen Beschlüssen des BR und der JugAzubiVertr. entscheiden die **ArbG im BeschlVerf.** (§§ 2a, 80 ff. ArbGG). Das gilt auch bei Streitigkeiten über die Aufnahme von Angelegenheiten in die Tagesordnung des BR nach Abs. 3 S. 1. Zu den Besonderheiten des BeschlVerf. vgl. Nach § 1.

§ 68 Teilnahme an gemeinsamen Besprechungen

Der Betriebsrat hat die Jugend- und Auszubildendenvertretung zu Besprechungen zwischen Arbeitgeber und Betriebsrat beizuziehen, wenn Angelegenheiten behandelt werden, die besonders die in § 60 Abs. 1 genannten Arbeitnehmer betreffen.

I. Vorbemerkung

Die Vorschrift dient der **Zusammenarbeit von BR und JugAzubiVertr.** in Ju- 1 gend- und Ausbildungsfragen. Auf die GesJugAzubiVertr. und die KJugAzubiVertr. findet sie entspr. Anwendung (vgl. § 73 Abs. 2 und § 73b Abs. 2).

Die Vorschrift ist **zwingend** und kann weder durch TV noch durch BV abgedun- 2 gen werden (GK-*Oetker* Rn 2).

Entspr. Vorschrift: **§ 61 Abs. 4 BPersVG.** 3

II. Teilnahmerecht an gemeinsamen Besprechungen

Das Recht der JugAzubiVertr., zu den gemeinsamen Besprechungen zwischen 4 ArbGeb. und BR zugezogen zu werden, besteht bei der Behandlung von **Angele-**

genheiten, die „**besonders**" (vgl. zur Bedeutung des Begriffs § 67 Rn 12) die jug. oder zu ihrer Berufsausbildung beschäftigten ArbN des Betriebs betreffen. Das Recht auf Teilnahme an den gemeinsamen Besprechungen richtet sich nach den Voraussetzungen, unter denen die gesamte JugAzubiVertr. berechtigt ist, an den Sitzungen des BR gem. § 67 Abs. 1 S. 2 teilzunehmen (vgl. hierzu § 67 Rn 11 ff.; *GK-Oetker* Rn 4).

5   Ein Teilnahmerecht besteht bei **Besprechungen zwischen BR und dem Arb-Geb.**, nicht dagegen bei gelegentlichen Einzelbesprechungen des BRVors. oder eines anderen BRMitgl. mit dem ArbGeb., die auf deren eigener Amtsführung beruhen (*HSWGNR-Rose* Rn 7; *Richardi/Annuß* Rn 5; *WPK/Roloff* Rn 2; **aa** *DKKW-Trittin* Rn 2; *GK-Oetker* Rn 7; s. auch Rn 9). Das **Teilnahmerecht der JugAzubiVertr.** beschränkt sich nicht auf die monatlichen Besprechungen zwischen ArbGeb. und BR gem. § 74 Abs. 1, sondern betrifft alle Besprechungen zwischen ArbGeb. und BR, sofern auf ihnen bes. JugAzubiFragen behandelt werden (*GK-Oetker* Rn 6; *Richardi/Annuß* Rn 5; *WPK/Roloff* Rn 2; **aa** wohl *HSWGNR-Rose* Rn 7). Es besteht nur hinsichtlich der bes. JugAzubiAngelegenheiten. Bei anderer Besprechungspunkten ist die JugAzubiVertr. zur Teilnahme nicht berechtigt (*GK-Oetker* Rn 5; *Richardi/Annuß* Rn 5).

6   Der BR ist verpflichtet, die JugAzubiVertr. zu den Besprechungen derartiger Angelegenheiten hinzuzuziehen. Eine Verletzung dieser Verpflichtung kann uU – insb. im Wiederholungsfalle – als ein **grober Verstoß** iSd. § 23 Abs. 1 angesehen werden, der zur Auflösung des BR berechtigen kann (*DKKW-Trittin* Rn 5). Die Hinzuziehung der JugAzubiVertr. obliegt dem BRVors.

7   Hinzuzuziehen ist die JugAzubiVertr. Soweit die gemeinsame Besprechung nicht im Rahmen einer BRSitzung erfolgt, zu der die einzelnen Mitgl. der JugAzubiVertr. gesondert zu laden sind (vgl. § 29 Rn 38), kann die **JugAzubiVertr. geladen** werden. Da es sich nicht um eine BRSitzung handelt, findet § 29 Abs. 2 Satz 4 keine Anwendung. Es genügt, wenn der Vors. der JugAzubiVertr. über den Zeitpunkt der Besprechung und bes. die jug. oder auszubildenden ArbN betr. Besprechungspunkte unterrichtet wird (§ 65 Abs. 1 iVm. § 26 Abs. 2 S. 2). Eine schriftliche Unterrichtung ist nicht erforderlich, wenn auch vielfach zweckmäßig. Der Vors. der JugAzubiVertr. ist verpflichtet, seinerseits alle Mitgl. der JugAzubiVertr. über Ort, Zeit und Inhalt der gemeinsamen Besprechung zu informieren (*DKKW-Trittin* Rn 6; *GK-Oetker* Rn 9; *HSWGNR-Rose* Rn 10; *Richardi/Annuß* Rn 7).

8   **Teilnahmeberechtigt** sind alle Mitgl. der JugAzubiVertr (*ErfK/Koch* Rn 1). Eine Beschränkung der Teilnahme nur auf den Vors. oder stellvertr. Vors. ist unzulässig (*DKKW-Trittin* Rn 7; *GK-Oetker* Rn 11 ff.; *HSWGNR-Rose* Rn 9; *Richardi/Annuß* Rn 6). Andererseits besteht keine Pflicht der Mitgl. der JugAzubiVertr. zur Teilnahme an diesen Besprechungen. Ein Mitgl. der JugAzubiVertr. kann der Besprechung fernbleiben. Es liegt dann jedoch kein Verhinderungsfall vor. Deshalb kann nicht das ErsMitgl. zu der Besprechung hinzugezogen werden (*DKKW-Trittin* Rn 7; *GK-Oetker* Rn 15; vgl. auch § 25 Rn 21). Die Mitgl. der JugAzubiVertr. haben das Recht, sich aktiv an der Erörterung beteiligen (*HaKo-BetrVG/Kloppenburg* Rn 4).

9   Das Teilnahmerecht der JugAzubiVertr. besteht auch, wenn die Besprechung nicht mit dem gesamten BR, sondern dem **BetrAusschuss** (vgl. § 27) oder einem **anderen Ausschuss** (§ 28) geführt wird, dem diese Aufgabe zur selbständigen Erledigung übertragen ist (*DKKW-Trittin* Rn 3; *GK-Oetker* Rn 7; *WPK/Roloff* Rn 2; *Richardi/Annuß* Rn 8): Anders als in den Fällen des § 67 Abs. 1 S. 2 (vgl. dazu § 67 Rn 18) ist eine Reduzierung der Teilnehmer der JugAzubiVertr. nicht geboten (*DKKW-Trittin* Rn 3; *Rotermund,* Interessenwahrnehmung, S. 135 f.; wohl auch *WPK/Roloff* Rn 2 u. 3; *HaKo-BetrVG/Kloppenburg* Rn 3 u. 4; **aa** *Richardi/Annuß* Rn 8).

III. Streitigkeiten

Streitigkeiten über das Teilnahmerecht der JugAzubiVertr. an den gemeinsamen **10** Besprechungen zwischen BR und ArbGeb. entscheiden die ArbG im **BeschlVerf.** (§§ 2a, 80ff. ArbGG). Das ArbG kann im Eilfall die Teilnahme der Mitgl. der JugAzubiVertr. durch den Erlass einer einstw. Vfg. gem. § 85 Abs. 2 ArbGG sicherstellen (GK-*Oetker* Rn 18; DKKW-*Trittin* Rn 9; HSWGNR-*Rose* Rn 14). Zu den Besonderheiten des BeschlVerf. vgl. Nach § 1.

§ 69 Sprechstunden

[1] In Betrieben, die in der Regel mehr als fünfzig der in § 60 Abs. 1 genannten Arbeitnehmer beschäftigen, kann die Jugend- und Auszubildendenvertretung Sprechstunden während der Arbeitszeit einrichten. [2] Zeit und Ort sind durch Betriebsrat und Arbeitgeber zu vereinbaren. [3] § 39 Abs. 1 Satz 3 und 4 und Abs. 3 gilt entsprechend. [4] An den Sprechstunden der Jugend- und Auszubildendenvertretung kann der Betriebsratsvorsitzende oder ein beauftragtes Betriebsratsmitglied beratend teilnehmen.

Inhaltsübersicht

I. Vorbemerkung

Die Vorschrift eröffnet in Betrieben mit über 50 jug. oder zu ihrer Berufsausbil- **1** dung beschäftigten ArbN die Möglichkeit, **eigene Sprechstunden der JugAzubi-Vertr.** einzurichten. Wird davon kein Gebrauch gemacht, kann nach § 39 Abs. 2 ein Mitgl. der JugAzubiVertr. an den Sprechstunden des BR zur Beratung jug. oder auszubildender ArbN teilnehmen (vgl. § 39 Rn 17ff.).

Die Vorschrift ist **zwingend** und kann zum Nachteil der JugAzubiVertr. weder **2** durch TV noch durch BV abbedungen werden. Die Einführung eigener Sprechstunden der JugAzubiVertr. in Betrieben mit weniger als 51 jug. oder auszubildenden ArbN ist mit Zustimmung des ArbGeb. und des BR zulässig (DKKW-*Trittin* Rn 2; GK-*Oetker* Rn 2, 6).

Entspr. Vorschrift: § 62 iVm. § 43 BPersVG. **3**

II. Eigene Sprechstunden

1. Voraussetzungen

Die Einrichtung eigener Sprechstunden der JugAzubiVertr. setzt das Erreichen des **4** **Schwellenwerts** von mehr als 50 jug. oder zu ihrer Berufsausbildung Beschäftigte und einen **Beschluss** der JugAzubiVertr voraus. Zum Begriff der jug. und der zu ihrer Berufsausbildung Beschäftigten vgl. § 60 Rn 14ff. u. § 5 Rn 289ff.; zum „Betrieb" vgl. § 4 Rn 5ff.; zum Begriff „in der Regel" vgl. § 1 Rn 271ff. Ein **vor-**

übergehendes Unterschreiten des Schwellenwerts – etwa bei einem allgemeinen Ausbildungsabschluss – ist unschädlich, sofern davon ausgegangen werden kann, dass in absehbarer Zeit wieder mehr als 50 dieser ArbN im Betrieb beschäftigt werden (*DKKW-Trittin* Rn 4). Sinkt allerdings die Zahl der jug. oder auszubildenden ArbN nicht nur vorübergehend unter 51, so darf die JugAzubiVertr. etwaige Sprechstunden nicht weiter durchführen, sofern hierüber nicht zwischen ArbGeb., BR und der Jug-AzubiVertr. Einverständnis erzielt wird (*DKKW-Trittin* Rn 4; *GK-Oetker* Rn 5; *HSWGNR-Rose* Rn 4).

5   Die Einführung eigener Sprechstunden liegt **im Ermessen** der JugAzubiVertr. Sie ist hierzu berechtigt, aber nicht verpflichtet (*DKKW-Trittin* Rn 5; *ErfK/Koch* Rn 1; *GK-Oetker* Rn 7; *HSWGNR-Rose* Rn 9; *Richardi/Annuß* Rn 4). Erforderlich ist ein **einfacher Mehrheitsbeschluss** der JugAzubiVertr. (*WPK/Roloff* Rn 2). An diesen Beschluss sind ArbGeb. und BR gebunden (*GK-Oetker* Rn 9; *ErfK/Koch* Rn 1). Zeit und Ort der Sprechstunden sind sodann nach S. 2 vom BR und ArbGeb. zu vereinbaren (vgl. Rn 7 f.).

6   Die **Sprechstunde** der JugAzubiVertr. ist nur für die jug. oder zu ihrer Berufsausbildung Beschäftigten **zuständig**. Diese können ihre Anliegen und Wünsche aber auch in der Sprechstunde des BR vorbringen. Dieser darf sie nicht abweisen (*DKKW-Trittin* Rn 12; *GK-Oetker* Rn 19).

2. Zeit und Ort

7   **Zeit und Ort** der Sprechstunde sind nach S. 2 zwischen **ArbGeb. und BR** zu vereinbaren. Die JugAzubiVertr. kann nicht unmittelbar mit dem ArbGeb. verhandeln (vgl. § 60 Rn 4, 24). Die Sprechstunden finden nach S. 1 grundsätzlich **während der Arbeitszeit** statt. Bei der Festlegung von Zeit und Ort der Sprechstunden haben BR und ArbGeb. sowohl die betrieblichen Notwendigkeiten zu berücksichtigen als auch darauf zu achten, dass die Sprechstunden ordnungsgemäß abgewickelt werden können. Die Vereinbarung zwischen ArbGeb. und BR ist für die JugAzubiVertr. bindend (*HSWGNR-Rose* Rn 12). An der Besprechung sowie der Beschlussfassung über die Festlegung von Zeit und Ort der Sprechstunden nimmt die JugAzubiVertr. gem. § 68 und § 67 Abs. 2 (dh mit Stimmrecht) teil. Einigen sich BR und ArbGeb. nicht, so werden Zeit und Ort der Sprechstunden gemäß S. 3 iVm. § 39 Abs. 1 S. 3 u. 4 durch die **E-Stelle** festgelegt. Die E-Stelle kann nur vom ArbGeb. oder BR, nicht von der JugAzubiVertr. angerufen werden (*DKKW-Trittin* Rn 8; *GK-Oetker* Rn 16; *HSWGNR-Rose* Rn 13). Sie sollte die JugAzubiVertr. vor der Entscheidung anhören.

8   Die Festlegung von Zeit und Ort der von der JugAzubiVertr. beschlossenen Sprechstunden gehört zu den **gesetzl. Pflichten von ArbGeb. und BR**. Die beharrliche Weigerung, Zeit und Ort der Sprechstunden festzulegen, kann uU als grober Verstoß iSd. § 23 angesehen werden und die dort geregelten Rechtsfolgen auslösen.

3. Kosten und Arbeitsversäumnis

9   Der ArbGeb. hat die durch die Sprechstunden entstehenden notwendigen **Kosten** zu tragen (*HSWGNR-Rose* Rn 15). Er hat nach § 65 Abs. 1 iVm. § 40 die zur ordnungsgemäßen Durchführung der Sprechstunden erforderlichen **Räume** und andere sachliche Mittel zur Verfügung zu stellen.

10   Ist die Sprechstunde wirksam beschlossen, so gehört ihre Durchführung zu den **Amtsobliegenheiten** der JugAzubiVertr. Die Mitgl. der JugAzubiVertr. behalten für die Zeit, in der sie die Sprechstunde abhalten, gemäß § 65 Abs. 1 iVm. § 37 Abs. 2 ihren **Anspruch auf Arbeitsentgelt.**

11   Die jug. oder zu ihrer Berufsausbildung beschäftigten ArbN dürfen nach S. 3 iVm. § 39 Abs. 3 durch den Besuch der Sprechstunden oder die sonstige Inanspruchnahme der JugAzubiVertr. während der Arbeitszeit **keinen Ausfall an Arbeitsentgelt** erleiden (vgl. dazu § 39 Rn 26 ff.). Sie sind verpflichtet, sich bei ihrem Vorgesetzten

vor dem Besuch der Sprechstunde von der Arbeit ab- und anschließend wieder zurückzumelden (GK-*Oetker* Rn 28, 29). Die Unterlassung kann eine Verletzung des
Arbeitsvertrages darstellen (GK-*Oetker* Rn 29).

III. Teilnahmerecht des Betriebsratsvorsitzenden

Der **BRVors.** oder ein anderes hiermit beauftragtes BRMitgl. ist nach S. 4 berech- 12
tigt, an den Sprechstunden der JugAzubiVertr. **beratend teilzunehmen.** Zweck der
Regelung ist es, eine sachkundige Beratung der jug. oder zu ihrer Berufsausbildung
beschäftigten ArbN zu ermöglichen und dem BR Gelegenheit zu geben, sich Kenntnis von den Anliegen dieser ArbN zu verschaffen. Eine Verpflichtung zur Teilnahme
eines BRMitgl. an den Sprechstunden besteht nicht (GK-*Oetker* Rn 24; *HSWGNR-
Rose* Rn 23; *DKKW-Trittin* Rn 13).

Die JugAzubiVertr. muss die **Anwesenheit des BRVors.** oder eines anderen be- 13
auftragten BRMitgl. während der Sprechstunden **dulden** (*Richardi/Annuß* Rn 11).
Die Beauftragung eines anderen BRMitgl. erfolgt durch Mehrheitsbeschluss des BR
(*DKKW-Trittin* Rn 14; GK-*Oetker* Rn 23, 25; *Richardi/Annuß* Rn 10). Von diesem
sollte die JugAzubiVertr. unterrichtet werden. Der Beschluss bedarf nicht der Zustimmung der JugAzubiVertr. Diese hat kein Stimmrecht nach § 67 Abs. 2, da die
Beauftragung des BRMitgl. die Belange der in § 60 Abs. 1 genannten ArbN nicht
berührt (GK-*Oetker* Rn 23; **aA** *DKKW-Trittin* Rn 14). Die Teilnahme des BRVors.
bzw. des beauftragten anderen BRMitgl. beschränkt sich auf eine Beratung sowohl
der JugAzubiVertr. als auch der die Sprechstunden aufsuchenden jug. oder auszubildenden ArbN in anstehenden Sach- und Rechtsfragen.

IV. Streitigkeiten

Meinungsverschiedenheiten über die Voraussetzung für die Einrichtung eigener 14
Sprechstunden der JugAzubiVertr. sind von den ArbG im **BeschlVerf.** zu entscheiden (§§ 2a, 80 ff. ArbGG). Das Gleiche gilt für die Frage der Berechtigung der jug.
oder zu ihrer Berufsausbildung beschäftigten ArbN, die Sprechstunden der JugAzubi-
Vertr. zu besuchen, sowie das Teilnahmerecht des BRVors. oder des beauftragten anderen BRMitgl. an den Sprechstunden. Auch der Spruch der E-Stelle über Zeit und
Ort der Sprechstunden kann im Rahmen des § 76 Abs. 5 vom ArbG im BeschlVerf.
überprüft werden; das BeschlVerf. kann jedoch in diesem Falle nur vom BR oder
dem ArbGeb., nicht von der JugAzubiVertr. eingeleitet werden (*Richardi/Annuß* Rn 12;
DKKW-Trittin Rn 18). Die JugAzubiVertr. ist aber zu beteiligen (vgl. auch BAG 8. 2.
77 AP Nr. 19 zu § 80 BetrVG 1972). Zu den Besonderheiten des BeschlVerf. vgl.
Nach § 1.

Über Klagen von jug. oder auszubildenden ArbN auf wegen des Besuchs der 15
Sprechstunden vorenthaltenem Lohn haben die ArbG im **Urteilsverfahren** zu entscheiden (*Richardi/Annuß* Rn 13; GK-*Oetker* Rn 33).

§ 70 Allgemeine Aufgaben

(1) **Die Jugend- und Auszubildendenvertretung hat folgende allgemeine Aufgaben:**
**1. Maßnahmen, die den in § 60 Abs. 1 genannten Arbeitnehmern dienen, insbe-
sondere in Fragen der Berufsbildung und der Übernahme der zu ihrer Berufsausbildung Beschäftigten in ein Arbeitsverhältnis, beim Betriebsrat zu beantragen;**

1 a. **Maßnahmen zur Durchsetzung der tatsächlichen Gleichstellung der in § 60 Abs. 1 genannten Arbeitnehmer entsprechend § 80 Abs. 1 Nr. 2 a und 2 b beim Betriebsrat zu beantragen;**
2. **darüber zu wachen, dass die zugunsten der in § 60 Abs. 1 genannten Arbeitnehmer geltenden Gesetze, Verordnungen, Unfallverhütungsvorschriften, Tarifverträge und Betriebsvereinbarungen durchgeführt werden;**
3. **Anregungen von in § 60 Abs. 1 genannten Arbeitnehmern, insbesondere in Fragen der Berufsbildung, entgegenzunehmen und, falls sie berechtigt erscheinen, beim Betriebsrat auf eine Erledigung hinzuwirken. Die Jugend- und Auszubildendenvertretung hat die betroffenen in § 60 Abs. 1 genannten Arbeitnehmer über den Stand und das Ergebnis der Verhandlungen zu informieren;**
4. **die Integration ausländischer, in § 60 Abs. 1 genannter Arbeitnehmer im Betrieb zu fördern und entsprechende Maßnahmen beim Betriebsrat zu beantragen.**

(2) **¹Zur Durchführung ihrer Aufgaben ist die Jugend- und Auszubildendenvertretung durch den Betriebsrat rechtzeitig und umfassend zu unterrichten. ²Die Jugend- und Auszubildendenvertretung kann verlangen, dass ihr der Betriebsrat die zur Durchführung ihrer Aufgaben erforderlichen Unterlagen zur Verfügung stellt.**

Inhaltsübersicht

I. Vorbemerkung

1   Die Vorschrift weist der JugAzubiVertr. in Anlehnung an den für den BR maßgebenden § 80 **allgemeine Aufgaben** zu. Ebenso wie für den BR hat das **BetrVerfReformG** die allgemeinen Aufgaben der JugAzubiVertr. erweitert. Neben der Aufgabe, Maßnahmen zur tatsächlichen Gleichstellung der Geschlechter und zur Integration von ausländischen jug. oder zu ihrer Berufsausbildung beschäftigten ArbN zu beantragen, fällt ihr die weitere wichtige Aufgabe zu, Maßnahmen zu verlangen, die auf eine Übernahme der Auszubildenden in ein Arbeitsverhältnis nach Abschluss ihrer Ausbildung abzielen. Diese Aufgaben dienen bedeutsamen gesellschafts- und arbeitsmarktpolitischen Zwecken (vgl. BT-Drucks. 14/5741 S. 44, 45). Die allgemeinen Aufgaben beziehen sich im Übrigen auf sämtliche Tätigkeitsbereiche, die für die jug. oder zu ihrer Berufsausbildung beschäftigten ArbN von Bedeutung sind. Das betrifft vor allem Fragen der Berufsbildung (vgl. Abs. 1 Nr. 1 u. 3). Die **Durchführung** der allgemeinen Aufgaben erfolgt über den BR, nicht durch unmittelbare Verhandlung der JugAzubiVertr. mit dem ArbGeb. (vgl. § 60 Rn 4, 24). Aus diesem Grunde weist Abs. 2 ausschließlich dem BR und nicht dem ArbGeb. die Pflicht zu, die JugAzubiVertr. über die zur Durchführung ihrer Aufgaben erforderlichen Umstände und Tatsachen zu unterrichten und ihr die erforderlichen Unterlagen zur Verfügung zu stellen.

2   Die Vorschrift ist nach § 51 Abs. 6 iVm. § 73 Abs. 2 auf die GesJugAzubiVertr. entspr. anzuwenden, obwohl sie in § 73 Abs. 2 nicht ausdrücklich aufgeführt ist

(*DKKW-Trittin* Rn 3; *HSWGNR-Rose* Rn 5). Das gilt auch für die KJugAzubiVertr. Auch dort fehlt in § 73 b eine Verweisung auf § 70.
Entspr. Vorschrift: **§ 61 Abs. 1 und 3 BPersVG.** 3

II. Allgemeine Aufgaben

Die allgemeinen Aufgaben der JugAzubiVertr. sind **überwachender und be-** 4 **ratender Art.** Sie beziehen sich auf alle sozialen, personellen und wirtschaftlichen Fragen, die jug. oder die zu ihrer Berufsausbildung beschäftigten ArbN unmittelbar oder mittelbar betreffen. Die Wahrnehmung und Erfüllung der allgemeinen Aufgaben erfolgt über den BR. Dazu dient auch das Teilnahmerecht an BR Sitzungen nach § 67 Abs. 1 (vgl. § 67 Rn 11 ff.) und das Antragsrecht nach § 67 Abs. 3 (vgl. § 67 Rn 26 ff.). Im Rahmen ihrer gesetzl. Aufgaben können BR und JugAzubiVertr. gemeinsam die Durchführung einer Fragebogenaktion unter den jug. oder auszubildenden ArbN beschließen, soweit dadurch Betriebsablauf oder Betriebsfriede nicht gestört werden (BAG 8. 2. 77 AP Nr. 10 zu § 80 BetrVG 1972; *DKKW-Trittin* Rn 9; *Richardi/Annuß* Rn 33).

1. Antragsrecht

Abs. 1 Nr. 1, Nr. 1 a und Nr. 4 gewähren der JugAzubiVertr. ein **allgemeines Initia-** 5 **tivrecht.** Sie kann beim BR – nicht beim ArbGeb. (GK-*Oetker* Rn 6; *Richardi/ Annuß* Rn 5) – alle Maßnahmen beantragen, die den **jug. oder zu ihrer Berufsausbildung beschäftigten ArbN des Betriebs dienen.** Es muss sich nicht um Maßnahmen handeln, bei denen der BR ein Mitwirkungs oder MBR hat. Auch sonstige Angelegenheiten, die für die jug. oder auszubildenden ArbN von Bedeutung sind, kann die JugAzubiVertr. beim BR anregen. Allerdings muss es sich um Angelegenheiten im Bereich des Betriebs handeln, zu deren Behandlung der **BR zuständig** ist (GK-*Oetker* Rn 13; *HSWGNR-Rose* Rn 10).

Als Angelegenheiten iSd. Nr. 1 kommen zB in Betracht: Fragen der **Arbeitszeit** 6 der jug. oder auszubildenden ArbN (vgl. §§ 8 ff. JugArbSchG), bes. **Sozialleistungen oder Sozialeinrichtungen** für diese ArbN – etwa die Einrichtung von besonderen Aufenthaltsräumen, einer Jugendbibliothek, eines Ferienhauses, einer betrieblichen Sportabteilung oder Musikgruppe –, Fragen der **Urlaubsregelung** für jug. ArbN (vgl. § 19 JugArbSchG) und der **menschengerechten Gestaltung der Arbeits- und Ausbildungsplätze** der jug. ArbN. Von bes. Bedeutung sind Angelegenheiten der **betrieblichen Berufsausbildung.** Die Berufsausbildung ist wesentlicher Teil der Berufsbildung, bei welcher der BR nach Maßgabe der §§ 96 ff. mitzubestimmen hat (vgl. zum MBR des BR nach § 98 bei der generellen Verkürzung der Ausbildungszeit nach § 29 BBiG aF BAG 24. 8. 04 AP Nr. 12 zu § 98 BetrVG 1972). Zur Berufsbildung gehören alle Maßnahmen, die ArbN in systematischer, lehrplanartiger Weise Kenntnisse und Erfahrungen vermitteln, die diese zu ihrer beruflichen Tätigkeit im Allgemeinen befähigen (vgl. BAG 24. 8. 04 AP Nr. 12 zu § 98 BetrVG 1972; § 98 Rn 5 mwN). Die Berufsausbildung ist weitgehend durch das BBiG staatlich geregelt (BAG 24. 8. 04 AP Nr. 12 zu § 98 BetrVG 1972). Dieses ist durch das Gesetz zur Reform der beruflichen Bildung (**Berufsbildungsreformgesetz – BerBiRefG** v. 22. 3. 05 (BGBl. 05, 931) grundlegend novelliert worden (vgl. zu den Änderungen etwa *Taubert* NZA 05, 503; *Wohlgemuth* ArbuR 05, 241; *Opolony* BB 05, 1050; *Nehls* AiB 05, 332). Die wesentlichen arbeitsrechtlichen Bestimmungen finden sich jetzt in §§ 10–26 BBiG. Regelungen über die Eignung von Ausbildungsstätte und Ausbildungspersonal enthalten die §§ 27–33 BBiG. Inhalt, Struktur und Dauer der Ausbildung werden maßgeblich bestimmt durch die jeweilige Ausbildungsordnung, die nach § 5 Abs. 1 BBiG ua. die Ausbildungsdauer, das Ausbildungsberufsbild und den Ausbildungsrahmenplan festzulegen hat und nach § 5 Abs. 2

BBiG weitere Regelungen etwa über die Stufenausbildung (vgl. dazu *Nehls* AiB 05, 332, 333 f.; *Wohlgemuth* ArbuR 05, 241, 242), die überbetriebliche Ausbildung und die Anrechnung einer anderweitigen Berufsausbildung enthalten kann. In dem dadurch öffentlich-rechtlich vorgegebenen Rahmen kommen Maßnahmen in Betracht, die die JugAzubiVertr. beim BR beantragen kann, wie etwa die Gestaltung des **Ausbildungsplans,** die Verbesserung der **Ausbildungsmethoden** oder die Erstellung von **Beurteilungsbogen** für die Auszubildenden. Auch Fragen, die die **Person der Ausbilder** oder die Beschaffung zusätzlicher oder bes. **Ausbildungsmittel** betreffen, können Gegenstand des Antragsrechts nach Nr. 1 sein (GK-*Oetker* Rn 8). Ferner kann sich die JugAzubiVertr. dem BR gegenüber für die **Schaffung von Ausbildungsplätzen** einsetzen, ist dieser doch für Fragen der Personalplanung (§ 92) und der Berufsbildung (§§ 96 ff.) zuständig. Die JugAzubiVertr. kann ferner gezielte Maßnahme beantragen, die eine **Übernahme der Auszubildenden** im Anschluss an ihre Ausbildung ermöglichen (vgl. GK-*Oetker* Rn 9). Dazu gehören Vorschläge, auf welchen Arbeitsplätzen und für welche Dauer eine solche Übernahme stattfinden soll. **Zweck dieses Antragsrechts** ist, es den Auszubildenden nach Abschluss ihrer Berufsausbildung zu ermöglichen, erste Berufserfahrungen zu sammeln und dadurch ihre Vermittlungschancen auf dem allgemeinen Arbeitsmarkt zu verbessern. Darüber hinaus kann eine Übernahme – ggf. auch auf einen nicht ausbildungsgerechten Arbeitsplatz – zumindest deswegen angeregt werden, um die sozialrechtliche Situation der Betroffenen zu verbessern.

7   In gleicher Weise hat sich die JugAzubiVertr. nach dem durch das BetrVerf-ReformG neu eingefügten Abs. 1 Nr. 1 a für Maßnahmen einzusetzen, die auf eine tatsächliche **Gleichstellung** der Geschlechter bei den jug. und den zu ihrer Ausbildung beschäftigten ArbN hinwirken (vgl. § 80 Rn 34 ff.; *Rotermund,* Interessenwahrnehmung S. 143). Nach Nr. 4 hat die JugAzubiVertr. außerdem die Aufgabe, die **Integration** der im Betrieb beschäftigten jug. und zu ihrer Berufsausbildung tätigen ausländischen ArbN zu unterstützen und darauf gerichtete Maßnahmen zu beantragen. Das soll aktiv dazu beitragen, wechselseitige Vorurteile abzubauen und das Verständnis junger ArbN gegenüber anderen Kulturen und Weltanschauungen zu fördern (vgl. BT-Drucks. 14/5741 S. 44 ff.). Einzelheiten bei § 80 Rn 32.

8   Die Maßnahmen nach Nr. 1, Nr. 1 a sowie nach Nr. 4 sind von der JugAzubiVertr. **beim BR zu beantragen** (*DKKW-Trittin* Rn 10; *Richardi/Annuß* Rn 5). Das setzt einen Beschluss der JugAzubiVertr. voraus, die zuvor die Angelegenheit beraten haben muss. Der Vors. der JugAzubiVertr. führt den Beschluss der JugAzubiVertr. durch, indem er diesen an den BR weiterleitet.

9   Der BR ist verpflichtet, diese Anträge entgegenzunehmen und sich mit ihnen zu befassen. Eine Nichtbeachtung von Anträgen der JugAzubiVertr. kann uU – insb. im Wiederholungsfall – ein **grober Verstoß** gegen die dem BR obliegenden gesetzl. Pflichten nach § 23 Abs. 1 sein. Vielfach wird bei der Behandlung der beantragten Maßnahmen die JugAzubiVertr. gem. § 67 Abs. 1 S. 2 zu beteiligen sein. Soweit der Antrag eine Angelegenheit zum Gegenstand hat, die bes. die jug. oder auszubildenden ArbN betrifft, hat der BR gem. § 67 Abs. 3 S. 1 diese Angelegenheit auf die Tagesordnung seiner nächsten Sitzung zu setzen.

10   Der BR ist **nicht verpflichtet,** die von der JugAzubiVertr. beantragten Maßnahmen gegenüber dem ArbGeb. weiter zu verfolgen (ErfK/*Koch* Rn 1). Unbegründete, unzweckmäßige oder unsachliche Anträge der JugAzubiVertr. kann er zurückweisen (*DKKW-Trittin* Rn 14; *HSWGNR-Rose* Rn 10; *Richardi/Annuß* Rn 10). Wie er den Antrag in der Sache behandelt, unterliegt seinem Ermessen. Jedoch muss er die JugAzubiVertr. stets über die weitere Behandlung der Angelegenheit **informieren** (vgl. § 80 Abs. 1 Nr. 3), soweit nicht die JugAzubiVertr. ohnehin an der BRSitzung bzw. der Beschlussfassung gem. § 67 teilgenommen hat.

11   Sofern der BR den Antrag der JugAzubiVertr. als sachdienlich oder berechtigt anerkennt, ist er im Rahmen seines Ermessens verpflichtet, die **Angelegenheit mit dem ArbGeb. zu erörtern.** Vielfach wird bei dieser Erörterung die JugAzubiVertr.

gem. § 68 teilnahmeberechtigt sein. Soweit ein **Teilnahmerecht** der gesamten JugAzubiVertr. nicht in Betracht kommt, weil die Angelegenheit die jug. ArbN nicht bes. betrifft, dürfte es sich empfehlen, wenigstens den Vors. der JugAzubiVertr. oder ein anderes ihrer Mitgl. zu der Erörterung der von der JugAzubiVertr. beantragten Angelegenheit hinzuzuziehen.

2. Überwachungsrecht

Die Regelung des Abs. 1 Nr. 2 enthält nicht nur ein Überwachungsrecht der Jug- **12** AzubiVertr., sondern normiert gleichzeitig eine **Überwachungspflicht** (ErfK/*Koch* Rn 2; *Richardi/Annuß* Rn 13). Die Überwachung bezieht sich auf sämtliche Rechtsnormen, die für die jug. oder auszubildenden ArbN des Betriebs von Bedeutung sind. Erfasst werden sowohl gesetzl. als auch tarifliche oder betriebliche Rechtsnormen. Nicht erforderlich ist, dass die Rechtsnormen ausschließlich oder überwiegend die jug. oder auszubildende ArbN betreffen. Das **Überwachungsrecht** besteht vielmehr hinsichtlich aller Normen, die „auch" für diese ArbN von Bedeutung sind (*DKKW-Trittin* Rn 15; ErfK/*Koch* Rn 2; GK-*Oetker* Rn 27; HSWGNR-*Rose* Rn 26; *Richardi/Annuß* Rn 12). Hierunter fallen auch die Bestimmungen, die den Aushang derartiger Vorschriften im Betrieb vorschreiben. In erster Linie werden allerdings solche Vorschriften in Betracht kommen, die speziell jug. oder auszubildende ArbN ansprechen. Hierbei beschränkt sich das Überwachungsrecht nicht auf Vorschriften über den arbeitstechnischen Schutz für ArbN, sondern umfasst alle sonstigen Vorschriften im arbeitsrechtlichen Bereich.

Gesetzl. Vorschriften sind insb. das **BBiG**, die – ebenfalls durch das BerBiRefG **13** (Rn 6) novellierte – **Handwerksordnung**, das **JugArbSchG** einschl. seiner Beschäftigungsverbote, seiner Arbeitszeitvorschriften und seiner Bestimmungen über die gesundheitliche Betreuung der jug. ArbN. Zu den VO gehören insb. die auf Grund des BBiG, des JugArbSchG sowie der **GewO** erlassenen VO. Zahlreiche **Unfallverhütungsvorschriften** der **Berufsgenossenschaften** enthalten ebenfalls Sonderregelungen über die Beschäftigung jug. oder auszubildender ArbN. Auch **TV** und **BV** sehen häufig Sonderregelungen vor.

Die JugAzubiVertr. hat darauf zu achten, dass die jug. oder auszubildenden ArbN **14** entspr. den bestehenden Normen behandelt werden bzw. ihre Arbeit ausüben. Stellt sie Missstände fest, hat sie beim BR auf deren Abstellung hinzuwirken. Die JugAzubiVertr. wird damit nicht zu einem dem ArbGeb. übergeordneten **Kontrollorgan** (GK-*Oetker* Rn 28; HSWGNR-*Rose* Rn 29; *Richardi/Annuß* Rn 13). Sie kann aber von sich aus und ohne konkrete Verdachtsmomente von ihrer Überwachungsbefugnis Gebrauch machen und stichprobenartig die Einhaltung der gesetzlichen Vorschriften prüfen (BAG 21. 1. 82 AP Nr. 1 zu § 70 BetrVG 1972; *DKKW-Trittin* Rn 17; GK-*Oetker* Rn 36; *Rotermund,* Interessenwahrnehmung S. 151 f.; aA HSWGNR-*Rose* Rn 29; *Schlochauer* FS *Müller* S. 476; vgl. hierzu auch § 80 Rn 5 ff.). Zu diesem Zweck kann sie mit Zustimmung des BR (insoweit aA *DKKW-Trittin* Rn 18) die jug. oder auszubildenden ArbN auch an ihrem Arbeitsplatz aufsuchen (BAG 21. 1. 82 AP Nr. 1 zu § 70 BetrVG 1972; GK-*Oetker* Rn 37; *Richardi/Annuß* Rn 13). Die Überwachungspflicht erstreckt sich nicht auf die **Durchsetzung von Ansprüchen** jug. oder auszubildender ArbN. Eine Vertretung vor den ArbG gehört nicht zu den Aufgaben der JugAzubiVertr. (vgl. § 80 Rn 13 ff.; ErfK/*Koch* Rn 2).

3. Anregungsrecht

Zweck der Regelung des Abs. 1 Nr. 3, die § 80 Abs. 1 Nr. 3 entspricht, ist es, eine **15** möglichst **enge Kommunikation** zwischen den jug. oder auszubildenden ArbN und ihrer Vertr. sicherzustellen und eine Verbindung zum BR herzustellen. Hierzu hat die JugAzubiVertr. **Anregungen** der jug. oder auszubildenden ArbN entgegenzunehmen. Der Begriff Anregungen ist weit zu verstehen und umfasst auch **Be-**

schwerden (*DKKW-Trittin* Rn 21; GK-*Oetker* Rn 45; *Richardi/Annuß* Rn 14). Die Anregung braucht sich nicht notwendigerweise auf Angelegenheiten zu beziehen, die ausschließlich oder bes. jug. oder auszubildende ArbN betreffen. Vielmehr können diese ArbN in allen betrieblichen Fragen ihre Anregungen, auch soweit sie alle ArbN des Betriebs berühren, der JugAzubiVertr. unterbreiten (ErfK/*Koch* Rn 3). Andererseits sind sie nicht verpflichtet, ihre Anregungen nur bei der JugAzubiVertr. anzubringen. Sie können sie auch gem. § 80 Abs. 1 Nr. 3 unmittelbar beim BR vorbringen (*HSWGNR-Rose* Rn 40; *Richardi/Annuß* Rn 17). Dies gilt insb. für Beschwerden, für deren Behandlung gegenüber dem ArbGeb. der BR allein zuständig ist.

16   Die JugAzubiVertr. hat die **Pflicht**, die **Anregungen** jug. oder zu ihrer Berufsausbildung beschäftigter ArbN **entgegenzunehmen.** Sie muss sich mit ihnen auf einer Sitzung der JugAzubiVertr. befassen und hierbei ihre Berechtigung prüfen. Hält sie die Anregung für nicht berechtigt, etwa weil sie unzweckmäßig oder nicht durchführbar erscheint, so hat sie dies in einem Beschluss festzustellen und die betr. jug. oder auszubildenden ArbN hierüber zu unterrichten (*DKKW-Trittin* Rn 23; ErfK/*Koch* Rn 3; GK-*Oetker* Rn 49).

17   Hält die JugAzubiVertr. die Anregung für berechtigt, so hat sie beim BR auf eine **Erledigung hinzuwirken.** Sie ist nicht befugt, unmittelbar mit dem ArbGeb. zu verhandeln (GK-*Oetker* Rn 50). Dieses Recht hat ausschließlich der BR. Dieser hat allerdings die JugAzubiVertr. im Rahmen des § 68 zu den Besprechungen hinzuzuziehen hat, wenn die Angelegenheiten besonders jug. oder auszubildende ArbN betrifft.

18   Um auf die Erledigung hinzuwirken, muss die JugAzubiVertr. die **Angelegenheit dem BR mit ihrer Stellungnahme zuleiten.** Der BR ist an den Beschluss der JugAzubiVertr. nicht gebunden. Er hat die Berechtigung der Anregung selbständig zu prüfen (GK-*Oetker* Rn 51; *HSWGNR-Rose* Rn 38). Betrifft die Anregung bes. oder überwiegend jug. oder auszubildende ArbN, so ist die gesamte JugAzubiVertr. bei der Behandlung dieses Tagesordnungspunktes gem. § 67 Abs. 1 S. 2 und Abs. 2 an der BRSitzung teilnahmeberechtigt, ggf. auch stimmberechtigt (vgl. § 67 Rn 11 ff. u. 20 ff.).

19   Die JugAzubiVertr. hat den bzw. die jug. oder auszubildenden ArbN über die Behandlung der Anregung zu unterrichten. Die **Unterrichtung** umfasst zum einen die Behandlung der Angelegenheit in der JugAzubiVertr. selbst. Die JugAzubiVertr. hat also auch mitzuteilen, dass sie die Anregung nicht für berechtigt erachtet und sie deshalb nicht weiter verfolgt. Hat sie die Anregung an den BR weitergeleitet, so muss sie den bzw. die jug. oder auszubildenden ArbN über die Behandlung im BR unterrichten. Insb. sind die jug. oder auszubildenden ArbN über das Ergebnis von Verhandlungen des BR mit dem ArbGeb. zu informieren (GK-*Oetker* Rn 54; *HSWGNR-Rose* Rn 41). Die Unterrichtung erfolgt in erster Linie durch die JugAzubiVertr. Will der BR in Fällen, in denen jug. oder auszubildende ArbN Anregungen an die JugAzubiVertr. gerichtet haben, von sich aus diese ArbN über den Stand und das Ergebnis der Verhandlungen unterrichten, so hat er die JugAzubiVertr. zu beteiligen.

III. Unterrichtungsrecht

1. Rechtzeitige und umfassende Unterrichtung

20   Damit die JugAzubiVertr. ihre Aufgaben sachgerecht ausüben kann, ist sie gemäß Abs. 2 S. 1 vom BR in dem hierfür erforderlichen Umfang **rechtzeitig und umfassend zu unterrichten.** Die Unterrichtung obliegt allein dem BR. Ein Anspruch auf Unterrichtung durch den ArbGeb. besteht nicht (*DKKW-Trittin* Rn 27; GK-*Oetker* Rn 56; *HSWGNR-Rose* Rn 45; *Richardi/Annuß* Rn 18). Die Unterrichtung soll der JugAzubiVertr. die ordnungsgemäße Durchführung ihrer Aufgaben ermöglichen. Aus diesem Zweck ergeben sich Inhalt und Grenzen der Unterrichtungspflicht. Zu den Aufgaben gehören insb. die allgemeinen Aufgaben nach § 70 Abs. 1 sowie alle Ange-

legenheiten, die bes. oder überwiegend die Belange der jug. oder zu ihrer Berufsausbildung beschäftigten ArbN berühren und bei denen die JugAzubiVertr. ein Teilnahmerecht an den Sitzungen des BR hat. Maßgeblich sind die Umstände des Einzelfalls. Die Unterrichtungspflicht beschränkt sich nicht auf Tatsachen, sondern kann auch Rechtsauskünfte zum Inhalt haben (*HSWGNR-Rose* Rn 46; *Richardi/Annuß* Rn 19; *GK-Oetker* Rn 61).

Die Unterrichtung muss der **BR von sich aus** vornehmen. Sie setzt keinen An- **21** trag der JugAzubiVertr. voraus (*GK-Oetker* Rn 57). Eine bes. Form der Unterrichtung ist nicht vorgeschrieben. Sie kann auch mündlich erfolgen. **Rechtzeitig** ist die Unterrichtung, wenn die JugAzubiVertr. die erforderlichen Mitteilungen bei der Durchführung ihrer Aufgaben, insb. bei ihren Beschlüssen, berücksichtigen kann (*GK-Oetker* Rn 60).

Über **Betriebs- oder Geschäftsgeheimnisse** darf der BR die JugAzubiVertr. **22** nicht unterrichten. Dies gilt selbst dann, wenn gerade diese Informationen für die jug. oder auszubildenden ArbN von bes. Bedeutung sind. Die JugAzubiVertr. gehört nicht zu den in § 79 Abs. 1 S. 4 ausdrücklich genannten Stellen (vgl. § 79 Rn 64; *DKKW-Trittin* Rn 30; *GK-Oetker* Rn 64; *HSWGNR-Rose* Rn 56; skeptisch dagegen *Richardi/Annuß* Rn 29 unter Hinweis auf die originäre Geheimhaltungspflicht der Mitgl. der JugAzubiVertr. nach § 79 Abs. 2). Das Gleiche gilt für persönliche Angaben iSv. § 99 Abs. 1 S. 3 Halbs. 1; § 99 Abs. 1 S. 3 Halbs. 2 verweist auf § 79 Abs. 1 S. 4. Erfahren Mitgl. der JugAzubiVertr. gleichwohl Betriebs- oder Geschäftsgeheimnisse, so sind sie gemäß § 79 Abs. 2 zur **Geheimhaltung** verpflichtet; das gilt auch für persönliche Angaben iSv. § 99 Abs. 1 S. 3 (*DKKW-Trittin* Rn 31; *Richardi/Annuß* Rn 30).

2. Vorlage von Unterlagen

Auf Verlangen der JugAzubiVertr. hat der BR gemäß Abs. 2 S. 2 seine Unterrich- **23** tung durch die **Vorlage der erforderlichen Unterlagen** zu ergänzen. Die Verpflichtung zur Vorlage solcher Unterlagen besteht für sämtliche Aufgaben, die der JugAzubiVertr. obliegen. Allerdings müssen die Unterlagen zur Erfüllung dieser Aufgaben erforderlich sein (*GK-Oetker* Rn 66). Die Vorlagepflicht beschränkt sich auf solche Unterlagen, die dem BR gem. § 80 Abs. 2 S. 1 zur Verfügung gestellt worden sind bzw. deren Zurverfügungstellung er im Rahmen des § 80 Abs. 2 S. 2 verlangen kann (*DKKW-Trittin* Rn 33; *GK-Oetker* Rn 67; *Richardi/Annuß* Rn 24). Keine Vorlageverpflichtung besteht hinsichtlich solcher Unterlagen, die ein Betriebs- oder Geschäftsgeheimnis oder persönliche Angaben iSv. § 99 Abs. 1 S. 3 enthalten (vgl. Rn 22).

Zu den vorzulegenden Unterlagen zählen zB die für die Arbeit der JugAzubiVertr. **24** erforderlichen **Rechtsvorschriften** (Abs. 1 Nr. 2), einschlägige Berichte der zuständigen Behörden, Ausbildungspläne sowie sonstige beim BR vorhandene Unterlagen, die für die Bearbeitung einer konkreten Aufgabe der JugAzubiVertr. erforderlich sind. Sie hat keinen Anspruch auf Vorlage der **Lohn- und Gehaltslisten** der jug. oder auszubildenden ArbN (*GK-Oetker* Rn 68). Auch dem BetrAusschuss steht nach § 80 Abs. 2 S. 2 lediglich ein Einsichtsrecht zu. Die JugAzubiVertr. kann jedoch beim BR anregen, Einsicht in die Bruttolohn- und Gehaltslisten der jug. und auszubildenden ArbN. zu nehmen und ihr das Ergebnis dieser Einsichtnahme mitzuteilen (vgl. *DKKW-Trittin* Rn 35; *GK-Oetker* Rn 68; *Richardi/Annuß* Rn 26).

Der BR hat die **Unterlagen** der JugAzubiVertr. zur Verfügung zu stellen, dh ggf. **25** auf Zeit zu überlassen. Eine bloße Vorlage reicht nicht aus (*DKKW-Trittin* Rn 36; *GK-Oetker* Rn 70; *HSWGNR-Rose* Rn 55; *Richardi/Annuß* Rn 27). Anders als nach Abs. 2 S. 2 ist der BR nicht verpflichtet, der JugAzubiVertr. die Unterlagen unaufgefordert zu überlassen. Die JugAzubiVertr. muss diese vielmehr ausdrücklich verlangen.

26   Eine Verletzung der Unterrichtungs- und Überlassungspflicht nach Abs. 2 kann uU – insb. im Wiederholungsfall – ein **grober Verstoß** gegen die dem BR obliegenden gesetzl. Pflichten nach § 23 Abs. 1 sein (GK-*Oetker* Rn 72; *DKKW-Trittin* Rn 37; *Richardi/Annuß* Rn 31).

IV. Streitigkeiten

27   Streitigkeiten über Inhalt, Umfang und Grenzen der Aufgaben der JugAzubiVertr. sowie des Anspruchs auf Unterrichtung und auf Vorlage von Unterlagen nach Abs. 2 entscheiden die ArbG im **BeschlVerf.** (§§ 2a, 80 ff. ArbGG). Beteiligt ist auch die JugAzubiVertr. (BAG 8. 2. 77 AP Nr. 10 zu § 80 BetrVG 1972). Zu den Besonderheiten des BeschlVerf. vgl. Nach § 1.

§ 71 Jugend- und Auszubildendenversammlung

[1] **Die Jugend- und Auszubildendenvertretung kann vor oder nach jeder Betriebsversammlung im Einvernehmen mit dem Betriebsrat eine betriebliche Jugend- und Auszubildendenversammlung einberufen.** [2] **Im Einvernehmen mit Betriebsrat und Arbeitgeber kann die betriebliche Jugend- und Auszubildendenversammlung auch zu einem anderen Zeitpunkt einberufen werden.** [3] **§ 43 Abs. 2 Satz 1 und 2, die §§ 44 bis 46 und § 65 Abs. 2 Satz 2 gelten entsprechend.**

Inhaltsübersicht

I. Vorbemerkung

1   Die JugAzubiVerslg. soll den jug. ArbN und Auszubildenden **Gelegenheit** geben, die sie betreffenden **Angelegenheiten unter sich erörtern** zu können.

2   Die Vorschrift gilt weder für die GesJugAzubiVertr. (vgl. § 73 Abs. 2) noch für die KJugAzubiVertr. (vgl. § 73b Abs. 2).

3   Die Regelung ist **zwingendes** Recht und kann weder durch BV noch durch TV abbedungen werden.

4   Entspr. Vorschrift des BPersVG: § 63.

II. Teilnehmerkreis und Art der Versammlungen

5   Die JugAzubiVerslg. ist **nicht öffentlich.** Obwohl es an einer Verweisung fehlt, ist auf sie § 42 Abs. 1 S. 2 entspr. anzuwenden (*DKKW-Trittin* Rn 19; GK-*Oetker* Rn 45; ErfK/*Koch* Rn 1; *HSWGNR-Rose* Rn 11; *Richardi/Annuß* Rn 19; *Rotermund,* Interessenwahrnehmung, S. 164). Die jug. ArbN und die Auszubildenden sind durch die Teilnahme an der JugAzubiVerslg. nicht gehindert, auch an der BetrVerslg. teilzunehmen.

Wie sich aus dem Zweck der JugAzubiVerslg. ergibt, sind teilnahmeberechtigt alle **6** **in § 60 Abs. 1 genannten ArbN.** (GK-*Oetker* Rn 8). Teilnahmeberechtigt ist außerdem die gesamte **JugAzubiVertr.** (GK-*Oetker* Rn 13). Nach S. 3 iVm. § 65 Abs. 2 S. 2 Halbs. 2 kann ferner der **BRVors.** oder ein **beauftragtes BRMitglied** teilnehmen (GK-*Oetker* Rn 14). Aus S. 3 iVm. § 43 Abs. 2 S. 1 folgt das Teilnahmerecht des **ArbGeb.** Nach S. 3 iVm. § 46 Abs. 1 S. 2 kann er einen **Beauftragten seines ArbGebVerbands** hinzuziehen. Gemäß S. 3 iVm. § 46 Abs. 1 S. 1 sind Beauftragte der im Betrieb vertretenen **Gewerkschaften** teilnahmeberechtigt (*Richardi/ Annuß* Rn 16; GK-*Oetker* Rn 14, 55, vgl. aber auch Rn 42).

Die Nicht-Öffentlichkeit der JugAzubiVerslg. bedeutet ebenso wie bei der Betr- **7** Verslg. nicht, dass nicht weitere Personen als **Gäste, Sachverständige** oder **Auskunftspersonen** teilnehmen könnten (vgl. § 42 Rn 15 ff., 43 ff.; vgl. für die Betr-Verslg. BAG 13. 9. 77, 28. 11. 78 AP Nr. 1, 2 zu § 42 BetrVG; *DKKW-Trittin* Rn 9). Voraussetzung ist allerdings ein entspr. Beschluss der JugAzubiVertr. und die Zustimmung des BR. Diese müssen hierzu prüfen, ob die Teilnahme Dritter sachdienlich ist (vgl. *DKKW-Trittin* Rn 9). Dies gilt auch für die Teilnahme von Azubi, die das 25. Lebensjahr vollendet haben. Da die JugAzubiVerslg. regelmäßig während der Arbeitszeit stattfindet, bedürfen diese auch der Zustimmung des ArbGeb.

Die JugAzubiVerslg. kann **nicht in Form von AbtVerslg.** durchgeführt werden; **8** § 42 Abs. 2 und § 43 Abs. 1 S. 1 sind in § 71 nicht in Bezug genommen (GK-*Oetker* Rn 18; *Lunk* NZA 92, 540; *HSWGNR-Rose* Rn 15; *Richardi/Annuß* Rn 9; *Rotermund*, Interessenwahrnehmung, S. 157 ff.; aA *DKKW-Trittin* Rn 7). Der Zweck der AbtVerslg., die sich mit besonderen Problemen der Abteilung befasst, ist auf die Jug-AzubiVerslg. nicht übertragbar. Zulässig ist es aber, die BetrJugAzubiVerslg. in **Teilverslg.** durchzuführen, wenn wegen der Eigenart des Betriebs eine Verslg. aller jug. ArbN und der Auszubildenden zum gleichen Zeitpunkt nicht stattfinden kann (ErfK/ *Koch* Rn 1; *Richardi/Annuß* Rn 8; *Rotermund*, Interessenwahrnehmung, S. 155 ff.). Zwar wird § 42 Abs. 1 S. 3 in § 71 nicht ausdrücklich erwähnt; gleichwohl ist diese Bestimmung entspr. anzuwenden. Denn auf eine Verslg. der jug. ArbN des Betriebs darf nicht verzichtet werden, nur weil wegen der Eigenart des Betriebs eine Vollverslg. der jug. ArbN nicht möglich ist (*Richardi/Annuß* Rn 8; GK-*Oetker* Rn 16; *DKKW-Trittin* Rn 6; *Lunk* NZA 92, 540; aA *HSWGNR-Rose* Rn 17). Der in S. 1 geforderte zeitliche Zusammenhang zwischen BetrVerslg. und JugAzubiVerslg. kann dadurch gewahrt werden, dass die BetrJugAzubiTeilVerslg. vor oder nach einer BetrTeilVerslg. abgehalten wird.

III. Einberufung und Durchführung

1. Einberufung

Die Einberufung einer JugAzubiVerslg. erfordert einen entspr. **Beschluss der** **9** **JugAzubiVertr.** sowie das **Einvernehmen des BR.** Für den Beschluss reicht die einfache Stimmenmehrheit der beschlussfähigen JugAzubiVertr. aus.

Ob die JugAzubiVertr. eine JugAzubiVerslg. durchführen will, liegt in ihrem **10** **Ermessen** (*Richardi/Annuß* Rn 10; GK-*Oetker* Rn 25; *DKKW-Trittin* Rn 2; *HSWGNR-Rose* Rn 28). Sie ist dazu nicht verpflichtet. Auch ein Anspruch der Gewerkschaften oder des BR auf Einberufung einer JugAzubiVerslg. besteht nicht.

Die Einberufung einer JugAzubiVerslg. bedarf der **Zustimmung des BR** (*Richardi/* **11** *Annuß* Rn 11; GK-*Oetker* Rn 29). Dieser entscheidet nach pflichtgemäßem Ermessen. An der Beschlussfassung ist die JugAzubiVertr. gem. § 67 Abs. 2 teilnahme- und stimmberechtigt. Die Zustimmung des BR bezieht sich auf die **Durchführung** der JugAzubiVerslg., auf deren **zeitliche Lage** und auf die **Tagesordnung** (*DKKW-Trittin* Rn 4; ErfK/*Koch* Rn 1; GK-*Oetker* Rn 31; *Richardi/Annuß* Rn 11). Ihre entsprechenden Wünsche muss die JugAzubiVertr. dem BR mitteilen. Eine nachträgliche Änderung oder Ergänzung der Tagesordnung in wesentlichen Punkten bedarf ebenfalls der Zustimmung des BR (*Richardi/Annuß* Rn 11).

12 Den im Betrieb vertretenen **Gewerkschaften** sind gemäß S. 3 iVm. § 46 Abs. 2 Zeitpunkt und Tagesordnung der JugAzubiVerslg. rechtzeitig schriftlich **mitzuteilen** (*Richardi/Annuß* Rn 16; *GK-Oetker* Rn 42).

2. Anzahl und Zeitpunkt

13 Die JugAzubiVerslg. ist **vor oder nach einer BetrVerslg.** durchzuführen. Die BetrVerslg. kann gem. § 42 iVm. § 43 Abs. 1 S. 2 auch in Form von AbtVerslg. durchgeführt werden (*DKKW-Trittin* Rn 13; *Rotermund,* Interessenwahrnehmung, S. 160 ff.). Wenngleich im Prinzip so viele JugAzubiVerslg. wie BetrVerslg. durchgeführt werden können, müssen JugAzubiVertr. und BR dennoch nach pflichtgemäßem Ermessen prüfen, ob ein berechtigtes Bedürfnis für die Abhaltung einer JugAzubiVerslg. besteht (*GK-Oetker* Rn 33).

14 Bei der BetrVerslg., mit der die JugAzubiVerslg in zeitlichem Zusammenhang stehen muss, kann es sich auch um eine zusätzliche oder außerordentliche BetrVerslg. handeln. Soweit die Durchführung einer zusätzlichen oder außerordentlichen BetrVerslg. nur unter besonderen Voraussetzungen zulässig ist (vgl. hierzu § 43 Rn 33 ff.), müssen diese Voraussetzungen auch für die Durchführung einer **außerordentlichen JugAzubiVerslg.** vorliegen (*GK-Oetker* Rn 21; *Rotermund,* Interessenwahrnehmung, S. 163).

15 Die JugAzubiVerslg. darf ohne **Einverständnis des ArbGeb.** nur vor oder nach einer BetrVerslg. stattfinden. Sie ist also grundsätzlich im unmittelbaren zeitlichen Zusammenhang mit der BetrVerslg. am selben Tage abzuhalten (BAG 15. 8. 78 AP Nr. 1 zu § 23 BetrVG 1972). Sinn der Regelung ist, die **Störung des Betriebsablaufs** in möglichst engen Grenzen zu halten. Der Besuch von zwei Verslg. an einem Tag ist nicht unzumutbar. Dies gilt jedenfalls dann, wenn diese Verslg. durch eine Pause (etwa die Mittagspause) getrennt sind. Liegen besondere betriebliche Umstände oder persönliche Gründe der jug. ArbN vor, die die Abhaltung der JugAzubiVerslg. am Tage der BetrVerslg. unmöglich machen oder zumindest erheblich erschweren, so kann die JugAzubiVerslg. auch an einem Arbeitstag vor oder nach der BetrVerslg. einberufen werden (BAG 15. 8. 78 AP Nr. 1 zu § 23 BetrVG 1972).

16 Im **Einverständnis** mit BR, JugAzubiVertr. und ArbGeb. kann die JugAzubiVerslg. gemäß S. 2 auch zu einem **anderen Zeitpunkt** stattfinden (*ErfK/Koch* Rn 1).

17 Im Allgemeinen findet die JugAzubiVerslg. gemäß S. 3 iVm. § 44 Abs. 1 S. 1 **während der Arbeitszeit** statt (vgl. Rn 24 f.).

3. Leitung

18 Wenngleich § 42 Abs. 1 S. 1 Halbs. 2 nicht ausdrücklich für entspr. anwendbar erklärt ist, obliegt die **Leitung** der JugAzubiVerslg. dem **Vors. der JugAzubiVertr.** (*DKKW-Trittin* Rn 17; *ErfK/Koch* Rn 1; *GK-Oetker* Rn 43; *HSWGNR-Rose* Rn 32; *Richardi/Annuß* Rn 18). Er hat insoweit dieselben Befugnisse wie der BRVors. bei der Leitung der BetrVerslg. (vgl. dazu § 42 Rn 34 ff.). Er hat dafür zu sorgen, dass die JugAzubiVerslg. ordnungsgemäß abläuft und keine unzulässigen Themen erörtert werden (vgl. hierzu unten Rn 21 sowie § 45 Rn 5 ff., 23 ff.).

19 Dem Vors. der JugAzubiVertr. steht nach allgemeiner Auffassung während der Versammlung das **Hausrecht** zu (*GK-Oetker* Rn 44; *Richardi/Annuß* Rn 18; *DKKW-Trittin* Rn 18).

20 Kommt der Vors. der JugAzubiVertr. seiner Verpflichtung, die JugAzubiVerslg ordnungsgemäß durchzuführen, nicht nach, ist der BRVors. bzw. das beauftragte Mitgl. des BR berechtigt und auch verpflichtet, auf einen **ordnungsgemäßen Verlauf** hinzuwirken (*DKKW-Trittin* Rn 18). Falls auch dieser den ordnungsgemäßen Verlauf

nicht sicherstellen kann, wächst das Hausrecht wieder dem ArbGeb. zu (vgl. §42 Rn 36).

4. Themen, Anträge, Stimm- und Rederecht

§71 regelt nicht die **Themen** der JugAzubiVerslg., sondern verweist auf §45. **21** Daher können die dort genannten Angelegenheiten erörtert werden, sofern ein unmittelbarer Bezug zu den jug. ArbN oder den im Betrieb beschäftigten Auszubildenden besteht (vgl. dazu §45 Rn 5ff., *Richardi/Annuß* Rn 20f.; *HSWGNR-Rose* Rn 39; *GK-Oetker* Rn 46; *DKKW-Trittin* Rn 28; *Rotermund*, Interessenwahrnehmung, S. 165ff.). Themen der JugAzubiVerslg können daher **tarifpolitische, sozialpolitische und wirtschaftliche** und solche Fragen sein, die sich auf die Aufgaben nach §70 beziehen (zB Fragen des Jugendarbeitsschutzes im Betrieb oder der Bereitstellung von Ausbildungsplätzen im Betrieb). Nicht erforderlich ist, dass die Angelegenheiten besonders oder überwiegend die Auszubildenden oder jug. ArbN betreffen. Es genügt, wenn sie diesen Personenkreis „auch" betreffen (*DKKW-Trittin* Rn 28; *ErfK/ Koch* Rn 1; *Rotermund*, Interessenwahrnehmung, S. 165ff.; aA *GK-Oetker* Rn 46 mwN). Auch die JugAzubiVerslg. hat das Gebot der **betrieblichen Friedenspflicht**, das **Arbeitskampfverbot** und das **Verbot parteipolitischer Betätigung** zu beachten (*Richardi/Annuß* Rn 22; *GK-Oetker* Rn 47; *HSWGNR-Rose* Rn 41; vgl. §45 Rn 23ff.).

Die JugAzubiVerslg. steht nach S. 3 iVm. §45 S. 2 das Recht zu, **Anträge** an die **22** JugAzubiVertr. richten sowie zu ihren Beschlüssen Stellung nehmen (vgl. §45 Rn 32ff.; *GK-Oetker* Rn 48).

Stimmrecht haben auf der JugAzubiVerslg die in §60 Abs. 1 genannten ArbN **23** (*GK-Oetker* Rn 56; *DKKW-Trittin* Rn 29). Abstimmungen haben allerdings nur Empfehlungscharakter und entfalten für die JugAzubiVertr keine bindende Wirkung (vgl. §45 Rn 32). **Rederecht** haben grundsätzlich alle kraft Gesetzes zur Teilnahme berechtigten Personen (vgl. Rn 6; *GK-Oetker* Rn 55)

5. Verdienstausfall und Kosten

Für den Verdienstausfall ist nach S. 3 die Regelung des §44 maßgeblich. Demge- **24** mäß werden nach §44 Abs. 1 S. 1 die JugAzubiVerslg., die im Zusammenhang mit den in §43 Abs. 1 genannten BetrVerslg. stattfinden, grundsätzlich **während der Arbeitszeit** durchgeführt.

JugAzubiVerslg., die im Zusammenhang mit **außerordentlichen BetrVerslg.** **25** durchgeführt werden, finden nach S. 3 iVm. §44 Abs. 2 S. 1 **außerhalb der Arbeitszeit** statt. Hiervon kann nach S. 3 iVm. §44 Abs. 2 S. 2 Halbs. 1 im Einvernehmen mit dem ArbGeb. abgewichen werden.

Hinsichtlich der Fortzahlung des **Arbeitsentgelts** und der **Auslagenerstattung** **26** gelten dieselben Regeln wie bei der BetrVerslg. (vgl. §44 Rn 24ff.) Findet die JugAzubiVerslg. im Zusammenhang mit einer **BetrVerslg. nach §43 Abs. 1** oder mit einer auf Wunsch des ArbGeb. einberufenen BetrVerslg. statt, so ist die Zeit der Teilnahme an der JugAzubiVerslg. einschließlich zusätzlicher Wegezeiten **wie Arbeitszeit** zu vergüten. Das gilt auch, wenn wegen der Eigenart des Betriebes die JugAzubiVerslg. außerhalb der Arbeitszeit durchgeführt wird. Außerdem sind etwa entstehende zusätzliche Fahrkosten zu erstatten (*HSWGNR-Rose* Rn 37). Gleiches gilt auch, wenn die JugAzubiVerslg. gemäß S. 2 mit Einverständnis des ArbGeb. zu einem anderen Zeitpunkt als unmittelbar vor oder nach einer BetrVerslg. stattfindet (vgl. Rn 16).

Findet die JugAzubiVerslg. im Zusammenhang mit einer einvernehmlich mit dem **27** ArbGeb. während der Arbeitszeit durchgeführten **außerordentlichen BetrVerslg.** statt, so darf die Vergütung der an der JugAzubiVerslg. teilnehmenden jug. und auszubildenden ArbN gemäß S. 3 iVm. §44 Abs. 2 S. 2 Halbs. 2 nicht gemindert werden. Ein Anspruch auf Erstattung etwa entstehender zusätzlicher Fahrkosten besteht nicht (vgl. § 44 Rn 43 ff.).

28   Findet die JugAzubiVerslg. in Zusammenhang mit einer außerhalb der Arbeitszeit durchgeführten **außerordentlichen BetrVerslg.** statt, besteht weder ein Anspruch auf Arbeitsentgelt noch auf Fahrkostenerstattung (vgl. § 44 Rn 47 ff.).

29   Gemäß § 40 hat der ArbGeb. die **Kosten** für die Durchführung der JugAzubi-Verslg. zu tragen (vgl. zur BetrVerslg. § 42 Rn 52).

IV. Streitigkeiten

30   Streitigkeiten über die Zulässigkeit und die Durchführung einer JugAzubiVerslg. sowie über das Teilnahmerecht an ihr entscheiden die ArbG im **BeschlVerf.** (§§ 2 a, 80 ff. ArbGG). Ansprüche auf vorenthaltenen Lohn oder auf Fahrkostenerstattung wegen der Teilnahme an einer JugAzubiVerslg. sind im arbeitsgerichtlichen **Urteilsverf.** einzuklagen (vgl. § 2 Abs. 1 Nr. 3 ArbGG). Zu den Besonderheiten des BeschlVerf. vgl. Nach § 1.

Zweiter Abschnitt. Gesamt-Jugend- und Auszubildendenvertretung

§ 72 Voraussetzungen der Errichtung, Mitgliederzahl, Stimmengewicht

(1) **Bestehen in einem Unternehmen mehrere Jugend- und Auszubildendenvertretungen, so ist eine Gesamt-Jugend- und Auszubildendenvertretung zu errichten.**

(2) **In die Gesamt-Jugend- und Auszubildendenvertretung entsendet jede Jugend- und Auszubildendenvertretung ein Mitglied.**

(3) **Die Jugend- und Auszubildendenvertretung hat für das Mitglied der Gesamt-Jugend- und Auszubildendenvertretung mindestens ein Ersatzmitglied zu bestellen und die Reihenfolge des Nachrückens festzulegen.**

(4) **Durch Tarifvertrag oder Betriebsvereinbarung kann die Mitgliederzahl der Gesamt-Jugend- und Auszubildendenvertretung abweichend von Absatz 2 geregelt werden.**

(5) **Gehören nach Absatz 2 der Gesamt-Jugend- und Auszubildendenvertretung mehr als zwanzig Mitglieder an und besteht keine tarifliche Regelung nach Absatz 4, so ist zwischen Gesamtbetriebsrat und Arbeitgeber eine Betriebsvereinbarung über die Mitgliederzahl der Gesamt-Jugend- und Auszubildendenvertretung abzuschließen, in der bestimmt wird, dass Jugend- und Auszubildendenvertretungen mehrerer Betriebe eines Unternehmens, die regional oder durch gleichartige Interessen miteinander verbunden sind, gemeinsam Mitglieder in die Gesamt-Jugend- und Auszubildendenvertretung entsenden.**

(6) **¹Kommt im Fall des Absatzes 5 eine Einigung nicht zustande, so entscheidet eine für das Gesamtunternehmen zu bildende Einigungsstelle. ²Der Spruch der Einigungsstelle ersetzt die Einigung zwischen Arbeitgeber und Gesamtbetriebsrat.**

(7) **¹Jedes Mitglied der Gesamt-Jugend- und Auszubildendenvertretung hat so viele Stimmen, wie in dem Betrieb, in dem es gewählt wurde, in § 60 Abs. 1 genannte Arbeitnehmer in der Wählerliste eingetragen sind. ²Ist ein Mitglied der Gesamt-Jugend- und Auszubildendenvertretung für mehrere Betriebe ent-**

sandt worden, so hat es so viele Stimmen, wie in den Betrieben, für die es entsandt ist, in § 60 Abs. 1 genannte Arbeitnehmer in den Wählerlisten eingetragen sind. [3] Sind mehrere Mitglieder der Jugend- und Auszubildendenvertretung entsandt worden, so stehen diesen die Stimmen nach Satz 1 anteilig zu.

(8) **Für Mitglieder der Gesamt-Jugend- und Auszubildendenvertretung, die aus einem gemeinsamen Betrieb mehrerer Unternehmen entsandt worden sind, können durch Tarifvertrag oder Betriebsvereinbarung von Absatz 7 abweichende Regelungen getroffen werden.**

Inhaltsübersicht

I. Vorbemerkung

Durch die Institution der GesJugAzubiVertr. soll erreicht werden, dass auch **auf 1 Unternehmensebene ein betriebsverfassungsrechtliches Organ** besteht, das sich speziell der Belange der Auszubildenden und der jugendlichen ArbN des Unternehmens annimmt. Das Gesetz schreibt die Bildung einer GesJugAzubiVertr. vor, wenn in einem Unternehmen mehrere JugAzubiVertr. gewählt sind.

§ 72 regelt in Anlehnung an die Bestimmung des § 47 über die Bildung des 2 GesBR die Voraussetzungen für die **Errichtung** einer GesJugAzubiVertr. (Abs. 1), ihre regelmäßige **MitglZahl** (Abs. 2), die Verpflichtung zur Bestellung von ErsMitgl. und die Festlegung der Reihenfolge ihres Nachrückens (Abs. 3), die Möglichkeit, durch TV oder BV die MitglZahl abweichend von der gesetzlichen Regelung zu gestalten (Abs. 4 bis 6), die **Stimmengewichtung** in der GesJugAzubiVertr. (Abs. 7) und Regelungen zur Einbeziehung der Jugendlichen und Auszubildenden, die in Gemeinschaftsbetrieben beschäftigt werden, in die Vertr. auf der Unternehmensebene (Abs. 8). Daher wird insb. auf die Kommentierung zu § 47 verwiesen.

Die Vorschrift ist – abgesehen von der Möglichkeit, durch TV oder BV die 3 MitglZahl abweichend vom Gesetz zu regeln – **zwingendes Recht** (GK-*Oetker* Rn 8).

Im Bereich der **außerbetrieblichen Berufsausbildung** (vgl. § 60 Rn 17; § 51 4 BBiG) können aber **abweichende InteressenVertr.** für Azubi errichtet werden. Dies ist für die Berufsausbildung bei der Deutschen Telekom AG durch den zwischen dieser und der Gewerkschaft ver.di geschlossenen TV über die Mitbestimmung im Telekom Training Center – TV Nr. 122 – vom 12. 10. 01 geschehen (vgl. dazu insb. BAG 24. 8. 04 AP Nr. 12 zu § 98 BetrVG 1972; vgl. auch 24. 8. 11 – 7 ABR 8/10 –; *Klinkhammer* FS 50 Jahre BAG S. 963 ff.).

Entspr. Vorschrift des BPersVG: § 64. 5

II. Stellung der Gesamt-Jugend- und Auszubildendenvertretung

6   Die Stellung der GesJugAzubiVertr. ist zum einen **gegenüber den JugAzubi-Vertr.**, zum anderen **gegenüber dem GesBR** des Unternehmens abzugrenzen.

7   Die GesJugAzubiVertr. steht neben den einzelnen JugAzubiVertr. des Unternehmens und ist diesen **weder über- noch untergeordnet** (GK-*Oetker* Rn 6; *DKKW-Trittin* Rn 4; *HSWGNR-Rose* Rn 6). Es gilt dasselbe wie im Verhältnis zwischen GesBR und den einzelnen BR (vgl. § 50 Rn 5 ff.).

8   Auch die **Zuständigkeits**abgrenzung zwischen GesJugAzubiVertr. und den einzelnen JugAzubiVertr. entspricht derjenigen zwischen GesBR und den einzelnen BR (vgl. § 50 Rn 9 ff.).

9   Im **Verhältnis zum GesBR** hat die GesJugAzubiVertr. die gleiche Stellung wie die JugAzubiVertr. zum BR. Die GesJugAzubiVertr. ist kein selbständiges, neben dem GesBR bestehendes betriebsverfassungsrechtliches Organ mit selbständigen und von diesem unabhängigen Vertretungsrechten gegenüber dem ArbGeb. Insb. stehen ihr keine eigenen Mitwirkungs- und MBR zu. Vielmehr kann sie die ihr übertragenen Aufgaben, die Interessen der Auszubildenden und der jug. ArbN auf der Unternehmensebene wahrzunehmen (vgl. § 73 Abs. 2 iVm. § 50), nur durch und über den GesBR erfüllen (GK-*Oetker* Rn 5; *DKKW-Trittin* Rn 3). Insoweit gelten die Ausführungen zu § 60 Rn 1 über das Verhältnis zwischen der JugAzubiVertr. und dem BR sinngemäß.

III. Voraussetzungen für die Bildung einer Gesamt-Jugend- und Auszubildendenvertretung

10   Die GesJugAzubiVertr. ist in einem **Unternehmen** zu errichten, in dem **mehrere JugAzubiVertr. bestehen.** Die Voraussetzungen für die Errichtung einer GesJugAzubiVertr. entsprechen denjenigen für die Bildung eines GesBR (vgl. dazu § 47 Rn 9 ff.).

11   Die Errichtung einer GesJugAzubiVertr. hängt nach dem Wortlaut des Gesetzes nicht davon ab, dass in dem Unternehmen auch ein GesBR besteht. Da jedoch eine JugAzubiVertr. nur in Betrieben gebildet werden kann, in denen ein BR besteht (vgl. § 60 Rn 22), ist die Errichtung einer GesJugAzubiVertr. **nur in** solchen **Unternehmen** zulässig, **in denen** nach § 47 Abs. 1 auch **ein GesBR gebildet werden muss** (*Richardi/Annuß* Rn 5; GK-*Oetker* Rn 10; aA *DKKW-Trittin* Rn 6, der die Errichtung selbst dann für zulässig hält, wenn mangels mehrerer BR kein GesBR gebildet werden muss; **aA** auch *HSWGNR-Rose* Rn 9, der das tatsächliche Bestehen eines GesBR verlangt). Unterbleibt entgegen der gesetzlichen Verpflichtung die Konstituierung des GesBR, so ist die GesJugAzubiVertr. in ihrer Tätigkeit weitgehend beschränkt, kann sie doch ihre Aufgaben nur durch und über den GesBR erfüllen (vgl. GK-*Oetker* Rn 11; *Richardi/Annuß* Rn 5).

12   Bei Vorliegen der gesetzlichen Voraussetzungen ist die Bildung einer GesJug-AzubiVertr. **zwingend vorgeschrieben.** Die JugAzubiVertr haben die **Rechtspflicht,** die GesJugAzubiVertr. zu bilden. Ein besonderer Errichtungsbeschluss der einzelnen JugAzubiVertr. ist nicht erforderlich (*Richardi/Annuß* Rn 6; *HSWGNR-Rose* Rn 11; GK-*Oetker* Rn 12; *DKKW-Trittin* Rn 7). Sie haben vielmehr jeweils nur das in die GesJugAzubiVertr. zu entsendende Mitgl. zu bestimmen. Wegen der Einladung zur konstituierenden Sitzung vgl. § 73 Rn 13.

13   Die GesJugAzubiVertr. hat ebenso wie der GesBR keine feste Amtszeit, da sie eine **Dauereinrichtung** ist (*DKKW-Trittin* Rn 10; *HSWGNR-Rose* Rn 12; GK-*Oetker* Rn 15; zum GesBR vgl. § 47 Rn 26 mwN). Auflösungsbeschlüsse der einzelnen JugAzubiVertr. oder eine Selbstauflösung der GesJugAzubiVertr. sind für ihren recht-

lichen Bestand ohne Bedeutung. Die GesJugAzubiVertr. endet nur, wenn die Voraussetzungen für ihre Errichtung entfallen. Wegen des Erlöschens der Mitgliedschaft einzelner Mitgl. der GesJugAzubiVertr. vgl. § 73 Abs. 2 iVm. § 49.

IV. Regelmäßige Zusammensetzung

1. Entsendung

Ebenso wie der GesBR wird die GesJugAzubiVertr. nicht durch Wahl, sondern **14** durch **Entsendung von Mitgl. der einzelnen JugAzubiVertr.** gebildet. Jede JugAzubiVertr. entsendet gemäß Abs. 2 ein Mitgl. in die GesJugAzubiVertr. (zum GesBR vgl. § 47 Rn 28 ff.).

Auch die in einem Gemeinschaftsbetrieb mehrerer Unternehmen bestehende Jug- **15** AzubiVertr. entsendet ein Mitgl. in die GesJugAzubiVertr. Das folgt aus Abs. 8, der eine solche Entsendung voraussetzt. Die Vorschrift entspricht § 47 Abs. 9 (vgl. dort Rn 80 ff.). Durch TV oder BV können abweichende Regelungen zur Entsendung und zum Stimmrecht vereinbart werden (vgl. zum GesBR § 47 Rn 33).

Die Bestimmung des zu entsendenden Mitgl. der JugAzubiVertr. erfolgt durch ein- **16** fachen **Mehrheitsbeschluss** der nach § 65 Abs. 1 iVm. mit § 33 beschlussfähigen JugAzubiVertr. Die Entsendung anderer Personen, auch von ErsMitgl. der JugAzubiVertr., ist nicht zulässig (GK-*Oetker* Rn 22).

Besteht eine JugAzubiVertr. nur aus einem Mitgl., so ist dieses Mitgl. ohne weiteres **17** auch Mitgl. der GesJugAzubiVertr. (GK-*Oetker* Rn 24; HSWGNR-*Rose* Rn 16).

Unterlässt die JugAzubiVertr. die Entsendung eines Mitgl., so kann dies eine **gro- 18 be Pflichtverletzung** darstellen, die gemäß § 65 Abs. 1 iVm. § 23 Abs. 1 die Auflösung der JugAzubiVertr. rechtfertigen kann (*DKKW-Trittin* Rn 8; GK-*Oetker* Rn 14).

2. Ersatzmitglieder

Die JugAzubiVertr. ist nach Abs. 3 verpflichtet, für das entsandte Mitgl. **mindes- 19 tens ein ErsMitgl. zu bestellen,** das in die GesJugAzubiVertr. nachrückt, wenn das ordentliche Mitgl. zeitweilig verhindert ist oder aus der GesJugAzubiVertr. ausscheidet. Auch die Bestellung des ErsMitgl. erfolgt durch einfachen Mehrheitsbeschluss der beschlussfähigen JugAzubiVertr. Das oder die ErsMitgl. müssen ebenfalls Mitgl. der JugAzubiVertr. sein (vgl. § 47 Rn 43).

Besteht die JugAzubiVertr. nur aus 1 Mitgl., so ist die Bestellung eines ErsMitgl. in **20** einem gesonderten Wahlgang nicht erforderlich. ErsMitgl. ist vielmehr automatisch der Kandidat, der bei der (Mehrheits-)Wahl der JugAzubiVertr. (vgl. § 63 Abs. 2 S. 2, § 14 Abs. 2 S. 2; § 14a Abs. 1 S. 1) die nächst höchste Stimmenzahl erreicht hat (vgl. GK-*Oetker* Rn 24; HSWGNR-*Rose* Rn 19). Der im Schrifttum (*DKKW-Trittin* Rn 12) noch immer anzutreffende Hinweis auf § 14 Abs. 4 (aF) ist überholt.

Bestellt die JugAzubiVertr. mehrere ErsMitgl., so hat sie nach Abs. 3 gleichzeitig **21** durch einfachen Mehrheitsbeschluss die Reihenfolge ihres Nachrückens in die GesJugAzubiVertr. festzulegen.

3. Abberufung

Das in die GesJugAzubiVertr. entsandte Mitgl. kann von der JugAzubiVertr. **jeder- 22 zeit** und **ohne Angabe von Gründen** durch **einfachen Mehrheitsbeschluss** wieder **abberufen** werden (*Richardi/Annuß* Rn 12; GK-*Oetker* Rn 25; HSWGNR-*Rose* Rn 18; vgl. zum GesBR § 49 Rn 16 ff.). Dies folgt aus § 49 iVm. § 73 Abs. 2. Die Abberufung ist das Gegenstück zur Entsendung. Die JugAzubiVertr. kann jederzeit ein anderes Mitgl. in die GesJugAzubiVertr. entsenden. Darin liegt zugleich die Abberufung des bisherigen Mitgl.

23   Für das abberufene Mitgl. rückt das nach Abs. 3 bestellte ErsMitgl. entspr. der festgelegten Reihenfolge in die GesJugAzubiVertr. nach, sofern nicht die JugAzubiVertr. durch Mehrheitsbeschluss eine andere Bestimmung trifft (vgl. zum GesBR § 49 Rn 19).

24   Wegen sonstiger Gründe des Erlöschens der Mitgliedschaft in der GesJugAzubiVertr. vgl. § 49 Rn 9 ff.

V. Konstituierende Sitzung

25   Zur **konstituierenden Sitzung** der GesJugAzubiVertr. hat gem. Abs. 2 iVm. § 51 Abs. 2 S. 1 die JugAzubiVertr. einzuladen, die bei der Hauptverwaltung des Unternehmens gebildet ist (vgl. § 51 Rn 8). Besteht dort keine JugAzubiVertr., so ist zur Einladung die JugAzubiVertr. des nach der Zahl der wahlberechtigten auszubildenden und jug. ArbN (§ 60 Abs. 1) größten Betriebs des Unternehmens zuständig (*DKKW-Trittin* Rn 9; GK-*Oetker* Rn 13; *Richardi/Annuß* Rn 6). Maßgebend für die Feststellung dieser Zahl sind die Eintragungen in den Wählerlisten bei der letzten Wahl der JugAzubiVertr.

26   Die zur konstituierenden Sitzung einladungsberechtigte JugAzubiVertr. hat **den GesBR** vorher von dieser Sitzung **zu unterrichten** (vgl. § 73 Abs. 1 S. 1; *DKKW-Trittin* Rn 9; *HSWGNR-Rose* Rn 15). Das Teilnahmerecht des Vors. des GesBR bzw. des beauftragten Mitgl. des GesBR besteht auch für die konstituierende Sitzung. Im Übrigen gelten für die Konstituierung der GesJugAzubiVertr. die Ausführungen in Rn 7 ff. zu § 51 über die Konstituierung des GesBR sinngemäß.

VI. Stimmengewichtung

27   In Anlehnung an den für die Mitgl. des GesBR geltenden § 47 Abs. 7 (vgl. dort Rn 74 ff.) bestimmt sich gemäß Abs. 7 das Stimmengewicht der Mitgl. der GesJug-AzubiVertr. jeweils nach der **Zahl der unter 25 Jahre alten Auszubildenden und der jug. ArbN des entsendenden Betriebs.** Maßgebend ist die Zahl der ArbN, die bei der letzten Wahl der JugAzubiVertr. in die Wählerliste eingetragen waren, nicht die Zahl der gegenwärtig beschäftigten ArbN (*Richardi/Annuß* Rn 21; *HSWGNR-Rose* Rn 28; GK-*Oetker* Rn 44; *DKKW-Trittin* Rn 22; ErfK/*Koch* Rn 1).

28   Das Stimmengewicht der Vertr., die aus Gemeinschaftsbetrieben mehrerer Unternehmen entsandt werden (vgl. Rn 15) kann gemäß Abs. 8 durch TV oder BV abweichend geregelt werden (vgl. GK-*Oetker* Rn 50; *DKKW-Trittin* Rn 25 a; vgl. zum GesBR § 47 Rn 82).

29   Zur Stimmengewichtung bei einer Vergrößerung oder Verkleinerung der GesJug-AzubiVertr. vgl. Rn 34 ff.

30   Das einzelne Mitgl. der GesJugAzubiVertr. kann die ihm zustehenden Stimmen **nur einheitlich abgeben** (GK-*Oetker* Rn 47; *HSWGNR-Rose* Rn 30; vgl. zum GesBR § 47 Rn 74). Eine Aufspaltung der Stimmen ist nicht zulässig. In seiner Stimmabgabe ist es frei und **nicht an Aufträge oder Weisungen der entsendenden JugAzubiVertr. gebunden** (*Richardi/Annuß* Rn 25; GK-*Oetker* Rn 48; *HSWGNR-Rose* Rn 31; zum GesBR vgl. § 47 Rn 76).

VII. Abweichende Regelungen durch Tarifvertrag oder Betriebsvereinbarung

31   Ebenso wie beim GesBR hängt die Größe der GesJugAzubiVertr. gemäß Abs. 2 von der Zahl der innerhalb eines Unternehmens bestehenden JugAzubiVertr. ab. In-

soweit können ähnliche Probleme wie beim GesBR entstehen (vgl. § 47 Rn 45). Ein Unternehmen mit vielen Betrieben würde nach der gesetzlichen Zusammensetzung eine **unverhältnismäßig große GesJugAzubiVertr.**, ein Unternehmen mit nur einigen, aber größeren Betrieben mit vielen Auszubildenden und jug. ArbN eine im Verhältnis zur Gesamtzahl der betreffenden ArbN **unverhältnismäßig kleine GesJugAzubiVertr.** erhalten.

Aus diesem Grunde sieht Abs. 4 die Möglichkeit vor, durch **TV** oder **BV** eine von **32** Abs. 2 **abweichende MitglZahl der GesJugAzubiVertr.** festzulegen, die an die jeweiligen praktischen Bedürfnisse angepasst werden kann (GK-*Oetker* Rn 30 ff.; *Richardi/Annuß* Rn 15 f.; vgl. zum GesBR § 47 Rn 45).

Hierbei kann eine **Erhöhung** der gesetzlichen MitglZahl nur in der Weise er- **33** folgen, dass mehrere JugAzubiVertr. zusammengefasst werden, die dann gemeinsam eines oder mehrere ihrer Mitgl. in die GesJugAzubiVertr. entsenden (vgl. auch Abs. 5; § 47 Rn 59). Auch eine **Erhöhung** der MitglZahl ist möglich. Es kann vorgesehen werden, dass eine JugAzubiVertr. mehrere Mitgl. in die GesJugAzubiVertr. entsendet (GK-*Oetker* Rn 30; vgl. zum GesBR § 47 Rn 56).

Die abweichende Festsetzung der MitglZahl kann **durch TV** (vgl. zum GesBR § 47 **34** Rn 49 f.) **oder BV** erfolgen. Der **TV** hat hierbei **Vorrang** vor einer BV (*Richardi/Annuß* Rn 16; *DKKW-Trittin* Rn 15; **aA** GK-*Oetker* Rn 36: Prioritätsprinzip). Besteht keine tarifliche Regelung und gehören der GesJugAzubiVertr. mehr als 20 Mitgl. an, ist zwischen ArbGeb. und GesBR eine gesBV zum Zweck der Verringerung der MitglZahl abzuschließen (Abs. 5, vgl. Rn 40 ff.).

Zuständig für den **Abschluss der BV sind** der **GesBR des Unternehmens 35** und **der ArbGeb.** (*Richardi/Annuß* Rn 16; GK-*Oetker* Rn 33; *DKKW-Trittin* Rn 17; *HSWGNR-Rose* Rn 24; ErfK/*Koch* Rn 1; vgl. zum GesBR § 47 Rn 53). Die GesJugAzubiVertr. kann ebenso wenig wie die JugAzubiVertr. eine BV abschließen (vgl. § 60 Rn 11). Die nach der gesetzlichen Regelung zusammengesetzte GesJugAzubiVertr. wirkt bei den Verhandlungen über die BV sowie bei der Beschlussfassung des GesBR gem. § 73 Abs. 2 iVm. § 67 Abs. 1 und 2 und § 68 mit. Die **Mitgl. der GesJugAzubiVertr.** haben hierbei **volles Stimmrecht**, da es sich um eine Angelegenheit handelt, die überwiegend die Auszubildenden und jug. ArbN betrifft (GK-*Oetker* Rn 34; *DKKW-Trittin* Rn 17; ErfK/*Koch* Rn 1).

Für die **Stimmengewichtung** in der GesJugAzubiVertr. mit einer von der gesetz- **36** lichen Regelung abweichenden MitglZahl ist danach zu unterscheiden, ob die GesJugAzubiVertr. vergrößert oder verkleinert wird:

Wird die MitglZahl der GesJugAzubiVertr. **vergrößert**, so teilen sich gemäß **37** Abs. 7 S. 3 die mehreren von der einzelnen JugAzubiVertr. entsandten Mitgl. das Stimmengewicht, das bei einer regelmäßigen Zusammensetzung der GesJugAzubiVertr. dem einzigen zu entsendenden Mitgl. der JugAzubiVertr. zugekommen wäre, **zu gleichen Teilen** (*Richardi/Annuß* Rn 23; GK-*Oetker* Rn 46; *HSWGNR-Rose* Rn 29). Ein Mitgl. der GesJugAzubiVertr. kann die ihm zustehenden Stimmen nur einheitlich abgeben (vgl. zum GesBR § 47 Rn 74).

Wird die MitglZahl der GesJugAzubiVertr. durch eine Zusammenfassung mehrerer **38** JugAzubiVertr. zur gemeinsamen Entsendung eines Vertr. in die GesJugAzubiVertr. **verkleinert**, so stehen diesem gemäß Abs. 7 S. 2 so viele Stimmen zu, wie **in den zusammengefassten Betrieben** bei der letzten Wahl der JugAzubiVertr. **ArbN iSv. § 60 Abs. 1 in die Wählerlisten** eingetragen waren (*Richardi/Annuß* Rn 22; GK-*Oetker* Rn 45; vgl. auch § 47 Rn 78).

Abs. 5 S. 2 aF wurde durch das BetrVerf-ReformG als „überflüssig" gestrichen **39** (vgl. BT-Drucks. 14/5741 S. 45; GK-*Oetker* R 41).

VIII. Notwendige Betriebsvereinbarung

40   Besteht keine abweichende tarifvertragliche Regelung über eine anderweitige Festsetzung der MitglZahl der GesJugAzubiVertr., so ist gemäß Abs. 5 der Abschluss einer die MitglZahl der GesJugAzubiVertr. verkleinernden BV **zwingend vorgeschrieben,** wenn **der GesJugAzubiVertr.** bei einer regelmäßigen Zusammensetzung **mehr als 20 Mitgl.** angehören. Hierzu bedarf es einer Initiative des ArbGeb. oder des GesBR. Es ist jedoch nicht erforderlich, dass eine Herabsetzung der MitglZahl der JugAzubiVertr. unbedingt auf die Zahl 20 oder gar darunter erfolgen muss (*DKKW-Trittin* Rn 21). Die Ausführungen zu der gleichgelagerten Problematik beim GesBR (vgl. § 47 Rn 68) gelten sinngemäß.

41   **Partner der BV sind der ArbGeb. und der GesBR** (vgl. Rn 35). Kommt eine Einigung zwischen GesBR und ArbGeb. nicht zustande, so entscheidet gemäß Abs. 6 die **E-Stelle.** Die E-Stelle kann nur vom GesBR und dem ArbGeb., nicht dagegen von der GesJugAzubiVertr. angerufen werden (*DKKW-Trittin* Rn 21). Sie sollte die GesJugAzubiVertr. vor ihrer Entscheidung hören.

42   Wegen des Inhalts der BV und weiterer Einzelheiten vgl. § 47 Rn 68 ff.

IX. Streitigkeiten

43   Streitigkeiten, die sich aus der Anwendung des § 72 ergeben (zB Errichtung, Mitgliedschaft, Stimmengewicht), entscheiden die **ArbG im BeschlVerf.** (§§ 2a, 80 ff. ArbGG). Zuständig ist das ArbG, in dessen Bezirk das Unternehmen seinen Sitz hat (§ 82 S. 2 ArbGG). Zu den Besonderheiten des BeschlVerf. vgl Nach § 1.

§ 73 Geschäftsführung und Geltung sonstiger Vorschriften

(1) **[1] Die Gesamt-Jugend- und Auszubildendenvertretung kann nach Verständigung des Gesamtbetriebsrats Sitzungen abhalten. [2] An den Sitzungen kann der Vorsitzende des Gesamtbetriebsrats oder ein beauftragtes Mitglied des Gesamtbetriebsrats teilnehmen.**

(2) **Für die Gesamt-Jugend- und Auszubildendenvertretung gelten § 25 Abs. 1, die §§ 26, 28 Abs. 1 Satz 1, die §§ 30, 31, 34, 36, 37 Abs. 1 bis 3, die §§ 40, 41, 48, 49, 50, 51 Abs. 2 bis 5 sowie die §§ 66 bis 68 entsprechend.**

Inhaltsübersicht

I. Vorbemerkung

1   Die Vorschrift regelt durch Verweisung auf die für den BR, den GesBR und die JugAzubiVertr. geltenden Vorschriften die innere Organisation, die Geschäftsführung, die Zuständigkeit sowie die Rechtsstellung der GesJugAzubiVertr.

2   Die Vorschrift ist **zwingend** und weder durch TV noch durch BV abdingbar (*GK-Oetker* Rn 2).

3   Entspr. Vorschriften des BPersVG: § 64.

II. Sitzungen der Gesamt-Jugend- und Auszubildendenvertretung

Die **GesJugAzubiVertr.** hat wie die JugAzubiVertr. (vgl. § 65 Abs. 2) **das Recht,** 4
nach Verständigung des GesBR **eigene Sitzungen abzuhalten.** Die Sitzungen beruft der Vors. ein (zur konstituierenden Sitzung vgl. Rn 8). Die Voraussetzungen für die Sitzungen der GesJugAzubiVertr. entsprechen denjenigen für die Sitzungen der JugAzubiVertr. (vgl. dazu § 65 Rn 27 ff.). Zum Teilnahmerecht des Vors. oder eines anderen beauftragten Mitgl. des GesBR vgl. § 65 Rn 30 f.

Die Sitzungen der GesJugAzubiVertr. finden gemäß Abs. 2 iVm. § 30 Abs. 1 5
grundsätzlich **während der Arbeitszeit** statt. Sie sind **nicht öffentlich.** Bei der Festlegung ist auf die betrieblichen Notwendigkeiten Rücksicht zu nehmen. Neben dem GesBR ist nach Abs. 2 iVm. § 30 S. 3 auch der ArbGeb. von den Sitzungen zu verständigen.

Für die **Ladung zu den Sitzungen** gilt gemäß Abs. 2 iVm. § 51 Abs. 2 S. 3 die 6
Regelung des § 29 Abs. 2 entspr. Eine Ladung der GesSchwbVertr. kommt nicht in Betracht. Diese hat kein Recht, an Sitzungen der GesJugAzubiVertr. teilzunehmen. Der Vors. der GesJugAzubiVertr. ist gemäß Abs. 2 iVm. § 51 Abs. 2 S. 3, § 29 Abs. 3 **verpflichtet, eine Sitzung einzuberufen** und den beantragten Gegenstand auf die Tagesordnung zu setzen, wenn dies ein Viertel ihrer Mitgl. oder der ArbGeb. beantragen. Dabei ist die Stimmengewichtung nach § 72 Abs. 7 zu beachten (vgl. auch § 51 Rn 34).

Der **Vorsitzende des GesBR** (oder ein vom GesBR beauftragtes Mitgl.) kann an 7
den Sitzungen der GesJugAzubiVertr. teilnehmen. Die Teilnahme des **ArbGeb.** richtet sich gemäß Abs. 2 iVm. § 51 Abs. 2 S. 3 nach § 29 Abs. 4. Zur Teilnahme von **Gewerkschaftsbeauftragten** vgl. Rn 11.

Zur **konstituierenden Sitzung** der GesJugAzubiVertr. hat gem. Abs. 2 iVm. § 51 8
Abs. 2 S. 1 die JugAzubiVertr einzuladen, die bei der Hauptverwaltung des Unternehmens gebildet ist (vgl. § 51 Rn 8). Besteht dort keine JugAzubiVertr., so ist zur Einladung die JugAzubiVertr. des nach der Zahl der wahlberechtigten auszubildenden und jug. ArbN (§ 60 Abs. 1) größten Betriebs des Unternehmens zuständig. Maßgebend für die Feststellung dieser Zahl sind die Eintragungen in den Wählerlisten bei der letzten Wahl der JugAzubiVertr. (*Richardi/Annuß* Rn 4).

Die zur konstituierenden Sitzung einladungsberechtigte JugAzubiVertr. hat gemäß 9
Abs. 1 S. 1 **den GesBR** vorher von dieser Sitzung **zu unterrichten** (*Richardi/ Annuß* Rn 3; *HSWGNR-Rose* Rn 7). Für die Konstituierung der GesJugAzubiVertr. gelten die Ausführungen in Rn 7 ff. zu § 51 über die Konstituierung des GesBR sinngemäß.

III. Entsprechend anwendbare Vorschriften

Abs. 2 erklärt etliche für die **Organisation,** die **Geschäftsführung,** die **Zustän-** 10
digkeit und die **Rechtsstellung der GesJugAzubiVertr.** wesentliche, den BR, GesBR und die JugAzubiVertr. betreffende Bestimmungen für entspr. anwendbar.

Die für **den BR maßgebenden Vorschriften,** die für die GesJugAzubiVertr. 11
entspr. gelten, betreffen folgende Angelegenheiten:

– § 25 Abs. 1: Das **Nachrücken von ErsMitgl.** im Falle der Verhinderung oder des Wegfalls der ordentlichen Mitgl. Zur Frage der Bestellung der ErsMitgl. und der Feststellung der Reihenfolge ihres Nachrückens vgl. § 72 Rn 19 ff.

– § 26: Die **Wahl des Vors.** und stellvertr. Vors. der GesJugAzubiVertr. sowie deren **VertrBefugnis.**

– § 28 Abs. 1 S. 1: GesJugAzubiVertr. kann **Ausschüsse** bilden und ihnen bestimmte Aufgaben übertragen, wenn mehr als 100 ArbN iSv. § 60 Abs. 1 im Unterneh-

men beschäftigt werden (*Richardi/Annuß* Rn 18). Eine Übertragung von Aufgaben zur selbständigen Erledigung ist nicht vorgesehen.
- § 30: **Sitzungen der GesJugAzubiVertr.** (vgl. hierzu oben Rn 4 ff.).
- § 31: Das **Teilnahmerecht der Gewerkschaften an den Sitzungen der GesJugAzubiVertr.** Erforderlich ist, dass die betreffende Gewerkschaft in der GesJugAzubiVertr. vertreten ist (*DKKW-Trittin* Rn 10; *HSWGNR-Rose* Rn 20; *GK-Oetker* Rn 28; *ErfK/Koch* Rn 1; **aA** *Richardi/Annuß* Rn 6, der darauf abstellt, dass die Gewerkschaft in einem BR des Unternehmens vertreten ist). Die GesJugAzubiVertr. kann mit Stimmenmehrheit die Hinzuziehung eines Beauftragten der Gewerkschaft beschließen. Zur Bestimmung des nach § 31 erforderlichen Quorums „ein Viertel der Mitgl." vgl. § 51 Rn 51 ff. In diesem Fall bestehen auch keine Bedenken gegen die Hinzuziehung von Beauftragten solcher Gewerkschaften, die zwar nicht in der GesJugAzubiVertr., wohl aber in einer JugAzubiVertr., einem BR oder einem Betrieb des Unternehmens vertreten sind, wenn die GesJugAzubiVertr. dies für sachdienlich hält (vgl. § 65 Rn 9). Auch kann der an der Sitzung teilnahmeberechtigte Vors. des GesBR Beauftragte der im GesBR vertretenen Gewerkschaften beiziehen (vgl. hierzu auch § 65 Rn 9).
- § 34: Die **Sitzungsniederschrift** über jede Sitzung der GesJugAzubiVertr. sowie das Einsichtsrecht der Mitgl. in die Unterlagen der GesJugAzubiVertr.
- § 36: Die Möglichkeit der GesJugAzubiVertr., mit der Mehrheit der Stimmen ihrer Mitgl. **eine Geschäftsordnung** zu beschließen.
- § 37 Abs. 1 bis 3: **Die ehrenamtliche Tätigkeit** der Mitgl. der GesJugAzubiVertr., das Recht auf **Arbeitsbefreiung**, soweit dies zur Aufgabenerfüllung der GesJugAzubiVertr. erforderlich ist, und auf **Freizeitausgleich,** ggf. auf **Entgeltausgleich** für notwendige Tätigkeiten der Mitgl. der GesJugAzubiVertr. außerhalb ihrer Arbeitszeit.
- § 40: Die Verpflichtung des ArbGeb., die **Kosten** und den **Sachaufwand der GesJugAzubiVertr.** und seiner Mitgl. zu tragen.
- § 41: Das **Verbot** der Erhebung und Leistung von **Beiträgen** der ArbN für die GesJugAzubiVertr.

12   § 37 **Abs. 4 bis 7** finden auf die Mitgl. der GesJugAzubiVertr. bereits in ihrer Eigenschaft als Mitgl. der JugAzubiVertr. Anwendung (vgl. § 65 Rn 13). Daher erübrigt sich eine besondere Bezugnahme (vgl. auch § 51 Rn 43). Die in die GesJugAzubiVertr. entsandten Mitgl. der JugAzubiVertr. benötigen Kenntnisse über Aufgaben und Befugnisse der GesJugAzubiVertr. Eine diese vermittelnde **Schulung** ist daher erforderlich iSv. § 37 Abs. 6 S. 1. Über die Teilnahme eines Mitgl. der GesJugAzubiVertr. an Schulungsveranstaltungen entscheidet nicht die GesJugAzubiVertr., sondern der BR unter Hinzuziehung der JugAzubiVertr. des Betriebes, dem der Vertr. angehört (BAG 10. 6. 75 AP Nr. 1 zu § 73 BetrVG 1972).

13   Die **für den GesBR maßgebenden Vorschriften,** die für die GesJugAzubi-Vertr. entspr. Anwendung finden, betreffen folgende Regelungen:
- § 48: Die Möglichkeit des **Ausschlusses von Mitgl. aus der GesJugAzubiVertr.** Antragsberechtigt sind der ArbGeb., jede im Unternehmen vertretene Gewerkschaft, ein Viertel der auszubildenden und jug. ArbN (§ 60 Abs. 1; nicht ein Viertel der zum BR wahlberechtigten ArbN) des Unternehmens sowie die GesJugAzubiVertr. Auch der GesBR ist antragsberechtigt (vgl. dazu § 65 Rn 4; *Richardi/Annuß* Rn 13; *HSWGNR-Rose* 28).
- § 49: Das **Erlöschen der Mitgliedschaft** in der GesJugAzubiVertr.
- § 50: Die Regelung der **Zuständigkeit der GesJugAzubiVertr.** im Verhältnis zur JugAzubiVertr. (vgl. hierzu § 72 Rn 8). Auch die JugAzubiVertr. kann mit der Mehrheit der Stimmen ihrer Mitgl. die GesJugAzubiVertr. beauftragen, eine Angelegenheit für sie zu behandeln (§ 50 Abs. 2). Dies ist jedoch nur sinnvoll, wenn auch der GesBR von dem betr. BR entspr. beauftragt wird, da die GesJugAzubiVertr. nicht unmittelbar mit dem ArbGeb. verhandeln kann (*HSWGNR-Rose* Rn 31; vgl. auch § 72 Rn 9). Im Übrigen folgt die Zuständigkeit der GesJugAzubiVertr.

der des GesBR. Ist dieser im Verhältnis zu den BR für eine Angelegenheit zuständig, so ergibt sich daraus auch die Zuständigkeit der GesJugAzubiVertr. (*Richardi/ Annuß* Rn 21; *DKKW-Trittin* Rn 20).
- Die GesJugAzubiVertr. ist gemäß Abs. 2 iVm. § 50 Abs. 1 S. 1 Halbs. 1 in betriebsübergreifenden Angelegenheiten auch zuständig für die **Betriebe, in denen keine JugAzubiVertr.** besteht.
- § 51 Abs. 2: Die **Konstituierung der GesJugAzubiVertr.** und ihre **weiteren Sitzungen** (vgl. hierzu auch oben Rn 4 ff.).
- § 51 Abs. 3 und 4: Die **Beschlussfähigkeit** der GesJugAzubiVertr. und ihre **Beschlussfassung** (vgl. hierzu auch § 51 Rn 49 ff.).
- § 51 Abs. 5: Die **allgemeinen Rechte und Pflichten** der GesJugAzubiVertr. (vgl. hierzu auch § 51 Rn 62 ff.). Zu beachten ist, dass diese Bezugnahme nur im Rahmen der Zuständigkeit der GesJugAzubiVertr. Platz greift (vgl. hierzu § 72 Rn 8).

Die entspr. anwendbaren Bestimmungen **über die JugAzubiVertr.** betreffen folgende Angelegenheiten: **14**
- § 66: Die Möglichkeit der GesJugAzubiVertr., die **Aussetzung von Beschlüssen des GesBR** zu beantragen.
- § 67: Das **Teilnahmerecht an den Sitzungen des GesBR** und das **Stimmrecht der Mitgl. der GesJugAzubiVertr. im GesBR** (vgl. hierzu auch § 51 Rn 56). Hat der GesBR die Behandlung von Angelegenheiten, die besonders oder überwiegend auszubildende und jug. ArbN iSv. § 60 Abs. 1 betreffen, auf den GesBetrAusschuss oder einen anderen Ausschuss des GesBR delegiert, so gelten für das Teilnahmerecht von Mitgl. der GesJugAzubiVertr. bei der Behandlung dieser Angelegenheiten in dem betreffenden Ausschuss des GesBR dieselben Grundsätze, die für das Teilnahmerecht der JugAzubiVertr. an den Sitzungen von Ausschüssen des BR maßgebend sind (vgl. hierzu § 27 Rn 23 und § 67 Rn 18 und 20; *Richardi/Annuß* Rn 26; *ErfK/Koch* Rn 2; **aA** *HSWGNR-Rose* Rn 38, der ein Teilnahmerecht der GesJugAzubiVertr. an Sitzungen von Ausschüssen des GesBR verneint).
- § 68: Das **Teilnahmerecht der GesJugAzubiVertr.** an den **Besprechungen zwischen dem ArbGeb. und dem GesBR.**

Bei den in Abs. 2 für entspr. anwendbar erklärten Organisationsvorschriften handelt es sich um eine **abschließende Regelung** (*HSWGNR-Rose* Rn 42; *GK-Oetker* Rn 57). Insb. finden auf die GesJugAzubiVertr. **keine Anwendung** die Vorschriften über die Bildung des **BetrAusschusses,** über die **Freistellung** (vgl. § 38), über das Teilnahmerecht der GesSchwbVertr. an den Sitzungen des GesBR (vgl. § 52) sowie über die **BRVerslg.** (vgl. § 53). Wegen Teilnahme von Mitgl. der GesJugAzubiVertr. an der BRVerslg. vgl. § 53 Rn 15. **15**

Für die allgemeinen Aufgaben (Beteiligungsrechte) der GesJugAzubiVertr. gilt über § 51 Abs. 6 auch § 70. Bei § 51 Abs. 6 handelt es sich nicht um eine Organisationsnorm. **16**

IV. Streitigkeiten

Streitigkeiten, die sich aus der Anwendung des § 73 und der in ihm in Bezug genommenen Vorschriften ergeben, entscheiden die ArbG im **BeschlVerf.** (§§ 2 a, 80 ff. ArbGG). Zuständig ist das ArbG, in dessen Bezirk das Unternehmen seinen Sitz hat (§ 82 S. 2 ArbGG). Zu den Besonderheiten des BeschlVerf. vgl. Nach § 1. **17**

Streitigkeiten, die sich aus der Vorenthaltung oder Minderung von Arbeitsentgelt (vgl. § 37 Abs. 2) oder der Verweigerung der Gewährung von Freizeitausgleich gem. § 37 Abs. 3 ergeben, sind im arbeitsgerichtlichen **Urteilsverf.** zu entscheiden (*Richardi/Annuß* Rn 29; *GK-Oetker* Rn 60; *HSWGNR-Rose* Rn 47; vgl. auch § 37 Rn 253 f.). Die örtliche Zuständigkeit des ArbG bestimmt sich in diesen Fällen nach den allgemeinen Grundsätzen des ArbGG; im allgemeinen ist gem. § 46 Abs. 2 **18**

ArbGG iVm. § 29 ZPO das ArbG örtlich zuständig, in dessen Bezirk der Beschäftigungsbetrieb liegt (Gerichtsstand des Erfüllungsortes).

Dritter Abschnitt. Konzern-Jugend- und Auszubildendenvertretung

§ 73 a Voraussetzung der Errichtung, Mitgliederzahl, Stimmengewicht

(1) [1]Bestehen in einem Konzern (§ 18 Abs. 1 des Aktiengesetzes) mehrere
Gesamt-Jugend- und Auszubildendenvertretungen, kann durch Beschlüsse der
einzelnen Gesamt-Jugend- und Auszubildendenvertretungen eine Konzern-
Jugend- und Auszubildendenvertretung errichtet werden. [2]Die Errichtung erfordert die Zustimmung der Gesamt-Jugend- und Auszubildendenvertretungen
der Konzernunternehmen, in denen insgesamt mindestens 75 vom Hundert der
in § 60 Abs. 1 genannten Arbeitnehmer beschäftigt sind. [3]Besteht in einem
Konzernunternehmen nur eine Jugend- und Auszubildendenvertretung, so
nimmt diese die Aufgaben einer Gesamt-Jugend- und Auszubildendenvertretung nach den Vorschriften dieses Abschnitts wahr.

(2) [1]In die Konzern-Jugend- und Auszubildendenvertretung entsendet jede
Gesamt-Jugend- und Auszubildendenvertretung eines ihrer Mitglieder. [2]Sie hat
für jedes Mitglied mindestens ein Ersatzmitglied zu bestellen und die Reihenfolge des Nachrückens festzulegen.

(3) Jedes Mitglied der Konzern-Jugend- und Auszubildendenvertretung hat so
viele Stimmen, wie die Mitglieder der entsendenden Gesamt-Jugend- und Auszubildendenvertretung insgesamt Stimmen haben.

(4) § 72 Abs. 4 bis 8 gilt entsprechend.

Inhaltsübersicht

I. Vorbemerkung

1   Die Bildung einer **KJugAzubiVertr.** wurde **durch** das **BetrVerf-ReformG ermöglicht.** Auch auf der Konzernebene soll ein betriebsverfassungsrechtliches Organ
errichtet werden können, das sich speziell der Belange der Auszubildenden und der
jugendlichen ArbN des Konzerns annimmt. Die Bildung einer solchen Interessen-
Vertr. ist **freiwillig.**

2   § 73 a regelt die Voraussetzungen für die Errichtung einer KJugAzubiVertr. (Abs. 1),
ihre regelmäßige Mitgliederzahl einschl. der Bestellung von Ersatzmitgl. (Abs. 2) und

das Stimmengewicht der entsandten Mitgl. (Abs. 3). Sie **entspricht weitgehend** den Bestimmungen über die **Bildung eines KBR.** Auf die Kommentierung zu den §§ 54, 55 wird daher verwiesen. Durch die Verweisung auf § 72 Abs. 4 bis 8 (Abs. 4) gelten die Vorschriften über abweichende Regelungen durch TV oder BV sinngemäß (vgl. dazu § 72 Rn 31 ff.).

Die Vorschrift ist, abgesehen von der Möglichkeit durch TV oder BV die Mitgl- 3 Zahl und die Stimmengewichtung zu regeln, **zwingendes Recht.** Im Bereich der **außerbetrieblichen Berufsausbildung (vgl. § 60 Rn 17; § 51 BBiG)** können aber **abweichende InteressenVertr.** für Azubi errichtet werden. Dies ist für die Berufsausbildung bei der Deutschen Telekom AG durch den zwischen dieser und der Gewerkschaft ver.di geschlossenen TV über die Mitbestimmung im Telekom Training Center (TTC, jetzt: TT) – TV Nr. 122 – geschehen (vgl. dazu § 60 **Rn 17**).

II. Stellung der Konzern-Jugend- und Auszubildendenvertretung

Die Rechtsstellung und Zuständigkeit der KJugAzubiVertr. ist zum einen gegen- 4 über den GesJugAzubiVertr. im Konzern, zum anderen gegenüber dem KBR **abzugrenzen.**

Die KJugAzubiVertr. steht **neben** den **GesJugAzubiVertr.** in den einzelnen zum 5 Konzern gehörenden Unternehmen. Sie ist diesen gegenüber weder über- noch untergeordnet. Insoweit gilt dasselbe wie im Verhältnis zwischen KBR und GesBR (vgl. Rn 58 Rn 4 ff.).

Auch die **Zuständigkeitsabgrenzung** zwischen **KJugAzubiVertr und GesJug-** 6 **AzubiVertr.** entspricht der Abgrenzung zwischen KBR und GesBR (vgl. § 73b iVm. § 58).

Das **Verhältnis der KJugAzubiVertr zum KBR** entspricht dem der GesJug- 7 AzubiVertr. zum GesBR. Die KJugAzubiVertr. ist somit kein neben dem KBR bestehendes selbständiges betriebsverfassungsrechtliches Organ mit eigenen Vertretungsrechten gegenüber dem ArbGeb. (*Oetker* DB 05, 1165). Insb. stehen ihr keine eigenen Mitwirkungs- und MBR zu. Vielmehr kann sie die ihr übertragene Interessenwahrnehmung für die Azubi und die jug. ArbN auf der Konzernebene nur durch und über den KBR erfüllen (*Oetker* DB 05, 1165). Sie kann zwar auch ohne Bestehen eines KBR errichtet werden, ist dann aber weitgehend funktionslos (vgl. § 72 Rn 11; GK-*Oetker* Rn 16 f.; *ders.* DB 05, 1165; *Richardi/Annuß* Rn 7).

III. Voraussetzungen für die Bildung einer Konzern-Jugend- und Auszubildendenvertretung

Die Bildung einer KJugAzubiVertr ist **freiwillig.** Diese Vertr. kann, muss aber 8 nicht gebildet werden (*Richardi/Annuß* Rn 8; *Oetker* DB 05, 1165).

Die Voraussetzungen sind ähnlich ausgestaltet wie für die Bildung des KBR. Die 9 Bildung einer KJugAzubiVertr. liegt insb. dann nahe, wenn ein KBR gebildet wurde, im Konzern eine größere Zahl jug. ArbN und Azubi beschäftigt werden und konzernweite Beschäftigungsmöglichkeiten bestehen oder geschaffen werden sollen.

Die Bildung einer KJugAzubiVertr. kommt nur in Betracht, wenn im Konzern 10 **mindestens zwei GesJugAzubiVertr.** bestehen. Hat ein Konzernunternehmen nur einen betriebsratsfähigen Betrieb, so dass kein GesBR gebildet werden kann, so tritt nach Abs. 1 S. 3 an die Stelle der GesJugAzubiVertr. die JugAzubiVertr. dieses Betriebs. Es können also auch zwei JugAzubiVertr. eine KJugAzubiVertr. bilden (*Oetker* DB 05, 1165). Besteht nur in einem Unternehmen eine GesJugAzubiVertr., kann keine KJugAzubiVertr. gebildet werden.

Die **Initiative** zur Bildung einer KJugAzubiVertr. kann jede GesJugAzubiVertr. er- 11 greifen, also sowohl die GesJugAzubiVertr. des herrschenden Unternehmens als auch die GesJugAzubiVertr. des oder der abhängigen Unternehmen (GK-*Oetker* Rn 12). Die GesJugAzubiVertr., die die Bildung einer KJugAzubiVertr. anstrebt, wird zweckmäßigerweise zunächst die übrigen GesJugAzubiVertr. im Konzern informieren und dazu auffordern, ebenfalls einen Beschl. über die Bildung der KJugAzubiVertr. herbeizuführen. Die Initiative ist jederzeit möglich.

12   Die Errichtung der KJugAzubiVertr. erfolgt durch selbständige **Beschl. der einzelnen GesJugAzubiVertr.** im Konzern (*Richardi/Annuß* Rn 9; *DKKW-Trittin* Rn 19). Gemäß § 73 Abs. 2 iVm. § 51 Abs. 3 S. 1 werden die Beschlüsse der GesJugAzubiVertr. mit einfacher Mehrheit der anwesenden Mitglieder gefasst. Das Stimmengewicht richtet sich nach § 72 Abs. 7 (vgl. § 72 Rn 27 ff.).

13   Die Errichtung erfordert gemäß Abs. 1 S. 2 die Zustimmung der GesJugAzubiVertr., in denen insgesamt mindestens **75%** der in § 60 Abs. 1 genannten ArbN beschäftigt sind. Dieses **Quorum** kann schon durch die Zustimmung einer GesJugAzubiVertr. erreicht sein, wenn diese die erforderliche Anzahl von ArbN iSd. § 60 repräsentiert (vgl. § 54 Rn 43; GK-*Oetker* Rn 14).

14   Spricht sich eine GesJugAzubiVertr. gegen die Bildung einer KJugAzubiVertr. aus, handelt sie nicht pflichtwidrig. Die **Errichtung** ist **freiwillig.** Die GesJugAzubiVertr. muss sich jedoch an der Abstimmung beteiligen, wenn eine entspr. Aufforderung vorliegt. Ist die KJugAzubiVertr. gebildet, muss auch die GesJugAzubiVertr., die sich gegen die Bildung einer KJugAzubiVertr. ausgesprochen hatte, einen Vertr. in die KJugAzubiVertr. entsenden (vgl. Rn 17).

15   Bei der **Ermittlung der maßgebenden Beschäftigtenzahl** zählen alle jug. und zu ihrer Berufsausbildung im Konzern Beschäftigten iSd. § 60 mit. Bei dieser Ermittlung kommt es nicht darauf an, ob in den Konzernunternehmen eine GesJugAzubiVertr. oder eine JugAzubiVertr. besteht. Daher zählen auch die ArbN nach § 60 mit, die nicht durch eine JugAzubiVertr. oder eine GesJugAzubiVertr. vertreten sind (GK-*Oetker* Rn 15). Maßgeblich für die Feststellung des Quorums ist die tatsächliche Zahl zum Zeitpunkt der Beschlussfassung; anders als für das Stimmengewicht (§ 72 Abs. 7) ist die Zahl der in die Wählerlisten eingetragenen ArbN unerheblich (*Oetker* DB 05, 1165, 1166).

16   Bei diesen zahlenmäßigen Feststellungen zählen auch die ArbN nach § 60 Abs. 1 mit, die in einem **Gemeinschaftsbetrieb** eines am Konzern beteiligten Unternehmens beschäftigt werden. Dies folgt aus Abs. 4, der auf § 72 Abs. 8 verweist. Nach dieser Bestimmung entsenden auch die in solchen Gemeinschaftsbetrieben gewählten JugAzubiVertr. einen Vertr. in die GesJugAzubiVertr.

17   Ist die KJugAzubiVertr. durch entspr. Beschl. der GesJugAzubiVertr. errichtet, sind alle GesJugAzubiVertr. verpflichtet, Vertr. in die KJugAzubiVertr. zu entsenden, auch die, die sich gegen die Errichtung ausgesprochen haben (*Richardi/Annuß* Rn 18; *Oetker* DB 05, 1165, 1166). Die entsandten Mitgl. treten zu einer konstituierenden Sitzung zusammen (vgl. Rn 24 ff.). Erst mit der Wahl eines Vors. in dieser Sitzung ist die KJugAzubiVertr. handlungsfähig (*Oetker* DB 05, 1165, 1166).

IV. Regelmäßige Zusammensetzung

1. Entsendung

18   Nach Abs. 2 S. 1 entsendet jede GesJugAzubiVertr. eines ihrer Mitgl. in die KJugAzubiVertr. Besteht in einem Konzernunternehmen nur eine JugAzubiVertr., entsendet diese ein Mitglied.

19   Die Bestimmung des zu entsendenden Mitgl. erfolgt gemäß § 73 b Abs. 2 iVm. § 51 Abs. 3 durch **einfachen Mehrheitsbeschl.** der GesJugAzubiVertr. (GK-*Oetker* Rn 23; *Richardi/Annuß* Rn 15).

20   Die **Verpflichtung zur Entsendung** eines Mitgl. besteht **auch** dann, **wenn** sich die GesJugAzubiVertr. **gegen** die Errichtung einer KJugAzubiVertr. **ausgesprochen**

hatte (*Oetker* DB 05, 1165, 1166). Unterlässt die GesJugAzubiVertr. die Entsendung in eine ordnungsgemäß gebildete KJugAzubiVertr., kann dies eine grobe Pflichtverletzung sein (*Oetker* DB 05, 1165, 1166). Sie kann die Auflösung der GesJugAzubi-Vertr. (§ 73b iVm. § 56) zur Folge haben.

2. Ersatzmitglieder

Die GesJugAzubiVertr. hat gemäß Abs. 2 S. 2 für jedes entsandte Mitgl. mindestens **21** ein **Ersatzmitgl.** zu **bestellen** und für den Fall, dass mehrere Ersatzmitgl. gewählt werden, die Reihenfolge des Nachrückens festzulegen (*Oetker* DB 05, 1165, 1166). Die Bestellung und der Beschluss über die Reihenfolge erfolgen durch einfachen Mehrheitsbeschluss der beschlussfähigen GesJugAzubiVertr. (vgl. Rn 19). Die Ersatzmitgl. müssen Mitgl. der GesJugAzubiVertr. sein.

Das Ersatzmitgl. wird tätig, wenn das ordentliche Mitgl. der KJugAzubiVertr. zeit- **22** weilig verhindert ist oder aus der KJugAzubiVertr. ausscheidet.

3. Amtszeit, Auflösung und Erlöschen der Mitgliedschaft

Die KJugAzubiVertr. ist, ebenso wie der KBR, eine kontinuierliche, vom Wechsel **23** der jeweiligen Mitglieder unabhängige **Dauereinrichtung** (*Oetker* DB 05, 1165, 1166). Sie hat daher **keine Amtszeit.** Ihre **Existenz endet, wenn** die **Voraussetzungen für** ihre **Errichtung entfallen** (zB durch Auflösung des Konzernverbunds) oder sämtliche GesJugAzubiVertr. die Auflösung der KJugAzubiVertr. (pflichtwidrig) keine Mitglieder mehr entsenden (*Oetker* DB 05, 1165, 1166). Die KJugAzubiVertr. kann **selbst** wirksam **keinen Auflösungsbeschluss** fassen (*Oetker* DB 05, 1165, 1166). Dagegen können die **entsendenden GesJugAzubiVetr.** die **Auflösung der KJugAzubiVertr.** beschließen. **Fraglich ist,** welches **Quorum** (25%, 50% oder 75%) dafür erforderlich ist (vgl. *Oetker* DB 05, 1165, 1166). Auch wenn für die Errichtung – anders als nach § 54 Abs. 1 S 2 – ein Quorum von 75% notwendig ist, dürfte für die gesetzlich nicht ausdrücklich geregelte Auflösung ein Quorum von 25% nicht genügen, sondern im im Interesse einer konzernweiten Interessenvertretung ein Quorum von 50% erforderlich sein (so wohl auch *Oetker* DB 05, 1165, 1166). Die Mitgliedschaft in der KJugAzubiVertr. erlischt ua. durch **Abberufung.** Diese kann von der entsendenden GesJugAzubiVertr. jederzeit und ohne Angabe von Gründen durch einfachen Mehrheitsbeschluss erfolgen (vgl. § 72 Rn 22). Sie ist das Gegenstück zur Entsendung. Im Übrigen verweist § 73b Abs. 2 auf die für den KBR in §§ 56, 57 geregelten **Erlöschenstatbestände** (vgl. die dortige Kommentierung; ferner *Oetker* DB 05, 1165, 1168).

V. Konstituierende Sitzung

Zur **konstituierenden Sitzung** der KJugAzubiVertr. hat gem. § 73b Abs. 2 iVm. **24** § 59 Abs. 2 die GesJugAzubiVertr. einzuladen, die bei dem herrschenden Unternehmen gebildet wurde. Die Zuständigkeit folgt insoweit der Zuständigkeit des GesBR der Hauptverwaltung.

Besteht in diesem Unternehmen kein GesBR und deshalb auch keine GesJug- **25** AzubiVertr., ist die GesJugAzubiVertr. des Unternehmens zur **Einladung** berechtigt und verpflichtet, in dem die meisten Auszubildenden und jug. ArbN beschäftigt sind. Maßgebend für die Feststellung dieser Zahl sind die Eintragungen in den Wählerlisten bei der letzten Wahl der JugAzubiVertr. (vgl. auch § 73 Rn 8).

Der Vorsitzende der einladenden GesJugAzubiVertr. hat die konstituierende Sit- **26** zung zu leiten, bis die KJugAzubiVertr. aus ihrer Mitte einen Wahlleiter für die Wahl des Vorsetzenden der KJugAzubiVertr. bestellt hat. Der Wahlleiter hat dann die Wahl des Vorsitzenden der KJugAzubiVertr. durchzuführen.

VI. Stimmengewichtung

27   Nach Abs. 3 hat jedes Mitgl. der KJugAzubiVertr. so viele Stimmen, wie die Mitgl. der entsendenden GesJugAzubiVertr. insgesamt Stimmen haben. **Maßgebend** ist daher gemäß § 72 Abs. 7 die Zahl der Auszubildenden (bis 25 J.) und der jug. ArbN. des Konzernunternehmens, die bei der letzten Wahl in den einzelnen Betrieben des jeweils entsendenden Unternehmens in die **Wählerliste** eingetragen waren. Es kommt nicht auf die Zahl der im Zeitpunkt der Entsendung beschäftigten Auszubildenden und jug. ArbN an (vgl. § 72 Rn 25).

28   Bei einer Vergrößerung oder Verkleinerung der KJugAzubiVertr. gemäß Abs. 4 iVm. § 72 Abs. 4 (vgl. Rn 32) verändert sich das Stimmengewicht der entsandten Mitgl. gemäß Abs. 4 iVm. § 72 Abs. 7 S. 2 u. 3.

29   Das Mitgl. der KJugAzubiVertr. kann die ihm zustehenden **Stimmen nur einheitlich abgeben.** Eine Aufspaltung der Stimmen ist nicht zulässig.

30   Bei der Stimmabgabe sind die Mitgl. der KJugAzubiVertr. **nicht an Aufträge oder Weisungen** der entsendenden GesJugAzubiVertr. **gebunden.**

VII. Abweichende Regelungen durch Tarifvertrag oder Betriebsvereinbarung

31   Die **Größe der KJugAzubiVertr.** hängt von der Zahl der GesJugAzubiVertr. ab. Insoweit können ähnliche Probleme wie beim KBR entstehen (vgl. § 55 Rn 19 ff.). Ein größeres Unternehmen mit vielen Personen nach § 60 Abs. 1 entsendet kraft Gesetzes ebenso nur ein Mitgl. wie ein Unternehmen mit wenigen Personen nach § 60 Abs. 1. Das ist nicht immer sachgerecht. Deshalb sieht Abs. 4 iVm. mit § 72 Abs. 4 die Möglichkeit vor, durch TV oder BV eine **von der gesetzlichen Regelung abweichende Zahl der Mitgl.** einer KJugAzubiVertr. festzulegen. Damit kann praktischen Bedürfnissen Rechnung getragen werden.

32   Bei der anderweitigen Regelung kann die Zahl der Mitgl. in der KJugAzubiVertr. **erhöht oder verringert** werden (*Oetker* DB 05, 1165, 1167). Die Verringerung der gesetzl. MitglZahl ist nur in der Weise möglich, dass mehrere GesJugAzubiVertr. nur ein Mitgl. in die KJugAzubiVertr. entsenden. Eine Erhöhung ist dadurch möglich, dass einzelne GesJugAzubiVertr. mehrere Mitgl. in die KJugAzubiVertr. entsenden (vgl. auch § 72 Rn 31 ff.).

33   Die abweichende Festsetzung der MitglZahl kann nur **durch TV oder BV** erfolgen. Der TV hat hierbei nach allgemeinen Grundsätzen Vorrang vor einer BV (*Richardi/Annuß* Rn 20; *HSWGNR-Rose* Rn 22; *DKKW-Trittin* Rn 51; **aA** GK-*Oetker* Rn 32; *ders.* DB 05, 1165, 1166: Prioritätsprinzip).

34   **Zuständig** für den Abschluss einer solchen BV sind der KBR und der Konzern-ArbGeb. (vgl. § 58 Rn 6; *Oetker* DB 05, 1165, 1166). Die KJugAzubiVertr. kann keine solche BV abschließen. Sie wirkt aber bei den Verhandlungen über die BV sowie bei der Beschlussfassung des KBR gem. § 73b iVm. § 67 mit. Die Mitgl. der KJugAzubiVertr. haben hierbei volles Stimmrecht, da es sich um eine Angelegenheit handelt, die überwiegend den Personenkreis nach § 60 Abs. 1 betrifft (vgl. § 67 Rn 20 ff.; *Oetker* DB 05, 1165, 1166).

35   Bei der **Stimmengewichtung** in der KJugAzubiVertr., die eine von der gesetzlichen Regelung abweichende MitglZahl hat, ist danach zu unterscheiden, ob die KJugAzubiVertr. vergrößert oder verkleinert wird: Wird die Mitgl. Zahl vergrößert, so teilen sich gemäß Abs. 4 iVm. § 72 Abs. 7 S. 3 die mehreren von den einzelnen GesJugAzubiVertr. entsandten Mitgl. das Stimmengewicht, das bei einer regelmäßigen Zusammensetzung dem einzigen zu entsenden Mitgl. der GesJugAzubiVertr. zustehen würde, zu gleichen Teilen. Wird die MitglZahl verkleinert, so stehen gemäß

Abs. 4 iVm. § 72 Abs. 7 S. 2 dem gemeinsam entsandten Mitgl. der mehreren Ges-JugAzubiVertr. so viele Stimmen zu, wie in den zusammengefassten Unternehmen bei der letzten Wahl der JugAzubiVertr. Personen nach § 60 in die Wählerlisten eingetragen waren (vgl. § 72 Rn 37 f. entspr.).

VIII. Notwendige Betriebsvereinbarung

Besteht keine abweichende tarifvertragliche Regelung über eine anderweitige Fest- **36** setzung der MitglZahl der KJugAzubiVertr., so ist eine die MitglZahl verkleinernde BV abzuschließen, wenn bei einer regelmäßigen Zusammensetzung die KJugAzubi-Vertr. aus **mehr als 20 Mitgl.** bestünde (Abs. 4 iVm. § 72 Abs. 5). Die Ausführungen zur Verkleinerung der GesJugAzubiVertr. (§ 72 Rn 38) und des GesBR (§ 47 Rn 68 ff.) gelten entsprechend (vgl. ferner *Oetker* DB 05, 1165, 1168).

Parteien der BV sind der (Konzern-)ArbGeb. (vgl. zu dem Begriff § 58 Rn 6) **37** und der KBR. Dabei ist nicht erforderlich, dass die MitglZahl genau um 20 herabgesetzt wird oder unter dieser Zahl liegen muss (*DKKW-Trittin* Rn 57; aA *Oetker* DB 05, 1165, 1168; vgl. zur GesJugAzubiVertr. § 72 Rn 40; zum GesBR § 47 Rn 69). Kommt eine Einigung zwischen ArbGeb. und KBR nicht zustande, hat gemäß Abs. 4 iVm. § 72 Abs. 6 die **E-Stelle** eine bindende Entscheidung zu treffen. Die E-Stelle kann nur vom ArbGeb. und KBR angerufen werden, nicht dagegen von der KJugAzubiVertr. Wegen des Inhalts der BV und weiterer Einzelheiten (vgl. § 47 Rn 50 ff.). **38**

IX. Streitigkeiten

Streitigkeiten, die sich aus der Anwendung des § 73 a ergeben, zB über Errichtung, **39** Mitgliedschaft, Stimmengewicht, Wirksamkeit von BV über die Verkleinerung der Vertr., entscheiden die ArbG im **BeschlVerf** (§§ 2 a, 80 ff. ArbGG). Zuständig ist das ArbG, in dessen Bezirk das herrschende Unternehmen seinen Sitz hat (§ 82 S. 2 ArbGG). Zu den Besonderheiten des BeschlVerf. vgl. Nach § 1

§ 73 b Geschäftsführung und Geltung sonstiger Vorschriften

(1) **¹Die Konzern-Jugend- und Auszubildendenvertretung kann nach Verständigung des Konzernbetriebsrats Sitzungen abhalten. ²An den Sitzungen kann der Vorsitzende oder ein beauftragtes Mitglied des Konzernbetriebsrats teilnehmen.**

(2) **Für die Konzern-Jugend- und Auszubildendenvertretung gelten § 25 Abs. 1, die §§ 26, 28 Abs. 1 Satz 1, die §§ 30, 31, 34, 36, 37 Abs. 1 bis 3, die §§ 40, 41, 51 Abs. 3 bis 5, die §§ 56, 57, 58, 59 Abs. 2 und die §§ 66 bis 68 entsprechend.**

Inhaltsübersicht

I. Vorbemerkung

Die Vorschrift regelt in Abs. 1 die **Tätigkeit** der KJugAzubiVertr. in Form von Sit- **1** zungen. In Abs. 2 wird die **innere Organisation,** die **Geschäftsführung,** die **Zu-**

ständigkeit sowie die **Rechtsstellung** der KJugAzubiVertr. durch Verweis auf Bestimmungen für den BR, den GesBR und den KBR geregelt.

2   Die Vorschrift ist **zwingend** und weder durch TV noch durch BV abdingbar (GK-*Oetker* Rn 2).

II. Sitzungen der Konzern-Jugend- und Auszubildendenvertretung

3   Die KJugAzubiVertr. hat nach Abs. 1 S. 1 das Recht, **nach Verständigung des KBR eigene Sitzungen** abzuhalten. Hierzu muss die KJugAzuVertr. den KBR vorher unterrichten; ein Einverständnis ist nicht erforderlich (GK-*Oetker* Rn 26; *ders.* DB 05, 1165, 1169). Die Verständigung ist auch keine Wirksamkeitsvoraussetzung für die Rechtmäßigkeit der Sitzungen der JugAzubiVertr. und deren Beschlüsse. Sie soll dem KBR als dem maßgebenden betriebsverfassungsrechtlichen Organ (vgl. § 73a Rn 7) Kenntnis von den Sitzungen geben und ihm die Teilnahme ermöglichen.

4   Abgesehen von der konstituierenden Sitzung (vgl. dazu § 73a Rn 24ff.) beruft die **Sitzungen** der Vorsitzende ein (Abs. 2 iVm. § 59 Abs. 2 iVm. § 29 Abs. 2 S. 1). Er setzt auch die Tagesordnung fest (Abs. 2 iVm. § 59 Abs. 2 iVm. § 29 Abs. 2 S. 2). Die Mitgl. sind zu den Sitzungen rechtzeitig und unter Mitteilung der Tagesordnung zu laden (Abs. 2 iVm. § 59 Abs. 2 iVm. § 29 Abs. 2 S. 3). Mitgl., die an der Teilnahme verhindert sind, haben dies den Vorsitzenden rechtzeitig anzuzeigen (Abs. 2 iVm. § 59 Abs. 2 iVm. § 29 Abs. 2 S. 5). Der Vorsitzende muss dann die Ersatzmitgl. laden (Abs. 2 iVm. § 59 Abs. 2 iVm § 29 Abs. 2 S. 6).

5   Der (Konzern-)ArbGeb. und ein Viertel der Mitgl. können gemäß Abs. 2 iVm. § 59 Abs. 2 iVm. § 29 Abs. 3 die **Einberufung** einer Sitzung der KJugAzubiVertr. beantragen. Dabei ist die Stimmengewichtung nach § 73a Abs. 4 iVm. § 72 Abs. 7 zu beachten (vgl. *Richardi/Annuß* Rn 6). Der Vorsitzende ist verpflichtet, dem Antrag stattzugeben und den beantragten Gegenstand auf die Tagesordnung zu setzen. Der KBR hat dagegen kein Recht, eine Sitzung zu beantragen (GK-*Oetker* Rn 25; **aA** *Richardi/Annuß* Rn 6). Er kann die Angelegenheit auf seiner Sitzung beraten und hierzu die KJugAzubiVertr. hinzuziehen.

6   An den Sitzungen der KJugAzubiVertr. kann nach Abs. 1 S. 2 der **Vorsitzende des KBR** oder ein vom KBR beauftragtes Mitgl. des KBR teilnehmen.

7   Der (Konzern-)**ArbGeb.** kann an den Sitzungen der KJugAzubiVertr. beratend teilnehmen, wenn sie auf seinen Antrag hin stattfinden oder wenn er eingeladen wird. Er kann einen Vertr. der ArbGebVereinigung, der er angehört, hinzuziehen (Abs. 2 iVm. § 59 Abs. 2 S. 3 iVm. § 29 Abs. 4).

8   Für die Teilnahme der in der KJugAzubiVertr. vertretenen **Gewerkschaften** gilt nach Abs. 2 § 31 entspr. (GK-*Oetker* Rn 30). Andere Gewerkschaftsvertr. können hinzugezogen werden, wenn die Mehrheit der KJugAzubiVertr. das beschließt (GK-*Oetker* 32).

9   Die **Themen,** die auf den Sitzungen der KJugAzubiVertr. behandelt werden sollen, müssen sich aus der Zuständigkeit dieser Vertr. ergeben. Für den **Ablauf** der Sitzungen gelten die allgemeinen Bestimmungen.

III. Entsprechend anwendbare Vorschriften zur Geschäftsführung

10   Durch Abs. 2 werden einige Vorschriften über die Organisation, die Geschäftsführung, die Zuständigkeit und die Rechtsstellung der KJugAzubiVertr. für entspr. anwendbar erklärt. Dabei handelt es sich um Vorschriften, die für den BR, für den GesBR, den KBR und die JugAzubiVertr. gelten. Im Einzelnen:

11   Als Vorschriften, die für den **BR** gelten, sind in Bezug genommen:
– § 25 Abs. 1 regelt das Nachrücken von ErsMitgl. im Fall der Verhinderung oder des Wegfalls eines ordentlichen Mitgl.

- § 26 regelt die Wahl des Vors. und des Stellvertr. sowie dessen Rechtsstellung
- § 28 Abs. 1 S. 1 ermöglicht die Übertragung von Aufgaben auf einen Ausschuss, wenn im Konzern mehr als 100 ArbN iSv. § 60 beschäftigt werden und die KJug-AzubiVertr. aus mind. 7 Mitgliedern besteht (*Oetker* DB 05, 1165, 1169). Eine Übertragung von Aufgaben auf Ausschüsse zur selbständigen Erledigung ist nicht vorgesehen.
- § 30 betrifft die Sitzungen der KJugAzubiVertr. (vgl. oben Rn 3).
- § 31 regelt die Teilnahme von Beauftragten einer Gewerkschaft (vgl. oben Rn 8).
- § 34 betrifft die Sitzungsniederschrift und das Einsichtsrecht aller Mitgl. in die Unterlagen der KJugAzubiVertr.
- § 36 ermöglicht den Erlass einer Geschäftsordnung.
- § 37 Abs. 1 bis 3 erklärt die Grundsätze über die ehrenamtliche Tätigkeit, die Vorschriften über die Arbeitsbefreiung und den Anspruch auf Freizeitausgleich für anwendbar (*Oetker* DB 05, 1165, 1170).
- § 40 betrifft die Verpflichtung des ArbGeb., die Kosten der KJugAzubiVertr. zu tragen.
- § 41 verbietet die Erhebung von Umlagen und Beiträgen.

Als Vorschriften, die für den **GesBR** gelten, sind in Bezug genommen: 12
- § 51 Abs. 3 und 4 regeln die Beschlussfähigkeit und die Beschlussfassung.
- § 51 Abs. 5 betrifft die allgemeinen Rechte und Pflichten der KJugAzubiVertr.

Die für entspr. anwendbar erklärten Vorschriften für den **KBR** betreffen folgende   13
Fragen:
- § 56 Ausschluss von Mitgl. der KJugAzubiVertr.
- § 57 Erlöschen der Mitgliedschaft der Mitgl. der KJugAzubiVertr.
- § 58 Zuständigkeit der KJugAzubiVertr. (vgl. dazu *Oetker* DB 05, 1165, 1170). Die KJugAzubiVertr. ist – allerdings nur im Rahmen ihrer originären Zuständigkeit – auch zuständig für die jug. ArbN und Azubi in Unternehmen, die keine GesJug-AzubiVertr. gebildet haben (vgl. hierzu § 50 Rn 29 ff. und § 58 Rn 7).
- § 59 Abs. 2 betrifft die Einladung zur konstituierenden Sitzung der KJugAzubi-Vertr. (vgl. hierzu § 73a Rn 24).

Auf folgende Bestimmungen, die für die **JugAzubiVertr.** gelten, wird ebenfalls   14
verwiesen:
- § 66 gibt der KJugAzubiVertr. die Möglichkeit, die Aussetzung von Beschlüssen des KBR zu erreichen (*Oetker* DB 05, 1165, 1171).
- § 67 gibt der KJugAzubiVertr. das Recht, an den Sitzungen des KBR teilzunehmen (*Oetker* DB 05, 1165, 1171). Diese Bestimmung regelt auch das Stimmrecht der KJugAzubiVertr. im KBR. Hat der KBR die Behandlung von Angelegenheiten, die besonders oder überwiegend die ArbN nach § 60 Abs. 1 betreffen, einem Ausschuss übertragen, gelten für Teilnahmerecht und Stimmrecht die Vorschriften entsprechend (vgl. hierzu auch § 73 Rn 14).
- § 68 regelt das Teilnahmerecht der KJugAzubiVertr. an Besprechungen zwischen dem (Konzern-)ArbGeb. und dem KBR.

Bei den in Abs. 2 für entspr. anwendbar erklärten Organisationsvorschriften han-   15
delt es sich um eine **abschließende Regelung** (*Oetker* DB 05, 1165, 1171). Sie kann nicht über den für entspr. anwendbar erklärten § 51 Abs. 5 erweitert werden. Insb. finden die Vorschriften über Freistellungen und über die Teilnahme an **Schulungen** keine Anwendung. Anspruch auf Schulung haben die Mitgl. der KJugAzubi-Vertr. bereits als Mitgl. der JugAzubiVertr. Sie haben Anspruch auf Schulung über die besonderen Aufgaben der GesJugAzubiVertr. und der KJugAzubiVertr., wenn sie in diese Gremien entsandt werden. Über die Teilnahme an Schulungen eines Mitgl. der KJugAzubiVertr. entscheidet der BR des Betriebs, dem der ArbN angehört. Er hat die JugAzubiVertr. seines Betriebs hinzuzuziehen (vgl. § 73 Rn 15).

IV. Streitigkeiten

16   Streitigkeiten, die sich aus der Anwendung des § 73 b und der in ihm in Bezug genommenen Vorschriften ergeben, entscheiden die ArbG im **BeschlVerf.** Zuständig ist das ArbG, in dessen Bezirk das herrschende Unternehmen seinen Sitz hat (§ 82 ArbGG). Zu den Besonderheiten des Beschl.Verf. vgl. Nach § 1.

17   Geht es um Vorenthaltung oder Minderung von Arbeitsentgelt wegen der Tätigkeit in der KJugAzubiVertr., ist der Streit im **Urteilsverf.** auszutragen. Entspr. gilt für den Anspruch auf Freizeitausgleich nach § 37 Abs. 3. Die Zuständigkeit des ArbG bestimmt sich in diesen Fällen nach den allgemeinen Grundsätzen des ArbGG iVm. § 29 ZPO. Zuständig wird im Allgemeinen das Gericht sein, in dessen Bezirk der Beschäftigungsbetrieb des ArbN liegt (Gerichtsstand des Erfüllungsorts).

Vierter Teil. Mitwirkung und Mitbestimmung der Arbeitnehmer

Erster Abschnitt. Allgemeines

§ 74 Grundsätze für die Zusammenarbeit

(1) ¹Arbeitgeber und Betriebsrat sollen mindestens einmal im Monat zu einer Besprechung zusammentreten. ²Sie haben über strittige Fragen mit dem ernsten Willen zur Einigung zu verhandeln und Vorschläge für die Beilegung von Meinungsverschiedenheiten zu machen.

(2) ¹Maßnahmen des Arbeitskampfes zwischen Arbeitgeber und Betriebsrat sind unzulässig; Arbeitskämpfe tariffähiger Parteien werden hierdurch nicht berührt. ²Arbeitgeber und Betriebsrat haben Betätigungen zu unterlassen, durch die der Arbeitsablauf oder der Frieden des Betriebs beeinträchtigt werden. ³Sie haben jede parteipolitische Betätigung im Betrieb zu unterlassen; die Behandlung von Angelegenheiten tarifpolitischer, sozialpolitischer, umweltpolitischer und wirtschaftlicher Art, die den Betrieb oder seine Arbeitnehmer unmittelbar betreffen, wird hierdurch nicht berührt.

(3) Arbeitnehmer, die im Rahmen dieses Gesetzes Aufgaben übernehmen, werden hierdurch in der Betätigung für ihre Gewerkschaft auch im Betrieb nicht beschränkt.

I. Vorbemerkung

Die Vorschrift trifft Regelungen über die **allgemeine Zusammenarbeit zwi-** **1** schen **ArbGeb. und BR** und die **Friedenspflicht.** Sie enthält neben § 2 (und diese Bestimmung teilweise ergänzend) die grundlegenden Gesichtspunkte der Zusammenarbeit der Betriebspartner. Abs. 1 Satz 1 institutionalisiert die monatliche Besprechung; Satz 2 konkretisiert die vertrauensvolle Zusammenarbeit. Abs. 2 regelt die Sicherung von Arbeitsablauf und Betriebsfrieden. Abs. 3 ergänzt § 2 Abs. 3 hinsichtlich der Koalitionsfreiheit der BRMitgl. Er stellt ausdrücklich klar, dass die Wahrnehmung betriebsverfassungsrechtlicher Funktionen das Recht zur **Betätigung** **für die Gewerkschaft auch im Betrieb** nicht ausschließt.

Die Bestimmungen gelten **entspr.** für GesBR und KBR im Verhältnis zum jeweils **2** zuständigen ArbGeb./Unternehmer (vgl. § 51 Abs. 6 iVm. § 59 Abs. 1). Die Vorschriften gelten ferner entspr. für den BetrAusschuss und andere Ausschüsse des BR, die JugAzubiVertr., die GesJugAzubiVertr., die KJugAzubiVertr. und den WiAusschuss. Ebenso gilt sie entspr. für die ArbNVertr. nach § 3 Abs. 1 Nr. 2 bis 5 sowie für ArbGruppen, denen nach § 28 a die Wahrnehmung betriebsverfassungsrechtlicher Aufgaben übertragen worden ist.

3 Entsprechende Vorschriften: § 66, § 67 Abs. 1 S. 3, Abs. 2 u. 3 BPersVG, § 2 Abs. 4 SprAuG.

II. Monatliche Besprechungen

4 Durch die Sollvorschrift des Abs. 1 Satz 1 wird den Beteiligten nahegelegt, sich **monatlich mindestens einmal zur Besprechung** der den Betrieb und die ArbN-schaft betreffenden Fragen zusammenzufinden (*Thannheiser* AiB 05, 348). Sowohl der BR als auch der ArbGeb. sind verpflichtet, für die Durchführung dieser monatlichen Besprechungen Sorge zu tragen (ErfK-*Kania* Rn 3; GK-*Kreutz* Rn 11). Eine ständige, uU auch eine nur wiederholte Weigerung an der monatlichen Besprechung teilzunehmen, kann eine grobe Pflichtverletzung iS des § 23 Abs. 1 oder 3 sein (*DKKW-Berg* Rn 4; *Düwell/Lorenz* Rn 5; *HSWGNR* Rn 9). Andererseits können ArbGeb. und BR im Einzelfall einvernehmlich davon absehen, eine monatliche Besprechung durchzuführen, insb. weil zZ keine erörterungsbedürftigen Punkte ersichtlich sind (ErfK-*Kania* Rn 3; *HSWGNR* Rn 7; *WPK* Rn 1; **aA** GK-*Kreutz* Rn 10 f.; *Löwisch/Kaiser* Rn 1 f.; *Richardi* Rn 8). Dies ergibt sich aus dem Charakter der Vorschrift als Sollvorschrift.

5 Der BR kann den BetrAusschuss oder einen anderen Ausschuss (§§ 27, 28) mit der Wahrnehmung der Besprechung beauftragen (*DKKW-Berg* Rn 5; ErfK-*Kania* Rn 5; *HSWGNR* Rn 4; *WPK* Rn 3; **aA** GK-*Kreutz* Rn 14; *Richardi* Rn 7; offen gelassen von BAG 19. 1. 84 AP Nr. 4 zu § 74 BetrVG 1972). Die monatlichen Besprechungen gehören aber nicht zu den laufenden Geschäften, die ohne weiteres dem BetrAusschuss zufallen (*DKKW-Berg* Rn 5).

6 **Formvorschriften** für Einberufung und Durchführung bestehen nicht. Die Besprechung kann mit einer BRSitzung verbunden werden (GK-*Kreutz* Rn 23; *Richardi* Rn 9). Erforderlich ist dies aber nicht. Ein Gespräch zwischen ArbGeb. u. BRVors. „unter vier Augen" ersetzt ebenso wenig die monatliche Besprechung mit dem BR wie die Teilnahme des ArbGeb. an einer üblichen BRSitzung.

7 An der monatlichen Besprechung haben der **ArbGeb.** sowie **alle BRMitgl.** teilzunehmen. Im Falle der Übertragung der Besprechung auf einen Ausschuss haben dessen Mitgl. teilzunehmen. Sind BRMitgl. oder Ausschussmitgl. verhindert, hat das jeweils in Betracht kommende ErsMitgl. teilzunehmen (vgl. § 25 Rn 24 ff.; § 27 Rn 28 ff.). Der ArbGeb. hat entweder persönlich teilzunehmen oder sich durch eine in der betrieblichen Organisation maßgeblich verantwortliche Person mit der für das Gespräch erforderlichen Sachkompetenz vertreten zu lassen (BAG 11. 12. 91 AP Nr. 2 zu § 90 BetrVG 1972; *DKKW-Berg* Rn 5; ErfK-*Kania* Rn 4; GK-*Kreutz* Rn 15; vgl. hierzu auch § 1 Rn 240). Der ArbGeb. kann erforderlichenfalls zu speziellen Fragen sachkundige Betriebsangehörige hinzuziehen (GK-*Kreutz* Rn 15).

7a Die **SchwbVertr.** ist stets berechtigt, an den Besprechungen teilzunehmen (vgl. § 32 Rn 19), nicht dagegen an nur informellen, vorbereitenden oder vorklärenden Gesprächen zwischen BR oder BRMitgl. und ArbGeb. (LAG Schleswig-Holstein BeckRS 08, 57 950). Die **JugAzubiVertr.** ist zu der Besprechung hinzuziehen, wenn bes. die jug. ArbN oder die Azubi betreffende Angelegenheiten erörtert werden sollen (ErfK-*Kania* Rn 6). Der Sprecherausschuss für ltd. Ang. hat kein Recht auf Teilnahme, bei Einverständnis aller Beteiligten ist jedoch seine Hinzuziehung durch beide Betriebspartner zulässig (GK-*Kreutz* Rn 19; *HSWGNR* Rn 5; *WPK* Rn 4). Falls erforderlich ist die Hinzuziehung eines **Dolmetschers** zulässig, etwa wenn der in Deutschland gelegene Betrieb eines internationalen Unternehmens von einem Manager geleitet wird, der die deutsche Sprache nicht oder nur unvollkommen beherrscht (vgl. BAG 14. 4. 88 AP Nr. 1 zu § 66 BPersG).

Über die **Hinzuziehung von Verbandsvertr.** zu den monatlichen Besprechun- 8
gen besteht keine gesetzliche Regelung. § 31 findet auf gemeinsame Besprechungen,
soweit sie nicht im Rahmen von BRSitzungen stattfinden, keine Anwendung
(*Richardi* Rn 11). Bei Einverständnis von ArbGeb. und BR können Vertr. der Gewerkschaften und/oder der ArbGebVereinigung an den Besprechungen teilnehmen
(hM). Darüber hinaus besteht auch bei fehlendem Einverständnis eines der Betriebspartner das Recht auf Hinzuziehung eines Verbandsvertr., wenn bes. Umstände dessen Teilnahme als sachlich geboten erscheinen lassen und anerkennenswerte Gründe
des anderen Betriebspartners für eine Ablehnung der Teilnahme nicht ersichtlich sind
(ErfK-*Kania* Rn 7; GK-*Kreutz* Rn 18; *Richardi* Rn 11; *WPK* Rn 4; weitergehend: einseitiger Wunsch eines Betriebspartners ausreichend, *DKKW-Berg* Rn 6; *Düwell/
Lorenz* Rn 3). Aus dem Grundsatz des Zusammenwirkens mit den Koalitionen nach
§ 2 Abs. 1 kann sich eine Verpflichtung der Betriebspartner zur Einladung von Ver-
bandsvertretern ergeben (vgl. § 2 Rn 53 ff.; *GL* Rn 3; *HSWGNR* Rn 5; wohl auch
Richardi Rn 11; **aA** GK-*Kreutz* Rn 18). ArbGebVerband und Gewerkschaften haben
keinen eigenständigen Anspruch auf Teilnahme an der monatlichen Besprechung
(GK-*Kreutz* Rn 18). Sollen außer den Verbandsvertr. und sachkundigen Betriebsangehörigen noch weitere Personen an der monatlichen Besprechung teilnehmen, ist
hierzu stets das Einverständnis beider Betriebspartner erforderlich.

Bei den monatlichen Besprechungen, aber auch bei sonstigen Verhandlungen 9
(Abs. 1 Satz 2 bezieht sich auch auf diese!), ist über streitige Fragen mit dem **ernsthaften Willen zur Einigung** zu verhandeln. Grundlegender Gedanke ist die Verpflichtung, im Betrieb bei strittigen Fragen eine Verständigung herbeizuführen und sich gegenseitig nicht durch negative Kritik oder gar Verweigerung zu lähmen. Vielmehr sind
die gemeinsam zu beachtenden Belange durch positive Vorschläge zu fördern. Eine
„Anhörung" in dem Sinn, dass die Äußerung der Gegenseite nur entgegengenommen,
nicht jedoch auf sie eingegangen wird, ist mit der Vorschrift nicht zu vereinbaren. Sie
erfordert vielmehr, nicht nur über die strittigen Fragen „zu verhandeln", sondern auch,
Vorschläge für die Beilegung von Meinungsverschiedenheiten zu machen.

Es besteht eine gegenseitige **Einlassungs- und Erörterungspflicht** (*DKKW-Berg* 9a
Rn 10; ErfK-*Kania* Rn 8; GK-*Kreutz* Rn 24 ff.; *Richardi* Rn 12; *WPK* Rn 5). Das gilt
in allen streitigen Angelegenheiten, also auch in Angelegenheiten, die nicht dem
MBR des BR unterliegen, sondern nur im Wege einer freiwilligen Vereinbarung mit
dem ArbGeb. geregelt werden können (BAG 13. 10. 87 AP Nr. 24 zu § 87 BetrVG
1972 Arbeitszeit). ArbGeb. und BR sind deshalb nicht nur verpflichtet, ihre jeweilige
Position zu Streitfragen darzulegen und zu begründen, sondern auch zu der Haltung
der anderen Seite Stellung zu nehmen. Es widerspricht grundsätzlich der Einlas-
sungs- und Erörterungspflicht, wenn ein Betriebspartner ohne jeglichen vorherigen
Einigungsversuch die E-Stelle anruft. Allerdings ist die Einhaltung dieser Pflicht keine
Verfahrensvoraussetzung für ein Verfahren vor der E-Stelle (LAG Niedersachsen
NZA-RR 06, 142; *DKKW-Berg* Rn 11; GK-*Kreutz* Rn 28; *HSWGNR* Rn 10;
einschr. *Richardi* Rn 14 in Bezug auf das gerichtliche Bestellungsverfahren wegen feh-
lenden Rechtsschutzinteresses). Die (ständige) Verweigerung der Einlassungs- und
Erörterungspflicht kann eine grobe Pflichtverletzung iSd § 23 sein (ErfK-*Kania* Rn 8;
GK-*Kreutz* Rn 27; *Richardi* Rn 13). Bei einer derartigen Weigerung seitens des Arb-
Geb. kann auch eine strafbare Behinderung der BRArbeit iS von § 119 Abs. Nr. 2
vorliegen.

Es besteht allerdings nur eine Einlassungs- und Erörterungspflicht, **keine Rechts-** 10
pflicht zum Kompromiss, dh keine Pflicht zum gegenseitigen Nachgeben. Vielfach
wird zwar eine Einigung nur im Wege des gegenseitigen Nachgebens erreichbar sein.
Wenn jedoch ein Betriebspartner an seiner Vorstellung festhält, weil er sie auch nach
Erörterung der Argumente der Gegenseite für die allein sachgerecht hält, ist ihm dies
nicht verwehrt (BAG 27. 11. 73 AP Nr. 4 zu § 40 BetrVG 1972; BAG 1. 3. 66 AP
Nr. 1 zu § 69 BetrVG; *DKKW-Berg* Rn 10 mwN). Insb. stellt ein derartiges Verhalten keine grobe Pflichtverletzung iSd § 23 Abs. 1 oder 3 dar.

III. Friedenspflicht

11   Das Gebot des § 2 Abs. 2 zur vertrauensvollen Zusammenarbeit von ArbGeb. und BR (vgl. § 2 Rn 16 ff.) ergänzt 74 Abs. 2 durch den Grundsatz der betrieblichen Friedenspflicht. Diese sichert das G. durch **drei Verbote:** Zum einen sind Arbeitskämpfe zwischen ArbGeb. und BR untersagt (Abs. 2 S. 1). Zum anderen sind darüber hinaus alle Maßnahmen verboten, durch die der Arbeitsablauf oder der Betriebsfrieden beeinträchtigt werden kann (Abs. 2 S. 2). Die Gefahr einer Beeinträchtigung des Betriebsfriedens kann insb. durch eine parteipolitische Betätigung von ArbGeb. u. BR gefährdet werden. Deshalb ist ihnen diese generell untersagt (Abs. 2 S. 3); hiervon bleibt allerdings die Behandlung von bestimmten den Betrieb oder seine ArbN unmittelbar betreffenden Angelegenheiten unberührt (vgl. Rn 54 ff.).

1. Verbot des Arbeitskampfes

12   Der wichtigste Fall der Gefährdung des Betriebsfriedens ist die Durchführung **wirtschaftlicher Kampfmaßnahmen** wie Streik, Sitzstreik, Arbeitsverlangsamung, Betriebsbesetzung, Aussperrung, Boykott. Derartige Maßnahmen sind ArbGeb. und BR als Betriebsverfassungsorgane – Abs. 2 ist eine betriebsverfassungsrechtliche, keine arbeitskampfrechtliche Vorschrift – generell untersagt. Es besteht zwischen beiden Teilen **völlige Friedenspflicht.** Weder darf der ArbGeb. wegen Meinungsverschiedenheiten über das MBR aussperren, noch darf der BR als Institution die Belegschaft zum Streik oder einer Betriebsbesetzung aufrufen. Weder der BR noch der ArbGeb. dürfen also Kampfmaßnahmen durchführen, um den anderen Teil zu irgendeinem betriebsverfassungsrechtlichen Verhalten oder zum Abschluss einer BV zu zwingen. Alle Meinungsverschiedenheiten auf der Ebene des Betriebes müssen vielmehr auf friedlichem Wege, notfalls unter Inanspruchnahme der im BetrVG vorgesehenen E-Stelle oder des ArbG ausgetragen werden (BAG 17. 12. 76 AP Nr. 52 zu Art. 9 GG Arbeitskampf; *DKKW-Berg* Rn 13; *ErfK-Kania* Rn 9; GK-*Kreutz* Rn 36 ff.; *Richardi* Rn 17; *Krummel* BB 02, 1418; *Rieble* RdA 05, 200, 211). Arbeitskämpfe zur Regelung betriebsverfassungsrechtlicher Streitigkeiten sind rechtswidrig, gleichgültig wer sie organisiert, und verpflichten zum Schadensersatz (BAG 7. 6. 88 AP Nr. 106 zu Art. 9 GG Arbeitskampf).

13   **Arbeitskämpfe tariffähiger Parteien** (Gewerkschaften einerseits, ArbGebVereinigungen oder einzelne ArbGeb. andererseits) werden – wie Abs. 2 S. 1 zweiter Halbsatz ausdrücklich klarstellt – durch das betriebsverfassungsrechtliche Arbeitskampfverbot **nicht berührt.** Ihre Zulässigkeit bestimmt sich ausschließlich nach den von der Rspr. entwickelten allgemeinen arbeitskampfrechtlichen Grundsätzen (GK-*Kreutz* Rn 41 ff. m. ausführlichen Hinweisen zur BAG-Rspr.). Das gilt auch, wenn der Abschluss eines FirmenTV oder eines firmenbezogenen VerbandsTV umkämpft ist (so zum TV-Sozialplan BAG 24. 4. 07 – 1 AZR 252/06 – NZA 07, 987 ff.; Näheres s. §§ 112, 112 a Rn 182 ff.) oder wenn der Arbeitskampf um eine betriebsverfassungsrechtliche Regelung geführt wird (*DKKW-Berg* Rn 15; *ErfK-Kania* Rn 10; GK-*Kreutz* Rn 43; zur Erweiterung der Beteiligungsrechte des BR durch TV vgl. § 1 Rn 245 ff.).

14   Führen tariffähige Parteien wirtschaftliche Kampfmaßnahmen (Streik, Aussperrung) gegeneinander durch, so hat sich der **BR als Organ** jeder Tätigkeit im Arbeitskampf zu enthalten; er bleibt **neutral** (BAG 22. 12. 80 AP Nr. 71 zu Art. 9 GG Arbeitskampf; 10. 12. 02 AP Nr. 59 zu § 80 BetrVG 1972; *Richardi* Rn 24; *Münch-ArbR-v.Hoyningen-Huene* § 214 Rn 17; *Rieble/Wiebauer* ZfA 10, 63, 108; einschr. *DKKW-Berg* Rn 15 a f.; GK-*Kreutz* Rn 67). Insb. darf er einen Streik nicht unterstützen, andererseits darf er nicht die Belegschaft auffordern, sich an einem von den Gewerkschaften ausgerufenen Streik nicht zu beteiligen (*DKKW-Berg* Rn 16; *ErfK-Kania* Rn 11; *Richardi* Rn 24; *Kempen* NZA 05, 185, 189; *Rieble/Wiebauer* ZfA 10,

63, 109; **aA** GK-*Kreutz* Rn 84) oder auf arbeitswillige ArbN Einfluss zu nehmen (BAG 10. 12. 02 aaO). Auch die Sammlung von Geld zugunsten der streikenden ArbN durch den BR ist unzulässig (hM). Bei einem wilden Streik besteht keine Rechtspflicht des BR, auf die ArbN einzuwirken, um sie zum Abbruch des Streiks zu veranlassen (BAG 5. 12. 78 – 6 AZR 485/76 – nv., mit Anm. *Däubler* AiB 11, 473; *DKKW-Berg* Rn 16; GK-*Kreutz* Rn 85; *Richardi* Rn 25; MünchArbR-*v. Hoyningen-Huene* §214 Rn 13; *Kempen* aaO; **aA** *SWS* Rn 2). Denn Abs. 2 S. 1 enthält lediglich eine Unterlassungspflicht und kein Gebot zu aktivem Handeln. Der BR hat auch keine Garantenstellung für ein rechtmäßiges Verhalten der ArbN. Andererseits ist es ihm nicht verwehrt, bei einem wilden Streik der ArbN mit dem ArbGeb. zu verhandeln, um den Streik zu beenden (BAG 5. 12. 78 aaO; *DKKW-Berg* Rn 16; ErfK-*Kania* Rn 11; GK-*Kreutz* Rn 86; *Richardi* Rn 25). Hierbei darf der BR durchaus auch die Interessen der streikenden ArbN vertreten (GK-*Kreutz* Rn 86).

Das Arbeitskampfverbot untersagt es auch dem **einzelnen BRMitgl.**, sich in sei- **15** ner **Eigenschaft als BRMitgl.** an Arbeitskämpfen zu beteiligen (BAG 5. 12. 75 AP Nr. 1 zu §87 BetrVG 1972 Betriebsbuße; BAG 21. 2. 78 AP Nr. 1 zu §74 BetrVG 1972; *DKKW-Berg* Rn 13; ErfK-*Kania* Rn 12; GK-*Kreutz* Rn 66; *Richardi* Rn 26; *WPK* Rn 12). Sie dürfen sich deshalb nicht der Mittel, die dem BR gem. §40 Abs. 2 zur Verfügung gestellt sind (Räume oder sachliche Mittel) zu Streikzwecken bedienen oder Streikaufrufe und Verlautbarungen unter ausdrücklicher Erwähnung der BRMitglschaft unterzeichnen (GK-*Kreutz* Rn 66; *HSWGNR* Rn 26; *Richardi* Rn 24; *Kempen* NZA 05, 185, 190; *Krummel* BB 02; 1421; **aA** in Bezug auf Unterzeichnung von Aufrufen *DKKW-Berg* Rn 18: nur bei missbräuchlicher Ausnutzung des BRAmtes).

Als ArbN und **als Gewerkschaftsmitgl.** können die einzelnen BRMitgl. – auch **16** die freigestellten (LAG Düsseldorf ArbuR. 95, 107) – wie jeder andere ArbN des Betriebs zu gewerkschaftlichen Kampfmaßnahmen Stellung nehmen und sich an ihrer Durchführung **beteiligen** (hM; vgl. Abs. 3). Dies gilt auch, wenn der Arbeitskampf den Abschluss eines FirmenTV bezweckt oder er zur Regelung einer betrieblichen oder betriebsverfassungsrechtlichen Frage geführt wird (*DKKW-Berg* Rn 17; GK-*Kreutz* Rn 43, 64f.; *Richardi* Rn 26; *Kempen* NZA 05, 185, 190). Insofern unterliegen sie keinen weitergehenden Schranken als die übrigen ArbN des Betriebes, gegen die sich das Arbeitskampfverbot des Abs. 2 S. 1 nicht richtet (ErfK-*Kania* Rn 12). Auch BRMitgl. können deshalb innerhalb des Betriebes für die **Durchführung einer Kampfmaßnahme** tätig werden, zB bei Urabstimmungen oder bei der Organisation oder der Leitung des Streiks oder als Mitgl. der Tarifkommission (*DKKW-Berg* Rn 17f.; *Düwell/Lorenz* Rn 9; GK-*Kreutz* Rn 65; *Richardi* Rn 26; **aA** *Rolfs/Büttefisch* NZA 96, 20). Eines bes. Hinweises darauf, dass Handlungen in der Eigenschaft als ArbN oder als BRMitgl. erfolgen, bedarf es nicht (*DKKW-Berg* Rn 18; GK-*Kreutz* Rn 66; *Rieble/Wiebauer* ZfA 10, 63, 108).

Das **Amt des BR** und seiner Mitgl. wird durch einen Arbeitskampf **nicht be- 17 rührt.** Es besteht vielmehr grundsätzlich mit allen Rechten und Pflichten fort. Dies gilt unabhängig davon, ob sich die Mitgl. des BR am Arbeitskampf beteiligen oder nicht (BAG 25. 10. 88 AP Nr. 110 zu Art. 9 GG Arbeitskampf; *DKKW-Berg* Rn 19; ErfK-*Kania* Rn 13; GK-*Kreutz* Rn 57ff.; *Richardi* Rn 23ff.). Auch die aktive Teilnahme eines BRMitgl. am Arbeitskampf hat auf seine Mitglschaft im BR keine Auswirkungen, da die ArbVerh. von BRMitgl. auch durch eine Aussperrung seitens des ArbGeb. nur suspendiert, aber nicht gelöst werden können (BAG GS 21. 4. 71 AP Nr. 43 zu Art. 9 GG Arbeitskampf Teil III C 5 der Gründe; bestätigt durch BVerfG 19. 2. 75 AP Nr. 50 zu Art. 9 GG Arbeitskampf; *Richardi* Rn 28).

Der BR ist infolge des Arbeitskampfes auch **keineswegs funktionsunfähig.** Je- **18** denfalls soweit Maßnahmen des ArbGeb. oder Initiativen des BR keinen Arbeitskampfbezug haben, bleiben die Beteiligungsrechte des BR ungeschmälert bestehen (hM; BVerfG 19. 5. 75 AP Nr. 50 zu Art. 9 GG Arbeitskampf; BAG 14. 2. 78 AP Nr. 57 zu Art. 9 GG Arbeitskampf; BAG 10. 12. 02 AP Nr. 59 zu §80 BetrVG

1972; ErfK-*Kania* Rn 14; GK-*Kreutz* Rn 59). Das gilt zB grundsätzlich für die Beteiligungsrechte des BR bei betrieblichen Sozialeinrichtungen, bei Werkswohnungen, beim betrieblichen Vorschlagswesen, bei der Aufstellung von Personalfragebogen, Beurteilungsgrundsätzen oder Auswahlrichtlinien. Auch personelle Einzelmaßnahmen, die nicht durch den Arbeitskampf bedingt sind, unterliegen weiterhin den Beteiligungsrechten des BR (zB die Einstellung einer seit langem gesuchten Fachkraft oder die Kündigung eines ArbN aus anderen als arbeitskampfbedingten Gründen; vgl. zum Letzteren BAG 14. 2. 78 AP Nr. 60 zu Art. 9 GG Arbeitskampf; BAG 6. 3. 79 AP Nr. 20 zu Art. 102 BetrVG 1972). Auch werden die Beteiligungsrechte des BR bei einer beabsichtigten Betriebsänderung nicht deshalb geschmälert, weil zwischenzeitlich ein Arbeitskampf wegen Lohnerhöhungen ausgebrochen ist. Wird ein Betrieb nur teilweise bestreikt, bleiben die Rechte und Befugnisse des BR in Bezug auf die weiterarbeitenden Beschäftigten bestehen, es sei denn, es handelt sich um mittelbar auf das Kampfgeschehen bezogene Maßnahmen des ArbGeb.

19   **Umstritten** ist, ob und ggf. unter welchen Voraussetzungen und in welchem Umfang infolge eines Arbeitskampfes die Beteiligungsrechte des BR hinsichtlich solcher Maßnahmen des ArbGeb. **eingeschränkt** sind, die **arbeitskampfbedingt** bzw. mittelbar auf das Kampfgeschehen bezogen sind. ZT wird eine solche Einschränkung generell abgelehnt (LAG Hamm DB 79, 216; LAG Bremen AiB 89, 316; *DKKW-Berg* Rn 20 ff.; *Düwell/Lorenz* Rn 11). Überwiegend wird eine solche Einschränkung jedoch bejaht, wobei allerdings wiederum sowohl ihre dogmatische Begründung als auch ihr Umfang im Einzelnen umstritten sind. ZT wird die Einschränkung aus einer arbeitskampfkonformen Auslegung der einzelnen Beteiligungsrechte hergeleitet, um so die für die grundgesetzlich garantierte Tarifautonomie erforderliche Kampfparität zu gewährleisten (so ständige BAG-Rspr., s. BAG 10. 12. 02 AP Nr. 59 zu § 80 BetrVG 1972; *HSWGNR* Rn 29; *Richardi* Rn 32 ff.; MünchArbR-*v. Hoyningen-Huene* § 214 Rn 16 ff.). Andere leiten aus dem sich aus § 74 Abs. 1 S. 1 ergebenden Neutralitätsgebot eine Schranke für die Ausübung solcher Beteiligungsrechte des BR her, wenn und soweit diese Ausübung sich als konkrete Kampfmaßnahme gegenüber dem ArbGeb. darstellt (so insb. GK-*Kreutz* Rn 72 ff. mwN).

20   Der **letzteren Ansicht** ist der Vorzug zu geben. Hierfür spricht nicht nur die Entstehungsgeschichte des G sondern auch der Umstand, dass diese Auffassung zu **klareren und eindeutigeren Abgrenzungen** der in Betracht kommenden Fälle führt. Die Problematik von Arbeitskampf und betriebsverfassungsrechtlichen Beteiligungsrechten war bei Erlass des G bekannt. Gleichwohl hat der Gesetzgeber keine Regelung über das generelle Zurücktreten betriebsverfassungsrechtlicher Beteiligungsrechte bei arbeitskampfrelevanten Maßnahmen des ArbGeb. statuiert. Es erscheint deshalb nicht angängig, trotz des Schweigens des Gesetzgebers im Wege einer arbeitskampfkonformen Auslegung die Beteiligungsrechte des BR bei arbeitskampfrelevanten Maßnahmen generell einzuschränken. Der Gesetzgeber hat sich in Bezug auf Arbeitskampfmaßnahmen mit der Regelung des § 74 Abs. 2 S. 1 begnügt. Deshalb ist allein aus dieser Bestimmung die Frage zu beantworten, ob und inwieweit sie der Ausübung von Beteiligungsrechten des BR Schranken setzt (so zu Recht GK-*Kreutz* Rn 72 ff.).

21   Das generelle Arbeitskampfverbot des Abs. 2 S. 1 zwischen ArbGeb. und BR beinhaltet auch die Pflicht, dass der **BR als Organ** sich in Arbeitskämpfen der TVParteien **neutral** verhält (vgl. Rn 14 f.). Dem BR ist es deshalb nicht gestattet, in Arbeitskämpfe der TVParteien durch die Ausübung von Beteiligungsrechten in einer Weise einzugreifen, die sich gegenüber dem ArbGeb. als eine zusätzliche Kampfmaßnahme darstellt, die das Kampfziel der streikenden Gewerkschaft unterstützt. Von einer „Kampfmaßnahme" kann man allerdings nur sprechen, wenn durch die Maßnahme ein **zusätzlicher Druck** auf den ArbGeb. ausgeübt wird (BAG 10. 12. 02 AP Nr. 59 zu § 80 BetrVG 1972). Dies wiederum kommt nur in Fällen in Betracht, in denen eine Maßnahme des ArbGeb. an sich der Zustimmung des BR bedarf. Ist dies nicht der Fall, ist der ArbGeb. in seiner Entscheidung ohnehin frei.

Hieraus ergibt sich zum einen, dass im Allgemeinen Beteiligungsrechte des BR, die **21a** sich in einer **Unterrichtung, Anhörung** oder **Beratung** erschöpfen, auch **während** des **Arbeitskampfes** zu beachten sind, selbst wenn sie angesichts der Kurzzeitigkeit arbeitskampfrechtl. Vorgänge und der jeweiligen Reaktionen Auswirkungen auf die Arbeitskampftaktik haben können (so ausdrückl. zum Unterrichtungsanspruch gem. § 80 Abs. 2 S. 1 BAG 10. 12. 02 aaO; GK-*Kreutz* Rn 76; differenzierend *Krummel* BB 02; 1421; **aa** *Reichold* NZA 04, 247, 250). Etwas **Anderes** kann allerdings in Fällen gelten, in denen eine schnelle Entscheidung des ArbGeb. erforderlich ist und der durch eine (verzögernde) Beratung oder Anhörung auf den ArbGeb. ausgeübte Druck sich als eine unzulässige Kampfmaßnahme darstellt. Zum anderen folgt in Bezug auf **Zustimmungs-** und **MBTatbestände** hieraus, dass nur der in dem an sich notwendigen Zustimmungserfordernis liegende Druck als unzulässige zusätzliche Kampfmaßnahme angesehen werden kann. Nur das Zustimmungserfordernis ist deshalb ggf. unzulässig, nicht jedoch die bloße Unterrichtung des BR über die beabsichtigte Maßnahme (vgl. LAG Köln DB 93, 838).

Ob und inwieweit die Ausübung eines MBR des BR als eine **zusätzliche,** den **22** Druck der streikenden ArbN verstärkende eigene **Kampfmaßnahme** des BR anzusehen ist, hängt von den konkreten Umständen des Einzelfalles ab. In Betracht kommen kann dies zB bei der Einstellung von sog. Streikbrechern (wegen Entsendung in den Betrieb eines Tochterunternehmens vgl. aber BAG 19. 2. 91 AP Nr. 26 zu § 95 BetrVG 1972) oder bei sog. arbeitskampfbedingten Kündigungen von ArbN in Bezug auf die Weiterbeschäftigungspflicht iS von § 102 Abs. 3. Zu denken ist auch an das MBR des BR bei der Festlegung der Arbeitszeit oder der Anordnung von Mehrarbeit, wenn der ArbGeb. mit solchen Maßnahmen der Streikstrategie der Gewerkschaften begegnen will (BAG 24. 4. 79 AP Nr. 63 zu Art. 9 GG Arbeitskampf; DAG 10. 12. 02 AP Nr. 59 zu § 80 BetrVG 1972; *Krummel* BB 02; 1419). Auch die Inanspruchnahme des MBR nach § 87 Abs. 1 Nr. 1 bei der Kennzeichnung von Werksausweisen nicht ausgesperrter ArbN kann uU eine zusätzliche Kampfmaßnahme darstellen (BAG 16. 12. 86 AP Nr. 13 zu § 87 BetrVG 1972 Ordnung des Betriebs; *Richardi* Rn 39). Das Gleiche gilt für die Ausgabe besonderer bzw. besonders gekennzeichneter Werksausweise an ArbN, die während eines Arbeitskampfes zur Leistung von Erhaltungsarbeiten verpflichtet sind (*Gaumann* NZA 01, 245). Keine zusätzliche Kampfmaßnahme liegt vor, wenn eine BV vorsieht, dass Zeiten der Teilnahme an einem Arbeitskampf nicht zu einer Kürzung des Arbeitsentgelts, sondern zur Belastung des Gleitzeitkontos führen (BAG 30. 8. 94 AP Nr. 132 zu Art. 9 GG Arbeitskampf). Allerdings ist hierfür eine ausdrückliche Regelung erforderlich, da die Teilnahme an einem rechtmäßigen Arbeitskampf die Hauptpflichten aus dem Arb-Verh. suspendiert und wegen der fehlenden Arbeitspflicht auch kein Anspruch auf Arbeitsentgelt besteht (BAG 30. 8. 94 aaO und AP Nr. 131 zu Art. 9 GG Arbeitskampf).

Eine derartige Einschränkung der Beteiligungsrechte des BR besteht **nur für die 23 Dauer des Arbeitskampfes.** Will der ArbGeb. nach dessen Beendigung eine mitbestimmungspflichtige Maßnahme weiterführen (zB Aufrechterhaltung angeordneter Mehrarbeit), hat er nunmehr das MBR des BR voll zu beachten (MünchArbR-*v. Hoyningen-Huene* § 214 Rn 19). Bei einer nicht auf die Zeit des Arbeitskampfes befristeten Einstellung, sog. Streikbrecher, hat der ArbGeb. nach Kampfende die Zustimmung des BR nach §§ 99, 100 einzuholen (vgl. § 99 Rn 28).

Umstritten ist, ob der BR mit dem ArbGeb. während des Arbeitskampfes im **24** Rahmen von freiwilligen BV Regelungen über Art und Umfang eines **Notdienstes** (zum Begriff des Notdienstes vgl. BAG 30. 3. 82 AP Nr. 74 zu Art. 9 GG Arbeitskampf) vereinbaren kann (bejahend: GK-*Kreutz* Rn 81 ff.; *Schmidt* DB 78, 1278, der aus § 2 Abs. 1 insoweit sogar eine Verpflichtung des BR annimmt; *Brox/Rüthers* Arbeitskampfrecht Rn 467, 293; *Wiese* NZA 84, 382; offengelassen von BAG 30. 3. 82 AP Nr. 74 zu Art. 9 GG Arbeitskampf; **aA** LAG Frankfurt AP Nr. 40 zu Art. 9 GG Arbeitskampf; LAG Niedersachsen AP Nr. 69 zu Art. 9 GG Arbeitskampf; *DKKW-*

Berg Rn 21 a; *Bauer/Haußmann* DB 96, 881; *Kempen* NZA 05, 185, 189). Die Regelung eines Notdienstes obliegt als Teilkomplex des Arbeitskampfes den kampfführenden Parteien selbst (vgl. BAG 21. 4. 71 AP Nr. 43 zu Art. 9 GG Arbeitskampf; BAG
31. 1. 95 AP Nr. 135 zu Art. 9 GG Arbeitskampf; *Löwisch/Kaiser* Rn 16). Dies ergibt
sich schon daraus, dass das Fehlen eines Notdienstes den Arbeitskampf uU rechtswidrig
sein lässt. Soweit die Arbeitskampfparteien Notdienstregelungen treffen, können Arb-
Geb. und BR keine anderweitigen Regelungen vereinbaren, da dies eine Verletzung
ihrer Neutralitätspflicht in Bezug auf die Entscheidung der kampfführenden Parteien
darstellen würde. Die Kampfparteien können allerdings – uU auch durch konkludentes Handeln – die Regelung des Notdienstes den Betriebpartnern überlassen (s. *Kempen* aaO). Hierbei können sie diesen auch einzuhaltende Vorgaben machen.

25   Soweit die von den Arbeitskampfparteien vorgesehenen Notdienstregelungen dem
ArbGeb. bei der konkreten Ausgestaltung Entscheidungen überlassen, die ihrerseits
der **Beteiligung des BR** unterliegen, sind insoweit die diesbezüglichen Beteiligungsrechte des BR zu beachten (vgl. GK-*Kreutz* Rn 83; *Wiese* NZA 84, 383). Das kann
zB bei der konkreten personellen oder zeitlichen Ausgestaltung von Schichtplänen für
den Notdienst der Fall sein. Bei der konkreten Ausübung dieser Beteiligungsrechte
hat der BR das Neutralitätsgebot des Abs. 2 S. 1 zu beachten (vgl. Rn 14 f.).

26   Da das Amt des BR und grundsätzlich auch seine Aufgaben und Befugnisse während des Arbeitskampfes weiterbestehen (vgl. Rn 17 ff.), haben streikende oder ausge-
sperrte BRMitgl. **Zutrittsrecht zum Betrieb,** soweit dies zur Ausübung ihrer betriebsverfassungsrechtlichen Tätigkeit erforderlich ist (LAG Frankfurt LAGE Art. 9
GG Arbeitskampf; *DKKW-Berg* Rn 20 b; GK-*Kreutz* Rn 60; *HSWGNR* Rn 28). Zur
Frage eines Vergütungsanspruchs der BRMitgl., die während einer Abwehraussperrung notwendige BRAufgaben wahrnehmen vgl. § 37 Rn 61 f.

2. Verbot der Beeinträchtigung von Arbeitsablauf oder des
Betriebsfriedens

27   Über das Verbot des Arbeitskampfes nach Abs. 2 S. 1 hinaus untersagt Abs. 2 S. 2
alle Betätigungen von ArbGeb. und BR, durch die der geordnete Arbeitsablauf oder
der Friede des Betriebs beeinträchtigt werden. **Verbotszweck** ist der Schutz des **ungestörten Arbeitsablaufs** und des **Betriebsfriedens.** Das Verbot richtet sich sowohl
gegen ArbGeb. und BR als auch gegen die einzelnen Mitgl. des BR in dieser Eigenschaft (GK-*Kreutz* Rn 131; *DKKW-Berg* Rn 23; ErfK-*Kania* Rn 16). Abs. 2 S. 2
begründet keine Verpflichtung für den einzelnen ArbN (*DKKW-Berg* Rn 23; GK-
Kreutz Rn 131; *Richardi* Rn 51; *Rieble/Wiebauer* ZfA 10, 63, 117). Seine Pflicht zur
Beachtung des ungestörten Ablaufs und des Betriebsfriedens ergibt sich ausschließlich
aus dem Arbeitsvertrag (BAG 26. 5. 77 AP Nr. 5 zu § 611 BGB Beschäftigungspflicht). Zum Recht des BR, der Einstellung eines ArbN zu widersprechen oder
dessen Entlassung zu verlangen, der den Betriebsfrieden durch gesetzwidriges Verhalten oder durch die Verletzung der Grundsätze des § 75 Abs. 1, insb. durch rassistische
oder fremdenfeindliche Betätigung zu gefährden droht bzw. wiederholt gestört hat,
vgl. § 99 Rn 253 ff. und § 104 Rn 3 ff.

28   Verboten sind Betätigungen, durch die der Arbeitsablauf oder der Betriebsfrieden
beeinträchtigt werden. Erforderlich ist ein **aktives störendes Verhalten.** Es besteht
keine Verpflichtung auf die Wahrung des Betriebsfriedens zB gegenüber störenden
ArbN aktiv hinzuwirken (ErfK-*Kania* Rn 17; GK-*Kreutz* Rn 132; *Richardi* Rn 49;
aA *HSWGNR* Rn 36). Das gilt für den BR auch dann, wenn eines seiner Mitgl. den
Arbeitsablauf oder den Betriebsfrieden stört, da ihm keine Garantstellung für seine
Mitgl. zukommt (insoweit **aA** *GL* Rn 17). Andererseits ist dem BR nicht untersagt,
bei einem (rechtswidrigen) wilden Streik der Belegschaft mit dem ArbGeb. über dessen Beendigung zu verhandeln (BAG 17. 12. 76 AP Nr. 52 zu Art. 9 GG Arbeitskampf; GK-*Kreutz* Rn 86; *Richardi* Rn 25; weitergehend *Wiese* NZA 84, 382, der eine

Rechtspflicht des BR bejaht, auf Wunsch des ArbGeb. Verhandlungen aufzunehmen).

Verboten sind Betätigungen, die zu einer **Beeinträchtigung des Arbeitsablaufs** 29
oder des **Betriebsfriedens** führen. Nicht erforderlich ist, dass eine Störung des Arbeitsablaufs oder des Betriebsfriedens bereits eingetreten ist (so jedoch *DKKW-Berg*
Rn 22; *Däubler* Arbeitsrecht I, Rn 784; *Otto* ArbuR 80, 295). Da das G eine derartige Störung gerade verhindern will, sind auch solche Betätigungen untersagt, die **mit
hoher Wahrscheinlichkeit** zu einer Beeinträchtigung führen werden (ErfK-*Kania*
Rn 18; GK-*Kreutz* Rn 133; *Richardi* Rn 46; *WPK* Rn 25; *Rieble/Wiebauer* ZfA 10,
63, 114). Es muss auf Grund **konkreter Anhaltspunkte** eine Störung des Arbeitsablaufs oder des Betriebsfriedens zu erwarten sein. Das kann insb. der Fall sein, wenn
eine vergleichbare Betätigung bereits einmal zu einer solchen Störung geführt hat.
Nicht ausreichend ist dagegen die bloß abstrakte Möglichkeit einer Beeinträchtigung.

Geschützt wird zum einen der **ungestörte Arbeitsablauf.** Unter Arbeitsablauf ist 30
die organisatorische, räumliche und zeitliche Gestaltung des Arbeitsprozesses im Zusammenwirken von Menschen und Betriebsmitteln zu verstehen (vgl. auch § 90
Rn 23 ff.). Verboten sind deshalb alle Handlungen, die unzulässigerweise in die Gestaltung des Arbeitsprozesses eingreifen, zB durch die Aufforderung des BR, bestimmte Weisungen des ArbGeb. nicht zu befolgen oder bestimmte Arbeiten nicht
mehr zu verrichten; denn der BR hat gegenüber den ArbN kein Weisungsrecht (vgl.
§ 77 Abs. 1). Dem BR ist es allerdings nicht verwehrt, auf die Notwendigkeit der
Einhaltung bestehender Arbeitsschutzvorschriften hinzuweisen. Auch wenn der ArbGeb. gegenüber den ArbN rechtswidrige Maßnahmen anordnet (zB wegen Nichtbeachtung des MBR), stellt es keinen unzulässigen Eingriff in den Arbeitsablauf dar,
wenn der BR auf deren Rechtswidrigkeit aufmerksam macht. Störungen des Arbeitsablaufs, die auf rechtmäßigen Maßnahmen des BR im Rahmen seiner Aufgabenerfüllung beruhen (zB Durchführung der BetrVerslg. nach §§ 42 ff.), sind selbstverständlich stets zulässig (ErfK-*Kania* Rn 19; GK-*Kreutz* Rn 134).

Unter **Friede des Betriebs** (zum Begriff *Rieble/Wiebauer* ZfA 10, 63, 115 f.) ist 31
das störungsfreie Zusammenleben sowohl zwischen ArbGeb. einerseits und BR sowie
den ArbN des Betriebs andererseits als auch der ArbN untereinander zu verstehen
(ErfK-*Kania* Rn 20). Im Verhältnis zwischen ArbGeb. und BR kann der Betriebsfriede dadurch beeinträchtigt werden, dass sie nicht ihre gegenseitige Rechte und Befugnisse anerkennen, nicht die zur Lösung bestehender Interessenkonflikte vorgesehenen
Verfahren einhalten oder in einer Weise miteinander umgehen, die trotz Anerkennung bestehender Interessengegensätze schlechterdings nicht mit dem Gebot der
vertrauensvollen Zusammenarbeit zu vereinbaren ist (*DKKW-Berg* Rn 25; GK-*Kreutz*
Rn 136 ff.; *Richardi* Rn 48). So kann zB die wiederholte Missachtung der Beteiligungsrechte des BR, insb. seiner MBR, einen Verstoß gegen den Betriebsfrieden
darstellen.

Ferner dürfen **weder ArbGeb. noch BR** in die **Kompetenz des anderen ein-** 31a
greifen, etwa dadurch, dass der BR in die Leitung des Betriebs eingreift oder dass
der ArbGeb. ihm nicht genehme Bekanntmachungen des BR am Schwarzen Brett
eigenmächtig entfernt (*DKKW-Berg* Rn 25; ErfK-*Kania* Rn 20; GK-*Kreutz* Rn 138).
Insb. kann die Verbreitung **wahrheitswidriger,** insb. ehrverletzender **Behauptungen** über den anderen Betriebspartner eine Störung des Betriebsfriedens sein, insb.
wenn dies durch öffentliche Bekanntmachungen am Schwarzen Brett oder durch
sonstige betriebliche Informationsmittel (Werkzeitung, Flugblätter) geschieht (LAG
Köln DB 91, 1191). Ob die Veröffentlichung der Korrespondenz zwischen ArbGeb.
und BR zu einer bestimmten Frage als eine Störung des Betriebsfriedens anzusehen
ist (so LAG Düsseldorf BB 77, 294), dürfte von den Umständen des Einzelfalles abhängen. Unzulässig ist allerdings die Veröffentlichung einer willkürlichen und einseitigen Auswahl des Schriftverkehrs (ArbG Trier AiB 89, 53; *DKKW-Berg* Rn 25) und
wohl auch die Bekanntmachung der BRKosten (GK-*Kreutz* Rn 136; s. hierzu auch
§ 78 Rn 10).

32   Das Verbot der Beeinträchtigung des Betriebsfriedens (und auch das Gebot der vertrauensvollen Zusammenarbeit von ArbGeb. und BR nach § 2 Abs. 1) sind grundsätzlich auch für Abhandlungen, Darstellungen und sonstigen Veröffentlichungen in
Werkszeitungen zu beachten. Allerdings genießen nach der Rspr. des BVerfG auch
Werkszeitungen den Schutz der Pressefreiheit nach Art. 5 Abs. 1 S. 2 GG (BVerfG
8. 10. 96 AP Nr. 3 zu Art. 5 Abs. 1 GG Pressefreiheit). Insofern hat eine Einschränkung ihrer Gestaltung oder der in ihr veröffentlichten Beiträge durch gesetzliche Vorschriften oder ihre Anwendung der Bedeutung und der Tragweite dieses Grundrechts
Rechnung zu tragen. Die die Pressefreiheit einschränkende Norm ist ihrerseits unter
Berücksichtigung der wertsetzenden Bedeutung des Grundrechts der Pressefreiheit
auszulegen und so in ihrer das Grundrecht begrenzenden Wirkung wieder einzuschränken. Es gilt insoweit dieselbe Wechselwirkung wie zwischen dem Grundrecht
der Meinungsfreiheit und dem Verbot der parteipolitischen Betätigung nach Abs. 2 S. 3
(vgl. hierzu Rn 38). Das gilt auch für Beiträge des BR in einer Werkszeitung. Eine
Zensur dieser Beiträge ist unzulässig.

33   Die vorstehend genannten Grundsätze gelten im Hinblick auf die ebenfalls nach
Art. 5 Abs. 1 S. 1 GG verfassungsrechtlich gewährleistete **Meinungsfreiheit** auch bei
der Bewertung der Frage, ob durch Meinungsäußerungen der BRMitgl. oder des
ArbGeb. der Betriebsfriede gestört wird (zur Meinungsfreiheit im Arbeitsrecht vgl.
Buchner ZfA 82, 49 ff.; *Kissel* NZA 88, 145; *Bengelsdorf* Anm. zu BAG 19. 7. 95 EzA
§ 43 BetrVG 1972 Nr. 3; vgl. auch Rn 38).

34   Mit dem Gebot, Konflikte möglichst innerbetrieblich auszutragen, nicht vereinbar
und deshalb unzulässig dürfte auch sein, die Auseinandersetzung zwischen ArbGeb.
und BR ohne bes. Veranlassung **gezielt in die Medien zu verlagern,** um so auf
die andere Seite einen zusätzlichen Druck auszuüben (vgl. BAG 22. 7. 80 AP Nr. 3
zu § 74 BetrVG 1972; ErfK–*Kania* Rn 20; GK–*Kreutz* Rn 136; *Rieble/Wiebauer* ZfA
10, 63, 116; einschr. *DKKW-Berg* Rn 26; *Simitis/Kreuder* NZA 92, 1009; *Plander*
ArbuR 93, 161; *Müller-Borutau* NZA 96, 1071). Unberührt bleibt selbstverständlich
die Möglichkeit, bestehende Meinungsverschiedenheiten in einer sachlichen Weise
auch in den Medien, zB in Interviews, darzulegen; das gilt jedenfalls dann, wenn die
zwischen ArbGeb. und BR umstrittene Angelegenheit bereits Gegenstand der öffentlichen Erörterung ist (**enger** BAG 18. 9. 91 AP Nr. 40 zu § 40 BetrVG 1972: nur
wenn der ArbGeb. hierzu Veranlassung gegeben hat, zB durch entspr. Verlautbarungen seinerseits). Demgegenüber ist eine grundsätzliche Infragestellung des BetrVG
und seine Bezeichnung als „Unterdrückungsinstrument" gegen die Arbeiterklasse als
eine Störung des Betriebsfriedens anzusehen (BAG 15. 12. 77 AP Nr. 69 zu § 626
BGB).

35   Der Betriebsfriede kann auch dadurch gestört werden, dass sich die unterschiedlichen **Gruppen** oder Fraktionen im BR oder auf ihre Veranlassung die jeweilige
Wählerschaft in wahrheitswidriger und ehrverletzender Weise **bekämpfen.**

36   **Keine unzulässige Störung** des Betriebsfriedens liegt dagegen vor, wenn der BR
– sei es auch in extensiver und pointierter Weise – im Rahmen seiner Aufgaben tätig
wird und seine Beteiligungsrechte wahrnimmt (ErfK–*Kania* Rn 20). Deshalb ist es
dem BR nicht verwehrt, im Rahmen seiner allgemeinen Aufgaben und Kontrollrechte nach § 80 eine Fragebogenaktion unter den ArbN des Betriebs durchzuführen,
wenn sich die Fragen im Rahmen seiner Zuständigkeit halten und die Persönlichkeitssphäre der ArbN nicht verletzen (BAG 8. 2. 77 AP Nr. 10 zu § 80 BetrVG 1972;
DKKW-Berg Rn 26). Das Gleiche gilt für eine Fragebogenaktion des ArbGeb. (vgl.
hierzu LAG Frankfurt DB 77, 2053). Ferner darf der BR die ArbN auf rechtswidrige
Maßnahmen des ArbGeb., zB Anordnung von Überstunden ohne Beachtung des
MBR des BR, aufmerksam machen; dies gilt insb., wenn diesbezügliche Vorhaltun-
gen des BR beim ArbGeb. ohne Erfolg geblieben sind. Zur grundsätzlichen Zulässigkeit der Verteilung eines Flugblatts zu einer konkreten mitbestimmungspflichtigen
Angelegenheit durch ein einzelnes, mit der Mehrheitsmeinung des BR nicht über-
einstimmendes BRMitgl. vgl. LAG Hessen NZA-RR 98, 17.

3. Verbot der parteipolitischen Betätigung

Da durch eine parteipolitische Betätigung im Betrieb der Betriebsfrieden im bes. **37** Maße gefährdet werden kann, hat der Gesetzgeber ArbGeb. und BR eine parteipolitische Betätigung im Betrieb **generell untersagt.** Das Verbot gilt nicht erst, wenn eine konkrete Gefährdung des Betriebsfriedens zu befürchten ist. Es besteht vielmehr wegen der in einer parteipolitischen Betätigung liegenden **abstrakten Gefährdung des Betriebsfriedens** (BAG 13. 9. 77 AP Nr. 1 zu § 42 BetrVG 1972; 21. 2. 78 AP Nr. 1 zu § 74 BetrVG 1972; 17. 3. 10 – 7 ABR 95/08 – NZA 10, 1133; ErfK-*Kania* Rn 21; GK-*Kreutz* Rn 96, 98, 107; *WPK* Rn 18; **aA** *DKKW-Berg* Rn 27; *Düwell/ Lorenz* Rn 16; *Däubler* Arbeitsrecht I Rn 781 ff.). Verbotszweck ist der Schutz des Betriebsfriedens und des Arbeitsablaufs (*DKKW-Berg* Rn 29; GK-*Kreutz* Rn 97 ff.; MünchArbR-*v. Hoyningen-Huene* § 214 Rn 24; **weitergehend** iVm. § 75 Abs. 1 S. 1 iS eines allgemeinen Gebots zur parteipolitischen Neutralität: *Richardi* Rn 58).

Die Vorschrift beschränkt im Rahmen ihres Geltungsbereichs zwar das Recht auf **38** freie Meinungsäußerung nach Art. 5 GG. **Verfassungsrechtlich** bestehen hiergegen jedoch **keine Bedenken,** da das Verbot sich nicht gegen die Meinungsäußerung als solche richtet, sondern der Wahrung des Betriebsfriedens dient, dh einem Rechtsgut, dem der Gesetzgeber den Vorrang vor einer uneingeschränkten Meinungsäußerung zuerkennen kann (BVerfG 28. 4. 76 AP Nr. 2 zu § 74 BetrVG 1972; BAG 13. 9. 77 AP Nr. 1 zu § 42 BetrVG 1972; 21. 2. 78 AP Nr. 1 zu § 74 BetrVG 1972; 17. 3. 10 – 7 ABR 95/08 – NZA 10, 1133; ErfK-*Kania* Rn 21; GK-*Kreutz* Rn 97; *Richardi* Rn 71). Allerdings muss der **Wertgehalt des Art. 5 GG** grundsätzlich im Auge behalten werden. Das die Meinungsfreiheit einschränkende Verbot der parteipolitischen Betätigung des Abs. 2 S. 3 muss seinerseits aus der Erkenntnis der wertsetzenden Bedeutung des Grundrechts der freien Meinungsäußerung ausgelegt und so in seiner das Grundrecht begrenzenden Wirkung selbst wieder eingeschränkt werden (zu dieser Theorie der Wechselwirkung beider Vorschriften vgl. BVerfG 28. 4. 76 aaO; BVerfG 19. 5. 92 AP Nr. 12 zu Art. 5 Abs. 1 GG Meinungsfreiheit; BAG 2. 3. 82 AP Nr. 8 zu Art. 5 Abs. 1 GG Meinungsfreiheit; 17. 3. 10 – 7 ABR 95/08 – NZA 10, 1133; GK-*Kreutz* Rn 97).

Die Vorschrift ist deshalb enger auszulegen und anzuwenden (so jetzt auch BAG **38a** 17. 3. 10 – 7 ABR 95/08 – NZA 10, 1133; *DKKW-Berg* Rn 28, ErfK-*Kania* aaO; **aA** *Bauer/Willemsen* NZA 10, 1090 f.). Der an die ArbN des Betriebs gerichtete Aufruf, sich an bevorstehenden politischen Wahlen und Abstimmungen zu beteiligen, ist keine unzulässige parteipolitische Betätigung (BAG 17. 3. 10 – 7 ABR 95/08 – NZA 10, 1133). So berücksichtigt auch der Ausschluss eines langjährigen Mitgl. aus dem BR wegen einmaliger Verteilung eines sachlich gehaltenen Wahlaufrufs, der zu keiner Unruhe im Betrieb geführt hat, nicht ausreichend die aus Art. 5 GG gebotene einschränkende Auslegung und Anwendung des Abs. 2 S. 3 u. ist deshalb nicht verfassungsgemäß (BVerfG 28. 4. 76 AP Nr. 2 zu § 74 BetrVG 1972).

Das Verbot richtet sich gegen **ArbGeb. und BR.** Von ihm erfasst werden auch **39** die **Mitgl. des BR,** wenn sie in dieser Eigenschaft handeln, da der BR nur durch seine Mitgl. handeln kann und andernfalls das Verbot leer laufen würde (BAG 5. 12. 75 AP Nr. 1 zu § 87 BetrVG 1972 Betriebsbuße; BAG 21. 2. 78 AP Nr. 1 zu § 74 BetrVG 1972; BAG NZA 87, 153; ErfK-*Kania* Rn 22; GK-*Kreutz* Rn 101; *Richardi* Rn 68). Sofern sie lediglich als ArbN des Betriebs handeln, gelten für sie nur die allgemeinen arbeitsvertraglichen Grenzen einer politischen Betätigung im Betrieb.

Das Verbot gilt auch für **andere betriebsverfassungsrechtliche Funktionsträ- 40 ger** und ihre Mitgl., wie zB Vertr. der ArbN gemäß § 3 Abs. 1 Nr. 2–5, den GesBR u. KBR. Gleiches gilt auch für die JugAzubiVertr., die GesJugAzuVertr. und KJug-AzubiVertr. (GK-*Kreutz* Rn 103; *Richardi* Rn 68; **aA** hinsichtlich der JugAzubiVertr. *DKKW-Berg* Rn 39; insoweit offen gelassen von BAG 11. 12. 75 AP Nr. 1 zu § 15 KSchG 1969).

41   Dagegen gilt das generelle Verbot einer parteipolitischen Betätigung **nicht für die ArbN des Betriebs** (hM; vgl. BVerfG 28. 4. 76 AP Nr. 2 zu § 74 BetrVG 1972; BAG NZA 87, 153; *DKKW-Berg* Rn 40; ErfK-*Kania* Rn 22; GK-*Kreutz* Rn 105 mwN; *HSWGNR* Rn 49). Für sie greift lediglich die allgemeine arbeitsvertragliche Verpflichtung ein, den Betriebsfrieden und Arbeitsablauf nicht zu beeinträchtigen. Eine Pflichtverletzung in diesem Sinne setzt jedoch stets eine **konkrete Gefährdung** des Betriebsfriedens oder des ungestörten Arbeitsablaufs voraus; die bloße abstrakte Gefährdung reicht nicht aus. Mangels konkreter Gefährdung des Betriebsfriedens ist es deshalb den ArbN des Betriebs nicht verwehrt, auch im Betrieb Gespräche politischen oder parteipolitischen Inhalts zu führen. Denn der einzelne ArbN soll als mündiger Staatsbürger in der Freiheit seiner Meinungsäußerung nicht weiter eingeschränkt werden, als dies für den ungestörten Arbeitsablauf und die Wahrung des Betriebsfriedens erforderlich ist (BAG 15. 7. 71 AP Nr. 83 zu § 1 KSchG).

42   Auch die Frage der Zulässigkeit des **Tragens von Plaketten** (partei-)politischen Inhalts durch ArbN im Betrieb bestimmt sich grundsätzlich allein danach, ob hierdurch der ungestörte Arbeitsablauf oder der Betriebsfriede konkret beeinträchtigt werden (wegen bes. konkreter Begleitumstände bejaht von BAG 9. 12. 82 AP Nr. 73 zu § 626 BGB; kr. zu dieser Entscheidung *Kothe* ArbuR 84, 125; *Zachert* AiB 84, 27; für eine generelle Zulässigkeit: *DKKW-Berg* Rn 41). Etwas anderes kann für ArbN gelten, die im Rahmen ihrer Tätigkeit in Kontakt zu Betriebsfremden, zB zu Kunden, stehen oder die auf Veranlassung der ArbGeb. aus Werbe- oder sonstigen Gründen eine bes. Arbeitskleidung tragen. Der Erlass einer derartigen Kleiderordnung unterliegt nach § 87 Abs. 1 Nr. 1 dem MBR des BR, in dessen Rahmen auch die Frage des Tragens von Plaketten näher geregelt werden kann.

43   Werden **BRMitgl.** nicht in ihrer Amtseigenschaft sondern **als ArbN im Betrieb tätig,** gelten die Ausführungen in Rn 41, 42 auch für sie (*DKKW-Berg* Rn 40; ErfK-*Kania* Rn 22; *Wiebauer* BB 10, 3091, 3094). Für die Beantwortung der Frage, ob ein BRMitgl. in dieser Eigenschaft oder als ArbN tätig wird, ist ua. darauf abzustellen, ob eine parteipolitische Betätigung in unmittelbarem Zusammenhang mit der Amtstätigkeit des BR steht, zB Leitung der BetrVerslg., Wahrnehmung der Sprechstunde des BR, Arbeitsplatzbesuche zur Wahrnehmung betriebsverfassungsrechtlicher Aufgaben, oder ob dies nicht der Fall ist, zB Verteilung von parteipolitischem Prospektmaterial zusammen mit anderen ArbN vor dem Betriebsgelände (ErfK-*Kania* Rn 22; GK-*Kreutz* Rn 102). Wegen einer parteipolitischen Betätigung außerhalb des Betriebs darf kein ArbN unterschiedlich behandelt werden (§ 75 Rn 97). In sog. Tendenzunternehmen, die eine bestimmte politische Richtung vertreten, kann die arbeitsvertragliche Pflicht zur Unterstützung dieser Ziele bestehen (vgl. § 75 Rn 135).

44   Das Verbot der parteipolitischen Betätigung richtet sich auch **nicht** an die im Betrieb vertr. **Gewerkschaften** (ErfK-*Kania* Rn 23; GK-*Kreutz* Rn 104). Allerdings ist im Rahmen der betriebsverfassungsrechtlichen Unterstützungsfunktion der Gewerkschaften nach § 2 Abs. 2 kein zulässiger Ansatzpunkt für eine parteipolitische Betätigung der Gewerkschaft im Betrieb erkennbar. Das Gleiche dürfte gelten, soweit die Gewerkschaften in dieser Eigenschaft im Betrieb zu Informations- und Werbezwecken tätig werden, da ihre durch Art. 9 Abs. 3 gewährleistete Bestandsgarantie auf die Regelung der Arbeits- und Wirtschaftsbedingungen beschränkt ist (GK-*Kreutz* Rn 104).

45   ArbGeb. und BR ist **jede Betätigung** parteipolitischen Inhalts untersagt. Eine Betätigung erfordert grundsätzlich ein **aktives Handeln.** Es liegt kein Verstoß gegen Abs. 2 S. 3 vor, wenn ArbGeb. oder BR nicht gegen eine parteipolitische Betätigung von ArbN des Betriebes einschreiten, diese vielmehr dulden. Denn die Vorschrift enthält lediglich eine Unterlassungspflicht, nicht jedoch eine Einwirkungspflicht oder ein Handlungsgebot. Die Betriebspartner haben keine Garantenstellung für die Einhaltung des Verbots der parteipolitischen Betätigung (*DKKW-Berg* Rn 42; ErfK-*Kania* Rn 24; GK-*Kreutz* Rn 114; MünchArbR-*v. Hoyningen-Huene* § 214 Rn 27; **aA** *HSWGNR* Rn 50). Allerdings dürfen sie eine parteipolitische Betätigung der ArbN des Betriebs nicht aktiv unterstützen oder eindeutig billigen. Denn dann würden sie sich deren Verhalten zu eigen machen (ErfK-*Kania* aaO; *Richardi* Rn 67; *WPK* Rn 22).

Verboten ist eine **parteipolitische** Betätigung, dh eine Tätigkeit für oder gegen **46** eine politische Partei. Unter den Begriff Partei fallen jedenfalls Parteien iSd Art. 21 GG und des § 2 Abs. 1 Parteiengesetz (hM). Jedoch würde eine Beschränkung des Verbots auf die (zulässigen) Parteien als solche dem Normzweck nicht gerecht. Denn dann würde das Verbot zB in Bezug auf verfassungswidrige und vom BVerfG sogar verbotene (rechts- oder linksradikale) Parteien nicht greifen (*Bauer/E.M. Willemsen* NZA 10, 1089, 1092). Desgleichen würden politische Organisationen, denen das Parteiengesetz aus anderen Gründen den Status einer (zulässigen) Partei versagt oder entzieht, von dem Verbot nicht erfasst. Es wäre jedoch nicht nur eine nicht zu rechtfertigende Benachteiligung der (zulässigen) Parteien, sondern auch sachlich nicht zu rechtfertigen, dass die Tätigkeit dieser Organisationen im Betrieb im Gegensatz zu der generellen Unzulässigkeit der Tätigkeit der zulässigen Parteien gestattet wäre. Aus dem gleichen Grunde ist es auch nicht einzusehen, wenn sog. Rathausparteien, Wählergemeinschaften oder -vereinigungen, die sich an den Wahlen auf kommunaler Ebene (Gemeinde-, Stadtrat, Kreistag) beteiligen, im Betrieb freier agieren können sollen als die normalen Parteien (ErfK-*Kania* Rn 25; GK-*Kreutz* Rn 109 f.; *Richardi* Rn 61 ff.; MünchArbR-*v. Hoyningen-Huene* § 214 Rn 26; **aA** *DKKW-Berg* Rn 34; *Hofmann,* Das Verbot der parteipolitischen Betätigung im Betrieb, S. 62 ff.). Deshalb werden auch sonstige politische Gruppierungen von dem Verbot des Abs. 2 S. 3 erfasst.

Allerdings wird man von ihnen ebenso wie bei den eigentlichen politischen Partei- **47** en fordern müssen, dass sie über eine auf eine gewisse Dauer angelegte Organisation verfügen und sie nach ihrem Selbstverständnis allgemein auf die **politische Willensbildung der Bevölkerung Einfluss** nehmen wollen. Von letzteren ist stets auszugehen, wenn sich die Organisation an politischen Wahlen beteiligt. Dagegen dürfte die Tätigkeit solcher Gruppierungen, die sich lediglich aus Anlass bestimmter politischer Einzelfragen – insb. wenn diese „parteiübergreifend“ diskutiert werden – bilden und die nur einem losen organisatorischen Verbund (zB in Form von Arbeitsgemeinschaften anderer Organisationen) stehen, nicht als eine unzulässige parteipolitische Betätigung an iS von Abs. 2 S. 3 anzusehen sein.

Aus diesen Gründen dürften zB **Bürgerinitiativen,** die sich lediglich aus Anlass **48** bestimmter konkreter Vorgänge bilden, nicht vom Verbot des Abs. 2 S. 3 erfasst sein. Gleiches dürfte gelten für die sog. Anti-Atom-Bewegung (*DKKW-Berg* Rn 32; *Düwell/Lorenz* Rn 17; *Derleder,* ArbuR 88, 24; *v. Hoyningen-Huene/Hofmann* BB 84, 1051; *Zachert* ArbuR 84, 292; **aA** BAG 2. 3. 82 AP Nr. 8 zu Art. 5 Abs. 1 GG Meinungsfreiheit; ErfK-*Kania* Rn 25; GK-*Kreutz* Rn 110; *HSWGNR* Rn 43; *Mummenhoff* DB 81, 2540; *Oetker* BlStR 83, 325; *Rieble/Wiebauer* ZfA 10, 63, 112), für die Friedensbewegung und die Bewegung gegen die Nachrüstung (LAG Bad-Württ. DB 85, 46; LAG Hamburg DB 86, 475; ArbG München DB 84, 512; ArbG Köln BB 85, 663; *DKKW-Berg* Rn 32; *Derleder* aaO; *Zachert* aaO; *Hofmann* aaO S. 79; **aA** BAG 12. 6. 86 AP Nr. 5 zu § 74 BetrVG 1972; BAG NZA 87, 153; LAG Köln EZA § 74 BetrVG 1972 Nr. 6; ArbG Stuttgart DB 84, 853; ErfK-*Kania* Rn 25; GK-*Kreutz* Rn 110; *HSWGNR* Rn 44; *Oetker* aaO). Die Zulässigkeit, derartige Initiativen im Betrieb zu erörtern oder hierzu, zB durch das Tragen entspr. Plaketten, offen Stellung zu beziehen, ist in diesen Fällen nur eingeschränkt, wenn hierdurch der ungestörte Betriebsablauf oder der Betriebsfriede konkret beeinträchtigt werden (vgl. Rn 27 ff.). Für Lehrer im öffentlichen Dienst hat das BAG das Tragen von Anti-Atom-Plaketten nach § 8 BAT für unzulässig angesehen, da sie eine politische Werbung darstelle (BAG 2. 3. 82 AP Nr. 8 zu Art. 5 Abs. 1 GG Meinungsfreiheit; vgl. auch BVerwG EzA Art. 5 GG Nr. 21).

Als eine **unzulässige parteipolitische Betätigung** im Betrieb sind insb. anzuse- **49** hen: jede parteipolitische Werbung, Propaganda, Veranlassung von Resolutionen, Sammlungen von Unterschriften oder von Geldspenden. Darüber hinaus ist hierunter alles zu verstehen, was ArbN oder ArbGeb. zu einer Stellungnahme in parteipolitischen Fragen veranlassen soll, die mit dem betrieblichen Geschehen nichts zu tun haben (ErfK-*Kania* Rn 25). Dies gilt auch für Maßnahmen, die ohne Nennung einer Partei offenbar deren Interessen dienen.

50   Verboten ist **nur eine parteipolitische, nicht** jedoch jegliche **allgemeine politische Betätigung** (so jetzt BAG 17. 3. 10 – 7 ABR 95/08 – NZA 10, 1133, das damit seine bisherige Rspr.- vgl. 12. 6. 86 AP Nr. 5 zu § 74 BetrVG 1972; NZA 87, 154; 21. 2. 78 AP Nr. 1 zu § 74 BetrVG 1972 – aufgibt; GK-*Kreutz* Rn 111; *DKKW-Berg* Rn 28; *Düwell/Lorenz* Rn 17; *Wiebauer* BB 10, 3091 f.; **aA** *Richardi* Rn 62). Das G spricht in Abs. 2 S. 3 im Gegensatz zu § 75 Abs. 1 und § 118 Abs. 1 Nr. 1 (wo der allgemeine Begriff der „politischen" Betätigung, Einstellung bzw. Bestimmung verwandt wird) bewusst von „parteipolitischer" Betätigung. Schon die unterschiedliche Wortwahl im selben G, aber auch im Verhältnis zu anderen G (vgl. § 35 Abs. 2 BRRG, § 53 BBG) verbietet eine Ausdehnung des Verbots auf eine allgemeine politische Betätigung (BAG 17. 3. 10 – 7 ABR 95/08 – NZA 10, 1133).

50a   Hinzu kommt, dass die Vorschrift wegen ihres das Grundrecht der Meinungsfreiheit einschränkenden Charakters ihrerseits im Lichte des Grundrechts des **Art. 5 Abs. 1 GG einschränkend** auszulegen und anzuwenden ist (vgl. Rn 38). Im Übrigen ist es auch lebensfremd, ArbGeb. und BR bzw. seinen Mitgl. jegliche politische Meinungsäußerung zu untersagen. Der Betrieb ist keine isolierte und politikfreie Institution in unserer Gesellschaft. Wenn deshalb der Gesetzgeber das absolute Verbot des Abs. 2 S. 3 wegen der im Allgemeinen stark polarisierenden Wirkung einer parteipolitischen Tätigkeit auf diese beschränkt, hat dies seinen inneren Grund. Dem Argument, eine Abgrenzung zwischen parteipolitischer und politischer Tätigkeit sei nicht oder kaum möglich (so BAG 21. 2. 78 aaO, BAG 21. 6. 86 aaO, von BAG 17. 3. 10 – 7 ABR 95/08 – NZA 10, 1133 offen gelassen), kann angesichts des klaren Wortlauts des G keine entscheidende Bedeutung zukommen. Allerdings unterliegt eine allgemeine politische Betätigung von ArbGeb. und BR im Betrieb der allgemeinen Friedenspflicht nach Abs. 2 S. 2 (vgl. Rn 27 ff.).

51   Das Verbot des Abs. 2 S. 3 beschränkt sich **räumlich auf den Betrieb.** Zum Betrieb gehören auch unselbständige Betriebsteile iSd. § 4 Abs. 1 S. 2 oder ihm nach § 4 Abs. 2 zugeordnete Kleinbetriebe. Im Falle des § 3 Abs. Nr. 1 b beschränkt sich das Verbot auf die für die Wahl des BR zusammengefassten Betriebe. Ist nach § 3 Abs. 1 Nr. 1 a ein unternehmenseinheitlicher BR gewählt worden, erstreckt sich das Verbot auf alle Betriebe des Unternehmens. Das Verbot gilt auch für die auf dem Betriebsgelände liegenden sonstigen Einrichtungen, zB eine Betriebskantine. Nach der Rspr. des BAG erfasst das Verbot auch eine parteipolitische Betätigung in unmittelbarer Nähe des Betriebs, sofern diese Tätigkeit objektiv in den Betrieb hineinwirkt (bejaht für das Verteilen von parteipolitischen Flugblättern vor den Werkstoren von BAG 21. 2. 78 AP Nr. 1 zu § 74 BetrVG 1972; ErfK-*Kania* Rn 26; GK-*Kreutz* Rn 115; *HSWGNR* Rn 51; *Richardi* Rn 65 f.; **aA** *DKKW-Berg* Rn 37; kr. auch MünchArbR-*v. Hoyningen-Huene* § 214 Rn 28). Andererseits ergibt sich aus dem Normzweck der Vorschrift, dass eine unzulässige parteipolitische Betätigung eine gewisse Öffentlichkeit innerhalb des Betriebes erfordert; denn nur dann ist der Betriebsfriede abstrakt gefährdet (so mit Recht GK-*Kreutz* Rn 116). Gelegentliche parteipolitische Gespräche zwischen ArbGeb. und BRMitgl. fallen deshalb ebenso wenig unter das Verbot wie gelegentliche diesbezügliche Gespräche zwischen BRMitgl. untereinander oder mit einzelnen ArbN (*DKKW-Berg* Rn 35; GK-*Keutz* aaO; *WPK* Rn 19).

52   Da sich das Verbot der parteipolitischen Betätigung an den BR als Institution und die BRMitgl. in ihrer Amtseigenschaft richtet, beschränkt sich das Verbot auf den Bereich, für den der BR gewählt ist. Mitgl. des BR unterliegen in **anderen Betrieben** des ArbGeb. nicht dem Verbot. Sie können zB vor Werkstoren anderer Betriebe zulässigerweise parteipolitische Flugblätter verteilen. Hier bestehen für sie wie für die übrigen ArbN nur die aus dem Arbeitsvertrag sich ergebenden Beschränkungen (vgl. Rn 41). Für den GesBR und den KBR bzw. für ihre Mitgl. ist entspr. der Zuständigkeit

dieser Gremien eine parteipolitische Betätigung in allen Betrieben des Unternehmens bzw. der Konzernunternehmen untersagt (*DKKW-Berg* Rn 37; ErfK-*Kania* Rn 28; GK-*Kreutz* Rn 118; *Richardi* Rn 66).

Außerhalb des Betriebes können ArbGeb. und BRMitgl. **uneingeschränkt** par- **53** teipolitischen Aktivitäten nachgehen. Hierbei ist es auch zulässig, dass sich der Arb-Geb. als Betriebsinhaber oder die Mitgl. des BR als solche bzw. als Inhaber bes. betriebsverfassungsrechtlicher Funktionen (etwa BRVors. oder Mitgl. des GesBR) zu erkennen geben (LAG Frankfurt DB 67, 431; *DKKW-Berg* Rn 38; ErfK-*Kania* Rn 27; GK-*Kreutz* Rn 117; *Richardi* Rn 66).

4. Zulässigkeit der Behandlung betriebsbezogener Angelegenheiten (Abs. 2 S. 3 Halbs. 2)

Abs. 2 S. 3 Halbs. 2 bestimmt ausdrücklich, dass durch das grundsätzliche Verbot **54** der parteipolitischen Betätigung die Behandlung von Angelegenheiten, die den Betrieb und seine ArbN unmittelbar betreffen, **unberührt bleibt.** Das gilt über den Gesetzeswortlaut hinaus nicht nur für Angelegenheiten tarifpolitischer, sozialpolitischer umweltpolitischer und wirtschaftlicher Art, sondern für **alle Angelegenheiten,** die den Betrieb und seine ArbN unmittelbar betreffen, insb. zB für betriebsverfassungsrechtliche Angelegenheiten (vgl. insoweit die klarer gefasste Vorschrift des § 45 S. 1; ErfK-*Kania* Rn 29).

Mit dieser Regelung stellt das G klar, dass die Behandlung von Angelegenheiten, **55** die den Betrieb und seine ArbN unmittelbar betreffen, nicht mit dem Hinweis einer unzulässigen parteipolitischen Betätigung untersagt werden dürfen. Derartige Angelegenheiten können ArbGeb. sowie BR und seine Mitgl. **selbst dann zulässigerweise** im Betrieb behandeln, wenn die Angelegenheit Gegenstand parteipolitischer Erörterung oder Programme ist (*DKKW-Berg* Rn 44; ErfK-*Kania* Rn 30; GK-*Kreutz* Rn 123; *Richardi* Rn 63 f.). Allerdings haben sich die Betriebspartner auch in diesem Falle einer einseitigen Propaganda für oder gegen eine Partei zu enthalten. Denn wenn auch Abs. 2 S. 3 Halbs. 2 die Behandlung solcher Angelegenheiten gestattet, so bedeutet dies nicht, dass insoweit das grundsätzliche Verbot der parteipolitischen Betätigung partiell aufgehoben wäre. Es wird vielmehr lediglich die Behandlung dieser Fragen gestattet, was eine eindeutige und klare Stellungnahme in der Sache einschließt (GK-*Kreutz* Rn 123; *DKKW-Berg* Rn 44; *Richardi* Rn 63 f.). Die Behandlung dieser Themen darf im Übrigen nicht zu einer konkreten Gefährdung des Betriebsfriedens oder des ungestörten Arbeitsablaufs führen (ErfK-*Kania* aaO).

Da sich nach der hier vertretenen Auffassung das Verbot des Abs. 2 S. 3 auf eine **56** parteipolitische Betätigung beschränkt und nicht auf eine allgemeine politische Betätigung erstreckt (vgl. Rn 50), berührt der **allgemein politische Charakter** einer Angelegenheit die Zulässigkeit ihrer Behandlung im Betrieb erst recht nicht, vorausgesetzt, die betreffende Angelegenheit betrifft den Betrieb oder seine ArbN unmittelbar und führt nicht zu einer konkreten Gefährdung des Betriebsfriedens oder des Arbeitsablaufs. Aus diesem Grunde ist auch der Besuch von Spitzenpolitikern im Betrieb und ihre Rede zu den ArbN zu Themen, die auch den Betrieb und die ArbN berühren, grundsätzlich zulässig (BAG 13. 9. 77 AP Nr. 1 zu § 42 BetrVG 1972; GK-*Kreutz* Rn 123; zu möglichen Einschränkungen in Wahlkampfzeiten vgl. § 45 Rn 26). Unabhängig davon ist der Besuch von Spitzenpolitikern im Betrieb jedenfalls dann als zulässig anzusehen, wenn die Einladung gemeinsam von ArbGeb. und BR ausgesprochen wird (*DKKW-Berg* Rn 36; einschr. nur auf Politiker in Regierungsverantwortung GK-*Kreutz* Rn 123).

Die Angelegenheit muss den Betrieb oder seine ArbN **unmittelbar betreffen,** dh **57** der ArbGeb. muss in seiner Eigenschaft als Betriebsinhaber bzw. die ArbN als Beschäftigte des Betriebs berührt sein. Nicht erforderlich ist, dass die betreffende Angelegenheit ausschließlich den Betrieb oder seine ArbN betrifft. Ausreichend ist, dass auch sie betroffen sind. Deshalb können auch Angelegenheiten, die den ganzen Wirtschaftszweig, dem der Betrieb angehört, oder gar alle ArbN in Deutschland betreffen, zulässigerweise Gegenstand der Erörterung im Betrieb sein (BAG 14. 2. 67 AP Nr. 2 zu § 45 BetrVG). Nicht zulässig ist dagegen die Behandlung von Angelegenheiten ohne jeden Berührungspunkt mit dem Betrieb, zB Kriegsereignisse oder Rassenprobleme in anderen Ländern oder innenpolitische Verhältnisse anderer Staaten.

58   Das G hebt die Zulässigkeit der Behandlung von Angelegenheiten tarif-, sozial-, umweltpolitischer und wirtschaftlicher Art hervor, so wie dies ua. auch für die Aufzählung der zulässigen Themen der BetrVerslg. in § 45 der Fall ist. **Tarifpolitische Fragen** sind solche, die mit den durch TV geregelten oder zu regelnden Arbeitsbedingungen oder deren Verhältnis zu betrieblichen Leistungen oder Regelungen, wie zB zu Lohnzuschlägen oder Lohngruppeneinteilungen, zusammenhängen.

59   Das Gebiet der **Sozialpolitik** ist sehr **weit** (BAG 13. 9. 77 AP Nr. 1 zu § 44 BetrVG 1972). Es umfasst alle gesetzlichen und sonstigen Regelungen auf dem Gebiet der Sozialversicherung, des Arbeitsschutzes, des Unfallschutzes, des Bildungswesens sowie der die ArbN und den Betrieb berührenden Steuerfragen (vgl. auch § 45 Rn 10 ff.). Die Diskussion braucht sich nicht auf den gegenwärtigen Zustand und dessen Auswirkungen auf den Betrieb oder die ArbN zu beschränken, sondern kann auch wünschenswerte Verbesserungen der geltenden Bestimmungen zum Inhalt haben (ErfK-*Kania* Rn 33). Der Anschein eines Drucks auf den Gesetzgeber muss aber vermieden werden.

60   **Umweltpolitische Angelegenheiten** betreffen zum einen gesetzliche oder behördliche Maßnahmen des Umweltschutzes, die sich auf den Betrieb und/oder seine ArbN auswirken. Darunter fallen aber auch sonstige umweltschutzrelevante Auswirkungen, die von außen auf den Betrieb und seine ArbN einwirken, zB umweltschädliche Einflüsse von Nachbarbetrieben oder Zulieferprodukten. Ferner gehören hierzu umweltschutzrelevante Fragen, die betriebsinterne Anlagen, Arbeitsverfahren, Arbeitsabläufe oder Arbeitsplätze betreffen oder sich aus der eigenen Betriebsorganisation ergeben (vgl. hierzu auch § 45 Rn 14; zu den durch das BetrVerf-ReformG im Übrigen eingeführten Regelungen zum betrieblichen Umweltschutz vgl. § 43 Abs. 2 S. 3, § 53 Abs. 2 Nr. 2, § 80 Abs. 1 Nr. 9, § 88 Nr. 1 a, § 89 und § 106 Abs. 3 Nr. 5 a).

61   **Wirtschaftliche Fragen** sind sowohl solche der Auswirkung von gesetzlichen oder wirtschaftspolitischen Maßnahmen auf Betrieb und seine ArbN, als auch beabsichtigte konkrete wirtschaftliche Maßnahmen des ArbGeb. (wegen insoweit bestehender Beteiligungsrechte des BR vgl. §§ 90 ff., 106 ff. und 111 ff.). Ferner gehören hierzu auch Fragen der Auswirkung der Wirtschaftsmaßnahmen anderer Ländern auf den deutschen Export. Vgl. hierzu auch § 45 Rn 15.

62   Auch die Behandlung allgemeiner **gewerkschaftlicher Fragen** ist keineswegs ausgeschlossen, zB die Durchführung von Bildungsmaßnahmen durch die Gewerkschaften oder der Stand von Tarifverhandlungen (vgl. im Einzelnen § 45 Rn 19 ff.).

63   Vom Verbot der parteipolitischen Betätigung wird ferner nicht berührt die Behandlung von Angelegenheiten, die den Betriebspartnern als gesetzliche Aufgabe zugewiesen ist. Das BetrVerf-ReformG hat in mehreren Vorschriften Regelungen vorgesehen, die ausdrücklich die **Bekämpfung von Rassismus und Fremdenfeindlichkeit im Betrieb** ansprechen (vgl. § 80 Abs. 1 – Nr. 7, § 88 Nr. 4; § 99 Abs. 2 Nr. 6 und § 104 S. 1; Näheres vgl. § 80 Rn 21 ff., § 88 Rn 26 ff., § 99 Rn 256 f. und § 104 Rn 6; s. auch das AGG, insb. dessen §§ 1, 7, 12, 15). Der BR kann sich deshalb im Rahmen dieser Vorschriften mit Maßnahmen zur Bekämpfung von Rassismus und Fremdenfeindlichkeit im Betrieb befassen, ohne befürchten zu müssen, mit dem Verbot der parteipolitischen Betätigung in Konflikt zu geraten.

63a   Der BR hat allerdings **kein allgemeines** und **unbegrenztes Mandat** zur Bekämpfung von Rassismus und Fremdenfeindlichkeit, sondern nur insoweit, als der Betrieb mit diesem Problem konfrontiert ist. Dies kann allerdings auch durch ein außerdienstliches Verhalten des ArbN, das in den Betrieb hineinwirkt, der Fall sein (vgl. hierzu *Polzer/Powietzka* NZA 00, 970; ferner die bei *Däubler* NJW 00, 3691 genannten Fallgestaltungen). Das Erfordernis des **unmittelbaren Betroffenseins** mit diesem Problem folgt nicht nur aus dem Wortlaut des Abs. 2 S. 3 Halbs. 2 (vgl. hierzu Rn 57), sondern auch aus den gesetzlichen Vorschriften, die die Bekämpfung von Rassismus und Fremdenfeindlichkeit zum Gegenstand haben. Bei § 80 Abs. 1 Nr. 7, § 99 Abs. 2 Nr. 6 und § 104 S. 1 ergibt sich dies unmittelbar aus dem Wortlaut dieser Vorschriften und bei § 88 Nr. 4 aus den einer BV gesetzten Zuständigkeitsgrenzen (vgl. hierzu § 77 Rn 34 ff., 55 ff., im Ergebnis ebenso *Engels/Trebinger/Löhr-Steinhaus* DB 01, 542; *Konzen* RdA 01, 90; *Wendeling-Schröder* NZA 01, 358; *dies.* NZA-Sonderheft 01, 31, wohl auch *Däubler* AuR 01, 7; *ders.* AuR 01, 290). Angesichts dieser Rechtslage sind Befürchtungen, es könne zu einer unbeschränkten außerdienstlichen Überwachung oder Gesinnungsschnüffelei kommen (so *Picker* RdA 01, 273 f.; *Rieble* ZIP 01, 141), nicht nachvollziehbar.

IV. Gewerkschaftsbetätigung von betriebsverfassungsrechtlichen Funktionsträgern

Soweit die Gewerkschaften (zum Begriff s. § 2 Rn 32 ff.) betriebsverfassungsrecht- **64** liche Aufgaben wahrnehmen (vgl. § 2 Rn 60 ff.), sind die BR ohnehin zur Zusammenarbeit mit ihnen verpflichtet (§ 2 Abs. 1). Aber auch hinsichtlich der **allgemeinen Koalitionsaufgaben** der Gewerkschaften (§ 2 Rn 80 ff.), die unabhängig vom BetrVG wahrzunehmen sind (§ 2 Abs. 3), unterliegen ArbN des Betriebes in ihrer Eigenschaft als Gewerkschaftsmitgl. – vorbehaltlich der sich aus dem ArbVerh. ergebenden Pflichten – keinen Beschränkungen. Dieses gilt, wie Abs. 3 ausdrücklich klarstellt, **auch für ArbN**, die **Aufgaben nach dem BetrVG** wahrnehmen, insb. also für BRMitgl., aber auch für Mitgl. der JugAbzubiVertr., der E-Stelle, des Wi-Ausschusses oder des Wahlvorst. (*DKKW-Berg* Rn 49; GK-*Kreutz* Rn 143; *Richardi* Rn 78). Damit trägt das G nicht nur dem Dualismus der gewerkschaftlichen Aufgaben (Koalitionsbetätigung und betriebsverfassungsrechtliche Unterstützungsfunktion) und der Stellung der BR, sondern auch den betrieblichen Gegebenheiten Rechnung. Denn vielfach sind aktive ArbN zugleich BRMitgl. und ehrenamtliche Funktionäre der Gewerkschaft.

Nach geltendem Recht können BRMitgl. ebenso **wie die übrigen ArbN** für **65** ihre Gewerkschaft tätig werden (zB über die Arbeit der Gewerkschaft informieren oder für sie werben) und gewerkschaftliche Funktionen (zB als gewerkschaftlicher Vertrauensmann) übernehmen (BAG NZA 87, 154; *DKKW-Berg* Rn 53; vgl. auch § 2 Rn 87 ff.). Die BRMitgl. und sonstigen Funktionsträger brauchen sich in ihrer Gewerkschaftstätigkeit keine bes. Zurückhaltung aufzuerlegen. Sie brauchen nicht „mit schizophren gespaltenem Bewusstsein" ihr Amt zu verleugnen. Das gilt auch für BRMitgl. in herausgehobenen Funktionen, zB den BRVors. oder freigestellte BRMitgl. (*DKKW-Berg* Rn 51; *Düwell/Lorenz* Rn 23; GK-*Kreutz* Rn 147 f.; *HSWGNR* Rn 58; **aA** *Richardi* Rn 80).

Die Grundsätze des § 75 Abs. 1 bleiben **unberührt**, dh die Amtsträger müssen **66** sich **in ihrem Amt neutral** verhalten, dürfen zB keinen Druck zum Eintritt in eine bestimmte Gewerkschaft ausüben (vgl. LAG Köln NZA-RR 01, 371) oder ArbN wegen Nichtzugehörigkeit zu ihrer Gewerkschaft benachteiligen. Sie sind Repräsentanten aller ArbN (BVerfG NJW 79, 1875; ErfK-*Kania* Rn 34; *HSWGNR* Rn 57; *WPK* Rn 32; vgl. auch § 75 Rn 98 ff.).

Als **zulässige gewerkschaftliche Betätigung** sind alle Handlungen und Maß- **67** nahmen anzusehen, die vom Koalitionsrecht des Art. 9 Abs. GG erfasst werden. Nach der jüngeren Rspr. des BVerfG schützt Art. 9 Abs. 3 GG nicht nur den Kernbereich der Koalitionsbetätigung, sondern grundsätzlich alle koalitionsspezifischen Verhaltensweisen (BVerfG 14. 11. 95 AP Nr. 80 zu Art. 9 GG; 24. 2. 99 AP Nr. 18 zu § 20 BetrVG 1972; vgl. hierzu *Wank* JZ 96, 629; *Schulte* NJW 97, 375; vgl. auch das von der Bundesrepublik ratifizierte Übereinkommen Nr. 135 der IAO, Art. 5 – abgedruckt als Anh. 6 –, das aber keine unmittelbare Anspruchsgrundlage bildet, vgl. BAG 19. 1. 82 AP Nr. 10 zu Art. 140 GG). Eine Grenze der gewerkschaftlichen Betätigung ergibt sich nur aus kollidierenden Rechten, insb. Grundrechten, Dritter (ErfK-*Kania* Rn 36).

68   Zur zulässigen durch Art. 9 Abs. 3 GG geschützten gewerkschaftlichen Betätigung gehört insb. die **Gewerkschaftswerbung** im Betrieb (s. § 2 Rn 85 f.), in dem sich das Arbeitsleben praktisch abspielt. Das gilt nicht nur hinsichtlich gewerkschaftlicher Listen bei BRWahlen (vgl. § 20 Rn 24 ff.), sondern allgemein. Die Gewerkschaften haben das eigenständige Recht, im Betrieb für ihre Ziele zu werben, die ArbN zu informieren und zum Beitritt aufzufordern (BVerfG 14. 11. 95 AP Nr. 80 zu Art. 9 GG; BAG 28. 2. 06 AP Nr. 127 zu Art. 9 GG mwN u. dazu *Dieterich* RdA 07, 110 ff.; zur Gewerkschaftswerbung im Betrieb vgl. eingehend *Däubler,* Gewerkschaftsrechte im Betrieb, §§ 10 ff.; *Beyer/Gussone* AiB 09, 207 ff.). In erster Linie kommen dafür gewerkschaftsangehörige ArbN des Betriebs in Frage, aber auch betriebsfremde Beauftragte sind nicht grundsätzlich ausgeschlossen (BAG 28. 2. 06 aaO; 22. 6. 10 – 1 AZR 179/09 – NZA 10, 1365; vgl. ferner § 2 Rn 86).

69   Der ArbGeb. kann die Werbung in seinem Betrieb auch **nicht** unter Berufung auf Art. 13 oder Art. 14 GG **unterbinden.** Art. 13 GG bezieht sich in erster Linie auf die Unverletzlichkeit der Wohnung. Hier geht es aber um den konstitutionalisierten Betrieb. Das Eigentum des ArbGeb. iSd Art. 14 GG wird mangels wirtschaftlicher Nachteile überhaupt nicht berührt. Jedenfalls liegt eine zulässige Sozialbindung des Eigentums vor (BAG 14. 2. 67 u. 14. 2. 78 AP Nr. 10, 11 u. 26 zu Art. 9 GG; BVerfG 30. 11. 65 und 26. 5. 70 AP Nr. 7 und 16 zu Art. 9 GG betr. Propaganda für Personalratswahlen).

70   In erster Linie kommen für die **Werbung im Betrieb** dessen ArbN in Frage. Auch BRMitgl., nicht jedoch der BR als Organ, können deshalb Werbung für die Gewerkschaft betreiben und zwar ohne ihre BRMitgliedschaft, die ja ohnehin im Betrieb bekannt ist, leugnen zu müssen. Es besteht auch keine Vermutung dafür, dass ein Gewerkschaftsmitgl. als BRMitgl. wirbt (BAG 14. 2. 67 AP Nr. 10 zu Art. 9 GG; ErfK-*Kania* Rn 34; *Richardi* Rn 79; GK-*Kreutz* Rn 148; *Däubler,* Koalitionsfreiheit S. 118 **aA** *SWS* Rn 18). Auf der anderen Seite dürfen BRMitgl. ihre Tätigkeit für die Gewerkschaft nicht mit ihrer Amtstätigkeit verquicken. So ist eine Werbetätigkeit für die Gewerkschaft im Rahmen der Sprechstunden des BR ebenso unzulässig wie gegenüber einem ArbN, der das BRMitgl. in seiner Amtseigenschaft aufsucht, um zB eine Beschwerde zu erheben. Ferner ist es nicht zulässig, dass dem BR zur Erfüllung seiner Aufgaben zur Verfügung gestellte Mittel (vgl. hierzu § 40 Rn 104 ff.) für gewerkschaftliche Werbezwecke verwandt werden (vgl. BVerwG NJW 92, 385 bei Verwendung des Briefkopfs des PersR bei Werbebrief; GK-*Kreutz* Rn 149).

71   Zur Gewerkschaftsbewegung gehört insb. die **Plakatwerbung** (BAG 30. 8. 83 AP Nr. 38 zu Art. 9 GG). Sie darf aber nicht an beliebiger Stelle im Betrieb, sondern nur nach Rücksprache mit dem ArbGeb. vorgenommen werden. Zweckmäßig ist die Benutzung des Schwarzen Bretts oder anderer betrieblicher Anschlagflächen. Stellt der ArbGeb. diese der Gewerkschaft zur Verfügung, so ist die einseitige Entfernung von Anschlägen durch den ArbGeb. unzulässig (LAG Frankfurt DB 72, 1027). Nach BAG (23. 2. 79 AP Nr. 30 zu Art. 9 GG) soll der ArbGeb. unter Berufung auf sein Eigentum das Aufkleben von Gewerkschaftsemblemen auf den von ihm gestellten Schutzhelmen verbieten können. Die Gewerkschaft sei auf diese Art der Werbung nicht angewiesen (kr. dazu *Zachert* ArbuR 79, 358). Diese Entscheidung lässt eine Darlegung darüber vermissen, worin die Beeinträchtigung des Eigentums des ArbGeb. besteht.

71a   Eine tarifzuständige Gewerkschaft darf sich an ArbN über deren **betriebliche E-Mail-Adressen** mit Werbung und Informationen wenden, selbst wenn der ArbGeb. den Gebrauch der E-Mail-Adressen zu privaten Zwecken verboten hat. Ein entspr. Unterlassungsanspruch steht ihm nicht zu (BAG 20. 1. 09 AP Nr. 137 zu Art. 9 GG; *Rieble/Wiebauer* ZfA 10, 63, 138; kr. *Beckschulze* DB 09, 2097, 2102; **aA**

Arnold/Wiese NZA 09, 716, 718 ff.; *Dumke* RdA 09, 77, 82). Dies folgt aus der durch Art. 9 Abs. 3 S. 1 GG geschützten Betätigungsfreiheit, hinter der das durch Art. 14 Abs. 1 GG geschützte Eigentumsrecht des ArbGeb. und sein von Art. 2 Abs. 1 GG erfasstes Recht am eingerichteten und ausgeübten Gewerbebetrieb zurückzutreten haben (s. auch Rn 72), solange der E-Mail-Versand nicht zu nennenswerten oder spürbaren, der Gewerkschaft zuzurechnenden wirtschaftlichen Belastungen führt (vgl. *Schwarze* RdA 10, 115, 117). Auch kann sich der ArbGeb. zur Begründung eines eigenen Unterlassungsanspruchs gegen die Gewerkschaft nicht auf die mögliche Verletzung von Persönlichkeitsrechten der ArbN berufen (BAG aaO; in Anbetracht dieser Rspr. ist zweifelhaft, ob das BAG seine damals ablehnende Haltung zur gewerkschaftlichen Nutzung eines hausinternen **Postverteilungssystems** (BAG 23. 9. 86 AP Nr. 45 zu Art. 9 GG) heute noch aufrechterhalten würde).

Da die Werbung der und für die Gewerkschaft zu den von **Art. 9 Abs. 3 GG** er- **72** fassten **koalitionsspezifischen Tätigkeiten** gehört, kommt ihr ein hoher Stellenwert zu (ebenso *Schwarze* RdA 10, 115, 117). Das bedeutet jedoch nicht die Zulässigkeit einer schrankenlosen Werbung. Sie hat vielmehr bestehende gesetzliche Grenzen zu beachten. So darf sie nicht zu einer Störung des Arbeitsablaufs oder des Betriebsfriedens führen. Das gewaltsame Eindringen einzelner Gewerkschaftsmitgl. in Räumlichkeiten, in denen ArbN ihrer arbeitsvertragl. geschuldeten Tätigkeit nachgehen, überschreitet die Grenzen zulässiger gewerkschaftlicher Betätigung und stellt einen Eingriff in den eingerichteten und ausgeübten Gewerbebetrieb des ArbGeb. dar (LAG Niedersachsen NZA-RR 09, 209). Auch sind Werbemaßnahmen im Betrieb unzulässig, die den oder die ArbGeb. allgemein in beleidigender Weise angreifen, parteipolitische Fragen erörtern oder konkurrierende Gewerkschaften unter grober Entstellung der Wahrheit verunglimpfen (BAG 11. 11. 68 AP Nr. 14 zu Art. 9 GG). Grundsätzlich ist der ArbN auch nicht berechtigt, einseitig die Erfüllung seiner arbeitsvertraglichen Pflichten zugunsten der Gewerkschaftswerbung zurückzustellen.

Aber in demselben Rahmen, in dem eine **kurze Unterbrechung der Arbeit** im **72a** Betrieb allgemein üblich ist, zB Zigarettenpause, ein kurzes nicht dienstliches Gespräch der ArbN etwa über persönliche, lokale, sportliche oder politische Ereignisse, ist auch eine gewerkschaftliche Werbung während der Arbeitszeit zulässig (vgl. hierzu BVerfG 14. 11. 95 AP Nr. 80 zu Art. 9 GG; *Däubler* DB 98, 2014). Aus diesem Grunde ist ferner die Verteilung von gewerkschaftlichem Werbematerial an die ArbN des Betriebs während der Arbeitszeit jedenfalls dann als zulässig anzusehen, wenn hierdurch das von den ArbN zu erbringende Arbeitsergebnis nicht negativ beeinflusst wird (ErfK-*Kania* Rn 36; *Däubler* DB 98, 2015).

So ist auch die **Lektüre gewerkschaftlicher E-Mails** mit Werbe- und Informa- **72b** tionsinhalten während der Arbeitszeit zulässig. Hierfür dürfte idR nicht mehr Arbeitszeit aufgewendet werden als wenn das Werbe- und Informationsmaterial im Betrieb in Papierform überreicht würde (BAG 20. 1. 09 AP Nr. 137 zu Art. 9 GG, kr. *Beckschulze* DB 09, 2097, 2102 u. *Schwarze* RdA 10, 115, 118; **aA** *Arnold/Wiese* NZA 09, 716, 718 ff.; *Dumke* RdA 09, 77, 81).

Auch die Verteilung einer **Gewerkschaftszeitung** im Betrieb gehört zur gewerk- **73** schaftlichen Betätigung und Werbung. Die Verteilung, sei es an Gewerkschaftsmitgl. oder an alle ArbN des Betriebs, ist ebenfalls durch das Grundrecht der Koalitionsbetätigung der Gewerkschaft als solcher und ihrer einzelnen Mitglieder geschützt (BVerfG 14. 11. 95 AP Nr. 80 zu Art. 9 GG; s. Rn 67); *DKKW-Berg* Rn 57; ErfK-*Kania* Rn 36; Der ArbGeb. darf das Verteilen der Gewerkschaftszeitung auch nicht deshalb untersagen, weil sie nach seiner Ansicht unzulässige (partei-)politische Beiträge enthält (vgl. hierzu BAG 23. 2. 79 AP Nr. 29 zu Art. 9 GG). Nicht durch Art. 9 Abs. 3 gedeckt ist aber die Wahlwerbung durch die Gewerkschaft im Betrieb zu allgemeinen politischen Wahlen (BVerfG 28. 4. 76 AP Nr. 2 zu § 74 BetrVG 1972).

V. Streitigkeiten

74 Der Unterlassungspflicht gem. § 74 Abs. 2 entspricht ein im **BeschlVerf.** nach § 2a ArbGG (s. dazu Nach § 1 Rn 1 ff.) geltend zu machender **Unterlassungsanspruch**, der nach **neuester Rspr.** des BAG (17. 3. 10 – 7 ABR 95/08 – NZA 10, 1133) nicht dem ArbGeb. (insoweit Aufgabe der bisherigen Rspr., vgl. BAG 22. 7. 80 AP Nr. 3 zu § 74 BetrVG 1972), sondern **nur** dem **BR** gegenüber dem ArbGeb. zusteht (s. Rn 74a. Nach § 1 Rn 62; **aA** Voraufl.; *GK-Kreutz* Rn 88 f., 125, 139 mwN; *Bauer/ E. M. Willemsen* NZA 10, 1090, 1091, 1093; *Reichold* RdA 11, 58 ff.; *Wiebauer* BB 10, 3091, 3094). Erforderlich ist eine Präzisierung der (zukünftig) zu unterlassenden Handlung des ArbGeb., die gegen § 74 Abs. 2 verstößt, damit bei Zuwiderhandlungen gegen die Entscheidung des ArbG die Zwangsvollstreckung gegen den ArbGeb. betrieben werden kann (vgl. Nach § 1 Rn 62). Zur Sicherung des Anspruchs kann auch der Erlass einer einstw. Vfg. in Betracht kommen (s. Nach § 1 Rn 65 ff.). Bei Wiederholungsgefahr ist auch ein entspr. Feststellungsantrag zulässig. Für den BR besteht keine Beschränkung auf das Verfahren nach § 23 Abs. 3 (vgl. dort Rn 97).

74a Dagegen begründet § 74 Abs. 2 **keinen** gerichtlich durchsetzbaren **Unterlassungsanspruch** des **ArbGeb.** gegen den BR. Auch wenn sich das BAG in seiner Entscheidung vom 17. 3. 10 (– 7 ABR 95/08 – NZA 10, 1133) in erster Linie mit dem Verbot der parteipolitischen Betätigung auseinander setzt, besteht kein Zweifel, dass es dem ArbGeb. auch in den übrigen Verbotsfällen des Abs. 2 keinen Unterlassungsanspruch gegenüber dem BR zubilligt (so auch LAG Düsseldorf NZA-RR 11, 132 nr.; zweifelnd wohl *Bauer/E. M. Willemsen* NZA 10, 1089, 1091, 1093). Das folgt aus den grundsätzlichen Ausführungen zum systematischen Gesamtzusammenhang und zur Konzeption des § 23 Abs. 1, der für die grobe Verletzung gesetzlicher Pflichten durch den BR dem ArbGeb. keinen Unterlassungsanspruch, sondern das Recht einräume, die Auflösung des BR zu beantragen (s. Nach § 1 Rn 62). Bei weniger schwerwiegenden Verstößen habe er die Möglichkeit, die Unzulässigkeit der Betätigung des BR gem. § 256 Abs. 1 ZPO feststellen zu lassen. Eine entspr. gerichtliche Feststellung sei im Falle einer späteren Pflichtverletzung des BR von entscheidender Bedeutung für einen Auflösungsantrag des ArbGeb. Das BAG sieht hierin keine Benachteiligung des ArbGeb (**aA** *Bauer/Willemsen* NZA 10; 1090, 1093).

74b Grobe Verstöße gegen das Arbeitskampfverbot, die Friedenspflicht und das Verbot parteipolitischer Betätigung können darüber hinaus zum Ausschluss einzelner BR-Mitgl. führen (hM). UU kommt eine **Schadensersatzpflicht** einzelner BRMitgl. nach § 823 Abs. 1 BGB (Störung des eingerichteten und ausgeübten Gewerbebetriebs, zB bei Streik über Fragen aus dem BetrVG) in Betracht (ErfK-*Kania* Rn 37 f.; GK-*Kreutz* Rn 93). Stellt der Verstoß gleichzeitig eine Vertragsverletzung dar, kommt uU auch eine **außerordentliche Kündigung** des BRMitgl. in Betracht, wobei allerdings an das Vorliegen eines wichtigen Grundes ein strenger Maßstab anzulegen ist (GK-*Kreutz* Rn 95; vgl. hierzu auch § 23 Rn 23 und § 103 Rn 30). Lässt sich der **ArbGeb.** solche Verstöße zuschulden kommen, so kann ihm nach vom ArbG ein gesetzmäßiges Verhalten aufgegeben und er im Fall der Zuwiderhandlung zu einem Ordnungsgeld verurteilt werden (DKKW-*Berg* Rn 60; GK-*Kreutz* Rn 91, 126, 140; **aA** *Heinze* DB 83 Beilage 9 S. 15). Aussperrungen des ArbGeb. wegen betriebsverfassungsrechtlicher Streitigkeiten sind nach § 134 BGB nichtig; die ArbN haben nach § 615 BGB Anspruch auf Weiterzahlung des Arbeitsentgelts (GK-*Kreutz* Rn 93).

75 Streitfragen über die gewerkschaftliche Tätigkeit von BRMitgl. und anderen Amtsträgern, insb. auch über deren MitglWerbung für die Gewerkschaft, entscheiden die ArbG im **BeschlVerf.** nach § 2a ArbGG (DKKW-*Berg* Rn 64; WPK Rn 38). Über **Fragen der Koalitionsfreiheit** der Gewerkschaften und deren Werbetätigkeit im Betrieb ist gem. § 2 Abs. 1 Nr. 2 ArbGG im **Urteilsverfahren** zu entscheiden (vgl. § 2 Rn 96; BAG 14. 2. 78 u. 26. 1. 82 AP Nr. 26 u. 35 zu Art. 9 GG; ErfK-*Kania* Rn 39).

§ 75 Grundsätze für die Behandlung der Betriebsangehörigen

(1) **Arbeitgeber und Betriebsrat haben darüber zu wachen, dass alle im Betrieb tätigen Personen nach den Grundsätzen von Recht und Billigkeit behandelt werden, insbesondere, dass jede Benachteiligung von Personen aus Gründen ihrer Rasse oder wegen ihrer ethnischen Herkunft, ihrer Abstammung oder sonstigen Herkunft, ihrer Nationalität, ihrer Religion oder Weltanschauung, ihrer Behinderung, ihres Alters, ihrer politischen oder gewerkschaftlichen Betätigung oder Einstellung oder wegen ihres Geschlechts oder ihrer sexuellen Identität unterbleibt.**

(2) **¹Arbeitgeber und Betriebsrat haben die freie Entfaltung der Persönlichkeit der im Betrieb beschäftigten Arbeitnehmer zu schützen und zu fördern. ²Sie haben die Selbständigkeit und Eigeninitiative der Arbeitnehmer und Arbeitsgruppen zu fördern.**

Inhaltsübersicht

I. Vorbemerkung

Die Vorschrift des Abs. 1 soll eine Behandlung der Betriebsangehörigen nach den **1** Grundsätzen von Recht und Billigkeit und insb. der Gleichbehandlung sicherstellen. Damit werden ua. die **grundrechtlichen Wertentscheidungen** der Art. 3 u. 9 Abs. 3 GG als **verbindliche Leitlinie** für die Tätigkeit von ArbGeb. und BR im Betrieb festgeschrieben. Die Insbesondere-Aufzählung der unzulässigen Differenzierungsmerkmale ist durch die Einfügung der Benachteiligungsverbote aus Gründen der Rasse oder wegen der ethnischen Herkunft, Weltanschauung, Behinderung und des Alters an die Terminologie des in Umsetzung der RL 2000/43/EG, 2000/78/EG und 2002/73/EG erlassenen **AGG** angepasst. Der BR hat insbesondere darauf zu achten, dass jede Benachteiligung wegen des Alters unterbleibt. Der Begriff der Benachteiligung und die Zulässigkeit einer unterschiedlichen Behandlung richten sich nach den Vorschriften des AGG (BT-Drucks. 16/1780 S. 56).

2   Eine Abs. 1 entspr., aber weniger konkrete Verpflichtung nennt **§ 17 Abs. 1 AGG.** Er fordert ua ArbGeb. und BR auf, im Rahmen ihrer Aufgaben und Handlungsmöglichkeiten an der Verwirklichung des in § 1 AGG genannten Ziels, die dort erwähnten Benachteiligungen zu verhindern oder zu beseitigen, mitzuwirken. So sollen Personalprozesse in Unternehmen und Betrieben unter dem Gesichtspunkt des Benachteiligungsschutzes überprüft und ggf. neu definiert oder Verhaltenskodizes vereinbart werden (BT-Drucks. 16/1780 S. 39). Zu § 17 Abs. 2 AGG s. § 23 Rn 111 ff.

3   Mit dem ausdrücklichen Gebot des Abs. 2 S. 1, die freie **Persönlichkeitsentfaltung** der Betriebsangehörigen zu schützen und zu fördern, wird ua. der Grundsatz des Art. 2 Abs. 1 GG auch für die Gestaltung des betrieblichen Lebens verbindlich gemacht. Darüber hinaus hat das **BetrVerf-ReformG** ArbGeb. und BR zur Förderung der Selbständigkeit und Eigeninitiative der ArbN und ArbGruppen verpflichtet (Abs. 2 S. 2).

4   Die Vorschrift hat **unmittelbare materielle Bedeutung** und enthält nicht etwa nur einen unverbindlichen Programmsatz. ArbGeb. und BR haben vielmehr diese elementaren Grundsätze für die Behandlung der Betriebsangehörigen bei ihrer gesamten betrieblichen Tätigkeit, insb. bei der Wahrnehmung der Beteiligungsrechte und -pflichten zu beachten. Darüber hinaus enthält die Vorschrift eine wichtige gesetzliche **Auslegungsregel,** insb. auch für die inhaltliche und umfangmäßige Ausgestaltung der Beteiligungsrechte des BR (ErfK–*Kania* Rn 1; *Richardi* Rn 1; *WPK* Rn 4). Das Gleiche gilt für die Rechte des einzelnen ArbN nach §§ 81 ff. Aus der Vorschrift können zwar weder MBR, die das G nicht kennt, noch über die §§ 81 ff. sowie die Anwendung des allgemeinen Gleichbehandlungsgrundsatzes hinausgehende individualrechtliche Rechtsansprüche des einzelnen ArbN hergeleitet werden (BAG 8. 12. 81 AP Nr. 6 zu § 87 BetrVG 1972 Lohngestaltung; BAG 3. 12. 85 AP Nr. 2 zu § 74 BAT); die gesetzlichen Regelungen sind aber stets so auszulegen und anzuwenden, dass sie in möglichst hohem Maße den Grundsätzen des § 75 gerecht werden.

5   **Individuelle Rechtsansprüche** auf Freiheit von den in der Insbesondere-Aufzählung des Abs. 1 genannten Diskriminierungen begründet das neue **AGG,** das außer der gerichtlichen Durchsetzbarkeit dieser Ansprüche ein Beschwerde- und Leistungsverweigerungsrecht (§§ 13, 14 AGG), Erleichterung der Beweislast (§ 22 AGG; s. Rn 125 ff.), Entschädigungs- und Schadensersatzansprüche der Beschäftigten (§ 15 AGG) sowie nach Maßgabe des § 17 Abs. 2 AGG (Rn 17) ein eigenes Klagerecht des BR oder einer im Betrieb vertr. Gewerkschaft vorsieht. Diese können den ArbGeb bei einem groben Verstoß gegen seine Verpflichtungen aus dem AGG zur Vornahme/ Duldung einer nach dem AGG gebotenen Handlung oder zur Unterlassung einer verbotenen Handlung in einem arbeitsgerichtl. BeschlVerf. zwingen (s. § 23 Rn 111 ff.).

6   Die Vorschrift gilt **entspr.** für den GesBR und KBR (§ 51 Abs. 5 iVm. § 59 Abs. 1). Das Gleiche gilt für den WiAusschuss, die JugAzubiVertr., GesJugAzubiVertr. und KJugAzubiVertr. Sie gilt ferner für die ArbNVertr. nach § 3 Abs. 1 Nr. 2 und 3, da diese an die Stelle des BR treten. Aber auch die ArbNVertr. nach § 3 Abs. 1 Nr. 4 und 5 haben die Grundsätze des § 75 wegen ihrer generellen Bedeutung zu beachten. Die Vorschrift gilt ferner entspr. für ArbGruppen, denen nach § 28 a die Wahrnehmung betriebsverfassungsrechtlicher Aufgaben übertragen worden ist.

7   Die Vorschrift ist **zwingendes Recht** und weder durch TV noch durch BV abdingbar.

8   Entsprechende Vorschriften: § 67 Abs. 1 S. 1 BPersVG und § 27 SprAuG.

II. Überwachungsgebot des Abs. 1

1. Verpflichteter und geschützter Personenkreis

Die Pflichten aus § 75 zur Behandlung der Betriebsangehörigen treffen **ArbGeb.** 9
und BR in ihrer Eigenschaft als Betriebsverfassungsorgane. Auch soweit der ArbGeb.
im G als Unternehmer angesprochen wird (vgl. §§ 106 ff.) hat er diese Verpflichtungen zu beachten (zB bei der Vereinbarung eines Interessenausgleichs oder bei der
Aufstellung eines Sozialplans nach § 112). Überträgt der ArbGeb. die Wahrnehmung
bestimmter betriebsverfassungsrechtlicher Aufgaben oder Funktionen auf spezielle
Mitarbeiter (zB Personalchef, Abteilungsleiter), haben diese im Rahmen der getroffenen Delegation die Erfüllung der Grundsätze des § 75 sicherzustellen (ErfK-*Kania*
Rn 2; *Wiese* NZA 06, 1, 4).

Der BR ist zum einen **als Organ** an § 75 gebunden. Das Gleiche gilt für die 10
Ausschüsse des BR, insb. wenn ihnen nach § 27 Abs. 3 Aufgaben zur selbständigen
Erledigung übertragen werden. Darüber hinaus gelten die Pflichten auch für die
einzelnen BRMitgl., wenn und soweit sie betriebsverfassungsrechtliche Aufgaben
wahrnehmen (*DKKW-Berg* Rn 4; ErfK-*Kania* Rn 2; GK-*Kreutz* Rn 10).

Für die **einzelnen ArbN** des Betriebs gelten die Verpflichtungen aus § 75 dage- 11
gen angesichts des eindeutigen Wortlautes **nicht unmittelbar** (s. aber zum AGG
Rn 1, 2, 24). Mittelbar ist die Vorschrift jedoch auch für die ArbN von Bedeutung.
Denn die Beachtung jedenfalls der Grundsätze des Abs. 1 gehört zu den sich aus
dem Arbeitsvertrag ergebenden allgemeinen Pflichten des ArbN. Dies zeigt auch das
Widerspruchsrecht des BR nach § 99 Abs. 2 Nr. 6 und sein Recht nach § 104, die
Entlassung oder Versetzung eines ArbN zu verlangen, der die Grundsätze des § 75
Abs. 1 wiederholt grob verletzt hat. Diese Rechte wären ohne Annahme einer (potenziellen) Vertragsverletzung des betreffenden ArbN nicht zu begründen (im Ergebnis ebenso GK-*Kreutz* Rn 12; *Richardi* Rn 6, 11 f.; weitergehend *DKKW-Berg* Rn 4,
der eine unmittelbare Verpflichtung der ArbN aus § 75 bejaht).

Die Überwachung des Abs. 1 bezieht sich (anders als Abs. 2: nur ArbN) auf die Be- 12
handlung **aller im Betrieb tätigen Personen.** Hierzu zählen die ArbN des Betriebs
iS von § 5 Abs. 1, gleichgültig ob sie als Voll- oder Teilzeitkräfte, als Auszubildende
oder als Aushilfskräfte beschäftigt sind (vgl. § 4 TzBfG; BAG 25. 1. 89 u. 29. 8. 89
AP Nr. 2 u. 6 zu § 2 BeschFG 1985; BAG 20. 11. 90 AP Nr. 8 zu § 1 BetrAVG
Gleichberechtigung). Erfasst werden auch im Betrieb tätige **LeihArbN** (vgl. § 5
Rn 231 ff., 241 ff.; *HSWGNR* Rn 4; *Richardi* Rn 7; *WPK* Rn 6; **aA** GK-*Kreutz*
Rn 16), **erwerbsfähige Hilfsbedürftige** iSd § 16 Abs. 3 SGB II mit ArbVerh. (s.
§ 5 Rn 154), **Beamte** in privatisierten Unternehmen (s. § 5 Rn 316 ff.) sowie ArbN,
deren ArbVerh. einem ausländischen Arbeitsvertragsstatut unterliegt (vgl. § 1 Rn 15).

Die Vorschrift beschränkt sich jedoch nicht auf ArbN iS des § 5 Abs. 1, sondern 13
erfasst **alle** in abhängiger Tätigkeit **im Betrieb beschäftigten Personen.** Wegen
der hohen Bedeutung der Grundsätze des Abs. 1, denen überwiegend ein grundrechtskonkretisierender Charakter zukommt (GK-*Kreutz* Rn 29 ff.; *Löwisch/Kaiser*
Rn 1), hat die weite Formulierung des G durchaus einen inneren Grund. Die Überwachung soll allen im Betrieb tätigen Schutzbedürftigen zugute kommen. Zu diesen
Schutzbedürftigen zählen die in § 5 Abs. 2 Nr. 3 bis 5 genannten Personen, die zwar
wegen bestimmter Besonderheiten nicht generell zu der vom BR vertr. Belegschaft
gehören, bei denen aber die Notwendigkeit der Beachtung der Grundsätze des § 75
Abs. 1 nicht in Frage gestellt werden kann (*DKKW-Berg* Rn 6; ErfK-*Kania* Rn 3;
Richardi Rn 7; **aA** GK-*Kreutz* Rn 13).

Aus dem gleichen Grunde erstreckt sich das Überwachungsrecht auf sog. **Fremd-** 14
firmenarbN, dh auf im Betrieb zB als Bau- oder MontageArbN tätige Mitarbeiter anderer Unternehmen (*DKKW-Berg* Rn 5; *Düwell/Lorenz* Rn 2; *HSWGNR*
Rn 4; *WPK* Rn 6; **aA** ErfK-*Kania* Rn 3; GK-*Kreutz* Rn 16). Denn auch in Bezug

auf diese ist eine Verletzung der Grundsätze des Abs. 1 im Beschäftigungsbetrieb keinesfalls ausgeschlossen (zB eine Diskriminierung wegen des Geschlechts, der Abstammung oder der Nationalität). Die Vorschrift gilt auch für **Ein-Euro-Jobber**
(*Engels* NZA 07, 8, 9; s. § 5 Rn 155; aa *Löwisch/Kaiser* Rn 8).

15 **Keine Überwachungsbefugnis** von ArbGeb. und BR besteht hinsichtlich solcher Personen, die keine abhängige Tätigkeit ausüben. Das gilt zB für selbständig
Tätige wie Wirtschaftsprüfer, Steuerberater, selbständige Handelsvertreter, mögen
auch ihre Tätigkeit vorübergehend im Betrieb ausüben. Dasselbe gilt für Steuerprüfer
des Finanzamts (GK-*Kreutz* Rn 15). Der Schutz des § 75 erstreckt sich auch nicht auf
die in § 5 Abs. 2 Nr. 1 und 2 genannten Organmitgl. von juristischen Personen und
die geschäftsführungs- oder vertretungsberechtigten Gesellschafter von Personengesellschaften. Sie repräsentieren vielmehr den ArbGeb., dem die Überwachungspflicht
der Vorschrift obliegt (*DKKW-Berg* Rn 6). § 27 SprAuG enthält für die **leitenden
Ang.** eine dem § 75 entspr. Überwachungspflicht von ArbGeb. und Sprecherausschuss. Wegen dieser spezielleren Regelung gilt § 75 nicht mehr für diesen Personenkreis (*DKKW-Berg* Rn 6; ErfK-*Kania* Rn 3; GK-*Kreutz* Rn 14; *Richardi* Rn 7; so
schon vor Erlass des SprAuG BAG 19. 2. 75 AP Nr. 9 zu § 5 BetrVG 1972).

16 Dem Wortlaut nach erstreckt sich der Schutz des § 75 nicht auf die noch nicht und
die nicht mehr dem Betrieb angehörenden Beschäftigten, zB **Arbeitsplatzbewerber, Pensionäre**. Soweit jedoch im Rahmen betriebsverfassungsrechtlicher Aufgaben
Regelungen getroffen werden, die auch oder gerade diesen Personenkreis ansprechen,
sind die Grundsätze des § 75 zu beachten. Zu denken ist zB an Personalauswahlricht-
linien bei Einstellungen nach § 95 oder Regelungen über die betriebliche Altersversorgung oder andere Sozialleistungen an Ruheständler (*DKKW-Berg* Rn 7;
GK-*Kreutz* Rn 17; *Richardi* Rn 8; aA bezügl. Arbeitsplatzbewerber MünchArbR-
v. Hoyningen-Huene § 214 Rn 33). Allerdings kann eine rechtliche Verpflichtung zur
Einstellung eines Bewerbers aus dieser Vorschrift nicht abgeleitet werden (GK-*Kreutz*
Rn 24; *Richardi* Rn 9). Bestehen aber gesetzliche Sonderregelungen, wie zB die Diskriminierungsverbote des neuen **AGG** (s. Rn 1, 2, 4 u. Rn 58 ff.), die sich auch auf
Arbeitsplatzbewerber erstrecken (§ 6 Abs. 1 S. 2 AGG), so sind diese Diskriminierungsverbote unter dem Gesichtspunkt der Beachtung der Grundsätze von Recht
und Billigkeit in die Überwachungspflicht des § 75 einzubeziehen (*Thüsing* Arbeitsrechtl. Diskriminierungsschutz Rn 159).

2. Überwachungspflicht/Überwachungsrecht

17 Abs. 1 begründet nicht nur eine **Überwachungspflicht** von ArbGeb. und BR,
darauf zu achten, dass die Grundsätze der Vorschrift im Betrieb beachtet werden
(hM). Vielmehr besteht für beide auch ein **Überwachungsrecht**, dh das Recht, bei
konkreten Verstößen gegen diese Grundsätze durch den anderen Betriebspartner
deren Unterlassung bzw. Beseitigung zu verlangen (BAG 12. 6. 75 AP Nr. 1 zu § 87
BetrVG 1972 Altersversorgung; *DKKW-Berg* Rn 8; ErfK-*Kania* Rn 4; GK-*Kreutz*
Rn 18, 26 f.). Dieses Recht ist im arbeitsgerichtlichen BeschlVerf. durchzusetzen
(vgl. Rn 188). Soweit es um Verstöße gegen Diskriminierungsverbote des AGG geht,
ergeben sich Rechte und Pflichten von ArbGeb. und BR auch aus § 17 AGG
(s. Rn 2, 5).

18 Die Pflicht zur Überwachung der Einhaltung der Grundsätze der Vorschrift gilt
sowohl **im Verhältnis zwischen BR und ArbGeb.** als auch im **Verhältnis beider
zu den ArbN** (ähnlich *Richardi* Rn 6; HSWGNR Rn 2; WPK Rn 11; *Wiese* NZA
06, 1, 4). ArbGeb. und BR haben gemeinsam, aber auch jeder für sich auf die Einhaltung und Durchführung der Grundsätze des § 75 hinzuwirken. Sie haben **aktiv**
und nicht erst nach einer Beschwerde des ArbN für die Beachtung und Verwirklichung dieser Grundsätze einzutreten. Sie haben sich gegenseitig auf Mängel und
Verstöße aufmerksam zu machen, sie sich um deren Beseitigung zu bemühen.

So kann der BR vom ArbGeb. nicht nur verlangen, eigene Verstöße zu unterlas- **19** sen, sondern auch **Verletzungen** der Grundsätze **durch Belegschaftsangehörige** durch die ihm im Rahmen seines Direktionsrechts und seiner Organisationsgewalt über das betriebliche Geschehen zur Verfügung stehenden Mittel zu unterbinden (zB Abmahnung, Verhängung einer Betriebsbuße, Versetzung an einen anderen Arbeitsplatz, ggf. auch Kündigung). Der BR hat seinerseits im Rahmen seiner Einflussmöglichkeiten auf die Belegschaft einzuwirken, dass solche Verstöße unterbleiben, zB durch Aufklärung in der BetrVerslg. oder Anschläge am Schwarzen Brett. In bes. Fällen kann er die Entlassung eines ArbN nach § 104 verlangen (vgl. § 104 Rn 3 ff.).

Aus der Überwachungspflicht ergibt sich auch, dass **ArbGeb. und BR selbst** **20** **keine Verstöße gegen die in § 75 genannten Grundsätze** verüben dürfen (hM). Das gilt selbst dann, wenn der ArbN damit einverstanden sein sollte. Beide haben sich in ihrem Verhalten von Rechts- und Billigkeitsgründen und der Achtung der Persönlichkeit leiten zu lassen, der BR in seinem Gesamtverhalten und bei allen Entscheidungen, zu denen er befugt ist (zB auch hinsichtlich des Einblicksrechts in die Lohn- und Gehaltslisten, BAG 12. 2. 90 AP Nr. 12 zu § 80 BetrVG 1972), der ArbGeb. bei allen Maßnahmen im Rahmen des ArbVerh., insb. bei Ausübung seines Weisungsrechts, sowie bei der Organisation des betrieblichen Geschehens. Konkretisierungen dieser Vorschriften enthalten zB § 87 Abs. 1 Nr. 1 und 6 und §§ 90, 91.

§ 75 Abs. 1 dient dem Schutz der im Betrieb tätigen Personen in ihrer Eigenschaft **21** als ArbN im weiten Sinne (vgl. Rn 12 ff.). Die Vorschrift betrifft **nicht** interne **Organisationsakte des BR,** insb. wenn diese durch Wahlen erfolgen, wie zB die Wahl des BRVors. und seines Stellvertr., die Wahl der Mitgl. des BetrAusschusses und anderer Ausschüsse oder die Wahl der freizustellenden BRMitgl. Diese Organisationsentscheidungen trifft der BR in **autonomer Kompetenz.** Sie fallen auch nicht in den Anwendungsbereich des AGG (s. § 2 AGG).

Die Grundsätze des § 75, insb. seine Diskriminierungsverbote haben ArbGeb. und **22** BR auch bei **Erlass von BV** zu beachten (BAG 12. 4. 11 – 1 AZR 412/09 – NZA 11, 989; zur Billigkeitskontrolle von BV vgl. § 77 Rn 231 ff.; ErfK-*Kania* Rn 4); ihnen steht dabei eine Beurteilungsspielraum und eine Einschätzungsprärogative hinsichtlich der tatsächlichen Voraussetzungen und Folgen der von ihnen gesetzten Regeln zu (BAG 22. 3. 05 AP Nr. 48 zu § 75 BetrVG 1972). Regelungen, die die Grundsätze des § 75 verletzen, sind insoweit nach § 134 BGB nichtig (GK-*Kreutz* Rn 152). Gleiches gilt, wenn durch Betriebsabsprachen oder sonstige betriebliche Einigungen zwischen ArbGeb. und BR einheitliche Arbeitsbedingungen geschaffen werden (BAG 9. 11. 72 AP Nr. 36 zu § 242 BGB Gleichbehandlung). Bestimmungen in Kollektivvereinbarungen (TV, BV, Regelungsabreden, ES-Stellensprüche, *Bauer/Göpfer/Krieger* AGG § 7 Rn 21; *Hayen* AiB 06, 731), die gegen Diskriminierungsverbote des **AGG** verstoßen, werden ausdrücklich für unwirksam erklärt (§ 7 Abs. 2 AGG; s. auch § 2 Abs. 1 Nr. 2 AGG).

Aus der Überwachungspflicht des § 75 Abs. 1 ergibt sich ferner die Pflicht von **23** ArbGeb. und BR, eine Verletzung dieser Grundsätze **im Einzelfall** zu verhindern **(Prävention).** Deshalb ist zB der BR im Rahmen seiner Beteiligungsrechte nach §§ 99 und 102 verpflichtet, seine Zustimmung zu einer personellen Maßnahme (Versetzung oder Kündigung), die gegen die Grundsätze des § 75 verstößt, zu verweigern bzw. im Falle der Kündigung Widerspruch einzulegen (*DKKW-Berg* Rn 8; *Düwell/Lorenz* Rn 2; GK-*Kreutz* Rn 21).

§ 75 ist eine **kollektivrechtliche Vorschrift.** Sie normiert Amtspflichten von **24** ArbGeb. und BR. Sie begründet **keine subjektiven Rechte,** dh Ansprüche der im Betrieb Tätigen gegen den BR oder ArbGeb. auf Einhaltung und Beachtung dieser Grundsätze (BAG 3. 12. 85 AP Nr. 2 zu § 74 BAT; BAG 14. 1. 86 AP Nr. 5 zu § 1 BetrAVG Gleichbehandlung; ErfK-*Kania* Rn 1; GK-*Kreutz* Rn 23 f.; *Richardi* Rn 9; aA *DKKW-Berg* Rn 10). So hat zB ein ArbN keinen Anspruch gegen den BR darauf, dass dieser wegen angeblichen Verletzung des § 75 seine Zustimmung zu einer beabsichtigten personellen Maßnahme des ArbGeb. verweigert. Ebenso wenig kann vom ArbGeb. verlangt werden, dass er ein Zustimmungsersetzungsverfahren nach § 99 Abs. 4 einleitet, wenn der BR seine Zustimmung zu einer personellen Maßnahme wegen angeblichen Verstoßes gegen § 75 verweigert. Unberührt bleiben allerdings Ansprüche des ArbN, die sich aus der Fürsorgepflicht des ArbGeb. und seiner arbeitsvertraglichen Pflicht zur Beachtung des Gleichbehandlungsgrundsatzes oder aus dem neuen AGG auf Freiheit von Diskriminierungen ergeben. Inhaltlich werden die arbeitsvertraglichen Pflichten von den Grundsätzen des § 75 (und des AGG, s. § 7 Abs. 3 AGG) mit geprägt (GK-*Kreutz* Rn 25; *Richardi* Rn 9).

3. Grundsätze von Recht und Billigkeit

25   Die Überwachungspflicht erstreckt sich allgemein auf die Beachtung der Grundsätze von Recht und Billigkeit. Unter **Grundsätzen des Rechts** ist die geltende Rechtsordnung zu verstehen, so wie sie das ArbVerh. gestaltet und auf dieses einwirkt (BAG 12. 4. 11 – 1 AZR 412/09 – NZA 11, 989; *DKKW-Berg* Rn 3; ErfK-*Kania* Rn 5; GK-*Kreutz* Rn 29). Hierzu gehören nicht nur das positive durch G oder VO gestaltete Recht, sondern auch das arbeitsrechtliche Gewohnheitsrecht, das Richterrecht und der Vertrauensschutz (vgl. LAG Hessen NZA-RR 02, 363). Ferner zählen hierzu die maßgebenden TV und BV. Es ist deshalb ein Verhalten gefordert, das in jeder Beziehung dem geltenden Recht entspricht. Hierzu gehören insb. die Anerkennung und Erfüllung der Rechtsansprüche der ArbN des Betriebs. Aber auch die sonstigen Arbeitsbedingungen und die betriebliche Ordnung müssen dem geltenden Recht entspr. gestaltet sein. Das ist zB nicht der Fall, wenn der ArbGeb. bestehende Beteiligungsrechte des BR nicht beachtet hat.

26   Die Beachtung der **Grundsätze der Billigkeit** dient der Verwirklichung der Einzelfallgerechtigkeit (ErfK-*Kania* Rn 5; GK-*Kreutz* Rn 32; *v. Hoyningen-Huene,* Die Billigkeit im Arbeitsrecht, S. 17 ff., 48 ff.). Durch sie soll erreicht werden, dass etwa bestehende Besonderheiten des Einzelfalls im Rahmen des bestehenden ArbVerh. in sachgerechter Weise geregelt werden. Dabei ist auf die berechtigten menschlichen, sozialen und wirtschaftlichen Belange des einzelnen ArbN Rücksicht zu nehmen, soweit dies im Rahmen der geltenden Rechtsordnung möglich ist, insb. soweit nicht die Ordnung des Betriebes, sein Arbeitsablauf oder die Interessen anderer ArbN entgegenstehen.

27   Um die Billigkeit geht es zB, wenn einem Vertragspartner das Recht zur **einseitigen Leistungsbestimmung** „nach billigem Ermessen" zusteht (vgl. §§ 315 ff. BGB). Auch die Ausübung des Direktions- und **Weisungsrechts** des ArbGeb. stellt einen Fall der einseitigen Leistungsbestimmung iS dieser Vorschriften dar (BAG 20. 12. 84 AP Nr. 27 zu § 611 BGB Direktionsrecht; *v. Hoyningen-Huene* aaO S. 141 ff.; GK-*Kreutz* Rn 34). Der Beachtung des Billigkeitsgrundsatzes kommt insb. auch im Rahmen der **menschengerechten Gestaltung der Arbeit** eine bes. Bedeutung zu (vgl. hierzu § 87 Rn 293, § 90 Rn 38 ff.). Soweit dem BR Beteiligungsrechte zustehen, hat auch er bei ihrer Ausübung den Grundsatz der Billigkeit zu berücksichtigen (Wegen der Billigkeitskontrolle von BV vgl. § 77 Rn 231 f.).

4. Verfassungsrechtliches Gleichbehandlungsgebot

28   Wegen seiner bes. Bedeutung wird in Abs. 1 der Grundsatz der Gleichbehandlung der ArbN in Form eines Diskriminierungsverbots bes. hervorgehoben. Der Grundsatz der Gleichheit und der Gleichbehandlung ist ein tragender Grundsatz unserer (Verfassungs-)Rechtsordnung. Der Gleichheitssatz des Art 3 Abs. 1 GG, nach dem alle Menschen vor dem G gleich sind, verbietet jegliche Ungleichbehandlung gleichliegender Fälle. Nach ihm ist Gleiches gleich und Ungleiches seiner Eigenart entspr. verschieden zu behandeln (st. Rspr. des BVerfG, vgl. zB BVerfGE 3, 135; 4, 155; 50, 161; 51, 23; 78, 121). Der Gleichberechtigungsgrundsatz des Art 3 Abs. 2 GG verbietet nicht nur eine ungleiche Behandlung von Männern und Frauen, sondern ent-

hält auch ein auf die Veränderung der gesellschaftlichen Wirklichkeit gerichtetes Gleichberechtigungsgebot (vgl. Art 3 Abs. 2 S. 2 GG; BVerfG ArbuR 94, 110). Das Benachteiligungsverbot des Art 3 Abs. 3 GG verbietet jede Benachteiligung oder Bevorzugung wegen des Geschlechts, der Abstammung, der Rasse, der Sprache, der Heimat, der Herkunft, des Glaubens oder der religiösen oder politischen Anschauung. Abs. 1 macht diese **verfassungsrechtliche Gleichberechtigungs- und Gleich-** 29 **behandlungsgrundsätze,** deren unmittelbare Wirkung im Privatrechtsverkehr umstritten ist und überwiegend abgelehnt wird, für die Behandlung der Betriebsangehörigen **verbindlich** (zur unmittelbaren Grundrechtsbindung der TVParteien vgl. BAG 4. 4. 00 AP Nr. 2 zu 1 TVG Gleichbehandlung; einschr. allerdings BAG 30. 8. 00 AP Nr. 25 zu § 4 TVG Geltungsbereich; vgl. hierzu *Dieterich* RdA 01, 112; *Wiedemann* RdA 05, 193, 195). Die Vorschrift ist jedoch nicht nur eine Wiederholung der Regelungen des GG, die überwiegend einen mehr abwehrenden Charakter haben. Sie verlangt vielmehr von ArbGeb. und BR ein **positives Eintreten** für diese Grundsätze (vgl. *WPK* Rn 13).

5. Allgemeiner arbeitsrechtlicher Gleichbehandlungsgrundsatz

a) Grundsätzliches

Die Überwachungspflicht von ArbGeb. und BR beschränkt sich nicht auf die Be- 30 achtung der in § 75 ausdrücklich genannten Diskriminierungsverbote. Schon das Wort „insbesondere" zeigt, dass die Aufzählung **nicht erschöpfend** ist. Zu beachten ist vielmehr auch der von Rspr. und Rechtslehre allgemein anerkannte **arbeitsrechtliche Grundsatz der Gleichbehandlung** (vgl. zB BAG 28. 3. 07 AP Nr. 265 zu § 611 BGB Gratifikation mwN). Inhaltlich wird der arbeitsrechtliche Gleichbehandlungsgrundsatz von den verfassungsrechtlichen Regelungen mitgeprägt, geht aber zT über diese und auch über das AGG hinaus. Folglich gilt er **neben** dem **AGG** und kommt immer dann zur Anwendung, wenn die speziellen Diskriminierungsverbote des AGG nicht greifen (s. § 2 Abs. 3 AGG; BT-Drucks. 16/1780 S. 30; *Däubler/ Bertzbach* AGG § 2 Rn 168, 197ff.; *Küttner/Kania* Gleichbehandlung Rn 3; *Hinrichs/ Zwanziger* DB 07, 574ff.; wohl auch *Maier/Mehlich* DB 07, 110ff.).

Der arbeitsrechtliche Gleichbehandlungsgrundsatz ist **nicht anwendbar,** wenn 30a Leistungen oder Vergünstigungen **individuell** vereinbart werden. Insoweit hat die Vertragsfreiheit Vorrang vor dem Gleichbehandlungsgrundsatz (st. Rspr., BAG 17. 12. 09 – 6 AZR 242/09 – NZA 10, 273). Folglich hat ein ArbN idR keinen Anspruch auf Abschluss eines Aufhebungsvertrags unter Zahlung einer Abfindung, wenn der ArbGeb. mit anderen ArbN die Aufhebung des ArbVerh. individuell vereinbart und ihnen eine Abfindung zahlt, deren Höhe er in einem von ihm aufgestellten Regelungsplan festgelegt hat (BAG 25. 2. 10 – 6 AZR 911/08 – NZA 10, 561).

Der arbeitsrechtliche Gleichbehandlungsgrundsatz gilt grundsätzlich für sämt- 31 liche Arbeitsbedingungen einschließlich Arbeitsentgelt, sofern diesen ein erkennbares und generalisierendes Prinzip zugrunde liegt (*Däubler/Bertzbach* AGG § 2 Rn 198; *Thüsing* Arbeitsrechtl. Diskriminierungsschutz Rn 893), und verbietet sowohl **jede unsachliche Differenzierung** zum Nachteil einzelner ArbN oder ArbNGruppen als auch eine sachfremde Gruppenbildung (BAG 14. 3. 07 AP Nr. 204 zu § 242 BGB Gleichbehandlung; 13. 8. 08 – 7 AZR 513/07 – NZA 09, 27 mwN). **Unsachlich** ist eine unterschiedliche Behandlung, die nicht aus vernünftigen und einleuchtenden Gründen erfolgt, die auch die anerkannten Wertungen des Arbeitsrechts bei der kollektiven Behandlung der ArbN beachten (BAG 28. 7. 92 AP Nr. 18 zu § 1 BetrAVG Gleichbehandlung; GK-*Kreutz* Rn 38).

Soweit es um die Anwendung von **TV-Normen** geht, ist der Unterschied zwi- 31a schen tarifgebundenen und nicht tarifgebundenen ArbN nach den grundlegenden Regelungen der §§ 3 Abs. 1, 4 Abs. 1 TVG so wesentlich, dass die unterschiedliche Behandlung von Außenseitern damit sachlich gerechtfertigt ist (*Thüsing* Arbeitsrechtl.

Diskriminierungsschutz Rn 870 mwN). So sind zB **einfache Differenzierungs-klauseln** in TV, die bestimmte Leistungen für tarifgebundene ArbN vorsehen, zulässig und wirksam (BAG 23. 3. 11 – 4 AZR 366/09 – NZA 11, 920). Dem ArbGeb. ist es unter dem Gesichtspunkt der Gleichbehandlung aber auch nicht verwehrt, Außenseiter wie Gewerkschaftsmitgl. zu behandeln und ihnen ebenfalls die tariflich vereinbarten Leistungen zu gewähren (zur Unzulässigkeit sog. Spannenklauseln s. BAG 23. 3. 11 – 4 AZR 366/09 – NZA 11, 920).

31b   Hierbei ist insb. der mit der Leistung des ArbGeb. erkennbar verfolgte **Zweck** zu berücksichtigen. Die Zweckbestimmung einer Leistung ergibt sich vorrangig aus den tatsächlichen und rechtlichen Voraussetzungen, von deren Vorliegen und Erfüllung die Leistung abhängig gemacht wird (BAG 13. 4. 11 – 10 AZR 88/10 – NZA 11, 1047 mwN). Wird – zB im Arbeitsvertrag – eindeutig festgelegt, unter welchen Voraussetzungen der Anspruch auf eine Sonderzahlung entsteht und aus welchen Gründen die Leistung wieder zurückzuzahlen ist, ist damit abschließend auch der Zweck der Leistung definiert. Es können dann nicht im Nachhinein weitere Anspruchsvoraussetzungen aufgestellt werden, die auf weitere Zwecke schließen lassen (BAG 10. 12. 08 AP Nr. 281 zu § 611 BGB Gratifikation; s. Rn 34 a). Ist nur die rechtliche Beendigung des ArbVerh. bis zu einem bestimmten Datum für die Sonderzahlung schädlich, steht dem ein Ruhen wegen Elternzeit nicht gleich (BAG 10. 12. 08 aaO).

31c   **Bezweckt** der ArbGeb. mit der Zahlung eines **Weihnachtsgeldes (Sonderzahlung)** die **Honorierung eines Verhaltens,** das von allen ArbN erwünscht wird (geringe Fehlzeiten, gutes Arbeitsverhalten, Betriebstreue), und nicht den Ausgleich von im Betrieb bestehenden Vergütungsunterschieden, **verletzt** er dann den arbeitsrechtlichen **Gleichbehandlungsgrundsatz,** wenn er **nur** solchen ArbN ein vertragliches Weihnachtsgeld anbietet, die zuvor einer **Entgeltreduzierung** und Arbeitszeitverlängerung zugestimmt haben (BAG 26. 9. 07 AP Nr. 205 zu § 242 BGB Gleichbehandlung mit Anm. *Seitz/Trebeck* RdA 09, 255 ff.; 5. 8. 09 – 10 AZR 666/08 NZA 09, 1135; vgl. auch Rn 34).

31d   Das BAG (13. 8. 08 – 7 AZR 513/07 – NZA 09, 27) hat offen gelassen, ob der arbeitsrechtliche **Gleichbehandlungsgrundsatz Anspruchsgrundlage** für den Abschluss eines – erstmaligen oder weiteren befristeten oder unbefristeten – **Arbeitsvertrags** sein kann. Jedenfalls ergibt sich aus ihm kein Anspruch auf Verlängerung eines sachgrundlos befristeten Arbeitsvertrags nach § 14 Abs. 2 TzBfG (vgl. § 5 Rn 114). Andernfalls würde der Gesetzeszweck, dass sich der ArbGeb. ohne einen sachlichen Grund von einem ArbN nach Ablauf der Befristung trennen können soll, unterlaufen.

32   Im Bereich der **Vergütung** findet der Gleichbehandlungsgrundsatz trotz des Vorrangs der Vertragsfreiheit Anwendung, wenn Arbeitsentgelte durch eine betriebliche Einheitsregelung generell angehoben werden. Dem ArbGeb. ist es verwehrt, einzelne ArbN oder ArbNGruppen aus unsachlichen Gründen von einer Erhöhung der Arbeitsentgelte auszuschließen. Nach dem mit der Entgeltanhebung verfolgten Zweck ist zu beurteilen, ob ein von ihr ausgeschlossener Personenkreis zu Recht ausgenommen wird (BAG 17. 3. 10 – 5 AZR 168/09 – NZA 10, 696). Gewährt der ArbGeb. solchen ArbN, die in der Vergangenheit eine Gehaltsminderung hingenommen haben, eine Entgelterhöhung, so kann eine Ungleichbehandlung nur dann vorliegen, wenn entweder vor der Entgelterhöhung keine Gehaltsunterschiede bestanden oder nach der Erhöhung zuvor bestehende Unterschiede überkompensiert werden (BAG 17. 3. 10 – 5 AZR 168/09 – NZA 10, 696; 13. 4. 11 – 10 AZR 88/10 – NZA 11, 1047).

32a   Steht eine **Gruppenbildung** fest, hat der ArbGeb. die Gründe für die Differenzierung so substantiiert darzutun (zum Zeitpunkt, der nicht vorprozessual sein muss, BAG 23. 2. 11 – 5 AZR 84/10 – NZA 11, 693), dass die Beurteilung möglich ist, ob die Gruppenbildung sachlichen Kriterien entspricht. Tut der ArbGeb. dies nicht oder ist die unterschiedliche Behandlung nach dem Zweck der Leistung nicht gerechtfertigt, kann die benachteiligte ArbNGruppe die Gleichbehandlung mit der begünstigten ArbNGruppe verlangen (BAG 15. 7. 09 – 5 AZR 486/08 – NZA 09, 1202; 27. 7. 10 – 1 AZR 874/08 – NZA 10, 1369), es sei denn, die Zahl der begünstigten ArbN ist im Verhältnis zur Gesamtzahl der betroffenen ArbN sehr gering (BAG 14. 6. 06 AP Nr. 200 zu § 242 BGB Gleichbehandlung: unter 5%). Ein sachlicher Grund für die Differenzierung kann in der Anpassung unterschiedlicher Arbeitsbedingungen der Stammbelegschaft und der durch § 613a Abs. 1 S. 2 BGB begünstigten ArbN liegen (BAG 14. 3. 07 AP Nr. 204 zu § 242 BGB Gleichbehandlung).

Sieht eine BV für die Gruppen der **aktiven ArbN** und der **Betriebsrentner** glei- **32b** che **Beihilfeleistungen** im Krankheitsfall vor, so können die begünstigten ArbN nach ihrem Ausscheiden nicht damit rechnen, besser als die Aktiven gestellt zu werden, wohl aber darauf vertrauen, auch nicht schlechter gestellt zu werden (BAG 10. 2. 09 AP Nr. 57 zu § 1 BetrAVG).

Der arbeitsrechtliche Gleichbehandlungsgrundsatz fordert **keine schematische** **33** **Gleichbehandlung** der ArbN. Der einzelne ArbN soll vielmehr soweit wie möglich nach seiner persönlichen Eigenart behandelt werden. Das gebietet auch die Achtung vor seiner Persönlichkeit. Sachgemäße Unterscheidungen, die in den unterschiedlichen Verhältnissen der ArbN oder durch bes. Umstände beim ArbGeb. begründet sind, sind zulässig. Das gilt sowohl bei Abschluss des Arbeitsvertrages (Vertragsfreiheit!; vgl. BAG 1. 7. 99 AP Nr. 53 zu § 2 KSchG 1969) als auch bei der rechtlichen und tatsächlichen inhaltlichen Ausgestaltung des Einzelarbeitsverhältnisses, zB bei individuellen freiwilligen sozialen Zuwendungen (vgl. BAG 15. 11. 94 AP Nr. 121 zu § 242 BGB Gleichbehandlung).

So kann der ArbGeb. mit einer **freiwilligen Sonderzahlung** die Belohnung bis- **34** heriger Dienste und den Anreiz für künftige Betriebstreue bezwecken und ohne Verstoß gegen den Gleichbehandlungsgrundsatz den Anspruch auf die Sonderzahlung daran knüpfen, dass das ArbVerh. über den Auszahlungszeitpunkt hinaus innerhalb eines bestimmten Zeitraums fortbesteht (s. aber BAG 14. 8. 07 AP Nr. 1 zu § 33 AGG: ArbGeb. kann abwanderungsgefährdeten Frauen Abschluss eines verbesserten Vertrages nicht verweigern, wenn er zuvor abwanderungsgefährdeten Männern einen verbesserten Vertrag angeboten hat; vgl. auch BAG 30. 7. 08 NZA 08, 1412, 5. 8. 09 – 10 AZR 666/08 – NZA 09, 1135: Sonderzahlung an schlechtere ArbBedingungen akzeptierende ArbN; ebenso LAG Nürnberg NZA-RR 09, 13; *Grau/Sittard*, NZA 09, 1396ff.; vgl Rn 31c). Auch ist die Gewährung einer **höheren Vergütung** an einzelne neu eintretende ArbN dann zulässig, wenn sonst für wichtige Arbeitsplätze keine ArbN zu gewinnen sind (BAG 21. 3. 01 AP Nr. 17 zu § 33a BAT; s. auch BAG 23. 8. 95 AP Nr. 134 zu § 242 BGB Gleichbehandlung).

Auch wenn der ArbGeb. aufgrund eines Freiwilligkeitsvorbehalts in seiner Ent- **34a** scheidung frei ist, ob und unter welchen Voraussetzungen er eine zusätzliche Leistung gewährt, ist er an den arbeitsrechtlichen Gleichbehandlungsgrundsatz gebunden, wenn er nach von ihm aufgestellten **allgemeinen Regeln** freiwillige **Sonderzahlungen** leistet (BAG 10. 12. 08 AP Nr. 281 zu § 611 BGB Gratifikation; 5. 8. 09 – 10 AZR 666/08 – NZA 09, 1135; *Salamon* NZA 09; 656ff.; s. Rn 31b). Soll eine Sonderzahlung als Ausgleich für die Vereinbarung schlechterer Arbeitsbedingungen nur dann geleistet werden, wenn bestimmte Unternehmensziele erreicht werden, wird damit kein zusätzlicher Leistungszweck begründet, bei dessen Eintritt auch die ArbN einen Anspruch auf die Sonderzahlung haben, die den schlechteren Arbeitsbedingungen nicht zugestimmt haben (BAG 13. 4. 11 – 10 AZR 88/10 – NZA 11, 1047).

Der Grundsatz der Gleichbehandlung gilt auch im Bereich der **betrieblichen Al-** **35** **tersversorgung** (BAG 21. 8. 07 AP Nr. 60 zu § 1 BetrAVG Gleichbehandlung; *Däubler/Bertzbach* AGG § 2 Rn 150; s. diesbezügl. Bereichsausnahme in § 2 Abs. 2 S. 2 AGG, die nach BAG – 11. 12. 07 AP Nr. 1 zu § 2 AGG – nur eine Kollisionsregel für das Verhältnis AGG zur betriebl. Altersversorgung ist). Eine kollektive Versorgungsordnung muss den Gleichbehandlungsgrundsatz beachten (zur Gleichbehandlung von Arb. und Ang. in der Betriebsrente BAG 16. 2. 10 – 3 AZR 216/09

– NZA 10, 701). Da mit Leistungen der betrieblichen Altersversorgung idR Betriebstreue gefördert und belohnt werden soll, ist es zB nicht zulässig, ArbN im Außendienst von derartigen Leistungen deshalb auszuschließen, weil diese ein aus Fixum und Provision bestehendes höheres Entgelt als die ArbN im Innendienst erhalten (BAG 20. 7. 93 AP Nr. 11 zu § 1 BetrAVG Gleichbehandlung; vgl. auch BAG 9. 12. 97 AP Nr. 40 zu § 1 BetrAVG Gleichbehandlung).

35a   Allerdings können Vergütungssysteme dann den **Ausschluss von Versorgungsleistungen** rechtfertigen, wenn die ausgeschlossene ArbNGruppe durchschnittlich eine erheblich höhere Vergütung als die begünstigte ArbNGruppe erhält (BAG 21. 8. 07 aaO). Jedenfalls muss der ArbGeb. in einer **allgemeinen Ordnung** die Voraussetzungen für eine Herausnahme einzelner ArbN aus dem Kreis der Begünstigten festlegen. Dabei müssen die Kriterien nach sachgerechten und objektiven Merkmalen bestimmt und abgestuft werden, andernfalls sind sie wegen Verstoßes gegen den Gleichbehandlungsgrundsatz unverbindlich (BAG 19. 8. 08 AP Nr. 82 zu § 242 BGB Betriebliche Übung). So ist die Herausnahme von ArbN, deren **ArbVerh.** durch einen **Betriebs-** oder Betriebsteil**übergang** auf den ArbGeb. **übergeht,** aus einer Vergütungsordnung gerechtfertigt; sie erleichtert eine sachgerechte und angemessene Regelung der Übergangssituation, in der nicht von vornherein absehbar ist, welche Arbeits- und insb. Versorgungsbedingungen in den übergehenden ArbVerh. gelten und welche Unterschiede zu den anderen ArbN bestehen (BAG 19. 1. 10 – 3 ABR 19/08 – NZA-RR 10, 356).

35b   Zu **unterschiedlichen Altersgrenzen** für **Männer** und **Frauen** in betrieblichen Versorgungssystemen s. Rn 92.

36   **Nicht gleichbehandlungswidrig** ist die Beschränkung der Alterversorgung auf solche ArbN, die der ArbGeb. aus einleuchtenden Gründen enger an das Unternehmen binden will (BAG 17. 2. 98 AP Nr. 37 zu § 1 BetrAVG Gleichbehandlung). Auch dürfen sog. ABM-Kräfte nach §§ 260 ff. SGB III, deren ArbVerh. rechtswirksam auf 1 Jahr befristet ist, von Zusagen auf Leistungen aus der betrieblichen Altersversorgung ausgenommen werden (BAG 13. 12. 94 AP Nr. 23 zu § 1 BetrAVG Gleichbehandlung). Der Grundsatz der Gleichbehandlung gilt zwar auch für die Ermittlung der für die Berechnung der Betriebsrente maßgebenden Bemessungsgrundlagen (rentenfähiger Arbeitsverdienst); es ist jedoch zulässig, nur das Festgehalt, nicht jedoch variable Lohnbestandteile wie zB Provisionen als rentenfähiges Arbeitsentgelt anzuerkennen, vorausgesetzt, dass dies nicht dazu führt, dass bestimmte ArbN keine oder keine angemessene Betriebsrente erhalten (BAG 17. 2. 98. AP Nr. 38 zu § 1 BetrAVG Gleichbehandlung). Zu **Spätehenklauseln** s. Rn 91, zur Berücksichtigung von **Teilzeit-tArbN** s. Rn 56 f., zur **MB** s. § 87 Rn 455 ff.

37   **Nicht gleichbehandlungswidrig** sind idR **Stichtagsregelungen** für Sonderleistungen, auch wenn sie im Einzelfall zu Härten führen (zur Unzulässigkeit von Stichtagsregelungen bei Erfolgsvergütung BAG 12. 4. 11 – 1 AZR 412/09 – NZA 11, 989). TVParteien, ArbGeb. und BR steht zwar ein weiter Ermessensspielraum zu, die Wahl des Zeitpunkts muss sich jedoch am zu regelnden Sachverhalt orientieren und die Interessenlage der Betroffenen angemessen erfassen (BAG 25. 4. 07 AP Nr. 14 zu § 4 TzBfG mwN; 18. 5. 10 – 1 AZR 187/09 – NZA 10, 1304; s. auch Rn 54). Stichtagsregelungen sind zB als Anreiz- oder Steuerungsmittel insb. bei längerfristigen Personalmaßnahmen sachlich vertretbar (st. BAG-Rspr.: 23. 11. 04 NZA 05, 833 mwN). So kann mit Hilfe einer Stichtagsregelung eine unterschiedliche Behandlung von Ruheständlern durch verschiedene Pensionierungsdaten erfolgen (BAG 11. 9. 80 AP Nr. 187 zu § 242 BGB Ruhegehalt; s. auch Rn 34, 34a). Vom ArbGeb. vorformulierte Stichtagsregelungen bei Bonuszahlungen unterliegen einer Inhaltskontrolle nach §§ 305 ff. BGB (BAG 24. 10. 07 AP Nr. 32 zu § 307 BGB; dazu *Lingemann/Gotham* NZA 08, 509 ff.). Zu Stichtagsregelungen in **Sozialplänen** s. §§ 112, 112 a Rn 164 f. und BAG 12. 4. 11 – 1 AZR 505/09 – NZA 11, 1302.

38   Der arbeitsrechtliche Gleichbehandlungsgrundsatz gilt nur bei einem **gestaltenden Verhalten** des ArbGeb., **nicht** beim bloßen – sei es auch nur vermeintlichen –

Normenvollzug aufgrund von G, TV oder BV. Deshalb gibt es keinen Anspruch auf „**Gleichbehandlung im Rechtsirrtum**" (BAG 26. 4. 05 AP Nr. 12 zu § 87 BetrVG 1972; 23. 1. 08 AP Nr. 39 zu § 77 BetrVG 1972 Betriebsvereinbarung). Das gilt jedenfalls dann, wenn der ArbGeb., nachdem er die Rechtsgrundlosigkeit seiner Leistungen erkannt hat, diese einstellt und erbrachte Leistungen, soweit möglich, zurückfordert. **Kein Normenvollzug** liegt vor, wenn der ArbGeb. weiß, dass er nicht zur Anwendung eines TV verpflichtet ist und ihn dennoch anwendet (BAG 6. 7. 11 – 4 AZR 596/09 – BeckRS 11, 77 933).

Deshalb ist der ArbGeb. **nicht** verpflichtet, eine irrtümlich auf Grund einer unwirk- 39
samen BV gezahlte **Zulage** nach Kenntnis der Rechtslage aus Gründen der Gleichbehandlung **allen ArbN** zu gewähren (BAG 13. 8. 80 AP Nr. 2 zu § 77 BetrVG 1972;
Thüsing Arbeitsrechtl. Diskriminierungsschutz Rn 898). Das gilt selbst dann, wenn die
begünstigten ArbN die zu Unrecht erhaltenen Leistungen aus rechtlichen oder tatsächlichen Gründen nicht zurückerstatten. Ein **Gleichbehandlungsanspruch** kann sich
jedoch dann ergeben, wenn der **ArbGeb.** in Kenntnis der Unwirksamkeit der BV
weiterhin Leistungen erbringt – dann handelt es sich nicht mehr um bloßen Normenvollzug – oder die ihm möglichen und zumutbaren Korrekturmaßnahmen nicht
ergreift (BAG 26. 4. 05 AP Nr. 12 zu § 87 BetrVG 1972; 15. 4. 08 AP Nr. 133 zu § 87
BetrVG 1972 Lohngestaltung; *Däubler/Berzbach* AGG § 2 Rn 198).

Der Gleichbehandlungsgrundsatz ist nach BAG **grundsätzlich betriebsübergrei-** 40
fend auf das ganze Unternehmen zu beziehen, wenn die verteilende Entscheidung
des ArbGeb. nicht auf einen einzelnen Betrieb beschränkt ist, sondern sich auf alle
oder mehrere Betriebe des Unternehmens bezieht (BAG 17. 11. 98 AP Nr. 162 zu
§ 242 BGB Gleichbehandlung; 3. 12. 08 – 5 AZR 74/08 – NZA 09, 367). Dies folgt
daraus, dass der Gleichbehandlungsgrundsatz inhaltlich durch den allgemeinen
Gleichheitssatz des Art. 3 Abs. 1 GG bestimmt wird, dieser jedoch seinem Wesen
nach **kompetenzbezogen** ist, dh sich auf den Bereich bezieht, auf den sich die Regelungskompetenz erstreckt (s. aber Rn 41 a). Dies ist beim ArbGeb. als Unternehmensinhaber grundsätzlich das gesamte Unternehmen (BAG 17. 11. 98 AP Nr. 162
zu § 242 BGB Gleichbehandlung).

Eine **Unterscheidung** zwischen den **einzelnen Betrieben (betriebsbezogene** 41
Gruppenbildung) ist nur dann zulässig, wenn es hierfür sachliche Günde gibt. Dabei
sind die Besonderheiten des Unternehmens und der Betriebe zu beachten (BAG 3. 12.
08 aaO mwN). So darf der ArbGeb. bei freiwilligen Lohnerhöhungen zwischen den
Betrieben nach deren wirtschaftlicher Leistung und dem bereits bestehenden Lohn-
niveau differenzieren. Sachgerechte Kriterien sind zB die Arbeitsanforderungen an die
ArbN, die Ertragssituation der Betriebe allgemein oder in bestimmter Hinsicht (s. BAG
17. 11. 98 aaO: ganzer bzw. teilweiser Wegfall des 13. u. 14. Monatsgehalts nur in einem Betrieb), die Lohnentwicklung in der Vergangenheit und die absolute Lohnhöhe.
Die sich aus erhöhten Flexibilitäts- und damit Arbeitsanforderungen ergebende eingeschränkte Dispositionsfreiheit von ArbN kann zusätzliche Gegenleistungen begründen
und den Ausschluss nicht entspr. belasteter ArbN rechtfertigen. Derartige vernünftige
Gesichtspunkte darf der ArbGeb. bis zur Grenze der Willkür selbst einschätzen. Ein
bes. weiter Beurteilungsspielraum steht dem ArbGeb. bei Betrieben unterschiedlicher
Branchen oder verschiedener Tarifgebiete zu (BAG 3. 12. 08 aaO).

Auch ist das Aushandeln unterschiedlicher Regelungen, zB in mitbestimmten BV, 41a
mit örtlichen BR als Rechtfertigungsgrund ausreichend. Der Gleichbehandlungsgrundsatz hat keinen Einfluss auf die gesetzliche Zuständigkeitsverteilung zwischen
den Betriebsverfassungsorganen. Die Verpflichtung zur Gleichbehandlung ist **kom-**
petenzakzessorisch. Erst die jeweiligen BVen sind am Gleichbehandlungsgrundsatz
des § 75 Abs. 1 zu messen (BAG 23. 3. 10 – 1 ABR 82/08 – NZA 11, 642; vgl. auch
Küttner/Kania Gleichbehandlung Rn 8).

Innerhalb eines **Konzerns** gilt der idR nur den Vertrags-ArbGeb. bindende 42
Gleichbehandlungsgrundsatz wegen der rechtlichen Selbständigkeit der einzelnen
Konzernunternehmen grundsätzlich **nicht** (vgl. BAG 20. 8. 86 AP Nr. 6 zu § 1 TVG

TV-Seniorität). Wenn jedoch die Konzernspitze eine Verteilungskompetenz beansprucht und konzernweit geltende Weisungen und Regelungen trifft, ist auch hier eine Gleichbehandlungspflicht gegeben (*Thüsing* Arbeitsrechtl. Diskriminierungsschutz Rn 907 mwN).

43   Aus dem gleichen Grund können in einem von **zwei Unternehmen geführten Betrieb** die ArbN des einen Unternehmens nicht unter dem Gesichtspunkt der Gleichbehandlung dieselbe Vergütung oder sonstige vertragliche Leistungen verlangen, wie sie die ArbN des anderen Unternehmens erhalten (BAG 12. 12. 06 AP Nr. 27 zu § 1 BetrVG 1972 Gemeinsamer Betrieb). Denn in Bezug auf derartige Leistungen bleiben ausschließlich die beteiligten Unternehmen – und zwar jedes für sich – Vertragspartner und Erfüllungsschuldner gegenüber seinen in den gemeinsamen Betrieb entsandten ArbN. Der ArbGeb. des gemeinsam geführten Betriebs (idR eine BGB-Gesellschaft der beteiligten Unternehmen) hat insoweit keine Kompetenz. Etwas anderes gilt in Bezug auf Entscheidungen, die dieser ArbGeb. im Rahmen der Betriebsführung, dh insb. im Rahmen seines Direktionsrechts, trifft. Insoweit ist der Gleichbehandlungsgrundsatz zu beachten, und es dürfen keine unsachlichen Differenzierungen erfolgen. So darf zB eine für den gemeinsamen Betrieb erlassene Betriebsordnung nur bei Vorliegen sachlicher Gründe unterschiedliche Regelungen für die ArbN der beteiligten Unternehmen treffen.

b) Einzelfälle sachgerechter Differenzierungen

44   Die Frage, ob eine unterschiedliche Behandlung von ArbN sachlich gerechtfertigt ist oder nicht, ist insb. im Bereich des Arbeitsentgelts von Bedeutung. Als **sachlich gerechtfertigte Differenzierung** sind ua. anzusehen:
– die Unterscheidung zwischen Zeitlohn- und Akkordarbeiten bei der Gewährung einer Zulage (BAG 5. 4. 61 AP Nr. 32 zu § 242 BGB Gleichbehandlung);
– die Gewährung einer übertariflichen Bezahlung nur an einen Teil der ArbN einer bestimmten tariflichen Vergütungsgruppe, weil anderenfalls die Arbeitsplätze der begünstigten Gruppe nicht besetzt werden können (BAG 23. 8. 95 AP Nr. 134 zu § 242 BG Gleichbehandlung);
– die Zahlung einer bes. Vergütung, die Anreiz bieten soll, um für solche Arbeitsplätze Arbeitskräfte zu gewinnen oder zu halten, die wegen der Arbeitsmarktsituation nicht oder nur schwer zu besetzen sind (BAG 21. 3. 01 AP Nr. 17 zu § 33 a BAT). Entspannt sich die Situation auf dem Arbeitsmarkt, ist der ArbGeb. nicht verpflichtet, den danach eingetretenen ArbN eine derartige Zulage zu gewähren (BAG 21. 3. 01 aaO);
– unterschiedliche Entgelte im Fall der Verschmelzung (§ 324 UmwG, § 613 a BGB) für die aus unterschiedlichen Betrieben stammenden ArbN (BAG 31. 8. 05 AP Nr. 288 zu § 613 a BGB);
– Herausnahme von ArbN, deren ArbVerh. durch einen Betriebs- oder Betriebsteilübergang auf den ArbGeb. **übergeht,** aus einer Vergütungsordnung zur Erleichterung einer sachgerechten und angemessenen Regelung der Übergangssituation (BAG 19. 1. 10 – 3 ABR 19/08 – NZA-RR 10, 356; s Rn 35 a).
– die Unterscheidung zwischen Betriebsarbeitern und Heimarbeitern im Entgeltbereich (BAG 19. 6. 57 AP Nr. 12 zu § 242 BGB Gleichbehandlung);
– die Beschränkung der Entgeltzahlung an sog. ABM-Kräfte auf den Betrag, der noch einen Zuschuss der BA an den ArbGeb. zulässt (BAG 18. 6. 97 AP Nr. 2 zu § 3 d BAT);
– die Anwendung unterschiedlicher Vergütungsgrundsätze auf sachgerecht gebildete Gruppen von ArbN (BAG 20. 11. 96 AP Nr. 133 zu § 242 BGB Gleichbehandlung; 22. 3. 05 AP Nr. 48 zu § 75 BetrVG 1972);
– die Beschränkung einer Kürzung des 13. Monatsgehalts auf Arbeiter wegen des bei ihnen erheblich höheren Krankenstandes (BAG 19. 4. 95 und 6. 12. 95 AP Nr. 172 und 186 zu § 611 BGB Gratifikation); dies gilt allerdings nicht, wenn nicht ausge-

schlossen ist, dass der überproportionale Krankenstand bei Arbeitern auf die Gesundheit negativ beeinträchtigenden Bedingungen im Verantwortungsbereich des ArbGeb. beruht (BVerfG DB 97, 2438);

– die Beschränkung der Zahlung eines Weihnachtsgelds auf die im Innendienst beschäftigten ArbN eines Zeitungsverlags, da diese keine Möglichkeit haben, die den Zeitungsträgern üblicherweise zum Jahresende von den Abonnenten gewährten nicht unerheblichen Trinkgelder zu erhalten (BAG 19. 4. 95 AP Nr. 124 zu § 242 BGB Gleichbehandlung);

– die Herausnahme von ArbN, deren ArbVerh. wegen Elternurlaubs ruht, aus der freiwilligen Gewährung einer Weihnachtsgratifikation, wenn deren Zweck in der zusätzlichen Honorierung tatsächlich erbrachter und zu erbringender Arbeitsleistung besteht (BAG 12. 1. 00 AP Nr. 223 zu § 611 BGB Gratifikation; s. *Salamon* NZA 09, 656 ff.);

– die Beschränkung der Gewährung zusätzlicher Leistungen auf ArbN in ungekündigter Stellung (BAG 25. 4. 91 AP Nr. 137 zu § 611 BGB Gratifikation; BAG 21. 3. 68 AP Nr. 33 zu § 242 BGB Gleichbehandlung), es sei denn, es handelt sich um Leistungen für die Vergangenheit (BAG 10. 3. 82 AP Nr. 47 zu § 242 BGB Gleichbehandlung);

– die Gewährung einer höheren Weihnachtsgratifikation an Ang., wenn damit der Zweck verfolgt wird, die Benachteiligung der Ang. bei der Zahlung übertariflicher Zulagen auszugleichen (BAG 15. 1. 84 u. 30. 3. 94 AP Nr. 68 u. 113 zu § 242 BGB Gleichbehandlung; sachgerechter wäre es aber sicherlich, die Gleichbehandlung beider ArbNGruppen in den einzelnen Sachbereichen sicherzustellen);

– Bonuszahlung im Vorfeld einer Betriebsabspaltung nur für die beim ArbGeb. verbleibenden ArbN (BAG 14. 2. 07 AP Nr. 264 zu § 611 BGB Gratifikation)

– die Gewährung einer Sonderleistung in einer zusätzlichen BV zu Interessenausgleich/Sozialplan als Anreiz für die ArbN, die bis zur Betriebsteilverlegung und Schließung des Restbetriebs tatsächlich arbeiten (BAG 22. 3. 05 AP Nr. 48 zu § 75 BetrVG 1972) oder

– sog. „Turboprämien" außerhalb von Sozialplänen für ArbN, die keine Kündigungsschutzklage erheben (BAG 3. 5. 06 AP Nr. 17 zu § 612a BGB, 31. 5. 05 AP Nr. 175 zu § 112 BetrVG 1972 u. Anm. *Annuß* RdA 06, 378 ff.; *Thüsing/Wege* DB 05, 2634 ff.);

– der Ausschluss von ArbN, die bereits eine höhere Vergütung als vergleichbare ArbN beziehen und in einem Betrieb arbeiten, der stillgelegt werden soll, von einer aus Anlass einer Umstrukturierungsmaßnahme als Motivationszulage gewährten zusätzlichen Leistung (BAG 10. 3. 98 AP Nr. 207 zu § 611 BGB Gratifikation);

– der Ausschluss solcher ArbN aus einer freiwillig gewährten Sonderzahlung, deren ArbVerhältnis ruht (BAG 6. 12. 95 AP Nr. 187 zu § 611 BG Gratifikation);

– Einbeziehung nur solcher ArbN in den Geltungsbereich eines Sozialplans, die zum Zeitpunkt seines Inkrafttretens in einem ArbVerh. zum ArbGeb. stehen (BAG 14. 12. 10 – 1 AZR 279/09 – NZA-RR 11, 182);

– eine geringere Abfindung für ArbN, die anlässlich eines zunächst nur geplanten Personalabbaus einen Aufhebungsvertrag abgeschlossen haben, gegenüber Abfindungsleistungen in einem Sozialplan, der wegen der dann doch notwendigen Betriebsstilllegung abgeschlossen wird (BAG 24. 11. 93 AP Nr. 72 zu § 112 BetrVG 1972);

– eine Unterscheidung zwischen ArbN, deren ArbVerhältnisse auf Grund des § 613a BGB auf den Betriebserwerber überführt werden (keine Sozialplanleistung) und solchen ArbN, die anderweit weiterbeschäftigt werden (verminderte Sozialplanleistung), selbst für den Fall, dass letztere auf Grund eines später abgeschlossenen Arbeitvertrags vom Betriebserwerber ebenfalls beschäftigt werden (BAG 17. 4. 96 AP Nr. 101 zu § 112 BetrVG 1972);

– bei Abfindungszahlungen wegen einer Betriebsschließung, wenn der hierfür zur Verfügung stehende Gesamtbetrag gering ist und die Chancen der ArbN auf einen

neuen Arbeitsplatz ungünstig sind, der Ausschluss derjenigen ArbN, die das Arb-
Verh. vorzeitig durch Aufhebungsvertrag aufgelöst haben, nachdem sie eine neue
Beschäftigung gefunden haben (BAG 25. 11. 93 AP Nr. 114 zu § 242 Gleichbehandlung);
– der Ausschluss solcher ArbN von Sozialplanleistungen, die ihr ArbVerh. vor Scheitern des Interessenausgleichs oder vor Abschluss des Sozialplans im Hinblick auf eine
angekündigte Betriebsstilllegung bzw. Betriebsverlegung selbst gekündigt haben
(BAG 30. 11. 94 u. 24. 1. 96 AP Nr. 89 u. 98 zu § 112 BetrVG 1972, BAG 8. 3.
95 AP Nr. 123 zu § 242 BGB Gleichbehandlung), es sei denn, die Eigenkündigung
ist vom ArbGeb. veranlasst (BAG 19. 7. 95 AP Nr. 96 zu § 112 BetrVG 1972);
– der Ausschluss von ArbN von Sozialplanleistungen, die ihr ArbVerh. vor einer Betriebsstilllegung selbst kündigen, wenn der ArbGeb. ein berechtigtes Interesse an
der geordneten Weiterführung des (Hotel-)Betriebs bis zu dessen Schließung hat
und auf das Verbleiben seiner Mitarbeiter angewiesen ist (BAG 9. 11. 94 AP Nr. 85
zu § 112 BetrVG 1972; für eine Abfindungszahlung auf vertraglicher Grundlage
ebenso BAG 8. 3. 95 AP Nr. 123 zu § 242 BGB Gleichbehandlung);
– die Vereinbarung einer höheren Abfindung bei freiwilligem Ausscheiden aus dem
ArbVerh. auf Grund einer späteren Protokollnotiz zu einem Sozialplan als in dem
Sozialplan selbst vorgesehen, wenn auf Grund der zwischenzeitlichen Entwicklung
ein weiterer Personalabbau erforderlich ist und für die auf Grund der Protokollnotiz
ausscheidenden ArbN ein erheblich kürzerer Zeitraum zur Lösung des ArbVerh.
zur Verfügung steht als beim Ausscheiden auf Grund der Sozialplanregelung (BAG
11. 2. 98 AP Nr. 121 zu § 112 BetrVG 1972);
– getrennte Sozialpläne mit zT unterschiedlichen Regelungen für den Produktions-
und den Verwaltungsbereich (LAG Düsseldorf NZA-RR 98, 404);
– gegenüber einem bereits abgeschlossenen Sozialplan erhöhte Leistungen in einem
nachfolgenden für ArbN, die in einem bestimmten Zeitraum auf Grund von Aufhebungsverträgen ausscheiden, um dadurch einen schnelleren Abbau der Belegschaft zu erreichen (LAG Rheinland-Pfalz NZA-RR 98, 547);
– der Ausschluss solcher ArbN von Sozialplanleistungen, die im Zeitpunkt der Auflösung ihres ArbVerh. die Voraussetzungen für einen übergangslosen Rentenbezug
im Anschluss an den Anspruch auf Arbeitslosengeld erfüllen (BAG 31. 7. 96 AP
Nr. 103 zu § 112 BetrVG 1972).
– In Sozialplänen bzw. ergänzenden BV können für die Begründung von Altersteil-
zeitarbeitsverträgen im Zuge einer Betriebsänderung besondere Leistungen als Anreiz gewährt werden, die ArbN, die sich schon vor der geplanten Betriebsänderung
in Altersteilzeit befanden, nicht zu Teil werden (BAG 15. 4. 08 – 9 AZR 26/07
NZA-RR 08, 580).

Näheres zu **Differenzierungen** bei **Sozialplänen** vgl. §§ 112, 112a Rn 144ff.

Auch der Umstand, dass ein ArbN des Betriebs einem ausländischen Arbeitsvertragsstatut unterliegt, kann – je nach Sachverhalt – eine unterschiedliche Behandlung
rechtfertigen (vgl. hierzu *Bittner* NZA 93, 166). Es verstößt ferner nicht gegen den
Gleichbehandlungsgrundsatz, wenn eine Sozialeinrichtung der Post nur ehemaligen
Postbeamten, um sie als ArbN zu gewinnen, zusätzlich zum Arbeitsentgelt als Ausgleich für den Verlust von Pensionsansprüchen die Prämien für eine Direktversicherung zahlt, anderen ArbN jedoch nicht (BAG 20. 11. 96 AP Nr. 31 zu § 1 BetrAVG
Gleichbehandlung).

c) Einzelfälle nicht sachgerechter Differenzierungen

45   Als nicht sachgerechte Differenzierung sind anzusehen:
– die Herausnahme derjenigen ArbN aus einer rückwirkenden Gehaltserhöhung, die
vor dem Wirksamwerden der Regelung aus dem Betrieb ausgeschieden, jedoch in
dem Rückwirkungszeitraum gearbeitet haben (BAG 4. 2. 76 AP Nr. 40 zu § 242
BGB Gleichbehandlung);

– der völlige Ausschluss einer bestimmten Gruppe von Arbeitern von der Zahlung eines Weihnachts- und Urlaubsgelds, das den übrigen Arbeitern zur Abdeckung des erhöhten saisonalen Bedarfs gezahlt wird (BAG 27. 10. 98 AP Nr. 211 zu § 611 BGB Gratifikation);

– die Unterscheidung zwischen Arb. und Ang. bei der Gewährung einer Sozialleistung, hier: Weihnachtsgratifikation nur an Ang. (BAG 5. 3. 80 AP Nr. 44 zu § 242 BGB Gleichbehandlung) oder bei der Gewährung eines tarifvertraglich vereinbarten Zuschusses zum Kurzarbeitergeld (BAG 28. 5. 96 AP Nr. 143 zu § 1 TVG: TV Metallindustrie, hier auch Näheres zur Rückwirkung von Ansprüchen benachteiligter ArbN);

– der Ausschluss eines einzelnen ArbN von einer Höhergruppierung ohne Vorliegen bes. Umstände, wenn alle anderen ArbN höhergruppiert worden sind (BAG 10. 4. 73 AP Nr. 38 zu § 242 BGB Gleichbehandlung);

– der Ausschluss eines ArbN von einer im Betrieb freiwillig gewährten Zulage auf Grund einer sachwidrigen Differenzierung bei der Zahlung der Zulage (BAG 11. 9. 74 AP Nr. 39 zu § 242 BGB Gleichbehandlung);

– der völlige Ausschluss der außertariflichen Ang. von einer betriebseinheitlichen Erhöhung der Gehälter, wenn diese auch den Ausgleich der Verteuerung der Lebenshaltungskosten bezweckt (BAG 17. 5. 78 AP Nr. 42 zu § 242 BGB Gleichbehandlung);

– der Ausschluss einer ArbNGruppe von der Zahlung einer Abfindung, wenn die rechtlichen und wirtschaftlichen Folgen einer Betriebsschließung für verschiedene ArbNGruppen gleich oder vergleichbar sind (BAG 25. 11. 93 AP Nr. 114 zu § 242 BGB Gleichbehandlung);

– der Ausschluss derjenigen ArbN von Leistungen aus einem Sozialplan, die das ArbVerh. zwar selbst gekündigt haben, aber veranlasst durch die Mitteilung des ArbGeb., nach der Betriebsänderung bestehe keine Beschäftigungsmöglichkeit mehr (BAG 15. 1. 91 AP Nr. 57 zu § 112 BetrVG 1972; BAG 6. 5. 03 AP Nr. 161 zu § 112 BetrVG 1972);

– bei Aufstellung von zwei Sozialplänen der Ausschluss der vom ersten Sozialplan erfassten ArbN von den wesentlich höheren Leistungen des zweiten Sozialplans (BAG 9. 12. 81 AP Nr. 14 zu § 112 BetrVG 1972).

Näheres zu **Differenzierungen** bei **Sozialplänen** vgl. §§ 112, 112a Rn 144 ff.

d) Gleichbehandlungsgrundsatz und Arbeitskampf

Zahlt der ArbGeb. während oder nach einem **Arbeitskampf** an nicht streikende **46** ArbN eine sog. „**Streikbruchprämie**" und vereinbaren die TVParteien nach Abschluss des Arbeitskampfes ein **tarifvertragliches Maßregelungsverbot**, so steht den streikenden ArbN unter dem Gesichtspunkt der Gleichbehandlung ein Anspruch in Höhe der Streikbruchprämie zu (BAG 4. 8. 87 u. 13. 7. 93 AP Nr. 88 u. 127 zu Art 9 GG Arbeitskampf). Das Gleiche gilt für eine Kürzung einer Jahresprämie bei streikenden ArbN, jedenfalls wenn diese allein vom rechtlichen Bestand des ArbVerh. abhängig ist (BAG 4. 8. 87 u. 20. 12. 95 AP Nr. 89 u. 141 zu Art 9 GG Arbeitskampf; **aA** für den Fall einer freiwillig gewährten Anwesenheitsprämie LAG Köln NZA 87, 746).

Dagegen stellt eine betriebliche Regelung, nach der eine **Anwesenheitsprämie 47** nur für Monate gezahlt wird, in denen der ArbN keinerlei unbezahlte Ausfallzeiten aufweist und die deshalb auch bei Streikteilnahme zum Prämienverlust führt, weder einen Verstoß gegen das Gleichbehandlungsgebot noch eine verbotene Maßregelung iS von § 612a BGB dar (BAG 31. 10. 95 AP Nr. 140 zu Art. 9 GG Arbeitskampf). Auch wenn ein TV die anteilige Kürzung einer **Jahressonderzahlung** für Zeiten vorsieht, in denen das ArbVerh. ruht, hat die Streikteilnahme eine entspr. Kürzung zur Folge (BAG 3. 8. 99 AP Nr. 156 zu Art 9 GG Arbeitskampf).

48   Ist **kein entspr. Maßregelungsverbot** vereinbart, neigt das BAG (13. 7. 93 aaO) dazu, in der während des Arbeitskampfes gezahlte Prämien an ArbN, die sich nicht an dem Streik beteiligen, ein zulässiges Arbeitskampfmittel zu sehen und damit eine Differenzierung zwischen streikenden und nicht streikenden ArbN als zulässig anzusehen (so generell *v. Hoyningen-Huene* DB 89, 1469; *Konzen* SAE 89, 22; *Löwisch* RdA 87, 223; *Belling* NZA 90, 214; aa *Däubler/Wolter* Arbeitskampf Rn 280 ff.).

49   Die Gewährung einer Sonderzahlung **nach Abschluss** des **Arbeitskampfes** an ArbN, die sich nicht am Streik beteiligt haben, stellt dagegen keine Kampfmaßnahme und nur dann keinen Verstoß gegen den Gleichbehandlungsgrundsatz dar, wenn mit der Sonderzahlung Belastungen ausgeglichen werden sollen, die erheblich über das normale Maß der mit jeder Streikarbeit verbundenen Erschwernisse hinaus gehen (BAG 28. 7. 92 AP Nr. 123 zu Art. 9 GG Arbeitskampf; *Schwarze* NZA 93, 967; weitergehend *Belling/Steinau-Steinrück* DB 93, 534). Ein Verstoß gegen den Gleichbehandlungsgrundsatz liegt dagegen vor, wenn der ArbGeb. dem ArbN wegen seiner Teilnahme an einer gewerkschaftlichen Protestveranstaltung während der Arbeitszeit eine übertarifliche Zulage streicht (LAG Rhein.-Pfalz DB 87, 1543).

6. Besonderer Diskriminierungsschutz bei Teilzeitarbeit und Befristungen

50   Bei **Teilzeitarbeit** verbietet § 4 Abs. 1 S. 1 TzBfG ausdrücklich eine unterschiedliche Behandlung von TeilzeitArbN gegenüber VollzeitArbN. Die Vorschrift gilt auch dann, wenn TeilzeitArb untereinander unterschiedlich behandelt werden, sofern eine Gruppe der TeilzeitArbN wie VollzeitArbN behandelt und die andere Gruppe der TeilzeitArbN von einzelnen Leistungen ausgeschlossen werden (BAG 25. 4. 07 AP Nr. 14 zu § 4 TzBfG mwN; 5. 8. 09 – 10 AZR 634/08 – BeckRS 09, 72269; aa *Laux/Schlachter* TzBfG § 4 Rn 17 mwN). Das Diskriminierungsverbot schützt alle Formen der Teilzeitarbeit, also auch geringfügig Beschäftigte iSv § 8 Abs. 1 Nr. 1 SGB IV (§ 2 Abs. 2 TzBfG; *Laux/Schlachter* TzBfG § 4 Rn 203 ff.).

51   Einem TeilzeitArbN ist **Arbeitsentgelt** oder eine andere teilbare geldwerte Leistung mindestens in dem Umfang zu gewähren, der dem Anteil seiner Arbeitszeit an der Arbeitszeit eines vergleichbaren VollzeitArbN entspricht (§ 4 Abs. 1 S. 2 TzBfG: pro rata temporis; *Laux/Schlachter* TzBfG § 4 Rn 44 ff.). Das gilt auch für die Höhe von **Schichtzulagen** bei Teilzeitarbeit (BAG 24. 9. 08 AP Nr. 1 zu § 24 TVöD). Diese darf grundsätzlich nur quantitativ, nicht aber qualitativ anders abgegolten werden (BAG 24. 9. 08 aaO). Ebenso steht TeilzeitArbN eine tarifliche **Funktionszulage** (Vergütung für herausgehobene, aber noch nicht der nächsthöheren Vergütungsgruppe entspr. Tätigkeit) zu, wenn der Anteil der herausgehobenen Tätigkeit dem bei einem VollzeitArbN erforderlichen Anteil entspricht (BAG 18. 3. 09 AP Nr. 18 zu § 4 TzBfG). Bei ungleicher Entlohnung liegt oft auch ein Verstoß gegen Art. 157 AEUV in Form mittelbarer Geschlechtsdiskriminierung wegen der überwiegenden Beschäftigung von Frauen in Teilzeitarbeit vor (ErfK-*Preis* TzBfG § 4 Rn 14; vgl. auch EuGH 6. 12. 07 AP Nr. 17 zu Art. 141 EG); dem insoweit ebenfalls einschlägigen AGG (s. § 3 Abs. 2) geht § 4 TzBfG vor (ErfK-*Preis* aaO Rn 18).

52   Eine unterschiedliche Behandlung **allein wegen** der **Teilzeit** ist **unzulässig.** Das gilt sowohl für einseitige Maßnahmen des ArbGeb. als auch für vertragliche Regelungen (BAG 25. 1. 89 AP Nr. 2 zu § 2 BeschFG 1985; 24. 10. 89 AP Nr. 29 zu § 11 BurlG; s. auch 30. 7. 08 NZA 08, 1412; *Laux/Schlachter* TzBfG § 4 Rn 33 ff.; *Wiedemann* RdA 05, 193, 197). Auch die **TVParteien** sind an § 4 TzBfG gebunden, der gem. § 22 TzBfG nicht zu ihrer Disposition steht, so dass ein TV als solcher noch kein sachlicher Grund für eine Ungleichbehandlung von TeilzeitArbN ist (BAG 25. 4. 07 AP Nr. 14 zu § 4 TzBfG mwN). Eine unterschiedliche Behandlung von Teilzeitkräften kann nur aus anderen sachlichen Gründen gerechtfertigt sein, zB Arbeitsleistung, Qualifikation, Berufserfahrung, unterschiedliche Arbeitsplatzanforderungen (*Laux/Schlachter* TzBfG § 4 Rn 62).

So verstößt ein **TV**, der TeilzeitArbN aus dem persönlichen Anwendungsbereich **52a** ausschließt und damit für diese zum **Wegfall** von **Ausgleichszulagen** für die Absenkung der jährlichen Zuwendung führt, gegen das Benachteiligungsverbot des § 4 Abs. 1 S. 2, da sich dadurch ein geringeres Entgelt pro rata temporis (s. Rn 51) ergibt (BAG 28. 5. 09 – AZR 536/08 – NZA 09, 1016).

Führt eine Verminderung der regelmäßigen tariflichen Arbeitszeit ohne entspr. **52b** Herabsetzung der laufenden Vergütung in einem TV dazu, dass sich das Arbeitsentgelt der VollzeitArbN pro Arbeitsstunde erhöht, und wird einem Teil der TeilzeitArbN diese Erhöhung vorenthalten, verstößt die Regelung gegen das Diskriminierungsverbot des § 4 Abs. 1 TzBfG, wenn nicht sachliche Gründe die Benachteiligung rechtfertigen (BAG 22. 10. 08 AP Nr. 31 zu § 22 BAT Zuwendungs-TV).

Die vorstehenden Grundsätze gelten auch für nur **befristet beschäftigte ArbN.** **53** § 4 Abs. 2 TzBfG verbietet in gleicher Weise wie bei Teilzeitbeschäftigten eine unterschiedliche Behandlung von befristet beschäftigten ArbN wegen der Befristung gegenüber den unbefristet beschäftigten ArbN, sofern nicht sachliche Gründe eine unterschiedliche Behandlung rechtfertigen (*Laux/Schlachter* TzBfG § 4 Rn 240 ff.).

Dies ist zB nicht der Fall, wenn ein TV alle ArbN, die an einem bestimmten **54** **Stichtag** (s. hierzu Rn 37) in einem **befristeten ArbVerh.** stehen, künftig von **Besitzstandszulagen ausschließt** und diese Zulagen allen ArbN, die an diesem Stichtag in einem unbefristeten ArbVerh. stehen, weiter gewährt, ohne damit einen zulässigen Sachgrund wie längerfristige Bindung an den Betrieb zu verfolgen. Hier ist das Vertrauen der befristet beschäftigten ArbN auf Fortbestand der bisherigen Arbeitsbedingungen für die Dauer der Befristung nicht geringer zu bewerten als das eines unbefristet beschäftigten ArbN. Der TV ist insoweit wegen Verstoßes gegen das Diskriminierungsverbot nichtig mit der Folge, dass die befristet beschäftigten ArbN ebenfalls Anspruch auf die Besitzstandszulagen haben (BAG 11. 12. 03 AP Nr. 7 zu § 4 TzBfG; so auch EuGH 13. 9. 07 NZA 07, 1223 zu **Dienstalterszulagen**).

§ 4 TzBfG ist eine Schutzgesetz iS von § 823 Abs. 2 BGB, so dass seine schuld- **55** hafte Verletzung zu Schadensersatzansprüchen führen kann. Schadensersatzansprüche werden idR nicht von tariflichen Ausschlussfristen erfasst (vgl. BAG 12. 6. 96 AP Nr. 4 zu § 611 BGB Werkstudent).

Als zulässige Differenzierungen sind anzusehen: **56**
– eine Differenzierung aus Gründen des Gesundheitsschutzes, etwa wenn die Arbeitszeit an Bildschirmgeräten auf die Hälfte der Vollzeitarbeit reduziert wird; in diesem Falle besteht keine Verpflichtung, auch bei Teilzeitarbeitskräften eine Reduzierung auf die Hälfte ihrer persönlichen Arbeitszeit vorzusehen (BAG 9. 2. 89 AP Nr. 4 zu § 2 BeschFG 1985);
– eine Regelung, die die Zahlung von Überstundenzuschlägen erst bei Überschreitung der Arbeitszeit der vollzeitbeschäftigten ArbN vorsieht und die Arbeitszeit, die ein Teilzeitbeschäftigter über seine persönliche Arbeitszeit hinaus leistet, bis zur Arbeitszeit eines Vollzeitbeschäftigten nur mit dem normalen Arbeitsentgelt (ohne Überstundenzuschläge) vergütet (BAG 25. 7. 96 AP Nr. 6 zu § 35 BAT; EuGH 15. 12. 94 AP Nr. 7 zu § 611 BGB Teilzeit);
– bei der Berechnung von Sozialplanleistungen die Anknüpfung an die persönliche Arbeitszeit der ArbN bei Beendigung des ArbVerh. im Verhältnis zur tariflichen Arbeitszeit (BAG 28. 10. 92 AP Nr. 66 zu § 112 BetrVG 1972);
– Berechnung der Abfindung eines Teilzeitbeschäftigten nach dem Grundsatz „pro rata temporis" gem. § 4 Abs. 1 S. 2 TzBfG (BAG 13. 2. 07 AP Nr. 13 zu § 4 TzBfG);
– eine Regelung, die Teilzeitbeschäftigte, deren tägliche Arbeitszeit um 12.00 Uhr endet, von einer bezahlten Freistellung ausnimmt, die der ArbGeb. an bestimmten Tagen (zB Heiligabend, Silvester) den Vollzeitbeschäftigten ab 12.00 Uhr gewährt (BAG 26. 5. 93 AP Nr. 42 zu Art 119 EWG-Vertrag);
– bei Leistungen der betrieblichen Altersversorgung über eine Lebensversicherung (Direktversicherung) die Unterscheidung sowohl der Höhe der Prämienleistung als

auch der sich daraus ergebenden Versicherungsleistungen nach einer Einteilung der ArbN in vollzeit-, überhalbzeitig- und unterhalbzeitig Beschäftigte (BAG 5. 10. 93 AP Nr. 20 zu § 1 BetrAVG Lebensversicherung);
– dem Umfang der Teilzeitbeschäftigung entspr. geringere Leistungen aus einer betriebl. Altersversorgung (BAG 25. 10. 94 AP Nr. 40 zu § 2 BeschFG 1985);
– bei der Bemessung einer Sozialplanabfindung Zeiten der Teilzeit- und Vollzeitbeschäftigung anteilig zu berücksichtigen (BAG 14. 8. 01 AP Nr. 142 zu § 112 BetrVG 1972).

57   Unzulässige Differenzierungen sind:
– die Nichtgewährung einer Lohnerhöhung an teilzeitbeschäftigte ArbN, auf die vollzeitbeschäftigte ArbN nach Vollendung eines bestimmten Lebensalters und einer bestimmten Betriebszugehörigkeit Anspruch haben (BAG 5. 11. 92 AP Nr. 5 zu § 10 TV Arb Bundespost);
– die generelle Herausnahme der Teilzeitbeschäftigten aus der betrieblichen Altersversorgung allein wegen der Teilzeitarbeit (BAG. 7. 3. 95 AP Nr. 26 zu § 1 BetrAVG Gleichbehandlung; 16. 1. 96 AP Nr. 222 zu Art 3 GG) oder eine 15-jährige Wartezeit, die Teilzeitbeschäftigte nicht erfüllen können (BAG 14. 10. 86 AP Nr. 11 zu Art 119 EWG-Vertrag bestätigt durch BVerfG 28. 9. 92 AP Nr. 32 zu Art 119 EWG-Vertrag. Die Zuerkennung eines Versorgungsanspruchs gleichheitswidrig ausgeschlossener Teilzeitbeschäftigter auch für zurückliegende Jahre ist nicht verfassungswidrig (BVerfG NZA 99, 815); sie kann vielmehr europarechtlich geboten sein (EuGH 11. 12. 97 NZA 98, 361). Zum Ausschluss von nur geringfügig und deshalb nicht rentenversicherungspflichtigen Beschäftigten vgl. BAG 27. 2. 96 AP Nr. 28 zu § 1 BetrAVG Gleichbehandlung;
– eine geringere Jubiläumszuwendung als die den Vollzeitbeschäftigten gezahlte (BAG 22. 5. 96 AP Nr. 1 zu § 39 BAT);
– Ausschluss geringfügig beschäftigter weiblicher ArbN von einer tariflichen Jahressonderzuwendung (EuGH 9. 9. 99 Rs. C-281/97 – Krüger – AP Nr. 11 zu Art. 119 EG-Vertrag);
– Ausschluss der TeilzeitArbN von einer tariflichen **Funktionszulage** (Vergütung für herausgehobene, aber noch nicht der nächsthöheren Vergütungsgruppe entspr. Tätigkeit), obwohl der Anteil der herausgehobenen Tätigkeit dem bei einem Vollzeit-ArbN erforderlichen Anteil entspricht (BAG 18. 3. 09 – AP Nr. 18 zu § 4 TzBfG; s. Rn 51);
– der Ausschluss von Teilzeitbeschäftigten einer Sparkasse von der Gewährung von Sonderkonditionen für ein Darlehen zum Erwerb von Immobilien, wenn sie die für Vollzeitbeschäftigte vorgesehenen Voraussetzungen erfüllen (BAG 27. 7. 94 AP Nr. 37 zu § 2 BeschFG 1985);
– die geringere Bezahlung von TeilzeitArbN oder ihr Ausschluss von einer tarifvertraglichen Regelung, weil sie als Studenten sozialversicherungsfrei sind (BAG 28. 3. 96 AP Nr. 49 zu § 2 BeschFG 1985; BAG 12. 6. 96 AP Nr. 4 zu § 611 BGB Werkstudent) oder weil die Teilzeitbeschäftigung neben einem Hauptberuf erfolgt (BAG 1. 11. 95 AP Nr. 45 zu § 2 BeschFG 1985) oder sie ein Altersruhegeld beziehen (BAG 1. 11. 95 AP Nr. 46 zu § 2 BeschFG 1985);
– die generelle Festsetzung einer längeren Bewährungszeit für einen Bewährungsaufstieg bei Teilzeitbeschäftigten als bei Vollzeitbeschäftigten; eine längere Bewährungszeit ist jedoch dann gerechtfertigt, wenn mit dem Bewährungsaufstieg das wachsende Erfahrungswissen des ArbN honoriert werden soll und dieses Erfahrungswissen in der konkret ausgeübten Tätigkeit nach Ablauf der Bewährungszeit bei Vollzeitbeschäftigten regelmäßig nicht nur unwesentlich größer ist als bei Teilzeitbeschäftigten nach Ablauf dieser Zeit (BAG 2. 12. 92 AP Nr. 28 zu § 23a BAT);
– der Ausschluss von Teilzeitbeschäftigten von Spät- und Nachtarbeitszuschlägen, die für einzelne Arbeitsstunden in einer bestimmten zeitlichen Lage gewährt werden (BAG 15. 12. 98 AP Nr. 71 zu § 2 BeschFG 1985);

– der Ausschluss von Teilzeitbeschäftigten mit weniger als der Hälfte der regelmäßigen Arbeitszeit von tariflichen Beihilferegelungen in Krankheits-, Geburts- und Todesfällen (BAG 25. 9. 97 AP Nr. 63 zu § 2 BeschFG 1985); eine Kürzung der Beihilfeleistungen in dem Umfang, der dem Verhältnis der Arbeitszeit des Teilzeitbeschäftigten zu der eines Vollzeitbeschäftigten entspricht, ist zulässig (BAG 12. 2. 98 AP Nr. 68 zu § 2 BeschFG 1985 und Nr. 12 zu § 40 BAT);
– der Ausschluss von Teilzeitbeschäftigten mit weniger als der Hälfte der regelmäßigen Arbeitszeit von dem Verbot der ordentlichen Kündigung, das anderen ArbN ab einer bestimmten Beschäftigungsdauer und einem bestimmten Lebensalter gewährt wird (BAG 18. 9. 97 AP Nr. 5 zu § 53 BAT);
– Nichtberücksichtigung von Zeiten geringfügiger Beschäftigung in einem TV, die vor einem bestimmten Stichtag zurückgelegt worden sind, bei der für den Ausschluss einer ordentlichen betriebsbedingten Kündigung maßgeblichen Beschäftigungszeit (BAG 25. 4. 07 AP Nr. 14 zu § 4 TzBfG; s. Rn 37, 51);
– undifferenzierte Weihnachtsgeldkürzung für Voll- und Teilzeitbeschäftigten ArbN um einen einheitlichen festen Betrag (BAG 24. 5. 00 AP Nr. 79 zu § 2 BeschFG 1985);
– Ausschluss befristet beschäftigter ArbN von Besitzstandszulagen in einem TV ab einem bestimmten Stichtag (BAG 11. 12. 03 AP Nr. 7 zu § 4 TzBfG; s. Rn 54);
– Ausschluss befristet Beschäftigter von einer Dienstzulage (EuGH 13. 9. 07 NZA 07, 1223);
– die Zahlung einer niedrigeren übertariflichen Prämienvergütung an befristet eingestellte ArbN als an unbefristet Beschäftigte (LAG Hamm NZA-RR 98, 71).

7. Diskriminierungsverbote

a) Allgemeines

Der an die Terminologie des AGG angepasste Insbesondere-Katalog (s. Rn 1) des **58** Abs. 1 zählt in Übernahme der Diskriminierungsverbote der Art. 13 EG-Vertrag, Art. 3 Abs. 3 und 9 Abs. 3 S. 2 GG sowie des neuen AGG die Kriterien auf, die für sich allein niemals eine unterschiedliche Behandlung der Betriebsangehörigen rechtfertigen können (**absolute Differenzierungsverbote**). Erforderlich ist allerdings, dass eines der genannten Kriterien entweder die alleinige oder doch die entscheidende Ursache für die unterschiedliche Behandlung ist. Es muss ein **Kausalzusammenhang** zwischen der unterschiedlichen Behandlung und dem unzulässigen Differenzierungskriterium bestehen; ausreichend ist, dass ein in § 1 AGG genannter Grund Bestandteil eines Motivbündels ist, das die Entscheidung beeinflusst hat (BAG 17. 12. 09 – 8 AZR 670/08 – NZA 10, 383; GK-*Kreutz* Rn 46). Die Kausalität ist anzunehmen, wenn abgesehen von dem unzulässigen Kriterium im Übrigen gleiche Sachverhalte unterschiedlich geregelt werden.

Bestehen dagegen noch **andere sachlich relevante Unterschiede,** so können **59** diese das an sich unzulässige Kriterium in einer Weise zurückdrängen, dass es nicht mehr bestimmend für die unterschiedliche Behandlung ist. In diesem Fall ist es nicht nur gerechtfertigt, sondern im Interesse der **Gleichbehandlung** mit anderen ArbN vielfach sogar **geboten, an** das für sich genommene **unzulässige Kriterium** bei einer unterschiedlichen Behandlung eines ArbN **anzuknüpfen.** So kann zB bei der Besetzung eines Arbeitsplatzes, der bes. deutsche Sprachkenntnisse erfordert, ein ausländischer ArbN deshalb unberücksichtigt bleiben, weil er als Ausländer diese Kenntnisse nicht hat. Hier ist die **Ausländereigenschaft** zwar Ursache für die unzureichenden Sprachkenntnisse, jedoch sind diese allein der ausschlaggebende Grund für die Nichtberücksichtigung des betreffenden ausländischen ArbN. Die hiermit verbundene Benachteiligung nicht ausreichend sprachkundiger ArbN ist gem. § 3 Abs. 2 AGG gerechtfertigt, weil es dem ArbGeb. um eine möglichst optimale Erledigung der betrieblichen Aufgaben geht (vgl. BAG 28. 1. 10 – 2 AZR 764/08 – NZA 10, 625; *Schiefer* ZfA 08, 493, 499; s. auch Rn. 64 a; zur Sprache im ArbVerh. *Hinrichs/Stütze* NZA-RR 11, 113 ff.).

60   Soweit einzelne Merkmale des Insbesondere-Katalogs mit denen des § 1 AGG (Rasse, ethnische Herkunft, Geschlecht, Religion/Weltanschauung, Behinderung, Alter, sexuelle Identität) übereinstimmen, richten sich der Begriff der **Benachteiligung** und die **Zulässigkeit** einer **unterschiedlichen Behandlung** nach den Bestimmungen des **AGG** (BT-Drucks. 16/1780 S. 56). Danach liegt eine **unmittelbare Benachteiligung** (§ 3 Abs. 1 AGG) vor, wenn eine Person wegen eines in § 1 AGG genannten Grundes eine weniger günstige Behandlung erfährt, als eine andere Person in einer vergleichbaren Situation erfährt, erfahren hat oder erfahren würde. Eine Benachteiligung kann auch in einem Unterlassen liegen (BT-Drucks. 16/1780 S. 32). Eine sog. **verdeckte** unmittelbare Benachteiligung liegt vor, wenn die Ungleichbehandlung zwar an einem in § 1 AGG nicht enthaltenen Merkmal anknüpft, diese jedoch in untrennbarem Zusammenhang mit einem dort genannten Grund steht (BAG 7. 6. 11 – 1 AZR 34/10 – NZA 11, 1370).

60a   Wird eine **Bewerbung** abgelehnt, ohne dass zu einem Vorstellungsgespräch eingeladen worden ist, so stellt diese Versagung einer Einstellungschance eine ungünstigere Behandlung dar, wobei es nicht darauf ankommt, ob ohne diese Behandlung eine Einstellung erfolgt wäre und ob der Bewerber für die ausgeschriebene Tätigkeit objektiv geeignet ist, sofern nicht ein krasses Missverhältnis zwischen Anforderungsprofil der offenen Stelle und Qualifikation des Bewerbers die Ernsthaftigkeit seiner Bewerbung in Frage stellt. Dagegen muss eine **ungünstigere Behandlung** nach § 3 AGG in einer vergleichbaren Situation erfolgen. Das setzt voraus, dass der Bewerber **objektiv** für die ausgeschriebene Stelle **geeignet** ist. Maßgeblich hierfür sind die Anforderungen, die an die jeweilige Tätigkeit nach der im Arbeitsleben herrschenden Verkehrsanschauung gestellt werden, nicht das vom ArbGeb. erstellte Anforderungsprofil (BAG 19. 8. 10 – 8 AZR 466/09 – NZA 11, 203 mwN; s. auch 7. 4. 11 – 8 AZR 679/09 – BeckRS 11, 73840). Desweiteren setzt eine Benachteiligung als Bewerber grundsätzlich voraus, dass im **Zeitpunkt** der Besetzungsentscheidung die Bewerbung bereits vorliegt. Das gilt jedenfalls, solange nicht bes. Anhaltspunkte für eine diskriminierende Gestaltung des Bewerbungsverfahrens ersichtlich sind (BAG 19. 8. 10 – 8 AZR 370/09 – NZA 11, 200; s. Rn 73a).

60b   Eine verbotene Benachteiligung nach § 7 AGG setzt nicht voraus, dass der Benachteiligungsgrund in der Person des benachteiligten ArbN selbst vorliegt. Es reicht aus, dass der ArbN benachteiligt wird, weil ein Angehöriger oder eine andere ihm nahe stehende Person wie Ehe- bzw. Lebenspartner, Kind, Vater, Mutter das jeweilige Merkmal aufweist (**drittbezogene Benachteiligung:** *Bauer/Göpfert/Krieger* AGG § 1 Rn 59, *Däubler/Bertzbach* AGG § 1 Rn 97 f., Palandt-*Ellenberger* AGG § 1 Rn 11 jeweils mit weiteren Beispielen; *Schlacher* RdA 10, 104 ff.). Dies entspricht der Rspr. des EuGH (17. 7. 08 – C–303/06 – NZA 08, 932: Diskriminierung einer ArbNin wegen Pflege eines behinderten Kindes, s. Rn 73 a). Der auch die öffentliche Erklärung des ArbGeb., er werde Personen bestimmter Herkunft nicht einstellen, als Diskriminierung wertet (EuGH 10. 7. 08 – C–54/07 – NZA 08, 929, s. Rn 64 a; zur EuGH-Rspr. *Bayreuther* NZA 08, 986 ff.).

60c   Eine verbotene Benachteiligung nach § 7 AGG ist auch dann gegeben, wenn die Person, die die Benachteiligung begeht, das Vorliegen eines **Diskriminierungsmerkmals nur annimmt;** es muss nicht tatsächlich gegeben sein (§ 7 Abs. 1 Halbs. 2; BAG 17. 12. 09 – 8 AZR 670/08 – NZA 10, 383).

61   Eine **mittelbare Benachteiligung** (§ 3 Abs. 2 AGG) ist gegeben, wenn dem Anschein nach neutrale Vorschriften, Kriterien oder Verfahren Personen oder Personengruppen wegen eines der in § 1 AGG genannten Merkmale gegenüber anderen Personen oder Personengruppen benachteiligen, bei denen die in § 1 AGG genannten Merkmale nicht vorliegen (Bildung von Vergleichsgruppen). Eine mittelbare Benachteiligung scheidet tatbestandlich aus, wenn ein sachlicher Grund die Ungleichbehandlung rechtfertigt und die eingesetzten Mittel erforderlich und angemessen sind (BT-Drucks. 16/1780 S. 32 f.). Wird eine bestimmte Körpergröße verlangt, können Menschen einer bestimmten ethnischen Herkunft, die statistisch bes. klein (zB Asiaten) sind, mittelbar benachteiligt sein. Die Vorgabe ist aber sachlich gerechtfertigt, wenn eine bestimmte Mindestgröße für das Bordpersonal in Flugzeugen erforderlich ist, um die Sicherheitsausrüstung bedienen zu können (*Bauer/Göpfert/Krieger* AGG § 3 Rn 38). Hier liegt keine mittelbare Benachteiligung vor.

Eine **Belästigung** (§ 3 Abs. 3 AGG) ist eine Benachteiligung, wenn im Zusammen- **62** hang mit den in § 1 AGG genannten Gründen unerwünschte Verhaltensweisen bezwecken oder bewirken, dass die Würde der betreffenden Person verletzt und ein von Einschüchterungen, Anfeindungen, Erniedrigungen oder Beleidigungen gezeichnetes Umfeld geschaffen wird. Die Würdeverletzung und das sog. feindliche Umfeld müssen kumulativ vorliegen. Ob ein feindliches Umfeld geschaffen ist, muss mittels einer wertenden Gesamtschau aller Faktoren beurteilt werden (BAG 24. 9. 09 – 8 AZR 705/08 – NZA 10, 387). Damit umschreibt der Begriff der Belästigung weitgehend auch den Begriff des **Mobbing** (oder Bossing: Mobbing durch einen Vorgesetzten) am Arbeitsplatz, wie ihn die Rspr. versteht (vgl. BAG 25. 10. 07 AP Nr. 6 zu § 611 BGB Mobbing; 28. 10. 10 – 8 AZR 546/09 – NZA-RR 11, 378; zum Mobbing s. *Bieszk/Sadtler* NJW 07, 3382 ff.; *Aigner* BB 01, 1354; *Hage/Heilmann* BB 98, 742; zu Ansätzen für die BRArbeit vgl. *Brede* AiB 11, 106 ff., *Schrader* AiB 08, 470 u. *Wolmerath/Esser* AiB 00, 388).

b) Rasse, Herkunft, Abstammung

Eine Benachteiligung aus Gründen der **Rasse** setzt voraus, dass der Handelnde sich **63** **rassistisch** verhält, also sein Handeln auf rassistischen Theorien oder Begründungsansätzen basiert (*Bauer/Göpfert/Krieger* AGG § 1 Rn 16). Das ist der Fall, wenn er aufgrund bestimmter lebenslänglicher und vererblicher äußerlicher Erscheinungsmerkmale von Menschen, wie zB Hautfarbe, Physiognomie (Gesichtsform, Augenzuschnitt) oder Körperbau, das Vorhandensein von Rassenunterschieden annimmt (ErfK-*Schlachter* AGG § 1 Rn 4; *Annuß* BB 06, 1629, 1630).

Der Begriff der **ethnischen Herkunft** ist weit zu verstehen, denn er soll einen **64** möglichst lückenlosen Schutz vor ethnisch motivierten Benachteiligungen gewährleisten (BAG 22. 6. 11 – 8 AZR 48/10 – NZA 11, 1226; BT-Drucks. 16/1780 S. 30). Er erfasst Menschen oder Gruppen von Menschen, die durch gemeinsame Herkunft, Geschichte, Kultur, Sprache, äußeres Erscheinungsbild oder Zusammengehörigkeitsgefühl verbunden sind (ErfK-*Schlachter* AGG § 1 Rn 4; *Thüsing* Arbeitsrechtl. Diskriminierungsschutz Rn 180); äußerliche physische Merkmale, die vererblich sind wie zB Hautfarbe, scheiden aus, sie fallen unter den Begriff „Rasse" (*Däubler/Bertzbach* AGG § 1 Rn 29; *Annuß* BB 06, 1629, 1630). Ethnische Gruppen sind zB Spätaussiedler aus der ehemaligen Sowjetunion, Juden, Sinti, Roma, Sorben, Kurden, aber auch Polen oder Türken, sofern bei ihrer Benachteiligung nicht die Staatsangehörigkeit ausschlaggebend ist (*Thüsing* Arbeitsrechtl. Diskriminierungsschutz Rn 181; *Däubler/Bertzbach* AGG § 1 Rn 36 ff.).

Die Anforderung, die deutsche Sprache in Wort und Schrift in einem bestimmten **64a** Umfang zu beherrschen, kann ausländische ArbN in bes. Weise gegenüber deutschen ArbN benachteiligen. So kann die Forderung des ArbGeb. gegenüber einem ausländischen ArbN nach Teilnahme an Deutschsprachkursen eine mittelbare Diskriminierung von Ausländern sein, wenn die Forderung nach ausreichenden Deutschkenntnissen nicht aufgrund der zu verrichtenden Tätigkeit sachlich gerechtfertigt ist (BAG 22. 6. 11 – 8 AZR 48/10 – NZA 11, 1226; mwN). Soll jedoch der ausländische ArbN **arbeitsnotwendige Sprachkenntnisse** für eine zulässigerweise angeordnete Tätigkeit erwerben, verstößt dieses Verlangen des ArbGeb. nicht gegen das AGG. Das gilt auch dann, wenn der Deutschkurs vertrags- oder tarifvertragswidrig außerhalb der Arbeitszeit und auf eigene Kosten des ArbN besucht werden soll (BAG 22. 6. 11 – 8 AZR 48/10 – NZA 11, 1226; LAG Nürnberg BeckRS 11, 77811; zur Sprache im ArbVerh. als Diskriminierungsgrund *Hinrichs/Stütze* NZA-RR 11, 113 ff.).

64b   Die **öffentliche Äußerung** eines ArbGeb., er werde keine ArbN einer bestimmten ethnischen Herkunft oder Rasse einstellen, begründet eine unmittelbare Diskriminierung bei der Einstellung, unabhängig davon, ob sich eine Person tatsächlich bewirbt und aus den vorgenannten Gründen abgelehnt wird; derartige Äußerungen können bestimmte Bewerber ernsthaft davon abhalten, ihre Bewerbungen einzureichen und somit ihren Zugang zum Arbeitsmarkt behindern (EuGH 10. 7. 08 – C-54/07 – NZA 08, 929). Ein Anspruch wegen unzulässiger Benachteiligung isd AGG kommt aber nur dann in Betracht, wenn sich jemand subjektiv ernsthaft beworben hat und objektiv für die konkrete Stelle geeignet ist (vgl. LAG Rheinland-Pfalz NZA-RR 08, 343 u. Rn 127; zur Rspr. *Bissels/Lützeler* BB 09, 774, 833 f.).

65   Unter dem Begriff „**Abstammung**" ist die durch Eltern und Vorfahrten begründete Zugehörigkeit zu einer bestimmten Familie, Volksgruppe oder Rasse zu verstehen (*Richardi* Rn 23; *WPK* Rn 20). Er überschneidet sich mit den Begriffen „Rasse" und „ethnische Herkunft".

66   Mit „**sonstiger Herkunft**" ist die örtliche, regionale oder soziale Herkunft einer Person gemeint. Hier reicht das Benachteiligungsverbot des § 75 weiter als das des AGG (vgl. ArbG Stuttgart NZA 10, 344; *Bauer/Göpfert/Krieger* AGG § 1 Rn 20). Folglich dürfen „Wessis" oder „Ossis", Bayern oder „Preußen", Flüchtlinge, Heimatvertriebene, Asylanten und heimatlose Ausländer ebenso wenig diskriminiert werden wie aus einer bestimmten sozialen oder gesellschaftlichen Schicht stammende Personen (vgl. BVerfG AP Nr. 44 zu Art. 3 GG; DKKW-*Berg* Rn 18). Es darf auch keine Unterscheidung nach ehelicher oder unehelicher Geburt vorgenommen werden (GK-*Kreutz* Rn 49).

c) Nationalität

67   Unter „**Nationalität**" ist die Staatsangehörigkeit zu verstehen (GK-*Kreutz* Rn 61; *Richardi* Rn 24). Ausländische ArbN dürfen im Betrieb wegen ihrer Nationalität nicht anders behandelt werden als Deutsche (s. aber Rn 59). So sind sie zB zum BR aktiv und passiv wahlberechtigt (vgl. § 7 Rn 88, § 8 Rn 51). Unberührt bleiben bestehende öffentlich-rechtliche Bestimmungen über die Aufenthaltserlaubnis oder Aufenthaltsberechtigung. Letzteres gilt aber nicht für die ArbN aus den EU-Staaten, die auch insoweit den inländischen ArbN gleichgestellt sind (vgl. Art. 39 EG-Vertrag; Art. 7 EWG-VO 1612/68). Diskriminierungsverbote wegen Staatsangehörigkeit enthalten ferner das ratifizierte Übereinkommen Nr. 111 der IAO. Es gehört zur allgemeinen Aufgabe des BR, die Integration der ausländischen ArbN im Betrieb zu fördern (vgl. § 80 Rn 32).

d) Religion, Weltanschauung

68   Die Begriffe „**Religion**" und „**Weltanschauung**" stehen für eine mit der Person des Menschen verbundene Gewissheit über bestimmte Aussagen zum Weltganzen sowie zur Herkunft und zum Ziel des menschlichen Lebens (BAG 22. 3. 95 AP Nr. 21 zu § 5 ArbGG 1979). Eine genaue Unterscheidung der Begriffe ist nicht möglich, aber auch nicht erforderlich, da die Rechtsfolgen einer Benachteiligung wegen der Religion oder der Weltanschauung sowie die Voraussetzungen für eine zulässige unterschiedliche Behandlung (s. §§ 8, 9 AGG) dieselben sind (*Thüsing* Arbeitsrechtl. Diskriminierungsschutz Rn 195; zur Rspr. *Bissels/Lützeler* BB 09, 774, 776 ff.; *Hunold* NZA-RR 09, 113, 116). In Tendenzunternehmen mit bestimmter konfessioneller Zielsetzung nach § 118 Abs. 1 kann zulässigerweise verlangt werden, dass die ArbN der betreffenden Konfession angehören. Insofern gilt das Differenzierungsverbot nur eingeschränkt (vgl. Rn 135). Zur Bereichsausnahme für Religionsgemeinschaften vgl. § 118 Rn 54 f.).

69   **Religion** legt eine den Menschen überschreitende und umgreifende (transzendente) Wirklichkeit zugrunde (BAG 22. 3. 95 aaO, Rn 68). Dieser **transzendente Bezug** macht eine Religion aus, also die Erklärung der Welt und der menschlichen Existenz mit Gründen, die aus einem mit wissenschaftlichen Methoden nicht erschließbaren Zusammenhang stammen (*Däubler/Bertzbach* AGG § 1 Rn 54 mwN). Die Religion ist ein Bekenntnis zu einem spezifischen Glauben und den sich daraus ergebenden Handlungsgeboten; geschützt ist die Freiheit des Glaubens und die Freiheit, diesen Glauben zu leben. Das Bekenntnis zu einem Gott ist nicht erforderlich (*Thüsing* Arbeitsrechtl. Diskriminierungsschutz Rn 189 ff.; *Palandt* AGG § 1 Rn 4).

Erfasst sind die **großen Weltreligionen** Christentum, jüdische Religion, Islam, **70** Buddhismus, Hinduismus und Shintoismus sowie deren Untergliederungen (Katholiken u. Protestanten, Schiiten u. Sunniten). Da die Zahl der Anhänger und die soziale Bedeutung der Organisation irrelevant sind, werden auch kleinere Gemeinschaften geschützt, jedenfalls wenn sie in Deutschland eine Körperschaft des öffentlichen Rechts sind wie zB Neuapostolische Kirche, Zeugen Jehovas, Mormonen, Heilsarmee (*Däubler/Bertzbach* AGG § 1 Rn 52 f. mwN).

Der **Weltanschauung fehlt** die **Transzendenz.** Sie beschränkt sich auf inner- **71** weltliche (immanente) Bezüge (BAG 22. 3. 95 AP Nr. 21 zu § 5 ArbGG 1979). Das Verständnis vom Sinn des Weltgeschehens wird aus rein irdischen Erkenntnissen gewonnen. Aber auch hier wird eine wertende Stellungnahme zum Ganzen der Welt und zum Woher und Wohin der menschlichen Existenz vorausgesetzt. Dem entsprechen zB Marxismus (vgl. ArbG Berlin NZA-RR 10, 70) und Rudolf Steiners Anthroposophie. Beschäftigt sich eine Lehre nur mit Teilaspekten des Lebens, handelt es sich allenfalls um säkulare Lebensgrundsätze oder Überzeugungen, nicht um Weltanschauung (*Däubler/Bertzbach* AGG § 1 Rn 58, 60 mwN; *Thüsing* Arbeitsrechtl. Diskriminierungsschutz Rn 196).

e) Behinderung

Bei dem entspr. § 1 AGG neu aufgenommenen Begriff der **Behinderung 72** (s. Rn 1), der weiter ist als der des schwerbehinderten Menschen in § 2 Abs. 2 SGB IX, ist von § 2 Abs. 1 S. 1 SGB IX auszugehen (BT-Drucks. 16/1780 S. 31). Danach sind Menschen behindert, wenn ihre körperliche Funktion, geistige Fähigkeit oder seelische Gesundheit mit hoher Wahrscheinlichkeit länger als 6 Monate von dem für das Lebensalter typischen Zustand abweichen und daher ihre Teilhabe am Leben in der Gesellschaft beeinträchtigt ist (vgl. BAG 22. 10. 09 – 8 AZR 642/08 – NZA 10, 280; 7. 6. 11 – 1 AZR 34/10 – NZA 11, 1370: ArbN mit Bezug voller Erwerbsminderungsrente; *Däubler/Bertzbach* AGG § 1 Rn 73, 75; *Lingemann/Müller* BB 07, 2006, 2009). Auf die Schutzvorschriften für schwerbehinderte Menschen nach dem SGB IX kann sich nur berufen, wer unter den Anwendungsbereich dieses G fällt (BAG 27. 1. 11 – 8 AZR 580/09 – NZA 11, 737).

Übertragen auf das Arbeitsleben bedeutet dies, dass es für die Annahme einer arbeits- **73** rechtlich relevanten Behinderung genügt, wenn eine der vorgenannten Einschränkungen vorliegt, diese zwar allein nicht beeinträchtigend wirkt, aber durch die Gestaltung der Arbeit zu einem Hindernis für die betreffende Person wird (**medizinisch-sozialer Behinderungsbegriff;** *Däubler/Bertzbach* AGG § 1 Rn 73 f.; *Thüsing* Arbeitsrechtl. Diskriminierungsschutz Rn 205). Beispiele: Beeinträchtigungen des Stütz- und Bewegungsapparates, Verschleißerscheinungen der Wirbelsäule, Atemwegserkrankungen, Fettleibigkeit, psychische Beeinträchtigungen (*Thüsing* aaO Rn 206 ff.; *Bauer/Göpfert/ Krieger* AGG § 1 Rn 44). Zur Abgrenzung von Krankheit s. EuGH 11. 7. 06 Rs. C-13/ 05 AP Nr. 3 zu EWG-Richtlinie Nr. 2000/78 Chacon Navas; *Düwell* BB 06, 1741, 1742; ausführlich zur EuGH-Rspr. *Colneric* NZA 08 Beil. 2 S. 66, 72 f.

Für die Annahme einer behinderungsbezogenen Benachteiligung genügt es, dass **73a** die benachteiligende Maßnahme (zB Nichteinladung zum Vorstellungsgespräch) objektiv geeignet ist, (schwer)behinderten Bewerbern keine oder schlechtere Chancen einzuräumen; auf ein **Verschulden** des ArbGeb. oder der für ihn handelnden Personen kommt es **nicht** an (BAG 16. 9. 08 NZA 09, 79; 12. 9. 06 AP Nr. 13 zu § 81 SGB IX). Verletzt der ArbGeb. bei Besetzung freier Stellen seine Prüfpflicht nach § 81 Abs. 1 SGB IX, so stellt dies ein Indiz dafür dar, dass er einen abgelehnten

schwbeh. Menschen wegen der Behinderung benachteiligt hat (BAG 13. 10. 11 –
8 AZR 608/10 –). Eine verbotene Benachteiligung liegt auch dann vor, wenn ein
ArbN, der selbst nicht behindert ist, wegen der Behinderung seines Kindes benachteiligt wird, für das er im Wesentlichen die Pflegeleistungen erbringt (EuGH 17. 7.
08 – C-303/06 – NZA 08, 932; *Cramer/Fuchs/Hirsch/Ritz* § 3 AGG Rn 3; zur
drittbezogenen Benachteiligung s. Rn 60b; zur Rspr. vgl. *Bissels/Lützeler* BB 09,
774, 779 f.; *Hunold* NZA-RR 09, 113; *Schlacher* RdA 10, 104 ff.). Dagegen liegt
grundsätzlich keine behinderungsbezogene Benachteiligung bei einer Bewerbung vor,
wenn die Bewerbung erst nach dem Zeitpunkt der Besetzungsentscheidung vorlag
(BAG 19. 8. 10 – 8 AZR 370/09 – NZA 11, 200; s. Rn 60a). Das ist allerdings dann
anders, wenn die Bewerbung eines Behinderten durch eine vorzeitige Stellenbesetzung vereitelt wird (BAG 17. 8. 10 – 9 AZR 839/08 – NZA 11, 153). Eine Regelung über die Einstellung von **Überbrückungsbeihilfen** bei Rentenanspruch des
ArbN benachteiligt behinderte ArbN, denen ein vorgezogenes Altersruhegeld zusteht, weder mittelbar noch unmittelbar wegen ihrer Behinderung oder ihres Alters
(BAG 6. 10. 11 – 6 AZN 815/11 – NZA 11, 1431).

f) Alter

74   „Alter" meint Lebensalter (BT-Drucks. 16/1780 S. 31; s. auch *Linsenmaier* RdA 03,
H. 5 Sonderbeil. S. 22, 24). Das hat zur Folge, dass nicht nur vor einer Benachteiligung
der Älteren gegenüber den Jüngeren, sondern auch vor einer der Jüngeren gegenüber
den Älteren geschützt werden soll. Alter ist ein **ambivalentes, relatives Differen-
zierungsmerkmal.** Eine weniger günstige Behandlung iSv. § 3 Abs. 1 AGG ist daher nicht schon dann gegeben, wenn ein ArbN objektiv anders als ein älterer oder
jüngerer ArbN behandelt wird; **erforderlich** ist vielmehr, dass sich die **Differenzierung** zwischen unterschiedlich alten ArbN **für** eine **bestimmte Altersgruppe negativ** auswirkt und diese zurücksetzt. Das ist zB nicht der Fall, wenn ältere ArbN aus
einem Personalabbau herausgenommen werden und nicht wie jüngere ArbN bei
freiwilligem Ausscheiden eine Abfindung erhalten und sich neue Erwerbschancen
suchen können; denn Zweck des Diskriminierungsverbots wegen des Alters ist vor
allem die Verwirklichung des weiteren Verbleibs älterer ArbN im ArbVerh. (BAG
25. 2. 10 – 6 AZR 911/08 – NZA 10, 561).

74a   Eine bes. hohe Benachteiligungswirkung haben altersabhängige Entscheidungen
bei Einstellungen, Eingruppierungen, Teilnahme an Weiterbildungsmaßnahmen, Beendigung des ArbVerh. und Eintritt in den Ruhestand (ErfK-*Schlacher* AGG § 1
Rn 1). Hier werden ArbGeb. und BR nicht nur im Rahmen ihrer Überwachungsaufgaben nach Abs. 1 (Rn 9ff., 17ff.), sondern bereits im Vorfeld bei der Ausübung
ihrer **Gestaltungsbefugnisse,** insb. bei BV, stärker als bisher gefordert. Sie müssen
das Spannungsverhältnis zwischen der notwendigen Förderung der Beschäftigungsmöglichkeiten älterer ArbN und der nicht unverhältnismäßigen Beeinträchtigung
jüngerer ArbN sachgerecht lösen (*Amthauer* S. 72).

75   Trotz des neutralen Merkmals „Alter" wird auch weiterhin der **Schutz älterer
Personen** ein **Schwerpunkt** bleiben (zur Rspr. *Bissels/Lützeler* BB 09, 774 ff.; *Hunold* NZA-RR 09, 113). Aufgrund der ungünstigen Situation Älterer auf dem Arbeitsmarkt kommt ihrem Schutz und ihrer Förderung bes. Bedeutung zu (so BT-
Drucks. 16/1780 S. 31, 36). So gehört es zur allgemeinen Aufgabe des BR, die Beschäftigung älterer ArbN im Betrieb zu fördern (§ 80 Abs. 1 Nr. 6; vgl. § 80 Rn 31)
und ihre Belange bei der Durchführung von Berufsbildungsmaßnahmen zu berücksichtigen (§ 96 Abs. 2 S. 2; vgl. § 96 Rn 31). Es soll verhindert werden, dass ArbN
wegen eines höheren Alters als Mitarbeiter minderen Rechts behandelt werden (vgl.
BAG 14. 1. 86 AP Nr. 5 zu § 1 BetrAVG Gleichbehandlung).

76   Unter bestimmten Voraussetzungen, die das AGG nennt, kann eine **Benachteiligung wegen des Alters zulässig** sein. Der allgemeine Rechtfertigungsgrund des
§ 8 AGG spielt bei der Altersdiskriminierung wegen der speziellen Rechtfertigungs-

gründe des § 10 AGG praktisch ebenso wenig eine Rolle wie § 5 AGG über positive Maßnahmen (vgl. *Meinel/Heyn/Herms* AGG § 10 Rn 4). Nach der **Generalklausel** des § 10 S. 1 und 2 **AGG** ist eine Benachteiligung wegen des Alters zulässig, wenn sie objektiv und angemessen und durch ein **legitimes Ziel** (zB Beschäftigungspolitik, Arbeitsmarkt, berufliche Bildung) gerechtfertigt ist; ferner muss das angewandte **Mittel angemessen** und **erforderlich** sein (ebenso EuGH 16. 10. 07 NZA 07, 1219 u. dazu *Temming* NZA 07, 1193 ff.; 5. 3. 09 – C-388/07 – NZA 09, 305; ausführlich zur EuGH-Rspr. *Colneric* NZA 08 Beil. 2 S. 66, 70 ff.; BAG 22. 1. 09 – 8 AZR 73/08 – NZA 09, 945; 8. 12. 10 – 7 ABR 98/09 – NZA 11, 751; 6. 4. 11 – 7 AZR 524/09 – NZA 11, 970).

Nach der Gesetzesbegründung ist „die Legitimität eines Zieles unter Berücksichti- **76a** gung der fachlich-beruflichen Zusammenhänge **aus Sicht** des ArbGeb. oder der **TVParteien** zu beurteilen; es können aber auch Ziele sein, die über die Situation eines einzelnen Unternehmens oder einer Branche hinausgehen und von allgemeinem Interesse sind, wie zB Beschäftigungspolitik, Arbeitsmarkt und berufliche Bildung (BT-Drucks. 16/1780 S. 36; EuGH 16. 10. 07 aaO; BAG 22. 1. 09 aaO; 5. 11. 09 – 2 AZR 676/08 – NZA 10, 457); *Wendeling-Schröder* NZA 07, 1399, 1400 f.).

So hat das BAG (6. 11. 08 – 2 AZR 701/07 BeckRS 09, 58467 – 2 AZR 523/07 – **76b** AP Nr. 182 zu § 1 KSchG 1969 Betriebsbedingte Kündigung) im Rahmen des **Kündigungsschutzes** entschieden, dass die einem **Interessenausgleich** mit Namensliste (Näheres vgl. § 112, 112 a Rn 49 ff.) zugrunde liegende **Punktetabelle,** die Sozialpunkte nach dem Lebensalter zuteilt und eine **Altersgruppenbildung** vorsieht, zwar eine an das Alter anknüpfende unterschiedliche Behandlung darstellt, aber iSd § 10 S. 1 AGG gerechtfertigt ist (*Gaul/Niklas* NZA-RR 09, 457 ff.; *Lingemann/Beck* NZA 09, 577 ff.; aA *Kaiser/Dahm* NZA 10, 473 ff.). Das gilt auch für eine **„lineare"** Berücksichtigung des Lebensalters (BAG 5. 11. 09 – 2 AZR 676/08 – NZA 10, 457).

Die Zuteilung von **Alterspunkten** führt mit einer hinnehmbaren Unschärfe zur **76c** Berücksichtigung von Chancen auf dem Arbeitsmarkt und im Zusammenspiel mit den übrigen sozialen Gesichtspunkten (Betriebszugehörigkeit, Unterhalt, Schwerbehinderungen) nicht zu einer Überbewertung des Lebensalters. Die Bildung von Altersgruppen wirkt der Überalterung des Betriebs entgegen und relativiert so zugleich die Bevorzugung älterer ArbN (vgl. auch BAG 6. 9. 07 AP Nr. 169 zu § 1 KSchG 1969 Betriebsbedingte Kündigung; 19. 6. 07 AP Nr. 16 zu § 1 KSchG 1969 Namensliste). Von legitimen Zielen einer Altersgruppenbildung ist idR bei Massenkündigungen aufgrund einer Betriebsänderung auszugehen, da in diesen Fällen die Erhaltung einer auch altersmäßig ausgewogenen Personalstruktur gefährdet ist (s. auch BAG 12. 3. 09 AP Nr. 97 zu § 1 KSchG 1969 soziale Auswahl).

Die ausfüllungsbedürftige Generalklausel in § 10 S. 1 und 2 AGG gilt für alle **indi-** **77** **vidual-** u. **kollektivvertraglichen Regelungen,** also für arbeitsvertragliche Bestimmungen, TV, BV, Regelungsabreden und sonstige Maßnahmen. In Ausfüllung der Generalklausel können die Rechtsanwender, die TVParteien, **ArbGeb. und** **BR,** selbst **festlegen,** ob, für welche Bereiche und in welchem Umfang sie Ausnahmen vom Verbot der Altersdiskriminierung regeln (*Wendeling-Schröder* NZA 07, 1399, 1400 f.; kr. *Bauer/Göpfert/Krieger* AGG § 10 Rn 11; *Löwisch* DB 06, 1729, 1730). Dabei haben sie einen weiten Ermessens- und Gestaltungsspielraum (EuGH 16. 10. 07 NZA 07, 1219; BAG 25. 2. 10 – 6 AZR 911/08 – NZA 10, 561).

Als Regulativ ist eine **Verhältnismäßigkeitsprüfung** nach § 10 S. 2 AGG vorzu- **78** nehmen, ob die eingesetzten Mittel das angestrebte Ziel auch tatsächlich fördern können und die Belange der benachteiligten Altersgruppen nicht unverhältnismäßig stark vernachlässigen (ErfK-*Schlachter* AGG § 10 Rn 2; *Annuß* BB 06, 1629, 1633). Die Ungleichbehandlung muss letztlich durch das verfolgte Ziel sachlich gerechtfertigt sein; außerdem müssen die eingesetzten Mittel zur Zielerreichung verhältnismäßig sein (BAG 22. 1. 09 – 8 AZR 73/08 – NZA 09, 945; 8. 12. 10 – 7 ABR 98/09 – NZA 11, 751; 6. 4. 11 – 7 AZR 524/09 – NZA 11, 970). Entscheidend sind die Umstände des Einzelfalles.

78a So benachteiligt eine an das **Lebensalter** anknüpfende Vereinbarung über die **Dauer** eines **befristeten ArbVerh.** des ArbN diesen iSv. § 3 Abs. 1 S. 1 AGG in unverhältnismäßiger Weise, wenn mit einem jüngeren ArbN in vergleichbarer Situation eine längere Befristungsdauer vereinbart worden wäre; die Befristungsabrede ist gem. § 7 Abs. 2 AGG unwirksam (BAG 6. 4. 11 – 7 AZR 524/09 – NZA 11, 970).

78b Die **Regelbeispiele** in § 10 S. 3 AGG („insbesondere") sind nicht abschließend (BAG 13. 10. 09 – 9 AZR 722/08 – NZA 10, 327; 6. 4. 11 – 7 AZR 524/09 – NZA 11, 970). Sie geben wichtige Hinweise für zulässige Ungleichbehandlungen wegen des Alters, allerdings bleibt auch dann eine Verhältnismäßigkeitsprüfung in jedem Einzelfall erforderlich (*Bauer/Göpfert/Krieger* AGG § 10 Rn 12; *Amthauer* S. 89, 116).

79 **§ 10 S. 3 Nr. 1 AGG** konkretisiert eines der nach S. 1 (Rn 76) genannten legitimen Ziele, die **Förderung der beruflichen Eingliederung** sowie den Schutz von jug. und älteren Beschäftigten. Danach ist es zur leichteren Eingliederung von Problemgruppen in das Arbeitsleben zulässig, bes. Bedingungen nicht nur für den Zugang zu Beschäftigung und beruflicher Bildung, sondern auch bes. Beschäftigungs- und Entlassungsbedingungen einschließlich Entlohnungs- und Entlassungsbedingungen vorzusehen. Unzulässig ist aber, Personen, die ihre **Berufserfahrung vor** Vollendung des **18. Lebensjahres** erworben haben, ungünstiger zu behandeln als Personen, die nach Vollendung des 18. Lebensjahres eine gleichartige Berufserfahrung vergleichbarer Länge erworben haben; dies ist eine Ungleichbehandlung aus Gründen des Alters (vgl. EuGH 18. 6. 09 – C-88/08 – NZA 09, 891).

80 Zur Verwirklichung arbeitsmarktpolitischer Ziele ist die Einführung von **Lohnabschlägen** für Berufseinsteiger oder Langzeitarbeitslosen zulässig (ErfK-*Schlachter* AGG § 10 Rn 3). Die Erhaltung oder Schaffung einer **ausgewogenen betrieblichen Altersstruktur** kann Ungleichbehandlungen bei Auswahlentscheidungen im Rahmen von Einstellungen und Entlassungen rechtfertigen (*Bauer/Göpfert/Krieger* AGG § 10 Rn 5; *Meinel/Heyn/Herms* AGG § 10 Rn 33; *Thüsing* Arbeitsrechtl. Diskriminierungsschutz Rn 460; *Schiefer* ZfA 08, 493, 517 ff.; *Wendeling-Schröder* NZA 07, 1399, 1401; unklar *Däubler/Bertzbach* AGG § 10 Rn 20 ff.; *Waltermann* ZfA 06, 305, 318). Eine ausgewogene Altersstruktur kommt nicht nur dem Betrieb, sondern auch dem allgemeinen Arbeitsmarkt zugute, denn sie wirkt der Entstehung von Problemgruppen entgegen (*Linsenmaier* RdA 03, H. 5 Sonderbeil. S. 22, 29).

81 **Arbeitszeitverkürzungen** und **Zusatzurlaub** können wegen eines möglichen größeren Erholungsbedürfnis älterer ArbN deren Schutz dienen und die Erhaltung ihrer Leistungsfähigkeit bezwecken (*Lingemann/Gotham* NZA 07, 663, 666; *Lingemann/Müller* BB 07, 2006, 2008; *Linsenmaier* RdA 03, H. 5 Sonderbeil. S. 22, 29; *Waltermann* ZfA 06, 305, 322; *Rieble/Zedler* ZfA 06, 273, 295 f.). Da es aber auch „fitte Alte" und weniger fitte Jüngere gibt und derartige Regelungen je nach Ausgestaltung jüngere ArbN erheblich benachteiligen können, muss hier eine Verhältnismäßigkeitsprüfung im Einzelfall erfolgen. Dabei ist an die konkrete tätigkeitsbezogene Belastung anzuknüpfen, um den notwendigen Zusammenhang zwischen der Ungleichbehandlung bei der Arbeitszeitgestaltung und dem erstrebten Schutz älterer ArbN darlegen zu können (*Amthauer* S. 125). Bei einer geringeren Vergünstigung ist ein nicht so strenger Prüfungsmaßstab wie bei einer erheblichen Vergünstigung anzulegen (*Küttner/Kania* Diskriminierung Rn 90).

82 **Verdienstsicherungsklauseln** wollen verhindern, dass ältere ArbN aufgrund nachlassender Leistungsfähigkeit finanzielle Nachteile erleiden. Sie sind als bes. Entlohnungsbedingungen ein legitimes Ziel der Beschäftigungspolitik (vgl. BAG 7. 2. 95 AP Nr. 6 zu § 4 TVG Verdienstsicherung; *Küttner/Kania* aaO; *Lingemann/Gotham* NZA 07, 663, 666). Eine allgemeine Absenkung von Prämienobergrenzen müssen so gesicherte ArbN allerdings ebenso gegen sich gelten lassen wie arbeitsrechtlich zulässige allgemeine Lohnkürzungen, die nicht im Zusammenhang mit der altersbedingten Leistungsabnahme stehen (BAG 7. 2. 95 aaO; 16. 5. 95 AP Nr. 8 zu § 4 TVG Verdienstsicherung). Das Gleiche gilt für eine allgemeine Kürzung einer übertariflichen Ausgleichszulage (BAG 15. 10. 97, 28. 7. 99 AP Nr. 10, 14 zu § 4 TVG Verdienstsicherung).

Die in § 622 Abs. 2 BGB und TV vorgesehenen **verlängerten Kündigungsfris-** 83 **ten** in Abhängigkeit der Beschäftigungsdauer sollen ein idR höheres Kündigungsrisi- ko und die geringeren Chancen älterer ArbN auf eine Wiedereingliederung in den Arbeitsmarkt ausgleichen und sind insoweit zulässig (*Thüsing* Arbeitsrechtl. Diskri- minierungsschutz Rn 451; *Lingemann/Müller* BB 07, 2006, 2008). Unzulässig ist dage- gen die Berechnung der Beschäftigungszeiten erst ab Vollendung des 25. Lebens- jahrs (EuGH 19. 1. 10 – C-555/07 – NZA 10, 85; BAG 9. 9. 10 – 2 AZR 714/08 – NZA 11, 343; zum Vertrauensschutz LAG Düsseldorf ZIP 10, 596). Knüpfen Rege- lungen zur **Unkündbarkeit** an die Dauer der Betriebszugehörigkeit an, wird damit vor allem die Betriebstreue eines ArbN durch erhöhte Arbeitsplatzsicherheit hono- riert. Das ist ein legitimes Ziel. Ob das Mittel, die Unkündbarkeit, noch angemessen und erforderlich ist, muss eine Verhältnismäßigkeitsprüfung im Einzelfall ergeben (*Bauer/Göpfert/Krieger* AGG § 10 Rn 19; *Meinel/Heyn/Herms* AGG § 10 Rn 34; *Amthauer* S. 90f., 116; *Körner* NZA 08, 497, 501f.; *Rieble/Zedler* ZfA 06, 273, 299; *Lingemann/Gotham* NZA 07, 663, 665; *Wendeling-Schröder* NZA 07, 1399, 1404).

§ **10 S. 3 Nr. 2 AGG** gestattet die Festlegung von **Mindestanforderungen** an 84 das **Alter**, die Berufserfahrung oder das Dienstalter für den Zugang zur Beschäftigung oder für bestimmte mit der Beschäftigung verbundene Vorteile. Ein legitimes Ziel nennt Nr. 2 nicht, es ist aus der Generalklausel (s. Rn 76) zu gewinnen. Danach ist als legitimes Ziel für ein Mindestalter für einen Zugang zur Beschäftigung die Ge- sundheit und Sicherheit Dritter sowie das Gemeinwesen anzuerkennen (*Küttner/ Kania* Diskriminierung Rn 91; *Thüsing* Arbeitsrechtl. Diskriminierungsschutz Rn 426; *Däubler/Bertzbach* AGG § 10 Rn 70 lassen nur arbeitsmarktpol. Gründe gelten). Hier ist zB an Piloten, Fluglotsen, Kapitäne, Zugführer, Busfahrer zu denken. Auch dürfte es zulässig sein, ein angemessenes Mindestalter für Führungskräfte, die über Lebens- erfahrung verfügen sollten, vorzusehen (*Bauer/Göpfert/Krieger* AGG § 10 Rn 31; *Linsenmaier* RdA 03, H. 5 Sonderbeil. S. 22, 28).

Eine **generelle Festlegung** von **Mindestaltersgrenzen** bei Einstellungen ist – 85 soweit es nicht um bes. berufliche Anforderungen (s. Rn 84) oder arbeitsmarktpoliti- sche Gesichtspunkte geht (s. Rn 75 ff., 79) – **unzulässig** (vgl. *Däubler/Bertzbach* AGG § 10 Rn 73 f.; *Linsenmaier* RdA 03, H. 5 Sonderbeil. S. 22, 28). Folglich dürfen grundsätzlich AuswahlRL (s. § 95) über Einstellungsvoraussetzungen, Personalfrage- bogen (s. § 94) und Stellenausschreibungen (s. § 11 AGG; *Kania/Merten* ZIP 07, 8, 9 ff.; s. § 93) nicht mehr auf ein bestimmtes Alter abstellen, Bewerber nicht wegen des Alters abgelehnt werden, bei einer Auswahl zwischen mehreren Bewerbern das Alter idR keine Rolle mehr spielen (*Kania/Merten* ZIP 07, 8, 13 f.).

Die Begrenzung einer innerbetrieblichen **Stellenausschreibung** auf ArbN im 85a **1. Berufsjahr** kann nach BAG (18. 8. 09 – 1 ABR 47/08 – NZA 10, 222) eine nach § 3 Abs. 2 AGG unzulässige mittelbare Benachteiligung wegen des Alters sein, da ArbN mit mehreren Berufsjahren typischerweise älter sind als die im 1. Berufsjahr. Eine derartige Begrenzung kann aber dann gerechtfertigt sein, wenn der ArbGeb. damit ein rechtmäßiges Ziel verfolgt und sie zur Zielerreichung angemessen und erforderlich ist. Das ist nicht der Fall, wenn mit der Begrenzung Kosten gespart wer- den sollen; dann liegt ein Verstoß gegen § 11 AGG vor. Wird in einer Stellenanzeige ein „**junger**" **Bewerber** oder eine „junge" Bewerberin gesucht, so besteht grund- sätzlich die Vermutung, dass ein abgelehnter Bewerber wegen seines Alters benachtei- ligt worden ist, wenn eine deutlich jüngere Person eingestellt wird (BAG 19. 8. 10 – 8 AZR 530/09 – NZA 10, 1412).

Allein an das **Lebensalter** anknüpfende **Vergütungsstaffeln** oder **Jahressonder-** 86 **zahlungen** sind als unmittelbare Diskriminierung jüngerer ArbN unzulässig. Die Honorierung der mit steigendem Alter wachsenden Lebenserfahrung reicht nicht aus (LAG Brandenburg NZA-RR 09, 378 nr.; LAG Hessen NZA 09, 799 nr. m. Anm. *Dornbusch/Kasprzyk* NZA 09, 1000 ff.; *Däubler/Bertzbach* AGG § 10 Rn 57; *Küttner/*

Kania Diskriminierung Rn 92; *Gaul/Naumann* ArbRB 07, 48; *Lingemann/Gotham* NZA 07, 663, 666; *Linsenmaier* RdA 03, H. 5 Sonderbeil. S. 22, 29; **aa** *Waltermann* ZfA 06, 305, 321 f.).

86a   Der **EuGH** (8. 9. 11 – C-297/10, C-298/10 – NZA 11, 1100) hat auf die **Vorlagebeschlüsse** des BAG v. 20. 5. 10 (6 AZR 148/09 (A) – NZA 10, 961; – 6 AZR 319/09 (A) – NZA 10, 768) entschieden, dass die (im BAT vorgesehene) **Vergütung** nach **Lebensaltersstufen** eine Altersdiskriminierung darstellt, diese aber für einen befristeten Übergangszeitraum hinzunehmen ist, wenn das altersdiskriminierende Vergütungssystem durch ein auf objektive Kriterien wie **Berufserfahrung** und **Leistung** gestütztes tarifliches Vergütungssystem (s. TVöD) ersetzt wird und die zeitlich begrenzten diskriminierenden Auswirkungen der Vorgängerregelung deshalb erforderlich sind, um den ArbN den Übergang zum neuen System ohne Einkommensverluste zu gewährleisten (dazu *Wendeling-Schröder* NZA 11, Heft 19 S. III).

87   Dagegen sind Vergütungsstaffeln nach **Berufs- und Beschäftigungsdauer** idR zulässig; sie wirken sich zwar diskriminierend für jüngere ArbN aus, das sie legitimierende Ziel ist jedoch die Honorierung des Zuwachses an Qualifikation (*Meinel/Heyn/Herms* AGG § 10 Rn 47). Ob eine derartige Differenzierung der Vergütung generell und damit auch für einfache mechanische Tätigkeiten zulässig ist, wird zT in Frage gestellt (dafür: *Bauer/Göpfert/Krieger* AGG § 10 Rn 30; dagegen *Däubler/Bertzbach* AGG § 10 Rn 59; *Küttner/Kania* Diskriminierung Rn 92; *Linsenmaier* RdA 03, H. 5 Sonderbeil. S. 22, 29). Hier könnte als weiteres legitimes Ziel für eine nach Betriebszugehörigkeit/Dienstalter differenzierende Vergütungsregelung die Honorierung der **Betriebstreue** und die **Bindung** eingearbeiteter und erfahrener ArbN an den Betrieb gelten (str.; so *Meinel/Heyn/Herms* AGG § 10 Rn 48; *Bauer/Göpfert/Krieger* aaO; *Thüsing* Arbeitsrechtl. Diskriminierungsschutz Rn 427, 463; s. auch BAG 11. 4. 06 – 9 AZR 528/05 – NZA 06, 1217; kr. *Körner* NZA 08, 497, 500 f.).

88   Nach **§ 10 S. 3 Nr. 3 AGG** sind **Höchstaltersgrenzen** für die **Einstellung** aufgrund spezifischer **Ausbildungsanforderungen** eines bestimmten Arbeitsplatzes oder aufgrund der Notwendigkeit einer angemessenen Beschäftigungszeit vor Eintritt in den Ruhestand zulässig. Die Anerkennung eines Höchstalters bei der Einstellung basiert auf der Überlegung, dass bei älteren ArbN, deren Rentenalter bereits absehbar ist, einer aufwendigen Einarbeitung auch eine betriebswirtschaftlich sinnvolle Mindestdauer einer produktiven Arbeitsleistung gegenüberstehen muss (BT-Drucks. 16/1780 S. 36; *Lingemann/Müller* BB 07, 2006, 2009). Ein tarifvertragl. Höchstalter von 32 Jahren und 364 Tagen für Einstellungen von **Piloten** verstößt jedoch gegen das Verbot der Altersdiskriminierung des § 7 Abs. 1 AGG und ist unwirksam (BAG 8. 12. 10 – 7 ABR 98/09 – NZA 11, 751).

89   Die für eine legitime Höchstaltersgrenze relevante **Mindestproduktivitätsdauer** kann in Anlehnung an die BAG-Rspr. (31. 7. 02 AP Nr. 14 zu § 1 TVG Tarifverträge: Luftfahrt; 19. 2. 04 AP Nr. 33 zu § 611 BGB Ausbildungsbeihilfe) zur Rückzahlung von Fort- und Ausbildungskosten bestimmt werden. Sie kann idR bis zu dreimal so lang wie die Ausbildungs-/Einarbeitungszeit sein (*Bauer/Göpfert/Krieger* AGG § 10 Rn 34; *Meinel/Heyn/Herms* AGG § 10 Rn 54; *Thüsing* Arbeitsrechtl. Diskriminierungsschutz Rn 430). Ein so festgelegtes Höchstalter darf jedoch nicht zu einer mittelbaren **Geschlechtsdiskriminierung** führen und Bewerberinnen aufgrund von Kindererziehungszeiten ausschließen (*Däubler/Bertzbach* AGG § 10 Rn 82).

90   **§ 10 S. 3 Nr. 4 AGG** stellt klar, dass die Festsetzung von **Altersgrenzen** bei den betrieblichen Systemen der sozialen Sicherheit, insb. der **betrieblichen Altersversorgung,** regelmäßig keine unzulässige Benachteiligung des Alters darstellt (BAG 11. 8. 09 – 3 AZR 23/08 – NZA 10, 408). Zulässig sind auch unterschiedliche Altersgrenzen für bestimmte Beschäftigte oder Gruppen von Beschäftigten und die Verwendung von Alterskriterien im Rahmen dieser Systeme für versicherungsmathematische Berechnungen (BT-Drucks. 16/1780 S. 369, *Bauer/Göpfert/Krieger* AGG § 10 Rn 36). So sind die altersrelevanten Regelungen zur **Unverfallbarkeit von Anwartschaften** in § 1b Abs. 1 S. 1 BetrAVG (Mindestalter 30 Jahre, mindestens 5jährige Betriebszugehörigkeit) und ihre ratierliche Kürzung in § 2 BetrAVG nicht zu beanstanden (BAG 19. 7. 11 – 3 AZR 434/09 – BeckRS 11, 79 054; *Thüsing* Arbeitsrechtl. Diskriminierungsschutz Rn 465 f.; *Diller* NZA 11, 725; kr. *Meinel/Heyn/ Herms* AGG § 10 Rn 65; zum Verhältnis AGG u. BetrAVG BAG 11. 12. 07 AP Nr. 1 zu § 2 AGG).

Bei **Altersabstandsklauseln** (Versorgungsausschluss von erheblich – zB 15 Jahre – 91 jüngeren Hinterbliebenen liegt keine unmittelbare Altersdiskriminierung vor, da sie nicht an das Alter des ArbN anknüpfen (*Thüsing* Arbeitsrechtl. Diskriminierungsschutz Rn 467). Es kann je nach Gestaltung des Versorgungswerks allenfalls eine mittelbare Diskriminierung in Frage kommen, für die aber idR als sachlicher Grund ausreichen dürfte, dass Versorgungsehen zu verhindern sind und jüngere Hinterbliebene noch selbst arbeiten können (s. Vorlagebeschl. BAG 27. 6. 06 AP Nr. 6 zu § 1 b BetrAVG u. dazu EuGH 23. 9. 08 AP Nr. 12 zu EWG-Richtlinie 2000/78: Keine Altersdiskriminierung nach EU-Recht; kr. *Preis/Temming* NZA 08, 1209 ff.). **Spätehenklauseln** (Eheschließung nach Vollendung des 50. Lebensjahres des ArbN u. Bestand der Ehe mindestens 10 Jahre) knüpfen zwar unmittelbar an das Alter des ArbN an, dürften aber zulässig sein, da sie einer sachlich gerechtfertigten Risikobegrenzung dienen (BAG 28. 7. 05 – 3 AZR 457/04 – NZA 06, 1293; *Küttner/Kania* Diskriminierung Rn 96).

Die Festsetzung von Altersgrenzen darf aber **nicht** zu einer **Diskriminierung** we- 92 gen anderer Gründe, vor allem **wegen des Geschlechts** führen (BT-Drucks. 16/ 1780 S. 36). Das ist der Fall, wenn ein betriebliches Versorgungssystem für Männer und Frauen unterschiedliche Altersgrenzen festlegt, ab denen ungeschmälerte Versorgungsansprüche entstehen, zB für Frauen ab 60 Jahren und für Männer ab 65 Jahren (s. EuGH 17. 5. 90 AP Nr. 20 zu Art 119 EWG-Vertrag). Unzulässig ist auch eine Versorgungszusage, die zwischen Männern und Frauen bez. der Anrechnung von Dienstjahren und der Festsetzung des Alters für die Aufnahme in ein Versorgungswerk unterscheidet (BAG 6. 4. 82 AP Nr. 1 zu § 1 BetrAVG Gleichbehandlung; *Küttner/Kania* Diskriminierung Rn 94). Gleiches gilt, wenn einer ArbNin eine Witwerversorgung nur unter der Voraussetzung zugesagt wird, dass sie die Familie überwiegend ernährt hat („**Haupternährerklausel**": BAG 11. 12. 07 AP Nr. 1 zu § 2 AGG).

Eine Versorgungszusage kann den Anspruch auf Witwen-/Witwerversorgung da- 92a von abhängig machen, dass die **Ehe vor** dem (vorzeitigen) **Ausscheiden** aus dem ArbVerh. geschlossen worden ist. Die als neutrales Kriterium formulierte einschränkende Voraussetzung der Eheschließung vor dem Ausscheiden stellt keine mittelbare Benachteiligung wegen des Alters (oder des Geschlechts) dar (BAG 20. 4. 10 – 3 AZR 509/08 – NZA 11, 1092).

§ 10 S. 3 Nr. 5 AGG lässt Vereinbarungen zu, die die **Beendigung des Arb-** 93 **Verh. ohne Kündigung** zu einem Zeitpunkt vorsehen, zu dem der ArbN eine Altersrente beantragen kann. Damit sind weiterhin Arbeitsverträge, TV und BV, die eine Altersgrenze von 65 Jahren vorsehen **(Pensionsgrenzen, Rentenalter)** jedenfalls dann zulässig, wenn die betr. ArbN durch den Bezug einer gesetzlichen Altersrente wegen Vollendung des 65. Lebensjahres wirtschaftlich abgesichert sind (EuGH 16. 10. 07 NZA 07, 1219; 12. 10. 10 – C-45/09 – NZA 10, 1167, dazu *Bayreuther* NZA 11 Beil. 1 S. 27 ff.; *Preis* NZA 10, 1323, 1334 ff.; *Joussen* ZESAR 11, 201 ff.; BAG 18. 6. 08 AP Nr. 48 zu § 14 TzBfG; 8. 12. 10 – 7 AZR 438/09 – NZA 11, 586; *Bauer/Göpfert/Krieger* AGG § 10 Rn 38 f.; *Küttner/Kania* Diskriminierung Rn 98; *Thüsing* Arbeitsrechtl. Diskriminierungsschutz Rn 439; *Amthauer* S. 97, 116; *Lingemann/Gotham* NZA 07, 663, 666; *Linsenmaier* RdA 03, H. 5 Sonderbeil. S. 22, 31; *Rieble/Zedler* ZfA 06, 273, 297 f.; aA *Däubler/Bertzbach* AGG § 10 Rn 86, ErfK-*Schlachter* AGG § 10 Rn 6 f., *Kamanabrou* RdA 06, 321, 331, *Waltermann* ZfA 06, 305, 324 f.). Dies entspricht st. Rspr. des BAG zur Kontrolle von auf das gesetzliche Rentenalter bezogenen Befristungsabreden (vgl. BAG 27. 7. 05 AP Nr. 27, zu § 620 BGB Altersgrenze, 18. 6. 08 AP Nr. 50 zu § 14 TzBfG). Als legitimes Ziel ist hier das Interesse des ArbGeb. an einer ausgewogenen Altersstruktur sowie einer geordneten und kontinuierlichen Personal- und Nachwuchsplanung anzuerkennen (*Linsenmaier* aaO).

94   Die Zulässigkeit von Altersbefristungen **unterhalb** der **Pensionsgrenze** bestimmt sich nach der Generalklausel des § 10 S. 1 und 2 AGG (s. Rn 76 f.), insb. einer Verhältnismäßigkeitsprüfung im Einzelfall (*Bauer/Göpfert/Krieger* AGG § 10 Rn 40; *Meinel/Heyn/Herms* AGG § 10 Rn 80 ff.). Nur zum Schutz vor **berufsspezifischen Gefahren** wichtiger Güter wie **Leben** und **Gesundheit Dritter** kommen Vereinbarungen über die vorzeitige Beendigung des ArbVerh. in Frage (*Thüsing* Arbeitsrechtl. Diskriminierungsschutz Rn 442). Hier hat der **EuGH** in seiner jüngsten Entscheidung zur tariflichen **Altersgrenze** für **Piloten** (13. 9. 11 – C-447/09 – NZA 11, 1039) engere Grenzen gesetzt als das BAG, das auch nach Inkrafttreten des AGG an seiner Rspr. (tarifliche Altersgrenze von 60 Jahren für Piloten) festhalten wollte (s. BAG 17. 6. 09 – 7 AZR 112/08 (A) – NZA 09, 1355). Der EuGH hat auf das Ersuchen des BAG um Vorabentscheidung zur Auslegung des Gemeinschaftsrechts entschieden, dass eine Altersgrenze von 60 Jahren für Piloten europarechtswidrig sei. Diese Altersgrenze sei für den Schutz von Leben und Gesundheit nicht erforderlich, da andere nationale und internationale Regelungen die Altergrenze auf **65 Jahre** festlegen. Damit hat die Rspr. des BAG zu Altersgrenzen beim **Cockpitpersonal** (Flugzeugführer, Copiloten, Flugingenieure: BAG 25. 2. 98, 11. 3. 98 AP Nr. 11, 12 zu § 1 TVG Tarifverträge: Luftfahrt; 27. 11. 02 AP Nr. 22 zu § 620 BGB Altersgrenze; 21. 7. 04 NZA 04, 1352) keinen Bestand mehr. Eine tarifvertragliche Altersgrenze von 60 Jahren für Kabinenpersonal (Flugbegleiter) ist erst recht unwirksam (EuGH 10. 3. 11 – C-109/09 – NZA 11, 397; BAG 23. 6. 10 – 7 AZR 1021/08 – NZA 10, 1248). Eine für **Fluglotsen** tariflich bestimmte Altersgrenze von 55 Jahren ist ebenfalls unwirksam (LAG Düsseldorf NZA-RR 11, 474).

95   Den Ausführungen in Rn 94 steht nicht entgegen, dass nach § 10 S. 3 Nr. 5 AGG **§ 41 SGB VI** unberührt bleibt. Danach gilt zwar eine Vereinbarung, die die Beendigung des ArbVerh. ohne Kündigung zu einem Zeitpunkt vorsieht, in dem der ArbN vor Vollendung des 65. Lebensjahres eine Altersrente beantragen kann, gegenüber dem ArbN als auf die Vollendung des 65. Lebensjahres abgeschlossen, es sei denn, dass die Vereinbarung innerhalb der letzten drei Jahre vor dem vereinbarten Zeitpunkt des Ausscheidens geschlossen oder von dem ArbN bestätigt worden ist. § 41 SGB VI erfasst jedoch keine Beendigungsregelungen, die nichts mit einem Anspruch auf eine sozialversicherungsrechtliche Rente wegen des Alters zu tun haben, weil sie etwa auf bes. Anforderungen der beruflichen Tätigkeit oder andere Umstände abstellen (s. BAG 11. 3. 98 AP Nr. 12 zu § 1 TVG Tarifverträge: Luftfahrt).

96   **§ 10 S. 3 Nr. 6 AGG** lässt **Differenzierungen** von **Sozialplanleistungen** nach Alter und Betriebszugehörigkeit (s. BAG 2. 10. 07 AP Nr. 52 zu § 75 BetrVG 1972 zur Zulässigkeit von Höchstbegrenzungsklauseln) zu. Sozialplanabfindung nach Altersgruppen oder die Zahlung eines Alterszuschlags ist keine Altersdiskriminierung (BAG 12. 4. 11 – 1 AZR 764/09 – NZA 11, 988; – 1 AZR 743/09 – NZA 11, 985). Zulässig ist auch der Ausschluss von älteren ArbN, die wirtschaftlich abgesichert sind, weil sie, ggf. nach Bezug von Arbeitslosengeld, rentenberechtigt sind (BAG 30. 9. 08, 11. 11. 08 AP Nr. 197, 198 zu § 112 BetrVG 1972 mwN; 20. 1. 09 AP Nr. 200 zu § 112 BetrVG 1972; 7. 6. 11 – 1 AZR 34/10 – NZA 11, 1370; *Amthauer* S. 107 ff., 117; *Krieger/Arnold* NZA 08, 1153 ff.; EuGH 12. 10. 10 – C-499/08 – NZA 10, 1341 steht dem nicht entgegen, so LAG Düsseldorf BeckRS 11, 75358 u. *T. Wißmann* RdA 11, 181 ff.; **aA** *Oberberg* RdA 11, 314); die Vorschrift ist auch anwendbar, wenn die betroffenen ArbN zwar nicht unmittelbar nach Bezug von Arbeitslosengeld I rentenberechtigt sind, eine Abfindung erhalten, die so bemessen ist, dass sie die wirtschaftlichen Nachteile ausgleichen kann, welche die ArbN in der Zeit nach Erfüllung ihres Arbeitslosengeldanspruchs bis zum frühestmöglichen Bezug einer Altersrente erleiden (BAG 23. 3. 10 – 1 AZR 832/08 – NZA 10, 774). Derartige Differenzierungen dürften auch für die §§ 111 ff. unterfallenden Sozialplänen wie zB tarifliche Sozialpläne zulässig sein (*Bauer/Göpfert/Krieger* AGG § 10 Rn 51; *Meinel/Heyn/Herms* AGG § 10 Rn 86; *Löwisch* DB 06, 1730). Zu **Einzelheiten** s. Kommentierung zu §§ **112, 112 a** Rn 150 ff.).

g) Politische Betätigung und Einstellung

Die **(partei-)politische Betätigung oder Einstellung** von einem Betriebsange- 97
hörigen hat grundsätzlich mit seiner Tätigkeit im Betrieb nichts zu tun und darf deshalb kein Kriterium für eine unterschiedliche Behandlung der ArbN im Betrieb sein. Dabei ist es unerheblich, ob die Betätigung rechtlich erlaubt ist oder nicht. Denn es ist nicht Aufgabe von ArbGeb. und BR, mit arbeitsrechtlichen Mitteln eine etwa unzulässige politische Betätigung zu unterbinden (*DKKW-Berg* Rn 40; GK-*Kreutz* Rn 76). Allerdings findet die (partei-)politische Betätigung im Betrieb ihre Grenzen in bestehenden arbeitsrechtlichen Pflichten, insb. auch in der zur Einhaltung des Betriebsfriedens (vgl. § 74 Rn 41 f.; vgl. auch das Widerspruchsrecht des BR nach § 99 Abs. 2 Nr. 6 bei drohender Störung des Betriebsfriedens und sein Antragsrecht auf Entfernung betriebsstörender ArbN nach § 104; Näheres hierzu vgl. § 99 Rn 253 ff. und § 104 Rn 3 ff.). In Tendenzunternehmen können insoweit allerdings Ausnahmen bestehen (vgl. Rn 135).

h) Gewerkschaftliche Betätigung und Einstellung

Das Verbot einer Differenzierung wegen **gewerkschaftlicher Betätigung oder** 98
Einstellung ergibt sich bereits aus Art. 9 Abs. 3 GG (zum Gewerkschaftsbegriff s. § 2 Rn 32 ff.). Diese Vorschrift enthält nicht nur die verfassungsrechtliche Gewährleistung der individuellen **Koalitionsfreiheit,** dh das Recht, einer Koalition beizutreten und sich in ihr zu betätigen, sondern garantiert auch den Bestand und die Tätigkeit der Koalition als solche (vgl. BVerfGE 50, 353 ff.; BVerfG 14. 11. 95 AP Nr. 80 zu Art 9 GG; BAG GS vom 29. 11. 67 AP Nr. 13 zu Art. 9 GG; vgl. auch § 2 Rn 81 ff. u. § 74 Rn 67 ff.). Darüber hinaus erklärt Art. 9 Abs. 3 S. 2 ausdrücklich alle Abreden, die dieses Koalitionsrecht einschränken oder behindern, für **nichtig** und hierauf gerichtete Maßnahmen für rechtswidrig.

Es ist umstritten, ob Art. 9 Abs. 3 auch die **negative Koalitionsfreiheit,** dh das 99
Recht einer Gewerkschaft fernzubleiben, verfassungsrechtlich garantiert (bejaht vom BVerfGE 50, 353 ff.; BAG GS aaO; aA *DKKW-Berg* Rn 42a mwN; zu dieser Streitfrage vgl. die umfangreiche Literaturangaben bei GK-*Kreutz* Rn 77). Diese Streitfrage ist für § 75 jedenfalls positiv zu beantworten. Denn das Verbot unterschiedlicher Behandlung auch wegen gewerkschaftlicher „Einstellung" erfasst auch den Schutz der negativen Koalitionsfreiheit, weil dieser Begriff auch die negative Einstellung zu Gewerkschaften umfasst (GK-*Kreutz* Rn 77 f.; HSWGNR Rn 25; *Richardi* Rn 29; *WPK* Rn 25; *Franzen* RdA 06, 1, 8; aA *DKKW-Berg* Rn 42 a; *Däubler,* Gewerkschaftsrechte 458 ff.). So ist eine Interessenausgleich, bei dem der BR die Herausnahme der Gewerkschaftsmitgl. aus der Namensliste der zu kündigenden ArbN zur Voraussetzung macht, unwirksam (LAG Köln ArbuR 04, 437 – LS).

Das Diskriminierungsverbot des Art. 9 Abs. 3 S. 2 GG geht über das des § 75 inso- 100
fern hinaus, als es sich **nicht** auf die **im Betrieb Tätigen beschränkt** (vgl. Rn 12 ff.), sondern auch bei der Einstellung eines ArbN jede Differenzierung nach der Gewerkschaftszugehörigkeit untersagt. Es ist deshalb wegen Verstoßes gegen Art. 9 Abs. 3 S. 2 unzulässig, wenn ein ArbGeb. die Einstellung eines ArbN davon abhängig macht, dass er aus der Gewerkschaft austritt (BAG 2. 6. 87 AP Nr. 49 zu Art. 9 GG; GK-*Kreutz* Rn 80), oder von vornherein klarstellt, dass er nur Nichtgewerkschaftsmitgl. einstellt (BAG 28. 3. 00 AP Nr. 27 zu § 99 BetrVG 1972 Einstellung). Die Gewerkschaft kann hiergegen mit einer Unterlassungsklage vorgehen.

Der **ArbGeb. verletzt** das Diskriminierungsverbot wegen gewerkschaftlicher Ein- 101
stellung oder Betätigung, wenn er im Arbeitskampf gezielt nur organisierte ArbN aussperrt (BAG 10. 6. 80 AP Nr. 66 zu Art 9 GG Arbeitskampf) oder ArbN wegen

ihrer Gewerkschaftszugehörigkeit einen beruflichen Aufstieg verwehrt. Das Gleiche gilt, wenn er ArbN Nachteile zufügt oder androht, die sich zulässigerweise im Betrieb für ihre Gewerkschaft betätigen zB Werbematerial oder die Gewerkschaftszeitung verteilen (GK-*Kreutz* Rn 85; *DKKW-Berg* Rn 41; s. § 74 Rn 64 ff.).

102　　**Kein Verstoß** gegen das Diskriminierungsverbot liegt vor, wenn der ArbGeb. nur den tarifgebundenen ArbN den Tariflohn, den **nichttarifgebundenen** jedoch einen **niedrigeren Lohn** zahlt. Dies benachteiligt die nichttarifgebundenen ArbN nicht etwa wegen ihrer gewerkschaftlichen „Einstellung" (die sich durch Nichtbeitritt geäußert hat), sondern ergibt sich aus der Wirkung des TV (BAG 21. 1. 87 AP Nr. 47 zu Art 9 GG; *DKKW-Berg* Rn 42; GK-*Kreutz* Rn 83; zu Vorteilsregelungen für GewerkschaftsMitgl. s. *Franzen* RdA 06, 1 ff.). Andernfalls käme man zu einer Art Allgemeinverbindlichkeit des TV für den Betrieb, was mit den Rechtsnormen des TVG (§ 1 Abs. 1 TVG) nicht vereinbar wäre und auch dem Grundsatz des 77 Abs. 3 nicht entspräche (vgl. § 77 Rn 98). Zahlt allerdings der ArbGeb. ständig auch den Außenseitern den Tariflohn, so kann er nicht ohne bes. Grund einzelne ArbN des Betriebs hiervon ausschließen (hM). Das wäre ein Verstoß gegen den Gleichbehandlungsgrundsatz.

103　　Auch für den **BR und seine Mitgl.** besteht die Verpflichtung, sich im Rahmen ihrer **Amtstätigkeit**, insb. bei der Wahrnehmung der Beteiligungsrechte, nicht nach der gewerkschaftlichen Einstellung der ArbN zu differenzieren. Sein BRAmt hat er gewerkschaftsneutral auszuüben (vgl. auch § 74 Rn 66). Es ist deshalb unzulässig, wenn der BR seine Zustimmung zu einer Einstellung davon abhängig macht, dass der ArbN einer Gewerkschaft beitritt, oder wenn ein einer bestimmten Gewerkschaft angehörendes BRMitgl. seine Tätigkeit für einen anderweit gewerkschaftsgebundenen ArbN davon abhängig macht, dass dieser seiner Gewerkschaft beitritt (LAG Köln NZA-RR 01, 371; *Franzen* RdA 06, 1, 8; zu Ausnahmen in Tendenzunternehmen vgl. Rn 135).

i) Geschlecht

104　　**Verboten** ist ferner jede unterschiedliche Behandlung der Betriebsangehörigen **wegen** ihres **Geschlechts**. Der Grundsatz der Gleichbehandlung von Mann und Frau und das Verbot der Diskriminierung wegen des Geschlechts sind verfassungsrechtlich gewährleistet (vgl. Art 3 Abs. 2 und 3 GG). Auch in internationalen Verträgen sind diese Grundsätze verankert (vgl. zB Art. 23 GRC; Art 157 AEUV, Übereinkommen Nr. 100 der IAO und Art 4 Nr. 3 der Europäischen Sozialcharta). Die Gleichbehandlungsrichtlinien der EG, RL 2000/78/EG vom 27. 11. 2000 (ABl. EG Nr. L 303 S. 16) und RL 2002/73/EG vom 23. 9. 2002 zur Änderung der RL 76/207/EWG (ABl. EG Nr. L EG 269 S. 15) – neu- und zusammengefasst durch RL 2006/54/EG v. 5 7. 2006 – sind durch das **AGG** umgesetzt worden.

105　　Für den Bereich der Bundesverwaltung und der Bundesgerichte ist durch das Bundesgleichstellungsgesetz (BGleiG) vom 30. 11. 01 (BGBl. I S. 3234) die Durchsetzung der Gleichberechtigung von Männern und Frauen detailliert geregelt. Für den Bereich der **Privatwirtschaft** haben Bundesregierung und die Spitzenverbände der deutschen Wirtschaft eine **Vereinbarung** zur Förderung der Chancengleichheit von Frauen und Männern in der Privatwirtschaft abgeschlossen (abgedruckt in: Edition der Hans-Böckler-Stiftung Nr. 57 S. 145). In dieser Vereinbarung verpflichten sich die Spitzenverbände, durch eine Vielzahl von Maßnahmen für eine Verbesserung der Chancengleichheit einzusetzen. Die Umsetzung der Vereinbarung wird durch eine gemeinsame, paritätisch und hochgradig besetzte ArbGruppe begleitet, die alle zwei Jahre einen Bericht über die Umsetzung der Vereinbarung und die erzielten Fortschritte erstellt. Die Bundesregierung verpflichtet sich, solange die Vereinbarung erfolgreich umgesetzt wird, keine G Initiative zur Förderung der Chancengleichheit von Frauen und Männern in der Privatwirtschaft zu ergreifen.

106　　Neben seiner Pflicht zur Überwachung des Verbots der Geschlechtsdiskriminierung nach § 75 hat der BR nach § 80 Abs. 1 Nr. 2a und 2b sich aktiv für die

Durchsetzung der tatsächlichen Gleichstellung von Frauen und Männern einzusetzen sowie Maßnahmen zur besseren Vereinbarkeit von Familie und Erwerbstätigkeit zu fördern (vgl. hierzu § 80 Rn 34 ff.) und diese Ziele auch im Rahmen der betrieblichen Personalplanung und Berufsbildung (§§ 96 ff.) zu verfolgen. Ferner hat er nach § 92 Abs. 2 und 3 das Recht, eigene Vorschläge für die Aufstellung und Durchführung von Maßnahmen zur Förderung der Gleichstellung von Frauen und Männern zu machen. Der ArbGeb. ist seinerseits nach § 92 Abs. 1 und 3 verpflichtet, den BR im Rahmen seiner Personalplanung über Maßnahmen über diese Gleichstellung zu unterrichten und diese mit ihm zu beraten (vgl. hierzu § 92 Rn 39 ff.). Zur Berichtspflicht des ArbGeb. über den Stand der Gleichstellung von Frauen und Männern im Betrieb s. § 43 Rn 22 und § 53 Rn 21.

Mit dem neuen **AGG** gibt es nunmehr unmittelbar geltende, **individualrecht-** 107 **liche Ansprüche,** die die Gleichbehandlung der Geschlechter sicherstellen und Geschlechtsdiskriminierungen verhindern oder beseitigen sollen. Nach §§ 7, 1 AGG dürfen Beschäftigte nicht wegen ihres Geschlechts benachteiligt werden (zur neueren Rspr. *Bissels/Lützeler* BB 09, 774, 776 ff.; *Hunold* NZA-RR 09, 113 ff.). Das Verbot bezieht sich auf alle Regelungen und Maßnahmen **im Rahmen** des **ArbVerh.** und bei seiner **Anbahnung** (s. § 6 Abs. 1 S. 2 AGG: Arbeitsplatzbewerber). Sowohl seine rechtliche als auch seine tatsächliche Ausgestaltung (zB Ausübung des Direktionsrechts) dürfen nicht geschlechtsdiskriminierend sein. So sind insb. Benachteiligungen in Bezug auf Auswahlkriterien (s. BAG 14. 8. 07 AP Nr. 1 zu § 33 AGG), Einstellungsbedingungen, Beschäftigungs- und Arbeitsbedingungen und Berufsbildung unzulässig (§ 2 AGG). Bestimmungen in Vereinbarungen, die hiergegen verstoßen, sind unwirksam.

Über § 75 werden die Vorschriften des **AGG** gegen Diskriminierung wegen des 108 Geschlechts auch für den BR im Rahmen seiner Überwachungsfunktion unmittelbar **verbindlich** (vgl. BT-Drucks. 16/1780 S. 56). Im Einzelnen gilt Folgendes:

Das Verbot der unterschiedlichen Behandlung wegen des Geschlechts bezieht sich 109 auf **Männer** und **Frauen.** Auch die Benachteiligung einer **transsexuellen** Person nach einer Geschlechtsumwandlung ist unzulässig (*Meinel/Heyn/Herms* AGG § 1 Rn 15; s. auch EuGH 30. 4. 96 EzA Art. 119 EWG-Vertrag Nr. 39). Zum Verbot der Diskriminierung wegen sexueller Identität der im Betrieb tätigen Personen vgl. Rn 124.

Das Diskriminierungsverbot bezieht sich nicht auf **gleichgeschlechtliche Perso-** 110 **nen.** Deshalb liegt keine unzulässige Diskriminierung wegen des Geschlechts vor, wenn der ArbGeb. Vergünstigungen für den Ehepartner des ArbN oder für eine Person des anderen Geschlechts, mit der der ArbN eine feste nichteheliche Beziehung unterhält, gewährt, diese Leistung jedoch einem ArbN vorenthält, der mit einem anderen in einer festen gleichgeschlechtlichen Verbindung lebt (vgl. EuGH 17. 2. 98 AP Nr. 9 zu Art. 119 EWG-Vertrag). Das Gleiche gilt für die Gewährung eines sog. Ortszuschlags nur an verheiratete ArbN und nicht an ledige, in einer gleichgeschlechtlichen Partnerschaft lebende Beschäftigte (BAG 15. 5. 97 AP Nr. 12 zu § 29 BAT; s. aber zum Ausschluss gleichgeschlechtlicher Lebenspartner von einer Hinterbliebenenversorgung EuGH 1. 4. 08 AP Nr. 9 zu EWG-Richtlinie Nr. 2000/78 u. Rn 124).

Freie Arbeitsplätze müssen **geschlechtsneutral ausgeschrieben** werden (§§ 11, 7 111 AGG); bei Verstoß hiergegen haftet der ArbGeb. auch für den für ihn handelnden Dritten (vgl. BAG 5. 2. 04 AP Nr. 23 zu § 611 a BGB; *Bauer/Göpfert/Krieger* AGG § 11 Rn 7; *Thüsing* Arbeitsrecht. Diskriminierungsschutz Rn 660; differenzierend *Diller* NZA 07, 649 ff.; s. auch BVerfG 21. 9. 06 AP Nr. 24 zu § 611 a BGB).

Eine unmittelbare Benachteiligung wegen des Geschlechts ist eine ungünstigere 112 Behandlung einer Frau wegen **Schwangerschaft** oder **Mutterschaft** zB bei Einstellungen, Arbeitsbedingungen und Berufsbildung (§ 3 Abs. 1 S. 2 AGG). So ist auch die **Frage** nach der Schwangerschaft bei einem Einstellungsgespräch grundsätzlich unzulässig, und zwar unabhängig davon, ob sich nur Frauen oder auch Männer beworben haben (EuGH 8. 11. 90 AP Nr. 23 zu Art 119 EWG-Vertrag; BAG 15. 10. 92 AP Nr. 8 zu § 611a BGB; vgl. § 94 Rn 22; s. auch *Pallasch* NZA 07, 306 ff., der über § 8 Abs. 1 AGG Ausnahmen zulässt).

113   Männer und Frauen müssen für gleiche oder gleichwertige Arbeit (zu den Begriffen vgl. BAG 23. 8. 95 AP Nr. 48 zu § 612 BGB; ErfK-*Schlachter* Art. 157 AEUV Rn 7, 8) das **gleiche Arbeitsentgelt** (zum Problem Entgeltgleichheit *Rieble* RdA 11, 36 ff.; *Tondorf* AiB 11, 25 ff.; *Tondorf/Nitsche* AiB 10, 79) erhalten, gleichgültig, ob das Entgelt individuell oder kollektivrechtlich vereinbart ist (st. Rspr. des BAG: vgl. 9. 9. 81 AP Nr. 117 zu Art 3 GG; 25. 8. 82 AP Nr. 53 zu § 242 BGB Gleichbehandlung; 23. 1. 90 AP Nr. 7 zu § 1 BetrAVG Gleichberechtigung; s. auch BAG 14. 8. 07 AP Nr. 1 zu § 33 AGG: ArbGeb. kann abwanderungsgefährdeten Frauen Abschluss eines verbesserten Vertrages nicht verweigern, wenn er zuvor abwanderungsgefährdeten Männern einen verbesserten Vertrag angeboten hat; ausführlich zur EuGH-Rspr. *Colneric* NZA 08 Beil. 2 S. 66, 68 ff.). Eine Rechtfertigung für eine geringere Entlohnung folgt nicht daraus, dass kostenwirksame Schutzvorschriften zB für werdende Mütter (§§ 3, 4, 6 MuSchG: Beschäftigungsverbot; § 8 MuSchG: Verbot v. Mehr-, Nacht- u. Sonntagsarbeit; § 9 MuSchG: Kündigungsschutz; § 11 MuSchG: Entgeltfortzahlung) bestehen (so § 8 Abs. 2 AGG).

114   Der Grundsatz gilt nicht nur für den Lohn selbst, sondern auch für **alle Lohnbestandteile.** Werden bestimmte Zulagen wegen bes. Erschwernisse nur an Männer, aber an alle gezahlt, obwohl diese bes. Erschwernisse nur bei einem Teil der Männer vorliegen, sind diese Zulagen auch an die weiblichen ArbN mit der entspr. Tätigkeit zu zahlen (BAG 11. 9. 74 AP Nr. 39 zu § 242 BGB Gleichbehandlung). Eine unterschiedliche Altersgrenze für einen tarifvertraglichen Anspruch auf Übergangsgeld bei Ausscheiden aus dem ArbVerh. (bei Frauen 60 Jahre, bei Männern 65 Jahre) verstößt jedenfalls insoweit gegen das Verbot der Geschlechtsdiskriminierung, als sie auch Männer vom Bezug des Übergangsgeldes ausschließt, die mit Vollendung des 62. Lebensjahres in Rente gehen (BAG 7. 11. 95 AP Nr. 71 zu Art. 119 EWG-Vertrag; s. auch BAG 7. 9. 04 DB 05, 507 zum Verstoß der Leistungsordnung einer Pensionskasse gegen Art. 141 EG-Vertrag, jetzt 157 AEUV).

115   Eine Diskriminierung ist auch eine **sexuelle Belästigung** (§ 3 Abs. 4 AGG). Das ist der Fall, wenn ein unerwünschtes, sexuell bestimmtes Verhalten bezweckt oder bewirkt, dass die Würde der betreffenden Person verletzt wird, insb. wenn ein von Einschüchterungen, Anfeindungen, Erniedrigungen, Entwürdigungen oder Beleidigungen gekennzeichnetes Umfeld geschaffen wird; zu derartigen unerwünschten sexuell bestimmten Verhaltensweisen gehören zB sexuelle Handlungen und Aufforderungen zu diesen, sexuell bestimmte körperliche Berührungen, Bemerkungen sexuellen Inhalts sowie unerwünschtes Zeigen und sichtbares Anbringen von pornographischen Darstellungen. Für das **„Bewirken"** genügt der bloße Eintritt der Belästigung, für die **Unerwünschtheit** die objektive Erkennbarkeit (BAG 9. 6. 11 – 2 AZR 323/10 – NZA 11, 1342).

116   **Unzulässig** ist nicht nur eine unmittelbare Diskriminierung, bei der das Geschlecht selbst das maßgebende Entscheidungskriterium ist. Auch eine **mittelbare Geschlechtsdiskriminierung** ist verboten. Eine solche liegt vor, wenn Vorschriften, Kriterien oder Verfahren dem Anschein nach geschlechtsneutral (formuliert) sind, von ihnen jedoch tatsächlich wesentlich mehr Frauen als Männer (oder umgekehrt) in bes. Weise nachteilig betroffen werden und diese nachteilige Wirkung nicht anders als mit dem Geschlecht begründet werden kann; in diesem Fall sind die betreffenden Vorschriften, Kriterien oder Verfahren nur zulässig, wenn sie durch ein rechtmäßiges Ziel sachlich gerechtfertigt und die Mittel zur Erreichung dieses Ziels angemessen und erforderlich sind (vgl. **§ 3 Abs. 2 AGG;** EuGH 31. 5. 95 AP Nr. 68 zu Art 119 EWG-Vertrag; BAG 19. 1. 11 – 3 AZR 29/09 – NZA 11, 860 mwN; zur diskriminierungsfreien Leistungsbewertung bei Mehrarbeit LAG Köln 8. 5. 09 BeckRS 09, 66752).

116a   Eine mittelbare Diskriminierung soll nach Ansicht des 9. Senats des BAG (15. 2. 11 – 9 AZR 750/09 – NZA 11, 740) eine Vereinbarung zulasten von Frauen begründen, nach welcher der Anspruch auf **Vorruhestandsleistungen** mit dem Zeitpunkt des frühestmöglichen Renteneintritts (Frauen ab 60 J., Männer ab 63 J.) endet, für Männer also eine drei Jahre längere Bezugszeit vorsieht (s. hierzu die berechtigte Kritik von *Diller* ArbRAktuell 11, 354). Sie liegt dann nicht vor, wenn ein TV vorsieht, dass die finanziellen Nachteile, die Frauen infolge der für sie geltenden tariflichen Altersgrenze erleiden, durch eine jährlich zu berechnende Zahlung des ArbGeb. ausgeglichen werden (BAG 15. 2. 11 – 9 AZR 584/09 – BeckRS 11, 74222).

Im Falle einer mittelbaren Diskriminierung haben die wegen ihres Geschlechts benachteiligten ArbN grundsätzlich Anspruch auf die Leistungen, die der bevorzugten Gruppe gewährt werden (BAG 14. 8. 07 AP Nr. 1 zu § 33 AGG mwN; vgl. auch EuGH NZA 91, 59). Zur Teilzeit s. auch Rn 50 ff. **116b**

Beispiele: **117**

Eine mittelbare Diskriminierung ist anzunehmen, wenn ein ArbGeb. Männer und Frauen mit der gleichen Arbeit beschäftigt, fast die Hälfte der Männer, jedoch nur ein Zehntel der Frauen über Tarif entlohnt und die höhere Entlohnung von mehr Männern als Frauen nicht durch andere als geschlechtsbezogene Gründe gerechtfertigt ist. (BAG 23. 9. 92 AP Nr. 1 zu § 612 BGB Diskriminierung). Gleiches gilt, wenn eine Regelung vorsieht, dass bei gleicher Arbeit und gleicher Anzahl Stunden, die aufgrund eines ArbVerh. geleistet werden, die Vollzeitbeschäftigten gezahlte Vergütung höher ist als die Teilzeitbeschäftigten gezahlte und Teilzeitbeschäftigte überwiegend Frauen sind (EuGH 6. 12. 07 AP Nr. 17 zu Art. 141 EG) oder ein TV die Berechtigung zur Altersteilzeit nur bis zu dem Zeitpunkt vorsieht, in dem erstmals eine ungekürzte Rente aus der gesetzl. Altersversorgung beansprucht werden kann, und wenn die Gruppe der Personen, die eine solche Rente bereits mit 60 Jahren beziehen können, fast ausschließlich aus Frauen besteht (EuGH 20. 3. 03 Rs. C-187/00 AP Nr. 32 zu EWG-Richtlinie Nr. 76/207). Dagegen liegt keine mittelbare Diskriminierung vor, wenn die Zeit eines Elternurlaubs auf eine tarifvertragliche Bewährungszeit nicht angerechnet wird (BAG 9. 11. 94 AP Nr. 33 zu § 23 a BAT) oder wenn ArbN im Elternurlaub von der Zahlung einer Jahressonderzahlung, die nur ArbN in einem aktiven Beschäftigungsverhältnis gewährt wird, ausgenommen werden (EuGH 21. 10. 99 AP Nr. 14 zu Art. 119 EG-Vertrag).

Eine **unterschiedliche Behandlung wegen des Geschlechts** ist zulässig, wenn **118** das **Geschlecht** wegen der Art der auszuübenden Tätigkeit oder der Bedingungen ihrer Ausübung eine **wesentliche** und **entscheidende berufliche Anforderung** darstellt, sofern der Zweck rechtmäßig und die Anforderung angemessen ist (**§ 8 Abs. 1 AGG**). Das Merkmal „Geschlecht" ist eine wesentliche und entscheidende berufliche **Anforderung, wenn die Tätigkeit ohne dieses Merkmal bzw. ohne Fehlen** dieses Merkmals entweder gar nicht oder nicht ordnungsgemäß durchgeführt werden kann und bezogen auf das Merkmal „Geschlecht" dieser Qualifikationsnachteil auf biologischen Gründen beruht (BAG 28. 5. 09 – 8 AZR 536/08 – NZA 09, 1016).

Das ist immer dann der Fall, wenn die Berufsausübung dem anderen Geschlecht, **118a** zB Männern, **unmöglich** ist: Amme, Schauspielerin und Tänzerin für weibliche Rolle, Mannequin (LAG München NZA 92, 982). Es ist aber auch dann der Fall, wenn ein Angehöriger eines bestimmten Geschlechts die Arbeitsleistung zwar erbringen kann, jedoch **schlechter** oder **weniger ordnungsgemäß** als die eines anderen Geschlechts; so kann eine mit Nachtdiensten in einem Mädcheninternat verbundene Stelle nur mit einer Frau besetzt und entspr. ausgeschrieben werden (BAG 28. 5. 09 – 8 AZR 536/08 – NZA 09, 1016). Ebenso kann aufgrund der erforderliche **Authentizität** der Leistungserbringung die Besetzung der Stelle einer Frauenreferentin in einer politischen Partei (LAG Berlin NZA 98, 312) und die einer Geschäftsführerin bei einem Frauenverband (ArbG München NZA-RR 01, 365) Frauen vorbehalten werden. Das gilt jedoch nicht für **Gleichstellungsbeauftragte** innerhalb von staatlichen oder kommunalen Organisationen (BAG 12. 11. 98 AP Nr. 18 zu § 611 a BGB); ist dagegen das weibliche Geschlecht unverzichtbare Voraussetzung, weil die kommunale Gleichstellungsbeauftragte ua Integrationsarbeit mit zugewanderten muslimischen Frauen zu leisten hat, wird ein männlicher Bewerber durch Nichteinbeziehung in die Bewerberauswahl nicht unzulässig wegen seines Geschlechts benachteiligt (BAG 18. 3. 10 – 8 AZR 77/09 – NZA 10, 872).

119   Aus **Gründen der öffentlichen Sicherheit** können ausschließlich Männer als Aufseher in Haftanstalten vorgesehen werden, aus Gründen des **Schamgefühls** seiner Kundinnen kann ein ArbGeb. in der Abteilung Damenmoden oder Dessous nur Frauen beschäftigen (s. Beispiele bei *Bauer/Göpfert/Krieger* AGG § 8 Rn 42; kr. *Däubler/Bertzbach* AGG § 8 Rn 18 ff.).

120   Eine **unterschiedliche Behandlung wegen des Geschlechts** ist auch nach § 5 AGG zulässig, wenn durch geeignete und angemessene Maßnahmen bestehende Nachteile eines Geschlechts verhindert oder ausgeglichen werden sollen **(positive Maßnahmen)**. Als positive Maßnahmen, die auch in BV geregelt werden können (vgl. auch § 80 Rn 34 ff., § 92 Rn 39 ff., § 95 Rn 22), kommen in Betracht:

121   **Leistungsabhängige, flexible Quotenregelungen** zugunsten von **Frauen** bei Einstellungen und Beförderungen in Bereichen, in denen Frauen unterrepräsentiert sind. Diese Regelungen sind nur zulässig, wenn sie bei gleicher oder fast gleicher Qualifikation keine automatische Bevorzugung der Frau vorsehen, sondern auch eine andere Entscheidung zulassen, etwa wenn in der Person des männlichen Mitbewerbers liegende Gründe überwiegen (vgl. hierzu EuGH 17. 10. 95 AP Nr. 6 zu EWG-Richtlinie Nr. 76/207 – Kalanke; 6. 7. 00 AP Nr. 22 zu EWG-RL Nr. 76/207; BAG 5. 3. 96 AP Nr. 226 zu Art 3 GG; *Meinel/Heyn/Herms* AGG § 5 Rn 12).

122   **Starre Quotenregelungen,** die bei einer ausreichenden Bewerberzahl einen bestimmten Mindestprozentsatz an **Frauen** vorsehen, dürften bei Einladungen zu Vorstellungsgesprächen, der Vergabe von Ausbildungsplätzen und befristeten Qualifizierungsstellen sowie im Bereich von Fort- und Weiterbildung zulässig sein, weil es hier noch nicht unmittelbar um Arbeitsplätze, sondern nur darum geht, qualifizierten Frauen zusätzliche Chancen bei der Bewerbung um Arbeitsplätze zu geben (vgl. EuGH 28. 3. 00 Rs. C-158/97 – Badeck – NZA 00, 473 mit Aussagewert wohl auch für privatrechtl. Bereich; *Däubler/Bertzbach* AGG § 5 Rn 32 ff.).

123   Im Rahmen von Maßnahmen zur Förderung der Vereinbarkeit von Beruf und Familie können betriebliche **Kindertagesstättenplätze** nur für **Kinder** von **weiblichen ArbN** vorgesehen werden, da das unzureichende Angebot von Kinderbetreuungseinrichtungen berufstätige Frauen zur Aufgabe ihrer Beschäftigung veranlassen könnte (EuGH 19. 3. 02 Rs. C-476/99 AP Nr. 29 zu EWG-Richtlinie Nr. 76/207 – Lommers; kr. *Däubler/Bertzbach* AGG § 5 Rn 37). Allerdings müssen **alleinerziehende männliche ArbN** das gleiche Zugangsrecht für ihre Kinder haben (EuGH aaO).

j) Sexuelle Identität

124   Verboten ist ferner eine Diskriminierung der im Betrieb Beschäftigten wegen ihrer **sexuellen Identität** (vgl. auch §§ 7, 1 AGG; zur Rspr. *Bissels/Lützeler* BB 09, 774, 776 ff.; *Hunold* NZA-RR 09, 113, 121; *Mallmann* AiB 10, 237 ff.). Unzulässig ist deshalb eine unterschiedliche Behandlung von homosexuellen Männern und Frauen, von bisexuellen und zwischengeschlechtlichen Menschen (BT-Drucks. 16/1780 S. 31; *Palandt* AGG § 1 Rn 10). So verstößt der Ausschluss gleichgeschlechtlicher Lebenspartner von einer Hinterbliebenenversorgung gegen das Diskriminierungsverbot (EuGH 1. 4. 08 AP Nr. 9 zu EWG-Richtlinie Nr. 2000/78; 10. 5. 11 – C-147/08 – DB 11, 1169; vgl. auch BAG 14. 1. 09 AP Nr. 315 zu Art 3 GG, das die Gleichbehandlung bei der betriebl. Altersversorgung auf das LPartG stützt). Transsexuelle Menschen werden vom Merkmal „Geschlecht" erfasst (EuGH 30. 4. 96 Rs. C-13/94 NZA 96, 695). Das Diskriminierungsverbot bezieht sich nicht nur auf die materiellen Arbeitsbedingungen, sondern ganz allgemein auf die Behandlung der geschützten Personen im Betrieb. Der Schutz gilt nur innerhalb der strafrechtlich relevanten Grenzen (*Meinel/Heyn/Herms* AGG § 1 Rn 30).

k) Durchsetzung des Diskriminierungsschutzes nach dem AGG

Oft ist es den Benachteiligten nicht möglich, den vollen Beweis einer erlittenen 125
Diskriminierung zu erbringen. Deshalb will § 22 AGG einen besseren Schutz vor
Benachteiligungen durch eine **abgestufte Darlegungs- und Beweislast** sicherstellen. Diese Erleichterung der Beweislast gilt **nur für** Ansprüche unmittelbar aus dem
AGG, die die Diskriminierungsmerkmale in § 1 AGG betreffen, also Rasse, ethnische Herkunft, Geschlecht, Religion/Weltanschauung, Behinderung, Alter und sexuelle Identität; sie gilt nicht für andere konkurrierende arbeitsrechtliche Ansprüche
(*Bauer/Göpfert/Krieger* AGG § 22 Rn 5; *Meinel/Heyn/Herms* AGG § 22 Rn 8; *Windel*
RdA 11, 193 ff.).

Der ArbN muss darlegen, dass er objektiv benachteiligt worden ist. Bestreitet dies 126
der ArbGeb., muss der ArbN den **vollen Beweis** der **Ungleichbehandlung** erbringen. Der ArbN hat des weiteren die Darlegungs- und Beweislast für die Kausalität
zwischen einem Merkmal des § 1 AGG und dem eingetretenen Nachteil. Er braucht
nur **Indizien** vortragen und beweisen, die die **Kausalität** vermuten lassen, wie zB
Verstoß des ArbGeb. gegen das Gebot der geschlechtsneutralen Ausschreibung
von Arbeitsplätzen (§ 11 AGG; weitere Fälle bei *Bauer/Göpfert/Krieger* AGG § 22
Rn 10 ff.; zur geschlechtsspezifischen Benachteiligung wegen Schwangerschaft BAG
24. 4. 08 AP Nr. 2 zu § 33 AGG; Nichtverlängerung eines befristeten Arbeitsvertrags nach Mitteilung der Schwangerschaft, während bei vergleichb. ArbN verlängert
wurde, LAG Köln NZA-RR 09, 526). An die Vermutungsvoraussetzungen ist kein
zu strenger Maßstab anzulegen; eine überwiegende Wahrscheinlichkeit für eine Verknüpfung der Benachteiligung mit einem Benachteiligungsmerkmal reicht aus. Dann
trägt der ArbGeb. die Beweislast dafür, dass kein Verstoß gegen ein Benachteiligungsverbot vorliegt (BAG 22. 7. 10 – 8 AZR 1012/08 – NZA 11, 93, *Windel* RdA 11,
193, 196 ff.).

Für die **Vermutungswirkung** des § 22 AGG reichen solche Indizien aus, die aus 126a
einem regelhaft einem Merkmalsträger gegenüber geübten Verhalten auf eine solchermaßen (mit) motivierte Entscheidung schließen lassen. Ein derartig regelhaftes
Verhalten kann sich aus **Statistiken** (vgl. *Meinel/Heyn/Herms* AGG § 22 Rn 29 ff.;
Dahm BB 10, 1792 ff.; *Bayreuther* NZA 11 Beil. 1 S. 27, 33) ergeben, wenn deren
Daten sich konkret auf den betreffenden ArbGeb. beziehen und hinsichtlich dessen
Verhalten aussagekräftig sind (BAG 22. 7. 10 – 8 AZR 1012/08 – NZA 11, 93; dazu
Schmitz-Scholemann/Brune RdA 11, 129, 133 f.). Deshalb begründet die Tatsache, dass
in derselben Branche auf der vergleichbaren Hierarchieebene der Frauenanteil höher
ist als bei dem betroffenen ArbGeb. keine Indizwirkung für eine **geschlechtsbezogene Diskriminierung** von Frauen bei Beförderungsentscheidungen. Gleiches gilt
für den Umstand, dass es auf den oberen Hierarchieebenen des ArbGeb. einen deutlich geringeren Frauenanteil gibt als im Gesamtunternehmen. Hier bedarf es über die
bloßen Statistiken hinaus weiterer Anhaltspunkte für die Annahme einer geschlechtsbezogenen Benachteiligung (BAG 22. 7. 10 – 8 AZR 1012/08 – NZA 11, 93; 27. 1.
11 – 8 AZR 483/09 – NZA 11, 689).

Bei einem **Verstoß** gegen ein Benachteiligungsverbot des § 7 Abs. 1 AGG besteht 127
zwar **kein Anspruch** der Benachteiligten auf **Abschluss eines Arbeitsvertrags,**
Berufsausbildungsverhältnisses oder einen beruflichen Aufstieg, es sei denn, ein solcher ergibt sich aus einem anderen Rechtsgrund (§ 15 Abs. 6 AGG), zB aus TV in
Form eines Bewährungsaufstiegs (BT-Drucks. 16/1780 S. 38) oder aus vertraglichen
Zusagen. Jedoch stehen den Benachteiligten **Schadensersatz-** und **Entschädigungsansprüche** zu. Bei Bewerbern kommen derartige Ansprüche nur in Betracht,
wenn sie sich subjektiv ernsthaft beworben haben (offengelassen von BAG 7. 4. 11 –
8 AZR 679/09 – BeckRS 11, 73840) und objektiv für die konkrete Stelle geeignet
sind (vgl. LAG Rheinland-Pfalz NZA-RR 08, 343 u. Rn 64a).

Ein Anspruch auf Ersatz des **materiellen Schadens** besteht nur, wenn der Arb- 128
Geb. die Pflichtverletzung zu vertreten hat (§ 15 Abs. 1 AGG; ausführlich *Stoffels*

RdA 09, 204 ff.; *Windel* RdA 11, 193, 195). Damit gelten insb. die §§ 276 bis 278 BGB (s. BT-Drucks. 16/1780 S. 38) mit der Folge, dass der ArbGeb. für eigenes Verschulden (Vorsatz, Fahrlässigkeit), für das seines gesetzlichen Vertreters und das seiner Erfüllungsgehilfen haftet (Einzelheiten s. *Meinel/Heyn/Herms* AGG § 15 Rn 11 ff.). Aufgrund der Umkehr der Beweislast (s. § 15 Abs. 1 S. 2 AGG) hat der ArbGeb. darzulegen und zu beweisen, dass er die Pflichtverletzung nicht zu vertreten hat, er insb. seine Handlungspflichten nach § 12 AGG zur Vorsorge gegen Diskriminierungen in seinem Organisationsbereich erfüllt hat (*Bauer/Göpfert/Krieger* AGG § 15 Rn 22).

129   § 12 AGG verpflichtet den ArbGeb. zur Schaffung eines **diskriminierungsfreien Arbeitsumfeldes** (s. BT-Drucks. 16/1780 S. 25, 37). Er hat konkrete geeignete Maßnahmen zum Schutz seiner ArbN vor Benachteiligungen iSv. § 1 AGG durch Arbeitskollegen oder Dritte, wie zB Kunden oder Lieferanten, zu treffen. Das können sowohl **präventive Maßnahmen** zur Vermeidung von Diskriminierungen in der Belegschaft als auch **repressive arbeitsrechtliche Einzelmaßnahmen** wie Abmahnung, Umsetzung, Versetzung oder Kündigung des oder der diskriminierenden ArbN sein. Welche Maßnahmen im Einzelfall erforderlich und angemessen sind, beurteilt sich nach objektiven Gesichtspunkten, nicht nach der subjektiven Einschätzung des ArbGeb. oder der ArbN, und danach, wie das Arbeitsumfeld organisiert ist. Die Verpflichtung des ArbGeb. kann immer nur so weit gehen, wie er rechtlich und tatsächlich zur Pflichterfüllung in der Lage ist (BT-Drucks. 16/1780 S. 37; *Meinel/Heyn/ Herms* AGG § 12 Rn 3 ff.; *Grobys* NJW 06, 2950 ff.; s. auch das „Mobbing"-Urteil des BAG 25. 10. 07 AP Nr. 6 zu § 611 BGB Mobbing u. dazu *Gehlhaar* NZA 09, 825 ff.; *Brede* AiB 11, 106 ff.; zu EthikRL und § 12 AGG *Schneider/Sittard* NZA 07, 654 ff.).

130   Der **Umfang** des (materiellen) Schadensersatzanspruchs bemisst sich nach §§ 249 ff. BGB mit der Besonderheit, dass es in den Fällen des § 15 Abs. 6 AGG (s. Rn 127) keine Naturalrestitution, sondern nur Geldleistungen gibt. Unter Beachtung dieser Einschränkung ist der benachteiligte ArbN vom ArbGeb. so zu stellen wie er stehen würde, wenn die Diskriminierung nicht erfolgt wäre **(positives Interesse)**. So hat zB bei einer **diskriminierenden Nichteinstellung** der Bewerber, der sich unter Beachtung seiner Schadensminderungspflicht (§ 254 Abs. 2 S. 1 BGB) vergeblich um eine anderweitige Beschäftigung bemüht hat, Anspruch auf eine Geldsumme in Höhe des Arbeitsentgelts, das er bis zum ersten hypothetischen Kündigungstermin verdient hätte (vgl. *Bauer/Göpfert/Krieger* AGG § 15 Rn 25 ff.; *Thüsing* Arbeitsrechtl. Diskriminierungsschutz Rn 539; aA *Meinel/Heyn/Herms* AGG § 15 Rn 41 ff.). Bei einem **Verstoß** gegen das **Gebot des gleichen Entgelts** haben die benachteiligten ArbN grundsätzlich Anspruch auf die Leistungen, die den bevorzugten ArbN gewährt werden (*Thüsing* Arbeitsrechtl. Diskriminierungsschutz Rn 543 mwN).

131   Der diskriminierte ArbN kann auch wegen eines **immateriellen Schadens** vom ArbGeb. eine Entschädigung in Geld verlangen (§ 15 Abs. 2 AGG; ausführlich *Jakobs* RdA 04, 193 ff.; *Windel* RdA 11, 193, 195 f.); eine abstrakte Diskriminierung, zB durch eine öffentliche Äußerung (s. Rn 60 b), ohne konkrete eigene Benachteiligung löst keinen Entschädigungsanspruch aus (BAG 19. 8. 10 – 8 AZR 370/09 – NZA 11, 200). Dieser Anspruch setzt grundsätzlich **keine Persönlichkeitsverletzung** und **kein Verschulden** des ArbGeb. voraus (BT-Drucks. 16/1780 S. 38; BAG 22. 1. 09 – 8 AZR 73/08 – NZA 09, 945). Letzteres gilt jedoch nicht, wenn Diskriminierungen durch die Anwendung kollektivrechtlicher Vereinbarungen **(TV, BV, Regelungsabreden)** erfolgen; dann trifft den ArbGeb. eine Entschädigungspflicht nur, wenn er **vorsätzlich** oder **grob fahrlässig** gehandelt hat (§ 15 Abs. 3 AGG), er also bei der Anwendung der Kollektivvereinbarung deren Unwirksamkeit (s. § 7 Abs. 2 AGG) kannte oder leichtfertig davor die Augen verschlossen hat (*Thüsing* Arbeitsrechtl. Diskriminierungsschutz Rn 546). Das kann vor allem bei AuswahlRL nach § 95 bedeutsam werden, wenn ihre Kriterien oder das Auswahlverfahren diskriminierend geregelt sind (*Kania/Merten* ZIP 07, 8, 15).

Die **Haftungsbeschränkung** des ArbGeb. besteht auch dann, wenn – mangels **132** Tarifbindung – die Geltung des TV im Arbeitsvertrag vereinbart oder der TV für allgemeinverbindlich erklärt ist (BT-Drucks. 16/1780 S. 38). Die Haftungsbeschränkung gilt nicht für den Ersatz des materiellen Schadens (*Däubler/Bertzbach* AGG § 15 Rn 92; *Thüsing* Arbeitsrechtl. Diskriminierungsschutz Rn 550; aA *Bauer/Göpfert/Krieger* AGG § 15 Rn 45).

Die **Entschädigungshöhe** muss **angemessen** sein. Dies bestimmt sich nach Art **133** und Schwere der Beeinträchtigung, ihrer Nachhaltigkeit und Fortwirkung sowie den Motiven für die Diskriminierung (vgl. BAG 14. 3. 89 AP Nr. 5 zu § 611a BGB). Eine **Höchstgrenze** von drei Monatsgehältern ist nur im Fall der Nichteinstellung für Bewerber vorgesehen, die auch bei benachteiligungsfreier Auswahl nicht eingestellt worden wären (vgl. BAG 19. 8. 10 – 8 AZR 530/09 – NZA 10, 1412). Diese Höchstgrenze dürfte auch für Diskriminierungen beim beruflichen Aufstieg gelten (*Däubler/Bertzbach* AGG § 15 Rn 65; *Meinel/Heyn/Herms* AGG § 15 Rn 72; aA *Wisskirchen* DB 06, 1491, 1499). Der Anspruch desjenigen Bewerbers, der bei diskriminierungsfreier Auswahl die Arbeits- oder Beförderungsstelle erhalten hätte (Bestqualifizierter), ist in der Höhe nicht begrenzt.

Für die Durchsetzung von Schadensersatz- und Entschädigungsansprüchen nach **134** § 15 Abs. 1 und 2 AGG gilt eine **zweistufige Ausschlussfrist**. Die Ansprüche müssen innerhalb einer Frist von **zwei Monaten** schriftlich beim ArbGeb. geltend gemacht werden (BAG 24. 9. 09 – 8 AZR 705/08 – NZA 10, 387), es sei denn, die TVParteien haben etwas anderes vereinbart (§ 15 Abs. 4 AGG); die Frist beginnt mit Kenntniserlangung des diskriminierten ArbN von der Benachteiligung, im Fall einer Bewerbung oder eines beruflichen Aufstiegs mit Zugang der Ablehnung. Eine anschließende **Klage** muss innerhalb von **drei Monaten** nach der schriftlichen Geltendmachung der Ansprüche erhoben werden (§ 61b Abs. 1 ArbGG).

l) Tendenzunternehmen

In **Tendenzunternehmen** (§ 118 Abs. 1) können sich bei einigen der vorstehend **135** genannten Differenzierungsverboten Einschränkungen ergeben, wenn und soweit (dh nur in diesen Grenzen) dies die Tendenz des Unternehmens erfordert (*Richardi* Rn 55). Eine derartige Einschränkung kann insb. bei Unternehmen mit (partei-) politischer, koalitionspolitischer oder konfessioneller Zielsetzung in Betracht kommen. So kann zB die Geschäftsstelle einer Partei die Einstellung von ArbN von der Parteizugehörigkeit abhängig machen. Auch kann eine Gewerkschaft als ArbGeb. die Mitglschaft ihrer ArbN verlangen. Ferner können Religionsgemeinschaften, die ihnen zugeordneten Einrichtungen und Vereinigungen, die sich die Pflege oder Förderung eines religiösen Bekenntnisses zur Aufgabe gemacht haben, nach Maßgabe des § 9 AGG von ihren ArbN die betreffende Konfessionszugehörigkeit und die Beachtung der wesentlichen Glaubensgrundsätze verlangen (vgl. auch § 118 Rn 54ff.).

III. Freie Entfaltung der Persönlichkeit (Abs. 2 S. 1)

1. Allgemeines

In Abs. 2 werden ArbGeb. und BR verpflichtet, anknüpfend an Art. 2 Abs. 1 GG die **136** **Persönlichkeit des einzelnen ArbN** sowie deren **freie Entfaltung** im Rahmen der betrieblichen Möglichkeiten zu schützen und zur fördern. Schutz und Verwirklichung der Persönlichkeit des ArbN wird damit als eine Aufgabe des Arbeitsrechts gesetzlich statuiert (GK-*Kreutz* Rn 101). Die Vorschrift hat nicht nur (abwehrenden) Schutzcharakter, sondern enthält darüber hinaus die Verpflichtung, auf eine positive Gestaltung der Arbeitsbedingungen im Interesse der freien Persönlichkeitsentfaltung hinzuwirken (ErfK-*Kania* Rn 9; GK-*Kreutz* Rn 107f.; *Richardi* Rn 44). Eine Reihe weiterer Vorschriften des G dienen der Konkretisierung dieses allgemein geltenden Grundsatzes (vgl. §§ 80, 83–86, 90–91, 96–98). Zur Bedeutung des § 75 Abs. 2 als gesicherte arbeitswissenschaftliche Erkenntnis iSv. §§ 90, 91 vgl. § 90 Rn 39.

137 Die Bestimmung des § 75 Abs. 2 ist bei der Ausübung der MBR sowie bei der Entscheidung der E-Stelle zu beachten (BAG 19. 1. 99 AP Nr. 28 zu § 87 BetrVG 1972 Ordnung des Betriebs; 11. 7. 00 AP Nr. 16 zu § 87 BetrVG 1972 Sozialeinrichtung; 26. 8. 08 AP Nr. 54 zu § 75 BetrVG 1972). Unzulässige Eingriffe in Persönlichkeitsrechte des ArbN werden durch eine Beteiligung des BR nicht zulässig. Andererseits begründet ein Verstoß des ArbGeb. gegen seine Pflicht, die freie Entfaltung der Persönlichkeit der ArbN zu schützen und zu fördern, **kein MBR** des **BR** (BAG 8. 6. 99 AP Nr. 31 zu § 87 BetrVG 1972 Ordnung des Betriebs).

138 Eine betriebliche Regelung, die die Handlungsfreiheit des ArbN einschränkt, muss dem **Grundsatz der Verhältnismäßigkeit** beachten, dh die Regelung muss geeignet, erforderlich und unter Berücksichtigung der grundsätzlichen Handlungsfreiheit des ArbN angemessen sein, um den erstrebten Zweck zu erreichen (*Eich* NZA 10, 1389, 1392). **Geeignet** ist die Regelung, wenn durch sie der erstrebte Erfolg gefördert werden kann. Dabei steht den Betriebsparteien und der E-Stelle ein gewisser Beurteilungsspielraum zu (BAG 26. 8. 08 AP Nr. 54 zu § 75 BetrVG 1972). **Erforderlich** ist sie, wenn kein anderes, gleich wirksames, aber die Handlungsfreiheit weniger einschränkendes Mittel verfügbar ist. Auch insoweit besteht ein gewisser Beurteilungsspielraum des ArbGeb. und BR sowie der E-Stelle. **Angemessen** ist sie, wenn bei einer Gesamtabwägung zwischen Intensität des Eingriffs und dem Gewicht der ihn rechtfertigenden Gründe die Grenze der Zumutbarkeit nicht überschritten wird (BAG 12. 12. 06 AP Nr. 94 zu § 77 BetrVG 1972; 26. 8. 08 AP Nr. 54 zu § 75 BetrVG 1972 mwN).

139 Danach belastet zB eine BV, nach der ArbN **Annahmeverzugsansprüche,** die vom Ausgang eines Kündigungsschutzprozesses abhängen, bereits während dieses Prozesses einklagen müssen, die ArbN unverhältnismäßig und ist unwirksam, (BAG 12. 12. 06 aaO). Das Gleiche gilt für eine BV, die einen Erstattungsanspruch des ArbGeb. für die anfallenden **Kosten** einer **Lohn-** oder **Gehaltspfändung** vorsieht und damit eine unzulässige, allein den ArbN belastende Lohnverwendungsbestimmung darstellt (BAG 18. 7. 06 AP Nr. 15 zu § 850 ZPO; *Eich* NZA 10, 1389, 1392). Unwirksam sind auch **Abtretungsverbote** in BV, weil sie gegen die Handlungsfreiheit des ArbN verstoßen, seine Vermögensangelegenheiten selbst zu gestalten und zu entscheiden, ob er Gehaltsansprüche abtreten will (ArbG Hamburg DB 10, 2111).

140 Abs. 2 begründet **Schutz- und Förderpflichten** für ArbGeb. und BR sowie die Mitgl. des BR, nicht für die einzelnen ArbN des Betriebs. Das allgemeine Persönlichkeitsrecht ist jedoch ein sonstiges Recht iSd § 823 Abs. 2 BGB (hM vgl. BGHZ 50, 136; DKKW-*Berg* Rn 64; **aA** GK-*Kreutz* Rn 151). Dem einzelnen ArbN ist es deshalb aus diesem Grunde untersagt, die Persönlichkeitsrechte der Arbeitskollegen rechtswidrig zu verletzen. Das Verbot der Verletzung des Persönlichkeitsrechtes des ArbGeb. ergibt sich zusätzlich aus der arbeitsvertraglichen Treuepflicht des ArbN.

141 Wie Abs. 1 begründet Abs. 2 **Amtspflichten** des ArbGeb., BR und seiner Mitgl. (*Wiese* NZA 06, 1, 5). Ihre Verletzung kann ggf. Maßnahmen nach § 23 Abs. 1 oder 3 zur Folge haben. Die Vorschrift gewährt **keinen Individualanspruch des einzelnen ArbN** gegen den ArbGeb. oder BR auf Schutz und Förderung der Persönlichkeitsrechte. Der einzelne ArbN hat deshalb kein Recht, vom BR ein bestimmtes Handeln oder Unterlassen iSd Abs. 2 zu verlangen (GK-Kreutz Rn 105). In Bezug auf den ArbGeb. kann sich ein Anspruch des ArbN auf Schutz und ggf. auch auf Förderung seiner Persönlichkeit aus der arbeitsvertraglichen Fürsorgepflicht des ArbGeb. ergeben.

2. Schutzpflicht

142 Abs. 2 verpflichtet ArbGeb. und BR zunächst zum Schutz der **freien Entfaltung der Persönlichkeit** der ArbN. Diese Verpflichtung stellt eine Schranke für ihre Re-

gelungsbefugnis und den Inhalt der von ihnen getroffenen Regelungen dar (BAG 29. 6. 04 AP Nr. 41 zu § 87 BetrVG 1972 Überwachung; 26. 8. 08 AP Nr. 54 zu § 75 BetrVG 1972). Sie beinhaltet zum einen, selbst alles zu unterlassen, was Persönlichkeitsrechte der ArbN verletzt (BAG 28. 5. 02 AP Nr. 39 zu § 87 BetrVG 1972 Ordnung des Betriebs). Zum anderen ergibt sich aus ihr auch, Persönlichkeitsrechtsverletzungen der ArbN durch andere mit den bestehenden Mitteln entgegenzutreten. Das gilt unabhängig davon, ob die unzulässige Beeinträchtigung des Persönlichkeitsrechts durch den anderen Betriebspartner, durch andere ArbN oder sonstige im Betrieb befindliche Personen erfolgt.

Die Schutzpflicht des Abs. 2 hat insb. zum Inhalt, **rechtswidrige Verletzung des** **143** **Persönlichkeitsrechts** des ArbN zu **unterbinden.** Das allgemeine Persönlichkeitsrecht hat wegen seiner generalklauselartigen Weite keinen eindeutigen und konkret umrissenen Inhalt. Zu ihm gehören jedoch ua. das Recht am gesprochenen Wort und am eigenen (Charakter-)Bild, das Recht auf informationelle Selbstbestimmung, das Recht an der eigenen Ehre sowie das Recht auf Achtung des Privatlebens und der Intimsphäre (BAG 26. 8. 08 AP Nr. 54 zu § 75 BetrVG 1972; ErfK-*Kania* Rn 10; GK-*Kreutz* Rn 108 ff.). Die Bestimmung des Inhalts und der Grenzen dieser Rechte im Einzelnen und insb. die Frage ihrer rechtswidrigen Verletzung kann nur durch eine im Einzelfall vorzunehmende Güter- und Interessenabwägung erfolgen (BAG 19. 1. 99 AP Nr. 28 zu § 87 BetrVG 1972 Ordnung des Betriebs; GK-*Kreutz* Rn 108 mwN).

In seiner grundlegenden Entscheidung zur Videoüberwachung hat das BAG (29. 6. **144** 04 AP Nr. 41 zu § 87 BetrVG 1972 Überwachung u. dazu *Bayreuther* NZA 05, 1038; LAG Niedersachsen AiB 05, 687 m. Anm. *Dammann; Joussen* NZA 11 Beil. 1 S. 35, 38; *Wilke* RDV 05, 96 ff.) folgende Grundsätze zur **Einschränkung des allgemeinen Persönlichkeitsrechts** der ArbN aufgestellt: Der Eingriff in das allgemeine Persönlichkeitsrecht des ArbN muss, falls nicht durch G ausdrücklich zugelassen, durch schutzwürdige Belange des ArbGeb. gerechtfertigt sein. Bei einer Kollision beider Rechtspositionen ist eine **umfassende Güterabwägung** unter Berücksichtigung der Umstände des Einzelfalles erforderlich. Das zulässige Maß des Eingriffs bestimmt sich nach dem Grundsatz der **Verhältnismäßigkeit** (s. hierzu Rn 138; vgl. auch BAG 21. 8. 90 AP Nr. 17 zu § 87 BetrVG 1972 Ordnung des Betriebs; ErfK-*Kania* Rn 9; GK-*Kreutz* Rn 108, *Richardi* Rn 47). Diese Grundsätze sind auch bei der Ausübung von MBR zu beachten. Hiernach gilt im Einzelnen folgendes:

Eine **akustische Überwachung** des ArbN durch Abhörgeräte oder Tonbandauf- **145** nahmen ist stets als **unzulässig** anzusehen (vgl. auch § 201 StGB). Das Gleiche gilt grundsätzlich auch für das **Abhören von Telefongesprächen** des ArbN, gleichgültig ob es sich um dienstliche oder private Gespräche handelt (BVerfG AP Nr. 24 zu § 611 BGB Persönlichkeitsrecht; BAG 1. 3. 73 AP Nr. 1 zu § 611 BGB Persönlichkeitsrecht; **aA** bei Dienstgesprächen: LAG Bad-Württ. AP Nr. 2 zu § 611 BGB Persönlichkeitsrecht). Dagegen ist eine sog. **Aufschaltanlage,** mit der Telefongespräche aus dienstlichen Gründen unterbrochen werden, unter der Voraussetzung als zulässig anzusehen, dass die Aufschaltung durch ein deutlich wahrnehmbares Zeichen angekündigt wird (BAG 1. 3. 73 AP Nr. 1 zu § 611 BGB Persönlichkeitsrecht; LAG Köln EzA § 611 BGB Persönlichkeitsrecht Nr. 1; GK-*Kreutz* Rn 111). Auch das **Mithören** von externen Dienstgesprächen eines ArbN in dessen Gegenwart zu **Ausbildungszwecken** ist zulässig (BAG 30. 8. 95 AP Nr. 29 zu § 87 BetrVG 1972 Überwachung).

Die Erfassung von Telefondaten (zB Datum, Uhrzeit, Zielnummer, Kosten) hat das **146** BAG bei Dienst- oder dienstlich veranlassten Privatgesprächen, nicht bei Privatgesprächen, für zulässig angesehen (BAG 27. 5. 86 AP Nr. 15 zu § 87 BetrVG 1972 Überwachung; ebenso GK-*Kreutz* Rn 112; *WPK* Rn 56; vgl. hierzu auch § 87 Rn 244). Unzulässig ist dagegen die Erfassung der Zielnummer bei den Telefonaten eines angestellten Psychologen wegen dessen Schweigepflicht nach § 203 Abs. 1 Nr. 2 u. 4 StGB (BAG 13. 1. 87 AP Nr. 3 zu § 23 BDSG).

147   Beim **Mithören** bzw. **Mithörenlassen** von **Telefongesprächen** ist zu unterscheiden: Das Persönlichkeitsrecht des Gesprächspartners wird nicht verletzt, wenn er **einwilligt** oder **positiv weiß,** dass sein Gespräch mitgehört wird. Der Schutz des gesprochenen Wortes wird nicht durch die bloße Kenntnis vom Vorhandensein einer Mithöreinrichtung beseitigt; der Gesprächsteilnehmer muss nicht mit einem Gebrauchmachen von dieser Möglichkeit rechnen (BAG 23. 4. 09 AP Nr. 40 zu § 611 BGB Persönlichkeitsrecht mwN). Ein aktives zielgerichtetes heimliches Mithörenlassen von Telefongesprächen durch Dritte verletzt das Persönlichkeitsrecht des Gesprächspartners, der vom Mithören keine Kenntnis hat. Der Dritte darf in diesem Fall nicht als Zeuge zum Inhalt der Äußerungen des Gesprächspartners vernommen werden; durch derart unzulässiges Mithören erlangte **Beweismittel** dürfen im Rechtsstreit nicht verwertet werden (BAG 23. 4. 09 aaO mwN; zur Beweismittelverwertung *Dzida/Grau* NZA 10, 1201 ff.). Konnte ein Dritter zufällig, ohne dass der Beweispflichtige etwas dazu beigetragen hat, den Inhalt des Telefonats mithören, liegt keine rechtswidrige Persönlichkeitsverletzung vor und der Dritte kann zum Inhalt des Telefonats als Zeuge vernommen werden (BAG 23. 4. 09 aaO; s. auch Rn 151a).

148   Kein Eingriff in das Persönlichkeitsrecht des Gesprächspartners liegt dagegen vor, wenn jemand in **Anwesenheit eines Dritten** telefoniert und diesem seine Ausführungen (nicht jedoch die des Gesprächspartners) zur Kenntnis gelangen. Denn man kann nicht davon ausgehen, dass Telefonate stets in Abwesenheit eines Dritten geführt werden. Insoweit besteht auch kein Beweisverwertungsverbot (LAG Düsseldorf DB 98, 1522). Zur Kontrolle von E-Mails und Internetnutzung vgl. *Beckschulze/Henkel* DB 01, 1491.

149   Stets als **unzulässig** anzusehen ist die Verwendung sog. **Einwegscheiben,** dh von Glasscheiben, die nur von einer Seite einen Durchblick gestatten. Denn diese Art und Weise der Kontrolle der ArbN ist menschenunwürdig (*DKKW-Berg* Rn 56; *Wiese* ZfA 71, 283). Das Gleiche gilt für eine Überwachung der ArbN durch **Fernsehkameras,** wenn hierdurch ausschließlich die ArbN kontrolliert werden sollen (BAG 27. 3. 03 AP Nr. 36 zu § 87 BetrVG 1972 Überwachung). Etwas anderes kann gelten, wenn durch die Kameras in erster Linie überwachungsbedürftige Anlagen oder Arbeitsvorgänge (zB Hochöfen, Walzstraßen) beobachtet werden sollen oder eine derartige Kontrolle aus bes. Sicherheitsgründen (zB in kerntechnischen Anlagen, Bankschalter, Warenhäuser) oder aus sonstigen überwiegenden schutzwürdigen Interessen des ArbGeb. geboten erscheint.

150   Bei **Videoüberwachung** im Betrieb gilt nach BAG (zuletzt BAG 26. 8. 08 AP Nr. 54 zu § 75 BetrVG 1972 mwN; ausführlich zur Rspr. *Grimm/Schiefer* RdA 09, 329 ff.; vgl. auch *Bayreuther* NZA 05, 1038 ff.; *Joussen* NZA 11 Beil. 1 S. 35, 38; *Schierbaum* PR 08, 180 ff.; *Wilke* RDV 05, 96 ff.; zur MB des BR s. § 87 Rn 224 ff.) im Einzelnen folgendes:

ArbGeb. und BR sind zur Einführung einer Videoüberwachung berechtigt, wenn die damit verbundenen Eingriffe in das Persönlichkeitsrecht der ArbN (Recht am eigenen Bild, informationelles Selbstbestimmungsrecht) durch schutzwürdige Belange des ArbGeb. oder anderer Grundrechtsträger gerechtfertigt sind. Es gilt der Grundsatz der **Verhältnismäßigkeit:** Die Eingriffe in das Persönlichkeitsrecht verursachende Regelung muss geeignet, erforderlich und unter Berücksichtigung der gewährleisteten Freiheitsrechte der ArbN angemessen sein, um den erstrebten Zweck zu erreichen. Die Geeignetheit und Erforderlichkeit bemisst sich nach den Ausführungen in Rn 138, 144.

150a   Die **Angemessenheit** von **Videoüberwachungsmaßnahmen** richtet sich maßgeblich nach deren Eingriffsintensität, die davon abhängt, wie viele Personen überwacht werden, ob sie als Personen anonym bleiben, welche Umstände und Inhalte der Kommunikation erfasst werden, welche Nachteile die überwachten Personen zu befürchten haben, Dauer und Art der Überwachungsmaßnahme, also wo (räumlich beschränkter Bereich oder ganzer Betrieb), wie lange und intensiv und mit welcher Technik die Überwachung erfolgt ist (BAG 29. 6. 04 AP Nr. 41 zu § 87 BetrVG 1972

Überwachung: Videoaufzeichnung während der gesamten Arbeitszeit und von weit überwiegend nicht verdächtigten ArbN unzulässig; *Joussen* NZA 11 Beil. 1 S. 35, 38; kr. *Hunold* BB 05, 108), ob die Überwachten einen ihnen zurechenbaren Anlass für die Datenerhebung gegeben haben – zB durch eine Rechtsverletzung, insb. Straftat – oder diese anlasslos erfolgte und ob die Überwachungsmaßnahme heimlich durchgeführt wurde (s. auch LAG Hessen BeckRS 11, 68 499: **Geldentschädigung** wegen permanenter Videoüberwachung).

Der ArbGeb. kann sich bei einer Videoüberwachung an einem nicht öffentlich zu- **150b** gänglichen Arbeitsplatz **nicht** auf **§ 6 b BDSG** berufen. Auch rechtfertigt sein **Hausrecht** allein keine Videoüberwachung während der Arbeitszeit. Dagegen kann sie in einer Notwehrsituation oder einer notwehrähnlichen Lage gerechtfertigt sein, wenn sie sich gegen einen konkreten Angreifer richtet (BAG 29. 6. 04 aaO; s. Rn 151, 151 a).

Grundsätzlich müssen die betroffenen ArbN über Kontrolleinrichtungen **unter-** **151** **richtet** werden (BAG 7. 10. 87 AP Nr. 15 zu § 611 BGB Persönlichkeitsrecht hinsichtlich der Überwachung der Arbeitsplätze durch Videokameras in Kaufhäusern; ArbG Hamburg NZA 05, 520; *DKKW-Berg* Rn 56; *GK-Kreutz* Rn 110). **Ausnahmen** bilden **Notwehrsituationen,** wenn der konkrete Verdacht einer strafbaren Handlung oder einer anderen schweren Verfehlung zu Lasten des ArbGeb. besteht, weniger einschneidende Mittel zur Aufklärung ausgeschöpft sind, die verdeckte Videoüberwachung praktisch das einzig verbleibende Mittel darstellt und insgesamt nicht unverhältnismäßig ist (BAG 27. 3. 03, 29. 6. 04 AP Nr. 36, 41 zu § 87 BetrVG 1972 Überwachung).

Eine unter Verletzung der Persönlichkeitsrechte des ArbN durch eine verdeckte **151a** Videokamera erlangte Kenntnis des ArbGeb. von Beweismitteln kann ein **Verwendungs-** und **Verwertungsverbot** begründen. Das ist aber nur dann der Fall, wenn mit der gerichtlichen Verwertung ein erneuter Eingriff in rechtlich geschützte, hochrangige Positionen des ArbN oder die Fortdauer eines solchen Eingriffs verbunden ist (Einzelheiten zu prozessualen Verwertungsverboten s. BAG 13. 12. 07 AP Nr. 210 zu § 626 BGB; 23. 4. 09 AP Nr. 40 zu § 611 BGB Persönlichkeitsrecht; 16. 12. 10 – 2 AZR 485/08 – NZA 11, 571 mwN; *Dzida/Grau* NZA 10, 1201 ff.; *Grimm/Schiefer* RdA 09, 329, 339 ff.; *Lunk* NZA 09, 457 ff.; *Kratz/Gubbels* NZA 09, 652 ff.; *Schlewing* NZA 04, 1071; s. auch Rn 147, § 87 Rn 256.

Für die Beurteilung **biometrischer Identifikationsverfahren** (automatisierte **152** Identifikation anhand von hoch charakteristischen Merkmalen wie Gesicht, Iris, Stimme, Handgeometrie) lassen sich wegen vergleichbarer Probleme die vom BAG zur Videoüberwachung aufgestellten Grundsätze (Rn 149 ff., 144), insb. die der Verhältnismäßigkeit und Angemessenheit, heranziehen (*Hornung/Steidle* ArbuR 05, 201, 205). Über die Identifikation hinausgehende Ermittlungen zB des Gemütszustands, der Gesundheit oder des Charakters von ArbN sind wegen Verstoßes gegen das Persönlichkeitsrecht unzulässig (DKKW-*Klebe* § 94 Rn 38; s. auch *Tinnefeld* RDV 06, 97 ff.).

Die Anfertigung **graphologischer Gutachten** oder die Durchführung psycholo- **153** gischer Tests und Eignungsverfahren ist ohne Einwilligung des ArbN stets unzulässig (ErfK-*Kania* Rn 9; GK-*Kreutz* Rn 114; *Kaehler* DB 06, 277 ff.). Aber auch bei dessen Einwilligung ist ihre Zulässigkeit nur dann anzuerkennen, wenn unter Berücksichtigung des Grundsatzes der Erforderlichkeit und der Verhältnismäßigkeit eine derartige Aufhellung des Charakterbildes des ArbN wegen des konkreten ArbVerh. oder des konkret zu besetzenden Arbeitsplatzes erforderlich erscheint (BAG 13. 2. 64 AP Nr. 1 zu Art. 1 GG). Dasselbe gilt für **Genomanalysen** bei ArbN (GK-*Kreutz* Rn 118). Keinesfalls dürfen solche Tests und Untersuchungen zu einer umfassenden Persönlichkeitsanalyse des ArbN führen (*Löwisch/Kaiser* Rn 36; vgl. auch § 94 Rn 26). Die Voraussetzungen für genetische Untersuchungen und in deren Rahmen durchgeführte genetische Analysen sowie die Verwendung genetischer Proben und Daten regelt das neue **GendiagnostikG.** Nach § 19 GenDG ist es dem ArbGeb. verboten, vor oder nach Begründung des ArbVerh. die Vornahme genetischer Untersuchungen oder Analysen oder die Mitteilung von Ergebnissen bereits vorgenommener genetischer Untersuchung oder Analysen zu verlangen, solche Ergebnisse entgegenzunehmen oder zu verwenden. Entspr. Verbote gelten nach § 20 Abs. 1 GenDG für arbeitsmedizinische Vorsorgeuntersuchungen; in deren Rahmen lässt § 20 Abs. 2 GenDG unter engen Voraussetzungen diagnostische Untersuchungen durch Genproduktanalyse (zu Begriffsbestimmungen s. § 3 GenDG) zu, soweit sie zur Feststellung genetischer Eigenschaften erforderlich sind, die für schwerwiegende Erkrankungen oder gesundheitliche Störungen, die an einem bestimmten Arbeitsplatz oder bei einer bestimmten Tätigkeit entstehen können, ursächlich oder mitursächlich sind (zu den arbeitsrechtl. Vorschriften des GenDG vgl. *Wiese* BB 09, 2198 ff.; *Fischinger* NZA 10, 65 ff.).

154   Die freie Entfaltung der Persönlichkeit des ArbN im Betrieb kann in bes. Weise durch den Einsatz der **elektronischen Datenverarbeitung (EDV)** gefährdet werden (*DKKW-Berg* Rn 57; GK-*Kreutz* Rn 121). Zu nennen sind hier insb. **Personalinformationssysteme** sowie der Einsatz der EDV zur **Steuerung und Unterstützung von Arbeitsabläufen** sowohl im Produktions- als auch im Dienstleistungsbereich (zu ERP-Systemen *Kübeck/Brandt* AiB 09, 415 ff. mwN). Hier können der freien Entfaltung der Persönlichkeit der ArbN in dreifacher Hinsicht Gefahren drohen: Zum einen eröffnen die nahezu unbegrenzten Fähigkeiten der modernen EDV, Daten der ArbN zu speichern und nach den verschiedensten Gesichtspunkten in kürzester Zeit automatisch auszuwerten und damit über jeden ArbN ein mehr oder weniger umfassendes Persönlichkeitsbild zu erstellen, das weit über die Kenntnisse hinausgeht, die im Rahmen des konkreten ArbVerh. erforderlich und damit als zulässig anzusehen sind (zur Verfassungswidrigkeit einer umfassenden Registrierung und Katalogisierung eines Menschen vgl. BVerfGE 27, 1 ff. – Mikrozensusbeschluss; BVerfG NJW 84, 419 – Volkszählungsentscheidung).

155   Zum Anderen kann der zunehmende Einsatz der EDV zur Steuerung und Unterstützung der Arbeitsabläufe und die damit gegebene umfassende **automatische Kontrolle** der einzelnen Arbeitsschritte auch zu einer umfassenden automatischen Kontrolle des ArbVerh. und der Arbeitsleistung des ArbN führen. Schließlich besteht die Möglichkeit, die über die ArbN in Datensystemen gespeicherten Personen-, Verhaltens- und Leistungsdaten mit anderen Datensystemen des Betriebs (Unternehmens) in einer Weise zu verknüpfen, dass **Personalentscheidungen** über die ArbN „automatisiert" durch das EDV-System selbst getroffen werden, ohne auf individuelle Gesichtspunkte oder auf Ausnahmesituationen Rücksicht zu nehmen (vgl. *Däubler*, Gläserne Belegschaften Rn 19 ff.; *Wohlgemuth*, Datenschutz Rn 6 ff.).

156   Weder die Erstellung eines **Gesamtpersönlichkeitsbildes** des einzelnen ArbN, noch eine **umfassende Kontrolle** seiner Leistung und seines Verhaltens, noch das Fällen von Personalentscheidungen durch den Computer sind vereinbar mit dem Gebot, die freie Entfaltung der Persönlichkeit des ArbN im Betrieb zu schützen und zu fördern. Für die Betriebspartner ergibt sich bei der Einführung derartiger neuer Technologien aus § 75 Abs. 2 die Verpflichtung, die von diesen Systemen her möglichen Auswirkungen auf die Persönlichkeitsrechte der ArbN sorgfältig zu prüfen und auf das Unumgängliche einzuschränken. Zu den in diesem Zusammenhang in Betracht kommenden Mitwirkungs- und MBRechten des BR vgl. § 87 Rn 217 ff., § 92 Rn 24 f., § 94 Rn 6 ff., § 95 Rn 6 ff.

156a   Um diesen Gefahren zu begegnen, ordnet **§ 32 BDSG** (s. dazu *Forst* RDV 09, 204 ff.; *Schmidt* RDV 09, 193 ff.; *Thüsing* NZA 09, 865 ff.; *Wybitul* BB 10, 1085 ff.) an, dass personenbezogene Daten eines Beschäftigten für Zwecke des Beschäftigungsverhältnisses nur erhoben, verarbeitet oder genutzt werden dürfen, wenn dies für die Entscheidung über die Begründung eines Beschäftigungsverhältnisses oder für dessen Durchführung oder Beendigung **erforderlich** ist. In Anlehnung an die Rspr. des BVerfG und BAG (s. Rn 142 ff., 152 ff.) ist die Erhebung, Verarbeitung und Nutzung personenbezogener Daten zur Aufdeckung von **Straftaten** nur dann zulässig, wenn zu dokumentierende **tatsächliche Anhaltspunkte** den Verdacht begründen, dass der Betroffene im Beschäftigungsverhältnis eine Straftat begangen hat, die Erhebung, Verarbeitung oder Nutzung zur Aufdeckung erforderlich ist und das **schützwürdige Interesse des Beschäftigten** an dem Ausschluss der Erhebung, Verarbeitung oder Nutzung **nicht überwiegt,** insb. Art und Ausmaß im Hinblick auf den Anlass **nicht unverhältnismäßig** sind (*Brandt* AiB 09, 542 ff.; s. auch § 83 Rn 16 ff. und dortige Rn 30 zur BV als Kollektivregelung iSd § 4 BDSG).

Das **Recht an der eigenen Ehre** kann durch die Kundgabe der Missachtung **157** insb. durch Beleidigung oder üble Nachrede verletzt werden (BAG 21. 2. 79 AP Nr. 13 zu § 847 BGB; *Wiese* ZfA 71, 297 ff.). Auch die Pressefreiheit kann keine ehrverletzenden Berichte über Tatsachen aus der Intimsphäre eines ArbN rechtfertigen (BAG 18. 2. 99 AP Nr. 31 zu § 611 BGB Persönlichkeitsrecht). Ferner stellt die **sexuelle Belästigung** einer Person eine Ehrverletzung dar (s. § 3 Abs. 4 AGG u. Rn 115). Darüber hinaus kann eine Ehrverletzung auch in einer generellen Herabsetzung des Ansehens oder der sozialen Geltung des ArbN liegen (GK-*Kreutz* Rn 115). Dasselbe gilt für das sog. **Mobbing,** dh der bewussten und beabsichtigten Ausgrenzung, Geringschätzung und Diskriminierung von ArbN (vgl. Rn 62 mwN).

Auch das Recht auf **Achtung der Privatsphäre** darf nur insoweit eingeschränkt **158** werden, wie dies durch die bes. betrieblichen oder bes. Umstände des einzelnen ArbVerh. erforderlich ist. Dieses Recht begrenzt insb. das **Fragerecht** des ArbGeb. Fragen nach Umständen des Privatlebens des ArbN sind nur insoweit zulässig, als in Bezug auf das konkrete ArbVerh. ein berechtigtes Interesse des ArbGeb. an entspr. Aufklärung besteht (vgl. § 94 Rn 6 ff., 16 ff.). Eine **ärztliche Untersuchung** des ArbN kann der ArbGeb. grundsätzlich nur verlangen, soweit dies gesetzlich oder in UVV vorgeschrieben ist oder dies zum Schutz anderer ArbN oder Dritter erforderlich ist (*WPK* Rn 53).

Soweit **Ethik-Richtlinien, Compliance Systeme** und **Social Media-Guidelines** (s. hierzu *Lützeler/Bissels* ArbRAktuell 11, 322 670) den außerbetrieblichen **158a** privaten Lebensbereich der ArbN regeln, sind sie unzulässig; die Betriebsparteien sind nicht berechtigt, in die private Lebensführung einzugreifen. Regelungen privater Verhaltensweisen der ArbN im Betrieb, insb. wenn es um das Verhältnis von Vorgesetzten und Untergebenen geht, sind nicht generell unzulässig. Hier hat der BR im Rahmen seiner MB nach § 87 Abs. 1 Nr. 1 sicherzustellen, dass die Persönlichkeitsrechte der ArbN nicht verletzt werden (BAG 22. 7. 08 AP Nr. 14 zu § 87 BetrVG 1972 m. Anm. *Deinert/Brummer* AiB 08, 671; *Mengel* Compliance und Arbeitsrecht Kap. 1 Rn 51, 90, Kap 2 Rn 8; *Henssler/Schneider* RdA 09, 318 ff.; *Dzida* NZA 08, 1265 ff.; s. auch *Schulz* BB 11, 629 ff.; zur **MB** des BR bei Ethik-RL, Compliance Systeme, Verhaltenskodizes, Whistleblowing s. § 87 Rn 71; zum Datenschutz s. *Brandt* AiB 09, 288 ff. mwN). Zur Zulässigkeit von Whistleblowing s. EGMR 21. 7. 11 − 28274/08 − NZA 11, 1269 u. dazu *Becker* BB 11, 2202 ff.; *Perreng* AiB 11, 639 ff.; *D. Ulber* NZA 11, 962 ff.).

Persönliche Beziehungen und insb. Liebesbeziehungen zwischen ArbN des Betriebs sind ausschließlich Privatsache der Beteiligten. Ein entsprechendes Verbot **159** (**Flirtverbot**) ist ein so schwerwiegender Eingriff in das Persönlichkeitsrecht und die Würde der ArbN, dass es in jedem Fall unverhältnismäßig und unwirksam ist (BAG 22. 7. 08 AP Nr. 14 zu § 87 BetrVG 1972). Die Sorge des ArbGeb., dass es aufgrund der Beziehung zu Spannungen im Betrieb kommen kann, rechtfertigt ein solches Verbot nicht. Sollte es Störungen geben, kann der ArbGeb. eingreifen (s. LAG Düsseldorf NZA-RR 06, 81; *Kolle/Deinert* ArbuR 06, 177 ff.; *Wisskirchen/Jordan/Bissels* DB 05, 2190, 2194; *Mengel/Hagemeister* BB 07, 1386, 1389 f.).

Das Recht auf Achtung der Privatsphäre sowie der Persönlichkeit und Handlungs- **160** freiheit der ArbN begrenzt auch die Möglichkeit der Aufstellung einer **betrieblichen Kleiderordnung** (ausführlich hierzu *Brose/Greiner/Preis* NZA 11, 369 ff.). Das zulässige Ausmaß einer Beschränkung dieser Rechte bestimmt sich nach dem Grundsatz der Verhältnismäßigkeit. Die Kleiderordnung muss geeignet, erforderlich und unter Berücksichtigung der gewährleisteten Freiheitsrechte angemessen sein, um den er-

strebten Zweck zu erreichen (s. zu diesen Kriterien Rn 138). Bei der hier erforderlichen Gesamtabwägung zwischen Intensität des Eingriffs und Gewicht der ihn rechtfertigenden Gründe darf die Grenze der Zumutbarkeit nicht überschritten werden
(BAG 13. 2. 07 – 1 ABR 18/06 – NZA 07, 640 mwN).

160a Bei der Gesamtabwägung sind die allgemeine **Verkehrsanschauung** und die
Branchenüblichkeit zu beachten, etwa korrekte Kleidung im Bankgewerbe mit
Publikumsverkehr. Insb. aus zwingenden hygienischen Gründen, zB im Lebensmit-
telbereich, oder aus Gründen des Arbeitsschutzes, zB rutschfeste Schuhe, kann eine
bes. Kleidung erforderlich sein (LAG Köln DB 89, 684; *DKKW-Berg* Rn 58). Eine
einheitliche Arbeitskleidung aller oder doch eines Teils der ArbN kann auch aus Gründen der **Werbung** (zB am Messestand), zur Verbesserung des Arbeitsablaufs, insb. im
Dienstleistungsbereich (zB einheitliche Kleidung des Verkaufspersonals im Kaufhaus,
um schnelle Möglichkeit der Ansprache durch Kunden zu ermöglichen) oder aus be-
rechtigtem betrieblichen Interesse an einem **einheitlichen Erscheinungsbild** (so für
Spielcasino BAG 13. 2. 07 AP Nr. 40 zu § 87 BetrVG 1972 Ordnung des Betriebes;
dazu gehört nach LAG Köln, NZA-RR 11, 85 – rechtskr.: Nichtzulassungsbeschw. v.
BAG 17. 5. 11, 1 ABN 2/11, zurückgewiesen – bei der Fluggastkontrolle nicht die
Einfarbigkeit von Fingernägeln, bestimmte Haarfärbungen und Verbot künstlicher
Haare, wohl aber – insofern zu weitgehend – Tragen von Unterwäsche, maximale
Länge der Fingernägel; dazu *Utes* AiB 11, 476 ff.) sachgerecht sein (*DKKW-Berg*
Rn 58). Die Festlegung einer betrieblichen Kleiderordnung unterliegt dem **MBR** des
BR nach § 87 Abs. 1 Nr. 1 (vgl. dort Rn 71).

161 Aus dem Recht auf Achtung der Privatsphäre folgt auch, dass der ArbGeb. über ihm
bekannte bes. persönliche Umstände des ArbN oder auch dienstliche Umstände, die
jedoch vertraulich zu behandeln sind, **Stillschweigen** zu wahren hat (ErfK-*Kania*
Rn 10). Das gilt zB für die Schwangerschaft einer ArbN, wenn diese die Bekanntgabe
nicht wünscht (vgl. hierzu *Hey* RdA 95, 298). Ferner darf ohne Einwilligung des
ArbN der Inhalt seiner Personalakte, insb. des Personalfragebogens oder der Beurteilungen keinem Unbefugten bekannt gegeben werden (BAG 18. 12. 84 AP Nr. 8
zu § 611 BGB Persönlichkeitsrecht; LAG Köln DB 83, 1664). Aus dem gleichen
Grunde ist auch die Bekanntgabe von Abmahnungen am Schwarzen Brett unzulässig
(ArbG Regensburg AiB 89, 354). Dem Schutz des Persönlichkeitsrechts dient auch
die Schweigepflicht des BR über private Geheimnisse der ArbN (vgl. hierzu § 79
Rn 32 ff.).

162 Aus der Verpflichtung, die freie Entfaltung der Persönlichkeit der im Betrieb be-
schäftigten ArbN zu schützen und zu fördern, ergibt sich für die Betriebspartner **kei-
ne** Verpflichtung, ein **allgemeines Rauchverbot** im Betrieb zu erlassen (*DKKW-
Berg* Rn 59; ErfK-*Kania* Rn 10; GK-*Kreutz* Rn 126 f.; vgl. auch BAG 19. 1. 99 AP
Nr. 28 zu § 87 BetrVG 1972 Ordnung des Betriebs, das den Betriebspartnern bei der
Festlegung des Inhalts und Umfangs eines betrieblichen Rauchverbots einen weiten
Gestaltungsspielraum zugesteht; s. zum Ganzen *Bergwitz* NZA-RR 04, 169 ff.).

163 Im Verhältnis zwischen ArbGeb. und einzelnen ArbN besteht allerdings nach
§ 618 BGB und vor allem nach § 5 ArbStättV (Einzelheiten s. *Kollmer/Klindt* Arb-
SchG, § 5 ArbStättV Rn 1 ff.) eine Pflicht des ArbGeb. zum **Schutz** des **ArbN vor
Raucherluft**, die bis zur Zuweisung eines raucherfreien Arbeitsplatzes gehen kann
(vgl. BAG 17. 2. 98 AP Nr. 26 zu § 618 BGB; s. auch BAG 19. 5. 09 AP Nr. 30 zu
§ 618 BGB). Das gilt insb., wenn ein ArbN wegen seiner gesundheitlichen Konstitu-
tion (zB chronische Atembeschwerden) gegen Raucherluft bes. anfällig ist (so BAG
17. 2. 98 aaO; nach BAG 8. 5. 96 AP Nr. 20 zu § 618 BGB haben Flugbegleiter
mangels einer gesetzlichen Regelung keinen Anspruch darauf, dass die Fluggesell-
schaft den Passagieren das Rauchen verbietet).

164 Auf der anderen Seite kann der **ArbGeb.** einem ArbN das **Rauchen nicht verbieten**, wenn dem weder der Schutz anderer Personen noch berechtigte Interessen
des ArbGeb. (zB Schutz seines Eigentums oder seiner Geschäftsbeziehungen) entgegenstehen. Damit würde er dessen Persönlichkeitsrecht beeinträchtigen (vgl. *Ahrens*

NZA 99, 687). Wegen Beschwerden des Rauchers oder Nichtrauchers bei Verneinung eines Rechtsanspruchs auf Abhilfe vgl. § 84 Rn 4 ff.

Soll eine **betriebliche Regelung über ein Rauchverbot** getroffen werden, die **165** der **MB** des **BR** nach § 87 Abs. 1 Nr. 1, uU auch nach Nr. 7, unterliegt (vgl. § 87 Rn 71, 307; *Börgmann* RdA 99, 401) und bei der auch der BR die Initiative ergreifen kann, geht es darum, nicht nur einen angemessenen Interessenausgleich zwischen ArbGeb. und ArbN, sondern auch zwischen rauchenden und nicht rauchenden ArbN zu finden (zB eine Durchlüftung der Räume, die eine nicht beeinträchtigende Luftqualität sicherstellt, durch die Trennung der Arbeitsplätze von Rauchern und Nichtrauchern oder die Einrichtung bes. Raucherzimmer für die Arbeitspausen). Es kann auch ein generelles betriebliches Rauchverbot in allen Gebäuden des Betriebs – idR jedoch nicht auch auf dem betrieblichen Freigeläande – zulässig sein (BAG 19. 1. 99 AP Nr. 28 zu § 87 BetrVG 1972 Ordnung des Betriebs; *Künzl* BB 99, 2187; kr. *Ahrens* NZA 99, 687). Bei der näheren Ausgestaltung der betrieblichen Regelung haben die Betriebspartner ihre Schutz- und Fürsorgepflicht nach Abs. 2 zu beachten. Insoweit ist ihr Ermessensspielraum eingeschränkt (*Richardi* Rn 46 f.).

3. Förderpflicht

Über eine bloße Schutzpflicht hinausgehend begründet Abs. 2 ausdrücklich eine **166** Verpflichtung von ArbGeb. und BR, die freie Entfaltung der Persönlichkeit der ArbN **zu fördern**. Die freie Entfaltung der Persönlichkeit ist immer in Bezug auf den einzelnen ArbN zu sehen. Durch § 75 Abs. 2 wird damit das allgemeine Zusammenarbeitsgebot des § 2 Abs. 1 insoweit näher konkretisiert, als bei der Zusammenarbeit zum Wohle der ArbN stets auch die freie Entfaltung der Persönlichkeit des einzelnen ArbN mit zu beachten ist.

Die Vorschrift verpflichtet damit die Betriebspartner, die Gestaltung der betrieb- **167** lichen Ordnung nicht allein nach kollektiven Aspekten vorzunehmen, sondern, soweit dies mit einem ordnungsgemäßen Arbeitsablauf und einer geregelten Zusammenarbeit der ArbN vereinbar ist, eine Regelung anzustreben, die der **Persönlichkeitsentfaltung** des einzelnen ArbN gebührend Rechnung trägt (ErfK-*Kania* Rn 10; *Richardi* Rn 46). Zu denken ist hierbei zB an eine betriebliche Arbeitszeitgestaltung, die es auch ArbN mit bes. Familienpflichten (Betreuung kleiner oder kranker Kinder oder pflegebedürftiger Angehöriger) erlaubt, diese Pflichten mit ihren Arbeitsvertragspflichten in Einklang zu bringen (vgl. hierzu auch § 80 Abs. 1 Nr. 2b und dort Rn 40).

Die Förderpflicht beschränkt sich nicht darauf, eine Verletzung der Persönlichkeits- **168** rechte im Betrieb zu verhindern. Das ist Aufgabe der Schutzpflicht (so zu Recht GK-*Kreutz* Rn 125). Der GWortlaut, der allgemein zur Förderung der freien Persönlichkeitsentfaltung verpflichtet, geht inhaltlich über den Begriff des allgemeinen Persönlichkeitsrechts hinaus. Die Worte „freie Entfaltung der Persönlichkeit" haben keinen fest umrissenen und abgeschlossenen Inhalt, sondern zeigen den **dynamischen und offenen Charakter** der gesetzlichen Regelung an. Die freie Entfaltung der Persönlichkeit im Betrieb kann durch mannigfache Umstände beeinflusst werden, zB durch eigene Gestaltungs- und Entwicklungsfreiheit, durch die Möglichkeit des sozialen Kontaktes, durch einen den Kenntnissen und Fähigkeiten entspr. Arbeitseinsatz. ArbGeb. und BR haben im Rahmen ihrer gesamten Tätigkeit stets auch die Aspekte, die der Persönlichkeitsentfaltung des einzelnen ArbN dienen, im Auge zu behalten und soweit wie vertretbar zu berücksichtigen.

Aus der Förderpflicht des Abs. 2 können **keine neuen** über das G hinausgehenden **169** **Mitwirkungs- und MBRechte** des BR hergeleitet werden (BAG 8. 6. 99 AP Nr. 31 zu § 87 BetrVG 1972 Ordnung des Betriebs; LAG Köln NZA 01, 909; LAG Düsseldorf NZA 01, 1398; ErfK-*Kania* Rn 10; GK-*Kreutz* Rn 133). Allerdings ergibt sich aus ihr die Verpflichtung der Betriebspartner, bei der inhaltlichen Ausgestaltung der beteiligungspflichtigen Angelegenheiten stets eine Regelung anzustreben, die unter Berücksichtigung der Notwendigkeiten des zu regelnden Sachverhalts der freien Entfaltung der Persönlichkeit der ArbN am besten gerecht wird (GK-*Kreutz* Rn 134 f.; *Richardi* Rn 46 f.). Darüber hinaus ergibt sich aus der gesetzlichen Förderpflicht eine tendenzielle Auslegungsregel dergestalt, dass die Vorschriften des G, insb. die Mitwirkungs- und MBRegelungen, im Zweifelsfall in einer der Zielsetzung des Abs. 2 entspr. Weise auszulegen sind (ErfK-*Kania* Rn 10; GK-*Kreutz* Rn 135; *Richardi* Rn 46).

IV. Förderung der Selbständigkeit und Eigeninitiative (Abs. 2 S. 2)

170   Der durch das **BetrVerf-ReformG** eingefügte Abs. 2 S. 2 verpflichtet ArbGeb. und BR, die Selbständigkeit und Eigeninitiative der ArbN und ArbGruppen zu fördern. Diese Regelung steht im Zusammenhang mit den ebenfalls eingefügten Vorschriften des § 28 a (Übertragung von betriebsverfassungsrechtlichen Aufgaben auf ArbGruppen), § 86 a (Vorschlagsrechte der ArbN gegenüber dem BR) und § 87 Abs. 1 Nr. 13 (MBR bei der Durchführung von Gruppenarbeit). Schon bisher ergab sich aus der Verpflichtung des Abs. 2 S. 1, die freie Entfaltung der Persönlichkeit der im Betrieb beschäftigten ArbN zu schützen und zu fördern, eine Verpflichtung der Betriebspartner, bei der Gestaltung der betrieblichen Ordnung und der ArbVerh. Regelungen anzustreben, die der Persönlichkeitsentfaltung der ArbN gebührend Rechnung tragen (vgl. Rn 166 ff.). Abs. 2 S. 2 **konkretisiert** und **erweitert** diese Verpflichtung in zweierlei Hinsicht. Zum einen werden die Gesichtspunkte der Selbständigkeit und Eigeninitiative, die gerade bei einer abhängigen und weisungsgebundenen Arbeit eines ArbN leicht zu stark eingeengt werden können, bes. betont. Zum anderen wird die Förderpflicht auf ArbGruppen erstreckt (*Franz* ZfA 01, 425; *Wiese* NZA 06, 1, 6).

171   Die Förderpflicht besteht zunächst in Bezug auf den **einzelnen ArbN**. Sie bezieht sich sowohl auf den Inhalt als auch auf die Durchführung des ArbVerh. Dem einzelnen ArbN soll, soweit es die arbeitsvertragliche Aufgabenerfüllung und das Zusammenleben mit anderen ArbN in einem Betriebsverbund gestatten, Raum für kreative, selbstgestaltete und eigenverantwortliche Arbeit belassen werden. Dem können sowohl eine zu enge inhaltliche Gestaltung des Arbeitsvertrages entgegenstehen als auch eine durch Weisungen oder sonstige Vorgaben eingeengte Durchführung und Erfüllung der arbeitsvertraglichen Pflichten. Eine derartige Gestaltung des ArbVerh. entspricht nicht dem gewandelten Selbstbewusstsein der heutigen ArbN, die in der beruflichen Tätigkeit nicht nur eine Erwerbsmöglichkeit sehen, sondern sich selbst verwirklichen wollen und eine Bestätigung ihres beruflichen Könnens suchen (vgl. *Blanke* RdA 03, 145; *Blanke/Rose* RdA 01, 93; *Wendeling-Schröder* NZA 01, 359).

172   Die Verpflichtung zur Förderung der Selbständigkeit und der Eigeninitiative besteht ferner in Bezug auf **ArbGruppen**. Dass das G ArbGruppen nicht nur hier, sondern auch in anderen Vorschriften anspricht (vgl. §§ 28 a, 87 Abs. 1 Nr. 13), ist dadurch veranlasst, dass in den letzten 10–15 Jahren ein wesentlicher Wandel der Unternehmens- und Betriebsstrukturen stattgefunden hat und sich noch weiter vollzieht. Dieser ist durch eine starke Dezentralisierung und Flexibilisierung der Entscheidungsstrukturen und Arbeitsablauforganisationen gekennzeichnet. Statt der bisher üblichen weitgehenden Arbeitsteilung, der Trennung von planender und ausführender Arbeit, von Führungsaufgaben und ausführenden Tätigkeiten sowie innerhalb der ausführenden Tätigkeiten die Aufteilung in einzelne kleine Arbeitsschritte wird nunmehr ein ganzheitlicher Arbeitszuschnitt angestrebt.

173   Für Teilbereiche werden zB planende, ausführende und kontrollierende Arbeiten in kleineren Einheiten zusammengefasst und diesen Einheiten mehr oder weniger weitgehende **eigene Entscheidungskompetenzen** eingeräumt. Im Einzelnen sind die Formen von ArbGruppen sehr vielgestaltig (vgl. zum Ganzen § 28 a Rn 6 mwN). Diese Verlagerung von (komplexen) Teilaufgaben auf ArbGruppen ist für ihre Mitgl. häufig mit einer größeren Entscheidungs-, Verantwortungs- und Gestaltungskompe-

tenz verbunden. Man spricht hier von Arbeitserweiterung (Job Enlargement), Arbeitsbereicherung (Job Enrichment) und Arbeitswechsel (Job Rotation), die dazu dienen, den kollektiven Handlungsspielraum der ArbGruppe zu vergrößern. Die Gruppenarbeit hat deshalb in aller Regel eine größere Selbständigkeit und Eigenverantwortlichkeit des einzelnen Gruppenmitgl. zur Folge. Insofern ist es folgerichtig, in Abs. 2 S. 2 auch die Förderung der ArbGruppe vorzuschreiben.

Der **Begriff der ArbGruppe** iSv. Abs. 2 S. 2 wird gesetzlich nicht näher um- **174** schrieben. Es ist nicht nur die Gruppenarbeit iSv. § 87 Abs. 1 Nr. 13 hierunter zu verstehen, die durch eine wesentliche Eigenverantwortlichkeit der Gruppe bei der Erledigung der ihr übertragenen Gesamtaufgabe gekennzeichnet ist (vgl. § 87 Rn 565 ff.). Entspr. der Zielsetzung des G, mit der Anerkennung der ArbGruppe nicht nur eine Entwicklung der betrieblichen Praxis einzufangen, die vielfach für den einzelnen ArbN zu einem Mehr an Selbständigkeit und Eigeninitiative führt, sondern in ihr auch eine Basis für eine stärkere Einbeziehung der einzelnen ArbN in die Betriebsverfassung – insb. auch bei der Wahrnehmung betriebsverfassungsrechtlicher Rechte – zu sehen (vgl. Gesetzesbegründung BT-Drucks. 14/5714 S. 29 f., 40 und 45), ist der Begriff der ArbGruppe der des § 28 a und **weit** zu verstehen (s. hierzu § 28 a Rn 11 ff.; *Linde* S. 78; *Nill* S. 104). ArbGruppe ist jede organisatorische Zusammenfassung von ArbN des Betriebs, die diesen Zielsetzungen dient.

Das Gebot, die Selbständigkeit und Eigeninitiative der ArbN und ArbGruppen zu **175** fördern, richtet sich an **ArbGeb. und BR.** Beide haben im Rahmen ihrer Kompetenzen darauf hinzuwirken, dass diesem Gebot, das nicht nur eine unverbindliche und zu vernachlässigende Zielvorgabe umschreibt, soweit Rechnung getragen wird, wie dies die jeweiligen Umstände gestatten. Beim ArbGeb. betrifft dies insb. die inhaltliche Ausgestaltung des ArbVertrags, die Ausübung seines Direktionsrechts sowie Fragen der Organisation des betrieblichen Arbeitsablaufs. Der BR hat das Gebot nicht nur bei der inhaltlichen Wahrnehmung seiner Mitwirkungs- und MBRechte zu beachten, sondern auch im Zusammenhang mit der neuen Möglichkeit zu prüfen, betriebsverfassungsrechtliche Aufgaben nach § 28 a auf eine ArbGruppe zu übertragen. Denn auch die Wahrnehmung dieser Aufgaben erweitert die Selbständigkeit und Eigeninitiative der ArbGruppe und ihrer Mitgl. (vgl. *Linde* S. 77 ff.; *Tüttenberg* S. 85; *Löwisch* BB 01, 1740).

Abs. 2 S. 2 gewährt weder dem einzelnen ArbN noch einer ArbGruppe oder ihren **176** Mitgl. einen **einklagbaren Rechtsanspruch** auf eine ihre Selbständigkeit und Eigenverantwortlichkeit anerkennende Gestaltung ihrer Arbeitsbeziehungen und/oder der betrieblichen Organisation oder der Organisation der BRArbeit. Sie werden nur im Wege des Reflexes von dem an ArbGeb. und BR gerichteten Gebot zur Beachtung dieser Grundsätze betroffen.

V. Verstöße und Streitigkeiten

§ 75 ist ein **Verbotsgesetz** iSv § 134 BGB. Vereinbarungen zwischen BR und **177** ArbGeb., die gegen diese Vorschrift verstoßen, sind **nichtig.** Entspr. Anordnungen des ArbGeb. sind rechtsunwirksam (*DKKW-Berg* Rn 62; ErfK-*Kania* Rn 12; GK-*Kreutz* Rn 152). Insofern kommt auch ein Leistungsverweigerungsrecht des ArbN in Betracht (*DKKW-Berg* Rn 46; ErfK-*Kania* aaO; *Richardi* Rn 52; **aA** GK-*Kreutz* Rn 150). § 75 ist ferner ein **Schutzgesetz** iSv § 823 Abs. 2 BGB. Deshalb können sich bei seiner schuldhaften Verletzung deliktische Schadensersatzansprüche ergeben (BAG 5. 4. 84 AP Nr. 2 zu § 17 BBiG; *DKKW-Berg* Rn 64; *Düwell/Lorenz* Rn 58; ErfK-*Kania* aaO; **aA** GK-*Kreutz* Rn 151; *Richardi* Rn 53).

Streitigkeiten zwischen ArbGeb. und BR über Inhalt und Beachtung der Rechte und **178** Pflichten nach § 75 sind im **BeschlVerf.** (s. dazu Nach § 1 Rn 1 ff.) zu entscheiden. Verstößt der ArbGeb. gegen seine Pflichten aus dieser Vorschrift, kann der BR **Feststellungs-, Unterlassungs- und Beseitigungsansprüche,** ggfs. im Wege der einstw.

Vfg., geltend machen (*DKKW-Berg* Rn 62; GK-*Kreutz* Rn 149 bez. Abs. 1; **aA** BAG 28. 5. 02 AP Nr. 39 zu § 87 BetrVG 1972 Ordnung des Betriebs; *Wiese* NZA 06, 1, 4 nur bez. Abs. 1; LAG Nürnberg NZA-RR 06, 137). Nur der BR ist antragsberechtigt, nicht der einzelne ArbN. Soweit diesem wegen Verletzung des § 75 Ansprüche deliktischer oder vertraglicher Art gegen den ArbGeb. zustehen, sind diese im Urteilsverfahren einzuklagen. Bei groben Verstößen des ArbGeb. gegen § 75 können BR und die im Betrieb vertr. Gewerkschaften auch das Verfahren nach § 23 Abs. 3 einleiten (GK-*Kreutz* Rn 149).

179   **Verstößt der BR** grob gegen § 75, so kann er nach § 23 Abs. 1 aufgelöst werden (GK-*Kreutz* Rn 149). Bei einem groben Verstoß einzelner BRMitgl. kommt deren Ausschluss aus dem BR in Betracht (BAG 4. 5. 55 AP Nr. 1 zu § 44 BetrVG). UU kann im letzteren Fall auch eine fristlose Kündigung des BRMitgl. gerechtfertigt sein, wenn die Amtspflichtverletzung gleichzeitig eine grobe Verletzung seiner Pflichten aus dem ArbVerh. darstellt. Hierzu ist aber die Zustimmung des BR nach § 103 erforderlich.

§ 76 Einigungsstelle

(1) [1] Zur Beilegung von Meinungsverschiedenheiten zwischen Arbeitgeber und Betriebsrat, Gesamtbetriebsrat oder Konzernbetriebsrat ist bei Bedarf eine Einigungsstelle zu bilden. [2] Durch Betriebsvereinbarung kann eine ständige Einigungsstelle errichtet werden.

(2) [1] Die Einigungsstelle besteht aus einer gleichen Anzahl von Beisitzern, die vom Arbeitgeber und Betriebsrat bestellt werden, und einem unparteiischen Vorsitzenden, auf dessen Person sich beide Seiten einigen müssen. [2] Kommt eine Einigung über die Person des Vorsitzenden nicht zustande, so bestellt ihn das Arbeitsgericht. [3] Dieses entscheidet auch, wenn kein Einverständnis über die Zahl der Beisitzer erzielt wird.

(3) [1] Die Einigungsstelle hat unverzüglich tätig zu werden. [2] Sie fasst ihre Beschlüsse nach mündlicher Beratung mit Stimmenmehrheit. [3] Bei der Beschlussfassung hat sich der Vorsitzende zunächst der Stimme zu enthalten; kommt eine Stimmenmehrheit nicht zustande, so nimmt der Vorsitzende nach weiterer Beratung an der erneuten Beschlussfassung teil. [4] Die Beschlüsse der Einigungsstelle sind schriftlich niederzulegen, vom Vorsitzenden zu unterschreiben und Arbeitgeber und Betriebsrat zuzuleiten.

(4) Durch Betriebsvereinbarung können weitere Einzelheiten des Verfahrens vor der Einigungsstelle geregelt werden.

(5) [1] In den Fällen, in denen der Spruch der Einigungsstelle die Einigung zwischen Arbeitgeber und Betriebsrat ersetzt, wird die Einigungsstelle auf Antrag einer Seite tätig. [2] Benennt eine Seite keine Mitglieder oder bleiben die von einer Seite genannten Mitglieder trotz rechtzeitiger Einladung der Sitzung fern, so entscheiden der Vorsitzende und die erschienenen Mitglieder nach Maßgabe des Absatzes 3 allein. [3] Die Einigungsstelle fasst ihre Beschlüsse unter angemessener Berücksichtigung der Belange des Betriebs und der betroffenen Arbeitnehmer nach billigem Ermessen. [4] Die Überschreitung der Grenzen des Ermessens kann durch den Arbeitgeber oder den Betriebsrat nur binnen einer Frist von zwei Wochen, vom Tage der Zuleitung des Beschlusses an gerechnet, beim Arbeitsgericht geltend gemacht werden.

(6) [1] Im Übrigen wird die Einigungsstelle nur tätig, wenn beide Seiten es beantragen oder mit ihrem Tätigwerden einverstanden sind. [2] In diesen Fällen ersetzt ihr Spruch die Einigung zwischen Arbeitgeber und Betriebsrat nur, wenn beide Seiten sich dem Spruch im Voraus unterworfen oder ihn nachträglich angenommen haben.

(7) **Soweit nach anderen Vorschriften der Rechtsweg gegeben ist, wird er durch den Spruch der Einigungsstelle nicht ausgeschlossen.**

(8) **Durch Tarifvertrag kann bestimmt werden, dass an die Stelle der in Absatz 1 bezeichneten Einigungsstelle eine tarifliche Schlichtungsstelle tritt.**

Inhaltsübersicht

I. Vorbemerkung

Zur Lösung von Meinungsverschiedenheiten zwischen ArbGeb. und BR, die nicht **1** im (vorrangigen) Weg von Verhandlungen (§ 74 Abs. 1 S. 1) beigelegt werden können, sieht § 76 die Bildung einer **betrieblichen E-Stelle** vor. Diese Regelung ist die logische Konsequenz des Verbots vom Arbeitskämpfen der Betriebspartner untereinander (§ 74 Abs. 1 S. 2). Andererseits ist eine schlichtende Instanz jedoch erforderlich, wenn man die Mitwirkung und MB des BR ernst nimmt, die ansonsten im Streitfall leerliefe. Die E-Stelle ist das letzte Glied der auf Zusammenarbeit der Betriebspartner angelegten Grundkonzeption des G (§§ 2 Abs. 1, 74, 76).

Gegen die Zuständigkeit und Entscheidungskompetenz der E-Stelle bestehen **kei- 2 ne verfassungsrechtlichen Bedenken.** Eine mit Art. 9 Abs. 3 unvereinbare **Zwangsschlichtung** von Streitigkeiten zwischen den TVParteien liegt zum einen schon tatbestandlich **nicht** vor, da die E-Stelle nur Streitigkeiten zwischen den Betriebspartnern zu entscheiden hat. Im Übrigen ist gerade der Vorrang des TV im G ausdrücklich abgesichert (§ 77 Abs. 3, § 87 Eingangssatz). Es liegt auch weder zu Lasten des ArbGeb. (Unternehmers) noch des einzelnen ArbN ein Verstoß gegen **Art. 2, 12** oder **14 GG** vor. Vielmehr stellt die Regelung der MB und der Entscheidungskompetenz der E-Stelle im Streitfall eine zulässige, dem Sozialstaatsprinzip des Art. 20 Abs. 1 GG entspr. Einschränkung und Sozialbindung dieser Grundrechte dar.

Dadurch, dass die E-Stelle ihre Entscheidungen stets unter angemessener Berück- **3** sichtigung der Belange des Betriebs und der ArbN nach billigem Ermessen zu treffen hat und die Entscheidungen stets der gerichtlichen Kontrolle unterliegen, sind auch keine Verstöße gegen den Grundsatz der **Verhältnismäßigkeit** oder gegen das **Rechtsstaatsprinzip** gegeben. Ein angemessener Spielraum für Entfaltung der Unternehmensinitiativen bleibt gewahrt (vgl. BVerfG AP Nr. 7 zu § 87 BetrVG 1972 Auszahlung; BAG 31. 8. 82 u. 18. 12. 85 AP Nr. 8 u. 15 zu § 87 BetrVG 1972 Arbeitszeit; BAG 16. 12. 86 AP Nr. 8 zu § 87 BetrVG 1972 Prämie; ErfK-*Kania* Rn 2; GK-*Kreutz* Rn 7; *Richardi* Rn 25; *Moll,* Entgelt S. 180ff., 220ff.; einschr. *HSWGNR* § 87 Rn 81ff., sofern in eigentlich unternehmerische Entscheidungen" eingegriffen wird).

4   Die E-Stelle ist **kein Gericht und keine Behörde,** vielmehr ein von BR und ArbGeb. gemeinsam gebildetes **Organ der Betriebsverfassung,** dem kraft Gesetzes gewisse Befugnisse zur Beilegung von Meinungsverschiedenheiten übertragen sind (vgl. GK-*Kreutz* Rn 82 f.). Sie ist eine privatrechtliche innerbetriebliche Schlichtungs- u. Entscheidungsstelle, die ersatzweise Funktionen der Betriebspartner wahrnimmt (BAG 22. 1. 80 AP Nr. 7 zu § 111 BetrVG 1972; *DKKW-Berg* Rn 2; GK-*Kreutz* Rn 84; *Richardi* Rn 6 f.; MünchArbR-*Joost* § 232 Rn 2 f.).

5   Dass im Falle des Abs. 2 Satz 2 der Vors. durch das ArbG (vgl. Rn 25) bestellt wird, spricht ebenso wenig gegen den **innerbetrieblichen Charakter der E-Stelle** wie die Tatsache, dass ihre Mitgl. nicht Angehörige des Betriebs zu sein brauchen (BAG 6. 4. 1973 AP Nr. 1 zu § 76 BetrVG 1972, *Jäcker* S. 17; **aA** *Richardi* Rn 6). Das G behandelt die E-Stelle ganz offensichtlich als betriebliche Institution; deshalb auch ihre Einschaltung in § 109 im Hinblick auf die Eigenart der dort zu behandelnden betriebsvertraulichen Angelegenheiten.

6   Ist ein **GesBR** errichtet (§§ 47 ff.), so gelten die Vorschriften des § 76 entspr. für die Bildung von E-Stellen für das Unternehmen, sofern der GesBR zuständig ist (§§ 50, 51 Abs. 6; LAG Düsseldorf NZA-RR 03, 83). Gleiches gilt für den **KBR** (§§ 58, 59 Abs. 1, 51 Abs. 6). Auch für die ArbNVertr. nach § 3 Abs. 1 Nr. 2 und 3 gilt § 76 entspr., da sie an die Stelle des BR treten (vgl. § 3 Abs. 5). Die ArbNVertr. nach § 3 Abs. 1 Nr. 1 ist ein BR iSd. Gesetzes; für ihn gilt § 76 unmittelbar.

7   Die Vorschrift gilt **nicht** für die JugAzubiVertr., die GesJugAzubiVertr. und die KJugAzubiVertr., da diese nicht Träger von Beteiligungsrechten sind. Die Vorschrift gilt ferner nicht bei einer fehlenden Einigung zwischen ArbGeb. und einer Arb-Gruppe, der nach § 28 a die Wahrnehmung betriebsverfassungsrechtlicher Aufgaben übertragen worden ist; in diesem Falle fällt die Regelung der konkreten umstrittenen Angelegenheit an den BR zurück (vgl. § 28 a Abs. 2 S. 3). Zu gewissen **Besonderheiten** bei der Bildung und Zuständigkeit der E-Stelle in Betrieben der privatisierten Postunternehmen vgl. Rn 18, 27, 98 und 182.

8   Entsprechende Vorschrift: § 71 BPersVG.

II. Bildung der Einigungsstelle

1. Errichtung

9   Die E-Stelle ist **keine** zwingend vorgeschriebene **Dauereinrichtung,** vielmehr braucht sie nur dann gebildet zu werden, wenn ein Bedürfnis für ein derartiges betriebliches Schlichtungsorgan besteht (*Pünnel/Wenning-Morgenthaler* Rn 24). Vor der Anrufung der E-Stelle haben ArbGeb. und BR gem. § 74 Abs. 1 S. 1 über strittige Fragen mit dem ernsten Willen zur Einigung zu verhandeln und Vorschläge für die Beilegung des Streites zu machen (vgl. § 74 Rn 9; LAG Bad-Württ. NZA 85, 163; LAG Düsseldorf DB 85, 764; ErfK-*Kania* Rn 3; weitergehend *Tschöpe* NZA 04, 945: sofortige Anrufung der E-Stelle, wenn Verhandlungen für aussichtslos gehalten werden).

10   Durch eine freiwillige, nicht erzwingbare BV ist die Bildung einer **ständigen E-Stelle** möglich (*DKKW-Berg* Rn 7; *HSWGA* Rn 23); durch Spruch der E-Stelle kann sie weder erzwungen (LAG Berlin-Brandenburg BeckRS 08, 56 541) noch ihre Besetzung gegen den Willen einer Betriebspartei festgelegt werden (BAG 26. 8. 08 AP Nr. 54 zu § 75 BetrVG 1972; *Kühn* BB 09, 2651). Die Zuständigkeit einer ständigen E-Stelle kann auf bestimmte Angelegenheiten beschränkt werden, etwa weil bei ihnen häufig Streitfälle auftreten oder weil sie bes. fachspezifische Kenntnisse erfordern, zB Einführung und Anwendung von komplexen EDV-Systemen (*DKKW-Berg* Rn 7; ErfK-*Kania* Rn 5). Auch wenn eine ständige E-Stelle gebildet worden ist, können sich die Betriebspartner vorbehalten, die Person der Beisitzer je nach dem zu regelnden Sachverhalt zu wechseln.

Eine ständige E-Stelle bietet zwar den Vorteil einer schnellen Entscheidung im **11** Streitfall, birgt aber auch die Gefahr einer **voreiligen Verlagerung** der Entscheidung auf sie in sich, ohne dass die Betriebspartner selbst dem Gebot des § 74 Abs. 1 S. 2 entspr. alle Verhandlungsmöglichkeiten ausgeschöpft haben. In der Praxis kommen ständige E-Stellen äußerst selten vor (*Hase* ua. Handbuch für die E-Stelle S. 39 ff.). Keine ständige E-Stelle ist eine durch BV errichtete Schiedsstelle, die nicht entspr. Abs. 2 S. 1 zusammengesetzt ist (BAG 19. 5. 78 AP Nr. 1 zu § 88 BetrVG 1972).

2. Zusammensetzung

Die E-Stelle besteht aus einer **gleichen Zahl von Beisitzern,** die jeweils vom **12** ArbGeb. und BR bestellt werden, und einem **unparteiischen Vors.** (Abs. 2 Satz 1). Sie hat also stets eine ungerade Zahl von Mitgl. Obwohl mit dem in Abs. 5 S. 2 verwandten Begriff „Mitglieder" nur die Beisitzer gemeint sind, gehört auch der Vors. zu den Mitgl. der E-Stelle (GK-*Kreutz* Rn 35). Die §§ 78, 79 Abs. 2 u. 119 Abs. 1 Nr. 3 gelten auch für ihn.

a) Beisitzer

Die Beisitzer werden je zur Hälfte durch den BR und den ArbGeb. (in den Fällen **13** der §§ 109 u. 112 durch den Unternehmer) bestellt. Die Bestellung der vom BR zu benennenden Beisitzer erfolgt durch **Beschluss,** der den allgemeinen Wirksamkeitsvoraussetzungen entsprechen muss (vgl. BAG 19. 8. 92 AP Nr. 3 zu § 76 a BetrVG 1972; GK-*Kreutz* Rn 45).

Bes. **persönliche Voraussetzungen** stellt das G nicht auf. Insb. brauchen die **14** Beisitzer weder unparteiisch zu sein noch dem Betrieb anzugehören. Ihre Auswahl bleibt vielmehr dem ArbGeb. bzw. dem BR überlassen (LAG Düsseldorf EzA § 76 BetrVG 1972 Nr. 30; *Ehrich/Fröhlich* S. 27). Es können daher **auch Verbandsvertr.** als Beisitzer bestellt werden (BAG. 14. 12. 88 AP Nr. 30 zu § 76 BetrVG 1972; *DKKW-Berg* Rn 26; GK-*Kreutz* Rn 46 f.; *Richardi* Rn 45). Entscheidend ist das Vertrauen des ArbGeb. oder BR in die Person des Beisitzers.

Deshalb ist der BR, wenn seiner Ansicht nach keine geeigneten betriebsinternen **15** Personen, die sein Vertrauen genießen, vorhanden sind, nicht gehindert, als Beisitzer nur geeignete **externe** Personen zu bestellen (BAG 24. 4. 96 AP Nr. 5 zu § 76 BetrVG 1972 Einigungsstelle). Über Externe können auch notwendige arbeitsrechtliche und betriebswirtschaftliche Spezialkenntnisse in die E-Stelle geholt werden (*Ehrich/Fröhlich* S. 29). ArbGeb. (im Insolvenzfall auch der Insolvenzverwalter) und der BR können sich auch selbst zu Mitgl. der E-Stelle bestellen (hM; BAG 6. 5. 86 AP Nr. 8 zu § 128 HGB). Bei Bildung einer E-Stelle im Laufe des Insolvenzverfahrens besteht keine Verpflichtung, Vertreter der Gläubiger zu Mitgl. der E-Stelle zu bestellen (BAG 6. 5. 86 aaO).

Die Gegenseite kann die von einer Seite bestellten **Beisitzer nicht ablehnen** **16** (BAG 14. 12. 88 AP Nr. 30 zu § 76 BetrVG 1972; *Richardi* Rn 49), auch nicht wegen angeblicher Befangenheit (BAG 6. 4. 73 AP Nr. 1 zu § 76 BetrVG 1972; LAG Bad.-Württ ArbuR 02, 151; *DKKW-Berg* Rn 25, 29; ErfK-*Kania* Rn 9; GK-*Kreutz* Rn 48; *Spengler/Hahn/Pfeiffer* S. 52; einschr. dahingehend, dass nur solche Beisitzer bestellt werden dürfen, von denen zu erwarten ist, dass sie wichtige Interessen der anderen Seite nicht verletzen *HSWGNR* Rn 50; *Bischof* S. 78; *Heinze* RdA 90, 268; MünchArbR-*Joost* § 232 Rn 15). Die Bestellung eines ArbN des Betriebs zum Mitgl. der E-Stelle ist nicht deswegen unzulässig (wenn auch idR unzweckmäßig), weil er durch die umstrittene Angelegenheit in seinen persönlichen Interessen berührt wird, zB in den Fällen des § 38 Abs. 2 S. 4, § 87 Abs. 1 Nr. 9, § 98 Abs. 4 S. 1 oder § 102 Abs. 6 (*DKKW-Berg* Rn 29; ErfK-*Kania* Rn 9; GK-*Kreutz* Rn 47; *Pünnel/Wenning-Morgenthaler* Rn 112; *Richardi* Rn 49; LAG Düsseldorf aaO).

Jede Seite kann die von ihr bestellten Beisitzer wieder **abberufen** und durch ande- **17** re ersetzen, wenn sie nicht mehr ihr Vertrauen besitzen (ErfK-*Kania* Rn 10; GK-*Kreutz* Rn 49; *Hennige* S. 238; *Spengler/Hahn/Pfeiffer* S. 88).

18   Soweit in **privatisierten PostAGn** bei Meinungsverschiedenheiten über bestimmte Personalangelegenheiten der bei ihnen selbst beschäftigten Beamten oder der ihren Tochter-, Enkel- und Beteiligungsgesellschaften zugewiesenen Beamten (s. § 14 Rn 86 ff., § 27 Rn 75, § 99 Rn 331) eine Einigungsstelle zu bilden ist (vgl. § 99 Rn 316 ff.), werden ihre vom BR zu benennenden Mitgl. nur von den Beamtenvertr. im BR bestellt, wenn die Beamten im BR durch eine eigene Gruppe vertreten sind (vgl. hierzu § 14 Rn 76 ff.). Ist letzteres nicht der Fall, muss von den vom BR zu bestellenden Mitgl. mindestens einer Beamter sein (vgl. § 30 PostPersRG). Diese Sonderregelung gilt nur für privatisierte PostAGn, nicht für die übrigen privatrechtlich organisierten Unternehmen und Betriebe, in denen Beamte eingesetzt sind (s. 5 Rn 316 ff.).

19   Über die **Zahl der Beisitzer** sagt das G (im Gegensatz zu § 71 Abs. 1 S. 2 BPersVG: je 3 Beisitzer) nichts aus. Lediglich der Grundsatz der Parität ist in Abs. 2 S. 1 vorgeschrieben. Für die Festlegung der Zahl der Beisitzer wird es stets auf die **Besonderheit** des anstehenden Streitfalls ankommen. Insb. bei schwierigen oder komplexen Streitfällen, bei denen bes. Fachkenntnisse gefordert werden oder bei Streitfällen mit weitreichenden Auswirkungen, kann eine höhere Beisitzerzahl geboten sein. Auch dürfte die Größe des Betriebs zu berücksichtigen sein.

20   Im **Regelfall** (den gibt es nach *Pünnel / Wenning-Morgenthaler* Rn 125 nicht) wird eine Besetzung mit **zwei** Beisitzern für **jede Seite** erforderlich, aber auch ausreichend sein (vgl. LAG Niedersachsen NZA-RR 06, 306; u. NZA-RR 06, 306; ErfK-*Kania* Rn 8; GK-*Kreutz* Rn 38; *Ehrich / Fröhlich* S. 27; **aA** nur je 1 Beisitzer: LAG Schlesw.-Holst. DB 84, 1530 und DB 91, 287; LAG Hessen NZA-RR 10, 359 bei Beschwerde gem. § 85 Abs. 2; MünchArbR-*Joost* § 232 Rn 12; **weitergehend** idR 3 Beisitzer: LAG Bremen ArbuR 84, 91 bei E-Stellenverfahren nach § 112; *DKKW-Berg* Rn 23; *Hennige* S. 113; wohl auch *Friedemann* Rn 126; für 4 Beisitzer bei komplexem Sachverhalt LAG Hamburg AiB 99, 221; s. Beispiele bei *Spengler / Hahn / Pfeiffer* S. 49 f., 87). Der Betriebspartner, der von der Regelbesetzung abweichen will, muss die hierfür erforderlichen Tatsachen (zB Komplexität des zu regelnden Sachverhalts, Anzahl der betr. ArbN oder ArbNGruppen, schwierige Rechtsfragen, Zumutbarkeit der E-Stellenkosten) anführen (LAG Niedersachsen aaO).

21   Können sich die Betriebspartner über die Anzahl der Beisitzer **nicht einigen,** so wird diese auf Antrag vom ArbG festgelegt (vgl. § 98 ArbGG; Näheres zu diesem Verfahren vgl. Rn 25 ff.). Dabei ist das ArbG an eine vorgeschlagene Zahl nicht gebunden (LAG Bad.-Württ. NZA-RR 02, 523). Antragsberechtigt sind nur der ArbGeb. und der BR (bzw. im Rahmen ihrer Zuständigkeit der GesBR oder KBR). In den Fällen der erzwingbaren MB (vgl. Rn 95 ff.) reicht grundsätzlich der Antrag eines Antragsberechtigten aus (vgl. Rn 100). Das ArbG hat nur die Zahl, nicht die Person der Beisitzer festzulegen (hM). Auch wenn die Zahl der Beisitzer vom ArbG festgelegt worden ist, steht es ArbGeb. und BR frei, sich nachträglich auf eine andere Beisitzerzahl zu verständigen (*DKKW-Berg* Rn 57; GK-*Kreutz* Rn 44; *Spengler / Hahn / Pfeiffer* S. 88).

22   Die Bestellung von **stellvertr. Beisitzern** regelt das G nicht. Bedenken hiergegen bestehen nicht, zumal es jeder Seite überlassen bleibt, ob sie als Ersatz für ausfallende Beisitzer Neubestellungen vornehmen oder durch Benennung von Stellvertr. für solche Fälle vorbeugen will (*DKKW-Berg* Rn 30; GK-*Kreutz* Rn 49; *Richardi* Rn 80; *Ehrich / Fröhlich* S. 28; *Pünnel / Wenning-Morgenthaler* Rn 118; einschr. *Tschöpe* NZA 04, 945, 948). Stellvertr. Beisitzer gehören bis zu ihrem Nachrücken nicht der E-Stelle an und dürfen deshalb auch nicht bei ihren Verhandlungen und Beratungen anwesend sein (GK-*Kreutz* Rn 49; *Friedemann* Rn 128, vgl. auch Rn 73 f.).

b) Vorsitzender

23   Über die **Person des Vors.** sagt Abs. 2 S. 1 nur aus, dass er **unparteiisch** sein muss. Die Unparteilichkeit festzustellen, ist in erster Linie Sache der Beteiligten. Haben sich ArbGeb. und BR auf die Person des Vors. verständigt, so ist von seiner Unabhängigkeit auszugehen (GK-*Kreutz* Rn 51; *Richardi* Rn 52; *Ehrich/Fröhlich* S. 18). In diesem Fall bestehen auch keine Bedenken dagegen, dass der Vors. dem Betrieb angehört, obwohl im Allgemeinen ein Außenstehender geeigneter und unbefangener sein dürfte (*DKKW-Berg* Rn 19; GK-*Kreutz* Rn 51; *HSWGNR* Rn 53; **aA** *Schack* S. 61; *Schaub/Koch* § 232 Rn 11; *Heinze* RdA 90, 268). ArbGeb. und BR brauchen die Bestellung nicht persönlich vorzunehmen, sondern können sie auf die von ihnen benannten Beisitzer der E-Stelle delegieren (*Richardi* Rn 50; GK-*Kreutz* Rn 50).

Dem Vors. kommt sowohl im Hinblick auf seine schlichtende als notfalls auch **24** streitentscheidende Funktion (vgl. Rn 79 ff.) eine **Schlüsselrolle** im Rahmen des E-Stellenverfahrens zu. Neben seiner Unparteilichkeit sind deshalb seine Rechts- und Fachkenntnisse, seine Einsichtsfähigkeit, seine Unabhängigkeit und sein Verhandlungsgeschick von wesentlicher Bedeutung (vgl. *Ehrich/Fröhlich* S. 18; *Pünnel/Wenning-Morgenthaler* Rn 90; *Francken* NZA 08, 750.). Es bestehen keine Bedenken, unter den Voraussetzungen des § 40 DRiG auch Richter zum Vors. der E-Stelle zu bestellen (LAG Köln DB 85, 135; LAG Hamburg DB 85, 1798; GK-*Kreutz* Rn 60). Jedoch gilt dies nicht für Richter, bei denen auf Grund der Geschäftsverteilung nicht ausgeschlossen werden kann, dass sie mit der Auslegung, Überprüfung oder Anwendung des Spruches der E-Stelle befasst werden (so jetzt ausdrücklich § 98 Abs. 1 S. 5 ArbGG *SWS* Rn 5 a; *Schack* S. 14). Richter bedürfen zur Übernahme dieser Nebentätigkeit ebenso wie Beamte der Genehmigung. Eine Verpflichtung zur Übernahme des Amtes besteht nicht (ErfK-*Kania* Rn 7).

Können sich ArbGeb. und BR nicht auf die Person des Vors. verständigen, wird **25** dieser **auf Antrag** durch das ArbG bestellt (vgl. Abs. 2. S. 2). Dies gilt sowohl im freiwilligen wie im erzwingbaren E-Stellenverfahren (vgl. hierzu Rn 95 ff.). Bei dieser Entscheidung des ArbG handelt es sich um einen richterlichen Akt, der in seinem materiellen Gehalt der Bestellung des Vereinsvorstands durch das Amtsgericht (§ 29 BGB) entspricht. Für die Bestellung des Vors. der E-Stelle kommt es nicht darauf an, ob der ArbGeb. oder BR seinen Vorschlag für den E-Stellenvorsitz zuerst gemacht oder bei Gericht eingebracht hat. Vielmehr ist auch dann, wenn keine konkreten Einwendungen gegen den Kandidaten der jeweiligen Gegenseite vorgebracht werden, regelmäßig ein Dritter zu bestellen, um eine Belastung des nachfolgenden ES-Verfahrens zu vermeiden (LAG Berlin-Brandenburg BeckRS 11, 72017 mwN).

Zuständig für die Bestellung des E-StellenVors. ist das ArbG am Sitz des Betriebs, **25a** bei Zuständigkeit des GesBR das ArbG am Sitz des Unternehmens (§ 82 ArbGG). Die Entscheidung trifft der Vors. der nach der Geschäftsverteilung zuständige Kammer allein (§ 98 Abs. 1 S. 1 ArbGG). Für das Verfahren gelten §§ 80 bis 84 ArbGG über das BeschlVerf., s. dazu Nach § 1 Rn 1 ff.) entspr., jedoch sind die Einlassungs- und Ladungsfristen auf 48 Stunden abgekürzt (§ 98 Abs. 1 S. 3 ArbGG).

Dem beteiligten ArbGeb. und BR ist **rechtliches Gehör** zu gewähren. Mit ihrem **26** Einverständnis kann eine Entscheidung ohne mündliche Verhandlung ergehen. Nicht zu beteiligen ist der vorgeschlagene oder in Aussicht genommene Vors. der E-Stelle (LAG Berlin NZA-RR 99, 34). Der Vors. der Kammer hat seine Entscheidung der Beteiligten möglichst innerhalb von zwei Wochen, spätestens jedoch innerhalb von vier Wochen nach Eingang des Antrags zuzustellen (§ 98 Abs. 1 S. 6 ArbGG).

Kommt in den **privatisierten PostAGn** bei der Bildung der E-Stelle zur Beile- **27** gung von Meinungsverschiedenheiten in bestimmten Personalangelegenheiten der Beamten (vgl. Rn 18, § 99 Rn 317 ff., 327 ff.) keine Einigung über die Person des Vors. zustande, wird dieser in Anlehnung an § 71 Abs. 1 S. 3 BPersVG vom Präsidenten des zuständigen Verwaltungsgerichts bestellt (§ 30 S. 2 PostPersRG).

Das ArbG hat nur die in Abs. 2 S. 2 u. 3 genannten Entscheidungen zu treffen, dh **28** einen unparteiischen und geeigneten Vors. zu bestellen und/oder die Anzahl der Beisitzer festzulegen. Auch für diese Entscheidungen muss ein **Rechtsschutzinteresse** vorliegen (LAG München NZA-RR 08, 71). Das kann zu verneinen sein, wenn in dem unterbreiteten Streitfall nicht einmal der **Versuch** einer gütlichen **Ei-**

nigung unternommen worden ist (LAG Bad.-Württ. NZA 85, 163; LAG Sachsen NZA-RR 02, 362; *Richardi* Rn 64; *Spengler/Hahn/Pfeiffer* S. 66; *Friedemann* Rn 93f.; JRH-*Trappehl/Wolff* Kap. 8 Rn 14; weitergehend *Tschöpe* NZA 04, 945: sofortige Anrufung der E-Stelle, wenn Verhandlungen für aussichtslos gehalten werden).

29　　Die Anforderungen an einen solchen Versuch dürfen jedoch nicht überspannt werden. So ist **beharrliches Schweigen** auf Vorschläge einer Seite oder monatelanges **Hinhalten** ebenso als Scheitern der Verhandlung anzusehen wie eine pauschale Ablehnung von (Weiter-)Verhandlungen (LAG Hessen NZA 95, 1118; LAG Düsseldorf NZA-RR 98, 320; LAG Rheinland-Pfalz BeckRS 09, 55 987). Lässt sich eine Seite auf (weitere) Verhandlungen nicht ein, entfällt das Rechtsschutzinteresse im Bestellungsverfahren nicht dadurch, dass sie nunmehr Verhandlungsbereitschaft signalisiert (LAG Bad.-Württ. NZA 92, 186).

30　　Das ArbG hat grundsätzlich **nicht** die Vorfrage zu prüfen, ob eine **Zuständigkeit der E-Stelle** für die anstehende Streitfrage gegeben ist. Eine Prüfung dieser nicht selten schwierigen Frage wäre nicht mit dem Zweck des Bestellungsverfahrens, die schnelle Bildung der E-Stelle zu ermöglichen, vereinbar (BAG 24. 11. 81 AP Nr. 11 zu § 76 BetrVG 1972; GK-*Kreutz* Rn 64). Außerdem hat die E-Stelle ihre Zuständigkeit vor einer Sachentscheidung selbst zu prüfen (vgl. Rn 113).

31　　Das ArbG darf die Bestellung nur ablehnen, wenn eine **Zuständigkeit der E-Stelle offensichtlich nicht** gegeben ist (vgl. § 98 Abs. 1 S. 2 ArbGG). Dies ist dann anzunehmen, wenn nach dem vorgetragenen Sachverhalt schon auf den ersten Blick eine Zuständigkeit der E-Stelle unter keinem denkbaren rechtlichen Gesichtspunkt als möglich erscheint (LAG Hamm NZA-RR 03, 637; LAG Niedersachsen NZA-RR 11, 247 mwN; GK-*Kreutz* Rn 66ff.; *HSWGNR* Rn 22; s. Beispiele bei *Spengler/Hahn/Pfeiffer* S. 75 ff.). Das ist bei Errichtung einer E-Stelle für einen bereits abgeschlossenen Vorgang der Fall (LAG Köln BeckRS 11, 72 416).

32　　Dagegen ist die E-Stelle **nicht offensichtlich** unzuständig, wenn ein „bunter Strauß“ möglicher Regelungen und Maßnahmen in Betracht kommt (LAG Hamm BeckRS 10, 66 756). Gleiches gilt, wenn eine in der Instanz-Rspr. und Literatur strittige MBFrage noch nicht höchstrichterlich entschieden ist (LAG Schleswig-Holstein DB 07, 924; zu **§ 13 AGG** s. LAG Hamburg NZA-RR 07, 413; LAG Saarbrücken AiB 07, 660; LAG Hessen NZA-RR 07, 637; Spruch einer E-Stelle NZA 08, 95; *Westhauser/Sediq* NZA 08, 78ff.; s. aber § 87 Rn 75). Zum evt. Informationsdurchgriff des WiAusschusses gegenüber einer Konzernholding gem. § 109: LAG Niedersachsen NZA-RR 10, 142 u. § 109 Rn 2.

33　　Bei der Beurteilung einer offensichtlichen Unzuständigkeit der E-Stelle ist zwischen **erzwingbaren** und **freiwilligen E-Stellenverfahren** (vgl. hierzu Rn 67ff.) zu **unterscheiden:** Im ersteren Fall liegt eine offensichtliche Unzuständigkeit nur vor, wenn die Streitigkeit klar erkennbar unter keinen mitbestimmungspflichtigen Tatbestand subsumiert werden kann (vgl. LAG Berlin AP Nr. 1 § 98 ArbGG 1979; LAG Bad.-Württ. NZA 85, 163; LAG Düsseldorf NZA 89, 146; LAG Hamm LAGE § 98 ArbGG 1979 Nr. 28; GK-*Kreutz* Rn 66) oder wenn bei einem mitbestimmungspflichtigen Tatbestand offensichtlich eine abschließende das MBR ausschließende tarifliche Regelung besteht (LAG Köln NZA-RR 01, 481). Bei einem freiwilligen E-Stellenverfahren kommt eine offensichtliche Unzuständigkeit nur in Betracht, wenn das Einverständnis eines Betriebspartners zur Durchführung des Verfahrens fehlt oder die der E-Stelle zur Entscheidung unterbreitete Streitfrage außerhalb der Regelungskompetenz der Betriebspartner liegt (vgl. hierzu Rn 108).

34　　Um dem ArbG diese Prüfung zu ermöglichen, muss der **Antrag begründet,** dh ein konkreter Sachverhalt dargelegt werden, über den ein Regelungsstreit zwischen den Betriebspartner besteht (LAG Düsseldorf NZA 88, 211; HessLAG ArbuR 06, 214; GK-*Kreutz* Rn 58; *GMPM-G* § 98 Rn 18). Nur über diesen Sachverhalt darf die E-Stelle entscheiden, sofern nicht die Beteiligten mit einem weitergehenden Tätigwerden einverstanden sind (LAG Frankfurt DB 85, 1535; *DKKW-Berg* Rn 70; *Bengelsdorf* BB 91, 619).

Die Beschränkung der Prüfung der Unzuständigkeit der E-Stelle auf den Maßstab 35
der Offensichtlichkeit bezieht sich nicht nur auf die Rechtsfrage, ob der E-Stelle in
der umstrittenen Angelegenheit eine Entscheidungskompetenz zusteht, sondern auch
auf **andere rechtliche Vorfragen,** die bei der Bildung der E-Stelle zu beachten sind
(vgl. hierzu LAG Frankfurt NZA 85 33; LAG Köln ArbuR 97, 168; LAG Nürnberg
ArbuR 05, 278; LAG Hamburg LAGE § 98 ArbGG Nr. 16; GK-*Kreutz* Rn 70;
Spengler/Hahn/Pfeiffer S. 77; nach *DKKW-Berg* Rn 52 soll dies für alle im Zusammenhang mit der Bildung der E-Stelle zu prüfenden Fragen gelten; aA LAG Düsseldorf NZA 88, 211 und NZA-RR 98, 319; LAG München LAGE § 98 ArbGG 1979
Nr. 5; *Richardi* Rn 65; *Hennige* S. 90 ff.). Es würde dem mit § 98 ArbGG verfolgten
Zweck, eine schnelle Bildung der E-Stelle zu erreichen, nicht entsprechen, wenn
nicht auch andere (schwierige) rechtliche Vorfragen an dem Maßstab der Offensichtlichkeit geprüft werden können. Deshalb sind zB an diesem Maßstab auch zu messen
die Frage der Nichtigkeit der Wahl des antragstellenden BR (LAG Köln aaO) oder
die Frage der Kompetenzabgrenzung zwischen BR und GesBR (LAG Frankfurt aaO;
LAG Nürnberg NZA 90, 503; LAG Hessen NZA-RR 00, 83; vgl. auch LAG Berlin
NZA-RR 99, 35) oder die Frage, ob Gegenstand einer Beschwerde nach § 85 ein
Rechtsanspruch ist (LAG Bad.-Württ. AiB 00, 760).

Das ArbG hat das **Bestellungsverfahren auch dann** durchzuführen, wenn – was 36
zulässig ist (vgl. Rn 113 ff., 182 f.) – in einem anderen BeschlVerf. die **Streitfrage
anhängig** ist, ob in der umstrittenen Angelegenheit eine Zuständigkeit der E-Stelle
besteht. Das ArbG hat das Bestellungsverfahren nicht gem. § 148 ZPO bis zur Entscheidung der Streitfrage im anderen BeschlVerf. auszusetzen. Denn sonst würde der
Zweck der gesetzlichen Regelung, eine schnelle Errichtung der E-Stelle und eine
zügige Durchführung des E-Stellenverfahrens zu ermöglichen, vereitelt (BAG 24. 11.
81 AP Nr. 11 zu § 76 BetrVG 1972; BAG 16. 8. 83 AP Nr. 2 zu § 81 ArbGG 1979;
DKKW-Berg Rn 53; ErfK-*Kania* Rn 34; GK-*Kreutz* Rn 72; *Richardi* Rn 71; GMPMG
§ 98 Rn 14; *Hennige* S 118; *Ehrich/Fröhlich* S. 24; **aA** *Dütz* SAE 83, 249). Der Beschluss über die Errichtung der E-Stelle hat für das allgemeine BeschlVerf. keine präjudizielle Wirkung (BAG 25. 4. 89 AP Nr. 3 zu § 98 ArbGG 1979; *Richardi* Rn 72).

Das ArbG hat bei seiner Ermessensentscheidung auf die **Unparteilichkeit des** 37
Vors. der E-Stelle bes. zu achten. Es darf weder einen Vertr. des ArbGeb. noch der
ArbN, aber auch keinen Gewerkschaftsbeauftragten oder Vertr. von ArbGebVerbänden
bestellen (*DKKW-Berg* Rn 48; HSWGNR Rn 57; *Richardi* Rn 52; vgl. Rn 23 f.). Im
Übrigen hat das ArbG auch darauf zu achten, dass der Vors. über ausreichende
Rechts- und Fachkenntnisse verfügt, die einer Lösung des Streitfalles dienlich sind
(*Friedemann* Rn 114; *Hennige* S. 108). Wenn auf diese Aspekte keine Rücksicht genommen wird, kann die Entscheidung des ArbG ermessensfehlerhaft sein.

Das ArbG ist bei seiner Entscheidung **nicht** auf die von den Beteiligten **benann-** 38
ten Personen beschränkt (LAG Bad.-Württ. NZA-RR 02, 523; GK-*Kreutz*
Rn 59; *Hennige* S. 88; *Tschöpe* NZA 04, 945, 946 f.). Jedoch ist den Betriebspartnern
vorher Gelegenheit zur Stellungnahme zu den in Aussicht genommenen Personen zu
geben (LAG München DB 89, 916; *Friedemann* Rn 107). Es sollte keiner zum Vors.
bestellt werden, der von einer Seite abgelehnt wird, ohne Schwierigkeiten sein
anderer Vors. bestellt werden kann, gegen den keine Einwendungen erhoben werden
(LAG Frankfurt DB 86, 756; *DKKW-Berg* Rn 47; GK-*Kreutz* Rn 59; *Tschöpe* aaO).

Das Bestellungsverfahren ist **erst abgeschlossen,** wenn der vorgesehene Vors. das 39
Amt angenommen hat. Lehnt er die Übernahme des Amtes ab, ist das ArbG zur
Bestellung eines anderen Vors. verpflichtet (*DKKW-Berg* 54; GK-*Kreutz* Rn 75; **aA**
ErfK-*Koch* ArbGG Rn 5, *Spengler/Hahn/Pfeiffer* S. 86: neues Bestellungsverfahren).
Zulässig ist die Bestellung eines oder mehrerer ErsVors., die im Falle der Verhinderung oder der Amtsniederlegung des Vors. an dessen Stelle die Leitung der E-Stelle
übernehmen (*Richardi* Rn 80).

Den Betriebspartnern ist es unbenommen, sowohl während des laufenden Bestel- 40
lungsverfahrens als auch nach dessen Abschluss sich auf einen **anderen Vors. zu**

einigen (*Ehrich/Fröhlich* S. 8, 20; *Schack* S. 11). Im ersteren Falle ist das Bestellungs-verfahren einzustellen. Haben sich die Betriebspartner erst nach der gerichtlichen Bestellung des Vors. auf einen anderen Vors. der E-Stelle geeinigt, endet das Amt des gerichtlich bestellten Vors. auch ohne förmliche Abberufung (vgl. §§ 29 BGB, 85 Abs. 2, 104 Abs. 5 AktG; *DKKW-Berg* Rn 54; GK-*Kreutz* Rn 74; *Richardi* Rn 70; *Ehrich/Fröhlich* S. 22).

41   Gegen die Entscheidungen des ArbG ist die **Beschwerde an das LAG** zulässig. Sie ist innerhalb von **zwei Wochen** einzulegen und zu begründen (§ 98 Abs. 2 S. 2 ArbGG) und hat aufschiebende Wirkung (s. § 87 Abs. 4 ArbGG, dessen Nichterwäh-nung in § 98 Abs. 2 ArbGG auf gesetzgeb. Versehen beruht; *Ehrich/Fröhlich* S. 8). Die Beschwerdeentscheidung wird ebenfalls vom Vors. der zuständigen Kammer des LAG getroffen (§ 98 Abs. 2 S. 3 ArbGG; vgl. auch Rn 25). Er ist nicht auf eine Rechts-kontrolle oder Ermessensüberprüfung der Entscheidung des ArbG. beschränkt, son-dern entscheidet unter Berücksichtigung neu vorgebrachter Tatsachen nach eigenem Ermessen (LAG Bremen AiB 88, 315; LAG Frankfurt ArbuR 77, 62; **aA** *Hennige* S. 116). Seine Entscheidung ist **endgültig** (§ 98 Abs. 2 S. 4 ArbGG).

42   Im Bestellungsverfahren nach § 98 ArbGG sind **einstw. Vfg.** nicht zulässig, da die Vorschrift des § 85 Abs. 2 ArbGG nicht gilt (LAG Niedersachsen ArbuR 89, 290; ArbG Düsseldorf NZA 92, 907; ArbG Siegburg DB 02, 278; GK-*Kreutz* Rn 63; *Ehrich/Fröhlich* S. 9; *Hennige* S. 120; *Spengler/Hahn/Pfeiffer* S. 73; **aA** LAG Düsseldorf LAGE § 98 ArbGG 1979 Nr. 19).

43   Sowohl der einvernehmlich als auch der gerichtlich bestellte E-Stellenvors. kann in jedem Zeitpunkt des E-Stellenverfahrens wegen Besorgnis der **Befangenheit** entspr. §§ 1036 ff. ZPO über das schiedsgerichtliche Verfahren (kr. hierzu *Bertelsmann* FS *Wissmann* S. 230, 242 ff.) **abgelehnt** werden, wenn Umstände vorliegen, die berech-tigte Zweifel an seiner Unparteilichkeit oder Unabhängigkeit aufkommen lassen (BAG 11. 9. 01, 29. 1. 02 AP Nr. 15, 19 zu § 76 BetrVG 1972 Einigungsstelle; 17. 11. 10 – 7 ABR 100/09 – NZA 11, 940; *DKKW-Berg* Rn 66; ErfK-*Kania* Rn 16; *Friedemann* Rn 190; *Schack* S. 77 ff., 85; *Spengler/Hahn/Pfeiffer* S. 161 f.; zum Verfah-rensablauf s. *Bertelsmann* aaO S. 237 ff.).

44   Ein **Befangenheitsgesuch** kann nur von den **Betriebspartnern** selbst oder ihrem jeweiligen Verfahrensbevollmächtigten (s. Rn 72), nicht von den Beisitzern innerhalb von **zwei Wochen** nach Bekanntwerden der Befangenheitsgründe gegenüber der E-Stelle **schriftlich** unter Darlegung der Gründe gestellt werden (BAG 11. 9. 01, 29. 1. 02 AP Nr. 15, 19 zu § 76 BetrVG 1972 Einigungsstelle; *Ehrich/Fröhlich* S. 53; *Schack* S. 87; *Bertelsmann* aaO S. 238; *Spengler/Hahn/Pfeiffer* S. 163 f.). Legt der für be-fangen gehaltene E-Stellenvors. sein Amt nicht von sich aus nieder, entscheidet die E-Stelle über den Ablehnungsantrag selbst in nur einem Abstimmungsgang, an dem der E-Stellenvors. nicht teilnimmt (BAG 17. 11. 10 – 7 ABR 100/09 – NZA 11, 940; *Spengler/Hahn/Pfeiffer* S. 165). Findet der Ablehnungsantrag unter den Beisitzern kei-ne Mehrheit, entscheidet die E-Stelle unter Beteiligung des für befangen gehaltenen E-Stellenvors. darüber, ob sie das Verfahren fortsetzt oder es ggf. bis zur gerichtlichen Entscheidung über die geltend gemachten Ablehnungsgründe gem § 1037 Abs. 3 S. 1 und 2 ZPO aussetzt (so jetzt BAG 17. 11. 10 – 7 ABR 100/09 – NZA 11, 940; **aA** Voraufl.). Die gerichtliche Überprüfung des Ablehnungsantrags wegen Befangenheit des E-StellenVors. erfolgt durch das ArbG in erster und letzter Instanz entspr. § 1037 Abs. 3 S. 1, § 1062 Abs. 1 Nr. 1 Var. 2, § 1065 Abs. 1 S. 2 ZPO in voller Kammerbe-setzung der §§ 2a, 80 ff. ArbGG (BAG 17. 11. 10 – 7 ABR 100/09 – NZA 11, 940).

45   Zur Vermeidung unangemessener Verfahrensverzögerungen kann trotz Anrufung des ArbG das **E-Stellenverfahren** entspr. § 1037 Abs. 3 S. 2 ZPO **fortgesetzt** und abgeschlossen werden, worüber die E-Stelle nach freiem Ermessen entscheidet (*Ber-telsmann* aaO S. 238 f.; *Spengler/Hahn/Pfeiffer* S. 96 f., 167). Ist das E-Stellenverfahren abgeschlossen und ist es deshalb nicht zu einer gerichtlichen Überprüfung des Ableh-nungsgesuchs gekommen, ist über die geltend gemachten Befangenheitsgründe aus-nahmsweise im Verfahren über die Anfechtung des E-Stellenspruchs zu entscheiden

(BAG 11. 9. 01 aaO; *Löwisch/Kaiser* Rn 14; **aA** LAG Hamm DB 92, 1929). Entscheidet die E-Stelle ohne Rücksicht auf einen erhobenen Befangenheitsantrag, ist der Beschluss unwirksam. Die Nichtbescheidung eines Ablehnungsantrags durch die E-Stelle stellt einen elementaren, nicht heilbaren Verfahrensfehler dar (BAG 29. 1. 02 aaO; *Spengler/Hahn/Pfeiffer* S. 165).

Die **Abberufung eines Beisitzers** wegen Befangenheit kommt dagegen nicht in **46** Betracht, da sie durchaus den Interessen der sie bestellenden Seite verbunden sein dürfen (vgl. Rn 10; LAG Düsseldorf EzA § 76 BetrVG 1972 Nr. 30; *DKKW-Berg* Rn 29; *GK-Kreutz* Rn 48; *Friedemann* Rn 192; *Weber/Ehrich/Hörchens/Oberthür* G Rn 12; **aA** bei schweren Pflichtverletzungen bereits vor Bestellung zum Beisitzer *Ehrich/Fröhlich* S. 56; *Hennige,* S. 234). Das gilt auch für den Fall, dass ein Beisitzer in der umstrittenen Angelegenheit bereits im BR in einem bestimmten Sinne abgestimmt hat (BVerwG E 66, 15).

3. Rechtsstellung der Mitglieder

Bis auf die Regelung des Vergütungsanspruchs in § 76 a (vgl. dort Rn 14 ff.), be- **47** stehen keine bes. gesetzlichen Vorschriften über die Rechtsstellung der Mitgl. der E-Stelle. Eine **Pflicht zur Übernahme** des Amtes eines Beisitzers oder Vors. besteht **nicht** (ErfK-*Kania* Rn 11; *Richardi* Rn 141). Sie können ihr Amt auch jederzeit niederlegen (*DKKW-Berg* Rn 32; GK-*Kreutz* Rn 92).

Mit der Annahme der Bestellung zu Mitgl. der E-Stelle kommt zwischen diesen **48** und dem ArbGeb. kraft Gesetzes ein **betriebsverfassungsrechtliches Schuldverhältnis** zustande (BAG 27. 7. 94 Nr. 4 zu § 76 a BetrVG 1972; ErfK-*Kania* Rn 11; *Spengler/Hahn/Pfeiffer* S. 85; ausführlich *Schack* S. 22 ff.). Dieses hat, soweit den Mitgl. ein Honoraranspruch zusteht, den Charakter eines entgeltlichen Geschäftsbesorgungsvertrages (§§ 675, 611 BGB), wobei die Honorarhöhe jedoch durch die gesetzliche Regelung des § 76 a Abs. 2–5 bestimmt wird (vgl. § 76 a Rn 14 ff.). Bei den betriebsangehörigen Mitgl. der E-Stelle, die keinen Anspruch auf Vergütung haben (vgl. § 76 a Rn 11 ff.), hat das betriebsverfassungsrechtliche Schuldverhältnis den Charakter eines Auftragsverhältnisses nach § 662 BGB (vgl. *DKKW-Berg* Rn 35; ErfK-*Kania* Rn 11; GK-*Kreutz* Rn 86).

Zwischen BR und dem von ihm bestellten Mitgl. der E-Stelle besteht **kein Ver- 49 tragsverhältnis** (BAG 15. 12. 78 AP Nr. 6 zu § 76 BetrVG 1972). Verspricht der BR den Mitgl. ein über § 76 a hinausgehendes Honorar, kommt insoweit eine persönliche Haftung der verantwortlichen BRMitgl. in Betracht (GK-*Kreutz* Rn 87).

Das Amt des Vors. und der Beisitzer der E-Stelle ist ein **höchstpersönliches. 50** Deshalb ist eine gewillkürte Stellvertretung durch von ihnen selbst bestimmte andere Personen ausgeschlossen (*Friedemann* Rn 146).

Nicht nur der Vors., sondern auch die bestellten Beisitzer haben nach **bestem 51 Wissen** und **Gewissen** zu entscheiden, **ohne** an **Weisungen** oder Aufträge **gebunden** zu sein (BAG 18. 1. 94 AP Nr. 51 zu § 76 BetrVG 1972; BAG 27. 6. 95 AP Nr. 1 zu § 76 BetrVG 1972 Einigungsstelle; ErfK-*Kania* Rn 11). Die Beisitzer sind aber im Rahmen der auch von ihnen zu berücksichtigenden Abwägungsgesichtspunkte des Abs. 5 S. 3 nicht gehindert, bei ihrer Stellungnahme die Interessen zur Geltung zu bringen, denen sie sich verbunden fühlen (LAG Düsseldorf BB 81, 733; *DKKW-Berg* Rn 33; *Ehrich/Fröhlich* S. 31). Sie können jedoch nicht Entscheidungen treffen, die ArbGeb. oder BR vorbehalten sind. So kann zB bei einem E-Stellenverfahren zu § 87 Abs. 1 Nr. 10 die Entscheidung des ArbGeb. über den mitbestimmungsfreien Dotierungsrahmen nicht auf die vom ArbGeb. benannten Beisitzer delegiert werden (BAG 15. 5. 01 AP Nr. 17 zu § 87 BetrVG 1972 Prämie).

Eine **Haftung von Mitgl. der E-Stelle** für eine Verletzung der Geheimhaltungs- **52** pflicht oder einen fehlerhaften Spruch der E-Stelle auf Grund der bestehenden Rechtsbeziehungen ist grundsätzlich nicht ausgeschlossen. Wegen der bes. Natur der E-Stelle als betrieblichem Schlichtungsorgan, das einem Schiedsgericht vergleichbar ist, haften die Mitgl. der E-Stelle aber nicht für jedes Verschulden (§ 276 BGB), sondern **nur für Vorsatz oder grobe Fahrlässigkeit** (ErfK-*Kania* Rn 12; *Ehrich/Fröhlich* S. 26; *Pünnel/Wenning-Morgenthaler* Rn 139 f.; *Spengler/Hahn/Pfeiffer* S. 238; im Ergebnis auch *Schack* S. 45; **aA** *Friedemann* Rn 355, 358; *Schipp* NZA 11, 271, 273). Nur bei Vorliegen eines derartigen Sachverhalts wird sich auch überhaupt feststellen lassen, dass die E-Stelle nicht nach billigem Ermessen entschieden hat (vgl. Rn 121 ff.).

53   Weiter bedarf es der Feststellung eines infolge der Pflichtverletzung eingetretenen **Schadens.** Dieser kann Mitgl. der E-Stelle nur insoweit zur Last gelegt werden, als die Benachteiligten selbst nicht die Überprüfung des Spruchs der E-Stelle durch das ArbG herbeiführen konnten (vgl. § 254 Abs. 2 Satz 1 BGB; zur gerichtlichen Überprüfung vgl. Rn 138 ff.; eingehend zur Haftung der E-Stelle *Bischoff* aaO, S. 151 ff.).

54   Für die Mitgl. der E-Stelle gilt in gleicher Weise wie für den BR das strafrechtlich geschützte (§ 119 Abs. 1 Nr. 3) **Verbot der Begünstigung** oder **Benachteiligung** um ihrer Tätigkeit willen (vgl. § 78). Hieraus ergibt sich für betriebsangehörige Mitgl. der E-Stelle, für die der bes. Kündigungsschutz nach § 15 KSchG und § 103 BetrVG nicht gilt, ein relativer Kündigungsschutz. Eine Kündigung wegen der Tätigkeit in der E-Stelle ist wegen Gesetzesverstoßes nichtig (§ 134 BGB; ErfK-*Kania* Rn 13; *Richardi* Rn 145). Ferner ist jede Störung oder Behinderung der Arbeit der E-Stelle strafbar (§ 119 Abs. 1 Nr. 2).

55   Die Mitgl. der E-Stelle unterliegen der gleichen **Schweigepflicht** wie die BRMitgl. (§ 79 Abs. 2). Das Gleiche gilt für die Strafbarkeit einer Verletzung der Schweigepflicht (§ 120 Abs. 1 Nr. 1).

III. Verfahren vor der Einigungsstelle

1. Allgemeines

56   Das G enthält nur wenige Regelungen zum Verfahren der E-Stelle. Neben der in Abs. 3 S. 1 statuierten Pflicht, unverzüglich tätig zu werden (vgl. hierzu Rn 42 f.), werden in S. 2 einige, allerdings zwingende **Verfahrensregelungen** zur Beschlussfassung getroffen (*Spengler/Hahn/Pfeiffer* S. 98, 105; vgl. hierzu Rn 79 ff.). Im Übrigen können durch TV oder BV nähere Einzelheiten des Verfahrens geregelt werden. Soweit keine derartigen Regelungen bestehen oder diese Gestaltungsspielräume offen lassen, bestimmt die E-Stelle das Verfahren nach pflichtgemäßem Ermessen selbst (BAG 18. 4. 89 AP Nr. 34 zu § 87 BetrVG 1972 Arbeitszeit; BAG 18. 1. 94 AP Nr. 51 zu § 76 BetrVG 1972; *Spengler/Hahn/Pfeiffer* S. 130). Hierbei hat sie die allgemein anerkannte Verfahrensgrundsätze einzuhalten (*Spengler/Hahn/Pfeiffer* S. 108).

57   Der **Vors. der E-Stelle** hat seiner Funktion entspr. Termin und Ort der Sitzungen festzulegen, die Beisitzer und ggf. die Betriebspartner und sonstige Personen (Zeugen, Sachverständige) zu den **Sitzungen** einzuladen, diese zu leiten und sonstige verfahrensleitende Maßnahmen zu treffen (*DKKW-Berg* Rn 65; GK-*Kreutz* Rn 99; *Spengler/Hahn/Pfeiffer* S. 129 f.; zu den verfahrensleitenden Pflichten des Vors. der E-Stelle vgl. *Spengler/Hahn/Pfeiffer* S. 133 ff., 154 ff. u. *Hunold* NZA 99, 785; zu den Aufgaben eines Vors. allgemein vgl. § 26 Rn 21 ff.; § 29 Rn 22 ff.). Werden die Sitzungstermine zwischen den Mitgl. der E-Stelle nicht abgesprochen, hat ihre Ladung durch den Vors. so rechtzeitig zu erfolgen, dass ihnen eine ordnungsmäßige Vorbereitung auf die Sitzung möglich ist (BAG 27. 6. 95 AP Nr. 1 zu § 76 BetrVG 1972 Einigungsstelle).

58   Wesentliche Verfahrensfragen sind von der E-Stelle als **Kollegialorgan** zu beschließen (LAG Köln NZA-RR 06, 197; *DKKW-Berg* Rn 65; *Hennige* S. 212; *Spengler/Hahn/Pfeiffer* S. 130). Verstöße gegen wesentliche Verfahrensregeln machen den Spruch der E-Stelle unwirksam, zB wenn nicht alle Mitgl. der E-Stelle ordnungsgemäß geladen worden sind (BAG 27. 6. 95 AP Nr. 1 zu § 76 BetrVG 1972 Einigungs-

stelle, s. Rn 146) oder der Vors. über einen Antrag auf Vertagung allein entscheidet (LAG Köln aaO; *Spengler/Hahn/Pfeiffer* S. 154; vgl. Rn 76). Die E-Stelle wird **nur auf Antrag** (zu evt. Inhalt s. *Spengler/Hahn/Pfeiffer* 59 S. 132 f., zum Verfahren S. 226 ff.) tätig, nicht von Amts wegen. **Antragsberechtigt** sind **nur** die **Betriebspartner** (*Spengler/Hahn/Pfeiffer* S. 130). Der BR kann, sofern er einem seiner Ausschüsse Angelegenheiten zur selbständigen Entscheidung übertragen und die zu treffende Regelung nicht die Wirkung einer BV hat, auf den Ausschuss auch das Recht zur Anrufung der E-Stelle delegieren (vgl. § 27 Rn 73 b). Eine ArbGruppe, auf die nach § 28 a betriebsverfassungsrechtliche Aufgaben übertragen worden sind, ist nicht antragsberechtigt (vgl. § 28 a Abs. 2 S. 3). Auch ArbN sind selbst dann nicht antragsberechtigt, wenn sie von der Entscheidung unmittelbar betroffen werden (*DKKW-Berg* Rn 61; *GK-Kreutz* Rn 94; *Ehrich/Fröhlich* S. 11; *Pünnel/Wenning-Morgenthaler* Rn 36). Der einzelne ArbN hat auch keinen Anspruch gegen den BR auf Einberufung der E-Stelle (*Spengler/Hahn/Pfeiffer* S. 131; **aA** *Blomeyer*, Gedächtnisschrift *Dietz* S. 173). Bis auf die Fälle des § 38 Abs. 2 S. 4 sowie des § 37 Abs. 6 S. 5 (vgl. zum letzteren § 37 Rn 244) ist der Antrag an **keine Frist** gebunden (*Spengler/Hahn/Pfeiffer* S. 63, 131).

Der Antrag kann jederzeit **zurückgenommen** werden (zum Verfahren *Spengler/* 60 *Hahn/Pfeiffer* S. 226 ff.). In den der erzwingbaren MB unterliegenden Angelegenheiten, in denen jeder Betriebspartner die E-Stelle anrufen kann (vgl. Rn 95 ff.), bedarf die Rücknahme des Antrags aus verfahrensökonomischen Gründen der **Zustimmung** des anderen Betriebspartners (*Spengler/Hahn/Pfeiffer* S. 143, 228 f.). Denn dieser könnte anderenfalls sofort einen neuen Antrag auf Einsetzung der E-Stelle stellen (*Hennige* S. 144 ff.; *Friedemann* Rn 309). Das Gleiche gilt, wenn sich die Betriebspartner in Streitigkeiten, die an sich nur einem freiwilligen E-Stellenverfahren unterliegen, im Falle der Nichteinigung verbindlich zur Anrufung der E-Stelle verpflichtet und sich ihrem Spruch im Voraus unterworfen haben (*Hennige* S. 144).

Die E-Stelle ist zur Streitentscheidung aufgerufen, wenn eine gütliche **Einigung** 61 der Betriebspartner **erfolglos** geblieben ist. Diese muss allerdings versucht worden sein. Haben ernsthafte Verhandlungen stattgefunden, steht es jeder Seite frei, einseitig das Scheitern eines Einigungsversuchs festzustellen (LAG Hessen NZA 95, 1118 und NZA 92, 853; LAG Niedersachsen AiB 99, 647; *Spengler/Hahn/Pfeiffer* S. 150 f.). Hierfür reicht aus, dass nach Ansicht einer Seite eine Regelung nicht ohne fremde Hilfe möglich sein wird (LAG Rheinland-Pfalz ArbuR 06, 333). Ein erfolgloser Versuch einer Einigung liegt auch vor, wenn trotz Aufforderung einer der Betriebspartner jede Verhandlung über den Streitgegenstand ablehnt (BAG 23. 9. 97 AP Nr. 26 zu § 1 BetrAVG Ablösung; vgl. auch Rn 28).

Aus dem Antrag muss zu erkennen sein, über **welche Meinungsverschiedenheit** 62 eine Entscheidung der E-Stelle gewünscht wird. ArbGeb. und BR haben der E-Stelle alle zur Streitentscheidung erforderlichen Unterlagen zur Verfügung zu stellen und Auskünfte zu geben. Falls erforderlich kann der BR vom ArbGeb. gemäß § 80 Abs. 2 die erforderlichen Auskünfte und Unterlagen verlangen und diese der E-Stelle übermitteln.

Die E-Stelle hat, sobald sie gebildet ist oder – im Falle einer ständigen E-Stelle – so- 63 bald ein Antrag auf Streitentscheidung bei ihr eingereicht worden ist, **unverzüglich**, dh ohne schuldhaftes Zögern (§ 121 Abs. 1 S. 1 BGB; *Spengler/Hahn/Pfeiffer* S. 98 f.) **tätig zu werden**. Diese Pflicht obliegt der E-Stelle, dh allen ihren Mitgl. Diese müssen sich baldmöglichst mit den tatsächlichen und rechtlichen Fragen des Streitfalles vertraut machen und für eine ggf. auch kurzfristige Sitzung bereitstehen. Dem Vors. der E-Stelle kommt wegen seiner verfahrensleitenden Stellung in diesem Zusammenhang eine bes. Rolle zu. Er hat nicht nur auf eine möglichst baldige Sitzungsterminierung, sondern auch darauf hinzuwirken, dass die Sitzung so vorbereitet ist, dass auf ihr einige zügige Sacharbeit möglich ist. Zu diesem Zweck hat er dafür zu sorgen, dass er und die Beisitzer so schnell und umfassend wie möglich über den Streitfall, seine Hintergründe und Komplikationen sowie die Haltung der Betriebspartner hierzu unterrichtet und ihnen alle für eine Streitentscheidung sachdienliche Unterlagen überlassen werden.

64 Nach dem Wortlaut des Abs. 3 S. 1 kann der Eindruck entstehen, der E-Stellevors. habe nur eine schnelle Verfahrensaufnahme zum Ziel. Das wäre jedoch unzureichend. Die Pflicht zum unverzüglichen Handeln beinhaltet auch die Verpflichtung, das **weitere Verfahren** der E-Stelle so **zügig** und **konzentriert** abzuwickeln, wie es der jeweilige Streitfall zulässt (*Pünnel/Wenning-Morgenthaler* Rn 144; *Spengler/Hahn/Pfeiffer* S. 99). Diese Pflicht bezieht sich sowohl auf die gesamte Sachverhaltsaufklärung als auch auf die Erarbeitung von angemessenen Lösungen des Streitfalls. Ziel muss sein, in einer dem jeweiligen Streitfall entspr. angemessenen Zeit eine Entscheidung der E-Stelle herbeizuführen.

65 Die E-Stelle hat im Rahmen des ihr unterbreiteten Streitgegenstandes den für die Entscheidung erheblichen Sachverhalt **von Amts wegen aufzuklären** (*DKKW-Berg* Rn 69; ErfK-*Kania* Rn 17; *Ehrich/Fröhlich* S. 37 f.; im Ergebnis ähnlich GK-*Kreutz* Rn 103; *Richardi* Rn 92; aA MünchArbR-*Joost* § 232 Rn 40 f.; *Hennige* S. 191; *Spengler/Hahn/Pfeiffer* S. 116). Deshalb ist sie nach pflichtgemäßem Ermessen auch befugt, selbst Ermittlungen vorzunehmen und zu diesem Zweck zB Zeugen zu hören, Sachverständige hinzuzuziehen oder selbst Augenschein zu nehmen (GK-*Kreutz* Rn 103; *Ehrich/Fröhlich* S. 49; *Pünnel/Wenning-Morgenthaler* Rn 149 f.).

66 Die notwendige **Beweiserhebung** erfolgt auf Grund eines **verfahrensleitenden Beschlusses** der E-Stelle, bei dem der Vors. mitwirkt (vgl. Rn 59). Der Beweisbeschluss als solcher ist nicht gerichtlich anfechtbar (BAG 4. 7. 89 AP Nr. 20 zu § 87 BetrVG 1972 Tarifvorrang; s. auch BAG 22. 1. 02 AP Nr. 16 zu § 76 BetrVG 1972 Einigungsstelle). Für die Hinzuziehung von **Sachverständigen** bedarf es keiner Vereinbarung mit dem ArbGeb. nach § 80 Abs. 3 (BAG 13. 11. 91 AP Nr. 1 zu § 76 a BetrVG 1972; BAG 4. 7. 89 AP Nr. 20 zu § 87 BetrVG 1972 Tarifvorrang; *DKKW-Berg* Rn 68; *Düwell/Krasshöfer* Rn 19; ErfK-*Kania* aaO; aA *Hennige* S. 162; MünchArbR-*Joost* § 232 Rn 42; *Spengler/Hahn/Pfeiffer* S. 159). Die Betriebsparteien haben an der Sachverhaltsaufklärung mitzuwirken. Diese Pflicht ergibt sich aus § 2 Abs. 1 (*DKKW-Berg* Rn 67; MünchArbR-*Joost* § 232 Rn 41).

67 **Zwangsmittel** zur Aufklärung des Sachverhalts stehen der E-Stelle allerdings **nicht** zu. Es besteht auch keine Zeugnispflicht gegenüber der E-Stelle. Ebenso wenig kann die E-Stelle das ArbG um Zeugenvernehmung ersuchen. Sie hat auch kein Recht, erschienene Zeugen zu vereidigen (hM; *Ehrich/Fröhlich* S. 38; *Spengler/Hahn/Pfeiffer* S. 115, 157 f.). Werden ArbN des Betriebs als Zeuge vernommen, sind sie vom ArbGeb. unter Fortzahlung des Entgelts von der Arbeit freizustellen (*DKKW-Berg* Rn 68; *Pünnel/Wenning-Morgenthaler* Rn 268; *Spengler/Hahn/Pfeiffer* S. 157 f.).

68 **Verweigert** der ArbGeb. erforderliche **Informationen** oder die Vorlage erforderlicher Unterlagen, kann zwar wegen Fehlens einer entspr. Rechtsgrundlage die E-Stelle die Vorlage nicht gerichtlich erzwingen. Jedoch hat der BR nach § 80 Abs. 2 Anspruch auf Information und Überlassung der zur Erfüllung seiner Aufgaben erforderlichen Unterlagen, die er – ggf. nach Durchführung eines gerichtlichen Verfahrens – der E-Stelle zur Verfügung stellen kann (*Ehrich/Fröhlich* S. 50; *Friedemann* Rn 295; nach ArbG Berlin AiB 00, 436 kann der BR die Erfüllung dieser Ansprüche unmittelbar an die E-Stelle verlangen).

69 Die E-Stelle hat den Parteien **rechtliches Gehör** zu gewähren (hM: BAG 29. 1. 02 AP Nr. 19 zu § 76 BetrVG 1972 Einigungsstelle; *DKKW-Berg* Rn 62; ErfK-*Kania* Rn 18; GK-*Kreutz* Rn 100; *Pünnel/Wenning-Morgenthaler* Rn 151 ff.; *Spengler/Hahn/Pfeiffer* S. 109 f.). Das ergibt sich nicht nur aus allgemeinen rechtsstaatlichen Grundsätzen, sondern insb. auch daraus, dass ihr die verpflichtende Berücksichtigung der Belange des Betriebs und der betroffenen ArbN (Abs. 5 S. 3) nur möglich ist, wenn sie die Stellungnahmen und Ansichten der streitenden Parteien kennt (stark einschr. BAG 11. 2. 92 AP Nr. 50 zu § 76 BetrVG 1972, das das Gebot des rechtlichen Gehörs nur auf die Mitgl. der E-Stelle bezieht; so auch ErfK-*Kania* Rn 18; *Weber/Ehrich/Hörchens/Oberthür* G Rn 46; *Friedemann* Rn 178; die Mitgl. der E-Stelle sind jedoch nicht Vertr. der Betriebspartner, so zutreffend BAG 27. 6. 95 AP Nr. 1 zu § 76 BetrVG 1972 Einigungsstelle; *Hennige* aaO).

Nicht erforderlich ist, zu **jedem Verfahrensschritt** rechtliches Gehör zu gewäh- 70 ren. So braucht zB ein nach Erläuterung und Erörterung des Streitfalls vom Vors. der E-Stelle unterbreiteter Einigungsvorschlag nicht den Betriebspartnern zur erneuten Stellungnahme zugeleitet werden (*Ehrich/Fröhlich* S. 45; *Pünnel/Wenning-Morgenthaler* Rn 155; *Spengler/Hahn/Pfeiffer* S. 110).

Nicht zwingend vorgeschrieben ist eine **mündliche Verhandlung,** so dass dem 71 Gebot des rechtlichen Gehörs auch durch die Gelegenheit einer schriftlichen Stellungnahme genügt wird (ErfK-*Kania* Rn 18; GK-*Kreutz* Rn 101; *Richardi* Rn 86; *Jäcker* S. 124; *Hennige* S. 159 f.; *Friedemann* Rn 215, 217; *Pünnel/Wenning-Morgenthaler* Rn 158; *Spengler/Hahn/Pfeiffer* S. 102; **aA** DKKW-*Berg* Rn 62). Allerdings erscheint in aller Regel eine mündliche Verhandlung geboten, und zwar nicht nur im Interesse einer umfassenden Erörterung der streitigen Angelegenheit, sondern auch im Hinblick auf die auch im E-Stellenverfahren stets noch anzustrebende einverständliche Regelung durch ArbGeb. und BR.

ArbGeb. und BR können sich im Verfahren **vor** der E-Stelle durch **Bevollmäch-** 72 **tigte vertreten** lassen, zB durch Verbandsvertr., aber auch durch Rechtsanwälte, wenn der Regelungsgegenstand der E-Stelle schwierige tatsächliche oder rechtliche Fragen aufwirft (BAG 5. 11. 81 u. 21. 6. 89 AP Nr. 9 u. 34 zu § 76 BetrVG 1972; *DKKW-Berg* Rn 63; GK-*Kreutz* Rn 102; *HSWGNR* Rn 64; *Richardi* Rn 87; *Hennige* S. 224; JRH-*Trappehl/Wolff* Kap. 8 Rn 32; *Ehrich/Fröhlich* S. 32; *Spengler/Hahn/Pfeiffer* S. 55, 147; **aA** *Friedemann* Rn 154 ff.; *Bengelsdorf* NZA 89, 497; *Tschöpe* NZA 04, 945, 948). Der E-Stelle steht nicht das Recht zu, den Bevollmächtigten zurückzuweisen (*Spengler/Hahn/Pfeiffer* S. 146). Zur Kostentragungspflicht des ArbGeb. für einen vom BR zur Vertretung **vor** der E-Stelle hinzugezogenen Rechtsanwalt vgl. § 40 Rn 36 ff.

Die **Sitzungen** der E-Stelle sind **nicht öffentlich** in dem Sinne, dass an ihnen außer 73 ArbGeb. und BR kein anderer, auch kein Betriebsangehöriger teilnehmen kann (hM: ErfK-*Kania* Rn 18; GK-*Kreutz* Rn 106; *Ehrich/Fröhlich* S. 41; **aA** *DKKW-Berg* Rn 64). Das schließt allerdings die Teilnahme anderer Personen als Zeuge oder Sachverständige oder sonstige Auskunftsperson nicht aus. Auch die (zeitweise) Teilnahme von Vertr. des ArbGeb. und des BR ist zulässig, was sich bereits aus dem Gebot der Gewährung des rechtlichen Gehörs ergibt. Denn dieses umfasst auch einen mündlichen Sachvortrag (*DKKW-Berg* Rn 64; *Pünnel/Wenning-Morgenthaler* Rn 153; *Spengler/Hahn/Pfeiffer* S. 112 f.).

Die **abschließende Beratung** und **Beschlussfassung** der E-Stelle muss jedoch 74 in Abwesenheit anderer Personen als der E-Stellenmitgl., also auch ohne Betriebspartner, erfolgen. Das ergibt sich aus der Eigenständigkeit und der Schlichtungsfunktion der E-Stelle. Anderenfalls ist der Spruch der E-Stelle unwirksam (BAG 18. 1. 94 AP Nr. 51 zu § 76 BetrVG 1972; LAG Hamm LAGE § 76 BetrVG 1972 Nr. 41; *Richardi* Rn 97; wohl auch *DKKW-Berg* Rn 64). Der Grundsatz der Nichtöffentlichkeit der Sitzungen der E-Stelle wird durch die Anwesenheit eines Protokollführers (vgl. hierzu Rn 93 f.) nicht verletzt (GK-*Kreutz* Rn 106; *Heinze* RdA 90, 273; **aA** MünchArbR-*Joost* § 232 Rn 46; *Friedemann* Rn 182, 255).

Die E-Stelle muss, bevor sie einen Beschluss fasst, eine **mündliche Beratung** 75 durchführen. Diese Verpflichtung bezieht sich nur auf die Erörterung der Angelegenheit innerhalb der E-Stelle. Das Erfordernis der Mündlichkeit verbietet eine Beschlussfassung im schriftlichen Umlaufverfahren (GK-*Kreutz* Rn 108; *Richardi* Rn 96; MünchArbR-*Joost* § 232 Rn 46; *Spengler/Hahn/Pfeiffer* S. 100).

Das G enthält keine ausdrückliche Regelung über die **Beschlussfähigkeit** der 76 E-Stelle. Aus der Verpflichtung der paritätischen Besetzung der E-Stelle und der Beschlussregelung des Abs. 3 S. 2 folgt jedoch, dass die E-Stelle grundsätzlich nur beschlussfähig ist, wenn **alle Mitgl.** bei der Beschlussfassung anwesend sind (ErfK-*Kania* Rn 19; GK-*Kreutz* Rn 109; *Ehrich/Fröhlich* S. 43, 60; *Hennige* S. 172; **aA** *Ri-*

chardi Rn 99; *Friedemann* Rn 264; *Spengler/Hahn/Pfeiffer* S. 145). Etwas anderes gilt, wenn in Fällen der erzwingbaren MB eine Seite die Mitarbeit in der E-Stelle verweigert (vgl. Rn 102).

77   Etwas anderes kann ferner gelten, wenn aus unvorhersehbaren Gründen ein Mitgl. der E-Stelle **verhindert** ist, an der Sitzung teilzunehmen, und auch ein ErsMitgl nicht kurzfristig zur Verfügung steht. Stellt in diesem Fall die Seite, deren Mitgl. verhindert ist, den Antrag auf Vertagung, muss hierüber die E-Stelle mit Mehrheit beschließen. Entscheidet der Vors. allein, liegt ein schwerwiegender Verfahrensfehler vor, der bei Fortführen des E-Stellenverfahrens zur Unwirksamkeit des Spruchs der E-Stelle führt (LAG Köln NZA-RR 06, 197; *Spengler/Hahn/Pfeiffer* S. 154; s. Rn 58).

78   Um einerseits eine Vertagung der Beschlussfassung zu verhindern, andererseits jedoch die paritätische Besetzung der E-Stelle zu gewährleisten, ist eine einvernehmliche sog. **Pairing-Absprache** der anderen Mitgl. der E-Stelle als zulässig anzusehen (LAG Köln NZA-RR 06, 197; ErfK-*Kania* Rn 19; *Spengler/Hahn/Pfeiffer* S. 211; **aA** *Hennige* S. 182). Diese Absprache hat zum Inhalt, dass ein Beisitzer der Seite, der das verhinderte Mitgl. nicht angehört, sich der Stimme enthält. Dass dieser Beisitzer im Gegensatz zum verhinderten an der Beratung der E-Stelle teilnehmen kann, ist nicht als eine Beeinträchtigung des Paritätsgrundsatzes anzusehen, die eine solche Abrede unzulässig macht. Dies gilt umso mehr, als eine Pairing-Abrede der Zustimmung aller anderen Mitgl. der E-Stelle bedarf und deshalb von den Beisitzern der Seite, der das verhinderte Mitgl. zuzurechnen ist, verhindert werden kann.

79   Zur **Beschlussfassung** beschränkt sich Abs. 3 S. 2 und 3 auf die Regelung, dass die E-Stelle ihre Beschlüsse mit Stimmenmehrheit fasst und dass sich der Vors. bei der ersten Abstimmung der Stimme zu enthalten hat und erst nach erneuter Beratung an einer etwa erforderlichen zweiten Abstimmung teilnimmt. Ohne dass dies ausdrücklich geregelt ist, hat die Stimmabgabe **persönlich** zu erfolgen. Eine Delegation auf ein anderes Mitgl. der E-Stelle ist unzulässig. Jede Stimme hat dasselbe Gewicht. Das gilt auch für die Stimme des Vors. Die Abstimmung erfolgt offen, meist durch Handheben. Jedoch können die Mitgl. der E-Stelle mit Stimmenmehrheit eine **geheime Abstimmung** beschließen (*Spengler/Hahn/Pfeiffer* S. 211 f.; nach *Friedemann* Rn 274 soll dieser Beschluss nur von den Beisitzern zu treffen sein).

80   Das G fordert für einen wirksamen Beschluss nicht die Stimmen der Mehrheit der Mitgl. der E-Stelle, wie dies für bes. wichtige Beschlüsse des BR der Fall ist (vgl. hierzu § 33 Rn 36). Deshalb ist für einen wirksamen Beschluss der E-Stelle die **einfache Stimmenmehrheit,** dh die Mehrheit der abgegebenen Stimmen, erforderlich, aber auch ausreichend (BAG 17. 9. 91 AP Nr. 59 zu § 112 BetrVG 1972; *DKKW-Berg* Rn 75; HSWGNR Rn 67; ErfK-*Kania* Rn 20; MünchArbR-*Joost* § 232 Rn 49 f.; *Hennige* S. 173; *Spengler/Hahn/Pfeiffer* S. 209; **aA** *Richardi* Rn 99; GK-*Kreutz* Rn 111; *Bischoff* S. 96 ff.). Das gilt sowohl für die erste als auch die zweite Abstimmung. Zur Berechnung der Stimmenmehrheit, wenn einer der Betriebspartner die Mitarbeit in der E-Stelle verweigert, vgl. Rn 102.

81   Die Teilnahme an der Abstimmung in der E-Stelle kann auch durch **konkludentes Verhalten** ihrer Mitgl. erfolgen. Stellt der E-Stellenvors. nacheinander sowohl den von der ArbNSeite als auch den von der ArbGebSeite eingebrachten Vorschlag zur Abstimmung und finden beide Vorschläge jeweils nur die Zustimmung der drei vom BR bzw. vom ArbGeb. benannten Beisitzer, hat keiner der Vorschläge eine Mehrheit gefunden, auch wenn bei den beiden Abstimmungen nicht ausdrücklich nach Gegenstimmen oder Stimmenthaltungen gefragt worden ist (BAG 11. 11. 98 AP Nr. 19 zu § 50 BetrVG 1972; *Spengler/Hahn/Pfeiffer* S. 208).

82   Kraft ausdrücklicher Regelung hat sich der Vors. bei der **ersten Abstimmung** der Stimme zu enthalten. Durch diese Regelung wird angestrebt, dass die streitenden Parteien durch die Beisitzer als ihre Interessenvertreter in der E-Stelle noch zu einer einvernehmlichen Lösung des Streitfalls kommen. Da für einen positiven Beschluss der E-Stelle die einfache Stimmenmehrheit ausreicht, ist zB in einer mit jeweils drei

Beisitzern besetzten E-Stelle bereits in der ersten Abstimmung ein positiver Beschluss zustande gekommen, wenn sich bei zwei Gegenstimmen und einer Enthaltung drei Beisitzer für den Beschlussvorschlag ausgesprochen haben. Zur Zulässigkeit einer Stimmenthaltung vgl. Rn 86.

Ergibt die erste Abstimmung **keine Mehrheit,** hat vor der zweiten Abstimmung **83** zunächst nochmals eine mündliche Beratung stattzufinden (Abs. 3 S. 3). Zweck dieser gesetzlichen Regelung ist, möglichst doch noch – etwa durch einen (neuen) vermittelnden Vorschlag des Vors. – einen auch für die Mehrheit der Beisitzer zustimmungsfähigen Kompromiss zu finden. Von einer erneuten Beratung kann abgesehen werden, wenn sämtliche Mitgl. der E-Stelle eine erneute Beratung nicht mehr für erforderlich halten (BAG 30. 1. 90 AP Nr. 41 zu § 87 BetrVG 1972 Lohngestaltung; GK-*Kreutz* Rn 113; *Richardi* Rn 102; *Spengler/Hahn/Pfeiffer* S. 207; aA *Friedemann* Rn 263, *Hennige* S. 167; *Hunold* NZA 99, 790). Der zur zweiten Abstimmung zu stellende Vorschlag ist nochmals auf seine Spruchfähigkeit (Bestehen entspr. MBR des BR, keine Verletzung höherrangiger G, keine Ermessensüberschreitung) zu überprüfen (*Ehrich/Fröhlich* S. 61; *Spengler/Hahn/Pfeiffer* S. 207).

An der **zweiten Abstimmung** nimmt der **Vors. teil.** Das gilt auch dann, wenn **84** in der ersten Abstimmung ein Vermittlungsvorschlag des Vors. einstimmig abgelehnt worden ist (LAG Bad.-Württ. NZA 88, 214; *Spengler/Hahn/Pfeiffer* S. 208). Die zweite Abstimmung muss über **dieselbe Vorlage** wie die erste erfolgen; nur so wird sichergestellt, dass der vom G angestrebte Vorrang einer einvernehmlichen Einigung der Betriebsparteien erreicht werden kann. Wird die Vorlage geändert, hat der Vors. die modifizierte Vorlage erneut zur Abstimmung ohne seine Beteiligung zu stellen und erst bei Stimmengleichheit an der zweiten Abstimmung über die Vorlage teilzunehmen (BAG 14. 9. 10 – 1 ABR 30/09 – NZA-RR 11, 526).

Mangels einer der Vorschrift des § 29 Abs. 2 MitbestG (zwei Stimmen des Vors.) **85** entspr. Regelung gibt im Falle eines **Patts** bei der zweiten Abstimmung – etwa weil sich einer der Beisitzer der Stimme enthält – die **Stimme** des **Vors. nicht** den **Ausschlag** (ErfK-*Kania* Rn 20; GK-*Kreutz* Rn 113; *Spengler/Hahn/Pfeiffer* S. 210 f.; nach MünchArbR-*Joost* § 232 Rn 52 soll die Stimme des Vors. unberücksichtigt bleiben, so dass eine Mehrheitsentscheidung vorliegt). In diesem Falle ist keine das Verfahren beendende Sachentscheidung getroffen worden. Das Verfahren ist **fortzusetzen** (ErfK-*Kania* aaO; GK-*Kreutz* aaO).

Eine **Stimmenthaltung des Vors.** bei der zweiten Abstimmung ist **nicht zuläs- 86 sig.** Er soll ja gerade im Nichteinigungsfalle den Ausschlag geben (*DKKW-Berg* Rn 77; ErfK-*Kania* Rn 20; GK-*Kreutz* Rn 113; *Ehrich/Fröhlich* S. 63; *Schack* S. 8; *Spengler/Hahn/Pfeiffer* S. 208). Dagegen ist – und zwar sowohl bei der ersten als auch der zweiten Abstimmung – eine **Stimmenthaltung der Beisitzer zulässig** (BAG 17. 9. 91 zu § 112 BetrVG 1972; *DKKW-Berg* Rn 78, GK-*Kreutz* Rn 110; *Pünnel/Wenning-Morgenthaler* Rn 315; *Hennige* S. 177; aA *Richardi* Rn 103; *Schack* aaO; *Bischof* S. 93 für die zweite Abstimmung). Diese zählt nicht als „Nein-stimme", sondern als nicht mit zu berücksichtigende Stimme (BAG 17. 9. 91 AP Nr. 59 zu § 112 BetrVG 1972; LAG Bad-Württ. DB 90, 946; LAG Frankfurt DB 91, 1288; ErfK-*Kania* Rn 20; *Pünnel/Wenning-Morgenthaler* Rn 315; *Hennige* S. 178; *Friedemann* Rn 270 f.; *Spengler/Hahn/Pfeiffer* S. 210; aA *Richardi* Rn 103; GK-*Kreutz* Rn 111; MünchArbR-*Joost* § 232 Rn 50).

Die Regelung über die Beteiligung des Vors. an den Beschlüssen der E-Stelle gilt **87** nur für Beschlüsse in der Sache, **nicht** für Beschlüsse über **Verfahrensfragen** der E-Stelle. Bei ihnen stimmt der Vors. schon bei der ersten Abstimmung mit (hM: *DKKW-Berg* Rn 80; GK-*Kreutz* Rn 112; *Spengler/Hahn/Pfeiffer* S. 206).

Die E-Stelle ist bei ihrer Entscheidung **nicht an die Anträge** der Parteien, wohl **88** jedoch an den ihr **unterbreiteten Streitgegenstand gebunden** (*DKKW-Berg* Rn 75; GK-*Kreutz* Rn 114; *Richardi* Rn 104; *WPK* Rn 30; *Ehrich/Fröhlich* S. 39; *Hennige* S. 158 f., 170 f.; aA *Heinze* RdA 90, 274; *Behrens* NZA 91 Beil. 2, 26). Sie kann und wird vielfach den ihr unterbreiteten Streit in einer Weise regeln, die einen Kompromiss zwischen den Ausgangsvorstellungen der Betriebspartner darstellt. Sie hat den ihr unterbreiteten Konflikt vollständig zu lösen und darf nicht wesentliche Fragen offen lassen (BAG 30. 1. 90 AP Nr. 41 zu § 87 BetrVG 1972 Lohngestaltung; *Hennige* S. 171; *Spengler/Hahn/Pfeiffer* S. 117, 194 f.). Sie darf andererseits aber nicht über den ihr unterbreiteten Streitgegenstand hinausgehen und andere Fragen in ihre Entscheidung einbeziehen (BAG 27. 10. 92 AP Nr. 29 zu § 95 BetrVG 1972). Änderungen und Erweiterungen des Streitgegenstandes sind nur im Einverständnis der Betriebspartner zulässig (GK-*Kreutz* Rn 96; *Behrens* NZA 91 Beil 2 S. 23).

89   Wird in einem **komplexen Sachverhalt** der Regelungsvorschlag der E-Stelle in einzelnen Abschnitten zur Abstimmung gestellt, so ist in einer **Schlussabstimmung** nochmals über den gesamten Streitstoff zu entscheiden, da dieser in seiner Gesamtheit von der Mehrheit der Mitgl. der E-Stelle getragen sein muss (BAG 18. 4. 89 AP Nr. 34 zu § 87 BetrVG 1972 Arbeitszeit; *DKKW-Berg* Rn 79; *Spengler/Hahn/Pfeiffer* S. 213). Letzteres ist auch dann notwendig, wenn die vorausgegangenen Einzelabstimmungen nicht mit wechselnden Mehrheiten beschlossen worden sind. Eine unterbliebene Schlussabstimmung hat im diesem Falle jedoch keine Auswirkung auf die Rechtsgültigkeit des Beschlusses (BAG 6. 11. 90 AP Nr. 94 zu § 1 TVG TV Metallindustrie).

90   In **Eilfällen** kann die E-Stelle auch eine **vorläufige Regelung** bis zu ihrem endgültigen Spruch treffen (hM: *DKKW Berg* Rn 74 a; GK-*Kreutz* Rn 115; *Spengler/Hahn/Pfeiffer* S. 217, 233).

91   Stellen die Betriebspartner übereinstimmend fest, dass die Meinungsverschiedenheit, die Anlass für die Bildung der E-Stelle war, nicht mehr besteht, hat die E-Stelle das Verfahren **einzustellen** (*Spengler/Hahn/Pfeiffer* S. 142). Hierzu reicht allerdings bei einem Streit über einen Interessenausgleich und Sozialplan die einseitige Erklärung des ArbGeb., doch keine Betriebsstilllegung vornehmen zu wollen, dann nicht aus, wenn diese Erklärung von ArbNSeite für unglaubwürdig angesehen wird (LAG Köln NZA-RR 01, 428).

92   Aus Gründen der Rechtssicherheit sind die Beschlüsse der E-Stelle **schriftlich niederzulegen,** vom Vors. zu unterschreiben sowie ArbGeb. und BR zuzuleiten (Abs. 3 S. 4; Näheres s. Rn 128 f.).

93   Eine Rechtspflicht, über den Gang der Verhandlungen der E-Stelle ein **Protokoll** zu führen, besteht nicht (MünchArbR-*Joost* § 232 Rn 37; *Hennige* S. 226; *Friedemann* Rn 343). Die Führung eines Protokolls über alle wesentlichen Verfahrensfragen, Anträge der Parteien sowie die sich auf die Sachentscheidung auswirkenden Feststellungen ist jedoch zulässig und vielfach zweckmäßig, insb. um die Ordnungsmäßigkeit des Verfahrens zu dokumentieren (*Ehrich/Fröhlich* S. 66; *Spengler/Hahn/Pfeiffer* S. 147 f.). Das Protokoll ist vom Vors. zu erstellen. Jedoch ist auch die Hinzuziehung eines bes. Protokollführers trotz grundsätzlicher Nichtöffentlichkeit der Sitzungen der E-Stelle zulässig (vgl. Rn 73 f.; MünchArbR-*Joost* aaO; nach *Hennige* S. 227 nur im Einvernehmen mit den Betriebspartnern; vgl. auch § 34 Rn 11; aA *Friedemann* Rn 182). In diesem Fall ist das Protokoll auch vom Vors. der E-Stelle zu unterzeichnen. Die Beisitzer der E-Stelle haben Anspruch auf Abschrift des Protokolls.

94   Das **Verfahren** der E-Stelle kann durch **BV näher geregelt** werden (Abs. 4). Allerdings darf dabei nicht von den gesetzlichen Vorschriften abgewichen werden (*DKKW-Berg* Rn 84; ErfK-*Kania* Rn 14; *Spengler/Hahn/Pfeiffer* S. 105). Als Regelungsgegenstände einer BV kommen insb. in Betracht: Protokollführung, Festsetzung der Zahl der Beisitzer, Schriftlichkeit von Anträgen, zwingende mündliche Verhandlung, Ladungs- und Einlassungsfristen, nähere Regelungen über die Vernehmung von Zeugen oder Sachverständigen (weitere Beispiele s. *Spengler/Hahn/Pfeiffer* S. 105 f.). Hierzu können auch Regelungen über die Behandlung von Ablehnungsgesuchen gehören (BAG 17. 11. 10 – 7 ABR 100/09 – NZA 11, 940). Auch durch **TV** können weitere Einzelheiten des E-Stellenverfahrens geregelt werden (GK-*Kreutz* Rn 119 f.; *Spengler/Hahn/Pfeiffer* S. 108). Soweit dies der Fall ist, gehen dessen Regelungen denen der BV vor.

2. Erzwingbares Einigungsstellenverfahren

In Fällen, in denen das G die Regelung einer Angelegenheit zwingend dem **MBR** **95** **des BR** unterwirft, ist im Falle der Nichteinigung erforderlich, sowohl die Errichtung der E-Stelle als auch das Verfahren so auszugestalten, dass nicht durch die Blockade einer Seite eine Entscheidung der E-Stelle verhindert werden kann. Dem dienen die Regelungen in Abs. 5 S. 1 und 2.

In folgenden Angelegenheiten besteht ein **erzwingbares E-Stellenverfahren:** **96**

§ 37 Abs. 6, 7	Schulung von BRMitgl. (§ 65 Abs. 1 JugAzubiVertr.);
§ 38 Abs. 2	Freistellung von BRMitgl.;
§ 39 Abs. 1	Sprechstunden des BR (§ 69 Abs. 1 JugAzubiVertr.);
§ 47 Abs. 6	Herabsetzung der Zahl der Mitgl. des GesBR (§ 55 Abs. 4: des KBR; § 72 Abs. 6: der GesJugAzubiVertr.);
§ 85 Abs. 2	Entscheidung über ArbNBeschwerden, die der BR für berechtigt hält;
§ 87 Abs. 2	Mitbestimmung in sozialen Angelegenheiten;
§ 91 Satz 2	Ausgleichsmaßnahmen bei Änderung von Arbeitsablauf oder Arbeitsumgebung;
§ 94 Abs. 1 u. 2	Mitbestimmung über Personalfragebögen, persönliche Angaben in Formularverträgen und bei Beurteilungsgrundsätzen;
§ 95 Abs. 1 u. 2	Mitbestimmung über Richtlinien für Einstellung, Versetzung, Umgruppierung und Kündigung von ArbN;
§ 97 Abs. 2	Mitbestimmung bei der Einführung betrieblicher Berufbildungsmaßnahmen;
§ 98 Abs. 3 u. 4	Mitbestimmung bei der Durchführung betrieblicher Bildungsmaßnahmen und bei der Auswahl von Teilnehmern;
§ 102 Abs. 6	Meinungsverschiedenheiten über den Ausspruch von Kündigungen, falls laut BV von der Zustimmung des BR abhängig;
§ 109	Auskunft an den WiAusschuss bzw. BR;
§ 112 Abs. 4	Aufstellung eines Sozialplanes bei Betriebsänderungen;
§ 116 Abs. 3	Arbeitsplatz und Unterkunft für Mitgl. der SeeBR;
Nr. 2, 4, 8	Sprechstunden und Bordverslg. in Liegehäfen außerhalb Europas;
§ 9 Abs. 3 ASiG	Bestellung u. Abberufung der Betriebsärzte u. Fachkräfte für Arbeitssicherheit sowie Erweiterung u. Beschränkung ihrer Aufgaben (vgl. hierzu § 87 Rn 319 ff.).

Auch das Verfahren des § 112 Abs. 2 S. 2 zur Erzielung einer Einigung über einen **97** **Interessenausgleich** ist, was die Errichtung und die Tätigkeit der E-Stelle anbelangt, ein erzwingbares E-Stellenverfahren. Im Gegensatz zu den anderen Fällen tritt hier allerdings gem. Abs. 6 S. 2 eine Verbindlichkeit der Entscheidung der E-Stelle nur ein, wenn die Betriebspartner sich der Entscheidung im Voraus unterworfen oder sie nachträglich angenommen haben (vgl. hierzu Rn 106).

Auch das in Betrieben der **privatisierten Postunternehmen** nach § 29 Post- **98** PersRG vorgesehene, sich an § 69 BPersVG anlehnende Verfahren, bei Meinungsverschiedenheiten über **Personalangelegenheiten** der bei ihnen tätigen Beamten nach § 76 Abs. 1 BPersVG die E-Stelle einzuschalten (vgl. § 99 Rn 317 ff.), ist nur in Bezug auf Errichtung und Tätigkeit der E-Stelle ein erzwingbares Verfahren. In der Sache kann die E-Stelle nur eine Empfehlung an den ArbGeb. aussprechen. Folgt dieser der Empfehlung nicht, hat er die umstrittene Personalangelegenheit mit der Empfehlung der E-Stelle dem BMF zur endgültigen Entscheidung vorzulegen (vgl. § 29 Abs. 3 PostPersRG). Bei Meinungsverschiedenheiten in anderen Angelegenheiten der Beamten gilt § 76 uneingeschränkt (s. zu § 85 BAG 22. 11. 05 AP Nr. 2 zu § 85 BetrVG 1972).

Werden die **erzwingbaren MBR** des BR zulässigerweise durch **TV erweitert** **99** (vgl. hierzu § 1 Rn 245 ff.), unterliegen diese Angelegenheiten im Falle der Nichteinigung dem erzwingbaren E-Stellenverfahren (BAG 18. 8. 87 AP Nr. 23 zu § 77

BetrVG 1972; BAG 10. 2. 88 AP Nr. 53 zu § 99 BetrVG 1972; BAG 9. 5. 95 AP Nr. 2 zu § 76 BetrVG 1972 Einigungsstelle; *DKKW-Berg* Rn 8; GK-*Kreutz* Rn 17; kr. hierzu MünchArbR-*Joost* § 232 Rn 27).

100   In den Fällen der Rn 96 bis 99 genügt sowohl für die Errichtung der E-Stelle als auch für ihre Tätigkeit im Allgemeinen der **Antrag einer der Betriebspartner.** Im Falle des § 85 Abs. 2 ist jedoch nur der BR und in den Fällen der § 37 Abs. 6 S. 4, § 38 Abs. 2 S. 6 und § 95 Abs. 1 nur der ArbGeb. antragsberechtigt.

101   Der Antrag muss der **Gegenseite zugehen** und ist zweckmäßigerweise schriftlich zu stellen. Mit ihm sollte zugleich der Vorschlag für die Anzahl der Beisitzer und die Person des Vors. verbunden werden. Akzeptiert der andere Betriebspartner die vorgeschlagene Zahl der Beisitzer und den Vorschlag für den Vors., so braucht jeder Betriebspartner nur noch seine Beisitzer zu benennen. Kommt dagegen über die Zahl der Beisitzer und die Person des Vors. kein Einvernehmen zustande, so werden diese auf Antrag (in aller Regel des das E-Stellenverfahren betreibenden Betriebspartners) durch das ArbG festgelegt bzw. bestellt (vgl. Rn 21, 25).

102   Stehen die Zahl der Beisitzer und die Person des Vors. fest, so ist die E-Stelle auch dann zur Verhandlung und Entscheidung befugt, wenn der andere Betriebspartner **keine Beisitzer benennt** oder diese trotz ordnungsmäßiger Einladung den Sitzungen der E-Stelle fernbleiben (vgl. BAG 16. 8. 11 – 1 ABR 30/10 – BeckRS 11, 79052). Für die Frage der Beschlussfähigkeit und der Beschlussfassung (vgl. Rn 76 ff.) bleiben diese Beisitzer außer Betracht (LAG Bad-Württ. DB 90, 534; GK-*Kreutz* Rn 109). Die E-Stelle entscheidet dann auch in der ersten Abstimmung nur mit den von der einigungswilligen Seite genannten Beisitzern und ggf. in der zweiten Abstimmung unter Einschluss des Vors. (das ArbG Mannheim NZA 87, 682 spricht hier von einem „Säumnisspruch"; *DKKW-Berg* Rn 9; *Ehrich/Fröhlich* S. 64 f.). Die für einen Beschluss der E-Stelle erforderliche Mehrheit errechnet sich in diesem Falle ebenfalls nach der Zahl der abgegebenen Stimmen, so dass Stimmenthaltungen nicht als Neinstimmen zählen (vgl. BAG 16. 8. 11 – 1 ABR 30/10 – BeckRS 11, 79052; s. auch oben Rn 58; **aA** GK-*Kreutz* Rn 111, die auf die Mehrheit der von dem aktiven Betriebspartner benannten Beisitzer einschließlich des Vors. abstellen). Diese Regelung nach Abs. 5 S. 2 begründet einen **mittelbaren Einlassungszwang.**

103   Bei Verweigerung eines Betriebspartners besteht gleichwohl die Pflicht des Vors., auch diesen **rechtzeitig** und unter Mitteilung der **Tagesordnung** zu der Sitzung der E-Stelle **zu laden.** Das folgt nicht nur aus dem Gebot, der anderen Seite noch Benennung und Teilnahme ihrer Beisitzer zu ermöglichen, sondern insb. auch aus dem in diesem Verfahren uneingeschränkt zu beachtenden Grundsatz, allen Beteiligten rechtliches Gehör zu gewähren (vgl. Rn 69).

104   Entscheidet die E-Stelle im Rahmen des erzwingbaren E-Stellenverfahrens nur mit den Beisitzern einer Seite, so hat sie darauf zu achten, dass sie **nur** eine Entscheidung zu der **umstrittenen mitbestimmungspflichtigen** Angelegenheit fällt, für die sie gebildet worden ist. Andere Angelegenheiten, insb. solche, die nur in einem freiwilligen E-Verfahren durch die E-Stelle geregelt werden können, können nicht Gegenstand ihrer Entscheidung sein (BAG 30. 8. 95 AP Nr. 29 zu § 87 BetrVG 1972 Überwachung; *Heinze* RdA 90, 262).

105   Die E-Stelle bleibt auch im **Insolvenzfall** bestehen (BAG 27. 3. 79 AP Nr. zu § 76 BetrVG 1972; LAG Hamm DB 76, 154), und zwar unabhängig vom Fortbestand der ArbVerh. betriebsangehöriger Beisitzer.

3. Freiwilliges Einigungsstellenverfahren

106   In Angelegenheiten, in denen das G im Streitfall keine verbindliche Entscheidung der E-Stelle vorsieht, wird sie nur tätig, wenn ArbGeb. und BR einvernehmlich mit ihrer Errichtung und ihrem Tätigwerden einverstanden sind (sog. **freiwilliges E-Stellenverfahren,** Abs. 6). Das setzt idR einen gemeinsamen Antrag von ArbGeb. nd BR voraus. Sind die Betriebspartner über die Bildung einer (freiwilligen) E-Stelle zur Regelung der umstrittenen Angelegenheit einig, können sie sich jedoch nicht auf die Person des Vors. einigen, so ist dieser vom ArbG zu bestellen. Hierbei genügt der Antrag nur eines der Betriebspartner (*Leinemann* ArbuR 75, 20; **aA** *DKKW-Berg* Rn 59; *Richardi* Rn 55; GK-*Kreutz* Rn 33; *Ehrich/Fröhlich* S. 14; *Hennige* S. 82).

Ist die E-Stelle bereits **gebildet,** kann das Einverständnis der anderen Seite auch **107** nachträglich erklärt werden. Es gilt als erklärt, wenn sich beide Seiten auf die Verhandlung vor der E-Stelle eingelassen haben (*DKKW-Berg* Rn 10; *HSWGNR* Rn 15). Das Einverständnis kann von beiden Seiten **jederzeit widerrufen** werden, zB durch Zurückziehung der benannten Beisitzer (*DKKW-Berg* Rn 59; GK-*Kreutz* Rn 33; *Richardi* Rn 39). Das Verfahren kommt dann zum Erliegen (*Spengler/Hahn/ Pfeiffer* S. 229). Das Amt des Vors. und der Beisitzer erlischt. Ist allerdings in einer (nicht erzwingbaren) BV ein E-Stellenverfahren auch in nicht mitbestimmungspflichtigen Angelegenheiten verbindlich vorgesehen, ist ein einseitiger Widerruf des Einverständnisses solange unbeachtlich, als die BV gilt (GK-*Kreutz* Rn 33).

Das freiwillige E-Stellenverfahren kann in **allen Angelegenheiten** durchgeführt **108** werden, die in die **Zuständigkeit des BR** fallen und über die die Betriebspartner verfügungsbefugt sind (*Ehrich/Fröhlich* S. 14). Deshalb kann zB ein freiwilliges E-Stellenverfahren vorgesehen werden zur Regelung von Meinungsverschiedenheiten im Rahmen der allgemeinen Aufgaben des BR (§ 80), zur Regelung des Beschwerdeverfahrens (§ 86) oder zur Erzielung einer freiwilligen BV in weiteren sozialen Angelegenheiten (§ 88), über die Gestaltung von Arbeitsplatz, Arbeitsablauf und Arbeitsumgebung (§ 90), die Einführung einer Personalplanung (§ 92 Abs. 2), zu Fragen der Beschäftigungssicherung (§ 92 a), über die Gestaltung der Berufsausbildung (§ 96) oder über die MB bei Kündigungen (§ 102 Abs. 6).

Obwohl nach dem Wortlaut des Abs. 5 S. 3 die Verpflichtung der E-Stelle, ihre **109** Entscheidung unter angemessener **Berücksichtigung** der **Belange** des **Betriebs** und der betroffenen ArbN nach billigem Ermessen zu treffen, nur für das erzwingbare MBVerfahren gilt, ist dieser Grundsatz auch für das freiwillige E-Stellenverfahren zu beachten. Das gilt jedenfalls, wenn sich die Parteien dem Spruch im Voraus unterworfen haben (Näheres vgl. Rn 126).

Zulässig ist ein freiwilliges E-Stellenverfahren auch zur Regelung von **Meinungs-** **110** **verschiedenheiten rechtlicher Art** (hM: BAG 20. 11. 90 AP Nr. 43 zu § 76 BetrVG 1972 betr. Auslegung einer BV; LAG Köln NZA 95, 445; *DKKW-Berg* Rn 12; GK-*Kreutz* Rn 23; ErfK-*Kania* Rn 23; vgl. auch § 77 Rn 228). Allerdings muss in diesem Falle die Möglichkeit der Überprüfung des Spruchs der E-Stelle durch die ArbG in vollem Umfang erhalten bleiben, weil anderenfalls die Errichtung der freiwilligen E-Stelle die unzulässige Vereinbarung eines Schiedsgerichts (vgl. §§ 4, 101 ff. ArbGG) darstellen würde (BAG DB 91, 1025). Auch kann die Entscheidung der E-Stelle nicht Rechtsansprüche Dritter beeinträchtigen. Ein – zulässiges – freiwilliges E-Stellenverfahren im Falle des § 85 Abs. 2 S. 3 schließt deshalb zB die gerichtliche Geltendmachung der Rechtsansprüche durch den ArbN nicht aus (vgl. Rn 167 ff.). Das Gleiche gilt für die Kündigungsschutzklage eines ArbN, wenn die E-Stelle bei Meinungsverschiedenheiten über die Kündigung eines ArbN gemäß § 102 Abs. 6 entschieden hat.

IV. Der Spruch der Einigungsstelle

1. Zulässiger Inhalt

Eine **Entscheidungskompetenz** der E-Stelle kommt in solchen Angelegenheiten **111** in Betracht, die in die **funktionale Zuständigkeit** der Betriebspartner fallen, dh die ArbGeb. und BR auch freiwillig regeln könnten (vgl. Rn 108). In aller Regel wird es sich bei den Meinungsverschiedenheiten um sog. Regelungsstreitigkeiten handeln, dh um Streitigkeiten darüber, wie eine Angelegenheit am zweckmäßigsten und sachgerechtesten geregelt werden soll (zukünftige Rechtsgestaltung).

112   Die Entscheidung von **Rechtsstreitigkeiten,** dh die Feststellung, was rechtens ist, obliegt grundsätzlich den ArbG. Die E-Stelle ist hiervon jedoch nicht generell ausgeschlossen (vgl. *Rieble* BB 91, 471). Selbst in den Fällen des erzwingbaren E-Stellenverfahrens sind zT Rechtsfragen Gegenstand des Streitverfahrens (vgl. zB die Fälle des § 37 Abs. 6 u. 7, vgl. dort Rn 246; § 38 Abs. 2, vgl. dort Rn 60, 66 f.; oder § 109, vgl. dort Rn 2 ff.). Zur Zuständigkeit der E-Stelle bei Entscheidungen über Rechtsfragen im freiwilligen E-Stellenverfahren vgl. oben Rn 110.

113   Die E-Stelle hat vor einer Sachentscheidung über die Frage ihrer **Zuständigkeit selbst zu befinden** (hM: BAG 22. 10. 81 u. 24. 11. 81 AP Nr. 10 u. 11 zu § 76 BetrVG 1972; BAG 28. 5. 02 AP Nr. 10 zu § 87 BetrVG 1972 Urlaub; *DKKW-Berg* Rn 71). Das gilt auch für die Bewertung der Rechtsfrage, ob eine bestehende Regelung wegen behaupteten Wegfalls der Geschäftsgrundlage nicht mehr gilt (BAG 23. 9. 97 AP Nr. 26 zu § 1 BetrAVG Ablösung). **Verneint** sie ihre Zuständigkeit, hat sie das Verfahren durch Beschluss **einzustellen.**

114   Da es sich bei der Zuständigkeitsfrage um eine Rechtsfrage handelt, unterliegt dieser Beschluss in vollem Umfang der nicht fristgebundenen **arbeitsgerichtlichen Rechtskontrolle** (vgl. Rn 146 ff.). Wird in einem arbeitsgerichtlichen BeschlVerf. die Zuständigkeit der E-Stelle bejaht, ist die Unwirksamkeit des Einstellungsbeschlusses der E-Stelle festzustellen. Das Verfahren ist dann vor der E-Stelle **fortzusetzen,** ohne dass es einer Neuerrichtung bedarf (vgl. hierzu BAG 30. 1. 90 AP Nr. 41 zu § 87 BetrVG 1972 Lohngestaltung; LAG Düsseldorf EzA § 87 BetrVG 1972 Vorschlagswesen Nr. 1; *DKKW-Berg* Rn 72; ErfK-*Kania* Rn 22; GK-*Kreutz* Rn 174; *Pünnel/Wenning-Morgenthaler* Rn 403). Auch eine erneute Anrufung der E-Stelle ist nicht erforderlich (GK-*Kreutz* aaO; insoweit **aA** *Richardi* Rn 138).

115   **Bejaht** die E-Stelle ihre Zuständigkeit, hat sie das Verfahren auch dann **fortzuführen,** wenn über die Frage ihrer Zuständigkeit ein arbeitsgerichtliches BeschlVerf. (was zulässig ist, vgl. Rn 183) eingeleitet worden ist. In diesem Falle ist das E-Stellenverfahren nicht etwa in entspr. Anwendung des § 148 ZPO auszusetzen (BAG 22. 2. 83 AP Nr. 2 zu § 23 BetrVG 1972; BAG 16. 8. 83 AP Nr. 2 zu § 81 ArbGG 1979; LAG Bad-Württ. DB 80, 1076; **einschr.** iS einer Ermessensentscheidung der E-Stelle: LAG Düsseldorf EzA § 76 BetrVG 1972 Nr. 28, 29; GK-*Kreutz* Rn 125; *Richardi* Rn 105; *Friedemann* Rn 316). Denn die E-Stelle ist dazu berufen, nach ihrer Errichtung alsbald eine Sachentscheidung zu treffen. Eine Vorabentscheidung im allgemeinen arbeitsgerichtlichen BeschlVerf. (möglicherweise über 3 Instanzen), würde die effektive Ausübung der Beteiligungsrechte unangemessen verzögern (JRH-*Trappehl/Wolff* Kap 8 Rn 46). Etwas anderes gilt, wenn die Betriebspartner mit einer Aussetzung des Verfahrens einverstanden sind (*DKKW-Berg* Rn 73; *Hennige* S. 222; *Spengler/Hahn/Pfeiffer* S. 152; **aA** ErfK-*Kania* Rn 22).

116   Der **Zwischenbeschluss,** mit der die E-Stelle ihre Zuständigkeit bejaht, ist **nicht isoliert anfechtbar,** da er keine die Einigung der Betriebspartner ersetzende Regelung zum Gegenstand hat (BAG 22. 11. 05 AP Nr. 2 zu § 85 BetrVG 1972 mwN; GK-*Kreutz* Rn 124). Dies gilt nach BAG (22. 1. 02 AP Nr. 16 zu § 76 BetrVG 1972 Einigungsstelle) jedenfalls dann, wenn bereits vor der gerichtlichen Anhörung im Verfahren erster Instanz der abschließend regelnde Spruch der E-Stelle erfolgt ist. Zu einem derartigen Zwischenbeschluss ist die E-Stelle selbst zu einem entspr. Antrag der Betriebsparteien nicht verpflichtet (BAG 28. 5. 02 aaO).

117   Die E-Stelle ist bei ihrer Entscheidung an **zwingendes vorrangiges Recht gebunden** (BAG 29. 6. 04 AP Nr. 41 zu § 87 BetrVG 1972 Überwachung mwN). Was die Betriebspartner zulässigerweise nicht regeln können, kann auch nicht Inhalt eines E-Stellenspruchs sein. So hat die E-Stelle zB §§ 75 oder 77 Abs. 3 zu beachten, ferner die zwingenden Vorschriften des gesetzlichen Arbeitszeitrechts, des BUrlG, des KSchG (BAG 11. 3. 76 AP Nr. 1 zu § 95 BetrVG 1972). Durch Spruch der E-Stelle kann weder eine Ständige E-Stelle erzwungen (LAG Berlin-Brandenburg BeckRS 08, 56541) noch ihre Besetzung gegen den Willen einer Betriebspartei festgelegt werden (BAG 26. 8. 08 AP Nr. 54 zu § 75 BetrVG 1972). Zum vorrangigen Recht gehören auch geltende TV (LAG Bremen NZA-RR 99, 86). Der Spruch der E-Stelle unterliegt insoweit in vollem Umfang der arbeitsgerichtlichen Kontrolle (ErfK-*Kania* Rn 24).

Die E-Stelle, die in einer mitbestimmungspflichtigen Angelegenheit tätig wird, hat **118** den ihr unterbreiteten Konflikt im Rahmen der gestellten Anträge grundsätzlich **vollständig zu lösen.** Deshalb ist ein Spruch der E-Stelle unwirksam, der den Streitgegenstand nicht selbst regelt, sondern dem ArbGeb. aufgibt, dem BR eine BV vorzulegen, die bestimmte, von der E-Stelle für richtig gehaltene Grundsätze zu beachten hat, und der bei Nichteinigung über diese BV die Fortsetzung des E-Stellenverfahrens anordnet (BAG 22. 1. 02, 8. 6. 04 AP Nr. 16, 20 zu § 76 BetrVG 1972 Einigungsstelle). Geht es um Regelungen nach § 87 Abs. 1 Nr. 7 iVm §§ 5, 12 ArbSchG, muss die E-Stelle selbst eine Entscheidung darüber treffen, an welchen konkreten Arbeitsplätzen welche **Gefährdungsursachen** anhand welcher Kriterien und Methoden zu beurteilen und welche Unterweisungen vorzunehmen sind (BAG 8. 6. 04 aaO). Sie muss unter Berücksichtigung der konkreten Gefahren am Arbeitsplatz konkrete arbeitsplatzbezogene Bestimmungen beschließen (BAG 11. 1. 11 – 1 ABR 104/09 – NZA 11, 651).

Im Fall **komplexer Sachverhalte,** bei denen künftig auftretende Einzelfälle je- **119** weils noch eine Würdigung der konkreten Umstände verlangen, kann die E-Stelle den Regelungsgegenstand zunächst **nur abstrakt-generell regeln,** Maßnahmen des ArbGeb. im konkreten Einzelfall aber an eine weitere Zustimmung des BR knüpfen und für den Fall der Nichterteilung der Zustimmung ein erneutes E-Stellenverfahren vorsehen. Ein derartiger Spruch der E-Stelle, der den Regelungsstreit grundsätzlich löst, aber Raum für eine Würdigung der konkreten Umstände erst künftig auftretender Einzelfälle gibt, ist sachgerecht (so BAG 26. 8. 08 AP Nr. 54 zu § 75 BetrVG 1972 bei der Videoüberwachung im Betrieb).

Zulässig ist ein **Zwischenbeschluss, nach** dessen **Vollzug** durch den ArbGeb. **120** die E-Stelle ihre Tätigkeit **fortsetzen** will, um auf der Grundlage des Regelungsentwurfs des ArbGeb. abschließend eine eigene Ermessensentscheidung zu treffen (BAG 8. 6. 04 aaO). Unberührt bleibt auch die Möglichkeit, im Einverständnis aller Beteiligten das E-Stellenverfahren zu unterbrechen, um den Betriebspartnern unter Berücksichtigung der Diskussion in der E-Stelle eine einvernehmliche Regelung zu ermöglichen.

Sind in den Fällen des erzwingbaren E-Stellenverfahrens (vgl. Rn 95 ff.) **Rege-** **121** **lungsstreitigkeiten** Gegenstand des Verfahrens, hat die E-Stelle ihren Spruch unter angemessener Berücksichtigung der Belange des Betriebs und Unternehmens, nicht des ArbGeb. persönlich, und der betroffenen ArbN nach **billigem Ermessen** zu treffen (Abs. 5 S. 3), andernfalls liegt ein rechtlich erheblicher Fehler iSv. Abs. 5 S. 4 vor (BAG 9. 11. 10 – 1 ABR 75/09 – NZA-RR 11, 354). Im Falle der Aufstellung eines Sozialplans hat sie nach § 112 Abs. 5 im Rahmen ihres billigen Ermessens sowohl die bes. Belange der ArbN zu berücksichtigen als auch auf die wirtschaftliche Vertretbarkeit ihrer Entscheidung zu achten; hierbei soll sie insb. auch im SGB III vorgesehenen Fördermöglichkeiten zur Vermeidung von Arbeitslosigkeit berücksichtigen (vgl. §§ 112, 112a Rn 252 ff., 273 ff.).

In beiden vorgenannten Fällen verbindet das G **unbestimmte Rechtsbegriffe 122** mit dem Begriff des billigen Ermessens. Wie sich aus der in Abs. 5 S. 4 vorgesehenen Möglichkeit, die Überschreitung der Grenzen des Ermessens einer gerichtlichen Prüfung zu unterwerfen, ergibt, steht der E-Stelle bei der inhaltlichen Ausgestaltung ihres Spruchs ein Ermessensspielraum zu, der durch den Begriff der Billigkeit lediglich konkretisiert und eingeschränkt wird, jedoch weiterhin eine **Ermessensentscheidung** bleibt (BAG 11. 3. 86 AP Nr. 14 zu § 87 BetrVG 1972 Überwachung; BAG 28. 9. 88 AP Nr. 47 zu § 112 BetrVG 1972; *DKKW-Berg* Rn 87; *Ehrich/Fröh-*

lich S. 71; **aA** BAG 28. 7. 81 AP Nr. 2 zu § 87 BetrVG 1972 Urlaub; *v. Hoyningen-Huene,* Billigkeit im Arbeitsrecht S. 50 ff.).

123   Die E-Stelle hat ihre Entscheidung **innerhalb** des ihr zustehenden **Ermessensspielraums** zu treffen. Sie hat eine Lösung zu suchen, auf die sich die Betriebspartner vernünftigerweise auch freiwillig hätten einigen können. Hierbei sind durchaus verschiedene Lösungsmöglichkeiten denkbar, vorausgesetzt, sie alle berücksichtigen noch in angemessener Weise die Belange des Betriebs und der ArbN, stehen auch noch mit dem Grundsatz der Billigkeit in Einklang und stellen insgesamt gesehen eine angemessene Regelung dar.

124   Die E-Stelle muss stets eine **Interessenabwägung** vornehmen, wobei die hierbei zu berücksichtigenden Aspekte durchaus von unterschiedlichem Gewicht sein können und vielfach sein werden (vgl. hierzu eingehend *Fiebig,* Ermessensspielraum der E-Stelle S. 86 ff.; *ders.* DB 95, 1279). Sie überschreitet zB ihr Ermessen, wenn sie eine freiwillige Zusatzleistung des ArbGeb., mit der er die Übernahme von Führungsverantwortung honorieren will, von einer 10-jährigen Konzernzugehörigkeit abhängig machen will (LAG Köln NZA-RR 06, 415). Zur gerichtlichen Überprüfung dieses Ermessensspielraums vgl. Rn 152 ff.

125   Ist der Beschluss der E-Stelle von seinem Rechtscharakter her eine BV, kann die E-Stelle auch die Möglichkeit einer **Kündigung** vorsehen und eine **Kündigungsfrist** festlegen (BAG 8. 3. 77 AP Nr. 1 zu § 87 BetrVG 1972 Auszahlung; BAG 28. 7. 81 AP Nr. 2 zu § 87 BetrVG 1972 Urlaub). Auch kann dem Beschluss **rückwirkende Kraft** beigemessen werden (BAG 8. 3. 77 aaO). Das gilt auch für einen die ArbN belastenden Spruch, wenn die ArbN mit einer rückwirkenden Regelung rechnen mussten und sich hierauf einstellen konnten (BAG 19. 9. 95 AP Nr. 61 zu § 77 BetrVG 1972). Insofern gilt nichts anderes wie bei rückwirkend belastenden Regelungen, die von den Betriebspartnern freiwillig vereinbart werden (vgl. hierzu § 77 Rn 41 ff.).

126   Die Verpflichtung der E-Stelle ihren Spruch nach billigem Ermessen zu fällen, gilt dem Wortlaut des Abs. 5 nach nur für die Regelungsstreitigkeiten in erzwingbaren E-Stellenverfahren. Jedoch sind diese Grundsätze **auch in freiwilligen E-Stellenverfahren** jedenfalls dann zu beachten, wenn sich die Parteien im Voraus dem Spruch der E-Stelle **unterworfen** haben (ErfK-*Kania* Rn 25; GK-*Kreutz* Rn 129; *Ehrich/Fröhlich* S. 72). Denn es ist davon auszugehen, dass ihre vorherige Unterwerfung unter der Voraussetzung erfolgt, dass die E-Stelle eine den beiderseitigen Interessen gerecht werdende Entscheidung trifft. Haben sich die Betriebspartner die Annahme der Entscheidung der E-Stelle vorbehalten, so hat sie sich bei ihrer Entscheidung jedenfalls von den auch von den Betriebspartnern zu beachtenden Grundsätzen des § 2 Abs. 1 (Wohl der ArbN und des Betriebs) leiten zu lassen.

127   Haben sich die Betriebsparteien dem Spruch der E-Stelle nicht im Voraus unterworfen und nehmen sie ihn **nachträglich an,** ist es ihnen verwehrt, die Überschreitung der Grenzen des „billigen Ermessens" nach Abs. 5 S. 3 u. 4 geltend zu machen. Denn diese Grenzen brauchen sie auch bei einer einvernehmlichen Regelung – etwas anderes ist die nachträgliche Annahme des Spruches nicht – nicht einzuhalten.

2. Form des ES-Beschusses

128   Abs. 3 S. 4 enthält eine verbindliche Handlungsanleitung für den E-Stellenvors.: Die Bestimmung stellt klar, dass der E-Stellenspruch nur wirksam ist, wenn er **schriftlich** niedergelegt und mit der **Unterschrift** des Vors. versehen ArbGeb. und BR **zugeleitet** wird. Die Zuleitung eines zwar schriftlich niedergelegten, aber nicht unterzeichneten Spruchs genügt nicht den gesetzlichen Anforderungen, die vor allem der Rechtsklarheit geschuldet sind. Für die Betriebsparteien und für die ArbN im Betrieb muss rechtssicher feststehen, dass das vom Vors. unterzeichnete Schriftstück das von der E-Stelle beschlossene Regelwerk enthält (BAG 14. 9. 10 – 1 ABR 30/09 – NZA-RR 11, 526; s. dazu *Tschöpe/Geißler* NZA 11, 545 ff.). Beurkundung und Dokumentation sind erforderlich, weil der E-Stellenspruch die fehlende Einigung zwischen ArbGeb. und BR ersetzt (s. Rn 134 f.) und ihm daher die gleiche normative Wirkung zukommt wie einer von den Betriebsparteien geschlossenen BV (§ 77 Abs. 4 S. 1); er ist deshalb auch vom ArbGeb. an geeigneter Stelle im Betrieb zur Kenntnisnahme der ArbN auszulegen (§ 77 Abs. 2 S. 3). Ein schriftlicher Spruch **ohne Unterschrift** des Vors. ist **unwirksam.**

Die Zuleitung eines E-Stellenspruchs als bloße **Textdatei** genügt **nicht** den ge- **129** setzlichen Anforderungen. Die Unterzeichnung des Spruchs durch den Vors. kann nach dem Rechtsgedanken des § 126 Abs. 3 BGB weder durch elektronische Form (§ 126 a BGB) noch durch Textform (§ 126 b) ersetzt werden. Abs. 3 S. 4 ist eine auf dem Normcharakter des E-Stellenspruchs beruhende Sonderregelung (BAG 5. 10. 10 – 1 ABR 31/09 – NZA 11, 420; s. dazu *Tschöpe/Geißler* NZA 11, 545 ff.; **aA** *Spengler/Hahn/Pfeiffer* S. 103).

Für die Beurteilung der **Formwirksamkeit** des E-Stellenspruchs ist regelmäßig **130** der **Zeitpunkt** maßgeblich, in dem der Vors. den Betriebsparteien den Spruch mit der Absicht der Zuleitung iSd. Abs. 3 S. 4 übermittelt hat. Eine nachträgliche, rückwirkende Heilung der Verletzung der Formerfordernisse ist nicht möglich (BAG 14. 9. 10 – 1 ABR 30/09 – NZA-RR 11, 526). So vermag die erstmalige Zuleitung eines unterzeichneten E-Stellenspruchs während des Rechtsbeschwerdeverfahrens den Formmangel nicht zu heilen (BAG 5. 10. 10 – 1 ABR 31/09 – NZA 11, 420).

Die Unterzeichnung durch alle Mitgl. der E-Stelle ist nicht erforderlich, aber zu- **131** lässig. Wegen der nur zeitlich begrenzten Überprüfungsfrist des Abs. 5 S. 4 sollte der Zeitpunkt der Zuleitung schriftlich festgehalten werden. Obwohl das G über eine (schriftliche) **Begründung** nichts sagt und diese aus Gründen der Rechtsstaatlichkeit auch nicht zwingend erforderlich ist (BVerfG 18. 10. 87 AP Nr. 7 zu § 87 BetrVG 1972 Auszahlung), ist diese jedoch **zweckmäßig,** damit eine gerichtliche Überprüfung des Spruchs erleichtert wird (BAG 8. 3. 77 AP Nr. 1 zu § 87 BetrVG 1972 Auszahlung; BAG 31. 8. 82 AP Nr. 8 zu § 87 BetrVG 1972 Arbeitszeit; ErfK-*Kania* Rn 21; *DKKW-Berg* Rn 82; *HSWGNR* Rn 75). Im Einverständnis mit den Beteiligten kann von einer Begründung abgesehen werden. Im Hinblick auf Abs. 5 S. 4 kann die E-Stelle ihren Spruch mit einer **Rechtsmittelbelehrung** versehen, verpflichtet ist sie hierzu nicht (GK-*Kreutz* Rn 118; *Spengler/Hahn/Pfeiffer* S. 104, 236).

3. Rechtswirkungen des Spruchs

Im **freiwilligen E-Stellenverfahren** kommt dem Spruch der E-Stelle nicht von **132** Gesetzeswegen eine die Betriebspartner bindende Wirkung zu. Diese tritt nur ein, wenn sich BR und ArbGeb. dem Spruch im **voraus unterworfen** haben oder ihn **nachträglich annehmen** (BAG 28. 2. 84 AP Nr. 4 zu § 87 BetrVG 1972 Tarifvorrang; BAG 6. 12. 88 AP Nr. 26 zu § 111 BetrVG 1972; *DKKW-Berg* Rn 13; *Ehrich/Fröhlich* S. 73). Die Unterwerfung und die Annahme können formlos, dh mündlich erklärt werden. Die E-Stelle kann eine Frist für die Erklärung der Parteien über die Annahme setzen (*Spengler/Hahn/Pfeiffer* S. 235 f.). Durch BV kann die Unterwerfung für bestimmte oder alle Fälle im Voraus erfolgen (ErfK-*Kania* Rn 26; einschr. auf nur bestimmt genannte Fälle: GK-*Kreutz* Rn 79; *Richardi* Rn 40). Das G sieht dies in § 102 Abs. 6 ausdrücklich vor (vgl. dort Rn 124 ff.). Hat der Spruch der E-Stelle eine Rechtsfrage zum Gegenstand, so ist er nur bindend, wenn die Parteien über den Gegenstand verfügen können (GK-*Kreutz* Rn 22; *Richardi* Rn 40; *Spengler/Hahn/Pfeiffer* S. 236). In diesen Fällen kann die Annahme des Spruchs durch die Betriebspartner die Wirkung eines außergerichtlichen Vergleichs haben (GK-*Kreutz* Rn 134).

In den Fällen des **erzwingbaren E-Stellenverfahrens** ist der Spruch der E-Stelle **133** für die Betriebspartner dagegen **verbindlich.** Eine Ausnahme besteht beim Interessenausgleich nach § 112 Abs. 3 (vgl. ferner Rn 97). Trotz der auch in diesem Falle bestehenden Möglichkeit, das E-Verfahren gegen den Willen eines Betriebsparteien durchzuführen, kann die E-Stelle über einen Interessenausgleich nur einen Einigungsvorschlag machen, den anzunehmen den Betriebsparteien freisteht. Aus diesem

Grunde ist es unzulässig, mögliche Regelungsgegenstände eines (letztlich freiwilligen) Interessenausgleichs, zB Kündigungsverbote, Versetzungs- oder Umschulungspflichten, in den Spruch der E-Stelle über die Aufstellung eines Sozialplans nach § 112 Abs. 4 aufzunehmen. Denn eine verbindliche Entscheidung der E-Stelle auch gegen den Willen eines der Betriebsparteien muss sich auf Angelegenheiten beschränken, in denen dies gesetzlich ausdrücklich vorgesehen ist. Beachtet die E-Stelle diese Grenze nicht, ist ihr Spruch, wenn die Betriebspartner ihn nicht nachträglich akzeptieren, unwirksam (BAG 17. 9. 91 AP Nr. 59 zu § 112 BetrVG 1972).

134   Welche **Rechtsnatur** der Spruch der E-Stelle hat, hängt von seinem Inhalt ab (*Spengler/Hahn/Pfeiffer* S. 230 ff., 234 ff.). Hat die Entscheidung einen **Regelungsstreit** zum Gegenstand, hat der Spruch dieselbe Rechtsnatur, die einer entspr. freiwilligen Einigung der Betriebsparteien über den Streitgegenstand beizumessen wäre. Vielfach wird der Spruch der E-Stelle den **Charakter einer BV** haben (vgl. § 77 Abs. 2 S. 2, § 112 Abs. 1 S. 3). Das ist nicht nur der Fall, wenn ausdrücklich über den Abschluss einer BV gestritten wird, sondern auch, wenn durch den Spruch Rechte und Pflichten der ArbN begründet oder geändert werden (ErfK-*Kania* Rn 27; GK-*Kreutz* Rn 136; *Richardi* Rn 30, 111; *Ehrich/Fröhlich* S. 73 f.). Zum Begriff und Inhalt einer BV vgl. § 77 Rn 11 ff., 45 ff.

135   Entscheidet die E-Stelle über eine allgemeine Maßnahme im Rahmen des Direktionsrechts, so kommt ihr der Charakter einer **Regelungsabrede** zu (vgl. hierzu § 77 Rn 216 ff.). In diesem Falle ist der ArbG verpflichtet, sein Direktionsrecht entspr. dem Beschluss der E-Stelle auszuüben. Das Gleiche gilt, wenn der Spruch der E-Stelle nur einen Einzelfall betrifft (zB in den Fällen den §§ 87 Abs. 1 Nr. 5 u. 9 und § 102 Abs. 6).

136   Hat der Spruch der E-Stelle eine **Rechtsfrage** zum Gegenstand, hat er eine rechtsfeststellende Wirkung. Er ist jedoch weder den Entscheidungen von Schiedsgerichten oder den von Schiedsgutachtern iSd §§ 317 ff. BGB gleichzusetzen (vgl. GK-*Kreutz* Rn 138; *Richardi* Rn 112). Rechtswidrige Entscheidungen der E-Stelle sind rechtsunwirksam, was jederzeit und in jedem Verfahren geltend gemacht werden kann (vgl. auch Rn 148 ff.).

137   Der Spruch der E-Stelle ist auch im erzwingbaren Verfahren **kein Vollstreckungstitel** (GK-*Kreutz* Rn 139; *Richardi* Rn 113; *Spengler/Hahn/Pfeiffer* S. 232, 237). Je nach dem Inhalt des Spruchs bedarf es noch eines Beschluss- oder Urteilsverfahrens (zB Klage eines ArbN zur Durchsetzung eines Anspruchs aus dem E-Stellenspruch), um die Entscheidung der E-Stelle zwangsmäßig durchsetzen zu können.

4. Gerichtliche Überprüfung des Spruchs

138   Der Spruch der E-Stelle unterliegt der **arbeitsgerichtlichen Rechtskontrolle**. Diese erstreckt sich sowohl auf die Zuständigkeit der E-Stelle (vgl. Rn 183 ff.) und die Einhaltung der von ihr zu beachtenden Verfahrensgrundsätze (vgl. Rn 146 f.) als auch auf die inhaltliche Rechtmäßigkeit ihres Spruchs. Zum letzteren ist zu unterscheiden, ob Gegenstand des Spruchs eine Rechtsfrage ist (vgl. Rn 148 ff.) oder ob es sich hierbei um eine Regelungsfrage handelt. Bei dieser ist die Rechtskontrolle in den Fällen der erzwingbaren MB sowohl in inhaltlicher als auch zeitlicher Hinsicht eingeschränkt (vgl. Rn 151 ff.).

139   Der arbeitsgerichtlichen Rechtskontrolle unterliegen nicht verfahrensbegleitende **Zwischenbeschlüsse** der E-Stelle zB in Form von Hinweis- oder Auflagenbeschlüsse, die keine eigene Regelungen des Verfahrensgegenstandes treffen, sich eine solche Regelung aber vorbehalten und die Gestaltungsaufgabe der E-Stelle noch nicht als erledigt ansehen (BAG 22. 1. 02 AP Nr. 16 zu § 76 BetrVG 1972 Einigungsstelle; *Spengler/Hahn/Pfeiffer* S. 241; einschr. bei Zwischenbeschlüssen zur Zuständigkeit der E-Stelle, s. Rn 116).

140   Die Überprüfung des Spruchs der E-Stelle erfolgt in erster Linie im arbeitsgerichtlichen **BeschlVerf.** (§ 2 a Abs. 2, § 80 ArbGG, s. dazu Nach § 1 Rn 1 ff.; *Ehrich/*

Fröhlich S. 75). Für die Überprüfung der Frage, ob die E-Stelle das ihr zustehende Ermessen eingehalten hat, ist dies die ausschließliche Verfahrensart. Andere Rechtsverstöße können auch inzidenter als Vorfrage in einem arbeitsgerichtlichen **Urteilsverfahren,** zB im Rahmen einer Zahlungsklage des ArbN, geltend gemacht werden. Ist ein BeschlVerf. zur Überprüfung der Rechtmäßigkeit des E-Stellenspruchs anhängig, ist ein Urteilsverfahren, in dem die Rechtmäßigkeit des Spruchs der E-Stelle entscheidungserheblich ist, bis zum rechtskräftigen Abschluss des BeschlVerf. auszusetzen, da die Frage der (Un-)Wirksamkeit des Spruches der E-Stelle in dem Urteilsverfahren nicht an der Rechtskraft teilnimmt, vielmehr nur im BeschlVerf. rechtsverbindlich geklärt werden kann (GK-*Kreutz* Rn 139; *HSWGNR* Rn 79; vgl. auch *Spengler/Hahn/Pfeiffer* S. 252).

Antragsberechtigt zur Überprüfung des Beschlusses im arbeitsgerichtlichen **141** BeschlVerf. sind ArbGeb. und BR (GK-*Kreutz* Rn 146; *Richardi* Rn 117), nicht jedoch die E-Stelle selbst oder der Einzelne durch den Spruch betroffene ArbN (ErfK-*Kania* Rn 29, 36; MünchArbR-*Joost* § 232 Rn 79; *Ehrich/Fröhlich* S. 75; *Spengler/Hahn/Pfeiffer* S. 241; zum letzteren **aA** GK-*Kreutz* Rn 149). TV-Parteien sind antragsberechtigt, sofern die Wirksamkeit des Spruches der E-Stelle im Verhältnis zum TV in Frage steht oder die Entscheidung in sonstiger Weise die Rechte der TV-Parteien beeinträchtigt (vgl. hierzu § 77 Rn 234ff.; **aA** *Ehrich/Fröhlich* S. 75; *Spengler/Hahn/Pfeiffer* S. 242).

Da es bei der Anfechtung eines E-Stellenspruchs um Rechtskontrolle (Rn 138) **142** geht, besteht in der Klärung der Frage, ob der betreffende Spruch eine wirksame betriebliche Regelung ist, für ArbGeb. und BR ein **rechtliches Interesse** (§ 256 ZPO) unabhängig davon, ob sie die betreffende Regelung hätten verhindern können oder durch sie beschwert sind (BAG 8. 6. 04 AP Nr. 20 zu § 76 BetrVG 1972 Einigungsstelle, 24. 8. 04 AP Nr. 174 zu § 112 BetrVG 1972). Auch eine **Teilanfechtung** ist zulässig, wenn sie sich auf ein selbständig feststellbares Teilrechtsverhältnis bezieht und die Betriebspartner die übrigen Regelungen übereinstimmend gelten lassen wollen (BAG 24. 1. 06 AP Nr. 8 zu § 3 ArbZG; 30. 5. 06 NJOZ 06, 3898).

Der **Antrag** ist auf **Feststellung** der **Unwirksamkeit** des E-Stellenspruchs zu rich- **143** ten, nicht auf seine Aufhebung. Denn die gerichtliche Entscheidung hat nur feststellende und keine rechtsgestaltende Wirkung (BAG 28. 5. 02 AP Nr. 10 zu § 87 BetrVG 1972 Urlaub; 6. 5. 03 NZA 04, 108; BAG 14. 9. 10 – 1 ABR 30/09 – NZA-RR 11, 526; 9. 11. 10 – 1 ABR 75/09 – NZA-RR 11, 354).

Die E-Stelle ist **nicht Beteiligte** im BeschlVerf. Sie ist nur Hilfsorgan der Be- **144** triebspartner und kann deshalb nicht in eigenen betriebsverfassungsrechtlichen Rechten verletzt sein (BAG 28. 4. 81 AP Nr. 1 zu § 87 BetrVG 1972 Vorschlagswesen; 28. 7. 81 AP Nr. 2 zu § 87 BetrVG 1972 Urlaub; 28. 7. 81 AP Nr. 3 zu § 87 BetrVG 1972 Arbeitssicherheit; *DKKW-Berg* Rn 103; ErfK-*Kania* Rn 29; *Ehrich/Fröhlich* S. 75; *Spengler/Hahn/Pfeiffer* S. 242; **aA** BVerwGE 50, 176; LAG Düsseldorf EzA § 87 BetrVG 1972 Vorschlagswesen Nr. 1; LAG Hamm EzA § 76 BetrVG 1972 Nr. 19). Wohl aber ist die Anhörung von Mitgl. der E-Stelle als Zeuge möglich, insb. zur Erläuterung des gefällten Spruchs (BAG 28. 4. 81 aaO).

Beteiligungsbefugt können dagegen **einzelne ArbN** des Betriebs sein, wenn sie **145** durch die gerichtliche Entscheidung über die Wirksamkeit des Spruches unmittelbar betroffen werden, zB im Falle des § 37 Abs. 6 S. 5, § 38 Abs. 2 S. 5, § 87 Abs. 1 Nr. 5 oder 9 (GK-*Kreutz* Rn 149; *Ehrich/Fröhlich* S. 76; **aA** in Bezug auf § 85 Abs. 2 BAG 28. 6. 84 AP Nr. 1 zu § 85 BetrVG 1972).

Der Rechtskontrolle unterliegt zum einen die Einhaltung der von der E-Stelle bei **146** der Verhandlung und Entscheidung zu beachtenden **Verfahrensgrundsätze** (*Spengler/Hahn/Pfeiffer* S. 246). Das gilt unabhängig davon, ob Gegenstand des Spruchs der E-Stelle eine Rechts- oder eine Regelungsfrage ist. Die Überprüfung dieser Fragen ist zeitlich nicht befristet.

Schwerwiegende Verfahrensfehler können die **Nichtigkeit** des Spruches der **147** E-Stelle zur Folge haben. Das gilt zB für die Verletzung des Anspruchs auf rechtliches

Gehör (BAG 11. 2. 92 AP Nr. 50 zu § 76 BetrVG 1972; 4. 7. 89 AP Nr. 20 zu § 87
BetrVG 1972 Tarifvorrang), für die Nichteinhaltung der Abstimmungsregelung des
Abs. 3 S. 3 (BAG 30. 1. 90 AP Nr. 41 zu § 87 BetrVG 1972 Lohngestaltung; 28. 9.
88 AP Nr. 47 zu § 112 BetrVG 1972), für die nicht ordnungsgemäße Beschlussfassung mit Stimmenmehrheit (BAG 17. 9. 91 AP Nr. 59 zu § 112 BetrVG 1972; 6. 11.
90 AP Nr. 94 zu § 1 TVG TV Metallindustrie), für die abschließende Beratung und
Beschlussfassung in Anwesenheit der Betriebspartner (BAG 18. 1. 94 AP Nr. 51 zu
§ 76 BetrVG 1972), für die nicht ordnungsgemäße Ladung der Beisitzer (BAG 27. 6.
95 AP Nr. 1 zu § 76 BetrVG 1972 Einigungsstelle), für die Nichtbescheidung eines
gegen den E-Stellenvors. gerichteten Ablehnungsantrags wegen Befangenheit durch
die E-Stelle (BAG 29. 1. 02 AP Nr. 19 zu § 76 BetrVG 1972 Einigungsstelle). Aus
Gründen der Rechtssicherheit ist auch das Fehlen der vorgeschriebenen Schriftform
des Spruches der E-Stelle als Nichtigkeitsgrund anzusehen.

148   Hat der Spruch eine **Rechtsfrage,** zB die Auslegung eines unbestimmten Rechtsbegriffs zum Gegenstand, unterliegt er **zeitlich unbefristet** und in **vollem Umfang**
der gerichtlichen Rechtskontrolle (BAG 11. 7. 00 AP Nr. 2 zu § 109 BetrVG 1972).
Denn die zweiwöchige Ausschlussfrist des Abs. 5 S. 2 gilt nur für die Überprüfung
von Ermessensentscheidungen der E-Stelle, nicht bei der Auslegung unbestimmter
Rechtsbegriffe (hM: ErfK-*Kania* Rn 28; GK-*Kreutz* Rn 150). Außerdem wird die
Entscheidung von Rechtsfragen den Gerichten nicht entzogen (vgl. Abs. 6).

149   Soweit der E-Stelle bei der Auslegung eines **unbestimmten Rechtsbegriffs** ein
Beurteilungsspielraum zusteht, beschränkt sich die gerichtliche Kontrolle allerdings
auf die Nachprüfung, ob bei der Auslegung die Grenzen des Beurteilungsspielraums
eingehalten sind (BAG 8. 8. 89 AP Nr. 6 zu § 106 BetrVG 1972; ErfK-*Kania* Rn 30;
Spengler/Hahn/Pfeiffer S. 248; *Henssler* RdA 91, 269, *Rieble* BB 91, 471; **aA** GK-
Kreutz Rn 151).

150   Das ArbG ist bei der Bewertung der Rechtsfrage **nicht** an die tatsächlichen Feststellungen der E-Stelle **gebunden.** Das E-Stellenverfahren ist lediglich ein **außergerichtliches Vorverfahren.** Bei unrichtiger Entscheidung von Rechtsfragen kann das
ArbG jederzeit eine ersetzende Entscheidung treffen (*Richardi* Rn 123), da es bei
diesen nur eine richtige Entscheidung gibt, während bei Regelungsfragen oft mehrere
Lösungsmöglichkeiten vertretbar sind.

151   Auch wenn der Spruch der E-Stelle eine **Regelungsfrage** zum Gegenstand
hat, unterliegt er in **Teilbereichen** einer umfassenden und zeitlich **unbefristeten
Rechtskontrolle.** Das gilt zum einen in Bezug auf die Einhaltung der von der
E-Stelle zu beachtenden wesentlichen Verfahrensvorschriften (vgl. Rn 146f.), zum
anderen aber auch in Bezug auf die Überprüfung, ob der Inhalt des Spruches gegen
höherrangiges Recht verstößt (vgl. Rn 117). Der unbeschränkten Rechtskontrolle
unterliegt ferner die Frage, ob sich die E-Stelle bei ihrem Spruch im Rahmen ihrer
Zuständigkeit gehalten hat. Das ist insb. in mitbestimmungspflichtigen Angelegenheiten von Bedeutung. Die E-Stelle kann gegen den Willen eines der Betriebspartner
nur im Rahmen eines bestehenden MBR eine Entscheidung treffen. Haben die TV-
Parteien den Betriebsparteien bei einem MBR (§ 87 Abs. 1 Nr. 2, 3) einen Gestaltungsspielraum vorgegeben, ist daran auch die E-Stelle nach § 87 Abs. 1 Eingangs-
halbs. gebunden (BAG 9. 11. 10 – 1 ABR 75/09 – NZA-RR 11, 354). Verkennt die
E-Stelle die Grenzen eines MBR oder geht sie zu Unrecht vom Bestehen eines
MBR aus, hat dies die Unwirksamkeit ihres Spruches zur Folge (BAG 20. 7. 99 AP
Nr. 8 zu § 76 BetrVG 1972 Einigungsstelle; BAG 25. 1. 00 AP Nr. 137 zu § 112
BetrVG 1972, BAG 15. 5. 01 AP Nr. 17 zu § 87 BetrVG 1972 Prämie).

152   Hinsichtlich des der E-Stelle bei der Entscheidung von **Regelungsfragen** zustehenden **Ermessensspielraums** bestehen jedoch in zweierlei Hinsicht **Einschränkungen** der gerichtlichen Rechtskontrolle. Zum einen ist dieses Ermessen nur begrenzt überprüfbar, zum anderen kann diese Überprüfung nur innerhalb einer
bestimmten Frist beantragt werden (BAG 21. 9. 93 AP Nr. 62 zu § 87 BetrVG 1972
Arbeitszeit). Diese Einschränkungen der gerichtlichen Überprüfbarkeit nach Abs. 5

S. 4 besteht in den Fällen der erzwingbaren MB, nicht dagegen in den freiwilligen E-Stellenverfahren nach Abs. 6 (GK-*Kreutz* Rn 155; aA *Spengler/Hahn/Pfeiffer* S. 242 f.). Das ArbG darf eine **Ermessensentscheidung** der E-Stelle nur daraufhin über- **153** prüfen, ob sie die **Grenzen** des ihr zustehenden Ermessens **überschritten** hat. Hält sich der Spruch der E-Stelle innerhalb des gesetzlichen Ermessensrahmens, hat das Gericht ihn hinzunehmen. Denn dem ArbG steht **keine** allgemeine **Zweckmäßig-keitskontrolle,** sondern nur eine Rechtskontrolle zu (*DKKW-Berg* Rn 92; ErfK-*Kania* Rn 31; *Ehrich/Fröhlich* S. 79). Das Recht ist bei Beachtung des Ermessensrahmens nicht verletzt. Insb. darf das ArbG nicht sein eigenes Ermessen an die Stelle des Ermessens der E-Stelle setzen (BAG 22. 1. 80 AP Nr. 7 zu § 111 BetrVG 1972; 27. 5. 86 AP Nr. 15 zu § 87 BetrVG 1972 Überwachung).

Ob die E-Stelle uU **fehlerhafte Erwägungen** angestellt hat (sog. Ermessensfehl- **154** gebrauch) ist **unerheblich.** Der Überprüfung durch das ArbG unterliegt allein das Ergebnis der Tätigkeit der E-Stelle, dh ihr Spruch auf Grund der damals vorhandenen Umstände, nicht etwa ihre Überlegungen und Erwägungen bei der Entscheidungsfindung (BAG 11. 3. 86 u. 30. 8. 95 AP Nr. 14 u. 29 zu § 87 BetrVG 1972 Überwachung; 6. 5. 03, 24. 8. 04 AP Nr. 161, 174 zu § 112 BetrVG 1972; *DKKW-Berg* Rn 92; GK-*Kreutz* Rn 163; *Düwell/Krasshöfer* Rn 31; MünchArbR-*Joost* § 232 Rn 88; **aA** ErfK-*Kania* Rn 32; *Richardi* Rn 137; *Fiebig* DB 95, 1280; *Rieble,* Die Kontrolle des Ermessens der E-Stelle S. 23 ff.). Das gilt auch für das E-Stellenverfahren als solches, das idR (Ausnahmen s. Rn 146 f.) nicht Gegenstand der gerichtlichen Überprüfung ist, so dass zB weder die Nichtbescheidung von Aufklärungsanträgen der Betriebsparteien oder eines Beisitzers noch mangelnde Sachaufklärung isoliert angegriffen werden können (BAG 29. 1. 02 AP Nr. 19 zu § 76 BetrVG 1972 Einigungsstelle).

Eine **unzulässige Ermessensüberschreitung** kann zB vorliegen, wenn die **155** E-Stelle von sachfremden Erwägungen ausgeht oder den ihr möglichen Regelungsspielraum verkannt hat, zB dadurch, dass sie die abzuwägenden Interessen nicht oder nicht vollständig erfasst (ErfK-*Kania* Rn 32; vgl. auch BAG 27. 10. 92 AP Nr. 29 zu § 95 BetrVG 1972 hinsichtlich eines Punktebewertungssystem bei Auswahlrichtlinien). Insb. liegt eine unzulässige Ermessensüberschreitung vor, wenn die E-Stelle die als Richtpunkt des Ermessens ausdrücklich genannten Belange des Betriebs oder der ArbN überhaupt nicht berücksichtigt, freiwillige Zusatzleistungen des ArbGeb. an eine engere Voraussetzungen knüpft als von diesem gewollt (LAG Köln NZA-RR 06, 415) oder dem ArbGeb. eine Gestaltungsfreiheit einräumt, die einem „mitbestimmungsfreien Zustand" nahekommt (BAG 28. 10. 86 AP Nr. 20 zu § 87 BetrVG 1972 Arbeitszeit; 17. 10. 89 AP Nr. 39 zu § 76 BetrVG 1972; *DKKW-Berg* Rn 92; GK-*Kreutz* Rn 166 ff.). Räumt der Beschluss der E-Stelle unter Ausschöpfung des MBR dem ArbGeb. gewisse Entscheidungsspielräume ein, ist dies nicht ermessensfehlerhaft (BAG 17. 10. 89 u. 11. 2. 92 AP Nr. 39 u. 50 zu § 76 BetrVG 1972).

Ermessensfehlerhaft ist es dagegen, wenn die E-Stelle einen Antrag nur zurück- **156** weist, ohne selbst eine Regelung zu treffen (BAG 30. 1. 90 AP Nr. 41 zu § 87 BetrVG 1972 Lohngestaltung; *DKKW-Berg* Rn 92; vgl. auch LAG Hamm NZA 90, 500). Eine unzulässige Ermessensüberschreitung liegt ferner vor, wenn nach dem Spruch der E-Stelle alle ArbN monatl. eine Stunde von der Arbeit freigestellt werden zum Ausgleich für die mit der bargeldlosen Lohnzahlung verbundene zeitliche Belastung, wenn der ArbGeb. die Teilnahme an der bargeldlosen Lohnzahlung freistellt und sich bereit erklärt, jederzeit Schecks im Betrieb einzulösen (BAG 10. 8. 93 AP Nr. 12 zu § 87 BetrVG 1972 Auszahlung). Desgleichen überschreitet die E-Stelle die Grenzen ihres durch § 112 Abs. 5 vorgegebenen Ermessensrahmens, nach dem beim Ausgleich oder der Milderung der durch die Betriebsänderung bedingten Nachteile den Gegebenheiten des Einzelfalles Rechnung getragen werden soll, wenn in einem Sozialplan allen ArbN unterschiedslos eine in gleicher Weise berechnete Abfindung gewährt wird ohne Rücksicht darauf, welche wirtschaftlichen Nachteile die betroffenen ArbN voraussichtlich erleiden (BAG 14. 9. 94 AP Nr. 87 zu § 112 BetrVG 1972).

157 Die Rechtswidrigkeit des Spruches der E-Stelle wegen Ermessensüberschreitung können ArbGeb. oder BR nur binnen einer **Ausschlussfrist von 2 Wochen** nach Zugang des schriftlich abgefassten Spruches (der Tag des Zugangs wird gemäß § 187 Abs. 1 BGB nicht mitgerechnet, so dass die Frist 2 Wochen später an demselben Wochentag wie dem Zugangstag abläuft) beim ArbG geltend machen (Abs. 5 S. 4). Das gilt auch für den Fall, dass die E-Stelle bei der Festlegung der Faktoren, die für die Berechnung der Höhe von Abfindungen in einem Sozialplan maßgebend sind, einem Rechtsirrtum unterlegen ist (BAG 1. 4. 98 AP Nr. 123 zu § 112 BetrVG 1972). Nach Fristablauf dürfen die ArbG den Spruch der E-Stelle nur noch einer Rechtskontrolle unterziehen (*Ehrich/Fröhlich* S. 77 f.).

158 Der Antrag muss **begründet** werden. Denn nur durch die Begründung kann die vom G geforderte Geltendmachung der Ermessensüberschreitung dargelegt werden. Zur Fristwahrung ist deshalb nicht ausreichend, wenn die Begründung erst nach Ablauf der 2-Wochenfrist nachgereicht wird. Dies würde auf eine unzulässige Verlängerung der Ausschlussfrist hinauslaufen (BAG 26. 5. 88 AP Nr. 26 zu § 76 BetrVG 1972; *DKKW-Berg* Rn 91; GK-*Kreutz* Rn 160; MünchArbR-*Joost* § 232 Rn 86; *Spengler/Hahn/Pfeiffer* S. 242).

159 Sind Gründe für die Ermessensüberschreitung rechtzeitig vorgetragen, ist es zulässig, diese Gründe **später** zu **konkretisieren** oder zu **erweitern**. Das folgt aus dem Amtsermittlungsprinzip des ArbG (GK-*Kreutz* Rn 160; *Ehrich/Fröhlich* S. 78; offengelassen von BAG 14. 5. 85 AP Nr. 16 zu § 76 BetrVG 1972). Die Möglichkeit einer Wiedereinsetzung in den vorigen Stand wegen Versäumung der Ausschlussfrist besteht nicht (GK-*Kreutz* Rn 159; *Richardi* Rn 128).

160 **Bejaht** das ArbG eine Überschreitung der Ermessensgrenzen oder einen sonstigen Rechtsverstoß des Spruchs, so hat es die **Unwirksamkeit** des Beschlusses **festzustellen** (BAG 27. 5. 86 AP Nr. 15 zu § 87 BetrVG 1972 Überwachung; *DKKW-Berg* Rn 95; GK-*Kreutz* Rn 171). Besteht nur ein partieller Rechtsverstoß, ist die **teilweise** Unwirksamkeit des Spruches festzustellen, wenn die restliche Regelung noch ein sinnvolles Ganzes darstellt (BAG 30. 8. 95 AP Nr. 29 zu § 87 BetrVG 1972 Überwachung; s. auch Rn 142; GK-*Kreutz* Rn 175; MünchArbR-*Joost* § 232 Rn 91; **aA** *Fischer* NZA 97, 1019).

161 Das ArbG ist bei Regelungsstreitigkeiten **nicht befugt, an Stelle der E-Stelle** eine **Sachentscheidung** zu treffen (LAG Düsseldorf EzA § 87 BetrVG Vorschlagswesen Nr. 1; *DKKW-Berg* Rn 95; GK-*Kreutz* Rn 173; *Richardi* Rn 136). Denn das ArbG darf nicht sein Ermessen an die Stelle des Ermessens der E-Stelle setzen.

162 Hat die E-Stelle nach Feststellung des ArbG keinen rechtswirksamen Spruch gefällt, hat sie das Verfahren (außer bei Feststellung ihrer Unzuständigkeit) **wieder aufzugreifen** und **fortzusetzen** (BAG 30. 1. 90 AP Nr. 41 zu § 87 BetrVG 1972 Lohngestaltung; LAG Düsseldorf EzA § 87 BetrVG Vorschlagswesen Nr. 1; *DKKW-Berg* Rn 95; GK-*Kreutz* Rn 174; ErfK-*Kania* Rn 22; *Ehrich/Fröhlich* S. 81; *Pünnel/Wenning-Morgenthaler* Rn 403; **aA** Neuanrufung der E-Stelle erforderlich: *Richardi* Rn 138). ArbGeb. und BR können sich nach der Entscheidung des ArbG auch einvernehmlich einigen. Dann wird die E-Stelle funktionslos (BAG 30. 10. 79 AP Nr. 9 zu § 112 BetrVG 1972).

163 **Nicht zulässig** ist, die Rechtsunwirksamkeit eines Spruchs der E-Stelle wegen eines Ermessensfehlers einerseits und der fehlenden Zuständigkeit der E-Stelle andererseits zeitgleich in **zwei verschiedenen BeschlVerf.** geltend zu machen. Da der Streitgegenstand (Unwirksamkeit des E-Stellenspruchs) in beiden Verfahren derselbe ist, steht derartigen Anträgen der Einwand der anderweitigen Rechtshängigkeit entgegen (BAG 16. 7. 96 AP Nr. 53 zu § 76 BetrVG 1972).

164 Die Anrufung des ArbG hat **keine suspendierende Wirkung** in Bezug auf die Geltung des **Spruchs** der E-Stelle zur Folge (LAG Köln NZA-RR 00, 311; LAG Berlin BB 85, 1199; *DKKW-Berg* Rn 94; *Ehrich/Fröhlich* S. 81; *Pünnel/Wenning-Morgenthaler* Rn 401). Der Spruch ist vielmehr für ArbGeb. und BR verbindlich und **auszuführen** (LAG Berlin DB 91, 1288; *Düwell/Krasshöfer* Rn 29; **aA** GK-*Kreutz*

Rn 177, der trotz Verneinung einer suspendierenden Wirkung keine verbindliche Verpflichtung zur Durchführung des Beschlusses annimmt; ebenso MünchArbR-*Joost* § 232 Rn 70).

Allerdings kann das ArbG bei bes. krassen und offensichtlichen Rechtsverstößen **165** im Wege der **einstw. Vfg.** den Vollzug des Beschlusses einstweilig **aussetzen** (LAG Köln NZA-RR 00, 334; LAG Frankfurt BB 88, 347; LAG Bad-Württ. NZA 90, 286; LAG Berlin BB 91, 206; *Ehrich/Fröhlich* S. 81; *Spengler/Hahn/Pfeiffer* S. 243; **aA** *SWS* Rn 27 a; *Gaul/Bartenbach* NZA 85, 341). Ferner ist auch eine einstw. Vfg. zur **Vollziehung** des Beschlusses der E-Stelle durch den ArbGeb. (§ 77 Abs. 1) zulässig, wenn dieser sich weigert den Beschluss durchzuführen (LAG Berlin BB 85, 1199; LAG Berlin AiB 91, 110; *Ehrich/Fröhlich* S. 82; einschr. LAG Köln NZA-RR 00, 311, wenn der E-Stellenspruch die Verpflichtung zur Auskunftserteilung zum Gegenstand hat; **aA** *SWS* Rn 27 a).

5. Rechtsweggarantie

Durch Abs. 7 wird zum einen klargestellt, dass der Spruch der E-Stelle selbst der **166** gerichtlichen Kontrolle unterliegt (vgl. Rn 138 ff.). Soweit die E-Stelle im Rahmen der erzwingbaren MB Rechtsfragen entscheidet (vgl. Rn 112), ist die Anrufung des ArbG im Allgemeinen nur **nach Durchführung des E-Stellenverfahrens** zulässig, vorbehaltlich allerdings der auch in diesen Fällen bestehenden Möglichkeit des Erlasses einer einstw. Vfg. (vgl. hierzu zB § 37 Rn 249, 252).

Insb. steht für **individuelle Rechtsansprüche der ArbN** ungeachtet des Spru-**167** ches der E-Stelle oder der Möglichkeit eines Spruches der E-Stelle stets der Rechtsweg vor den ArbG offen. Das entspricht rechtsstaatlichen Grundsätzen (*DKKW-Berg* Rn 96; GK-*Kreutz* Rn 179; *Richardi* Rn 32; *Ehrich/Fröhlich* S. 82; *Spengler/Hahn/ Pfeiffer* S. 237). Die E-Stelle ist kein Gericht iSd Art. 92 GG. Die Entscheidung der E-Stelle ersetzt nur die Willensbildung von ArbGeb. und BR. Die Rechtslage ist nicht anders, als wenn sich ArbGeb. und BR freiwillig geeinigt hätten.

Bei Rechtsansprüchen des einzelnen ArbN besteht keine bindende „Drittwirkung" **168** des Spruches, das Verfahren vor der E-Stelle ist vielmehr nur ein **Vorverfahren,** mit dem sich der Einzelne zufrieden geben kann, aber nicht muss (vgl. insb. die Fälle des § 87 Abs. 1 Nr. 5 betreffend zeitliche Festlegung des Urlaubs, s. dort Rn 204 ff., sowie § 87 Abs. 1 Nr. 9 betreffend Kündigung von Werkswohnungen, s. dort Rn 379 ff.; vgl. auch die Fälle der Ein- u. Umgruppierung nach § 99 sowie der Zustimmung zu einer Kündigung gemäß § 102 Abs. 6 und die Entscheidung der E-Stelle über die Berechtigung einer Beschwerde, die bei Rechtsansprüchen gemäß § 85 Abs. 2 S. 3 nur in einem freiwilligen E-Verfahren möglich ist).

Da der Spruch der E-Stelle wie die BV kein Vollstreckungstitel ist, muss der ArbN **169** ihn begünstigende Wirkungen des Spruches im Streitfall **einklagen** (*Gaul/Bartenbach* NZA 85, 341). Ist eine BV (zB ein Sozialplan) durch Spruch der E-Stelle zustande gekommen, so kann die Entscheidung von Meinungsverschiedenheiten über das Bestehen von Ansprüchen aus dieser BV zwischen ArbGeb. und einzelnen ArbN nicht der E-Stelle übertragen werden. Das wäre eine nach § 101 ArbGG unzulässige Schiedsabrede (BAG 27. 10. 87 AP Nr. 22 zu § 76 BetrVG 1972).

V. Tarifliche Schlichtungsstelle

Abs. 8 sieht die Möglichkeit vor, die E-Stelle durch eine tarifliche Schlichtungs- **170** stelle zu ersetzen (zu verfassungsrechtlichen Fragen der tariflichen Schlichtungsstelle in Bezug auf nichtorganisierte ArbN vgl. *Rieble* RdA 93, 141 ff.). Zulässig ist sowohl die Bildung einer **betrieblichen** als auch einer **überbetrieblichen Schlichtungsstelle.** Erforderlich ist, dass der Betrieb unter den Geltungsbereich des TV fällt. Tarifliche Regelungen über eine Schlichtungsstelle nach Abs. 8 sind Rechtsnormen über betriebsverfassungsrechtliche Fragen, so dass gem. § 3 Abs. 2 TVG für ihre betriebliche Geltung die **Tarifgebundenheit des ArbGeb.** ausreicht (BAG 14. 9. 10 – 1 ABR 30/09 – NZA-RR 11, 526; *DKKW-Berg* Rn 101; ErfK-*Kania* Rn 33; GK-*Kreutz* Rn 185; *Richardi* Rn 148; **aA** *Rieble* RdA 93, 145, der zusätzlich verlangt, dass mindestens ein ArbN des Betriebs der vertragsschließenden Gewerkschaft angehört).

171 Eine die E-Stelle ersetzende tarifliche Schlichtungsstelle auf **Unternehmensebene** setzt bei Meinungsverschiedenheiten mit dem GesBR voraus, dass alle Betriebe des Unternehmens vom Geltungsbereich des TV erfasst werden. Die Regelung einer tariflichen Schlichtungsstelle auf Konzernebene erfordert die Tarifgebundenheit aller Konzernunternehmen (*Rieble* RdA 93, 145; vgl. auch § 47 Rn 53, § 55 Rn 20; die dort für die Bestimmung der Größe des GesBR bzw. KBR bejahte Möglichkeit, die Tarifregelung durch eine GesBV bzw. KBV auf die nicht gebundenen Betriebe bzw. Unternehmen zu erstrecken, scheidet hier aus, da eine tarifliche Schlichtungsstelle nicht durch BV errichtet werden kann).

172 Ein TV über eine tarifliche Schlichtungsstelle hat **unmittelbare** und **zwingende Wirkung.** Mit seinem Inkrafttreten besteht keine Zuständigkeit der E-Stelle mehr. Das gilt grundsätzlich auch für laufende E-Stellenverfahren, es sei denn, der TV enthält eine Übergangsregelung, die die Abwicklung laufender Verfahren unberührt lässt. Das **Günstigkeitsprinzip** findet auf Tarifregelungen über eine tarifliche Schlichtungsstelle **keine Anwendung,** da derartige Regelungen grundsätzlich günstigkeitsneutral sind (**aA** *Rieble* RdA 93, 147, dessen Beispielsfälle – Wunschbesetzung der E-Stelle oder aufwändiges laufendes Verfahren – jedoch mangels klarer Abgrenzung aus Rechtssicherheitsgründen nicht überzeugen).

173 Ein TV über eine tarifliche Schlichtungsstelle verdrängt die E-Stelle nur für die Zeit seiner zwingenden Geltung. Es findet **keine Nachwirkung** seiner Normen statt, da ein TV das zwingende Organisationsrecht des BetrVG nur für die Zeit seiner vollen Geltung zu verdrängen vermag (vgl. zB § 47 Rn 59; JRH-*Trappehl/ Wolff* Kap. 8 Rn 62; **aA** *Rieble* aaO). Bei im Zeitpunkt des Endes des TV laufenden Schlichtungsverfahren haben die Betriebspartner die Möglichkeit, die tarifliche Schlichtungsstelle in ihrer personellen Zusammensetzung zu bestätigen und sie als E-Stelle weiter tätig sein zu lassen.

174 Die **Zuständigkeit** der tariflichen Schlichtungsstelle entspricht der der E-Stelle (BAG 14. 9. 10 – 1 ABR 30/09 – NZA-RR 11, 526; ErfK-*Kania* Rn 33; GK-*Kreutz* Rn 181; HSWGNR Rn 35; *Richardi* Rn 146). Auch soweit die Beteiligungsrechte des BR durch TV oder BV zulässigerweise erweitert worden sind, ist bei Streit in diesen Angelegenheiten die tarifliche Schlichtungsstelle zuständig (*Spengler/Hahn/ Pfeiffer* S. 107). Der TV kann die Zuständigkeit der Schlichtungsstelle zB in betrieblicher (nur Kleinbetriebe) oder fachlicher (nur Akkordangelegenheiten, Angelegenheiten der AT-Ang.) Hinsicht beschränken (BAG 18. 8. 87 AP Nr. 23 zu § 77 BetrVG 1972; 14. 9. 10 – 1 ABR 30/09 – NZA-RR 11, 526; *DKKW-Berg* Rn 99). Ist dies der Fall, bleibt im Übrigen die E-Stelle zuständig. Denn der TV kann nur eine andere Schlichtungsinstanz vorsehen, nicht aber den potentiellen Zuständigkeitsbereich der E-Stelle ohne Ersatzregelung einschränken.

175 Im Interesse der Vermeidung unnötiger Kompetenzkonflikte ist eine **klare Abgrenzung** erforderlich (nach *Rieble* RdA 93, 148 soll eine unklare Abgrenzung insoweit die Nichtigkeit des TV zur Folge haben). Sofern keine anderweitige tarifliche Regelung besteht, ist bei **Mischtatbeständen,** bei denen teils die E-Stelle, teils jedoch auch die Schlichtungsstelle zuständig ist und die wegen des engen Sachzusammenhangs nur einheitlich entschieden werden können, darauf abzustellen, wo der Schwerpunkt des Streits liegt.

176 Auch für die tarifliche Schlichtungsstelle sind **wesentliche Regelungen** des G über die Bildung der E-Stelle und das Verfahren vor ihr **zwingend** zu beachten (BAG 14. 9. 10 – 1 ABR 30/09 – NZA-RR 11, 526; ErfK-*Kania* Rn 33; GK-*Kreutz* Rn 182; HSWGNR Rn 34; *Richardi* Rn 147; *Ehrich/Fröhlich* S. 35; **aA**

DKKW-Berg Rn 98 bei Verfahrensfragen). So muss auch die Schlichtungsstelle **paritätisch** mit Beisitzern besetzt sein und einen unparteiischen **Vors.** haben (GK-*Kreutz* Rn 184; *Richardi* Rn 149). Diese werden von den TVParteien benannt. Kommt es über die Person des Vors. zu keiner Verständigung, ist dieser gem. Abs. 2 S. 2 iVm. § 98 ArbGG durch das ArbG zu bestellen (GK-*Kreutz* Rn 184; *GMPM-G* § 98 ArbGG Rn 4; *Pünnel/Wenning-Morgenthaler* Rn 428; *Rieble* RdA 93, 149; *Richardi* Rn 149, falls der TV das vorsieht).

Der TV muss sicherstellen, dass die Schlichtungsstelle **tatsächlich** mit der **erfor- 177 derliche Zahl der Beisitzer besetzt** ist. Die Regelung des Abs. 5 S. 2 ist bei einer tariflichen Schlichtungsstelle nicht anwendbar, da die Nichtbenennung der Beisitzer durch eine der TVParteien oder deren Nichterscheinen den Betriebspartnern nicht zugerechnet werden kann. Ist die Schlichtungsstelle nicht ordnungsgemäß mit Beisitzern beider Seiten besetzt und enthält der TV keine Regelung, die ihre ordnungsgemäße Besetzung sicherstellt (wobei notfalls auch eine Benennung der Beisitzer durch die Betriebspartner zu erwägen ist), besteht insoweit wieder die Zuständigkeit der E-Stelle (GK-*Kreutz* Rn 186; *HSWGNR* Rn 38; *Richardi* Rn 151; nach *Rieble* RdA 93, 149 ist eine vorherige Fristsetzung durch das ArbG entspr. § 102 Abs. 2 Nr. 2 ArbGG erforderlich).

Auch die Schlichtungsstelle wird nur auf **Antrag,** nicht von Amtswegen tätig. Da **178** die Betriebspartner in ihr nicht durch eigene Beisitzer vertreten sind, muss eine **mündliche Verhandlung** stattfinden (*Rieble* RdA 93, 150). Der Beschluss der Schlichtungsstelle wird nach mündlicher Beratung (ein schriftliches Umlaufverfahren ist unzulässig) entspr. den Abstimmungsregelungen des Abs. 3 gefasst (vgl. Rn 79 ff.). Hierbei muss grundsätzlich die Anwesenheit aller Beisitzer sichergestellt sein (vgl. aber auch Rn 76 f.). Die Beschlüsse der Schlichtungsstelle sind von ihrem Vors. zu unterschreiben und den Betriebspartnern zuzustellen. Mangels einer Vertretung der Betriebspartner in der Schlichtungsstelle sind ihre Beschlüsse zu begründen (*Rieble* aaO S. 151).

Für die tarifliche Schlichtungsstelle kann abweichend von der gesetzlichen Rege- **179** lung für die E-Stelle eine **zusätzliche (zweite) Instanz** vorgesehen werden (GK-*Kreutz* Rn 182; *HSWGNR* Rn 34; *Richardi* Rn 150; *Spengler/Hahn/Pfeiffer* S. 108; **aA** JRH-*Trappehl/Wolff* Kap. 8 Rn 64; *Müller* FS Barz S. 499). Auch kann sie verpflichtet werden, vor ihrer Entscheidung eine bes. Güteverhandlung durchzuführen. Ferner kann der TV eine von § 76 a abweichende Regelung der Tragung der **Kosten** der Schlichtungsstelle vorsehen, zB Tragung der Kosten durch die TVParteien. Eine Kostentragung durch die ArbN des Betriebs kommt allerdings nicht in Betracht (vgl. § 41; *Rieble* RdA 93, 150).

Die Beschlüsse der tariflichen Schlichtungsstelle sind in demselben Umfang **ge- 180 richtlich überprüfbar** wie die der E-Stelle (BAG 18. 8. 87 AP Nr. 23 zu § 77 BetrVG 1972; BAG 22. 10. 81 AP Nr. 10 zu § 76 BetrVG 1972; *DKKW-Berg* Rn 100; vgl. oben Rn 138 ff.). Das gilt auch für die nur innerhalb einer Frist von 2 Wochen zulässige Ermessensüberprüfung. Die tarifliche Schlichtungsstelle muss allerdings nicht ausschließlich für betriebsverfassungsrechtliche Angelegenheiten errichtet sein; sie kann auf Grund des TV auch andere Aufgaben wahrnehmen. Insoweit haben ihre Entscheidungen die Vermutung der Richtigkeit für sich, so dass nur eine Nachprüfung auf offensichtliche Unbilligkeit oder sonstige Rechtswidrigkeit hin in Frage kommt (§ 319 Abs. 1 BGB; *DKKW-Berg* Rn 100; **aA** *Spengler/Hahn/Pfeiffer* S. 107).

VI. Streitigkeiten

Außer den Streitigkeiten über die Rechtswirksamkeit des Spruches der E-Stelle **181** (vgl. Rn 138 ff.) entscheiden die ArbG auch sonstige Rechtsstreitigkeiten aus der Anwendung dieser Vorschrift im arbeitsgerichtlichen **BeschlVerf.** (§§ 2 a, 80 ff. ArbGG, s. dazu Nach § 1 Rn 1 ff.). Das gilt insb. bei Streitigkeiten über die Zuständigkeit der E-Stelle (BAG 22. 1. 80 AP Nr. 7 zu § 111 BetrVG 1972; BAG 22. 1. 80 u. 8. 3. 83 AP Nr. 3 u. 14 zu § 87 BetrVG 1972 Lohngestaltung), aber auch bei Streitigkeiten über die Zusammensetzung der E-Stelle sowie die Ordnungsmäßigkeit ihres Verfahrens. Das Gleiche gilt für das Verlangen des BR auf Durchführung des Spruches (BAG 28. 11. 89 AP Nr. 5 zu § 77 BetrVG 1972 Auslegung; vgl. auch § 77 Rn 227) sowie für die Frage, ob der Spruch bindende Wirkung hat (BAG 23. 3. 62 u. 15. 5. 64 AP Nr. 1 u. 5 zu § 56 BetrVG Akkord). **Antragsberechtigt** sind auch in diesem Falle in aller Regel nur der ArbGeb. und BR (vgl. Rn 141). Wegen Rechtsansprüche einzelner ArbN vgl. Rn 167 ff.

182   Die Entscheidung von Streitigkeiten über die Bildung, Geschäftsführung und Entscheidung der E-Stelle in **Personalangelegenheiten** der bei den **privatisierten PostAGn** beschäftigten Beamten oder der ihren Tochter-, Enkel- und Beteiligungsgesellschaften zugewiesenen Beamten (vgl. Rn 18, 27, 98) obliegt den **Verwaltungsgerichten** (vgl. § 29 Abs. 9 PostPersRG). Für diese Verfahren gelten die Vorschriften des arbeitsgerichtlichen BeschlVerf. entspr. Ansonsten bleibt es bei der Zuständigkeit der ArbG (vgl. BAG 22. 11. 05 AP Nr. 2 zu § 85 BetrVG 1972).

183   Die Frage der **Zuständigkeit der E-Stelle** kann in jedem Verfahrensstand, dh vor der Errichtung der E-Stelle, während des Bestellungsverfahrens, während des Verfahrens vor der E-Stelle, aber auch noch nach Erlass ihres Spruches zur arbeitsgerichtlichen Entscheidung gestellt werden (hM; BAG 26. 8. 97 AP Nr. 117 zu § 112 BetrVG 1972; 22. 10. 81 u. 24. 11. 81 AP Nr. 10 u. 11 zu § 76 BetrVG 1972; GK-*Kreutz* Rn 71). Dass die E-Stelle in eigener Verantwortung über ihre Zuständigkeit zu befinden hat (vgl. Rn 113 ff.), berührt das Rechtsschutzinteresse für eine getrennte Klärung dieser Frage in einem gesonderten BeschlVerf. nicht. Auch eine Aussetzung des Gerichtsverfahrens bis zur Entscheidung der E-Stelle kommt nicht in Betracht.

184   Ein allgemeines BeschlVerf. zur Klärung der Frage, ob in einer bestimmten Angelegenheit ein MBR des BR und damit eine Zuständigkeit der E-Stelle besteht, erfordert das Vorliegen eines entspr. **Rechtsschutzinteresses** (vgl. hierzu eingehend BAG 13. 10. 87 AP Nr. 7 zu § 81 ArbGG 1979). Dieses entfällt nicht, wenn die E-Stelle inzwischen einen Spruch gefällt hat und dieser in einem weiteren allgemeinen BeschlVerf. angefochten wird. Denn der Streitgegenstand des letzteren Verfahrens beschränkt sich auf die Überprüfung der Wirksamkeit dieses Spruches. Die Rechtswirksamkeit dieses Beschlusses des ArbG erfasst nicht die generelle Frage des MBR des BR (BAG DB 82, 1674; ErfK-*Kania* Rn 35). Gleiches gilt, wenn die Bestellung eines Vors. der E-Stelle abgelehnt worden ist. Streitgegenstand dieses Verfahrens ist lediglich die Errichtung der E-Stelle. Wird in einem allgemeinen BeschlVerf. ein MBR bejaht, steht insoweit die Bestellung eines Vors. der E-Stelle außer Streit (BAG 25. 4. 89 AP Nr. 3 zu § 98 ArbGG 1979). Zur Frage einer Aussetzung des BeschlVerf. nach § 98 ArbGG vgl. Rn 36.

185   Wird die Unwirksamkeit eines Beschlusses der E-Stelle aus **mehreren Gründen** geltend gemacht (zB wegen fehlender Zuständigkeit sowie Ermessensfehlerhaftigkeit ihres Spruchs), ist es nicht zulässig, die verschiedenen Unwirksamkeitsgründe in mehreren BeschlVerf. geltend zu machen. Dem steht der Einwand der anderweitigen Rechtshängigkeit entgegen. Das gilt auch, wenn die Verfahren gleichzeitig anhängig gemacht werden (BAG 16. 7. 96 AP Nr. 53 zu § 76 BetrVG 1972).

186   In den MB unterliegenden Angelegenheiten darf der ArbGeb. vor einer Einigung auch in **dringenden Eilfällen** grundsätzlich keine einseitigen vorläufigen Anordnungen treffen (vgl. § 87 Rn 23 ff., jedoch auch dortige Rn 289). Auch das ArbG ist in diesen Fällen grundsätzlich **nicht berechtigt,** durch **einstw. Vfg.** eine vorläufige Zwischenregelung bis zur Entscheidung der E-Stelle zu treffen (ArbG Siegburg DB 75, 555; MünchArbR-*Joost* § 232 Rn 132; *Bengelsdorf* BB 91, 634; *Heinze* RdA 90, 279; *GMPM-G* § 85 ArbGG Rn 40; **aA** LAG Frankfurt NJW 79, 783; *Richardi* Rn 34; *SWS* § 87 Rn 10; *Henssler* FS *Hanau* S. 429 ff.; *Spengler/Hahn/ Pfeiffer* S. 219 ff.).

Das ArbG hat **allein** die Aufgabe, die Sprüche der E-Stelle auf **Ermessens-** und **187** **Rechtsfehler** hin zu überprüfen, aber nicht selbst „betriebliches Recht" zu schaffen. Das Recht des ArbG, sich mit Regelungsfragen inhaltlich zu befassen, kommt erst nach der Entscheidung der E-Stelle in Betracht. Eine unmittelbare Anrufung des ArbG ist unzulässig (*Leipold* FS *Schnorr von Carolsfeld* S. 286; *Simitis/Weiß* DB 73, 1244; vgl. auch BAG 3. 4. 79 AP Nr. 2 zu § 87 BetrVG 1972). Wegen vorläufiger Regelungen durch die E-Stelle selbst vgl. oben Rn 90.

Wegen Streitigkeiten über Honoraransprüche der Mitgl. der E-Stelle vgl. § 76a **188** Rn 14ff., 33ff.

§ 76a Kosten der Einigungsstelle

(1) Die Kosten der Einigungsstelle trägt der Arbeitgeber.

(2) ¹Die Beisitzer der Einigungsstelle, die dem Betrieb angehören, erhalten für ihre Tätigkeit keine Vergütung; § 37 Abs. 2 und 3 gilt entsprechend. ²Ist die Einigungsstelle zur Beilegung von Meinungsverschiedenheiten zwischen Arbeitgeber und Gesamtbetriebsrat oder Konzernbetriebsrat zu bilden, so gilt Satz 1 für die einem Betrieb des Unternehmens oder eines Konzernunternehmens angehörenden Beisitzer entsprechend.

(3) ¹Der Vorsitzende und die Beisitzer der Einigungsstelle, die nicht zu den in Absatz 2 genannten Personen zählen, haben gegenüber dem Arbeitgeber Anspruch auf Vergütung ihrer Tätigkeit. ²Die Höhe der Vergütung richtet sich nach den Grundsätzen des Absatzes 4 Satz 3 bis 5.

(4) ¹Das Bundesministerium für Arbeit und Soziales kann durch Rechtsverordnung die Vergütung nach Absatz 3 regeln. ²In der Vergütungsordnung sind Höchstsätze festzusetzen. ³Dabei sind insbesondere der erforderliche Zeitaufwand, die Schwierigkeit der Streitigkeit sowie ein Verdienstausfall zu berücksichtigen. ⁴Die Vergütung der Beisitzer ist niedriger zu bemessen als die des Vorsitzenden. ⁵Bei der Festsetzung der Höchstsätze ist den berechtigten Interessen der Mitglieder der Einigungsstelle und des Arbeitgebers Rechnung zu tragen.

(5) Von Absatz 3 und einer Vergütungsordnung nach Absatz 4 kann durch Tarifvertrag oder in einer Betriebsvereinbarung, wenn ein Tarifvertrag dies zulässt oder eine tarifliche Regelung nicht besteht, abgewichen werden.

Inhaltsübersicht

I. Vorbemerkung

Die Vorschrift enthält eine ausdrückliche Regelung der Pflicht des ArbGeb., die **1** Kosten der E-Stelle zu tragen, und zwar in Abs. 1 den allgemeinen Grundsatz der Kostentragungspflicht und in den Abs. 2 bis 5 nähere Regelungen über die den Mitgl. der E-Stelle zustehende Vergütung. Von der in Abs. 4 enthaltenen Verordnungsermächtigung ist bisher nicht Gebrauch gemacht worden.

2   Die Regelung zählt **eigenständige Bemessungskriterien** auf (Abs. 3 bis 4), von denen gemäß Abs. 5 durch TV, BV oder Einzelvereinbarung abgewichen werden kann.

3   Entsprechende Vorschrift im BPersVG: keine.

II. Kostentragung durch den Arbeitgeber

1. Kosten der Einigungsstelle (Abs. 1)

4   Abs. 1 enthält eine ausdrückliche und **eigenständige Verpflichtung** des Arb-Geb., die Kosten der E-Stelle zu tragen. Sie ist **umfassend;** sie erstreckt sich auf alle Kosten der E-Stelle. Nur hinsichtlich der Vergütung ihrer Mitgl. enthalten Abs. 2 bis 5 Sonderregelungen.

5   Ebenso wie die Kosten des Wahlvorst. (vgl. § 20 Rn 35 ff.) und des BR (vgl. § 40 Rn 9 ff.) hat der ArbGeb. nur die Kosten zu tragen, die für die ordnungsgemäße Durchführung der Aufgaben der E-Stelle **erforderlich** und nicht unverhältnismäßig sind (*DKKW-Berg* Rn 8; ErfK-*Kania* Rn 2; GK-*Kreutz* Rn 9 f.; *Richardi* Rn 7). Die Erforderlichkeit der Kosten ist nicht unter rückwirkender Betrachtung nach rein objektiven Gesichtspunkten zu beurteilen. Ausreichend ist, wenn die Kosten im Zeitpunkt ihrer Verursachung unter Anlegung eines verständigen Maßstabs für erforderlich gehalten werden konnten (vgl. § 40 Rn 9; GK-*Kreutz* Rn 10; *Ehrich/Fröhlich* S. 83).

6   Die Kostentragungspflicht bezieht sich zunächst auf die **Kosten der E-Stelle selbst,** dh den Aufwand, der infolge der Durchführung des E-Stellenverfahrens entsteht **(Geschäftsaufwand).** Hierzu zählen insb. die Kosten für Räume, Büromaterial, Büropersonal (vgl. § 40 Rn 104 ff.; BAG 6. 4. 73, 11. 5. 76 u. 27. 3. 79 AP Nr. 1, 3 u. 7 zu § 76 BetrVG 1972; *DKKW-Berg* Rn 9; ErfK-*Kania* Rn 2; GK-*Kreutz* Rn 12).

7   Zu den Kosten der E-Stelle gehören auch die Kosten, die durch die Hinzuziehung eines **Sachverständigen** (vgl. § 76 Rn 44) entstehen, sofern diese Hinzuziehung erforderlich ist und die damit verbundenen Kosten erforderlich und verhältnismäßig sind (BAG 13. 11. 91 AP Nr. 1 zu § 76 a BetrVG 1972; *DKKW-Berg* Rn 11; ErfK-*Kania* Rn 2; GK-*Kreutz* Rn 14; *Löwisch/Kaiser* Rn 4). Als erforderlich ist die Hinzuziehung eines Sachverständigen anzusehen, wenn dies zur sachgerechten und vernünftigen Erledigung des E-Stellenverfahrens geboten ist, insb. wenn die Mitgl. das für einen sachgerechten Spruch der E-Stelle erforderliche spezielle Fachwissen (zB arbeitsmedizinischer Art) nicht besitzen. Hierbei setzt die Hinzuziehung eines Sachverständigen keine vorherige Vereinbarung mit dem ArbGeb. nach § 80 Abs. 3 voraus (BAG 13. 11. 91 aaO; *DKKW-Berg* Rn 11; GK-*Kreutz* Rn 14; **aA** *SWS* Rn 3 a; MünchArbR-*Joost* § 232 Rn 102). Entspr. gilt für die Hinzuziehung einer **betrieblichen Auskunftsperson** gem. § 80 Abs. 2 S. 3 (JRH-*Trappehl/Wolff* Kap. 8 Rn 69).

8   Die Kosten eines vom BR zu seiner Vertr. **vor** der E-Stelle hinzugezogenen **Rechtsanwalts** sind keine Kosten der E-Stelle selbst, sondern Kosten des BR iSv § 40 (BAG 5. 11. 81, 21. 6. 89 AP Nr. 9, 34 zu § 76 BetrVG 1972; GK-*Kreutz* Rn 16; *Richardi* Rn 10; *Ehrich/Fröhlich* S. 85; *Spengler/Hahn/Pfeiffer* S. 260 f.). Näheres s. § 40 Rn 35 ff.

9   Auch die den Mitgl. der E-Stelle entstehenden **Aufwendungen** und **Auslagen,** die durch die Tätigkeit in der E-Stelle bedingt und erforderlich sind, gehören zu den Kosten der E-Stelle. Hierzu zählen insb. Reisekosten, Übernachtungs- und Verpflegungskosten, Telefon-, Porto- oder Fotokopiekosten (BAG 14. 2. 96 AP Nr. 6 zu § 76 a BetrVG 1972; *DKKW-Berg* Rn 10; *Spengler/Hahn/Pfeiffer* S. 262). Hierzu gehören nicht Kosten, die einem E-Stellenmitgl. zB durch eine gesonderte Beratung und Unterstützung des BR außerhalb des E-Stellenverfahrens entstehen (BAG 14. 2.

96 aaO). Eine Pauschalierung der erstattungsfähigen Kosten oder eines Teils dieser Kosten (zB die Übernachtungs- und Verpflegungskosten) kann zulässigerweise vereinbart werden. Darüber hinausgehende notwendige Kosten sind im Einzelnen nachzuweisen. Das Gleiche gilt, wenn eine Pauschalierung unterbleibt (*DKKW-Berg* aaO; ErfK-*Kania* Rn 2; GK-*Kreutz* 13; *Ehrich/Fröhlich* S. 86). Der Anspruch auf Erstattung der erforderlichen Aufwendungen und Auslagen steht, sofern nichts anderes vereinbart ist, neben dem Vergütungsanspruch nach Abs. 3 und 4 (BAG 14. 2. 96 aaO).

Das einzelne Mitgl. der E-Stelle hat Anspruch darauf, vom ArbGeb. von in diesem **10** Rahmen eingegangenen **Verbindlichkeiten freigestellt** zu werden. Hat es die Verbindlichkeit bereits selbst erfüllt, steht ihm ein entspr. **Zahlungsanspruch** gegen den ArbGeb. zu (GK-*Kreutz* Rn 7).

2. Fortzahlung des Arbeitsentgelts an betriebsangehörige Beisitzer (Abs. 2)

Betriebsangehörige Beisitzer haben keinen Anspruch auf eine bes. Vergütung **11** (so schon zum früheren Recht BAG 11. 5. 76 AP Nr. 2 zu § 76 BetrVG 1972). Das gilt unabhängig davon, ob die Beisitzer vom BR oder ArbGeb. bestellt worden sind oder ob es sich um BRMitgl. oder sonstige ArbN des Betriebs handelt. Die betriebsangehörigen Beisitzer üben – ähnlich wie die BRMitgl. gem. § 37 Abs. 1 – ein unentgeltliches Ehrenamt aus (*DKKW-Berg* Rn 14; ErfK-*Kania* Rn 3; *Richardi* Rn 12). Es wäre eine gegenüber den Mitgl. des BR nicht zu rechtfertigende Begünstigung der betriebsangehörigen Mitgl. der E-Stelle, wenn sie für die im Interesse des eigenen Betriebs und seiner ArbN liegende Tätigkeit der E-Stelle eine bes. Vergütung erhielten, während den Mitgl. des BR untersagt ist (vgl. § 37 Rn 6ff.; GK-*Kreutz* Rn 63). Die Regelung des Abs. 2 ist **zwingend** (*DKKW-Berg* Rn 14). Eine dennoch getroffene Honorarvereinbarung ist nichtig (GK-*Kreutz* Rn 22, 63; *Ehrich/Fröhlich* S. 95; *Spengler/Hahn/Pfeiffer* S. 257). Scheidet ein Beisitzer während des E-Stellenverfahrens aus dem Betrieb aus, hat er für die danach erbrachte E-Stellentätigkeit Anspruch auf eine anteilige Vergütung (ArbG Düsseldorf EzA § 76a BetrVG 1972 Nr. 5; *DKKW-Berg* Rn 16; ErfK-*Kania* Rn 3; GK-*Kreutz* Rn 24; aA *SWS* Rn 8).

Ebenso wie BRMitgl. haben die betriebsangehörigen Mitgl. der E-Stelle jedoch **12** Anspruch darauf, für die Zeit der Mitwirkung in der E-Stelle von ihrer beruflichen Tätigkeit **ohne Minderung des Arbeitsentgelts freigestellt** zu werden. Findet die Tätigkeit für die E-Stelle außerhalb ihrer persönlichen Arbeitszeit statt, steht ihnen ein Anspruch auf entspr. **Freizeitausgleich** oder hilfsweise auf Abgeltung zu, wenn der Freizeitausgleich nicht fristgerecht gewährt werden kann. Es gelten insoweit dieselben Grundsätze wie bei BRMitgl. (ErfK-*Kania* Rn 3; vgl. hierzu § 37 Rn 74ff.). Die Tätigkeit in der E-Stelle steht hinsichtlich der Vergütung der geschuldeten Arbeitsleistung gleich.

Wird eine E-Stelle auf **Unternehmens- oder Konzernebene** gebildet, so gelten **13** die Ausführungen in den Rn 11 u. 12 für die Mitgl. der E-Stelle, die dem Unternehmen bzw. dem Konzern angehören, entspr. Auch mit ihnen kann zulässigerweise keine bes. Vergütung vereinbart werden. Andererseits stehen ihnen jedoch die Ansprüche auf bezahlte Freistellung, auf Freizeitausgleich und ggf. auf Abgeltung zu. Dies gilt aber nur für die Mitglschaft in einer E-Stelle auf Unternehmens- bzw. Konzernebene. Werden ArbN eines Unternehmens oder eines Konzernunternehmens in die E-Stelle eines anderen Betriebs als die eigenen Beschäftigungsbetriebs berufen, gelten insoweit für ihre Vergütung nicht Abs. 2, sondern die Abs. 3 bis 5 (*DKKW-Berg* Rn 16; ErfK-*Kania* Rn 3; GK-*Kreutz* Rn 26; *Spengler/Hahn/Pfeiffer* S. 257; *Engels/Natter* BB 89 Beil. 8, 26; so auch zum früheren Recht BAG 21. 6. 89 AP Nr. 35 zu § 76 BetrVG 1972; aA *HSWGNR* Rn 15). Die Zulässigkeit einer bes. Vergütung stellt in diesen Fällen keine unzulässige Begünstigung der Mitgl. der E-Stelle dar, da sie nicht dem streitbefangenen Betrieb angehören und sie durch den Regelungsstreit in dem anderen Betrieb nicht unmittelbar betroffen sind. Es bestehen allerdings keine

Bedenken, in diesen Fällen mit den unternehmens- bzw. konzernangehörigen Beisitzern statt der Honorarregelung nach den Abs. 3 und 4 eine der Regelung des Abs. 2 S. 1 entspr. Vereinbarung zu treffen (Abs. 5; vgl. Rn 30 ff.).

3. Vergütung des Vorsitzenden und der außerbetrieblichen Beisitzer (Abs. 3 u. 4)

a) Gesetzlicher Anspruch

14   Abs. 3 Satz 1 begründet einen unmittelbaren **gesetzlichen Anspruch** des Vors. und der betriebsfremden Beisitzer auf Vergütung ihrer Tätigkeit in der E-Stelle, ohne dass dies bes. vereinbart werden müsste. Diese Regelung entspricht hinsichtlich des Vors. der auch früher hM (vgl. zB BAG 15. 12. 78 AP Nr. 5 zu § 76 BetrVG 1972). Sie gilt jetzt auch für die Beisitzer der E-Stelle (BAG 12. 2. 92 AP Nr. 2 zu § 76 a BetrVG 1972; *DKKW-Berg* Rn 17; *Richardi* Rn 15). Der **Anspruch entsteht** mit der Bestellung des Vors. und der betriebsfremden Beisitzer, ohne dass es auf eine entspr. Mitteilung an den ArbGeb. oder gar dessen Billigung ankommt (BAG 24. 4. 96 AP Nr. 5 zu § 76 BetrVG 1972 Einigungsstelle; ErfK-*Kania* Rn 4; GK-*Kreutz* Rn 28). Der Vors. der E-Stelle hat auch dann den gesetzlichen Vergütungsanspruch, wenn er dem Betrieb angehört; die Vorschrift des Abs. 2 gilt nur für Beisitzer der E-Stelle (GK-*Kreutz* Rn 29; **aA** *Ziege* NZA 90, 928). Neben dem Vergütungsanspruch steht, sofern nichts Anderweitiges vereinbart ist, der Anspruch auf Ersatz etwaiger Aufwendungen oder Auslagen, die den Mitgl. der E-Stelle durch ihre Tätigkeit entstehen (BAG 14. 2. 96 AP Nr. 6 zu § 76 a; vgl. hierzu Rn 9).

14a   Die Bestellung der E-Stellenmitgl. muss rechtswirksam erfolgt sein. Das setzt bei den vom BR bestellten Beisitzern einen **wirksamen BRBeschluss** voraus (BAG 19. 8. 92 AP Nr. 3 zu § 76 a BetrVG 1972). Eine mangels wirksamen Beschlusses zunächst schwebend **unwirksame Bestellung** kann der BR nachträglich **genehmigen**, selbst dann noch, wenn die Tätigkeit der E-Stelle zum Zeitpunkt des Genehmigungsbeschlusses bereits beendet war (s. BAG 10. 10. 07 AP Nr. 17 zu § 26 BetrVG 1972).

15   **Alle** (wirksam bestellten) **betriebsfremden Beisitzer** der E-Stelle haben einen gesetzlichen Vergütungsanspruch. Ihr Anspruch ist nicht davon abhängig, dass der BR entspr. dem allgemeinen Grundsatz, den ArbGeb. nicht mit unnötigen Kosten zu belasten, von der Bestellung eines betriebsfremden Beisitzers zugunsten eines betriebsangehörigen Beisitzers hätte absehen können. Ganz abgesehen davon, dass die vom BR benannten Beisitzer nicht nur eine entspr. Qualifikation haben, sondern auch vom Vertrauen des BR getragen sein müssen (vgl. BAG 3. 5. 84 AP Nr. 15 zu § 76 BetrVG 1972), gestattet die klare und eindeutige Regelung des Abs. 3 S. 1 nicht, den Vergütungsanspruch des wirksam bestellten Beisitzers davon abhängig zu machen, ob der BR intern im Verhältnis zum ArbGeb. verpflichtet gewesen wäre, einen betriebsangehörigen Beisitzer zu bestellen (BAG 24. 4. 96 AP Nr. 5 zu § 76 BetrVG 1972 Einigungsstelle; *DKKW-Berg* Rn 18; ErfK-*Kania* Rn 4; MünchArbR-*Joost* § 232 Rn 107; *WPK* Rn 8; *Ehrich/Fröhlich* S. 91; vgl. auch LAG Rhein.-Pfalz LAGE § 76 a BetrVG 1972 Nr. 4; **aA** GK-*Kreutz* Rn 30 ff.). Soweit die Gegenmeinung auf die früher hM hinweist, ist zu bemerken, dass diese von der Notwendigkeit einer entspr. Vereinbarung ausging, die naturgemäß in Bezug auf eine Verpflichtung des ArbGeb. inhaltlich durch das Kriterium der Erforderlichkeit beschränkt war. Jetzt besteht jedoch ein gesetzlicher Anspruch des wirksam bestellten betriebsfremden Beisitzers auf die Vergütung. Eine andere und wohl zu bejahende Frage ist, ob der ArbGeb. bei einem klaren Verstoß des BR gegen den Grundsatz, ihn nicht mit unnötigen Kosten zu belasten, bei den handelnden BRMitgl. Regress nehmen kann.

16   Auch einem vom BR als Beisitzer bestellten **hauptamtlichen Gewerkschaftsfunktionär** steht der Vergütungsanspruch zu (BAG 14. 2. 96 AP Nr. 6 zu § 76 a BetrVG 1972; 24. 4. 96 AP Nr. 5 zu § 76 BetrVG 1972 Einigungsstelle; GK-*Kreutz*

Rn 34; *Ehrich/Fröhlich* S. 92; *Spengler/Hahn/Pfeiffer* S. 258). Das gilt auch dann, wenn dieser intern verpflichtet ist, die Vergütung ganz oder teilweise an eine Gewerkschaftsstiftung abzuführen (*DKKW-Berg* Rn 18; ErfK-*Kania* Rn 4; *Richardi* Rn 16; MünchArbR-*Joost* § 232 Rn 108; *Engels/Natter* BB 89 Beil. 8, 26). Gegen den Vergütungsanspruch eines Gewerkschaftsfunktionärs bestehen keine verfassungsrechtlichen Bedenken unter dem Gesichtspunkt einer unzulässigen Finanzierung der gegnerischen Koalition (BAG 14. 12. 88 AP Nr. 30 zu § 76 BetrVG 1972).

Auch einem in die E-Stelle berufenen **Rechtsanwalt** steht der Vergütungsanspruch nach Abs. 3 S. 1 zu. Die Höhe des Anspruchs richtet sich nicht nach der RVG, sondern nach den Kriterien des Abs. 3 S. 2. Denn als Vors. oder Beisitzer der E-Stelle wird auch ein Rechtsanwalt in dieser Eigenschaft und nicht in seiner Eigenschaft als Anwalt tätig (BAG 20. 2. 91 AP Nr. 44 zu § 76 BetrVG 1972; LAG Hamm NZA-RR 06, 323; *DKKW-Berg* Rn 20; ErfK-*Kania* Rn 4; *Ehrich/Fröhlich* S. 92; *Spengler/Hahn/Pfeiffer* S. 260; vgl. auch BAG 31. 7. 86 AP Nr. 19 zu § 76 BetrVG 1972). Die Vergütung erfasst aber nur die Tätigkeit des Anwalts in der E-Stelle. Wird ein als Beisitzer tätiger Rechtsanwalt vom BR beauftragt, die Rechtsunwirksamkeit des E-Stellenspruchs, zB wegen Ermessensüberschreitung, gerichtlich feststellen zu lassen, ist dies eine andere Tätigkeit. Im Falle der Erforderlichkeit sind die hierdurch entstehenden Kosten als Prozessvertretungskosten zu erstatten (vgl. § 40 Rn 24 ff.; LAG Rheinland-Pfalz NZA 93, 93; *DKKW-Berg* Rn 28; GK-*Kreutz* Rn 38 *Spengler/Hahn/Pfeiffer* S. 260 f.). **17**

Bei lange dauernden E-Stellenverfahren haben die Mitgl. der E-Stelle Anspruch auf einen **Vorschuss** oder auf Abschlagszahlungen (MünchArbR-*Joost* § 232 Rn 118). **18**

b) Höhe des Anspruchs

Solange nicht von der VOErmächtigung des Abs. 4 S. 1 zur näheren Regelung der Vergütung Gebrauch gemacht worden ist, ist die Vergütung im Einzelfall festzulegen. Dies kann entweder durch eine vertragliche **Absprache** zwischen ArbGeb. und den E-Stellenmitgl. oder – wenn eine solche fehlt – durch **einseitige Bestimmung** der Höhe der Vergütung durch das einzelne Mitgl. der E-Stelle gem. §§ 315, 316 BGB nach **billigem Ermessen** und unter Berücksichtigung der **Grundsätze** des Abs. 4 S. 3–5 erfolgen. Eine Absprache zwischen dem BR und den von ihm benannten Mitgl. der E-Stelle über die Honorarhöhe ist nach der gesetzlichen Neuregelung weder erforderlich noch zulässig (BAG 12. 2. 92 AP Nr. 2 zu § 76a BetrVG 1972; GK-*Kreutz* Rn 54 f.; wohl auch *Kamphausen* NZA 92, 57; aA hinsichtl. Zulässigkeit: *Schäfer* NZA 91, 838). Für die Bemessung der Höhe der Vergütung sind anstelle des nach der früheren Rspr. maßgebenden, jetzt jedoch nicht mehr zulässigen Gegenstandswerts der Streitigkeit nunmehr insb. folgende Kriterien maßgebend: Erforderlicher Zeitaufwand, Schwierigkeit der Streitigkeit, etwaiger Verdienstausfall, allgemeine Berücksichtigung berechtigter Interessen der Mitgl. der E-Stelle und des ArbGeb., worunter insbes. die finanzielle und wirtschaftliche Vertretbarkeit der konkret festzusetzenden Vergütung zu verstehen ist. Die Aufzählung enthält die maßgebenden Berechnungskriterien für die Vergütung, sie ist jedoch (vgl. „insbesondere") nicht abschließend (*Bauer/Röder* DB 89, 223; aA GK-*Kreutz* Rn 43). Das RVG (ehemals BRAGO) kann allerdings nicht zugrunde gelegt werden (*DKKW-Berg* Rn 20). **19**

Das erste sog. genannte Vergütungskriterium des **„erforderlichen Zeitaufwands"** ist ein bes. wichtiges Kriterium für eine sachgerechte und angemessene Vergütung, weil dadurch nicht nur die zeitliche Belastung der Mitgl. der E-Stelle Berücksichtigung findet, sondern sich in ihr auch die Schwierigkeit des Streites widerspiegelt (GK-*Kreutz* Rn 45; *Engels/Natter* BB 89 Beil. 8, 26). Zum erforderlichen Zeitaufwand gehören nicht nur die Sitzungen der E-Stelle, sondern auch die Zeit für erforderliche Vor- und Nacharbeiten, zB Studium der Unterlagen, Vorbereitung der Sitzung, Abfassen des Protokolls und des Spruchs der E-Stelle einschl. seiner **20**

Begründung (GK-*Kreutz* Rn 45; *Löwisch/Kaiser* Rn 14; *Ehrich/Fröhlich* S. 87). Der erforderliche Zeitaufwand kann sowohl in Stunden als auch in Tagessätzen berechnet werden (kr. zu Stundensätzen *Friedemann* Rn 637). Möglich ist auch eine Kombination dahingehend, dass die eigentlichen Sitzungen nach Tagessätzen berechnet werden, während die Zeit der Vor- und Nacharbeiten nach Stundensätzen vergütet wird (*WPK* Rn 12). Im letzteren Falle ist eine angefangene Stunde voll zu vergüten (*Ehrich/Fröhlich* S. 87). Erfolgt die Vergütung nach Tagessätzen, kann deren Höhe für Sitzungstage und andere Tage unterschiedlich sein. Auch bei der Vereinbarung von Stundensätzen kann zwischen Zeiten der Vor- und Nacharbeit und der E-Stellensitzung unterschieden werden.

21   Obwohl die **Schwierigkeit der Streitigkeit** im Allgemeinen schon den erforderlichen Zeitaufwand unmittelbar beeinflusst und deshalb bereits in ihm jedenfalls zum Teil berücksichtigt ist (BAG 28. 8. 96 AP Nr. 7 zu § 76a BetrVG 1972), kommt diesem Kriterium eine darüber hinausgehende selbständige Bedeutung zu (*Ehrich/Fröhlich* S. 87 f.). Denn da es zwar zeitaufwändige, jedoch einfache Streitigkeiten gibt, wäre es nicht sachgerecht, wenn ebenso zeitaufwändige, jedoch erheblich schwierigere, insb. komplexe Streitigkeiten mit ders. Vergütung abgegolten würden. Eine bes. Schwierigkeit des Streitgegenstandes rechtfertigt deshalb stets einen erhöhten Tages- oder Stundensatz. Die bes. Schwierigkeit muss sich idR aus dem Streitgegenstand selbst ergeben, zB schwierige Fragen der betrieblichen Altersversorgung oder komplexer Sachverhalt mit vielfältigen Auswirkungen. UU können aber auch sonstige Umstände – wie starker Zeit- oder sonstiger psychischer Druck – die Tätigkeit der E-Stellenmitgl. stark belasten (*Ehrich/Fröhlich* S. 88; *Kamphausen* NZA 92, 62; **aA** *Pünnel/Wenning-Morgenthaler* Rn 460). Die bes. Schwierigkeit ist nach einem objektiven Maßstab zu beurteilen. Nicht entscheidend ist, welche Schwierigkeit der Verhandlungsgegenstand dem einzelnen E-Stellenmitgl. bereitet.

22   Das weitere Bemessungskriterium „**Verdienstausfall**" hat einen stark individuellen Charakter. Je nach Art der beruflichen Tätigkeit kann der Verdienst der einzelnen Mitgl. der E-Stelle stark differieren. Insb. für freiberufliche Mitgl. der E-Stelle, zB Rechtsanwälte, kann der Verdienstausfall eine erhebliche Rolle spielen (vgl. *Bauer/Röder* DB 89, 224; stark einschr. *Kamphausen* NZA 92, 62 mit dem zutreffenden Hinweis auf das Erfordernis eines konkreten Nachweises dieses Verdienstausfalls und der Unterschiedlichkeit der Tätigkeit dieser Personen in der E-Stelle und in ihrem Hauptberuf). Ferner ist es durchaus möglich, dass bei einigen Mitgl. ein Verdienstausfall eintritt, bei anderen jedoch nicht, weil zB ihr Arbeitsentgelt fortgezahlt wird. So sehr aus Gründen der Parität und des Grundsatzes der gleichen Verantwortung die Festlegung eines gleich hohen Tages- oder Stundensatzes für alle Beisitzer geboten erscheint (vgl. LAG Rheinland-Pfalz DB 91, 1992; *Löwisch* DB 89, 224; *DKKW-Berg* Rn 26; *Pünnel/Isenhardt* Rn 188; **aA** GK-*Kreutz* Rn 51, 62; *Bauer/Röder* DB 89, 226; *Lunk/Nebendahl* NZA 90, 925), ist jedoch nicht zu verkennen, dass bei einer Berücksichtigung des Verdienstausfalls in Form eines bestimmten Mittelwertes die einzelnen Mitgl. der E-Stelle stark benachteiligt oder bevorzugt sein können, je nachdem ob sie einen hohen oder gar keinen Verdienstausfall haben (zum Ganze *Pünnel/Wenning-Morgenthaler* Rn 461, 499 ff.). Diesem Dilemma würde man entgehen, wenn man den Verdienstausfall jeweils individuell nach Abs. 1 als Aufwendungsersatz erstatten und diesen Aspekt bei der Bemessung des maßgebenden Tages- oder Stundensatzes unberücksichtigt lassen würde (vgl. hierzu auch *DKKW-Berg* Rn 26; LAG Hamm ArbuR 91, 220). Im Übrigen ist nur ein eingetretener Verdienstausfall bei der Höhe der Vergütung zu beachten. Das Fehlen eines Verdienstausfalls kann bei der Festsetzung der Vergütung entspr. den übrigen Kriterien nicht vergütungsmindernd berücksichtigt werden (BAG 28. 8. 96 AP Nr. 7 zu § 76a BetrVG 1972).

23   Die Verpflichtung des Abs. 4 S. 5, bei der Festsetzung der Höchstsätze den **berechtigten Interessen** der Mitgl. der E-Stelle und des ArbGeb. Rechnung zu tragen, gestattet es, die auf Grund der vorher genannten Bemessungskriterien ermittelte Ver-

gütung in einer Art Gesamtschau nochmals daraufhin zu überprüfen, ob sie den Interessen beider Seiten gerecht wird. Im Rahmen dieser **Gesamtschau** können andere Aspekte, wie zB die wirtschaftliche Lage des ArbGeb., die wirtschaftliche Bedeutung des Spruchs der E-Stelle für den ArbGeb. und die ArbN, die bes. Fachkunde des Vors. oder der Beisitzer der E-Stelle eine Modifizierung der Vergütungshöhe rechtfertigen (*WPK* Rn 15).

Da mangels Erlass der Rechtsverordnung nach Abs. 4 S. 1 noch keine konkreten **24** Vergütungssätze für die Mitgl. der E-Stelle festgelegt worden sind, bereitet die Bestimmung von **konkreten Tages- oder Stundensätzen** erhebliche Schwierigkeiten. Der Vorschlag, sich an den Stundensätzen des § 9 Justizvergütungs- u. entschädigungsG – JVEG (früher § 3 des G über die Entschädigung von Zeugen und Sachverständigen – GZSG) zu orientieren, ist abzulehnen (vgl. BAG 28. 8. 96 AP Nr. 7 zu § 76 a BetrVG 1972, das die Anwendung der Stundensätze des GZSG wegen Fehlens einer planwidrigen Gesetzeslücke ablehnt; LAG München LAGE § 76 a BetrVG 1972 Nr. 1; *DKKW-Berg* Rn 23; ErfK-*Kania* Rn 5; MünchArbR-*Joost* § 232 Rn 114; *Ehrich/Fröhlich* S. 88; *Pünnel/Wenning-Morgenthaler* Rn 484; *Schack* S. 109 f.; *Spengler/Hahn/Pfeiffer* S. 255; aA *Löwisch/Kaiser* Rn 14; GK-*Kreutz* Rn 46; *SWS* Rn 28). Dafür sind die Aufgaben der Mitgl. der E-Stelle gegenüber denjenigen von Sachverständigen zu andersartig.

Der Sachverständige hat konkrete Sachverhalte oder Fragestellungen zu ermitteln **24a** und zu bewerten. Bei den **Mitgl. der E-Stelle** kommt neben dieser Funktion noch entscheidend ihre **gestalterische Aufgabe** hinzu, einen Regelungsstreit zu schlichten, und in der wohl überwiegenden Zahl der Fälle, wo der Spruch der E-Stelle den Charakter einer BV hat, künftiges betriebliches Recht zu setzen. Da der Spruch der E-Stelle die Belange des Betriebs und seiner ArbN angemessen berücksichtigen soll, hat diese Entscheidung sowohl eine soziale als auch eine unternehmerische Komponente (*DKKW-Berg* Rn 4, 23; *Wlotzke* DB 89, 117).

Die Tätigkeit der Mitgl. der E-Stelle ist deshalb **erheblich komplexer und um- 24b fassender** als die eines Sachverständigen (*DKWK-Berg* Rn 23; *Bauer/Röder* DB 89, 224). Aus diesem Grunde erscheint bei den Mitgl. der E-Stelle eine Erhöhung der Vergütungssätze der Sachverständigen um das 3- bis 5-fache angemessen (*DKKW-Berg* Rn 22 halten Stundensätze zwischen 100 und 300 € für sachgerecht; vgl. auch BAG 28. 8. 96 AP Nr. 7 zu § 76 a BetrVG 1972, nach dem bei mittlerer Schwierigkeit ein Stundensatz von 300,– DM, dh jetzt ca. 153 Euro, nicht unangemessen ist; weitere Beispiele bei *Pünnel/Wenning-Morgenthaler* Rn 485; *Spengler/Hahn/Pfeiffer* S. 256 nennen als übliche Tagessätze 2000 € bis 4000 € für den ersten Sitzungstag (inklusive Vorbereitungszeit) und für jeden weiteren Tag einen Abschlag von ca. 25%).

Die **Vergütung der Beisitzer** muss **niedriger** bemessen sein als die des Vors. **25** (Abs. 4 S. 4). Diese Regelung ist **zwingend.** Die höhere Vergütung des Vors. rechtfertigt sich aus seiner Leitungsfunktion, seiner bes. Verantwortung und seiner bes. Vermittlerstellung. Die gesetzliche Regelung entspricht im Grundsatz der früheren Rspr. des BAG (vgl. BAG 13. 1. 81, 14. 1. 83 u. 14. 12. 88 AP Nr. 8, 12 u. 30 zu § 76 BetrVG 1972).

Allerdings hat die gesetzliche Neuregelung **keinen bestimmten Prozentsatz 25a** festgelegt, um den die Vergütung der Beisitzer unter der des Vors. liegen muss. Die Rspr. hat vor Schaffung des § 76 a ein Beisitzerhonorar in Höhe von **70 vH** der Vergütung des Vors. im Allgemeinen als angemessen angesehen. Es bestehen keine Bedenken, jedenfalls bei Fehlen bes. (individueller) Umstände, auch nach der gesetzl. Neuregelung diesen Abstand weiterhin für sachgerecht und angemessen zu halten (BAG 12. 2. 92, 27. 7. 94 u. 14. 2. 96 AP Nr. 2, 4 u. 6 zu § 76 a BetrVG 1972; LAG Frankfurt NZA 92, 469; LAG Rheinland-Pfalz DB 91, 1992; LAG München BB 91, 551 und AiB 99, 359; LAG Düsseldorf NZA 90, 946; *DKKW-Berg* Rn 25; ErfK-*Kania* Rn 6; *Richardi* Rn 22; *Ehrich/Fröhlich* S. 93; aA GK-*Kreutz* Rn 49; HSWGNR Rn 38; *SWS* Rn 22, 26; *Schack* S. 106; MünchArbR-*Joost* § 232 Rn 116 hinsichtlich des maßgebenden Stundensatzes; LAG Schlesw.-Holst. DB 95, 1282: Mindestabstand zur VorsVergütung von einem Drittel, der sich bei Vorliegen bes. Umstände, zB wegen vorhergehender Beratung des BR in der umstrittenen Angelegenheit nicht erforderliche Einarbeitungszeit, auf zwei Drittel erhöhen kann; ArbG Regensburg NZA-RR 97, 256: die Hälfte des VorsHonorars).

25b Das schließt nicht aus, dass **im Einzelfall** wegen Vorliegens bes. Umstände ein **anderer Prozentsatz** geboten ist (ErfK-*Kania* Rn 6; *JRH-Trappehl/Wolff* Kap. 8 Rn 78). Das kann zB der Fall sein, wenn wegen der Schwierigkeit des Streits auch als Beisitzer Personen mit bes. Qualifikation erforderlich sind. Etwas anderes kann ferner gelten, wenn bei der Bemessung der Höhe der Vergütung des Vors. sonstige bes. Umstände vorliegen, die es als nicht sachgerecht oder fraglich erscheinen lassen, die Vergütung des Vors., als Bezugsgröße für die Bemessung der Beisitzervergütung zugrunde zu legen, etwa wenn die Höhe der Vergütung des Vors. einen erheblichen Verdienstausfall berücksichtigt, während die Beisitzer keinen Verdienstausfall haben (BAG 14. 2. 96 aaO). Auch kann im Einzelfall wegen bes. Umstände bei den oder einzelnen Beisitzern eine pauschalierende Vergütung in Höhe von 70 vH der Vergütung des Vors. als nicht den Grundsätzen des Abs. 4 S. 3–5 entspr. anzusehen und damit unbillig sein. Das kann zB der Fall sein, wenn die zwischen ArbGeb. und Vors. vereinbarte Vergütung extrem niedrig ist oder wenn der Vors. bei der Bestimmung seiner Vergütung keinen Verdienstausfall, da nicht vorliegend, berücksichtigt hat, bei einem Beisitzer jedoch ein hoher Verdienstausfall eingetreten ist (*Ehrich/Fröhlich* S. 94). Entspricht nach Ansicht des ArbGeb. eine Vergütung der Beisitzer in Höhe von 70 vH der VorsVergütung nicht den Grundsätzen des Abs. 4 S. 3–5, hat er die Gründe hierfür im Einzelnen darzulegen und ggf. zu beweisen. Will dagegen ein Beisitzer eine höhere Vergütung als 70 vH der VorsVergütung geltend machen, obliegt ihm die entspr. Darlegungs- und Beweislast (*Kamphausen* NZA 92, 63).

26 Da alle Beisitzer der E-Stelle die gleiche Funktion und Aufgabe haben, müssen für ihre **Vergütung** grundsätzlich die **gleichen Maßstäbe** angelegt werden. Das gebietet der Grundsatz der Parität. Insb. dürfen nicht mit den Beisitzern der einen Seite – etwa der ArbGebSeite – allgemein höhere Vergütungen vereinbart werden als mit den vom BR benannten Beisitzern (BAG 15. 12. 78 u. 20. 2. 91 AP Nr. 6 u. 44 zu § 76 BetrVG 1972; LAG Rheinland-Pfalz DB 91, 1992; *DKKW-Berg* Rn 26; ErfK-*Kania* Rn 6; *Ehrich/Fröhlich* S. 94; *Pünnel/Wenning-Morgenthaler* Rn 502; *Spengler/Hahn/Pfeiffer* S. 259; **aA** GK-*Kreutz* Rn 51, 62; *Bauer/Röder* DB 89, 224; *Lunk/Nebendahl* NZA 90, 921; *Röder* NZA 89 Beil. 4 S. 2, 9). Das schließt nicht aus, dass gewisse bei einzelnen Beisitzern bestehende Unterschiede auch Auswirkungen auf die Höhe ihrer Gesamtvergütung haben können. So steht zB im Falle einer Vergütung auf Stundenlohn- oder Tagessatzbasis einem Beisitzer, der an einer Sitzung der E-Stelle nicht teilgenommen hat, für diese Sitzung keine Vergütung zu. Auch können sich bei den einzelnen Beisitzern Unterschiede hinsichtlich ihres Verdienstausfalles ergeben (*DKKW-Berg* Rn 26). Abgesehen von diesen Ausnahmefällen darf keine unterschiedliche Bewertung der Tätigkeit der Beisitzer erfolgen.

27 Wie die nach den Grundsätzen der Abs. 3 und 4 zu bemessende Vergütung **konkret zu bestimmen** ist, ist gesetzlich nicht geregelt. Zweckmäßigerweise sollten sich ArbGeb. und die Mitgl. der E-Stelle hierüber frühzeitig verständigen (GK-*Kreutz* Rn 53). Da sich aber die genaue Höhe der Gesamtvergütung, wenn diese auf Stundenbasis abgerechnet wird, vielfach erst nach Durchführung des E-Stellenverfahrens ergibt, ist eine vorzeitige Vereinbarung der endgültigen Vergütung oft nicht möglich (*Wlotzke* DB 89, 118). Der maßgebende Stunden- oder Tagessatz kann aber stets schon vorher vereinbart werden.

28 Verständigen sich ArbGeb. und die Mitgl. der E-Stelle nicht über die maßgebenden Aspekte der Vergütung, so sind nach §§ 315, 316 BGB die Anspruchsberechtigten, dh die einzelnen Mitgl. der E-Stelle, berechtigt, die Vergütungshöhe unter Berücksichtigung der Gesichtspunkte des Abs. 4 S. 3 bis 5 nach billigem Ermessen **selbst festzulegen** (BAG 12. 2. 92 u. 28. 2. 96 AP Nr. 2 u. 7 zu § 76a BetrVG 1972; *DKKW-Berg* Rn 27; GK-*Kreutz* Rn 55; ErfK-*Kania* Rn 5). In diesem Falle liegt es nahe, dass sich die Mitgl. der E-Stelle über die für die Vergütungshöhe maßgebenden Gesichtspunkte absprechen. Ist der ArbGeb. mit der nach § 316 BGB bestimmten Vergütungshöhe nicht einverstanden und entspricht sie nicht billigem Ermessen, so wird diese im Rahmen eines Rechtsstreits auf Zahlung der Vergütung vom ArbG festgesetzt (BAG 12. 2. 92 aaO; GK-*Kreutz* Rn 52). Die Billigkeit der Festsetzung der Vergütung ist unter Berücksichtigung der Besonderheiten des jeweiligen Einzelfalls zu beurteilen. Nicht zulässig ist ein Vergleich mit der Vergütung in einem anderen Streitfall, insb. dann nicht, wenn in diesem die Höhe der zu zahlenden Vergütung vorher zwischen ArbGeb. und dem Vors. vereinbart worden ist (BAG 28. 6. 96 AP Nr. 7 zu § 76a BetrVG 1972).

Sind Vors. oder Beisitzer ihrerseits **mehrwertsteuerpflichtig,** haben sie Anspruch **29** auf Erstattung der auf die Vergütung zu zahlenden Mehrwertsteuer. Hierzu bedarf es nach der Neuregelung des Vergütungsanspruchs in § 76a Abs. 3 u. 4 keiner vorherigen bes. Vereinbarung mit dem ArbGeb. mehr (BAG 14. 2. 96 AP Nr. 6 zu § 76a BetrVG 1972; LAG Hamm NZA-RR 06, 323; GK-*Kreutz* Rn 37; *Ehrich/Fröhlich* S. 90).

4. Abweichende Regelungen (Abs. 5)

Durch **TV** oder, wenn dieser eine entspr. Öffnungsklausel enthält oder wenn keine **30** tarifl. Regelung besteht (die bloße Tarifüblichkeit entfaltet keine Sperrwirkung), durch (freiwillige) **BV** kann von der gesetzl. Vergütungsregelung des Abs. 3 und einer nach Abs. 4 erlassenen Vergütungsordnung **abgewichen** werden. Keine Abweichungsmöglichkeit besteht hinsichtlich der Abs. 1 u. 2. Es kann also weder der Grundsatz der Kostentragungspflicht des ArbGeb. noch die Entgeltregelung der betriebsangehörigen Beisitzer der E-Stelle anderweitig gestaltet werden. Eine abweichende tariflich Regelung ist eine Betriebsverfassungsnorm iSv § 1 Abs. 1 TVG. Für ihre Geltung reicht gem. § 3 Abs. 2 TVG die Tarifbindung des ArbGeb. aus (*Richardi* Rn 25).

Inhaltlich bestehen **keine Grenzen** für die anderweitige tarifl. oder betriebl. Ver- **31** gütungsregelung. Diese kann sowohl für die Mitgl. der E-Stelle günstiger als auch ungünstiger sein (ErfK-*Kania* Rn 7). Sie kann die Vergütung nur des Vors. aber auch aller Mitgl. der E-Stelle betreffen; sie kann von den Berechnungskriterien des Abs. 4 S. 3 abweichend eigene Berechnungsgrundsätze aufstellen.

Obwohl Abs. 5 nur von TV u. BV spricht, sind auch **einzelvertragliche Ab-** **32** **sprachen** über eine anderweitige, insb. für die E-Stellenmitgl. günstigere Vergütungsregelung zulässig (LAG Rheinland-Pfalz DB 91, 1922; LAG Hamm NZA-RR 06, 323; *DKKW-Berg* Rn 30; GK-*Kreutz* Rn 60; ErfK-*Kania* Rn 7; MünchArbR-*Joost* § 232 Rn 120; *WPK* Rn 17; *Ehrich/Fröhlich* S. 90; aA *SWS* Rn 34). Allerdings dürfen hierbei – abgesehen von speziellen Besonderheiten (vgl. Rn 13, 26) – die Beisitzer **nicht unterschiedlich** behandelt werden. Das verbietet der Grundsatz der Parität der E-Stelle (*DKKW-Berg* Rn 30; ErfK-*Kania* aaO; *Löwisch/Kaiser* Rn 18; aA GK-*Kreutz* Rn 62, der zB eine höhere Vergütung für die Beisitzer der ArbGebSeite für zulässig hält; MünchArbR-*Joost* aaO Rn 120).

III. Streitigkeiten

Streitigkeiten über Honorare und Auslagenersatz sind dem Grund und der Höhe **33** nach gemäß § 2a Abs. 1 Nr. 1 ArbGG im **BeschlVerf** (s. dazu Nach § 1 Rn 1 ff.) auszutragen. Das gilt auch für außerbetriebliche Mitgl. der E-Stelle (BAG 26. 7. 89 AP Nr. 4 zu § 2a ArbGG 1979; 27. 7. 94 AP Nr. 4 zu § 76a BetrVG 1972; *Spengler/ Hahn/Pfeiffer* S. 264). Antragsberechtigt ist das einzelne Mitgl. der E-Stelle. Ist keine bestimmte Höhe der Vergütung der Mitgl. der E-Stelle vereinbart und entspricht die von den Anspruchsberechtigten festgesetzte Höhe nicht dem billigen Ermessen (vgl. Rn 19 ff.), ist die Höhe vom ArbG unter Berücksichtigung der Grundsätze des Abs. 4

S. 3–5 festzusetzen. Der BR ist an einem Verfahren, in dem ein Mitgl. der E-Stelle seinen Anspruch auf Vergütung geltend macht, nicht zu beteiligen, da es sich um einen gesetzlichen Anspruch handelt (BAG 12. 2. 92 AP Nr. 2 zu § 76 a BetrVG 1972).

34　　Sog. **Honorardurchsetzungskosten,** dh Kosten, die einem betriebsfremden E-Stellenmitgl. bei der gerichtlichen Durchsetzung seines Honoraranspruchs entstehen, sind ebenfalls im BeschlVerf. zu entscheiden (BAG 27. 7. 94 AP Nr. 4 zu § 76 a BetrVG 1972). Derartige Kosten gehören zwar nicht zu den Kosten der E-Stelle nach Abs. 1, können sich jedoch aus dem Gesichtspunkt eines Verzugsschadens ergeben (GK-*Kreutz* Rn 67; *Richardi* Rn 24, 28; *Spengler/Hahn/Pfeiffer* S. 265). Das gilt auch für etwaige Anwaltskosten, da die Regelung des § 12 Abs. 1 S. 1 ArbGG auf Urteilsverf. beschränkt ist. Nach Ansicht des BAG sind derartige Anwaltskosten selbst dann zu ersetzen, wenn das betreffende E-Stellenmitgl. ein Rechtsanwalt ist und das BeschlVerf. selbst betreibt. Ist das Mitgl. der E-Stelle in dem Verfahren zur Durchsetzung seines Honoraranspruchs teilweise unterlegen, berechnen sich die erstattungsfähigen Honorardurchsetzungskosten nach der Höhe des zugesprochenen Beisitzerhonorars (ArbG Regensburg AiB 00, 690).

35　　Betriebsangehörige Beisitzer der E-Stelle haben ihre Ansprüche auf Fortzahlung des Arbeitsentgelts, auf Freizeitausgleich oder auf Mehrarbeitsvergütung, auch soweit sie im Zusammenhang mit ihrer Tätigkeit in der E-Stelle stehen, im arbeitsgerichtlichen **Urteilsverf.** geltend zu machen (DKKW-*Kania* Rn 31; ErfK-*Kania* Rn 8; GK-*Kreutz* Rn 66; *Ehrich/Fröhlich* S. 96; *Spengler/Hahn/Pfeiffer* S. 265).

36　　Im Falle einer **Insolvenz** des ArbGeb. sind Vergütungsansprüche und die sonstigen Ansprüche der Mitgl. der E-Stelle nach Abs. 1 Masseverbindlichkeiten iSd. § 55 InsO, wenn das E-Stellenverfahren erst nach Insolvenzeröffnung eingeleitet worden ist oder wenn es zwar schon vorher begonnen, aber danach vom Insolvenzverwalter weitergeführt worden ist (so zum früheren Konkursrecht ebenfalls BAG 27. 3. 79 AP Nr. 7 zu § 76 BetrVG 1972; GK-*Kreutz* Rn 39). Dagegen sind diese Ansprüche nur einfache Insolvenzforderungen iSv § 38 InsO, wenn das E-Stellenverfahren vor Insolvenzeröffnung bereits abgeschlossen war (zum früheren Konkursrecht ebenso LAG Niedersachsen ZIP 82, 488; DKKW-*Berg* Rn 29; GK-*Kreutz* Rn 39).

§ 77 Durchführung gemeinsamer Beschlüsse, Betriebsvereinbarungen

(1) [1]**Vereinbarungen zwischen Betriebsrat und Arbeitgeber, auch soweit sie auf einem Spruch der Einigungsstelle beruhen, führt der Arbeitgeber durch, es sei denn, dass im Einzelfall etwas anderes vereinbart ist.** [2]**Der Betriebsrat darf nicht durch einseitige Handlungen in die Leitung des Betriebs eingreifen.**

(2) [1]**Betriebsvereinbarungen sind von Betriebsrat und Arbeitgeber gemeinsam zu beschließen und schriftlich niederzulegen.** [2]**Sie sind von beiden Seiten zu unterzeichnen; dies gilt nicht, soweit Betriebsvereinbarungen auf einem Spruch der Einigungsstelle beruhen.** [3]**Der Arbeitgeber hat die Betriebsvereinbarungen an geeigneter Stelle im Betrieb auszulegen.**

(3) [1]**Arbeitsentgelte und sonstige Arbeitsbedingungen, die durch Tarifvertrag geregelt sind oder üblicherweise geregelt werden, können nicht Gegenstand einer Betriebsvereinbarung sein.** [2]**Dies gilt nicht, wenn ein Tarifvertrag den Abschluss ergänzender Betriebsvereinbarungen ausdrücklich zulässt.**

(4) [1]**Betriebsvereinbarungen gelten unmittelbar und zwingend.** [2]**Werden Arbeitnehmern durch die Betriebsvereinbarung Rechte eingeräumt, so ist ein Verzicht auf sie nur mit Zustimmung des Betriebsrats zulässig.** [3]**Die Verwirkung dieser Rechte ist ausgeschlossen.** [4]**Ausschlussfristen für ihre Geltendmachung sind nur insoweit zulässig, als sie in einem Tarifvertrag oder einer Betriebsver-**

einbarung vereinbart werden; dasselbe gilt für die Abkürzung der Verjährungsfristen.

(5) Betriebsvereinbarungen können, soweit nichts anderes vereinbart ist, mit
einer Frist von drei Monaten gekündigt werden.

(6) Nach Ablauf einer Betriebsvereinbarung gelten ihre Regelungen in Ange-
legenheiten, in denen ein Spruch der Einigungsstelle die Einigung zwischen
Arbeitgeber und Betriebsrat ersetzen kann, weiter, bis sie durch eine andere
Abmachung ersetzt werden.

Inhaltsübersicht

I. Vorbemerkung

Die Vorschrift regelt in Abs. 1 die grundsätzliche Alleinzuständigkeit des ArbGeb. **1**
für die **Durchführung der** mit dem BR geschlossenen **Vereinbarungen** sowie das
generelle **Verbot** für den BR, einseitig in die Leitung des Betriebs einzugreifen. Die
Abs. 2 bis 6 enthalten Regelungen über **Zustandekommen, Inhalt, Rechtswirkungen und Beendigung von BV** einschl. ihrer **Nachwirkung.** Der **Vorrang
tarifvertraglicher Regelungen** ist durch Abs. 3 gewährleistet.

Die Bestimmung gilt für Vereinbarungen mit dem **GesBR** und dem **KBR** ent- **2**
sprechend (§ 51 Abs. 5, § 59 Abs. 1). Sie findet auch Anwendung im Verhältnis zwischen Bordvertretung und Kapitän (§ 115 Abs. 7 Nr. 3) sowie bei Vereinbarungen
zwischen ArbGeb. und einer ArbGruppe, der nach § 28a die Wahrnehmung betriebsverfassungsrechtlicher Aufgaben übertragen worden ist (vgl. § 28a Abs. 2 S. 2).

Sie gilt nicht für die JugAzubiVertr., die GesJugAzubiVertr. und die KJugAzubiVertr. Diese schließen mit dem ArbGeb. keine Vereinbarungen, insb. keine BV ab, sondern können gegenüber dem ArbGeb. nur über den BR (GesBR; KBR) handeln (vgl. § 60 Rn 24 f.). ArbNVertr. nach § 3 Abs. 1 Nr. 1 bis 3 können BV schließen. Eine Integrationsvereinbarung zur Eingliederung schwerbehinderter Menschen nach § 83 SGB IX ist keine BV iSd. § 77.

3   Entsprechende Vorschriften: **§§ 73, 74, 75 Abs. 5 BPersVG** und **§ 28 SprAuG.**

II. Durchführung von Vereinbarungen durch den Arbeitgeber (Abs. 1)

4   Die zwischen ArbGeb. und BR getroffenen **Vereinbarungen führt grundsätzlich der ArbGeb. durch** (Abs. 1 S. 1). Dies gilt für alle Vereinbarungen zwischen den Betriebspartnern, also für erzwingbare oder freiwillige BV, für Sprüche der E-Stelle und für sonstige Vereinbarungen (*Ahrendt* NZA 11, 774). Die betriebliche **Organisations-** und **Leitungsmacht** liegt allein beim ArbGeb. Deshalb trägt er die Verantwortung für die zu treffenden Maßnahmen. Er muss dafür sorgen, dass sich auch die ArbN in seinem Betrieb an die BV halten (BAG 29. 4. 04 AP Nr. 3 zu § 77 BetrVG 1972 Durchführung). Deshalb muss er zB verhindern, dass die ArbN von sich aus unzulässige Überstunden leisten. Der BR kann die Einhaltung dieser Verpflichtung in einem **arbeitsgerichtlichen BeschlussVerf.** erzwingen (*WPK/Preis* Rn 2). Bestehen für den ArbGeb. zur Herbeiführung eines von ihm geschuldeten Erfolgs mehrere Handlungsmöglichkeiten, kann ein auf die Erfüllung dieser Verpflichtung gerichteter **Antrag** des BR weit gefasst sein. Er kann darauf gerichtet sein, dass dem **ArbGeb. untersagt** wird, den **Eintritt eines bestimmten Erfolgs** – wie etwa die Leistung BVwidriger Überstunden – bei Meidung eines Ordnungsgeldes **zu dulden.** Es bleibt dann dem ArbGeb. überlassen, wie er die titulierte Verpflichtung erfüllt. Erforderlichenfalls ist die Erfüllung im Vollstreckungsverfahren zu überprüfen und festzustellen, ob der ArbGeb. alles ihm Mögliche und Zumutbare getan hat, um den Eintritt des Erfolgs zu verhindern (BAG 29. 4. 04 AP Nr. 3 zu § 77 BetrVG 1972 Durchführung; *Korinth* ArbRB 05, 226, 227 f.). Auch in mitbestimmungspflichtigen Angelegenheiten hat der BR kein Direktions- oder Mitdirektionsrecht (*Richardi* Rn 8; GK-*Kreutz* Rn 23; *WPK/Preis* Rn 4; HSWGNR-*Worzalla* Rn 206). Wenn der ArbGeb. sich nicht an die mit dem BR getroffene Vereinbarung hält, ist dieser auf den Rechtsweg angewiesen (ErfK/*Kania* Rn 5). Im arbeitsgerichtlichen Beschlussverf. über die Durchführungspflicht kann auch die Wirksamkeit, die (Fort-)Geltung und die richtige Auslegung einer BV geklärt werden (vgl. BAG 18. 1. 05 AP Nr. 24 zu § 77 BetrVG 1972 BV). Auch eine im Betrieb vertretene **Gewerkschaft** kann den ArbGeb. bei groben Verstößen im arbeitsgerichtlichen Beschlussverfahren gemäß § 23 Abs. 3 S. 1 auf die Einhaltung einer BV in Anspruch nehmen (BAG 29. 4. 04 AP Nr. 3 zu § 77 BetrVG 1972 Durchführung).

5   Die Betriebspartner können „im Einzelfall" – also nicht generell – die Durchführung einer Vereinbarung **dem BR übertragen.** Eine entsprechende Absprache muss klar und eindeutig sein. In Betracht kommt zB die Veranstaltung eines Betriebsausflugs, die Verteilung von Zuwendungen an die ArbN oder auch die Führung einer Betriebskantine (vgl. BAG 24. 4. 86 AP Nr. 7 zu § 87 BetrVG 1972 Sozialeinrichtung; *WPK/Preis* Rn 3). Der BR wird sorgfältig zu prüfen haben, ob die Durchführung von Vereinbarungen durch ihn im Rahmen seiner gesetzlichen Aufgaben liegt. Der ArbGeb. hat keinen Anspruch darauf, dass der BR die Durchführung von Vereinbarungen übernimmt (*DKK-Berg* Rn 4).

6   In einigen Fällen ist dem BR die Durchführung von Absprachen mit dem ArbGeb. **gesetzlich übertragen.** Hierzu gehören die Durchführung von Sprechstunden des BR (§ 39 Abs. 1 S. 1) oder von mit dem ArbGeb. vereinbarter zusätzlicher Betriebs- und Abteilungsversammlungen während der Arbeitszeit (§ 44 Abs. 2). Auch die Ent-

sendung von BRMitgl. zu Schulungs- und Bildungsveranstaltungen nach Einigung über Teilnahme und zeitliche Lage der Veranstaltung (§ 37 Abs. 6) oder die Entscheidung über die Freistellung von BRMitgl. nach Beratung mit dem ArbGeb. über die freizustellenden Personen (§ 38 Abs. 2 S. 5 ff.) trifft der BR.

Abs. 1 S. 1 enthält nicht nur das Recht des ArbGeb. auf Durchführung von ge-   7
meinsamen Vereinbarungen, sondern begründet auch eine entsprechende **Durchführungspflicht** (GK-*Kreutz* Rn 24; *DKKW-Berg* Rn 5; *Ahrendt* NZA 11, 774). Der **BR** hat einen **Anspruch** gegen den ArbGeb. auf Durchführung der getroffenen Vereinbarung und auf **Unterlassung vereinbarungswidriger Maßnahmen** (BAG 24. 2. 87, 10. 11. 87 AP Nr. 21, 24 zu § 77 BetrVG 1972; 13. 10. 87 AP Nr. 2 zu § 77 BetrVG Auslegung; 28. 9. 88 AP Nr. 29 zu § 87 BetrVG 1972 Arbeitszeit; 21. 1. 03 AP Nr. 1 zu § 21 a BetrVG 1972; 29. 4. 04 AP Nr. 3 zu § 77 BetrVG 1972 Durchführung; 18. 5. 10 – 1 ABR 6/09 – NZA 10, 1433; *DKKW-Berg* Rn 5; GK-*Kreutz* Rn 25; *WPK/Preis* Rn 4; *HSWGNR-Worzalla* Rn 207; ErfK/*Kania* Rn 5; *Brune* AR-Blattei Rn 422). Diesen Anspruch kann er ggf. im Wege einer einstw. Vfg. verfolgen (*HSWGNR-Worzalla* Rn 207; *WPK/Preis* Rn 2). Er verliert den Anspruch auf Durchführung der Vereinbarung nicht dadurch, dass er längere Zeit ein vereinbarungswidriges Verhalten des ArbGeb. nicht beanstandet hat (*DKKW-Berg* Rn 5). Hat der ArbGeb. in der Vergangenheit grob gegen seine Pflicht verstoßen, eine BV korrekt durchzuführen, so beseitigt seine Zusicherung, in Zukunft ein betriebsvereinbarungswidriges Verhalten zu unterlassen, noch nicht die Wiederholungsgefahr (BAG 23. 6. 92 AP Nr. 20 zu § 23 BetrVG 1972). Der Anspruch des BR beschränkt sich auf die Einhaltung der getroffenen Vereinbarung ihm gegenüber. Werden durch die Vereinbarung Ansprüche der ArbN begründet, kann er diese nicht anstelle der ArbN geltend machen (BAG 17. 10. 89 AP Nr. 53 zu § 112 BetrVG 1972; 18. 1. 05 AP Nr. 24 zu § 77 BetrVG 1972 Betriebsvereinbarung; *DKKW-Berg* Rn 5). Schließt der GesBR oder der KBR in originärer Zuständigkeit eine **GesBV** oder eine **KBV**, so hat der hieran nicht beteiligte örtliche BR grundsätzlich keinen eigenen Anspruch auf Durchführung der GesBV oder der KBV. Der Durchführungsanspruch steht vielmehr dem GesBR oder dem KBR zu (BAG 18. 5. 10 – 1 ABR 6/09 – NZA 10, 1433; *Ahrendt* NZA 11, 774; vgl. zum Unterlassungsanspruch BAG 17. 5. 11 – 1 ABR 121/09 –). Im Falle grober Pflichtverletzungen des ArbGeb. kann der örtliche BR die Einhaltung der GesBV oder der KBV allerdings nach § 23 Abs. 3 erzwingen (BAG 18. 5. 10 – 1 ABR 6/09 – NZA 10, 1433; *Ahrendt* NZA 11, 774). In Fällen der Delegation nach § 50 Abs. 2 steht der Durchführungsanspruch dem BR zu (BAG 18. 5. 10 – 1 ABR 6/09 – NZA 10, 1433). Der Durchführungsanspruch besteht auch noch bei BV, die gemäß Abs. 6 nachwirken (so ohne nähere Begründung BAG 24. 2. 87 – 1 ABR 18/85 – NZA 87, 639; 12. 6. 96 – 4 ABR 1/95 – NZA 97, 565; offen gelassen in BAG 27. 10. 98 – 1 ABR 3/98 – NZA 99, 381; aA *Ahrendt* NZA 11, 774). Dafür spricht vor allem der Zweck des Durchführungsanspruchs, dem BR über § 23 Abs. 3 hinaus ein wirksames Mittel zur Beachtung seiner MBRe nach § 87 zur Verfügung zu stellen.

Abs. 1 S. 2 **untersagt dem BR,** durch einseitige Handlungen in die **Leitung**   8
des Betriebs einzugreifen. Er darf Anordnungen des ArbGeb. nicht widerrufen oder an seiner Stelle den ArbN Weisungen erteilen (*WPK/Preis* Rn 4; *HSWGNR-Worzalla* Rn 213). Die Leitung des Betriebs obliegt allein dem ArbGeb. Das gilt sowohl für Entscheidungen, die er kraft Direktionsrechts oder Arbeitsvertrags ohne Beteiligung des BR trifft oder treffen kann, als auch für beteiligungspflichtige Maßnahmen oder Maßnahmen, die auf einem Spruch der E-Stelle beruhen. Die Beteiligungsrechte des BR begründen keinerlei Exekutivbefugnisse. Auch wenn der ArbGeb. bestehende Mitwirkungs- oder Mitbestimmungsrechte des BR missachtet, darf dieser keine einseitigen Anordnungen treffen (*Brune* AR-Blattei BV Rn 413). Er ist vielmehr zur Wahrung seiner Rechte auf den Rechtsweg verwiesen. In Eilfällen kommt der Erlass einer einstw. Vfg. in Betracht (vgl. Nach § 1 Rn 65 ff.; *DKKW-Berg* Rn 5, 83; GK-*Kreutz* Rn 25; *HSWGNR-Worzalla* Rn 207; *WPK/Preis* Rn 2).

Außerdem stehen dem BR die Sanktionsmöglichkeiten der §§ 23 Abs. 3, 98 Abs. 5, 101, 104 zur Verfügung. Maßnahmen des ArbGeb., die dieser ohne Beachtung der Mitbestimmungsrechte des BR in sozialen Angelegenheiten (§ 87) getroffen hat, sind – jedenfalls soweit sie den ArbN beschweren – nach der Theorie der Wirksamkeitsvoraussetzung (vgl. etwa BAG GS 3. 12. 91 AP Nr. 51, 52 zu § 87 BetrVG 1972 Lohngestaltung; 3. 5. 94 AP Nr. 23 zu § 23 BetrVG 1972; 10. 3. 98 AP Nr. 5 zu § 84 ArbGG 1979; 11. 6. 02, 21. 1. 03 AP Nr. 113, 118 zu § 87 BetrVG 1972 Lohngestaltung) regelmäßig unwirksam (vgl. § 87 Rn 599 ff.; *DKKW-Klebe* § 87 Rn 4; *WPK/Preis* Rn 4; kritisch gegenüber den individualrechtlichen Schlussfolgerungen *Lobinger* RdA 11, 76, 86 ff.).

9   Der BR verstößt nicht gegen seine Verpflichtung, Eingriffe in die Betriebsleitung zu unterlassen, wenn er seiner **allgemeinen Überwachungspflicht** des § 80 Abs. 1 Nr. 1 nachkommt und hierbei die ArbN an ihren Arbeitsplätzen aufsucht (vgl. § 80 Rn 5 ff., 80; *WPK/Preis* Rn 4). Auch kann er eine BV im Betrieb bekannt machen, wenn der ArbGeb. seiner Auslegungspflicht nach Abs. 2 S. 3 nicht nachkommt. Entscheidungen des BR in organisatorischen Fragen, die ihm von Gesetzes wegen zugewiesen sind, stellen ebenfalls keine unzulässigen Eingriffe in die Betriebsleitung dar. Dies gilt auch, wenn dadurch Interessen des ArbGeb. berührt werden. Dazu gehören etwa die Entscheidung des BR über die Bildung von Ausschüssen, über die Einberufung von BRSitzungen und BetrVerslg. oder über die Bestellung des Wahlvorst. (*DKKW-Berg* Rn 6; *GK–Kreutz* Rn 29; *WPK/Preis* Rn 4; *Richardi* Rn 7; *HSWGNR-Worzalla* Rn 212). Bekanntmachungen des BR am Schwarzen Brett oder durch sonstige Informationsmittel sind selbst dann keine unzulässigen Eingriffe in die Betriebsleitung, wenn sie auf die Unwirksamkeit arbeitgeberseitiger Maßnahmen wegen Nichtbeachtung des MBR des BR hinweisen.

10   **Verstößt der BR grob** gegen das Verbot des Eingriffs in die Betriebsleitung, kann der ArbGeb. gemäß § 23 Abs. 1 beim ArbG die Auflösung des BR oder die Amtsenthebung einzelner BRMitgl. beantragen (*WPK/Preis* Rn 4; *HSWGNR-Worzalla* Rn 214; *ErfK/Kania* Rn 5). Eine außerordentliche Kündigung von BRMitgl. ist nur gerechtfertigt, wenn die Verstöße gegen arbeitsvertragliche Pflichten klar überwiegen (vgl. § 103 Rn 30). Ob das einzelne BRMitgl. gegenüber dem ArbGeb. auch zum Schadenersatz verpflichtet ist, beurteilt sich nach allgemeinen zivilrechtlichen Vorschriften (§§ 823, 826 BGB: Eingriff in den ausgeübten Gewerbebetrieb; vgl. § 1 Rn 225 ff.). Abs. 1 ist kein Schutzgesetz iSv. § 823 Abs. 2 (*GK–Kreutz* Rn 27; *Richardi* Rn 12; *WPK/Preis* Rn 4).

III. Betriebsvereinbarungen (Abs. 2)

11   Die **BV** ist ein **eigenes Rechtsinstrument** der Betriebsverfassung (zur geschichtlichen Entwicklung vgl. *Brune* AR–Blattei BV Rn 38 ff.). Sie ist die wichtigste Form der Einigung zwischen den Betriebspartnern. Daneben gibt es sonstige Vereinbarungen der Betriebspartner, auch **Regelungsabreden** oder Betriebsabsprachen genannt (vgl. dazu Rn 216 ff.). Ihnen kommt anders als den BV keine normative Wirkung zu. Auch hängt ihre Wirksamkeit nicht von der Einhaltung der Schriftform ab.

12   Die **BV** ist das durch schriftliche Vereinbarung der Organe der Betriebsverfassung (ArbGeb. und BR) geschaffene **Gesetz des Betriebs.** Sie hat gemäß Abs. 4 S. 1 **Normwirkung** (vgl. dazu näher Rn 124 ff.). Die für die ArbN fremdbestimmende, heteronome Wirkung von BV ist mit dem GG vereinbar (BAG 12. 12. 06 AP Nr. 94 zu § 77 BetrVG 1972; *Linsenmaier,* RdA 08, 1, 5 ff.). Sie dient der generellen Regelung der betrieblichen und betriebsverfassungsrechtlichen Ordnung sowie der Gestaltung der individuellen Rechtsbeziehungen zwischen ArbGeb. und ArbN. Sie ersetzt betriebliche Maßnahmen, die sonst der ArbGeb. kraft Direktionsrechts allein treffen könnte und die nun vor ihrer Durchführung der Beteiligung des BR unterliegen,

und regelt materielle und formelle Arbeitsbedingungen, die bei Fehlen einer kollektiven Regelung einzelvertraglich vereinbart werden müssten.

1. Rechtsnatur

Das BetrVG enthält keine Definition der BV. Ihre Rechtsnatur ist umstr. Überwiegend wird sie als **privatrechtlicher kollektiver Normenvertrag** angesehen, der zwischen ArbGeb. und BR abgeschlossen wird und kraft staatlicher Ermächtigung unmittelbar und zwingend die betrieblichen Arbeitsverhältnisse normativ gestaltet (BAG 18. 2. 03 AP Nr. 11 zu § 77 BetrVG 1972 BV; 27. 1. 04 AP Nr. 56 zu § 81 ArbGG 1979; 13. 2. 07 AP Nr. 17 zu § 47 BetrVG 1972; GK-*Kreutz* Rn 30 ff., 168 ff.; *HSWGNR-Worzalla* Rn 4; *WPK/Preis* Rn 7; *Richardi* Rn 26 ff.; ErfK/ *Kania* Rn 19; *Brune* AR-Blattei BV Rn 57 ff.; *Waltermann* NZA 95, 1179; *Kreutz* FS *Schmidt-Jortzig* S. 753). Diese sog. **Vertragstheorie** wird dem Wesen der BV und den gesetzlichen Regelungen am besten gerecht (vgl. etwa GK-*Kreutz* Rn 36). Die BV kommt durch eine rechtsgeschäftliche Vereinbarung (Vertrag) zwischen ArbGeb. und BR zustande (*HSWGNR-Worzalla* Rn 6; *WPK/Preis* Rn 7). Sie kann ebenso wie andere privatrechtliche Dauerschuldverhältnisse durch Kündigung beendet werden. In ihrer normativen Wirkung ähnelt sie einem TV, der ebenfalls als privatrechtlicher kollektiver Normenvertrag angesehen wird (vgl. etwa *Däubler/Schiek* TVG Einl. Rn 188 ff.; *Wiedemann/Thüsing* TVG § 1 Rn 42). Der Grundsatz der Rechtsquellenklarheit gebietet, dass sich Normurheberschaft und Rechtscharakter zweifelsfrei feststellen lassen (vgl. näher Rn 23).

Nach der früher insb. von *Herschel* (RdA 48, 47; RdA 56, 161) vertretenen sog. **Satzungstheorie** stellt die BV eine durch übereinstimmende, parallele Beschlüsse der Organe der BetrVerf. zustande kommende Normenordnung, dh eine autonome Satzung für den Betrieb dar. Die Satzungstheorie berücksichtigt nicht hinreichend, dass das Instrument des Interessenausgleichs in der zweipolig strukturierten Betriebsverfassung weder die Satzung noch der Beschluss, sondern die rechtsgeschäftliche Vereinbarung zwischen ArbGeb und BR ist (vgl. GK-*Kreutz* Rn 36, *Richardi* Rn 24). Der Meinungsstreit über die Rechtsnatur der BV hat keine große praktische Bedeutung. Nach beiden Theorien hat die BV normative Wirkung und setzt objektives Recht. Lediglich die umstrittene Frage, ob die BV auch bloß schuldrechtliche Regelungen treffen kann (vgl. Rn 50), ist nach der Satzungstheorie eindeutig zu verneinen.

2. Auslegung

Die Auslegung von BV richtet sich wegen des sich aus Abs. 4 S. 1 ergebenden normativen Charakters – ebenso wie bei TV – nach den **Grundsätzen der Gesetzesauslegung** (BAG 17. 11. 98, 2. 3. 04 AP Nr. 6, 13 zu § 77 BetrVG 1972 Auslegung; 12. 11. 02, 13. 3. 07 AP Nr. 155, 183 zu § 112 BetrVG 1972; 20. 1. 09 – 1 ABR 78/07 – AP Nr. 44 zu § 77 BetrVG 1972 BV; 27. 7. 10 – 1 AZR 874/08 – NZA 10, 1369; *DKKW-Berg* Rn 26; GK-*Kreutz* Rn 63; *Richardi* Rn 115; *WPK/Preis* Rn 30; MünchArbR-*Matthes* § 239 Rn 5; *HSWGNR-Worzalla* Rn 21; ErfK/*Kania* Rn 31). Auszugehen ist danach zunächst vom **Wortlaut** und dem durch ihn vermittelten Wortsinn. Über den reinen Wortlaut hinaus ist der wirkliche Wille der Betriebsparteien zu berücksichtigen, soweit er in den Vorschriften seinen Niederschlag gefunden hat. Dabei sind insb. der **Gesamtzusammenhang** sowie der **Sinn und Zweck** der Regelung zu beachten. Bleiben hiernach noch Zweifel, so können ohne Bindung an eine Reihenfolge weitere Kriterien wie die **Entstehungsgeschichte** oder auch eine praktische Übung herangezogen werden. Auch die **Praktikabilität** denkbarer Auslegungsergebnisse ist zu berücksichtigen. Im Zweifel gebührt der Auslegung der Vorzug, die zu einer vernünftigen, sachgerechten, zweckorientierten und

margin notes: **13**, **14**, **15**

praktisch handhabbaren Regelung führt (BAG 12. 11. 02 AP Nr. 155 zu § 112 BetrVG 1972; 21. 1. 03 AP Nr. 117 zu § 87 BetrVG 1972 Lohngestaltung; 22. 7. 03 – 1 AZR 496/02 –). Nur bei Vorliegen besonderer Umstände, die das von den Betriebspartnern Gewollte zweifelsfrei erkennen lassen, kann die BV durch Auslegung einen vom Wortlaut abweichenden Inhalt bekommen (vgl. BAG 31. 10. 90 AP Nr. 11 zu § 1 TVG Tarifverträge: Presse). BV sind nach Möglichkeit **verfassungs- und gesetzeskonform** auszulegen (vgl. BAG 12. 11. 02 AP Nr. 155 zu § 112 Betr-VG 1972; 1. 7. 03 AP Nr. 103 zu § 87 BetrVG 1972 Arbeitszeit; 2. 3. 04 AP Nr. 13 zu § 77 BetrVG 1972 Auslegung; 13. 2. 07 AP Nr. 40 zu § 87 BetrVG 1972 Ordnung des Betriebs; *HSWGNR-Worzalla* Rn 24; für TV vgl. BAG 21. 7. 93 AP Nr. 144 zu § 1 TVG Auslegung; 27. 7. 10 – 1 AZR 874/08 – NZA 10, 1369). **Protokollnotizen** zu einer BV können unterschiedliche Bedeutung haben. Sie können eine eigenständige normative Ergänzung oder gar Änderung der BV sein, aber auch lediglich die Bedeutung einer authentischen Interpretation der BV haben oder gar nur einen Hinweis auf die Motive der Betriebsparteien darstellen. Wie es sich im Einzelfall verhält, ist erforderlichenfalls durch Auslegung der Protokollnotiz festzustellen (BAG 9. 12. 97 AP Nr. 3 zu § BetrVG 1972 Regelungsabrede; 19. 6. 07 – 1 AZR 541/06 –). Auch europarechtliche Vorgaben sind bei der Auslegung zu beachten. Wegen des Grundsatzes der Gemeinschaftstreue (Art. 10 EG) sind die nationalen Gerichte verpflichtet, nicht nur innerstaatliche Gesetze, sondern auch von ihnen anzuwendende TV nach Möglichkeit **unionsrechtskonform** und damit auch **richtlinienkonform** (vgl. Art. 249 Abs. 3 EG) auszulegen (vgl. ErfK/*Wißmann* EG Vorb. Rn 16; *Linsenmaier* RdA 03, Sonderbeilage Heft 5, S. 22, 23). Nichts anderes gilt für BV (*HSWGNR-Worzalla* Rn 24). Ebenso wie bei Gesetzen kommt auch bei einer BV im Falle einer unbewussten planwidrigen Regelungslücke eine gerichtliche **Lückenausfüllung** in Betracht (BAG 12. 7. 89 – 5 AZR 494/88 –; 10. 2. 09 – 3 AZR 653/07 – NZA 09, 796; GK-*Kreutz* Rn 70). Hierbei ist aber Zurückhaltung geboten (*HSWGNR-Worzalla* Rn 26). Die Schließung einer Regelungslücke durch die Gerichte kommt nur in Betracht, wenn nach zwingendem höherrangigen Recht, insb. dem Gleichbehandlungsgrundsatz, nur eine Regelung zur Lückenfüllung in Betracht kommt oder wenn bei mehreren Lösungen zuverlässig feststellbar ist, welche Regelung die Betriebsparteien gewählt hätten, wenn sie die Lücke erkannt hätten (vgl. BAG 13. 2. 03 AP Nr. 2 zu § 7 BBiG; vgl. für einen TV BAG 20. 7. 00 AP Nr. 1 zu § 2 BMT-G II SR 2 g).

16   Die **Frage, ob** es sich bei einer Regelung ihrem Rechtscharakter nach **überhaupt** um eine **BV** handelt, ist ebenfalls im Wege der Auslegung zu beantworten. Auch insoweit sind die Grundsätze der Tarif- und Gesetzesauslegung maßgeblich (BAG 3. 5. 06 AP Nr. 31 zu § 99 BetrVG 1972 Eingruppierung; 16. 6. 07 – 1 AZR 541/06 –; 11. 12. 07 AP Nr. 37 zu § 77 BetrVG 1972 BV) und nicht etwa §§ 133, 157 BGB (so aber jedenfalls für die Frage ob eine Vereinbarung der TV-Parteien ein TV ist, BAG 14. 4. 04, 19. 6. 07 AP Nr. 188, 202 zu § 1 TVG Auslegung; 7. 6. 06 AP Nr. 37 zu § 1 TVG; 15. 4. 08 AP Nr. 38 zu § 1 TVG Arbeitszeit). Die Frage nach dem Inhalt und die Frage, ob und um welche Norm es sich handelt, lassen sich nicht trennen. In jedem Fall geht es darum, wie Dritte, Regelungsadressaten und Gerichte die jeweiligen Bestimmungen zu verstehen haben (BAG 11. 12. 07 AP Nr. 37 zu § 77 BetrVG 1972 BV). Dies gebietet eine objektive Methode der Auslegung.

17   Da die Bestimmungen der BV Rechtsnormen darstellen, ist ihre Auslegung **revisibel,** bzw. rechtsbeschwerdefähig (BAG 30. 8. 63 AP Nr. 4 zu § 57 BetrVG; 8. 11. 88 AP Nr. 48 zu § 112 BetrVG 1972; GK-*Kreutz* Rn 71; *Richardi* Rn 223).

3. Zustandekommen

18   Entgegen dem Wortlaut des Abs. 2 S. 1 und der Überschrift von § 77 kommen BV nicht durch einen gemeinsamen Beschluss von ArbGeb. und BR (einen solchen

kennt das BetrVG nicht) zustande, sondern als privatrechtlicher Vertrag durch inhalt-lich **übereinstimmende Willenserklärungen der Betriebspartner** (*DKKW-Berg* Rn 28; *GK-Kreutz* Rn 35 ff.; *Richardi* Rn 30; *HSWGNR-Worzalla* Rn 8; *Kreutz* FS *Schmidt-Jortzig* S. 753). Die Willensbildung des BR erfolgt durch einen ordnungsge-mäßen Beschluss (*HSWGNR-Worzalla* Rn 8; *WPK/Preis* Rn 7). Auf Seiten der ArbN obliegt dem GesBR der Abschluss einer BV, wenn er zur Regelung der Ange-legenheit nach § 50 Abs. 1 zuständig (vgl. § 50 Rn 15 ff.) oder ihm diese nach § 50 Abs. 2 übertragen ist (vgl. § 50 Rn 62 ff.). Im Falle der Beauftragung ist aber Ver-tragspartner der BV der BR, nicht der GesBR (vgl. § 50 Rn 73). Entsprechendes gilt für den KBR (§ 51 Abs. 5, § 59 Abs. 1). Die JugAzubiVertr., die GesJugAzubiVertr., die KJugAzubiVertr., der WiAusschuss, Ausschüsse der BR (§ 27 Abs. 3 S. 2, § 28 Abs. 1 S. 2) und die BetrVerslg. (§ 42 Rn 42) sind zum Abschluss von BV nicht be-fugt. Dagegen können Vereinbarungen zwischen ArbGeb. und einer Arbeitsgruppe nach § 28 a je nach Regelungsinhalt die Wirkung einer BV haben (vgl. § 28 a Rn 32). Für einen BRlosen Betrieb kann der GesBR gemäß § 50 Abs. 1 S. 1 Halbs. 2 im Rahmen seiner originären Zuständigkeit BV schließen. Zu Vereinbarun-gen des ArbGeb. mit dem Sprecherausschuss für leit. Ang. vgl. Rn 27 f.

BV können auch auf einem **Spruch der E-Stelle** beruhen (*HSWGNR-Worzalla* 19 Rn 8; *ErfK/Kania* Rn 20). Das gilt sowohl in Angelegenheiten der erzwingbaren Mitbestimmung, in denen der Spruch der E-Stelle die Einigung der Betriebsparteien ersetzt (vgl. § 76 Rn 67 ff.), als auch bei freiwilligen Verfahren, wenn die Betriebs-partner sich dem Spruch der E-Stelle im Voraus unterworfen haben oder ihn nach-träglich annehmen (vgl. § 76 Rn 78 f.).

Auf ArbGebSeite ist Vertragspartner der BV der **Inhaber des Betriebs.** Wird ein 20 Betrieb von mehreren ArbGeb. geführt (vgl. hierzu § 1 Rn 78 f.), schließen diese – ggf. vertreten durch die gemeinsame Leitung – die BV (*GK-Kreutz* Rn 41). Schließt ein Betriebserwerber vor dem Erwerb mit dem BR eine Vereinbarung ab, so handelt es sich wohl um eine aufschiebend bedingte BV, deren Wirkung eintritt, sobald der Betriebsübergang auf den Erwerber stattgefunden hat (*Seiter,* Betriebsinhaberwechsel S. 123; *Hanau/Vossen* FS *Hilger/Stumpf* S. 285; **aA** *GK-Kreutz* Rn 43; *Schwertner* SAE 78, 65). Zu einem „mehrgliedrigen" Interessenausgleich im Bereich der Luft-fahrt (Boden-, Kabinen- und Cockpitpersonal) vgl. BAG 26. 4. 07 AP Nr. 4 zu § 125 InsO.

Die BV bedarf zwingend der **Schriftform** (vgl. zur „Schriftform in der Betriebs- 21 verfassung" eingehend *Raab* FS *Konzen* S. 719). Eine nur mündlich abgesprochene BV ist nichtig; § 125 S. 1 BGB ist – zumindest entsprechend – anzuwenden (*Raab* FS *Konzen* S. 719, 736). Das Formerfordernis dient dem **Gebot der Normenklarheit.** Die schriftliche Niederlegung soll zum einen die Betriebsparteien veranlassen, die getroffene Vereinbarung präzise niederzulegen, um spätere Zweifel und Streitigkeiten nach Möglichkeit zu vermeiden; zum andern sollen die normunterworfenen ArbN die sich aus der BV ergebenden Rechte und Pflichten zuverlässig erkennen können (*Raab* FS *Konzen* S. 719, 734). Die BV muss gemäß § 126 Abs. 2 S. 1 BGB stets die **Unterschriften** beider Organe der BetrVerf. bzw. bevollmächtigter Vertr. **auf der-selben Urkunde** aufweisen (BAG 21. 8. 90 AP Nr. 19 zu § 6 BetrAVG; 14. 2. 78 AP Nr. 60 zu Art. 9 GG Arbeitskampf; *DKKW-Berg* Rn 30; *Richardi* Rn 33 ff.; *WPK/Preis* Rn 9; *ErfK/Kania* Rn 21). Der Austausch einseitig unterzeichneter Ur-kunden genügt dem Schriftformerfordernis nicht (*Raab* FS *Konzen* S. 719, 734; *WPK/Preis* Rn 9). Bilden mehrere Blätter, die inhaltlich aufeinander Bezug nehmen und körperlich – zB durch eine Heftklammer – miteinander verbunden sind, eine **einheitliche Urkunde** (Gesamturkunde), muss nicht jedes Blatt einzeln unterschrie-ben sein (BAG 11. 11. 86 AP Nr. 4 zu § 1 BetrAVG Gleichberechtigung; *DKKW-Berg* Rn 30; *GK-Kreutz* Rn 45; *HSWGNR-Worzalla* Rn 12; *Schaub/Koch* ArbR-Hdb. § 231 Rn 13). Das Gleiche gilt, wenn sich – ohne körperliche Verbindung – die Einheit einer aus mehreren Blättern bestehende BV aus fortlaufender Paginie-rung, der Nummerierung der einzelnen Vorschriften, einheitlicher graphischer Gestaltung, einheitlichem Zusammenhang des Textes oder vergleichbaren Merkmalen zweifelsfrei ergibt (BGH 24. 9. 97 ZIP 97, 2085; ErfK/*Kania* Rn 21; *WPK/Preis* Rn 9). Wird in einer Urkunde auf eine Anlage Bezug genommen und diese mit der Urkunde nicht körperlich verbunden, so ist zur Wahrung der Schriftform ausreichend, aber auch erforderlich, dass in der unterzeichneten Urkunde auf die Anlage verwiesen wird, die Anlage ebenfalls unterschrieben worden ist und ihrerseits wiederum auf die Urkunde eindeutig Bezug nimmt (vgl. zum Interessenausgleich und Namensliste BAG 12. 5. 10 – 2 AZR 551/08 – NZA 11, 114; 10. 6. 10 – 2 AZR 420/09 – NZA 10, 1352). Ohne eine solche Rückverweisung stellen Urkunde und Anlage keine einheitliche Urkunde dar (BAG 12. 5. 10 – 2 AZR 551/08 – NZA 11, 114). Auch ohne Rückverweisung dürfte es aber wohl ausreichend sein, wenn die in Bezug genommene Urkunde, wie etwa ein TV oder eine andere BV ihrerseits dem Schriftformerfordernis genügen und zweifelsfrei identifizierbar sind (vgl. Rn 23; BAG 3. 5. 06 – 1 ABR 2/05 – NZA 07, 47; 6. 10. 10 – 7 ABR 80/09 – AP Nr. 45 zu § 99 BetrVG 1972 Eingruppierung). Die **elektronische Form gemäß §§ 126 Abs 3, 126 a BGB** dürfte genügen (*DKKW-Berg* Rn 30; ErfK/*Kania* Rn 21; GK-*Kreutz* Rn 44; *WPK/Preis* Rn 8; *HSWGNR-Worzalla* Rn 11; **aA** 24. Aufl.; *Raab* FS *Konzen* S. 719, 735; *Richardi* Rn 33). Abs. 2 bestimmt – anders als etwa §§ 623 S. 1, 630 S. 3 BGB – nicht, dass die elektronische Form ausgeschlossen sei. Auch der Zweck des Schriftformerfordernisses dürfte der elektronischen Form nicht entgegenstehen. Das Schriftformerfordernis soll Zweifel über den Inhalt der vereinbarten Norm ausschließen (BAG 14. 11. 06 AP Nr. 181 zu § 112 BetrVG 1972). Diesem Zweck wird die elektronische Form gerecht. Zur Schriftform einer Namensliste in einem Interessenausgleich vgl. §§ 112, 112 a Rn 24, 55, zur Schriftform eines Sozialplans vgl. §§ 112, 112 a Rn 129. Wegen Aufrechterhaltung mündlicher Absprachen als Regelungsabrede vgl. Rn 216 ff. Beruhen BV auf einem **Spruch der E-Stelle,** so unterzeichnet sie nach § 76 Abs. 3 S. 3 deren Vors. Eine Unterschrift durch BR und ArbGeb. ist in diesem Falle nach Abs. 2 S. 2 Halbs. 2 nicht erforderlich.

22   BV unterliegen dem für kollektive arbeitsrechtliche Normenverträge geltenden **Gebot der Rechtsquellenklarheit** (BAG 15. 4. 08 AP Nr. 96 zu § 77 BetrVG 1972). Bei normativen Regelungen, durch welche der Inhalt von ArbVerh. unmittelbar und zwingend gestaltet werden soll, muss die **Normurheberschaft** eindeutig feststehen. Das folgt aus den Erfordernissen der **Rechtssicherheit,** die in den Schriftformgeboten des Abs. 1 S. 1 und 2 sowie des § 1 Abs. TVG ihren gesetzlichen Niederschlag gefunden haben (BAG 15. 4. 08 AP Nr. 96 zu § 77 BetrVG 1972). Werden sog. **gemischte mehrseitige Vereinbarungen** von ArbGeb., Gewerkschaft und BR gemeinsam unterzeichnet, muss ohne Weiteres und zweifelsfrei erkennbar sein, wer Urheber der einzelnen Regelungskomplexe ist und um welche Rechtsquellen es sich folglich handelt. Andernfalls ist die Vereinbarung ganz oder teilweise unwirksam (BAG 15. 4. 08 AP Nr. 96 zu § 77 BetrVG 1972). Zwischen TV und BV bestehen – insb. bei der Überprüfung ihrer Vereinbarkeit mit höherrangigem Recht, der Zulässigkeit von Teilkündigungen, der Nachwirkung und der Rechtsfolgen bei einem Betriebsübergang – so gravierende Unterschiede, dass aus Gründen der Rechtssicherheit der Rechtscharakter und die Normurheberschaft ohne Weiteres zweifelsfrei bestimmbar sein müssen (BAG 15. 4. 08 AP Nr. 96 zu § 77 BetrVG 1972; vgl. auch 15. 4. 08 AP Nr. 38 zu § 1 TVG Altersteilzeit). Die Mitunterzeichnung eines von den hierfür zuständigen Personen oder Stellen geschlossenen Normenvertrags durch einen unzuständigen Dritten hat alleine nicht die Unwirksamkeit der Vereinbarung zur Folge (BAG 7. 11. 00 AP Nr. 14 zu § 77 BetrVG 1972 Tarifvorbehalt; 23. 1. 08 AP Nr. 63 zu § 1 TVG Bezugnahme auf TV; 15. 4. 08 AP Nr. 96 zu § 77 BetrVG 1972; 15. 4. 08 AP Nr. 38 zu § 1 TVG Altersteilzeit). Bei mehrseitigen Vereinbarungen, die sich nicht zweifelsfrei insgesamt entweder als TV oder als BV qualifizieren lassen, sind allenfalls diejenigen Regelungskomplexe wirksam, die sich selbständig von den übrigen abgrenzen lassen und deren Urheber ohne Weiteres erkennbar sind (BAG 15. 4. 08 AP Nr. 96 zu § 77 BetrVG 1972).

Durch **Bezugnahme auf einen bestimmten TV** oder eine andere **BV** wird die 23
Schriftform auch gewahrt, wenn diese nicht wörtlich wiedergegeben oder als Anlage
beigefügt werden (BAG 27. 3. 63 AP Nr. 9 zu § 59 BetrVG; 23. 6. 92 AP Nr. 55 zu
§ 77 BetrVG 1972; vgl. auch Rn 21; GK-*Kreutz* Rn 47; *Richardi* Rn 34; für TV
vgl. *Wiedemann/Thüsing* TVG § 1 Rn 314; ErfK/*Kania* Rn 24; *WPK/Preis* Rn 9;
HSWGNR-Worzalla Rn 14; *Schaub/Koch* ArbR-Hdb. § 231 Rn 14). Gleiches gilt für
eine Bezugnahme auf eine den ArbN schriftlich bekannt gemachte Gesamtzusage des
ArbGeb. Der Text der Gesamtzusage muss weder in der BV wiederholt noch als Anlage angeheftet werden (BAG 3. 6. 97 AP Nr. 69 zu § 77 BetrVG 1972). Um dem
Gebot der Normenklarheit zu genügen, muss die in Bezug genommene Regelung
aber zum einen selbst schriftlich abgefasst und zum andern in der verweisenden BV so
genau bezeichnet werden, dass Irrtümer über Art und Ausmaß der in Bezug genommenen Regelung ausgeschlossen sind (BAG 3. 5. 06 – 1 ABR 2/05 – NZA 07, 47;
22. 8. 06 AP Nr. 30 zu § 77 BetrVG 1972 BV; 6. 10. 10 – 7 ABR 80/09 – AP
Nr. 45 zu § 99 BetrVG 1972 Eingruppierung; *Raab* FS *Konzen* S. 719, 735).

Unzulässig ist eine **dynamische Blankettverweisung,** dh die Verweisung auf 24
einen TV oder eine BV eines anderen Betriebs oder Unternehmens **„in der jeweils
geltenden Fassung"** (BAG 23. 6. 92 AP Nr. 55 zu § 77 BetrVG 1972; 22. 8. 06 AP
Nr. 30 zu § 77 BetrVG 1972 BV; 28. 3. 07 AP Nr. 184 zu § 112 BetrVG 1972;
DKKW-Berg Rn 32; GK-*Kreutz* Rn 48; *Richardi* Rn 35; *WPK/Preis* Rn 9; ErfK/
Kania Rn 24; MünchArbR-*Matthes* Rn 15; *Schaub/Koch* ArbR-Hdb. § 231 Rn 14;
aA *HSWGNR-Worzalla* Rn 14). Die Betriebsparteien dürfen sich ihrer gesetzlichen
Normsetzungsbefugnis nicht dadurch begeben, dass sie die Gestaltung der betrieblichen Rechtsverhältnisse andern überlassen. Anders als bei der dynamischen Verweisung in einem TV auf einen anderen, jeweils gültigen TV (vgl. dazu BAG 29. 8. 01
AP Nr. 1/ zu § 1 TVG Bezugnahme auf TV; *Wiedemann/Thüsing* TVG § 1 Rn 237)
vermag wohl auch ein „enger sachlicher Zusammenhang" die dynamische Blankettverweisung nicht zu rechtfertigen (vgl. BAG 28. 3. 07 AP Nr. 184 zu § 112 BetrVG
1972; *Rieble/Schul* RdA 06, 339, 341 Fn 13; **aA** *WPK/Preis* Rn 9). Eine Blankettverweisung ist allerdings nur insoweit unwirksam, als sie auf künftige TV verweist.
Die in ihr auch enthaltene Verweisung auf den bei Abschluss der BV geltenden TV
ist wirksam, da den Betriebspartnern der Inhalt dieses TV bekannt war (BAG 23. 6. 92
AP Nr. 55 zu § 77 BetrVG 1972; 28. 3. 07 AP Nr. 184 zu § 112 BetrVG 1972;
DKKW-Berg Rn 32; *Richardi* Rn 36; ErfK/*Kania* Rn 24; *Schaub/Koch* ArbR-Hdb.
§ 231 Rn 14). Ob eine solche statische Bezugnahme überhaupt gewollt ist, ist durch
Auslegung der Bezugnahmeklausel festzustellen (BAG 22. 8. 06 AP Nr. 30 zu § 77
BetrVG 1972 BV). Falls keine anderweitigen Anhaltspunkte entgegenstehen, bleibt der
Inhalt des in Bezug genommenen TV auch dann maßgebend, wenn dessen Geltung
abgelaufen oder er durch einen neuen TV ersetzt ist (GK-*Kreutz* Rn 47). Im Übrigen
ist die Regelungssperre des Abs. 3 S. 1 zu beachten (GK-*Kreutz* Rn 47). Danach
kommt die Übernahme tariflicher Regelungen in BV und damit ihre Erstreckung auf
alle ArbN ohnehin nur ausnahmsweise dann in Betracht, wenn es sich nicht um
Arbeitsentgelte oder sonstige Arbeitsbedingungen handelt oder wenn eine tarifliche
Öffnungsklausel die Übernahme zulässt (vgl. Rn 67 ff., 117 ff.). Zur dynamischen arbeitsvertraglichen Verweisung auf TV vgl. BAG 18. 4. 07 AP Nr. 53 zu § 1 TVG Bezugnahme auf TV.

Die **Pflicht des ArbGeb.** nach Abs. 2 S. 3 **zur Bekanntgabe** (Auslegung) der 25
BV im Betrieb ähnelt der nach § 8 TVG. Die BV ist so auszulegen oder auszuhängen,
dass alle ArbN des Betriebs in der Lage sind, sich ohne besondere Umstände mit dem
Inhalt vertraut zu machen (Verteilung von Abschriften, Anschlag im Betrieb, Veröffentlichung in der Werkszeitung). Bei einer entsprechenden technischen Infrastruktur
kann die Bekanntgabe auch in elektronischer Form erfolgen, wenn jedem ArbN die
Einsichtnahme per Bildschirm möglich ist (*Beckschulze/Henkel* DB 01, 1502; vgl.
auch § 2 Abs. 4 S. 3 u. 4 WO). Nicht erforderlich ist die Aushändigung der BV an
jeden ArbN. Es genügt die Auslegung einer oder mehrerer Abschriften. Bei umfang-

reichen BV ist es ausreichend, durch Aushang am „Schwarzen Brett" auf die BV hinzuweisen und anzugeben, wo sie eingesehen werden kann (*DKKW-Berg* Rn 33; *Richardi* Rn 41; *HSWGNR-Worzalla* Rn 18; *GK-Kreutz* Rn 51; vgl. auch BAG 5. 1. 63 AP Nr. 1 zu § 1 TVG Bezugnahme auf Tarifvertrag). Die Bekanntmachung der BV hat **keine konstitutive Wirkung.** Abs. 2 S. 3 ist nur eine Ordnungsvorschrift (*DKKW-Berg* Rn 33; *GK-Kreutz* Rn 50; *Richardi* Rn 40; *WPK/Preis* Rn 11; für TV: BAG 8. 1. 70 AP Nr. 43 zu § 4 TVG Ausschlussfristen; 23. 1. 02 AP Nr. 5 zu § 2 NachwG; **aA** *Heinze* NZA 94, 582; *F. W. Fischer* BB 00, 360).

26   Die **Verletzung der Auslegungspflicht** begründet zwar keine Schadensersatzpflicht nach § 823 Abs. 2 BGB. Abs. 2 S. 3 konkretisiert aber die allgemeine **Fürsorgepflicht** des ArbGeb. Durch Unterlassung der Bekanntmachung kann er deshalb schadensersatzpflichtig werden. Dies kann zB. der Fall sein, wenn ein ArbN eine in einer BV geregelte Ausschlussfrist versäumt, weil sie ihm aufgrund der unterbliebenen Bekanntmachung unbekannt geblieben ist (*DKKW-Berg* Rn 33; MünchArbR-Matthes § 239 Rn 18; **aA** *GK-Kreutz* Rn 52 f.; *Richardi* Rn 41; *WPK/Preis* Rn 11; für die Auslegungspflicht nach § 8 TVG BAG 23. 1. 02 AP Nr. 5 zu § 2 NachwG). Darüber hinaus hat der ArbGeb. nach § 2 Abs. 1 Nr. 10 NachwG in der dem ArbN auszuhändigenden schriftlichen Niederschrift der wesentlichen Vertragsbedingungen auf die für das Arbeitsverhältnis maßgebenden BV hinzuweisen. Eine Verletzung dieser Pflicht kann ebenfalls Schadensersatzansprüche begründen (vgl. ArbG Frankfurt DB 99, 2316; *Richardi* Rn 42; *GK-Kreutz* Rn 53; *WPK/Preis* Rn 11; vgl. zum Verstoß gegen den Hinweis auf TV BAG 29. 5. 02 EzA § 2 NachwG Nr. 4; 17. 4. 02 AP Nr. 6 zu § 2 NachwG).

27   Keine BV sind Vereinbarungen zwischen ArbGeb. und dem **Sprecherausschuss für leitende Angestellte** nach § 28 Abs. 1 SprAuG. Diese Vereinbarungen haben – ohne zusätzliche Vereinbarung – nur schuldrechtlichen Charakter. Sprecherausschuss und ArbGeb. können aber durch eine Vereinbarung nach § 28 Abs. 2 Satz 1 SprAuG die unmittelbare und zwingende Wirkung einer von ihnen gemäß § 28 Abs. 1 SprAuG vereinbarten Richtlinie für die Arbeitsverhältnisse der leitenden Angestellten herbeiführen. Der hierauf gerichtete Wille muss sich aus der geschlossenen Vereinbarung deutlich und zweifelsfrei ergeben (BAG 10. 2. 09 – 1 AZR 767/07 – NZA 09, 970). Das Günstigkeitsprinzip (vgl. Rn 196 ff.) gilt gemäß § 28 Abs. 2 S. 2 SprAuG auch für diese Vereinbarungen (vgl. allg. zu Vereinbarungen des Sprecherausschusses *Kramer* DB 96, 1082).

28   Nach § 2 Abs. 1 S. 2 SprAuG ist der ArbGeb. verpflichtet, den **Sprecherausschuss** rechtzeitig vor Abschluss einer BV oder einer Regelungsabrede oder sonstigen Vereinbarungen mit dem BR **anzuhören,** wenn „rechtliche Interessen" der leitenden Ang. berührt werden. Eine entsprechende Verpflichtung des ArbGeb. gegenüber dem Betriebsrat vor Abschluss einer Richtlinie mit dem Sprecherausschuss sieht das Gesetz nicht ausdrücklich vor. Sie kann sich aber aus dem Grundsatz der vertrauensvollen Zusammenarbeit zwischen ArbGeb. und BR nach § 2 Abs. 1 BetrVG ergeben (vgl. § 2 Rn 6; *Wlotzke* DB 89, 175). Die Vorschrift dürfte keine große praktische Bedeutung haben, weil rechtliche Interessen der leitenden Ang. durch eine BV oder sonstige Vereinbarungen nur selten berührt sein werden. Unmittelbar gelten sie für leitende Ang. ohnehin nicht. Mittelbare Auswirkungen sind aber möglich. Zu denken ist zB an Arbeitszeitregelungen im Betrieb, den Urlaubsplan, die Nutzungsbedingungen für Sozialeinrichtungen oder eine Altersversorgung (*Buchner* NZA 89 Beil. 1 S. 14). Eine Sanktion wegen fehlender, mangelhafter oder nicht rechtzeitiger Unterrichtung des Sprecherausschusses sieht das Gesetz nicht vor. Insbesondere hat die unterlassene Anhörung keine Auswirkungen auf die Rechtswirksamkeit einer BV (*DKKW-Berg* Rn 28; *GK-Kreutz* Rn 55; *Richardi* Rn 44; *WPK/Preis* Rn 12).

29   In Betrieben der **privatisierten Post- und Bahnunternehmen** galten die vor der Privatisierung auf Grund und im Rahmen des BPersVG abgeschlossenen Dienstvereinbarungen bis zum Abschluss entsprechender BV fort, in Postunternehmen jedoch nicht

länger als 24 Monate ab Eintragung der deutschen Post AG, der deutschen Postbank AG und der deutschen Telekom AG in das Handelsregister (vgl. § 14 Abs. 3 DBGrG und § 25 Abs. 3 PostPersRG). Nach § 8 BwKoopG (vgl. dazu § 1 Rn 56a) gelten die bisherigen Dienstvereinbarungen im Kooperationsbetrieb für längstens zwölf Monate als BV fort (vgl. allgemein zur Fortgeltung von Dienstvereinbarungen bei Privatisierungen *Frohner* PR 95, 99).

4. Rechtsunwirksamkeit

Eine BV kann aus verschiedenen Gründen **rechtsunwirksam** sein. Dabei kommt   30 sowohl eine **anfängliche** als auch eine **nachträgliche Unwirksamkeit** in Betracht. In Fällen **schwebender Unwirksamkeit** kann der Mangel nachträglich geheilt werden. Eine BV ist unwirksam, wenn die **Schriftform nicht gewahrt** ist, sie wegen **Nichtigkeit der BRWahl** von einem nicht existenten BR geschlossen wurde oder ihr **kein ordnungsgemäßer BRBeschluss** zugrunde liegt. Letzterer **Mangel kann** durch einen ordnungsgemäßen Beschluss des BR **rückwirkend geheilt werden** (GK-*Kreutz* Rn 46; *Richardi* Rn 32). Soweit dadurch Regelungen wirksam werden, welche die ArbN rückwirkend – normativ – belasten, kann sich die Frage der Zulässigkeit von unechter oder gar echter Rückwirkung stellen (vgl. dazu Rn 194). Allerdings wird es regelmäßig kein berechtigtes schützenswertes Vertrauen von ArbN dahin geben, dass eine BV unwirksam sei. Unwirksam ist eine BV auch, wenn das **BRGremium funktionell nicht zuständig** (vgl. Rn 45) war; auch in diesem Fall kommt eine heilende Genehmigung durch das zuständige Gremium in Betracht. Zur unheilbaren Nichtigkeit führt ein **Verstoß gegen zwingendes höherrangiges Recht** (Verfassung, Gesetz oder TV). Eine Verletzung des **Tarifvorrangs nach Abs. 3** (vgl. Rn 67 ff.) hat nur die schwebende Unwirksamkeit der BV zur Folge. Der Verstoß kann – ggf. auch rückwirkend – durch Genehmigung der TV-Parteien oder eine Tariföffnungsklausel nach Abs. 3 S. 2 geheilt werden (vgl. Rn 100, 119). Zur Frage, ob ein E-Stellenverfahren vor Unterzeichnung einer BV zur Herbeiführung eines Beschlusses des BR unterbrochen werden muss, vgl. BAG 24. 2. 00 AP Nr. 7 zu § 1 KSchG 1969 Namensliste.

Eine nichtige BV erzeugt **keinerlei Rechtswirkung** (vgl. zu einem unwirksamen   31 Sozialplan BAG 17. 3. 10 – 7 AZR 706/08 – AP Nr. 18 zu § 47 BetrVG 1927; *WPK/Preis* Rn 14). Stellt sich nachträglich die Unwirksamkeit einer BV heraus, haben die ArbN, denen nach der BV keine Leistungen zustanden, nicht schon deshalb einen Anspruch, weil andere ArbN die Leistung erhalten haben. Ein Anspruch kann sich aber nach dem arbeitsrechtlichen **Gleichbehandlungsgrundsatz** dann ergeben, wenn der ArbGeb. in Kenntnis der Unwirksamkeit der BV weiterhin Leistungen erbringt. Dann handelt es sich nicht mehr um (vermeintlichen) Normenvollzug. Ein Anspruch kann auch in Betracht kommen, wenn der ArbGeb., nachdem er Kenntnis von seinem Irrtum erlangt hat, nicht die ihm möglichen und zumutbaren Maßnahmen zur Korrektur des Irrtums ergreift (vgl. BAG 26. 10. 95, 26. 11. 98 AP Nr. 7, 11 zu § 1 BAT-O; 26. 4. 05 AP Nr. 12 zu § 87 BetrVG 1972). Eine **Umdeutung** in individualrechtlich wirksame Rechtsgeschäfte (Gesamtzusage, Vertrag zugunsten Dritter, betriebliche Übung) ist regelmäßig nicht möglich und kommt nur dann in Betracht, wenn der ArbGeb. in Kenntnis der Unwirksamkeit der BV Leistungen an die ArbN erbringt (vgl. hierzu **näher Rn 104 ff.**). Eine generelle **arbeitsvertragliche Bezugnahme** auf die im Betrieb geltenden BV hat regelmäßig nur die Betriebsvereinbarungsoffenheit des Arbeitsvertrags zur Folge. Sie führt in der Regel nicht dazu, dass die Regelungen einer unwirksamen BV Bestandteil des Arbeitsvertrags würden (vgl. Rn 198; *Rieble/Schul* RdA 06, 339, 349). Die Auslegung des Arbeitsvertrags wird jedenfalls bei eine generellen Bezugnahme meist ergeben, dass sich diese nicht auf unwirksame BV erstrecken soll. Etwas anderes mag im Einzelfall gelten, wenn im Arbeitsvertrag ausdrücklich auf eine bestimmte, den ArbN begünstigende BV verwiesen wird und sich hernach deren Unwirksamkeit herausstellt. Durch eine arbeitsvertragliche Verweisung auf eine vermeintlich wirksame, aber gegen Abs. 3 S. 1 verstoßende BV wird kein eigenständiger individualvertraglicher Geltungsgrund geschaffen (*Kort* NZA 05, 620, 621). Bei einer derartigen Verweisung handelt es sich regelmäßig nur um einen deklaratorischen rechtlichen Hinweis, der keine eigenen Rechtswirkungen hat (vgl. BAG 18. 11. 03 AP Nr. 15 zu § 77 BetrVG 1972 Nachwirkung; *Kort* NZA 05, 620, 621).

32 Sind nur einzelne Bestimmungen der BV nichtig **(Teilnichtigkeit),** bleibt der übrige Teil grundsätzlich wirksam, sofern er noch eine sinnvolle und in sich geschlossene Regelung enthält **(vgl. auch Rn 103).** Die Weitergeltung der von der Teilnichtigkeit nicht betroffenen Regelungen folgt aus dem Normencharakter der BV (BAG 30. 8. 95 AP Nr. 29 zu § 87 BetrVG 1972 Überwachung; 12. 10. 94 AP Nr. 66 zu § 87 BetrVG 1972 Arbeitszeit; 18. 12. 90 AP Nr. 98 zu § 1 TVG TV Metallindustrie; 15. 5. 01 AP Nr. 17 zu § 87 BetrVG 1972 Prämie; 21. 1. 03 AP Nr. 1 zu § 21a BetrVG 1972; 22. 3. 05 AP Nr. 26 zu § 4 TVG Geltungsbereich; GK-*Kreutz* Rn 61; *Richardi* Rn 48; MünchArbR-*Matthes* § 239 Rn 77; *WPK/Preis* Rn 15; **aA** jetzt *Kreutz* FS *Säcker* S. 247; vgl. zur Teilnichtigkeit von Gesetzen zuletzt BVerfG 16. 12. 10 – 2 BvL 16/09 – NVwZ-RR 11, 387).

33 Die **Anfechtung** einer BV wegen Willensmängeln (Irrtum, Drohung, arglistige Täuschung) wirkt **nur für die Zukunft,** da eine bereits in Vollzug gesetzte und tatsächlich praktizierte Regelung nicht rückgängig gemacht werden kann. § 142 Abs. 1 BGB findet keine Anwendung (BAG 15. 12. 61 AP Nr. 1 zu § 615 BGB Kurzarbeit; *DKKW-Berg* Rn 54; GK-*Kreutz* Rn 62; WPK/*Preis* Rn 15; *Richardi* Rn 49; MünchArbR-*Matthes* § 239 Rn 49; *Brune* AR-Blattei BV Rn 133). Bezieht sich der Willensmangel nur auf einen Teil der BV, ist eine Teilanfechtung zulässig, sofern – wie bei der Nichtigkeit – der verbleibende Teil noch eine sinnvolle geschlossene Regelung enthält (vgl. GK-*Kreutz* Rn 62). Eine wirksam angefochtene BV wirkt nicht nach Abs. 6 nach (MünchArbR-*Matthes* § 328 Rn 49; GK-*Kreutz* Rn 62).

5. Geltungsbereich

34 Der **räumliche Geltungsbereich** einer **BV** erstreckt sich auf den Betrieb, dessen BR sie abgeschlossen hat (*WPK/Preis* Rn 16; ErfK/*Kania* Rn 32; HSWGNR-*Worzalla* Rn 28). Dessen Rechtssetzungsbefugnis ist auf die Organisationseinheit beschränkt, für die er gewählt ist (vgl. BAG 28. 6. 05 AP Nr. 25 zu § 77 BetrVG 1972 BV). Die Organisationsbegrenzung des BetrVG ist – abgesehen von den Ausnahmen der §§ 3, 4 Abs. 1 S. 2 – zwingend. Der Geltungsbereich einer BV kann daher nicht durch Vereinbarung der Betriebsparteien auf andere, betriebsratslose Betriebe erstreckt werden (BAG 19. 2. 02 AP Nr. 13 zu § 4 BetrVG 1972). Das gilt auch, wenn der **GesBR** kraft Auftrags durch den BR (§ 50 Abs. 2) die BV abgeschlossen hat (GK-*Kreutz* Rn 191). Dagegen gelten BV, die der GesBR im Rahmen seiner originären Zuständigkeit (§ 50 Abs. 1) vereinbart hat, für alle Betriebe des Unternehmens, es sei denn, die BV nimmt einzelne Betriebe aus ihrem Geltungsbereich aus (HSWGNR-*Worzalla* Rn 28). Auch ein Betrieb ohne BR wird gemäß § 50 Abs. 1 S. 1 Halbs. 2 von einer vom GesBR abgeschlossenen BV erfasst (Näheres vgl. § 50 Rn 29 ff.). Das Gleiche gilt grundsätzlich auch für Betriebe, die nach Abschluss der GesBV neu errichtet oder nach § 613a erworben worden sind (vgl. § 50 Rn 76; *R-Worzalla* Rn 28; *DKKW-Berg* Rn 15; vgl. auch LAG München DB 89, 1880; **aA** *Sowka/Weiss* DB 91, 1518). Mit dem **KBR** im Rahmen seiner originären Zuständigkeit (§ 58 Abs. 1) abgeschlossene BV erfassen alle Konzernunternehmen, sofern die BV keinen eingeschränkten Geltungsbereich festlegt (vgl. § 58 Rn 28 ff.). Der Streit darüber, ob eine vom GesBR geschlossene BV für einen Betrieb gilt oder ob dies – mangels Zuständigkeit des GesBR – nicht der Fall ist, kann in einem Beschlussverfahren zwischen BR, GesBR und ArbGeb. geklärt werden (vgl. BAG 9. 12. 03 AP Nr. 27 zu § 50 BetrVG 1972).

Der **persönliche Geltungsbereich** einer BV (vgl. dazu *Kreutz* ZfA 03, 361) erstreckt sich grundsätzlich auf alle ArbN des Betriebs, einschl. der in Heimarbeit Beschäftigten, die in der Hauptsache für den Betrieb arbeiten (§ 5 Abs. 1, Näheres vgl. dort Rn 15 ff.). Die Gewerkschaftszugehörigkeit spielt keine Rolle. Das gilt auch dann, wenn die BV in Ausführung eines TV abgeschlossen wird (GK-*Kreutz* Rn 172; HSWGNR-*Worzalla* Rn 27). Die BV erfasst auch nach ihrem Abschluss neu in den Betrieb eingetretene ArbN (BAG 5. 9. 60 AP Nr. 4 zu § 399 BGB; DKKW-*Berg* Rn 35; HSWGNR-*Worzalla* Rn 29; ErfK/*Kania* Rn 32; *Brune* AR-Blattei BV Rn 432). Der persönliche Geltungsbereich der BV kann – sofern dem nicht der betriebsverfassungsrechtliche Gleichbehandlungsgrundsatz entgegensteht – beschränkt werden, zB auf bestimmte Betriebsabteilungen oder bestimmte ArbNGruppen wie Akkordarbeiter, ArbN im Außen- oder Schichtdienst, Azubi, weibliche ArbN (vgl. BAG 1. 2. 57 AP Nr. 1 zu § 32 SchwbeschG; DKKW-*Berg* Rn 35; GK-*Kreutz* Rn 177; HSWGNR-*Worzalla* Rn 34; ErfK/*Kania* Rn 33). Die BV erfasst im Betrieb beschäftigte LeihArbN, soweit sie Angelegenheiten regelt, bei denen die LeihArbN den Weisungen des Entleihers unterliegen, zB in Bezug auf die Ordnung des Betriebs oder die Lage der Arbeitszeit (*Richardi* Rn 80). Da die normative Wirkung einer BV grundsätzlich räumlich und zeitlich auf den Betrieb begrenzt ist, dessen Belegschaft sie repräsentiert, endet sie regelmäßig für die ArbN, die aus dem Betrieb ausscheiden (BAG 28. 6. 05 AP Nr. 25 zu § 77 BetrVG 1972 BV). Dies gilt allerdings nicht ausnahmslos. So können u. a. Regelungen in Sozialplänen in ihrer normativen Wirkung die Betriebszugehörigkeit überdauern (vgl. Rn 163; BAG 28. 6. 05 AP Nr. 25 zu § 77 BetrVG 1972 BV; GK-*Kreutz* Rn 379; DKKW-*Berg* Rn 48; HSWGNR-*Worzalla* Rn 31). Werden etwa Teile der Belegschaft in einen anderen Betrieb desselben ArbGeb. übernommen, verliert ein Sozialplan für diese ArbN nicht seine normative Wirkung (vgl. BAG 24. 3. 01 AP Nr. 12 zu § 112 BetrVG 1972; 21. 1. 03 AP Nr. 1 zu § 21a BetrVG 1972; 28. 6. 05 AP Nr. 25 zu § 77 BetrVG 1972 BV). **35**

Die **BV gilt nicht** für die in § 5 Abs. 2 bezeichneten Personen. Mangels einer ausdrücklichen anderweitigen Regelung gilt sie ferner nicht für leit. Ang. (BAG 31. 1. 79 AP Nr. 8 zu § 112 BetrVG 1972; DKKW-*Berg* Rn 35; WPK/*Preis* Rn 16; GK-*Kreutz* Rn 174; *Richardi* Rn 73). Bezieht eine BV die leit. Ang. in ihre Regelungen ein, so ist hierin weder ein Vertrag zugunsten Dritter zu sehen (so aber BAG 31. 1. 79 AP Nr. 8 zu § 112 BetrVG 1972) noch ein Handeln des BR als Vertr. ohne Vertretungsmacht (so *Hanau* RdA 79, 329). Das folgt aus dem Charakter der BV als Normenvertrag (GK-*Kreutz* Rn 175; HSWGNR-*Worzalla* Rn 35). In einer derartigen Regelung kann allenfalls ein Vertragsangebot des ArbGeb. liegen, mit den leit. Ang. eine entsprechende vertragliche Regelung zu treffen (GK-*Kreutz* Rn 175; ErfK/*Kania* Rn 32). Im Hinblick auf die durch § 28 SprAuG für den ArbGeb. und den Sprecherausschuss eröffnete Möglichkeit, mit unmittelbarer und zwingender Wirkung Richtlinien über den Inhalt, den Abschluss und die Beendigung der Arb-Verh. der leit. Ang. zu vereinbaren, bedarf es auch keines Tätigwerdens des BR. **36**

Die **BV erstreckt** sich grundsätzlich nicht auf ArbN, die bei ihrem Inkrafttreten bereits aus dem Betrieb **ausgeschieden** sind (BAG 19. 6. 62 AP Nr. 5 zu § 1 TVG Rückwirkung). Das gilt allerdings nicht ausnahmslos. So können zB Sozialplanregelungen aus Anlass einer Betriebsänderung auch Leistungen für solche ArbN vorsehen, die bei Abschluss des Sozialplans bereits aus dem Betrieb ausgeschieden sind, deren Ausscheiden jedoch durch die Betriebsänderung veranlasst war (BAG 6. 8. 97, 11. 2. 98 AP Nr. 116, 121 zu § 112 BetrVG 1972; *Kreutz* ZfA 03, 361; HSWGNR-*Worzalla* Rn 31; ErfK/*Preis* Rn 17; WPK/*Preis* Rn 17; *Richardi* Rn 75; *Schaub/Koch* ArbR-Hdb. § 231 Rn 30a; HaKo-BetrVG/*Lorenz* Rn 20). Das Gleiche gilt bei einer nachträglichen Änderung eines Sozialplans für die bereits vor seinem Abschluss ausgeschiedenen ArbN (BAG 5. 10. 00 AP Nr. 141 zu § 112 BetrVG 1972). **37**

Umstritten ist, ob durch BV die Rechtspositionen von **ArbN,** die sich bereits **im Ruhestand** befinden oder **mit unverfallbaren Versorgungsanwartschaften ausgeschieden** sind, wirksam verändert werden können. Die **Rspr. des BAG** und ein **38**

Teil des Schrifttums **verneinen dies** bislang insb. mit der Begründung, dem BR
fehle die Legitimation, die Ruheständler zu vertreten (BAG GS 16. 3. 56 AP Nr. 1
zu § 57 BetrVG; 30. 1. 70, 18. 5. 77, 17. 1. 80 AP Nr. 142, 175, 185 zu § 242 BGB
Ruhegehalt; 10. 11. 77 AP Nr. 8 zu § 242 BGB Ruhegehalt – Unterstützungskassen;
25. 10. 88 AP Nr. 1 zu § 1 BetrAVG BV; 13. 5. 97 AP Nr. 65 zu § 77 BetrVG 1972;
ausdrücklich offen gelassen aber in BAG 28. 7. 98 AP Nr. 4 zu § 1 BetrAVG
Überversorgung; 28. 7. 98 AP Nr. 9 zu § 79 LPVG Baden-Württemberg; 12. 10. 04
AP § 1 BetrAVG Hinterbliebenenversorgung Nr. 23; 12. 12. 06 AP Nr. 45 zu § 1
BetrAVG; 10. 2. 09 – 3 AZR 653/07 – NZA 09, 769; ErfK/*Kania* Rn 34; *v. Hoynin-
gen-Huene* RdA 83, 226; *WPK/Preis* Rn 17 a).

39   Nach zutreffender, im **Schrifttum** überwiegend vertretener Auffassung kann die
Regelungszuständigkeit des BR für Ruheständler **nicht generell verneint** wer-
den (vgl. insbes. GK-*Kreutz* Rn 178 ff.; *ders.* ZfA 03, 362; *ders.* FS *Kraft* S. 326 ff.;
Dieterich NZA 84, 273, 278; *Hanau* ZfA 74, 89, 107 f.; *Schwerdtner* ZfA 75, 171; *Waltermann* NZA 96, 363; *ders.* NZA 98, 505, 507; *Schaub/Koch* ArbR-Hdb. § 231
Rn 30 a; *HSWGNR-Worzalla* Rn 30; *Brune* AR-Blattei BV Rn 439 ff.; *DKKW-Berg*
Rn 36; HaKo-BetrVG/*Lorenz* Rn 20; *Herschel* FS Hilger/Stumpf S. 311 ff.; *Rüthers/
Bakker* Anm. zu BAG 25. 10. 88 EZA § 77 BetrVG 1972 Nr. 26; *Schulin* ZfA 81,
702; *ders.* NZA 98, 505; *Konzen/Jacobs* FS *Dieterich* S. 297). Allerdings ist die Legitimation des BR insoweit geringer, als die Ruheständler an den BRWahlen nicht mehr
teilnehmen. Gleichwohl steht dies seiner Regelungsbefugnis wohl nicht entgegen.
Zum einen handelt es sich bei betrieblichen Ruhegeldleistungen und auch bei der
(weiteren) Überlassung einer Werkmietwohnung stets um Leistungen des ArbGeb.,
die ihren Geltungsgrund in dem früheren Arbeitsverhältnis haben. Sie werden nur
mit Rücksicht auf ein bestehendes bzw. früheres Arbeitsverhältnis gewährt (GK-
Kreutz Rn 184; *HSWGNR-Worzalla* Rn 31; *Richardi* Rn 78). Zum andern sind derartige Leistungen in aller Regel Teil einer die aktiven und bereits ausgeschiedenen
ArbN umfassenden kollektiven Ordnung. Sie werden durch das Ausscheiden des
ArbN – mangels einer § 613 a Abs. 1 S. 2 BGB entsprechenden Regelung – nicht in
einen schuldrechtlichen Anspruch transformiert (vgl. *Kreutz* ZfA 03, 361, 368 mwN;
aA aber BAG 13. 5. 97 AP Nr. 65 zu § 77 BetrVG 1972). Da die Ruheständler
weiterhin von der kollektiven Ordnung mit erfasst werden, unterfallen sie auch deren
Änderungen. Als Gestalter einer solchen Änderung kommen nur die Betriebsparteien
in Betracht. Bei Änderungen, die für die Ruheständler günstig sind, ist dies ohnehin
unproblematisch. Aber auch für verschlechternde Regelungen besteht die Regelungsbefugnis der Betriebsparteien fort. Insbesondere wenn wegen der schwierigen
Lage des Betriebs die Notwendigkeit besteht, Leistungen für die aktiven ArbN zu
kürzen, erscheint es nicht sachgerecht, die Ruheständler hiervon vollständig auszunehmen (vgl. zum Abbau einer unangemessenen Überversorgung BAG 9. 7. 85 AP
Nr. 6 zu § 1 BetrAVG Ablösung). Vor ungerechtfertigten oder zu weitreichenden
Kürzungen der Ruhestandsbezüge sind die Betriebsrentner durch das Verbot der
Rückwirkung, die Grundsätze der Gleichbehandlung, des Vertrauensschutzes und der
Verhältnismäßigkeit sowie durch das vom Dritten Senat des BAG hierzu entwickelte
dreistufige Prüfungsschema geschützt (vgl. dazu Rn 193).
    Auch nach Ansicht des BAG (13. 5. 97 AP Nr. 65 zu § 77 BetrVG 1972) ist bei
einer BV, die gleiche Leistungen an aktive ArbN und Pensionäre vorsieht (hier:
Zuschuss zu Leistungen der gesetzl. Krankenversicherung), der nach Beendigung
des ArbVerhältnis entstehende Individualanspruch des Pensionärs auch ohne ausdrückliche Vereinbarung mit dem Vorbehalt einer späteren kollektivrechtlichen
Regelung für die aktive Belegschaft belastet, der eine Besser- oder Schlechterstellung
der Pensionäre einschließt (sog. Jeweiligkeitsklausel; vgl. *HSWGNR-Worzalla* Rn 31;
ErfK/*Kania* Rn 34; *Schaub/Koch* ArbR-Hdb. § 231 Rn 30 a).

40   Der **zeitliche Geltungsbereich** der BV wird grundsätzlich durch die Betriebspartner festgelegt (zur Beendigung einer BV vgl. Rn 142 ff.). Sofern die BV keine ausdrückliche Regelung über ihr Inkrafttreten enthält, gilt sie vom Tage ihres Abschlus-

ses an. Maßgeblich ist das Vorliegen aller erforderlichen Unterschriften. Der Tag der Auslegung im Betrieb ist unerheblich. Das Inkrafttreten einer BV kann von einer für die Betriebspartner klar erkennbaren Bedingung abhängig gemacht werden (vgl. zu einem vorsorglichen Sozialplan BAG 1. 4. 98 AP Nr. 123 zu § 112 BetrVG 1972; vgl. zur auflösenden Bedingung in einem Sozialplan BAG 22. 7. 03 AP Nr. 160 zu § 112 BetrVG 1972). Beruht die BV auf einem Spruch der E-Stelle, gilt sie nicht bereits ab Beschlussfassung, sondern erst ab dem Zeitpunkt, in dem der Spruch beiden Betriebspartnern nach § 76 Abs. 3 S. 2 zugestellt worden ist (GK-*Kreutz* Rn 193). Haben sich die Betriebspartner im freiwilligen E-Stellenverfahren die Annahme des Spruches vorbehalten, gilt die BV, wenn beide die Annahme des Spruches erklärt haben.

Eine BV kann **rückwirkend** in Kraft gesetzt werden (BAG 19. 9. 95 AP Nr. 61 zu **41** § 77 BetrVG 1972; 8. 3. 77 AP Nr. 1 zu § 87 BetrVG 1972 Auszahlung; *HSWGNR-Worzalla* Rn 44; *Richardi* Rn 128 ff.; ErfK/*Kania* Rn 35; zur Rückwirkung von TV vgl. BAG 23. 11. 94, 17. 5. 00 AP Nr. 12, 19 zu § 1 TVG Rückwirkung; *Münch-ArbR-Matthes* § 239 Rn 29 f.; **aA** GK-*Kreutz* Rn 195). Die Rückwirkung erfasst aber grundsätzlich nicht mehr die ArbN, die in dem Rückwirkungszeitraum aus dem Betrieb ausgeschieden sind (BAG 16. 3. 56 AP Nr. 1 zu § 57 BetrVG; 30. 1. 70 AP Nr. 142 zu § 242 BGB Ruhegehalt; *v. Hoyningen-Huene* RdA 83, 226). Das gilt auch bei Veräußerung eines Betriebsteils (vgl. für TV: BAG 13. 9. 94 AP Nr. 11 zu § 1 TVG Rückwirkung).

Rückwirkende Regelungen sind **nicht unbeschränkt zulässig.** Sie sind nach **42** den – letztlich verfassungsrechtlichen – für Normen entwickelten Regeln über die **echte** und **unechte Rückwirkung** zu beurteilen (**vgl. dazu Rn 193 ff.**). Sie sind nicht möglich, wenn Rechte und Pflichten nachträglich nicht mehr erfüllt werden können. Deshalb können sog. Betriebsnormen, zB über die Ordnung des Betriebs oder das Verhalten der ArbN im Betrieb, nicht rückwirkend in Kraft gesetzt werden (GK-*Kreutz* Rn 196; *Richardi* Rn 129). Dasselbe gilt für sog. Abschlussnormen; Vorschriften über die Begründung des Arbeitsverhältnisses können nicht bereits entstandene Arbeitsverhältnisse erfassen. Es wäre dies eine Fall unzulässiger echter Rückwirkung (vgl. Rn 194).

Bei BV über materielle Arbeitsbedingungen, insb. auch über Sozialleistungen sind **43** rückwirkende Regelungen, die den ArbN günstig sind, problemlos zulässig (vgl. BAG 6. 3. 84 AP Nr. 10 zu § 1 BetrAVG). Der ArbGeb. bedarf beim freiwilligen Abschluss einer BV keines (Vertrauens-)Schutzes (GK-*Kreutz* Rn 200; *Richardi* Rn 131). Falls allerdings die E-Stelle durch Spruch entscheidet, muss sie den Grundsatz des Vertrauensschutz auch zugunsten des ArbGeb. beachten.

Die **rückwirkende Ablösung** einer BV durch eine für die **ArbN ungünstigere 44** ist nur zulässig, wenn die ArbN – unter Beachtung des Grundsatzes des Vertrauensschutzes – mit einer rückwirkenden Verschlechterung der bisherigen Regelung rechnen mussten (BAG 19. 9. 95 AP Nr. 61 zu § 77 BetrVG 1972; GK-*Kreutz* Rn 198; *HSWGNR-Worzalla* Rn 46; *Richardi* Rn 130; *MünchArbR-Matthes* § 328 Rn 30; *Linsenmaier* FS *Kreutz* S. 271, 279; vgl. für TV BAG 23. 11. 94, 17. 5. 00 AP Nr. 12, 19 zu § 1 TVG Rückwirkung; zur Zulässigkeit rückwirkender tariflicher Öffnungsklauseln vgl. BAG 20. 4. 99, 29. 10. 02 AP Nr. 12, 18 zu § 77 BetrVG 1972 Tarifvorbehalt; 29. 1. 02 EzA § 77 BetrVG 1972 Nr. 71). Ein die Rückwirkung ausschließender Vertrauensschutz liegt nicht vor, wenn die bisher bestehende BV vom ArbGeb. gekündigt worden oder sonst abgelaufen ist und die neue erst nach langwierigen Verhandlungen abgeschlossen und ihr Rückwirkung auf den Zeitpunkt des Endes der bisherigen BV beigelegt wird (BAG 8. 3. 77 AP Nr. 1 zu § 87 BetrVG 1972 Auszahlung; zu TV vgl. BAG 8. 9. 99 AP Nr. 33 zu § 4 TVG Nachwirkung). Das gilt insb., wenn die ArbN über die Verhandlungen der Betriebspartner unterrichtet worden sind. Auch wenn die Rechtslage unklar und verworren ist und deshalb für die ArbN kein Vertrauenstatbestand entstehen konnte, kann ein rückwirkendes Inkrafttreten zulässig sein (*Richardi* Rn 130; GK-*Kreutz* Rn 198; vgl. für Gesetze

BVerfGE 13, 272). Zur Frage, inwieweit durch BV Ansprüche der ArbN aus dem
Arbeitsvertrag, aus betrieblichen Einheitsregelungen oder aus einer vorausgegangenen
Betriebsvereinbarung gekürzt werden können **vgl. Rn 192 ff.**

IV. Gegenstand der Betriebsvereinbarungen

45 Die Betriebsparteien haben aufgrund der ihnen verliehenen Betriebsautonomie
eine grundsätzlich **umfassende Kompetenz zur Regelung betrieblicher und
betriebsverfassungsrechtlicher Fragen** sowie **formeller und materieller Arbeitsbedingungen** (stdg. Rspr. des BAG, vgl. BAG GS 16. 3. 56 AP Nr. 1 zu
§ 57 BetrVG; 7. 11. 89 AP Nr. 46 zu § 77 BetrVG 1972; 19. 10. 05 AP Nr. 26 zu
§ 77 BetrVG 1972 BV; BAG 18. 7. 06 AP Nr. 15 zu § 850 ZPO; 12. 12. 06 AP
Nr. 94 zu § 77 BetrVG 1972; 7. 6. 11 – 1 AZR 807/09 –; § 88 Rn 2; GK-*Kreutz*
§ 77 Rn 83 ff.; *ders.* Grenzen der Betriebsautonomie S. 208 ff., 222; *DKKW-Berg*
Rn 37; ErfK/*Kania* Rn 36; MünchArbR *Matthes* § 238 Rn 47 ff.; *Kreutz* FS *Schmidt-
Jortzig* S. 753, 754; *Linsenmaier,* RdA 08, 1, 4 ff.; aA *Richardi* Rn 67; *Veit,* Die funktionelle Zuständigkeit des BR S. 207 ff.; *Benrath* Tarifvertragliche Öffnungsklauseln
zur Einführung variabler Entgeltbestandteile durch BV S. 55 ff., 93 f.).

46 Gegenstand einer BV können grundsätzlich **alle materiellen und formellen
Arbeitsbedingungen** sein (BAG 9. 4. 91 AP Nr. 1 zu § 77 BetrVG 1977 Tarifvorbehalt; 6. 8. 91 AP Nr. 52 zu § 77 BetrVG 1972; 19. 10. 05 AP Nr. 26 zu § 77
BetrVG 1972 BV; 18. 7. 06 AP Nr. 15 zu § 850 ZPO; 12. 12. 06 AP Nr. 94 zu § 77
BetrVG 1972; *DKKW-Berg* Rn 37; ErfK/*Kania* Rn 36; GK-*Kreutz* Rn 83 ff.; vgl.
aber auch *ders.* Grenzen der Betriebsautonomie S. 239, 248; MünchArbR-*Matthes*
§ 327 Rn 51; *Brune* AR-Blattei BV Rn 183 ff.; **enger** *Richardi* Rn 71 f.; *Veit* Die
funktionelle Zuständigkeit des BR S. 272 ff.; *Reichold* Betriebsverfassung als Sozialprivatrecht S. 511 ff., 526 ff.; *Säcker* Gruppenautonomie und Übermachtkontrolle im
Arbeitsrecht S. 450 ff.; skeptisch auch *WPK/Preis* Rn 18). Dies folgt im **Umkehrschluss aus § 77 Abs. 3 S. 1** (vgl. BAG GS 7. 11. 89 AP Nr. 46 zu § 77 BetrVG
1972; 12. 12. 06 AP Nr. 94 zu § 77 BetrVG 1972; 7. 6. 11 – 1 AZR 807/09 –;
Kreutz FS *Schmidt-Jortzig* S. 753, 754). Der Schluss ist zwar aussagenlogisch nicht
zwingend (*Veit,* Die funktionelle Zuständigkeit des BR S. 209), drängt sich jedoch
nach dem gesetzlichen Gesamtzusammenhang auf (*Linsenmaier,* RdA 08, 1, 4). Für
eine umfassende Regelungskompetenz spricht ferner, dass freiwillige BV nach § 88
nicht auf die dort genannten Gegenstände beschränkt sind, sondern, wie sich aus dem
der Aufzählung vorangestellten Wort „insbesondere" ergibt, auch über andere Gegenstände möglich sind (BAG 12. 12. 06 AP Nr. 94 zu § 77 BetrVG 1972). Die Annahme einer umfassenden Regelungskompetenz der Betriebsparteien steht in Übereinstimmung mit den Gesetzesmaterialien (vgl. BT-Drucks. VI/1786, S. 47) und wird
durch § 28 Abs. 1, Abs. 2 S. 1 SprAuG indirekt bestätigt (BAG 7. 11. 89 AP Nr. 46
zu § 77 BetrVG 1972; 12. 12. 06 AP Nr. 94 zu § 77 BetrVG 1972). Die Betriebsparteien haben auch die Befugnis, in freiwilligen BV **Regelungen** zu treffen, **welche
die ArbN belasten** (BAG 12. 12. 06 AP Nr. 94 zu § 77 BetrVG 1972; *Linsenmaier,*
RdA 08, 1, 4). Ihre Kompetenz ist nicht auf solche Regelungen beschränkt, für die
der ArbGeb. gegenüber dem ArbN die einseitige Regelungsbefugnis hat (BAG
12. 12. 06 AP Nr. 94 zu § 77 BetrVG 1972; **aA** *Veit,* Die funktionelle Zuständigkeit
des BR S. 272 ff.; *Reichold,* Betriebsverfassung als Sozialprivatrecht S. 511 ff., 526 ff.;
Säcker, Gruppenautonomie und Übermachtkontrolle im Arbeitsrecht S. 450 ff.; dass
den Betriebsparteien eröffnete Möglichkeit, durch BV normativ in die durch **Art. 2
Abs. 1 GG** geschützte Handlungsfreiheit einzugreifen, ist mit dem GG vereinbar
(BAG 12. 12. 06 AP Nr. 94 zu § 77 BetrVG 1972; *Linsenmaier,* RdA 08, 1, 5 ff.). Die
durch das BetrVG den Betriebsparteien verliehene Betriebsautonomie genügt den
Grundsätzen, die das **BVerfG zur Normsetzung in funktionaler Selbstverwal-
tung** entwickelt hat (BVerfG 9. 5. 72 NJW 72, 1504 „Facharztbeschluss"; 13. 7. 04

NJW 05, 45 „Notarkassensatzung"; BAG 12. 12. 06 AP Nr. 94 zu § 77 BetrVG 1972; *Linsenmaier*, RdA 08, 1, 6).

Regelungen über **betriebliche Fragen** betreffen die Gesamtheit oder Gruppen der 47 Arbeitnehmerschaft des Betriebs. Sie haben nur mittelbare Wirkung für das Einzelarbeitsverhältnis, gleichwohl aber normativen Charakter (*Richardi* Rn 55; GK-*Kreutz* Rn 207 ff.). Hierher gehören insb. die in § 87 Abs. 1 Nr. 1, 6, 7, 8 und 12 und die in § 88 Nr. 1 und 2 genannten Angelegenheiten, soweit sie nicht unmittelbar den Inhalt des einzelnen Arbeitsverhältnisses, wohl aber das betriebliche Rechtsverhältnis der ArbN gestalten. Betriebliche Normen enthalten auch BV nach § 91 über Maßnahmen zur Abwendung besonderer Belastungen der ArbN oder nach § 98 über betriebliche Berufsbildungsmaßnahmen, soweit sie keine individualrechtlichen Ansprüche begründen. Entsprechendes gilt für freiwillige BV über Fragen der Personalplanung nach § 92 oder der Beschäftigungssicherung nach § 92a. Betriebliche Normen regeln nicht die Arbeitsbedingungen iSv. Abs. 3 S 1. Dessen Sperrwirkung gilt daher nicht.

Betriebsvereinbarungen über **betriebsverfassungsrechtliche Fragen** betreffen 48 die Rechtsstellung der Organe des Betriebs. Sie dürfen nicht gegen zwingende gesetzliche Vorschriften verstoßen (GK-*Kreutz* Rn 210). Ausdrücklich sieht das BerVG die Regelung betriebsverfassungsrechtlicher Fragen vor in §§ 3, 28a, 38 Abs. 1 S. 3, 47 Abs. 4, 5 und 9, 55 Abs. 4, 72 Abs. 4 und 5, 76 Abs. 1 und 4 sowie in § 102 Abs. 6.

Nach **§ 325 Abs. 2 UmwG** kann in Fällen, in denen die umwandlungsrechtliche 49 Spaltung oder Teilübertragung eines Unternehmens die Spaltung eines Betriebs zur Folge hat und dies zu einem Wegfall von (Beteiligungs-)Rechten des BR führt, durch BV oder TV die **Weitergeltung dieser Rechte** vereinbart werden. Diese Möglichkeit der Aufrechterhaltung der bisherigen Rechte des BR ist insbesondere von Bedeutung, soweit die Rechte von der Beschäftigung einer Mindestzahl (wahlberechtigter) ArbN abhängig sind, wie zB in §§ 38, 95, und diese Mindestzahl infolge der Betriebsspaltung nicht mehr erreicht wird. Das gilt allerdings nicht in Bezug auf die Größe des BR und die Bildung und Größe des BetrAusschusses. Die Möglichkeit der Aufrechterhaltung des bisherigen Status besteht auch in Bezug auf Rechte, die dem BR über die gesetzliche Regelung hinausgehend durch TV oder BV eingeräumt worden sind (*Wlotzke* DB 95, 46; *Däubler* RdA 95, 145). Näheres zu § 325 Abs. 2 UmwG vgl. § 1 Rn 175 f. sowie *Wißmann* in *Widmann/Mayer* Umwandlungsrecht § 325 UmwG Rn 53 ff.

Eine BV entfaltet wie jeder Normenvertrag auch **schuldrechtliche Wirkungen** 50 zwischen ArbGeb. und BR (*Heinze* NZA 94, 582; *WPK/Preis* Rn 35; *Richardi* Rn 190; ErfK/*Kania* Rn 5; aA GK-*Kreutz* Rn 187). Hierfür ist nicht erforderlich, dass der ArbGeb. dem BR die Durchführung der BV ausdrücklich verspricht. Dies wird besonders deutlich, wenn der ArbGeb. – als Verpflichteter – oder der BR – als Erklärungsempfänger – die zum Abschluss der BV erforderlichen Willenserklärungen nicht abgeben, sondern diese durch einen Spruch der E-Stelle ersetzt werden (vgl. Abs. 1, 6). Auch in diesem Fall „führt" der ArbGeb. gemäß Abs. 1 die Vereinbarung durch. Dies ist keine Zustandsbeschreibung sondern die Beschreibung einer Pflicht des ArbGeb. Dabei entspricht der Durchführungspflicht nach zutreffender, ganz allgemeiner Auffassung ein Durchführungsanspruch des BR (vgl. Rn 4; vgl. BAG 24. 2. 87, 10. 11. 87 AP Nr. 21, 24 zu § 77 BetrVG 1972; 21. 1. 03 AP Nr. 1 zu § 21a BetrVG 1972; GK-*Kreutz* Rn 24; ErfK/*Kania* Rn 5). Daher entfaltet eine BV unbeschadet ihrer normativen Wirkung nach Abs. 4 S. 1. auch schuldrechtliche Wirkungen zwischen den Betriebsparteien. Es entsteht ein betriebsverfassungsrechtliches Schuldverhältnis. Zu diesem gehört auch die wechselseitige Verpflichtung, Maßnahmen zu unterlassen, die der Vereinbarung widersprechen (vgl. Rn 7; BAG 10. 11. 87 AP Nr. 24 zu § 77 BetrVG 1972; 21. 1. 03 AP Nr. 1 zu § 21a BetrVG 1972). Schon begrifflich liegt allerdings dann keine BV mehr vor, wenn die Vereinbarung keinerlei normative Regelungen enthält, sondern sich ausschließlich auf schuldrechtliche Verpflichtungen zwischen ArbGeb. und BR beschränkt. In diesem

Fall handelt es sich unabhängig von der Bezeichnung durch die Betriebsparteien der Sache nach um eine Regelungsabrede (vgl. dazu Rn 216 ff.; ErfK/*Kania* Rn 127; GK-*Kreutz* Rn 187; **aA** *Heinze* NZA 94, 582). Der Wirksamkeit und Durchsetzbarkeit dieser Abreden tut dies keinen Abbruch. Sie entfalten aber keine Nachwirkung nach Abs. 6.

51   Der Anspruch auf Erfüllung schuldrechtlicher Verpflichtungen ist im arbeitsgerichtlichen **BeschlVerf.** geltend zu machen. Bei einer groben Verletzung dieser Pflichten kommen Sanktionen nach § 23 in Betracht (*Richardi* Rn 191).

V. Schranken der Regelungsmacht der Betriebspartner

52   Die grundsätzlich umfassende **Befugnis der Betriebspartner,** durch BV die Arbeitsverhältnisse sowie betriebliche und betriebsverfassungsrechtliche Fragen normativ zu gestalten, unterliegt **Binnenschranken** (BAG 12. 12. 06 AP Nr. 94 zu § 77 BetrVG 1972; 7. 6. 11 – 1 AZR 807/09 –). Einschränkungen ergeben sich aus **vorrangigem staatlichen Recht** (vgl. Rn 53 f.), aus den **Individualrechten der ArbN** und dem bei Eingriffen zu beachtenden **Verhältnismäßigkeitsgrundsatz** (vgl. Rn 55 ff.) sowie dem in Abs. 3 normierten **Tarifvorrang** (vgl. Rn 67 ff.). Bei ablösenden, verschlechternden BV sind das **Rückwirkungsverbot** sowie die Grundsätze der **Verhältnismäßigkeit und des Vertrauensschutzes** zu beachten (vgl. Rn 194, 208). Im Verhältnis zu individualvertraglichen Rechten und Pflichten gilt das **Günstigkeitsprinzip** (vgl. Rn 196 ff.). Dieses beschränkt allerdings nicht die Regelungsbefugnis der Betriebsparteien, sondern ist eine Kollisionsregel.

1. Vorrang des Gesetzes

53   Die Betriebsparteien haben **zwingendes staatliches Recht** zu beachten (*WPK/ Preis* Rn 25; *Kreutz* FS *Schmidt-Jortzig* S. 753, 755). Hierzu zählen staatliche Gesetze und VO, die öffentlich-rechtlichen Unfallverhütungsvorschriften der Berufsgenossenschaften sowie die durch Richterrecht entwickelten Rechtsgrundsätze. Das durch staatliche Regelungen gestaltete Arbeitsrecht ist **meist** im Interesse der ArbN **einseitig zwingend.** Günstigere Regelungen für die ArbN sind daher zulässig. Das gilt allerdings nicht uneingeschränkt. So sind zB **§§ 134, 138 BGB** beidseitig zwingend. Daher ist eine BV nach § 138 BGB unwirksam, durch die Auszahlungs- und Fälligkeitszeitpunkt einer Jahressonderzahlung mit dem Ziel vorverlegt werden, diese zu Lasten der Umlageverpflichteten gemäß § 183 Abs. 1 S. 1 Nr. 1 SGB III beim Insolvenzgeld zu berücksichtigen (BSG 18. 3. 04 ZInsO 05, 110; *Roeder* in *Niesel* SGB III § 183 Rn 95). Zwingend vorgeschrieben ist auch die Beachtung der in § 75 genannten Grundsätze, insb. des **Gleichbehandlungsgrundsatzes** (vgl. dazu insb. § 75 Rn 30 ff.), des **Persönlichkeitsschutzes** (vgl. dazu Rn 55 f.; § 75 Rn 136 ff.) und der über diese Vorschriften **transformierten Verpflichtung zur Beachtung der grundrechtlichen Wertentscheidungen** (vgl. § 75 Rn 1, 25 ff.; GK-*Kreutz* Rn 294; *DKKW-Berg* Rn 9; *Richardi* Rn 100 ff.; *WPK/Preis* Rn 26; *Kreutz* FS *Schmidt-Jortzig* S. 753, 757 ff.). Der in § 75 Abs. 1 S. 1 normierte betriebsverfassungsrechtliche Gleichbehandlungsgrundsatz, dem wiederum der allgemeine Gleichheitssatz des Art. 3 Abs. 1 GG zugrunde liegt, verbietet eine sachlich nicht gerechtfertigte Unterscheidung von ArbNGruppen (vgl. BAG 22. 3. 05 AP Nr. 48 zu § 75 BetrVG 1972). Sind für verschiedene ArbNGruppen unterschiedliche Rechtsfolgen – insb. unterschiedliche Leistungen – vorgesehen, verlangt der Gleichheitssatz, dass die Unterschiedlichkeit sachlich gerechtfertigt ist. Dabei sind an eine personenbezogene Ungleichbehandlung strengere Anforderungen zu stellen als an eine sachverhaltsbezogene (BAG 22. 3. 05 AP Nr. 48 zu § 75 BetrVG 1972; vgl. auch BAG 27. 5. 04 AP Nr. 5 zu § 1 TVG Gleichbehandlung). Maßgeblich für das Vorliegen eines Sachgrundes ist vor allem der mit der Regelung verfolgte Zweck. Hinsichtlich der tatsäch-

lichen Voraussetzungen und der Folgen der von ihnen gesetzten Regelungen haben die Betriebsparteien einen **Beurteilungsspielraum** und eine **Einschätzungsprärogative** (BAG 22. 3. 05 AP Nr. 48 zu § 75 BetrVG 1972). Zu beachten sind insbesondere die **Diskriminierungsverbote des AGG** (vgl. dazu § 75 Rn 58 ff.; zur Begründung des AGG und zu Schrifttumsnachweisen vgl. NZA 2006 Beilage zu Heft 16; zur Bedeutung des AGG, insb. des Verbots der Altersdiskriminierung für Sozialpläne vgl. §§ 112, 112a Rn 145 ff.; BAG 26. 5. 09 – 1 AZR 198/08 – NZA 09, 849). Die Betriebsparteien haben das Maßregelungsverbot des **§ 612a BGB** zu beachten (BAG 18. 9. 07 AP Nr. 33 zu § 77 BetrVG 1972 BV). Das BAG hält es jedoch für zulässig, Leistungen der betrieblichen Altersversorgung von Regelungen zur Flexibilisierung der Arbeitszeit abhängig zu machen (BAG 18. 9. 07 AP Nr. 33 zu § 77 BetrVG 1972 BV). Sofern staatliches Recht abweichende Regelungen nur durch TV gestattet (sog. tarifdispositives Gesetzesrecht: vgl. zB § 622 Abs. 4 BGB, § 4 Abs. 4 EFZG, § 13 BUrlG, § 23 TzBfG; §§ 21a, 21b JugArbSchG), kann nicht durch BV zuungunsten der ArbN von der gesetzlichen Regelung abgewichen werden (GK-*Kreutz* Rn 296; *DKKW-Berg* Rn 10; *Richardi* Rn 91; vgl. aber auch die tarifdispositiven §§ 7, 12 ArbZG, die bei einer entsprechenden tariflichen Zulassung auch Abweichungen vom Gesetz durch BV gestatten). Das Gleiche gilt für Abweichungen von sog. tarifdispositiven Richterrecht, etwa bei den Gratifikationsrückzahlungsklauseln (*Richardi* Rn 92; eingehend GK-*Kreutz* Rn 297 mit Beispielen aus der Praxis). Tritt während des Laufs einer BV ein Gesetz in Kraft, das der BV entgegensteht, so endet deren Wirkung regelmäßig mit Wirkung ex nunc. Eine rückwirkende Unwirksamkeit der BV scheidet in der Regel aus. Dagegen unterliegen BV keiner Inhaltskontrolle nach §§ 305 ff. BGB (BAG 1. 2. 06 AP Nr. 28 zu § 77 BetrVG 1972 BV; 12. 12. 06 AP Nr. 94 zu § 77 BetrVG 1972; *Albicker/Wiesenecker* BB 08, 2631; *Linsenmaier* RdA 08, 1, 9). Diese Vorschriften finden gemäß § 310 Abs. 4 Satz 1 BGB keine Anwendung auf BV.

Zum zwingenden staatlichen Recht gehört auch das **BetrVerfG**. Deshalb können **54** BV nur insoweit von seinen Organisationsvorschriften abweichen, als dies gesetzlich gestattet ist (vgl. zB §§ 3, 28a, 38 Abs. 1 S. 5, § 47 Abs. 4, 5 und 9; § 325 Abs. 2 UmwG, vgl. dazu Rn 49). Ferner kann eine BV dem ArbGeb. die Befugnis zur einseitigen Gestaltung mitbestimmungspflichtiger Angelegenheiten nur einräumen, solange sie die **Substanz der Mitbestimmungsrechte** unberührt lässt (vgl. BAG 2. 3. 82, 28. 10. 86, 23. 3. 99 AP Nr. 6, 20, 80 zu § 87 BetrVG 1972 Arbeitszeit; 26. 7. 88 AP Nr. 6 zu § 87 BetrVG 1972 Provision; 28. 4. 92 AP Nr. 11 zu § 50 BetrVG 1972; 3. 6. 03 AP Nr. 19 zu § 77 BetrVG 1972 Tarifvorbehalt). Vorbehaltlich dieser Grenze kann eine BV allerdings vorsehen, dass der ArbGeb. unter bestimmten, in der BV geregelten Voraussetzungen beteiligungspflichtige Maßnahmen allein treffen kann.

2. Individualrechte der Arbeitnehmer

Bei der Ausübung ihrer Regelungskompetenz haben die Betriebsparteien die **55** **Individualrechte der einzelnen ArbN** zu beachten. Vgl. zum Spannungsverhältnis von betrieblicher Normsetzung und Individualrechten der ArbN *Siebert* FS *Nipperdey* 1955 S. 139; *Canaris* ArbuR 66, 129; *Richardi*, Kollektivgewalt und Individualwille bei der Gestaltung des Arbeitsverhältnisses. München 1968; *Säcker*, Gruppenautonomie und Übermachtkontrolle im Arbeitsrecht, Berlin 1972; GK-*Kreutz* Rn 299 ff.; *ders.* Grenzen der Betriebsautonomie, München 1979; *Reichold*, Betriebsverfassung als Sozialprivatrecht, München 1995; *Waltermann*, Rechtssetzung durch Betriebsvereinbarung zwischen Privatautonomie und Tarifautonomie, Tübingen 1996; *Müller-Francken*, Befugnis zu Eingriffen in die Rechtsstellung der Einzelnen durch BV, Berlin 1997; *Veit*, Die funktionale Zuständigkeit des Betriebsrats, München 1998; *Hänlein* RdA 03, 226; *Franzen* NZA Beil. 3/2006 S. 107; *Linsenmaier*, RdA 08, 1, 5 ff. Der Bereich der privaten Lebensführung ist der Regelungsbefugnis der Betriebsparteien vollständig entzogen (vgl. Rn 56 f.). Im Übrigen haben sie bei Eingriffen in das Persönlichkeitsrecht und die allgemeine Handlungsfreiheit des einzelnen ArbN den Grundsatz der Verhältnismäßigkeit zu beachten (vgl. Rn 58f.).

56   Der Regelungskompetenz der Betriebspartner grundsätzlich entzogen ist insb. die **außerbetriebliche, private Lebensgestaltung** des ArbN (BAG 19. 1. 99, 28. 5. 02 AP Nr. 28, 39 zu § 87 BetrVG 1972 Ordnung des Betriebs; 11. 7. 00 AP Nr. 16 zu § 87 BetrVG 1972 Sozialeinrichtung; 27. 1. 04 AP Nr. 40 zu § 87 BetrVG 1972 Überwachung; 18. 7. 06 AP Nr. 15 zu § 850 ZPO; GK-*Kreutz* Rn 331; *Linsenmaier*, RdA 08, 1, 6f.). Daher können Regelungen über die Gestaltung der Freizeit der ArbN oder über ihre gesunde Lebensführung nicht Gegenstand einer BV sein. Ein betriebliches **Rauchverbot** kann zwar mit betrieblichen Interessen und insb. dem Schutz der Nichtraucher, nicht dagegen damit begründet werden, die Raucher seien vor Schädigungen ihrer eigenen Gesundheit zu schützen (BAG 19. 1. 99 AP Nr. 28 zu § 87 BetrVG 1972 Ordnung des Betriebs). Zur außerbetrieblichen Lebensführung gehören auch Nebenbeschäftigungen. Durch BV kann daher grundsätzlich kein **Verbot einer Nebenbeschäftigung** geregelt werden (GK-*Kreutz* Rn 335; *Richardi* Rn 104; Münch-ArbR *Matthes* § 238 Rn 52; *Brune* AR-Blattei BV Rn 372; vgl. aber auch BAG 28. 5. 02 AP Nr. 39 zu § 87 BetrVG 1972 Ordnung des Betriebs). Auch die Vereinbarung eines generellen **Wettbewerbsverbots** dürfte nicht zulässig sein (aA GK-*Kreutz* Rn 336; HSWGNR-*Worzalla* Rn 70). Nicht ausschließlich dem privaten Bereich, sondern auch dem betrieblichen Geschehen iSv. § 87 Abs. 1 Nr. 1 hat das BAG allerdings sog. **Ethikregeln** zugeordnet, die für Redakteure einer Wirtschaftszeitung den Besitz von Wertpapieren und die Ausübung von Nebentätigkeiten mit dem Ziel einschränken, die Unabhängigkeit der Berichterstattung zu gewährleisten (BAG 28. 5. 02 AP Nr. 39 zu § 87 BetrVG 1972 Ordnung des Betriebs). Ein MBR des BR hat es freilich in diesem Fall wegen des Tendenzschutzes des § 118 Abs. 1 S. 1 verneint. Bei Ethikregeln muss stets sorgfältig geprüft werden, ob nicht ausschließlich der außerbetriebliche, der Regelungsbefugnis der Betriebparteien entzogene Bereich privater Lebensführung betroffen ist. Durch BV kann weder eine Verpflichtung zur Teilnahme an **Betriebsfeiern oder –ausflügen** begründet, noch dürfen Nachteile für den Fall der Nichtteilnahme vorgesehen werden; dies gilt auch, wenn die Veranstaltung während der Arbeitszeit stattfinden (GK-*Kreutz* Rn 337; *Brune* AR-Blattei BV Rn 348; vgl. auch BAG 4. 12. 70 AP Nr. 5 zu § 7 BUrlG). Zulässig ist es aber, bei einer Teilnahme an Betriebsveranstaltungen bes. Leistungen vorzusehen. Eine BV kann nicht den Beitritt zu bestimmten Verbänden oder Vereinen (zB Werkssportverein) vorschreiben oder Regelungen über den **Wohnsitz** oder die **Urlaubsgestaltung** des ArbN treffen (GK-*Kreutz* Rn 334).

57   Da die außerbetriebliche, private Lebensführung der Regelungsbefugnis der Betriebsparteien entzogen ist, können durch BV **keine Lohnverwendungsabreden** getroffen werden (HSWGNR-*Worzalla* Rn 64). Es ist allein die Entscheidung des ArbN, wozu er sein Arbeitsentgelt verwendet. BV über Lohnabzüge zugunsten kirchlicher oder politischer Organisationen sowie sozialer oder gemeinnütziger Zwecke sind deshalb unwirksam (BAG 20. 12. 57 AP Nr. 1 zu § 399 BGB). Das Gleiche gilt für die Kostenbeteiligung auch solcher ArbN an der Kantinenverpflegung, die diese nicht in Anspruch nehmen (BAG 11. 7. 00 AP Nr. 16 zu § 87 BetrVG 1972 Sozialeinrichtung), oder für die Festlegung bestimmter vom Arbeitsentgelt abzuführender Sparquoten. Allerdings bestehen gegen die Vereinbarung besonderer vermögenswirksamer Leistungen, die zu nutzen dem ArbN überlassen bleibt, keine Bedenken (GK-*Kreutz* Rn 332; *Richardi* Rn 104). Bestimmt ein TV oder eine BV, dass ein Teil einer Lohnerhöhung dem ArbN nur in der Form eines **Investivlohnes** zur Verfügung gestellt werden soll, liegt hierin keine unzulässige Lohnverwendungsabrede, da dieser Teil des Lohnanspruchs von vornherein nur mit diesem Inhalt entsteht. Ein **Lohnabtretungsverbot** kann in einer BV nicht vereinbart werden (GK-*Kreutz* Rn 333 mwN; *Brune* AR-Blattei BV Rn 369; aA BAG 20. 12. 57, 5. 9. 60, 2. 6. 66 AP Nr. 1, 4, 8 zu § 399 BGB; DKK-*Berg* Rn 39; *Richardi* Rn 105 mwN; HSWGNR-*Worzalla* Rn 64). Es handelt sich dabei um eine unzulässige Lohnverwendungsabrede.

Es ist nicht Sache der Betriebsparteien, die ArbN vor unvernünftigen oder unbedachten Verfügungen über ihr Arbeitsentgelt zu schützen. Dies gilt umso mehr, als der Gesetzgeber durch § 400 BGB dafür gesorgt hat, dass dem ArbN nicht durch Abtretungen sein Arbeitseinkommen als Lebensgrundlage vollständig entzogen wird. Das Interesse des Arbeitgebers an einer Entlastung seines Lohnbüros genügt nicht, um ein Lohnabtretungsverbot als auch innerbetriebliche Angelegenheit zu erachten. Insoweit gilt nichts anderes als hinsichtlich der **Bearbeitungspauschalen für Lohnpfändungen.** Auch solche können in einer BV nicht wirksam vereinbart werden (BAG 18. 7. 06 AP Nr. 15 zu § 850 ZPO; GK-*Kreutz* Rn 332; *Linsenmaier*, RdA 08, 1, 9 f.). Lohn- und Gehaltspfändungen betreffen nicht das innerbetriebliche Verhalten des ArbN, sondern sind Folgen seiner privaten Lebensführung. Im Übrigen weist die Rechtsordnung die durch den Einbezug in die Titelvollstreckung entstehenden Kosten dem ArbGeb. als Drittschuldner zu. Diese Grundentscheidung des Gesetzgebers darf nicht durch die Auferlegung einer Pfändungsgebühr umgekehrt werden (BAG 18. 7. 06 AP Nr. 15 zu § 850 ZPO; vgl. zur Unwirksamkeit der AGB von Banken, die den Kunden eines Girovertrags die durch Forderungspfändungen entstehenden Kosten auferlegen, BGH NJW 99, 2276). Um eine unzulässige Lohnverwendungsabrede handelt es sich bei der Regelung in einer BV, nach der ArbN die **Kosten für das Kantinenessen** auch dann zu tragen haben, wenn sie dieses nicht in Anspruch nehmen (BAG 11. 7. 00 AP Nr. 16 zu § 87 BetrVG 1972 Sozialeinrichtung). Auch hier ist der Bereich privater Lebensführung betroffen. Es ist nicht Sache der Betriebsparteien, die Essgewohnheiten der ArbN zu steuern.

Auch soweit es um **innerbetriebliche Regelungen** geht, sind die Betriebsparteien **58** in der Ausgestaltung nicht frei. Sie müssen beim Abschluss von Betriebsvereinbarungen gemäß § 75 Abs. 1, Abs. 2 S. 1 die grundrechtlich gewährleisteten **Freiheitsrechte** und damit auch die durch Art. 2 Abs. 1 iVm. Art. 1 Abs. 1 GG geschützte allgemeine **Handlungsfreiheit** und das **allgemeine Persönlichkeitsrecht** (aPR) der ArbN beachten (vgl. BAG 19. 1. 99, 13. 2. 07 AP Nr. 28, 40 zu § 87 BetrVG 1972 Ordnung des Betriebs; 11. 7. 00 AP Nr. 16 zu § 87 BetrVG 1972 Sozialeinrichtung; 29. 6. 04 AP Nr. 41 zu § 87 BetrVG 1972; 18. 7. 06 AP Nr. 15 zu § 850 ZPO; 12. 12. 06 AP Nr. 94 zu § 77 BetrVG 1972; *Eich* NZA 10, 1389; *Kreutz* FS *Schmidt-Jortzig* S. 753, 761 ff.). Dazu gehört auch die durch **Art. 12 Abs. 1 GG** geschützte Freiheit des ArbN, seinen Arbeitsplatz aufzugeben; diese darf nicht durch Stichtagsregelungen unzumutbar beschränkt werden (BAG 12. 4. 11 – 1 AZR 412/09 – NZA 11, 989; 7. 6. 11 – 1 AZR 807/09 –). Allerdings wird die allgemeine Handlungsfreiheit, soweit sie über den Kernbereich der Persönlichkeit hinausgeht, ihrerseits durch die verfassungsmäßige Ordnung beschränkt, zu deren Gesamtheit auch die von den Betriebsparteien geschlossenen BV gehören. Die einzelnen Grundrechtsträger sind aber vor unverhältnismäßigen Grundrechtsbeschränkungen durch privatautonome Regelungen zu schützen. Nach dem daher zu beachtenden **Grundsatz der Verhältnismäßigkeit** muss die von den Betriebsparteien getroffene Regelung geeignet, erforderlich und unter Berücksichtigung der gewährleisteten Freiheitsrechte angemessen sein, um den erstrebten Zweck zu erreichen. **Geeignet** ist sie, wenn mit ihrer Hilfe der erstrebte Erfolg gefördert werden kann. **Erforderlich** ist sie, wenn kein milderes, die Handlungsfreiheit weniger einschränkendes Mittel zur Verfügung steht. **Angemessen** (= proportional) ist sie, wenn sie verhältnismäßig im engeren Sinn erscheint. Hierzu bedarf es einer Gesamtabwägung zwischen der Intensität des Eingriffs und dem Gewicht der ihn rechtfertigenden Gründe. Unter deren Berücksichtigung darf die Regelung für die betroffenen ArbN nicht mit unzumutbaren Belastungen verbunden sein (vgl. BAG 29. 6. 04 AP Nr. 41 zu § 87 BetrVG 1972; 12. 12. 06 AP Nr. 94 zu § 77 BetrVG 1972; 12. 4. 11 – 1 AZR 412/09 – NZA 11, 989; *WPK/Preis* Rn 34). Der für die Überprüfung von BV maßgebliche **Prüfungsmaßstab** der Verhältnismäßigkeit ist **strenger als** der Maßstab **bei** der Überprüfung von **tarifvertraglichen Eingriffen** in die allgemeine Handlungsfreiheit (vgl. BAG 12. 12. 06 AP Nr. 94 zu § 77 BetrVG 1972; *Linsenmaier*, RdA 08, 1, 8; differenzierend zwischen – nur die Mitglieder erfassenden – tariflichen Inhaltsnormen und – die gesamte Belegschaft betreffenden – Betriebsnormen BAG 8. 12. 10 – 7 ABR 98/09 – NZA 11, 751). Daher können Regelungen, die in TV wirksam sind, sich in BV als unwirksam erweisen (vgl. zu einer Ausschlussfristenregelung BAG 12. 12. 06 AP Nr. 94 zu § 77 BetrVG 1972; vgl. zu einer tariflichen Ausschlussfrist auch die – auf den Beschluss des BAG Bezug nehmende – Entscheidung des BVerfG 1. 12. 10 – 1 BvR 1682/07 – NZA 11, 354).

59   Durch eine **Videoüberwachung im Betrieb** wird schwerwiegend in das **allgemeine Persönlichkeitsrecht** der ArbN und in deren Recht auf **informationelle Selbstbestimmung** (vgl. dazu ganz grundlegend BVerfG 15. 12. 83 BVerfGE 65, 1 – „Volkszählungsurteil" –; BVerfG 9. 10. 02 AP Nr. 34 zu § 611 BGB Persönlichkeitsrecht; BVerfG 3. 3. 04 BVerfGE 109, 279; vgl. ferner auch BAG 30. 8. 95, 27. 3. 03 AP Nr. 29, 36 zu § 87 BetrVG 1972 Überwachung) eingegriffen. Gleichwohl ist es den Betriebsparteien nicht etwa generell verwehrt, durch BV eine Videoüberwachung im Betrieb vorzusehen (BAG 27. 3. 03, 29. 6. 04, 14. 12. 04 AP Nr. 36, 41, 42 zu § 87 BetrVG 1972 Überwachung; 26. 8. 08 AP Nr. 54 zu § 75 BetrVG 1972 mit Anm. *Wiese*). Der Eingriff in das aPR der ArbN muss jedoch aufgrund schutzwürdiger Belange anderer Grundrechtsträger – insb. des ArbGeb., aber auch von dessen Kunden – gerechtfertigt sein. Dabei ist der Grundsatz der **Verhältnismäßigkeit** zu beachten und eine **umfassende Güterabwägung** unter Berücksichtigung der Umstände des Einzelfalls vorzunehmen (BAG 29. 6. 04 AP Nr. 41 zu § 87 BetrVG 1972 Überwachung; 11. 12. 07 AP Nr. 37 zu § 77 BetrVG 1972 BV; 26. 8. 08 AP Nr. 54 zu § 75 BetrVG 1972 mit Anm. *Wiese*). Hierfür kommt es maßgeblich auch auf die **Intensität des Eingriffs** an. Bei einer Videoüberwachung im Betrieb ist ua von Bedeutung, wie viele Personen ihr ausgesetzt sind, ob diese anonym oder bekannt sind – bei Überwachungen der Arbeitsplätze werden die beobachteten ArbN regelmäßig nicht anonym bleiben –, ob sie einen Anlass für den Eingriff gegeben haben, insb. ob sie einer bereits begangenen oder drohenden Straftat oder Rechtsgutverletzung verdächtig sind, wo die Überwachungsmaßnahmen stattfinden, wie lange und intensiv sie sind und welche Technik dafür eingesetzt wird (BAG 29. 6. 04 AP Nr. 41 zu § 87 BetrVG 1972 Überwachung; 26. 8. 08 AP Nr. 54 zu § 75 BetrVG 1972 mit Anm. *Wiese*; vgl. auch BVerfG 3. 3. 04 BVerfGE 109, 279). Eine BV kann keinen Impfzwang anordnen (*HSWGNR-Worzalla* Rn 71; *Brune* AR-Blattei BV Rn 358).

60   In **bereits entstandene oder gar schon fällige Ansprüche der ArbN** können die Betriebsparteien regelmäßig nicht verschlechternd – sei es durch Erlass, Herabsetzung oder Stundung – eingreifen (GK-*Kreutz* Rn 321; *Richardi* Rn 121; *HSWGNR-Worzalla* Rn 72). Es bedarf allerdings einer nach der jeweiligen Rechtsgrundlage **differenzierenden Betrachtung** (GK-*Kreutz* Rn 321). Für zwingende gesetzliche Ansprüche folgt die Unzulässigkeit des Eingriffs bereits aus dem Vorrang höherrangigen Rechts. Bei **tarifvertraglichen Ansprüchen** scheitert der Eingriff an § 4 Abs. 4 S. 1 TVG und an Abs. 3 S. 1. Bei rein **individualvertraglichen Ansprüchen** ist ein Eingriff der Betriebsparteien aufgrund ihrer umfassenden Kompetenz zur Regelung materieller und formeller Arbeitsbedingungen grundsätzlich nicht ausgeschlossen. Allerdings sind das Rückwirkungsverbot und die Grundsätze der **Verhältnismäßigkeit** und des **Vertrauensschutzes** zu beachten; danach werden Reduzierungen entstandener Ansprüche selten in Betracht kommen. Selbst bei einem grundsätzlich zulässigen Eingriff ist noch zu prüfen, ob nicht wegen des Günstigkeitsprinzips die Regelung der Betriebsvereinbarung durch die individuelle Abrede verdrängt wird (vgl. Rn 196ff.). Ähnliches gilt für Ansprüche, die auf betrieblicher Einheitsregelung, Gesamtzusage oder betrieblicher Übung beruhen (vgl. im Einzelnen Rn 205ff.). Nicht von vornherein ausgeschlossen ist auch ein Eingriff in Ansprüche, die selbst auf einer BV beruhen (vgl. dazu Rn 192f.). Auch hier sind aber das Rückwirkungsverbot und die Grundsätze der Verhältnismäßigkeit und des Vertrauensschutzes zu beachten (vgl. Rn 193; zum rückwirkenden tarifvertraglichen Eingriff in entstandene tarifvertragliche Ansprüche BAG 23. 11. 94, 17. 5. 00 AP Nr. 12, 19 zu § 1 TVG Rückwirkung). Zur nachträglichen Verschlechterung von Sozialplänen vgl. Rn 194 sowie §§ 112, 112 a Rn 244 ff. Das § 611 BGB zugrunde liegende **Synallagma** darf von den Betriebsparteien nicht beseitigt werden. Daher dürfen entstandene Ansprüche für eine bereits erbrachte Arbeitsleistung nicht unter die auflösende Bedingung des Bestehens eines ungekündigten Arbeitsverhältnisses zu einem **Stichtag** nach Ablauf des Leistungszeitraums gestellt werden. Vom Synallagma erfasst werden u. a. auch **erfolgsabhängige Vergütungsbestandteile** (BAG 12. 4. 11 – 1 AZR 412/09 – NZA 11, 989; 7. 6. 11 – 1 AZR 807/09 –; 5. 7. 11 – 1 AZR 94/10 –; abl. *Grau/ Sittard* BB 11, 2815).

Durch BV können regelmäßig Arbeitsverhältnisse nicht aufgelöst werden (vgl. **61** GK-*Kreutz* Rn 339; *Brune* AR-Blattei BV Rn 346; vgl. aber zur Vereinbarung einer Altersgrenze Rn 62). Meist steht dem bereits zwingendes, nicht abdingbares gesetzliches Kündigungsrecht entgegen. Deshalb kann eine BV die **Auflösung des Arbeitsverhältnisses** auch nicht etwa als Disziplinarmaßnahme im Rahmen einer Disziplinarordnung vorsehen (vgl. BAG 28. 4. 82 AP Nr. 4 zu § 87 BetrVG 1972 Betriebsbuße; GK-*Kreutz* Rn 339). Ebenso wenig kann eine BV die Möglichkeit des Widerspruchs des ArbN gegen die Überführung des Arbeitsverhältnisses bei einem Betriebsübergang nach § 613 a ausschließen (BAG 2. 10. 74 AP Nr. 1 zu § 613 a BGB). Durch BV kann ein erworbener **besonderer kündigungsrechtlicher Status** (zB Ausschluss der ordentlichen Kündigung) nicht beseitigt werden (GK-*Kreutz* Rn 338; *Richardi* Rn 106; *HSWGNR-Worzalla* Rn 76 ff.). Bei zwingendem gesetzlichen Kündigungsschutz folgt dies aus dem Vorrang des höherrangigen Rechts, bei tarifvertraglichem Kündigungsschutz aus Abs. 3 S. 1 (vgl. auch BAG 16. 2. 62 AP Nr. 11 zu § 4 TVG Günstigkeitsprinzip). Bei einer individualvertraglich eingeräumten besonderen kündigungsschutzrechtlichen Rechtsposition dürfte der Anwendung einer für ArbN ungünstigeren BV regelmäßig das Günstigkeitsprinzip entgegenstehen. Eine Einschränkung des individuellen Kündigungsschutzes erfolgt allerdings nach § 1 Abs. 5 KSchG, § 125 InsO, wenn eine mit dem BR vereinbarte Namensliste in einem Interessenausgleich die Kündigung eines ArbN vorsieht. Eine Regelung in einer BV, die Leistungen aus einem Sozialplan davon abhängig macht, dass keine Kündigungsschutzklage erhoben wird, ist unzulässig (vgl. §§ 112, 112 a Rn 198).

Ob es zulässig ist, **in einer BV** eine **Altersgrenze** dahingehend vorzusehen, dass **62** die ArbN mit **Vollendung des 65. Lebensjahres, bzw. bei Erreichung des gesetzlichen Rentenalters** oder gar zu einem **früheren Zeitpunkt** aus dem Arb-Verh. ausscheiden, war seit jeher umstritten (grundsätzlich bejahend: BAG GS 7. 11. 89 AP Nr. 46 zu § 77 BetrVG 1972; BAG 20. 11. 87 AP Nr. 2 zu § 620 BGB Altersgrenze; 25. 3. 71 AP Nr. 5 zu § 57 BetrVG; *DKKW-Berg* Rn 40; *HSWGNR-Worzalla* Rn 73; *Hanau* RdA 76, 24; grundsätzlich verneinend: *Boecken* Gutachten B für den 62. DJT 1998, S. 32 ff., 42 ff.; GK-*Kreutz* Rn 340; *Richardi* Rn 107 ff.; *Schlüter/Belling* NZA 88, 297; *Stahlhacke* DB 89, 2329; *Waltermann* NZA 94, 826; *ders.* RdA 93, 216; *Linnenkohl/Rauschenberg/Schmidt* BB 84, 607; **zu tarifvertraglichen Altersgrenzen** vgl BAG 6. 3. 86, 12. 2. 92 AP Nr. 1, 5 zu § 620 BGB Altersgrenze; 6. 12. 00 AP Nr. 3 zu § 1 TVG TV Deutsche Post; 21. 7. 04 ZTR 05, 255; 18. 6. 08 AP Nr. 48 zu § 14 TzBfG; 8. 12. 10 – 7 AZR 438/10 – NZA 11, 586; Vorabentscheidungsersuchen 17. 6. 09 – 7 AZR 118/08 (A) – AP Nr. 64 zu § 14 TzBfG, beantwortet durch EuGH 13. 9. 11 – C-447/09 – „Prigge"; zu einzelvertraglichen Altersgrenzen vgl. BAG 11. 6. 97, 14. 10. 97 AP Nr. 7, 10 zu § 41 SGB VI; 19. 11. 03 AP Nr. 3 zu § 17 TzBfG; zum gemeinschaftsrechtlichen Verbot der Altersdiskriminierung in der Richtlinie 2000/78/EG vgl. EuGH 16. 10. 07 – C-411/05 – „Felix Palacios de la Villa" NZA 07, 1219; 5. 3. 09 – C-388/07 – „Age Concern England" NZA 09, 305; 12. 10. 10 – C-45/09 – „Rosenbladt" NZA 10, 1167; 18. 11. 10 – C-250/09 – „Georgiev" NZA 11, 29; *Berg/Natzel* BB 10, 2885; *Linsenmaier* RdA 03, Sonderbeilage Heft 5, S. 22, 30 ff.; *Preis* NZA 06, 401; *ders.* NZA 10, 1323; *Wank* SAE 10, 123).

Nunmehr ist hierfür insb. auch das **Allgemeine Gleichbehandlungsgesetz 62a** (AGG) vom 14. 8. 06 (BGBl. I S. 1897) zu beachten. Nach § 7 Abs. 1 AGG dürfen

Beschäftigte nicht wegen eines in § 1 AGG genannten Grundes benachteiligt werden. Zu diesen Gründen gehört u. a. das Alter. Nach § 7 Abs. 2 AGG sind Bestimmungen in Vereinbarungen, die gegen das Benachteiligungsverbot des Abs. 1 verstoßen, unwirksam. Vereinbarungen iSv. § 7 Abs. 2 AGG sind auch BV. Eine Beendigung des Arbeitsverhältnisses allein wegen des Erreichens eines bestimmten Alters stellt eine Benachteiligung wegen des Alters dar (vgl. EuGH 16. 10. 07 – C-411/05 – „Felix Palacios de la Villa" NZA 07, 1219; 12. 10. 10 – C-45/09 – „Rosenblatt" NZA 10, 1167; BAG 8. 12. 10 – 7 AZR 438/09 – NZA 11, 586; *Däubler/Bertzbach-Brors* § 10 AGG Rn 84). Nach § 10 S. 1 AGG ist eine unterschiedliche Behandlung wegen des Alters jedoch u. a. dann zulässig, wenn sie objektiv und angemessen und durch ein legitimes Ziel gerechtfertigt ist. Nach **§ 10 S. 3 Nr. 5 Halbs. 1 AGG** können derartige unterschiedliche Behandlungen eine Vereinbarung einschließen, die die Beendigung des Beschäftigungsverhältnisses zu einem Zeitpunkt vorsieht, zu dem der oder die Beschäftigte eine Rente wegen Alters beantragen kann; § 41 SGB VI bleibt nach § 10 S. 3 Nr. 5 Halbs. 2 AGG „unberührt". Diese gesetzliche Regelung ist gemeinschaftsrechtlich nicht zu beanstanden. Sie ist insb. mit der RL 2000/78/EG vereinbar (EuGH 12. 10. 10 – C-45/09 – **„Rosenblatt"** NZA 10, 1167; BAG 8. 12. 10 – 7 AZR 438/09 – NZA 11, 586; *Berg/Natzel* BB 10, 2885; *Linsenmaier* RdA 03, Sonderbeilage Heft 5, S. 22, 31; kritisch unter Darlegung des nicht ganz einheitlichen Maßstabs des EuGH bei der Verhältnismäßigkeitsprüfung *Preis* NZA 10, 1323; vgl. auch schon *Bertelsmann* ZESAR 05, 242, 250; *Waltermann* NZA 05, 1265, 1270). EuGH (12. 10. 10 – C-45/09 – **„Rosenblatt"** NZA 10, 1167) und BAG (8. 12. 10 – 7 AZR 438/09 – NZA 11, 586) haben in ihren zu tariflichen Altersgrenzen ergangenen Entscheidungen alllerdings maßgeblich auch auf den weiten Ermessensspielraum der Tarifvertragsparteien abgestellt. Ferner gilt es zu berücksichtigen, dass tarifliche Inhaltsnormen, welche die ArbN belasten, – jedenfalls ohne einzelvertragliche Bezugnahme – nur die Gewerkschaftsmitglieder treffen und hierfür eine mitgliedschaftlich vermittelte, privatautonome Legitimationsgrundlage haben (vgl. BAG 8. 12. 10 – 7 AZR 438/09 – NZA 11, 751; ErfK/*Dieterich* GG Einl. Rn 47). Bei von den Betriebsparteien geschlossenen BV ist das nicht der Fall. Aus den Entscheidungen des EuGH (12. 10. 10 – C-45/09 – **„Rosenblatt"** NZA 10, 1167) und des BAG (8. 12. 10 – 7 AZR 438/09 – NZA 11, 586) lässt sich daher nicht ohne Weiteres der Schluss ziehen, dass auch BV, die eine Beendigung des Beschäftigungsverhältnisses zu einem Zeitpunkt vorsehen, zu dem der oder die Beschäftigte eine **Rente wegen Alters** beantragen kann, nach § 10 S. 3 Nr. 5 Halbs. 1 AGG zulässig und mit der RL 2000/78/EG vereinbar sind. Gleichwohl dürfte eine solche Altersgrenze auch in einer BV wohl grundsätzlich nicht ausgeschlossen sein (vgl. *DKKW-Berg* § 75 Rn 36, § 77 Rn 40; GK-*Kreutz* § 77 Rn 340 ff.; HSWGNR-*Worzalla* § 77 Rn 73; *Linsenmaier* RdA 08, 1; *ders.* RdA 03, Sonderbeilage Heft 5, S. 22, 30 ff.; aA *Richardi* § 77 Rn 108).

Allerdings stellt eine Altersgrenze nicht nur eine Benachteiligung wegen des Alters, sondern ebenso eine Beeinträchtigung des Rechts des ArbN auf freie Entfaltung seiner Persönlichkeit und seiner Berufsfreiheit dar. Sie bedarf daher auch im Verhältnis zwischen dem ArbGeb. und dem ArbN der – befristungsrechtlichen – Rechtfertigung. Das vom Gesetzgeber mit § 10 S. 3 Nr. 5 Halbs. 1 AGG jedenfalls auch verfolgte Gemeinwohlinteresse genügt hierfür wohl nicht (vgl. dazu, dass sog. Drittinteressen allein die Befristung von ArbVerh. nicht rechtfertigen, BAG 11. 6. 97 AP Nr. 7 zu § 41 SGB VI; 11. 3. 98 AP Nr. 12 zu § 1 TVG Tarifverträge: Luftfahrt; vgl. dazu, dass die Flugsicherheit nicht zu den in Art. 6 Abs. 1 Unterabs. 1 der RL 2000/78/EG genannten Zielen gehört, EuGH 13. 9. 11 – C-447/09 – „Prigge"). Befristungsrechtlich kann die Vereinbarung der Altersgrenze aber durch das berechtigte Interesse des ArbGeb. an einer ausgewogenen Altersstruktur und an einer geordneten und kontinuierlichen Nachwuchs- und Personalplanung gerechtfertig sein (vgl. BAG 11. 6. 97 AP Nr. 7 zu § 41 SGB VI; *Brune* AR-Blattei BV Rn 331; *Linsenmaier* RdA 03, Sonderbeilage Heft 5, S. 22, 31). Im Übrigen hat es auch der

EuGH nicht beanstandet, sondern positiv bewertet, wenn eine nationale Regelung den Sozialpartnern die Möglichkeit gibt, über TV nicht nur die Gesamtlage des betreffenden Arbeitsmarkts, sondern auch die speziellen Merkmale der jeweiligen Beschäftigungsverhältnisse gebührend zu berücksichtigen (EuGH 16. 10. 07 – C-411/05 – „Felix Palacios de la Villa" NZA 07, 1219; 12. 10. 10 – C 45/09 – „Rosenbladt" NZA 10, 1167). Für BV dürfte insoweit nichts anderes gelten. Gleichwohl ist eine auf die gesetzliche Altersgrenze abstellende Altersgrenze in einer BV rechtlich nicht ganz risikolos.

BV, die eine Beendigung zu einem **früheren Zeitpunkt** vorsehen, dürften allerdings meist erheblichen Bedenken ausgesetzt sein. Sie kommen in Betracht, wenn mit der Tätigkeit bestimmter ArbN ein signifikantes Sicherheitsrisiko verbunden ist und die Gefahr besteht, dass durch altersbedingte Ausfallerscheinungen oder Fehlreaktionen des ArbN wichtige Rechtsgüter des ArbGeb., anderer ArbN oder Dritter gefährdet werden (vgl. *DKKW-Berg* § 75 Rn 38; vgl. zur Unzulässigkeit einer tariflichen Altersgrenze von 60 Jahren für Piloten EuGH 13. 9. 11 – C-447/09 –; zur Unzulässigkeit einer Altersgrenze von 60 Jahren für Flugbegleiter BAG 16. 10. 08 – 7 AZR 253/07 (A) – NZA 09, 378; 23. 6. 10 – 7 AZR 1021/08 – NZA 10, 1248). Eine für den ArbN günstigere einzelvertragliche Vereinbarung über eine Altersgrenze geht der Regelung in einer BV vor. Dies gilt auch, wenn die BV später geschlossen wurde vor. Es gilt das Günstigkeitsprinzip (BAG GS 6. 11. 89 AP Nr. 46 zu § 77 BetrVG 1972; vgl. Rn 196 ff.). Günstiger ist eine Regelung, wenn sie dem ArbN länger die Wahl zwischen Arbeit und Ruhestand ermöglicht. Zur Unwirksamkeit einer auf den „Eintritt der Erwerbsunfähigkeit" abstellenden BV mangels Bestimmbarkeit des Zeitpunktes der Beendigung des ArbVerh. vgl. BAG 27. 10. 88 AP Nr. 16 zu § 620 BGB Bedingung. Zur grundsätzlichen Zulässigkeit tarifvertraglicher Regelungen, nach denen das Arbeitsverhältnis im Falle der Bewilligung einer Versorgungsrente endet, vgl. aber auch BAG 28. 6. 95 AP Nr. 6 zu § 59 BAT; 6. 12. 00 AP Nr. 3 zu § 1 TVG Tarifverträge: Deutsche Post; 15. 3. 06 – 7 AZR 332/05 – AP Nr. 14 zu § 59 BAT; 21. 1. 09 – 7 AZR 843/07 – AP Nr. 7 zu § 1 TV Tarifverträge: Waldarbeiter.

Eine BV kann eine ausreichende Grundlage für die Verpflichtung der ArbN zur **63** Leistung von **Überstunden** sein. Dies gilt auch dann, wenn der einzelne ArbN damit nicht einverstanden ist. Das BAG sieht die Ermächtigungsgrundlage hierfür in § 87 Abs. 1 Nr. 3 (BAG 3. 6. 03 AP Nr. 19 zu § 77 BetrVG 1972 Tarifvorbehalt). Dies kritisiert insb. *Lobinger* (Anm. zu AP Nr. 19 zu § 77 BetrVG 1972 Tarifvorbehalt). Ausgehend von dem Konzept einer umfassenden Kompetenz der Betriebsparteien zur Regelung sozialer Angelegenheiten bedarf es jedoch einer speziellen gesetzlichen Ermächtigungsgrundlage für eine Änderung der Dauer der Arbeitszeit durch die Betriebsparteien gar nicht (vgl. *Linsenmaier,* RdA 08, 1, 11). Beträchtliche, aber auch hinreichende Beschränkungen und Modifikationen ergeben sich aus der Regelungssperre des § 77 Abs. 3 S. 1, § 87 Eingangshalbs., dem Verhältnismäßigkeitsgrundsatz und dem Günstigkeitsprinzip. Das BAG hat für eine Überstunden regelnde BV angenommen, ein Arbeitsvertrag sei dann „betriebsvereinbarungsoffen", wenn in ihm eine Verpflichtung des ArbN zu Überstunden nicht ausgeschlossen sei (BAG 3. 6. 03 AP Nr. 19 zu § 77 BetrVG 1972 Tarifvorbehalt). Zwar hängt die Anwendbarkeit des Günstigkeitsprinzips grundsätzlich von der Auslegung des einzelnen Arbeitsvertrags ab. Gleichwohl wird sich die Praxis auf das der Rspr. des BAG zugrunde liegende Regel-Ausnahme-Verhältnis einzustellen haben. Ein ArbN, der die Verpflichtung zur Leistung von Überstunden ausschließen will, muss dies daher in seinem Arbeitsvertrag wohl unmissverständlich vereinbaren. Vergleichbares gilt für die Einführung von **Kurzarbeit** (vgl. dazu BAG 14. 2. 91 AP Nr. 4 zu § 615 BGB Kurzarbeit). Allerdings wiegt für den ArbN die mit Kurzarbeit verbundene Einbuße an Einkommen meist schwerer als die mit Überstunden verbundene Verlust an Freizeit. Auch erscheint die Annahme, Arbeitsverträge seien auch hinsichtlich der Einführung von Kurzarbeit regelmäßig betriebsvereinbarungsoffen, nicht selbstverständlich. Nach dem Beschluss des BAG zum sog. „**Leber-Rüthers-Kompromiss**" vom 18. 8. 87 (AP Nr. 23 zu § 77 BetrVG 1972) können die Betriebsparteien in einer BV mit normativer Wirkung regeln, dass ältere ArbN kürzer arbeiten und damit weniger verdienen. Sowohl der Grundsatz der Verhältnismäßigkeit als auch das Verbot der Altersdiskriminierung wären aber in einem solchen Fall mit besonderer Sorgfalt zu prüfen.

64　　BV können grundsätzlich **Ausschlussfristen** für die Geltendmachung einzelvertraglicher oder gesetzlicher Ansprüche vorsehen (vgl. BAG 9. 4. 91 AP Nr. 1 zu § 77 BetrVG 1972 Tarifvorbehalt; *Linsenmaier*, RdA 08, 1, 9; letztlich offen gelassen in BAG 12. 12. 06 AP Nr. 94 zu § 77 BetrVG 1972; aa GK-*Kreutz* Rn 330; *Bauer* NZA 87, 440, 442; *Richardi* Rn 189; *Langer*, Gesetzliche und vereinbarte Ausschlussfristen im Arbeitsrecht, München 1993, S. 120). Dies folgt aus ihrer grundsätzlich umfassenden Regelungskompetenz. Allerdings ist wegen Abs. 3 S. 1 stets zu prüfen, ob nicht tarifliche Regelungen über Ausschlussfristen bestehen oder üblich sind. Bei gesetzlich unverzichtbaren oder unabdingbaren Ansprüchen dürfte einer Ausschlussfristenregelung höherrangiges Recht entgegenstehen. Außerdem muss die Ausschlussfrist der Verhältnismäßigkeitsprüfung standhalten. Wegen Unverhältnismäßigkeit und Unzumutbarkeit hat das BAG eine zweistufige Ausschlussfrist in einer BV jedenfalls für Annahmeverzugsansprüche als unwirksam erachtet (BAG 12. 12. 06 AP Nr. 94 zu § 77 BetrVG 1972; hieran anknüpfend für tarifvertragliche Ausschlussfristen BVerfG 1. 12. 10 – 1 BvR 1682/07 – NZA 11, 354). Für tarifliche Ansprüche können die Betriebsparteien schon wegen § 4 Abs. 4 S. 3 TVG keine Ausschlussfristen vereinbaren (*Richardi* Rn 189). Eine BV über einen **generellen Haftungsausschluss des ArbGeb.** oder die generelle Begrenzung seiner Haftung auf Vorsatz und grobe Fahrlässigkeit oder über eine Änderung der Grundsätze über die Haftung der ArbN bei gefahrgeneigter Tätigkeit unzulässig (*DKKW-Berg* Rn 40; *HSWGNR-Worzalla* Rn 82; *Richardi* Rn 112; vgl. auch BAG 5. 3. 59 AP Nr. 26 zu § 611 BGB Fürsorgepflicht). Eine derartige ausschließliche Belastung der ArbN ist mit dem Grundsatz der Verhältnismäßigkeit nicht vereinbar. Dieser kann aber gewahrt sein, wenn der ArbGeb. eine zusätzliche Leistung erbringt, etwa indem er den ArbN einen eigenen Parkplatz zur Verfügung stellt und in diesem Zusammenhang seine Haftung beschränkt (*HSWGNR-Worzalla* Rn 82; *Richardi* Rn 112 mwN; **aA** BAG 5. 3. 59 AP Nr. 26 zu § 611 BGB Fürsorgepflicht) oder den ArbN zur Sicherung ihres Eigentums bes. Einrichtungen überlässt und die Haftung für den Fall ausschließt, dass ein ArbN hiervon keinen Gebrauch macht (GK-*Kreutz* Rn 347; *Richardi* Rn 112).

65　　Eine BV über eine **betriebliche Kleiderordnung** kann das Tragen einer bestimmten Berufskleidung bindend vorschreiben (vgl. § 75 Rn 85; BAG 8. 8. 89, 1. 12. 92, 13. 2. 07 AP Nr. 15, 20, 40 zu § 87 BetrVG 1972 Ordnung des Betriebes). Sofern nicht nur das Arbeitsverhalten betroffen ist, hat der BR gemäß § 87 Abs. 1 Nr. 1 ein MBR (BAG 13. 2. 07 AP Nr. 40 zu § 87 BetrVG 1972 Ordnung des Betriebes). Regelungen über die **Kostentragung** unterfallen nicht dem MBR nach § 87 Abs. 1 Nr. 1. Es besteht insoweit auch keine „Annexkompetenz" (vgl. § 87 Rn 70; BAG 1. 12. 92, 13. 2. 07 AP Nr. 20, 40 zu § 87 BetrVG 1972 Ordnung des Betriebes). Eine freiwillige BV nach § 88 über die Kostentragungspflicht ist nicht grundsätzlich ausgeschlossen (vgl. BAG 13. 2. 07 AP Nr. 40 zu § 87 BetrVG 1972 Ordnung des Betriebes; vgl. aber auch BAG 1. 12. 92 AP Nr. 20 zu § 87 BetrVG 1972 Ordnung des Betriebes). Die Betriebsparteien dürfen auf den ArbN allerdings keine Kosten überwälzen, deren Tragung kraft Gesetzes – etwa nach §§ **618, 619 BGB** – zwingend dem ArbGeb. zugewiesen ist (vgl. zu den Kosten für Sicherheitsschuhe BAG 10. 3. 76, 18. 8. 82, 21. 8. 85 AP Nr. 17, 18, 19 zu § 618 BGB). Soweit dagegen zwingende gesetzliche oder tarifliche Regelungen über die Kostentragung fehlen, erscheint eine freiwillige BV möglich, die den ArbN die Kosten der Berufskleidung ganz oder teilweise auferlegt. Auch hierbei ist der **Grundsatz der Verhältnismäßigkeit** zu beachten. Der ArbN darf durch die Verpflichtung, eine bestimmte Berufskleidung zu finanzieren, nicht unangemessen belastet werden. Das Argument, er könne die Dienstkleidung auch im privaten Bereich verwenden, erscheint jedenfalls dann nicht tragfähig, wenn der ArbN eine solche Verwendung nicht wünscht. Der Bereich privater Lebensführung ist der Regelungsbefugnis der Betriebsparteien entzogen. Plausibler erscheint die Erwägung, bei bestimmten Berufstätigkeiten gehöre eine angemessene Kleidung zu der vom ArbN versprochenen Dienstleistung und der ArbN erspare durch die Verwendung der durch BV vorgeschriebenen Berufskleidung Aufwendungen für die andernfalls zu tragende Privatkleidung und vermeide deren Abnutzung (vgl. dazu BAG GS 10. 11. 61 AP Nr. 2 zu § 611 BGB Gefährdungshaftung des Arb-Geb.; 19. 5. 98 AP Nr. 31 zu § 670 BGB; 13. 2. 07 AP Nr. 40 zu § 87 BetrVG 1972 Ordnung des Betriebes; *Linsenmaier*, RdA 08, 1, 10f.). Diese fiktive Ersparnis kann pauschalierend einen Anhaltspunkt für die Höhe der dem ArbN auferlegten Kosten bilden.

Die Betriebsparteien sind grundsätzlich befugt, in einer BV Regelungen über **66** **Vertragsstrafen** zu treffen (vgl. BAG 6. 8. 91 AP Nr. 52 zu § 77 BetrVG 1972; *HSWGNR-Worzalla* Rn 83). Auch hier muss aber die konkrete Regelung verhältnismäßig, also zur Verwirklichung eines berechtigten Interesses des ArbGeb. geeignet, erforderlich und angemessen sein. Unwirksam ist daher eine BV, nach der einzelvertragliche Vertragsstrafenversprechen der BV auch dann vorgehen, wenn sie für den ArbN ungünstiger sind (BAG 6. 8. 91 AP Nr. 52 zu § 77 BetrVG 1972). Von besonderer Bedeutung ist der Verhältnismäßigkeitsgrundsatz auch für **Ethikregeln,** die regelmäßig mit erheblichen Eingriffen in die allgemeine Handlungsfreiheit der ArbN verbunden sind. Zu prüfen ist dabei ferner, ob nicht das der Regelungsbefugnis der Betriebsparteien entzogene außerbetriebliche Verhalten der ArbN betroffen ist. Das BAG hat dies allerdings nicht angenommen bei einer Regelung, die für Redakteure einer Wirtschaftszeitung den Besitz von Wertpapieren und die Ausübung von Nebentätigkeiten mit dem Ziel einschränkte, die Unabhängigkeit der Berichterstattung zu gewährleisten (BAG 28. 5. 02 AP Nr. 39 zu § 87 BetrVG 1972 Ordnung des Betriebs). Die Betriebsparteien können durch BV ein **betriebliches Rauchverbot** erlassen, um Nichtraucher vor den Gesundheitsgefahren des Passivrauchens zu schützen. Da sie dadurch in die allgemeine Handlungsfreiheit der Raucher eingreifen, müssen sie auch hierbei den Grundsatz der Verhältnismäßigkeit wahren (BAG 19. 1. 99 AP Nr. 28 zu § 87 BetrVG 1972 Ordnung des Betriebs). Gleiches gilt für ein **Alkoholverbot** (vgl. dazu BAG 23. 9. 86 AP Nr. 20 zu § 75 BPersVG).

3. Vorrang des Tarifvertrages (Abs. 3)

a) Normzweck

Die Regelung des Abs. 3 ist ein „Stützpfeiler der kollektiven Arbeitsrechtsord- **67** nung" (*Dieterich/Hanau/Henssler/Oetker/Wank/Wiedemann* RdA 04, 65, 70). Sie dient der **Sicherung der ausgeübten und aktualisierten Tarifautonomie** sowie der Erhaltung und Stärkung der **Funktionsfähigkeit der Koalitionen** (BAG 22. 5. 79 AP Nr. 13 zu § 118 BetrVG 1972; 21. 1. 80 AP Nr. 3 zu § 87 BetrVG 1972 Lohngestaltung; 27. 1. 87 AP Nr. 42 zu § 99 BetrVG 1972; 24. 2. 87 AP Nr. 21 zu § 77 BetrVG 1972; BAG GS 3. 12. 91 AP Nr. 51 zu § 87 BetrVG 1972 Lohngestaltung; 22. 6. 93 AP Nr. 22 zu § 23 BetrVG 1972; 24. 1. 96, 29. 10. 02; 30. 5. 06 AP Nr. 8, 18; 23 zu § 77 BetrVG 1972 Tarifvorbehalt; 20. 11. 01 EzA § 77 BetrVG 1972 Nr. 70; 21. 1. 03 AP Nr. 1 zu § 21a BetrVG 1972; 22. 3. 05 AP Nr. 26 zu § 4 TVG Geltungsbereich; 23. 3. 11 − 4 AZR 268/09 −; *DKKW-Berg* Rn 62; GK-*Kreutz* Rn 78; *Richardi* Rn 244; MünchArbR-*Matthes* § 238 Rn 55; *Fischer* S 189ff.; *Zöllner*, FS *Wank* RdA 91, 129; *Waltermann* RdA 96, 131; *ders.* NZA 93, 6). Die durch Art. 9 Abs. 3 GG verfassungsrechtlich garantierte Koalitionsfreiheit und Tarifautonomie soll nicht durch BV gefährdet werden (BAG 29. 10. 02 AP Nr. 18 zu § 77 BetrVG 1972

Tarifvorbehalt). Die BV soll weder als normative Ersatzregelung für nicht organisierte ArbN noch als eine zusätzliche normative Regelung für übertarifliche Leistungen herangezogen werden können. Die Vorschrift will verhindern, dass Gegenstände, derer sich die TVParteien angenommen haben, konkurrierend – und sei es inhaltsgleich – durch BV geregelt werden (BAG 20. 11. 01 EzA BetrVG 1972 § 77 Nr. 70; 29. 10. 02, 30. 5. 06 AP Nr. 18; 23 zu § 77 BetrVG 1972 Tarifvorbehalt; 22. 3. 05 AP Nr. 26 zu § 4 TVG Geltungsbereich). Dadurch würde die Stellung und Funktionsfähigkeit der Koalitionen entscheidend geschwächt (*DKKW-Berg* Rn 62; Erfk/*Kania* Rn 50). Im Rahmen des Abs. 3 S. 1 gilt zwischen BV und TV auch nicht das Günstigkeitsprinzip des § 4 Abs. 3 TVG. Auch günstigere BV sind daher unwirksam (GK-*Kreutz* Rn 129; *HSWGNR-Worzalla* Rn 142; *DKKW-Berg* Rn 62; *Richardi* Rn 278; *Wank* RdA 91, 131 aA *Schmidt*, Günstigkeitsprinzip S. 96ff., 106 ff.; *Ehmann* ZRP 96, 314; *Ehmann/Lambrich* NZA 96, 348; zur Zulässigkeit entsprechender Regelungsabreden vgl. Rn 102, 216 ff.). Zur Möglichkeit der Gewerkschaften, gegen tarifvorbehaltswidrige BV gerichtlich vorzugehen vgl. Rn 235 ff. Erst recht können BV Arbeitsbedingungen, die der Regelungssperre des Abs. 3 S. 1 unterliegen, nicht ungünstiger gestalten (GK-*Kreutz* Rn 130).

68   In den vergangenen Jahren hat angesichts der zunehmenden Arbeitsmarktprobleme und des durch die Globalisierung der Wirtschaft wachsenden Wettbewerbsdrucks eine intensive **rechtspolitische Diskussion** darüber stattgefunden, ob die Regelung der Arbeitsbedingungen nicht in stärkerem Umfang von der tariflichen auf die betriebliche Ebene verlagert und dazu § 77 Abs. 3 beseitigt oder jedenfalls eingeschränkt werden sollte (so schon frühzeitig Deregulierungskommission Marktöffnung und Wettbewerb 1991 Rn 73 ff., 596 ff.; 10. Hauptgutachten der Monopolkommission BT-Drucks 12/8323 Nr. 937; vgl. ferner *Reuter* RdA 91, 199; *ders.* ZfA 91, 1; *Ehmann* ZRP 96, 314; *Ehmann/Schmidt* NZA 95, 193; *Ehmann/Lambrich* NZA 96, 346; *Hablitzel* NZA 01, 468; *Kania* BB 01, 1091; *Löwisch* JZ 96, 812; vgl. auch den Gesetzentwurf der CDU/CSU-Bundestagsfraktion zur Modernisierung des Arbeitsrechts vom 18. 6. 03 BT-Drucks. 15/1182; vgl. zum gesamten Reform- und Meinungsstand insb. *Dieterich/Hanau/Henssler/Oetker/Wank/Wiedemann* RdA 04, 65 mit zahlreichen Nachweisen). Ganz überwiegend wird eine derartige Verlagerung der Regelungskompetenz und eine Abschaffung oder Einschränkung des § 77 Abs. 3 jedoch **abgelehnt** (vgl. *Richardi* Gutachten B zum 61. DJT 1996 S. 61 ff.; *ders.* NZA 00, 617; *Hanau* RdA 93, 1; *Junker* ZfA 96, 383; *Konzen* NZA 95, 915; *Linnenkohl* BB 94, 2077; *Rieble* RdA 96, 151; *Walker* ZfA 96, 369; *Waltermann* RdA 96, 137; *Wank* NJW 96, 2273; *Zachert* RdA 96, 140; *ders.* ArbuR 93, 97; *ders.* DB 91, 225; vgl. auch die Stellungnahme der Bundesregierung zu dem Gutachten der Monopolkommission, die auf die vorrangige tarifpolitische Verantwortung der TVParteien verweist, BR-Drucks. 330/95; weitgehend kritisch auch *Dieterich/Hanau/Henssler/Oetker/Wank/Wiedemann* RdA 04, 65, 69 ff., die aber die Einführung eines formalisierten Verfahrens vorschlagen, in dem die Betriebsparteien bei den TVParteien die Freistellung vom Tarifvorrang beantragen können; zu den verfassungsrechtlichen Grenzen einer Änderung des Abs. 3 vgl. *Dieterich* DB 01, 2398; *ders.* RdA 02, 1). Auch der 61. DJT 1996, hat sich – abgesehen von dem eng begrenzten, die Existenz des Unternehmens und seiner Arbeitsplätze gefährdenden Notfall – grundsätzlich gegen eine Änderung ausgesprochen (vgl. Abdruck der Beschlüsse in DB 96, 2030). Zur Frage einer Ausweitung des Günstigkeitsvergleichs vgl. Rn 97, 201 f.

69   Die Einführung der einfachgesetzlichen Möglichkeit, tarifvertragliche Regelungen vorbehalts- und einschränkungslos durch betriebliche Regelungen zu verdrängen, dürfte im Übrigen wegen Art. 9 Abs. 3 GG erheblichen verfassungsrechtlichen Bedenken begegnen (vgl. dazu insbes. *Richardi* Gutachten B zum 61. DJT 1996; *ders.* Rn 242f.; *Dieterich* DB 01, 2398; *ders.* RdA 02, 1; Erfk/*Dieterich* Art. 9 GG Rn 60 ff.; *Dieterich/Hanau/Henssler/Oetker/Wank/Wiedemann* RdA 04, 65, 70; *DKKW-Berg* Rn 75 f.; *Wendeling-Schröder* in FS *Wißmann* S. 174, 182; *Wolter* NZA 03, 1317; *Zachert* ArbuR 04, 121). Das derzeit geltende Arbeitsrecht entspricht dagegen den Vor-

gaben des Art. 9 Abs. 3 GG, indem es TV mit normativer Wirkung ausstattet und ihnen generell den Vorrang vor BV einräumt (ErfK/*Dieterich* Art. 9 GG Rn 60). Dies bedeutet nicht, dass jede andere einfachgesetzliche Ausgestaltung verfassungswidrig wäre. So ist wohl die Regelungssperre des Abs. 3 S. 1 nicht ohne weiteres verfassungsrechtlich geboten. Grundlegend könnte die Tarifautonomie aber tangiert sein, wenn das Günstigkeitsprinzip des § 4 Abs. 3 TVG gestrichen und ungünstigere betriebliche Regelungen gestattet würden oder der Vergleichsmaßstab beim Günstigkeitsvergleich dahin ausgerichtet würde, dass auf betrieblicher Ebene ohne Zustimmung der TVParteien untarifliche Leistungen im Austausch gegen beschäftigungspolitische Zusagen akzeptiert würden (vgl. ErfK/*Dieterich* Art. 9 GG Rn 63, 64; vgl. aber andererseits zB *Hromadka* DB 03, 42 f.; *Schliemann* NZA 03, 122, 128). Zweifelsfrei verfassungskonforme Instrumente zur Flexibilisierung und Dezentralisierung sind tarifliche Öffnungsklauseln oder Genehmigungen (vgl. ErfK/*Dieterich* Art. 9 GG Rn 61; *ders.* RdA 02, 1, 6 f.).

b) Gegenstand der Regelungssperre

Die Regelungssperre des Abs. 3 bezieht sich auf Arbeitsentgelte und sonstige **70** Arbeitsbedingungen. **Arbeitsentgelt** ist jede in Geld zahlbare Vergütung oder Sachleistung des ArbGeb., zB Lohn, Prämien, Gratifikationen, Gewinnbeteiligungen, Deputate (*WPK/Preis* Rn 60; vgl. § 87 Rn 412 ff.). Verwehrt ist den Betriebsparteien jegliche Regelung über die tariflichen Vergütungsbestandteile selbst. Sie können diese weder hinsichtlich der Höhe noch der Anspruchsberechtigten modifizieren. Sie können auch nicht über die Höhe oder den Zeitpunkt von Tariferhöhungen disponieren. Dies gilt auch, wenn die Regelung für die ArbN günstiger ist als die tarifliche (BAG 30. 5. 06 AP Nr. 23 zu § 77 BetrVG 1972 Tarifvorbehalt).

Unter **sonstigen Arbeitsbedingungen** sind alle Regelungen zu verstehen, die **71** Gegenstand der Inhaltsnormen eines TV sein können. Unter diesen Begriff fallen deshalb nach überwiegender Ansicht sowohl **formelle** als auch **materielle** Arbeitsbedingungen (BAG 9. 4. 91 AP Nr. 1 zu § 77 BetrVG 1972 Tarifvorbehalt; *DKKW-Berg* Rn 63; ErfK/*Kania* Rn 43; GK-*Kreutz* Rn 83 ff., 87 ff.; *HSWGNR-Worzalla* Rn 106 ff.; *Schaub/Koch* ArbR-Hdb. § 231 Rn 22; *Haug* BB 86, 1928; *v. Hoyningen-Huene/Meyer-Krenz* NZA 87, 794; *Fischer* S. 191 ff.; *Säcker* BB 79, 1202; *Vollmer* DB 79, 309). Nach anderer Ansicht gilt die Regelungssperre nur für materielle Arbeitsbedingungen (so BAG 24. 2. 87 AP Nr. 21 zu § 77 BetrVG 1972; *Richardi* Rn 256; *ders.* Gutachten B 61. DJT 1996 S. 47 ff.; *Konzen* BB 77, 311; *Löwisch* ArbuR 78, 107). Eine Einschränkung des Abs. 3 auf materielle Arbeitsbedingungen lässt sich weder aus dem Wortlaut der Vorschrift, noch aus einem anderen Grunde rechtfertigen. Vielmehr gebietet insb. der Normzweck des Abs. 3 (vgl. Rn 67 ff.) die Einbeziehung aller Arbeitsbedingungen. Auch ein Unterlaufen tarifvertraglicher formeller Arbeitsbedingungen kann die Funktionsfähigkeit der Koalitionen gefährden (*DKKW-Berg* Rn 63; GK-*Kreutz* Rn 90; *Haug* BB 86, 1928; *v. Hoyningen-Huene/ Meier-Krenz* NZA 87, 794, 795).

Zu den **Inhaltsnormen eines TV,** die bei Bestehen eines TV oder Tarifüblich- **72** keit eine BV ausschließen, gehören neben Regelungen des Arbeitsentgelts auch solche über die Dauer und Lage der täglichen Arbeitszeit (§ 87 Abs. 1 Nr. 2 u. 3; vgl. dazu BAG 21. 2. 67 AP Nr. 26 zu § 59 BetrVG), über Urlaub und Urlaubsgewährung (§ 87 Abs. 1 Nr. 5) und über Zeit, Ort und Art der Auszahlung des Arbeitsentgelts (§ 87 Abs. 1 Nr. 4; BAG 31. 8. 82 AP Nr. 2 zu § 87 BetrVG 1972 Auszahlung).

Kein Vorbehalt nach Abs. 3 S. 1 besteht bei **betrieblichen und betriebsverfas- 73 sungsrechtlichen Normen.** Es handelt sich dabei nicht um Arbeitsbedingungen iSv. Abs. 3 S. 1. Soweit der ArbGeb. tarifgebunden ist, entfalten diese aber nach § 3 Abs. 2 TVG unmittelbare und zwingende Wirkung und sperren bereits deshalb abweichende BV. Unanwendbar ist nach § 112 Abs. 1 Stz 4 die Regelungssperre des Abs. 3 auf **Sozialpläne.**

c) Voraussetzungen der Regelungssperre

aa) Tarifliche Regelung

74 Die Regelungssperre des Abs. 3 gilt nur für die Arbeitsbedingungen, die tariflich geregelt sind (vgl. Rn 75 ff.) oder üblicherweise geregelt werden (vgl. Rn 90 ff.). Nur eine **tarifliche Regelung** löst die Sperrwirkung aus. Anders als nach § 87 Eingangshalbsatz sperrt eine dispositive gesetzliche Regelung nicht. Von einer zwingenden gesetzlichen Regelung kann freilich durch BV nicht abgewichen werden (vgl. Rn 53).

75 Die Sperrwirkung des Abs. 3 S. 1 greift bereits, wenn die Arbeitsbedingungen für den Betrieb **erstmalig tariflich geregelt** sind. Arbeitsbedingungen sind durch TV geregelt, wenn über sie ein TV abgeschlossen ist und der Betrieb in dessen räumlichen, betrieblichen, fachlichen und persönlichen **Geltungsbereich** fällt (BAG 27. 1. 87 AP Nr. 42 zu § 99 BetrVG 1972; 1. 4. 87 AP Nr. 64 zu § 613 a BGB; 9. 12. 97 AP Nr. 11 zu § 77 BetrVG 1972 Tarifvorbehalt; 21. 1. 03 AP Nr. 1 zu § 21 a BetrVG 1972; 22. 3. 05 AP Nr. 26 zu § 4 TVG Geltungsbereich; *DKKW-Berg* Rn 69; GK-*Kreutz* Rn 97; *Richardi* Rn 264). Der Geltungsbereich des TV wird durch die TVParteien festgelegt. Sie bestimmen in räumlicher und in betrieblicher Hinsicht, welche Betriebe von dem TV erfasst werden. Sie legen ferner in fachlicher und persönlicher Hinsicht fest, für welche Personengruppen die tarifliche Regelung gelten soll. Erforderlichenfalls ist der Geltungsbereich des TV durch Auslegung zu ermitteln (GK-*Kreutz* Rn 98; *Brune* AR-Blattei BV Rn 258). Hat ein TV nur einen beschränkten Geltungsbereich, zB Geltung nur in einer Region oder nur für eine bestimmte Personengruppe, greift die Sperrwirkung nur insoweit. Für außerhalb des Geltungsbereichs liegende Betriebe oder Personengruppen ist die Kompetenz der Betriebspartner zum Abschluss von BV nicht eingeschränkt (GK-*Kreutz* Rn 98).

76 Verzichten die TVParteien auf eine sachlich-gegenständliche Umschreibung des betrieblich/fachlichen Geltungsbereichs und stellen sie zur Bestimmung des tariflichen Geltungsbereichs **ausschließlich** auf die **Mitgliedschaft** des ArbGeb. im tarifschließenden Verband ab, so hat dies zur Folge, dass sämtliche Tätigkeitsfelder des Mitgl. – also auch die nicht branchentypischen – vom TV erfasst werden. Es ist den TVParteien auch grundsätzlich unbenommen, den fachlichen Geltungsbereich eines TV in dieser Weise durch die Mitgliedschaft im tarifschließenden ArbGebVerband festzulegen (BAG 23. 3. 11 – 4 AZR 268/09 –). Dadurch können sich allerdings Probleme für die Sperrwirkung des Abs. 3 S. 1 ergeben. Das BAG hat angenommen, die Sperrwirkung sei in einem solchen Fall nicht notwendig auf die Betriebe der tatsächlichen Mitgliedsunternehmen beschränkt, sondern könne sich auch auf potentielle Mitglieder des ArbGebVerbands erstrecken; dies sei durch Auslegung des TV zu ermitteln (BAG 22. 3. 05 AP Nr. 26 zu § 4 TVG Geltungsbereich). Eine auf die potentielle Mitgliedschaft bezogene Festlegung des Geltungsbereichs eines TV und eine darauf gestützte Sperrwirkung sei jedenfalls dann unbedenklich, wenn die Satzung des ArbGebVerbands nicht für jeden ArbGeb. voraussetzungslos eine Beitrittsmöglichkeit vorsehe, sondern diese an bestimmte Kriterien knüpfe, durch die der Kreis potentieller Mitglieder ähnlich wie durch das Erfordernis einer Branchenzugehörigkeit beschränkt werde (BAG 22. 3. 05 AP Nr. 26 zu § 4 TVG Geltungsbereich; 23. 3. 11 – 4 AZR 268/09 –). Diese nicht branchenbezogene, sondern sich auf die Betriebe aller potentiellen ArbGebVerbandsmitgl. erstreckende Sperrwirkung erscheint nur dann gerechtfertigt, wenn die Beitrittsvoraussetzungen zum ArbGebVerband quasi branchenbezogen sind. Ohne diese Voraussetzung ließe sich die Sperrwirkung eines von einem solchen ArbGebVerband für seine Mitglieder abgeschlossenen TV nur noch über die Tarifzuständigkeit der jeweiligen TV schließenden Gewerkschaft sinnvoll begrenzen (so wohl auch *DKKW-Berg* Rn 69). Dies wäre aber wiederum bei einer nicht nach dem Industrieverbandsprinzip organisierten Gewerkschaft – wie etwa der vormaligen DAG – nicht möglich. Daher wird mit beachtlichen Gründen auch die Auffassung vertreten, die Sperrwirkung des Abs. 3 S. 1

gelte in diesen Fällen grundsätzlich nur in den Betrieben der tatsächlichen Verbandsmitglieder (vgl. LAG Köln NZA-RR 99, 481; GK-*Kreutz* Rn 98; *Buchner* DB 97, 573; *Kania* BB 01, 1091; **aa** *DKKW-Berg* Rn 69; MünchArbR/*Matthes* § 238 Rn 64, wohl auch *Löwisch/Kaiser* Rn 63).

Da die **Gewerkschaften** wegen ihrer Doppelstellung als ArbGeb. ihrer Mitarbeiter **77** und als Gewerkschaften für die bei ihnen beschäftigten ArbN **keine TV** abschließen, können alle Arbeitsbedingungen ihrer ArbN durch BV (in der Regel wohl GesBV) geregelt werden (BAG 28. 4. 92 AP Nr. 11 zu § 50 BetrVG 1972; 20. 2. 01 AP Nr. 107 zu § 87 BetrVG 1972 Lohngestaltung; zur Zulässigkeit der Gründung eines Verbandes der Gewerkschaftsbeschäftigten mit dem Ziel, tarifvertragliche Regelungen ihrer Arbeitsbedingungen zu erreichen, vgl. BAG 17. 2. 98 AP Nr. 87 zu Art. 9 GG).

Die **Sperrwirkung** des Abs. 3 **hängt nicht von** der **Tarifgebundenheit des 78 ArbGeb. ab** (BAG 24. 1. 96, 5. 3. 97 AP Nr. 8, 10 zu § 77 BetrVG 1972 Tarifvorbehalt; 20. 11. 01 EzA § 77 BetrVG 1972 Nr. 70; 22. 3. 05 AP Nr. 26 zu § 4 TVG Geltungsbereich; 10. 10. 06 AP Nr. 24 zu § 77 BetrVG 1972 Tarifvorbehalt; 26. 8. 08 – 1 AZR 354/07 – NZA 08, 1426; 23. 3. 11 – 4 AZR 268/09 –; *DKKW-Berg* Rn 69a; *HSWGNR-Worzalla* Rn 125; MünchArbR-*Matthes* § 238 Rn 64; *WPK/ Preis* Rn 66; *Schaub/Koch* ArbR-Hdb. § 231 Rn 25; *Wank* RdA 91, 133; *Waltermann* RdA 96, 131; *Moll,* Tarifvorrang S. 42; *Wiedemann/Wank* TVG § 4 Rn 562; **aa:** GK-*Kreutz* Rn 100; *Richardi* Rn 260; *ders.* FS *Schaub* S. 644; *ders.* NZA 00, 620; *Feudner* DB 93, 2231; *Ehmann/Schmidt* NZA 95, 196; *Ehmann* ZRP 96, 317; *ders.* FS *Zöllner* S. 732; *Hablitzel* NZA 01, 471, *Meyer* NZA 01, 751). Abs. 3 S. 1 ist keine Kollisionsnorm, sondern regelt die Zuständigkeit (vgl. BAG 22. 3. 05 AP Nr. 26 zu § 4 TVG Geltungsbereich; *Richardi* Rn 259 mwN; vgl. auch BT-Drucks. 1/1546 S. 55 und 1/3585 S. 11). Das folgt aus dem Normzweck des Abs. 3 S. 1. Dieser dient dem Schutz einer funktionsfähigen Tarifautonomie. Dazu räumt die Vorschrift den TVParteien den Vorrang bei der Regelung von Arbeitsbedingungen ein. Zum Schutz der ausgeübten und aktualisierten Tarifautonomie ist jede Normsetzung durch die Betriebsparteien ausgeschlossen, die inhaltlich zu derjenigen der TVParteien in Konkurrenz treten würde (BAG 24. 1. 96, 5. 3. 97 AP Nr. 8, 10 zu § 77 BetrVG 1972 Tarifvorbehalt; 22. 3. 05 AP Nr. 26 zu § 4 TVG Geltungsbereich). ArbGeb. und BR sollen weder abweichende noch konkurrierende BV mit normativer Wirkung schließen können (BAG 20. 11. 01 EzA § 77 BetrVG 1972 Nr. 70; 22. 3. 05 AP Nr. 26 zu § 4 TVG Geltungsbereich). Diese Funktionsfähigkeit wäre auch dann gestört, wenn nicht tarifgebundene ArbGeb. kollektivrechtliche Konkurrenzregelungen in Form von BV treffen könnten (BAG 20. 11. 01 EzA § 77 BetrVG Nr. 70; 22. 3. 05 AP Nr. 26 zu § 4 TVG Geltungsbereich; *DKKW-Berg* Rn 69a). Betriebsnahe Regelungen werden dadurch nicht verhindert. Dafür stehen FirmenTV als kollektivrechtliche Gestaltungsmittel zur Verfügung. Die Sperrwirkung des Abs. 3 S. 1 hängt daher bei einem nicht tarifgebundenen ArbGeb. nur davon ab, ob der fragliche Betrieb der betreffenden Branche angehört (BAG 22. 3. 05 AP Nr. 26 zu § 4 TVG Geltungsbereich). **Die Regelungssperre auch für nicht tarifgebundene ArbGeb.** hat allerdings **Bedeutung nur für den Bereich der freiwilligen Mitbestimmung. Im Bereich der erzwingbaren Mitbestimmung** nach § 87 gilt der Tarifvorbehalt des Abs. 3 S. 1 nach der herrschenden „Vorrangtheorie" nicht (vgl. Rn 109 ff.). Dort **gilt nur die Regelungssperre des § 87 Abs. 1 Eingangssatz; diese setzt die Tarifbindung des ArbGeb. voraus.** Zu möglichen betrieblichen Einheitsregelungen, auch in Form einer Regelungsabrede vgl. Rn 102 f., 216 ff.

Die **Sperrwirkung** des Abs. 3 **hängt** des weiteren **nicht davon ab, ob** die gel-**79** tende **tarifliche Regelung** für die Branche **repräsentativ** ist; sie setzt nicht voraus, dass die in tarifgebundenen Betrieben beschäftigten ArbN zahlenmäßig überwiegen (*DKKW-Berg* Rn 71; GK-*Kreutz* Rn 102; MünchArbR-*Matthes* § 238 Rn 64; *Fischer* S. 205 f.; *Franzen* RdA 08, 193, 200; *Söllner* FS *Nipperdey* Bd. II S. 715; *Richardi* Rn 262, 271; *Brune* AR-Blattei BV Rn 238). Die Zahl der beiderseits Tarifgebundenen ist unwesentlich (BAG 20. 11. 01 EzA § 77 BetrVG 1972 Nr. 70). Für die

Sperrwirkung kommt es auch nicht darauf an, für wie viele ArbN der Branche die tarifliche Regelung normativ oder wegen vertraglicher Inbezugnahme gilt. Maßgeblich ist allein, dass der Betrieb bei Tarifbindung in den Geltungsbereich des TV fallen würde (BAG 20. 11. 01 EzA § 77 BetrVG 1972 Nr. 70; *Schaub/Koch* ArbR-Hdb. § 231 Rn 25). Keine Sperrwirkung entfalten „Schein- oder Gefälligkeitstarifverträge". Bei einer solchen Qualifizierung ist jedoch angesichts der durch Art. 9 Abs. 3 GG geschützten Tarifautonomie große Zurückhaltung geboten. Zu verhindern gilt es ggf. nur die missbräuchliche Verhinderung betriebsverfassungsrechtlicher Mitbestimmung.

80   Auch ein **FirmenTV** löst im Rahmen seines Geltungsbereichs die Sperrwirkung des Abs. 3 aus (BAG 21. 1. 03 AP Nr. 1 zu § 21 a BetrVG 1972; *DKKW-Berg* Rn 69; GK-*Kreutz* Rn 103; *Richardi* Rn 258; *WPK/Preis* Rn 68; MünchArbR-*Matthes* § 238 Rn 64; *Moll* Tarifvorrang S. 40; wohl auch *HSWGNR-Worzalla* Rn 132; aA *v. Hoyningen-Huene* DB 94, 2031). Ist der FirmenTV auf einzelne Betriebe des Unternehmens beschränkt, gilt die Sperrwirkung nicht für die anderen Betriebe (BAG 22. 3. 05 AP Nr. 26 zu § 4 TVG Geltungsbereich; 6. 11. 07 AP Nr. 337 zu § 613 a BGB). Eine Vielzahl von FirmenTV in einer Branche begründet keine Sperrwirkung für die nicht tarifgebundenen Unternehmen und Betriebe dieser Branche. Der Geltungsbereich der FirmenTV ist auf das jeweilige Unternehmen beschränkt (BAG 27. 1. 87 AP Nr. 42 zu § 99 BetrVG 1972; 22. 3. 05 AP Nr. 26 zu § 4 TVG Geltungsbereich; *DKKW-Berg* Rn 71; *WPK/Preis* Rn 68; GK-*Kreutz* Rn 103; *HSWGNR-Worzalla* Rn 132).

81   Die Regelungssperre des Abs. 3 S. 1 bereitet keine zusätzlichen Probleme, wenn Arbeitsbedingungen durch unterschiedliche TV geregelt sind. Vielmehr löst jeder der Tarifverträge die Regelungssperre für den gesamten Betrieb aus. Das gilt unabhängig von dem früher vom BAG auch für Fälle der Tarifpluralität vertretenen **Grundsatz der Tarifeinheit,** nach dem in einem Betrieb hinsichtlich desselben Gegenstands nur ein TV Anwendung findet (vgl. dazu BAG 14. 6. 89, 5. 9. 90, 20. 3. 91, 4. 12. 02 AP Nr. 16, 19, 20, 28 zu § 4 TVG Tarifkonkurrenz). Dieser Grundsatz wird zu Recht auf Fälle der **Tarifkonkurrenz** angewandt. Ein solcher Fall liegt vor, wenn beide Arbeitsvertragsparteien an dieselben, miteinander konkurrierenden TV gebunden sind (vgl. BAG 23. 3. 05 AP Nr. 29 zu § 4 TVG Tarifkonkurrenz; *Schaub/Schaub* ArbR-Hdb. § 203 Rn 51). Dann muss die Tarifkonkurrenz aufgelöst werden. Dies geschieht nach dem Grundsatz der Spezialität. Nach diesem gilt regelmäßig der speziellere TV (BAG 23. 3. 05 AP Nr. 29 zu § 4 TVG Tarifkonkurrenz). Dieser entfaltet dann die Sperrwirkung. Anders ist dies in Fällen der (gewillkürten) **Tarifpluralität,** also insb. dann, wenn der ArbGeb. mit zwei Gewerkschaften unterschiedliche TV geschlossen hat (vgl. *Schaub/Schaub* ArbR-Hdb. § 203 Rn 66). Dann gelten beide TV nebeneinander für die jeweiligen Gewerkschaftsmitglieder. Andernfalls wäre die durch Art. 9 Abs. 3 GG geschützte Tarifautonomie verletzt (vgl. ErfK/*Franzen* § 4 TVG Rn 113 mwN). Das **BAG hat den Grundsatz der Tarifeinheit für Fälle der Tarifpluralität zu Recht aufgegeben** (BAG 7. 7. 10 – 4 AZR 549/08 – NZA 10, 1968). In Fällen der Tarifpluralität **entfalten sämtliche TV die Wirkung des Abs. 3** (*Franzen* RdA 08, 193, 200; *Jacobs* NZA 08, 325, 332; unklar *Braun* NZA 2010 Beilage 3 S. 108). Um die Sperrwirkung durch eine **Öffnungsklausel** nach Abs. 3 S. 2 (vgl. Rn 117 ff.) zu beseitigen, sind Öffnungsklauseln in allen TV notwendig. Die Regelungssperre eines TV nämlich nur von den vertragsschließenden TVParteien beseitigt werden (vgl. BAG 23. 3. 05 AP Nr. 29 zu § 4 TVG Tarifkonkurrenz).

82   **Vereinbart** der von dem Geltungsbereich eines TV nicht erfasste ArbGeb. eines Betriebs mit seinen ArbN **einzelvertraglich** die Anwendung des TV, so greift die Sperrwirkung des Abs. 3 **nicht** ein. Durch die einzelvertragliche Inbezugnahme des TV wird dessen Geltungsbereich nicht erweitert. Daher führt auch eine wiederholte Inbezugnahme der tariflichen Regelung nicht zu einer Tarifüblichkeit iSv. Abs. 3 (BAG 27. 1. 87 AP Nr. 42 zu § 99 BetrVG 1972; GK-*Kreutz* Rn 104; *DKKW-Berg* Rn 69).

Keine Regelung durch TV liegt vor, wenn der TV nur noch kraft Nachwir- 83
kung gem. § 4 Abs. 5 TVG gilt. Dem TV kommt in diesem Stadium keine zwingende Wirkung mehr zu. Er kann vielmehr jederzeit durch eine andere Abmachung ersetzt werden (BAG 31. 1. 69 AP Nr. 5 zu § 56 BetrVG Entlohnung; *DKKW-Berg* Rn 70; GK-*Kreutz* Rn 105). In aller Regel wird sich in diesen Fällen die Sperrwirkung des Abs. 3 S. 1 aber aus der Tarifüblichkeit der Regelung ergeben (vgl. Rn 90 ff.; *WPK/Preis* Rn 72). BV über den betreffenden Gegenstand sind nicht nur dann unwirksam, wenn bei ihrem Abschluss entsprechende TV bereits bestanden; sie **werden** vielmehr auch dann **unwirksam, wenn entsprechende TV-Bestimmungen erst später in Kraft treten** (BAG 21. 1. 03 AP Nr. 1 zu § 21a BetrVG 1972; 22. 3. 05 AP Nr. 26 zu § 4 TVG Geltungsbereich; *Schaub/Koch* ArbR-Hdb. § 231 Rn 25).

Die Sperrwirkung nach Abs. 3 tritt nur insoweit ein, als der TV bestimmte Ar- 84
beitsbedingungen **tatsächlich regelt**. Dies ist der Fall, wenn und soweit der TV eine inhaltliche Sachregelung enthält (BAG 29. 10. 02 AP Nr. 18 zu § 77 BetrVG 1972 Tarifvorbehalt). Insoweit ist jede Regelung durch BV – auch durch eine günstigere – unzulässig. Schwierigkeiten kann uU die Feststellung bereiten, in welchem Umfang eine inhaltliche Sachregelung vorliegt. Der Umfang einer tariflichen Regelung ist durch Auslegung zu ermitteln. Dabei ist insbes. der Gesetzeszweck des Abs. 3 zu berücksichtigen, der verhindern soll, dass Gegenstände, derer sich die TVParteien angenommen haben, konkurrierend durch BV geregelt werden (BAG 29. 10. 02 AP Nr. 18 zu § 77 BetrVG 1972 Tarifvorbehalt). Es ist zu prüfen, ob nach dem Willen der TVParteien die betr. Angelegenheit abschließend geregelt werden soll (BAG 3. 4. 79 AP Nr. 2 zu § 87 BetrVG 1972). Eine bloße Aufstockung der tariflichen Entgelte oder die Verbesserung sonstiger Arbeitsbedingungen durch BV, ohne dass hierfür besondere, vom TV nicht erfasste Gesichtspunkte vorliegen, ist deshalb nicht zulässig. Enthält ein TV nur **lückenhafte** oder **ergänzungsbedürftige** Rahmenregelungen, steht ihrer Ausfüllung durch BV insoweit **keine Sperrwirkung** entgegen (vgl. *DKKW-Berg* Rn 64; GK-*Kreutz* Rn 110).

Eine **reine Negativregelung** löst die Sperrwirkung des Abs. 3 S. 1 nicht aus 85
(BAG 22. 1. 80 AP Nr. 3 zu § 87 BetrVG 1972 Lohngestaltung; BAG 1. 12. 92 AP Nr. 3 zu § 77 BetrVG 1972 Tarifvorbehalt; *DKKW-Berg* Rn 64; GK-*Kreutz* Rn 108; *WPK/Preis* Rn 70; *Moll, Der Tarifvorrang im BetrVG* S. 75). Eine solche liegt vor, wenn die TVParteien ausdrücklich oder konkludent vereinbaren, eine tarifliche Regelung nicht zu treffen. Derartige Negativregelungen sind keine Regelungen der Arbeitsbedingungen iSv. Abs. 3 S. 1. Sie dienen nicht der Sicherung der Vorrangkompetenz der TV Parteien. Mit ihnen soll trotz fehlender Lohnregelung im TV selbst eine Regelung durch BV nicht ausgeschlossen werden. Das ginge über die Sperrwirkung des Abs. 3 hinaus, die eine BV nur ausschließen will, wenn der TV selbst eine inhaltliche Regelung trifft. Aus den gleichen Gründen hindert auch eine Tarifregelung, die die Gestaltung von Arbeitsbedingungen ausschließlich der einzelvertraglichen Absprache überlässt, mangels eigenständiger inhaltlicher Regelung nicht die Regelung der Arbeitsbedingungen durch BV (BAG 1. 12. 92 AP Nr. 3 zu § 77 BetrVG 1972 Tarifvorbehalt; GK-*Kreutz* Rn 108).

Auch wenn die TVParteien eine bestimmte Angelegenheit einfach nicht regeln, zB 86
weil sie sich hierüber nicht haben einigen können **(schlichte Nichtregelung),** entfaltet Abs. 3 insoweit keine Sperrwirkung (*WPK/Preis* Rn 71). Unerheblich ist, ob entsprechende Forderungen während der TV-Verhandlungen erhoben worden sind (BAG 23. 10. 85 AP Nr. 33 zu § 1 TVG Tarifverträge: Metallindustrie; GK-*Kreutz* Rn 109). Selbst wenn wegen dieser Forderungen erfolglos gestreikt worden ist, fehlt es letztlich an einer Tarifregelung, welche die Sperrwirkung auslösen könnte (GK-*Kreutz* Rn 109). Es kommt aber eine Sperrwirkung wegen der Tarifüblichkeit der Regelung in Betracht (vgl. Rn 90 ff.).

87   Beispiele:

Wegen Verstoßes gegen Abs. 3 sind als **unzulässig** anzusehen: BV, die ohne Vorliegen bes. Gründe das tarifliche Entgelt oder tarifliche Sonderzahlungen nur erhöhen wollen (BAG 24. 1. 96; 9. 12. 97; 30. 5. 06 AP Nr. 8, 11; 23 zu § 77 BetrVG 1972 Tarifvorbehalt; 17. 12. 85 AP Nr. 5 zu § 87 BetrVG 1972 Tarifvorrang; 29. 5. 64 AP Nr. 24 zu § 59 BetrVG; jetzt auch MünchArbR-*Matthes* § 238 Rn 60). Das gilt auch für BV über sog. Anwesenheits- und Pünktlichkeitsprämien, da es sich um verdeckte Zuschläge auf den Tariflohn handelt (BAG 29. 5. 64 AP Nr. 24 zu § 59 BetrVG). Unzulässig sind auch BV über sonstige Zulagen, deren Gewährung nicht an bes. Voraussetzungen gebunden ist, sondern die allein für die Erfüllung der arbeitsvertraglichen Pflicht gezahlt werden (BAG 13. 8. 80 AP Nr. 2 zu § 77 BetrVG 1972; GK-*Kreutz* Rn 111). Das Gleiche gilt für eine BV, mit der eine vorgesehene Tariflohnerhöhung für den Betrieb vorweggenommen werden soll (BAG 7. 12. 62 AP Nr. 28 zu Art. 12 GG). Eine tarifliche Regelung, die Zuschläge nur für die 2. und 3. Schicht vorsieht, enthält gleichzeitig die sachliche Negativregelung, dass die 1. Schicht keine Zuschläge erhalten soll; eine entsprechende BV verstößt gegen Abs. 3 (GK-*Kreutz* Rn 111). Das gilt auch für eine BV über die Verteilung der Arbeitszeit (§ 87 Abs. 1 Nr. 2), wenn sie zugleich Regelungen über die Dauer der wöchentlichen bzw. jährlichen Arbeitszeit enthält, die im Widerspruch zu einem für den Betrieb geltenden TV stehen (BAG 22. 6. 93 AP Nr. 22 zu § 23 BetrVG 1972). Eine tarifliche Regelung über eine jährliche Sondervergütung ist grundsätzlich geeignet, gegenüber einer betrieblichen Regelung über eine Jahresabschlussvergütung die Sperrwirkung des Abs. 3 S. 1 auszulösen. Dabei kann eine tarifliche Anrechnungsklausel dafür sprechen, dass es sich um denselben Gegenstand handelt. Eine tarifliche Anrechnungsklausel kann aber zugleich eine Öffnungsklausel iSv. Abs. 3 S. 2 sein (BAG 29. 10. 02 AP Nr. 18 zu § 77 BetrVG 1972 Tarifvorbehalt). Unzulässig ist eine BV, die vorsieht, dass eine Tariferhöhung „auf das Effektivgehalt" erfolgt (BAG 30. 5. 06 AP Nr. 23 zu § 77 BetrVG 1972 Tarifvorbehalt).

88   **Kein Verstoß** gegen Abs. 3 S. 1 liegt vor, **wenn** eine BV Zulagen oder sonstige Leistungen vorsieht, die an **andere tatbestandliche Voraussetzungen als die tarifliche Regelung** anknüpfen und die durch die Tarifregelung auch nicht ausgeschlossen sind. Deshalb hindert eine bloße tarifliche Lohnregelung nicht die Gewährung von Sonderleistungen, die an zusätzliche Leistungen der ArbN oder an Leistungen mit anderen tatbestandlichen Voraussetzungen anknüpfen. Zu denken ist hier zB an eine **Schmutz- oder Erschwerniszulage** (vgl. hierzu § 91 Rn 15 ff.), an **bes. Funktionszulagen**, an **Gratifikationen aus bes. Anlass** (Dienst- oder Firmenjubiläum), an **Zusatzurlaub bei längerer Betriebszugehörigkeit** oder an die Gewährung **vermögenswirksamer Leistungen** (BAG 14. 11. 74 AP Nr. 1 zu § 87 BetrVG 1972; 17. 12. 85 AP Nr. 5 zu § 87 BetrVG 1972 Tarifvorrang; *DKKW-Berg* Rn 64; GK-*Kreutz* Rn 111; *Richardi* Rn 282; *Zöllner* FS *Nipperdey* Bd. II S. 717). Regelt ein TV nur den Zeitlohn, so steht er der **Regelung von Akkord- und Prämienlohn** durch BV nicht entgegen, sofern diese mit der Festlegung des Zeitlohns nicht gerade ausgeschlossen werden sollen (BAG 18. 3. 64 AP Nr. 4 zu § 56 BetrVG Entlohnung; *Richardi* Rn 267). Ferner hat wegen unterschiedlicher Zwecksetzung die tarifliche Regelung von Nachtarbeitszuschlägen nicht die Unzulässigkeit einer BV über **Wechselschichtprämien** zur Folge (BAG 23. 10. 85 AP Nr. 33 zu § 1 TVG Tarifverträge: Metallindustrie). Zulässig ist auch eine BV, die die Anrechnung von **Tariflohnerhöhungen** auf übertarifliche Zulagen ausschließt. Mit einem **Anrechnungsverbot** regeln die Betriebsparteien nicht das Schicksal der Tariferhöhung, sondern die Behandlung der übertariflichen Zulage (BAG 30. 5. 06 AP Nr. 23 zu § 77 BetrVG 1972 Tarifvorbehalt). Auch eine Bestimmung, wonach sich eine übertarifliche Zulage um denselben Prozentsatz erhöht, verstößt nicht gegen Abs. 3 S. 1 (BAG 30. 5. 06 AP Nr. 23 zu § 77 BetrVG 1972 Tarifvorbehalt).

89   **AT-Ang.** fallen nicht unter einen TV. Sofern sie nicht zu den leit. Ang. (§ 5 Abs. 3, 4) zählen, können daher ihre Arbeitsbedingungen durch BV geregelt werden (vgl. BAG 22. 1. 80 AP Nr. 3 zu § 87 BetrVG 1972 Lohngestaltung; *DKKW-Berg* Rn 64; GK-*Kreutz* Rn 112; *Gaul* BB 81, 193; *Moll* Der Tarifvorrang im BetrVG S. 73 ff.; vgl. auch § 87 Rn 481 ff.).

bb) Tarifübliche Regelung

Abs. 3 S. 1 sperrt BV auch dann, wenn zwar zZ die Arbeitsbedingungen nicht **90** durch TV geregelt sind, aber doch üblicherweise geregelt werden. Dies beurteilt sich nach der einschlägigen Tarifpraxis (BAG 22. 3. 05 AP Nr. 26 zu § 4 TVG Geltungsbereich; 26. 8. 08 – 1 AZR 354/07 – NZA 08, 1426). Die **Tarifüblichkeit** ist insb. gegeben, wenn nach Ablauf eines TV Verhandlungen über einen den Gegenstand betreffenden TV geführt werden. Bloße zeitliche Geltungslücken hindern daher die Sperrwirkung nicht (BAG 22. 3. 05 AP Nr. 26 zu § 4 TVG Geltungsbereich; 26. 8. 08 – 1 AZR 354/07 – NZA 08, 1426; *WPK/Preis* Rn 73; *GK-Kreutz* Rn 114; *HSWGNR-Worzalla* Rn 136; etwas strenger wohl *Richardi* Rn 273). Keine Voraussetzung ist, dass die tarifvertragliche Ordnung in ihrem Geltungsbereich für die von ihr erfassten ArbN repräsentativ ist (*GK-Kreutz* Rn 119; *WPK/Preis* Rn 74; *HSWGNR-Worzalla* Rn 138; **aA** *Richardi* Rn 271).

Keine Tarifüblichkeit liegt dagegen vor, wenn die TVParteien lediglich beab- **91** sichtigen, in Zukunft eine bestimmte Angelegenheit zu regeln. Das gilt selbst dann, wenn die Parteien bereits TV-Verhandlungen geführt haben (BAG 22. 5. 79 AP Nr. 13 zu § 118 BetrVG 1972; 23. 10. 85 AP Nr. 33 zu § 1 TVG TV Metallindustrie; 26. 8. 08 – 1 AZR 354/07 – NZA 08, 1426). Denn die Sperrwirkung des Abs. 3 S. 1 kann frühestens mit der erstmaligen Regelung einer Angelegenheit durch TV eintreten. Deshalb löst auch ein Streik um eine erstmalig zu regelnde Angelegenheit keine Sperrwirkung nach Abs. 3 S. 1 aus.

Eine Vielzahl von **FirmenTV** in einer Branche begründet für die übrigen Betrie- **92** be keine Sperrwirkung wegen Tarifüblichkeit. Denn diese greift nur in Bezug auf Betriebe ein, die unter den Geltungsbereich der TV fallen (BAG 27. 1. 87 AP Nr. 42 zu § 99 BetrVG 1972; *GK-Kreutz* Rn 117, *Richardi* Rn 272). FirmenTV begründen daher keine Tarifüblichkeit für andere Firmen.

Die **Tarifüblichkeit entfällt,** wenn mit Sicherheit feststeht, dass in Zukunft eine **93** Frage nicht mehr tariflich geregelt wird. Das ist der Fall, wenn die TVParteien ausdrücklich oder konkludent erklären, dass sie eine bestimmte Angelegenheit nicht mehr tariflich regeln wollen (*WPK/Preis* Rn 75). Eine derartige Erklärung ergibt sich aber keineswegs bereits daraus, dass über eine längere Zeit kein TV abgeschlossen worden ist oder dass sich Neuverhandlungen über einen längeren Zeitraum hinziehen. Das hängt von Umfang und Schwierigkeit der zu regelnden Materie ab. Gerade bei MantelTV sind langwierige Verhandlungen durchaus nicht unüblich (LAG Berlin DB 78, 115; *Richardi* Rn 274). Solange sich die TVParteien erkennbar und ernsthaft um eine Neuregelung bemühen, ist vom Fortbestand der Tarifüblichkeit auszugehen. Erst wenn die TVParteien keinen TV mehr anstreben oder nach Jahren vergeblicher Verhandlungen von der Weiterführung einer bestimmten TV-Regelung Abstand nehmen, kann von einem Wegfall der Tarifüblichkeit ausgegangen werden. Feste Zeiträume hierfür lassen sich nicht aufstellen (*GK-Kreutz* Rn 116; *Richardi* Rn 274; *HSWGNR-Worzalla* Rn 140).

Die Tarifüblichkeit entfällt idR auch, wenn eine der TVParteien infolge **gewill-** **94** **kürter Tarifunfähigkeit** (zB Auflösung des Arbeitgeberverbandes oder entsprechende Satzungsänderung) wegfällt und der TV endet. Bei Wegfall des Tarifpartners ist ein Neuabschluss des TV nicht zu erwarten. Etwas anderes gilt auch dann nicht, wenn und soweit die Gewerkschaft mit den bisherigen verbandsangehörigen ArbGeb. FirmenTV abschließt oder ernsthaft anstrebt. Denn diese FirmenTV entfalten nur für ihren Geltungsbereich Sperrwirkung (*GK-Kreutz* Rn 117).

Auf die **Tarifbindung** des ArbGeb. kommt es auch für die auf der Tarifüblich- **95** keit der Regelung beruhenden Sperrwirkung nicht an (BAG 24. 1. 96 AP Nr. 8 zu § 77 BetrVG 1972 Tarifvorbehalt; *Brune* AR-Blattei BV Rn 235; vgl. ferner Rn 78). Deshalb kann sich ein ArbGeb. nicht durch **Verbandsaustritt** der Sperrwirkung entziehen (**aA** *Richardi* Rn 276 für die Zeit nach Ablauf des VerbandsTV).

96   Auch tarifübliche Regelungen entfalten eine Sperrwirkung nur im **Rahmen ihres jeweiligen Geltungsbereichs** (BAG 21. 12. 82 DB 83, 996; GK-*Kreutz* Rn 118; *Richardi* Rn 269 ff.; vgl. Rn 75). Ist zB die tarifübliche Regelung auf bestimmte ArbNGruppen beschränkt, ist für die übrigen eine Regelung durch BV zulässig.

d) Wirkung der Regelungssperre

97   Tariflich geregelte oder üblicherweise geregelte Arbeitsbedingungen können **nicht Gegenstand einer BV** sein (zu Ausnahmen vgl. Rn 108 ff.). Insoweit fehlt den Betriebspartnern die Gestaltungsmacht. Unter Verstoß gegen Abs. 3 S. 1 geschlossene BV sind **rechtsunwirksam** (BAG 24. 1. 96, 5. 3. 97, 20. 4. 99; 10. 10. 06 AP Nr. 8, 10, 12, 24 zu § 77 BetrVG 1972 Tarifvorbehalt; 21. 1. 03 AP Nr. 1 zu § 21 a BetrVG 1972; 23. 3. 11 – 4 AZR 268/09 –; *DKKW-Berg* Rn 65; *HSWGNR-Worzalla* Rn 143; GK-*Kreutz* Rn 123; *Richardi* Rn 292; *Kort* NZA 05, 620; vgl. aber zur nachträglichen Heilung Rn 100, 119). Im Rahmen des Abs. 3 gilt zwischen TV und BV **kein Günstigkeitsprinzip**. Die Vorschrift hat Vorrang vor § 4 Abs. 3 TVG (BAG 26. 2. 86 AP Nr. 12 zu § 4 TVG Ordnungsprinzip; *DKKW-Berg* Rn 11; GK-*Kreutz* Rn 129; *Richardi* Rn 278; *Schaub/Koch* ArbR-Hdb. § 231 Rn 35; *Rieble* RdA 96, 151; *Walker* ZfA 96, 373; *Zachert* RdA 96, 146; *Kort* NZA 05, 620; aA *Müller* ArbuR 92, 261; *Schmidt,* Das Günstigkeitsprinzip S. 106 ff.; *Ehmann/Schmidt* NZA 95, 199; *Ehmann/Lambrich* NZA 96, 346; *Hablitzel* NZA 01, 471; vgl. auch *Blomeyer* NZA 96, 345). Erst recht sind ungünstigere BV unzulässig. Dies gilt sowohl für tarifgebundene ArbN als auch für Außenseiter (BAG 17. 10. 62 AP Nr. 16 zu § 611 BGB Akkordlohn; GK-*Kreutz* Rn 130). Für tarifgebundene ArbN folgt die Unwirksamkeit ungünstigerer BV außerdem aus § 4 Abs. 1, 3 TVG.

98   BV, die den für den Betrieb **geltenden TV** – mit der Folge der indirekten Erstreckung des TV auf Außenseiter oder anders organisierte ArbN – **lediglich inhaltlich übernehmen**, verstoßen gegen Abs. 3 S. 1 und sind daher **unwirksam**. Die Erstreckung tariflicher Regelungen mit normativer Wirkung soll allein der hierfür vorgesehene AVE von TV vorbehalten bleiben (BAG GS 3. 12. 91 AP Nr. 51 zu § 87 BetrVG 1972 Lohngestaltung; 22. 3. 94 EzA TVG § 4 Geltungsbereich Nr. 10; 20. 11. 01 EzA § 77 BetrVG 1972 Nr. 70; *DKKW-Berg* Rn 67; *WPK/Preis* Rn 76; GK-*Kreutz* Rn 131; *Richardi* Rn 288 ff.; *Hanau* RdA 73, 284). Hierin liegt kein Verstoß gegen den Grundsatz der negativen Koalitionsfreiheit. Nichtorganisierte haben keinen Anspruch auf ein normatives Regelungsinstrument für ihre Arbeitsbedingungen (GK-*Kreutz* Rn 131).

99   Wird eine BV unter Verstoß gegen Abs. 3 S. 1 trotz bereits bestehender oder tariflicher Regelung geschlossen, so ist sie von Anfang an unwirksam. Wird dagegen der TV erst später geschlossen, so verliert eine bestehende **vortarifliche BV** mit Inkrafttreten des TV ihre Wirksamkeit ex nunc (BAG 26. 2. 86 AP Nr. 12 zu § 4 TVG Ordnungsprinzip; 21. 1. 03 AP Nr. 1 zu § 21 a BetrVG 1972; GK-*Kreutz* Rn 132; *Richardi* Rn 279; *Schaub/Koch* ArbR-Hdb. § 231 Rn 25).

100   Ein Verstoß gegen die Regelungssperre in Abs. 3 S. 1 hat nicht die unheilbare Nichtigkeit der BV zur Folge. Abs. 3 S. 1 ist kein Verbotsgesetz iSd. § 134 BGB. Wie Abs. 3 S. 2 deutlich macht, sichert er im Interesse der TVParteien deren Tarifautonomie. Abs. 3 S. 1 ist keine Sanktion für ein rechtswidriges oder gar schuldhaftes Verhalten der Betriebsparteien, sondern eine Kollisionsregel zwischen betrieblicher und tariflicher/tarifüblicher kollektiver Gestaltung. Daher können diese durch eine **rückwirkende Tariföffnungsklausel** die Rechtsunwirksamkeit einer zunächst gegen Abs. 3 S. 1 verstoßenden BV nachträglich heilen (vgl. auch Rn 119; BAG 20. 4. 99, 29. 10. 02 AP Nr. 12, 18 zu § 77 BetrVG 1972 Tarifvorbehalt; *Kort* NZA 05, 620; *WPK/Preis* Rn 77; *Schaub/Koch* ArbR-Hdb. § 231 Rn 27; aA GK-*Kreutz* Rn 123; *HSWGNR-Worzalla* Rn 143). Mit Wirkung ex nunc erscheint eine solche Heilung auch wenig problematisch. Dagegen kommt eine rückwirkende Heilung – insb. bei BV, welche die ArbN belasten – nur bei Beachtung des Vertrauensschutzes und der Rechtsprechungsgrundsätze zur echten und unechten Rückwirkung in Betracht.

Nur BV werden von der Sperrwirkung des Abs. 3 erfasst. **Individualrechtliche** 101
Vereinbarungen über tariflich geregelte oder üblicherweise geregelte Arbeitsbedingungen sind innerhalb der tarifvertragsrechtlichen Grenzen (vgl. § 4 Abs. 3, 5 TVG) **zulässig.** Insb. können übertarifliche Arbeitsbedingungen durch Einzelarbeitsvertrag ohne weiteres vereinbart werden (BAG 24. 7. 58 AP Nr. 6 zu § 611 BGB Akkordlohn). Dies folgt bereits aus § 4 Abs. 3 TVG. Auch allgemeine Arbeitsbedingungen in Form einer arbeitsvertraglichen Einheitsregelung, einer Gesamtzusage oder einer betrieblichen Übung werden durch Abs. 3 nicht ausgeschlossen (BAG 24. 1. 96 AP Nr. 8 zu § 77 BetrVG 1972 Tarifvorbehalt; 13. 8. 80 AP Nr. 2 zu § 77 BetrVG 1972; GK-*Kreutz* Rn 134; *Richardi* Rn 295 f.). Diese Regelungen haben aber keinen normativen Charakter. Sie können – sofern sie nicht betriebsvereinbarungsoffen gestaltet werden (vgl. hierzu Rn 198, 214) – grundsätzlich nur mit den Mitteln des Arbeitsvertragsrechts geändert oder beseitigt werden (vgl. Rn 207 ff.).

Auch **andere Vereinbarungen** der Betriebspartner als BV werden von der 102
Sperrwirkung des Abs. 3 **nicht erfasst.** Das gilt insb. für die sog. **Regelungsabrede** (BAG 20. 4. 99 AP Nr. 89 zu Art. 9 GG; 21. 1. 03 AP Nr. 1 zu § 21 a BetrVG 1972; GK-*Kreutz* Rn 135; *WPK/Preis* Rn 59; ErfK/*Kania* Rn 56; *Haug* BB 86, 1929; *Heinze* NZA 95, 5; *Hromadka* DB 87, 1993; *Moll,* Der Tarifvorrang im BetrVG S. 54 ff.; *Waltermann,* Rechtsetzung durch BV S. 269 ff.; *ders.* RdA 96, 132; *Wank* RdA 91, 133; *Zöllner* ZfA 88, 281; *Kort* NJW 97, 1480; *Wiese* FS BAG S. 664; *Wiedemann/Wank* TVG § 4 Rn 577; *Walker* ZfA 00, 35; *Schaub/Koch* ArbR-Hdb. § 231 Rn 28; *Goethner* NZA 06, 303; **aA** *Annuß* RdA 00, 291; *DKKW-Berg* Rn 78; *Richardi* Rn 292 f., 230; MünchArbR-*Matthes* § 238 Rn 69; *Berg* FS *Kehrmann* S. 276; *Gamillscheg* FS *Stahlhacke* S 115; *Hanau* BB 77, 350; *Wohlfarth* NZA 99, 963; *Zachert* RdA 96, 145; *Thon* NZA 05, 858; zur Regelungsabrede vgl. Rn 216 ff.). Hierfür spricht jedenfalls der Wortlaut des Abs. 3, der eben nicht den in Abs. 1 gebrauchten Begriff „Vereinbarung" verwendet. Gleichwohl kann hierdurch der Normzweck des Tarifvorbehalts des Abs. 3, eine betriebliche Konkurrenzordnung zum TVSystem zu verhindern, gefährdet sein (*DKKW-Berg* Rn 78 mwN; *Richardi* Rn 293; *Annuß* RdA 00, 287, 291). Zumindest ist die Gefahr nicht von der Hand zu weisen, dass die Betriebsparteien in formlose Absprachen über Entgelte und sonstige Arbeitsbedingungen ausweichen und so die Normsetzungsprärogative der TVParteien ein Stück weit faktisch aushöhlen. Allerdings können sie wegen § 4 Abs. 3 TVG nur günstigere Entgelte und Arbeitsbedingungen vereinbaren. Auch haben die Absprachen keine normative Wirkung. Die durch Abs. 3 S. 1 verbotene Konkurrenz zwischen tariflicher und betrieblicher Normsetzung tritt daher nicht ein (*Goethner* NZA 06, 303, 304). Der ArbGeb. muss vielmehr den Inhalt der Absprache mit den üblichen arbeitsvertraglichen Mitteln umsetzen und zum Inhalt der Arbeitsverträge machen. Auch kann er sich von ihnen nur mit den üblichen arbeitsvertraglichen Mitteln wieder lösen (Aufhebungsvertrag, Änderungskündigung, Widerrufsvorbehalt). Ein Verzicht der ArbN auf diese Ansprüche ist möglich. Selbstverständlich ist die Regelungsabrede an **zwingendes höherrangiges Recht** gebunden. Eine Regelungsabrede, die ein rechtswidriges Ziel verfolgt, ist insoweit ebenfalls rechtswidrig. Das gilt zB für Regelungsabreden, die gegen die Unabdingbarkeit von Tarifnormen nach § 4 Abs. 1 TVG verstoßen. Deshalb ist es nicht zulässig, in einer Regelungsabrede für tarifgebundene ArbN schlechtere Arbeitsbedingungen als die tariflichen vorzusehen (vgl. BAG 20. 4. 99 AP Nr. 89 zu Art. 9 GG). Das gilt auch, wenn eine derartige Absprache im Rahmen eines sog. „betrieblichen Bündnisses für Arbeit" erfolgt, in dem gleichzeitig eine Beschäftigungsgarantie, zB durch Ausschluss betriebsbedingter Kündigungen oder der Unterlassung einer beabsichtigten Standortverlagerung, zugesagt wird. Derartige Regelungen sind nicht etwa wegen der zugesagten Beschäftigungsgarantie als günstigere Regelungen iSv. § 4 Abs. 3 TVG anzusehen. Vielmehr würden bei einem solchen Vergleich „Äpfel mit Birnen" verglichen (BAG 20. 4. 99 AP Nr. 89 zu Art. 9 GG). Demgegenüber ge-

stattet § 4 Abs. 3 TVG nur einen Vergleich von Regelungen, die in einem sachlichen Zusammenhang stehen (sog. Sachgruppenvergleich, Näher hierzu vgl. Rn 199 ff.). Verstoßen die Betriebsparteien durch Abschluss einer tarifwidrigen Regelungsabrede gegen zwingendes TVRecht, haben die Gewerkschaften einen Unterlassungsanspruch (vgl. Rn 236; BAG 20. 4. 99 AP Nr. 89 zu Art. 9 GG). Eine Regelungsabrede, die einen niedrigeren Lohn als den Tariflohn nur für nichttarifgebundene ArbN vorsieht, ist dagegen grundsätzlich zulässig, da in diesem Falle kein Verstoß gegen § 4 TVG vorliegt und unterschiedliche Arbeitsbedingungen zwischen tarifgebundenen und nichttarifgebundenen Betriebsangehörigen keinen Verstoß gegen den arbeitsrechtlichen Gleichbehandlungsgrundsatz darstellen (vgl. zum letzteren § 75 Rn 51).

103   Die **Teilunwirksamkeit** einer BV hat nur dann die Unwirksamkeit aller Regelungen zur Folge, wenn der verbleibende Teil ohne die unwirksamen Bestimmungen keine sinnvolle und in sich geschlossene Regelung mehr enthält (vgl. Rn 32; BAG 15. 5. 01 AP Nr. 17 zu § 87 BetrVG 1972 Prämie; 21. 1. 03 AP Nr. 1 zu § 21 a BetrVG 1972; 22. 3. 05 AP Nr. 26 zu § 4 TVG Geltungsbereich). Stellt sich dagegen der verbleibende Teil der BV als eine weiterhin sinnvolle und anwendbare Regelung dar, steht dessen Weitergeltung selbst ein etwa anderer Wille der die BV abschließenden Betriebsparteien – anders als nach § 139 BGB – nicht entgegen. Dies folgt aus dem Normencharakter einer BV, der es ebenso wie bei TV und Gesetzen gebietet, eine gesetzte Ordnung im Interesse der Kontinuität und Rechtsbeständigkeit aufrecht zu erhalten, soweit sie auch ohne den unwirksamen Teil ihre Ordnungsfunktion noch entfalten kann (BAG 21. 1. 03 AP Nr. 1 zu § 21 a BetrVG 1972; GK-*Kreutz* Rn 61; *Kort* NZA 05, 620; **aA** jetzt *Kreutz* FS *Säcker* S. 247, 251 ff.). Der Grundsatz der Aufrechterhaltung einer normativen Teilordnung gilt allerdings dann ausnahmsweise nicht, wenn die übrigen Regelungen keine normative Außenwirkung haben, sondern ausschließlich zwischen den Betriebsparteien gelten; in diesem Fall kommt § 139 BGB vielmehr uneingeschränkt zur Anwendung (vgl. BAG 21. 1. 03 AP Nr. 1 zu § 21 a BetrVG 1972).

104   **Umstr.** ist, ob eine wegen Verstoßes gegen Abs. 3 unwirksame BV in ein zulässiges anderes Rechtsgeschäft **umgedeutet** werden kann. Eine generelle Umdeutung in eine **Regelungsabrede** dürfte wegen der grundsätzlichen Unterschiedlichkeit dieser Rechtsinstrumente – die BV gewährt den ArbN Ansprüche, bei der Regelungsabrede besteht ein Anspruch des BR auf ein bestimmtes Verhalten des ArbGeb. – nicht in Betracht kommen (BAG 24. 1. 96 AP Nr. 8 zu § 77 BetrVG 1972 Tarifvorbehalt; LAG Köln LAGE § 77 BetrVG 1972 Nr. 21; *HSWGNR-Worzalla* Rn 144; GK-*Kreutz* Rn 126; *Kort* NZA 05, 620, 621; **aA** *Birk* ZfA 86, 107; *Belling/Hartmann* NZA 98, 679).

105   Ist dem ArbGeb. die Unwirksamkeit der BV wegen Verstoßes gegen Abs. 3 **nicht bekannt,** dürfte im Allgemeinen auch keine Umdeutung der BV in entsprechende **einzelvertragliche** Regelungen in Betracht kommen. Denn bei Abschluss einer BV will der ArbGeb. gerade nicht mit den einzelnen ArbN individualrechtliche Ansprüche begründen, sondern sich des kollektiven Regelungsinstruments mit den ihm eigenen Wirkungen (insb. der Kündigungsmöglichkeit nach Abs. 6) bedienen (GK-*Kreutz* Rn 125). Auch handelt der BR nicht als rechtsgeschäftlicher Vertreter der einzelnen ArbN (LAG Bad.-Württ. NZA-RR 97, 387). Erbringt der ArbGeb. in Anwendung einer vermeintlich wirksamen BV Leistungen an die ArbN, begründet dies allein regelmäßig **keine betriebliche Übung** (BAG 18. 11. 03 AP Nr. 15 zu § 77 BetrVG 1972 Nachwirkung; 28. 6. 05 AP Nr. 25 zu § 77 BetrVG 1972 BV; 23. 3. 11 – 4 AZR 268/09 –; *Kort* NZA 05, 620, 621). Liegen allerdings Umstände vor, die erkennen lassen, dass der ArbGeb. auch in **Kenntnis der Unwirksamkeit** der BV eine inhaltsgleiche Gestaltung der Arbeitsbedingungen gewollt hat, kommt ausnahmsweise eine **Umdeutung in eine vertragliche Einheitsregelung (Gesamtzusage oder gebündelte Vertragsangebote) in Betracht** (BAG 24. 1. 96, 5. 3. 97 AP Nr. 8, 10 zu § 77 BetrVG 1972 Tarifvorbehalt). Hierzu müssen aber besondere Umstände die Annahme rechtfertigen, der ArbGeb. habe sich unabhängig von der BV auf jeden Fall verpflichten wollen, seinen ArbN die darin vorgesehenen Leistungen zu gewähren (BAG 5. 3. 97, 29. 10. 02 AP Nr. 10, 18 zu § 77 BetrVG 1972 Tarifvorbehalt; 28. 6. 05 AP Nr. 25 zu § 77 BetrVG 1972 BV; 23. 3. 11 – 4 AZR 268/09 –). Das kann angenommen werden, wenn der ArbGeb. nach Kenntnis der Unwirksamkeit der BV die in ihr vorgesehenen Leistungen weitergewährt (BAG 23. 8. 89 AP Nr. 42 zu § 77 BetrVG 1972; LAG Köln NZA-RR 99, 30; *DKKW-Berg* Rn 65; *v. Hoyningen-Huene* DB 84 Beil. 1 S. 8; Münch*ArbR-Matthes* § 328 Rn 90; *Kort* NZA 05, 620, 621). Ist die BV unter Druck zustande gekommen oder bezieht sie sich auf einen für verbindlich angesehenen Spruch der E-Stelle, kommt im Allgemeinen eine Umdeutung nicht in Betracht. Eine Umdeutung ist stets ausgeschlossen, wenn die vorgesehene Regelung ihrerseits rechtswidrig ist. Das gilt zB in Bezug auf tarifgebundene ArbN, wenn die unwirksame BV ein untertarifliche Bezahlung vorsieht.

Erbringt der ArbGeb. trotz Kenntnis der Nichtigkeit der BV die in ihr vorgesehenen Leistungen, kann darin ein **gebündeltes Vertragsangebot** an die ArbN liegen, das diese stillschweigend durch die Entgegennahme der Leistung annehmen (BAG 24. 1. 96, 5. 3. 97 AP Nr. 8, 10 zu § 77 BetrVG 1972 Tarifvorbehalt; 13. 8. 80, 23. 8. 89 AP Nr. 2, 42 zu § 77 BetrVG 1972; *DKKW-Berg* Rn 65; *HSWGNR-Worzalla* Rn 146; GK-*Kreutz* Rn 60, 125; *Kort* NZA 05, 620, 621; hinsichtlich des Annahmewillens der ArbN einschränkend *Belling/Hartmann* NZA 98, 677; LAG Hamm NZA-RR 00, 27). Inhaltlich wird das Vertragsangebot des ArbGeb. durch die (unwirksame) BV bestimmt. Ist den ArbN bei der Leistungsgewährung der Zusammenhang mit der (unwirksamen) BV bewusst, so ist es im Hinblick auf die nach Abs. 5 bestehende Kündigungsmöglichkeit der BV eine Frage der (ergänzenden) Vertragsauslegung, ob die konkludente Vereinbarung eines (ggf. eingeschränkten) Widerrufsvorbehalts oder einer der BV entsprechenden Kündigungsmöglichkeit angenommen werden kann (*Belling/Hartmann* NZA 98, 677; weitergehend *v. Hoyningen-Huene* DB 84 Beil. 1 S. 10; **aA** GK-*Kreutz* Rn 125). Erbringt der ArbGeb. in Kenntnis der Unwirksamkeit einer BV Leistungen an einen Teil der ArbN, kommt für die anderen, nicht begünstigten ArbN ein Anspruch aufgrund des arbeitsrechtlichen Gleichbehandlungsgrundsatzes in Betracht (vgl. Rn 53; BAG 26. 4. 05 AP Nr. 12 zu § 87 BetrVG 1972 mwN). **106**

Die von dem ArbGeb. in Unkenntnis der Unwirksamkeit der BV rechtsgrundlos **107** erbrachten Leistungen brauchen die ArbN **nicht für die Vergangenheit zurückzuzahlen.** Vielmehr ist entsprechend den Grundsätzen über das nichtige Arbeitsverhältnis davon auszugehen, dass die Nichtigkeit **nur für die Zukunft** wirkt, nicht jedoch in der Vergangenheit bereits abgewickelte Lebenssachverhalte wieder aufrollt (GK-*Kreutz* Rn 127; *Birk* ZfA 86, 106; **aA** *HSWGNR-Worzalla* Rn 147; *v. Hoyningen-Huene* DB 84 Beil. 1 S. 10, 11; ebenso *Belling/Hartmann*, NZA 98, 679).

e) Ausnahmen von der Regelungssperre

aa) Sozialplanregelungen

Für Sozialpläne nach §§ 112, 112a besteht **keine Sperrwirkung** nach Abs. 3. **108** Diese ist durch § 112 Abs. 1 S. 4 ausdrücklich beseitigt (vgl. BAG 14. 11. 06 AP Nr. 181 zu § 112 BetrVG 1972). Sozialpläne können deshalb ohne Rücksicht auf bestehende oder übliche TV stets zusätzliche und günstigere Regelungen für die ArbN treffen. Der Tarifvorbehalt gilt aber wiederum für freiwillig vereinbarte „vorsorgliche" Sozialpläne und für „Rahmensozialpläne" (vgl. BAG 14. 11. 06 AP Nr. 181 zu § 112 BetrVG 1972 mwN). Zur (umstrittenen) Frage der Sperrwirkung des Abs. 3 bei BV über Maßnahmen zur Förderung der **Vermögensbildung** nach § 88 Abs. 3 vgl. § 88 Rn 24f.

bb) Vorrang des § 87 Abs. 1

Umstritten ist, ob die Sperrwirkung des Abs. 3 auch im Anwendungsbereich des **109** § 87 Abs. 1 gilt oder ob die dort im Eingangssatz enthaltene Tarifvorbehalt eine Abs. 3 verdrängende Regelung darstellt. Nach der sog. **Vorrangtheorie** geht der

Tarifvorbehalt in § 87 Abs. 1 Eingangssatz als speziellere Norm der Regelungssperre des Abs. 3 vor (BAG GS 3. 12. 91 AP Nr. 51 zu § 87 BetrVG 1972 Lohngestaltung; BAG 20. 8. 91, 24. 1. 96, 29. 10. 02 AP Nr. 2, 8, 18 zu § 77 BetrVG 1972 Tarifvorbehalt; 22. 6. 93 AP Nr. 22 zu § 23 BetrVG 1972; 20. 11. 01 EzA § 77 BetrVG 1972 Nr. 70; 29. 1. 02 AP Nr. 19 zu § 76 BetrVG 1972 Einigungsstelle; 21. 1. 03 AP Nr. 1 zu § 21 a BetrVG 1972; 9. 12. 03 EzA § 77 BetrVG 2001 Nr. 6; 29. 4. 04 AP Nr. 3 zu § 77 BetrVG 1972 Durchführung; 24. 8. 04 AP Nr. 77 zu § 2 KSchG 1969, 22. 3. 05 AP Nr. 26 zu § 4 TVG Geltungsbereich; *DKKW-Berg* Rn 66; *WPK/Preis* Rn 62; *Löwisch* Rn 46; MünchArbR-*Matthes* § 238 Rn 67 f.; *v. Hoyningen-Huene/ Meier-Krenz* NZA 87, 799; *Ehmann/Schmidt* NZA 95, 197; *Gast* BB 87, 1249; *Säcker* ZfA 72 Sonderheft S. 64; *Zachert* RdA 96, 140; wohl auch ErfK/*Kania* Rn 44 ff.; *Schaub/Koch* ArbR-Hdb. § 231 Rn 23). Begründet wird dies im Wesentlichen mit dem Schutzzweck des § 87 Abs. 1, die Wahrnehmung der MBR des BR auch durch BV zu gewährleisten und hiervon nur eine Ausnahme zu machen, wenn die mitbestimmungspflichtige Angelegenheit durch eine gesetzliche oder tarifliche Vorschrift abschließend geregelt ist (BAG GS 3. 12. 91 AP Nr. 51 zu § 87 BetrVG 1972 Lohngestaltung; 22. 3. 05 AP Nr. 26 zu § 4 TVG Geltungsbereich).

110   Demgegenüber soll nach der sog. **Zwei-Schranken-Theorie** der Tarifvorrang des Abs. 3 auch im Bereich des § 87 Abs. 1 gelten (GK-*Kreutz* Rn 139 ff.; HSWGNR-*Worzalla* Rn 157 f.; *Richardi* Rn 249; *Hanau* RdA 73, 284; *ders.* BB 77, 350; *Haug* BB 86, 1925; *Heinze* NZA 95, 6; *Heither* FS Dieterich S. 229; *Hromadka* DB 87, 1994; *Joost* ZfA 93, 257; *Konzen* BB 87, 1311; *Kraft* FS *K. Molitor* S. 213; *Lieb* NZA 94, 341; *Moll,* Tarifvorrang S. 34 ff.; *Richardi* NZA 95, 6; *Waltermann* RdA 96, 138; *ders.* Rechtsetzung durch BV S. 285 ff.; *Wank* RdA 91, 129; *Wiese* FS BAG S. 661; *Wiedemann/Wank* TVG § 4 Rn 620). Nach dieser Theorie bleiben die MBR des BR nach § 87 in ihrem materiellen Gehalt unangetastet, zu ihrer Ausgestaltung steht jedoch nicht das normative Regelungsinstrument der BV, sondern die Regelungsabrede zur Verfügung. Entscheidendes Argument der Zwei-Schranken-Theorie ist die Gewährleistung der Funktionsfähigkeit der verfassungsrechtlich garantierten Tarifautonomie. Soweit die Regelungssperre des Abs. 3 reicht, soll eine Regelung von Arbeitsbedingungen durch das dem TV vergleichbare normative Regelungsinstrument der BV ausgeschlossen sein.

111   Für die **Zwei-Schranken-Theorie** sprechen gute Gründe (vgl. im Einzelnen **21. Aufl.** Rn 111–116). Sie hat insb. wohl den Gesetzeswortlaut (vgl. GK-*Kreutz* Rn 142) wie auch die Systematik und Entstehungsgeschichte (vgl. GK-*Kreutz* Rn 143) auf ihrer Seite. Gleichwohl wird an ihr hier seit der 22. Aufl. **nicht länger festgehalten** und der vom **BAG** in mittlerweile **ganz gefestigter Rspr.** vertretenen **Vorrangtheorie** der Vorzug gegeben. Diese wird dem erforderlichen Schutz der zwingenden betriebsverfassungsrechtlichen Mitbestimmung deutlich besser als die Zwei-Schranken-Theorie gerecht, ohne dass die Funktionsfähigkeit der Tarifautonomie wirklich ernsthaft beeinträchtigt würde.

112   Nur die Vorrangtheorie gewährleistet einen **effektiven Schutz der zwingenden Mitbestimmung,** indem sie den Abschluss von BV dann zulässt, wenn der Regelungsgegenstand nicht tariflich zwingend und abschließend geregelt ist. Die Zwei-Schranken-Theorie bietet diesen Schutz nicht. Zwar werden auch nach ihr die MBR des BR nicht beseitigt, sondern nur der Ausgestaltung durch BV entzogen. Gleichwohl wird damit den Betriebsparteien das vom BetrVG in erster Linie zur Verwirklichung der Mitbestimmung in sozialen Angelegenheiten vorgesehene Instrument genommen. Der Hinweis der Vertreter der Zwei-Schranken-Theorie, die Mitbestimmung könne ja im Wege von Regelungsabreden ausgeübt werden (vgl. etwa GK-*Kreutz* Rn 144; HSWGNR-*Worzalla* Rn 158), überzeugt nicht. Regelungsabreden (vgl. dazu Rn 216 ff.) sind schon wegen der fehlenden Normwirkung zur Verwirklichung der Mitbestimmung nicht in gleicher Weise geeignet wie BV (vgl. Rn 217; *Richardi* Rn 229). Sie wirken nicht unmittelbar und zwingend auf die ArbVerh. der ArbN, sondern entfalten lediglich schuldrechtliche Wirkung zwischen

den Betriebsparteien. Im Übrigen erscheint der Hinweis der Vertreter der Zwei-Schranken-Theorie auf die Wahrnehmung der Mitbestimmung durch Regelungsabreden widersprüchlich im Hinblick auf den von ihnen reklamierten Schutz der Tarifautonomie. Diese wird durch Regelungsabreden über ihr unterfallende Gegenstände in ähnlicher Weise wie durch BV tangiert.

Durch die Vorrangtheorie ist die **Funktionsfähigkeit der Tarifautonomie** 113 **nicht ernsthaft gefährdet.** Die TVParteien sind nicht gehindert, im Bereich der zwingenden Mitbestimmung ihre Tarifsetzungsbefugnis auszuüben. Sie können Regelungen treffen und damit den Betriebsparteien deren Regelungsbefugnis gemäß § 87 Abs. 1 Eingangssatz entziehen. Soweit sie zwingende und abschließende Regelungen in mitbestimmungspflichtigen Angelegenheiten treffen, können die Betriebsparteien darüber keine BV schließen. Etwa bestehende BV werden durch tarifvertragliche Regelungen verdrängt. Nur dann, wenn die TVParteien ihre Tarifsetzungsbefugnis nicht wahrgenommen haben oder wenn in einer tariflich tatsächlich oder üblicherweise geregelten Angelegenheit keine Tarifbindung besteht, beseitigt die Vorrangtheorie die Sperre des Abs. 3 S. 1. Daraus resultiert aber keine wesentliche Schwächung der Koalitionen. Vielmehr kann sogar umgekehrt die Zwei-Schranken-Theorie tarifgebundene ArbGeb. verleiten, den ArbGebVerband zu verlassen, um sich zum einen tarifvertraglichen Regelungen zu entziehen und gleichzeitig dem Verlangen des BR nach dem Abschluss von BV in mitbestimmungspflichtigen Angelegenheiten die Regelungssperre des Abs. 3 S. 1 entgegenzuhalten. Eben diese Möglichkeit besteht nach der Vorrangtheorie nicht. Diese führt daher nicht zu einer Aushöhlung der Funktionsfähigkeit der Tarifautonomie, sondern trägt sogar eher zu deren Stärkung bei.

Zu beachten ist aber, dass die **Einschränkung des Tarifvorbehalts** nach Abs. 3 114 durch die Vorrangtheorie **nur soweit** gilt, **wie das MBR des BR reicht** (BAG 24. 1. 96, 29. 10. 02 AP Nr. 8, 18 zu § 77 BetrVG 1972 Tarifvorbehalt). In Angelegenheiten der **freiwilligen Mitbestimmung nach § 88** findet daher der Tarifvorbehalt uneingeschränkt Anwendung (vgl. § 88 Rn 9).

Ein nach der **Vorrangtheorie** die Regelungssperre des Abs. 3 S. 1 beseitigendes 115 MBR **setzt** nach § 87 Abs. 1 Eingangssatz außerdem **voraus, dass** insoweit **keine zwingende tarifliche Regelung** besteht, an die der ArbGeb. gebunden ist. Die Regelungssperre des Abs. 3 S. 1 führt daher auch im Bereich der erzwingbaren Mitbestimmung nach § 87 Abs. 1 dann zur vollständigen oder partiellen Unwirksamkeit einer betrieblichen Regelung, wenn dieser eine zwingende tarifliche Regelung entgegensteht (BAG 9. 12. 03 EzA § 77 BetrVG 2001 Nr. 6; 29. 4. 04 AP Nr. 3 zu § 77 BetrVG 1972 Durchführung).

Ebenso ist die Tarifsperre des Abs. 3 S. 1 von Bedeutung bei sog. **teilmitbe-** 116 **stimmten BV,** in denen zugleich mitbestimmungspflichtige und mitbestimmungsfreie Angelegenheiten geregelt werden. Die Mitbestimmungspflichtigkeit eines Teils der Regelungen einer BV führt nicht etwa dazu, dass die Sperrwirkung eines TV auch für die mitbestimmungsfreien Regelungen aufgehoben wäre (BAG 5. 3. 97 AP Nr. 10 zu § 77 BetrVG 1972 Tarifvorbehalt; 22. 3. 05 AP Nr. 26 zu § 4 TVG Geltungsbereich). Unzulässig ist es danach, in derartigen teilmitbestimmten BV Regelungen über mitbestimmungsfreie Angelegenheiten zu treffen, die tarifvertraglich geregelt sind oder üblicherweise geregelt werden. Eine hiergegen verstoßende BV ist insoweit unwirksam. Falls die übrigen Bestimmungen keine in sich geschlossene, sinnvolle Regelung mehr darstellen, führt dies zur Unwirksamkeit der gesamten BV (vgl. Rn 32, 103).

cc) Öffnungsklausel

Die Sperrwirkung des Abs. 3 S. 1 wird beseitigt, wenn und soweit der TV den Ab- 117 schluss ergänzender BV ausdrücklich zulässt (zur rechtspolitischen Problematik einer zu großzügigen Handhabung von Öffnungsklauseln vgl. *Lieb* NZA 94, 289; *Kissel* NZA 86, 73; *Herschel* ArbuR 84, 321; zu Häufigkeit und Inhalt von betrieblichen Vereinbarungen zur Beschäftigungssicherung vgl. *Seifert* WS I-Mitt. 99, 156 sowie

Gaumann/Schaﬀt NZA 98, 183). Durch eine tariﬂiche Öﬀnungsklausel beseitigen die TVParteien die Regelungssperre des Abs. 3 S. 1, indem sie – zeitweilig – auf die Ausübung ihrer Tarifautonomie verzichten, und machen damit den Weg frei für betriebliche Normsetzung; sie delegieren aber nicht ihre tariﬂiche Normsetzungsbefugnis auf die Betriebsparteien (vgl. *Rieble* ZfA 04, 405, 409 ﬀ.; **aA** *Benrath* [Rn 45]). Erforderlich ist eine **„ausdrückliche"** Zulassung. Der TV muss in einer klaren und eindeutigen positiven Bestimmung ergänzende BV gestatten. Hierbei muss der TV nicht unbedingt das Wort BV enthalten (BAG 20. 12. 61 AP Nr. 7 zu § 59 BetrVG); es muss sich aus ihm die Zulassung jedoch eindeutig ergeben (BAG 20. 4. 99, 29. 10. 02 AP Nr. 12, 18 zu § 77 BetrVG 1972 Tarifvorbehalt; 9. 12. 03 EzA § 77 BetrVG 2001 Nr. 6; GK-*Kreutz* Rn 150; *Richardi* Rn 302; *WPK/Preis* Rn 78). Im Wege ergänzender TVAuslegung kann eine Öﬀnungsklausel nicht gewonnen werden (GK-*Kreutz* Rn 150). Eine tariﬂiche Öﬀnungsklausel gilt, wenn die TVParteien nicht etwas anderes bestimmen, nur für den jeweiligen TV (LAG Bad.-Württ. ArbuR 99, 155). Sie ist aber im Zweifel nicht auf die BV beschränkt, die bereits vor Vereinbarung der Klausel bestanden haben (BAG 20. 2. 01 AP Nr. 15 zu § 77 BetrVG 1972 Tarifvorbehalt). Eine Öﬀnungsklausel kann auch in einer tariﬂichen Anrechnungsklausel liegen, wenn diese den zuverlässigen Schluss rechtfertigt, dass der TV das Nebeneinander von tariﬂicher und betrieblicher Leistung gerade zulassen will (BAG 29. 10. 02 AP Nr. 18 zu § 77 BetrVG 1972 Tarifvorbehalt).

118   Tariﬂiche Öﬀnungsklauseln können **nur von den TVParteien** vereinbart werden, **die den TV abgeschlossen** haben, von dessen Regelungen Abweichungen zulässig sein sollen. Nicht ausreichend ist die Vereinbarung von Öﬀnungsklauseln in einem Firmentarifvertrag zwischen einem durch Verbandstarifvertrag gebundenen ArbGeb. und der vertragsschließenden Gewerkschaft (BAG 20. 4. 99 AP Nr. 12 zu § 77 BetrVG 1972 Tarifvorbehalt). Etwas anderes dürfte allerdings gelten, wenn das den Firmentarifvertrag abschließende Unternehmen von dem ArbGebVerband zum Abschluss einer unternehmensspeziﬁschen Öﬀnungsklausel mit der Gewerkschaft bevollmächtigt worden ist. Im Übrigen können das Unternehmen und die Gewerkschaft einen eigenständigen Firmentarifvertrag über vom Verbandstarifvertrag abweichende Regelungen abschließen, der nach dem Grundsatz der Spezialität dem Verbandstarifvertrag vorgeht (vgl. hierzu *Wiedemann/Wank* TVG § 4 Rn 290 ﬀ.). Haben ArbGeb., BR und die Gewerkschaft einen sog. „Konsolidierungsvertrag" geschlossen, der eine Herabsetzung oder den Wegfall von Ansprüchen aus einem für das Unternehmen maßgebenden Verbandstarifvertrag vorsieht, so ist diese Vereinbarung im Zweifel ein Tarifvertrag, wenn eine BV mit dem Inhalt des Konsolidierungsvertrags nach § 77 Abs. 3 unwirksam wäre (BAG 7. 11. 00 AP Nr. 14 zu § 77 BetrVG 1972 Tarifvorbehalt; **aA** LAG Düsseldorf NZA-RR 00, 137; LAG Hamm NZA-RR 01, 42).

119   Die TVParteien können die **Rückwirkung** einer tariﬂichen Öﬀnungsklausel vereinbaren mit der Folge, dass bereits abgeschlossene, zunächst jedoch unwirksame BV nachträglich Wirksamkeit erlangen (vgl. schon Rn 100; BAG 20. 4. 99, 29. 10. 02 AP Nr. 12, 18 zu § 77 BetrVG 1972 Tarifvorbehalt; 29. 1. 02 EzA § 77 BetrVG 1972 Nr. 71; **aA** GK-*Kreutz* Rn 123; *HSWGNR-Worzalla* Rn 143, 155; *Kittner* FS *Schaub* S. 415; *Schaub* NZA 98, 623). Bei einer rückwirkenden Kürzung tariﬂicher Ansprüche durch eine nachträgliche Öﬀnungsklausel sind jedoch die Grenzen zu beachten, die sich aus den Grundsätzen des Vertrauensschutzes ergeben (zu diesen Grundsätzen bei einer rückwirkenden BV vgl. Rn 44, 193). Ein schutzwürdiges Vertrauen der ArbN ist ab dem Zeitpunkt nicht mehr anzuerkennen, in dem die zuständige Gewerkschaft unmissverständlich deutlich gemacht hat, dass sie einer vom TV abweichenden BV durch eine tariﬂiche Öﬀnungsklausel Wirksamkeit verschaffen will (BAG 20. 4. 99 AP Nr. 12 zu § 77 BetrVG 1972 Tarifvorbehalt). Im Übrigen tragen tariﬂiche Regelungen nach der Rspr. des BAG den Vorbehalt ihrer rückwirkenden Abänderbarkeit durch TV in sich. Das gilt unter Beachtung des Vertrauensschutzes auch für bereits entstandene, aber noch nicht erfüllte Ansprüche (BAG 23. 11. 94 AP Nr. 12 zu § 1 TVG Rückwirkung; 29. 1. 02 EzA § 77 BetrVG 1972 Nr. 71).

Zulässig sind nach dem Wortlaut nur „ergänzende" BV. Hierunter fallen insb. **120** Regelungen, die die Ausführung und Anwendung der Tarifregelung näher gestalten (zB Festlegung der Vorgabezeit bei Akkordarbeit, vgl. BAG 9. 2. 84 AP Nr. 9 zu § 77 BetrVG 1972). Vielfach wird die Anwendung ergänzender BV auf ArbN, die nicht tarifgebunden sind, erst möglich sein, wenn auch die zu ergänzende Tarifregelung für sie gilt. In diesem Falle enthält die tarifliche Öffnungsklausel auch die Zulassung, die zu ergänzende Tarifregelung auf die **nichttarifgebundenen ArbN** durch BV zu **erstrecken** (GK-*Kreutz* Rn 153; *Braun* BB 86, 1433; *von Stebut* RdA 74, 341; *v. Hoyningen-Huene/Meyer-Krenz* ZfA 88, 303). Das Gleiche gilt für nichttarifgebundene ArbGeb.

Über den Wortlaut des Abs. 3 S. 2 hinaus können die TVParteien auch **vom TV** **121** **abweichende Regelungen** zulassen (GK-*Kreutz* Rn 154; *HSWGNR-Worzalla* Rn 152; *Richardi* Rn 301; ErfK/*Kania* Rn 59; MünchArbR-*Matthes* § 238 Rn 65; *Beuthien* BB 83, 1992; *Lieb* NZA 94, 290; *Waltermann* RdA 96, 136; *WPK/Preis* Rn 79). Dies folgt daraus, dass die TVParteien von einer entsprechenden Sachregelung auch gänzlich absehen und damit mangels Sperrwirkung den Betriebspartnern die Regelung der Angelegenheit überlassen können. Danach sind zB zulässig die Einführung der analytischen Arbeitsbewertung statt des tariflichen summarischen Verfahrens (BAG 12. 8. 82 AP Nr. 5 zu § 77 BetrVG 1972), die Gestattung einer anderen Methode zur Ermittlung der Leistungszulage (BAG 28. 2. 84 AP Nr. 4 zu § 87 BetrVG 1972 Tarifvorrang), die Abweichung von der tariflichen wöchentlichen Arbeitszeit (BAG 18. 8. 87 AP Nr. 23 zu § 77 BetrVG 1972), die andere Methode für die Bestimmung des Durchschnittsverdienst für die Bezahlung sog. Wartestunden (BAG 14. 2. 89 AP Nr. 8 zu § 87 BetrVG 1972 Akkord). Teilweise werden gegen die Zulassung zu weiter Öffnungsklausel Bedenken mit der Begründung erhoben, die TVParteien dürften sich nicht vollständig ihrer Normsetzungsbefugnis zugunsten betrieblicher Regelungen entäußern, ihnen müsse vielmehr ein Grundbestand tariflicher Normsetzung vorbehalten bleiben (vgl. *DKKW-Berg* Rn 74; *HSWGNR-Worzalla* Rn 156; *Buchner* NZA 86, 380; *Heinze* NZA 89, 41; *Kittner* FS *Schaub* S. 389; *Linnenkohl* BB 88, 1459; *Meyer-Krenz* DB 88, 2149; *Wendeling-Schröder* NZA 98; 624; *Weyand* ArbuR 89, 196; *Zachert* RdA 96, 145; *ders.* ArbuR 95, 3). Ein allzu großer Betriebspartikularismus mag (tarif-)politisch unerwünscht sein (vgl. *Herschel* ArbuR 84, 321; *Kissel* NZA 86, 78). Solange die TVParteien aber auf die Regelung bestimmter Fragen gänzlich verzichten können, sind im Falle einer tariflichen Regelung auch weite Öffnungsklauseln rechtlich nicht unzulässig (GK-*Kreutz* Rn 156).

Die Zulassung ergänzender oder abweichender BV muss im Interesse der Rechtssi- **122** cherheit sowohl dem **Gegenstand** als auch dem **Umfang nach genau bestimmt** sein (*HSWGNR-Worzalla* Rn 156). Die Zulassung kann **eingeschränkt** und zB von der Genehmigung der BV durch die TVParteien (GK-*Kreutz* Rn 157; *Richardi* Rn 301) oder von der Erfüllung bestimmter Voraussetzungen, etwa für die Einführung von Kurzarbeit (vgl. § 87 Rn 157), abhängig gemacht werden. Die TVParteien können auch nähere Bestimmungen über Abschluss und Inhalt der BV treffen, zB Unterrichtung der TVParteien innerhalb bestimmter Fristen, vorherige Überlassung bestimmter Unterlagen, Vereinbarung der Zuständigkeit der E-Stelle nach § 76 Abs. 6 (vgl. BAG 12. 8. 82 AP Nr. 5 zu § 77 BetrVG 1972; *Lohs* DB 96, 1722; *Walker* ZfA 96, 358). Sie können die Öffnung auf freiwillige BV beschränken (BAG 9. 12. 03 AP Nr. 27 zu § 50 BetrVG 1972). Sie können auf diese Weise aber nicht zur Disposition des ArbGeb. stellen, ob er die BV mit dem BR oder dem GesBR abschließt. Vielmehr bleibt es bei der gesetzlichen Zuständigkeit (BAG 9. 12. 03 AP Nr. 27 zu § 50 BetrVG 1972). Andererseits können ergänzende oder abweichende BV auch **generell zugelassen** werden, zB dadurch, dass bestimmte Fragen durch „BR und ArbGeb. zu vereinbaren", „der BV vorbehalten" oder „betrieblich in angemessener Weise" zu regeln sind (vgl. BAG 3. 4. 79 AP Nr. 2 zu § 87 BetrVG 1972, 22. 12. 81 AP Nr. 7 zu § 87 BetrVG Lohngestaltung; BAG 25. 5. 82 AP Nr. 2 zu § 87 BetrVG 1972 Prämie nimmt demgegenüber ohne Begründung an, damit sei dem ArbGeb. ein einseitiges Bestimmungsrecht eingeräumt). Das Gleiche gilt für eine tarifliche Regelung, nach der für besondere Leistungen des ArbGeb. bestehende „betriebliche Systeme unberührt bleiben" (BAG 20. 2. 01 AP Nr. 15 zu § 77 BetrVG 1972 Tarifvorbehalt). Lässt der TV eine ergänzende oder abweichende BV zu, geht sie der Tarifregelung vor. Ob der TV auch eine für die ArbN **ungünstigere Regelung** gestattet, ist im Zweifel durch Auslegung der tariflichen Öffnungsklausel zu ermitteln. Zulässig ist dies (vgl. § 4 Abs. 3 TVG; BAG 11. 7. 95 AP Nr. 10 zu § 1 TVG TV Versicherungsgewerbe). Durch eine Öffnungsklausel können die TVParteien im Bereich der zwingenden Mitbestimmung nicht über die **zuständige BRGremium** disponieren; vielmehr ist die gesetzliche Zuständigkeitsverteilung zwingend (vgl BAG 9. 12. 03 AP Nr. 27 zu § 50 BetrVG 1972). Die TVParteien können aber wohl durch die Bestimmung des Adressatenkreises oder inhaltliche Maßgaben einer tariflichen Leistung die Regelungsebene und damit regelmäßig auch das BRGremium vorgeben.

123   Die tarifliche Zulassung abweichender BV ist eine **betriebsverfassungsrechtliche Vorschrift** iSv. § 1 TVG (BAG 18. 8. 87 AP Nr. 23 zu § 77 BetrVG 1972; 18. 12. 97 AP Nr. 46 zu § 2 KSchG 1969). Sie gilt nach Ablauf des ermächtigenden TV kraft **Nachwirkung** gem. § 4 Abs. 5 TVG weiter. Während des Nachwirkenszeitraums gilt auch eine abweichende BV weiter (*DKKW-Berg* Rn 77; GK-*Kreutz* Rn 163; *Richardi* Rn 163). Ferner können während dieses Zeitraums neue abweichende BV abgeschlossen werden (*DKKW-Berg* Rn 77). Enthält der neue TV keine Öffnungsklausel mehr, greift wieder die Sperrwirkung des Abs. 3 S. 1 (BAG 25. 8. 83 AP Nr. 7 zu § 77 BetrVG 1972). Enthält auch der neue TV eine entsprechende Öffnungsklausel, bleiben die abweichenden BV wirksam, sofern sie nicht in zeitlicher Hinsicht an die Geltung des vorherigen TV einschl. dessen Nachwirkungszeitraums gebunden waren (BAG 25. 8. 83 AP Nr. 7 zu § 77 BetrVG 1972; GK-*Kreutz* Rn 164).

VI. Rechtswirkungen der Betriebsvereinbarungen (Abs. 4)

124   Die **normativen** Regelungen einer BV gelten gemäß Abs. 4 S. 1 ebenso wie die Tarifnormen gemäß § 4 Abs. 1 und 3 TVG **unmittelbar und zwingend.** Mit dieser 1972 erstmals kodifizierten Regelung wurde die schon zum BetrVG 1952 vertretene Auffassung zur Rechtswirkung einer BV (vgl. hierzu BAG 16. 3. 56, 25. 3. 71 AP Nr. 1, 5 zu § 57 BetrVG) gesetzlich bestätigt (GK-*Kreutz* Rn 165; *Richardi* Rn 132).

125   Durch die **unmittelbare Geltung** der BV wirken ihre normativen Regelungen wie ein Gesetz auf die Arbeitsverhältnisse ein, ohne zum Bestandteil des Arbeitsvertrages zu werden. Sie gestalten unabhängig vom Willen und der Kenntnis der Vertragspartner das Arbeitsverhältnis (BAG 18. 8. 87, 21. 9. 89, 12. 12. 06 AP Nr. 23, 43, 94 zu § 77 BetrVG 1972 GK-*Kreutz* Rn 173 ff., 213 ff.; HSWGNR-*Worzalla* Rn 179; *Richardi* Rn 138; *Linsenmaier*, RdA 08, 1, 3). Im Gegensatz zur Regelungsabrede (vgl. Rn 216 ff.) bedarf es zu ihrer Wirksamkeit keinerlei Anerkennung, Unterwerfung oder Übernahme durch die Arbeitsvertragsparteien. Daher kann eine BV auch ohne Zustimmung der ArbN eine ausreichende Grundlage für die Anordnung von Überstunden sein (vgl. näher Rn 63; § 87 Rn 141; BAG 3. 6. 03 AP Nr. 19 zu § 77 BetrVG 1972 Tarifvorbehalt). Die unmittelbare Wirkung besteht während der Nachwirkung einer BV gemäß Abs. 6 (vgl. Rn 177 ff.) fort.

126   Aufgrund der **zwingenden Wirkung** einer BV kann von ihren Regelungen nicht zuungunsten der ArbN durch anderweitige Absprachen der Arbeitsvertragsparteien abgewichen werden kann. Etwas anderes gilt nur für Regelungen, die nach dem Willen der Betriebspartner ausnahmsweise dispositiven Charakter haben (*DKKW-Berg* Rn 42; HSWGNR-*Worzalla* Rn 183). Im Übrigen gilt das **Günstigkeitsprinzip** (GK-*Kreutz* Rn 234 ff.; *Richardi* Rn 144 ff.; HSWGNR-*Worzalla* Rn 183; vgl. auch

Rn 196 ff.). Die zwingende Wirkung der BV hat zur Folge, dass für den ArbN ungünstigere Vertragsabreden für die Zeit der Geltung der BV verdrängt werden (*Linsenmaier*, RdA 08, 1, 9). Die zwingende Wirkung einer BV endet mit deren Beendigung (BAG 22. 6. 10 – 1 AZR 853/08 – NZA 10, 1243). Die in der BV vereinbarten Entlohnungsgrundsätze bleiben aber – ungeachtet der Frage der Nachwirkung der BV nach Abs. 6 (vgl. Rn 177 ff.) – die im Betrieb geltenden Entlohnungsgrundsätze. Zu ihrer Änderung bedarf der ArbGeb. gemäß § 87 Abs. 1 Nr. 10 der Zustimmung des BR (BAG 22. 6. 10 – 1 AZR 853/08 – NZA 10, 1243). Führt der ArbGeb. eine Änderung ohne diese Zustimmung durch, können die ArbN nach der Theorie der Wirksamkeitsvoraussetzung eine Vergütung auf der Grundlage der zuletzt mitbestimmten Entlohnungsgrundsätze verlangen (BAG 22. 6. 10 – 1 AZR 853/08 – NZA 10, 1243).

Die unmittelbare und zwingende Wirkung gilt **nur für BV.** Erlassen die Betriebspartner nur eine generelle Richtlinie oder treffen sie nur eine Regelungsabrede, steht abweichenden Vereinbarungen der Vertragspartner jedenfalls nicht der Unabdingbarkeitsgrundsatz des Abs. 4 S. 1 entgegen (BAG 28. 11. 89 AP Nr. 6 zu § 88 BetrVG 1972). **127**

Die unabdingbare Wirkung kommt nur den **normativen Vorschriften** der BV zu, nicht ihren schuldrechtlichen Regelungen (*Richardi* Rn 133). Zu den normativen Vorschriften zählen insb. **Inhaltsnormen,** dh Regelungen über den Abschluss, Inhalt und Beendigung des Arbeitsverhältnisses (GK-*Kreutz* Rn 204). Jedoch können auch Regelungen über betriebliche u. betriebsverfassungsrechtliche Fragen hierunter fallen (*Richardi* Rn 137; differenzierend GK-*Kreutz* Rn 210: normative Wirkung nur, wenn die Regelung geeignet ist, unmittelbar auf ArbVerh. gestaltend einzuwirken). Die Inhaltsnormen gestalten unmittelbar die Rechte und Pflichten von ArbGeb. und ArbN. Da ein erst einzustellender ArbN noch nicht zur Belegschaft des Betriebs gehört, hat die Vereinbarung einer Abschlussnorm für ihn keine unmittelbare Wirkung. Der ArbGeb. ist jedoch an sie gebunden, was sich schon aus den Widerspruchsgründen des BR nach § 99 Abs. 1 Nr. 1 und 2 bei einer Verletzung der Abschlussnorm ergibt. **128**

Die sog. **Solidar- oder Betriebsnormen,** zB Regelungen über die Gestaltung der Arbeitsräume (Heizung, Belüftung, Beleuchtung), über Schutzvorrichtungen an Maschinen, über die Bereitstellung von Wasch- und sonstigen Sanitärräumen, von Parkplätzen oder Verpflegungsmöglichkeiten, über die Errichtung einer Kantine oder sonstigen Sozialeinrichtungen, gewähren dem einzelnen ArbN im Allgemeinen keinen Anspruch auf diese Leistungen. Sie regeln deshalb lediglich das betriebliche Rechtsverhältnis zur Gesamtbelegschaft (*Richardi* Rn 135 f.; GK-*Kreutz* Rn 209). Der ArbGeb. ist an diese Normen gebunden. Der BR kann ihre Einhaltung ggf. im arbeitsgerichtlichen Beschlussverfahren durchsetzen (*Richardi* Rn 136). **129**

Die zwingende Wirkung einer BV gestattet zwar den Arbeitsvertragsparteien keine für den ArbN ungünstige Abweichung. Auch ist jede **Umgehung** der zwingenden Wirkung **unzulässig.** Regelungen in BV, wonach bestimmte Daten nur zu bestimmten Zwecken erhoben und verwendet werden dürfen, können eine Beweisverwertungsverbot nach sich ziehen (LAG Köln 4. 11. 05 NZA-RR 06, 302). Abs. 4 S. 1 ist jedoch nicht in der Hinsicht zwingend, dass auch die Betriebspartner keine Abweichung zulassen könnten. Ebenso wie sie die BV jederzeit aufheben oder abändern können, können sie auch deren zwingende Wirkung zur Disposition stellen und ähnlich wie bei tariflichen Öffnungsklauseln (vgl. hierzu Rn 117 ff.) die Arbeitsvertragsparteien durch **Öffnungsklauseln** von der zwingenden Wirkung der BV entbinden (GK-*Kreutz* Rn 268 ff.; *Richardi* Rn 139). Bei etwaigen abweichenden Absprachen hat der ArbGeb. den Gleichbehandlungsgrundsatz des § 75 zu beachten. Der Öffnungswille muss sich aus dem Inhalt der BV unzweifelhaft ergeben; im Zweifel verbleibt es bei der zwingenden Wirkung (GK-*Kreutz* Rn 269). Auch der Umfang der Öffnungsklausel muss eindeutig sein. **130**

VII. Verzicht, Verwirkung, Ausschluss- und Verjährungsfristen

131   Die Regelungen des Abs. 4 S. 2–4 sichern die Rechte der ArbN über die unmittelbare und zwingende Wirkung der BV hinaus, indem sie die **Dispositionsbefugnis** der ArbN über diese Rechte (durch Verzicht, Vereinbarung von Ausschlussfristen, Abkürzung von Verjährungsfristen) **einschränken** und ihre **Verwirkung ausschließen.**

132   Ein **Verzicht** auf Rechte der ArbN (nicht des ArbGeb.) aus einer BV ist nur mit **Zustimmung des BR** zulässig. Ohne diese ist der Verzicht wegen Verstoßes gegen ein gesetzliches Verbot nach § 134 BGB rechtsunwirksam (BAG 30. 3. 04 AP Nr. 170 zu § 112 BetrVG 1972). Für die Zustimmung gelten §§ 182 ff. BGB (BAG 3. 6. 97 AP Nr. 69 zu § 77 BetrVG 1972). Sie kann vor der Verzichtserklärung durch Einwilligung, aber auch nachträglich durch Genehmigung erteilt werden. Die Zustimmung des BR ist für jede einzelne Verzichtserklärung erforderlich (BAG 27. 1. 04 AP Nr. 166 zu § 112 BetrVG 1972; 11. 12. 07 NZA-RR 08, 298; *HSWGNR-Worzalla* Rn 192; *Richardi* Rn 181). Sie setzt einen ordnungsgemäßen Beschluss des BR (§ 33) voraus. Sie kann sowohl dem ArbN als auch dem ArbGeb. gegenüber erklärt werden. Sie ist formlos möglich, muss aber eindeutig sein (BAG 3. 6. 97 AP Nr. 69 zu § 77 BetrVG 1972). Gemeinsam können die Betriebsparteien – auch in einer späteren BV – Regelungen treffen, nach denen ArbN unter bestimmten Voraussetzungen auf Ansprüche aus BV wirksam verzichten können (BAG 11. 12. 07 – 1 AZR 824/06 – NZA-RR 08, 298).

133   Das Verzichtsverbot betrifft alle Rechte des ArbN aus einer BV. Hierzu gehören sowohl bereits **entstandene** als auch **künftige Ansprüche** (Forderungen) des ArbN gegen den ArbGeb. (GK-*Kreutz* Rn 274). Es erfasst alle Formen des Verzichts, wie etwa den **Erlassvertrag** nach § 397 Abs. 1 BGB oder das **negative Schuldanerkenntnis** nach § 397 Abs. 2 BGB sowie insb. auch eine **Ausgleichsquittung,** in der ArbGeb. und ArbN bei Beendigung des Arbeitsverhältnisses erklären, keine Ansprüche mehr gegeneinander zu haben (GK-*Kreutz* Rn 276; *DKKW-Berg* Rn 43). Das Verzichtsverbot erstreckt sich auch auf **sonstige Rechte** des ArbN aus einer BV, wie etwa Leistungsverweigerungsrechte oder bes. Gestaltungsrechte. Dagegen erfasst es keine Rechte und Ansprüche, die erst während des **Nachwirkungszeitraums** der BV gem. Abs. 6 entstanden sind (vgl. Rn 182 f.). Denn in diesem Zeitraum ist die BV nicht mehr unabdingbar (GK-*Kreutz* Rn 274).

134   Das Verzichtsverbot kommt auch zur Anwendung, wenn der Verzicht im Rahmen eines **Vergleichs** erfolgt. Auch dann ist die Zustimmung des BR erforderlich. Das gilt auch für einen **Prozessvergleich** (*Richardi* Rn 183). Die bloße Klagerücknahme im Prozess gem. § 269 ZPO ist kein Verzicht, wohl jedoch der prozessuale Anspruchsverzicht nach § 306 ZPO (GK-*Kreutz* Rn 277; *Richardi* Rn 180). Das Verzichtsverbot erfasst jedoch nicht den sog. **Tatsachenvergleich,** durch den Meinungsverschiedenheiten über die tatsächlichen Voraussetzungen von Ansprüchen aus einer BV ausgeräumt werden (BAG 31. 7. 96 AP Nr. 63 zu § 77 BetrVG 1972; GK-*Kreutz* Rn 278; *Richardi* Rn 184; *WPK/Preis* Rn 22). Ein Tatsachenvergleich liegt auch vor, wenn die Vertragsparteien damit einen Streit über die tatsächlichen Voraussetzungen für den Verfall von Rechten auf Grund einer Ausschlussfrist beilegen (BAG 5. 11. 97 AP Nr. 17 zu § 4 TVG).

135   Ein Verzicht ist zulässig, wenn sich der ArbN bei einem **Günstigkeitsvergleich** durch die den Verzicht enthaltende Vereinbarung insgesamt besser stellt (BAG 14. 12. 99 – 1 AZR 81/99 –; 27. 1. 04, 30. 3. 04 AP Nr. 166, 170 zu § 112 BetrVG 1972). Hierfür ist – wie auch sonst beim Günstigkeitsvergleich – ein Sachgruppenvergleich vorzunehmen (vgl. Rn 199). Dabei sind die in einem inneren Zusammenhang stehenden Teilkomplexe der unterschiedlichen Regelungen zu vergleichen. Beim Vergleich von unterschiedlichen Leistungen kommt es darauf an, ob diese funktional äquivalent sind. Ist dies nicht der Fall, ist ein Günstigkeitsvergleich grundsätzlich nicht möglich. Ein Günstigkeitsvergleich scheidet regelmäßig auch dann aus, wenn die zu vergleichenden Leistungen mit unterschiedlichen Gegenleistungen verbunden sind. Ist nicht zweifelsfrei feststellbar, dass die Abweichung für den einzelnen ArbN günstiger ist, bleibt es bei der zwingenden Geltung der BV (BAG 27. 1. 04, 30. 3. 04 Nr. 166, 170 zu § 112 BetrVG 1972).

Das Verzichtsverbot besteht nicht nur während des Bestehens, sondern auch nach **136** dem **Ende des Arbeitsverhältnisses** (*DKK-Berg* Rn 43). Entscheidend ist allein, dass die Rechte auf einer BV beruhen. Deshalb können auch ausgeschiedene Arbeitnehmer nur mit Zustimmung des BR auf Rechte aus einer BV, zB aus einem Sozialplan oder einer betrieblichen Versorgungsregelung, verzichten (GK-*Kreutz* Rn 274).

Auch die **Verwirkung** von Rechten des ArbN aus einer BV ist nach Abs. 4 S. 3 **137** **ausgeschlossen.** Das Verwirkungsverbot erfasst im Gegensatz zu § 4 Abs. 4 S. 2 TVG nur Rechte des ArbN, nicht des ArbGeb. (GK-*Kreutz* Rn 281; *DKKW-Berg* Rn 44; *HSWGNR-Worzalla* Rn 196; *Richardi* Rn 185). Unter Verwirkung ist die illoyale verspätete Geltendmachung eines Rechts zu verstehen. Sie setzt voraus, dass der ArbN trotz der Möglichkeit hierzu ein Recht längere Zeit nicht geltend gemacht hat, der ArbGeb. hieraus bei objektiver Betrachtung den Schluss ziehen konnte, der ArbN werde sein Recht nicht weiter verfolgen, und bes. Umstände vorliegen, die es nach Treu und Glauben nicht zumutbar erscheinen lassen, dass der ArbGeb. jetzt noch die Ansprüche des ArbN erfüllt (Näheres *Wiedemann/Wank* TVG § 4 Rn 693 ff. mwN; zur Verwirkung von Ansprüchen bei Hinnahme von Lohnkürzungen auf Grund einer unwirksamen BV vgl. LAG Hamm NZA-RR 00, 27). Abs. 4 S. 3 schließt nur den Einwand der Verwirkung, nicht jedoch die Möglichkeit aus, sich darauf zu berufen, dass die Geltendmachung eines Anspruchs aus einer BV aus anderen Gründen eine unzulässige Rechtsausübung darstellt (GK-*Kreutz* Rn 283; *Richardi* Rn 170; MünchArbR-*Matthes* § 239 Rn 31; vgl. auch BAG 25. 7. 62 AP Nr. 114 zu § 1 TVG Auslegung).

Ausschlussfristen für die Geltendmachung von **Ansprüchen aus BV** sind nach **138** Abs. 4 S. 4 Halbs. 1 nur zulässig, wenn sie in einem **TV oder** einer **BV** vereinbart sind. Sie sind im Prozess von Amts wegen zu berücksichtigen. Ob eine **tarifliche** **Ausschlussfrist** auch für Ansprüche aus einer BV gilt, ist durch Auslegung des TV zu ermitteln (vgl. für Sozialplanansprüche BAG 27. 3. 96 AP Nr. 134 zu § 4 TVG Ausschlussfristen; 30. 11. 94 AP Nr. 88 zu § 112 BetrVG 1972). Sie gilt auch für nichtorganisierte ArbN, sofern die Geltung des gesamten TV einzelvertraglich vereinbart ist (BAG 27. 1. 04 AP Nr. 166 zu § 112 BetrVG 1972; GK-*Kreutz* Rn 285). Erfasst eine tarifliche Ausschlussfrist auch Ansprüche aus einer BV, ist eine Regelung durch BV gem. Abs. 3 S. 1 unzulässig (vgl. Rn 67 ff.). In Ausnahmefällen kann gegen die Berufung auf den Ablauf einer Ausschlussfrist der Einwand unzulässiger Rechtsausübung erhoben werden (vgl. BAG 27. 3. 63 AP Nr. 9 zu § 59 BetrVG; 22. 1. 97 AP Nr. 27 zu § 70 BAT; *Wiedemann/Wank* TVG § 4 Rn 784 ff.). Ausschlussfristen sind **eng auszulegen** (vgl. BAG 13. 2. 07 AP Nr. 17 zu § 47 BetrVG 1972; GK-*Kreutz* Rn 286). Extrem kurze Fristen können wegen Sittenwidrigkeit gemäß § **138 BGB** nichtig sein (vgl. BAG 16. 11. 65 AP Nr. 30 zu § 4 TVG Ausschlussfristen; GK-*Kreutz* Rn 286; *HSWGNR-Worzalla* Rn 200). Zweistufige Ausschlussfristen können unter bestimmten Umständen unzumutbar und unverhältnismäßig sein (vgl. BAG 12. 12. 06 – 1 AZR 96/06 – AP Nr. 94 zu § 77 BetrVG 1972; BVerfG 1. 12. 10 – 1 BvR 1682/07 – NZA 11, 354).

Wie sich aus Abs. 4 S. 4 Halbs. 1 ohne Weiteres ergibt, können auch die Betriebs- **139** parteien **in einer BV Ausschlussfristen für Ansprüche aus BV** vorsehen (zu Ausschlussfristen in BV für vertragliche und gesetzliche Ansprüche vgl. Rn 64; für tarifliche Ansprüche können nach § 4 Abs. 4 S. 3 TVG Ausschlussfristen nur im TV vereinbart werden). Sie haben dabei aber den Tarifvorbehalt des Abs. 3 S. 1 u beachten. Außerdem müssen Ausschlussfristen in einer BV einer Verhältnismäßigkeitsprüfung standhalten. Der Prüfungsmaßstab ist strenger als bei Ausschlussfristen, die die

TVParteien vereinbaren (vgl. BAG 12. 12. 06 AP Nr. 94 zu § 77 BetrVG 1972; *Linsenmaier,* RdA 08, 1, 8 f.).

140 Auch Fristen, die aus Beweisgründen die **rechnerische Nachprüfung** von Entgeltabrechnungen oder sonstigen Leistungen nur innerhalb einer bestimmten Frist gestatten, sind Ausschlussfristen iSv. Abs. 4 S. 4 Halbs. 1 (vgl. zu § 4 Abs. 4 S. 3 TVG *Wiedemann/Wank* TVG § 4 Rn 729; **aA** GK-*Kreutz* Rn 287). Sie unterscheiden sich ihrem Charakter und ihrer Wirkung nach nicht von Fristen für die Geltendmachung von Ansprüchen und lassen sich von diesen auch nicht zuverlässig abgrenzen. Auch derartige Fristen können daher für Ansprüche aus BV einzelvertraglich nicht wirksam vereinbart werden.

141 Gemäß Abs. 4 S. 4 Halbs. 2 kann auch die Verkürzung der **Verjährungsfrist** für Ansprüche aus BV nur durch TV oder BV geregelt werden. Eine einzelvertragliche Abkürzung nach § 202 BGB ist nicht zulässig. Die Verjährung von Lohnansprüchen tritt ohne Fristverkürzung durch TV oder BV nach 3 Jahren ein, beginnend mit dem auf die Entstehung des Anspruchs folgenden Kalenderjahr (§§ 195, 199 BGB in der ab 1. 1. 02 geltenden Fassung). Für am 1. 1. 02 bereits bestehende Ansprüche vgl. die Übergangsregelung in Art. 229 § 6 EGBGB. Nach Ablauf der Frist ist der Verpflichtete (Arbeitgeber) berechtigt, die Leistung zu verweigern (§ 214 Abs. 1 BGB).

VIII. Ende der Betriebsvereinbarung (Abs. 5)

1. Vereinbartes Ende

142 Die BV endet mit dem **Ablauf der Zeit,** für die sie abgeschlossen ist. Die Vereinbarung einer Befristung ist an keine Voraussetzungen gebunden. Die BV endet ferner mit **Zweckerreichung,** wenn sie zu einem bestimmten Zweck abgeschlossen worden ist (GK-*Kreutz* Rn 354; *DKKW-Berg* Rn 45; *Richardi* Rn 193). Ist eine BV auf Grund einer Tariföffnungsklausel abgeschlossen (vgl. Rn 117 ff.), ist ihre Geltung auf die Dauer des TV einschließlich dessen Nachwirkungszeitraums beschränkt (vgl. Rn 123; BAG 25. 8. 83 AP Nr. 7 zu § 77 BetrVG 1972). Das gilt nicht, wenn auch der nachfolgende TV eine entsprechende Öffnungsklausel enthält.

143 Die BV endet ferner durch einen jederzeit zulässigen **Aufhebungsvertrag** zwischen BR und ArbGeb. Der Aufhebungsvertrag bedarf als „actus contrarius" zur BV sowie wegen deren Normencharakter und aus Gründen der Rechtssicherheit der **Schriftform.** Die höhere Rechtsqualität der BV kann durch eine allein schuldrechtliche Absprache (Regelungsabrede) nicht beseitigt werden (BAG 27. 6. 85, 20. 11. 90 AP Nr. 14, 48 zu § 77 BetrVG 1972; GK-*Kreutz* Rn 355; *DKKW-Berg* Rn 46; *HSWGNR-Worzalla* Rn 236; *WPK/Preis* Rn 37; *Richardi* Rn 194; *Schaub/Koch* ArbR-Hdb. § 231 Rn 40; unentschieden ErfK/*Kania* Rn 97; **aA** *Brune* AR-Blattei BV Rn 526). Die BV endet auch mit dem Inkrafttreten einer neuen BV über denselben Regelungsgegenstand (BAG 10. 8. 94 AP Nr. 86 zu § 112 BetrVG 1972; *Richardi* Rn 195; MünchArbR-*Matthes* § 239 Rn 37). Ersetzt die neue BV nur teilweise die Regelungen der älteren, tritt diese insoweit außer Kraft (BAG 16. 9. 86 AP Nr. 17 zu § 77 BetrVG 1972; 17. 3. 87 AP Nr. 9 zu § 1 BetrAVG Ablösung; 24. 3. 81 AP Nr. 12 zu § 112 BetrVG 1972). Zwischen den BV gilt nicht das Günstigkeits-, sondern das Ablöseprinzip, da es sich um gleichrangige Rechtsquellen handelt (GK-*Kreutz* Rn 357).

2. Kündigung

144 Eine BV endet ferner durch **Kündigung.** Enthält die BV selbst insoweit keine abweichende Regelung, kann nach Abs. 5 jede Seite die BV mit einer Frist von drei Monaten kündigen. Dies gilt für erzwingbare und freiwillige einvernehmliche ebenso wie für BV, die auf einem Spruch der E-Stelle beruhen (GK-*Kreutz* Rn 360; *DKKW-Berg* Rn 55, *Richardi* Rn 208; *WPK/Preis* Rn 40).

Die BV kann die **Modalitäten der Kündigung** vom Gesetz abweichend regeln. **145** So können kürzere oder längere **Kündigungsfristen** vereinbart oder bestimmte Kündigungstermine festgelegt werden. Auch kann die ordentliche Kündigung generell oder für eine gewisse Zeit ausgeschlossen werden (BAG 10. 3. 92 AP Nr. 5 zu § 1 BetrAVG BV). Ein **Ausschluss der ordentlichen Kündigung** muss nicht notwendig ausdrücklich vereinbart werden, sondern kann sich auch aus den Umständen ergeben. Die BV muss hierfür aber hinreichende Anhaltspunkte enthalten (vgl. BAG 17. 1. 95 AP Nr. 7 zu § 77 BetrVG 1972 Nachwirkung). Eine BV, die zur Regelung eines konkreten einmaligen Sachverhalts (zB Sozialplan aus Anlass einer konkreten Betriebsänderung) abgeschlossen wird, ist idR nicht ordentlich kündbar (vgl. BAG 10. 8. 94 AP Nr. 86 zu § 112 BetrVG 1972; *DKKW-Berg* Rn 55, ErfK/*Kania* Rn 102; *WPK/Preis* Rn 41; einschränkend GK-*Kreutz* Rn 362). Die Kündigung kann an das Vorliegen bestimmter Voraussetzungen gebunden werden. Die Kündigungsfrist kann auch durch Spruch der E-Stelle verlängert werden. Diese ist, ebenso wie die Betriebsparteien selbst, für die Bestimmung der Geltungsdauer eines Spruchs an die gesetzliche Kündigungsfrist nicht gebunden (BAG 29. 1. 02 AP Nr. 19 zu § 76 BetrVG 1972 Einigungsstelle).

Die ordentliche Kündigung einer BV bedarf regelmäßig **keines sachlichen 146 Grundes** (BAG 18. 4. 89, 10. 3. 92 AP Nr. 2, 5 zu § 1 BetrAVG BV; 26. 4. 90 AP Nr. 4 zu § 77 BetrVG 1972 Nachwirkung; *DKK-Berg* Rn 53b; GK-*Kreutz* Rn 359; *Richardi* Rn 200; MünchArbR-*Matthes* § 328 Rn 41; *Heither* BB 92, 148; *Molkenbur/Roßmanith* ArbuR 90, 338; *Loritz* RdA 91, 67; *Brune* AR-Blattei BV Rn 422). Die BV selbst kann aber die materiellen Voraussetzungen ihrer Kündigung im Einzelnen näher regeln und damit die Möglichkeit einer „freien" Kündigung einschränken.

Bei BV mit Inhaltsnormen über materielle, für die ArbN günstige Arbeitsbedin- **147** gungen wird, die Notwendigkeit eines gewissen **Kündigungsschutzes** diskutiert (vgl. *Schaub* BB 90, 289 ff.; *Hanau/Preis* NZA 91, 81 ff.; *Hilger/Stumpf* BB 90, 929; *Hilger* FS *Gaul* S. 333; *Käppler* FS *Kissel* S. 490).

Dagegen geht das **BAG** in ständiger Rspr. zu Recht davon aus, dass die Ausübung **148** des Kündigungsrechts keiner Rechtfertigung bedarf und keiner inhaltlichen Kontrolle unterliegt (BAG 17. 8. 99 AP Nr. 79 zu § 77 BetrVG 1972; 26. 10. 93, 17. 1. 95 AP Nr. 6, 7 zu § 77 BetrVG 1972 Nachwirkung; 10. 3. 92, 11. 5. 99 AP Nr. 5, 6 zu § 1 BetrAVG BV; vgl. auch 26. 4. 90 AP Nr. 4 zu § 77 BetrVG 1972 Nachwirkung; ebenso GK-*Kreutz* Rn 359; *WPK/Preis* Rn 42; *Richardi* Rn 200; *Brune* AR-Blattei BV Rn 515). Abs. 5 ist insoweit eindeutig und lässt keine andere Auslegung zu. Dementsprechend bewirkt die Kündigung einer BV über eine betriebliche Altersversorgung nicht lediglich die Schließung des Versorgungswerks für neu in den Betrieb eintretende ArbN. Sie erstreckt sich vielmehr auch die bereits beschäftigten ArbN (BAG 11. 5. 99 AP Nr. 6 zu § 1 BetrAVG BV; aA *Rosmanith* DB 99, 634). Allerdings können die Betriebspartner selbst in der BV Regelungen über die Zulässigkeit einer Kündigung treffen und dadurch eine Kündigung erschweren (vgl. Rn 146). Derartige Regelungen müssen eindeutig sein. Eine Vereinbarung eines allgemeinen steuerunschädlichen Widerrufsvorbehalts nach § 6a Abs. 1 Nr. 2 EStG schränkt die Möglichkeit der Kündigung einer BV nicht ein (BAG (10. 3. 92 AP Nr. 5 zu § 1 BetrAVG BV; aA *Hanau/Preis* NZA 91, 87).

Mit Ablauf der Kündigungsfrist enden grundsätzlich die Wirkungen einer BV (vgl. **149** Rn 159). Die ArbN haben regelmäßig kein rechtlich schützenswertes Vertrauen darauf, dass ihnen die in der BV vorgesehenen Leistungen auch künftig weiterhin zufließen. Dies gilt jedoch für den Bereich der **betrieblichen Altersversorgung** nicht uneingeschränkt. Hier ist zwischen der **Zulässigkeit der Kündigung** einer BV und **Rechtsfolgen der Kündigung** zu **unterscheiden** (vgl. BAG 10. 3. 92 AP Nr. 5 zu § 1 BetrAVG BV; *Schaub/Koch* ArbR-Hdb. § 231 Rn 46; *Heither* RdA 93, 78). Bei der betrieblichen Altersversorgung darf wegen der von den ArbN in der Vergangenheit bereits erbrachten Vorleistung die in der Altersversorgung liegende Gegenleistung des ArbGeb. nicht ersatzlos entfallen, ohne dass hierfür rechtlich billigungswerte Gründe vorliegen (BAG 11. 5. 99 AP Nr. 6 zu § 1 BetrAVG BV; 19. 9. 06 AP Nr. 29 zu § 77 BetrVG 1972 BV). Die Wirkung der Kündigung einer BV über eine betriebliche Altersversorgung ist deshalb mit Hilfe der Grundsätze des Vertrauensschutzes und der Verhältnismäßigkeit zu begrenzen (*DKKW-Berg* Rn 53 b; *Linsenmaier* FS *Kreutz* S. 285, 297). Je mehr der ArbGeb. mit der Kündigung in Besitzstände und Anwartschaften der ArbN eingreift, umso gewichtiger müssen seine Eingriffsgründe sein (BAG 11. 5. 99 AP Nr. 6 zu § 1 BetrAVG BV; *Griebeling* FS *Ahrend* S. 213). Insoweit gelten dieselben **Grundsätze, wie bei** einer **verschlechternden BV** zu beachten sind, durch die eine bestehende BV über eine betriebliche Altersversorgung abgelöst werden soll **(vgl. hierzu Rn 193).** Soweit hiernach die Wirkungen der Kündigung einer BV über eine betriebliche Altersversorgung beschränkt sind, führt die Kündigung nicht zu einem völligen Wegfall der BV. Sie bleibt vielmehr insoweit als kollektivrechtliche Grundlage von Versorgungsansprüchen und -anwartschaften mit allen sich aus der BV ergebenden Konsequenzen erhalten, wie insb. der zwingenden und unmittelbaren Wirkung und dem Verzichts- und Verwirkungsverbot nach Abs. 4 (BAG 11. 5. 99 AP Nr. 6 zu § 1 BetrAVG BV; 17. 8. 99 AP Nr. 79 zu § 77 BetrVG 1972). Werden in einem arbeitsgerichtlichen Beschlussverfahren die (verbleibenden) Wirkungen einer BV rechtskräftig festgestellt, entfaltet die Entscheidung auch zwischen dem ArbGeb. und den einzelnen ArbN Bindungswirkung (vgl. BAG 17. 8. 99 AP Nr. 79 zu § 77 BetrVG).

150   Für möglich erachtet wird überwiegend auch die sog. **Änderungskündigung** einer BV (vgl. etwa GK-*Kreutz* Rn 370; *Richardi* Rn 204). Der Sache nach handelt es sich dabei um eine normale (Beendigungs-)Kündigung, die mit dem Angebot des Abschlusses einer neuen BV mit anderem Inhalt verbunden wird. Nimmt der andere Betriebspartner das Angebot an, löst die neue BV die bisherige ab. Erforderlich ist aber die Einhaltung der Schriftform (*Brune* AR-Blattei BV Rn 524).

151   Eine BV kann **fristlos aus wichtigem Grund** gekündigt werden, wenn Gründe vorliegen, die unter Berücksichtigung aller Umstände und unter Abwägung der Interessen der Betroffenen (ArbGeb., BR, ArbN) ein Festhalten an der BV bis zum Ablauf der Kündigungsfrist nicht zumutbar erscheinen lassen (BAG 19. 7. 57 AP Nr. 1 zu § 52 BetrVG; 29. 5. 64 AP Nr. 24 zu § 59 BetrVG; *DKKW-Berg* Rn 54; GK-*Kreutz* Rn 366; *HSWGNR-Worzalla* Rn 225 f.; *Richardi* Rn 201; *Brune* AR-Blattei BV Rn 516; zur Möglichkeit einer außerordentlichen Kündigung von TV vgl. BAG 18. 12. 96 AP Nr. 1 zu § 1 TVG Kündigung). Das gilt auch für befristete BV. Das Recht zur außerordentlichen Kündigung ist nicht abdingbar (BAG 17. 1. 95 AP Nr. 7 zu § 77 BetrVG 1972 Nachwirkung; *Richardi* Rn 202; GK-*Kreutz* Rn 366; für die außerordentliche Kündigung eines Sozialplans offengelassen von BAG 10. 8. 94 AP Nr. 86 zu § 112 BetrVG 1972; vgl. dazu auch §§ 112, 112 a Rn 209 ff.). An die Gründe für eine fristlose Kündigung sind strenge Anforderungen zu stellen. Der Grundsatz der vertrauensvollen Zusammenarbeit nach § 2 Abs. 1 gebietet eine Begründung. Von ihr hängt jedoch die Wirksamkeit der fristlosen Kündigung nicht ab (GK-*Kreutz* Rn 366). Das Recht, eine BV aus wichtigem Grund ohne Einhaltung einer Kündigungsfrist zu kündigen, wird vom Gesetzgeber, wie § 120 Abs. 2 InsO deutlich macht, auch außerhalb der Insolvenz des ArbGeb. als selbstverständlich vorausgesetzt. Vgl. zum unabdingbaren Recht zur außerordentlichen Kündigung (zivilrechtlicher) Dauerschuldverhältnisse jetzt auch § 314 BGB nF (vgl. Rn 152).

152   Eine **Störung der** einer BV zugrunde liegenden **Geschäftsgrundlage** führt allein nicht zur Beendigung der BV (vgl. BAG 29. 9. 04 AP Nr. 16 zu § 77 BetrVG 1972 Nachwirkung; *Brune* AR-Blattei BV Rn 519). Die für das allgemeine Zivilrecht von Rspr. und Lehre insoweit entwickelten Rechtsgrundsätze hat das Gesetz zur Modernisierung des Schuldrechts (SMG) vom 26. 11. 01 (BGBl. I S. 3138) in § 313 BGB nF kodifiziert. Sie können für BV schon wegen des Normcharakters allenfalls mit Vorsicht entsprechend herangezogen werden. Bei **BV mit Dauerwirkung** wird den Interessen der Beteiligten regelmäßig bereits durch die in Abs. 5 vorgesehene Kündigungsmöglichkeit Rechnung getragen. Auch bei vertraglichen Dauerschuldverhältnissen tritt gemäß § 313 Abs. 3 S. 2 BGB in Fällen der unmöglichen oder unzumutbaren Vertragsanpassung an die Stelle des Rücktrittsrechts das Recht zur Kündigung. In besonderen Ausnahmefällen kommt die außerordentliche Kündigung in Betracht (vgl. Rn 151; vgl. auch § 314 Abs. 1 BGB nF). Der dafür erforderliche Grund kann in der schwerwiegenden Störung der Geschäftsgrundlage liegen. An den wichtigen Grund sind strenge Anforderungen zu stellen (**aA** *WPK/Preis* Rn 47; *GK/ Kreutz* Rn 366). Dies gilt auch deshalb, weil die BV im Falle einer wirksamen außerordentlichen Kündigung keine Nachwirkung nach Abs. 6 entfaltet (vgl. Rn 179). Ohne Kündigung dürfte bei BV mit Dauerwirkung auch kein Anspruch auf Anpassungsverhandlungen bestehen (so aber wohl BAG 29. 9. 04 AP Nr. 16 zu § 77 BetrVG 1972 Nachwirkung). Bei einer **BV ohne Dauerwirkung,** insbes. bei einem **Sozialplan** haben die Betriebspartner bei einer schwerwiegenden Störung der Geschäftsgrundlage einen Anspruch auf Anpassung, der erforderlichenfalls auch über die E-Stelle durchgesetzt werden kann; bei der Anpassung sind aber ggf. die Grundsätze des Vertrauensschutzes, der Verhältnismäßigkeit zu beachten (vgl. §§ 112, 112 a Rn 209 ff.).

Das G regelt die Frage der Zulässigkeit der **Teilkündigung** einer BV nicht (vgl. **153** dazu BAG 19. 3. 57 AP Nr. 1 zu § 16 AOGÖ; 17. 4. 59 AP Nr. 1 zu § 4 TVG Günstigkeitsprinzip; 29. 5. 64 AP Nr. 24 zu § 59 BetrVG; 6. 11. 07 AP Nr. 35 zu § 77 BetrVG 1972 BV; *DKKW-Berg* Rn 55; *GK-Kreutz* Rn 365; *HSWGNR-Worzalla* Rn 230; *Richardi* Rn 206; HaKo-BetrVG/*Lorenz* Rn 73; *Salamon* NZA 11, 549; *Maaß* ArbRAktuell 10, 335; *Kreutz* FS *Säcker* S. 247, 255 ff.; zur regelmäßigen Unzulässigkeit der Teilkündigung von TV vgl. BAG 3. 5. 06 AP Nr. 8 zu § 1 TVG Kündigung; 24. 4. 07 DB 07, 1924; zur grundsätzlichen Unzulässigkeit der Teilkündigung eines Arbeitsvertrags vgl. BAG 14. 11. 90 AP Nr. 25 zu § 611 BGB Arzt-Krankenhaus-Vertrag). Die Betriebsparteien können die Frage in der BV selbst regeln. Sie können bestimmen, ob die BV nur insgesamt oder auch in Teilen kündbar sein soll. Im Falle der Teilkündigung muss der verbleibende Rest noch eine sinnvolle und in sich geschlossene Regelung darstellen. Regelt die BV die Frage der Zulässigkeit einer Teilkündigung nicht ausdrücklich, ist sie insoweit auszulegen. Ergibt sich danach keine Antwort, so ist eine Teilkündigung dann als zulässig zu erachten, wenn der gekündigte Teil einen selbständigen Teilkomplex betrifft, der auch den Gegenstand einer eigenständigen BV bilden könnte (6. 11. 07 AP Nr. 35 zu § 77 BetrVG 1972 BV; *DKKW-Berg* Rn 55; HaKo-BetrVG/*Lorenz* Rn 73). Dies gilt insb. bei BV, die eine Mehrzahl freiwilliger Leistungen regeln. Es müssen nicht darüber hinaus noch zusätzliche Umstände festgestellt werden, welche die Annahme rechtfertigen, dass die Betriebspartner eine Teilkündigung zulassen wollten (so aber BAG 29. 5. 64 AP Nr. 24 zu § 59 BetrVG; GK-*Kreutz* Rn 365; *Richardi* Rn 206). Vielmehr müssen umgekehrt die Betriebsparteien, die die Teilkündigung selbständiger Regelungskomplexe – etwa wegen eines in der BV enthaltenen Kompromisses – ausschließen wollen, dies in der BV zum Ausdruck bringen (BAG 6. 11. 07 AP Nr. 35 zu § 77 BetrVG 1972 BV; **aA** *Kreutz* FS *Säcker* S. 247, 256 ff.). Von der Teilkündigung einer BV ist die Ausübung eines in der BV dem ArbGeb. eingeräumten Widerrufsvorbehalts hinsichtlich bestimmter Leistungen zu unterscheiden. Die Ausübung des Vorbehalts lässt die BV als solche unberührt.

Im Falle der **Insolvenz des ArbGeb.** ist § 120 InsO zu beachten. Nach dessen **154** **Abs. 1 S. 1** sollen in Fällen, in denen BV Leistungen vorsehen, welche die Insolvenzmasse belasten, Insolvenzverwalter und BR über eine einvernehmliche Herabsetzung der Leistungen **beraten.** Nach § 120 **Abs. 1 S. 2 InsO** können die **massebelastenden BV** auch dann mit einer Frist von drei Monaten **gekündigt** werden, wenn eine längere Frist vereinbart ist. Nach § 120 Abs. 2 InsO bleibt das Recht zur außerordentlichen Kündigung unberührt. Die Regelungen stehen im Zusammenhang mit dem das Insolvenzrecht durchziehenden Grundgedanken, statt einer Liquidierung des notleitenden Unternehmens durch Zugeständnisse aller Gläubiger seine (Teil-)Sanierung zu ermöglichen und hierdurch auch zum Erhalt von Arbeitsplätzen beizutragen. Unerheblich für die Anwendbarkeit des § 120 InsO ist, ob es sich um freiwillige oder erzwingbare BV handelt (*Oetker/Friese* DZWIR 00, 398, 399; *Linck* in HK-InsO § 120 Rn 2). Erfasst werden jedoch nur solche BV, deren Leistungsverpflichtungen eine unmittelbare Belastung der Insolvenzmasse zur Folge haben. Dies ist insb. bei Geldleistungen oder der Gewährung von geldwerten Vorteilen der Fall, wie etwa der Zahlung von Prämien, Beihilfen oder Gratifikationen, der Gewährung von Zusatzurlaub oder eines längeren Entgeltfortzahlungszeitraums im Krankheitsfall, Leistungen zu betrieblichen Sozialeinrichtungen wie Kantine, Kindergarten oder betrieblichem Erholungsheim. Nicht erfasst werden BV, die keine Leistungspflichten, sondern Regelungen anderer Art enthalten, mögen diese auch mittelbar eine massebelastende Wirkung haben wie zB BV über Schichtpläne oder Fragen der Betriebsordnung oder technischer Überwachungseinrichtungen (*DKKW-Berg* Rn 53 a; *Oetker/Friese* DZWIR 00, 398; **aA** *Linck* in HK-InsO § 120 Rn 4). Auch BV, die tarifvertragliche Leistungspflichten lediglich ergänzen oder konkretisieren, wie zB die Festlegung des Geld- oder Zeitfaktors auf der Basis des tariflichen Akkordrichtsatzes, dürften nicht von § 120 erfasst werden (*Müller* NZA 99, 1317; *Zwanziger* § 120 Rn 2, **aA** *Oetker/Friese* DZWIR 00, 398, 399; *Warnikoff* BB 94, 2339). Zweifelhaft ist, ob § 120 InsO, der nur BV erwähnt, auf **massebelastende Regelungsabreden** (zur Regelungsabrede vgl. Rn 216) entsprechend anwendbar ist (bejahend *Linck* in HK-InsO § 120 Rn 2). Auf jeden Fall erstreckt sich § 120 InsO nicht auf die auf Grund einer Regelungsabrede geänderten Arbeitsverträge der ArbN (so auch *Linck* in HK-InsO § 120 Rn 2). Deren Änderung ist nur mit den allgemeinen arbeitsvertraglichen Mitteln möglich. Soweit eine Regelungsabrede allerdings noch nicht umgesetzt ist, dürfte auf die sich aus der Regelungsabrede ergebende Umsetzungspflicht des ArbGeb. § 120 InsO entsprechend anwendbar sein. Denn da ArbGeb. und BR grundsätzlich darin frei sind, ob sie eine Vereinbarung in einer förmlichen BV oder einer formlosen Regelungsabrede treffen, kann es im Hinblick auf den Normzweck des § 120 InsO nicht darauf ankommen, ob sich eine massebelastende Leistungsverpflichtung des ArbGeb. aus einer BV oder Regelungsabrede ergibt (*Oetker/Friese* DZWIR 00, 398, 401).

155   **§ 120 Abs. 1 S. 1 InsO** ist eine Sollvorschrift und begründet **keine einklagbare Beratungspflicht** (*Linck* in HK-InsO § 120 Rn 6). Jedoch gilt für eine gewünschte Beratung dieselbe Einlassungs- und Erörterungspflicht, die sich aus § 74 Abs. 1 S. 2 allgemein für die Behandlung strittiger Fragen ergibt (vgl. hierzu § 74 Rn 9; *Oetker/Friese* DZWIR 00, 398, 402). In keinem Fall besteht eine Einigungspflicht (*DKKW-Berg* Rn 53 a). Ebenso wenig wie die Beachtung der Einlassungs- und Erörterungspflicht nach § 74 Abs. 1 S. 1 eine zwingende Voraussetzung für die Einleitung eines E-Stellenverfahrens ist (vgl. § 74 Rn 9), ist die Beratung nach § 120 Abs. 1 S. 1 InsO zwingende Voraussetzung für eine Kündigung der BV nach § 120 Abs. 1 S. 2 InsO (*Oetker/Friese* DZWIR 00, 398, 404; *Heinze* NZA 99, 61; *Linck* in HK-InsO § 120 Rn 6; **aA** GK-*Kreutz* Rn 364; *Zwanziger* § 120 Rn 8). Für eine ao. Kündigung nach § 120 Abs. 2 InsO dürfte aber eine Beratung nach § 120 Abs. 1 Satz 1 InsO notwendige Voraussetzung sein (*Linck* in HK-InsO § 120 Rn 6). Gegenstand der Beratung soll die **Herabsetzung** der Leistungen aus der BV sein; dies schließt aber im Einzelfall den völligen Wegfall nicht aus (*Müller* NZA 99, 1317; *Lakies* RdA 97, 147; *Oetker/Friese* DZWIR 00, 398, 403). Die Herabsetzung kann nur einvernehmlich erfolgen, nicht über die E-Stelle erzwungen werden. Zum Recht auf Widerruf von Sozialplänen in der Insolvenz vgl. §§ 112, 112 a Rn 318 ff.

156   **§ 120 Abs. 1 S. 2 InsO** gewährt sowohl dem Insolvenzverwalter als auch dem BR das Recht, eine massebelastende BV unabhängig von einer vereinbarten längeren Kündigungsfrist mit einer **Frist von 3 Monaten zu kündigen.** Die Vorschrift begründet kein eigenständiges Kündigungsrecht sondern setzt dieses voraus. Sie verkürzt nur längere Kündigungsfristen auf die allgemeine gesetzliche Frist von 3 Monaten (*Oetker/Friese* DZWIR 00, 398, 404; *Müller* NZA 98, 1318). Sieht die BV eine

kürzere Kündigungsfrist vor, ist diese maßgebend. Im Falle ihrer Zulässigkeit kommt auch eine Teilkündigung der BV, etwa nur ihres massebelastenden Teils, in Betracht (*Oetker/Friese* DZWIR 00, 398, 404; *Linck* in HK-InsO § 120 Rn 8). Da § 120 Abs. 1 S. 2 InsO kein eigenständiges Kündigungsrecht sondern nur eine Verkürzung der Kündigungsfristen normiert, ist die Vorschrift nicht anwendbar auf BV, für die eine Kündigung ausdrücklich oder durch eine feste Befristung ausgeschlossen ist oder die bestimmte Kündigungstermine vorsehen (*DKKW-Berg* Rn 53a; *Müller* NZA 98, 1318; *Bichelmeier/Oberhöfer* AiB 97, 163; **aA** und eine entsprechende Anwendung bejahend: *Linck* in HK-InsO § 120 Rn 7; GK-*Kreutz* Rn 364; *Oetker/Friese* DZWIR 00, 398, 405; *Lakies* RdA 97, 147; *Schrader* NZA 97, 70; *Heilmann,* Neues Insolvenzrecht S. 29; *Zwanziger* § 120 Rn 6). Das Gleiche gilt für BV, die die Ausübung des Kündigungsrecht von bestimmten (nicht vorliegenden) Voraussetzungen abhängig machen. Unberührt bleibt nach § 120 Abs. 2 InsO das Recht, eine BV aus wichtigem Grund **außerordentlich** zu kündigen. Die auf Grund des Kündigungsrechts nach § 120 Abs. 1 S. 2 InsO ordentlich gekündigten erzwingbaren BV unterliegen uneingeschränkt den Regelungen des Abs. 6 über die **Nachwirkung** von BV (*Linck* in HK-InsO § 120 Rn 11). Dagegen dürfte eine vereinbarte Nachwirkung von freiwilligen BV im Falle ihrer Kündigung nach § 120 Abs. 1 S. 2 InsO nicht mehr stattfinden, da diese ebenso wie die Vereinbarung längerer Kündigungsfristen die Frage der zeitlichen Geltung der BV bzw. ihrer Regelungen zum Inhalt hat, die durch das insolvenzrechtliche Kündigungsrecht eingeschränkt werden soll (*Oetker/Friese* DZWIR 00, 398, 407; *Linck* in HK-InsO § 120 Rn 12).

Die **Kündigungserklärung** ist, wenn in der BV nicht ausdrücklich etwas anderes **157** vereinbart ist, an **keine Form** gebunden (BAG 9. 12. 97 AP Nr. 11 zu § 77 BetrVG 1972 Tarifvorbehalt; GK-*Kreutz* Rn 368; *Brune* AR-Blattei BV Rn 513). Sie kann auch mündlich erfolgen, muss jedoch unmissverständlich und **eindeutig** sein (BAG 6. 11. 07, 19. 2. 08 AP Nr. 35, 41 zu § 77 BetrVG 1972 BV; GK-*Kreutz* Rn 368). Erforderlichenfalls ist die Kündigungserklärung in Anwendung von § 133 BGB auszulegen. Lässt sich nicht zweifelsfrei feststellen, dass sich die Kündigung auf eine bestimmte BV bezieht, entfaltet sie keine die BV beendende Wirkung (BAG 19. 2. 08 AP Nr. 41 zu § 77 BetrVG 1972 BV). Sie ist dem anderen Vertragspartner gegenüber abzugeben. Der ArbGeb. muss also die Kündigung grundsätzlich gegenüber dem Gremium (BR, GesBR, KBR) erklären, mit dem er die BV geschlossen hat (*Salomon* NZA 07, 367, 368). Ist dieses Gremium nicht mehr vorhanden und die Zuständigkeit auch nicht auf ein anderes Gremium übergegangen, ist die Kündigung gegenüber der Belegschaft zu erklären (vgl. Rn 175 mwN; dort auch zur Nachwirkung und deren Beendigung). Eine Kündigung durch den BR setzt eine ordnungsgemäße Beschlussfassung des BR voraus. Auch wenn einem Ausschuss des BR Aufgaben zur selbständigen Erledigung übertragen worden sind, ist dieser ebenso wenig zur Kündigung einer BV berechtigt, wie er zu ihrem Abschluss befugt ist (vgl. § 27 Rn 76).

Während des Laufs der Kündigungsfrist kann bereits über eine neue BV verhandelt **158** und ggf. die E-Stelle angerufen werden. Die neue BV gilt aber grundsätzlich erst nach Ablauf des Geltungszeitraums der bisherigen, es sei denn, diese wird vorher aufgehoben oder ausdrücklich durch die neue ersetzt (*DKKW-Berg* Rn 56).

Nach Ablauf der Kündigungsfrist entfalten die Regelungen einer BV nicht mehr **159** die in Abs. 4 vorgesehenen Wirkungen (vgl. BAG 10. 3. 92 AP Nr. 5 zu § 1 BetrAVG BV; 26. 4. 90, 21. 8. 90 AP Nr. 4, 5 zu § 77 BetrVG 1952 Nachwirkung). Ein Vertrauen der bislang Begünstigten in den Fortbestand der BV ist regelmäßig nicht schützenswert (vgl. zur betrieblichen Altersversorgung aber Rn 149). Im Falle der Nachwirkung gemäß Abs. 6 (vgl. Rn 177 ff.) entfaltet die BV allerdings weiterhin unmittelbare, wenngleich nicht mehr zwingende Wirkung (vgl. BAG 22. 6. 10 – 1 AZR 853/08 – NZA 10, 1243). Die in einer BV über eine betriebliche Vergütungsordnung vereinbarten betrieblichen Entlohnungsgrundsätze gelten – unabhängig von ihrer Nachwirkung nach Abs. 6 – im Betrieb weiter und bedürfen zu ihrer

Änderung gemäß § 87 Abs. 1 Nr. 10 der Zustimmung des BR (BAG 22. 6. 10 – 1 AZR 853/08 – NZA 10, 1243; vgl. aber auch 5. 10. 10 – 1 ABR 20/09 – NZA 11, 598). Bei Verletzung des MBR können die ArbN nach der Theorie der Wirksamkeitsvoraussetzung eine Vergütung auf der Grundlage der zuletzt mitbestimmten Entlohnungsgrundsätze verlangen (BAG 22. 6. 10 – 1 AZR 853/08 – NZA 10, 1243).

3. Sonstige Beendigungsgründe

160   Die BV kann nicht nur auf rechtsgeschäftlichem Wege, sondern auch durch eine **Veränderung der tatsächlichen Umstände** unanwendbar werden. Dies ist der Fall, wenn ihre Regelungen durch Änderung der tatsächlichen Gegebenheiten **gegenstandslos** werden. Hiervon ist regelmäßig bei einer **vollständigen Betriebsstilllegung** hinsichtlich der BV auszugehen, die das Bestehen einer betrieblichen Organisation und in ihr beschäftigte ArbN voraussetzen, wie zB BV über die Ordnung des Betriebs, über Arbeitszeitfragen, über technische Kontrolleinrichtungen oder über Fragen der Lohngestaltung und leistungsbezogener Entgelte. Solche BV verlieren ihren Regelungsgegenstand, wenn es den Betrieb, für den sie geschlossen wurden, nicht mehr gibt (*Brune* AR-Blattei BV Rn 529; s. aber auch Rn 162 ff.).

161   Anders ist dies bei BV, die auch oder gar gerade im Falle der Stilllegung (noch) Bedeutung haben, insb. etwa für **Sozialplanregelungen** aus Anlass der Betriebsstilllegung, aber auch für Ansprüche aus einer **betrieblichen Altersversorgung** oder für Regelungen über **Werkswohnungen** (vgl. BAG 24. 3. 81 AP Nr. 12 zu § 112 BetrVG 1972; 28. 6. 05 AP Nr. 25 zu § 77 BetrVG 1972 BV; GK-*Kreutz* Rn 375; *DKKW-Berg* Rn 47; *Brune* AR-Blattei BV Rn 530).

162   Aber auch darüber hinaus hat **nicht jeder Untergang** eines Betriebs (oder selbständigen Betriebsteils) die **Gegenstandslosigkeit** sämtlicher BV zur Folge (vgl. GK-*Kreutz* Rn 373). Ein Betrieb kann außer durch vollständige, ersatzlose Stilllegung auch deshalb untergehen, weil er in einen anderen eingegliedert, mit einem anderen zu einem neuen zusammengelegt oder in zwei oder mehrere neue Betriebe gespalten wird. In diesen Fällen wird zwar auch die bestehende betriebliche Organisation aufgelöst, im Unterschied zur vollständigen, ersatzlosen Betriebsstilllegung werden aber die **sachlichen Betriebsmittel weiter genutzt** und die im bisherigen Betrieb **beschäftigten ArbN** innerhalb einer anderen Organisation des ArbGeb. **weiterbeschäftigt.** Daher verlieren die bisherigen BV nicht ohne weiteres ihren Regelungsgegenstand. Vielmehr ist für jede BV gesondert zu prüfen, ob durch die vom ArbGeb. vorgenommene Organisationsänderung der Regelungsgegenstand wegfällt. Hierbei kommt es neben dem Inhalt der jeweiligen BV insb. darauf an, ob der bisherige Betrieb oder Betriebsteil in dem neuen Betrieb als organisatorisch (relativ) eigenständiger Betriebsteil fortgeführt wird und ob es in der neuen Organisationseinheit bereits einschlägige BV gibt (vgl. *Kreft* FS *Wißmann* S. 348, 351; *DKKW-Berg* Rn 47 a ff.; GK-*Kreutz* Rn 376 ff.; *Bachner* NZA 97, 79). Die etwaige Fortgeltung von BV ist in Fällen unternehmensinterner Organisationsänderungen für den ArbGeb. schon deshalb nicht unzumutbar, weil sich – anders als bei einem Betriebsübergang – der Vertragspartner der BV und der Arbeitsverhältnisse nicht ändert. Hiernach ist wie folgt zu differenzieren:

163   Wird ein Betrieb unter Verlust seiner Selbständigkeit in einen anderen **eingegliedert** und bestehen in diesem **BV über dieselben Regelungsbereiche** wie in dem eingegliederten Betrieb, sind nur die BV des aufnehmenden Betriebs maßgebend. Die BV des eingegliederten Betriebs sind gegenstandslos (GK-*Kreutz* Rn 379; *DKKW-Berg* Rn 48; *Brune* AR-Blattei BV Rn 533; *Seel* MDR 08, 657, 660; vgl. auch *Richardi* Rn 216). **Soweit in dem aufnehmenden Betrieb** allerdings **keine entsprechenden BV** bestehen, **gelten die BV des eingegliederten Betriebs weiter,** wenn und soweit ihre Anwendung auch im aufnehmenden Betrieb möglich und sinnvoll ist. Wenn der eingegliederte Betrieb innerhalb des aufnehmenden Betriebs in räumlicher oder organisatorischer Hinsicht abgrenzbar bleibt, kann es durchaus sinnvoll und sachgerecht sein, organisationsbezogene BV des alten Betriebs weiter anzuwenden. Das gilt auch für BV des eingegliederten Betriebs, die seinen ArbN zusätzliche materielle Leistungen, zB Zusatzurlaub für besondere Tätigkeiten, zusätzliche Prämien für besondere Leistungen, gewähren, sofern die Voraussetzungen für diese Leistungen auch im Rahmen des aufnehmenden Betriebs fortbestehen (GK-*Kreutz* Rn 379; *DKKW-Berg* Rn 48; *Bachner* NZA 97, 81; *Brune* AR-Blattei BV Rn 533; vgl. auch *Kreft* FS *Wißmann* S. 348, 351; **aA** *Salamon* RdA 07, 153, 158; *Maschmann* NZA Beilage 1 S. 32, 39). Da fortgeltende BV des eingegliederten Betriebs Bestandteil der kollektiven Normenordnung des aufnehmenden Betriebs werden, können sie durch die Betriebspartner des aufnehmenden Betriebs aufgehoben oder durch andere BV ersetzt werden (GK-*Kreutz* Rn 378). Unter dem Gesichtspunkt der Gleichbehandlung der ArbN des Betriebs (vgl. § 75 Rn 23 ff.) kann sich insbesondere bei zusätzlichen Leistungen im aufnehmenden Betrieb ein Harmonisierungsbedarf ergeben (GK-*Kreutz* Rn 378). Ferner bleiben die BV des eingegliederten Betriebs bestehen, die – wie insb. ein Sozialplan – gerade aus Anlass der Eingliederung abgeschlossen worden sind (vgl. Rn 35, 161; BAG 28. 6. 05 AP Nr. 25 zu § 77 BetrVG 1972 BV; vgl. auch BAG 28. 3. 07 AP Nr. 184 zu § 112 BetrVG 1972).

Auch bei einer **Zusammenlegung mehrerer Betriebe desselben Inhabers** zu **164** einem neuen Betrieb bleiben die BV der Ursprungsbetriebe so lange bestehen, wie ihre Anwendung im neuen Betrieb möglich und sinnvoll ist und Regelungen für den neuen Betrieb nicht geschaffen sind (GK-*Kreutz* Rn 378; *DKKW-Berg* Rn 49, *Bachner* NZA 97, 81; vgl. auch *Brune* AR-Blattei BV Rn 532; **aA** *Salamon* RdA 07, 153, 156; nach *Richardi* Rn 215 wirken die BV nach). Das kann insbesondere der Fall sein, wenn die zusammengelegten Betriebe in der neuen Einheit in räumlicher oder organisatorischer Hinsicht abgrenzbare Betriebsteile darstellen. BV, die den ArbN der Ursprungsbetriebe materielle Leistungen zugestehen, gelten bis zu ihrer Anpassung oder Aufhebung ebenfalls weiter (vgl. Rn 163). Zu einer Aufhebung oder Ablösung dieser BV ist nicht nur der in dem zusammengelegten Betrieb neu zu wählende BR befugt, sondern auch der BR des ArbNZahl größten beteiligten Betriebs im Rahmen seines Übergangsmandats (vgl. hierzu § 21 a Rn 20). Nur wenn die gleichzeitige Anwendung der in den Ursprungsbetrieben geltenden BV sinnvoll nicht möglich ist, zB weil aus organisatorischen Gründen unterschiedliche Arbeitszeitregelungen nicht durchführbar sind, sind sie als gegenstandslos anzusehen (*Brune* AR-Blattei BV Rn 532). BV, die gerade aus Anlass der Zusammenlegung in den zusammengelegten Betrieben abgeschlossen worden sind (zB Sozialpläne), bleiben stets bestehen (*Brune* AR-Blattei BV Rn 532). Werden Betriebe durch **TV nach § 3 Abs. 1 Nr. 1 b** zusammengefasst, ohne dass sich an der Betriebsorganisation etwas ändert, so gelten die in den Betrieben geschlossenen BV – beschränkt auf die jeweilige Teileinheit des nunmehr gemäß § 3 Abs. 5 S. 1 fingierten Einheitsbetriebs – normativ fort. Nach der Wahl eines BR für den fingierten Einheitsbetrieb ist dieser als Betriebspartner für eine Änderung, Ablösung oder Kündigung der BV zuständig (BAG 18. 3. 08 AP Nr. 6 zu § 3 BetrVG 1972). Werden **Betriebe mehrerer Betriebsinhaber zu einem Gemeinschaftsbetrieb iSv. § 1 Abs. 1 Satz 2, Abs. 2 zusammengefasst**, bleiben die BV der Ursprungsbetriebe ebenfalls grundsätzlich bestehen, wenn eine zuverlässige Zuordnung auf die von ihnen erfassten Betriebsteile und/oder ArbN möglich ist (vgl. § 1 Rn 110; BAG 7. 6. 11 – 1 ABR 110/09 –; **aA** *Schönhöft/Brahmstaedt* NZA 10, 851). Gleiches gilt für die in den Ursprungsbetrieben geltenden GesBV und KBV.

Bei einer **Betriebsspaltung** in zwei oder mehrere neue Betriebe gelten die in dem **165** Ursprungsbetrieb bestehenden BV in den neuen Betrieben weiter (GK-*Kreutz* Rn 380; *Richardi* Rn 217; *Brune* AR-Blattei BV Rn 534; vgl. auch BAG 18. 9. 02 AP Nr. 7 zu § 77 BetrVG 1972 BV). Die neu entstehenden Einheiten sind mit der bisherigen teilidentisch. Die BV erfasst zwar in den neu entstehenden Einheiten weniger, aber nicht andere ArbN. Dies rechtfertigt ihre normative Fortgeltung (vgl. *Kreft* FS *Wiß-*

mann, S. 348, 354; im Ergebnis ebenso *Salamon* RdA 07, 153, 158; **aA** *Thüsing* DB 04, 2474, 2477 f.; *Niklas/Mückl* DB 08, 2250, 2251).

166 Wird von einem im Übrigen fortbestehenden Betrieb **ein Teil abgespalten,** bleiben die BV in dem fortbestehenden Betrieb bestehen. Hinsichtlich des abgespaltenen Teils gelten die Ausführungen in den Rn 161 ff., je nachdem, ob der abgespaltene Betriebsteil in einen anderen Betrieb eingegliedert, mit einem anderen Betrieb zusammengelegt oder als selbständiger Betrieb weitergeführt wird (vgl. zu letzterer Fallgestaltung verbunden mit einem Betriebs(teil-)übergang Rn 174; BAG 18. 9. 02 AP Nr. 7 zu § 77 BetrVG 1972 BV; *Kreft* FS *Wißmann,* S. 348, 352 ff.; *Thüsing* DB 04, 2474, 2477 f.).

167 Der **Wechsel des Betriebsinhabers als solcher** hat grundsätzlich keinen Einfluss auf den Bestand der BV. Das gilt unstreitig, wenn im Falle einer Universalsukzession eines Unternehmens oder Unternehmensteils durch Verschmelzung, Umwandlung, Unternehmensspaltung oder Teilübertragung auch die Betriebe des Unternehmens oder Unternehmensteils unverändert auf einen neuen Inhaber überführt werden. Denn die bloße Änderung der rechtlichen Zuordnung auf der Unternehmensebene berührt die Organisation auf der Betriebsebene nicht (GK-*Kreutz* Rn 385; *Däubler* RdA 95, 140; *Wlotzke* DB 95, 40; *Seel* MDR 08, 657, 661).

168 Dasselbe gilt auch im Falle eines **rechtsgeschäftlichen Betriebsübergangs nach § 613 a BGB** (vgl. dazu § 1 Rn 115 ff., 135 ff.), wenn die **Identität des Betriebs** erhalten bleibt (BAG 5. 2. 91, 27. 7. 94 AP Nr. 89, 118 zu § 613 a BGB; 15. 1. 02 AP Nr. 1 zu § 2 SozplKonkG; 18. 9. 02 AP Nr. 7 zu § 77 BetrVG 1972 BV; *DKKW-Berg* Rn 50; GK-*Kreutz* Rn 391; *HSWGNR-Worzalla* Rn 243; *WPK/Preis* Rn 48; *Richardi* Rn 209; *Kreutz* FS *Kraft* S. 333; *Kreft* FS *Wißmann* S. 348; *Thüsing* DB 04, 2474, 2477; *Brune* AR-Blattei BV Rn 536 ff.; zur Haftungsbeschränkung des Betriebserwerbers bei Sozialplanansprüchen in der Insolvenz vgl. §§ 112, 112 a Rn 317). Auch dann **gelten die BV normativ fort.** Dem stehen § 613 a Abs. 1 S. 2–4 nicht entgegen. Danach werden die bisher geltenden TV oder BV (nicht Regelungsabreden) für beim Übergang bestehende Arbeitsverhältnisse Inhalt der Arbeitsverträge und können vor Ablauf eines Jahres nicht zum Nachteil der ArbN geändert werden. Etwas anderes gilt nur, wenn die Geltung dieser Kollektivvereinbarungen früher endet oder dieselben Fragen beim neuen Betriebsinhaber durch einen anderen TV oder BV geregelt sind oder werden. § 613 a Abs. 1 S. 2–4 BGB haben, wie Entstehungsgeschichte und Schutzzweck deutlich machen, den Charakter eines **Auffangtatbestandes.** Nur wenn die Regelungen von TV und BV infolge des Betriebsübergangs nicht mehr als kollektive Normen weiter gelten, soll der Inhalt ihrer Regelung durch eine Überführung in die Einzelarbeitsverhältnisse für eine gewisse Zeit individualarbeitsrechtlich gesichert sein (BAG 5. 2. 91, 27. 7. 94 AP Nr. 89, 118 zu § 613 a BGB; 15. 1. 02 AP Nr. 1 zu § 2 SozplKonkG; *Kreft* FS *Wißmann* S. 348, 351; GK-*Kreutz* Rn 390 ff.; *Hanau/Vossen* FS *Hilger/Stumpf* S. 271 ff.; *Sowka* DB 88, 1318; *Schiefer* RdA 94, 88; *Meyer* DB 00, 1174; **aA** *Wank* NZA 87, 505; *Wiesner* BB 86, 1636; *Junker* RdA 93, 203; *Falkenberg* BB 87, 328; *Kemper* BB 90, 788). Der normativen Fortgeltung der BV im Erwerberbetrieb kann nicht entgegengehalten werden, es handele sich um einen unzulässigen Vertrag zu Lasten Dritter, weil dadurch Ansprüche gegen den Betriebswerber begründet würden. Vielmehr gehen die Verpflichtungen des Veräußerers auf den Erwerber über. Die Betriebparteien können allerdings nicht unmittelbar Verpflichtungen des Betriebserwerbers begründen (vgl. BAG 11. 1. 11 – 1 AZR 375/09 – BB 11, 1533).

169 **GesBV,** die in den Betrieben eines Unternehmens gelten, **behalten** im Fall eines Betriebsübergangs bei Wahrung der Betriebsidentität **grundsätzlich** ihre **normative Wirkung** (BAG 18. 9. 02 AP Nr. 7 zu § 77 BetrVG 1972 BV; grundsätzlich zustimmend *Bachner* NJW 03, 2861; *C. Meyer* SAE 03, 310; *Thüsing* DB 04, 2474, 2480; *Kreft* FS *Wißmann* S. 348, 356 ff. unter eingehender Auseinandersetzung mit den Einwänden der Kritiker; *Brune* AR-Blattei BV Rn 542; überwiegend zustimmend auch *Lindemann/Simon* BB 03, 2510; im Ergebnis auch *Salamon* RdA 07, 103,

108; *ders.* RdA 09, 175; **aA** jedenfalls für GesBV nach § 50 Abs. 1 *Rieble* NZA 03 Sonderbeilage zu Heft 16, S. 62, 69 f.; weitgehend ablehnend auch *Hohenstatt/Müller-Bonanni* NZA 03, 766; *Jacobs* FS *Konzen* S. 345). Entscheidend hierfür ist, dass **Bezugsobjekt** von GesBV – obwohl sie betriebsübergreifend abgeschlossen werden – gleichwohl **die einzelnen Betriebe** sind. Eine GesBV gilt nicht „im Unternehmen", sondern in den Betrieben. Dabei kommt es nicht darauf an, ob sie auf Grund originärer Zuständigkeit des GesBR nach § 50 Abs. 1 oder auf Grund von Delegation nach § 50 Abs. 2 geschlossen wurde. Werden von dem Erwerber alle oder mehrere Betriebe übernommen, wirken die GesBV als solche fort. Wird nur ein Betrieb übernommen, bleiben sie als BV bestehen (BAG 18. 9. 02 AP Nr. 7 zu § 77 BetrVG 1972 BV). Wird nur ein Betriebsteil übernommen, aber vom Erwerber als selbständiger Betrieb fortgeführt, gelten in diesem die bisherigen BV und GesBV als BV normativ weiter (BAG 18. 9. 02 AP Nr. 7 zu § 77 BetrVG 1972 BV; *Brune* AR-Blattei BV Rn 543; insoweit **aA** *Lindemann/Simon* BB 03, 2510). Zwar sind in diesem Fall der vor und nach dem Übergang bestehende Betrieb nicht identisch, sondern es werden aus einem Betrieb zwei oder noch mehr Betriebe. Gleichwohl gibt es weiterhin ein Regelungsobjekt für die BV bzw. GesBV. Die neu entstandene Teileinheit ist jedenfalls so lange teilidentisch mit dem Ursprungsbetrieb, wie sie die Kriterien eines Betriebsteils erfüllt und selbständig geführt wird; das genügt (*Kreft* FS *Wißmann* S. 348, 356 mwN). Ausdrücklich nicht entschieden hat das BAG die Frage, welche Grundsätze in den Fällen gelten, in denen das übernehmende Unternehmen bereits einen oder mehrere eigene Betriebe mit BR führt und ggf. ein GesBR schon gebildet ist. Ausgehend von dem Grundsatz, dass die bisherige GesBV keine Angelegenheit des „Unternehmens", sondern der Betriebe regelte, dürfte sich in diesem Fall bei Wahrung der Betriebsidentität an der normativen Fortgeltung der bisherigen GesBV in diesen Betrieben jedenfalls dann nichts ändern, wenn es in dem übernehmenden Unternehmen keine GesBV zu dem Regelungsgegenstand gibt (ebenso *Bachner* NJW 03, 2861). Dies müsste konsequenterweise auch dann gelten, wenn ein Betriebsteil abgespalten und beim Erwerber als selbständiger Betrieb fortgeführt wird. Gibt es in dem übernehmenden Unternehmen bereits eine GesBV zu demselben Regelungsgegenstand und erfasst diese nach ihrem Geltungsbereich auch neu hinzukommende Betriebe, verdrängt sie die bisherige GesBV (GK-*Kreutz* Rn 392; *Lindemann/Simon* BB 03, 2510, 2514; *Brune* AR-Blattei BV Rn 544; vgl. schon BAG 27. 6. 85 AP Nr. 14 zu § 77 BetrVG 1972; vgl. auch § 50 Rn 77). Geht anlässlich des Betriebsübergangs die Betriebsidentität verloren, ist kein Raum für eine Fortgeltung der GesBV (vgl. Rn 171). In diesem Fall werden die Normen der GesBV gemäß § 613 a Abs. 1 S. 2 BGB zum Inhalt der einzelnen Arbeitsverträge.

Die Erwägungen des BAG im Beschluss vom 18. 9. 02 (AP Nr. 7 zu § 77 BetrVG **170** 1972 BV) können bei Restrukturierungen auf Konzernebene auch auf das Schicksal von **KBV** übertragen werden (vgl. dazu *Braun* ArbRB 04, 118; vgl. auch *C. Meyer* BB Spezial 14/2005 S. 5 ff.). Auch bei diesen ist Regelungssubstrat der einzelne Betrieb. Solange dessen Identität erhalten bleibt, gelten daher auch KBV normativ weiter. Wird bei der Restrukturierung der bisherige Konzernverbund aufgelöst und bleiben nur selbständige Unternehmen mit mehreren Betrieben, wirkt die KBV als GesBV fort (vgl. *Braun* ArbRB 04, 118, 119). Besteht weiterhin ein Konzernverbund, kommt auch eine Fortgeltung als KBV in Betracht.

Geht bei einem **Betriebsinhaberwechsel** – gleichgültig ob durch Rechtsgeschäft **171** oder durch Universalsukzession im Rahmen des Umwandlungsgesetzes – anlässlich des Betriebsübergangs die **Identität des Betriebs verloren,** enden die in dem veräußerten Betrieb bestehenden BV (BAG 14. 8. 01, AP Nr. 85 zu § 77 BetrVG 1972; 18. 9. 02 AP Nr. 7 zu § 77 BetrVG 1972 BV). Dies gilt insbesondere in den Fällen, in denen der Erwerber im Zusammenhang mit dem Erwerb den übernommenen Betrieb in einen anderen eingliedert, mit einem anderen zu einem neuen Betrieb zusammenlegt oder in zwei oder mehrere selbständige Betriebe aufspaltet. In diesem

Fall werden, sofern in dem Betrieb des Erwerbers keine gegenstandsgleichen Kollektivregelungen bestehen, die in ihnen geregelten Rechte und Pflichten nach § 613 a Abs. 1 S. 2–4 BGB in die Arbeitsverhältnisse der übernommenen ArbN überführt (vgl. BAG 14. 8. 01 AP Nr. 85 zu § 77 BetrVG 1972; GK-*Kreutz* Rn 394; vgl. auch § 1 Rn 136 ff.; zu den übergangsfähigen Regelungen einer BV vgl. *Meyer* DB 00, 1174). Die so in die Arbeitsverhältnisse überführten Regelungen der alten BV können im Betrieb des Erwerbers durch eine neue BV ersetzt werden. Im Verhältnis zu dieser gilt nicht das Günstigkeits-, sondern das Ablösungsprinzip (BAG 14. 8. 01 AP Nr. 85 zu § 77 BetrVG 1972; 18. 11. 03 AP Nr. 15 zu § 77 BetrVG 1972 Nachwirkung; 28. 6. 05 AP Nr. 25 zu § 77 BetrVG 1972 BV; *Lindemann/Simon* BB 03, 2510; *DKKW-Berg* Rn 51 a).

172   Wird von einem Betrieb lediglich ein **Betriebsteil veräußert**, ist danach zu **unterscheiden, ob** mit der Veräußerung die **(Teil-)Identität** mit dem Ursprungsbetriebs aufgelöst wird oder **erhalten bleibt.**

173   Im veräußerten Betriebsteil gelten die BV des Ursprungsbetriebs **grundsätzlich dann nicht fort, wenn** der Erwerber den Betriebsteil **nicht als eigenständige betriebsratsfähige Einheit fortführt,** sondern in einen anderen Betrieb eingliedert oder mit einem anderen Betrieb verschmilzt (vgl. Rn 171; GK-*Kreutz* Rn 392).

174   Wird dagegen der übernommene Betriebsteil vom Erwerber **als selbständiger Betrieb** (sei es auch nur kraft der Fiktion des § 4) fortgeführt, gelten die BV des Ursprungsbetriebs auch für den veräußerten Betriebsteil so lange fort, bis sie durch eine andere BV abgelöst werden (vgl. zur Betriebsauf- und -abspaltung ohne Betriebsteilübergang Rn 165, 166; zur Fortgeltung von GesBV Rn 169; BAG 18. 9. 02 AP Nr. 7 zu § 77 BetrVG 1972 BV). Der BR des Ursprungsbetriebs besitzt für den ausgegliederten Betriebsteil ein Übergangsmandat mit den vollen Rechten und Pflichten eines BR (vgl. hierzu § 21 a Rn 6 ff., 20). Es wäre widersprüchlich, die Kompetenz dieses BR für den ausgegliederten Betriebsteil anzuerkennen, die (Weiter-)Geltung der von ihm auch für diesen Betriebsteil abgeschlossenen BV jedoch zu leugnen. Im Übrigen ist kein Grund ersichtlich, weshalb in diesem Falle die auch für den veräußerten Betriebsteil bestehenden kollektiven Regelungen im Falle der Veräußerung des Betriebsteils nicht solange weiter gelten sollten, bis sie durch andere Kollektivregelungen abgelöst oder gekündigt worden sind (ebenso *Kreft* FS *Wißmann*, S. 348, 352 ff.; im Ergebnis auch *Salamon* RdA 07, 153, 158; **aA** *Thüsing* DB 04, 2474, 2477 f.; *Maschmann* NZA Beilage 1/2009 S. 32, 38 f.).

175   **Ohne Einfluss** auf die normative Fortgeltung von BV ist das **Ende der Amtszeit** des BR. BV sind nicht auf die jeweilige Amtszeit des BR beschränkt, sondern gelten nach deren Ablauf fort (BAG 28. 7. 81 AP Nr. 2 zu § 87 BetrVG 1972 Urlaub, GK-*Kreutz* Rn 382). Auch der **Wegfall des BR** lässt die bestehenden BV unberührt (vgl. zur Fortgeltung von GesBV in GesBRlosen Betrieben BAG 18. 9. 02 AP Nr. 7 zu § 77 BetrVG 1972 BV; GK-*Kreutz* Rn 383; *ders.* FS *Kraft* S. 323, 335 f.; *DKKW-Berg* Rn 52; *Richardi* Rn 213; *WPK/Preis* Rn 39; *HSWGNR-Worzalla* Rn 245; *Kreft* FS *Wißmann* S. 348, 349 f.; *Schlüter* FS *Schwerdtner* S. 341 ff.; *Salamon* RdA 07, 103, 104; **aA** *Preis/Richter* ZIP 04, 925, 929). Die Fortgeltung einer BV ist nicht davon abhängig, dass der BR fortbesteht. Dabei ist auch nicht zwischen vorübergehender und endgültiger BRlosigkeit sowie dem Wegfall der BRFähigkeit zu unterscheiden (GK-*Kreutz* Rn 383; *DKKW-Berg* Rn 52; *Kreutz* FS *Kraft* S. 337; insoweit **aA** *Richardi* Rn 213; *Löwisch/Kaiser* Rn 41). Um sich von der BV zu lösen, kann der ArbGeb. diese bei Fehlen eines BR gegenüber allen betroffenen ArbN des Betriebs kündigen (*DKKW-Berg* Rn 52; GK-*Kreutz* Rn 383; *WPK/Preis* Rn 39; MünchArbR-*Matthes* § 328 Rn 45; *Kreft* FS *Wißmann* S. 348, 350; *Brune* AR-Blattei BV Rn 547; *Salamon* NZA 07, 367, 368; vgl. zur Kündigung einer GesBV gegenüber den EinzelBR in GesBRlosen Betrieben BAG 18. 9. 02 AP Nr. 7 zu § 77 BetrVG 1972 BV; *Salamon* NZA 07, 367, 370). Allerdings entfalten die BV bei Gegenständen der erzwingbaren Mitbestimmung grundsätzlich noch Nachwirkung nach Abs. 6 (**aA** *HSWGNR-Worzalla* Rn 245; GK-*Kreutz* Rn 399). Soweit es um mate-

rielle Arbeitsbedingungen geht, kann der ArbGeb. die Nachwirkung durch individualvertragliche Vereinbarungen oder notfalls auch im Wege von Änderungskündigungen beseitigen. Bei Betriebsnormen ist dies nicht möglich; hier spricht – jedenfalls bei einer zeitlich unabsehbaren BRlosigkeit – Einiges dafür, dass der ArbGeb. die Nachwirkung einseitig beenden kann. In Fällen freiwilliger Mitbestimmung gibt es ohnehin keine Nachwirkung.

Auch der **Zusammenschluss mehrerer Unternehmen** zu einem Unternehmen **176** hat keinen Einfluss auf die in den Betrieben dieser Unternehmen bestehenden BV, solange sich ihre Betriebsorganisation nicht ändert. Etwas anderes kann allerdings für **unternehmensbezogene Normen** von BV gelten; diese können gegenstandslos werden, zB Regelungen über eine anderweitige MitglZahl des GesBR nach § 47 Abs. 4 und 5.

IX. Nachwirkung von Betriebsvereinbarungen (Abs. 6)

Abs. 6 regelt in Anlehnung an § 4 Abs. 5 TVG die **Nachwirkung von abgelau-** **177** **fenen BV.** Nachwirkung bedeutet die unmittelbare, aber nicht mehr zwingende Weitergeltung der Normen der BV (vgl. zur „Schutzfunktion" und zur „Sicherungsfunktion" der Nachwirkung *Schlewing* NZA 10, 529). Nachwirkung entfalten in Angelegenheiten erzwingbarer Mitbestimmung sowohl einvernehmliche BV als auch solche, die auf einem Spruch der E-Stelle beruhen.

Eine Nachwirkung (Weitergeltung) besteht **nur** bei BV über Angelegenheiten, in **178** denen der Spruch der E-Stelle die fehlende Einigung zwischen ArbGeb. und BR ersetzen kann (BAG 26. 4. 90, 21. 8. 90, 26. 10. 93, 29. 9. 04 AP Nr. 4, 5, 6, 16 zu § 77 BetrVG 1972 Nachwirkung; 23. 1. 08 AP Nr. 9 zu § 87 BetrVG 1972 Leistungslohn; 23. 6. 09 – 1 AZR 214/08 – NZA 09, 1159; GK-*Kreutz* Rn 398; *DKKW-Berg* Rn 58 f.; *HSWGNR-Worzalla* Rn 246; *Richardi* Rn 162). Dies sind die **Angelegenheiten der zwingenden Mitbestimmung** (vgl. § 76 Rn 68). Unerheblich ist der Gegenstand der BV. Nicht nur sog. Inhaltsnormen einer BV (vgl. Rn 45), sondern auch betriebliche oder betriebsverfassungsrechtliche Normen (vgl. Rn 47 f.) wirken nach, wenn die Regelung bei mangelnder Verständigung der Betriebspartner durch einen Spruch der E-Stelle verbindlich hätte festgelegt werden können (GK-*Kreutz* Rn 402). Erforderlich ist allerdings, dass jeder Betriebspartner die E-Stelle zum Zwecke einer verbindlichen Entscheidung anrufen kann. Ist hierzu nur ein Betriebspartner berechtigt (vgl. hierzu § 76 Rn 72), kommt eine Nachwirkung nicht in Betracht. Denn sonst hätte der Betriebspartner, dem die Anrufung der E-Stelle versagt ist, keine Möglichkeit, bei Weigerung des anderen Betriebspartners durch eine neue Regelung die Nachwirkung zu beseitigen (BAG 12. 8. 82 AP Nr. 5 zu § 77 BetrVG 1972; GK-*Kreutz* Rn 402). Zweck der Nachwirkung einer BV ist jedoch nur die Überbrückung eines vorübergehenden Zustandes, nicht dessen Zementierung auf Dauer. Eine BV wirkt auch dann gemäß Abs. 6 nach, wenn aufgrund einer tariflichen Regelung nach § 76 Abs. 8 nicht die betriebliche E-Stelle, sondern eine tarifliche Schlichtungsstelle die „endgültige" Entscheidung trifft (BAG 29. 9. 04 AP Nr. 16 zu § 77 BetrVG 1972 Nachwirkung).

Die Nachwirkung setzt voraus, dass die **zeitliche Geltung der BV als solche** **179** **beendet** ist, zB durch Ablauf der Befristung oder Kündigung der BV und Ablauf der Kündigungsfrist. Nicht in jedem Falle hat die Beendigung einer BV eine Nachwirkung zur Folge. So kann der Inhalt einer BV eine Nachwirkung ausschließen, etwa wenn die BV nur zu einem bestimmten Zweck abgeschlossen worden und dieser Zweck erreicht ist (zB Regelung der Arbeitszeit für bestimmte Tage, der Betriebsferien für ein bestimmtes Jahr oder der Mehrarbeit für einen bestimmten Auftrag; vgl. BAG 17. 1. 95 AP Nr. 7 zu § 77 BetrVG 1972 Nachwirkung; *Brune* AR-Blattei BV Rn 554). Eine Nachwirkung besteht ferner nicht bei BV, die im Falle der Betriebsstillegung oder bei der Eingliederung des Betriebs in einen anderen Betrieb enden (vgl. Rn 160 ff.). Auch bei einer **fristlosen Kündigung** der BV aus wichtigem Grunde besteht keine Nachwirkung in Bezug auf die Regelungen, deretwegen die fristlose Kündigung erfolgt ist. Das folgt aus dem bes. Charakter der fristlosen Kündigung, die jede weitere Bindung ausschließt (ErfK/*Kania* Rn 106; GK-*Kreutz* Rn 399; *Brune* AR-Blattei BV Rn 554; aa *DKKW-Berg* Rn 58; MünchArbR-*Matthes* § 239 Rn 58; *WPK/Preis* Rn 56). Das BAG hat im Falle der fristlosen Kündigung eines **Sozialplans** dessen Nachwirkung bejaht (BAG 10. 8. 94 AP Nr. 86 zu § 112 BetrVG 1972; vgl. zur Nachwirkung von Sozialplänen auch *Meyer* NZA 97, 289). Stimmiger dürfte es sein, bei einmaligen Sozialplänen die Möglichkeit der fristlosen Kündigung zu verneinen und die Fälle über die Regeln des Wegfalls der Geschäftsgrundlage verbunden mit einer ggf. über die E-Stelle erzwingbaren Anpassung zu lösen (vgl. Rn 152; §§ 112, 112a Rn 247 ff.). Wenn der ArbGeb. sich in einem betriebsratslosen Betrieb durch eine Erklärung gegenüber den ArbN des Betriebs von einer mit dem früheren BR abgeschlossenen BV lossagt (vgl. Rn 175), entfalten die BV bei Gegenständen der erzwingbaren Mitbestimmung grundsätzlich noch Nachwirkung insoweit, als es um materielle Arbeitsbedingungen geht (aA GK-*Kreutz* Rn 399; *HSWGNR-Worzalla* Rn 245); hier hat der ArbGeb. die Möglichkeit, die Nachwirkung durch individualvertragliche Vereinbarungen oder notfalls auch im Wege von Änderungskündigungen zu beseitigen. Bei Betriebsnormen ist dies nicht möglich; hier spricht – jedenfalls bei einer zeitlich unabsehbaren BRlosigkeit – vieles dafür, dass der ArbGeb. die Nachwirkung einseitig durch Kundgabe gegenüber der Belegschaft beenden kann (vgl. auch GK-*Kreutz* Rn 399, der die Nachwirkung als solche verneint). In Fällen freiwilliger Mitbestimmung gibt es ohnehin keine Nachwirkung. Ein etwaiger **Wegfall der Geschäftsgrundlage** führt weder zur Beendigung der BV noch steht er der Nachwirkung entgegen. Er hat die Notwendigkeit der Anpassung an die geänderten Verhältnisse zur Folge und begründet gegenseitige Ansprüche der Betriebsparteien auf Aufnahme entsprechender Verhandlungen. Bis dahin wirkt aber die BV mit ihrem bisherigen Inhalt nach (vgl. BAG 29. 9. 04 AP Nr. 16 zu § 77 BetrVG 1972 Nachwirkung).

180   Die Betriebspartner können eine von Abs. 6 **abweichende Vereinbarung** treffen (BAG 9. 2. 84 AP Nr. 9 zu § 77 BetrVG 1972; 17. 1. 95 AP Nr. 7 zu § 77 BetrVG 1972 Nachwirkung; ErfK/*Kania* Rn 107; *WPK/Preis* Rn 52; GK-*Kreutz* Rn 399; *HSWGNR-Worzalla* Rn 254). Das folgt aus ihrer Gestaltungsfreiheit über den Inhalt einer BV. Die Betriebspartner können deshalb die Nachwirkung der BV sowohl von vornherein als auch nachträglich ausschließen (BAG 9. 2. 84 AP Nr. 9 zu § 77 BetrVG 1972; 18. 2. 03 AP Nr. 11 zu § 77 BetrVG 1972 BV; 6. 5. 03 AP Nr. 80 zu § 256 ZPO 1977; zum Ausschluss der Nachwirkung eines TV durch eine konkludente Vereinbarung vgl. BAG 8. 10. 97 AP Nr. 29 zu § 4 TVG Nachwirkung; GK-*Kreutz* Rn 415). Die bloße Befristung einer BV ist ohne Vorliegen besonderer Anhaltspunkte nicht schon als Ausschluss der Nachwirkung anzusehen (GK-*Kreutz* Rn 415; *Brune* AR-Blattei BV Rn 555; *WPK/Preis* Rn 52). Wird bei einer jedes Jahr neu vereinbarten Sonderzahlung ausdrücklich die Freiwilligkeit der Leistung betont, aus der keine Ansprüche für künftige Jahre hergeleitet werden können, kommt dieser BV keine Nachwirkung zu (BAG 17. 1. 95 AP Nr. 7 zu § 77 BetrVG 1972 Nachwirkung). Auch können die Betriebspartner den Nachwirkungszeitraum zeitlich befristen oder differenzierende Regelungen für die Nachwirkung vorsehen, zB dahingehend, dass einzelne Regelungen von der Nachwirkung ausgenommen werden oder eine Nachwirkung sich nicht auf solche Arbeitsverhältnisse erstreckt, die erst im Nachwirkungszeitraum begründet werden (GK-*Kreutz* Rn 399). Der Ausschluss der Nachwirkung muss als Abweichung von der gesetzlichen Regelung eindeutig vereinbart werden. Die Betriebsparteien können zwar die nachwirkende BV jederzeit durch eine andere BV ersetzen oder auch durch Vereinbarung die Nachwirkung beenden. An der gesetzlichen **Kompetenzzuweisung ändert sich** jedoch **nichts**. Daher kann in mitbestimmten Angelegenheiten, für deren Regelung der BR zuständig ist, eine zwischen ihm und dem ArbGeb. geschlossene BV nicht durch eine zwischen

GesBR und ArbGeb. geschlossene BV wirksam abgelöst werden (BAG 11. 12. 01, 15. 1. 02 AP Nr. 22, 23 zu § 50 BetrVG 1972; vgl. auch BAG 9. 12. 03 AP Nr. 27 zu § 50 BetrVG 1972).

Wird die BV durch einen **Aufhebungsvertrag** beendet, ist es eine Frage der Aus-   181
legung dieses Vertrages, ob damit auch die Nachwirkung der BV ausgeschlossen sein soll (*Brune* AR-Blattei BV Rn 555). Das Gleiche gilt, wenn eine BV von vornherein befristet ist. Ist die konkrete **Befristung** nicht als eine bes. Form der Zweckerreichung anzusehen, dürfte sie im Allgemeinen nur den zeitlichen Geltungsbereich der BV festlegen und nicht darüber hinaus auch den Ausschluss der Nachwirkung enthalten (GK-*Kreutz* Rn 415; *DKKW-Berg* Rn 60; *Brune* AR-Blattei BV Rn 555).

Die Nachwirkung der BV hat zur Folge, dass ihre Regelungen auch nach Beendi-   182
gung der BV mit **unmittelbarer,** allerdings nicht mehr zwingender **Wirkung** fortgelten. Die Nachwirkung erstreckt sich grundsätzlich auf alle Normen der BV (*DKKW-Berg* Rn 58; GK-*Kreutz* Rn 398). Diese werden im Rahmen ihres Geltungsbereichs auch für die Arbeitsverhältnisse maßgebend, die erst im Nachwirkungszeitraum begründet werden (GK-*Kreutz* Rn 413; ErfK/*Kania* Rn 104; *Hanau* NZA 85 Beil. 2 S. 3; *DKKW-Berg* Rn 61; *Richardi* Rn 166; *Meyer* NZA 97, 290).

Die Regelungen der BV haben im Nachwirkungszeitraum **keine zwingende**   183
Wirkung mehr. Von ihnen kann auch **zuungunsten der ArbN** abgewichen werden (ErfK/*Kania* Rn 104). Jede im Nachwirkungszeitraum getroffene andere Abmachung, gleichgültig ob es sich um einen TV, eine BV oder eine arbeitsvertragliche Absprache handelt, beendet die Nachwirkung. Das gilt auch für die Vereinbarung einer nur vorübergehenden Zwischenlösung (BAG 22. 3. 95 AP Nr. 8 zu § 611 BGB Arbeitszeit). Die andere Abmachung kann sich auch auf eine bloße Aufhebung der Nachwirkung beschränken. Bereits entstandene Ansprüche werden durch eine andere Abmachung nicht berührt. Betrifft die andere Abmachung Angelegenheiten, die der MB des BR unterliegen, ist dessen MBR zu beachten (*Richardi* Rn 167; *DKKW-Berg* Rn 61; MünchArbR-*Matthes* § 239 Rn 54).

Da einer **Regelungsabrede** der Betriebspartner keine das Arbeitsverhältnis gestal-   184
tende Wirkung zukommt (vgl. Rn 217), ist sie für sich allein keine andere Abmachung iSd. Abs. 6. Soweit sie jedoch ein wirksames Gestaltungsmittel zur Ausübung des MBR des BR darstellt, eröffnet sie dem ArbGeb. die Möglichkeit, die Arbeitsverträge der ArbN entsprechend zu gestalten (GK-*Kreutz* Rn 417). Geschieht dies, liegt eine andere Abmachung iSd. Abs. 6 vor.

Bei einer abweichenden Regelung durch **Einzelvertrag** darf der Gleichbehand-   185
lungsgrundsatz nicht verletzt werden. Im Allgemeinen verträgt die betriebliche Praxis keine unterschiedlichen Regelungen (vgl. auch BAG 29. 1. 75 AP Nr. 8 zu § 4 TVG Nachwirkung; Näheres hierzu vgl. § 75 Rn 30 ff.).

Freiwillige BV in Angelegenheiten, bei denen die fehlende Zustimmung eines   186
Betriebspartners nicht durch Spruch der E-Stelle ersetzt werden kann (vgl. insb § 88), **wirken nicht nach** (BAG 26. 4. 90, 21. 8. 90, 26. 10. 93 AP Nr. 4, 5, 6 zu § 77 BetrVG 1972 Nachwirkung; GK-*Kreutz* Rn 403; *DKKW-Berg* Rn 59; *Loritz* RdA 91, 65). Hängt der Abschluss von der nicht erzwingbaren Zustimmung beider Betriebspartner ab, ist es nur konsequent, dass diese und die Normadressaten der BV nicht länger als an die BV gebunden sein, als es ihrer freiwilligen Vereinbarung entspricht.

Die Betriebspartner können auch bei freiwilligen BV die vollständige oder teilwei-   187
se **Nachwirkung vereinbaren** (BAG 28. 4. 98 AP Nr. 11 zu § 77 BetrVG 1972 Nachwirkung; *DKKW-Berg* Rn 59; ErfK/*Kania* Rn 109; *Boemke/Kursawe* DB 00, 1405; GK-*Kreutz* Rn 410 ff.; HaKo-BetrVG/*Lorenz* Rn 30; *Brune* AR-Blattei BV Rn 560; **aA** *v. Hoyningen-Huene* BB 97, 2000; *Schöne/Klaes* BB 97, 2374; *Jacobs* NZA 00, 69; zur vereinbarten Nachwirkung einer BV, die auf einer tariflichen Öffnungsklausel beruhen, die hierseits nur den Abschluss von freiwilligen BV zulässt, vgl. LAG Hamm 18. 8. 06 – 10 TaBV 13/06 – die dagegen eingelegte Rechtsbeschwerde – 1 ABR 69/06 – wurde zurückgenommen; *Kort* NZA 01, 477). Hierbei

können die Betriebspartner die Modalitäten der Nachwirkung regeln, etwa durch zeitliche Befristung oder durch ein Recht zur gesonderten Kündigung der Nachwirkungsvereinbarung. Haben die Betriebspartner keine ausdrückliche Regelung über die Beendigung der Nachwirkung getroffen, ist die Vereinbarung über die Nachwirkung im Regelfall dahin auszulegen, dass sie auch gegen den Willen eines Betriebspartners beendet werden kann. Denn es kann nicht davon ausgegangen werden, dass die Betriebspartner bei freiwilliger Vereinbarung einer Nachwirkung deren unbegrenzte Dauer gewollt haben (vgl. *Loritz* DB 97, 2074; GK-*Kreutz* Rn 411; *Brune* AR-Blattei BV Rn 560). Verweigert in einem solchen Fall einer der Betriebspartner nach der Kündigung der freiwilligen BV während der unbefristet vereinbarten Nachwirkung den Abschluss einer neuen Vereinbarung, kann der andere Betriebspartner die E-Stelle anrufen. Diese entscheidet gem. § 76 Abs. 5 verbindlich; es ist davon auszugehen, dass die Betriebspartner in einem Konfliktfall eine der erzwingbaren Mitbestimmung entsprechende Lösung gewollt haben (BAG 28. 4. 98 AP Nr. 11 zu § 77 BetrVG 1972 Nachwirkung; LAG Sachsen-Anhalt NZA-RR 97, 213; *DKK-Berg* Rn 59; *Brune* AR-Blattei BV Rn 560; GK-*Kreutz* Rn 411; abweichend *Jacobs* NZA 00, 69). Die E-Stelle ist bei ihrem Spruch an eine mitbestimmungsfreie Vorgabe des ArbGeb. – etwa an eine bestimmte Höhe des Zulagevolumens (vgl. hierzu § 87 Rn 443) – gebunden (*Boemke/Kursawe* DB 00, 1405).

188 Mangels Nachwirkung können freiwillige BV grundsätzlich nach ihrem Ablauf **keine Ansprüche neu eintretender ArbN** oder weitere Ansprüche der schon im Geltungszeitraum der BV beschäftigten ArbN begründen (BAG 9. 2. 89 AP Nr. 40 zu § 77 BetrVG 1972; 18. 4. 89 AP Nr. 2 zu § 1 BetrAVG BV; 26. 4. 90, 21. 8. 90 AP Nr. 4, 5 zu § 77 BetrVG 1972 Nachwirkung). Da die BV lediglich als normative Anspruchsgrundlage für die Zukunft fortfällt, bleiben die während ihrer Geltung entstandenen Ansprüche oder Anwartschaften unberührt (GK-*Kreutz* Rn 404 mwN). Das gilt insb. für Anwartschaften und Besitzstände aus einer betrieblichen Altersversorgung. In diese kann nur unter bes. Voraussetzungen unter Beachtung des Grundsatzes der Verhältnismäßigkeit und des Vertrauensschutzes eingegriffen werden (vgl. Rn 193; BAG 18. 4. 89, 22. 5. 90 AP Nr. 2, 3 zu § 1 BetrAVG BV; 23. 10. 90 AP Nr. 13 zu § 1 BetrAVG Ablösung; 10. 3. 92 AP Nr. 5 zu § 1 BetrAVG BV; *DKKW-Berg* Rn 59; *Molkenbur/Rossmanith* ArbuR 90, 333; *Blomeyer* DB 90, 173; *Hanau/Preis* NZA 91, 81; *Schaub* BB 90, 289; *Schirge* DB 91, 441; *Zachert* AiB 91, 91).

189 **BV mit teils erzwingbaren, teils freiwilligen Regelungen** wirken grundsätzlich nur hinsichtlich der Gegenstände nach, die der zwingenden Mitbestimmung unterfallen (BAG 23. 6. 92 AP Nr. 55 zu § 77 BetrVG 1972; 26. 8. 08 – 1 AZR 354/07 – NZA 08, 1426; 9. 12. 08 – 3 AZR 384/07 – NZA 09, 1341; 5. 10. 10 – 1 ABR 20/09 – NZA 11, 598; *Brune* AR-Blattei BV Rn 561). Dies setzt allerdings voraus, dass sich die BV sinnvoll in einen nachwirkenden und einen nachwirkungslosen Teil aufspalten lässt. Andernfalls entfaltet zur Sicherung der Mitbestimmung die gesamte BV Nachwirkung (BAG 26. 8. 08 – 1 AZR 354/07 – NZA 08, 1426; 5. 10. 10 – 1 ABR 20/09 – NZA 11, 598).

190 Schwierigkeiten bereiten die Fallgestaltungen, in denen eine BV einen **einheitlichen Regelungsgegenstand** betrifft und **teils mitbestimmungspflichtige, teils mitbestimmungsfreie Elemente** enthält („teilmitbestimmte BV"). Das ist insb. bei freiwilligen Leistungen der Fall. Hier ist die Entscheidung darüber, ob, welchem Personenkreis und in welchem Umfang solche Leistungen gewährt werden, mitbestimmungsfrei, während die nähere Ausgestaltung des Leistungsplans nach § 87 Abs. 1 Nr. 10 der Mitbestimmung unterliegt (vgl. § 87 Rn 443 ff., 455 ff.). Hinsichtlich deren Nachwirkung ist zu **differenzieren:**

Will ein ArbGeb. mit der Kündigung einer teilmitbestimmten BV seine **finanziellen Leistungen vollständig und ersatzlos einstellen**, tritt keine Nachwirkung ein (BAG 17. 1. 95 AP Nr. 7 zu § 77 BetrVG 1972 Nachwirkung; 19. 9. 95 AP Nr. 61 zu § 77 BetrVG 1972; 26. 8. 08 – 1 AZR 354/07 – NZA 08, 1426; 10. 11. 09 –

1 AZR 511/08 – NZA 11, 475; 5. 10. 10 – 1 ABR 20/09 – NZA 11, 598; *Richardi* Rn 171; *Schlewing* NZA 10, 529). Bei einer vollständigen Einstellung der Leistungen verbleiben keine Mittel, bei deren Verteilung der BR nach § 87 Abs. 1 Nr. 10 mitzubestimmen hätte. Sinn und Zweck der Nachwirkung nach Abs. 6 ist insbesondere die kontinuierliche Wahrung betriebsverfassungsrechtlicher MBR (BAG 17. 1. 95 AP Nr. 7 zu § 77 BetrVG 1972 Nachwirkung; 26. 8. 08 – 1 AZR 354/07 – NZA 08, 1426). Sind solche nicht betroffen, bedarf es der Nachwirkung nicht (BAG 26. 8. 08 – 1 AZR 354/07 – NZA 08, 1426).

Strebt der ArbGeb. mit der Kündigung ohne Änderung des Dotierungsrahmens **lediglich** eine **Änderung des derzeitigen Verteilungs- und Leistungsplans** an, wirkt die gekündigte BV insgesamt nach (BAG 26. 10. 93 AP Nr. 6 zu § 77 BetrVG 1972 Nachwirkung; *DKKW-Berg* Rn 59; *GK-Kreutz* Rn 409).

Ist eine **Herabsetzung des Dotierungsrahmens zugleich auch mit einer Änderung des Leistungsplans verbunden,** wirkt nach der Rechtsprechung des BAG die gesamte BV nach (vgl. BAG 26. 10. 93, 18. 11. 03 AP Nr. 6, 15 zu § 77 BetrVG 1972 Nachwirkung; 19. 9. 95 AP Nr. 61 zu § 77 BetrVG 1972; 26. 8. 08 – 1 AZR 354/07 – NZA 08, 1426; 10. 11. 09 – 1 AZR 511/08 – NZA 11, 475; 5. 10. 10 – 1 ABR 20/09 – NZA 11, 598; für die betriebliche Altersversorgung offen gelassen von BAG 17. 8. 99 AP Nr. 79 zu § 77 BetrVG 1972; 11. 5. 99 AP Nr. 6 zu § 1 BetrAVG Betriebsvereinbarung; 18. 9. 01 AP Nr. 34 zu § 1 BetrAVG Ablösung; 9. 12. 08 – 3 AZR 384/07 – NZA 09, 1341; vgl. dazu *Schlewing* NZA 10, 529). Dem ist grundsätzlich zuzustimmen (ebenso *DKKW-Berg* Rn 59; *Heither* DB 08, 2705, 2706; wohl auch *Richardi* Rn 171; aA *GK-Kreutz* Rn 409; *MünchArbR-Matthes* § 239 Rn 62; *Schaub* BB 95, 1641; *v. Hoyningen-Huene* BB 97, 2000; *HSWGNR-Worzalla* Rn 248). Anders als bei der vollständigen Streichung bleibt in diesem Fall ein Finanzvolumen, bei dessen Verteilung der BR nach § 87 Abs. 1 Nr. 10 mitzubestimmen hat. BV lassen sich in diesen Fällen auch nicht in einen nicht nachwirkenden Teil betreffend die Höhe und einen nachwirkenden Teil über die Verteilung (Leistungsplan) aufspalten. Das vom ArbGeb. zur Verfügung gestellte Finanzvolumen wird dadurch nicht unabänderlich perpetuiert. Bei dem Spruch über eine die Nachwirkung ablösende BV muss die E-Stelle das vom ArbGeb. für die freiwillige Leistung weiterhin zur Verfügung gestellte Volumen als mitbestimmungsfreie Vorgabe ihrer Verteilungsentscheidung zugrunde legen (BAG 26. 10. 93, 18. 11. 03 AP Nr. 6, 15 zu § 77 BetrVG 1972 Nachwirkung; 26. 8. 08 – 1 AZR 354/07 – NZA 08, 1426). Die Nachwirkung kann im Ergebnis dadurch beseitigt werden, dass die neue BV rückwirkend in Kraft gesetzt wird. Dies ist aber nur möglich, wenn die ArbN mit einer solchen Rückwirkung der neuen BV rechnen mussten (BAG 19. 9. 95 AP Nr. 61 zu § 77 BetrVG 1972; zum rückwirkenden Inkrafttreten einer BV vgl. Rn 41 ff.).

Will der ArbGeb. mit der Kündigung **lediglich den Dotierungsrahmen verringern, ohne den Verteilungsplan zu ändern,** wirkt die BV ausschließlich hinsichtlich des Verteilungsplans nach (*HSWGNR-Worzalla* Rn 247). In einem solchen Fall ist die Mitbestimmung des BR nach § 87 Abs. 1 Nr. 10 nicht betroffen. Einer Nachwirkung bedarf es daher hinsichtlich der absoluten Höhe der vom ArbGeb. freiwillig zur Verfügung gestellten Leistungen nicht. Anders als in den Fällen, in denen sowohl die Höhe als auch der Verteilungsplan verändert werden soll, lässt sich bei einer ausschließlichen Reduzierung des Finanzvolumens die BV aufspalten in einen nachwirkenden Teil über die Vergütungsstruktur und einen keine Nachwirkung entfaltenden Teil über die Vergütungshöhe (BAG 26. 8. 08 – 1 AZR 354/07 – NZA 08, 1426).

Die Nachwirkung teilmitbestimmter BV stellt sich je nach Tarifbindung des Arb-Geb. unterschiedlich dar:

Ist ein **ArbGeb. tarifgebunden,** beschränkt sich die Mitbestimmung des BR wegen § 87 Abs. 1 Eingangshalbs. auf den übertariflichen, freiwillig geleisteten Teil der Vergütung. Nur hinsichtlich dieser übertariflichen Vergütungsbestandteile kommt

191

eine Nachwirkung in Betracht. Werden diese vollständig gestrichen, ist für eine Nachwirkung kein Raum (BAG 26. 8. 08 – 1 AZR 354/07 – NZA 08, 1426). Will der ArbGeb. seine – übertariflichen – finanziellen Leistungen nicht völlig zum Erlöschen bringen, sondern mit der Kündigung nur eine Verringerung der insgesamt zur Verfügung gestellten Mittel und zugleich eine Veränderung des Verteilungsplans erreichen, wirkt die BV nach (BAG 10. 11. 09 – 1 AZR 511/08 – NZA 11, 475). Das vom ArbGeb. einmal zur Verfügung gestellte Finanzvolumen wird dadurch nicht unabänderlich perpetuiert. Vielmehr müssen die Betriebsparteien oder im Konfliktfall die E-Stelle das vom ArbGeb. noch zur Verfügung gestellte Finanzvolumen als mitbestimmungsfreie Vorgabe zugrunde legen (BAG 18. 11. 03 – 1 AZR 637/02 – NZA 04, 741; 10. 11. 09 – 1 AZR 511/08 – NZA 11, 475).

Ist ein **ArbGeb. nicht tarifgebunden,** leistet er in mitbestimmungsrechtlicher Hinsicht die gesamte Vergütung „freiwillig", d. h. ohne hierzu normativ verpflichtet zu sein (BAG 26. 8. 08 – 1 AZR 354/07 – NZA 08, 1426; 5. 10. 10 – 1 ABR 20/09 – NZA 11, 598). Dies gilt auch dann, wenn er Teile der Vergütung den ArbN. individualvertraglich schuldet. Individualvertragliche Vereinbarungen können zwar im Verhältnis zwischen den einzelnen ArbN. und dem ArbGeb. wegen des Günstigkeitsprinzips von Bedeutung sein. Anders als gesetzliche oder tarifvertragliche Regelungen stehen sie jedoch der Mitbestimmung nach § 87 Abs. 1 Nr. 10 nicht entgegen (BAG 26. 8. 08 – 1 AZR 354/07 – NZA 08, 1426). Nach der Rspr. des Ersten Senats des BAG in den Jahren 2006 bis 2008 ließ sich die Gesamtvergütung mitbestimmungsrechtlich regelmäßig nicht in mehrere voneinander unabhängige Bestandteile – wie etwa Grundvergütung, Zulagen, Jahresleistungen – aufspalten. Vielmehr bildete grundsätzlich ihre Gesamtheit die Vergütungsordnung, bei deren Aufstellung und Veränderung der BR mitzubestimmen hat (BAG 28. 2. 06 – 1 ABR 4/05 – NZA 06, 1426; 15. 4. 08 – 1 AZR 65/07 – NZA 08, 888; 26. 8. 08 – 1 AZR 354/07 – NZA 08, 1426; vgl. auch *Engels* Anm. zu AP Nr. 127 zu § 87 BetrVG 1972 Lohngestaltung; *Kreft* FS *Kreutz* S. 263, 275). Da die durch Streichung eines Vergütungsbestandteils vom ArbGeb. beabsichtigte Absenkung der Gesamtvergütung zu einer Änderung der bisher geltenden Entlohnungsgrundsätze und damit auch der bisherigen Vergütungsstruktur führt, bedurfte danach der nicht tarifgebundene ArbGeb. der Zustimmung des BR (BAG 26. 8. 08 – 1 AZR 354/07 – NZA 08, 1426). Hieraus zog der Erste Senat zur Sicherung der Mitbestimmung die Konsequenz, dass eine BV über Vergütungsbestandteile im Falle einer Kündigung gemäß Abs. 6 nachwirkt (BAG 26. 8. 08 – 1 AZR 354/07 – NZA 08, 1426; vgl. auch *Salamon* NZA 10, 745). Dieses Konzept eines MBR des BR bei jeglicher Veränderung der Vergütungsstruktur und der daran anknüpfenden Nachwirkung (teil-)mitbestimmter BV hat der Erste Senat des BAG in einem Beschluss vom 5. 10. 10 (– 1 ABR 20/09 – NZA 11, 598) weiter entwickelt und für bestimmte Konstellationen eingeschränkt (vgl. dazu § 87 Rn 453a; vgl. auch *Salamon* NZA 11, 549). Danach wirkt eine BV, deren alleiniger Gegenstand eine finanzielle Leistung des ArbGeb. ist, über deren Einführung und Leistungszweck dieser ohne Beteiligung des BR entscheiden kann, – nur noch – so lange nach, bis der ArbGeb. gegenüber dem BR oder den ArbN erklärt, dass er für den bisherigen Leistungszweck keine Mittel mehr zur Verfügung stellt (BAG 5. 10. 10 – 1 ABR 20/09 – NZA 11, 598). Eine unbeschränkte Nachwirkung der BV nimmt der Erste Senat weiterhin dann an, wenn in der BV „auch andere Vergütungsbestandteile geregelt (sind), für die eine vertragliche oder gesetzliche Vergütungspflicht des ArbGeb besteht"; dann seien sämtliche Vergütungskomponenten Teil der Gesamtvergütung, bei deren Ausgestaltung der BR nach § 87 Abs. 1 Nr. 10 mitzubestimmen habe (BAG 5. 10. 10 – 1 ABR 20/09 – NZA 11, 598). Mitbestimmungsfrei sei dagegen die Entscheidung des ArbGeb. über den Wegfall einer zusätzlichen Leistung, wenn diese in einer gesonderten BV geregelt worden sei (BAG 5. 10. 10 – 1 ABR 20/09 – NZA 11, 598). Die Möglichkeiten des ArbGeb., bestimmte Leistungen ohne Zustimmung des BR einzustellen, sind durch die Entscheidung vom 5. 10. 10 erweitert worden. Die damit verbundene mitbestimmungsfreie Veränderung der bisherigen Entlohnungsgrundsätze und der Vergütungsstruktur, die für den Ersten Senat in früheren Entscheidungen von maßgeblicher Bedeutung war (vgl. insb. BAG 28. 2. 06 – 1 ABR 4/05 – NZA 06, 1426; 15. 4. 08 – 1 AZR 65/07 – NZA 08, 888; 26. 8. 08 – 1 AZR 354/07 – NZA 08, 1426), nimmt er nun ersichtlich deshalb in gewissem Umfang in Kauf, weil andernfalls der ArbGeb. mit Mitteln des Kollektivrechts zur Beibehaltung einer finanziellen Leistung gezwungen werden könnte, über deren Einführung er mitbestimmungsfrei entscheidet (BAG 5. 10. 10 – 1 ABR 20/09 – NZA 11, 598; im Ergebnis so auch *Lunk/Leder* NZA 11, 249). Auch nach der früheren Rspr. war freilich der ArbGeb. nicht gezwungen, das Vergütungsvolumen beizubehalten. Sofern er den Verteilungsplan nicht veränderte, konnte er den Dotierungsrahmen mitbestimmungsfrei absenken (vgl. *Kreft* FS *Kreutz* S. 263, 269, 277). Allerdings stieß das frühere Konzept an Grenzen in Fällen, in denen Leistungen des ArbGeb. teils betrieblich, teils überbetrieblich erbracht werden (so ersichtlich die Konstellation in BAG 5. 10. 10 – 1 ABR 20/09 – NZA 11, 598), oder in denen die Laufzeiten verschiedener BV über unterschiedliche Leistungen nicht gleichgeschaltet sind. Noch ausfüllungsbedürftig erscheint in dem weiter entwickelten Konzept der vom Ersten Senat im Beschluss vom 5. 10. 10 (– 1 ABR 20/09 – NZA 11, 598) verwendete Begriff der „zusätzlichen Vergütung" oder der „zusätzlichen Leistung". Der Senat bezeichnet damit eine „in einer BV geregelte finanzielle Leistung" eines nicht tarifgebundenen ArbGeb., „die er ohne hierzu verpflichtet zu sein gewährt" (BAG 5. 10. 10 – 1 ABR 20/09 – NZA 11, 598). Im Betrieb des tarifgebundenen ArbGeb. lassen sich „zusätzliche" Leistungen unschwer feststellen; es sind dies die außer- und übertariflichen Leistungen, bei denen wegen des Tarifvorrangs überhaupt erst ein MBR des BR besteht (vgl. *Kreft* FS *Kreutz* S. 263, 268). Bei einem nicht tarifgebundenen ArbGeb. bereitet der Begriff der „zusätzlichen" Vergütung, zu deren Gewährung der ArbGeb. nicht verpflichtet ist, dagegen Schwierigkeiten. Möglicherweise deutet sich auch ein Konzept unterschiedlicher „Töpfe" an, über deren Zwecke und finanzielle Ausstattung der Arbeitgeber mitbestimmungsfrei entscheiden kann, auch wenn sich dadurch die Relationen der Gesamtvergütung verändern.

X. Das Verhältnis von Betriebsvereinbarungen zueinander, zu Einzelarbeitsverträgen und zur betrieblichen Einheitsregelung

1. Verhältnis von Betriebsvereinbarungen zueinander

Regeln mehrere BV denselben Gegenstand, gilt grundsätzlich das **Ablösungs-** **192** **prinzip**. Die jüngere BV löst die ältere ab. Für die Zukunft sind nur die Regelungen der neuen BV maßgebend. Diese sind auch dann maßgeblich, wenn die ältere BV für die ArbN günstiger war. Das Günstigkeitsprinzip findet keine Anwendung (BAG 20. 2. 01 AP Nr. 107 zu § 87 BetrVG 1972 Lohngestaltung; 15. 11. 00, 14. 8. 01 AP Nr. 84, 85 zu § 77 BetrVG 1972; 24. 3. 81, 19. 8. 94, 5. 10. 00 AP Nr. 12, 86, 141 zu § 112 BetrVG 1972; 19. 1. 99 AP Nr. 28 zu § 87 BetrVG 1972 Ordnung des Betriebs; 17. 3. 87, 29. 7. 03 AP Nr. 9, 45 zu § 1 BetrAVG Ablösung; 22. 5. 90 AP Nr. 3 zu § 1 BetrAVG BV; 3. 9. 91 AP Nr. 3 zu § 1 BetrAVG Überversorgung; 29. 10. 02 AP Nr. 18 zu § 77 BetrVG 1972 Tarifvorbehalt; 18. 11. 03 AP Nr. 15 zu § 77 BetrVG 1972 Nachwirkung; 24. 8. 04 AP Nr. 77 zu § 2 KSchG 1969; 28. 6. 05, 13. 3. 07, 23. 1. 08 AP Nr. 25, 32, 40 zu § 77 BV; *DKKW-Berg* Rn 12; GK-*Kreutz* Rn 356; *Richardi* Rn 174 f.; *Brune* AR-Blattei BV Rn 599). Das Ablösungsprinzip gilt auch, wenn die Normen einer BV bei einem Betriebsübergang normativ fortwirken (vgl. Rn 168) oder – wegen Verlusts der Betriebsidentität – nach § 613a Abs. 1 S. 2–4 BGB in die einzelnen Arbeitsverhältnisse transformiert werden (vgl. Rn 171) und beim Erwerber eine neue – sei es auch ungünstigere – BV geschlossen wird (vgl. Rn 196; BAG 14. 8. 01 AP Nr. 85 zu § 77 BetrVG 1972; 18. 11. 03 AP Nr. 15 zu § 77 BetrVG 1972 Nachwirkung; 28. 6. 05 AP Nr. 25 zu § 77 BetrVG

1972 BV). Nach Ablauf dieser neuen BV leben die zuvor nach § 613a Abs. 1 S. 2 BGB transformierten Ansprüche nicht wieder einzelvertraglich auf (BAG 18. 11. 03 AP Nr. 15 zu § 77 BetrVG 1972 Nachwirkung).

193   Allerdings kann die nachfolgende BV **nicht schrankenlos in Besitzstände,** welche die vorhergehende den ArbN gewährt hat, **eingreifen.** Vielmehr sind das **Rückwirkungsverbot** sowie die Grundsätze des **Vertrauensschutzes** und der **Verhältnismäßigkeit** zu beachten (vgl. BAG 29. 10. 02 AP Nr. 18 zu § 77 BetrVG 1972 Tarifvorbehalt; 24. 8. 04 AP Nr. 77 zu § 2 KSchG 1969; 28. 6. 05, 23. 1. 08 AP Nr. 25, 40 zu § 77 BetrVG 1972 BV; 19. 6. 07 AP Nr. 4 zu § 1a KSchG 1969; 2. 10. 07 NZA-RR 08, 242). Dabei ist wie bei Gesetzen (vgl. dazu insb. BVerfG 15. 10. 96 BVerfGE 95, 64) zwischen der echten und der unechten Rückwirkung zu unterscheiden (BAG 19. 6. 07 AP Nr. 4 zu § 1a KSchG 1969; 23. 1. 08 AP Nr. 40 zu § 77 BetrVG 1972 BV; *Linsenmaier* FS *Kreutz* S. 271, 276 ff.). Unter **echter Rückwirkung** versteht das BVerfG die Rückbewirkung von Rechtsfolgen. Sie betrifft den zeitlichen Anwendungsbereich einer Norm und liegt vor, wenn die in der Norm vorgesehene Rechtsfolge bereits rückwirkend zu einem vor ihrer Verkündung liegenden Zeitpunkt eintreten soll (BVerfG 5. 2. 04 BVerfGE 109, 133). In Fällen echter Rückwirkung wird in vergangene, bereits abgewickelte Tatbestände eingegriffen. Dies ist verfassungsrechtlich grundsätzlich unzulässig (BVerfG 15. 10. 96 BVerfGE 95, 64; BAG 23. 1. 08 AP Nr. 40 zu § 77 BetrVG 1972 BV). Unter **unechter Rückwirkung** versteht das BVerfG Fälle der tatbestandlichen Rückanknüpfung (BVerfG 3. 12. 97 BVerfGE 97, 67; 5. 2. 04 BVerfGE 109, 133). Sie liegt vor, wenn eine Rechtsnorm auf gegenwärtige, noch nicht abgeschlossene Sachverhalte einwirkt und erworbene Rechtspositionen nachträglich entwertet oder der vorhergegangenen Ausübung von Freiheitsrechten die Grundlage entzieht (vgl. BAG 23. 1. 08 AP Nr. 40 zu § 77 BetrVG 1972 BV; *Linsenmaier* FS *Kreutz* S. 271, 274 f.). Die unechte Rückwirkung ist verfassungsrechtlich nicht verboten (BVerfG 3. 12. 97 BVerfGE 97, 67; BAG 23. 1. 08 AP Nr. 40 zu § 77 BetrVG 1972 BV; BAG 19. 6. 07 AP Nr. 4 zu § 1a KSchG 1969; 23. 1. 08 AP Nr. 40 zu § 77 BetrVG 1972 BV). Grenzen der Zulässigkeit ergeben sich aus dem Grundsatz des Vertrauensschutzes und der Verhältnismäßigkeit (BAG 23. 1. 08 AP Nr. 40 zu § 77 BetrVG 1972 BV). Je schützenswerter das Vertrauen der Betroffenen auf den Fortbestand der bisherigen Rechtslage ist, desto schwerwiegender müssen die Gründe dafür sein, das Vertrauen durch eine normative Änderung der Rechtslage zu enttäuschen. Bei der Beurteilung des Vertrauensschutzes kann zwischen einem Bestandsschutz-, einem Zeit- und einem Umstandsmoment unterschieden werden (*Linsenmaier* FS *Kreutz* S. 271, 277 ff.).

194   Dementsprechend beurteilt sich auch die Frage, ob und unter welchen Umständen ein **Sozialplan** nachträglich zum Nachteil der ArbN abgeändert werden kann (vgl. dazu insb. BAG 10. 8. 94, 5. 10. 00 AP Nr. 86, 141 zu § 112 BetrVG 1972; 2. 10. 07 NZA-RR 08, 242; vgl. zu einer mit einer kirchlichen Mitarbeitervertretung geschlossenen Dienstvereinbarung BAG 19. 6. 07 AP Nr. 4 zu § 1a KSchG 1969; vgl. ferner §§ 112, 112a Rn 245), maßgeblich nach dem **Rückwirkungsverbot** und den Grundsätzen des **Vertrauensschutzes** und der **Verhältnismäßigkeit.** Ein Fall **echter Rückwirkung** liegt vor, wenn durch eine neue BV bereits ausbezahlte Sozialplanabfindungen gekürzt oder der Anspruch auf sie gar ganz beseitigt werden soll. Dies ist **regelmäßig unzulässig.** Eine Ausnahme kommt in Betracht, wenn die ArbN von Anfang an mit der Möglichkeit der Kürzung oder gar des Wegfalls der Sozialplanansprüche rechnen mussten (vgl. BAG 5. 10. 00 AP Nr. 141 zu § 112 BetrVG 1972). Dies kann der Fall sein, wenn der Sozialplan unter einem ausdrücklichen oder zumindest zweifelsfrei erkennbaren Änderungsvorbehalt stand, wenn seine Wirksamkeit von Anfang an umstritten oder seine Regelungen unklar waren. Ob dagegen von dem Verbot der echten Rückwirkung auch dann eine Ausnahme gemacht werden kann, wenn für den ursprünglichen Sozialplan die Geschäftsgrundlage entfallen und das Festhalten an ihm mit dem bisherigen Inhalt nach Treu und Glauben – etwa wegen drohender Insolvenz – nicht zumutbar ist, erscheint sehr zweifelhaft (bejahend wohl

BAG 10. 8. 94 AP Nr. 86 zu § 112 BetrVG; ausdrücklich offen gelassen – jedenfalls für einen E-Stellenspruch – in BAG 21. 10. 03 AP Nr. 163 zu § 112 BetrVG 1972). Allein der Umstand, dass die Geschäftsgrundlage nachträglich entfällt, bedeutet nicht, dass die ArbN mit dem rückwirkenden Wegfall oder der Kürzung der einmal entstandenen und bereits erfüllten Ansprüche rechnen mussten. Eine **unechte Rückwirkung** kommt in Betracht, laufende Sozialplanleistungen (zB Fahrtkostenzuschüsse) durch eine spätere BV gekürzt oder beseitigt werden sollen oder in Fällen, in denen Sozialplanansprüche zwar entstanden, aber noch nicht fällig oder noch nicht erfüllt sind. Hier ist der Lebenssachverhalt noch nicht vollständig abgeschlossen. Daher ist hier ein **verschlechternder Eingriff** eher zulässig (vgl. BAG 19. 6. 07 AP Nr. 4 zu § 1 a KSchG 1969; 2. 10. 07 NZA-RR 08, 242). Die Grenzen ergeben sich auch hier aus den Grundsätzen des Vertrauensschutzes und der Verhältnismäßigkeit (vgl. BVerfG 15. 10. 96 BVerfGE 95, 64). Jedenfalls solange die ArbN die Höhe der ihnen nach einer Sozialplanregelung zustehenden Abfindung nicht kennen oder – mangels Kenntnis der Sozialdaten anderer ArbN – nicht konkret berechnen können, können sie berechtigterweise nicht auf eine bestimmte Berechnungsmethode vertrauen (vgl. BAG 2. 10. 07 NZA-RR 08, 242; *Linsenmaier* FS *Kreutz* S. 271, 281 f.). Die Betriebsparteien können einen gehalten sein, bei einem verschlechternden Eingriff kompensatorische Regelungen für die ArbN vorzusehen, die im Vertrauen auf den bisherigen Sozialplan bereits Dispositionen getroffen haben.

Eine BV über eine einmalige (Jahres-)Leistung kann vor Beginn des Bezugszeitraums regelmäßig noch durch eine verschlchternde BV esetzt oder gar beseitigt werden (vgl. BAG 23. 1. 08 AP Nr. 40 zu § 77 BetrVG 1972 BV; *Linsenmaier* FS *Kreutz* S. 271, 280). Soll eine BV über eine Jahresleistung während des Bezugszeitraums zum Nachteil der ArbN verändert werden, kommt es darauf an, ob die ArbN bereits – pro rata temporis – eine schützenswerte Rechtsposition erworben haben, ob sie mit einer Änderung rechnen mussten und wie gewichtig die Gründe für die Verschlechterung sind (vgl BAG 29. 10. 02 AP Nr. 18 zu § 77 BetrVG 1972 Tarifvorbehalt; *Linsenmaier* FS *Kreutz* S. 271, 280 f.).

Für die **betriebliche Altersversorgung** hat der Dritte Senat des BAG eine differenzierte Rspr. entwickelt (vgl. dazu *Schlewing* NZA 10, 529). Ausgangspunkt ist die Erwägung, dass die Gründe für einen zulässigen Eingriff umso schwerwiegender sein müssen, je stärker in Besitzstände eingegriffen wird (vgl. etwa BAG 26. 8. 97, 29. 7. 03 AP Nr. 27, 45 zu § 1 BetrAVG Ablösung). Dabei kommt ein **dreistufiges Prüfungsschema** zur Anwendung (vgl. insb. BAG 17. 3. 87, 26. 8. 97, 11. 12. 01, 10. 9. 02, 19. 4. 05 AP Nr. 9, 27, 36, 37, 47 zu § 1 BetrAVG Ablösung mwN). Der von den ArbN während der bisherigen Ordnung im Vertrauen auf deren Inhalt bereits **erdiente,** nach den Grundsätzen des § 2 BetrAVG errechnete **Teilbetrag** kann allenfalls aus **zwingenden Gründen** ganz oder teilweise entzogen werden. Eingriffe in eine **erdiente Dynamik,** etwa solche, die das Vertrauen der ArbN enttäuschen, es werde das von ihm Erdiente in Relation zu dem beim Ausscheiden aus dem ArbVerh. erreichten Endgehalt beziehen, sind nur aus **triftigem Grund** möglich. Ein solcher liegt insb. vor, wenn ein Fortbestand der bisherigen Dynamik den Bestand des Unternehmens gefährdet. Das ist dann der Fall, wenn einen Eingriff in die erdiente Dynamik künftige Versorgungsansprüche voraussichtlich nicht aus den Erträgen des Unternehmens finanziert werden können und für deren Ausgleich auch keine hinreichenden Wertzuwächse des Unternehmens zur Verfügung stehen. Die geringsten Anforderungen sind an Eingriffe in **künftige** und damit noch nicht erdiente **dienstzeitabhängige Zuwächse** zu stellen. Hier genügen **sachlich-proportionale Gründe.** Sie dürfen lediglich nicht willkürlich sein. Hierzu müssen sie nachvollziehbar erkennen lassen, welche Umstände und Erwägungen zur Änderung der Versorgungszusage Anlass gegeben haben. Das Vertrauen der ArbN in den Fortbestand der bisherigen Regelung darf nicht über Gebühr beeinträchtigt werden (BAG 10. 9. 02, 19. 4. 05 AP Nr. 37, 47 zu § 1 BetrAVG Ablösung mwN). Als einen Ausnahmefall, der Eingriffe sogar in den bereits erdienten, nach § 2 BetrAVG errechneten Teilbetrag

195

rechtfertigt, hat der Dritte Senat des BAG den Abbau einer **planwidrigen Überversorgung** angesehen (vgl. BAG 8. 12. 81, 17. 3. 87, 23. 10. 90 AP Nr. 1, 9, 13 zu § 1 BetrAVG Ablösung). Das Gleiche gilt für einen Umbau der betrieblichen Altersversorgung, durch den ohne Schmälerung des Gesamtaufwands der Versorgung eine Verzerrung des Leistungsgefüges beseitigt werden soll (BAG 11. 9. 90, 7. 7. 92 AP Nr. 8, 11 zu § 1 BetrAVG Besitzstand). Bei notwendigen Anpassungen haben Arb-Geb. und BR einen Gestaltungsspielraum (BAG 22. 5. 90 AP Nr. 3 zu § 1 BetrAVG BV). Sie müssen aber den betriebsverfassungsrechtlichen Gleichheitsgrundsatz des § 75 beachten (vgl. BAG 14. 12. 82 AP Nr. 1 zu § 1 BetrAVG Besitzstand; 17. 3. 87 AP Nr. 9 zu § 1 BetrAVG Ablösung). Ein sachlich-proportionaler Grund für einen Eingriff in den noch nicht erdienten Teil der Versorgung liegt zB vor, wenn eine abändernde BV vorsieht, dass eine laufende **Rentenanpassung** nicht mehr an die Entwicklung tariflicher Entgelte der aktiven ArbN sondern an diejenige der Lebenshaltungskosten anknüpft (BAG 16. 7. 96 AP Nr. 21 zu § 1 BetrAVG Ablösung). Aus der ablösenden BV muss sich aber ergeben, wie hoch die erreichbare Vollrente ist (vgl. BAG 18. 3. 03 AP Nr. 41 zu § 1 BetrAVG Ablösung). Auch **Einsparmaßnahmen** im Zusammenhang mit Verlusten sind nicht willkürlich. Ein Sanierungsplan ist in diesem Fall keine notwendige Voraussetzung für einen Eingriff in künftige Zuwächse (vgl. BAG 10. 9. 02, 19. 4. 05 AP Nr. 37, 47 zu § 1 BetrAVG Ablösung). Das Interesse eines Betriebserwerbers, die **Versorgungsbedingungen** zu **vereinheitlichen**, stellt ebenfalls einen sachlich-proportionalen Grund dar (vgl. BAG 29. 7. 03 AP Nr. 45 zu § 1 BetrAVG Ablösung).

2. Verhältnis Betriebsvereinbarung – Arbeitsvertrag

196   Aufgrund der unmittelbaren und zwingenden Wirkung gehen Regelungen der BV den arbeitsvertraglichen Absprachen grundsätzlich vor. Das gilt allerdings nur für solche Absprachen, die für den ArbN ungünstiger sind. Günstigere Absprachen sind stets zulässig. Insoweit gilt das **Günstigkeitsprinzip.** Die zwingende Wirkung der BV nur zugunsten der ArbN ergibt sich zwar nicht unmittelbar aus dem Wortlaut des § 77 Abs. 4, folgt jedoch aus dem allgemeinen arbeitsrechtlichen Schutzprinzip und der Bedeutung des Günstigkeitsprinzips für die gesamte Arbeitsrechtsordnung (BAG GS 16. 9. 86, 7. 11. 89 AP Nr. 17, 46 zu § 77 BetrVG 1972; BAG 14. 8. 01 AP Nr. 85 zu § 77 BetrVG 1972; GK-*Kreutz* Rn 234 ff.; *DKKW-Berg* Rn 19; *Richardi* Rn 141 ff.; *WPK/Preis* Rn 82; MünchArbR-*Matthes* § 327 Rn 76 ff.; *Belling* DB 87, 1888; *Blomeyer* NZA 96, 340; *Reichhold* RdA 95, 150; *Schmidt,* Günstigkeitsprinzip S. 54 ff., 75 ff.; vgl. auch § 28 Abs. 2 SprAuG; einschränkend *Annuß* NZA 01, 761 bei Mitbestimmungsangelegenheiten, die auch dem Ausgleich unterschiedlicher Interessen der ArbN dienen; aA *Leinemann* DB 90, 735; *Reuter* RdA 91, 197). Dem individualrechtlichen Anspruch eines ArbN auf Neuverteilung seiner Arbeitszeit nach § 8 Abs. 2 bis 5 TzBfG kann eine BV über die Verteilung der Arbeitszeit entgegenstehen (BAG 16. 12. 08 AP Nr. 27 zu § 8 TzBfG). Das Günstigkeitsprinzip beschränkt nicht etwa die Regelungskompetenz der Betriebsparteien (so aber *Kreutz* FS *Konzen* S. 461, 463 ff.; *ders.* FS *Schmidt-Jortzig* S. 753, 755), sondern stellt eine **Kollisionsregel** für die Fälle dar, in denen BV und individualrechtliche Absprachen unterschiedliche Regelungen über denselben Gegenstand enthalten (*Linsenmaier,* RdA 08, 1, 9). Die ungünstigere Regelung ist nicht unwirksam. Vielmehr bestehen kollektive und individualrechtliche Regelung nebeneinander. Der ArbN kann sich aber auf die ihm günstigere Reglung berufen (BAG 28. 6. 05 AP Nr. 25 zu § 77 BetrVG 1972 BV). Es kommt nicht darauf an, ob die günstigere arbeitsvertragliche Abrede vor oder nach der BV getroffen wurde. Zum Günstigkeitsvergleich s. Rn 199. Nicht das Günstigkeitsprinzip, sondern das Ablösungsprinzip findet Anwendung, wenn eine BV im Zuge eines Betriebsübergangs nach **§ 613 a Abs. 1 S. 2 BGB** zum individualrechtlichen Inhalt eines ArbVerh. geworden ist. Der ArbN ist in diesem Fall nicht in weiterem Umfang geschützt, als wenn die BV nicht transformiert worden wäre, sondern kollektivrechtlich weiter gelten würde (BAG 14. 8. 01 AP Nr. 85 zu § 77 BetrVG 1972; 18. 11. 03 AP Nr. 15 zu § 77 BetrVG 1972 Nachwirkung; 28. 6. 05 AP Nr. 25 zu § 77 BetrVG 1972 BV; *Lindemann/Simon* BB 03, 2510; *Brune* AR-Blattei BV Rn 607).

Obwohl dies anders als in § 4 Abs. 3 S. 2 TVG nicht ausdrücklich geregelt ist, **197** kann auch eine BV zulassen, dass von ihren Regelungen durch einzelvertragliche Absprache zuungunsten des ArbN abgewichen werden kann (ErfK/*Kania* Rn 79). Im Übrigen werden jedoch für den ArbN **ungünstigere Absprachen** durch die BV **verdrängt**. Dies gilt unabhängig davon, ob sie vor oder nach Abschluss der BV getroffen worden sind. Gegen die Regelungen der BV verstoßende ungünstigere Absprachen sind nicht nichtig, sondern kommen nur für die Dauer der BV nicht zur Anwendung (BAG 21. 9. 89, 28. 3. 00 AP Nr. 43, 83 zu § 77 BetrVG 1972; 28. 6. 05 AP Nr. 25 zu § 77 BetrVG 1972 BV; *Richardi* Rn 159; *ders.* NZA 90, 331; Münch-ArbR-*Matthes* § 239 Rn 28; *WPK/Preis* Rn 82; *Linsenmaier*, RdA 08, 1, 9; **aA** GK-*Kreutz* Rn 232; *ders.* FS *Konzen* S. 461, 463 ff.). Das hat zur Folge, dass bei einem etwaigen ersatzlosen Wegfall der BV den ArbN jedenfalls die frühere Absprache erhalten bleibt. Etwas anderes gilt allerdings für nur wegen eines Betriebsübergangs nach § 613 a BGB in das Arbeitsverhältnis überführte Rechte und Pflichten aus einer beim Veräußerer bestehenden BV. Diese können beim Erwerber durch eine neue BV abgelöst werden (vgl. Rn 192, 196).

Haben ArbGeb. und ArbN ihre vertraglichen Absprachen „**betriebsvereinba-** **198** **rungsoffen**" dahin gestaltet, dass sie einer BV den Vorrang einräumen, wird die vertragliche Absprache durch die Regelungen einer späteren BV verdrängt (vgl. BAG 12. 8. 82, 3. 11. 87 AP Nr. 4, 25 zu § 77 BetrVG 1972; *Richardi* Rn 158). Das Gleiche gilt, wenn in der vertraglichen Absprache ausdrücklich auf die jeweils geltende BV Bezug genommen wird (BAG 20. 11. 87 AP Nr. 2 zu § 620 BGB Altersgrenze). Der **Bezugnahme in einem Arbeitsvertrag auf BV** kommt über die sich daraus regelmäßig ergebende Betriebsvereinbarungsoffenheit und ihre deklaratorische Bedeutung meist keine eigenständige weitergehende Funktion zu (vgl. *Rieble/Schul* RdA 06, 339 ff.). In Betracht kommt allenfalls die schuldrechtliche Erstreckung der BV auf Arbeitsverhältnisse außerhalb des Anwendungsbereichs der BV („Geltungserstreckungsfunktion" vgl. dazu *Rieble/Schul* RdA 06, 339, 340 f.). Eine arbeitsvertragliche Heilung unwirksamer BV („Heilungsfunktion" vgl. dazu *Rieble/Schul* RdA 06, 339, 341, 346 ff.) dürfte regelmäßig ausscheiden; meist wird schon die Auslegung der arbeitsvertraglichen Bezugnahme ergeben, dass die Anwendung einer unwirksamen BV im Zweifel nicht gewollt ist (vgl. Rn 32; *Rieble/Schul* RdA 06, 339, 349).

Beim **Günstigkeitsvergleich** sind die in einem inneren Zusammenhang stehen- **199** de Teilkomplexe der unterschiedlichen Regelungen zu vergleichen. Es ist ein **Sachgruppenvergleich** vorzunehmen (BAG 19. 12. 58 AP Nr. 1 zu § 4 TVG Sozialzulagen; 23. 5. 84 AP Nr. 9 zu § 399 BGB; 20. 4. 99 AP Nr. 89 zu Art. 9 GG; 27. 1. 04 AP Nr. 166 zu § 112 BetrVG 1972; GK-*Kreutz* Rn 245 f.; *Belling*, Günstigkeitsprinzip im Arbeitsrecht S. 169 ff.; *Schmidt*, Günstigkeitsprinzip S. 118 ff.). Völlig unterschiedliche Komplexe können nicht verglichen werden (zB höherer Lohn einerseits – kürzere Kündigungsfristen andererseits; *Kort* NJW 97, 1479). Ein Günstigkeitsvergleich ist nicht möglich, wenn die Leistungen funktional nicht äquivalent sind. Er scheidet regelmäßig auch dann aus, wenn die Leistungen mit unterschiedlichen Gegenleistungen verbunden sind (BAG 27. 1. 04 AP Nr. 166 zu § 112 BetrVG 1972).

Der Günstigkeitsvergleich ist an Hand eines **objektiven Beurteilungsmaßstabs** **200** und nicht etwa nach der subjektiven Sicht des einzelnen ArbN durchzuführen (GK-*Kreutz* Rn 247; *Wank* NJW 96, 2277; *Annuß* RdA 00, 287, 296; **aA** *Gitter* FS *Wlotzke* S. 297). Allerdings ist Bezugspunkt der betroffene einzelne ArbN (GK-*Kreutz* Rn 247; *Richardi* Rn 146). Maßgebend ist der Zeitpunkt, zu dem sich die konkurrierenden Regelungen erstmals gegenüberstehen (GK-*Kreutz* Rn 248). Sind zu diesem

Zeitpunkt mehrere künftige Verläufe denkbar, muss die individuelle Vereinbarung für den ArbN bei jedem der möglichen Verläufe günstiger als die BV sein. Andernfalls findet diese Anwendung (vgl. GK-*Kreutz* Rn 248). Völlig unwahrscheinliche, theoretische Geschehensabläufe müssen aber nicht berücksichtigt werden (vgl. BAG 27. 1. 04 AP Nr. 166 zu § 112 BetrVG 1972).

201   Die vorstehend genannten Kriterien des Günstigkeitsvergleichs werden für den Tarifbereich seit einiger Zeit in Frage gestellt. Im Hinblick auf die hohe Arbeitslosigkeit wird die Ansicht vertreten, dass im Bedarfsfall der Aspekt der **Sicherung der Arbeitsplätze** in den Günstigkeitsvergleich einzubeziehen sei. So könne ein Unterschreiten des tariflichen Entgelts oder die Verlängerung der Arbeitszeit (auch ohne entsprechende Bezahlung) unter gleichzeitiger Vereinbarung eines Kündigungsverbots günstiger sein als der sonst drohende Verlust des Arbeitsplatzes (*Adomeit* NJW 84, 26; *Buchner* DB 96 Beil. 12 S. 8; *ders.* NZA 96, 1304; *ders.* NZA 99, 901; *Ehmann* ZRP 96, 376; *Ehmann/Schmidt* NZA 95, 202; *Freihube* DB 00, 1022, *Hänlein* DB 01, 2097; *H. P. Müller* DB 99, 2313; *Niebler/Schmiedl* BB 01, 1631; *Trappehl/Lambrich* NJW 99, 3220; ArbG Düsseldorf BB 97, 1585). Das soll insbesondere gelten, wenn dem ArbN ein Wahlrecht zwischen der tariflichen und der abweichenden vertraglichen Regelung sowie eine jederzeitige Rückkehrmöglichkeit zur Kollektivregelung eingeräumt werde (*Buchner* NZA 99, 901). Bei einer derartigen Ausweitung der in den Günstigkeitsvergleich einzubeziehenden Sachverhalte würde dieser jedoch völlig seine Konturen verlieren und die Kollektivregelung weitestgehend zur Disposition der Arbeitsvertragsparteien stellen (BAG 20. 4. 99 AP Nr. 89 zu Art. 9 GG; *Däubler* ArbuR 96, 352; *Junker* ZfA 96, 399; *Konzen* NZA 95, 919; *Lieb* NZA 94, 293; *Richardi* DB 00, 47; *Walker* ZfA 96, 376; *Wank* NJW 96, 2278; zu den in diesem Zusammenhang bestehenden verfassungsrechtlichen Grenzen vgl. *Dieterich* DB 01, 2398).

202   Zu der im Hinblick auf Arbeitszeitverkürzung und zunehmende Teilzeitarbeit ebenfalls umstrittenen Frage, ob es für den einzelnen ArbN nicht günstiger sein könne, **länger** als die tarifliche Arbeitszeit zu **arbeiten** und damit zugleich mehr zu verdienen, vgl. bejahend *Joost* ZfA 84, 176; *Buchner* DB 90, 1720; *Ehmann/Schmidt* NZA 95, 200; *Hromadka* BB 92, 1042; *Junker* ZfA 96, 399; *Löwisch* BB 89, 1185; *ders.* NZA 89, 959; *ders.* BB 91, 59; verneinend *Däubler* ArbuR 96, 350; *ders.* DB 89, 2534; *Zachert* DB 90, 986; *ders.* ArbuR 95, 9; *ders.* RdA 96, 147; *Linnenkohl/Rauschenberg/Reh* BB 90, 628. Grundsätzlich günstiger für den einzelnen ArbN ist es, wenn er die freie **Wahlmöglichkeit** besitzt, sich für ein Mehr an Freizeit oder einen höheren Arbeitsverdienst zu entscheiden (vgl. hierzu *Richardi* Rn 148; *Walker* ZfA 96, 376; *Henssler* ZfA 94, 506; *Konzen* NZA 95, 919; *Krauss* DB 00, 1962; *Rieble* RdA 96, 156; *Schmidt,* Günstigkeitsvergleich S. 134 ff.; **aA** *Däubler* ArbuR 96, 350; *ders.* DB 89, 2534; *Zachert* DB 90, 986; *ders.* ArbuR 95, 9; *ders.* RdA 96, 147; *Käppler* NZA 91, 751).

203   Auch bei der vorübergehenden Einführung von **Kurz- oder Mehrarbeit** durch BV gem. § 87 Abs. 1 Nr. 3 (vgl. hierzu § 87 Rn 130 ff.) kommt das Günstigkeitsprinzip jedenfalls dann zur Anwendung, wenn einzelvertraglich die Anordnung von Kurz- oder Mehrarbeit ausdrücklich ausgeschlossen ist (vgl. *Richardi* Rn 364; *Linsenmaier,* RdA 08, 1, 11 f.). Der ArbGeb kann dann auch gegen den Willen des ArbN diesen auch mit Zustimmung des BR nicht zu mehr oder weniger Arbeit zwingen. Er kann eine Verpflichtung des ArbN nur mit den individualvertraglichen Gestaltungsmitteln (Änderungsvertrag oder Änderungskündigung) herbeiführen. Enthält der einzelne Arbeitsvertrag keine Regelung über Kurz- oder Mehrarbeit, ist durch Auslegung zu ermitteln, ob er insoweit „betriebsvereinbarungsoffen" ist (vgl. Rn 198, 214). Das BAG hat dies für den Fall der Überstunden angenommen (vgl. BAG 3. 6. 03 AP Nr. 19 zu § 77 BetrVG 1972 Tarifvorbehalt). Eine BV kann danach eine hinreichende Grundlage zur Verpflichtung des ArbN zu Überstunden darstellen. Die Befugnis zur Anordnung von Überstunden ist dagegen kein selbstverständlicher Teil des Direktionsrechts des ArbGeb. (BAG 3. 6. 03 AP Nr. 19 zu § 77 BetrVG 1972 Tarifvorbe-

halt). Eine BV kann auch eine hinreichende Grundlage für die Einführung von Kurzarbeit sein (vgl. dazu BAG 14. 2. 91 AP Nr. 4 zu § 615 BGB Kurzarbeit). Ob bei Fehlen einer arbeitsvertraglichen Regelung zur Einführung von Kurzarbeit dieser insoweit stets betriebsvereinbarungsoffen ist, erscheint fraglich.

Ein Günstigkeitsvergleich ist sowohl bei **materiellen** als auch bei **formellen Arbeitsbedingungen** zulässig (GK-*Kreutz* Rn 252; *Däubler* ArbuR 96, 348; *Löwisch* BB 91, 61; *Blomeyer* NZA 96, 342; MünchArbR-*Matthes* § 238 Rn 75; teilweise aA *Hanau* NZA 93, 820). Auch bei formellen Arbeitsbedingungen können für einzelne ArbN durchaus objektive unterschiedliche Interessenlagen bestehen, die einem Günstigkeitsvergleich zugänglich sind (zB Festlegung der Arbeitszeit für eine ledige Mutter mit Kleinkind oder schulpflichtigem Kind). **204**

3. Verhältnis Betriebsvereinbarung – betriebliche Einheitsregelung

Das Verhältnis von BV zu Ansprüchen, die den ArbN auf Grund einer **betrieblichen Einheitsregelung**, einer **Gesamtzusage** oder einer **betrieblichen Übung** zustehen, wirft besondere Probleme auf. Das gilt insb. dann, wenn derartige Ansprüche durch eine BV verschlechtert werden sollen. Bei einer **Einheitsregelung** unterbreitet der ArbGeb. allen oder jedenfalls einem Teil der ArbN des Betriebs ein Angebot, das von den ArbN ausdrücklich angenommen wird. Den Angeboten gehen Überlegungen zu Zweck und Aufwand der Zusagen voraus. Bei einer **Gesamtzusage** wird das Angebot an alle ArbN des Betriebs oder an abgrenzbare Gruppen in allgemeiner Form (zB durch Aushang am Schwarzen Brett) bekannt gemacht. Die ausdrückliche Annahme des Angebots wird nicht erwartet (§ 151 BGB). Bei Ansprüchen auf Grund einer **betrieblichen Übung** (vgl. dazu unter kritischer Darstellung der neueren Rspr. eingehend *Bepler* RdA 04, 226) wird von einem stillschweigenden Zustandekommen eines Vertrages oder von einer dem ArbGeb. zurechenbaren Vertrauenshaftung ausgegangen. Unter einer betrieblichen Übung ist die regelmäßige Wiederholung bestimmter Verhaltensweisen des ArbGeb. zu verstehen, aus denen die ArbN nach Treu und Glauben schließen können, ihnen solle vertraglich eine Leistung oder Vergünstigung gewährt werden, ohne dass es darauf ankommt, dass der ArbGeb. mit einem entsprechenden Verpflichtungswillen gehandelt hat (BAG 14. 9. 94, 14. 8. 96, 16. 9. 98, 18. 9. 02 AP Nr. 46, 47, 54, 59 zu § 242 BGB Betriebliche Übung; 21. 1. 97 AP Nr. 64 zu § 77 BetrVG 1972; zur (Un)Möglichkeit, eine bestehende betriebliche Übung durch eine abweichende betriebliche Übung zum Nachteil der ArbN abzuändern vgl. BAG 26. 3. 97, 4. 5. 99, 18. 3. 09 AP Nr. 50, 55, 83 zu § 242 BGB Betriebliche Übung; *Becker* BB 00, 2095). Will der ArbGeb. verhindern, dass der ArbN den Schluss auf einen dauerhaften Bindungswillen des ArbGeb. zieht, muss er einen entspr. Vorbehalt konkret zum Ausdruck bringen (BAG 16. 4. 97; 18. 9. 02 AP Nr. 53, 59 zu § 242 BGB Betriebliche Übung). Für ArbVerh. im öffentlichen Dienst gelten diese Grundsätze nicht uneingeschränkt; hier gilt im Zweifel Normenvollzug (BAG 11. 10. 95 AP Nr. 9 zu § 611 BGB Arbeitszeit; 18. 9. 02 AP Nr. 59 zu § 242 BGB Betriebliche Übung). Ebenso kommen Ansprüche aus betrieblicher Übung nicht in Betracht, wenn der ArbGeb. Verpflichtungen aus einer BV erfüllt. Auch dieses Verhalten des ArbGeb. ist Normenvollzug, aus dem nicht auf einen zusätzlichen individualrechtlichen Verpflichtungswillen des ArbGeb. geschlossen werden kann (BAG 27. 6. 85, 9. 2. 89 AP Nr. 14, 40 zu § 77 BetrVG 1972; 16. 9. 98 AP Nr. 54 zu § 242 BGB Betriebliche Übung; 18. 11. 03 AP Nr. 15 zu § 77 BetrVG 1972 Nachwirkung; 28. 6. 05 AP Nr. 25 zu § 77 BetrVG 1972 BV). Aus einer betrieblichen Übung entsteht mangels normativer Wirkung auch kein „betriebliches Gewohnheitsrecht" (vgl. BAG 15. 2. 65 AP Nr. 6 zu § 13 BUrlG; 5. 2. 71, 3. 8. 82, 4. 9. 85 AP Nr. 10, 12, 22 zu § 242 BGB Betriebliche Übung; 30. 10. 84 AP Nr. 1 zu § 1 BetrAVG Betriebliche Übung; *Hromadka* NZA 85, 241; aA *Gamillscheg* FS *Hilger/Stumpf* S. 227). Den Ansprüchen aus betrieblicher Einheitsregelung, Gesamtzusage oder betrieblicher Übung ist gemeinsam, dass sie keinen rein **205** individuellen Charakter, sondern insb. hinsichtlich ihres Zustandekommens und vielfach auch hinsichtlich ihres Inhalts einen stark **kollektiven Bezug** haben und dies den ArbN auch bewusst ist.

206   Wegen dieses kollektiven Bezugs wurde bis zu Beginn der 80er Jahre überwiegend die Auffassung vertreten, dass sich insb. die Frage der Ablösung derartiger Ansprüche durch eine verschlechternde BV nach denselben kollektivrechtlichen Grundsätzen zu richten habe, wie sie im Verhältnis der ablösenden zur vorausgegangenen BV maßgebend sind (vgl. Rn 192 ff.). Zur Begründung wurde insb. das **Ordnungsprinzip** herangezogen (vgl. BAG 26. 10. 62, 30. 1. 70 AP Nr. 87, 142 zu § 242 BGB Ruhegehalt; 30. 10. 62 AP Nr. 1 zu § 4 TVG Ordnungsprinzip; 8. 12. 81 AP Nr. 1 zu § 1 BetrAVG Ablösung). Der **Große Senat des BAG** (16. 9. 86 AP Nr. 17 zu § 77 BetrVG 1972) ist dem **nicht gefolgt**. Nach seiner Entscheidung und der folgenden Rspr. des BAG ist das Verhältnis von BV zu betrieblichen Einheitsregelungen grundsätzlich nach dem **individualarbeitsvertraglichen Ansatz** zu beurteilen (vgl. Rn 196 ff.). Das hat überwiegend Zustimmung gefunden (vgl. GK-*Kreutz* Rn 254 ff. mwN). Bei der Anwendung des Günstigkeitsprinzips sind danach folgende Besonderheiten zu beachten:

207   Die Ansprüche der ArbN aus einer betrieblichen Einheitsregelung, Gesamtzusage oder betrieblichen Übung sind trotz der Besonderheiten ihres Zustandekommens **vertragliche Ansprüche.** Daher kommt im Verhältnis zu Normen einer nachfolgenden BV das **Günstigkeitsprinzip** zur Anwendung (BAG GS 16. 9. 86 AP Nr. 17 zu § 77 BetrVG 1972; *WPK/Preis* Rn 83; **aA** *Reuter* RdA 91, 198; vgl. hierzu Rn 196). Das gilt uneingeschränkt für die üblichen arbeitsvertraglichen Ansprüche auf die Gegenleistung für die geschuldete Arbeitsleistung, also etwa für den Anspruch auf Arbeitsentgelt, auf Bezahlung von Mehr-, Nacht- oder Feiertagszuschläge, auf Urlaub, Urlaubsentgelt, Feiertagsbezahlung oder Entgeltfortzahlung im Krankheitsfall (BAG 21. 9. 89 AP Nr. 43 zu § 77 BetrVG 1972 unter ausdrücklicher Einschränkung der Grundsätze des Großen Senats auf den von ihm entschiedenen Streitfall aus der betrieblichen Altersversorgung; zustimmend *DKKW-Berg* Rn 23; *Richardi* Rn 155; *ders.* NZA 90, 332). Gleiches gilt für eine vertragliche Absprache über die Beendigung des Arbeitsverhältnisses bei Erreichen eines bestimmten Alters im Verhältnis zu einer BV mit einer niedrigeren Altersgrenze (BAG GS 7. 11. 89 AP Nr. 46 zu § 77 BetrVG 1972). Ein (individueller) Günstigkeitsvergleich ist auch dann vorzunehmen, wenn die durch diese betriebliche Einheitsregelungen geschaffenen allgemeinen Arbeitsbedingungen unter Verletzung des MBR des BR, etwa nach § 87 Abs. 1 Nr. 10, zustande gekommen sind (BAG GS 16. 9. 86 AP Nr. 17 zu § 77 BetrVG 1972; GK-*Kreutz* Rn 242, 259).

208   Bei **allgemeinen Sozialleistungen** des ArbGeb., insbesondere bei Leistungen der betrieblichen Altersversorgung, bestehen demgegenüber **Besonderheiten.** Derartige Ansprüche der ArbN sind vielfach nur Teil einer generellen Regelung. Sie stehen in einem kollektiven Bezug zueinander. Insbes. ist den ArbN in aller Regel bewusst, dass ihnen derartige Ansprüche nur als Mitgl. der Belegschaft oder einer bestimmten Gruppe der Belegschaft zugesagt worden sind. Diese Besonderheiten rechtfertigen nach der Rechtsprechung des BAG eine Veränderung des Vergleichsmaßstabs: Statt des individuellen Günstigkeitsvergleichs ist ein **kollektiver Günstigkeitsvergleich** vorzunehmen. Für diesen ist maßgeblich, ob bei kollektiver Betrachtungsweise die Regelungen der neuen BV für die Belegschaft oder für Teile von ihr insgesamt gesehen ungünstiger sind als die der bisherigen betrieblichen Einheitsregelung. Ist dies nicht der Fall, ist die Neuregelung durch BV auch dann zulässig, wenn sich die Rechtsstellung einiger oder eines Teiles der ArbN bei einer individuellen Betrachtungsweise verschlechtert. Allerdings muss die Verschlechterung der Rechtsstellung einzelner ArbN nach den Grundsätzen der **Verhältnismäßigkeit** und des **Vertrauensschutzes** gerechtfertigt sein (BAG GS 16. 9. 86, 21. 9. 89 AP Nr. 17, 43 zu § 77 BetrVG 1972; vgl. zur jüngeren Rspr. des 3. Senats das BAG insb. 23. 10. 01, 18. 3. 03, 17. 6. 03 AP Nr. 33, 41, 44 zu § 1 BetrAVG Ablösung; kritisch bis ablehnend insb. zum kollektiven Günstigkeitsvergleich *Richardi* Rn 154; *ders.* NZA 87, 185; *Annuß* NZA 01, 756; *Däubler* ArbuR 87, 349; *Belling* DB 87, 1888; *Blomeyer* DB 87, 634; *v. Hoyningen-Huene* BB 92, 1644; *Joost* RdA 89, 7; GK-*Kreutz* Rn 258 ff.; *Krause* Anm. zu BAG 28. 3. 00 EzA § 77 BetrVG 1972 Ablösung Nr. 1; *Bennecke* SAE 01, 149; MünchArbR-*Matthes* § 238 Rn 80 ff.; *Schmidt,* Das Günstigkeitsprinzip S. 117). Wegen der unbestreitbaren Notwendigkeit, bei betrieblichen Einheitsregelungen auf kollektiver Ebene Anpassungen vornehmen zu können, befürwortet *Fastrich* (RdA 94, 129) de lege ferenda die Zulässigkeit verschlechternder BV unter Beachtung bestimmter Voraussetzungen und Grenzen. Das BetrVerf-ReformG hat insoweit keine Klärung gebracht.

Der kollektive Günstigkeitsvergleich ist hinsichtlich der Leistungen anzustellen, die **209** untereinander ein **geschlossenes Regelungssystem** bilden (BAG 21. 9. 89 AP Nr. 43 zu § 77 BetrVG 1972; *Richardi* NZA 90, 331). In den Vergleich werden alle Leistungen einbezogen, die in einem objektiven Zusammenhang stehen (BAG 3. 11. 87 AP Nr. 25 zu § 77 BetrVG 1972; *WPK/Preis* Rn 88). Das ist insb. der Fall bei einer Identität des Leistungszwecks. Die Feststellung, ob bei Leistungen der betrieblichen Altersversorgung der bisherige Dotierungsrahmen insgesamt nicht unterschritten wird, kann schwierig sein. Ggf. ist ein erforderlich, versicherungsmathematische Gutachten einzuholen (*Höfer* DB 87, 1585; *WPK/Preis* Rn 88; zum Dotierungsrahmen unter betriebswirtschaftlichen Gesichtspunkten vgl. *Ahrend* BB 88, 333). Lässt sich nicht feststellen, dass die Voraussetzungen einer zulässigen umstrukturierenden BV vorliegen, so geht dies zu Lasten des ArbGeb. (BAG GS 16. 9. 86 AP Nr. 17 zu § 77 BetrVG 1972; *Däubler* ArbuR 87, 349). Keine umstrukturierende BV mit der Möglichkeit, die individualvertraglichen Regelungen im Rahmen eines kollektiven Günstigkeitsvergleichs durch eine BV abzulösen, liegt vor, wenn eine BV die bisher auf arbeitsvertraglicher Einheitsregelung beruhenden wesentlichen Arbeitsbedingungen insgesamt neu regelt, mögen diese Arbeitsbedingungen zT auch vertraglich gewährte Sozialleistungen betreffen (BAG 28. 3. 00 AP Nr. 83 zu § 77 BetrVG 1972). Hat eine günstigere BV eine Einheitsregelung abgelöst, so lebt diese wohl – ebenso wie eine verdrängte Individualzusage – nach der ersatzlosen Beendigung der BV, etwa durch Kündigung, wieder auf.

Für den kollektiven Günstigkeitsvergleich kommt es entscheidend darauf an, ob **210** sich die **wirtschaftliche Gesamtlast des ArbGeb.** in Bezug auf die zu vergleichenden Sonderleistungen mindert. Ist dies nicht der Fall. können die Betriebspartner durch eine sog. **umstrukturierende BV** andere Verteilungsmaßstäbe für die an die ArbN zu gewährenden Leistungen festlegen und unpraktikable oder nicht mehr zeitgemäße Regelungen der betrieblichen Einheitsregelung mit normativer Wirkung neu gestalten (*WPK/Preis* Rn 86).

Der BR hat bei umstrukturierenden BV zum Zwecke der Verwirklichung der in- **211** nerbetrieblichen Lohngerechtigkeit nach **§ 87 Abs. 1 Nr. 10** ein uneingeschränktes MBR (BAG GS 16. 9. 86 AP Nr. 17 zu § 77 BetrVG 1972), das er ggf. auch zur Durchsetzung anderer Verteilungsmaßstäbe einsetzen kann (vgl. § 87 Rn 489).

Sind nach dem **kollektiven Günstigkeitsvergleich** die Regelungen der neuen **212** BV gegenüber der bisherigen vertraglichen Einheitsregelung für die Gesamtheit der von ihr erfassten ArbN **ungünstiger,** kann sie die günstigere vertragliche Einheitsregelung **nicht verdrängen.** In diesem Fall können die vertraglichen Regelungen nur mit den Mitteln, die für eine Änderung vertraglicher Absprachen zur Verfügung stehen (zB Änderungskündigungen; Vertragsänderungen) abgeändert werden.

Im Rahmen des kollektiven Günstigkeitsvergleichs sind allerdings nur **vollwirk-** **213** **same vertragliche Rechtspositionen** der ArbN zu berücksichtigen. Sind vertragliche Ansprüche in ihrem rechtlichen Bestand ganz oder zT deshalb nicht mehr geschützt, weil für ihre Zusage wegen besonderer nachträglicher Ereignisse die Geschäftsgrundlage weggefallen ist (§ 242 BGB), haben sie insoweit außer Betracht zu bleiben. Denn da die ArbN in diesem Falle ihre Ansprüche ohnehin nicht mehr in vollem Umfang durchsetzen können, wird ihnen durch die neue BV nichts genommen, was rechtlich geschützt wäre. Derartige Sachverhalte sind zB bei einer Veränderung der Versorgungsordnung wegen Überversorgung infolge veränderter Rechtslage denkbar (BAG 9. 7. 85, 23. 9. 97 AP Nr. 6, 26 zu § 1 BetrAVG Ablösung; 28. 7. 98 EzA § 1 BetrAVG Ablösung Nr. 18).

214   Das **Günstigkeitsprinzip kommt nicht zur Anwendung, wenn** die durch die betriebliche Einheitsregelung oder die Gesamtzusage begründeten arbeitsvertraglichen **Ansprüche „betriebsvereinbarungsoffen"** ausgestaltet sind (vgl. Rn 198; GK-*Kreutz* Rn 266; ErfK/*Kania* Rn 80 ff.). In einem solchen Fall können sie durch eine ungünstigere BV wirksam abgelöst werden. Voraussetzung ist ein entsprechender Änderungsvorbehalt. Dieser kann ausdrücklich oder bei entsprechenden Umständen auch konkludent erfolgen (vgl. BAG GS 16. 9. 86 AP Nr. 17 zu § 77 BetrVG 1972; 20. 11. 87 AP Nr. 2 zu § 620 BGB Altersgrenze; 10. 12. 02 AP Nr. 252 zu § 611 BGB Gratifikation; 24. 8. 04 AP Nr. 77 zu § 2 KSchG 1969). Allein der kollektive Charakter einer betrieblichen Einheitsregelung lässt aber nicht den Schluss zu, die Regelung könnte durch eine nachträgliche BV auch zu Ungunsten der ArbN verändert werden (BAG GS 16. 9. 86 AP Nr. 17 zu § 77 BetrVG 1972). Maßgeblich ist vielmehr, dass für die ArbN erkennbar war, die Leistung solle einer kollektiven, ggf. auch verschlechternden Veränderung zugänglich sein. Dies ist regelmäßig der Fall, wenn die vertraglichen Absprachen auf die jeweils geltenden BV Bezug nehmen (BAG 20. 11. 87 AP Nr. 2 zu § 620 BGB Altersgrenze; zu einer betriebsvereinbarungsoffenen Zusage von Weihnachtsgeld vgl. BAG 14. 8. 01 AP Nr. 85 zu § 77 BetrVG 1972). Verweisungen auf die für die betriebliche Altersversorgung beim ArbGeb. geltenden Bestimmungen sind im Regelfall dynamisch auszulegen. Sie verweisen, soweit keine gegenteiligen Anhaltspunkte bestehen, auf die jeweils beim ArbGeb. geltenden Regelungen (BAG 27. 6. 06 AP Nr. 49 zu § 1 BetrAVG Ablösung; 17. 6. 08 DB 08, 2491; 17. 6. 08 AP Nr. 55 zu § 133 BGB). Die Betriebsvereinbarungsoffenheit kann sich daraus ergeben, dass Änderungen in der Vergangenheit unter Beteiligung des BR erfolgten (vgl. BAG GS 16. 9. 86 AP Nr. 17 zu § 77 BetrVG 1972; 10. 12. 02 AP Nr. 252 zu § 611 BGB Gratifikation). Wird bei der Bekanntgabe einer vertraglichen Einheitsregelung darauf hingewiesen, dass diese auf mit dem KBR „abgestimmten" Richtlinien beruhe, so legt dies für die Erklärungsempfänger die Folgerung nahe, dass die vom ArbGeb. zu erbringenden Leistungen unter Mitwirkung des KBR wieder umgestaltet werden können (BAG 3. 11. 87 AP Nr. 25 zu § 77 BetrVG 1972; 10. 12. 02 AP Nr. 252 zu § 611 BGB Gratifikation). An einem Änderungsvorbehalt fehlt es dagegen, wenn in den Arbeitsverträgen jeweils nur die Gesamtzusage in der bei Vertragsschluss geltenden Fassung in Bezug genommen wird, der Vertrag keinerlei Hinweis enthält, dass die Gesamtzusage in ihrer jeweils geltenden Fassung gelten soll, und der BR bei den abändernden Neuregelungen der Gesamtzusage nach außen nicht in Erscheinung getreten ist (BAG 17. 6. 03 AP Nr. 44 zu § 1 BetrAVG Ablösung). Auch aus dem sog. steuerunschädlichen Leistungsvorbehalt, mit dem sich der ArbGeb. die Anpassung der Versorgungsleistungen bei wesentlicher Änderung der Verhältnisse vorbehält, lässt sich bei Regelungen über die betriebliche Altersversorgung allein noch keine Betriebsvereinbarungsoffenheit herleiten (BAG 20. 11. 90 AP Nr. 14 zu § 1 BetrAVG Ablösung). Zur Betriebsvereinbarungsoffenheit bei Ansprüchen aus einer betrieblichen Übung, die vor 1982 – zur Bedeutung dieses Jahres vgl. Rn 215 – begründet worden sind, vgl. *Merten/ Schwartz* DB 01, 646. Zur Bedeutung einer **arbeitsvertraglichen Bezugnahme auf BV** vgl. Rn 198.

215   Fraglich ist, **von welchem Zeitpunkt** an die im Beschluss des Großen Senats des BAG vom 16. 9. 86 aufgestellten neuen Grundsätze (vgl. Rn 206 ff.) **Geltung** haben. Ohne eine solche zeitliche Begrenzung wären ggf. schon vor Jahrzehnten abgeschlossene BV unwirksam. Als frühester Zeitpunkt kommt wohl die Veröffentlichung der Entscheidung des 6. Senats des BAG vom 12. 8. 82 (AP Nr. 4 zu § 77 BetrVG 1972) Ende 1982 in Betracht, da ab diesem Zeitpunkt unklar war, ob eine verschlechternde BV weiterhin zulässig ist (BAG 20. 11. 90 AP Nr. 14 zu § 1 BetrAVG Ablösung;

DKKW-Berg Rn 25; *GK-Kreutz* Rn 263; *Heither* BB 92, 149; *Däubler* ArbuR 87, 358; *Joost* RdA 89, 24; *Griebeling* FS *Peter Ahrend* S. 216). Auf jeden Fall ist die Wirksamkeit von BV, die nach der Verkündung des Beschlusses des Großen Senats vom 16. 9. 86 abgeschlossen worden sind, nach den Grundsätzen dieses Beschlusses zu beurteilen (*Schumann* DB 88, 2510; LAG Köln DB 90, 915; LAG Hamm DB 90, 2330).

XI. Regelungsabrede

Die BV ist zwar wegen ihrer unmittelbaren und zwingenden Normwirkung und **216** ihrer im Allgemeinen auf eine gewisse Dauer angelegte Geltung die wichtigste Form der Vereinbarungen zwischen ArbGeb. und BR. Die Betriebsparteien können aber Vereinbarungen auch in anderer Form schließen (vgl. etwa *Richardi* Rn 224 mwN). Das Gesetz selbst spricht in Abs. 1 ganz allgemein von Vereinbarungen. Weitere Bezeichnungen einer Übereinstimmung von ArbGeb. und BR finden sich in § 37 Abs. 6 („Einigung"), § 44 Abs. 2 („Einvernehmen") oder in § 76 Abs. 2 („Einverständnis"). Für die nicht in Form einer BV getroffenen Vereinbarungen hat sich der Begriff **„Regelungsabrede"** (oder auch „Betriebsabsprache") eingebürgert (vgl. hierzu *Adomeit*, Die Regelungsabrede 1960; *ders.* BB 67, 1003; *Blomeyer* BB 69, 101; *Eder*, Die Regelungsabrede als Alternative zur Betriebsvereinbarung bei der Gestaltung materieller Arbeitsbedingungen. Diss. Göttingen 2004; *DKKW-Berg* Rn 79 ff.; *GK-Kreutz* Rn 8 ff.; *Richardi* Rn 226; *Brune* AR-Blattei BV Rn 21 ff.). Soweit das Gesetz eine Angelegenheit ausdrücklich der Vereinbarung durch eine BV vorbehält (vgl. zB §§ 3, 38 Abs. 1 S. 5, § 47 Abs. 4, 5 und 9), kommt eine Regelungsabrede nicht in Betracht.

Im Gegensatz zur BV hat die Regelungsabrede **keine Normwirkung**. Sie wirkt **217** nicht unmittelbar und zwingend auf die ArbVerh. ein, sondern bindet nur die Betriebspartner schuldrechtlich, sich entsprechend der getroffenen Abrede zu verhalten (BAG 24. 2. 87 AP Nr. 21 zu § 77 BetrVG 1972; 14. 2. 91 AP Nr. 4 zu § 615 BGB Kurzarbeit; 21. 1. 03 AP Nr. 1 zu § 21a BetrVG 1972; 8. 9. 10 – 7 ABR 73/09 – NZA 11, 934; *Richardi* Rn 228; *Brune* AR-Blattei BV Rn 24). Damit sie zwischen ArbGeb und ArbN wirkt, muss sie in die einzelnen Arbeitsverträge transformiert werden (vgl. *GK-Kreutz* Rn 20; *Brune* AR-Blattei BV Rn 26; *Eder*, S. 107 ff.). Die Transformation kann durch Ausübung des Direktionsrechts umgesetzt werden, allerdings nur soweit dieses reicht. Im Übrigen ist die Umsetzung nur durch einvernehmliche Vertragsänderung oder durch Änderungskündigung möglich. Das kann umständlich und zeitraubend sein. Wegen der fehlenden Normwirkung ist eine Regelungsabrede daher regelmäßig dann wenig zweckmäßig, wenn sich die getroffene Vereinbarung unmittelbar auf die ArbVerh. oder die Gestaltung von betrieblichen oder betriebsverfassungsrechtlichen Fragen auswirken soll. Ist eine der MB des BR unterliegende Angelegenheit nur durch eine Regelungsabrede gestaltet, kann der BR jederzeit verlangen, dass die bisherige Praxis inhaltlich in eine BV übernommen wird, wenn dies die sachgerechtere Regelungsweise ist (BAG 8. 8. 89 AP Nr. 3 zu § 87 BetrVG 1972 Initiativrecht).

Ob eine **Regelungsabrede oder** eine – bei fehlender Schriftform unwirksame – **218** BV geschlossen wurde, ist erforderlichenfalls durch Auslegung festzustellen. Dabei gelten die für **die Auslegung von BV geltenden Grundsätze,** also diejenigen, die auch für die Auslegung von TV zur Anwendung kommen (vgl. BAG 19. 6. 07 – 1 AZR 541/06). Es kommt darauf an, ob die Regelung nach ihrem Inhalt unmittelbar und zwingend wirken soll (vgl. BAG 9. 12. 97 AP Nr. 3 zu § 77 BetrVG 1972 Regelungsabrede). Die **Regelungsabrede selbst** ist aber als schuldrechtliche Vereinbarung nicht nach den Grundsätzen der Gesetzesauslegung, sondern nach §§ **133, 157 BGB** auszulegen (BAG 8. 9. 10 – 7 ABR 73/09 – NZA 11, 934). Ist eine Regelungsabrede teilweise nichtig, hängt ihre Gesamtnichtigkeit vom mutmaßlichen Willen der Betriebsparteien ab. Die Rspr. zur **Teilnichtigkeit** von normativ wirkender BV ist auf die nur schuldrechtlich wirkenden Regelungsabreden nicht anwendbar (BAG 8. 9. 10 – 7 ABR 73/09 – NZA 11, 934).

219   Die Regelungsabrede ist an **keine bestimmte Form** gebunden (GK-*Kreutz* Rn 13; *Richardi* Rn 227; *Brune* AR-Blattei BV Rn 21). Die Schriftform dürfte aber schon aus Beweisgründen regelmäßig zweckmäßig sein (*WPK/Preis* Rn 93). Auch der konkludente Abschluss einer Regelungsabrede ist nicht ausgeschlossen (GK-*Kreutz* Rn 11; *Richardi* Rn 227). Zu ihrer Wirksamkeit bedarf sie aber eines entsprechenden BR-Beschlusses. Formlose Erklärungen des BRVors. sind daher nur dann rechtlich beachtlich, wenn ihnen ein **ordnungsgemäß nach § 33 BetrVG zustande gekommener BRBeschluss** zugrunde liegt (GK-*Kreutz* Rn 11; *Richardi* Rn 227). Der BR selbst kann einer Regelungsabrede nicht „schlüssig" zustimmen (*Brune* AR-Blattei BV Rn 23). Er kann eine vom BRVors. ohne Beschluss des BR mit dem ArbGeb. getroffene Regelungsabrede aber nachträglich genehmigen (BAG 17. 11. 10 – 7 ABR 120/09 – NZA-RR 11, 415). Bis dahin ist diese schwebend unwirksam. Die Genehmigung kann grundsätzlich zeitlich unbegrenzt und mit Rückwirkung erfolgen. Die zeitliche Rückerstreckung kann allerdings durch die Natur des Rechtsgeschäfts ausgeschlossen sein (BAG 17. 11. 10 – 7 ABR 120/09 – NZA-RR 11, 415).

220   Der **Anwendungsbereich** der Regelungsabrede ist vielgestaltig. Erforderlich ist aber, dass der Gegenstand in den funktionalen Zuständigkeitsbereich des BR/GesBR/KBR fällt und zwingende gesetzliche oder tarifliche Regelungen nicht entgegen stehen. Regelungsabreden können sowohl organisatorische Fragen der BetrVerf. als auch die inhaltliche Regelung von Beteiligungsrechten des BR betreffen. So können ArbGeb. und BR zB nähere Absprachen über den Kosten- und Sachaufwand des BR, über Zeit und Ort seiner Sprechstunden, über Art und Zeitpunkt der BetrVerslg. oder der BRVerslg., über die Behandlung von Beschwerden, über die menschengerechte Gestaltung der Arbeit nach § 90, über Ausgleichsmaßnahmen nach § 91 oder über Maßnahmen zugunsten Schwerbehinderter, älterer oder ausländischer ArbN treffen.

221   Ebenso wie bei BV hat der BR grundsätzlich nach Abs. 1 S. 1 einen **Rechtsanspruch** darauf, dass der **ArbGeb. die Regelungsabrede durchführt** (vgl. *Brune* AR-Blattei BV Rn 26; *Eder*, S. 107 ff.). Sollen nach dieser den ArbN Leistungen gewährt werden, muss der ArbGeb. den ArbN entsprechende Vertragsangebote machen. Die Einhaltung dieser Verpflichtung kann notfalls im arbeitsgerichtlichen BeschlussVerf. durchgesetzt werden (*DKKW-Berg* Rn 80; GK-*Kreutz* Rn 15; *Heinze* NZA 94, 584).

222   Durch Regelungsabreden können ferner **Streitigkeiten** zwischen den Betriebsparteien **bereinigt** werden. Das gilt zB für die Frage, ob die betrieblichen Notwendigkeiten bei der Teilnahme von BRMitgl. an Schulungsveranstaltungen oder bei Freistellungen ausreichend berücksichtigt worden sind. Soweit die Beteiligten über den Gegenstand verfügen können, können sie – ebenso wie nach § 83 a ArbGG – einen Vergleich schließen. Die Verfügungsbefugnis ist anhand des materiellen Rechts festzustellen (vgl. GK-ArbGG/*Dörner* § 83 a Rn 11). In vermögensrechtlichen Streitigkeiten ist die Verfügungsbefugnis regelmäßig gegeben. Auf gesetzliche MBR kann aber der BR nicht im Wege eines Vergleichs verzichten (GK-ArbGG/*Dörner* § 83 a Rn 11; *GMPM-G/Matthes* § 83 a ArbGG Rn 9).

223   Auch die **Ausübung** der dem BR zustehenden **Mitwirkungs- und Mitbestimmungsrechte** kann in Form der Regelungsabrede erfolgen. Dies gilt in erster Linie in den Fällen, in denen die Wahrnehmung dieser Rechte durch den Abschluss einer förmlichen BV aus rechtlichen oder aus Gründen der Zweckmäßigkeit nicht sachgerecht ist. Zu denken ist hier insb. an Maßnahmen gegenüber einzelnen ArbN. So erfolgt die MB des BR bei Streitigkeiten über die Urlaubsgewährung im Einzelfall (§ 87 Abs. 1 Nr. 5) oder bei der Zuweisung oder Kündigung einer Werkswohnung (§ 87 Abs. 1 Nr. 9) ebenso wenig durch BV wie die Ausübung der Beteiligungsrechte des BR bei personellen Einzelmaßnahmen nach § 98 Abs. 2 u. 4 oder

§§ 99 bis 103. Aber auch in Fällen, in denen der Abschluss einer BV möglich erscheint, ist es dem BR nicht verwehrt, sein **MBR in Form einer Regelungsabrede auszuüben** (BAG GS 16. 9. 86 AP Nr. 17 zu § 77 BetrVG; BAG 9. 7. 85 AP Nr. 6 zu § 1 BetrAVG Ablösung; 14. 2. 91 AP Nr. 4 zu § 615 BGB Kurzarbeit; 10. 3. 92 AP Nr. 1 zu § 77 BetrVG 1972 Regelungsabrede; *DKKW-Berg* Rn 79; GK-*Kreutz* Rn 19; *Heinze* NZA 94, 583; *WPK/Preis* Rn 92). Eine formlose Regelung kann insb. in Eilfällen zweckmäßig sein. Da der Regelungsabrede aber keine normative Wirkung zukommt, ist es Sache des ArbGeb., die entsprechenden mitbestimmten Maßnahmen mit den ihm zur Verfügung stehenden Mitteln (Direktionsrecht, Vertragsänderung, ggf. Änderungskündigung) gegenüber den ArbN durchzusetzen.

Eine Regelungsabrede kommt auch dort in Betracht, wo eine **Regelung durch** 224 **BV unzulässig ist.** Deshalb ist es den Betriebspartnern nach überwiegender Auffassung (vgl. Rn 102 mit zahlreichen Nachweisen) nicht verwehrt, durch Regelungsabreden nähere Regelungen über Arbeitsentgelte oder sonstige Arbeitsbedingungen auch dann zu treffen, wenn entsprechende TV bestehen oder üblicherweise bestehen und BV deshalb nach Abs. 3 unzulässig sind (vgl. Rn 97 ff., 102; BAG 20. 4. 99 AP Nr. 89 zu Art. 9 GG; 21. 1. 03 AP Nr. 1 zu § 21 a BetrVG 1972; *WPK/Preis* Rn 59; *Schaub/Koch* § 231 Rn 28; *Eder*, S. 208 ff.; aA *DKKW-Berg* Rn 78; *Richardi* Rn 230, 293). Eine zu extensive Nutzung dieser Möglichkeit könnte allerdings zu einer Gefahr für die Funktionsfähigkeit der Tarifautonomie werden (vgl. Rn 102). Im Übrigen haben die Betriebsparteien auch bei Regelungsabreden entgegenstehende zwingende tarifliche Bestimmungen und das Günstigkeitsprinzip des § 4 Abs. 3 TVG zu beachten (vgl. Rn 102). Bei Verstößen dagegen haben die Gewerkschaften einen Unterlassungsanspruch (vgl. Rn 236).

Die Regelungsabrede **endet** in vielen Fällen durch **Zweckerreichung** (zB Zu- 225 stimmung zu einer personellen Maßnahme, Verlegung der Arbeitszeit für einen bestimmten Tag) oder mit **Ablauf der Zeit,** für die sie getroffen worden ist. Ihre Geltung kann auch an eine **auflösende Bedingung** geknüpft werden, wenn deren Eintritt oder Nichteintritt für alle Beteiligten (ArbGeb. BR und ArbN) ohne weiteres feststellbar ist (BAG 15. 1. 02 EzA § 614 BGB Nr. 1; ErfK/*Kania* Rn 144; *WPK/ Preis* Rn 96). Im Übrigen kann sie durch **Aufhebungsvertrag** aufgehoben oder durch eine **andere Regelung** ersetzt werden. Auch ein **Wegfall der Geschäftsgrundlage** kommt in Betracht. Die **Kündigung** der Regelungsabrede ist jedenfalls dann in entsprechender Anwendung des Abs. 5 zulässig, wenn die abgesprochene Regelung auf längere Dauer angelegt ist (BAG 20. 11. 90 AP Nr. 48 zu § 77 BetrVG 1972; 10. 3. 92 AP Nr. 1 zu § 77 BetrVG 1972 Regelungsabrede; *Richardi* Rn 232; *Heinze* NZA 94, 584; enger GK-*Kreutz* Rn 21: nur Kündigung aus wichtigem Grund) oder wenn die Angelegenheit auch durch eine BV hätte geregelt werden können (*DKKW-Berg* Rn 82; GK-*Kreutz* Rn 21). Auch die Sonderregelungen des § 120 Abs. 1 InsO zur Beratungspflicht über und die Kündigung von massebelastenden BV dürfte auf massenbelastende Regelungsabreden entsprechend anzuwenden sein (vgl. hierzu Rn 154).

Eine Regelungsabrede entfaltet anders als eine BV keine Nachwirkung. Dies gilt 226 auch, wenn sie in einer **mitbestimmungspflichtigen Angelegenheit geschlossen wird** (BAG GS 3. 12. 91 AP Nr. 52 zu § 87 BetrVG 1972 Lohngestaltung; GK-*Kreutz* Rn 22, 398; *Richardi* Rn 234; MünchArbR-*Matthes* § 239 Rn 103; HSWGNR-*Worzalla* Rn 189; *Hanau* NZA 85 Beil. 2 S. 11; *Heinze* NZA 94, 584; *Brune* AR-Blattei BV Rn 32 ff.; **aA** BAG 23. 6. 92 AP Nr. 51 zu § 87 Betr-VG 1972 Arbeitszeit; *DKKW-Berg* Rn 82; ErfK/*Kania* Rn 148; *WPK/Preis* Rn 97). Abs. 6 regelt die Nachwirkung ausdrücklich nur für BV. Eine entsprechende Anwendung der Vorschrift erscheint nicht geboten (GK-*Kreutz* Rn 22; *Brune* AR-Blattei BV Rn 33 ff.; **aA** BAG 23. 6. 92 AP Nr. 51 zu § 87 BetrVG 1972 Arbeitszeit). Die Interessenlage nach Ablauf einer Regelungsabrede ist nicht vergleichbar mit derjenigen nach Ablauf einer BV. Eine BV regelt normativ die u. a. die Arbeitsbedingungen der ArbN. Damit nach ihrem Ablauf kein ungeregelter Zustand eintritt, sieht Abs. 6 die Nachwirkung vor. Damit ist die Situation nach Ablauf einer Regelungsabrede nicht vergleichbar. Sie wirkt gegenüber den ArbN ohnehin nur, wenn sie vertragsrechtlich umgesetzt wurde. Ihre Beendigung löst daher keinen regelungslosen Zustand aus. Vorgenommene Vertragsänderungen bleiben vielmehr vom Ablauf der Regelungsabrede grundsätzlich unberührt (*Brune* AR-Blattei BV Rn 33). Auch die MBR des BR erfordern keine Nachwirkung der BV (GK-*Kreutz* Rn 22; **aA** BAG 23. 6. 92 AP Nr. 51 zu § 87 BetrVG 1972 Arbeitszeit). Vielmehr muss in einer mitbestimmungspflichtigen Angelegenheit sich der ArbGeb. nach Ablauf einer Regelungsabrede erneut um die Zustimmung des BR kümmern; dieser hat seinerseits ein Initiativrecht (vgl. *Brune* AR-Blattei BV Rn 35). Eine Regelungsabrede kann jederzeit durch eine BV abgelöst werden, nicht jedoch umgekehrt eine BV durch eine Regelungsabrede (BAG 27. 6. 85, 20. 11. 90 AP Nr. 14, 48 zu § 77 BetrVG 1972).

XII. Streitigkeiten

227　　Meinungsverschiedenheiten über die korrekte Durchführung einer zwischen ArbGeb. und BR getroffenen BV oder Regelungsabrede sind gemäß § 2a ArbGG im **BeschlVerf.** zu klären. Der BR kann vom ArbGeb. insbesondere die Durchführung bzw. Einhaltung einer BV und die **Unterlassung** entgegenstehender Handlungen verlangen. Als Anspruchsgrundlage kommen sowohl Abs. 1 S. 1 als auch die BV oder Regelungsabrede selbst in Betracht. Dieser Anspruch besteht unabhängig von einem etwaigen allgemeinen Unterlassungsanspruch des BR (BAG 24. 2. 87, 10. 11. 87 AP Nr. 21, 24 zu § 77 BetrVG 1972; 13. 10. 87 AP Nr. 2 zu § 77 BetrVG 1972 Auslegung; 28. 9. 88 AP Nr. 29 zu § 87 BetrVG 1972 Arbeitszeit; 21. 1. 03 AP Nr. 1 zu § 21a BetrVG 1972; *Brune* AR-Blattei BV Rn 419).

228　　Streitigkeiten zwischen BR und ArbGeb. über den rechtlichen **Bestand** und die **Auslegung von BV** entscheiden die ArbG ebenfalls gemäß § 2a ArbGG im **BeschlVerf.** In diesem kann der BR im Wege eines Feststellungsantrags klären, in welchem Umfang eine BV (fort-)gilt (BAG 17. 8. 99 AP Nr. 79 zu § 77 BetrVG 1972 mwN; 18. 1. 05 AP Nr. 24 zu § 77 BetrVG 1972 BV). Dem auf Feststellung der Rechtsunwirksamkeit einer BV gerichteten Antrag des BR kann nicht entgegengehalten werden, er sei rechtsmissbräuchlich, weil der BR die BV selbst abgeschlossen habe (BAG 18. 2. 03 AP Nr. 11 zu § 77 BetrVG 1972 BV). Ein ausschließlich vergangenheitsbezogener, auf die Unwirksamkeit einer nicht mehr nachwirkenden BV bezogener Feststellungsantrag ist aber unzulässig (BAG 18. 2. 03 AP Nr. 11 zu § 77 BetrVG 1972 BV). Die Betriebspartner können nach § 76 Abs. 6 vereinbaren, dass über die Auslegung einer BV zunächst die E-Stelle entscheidet, vorbehaltlich der Überprüfung des Spruchs durch die ArbG (BAG 20. 11. 90 AP Nr. 43 zu § 76 BetrVG 1972). Zu den **Besonderheiten des BeschlVerf. vgl. Nach § 1.**

229　　Ansprüche **einzelner ArbN** aus einer BV sind von diesen im **Urteilsverfahren** geltend zu machen. Erforderlichenfalls ist in diesem als Vorfrage auch über die Gültigkeit einer BV zu entscheiden (vgl. etwa BAG 29. 10. 02, 3. 6. 03 AP Nr. 18, 19 zu § 77 BetrVG 1972 Tarifvorbehalt). Eine derartige Entscheidung entfaltet aber keine Bindungswirkung über die konkreten Prozessparteien hinaus. Der BR kann nicht die auf einer BV beruhenden individualrechtlichen Ansprüche der einzelnen ArbN gegenüber dem ArbGeb. gerichtlich verfolgen (vgl. BAG 17. 10. 89 AP Nr. 39 zu § 76 BetrVG 1972; 17. 10. 89 AP Nr. 53 zu § 112 BetrVG 1972; 18. 1. 05 AP Nr. 24 zu § 77 BetrVG 1972 BV). Er kann aber die Durchführung der BV verlangen. Die Abgrenzung kann im Einzelfall Schwierigkeiten bereiten. Geht der Streit um den konkreten Inhalt einer noch abzuschließenden BV **(Regelungsstreitigkeit),** können die Betriebsparteien nicht die Gerichte anrufen. Vielmehr ist die **E-Stelle** zuständig, deren Spruch in den im Gesetz genannten Fällen die fehlende Einigung ersetzt (vgl. § 76 Rn 67 ff.).

Da die BV Rechtsnormen enthält, unterliegt sie nach § 73 ArbGG unbeschränkt **230** der gerichtlichen Auslegung (BAG 8. 11. 88 AP Nr. 48 zu § 112 BetrVG 1972; 21. 1. 03 AP Nr. 117 zu § 87 BetrVG 1972 Lohngestaltung; 22. 7. 03 – 1 AZR 496/ 02 –). Die Auslegung von BV ist **revisibel** (vgl. Rn 17). Sie müssen aber als nicht- staatliches Recht (§ 293 ZPO) dem Gericht nachgewiesen werden. Die ArbG haben zu prüfen, ob eine BV etwa gegen zwingendes vorrangiges Recht verstößt und des- halb unwirksam ist. Ihnen steht aber ebenso wie beim TV **keine Zweckmäßig- keitskontrolle** zu.

Das BAG ist lange Zeit davon ausgegangen, BV unterfielen einer generellen **ge-** **231** **richtlichen Billigkeitskontrolle** (vgl. BAG 30. 1. 70 AP Nr. 142 zu § 242 BGB Ruhegehalt; 13. 9. 74 AP Nr. 84 zu § 611 BGB Gratifikation; 11. 6. 75 AP Nr. 1 zu § 77 BetrVG 1972 Auslegung; 11. 3. 76, 13. 10. 76 AP Nr. 11, 15 zu § 242 BGB Ruhegehalt – Unverfallbarkeit; 17. 2. 81, 24. 3. 81, 9. 12. 81, 26. 7. 88 AP Nr. 11, 12, 14, 45 zu § 112 BetrVG 1972; 8. 12. 81 AP Nr. 1 zu § 1 BetrAVG Unterstüt- zungskasse; 12. 8. 82 AP Nr. 4 zu § 77 BetrVG 1972; 17. 3. 87 AP Nr. 9 zu § 1 BetrAVG Ablösung; 1. 12. 92 AP Nr. 3 zu § 77 BetrVG 1972 Tarifvorbehalt; ebenso *DKKW-Berg* Rn 84; aA GK-*Kreutz* Rn 300 ff.; *Richardi* Rn 118 ff.; *HSWGNR- Worzalla* Rn 95 ff.; ErfK/*Preis* §§ 305–310 BGB Rn 12; MünchArbR-*Matthes* § 239 Rn 83 ff.; *v. Hoyningen-Huene,* Die Billigkeit im Arbeitsrecht, S. 161 ff.; *ders.* BB 92, 1640; *Hammen* RdA 86, 23; *Jobs* ArbuR 86, 147; *Leinemann* BB 89, 1905 ff.; *Brune* AR-Blattei BV Rn 394 ff.; *Linsenmaier,* RdA 08, 1, 8 f.; *Rolfs* RdA 06, 349, 354 ff.).

Die **dogmatische Begründung** für die gerichtliche Billigkeitskontrolle schwankt **232** (vgl. *Brune* AR-Blattei BV Rn 389 ff.). Teilweise wird diese damit begründet, es sei eine Übermachtkontrolle im Verhältnis zwischen dem ArbGeb. und dem abhängi- gen und nicht zum Streik befugten BR geboten (vgl. BAG 30. 1. 70 AP Nr. 142 zu § 242 BGB Ruhegehalt; *DKKW-Berg* Rn 84). Teilweise wird auf eine entsprechende Anwendung der §§ 315, 317, 319 BGB abgestellt (vgl. BAG 8. 12. 81 AP Nr. 1 zu § 1 BetrAVG Ablösung). Teilweise wird die Billigkeitskontrolle aus § 75 Abs. 1 (Be- achtung der „Grundsätze von Recht und Billigkeit") oder der entsprechenden An- wendung des § 76 Abs. 5 S. 3 abgeleitet (vgl. BAG 9. 12. 81 AP Nr. 14 zu § 112 BetrVG 1972; 11. 3. 76 AP Nr. 11 zu § 242 BGB Ruhegehalt – Unverfallbarkeit).

Diese Begründungen sind alle angreifbar (vgl. im einzelnen GK-*Kreutz* Rn 300 ff. **233** mwN; *Brune* AR-Blattei BV Rn 394 ff.). Gegen eine allgemeine Billigkeitskontrolle spricht bereits § 310 Abs. 4 S. 1 BGB (vgl. ErfK/*Preis* §§ 305–310 BGB Rn 12). Danach unterfallen BV ebenso wie TV nicht der Inhaltskontrolle nach §§ 305 ff. BGB (vgl. BAG 1. 2. 06 AP Nr. 28 zu § 77 BetrVG 1972 Betriebsvereinbarung; 12. 12. 06 AP Nr. 94 zu § 77 BetrVG 1972). Eine allgemeine Billigkeitskontrolle ist schlecht vereinbar mit den Erfordernissen der Rechtssicherheit, es ist doch nicht ge- lungen, klare Maßstäbe für ihre inhaltliche Ausfüllung zu entwickeln. Sie ist auch nicht erforderlich. Die Interessen der betroffenen ArbN werden hinreichend und angemessen geschützt, wenn BV gerichtlich auf ihre Vereinbarkeit mit höherrangi- gem Recht, mit dem Gleichheitssatz und dem Verhältnismäßigkeitsgrundsatz über- prüft werden und die Gerichte ihrer grundrechtlichen Schutzpflichtfunktion genü- gen. Es ist daher konsequent, die **richterliche Inhaltskontrolle** von BV **auf eine Rechtskontrolle** zu **beschränken.** Auch das BAG handhabt, soweit es in jüngeren Entscheidungen überhaupt noch von „Billigkeitskontrolle" oder von der Prüfung auf „Recht und Billigkeit" spricht, diese der Sache nach als eine insb. durch § 75 Abs. 1 und 2 bestimmte Rechtskontrolle (vgl. etwa BAG 26. 10. 04 AP Nr. 18 zu § 611 BGB Anwesenheitsprämie; 12. 11. 02 AP Nr. 159 zu § 112 BetrVG 1972; GK- *Kreutz* Rn 305 f.; *ders.* FS Schmidt-Jortzig S. 753, 756 f.; *Richardi* Rn 118; WPK/*Preis* Rn 34). Eine ausschließliche Rechtskontrolle entspricht der normativen Wirkung von BV. Es stellt sich dann auch nicht mehr die Frage, ob die Billigkeitskontrolle nur abstrakt bezogen auf die Norm selbst oder (auch) konkret bei deren Anwendung auf den Einzelfall vorzunehmen ist (vgl. dazu aus der früheren Rspr. BAG 17. 2. 81, 14. 2. 84, 26. 7. 88 AP Nr. 11, 21, 45 zu § 112 BetrVG 1972; 20. 11. 87 AP Nr. 2 zu § 620 BGB Altersgrenze; 8. 12. 81AP Nr. 1 zu § 1 BetrAVG Unterstützungskasse; 17. 3. 87 AP Nr. 9 zu § 1 BetrAVG Ablösung). Zur gerichtlichen Überprüfung von Sozialplänen vgl. §§ 112, 112a Rn 307ff.

234 Streitigkeiten über die Frage der **Zulässigkeit** des Abschlusses einer BV wie auch der **Unwirksamkeit** einer schon bestehenden **BV** wegen Verstoßes gegen den Tarifvorrang des Abs. 3 entscheiden die ArbG ebenfalls im **BeschlVerf.** nach § 2a ArbGG. Antragsberechtigt sind insbesondere BR und ArbGeb. Ihnen kann nicht entgegengehalten werden, das Begehren auf Feststellung der Unwirksamkeit einer BV sei rechtsmissbräuchlich, weil sie an ihrem Abschluss mitgewirkt hätten (BAG 18. 2. 03 AP Nr. 11 zu § 77 BetrVG 1972 BV).

235 **Umstritten** ist, ob auch die Tarifpartner, und hier insbesondere die **Gewerkschaften,** antragsberechtigt sind, um die Unwirksamkeit einer BV wegen Verstoßes gegen den Tarifvorbehalt des Abs. 3 geltend zu machen. Dies ist zu bejahen. Die in Abs. 3 geregelte Kompetenzabgrenzung zwischen TVParteien und Betriebspartnern, durch normative Regelungen das Arbeitsverhältnis zu gestalten, ist eine zentrale Vorschrift der kollektiven Arbeitsrechtsordnung, die der Sicherung der Tarifautonomie und der Erhaltung und Stärkung der Funktionsfähigkeit der Koalitionen dient (vgl. Rn 67 ff.). Diesem Zweck wäre nur unzureichend genügt, wenn die TVParteien keine Möglichkeit hätten, eine rechtswidrige Missachtung des den TVParteien vorbehaltenen Kompetenzrahmens durch die Betriebspartner gerichtlich geltend zu machen (vgl. BAG 13. 3. 01 AP Nr. 17 zu § 2a ArbGG 1979; *DKKW-Berg* Rn 85ff.; *Berg* FS *Däubler* S. 459; *Däubler* BB 90, 2256; *ders.* FS *Wlotzke* S. 276 f.; MünchArbR–*Matthes* § 328 Rn 81; *Grunsky* DB 90, 526; *Heither* FS *Dieterich* S. 242ff.; *Otto* RdA 89, 247, 250; *Weyand* ArbuR 89, 198; *Annuß* RdA 00, 290; **aA** BAG 18. 8. 87, 23. 2. 88, AP Nr. 6, 9 zu § 81 ArbGG 1979; BAG 20. 8. 91 AP Nr. 2 zu § 77 BetrVG 1972 Tarifvorbehalt; GK-*Kreutz* Rn 423; *Richardi* Rn 314). Die Gegenmeinung verneint ein Antragsrecht der Gewerkschaften, weil diese an der BV, die das Rechtsverhältnis zwischen BR und ArbGeb. einerseits und diesem und den ArbN des Betriebs andererseits regele, nicht beteiligt seien und sich auch aus der verfassungsrechtlich gewährleisteten kollektiven Koalitionsfreiheit kein derartiges Antragsrecht ergebe. Da eine Verletzung des Abs. 3 eine Störung der betriebsverfassungsrechtlichen Ordnung darstellen könne, hat das BAG ein Antragsrecht der Gewerkschaft nach § 23 Abs. 3 anerkannt, das zum Ziele hat, die Anwendung einer tarifwidrigen BV zu unterlassen (BAG 20. 8. 91 AP Nr. 2 zu § 77 BetrVG 1972 Tarifvorbehalt; vgl. auch BAG 13. 3. 01 AP Nr. 17 zu § 2a ArbGG 1979; zustimmend GK-*Kreutz* Rn 402). § 23 Abs. 3 gewährt allerdings nur den im Betrieb vertretenen Gewerkschaften ein Antragsrecht und setzt materiell eine grobe Pflichtverletzung voraus (letztere hat das BAG im Beschluss vom 20. 8. 91 AP Nr. 2 zu § 77 BetrVG 1972 Tarifvorbehalt trotz einer tarifwidrigen BV verneint; vgl. zu den insoweit bestehenden Bedenken auch BVerfG 29. 6. 93 AP Nr. 2a zu § 77 BetrVG 1972 Tarifvorbehalt; vgl. ferner die Zweifel in BAG 20. 4. 99 AP Nr. 89 zu Art. 9 GG, ob der der Tarifautonomie dienende Abs. 3 vom Schutzgegenstand des § 23 erfasst wird; dies verneint *Walker* ZfA 00, 33).

236 Darüber hinaus steht der Gewerkschaft ein **eigenständiger Unterlassungsanspruch** wegen Beeinträchtigung ihrer Koalitionsfreiheit aus §§ 1004, 823 BGB iVm. Art. 9 GG zu, wenn durch betriebseinheitliche Regelungen zwingende Vorschriften eines geltenden Tarifvertrages unter Verstoß gegen § 4 Abs. 1 und 3 TVG zum Nachteil der ArbN verdrängt werden sollen. Eine unzulässige Einschränkung oder Behinderung der Koalitionsfreiheit liegt nicht nur vor, wenn die Koalitionsparteien an der Schaffung von Tarifnormen gehindert werden, sondern auch dann, wenn die Wirkung von Tarifnormen durch andere kollektive Maßnahmen vereitelt werden soll (BAG 20. 4. 99 AP Nr. 89 zu Art. 9 GG; zustimmend: *Berg/Platow* DB 99, 2362; *Däubler* AiB 99, 481; *Kocher* ArbuR 99, 382; *Wohlfahrt* NZA 99, 962; *Rieble* ZTR 99, 483 auf der Basis des § 826 BGB; **kritisch:** *Thüsing* DB 99, 1552; **ablehnend:** *Annuß*

RdA 00, 292; *Bauer* NZA 99, 957; *Bauer/Haußmann* NZA 00 Beil zu Heft 24 S. 42; *Buchner* NZA 99, 897; *Hromadka* AuA 00, 13; *ders.* ZTR 00, 253; *Löwisch* BB 99, 2080; *H. P. Müller* DB 99, 2310; *Reuter* SAE 99, 262; *Richardi* Rn 314; *ders.* DB 00, 44; *ders.* Anm. zu AP Nr. 89 zu Art 9 GG; *HSWG* Rn 176; *Trappehl/Lambrich* NJW 99, 3217; *Walker* ZfA 00, 29; *Eder,* S. 225 ff.; differenzierend GK-*Kreutz* Rn 426). Als kollektive Maßnahmen, die zur Vereitelung der Wirkung von tarifvertraglichen Regelungen führen können, sind in aller Regel tarifwidrige Absprachen der Betriebspartner, zB tarifwidrige BV oder Regelungsabreden, anzusehen. Jedoch können hierzu auch vom ArbGeb. veranlasste betriebliche Einheitsregelungen gehören. Zu beachten ist allerdings, dass eine Verletzung der Betätigungsfreiheit der Koalitionen durch die Vereinbarung tarifwidriger Arbeitsbedingungen nur hinsichtlich der tarifgebundenen ArbN und nur während der Geltung des TV vorliegt, da die unmittelbare und zwingende Wirkung einer Tarifnorm nicht für Außenstehende und nicht mehr nach Ablauf des TV gilt (*Kast/Stuhlmann* BB 00, 614). Insoweit bleibt ein Unterlassungsanspruch aus §§ 1004, 823 BGB gegenüber einem aus der Verletzung des Abs. 3 unmittelbar abgeleiteten Unterlassungsanspruch (vgl. Rn 235) in seinem Umfang zurück (GK-*Kreutz* Rn 426). Der Unterlassungsanspruch kann sich sowohl auf den Abschluss einer tarifwidrigen Vereinbarung als auch auf deren Durchführung beziehen. Aus §§ 1004 Abs. 1 S. 2, 823 Abs. 2 BGB iVm. Art. 9 Abs. 3 S. 1 GG kann sich bei tarifwidrigen betrieblichen Regelungen auch ein gewerkschaftlicher **Beseitigungsanspruch** ergeben (BAG 17. 5. 11 – 1 AZR 473/09 –). Dieser umfasst aber keinen Anspruch der Gewerkschaft auf Nachzahlung der tariflichen Leistungen an die ArbN (BAG 17. 5. 11 – 1 AZR 473/09 –). Die Gewerkschaft kann die Beeinträchtigung ihrer kollektiven Koalitionsfreiheit im Wege des einstweiligen Rechtsschutzes bekämpfen (BAG 17. 5. 11 – 1 AZR 473/09 –).

Umstritten ist, ob auch der eigenständige Unterlassungsanspruch der Gewerkschaften aus §§ 1004, 823 BGB im **Beschlussverfahren** geltend zu machen ist. Das ist zu bejahen, wenn der Verdrängung tarifvertraglicher Regelungen ein gemeinsames Handeln der Betriebspartner zugrunde liegt, insbesondere durch Abschluss einer tarifvorbehaltswidrigen BV oder der Vereinbarung einer entsprechenden Regelungsabrede (vgl. BAG 13. 3. 01 AP Nr. 17 zu § 2a ArbGG 1979; BAG 20. 4. 99 AP Nr. 89 zu Art. 9 GG; *Berg/Platow* DB 99, 2367; *Kocher* ArbuR 99, 385; *Wohlfahrt* NZA 99, 963; **aA** *Annuß* RdA 00, 297 *Bauer* NZA 99, 958; *Bauer/Haußmann* NZA 00 Beil zu Heft 24 S. 47; *Buchner* NZA 99, 899; *Hromadka* ZTR 00, 255; *Löwisch* BB 99, 2081; *Rieble* ZTR 99, 486; *Richardi* Rn 314; *ders.* DB 00, 44; *Walker* ZfA 00, 49). 237

§ 78 Schutzbestimmungen

[1] **Die Mitglieder des Betriebsrats, des Gesamtbetriebsrats, des Konzernbetriebsrats, der Jugend- und Auszubildendenvertretung, der Gesamt-Jugend- und Auszubildendenvertretung, der Konzern-Jugend- und Auszubildendenvertretung, des Wirtschaftsausschusses, der Bordvertretung, des Seebetriebsrats, der in § 3 Abs. 1 genannten Vertretungen der Arbeitnehmer, der Einigungsstelle, einer tariflichen Schlichtungsstelle (§ 76 Abs. 8) und einer betrieblichen Beschwerdestelle (§ 86) sowie Auskunftspersonen (§ 80 Abs. 2 Satz 3) dürfen in der Ausübung ihrer Tätigkeit nicht gestört oder behindert werden.** [2] **Sie dürfen wegen ihrer Tätigkeit nicht benachteiligt oder begünstigt werden; dies gilt auch für ihre berufliche Entwicklung.**

Inhaltsübersicht

I. Vorbemerkung

1 Die Vorschrift dient der **Sicherung der Tätigkeit** betriebsverfassungsrechtlicher Institutionen und dem **Schutz betriebsverfassungsrechtlicher Funktionsträger.** S. 1 schützt die Mitgl. des BR und der anderen genannten Institutionen in ihrer Amtsführung, dh in der Ausübung ihrer Tätigkeit im Rahmen der BetrVerf. S. 2 verbietet jede unterschiedliche Behandlung der Mitgl. dieser Organe gegenüber den anderen ArbN um ihrer Tätigkeit willen. Weitere Schutzbestimmungen enthalten §§ 78 a und 103 dieses Gesetzes sowie § 15 KSchG. Das **BetrVerf-ReformG** hat den persönlichen Geltungsbereich des § 78 erweitert und seinen Schutz auch auf die Mitgl. der von ihm neu geschaffenen Institutionen, nämlich der KJugAzubiVertr. und aller in § 3 Abs. 1 genannten durch Kollektivverträge errichteten ArbNVertr., sowie auf die ebenfalls neuen betriebsinternen Auskunftspersonen nach § 80 Abs. 2 S. 3 erstreckt. Die Vorschrift gilt entsprechend für ArbGruppen und ihre Mitgl., denen nach § 28 a die Wahrnehmung betriebsverfassungsrechtlicher Aufgaben übertragen worden ist (*HSWGNR* Rn 1; ErfK-*Eisemann* § 28 a Rn 8; *WPK-Preis* Rn 2; vgl. auch § 28 a Rn 39; aA *DKK-Wedde* § 28 a Rn 7; *Düwell/Lorenz* Rn 3 – Anwendung nur über entsprechende Regelung in Rahmenvereinbarung, ansonsten bleibt es beim allgemeinen Maßregelungsverbot nach § 612 a BGB).

2 Der Schutz der Vorschrift erstreckt sich auch auf **amtierende ErsMitgl.** der genannten ArbNVertr. (*DKK-Buschmann* Rn 6; GK-*Kreutz* Rn 11; *HSWGNR* Rn 7; *Richardi/Thüsing* Rn 7), desgleichen auf die ArbNVertr. im AR nach dem BetrVG 1952 (§ 76 Abs. 2 S. 5 BetrVG 1952 iVm. § 129 Abs. 2; BAG 4. 4. 74 AP Nr. 1 zu § 626 BGB ArbNVertr. im AR). Den Mitgl. der SchwbVertr. und der GesSchwb-Vertr. ist in § 96 Abs. 2 und § 97 Abs. 7 SGB IX ein entsprechender Schutz zuerkannt. Wegen des Schutzes von Wahlbewerbern und Mitgl. des Wahlvorst. vgl. § 20 Rn 12 ff., 33 und § 103 Rn 5, 52. Soweit der dort gewährte Schutz nicht reicht, zB hinsichtlich eines nachträglichen Maßregelungsverbots, gilt § 78 entsprechend (GK-*Kreutz* Rn 12 f.; *Richardi/Thüsing* Rn 9). Auch für den nach § 18 a Abs. 2 und 3 im Rahmen der Zuordnung der leitenden Angestellten vorgesehene Vermittler gilt § 78 entsprechend (GK-*Kreutz* Rn 13; *HSWGNR* Rn 1).

3 **Ähnliche Schutzvorschriften** enthalten §§ 58, 58 d BImSchG (für Immissionsschutz- und Störfallbeauftragte, vgl. hierzu *Schaub* DB 93, 481), § 30 Abs. 4 StrSchVO und § 14 RöV (für Strahlenschutzverantwortliche und Strahlenschutzbeauftragte), § 8 ASiG (für Betriebsärzte und Fachkräfte für Arbeitssicherheit), § 22 Abs. 3 SGB VII (für Sicherheitsbeauftragte) § 36 Abs. 3 BDSG (für den Datenschutzbeauftragten) und § 19 GenTS V (für Beauftragte für biologische Sicherheit/Gentechnik).

4 Die Vorschrift ist **zwingend.** Sie kann weder durch TV noch durch BV oder eine einzelvertragliche Absprache abgedungen werden. Auch ein Verzicht auf die durch die Vorschrift eingeräumte Rechtsstellung ist nicht möglich (hM). § 78 ist ein Schutzgesetz iS des § 823 Abs. 2 BGB (vgl. § 1 Rn 266; BAG 9. 6. 82 AP Nr. 1 zu § 107 BPersVG) kann entsprechende Unterlassungs- oder Schadensersatzansprüche des BR bzw. seiner Mitgl. auslösen (vgl. Rn 13, 21).

5 Entsprechende Vorschriften: § 8 BPersVG, § 2 Abs. 3 SprAuG und § 40 EBRG.

II. Schutz der Tätigkeit der Betriebsverfassungsorgane und ihrer Mitglieder

6 Der Schutz des S. 1 erstreckt sich sowohl auf die Tätigkeit der genannten betriebsverfassungsrechtlichen Organe als solche, als auch auf die einzelnen Mitgl. Der Schutz erfasst auch Betriebsfremde, wenn sie Mitgl. des geschützten Organs, zB der E-Stelle, sind (GK-*Kreutz* Rn 14; *Richardi/Thüsing* Rn 6). Außer den Mitgl. der genannten betriebsverfassungsrechtlichen Organe gilt das Störungs- und Behinderungsverbot auch für die Tätigkeit von ArbN, die nach § 80 Abs. 2 S. 3 dem BR als sachkundige Auskunftspersonen zur Verfügung zu stellen sind (vgl. hierzu § 80 Rn 81 ff.). Eine Einflussnahme des ArbGeb. auf die Entscheidung des ArbN, ob er sich als Auskunftsperson zur Verfügung stellen will oder nicht, ist unzulässig (*Löwisch* BB 01, 1791).

Die Vorschrift richtet sich **gegen jedermann**, dh nicht nur gegen den ArbGeb., **7** sondern auch gegen ArbN, Betriebsangehörige, die nicht ArbN sind (§ 5 Abs. 2) sowie leitende Ang. (§ 5 Abs. 3, 4) und gegen außerbetriebliche Stellen (hM; ErfK-*Kania* Rn 2; GK-*Kreutz* Rn 19 mwN). Auch die Gewerkschaften haben die Verbotsvorschrift zu beachten und dürfen deshalb keinen Druck auf gewerkschaftsangehörige BRMitgl. ausüben, wenn diese sich bei ihrer BRArbeit nicht im Sinne der Gewerkschaft verhalten. Zulässig bleiben allerdings Sanktionen der Gewerkschaft gegen das BRMitgl. in seiner Eigenschaft als Gewerkschaftsmitgl. (*DKK-Buschmann* Rn 10; *Richardi/Thüsing* Rn 12; vgl. auch § 20 Rn 26 ff.).

Geschützt ist nur die legale, sich im Rahmen der gesetzlichen oder tariflichen Vor **8** schriften bewegende Tätigkeit der Organe und Stellen (LAG Hamm DB 88, 2058; *DKK-Buschmann* Rn 13; GK-*Kreutz* Rn 26; *Richardi/Thüsing* Rn 13). An der Überschreitung ihres Aufgabenbereichs können sie im Rahmen der gesetzlichen Möglichkeiten gehindert werden (hM).

Der Begriff der **Behinderung** ist weit zu verstehen. Er umfasst jede unzulässige **9** Erschwerung, Störung oder Verhinderung der BRTätigkeit (BAG 19. 7. 95 und 12. 11. 97 AP Nr. 25 und 27 zu § 23 BetrVG 1972). Eine unzulässige **Behinderung** der Tätigkeit der Betriebsverfassungsorgane der ArbNSeite kann durch positives Tun, aber auch, soweit eine Mitwirkungspflicht besteht, durch ein Unterlassen erfolgen (hM).

Beispiele:

Grundsätzliche Ablehnung der Zusammenarbeit nach § 2 Abs. 1; Verweigerung des Zugangs zum Betriebsgelände (BAG 21. 9. 89, AP Nr. 72 zu § 99 BetrVG 1972; LAG München 18. 11. 09 NZA-RR 10, 189: ArbGeb. kann durch einstw. Verfg. verpflichtet werden Zutritt zu gewähren soweit keine schutzwürdigen Interessen des ArbGeb. dem entgegenstehen); Verweigerung des Zugangs zum Betriebsgelände eines offensichtlich unwirksam gekündigten Ersatzmitgl. zur Teilnahme an BR-Sitzungen (LAG Hamburg AiB 06, 238); Verweigerung der Freistellung nach § 37 Abs. 2 oder § 38 Abs. 1; Verweigerung der erforderlichen Sach- und Personalmittel (§ 40); Entfernung zulässiger BR-Anschläge vom Schwarzen Brett; Verbot der Abhaltung von BetrVerslg. oder der Teilnahme an ihnen (ArbG Frankfurt AiB 89, 78); Empfehlung zur Nichtteilnahme an BetrVerslg. (OLG Stuttgart BB 88, 2245) oder Gewährung einer besonderen Vergütung bei Nichtteilnahme; Verhinderung von BRSitzungen; Maßnahmen, durch welche die Ausübung der Überwachungspflicht nach §§ 80 Abs. 1, 89 Abs. 2–5, 96 beeinträchtigt wird, zB durch Verweigerung des Zugangs zu den Arbeitsplätzen (ArbG Elmshorn AiB 91, 56); Beharrliche Missachtung der Mitwirkungs- und Mitbestimmungsrechte des BR; ständige Unterlassung der Mitteilungs- und Auskunftspflichten nach §§ 99 Abs. 1, 102 Abs. 1, 105; ständiger Ausspruch außerordentlicher statt ordentlicher Kündigungen, um das Widerspruchsrecht des BR nach § 102 Abs. 2 auszuschließen (aA GK-*Kreutz* Rn 31); Öffnung der BRPost durch den ArbGeb.; Versetzung eines BRMitgl. ohne Beachtung der Beteiligungsrechte des BR (BAG ArbuR 93, 84); leichtfertige Anträge nach § 23 Abs. 1 auf Auflösung des BR oder Ausschluss einzelner Mitgl., die in der Praxis dazu führen, dass der BR in seiner Tätigkeit gehemmt wird; Abhören von Sitzungen des BR ohne dessen Willen durch Tonbandgeräte; Verweigerung des Zutritts von Gewerkschaftsbeauftragten zum Betrieb ohne Vorliegen eines der Ausnahmetatbestände nach § 2 Abs. 2 (vgl. *Zabel* ArbuR 92, 335); Anordnungen, dass jedes Ortsgespräch bei der Telefonvermittlung anzumelden ist; Speicherung der Zielnummer aller Telefonate eines BRMitgl.; wegen Erfassung von Zeitpunkt und Dauer von Ferngesprächen des BR vgl. BAG 27. 5. 86, AP Nr. 15 zu § 87 BetrVG 1972 Überwachung, u. wegen der für zulässig angesehenen Erfassung der Gesprächspartner des BR vgl. BAG 1. 8. 90, AP Nr. 20 zu Art. 56 ZA – Nato-Truppenstatut mit kr. Anm. *Wohlgemuth* ArbuR 91, 190; zur Telefonüberwachung vgl. auch § 75 Rn 145, § 87 Rn 244; diskreditierende Äußerungen wie der BR handele grob fahrlässig und geschäftsschädigend, er habe sich auf Kosten des ArbGeb. und der ArbN externe

Berater erkauft, sind nicht durch die Meinungsfreiheit in Art. 5 Abs. 1 S. 1 GG gedeckt (LAG Niedersachsen NZA-RR 04, 78 f.); siehe auch Beispielsfälle bei *Hunold* NZA-RR 03, 169 ff.

10   Auch die **Unterrichtung** der ArbN über die **Kosten des BR** kann eine unzulässige Behinderung der BRArbeit sein, wenn sie in einer Art und Weise erfolgt, die die Grundsätze der vertrauensvollen Zusammenarbeit missachten und die BRMitgl. in einem unberechtigten negativen Licht erscheinen lassen und damit deren Amtsführung erschweren (BAG 19. 7. 95 und 12. 11. 97 AP Nr. 25 und 27 zu § 23 BetrVG 1972; LAG Niedersachsen NZA-RR 04, 78 f.; *DKK-Buschmann* Rn 14; GK-*Kreutz* Rn 36; **aA** bei einer objektiven Unterrichtung über die tatsächlich entstandenen Kosten: *HSWGNR* Rn 12; *Hunold* BB 99, 1492; *Bengelsdorf* Anm. zu BAG 19. 7. 95 EzA § 43 BetrVG 1972; *ders.* AuA 98, 149; *ders.* FS *Hanau* S. 359 ff.). Das ist zB anzunehmen, wenn bei der Unterrichtung nicht erkennbar wird, dass es sich bei den BRKosten um gesetzlich begründete und erforderliche Kosten handelt (BAG 12. 11. 97 aaO; LAG Niedersachsen aaO) oder wenn auf der BetrVerslg. die das Betriebsergebnis negativ beeinflussenden Kosten nur allgemein und ausschließlich die BRKosten gesondert dargestellt werden (BAG 19. 7. 95 aaO; **aA** *Bengelsdorf* aaO; *Hunold* aaO). Das Gleiche gilt für einen Aushang des ArbGeb. mit der Zusage, bei einer Einsparung der BRKosten das Doppelte der Einsparung den ArbN als Sonderzahlung zugute kommen zu lassen (ArbG Wesel AiB 97, 52), oder für die Ankündigung der Kürzung von Sozialleistungen mit dem Hinweis auf entstandene Kosten der BRArbeit (ArbG Rosenheim BB 89, 147) oder für die mit der monatlichen Lohn- und Gehaltsabrechnung übersandte Aufstellung der BRKosten unter namentlicher Nennung der BRMitgl. (ArbG Darmstadt AiB 87, 140).

11   Benennt der **ArbGeb. keine Mitgl. der E-Stelle** (§ 76 Abs. 2), ist das keine Störung ihrer Tätigkeit im Sinne des § 78, da bei dem freiwilligen E-Stellenverfahren keine Pflicht zum Tätigwerden besteht und bei dem erzwingbaren E-Stellenverfahren auch ohne Beteiligung der Beisitzer der ArbGebSeite ein wirksamer Beschluss gefasst werden kann (vgl. § 76 Abs. 5; *Richardi/Thüsing* Rn 15; *Düwell/Lorenz* Rn 8). Wird jedoch die Tätigkeit der gebildeten E-Stelle durch irgendwelche Maßnahmen beeinträchtigt, so verstößt dies gegen § 78 (vgl. § 119 Abs. 1 Nr. 2).

12   Verboten ist sowohl jede Handlung, die mit der Zielrichtung der Störung und Behinderung begangen wird, als auch diejenige, die nur eine unbeabsichtigte, aber objektiv feststellbare Beeinträchtigung darstellt (BAG 12. 11. 97 AP Nr. 27 zu § 23 BetrVG 1972; BAG 3. 9. 03 AP Nr. 78 zu § 40 BetrVG; ErfK-*Kania* Rn 4; *DKK-Buschmann* Rn 18; *Richardi/Thüsing* Rn 16; *HSWGNR* Rn 10; MünchArbR-*Joost* § 220 Rn 129; *SWS* Rn 4). Im Gegensatz zu einer Bestrafung nach § 119 kommt es bei § 78 auf ein Verschulden nicht an. Unzulässig ist schon jede **objektive Behinderung** der Tätigkeit des BR, die sich nicht aus der Ordnung des Betriebs und den normalen Verpflichtungen der BRMitgl. aus ihrem Arbeitsverhältnis ergibt. Anweisungen des ArbGeb., die einen solchen Verstoß darstellen, sind unwirksam (§ 134 BGB) und für die BRMitgl. unbeachtlich, so dass ihre Nichtbeachtung keine Verletzung der arbeitsvertraglichen Pflichten darstellt (*DKK-Buschmann* Rn 17; GK-*Kreutz* Rn 40). Dabei kann es zu einer Konfliktsituation zwischen dem Schutzbedürfnis der BRTätigkeit und den Interessen des ArbGeb. an der Arbeitsleistung der BRMitgl. kommen. Grundsätzlich hat die erforderliche BRTätigkeit Vorrang vor der Erfüllung der Arbeitspflicht (GK-*Kreutz* Rn 32; *Richardi/Thüsing* Rn 18; vgl. auch § 37 Rn 49 ff.). Allerdings haben BR und BRMitgl. bei ihrer Amtstätigkeit auch auf die betrieblichen Notwendigkeiten zu achten, wobei an diese strenge Anforderungen zu stellen sind (vgl. für BRSitzungen § 30 Rn 10 ff. u. für die Teilnahme an Schulungsveranstaltungen § 37 Rn 238). Keine Behinderung der BRTätigkeit liegt vor, wenn es einem BRMitgl. infolge seines Arbeitseinsatzes nicht möglich oder zumutbar ist, eine BRTätigkeit auszuüben, zB wenn ein BRMitgl. zu Montagearbeiten entsandt wird und deshalb nicht an einer BRSitzung teilnehmen kann. Die Funktionsfähigkeit des BR wird in derartigen Fällen durch die Heranziehung eines ErsMitgl. gesichert. Etwas anderes gilt allerdings, wenn der Arb-

Geb. einen derartigen Arbeitseinsatz des BRMitgl. gezielt deswegen trifft, um das BRMitgl. von der BRSitzung fernzuhalten (*Richardi/Thüsing* Rn 18).

Bei **Verstößen** gegen das Behinderungsverbot iS des S. 1 können sowohl der BR **13** (bzw. die anderen genannten Institutionen) als auch ihre betroffenen Mitgl. **Unterlassungsansprüche** geltend machen (BAG 12. 11. 97 AP Nr. 27 zu § 23 BetrVG 1972; BAG 3. 9. 03 AP Nr. 78 zu § 40 BetrVG 1972; *DKK-Buschmann* Rn 30; ErfK-*Kania* Rn 5; *GK-Kreutz* Rn 38 f.; *HSWGNR* Rn 13, 26; *Richardi/Thüsing* Rn 16, 37; **aA** *Heinze* DB 83 Beil. 9 S. 15). Auch kommt der Erlass einer einstweiligen Verfügung in Betracht (vgl. Rn 25). Bei groben Verstößen des ArbGeb. kann gegen ihn auch nach § 23 Abs. 3 vorgegangen werden. Störungen und Behinderungen nach S. 1 können ferner nach § 119 Abs. 1 Nr. 2 auf Antrag des BR, der anderen in § 119 Abs. 2 genannten Organe, der Gewerkschaft, oder des Unternehmers **strafrechtlich verfolgt** werden. Insoweit genügt aber nicht die objektive Beeinträchtigung; strafbar ist nur ein **vorsätzliches Verhalten** (vgl. § 119 Rn 10; *Richardi/Thüsing* Rn 16; *Düwell/Lorenz* Rn 10; *Löwisch/Kaiser* Rn 5).

III. Benachteiligungs- und Begünstigungsverbot

Satz 2 dient der **inneren und äußeren Unabhängigkeit** und der unparteiischen **14** Amtsführung der Mitgl. betriebsverfassungsrechtlicher Organe (BAG 12. 2. 75 AP Nr. 1 zu § 78 BetrVG 1972; BAG 25. 2. 09 – 7 AZR 954/07). Er untersagt jede Handlung, durch die der geschützte Personenkreis wegen (dh ausschließlich oder überwiegend) seiner ehrenamtlichen Tätigkeit im Rahmen der Betriebsverfassung **benachteiligt oder begünstigt** wird. Damit wird kein Privileg eingeräumt, sondern nur sichergestellt, dass diese Personen nicht anders behandelt werden als die anderen ArbN des Betriebs. Das Begünstigungs- und Benachteiligungsverbot gilt auch für ArbN, die nach § 80 Abs. 2 S. 3 dem BR als sachkundige Auskunftspersonen zur Verfügung zu stellen sind. Auch sie dürfen wegen ihrer Tätigkeit weder benachteiligt noch begünstigt werden. Geschützt ist nur die ordnungsmäßige Betätigung (vgl. Rn 8). Die Vorschrift richtet sich gegen jedermann (hM). In Bezug auf die Auskunftspersonen nach § 80 Abs. 2 S. 3 gilt das Verbot auch für den BR bzw. die anderen genannten betriebsverfassungsrechtlichen Organe. Wegen des Schutzes der Wahlkandidaten vgl. § 20 Rn 12 ff., 20 ff., 33 und § 103 Rn 5, 52.

Die Vorschrift des S. 2 ist neben § 37 Abs. 4 und 5 anwendbar. Sie enthält nicht **15** nur ein Benachteiligungsverbot, sondern auch ein an den ArbGeb. gerichtetes Gebot, dem BRMitgl. eine berufliche Entwicklung zukommen zu lassen, wie es sie ohne das BRAmt genommen hätte. Das BRMitgl. hat einen unmittelbaren gesetzlichen **Anspruch** gegen den ArbGeb. **auf Erfüllung** dieses Gebotes (BAG 31. 1. 90 AP Nr. 28 zu § 103 BetrVG 1972; BAG 15. 1. 92 AP Nr. 84 zu § 37 BetrVG 1972; BAG 19. 1. 05 AuA 05, 436; vgl. auch BAG 26. 9. 90 AP Nr. 4 zu § 8 BPersVG; *Richardi/Thüsing* Rn 23; *HSWGNR* R 22; kritisch GK-*Kreutz* Rn 71). Das Benachteiligungsverbot erfasst nicht nur die berufliche Tätigkeit sondern auch das sich aus ihr ergebende Entgelt (BAG 17. 8. 05 AP Nr. 142 zu § 37 BetrVG 1972).

Die Bestimmung des Satz 2 gilt nicht nur für die Amtszeit der Mitgl. des BR und **16** der sonstigen in § 78 genannten Stellen, sondern kann auch **Vor- und Nachwirkungen** entfalten, wenn nämlich die Maßnahme im Hinblick auf die zukünftige oder bereits beendete betriebsverfassungsrechtliche Tätigkeit erfolgt, was insbesondere für ErsMitgl von Bedeutung sein kann (*DKK-Buschmann* Rn 8; *Düwell/Lorenz* Rn 12; *WPK-Preis* Rn 11; **aA** GK-*Kreutz* Rn 47 bezügl. Vorwirkung). Der nachwirkende Schutz ist zeitlich nicht begrenzt.

Unter **Benachteiligung** ist **jede Schlechterstellung** im Vergleich zu anderen **17** ArbN zu verstehen, die nicht aus sachlichen oder in der Person des Betroffenen liegenden Gründen, sondern um ihrer Tätigkeit innerhalb der Betriebsverfassung willen erfolgt. Eine besondere Benachteiligungsabsicht ist nicht erforderlich. Ausreichend ist, dass das BRMitgl. bei einem Vergleich objektiv schlechter gestellt ist als ein Nicht-Mitgl. (BAG 23. 6. 75 AP Nr. 10 zu § 40 BetrVG 1972; BAG 20. 1. 10 – 7 ABR 68/08 – NZA 10, 777; *DKK-Buschmann* Rn 18; ErfK-*Kania* Rn 6; *Löwisch/Kaiser* Rn 13; *Richardi/Thüsing* Rn 20). Dies ist z. B. nicht der Fall, wenn ein BRMitgl. in einem arbeitsgerichtlichen Prozess iR. eines Vergleichs mit dem ArbGeb. die Vereinbarung trifft, dass jede Seite ihre außergerichtlichen Kosten selbst trägt. Andernfalls läge eine Benachteiligung wegen der Wahrnehmung seines BR-Amtes vor, da es dem BRMitgl. ansonsten verwehrt wäre, über die geltend gemachte Forderung einschließlich der durch die Verfolgung entstandenen Kosten wie ein anderer ArbN im Wege eines Vergleichs zu disponieren (BAG 20. 1. 10 – 7 ABR 68/08 – NZA 10, 777).

18　　Als **unzulässige Benachteiligungen** kommen zB in Betracht:

Außerordentliche Kündigung nur des BRMitgl. wegen eines Vorfalls, an dem auch andere ArbN beteiligt waren (BAG 22. 2. 79 EzA § 103 BetrVG 1972 Nr. 23); Zuweisung einer weniger angenehmen Arbeit (LAG Bremen AP Nr. 15 zu § 99 BetrVG 1972; LAG Frankfurt BB 86, 2199); Ausschluss von besonderen Zuwendungen oder Vergünstigungen (zB das BRMitgl. kann wegen seiner Tätigkeit die Beförderungsmöglichkeit mit Werksbussen nicht in Anspruch nehmen; dieser Nachteil ist auszugleichen LAG Düsseldorf BB 69, 1086); Versetzung auf einen geringer bezahlten Arbeitsplatz, nicht aber die Übertragung einer gleichwertigen Tätigkeit (BAG 9. 6. 82 AP Nr. 1 zu § 107 BPersVG); Umsetzung in ein Großraumbüro (LAG Köln 26. 7. 10 NZA-RR 10, 641); Ausschluss vom Bewährungsaufstieg (BAG 15. 5. 68, AP Nr. 1 zu § 23 a BAT; vgl. auch BAG 26. 9. 90 AP Nr. 4 zu § 8 BPersVG); Widerruf der vorübergehenden Übertragung einer tariflich höherwertigen Tätigkeit wegen Freistellung eines BRMitgl. (BAG 13. 1. 81 AP Nr. 2 zu § 46 BPersVG); Versagung eines Zusatzurlaubs für freigestellte BRMitgl., weil die berufliche Tätigkeit zZ nicht ausgeübt wird (BAG 8. 10. 81 AP Nr. 2 zu § 49 BAT; Aushang von Fehlzeiten des BRMitgl. durch BRArbeit, Krankheit und Lehrgängen am schwarzen Brett (ArbG Verden BB 89, 1405); Angabe der BRTätigkeit im Zeugnis gegen den Willen des BRMitgl. (GK-*Kreutz* Rn 55; LAG Hamm LAGE § 630 BGB Nr. 13, vgl. auch § 37 Rn 15); Ablehnung der Tragung von RAKosten im erfolgreichen Beschwerdeverfahren nach § 103 Abs. 2 (BAG 31. 1. 90 AP Nr. 28 zu § 103 BetrVG 1972); Kontrolle der Telefondaten nur des BRVors ohne besonderen Anlass und außerhalb einer allgemeinen Stichproben-Regelung (LAG Sachsen-Anhalt NZA RR 00, 476).

19　　Das Benachteiligungsverbot erstreckt sich auch auf die **berufliche Entwicklung** (vgl. hierzu auch § 37 Rn 130 ff.; zur beruflichen Entwicklung von PRMitgl. vgl. BAG 31. 10. 85 und 29. 10. 98 AP Nr. 5 und 22 zu § 46 BPersVG). Deshalb ist die Nichtübernahme eines teilzeitbeschäftigten oder befristet beschäftigten BRMitgl. in eine Vollzeitbeschäftigung bzw. in ein unbefristetes Arbeitsverhältnis eine unzulässige Benachteiligung, wenn sie wegen der BRTätigkeit erfolgt (*DKK-Buschmann* Rn 21; GK-*Kreutz* Rn 54; *Richardi/Thüsing* Rn 23; *GL* Rn 16; *HSWGNR* Rn 18). Hiervon ist in der Regel auszugehen, wenn die sonst übliche Übernahme nur dem BRMitgl. verweigert wird. Über den Sonderschutz von in Ausbildung befindlichen betriebsverfassungsrechtlichen Funktionsträgern auf Übernahme in ein Arbeitsverhältnis vgl. § 78 a. Diese Vorschrift verdrängt § 78 aber nur im Rahmen ihres Geltungsbereichs (GK-*Kreutz* Rn 56; *Richardi/Thüsing* Rn 23). Deshalb kann sich für nicht von § 78 a erfasste in Ausbildung befindliche betriebsverfassungsrechtliche Funktionsträger (zB Volontäre) uU aus § 78 ein Anspruch auf Übernahme in ein ArbVerhältnis ergeben (vgl. BAG 12. 2. 75 AP Nr. 1 zu § 78 BetrVG 1972). Aus dem Benachteiligungsverbot kann sich ferner ein Anspruch auf eine weitere Berufsausbildung ergeben, zB vom Verkäufer zum Einzelhandelskaufmann, wenn vergleichbare andere ArbN des Betriebs auch eine derartige Ausbildung erhalten.

20　　Dagegen ist eine **Schlechterstellung** dann in Kauf zu nehmen, **wenn sie für alle ArbN des Betriebes,** der Betriebsabteilung oder der Beschäftigtengruppe **gilt** (*DKK-Buschmann* Rn 24; GK-*Kreutz* Rn 57; *Richardi/Thüsing* Rn 26 ff.). Zu nennen sind zB: Einführung von Kurzarbeit, Herabsetzung übertariflicher Löhne, Änderung einer betrieblichen Ruhegeldordnung (BAG 30. 1. 70 AP Nr. 142 zu § 242 BGB Ruhegehalt), Ausscheiden mit vollendetem 65. Lebensjahr kraft BV (BAG 25. 3. 71

AP Nr. 5 zu § 57 BetrVG; vgl. hierzu § 77 Rn 61 ff.) oder die Nichtberücksichtigung von Trinkgeldern bei der Entgeltfortzahlung nach § 37 Abs. 2, wenn dies auch bei Fehlzeiten der ArbN infolge Krankheit oder Urlaub der Fall ist (BAG 28. 6. 95 AP Nr. 112 zu § 37 BetrVG 1972). Wegen (Massen-)Änderungskündigungen, die sich auch auf alle ArbN erstrecken, vgl. § 103 Rn 12. Eine unzulässige Benachteiligung liegt auch nicht vor, wenn der ArbGeb. seiner öffentlich rechtlichen Verpflichtung zur Abführung von Steuern auf beim BRMitgl. nicht mehr steuerfreie Zuschläge nachkommt (BAG 29. 7. 80 u. 22. 8. 85 AP Nr. 37 u. 50 zu § 37 BetrVG 1972; BAG 29. 7. 80 AP Nr. 1 zu § 46 BPersVG; vgl. hierzu § 37 Rn 71). Andererseits ist der ArbGeb. nicht gehindert, BRMitgl., die bisher steuerfreie Zuschläge erhielten, diese weiterhin ungeschmälert auszuzahlen (*DKK-Buschmann* Rn 25). Es stellt auch keine unzulässige Benachteiligung dar, wenn der ArbGeb. bei teilzeitbeschäftigten BRMitgl. deren BRTätigkeit außerhalb ihrer persönlichen Arbeitszeit nur noch dann anerkennt, wenn – entgegen der bisherigen Übung – deren Erforderlichkeit dargelegt wird (LAG Berlin NZA-RR 01, 313). Bei gleicher Eignung eines ArbN und BRMitgl. im Bewerbungsverfahren ist der ArbGeb. grundsätzlich frei in seiner Entscheidung, welcher Bewerber den Posten erhalten soll; für die Feststellung der persönlichen Eignung hat das Verhalten des BRMitgl. iR seiner BRTätigkeit außen vor zu bleiben (LAG Niedersachsen NZA-RR 04, 414). Hat der ArbGeb. die Nutzung eines Dienstwagens ausschließlich zur Erbringung arbeitsvertraglicher Pflichten wie Kundendiensttätigkeit erlaubt, umfasst dies nicht zugleich die Erlaubnis, das Fahrzeug fast ausschließlich für BR-Tätigkeiten zu nutzen (BAG 25. 2. 09 – 7 AZR 954/07). Eine Benachteiligung im Vergleich zu anderen BR-Mitgl., die das Fahrzeug für BR-Tätigkeiten nutzen dürfen, wenn sie am selben Tag schwerpunktmäßig Kundendiensttätigkeiten durchführen, ist nicht gegeben.

Verstöße gegen das Benachteiligungsverbot durch Rechtsgeschäft sind nach § 134 **21** BGB **nichtig** (BAG 20. 1. 10 – 7 ABR 68/08 – NZA 10, 777; ErfK-*Kania* Rn 8; GK-*Kreutz* Rn 21, 73; GL Rn 27 f.; *DKK-Buschmann* Rn 27; *Richardi/Thüsing* Rn 35). Schuldhafte Verstöße können **Schadensersatzansprüche** nach § 823 Abs. 2 auslösen, da § 78 S. 2 ein Schutzgesetz iS dieser Bestimmung ist (BAG 9. 6. 82 AP Nr. 1 zu § 107 BPersVG; BAG 31. 10. 85 AP Nr. 5 zu § 46 BPersVG; *DKK-Buschmann* Rn 27; GK-*Kreutz* Rn 23; HSWGNR Rn 5; *Richardi/Thüsing* Rn 34). Die Beweislast trägt grundsätzlich derjenige, der die unzulässige Benachteiligung behauptet; jedoch können die Regeln des Beweises des ersten Anscheins (prima-fazie-Beweis) zur Anwendung kommen. Danach wird oft eine tatsächliche Vermutung dafür sprechen, dass zwischen der Amtstätigkeit und der Benachteiligung ein Ursachenzusammenhang besteht (BAG 22. 2. 79 EzA § 103 BetrVG 1972 Nr. 23; *DKK-Buschmann* Rn 28; *Düwell/Lorenz* Rn 19; *WPK-Preis* Rn 12; GL Rn 14; einschränkend GK-*Kreutz* Rn 44). Zu dem sich aus S. 2 ergebenden unmittelbaren Erfüllungsanspruch vgl. Rn 15.

Auch die **Begünstigung** des durch § 78 erfassten Personenkreises wegen ihrer Tä- **22** tigkeit im Rahmen der Betriebsverfassung ist unzulässig. Auch hier muss ein Ursachenzusammenhang gegeben sein, dh die Begünstigung muss wegen der BRTätigkeit erfolgen (vgl. BAG 16. 2. 05 AP Nr. 26 zu § 46 BPersVG). Die Begünstigung kann außerhalb des Arbeitsverhältnisses liegen (zB Gewährung eines besonders günstigen Darlehns oder einer unentgeltlichen Ferienreise, Geschenke an Familienangehörige). **Unzulässige** Begünstigungen sind zB eine zusätzliche Abfindung zu der normalen Sozialplanabfindung für BRMitgl. im Falle einer (Teil-)Betriebsstilllegung iS von § 15 Abs. 4 und 5 KSchG (LAG Düsseldorf AuR 2002, 35; ArbG Nürnberg BB 97, 2165; *WPK-Preis* Rn 17; aA *Düwell/Lorenz* Rn 23 bei höheren Abfindungen aufgrund Aufhebungsverträgen), die über § 38 Abs. 1 hinausgehende und nicht erforderliche Freistellung eines BRMitgl. (zu erforderlichen zusätzlichen Freistellungen vgl. § 38 Rn 19 ff.; *WPK-Preis* Rn 17; aA *Düwell/Lorenz* Rn 23), die Vereinbarung einer Vergütung von „betriebsratsbedingter" Mehrarbeit (LAG Köln NZA-RR 99, 247), Gewährung von Zulagen allein nach der Funktion im GesBR bzw. BR (ArbG Bielefeld

11. 5. 11 – 3 Ca 2633/10), die sachlich unbegründete tarifliche Höhergruppierung oder Versetzung an einen bevorzugten Arbeitsplatz, die Gewährung zusätzlichen Urlaubs oder die Zahlung überhöhter Entschädigungen für Auslagen oder Reisekosten (BAG 29. 1. 74 AP Nr. 8 zu § 37 BetrVG 1972; BAG 23. 6. 75 AP Nr. 10 zu § 40 BetrVG 1972; BAG 28. 3. 07 – 7 ABR 33/06 – FA 07, 317), die Gewährung von Ansprüchen aus § 37 Abs 2 und 4 außerhalb tariflicher Ausschlussfristen (BAG 8. 9. 10 – 7 AZR 513/09 – NZA 11, 159); Vergütung von Freizeitopfer eines restmandatierten BRMitgl., wenn die BRTätigkeit nach Beendigung des Arbeitsverhältnisses durchgeführt worden ist (BAG 5. 5. 10 – 7 AZR 728/08 – NZA 10, 1025), zur Zulässigkeit der Pauschalierung von Aufwendungen der BRMitgl. vgl. § 37 Rn 10 und § 40 Rn 3, 41). Keine Begünstigung liegt vor bei Maßnahmen, durch die die Arbeitsleistung oder die soziale Lage des BRMitgl. in betriebsüblicher Weise berücksichtigt werden (LAG München BB 79, 732). Ebenfalls keine Begünstigung ist die Überlassung eines Dienstwagens zur privaten Nutzung während der Freistellungsphase als BRMitgl., auch wenn der PKW aufgrund der Freistellung nicht mehr wie vorher zu dienstlichen Zwecken genutzt werden kann. Da die private Nutzung wie bisher nur außerhalb der Arbeitszeit möglich ist, entsteht für das BRMitgl. kein Mehr an Nutzungszeitraum als vorher (BAG 23. 6. 04 AP Nr. 139 zu § 37 BetrVG 1972). Ein Vergleich mit anderen BRMitgl. ohne „Dienstwagen" scheidet aus, da § 37 Abs. 2 allein auf die arbeitsvertragliche Vergütung des freigestellten BRMitgl. abstellt (BAG aaO). Zur Überlassung eines auch privat nutzbaren Dienstwagens während der Freistellungsphase siehe § 37 Rn 66 a). Auch die Erstattung von Fahrtkosten eines in Elternzeit befindlichen BRMitgl. zu BR-Sitzungen stellt grundsätzl. keine Begünstigung dar (BAG 25. 5. 05 AP Nr. 13 zu § 24 BetrVG 1972; s. dazu auch § 40 Rn 45).

23   Die **Vereinbarung einer unzulässigen Begünstigung** ist nach § 134 BGB gleichfalls **nichtig** (vgl. BAG 20. 1. 10 – 7 ABR 68/08 – NZA 10, 777; BAG 16. 2. 05 AP Nr. 26 zu § 46 BPersVG). Die versprochene Leistung kann nicht mit Erfolg eingeklagt werden. Ist die Begünstigung allerdings schon gewährt, kann sie nicht zurückgefordert werden, da auch der Leistende gegen ein gesetzliches Verbot verstoßen (§ 817 Satz 2 BGB; *GL* Rn 28; *DKK-Buschmann* Rn 27; *Düwell/Lorenz* Rn 24; einschränkend *HSWGNR* Rn 5, 25; **aA** GK-*Kreutz* Rn 73; *Richardi/Thüsing* Rn 35; MünchArbR-*Joost* § 220 Rn 133; *WPK-Preis* Rn 18).

24   **Vorsätzliche Verstöße** gegen Satz 2 werden auf Antrag gem. § 119 Abs. 1 Nr. 3 **strafrechtlich verfolgt.** Antragsberechtigt sind die geschützten Betriebsverfassungsorgane, der Unternehmer und eine im Betrieb vertretenen Gewerkschaft (§ 119 Abs. 2). Daneben besteht die Antragsmöglichkeit nach § 23 Abs. 3.

IV. Streitigkeiten

25   Streitigkeiten über die Unterlassung einer Störung, Behinderung, Benachteiligung oder Begünstigung der BRTätigkeit sind im arbeitsgerichtlichen **Beschlussverfahren** durchzuführen. Der Erlass einer **einstweiligen Verfügung** ist zulässig (vgl. § 85 Abs. 2 ArbGG; LAG Köln LAGE § 44 BetrVG 1972 Nr. 3; ArbG Darmstadt AiB 87, 140; LAG Hamburg AiB 06, 238; GK-*Kreutz* Rn 39; *HSWGNR* Rn 13, 26; *Richardi/Thüsing* Rn 39). Neben dem betroffenen BRMitgl. ist auch der BR antragsberechtigt (*DKK-Buschmann* Rn 30; GK-*Kreutz* Rn 31; *Düwell/Lorenz* Rn 25 f.; *WPK-Preis* Rn 20; **aA** *Heinze* BB 83 Beil. 9 S. 15). Der Antrag muss ein konkretes Verhalten zum Gegenstand haben, sonst ist er unzulässig. Nicht antragsberechtigt sind einzelne BRMitgl., die von der Begünstigung/Benachteiligung nicht unmittelbar betroffen sind (LAG München 5. 2. 09 – 3 TaBV 107/08 – Juris). Die Entfernung einer Abmahnung eines BRMitgl. aus der Personalakte kann nicht iR des Beschlussverfahrens durch den BR geltend gemacht werden; der Anspruch ist rein individualrechtl. Natur und ist vom BRMitgl. im Urteilsverfahren geltend zu machen (LAG Baden-Württemberg 6. 7. 11 NZA-RR 11, 528).

§ 78 a Schutz Auszubildender in besonderen Fällen

(1) **Beabsichtigt der Arbeitgeber, einen Auszubildenden, der Mitglied der Ju-
gend- und Auszubildendenvertretung, des Betriebsrats, der Bordvertretung oder
des Seebetriebsrats ist, nach Beendigung des Berufsausbildungsverhältnisses nicht
in ein Arbeitsverhältnis auf unbestimmte Zeit zu übernehmen, so hat er dies drei
Monate vor Beendigung des Berufsausbildungsverhältnisses dem Auszubildenden schriftlich mitzuteilen.**

(2) [1]**Verlangt ein in Absatz 1 genannter Auszubildender innerhalb der letzten
drei Monate vor Beendigung des Berufsausbildungsverhältnisses schriftlich vom
Arbeitgeber die Weiterbeschäftigung, so gilt zwischen Auszubildendem und
Arbeitgeber im Anschluss an das Berufsausbildungsverhältnis ein Arbeitsverhältnis auf unbestimmte Zeit als begründet.** [2]**Auf dieses Arbeitsverhältnis ist
insbesondere § 37 Abs. 4 und 5 entsprechend anzuwenden.**

(3) **Die Absätze 1 und 2 gelten auch, wenn das Berufsausbildungsverhältnis
vor Ablauf eines Jahres nach Beendigung der Amtszeit der Jugend- und Auszubildendenvertretung, des Betriebsrats, der Bordvertretung oder des Seebetriebsrats endet.**

(4) [1]**Der Arbeitgeber kann spätestens bis zum Ablauf von zwei Wochen nach
Beendigung des Berufsausbildungsverhältnisses beim Arbeitsgericht beantragen,**
1. **festzustellen, dass ein Arbeitsverhältnis nach Absatz 2 oder 3 nicht begründet
wird, oder**
2. **das bereits nach Absatz 2 oder 3 begründete Arbeitsverhältnis aufzulösen,
wenn Tatsachen vorliegen, aufgrund derer dem Arbeitgeber unter Berücksichtigung aller Umstände die Weiterbeschäftigung nicht zugemutet werden kann.**
[2]**In dem Verfahren vor dem Arbeitsgericht sind der Betriebsrat, die Bordvertretung, der Seebetriebsrat, bei Mitgliedern der Jugend- und Auszubildendenvertretung auch diese Beteiligte.**

(5) **Die Absätze 2 bis 4 finden unabhängig davon Anwendung, ob der Arbeitgeber seiner Mitteilungspflicht nach Absatz 1 nachgekommen ist.**

Inhaltsübersicht

I. Vorbemerkung

Die Vorschrift, die durch G vom 18. 1. 74 (BGBl. I S. 85) in das BetrVG eingefügt **1**
worden ist, stellt eine **besondere gesetzliche Ausformung des Benachteiligungsverbots** des § 78 dar. Nach § 21 BBiG endet das Berufsausbildungsverhältnis
von Gesetzes wegen mit Ablauf der Ausbildungszeit oder schon vorher mit Bestehen
der Abschlussprüfung, ggf. auch erst nach der Ersten innerhalb eines Jahres durchzuführenden Wiederholungsprüfung. Eine Kündigung oder sonstige Erklärung des
ArbGeb. ist nicht erforderlich. Damit steht einem Auszubildenden, der Mitgl. des BR
oder der JugAzubiVertr. ist, bei Ende seiner Ausbildung kein dem § 15 KSchG oder
§ 103 entsprechender Kündigungsschutz zur Verfügung. Um den in Berufsausbildung
befindlichen Mitgl. von Betriebsverfassungsorganen ebenfalls die innere Unabhängig-

keit ihrer Amtsführung zu sichern und ferner auch die Kontinuität der betriebsverfassungsrechtlichen Organe zu gewährleisten, wird nach näherer Maßgabe des § 78 a das Ausbildungsverhältnis nach Beendigung der Ausbildung von Gesetzes wegen in ein unbefristetes Arbeitsverhältnis überführt, das nur durch eine gerichtliche Entscheidung nach Abs. 4 verhindert oder wieder aufgelöst werden kann.

2 Gegen die Vorschrift bestehen **keine verfassungsrechtlichen Bedenken.** Die sich aus ihr ergebende Beschränkung der Vertragsfreiheit ist durch das Sozialstaatsprinzip ebenso gerechtfertigt wie der besondere Kündigungsschutz der betriebsverfassungsrechtlichen Funktionsträger nach § 15 KSchG und § 103 (*DKK-Kittner/Bachner* Rn 3; *Düwell/Lorenz* Rn 1; GK-*Oetker* Rn 8; *Richardi/Thüsing* Rn 3; *APS-Künzl* Rn 10; **aA** *Müller* DB 74, 1526; *Blaha/Mehlich* NZA 05, 667 ff., aber mit Verweis auf Möglichkeit verfassungskonformer Auslegung des Begriffs der „Unzumutbarkeit" in § 78 a Abs. 4 durch Zulassung eines Qualifikationsvergleichs s. dazu Rn 49).

3 Entsprechende Vorschrift im BPersVG 74: § 9.

II. Geschützter Personenkreis

4 Die Vorschrift schützt **Auszubildende** (Azubi), ohne diesen Begriff jedoch näher zu definieren. Zwar liegt es nahe, sich bei seiner Auslegung an den des BBiG zu orientieren, jedoch ist der sowohl im BBiG als auch im BetrVG verwandte Begriff des Azubi nicht notwendigerweise deckungsgleich, da die jeweiligen Gesetze andere Zielsetzungen verfolgen (BAG 23. 6. 83 AP Nr. 10 zu § 78 a BetrVG 1972; BAG 1. 12. 04 NZA 05, 779 ff.; GK-*Oetker* Rn 12, 15).

5 Azubi iS der Vorschrift ist auf jeden Fall der, der nach Maßgabe des BBiG auf Grund eines Berufsausbildungsvertrages in einem nach § 4 BBiG **staatlich anerkannten Ausbildungsberuf** ausgebildet wird (hM). Auch ein **„Umschüler",** der in einem Umschulungsverhältnis für einen anerkannten Ausbildungsberuf (vgl. § 5 Rn 292 ff., § 60 BBiG) ausgebildet wird, fällt unter § 78 a (*DKK-Kittner/Bachner* Rn 4; GK-*Oetker* Rn 18; *Richardi/Thüsing* Rn 5; *WPK-Preis* Rn 2; *APS-Künzl* Rn 16 f.; *Reinecke* DB 81, 885; *Opolony* BB 03, 1329, 1330; **aA** im Hinblick auf die wegen der Fremdfinanzierung durch die BA nur lockere Bindung des Umschülers an den Umschulungsbetrieb *Löwisch/Kaiser* Rn 6; *HSWGNR* Rn 6; ErfK-*Kania* Rn 2).

6 Der Schutz des § 78 a ist aber nicht auf eine Ausbildung in staatl. anerkannten Ausbildungsberufen beschränkt. Jedenfalls dann, wenn mangels eines staatl. geregelten Ausbildungsgangs **auf Grund von tariflichen Regelungen** oder einer **arbeitsvertraglichen Vereinbarung** eine **geordnete Ausbildung** von mindestens zwei Jahren durchlaufen wird, fallen die auf diese Weise einen Beruf Lernenden unter den Schutz der Vorschrift (BAG 1. 12. 04 NZA 05, 779 ff.). Das gilt zB für den TV über die Ausbildungsrichtlinie für **Redaktionsvolontäre** an Tageszeitungen mit einer Ausbildungsdauer von 2 Jahren (vgl. BAG 23. 6. 83 AP Nr. 10 zu § 78 a BetrVG 1972; *DKK-Kittner/Bachner* Rn 4; GK-*Oetker* Rn 15; *HSWGNR* Rn 7; *APS-Künzl* Rn 21; **aA** *SWS* Rn 1).

6a Dagegen sind die nur vorübergehend in einem Berufspraktikum beschäftigten Personen, sog. **Praktikanten,** und uU auch **Volontäre nicht** als Azubi iS der Vorschrift anzusehen. Dem steht entgegen, dass § 78 a im Gegensatz zu § 5 nicht den allgemeinen Begriff der zu ihrer Berufsausbildung Beschäftigen, sondern den engeren Begriff des Azubi, dessen Ausbildung durch einen geordneten Ausbildungsgang gekennzeichnet ist, verwendet (BAG 1. 12. 04 NZA 05, 779 ff.; BAG 17. 8. 05 ArbuR 05, 380; LAG Köln AiB 01, 53; GK-*Oetker* Rn 14; *Richardi/Thüsing* Rn 5; *Düwell/Lorenz* Rn 2; *WW* Rn 2; *WPK-Preis* Rn 2; *APS-Künzl* Rn 20; *Opolony* BB 03, 1329, 1330; **aA** *DKK-Kittner/Bachner* Rn 4; *KR-Weigand* Rn 11; *Becker-Schaffner* DB 87, 2648). Ob und inwieweit der Schutz des § 78 a auch für **Volontäre** Anwendung findet, hängt davon ab, welchen Schwerpunkt das Volontariatsverhältnis hat. Liegt er bei der Erbringung der vertraglich geschuldeten Arbeitsleistung, handelt es sich um ein Arb-

Verh. und unterfällt nicht dem Schutz des § 78a. Steht dagegen die Ausbildung für eine spätere qualifizierte Tätigkeit im Vordergrund und ist ein geordneter Ausbildungsgang von mindestens zwei Jahren vorgesehen, handelt es sich um ein anderes Vertragsverhältnis iSv. § 26 BBiG und damit um eine Ausbildung iSd. § 78a (BAG 1. 12. 04 NZA 05, 779 ff.).

Ohne gesonderte Vereinbarung begründet die Durchführung eines Praktikums außerhalb der Ausbildungsstätte grdstzl. kein Berufsausbildungsverhältnis mit dem Betrieb, der sich nur gegenüber dem Ausbildungsbetrieb zur Durchführung eines Teils der berufspraktischen Ausbildung bereit erklärt hat (BAG 17. 8. 05 EzA § 78a BetrVG 2001 Nr. 2 – offengelassen, was gilt, wenn es sich bei dem Ausbildungsbetrieb und dem Dritten um eine BGB-Gesellschaft zur Durchführung der Berufsausbildung handelt; kritisch *Düwell/Lorenz* Rn 6). Liegt dagegen ein dreiseitiger Praktikumsvertrag vor, kann der Azubi einen Übernahmeanspr. haben (*Malottke* AiB 06, 493). **6b**

Geschützt werden die Azubi, die **Mitgl. des BR,** der JugAzubiVertr, der Bord-Vertr oder des SeeBR sind. Unter die Vorschrift fallen ferner Azubi, die Mitgl. einer anderen Vertr iS des § 3 Abs. 1 Nr. 2 und 3 sind, da diese an die Stelle des BR treten (*GK-Oetker* Rn 27; *Schiefer* FS-Kreutz 429. 434). Die ArbNVertr nach § 3 Abs. 1 Nr. 1 ist ein BR iSd. Gesetzes. Dagegen gilt die Vorschrift nicht für Mitgl. von Gremien oder Vertr. nach § 3 Abs. 1 Nr. 4 und 5; für sie einen vergleichbaren Schutz zu schaffen, bleibt der Regelung durch TV oder BV vorbehalten (*GK-Oetker* Rn 27; *Schiefer* FS-Kreutz 429, 434f aA *Düwell/Lorenz* Rn 3). Die Vorschrift gilt ferner nicht für Azubi, die Mitgl. des Wahlvorst. sind, die sich als Wahlbewerber zur Verfügung gestellt oder eine BRWahl initiiert haben (ArbG Kiel DB 76, 2022; *DKK-Kittner/Bachner* Rn 5; *GK-Oetker* Rn 23; *Richardi/Thüsing* Rn 7). Das Gleiche gilt für Azubi, die einer ArbGruppe angehören, der nach § 28a die Wahrnehmung betriebsverfassungsrechtlicher Aufgaben übertragen worden ist (*GK-Oetker* Rn 27). **7**

Der **Schutz beginnt** mit dem Zeitpunkt, in dem das **Wahlergebnis feststeht,** dh mit Abschluss der öffentl. Stimmenauszählung und der Feststellung dieses Ergebnisses durch den Wahlvorst. Nicht entscheidend ist die Bekanntmachung des Wahlergebnisses im Betrieb nach § 19 WO oder der Ablauf der Amtszeit der abzulösenden ArbNVertr. oder die Amtsaufnahme der neu gewählten Vertr. (BAG 22. 9. 83 AP Nr. 11 zu § 78a BetrVG 1972; ErfK-*Kania* Rn 2; *DKK-Kittner/Bachner* Rn 6; *GK-Oetker* Rn 24; aA *HSWGNR* Rn 12). **8**

Auch ein erst **kurz vor Beendigung** des Ausbildungsverhältnisses in eine ArbN-Vertr. gewählter Azubi fällt unter den Schutz der Vorschrift. Dies gilt selbst dann, wenn der ArbGeb. ihm bereits vor der Wahl mitgeteilt hat, dass er ihn nicht in ein Arbeitsverhältnis zu übernehmen gedenke (LAG Bad-Württ. AP Nr. 4 zu § 78a BetrVG 1972; *DKK-Kittner/Bachner* Rn 16; *WPK-Preis* Rn 3; einschränkend *Reinecke* DB 81, 889; aA *Houben* NZA 06, 769f: muss JAV-Mitgl. im Zeitpkt. der Entscheidung des ArbGeb. sein). **9**

Den Schutz der Vorschrift genießen zum einen diejenigen Azubi, die bei Beendigung ihrer Ausbildung Mitgl. der ArbNVertr. sind. Darüber hinaus besteht der Schutz nach Abs. 3 noch für einen Zeitraum von **1 Jahr nach Beendigung der Amtszeit** der ArbNVertr. Hierbei kommt es ebenso wie beim nachwirkenden Kündigungsschutz der betriebsverfassungsrechtlichen Funktionsträger nach § 15 Abs. 1 Satz 2 KSchG nicht auf die Beendigung der Amtszeit des Kollektivorgans, sondern auf die Beendigung der persönlichen Mitglschaft in der ArbNVertr. an (vgl. § 103 Rn 57). Ein vorzeitig aus der ArbNVertr. ausgeschiedener Azubi unterliegt deshalb dieser Vorschrift, wenn das Ausbildungsverhältnis innerhalb eines Jahres nach seinem persönlichen Ausscheiden endet. Dies gilt allerdings ebenso wie beim nachwirkenden Kündigungsschutz nicht, wenn das Ausscheiden auf einer gerichtlichen Entscheidung (Ausschluss aus der ArbNVertr., gerichtliche Feststellung der Nichtwählbarkeit oder gerichtliche Auflösung der ArbNVertr.) beruht (BAG 21. 8. 79 AP Nr. 6 zu § 78a BetrVG 1972; *DKK-Kittner/Bachner* Rn 6; *GK-Oetker* Rn 25; *Richardi/Thüsing* Rn 10). **10**

11   Die Vorschrift gilt auch für **ErsMitgl.**, sobald sie in die ArbNVertr. nachgerückt sind. Das gilt nicht nur im Falle eines endgültigen Nachrückens für ein ausgeschiedenes ordentliches Mitgl., sondern auch bei einer nur vorübergehenden Vertretung eines zeitweilig verhinderten ordentlichen Mitgl. (BAG 15. 1. 80 AP Nr. 8 zu § 78a BetrVG 1972; *GK-Oetker* Rn 37; *HSWGNR* Rn 10; *Richardi/Thüsing* Rn 11; *APS-Künzl* Rn 34, 39). Das nur vorübergehend tätige ErsMitgl. genießt den Schutz des § 78a nicht nur für die Zeit der Vertr. des ordentlichen Mitglieds, sondern auch für den Zeitraum von einem Jahr nach Beendigung der zeitweisen Vertr. (BAG 17. 2. 10 – 7 ABR 89/08 – DB 10, 1355). Hierbei kommt es auf die Dauer der Vertr. grundsätzlich ebenso wenig an, wie darauf, dass während der Vertretungszeit relevante Betriebsverfassungsaufgaben angefallen sind (BAG 13. 3. 86 AP Nr. 3 zu § 9 BPersVG; *GK-Oetker* Rn 32 f.; *Richardi/Thüsing* Rn 11; *WPK-Preis* Rn 4; enger BVerwG NZA 86, 839; **aA** für den Fall, dass das ErsMitgl während der Vertretungszeit keine BRAufgaben wahrgenomen hat *APS-Künzl* Rn 42; *GL* Rn 4a beschränken den Schutz auf das erste ErsMitgl. ohne Rücksicht auf einen Vertretungsfall).

12   Nimmt ein ErsMitgl. **rechtsirrig** an, es sei wirksam nachgerückt, und übt es über einen längeren Zeitraum die Aufgaben eines gewählten Mitgl. faktisch aus, ohne das der ArbGeb. dagegen Bedenken erhoben hat, steht auch ihm ein Anspruch auf Übernahme in ein Arbeitsverhältnis zu (ArbG Mannheim BB 82, 1665; *DKK-Kittner/Bachner* Rn 8; *GK-Oetker* Rn 34; *APS-Künzl* Rn 41).

12a   § 78a kann durch TV auf eine durch TV errichtete Auszubildendenvertretung entsprechend anwendbar erklärt werden (BAG 15. 11. 06 AP Nr. 38 zu § 78a BetrVG 1972; *Löwisch/Kaiser* Rn 2). Nach BAG findet auf eine durch TV für einen reinen Ausbildungsbetrieb geschaffene Auszubildendenvertretung § 78a ohne entsprechende Regelung im TV keine Anwendung; § 3 Abs. 5 S. 2 findet keine Anwendung, da es sich nicht um eine andere ArbNVertr. iSd § 3 Abs. 1 Nr. 3 sondern um eine zusätzliche Vertretung für die dem Ausbildungsbetrieb zugeordneten Azubi handelt (BAG 13. 8. 08 – 7 AZR 450/07 – Juris).

III. Mitteilungspflicht des Arbeitgebers

13   Der ArbGeb. ist verpflichtet, spätestens (eine frühere Unterrichtung ist zulässig) drei Monate vor dem normalen Ende des Berufsausbildungsverhältnisses dem Azubi mitzuteilen, wenn er ihn nicht in ein Arbeitsverhältnis auf unbestimmte Zeit übernehmen will. Die Mitteilung muss **schriftlich** erfolgen.

14   Durch die **3-Monats-Frist** soll dem Azubi ein angemessener Überlegungszeitraum eingeräumt werden. Die Fristberechnung bestimmt sich nach §§ 187 ff. BGB. Maßgebend ist grundsätzlich der normale Ablauf der vorgesehenen Ausbildungszeit (§ 21 Abs. 1 S. 1 BBiG). Dies gilt auch für den Fall der sog. gestreckten Abschlussprüfung, bei der die Abschlussprüfung in zwei zeitlich auseinander fallenden Teilen durchgeführt werden kann (vgl. § 5 Abs. 2 Nr. 2 BBiG). Ist nach § 5 Abs. 2 Nr. 1 BBiG eine **Stufenausbildung** vorgesehen, endet nach § 21 Abs. 1 S. 2 BBiG das Berufsausbildungsverhältnis mit Ablauf der letzten Stufe. Dabei setzt eine Berufsbildung in Form der Stufenausbildung einen Ausbildungsvertrag über die gesamte Regelausbildungsdauer bis zum Abschluss einer anerkannten Berufsausbildung nach § 4 BBiG voraus (vgl. Ausschussbegründung BT-Drs. 15/4752 S. 34 zu Nummer 6 (§ 5); *Wohlgemuth* AubR 05, 241, 243; *Natzel* DB 05, 610, 612). Endet dagegen die Ausbildung wegen einer **vorgezogenen Abschlussprüfung vorzeitig** und ist dies bereits drei Monate vorher bekannt, ist für die Fristberechnung der Tag der Bekanntmachung des Ergebnisses durch den Prüfungsausschuss maßgebend (nach § 21 Abs. 2 BBiG nF endet mit diesem Tag das Berufsausbildungsverhältnis- die vorherige Formulierung des § 14 Abs. 2 BBiG aF, wonach das Berufsausbildungsverhältnis mit Bestehen der Abschlussprüfung endete, ist wegen der Unsicherheiten bei der Gesetzesauslegung der Rechtsprechung des BAG angepasst worden, vgl. BR-Drucks. 587/

04 S. 109 f.; *Wohlgemuth* AubR 05, 241, 243; *Taubert* NZA 05, 503, 506; *Leinemann/Taubert* § 21 Rn 11). Maßgebend ist immer der Tag der Feststellung des Gesamtergebnisses der Prüfung (vgl. BAG 16. 6. 05 AP Nr. 12 zu § 14 BBiG). Bei Nichtbestehen der Abschlussprüfung verlängert sich auf Verlangen des Azubi das Ausbildungsverhältnis bis zur nächstmöglichen Wiederholungsprüfung; wird auch diese nicht bestanden, auf sein Verlangen nochmals bis zur zweiten Wiederholungsprüfung, insgesamt jedoch höchstens um ein Jahr (§ 21 Abs. 3 BBiG; BAG 15. 3. 00 AP Nr. 10 zu § 14 Abs. 3 BBiG aF; *Opolony* BB 03, 1329, 1334). In diesem Falle ist für die nunmehrige Fristberechnung von der jeweiligen Wiederholungsprüfung bzw. dem Tag des Jahresablaufs auszugehen. Das Berufsausbildungsverhältnis endet mit dem Ablauf der Ausbildungszeit (§ 21 Abs. 1 S. 1 BBiG). Es verlängert sich nicht automatisch dadurch, dass die Abschlussprüfung zeitlich nach der vertraglich vereinbarten Ausbildungszeit liegt (BAG 14. 1. 09 NZA 09, 738 ff.); eine stillschweigende Verlängerung könne allenfalls dann angenommen werden, wenn der Azubi weiter „beschäftigt" wird bzw. das Berufsausbildungsverhältnis „fortgesetzt" wird – der alleinige Besuch der Berufsschule reicht nicht (vgl. BAG 13. 3. 07 zu § 14 Abs. 1 BBiG a. F. AP Nr. 13 zu § 14 BBiG **aA** *Benecke* NZA 09, 820, 824, wonach im Fall der „Weiterbeschäftigung" nicht das Ausbildungsverhältnis verlängert werde, sondern ein Arbeitsverhältnis nach § 24 BBiG zustande komme – s. dazu auch Rn 28). Das BAG deutet in seiner Entscheidung vom 14. 1. 09 (aaO) an, dass eine erweiternde oder analoge Anwendung des § 21 Abs. 3 BBiG in Betracht kommt, wenn der Azubi die Verlängerung des Berufsausbildungsverhältnisses bis zur Bekanntgabe des Prüfungsergebnisses verlangt.

Die Mitteilung des ArbGeb. muss sich grundsätzlich auf ein **unbefristetes Voll-** **15** **zeitarbeitsverhältnis** beziehen, das der abgeschlossenen Ausbildung und dem vergleichbarer ArbN des Betriebs entspricht (*DKK-Kittner/Bachner* Rn 10). Werden dem Azubi lediglich ein befristetes oder ein Teilzeitarbeitsverhältnis oder ein Arbeitsverhältnis mit schlechteren Bedingungen angeboten, ist er nicht gehindert, sein Weiterbeschäftigungsverlangen nach Abs. 2 in ein unbefristetes Vollzeitarbeitsverhältnis geltend zu machen. Auch kann er in erster Linie seine Weiterbeschäftigung nach Abs. 2 verlangen und ein Angebot des ArbGeb. zum Abschluss eines befristeten oder eines Teilzeitarbeitsverhältnisses unter dem Vorbehalt annehmen, dass das Arbeitsgericht eine Weiterbeschäftigung in einem unbefristeten Vollzeitarbeitsverhältnis als nicht zumutbar ansieht (vgl. BAG 16. 8. 95 AP Nr. 25 zu § 78 a BetrVG 1972). Nimmt der Azubi das Angebot des ArbGeb. zum Abschluss eines befristeten oder Teilzeitarbeitsverhältnis vorbehaltlos an, ist ein Arbeitsverhältnis mit diesem Inhalt auf Grund der vertraglichen Absprache zustande gekommen (BAG 16. 7. 08 AP Nr. 50 zu § 78 a BetrVG 1972; LAG Baden-Württemberg AiB 05, 563 f.; BVerwG 31. 5. 05 NZA-RR 05, 613). Steht dem ArbGeb. für die Weiterbeschäftigung des Azubi **kein Vollzeitarbeitplatz zur Verfügung,** sondern besteht eine Weiterbeschäftigungsmöglichkeit nur in einem Teilzeit- oder befristeten Arbeitsverhältnis, hat der ArbGeb. dem Azubi dieses Arbeitsverhältnis mit dem Ziel des Abschlusses eines entsprechenden Arbeitsvertrages anzubieten (**aA** *HSWGNR* Rn 14).

Unterlässt der ArbGeb. die **rechtzeitige Mitteilung,** führt dies nicht zu einer **16** automatischen Überleitung des Ausbildungsverhältnisses in ein ArbVerhältnis (BAG 15. 1. 80 AP Nr. 7 zu § 78 a BetrVG 1972; *Richardi/Thüsing* Rn 17; *WW* Rn 5; *APS-Künzl* Rn 51). Der Schutz des Azubi nach den Abs. 2–4 bleibt jedoch unberührt (vgl. Abs. 5). UU kann die unterlassene Mitteilung Schadensersatzansprüche des Azubi auslösen, zB wenn er eine angebotenen Stelle ausgeschlagen hat (BAG 31. 10. 85 AP Nr. 15 zu § 78 a BetrVG 1972; ErfK-*Kania* Rn 3; GK-*Oetker* Rn 47; *HSWGNR* Rn 15; *Richardi/Thüsing* Rn 18; *WPK-Preis* Rn 8).

Die Mitteilungspflicht obliegt dem ArbGeb., mit dem der Ausbildungsvertrag ab- **17** geschlossen worden ist. Das gilt auch für den Fall, dass die Ausbildung ganz oder überwiegend in einer überbetrieblichen Ausbildungsstätte erfolgt und der Azubi hier in den BR oder die JugAzubiVertr. gewählt worden ist.

18   Die Mitteilung des ArbGeb., den Auszubildenden nach Beendigung der Ausbildung nicht zu übernehmen, hat keinen Einfluss auf dessen Wählbarkeit. Ihm steht es deshalb frei, für eine in diesem Zeitraum anstehenden Neuwahl wieder zu kandidieren (LAG Bad.-Württ. AP Nr. 4 zu § 78a BetrVG 1972; *DKK-Kittner/Bachner* Rn 12; GK-*Oetker* Rn 48).

IV. Weiterbeschäftigungsverlangen des Auszubildenden

19   Die gesetzliche Begründung eines Arbeitsverhältnisses zwischen Azubi und Arb-Geb. nach Abs. 2 Satz 1 setzt voraus, dass der Azubi **frist- und formgerecht** seine Weiterbeschäftigung nach Beendigung des Ausbildungsverhältnisses verlangt. Nach dem Gesetzeswortlaut kann das Verlangen nur innerhalb von **drei Monaten vor Beendigung** des Ausbildungsverhältnisses gestellt werden (zur Fristberechnung vgl. Rn 14). Die Dreimonatsfrist des § 78a korrespondiert mit der früheren Regelung des § 5 Abs. 1 BBiG aF, nach der zum Schutz des Azubi vor einer zu frühen Bindung an den Betrieb nur eine innerhalb der Letzten drei Monate vor Beendigung der Berufsausbildung geschlossene Vereinbarung über ein anschließendes Arbeitsverhältnis zulässig war. Deshalb war es schlüssig, dass auch ein rechtswirksames Weiterbeschäftigungsverlangen nicht vor Beginn der Dreimonatsfrist gestellt werden konnte und ein vorzeitiges Verlangen innerhalb der Frist nachgeholt werden musste (vgl. BAG 31. 7. 74 u. 13. 3. 75 AP Nr. 1 u. 2 zu § 5 BBiG aF; BAG 15. 1. 80 AP Nr. 7 zu § 78a BetrVG 1972; kritisch *Grunsky* Anm. zu EzA § 78a BetrVG 1972 Nr. 9; *DKK-Kittner/Bachner* Rn 15; *GL* Rn 7; *Richardi/Thüsing* Rn 21). Die Frist des § 5 Abs. 1 BBiG aF (jetzt unverändert § 12 BBiG) ist 1996 auf sechs Monate verlängert worden (vgl. Art. 11 des G vom 25. 9. 96 BGBl. I S. 1479). Angesichts dieser Änderung kann der Dreimonatsfrist des § 78a keine zwingende Wirkung mehr dahingehend zukommen, dass ein früher gestelltes Verlangen nichtig ist. Denn es ist in keiner Weise einleuchtend, dass zwar eine Vereinbarung über ein anschließendes Arbeitsverhältnis auch schon vier bis sechs Monate vor Ausbildungsabschluss wirksam getroffen werden kann, ein entsprechendes Verlangen des Azubi während dieser Zeit aber unwirksam sein soll. Auch kann es nur im Interesse des ArbGeb. liegen, möglichst frühzeitig zu wissen, ob der Azubi nach Ausbildungsabschluss weiterbeschäftigt werden will. Deshalb ist auch ein früheres Weiterbeschäftigungsverlangen zulässig, sofern es nur in den letzten sechs Monaten vor Ausbildungsende geltend gemacht wird (zustimmend LAG Düsseldorf 19. 5. 10 – 12 TaBV 23/10 – anhängig BAG 7 ABR 40/10; *Düwell/Lorenz* Rn 12; *APS-Künzl* Rn 61; *Jäger/Künzl* ZTR 00, 301; *Opolony* BB 03, 1329, 1333; **aA** LAG Hamm 1. 4. 11 – 10 TaBV 109/10 – anhängig BAG 7 ABR 38/11; *HSWGNR* Rn 17; GK-*Oetker* Rn 57; *WPK-Preis* Rn 10; *Malottke* AiB 06, 493, 495; *Schiefer* FS-Kreutz 429. 438). An dieser Einschätzung ist auch nach der Reform des BBiG (G zur Reform der beruflichen Bildung vom 23. 3. 05 BGBl. I S. 931) festzuhalten (*Opolony* BB 05, 1050 f.). Auf jeden Fall ist ein ArbGeb., der ein früher als drei Monate vor Ausbildungsende gestelltes Weiterbeschäftigungsverlangen entsprechend der bisher hM weiter als unzulässig ansieht, verpflichtet, dies dem Azubi mitzuteilen, damit dieser vorsorglich sein Verlangen innerhalb der Dreimonatsfrist wiederholen kann. Unabdingbare Voraussetzung ist das Bestehen einer vertraglichen Beziehung; der Übernahmeanspruch in ein Arbeitsverhältnis besteht nicht, wenn der Azubi zwar Mitgl. der JAV ist, aber zum Betrieb, in dem ein Teil der berufspraktischen Ausbildung durchgeführt wird, keine vertragliche Beziehung hat (BAG 17. 8. 05 EzA § 78a BetrVG 2001 Nr. 2; *WPK-Preis* Rn 2; *Richardi/Thüssing* Rn 6; s. auch Rn 6).

20   Das schriftliche Weiterbeschäftigungsbegehren muss dem ArbGeb. **spätestens** am **letzten Tag** des Ausbildungsverhältnisses zugegangen sein.

21   Das Weiterbeschäftigungsverlangen braucht **nicht begründet** zu werden, muss aber **schriftlich** erfolgen. Die Beachtung der Schriftform ist **zwingend** (BVerwG

18. 8. 10 – 6 P 15/09 – NZA-RR 11, 51; *DKK-Kittner/Bachner* Rn 17; GK-*Oetker* Rn 51; *WPK-Preis* Rn 9a; *APS-Künzl* Rn 55; **aa** *Richardi/Thüsing* Rn 23). Ein nur mündlich gestelltes Verlangen ist grundsätzlich unbeachtlich. Etwas anderes kann gelten, wenn der ArbGeb. den Azubi von der Einhaltung der Schriftform abgehalten hat oder wenn besondere Umstände vorliegen, aus denen der ArbGeb. im Hinblick auf seine allgemeine Fürsorgepflicht gehalten ist, den Azubi auf die notwendige Schriftform hinzuweisen. In diesem Falle kann die Berufung auf die fehlende Schriftform **rechtsmissbräuchlich** sein (BVerwG 31. 5. 05 NZA-RR 05, 613f.; *DKK-Kittner/Bachner* Rn 17; *APS-Künzl* Rn 56; enger GK-*Oetker* Rn 51; weitergehend *Malottke* AiB 06, 493, 494: Pflicht des Arbeitgebers, Azubi auf Formmangel hinzuweisen). Ein lediglich per E-Mail erfolgtes Weiterbeschäftigungsverlangen genügt – soweit dieses nicht mit der qualifizierten elektronischen Signatur versehen ist – nicht dem Schriftformerfordernis des § 126, 126a BGB (s. dazu auch Hbg. OVG 15. 1. 10 – PersV 10, 231; *Schiefer* FS-Kreutz 429. 436; **aa** LAG Düsseldorf 19. 5. 10 – 12 TaBV 23/10 – anhängig BAG 7 ABR 40/10).

Ist der Azubi, falls eine Weiterbeschäftigung in einem ausbildungsgerechten Voll- **22** zeitarbeitsverhältnis nicht möglich ist, notfalls auch bereit, zu anderen Bedingungen, zB in einem befristeten oder einem Teilzeitarbeitsverhältnis oder auf einem nicht ausbildungsgerechten Arbeitsplatz mit niedrigerer Bezahlung, ein Arbeitsverhältnis einzugehen, hat er dies dem ArbGeb. mit seinem Weiterbeschäftigungsverlangen mitzuteilen (BAG 6. 11. 96 AP Nr. 26 zu § 78a BetrVG 1972; nach GK-*Oetker* Rn 55 reicht ein späteres, jedoch noch vor Abschluss der Ausbildung ausgesprochenes Verlangen aus). Das Verlangen, auch zu anderen Bedingungen übernommen werden zu wollen, muss der Azubi dem ArbGeb. spätestens unverzüglich nach dessen Nichtübernahmemitteilung mitteilen (BAG 15. 11. 06 u. 16. 7. 08 AP Nr. 38 u. 50 zu § 78a BetrVG 1972). Dabei reicht eine pauschale Bereitschaftserklärung nicht, es muss konkret die angedachte Beschäftigungsmöglichkeit beschrieben werden (BAG 15. 11. 06 u. 16. 7. 08 aaO; kritisch dazu *Malottke* AiB 09, 202ff.). Eine Einverständniserklärung erst im gerichtlichen Verfahren genügt nach BAG nicht (BAG 6. 11. 96, 15. 11. 06, 16. 7. 08 AP Nr. 26, 38, 50 zu § 78a BetrVG 1972). Dem ArbGeb. muss ausreichend Zeit für die Prüfung eines der Bereitschaftserklärung entsprechenden Arbeitsplatzes und ggf. Einleitung eines Beteiligungsverfahrens nach § 99 Abs. 1 verbleiben (BAG 17. 2. 10 – 7 ABR 89/08 – DB 10, 1355). Zu den Rechtsfolgen dieser Mitteilung vgl. Rn 57f.

Die Notwendigkeit, die Weiterbeschäftigung frist- und formgerecht zu verlangen, **23** besteht auch dann, wenn der ArbGeb. seiner Mitteilungspflicht nach Abs. 1 nicht nachgekommen ist (vgl. Abs. 5; BVerwG 31. 5. 05 NZA-RR 05, 613f.; *DKK-Kittner/Bachner* Rn 11; GK-*Oetker* Rn 59; **aa** *Richardi/Thüsing* Rn 22).

Die Zulässigkeit des Weiterbeschäftigungsverlangens ist **nicht** von einem **erfolg- 24 reichen Abschluss der Ausbildung** abhängig. Auch wenn diese ohne Abschluss mit Ablauf der vereinbarten Ausbildungszeit endet, kann die Weiterbeschäftigung verlangt werden. § 78a stellt im Gegensatz zu § 9 BPersVG nicht auf einen erfolgreichen Abschluss der Ausbildung ab (LAG Bad-Württ. AP Nr. 4 zu § 78a BetrVG 1972; GK-*Oetker* Rn 66; *GL* Rn 7; *Richardi/Thüsing* Rn 8; *APS-Künzl* Rn 76; *Opolony* BB 03, 1329, 1334). Zur befristeten Fortsetzung des Ausbildungsverhältnisses bei Nichtbestehen der Abschlussprüfung vgl. Rn 14. Wird die Abschlussprüfung erst nach Ende der vereinbarten Ausbildungszeit abgehalten und wird das Ausbildungsverhältnis nicht bis zur Abschlussprüfung verlängert, ist der Azubi nach Abschluss der vereinbarten Ausbildungszeit in ein Arbeitsverhältnis zu übernehmen.

Nur bei den vorstehend genannten Beendigungstatbeständen (Abschlussprüfung **25** und Ablauf der vereinbarten und ggf. verlängerten Ausbildungszeit) ist ein Weiterbeschäftigungsverlangen zulässig. Es kommt nicht in Betracht, wenn der Azubi das Ausbildungsverhältnis **vorzeitig kündigt** oder die Ausbildung in sonstiger Weise **abbricht** (BAG 13. 8. 08 – 7 AZR 450/07 – Juris; *Richardi/Thüsing* Rn 8; *Düwell/Lorenz* Rn 14) oder wenn der ArbGeb. dem Azubi erfolgreich außerordentlich kündigt (*APS-Künzl* Rn 86; *Düwell/Lorenz* Rn 14). Dies gilt auch im Fall der vorzeitigen Kündigung einer **Stufenausbildung,** die nach § 21 Abs. 1 S. 2 BBiG erst mit Ablauf der letzten Stufe endet.

26   Auch ein **minderjähriger Azubi** kann seine Weiterbeschäftigung verlangen. Die Zustimmung des gesetzlichen Vertreters ist im Hinblick auf § 113 BGB nicht erforderlich (*DKK-Kittner/Bachner* Rn 14; *WPK-Preis* Rn 11; *Düwell/Lorenz* Rn 15; *KR-Weigand* Rn 29; *Moritz* DB 74, 1016; **aA** GK-*Oetker* Rn 52; *HSWGNR* Rn 21; *Richardi/Thüsing* Rn 24, *APS-Künzl* Rn 64 f.; *Opolony* BB 03, 1329, 1333, die jedoch eine nachträgliche Zustimmung des gesetzlichen Vertreters zulassen).

27   Ein einseitiger oder vertraglich vereinbarter **Verzicht** auf den Sonderschutz des Azubi durch § 78 a ist nur in den letzten drei Monaten des Ausbildungsverhältnisses zulässig (BVerwG 31. 5. 05 NZA-RR 05, 613 f.; LAG Frankfurt BB 75, 1205; *DKK-Kittner/Bachner* Rn 15; *GK-Oetker* Rn 63; *Malottke* AiB 06, 493, 495). Innerhalb dieses Zeitraums kann das Weiterbeschäftigungsverlangen jederzeit **widerrufen** werden (BVerwG 31. 5. 05 aaO; *WPK-Preis* Rn 16; *GK-Oetker* Rn 62; **aA** *Richardi/Thüsing* Rn 22 a; *Opolony* BB 03, 1329, 1330). Im Übrigen ist der Schutz der Vorschrift jedoch nicht im Voraus zuungunsten des Azubi abdingbar (*APS-Künzl* Rn 73 f.; *Becker-Schaffner* DB 87, 2651).

28   **Verlangt** der Azubi **keine Weiterbeschäftigung** oder verlangt er sie nicht fristgerecht und schriftlich, scheidet er mit Ablauf des Ausbildungsverhältnisses aus dem Betrieb aus. Etwas anderes gilt, wenn der ArbGeb. ihn anschließend tatsächlich weiterbeschäftigt. In diesem Falle wird nach § 24 BBiG von Gesetzes wegen der Abschluss eines unbefristeten Arbeitsverhältnisses fingiert (*DKK-Kittner/Bachner* Rn 14; *Richardi/Thüsing* Rn 22; s. ausführlich dazu *Benecke* NZA 09, 820 ff.; *Leinemann/Taubert* § 24 Rn 12f). Diese Fiktion gilt mit der Reform des BBiG aufgrund der fehlenden Bezugnahme des § 26 BBiG auf § 24 BBiG nicht mehr für Volontäre und Praktikanten.

29   Mit dem Weiterbeschäftigungsverlangen übt der Azubi ein **gesetzliches Gestaltungsrecht** aus (*DKK-Kittner/Bachner* Rn 14; *GK-Oetker* Rn 61; *Richardi/Thüsing* Rn 19), mit dessen Wahrnehmung auch gegen den Willen des ArbGeb. ein Arbeitsverhältnis begründet wird. Die Wirkungen dieses Gestaltungsrechtes treten mit Beendigung des Ausbildungsverhältnisses bei dem ArbGeb. ein, mit dem der Ausbildungsvertrag abgeschlossen worden ist. Mit dessen Ablauf gilt kraft der **gesetzlichen Fiktion** des Abs. 2 ein Arbeitsverhältnis als begründet (ErfK-*Kania* Rn 4). Das gilt auch dann, wenn der ArbGeb. einen Feststellungsantrag nach Abs. 4 S. 1 gestellt hat, über den bei Beendigung des Ausbildungsverhältnisses jedoch noch nicht rechtskräftig entschieden worden ist (vgl. Rn 40). Da das Arbeitsverhältnis kraft G und nicht auf Grund einer Entscheidung des ArbGeb. entsteht, bestehen keine Beteiligungsrechte des BR nach § 99 unter dem Gesichtspunkt der Einstellung. Die richtige Eingruppierung des übernommenen Azubi unterliegt dagegen ebenso den Beteiligungsrechten des BR nach § 99 wie eine etwaige anschließende Versetzung (*DKK-Kittner/Bachner* Rn 25; *GK-Oetker* Rn 60; *Düwell/Lorenz* Rn 18).

30   Begründet wird grundsätzlich ein **unbefristetes Vollzeitarbeitsverhältnis.** Das ergibt sich zum einen unmittelbar aus dem Wortlaut des Abs. 2 („Arbeitsverhältnis auf unbestimmte Zeit") und folgt zum anderen aus dem Gesetzeszweck, der dem ehemaligen Azubi die Möglichkeit einräumen will, in dem erlernten Beruf eine dem Berufsbild entsprechende Lebensgrundlage zu finden (BAG 13. 11. 87 AP Nr. 18 zu § 78 a BetrVG 1972; *DKK-Kittner/Bachner* Rn 24; *GK-Oetker* Rn 68; *Richardi/Thüsing* Rn 28; *APS-Künzl* Rn 78). Zur Frage, wenn dem ArbGeb. nur eine befristete oder nur eine Teilzeitarbeit möglich ist, vgl. Rn 57.

31   Der Azubi hat keinen Anspruch auf einen **bestimmten Arbeitsplatz,** wohl jedoch auf einen Arbeitsplatz der seinem Ausbildungsstand entspricht. Der Arbeitsplatz muss grundsätzlich im Betrieb liegen, in dem er gewählt worden ist. Denn anderenfalls würde er nach §§ 65, 24 Abs. 1 Nr. 4 sein Amt verlieren (LAG Berlin BB 75, 837; *DKK-Kittner/Bachner* Rn 25; *GK-Oetker* Rn 69; *Düwell/Lorenz* Rn 20). Zur

Frage, wann wegen Fehlens eines Arbeitsplatzes die Weiterbeschäftigung im Betrieb (nicht jedoch im Unternehmen) unzumutbar ist, vgl. Rn 54 ff.

Auf das kraft gesetzlicher Fiktion begründete Arbeitsverhältnis ist insbesondere **32** § 37 Abs. 4 und 5 entsprechend anwendbar (vgl. Abs. 2 S. 2). Hierdurch wird sichergestellt, dass der Azubi nach Übernahme in ein Arbeitsverhältnis die **gleiche finanzielle und berufliche Entwicklung** nimmt, wie vergleichbare ArbN des Betriebs (vgl. hierzu § 37 Rn 116 ff., 130 ff.; LAG Hamm 8. 11. 05 AuR 06, 214). Hat ein Azubi die Abschlussprüfung (endgültig) nicht bestanden, ist ein finanzieller und beruflicher Vergleich mit der Entwicklung solcher ArbN vorzunehmen, die bei einer vergleichbaren Ausbildung die Prüfung ebenfalls nicht bestanden haben und im Betrieb beschäftigt werden (*GL* Rn 10; weitergehend *GK-Oetker* Rn 71, wenn das Nichtbestehen der Prüfung auf die Amtstätigkeit zurückzuführen ist).

Nach Begründung des Arbeitsverhältnisses genießt der ehemalige Azubi den **Kün-** **33** **digungsschutz** der betriebsverfassungsrechtlichen Funktionsträger nach § 15 KSchG und § 103 (*DKK-Kittner/Bachner* Rn 20; *WPK-Preis* Rn 14; *Richardi/Thüsing* Rn 29).

V. Entbindung von der Weiterbeschäftigungspflicht

1. Arbeitsgerichtliches Verfahren

Der ArbGeb. kann die Begründung eines Arbeitsverhältnisses kraft der gesetzlichen **34** Fiktion des Abs. 2 nur verhindern oder die Auflösung eines so begründeten Arbeitsverhältnisses nur erreichen, wenn er seinerseits **fristgerecht** ein **arbeitsgerichtliches Beschlussverfahren** einleitet, durch das die Unzumutbarkeit der Weiterbeschäftigung festgestellt wird. Der ArbGeb. muss also – wie im Falle des § 103 Abs. 2 – prozessual aktiv werden. In einem **Gemeinschaftsbetrieb iSd § 1 Abs. 1 S. 2** kann der Auflösungsantrag von dem Vertragsarbeitgeber des ehemaligen Ausbildungsverhältnisses allein gestellt werden (BAG 25. 2. 09 DB 09, 1473 ff.; BAG 17. 2. 10 – 7 ABR 89/08 – DB 10, 1355). Zur Feststellung der Unzumutbarkeit der Weiterbeschäftigung stehen zwei Verfahren zur Verfügung.

Ist das Ausbildungsverhältnis **noch nicht beendet,** kann der ArbGeb. die Feststel- **35** lung beantragen, dass ein Arbeitsverhältnis wegen Unzumutbarkeit der Weiterbeschäftigung **nicht begründet** wird (Abs. 4 S. 1 Nr. 1). Der Antrag kann frühestens gestellt werden, nachdem der Azubi seine Weiterbeschäftigung verlangt hat. Ein vorher gestellter Antrag ist unzulässig (*DKK-Kittner/Bachner* Rn 28; *Reinecke* DB 81, 890; *Bengelsdorf* NZA 91, 543 Fußn. 62; **aA** *GK-Oetker* Rn 115; *WW* Rn 9; *HSWGNR* Rn 27; *Richardi/Thüsing* Rn 33; *APS-Künzl* Rn 134; *Opolony* BB 03, 1329, 1336). Der Antrag kann spätestens am letzten Tag des Bestehens des Ausbildungsverhältnisses gestellt werden. Ein danach gestellter Feststellungsantrag ist unwirksam (*GK-Oetker* Rn 116; **aA** BVerwG 28. 7. 06 NZA-RR 06, 670 zu § 9 Abs. 2 und 4 BPersVG: Umdeutung in Auflösungsantrag zulässig, wenn ausschließlich die Unzumutbarkeit der Weiterbeschäftigung geltend gemacht wird).

Ergeht vor Beendigung des Ausbildungsverhältnisses eine **rechtskräftige** gericht- **36** liche Entscheidung über den Feststellungsantrag nach Abs. 4 Nr. 1 dahingehend, dass ein **Arbeitsverhältnis nicht begründet** wird, scheidet der Azubi mit Beendigung seines Ausbildungsverhältnisses aus dem Betrieb und damit aus der ArbNVertr., der er angehört, aus. Wird dagegen vor Beendigung des Ausbildungsverhältnisses der Feststellungsantrag des ArbGeb. rechtskräftig abgelehnt, steht insoweit die Übernahme des Azubi in ein Arbeitsverhältnis rechtskräftig fest. In diesem Falle kann nach Begründung des Arbeitsverhältnisses kein Antrag auf Auflösung nach Abs. 4 Nr. 2 gestellt werden, da für einen solchen Antrag wegen der Rechtskraft des Antrags nach Abs. 4 Nr. 1 das Rechtsschutzinteresse fehlen würde. Zur Frage, wenn bis zum Ende des Ausbildungsverhältnisses noch keine rechtskräftige gerichtliche Entscheidung über den Feststellungsantrag nach Abs. 4 Nr. 1 vorliegt, vgl. Rn 40 ff.

37   Ist das Ausbildungsverhältnis **bereits beendet** und damit kraft der gesetzlichen Fiktion ein Arbeitsverhältnis begründet, kann der ArbGeb. nur noch die **gerichtliche Auflösung** des bereits begründeten Arbeitsverhältnisses beantragen (Abs. 4 Nr. 2). Dieser Antrag ist **fristgebunden.** Er muss vor Ablauf von zwei Wochen nach Beendigung des Ausbildungsverhältnisses gestellt werden. Für die Fristberechnung gelten die §§ 187 ff. BGB. Der letzte Tag des Ausbildungsverhältnisses (zB der Tag der mündlichen Abschlussprüfung) zählt bei der Fristberechnung nicht mit. Fällt der letzte Tag der Frist auf einen Samstag, Sonntag oder staatl. anerkannten Feiertag, läuft die Frist mit dem nächstfolgenden Werktag ab. Spätestens an diesem Tage muss ein das arbeitsgerichtliche Beschlussverfahren einleitender Antrag des ArbGeb. auf Auflösung des Arbeitsverhältnisses beim ArbG eingegangen sein.

38   Bei der Frist des Abs. 4 handelt es sich um eine **materielle Ausschlussfrist** (*GL* Rn 16; *Richardi/Thüsing* Rn 35; *WPK-Preis* Rn 18; *Düwell/Lorenz* Rn 24; *APS-Künzl* Rn 139; *KR-Weigand* Rn 35, 47; *Schäfer* ArbuR 78, 206; aA prozessuale Antragsfrist: *GK-Oetker* Rn 112; *HSWGNR* Rn 26; *Barwasser* DB 76, 2114). Nach ihrem fruchtlosen Ablauf kann das kraft Fiktion begründete Arbeitsverhältnis nicht mehr wegen Unzumutbarkeit der Weiterbeschäftigung in Frage gestellt werden.

39   Hält das ArbG eine Weiterbeschäftigung des Azubi nach Ende des Ausbildungsverhältnisses für den ArbGeb. für nicht zumutbar, so hat es das **Arbeitsverhältnis aufzulösen.** Mit Rechtskraft des Auflösungsbeschlusses ist das Arbeitsverhältnis beendet. Bis zu diesem Zeitpunkt ist es wirksam mit allen sich hieraus ergebenden Folgen (insb. Arbeits- und Entgeltzahlungspflicht). Hat der ArbGeb. während dieses Zeitraums die angebotene Arbeitsleistung nicht angenommen, ist er wegen Annahmeverzuges gleichwohl zur Entgeltzahlung verpflichtet (LAG Köln LAGE § 78 a BetrVG 2001 Nr. 2; LAG Nürnberg NZA-RR 01, 197, das im Übrigen in dem schriftlichen Weiterbeschäftigungsverlangen des Azubi die zur Vermeidung einer tariflichen Ausschlussfrist erforderliche schriftliche Geltendmachung des Entgeltanspruchs sieht; *Houben* NZA 06, 769; **aA** *Opolony* BB 03, 1329, 1336, der von einem Erlöschen des Entgeltanspruchs ausgeht, da dem ArbGeb. die Annahme der Arbeitsleistung unzumutbar war). Lehnt das Gericht den Auflösungsantrag des ArbGeb. rechtskräftig ab, ist eine Beendigung des Arbeitsverhältnisses nur mit den allgemein üblichen Mitteln, insb. Kündigung oder Aufhebungsvertrag möglich. Bei einer Kündigung ist der besondere Kündigungsschutz der betriebsverfassungsrechtlichen Funktionsträger nach § 15 KSchG und § 103 zu beachten.

40   **Umstritten** ist die Frage des Bestehens eines Arbeitsverhältnisses, wenn im Falle eines Feststellungsantrags nach Abs. 4 Nr. 1 bis zum Ende des Ausbildungsverhältnisses **keine rechtskräftige gerichtliche Entscheidung** über den Antrag des ArbGeb. vorliegt, wegen Unzumutbarkeit der Weiterbeschäftigung werde ein Arbeitsverhältnis nicht begründet. ZT wird mit dem Argument, bei den Anträgen des Abs. 4 Nr. 1 und 2 handele es sich um verschiedene Streitgegenstände, die Ansicht vertreten, dass der rechtzeitig erhobene Feststellungsantrag nach Abs. 4 Nr. 1 den **Eintritt der Fiktionswirkung** des Abs. 2 solange **hemme,** bis über die Frage des Bestehens eines Arbeitsverhältnisses rechtskräftig entschieden sei. Werde dem Feststellungsantrag des ArbGeb. rechtskräftig stattgegeben, stehe fest, dass zu keiner Zeit ein Arbeitsverhältnis bestanden habe. Während der Zeit des Gerichtsverfahrens könne allerdings ein Anspruch des ehemaligen Azubi auf tatsächliche Weiterbeschäftigung in entsprechender Anwendung der vom Großen Senat des BAG aufgestellten Grundsätze über den Weiterbeschäftigungsanspruch nach einer Kündigung in Betracht kommen (so insb. die frühere Rspr. des BAG vgl. 16. 1. 79 u. 15. 1. 80 AP Nr. 5 u. 9 zu § 78 a BetrVG 1972; BAG 14. 5. 87 AP Nr. 4 zu § 9 BPersVG; *DR* 6. Aufl. Rn 36; GK-*Kreutz* 4. Aufl. Rn 92 f.; *SWS* Rn 10 ff.).

41   ZT wird jedoch die Ansicht vertreten, dass trotz eines anhängigen Feststellungsverfahrens nach Abs. 4 Nr. 1 bei einem entsprechenden Verlangen des Azubi im Anschluss an das Ausbildungsverhältnis ein **Arbeitsverhältnis begründet** und dieses erst durch eine entsprechende rechtskräftige gerichtliche Entscheidung für die Zukunft aufgelöst werde. Begründet wird dies insb. damit, dass die Voraussetzungen für die Begründung eines Arbeitsverhältnisses in Abs. 2 nur von einem frist- und formgerechten Verlangen des Azubi abhängig gemacht werde und die Regelung des Abs. 4 Nr. 1 kein zusätzliches negatives Tatbestandsmerkmal für das Entstehen eines Arbeitsverhältnisses darstelle. Außerdem sei in beiden Alternativen des Abs. 4 eigentlicher und ausschließlicher Streitgegenstand die Frage der Zumutbarkeit der Weiterbeschäftigung. Angesichts dieser Umstände sei es nicht zu rechtfertigen, Abs. 4 in einer Weise auszulegen, die je nach dem Zeitpunkt der gerichtlichen Antragstellung zu gravierenden Unterschieden führe (so nunmehr unter Aufgabe der bisherigen Rspr. BAG 29. 11. 89, 24. 7. 91 u. 11. 1. 95 AP Nr. 20, 23 u. 24 zu § 78a BetrVG 1972; *GL* Rn 17a; ebenso ErfK-*Kania* Rn 10; GK-*Oetker* Rn 123; *WPK-Preis* Rn 17; *Richardi/ Thüsing* Rn 33f.; *Düwell/Lorenz* Rn 27; *DKK-Kittner/Bachner* Rn 29; *APS-Künzl* Rn 143f.; *Reinecke* DB 81, 889; *Strieder* BB 83, 581; *Grunsky* Anm. zu BAG EzA § 87a BetrVG 1972 Nr. 5 und 9; gegen BAG 29. 11. 89 aaO massiv *Bengelsdorf* NZA 91, 537). Obwohl gegen letzterer Ansicht durchaus gewichtige rechtssystematische Bedenken erhoben werden können, ist ihr **im Ergebnis zuzustimmen,** da sie einen Schutz der in Ausbildung befindlichen betriebsverfassungsrechtlichen Funktionsträger gewährleistet, der dem besonderen Kündigungsschutz der Mitgl. betriebsverfassungsrechtlicher Organe nach § 15 KSchG und § 103 mehr entspricht.

Über die Anträge des ArbGeb. nach Abs. 4 S. 1 entscheiden die ArbG im **Be- 42 schlussverfahren** (BAG 5. 4. 84, 31. 11. 87 u. 29. 11. 89 AP Nr. 13, 18 u. 20 zu § 78a BetrVG 1972; BAG 14. 5. 87 AP Nr. 4 zu § 9 BPersVG; GK-*Oetker* Rn 124f.; *DKK-Kittner/Bachner* Rn 27; *Richardi/Thüsing* Rn 44; *Schäfer* NZA 85, 418). Das G. räumt dem ArbGeb. ein Antragsrecht und kein Klagerecht ein. Außerdem kennt nur das Beschlussverfahren Beteiligte (§ 83 ArbGG). In dem Beschlussverfahren ist die jeweils zuständige ArbNVertr zu beteiligen. Gehört der Azubi der JugAzubiVertr. an, ist auch der BR zu beteiligen. Zur Frage der Kostentragungspflicht für einen vom Azubi in dem Beschlussverfahren zugezogenen Anwalt vgl. § 40 Rn 63.

Gegenstand des Beschlussverfahrens nach Abs. 4 ist ausschließlich die Frage, ob 43 dem ArbGeb. die **Weiterbeschäftigung unzumutbar** ist (BAG 29. 11. 89 AP Nr. 20 zu § 78a BetrVG 1972; GK-*Oetker* Rn 108; *GL* Rn 17b; **aA** *Bengelsdorf* NZA 91, 542). Ein Feststellungsantrag nach Abs. 4 Nr. 1, über den bis zum Ende des Ausbildungsverhältnisses nicht rechtskräftig entschieden ist, wandelt sich automatisch, ohne dass es einer formellen Antragsänderung bedarf, in einen Auflösungsantrag nach Abs. 4 Nr. 2 um (BAG 29. 11. 89 AP Nr. 20 zu § 78a BetrVG 1972; *DKK-Kittner/ Bachner* Rn 29; *Richardi/Thüsing* Rn 33; GK-*Oetker* Rn 104 hält eine Umwandlung nicht für erforderlich). Zu Streitigkeiten zwischen ArbGeb. und Azubi über das Vorliegen der Voraussetzungen des Weiterbeschäftigungsanspruches nach den Abs. 2 und 3 vgl. Rn 61.

Maßgebender Zeitpunkt für die Beurteilung der Unzumutbarkeit der Weiterbe- 44 schäftigung ist bei dem Feststellungsantrag nach Abs. 4 Nr. 1 der Zeitpunkt der Begründung des Arbeitsverhältnisses (*DKK-Kittner/Bachner* Rn 39; GK-*Oetker* Rn 127; *Düwell/Lorenz* Rn 30; *APS-Künzl* Rn 130, 155; *Strieder* BB 83, 579). Im Falle eines Auflösungsantrags nach Abs. 4 Nr. 2 ist dagegen der Zeitpunkt der Letzten mündlichen Verhandlung in der Tatsacheninstanz maßgebend, da der ArbGeb. letztlich eine für die Zukunft wirkende Auflösungsentscheidung anstrebt (LAG Hamm DB 80, 2057; *DKK-Kittner/Bachner* Rn 39; *Düwell/Lorenz* Rn 30; *APS-Künzl* aaO; **aA** Zeitpunkt der Begründung des Arbeitsverhältnisses maßgebend: BAG 16. 1. 79, 15. 1. 80, 16. 8. 95, 12. 11. 97 und 16. 7. 08 AP Nr. 5, 9, 25, 31 und 50 zu § 78a BetrVG 1972; BVerwG 29. 3. 06 ZTR 06, 397f.; LAG Köln LAGE § 78a BetrVG 1972 Nr. 13; GK-*Oetker* Rn 127; *HSWGNR* Rn 37; *SWS* Rn 14). Der Zeitpunkt der Letzten mündlichen Verhandlung in der Tatsacheninstanz ist auch maßgebend, wenn sich ein ursprünglicher Feststellungsantrag wegen Beendigung des Ausbildungsverhältnisses in einen Auflösungsantrag umwandelt (vgl. Rn 43; *DKK-Kittner/Bachner* Rn 39).

45   Der ArbGeb. kann **nicht im Wege einer einstweiligen Verfügung** die Begründung eines Arbeitsverhältnisses nach Abs. 2 verhindern oder die Auflösung eines bereits begründeten Arbeitsverhältnisses erwirken. Denn durch eine einstweilige Verfügung darf kein endgültiger Rechtszustand hergestellt werden (hier: Nichtbestehen eines Arbeitsverhältnisses), der bei Aufhebung der einstweiligen Verfügung nicht rückwirkend wieder beseitigt werden kann (ArbG Wiesbaden DB 78, 797; *DKK-Kittner/Bachner* Rn 46; *ErfK-Kania* Rn 12; *GK-Oetker* Rn 129; *APS-Künzl* Rn 159; *Reinecke* DB 81, 890; *Opolony* BB 03, 1329, 1336). Dagegen dürfte eine einstweilige Verfügung mit dem Ziel, den ArbGeb. von der Pflicht zur **tatsächlichen Weiterbeschäftigung** des ehemaligen Azubi nach Beendigung des Ausbildungsverhältnisses zu entbinden, zulässig sein, zB weil effektiv keine Beschäftigungsmöglichkeit besteht (*ErfK-Kania* Rn 12; *GK-Oetker* Rn 129; *GL* Rn 19; *HSWGNR* Rn 44; *KR-Weigand* Rn 50; *Reinecke* DB 81, 890 f.; *Houben* NZA 06, 769, 772 f., der dann aber das Bestehen eines Verfügungsgrunds verneint; ebenso LAG Köln LAGE § 78 a BetrVG 2001 Nr. 2; **aA** wegen Fehlens einer dem § 102 Abs. 5 S. 2 entsprechenden Regelung: ArbG Wiesbaden DB 78, 797; *DKK-Kittner/Bachner* Rn 46; *APS-Künzl* Rn 160; *Düwell/Lorenz* Rn 28; *Becker-Schaffner* DB 87, 2652; *Moritz* DB 74, 1018). Allerdings sind an die Voraussetzungen einer derartigen einstweiligen Verfügung strenge Anforderungen zu stellen. Ihr Erlass hat keine Auswirkung auf die Wahrnehmung des betriebsverfassungsrechtlichen Amtes. Insb. darf der Azubi den Betrieb zur Wahrnehmung seiner Amtsbefugnisse betreten (*GK-Oetker* Rn 129).

2. Unzumutbarkeit der Weiterbeschäftigung

46   Der Antrag des ArbGeb. ist begründet, wenn ihm die Weiterbeschäftigung unter Berücksichtigung aller Umstände nicht zugemutet werden kann. Das G gebraucht eine Formulierung, die zwar an § 626 BGB über die **außerordentliche Kündigung** aus wichtigem Grunde angelehnt, jedoch **nicht** mit ihr **identisch ist.** Das folgt schon aus dem jedenfalls zT jeweils anderen Bezugspunkt der Unzumutbarkeit der (Weiter-)Beschäftigung. Während sich bei der außerordentlichen Kündigung die Unzumutbarkeit auch darauf beziehen muss, dass für die Beendigung des Arbeitsverhältnisses noch nicht einmal der Ablauf der ordentlichen Kündigung abgewartet werden kann, kommt es bei § 78 a darauf an, ob die Weiterbeschäftigung in einem unbefristeten Dauerarbeitsverhältnis zumutbar ist (BAG 17. 2. 10 – 7 ABR 89/08 – DB 10, 1355; BAG 8. 9. 10 – 7 ABR 33/09 – NZA 11, 221). Insofern ist der Begriff der Unzumutbarkeit in § 78 a in einem weiteren Sinne als in § 626 BGB zu verstehen. Beachtet man die zwischen den beiden Vorschriften bestehenden Unterschiede, ist gleichwohl eine an § 626 BGB orientierte Auslegung gerechtfertigt (BAG 16. 1. 79 u. 15. 12. 83 AP Nr. 5 u. 12 zu § 78 a BetrVG 1972; LAG Hamm DB 78, 912; *DKK-Kittner/Bachner* Rn 32; *GK-Oetker* Rn 78; *Richardi/Thüsing* Rn 36; *Malottke* AiB 06, 493, 497; eine stärkere Eigenständigkeit der Vorschrift betonen dagegen BAG 6. 11. 96 und 12. 11. 97 AP Nr. 26 und 31 zu § 78 a BetrVG 1972; LAG Schlesw.-Holst. DB 77, 777; *HSWGNR* Rn 29; *SWS* Rn 12; *Weng* DB 76, 1013; *Löwisch* DB 75, 1893; *Reuter* SAE 79, 283; *Blaha/Mehlich* NZA 05, 667; **aA** iS einer strengen Anlehnung an § 626 BGB: LAG Hamm EzA § 78 a BetrVG 1972 Nr. 4; LAG Düsseldorf DB 75, 1995; *APS-Künzl* Rn 96; *Barwasser* DB 76, 2114). Ebenso wie bei der außerordentlichen Kündigung eines Arbeitsverhältnisses ist eine Nichtübernahme in ein Arbeitsverhältnis nur bei **Vorliegen außerordentlicher Gründe** gerechtfertigt. Die Gründe können in der Person des Azubi liegen (personen- oder verhaltensbedingte Gründe). Eine Nichtübernahme kann jedoch auch in dringenden betrieblichen Erfordernissen ihren Grund haben.

47   **Personen- und verhaltensbedingte Gründe,** die eine außerordentliche Kündigung rechtfertigen, rechtfertigen auch die Nichtübernahme eines Azubi in ein Arbeitsverhältnis (BAG 16. 1. 79 u. 15. 12. 83 AP Nr. 5 u. 12 zu § 78 a BetrVG 1972; *GL* Rn 12; *DKK-Kittner/Bachner* Rn 34; *APS-Künzl* Rn 122; *WPK-Preis* Rn 21; **aA**

Richardi/Thüsing Rn 36 mit Hinweis auf die Möglichkeit der außerordentlichen Kündigung). Dass derartige Gründe auch eine außerordentliche Kündigung des Ausbildungsverhältnisses nach § 22 BBiG hätten rechtfertigen können, hindert nicht ihre Geltendmachung im Rahmen des § 78a (*GK-Oetker* Rn 80f.). Denn zum einen kommt es bei einer außerordentlichen Kündigung des Ausbildungsverhältnisses für die Frage der Unzumutbarkeit wesentlich auf die restliche Ausbildungszeit an, die, wenn sie nur noch kurz ist, zugunsten des Azubi zu berücksichtigen ist. Diesem Aspekt ist aber bei der Begründung eines unbefristeten Arbeitsverhältnisses ein ganz anderes Gewicht zu geben. Zum anderen würde, wenn derartige Gründe nicht mehr bei der Unzumutbarkeit der Weiterbeschäftigung berücksichtigen könnten, der ArbGeb. zu einer außerordentlichen Kündigung des Ausbildungsverhältnisses gezwungen, obwohl er im Interesse des Azubi bereit wäre, ihm trotz der groben Pflichtverletzung den Ausbildungsabschluss noch zu ermöglichen. Im Rahmen des Abs. 4 spielt deshalb die 2-Wochen-Frist nach § 22 Abs. 4 BBiG und § 626 Abs. 2 BGB, die bei einer außerordentlichen Kündigung zu beachten ist, keine Rolle (BAG 15. 12. 83 AP Nr. 12 zu § 78a BetrVG 1972; *DKK-Kittner/Bachner* Rn 34; *GK-Oetker* Rn 81; **aA** *Barwasser* DB 76, 2115).

Nur **grobe Verstöße** gegen die Pflichten aus dem **Ausbildungsverhältnis** kön- **48** nen eine Nichtweiterbeschäftigung rechtfertigen, nicht dagegen Verstöße des Azubi gegen seine Amtspflichten als Mitglied des BR oder der AzubiVertr. (*DKK-Kittner/Bachner* Rn 34; *WPK-Preis* Rn 22). Verstößt der Azubi mit einer Handlung sowohl gegen seine Amts- als auch gegen seine Vertragspflichten, ist für die Frage der Unzumutbarkeit der Weiterbeschäftigung ein besonders strenger Maßstab anzulegen (*DKK-Kittner/Bachner* Rn 34; *GK-Oetker* Rn 82; *WPK-Preis* Rn 22; *APS-Künzl* Rn 122; vgl. auch § 23 Rn 23, § 103 Rn 30). Als Gründe, die eine Nichtübernahme rechtfertigen, kommen zB in Betracht: Arbeitsverweigerung, unbefugte Arbeitsversäumnis, Tätlichkeiten gegen den ArbGeb. oder Mitarbeiter, im Allgemeinen dagegen nicht der Konsum von Drogen (so zum Konsum von Cannabis OVG Saarland AiB 99, 463 zur entsprechenden Vorschrift des § 9 Abs. 2 BPersVG).

Ein **Qualifikationsvergleich** zwischen einem ausgebildeten Mandatsträger und **49** anderen für die Besetzung eines Arbeitsplatzes in Frage kommenden ArbN ist grundsätzlich **nicht zulässig.** Deshalb kann der ArbGeb. die Unzumutbarkeit der Weiterbeschäftigung nicht damit begründen, andere Azubi hätten die Prüfung mit einem besseren Ergebnis abgeschlossen, oder er beabsichtige, den freien Arbeitsplatz mit besser qualifizierten anderen ArbN des Betriebs zu besetzen (LAG Hamm BB 93, 294; *DKK-Kittner/Bachner* Rn 35; ErfK-*Kania* Rn 8; *GK-Oetker* Rn 83; *APS-Künzl* Rn 126; *KR-Weigand* Rn 38; *Düwell/Lorenz* Rn 29; *WPK-Preis* Rn 23; mit Bedenken *Opolony* BB 03, 1329, 1335 **aA** *GL* Rn 15; *Löwisch/Kaiser* Rn 18; *Weng* DB 76, 1014; *Blaha/Mehlich* NZA 05, 667; *Schiefer* in FS-Kreutz 429, 448; BVerwG NZA-RR 00, 443 für den öffentlichen Dienst bei wesentlichen Qualifikationsunterschieden). Eine Unzumutbarkeit der Weiterbeschäftigung liegt ferner nicht vor, wenn der ArbGeb. beabsichtigt, die wenigen freien Arbeitsplätze mit solchen Azubi zu besetzen, deren Ausbildung wegen besonders guter Leistungen verkürzt und mit einem guten Ergebnis vorzeitig abgeschlossen wird (LAG Berlin LAGE § 78a BetrVG 1972 Nr. 8; **aA** *Löwisch/Kaiser* Rn 18). Der ArbGeb. ist allerdings nicht gehindert, einen Azubi, der wegen besonders guter Leistungen die Abschlussprüfung mehrere Monate vor Ablauf der normalen Ausbildungszeit beendet, auf einen freien Arbeitsplatz zu übernehmen (BAG 12. 11. 97 AP Nr. 31 zu § 78a BetrVG 1972 bei einer Einstellung eines solchen Azubi fünf Monate vor dem Ausbildungsende des Mandatsträgers; **aA** LAG Thüringen LAGE § 78a BetrVG 1972 Nr. 11, wenn die Übernahme nicht aus betrieblichen, sondern aus bestimmten sozialpolitischen Gründen erfolgt ist; *APS-Künzl* Rn 127).

Besteht der Azubi **auch im Wiederholungsfalle die Abschlussprüfung nicht,** **50** so ist seine Weiterbeschäftigung im Allgemeinen unzumutbar. Etwas anderes gilt allerdings, wenn dem ArbGeb. eine Weiterbeschäftigung auf einem minder qualifizierten Arbeitsplatz, zB für ungelernte ArbN, möglich ist (LAG Niedersachsen DB 75, 1224; LAG Bad.-Württ. AP Nr. 4 zu § 78a BetrVG 1972; *DKK-Kittner/Bachner* Rn 35; GK-*Oetker* Rn 85; *APS-Künzl* Rn 124).

51   Erfordert der zu besetzende Arbeitsplatz nach seinem Anforderungsprofil eine **besondere Qualifikation,** die **höher** ist als die der erfolgreichen Ausbildung, besteht im Allgemeinen ebenfalls keine Verpflichtung des ArbGeb. zur Weiterbeschäftigung. Denn der Azubi hat keinen Anspruch darauf, ihm eine zusätzliche Qualifikation oder den Erwerb von Spezialkenntnissen zu ermöglichen (*APS-Künzl* Rn 110, 125). Dies gilt allerdings nicht, wenn diese in einer angemessenen Einarbeitungszeit – ggf. unter Inanspruchnahme betrieblicher Schulungsmaßnahmen – gewonnen werden können (vgl. *DKK-Kittner/Bachner* Rn 35; *WPK-Preis* Rn 23; *Richardi/Thüsing* Rn 37; zum letzteren enger GK-*Oetker* Rn 102; *APS-Künzl* aaO; *Schiefer* in FS-Kreutz 429, 447).

52   In **Tendenzunternehmen,** in denen die Regelung des § 78a grundsätzlich auch für Auszubildende gilt, die zu Tendenzträgern ausgebildet werden, kann eine Weiterbeschäftigung aus Gründen des Tendenzschutzes dann entfallen, wenn die Weiterbeschäftigung aus tendenzbedingten Gründen für den Arbeitgeber unzumutbar ist (BAG 23. 6. 83 AP Nr. 10 zu § 78a BetrVG 1972; *Opolony* BB 03, 1329, 1330; *Schiefer* in FS-Kreutz 429, 449).

53   Auch **dringende betriebsbedingte Gründe** können eine Weiterbeschäftigung unzumutbar machen. Allerdings reichen hierfür nicht schon solche betriebsbedingten Gründe aus, die eine ordentliche Kündigung eines ArbN nach § 1 KSchG rechtfertigen. Damit würde der Schutz der ausgebildeten Amtsträger in einer dem § 78a nicht gerecht werdenden Weise auf den bloßen Kündigungsschutz normaler ArbN abgesenkt. Zweck des § 78a ist jedoch die Schaffung eines den anderen betriebsverfassungsrechtlichen Funktionsträgern entsprechenden Schutzes. An die Unzumutbarkeit der Weiterbeschäftigung aus betrieblichen Gründen sind deshalb strenge Anforderungen zu stellen. Dem ArbGeb. muss sie **schlechterdings nicht zumutbar** sein (BAG 16. 1. 79, 6. 11. 96 u. 16. 7. 08 AP Nr. 5, 26 u. 50 zu § 78a BetrVG 1972; *DKK-Kittner/Bachner* Rn 36; GK-*Oetker* Rn 92; *GL* Rn 12 f.; *Reinecke* DB 81, 894; *Schäfer* ArbuR 78, 206; im Ergebnis ebenso *APS-Künzl* Rn 101, wenn er Gründe fordert, deretwegen auch BRMitgl außerordentlich gekündigt werden können).

54   Die Unzumutbarkeit der Weiterbeschäftigung ist grundsätzlich bei **Fehlen eines freien Arbeitsplatzes** anzuerkennen (BAG 16. 1. 79, 29. 11. 89, 16. 8. 95 u. 6. 11. 96 AP Nr. 5, 20, 25 u. 26 zu § 78a BetrVG 1972; BAG 28. 6. 00 ZTR 01, 139; LAG Köln DB 88, 1237; *DKK-Kittner/Bachner* Rn 36; GK-*Oetker* Rn 95; *Richardi/Thüsing* Rn 37; *WW* Rn 11; *APS-Künzl* Rn 103; **aA** LAG Hamm EzA § 78a BetrVG 1972 Nr. 4; ArbG Bochum DB 94, 1192; *Barwasser* DB 76, 2114; *Reinecke* DB 81, 893). Hierbei ist für die Frage, ob kein freier Arbeitsplatz vorhanden ist, nicht auf den Betrieb, sondern auf das Unternehmen abzustellen (LAG Niedersachsen LAGE § 78a BetrVG 1972 Nr. 9 u. 15; LAG Rheinland-Pfalz LAGE § 78a BetrVG 1972 Nr. 12; *DKK-Kittner/Bachner* Rn 32a; ErfK-*Kania* Rn 9; *Richardi/Thüsing* Rn 39; *Düwell/Lorenz* Rn 34; **aA** BAG 15. 11. 06 AP Nr. 38 zu § 78a BetrVG 1972 ausschließlich betriebsbezogen – auch hinsichtlich der Weiterbeschäftigungspflicht zu geänderten Arbeitsbedingungen; BAG 8. 8. 07 AP Nr. 42 zu § 78a BetrVG 1972; BAG 17. 2. 10 – 7 ABR 89/08 – DB 10, 1355; BAG 8. 9. 10 – 7 ABR 33/09 – NZA 11, 221; GK-*Oetker* Rn 93; *WPK-Preis* Rn 24; *APS-Künzl* Rn 81, 104; *Jäger/Künzl* ZTR 00, 304; *Opolony* BB 03, 1329, 1335; *Malottke* AiB 06, 493, 497; *Schiefer* in FS Kreutz 429, 442). Denn wenn schon bei einer ordentlichen Kündigung eines ArbN die Möglichkeit einer Weiterbeschäftigung in einem anderen Betrieb des Unternehmens die Sozialwidrigkeit der Kündigung auslöst, muss diese Möglichkeit die Unzumutbarkeit der Weiterbeschäftigung eines durch § 78a geschützten Azubi erst recht ausschließen (vgl. auch § 15 Abs. 5 KSchG). Offengelassen aber angedeutet hat das BAG die Möglichkeit, durch TV oder BV die Weiterbeschäftigungspflicht des Arbeitgebers nach § 78a auf das Unternehmen zu erweitern (BAG 15. 11. 06 u. 8. 8. 07 aaO).

Bei Fehlen eines Arbeitsplatzes ist der ArbGeb. weder verpflichtet, einen **neuen**, **55** nicht benötigten **Arbeitsplatz** zu schaffen, noch gehalten, durch **Kündigung eines anderen ArbN** einen Arbeitsplatz frei zu machen (BAG 29. 11. 89 u. 16. 8. 95 AP Nr. 20 u. 25 zu § 78 a BetrVG 1972; ErfK-*Kania* Rn 9; *WPK-Preis* Rn 24; GK-*Oetker* Rn 97; *Horcher* NZA-RR 06, 393, 401 zum letzteren **aA** *APS-Künzl* Rn 106) bzw. eine den Auszubildenden nicht berührende Personalentscheidung so zu treffen, dass durch eine sog. Kettenreaktion für den Auszubildenden eine Stelle frei wird (BAG 28. 6. 00 ZTR 01, 139). Letzteres gilt auch, wenn die Kündigung eines anderen ArbN möglich wäre, der noch nicht unter das Kündigungsschutzgesetz fällt. Der ArbGeb. ist auch nicht verpflichtet, Schichtpläne zu ändern, um dadurch einen Arbeitsplatz für den Auszubildenden zu gewinnen (BAG 15. 1. 80 AP Nr. 9 zu § 78 a BetrVG 1972; **aA** *Düwell/Lorenz* Rn 38). Desgleichen ist der ArbGeb. nicht gezwungen, Arbeitsplätze, die er einsparen will, wieder zu besetzen (BAG 16. 7. 08 AP Nr. 50 zu § 78 a BetrVG 1972; *Grunsky* Anm. EzA § 78 a BetrVG 1972 Nr. 9). Denn die Vorgabe, welche Arbeiten im Betrieb mit welcher Anzahl von ArbN verrichtet werden soll, ist eine vom ArbGeb. zu treffende Entscheidung (BAG 6. 11. 96 und 12. 11. 97 AP Nr. 26 und 31 zu § 78 a BetrVG 1972; BAG 28. 6. 00 ZTR 01, 139; BAG 8. 9. 10 – 7 ABR 33/09 – NZA 11, 221; BVerwG NZA-RR 98, 190). Ist allerdings im Zeitpunkt der Beendigung des Ausbildungsverhältnisses ein freier Arbeitsplatz vorhanden, der mit dem Azubi besetzt werden kann, kann die Unzumutbarkeit nicht damit begründet werden, dass in naher Zukunft weitere Arbeitsplätze abgebaut werden sollen (BAG 16. 8. 95 u. 16. 7. 08 AP Nr. 25 u. 50 zu § 78 a BetrVG 1972; BAG 17. 2. 10 – 7 ABR 89/08 – DB 10, 1355; BAG 8. 9. 10 – 7 ABR 33/09 – NZA 11, 221; ErfK-*Kania* Rn 9; *APS-Künzl* Rn 112).

Die Unzumutbarkeit kann auch nicht damit begründet werden, für die Erledigung **55a** der Arbeitsmenge künftig **LeihArbN** einzusetzen, dies verändert nicht die Anzahl der im Betrieb eingerichteten Arbeitsplätze und damit nicht den grundsätzlichen Beschäftigungsbedarf (BAG 16. 7. 08 AP Nr. 50 zu § 78 a BetrVG 1972; BAG 25. 2. 09 DB 09, 1473 ff.; 17. 2. 10 – 7 ABR 89/08 – DB 10, 1355; *Richardi/Thüsing* Rn 39 a; *Löwisch/Kaiser* Rn 22; *Malottke* AiB 09, 202 ff.; *Gaul/Ludwig* DB 10, 2334; **aA** *Schiefer* in FS-Kreutz 429, 444). Auch wenn der ArbGeb. bereits LeihArbN auf dauerhaft eingerichteten, ausbildungsadäquaten Arbeitsplätzen einsetzt, ist es ihm grundsätzlich zumutbar, einen solchen Arbeitsplatz frei zu machen, soweit dem nicht besondere betriebliche Interessen an der Weiterbeschäftigung des LeihArbNs entgegenstehen (BAG 17. 2. 10 – 7 ABR 89/08 – DB 10, 1355; *Gaul/Ludwig* DB 10, 2334, 2337; **aA** *Schiefer* in FS-Kreutz 429, 444).

Der ArbGeb. ist verpflichtet, alle ihm **zumutbaren Vorkehrungen** zu treffen, **56** um eine Weiterbeschäftigung des Azubi zu ermöglichen. Diese ist deshalb nicht unzumutbar, wenn der ArbGeb. nach einem Antrag des Azubi nach Abs. 2 einen freien Arbeitsplatz besetzt, obwohl ihm ein Abwarten der Abschlussprüfung zumutbar war (*DKK-Kittner/Bachner* Rn 37; GK-*Oetker* Rn 98 f.). Darüber hinaus ist der ArbGeb. generell verpflichtet, sich in den letzten drei Monaten der Ausbildung auf ein Übernahmeverlangen des Azubi einzustellen und ggf. frei werdende Arbeitsplätze für diesen zu reservieren (BAG 12. 11. 97 u. 16. 7. 08 AP Nr. 30 u. 50 zu § 78 a BetrVG 1972; BVerwG 29. 3. 06 ZTR 06, 397 f.; 17. 2. 10 – 7 ABR 89/08 – DB 10, 1355; 8. 9. 10 – 7 ABR 33/09 – NZA 11, 221; LAG Hamm LAGE § 78 a BetrVG 1972 Nr. 10; ErfK-*Kania* Rn 9; GK-*Oetker* Rn 99; *Jäger/Künzl* ZTR 00, 348; vgl. auch BVerwG NZA-RR 00, 559 für freie sog. „Beförderungsstellen", die nach einer Einarbeitungszeit zu einer Höhergruppierung führen). Dies gilt nur dann nicht, wenn einem Abwarten besondere Umstände entgegenstehen, zB wenn eine sofortige Wiederbesetzung eines Arbeitsplatzes unerlässlich ist (BAG 17. 2. 10 – 7 ABR 89/08 – DB 10, 1355; BAG 8. 9. 10 – 7 ABR 33/09 – NZA 11, 221; *DKK-Kittner/Bachner* Rn 37; *Richardi/Thüsing* Rn 40). Eine über drei Monate vor Abschluss der Ausbildung hinausgehende Reservierungspflicht des ArbGeb. besteht im Allgemeinen nicht (BAG 12. 11. 97 AP Nr. 31 zu § 78 a BetrVG 1972; für eine sechsmonatige

Reservierungspflicht *APS-Künzl* Rn 108; *Düwell/Lorenz* Rn 37). Zu den dem Arb-
Geb. zumutbaren Vorkehrungen für eine Weiterbeschäftigung kann auch der Abbau
laufend geleisteter **Überstunden** zählen (*DKK-Kittner/Bachner* Rn 36; GK-*Oetker*
Rn 97; *Düwell/Lorenz* Rn 38; *APS-Künzl* Rn 109; *Jäger/Künzl* ZTR 00, 349, **aA**
BAG 6. 11. 96 und 12. 11. 97 AP Nr. 26 und 31 zu § 78a BetrVG 1972; BAG 28. 6.
00 ZTR 01, 139; BAG 17. 2. 10 – 7 ABR 89/08 – DB 10, 1355 BAG 8. 9. 10 – 7
ABR 33/09 – NZA 11, 221; *WPK-Preis* Rn 24; **aA** *Schiefer* in FS-Kreutz 429, 443).
Führt der ArbGeb. den Wegfall der Beschäftigungsmöglichkeit durch eine Änderung
seiner Arbeitsorganisation oder Personalplanung allein zu dem Zweck herbei, um
eine Übernahme der nach § 78a Geschützten zu verhindern, ist dies rechtsmissbräuchlich und insoweit unbeachtlich (BAG 8. 9. 10 – 7 ABR 33/09 – NZA 11, 221).

57   Bei dem nach Abs. 2 gesetzlich begründeten Arbeitsverhältnis handelt es sich
grundsätzlich um ein **unbefristetes Vollzeitarbeitsverhältnis** (vgl. Rn 30). Diese
Regelung dient dem Schutz der auszubildenden Mandatsträger, die davor bewahrt
werden sollen, nur in ein befristetes oder in ein Teilzeitarbeitsverhältnis übernommen
zu werden. Ist eine Weiterbeschäftigung in einem unbefristeten Vollzeitarbeitsverhältnis **nicht möglich,** wohl jedoch in einem befristeten oder in einem Teilzeitarbeitsverhältnis, so wird bei **entsprechender Bereitschaft des Azubi ein derartiges
Arbeitsverhältnis begründet** (LAG Frankfurt NZA 87, 532; LAG Köln LAGE
§ 78a BetrVG 1972 Nr. 14; *DKK-Kittner/Bachner* Rn 38; *Düwell/Lorenz* Rn 16;
APS-Künzl Rn 115, 120; *Graf* DB 92, 1290; *Jäger/Künzl* ZTR 00, 350; *Schwerdtner*
NZA 85, 579; **aA** BAG 13. 11. 87, 24. 7. 91, 6. 11. 96 u. 15. 11. 06, 16. 7. 08 AP
Nr. 18, 23, 26, 38 u. 50 zu § 78a BetrVG 1972; ErfK-*Kania* Rn 5; GK-*Oetker*
Rn 104ff.; *WPK-Preis* Rn 25). Nach BAG ist der ArbGeb. jedoch verpflichtet, eine
vom Azubi erklärte Bereitschaft, auch zu andern Arbeitsbedingungen arbeiten zu
wollen (s. zu den Voraussetzungen dazu Rn 22) zu prüfen, ob ihm dies möglich und
zumutbar ist. Kommt es bei entsprechender Bereitschaft des Azubi zwischen ihm und
dem ArbGeb. zum Abschluss eines Arbeitsvertrages, wird nach BAG hiermit die Entstehung des gesetzlichen Arbeitsverhältnisses zu ausbildungsadäquaten Bedingungen
abbedungen oder der Inhalt des bereits entstandenen Arbeitsverhältnisses geändert
(BAG 17. 2. 10 – 7 ABR 89/08 – DB 10, 1355) Unterlässt dagegen der ArbGeb. die
Prüfung, oder verneint er zu Unrecht die Möglichkeit und Zumutbarkeit, so kann
das nach Abs. 2 entstandene, auf die ausbildungsgerechte Beschäftigung gerichtete
ArbVerh. nicht nach Abs. 4 aufgelöst werden (BAG 6. 11. 96, 15. 11. 06, 16. 7. 08
AP Nr. 26, 38 u. 50 zu § 78a BetrVG 1972; ErfK-*Kania* Rn 5; *WPK-Preis* Rn 25).
Der ArbGeb. ist in diesem Fall darauf verwiesen, die notwendigen Änderungen der
Vertragsbedingungen durch individualrechtliche Maßnahmen durchzusetzen (BAG
6. 11. 06 u. 16. 7. 08 AP Nr. 38 u. 50 § 78a BetrVG 1972; BAG 17. 2. 10 – 7 ABR
89/08 – DB 10, 1355; BAG 8. 9. 10 – 7 ABR 33/09 – NZA 11, 221). Hat jedoch
der Azubi eine vom ArbGeb. angebotene anderweitige Beschäftigung abgelehnt,
kann er sich im Verfahren nach § 78a Abs. 4 nicht darauf berufen, dass dem ArbGeb.
die Beschäftigung zumutbar sei (BAG 15. 11. 06 AP Nr. 38 zu § 78a BetrVG 1972;
BAG 17. 2. 10 – 7 ABR 89/08 – DB 10, 1355).

58   Soweit die Gegenmeinung nur den freiwilligen Abschluss eines befristeten oder
eines Teilzeitarbeitsverhältnisses zulässt und die Ablehnung eines kraft G zustande
kommenden Arbeitsverhältnisses mit der gesetzlichen – nicht auslegungsfähigen –
Fiktionswirkung des Abs. 2 begründet, überzeugt diese Ansicht nach dem „Alles-
oder-Nichts-Prinzip" nicht. Zum einen wird sie dem Schutzzweck der Vorschrift
(Unabhängigkeit der Amtsführung, Kontinuität der Tätigkeit der ArbNVertr., vgl.
Rn 1) nicht gerecht. Zum anderen beachtet sie nicht ausreichend, dass sich in struktureller Hinsicht die gesetzliche Begründung eines befristeten oder eines Teilzeitarbeitsverhältnisses nicht von der Begründung eines Vollzeitarbeitsverhältnisses unterscheidet und sich insb. qualitativ für den ArbGeb. keine unzulässige Mehrbelastung
ergibt. Denn ein Teilzeit- oder befristetes Arbeitsverhältnis ist gegenüber einem
unbefristeten Vollzeitarbeitsverhältnis als ein Weniger anzusehen.

Bietet der ArbGeb. im Interesse der Weiterbeschäftigung aller Azubis diesen nur **59** Teilzeitarbeitsplätze an, kann der JugAzubiVertr. nicht als einziger die Übernahme in ein Vollarbeitsverhältnis verlangen, wenn ein derartiger Arbeitsplatz nicht zur Verfügung steht (ArbG Kassel DB 87, 2418; ArbG Han. DB 87, 179; aA GK-*Oetker* § 78 Rn 54; *APS-Künzl* Rn 79). Andererseits kann der ArbGeb. in diesem Fall eine Übernahme des JugAzubiVertr. nicht mit der Begründung ablehnen, keinen freien Arbeitsplatz zur Verfügung zu haben; zur Vermeidung einer sonst eintretenden Benachteiligung des JugAzubiVertr. ist der ArbGeb. bei einem Weiterbeschäftigungsverlangen des JugAzubiVertr zur Begründung eines Arbeitsverhältnisses verpflichtet (BAG 6. 11. 96, 15. 11. 06 AP Nr. 26, 38 zu § 78 a BetrVG; BAG 17. 2. 10 – 7 ABR 89/08 – DB 10, 1355).

Ist das Arbeitsverhältnis auf einer tarifvertraglichen Grundlage entstanden, kann **59a** dieses nicht nach § 78 a Abs. 4 aufgelöst werden (BAG 8. 9. 10 – 7 ABR 33/09 – NZA 11, 221), es sei denn, die Tarifvertragsparteien haben die entsprechende Anwendbarkeit vereinbart.

VI. Streitigkeiten

Streitigkeiten über die Unzumutbarkeit der Weiterbeschäftigung des ehemaligen **60** Azubi nach Beendigung seiner Ausbildung sind im **Beschlussverfahren** zu entscheiden (Näheres vgl. Rn 27 ff.). Beteiligte des Verfahrens sind neben dem Auszubildenden und dem ArbGeb. der zuständige BR und die zuständige JAV. Eine Beteiligung der KJugAzubiVertr. kommt weder aus § 83 Abs. 3 ArbGG (keine Betroffenheit durch das Verfahren nach § 78 a Abs. 4 in ihren Beteiligungsrechten noch in ihrer personellen Zusammensetzung) in Betracht, noch kann sie durch TV begründet werden (BAG 15. 11. 06 AP Nr. 38 zu § 78 a BetrVG 1972; BAG 8. 8. 07 AP Nr. 42 zu § 78 a BetrVG 1972). Weitere prozessrechtl. Beteiligte sind im Fall eines Gemeinschaftsbetriebs daran beteiligten Unternehmen (BAG 25. 2. 09 DB 09, 1473 ff.).

Streitigkeiten über das Vorliegen der Voraussetzungen einer Weiterbeschäftigung **61** nach den Abs. 2 und 3 (zB Streit über die Mandatsträgerschaft oder über das fristgerechte und ordnungsgemäße Weiterbeschäftigungsverlangen des Azubi) sind nach hM im arbeitsgerichtlichen **Urteilsverfahren** zu entscheiden (BAG 22. 9. 83, 13. 11. 87 u. 29. 11. 89 AP Nr. 11, 18 u. 20 zu § 78 a BetrVG 1972; *DKK-Kittner/ Bachner* Rn 42; *GL* Rn 18 a *Richardi/Thüsing* Rn 27; *WPK-Preis* Rn 27; *APS-Künzl* Rn 146 f.; aA *Kraft/Raab* Anm. zu BAG EzA § 78 a Nr. 20; *Stahlhacke/Preis/Vossen* Rn 1022 ff.). Dies ist weder im Interesse der Beteiligten noch prozessökonomisch sinnvoll, da die umstrittene Frage einer Weiterbeschäftigung uU in zwei verschiedenen Verfahren geklärt werden muss (GK-*Oetker* Rn 73 f.). In seiner neueren Rechtsprechung erwägt das BAG deshalb, auch die Frage, ob die Voraussetzungen der Abs. 2 und 3 vorliegen, im BeschlVerf. klären zu lassen (BAG 11. 1. 95 AP Nr. 24 zu § 78 a BetrVG 1972; dem Ansatz zust. *Houben* NZA 06, 769, 771; so schon BVerwG 28. 7. 06 NZA-RR 06, 670 m. w. N. zu § 9 BPersVG). Die Geltendmachung des Anspruchs des Ausgebildeten auf tatsächliche Beschäftigung nach Begründung des Arbeitsverhältnisses erfolgt im Urteilsverfahren (BAG 14. 5. 87 AP Nr. 4 zu § 9 BPersVG).

Ist in einem Beschlussverfahren rechtskräftig festgestellt worden, dass wegen Un- **62** zumutbarkeit der Weiterbeschäftigung das Arbeitsverhältnis aufgelöst worden ist, ist ein Urteilsverfahren über die Feststellung des Nichtvorliegens der Voraussetzungen der Abs. 2 und 3 **gleichwohl fortzusetzen,** da sich diese Entscheidung auf den Zeitpunkt der Beendigung des Ausbildungsverhältnisses bezieht und nicht wie die Entscheidung im Beschlussverfahren nur ab Rechtskraft für die Zukunft wirkt. Ist dagegen im Urteilsverfahren rechtskräftig entschieden, dass wegen Nichtvorliegens der Voraussetzungen der Abs. 2 und 3 ein Arbeitsverhältnis nicht begründet worden ist, so ist ein anhängiges Beschlussverfahren zur Feststellung der Nichtzumutbarkeit der Weiterbeschäftigung **mangels Rechtsschutzinteresses** einzustellen.

63   Bestreitet der ArbGeb. die Begründung eines Arbeitsverhältnisses nach Abs. 2 und 3, ist für eine Klage des Azubi auf Feststellung des Bestehens eines Arbeitsverhältnisses stets ein **Rechtsschutzinteresse** iS des § 256 Abs. 1 ZPO zu bejahen (BAG 13. 11. 87 AP Nr. 18 zu § 78 a BetrVG 1972). Auch wenn der ArbGeb. rechtzeitig ein Beschlussverfahren nach Abs. 4 Nr. 1 einleitet, hat der Ausgebildete grundsätzlich Anspruch auf tatsächliche Beschäftigung entsprechend dem gesetzlich begründeten Arbeitsverhältnis (vgl. aber auch Rn 45).

64   Der Ausgebildete kann seine Rechte auf Beschäftigung aus dem kraft G begründeten Arbeitsverhältnis auch im Wege der **einstweiligen Verfügung** geltend machen, wenn der ArbGeb. die Begründung eines Arbeitsverhältnisses bestreitet (LAG Frankfurt BB 87, 2160; LAG Berlin BB 75, 838; ArbG Offenbach AiB Newsletter 07, Nr. 5, 6 f.; *DKK-Kittner/Bachner* Rn 45; *ErfK-Kania* Rn 12; *GK-Oetker* Rn 75; *WPK-Preis* Rn 29; *GL* Rn 19; *Opolony* BB 03, 1329, 1336; *Becker-Schaffner* DB 87, 2652; *Reinecke* DB 81, 890; aA *APS-Künzl* Rn 160).

§ 79 Geheimhaltungspflicht

(1) [1]**Die Mitglieder und Ersatzmitglieder des Betriebsrats sind verpflichtet, Betriebs- oder Geschäftsgeheimnisse, die ihnen wegen ihrer Zugehörigkeit zum Betriebsrat bekannt geworden und vom Arbeitgeber ausdrücklich als geheimhaltungsbedürftig bezeichnet worden sind, nicht zu offenbaren und nicht zu verwerten.** [2]**Dies gilt auch nach dem Ausscheiden aus dem Betriebsrat.** [3]**Die Verpflichtung gilt nicht gegenüber Mitgliedern des Betriebsrats.** [4]**Sie gilt ferner nicht gegenüber dem Gesamtbetriebsrat, dem Konzernbetriebsrat, der Bordvertretung, dem Seebetriebsrat und den Arbeitnehmervertretern im Aufsichtsrat sowie im Verfahren vor der Einigungsstelle, der tariflichen Schlichtungsstelle (§ 76 Abs. 8) oder einer betrieblichen Beschwerdestelle (§ 86).**

(2) **Absatz 1 gilt sinngemäß für die Mitglieder und Ersatzmitglieder des Gesamtbetriebsrats, des Konzernbetriebsrats, der Jugend- und Auszubildendenvertretung, der Gesamt-Jugend- und Auszubildendenvertretung, der Konzern-Jugend- und Auszubildendenvertretung, des Wirtschaftsausschusses, der Bordvertretung, des Seebetriebsrats, der gemäß § 3 Abs. 1 gebildeten Vertretungen der Arbeitnehmer, der Einigungsstelle, der tariflichen Schlichtungsstelle (§ 76 Abs. 8) und einer betrieblichen Beschwerdestelle (§ 86) sowie für die Vertreter von Gewerkschaften oder von Arbeitgebervereinigungen.**

Inhaltsübersicht

I. Vorbemerkung

1   Die im Rahmen seiner Beteiligungsrechte bestehenden umfangreichen Informationsrechte sowie das Gebot der vertrauensvollen Zusammenarbeit zwischen ArbGeb. und BR (§ 2 Abs. 1) bringen es mit sich, dass der BR, seine Mitgl. und ErsMitgl. sowie weitere im Rahmen der Betriebsverfassung beteiligte Stellen und Personen

Mitteilungen und Kenntnisse über Betriebs- und Geschäftsgeheimnisse erhalten können. Im Interesse des ArbGeb. und des Betriebs und damit seiner Belegschaft wird für solche Fälle eine **besondere Geheimhaltungspflicht** dieser Personen festgelegt. Die Pflicht zur Verschwiegenheit ermöglicht es dem ArbGeb., seine Informationspflichten (vgl. § 80 Rn 48 ff.) rechtzeitig und umfassend zu erfüllen. Eine Einschränkung der Mitteilungspflicht der ArbGeb. im Hinblick auf Geschäfts- und Betriebsgeheimnisse enthält das Gesetz nur hinsichtlich der BetrVerslg. (§ 43 Rn 20) und des WiAusschusses (§ 106 Rn 29 ff.), aber nicht für den BR (BAG 31. 1. 89 AP Nr. 33 zu § 80 BetrVG 1972). Durch das BetrVerf-ReformG ist die Verschwiegenheitspflicht auf die Mitgl. und ErsMitgl. der von ihm neu geschaffenen KJugAzubiVertr. sowie der ArbNVertr. nach § 3 Abs. 1, die durch TV oder BV errichtet werden können, erstreckt worden. Für Mitgl. einer Arbgruppe, der nach § 28 a die Wahrnehmung betriebsverfassungsrechtlicher Aufgaben übertragen worden ist, gilt die Vorschrift entsprechend (vgl. § 28 a Rn 39; ErfK-*Eisemann* § 28 a Rn 8; *HSWGNR* Rn 13; **aA** *Düwell/Lorenz* Rn 1: nur bei Aufnahme der Regelung in die Rahmenvereinbarung; ebenso *Müller* AiB 09, 577, 582).

Entsprechende Vorschriften: § 10 BPersVG, § 29 SprAuG und § 39 Abs. 2 2
EBRG.

II. Gegenstand der Schweigepflicht

Die Schweigepflicht nach § 79 erfasst Betriebs- und Geschäftsgeheimnisse. **Be-** 3
triebs- oder Geschäftsgeheimnisse sind Tatsachen, Erkenntnisse oder Unterlagen, die im Zusammenhang mit dem technischen Betrieb oder der wirtschaftlichen Betätigung des Unternehmens stehen, nur einem eng begrenzten Personenkreis bekannt, also nicht offenkundig (zB nicht im Wirtschaftsteil einer Zeitung veröffentlicht) sind, nach dem bekundeten Willen des ArbGeb. (Unternehmers) geheimgehalten werden sollen, und deren Geheimhaltung (insbesondere vor Konkurrenten) für den Betrieb oder das Unternehmen wichtig ist (**materielles Geheimnis;** BAG 16. 3. 82 AP Nr. 1 zu § 611 BGB Betriebsgeheimnis; BAG 26. 2. 87 AP Nr. 2 zu § 79 BetrVG 1972; BGH AP Nr. 1 zu § 17 UWG; ErfK-*Kania* Rn 2; GK-*Oetker* Rn 8; *Richardi/ Thüsing* Rn 4). Der ArbGeb. muss ein berechtigtes Interesse an der Geheimhaltung haben (hM). Es ist also **objektiv feststellbar,** ob ein Betriebs- oder Geschäftsgeheimnis vorliegt oder nicht. Besteht kein objektives Geheimhaltungsinteresse, so kann eine Angelegenheit nicht willkürlich – etwa durch ihre Bezeichnung als vertrauliche Mitteilung – zum Geschäftsgeheimnis gemacht werden (GK-*Oetker* Rn 14; *WPK-Preis* Rn 4; *HSWGNR* Rn 3; *DKK-Buschmann* Rn 6; s. auch LAG Köln 21. 1. 08 – 14 TaBV 44/07 – EzB BetrVG § 37 Nr. 15). Unlautere oder gesetzwidrige Vorgänge (zB Steuerhinterziehungen) genießen keinen Geheimschutz (*DKK-Buschmann* Rn 6 b; ErfK-*Kania* Rn 6; *Düwell/Lorenz* Rn 12; *Preis/Reinfeld* ArbuR 89, 363; *Müller* AiB 09, 577, 581; einschränkend GK-*Oetker* Rn 10). Abgesehen von den Fällen des § 138 StGB besteht insoweit jedoch keine Offenbarungspflicht des BR oder seiner Mitgl.

Als **Beispiele** für Betriebs- und Geschäftsgeheimnisse sind zu nennen: Kunden- 4
listen; Unterlagen über neue technische Verfahren oder Mängel der hergestellten Waren; Absatzplanung; Mengen- oder Preiskalkulationen; Diensterfindungen; Konstruktionszeichnungen; Rezeptur einer Reagenz (BAG 16. 3. 82 aaO); Kalkulationsunterlagen, uU Lohn- und Gehaltslisten als Teil der betriebswirtschaftlichen Kalkulation in einem Zeitungsverlag, in dem die Personalkosten mit den Produktionskosten weitgehend identisch sind (BAG 26. 2. 87 AP Nr. 2 zu § 79 BetrVG 1972; ErfK-*Kania* Rn 5; GK-*Oetker* Rn 11; **aA** ArbG Mannheim AiB 07, 542 wenn die Lohn- und Gehaltsdaten für eine Reaktion der Konkurrenz unergiebig sind mit zust. Anm. *Stather* ebenda; *DKK-Buschmann* Rn 10; *Müller* AiB 09, 577, 578); Vorzugspreise; unveröffentlichte Jahresabschlüsse; Liquidität des Unternehmens; Auftragslage; Um-

satzhöhe; uU wichtige Verträge oder Vertragsverhandlungen und damit im Zusammenhang stehende Tatsachen (BAG 23. 10. 08 NZA 09, 855 ff.).

5   Außer dem Vorliegen eines materiellen Geheimnisses erfordert die Verschwiegenheitspflicht nach § 79 weiter, dass der **ArbGeb.** oder sein Repräsentant durch **ausdrückliche Erklärung** darauf hingewiesen hat, dass eine bestimmte Angelegenheit als Geschäfts- oder Betriebsgeheimnis zu betrachten und darüber Stillschweigen zu wahren ist **(formelles Geheimnis).** Erst dieser Hinweis begründet die Schweigepflicht. Wird die ausdrückliche Erklärung der Geheimhaltungsbedürftigkeit erst nach der Mitteilung des Betriebsgeheimnisses abgegeben, besteht erst ab diesem Zeitpunkt die Verschwiegenheitspflicht (*DKK-Buschmann* Rn 12; *GK-Oetker* Rn 17; *Richardi/ Thüsing* Rn 7). Das Gleiche gilt, wenn die Funktionsträger im Rahmen ihrer Amtstätigkeit von dem Betriebsgeheimnis bereits aus anderer Quelle Kenntnis erlangt haben. Die Erklärung bedarf keiner bestimmten Form. Sie muss jedoch klar und eindeutig unter bestimmter Bezeichnung der geheimzuhaltenden Angelegenheit erfolgen. Der Wille des ArbGeb. über die Geheimhaltungsbedürftigkeit muss dem Erklärungsempfänger klar erkennbar sein (*DKK-Buschmann* Rn 11 f.; ErfK-*Kania* Rn 7; *WPK-Preis* Rn 6; *GK-Oetker* Rn 15; *Richardi/Thüsing* Rn 6). Nur ein „materielles" Geheimnis (Rn 3) kann als „formelles" Geheimnis bezeichnet werden.

6   Die **Mitteilung über die Geheimhaltungsbedürftigkeit** hat den in der Vorschrift genannten Stellen und Personen gegenüber zu erfolgen. Diese haben ihrerseits dafür Sorge zu tragen, dass andere Mitgl. der betreffenden Organisation, die von der Erklärung bisher keine Kenntnis haben (zB ErsMitgl.), von der Geheimhaltungspflicht unterrichtet werden (*DKK-Buschmann* Rn 11; *Düwell/Lorenz* Rn 10; ErfK-*Kania* Rn 10).

7   Die Schweigepflicht des § 79 erfordert ferner, dass die zur Geheimhaltung verpflichteten Personen von den Betriebs- und Geschäftsgeheimnissen in ihrer **Eigenschaft als Mitgl.** der genannten betriebsverfassungsrechtlichen Institutionen Kenntnis erlangt haben (*DKK-Buschmann* Rn 12; ErfK-*Kania* Rn 9; *Richardi/Thüsing* Rn 8; *WW* Rn 8). Bei den Vertr. der Gewerkschaften oder ArbGebVerbänden muss die Kenntniserlangung im Rahmen ihrer betriebsverfassungsrechtlichen Unterstützungsfunktion erfolgt sein (*GK-Oetker* Rn 20). Nicht erforderlich ist, dass die Kenntnisvermittlung durch den ArbGeb. selbst erfolgt ist. Die Kenntniserlangung durch eine andere Person (zB als Sachverständiger nach § 80 Abs. 3 oder als Wirtschaftsprüfer) reicht aus, vorausgesetzt, sie erfolgt im Rahmen einer betriebsverfassungsrechtlichen Aufgabenerfüllung und es wird auch hier durch den ArbGeb. oder seinen Repräsentanten (das kann auch die mitteilende Person sein) ausdrücklich auf die Geheimhaltungsbedürftigkeit hingewiesen (*GK-Oetker* Rn 17; *GL* Rn 10). Erfahren betriebsverfassungsrechtliche Funktionsträger von Betriebs- und Geschäftsgeheimnissen ohne Zusammenhang mit ihrer Amtstätigkeit (zB im Rahmen ihrer Tätigkeit als ArbN), besteht keine Schweigepflicht nach § 79. In diesen Fällen wird sich allerdings in aller Regel eine Schweigepflicht aus der allgemeinen Treuepflicht des ArbN ergeben, bei Betriebs- und Geschäftsgeheimnissen auch aus §§ 16 f. UWG (vgl. § 120 Rn 10; *DKK-Buschmann* Rn 12; *WPK-Preis* Rn 7; *Düwell/Lorenz* Rn 6; *GK-Oetker* Rn 23; ErfK-*Kania* Rn 9).

8   Auch soweit durch TV oder BV die **Zuständigkeit des BR,** GesBR oder KBR zulässigerweise **erweitert** worden ist (vgl. hierzu § 1 Rn 245 ff.), unterliegen die in diesem Rahmen bekannt gewordenen und als geheimhaltungsbedürftig erklärten Betriebs- und Geschäftsgeheimnisse der Schweigepflicht nach § 79 (*GK-Oetker* Rn 21).

9   Die Mitgl. des BR, GesBR und KBR, die zu einem innerhalb der EU **gemeinschaftsweit tätigen Unternehmen** oder einer entsprechenden **Unternehmensgruppe** gehören, haben auch über als geheimhaltungsbedürftige Betriebs- und Geschäftsgeheimnisses Stillschweigen zu bewahren, die ihnen im Rahmen der **Berichtspflicht des EBR** gegenüber den nationalen ArbNVertretungen nach §§ 35 Abs. 1, 39 Abs. 2 S. 4 EBRG bekannt werden. Rechtsgrundlage dieser Verschwiegenheitspflicht ist insoweit nicht § 79 sondern § 39 Abs. 3 Nr. 4 EBRG (*GK-Oetker*

Rn 4). Etwas anderes gilt, wenn auch der nationale ArbGeb. (Unternehmer) den ArbNVertr. diese Betriebs- und Geschäftsgeheimnisse mitteilt.

III. Verpflichteter Personenkreis

Die Pflicht zur Verschwiegenheit trifft nach Abs. 1 Satz 1 sämtliche **Mitgl. der** 10 **BR** sowie die **ErsMitgl.**, da auch diese entweder als zeitweilige Vertr. für verhinderte Mitgl. oder als nachrückende Mitgl. (§ 25) in interne Betriebsvorgänge eingeweiht werden können (*WPK-Preis* Rn 8). Die Schweigepflicht gilt ferner für die Mitgl. und ErsMitgl. der **anderen in Abs. 2** genannten betriebsverfassungsrechtlichen **Institutionen,** dh des GesBR und KBR, der JugAzubiVertr., GesJugAzubiVertr. und KJug-AzubiVertr., des WiAusschusses (auch für die nach § 107 Abs. 3 S. 3 berufenen Personen), der Bordvertr., des SeeBR, der nach § 3 Abs. 1 gebildeten ArbNVertr., der E-Stelle, der tariflichen Schlichtungsstelle nach § 76 Abs. 6 und einer betrieblichen Beschwerdestelle nach § 86. Sie gilt ferner für die Vertr. von Gewerkschaften und ArbGebVerbänden, die im Rahmen ihrer betriebsverfassungsrechtlichen Unterstützungsfunktion (zB nach §§ 2 Abs. 1, 29 Abs. 4 S. 2 oder 31) von Betriebs- und Geschäftsgeheimnissen erfahren (*Richardi/Thüsing* Rn 22; *WPK-Preis* Rn 9). Die Verschwiegenheitspflicht besteht auch für den BR (und die anderen Institutionen) als Organ, so dass es ihnen untersagt ist, als Kollektivorgan Betriebs- und Geschäftsgeheimnisse preiszugeben, etwa durch Bekanntgabe in Informationsblättern des BR (BAG 26. 2. 87 AP Nr. 2 zu § 79 BetrVG 1972, GK-*Oetker* Rn 26). Zur Verschwiegenheitspflicht der Mitgl. von ArbGruppen nach § 28 a vgl. dort Rn 39.

Kraft ausdrücklicher Verweisung gilt die Schweigepflicht nach § 79 auch für **Sach-** 11 **verständige,** die vom BR, dem WiAusschuss oder der E-Stelle hinzugezogen werden (vgl. § 80 Abs. 3 u. 4; § 108 Abs. 2 S. 3, § 109 S. 3) sowie für vom BR im Rahmen einer Betriebsänderung zur Unterstützung hinzugezogene Berater (vgl. § 111 S. 2). Das Gleiche gilt für vom BR nach § 80 Abs. 2 S. 3 hinzugezogene sachkundige ArbN (§ 80 Abs. 4). Auch bei ihnen ist die Schweigepflicht auf materielle und formelle Geheimnisse beschränkt. Eine sich aus dem zugrundeliegenden Rechtsverhältnis etwa ergebende weitergehende Geheimhaltungspflicht (zB eines Wirtschaftsprüfers oder Steuerberaters) bleibt unberührt.

Für die vom **Unternehmer** nach § 108 Abs. 2 S. 2 zu den **Sitzungen des Wi-** 12 **Ausschusses** hinzugezogenen **sachkundigen ArbN** ist zwar nicht ausdrücklich die Geheimhaltungspflicht von Betriebs- und Geschäftsgeheimnissen vorgeschrieben. Gleichwohl gilt sie auch für sie (**aA** GK-*Oetker* Rn 24; *HSWGNR* Rn 13). Das folgt aus der Strafvorschrift des § 120 Abs. 1 Nr. 4, die unverständlich wäre, gäbe es keine entsprechende Geheimhaltungspflicht. Die Annahme, ihre Geheimhaltungspflicht folge allein aus der arbeitsvertraglichen Treuepflicht (vgl. Rn 39), verbietet sich. Denn da diese Verschwiegenheitspflicht nicht an das Vorliegen eines formellen Geheimnisses anknüpft, wären diese ArbN in einem stärkeren Maße strafbedroht als die in § 79 genannten Personen.

Die **Mitgl. der SchwbVertr.**, die sowohl durch die Zusammenarbeit mit dem BR 13 (vgl. § 32 Rn 15, 17 ff.) als auch im Rahmen ihrer eigenen Amtsführung ebenfalls von Betriebs- und Geschäftsgeheimnissen Kenntnis erlangen können, unterliegen nach § 96 Abs. 7 SGB IX einer dem § 79 entsprechenden Geheimhaltungspflicht, deren Verletzung ebenfalls strafbewehrt ist (§ 155 SGB IX). Dasselbe gilt für die Mitgl. der GesSchwbVertr. und KSchwbVertr. (§ 97 Abs. 7 SGB IX). Eine Ausnahme von der Verschwiegenheitspflicht besteht für diese Vertr. der Schwerbehinderten nicht nur hinsichtlich der in § 79 Abs. 1 S. 4 genannten Institutionen und Personen, sondern auch hinsichtlich der Bundesagentur für Arbeit, den Integrationsämtern und Rehabilitationsträgern sowie im Verhältnis der Vertr. der Schwerbehinderten untereinander.

Den ebenfalls an den BRSitzungen eingeschränkt teilnahmeberechtigten **Vertrau-** 14 **ensmann der Zivildienstleistenden** (vgl. § 29 Rn 36) trifft keine besondere Verschwiegenheitspflicht. Für ihn gilt die allgemeine Schweigepflicht des § 28 Abs. 1 ZDG. Da der Vertrauensmann nicht in Abs. 1 S. 4 genannt ist, sind der BR und seine Mitgl. nicht berechtigt, an ihn Betriebs- und Geschäftsgeheimnisse weiterzugeben.

15　Obwohl der BR bzw. seine Mitgl. den **ArbNVertr. im Aufsichtsrat** Betriebs- und Geschäftsgeheimnisse zulässigerweise mitteilen dürfen (vgl. Rn 21), gilt für diese nicht die Schweigepflicht des § 79. Sie unterliegen der **gesellschaftsrechtlichen Verschwiegenheitspflicht** (vgl. z.B. § 116 iVm. § 93 Abs. 1 S. 2 AktG, § 77 Abs. 1 S. 2 BetrVG 1952, § 25 Abs. 1 Nr. 2 MitbestG).

IV. Umfang der Schweigepflicht

1. Verbot der Offenbarung und Verwertung

16　Aufgrund der Schweigepflicht ist es den von ihr erfassten Personen **verboten,** Betriebs- und Geschäftsgeheimnisse zu offenbaren und zu verwerten. **Offenbaren** ist die Weitergabe des Geheimnisses an (unberechtigte) Dritte. Dabei kommt es weder auf die Art der Weitergabe (schriftlich, mündlich, privat, unter dem Siegel der Verschwiegenheit) noch auf ihren Zweck an (*DKK-Buschman* Rn 18; *GK-Oetker* Rn 29; *Düwell/Lorenz* Rn 15). Dritte sind auch die ArbN des Betriebs. Eine **Verwertung** des Geheimnisses ist seine Ausnutzung zu eigenen wirtschaftlichen Zwecken, ohne dass es anderen offenbart werden muss (GK-*Oetker* Rn 29).

17　Die Schweigepflicht **beginnt** mit der Übernahme der in § 79 genannten betriebsverfassungsrechtlichen Funktionen. Sie **endet** jedoch weder mit deren Ende (vgl. Abs. 1 S. 2) noch mit Beendigung des ArbVerh noch mit der Stilllegung des Betriebs. Sie entfällt nur, wenn die Angelegenheit **kein Betriebs- und Geschäftsgeheimnis** mehr ist oder die Geheimhaltungsbedürftigkeit vom ArbGeb. aufgehoben wird (BAG 15. 12. 87 AP Nr. 5 zu § 611 BGB Betriebsgeheimnis; *DKK-Buschmann* Rn 15; ErfK-*Kania* Rn 12; GK-*Oetker* Rn 31). Für die Vertr. der Gewerkschaften und der ArbGebVerbände bleibt die Geheimhaltungspflicht auch bestehen, wenn sie nicht mehr Vertr. dieser Organisationen sind.

2. Ausnahmen

18　Von dem grundsätzlichen Verbot, Betriebs- und Geschäftsgeheimnisse zu offenbaren, gelten im **Interesse der Funktionsfähigkeit** der Betriebsverfassung gewisse Ausnahmen. Sie dienen dazu, den Kommunikationsfluss sowohl innerhalb als auch zwischen den betriebsverfassungsrechtlichen Institutionen zu gewährleisten, umso eine möglichst optimale Interessenvertretung zu ermöglichen.

19　Das Verbot der Offenbarung gilt zum einen nicht im **Innenverhältnis zwischen den BRMitgl.** (einschließlich der auf Dauer oder für vorübergehend verhinderte BRMitgl. nachgerückten ErsMitgl.). So können der Vors., sein Stellvertr., oder die Mitgl. von Ausschüssen (§§ 27, 28) die Nichtweitergabe von Informationen an die übrigen BRMitgl. nicht aus § 79 begründen.

20　Das Gleiche gilt nach Abs. 2 zum anderen für die **interne Kommunikation** innerhalb des GesBR, KBR, der JugAzubiVertr., der GesJugAzubiVertr., der KjugAzubiVertr., der Bordvertr., des SeeBR, des WiAusschusses, der ArbNVertr. nach § 3 Abs. 1, der E-Stelle, einer tariflichen Schlichtungsstelle (§ 76 Abs. 8) oder einer betrieblichen Beschwerdestelle (§ 86). Auch innerhalb dieser Stellen ist die interne Weitergabe von Informationen durch § 79 nicht beschränkt.

21　Nach Abs. 1 S. 4 sind der BR und seine Mitgl. ferner nicht gehindert, **im Außenverhältnis** Betriebs- und Geschäftsgeheimnisse gegenüber dem GesBR, dem KBR, der BordVertr., dem SeeBR desselben Unternehmens oder Konzerns sowie gegenüber den ArbNVertr. im Aufsichtsrat zu offenbaren. Auch die gegenseitige Unterrichtung von BR desselben Unternehmens dürfte zulässig sein, zumal der GesBR, über den die

Weitergabe von Informationen zulässig wäre, aus Mitgl. dieser BR besteht (GK-*Oetker* Rn 35). Ob und inwieweit der BR Geheimnisse an diese Stelle weitergibt, obliegt seinem pflichtgemäßen Ermessen (GK-*Oetker* Rn 41). Nicht zulässig ist die Weitergabe von Betriebs- und Geschäftsgeheimnissen an den Sprecherausschuss für leitende Ang. (GK-*Oetker* Rn 35; *Löwisch/Kaiser* Rn 17, **aA** *Oetker* ZfA 90, 53) oder an ArbGruppen nach § 28a (so auch *HSWGNR* Rn 14; GK-*Oetker* Rn 35). Umgekehrt ist es jedoch ARMitgl. nicht gestattet, Betriebs- und Geschäftsgeheimnisse dem BR zu offenbaren; dem AktG lassen sich keine entsprechenden Beschränkungen der Verschwiegenheitspflicht entnehmen (vgl. BAG 23. 10. 08 NZA 09, 855 ff.; *Richardi/ Thüsing* Rn 29; *Wlotzke/Wißmann/Koberski/Kleinsorge* § 25 Rn 112; generell zur Verschwiegenheitspflicht von ARMitgl. Bachner AiB 09, 680 ff. mwN; **aA** *Köstler/ Zachert/Müller* Aufsichtsratspraxis S. 568; *Kittner* ZHR 136 (1972), 208, 231). Offengelassen hat das BAG, ob Ausnahmen von der Verschwiegenheitspflicht. anzuerkennen sind, wenn der ArbGeb. eindeutig rechtswidrig und nachhaltig gegen seine Informationspflichten gegenüber dem BR verstößt (Ausnahmen bejahend MünchKomm-AktG/*Habersack* § 116 Rn 61; MünchArbR/*Wißmann* § 380 Rn 22; *Wlotzke/Wißmann/Koberski/Kleinsorge* § 25 Rn 112; *Ulmer/Habersack/Henssler* § 25 Rn 110).

22 Auch die in **Abs. 2 genannten Personen** und Institutionen können **im Außenverhältnis** Betriebs- und Geschäftsgeheimnisse an die in Abs. 1 genannten Stellen und deren Mitgl. weitergeben. Die Offenbarung von Betriebs- und Geschäftsgeheimnissen an den BR, GesBR, KBR, die Bordvertr., den SeeBR und die ArbN-Vertr. im Aufsichtsrat ist also erlaubt.

23 Die Schweigepflicht besteht auch nicht im Rahmen eines **Verfahrens vor der E-Stelle,** der tariflichen Schlichtungsstelle und einer betrieblichen Beschwerdestelle, soweit die Offenbarung solcher Geheimnisse für diese Stellen von Belang ist (ErfK-*Kania* Rn 13). Außerhalb eines derartigen Verfahrens ist gegenüber den Mitgl. dieser Stellen ebenso Verschwiegenheit zu wahren wie gegenüber anderen Dritten (*WPK-Preis* Rn 17).

24 Erfahren diese Schlichtungsstellen in ihren Verfahren ihrerseits von Betriebs- und Geschäftsgeheimnissen, dürften sie insoweit nur zur Information derjenigen ArbN-Vertr. berechtigt sein, die an dem Verfahren beteiligt ist. Diese Einschränkung ergibt sich aus der sinngemäßen Anwendung des Abs. 1 S. 4.

25 **Nicht zulässig** ist die Offenbarung von Betriebs- und Geschäftsgeheimnissen durch den BR, GesBR, KBR, BordVertr. und SeeBR und ihre Mitgl. an die Stellen und Personen, die nur in Abs. 2, nicht jedoch auch in Abs. 1 genannt sind. Die Offenbarung von Geheimnissen ist deshalb grundsätzlich nicht gestattet gegenüber der JugAzubiVertr., GesJugAzubiVertr. und KJugAzubiVertr., dem WiAusschuss, den ArbNVertr. nach § 3 Abs. 1 sowie den Vertr. der Gewerkschaften und ArbGebVerbänden, obwohl dies für diese Personen und Institutionen gegenüber den in Abs. 1 genannten nicht gilt (vgl. Rn 29; ErfK-*Kania* Rn 13; GK-*Oetker* Rn 36; *WPK-Preis* Rn 18; kritisch und hinsichtlich des Gewerkschaftsvertreters **aA** *DKK-Buschmann* Rn 20 ff.; *Düwell/Lorenz* Rn 18). Diese „Einbahnstraße" der Verschwiegenheitspflicht ist jedenfalls gegenüber den ArbNVertr. nach § 3 Abs. 1 Nr. 2 und 3 nicht akzeptabel (vgl. Rn 28). Ferner greift die Beschränkung der Mitteilungsbefugnis gegenüber dem Wirtschaftsausschuss, die im Hinblick auf dessen Aufgabe befremdlich wirkt, jedenfalls dann nicht Platz, wenn dessen Aufgaben einem Ausschuss des BR übertragen worden sind (vgl. hierzu § 107 Rn 29 ff.; *Richardi/Thüsing* Rn 12).

26 Diese Einbahnstraße der Verschwiegenheitspflicht hat **nicht** zur Folge, dass der ArbGeb. eine erforderliche Mitteilung von Betriebs- und Geschäftsgeheimnissen **verweigern** darf, wenn nur in Abs. 2 genannte Personen berechtigterweise bei der Mitteilung anwesend sind, zB die Anwesenheit eines JugAzubiVertr. oder eines Gewerkschaftsvertreters gem. §§ 31 oder 67 an den Sitzungen des BR oder seiner Ausschüsse (*Düwell/Lorenz* Rn 18; **aA** GK-*Oetker* Rn 36). Der ArbGeb. ist durch die Verschwiegenheitspflicht dieser Personen nach Abs. 2 ausreichend abgesichert.

27   Werden Vertr. der Gewerkschaft nicht im Rahmen ihrer betriebsverfassungsrechtlichen Unterstützungsfunktion sondern **als Prozessvertr.** tätig, besteht keine Verschwiegenheitspflicht nach Abs. 1. Hier gelten die Grundsätze des anwaltschaftlichen Vertretungsrechts, das keine Verschwiegenheitspflicht des Mandanten gegenüber dem Anwalt kennt. Der notwendige Geheimschutz ist nach § 203 Abs. 1 Nr. 3 StGB sichergestellt (*DKK-Buschmann* Rn 22a; *Müller* AiB 09, 577, 580).

28   Obwohl die **Vertr. der ArbN nach § 3 Abs. 1 Nr. 2 und 3** nicht in Abs. 1 genannt sind, dürfen ihnen gegenüber die in Abs. 1 genannten Stellen und deren Mitgl. Betriebs- und Geschäftsgeheimnisse offenbaren. Dies folgt daraus, dass diese ArbNVertr. an die **Stelle des BR** treten (vgl. § 3 Abs. 5; ErfK-*Kania* Rn 13; GK-*Oetker* Rn 37; *WPK-Preis* Rn 18; HSWGNR Rn 14; *Müller* AiB 09, 577, 579). Die nach § 3 Abs. 1 Nr. 1 gebildete ArbNVertr. ist ein BR; für ihn gilt § 79 Abs. 1 unmittelbar.

29   Die nur in Abs. 2 genannten Stellen und Personen sind berechtigt, ihrerseits den in Abs. 1 S. 4 genannten Stellen und Personen Betriebs- und Geschäftgeheimnisse zu offenbaren (vgl. Rn 22). Sie dürfen diese jedoch nicht untereinander austauschen, falls sie von derartigen Geheimnissen Kenntnis erlangt haben (GK-*Oetker* Rn 36; GL Rn 17; aA offenbar *DKK-Buschmann* Rn 20; *Düwell/Lorenz* Rn 18).

30   Die **Schweigepflicht** kann ferner gegenüber **vorrangigen Pflichten** zum Reden **zurücktreten**, zB, Auskunfterteilung im Rahmen des Arbeitsschutzes (vgl. § 89 Rn 16 f.), Zeugenaussage vor Gericht, Anzeige strafbarer Handlungen, insbes. drohender Verbrechen nach § 138 StGB (*DK-Buschmann* Rn 25; ErfK-*Kania* Rn 13; *Richardi/Thüsing* Rn 14). § 53 Abs. 1 StPO räumt den BRMitgl. kein auf ihr Amt bezogenes Zeugnisverweigerungsrecht im Strafprozess ein (BVerfG NJW 1979, 1286, dazu *Rengier* BB 80, 321; GK-*Oetker* Rn 32; *WPK-Preis* Rn 19).

31   Wer auf Grund der vorstehend dargelegten Ausnahmen befugterweise Betriebs- und Geschäftsgeheimnisse weitergibt, hat seinerseits den **Empfänger** der Information ausdrücklich auf die **Verpflichtung zur Verschwiegenheit** hinzuweisen (*DKK-Buschmann* Rn 24; GK-*Oetker* Rn 40; *Richardi/Thüsing* Rn 13).

V. Sonstige Schweigepflichten

32   Die BRMitgl. haben außer über Betriebs- und Geschäftsgeheimnisse des Weiteren nach § 99 Abs. 1 S. 3 und § 102 Abs. 2 S. 5 Stillschweigen zu wahren über **„persönliche Geheimnisse"** von ArbN (Bewerbern), die ihnen im Rahmen von personellen Einzelmaßnahmen bekannt geworden sind (BAG 12. 8. 09 NZA 09, 1218 ff.; *Düwell/Lorenz* Rn 21). Für die Abgrenzung der persönlichen Verhältnisse und Angelegenheiten, die der Schweigepflicht unterliegen, gelten die zum BDSG entwickelten Grundsätze (BAG aaO). Auch diese Verschwiegenheitspflicht ist strafbewehrt (§ 120 Abs. 2). **Persönliche Geheimnisse** in diesem Sinne sind persönliche Verhältnisse und Angelegenheiten des ArbN, die ihrer Bedeutung oder ihrem Inhalt nach einer vertraulichen Behandlung bedürfen. In diesen Fällen bedarf es keiner Erklärung des ArbGeb. über die Geheimhaltungsbedürftigkeit. Es genügt, dass ein **„materielles"** Geheimnis vorliegt (Näheres vgl. Rn 3). Durch Verweisung auf § 79 Abs. 1 Sätze 2–4 ist klargestellt, dass diese Schweigepflicht auch nach Ausscheiden aus dem BR gilt (Rn 17). Sie greift auch nicht Platz bei Informationen innerhalb des BR sowie im Verhältnis zu den in Abs. 1 Satz 4 genannten Stellen (vgl. Rn 19 ff.); insoweit gehen die Vorschriften der § 99 Abs. 1 S. 3, § 102 Abs. 2 S. 5 den Regelungen nach dem BDSG vor (vgl. § 1 Abs. 3 S. 3 BDSG vor und dazu BAG 12. 8. 09 aaO). Dies bedeutet jedoch nicht, dass der BR im internen Umgang mit personenbezogenen Daten frei wäre. Als Teil der verantwortlichen Stelle iSv § 3 abs. 7 BDSG ist auch der BR dem **Datenschutz** verpflichtet (BAG 3. 6. 03 AP Nr. 1 zu § 89 BetrVG 1972; BAG 12. 8. 09 aaO). Unter Beachtung des Strukturprinzips der Unabhängigkeit in der Betriebsverfassung hat der BR eigenständig über Maßnahmen zu beschließen, um

einem Missbrauch der Daten innerhalb seines Verantwortungsbereichs zu begegnen (BAG 12. 8. 09 aaO; *Simitis* § 28 Rn 55).

Einer noch weitergehenden Verschwiegenheitspflicht unterliegt das BRMitgl., das **33** von einem ArbN **nach § 82 Abs. 2 oder § 83 Abs. 1** im Rahmen der Mitwirkungsrechte einzelner ArbN **hinzugezogen** wird. Das BRMitgl. hat sowohl über den Inhalt der Verhandlungen nach § 82 als auch über den Inhalt der Personalakte (§ 83) Stillschweigen zu wahren. Nur der ArbN selbst kann das BRMitgl. im Einzelfall (uU auch auf bestimmte Tatsachen beschränkt) von dieser Schweigepflicht entbinden. Diese Pflicht gilt **gegenüber jedermann**, auch gegenüber dem BR und den übrigen BRMitgl. (*DKK-Buschmann* § 82 Rn 13; GK-*Oetker* Rn 50; *Düwell/ Lorenz* Rn 21). Sie besteht unabhängig davon, ob überhaupt ein „Geheimnis" im materiellen Sinne besteht. In diesen Fällen ist die Weitergabe von Geheimnissen nur auf Antrag des betr. ArbN strafbar (vgl. § 120 Abs. 2 und 5).

Auch wenn persönliche Verhältnisse und Angelegenheiten eines ArbN nicht un- **34** mittelbar von den vorstehend genannten Vorschriften erfasst werden, ist über sie in entsprechender Anwendung der §§ 82 Abs. 2, 83 Abs. 1, 99 Abs. 1 und 102 Abs. 2 S. 5 gleichwohl Stillschweigen zu wahren. Eine Verletzung dieser Verschwiegenheitspflicht ist wegen des Analogieverbots im Strafrecht jedoch nicht nach § 120 Abs. 2 strafbewehrt. Eine überflüssige oder gar bösartige Verbreitung von Kenntnissen, die die **Intimsphäre** eines ArbN empfindlich betreffen, zB Schwangerschaft einer ArbN (vgl. auch § 94 Rn 16 ff., 22), Vermögenslage, Gehaltsbezüge eines ArbN, gerichtliche Straf- oder Zwangsvollstreckungsmaßnahmen gegen einen ArbN, kann einen groben Verstoß gegen die BRPflichten darstellen.

Ferner gilt die Vorschrift des § 5 BDSG über das **Datengeheimnis** auch für den **35** BR und seine Mitgl. Nach dieser Vorschrift ist es den bei der Datenverarbeitung beschäftigten Personen untersagt, geschützte personenbezogene Daten unbefugt zu einem anderen als dem zur jeweiligen rechtmäßigen Aufgabenerfüllung gehörenden Zweck zu nutzen. Diese Vorschrift richtet sich nicht nur an die unmittelbar mit der Datenverarbeitung befassten Personen eines Unternehmens (zB die im Rechenzentrum beschäftigten ArbN), sondern erfasst alle Personen, die im Rahmen ihrer beruflichen Tätigkeit im Unternehmen geschützte personenbezogene Daten zur Kenntnis bekommen (zB Angehörige von Fachabteilungen, denen die Daten übermittelt werden, Botendienst, Wartungs- und Reinigungspersonal). Zu diesem Personenkreis gehört auch der als Teil der speichernden Stelle anzusehende **BR** (vgl. hierzu § 1 Rn 210 ff.), der im Rahmen seiner zahlreichen Mitwirkungs- und Mitbestimmungsrechte insbesondere im personellen Bereich Anspruch auf Unterrichtung auch über vom BDSG geschützte personenbezogene Daten und auf ihre Vorlage hat (BAG 12. 8. 09 NZA 09, 1215 ff.; *DKK-Buschmann* Rn 31; GK-*Oetker* Rn 59; *Richardi/ Thüsing* Rn 33; *Ordemann/Schomerus* Anm. 24; einschränkend GL Rn 13 a).

§ 5 S. 1 BDSG ist nicht – jedenfalls nicht in vollem Umfang – gemäß § 1 Abs. 4 **36** BDSG durch die Vorschriften über die Verschwiegenheitspflichten des BetrVG verdrängt. Dies wäre nur dann der Fall, wenn die betriebsverfassungsrechtlichen Verschwiegenheitsvorschriften eine deckungsgleiche Regelung wie § 5 S. 1 BDSG enthielten (vgl. hierzu *Ordemann/Schomerus* aaO; *Wohlgemuth*, Datenschutz für ArbN Rn 766). Diese Verschwiegenheitspflichten beschränken sich aber im Wesentlichen auf Betriebs- und Geschäftsgeheimnisse und auf personenbezogene Daten mit einem gewissen Intim- bzw. Vertraulichkeitscharakter. Demgegenüber schützt das **BDSG** wegen der Gefährdung, die mit der Verarbeitung personenbezogener Daten in Dateien verbunden ist, **alle personenbezogenen Daten.** Soweit die betriebsverfassungsrechtliche Verschwiegenheitspflicht sich nicht auf in Dateien gespeicherte personenbezogene Daten erstreckt, greift deshalb insoweit **§ 5 S. 1 BDSG** auch für BRMitgl. Platz (*DKK-Buschmann* Rn 31; GK-*Oetker* Rn 59; *Wohlgemuth* aaO; **aA** Linnenkohl NJW 81, 207; *Wahsner/Borgaes* BlStR 80, 54, die damit jedoch die nach dem BDSG geschützten personenbezogenen Daten, die nicht auch von der betriebsverfassungsrechtlichen Schweigepflicht erfasst werden, beim BR geheimschutzfrei stellen).

37 Die Geltung des § 5 S. 1 BDSG auch für BRMitgl. führt in keiner Weise zu einer Einschränkung der BRArbeit. Denn § 5 S. 1 BDSG untersagt nur eine **unbefugte** Nutzung von personenbezogenen Daten. Ihre Nutzung zur Erfüllung und im Rahmen der umfassenden BRAufgaben ist jedoch nicht unbefugt (*Düwell/Lorenz* Rn 22).

38 Die in § 5 S. 2 BDSG vorgesehene Verpflichtung auf das Datengeheimnis durch den ArbGeb. findet allerdings auf die BRMitgl. keine Anwendung. Dem steht die organisatorische Unabhängigkeit des BR vom ArbGeb. entgegen (vgl. hierzu § 1 Rn 216).

39 Die BRMitgl. unterliegen als ArbN im Übrigen ihrer **arbeitsvertraglichen Verschwiegenheitspflicht**. Diese hat gegenüber § 79 einen weiteren Inhalt. Sie beschränkt sich nicht auf Betriebs- und Geschäftsgeheimnisse, sondern erfasst alle Geheimnisse und sonstige schutzwerte und vertrauliche Angelegenheiten des Betriebs und seiner ArbN (vgl. GK-*Oetker* Rn 53; *Richardi/Thüsing* Rn 3). Als ArbN unterliegen die BRMitgl. ferner den Verschwiegenheitspflichten nach den §§ 16 ff. UWG. Im Rahmen ihrer Amtstätigkeit haben diese Schweigepflichten jedoch keine Bedeutung.

40 Ferner kann sich für BRMitgl. eine Verschwiegenheitspflicht auch in Bezug auf **betriebsratsinterne Angelegenheiten** ergeben. Es besteht zwar keine ausdrückliche dahingehende gesetzliche Regelung. Insbesondere braucht auch nicht über den Inhalt von BRSitzungen Stillschweigen bewahrt zu werden (vgl. § 30 Rn 21). Jedoch kann zum Zwecke einer sachgerechten Aufgabenerfüllung ein berechtigtes Interesse bestehen, dass bestimmte Angelegenheiten oder Vorhaben des BR (jedenfalls zeitweise) nicht nach außen, insbesondere zum ArbGeb. dringen. Würde die Funktionsfähigkeit des BR durch Bekanntwerden bestimmter betriebsratsinterner Vorgänge ernsthaft gestört, haben die BRMitgl. hierüber Stillschweigen zu wahren (BAG 5. 9. 67 AP Nr. 8 zu § 23 BetrVG; ArbG Darmstadt AiB 87, 140; *DKK-Buschmann* Rn 30; GK-*Oetker* Rn 51 f.; *Richardi/Thüsing* Rn 10).

VI. Verstöße und Streitigkeiten

41 Eine grobe Verletzung der Schweigepflicht berechtigt den ArbGeb., die **Amtsenthebung von BRMitgl.** nach § 23 Abs. 1 zu beantragen, ggfs. die Auflösung des BR, wenn ein (bekanntgemachter) BRBeschluss unmittelbar u. gröblich gegen die Geheimhaltungsvorschriften verstößt (ArbG Wesel NZA 09, 21; GK-*Oetker* Rn 42; *GL* Rn 21; *Richardi/Thüsing* Rn 36; **aA** hinsichtlich der Auflösung des BR *DKK-Buschmann* Rn 34). Je nach Sachlage kann im Einzelfall auch eine außerordentliche Kündigung gerechtfertigt sein, insbesondere wenn das Verhalten des BRMitgl. vornehmlich einen schweren Verstoß gegen die Pflichten aus dem Arbeitsvertrag enthält (vgl. § 103 Rn 26 ff.; vgl. auch *Zachert* AiB 83, 55; BAG 23. 10. 08 NZA 09, 855 ff. im Grundsatz zustimmend aber noch ohne abschließende Entscheidung) oder die Pflichten aus dem Amt überhaupt nicht berührt werden, weil das Mitgl. die geheimen Angaben außerhalb seiner Amtstätigkeit erfahren hat (vgl. Rn 7; ErfK-*Kania* Rn 20; *Richardi/Thüsing* Rn 37; einschränkend GK-*Oetker* Rn 46; *DKK-Buschmann* Rn 35).

42 Dem ArbGeb. steht ferner ein **Unterlassungsanspruch** gegen die zur Geheimhaltung verpflichteten Personen und Stellen zu, wenn diese die Verschwiegenheitspflicht verletzt haben oder wenn eine derartige Verletzung ernsthaft droht (vgl. BAG 26. 2. 87 AP Nr. 2 zu § 79 BetrVG 1972; GK-*Oetker* Rn 45; *WPK-Preis* Rn 24; *Richardi/Thüsing* Rn 34).

43 Bei schuldhaftem Bruch der Schweigepflicht kann der ArbGeb. nach § 823 Abs. 2 BGB **Schadensersatzansprüche** geltend machen, da § 79 ein Schutzgesetz im Sinne dieser Vorschrift ist (hM). Gleiche Ansprüche hat ein ArbN im Fall des § 105 ein leitender Ang., der durch die Verletzung der Verschwiegenheitspflicht einen Schaden erlitten hat. Hat der BR seine Verpflichtung zur Verschwiegenheit verletzt, kann in krassen Fällen gegen weitere Auskunftsansprüche des BR in Bezug auf Betriebs- und Geschäftsgeheimnisse solange der Einwand der unzulässigen Rechtsausübung geltend gemacht werden, bis der BR bzw. seine Mitgl. sich zur künftigen Beachtung der Schweigepflicht bereit erklären (BAG DB 88, 569).

Verstöße gegen § 79 werden auf Antrag des ArbGeb. (Unternehmers) **straf- 44 rechtlich verfolgt** (§ 120). Außerdem kommt auf Antrag eine Strafverfolgung nach §§ 17, 18, 20 UWG in Betracht.

Streitigkeiten über Bestehen und Umfang der Schweigepflicht entscheiden die 45 ArbG im **BeschlVerf.** (§ 2a ArbGG), im Rahmen des § 109 jedoch zunächst die E-Stelle (vgl. § 109 Rn 2ff.). Rechtskräftige Beschlüsse der ArbG können gem. § 85 Abs. 1 ArbGG vollstreckt werden. Die Frage der Verletzung der Schweigepflicht kann auch in einem arbeitsgerichtlichen Urteilsverfahren, zB einem Kündigungsschutz- oder Schadenersatzprozess, als Vorfrage zu klären sein (*WPK-Preis* Rn 27).

§ 80 Allgemeine Aufgaben

(1) **Der Betriebsrat hat folgende allgemeine Aufgaben:**
1. **darüber zu wachen, dass die zugunsten der Arbeitnehmer geltenden Gesetze, Verordnungen, Unfallverhütungsvorschriften, Tarifverträge und Betriebsvereinbarungen durchgeführt werden;**
2. **Maßnahmen, die dem Betrieb und der Belegschaft dienen, beim Arbeitgeber zu beantragen;**
2 a. **die Durchsetzung der tatsächlichen Gleichstellung von Frauen und Männern, insbesondere bei der Einstellung, Beschäftigung, Aus-, Fort- und Weiterbildung und dem beruflichen Aufstieg, zu fördern;**
2 b. **die Vereinbarkeit von Familie und Erwerbstätigkeit zu fördern;**
3. **Anregungen von Arbeitnehmern und der Jugend- und Auszubildendenvertretung entgegenzunehmen und, falls sie berechtigt erscheinen, durch Verhandlungen mit dem Arbeitgeber auf eine Erledigung hinzuwirken; er hat die betreffenden Arbeitnehmer über den Stand und das Ergebnis der Verhandlungen zu unterrichten;**
4. **die Eingliederung Schwerbehinderter und sonstiger besonders schutzbedürftiger Personen zu fördern;**
5. **die Wahl einer Jugend- und Auszubildendenvertretung vorzubereiten und durchzuführen und mit dieser zur Förderung der Belange der in § 60 Abs. 1 genannten Arbeitnehmer eng zusammenzuarbeiten; er kann von der Jugend- und Auszubildendenvertretung Vorschläge und Stellungnahmen anfordern;**
6. **die Beschäftigung älterer Arbeitnehmer im Betrieb zu fördern;**
7. **die Integration ausländischer Arbeitnehmer im Betrieb und das Verständnis zwischen ihnen und den deutschen Arbeitnehmern zu fördern sowie Maßnahmen zur Bekämpfung von Rassismus und Fremdenfeindlichkeit im Betrieb zu beantragen;**
8. **die Beschäftigung im Betrieb zu fördern und zu sichern;**
9. **Maßnahmen des Arbeitsschutzes und des betrieblichen Umweltschutzes zu fördern.**

(2) **¹Zur Durchführung seiner Aufgaben nach diesem Gesetz ist der Betriebsrat rechtzeitig und umfassend vom Arbeitgeber zu unterrichten; die Unterrichtung erstreckt sich auch auf die Beschäftigung von Personen, die nicht in einem Arbeitsverhältnis zum Arbeitgeber stehen. ²Dem Betriebsrat sind auf Verlangen jederzeit die zur Durchführung seiner Aufgaben erforderlichen Unterlagen zur Verfügung zu stellen; in diesem Rahmen ist der Betriebsausschuss oder ein nach § 28 gebildeter Ausschuss berechtigt, in die Listen über die Bruttolöhne und -gehälter Einblick zu nehmen. ³Soweit es zur ordnungsgemäßen Erfüllung der**

Aufgaben des Betriebsrats erforderlich ist, hat der Arbeitgeber ihm sachkundige Arbeitnehmer als Auskunftspersonen zur Verfügung zu stellen; er hat hierbei die Vorschläge des Betriebsrats zu berücksichtigen, soweit betriebliche Notwendigkeiten nicht entgegenstehen.

(3) Der Betriebsrat kann bei der Durchführung seiner Aufgaben nach näherer Vereinbarung mit dem Arbeitgeber Sachverständige hinzuziehen, soweit dies zur ordnungsgemäßen Erfüllung seiner Aufgaben erforderlich ist.

(4) Für die Geheimhaltungspflicht der Auskunftspersonen und der Sachverständigen gilt § 79 entsprechend.

Inhaltsübersicht

I. Vorbemerkung

1   Die Vorschrift beschreibt die allgem. Aufgaben des BR und präzisiert die ihm zugewiesenen **Schutzaufträge und Förderungspflichten** (Abs. 1). Sie gibt dem BR umfassende **Informationsrechte** (Abs. 2) und enthält Regelungen zu dessen **Informationsbeschaffung** (Abs. 2, Abs. 3). Durch das BetrVerf-ReformG wurde der Katalog der allgemeinen Aufgaben weiter konkretisiert. Ausdrücklich aufgenommen wurde die Aufgabe der Beschäftigungssicherung und -förderung (Abs. 1 Nr. 8), des arbeits- und betrieblichen Umweltschutzes (Abs. 1 Nr. 9), die Förderung der Vereinbarkeit von Familie und Erwerbstätigkeit (Abs. 1 Nr. 2 b) sowie der Bekämpfung von Fremdenfeindlichkeit und Rassismus im Betrieb (Abs. 1 Nr. 7). Im Verhältnis zum früheren Recht führt die **Ergänzung des Aufgabenkatalogs** nicht zu einer wesentlichen Erweiterung der Zuständigkeit des BR. Die in das G eingefügten Aufgaben waren zum Teil von der Rspr. bereits anerkannt oder sind Folge der sich aus § 75 ergebenden Aufgaben (*Däubler* AuR 01, 1; *Hanau* RdA 01, 65; *Annuß* NZA 01, 367). Das BetrVerf-ReformG hat weiterhin die in Abs. 2 geregelten **Informations-**

pflichten des ArbGeb. verdeutlicht. Dieser ist seit dem ausdrücklich verpflichtet, den BR über die Beschäftigung auch der nicht betriebszugehörigen ArbN zu unterrichten. Die Ergänzung der personellen Informationsmittel nach Abs. 2 soll die Arbeitsbedingungen des BR verbessern. Nunmehr ist der ArbGeb. kraft Gesetzes auch gehalten, dem BR zu Informationszwecken einen sachkundigen Betriebsangehörigen zur Verfügung zu stellen (vgl. BT-Drucks. 14/5741 S. 46).

Die Vorschrift gilt für den GesBR und KBR entspr. Wegen vergleichbarer Vor- **2** schriften für die JugAzubiVertr. vgl. § 70, den Vertrauensmann der Schwbh. § 95 Abs. 1 SGB IX und den Vertrauensmann der Zivildienstleistenden § 37 Abs. 2 u. 3 ZDG. Deren Aufgaben und Zuständigkeiten schließen die des BR nicht aus.

Entspr. Vorschriften: § 68 BPersVG, § 25 SprAuG, §§ 13 Abs. 4, 29 EBRG. Die **3** gesetzlichen **Informationsansprüche des EBR** aus § §§ 32, 33 EBRG sowie die des BR nach § 35 EBRG gegenüber dem EBR schränken die nach dem BetrVG bestehenden Informations- und Unterrichtungsansprüche des BR aber nicht ein.

II. Allgemeine Aufgaben des Betriebsrats

Die allgemeinen Aufgaben des BR sind umfassend; sie beziehen sich sowohl auf **4** den **sozialen als auch den personellen oder den wirtschaftlichen** Bereich. Sie stehen selbständig neben den in den einzelnen Abschnitten angeführten Befugnissen, können aber auch Grundlage für die Ausübung der einzelnen Beteiligungsrechte sein. Weder ist die Tätigkeit des BR auf die Mitbestimmungsangelegenheiten nach §§ 87– 113 beschränkt, noch handelt es sich bei § 80 Abs. 1 um eine abschließende Aufstellung. Zudem ergeben sich weitere Aufgaben aus einer Vielzahl gesetzlicher Bestimmungen außerhalb des BetrVG (vgl. die umfassende Übersicht bei *Pulte* NZA RR 08, 113; zum UmwG *Blechmann* NZA 06, 1143). Die Wahrnehmung seiner Aufgaben gehört zu den **Pflichten** des BR, der auch für sog. Ein-Euro-Jobber tätig werden muss (*Engels* NZA 07, 8). Der BR kann auf die Wahrnehmung seiner Überwachungsaufgabe **nicht verzichten** (BAG 19. 2. 08 AP Nr. 69 zu § 80 BetrVG 1972).

1. Überwachungsaufgaben

a) Gegenstand der Überwachung

Die Überwachungspflicht des BR über die Durchführung der in § 80 Abs. 1 Nr. 1 **5** genannten Normen ist eine **grundlegende Aufgabe.** Sie soll sicherstellen, dass alle Schutzvorschriften zugunsten der ArbN tatsächlich eingehalten und angewendet werden. Die Wahrnehmung der Überwachungsaufgabe hängt nicht vom Bestehen eines Mitbestimmungs- oder Mitwirkungsrechts ab (BAG 19. 10. 99 AP Nr. 58 zu § 80 BetrVG 1972). Die Ausübung der Überwachungsaufgabe ist nicht an eine dem BR bekannt gewordene Regelverletzung des ArbGeb. gebunden. Der BR darf auch vorbeugend tätig werden (BAG 19. 2. 08 AP Nr. 69 zu § 80 BetrVG 1972). Die Überwachungsaufgabe erstreckt sich auch AT-Ang., die nicht leitende Ang. nach § 5 Abs. 3 sind (BAG 24. 1. 06 AP Nr. 65 zu § 80 BetrVG 1972). Ein TV kann die gesetzliche Aufgabe des BR aus § 80 Abs. 1 Nr. 1 weder beschränken noch aufheben. Das gilt auch dann, wenn der TV selbst ein überwachungsfähiges Recht erst schafft (BAG 21. 10. 03 AP Nr. 62 zu § 80 BetrVG 1972).

Die Vorschrift erstreckt sich auf sämtliche Rechtsvorschriften, die sich **zugunsten** **6** **der ArbN** des Betriebs auswirken können. Dieses Merkmal ist weit auszulegen (BAG 19. 10. 99 AP Nr. 58 zu § 80 BetrVG 1972). Dazu gehören auch die Grundrechte, soweit sie Bedeutung für das Arbeitsrecht haben. Das Überwachungsrecht erfasst das gesamte normative Recht und die durch Richterrecht entwickelten Grundsätze. Dazu zählt etwa der arbeitsrechtliche Gleichbehandlungsgrundsatz. Zu den vom BR zu überwachenden Gesetzen zählen daher **die Vorschriften der meisten arbeits-**

rechtlichen Gesetze: BUrlG, EntgeltfortzahlungsG, KSchG, TzBfG, AÜG, JArb-SchG, die arbeitsrechtlichen Vorschriften in BGB, HGB, GewO, das MuSchG, ferner die den Schutz der ArbN betr. Vorschriften des BetrVG, zB § 75 und § 95 sowie die Beachtung der gesetzlichen Bestimmungen über die Leiharbeit, die Teilzeitarbeit, das Befristungsrecht und das Verbot der illegalen Beschäftigung oder der Schwarzarbeit. Von besonderer Bedeutung sind das AGG (*HSWGNR* Rn 16; *Besgen* BB 07, 213) sowie die **Schutzvorschriften des ArbZG.** Deshalb hat der BR auch zu prüfen, ob bei sog. AT-Ang. mit Vertrauensarbeitszeit die von § 5 ArbZG vorgeschriebene Mindestruhezeit von 11 Stunden eingehalten wird (BAG 6. 5. 03 AP Nr. 61 zu § 80 BetrVG 1972).

7   Zu den überwachungsfähigen Vorschriften zählt auch das **NachweisG und das Recht der Allgemeinen Geschäftsbedingungen** (§§ 305 ff. BGB). Der BR ist berechtigt, gegenüber dem ArbGeb. die Missachtung dieser Vorschriften zu beanstanden und auf Abhilfe zu drängen (BAG 16. 11. 05 AP Nr. 64 zu § 80 BetrVG 1972). Insbesondere hat er zu prüfen, ob die im Betrieb verwendeten Formularverträge die von § 2 Abs. 1 NachweisG geforderten Angaben enthalten (BAG 19. 10. 99 AP Nr. 58 zu § 80 BetrVG 1972). Das Überwachungsrecht betrifft zudem die Vorschriften des **Bundesdatenschutzgesetzes** (BDSG), soweit dessen Bestimmungen auf die ArbN des Betriebs Anwendung finden (BAG 17. 3. 87 AP Nr. 29 zu § 80 BetrVG 1972; § 83 Rn 16 ff.). Die Kontrollaufgaben des vom ArbGeb. zu bestellenden Datenschutzbeauftragten (vgl. § 4f BDSG) schränken das Überwachungsrecht des BR nicht ein (*Richardi/Thüsing* Rn 8; GK-*Weber* Rn 14). Andererseits hat der BR darauf zu achten, dass der Datenschutzbeauftragte seine Tätigkeit ordnungsgemäß und weisungsfrei ausübt (vgl. § 4f Abs. 3 BDSG) und damit seiner vom BDSG zugedachten Kontrollaufgabe gerecht werden kann. Ungeachtet dessen kann auch ein BRMitgl. zum Datenschutzbeauftragten bestellt werden. Beide Funktionen sind miteinander vereinbar (BAG 23. 3. 11 – 10 AZR 562/09 – NZA 11, 1036).

8   Vor allem beim Unternehmenskauf hat der BR auf die Einhaltung des BDSG zu achten. Einem Unternehmenskauf geht regelm. eine sog, **Due Diligence** (erforderliche Sorgfalt) voraus. Hierbei handelt es sich um eine Prüfung des Kaufobjekts, die dazu dient, die Kalkulationsgrundlage des Kaufpreises zu ermitteln, die mit dem Kauf verbundenen Risiken aufzudecken und Beweise für evtl. nachvertragl. Haftungsauseinandersetzungen zu dokumentieren (*Willemsen/Hohenstatt/Schweibert/Seibt* S. 1178 ff.). Dabei ist das Interesse des Kaufinteressenten ua. darauf gerichtet, an Hand der einschl. Daten umfassend über die arbeitsrechtl. Verhältnisse informiert zu werden. Hierbei handelt es sich aber um **persönl. Daten der ArbN** (vgl. § 3 BDSG), für deren Erhebung oder Übermittlung an Dritte es einer Rechtsgrundlage bedarf (§ 4 Abs. 1 BDSG), die durch eine BV geschaffen werden kann (*Braun/Wybitul* BB 08, 782). Bei einer Datenübermittlung mit Auslandsbezug sind § 4b und § 4c BDSG zu beachten (vgl. § 83 Rn 25). Im Anwendungsbereich des Gemeinschaftsrechts ist es untersagt, Daten über die Gesundheit oder die Gewerkschaftszugehörigkeit von ArbN weiterzugeben. Das erfasst mittelbar auch Angaben über die Wahrnehmung von BR-Funktionen (*Willemsen/Hohenstatt/Schweibert/Seibt* S. 1181).

9   Ferner zählen zu den überwachungsfähigen Vorschriften auch Gesetze und Verordnungen zum **Arbeitsschutz** (vgl. ArbSchG, insb. §§ 3 ff.) und zum **Umweltschutz.** Deren Regelungsgegenstand muss sich jedoch auf den Schutz der ArbN beziehen *DKK-Buschmann* Rn 6).

10   Schließlich soll sich der BR darum kümmern, dass der ArbGeb. seine zugunsten der ArbN bestehenden Pflichten aus den **Sozialversicherungsgesetzen** (GK-*Weber* Rn 12; offengelassen LAG Köln NZA-RR 01, 255) und den Vorschriften des **Lohnsteuerrechts** erfüllt, also die Sozialversicherungsbeiträge und Lohnsteuer ordnungsgemäß berechnet und abführt (*DKK-Buschmann* Rn 4). Unter die Überwachungspflicht des BR fallen kraft ausdrücklicher Regelung auch Bestimmungen in **UVV der Unfallversicherungs-Träger** nach § 15 SGB VII. Die alleinige Verantwortung für die Einhaltung der Vorschriften bleibt aber beim ArbGeb.

Auch die **Überwachung der Einhaltung von TV** obliegt dem BR, soweit sie **11** Bestimmungen zugunsten der ArbN enthalten. Das gilt auch für schuldrechtliche Normen eines TV (BAG 11. 7. 72 AP Nr. 1 zu § 80 BetrVG 1972). Für das Bestehen eines Überwachungsrechts ist es unerheblich, ob die Geltung eines TV auf einer Tarifbindung des ArbGeb. (§ 3 Abs. 2 TVG), beider Arbeitsvertragsparteien (§§ 3 Abs. 1, 4 Abs. 1 TVG; BAG 18. 9. 73 AP Nr. 3 zu § 80 BetrVG 1972), einer Allgemeinverbindlicherklärung (AVE § 5 Abs. 4 TVG) oder einer vertraglicher Bezugnahme (BAG 6. 5. 03 AP Nr. 61 zu § 80 BetrVG 1972) beruht. Geht es im letzteren Fall aber um tarifliche Inhaltsnormen iSd § 4 Abs. 1 S. 1 TVG, besteht für eine Überwachung des BR zugunsten der nicht tarifgebundenen ArbN kein Raum (BAG 27. 10. 10 – 7 ABR 36/09 – NZA 11, 527). Das Überwachungsrecht erstreckt sich nicht nur auf die tatsächliche Durchführung von TV sondern auch darauf, ob die jeweilige Tarifnorm mit höherrangigem Recht vereinbar, also wirksam ist und deshalb befolgt werden muss (aA GK-*Weber* Rn 19). Aus dem Überwachungsrecht folgt allerdings kein eigenständiger, gerichtlich durchsetzbarer Anspruch des BR auf Durchführung der Tarifnorm zugunsten der jeweiligen ArbN.

Schließlich hat der BR auch über die **Einhaltung von BV und die Umsetzung** **12** **von Regelungsabreden** zu wachen, deren Durchführung Aufgabe des ArbGeb. ist (BAG 18. 1. 05 AP Nr. 24 zu § 77 BetrVG 1972 Betriebsvereinbarung). Gilt die BV für alle ArbN des Betriebes, erstreckt sich die Kontrolle des BR auch auf die AT-Ang., die keine leitenden Ang. nach § 5 Abs. 3 sind (BAG 6. 5. 03 AP Nr. 61 zu § 80 BetrVG 1972). Die Überwachungsaufgaben nach Abs. 1 fallen in die originäre Zuständigkeit der EinzelBR auch dann, wenn es um die Einhaltung einer GesamtBV geht (BAG 20. 12. 88 AP Nr. 5 zu § 92 ArbGG 1979). Die **Durchführung einer** **BV** kann der BR aus eigenem Recht aber nur verlangen, wenn er sie selbst abgeschlossen hat oder ihm eine GesBV oder KBV einen eigenen Durchführungsanspruch einräumt. Ansonsten ist es Sache des GesBR oder des KBR für die Einhaltung der von ihnen abgeschlossenen Vereinbarungen zu sorgen. Weigert sich der ArbGeb. eine GesBV oder KBV durchzuführen und nimmt der GesBR oder KBV das hin, bleibt dem BR nur der Weg über § 23 Abs. 3 (BAG 18. 5. 10 – 1 ABR 6/09 – NZA 10, 1433). Zu überwachen hat der BR auch die Einhaltung der **einheitlichen Regelung von Arbeitsbedingungen** durch Abschluss gleich lautender Arbeitsverträge wegen des Gleichbehandlungsgrundsatzes. Die Überwachungspflicht bezieht sich nicht auf die Gestaltung eines einzelnen, individuellen Arbeitsvertrages (*DKK-Buschmann* Rn 12; GK-*Weber* Rn 17). Der BR hat jedoch zu prüfen, ob bei der Ausgestaltung zwingende ArbNSchutzbestimmungen, insbesondere der Gleichbehandlungsgrundsatz, beachtet werden (BAG 30. 9. 08 NZA 09, 502). Zu überwachen hat der BR auch die Einhaltung der Vorgaben eines Aktienoptionsplans (*Otto* DB 09, 1594).

b) Inhalt des Überwachungsrechts

Die Überwachungspflicht macht den BR nicht zum Kontrollorgan gegenüber dem **13** ArbGeb. Das **Überwachungsrecht** dient nur der **Rechtskontrolle und nicht der Zweckmäßigkeitskontrolle** (BAG 16. 11. 05 AP Nr. 64 zu § 80 BetrVG 1972). Die Befugnisse des BR finden ihre Schranken in § 77 Abs. 1 (Verbot, in die Leitung des Betriebs einzugreifen) und in § 2 Abs. 1 (Gebot der vertrauensvollen Zusammenarbeit).

Aus dem Überwachungsrecht des BR folgt kein Anspruch des BR auf Unterlassen **14** der beanstandeten Maßnahme (BAG 17. 5. 11 – 1 ABR 121/09 – AP-Newsletter 11, 140). Rechtsverstöße des ArbGeb. gegenüber den ArbN begründen keine betriebsverfassungswidrige Lage im Verhältnis zum BR. Die Anerkennung eines Unterlassungsanspruchs des BR bei Verstößen des ArbGeb. gegen normative Bestimmungen zugunsten der ArbN liefe ansonsten auf ein umfassendes Mitbestimmungsrecht hinaus. Das sieht das G nicht vor; vielmehr kann der BR nur unter den Voraussetzungen des § 23 Abs. 3 gegen ein betriebsverfassungswidriges Verhalten des ArbGeb. vorgehen. Auch gewährt das Überwachungsrecht nach Nr. 1 dem BR **kein zusätzliches MBR** (BAG 16. 7. 85 AP Nr. 17 zu § 87 BetrVG 1972 Lohngestaltung; 24. 2. 87, AP Nr. 28 zu § 80 BetrVG 1972). Deshalb kann der BR einen Unterlassungsantrag nicht auf § 80 Abs. 1 stützen (BAG 28. 5. 02 AP Nr. 96 zu § 87 BetrVG 1972 Arbeitszeit). Diese Rechtslage hat durch § 17 **AGG keine Änderung erfahren.** Der BR ist berechtigt, die mit dem ArbGeb. vereinbarten BV und Regelungsabreden durchzusetzen (vgl. § 77 Rn 17 ff.; BAG 18. 1. 05 AP Nr. 24 zu § 77 BetrVG 1972 Betriebsvereinbarung). Er hat deshalb einen Anspruch darauf, dass der ArbGeb. Maßnahmen, die gegen eine BV verstoßen, unterlässt (BAG 17. 10. 89 AP Nr. 53 zu § 112 BetrVG 1972). Daraus folgt kein Anspruch auf Erfüllung der in der BV geregelten normativen Ansprüche der ArbN aus eigenem Recht (vgl. BAG 10. 6. 86 AP Nr. 26 zu § 80 BetrVG 1972). Deshalb kann der BR die Erfüllung der Ansprüche der ArbN nicht kraft eigenen Rechts im BeschlVerf. durchsetzen (BAG st. Rspr., 10. 6. 86, 24. 2. 87 AP Nr. 26, 28 zu § 80 BetrVG 1972; 17. 10. 89 AP Nr. 53 zu § 112 BetrVG 1972). Die Überwachungsaufgabe berechtigt den BR nicht dazu, die Individualinteressen der ArbN gegenüber dem ArbGeb. wahrzunehmen (BAG 20. 5. 08 AP Nr. 4 zu § 81 BetrVG 1972).

15   Der **BR ist darauf beschränkt,** die ungenügende Beachtung der Vorschriften beim ArbGeb. zu beanstanden und auf Abhilfe zu drängen (BAG 28. 5. 02 AP Nr. 39 zu § 87 BetrVG 1972 Ordnung des Betriebes). Das stärkt mittelbar die individualrechtliche Position des einzelnen ArbN. Der BR soll beim ArbGeb. zunächst eine gütliche Regelung auch in Rechtsfragen versuchen. Für die Geltendmachung individueller Ansprüche ist der einzelne ArbN verantwortlich. Der BR muss ihn aber unterstützen und beim ArbGeb. vorstellig werden (vgl. Rn 14 ff.).

16   Vor **Anzeigen bei Behörden** oder einer „Flucht in die Öffentlichkeit" ist die interne Bereinigung innerbetrieblicher Missstände zu versuchen (*Söllner* FS Herschel S. 403). Unterlässt der ArbGeb. die Anzeige an die BA gemäß § 17 KSchG, kann der BR an seiner Stelle handeln (*Bieback* ArbuR 86, 161, 174).

17   Zur Sicherung des Überwachungsrechts gewährt Abs. 2 dem BR umfassende **Informationsrechte** (BAG 6. 5. 03 AP Nr. 61 zu § 80 BetrVG 1972). Dazu gehört auch das Recht, einzelne ArbN an ihrem Arbeitsplatz aufzusuchen.

2. Antragsrechte

18   Abs. 1 Nr. 2 und Nr. 7 Halbs. 2 regeln **Initiativrechte des BR** (ErfK-*Kania* Rn 8). Sie beziehen sich auf alle Maßnahmen, die dem Betrieb und der Belegschaft oder der Bekämpfung von Rassismus und Fremdenfeindlichkeit im Betrieb dienen. Das gilt in beiden Fällen unabhängig davon, ob für die einzelne Maßnahme auch ein konkretes Beteiligungsrecht besteht (vgl. BAG 27. 6. 89 AP Nr. 37 zu § 80 BetrVG). Der BR kann die Befolgung seiner Anträge, auch wenn sie sachlich berechtigt sind, nur in den im G ausdrücklich genannten Fällen erzwingen. Zwar braucht der ArbGeb. den Anregungen des BR nicht zu folgen (ErfK-*Kania* Rn 10). Er ist jedoch nach §§ 2 Abs. 1, 74 Abs. 1 verpflichtet, sich **ernsthaft mit ihnen zu befassen** (*DKK-Buschmann* Rn 25). Vom Antragsrecht des § 80 Abs. 1 Nr. 2 und Nr. 7 ist das Initiativrecht in mitbestimmungspflichtigen Angelegenheiten (zB § 87, vgl. dort Rn 583 ff.) zu unterscheiden.

a) Allgemeines Antragsrecht

19   Bezugspunkte des **allgemeinen Antragsrechts** nach Nr. 2 können soziale, personelle und wirtschaftliche Angelegenheiten sein. Belegschaft ist die Gesamtheit der ArbN iSd. BetrVG oder einer Gruppe von ArbN. Darüber hinaus sind auch Anträge zulässig, die mögliche Themen der BetrVerslg angehen (§ 45 Rn 5 ff., § 74 Rn 11) und denen ein konkreter Bezug zum Betrieb und seinen ArbN zugrunde liegt. So-

weit der ArbGeb. ihnen nicht durch innerbetriebliche Maßnahmen Rechnung tragen kann (zB Fragen der Verkehrsverbindungen), sind sie als Anregungen an den ArbGeb. zu verstehen, gegenüber außerbetrieblichen Stellen tätig zu werden. **Zielrichtung** eines Antrags nach Nr. 2 ist das Wohl des Betriebs und seiner ArbN (vgl. § 2 Abs. 1). Die Behandlung derartiger Anträge erfolgt nach den allgemeinen Regeln der Zusammenarbeit; bei Meinungsverschiedenheiten kann die E-Stelle nach Maßgabe des § 76 Abs. 6 tätig werden.

Auf **sozialem Gebiet** ergibt sich je nach betrieblicher Eigenart und Leistungsfä- **20** higkeit eine Fülle von Anregungsmöglichkeiten. Der BR kann auch wegen Zahlung von Weihnachtsgratifikationen oder wegen Lohnerhöhung vorstellig werden, jedenfalls soweit kein TV gilt (BAG 26. 1. 62 AP Nr. 8 zu § 626 BGB Druckkündigung). Er kann zugunsten einzelner ArbN, zB wegen Gewährung von Vorschüssen oder eines besonderen Erholungsurlaubs beim ArbG intervenieren. Auch auf **personellem Gebiet** erhält der BR die Befugnis, von sich aus Anträge für Einstellungen, Versetzungen und Umgruppierungen an den ArbGeb. zu richten. Wegen Personalplanung vgl. § 92; wegen Beschäftigungssicherung § 92 a; wegen Berufsbildung §§ 96 ff. Auf **wirtschaftlichem Gebiet** kann der BR Verbesserungen der Arbeitsmethoden, die Beseitigung vermeidbarer Arbeitserschwernisse oder Maßnahmen zum Arbeitsschutz beantragen. Der Antrag kann sich auch auf unternehmerische Entscheidungen (zB Investitionen) beziehen (*DKK-Buschmann* Rn 24). Der BR kann auch Vorschläge zur Verbesserung des betrieblichen Umweltschutzes (§ 89 Abs. 3) unterbreiten (vgl. BAG 25. 1. 95 AP Nr. 46 zu § 40 BetrVG 1972). Hinsichtlich dieses Themas folgt eine besondere Förderungspflicht zudem aus Abs. 1 Nr. 9.

b) Bekämpfung von Rassismus und Fremdenfeindlichkeit

Nach der Erweiterung der Nr. 7 durch das BetrVerf-ReformG ist der BR auch **21** gehalten, beim ArbGeb. Maßnahmen zu beantragen, die dazu beitragen sollen, **Fremdenfeindlichkeit und Rassismus** im Betrieb entgegenzutreten. Hintergrund des Antragsrechts war die stetige Zunahme fremdenfeindlicher Aktionen, die in einer wachsenden Zahl rechtsextremistischer, fremdenfeindlicher, rassistischer und antisemitischer Straftaten zum Ausdruck kam (vgl. BT-Drucks. 14/5741 S. 46). Dieses gesellschaftliche Problem, das auch vor den Betrieben nicht Halt macht, sollte dort thematisiert werden (vgl. BT-Drucks. 14/5741 S. 25, 25 und 31; krit. *Annuß* NZA 01, 367; *Reichold* NZA 01, 857; zu ausländerfeindlichem Verhalten im Betrieb als Kündigungsgrund. BAG 1. 7. 99 AP Nr. 11 zu § 15 BBiG; *Powietzka* NZA 00, 970).

Das Antragsrecht zur Bekämpfung von Fremdenfeindlichkeit und Rassismus steht **22** aber nicht isoliert im G. Vielmehr trägt das G durch eine Reihe **weiterer Vorschriften** dafür Sorge, dass der BR diese Aufgabe auch effektiv angehen kann. Dazu zählt die Möglichkeit, dieses Thema zum Gegenstand von BetrVerslg. zu machen (§ 45 Satz 1), zumal der ArbGeb. nach der Erweiterung seiner Berichtspflicht nach § 43 Abs. 2 seinerseits gehalten ist, auf derartige Vorkommnisse einzugehen. Darüber hinaus kann der BR in dieser Angelegenheit aktiv werden, wenn Tatsachen befürchten lassen, dass ein Bewerber oder ein betriebsangehöriger ArbN den Betriebsfrieden durch rassistische oder fremdenfeindliche Aktionen stört (§ 99 Abs. 2 Nr. 6, § 104 Satz 1).

Das Antragsrecht nach Nr. 7 ist **betriebsbezogen.** Es gewährt dem BR weder ein **23** allgemein pädagogisches noch ein allgemeinpolitisches Mandat (*Richardi/Thüsing* Rn 24; *Engels/Trebinger/Löhr-Steinhaus* DB 01, 532; *Konzen* RdA 01, 76). Es begründet deshalb auch nicht die Gefahr eines Gesinnungsarbeitsrechts (diese Gefahr sieht *Rieble* ZIP 01, 133). Das Antragsrecht ist aus diesem Grund **auch anlassbezogen.** Es setzt eine vorhandene oder eine sich abzeichnende extremistische Betätigung im Betrieb voraus (*HSWGNR* Rn 43; *Löwisch* BB 01, 1790). In diesem Fall kann der BR vom ArbGeb. etwa die Durchführung einer Aufklärungsaktion oder Vorgesetztengespräche mit fremdenfeindlich oder rassistisch agierenden ArbN verlangen.

3. Entgegennahme von Anregungen

24 Die Regelung in Nr. 3 ergänzt die Bestimmungen der Nrn. 2 und 7. Das Beschwerderecht der ArbN nach §§ 84 ff. und das Vorschlagsrecht der ArbN nach § 86 a bleibt hiervon unberührt. Der BR ist die Ansprechstelle der ArbN des Betriebs. Er ist deshalb auch zuständig für die Behandlung von **Anregungen der ArbN** iSd. BetrVerf. Es bleibt den ArbN überlassen, ob sie sich an den BR oder direkt an den ArbGeb. oder den unmittelbaren Vorgesetzten wenden wollen. „Anregung" ist der Oberbegriff für Vorschläge und Beschwerden (*Richardi/Thüsing* Rn 32).

25 Der BR muss sich mit einer an ihn herangetragenen **Anregung sachlich befassen.** Er hat sie zu untersuchen und deren Berechtigung zu prüfen. Für diesen Fall hat er mit dem ArbGeb. über die Möglichkeit einer sachgerechten Erledigung zu verhandeln (hM GK-*Weber* Rn 37). Kann die Streitfrage durch Verhandlungen zwischen BR und ArbGeb. nicht beigelegt werden, hat der BR den ArbN ggf. auch auf die Möglichkeit der Inanspruchnahme der ArbG oder der Erhebung einer förmlichen Beschwerde nach § 84 hinzuweisen. Der BR hat den ArbN über das Ergebnis der Verhandlungen mit dem ArbGeb. zu unterrichten und ggf. einen **Zwischenbescheid** zu geben. Schließlich hat er den ArbN auch zu informieren, wenn er die Anregung (Beschwerde) nicht für berechtigt hält (*DKK-Buschmann* Rn 39). Die Einschaltung des BR hindert den betroffenen ArbN nicht daran, vor dem ArbG zu klagen.

26 Dasselbe gilt für **Anregungen der JugAzubiVertr.** (vgl. § 70 Abs. 1 Nr. 3). Diese kann ihre Anregungen nicht unmittelbar beim ArbGeb. vorbringen. Sie ist kein selbständiges neben dem BR bestehendes Organ der Betriebsverfassung. Die Zusammenarbeit mit dem ArbGeb., auch in den Angelegenheiten der jug. und der zu ihrer Ausbildung beschäftigten ArbN, ist nach der Kompetenznorm des § 60 ausschließlich Aufgabe des BR (vgl. § 60 Rn 4; BAG 21. 1. 82 AP Nr. 1 zu § 70 BetrVG 1972). Der BR hat die JugAzubiVertr. bei der Unterrichtung des jug. ArbN zu beteiligen, soweit sich dieser an den BR und nicht an seine Vertr. gewandt hat.

4. Schutzaufträge

27 Die Vorschrift des § 80 Abs. 1 weist dem BR eine Reihe von Schutzaufträgen zu. Sie betreffen Personen, die der Gesetzgeber als in einem besonderen Maße wegen Behinderung (Nr. 4), Alter (Nr. 6) oder Herkunft (Nr. 7) auf den Schutz durch eine kollektive Interessenvertretung der ArbN angewiesen sieht.

a) Eingliederung schutzbedürftiger Personen

28 Die Aufgabe des BR nach der Nr. 4, die **Eingliederung bestimmter Personen** in den Betrieb zu fördern, umfasst deren Unterbringung im Betrieb, die Zuweisung einer ihren Kräften und Fähigkeiten entspr. Beschäftigung. Ferner soll der BR auf sie einwirken, die richtige Einstellung zum Betrieb, zum Arbeitsplatz und zu den anderen ArbN zu finden, und andererseits bei der Belegschaft Verständnis für die besondere Lage dieser Personen zu wecken. Der BR soll dazu beitragen, Vorbehalte gegenüber der Leistungsfähigkeit schwerbehinderter Menschen abzubauen. Er hat mit dem ArbGeb. über die Angelegenheiten dieses Schutzauftrags zu verhandeln (*Düwell* BB 01, 1527). Bei Meinungsverschiedenheiten kann die E-Stelle nur unter den Voraussetzungen des § 76 Abs. 6 angerufen werden.

29 Das Gesetz hebt die **Eingliederung schwerbehinderter Menschen** bes. hervor (vgl. §§ 81–84 SGB IX). Das betriebliche Eingliederungsmanagement nach § 84 Abs. 2 SBG IX erfasst alle langzeiterkrankten ArbN (BAG 12. 7. 07 AP Nr. 28 zu § 1 KSchG 1969 Personenbedingte Kündigung). Ein unterbliebenes BEM erhöht die Anforderungen an Darlegungslast des ArbGeb. in einem KSchVerf. des ArbN (BAG 10. 12. 09 – 2 AZR 400/08 – NZA 10, 398). Vor allem hat der BR darauf zu achten, ob der ArbGeb. seiner Prüfungs- und Beschäftigungspflicht nach § 81 SGB IX nachkommt: Der BR kann die Schaffung von Teilzeitarbeitsplätzen für Schwerbehinderte anregen (§ 81 Abs. 5 SGB IX), sich mit Unterstützung des Integrationsamtes (§ 80 SGB IX) um die behindertengerechte Ausstattung von Arbeitsplätzen für Schwerbehinderte bemühen oder den Abschluss einer Integrationsvereinbarung (§ 83 SGB IX) anstreben (*DKK-Buschmann* Rn 43). Dazu können ua. gehören Regelungen der Personalplanung, der Gestaltung von Arbeitsplätzen oder des Arbeitsumfeldes (Einzelh. des betriebl. Eingliederungsmanagements iSd. § 84 Abs. 2 SGB IX *Gagel* NZA 04, 1359). Der BR kann auch auf eine dem ArbGeb. zumutbare behindertengerechte Gestaltung der ArbZ schwerbehinderter Menschen hinwirken (vgl. BAG 3. 12. 02 AP Nr. 1 zu § 124 SGB IX). Dabei arbeitet der **BR** mit der **SchwbVertr.** (§ 94 SGB IX) zusammen. Der BR hat auf die Wahl einer SchwbVertr. hinzuwirken (§ 93 SGB IX).

Neben den Schwbeh. sind auch **sonstige bes. schutzbedürftige Personen** der 30 Obhut des BR anvertraut, insb. behinderte Menschen, deren Grad der Behinderung weniger als 50 vom Hundert beträgt (§ 2 Abs. 3 SGB IX). Der Schutzauftrag gilt auch für ArbN, deren Unterbringung unter den üblichen Bedingungen des Arbeitsmarktes erschwert ist wie zB bei Langzeitarbeitslosen, die auf Grund von Eingliederungszuschüssen nach den § 217 SGB III im Betrieb tätig sind (*HSWGNR* Rn 37). Der BR kann sich auch um die Reintegration erkrankter ArbN im Rahmen einer stufenweisen Wiedereingliederung iSd §§ 28 SGB IX, 74 SGB V kümmern (*Nebbe* DB 08, 1801).

b) Beschäftigung älterer Arbeitnehmer

Der BR hat nach § 75 Abs. 1 S. 2 darauf zu achten, dass ArbN nicht wegen Über- 31 schreitens bestimmter Altersstufen benachteiligt werden (vgl. § 75 Rn 68). Darüber hinaus sind nach § 96 Abs. 2 auch ältere ArbN bei Maßnahmen der Berufsbildung zu berücksichtigen. § 80 Abs. 1 Nr. 6 ergänzt diese Vorschriften (*ErfK-Kania* Rn 15). Danach soll der BR die Beschäftigung älterer ArbN überhaupt fördern. Dazu gehört nicht nur deren berufliche Weiterentwicklung und Anpassung an veränderte wirtschaftliche und technische Gegebenheiten, sondern auch die **Neueinstellung älterer ArbN** auf für sie geeigneten Arbeitsplätzen oder den Erhalt solcher Arbeitsplätze (*DKK-Buschmann* Rn 49). Die Nichtberücksichtigung älterer Bewerber kann ein Widerspruchsgrund für den BR nach § 99 Abs. 2 Nr. 2 sein, soweit eine entspr. AuswahlRL besteht, die der ArbGeb. missachtet. Der Widerspruchsgrund nach § 99 Abs. 2 Nr. 1 setzt ein gesetzliches Diskriminierungsverbot bei der Einstellung voraus, das nunmehr § 2 Abs. 1 Nr. 1 AGG regelt.

c) Integration ausländischer Arbeitnehmer

Die Integration ausländischer ArbN, dh solcher betriebszugehöriger ArbN, die 32 nicht die deutsche Staatsangehörigkeit besitzen, hat der BR nach Nr. 7 zu fördern. Die Ersetzung des Eingliederungsbegriffs durch den der Integration durch das BetrVerf-ReformG verdeutlicht das Anliegen des G. Es geht darum, dass die ausländischen Belegschaftsangehörigen genauso behandelt werden sollen wie ihre deutschen Kollegen (GK-*Weber* Rn 48; *HSWGNR* Rn 43). Der BR hat diese ArbN vor Ausbeutung durch unzulässige illegale Beschäftigung (Schwarzarbeit, unzulässige ArbN-Überlassung) zu schützen. Der BR soll das **gegenseitige Verständnis** ausländischer und deutscher ArbN fördern und auf den **Abbau wechselseitiger Vorurteile** hinwirken (vgl. *Richardi/Thüsing* Rn 43; *ErfK-Kania* Rn 16). Angesichts der großen Zahl ausländischer ArbN und deren besonderen soziokulturellen Problemen (Sprache, Wohnraumbeschaffung, Einarbeitung, Lebensgewohnheiten, Religion) ist das eine bes. wichtige Aufgabe des BR.

5. Förderungspflichten

33   Abs. 1 weist dem BR weiterhin eine Reihe von **Sonderaufgaben** zu. Mit ihnen verfolgt das G ua. auch gesamtgesellschaftliche Anliegen. Das betrifft die Durchsetzung der tatsächlichen Gleichstellung der Geschlechter sowie die Förderung der Vereinbarkeit von Familie und Erwerbstätigkeit (Nr. 2a und Nr. 2b). Die übrigen Aufgaben reichen von der Zusammenarbeit mit der JugAzubiVertr. (Nr. 5) bis hin zur Beschäftigungsförderung und -sicherung (Nr. 8) oder der Förderung von Maßnahmen des Arbeits- und des betrieblichen Umweltschutzes (Nr. 10).

a) Durchsetzung der tatsächlichen Gleichstellung

34   Der durch Art. 5 Nr. 4 des 2 GleiBG eingefügte Nr. 2a machte es dem BR bisher schon zur Pflicht, die tatsächliche Gleichberechtigung der Geschlechter umfassend zu fördern und durchzusetzen. Durch das BetrVerf-ReformG wurde der bisherige Sprachgebrauch der Nr. 2a geändert. Das Wort Gleichstellung wurde durch den Begriff der Gleichberechtigung ersetzt. Diese Änderung diente der Anpassung an den Sprachgebrauch des am 1. 12. 01 in Kraft getretenen Gleichstellungsdurchsetzungsgesetzes (DGleiBG; BGBl. I S. 3234) zur Förderung von Frauen im Bundesdienst (dazu *Braun* ZTR 01, 200). Der Inhalt der Förderungspflicht des BR hat sich dadurch nicht geändert (BT-Drucks. 14/5741 S. 46). Nach wie vor handelt es sich um eine Klarstellung, die dem BR die Bedeutung dieser Aufgabe noch einmal bewusst machen soll. Es geht darum, die vielfachen **Benachteiligungen der Frauen** im Berufsleben wenn möglich abzubauen (vgl. Rn 39). Daneben bleibt die Verpflichtung des BR bestehen, auf die Einhaltung der Grundsätze zur Gleichbehandlung zu achten. Diese Pflichten werden durch **das AGG** nicht geschmälert (§ 13 Abs. 2 AGG).

35   Von Gesetzes wegen sind Frauen und Männer gleichberechtigt. Auch der besondere **arbeitsrechtliche Gleichbehandlungsgrundsatz** verbietet Benachteiligungen wegen des Geschlechts. Dieser Gleichbehandlungsgrundsatz wird inhaltlich bestimmt durch **Art. 3 GG.** Danach darf niemand wegen seines Geschlechts benachteiligt oder bevorzugt werden. Art. 3 Abs. 3 GG verbietet zunächst eine **unmittelbare Benachteiligung.** Das Geschlecht darf nicht als Anknüpfungspunkt für eine Ungleichbehandlung herangezogen werden. Es besteht aber kein absolutes Anknüpfungsverbot. Die Verwendung eines geschlechtsbezogenen Merkmals kann in Ausnahmefällen gerechtfertigt sein. Eine allgemeine Formel für denkbare Rechtfertigungsgründe gibt es indes nicht (ErfK-*Schmidt* Art. 3 GG Rn 88).

36   Art. 3 Abs. 3 GG verbietet auch eine **mittelbare Diskriminierung** (vgl. die Nachweise bei ErfK-*Schmidt* Art. 3 GG Rn 86). Wirken sich geschlechtsneutral formulierte Regelungen erkennbar zum Nachteil eines Geschlechts (meistens Frauen) aus, ist die Regelung nur wirksam, wenn geschlechtsbedingte Diskriminierung ausgeschlossen werden kann (BAG 26. 5. 93 AP Nr. 42 zu Art. 119 EWG-Vertrag; 5. 10. 93 AP Nr. 20 zu § 1 BetrAVG Lebensversicherung; 15. 2. 94 AP Nr. 12 zu § 1 BetrAVG Gleichberechtigung). Einfachrechtlich ist dieses Diskriminierungsverbot nunmehr in § 2 AGG geregelt.

37   Eine **mittelbare Entgeltdiskriminierung** verbietet zudem Art 157 AEUV (ex-Art. 141 EGV), der in den einzelnen Mitgliedstaaten unmittelbar geltendes Recht ist. Nach der Rspr. des EuGH, der das BAG gefolgt ist (vgl. BAG 5. 3. 97 AP Nr. 123 zu § 37 BetrVG 1972 mwN), wird gegen dieses Verbot verstoßen, wenn der Bezug oder der Ausschluss von Leistungen zwar geschlechtsneutral geregelt ist, tatsächlich aber deutlich mehr Personen des einen Geschlechts betrifft als Personen des anderen Geschlechts, und diese Bevorzugung oder Benachteiligung auf dem Geschlecht oder der Geschlechterrolle beruht (objektiver Tatbestand). Das betrifft zumeist Frauen. Maßnahmen des ArbGeb., die diese unterschiedliche Wirkung hervorrufen, sind nur dann wirksam, wenn sie objektiv aus Gründen gerechtfertigt sind, die nichts mit einer Diskriminierung auf Grund des Geschlechts zu tun haben (Rechtfertigungsgründe).

Subtile Formen der mittelbaren Diskriminierung existieren vor allem im Bereich 38
der **Teilzeitbeschäftigung.** Teilzeitbeschäftigte sind in den meisten Branchen Frauen.
Teilzeitbeschäftigte werden häufig von Leistungen des ArbGeb. ausgeschlossen (zB
Übergangsgeld, Altersversorgung). Diese Maßnahmen sind in der Regel unwirksam,
weil sie nicht gerechtfertigt werden können.

Art. 3 Abs. 2 GG geht über die rechtliche Verpflichtung zur Gleichbehandlung 39
hinaus. Das galt schon für die frühere Fassung (BVerfG 28. 1. 92 AP Nr. 2 zu § 19
AZO), kommt aber in der neuen Fassung deutlicher zum Ausdruck. Art. 3 Abs. 2
GG zielt ebenso wie hier die Nr. 2a auf die gesellschaftliche Wirklichkeit. Auch das
GG will nicht nur diskriminierende Rechtsnormen beseitigen, es will die **Gleichberechtigung tatsächlich durchsetzen** (*DKK-Buschmann* Rn 27). Die Norm bezweckt die Angleichung der Chancen und Lebensverhältnisse. Überkommene Rol-
lenverteilungen, die zu Nachteilen für Frauen führen, dürfen durch staatliche Maßnahmen nicht verfestigt werden (BVerfG 18. 11. 03 AP Nr. 23 zu § 14 MuSchG
1968). Tatsächliche Nachteile, die typischerweise Frauen treffen, dürfen durch begünstigende Regelungen ausgeglichen werden. Insoweit ist strikte formale Gleichbehandlung nicht erforderlich. **Quotenregelungen,** nach denen Frauen gegenüber
Männern bei gleicher Qualifikation bevorzugt zu berücksichtigen sind, solange sie im
betreffenden Bereich unterrepräsentiert sind, sind zulässig. Es muss allerdings ein Au-
tomatismus zum Nachteil der Männer vermieden werden (BAG 5. 3. 96 AP Nr. 226
zu Art. 3 GG). § 80 Abs. 1 Nr. 2a zielt in die gleiche Richtung. Er ist ebenso zu
verstehen wir Art. 3 Abs. 2 GG. Der BR kann deshalb auf ausgleichende Maßnahmen zugunsten der bisher benachteiligten Frauen drängen. Das gilt etwa für Einstellungen, beruflichen Aufstieg, die bevorzugte Berücksichtigung bei Maßnahmen der
beruflichen Bildung, bei der Aufstellung von Entlohnungssystemen und der Einrichtung von Teilzeitarbeitsplätzen. Zu Frauenförderplänen vgl. § 92.

b) Vereinbarkeit von Familie und Erwerbstätigkeit

Durch das BetrVerf-ReformG wurde Nr. 2b in § 80 Abs. 1 neu eingefügt. Die 40
Vorschrift begründet nunmehr ausdrücklich die Pflicht des BR, die Vereinbarkeit von
Familie und Erwerbstätigkeit zu fördern. Entsprechende Aktivitäten des BR sollen es
ArbN mit familiären Pflichten (Erziehung von Kindern, Pflege von Angehörigen)
erleichtern, einer Erwerbstätigkeit nachzugehen (BT-Drucks. 14/5741 S. 46). In Be-
tracht kommen etwa eine familienfreundliche Gestaltung der Arbeitszeit, Job-
Sharing, Einrichtung von Telearbeitsplätzen, Sabbatjahr, Auffrischung beruflicher
Kenntnisse während einer Elternzeit, Berücksichtigung der Ferienzeiten in Urlaubs-
plänen oder in Großbetrieben die Einrichtung eines Betriebskindergartens (*Engels/
Trebinger/Löhr-Steinhaus* DB 01, 532). Deshalb ist diese Aufgabe bei der Ausübung
von MBR nach § 87 Abs. 1 Nr. 2 (BAG 16. 12. 08 NZA 09, 565; *HSWGNR*
Rn 30), der Anordnung von Überstunden im Zusammenhang mit dem MBR nach
§ 87 Abs. 1 Nr. 3, der Aufstellung allgemeiner Urlaubsgrundsätze nach § 87 Abs. 1
Nr. 5 oder bei Sozialeinrichtungen oder im Zusammenhang mit Werkswohnungen
(MBR nach § 87 Abs. 1 Nr. 8 und 9) von Bedeutung (*Löwisch* BB 01, 1790).

c) Zusammenarbeit mit der Jugend- und Auszubildendenvertretung

Nr. 5 macht es dem BR ausdrücklich zur Pflicht, die **Wahl einer JugAzubiVertr.** 41
vorzubereiten und durchzuführen. Diese Verpflichtung ergibt sich bereits aus § 63
(vgl. dort Rn 1). Eine Verpflichtung zur Vorbereitung der Wahl einer Interessenvertretung für Auszubildende in reinen Ausbildungsbetrieben nach § 51 BBiG besteht
danach nicht. Ob eine solche Pflicht durch die zur Umsetzung des § 51 BBiG noch
ausstehende RechtsVO geschaffen wird, bleibt abzuwarten (vgl. § 60 Rn 17). Zur
Vorbereitung gehört die Information der Betroffenen, die Bereitstellung von Mitteln
und die Vermittlung von Kenntnissen, die für die Durchführung der Wahl erforderlich sind. Außerdem hat der BR mit der JugAzubiVertr. zur Förderung der Belange

der in § 60 Abs. 1 genannten ArbN eng zusammenzuarbeiten. Organisatorische Grundlage dafür bieten die §§ 65–70. Der BR hat die JugAzubiVertr. in allen Angelegenheiten der in § 60 Abs. 1 genannten ArbN zu beraten und **sachdienliche Hinweise** zu geben. Er kann Vorschläge und Stellungnahmen anfordern. Gegenüber dem ArbGeb. bleibt er die alleinverantwortliche InteressenVertr. (vgl. § 60 Rn 24).

d) Sicherung und Förderung der Beschäftigung

42 Die durch das BetrVerf-ReformG in den Katalog des Abs. 1 aufgenommene Nr. 8 weist dem BR die Aufgabe zu, die Beschäftigung im Betrieb zu fördern und zu sichern. Die **Gesetzesbegründung** betont vor allem die Pflicht des BR, sich dafür einzusetzen, dass ArbN – gerade auch im Zusammenhang mit Unternehmensumstrukturierungen – ihren Arbeitsplatz und damit ihre Lebensgrundlage nicht verlieren (BT-Drucks. 14/5741 S. 46). Das deutet darauf hin, dass der Gesetzgeber eine aus Art. 12 Abs. 1 GG folgende Schutzpflicht aufgreift (zur Schutzpflicht BVerfG 24. 4. 91 AP Nr. 70 zu Art. 12 GG; 21. 2. 95 NZA 95, 619).

43 Die Erweiterung des Aufgabenkatalogs um die Nr. 8 geht zurück auf eine Empfehlung der Mitbestimmungskommission (vgl. *Konzen* RdA 01, 76 Fn. 220). Diese **Aufgabe wird flankiert** durch eine Reihe weiterer Beteiligungsrechte nach § 92 a, § 95 Abs. 2, § 96 Abs. 1 Satz 2; § 97 Abs. 2, § 99 Abs. 2 Nr. 3 und § 112 Abs. 5 Nr. 2 a.

44 Sicherung der Beschäftigung ist der **Erhalt von Arbeitsplätzen** im Betrieb bezogen sowohl auf die Zahl der Arbeitsplätze als auch auf Anzahl der Beschäftigten (ErfK–*Kania* Rn 16 a; *Konzen* RdA 01, 76). Die Kompetenz, für die Sicherung der Beschäftigung Sorge zu tragen, gewährt dem BR kein allgem. beschäftigungspolitisches Mandat (*Richardi/Thüsing* Rn 44; HSWGNR Rn 45; *Reichold* NZA 01, 857). Wohl aber kann der BR etwa die Übernahme von Auszubildenden im Anschluss an die Ausbildung oder die Erweiterung der betrieblichen Ausbildungskapazitäten zur Sicherung der übrigen Arbeitsplätze anregen oder einer weiteren Arbeitsmengenverdichtung durch Vorschläge zur Schaffung weiterer Arbeitsplätze entgegenwirken.

e) Arbeitsschutz und betrieblicher Umweltschutz

45 Mit der durch das BetrVerf-ReformG eingefügten Nr. 9 wird dem BR die Aufgabe zugewiesen, sich mit Maßnahmen des Arbeitsschutzes und des betrieblichen Umweltschutzes zu befassen und dem ArbGeb. ggf. Vorschläge zu unterbreiten. Die Förderungspflicht hinsichtlich des **Arbeitsschutzes** folgt bereits aus dem MBR nach § 87 Abs. 1 Nr. 7 und dem Mitwirkungsrecht nach § 89 (*DKK-Buschmann* Rn 61).

Bedeutung hat die weitere Konkretisierung des Katalogs der allgemeinen Aufgaben des BR vor allem für die Belange des **betrieblichen Umweltschutzes,** den das G erstmals in § 89 Abs. 3 definiert, ohne den Begriff des Umweltschutzes inhaltlich zu präzisieren. Allerdings muss dieses Mandat nicht mehr wie noch nach früherem Recht aus Arbeitsschutzvorschriften abgeleitet werden. Es besteht unabhängig davon (HSWGNR Rn 46; *Däubler* ArbuR 01, 1).

46 Mit der Aufnahme der Nr. 9 in den Aufgabenkatalog des § 80 Abs. 1 will das G der **wachsenden Bedeutung des Umweltschutzes,** auch hinsichtlich der wirtschaftlichen Ertragskraft der Betriebe, Rechnung tragen (BT-Drucks. 14/5741 S. 46; *Buschmann* FS *Heilmann* S. 87). Aus diesem Grund wird die Förderungspflicht flankiert durch die Ermächtigung zum Abschluss freiwilliger BV nach § 88 Abs. 1 a, durch Mitwirkungsrechte nach § 89 sowie die Erweiterung der Informationspflichten des Unternehmers gegenüber dem WiAusschuss (§ 106 Abs. 3 Nr. 5 a).

47 Wie bereits nach früherem Recht (vgl. BAG 11. 10. 95 AP Nr. 115 zu § 37 BetrVG 1972) folgt aus der Förderungspflicht nach Nr. 9 **kein allgm. umweltpolitisches Mandat** zugunsten der Allgemeinheit (GK-*Weber* Rn 50; *Hanau* RdA 01, 65). Das bringt das G durch die Beschränkung auf den betrieblichen Umweltschutz hinreichend deutlich zum Ausdruck. Dementsprechend kann sich die Förderungspflicht beziehen auf betriebliche Maßnahmen zur Abfallvermeidung, zur Energieein-

sparung, zur Verwendung umweltschonender Betriebsmittel oder zur Einführung von Jobtickets etc.

III. Informationspflichten des Arbeitgebers

1. Auskunftserteilung

Voraussetzung für eine sachgerechte Wahrnehmung aller Aufgaben des BR ist eine **48** vollständige und rechtzeitige Unterrichtung. Dazu regelt § 80 Abs. 2 eine **allgemeine Auskunftspflicht** des ArbGeb. Damit korrespondiert ein entsprechender **Auskunftsanspruch** des BR (BAG 19. 2. 08, 15. 4. 08 AP Nrn. 69, 70 zu § 80 BetrVG 1972). Beide beruhen auf dem in § 2 Abs. 1 geregelte Gebot der vertrauensvollen Zusammenarbeit (*Richardi/Thüsing* Rn 47). Sie dienen dem innerbetrieblichen Rechtsfrieden und sollen überflüssige Verfahren vermeiden (BAG 15. 12. 98 AP Nr. 56 zu § 80 BetrVG 1972). Die Regelung der Informationspflicht und des Informationsrechts in Abs. 2 der Vorschrift führt nicht dazu, dass jene auf Angaben zu den in Abs. 1 der Vorschrift aufgeführten Sachverhalte beschränkt sind. Vielmehr handelt es sich um eine Pflicht, die sich auf alle Fälle der Mitbestimmung bzw. Beteiligung des BR erstreckt. Darüber hinaus verpflichtet das G den ArbGeb. in einer Reihe weiterer Vorschriften ebenfalls zur Unterrichtung des BR bzw. der BetrVerfOrgane. Dazu zählen ua.: § 43 Abs. 2, § 53 Abs. 2, § 80 Abs. 2, §§ 81 ff., § 89 Abs. 2, §§ 90, 92 Abs. 1, §§ 96 f., § 102 Abs. 1, §§ 105, 106 Abs. 2, § 108 Abs. 5, § 109a, §§ 110, 111. Zu diesen Regelungen besteht kein Konkurrenzverhältnis iSd. Spezialität (*DKK-Buschmann* Rn 64, **aA** GK-*Weber* Rn 53; ErfK-*Kania* Rn 17); die Ansprüche bestehen nebeneinander (*Richardi/Thüsing* Rn 50). Aus diesem Grund sperren die Unterrichtungspflichten des ArbGeb. im Rahmen der personellen MB nach § 99 Abs. 1 auch nicht den allgm. Auskunftsanspruch nach § 80 Abs. 2 (BAG 27. 10. 10 – 7 ABR 36/09–11, 527) Deshalb kann der BR auch über die subjektiv determinierte Unterrichtung nach § 102 Abs. 1 hinaus vom ArbGeb. gem. § 80 Abs. 2 die Mitteilung der Sozialdaten objektiv vergleichbarer ArbN verlangen (BAG 20. 1. 00 ZTR 01, 89). Auch für den Bereich der Vergütung wird der allgem. Unterrichtungsanspruch nach § 80 Abs. 2 S. 1 nicht durch das nachfolgend geregelte **Recht auf Einblick in Bruttolohn- und -gehaltslisten** verdrängt, weil sich beide Rechte nach Inhalt und Ausgestaltung unterscheiden (BAG 30. 9. 08 NZA 09, 502). Der BR muss sich deshalb für Informationen zum Gehaltsgefüge nicht auf dieses Einsichtsrecht verweisen lassen (BAG 10. 10. 06 AP Nr. 68 zu § 80 BetrVG 1972). Allerdings dürfen die Beschränkungen des Einsichtsrechts in die Bruttolohn- und -gehaltslisten nicht durch ein entsprechendes schriftliches Auskunftsbegehren umgangen werden. Dazu schränkt das BAG den Auskunftsanspruch ein und gewährt dem BR ein Einsichtsrecht in die schriftlich gefassten Lohn- und Gehaltsangaben (BAG 30. 9. 08 aaO; krit. *DKK-Buschmann* Rn 110a).

Das **BetrVerf-ReformG** hat die Auskunftspflicht des ArbGeb. weiter konkreti- **49** siert. Nach der Ergänzung des § 80 Abs. 2 Satz 1 erstreckt sie sich auch auf Personen, die zwar im Betrieb tätig sind, aber nicht in einem Arbeitsverhältnis zum Betriebsinhaber stehen. Diese Klarstellung entspricht der bisherigen Rspr. des BAG, das einen solchen Informationsanspruch hinsichtlich der Beschäftigung freier Mitarbeiter anerkannt hatte (BAG 15. 12. 98 AP Nr. 56 zu § 80 BetrVG 1972). Damit reagiert der Gesetzgeber auf die zunehmende Zahl unterschiedlicher Beschäftigungsformen im Betrieb außerhalb von Arbeitsverhältnissen zum Betriebsinhaber wie etwa LeihArbN, Erfüllungsgehilfen von Werk- und Dienstleistungsunternehmen ua. Die Ergänzung dient schon nach Wortlaut und Systematik aber auch nach der Gesetzesbegründung (vgl. BT-Drucks. 14/5741 S. 46) lediglich der Klarstellung (GK-*Weber* Rn 60). Sie soll Meinungsverschiedenheiten der Betriebsparteien über das Bestehen und den Inhalt der Unterrichtungspflicht des ArbGeb. hinsichtl. dieses Personenkreises vermeiden; die tatbestandlichen Voraussetzung des allgem. Unterrichtungsanspruchs werden nicht relativiert. Darüber hinaus werden **Informationspflichten** des ArbGeb. gegenüber dem BR zunehmend auch in andere Vorschriften **außerhalb des BetrVG** geregelt und ergänzen die Informationspflicht nach § 80 Abs. 2: § 17 KSchG, § 183 Abs. 4 SGB III; § 5 EBRG ua. Von besonderer Bedeutung sind die Unterrichtungspflichten nach dem **WpÜG** bei Angeboten auf Erwerb von Wertpapieren einer Zielgesellschaft oder im Rahmen von Übernahmeangeboten (§§ 10 Abs. 5 S. 2, 14 Abs. 4 S. 2 WpÜG; Einzelh. *Engels* AuR 09, 65) oder nach dem UmwG oder dem MgVG (*Simon/Hinrichs* NZA 08, 391). Beim umwandlungsrechtlichen Squeeze out, also einer Kombination aus dem Ausschluss der Minderheitsaktionäre einer Aktiengesellschaft und einer anschließenden konzerninternen Verschmelzung der Aktiengesellschaft auf den Großaktionär ist weder bei der übernehmenden Muttergesellschaft noch bei der übertragenden Tochtergesellschaft eine Versammlung der Anteilseigner erforderlich. Damit ist fraglich, zu welchem Zeitpunkt die Pflicht zur Zuleitung des Verschmelzungsvertrags an den zuständigen BR gem. § 5 Abs. 3 UmwG einsetzt. Hierzu stellt die durch das Dritte G zur Änderung des UmwG vom 11. 7. 11 eingefügte Neufassung des § 62 Abs. 4 S. 4 UmwG klar, dass die in § 5 Abs. 3 UmwG normierte Zuleitungspflicht und die damit einhergehende Information des BR nach Abschluss des Verschmelzungsvertrags zu erfolgen hat.

50   Während der **Dauer von Arbeitskampfmaßnahmen** im Betrieb ist der Unterrichtungsanspruch nicht suspendiert (*DKK-Buschmann* Rn 87 b). Der BR bleibt während des Arbeitskampfes im Amt und hat seine gesetzlichen Aufgaben zu erfüllen. Dazu ist er auf die Auskünfte des ArbGeb. angewiesen. Allerdings darf die Wahrnehmung seiner gesetzlichen Aufgaben die Freiheit des ArbGeb., Arbeitskampfmaßnahmen zu ergreifen oder den Folgen eines Arbeitskampfes zu begegnen, nicht ernsthaft beeinträchtigen (BAG 10. 12. 02 AP Nr. 59 zu § 80 BetrVG 1972; **aA** *Reichold* NZA 04, 247). Das ist nach dem jeweiligen Gegenstand sowie Sinn und Zweck des Beteiligungs- oder MBR zu prüfen. Die bloße Geltendmachung eines Auskunftsverlangens nach § 80 Abs. 2 beschränkt nicht von vornherein die Arbeitskampffreiheit des ArbGeb., zumal der BR nach § 74 Abs. 2 zur Neutralität verpflichtet ist. Vom Auskunftsverlangen während eines Arbeitskampfes im Betrieb sind die arbeitswilligen ArbN nicht ausgenommen. Auch in diesem Fall dient der Auskunftsanspruch dem Interesse dieser ArbN an der Einhaltung der während eines Arbeitskampfes fortgeltenden Schutzvorschriften (BAG 10. 12. 02 aaO).

a) Aufgabenbezug

51   Die Informationen des ArbGeb. sollen den BR in die Lage versetzen, in eigener Verantwortung zu prüfen, ob sich für ihn Aufgaben ergeben und ob er zur Wahrnehmung dieser Aufgaben tätig werden muss (BAG st. Rspr. 10. 10. 06 AP Nr. 68 zu § 80 BetrVG 1972). Zu den Aufgaben gehören die Wahrnehmung aller MBR und die in Abs. 1 genannten allgemeinen Aufgaben. Letztere sind vom Vorliegen besonderer Mitwirkungsrechte oder MBR unabhängig (BAG 19. 10. 99 AP Nr. 58 zu § 80 BetrVG 1972). Zwar kann sich ein Aufgabenbezug auch aus der in Abs. 1 Nr. 1 geregelten Überwachungsaufgabe ergeben. Doch ist diese auf die Durchführung gesetzl. Gebote oder Verbote gerichtet, nicht hingegen auf deren Beachtung. Deshalb kann der BR keine Auskunft darüber verlangen, ob die Befristung eines Arbeitsverhältnisses auf einem bestimmten Sachgrund beruht oder sachgrundlos erfolgt ist (BAG 27. 10. 10 – 7 ABR 86/09 – NZA 11, 418). Eine Unterrichtungspflicht besteht bereits dann, wenn der BR prüfen will, ob er tätig werden kann und soll (BAG 26. 1. 88 AP Nr. 31 zu § 80 BetrVG 1972; BAG 9. 7. 91 AP Nr. 94 zu § 99 BetrVG 1972). Unerheblich ist, ob das Beteiligungsrecht aktuell wahrgenommen werden soll. Ein Aufgabenbezug fehlt nur dann, wenn ein Beteiligungsrecht offenkundig auszuschließen ist (BAG 21. 10. 03 AP Nr. 62 zu § 80 BetrVG 1972). Ansonsten genügt eine gewisse **Wahrscheinlichkeit** für das Bestehen einer BR-Aufgabe. Das hat der BR

nach seinem Kenntnisstand zu beurteilen. Je weniger der BR erkennen kann, ob die begehrte Auskunft tatsächlich zur Durchführung seiner Aufgaben erforderlich ist, desto eher kommt ein Auskunftsanspruch in Betracht (BAG 8. 6. 99 AP Nr. 57 zu § 80 BetrVG 1972). Nach der gesetzlichen Konzeption beschränkt allein der Aufgabenbezug den Informationsanspruch; ob das Informationsbegehren angemessen ist, bedarf keiner Prüfung (*Richardi/Thüsing* Rn 51 b).

Der BR muss stets darlegen können, wozu er die gewünschten Informationen **52** braucht. Dazu muss er sein Auskunftsbegehren konkretisieren (BAG 15. 12. 98 AP Nr. 56 zu § 80 BetrVG 1972) und ggfls. bei einem zukunftsgerichteten Auskunftsbegehren auch in zeitlicher Hinsicht beschränken. Der BR kann eine Auskunft auch nicht allein deshalb verlangen, weil sie „ihn sachkundiger macht" (BAG 5. 2. 91 AP Nr. 89 zu § 613 a BGB). Besteht kein WiAusschuss, ergibt sich der Anspruch auf eine dem § 106 entsprechende Unterrichtung über wirtschaftliche Angelegenheiten aus § 80 Abs. 2 (BAG 5. 2. 91 AP Nr. 10 zu § 106 BetrVG 1972). Die Informationsrechte aus § 80 Abs. 2 und diejenigen aus § 106 stehen nebeneinander (*DKK-Buschmann* Rn 73).

Beispiele für das Bestehen von Unterrichtungspflichten: **53**
- Der ArbGeb. hat die Pflicht, den BR darüber zu unterrichten, nach welchen **Merkmalen Zulagen oder Einmalzahlungen** gezahlt werden. Der BR muss prüfen können, ob ein MBR in Fragen der betrieblichen Lohngestaltung besteht (§ 87 Abs. 1 Nr. 10) und ob die Grundsätze der Gleichbehandlung beachtet werden. Der BR kann deshalb auch eine geschlechtsbezogene Aufschlüsselung der Löhne verlangen.
- Der ArbGeb. muss den BR über einen geplanten **Betriebsübergang** oder den vollständigen **Gesellschafterwechsel** (BAG 22. 1. 91 AP Nr. 9 zu § 106 BetrVG 1972) unterrichten.
- Der **BR des Entleiherbetriebs** ist über die die **Beschäftigung von ArbN aus Fremdfirmen** zugrundeliegenden Verträge zu unterrichten (*DKK-Buschmann* Rn 87 a). Er kann verlangen, dass ihm Listen zur Verfügung gestellt werden, aus denen sich die Einsatztage und -zeiten der einzelnen ArbN der Fremdfirmen ergeben (BAG 31. 1. 89 AP Nr. 33 zu § 80 BetrVG 1972).
- Der ArbGeb. ist auf Verlangen des BR verpflichtet, diesem **Gleitzeitkontoauszüge** aller ArbN zur Verfügung zu stellen (LAG Ba-Wü AiB 94, 563).
- Der ArbGeb. hat den BR auch über die geplante Einführung und Änderung von **EDV-Systemen,** IT-Sicherheitsmaßnahmen (*Kort* NZA 11, 1319) sowie über alle Formen der Verarbeitung personenbezogener Daten der ArbN zu unterrichten. Darauf, ob diese Datenverarbeitung möglicherweise gegen Vorschriften des BDSG verstößt oder MBR der BR nach § 87 Abs. 1 Nr. 6 auslöst, kommt es nicht an (BAG 17. 3. 87 AP Nr. 29 zu § 80 BetrVG 1972).
- Der ArbGeb. hat den BR über **grenzüberschreitende Unternehmensbeteiligungen** zur Prüfung der Errichtungsvoraussetzungen eines EBR zu informieren.
- Der ArbGeb. hat den BR über die **Beschäftigung freier Mitarbeiter** zu unterrichten, auch wenn es sich um eine Vielzahl an freien Mitarbeitern mit unterschiedlichen Beschäftigungsmodalitäten handelt. Dabei kann zunächst eine stichtagsbezogene Gesamtübersicht genügen (BAG 15. 12. 98 AP Nr. 56 zu § 80 BetrVG 1872).
- Dem BR ist auf Verlangen die **Auswertung einer Mitarbeiterbefragung** zu überlassen (BAG 8. 6. 99 AP Nr. 57 zu § 80 BetrVG 1972).
- Der BR ist auch über die Einrichtung von **Telearbeitsplätzen** und die Arbeitsbedingungen der TeleArbN zu informieren (*Boemke* BB 00, 2254).
- Der BR ist über die **Einhaltung der Schutzvorschriften des ArbZG** auch dann zu informieren, wenn der ArbGeb. gegenüber den ArbN auf eine Kontrolle der ArbZ verzichtet (BAG 6. 5. 03 AP Nr. 61 zu § 80 BetrVG 1972).
- Der BR ist über die Kriterien zu informieren, nach denen der ArbGeb. die Zulagen von AT-Ang. erhöht (BAG 10. 10. 06 AP Nr. 68 zu § 80 BetrVG 1972).

– Der BR ist über die Durchführung von Interviews im Rahmen **unternehmensinterner Untersuchungen** zur Aufdeckung von Rechtsverstößen/Compliance-Verstößen zu informieren (*Wisskirchen/Glaser* DB 11, 1447; *Rudkowski* NZA 11, 612).

b) Art und Weise der Unterrichtung

54   Hinsichtlich der Art der Unterrichtung gibt das G keine besondere Form vor. Deshalb kann der ArbGeb. entscheiden, in welcher Form er den BR informiert. Handelt es sich allerdings um **komplexe Informationen** hat nach dem Gebot der vertrauensvollen Zusammenarbeit die Auskunftserteilung **schriftlich** zu erfolgen (BAG 30. 9. 08 AP Nr. 1 zu § 80 BetrVG 1972). Die Information muss außerdem **umfassend** sein **und rechtzeitig** geschehen (*HSWGNR* Rn 49). Eine verspätete Unterrichtung widerspricht dem Gesetzeszweck und verkürzt die Mitwirkungsmöglichkeiten der BetrVerfOrgane. Der zügigen Einführung und Durchführung von Projekten ist sie nicht dienlich. Auch sorgfältig vorbereitete Maßnahmen des ArbGeb. können bei verspäteter Beteiligung des BR – auch soweit keine echten MBR bestehen – erheblich verzögert werden oder das Verhältnis der Betriebsparteien zueinander belasten. Andererseits besteht keine Unterrichtungspflicht beim theoretischen Durchspielen von Alternativen oder beim Erstellen von Entwürfen durch Planungsstäbe im Vorfeld noch nicht getroffener unternehmerischer Entscheidungen. Allerdings müssen vor Realisierung solcher Planspiele die Stufen der Unterrichtung durchlaufen werden.

55   Der BR kann die gewünschte Information **jederzeit** verlangen. Das folgt aus dem systematischen Zusammenhang zwischen Auskunfts- und Vorlageanspruch (BAG 19. 2. 08 AP Nr. 69 zu § 80 BetrVG 1972). Der **Zeitpunkt** der Information ergibt sich aus dem Gegenstand und aus der Art der Beteiligung. Der BR muss in der Lage sein, sich mit der betreffenden Angelegenheit zu befassen (*Richardi/Thüsing* Rn 53). Bei Unterrichtung über Zustände oder Vorgänge eines **abgelaufenen Zeitraums**, ist die Information unverzüglich nach Ablauf des Berichtszeitraums zu geben (§ 43 Abs. 2 S. 2, § 53 Abs. 2 Nr. 2, § 110; vgl. auch § 89 Abs. 2 S. 2; unverzügliche Mitteilungen von Auflagen und Anordnungen). Allerdings sind die Aufgaben des BR nicht vergangenheitsbezogen, sondern auf Gegenwart und Zukunft gerichtet. Gleichwohl kann der BR Auskünfte für in der Vergangenheit liegende und abgeschlossene Sachverhalte verlangen, soweit er aus den erbetenen Informationen noch sachgerechte Folgerungen ziehen kann (BAG 21. 10. 03 AP Nr. 62 zu § 80 BetrVG 1972). Dem BR ist es unbenommen, aus dem bisherigen Verhalten des ArbGeb. den Schluss auf dessen künftiges Verhalten zu ziehen (BAG 19. 2. 08 AP Nr. 69 zu § 80 BetrVG 1972).

Die Unterrichtung des BR über **beabsichtigte Maßnahmen** des ArbGeb., die unter die Beteiligungsrechte des BR fallen, ist rechtzeitig, wenn sie erfolgt, nachdem die aus der Sicht des ArbGeb. (Unternehmers) optimale Lösung zwar ausgewählt ist, mit deren Umsetzung noch nicht begonnen worden ist. Folgerichtig sind Revisionsberichte, die Maßnahmen des ArbGeb. anregen, (noch) nicht vorzulegen (BAG 27. 6. 89 AP Nr. 37 zu § 80 BetrVG 1972). Ist die Beteiligung des BR bereits **bei der Einführung** vorgeschrieben (insb. die MBR nach § 87 Abs. 1 Nr. 6 u. 10), so ist der BR bereits in dem Stadium zu unterrichten und zu beteiligen, in dem der ArbGeb. die in Betracht kommenden konkreten Lösungen noch prüft und der Entscheidungsprozess noch nicht abgeschlossen ist.

Zu den unterschiedlichen Stufen der Unterrichtung vgl. REFA-Standardprogramm, abgedruckt auf S. 1258.

56   Der ArbGeb. hat die **Initiative zur Unterrichtung** des BR zu ergreifen. Einer ausdrücklichen Aufforderung durch den BR bedarf es nicht. Das zeigt der Vergleich mit S. 2, der zur Vorlage von Unterlagen nur „auf Verlangen" verpflichtet. Die **Form der Unterrichtung** gibt das G nicht vor (BAG 10. 10. 06 AP Nr. 68 zu § 80 BetrVG 1972). Schriftliche Unterrichtung ist oft angebracht, insb. bei umfangreichen

Angelegenheiten. Eine Pflicht zu schriftlicher Information kann sich aus $\S$ 2 Nr. 1 ergeben. Die Unterrichtung muss **verständlich** sein (kein „Fachchinesisch") und in deutscher Sprache erfolgen (Hess. LAG DB 94, 384). Dem Auskunftsverlangen des BR kann sich der ArbGeb. nicht mit einem Hinweis darauf entziehen, von den behaupteten Vorgängen keine Kenntnis zu haben. Der ArbGeb. hat sich in einem solchen Fall kundig zu machen und sich zu informieren (BAG 6. 5. 03 AP Nr. 61 zu $\S$ 80 BetrVG 1972).

Der **ArbGeb.** (Unternehmer) kann sich bei der Informationserteilung, insb. über **57** Angelegenheiten, die nur einzelne Betriebsbereiche oder einzelne ArbN betreffen, durch dazu beauftragte ArbN **vertreten lassen,** wenn diese die erforderlichen Kenntnisse und Vollmachten besitzen (vgl. $\S$ 1 Rn 240). Im **Gemeinschaftsbetrieb** ist grundsätzlich die gemeinsame Leitung und – soweit die verlangten Informationen das einzelne Arbeitsverhältnis betreffen – der VertragsArbGeb. zur Unterrichtung verpflichtet. Bei **transnationalen Unternehmen** ist die in der BRD ansässige Niederlassungsleitung informationsverpflichtet. Diese ist ggfls. gehalten, sich die notwendigen Informationen von der im Ausland ansässigen Konzernmutter zur beschaffen (*DKK-Buschmann* Rn 84). Auf Seiten des **BR** kann die Geschäftsordnung bestimmen, wer zur Entgegennahme und Weiterleitung der Informationen berechtigt ist. Das ist dem ArbGeb. mitzuteilen.

c) **Grenzen der Unterrichtungspflicht**

Die Unterrichtungspflicht des ArbGeb. (Unternehmers) gegenüber dem BR wird **58** durch die **Vorschriften des BDSG nicht beschränkt** (hM, wenn auch mit unterschiedlichen Begründungsansätzen). Der BR ist unselbständiger Teil der verantwortlichen Stelle ($\S$ 3 Abs. 7 BDSG) und kein Dritter (vgl. *Simitis* BDSG $\S$ 3 Rn 247; *Gola / Schomerus* BDSG $\S$ 3 Rn 49). Dabei ist er wie der ArbGeb. selbst an die Vorgaben des BDSG gebunden. Das gilt auch für seine eigene Datenverarbeitung. Die Unterrichtung des BR zur Wahrnehmung seiner gesetzl. Aufgaben ist keine Datenübermittlung iSd. $\S$ 3 Abs. 4 Nr. 3 BDSG, so dass dessen Übermittlungsbeschränkungen zugunsten des ArbN im Verhältnis des ArbGeb. zum BR nicht greifen (*Kort* NZA 10, 1267). Gleiches gilt für die Unterrichtung des GesBR, da das BDSG für die Abgrenzung der verantwortlichen Stelle iSd. $\S$ 3 Abs. 7 BDSG ausschließlich auf deren rechtliche Einheit und Selbständigkeit abstellt (vgl. $\S$ 83 Rn 23).

Die Übermittlung personenbezogener Daten von Konzernunternehmen an den **58a** **KBR** ist zwar iSd. BDSG als eine Datenübermittlung anzusehen, da der Konzern aus rechtlich selbständigen Unternehmen besteht und jeder Informationsfluss personenbezogener Daten, der die verantwortliche Stelle verlässt, nach dem BDSG eine Datenübermittlung darstellt (vgl. $\S$ 3 Abs. 4 BDSG). Soweit die Übermittlung personenbezogener Daten an den KBR auf Grund und im Rahmen der betriebsverfassungsrechtlichen Unterrichtungsvorschriften erfolgt, ist $\S$ 80 Abs. 2 S. 1 in seinem Anwendungsbereich eine die Vorschriften des BDSG verdrängende Regelung iSd. $\S$ 1 Abs. 1 Satz 1 BDSG (GK-*Weber* Rn 74; *Leutze* ZTR 02, 558). Deshalb schränkt das BDSG auch im Verhältnis zum KBR den auf Grund der Überwachungspflicht des BetrVG stattfindenden Informationsfluss nicht ein (*Simitis* BDSG $\S$ 3 Rn 247). Die Unterrichtungspflicht des ArbGeb. entfällt nicht etwa deshalb, weil die Datenverarbeitung in ein anderes Unternehmen einer Unternehmensgruppe ausgelagert worden ist (BAG 17. 3. 87 AP Nr. 29 zu $\S$ 80 BetrVG 1972).

Der ArbGeb. muss seiner gesetzlichen Informationspflicht auch dann genügen, **59** wenn er die entsprechenden Angaben im Betrieb nicht erhebt, obwohl sie dort objektiv verfügbar sind. Das gilt jedenfalls für solche **Daten, die im Betrieb anfallen** und nicht erst von dritter Seite beschafft werden müssen. Darin unterscheidet sich der Auskunftsanspruch nach $\S$ 80 Abs. 1 Nr. 1 von dem nach Abs. 2 S. 2. Deshalb hat der ArbGeb. Auskünfte zur ArbZ auch dann zu erteilen, wenn er wegen einer im Betrieb

geltenden VertrauensArbZ die tatsächlichen ArbZ der ArbN bewusst nicht zur
Kenntnis nimmt (BAG 6. 5. 03 AP Nr. 61 zu § 80 BetrVG 1972).

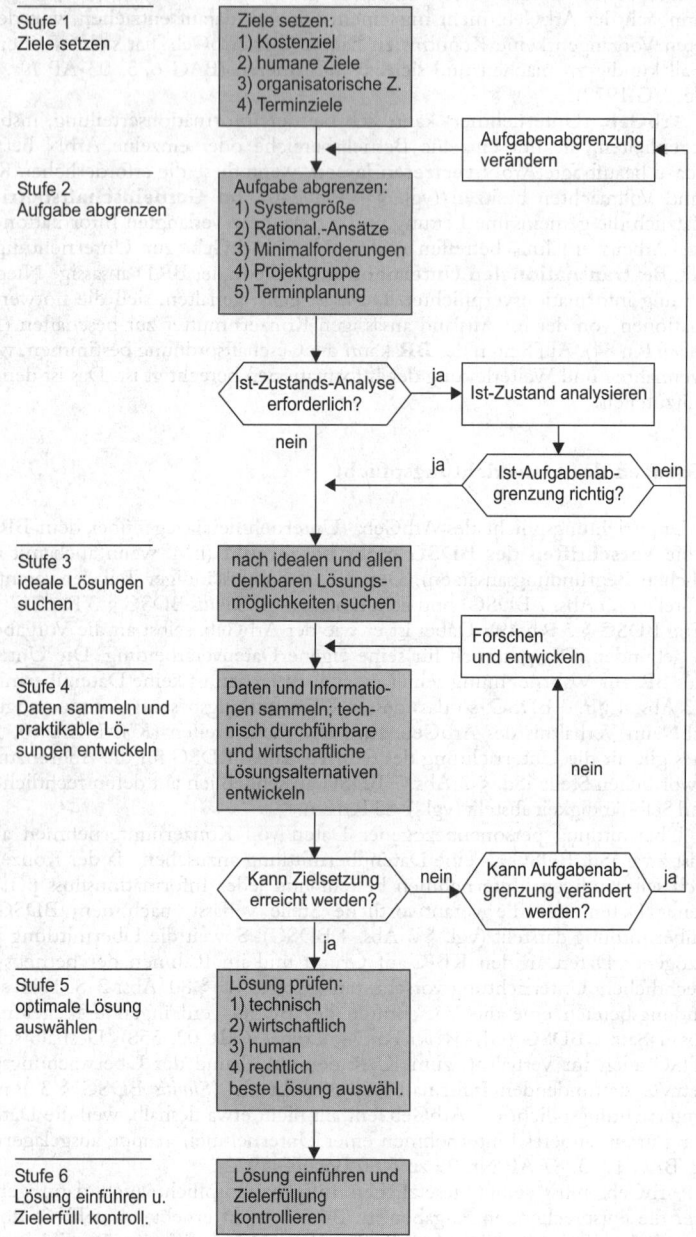

6-Stufen-Methode der Systemgestaltung
(nach REFA-Standardprogramm Arbeitsgestaltung)

Der ArbGeb. kann mangels ausdrücklicher gesetzlicher Beschränkung der Infor- **60** mationspflicht die erbetene Auskunft nicht unter Hinweis auf **Betriebs- oder Geschäftsgeheimnisse** verweigern (BAG 5. 2. 91 AP Nr. 10 zu § 106 BetrVG 1972; 5. 2. 91 AP Nr. 89 zu § 613a BGB; GK-*Weber* Rn 75; *Richardi/Thüsing* Rn 58; aA *Oetker/Lunk* DB 90, 2320). Er kann sich insoweit nicht auf ein schützenswertes Interesse berufen. Die Mitgl. des BR sind zur Geheimhaltung verpflichtet (§ 79).

Der ArbGeb. kann sich gegenüber einem Auskunftsverlangen des BR nicht auf **61** den Schutz des **Persönlichkeitsrechts** des ArbN berufen. Das Überwachungsrecht und die damit auch eine Überwachungspflicht bestehen unabhängig davon. So ist der BR von Gesetzes wegen gehalten, die Einhaltung des MuSchG zu überwachen. Deshalb hat ihn der ArbGeb. auch über die ihm bekannt gewordenen Schwangerschaften zu informieren. Das gilt auch in den Fällen, in denen die ArbN die Weitergabe dieser Information untersagt (GK-*Weber* Rn 73; *DKK-Buschmann* Rn 76; ArbG Berlin 19. 12. 07 ZBVR online 08, Nr. 5; aA *HSWGNR* 56; *Richardi/Thüsing* Rn 58a).

2. Vorlage von Unterlagen

Der ArbGeb. hat dem BR auf Verlangen vorhandene **Unterlagen zur Verfügung 62 zu stellen** die jener benötigt, um seiner Überwachungspflicht nach Abs. 1 Nr. 1 und seinen sonstigen Aufgaben nach Abs. 1 Nr. 2–2b und Nr. 4–9 oder seinen weiteren betriebsverfassungsrechtlichen Aufgaben zu genügen. Der BR soll in die Lage versetzt werden, die Entscheidung des ArbGeb. nachzuvollziehen (BAG 7. 8. 86 AP Nr. 25 zu § 80 BetrVG 1972). Daraus folgt ein **zweistufiges Verfahren** zur Prüfung der Vorlagepflicht: In der ersten Stufe ist festzustellen, ob eine Aufgabe des BR gegeben sein kann. In der zweiten Stufe ist zu prüfen, ob die dafür begehrten Unterlagen auch erforderlich sind (BAG 19. 10. 99 AP Nr. 58 zu § 80 BetrVG 1972). Das hat der BR im Einzelnen darzulegen (*Richardi/Thüsing* Rn 64b). Bei fortlaufend zu erhebenden Daten kann es angeboten sein die Vorlagepflicht in zeitlicher Hinsicht zu begrenzen. Die Vorlagepflicht kann auch entfallen, wenn der BR die gewünschte Unterlage anhand der ihm zur Verfg. gestellten Daten mittels einer einfachen Rechenoperation selbst erstellen kann (BAG 24. 1. 06 AP Nr. 65 zu § 80 BetrVG 1972).

Unterlagen sind **schriftliche Aufzeichnungen,** aber auch Fotos und **Dateien 63** (BAG 10. 10. 06 – 1 ABR 68/05 – NZA 07, 99; *Richardi/Thüsing* Rn 63). Dazu zählen etwa Statistiken des ArbGeb. über Arbeitsunfälle, über Mehr- oder Nachtarbeit. Zu den Unterlagen gehören auch Lohnnachweise, mit deren Hilfe der BR prüfen will, ob er im Wege eines Initiativrechts eine leistungsbezogene Entlohnung anstreben soll (BAG 20. 9. 90 AiB 92, 579). Zur Wahrnehmung des Rechts aus § 92a hat der ArbGeb. Unterlagen und Gutachten einer von ihm beauftragten Unternehmensberatung vorzulegen (*HWSGNR* Rn 62a). Das gilt auch in Bezug auf **Werk- und Dienstverträge mit Fremdfirmen;** der BR muss schon wegen seiner Zuständigkeit auch für LeihArbN prüfen können, ob und in welchem Umfang er die Interessen dieser Beschäftigten wahrzunehmen hat (BAG 31. 1. 89 AP Nr. 33 zu § 80 BetrVG 1972; 9. 7. 91 AP Nr. 94 zu § 99 BetrVG 1972). Nach **§ 5 Abs. 1 des TV über Mindestlöhne** im Baugewerbe (allgemeinverbindlich) muss der ArbGeb. den BR unterrichten über den Abschluss von Nachunternehmerverträgen, vom Beginn der Leistungen, vom Ort und Umfang der auszuführenden Leistungen. Der TV ist eine Konkretisierung der nach § 80 bestehenden Informationspflichten. Im **Insolvenzverfahren** kann die Vorlage von Veräußerungs- und Übertragungsverträgen verlangt werden, um prüfen zu können, ob ein Betriebs- oder Betriebsteilübergang vorliegt (vgl. LAG Berlin AiB 98, 167).

Der **Umfang und die Art** der erforderlichen Unterlagen sind je nach Sachlage **64** verschieden. Allerdings vermittelt § 80 Abs. 2 kein jederzeitiges **Online-Zugriffsrecht** in Form einer Lesebefugnis auf Dateien des ArbGeb. (BAG 16. 8. 11 – 1 ABR 22/10). Das gilt jedenfalls für Dateien, die aufgrund fortlaufender Nutzung einer ständigen Änderung unterworfen sind, aber auch für solche, die Angaben enthalten, auf die sich der Informationsanspruch des BR nicht erstreckt (vgl. *Kort* NZA 10, 1038; **aA** *Däubler,* Gläserne Belegschaften Rn 642). Betriebs- oder Geschäftsgeheimnisse schränken die Vorlagepflicht nicht ein. Insoweit besteht eine Geheimhaltungspflicht nach Maßgabe des § 79. Eine einschränkende Vorschrift wie § 106 Abs. 2 für den WiAusschuss enthält § 80 Abs. 2 S. 1 und 2 nicht BAG 5. 2. 91 AP Nr. 89 zu § 613a BGB). Vgl. auch Rn 60. Darüber hinaus kann eine Online-Zugriffsberechtigung auch tariflich geregelt sein. § 15 Abs. 2 des TV Vertrieb 64 der DP AG regelt ein solches Zugriffsrecht aber nicht (BAG 15. 3. 11 – 1 ABR 112/09 – NZA-RR 11, 462).

65   Bei Überwachung der Durchführung der gesetzlichen Vorschriften sind die **Nachweise** über die sich aus dem Gesetz ergebenden Leistungen des ArbGeb. zu erbringen (zB beim MuSchG: über die Gewährung von Stillzeit, beim BUrlG: die Urlaubslisten, beim SGB IX: Nachweise über die Zahl der beschäftigten Schwerbehinderten, beim ArbzG: Überstundenaufstellungen). Dazu gehört auch die Vorlage ausgefüllter **Formulararbeitsverträge,** soweit das Formular nicht mit dem BR bereits abgestimmt ist (BAG 19. 10. 99 AP Nr. 58 zu § 80 BetrVG 1972). Bei der Kontrolle der Durchführung der TV, BV sowie der Verordnungen nach dem MindArbBedG kann der BR diejenigen Unterlagen verlangen, die es ihm ermöglichen, festzustellen, ob im Betrieb entspr. dem bestehenden Rechtszustand verfahren wird. Der ArbGeb. hat dem GesBR **ein Verzeichnis freigeschalteter Telefone** zu überlassen und zwar auch solchen, die in betriebsratslosen Betrieben vorhanden sind (BAG 9. 12. 09 – 7 ABR 46/08 – NZA 10, 662). Zur Beurteilung, ob eine BV eingehalten wird, kann der BR die Vorlage von **Leistungsbeurteilungen** anfordern (BAG 20. 12. 88 AP Nr. 5 zu § 92 ArbGG 1979). § 80 Abs. 2 S. 2 verpflichtet den ArbGeb. zur Überlassung vorhandener Unterlagen, nicht zu deren Erstellung oder Verschaffung bei Dritten (LAG Hamm NZA-RR 03, 367; ErfK-*Kania* Rn 24). Es besteht deshalb nach dieser Vorschrift auch kein Anspruch auf Installierung von Lärmmessgeräten, um die tarifgerechte Bezahlung lärmbelasteter Arbeitsplätze zu überprüfen (BAG 7. 8. 86 AP Nr. 25 zu § 80 BetrVG 1972).

66   Die **Vorlage der Personalakten** kann nicht verlangt werden. Das ergibt sich mittelbar aus § 83 Abs. 1 (hM; BAG 20. 12. 88 AP Nr. 5 zu § 92 ArbGG 1979). Im Einzelfall kann eine konkrete Information aus den Personalakten gefordert werden (BAG 18. 10. 88 AP Nr. 57 zu § 99 BetrVG 1972; hM) Für Bruttolohn und -gehaltslisten gilt die Sonderregel im 2. Halbsatz (vgl. Rn 70ff.).

67   Zu den allgemeinen Aufgaben des BR gehört auch die Überwachung der Durchführung des BDSG (*Simitis* BDSG § 28 Rn 39ff.). Daraus folgt das Recht auf **Vorlage und Erläuterung der Verarbeitungsprogramme** der bestehenden Personaldatenbanken, auch soweit eine Verknüpfung der Personaldatenbank mit anderen Datenbanken möglich ist (vgl. BAG 17. 3. 87 AP Nr. 29 zu § 80 BetrVG 1972).

68   Die Vorlagepflicht des ArbGeb. ist nicht von einer **konkreten Meinungsverschiedenheit** abhängig. Der BR kann vielmehr Unterlagen schon verlangen, wenn er im Rahmen seiner gesetzlichen Aufgaben tätig werden will. Bestimmte Verdachtsmomente wegen eines (drohenden) Verstoßes des ArbGeb. gegen ArbNSchutzvorschriften brauchen nicht vorzuliegen. Das ergibt sich aus der Einfügung des Wortes „jederzeit" in den Gesetzestext (vgl. BAG 11. 7. 72, 18. 9. 73, 10. 2. 87 AP Nr. 1, 3, 27 zu § 80 BetrVG 1972; *DKK-Buschmann* Rn 97; *Richardi/Thüsing* Rn 65; GK-*Weber* Rn 79; HSWGNR Rn 58). Andererseits braucht der ArbGeb. nicht von sich aus tätig zu werden (BAG 9. 7. 91 AP Nr. 94 zu § 99 BetrVG 1972); **nicht vorhandene Unterlagen** müssen nicht erstellt werden (BAG 10. 10. 06 – 1 ABR 68/05 – NZA 07, 99). Hat der ArbGeb. seiner Vorlagepflicht genügt, ist es Aufgabe des BR, sich daraus die benötigten Informationen zu verschaffen. Ist ein **BRMitgl. an der Einsichtnahme gehindert,** hat der BR die Informationen intern weiter zu geben.

69   Im Gegensatz zum Einsichtsrecht setzt das Informationsrecht nicht voraus, dass der ArbGeb. über die begehrten Information in urkundlicher Form oder in Gestalt einer elektronischen Datei bereits verfügt. Vielmehr besteht der Auskunftsanspruch bereits dann, wenn der ArbGeb. die entsprechenden Daten tatsächlich kennt oder einfach Kenntnis nehmen könnte (BAG 30. 9. 08 AP Nr. 1 zu § 80 BetrVG 1972). Die Unterlagen sind dem BR zur Verfügung zu stellen. Der ArbGeb. hat sie dem BR – zumindest **in Abschrift – und für eine angemessene Zeit zu überlassen** (ErfK-*Kania* Rn 24). Bei in Deutschland tätigen ausländischen Unternehmen sind die Unterlagen ggfs. in korrekter Übersetzung vorzulegen (ArbG Frankfurt AiB 1998, 524). Der BR muss die Unterlagen ohne Anwesenheit des ArbGeb. auswerten und bei umfangreichen Vorgängen auch Ablichtungen und Aufzeichnungen fertigen können (BAG 20. 11. 84 AP Nr. 3 zu § 106 BetrVG 1972; GK-*Weber* Rn 86; *DKK-Buschmann* Rn 96; einschränkend HSWGNR Rn 66).

3. Einsicht in Gehaltslisten

Abs. 2 S. 2 Halbs. 2 billigt dem BR das Recht zu, **die Listen über Bruttolöhne** 70 **und -gehälter** einzusehen. Allerdings muss der ArbGeb. Einblick nur in solche Bruttolohn und -gehaltslisten gewähren, die er tatsächlich und sei es elektronisch führt. Der BR hat nach Abs. 2 S. 2 Halbs. 2 keinen Anspruch auf die Herstellung entsprechender Listen (BAG 30. 9. 08 AP Nr. 1 zu § 80 BetrVG 1972) Soweit der ArbGeb. über eine solche Liste nicht verfügt oder nur über eine solche, die nicht aussagekräftig ist, etwa weil sie bezogen auf den jeweiligen ArbN lediglich die Gesamtbruttosumme ausweist, ist er aber gem. § 80 Abs. 2 S. 1 verpflichtet, eine solche Liste zu erstellen. Da es sich regelmäßig um komplexe und umfangreiche Informationen handeln dürfte, wird er gehalten sein, die erbetenen Auskünfte schriftlich zu erteilen (BAG 30. 9. 08 aaO). Wegen der Beschränkungen des Einsichtsrechts auf Gehaltslisten sind die substituierenden schriftlichen Auskünfte ebenfalls nur der Einsichtnahme zugänglich (BAG 30. 9. 09 aaO). Die Aufschlüsselungstiefe bestimmt sich entsprechend dem Zweck des Einsichtsrechts, das insb. der Prüfung dient, ob die TV und die Grundsätze des § 75 Abs. 1 eingehalten werden (ErfK-*Kania* Rn 25). Die BRMitgl., die Einsicht genommen haben, sind berechtigt und verpflichtet, ihre Kenntnisse an den BR weiterzugeben, damit dieser die Information bei den Beratungen und Entscheidungen berücksichtigen kann.

Dieses Recht hat in **größeren Betrieben** wegen der Vertraulichkeit der Informa- 71 tionen nicht der BR als solcher, sondern nur der BetrAusschuss (§ 27) oder ein nach § 28 bes. gebildeter Ausschuss des BR. Aber auch in **kleineren Betrieben** besteht nach dem Zweck der Vorschrift ein Einblicksrecht. Eine Überprüfung der Einhaltung gesetzlicher und tariflicher Vorschriften ist hier vielleicht noch wichtiger. Es ist nach dem Schutzzweck des Einsichtsrechts nicht zu rechtfertigen, dem BR in kleineren Betrieben – bei gleichen Aufgaben – das Recht auf Einsichtnahme in die Gehaltslisten zu verweigern (BAG st. Rspr., 10. 2. 87, 16. 8. 95 AP Nr. 27, 53 zu § 80 BetrVG 1972; h.M.; aA HSWGNR Rn 76 unter Hinweis auf den Gesetzeswortlaut). Statt des BetrAusschusses ist der BRVors. bzw. das nach § 27 Abs. 2 anderweit bestimmte BRMitgl. zur Einsichtnahme legitimiert (BAG aaO; *Richardi/Thüsing* Rn 74; GK-*Weber* Rn 95).

Die **Beschränkung auf die Bruttolisten** gewährleistet, dass die besonderen per- 72 sönlichen Verhältnisse der ArbN, die zB in der Besteuerung oder in Lohnpfändungen zum Ausdruck kommen und dadurch zu unterschiedlichen Nettobezügen führen, der Einsicht Dritter verschlossen sind. Zu den Listen gehören auch **Datenträger** (BAG 17. 3. 83 AP Nr. 18 zu § 80 BetrVG 1972; GK-*Weber* Rn 101; HSWGNR Rn 75).

Das Einblicksrecht besteht hinsichtl. **aller Lohnbestandteile**, unabhängig von ih- 73 rem individuellen oder kollektiven Charakter (BAG 10. 2. 87, 26. 1. 88 AP Nr. 27, 31 zu § 80 BetrVG 1972; *Richardi/Thüsing* Rn 79; GK-*Weber* Rn 88). Die Einschränkungen, die mit dem Schutz der Individualsphäre begründet werden, sind nicht berechtigt. Das Einblicksrecht soll es dem BR ermöglichen, die Einhaltung der Grundsätze des § 75 Abs. 1 BetrVG und des § 106 GewO zu überwachen. Darüber hinaus soll er zur Erzielung der Lohngerechtigkeit im Betrieb initiativ werden können. Deshalb sind die Bruttoentgelte nach ihren einzelnen Bestandteilen aufzuschlüsseln, zB nach Prämien, Zulagen, Tantiemen, Gratifikationen und anderen Sondervergütungen. Das Einsichtsrecht erstreckt sich auch auf sog. Poolzahlungen an Krankenhausärzte oder andere Mitarbeiter, die nicht aus Mitteln des ArbGeb., sondern aus denen der liquidationsberechtigten Chefärzte finanziert werden (LAG Hamm NZA-RR 02, 302).

74   Das Einblicksrecht besteht nicht bezgl. der Gehälter der **leitenden Ang.**, wohl aber in Bezug auf die AT-Ang. (*DKK-Buschmann* Rn 108). Sie gehören zu den ArbN, deren Interessen vom BR vertreten werden (vgl. § 5 Rn 412). Der BR kann auch Auskunft über die Grundsätze für individuelle Versorgungszusagen an AT-Ang. verlangen (BAG 19. 3. 81 AP Nr. 14 zu § 80 BetrVG 1972).

75   Wegen des Einsichtsrechts in die Lohnlisten des technischen Personals eines **Tendenzbetriebes** bestehen keine Einschränkungen. Das gilt auch für das an Tendenzträger gezahlte Entgelt, gleichgültig ob es sich nach einem kollektiven Entgeltschema bemisst oder auf einer einzelvertraglichen Abmachung beruht (GK-*Weber* § 118 Rn 177; vgl. BAG 30. 4. 74 AP Nr. 1 zu § 118 BetrVG 1972; für Lehrer einer Privatschule vgl. BAG 22. 5. 79 AP Nr. 12 zu § 118 BetrVG 1972; für Redakteure BAG 30. 6. 81 AP Nr. 15 zu § 80 BetrVG 1972). In Theaterbetrieben kann der BR Einblick in die Liste der Künstlergagen nehmen (BAG 13. 2. 07 AP Nr. 81 zu § 118 BetrVG 1972).

76   Einblick in die Listen bedeutet **Vorlage zur Einsichtnahme,** nicht Aushändigung der Listen (BAG 15. 6. 76, 3. 12. 81 AP Nr. 9, 17 zu § 80 BetrVG; hM vgl. *Richardi / Thüsing* Rn 82; **aA** *DKK-Buschmann* Rn 110 vor allem unter Berufung auf das Informationsfreiheitsgesetz, das aber auf das Verhältnis der Betriebsparteien weder unmittelbar noch entsprechend anwendbar ist). Das ergibt sich aus dem unterschiedlichen Wortlaut von § 80 Abs. 2 Halbs. 1 u. 2 (ErfK-*Kania* Rn 28; **aA** *DKK-Buschmann* Rn 110). Während der Einsichtnahme dürfen gegen den Willen des BR keine vom ArbGeb. entsandte Personen anwesend sein (BAG 16. 8. 95 AP Nr. 53 zu § 80 BetrVG 1972). BRMitgl. müssen sich ungestört dabei unterhalten können (LAG Köln 12. 5. 92 LAGE § 80 BetrVG 1972 Nr. 8). Das Einsichtsrecht gibt nicht die Befugnis, die Listen zu fotokopieren oder abzuschreiben. Wohl aber dürfen sich die zur Einsicht berechtigten Personen **Notizen** fertigen.

77   Das Einblicksrecht besteht **unabhängig vom Einverständnis des ArbN,** dessen Individualsphäre insoweit zurücktreten muss (BAG 20. 12. 88 AP Nr. 5 zu § 92 ArbGG 1979). Andernfalls kann der BR seine Aufgaben nicht wahrnehmen. Unerheblich ist, dass Lohn- und Gehaltsdaten Teil der betriebswirtschaftlichen Kalkulation sind und damit Betriebs- oder Geschäftsgeheimnisse enthalten können. Das schließt die Vorlagepflicht nicht aus (BAG 26. 2. 87 AP Nr. 2 zu § 79 BetrVG 1972).

78   Soweit der **GesBR** im Rahmen seiner Aufgaben (vgl. Rn 2) Einsicht nehmen darf, steht das Recht den Mitgl. des GesBetrAusschuss zu. Kann der GesBR keinen GesBetrAusschuss bilden, ist der Vors. (oder sein Vertr.) berechtigt (*Richardi / Thüsing* Rn 75). Für den **KBR** gilt Entspr.

IV. Informationsbeschaffung durch den Betriebsrat

79   Die Pflicht des ArbGeb. zur Unterrichtung hindert den BR nicht, sich die für die Wahrnehmung seiner Aufgaben erforderlichen Kenntnisse auf andere Weise zu beschaffen (BAG 17. 1. 89 AP Nr. 1 zu § 2 LPVG NW; BAG 13. 6. 89 AP Nr. 36 zu § 80 BetrVG 1972). Zur **Art und Weise der Informationsbeschaffung** enthalten § 80 Abs. 2 und 3 oder § 37 Abs. 6 keine abschließende Regelungen (*DKK-Buschmann* Rn 99). Soweit sich der BR zu Informationszwecken personeller Unterstützung durch betriebliche Auskunftspersonen oder Sachverständige bedient, gilt für diesen Personenkreis die Schutzbestimmung des § 78. Darüber hinaus unterliegen

diese Personen nach § 120 Abs. 1 Nr. 3 und Nr. 3b der strafbewehrten Verschwiegenheitspflicht nach § 79 iVm. § 80 Abs. 4.

1. Aufsuchen von Arbeitnehmer und Betriebsbegehung

Der BR ist berechtigt, einzelne **ArbN** während der Arbeitszeit an ihrem **Arbeits-** 80 **platz aufsuchen,** etwa um ihre Eingruppierung nach einem Vergütungssystem zu überprüfen (BAG 17. 1. 89 AP Nr. 1 zu § 2 LPVG NW). Er kann auch ArbN aufsuchen, die außerhalb des Betriebs tätig sind, wenn dies zur Wahrnehmung seiner Aufgaben erforderlich ist (BAG 13. 6. 89 AP Nr. 36 zu § 80 BetrVG 1972). Der BR kann auch **Betriebsbegehungen** durchführen. Dazu muss er keinen konkreten Verstoß gegen die in Nr. 1 genannten Vorschriften darlegen (BAG 13. 6. 89 AP Nr. 36 zu § 80 BetrVG 1972; ArbG Frankfurt NZA-RR 1998, 78). In diesem Rahmen hat der BR auch Zutritt zu Räumen, deren Betreten Unbefugten verboten ist (Hess LAG DB 72, 2214). Es entspricht dem Gebot der vertrauensvollen Zusammenarbeit (§ 2), wenn der BR den Grund für die Betriebsbegehung in allgemeiner Form angibt (LAG Nürnberg DB 94, 52). Eine Anmeldepflicht beim ArbGeb. besteht in der Regel nicht. Sie kann bei Vorliegen besonderer Umstände entsprechend dem Anlass der Betriebsbegehung in Betracht kommen (ArbG Stuttgart NZA-RR 02, 365).

2. Betriebliche Auskunftspersonen

Die zunehmende Komplexität der sich dem BR stellenden Aufgaben hat den Ge- 81 setzgeber veranlasst, die herkömmlichen Möglichkeiten der Informationsbeschaffung des BR zu erweitern. Neben der Heranziehung von Sachverständigen (§ 80 Abs. 3) und der Hinzuziehung eines Beraters bei einer Betriebsänderung in Unternehmen mit mehr als 300 ArbN (§ 111 S. 2), soll der BR den **internen Sachverstand der Belegschaft** zu Informationszwecken stärker nutzen und deren Wissen bei der Suche nach Problemlösungen einsetzen können (GK-*Weber* Rn 105). Dazu verpflichtet Abs. 2 Satz 3 den ArbGeb., dem BR sachkundige ArbN als Auskunftspersonen zur Verfügung zu stellen (vgl. BT-Drucks. 14/5741 S. 46ff.). Damit reagierte der Gesetzgeber auch auf die Rspr. des BAG, die das Recht des BR auf Hinzuziehung eines Sachverständigen von dem Ausschöpfen der innerbetrieblichen Informationsmittel abhängig machte (BAG 4. 6. 87, 26. 2. 92 AP Nr. 30, 48 zu § 80 BetrVG 1972). Das Hinzuziehungsrecht steht – im Rahmen der gesetzlichen Zuständigkeit – nicht nur dem BR, sondern auch dem GesBR (§ 51 Abs. 5), dem KBR (§ 59 Abs. 1 iVm. § 51 Abs. 5), dem BetrAusschuss (§ 27) sowie einem sonstigen Ausschuss nach § 28 zu, dem der BR bestimmte Aufgaben zu selbständigen Erledigung übertragen hat. Keine Anwendung findet § 80 Abs. 2 S. 3 auf die JugAzubiVertr. und die Schwb. Vertr. (*Oetker* NZA 03, 1233). Aus dem Hinzuziehungsrecht folgt zugleich eine entspr. Pflicht des BR. Dieser ist deshalb gehalten, vor der Einschaltung eines Sachverständigen alle innerbetrieblichen Erkenntnisquellen auszuschöpfen, um sich das erforderliche Fachwissen anzueignen. Dazu zählt auch die Wissensvermittlung durch betriebl. Auskunftspersonen (BAG 16. 11. 05 AP Nr. 64 zu § 80 BetrVG 1972).

Die **Gestellungspflicht des ArbGeb.** setzt voraus, dass die Hinzuziehung eines 82 sachkundigen ArbN zur ordnungsgem. Erfüllung der BRAufgaben erforderlich ist (*Richardi/Thüsing* Rn 87). Die Anforderungen entsprechen denen der Kostenerstattungspflicht des § 40, der Freistellungspflicht für die Erledigung von BRAufgaben nach § 37 Abs. 2 oder für die Teilnahme an Schulungsveranstaltungen nach § 37 Abs. 6 bzw. den Voraussetzungen für die Hinzuziehung von Sachverständigen nach § 80 Abs. 3 (WPK/*Preis* Rn 39; *Engels/Trebinger/Löhr-Steinhaus* DB 01, 532) und sind vom BR im Streitfall darzulegen. Trotz der Beifügung des Adjektivs „ordnungsgem." stellt § 80 Abs. 2 S. 3 keine weitergehenden Anforderungen an die zu erfüllende BRAufgabe und den darauf gründenden Informationsbedarf (aA *Natzel* NZA 01,

872). Es gelten insoweit die Grundsätze des § 37 Abs. 2 (vgl. § 37 Rn 23 ff.). Deshalb kann der BR eine Auskunftsperson nur im Zusammenhang mit der Erfüllung einer konkreten BR-Aufgabe verlangen (*Löwisch* BB 01, 1790). Diese bestimmt zugleich die Anforderungen an die Sachkunde der Auskunftsperson. Entspr. den vorgenannten Vorschriften hat der BR einen Ermessensspielraum bei der Beurteilung des Begriffs der Erforderlichkeit (vgl. § 40 Rn 9 ff.). Der ArbGeb. darf seine Einschätzung nicht an die des BR setzen (*DKK-Buschmann* Rn 121; **aA** *Oetker* NZA 03, 1225 Einschätzung durch objektiven Dritten).

83   Bei Vorliegen der Voraussetzungen des § 80 Abs. 2 Satz 3 Halbs. 1 ist der ArbGeb. verpflichtet, einen sachkundigen ArbN zu Verfügung zu stellen. Dabei bestimmt der konkrete Informationsbedarf des BR darüber, welche Anforderungen an die Sachkunde des angeforderten ArbN zu stellen sind (*Oetker* NZA 03, 1225). Der BR kann die **Person des auszuwählenden ArbN** vorschlagen (WPK/*Preis* Rn 41). Diesen Personalvorschlag kann der ArbGeb. nicht ignorieren (*HSWGNR* Rn 88; *Löwisch* BB 01, 1790). § 80 Abs. 2 Satz 3 Halbs. 2 verpflichtet ihn, die Vorschläge zu berücksichtigen. Ein Abweichen ist ihm nur gestattet, soweit der ArbN offenkundig nicht über die erforderliche Sachkunde verfügt oder **betriebliche Notwendigkeiten** entgegenstehen (*DKK-Buschmann* Rn 122). Das können im Einzelnen sein: Unabkömmlichkeit wegen Produktionsproblemen, Erledigung von Eilaufträgen, Beeinträchtigung der Sicherheit im Betrieb etc. In aller Regel dürften die betrieblichen Notwendigkeiten, die einer Heranziehung entgegenstehen, eher zeitlicher Natur sein. Keinen betrieblichen Grund stellt es dar, wenn der ArbGeb. einen anderen ArbN als den vom BR ausgewählten für sachkundiger hält und deshalb den Vorschlag nicht berücksichtigen will.

84   Die Pflicht, dem BR eine bestimmte Auskunftsperson zur Verfügung zu stellen, erweitert nicht die **gesetzlichen Informationspflichten** des ArbGeb. (*Hanau* RdA 01, 65; *Natzel* NZA 01, 872). Der ArbGeb. ist deshalb berechtigt, dem als Auskunftsperson zur Verfügung gestellten ArbN Weisungen zu erteilen und die Preisgabe dessen Wissens gegenüber dem BR zu beschränken (ErfK-*Kania* Rn 30 a). Die Mitteilung von Geschäftsgeheimnissen, zu deren Weitergabe an den BR der ArbGeb. nicht verpflichtet ist, kann nicht über die betriebliche Auskunftsperson erzwungen werden.

85   Als **Auskunftspersonen** kommen in Betracht betriebszugehörige Beschäftigte, die in einem Arbeitsverhältnis zum Betriebsinhaber stehen (WPK/*Preis* Rn 42; *HSWGNR* Rn 91; **aA** *Richardi/Thüsing* Rn 86, das Hinzuziehungsrecht des BR soll sich auf die unternehmenszugehörigen ArbN erstrecken). Hinzugezogen werden können auch AT-Ang., nicht die leitenden Ang., die nach § 5 Abs. 3 keine ArbN im betriebsverfassungsrechtlichen Sinne sind (*Oetker* NZA 03, 1225; *Hanau* RdA 01, 65, der zudem auf den Gegenschluss zu § 108 Abs. 2 verweist, der die Teilnahme sachkundiger ArbN an des Sitzungen des WiAusschuss. regelt und leitende Ang. ausdrücklich nicht erwähnt; **aA** *Richardi/Thüsing* Rn 86, *DKK-Buschmann* Rn 120 unter Hinweis auf den allgem. ArbNBegriff). Der GesBR kann die Hinzuziehung eines unternehmensangehörigen ArbN, der KBR die eines konzernangehörigen ArbN verlangen. Der ArbGeb. ist im Rahmen seines **Direktionsrechts** berechtigt, den ArbN zur Auskunftserteilung an den BR zu verpflichten. Der vom BR angeforderte ArbN kann die Erteilung von Auskünften nicht verweigern (ErfK-*Kania* Rn 30 a; *Oetker* NZA 03, 1225; *Natzel* NZA 01, 872; **aA** *DKK-Buschmann* Rn 124; *Löwisch* BB 01, 1790). Da der ArbN nicht in eigener Angelegenheit Auskunft erteilt und berufliches Wissen zur Verfügung stellt, sondern eine entspr. Informationspflicht des ArbGeb. erfüllt, ist er nicht berechtigt, sich dem Auskunftsverlangen des BR zu entziehen. Die Auskunftätigkeit ist Teil der arbeitsvertraglichen Pflicht des betroffenen ArbN und während der ArbZ zu erfüllen. Die Zeit, in der er dem BR für die Erteilung von Auskünften zur Verfügung steht, ist deshalb als ArbZ, uU Mehrarbeit, zu vergüten (*Löwisch* BB 01, 1790).

3. Sachverständige

Um dem BR die Durchführung seiner Aufgaben zu erleichtern, sieht Abs. 3 die **86** Möglichkeit vor, dass der BR **Sachverständige** hinzuziehen kann. Dazu bedarf es einer **Vereinbarung mit dem ArbGeb.** zumindest hinsichtl. Person, Kosten und dem Gutachtensthema (WPK/*Preis* Rn 46). Die Einschaltung eines Sachverständigen muss außerdem für die Erledigung von BR-Aufgaben erforderlich sein. Der Sachverständige muss kein Betriebsangehöriger sein. Rechtsgrundlage für die Heranziehung von Sachverständigen ist allein $\S$ 80. Bei **Anwälten,** die Verfahrensbevollmächtigte des BR im arbeitsgerichtlichen Beschlussverfahren oder vor der E-Stelle sind, richtet sich die Kostentragungspflicht des ArbGeb. ausschließlich nach $\S$ 40 Abs. 1 (BAG 26. 2. 92 AP Nr. 48 zu $\S$ 80 BetrVG 1972). Das gilt auch, wenn es sich um die Beratung des BR in einer konkreten Konfliktlage handelt, die eine gerichtliche Auseinandersetzung mit dem ArbGeb. vermeiden soll (BAG 15. 11. 00 EzA $\S$ 40 BetrVG 1972 Nr. 92). Die Aufgabe eines Sachverständigen besteht daher typischerweise nicht darin, Wissensdefizite des BR dauerhaft zu vermindern. Für den Erwerb solcher Kenntnisse verweist das G den BR auf den Besuch von Schulungsveranstaltungen (BAG 11. 11. 09 – 7 ABR 26/08 – NZA 10, 353). Als Sachverständiger wird ein Rechtsanwalt erst tätig, wenn er etwa ein Rechtsgutachten erstellen soll, das losgelöst von konkreten Konfliktfällen Handlungsalternativen für den BR aufzeigt. Die Hinzuziehung eines Anwalts als Sachverständiger setzt stets voraus, dass er dem BR spezielle Rechtskenntnisse vermitteln soll, die jener zur Erledigung einer bestimmten betriebsverfassungsrechtlichen Aufgabe benötigt (BAG 16. 11. 05 AP Nr. 64 zu $\S$ 80 BetrVG 1972). Eine entspr. Regelung für die Heranziehung von Sachverständigen gilt für den WiAusschuss, vgl. $\S$ 108 Abs. 2 S. 3. Wegen Zuziehung von Sachverständigen für die Sprechstunde vgl. $\S$ 39 Rn 9 und in der BetrVerslg. $\S$ 42 Rn 43. Die Vorschrift des $\S$ 80 Abs. 3 findet auch auf die Hinzuziehung von Sachverständigen durch dem Wahlvorstand entsprechende Anwendung (BAG 11. 11. 09 – 7 ABR 26/08 – NZA 10, 353).

Sachverständige sind Personen, die dem BR oder sonstigen BetrVerfOrganen die **87** ihnen fehlenden fachlichen oder rechtlichen Kenntnisse (mündlich oder schriftlich) vermitteln, damit sie ihre Aufgaben in Zusammenarbeit mit dem ArbGeb. sachgemäß erfüllen können (BAG 13. 5. 98, 19. 4. 89 AP Nr. 55, 35 zu $\S$ 80 BetrVG 1972; ErfK-*Kania* Rn 31). Sachverständige vermitteln Rechts- und Erfahrungssätze, sie können auf Grund ihrer besonderen Sachkunde Tatsachen feststellen oder aus einem feststehenden Sachverhalt Schlussfolgerungen ziehen. Auch Rechtsanwälte und Gewerkschaftsvertreter. können Sachverständige sein (BAG 25. 4. 78, 26. 2. 92 AP Nr. 11, 48 zu $\S$ 80 BetrVG 1972; 5. 11. 81 AP Nr. 9 zu $\S$ 76 BetrVG 1972; 18. 7. 78 AP Nr. 1 zu $\S$ 108 BetrVG 1972; ErfK-*Kania* Rn 32). Der Sachverständige braucht nicht „neutral" zu sein (BAG 26. 2. 92 AP Nr. 48 zu $\S$ 80 BetrVG 1972).

Die Hinzuziehung eines Sachverständigen muss **erforderlich** sein. Das ist dann **88** der Fall, wenn dem BR die Sachkunde fehlt, eine ihm von Gesetzes wegen zugewiesene konkrete Aufgabe ordnungsgemäß wahrnehmen zu können (*DKK-Buschmann* Rn 130). Das kommt bei schwierigen Materien in Betracht, zB bei Fragen der EDV, versicherungsmathematischen Fragen, arbeitswissenschaftlichen Fragen, Analyse der Geschäftsberichte, Vorbereitungen für einen Interessenausgleich und Sozialplan (BAG 13. 5. 98 AP Nr. 55 zu $\S$ 80 BetrVG 1972; 5. 11. 81 AP Nr. 9 zu $\S$ 76 BetrVG 1972), sonstige schwierige Rechtsfragen (ErfK-*Kania* Rn 34). Die Sachverständigentätigkeit ist nicht auf die Unterstützung der BR in einer einzelnen Frage beschränkt. Sie kann sich auch auf die Einführung eines Projekts beziehen, das längerfristigen Beratungsbedarf erzeugt. Dagegen ist eine allgemeine Vermittlung von Kenntnissen, losgelöst von konkreten Fragen des Betriebes, Schulungsveranstaltungen nach $\S$ 37 Abs. 6 und 7 vorbehalten (BAG 17. 3. 87 AP Nr. 29 zu $\S$ 80 BetrVG 1972).

Für die Hinzuziehung von Sachverständigen zu Fragen der Datenverarbeitung (vgl. **89** *Venema* NZA 93, 252) hat das BAG das Recht des BR eingeschränkt. Der BR kann nicht von vornherein die Zuziehung **außerbetrieblicher Sachverständiger** verlangen, sondern erst, wenn die innerbetriebliche Unterrichtung nicht ausreicht und verbleibende Fragen nicht zufrieden stellend beantwortet werden können (BAG 17. 3. 87, 4. 6. 87 AP Nr. 29, 30 zu § 80 BetrVG 1972; weiter einschränkend BAG 26. 2. 92 AP Nr. 48 zu § 80 BetrVG 1972).

90   Streit besteht idR über die Erforderlichkeit. Insoweit hat der BR einen **Beurteilungsspielraum,** der nur einer eingeschränkten gerichtlichen Prüfung zugänglich ist (vgl. § 40 Rn 9 ff.). Nach dem Inhalt der sich stellenden Aufgabe kann er gehalten sein zu prüfen, ob die Informationsvermittlung durch eine vom ArbGeb. zur Verfügung gestellte betriebl. Auskunftspersonen ausreichend ist (BAG 16. 11. 05 AP Nr. 64 zu § 80 BetrVG 1972). Liegt Erforderlichkeit vor, besteht ein Anspruch auf Hinzuziehung. Die Ausübung dieses Rechts bedarf der **„näheren Vereinbarung"** mit dem ArbGeb. Die Einigung bezieht sich auf den Gegenstand der gutachterlichen Tätigkeit, also Thema, Person des Sachverständigen, Kosten und Zeitpunkt (BAG 19. 4. 89, 25. 7. 89, 26. 2. 92 AP Nr. 35, 38, 48 zu § 80 BetrVG 1972; GK-*Weber* Rn 127; aA *DKK-Buschmann* Rn 129 bei nachträglicher gerichtlicher Zustimmungsersetzung). Das eröffnet dem ArbGeb. die Möglichkeit, Einwendungen gegen die Beauftragung eines Sachverständigen, dessen Person oder Sachverstand oder den Umfang der Beauftragung zu erheben (BAG 11. 11. 09 – 7 ABR 26/08 – NZA 10, 353). Der ArbGeb. darf sein Einverständnis nicht missbräuchlich verweigern und dadurch die BR-Arbeit erschweren. Die zu treffende Vereinbarung ist keine BV (vgl. § 77 Rn 11). Sie bedarf daher nicht der Schriftform und kann auch von einem dazu ermächtigten Ausschuss nach §§ 27, 28 getroffen werden. Ihr Zustandekommen kann nicht über die E-Stelle nach § 76 Abs. 5 erzwungen werden (*Richardi/Thüsing* Rn 89), wohl aber kann die E-Stelle nach § 76 Abs. 6 tätig werden. Durch die Vereinbarung entsteht ein gesetzliches Schuldverhältnis zwischen ArbGeb. und BR. Dadurch erwirbt der BR einen Kostenerstattungsanspruch (BAG 13. 5. 98 AP Nr. 55 zu § 80 BetrVG 1972). Stimmt der ArbGeb. der Hinzuziehung eines Sachverständigen nicht zu, kann seine Zustimmung durch das ArbG ersetzt werden. Fehlt es daran, ist der ArbGeb. nicht zur Kostentragung verpflichtet (BAG 11. 11. 09 – 7 ABR 26/08 – NZA 10, 353). Einzelheiten bei Rn 93.

91   Keine Sachverständige sind **Personen,** die im Rahmen ihrer beruflichen Tätigkeit dem BR ohne Gebührenansprüche Auskünfte erteilen, insb. weil ihre berufliche Tätigkeit ohnehin mit dem Betrieb verknüpft ist (zB Mitgl. des GesBR, Angehörige der Betriebskrankenkasse, Technischer Aufsichtsbeamter, Gewerbeaufsichtsbeamter, Werksarzt, Gewerkschaftssekretär).

V. Streitigkeiten

92   Streitigkeiten über das Bestehen und den Umfang der Informations- und Vorlagepflichten werden im **BeschlVerf.** (§ 2 a ArbGG) entschieden. Dasselbe gilt für das Einblicksrecht in die Lohn- und Gehaltslisten. Weigert sich der ArbGeb., dem BR die angeforderten Unterlagen vorzulegen, kann ihm das ArbG gemäß § 85 Abs. 1 ArbGG aufgeben, die **Unterlagen zur Verfügung** zu stellen bzw. Einblick zu gewähren. Für darauf gerichtete Leistungsanträge muss kein Rechtsschutzbedürfnis dargelegt werden. Der Einwand, der BR könne sich die verlangten Informationen anderweitig beschaffen, stellt die Zulässigkeit des Leistungsantrags nicht in Frage (BAG 10. 10. 06 AP Nr. 68 zu § 80 BetrVG 1972). Der Antrag muss aber hinreichend bestimmt sein (§ 253 ZPO). Dazu müssen Art, Inhalt und Umfang der gewünschten Informationen konkret bezeichnet werden, andernfalls ist der Antrag unbestimmt (§ 253 ZPO) und damit unzulässig (BAG 27. 7. 10 – 1 ABR 74/09 – AP Nr. 51 zu § 253 ZPO). Bei zukunftsgerichteten Anträgen dürfte anzugeben sein, ob eine einmalige oder eine fortlaufende Unterrichtung/Vorlage begehrt wird. Die Zwangsvollstreckung zur Einsichtsgewährung in die Gehaltslisten erfolgt durch Zwangsgeld ge-

genüber dem ArbGeb. nach § 888 ZPO (BAG 17. 5. 83 AP Nr. 19 zu § 80 BetrVG 1972). Eine Verletzung der Vorlage- und Informationspflichten kann eine grobe Pflichtwidrigkeit des ArbGeb. nach § 23 Abs. 3 sein (ErfK-*Kania* Rn 37). Der Anspruch auf die zur Verfügungstellung einer Auskunftsperson ist ebenfalls im **93** BeschlVerf. nach durchzusetzen. Das fehlende Einverständnis des ArbGeb. zur Hinzuziehung eines Sachverständigen muss durch gerichtliche Entscheidung ersetzt werden (BAG 11. 11. 09 – 7 ABR 26/08 – NZA 10, 353; st. Rspr.). Der Sachverständige ist in diesem BeschlVerf. nicht zu beteiligen (BAG 25. 4. 78 AP Nr. 11 zu § 80 BetrVG 1972). Das ArbG muss in seinem Beschluss die Person des Sachverständigen, den Gegenstand der Begutachtung sowie das Honorar festgelegen (BAG 19. 4. 89, 25. 7. 89 AP Nr. 35, 38 zu § 80 BetrVG 1972; *Kleinebrink* ArbRB 06, 278). Die Honorarfestsetzung durch das Gericht wie eine einvernehmliche Vereinbarung durch die Betriebsparteien enthebt den Sachverständigen nicht einer ordnungsgemäßen Abrechnung. Bei einem Streit über die Höhe der Kosten ist allerdings zu beachten, dass der Sachverständige zum Schutze der Betriebsratsarbeit keine vertraulichen BRDetails offen legen muss. Bestehen konkrete Anhaltspunkte für einen überhöhten Kostenansatz bedarf es einer Begründung, die hinreichend plausibel ist (aA *Hinrichs/Pitt* NZA 11, 1006). Das ArbG darf die Zustimmung nur ersetzen, wenn die Einschaltung des Sachverständigen erforderlich ist. Dabei hat das Gericht den Beurteilungsspielraum des BR zu beachten. Fehlt es an einer solchen Ersetzung, trägt der BR das Kostenrisiko, wenn der ArbGeb. eine Kostenübernahme ablehnt. Der Streitwert eines solchen BeschlVerf. bemisst sich nach der Höhe der im Beschluss festgesetzten Sachverständigenkosten (LAG Hamm NZA-RR 02, 472). In dringenden Fällen kann der BR die Zustimmung im **einstw. Verfügungsverfahren** ersetzen lassen (LAG Köln 5. 3. 86 LAGE § 80 BetrVG Nr. 5; LAG Hamm 15. 3. 94 – 13 TaBV 16/94 – nv; ErfK-*Kania* Rn 35; *HSWGNR* Rn 105; *DKK-Buschmann* Rn 129; vgl. Nach § 1 Rn 65 ff.). Die Entgeltansprüche einer betrieblichen Auskunftsperson für die Zeit, während sie dem BR für Auskünfte zur Verfügung steht, sind als Arbeitsentgelt im **Urteilsverf.** geltend zu machen. Hat der BR im Einvernehmen mit dem ArbGeb. einen Sachverständigen/Berater vor der Eröffnung eines späteren **InsO-Verfahrens** hinzugezogen und setzt dieser seine Tätigkeit über diesen Zeitpunkt hinaus fort, sind die vor der InsO-Eröffnung erbrachten Beratungsleistungen bloße InsO-Forderungen (BAG 9. 12. 09 – 7 ABR 90/07 – NZA 10, 461). Schließt der BR selbst einen **Vertrag mit einem Sachverständigen** ab, haften regelmäßig weder der BRVors. noch andere Mitglieder des BR für die daraus resultierende Entgeltforderung, sondern allenfalls der BR als Gremium. Dieser kann Inanspruchnahme für die Zahlung des Honorars schon durch die Abtretung des Freistellungsanspruchs vermeiden (OLG Frankfurt 21. 9. 11 – 1 U 184/10).

Zweiter Abschnitt. Mitwirkungs- und Beschwerderecht des Arbeitnehmers

§ 81 Unterrichtungs- und Erörterungspflicht des Arbeitgebers

(1) **[1]Der Arbeitgeber hat den Arbeitnehmer über dessen Aufgabe und Verantwortung sowie über die Art seiner Tätigkeit und ihre Einordnung in den Arbeitsablauf des Betriebs zu unterrichten. [2]Er hat den Arbeitnehmer vor Beginn der Beschäftigung über die Unfall- und Gesundheitsgefahren, denen dieser bei der Beschäftigung ausgesetzt ist, sowie über die Maßnahmen und Einrichtungen zur Abwendung dieser Gefahren und die nach § 10 Abs. 2 des Arbeitsschutzgesetzes getroffenen Maßnahmen zu belehren.**

(2) **[1]Über Veränderungen in seinem Arbeitsbereich ist der Arbeitnehmer rechtzeitig zu unterrichten. [2]Absatz 1 gilt entsprechend.**

(3) **In Betrieben, in denen kein Betriebsrat besteht, hat der Arbeitgeber die Arbeitnehmer zu allen Maßnahmen zu hören, die Auswirkungen auf Sicherheit und Gesundheit der Arbeitnehmer haben können.**

(4) [1] **Der Arbeitgeber hat den Arbeitnehmer über die aufgrund einer Planung von technischen Anlagen, von Arbeitsverfahren und Arbeitsabläufen oder der Arbeitsplätze vorgesehenen Maßnahmen und ihre Auswirkungen auf seinen Arbeitsplatz, die Arbeitsumgebung sowie auf Inhalt und Art seiner Tätigkeit zu unterrichten.** [2] **Sobald feststeht, dass sich die Tätigkeit des Arbeitnehmers ändern wird und seine beruflichen Kenntnisse und Fähigkeiten zur Erfüllung seiner Aufgaben nicht ausreichen, hat der Arbeitgeber mit dem Arbeitnehmer zu erörtern, wie dessen berufliche Kenntnisse und Fähigkeiten im Rahmen der betrieblichen Möglichkeiten den künftigen Anforderungen angepasst werden können.** [3] **Der Arbeitnehmer kann bei der Erörterung ein Mitglied des Betriebsrats hinzuziehen.**

I. Vorbemerkung

1   Die im zweiten Abschnitt (§§ 81–86a) aufgeführten Mitwirkungs- und Beschwerderechte des einzelnen ArbN stehen in einem engen Zusammenhang mit dem Schutz des Persönlichkeitsbereichs (§ 75 Abs. 2). Sie sollen dem **einzelnen ArbN** ein unmittelbares Mitspracherecht „rund um seinen Arbeitsplatz" geben (*Wiese* ZfA 96, 439, 474). Das ArbSchG ergänzt § 81 Abs. 1 S. 2 und erweitert die Belehrungspflicht des ArbGeb. Dieser hat dem ArbN nunmehr auch diejenigen Beschäftigten zu benennen, die Aufgaben der Ersten Hilfe, Brandbekämpfung und Evakuierung wahrnehmen.

2   Die §§ 81 ff. sind dem Arbeitsvertragsrecht zuzuordnen. Sie gelten deshalb auch in nicht betriebsratsfähigen oder in betriebsratslosen Betrieben (hM). Sie erfassen **LeihArbN** sowohl im Verleiherbetrieb und ungeachtet der Verleihdauer wegen § 14 Abs. 2 S. 3 AÜG auch im Entleiherbetrieb. Zudem finden sie Anwendung auf **TeleArbN** (vgl. § 5 Rn 193) und auch auf sogn. **Ein-Euro-Jobber** (*Engels* NZA 07, 8). Infolge ihres vertragsrechtlichen Ursprungs verpflichten sie im **Gemeinschaftsbetrieb** den jeweiligen VertragsArbGeb. (*HSWGNR* Vorb. zu §§ 81–86a Rn 12). Als Konkretisierung der arbeitsvertraglichen Pflichten des ArbGeb. gelten sie auch gegenüber solchen ArbN, die vom Geltungsbereich des BetrVG ausgenommen sind (*Wendeling-Schröder* DB 02, 206). Die Vorschriften sind zwingend. Von ihnen kann weder durch TV oder BV zum Nachteil der ArbN abgewichen werden (GK-*Wiese/Franzen* Vor § 81 Rn 34).

2a   Entspr. Vorschrift im BPersVG (s. aber § 14 ArbSchG) und SprAuG: Keine.

II. Unterrichtung des Arbeitnehmers über Aufgaben, Tätigkeitsbereich und Verantwortung

Abs. 1 S. 1 verpflichtet den ArbGeb., den ArbN über seinen eigentlichen **Aufga-** 3 **benbereich** sowie die dafür zu tragende Verantwortung und darüber hinaus auch über die **Bedeutung** seiner **Tätigkeit** im größeren Rahmen des Arbeitsablaufs (§ 90 Rn 24 ff.) des Betriebes zu unterrichten.

Die Unterrichtung erfolgt schon zweckmäßigerweise **vor Aufnahme** der tatsächlichen Beschäftigung im Betrieb (WPK/*Preis* Rn 4). Eine allgemeine Beschreibung im Rahmen eines Vorstellungsgesprächs genügt nicht (hM). Durch diese Unterrichtung sollen dem ArbN seine Aufgaben für die von ihm eingenommene Stelle und die damit verbundenen Verantwortlichkeiten deutlich gemacht werden. Sie muss präzise und individuell auf den einzelnen ArbN und seinen Arbeitsplatz abgestellt sein (hM). Pauschale Aussagen sind unzureichend. Müssen dem ArbN die für die Ausübung der zugewiesenen Tätigkeit erforderlichen beruflichen Kenntnisse erst noch vermittelt werden, handelt es sich um eine nach § 98 mitbestimmungspflichtige Maßnahme der betrieblichen Berufsbildung (BAG 23. 4. 91 AP Nr. 7 zu § 98 BetrVG 1972).

Die Unterrichtung bezieht sich auf **Arbeitsplatz** und **Arbeitsgerät**, Art der **Tä-** 4 **tigkeit** und Zusammenhang mit dem Endprodukt, Bedienung und Wartung von Maschinen und Gerät, Beschaffenheit der Arbeitsstoffe, evtl. bes. Verhaltensweisen oder bei **Bildschirmarbeitsplätzen** auf die Handhabung der Software.

Darüber hinaus ist dem ArbN die **Verantwortlichkeit**, die mit seiner Arbeit ver- 5 bunden ist, mitzuteilen. Hierzu gehört sowohl die Verantwortung, die sich auf das zu erzielende Arbeitsergebnis bezieht, als auch diejenige gegenüber anderen ArbN. Ferner gehört dazu die Klärung der Hierarchieebenen und die Bezeichnung der übertragenen Kompetenzen und Verpflichtungen sowie der Kontrollbefugnisse, die der ArbN ggfs. auszuüben hat oder denen er unterliegt (vgl. *Kursawe* NZA 97, 245, 248). Damit wird die Einordnung des ArbN in den Arbeitsablauf angesprochen und dem ArbN die Bedeutung seiner Tätigkeit für den Gesamtablauf des Betriebs deutlich gemacht. Diesem Aspekt kommt bes. Bedeutung zu bei neuen Produktions- und Fertigungsverfahren wie **Lean production** mit verstärkter Gruppenarbeit (vgl. § 87 Abs. 1 Nr. 13), der Verwirklichung des Kontinuierlichen Verbesserungsprozesses (KVP), sowie bei flachen Hierarchien infolge von **Lean management** oder bei **Telearbeit.**

Bei **Arbeiten mit ökologischem Bezug** hat der ArbGeb. den ArbN auch über 6 dessen Verantwortung für den betrieblichen und allgemeinen Umweltschutz zu unterrichten (zu den arbeitsvertraglichen Rechten u. Pflichten des einzelnen ArbN s. *Schmitt-Schönenberg* ArbuR 94, 281). Nimmt ein Unternehmen am Gemeinschaftssystem für das Umweltmanagement und die Umweltbetriebsprüfung (EMAS vgl. § 89 Rn 6) teil, sind zumindest diejenigen ArbN zu unterrichten, die am **Umweltprogramm** und/oder **Umweltmanagementsystem** beteiligt sind.

Die Unterrichtung hat „**rechtzeitig**" zu geschehen, damit sich der ArbN mit den 7 neuen Gegebenheiten vor dem tatsächlichen Beginn der Arbeit vertraut machen kann (*DKK-Buschmann* Rn 6). Der ArbGeb. braucht die Informationen **nicht persönlich** zu erteilen. Es genügt die Einweisung des ArbN durch einen anderen sachkundigen Vorgesetzten, zB Abteilungsleiter, Hallenchef oder Meister (ErfK-*Kania* Rn 5).

Eine bestimmte **Form der Unterrichtung** ist nicht vorgeschrieben. Sie kann 8 auch mündlich erfolgen (GK-*Wiese/Franzen* Rn 9). Hieran ändert im Grundsatz auch das NachwG nichts (GK-*Wiese/Franzen* Rn 9; **aA** GK-*Buschmann* Rn 7), das zwar Schriftform zB für die allgem. Beschreibung der Tätigkeit des ArbN verlangt (§ 2 Abs. 1 Nr. 5 NachwG), aber wegen seiner ausschließlichen Beweisfunktion zulässt, dass die entspr. Niederschrift nicht vor, sondern bis spätestens 1 Monat nach Beginn des ArbVerhältnisses ausgehändigt werden muss. Darüber hinaus bleibt die von § 2

Abs. 1 Nr. 5 NachwG geforderte Charakterisierung der arbeitsvertraglich geschuldeten Tätigkeit ohnehin hinter den Anforderungen des § 81 Abs. 1 zurück. Die Unterrichtung ist **mitbestimmungsfrei** (hM).

III. Unterrichtung über Unfallgefahren

9   In Zusammenhang mit der Einschaltung des BR in den Arbeitsschutz gem. §§ 89,
88 Nr. 1 und 87 Abs. 1 Nr. 7 verlangt § 81 Abs. 1 S. 2 ausdrücklich vom ArbGeb.
die Unterweisung des ArbN über Unfall- und Gesundheitsgefahren und deren Abwehr im konkreten Arbeitsbereich des ArbN sowie neuerdings (s. Rn 1) die Bekanntgabe der Beschäftigten, die Aufgaben der Ersten Hilfe, Brandbekämpfung und
Evakuierung wahrnehmen. Entspr. gilt für den **betrieblichen Umweltschutz** (vgl.
§ 89 Abs. 3), bei dem es auch um den Schutz der im Betrieb tätigen Personen vor
Unfall- und Gesundheitsgefahren geht. Die Belehrung hat rechtzeitig vor der ersten
Eingliederung des ArbN in den Betrieb zu geschehen. Insb. ist der ArbN auch über
die Einrichtungen zur Gefahrenabwehr zu informieren und zu deren Benutzung anzuhalten, zB Demonstration von Sicherheitseinrichtungen, deren Bedienung und
Wirkungsweise, sicherheitsgerechtes Arbeiten an gefährlichen Maschinen, Benutzung
persönlicher Schutzausrüstung (Helme, Brillen, Handschuhe, Masken, Rettungsgerä-
te), Belehrung über gefährliche Einwirkungen am Arbeitsplatz (insb. gefährliche Arbeitsstoffe), Erläuterung von Warnsignalen, Benennung der zuständigen Personen, die
bei Unfällen oder Gefahrenlagen zu unterrichten sind, Informationen über Sanitäts-
kästen und Unfallhilfsstellen.

10   Die Vorschrift wird durch Bestimmungen des **Arbeitsschutzrechts** überlagert
bzw. erheblich erweitert (*Pieper* ArbuR 96, 465, 471; ausführlich zum Arbeitsschutz
§ 87 Rn 286 ff.). Nach § 12 **ArbSchG** hat der ArbGeb. die Beschäftigten über Sicherheit und Gesundheitsschutz bei der Arbeit während der Arbeitszeit ausreichend
und angemessen zu unterweisen. Eine derartige Unterweisung umfasst Anweisungen
und Erläuterungen, die eigens auf den Arbeitsplatz oder den Aufgabenbereich der
Beschäftigten ausgerichtet sind. Sie muss sowohl über die bestehenden Gefährdungen
als auch über die getroffenen oder einzuhaltenden Arbeitsschutzmaßnahmen informieren (*Kollmer/Vogl* ArbSchG Rn 141). Die Unterweisung muss vor Aufnahme der
Tätigkeit erfolgen.

11   Diese **allgem. Unterweisungspflicht** des § 12 ArbSchG wird in Verordnungen
(s. § 87 Rn 301) **konkretisiert:** Nach § 3 PSA–BV hat der ArbGeb. die Beschäftigten
darin zu unterweisen, wie die persönlichen Schutzausrüstungen sicherheitsgerecht zu
benutzen sind. Er hat für jede bereitgestellte Schutzausrüstung erforderliche Informationen für die Benutzung in verständlicher Form und Sprache bereitzuhalten. Nach
§ 4 LasthandhabV hat er die spezifischen Sicherheits- und Gesundheitsgefahren der
zu handhabenden Last und die körperliche Eignung der ArbN zu berücksichtigen.
Dazu sind genaue Angaben zu machen über die sachgemäße manuelle Handhabung
von Lasten und über die Gefahren, denen die ArbN bei unsachgemäßer Ausführung
der Tätigkeit ausgesetzt sind. § 9 BetrSichV verlangt, den ArbN angemessene Informationen zu den sie betreffenden Gefahren der in ihrer unmittelbaren Nähe befindlichen Arbeitsmittel gegeben wird. Darüber hinaus sind Betriebsanweisungen für die
zu benutzenden Arbeitsmittel in verständlicher Form und Sprache zur Verfügung zu
stellen. Diese müssen bestimmte Mindestangaben enthalten, besonders über Einsatzbedingungen und über absehbare Betriebsstörungen. Nach § 11 LärmVibrations-
ArbSchV sind die ArbN, die Lärm oder Vibrationen am Arbeitsplatz ab bestimmten,
in der LärmVibrationsArbSchV definierten Auslösewerten ausgesetzt sind, über die
Ergebnisse der Gefährdungsbeurteilung zu unterweisen, die Aufschluss über die mit
der Lärm- oder Vibrationsbelastung verbundenen Gesundheitsgefahren geben.

12   Bei **bes. Gefahrensituationen** hat der ArbGeb. erhöhte Vorsorgepflichten (§ 9
ArbSchG). Er hat eine frühzeitige Unterrichtung der ArbN sicherzustellen, die einer

unmittelbaren erheblichen Gefahr ausgesetzt sein können. Unterrichtungsgegenstand sind die konkrete Gefahr und die getroffenen oder zu treffenden Schutzmaßnahmen. Bei unmittelbarer erheblicher Gefahr für die eigene Sicherheit oder die Sicherheit anderer Personen müssen die ArbN die geeigneten Maßnahmen zur Gefahrenabwehr und zur Schadensbegrenzung selbst treffen können, wenn der zuständige Vorgesetzte nicht erreichbar ist (*Kollmer/Vogl* ArbSchG Rn 157).

Als Grundlage für die Unterweisung/Unterrichtung nach Rn 9ff. bietet sich die **13** **Dokumentation** (§ 6 ArbSchG) an. Der ArbGeb. hat alle Gefährdungen, die für die ArbN mit ihrer Arbeit verbunden sind, zu ermitteln und zu beurteilen, um erkennen zu können, welche Arbeitsschutzmaßnahmen erforderlich sind (§ 5 ArbSchG). Zudem hat er die getroffenen Maßnahmen auf ihre Wirksamkeit hin zu überprüfen, sie auf Grund neuer Entwicklungen und Erkenntnisse anzupassen und das Ergebnis der Beurteilung, die getroffenen Arbeitsschutzmaßnahmen sowie das Ergebnis der Überprüfung in geeigneter Weise schriftlich zu dokumentieren. Mit Hilfe dieser Dokumentation, die eine erhebliche Vorverlagerung der Prävention zugunsten der Beschäftigten und des Betriebes bewirkt (*Wlotzke* FS *Kehrmann* S. 141, 162) und damit dem gleichen Anliegen dient wie § 81 Abs. 1 S. 2 BetrVG, kann nicht nur den für den Arbeitsschutz verantwortlichen Personen und dem BR, sondern auch den einzelnen ArbN die betriebliche Arbeitsschutzsituation transparent gemacht werden.

Sind **Betriebsärzte** und **Fachkräfte für Arbeitssicherheit** bestellt, gehört es zu **14** ihren Aufgaben, dem ArbGeb. bei seiner Unterweisungspflicht zu unterstützen und auf die Durchführung der Belehrung hinzuwirken (vgl. § 3 Abs. 1 Nr. 4 und § 6 Nr. 4 ASiG). Die Belehrung muss praxisbezogen, verständlich und eindringlich sein. Das Aushändigen eines **Merkblattes** an die ArbN oder das Vorlesen von Vorschriften ist unzureichend (*Richardi/Thüsing* Rn 16), allenfalls als zusätzliche Maßnahme empfehlenswert. **Ausländische ArbN** mit unzureichenden Deutschkenntnissen sind in ihrer Heimatsprache zu belehren (GK-*Wiese/Franzen* Rn 10; LAG Hamm EzA § 130 BGB Nr. 9; LAG Ba-Wü AiB 90, 313).

Nach § 29 JArbSchG hat der ArbGeb. **die Jugendlichen** mindestens halbjährlich **15** zu unterrichten (Bußgeldvorschrift § 59 Abs. 1 Nr. 3 JArbSchG); §§ 20, 21 GefStoffV regeln die Unterweisungs-, Unterrichtungs- und Anhörungspflicht für den Umgang mit gefährlichen Arbeitsstoffen. Ähnlich § 39 Abs. 1 StrlSchV; vgl. auch die Unterrichtungspflicht des ArbGeb. über Ausnahme- und Gefahrenabwehrpläne nach § 6 Abs. 1 Nr. 5 StörfallVO.

Soweit keine konkretisierten Regelungen über die Art der Belehrung bestehen, hat **16** der ArbGeb. festzulegen, in welcher Weise dies entspr. den betrieblichen Gegebenheiten zu erfolgen hat. In solchen Fällen besteht das **MBR des BR nach § 87 Abs. 1 Nr. 7** für die Konkretisierung der Belehrungsgrundsätze und Methoden (vgl. § 87 Rn 257ff.).

IV. Unterrichtung bei Veränderungen im Arbeitsbereich

Die **Einweisungspflicht** besteht nicht nur bei Antritt der **Erstbeschäftigung** im **17** Betrieb, sondern auch während der Beschäftigung bei **Veränderungen** im Arbeitsbereich (Abs. 2). Dieser wird in § 81 durch die Aufgabe und die Verantwortung sowie die Art der Tätigkeit und ihre Einordnung in den Arbeitsablauf des Betriebs umschrieben. Danach ist **Arbeitsbereich** der konkrete Arbeitsplatz und seine Beziehung zur betrieblichen Umgebung in räumlicher, technischer und organisatorischer Hinsicht (BAG 27. 6. 06 AP Nr. 47 zu § 95 BetrVG 1972). Die Arbeitsbereiche folgen aus der Organisation des Betriebs. Sie umfassen neben dem Ort der Arbeitsleistung, die Art der Tätigkeit sowie den jeweiligen Platz in der betrieblichen Organisation (BAG 4. 5. 11 – 7 ABR 3/10 –). Veränderungen des Arbeitsbereichs können zugleich eine Versetzung bedingen (dazu BAG 23. 6. 09 – 1 ABR 23/09 – NZA 09, 1430). Der Versetzungsbegriff des § 95 ist jedoch enger als der eine Unterrichtungspflicht auslösende Veränderungsbegriff des § 81 (BAG 2. 4. 96, 28. 8. 07 AP Nrn. 34, 53 zu § 95 BetrVG 1972). Bei einer Umsetzung auf einen gleichartigen Arbeitsplatz bei grundsätzlich unveränderter Arbeitsumgebung besteht kein erneutes Unterrichtungsbedürfnis. Eine Unterrichtungspflicht entfällt (GK-*Wiese/Franzen* Rn 8). Auch wenn dem ArbN nur **vorübergehend** eine andere Arbeit (zB vertretungsweise) übertragen wird, müssen die Belehrungen nach § 81 im erforderlichen Umfang vorgenommen werden; das gilt insb. für die Sicherheitsbelehrung.

18   **Veränderungen** iSd. Abs. 2 sind auch organisatorische oder technologische Veränderungen bei gleich bleibendem Arbeitsplatz (zB Einführung neuer Maschinen, anderer Arbeitsstoffe, Veränderungen der Arbeitsumgebung, des innerbetrieblichen Transportwesens, der Arbeitsorganisation), soweit sie für den Arbeitsbereich des ArbN von Bedeutung sein können (*DKK-Buschmann* Rn 14; *HSWGNR* Rn 13). Zu nennen ist vor allem der bei der Einführung von Lean production erforderliche Wechsel von Einzelarbeit zur Gruppenarbeit und die mit den neuen Produktions-, Fertigungs- und Managementmethoden einhergehende Aufgabenanreicherung.

19   Für den Bereich der **Sicherheitsbelehrung** verlangt § 12 ArbSchG (s. Rn 10 ff.) ausdrücklich, dass die Unterweisung bei Veränderungen im Aufgabenbereich, der Einführung neuer Arbeitsmittel oder einer neuen Technologie vor Aufnahme der Tätigkeit zu erfolgen hat, an die Gefährdungsentwicklung angepasst und erforderlichenfalls regelmäßig wiederholt werden muss.

V. Anhörung der Arbeitnehmer in betriebsratslosen Betrieben zu Arbeitsschutzmaßnahmen

20   Abs. 3 schreibt vor, dass in Betrieben, in denen **kein Betriebsrat besteht,** der ArbGeb. die ArbN zu allen Maßnahmen zu hören hat, die Auswirkungen auf Sicherheit und Gesundheit haben können. Diese Regelung setzt diejenigen Vorschriften der sog. arbeitsschutzrechtl. RahmenRL 89/391/EWG des Rates v. 12. 6. 89 (ABl. EG Nr. L 183 S. 1) um, die – mangels eines BR – weder durch dessen Beteiligungsrechte nach dem BetrVG noch durch die individuellen Mitwirkungsrechte der §§ 81 ff. abgedeckt sind (s. BT-Drucks. 13/3540 S. 22). Da die RahmenRL (s. Art 2) alle Betriebe unabhängig von der ArbNZahl, erfasst, gilt Abs. 3 trotz seines missverständlichen Wortlauts auch in **nicht betriebsratsfähigen** Kleinbetrieben (GK-*Wiese/Franzen* Rn 18).

21   Im Gegensatz zu Abs. 1 und 2 erfasst Abs. 3 nicht nur die einzelne ArbN selbst und ihre konkreten Arbeitsbereiche betreffenden Maßnahmen, sondern auch solche von allgemeiner arbeitsschutzrechtl. Relevanz für den Betrieb und seine Belegschaft insgesamt, ohne konkreten Bezug zu bestimmten Arbeitsplätzen. Das allgemeine **Anhörungsrecht der ArbN** dient dem Ausgleich der in betriebsratslosen Betrieben nicht zum Tragen kommenden kollektiven Beteiligungsrechte in Fragen des Arbeitsschutzes (*Richardi/Thüsing* Vorbm § 81 Rn 5).

22   Wesentliches Anliegen des Abs. 3 ist es, die Transparenz des betrieblichen Arbeitsschutzes auch in Betrieben ohne BR zu stärken. Insb. sollen die Erfahrungen der ArbN aus der täglichen Arbeit „vor Ort" für eine sinnvolle **Prävention** genutzt werden. Die Beteiligung der ArbN in Sicherheits- und Gesundheitsschutzfragen nützt letztlich den Betrieben, indem zB häufige Fehlerquellen und Schwachstellen in den Arbeits- und Produktionsverfahren aufgedeckt und beseitigt werden können. Größere Arbeitszufriedenheit und Motivation, weniger Unfälle, kostengünstigere Fertigungsverfahren und bessere Produktqualität können positive Folgen einer Einbeziehung der ArbN in den Arbeitsschutz sein.

VI. Unterrichtung und Erörterung über
die Planung arbeitsbereichsbezogener Maßnahmen

Abs. 4 legt eine Unterrichtungs- und Erörterungspflicht des ArbGeb. gegenüber **23**
dem einzelnen ArbN für geplante Maßnahmen fest. Diese Pflicht betrifft:
– technische Anlagen (vgl. § 90 Rn 20 ff.),
– Arbeitsverfahren und Arbeitsabläufe (vgl. § 90 Rn 23 ff.) und
– Arbeitsplätze (§ 90 Rn 34 ff.).
Ihre Beachtung ist von bes. Bedeutung bei der Einführung neuer Produktionsmethoden und Fertigungsverfahren sowie beim Wechsel von Betriebsarbeit zu Telearbeit.

Zunächst ist der einzelne ArbN in einer **1. Stufe** über die vorgesehenen Maß- **24**
nahmen **zu unterrichten** (Abs. 4 S. 1). Die zu erteilenden Informationen beziehen
sich insb. auf die Auswirkungen auf den einzelnen Arbeitsplatz, die Arbeitsumgebung
(§ 91 Rn 10 f.) und Inhalt und Art der Tätigkeit. Sie hat alle Gesichtspunkte zu umfassen, die für den einzelnen ArbN von Bedeutung sein können (*DKK-Buschmann*
Rn 16). Die Unterrichtung wird zeitlich etwas später als die des BR nach § 90 (dort
Rn 8 ff.) stattfinden, da sie erst dann sinnvoll ist, wenn sich konkrete Maßnahmen
abzeichnen (GK-*Wiese*/*Franzen* Rn 20; *Richardi*/*Thüsing* Rn 21).

In der **2. Stufe** (Abs. 4 S. 2) hat der ArbGeb. zum frühestmöglichen Zeitpunkt **25**
(GK-*Wiese*/*Franzen* Rn 22) in eine **Erörterung** mit dem ArbN einzutreten, sobald
feststeht, dass sich die Tätigkeit des ArbN ändern wird, dieser zwar im Betrieb verbleibt aber dessen berufliche Kenntnisse und Fähigkeiten für die Bewältigung der
neuen Aufgabe unzureichend sind (vgl. auch § 82 Rn 9; § 97 Abs. 2). Die Erörterung dient der Frage, wie die beruflichen Kenntnisse und Fähigkeiten den künftigen
Anforderungen angepasst werden können, insb. durch Umschulung und betriebsinterne oder überbetriebliche Weiterbildung. Im Laufe der parlamentarischen Beratungen ist allerdings die Pflicht des ArbGeb. durch die Einfügung der Worte „im Rahmen der betrieblichen Möglichkeiten" eingeschränkt worden. Zwar wird in der
Begründung zum RE und im Ausschussbericht (BT-Drucks. 11/2503 S. 35 u. 11/
3618 S. 9) die Auffassung vertreten, eine weitergehende Verpflichtung des ArbGeb.
bestehe nicht. Das bezieht sich auf die Frage eines **Rechtsanspruchs** des ArbN auf
Umschulung oder Weiterbildung (GK-*Wiese*/*Franzen* Rn 21). Die Versäumung der
Erörterungspflicht des ArbGeb. hat aber zur Folge, dass dem ArbN ein längerer Anpassungszeitraum zum Erwerb der erforderlichen Kenntnis eingeräumt werden muss,
bevor etwa eine personenbedingte Kündigung in Betracht kommt (*DKK-Buschmann*
Rn 21). Dies gilt auch dann, wenn der ArbGeb. mögliche und zumutbare Förderungsmaßnahmen unterlässt (vgl. wegen der Widerspruchsmöglichkeit des BR gegen
eine Kündigung nach § 102 Abs. 3 Nr. 4 und dem MBR zur Einführung betrieblicher Bildungsmaßnahmen vgl. § 97 Abs. 2).

Der ArbN kann bei der Erörterung ein **Mitgl. des BR** nach seiner Wahl hinzu- **26**
ziehen, wie auch in § 82 Abs. 2 (vgl. dort Rn 12) und § 83 Abs. 1 S. 2 vorgesehen ist.

Soweit statt Einzelarbeit **Gruppenarbeit** geleistet wird, dürfte nach dem Norm- **27**
zweck des § 81 die dort geregelte Unterrichtungs- und Erörterungspflicht des Arb-
Geb. auch gegenüber der Gruppe bestehen und dieser auch das Recht auf Hinzuziehung eines BRMitgl. zustehen (s. § 82 Rn 8).

VII. Streitigkeiten

Ihre individuellen Rechte müssen die ArbN selbst im **UrteilsVerf.** durchsetzen **28**
(*DKK/Buschmann* Rn 21). Solange der ArbGeb. seine Verpflichtung aus § 81 nicht
erfüllt, insb. die Belehrung über Unfall- und Gesundheitsgefahren unterbleibt, hat der

ArbN ein Leistungsverweigerungsrecht gem. § 273 BGB (WPK/*Preis* Vorbem zu § 81 Rn 5). Er hat bis zur ordnungsgemäßen Einweisung keine Arbeitsleistung zu erbringen (*DKK-Buschmann* Rn 21; GK-*Wiese/Franzen* Vor § 81 Rn 37), behält aber gleichwohl seinen Lohnanspruch (§§ 298, 615, 326 BGB). Der ArbN kann auch auf Erfüllung, dh Vornahme einer ordnungsgemäßen Einweisung klagen (*DKK-Buschmann* Rn 21). Es handelt sich um einen individualrechtlichen Anspruch (*Richardi/Thüsing* Rn 26). Ein entspr. Urteil wird nach § 888 ZPO, § 85 Abs. 1 ArbGG durch Verhängung von Zwangsgeld als Beugemaßnahme vollstreckt. Auch einstw. Vfg. sind zulässig. Grobe Verstöße des ArbGeb. gegen seine Pflichten aus § 81 kann der BR gem. § 23 Abs. 3 im **BeschlVerf.** geltend machen (Einzelheiten Nach § 1 Rn 7 ff.).

§ 82 Anhörungs- und Erörterungsrecht des Arbeitnehmers

(1) [1] **Der Arbeitnehmer hat das Recht, in betrieblichen Angelegenheiten, die seine Person betreffen, von den nach Maßgabe des organisatorischen Aufbaus des Betriebs hierfür zuständigen Personen gehört zu werden.** [2] **Er ist berechtigt, zu Maßnahmen des Arbeitgebers, die ihn betreffen, Stellung zu nehmen sowie Vorschläge für die Gestaltung des Arbeitsplatzes und des Arbeitsablaufs zu machen.**

(2) [1] **Der Arbeitnehmer kann verlangen, dass ihm die Berechnung und Zusammensetzung seines Arbeitsentgelts erläutert und dass mit ihm die Beurteilung seiner Leistungen sowie die Möglichkeiten seiner beruflichen Entwicklung im Betrieb erörtert werden.** [2] **Er kann ein Mitglied des Betriebsrats hinzuziehen.** [3] **Das Mitglied des Betriebsrats hat über den Inhalt dieser Verhandlungen Stillschweigen zu bewahren, soweit es vom Arbeitnehmer im Einzelfall nicht von dieser Verpflichtung entbunden wird.**

Inhaltsübersicht

I. Vorbemerkung

1   § 82 ergänzt die Vorschrift des § 81. Der einzelne ArbN soll selbst initiativ werden können, um **Auskunft über seine persönliche Stellung im Betrieb und seine berufliche Entwicklung** zu erhalten. Das eröffnet ihm die Möglichkeit, Fehlbeurteilungen entgegenzutreten und sich über die eigenen beruflichen Entscheidungen bis hin zu einer Beendigung des Arbeitsverhältnisses an der Bewertung seiner Leistungen und den betrieblichen Aufstiegschancen zu orientieren (BAG 16. 11. 04 AP Nr. 3 zu § 82 BetrVG 1972). Außerdem sollen ihm auf Verlangen **die Berechnung und Zusammensetzung seines Arbeitsentgelts** erläutert werden. Diese Gesprächsgegenstände sollen eine darauf bezogene Kommunikation der Arbeitsvertragsparteien fördern. Dementsprechend wird der ArbGeb. dazu veranlasst, die Sichtweise des ArbN zur Kenntnis zu nehmen und in seine Entscheidungen einzubeziehen. Zugleich soll der ArbN in die Lage versetzt werden, die Entscheidung des ArbGeb. nachzuvollziehen und sich mit ihr auseinander zu setzen (BAG 20. 4. 10 – 1 ABR 85/08 – NZA 10, 1307). Da der ArbGeb. zu derartigen Erläuterungen ohnehin aus Gründen der arbeitsvertraglichen Fürsorgepflicht gehalten ist (*Richardi/Thüsing* Rn 1 mwN), gilt die Vorschrift auch in betriebsratslosen Betrieben (ErfK-*Kania* Rn 1). Ergänzt wird sie durch § 17 Abs. 1 ArbSchG, der die ArbN berechtigt, dem ArbGeb. Vorschläge zu

allen Fragen der Sicherheit und des Gesundheitsschutzes bei der Arbeit zu machen. Durch die Beteiligung eines BRMitgl. auf Wunsch des ArbN in den Fällen des Abs. 2 soll dem ArbN eine Hilfestellung bei den Gesprächen gegeben werden. Das Hinzuziehungsrecht begründet eine entspr. betriebsverfassungsrechtliche Pflicht des ArbGeb. Es auf die in Abs. 2 S. 1 aufgeführten Gegenstände begrenzt (BAG 16. 11. 04 aaO). Mit Ausnahme der allein arbeitsvertragsbezogenen Rechte stehen die durch § 82 vermittelten Ansprüche auch einem **LeihArbN** im Entleiherbetrieb zu (*Düwell* NZA-RR 11, 1).

Die Anhörungs- und Erörterungsrechte als Ausfluss der arbeitsvertraglichen 2 Rechtsstellung kann der ArbN im angemessenen Rahmen **während der Arbeitszeit** ausüben. Das Arbeitsentgelt ist weiter zu zahlen (*DKK-Buschmann* Rn 2; GK-*Wiese/Franzen* Rn 3; *HSWGNR* Rn 5).

Entspr. Vorschrift im BPersVG und SprAuG: Keine. 3

II. Recht des Arbeitnehmers auf Anhörung und Stellungnahme

Dem ArbN wird in Abs. 1 das Recht zugestanden, in **allen betrieblichen** (nicht 4 in rein privaten) **Angelegenheiten,** die ihn persönlich betreffen, gehört zu werden. Dazu hat er sich – soweit es an einer gesondert ausgewiesenen betrieblichen Stelle fehlt (WPK/*Preis* Rn 5) – an den **sachlich zuständigen unmittelbaren Vorgesetzten** zu wenden (Meister, Abteilungsleiter, Hallenchef usw.). Dieser muss sich Zeit nehmen und auf das Anliegen des ArbN eingehen. Es kann um Fragen gehen, die mit der Arbeitsleistung zusammenhängen. Dazu zählen auch solche der betrieblichen Organisation und des Arbeitsablaufs, die sich (ggfl. mittelbar) auf den Arbeitsbereich und die auszuübende Tätigkeit auswirken (*DKK-Buschmann* Rn 4; *HSWGNR* Rn 10).

Der Begriff der betrieblichen Angelegenheiten ist weit zu verstehen. Er ist nicht 5 räumlich auf den Betrieb beschränkt (GK-*Wiese/Franzen* Rn 6). Erfasst werden deshalb auch Angelegenheiten des **betrieblichen Umweltschutzes** (vgl. § 89 Abs. 3).

Wird eine Anhörung abgelehnt, kann der ArbN den BR informieren, der die An- 6 regungen gem. § 80 Abs. 1 Nr. 3 weiterverfolgen kann. Wendet sich der ArbN gegen die Art seiner Behandlung, handelt es sich um eine **Beschwerde.** Sie kann er gemäß § 84 persönlich oder nach § 85 unter Einschaltung des BR vorbringen (ebenso *Richardi/Thüsing* Rn 9).

Darüber hinaus gibt Abs. 1 S. 2 den ArbN das Recht, zu Maßnahmen des ArbGeb. 7 **Stellung zu nehmen,** die Auswirkungen auf seinen betrieblichen Arbeitsbereich oder seine persönliche Stellung im Betrieb haben. Das gilt auch, wenn er sich nicht beeinträchtigt fühlt. Der ArbN kann auch **Vorschläge** zur Abwehr von Gefahren (§ 17 Abs. 1 ArbSchG) oder zur Verbesserung der Arbeitsumstände machen. Er kann deshalb eine andere Gestaltung seines Arbeitsplatzes (§ 90 Rn 34 ff.) und des Arbeitsablaufs (§ 90 Rn 24 ff.) sowie eine Verbesserung des Betriebsablaufs vorschlagen (vgl. wegen betrieblichen Vorschlagswesens § 87 Rn 536 ff. und wegen Qualitätszirkeln § 96 Rn 24). Dieses arbeitsplatzbezogene Mitspracherecht berechtigt den ArbN, auch zugunsten des betrieblichen Umweltschutzes initiativ zu werden.

Soweit statt Einzelarbeit **Gruppenarbeit** geleistet wird, steht nach dem Norm- 8 zweck des Abs. 1 das Anhörungs- und Erörterungsrecht auch der Gruppe zu (**aA** *HSWGNR* Rn 9). Nimmt der ArbGeb. die Anregung des ArbN auf, kommt eine weitere Beteiligung des BR bzw. des WiAusschusses nach § 87 Abs. 1 Nr. 12, § 90 Nr. 3, 4, § 106 Abs. 3 Nr. 4, 5 und § 111 Nr. 5 in Betracht. Wegen Weitergabe von Anregungen, die der ArbN an den BR gerichtet hat, vgl. § 80 Abs. 1 Nr. 3 und § 86 a.

III. Informations- und Erörterungspflicht des Arbeitgebers

9   Bestehen beim ArbN **Unklarheiten über** die Berechnung oder Zusammensetzung seines **Arbeitsentgelts,** kann er ohne Angabe von Gründen eine nähere Erläuterung verlangen (Abs. 2 S. 1 Halbs. 1). Diese Vorschrift ist infolge des Einsatzes von Datenverarbeitungsanlagen für die Berechnung von Löhnen und Gehältern von Bedeutung. Der ArbN muss die Möglichkeit haben, die Lohn- oder Gehaltsabrechnung zu entschlüsseln und zu verstehen. Dieses Anliegen unterstützt auch die Vorschrift des § 108 GewO, nach der dem ArbN eine Abrechnung in Textform zu erteilen ist, die neben Angaben zum Abrechnungszeitraum auch solche zur Zusammensetzung des Entgelts erhalten muss. Darüber hinausgehend vermittelt § 82 einen Anspruch darauf, dass dem ArbN die **Berechnung** (Arbeitszeit, Höhe des Stundenlohns, Akkordlohnberechnung) und **Zusammensetzung** (normaler Lohn, Überstundenvergütungen, Zulagen, Prämien, Auslösungen, auch vermögenswirksame Leistungen) der Brutto-, und Nettobezüge unter Aufgliederung der verschiedenen Abzüge im Einzelnen erläutert wird (ErfK-*Kania* Rn 6). Das gilt unabhängig vom Zeitpunkt der Auszahlung des Arbeitsentgelts und der etwaigen Aushändigung entspr. Belege (GK-*Wiese/Franzen* Rn 12). Eine Auskunftspflicht besteht auch hinsichtlich der Grundsätze, nach denen freiwillige Nebenleistungen gewährt werden. In **Gemeinschaftsbetrieben** trifft die Auskunftspflicht den jeweiligen VertragsArbGeb. Eine entspr. Vorschrift für alle in **Heimarbeit** Beschäftigten – auch soweit sie nicht ArbN iSd. BetrVG sind – enthält § 28 Abs. 2 HAG.

10   Der ArbN kann in angemessenen Zeitabständen verlangen, dass die im Betrieb jeweils zuständige Stelle mit ihm eine **Beurteilung seiner Leistungen** (wegen allgemeiner Beurteilungsgrundsätze vgl. § 94 Abs. 2) vornimmt und seine weitere berufliche Entwicklung im Betrieb erörtert (sog. „Beurteilungsgespräch"; s. dazu *Jedzig* DB 91, 859, 860; *Zander* AuA 93, 202). Ein Zeugnis ist zu erläutern. Die berufliche Entwicklung betrifft auch die aus Bildungsmaßnahmen folgenden Möglichkeiten eines **beruflichen Aufstiegs.** Ferner gehören dazu eine sich ändernde Einordnung des ArbN in den Betrieb, verbunden mit einer daraus folgenden Veränderung der Arbeitsbedingungen. Schließlich zählt zur beruflichen Entwicklung die **Sicherung des Arbeitsplatzes.** Das kann auch den Abschluss eines Aufhebungsvertrags betreffen (BAG 16. 11. 04 AP Nr. 3 zu § 82 BetrVG 1972). Gegenstand der Erörterung können auch Aufstiegsmöglichkeiten oder Übertragung von Verantwortung im Betrieb sein. Dieses Recht besteht insb. bei **Einführung neuer Technologien,** die zu einer Veränderung der Qualifizierung des Arbeitsplatzes führen können (Einsatz von Mikroprozessoren, computerunterstütztes Konstruieren, Bildschirmarbeit). Schriftliche Beurteilungen, die zu den Personalakten genommen werden, kann der ArbN gem. § 83 einsehen und dazu schriftlich Stellung nehmen. Der ArbN hat aber keinen Anspruch auf Aushändigung einer schriftlichen Leistungsbeurteilung (*DKK-Buschmann* Rn 11; GK-*Wiese/Franzen* Rn 16). Die Möglichkeiten einer beruflichen Weiterentwicklung sind nicht nur mit dem einzelnen ArbN auf dessen Verlangen zu erörtern. Auch der BR ist unter allgemeinen Gesichtspunkten bei der Personalplanung (§ 92) und bei der Förderung der Berufsbildung auf Grund der §§ 96 bis 98 zu beteiligen. Ein MBR bei der Einzelbeurteilung besteht nicht.

11   Der ArbGeb. ist verpflichtet, dem ArbN **wahrheitsgemäß Auskunft** zu geben. Der ArbN muss sich auf die jeweilige Situation einstellen können (zB sich um eine weitere Qualifikation zur Erfüllung künftig veränderter Anforderungen bemühen zu können, bei zu erwartendem Wegfall der Beschäftigungsmöglichkeit einen Wechsel anstreben zu können). Auf verbindliche Zusagen besteht kein Anspruch (hM); der ArbGeb. kann aber eine solche erteilen. Wird der ArbGeb. von sich aus initiativ um ein **Gespräch über die** Änderung des **Arbeitsvertrags** zu führen, muss der ArbN dem nicht Folge leisten, da es an einer Rechtsgrundlage für einen solchen Verhandlungsanspruch fehlt (BAG 23. 6. 09 – 606/08 – NZA 09, 1011).

IV. Beteiligung eines Betriebsratsmitglieds

Der ArbN hat nach dem G keinen generellen Anspruch darauf, dass ihn ein **12** BRMitgl. bei allen Personalgesprächen begleitet. Vielmehr ist dieses Recht auf die in den § 81 Abs. 4, § 82 Abs. 2, § 83 Abs. 1, § 84 Abs. 1 genannten Gesprächsanlässe beschränkt. Allerdings genügt es, wenn die zu erörternden Themen teilweise mit den im G genannten übereinstimmen. Unerheblich ist auch, ob die Gesprächsinitiative vom ArbN oder vom ArbGeb. ausgeht (BAG 16. 11. 04 AP Nr. 3 zu § 82 BetrVG 1972). Nach § 82 Abs. 2 kann der ArbN bei Gesprächen begleitet werden, deren Gegenstand die Erläuterung des Arbeitsentgelts und die seiner beruflichen Leistung und Entwicklung ist (nach *DKK-Buschmann* Rn 12 auch in Angelegenheiten des Abs. 1, was aber weder mit dem Wortlaut der Vorschrift in Einklang steht und auch nicht nach deren Zweck geboten ist). Dazu zählen auch Gespräche über den Inhalt von Tätigkeitsbeschreibungen, die Grundlage der Entgeltfindung (zB nach dem EntgeltrahmenTV für die Metall- und Elektroindustrie) sind (BAG 20. 4. 10 – 1 ABR 85/08 – NZA 10, 1307). Macht der ArbN von seinem Hinzuziehungsrecht Gebrauch, kann er ein bestimmtes **Mitglied des BR auswählen.** Das dient der Unterstützung des ArbN und soll ein etwa vorhandenes Wissens- oder Verständnisdefizit ausgleichen. Zugleich steht ihm im Konfliktfall eine Person seines Vertrauens als Zeuge zur Verfügung (BAG 16. 11. 04 AP Nr. 3 zu § 82 BetrVG 1972).

Verlangt der ArbN die Hinzuziehung eines bestimmten BRMitgl., gehört es zu **13** dessen gesetzlichen Aufgaben den ArbN zu begleiten und ggfls. zu beraten (BAG 27. 11. 02 AP Nr. 76 zu § 40 BetrVG 1972). Der BR seinerseits kann nicht beschließen, dass ein von ihm ausgewähltes Mitgl. diese Aufgaben wahrnimmt (GK-*Wiese/Franzen* Rn 20; *Richardi/Thüsing* Rn 14). Der einzelne ArbN hat zwar Anspruch auf Tätig werden, nicht jedoch auf ein bestimmtes Verhalten. Das BRMitgl. kann während der Erörterung Fragen stellen und Vorschläge unterbreiten (*DKK-Buschmann* Rn 13; ErfK-*Kania* Rn 10; GK-*Wiese/Franzen* Rn 21; HSWGNR Rn 35). Es ist kein rechtsgeschäftlicher Vertr. des ArbN. Wegen der bes. Schweigepflicht des BRMitgl. vgl. § 79 Rn 33 und § 120 Rn 5. Andererseits kann der ArbGeb. die Anwesenheit eines BRMitgl. nicht deshalb ablehnen, weil in sog. „Beratungs- und Förderungsgesprächen" auch noch weitere Gegenstände erörtert werden, die über den Themenkatalog des Abs. 2 S. 1 hinausgehen (BAG 16. 11. 04 AP Nr. 3 zu § 82 BetrVG 1972). Der ArbGeb. kann seinerseits nicht auf die Teilnahme eines oder mehrerer Mitgl. des BR bestehen (LAG Niedersachsen 22. 1. 07 NZA-RR 07, 585).

V. Streitigkeiten

Die Ansprüche des ArbN nach § 82 sind im **UrteilsVerf.** einklagbar (*Richardi/* **14** *Thüsing* Rn 18; *DKK-Buschmann* Rn 15). Der BR kann sie nicht anstelle des ArbN im BeschlVerf. geltend machen (GK-*Wiese* Rn 24). Davon unabhängig ist das Recht des BetrAusschusses oder eines anderen Ausschusses des BR, gem. § 80 Abs. 2 in Listen der Bruttolöhne und -gehälter Einblick zu nehmen (vgl. § 80 Rn 70ff.). Auch bei hartnäckiger Verweigerung der Anhörung und Erörterung steht dem ArbN kein Leistungsverweigerungsrecht zu; denn es handelt sich nur um die Verletzung einer Nebenpflicht des ArbGeb. Etwas anderes gilt, wenn der ArbGeb. durch die Gestaltung des Arbeitsplatzes und des Umfelds seine vertraglichen Hauptpflichten verletzt. Wegen eines Verfahrens gegen den ArbGeb. nach § 23 Abs. 3 vgl. § 23 Rn 49ff.; zu den Einzelheiten des BeschlVerf. Nach § 1 Rn 7ff.

Im **UrteilsVerf.** zu verfolgen ist der Anspruch des ArbN gegen den ArbGeb. auf **15** **Beteiligung eines BRMitgl.** in den Fällen des Abs. 2. Der BR (oder das ausgewählte BRMitgl.) kann diesen Anspruch nicht (im BeschlVerf.) selbständig geltend machen, weil er dem BR kein eigenes Recht im Verhältnis zum ArbGeb. vermittelt (BAG 16. 11. 04 AP Nr. 3 zu § 82 BetrVG 1972). Im Verhältnis zum BR verletzt der ArbGeb. aber seine betriebsverfassungsrechtlichen Pflichten, wenn er einem berechtigten Hinzuziehungsverlangen eines ArbN nicht entspricht. Der BR kann dann ein Verfahren nach § 23 Abs. 3 einleiten oder ein solches Verfahren durch einen Feststellungsantrag zur Klärung der Rechtslage vorbereiten (BAG 16. 11. 04 AP Nr. 3 zu § 82 BetrVG 1972). Darüber hinaus kann er (mittelbar) den Hinzuziehungsanspruch im Wege eines Unterlassungsantrags durchsetzen (BAG 20. 4. 10 – 1 ABR 85/08 – NZA 10, 1307). Die Weigerung eines BRMitgl., dem Wunsch des ArbN auf Hinzuziehung zu entsprechen, kann eine grobe Pflichtverletzung iSd. § 23 Abs. 1 sein. Ein gerichtl. durchsetzbarer Anspruch des ArbN gegen das BR-Mitgl. besteht nicht (vgl. § 84 Rn 23; aA GK-*Wiese/Franzen* Rn 25).

§ 83 Einsicht in die Personalakten

(1) ¹Der Arbeitnehmer hat das Recht, in die über ihn geführten Personalakten Einsicht zu nehmen. ²Er kann hierzu ein Mitglied des Betriebsrats hinzuziehen. ³Das Mitglied des Betriebsrats hat über den Inhalt der Personalakte Stillschweigen zu bewahren, soweit es vom Arbeitnehmer im Einzelfall nicht von dieser Verpflichtung entbunden wird.

(2) Erklärungen des Arbeitnehmers zum Inhalt der Personalakte sind dieser auf sein Verlangen beizufügen.

Inhaltsübersicht

I. Vorbemerkung

1   Das Recht auf Einsicht in die Personalakte und auf Aufnahme von Erklärungen des ArbN in diese nach § 83 Abs. 1 S. 1 und Abs. 2 sind individualrechtlicher Natur (*Heither* AR-Blattei SD 530.14.6. Rn 43). Als Teil der Fürsorgepflicht des ArbGeb. gelten die Rechtsgrundsätze des § 83 Abs. 1 S. 1 und Abs. 2 für ArbN in nicht betriebsratsfähigen oder betriebsratslosen Betrieben (*DKK-Buschmann* Rn 1a). Die Vorschrift gilt auch für Personalakten in Form von Personaldateien. Bei der Einführung einer elektronischen Personalakte gilt außerdem das MBR nach § 87 Nr. 6. Allerdings ist nach der Rspr. des BAG die Speicherung von Statusdaten (Geschlecht,

Alter, Geburtsdatum, Familienstand, Kinderzahl, etc.) nicht mitbestimmungspflichtig (BAG 22. 10. 86 AP Nr. 2 zu § 23 BDSG). Dieses MBR greift erst ein, wenn diese Daten mit anderen verknüpft und verarbeitet werden und damit Aussagen über die Leistung und das Verhalten der ArbN ermöglichen. Die Einführung einer elektronischen Personalakte unterliegt auch bei privaten ArbGeb. dem Geltungsbereich des BDSG (dazu Rn 16 ff.). Die **Grundsätze des Personalaktenrechts** sind Richtigkeit, Zuverlässigkeit, Vertraulichkeit und Transparenz dem Betroffenen gegenüber (*Gola* RDV 08, 135). Entspr. Vorschrift: § 26 Abs. 2 SprAuG. 2

II. Einsicht in die Personalakten

1. Personalakte

Personalakte ist **jede Sammlung von Unterlagen** über einen bestimmten ArbN 3 des Betriebes. Das gilt ohne Rücksicht auf die Stelle, an der diese Sammlung geführt wird, auf ihre Form oder das verwandte Material. Unter den Begriff der Personalakte fallen auch die in elektronischen **Datenbanken** gespeicherten Personaldaten, auf die der ArbGeb. zum Zwecke der Personalinformation oder -maßnahme zurückgreifen kann (elektronische Personalakte). Dazu gehören auch die unter der Personalnummer des ArbN gespeicherten, abfragbaren Leistungsprofile (vgl. unten Rn 21 ff.; ErfK-*Kania* Rn 2). Allerdings löst die Einführung einer elektronischen Personalakte das MBR nach § 87 Abs. 1 Nr. 6 aus (*DKK-Buschmann* Rn 5 d; GK-*Wiese* § 87 Rn 542; **aA** *Diller/Schuster* DB 08, 928).

In der **Personalakte** werden idR die für das Arbeitsverhältnis wissenswerten An- 4 gaben zur Person des ArbN einschließlich Personenstand, Berufsbildung, berufliche Entwicklung, Fähigkeiten, Leistungen, Anerkennungen, Beurteilungen, Arbeitsunfälle, Krankheitszeiten, Urlaubsvertretungen, Unterlagen über Weiterbildungsmaßnahmen, Abmahnungen oder Betriebsbußen zusammengefasst (*Olbertz* ArbRB 09, 86). Es handelt sich regelmäßig um eine chronologische Sammlung von Unterlagen, die ein umfassendes Bild über die Person des Arbeitnehmers, seine Herkunft, Ausbildung, beruflichen Werdegang und seine Befähigung und Leistung zeichnen. (BAG 16. 10. 07 AP Nr. 3 zu § 241 BGB). Die Personalakten dürfen nur Angaben enthalten, für die **ein sachliches Interesse des ArbGeb.** besteht (GK-*Franzen* Rn 16; HSWGNR Rn 9). Zu den Personalakten des einzelnen ArbN gehören auch: Bewerbungsunterlagen einschließlich Lebenslauf und Zeugnisse, Personalfragebogen (§ 94), Eignungstests, der Arbeitsvertrag einschließlich späterer Änderungen; Beurteilungen und Zeugnisse jeder Art; Lohn- und Gehaltsveränderungen (einschließlich Darlehen, Pfändungen und Abtretungen); der gesamte Schriftwechsel zwischen ArbGeb. und ArbN bzw. Dritten, zB Sozialversicherung, früherem ArbGeb. Soweit **sensible Gesundheitsdaten** (zB. Alkohol-Suchterkrankung) in die Personalakte aufgenommen werden dürfen, weil der ArbGeb. hieran ein legitimes Interesse hat, sind diese Unterlagen zum Schutze des Persönlichkeitsrechts des ArbN in einem verschlossenen Umschlag zur Personalakte zu nehmen (BAG 12. 9. 06 AP Nr. 1 zu § 611 BGB Personalakte).

Maßgebend ist der sog. **materielle Begriff der Personalakte** (WPK/*Preis* Rn 3). 5 Betroffen sind alle Unterlagen, die das Arbeitsverhältnis angehen oder damit im inneren Zusammenhang stehen (BAG 18. 11. 08 AP Nr. 2 zu § 611 BGB Personalakte). Es kommt nicht darauf an, was der ArbGeb. als Personalakte bezeichnet oder führt (Personalakte im formellen Sinne). Auch **Sonder- oder Nebenakten,** gleichgültig wo sie geführt werden, sind Bestandteile der Personalakte. Sie unterliegen damit dem Einsichtsrecht des ArbN, ebenso wie die Unterlagen des **Werkschutzes** über die Person des ArbN (*DKK-Buschmann* Rn 2; *Richardi/Thüsing* Rn 10). Das **Führen von Geheimakten ist unzulässig.** Der ArbN hat Anspruch darauf, dass in seiner Perso-

nalakte Hinweise auf Sonderakten oder an anderer Stelle abgelegte Vorgänge angebracht werden (*DKK-Buschmann* Rn 2; *Richardi/Thüsing* Rn 9; **aA** GK-*Franzen*
Rn 14).

2. Sonstige arbeitnehmerbezogene Unterlagen

6   Nicht zu den Personalakten gehören Aufzeichnungen und Unterlagen des **Be-
triebsarztes** („Befundbogen", vgl. auch § 94 Rn 25), die wegen der ärztlichen
Schweigepflicht nach § 8 Abs. 1 S. 2 ASiG auch dem ArbGeb. nicht zugänglich
sind (ErfK-*Kania* Rn 3). Der ArbN hat nach § 3 Abs. 2 ASiG nur Anspruch auf
Mitteilung des Ergebnisses einer Untersuchung. Statistische Zusammenstellungen der
Personaldaten einer Vielzahl von ArbN gehören ebenso wenig zur Personalakte wie
die **Prozessakten** des ArbGeb. zu einem anhängigen Rechtsstreit mit dem ArbN
(*Richardi/Thüsing* Rn 28). Aus Gründen eines effektiven Rechtsschutzes besteht auch
ein Einsichtsrecht in **betriebl. Ermittlungsakten** unabhängig davon, ob der der
Ermittlungszweck gefährdet wäre (*DKK-Buschmann* Rn 8; *Dütz* FS *Wlotzke* S. 27,
31; **aA** HSWGNR Rn 46; GK-*Franzen* Rn 8). Ein vom ArbGeb. eingeholtes **gra-
phologisches Gutachten** ist ebenfalls Bestandteil der Personalakte (*Kossens* AR-
Blattei SD 1250 Rn 50).

3. Aufbewahrung und Weitergabe

7   Nicht jeder Vorgang ist aufzubewahren und in den Personalakten abzulegen. Vorhandene Vorgänge können im Einverständnis mit dem ArbN oder dann entfernt
werden, wenn sie durch Zeitablauf erledigt sind oder der ArbN aus dem Arbeitsverhältnis ausgeschieden ist (GK-*Franzen* Rn 21). Durch BV kann bestimmt werden,
dass bestimmte Vorgänge nicht oder nur für eine bestimmte Zeitspanne in die Personalakte gelangen bzw. nur in ihrem Ergebnis festgehalten werden.

8   Der ArbGeb. ist nicht verpflichtet, die **Personalakten ausgeschiedener ArbN**
aufzubewahren (GK-*Franzen* Rn 21). An vorhandenen Personalakten besteht ein
Einsichtsrecht des ausgeschiedenen ArbN, soweit er ein berechtigtes Interesse darlegen kann (zB wegen Altersversorgung, Zeugnis, Schadensersatzanspruch wegen
unzulässiger Auskunftserteilung an Dritte, Prüfung einer fortgeführten Personalakte
auf ihren Wahrheitsgehalt hin; BAG 16. 11. 10 – 9 AZR 573/09 – NZA 11, 453;
Richardi/Thüsing Rn 31; *Dütz* FS *Wlotzke* S. 27, 33). Das Einsichtsrecht nach Beendigung des Arbeitsverhältnisses folgt aus der vertragl. Pflicht zur Rücksichtnahme
nach § 241 Abs. 2 BGB (BAG 16. 11. 10 – 9 AZR 573/09 – NZA 11, 453). Entspr.
gilt für die Einsicht in Akten über ergebnislose **Vorverhandlungen** mit einem nicht
eingestellten Bewerber. Dies kann von Bedeutung sein, wenn zB streitig ist, ob eine
Benachteiligung wegen eines in § 1 AGG geregelten Diskriminierungsverbots erfolgt
ist.

9   Eine **Weitergabe der Personalakten an Betriebsfremde,** zB einen ArbGeb.,
bei dem sich der ArbN bewirbt (BAG 18. 12. 84 AP Nr. 8 zu § 611 BGB Persönlichkeitsrecht), ist ohne Einverständnis des ArbN unzulässig. Auch innerhalb des
Betriebs gelten strenge Maßstäbe. Der ArbGeb. hat Personalakten sorgfältig zu ver-
wahren, bestimmte Informationen vertraulich zu behandeln, für diese vertrauliche
Behandlung zu sorgen und den mit Personalakten befassten Personenkreis möglichst
klein zu halten (vgl. BAG 15. 7. 87 AP Nr. 14 zu § 611 BGB Persönlichkeitsrecht u. dazu Anm. *Wiese/Franzen* EzA § 611 BGB Persönlichkeitsrecht zur Nr. 5
u. 6; BVerwG 28. 8. 86 ZTR 87, 152; zum Einsichtsrecht der unternehmensinternen
Revision in Personalakten BAG 4. 4. 90 AP Nr. 21 zu § 611 BGB Persönlichkeitsrecht). Bei einem **Übergang des Arbeitsverhältnisses** auf einen anderen ArbGeb.
im Wege der Einzel- oder Gesamtrechtsnachfolge, erwirbt der neue ArbGeb. Eigentum auch an den Personalakten (DK-*Buschmann* Rn 5b).

4. Einsichtnahme

Das **Einsichtsrecht des ArbN** besteht bezüglich aller Aufzeichnungen, die sich **10** mit seiner Person und dem Inhalt der Entwicklung seines Arbeitsverhältnisses befassen. Es bezieht sich sowohl auf Personalakten in engerem Sinne, die meist mit einem Personalfragebogen oder mit dem Arbeitsvertrag beginnen, als auch auf die Angaben in Sammelakten, Karteikarten oder sonstigen Unterlagen. Auch **außerbetriebliche,** dh im Unternehmen oder Konzern oder durch einzelne Vorgesetzte oder Dritte angelegte schriftliche **Unterlagen** können eingesehen werden, soweit der ArbGeb. darüber verfügen kann (*DKK-Buschmann* Rn 4). Verschlüsselte Angaben sind dem ArbN zu erläutern, Mikrofilme lesbar zu machen.

Die Verwendung einer elektronischen Personalakte hat zur Folge, dass die Ein- **11** sichtnahme in die Personalakte durch das Visualisieren der Datei ersetzt wird. **Elektronisch gespeicherte Daten** sind auszudrucken, wenn die Wiedergabe auf Bildschirm für die Zwecke der Einsicht nicht ausreicht (vgl. auch Rn 36; **aA** *Diller/ Schuster* DB 08, 928). Der ArbN kann sich an Hand der Personalakten auch **Notizen** machen (hM). Auch kann der ArbN auf eigene Kosten (*DKK-Buschmann* Rn 6; GK-*Franzen* Rn 24) Fotokopien aus den Akten fertigen. Dagegen besteht kein Anspruch auf Überlassung der Personalakte (hM).

Es besteht Anspruch auf Einsicht **während der Arbeitszeit;** der Lohn darf nicht ge- **12** kürzt werden (hM). Der Anspruch auf Einsicht in die Personalakte ist grundsätzlich ein persönlicher. Jedoch kann die Einsicht auch durch einen **Bevollmächtigten** ausgeübt werden (*DKK-Buschmann* Rn 7; einschr. GK-*Franzen* Rn 26 nur bei Vorliegen besonderer Gründe; *Richardi/Thüsing* Rn 27 betriebszugehörige Bevollm.; keine Bevollm *HSWGNR* Rn 43). Der ArbN kann daher auch ein bestimmtes BRMitgl. bevollmächtigen. Dagegen dürfte eine Bevollmächtigung des BR als Organ nicht zulässig sein, da dieser keine Rechtspersönlichkeit besitzt. Die Einsichtnahme ist **kostenfrei.**

Einzelheiten des Einsichtsrechts (Häufigkeit, Voranmeldung, Ort, Bescheini- **13** gung über erfolgte Einsicht) können durch (erzwingbare) **BV** gem. § 87 Abs. 1 Nr. 1 geregelt werden, aber nicht iS einer grundsätzlichen Beschränkung (GK-*Franzen* Rn 22; *Richardi/Thüsing* Rn 24).

III. Erklärungen des Arbeitnehmers zur Personalakte

1. Art und Inhalt

Abs. 2 räumt dem ArbN das Recht ein, **schriftliche Erklärungen** zum Inhalt der **14** Personalakten, insb. zu Beurteilungen abzugeben. Sie sind auf sein Verlangen den Akten beizufügen und zwar in räumlichem Zusammenhang mit den schriftlichen Vorgängen, zu denen sich der ArbN äußert. Bei elektronischen Personalakten ist die vom ArbN gewünschte Erklärung gemeinsam mit den fraglichen Daten abzuspeichern (*Diller/Schuster* DB 08, 928). Auf Verlangen des ArbN sind auch Unterlagen, zB frühere Zeugnisse oder während des Arbeitsverhältnisses erworbene Qualifikationen beizufügen. Dadurch erhält der ArbN die Möglichkeit, den Inhalt der Personalakte zu ergänzen (*Richardi/Thüsing* Rn 37) oder, soweit dieser für ihn nachteilig ist, durch die Beifügung einer Gegenvorstellung eine Richtigstellung zu erreichen. Die Erklärung ist auch dann beizufügen, wenn sie der ArbGeb. für unzutreffend oder nicht in die Personalakten gehörend ansieht (*DKK-Buschmann* Rn 12; *Richardi/ Thüsing* Rn 38; *WPK/Preis* Rn 14). Der ArbN kann aber nicht verlangen, dass der ArbGeb. die zur Personalakte genommenen Unterlagen mit Seitenzahlen versieht. Vielmehr entscheidet der ArbGeb. alleine über die Art der Personalaktenführung (BAG 16. 10. 07 AP Nr. 3 zu § 241 BGB).

2. Entfernungsanspruch

15   Unabhängig davon besteht ein Recht des ArbN auf **Entfernung unrichtiger Angaben aus der Personalakte** (BAG st. Rspr. 18. 11. 08 AP Nr. 2 zu § 611 BGB Personalakte). Die Entfernung einer **schriftlichen Abmahnung** aus der Personalakte, die wegen Verletzung arbeitsvertraglicher Pflichten erfolgte, kann im Klagewege verlangt werden. Das setzt voraus, dass die Abmahnung unbegründet oder unverhältnismäßig war (st. Rspr.; vgl. BAG 5. 8. 92 AP Nr. 8 zu § 611 BGB Abmahnung; keine einstw. Vfg. gegen drohende Abmahnung, LAG Köln BB 96, 2255). Entspr. gilt für die Entfernung einer unberechtigten **Drohung einer Abmahnung** (BAG 18. 1. 96 AP Nr. 25 zu § 242 BGB Auskunftspflicht). Der Anspruch auf Entfernung der vollständigen Abmahnung besteht auch bei mehreren zusammengefassten, aber nur teilweise zutreffenden Vorwürfen (BAG 13. 3. 91 DB 91, 1527). Auch eine rechtswidrige Leistungsbeurteilung ist zu entfernen (BAG 18. 11. 08 aaO). Zur – unzulässigen – Abmahnung wegen Werbung für Gewerkschaft (BVerfG 14. 11. 95 DB 96, 1627), Teilnahme an BR-Sitzung (LAG Hamm BB 96, 1015), wegen Arbeitsverweigerung auf Grund einer nicht erforderlichen Schulungsteilnahme (BAG 10. 11. 93 AP Nr. 4 zu § 78 BetrVG 1972), wegen Arbeitsversäumnis infolge der Wahrnehmung vermeintlicher BRAufgaben (BAG 31. 8. 94 AP Nr. 98 zu § 37 BetrVG 1972), wegen Nebentätigkeit (BAG 30. 5. 96 AP Nr. 2 zu § 611 BGB Nebentätigkeit). Der ArbGeb. hat die Richtigkeit der Gründe für die Abmahnung zu beweisen (hM). Ein Entfernungsanspruch besteht auch dann, wenn der ArbGeb. eine berechtigte Abmahnung ohne die in einem TV oder einer BV vorgeschriebenen vorherigen **Anhörung des ArbN** zu den Personalakten nimmt (BAG 16. 11. 89 AP Nr. 2 zu § 13 BAT). Der Verstoß gegen solche Formvorschriften beseitigt nicht die kündigungsrechtliche Warnfunktion (BAG 21. 5. 92 AP Nr. 28 zu § 1 KSchG 1969 Verhaltensbedingte Kündigung). Der Ausspruch einer Abmahnung muss nicht innerhalb einer bestimmten Frist erfolgen; eine **Regelausschlussfrist** gibt es nicht (BAG 15. 1. 86, 12. 1. 88, 7. 9. 88, AP Nr. 96 zu § 611 BGB Fürsorgepflicht, AP Nr. 90 zu Art. 9 GG Arbeitskampf, AP Nr. 2 zu § 611 BGB Abmahnung). Der Entfernungsanspruch unterliegt keiner tariflichen Ausschlussfrist, da eine unberechtigte Abmahnung eine fortwirkende Beeinträchtigung der beruflichen Entwicklungsmöglichkeiten des ArbN bewirkt (BAG 14. 12. 94 AP Nr. 15 zu § 611 BGB Abmahnung). Nach der Beendigung des Arbeitsverhältnisses besteht idR kein Entfernungsanspruch mehr (hierzu u. zu Ausnahmen von diesem Grundsatz BAG 14. 9. 94 AP Nr. 13 zu § 611 BGB Abmahnung). Eine Abmahnung kann durch **Zeitablauf** wirkungslos werden. Dafür kommt es auf die Umstände des Einzelfalls an (BAG 13. 4. 88 AP Nr. 100 zu § 611 BGB Fürsorgepflicht). Bei **mündlicher Kritik** von Vorgesetzten, die keinen fortdauernden, eigenständigen Sanktionswert haben und auf die nicht in den Personalakten verwiesen wird, kommt das Beschwerdeverfahren nach §§ 84, 85 in Betracht (vgl. § 84 Rn 4).

IV. Bundesdatenschutzgesetz

1. Gesetzlicher Datenschutz

16   In der betrieblichen Praxis werden an Stelle der herkömmlichen Personalakte in zunehmendem Maße EDV-Anlagen für die Sammlung, Auswertung, Verwaltung und Verwendung der über die ArbN vorhandenen Informationen verwandt. Die EDV ermöglicht nicht nur eine ungleich größere Erfassung von Einzeldaten der ArbN, sondern auch einen Zugriff auf diese Daten und ggfs. eine Kombination mit anderen Datensystemen in kürzester Zeit. Den durch die EDV allgemein drohenden Gefahren insbes. für das Persönlichkeitsrecht der Betroffenen (grundlegend BVerfG NJW 84, 419 Volkszählungsurteil) hat der Gesetzgeber mit dem **Bundesdatenschutzgesetz** –

BDSG – von 1977 zu begegnen versucht. Dieses G ist seit dem mehrfach geändert worden. Derzeit gilt das G idF vom 14. 8. 09 (BGBl. I S. 2814), das zum 1. 9. 09 in Kraft getreten ist (Einzelheiten *Joussen* JArbR 47, 69). Die darin enthaltene Neuregelung lässt die MBR des BR uneingeschränkt bestehen (vgl. § 32 Abs. 3 BDSG; *Thüsing* NZA 09, 865). Das geplante **Beschäftigtendatenschutzgesetz,** das die Rechtsprechung zum Arbeitnehmerdatenschutz festschreiben sowie die ArbN vor Bespitzelung sichern soll und für den ArbGeb. die Korruptionsbekämpfung oder die Durchführung von Compliance-Verfahren erleichtern will, befindet sich derzeit noch in der parlamentarischen Beratung (vgl. *Gola/Klug* NJW 11, 2484; Überblick bei *Forst* NZA 10, 1043; *Thüsing* NZA 11, 16).

Das BDSG gilt grundsätzlich auch für die im **Rahmen eines Arbeitsverhältnis-** **17** **ses** zu erhebenden, zu verarbeitenden oder zu nutzenden Daten (ErfK-Kania Rn 9). Erstmals wurde mit der zum 1. 9. 09 in Kraft getretenen Novellierung des BDSG mit § 32 BDSG eine ausdrückliche Regelung zum Beschäftigtendatenschutz in das BDSG eingefügt. Es handelt sich allerdings um eine generalklauselartige Bestimmung, die weitgehend auf die Kodifizierung der bisherigen – durch Richterrecht geprägten – Rechtslage beschränkt. Soweit andere Rechtsvorschriften des Bundes auf personenbezogene Daten einschließlich deren Veröffentlichung anzuwenden sind, gehen diese dem BDSG vor (§ 1 Abs. 3 BDSG). Im Arbeitsrecht gibt es jedoch noch immer keine umfassende Kodifikation über den Schutz der ArbNDaten, sondern nur punktuelle Regelungen (zB § 83, §§ 73 HGB, 109 GewO u. 630 BGB über die Zeugniserteilung). Zu diesen Vorschriften zählt auch § 83, der das Recht auf Einsichtnahme, auf Hinzuziehung eines BRMitgl. sowie das Recht auf Ergänzung der Personalakte regelt (GK- *Franzen* Rn 9). Diesen Befugnissen des ArbN können wegen § 1 Abs. 3 BDSG die Auskunftsverweigerungstatbestände des BDSG nicht entgegengehalten werden (*Simitis* BDSG § 1 Rn 173). Weitere ArbN-relevante Datenschutzvorschriften finden sich im Telekommunikationsrecht (str. vgl. *Haußmann/Krets* NZA 05, 259). Im Übrigen bestimmt sich der Inhalt und der Umfang des **Datenschutzes der ArbN** (zB Zulässigkeit der Erfassung, Fragerecht, Offenbarungspflicht, Weitergabe an Dritte, Beachtung der Grundsätze der Vertraulichkeit u. der Geheimhaltung) nach dem durch Richterrecht aus dem allgemeinen Persönlichkeitsrecht des ArbN und der Fürsorgepflicht des ArbGeb. entwickelten Grundsätzen (Einzelheiten bei *Wohlgemuth/Gerloff* S. 113 ff.).

2. Regelungsbereich

Für den Bereich der Privatwirtschaft eröffnet § 27 BDSG den Anwendungsbereich **18** des BDSG (*Gola/Schomerus* BDSG § 27 Rn 1). Die nachfolgende Vorschrift des § 28 BDSG legt die Grundsätze für den Umgang mit Daten für eigene geschäftliche Zwecke der Daten verarbeitenden Stelle fest. Durch den neuen § 32 BDSG wird diese Vorschrift für das **Beschäftigungsverhältnis** nach den Vorstellungen des Gesetzgebers konkretisiert und insoweit verdrängt (*Rossnagel* NJW 09, 2716; zweifelnd *Thüsing* NZA 09, 865). Die dem Datenschutz unterliegenden Tätigkeiten definieren § 3 Abs. 3 bis Abs. 5 BDSG. Es gilt das Gebot der Datenvermeidung und der Datensparsamkeit (§ 3a BDSG). Darüber hinaus bestimmt § 9a BDSG Vorgaben für ein freiwilliges Datenschutzaudit.

Das BDSG enthält außerdem Regelungen zur **Videoüberwachung** (vgl. BVerfG **19** 23. 2. 07 NVwZ 07, 688) **für öffentlich zugängliche Räume** (§ 6b BDSG), die auch für die an diesen Orten beschäftigten ArbN gelten. Zudem werden ArbN auch von den Regelungen zu mobilen personenbezogenen Speicher- und Verarbeitungsmedien – etwa **Chipkarten** – (§ 6c iVm § 3 Nr. 10 BDSG) betroffen. Das BDSG befasst sich nicht mit der der Zulässigkeit von Genomanalysen, biometrischen Verfahren (vgl. *Hornung/Steidle* AuR 05, 201) oder der Nutzung von Einrichtungen der Telekommunikation am Arbeitsplatz (*Däubler* NZA 01, 874).

20 Das BDSG nimmt nur die Erhebung, Verarbeitung oder Nutzung solcher personenbezogener Daten aus, die ausschließlich persönlicher oder familiärer Tätigkeit dienen (§ 1 Abs. 2 Nr. 3 iVm. § 27 Abs. 1 S. 2 BDSG). **Sonderregelungen** gelten weiterhin für Organisationen, die politisch, philosophisch, religiös oder gewerkschaftlich ausgerichtet sind und keine Erwerbszwecke verfolgen (§ 28 Abs. 9 BDSG). Der Anwendungsbereich des BDSG erstreckt sich auf personenbezogene Daten, die unter Einsatz von Datenverarbeitungsanlagen (§ 1 Abs. 2 BDSG) verarbeitet, genutzt oder erhoben werden und auf solche aus nicht automatisierten Dateien (§ 27 Abs. 1, § 1 Abs. 2 Nr. 3 BDSG), wobei die zuletzt genannte Voraussetzung nicht für Beschäftigtendaten gilt (vgl. § 32 Abs. 2 BDSG; s. Rn 21). Darüber hinaus erfasst es auch die Erhebung, Verarbeitung oder Nutzung personenbezogener Daten außerhalb von nicht automatisierten Dateien, soweit die Daten offensichtlich aus einer automatisierten Verarbeitung stammen (§ 27 Abs. 2 BDSG *Simitis* BDSG § 27 Rn 27).

21 Für die Anwendbarkeit des BDSG im Bereich der Privatwirtschaft setzte das BDSG (§§ 1 Abs. 2 Nr. 3, 27 Abs. 1) ein automatisiertes Verfahren oder bei manuellem Vorgehen einen sog. Dateibezug (nicht automatisierte Datei iSd. § 3 Abs. 2 Satz 2 BDSG) voraus. Diese Beschränkung des Anwendungsbereichs wurde jetzt durch § 32 Abs. 2 BDSG für den Umgang mit personenbezogenen Daten zu Zwecken des Beschäftigungsverhältnisses aufgegeben (*Erfurth* NJW 09, 2723). Demzufolge gelten die Grundsätze des § 32 Abs. 1 BDSG für das Beschäftigungsverhältnis ohne Rücksicht auf die Form der Speicherung oder Übermittlung (krit. *Deutsch/Diller* DB 09, 1462).

22 **Personenbezogene Daten** sind nach der Legaldefinition des § 3 Abs. 1 BDSG Einzelangaben über persönliche oder sachliche Verhältnisse einer bestimmten oder bestimmbaren natürlichen Person, die das G als Betroffenen bezeichnet. Dazu gehören auch die Angaben über die Person des ArbN in einer Personalakte (GK-*Franzen* Rn 5, 22). Ausreichend ist die **bloße Bestimmbarkeit einer Person.** Deshalb sind auch solche Angaben, die durch Verbindung mit anderen Daten einem einzelnen ArbN zugeordnet werden können, geschützte Daten iSd. BDSG (*Simitis* BDSG § 3 Rn 20 ff.; *Gola/Schomerus* BDSG § 3 Rn 9). Keine personenbezogenen Daten liegen vor, wenn sie derart anonymisiert werden, dass sie keine Einzelangaben mehr über die jeweilige Person enthalten. Werden die jeweiligen Identifikationsmerkmale lediglich mittels einer Zuordnungsregel durch bestimmte Kennzeichen ersetzt, handelt es sich um Pseudonymisierung, die wegen ihrer Umkehrbarkeit den Regeln des BDSG unterliegt (Einzelheiten *Geschonnek/Meyer/Scheben* BB 11, 2677).

23 **Verantwortliche Stelle** iSd. BDSG ist jede Person oder Stelle, die personenbezogene Daten für sich selbst erhebt, verarbeitet oder nutzt oder andere damit beauftragt (§ 3 Abs. 7 BDSG). **Dritter** ist nach § 3 Abs. 8 Satz 2 BDSG jede Person oder Stelle außerhalb der verantwortlichen Stelle. Danach ist der **Datenfluss im Unternehmen** keine Übermittlung iSv. § 3 Abs. 4 Nr. 3 BDSG und auch nicht der zwischen ArbGeb. und BR. Der BR ist unselbständiger Teil der verantwortlichen Stelle (BAG 3. 6. 03 AP Nr. 1 zu § 89 BetrVG 1972; *Gola/Schomerus* BDSG § 3 Rn 49). Die Übermittlungsregeln des BDSG gelten deshalb nicht im Verhältnis der Betriebsparteien zueinander (*Simitis* BDSG § 3 Rn 247). Deshalb kann der ArbGeb. dem BR Informationen unter Hinweis auf den Datenschutz nicht verweigern. Auf das Erheben und Verwerten von Daten durch den BR sind ergänzend zum BetrVG die einschlägigen Vorschriften des BDSG anzuwenden (BAG 3. 6. 03 aaO). In diesem Fall ist der BR Adressat der datenschutzrechtlichen Auskunfts- und Kontrollrechte der ArbN (*Simitis* BDSG § 3 Rn 247). Der vom ArbGeb. zu bestellende betriebliche Datenschutzbeauftragte (§ 4f BDSG) darf den BR nicht kontrollieren (BAG 11. 11. 97 AP Nr. 1 zu § 36 BDSG). Das folgt aus der vom BetrVG angeordneten Unabhängigkeit des BR. Zur Rechtsstellung des betriebl. Datenschutzbeauftragten *Gola/Klug* NJW 07, 118; zur Abberufung BAG 13. 3. 07 AP Nr. 1 zu § 4f BDSG.

24 Der **Datenfluss im Konzern,** dh von einem Konzernunternehmen zum anderen, erfüllt den gesetzlichen **Übermittlungsbegriff** (GK-*Franzen* Rn 48). Dieser Vor-

gang unterliegt daher den datenschutzrechtlichen Beschränkungen. Die Datenübermittlung zwischen den Konzernunternehmen bedarf daher einer Rechtsgrundlage (vgl. § 4 Abs. 1 BDSG). Dazu eignet sich eine KonzernBV (BAG 20. 12. 95 AP Nr. 1 zu § 58 BetrVG 1972; *Däubler* NZA 01, 874).

Den **grenzüberschreitenden Datenverkehr** zwischen inländischen und auslän-   25 dischen Stellen im nicht öffentlichen Bereich regeln erstmals § 4 b und § 4 c BDSG. Das ist von besonderer Bedeutung für den Datenfluss zwischen verschiedenen rechtlich selbständigen Unternehmen innerhalb eines internationalen Konzern, vor allem aber für Unternehmensgruppen mit Matrixstruktur, die eine Trennung nach Unternehmen nicht zulässt (*Lambrich/Cathilik* RDV 02, 287). Danach gelten für die Übermittlung von Daten in andere EU-Staaten, in EWR-Staaten (Norwegen, Island, Lichtenstein) sowie an die Organe und Einrichtungen der Europäischen Gemeinschaft die Grundsätze der Datenübermittlung zwischen verantwortlichen Stellen im Inland (*Wedde* AiB 07, 80). Voraussetzung ist, dass die Tätigkeit ganz oder zum Teil vom Anwendungsbereich des EU-Rechts erfasst wird. Das dürfte beim Transfer von ArbN-Daten als Annex grenzüberschreitender wirtschaftlicher Betätigung stets der Fall sein (*Däubler* NZA 01, 874). Für sog. Drittstaaten gelten diese Grundsätze nur, soweit dort ein angemessenes Datenschutzniveau besteht, wie das derzeit bei der Schweiz, Kanada und Argentinien der Fall ist (*Wedde* AiB 07, 80). Das hat die inländische verantwortliche Stelle zu prüfen. Fehlt es daran, gilt für die Datenübermittlung der Ausnahmekatalog des § 4 c BDSG. Danach ist die Datenübermittlung ua. mit der Einwilligung des Betroffenen zulässig (*Göpfert/Meyer* NZA 11, 486). Eine Sonderregelung gilt hinsichtlich der USA. Die dort ansässigen Unternehmen sind dann geeignete Datenempfänger, soweit sie sich den sog. Safe Harbour Principles angeschlossen haben (*Klug* RDV 01, 212; *Däubler* NZA 01, 874; Einzelheiten dieser Grundsätze *Simits* § 4 b BDSG Rn 70 ff.). Von dieser Möglichkeit haben allerdings US-Unternehmen bisher kaum Gebrauch gemacht (*Lambrich/Cathlik* RDV 02, 287). Fehlt es daran, bestimmen sich die rechtlichen Möglichkeiten des Datenaustausches nach § 4 c Abs. 1 BDSG. Um die damit verbundenen Schwierigkeiten zu mindern, hat die EU Standardvertragsklauseln verabschiedet, deren Vereinbarung mit einem Drittstaat eine angemessene datenschutzrechtliche Garantie darstellen soll (Einzelheiten bei *Wedde* AiB 07, 80).

3. Einwilligung und Erlaubnisvorbehalt

Das BDSG geht von einem **grundsätzlichen Verbot** der Erhebung, Verarbeitung   26 und Nutzung personenbezogener Daten aus. Es lässt diese nur zu, wenn entweder der Betroffene einwilligt oder das BDSG selbst oder eine andere Rechtsvorschrift sie erlauben (§ 4 Abs. 1 BDSG; Einzelheiten *Riesenhuber* RdA 11, 257). Eine solche Rechtsvorschrift muss den Anforderungen des Volkszählungsurteils des BVerfG genügen (BAG 3. 6. 03 AP Nr. 1 zu § 89 BetrVG 1972).

Sofern eine Rechtsnorm für das Erheben, Nutzen und Verarbeiten personenbezo-   27 gener Daten fehlt, muss der Betroffene hiermit ausdrücklich einverstanden sein. Im Interesse der Rechtssicherheit und zum Schutz vor einer leichtfertigen Erklärung des Einverständnisses muss er auf den Zweck der Erhebung, Verarbeitung oder Nutzung sowie auf Verlangen oder, soweit nach den Umständen des Einzelfalls erforderlich, auch auf die Folgen einer verweigerten Einwilligung hingewiesen werden (§ 4 a Abs. 1 BDSG). Die Rechtswirksamkeit der **Einwilligung** ist grundsätzlich an die **Schriftform** gebunden, soweit nicht wegen besonderer Umstände eine andere Form angemessen ist (§§ 4 a Abs. 1 Satz 3 BDSG). Soll die Einwilligung zusammen mit anderen Erklärungen schriftlich erteilt werden, ist sie nur wirksam, wenn die Einwilligungserklärung im äußeren Erscheinungsbild der Erklärung hervorgehoben ist (§ 4 Abs. 1 Satz 4 BDSG). Zur Frage des MBR des BR bei Aufnahme der Einwilligungserklärung in einen Fragebogen oder Formulararbeitsvertrag vgl. § 94 Rn 9, 25. Die Einwilligung muss **inhaltlich bestimmt** sein (*Gola/Schomerus* BDSG § 4 a Rn 11).

Der Betroffene muss erkennen können, welche Daten erfasst werden und zu welchen Zwecken sie verwendet werden sollen. Eine Blankoeinwilligung entspricht diesen Anforderungen nicht (*Simitis* BDSG § 4a Rn 74; *Hornung/Steidle* AuR 05, 201). Eine vom ArbGeb. vorformulierte Einwilligungserklärung unterliegt zudem der vertragl. Inhaltskontrolle (§ 305ff. BGB). Je nach Ausgestaltung kann sie zu einer unangemessenen Benachteiligung des ArbN führen (*Kock/Francke* NZA 09, 646). Der ArbN kann seine Einwilligung **beschränken** auf einzelne Verarbeitungsverfahren, zB die Speicherung der Daten unter Ausschluss der Übermittlung oder auf die Übermittlung an bestimmte Empfänger (*GK-Franzen* Rn53). Nach § 183 BGB bedeutet Einwilligung die **vorherige Zustimmung.** Sie muss vor Durchführung der datenverarbeitenden Maßnahme erklärt sein (*Gola/Schomerus* BDSG § 4a Rn 15).

28   Das BDSG verlangt, dass die Einwilligung auf der **freien Entscheidung des Betroffenen** beruht (§ 4a Abs. 1 Satz 1 BDSG). Dazu muss sie frei von Willensmängeln erfolgen. Der ArbN darf sich dabei nicht in einer außergewöhnlichen Situation struktureller Unterlegenheit befinden, die eine freie Willensbestimmung nicht mehr zulässt. Dafür sind die Umstände des Einzelfalls maßgebend. Weitere Anforderungen an die Einwilligungserklärung stellt das BSDG nicht. Die Einwilligung des ArbN hat nicht zur Folge, dass die Erhebung jeglicher personenbezogener Daten zulässig wäre. Das folgt aus der Schutzfunktion der von der arbeitsrechtlichen Rspr. und Rechtslehre entwickelten **Grundsätze zum arbeitsrechtlichen Datenschutz.** Sie sollen verhindern, dass die Abhängigkeit des ArbN dazu genutzt wird, ihn zu Erklärungen zu veranlassen, die nicht durch das konkrete Arbeitsverhältnis bedingt sind und sich nicht mit dem Respekt vor der Persönlichkeit des ArbN vereinbaren lassen. Eine Einwilligung des ArbN zur Verarbeitung seiner personenbezogenen Daten ist nur verbindlich, wenn diese **Daten einen Bezug zum Arbeitsverhältnis** aufweisen und der ArbGeb. an deren Kenntnis ein objektiv gerechtfertigtes Interesse hat (*Simitis* BDSG § 28 Rn 101 ff.). Eine Einwilligung kann auch nicht das in einer höherrangigen Norm festgelegte Verbot der Verwendung von Daten außer Kraft setzen. Bestimmt zB eine BV, dass bestimmte Angaben über Fehlzeiten nach einer gewissen Zeit für bestimmte Zwecke nicht mehr verarbeitet werden dürfen, kann auch keine Einwilligung des ArbN die Unzulässigkeit dieser Verwendung nicht beseitigen. Andererseits kann eine BV eine individuelle Einwilligung des ArbN, die höchstpersönlich abzugeben ist, nicht ersetzen.

29   Das Erheben, Verarbeiten und Nutzen personenbezogener Daten ist auch zulässig, wenn dies eine andere Rechtsvorschrift gestattet (§ 4 Abs. 1 BDSG). Das ist im Arbeitsrecht von bes. Bedeutung. Das Arbeitsverhältnis ist Anknüpfungspunkt für zahlreiche gesetzl. Auskunfts- und Meldepflichten des ArbGeb., zB gegenüber dem Gewerbeaufsichtsamt, der Berufsgenossenschaft, den Sozialversicherungsträgern, Arbeitsämtern, statistischen Ämtern, Finanzämtern oder Gerichten. Zum anderen können wegen ihrer **normativen Wirkung TV und BV** Rechtsgrundlage iSd. § 4 Abs. 1 BDSG sein (vgl. zum früheren Recht BAG 27. 5. 86, 30. 8. 95 AP Nr. 15, 29 zu § 87 BetrVG 1972 Überwachung; BAG 20. 12. 95 AP Nr. 1 zu § 58 BetrVG 1972; GK-*Franzen* Rn 58; *Gola/Schomerus* BDSG § 4 Rn 10; *Simitis* BDSG § 4 Rn 17). Sie können die unbestimmten Rechtsbegriffe des BDSG entsprechend den betrieblichen Bedürfnissen konkretisieren. So kann zB festgelegt werden, dass (gewisse) Daten nur zu einem bestimmten Zweck verwendet werden dürfen oder nach einer gewissen Zeit zu löschen oder nur anonymisiert zu verwenden sind. Auch können nähere Regelungen über die Zulässigkeit und die Modalitäten eines **Datenflusses innerhalb eines Konzerns** getroffen werden.

30   Durch **TV** und **BV** können ferner die gesetzl. Zulässigkeitsvoraussetzungen der Datenverarbeitung gegenüber dem BDSG **weiter eingeschränkt** werden (ErfK-*Kania* Rn 11). Bei der Aufstellung eigener Zulässigkeitsvoraussetzungen für eine betriebliche Datenverarbeitung durch BV haben die Betriebspartner im Rahmen ihrer Regelungsbefugnis die **allgemeinen Grundsätze des Datenschutzrechts** sowie Anforderungen des Grundrechts der informationellen Selbstbestimmung zu beachten

(*Erfurth* DB 11, 1275; *Grimm/Schiefer* RdA 09, 329, 330). Die im Volkszählungsurteil des BVerfG aufgestellten Grundsätze (Verbot der unbegrenzten Datenerhebung, Verarbeitung nur auf Grund klarer und für den Betroffenen erkennbarer Verarbeitungsvoraussetzungen unter Berücksichtigung des Grundsatzes der Verhältnismäßigkeit und Festlegung der Verwendungszwecke, angemessene Schutzrechte für den Betroffenen) sind gem. § 75 Abs. 2 BetrVG auch für den Bereich der Betriebsverfassung verbindlich (*Gola/Schomerus* BDSG § 4 Rn 7 ff.; *Simitis* BDSG § 1 Rn 98). Durch eine Kollektivregelung iSd. § 4 BDSG darf das **Schutzniveau des BDSG** nicht unterschritten werden (*Trittin/Fischer* NZA 09, 343). Das folgt aus dem Schutzzweck des BDSG; zudem wäre eine solche Unterschreitung wegen § 75 und der darin angeordneten Beachtung des Persönlichkeitsrechts der ArbN rechtssicher auch nicht zu begründen. Durch die Ausübung des MBR nach § 87 Abs. 1 Nr. 6 in Form einer BV können datenschutzrechtlich unzulässige Tatbestände nicht legalisieren werden (*Gola/Schomerus* BDSG § 4 Rn 10; *Simitis* BDSG § 4 Rn 16; *Kufer* AR-Blattei SD 580).

4. Datenverarbeitung für eigene Zwecke

Der dritte Abschnitt des BDSG regelt ua. die Datenerhebung nicht öffentlicher 31 Stellen für eigene Zwecke. Diese Vorschriften sind für das BetrVG und die Beschäftigten iSd. § 3 Abs. 9 BDSG bedeutsam. Das Erheben, Speichern, Verändern, Übermitteln personenbezogener Daten und deren Nutzung ist für eigene Geschäftszwecke zulässig im Rahmen der **Zweckbestimmung eines Vertragsverhältnisses** oder eines vertragsähnlichen Vertrauensverhältnisses oder soweit es zur **Wahrung berechtigter Interessen** der Daten verarbeitenden Stelle erforderlich ist. Diese in § 28 BDSG niedergelegten Grundsätze konkretisiert § 32 BDSG nunmehr für **das Beschäftigungsverhältnis.** Für dieses dürfen personenbezogene Daten erhoben, verarbeitet oder genutzt werden, wenn sie für die Begründung, Durchführung oder Beendigung des Beschäftigungsverhältnisses erforderlich sind. Um welche Daten es sich handelt bestimmt das BDSG eben so wenig wie die Maßstäbe zur Durchführung der Erforderlichkeitsprüfung. Deren Festlegung wird der Rspr. überantwortet (*Gola/Klug* NJW 09, 2577; *Thüsing* NZA 09, 865). Dem Interesse des ArbGeb., **Straftaten aufzudecken,** die in einem Zusammenhang mit dem Beschäftigungsverhältnis stehen, soll § 32 Abs. 1 Satz 2 BDSG Rechnung tragen. Danach darf ein ArbGeb. personenbezogene Beschäftigtendaten erheben, verarbeiten oder nutzen, wenn ein konkreter und zu dokumentierender Tatverdacht vorliegt. Der Verwendung solcher Daten dürfen aber keine überwiegenden schutzwürdigen Interessen des betroffenen ArbN entgegenstehen. Darüber hinaus muss der Datenumgang auch verhältnismäßig sein. Für präventive Maßnahmen des ArbGeb. gilt die Grundnorm des § 32 Abs. 1 Nr. 1 BDSG (*Wybitul* BB 09, 1582), wobei nach Systematik der Norm und deren Zweck an präventive Maßnahmen keine geringeren Anforderungen zu stellen sind als an repressive (*Thüsing* NZA 09, 865). Für die Aufdeckung von Vertragsbrüchen gilt entsprechendes.

5. Informations- und Gestaltungsrechte

Das BDSG gewährt dem Betroffenen zu seinem Schutz eine Reihe von **Informations- und Gestaltungsrechten.** Sie sollen ihn in die Lage versetzen, die Einhaltung der gesetzmäßigen Verarbeitung der über ihn gespeicherten Daten selbst zu überwachen und sicherzustellen. So ist bei der Übermittlung und Nutzung personenbezogener Daten zu Zwecken der Werbung und Marktforschung der Betroffene über sein Widerspruchsrecht zu informieren (§ 28 Abs. 4 BDSG). Der Betroffene hat auch ein Recht auf **Benachrichtigung** von der Speicherung und der Art der Daten (nach *Däubler* CR 91, 476 auch vom Verwendungszweck), wenn erstmals über ihn personenbezogene Daten gespeichert werden (§ 33 Abs. 1 BDSG). Von dieser Benachrichtigungspflicht gibt es Ausnahmen (§ 33 Abs. 2 BDSG), etwa wenn der Betroffene auf andere Weise von der Speicherung und der Art der gespeicherten Daten Kenntnis erlangt hat, die Daten nur gespeichert sind, weil sie auf Grund gesetzl. oder vertraglicher Aufbewahrungsfristen nicht gelöscht werden dürfen oder nur der Datensicherung oder Datenschutzkontrolle dienen. Ferner hat er ein Recht auf – in der Regel – unentgeltliche schriftliche **Auskunft** über die zu seiner Person gespeicherten Daten (§ 34 Abs. 3 und Abs. 5 BDSG). Außerdem besteht ein Anspruch auf die **Korrektur** unrichtiger Daten, auf ihre **Sperrung**, wenn ihre Richtigkeit nicht festgestellt werden kann, sowie auf **Löschung**, wenn die Kenntnis der Daten nicht mehr erforderlich ist oder ihre Speicherung unzulässig war (§ 35 Abs. 1–4 BDSG). Diese Ansprüche sind **unabdingbar** (§ 6 Abs. 1 BDSG). Ihre Durchsetzbarkeit ist auch bei Verbunddateien oder vernetzten Systemen sichergestellt (vgl. § 6 Abs. 2 BDSG). Sie stehen den **ArbN** grundsätzlich auch dann zu, wenn der ArbGeb. personenbezogene Daten der ArbN für eigene Zwecke verwendet. Zwar bestimmt § 1 Abs. 3 BDSG, dass andere Rechtsvorschriften des Bundes, soweit sie auf personenbezogene Daten einschließlich deren Veröffentlichung anzuwenden sind, den Vorschriften des BDSG vorgehen; hierzu zählt § 83 BetrVG. Jedoch besteht ein **Vorrang des § 83 nur insoweit,** als er sich dem Gegenstand nach mit den Regelungen des BDSG deckt, wobei es nicht darauf ankommt, welche Regelung im Einzelfall günstiger ist (GK-*Wiese/Franzen* Rn 9).

33   Das **Einsichtsrecht** des § 83 BetrVG geht dem **Auskunftsanspruch** des § 34 BDSG vor (GK-*Franzen* Rn 66). Das ist von Bedeutung, weil das Einsichtsrecht des § 83 weiter geht als der datenschutzrechtliche Auskunftsanspruch, der sich nicht auf in Papierform dokumentierte personenbezogene Daten erstreckt (BAG 16. 11. 10 – 9 AZR 573/09 – NZA 11, 453). Der betriebsverfassungsrechtl. Anspruch erfasst auch den Ausdruck der gespeicherten Daten. Außerdem gelten für § 83 die in § 34 Abs. 4 iVm. § 33 Abs. 2 und Abs. 3 BDSG geregelten Ausnahmen nicht.

34   Neben § 83 BetrVG, der insoweit keine Regelung enthält, besteht ein **Anspruch** des ArbN **auf Benachrichtigung** bei erstmaliger Speicherung nach § 33 Abs. 1 BDSG sowie **auf Auskunft** über den Zweck der Speicherung sowie die Personen und Stellen, an die die Daten regelmäßig übermittelt werden, nach § 34 Abs. 1 BDSG (vgl. GK-*Franzen* Rn 68). Das Gleiche gilt für die **Ansprüche auf Berichtigung** und **Löschung** nach § 35 Abs. 1 und 2 BDSG (*Richardi/Thüsing* Rn 41). Ferner für das **Recht auf Sperrung** der Daten, deren Kenntnis zB für die Erfüllung des Zweckes der Speicherung nicht mehr erforderlich ist, die aber aus bes. Gründen (vgl. § 35 Abs. 3 BDSG) nicht gelöscht werden dürfen.

35   Das **Recht des ArbN** nach § 83 Abs. 2 BetrVG, eine **Erklärung zur** (eingespeicherten) **Personalakte** zu geben, ist gegenüber dem Recht auf Sperrung von Daten, deren Richtigkeit umstritten ist (§ 35 Abs. 4 BDSG), **vorrangig** (*Richardi/Thüsing* Rn 42). Das dürfte auch in den Fällen gelten, in denen die Sperrung an die Stelle einer Löschung tritt (§ 35 Abs. 3 BDSG). Hierfür sprechen nicht nur Wortlaut und Systematik des § 1 Abs. 3 BDSG, sondern auch, dass dem ArbN mit dem Recht, zu einem umstrittenen Punkt der Personalakte sachlich Stellung nehmen zu können, im Interesse einer Mitwirkung bei der Darstellung seines Persönlichkeitsbildes in der Personalakte oft mehr gedient ist, als mit einer bloßen Sperrung von Daten. Allerdings wird dies ua. von Art und Inhalt der umstrittenen Daten abhängen. Durch eine **BV** als eine Rechtsnorm iSv. § 4 Abs. 1 BDSG kann im Einzelnen **geregelt** werden, in welchen Fällen bei nicht feststellbarer Richtigkeit von Daten eine Sperrung erfolgen oder eine Gegendarstellung möglich sein soll.

36   Auch soweit Personaldaten in Datenbanken gespeichert sind, ist für das Einsichtsrecht der ArbN nach § 83 BetrVG von dem **materiellen Personalaktenbegriff** auszugehen. Der ArbN hat deshalb Anspruch auf **Ausdruck** aller über ihn gespeicherten Daten und zwar in einer **entschlüsselten,** dh für den ArbN verständlichen **Form** (GK-*Franzen* Rn 23). Da gespeicherte Daten nicht sichtbar sind, sondern erst sichtbar gemacht werden müssen, bedingt das Einsichtsrecht bei automatisierten Systemen einen **Auskunftsanspruch über die Methoden** der betr. Datenverarbeitung; denn

erst dieser Auskunftsanspruch ermöglicht es dem ArbN, gezielt von seinem Einsichtsrecht Gebrauch zu machen.

Der ArbN hat nur Anspruch auf Einsicht in seine Personaldaten. Deshalb sind bei **37** sog. **Sammelbogen** (listenmäßige Zusammenfassung der Daten einer Vielzahl von ArbN, zB Lohnliste oder Förderungs- u. Aufstiegsliste) die Daten anderer ArbN im Interesse des Schutzes der Vertraulichkeit der sie betr. Angaben zu anonymisieren. Ist dies nicht möglich, ist der Schutz der Vertraulichkeit vorrangig, es sei denn, die anderen ArbN verzichten darauf.

Das Zusammenstellen von Personaldaten der ArbN als Grundlage für **unterneh-** **38** **merische Globalplanungen** oder für die Erstellung von RL gehört noch nicht zur materiellen Personalakte eines ArbN. Etwas anderes gilt, wenn sich hieraus konkrete Entscheidungen bezüglich bestimmter ArbN ergeben.

Die Regelungen des § 83 BetrVG gelten entspr. für **ArbN in betriebsratslosen** **39** **Betrieben** als Ausfluss der Fürsorgepflicht. Für ihre Ansprüche auf Auskunft, Berichtigung, Sperrung und Löschung über bzw. von in Dateien gespeicherten personenbezogenen Daten gelten die Ausführungen in Rn 32 ff. ebenfalls.

6. Verwendung personenbezogener Daten im Auftrag des Arbeitgebers

Führt der ArbGeb. (Unternehmer) nicht selbst die Erhebung personenbezogener **40** Daten iSd. BDSG durch, sondern beauftragt er hiermit einen **Dritten,** findet § 11 BDSG Anwendung. Der Auftrag ist schriftlich zu erteilen. Dazu legt § 11 Abs. 2 Satz 2 BDSG die Anforderungen zur Ausgestaltung des Auftrags fest (*Rossnagel* NJW 09, 2716). Darüber hinaus hat sich der Auftraggeber vor und bei der Durchführung des Auftrags zu vergewissern, dass der Auftragnehmer den Auftrag in Einklang mit den Vorschriften des Datenschutzes durchführt. **Verantwortlich** für die Einhaltung des BDSG und anderer Datenschutzvorschriften bleibt den ArbN gegenüber allein der **ArbGeb.** An ihn richten sich die Ansprüche der ArbN auf Einsicht, Auskunft, Berichtigung, Sperrung oder Löschung (§ 11 Abs. 1 BDSG; vgl. auch BAG 17. 3. 87 AP Nr. 29 zu § 80 BetrVG 1972). Dient die Zentralisierung dagegen der einheitlichen Führung des Konzerns und der Kontrolle der übrigen Konzernunternehmen, ist damit eine weitere eigenständige Aufgabe u. damit eine DV für eigene Zwecke verbunden. Für die Übermittlung und Speicherung der Daten ist jeweils § 28, § 32 BDSG maßgebend. Das gilt entsprechend bei Funktionsübertragungen, wenn zB die Konzernmutter die Personalverwaltung mittels DV für alle Töchter erledigt.

V. Beteiligung eines Betriebsratsmitglieds

Der ArbN kann bei Einsicht in seine Personalakte ein **von ihm bestimmtes** **41** **BRMitglied hinzuziehen.** Einsichtnahme oder Auskunft können nicht wegen der Beteiligung des BRMitgl. unter Hinweis auf datenschutzrechtliche Vorschriften verweigert werden (*Diller/Schuster* DB 08, 928). Der betr. ArbN hat durch Hinziehung des BRMitgl. die nach § 4 Abs. 1 BDSG erforderliche Zustimmung erteilt (*Leutze* ZTR 02, 558). Dem BRMitgl. ist die Einsicht in demselben Umfang zu gewähren, wie dem betr. ArbN (*DKK-Buschmann* Rn 10). Das BRMitgl. hat über den Inhalt der Personalakte **Stillschweigen** zu bewahren, soweit der ArbN es nicht ausdrücklich und im Einzelfall von der Schweigepflicht entbunden hat (vgl. § 79 Rn 30). Die Vorschriften des BetrVG über die **Schweigepflicht** gehen im Rahmen ihres Geltungsbereichs den Vorschriften des BDSG vor (§ 1 Abs. 3 BDSG; vgl. § 79 Rn 35). Gegen den Willen des ArbN darf dem BR die Personalakte nicht zur Einsichtnahme überlassen werden (LAG Niedersachsen 22. 1. 07 NZA-RR 07, 585).

VI. Streitigkeiten

42   Im **UrteilsVerf.** (vgl. Nach § 1 Rn 5 ff.) vor den ArbG sind auszutragen Streitigkeiten zwischen ArbGeb. und ArbN über die Ausübung des Einsichtsrechts in die Personalakte, über deren Inhalt, über das Recht des ArbN, eine Stellungnahme zur Personalakte zu eben oder die Entfernung von Vorgängen aus ihr zu verlangen (Rn 15 ff.), sowie ein BRMitgl. (bei Schwerb. die Vertrauensperson) hinzuzuziehen (*DKK-Buschmann* Rn 26; *Richardi/Thüsing* Rn 43). Für BeschlVerf. bei Streit über die Heranziehung eines BRMitgl.: GK-*Franzen* Rn 77. Das UrteilsVerf. ist die zutreffende Verfahrensart, wenn die Sperrung, Löschung oder Berichtigung von Daten verlangt wird, die in Personaldateien gespeichert sind (ErfK-*Kania* Rn 14). Die Zwangsvollstreckung aus einem der Klage stattgebenden Urteil erfolgt durch Zwangsgeld.

43   Der BR kann den Anspruch des ArbN auf Hinzuziehung eines BRMitgl. nicht selbst geltend machen (vgl. § 82 Rn 11). Verweigert der ArbGeb. eine Hinzuziehung, verletzt er seine betriebsverfassungsrechtlichen Pflichten. Deren Einhaltung kann der BR im Verfahren nach § 23 Abs. 3 erreichen (vgl. BAG 16. 11. 04 AP Nr. 3 zu 82 BetrVG 1972). Weigert sich ein BRMitgl., dem Wunsch des ArbN auf Beteiligung an der Akteneinsicht nachzukommen, kann dies eine grobe Pflichtverletzung iSv. § 23 Abs. 1 sein (*DKK-Buschmann* Rn 27). Ein gerichtl. durchsetzbarer Rechtsanspruch auf ein Tätig werden des BRMitgl. besteht nicht (§ 84 Rn 23).

§ 84 Beschwerderecht

(1) [1]Jeder Arbeitnehmer hat das Recht, sich bei den zuständigen Stellen des Betriebs zu beschweren, wenn er sich vom Arbeitgeber oder von Arbeitnehmern des Betriebs benachteiligt oder ungerecht behandelt oder in sonstiger Weise beeinträchtigt fühlt. [2]Er kann ein Mitglied des Betriebsrats zur Unterstützung oder Vermittlung hinzuziehen.

(2) Der Arbeitgeber hat den Arbeitnehmer über die Behandlung der Beschwerde zu bescheiden und, soweit er die Beschwerde für berechtigt erachtet, ihr abzuhelfen.

(3) Wegen der Erhebung einer Beschwerde dürfen dem Arbeitnehmer keine Nachteile entstehen.

Inhaltsübersicht

I. Vorbemerkung

1   Aufbauend auf den Informations-, Anhörungs- und Erörterungsrechten der §§ 81 und 82 regeln die §§ 84 ff. mit dem Beschwerderecht des einzelnen ArbN ein weiteres innerbetriebliches Instrument zur Konfliktbewältigung. Dem ArbN steht es danach frei, entweder unmittelbar Beschwerde beim ArbGeb. nach § 84 einzulegen oder nach § 85 den BR einzuschalten. Er kann auch beide Verfahrenswege beschreiten (*HSWGNR* Rn 3); die beiden Beschwerdeverfahren schließen einander nicht aus (*Uhl/Polloczek* BB 08, 1730). Das Beschwerderecht besteht unabhängig vom individuellen **Klagerecht** des einzelnen ArbN (*Richardi/Thüsing* Rn 16). **Gesetzliche Fristen**

werden durch eine Beschwerde **nicht gehemmt,** wohl aber solche tarifliche Ausschlussfristen, die lediglich eine schlichte Geltendmachung eines Anspruchs verlangen (*DKK-Buschmann* Rn 2). Vorstellungen oder Beschwerden bei außerbetrieblichen Stellen sind regelmäßig erst nach Erschöpfung der betrieblichen Beschwerdemöglichkeiten zulässig (BAG 3. 7. 03 AP § 1 KSchG 1969 Verhaltensbedingte Kündigung; GK-*Wiese/Franzen* Rn 9; weitergehend *DKK-Buschmann* Rn 3 ff.). Derzeit nicht abschließend geklärt ist, inwieweit der ArbN strafbares Verhalten des ArbGeb. bei den zuständigen Stellen anzeigen darf, ohne mit arbeitsvertraglichen Sanktionen rechnen zu müssen (sog. „Whistleblowing"; BVerfG 2. 7. 01 AP Nr. 170 zu § 626 BGB). Solche Strafanzeigen fallen in den Geltungsbereich des Art. 10 MRK. Deshalb muss ein angemessener Ausgleich zwischen den Interessen des ArbN und denen des ArbGeb. gefunden werden (EGMR 21. 7. 11 NZA 11, 1269).

Ein spezielles Beschwerderecht bei **nicht ausreichenden Arbeitsschutzmaß-** **2** **nahmen** des ArbGeb. normiert § 17 Abs. 2 ArbSchG. Soweit der ArbN subjektiv der Ansicht ist, durch den ArbGeb., Vorgesetzte, andere ArbN oder Dritte im Rahmen seines Beschäftigungsverhältnisses aus Gründen der in § 1 AGG geregeltem Merkmale (vgl. § 75 Rn 58 ff.) benachteiligt worden zu sein, räumt **§ 13 Abs. 1 AGG ein besonderes Beschwerderecht** bei einer hierfür nach § 13 Abs. 1 AGG einzurichtenden Stelle ein. Das umfasst auch ein Beschwerderecht bei sexueller Belästigung am Arbeitsplatz, nach dem das Beschäftigtenschutzgesetz durch Art. 4 S. 2 AGG abgelöst worden ist. Den konkret zu erhebenden Vorwurf muss die zuständige Stelle prüfen und dem ArbN wie dem ArbGeb. das Ergebnis mitteilen. Bleibt der ArbGeb. untätig oder setzt er sich über die Empfehlung der zuständigen Stelle hinweg, kann der ArbN auch den zuständigen BR einschalten (*Oetker* NZA 08, 264). Insgesamt schränken die im AGG geregelten Rechte das Beschwerderecht nach § 84 nicht ein (hM).

Entspr. Vorschrift im BPersVG und SprAuG: Keine. **3**

II. Beschwerdegegenstand

Beschwerdegegenstand ist die **individuelle Benachteiligung,** ungerechte Be- **4** handlung oder sonstige Beeinträchtigung des einzelnen ArbN. Entscheidend ist allein der subjektive Standpunkt des jeweiligen ArbN (*HSWGNR* Rn 16). Dieser muss in seiner Beschwerde deutlich machen, in welchen konkreten Umständen rechtlicher oder tatsächlicher Art er eine Benachteiligung sieht. Das kann auch abgeschlossene Vorgänge betreffen (BAG 22. 11. 05 AP Nr. 2 zu § 85 BetrVG 1972). Das Beschwerderecht eröffnet **keine Popularbeschwerde,** dh solche wegen allgemeiner Missstände im Betrieb oder gemeinsamer Belange bestimmter Gesellschaftsgruppen, wegen des allgemeinen Sicherheitsniveaus im Betrieb oder der Betriebsabteilung, sofern der einzelne ArbN nicht persönlich betroffen fühlt (hM, BAG aaO). Allgemeine Anregungen kann der ArbN nur an den BR richten (§ 80 Abs. 1 Nr. 3, § 86 a). Das gleichzeitige Vortragen einer Beschwerde durch mehrere betroffene ArbN ist keine unzulässige Popularbeschwerde, sondern eine Bündelung zulässiger Individualbeschwerden (*Nebendahl/Lunk* NZA 90, 676, 677 f.).

Eine individuelle Benachteiligung des ArbN begründet ein Beschwerderecht auch **5** dann, wenn bei entspr. **generellen Maßnahmen des ArbGeb.** ein MBR bestehen würde, zB wenn der ArbN ständig kraft Direktionsrechts des ArbGeb. Überstunden leisten muss oder es um die Frage des konkreten Verhaltens einzelner ArbN geht (zB Gestaltung des Arbeitsraums, Belästigung durch Gerüche oder Rauchen).

Typische Beschwerdegegenstände betreffen den **Arbeits- und Gesundheits-** **6** **schutz** (Lärm, Vibrationen, Geruch, Raumklima), den **Nichtraucherschutz,** den **betrieblichen Umweltschutz** (zB wenn dem ArbN eine umweltrechtswidrige oder -problematische Tätigkeit zugewiesen wird oder er derartige Praktiken in seinem betrieblichen Umfeld feststellt) sowie die **Arbeitsorganisation** (Leistungsverdichtung zB durch zu schnellen Maschinenlauf, Vergrößerung des Arbeitspensums, Einführung von Gruppenarbeit), aber auch **Leistungsbeurteilungen** (insb. Zeugnisse).

7   Eine Benachteiligung kann in einer **gleichheitswidrigen, sachlich nicht gerechtfertigten Behandlung** liegen (§ 75 Abs. 1). Neben der Nichterfüllung von Rechtsansprüchen (hM) kommt auch eine **rein tatsächliche Benachteiligung** in Betracht, zB ständiges Zuweisen besonders schmutziger oder unangenehmer Arbeiten, Arbeit unter vermeidbar unwürdigen Arbeitsumständen (vgl. § 90 Rn 38 ff.), dauernde Anordnungen von Vertretungen oder Botengängen (soweit nicht arbeitsvertraglich vereinbart), Arbeitsüberlastung (s. dazu LAG Düsseldorf NZA 94, 767) uä.

8   Eine **ungerechte Behandlung** wird oft mit der Benachteiligung identisch sein, zwangsläufig ist das nicht, zB Übertragung von Aufgaben ohne Sicherstellung der hierfür erforderlichen Kompetenzen, Erteilung von Weisungen in unangemessenem Ton, Ausspruch nicht gerechtfertigter Rügen, in Aussichtstellen von Kündigungen uä.

9   Während die genannten Nachteile regelmäßig vom ArbGeb. oder anderen Vorgesetzten des ArbN (auch leitende Ang.) ausgehen werden, kann der ArbN auch von Arbeitskollegen „in sonstiger Weise beeinträchtigt" werden. Dieser Tatbestand erfasst zB Hänseleien und Schabernack, zB Weitergabe von in Wirklichkeit nicht bestehenden Anordnungen, Verstecken von Werkzeug oder Bekleidung usw., mangelnde Bereitschaft zur Zusammenarbeit, aber auch Einmischung (unzuständiger) Kollegen oder Vorgesetzter in den übertragenen Arbeitsbereich, Streitigkeiten zwischen Rauchern und Nichtrauchern, **Beleidigungen, ausländerfeindliches Verhalten** sowie **sexuelle Belästigungen**. Weitere Belästigungen schwerer Art bis hin zu Psychoterror können betreffen **Mobbing** (oder **Bullying**). Dabei handelt es sich um ein über einen längeren Zeitraum hinweg stattfindendes systematisches Anfeinden, Schikanieren oder Diskriminieren der ArbN untereinander oder durch Vorgesetzte (letzteres auch **Bossing** genannt), das schwerwiegende Stresssymptome bei den Betroffenen auslöst, die Arbeitsunfähigkeit zur Folge haben können. Teilweise erfüllen solche Handlungsweisen auch Straftatbestände (vgl. die Übersicht bei *Wolmerath* S. 56; *Meschkutat* ua. Mobbing-Report Repräsentativstudie für die BRD 2002 S. 18 ff.).

10   Der Tatbestand der **sexuellen Belästigung** wird nunmehr in § 3 Abs. 4 AGG definiert. Solche können etwa sein
– Armumlegen (LAG Hamm BB 97, 1485)
– Schlag vor die Brust (BVerwG 15. 11. 96 AuA 97, 205)
– Postkarten an Kollegin mit anzügl. Bemerkungen (LAG Rheinl.-Pfalz NZA-RR 97, 169)
– Bemerkungen sexuellen Inhalts (BAG 9. 6. 11 – 2 AZR 323/10 –)

11   Wegen Entfernung betriebsstörender ArbN vgl. § 104.

12   **Beschwerden gegen den BR** oder die Amtstätigkeit einzelner BRMitgl. erfasst § 84 nicht. Das hat seinen Grund darin, dass der ArbGeb. keinen Einfluss auch die Arbeit und Amtsführung des BR nehmen kann und ihm insoweit keine Abhilfemöglichkeit zusteht (*DKK-Buschmann* Rn 11; GK-*Wiese/Franzen* Rn 14; **aA** *SWS* Rn 4). In diesen Fällen bleibt nur ein Antrag nach § 23 Abs. 1.

III. Beschwerdeverfahren

13   Der ArbN hat eine individuelle Beschwerde bei der organisatorisch für die Abhilfe der Beschwerde zuständigen Stelle des Betriebes einzulegen. Das dürfte, auch in Gemeinschaftsbetrieben, regelmäßig der unmittelbare Vorgesetzte sein (*HSWGNR* Rn 29). Das Gesetz enthält **keine Form- oder Fristvorschriften** für die Beschwerde. Der ArbN muss keine Abhilfemöglichkeit benennen (BAG 22. 11. 05 AP Nr. 2 zu § 85 BetrVG 1972). Bleibt die Beschwerde erfolglos, kann der ArbN im Rahmen der betrieblichen Organisation den Instanzenzug bis zum ArbGeb. selbst bzw. dem Personalleiter beschreiten (GK-*Wiese/Franzen* Rn 30).

Der ArbN kann ein von ihm bestimmtes **Mitglied des BR** zur Unterstützung 14
oder Vermittlung hinzuziehen (vgl. § 83 Rn 41). Eine bes. **Schweigepflicht** des
BRMitgl. (wie nach § 82 Abs. 2, § 83 Abs. 1) besteht in diesem Falle nicht. Es besteht kein Anspruch des ArbN auf anonyme Behandlung der Beschwerde. Allerdings
dürfen weder ArbGeb. noch das BRMitgl. das allgemeine Persönlichkeitsrecht des
ArbN verletzen.

Der ArbGeb. hat die Berechtigung der Beschwerde zu prüfen. Bei längerer Dauer 15
der Prüfung empfiehlt sich ein **Zwischenbescheid** (*DKK-Buschmann* Rn 15). Der
ArbN muss einer Anordnung, über die er sich beschwert, zunächst nachkommen, es
sei denn, es besteht ein **Leistungsverweigerungsrecht** (vgl. BAG 8. 5. 96, 19. 2. 97
AP Nr. 23 m. Anm. *Wlotzke,* 24 zu § 618 BGB). Die Beschwerde hat **keine aufschiebende Wirkung** gegenüber Anordnungen des ArbGeb. (BAG 14. 2. 63 AP
Nr. 22 zu § 66 BetrVG). Eine zögerliche Behandlung der Beschwerde widerspricht
der Fürsorgepflicht des ArbGeb. Erachtet er die Beschwerde für berechtigt, ist ihr
abzuhelfen, andernfalls ist sie abzulehnen.

Nach Abs. 2 hat der ArbGeb. selbst bzw. ein bevollmächtigter Vertreter den ArbN 16
über die Behandlung, dh Erledigung der Beschwerde zu informieren. Die **Information** kann sowohl mündlich als auch schriftlich erfolgen. Sie soll mindestens bei Ablehnung eine Begründung enthalten (*Richardi/Thüsing* Rn 21). Es ist zulässig, den
Beschwerdeführer über die Verhängung einer Betriebsbuße zu unterrichten, die auf
seine Beschwerde zurückgeht. Wiederholte Beschwerden über denselben Gegenstand
brauchen nicht beschieden zu werden (GK-*Wiese/Franzen* Rn 30).

Weist der ArbGeb. die **Beschwerde zurück,** kann der ArbN den BR einschalten. 17
Ein E-Stellenverfahren kann er nicht einleiten. Das sieht § 84 nicht vor. Individuelle
Rechtsansprüche, die der ArbN im Wege der Beschwerde geltend gemacht hat, können
vor dem ArbG eingeklagt werden. Das Beschwerdeverfahren hat auf das Klageverfahren keinen Einfluss. Der ArbN kann seine Beschwerde jederzeit zurücknehmen.

Erkennt der ArbGeb. die Berechtigung der Beschwerde an, ist er durch diese 18
Selbstbindung **zur Abhilfe verpflichtet,** sofern das möglich ist, dh soweit die Abhilfe in seinem Einflussbereich liegt. Es handelt sich dann um eine vertragliche Selbstverpflichtung des ArbGeb., sei es in Form eines Schuldanerkenntnisses bei Rechtsansprüchen oder der konstitutiven Begründung eines Abhilfeanspruchs, die er zu
erfüllen hat (*DKK-Buschmann* Rn 17; ErfK-*Kania* Rn 7; GK-*Wiese/Franzen* Rn 26
soweit die Erklärung des ArbGeb. entspr. ausgelegt werden kann).

Nach § 13 Abs. 1 AGG ist eine Beschwerde nach diesem G bei der zuständigen 19
Stelle des Betriebes oder Unternehmens einzulegen. Aus Kostengründen und zur
Vermeidung von Doppelstrukturen kann es sich anbieten, für **Beschwerden nach
dem AGG** und solche nach § 84 eine gemeinsame Stelle einzurichten. Richtet der
ArbGeb. entgegen seiner gesetzlichen Verpflichtung keine Beschwerdestelle nach
§ 13 AGG ein, kann der BR von seinem Antragsrecht nach § 17 Abs. 2 AGG Gebrauch machen. Zum MBR bei der Errichtung der Beschwerdestelle und Regelungen zum Beschwerdeverfahren s. § 87 Rn 75.

IV. Benachteiligungsverbot

Abs. 3 stellt klar, dass dem ArbN durch die **Erhebung einer Beschwerde keine** 20
Nachteile entstehen dürfen, auch keine Lohnminderung. Es gilt dasselbe wie für die
Verfolgung von Rechtsansprüchen durch Klage. Das Benachteiligungsverbot gilt auch
bei unberechtigten Beschwerden (*DKK-Buschmann* Rn 22).

Werden anlässlich einer Beschwerde eines ArbN Unregelmäßigkeiten dieses ArbN 21
aufgedeckt, schließt § 84 Abs. 3 nicht aus, entspr. Maßnahmen gegenüber dem beschwerdeführenden ArbN zu ergreifen (ebenso *Richardi/Thüsing* Rn 18). Ein etwaiger
Verstoß des ArbGeb. oder anderer Betriebsangehöriger gegen Abs. 3 verpflichtet zum
Schadensersatz. Das **Benachteiligungsverbot** des § 84 **ist ein Schutzgesetz** iSd.

§ 823 Abs. 2 BGB (WPK/*Preis* Rn 14). Nachteilige rechtsgeschäftliche Handlungen des ArbGeb. sind unwirksam. Das gilt auch für Kündigungen. Etwas anderes kann in Betracht kommen, wenn Inhalt oder Begleitumstände der Beschwerde eine Kündigung rechtfertigen können, zB völlig haltlose schwere Anschuldigungen gegen den ArbGeb. (GK-*Wiese/Franzen* Rn 34; LAG Hamm 11. 2. 04 ArbuR 05, 36; LAG Köln 20. 1. 99 LAGE § 626 BGB Nr. 128). Bei Strafanzeigen des ArbN gegen Vorgesetzte wegen des Verdachtes bestimmter Straftaten verlangt BAG zunächst den Versuch einer innerbetrieblichen Klärung der Vorgänge. Erst wenn der ArbN bei objektiver Betrachtung erwarten kann, der von ihm informierte ArbGeb. werde der Beschwerde nicht nachgehen, kann er von einem solchen Versuch absehen und Anzeige erstatten, ohne der Gefahr einer ordentlichen Kündigung ausgesetzt zu sein (BAG 3. 7. 03 AP Nr. 1 KSchG 1969 Verhaltensbedingte Kündigung). Einzelheiten zur Meinungsfreiheit im Arbeitsverhältnis ErfK-*Schmidt* Art. 5 Rn 37 ff.

V. Streitigkeiten

22   Das **Urteils Verf.** findet statt bei Streitigkeiten zwischen ArbGeb. und ArbN über
– die Entgegennahme und Bescheidung der Beschwerde. In einem hierauf begrenzten Verfahren kann keine konkrete Beschwerdeentscheidung begehrt werden;
– Rechtsansprüche, die sich aus einer Anerkennung der Berechtigung der Beschwerde durch den ArbGeb. ergeben;
– über einen Verstoß gegen das Benachteiligungsverbot des § 84 Abs. 3 oder
– Meinungsverschiedenheiten zwischen ArbN und ArbGeb. über die Hinzuziehung eines BRMitgl. (BAG 24. 4. 79 AP Nr. 1 zu § 82 BetrVG 1972).
23   Der ArbN kann ein Tätigwerden des ausgewählten BR-Mitgl. gerichtlich, dh. im Beschl.Verf., nicht erzwingen (vgl. § 82 Rn 12, 15; *DKK-Buschmann* Rn 24, **aA** GK-*Wiese/Franzen* Rn 37; *HSWGNR* Rn 51). Das BR-Mitgl. macht sich uU einer groben Pflichtverletzung iSd. § 23 Abs. 1 schuldig. Zu Einzelheiten des BeschlVerf. und des UrteilsVerf. vgl. Nach § 1 Rn 5 ff.).

§ 85 Behandlung von Beschwerden durch den Betriebsrat

(1) Der Betriebsrat hat Beschwerden von Arbeitnehmern entgegenzunehmen und, falls er sie für berechtigt erachtet, beim Arbeitgeber auf Abhilfe hinzuwirken.

(2) [1]Bestehen zwischen Betriebsrat und Arbeitgeber Meinungsverschiedenheiten über die Berechtigung der Beschwerde, so kann der Betriebsrat die Einigungsstelle anrufen. [2]Der Spruch der Einigungsstelle ersetzt die Einigung zwischen Arbeitgeber und Betriebsrat. [3]Dies gilt nicht, soweit Gegenstand der Beschwerde ein Rechtsanspruch ist.

(3) [1]Der Arbeitgeber hat den Betriebsrat über die Behandlung der Beschwerde zu unterrichten. [2]§ 84 Abs. 2 bleibt unberührt.

Inhaltsübersicht

I. Vorbemerkung

Die Vorschrift des § 85 ergänzt die des § 84. Der ArbN kann seine Beschwerde **1** beim BR entweder sofort und unmittelbar oder nach Abschluss eines erfolglosen Beschwerdeverfahrens nach § 84 einlegen. Dadurch wird das individuelle zum **kollektiven betriebsverfassungsrechtlichen Beschwerdeverfahren** (ErfK-*Kania* Rn 1; *Richardi/Thüsing* Rn 2; aA GK-*Wiese/Franzen* Rn 4). Es sichert die angemessene Behandlung einer AN-Beschwerde.

Entspr. Vorschrift im BPersVG und SprAuG: keine. § 85 erfasst auch die bei der **2** **Deutschen Post AG** oder deren Tochterunternehmen beschäftigten Beamte (BAG 22. 11. 05 AP Nr. 2 zu § 85 BetrVG 1972).

II. Beschwerdeverfahren

1. Behandlung durch den Betriebsrat

Der mögliche **Gegenstand einer Beschwerde** entspricht der des § 84 (vgl. dort **3** Rn 4–11). Es genügt die subjektive Betroffenheit des ArbN. Die Beschwerde ist **nicht formgebunden.** Der ArbN kann die Beschwerde an den BR selbst bzw. einen etwa gebildeten besonderen Ausschuss (§ 28) richten (zur Ansprache eines BRMitgl. auf dem Betriebsgelände vgl. BAG 6. 8. 81 AP Nr. 40 zu § 37 BetrVG 1972). Der BR muss sich mit der Beschwerde befassen und hierüber einen Beschluss fassen. Sieht er die Beschwerde für berechtigt an (vgl. § 80 Rn 24 ff.), hat er beim Arb-Geb. auf Abhilfe hinzuwirken (Abs. 1). Lehnt er die weitere Verfolgung der Beschwerde ab, ist der ArbN zu unterrichten und die Ablehnung zu begründen. Der ArbN kann dann uU noch ein individuelles Beschwerdeverfahren nach § 84 einleiten.

Nimmt sich der **BR der Beschwerde des ArbN an,** hat er mit dem ArbGeb. **4** über deren Erledigung zu verhandeln. Es ist zweckmäßig den Beschwerdeführer zu hören. Eine Einigung bezieht sich auf die Berechtigung oder Nichtberechtigung der Beschwerde, nicht notwendigerweise auf deren Abhilfe (hM, vgl. § 84 Abs. 2). Kommt zwischen BR und ArbGeb. keine Einigung zustande, kann nur **der BR die E-Stelle anrufen.** Das gilt nicht, wenn Gegenstand der Beschwerde ein Rechtsanspruch des ArbN ist. Der BR kann die E-Stelle ohne Zustimmung des beschwerdeführenden ArbN anrufen. Dieser kann jederzeit seine Beschwerde zurücknehmen und damit das weitere Verfahren hinfällig machen. Der einzelne ArbN kann die E-Stelle nicht anrufen, ist aber von ihr zu hören (BAG 28. 6. 84 AP Nr. 1 zu § 85 BetrVG 1972).

2. Das E-Stellenverfahren

Voraussetzung für die Bildung einer E-Stelle ist, dass die tatsächlichen Gründe für **5** die Beschwerde, die sie veranlassenden Vorgänge oder Verhältnisse in einem Mindestmaß konkret angegeben sind. Die **Kennzeichnung** nur der Art der Benachteiligung, der ungerechten Behandlung oder sonstiger Beeinträchtigungen genügt idR nicht. Ob die angegebenen Beschwerdegründe tatsächlich vorliegen, ist unerheblich (Hess. LAG DB 93, 1248; GK-*Wiese/Franzen* Rn 9). Bei einem Streit der Betriebsparteien über Abhilfemaßnahmen kann die E-Stelle nicht angerufen werden (BAG 22. 11. 05 AP Nr. 2 zu § 85 BetrVG 1972). An einem regelungsbedürftigen Streit fehlt es auch, wenn die Beschwerde einen in der Vergangenheit liegenden und abgeschlossenen Sachverhalt betrifft, der den ArbN nicht mehr beeinträchtigt. In einem solchen Fall verlangt der ArbN nur eine Kompensation für vergangene Beeinträchtigungen. Das E-Stellenverfahren ist aber darauf gerichtet, ein den ArbN beeinträchtigenden Zustand künftig zu beseitigen (BAG 22. 11. 05 AP Nr. 2 zu § 85 BetrVG 1972; **aA** *DKK-Buschmann* Rn 7 a).

6   Ein die **Einigung der Betriebspartner ersetzender Spruch** der E-Stelle nach § 85 Abs. 2 Satz 1 und 2 iVm. § 76 Abs. 5 betrifft die Berechtigung oder Nichtberechtigung der Beschwerde. Das verpflichtet den ArbGeb. der Beschwerde abzuhelfen; an Abhilfeforderungen des ArbN ist er nicht gebunden (§ 84 Abs. 2). Ein E-Stellen-Spruch kommt nur in Betracht, soweit es sich um **Regelungsstreitigkeiten nichtkollektiver Art** handelt. Deshalb kann ein Gegenstand der zwingenden MB nicht Gegenstand des Verfahrens vor der E-Stelle nach Abs. 2 sein (Hess. LAG 8. 4. 08 AuR 08, 406). Die Beschwerde darf nur das einzelne Arbeitsverhältnis betreffen und muss rein tatsächliche Beeinträchtigungen (vgl. § 84 Rn 7) zum Inhalt haben. Für die Behandlung von **Rechtsansprüchen** (Gleichbehandlung, Fürsorgepflicht) ist die E-Stelle nicht zuständig. Über deren Berechtigung entscheiden die Arbeitsgerichte (BAG 22. 11. 05 AP Nr. 2 zu § 85 BetrVG). Gegenstand des E-Stellenverfahrens können sein negative Belastungen jeglicher Art sein (LAG Düsseldorf NZA 94, 767), ständige Arbeitsüberlastung (LAG Hamm NZA-RR 02, 139), ständige Eingriffe von Vorgesetzten oder Kollegen in den Aufgabenbereich des ArbN, mangelnde oder unzureichende Information und Zielsetzung, unsachgemäße Kritik oder Kontrolle, ständiger Einsatz als „Springer" unter Verschonung anderer ArbN. Die Beschwerde kann uU auch gegen die Abmahnungspraxis des ArbGeb. gerichtet sein, wenn etwa bei einzelnen ArbN. im Gegensatz zu anderen bereits geringfügigste Fehlleistungen gezielt zum Anlass für Abmahnungen genommen werden. Da die Rspr. in zunehmendem Maße Rechtsansprüche des ArbN, insb. auf Grund von Generalklauseln (Fürsorgepflicht, Gleichbehandlungsgrundsatz) anerkennt, wird ein die Einigung ersetzender **Spruch der E-Stelle** nach § 76 Abs. 5 nur in wenigen Fällen in Betracht kommen (*HSWGNR* Rn 26; *Nebendahl/Lunk* NZA 90, 678; zu eng *Hunold* DB 93, 2282, der überhaupt keinen Spielraum für E-Stellen-Verf. sieht; differenzierend *DKK-Buschmann* Rn 16).

7   Bei Rechtsansprüchen besteht nach § 85 Abs. 2 Satz 3 kein Einlassungszwang des ArbGeb. vor der E-Stelle. Deren Zuständigkeit ist dann nur im Rahmen des **freiwilligen E-Stellenverfahrens nach § 76 Abs. 6** gegeben (BAG 28. 6. 84 AP Nr. 1 zu § 85 BetrVG 1972; GK-*Wiese/Franzen* Rn 16; *HSWGNR* Rn 30; *Richardi/Thüsing* Rn 18; **aA** *DKK-Buschmann* Rn 10, der ein erzwingbares E-Stellenverfahren mit nicht verbindlichem Spruch der E-Stelle befürwortet, dessen Hinweis auf das ebenfalls verbindliche Einigungsverfahren beim Interessenausgleich aber wegen der unterschiedlichen Sachverhalte – hier gerichtliche Durchführbarkeit von Rechtsansprüchen, dort bes. Verfahren zur Beeinflussung des ArbGeb. unterhalb der Ebene der Erzwingbarkeit – nicht überzeugt). Insoweit kann sie zumindest einen Beitrag zur Klärung des Sachverhalts leisten. Die Entscheidung der E-Stelle nach § 76 Abs. 6 schließt die Klage des einzelnen ArbN nicht aus (§ 76 Abs. 7). Bezieht sich einer von mehreren Beschwerdegegenstände auf einen Rechtsanspruch des ArbN, ist dieser Teil vom E-Stellenverfahren ausgenommen; hinsichtlich der übrigen Beschwerdegegenstände bleibt das E-Stellenverfahren zulässig (*DKK-Buschmann* Rn 9; *Dedert* BB 86, 320, 321). Hat die E-Stelle Sachverhalt der Beschwerde bereits in einem Verfahren der zwingenden MB entschieden, besteht für deren erneute Befassung durch den BR kein Raum (*Richardi/Thüsing* Rn 23).

8   Der E-Stellenspruch ist darauf gerichtet, die **Berechtigung einer Beschwerde festzustellen.** Aus dem Spruch muss aber hervorgehen, auf welche konkreten tatsächlichen Umstände sich diese Feststellung bezieht. Andernfalls ist dem ArbGeb. eine wirksame Abhilfe nicht möglich. Enthält weder der Spruch noch dessen Begründung eine Präzisierung des abhilfebedürftigen Zustandes, genügt er nicht den von § 85 Abs. 2 Satz 2 gestellten Bestimmtheitsanforderungen. Das führt zur Unwirksamkeit des E-Stellenspruchs.

3. Rechte des Arbeitnehmers

Erkennt der ArbGeb. nach Verhandlung mit dem BR die Berechtigung der Be- **9** schwerde an oder ersetzt die E-Stelle die darauf gerichtete Einigung der Betriebsparteien, ist der ArbGeb. zur Abhilfe verpflichtet BAG 22. 11. 05 AP Nr. 2 zu § 85 BetrVG 1972). Die **Abhilfe** muss dem ArbGeb. zumutbar sein. Die Beschwerde erledigt sich erst mit ihrer Abhilfe, nicht bereits mit der Anerkennung ihrer Berechtigung (*HSWGNR* Rn 26). Durch die Anerkennung der Beschwerde entsteht ein im Klagewege (Urteilsverfahren) **durchsetzbarer Rechtsanspruch** des einzelnen ArbN auf Abhilfe (vgl. § 84 Rn 18; GK-*Wiese/Franzen* Rn 25; *DKK-Buschmann* Rn 19).

Über die Behandlung der Beschwerde insb. über die Art der Abhilfe hat der Arb- **10** Geb. sowohl den BR (§ 85 Abs. 3 S. 1) als auch den betr. ArbN zu **informieren.** Dies gilt auch bei Ablehnung der Beschwerde.

Auch bei Durchführung des kollektiven Beschwerdeverfahrens gilt zugunsten des **11** betroffenen ArbN ein **Benachteiligungsverbot** (vgl. § 84 Abs. 3).

4. Mitbestimmungsrechte und Beschwerdeverfahren

Das Beschwerdeverfahren nach §§ 84, 85 erweitert nicht die **kollektiven MBR** **12** des BR (LAG Hamm DB 86, 1360; *DKK-Buschmann* Rn 13). Der BR hat ein MBR im Beschwerdeverfahren, nicht aber über die sonstigen Regelungen des G hinaus durch das Beschwerdeverfahren (LAG Düsseldorf NZA 94, 767; *Richardi/Thüsing* Rn 25). Zugunsten eines ArbN. kann jedoch eine Änderung der persönlichen Arbeitszeit oder abweichend vom mitbestimmten Urlaubsplan eine andere zeitlich Lage des Urlaubs erreicht werden (*Wiese* FS *Müller* S. 625 ff.).

III. Streitigkeiten

Meinungsverschiedenheiten der Betriebsparteien über die Zuständigkeit der **13** E-Stelle, insb. über die Frage, ob Gegenstand der Beschwerde ein Rechtsanspruch ist, entscheiden die ArbG im **BeschlVerf.** Der beschwerdeführende ArbN ist an diesem Verfahren nicht zu beteiligen (BAG 28. 6. 84 AP Nr. 1 zu § 85 BetrVG 1972). Nach dem eingeschränkten Prüfungsmaßstab der offensichtlichen Unzuständigkeit im **Bestellungsverfahren nach § 98 Abs. 1 ArbGG** ist die E-Stelle jedenfalls schon dann zu bilden, wenn zweifelhaft ist, ob der vom ArbN vorgetragene Beschwerdegrund rechtlicher oder tatsächlicher Art ist (LAG Hamm NZA-RR 02, 139; LAG Ba.-Wü. AiB 00, 760; LAG Düsseldorf NZA 94, 767; Hess. LAG DB 93, 1248; *DKK-Buschmann* Rn 15 a; **aA** *HSWGNR* Rn 20; *Hunold* DB 93, 2282).

Soweit durch das Anerkennen der Beschwerde ein Rechtsanspruch des ArbN **14** auf Abhilfe entsteht, (oben Rn 5), ist dieser im **UrteilsVerf.** geltend zu machen (GK-*Wiese/Franzen* Rn 32). Der BR ist dazu nicht befugt. Es handelt sich um einen individuellen arbeitsvertraglichen Anspruch des ArbN. Der einzelne ArbN hat keinen gerichtlich (BeschlVerf.) durchsetzbaren Anspruch darauf, dass der BR sich mit seiner Beschwerde befasst (vgl. § 84 Rn 23; *Richardi/Thüsing* Rn 38; **aA** GK-*Wiese/Franzen* Rn 33). Er ist nicht befugt, die E-Stelle anzurufen. Das beharrliche Nichtbefassen mit den an den BR herangetragenen Beschwerden ist eine Pflichtwidrigkeit. Sie kann bei Vorliegen der weiteren Voraussetzungen des § 23 Abs. 1 eine Amtsenthebung rechtfertigen. Zu Einzelheiten des BeschlVerf. und des UrteilsVerf. nach § 1 Rn 5 ff.

§ 86 Ergänzende Vereinbarungen

[1]**Durch Tarifvertrag oder Betriebsvereinbarung können die Einzelheiten des Beschwerdeverfahrens geregelt werden.** [2]**Hierbei kann bestimmt werden, dass in**

den Fällen des § 85 Abs. 2 an die Stelle der Einigungsstelle eine betriebliche Beschwerdestelle tritt.

Inhaltsübersicht

I. Vorbemerkung

1 § 86 räumt die Möglichkeit ein, durch TV oder auch durch BV die näheren Einzelheiten des **betriebl. Beschwerdeverfahrens** nach § 84 und § 85 zu regeln. BV nach § 86 beruhen auf freiwilliger (nicht erzwingbarer) Einigung von ArbGeb. und BR (vgl. § 88). Ist der ArbGeb. tarifgebunden, gilt ein TV nach § 86 für sämtliche ArbN im persönlichen Geltungsbereich des TV ohne Rücksicht auf deren Tarifbindung, da ein solcher TV betriebl. und betriebsverfassungsrechtliche Fragen regelt (§§ 1, 3 Abs. 2 TVG; ErfK-*Kania* Rn 2). Zum MBR des BR hinsichtlich eines Beschwerdeverfahren im Rahmen des § 13 AGG vgl. § 87 Rn 75.

II. Kollektivrechtliche Beschwerdeverfahren

2 Eine bestehende tarifliche Regelung geht einer BV vor. Tarifüblichkeit genügt dafür nicht, da es nicht um Arbeitsbedingungen geht (§ 77 Abs. 3). Deshalb kann ein BV das Beschwerdeverfahren näher regeln, wenn ein entspr. TV nur noch kraft Nachwirkung gilt (*DKK-Buschmann* Rn 3). Durch Kollektivvertrag dürfen nur das Beschwerdeverfahren und die Ersetzung der E-Stelle durch eine betriebl. Beschwerdestelle geregelt werden. Das Verhältnis Beschwerdeverfahren zum arbeitsgerichtl. Verfahren ist der Regelungsbefugnis entzogen (GK-*Wiese/Franzen* Rn 3). BV oder TV können daher nicht bestimmen, der ArbN müsse vor Anrufung des ArbG den betrieblichen Beschwerdeweg ausschöpfen. Die Zuständigkeiten der E-Stelle oder betriebl. Beschwerdestelle können weder erweitert noch beschränkt werden. Ihre Entscheidungskompetenz kann nicht auf Rechtsansprüche (§ 85 Abs. 2 S. 3) erstreckt werden (GK-*Wiese/Franzen* Rn 4).

3 Regelungen nach Satz 1 können insb. umfassen: Festlegung der „zuständigen Stelle" gemäß § 84 Abs. 1 und die Zuständigkeit für die weiteren Unterrichtungspflichten des ArbGeb. nach §§ 84, 85; Festlegung von Fristen für Beschwerden und deren Behandlung; Formerfordernisse der Beschwerde und des Beschwerdeverfahrens; Besetzung und Geschäftsordnung der E-Stelle nach § 85 Abs. 2; **betriebl. Instanzenzug** für die Behandlung von Beschwerden (zB unmittelbarer Vorgesetzter, nächsthöherer Vorgesetzter, Beschwerdeausschuss, ggf. Personalabteilung; ErfK-*Kania* Rn 1). Das Verhältnis der Beschwerdeverfahren nach § 84 und § 85 zueinander kann ebenfalls geregelt werden. Zu den Erfahrungen mit einem derartigen TV für die Druckindustrie s. *Pickshaus* AiB 92, 672.

4 TV bzw. BV können die E-Stelle durch eine **betriebl. Beschwerdestelle** ersetzen und deren Verfahren regeln (WPK/*Preis* Rn 7). Damit kann betrieblichen Besonderheiten Rechnung getragen werden. Die Errichtung einer solchen Beschwerdestelle ist für Großbetriebe zu empfehlen. Dabei muss ein gleichgewichtiger Einfluss des BR gegenüber dem ArbGeb. gewährleistet sein. § 76 Abs. 2 gibt die Zusammensetzung der betriebl. Beschwerdestelle nicht vor (GK-*Wiese/Franzen* Rn 9; **aA** *Richardi/Thüsing* Rn 10). Die **Beschwerdeordnung** wird zweckmäßigerweise Bestimmungen über Form und Frist einer Beschwerde, Anhörung der Beteiligten, Vorentscheidung des zuständigen Vorgesetzten, Einspruch bei einem Beschwerdeausschuss und dessen Zusammensetzung, Geschäftsordnung und Form der Entscheidung enthalten.

Die Aufgaben nach § 85 Abs. 2 können durch TV statt der E-Stelle einer **tarif- 5 lichen Schlichtungsstelle** (§ 76 Abs. 8) zugewiesen werden. § 86 Satz 2 steht dem nicht entgegen. Diese Vorschrift erweitert die institutionellen Konfliktlösungsmöglichkeiten, beschränkt sie aber nicht (*DKK-Buschmann* Rn 4; *HSWGNR* Rn 8; *ErfK-Kania* Rn 1; **aA** GK-*Wiese/Franzen* Rn 7; *Richardi/Thüsing* Rn 9).

Die Mitgl. der Beschwerdestelle sind nach §§ 78, 119 Abs. 1 Nr. 2 vor **Benach- 6 teiligung geschützt** und unterliegen der **Schweigepflicht** gemäß § 79 Abs. 2. Die Missachtung der Schweigepflicht ist strafbar (§ 120 Abs. 1 Nr. 1).

III. Streitigkeiten

Meinungsverschiedenheiten über den zulässigen Inhalt eines TV oder einer BV 7 nach § 86 entscheiden die ArbG im **BeschlVerf.** nach § 2a ArbGG (vgl. Nach § 1 Rn 7 ff.).

§ 86a Vorschlagsrecht der Arbeitnehmer

[1]**Jeder Arbeitnehmer hat das Recht, dem Betriebsrat Themen zur Beratung vorzuschlagen.** [2]**Wird ein Vorschlag von mindestens 5 vom Hundert der Arbeitnehmer des Betriebs unterstützt, hat der Betriebsrat diesen innerhalb von zwei Monaten auf die Tagesordnung einer Betriebsratssitzung zu setzen.**

Inhaltsübersicht

I. Vorbemerkung

Das BetrVerf-ReformG regelt erstmals ausdrücklich ein **Vorschlagsrecht der** 1 **ArbN** gegenüber dem BR. Ein vergleichbares Recht stand bisher nur einem Viertel der ArbN im Rahmen von BetrVerslg. (§ 43 Abs. 3) oder der JugAzubiVertr. hinsichtlich der Angelegenheiten der jug. und der zu ihrer Ausbildung beschäftigten ArbN (§ 67 Abs. 3) zu. Das Vorschlagsrecht gilt nicht gegenüber dem GesBR oder dem KBR (ErfK-*Kania* Rn 2).

Die Vorschrift will das demokratische Engagement der ArbN als Grundvorausset- 2 zung einer modernen Betriebsverfassung stärken. Dazu sollen die ArbN auch außerhalb von Wahlen, BetrVerslg. oder Sprechstunden des BR Einfluss auf die Arbeit des BR und dessen Politik nehmen können. Das gesonderte betriebsverfassungsrechtliche Vorschlagsrecht soll die **innerbetriebliche Diskussion** beleben und die ArbN veranlassen, sich stärker mit den betrieblichen Angelegenheiten zu befassen (BT-Drucks. 14/5741 S. 47). Dadurch kann erreicht werden, dass sich die Arbeit von BR in einem noch größerem Maße als bisher an den Interessen der Belegschaft ausrichtet (*Wendeling-Schröder* NZA 01, 357). Damit dient das Vorschlagsrecht der Teilhabe der ArbN an dem sie betreffenden betrieblichen Geschehen (*Wiese* BB 01, 2267).

Entsprechende Vorschriften: BPersVG, SprAuG, EBRG: keine. 3

II. Antragsgegenstand und Verfahren

4   Antragsberechtigt ist jeder **betriebsangehörige ArbN.** Im Gemeinschaftsbetrieb zählen dazu alle betriebszugehörigen ArbN. unabhängig davon, welchem Vertrags-ArbGeb. sie zugeordnet sind (*DKK-Buschmann* Rn 5). Der Kreis der Antragsberechtigten bestimmt sich nach § 5 Abs. 1. Zu ihnen gehören auch die nach § 7 S. 2 wahlberechtigten LeihArbN. Mit Ausnahme dieses Personenkreises ist das Antragsrecht nicht abhängig von einer bestimmten Dauer der Betriebszugehörigkeit. Lt. Angestellten (§ 5 Abs. 3) steht das Antragsrecht nicht zu.

5   Für den Antrag schreibt das G keine besondere Form vor (*DKK-Buschmann* Rn 7). Der Antrag kann von einzelnen ArbN oder einem Mindestquorum von 5 vom Hundert der betriebsangehörigen ArbN gestellt werden. Für diesen Fall dürfte die Einhaltung der Schriftform zum Nachweis des Quorums unumgänglich sein. Das Mindestquorum berechnet sich nach dem aktuellen Stand der Belegschaft (vgl. § 23 Rn 9; *Richardi/Thüsing* Rn 3). Die dazu notwendige Unterschriftensammlung. kann **während der Arbeitszeit** durchgeführt werden (*DKK-Buschmann* Rn 8; **aA** *HSWGNR* Rn 7). Der ArbGeb. bleibt – wie für den vergleichbaren Fall der Unterschriftensammlung – zur Anberaumung einer BetrVerslg. oder eines Verfahrens nach § 23 Abs. 1 oder dem Besuch von Sprechstunden (vgl. § 39 Abs. 3) – zur Entgeltzahlung verpflichtet.

6   Das Antragsrecht setzt keine individuelle Beschwer des Antragstellers voraus (*DKK-Buschmann* Rn 11). Darin unterscheidet es sich vom Beschwerderecht der §§ 81 ff. (*Wiese* BB 01, 2267). Das G sieht keine Begrenzung des **Antragsrechts** auf bestimmte Themen vor. Das Antragsrecht hat einen unmittelbaren Bezug zur Tätigkeit des BR und dessen betriebsverfassungsrechtlichen Handlungsmöglichkeiten (*GK-Wiese/Franzen* Rn 13). Es ist deshalb seinem **Gegenstand** nach auf Angelegenheiten beschränkt, für deren Behandlung die BR zuständig ist (vgl. BT-Drucks. 14/5741 S. 47; *Richardi/Thüsing* Rn 5; *Löwisch* BB 01, 1734).

7   Der Antrag ist an den Vors. des BR oder im Verhinderungsfall an seinen Stellvertreter zu richten. Nach dem Zweck des Antragsrechts ist der BR als Gremium hierüber zu informieren. Ob er sich mit dieser Angelegenheit befasst, auf einer BRSitzung behandelt oder an einen Ausschuss delegiert, entscheidet er nach pflichtgem. Ermessen. Über die entsprechende Entscheidung des BR ist der ArbN zu informieren. Die **Informationspflicht** ist zwar im G nicht ausdrücklich geregelt, liegt aber schon wegen § 80 Abs. 1 Nr. 3 nahe (*GK-Wiese/Franzen* Rn 18; *HSWGNR* Rn 10). Dem ArbN muss es jedoch nach dem Zweck des Vorschlagsrechts ermöglicht werden, durch eine entsprechende Anzahl von Unterstützungsunterschriften die Behandlung der Angelegenheit zu erzwingen. Er ist deshalb von der Ablehnung oder Nichtbehandlung seines Antrags in Kenntnis zu setzen (*Richardi/Thüsing* Rn 3; *Hanau* RdA 01, 65; **aA** *Neef* NZA 01, 361).

8   Wird der Antrag von 5 vom Hundert der ArbN des Betriebs unterstützt, ist der BRVors. verpflichtet, die in dem Antrag benannte Angelegenheit innerhalb von zwei Monaten ab Eingang des Antrags auf einer BRSitzung förmlich behandeln zu lassen. Das gilt auch dann, wenn er Zweifel daran hat, ob es sich um eine nach § 86a zulässigen Antragsgegenstand handelt. Aus dem Antragsrecht nach § 86a folgt aber kein Anspruch auf ein weiteres Tätig werden des BR. Der BR hat ein **eigenständiges Prüfungs- und Entscheidungsrecht.** Er befindet nach freiem Ermessen darüber, ob er sich der Angelegenheit annimmt, sie beim ArbGeb., verfolgt oder auf sich beruhen lässt, weil sie etwa gewichtigen Interessen anderer Belegschaftsangehöriger widerspricht (*Annuß* NZA 01, 367). Er ist nach dem Zweck der Regelung aber gehalten, die Antragsteller über seine Entscheidung zu informieren (*Richardi/Thüsing* Rn 10).

9   Die Behandlung des Antrags in einer Sitzung des BR führt nicht zu einem **Teilnahmerecht der Antragsteller.** Das Gebot der Nichtöffentlichkeit von BRSitzun-

gen (§ 30 S. 4) wird von § 86a nicht durchbrochen. Der BR kann den Antragstellern allerdings Gelegenheit geben, ihr Anliegen auf der BRSitzung zu erläutern (*Löwisch* BB 01, 1734).

Die ArbN dürfen wegen der Ausübung des Vorschlagsrechts nicht benachteiligt **10** werden. Zwar fehlt dazu ein gesetzlich geregeltes **Benachteiligungsverbot.** Ein solches folgt aus § 612a BGB (GK-*Wiese/Franzen* Rn 19).

III. Streitigkeiten

Den ArbN steht **kein gerichtlich durchsetzbarer Anspruch** gegenüber dem **11** BR hinsichtlich der Behandlung des Antrags zu (**aA** WPK/*Preis* Rn 9). Sie können den BR nicht mit Hilfe des ArbG zwingen, sich der fraglichen Angelegenheit anzunehmen, auch wenn das Mindestquorum erreicht wird. Die Nichtbehandlung solcher Anträge ist jedoch eine Pflichtverletzung des BR, die ein Amtsenthebungsverfahren nach § 23 Abs. 1 rechtfertigen kann (DKK-*Buschmann* Rn 18).

Dritter Abschnitt. Soziale Angelegenheiten

§ 87 Mitbestimmungsrechte

(1) **Der Betriebsrat hat, soweit eine gesetzliche oder tarifliche Regelung nicht besteht, in folgenden Angelegenheiten mitzubestimmen:**

1. **Fragen der Ordnung des Betriebs und des Verhaltens der Arbeitnehmer im Betrieb;**
2. **Beginn und Ende der täglichen Arbeitszeit einschließlich der Pausen sowie Verteilung der Arbeitszeit auf die einzelnen Wochentage;**
3. **vorübergehende Verkürzung oder Verlängerung der betriebsüblichen Arbeitszeit;**
4. **Zeit, Ort und Art der Auszahlung der Arbeitsentgelte;**
5. **Aufstellung allgemeiner Urlaubsgrundsätze und des Urlaubsplans sowie die Festsetzung der zeitlichen Lage des Urlaubs für einzelne Arbeitnehmer, wenn zwischen dem Arbeitgeber und den beteiligten Arbeitnehmern kein Einverständnis erzielt wird;**
6. **Einführung und Anwendung von technischen Einrichtungen, die dazu bestimmt sind, das Verhalten oder die Leistung der Arbeitnehmer zu überwachen;**
7. **Regelungen über die Verhütung von Arbeitsunfällen und Berufskrankheiten sowie über den Gesundheitsschutz im Rahmen der gesetzlichen Vorschriften oder der Unfallverhütungsvorschriften;**
8. **Form, Ausgestaltung und Verwaltung von Sozialeinrichtungen, deren Wirkungsbereich auf den Betrieb, das Unternehmen oder den Konzern beschränkt ist;**
9. **Zuweisung und Kündigung von Wohnräumen, die den Arbeitnehmern mit Rücksicht auf das Bestehen eines Arbeitsverhältnisses vermietet werden, sowie die allgemeine Festlegung der Nutzungsbedingungen;**
10. **Fragen der betrieblichen Lohngestaltung, insbesondere die Aufstellung von Entlohnungsgrundsätzen und die Einführung und Anwendung von neuen Entlohnungsmethoden sowie deren Änderung;**
11. **Festsetzung der Akkord- und Prämiensätze und vergleichbarer leistungsbezogener Entgelte, einschließlich der Geldfaktoren;**
12. **Grundsätze über das betriebliche Vorschlagswesen;**
13. **Grundsätze über die Durchführung von Gruppenarbeit; Gruppenarbeit im Sinne dieser Vorschrift liegt vor, wenn im Rahmen des betrieblichen Ar-**

beitsablaufs eine Gruppe von Arbeitnehmern eine ihr übertragene Gesamtaufgabe im Wesentlichen eigenverantwortlich erledigt.

(2) [1]**Kommt eine Einigung über eine Angelegenheit nach Absatz 1 nicht zustande, so entscheidet die Einigungsstelle.** [2]**Der Spruch der Einigungsstelle ersetzt die Einigung zwischen Arbeitgeber und Betriebsrat.**

Inhaltsübersicht

I. Vorbemerkung

Die Vorschrift fasst diejenigen sozialen Angelegenheiten zusammen, bei denen sich **1** ArbGeb. und BR über alle zu treffenden Maßnahmen und Entscheidungen einigen müssen. Keine Seite kann wirksam ohne die andere handeln. Gelingt den Betriebsparteien keine Einigung, muss diese durch Spruch der E-Stelle ersetzt werden (Abs. 2). Es besteht ein MBR nach dem positiven Konsensprinzip. Deshalb wird die Mitbestimmung in den in § 87 aufgeführten Angelegenheiten als **„obligatorische"** **Mitbestimmung** bezeichnet.

Die Vorschrift regelt den **Kernbereich** der Mitwirkung und Mitbestimmung der **2** ArbN (4. Teil des G). Sie betrifft die Mitbestimmung in sozialen Angelegenheiten. Diese sind durch das BetrVerf-ReformG um die MB bei der Durchführung von Gruppenarbeit (Rn 561 ff.) erweitert worden. Die **Form,** in der Angelegenheiten des § 87 geregelt werden sollen, richtet sich nach der beabsichtigten Wirkung. Soll eine normative Wirkung (§ 77 Abs. 4) erreicht werden, kommt nur eine BV in Betracht. Bei Maßnahmen, die der ArbGeb., wenn das MBR nicht bestünde, durch einseitige Erklärung im Rahmen seines Direktionsrechts anordnen könnte, bedarf die Beteiligung des BR nicht der Form der BV; es genügt eine „Regelungsabrede.

Allgemeiner Zweck der Mitbestimmung ist der Schutz der ArbN. Sie sollen an **3** der Gestaltung der wichtigsten Arbeitsbedingungen über ihre Interessenvertreter.

beteiligt werden. Die einseitige Anordnung wird durch die einvernehmliche Regelung zwischen BR und ArbGeb. ersetzt, die – falls erforderlich – über die E-Stelle erzwungen werden kann. Ob und in wie weit der BR die MBR ausübt, liegt zwar in seinem Ermessen, doch ein **Verzicht auf das MBR** ist nicht möglich (*Adam* AuR 08, 169). Bleibt der BR in mitbestimmungspflichtigen Angelegenheiten untätig, kann das eine grobe Pflichtverletzung sein, die einen Auflösungsantrag nach § 23 Abs. 1 rechtfertigen könnte. Trifft er mit dem ArbGeb. eine Vereinbarung (BV), darf er diesem nicht das alleinige Gestaltungsrecht in einer mitbestimmungspflichtigen Angelegenheit überlassen, in dem er etwa das MBR auf eine bloße Beteiligungsrecht reduziert (BAG 26. 4. 05 AP Nr. 12 zu § 87 BetrVG 1972; krit. *Franzen* NZA 08, 250). Das gilt auch, wenn der BR auf Anfrage des ArbGeb. zu erkennen gibt, er sehe kein MBR (BAG 29. 1. 08 AP Nr. 13 zu § 87 BetrVG 1972).

4   Die Angelegenheiten, in denen der BR kraft Gesetzes in der geschilderten Weise mitzubestimmen hat, sind **abschließend aufgezählt** (GK-*Wiese* Rn 4). Fällt eine Angelegenheit nicht unter § 87, sind nur freiwillige BV (§ 88) möglich. Verstöße des ArbGeb. gegen betriebsverfassungsrechtliche Pflichten, insb. gegen § 75, begründen kein MBR (BAG 8. 6. 99 AP Nr. 31 zu § 87 BetrVG 1972 Ordnung des Betriebes). Keineswegs führt ein mitbestimmungspflichtiger Regelungsgegenstand zu einem MBR hinsichtlich aller damit im Zusammenhang stehender mitbestimmungsfreier Angelegenheiten. Das wirkt sich indes nur aus, wenn die Betriebsparteien zu keiner Einigung gelangen und der Konflikt von der E-Stelle zu lösen ist. Diese hat jeden Regelungsgegenstand darauf hin zu prüfen, ob ein MBR gegeben ist (BAG 22. 7. 08 AP Nr. 14 zu § 87 BetrVG 1972).

5   Das BetrVG und insb. die in ihm geregelten Mitwirkungsrechte der ArbN sind Schutzgesetze zugunsten der ArbN. Das in § 87 normierte **MBR kann** deshalb **weder durch TV noch durch BV eingeschränkt** werden (GK-*Wiese* Rn 5; *DKK-Klebe* Rn 38). Allerdings kann ein TV das MBR ausschließen, wenn er den mitbestimmungspflichtigen Sachverhalt eigenständig und abschließend regelt (vgl. Rn 36 ff.). Die Mitbestimmung wird auch nicht durch das Direktionsrecht des Arb-Geb. oder individualrechtliche Gestaltungsmöglichkeiten beschränkt (GK-*Wiese* Vor § 87 Rn 4).

6   Die **MBR** des BR können durch **freiwillige BV oder Regelungsabreden erweitert** werden (BAG 14. 8. 01 AP Nr. 4 zu § 77 BetrVG 1972 Regelungsabrede; *Lerch/Weinbrenner* NZA 11, 664). Der BR hat eine umfassende Kompetenz zur Regelung materieller und formeller Arbeitsbedingungen (BAG 18. 7. 06 AP Nr. 15 zu § 850 ZPO; **aA** *Waltermann* RdA 07, 257). Die Betriebsparteien können deshalb Regelungen über Inhalt, Abschluss und die Beendigung von Arbeitsverhältnissen treffen (BAG 12. 12. 06 AP Nr. 94 zu § 77 BetrVG 1972) oder einvernehmlich weitere Angelegenheiten dem MB unterwerfen (GK-*Wiese* Rn 9 f.). Gleichwohl eröffnet § 88 den Betriebsparteien keine unbegrenzte Gestaltungsbefugnis. Soweit es sich um Regelungen handelt, die ArbN belasten, ist das Verhältnismäßigkeitsgebot zu beachten. Vereinbarungen, die sich auf die private Lebensführung der ArbN erstrecken, sind von der Regelungskompetenz der Betriebsparteien ebenfalls nicht gedeckt (Einzelh. § 88 Rn 4 ff.). Auch ein **TV kann die MBR erweitern** (BAG 23. 2. 10 AP Nr. 100 zu § 77 BetrVG 1972; 29. 9. 04 AP Nr. 112 zu § 87 BetrVG 1972 Arbeitszeit; Näheres bei § 1 Rn 249 ff.; **aA** unter Außerachtlassung der Tarifautonomie WPK/*Bender* Rn 5 ff.); eine **arbeitsvertragliche Erweiterung** des MBR ist wegen fehlender Regelungskompetenz der Arbeitsvertragsparteien nicht möglich (BAG 23. 4. 09 AP Nr. 160 zu § 102 BetrVG 1972).

7   Das MBR ist nicht von der Größe eines betriebsratsfähigen Betriebs abhängig. Es steht in vollem Umfang in einem **Kleinbetrieb** dem einzigen BRMitgl. zu. Unter den Voraussetzungen des § 50 ist der **GesBR** Träger des MBR (Näheres § 50 Rn 35 ff.). Liegen die Voraussetzungen des § 58 vor, wächst das MBR dem **KBR** zu. In beiden Fällen wird das MBR für die jeweiligen Betriebe ausgeübt, wenn auch unternehmens- bzw. konzerneinheitlich.

Entspr. Vorschriften: § 75 Abs. 2 u. 3 BPersVG; § 30 S. 1 Nr. 1SprAuG, aber nur **8**
Unterrichtung u. Beratung.

II. Allgemeines

1. Adressat der Mitbestimmung

Das MBR im **Betrieb** richtet sich an den VertragsArbGeb. als Betriebsinhaber **9**
(WPK/*Bender* Rn 9). Er setzt die ArbN im Betrieb für den von ihm bestimmten
Zweck ein (§ 1 Rn 235 ff.; *Wißmann* NZA 01, 409). Besonderheiten gelten im **Gemeinschaftsbetrieb.** Dort muss der Adressat der MB nach Gegenstand und Zweck
des jeweiligen MBR gesondert bestimmt werden. MBR – wie etwa das der Lohngestaltung (Nr. 10) – richten sich an den VertragsArbGeb. und sind nur diesem gegenüber
wahrzunehmen (BAG 23. 9. 03 AP Nr. 28 zu § 99 BetrVG 1972 Eingruppierung).
Demgegenüber richten sich MBR, deren Gegenstand an die Ausübung der betrieblichen Leitungsmacht knüpft, an sämtliche am Gemeinschaftsbetrieb und dessen Führung beteiligten ArbGeb. (BAG 15. 5. 07 AP Nr. 30 zu § 1 BetrVG 1972 Gemeinsamer Betrieb; *Wißmann* NZA 03, 1). Das MBR führt zu einem Rechtsverhältnis, das
allein zwischen den Betriebsparteien besteht (BAG 8. 11. 11 – 1 AZR 508/10 –). Es
gibt ihnen die Befugnis, Rechte und Pflichten für die betriebszugehörigen ArbN zu
begründen. Vereinbarungen, die **zu Lasten eines Dritten** gehen, in dem sie etwa
nicht den Betriebsveräußerer, sondern nur einen künftigen Betriebserwerber treffen
sollen, können sie nicht verbindl. festlegen (BAG 11. 1. 11 – 1 AZR 375/09 – DB
11, 1171). Hierfür fehlt ihnen die Regelungsmacht.

2. Personeller Geltungsbereich

Das MBR des BR erstreckt sich auf alle **ArbN des Betriebs.** Dazu zählen nach **10**
der Erweiterung des § 5 Abs. 1 auch **Beamte** respektive **Soldaten,** die in privatwirt-
schaftlichen Betrieben zum Einsatz kommen (vgl. § 5 Rn 316 ff.). Auf sie finden solche MBR Anwendung, die sich auf deren Eingliederung in den Betrieb beziehen
und die nicht den Status als Beamte selbst betreffen. Für statusrechtliche Angelegenheiten bleibt der Personalrat der entsendenden Dienststelle zuständig. Entsprechendes
gilt auch für die **ArbN des öffentl. Dienstes,** die in Betrieben privatwirtschaftl.
organisierter Unternehmen – in der Regel auf der Grundlage des § 4 Abs. 3 TVöD –
beschäftigt sind und deshalb nach § 5 Abs. 1 S. 3 in den Geltungsbereich des BetrVG
fallen. Ob für sie der BR des Betriebes zuständig ist, in dem sie eingesetzt werden
oder der Personalrat ihrer bisherigen Dienststelle richtet sich nach den für LeihArbN
entwickelten Grundsätzen (dazu Rn 11; *Heise/Fedder* NZA 09, 1069). Demnach
bleibt der Personalrat für die arbeitsvertragsbezogene MB zuständig, während der BR
für die tätigkeitsbezogenen mitbestimmungsrechtl. Angelegenheiten zuständig ist
(*Löwisch* BB 09, 2316). Die MBR gelten nicht für die **leitenden Ang.** Sie werden
generell nicht vom BR vertreten. **AT-Angestellte** sind nur dann leitende Angestellte,
wenn sie die Merkmale des § 5 erfüllen (vgl. dort Rn 340 ff.). Ist das nicht der Fall,
erfassen die MBR auch diesen ArbNKreis.

Das MBR kann sich auch auf **LeihArbN** erstrecken (Übersicht bei *Schirmer* **11**
FS 50 Jahre BAG S. 1063). Dies ist immer dann der Fall, wenn der Gegenstand des
MBR und das dem Entleiher zustehende Weisungsrecht eine betriebsverfassungsrechtliche Zuordnung der LeihArbN auch zum Entleiherbetrieb erforderlich machen,
weil sonst diese ArbN ohne kollektiven Schutz durch eine Interessenvertretung der
ArbN bleiben (BAG 15. 12. 92 AP Nr. 7 zu § 14 AÜG; ErfK-*Kania* Rn 5; **aA** *DKK-
Klebe* Rn 6 a, der zur Vermeidung angebl. faktischer Schutzlücken sogar eine
umfassende Zuständigkeit des EntleiherBR annimmt und damit bei den arbeitsvertragsbezogenen MBTatbeständen von einer Doppelzuständigkeit (EntleiherBR, Ver-

leiherBR ausgeht). Das Schutzbedürfnis dieser ArbNGruppe verdrängt Legitimationserwägungen (die LeihArbN wählen den BR des Entleiherbetriebs nach § 7 nur mit, wenn sie dort länger als drei Monate eingesetzt werden sollen). Das wird im Entleiherbetrieb praktisch etwa für die MBR nach Nr. 2 und Nr. 3 (BAG 19. 6. 01 AP Nr. 1 zu § 87 BetrVG 1972 Leiharbeitnehmer) sowie der Nrn. 1, 6, 7, 12 und 13. Entsendet aber der Verleiher LeihArbN in Betriebe, deren Wochenarbeitszeit die arbeitsvertraglich vereinbarte Stundenzahl des LeihArbN übersteigt, so entscheidet er regelmäßig auch über den zeitlichen Einsatz der LeihArbN. Bei dieser Entscheidung (vorübergehende Verlängerung der betriebsüblichen ArbZ) hat der BR des Verleihers mitzubestimmen. Auch Fragen der Lohngestaltung (Nr. 10) werden ausschließlich im Verleiherbetrieb unter Beteiligung des dortigen BR geregelt.

12   Entspr. gilt für ArbN, die befristet nach Sondervorschriften des SGB II beschäftigt werden, beschäftigt werden (dazu § 5 Rn 148). Der ArbGeb. hat insb. in Fragen der Arbeitszeit (Nr. 2 und 3) und der Lohngestaltung (Nr. 10 und 11) Möglichkeiten der Gestaltung der Arbeitsbedingungen, auf die der BR zum Schutz der Betroffenen Einfluss nehmen muss (Rn 3). Für die Ausübung des MBR hinsichtlich dieses Personenkreises ist es unerheblich, ob ArbN bei der Berechnung betriebsverfassungsrechtlicher Schwellenwerte Berücksichtigung finden oder nicht.

13   Ähnlich ist die mitbestimmungsrechtl. Rechtslage in Bezug auf die Beschäftigung erwerbsfähiger Hilfebedürftiger auf einer Arbeitsgelegenheit nach § 16 b SGB II, sogn. **Ein-Euro-Jobber.** Ihr Arbeitseinsatz im Betrieb vollzieht sich zwar nicht auf der Grundlage eines Arbeitsverhältnisses (§ 16 b S. 2 SGB II); gleichwohl werden solche Beschäftigten wie ArbN eingesetzt und unterliegen dem Direktionsrecht des ArbGeb. Das begründet wie bei LeihArbN im Entleiherbetrieb einen entsprechenden Schutzbedarf (vgl. BAG 2. 10. 07 AP Nr. 54 zu § 99 BetrVG 1972 Einstellung; *DKK-Klebe* Rn 6 b). Nicht zur Anwendung kommen lediglich die entgeltbezogenen MBR aus Nr. 4, 10 und 11, da Ein-Euro-Jobber kein Arbeitsentgelt erhalten. Die MBR nach Nr. 9 und Nr. 13 werden für diesen Personenkreis faktisch kaum in Betracht kommen (*Engels* NZA 07, 8).

3. Kollektiver Tatbestand

14   Die meisten der in Abs. 1 genannten Angelegenheiten haben einen **kollektiven Bezug.** Sie geben dem BR ein MBR in kollektiven Angelegenheiten, nicht in Einzelfällen. So betrifft Nr. 1 die Ordnung des Betriebs und das Verhalten der ArbN im Betrieb, Nr. 3 die Regelung der betriebsüblichen Arbeitszeit oder Nr. 10 Fragen der betrieblichen Lohngestaltung. Ausnahmsweise besteht bei Maßnahmen gegenüber einzelnen ArbN ein MBR nach Nr. 5 (Urlaub für einzelne ArbN) und nach Nr. 9 (Zuweisung und Kündigung von Wohnräumen).

15   Die Frage hat **Bedeutung** insb. bei den Tatbeständen der Nrn. 1, 3 oder 10. Insoweit muss bei jeder Angelegenheit nach dem Gegenstand des MBR entschieden werden, ob es sich auf einen kollektiven Tatbestand bezieht oder nur eine individuelle Maßnahme betrifft (vgl. GK-*Wiese* Rn 20 ff.).

16   Entscheidendes **Abgrenzungsmerkmal** ist, ob es sich inhaltlich um generelle Regelungen handelt oder es um Maßnahmen und Entscheidungen geht, die nur einen ArbN betreffen, weil es um um dessen besondere Situation oder dessen Wünsche geht, also ausschließlich Einzelfall bezogen sind (BAG 24. 4. 07 – 1 ABR 47/06 – NZA 07, 818). Unter Maßnahmen mit kollektivem Tatbestand sind alle Fälle zu verstehen, die sich abstrakt auf den ganzen Betrieb oder eine Gruppe von ArbN oder einen Arbeitsplatz (nicht auf einen ArbN persönlich) beziehen. Anordnungen oder Vereinbarungen des ArbGeb., die durch die besonderen Umstände des einzelnen individuellen Arbeitsverhältnisses bedingt sind, zB Veränderungen der Arbeitszeit wegen öffentlicher Verkehrsverbindungen, zählen dazu nicht (GK-*Wiese* Rn 15; *Richardi* Rn 15 ff.).

Dementsprechend sind nur solche Vereinbarungen mitbestimmungsfrei, die aus- **17** schließl. den **individuellen Besonderheiten einzelner ArbVerh.** Rechnung tragen und deren Auswirkungen sich auf dieses ArbVerh. dieses ArbN beschränken (BAG 22. 9. 92 AP Nr. 60 zu § 87 BetrVG 1972 Lohngestaltung; *Richardi* Rn 29; WPK/*Bender* Rn 10; *Wank* FS *Wiese* 1998, S. 617). Ob Maßnahmen und Entscheidungen des ArbGeb. einen kollektiven Bezug haben, richtet sich aber nicht nach der Anzahl der betroffenen ArbN. Diese kann nur ein Indiz sein; entscheidend ist der Inhalt der Maßnahme. Unerheblich für die Abgrenzung ist, ob es sich um eine **auf Dauer** angelegte Regelung handelt oder um eine **einmalige Maßnahme** (zB einmalige Verlegung der Arbeitszeit auf einen anderen Tag; vgl. GK-*Wiese* Rn 15). Auch der einmalige Vorgang kann einen kollektiven Bezug haben.

Ein kollektiver Bezug besteht regelmäßig bei der Anordnung von **Überstunden.** **18** So muss entschieden werden, ob Mehrarbeit in Form von Überstunden geleistet werden soll, welcher ArbN dafür in Frage kommt (vgl. Rn 140 ff.). Entsprechendes gilt für die Aufstellung von Kriterien, nach denen **Tariflohnerhöhungen** auf übertarifliche Leistungen angerechnet werden sollen (vgl. Rn 470; *Schlachter* RdA 93, 322; *Hoß* NZA 97, 1129).

Die **Umgehung** des MBR durch Abschluss gleich lautender Einzelverträge mit al- **19** len, einer Vielzahl oder einer Gruppe von ArbN sowie der Ausspruch von Änderungskündigungen zu diesem Zweck ist unzulässig. Es kommt nicht auf die äußere Form, sondern auf den Inhalt und das Ziel derartiger Maßnahmen an.

4. Materielle Arbeitsbedingungen

Umfang und Grenzen des MBR sind nicht abhängig von der Unterscheidung zwi- **20** schen formellen und materiellen Arbeitsbedingungen. Das BAG hatte im Geltungsbereich des BetrVG 1952 ein MBR nur für sog. formelle Arbeitsbedingungen bejaht. Diese Rechtspr. ist durch die Ausgestaltung der MBR durch das BetrVG 1972 überholt (h. M. *DKK-Klebe* Rn 17). Der Katalog des § 87 Abs. 1 umfasst zu unterschiedliche Materien, als dass aus ihm ein übergeordnetes Prinzip zur Begrenzung der MB erkennbar wäre. Unabhängig davon betreffen § 87 Abs. 1 Nr. 3, 5, 10 und 11 ausdrücklich materielle Arbeitsbedingungen.

Die Regelung des § 87 ist trotz Erstreckung auf materielle Arbeitsbedingungen **21** **verfassungsgemäß** (vgl. § 76 Rn 2; GK-*Wiese* Rn 45 ff.; *Richardi* Rn 40). Kritisch zur umfassenden Regelungsbefugnis der Betriebsparteien wegen Verletzung des Grundsatzes des Gesetzesvorbehaltes *Waltermann* RdA 07, 257.

Zum Teil kehrt die alte Unterscheidung in der Auslegung der einzelnen Mitbe- **22** stimmungstatbestände (unzulässigerweise) wieder, indem auf die **unternehmerische Betätigungsfreiheit** hingewiesen wird, um die MBR zu beschränken (vgl. *Richardi* Rn 43; *HSWGNR* Rn 59). Die unternehmerische Entscheidungsfreiheit ist aber keine immanente Schranke für die ausdrücklich geregelten MBR. Der BR ist kraft Gesetzes an dem das MBR auslösenden unternehmerischen Entscheidungen beteiligt. Unternehmerfreiheit besteht nur innerhalb der gesetzlichen Ausgestaltung der MBR.

5. Eil- und Notfälle

Das MBR besteht nach st. Rspr. des BAG (vgl. BAG 19. 2. 91, 17. 11. 98 AP **23** Nr. 42, 79 zu § 87 BetrVG 1972 Arbeitszeit) auch in sog. **Eilfällen.** Darunter sind Situationen zu verstehen, in denen eine Regelung möglichst umgehend erfolgen muss, der BR aber noch nicht zugestimmt hat (zB Anordnung von Überstunden wegen eines eilig zu erledigenden Auftrags). § 87 enthält keine Einschränkungen und auch keine Regelungen über vorläufige Maßnahmen wie in §§ 100, 115 Abs. 7 Nr. 4 (zust. *DKK-Klebe* Rn 21; GK-*Wiese* Rn 157; *Richardi* Rn 55; ErfK-*Kania* Rn 7; WPK/*Bender* Rn 13 ff.).

24   Eilfälle können **auf andere Weise** unter Wahrung der MBR geregelt werden. Der BR kann unverzüglich zusammentreten. Es sind formlose Regelungsabreden als Übergangsregelungen denkbar. Das MBR kann auch durch den Abschluss von **RahmenBV** gewahrt werden, die dem ArbGeb. gestatten, unter bestimmten Voraussetzungen im Einzelfall (zB Mehrarbeit oder eine Vertr. in Abweichung vom Dienstplan) anzuordnen. Eine derartige Handhabung verstößt nicht gegen das Gesetz (BAG 12. 11. 88 AP Nr. 8 zu § 81 ArbGG 1979; 8. 8. 89 AP Nr. 11 zu § 23 BetrVG 1972; ErfK-*Kania* Rn 7). Schließlich kann auch eine ständige E-Stelle im Betrieb eingerichtet werden (*DKK-Klebe* Rn 22). Dagegen kann der BR sein MBR nicht in der Weise ausüben, dass er dem **ArbGeb. das alleinige Gestaltungsrecht** über den mitbestimmungspflichtigen Tatbestand eröffnet (BAG 17. 11. 98, 23. 3. 99 AP Nr. 79, 80 zu § 87 BetrVG 1972 Arbeitszeit; 26. 4. 05 AP Nr. 12 zu § 87 BetrVG 1972). Der ArbGeb. kann auch **keine einseitigen vorläufigen Anordnungen** treffen. Das MBR würde ansonsten ausgehöhlt (*Richardi* Rn 55). Eilbedürftige Regelungen können auch nicht durch einstw. Vfg. erreicht werden. Regelungsstreitigkeiten fallen in die Zuständigkeit der E-Stelle nicht der Gerichte (GK-*Wiese* Rn 161; *DKK-Klebe* Rn 22; **aA** *Richardi* Rn 61; *Worzalla* BB 05, 1737).

25   Dagegen sprechen für die Zulässigkeit einseitiger Anordnungen des ArbGeb. in sogn. **Notfällen** gute Gründe (*Richardi* Rn 62; GK-*Wiese* Rn 162f.; ErfK-*Kania* Rn 8; offen lassend BAG 2. 3. 82 AP Nr. 6 zu § 87 BetrVG 1972 Arbeitszeit). Ein Notfall wird vorliegen in plötzlich auftretenden, nicht vorhersehbaren und schwerwiegenden Situationen, insb. bei drohendem Eintritt von erheblichen Schäden für die ArbN oder den Betrieb. Nur in diesen Fällen (zB bei Brand oder Überschwemmung) ist eine vorübergehende Beschränkung der MBR im Hinblick auf den Grundsatz des § 2 Abs. 1 zulässig. Der ArbGeb. muss sich auf eine vorläufige Regelung beschränken. Er hat den BR unverzüglich zu unterrichten. Bei Widerspruch des BR hat er die E-Stelle anzurufen.

Nicht zu folgen ist der Ansicht *Worzallas* (*HSWGNR* Rn 39ff.), der in eilbedürftigen Fällen ein **einseitiges Anordnungsrecht** wegen § 2 Abs. 1 für gegeben hält, wenn der BR zu erkennen gibt, in zweckwidriger Weise von seinem MB Gebrauch machen zu wollen. Unabhängig davon, wie eine exakte Grenzziehung zwischen sachgerechter Interessenwahrnehmung und zweckwidriger Ausübung eines MBR aussehen soll, setzt die Zuerkennung eines einseitigen Anordnungsrechts die gesetzlich vorgesehenen Konfliktlösungsmechanismen außer Kraft.

6. Annexkompetenz und Koppelungsgeschäft

26   Nicht abschließend geklärt ist, ob und ggfls. in welchen Fällen bei den MBTatbeständen eine über den unmittelbaren Gegenstand des MBR hinausgehende **Annexkompetenz** besteht. Hierzu nimmt das BAG zu Recht eine restriktive Haltung ein (WPK/*Bender* Rn 12). Es nimmt eine Annexkompetenz allenfalls an, wenn die zu regelnde mitbestimmte Angelegenheit ohne die ergänzende Regelung nicht sinnvoll ausgestaltet werden kann (BAG 13. 2. 07 AP Nr. 40 zu § 87 BetrVG 1972 Ordnung des Betriebes). Das wird etwa bei der Regelung zur Übernahme von Kontogebühren bei Umstellung auf bargeldlose Lohnzahlung (MBR nach Nr. 4) anerkannt (BAG 8. 3. 1977 AP Nr. 1 zu § 87 BetrVG 1972 Auszahlung), nicht hingegen für die Kostentragung bei Einführung einer einheitlichen Arbeitskleidung (BAG 13. 2. 07 AP Nr. 40 zu § 87 BetrVG 1972 Ordnung des Betriebes).

27   Umstritten ist, ob der BR seine Zustimmung zu einer mitbestimmungspflichtigen Maßnahme von der Erbringung einer nicht dem MB unterliegenden Gegenleistung des ArbGeb. abhängig machen kann. Nach der sogn. Normzwecktheorie widersprechen sogn. **Koppelungsgeschäfte** dem Gebot der vertrauensvollen Zusammenarbeit und dem Zweck der MB und sollen deshalb rechtsmissbräuchlich sein (*Rieble/Klebeck* NZA 06, 758; *HSWGNR* Rn 45ff.; differenz. nach Art und Inhalt der Kompensation GK-*Wiese* Rn 361). Die Normzwecktheorie ist abzulehnen. Sie vermag nicht

zu erklären, weshalb bei einer Kombination von freiwilliger und zwingender MB in einer BV gerade die auf den freiwilligen Teil der BV entfallende Regelung unwirksam sein soll, der auf die Zustimmung in einer mitbestimmungspflichtigen Angelegenheit gerichtete Teil aber erhalten bleiben soll. Das BetrVG verbietet es nicht, Regelungen der zwingenden MB mit denen der freiwilligen MB zu verknüpfen. Es verlangt vom BR im Rahmen der MB nach § 87 auch nicht die Darlegung von Zustimmungsverweigerungsgründen. Darüber hinaus verweist es den ArbGeb. auch in den Fällen, in denen ihm aus Zeitgründen an einer zügigen Einigung mit dem BR gelegen ist (etwa bei den arbeitszeitbezogenen MB-Tatbeständen), auf E-Stellen Verf. Allerdings müssen auch bei einer Koppelung von freiwilliger und zwingender MB die jeweiligen Regelungsschranken gewahrt und der Gleichbehandlungsgrundsatz beachtet werden (wie hier *Schoof* AuR 07, 289; vgl. BAG 18. 9. 07 AP Nr. 33 zu § 77 BetrVG 1972 Betriebsvereinbarung); Belastungen, die den ArbN im Rahmen der freiwilligen BV auferlegt werden, dürfen daher nicht unverhältnismäßig sein (§ 88 Rn 8). Daher kann umgekehrt der ArbGeb. bestimmte freiwillige Leistungen davon abhängig machen, ob es in einer anderen mitbestimmungspflichtigen Angelegenheit zu einer Einigung der Betriebsparteien kommt (BAG 18. 9. 07 AP Nr. 33 zu § 77 BetrVG 1972 Betriebsvereinbarung).

III. Vorrang von Gesetz und Tarifvertrag

1. Einschränkungen durch Gesetz

Das MBR wird nach dem einleitenden Satz des § 87 eingeschränkt, soweit eine ge- **28** setzliche Regelung besteht. Dem liegt die Erkenntnis zugrunde, dass eine abschließende gesetzliche Regelung die Interessen der ArbN hinreichend schützt und für eine darauf gerichtete MB kein Bedürfnis mehr besteht (BAG 28. 5. 02 AP Nr. 10 zu § 87 BetrVG 1972 Urlaub). Das ist nicht zu verwechseln mit solchen gesetzlichen Regelungen, die außerhalb der Betriebsverfassung Beteiligungsrechte des BR in Form von Informations-, Anhörungs-, Einsicht-, Antrags- und Mitwirkungsrechten regeln (vgl. Übersicht bei *Pulte* NZA-RR 08, 113; *Engels* AuR 09, 10 und 65). Solche Rechte beschränken nicht die zwingende MB sondern erweitern die BR-Befugnisse.

Zu gesetzlichen Regelungen gehören alle **zwingenden Rechtsnormen** ein- **29** schließlich VOen oder autonomes Satzungsrecht öffentlich-rechtlicher Körperschaften (BAG 14. 12. 1993 AP Nr. 65 zu § 87 BetrVG 1972 Lohngestaltung), nicht solche, die zur Disposition der Rechtsunterworfenen stehen (*Richardi* Rn 146; **aA** ErfK-*Kania* Rn 11). Sie eröffnen Beurteilungs-(Ermessens-)spielräume, die durch Einigung von ArbGeb. und BR auszufüllen sind. Dabei auftretende Rechtsfragen sind einer Klärung im BeschlVerf. vorbehalten (vgl. Rn 608; Nach § 1 Rn 13 ff.). Eine zwingende Regelung liegt zudem vor, wenn von einer gesetzlichen Regelung zugunsten der ArbN abgewichen werden kann (BAG 28. 5. 02 AP Nr. 10 zu § 87 BetrVG Urlaub). Eine solche Abweichung ist dann nur durch freiwillige BV möglich. Sie kann nicht über die E-Stelle erzwungen werden. Diese hat wegen der durch den Eingangssatz des § 87 ausgeschlossenen MB keine Regelungskompetenz. **Regelungen anderer Staaten**, für die es im nationalen Recht an einem Geltungsgrund fehlt, sperren nicht die Mitbestimmung (BAG 22. 7. 08 AP Nr. 14 zu § 87 BetrVG 1972; **aA** *Boemke* DB 10, 843) und sind allenfalls als betriebl. Belange des ArbGeb. berücksichtigungsfähig. Unabhängig davon werden solche Normen die jeweilige mitbestimmungsrechtl. Angelegenheit auch nicht umfassend und abschließend regeln (vgl. BAG 27. 9. 05 AP Nr. 25 zu Art. 56 ZA-Nato-Truppenstatut).

Zum Gesetzesrecht zählt auch das **gesetzesvertretende Richterrecht** (ErfK- **30** *Kania* Rn 11; *DKK-Klebe* Rn 26; WPK/*Bender* Rn 20; **aA** GK-*Wiese* Rn 58; *Richardi* Rn 145; *HSWGNR* Rn 61). Der Richter kann keine Regelung mit der Wirkung eines allgemeingültigen Gesetzes schaffen. Seine Tätigkeit ist auf die Entscheidung von Einzelfällen beschränkt. Dabei kann er das geltende Recht beschreiben, auch Lücken des geltenden Rechts schließen. Es handelt sich nicht um eine Rechtsquelle, sondern eine Rechtserkenntnisquelle (*Buschmann* FS Wißmann S. 251).

31 **Verwaltungsakte** und Anordnungen auf Grund gesetzlicher Vorschriften oder Ermächtigungen, insb. im Bereich des öffentlichen Rechts, stehen nach Sinn und Zweck des Gesetzes (Rn 3) in ihrer Wirkung einer gesetzlichen Regelung gleich (ErfK-*Kania* Rn 12). Das ist verfassungsrechtlich nicht zu beanstanden (BVerfG 22. 8. 94 AP Nr. 2 zu § 87 BetrVG 1972 Gesetzesvorbehalt).

32 Hat der ArbGeb. aufgrund der im Verwaltungsakt verfügten Regelung keinen **Handlungsspielraum,** entfällt das MBR, da eine der MB zugängliche ArbGebEntscheidung fehlt. Das MBR bleibt bestehen, soweit für das „Wie" einer angeordneten Maßnahme unterschiedliche Umsetzungsmöglichkeiten bestehen (vgl. BAG 23. 4. 85 AP Nr. 12 zu § 87 BetrVG 1972 Überwachung; 6. 11. 90 AP Nr. 8 zu § 3 AZO kr. betr. Verteilung der Arbeitszeit in Krankenanstalten; 9. 7. 91 AP Nr. 19 zu § 87 BetrVG 1972 Ordnung des Betriebes betr. die Anordnung von Sicherheitsüberprüfungen in kerntechnischen Anlagen; 25. 1. 00 AP Nr. 34 zu § 87 BetrVG 1972 Ordnung des Betriebes betr. den Zeitpunkt der Vorlage von Arbeitsunfähigkeitsbescheinigungen; GK-*Wiese* Rn 61).

33 Das MBR bleibt erhalten, wenn der ArbGeb. nur mittelbar verpflichtet ist, eine bestimmte Maßnahme zu ergreifen oder zu unterlassen (BAG 26. 5. 88 AP Nr. 14 zu § 87 BetrVG 1972 Ordnung des Betriebes betr. Zugangskontrollen zu Atomkraftwerken; 9. 7. 91 AP Nr. 19 zu § 87 BetrVG 1972 Ordnung des Betriebes betr. Sicherheitsüberprüfungen; dazu vgl. kr. *Beck/Trümner* AuR 89, 77). Die Beschränkung des Handlungsspielraums des ArbGeb. wirkt sich dementsprechend auf den Gestaltungsspielraum der Betriebsparteien wie den der E-Stelle aus. (ErfK-*Kania* Rn 12).

34 Das MBR bleibt erhalten, wenn die öffentliche Hand als **Zuwendungsgeber** für private Forschungseinrichtungen lediglich **Auflagen** für die Vergütung der ArbN macht (BAG 27. 1. 87 AP Nr. 42 zu § 99 BetrVG 1972; 24. 11. 87 AP Nr. 6 zu § 87 BetrVG 1972 Auszahlung). Hierbei handelt es sich nicht um eine „gesetzliche Regelung" iSd. Eingangssatzes des § 87. Derartige faktische Zwangslagen des ArbGeb. können aber als zu berücksichtigende betriebl. Belange „Vorgaben" für die Ausübung der MBR durch den BR sein und damit die Betriebsparteien sowie die E-Stelle faktisch binden.

35 Sieht ein Gesetz ausdrücklich eine Regelungsbefugnis für die TVParteien vor (§ 7 ArbZG, § 13 BUrlG, § 622 Abs. 4 BGB, § 4 Abs. 4 EFZG), gilt dies nicht für die Partner einer BV. Das MBR bleibt aber gegenüber **dispositiven Gesetzesvorschriften,** die sogar durch einzelvertragliche Abmachung ersetzt werden können, bestehen.

2. Einschränkungen durch Tarifvertrag

36 Praktisch bedeutsamer sind die **Einschränkungen des MBR durch TV.** Nach Abs. 1 S. 1 hat der BR nur mitzubestimmen, „soweit" nicht eine tarifliche Regelung besteht. Dem TV steht gleich die **bindende Festsetzung nach § 19 HAG** für in Heimarbeit Beschäftigte (§ 6 Abs. 1 S. 2, Abs. 2 S. 2).

a) Zweck des Tarifvorrangs

37 Das MBR dient dem Schutz der ArbN. Sie sollen gleichberechtigt an den sie betreffenden Entscheidungen teilhaben (BAG GS 3. 12. 91 AP Nr. 51 und 52 zu § 87 BetrVG 1972 Lohngestaltung). Dass einem TV nach dem Unabdingbarkeitsprinzip der Vorrang gegenüber der betrieblichen Einigung (BV) zukommt, ergibt sich schon aus dem Grundsatz des Vorrangs des stärkeren vor der schwächeren Rechtsquelle.

38 Die betriebsverfassungsrechtliche Vorschrift des Abs. 1 S. 1 hat demgegenüber den Sinn, individualrechtliche Gestaltungsmöglichkeiten des ArbGeb. (Vertrag, Direktionsrecht) zurückzudrängen. Soweit ein TV eine Angelegenheit iSd. § 87 eindeutig regelt, ist ein weiterer Schutz durch **erzwingbare Mitbestimmung** nicht nötig (BAG 3. 5. 06 AP Nr. 119 zu § 87 BetrVG 1972 Arbeitszeit).

Der **Tarifvorbehalt im Eingangssatz** betrifft nur das MBR des BR, also die Er- **39** zwingbarkeit einer betrieblichen Regelung (BV). Das schließt freiwillige Vereinbarungen (§ 88) auf der betrieblichen Ebene nicht aus; in diesen Fällen ist die Regelungssperre des § 77 Abs. 3 zu beachten (vgl. § 88 Rn 6 ff.). Diese dürfen gegenüber dem TV aufgrund § 4 Abs. 3 TVG nur günstigere Bestimmungen enthalten. Ungünstigere müssen durch TV ausdrücklich gestattet sein (*Wiese* FS BAG S. 669).

b) Anforderungen an den Tarifvertrag

Nur eine **zwingende tarifliche Regelung** schließt das MBR aus. Andernfalls **40** sind die ArbN nicht vor abweichenden Regelungen ihrer Arbeitsbedingungen geschützt (BAG 3. 12. 91 – GS – AP Nr. 51 zu § 87 BetrVG 1972 Lohngestaltung; hM, Nachw. bei *Richardi* Rn 151).

Der **TV muss in zeitlicher Hinsicht** in Kraft sein, also tatsächlich gelten. Ein **41** nachwirkender TV (§ 4 Abs. 5 TVG) steht bis zum Abschluss eines neuen TV dem MBR nicht entgegen (BAG 24. 2. 87 AP Nr. 21 zu § 77 BetrVG 1972; 14. 2. 89 AP Nr. 8 zu § 87 BetrVG 1972 Akkord; hM Nachweise bei GK-*Wiese* Rn 64).

Eine tarifliche Regelung muss für den Betrieb gelten. Ist ein TV nicht allgemein- **42** verbindlich, **genügt die Tarifbindung des ArbGeb.** unabhängig davon, ob und wie viele betriebszugehörige ArbN tarifgebunden sind. Das gilt jedenfalls bei sog. Betriebsnormen, also solchen Bestimmungen über Gegenstände, die in einem Betrieb – sachlogisch – nur einheitlich geregelt werden können. Solche betreffen in aller Regel die Organisation und die Gestaltung des Betriebs und regeln mithin das Rechtsverhältnis zwischen ArbGeb. und den ArbN als Kollektiv (BAG 11. 11. 08 – 1 ABR 68/07 – NZA 09, 450), wie das bei den Gegenständen des § 87 Abs. 1 ganz überwiegend der Fall ist (BAG 24. 2. 87 AP Nr. 21 zu § 77 BetrVG 1972; 30. 1. 90 AP Nr. 78 zu § 99 BetrVG 1972; BAG 10. 8. 93 AP Nr. 12 zu § 87 BetrVG 1972 Auszahlung; ErfK-*Kania* Rn 15; WPK/*Bender* Rn 27; *Richardi* Rn 154 f.; *DKK-Klebe* Rn 30; *HSWGNR* Rn 69; dagegen verlangt GK-*Wiese* Rn 68 für betriebs- bzw. betriebsverfassungsrechtliche Normen zu Unrecht Tarifbindung des ArbGeb. und aller ArbN). Zu den Besonderheiten des MBR nach Nr. 10 vgl. Rn 410. In **Betrieben eines tarifungebundenen ArbGeb.** können Angelegenheiten der zwingenden MB stets durch BV geregelt werden, auch wenn einschlägige tarifl. Regelungen bestehen. In einem solchen Fall sperrt der Eingangssatz nicht die MB und die Regelungssperre des § 77 Abs. 3 greift in Angelegenheiten der zwingenden MB nicht ein (BAG 22. 3. 05 AP Nr. 26 zu § 4 TVG). Ist in einer BV nur ein Teil der Regelungen mitbestimmungspflichtig, ist die Sperrwirkung für die mitbestimmungsfreien Teile nicht beseitigt (BAG 22. 3. 05 aaO).

Die Sperrwirkung beginnt mit dem Zeitpunkt des tatsächlichen Beitritts des Arb- **43** Geb. zu seinem Verband (BAG 20. 12. 88 AP Nr. 9 zu § 87 BetrVG 1972 Auszahlung). Eine bloße OT-Mitgliedschaft löst die Sperrwirkung nicht aus. Endet die Mitgliedschaft im ArbGeb.Verband oder wechselt der ArbGeb. in eine OT-Mitgliedschaft, bleibt die Tarifgebundenheit wegen § 3 Abs. 3 TVG an den zu diesem Zeitpunkt geltenden TV bestehen, bis der TV endet (BAG 25. 2. 09 AP Nr. 40 zu § 3 TVG). Die Nachbindung endet mit jeder Änderung der durch diesen TV normierten Rechtslage (BAG 1. 7. 09 – 4 AZR 261/08 – NZA 10, 53). **Bei fehlender Tarifbindung des ArbGeb. erhält die MB des BR ein größeres Gewicht.** Das ist insbesondere beim MBR nach Nr. 10 von Bedeutung (*Engels* Anm. zu BAG 28. 2. 06 AP Nr. 127 zu § 87 BetrVG 1972 Lohngestaltung; vgl. Rn 410, 411).

Neben der Tarifgebundenheit des ArbGeb. ist Voraussetzung, dass der Betrieb in **44** den räumlichen, fachlichen und persönlichen **Geltungsbereich des TV** fällt (BAG 21. 1. 03 AP Nr. 1 zu § 21 a BetrVG 1972).

45 Für **AT-Ang.**, die keine leitende Ang. sind aber wegen ihrer Tätigkeit vom persönlichen Geltungsbereich des TV nicht erfasst werden, besteht das volle MBR des BR. Ihre Arbeitsbedingungen sind nicht durch TV geregelt (BAG 11. 2. 92 AP Nr. 50 zu § 76 BetrVG 1972; GK-*Wiese* Rn 76; *Richardi* Rn 160). Eine Nichtregelung in einem TV ist keine das MBR ausschließende Negativregelung (BAG 22. 1. 80 AP Nr. 3 zu § 87 BetrVG 1972 Lohngestaltung).

c) Inhalt der tariflichen Regelung

46 Das MBR entfällt, „soweit" ein TV besteht. Deshalb setzt der Ausschluss des MBR voraus, dass die Tarifvertragsparteien über die mitbestimmungspflichtige Angelegenheit eine zwingende und abschließende Regelung getroffen haben. Damit haben sie dem Schutzzweck des verdrängten MBR genügt (hM). Dafür müssen sie die mitbestimmungspflichtige Angelegenheit aber selbst regeln (BAG 17. 11. 1998 AP Nr. 79 zu § 87 BetrVG 1972 Arbeitszeit). Dabei können sie den Betriebsparteien abweichende Regelung durch freiwillige BV gestatten (BAG 9. 12. 03 AP Nr. 27 zu § 50 BetrVG 1972; 30. 5. 06 EzA § 4 TVG Chem. Industrie Nr. 9). Auch dürfen sie dem ArbGeb. in bestimmten Fällen ein Alleinentscheidungsrecht einräumen, soweit das MBR in seiner Substanz durch die tarifliche Regelung gewahrt wird (BAG 17. 11. 98, 3. 5. 06 AP Nr. 79, 119 zu § 87 BetrVG 1972 Arbeitszeit). Schließlich dürfen sie auch einen Gestaltungsrahmen vorgeben. Bleibt der Spruch einer E-Stelle innerhalb dieses Rahmens, liegt kein Ermessensfehler vor (BAG 9. 11. 10 – 1 ABR 75/09 – NZA-RR 11, 354).

47 Hat der ArbGeb. eine Tarifnorm lediglich zu vollziehen, verbleibt ihm kein Entscheidungsspielraum. In einem solchen Fall ist die mitbestimmungspflichtige Angelegenheit bereits geregelt; für eine weitergehende Mitbestimmung besteht nach dem Schutzzweck des § 87 Abs. 1 keine Veranlassung. Etwas anderes gilt, soweit der **TV ausfüllungsbedürftig** ist. In diesem Fall bleibt das MBR erhalten. Nach dem Sinn des Eingangssatzes des § 87 sollen die sozialen Angelegenheiten entweder durch TV oder betrieblich geregelt werden. Im Einzelnen gilt beispielsweise:

48 § 4 Nr. 6.4 BRTV-Bau, wonach in der Schlechtwetterzeit der ArbGeb. nach Beratung mit dem BR über die Fortsetzung, Einstellung oder Wiederaufnahme der Arbeit nach pflichtgem. Ermessen entscheidet, ist keine das MBR nach Nr. 3 ausschließende Tarifnorm. Sie enthält keine abschließende Regelung darüber, wann und für welche Dauer **Kurzarbeit** einzuführen ist (LAG BB 9. 10. 09 NZA-RR 10, 244).

49 Jede einigermaßen vollständige Regelung von **Akkordfragen** schließt das MBR nach Nr. 10, 11 aus (BAG 8. 3. 83 AP Nr. 14 zu § 87 BetrVG 1972 Lohngestaltung). Das MBR bleibt erhalten bei einer allgemeinen Klausel im TV, nach der bestimmte Arbeiten im Akkord zu vergeben sind. Auch die bloße Festsetzung des Akkordrichtsatzes schließt die Mitbestimmung nicht aus. Eine solche Tarifregelung bestimmt nur, welcher Lohn bei Normalleistung zu erzielen sein muss. Auch ist es nicht zulässig, dass ein **TV dem ArbGeb. die Festsetzung der Akkorde zunächst einseitig überlässt** (so aber *SWS* Rn 30 für den ganzen Katalog des § 87). Das widerspricht dem Sinn des MBR. Entsprechendes gilt, wenn die Tarifnorm Akkordfragen dem Leistungsbestimmungsrecht eines Dritten überantwortet (zB Bestimmung der Vorgabezeit beim Akkord nach Maßgabe der Angaben eines Herstellers).

50 Überlässt ein TV den Parteien des Einzelarbeitsvertrags die Vereinbarung über die Höhe des Entgelts, ohne selbst eine Entgeltordnung aufzustellen, unterliegt die Festlegung und Gewichtung von Kriterien für eine betriebliche Lohnstruktur dem MBR des BR nach Nr. 10. BR und ArbGeb. müssen eine **Lohnordnung** schaffen (BAG 14. 12. 93 AP Nr. 65 zu § 87 BetrVG 1972 Lohngestaltung). Lässt ein TV bei der **Regelung des Zeitlohns** erkennen, dass Leistungsgesichtspunkte noch nicht berücksichtigt sind, aber in Form von (außertariflichen) **Leistungszulagen** berücksichtigt werden können, so bleibt das **MBR** insoweit bestehen (vgl. auch Rn 443).

Dies gilt auch für **freiwillige übertarifliche Zulagen** (BAG 3. 12. 91 – GS – AP 51
Nr. 51 zu § 87 BetrVG 1972 Lohngestaltung). Zwar ist das Entgelt für die vertraglich
geschuldete Arbeitsleistung häufig durch TV festgelegt, so dass auch die Gewährung
einer Zulage ohne zusätzliche Anspruchsvoraussetzungen vom BR nicht verlangt
werden kann. Der TV setzt in Entgeltfragen regelmäßig nur Mindestbedingungen
(BAG 17. 12. 85 AP Nr. 5 zu § 87 BetrVG 1972 Tarifvorrang). Erklärt sich der Arb-
Geb. zu darüber hinausgehenden Zahlungen freiwillig bereit, hat der BR im Rahmen der zur Verfügung gestellten finanziellen Mittel ein MBR nach Nr. 10 bei der
Ausgestaltung der Zulage (BAG aaO; GK-*Wiese* Rn 945 ff.). Andernfalls würde der
Zweck des MBR, dem BR Einfluss auf innerbetriebliche Lohngerechtigkeit zu sichern und für die Durchsichtigkeit des Lohngefüges zu sorgen, verfehlt. Allerdings
kann der ArbGeb. von der Gewährung der zusätzlichen Leistung noch absehen, wenn
die Ausübung des MBR, einschl. eines etwaigen Spruchs der E-Stelle, seinen Vorstellungen nicht entspricht. Wegen MBR bei der Kürzung übertariflicher Zulagen bzw.
deren Anrechnung auf Tariflohnerhöhungen vgl. Rn 466 ff.

Weitere **Beispiele:** Ein MBR bleibt bestehen, wenn der TV zwar Zuschläge für 52
Nachtarbeit vorsieht, es dem ArbGeb. und BR aber überlässt, die zuschlagspflichtige
Zeitspanne innerhalb eines zeitlichen Rahmens festzulegen (BAG 21. 9. 93 AP
Nr. 62 zu § 87 BetrVG 1972 Arbeitszeit). Das MBR bleibt auch erhalten, wenn nach
dem TV Löhne individuell unter Beteiligung des BR zu vereinbaren sind (BAG
14. 12. 93 AP Nr. 65 zu § 87 BetrVG 1972 Lohngestaltung). In einem solchen Fall
schützt der TV die ArbN weder vor einer einseitig an den Interessen des ArbGeb.
orientierten Lohngestaltung noch sichert er die Lohntransparenz (vgl. Rn 407).

Das MBR bleibt bestehen, wenn die TVParteien von dem Vorrang ihrer Regel- 53
lungsbefugnis keinen Gebrauch machen oder dem BR ausdrücklich Regelungszu-
ständigkeiten für ergänzende betriebliche Absprachen in einer **Öffnungsklausel**
einräumen (BAG 22. 12. 81 AP Nr. 7 zu § 87 BetrVG 1972 Lohngestaltung; 28. 2.
84 AP Nr. 4 zu § 87 BetrVG 1972 Tarifvorrang; 18. 8. 87 AP Nr. 23 zu § 77 BetrVG
1972; 24. 11. 87 AP Nr. 6 zu § 87 BetrVG 1972 Akkord; vgl. auch § 77 Rn 117 f.).

Eine Tarifbestimmung, die das **einseitige Bestimmungsrecht des ArbGeb.** 54
wiederherstellt (zB Recht zur Absage von Schichten) ist keine das MBR ausschließende Tarifnorm iSv. § 87 Eingangssatz. Das gilt auch für eine im Tarifvertrag eingeräumte Befugnis des zur Anordnung von Überstunden (BAG 17. 11. 98 AP Nr. 79
zu § 87 BetrVG 1972 Arbeitszeit; *Richardi* Rn 164; *DKK-Klebe* Rn 25; GK-*Wiese*
Rn 79; ErfK-*Kania* Rn 17).

Soweit ein TV abweichende Regelungen durch **freiwillige BV** zulässt (vgl. auch 55
§ 77 Rn 122), kann ein verbindlicher Spruch der E-Stelle nicht ergehen. Einigen
sich die Betriebsparteien nicht, verbleibt es bei der tariflichen Regelung (BAG 28. 2.
84 AP Nr. 4 zu § 87 BetrVG 1972 Tarifvorrang; 25. 4. 89 AP Nr. 3 zu § 98 ArbGG
1979).

Der TV kann auch verfahrensrechtliche Normen für die Ausübung des MBR vor- 56
geben (zB tarifliche oder betriebliche Akkordkommissionen; vgl. auch § 76 Rn 113;
GK-*Wiese* Rn 75).

d) Rechtsfolgen

Bei einer das MBR ausschließenden Tarifregelung lässt tarifwidriges Verhalten des 57
ArbGeb. das MBR nicht aufleben (BAG 5. 4. 92 ZTR 92, 527; GK-*Wiese* Rn 82).
Hat der BR sein MBR in einer BV ausgeübt, können deren Regelungen durch eine
spätere tarifliche Regelung iSd. Eingangssatzes außer Kraft gesetzt werden (vgl. BAG
29. 10. 02 AP Nr. 18 zu § 77 BetrVG 1972 Tarifvorbehalt; 28. 4. 02 AP Nr. 10 zu
§ 87 BetrVG 1972 Urlaub). Der TV kann die Fortführung solcher BV gestatten (vgl.
BAG 29. 10. 02 aaO). Schließt der Eingangssatz die zwingende MB aus, kommt zwar
der Abschluss einer freiwilligen BV in Betracht. Für diese gilt aber die Regelungssperre des § 77 Abs. 3 (vgl. § 77 Rn 114; WPK/*Bender* Rn 25). Eine diese missach-

tende und daher unwirksame BV kann entsprechend § 140 BGB in eine vertragliche Einheitsregelung **(Gesamtzusage)** umgedeutet werden. Das kommt wegen deren individualrechtlichen Konsequenzen nur unter sehr engen Voraussetzungen in Betracht. Es müssen besondere Umstände die Annahme rechtfertigen, der ArbGeb. habe sich unabhängig von der BV auf jeden Fall verpflichten wollen, den ArbN die vorgesehenen Leistungen zu gewähren (BAG 30. 5. 06 AP Nr. 23 zu § 77 BetrVG 1972 Tarifvorbehalt).

3. Verhältnis zu § 77 Abs. 3

58   Die früher umstrittene Frage, ob das MBR außer durch den Eingangssatz des § 87 auch bei Vorliegen der Voraussetzungen des § 77 Abs. 3 ausgeschlossen wird **(Zwei-Schranken-Theorie)** oder ob der Tarifvorbehalt des § 77 Abs. 3 im Bereich der nach § 87 Abs. 1 mitbestimmungspflichtigen Angelegenheiten nicht gilt **(Vorrang-theorie)**, ist heute durch die Entscheidung des Großen Senats des BAG zugunsten der Vorrangtheorie entschieden (BAG – GS – 3. 12. 91 AP Nr. 51 zu § 87 BetrVG 1972 Lohngestaltung). Der im Schrifttum noch fortbestehende Theorienstreit hat nur praktische Bedeutung, wenn lediglich Tarifüblichkeit besteht oder der ArbGeb. nicht tarifgebunden ist (vgl. § 77 Rn 109 ff.).

59   Danach geht der Tarifvorbehalt des § 87 Abs. 1 Eingangssatz als speziellere Norm der Regelungssperre des § 77 Abs. 3 vor (vgl. § 77 Rn 109 ff.). Ein diese Sperre überwindendes MBR setzt voraus, dass keine den ArbGeb. bindende und damit zwingende Tarifnorm besteht, die eine mitbestimmungspflichtige Angelegenheit abschließend regelt und damit schon selbst dem Schutzzweck des MBR genügt (BAG 29. 4. 04 AP Nr. 3 zu § 77 BetrVG 1972 Durchführung). Deshalb sind die MBR vor allem gegenüber nicht tarifgebundenen ArbGeb. von Bedeutung.

60   Die Einschränkung der Regelungssperre des § 77 Abs. 3 durch die Vorrangtheorie gilt jedoch nur insoweit, wie das MBR reicht (vgl. § 77 Rn 114 ff.). Das ist vor allem bei teilmitbestimmten BV zu beachten (vgl. § 77 Rn 116).

IV. Mitbestimmungspflichtige Angelegenheiten

61   Die kraft Gesetzes bestehenden **MBR sind abschließend aufgezählt** (vgl. Rn 4). Das schließt nicht aus, dass sich das MBR auch auf solche Regelungen bezieht, ohne die eine Angelegenheit nicht sinnvoll geordnet werden kann (Annexregelungen). Dadurch werden keine MBR erweitert, sondern der Gegenstand der mitbestimmungspflichtigen Angelegenheit näher bestimmt.

1. Ordnung des Betriebs und des Verhaltens der Arbeitnehmer im Betrieb

a) Allgemeine Bemerkungen

62   Das **Verhalten der Mitgl. des BR** bei der Wahrnehmung ihres Amtes untersteht nicht dem Weisungsrecht des ArbGeb. Es ist schon aus diesem Grund von der Mitbestimmung nach § 87 Abs. 1 Nr. 1 ausgenommen (BAG 13. 5. 97 AP Nr. 119 zu § 37 BetrVG 1972). Im Übrigen betrifft das MBR alle Maßnahmen des ArbGeb. tatsächlicher oder rechtlicher Art, die sich auf die allgemeine Ordnung des Betriebes und (oder) das Verhalten der ArbN oder von Gruppen von ArbN im Betrieb beziehen. Es berechtigt deshalb nicht dazu, in die außerbetriebliche, **private Lebensführung der ArbN** einzugreifen (BAG 21. 1. 04 AP Nr. 40 zu § 87 BetrVG 1972 Überwachung; 28. 5. 02 AP Nr. 39 zu § 87 BetrVG 1972 Ordnung des Betriebes). Soweit durch die Art der Arbeitsleistung nicht geboten, können dem ArbN danach keine Vorschriften

über die **Gestaltung seines Äußeren** gemacht werden (Haarlänge, Verbot des Tragens eines Bartes etc.; *DKK-Klebe* Rn 49; vgl. BVerwG 2. 3. 06 AuR 06, 327). Solche Vorgaben betreffen äußere, körperliche Merkmale des ArbN. Sie sind auch die Dauer der Ausübung der beruflichen Tätigkeit beschränkt und wirken sich auf seine private Lebensgestaltung aus. Diese ist dem Einfluss des ArbGeb. entzogen.

Zweck des MBR ist die gleichberechtigte Beteiligung der ArbN an der Gestaltung der betrieblichen Ordnung (BAG 18. 4. 00 AP Nr. 33 zu § 87 BetrVG 1972 Überwachung). **Gegenstand des MBR** ist das betriebliche Zusammenleben und Zusammenwirken der ArbN, das der ArbGeb. kraft seines Direktionsrechts oder seine Organisationsbefugnis beeinflussen oder koordinieren kann (BAG 21. 1. 04 AP Nr. 40 zu § 87 BetrVG 1972 Überwachung; 11. 6. 02 AP Nr. 38 zu § 87 BetrVG 1972 Ordnung des Betriebes). Gegenstand und Zweck des MBR begrenzen folgerichtig die Regelungsbefugnis der Betriebsparteien. Das MBR beruht darauf, dass die ArbN ihre Arbeitsleistung innerhalb einer vom ArbGeb. vorgegebenen Arbeitsorganisation erbringen. Dessen aus Art. 12 Abs. 1 und Art. 14 Abs. 1 GG folgendes Organisationsrecht (BVerfG 30. 7. 03 NZA 03, 959) und seine arbeitsvertragliche Direktionsbefugnis berechtigen ihn zu Regelungen, die das Verhalten der ArbN innerhalb der betrieblichen Arbeitsorganisation und für die Erbringung der Arbeitsleistung beeinflussen und koordinieren. Bei diesen einseitigen Maßnahmen des ArbGeb. soll der BR – auch im Interesse des Schutzes der Persönlichkeitsrechte der ArbN – mitbestimmen können (BAG 28. 5. 02 AP Nr. 39 zu § 87 BetrVG 1972 Ordnung des Betriebes). Danach bildet das dem ArbGeb. zustehende Weisungs- und Organisationsrecht die Grenze der MB. Diese Grenze kann zugunsten des ArbGeb. und damit zu Lasten der ArbN durch BV nicht erweitert werden, auch nicht durch Spruch der E-Stelle oder eine freiwillige BV. Hierfür fehlt den Betriebsparteien die Regelungskompetenz. Danach kann eine individualrechtlich mögliche Erweiterung des Weisungsrechts nicht durch BV erreicht werden. Erst wenn hierfür die individualrechtlichen Voraussetzungen vorliegen („Ob"), ist der BR bei der Ausgestaltung einer solchen Maßnahme, also dem „Wie" zu beteiligen (BAG 28. 5. 02 AP Nr. 39 zu § 87 BetrVG 1972 Ordnung des Betriebes). **63**

Umstritten ist, ob Nr. 1 einen oder zwei unterschiedliche Sachverhalte betrifft (vgl. *Richardi* Rn 178 ff.; GK-*Wiese* Rn 171; *DKK-Klebe* Rn 42 ff.). Die Rspr. des BAG legt eine strikte Trennung zwischen einem **mitbestimmungsfreien Arbeitsverhalten** und einem **mitbestimmungspflichtigen Ordnungsverhalten** nahe (BAG 21. 1. 97, 8. 6. 99, 18. 4. 00 AP Nr. 27, 31, 34 zu § 87 BetrVG 1972 Ordnung des Betriebes; BAG 18. 4. 00 AP Nr. 33 zu § 87 BetrVG 1972 Überwachung). Dementsprechend zählen zur **Ordnung des Betriebes** allgemeingültige verbindlicher Verhaltensregeln, die dazu dienen, das sonstige Verhalten der ArbN zu beeinflussen und zu koordinieren (zust. *Richardi* Rn 176; ErfK-*Kania* Rn 18). Dazu kommen noch Maßnahmen des ArbGeb., mittels derer die Ordnung des Betriebes aufrechterhalten werden soll. **64**

Das **Arbeitsverhalten** betrifft dagegen Maßnahmen, mit denen die Arbeitspflicht unmittelbar konkretisiert wird (BAG 21. 1. 04 AP Nr. 40 zu § 87 BetrVG 1972 Überwachung). Das sind Regeln und Weisungen, die von den ArbN bei der Erbringung der geschuldeten Arbeitsleistung zu beachten sind. Solche sind mitbestimmungsfrei. Das gilt auch für generelle Anweisungen an alle ArbN (BAG 8. 6. 99 AP Nr. 31 zu § 87 BetrVG 1972 Ordnung des Betriebes). Mitbestimmungsfrei ist die Ausübung individualrechtlicher Befugnisse, durch der ArbGeb. auf ein Fehlverhalten der ArbN reagiert (zB Abmahnung oder Kündigung; BAG 17. 2. 89 AP Nr. 12 zu § 87 BetrVG 1972 Betriebsbuße). **65**

In neueren Entscheidungen hat das BAG zu Recht klargestellt, dass § 87 Abs. 1 Nr. 1 seinem Wortlaut nach jedes Verhalten der ArbN im Betrieb erfasst. Damit wäre auch die Art und Weise der Erbringung der Arbeitsleistung betroffen. Das widerspricht jedoch dem Zweck des MBR, nach dem das Arbeitsverhalten gerade mitbestimmungsfrei bleiben soll. Daher nimmt das BAG im Wege **teleologischer Reduk-** **66**

tion das Arbeitsverhalten aus der MB aus (BAG 11. 6. 02 AP Nr. 38 zu § 87 Abs. 1 BetrVG 1972; *Wißmann* NZA 03, 1). Das erleichtert die Feststellung des MBR. Mitbestimmungsfrei sind demnach nur solche Maßnahmen, die allein dem Arbeitsverhalten zugeordnet werden können (*Richardi* Rn 180). Ist eine solche Zuordnung nicht möglich, unterliegt die Maßnahme der Mitbestimmung. Dieser Auslegungsgrundsatz begünstigt die Begründung des MBR vor allem in Fällen, in denen die Maßnahme nur geringe Berührungspunkte zur Arbeitsleistung aufweist.

67   **Arbeitsbezogene Einzelanweisungen** an einen ArbN, ohne die eine Arbeitsleistung mangels näherer Regelung im Arbeitsvertrag nicht erbracht werden kann, zB „machen sie erst diese Arbeit und dann jene Arbeit", sind nicht mitbestimmungspflichtig (vgl. GK-*Wiese* Rn 200; *HSWGNR* Rn 128). Hier fehlt es auch am kollektiven Tatbestand.

68   Das MBR besteht bei allen gestaltenden Maßnahmen des ArbGeb. Es ist ohne Bedeutung, wie der ArbGeb. seine Maßnahme trifft, ob er eine förmliche Arbeitsordnung erlassen will, ob er einheitliche Anweisungen erteilt oder gleichförmiges Verhalten durch Vereinbarungen im Arbeitsvertrag zu erreichen versucht (*DKK-Klebe* Rn 47). Auch Maßnahmen, die nur mittelbar das Verhalten der ArbN beeinflussen sollen, sind mitbestimmungspflichtig (BAG 9. 12. 80 AP Nr. 2 zu § 87 BetrVG 1972 Ordnung des Betriebes). Ob eine Maßnahme das mitbestimmungsfreie Arbeitsverhalten betrifft, bestimmt sich nach deren **objektiven Regelungsgehalt** und nach der Art des zu beeinflussenden betrieblichen Geschehens, nicht nach den subjektiven Regelungsvorstellungen des ArbGeb. (BAG 11. 6. 02 AP Nr. 38 zu § 87 BetrVG 1972 Ordnung des Betriebes).

69   Nicht mitbestimmungspflichtig ist das bloße Registrieren von Arbeitsabläufen, das nicht auf das Verhalten der betroffenen ArbN einwirken soll (BAG 8. 11. 94 AP Nr. 27 zu § 87 BetrVG 1972 Überwachung). Das MBR nach Nr. 1 besteht neben der **Sonderregelung in Nr. 6** für den speziellen Tatbestand der Überwachung der ArbN durch technische Einrichtungen (BAG 21. 1. 04 AP Nr. 40 zu § 87 BetrVG 1972 Überwachung). Mitbestimmungspflichtig sind deshalb auch alle Maßnahmen, die der Überwachung der ArbN dienen, selbst wenn der Tatbestand der Nr. 6 nicht erfüllt ist, ausgenommen nur die Kontrolle der Arbeitsleistung bei einem einzelnen ArbN.

70   Für die Ausübung dies MBR kommt recht häufig eine Zuständigkeit des GesBR oder gar des KBR in Betracht (vgl. BAG 17. 5. 11 – 1 ABR 121/09). Unabhängig davon müssen seine **Schranken** beachtet werden. Dazu zählen neben den in § 75 Abs. 1 geregelten Diskriminierungsverboten vor allem das **Persönlichkeitsrecht** des ArbN. Dieses kann in besonderem Maß bei der Einführung und Ausgestaltung von **Bekleidungsvorschriften** oder solchen Regelungen gefährdet sein, die das **äußere Erscheinungsbild** des ArbN bis hin zu Anforderungen an seine Körperpflege betreffen und zwangsläufig seine private Lebensführung berühren (s. Rn 62). In jedem Fall geht es zu weit, ArbN das Färben der Haare bzw. das Lackieren von Fingernägeln zu verbieten oder Vorgaben hinsichtlich Farbe, Form und Schnitt der Unterwäsche zu machen (*Brose/Greiner/Preis* NZA 11, 369; **aA** LAG Köln 18. 8. 10 NZA-RR 11, 85). Dagegen verstößt die Einführung einer einheitlichen Arbeitskleidung als solche nicht gegen das Persönlichkeitsrecht der ArbN (BAG 1. 12. 92 AP Nr. 20 zu § 87 BetrVG 1972 Ordnung des Betriebes); etwas anderes kann sich allerdings aus der konkreten Ausgestaltung der Bekleidungsordnung ergeben. So dürfen ArbN nicht gezwungen werden, ihre Dienstkleidung auf dem Weg von und zur Arbeit zu tragen (vgl. BAG 10. 11. 09 – 1 ABR 54/09 – NZA-RR 10, 301). Das gilt unabhängig davon, ob die Dienstkleidung auffällig ist oder nicht. Außerdem berechtigt das MBR nicht dazu, den ArbN einseitig mit **Kosten** zu belasten. Insoweit besteht auch keine Annexkompetenz, die ohnehin nur in Betracht kommt, wenn die zu regelnde mitbestimmte Angelegenheit ohne die ergänzende Regelung nicht sinnvoll ausgestaltet werden könnte. Deshalb fehlt es an einer entspr. Annexkompetenz zur Kostenregelung bei der Einführung einer einheitlichen Arbeitskleidung (BAG 13. 2. 07 AP

Nr. 40 zu § 87 BetrVG 1972 Ordnung des Betriebes). Regelungen über die Kostentragung bei Einführung einer einheitl. Arbeitskleidung und der Ersatzbeschaffung können nur durch freiwillige BV getroffen werden. Dabei müssen die dafür geltenden Binnenschranken beachtet werden (vgl. § 88 Rn 8 ff.). Sie dürfen den ArbN nicht mit Kosten belasten, die von Gesetzes wegen der ArbGeb. zu tragen hat. Bei Fehlen zwingender gesetzl. oder tarifl. Kostenzuweisungen, können zwar auch die ArbN belastet werden. Hierbei ist jedoch der Grundsatz der Verhältnismäßigkeit zu beachten. Danach können die Betriebsparteien zwar Rücksicht darauf nehmen, dass der ArbN Aufwendungen für die ansonsten zu tragende Privatkleidung erspart; eine Kostenbelastung können sie aber nicht damit rechtfertigen, der ArbN könne die Dienstkleidung auch im privaten Bereich verwenden. Das betrifft den Bereich der privaten Lebensführung, den sie nicht reglementieren dürfen. Trägt der ArbGeb. die Kosten der Dienstkleidung und steht dessen betriebl. Interesse im Vordergrund, handelt es sich nicht um einen von dem ArbN zu versteuernden geldwerten Vorteil (BFH 22. 6. 06 DStR 06, 1795). Das MBR erfasst auch Regelungen über die **Kantinennutzung**, berechtigt aber nicht zu Regelungen über die Kostenbeteiligung von ArbN, die eine solche Einrichtung nicht nutzen (BAG 11. 7. 00 AP Nr. 16 zu § 87 BetrVG 1972 Sozialeinrichtung). Auch Regelungen in einer BV über eine an den ArbGeb. zu entrichtende **Bearbeitungsgebühr bei Lohn- und Gehaltspfändungen** betreffen nicht den Gegenstand des MBR nach Nr. 1. Sie knüpfen an das außerdienstl. Verhalten an und sind der Regelungskompetenz der Betriebsparteien entzogen. Das gilt auch für freiwillige BV (BAG 18. 17. 06 AP Nr. 15 zu § 850 ZPO).

b) Einzelfälle

Danach sind mitbestimmungspflichtig: 71
- Vorschriften über das Betreten oder Verlassen des Betriebs (**Torkontrolle** einschließlich **Durchleuchten von Taschen** (BAG 26. 5. 88 AP Nr. 14 zu § 87 BetrVG 1972 Ordnung des Betriebes; 12. 8. 99 AP Nr. 28 zu § 626 BGB Verdacht strafbarer Handlung), auch wenn ArbN auf Weisung des ArbGeb. einen Kundenbetrieb aufsuchen, für den eine biometrische Zugangskontrolle angeordnet ist (BAG 21. 1. 04 AP Nr. 40 zu § 87 BetrVG 1972 Überwachung),
- Durchführung von **Taschenkontrollen** (BAG 13. 12. 07 AP Nr. 210 zu § 626 BGB),
- Einführung von **Stechuhren, biometrische Zugangskontrolle** (*Hornung/Steidle* AuR 05, 201),
- Führen von **Anwesenheitslisten** (BAG 18. 7. 78 – 1 ABR 80/75 – AuR 78, 278; GK-*Wiese* Rn 227; *HSWGNR* Rn 139),
- **Verbot,** den **Betrieb während der Pausen zu verlassen** (BAG 21. 8. 90 AP Nr. 17 zu § 87 BetrVG 1972 Ordnung des Betriebes), jedoch nur, wenn die Organisation der betrieblichen Abläufe eines solches Verbot zwingend erfordert,
- Einführung, Ausgestaltung und Nutzung von **Werksausweisen** (BAG 16. 12. 86 AP Nr. 13 zu § 87 BetrVG 1972 Ordnung des Betriebes; GK-*Wiese* Rn 213; *DKK-Klebe* Rn 51); anders bei Ausgabe von codierten Ausweiskarten für elektronische Zugangskontrolle, wenn die Karte lediglich die Funktion eines Schlüssels hat, also keine weitere Datenerfassung erfolgt, BAG 10. 4. 84 AP Nr. 7 zu § 87 BetrVG 1972 Ordnung des Betriebes),
- **Anwesenheitskontrolle** bei gleitender Arbeitszeit (BAG 25. 5. 82 AP Nr. 53 zu § 611 BGB Dienstordnungs-Angestellte),
- Ausfüllen von **Formularen bei Arztbesuch** (BAG 21. 1. 97 AP Nr. 27 zu § 87 BetrVG 1972 Ordnung des Betriebes; *DKK-Klebe* Rn 52; GK-*Wiese* Rn 224; **aA** *Richardi* Rn 181; *HSWGNR* Rn 140),
- **Handelsverbot** auf dem Betriebsgelände,
- Abstellen von Fahrzeugen u. Belegungsordnung für **Parkplätze** (vgl. BAG 16. 3. 66 AP Nr. 1 zu § 611 BGB Parkplatz und wegen Haftung BAG 25. 6. 75, 28. 9. 89

AP Nr. 4, 5 aaO, § 77 Rn 66). Dabei können ArbGeb. und BR Gewicht auf umweltfreundliches Verhalten der ArbN legen und die Benutzung öffentlicher Verkehrsmittel fördern. Die Zurverfügungstellung von Parkplätzen kann aber nach § 87 vom BR nicht erzwungen werden,

– **Sicherung eingebrachter Sachen der ArbN** (BAG 1. 7. 65 AP Nr. 75 zu § 611 BGB Fürsorgepflicht), die Benutzung einer Schließanlage,

– Benutzungsordnung für **Wasch- u. Umkleideräume,**

– Benutzung des **Telefons** (oder firmeneigener Kfz.) **für private Zwecke,** soweit grundsätzlich vom ArbGeb. gestattet (LAG Nürnberg 29. 1. 87 NZA 87, 572; *Richardi* Rn 186; **aA** GK-*Wiese* Rn 188; wegen Telefonkontrolle vgl. Rn 215 u. § 75 Rn 79),

– Regelungen zur **Nutzung des Internets** oder eines **E-Mail-Systems** für private Zwecke, wobei sich das MBR nach dessen Zweck nicht darauf erstreckt, ob der ArbGeb. die Privatnutzung gestatten muss („Ob"); vielmehr ist die MB auf die Ausgestaltung der vom ArbGeb. zur Verfügung gestellten Nutzung beschränkt („Wie"),

– Erlass von **Bekleidungsvorschriften** (BAG 8. 8. 89, 1. 12. 92, 13. 2. 07 AP Nr. 15, 20, 40 zu § 87 BetrVG 1972 Ordnung des Betriebes), wobei den ArbN das Tragen der Dienstkleidung auch auf dem Arbeitsweg nicht vorgegeben werden kann,

– Tragen von **Namensschildern auf der Dienstkleidung,** wenn der dadurch beabsichtigte Kommunikationsprozess mit Kunden die arbeitsvertragl. geschuldete Leistung nur am Rande berührt (BAG 11. 6. 02 AP Nr. 38 zu § 87 BetrVG 1972 Ordnung des Betriebes),

– neuerdings werden über sog. **Compliance Systeme** (dazu *Mengel/Hagemeister* BB 06, 2466) gesetzl. Organisations- und Überwachungspflichten des ArbGeb. institutionalisiert in der Unternehmenspraxis verankert, um entspr. Verstößen vorzubeugen (*Mengel/Hagemeister* BB 07, 1386). Solche Pflichten gelten vor allem für die an der US-Börse notierten Unternehmen mit Sitz im Geltungsbereich des BetrVG. Teil dieser Systeme sind **Verhaltenskodizies, EthikRL** oder **Whistleblowing-Hotlines** (*Wisskirchen/Körber/Bissel* BB 06, 1567). Das betrifft nicht nur unverbindl. Wohlverhaltensregeln, sondern auch solche, die ArbN vorgeben, in einer bestimmten Weise auf Verstöße gegen die Verhaltensregeln zu reagieren. Dabei kommen **standardisierte Meldeverfahren** (Beschwerdeformalitäten) zum Einsatz, die nicht die Arbeitspflicht konkretisieren und deshalb dem MBR unterliegen (vgl. BAG 27. 9. 05 AP Nr. 25 zu Art. 56 ZA-Nato-Truppenstatut; *Walk/Shipton* BB 10, 1917). Meldungen zum außerdienstl. Verhalten und der privaten Lebensführung sind der MB nicht zugänglich. Hierfür fehlt den Betriebsparteien die Regelungskompetenz. Bei einem Spruch der E-Stelle ist jede Einzelregelung auf ihre Mitbestimmungspflichtigkeit hin zu prüfen (eing. *Kock* ZIP 09, 1406). Ein MBR bei einzelnen Regelungen führt nicht zur Mitbestimmungspflichtigkeit der gesamten Ethik-RL (BAG 22. 7. 08 AP Nr. 14 zu § 87 BetrVG 1972; *Dzida* NZA 08, 1265; bei einvernehmlicher Regelung der Betriebsparteien gelten für die außerhalb des MBR getroffenen Regelungen die Binnenschranken des § 88 (dort Rn 8 ff.). Da Ethikregeln häufig mit Eingriffen in die allgemeine Handlungsfreiheit der ArbN verbunden sind, ist der Verhältnismäßigkeitsgrundsatz zu beachten. Mitbestimmungsfrei ist stets die Benennung unternehmerischer Ziele, die Verlautbarung der Unternehmensphilosophie oder die an sich selbstverständliche und durch den Eingangssatz ohnehin vorgegebene Pflicht auf Befolgung der einschlägigen Gesetze (BAG 22. 7. 08 aaO). US-Börse notierten Unternehmen haben zwar die Anforderungen der SEC zu berücksichtigen (dazu *Manhold* NZA 08, 737). Deren Vorgaben schließen aber das MBR nach § 87 Eingangssatz nicht aus (BAG 22. 7. 08 aaO; *Kort* NJW 09, 129), sind jedoch im Konfliktfall von der E-Stelle als betriebl. Belange mit zu bedenken,

– Verbot von Liebesbeziehungen am Arbeitsplatz – **Flirtverbot** – (ArbG Wuppertal NZA-RR 05, 476; *Wisskirchen/Jordan/Bissels* DB 05, 2190),

– Verwendung von **Formblättern** zur Erfüllung vertraglicher Mitteilungspflichten (BAG 11. 6. 02 AP Nr. 39 zu § 87 BetrVG 1972 Ordnung des Betriebes),
– Vorschriften über die **Behandlung des Arbeitszeugs** (*Richardi* Rn 185; *DKK-Klebe* Rn 50; **aA** GK-*Wiese* Rn 202; *HSWGNR* Rn 140),
– Vorschriften über **Radiohören** im Betrieb (BAG 14. 1. 86 AP Nr. 10 zu § 87 BetrVG 1972 Ordnung des Betriebes; **aA** *v. Hoyningen-Huene* Anm. AP aaO; *Hromadka* DB 86, 1573), generelles Verbot zur Nutzung **privater TV-, Video-** und **DVD-Geräte** im Betrieb (LAG Köln NZA-RR 07, 80),
– Anordnung, im **Verkaufsraum zu stehen** (ArbG Köln 16. 7. 89 EzA § 87 BetrVG 1972 Betriebliche Ordnung Nr. 14),
– Erlass eines **Rauchverbots** (BAG 19. 1. 99 AP Nr. 28 zu § 87 BetrVG 1972 Ordnung des Betriebes; vgl. auch § 75 Rn 87), sofern das Verbot sich nicht schon aus gesetzlichen Bestimmungen, Vorschriften der Berufsgenossenschaften oder zwingenden Erfordernissen des Betriebes (zB Lebensmittelbranche, Umgang mit feuergefährlichen Stoffen) ergibt (BAG 15. 12. 61 AP Nr. 3 zu § 56 BetrVG Ordnung des Betriebes). Dann besteht ein MBR nur hinsichtlich der Ausgestaltung und Durchführung der Maßnahme (*Wiese* FS BAG S. 678). Dabei beschränkt § 75 Abs. 2 die Regelungsbefugnis der Betriebsparteien (BAG 19. 1. 99 AP Nr. 28 zu § 87 BetrVG 1972 Ordnung des Betriebes,
– der Erlass eines **Alkoholverbots** (BAG 23. 9. 86 AP Nr. 20 zu § 75 BPersVG; BVerwG 5. 10. 83 PersR 89, 364; LAG S-H 20. 11. 07 NZA-RR 07, 184); eine BV zur Durchführung eines Alkoholtests im Betrieb kann die hierfür erforderliche Einwilligung des ArbN nicht ersetzen,
– formalisierte **Krankengespräche,** die der Aufklärung von (betrieblichen) Krankheitsursachen dienen (BAG 8. 11. 94 AP Nr. 24 zu § 87 BetrVG 1972 Ordnung des Betriebes; *Kraushaar* NZA 05, 913, **aA** *Richardi* Rn 192, *Raab* NZA 93, 193),
– Anweisung, **AU-Bescheinigungen nach § 5 EFZG** vor Ablauf des dritten Kalendertags nach Beginn der Arbeitsunfähigkeit vorzulegen (BAG 25. 1. 00 AP Nr. 34 zu § 87 BetrVG 1972 Ordnung des Betriebes); geht diese Anweisung auf besondere Auffälligkeiten der Krankmeldung eines einzelnen ArbN zurück und wird auch nur für diesen angeordnet, lässt das nicht zwingend auf einen kollektiven Tatbestand und damit das MBR schließen,
– Regelungen über die Mitnahme von **Arbeitsunterlagen** nach Hause (GK-*Wiese* Rn 227; *DKK-Klebe* Rn 50; **aA** *HSWGNR* Rn 140),
– Regelungen zur Abfallvermeidung und -entsorgung,
– Verbot, eigenes **Bargeld am Arbeitsplatz** aufzubewahren (Hess. LAG 15. 1. 04 NZA-RR 04, 411,
– formalisierte Mitarbeitergespräche zur Vorbereitung von **Zielvereinbarungen** (*Däubler* NZA 05, 793)
– formalisierte Abrechnungsmodalitäten für die private Nutzung eines häuslichen **Telearbeitsplatzes** (*Wiese* RdA 09, 344).

Nach der hier vertretenen Auffassung gehören entgegen der Auffassung des BAG **72** und anderer Gerichte auch hierher:
– Anordnungen über das Führen und Abgabe **arbeitsbegleitender Papiere** (Tätigkeitsberichte, Tagesnotizen; vgl. *Pfarr* Anm. zu BAG AP Nr. 2 zu § 87 BetrVG 1972 Ordnung des Betriebes; *DKK-Klebe* Rn 50; **aA** BAG 24. 11. 87 AP Nr. 3 zu § 87 BetrVG 1972 Ordnung des Betriebes; *Richardi* Rn 195; GK-*Wiese* Rn 205; *HSWGNR* Rn 140),
– Anordnungen über das Führen formalisierter **Tätigkeitsberichte** für Außendienstmitarbeiter,
– Ausfüllen formalisierter „Tageszettel“ bei Redakteuren zur Erleichterung des Nachweises von Überstunden (**aA** BAG 9. 12. 80 AP Nr. 2 zu § 87 BetrVG 1972 Ordnung des Betriebes; 4. 8. 81 AP Nr. 1 zu § 87 BetrVG 1972 Tarifvorrang),

– Ausfüllen von **Überstundennachweisen** (*Pfarr* Anm. zu BAG AP Nr. 2 zu § 87 BetrVG 1972 Ordnung des Betriebes; *DKK-Klebe* Rn 54; **aA** BAG 9. 12. 80 AP Nr. 2 zu § 87 BetrVG 1972 Ordnung des Betriebes),

– Ausfüllen von Tätigkeitslisten durch bestimmte ArbNGruppen zwecks rationellen Arbeitseinsatzes (**aA** LAG Hamm 23. 9. 81 DB 82, 385),

– Änderung des Verf. zum Ausfüllen von Arbeitsnachweisen (Akkordscheine; **aA** Hess. LAG 27. 1. 87 NZA 87, 678),

73   Nicht nach Nr. 1 mitbestimmungspflichtig sind:

– Aufnahme allgemeiner (materieller) Arbeitsbedingungen in den Arbeitsvertrag,

– **Anweisung des ArbGeb., in Geschäftsbriefen** Vor- und Nachnamen der Sach-bearbeiter anzugeben (BAG 8. 6. 99 AP Nr. 31 zu § 87 BetrVG 1972 Ordnung des Betriebes),

– Einschaltung eines Drittunternehmens zur **Durchführung von Schaltertests** des Personals, wenn die Ergebnisse nicht mit einzelnen ArbN oder Gruppen von ArbN in Verbindung gebracht werden können (BAG 18. 4. 00 AP Nr. 33 zu § 87 BetrVG 1972 Überwachung; *Deckers* NZA 04, 139),

– Anweisung an Vorgesetzte, wie bei **Ab- und Rückmeldungen von ArbN** beim Verlassen des Betriebs zu verfahren ist (BAG 13. 5. 97 AP Nr. 119 zu § 37 BetrVG 1972),

– **Weitergabe polizeilicher Anordnungen** bei Ermittlungen im Betrieb (BAG 17. 8. 82 AP Nr. 5 zu § 87 BetrVG 1972 Ordnung des Betriebes),

– Erlass einer **Dienstreiseordnung,** da diese nur das Vertragsverhältnis des ArbN zum ArbGeb. regelt, insb. den Aufwendungsersatz des ArbN (BAG 8. 12. 81 AP Nr. 6 zu § 87 BetrVG 1972 Lohngestaltung; *Richardi* Rn 195; GK-*Wiese* Rn 206; *HSWGNR* Rn 140; *DKK-Klebe* Rn 51),

– Anweisung, eingenommene Gelder des ArbGeb. getrennt von **Trinkgeldern** in dem vom ArbGeb. bestimmten Behältnis aufzubewahren (Hess. LAG 15. 1. 04 NZA-RR 04, 411).

– **Kostenpauschale bei Lohnpfändung,** da Gehaltspfändungen Folgen der priva-ten Lebensführung sind und nicht das innerbetriebliche Verhalten der ArbN betref-fen (BAG 18. 7. 06 AP Nr. 15 zu § 850 ZPO),

– Durchführung des **betrieblichen Eingliederungsmanagements** gem. § 84 Abs. 2 SGB IX, da es hier nicht um das Zusammenleben und -wirken der ArbN im Betrieb geht (*Namendorf/Natzel* DB 05, 1794; **aA** *Gundermann/Oberberg* AuR 07, 19),

– Untersagung der privaten Nutzung der betrieblichen **Internet und E-Mail-Einrichtung** (LAG Hamm NZA-RR 07, 20),

– Abgabe inhaltl. **standardisierter Verschwiegenheitserklärungen** in Bezug auf bestimmte betriebliche oder geschäftliche Vorgänge, weil es sich in der Regel um eine Konkretisierung der arbeitsvertragl. Pflicht zur Rücksichtnahme handelt (Ar-beitsverhalten) oder eine gesetzl. Schweigepflicht schon nach § 17 UWG besteht. Darüber hinaus sind inhalt. standardisierte Erklärungen sind nicht gleich bedeutend mit standardisiertem Verhalten (BAG 10. 3. 09 AP Nr. 16 zu § 87 BetrVG 1972).

74   Umstritten ist das MBR beim **Einsatz von Privatdetektiven.** Nach Ansicht des BAG (26. 3. 91 AP Nr. 21 zu § 87 BetrVG 1972 Überwachung) besteht kein MBR da kein „Verhalten der ArbN" geregelt werde; hier zustimmend GK-*Wiese* Rn 194; *HSWGNR* Rn 136). Soweit der **Werkschutz** nicht nur das Eigentum des ArbGeb., sondern auch die Ordnung des Betriebes oder das Verhalten der ArbN überwacht und kontrolliert, hat der BR ein MBR (GK-*Wiese* Rn 192; *DKK-Klebe* Rn 55).

75   Nunmehr geklärt ist, dass der BR bei der Errichtung und der personellen Beset-zung einer **Beschwerdestelle nach § 13 Abs. 1 AGG** nicht mitzubestimmen hat. Allerdings ist der BR bei der Einführung und Ausgestaltung eines **Beschwerdever-fahrens** zu beteiligen und hat auch ein darauf gerichtetes Initiativrecht (BAG 21. 7. 09 – 1 ABR 42/08 – NZA 09, 1049). Damit kann der ArbGeb, mitbestimmungsfrei darüber befinden, ob er die Beschwerdestelle im jeweiligen Betrieb oder überbetriebl. einrichtet. Entscheidet er sich für letzteres, steht das MBR dem GesBR zu (BAG

21. 7. 09 aaO). Hält der BR diese Maßnahme wegen der damit für die ArbN des Betriebes verbundenen Erschwernisse für unzureichend, kann dagegen nur nach § 17 Abs. 2 AGG vorgehen.

c) Betriebsbußen

Die Betriebsbuße ist eine Sanktion bei **Verstößen des ArbN gegen die kol-** 76 **lektive betriebliche Ordnung** (krit. WPK/*Bender* Rn 45 ff.). Sie ist abzugrenzen gegenüber individualrechtl. Sanktionen des ArbGeb. wegen der Verletzung arbeitsvertraglicher Pflichten. Ob und unter welchen Voraussetzungen der ArbGeb. eine Betriebsbuße verhängen kann, ist umstritten. Das Gesetz erwähnt die Verhängung von betrieblichen Disziplinarmaßnahmen wegen Verstoßes gegen die kollektive Ordnung des Betriebes nicht ausdrücklich.

Streitig ist, ob ArbGeb. und BR **eine Betriebs-Bußordnung,** also ein Regel- 77 werk mit Beschreibung der einzelnen Verletzungshandlungen und ihrer Folgen, aufstellen dürfen. Die überwiegende Meinung in Rspr. und Schrifttum bejaht diese Frage (vgl. BAG 5. 12. 75, 30. 1. 79, 17. 10. 89 AP Nr. 1, 2, 12 zu § 87 BetrVG 1972 Betriebsbuße; GK-*Wiese* Rn 236; *HSWGNR* Rn 157 ff.; **aA** *DKK-Klebe* Rn 56 unter Hinweis auf die fehlende gesetzliche Grundlage; *Richardi* Rn 219; *Preis* DB 90, 685; *Schumann* Gedächtnisschrift *Dietz* S. 323; *v. Hoyningen-Huene* RdA 90).

Betriebsbußen dienen der **Durchsetzung der betrieblichen Ordnung,** die selbst 78 Gegenstand der zwingenden Mitbestimmung ist. Rechtsgrundlage für die Schaffung einer Betriebs-Bußordnung ist § 87 Abs. 1 Nr. 1. Wer berechtigt ist, Grundsätze für die Ordnung des Betriebes und das Verhalten der ArbN aufzustellen, der muss auch in der Lage sein, die Einhaltung dieser Ordnung durchzusetzen (vgl. BAG 17. 10. 89 AP Nr. 12 zu § 87 BetrVG 1972 Betriebsbuße; ErfK-*Kania* Rn 23; *Kaiser/Metzger/ Pregizer* Betriebsjustiz S. 328).

Dagegen scheiden der **Arbeitsvertrag** und das auf ihm beruhende Direktionsrecht 79 des ArbGeb. als Rechtsgrundlage aus (ErfK-*Kania* Rn 22). Die Betriebsbuße ist keine Vertragsstrafe, die er Einer Linie die Leistungserfüllung des individuellen Arbeitsvertrags bezweckt (Vertragstheorie; vgl. *Luhmann,* Betriebsjustiz und Rechtsstaat, S. 105 ff.; *Zöllner* ZZP Bd. 83, 387).

Bedenken gegen betriebliche Bußordnungen können nicht aus dem GG (Art. 92, 80 101) hergeleitet werden. Das GG befasst sich nur mit den staatlichen Gerichten und der staatlichen Gewaltenteilung. Es bestehen ebenso wenig Bedenken wie gegen die Vereinsstrafe (BGHZ 29, 352). Auch Strafrechtsvorschriften (insb. §§ 138, 257 StGB) stehen nicht entgegen. § 138 StGB verlangt nur die Anzeige drohender schwerer Verbrechen.

Betriebsbußen dürfen nur verhängt werden, wenn eine mitbestimmte Bußordnung 81 besteht (BAG 17. 10. 89 AP Nr. 12 zu § 87 BetrVG 1972 Betriebsbuße). Die **betriebliche Bußordnung** muss den formellen Anforderungen des § 77 Abs. 2 entsprechen (BAG 18. 7. 06 AP Nr. 15 zu § 850 ZPO). Die Bußordnung muss auch bekannt gemacht werden; sie muss die **Tatbestände,** die eine Betriebsbuße als Sanktion auslösen soll, genau **beschreiben.**

Betriebsbußen sind keine Sanktion für die Schlechterfüllung des Arbeitsvertrages 82 oder Verstoß gegen andere einzelvertragliche Pflichten. Auf Vertragsverletzungen kann der ArbGeb. mit **Abmahnungen** reagieren. Diese Abmahnungen sind als Recht des Gläubigers mitbestimmungsfrei. Betriebsbuße und Abmahnung müssen daher unterschieden und voneinander abgegrenzt werden (BAG st. Rspr., zuletzt 5. 2. 86 AP Nr. 12 zu § 339 BGB; 17. 3. 88 AP Nr. 99 zu § 626 BGB; 17. 1. 91 AP Nr. 25 zu § 1 KSchG 1969 Verhaltensbedingte Kündigung; GK-*Wiese* Rn 242 ff.; *Richardi* Rn 230; zur Abgrenzung u. Begriffsbildung eingehend: *Becker-Schaffner* DB 85, 650; *Heinze* NZA 90, 169; *v. Hoyningen-Huene* RdA 90, 193; eine Übersicht bei *Schaub* NJW 90, 872).

83   Stellt ein **arbeitsvertragswidriges Verhalten** des ArbN **zugleich** einen **Verstoß gegen die kollektive betriebliche Ordnung** dar, kann der ArbGeb. sich darauf beschränken, eine mitbestimmungsfreie Abmahnung auszusprechen. Welche Maßnahme vorliegt, ist durch Auslegung der Erklärung des ArbGeb. zu ermitteln, so wie sie der ArbN verstehen musste (vgl. BAG 30. 1. 79, 17. 10. 89 AP Nr. 2, 12 zu § 87 BetrVG 1972 Betriebsbuße; *DKK-Klebe* Rn 66 objektiver Erklärungswert). Der ArbGeb. muss das, was er will, deutlich zum Ausdruck bringen. Eine bloße **Abmahnung** darf **keinen** über den Warnzweck vor einer drohenden Kündigung hinausgehenden **Sanktionscharakter** haben, zB dadurch, dass die Maßnahme im Rahmen einer Stufenfolge von Missbilligungen (Verwarnung, Verweis, Versetzung, Entlassung) ausgesprochen wird. In einem solchen Fall macht der ArbGeb. nicht nur seine Rechte als Arbeitsvertragspartei geltend, sondern will das beanstandete Verhalten ahnden, dh den ArbN bestrafen (BAG 7. 11. 79 AP Nr. 3 zu § 87 BetrVG 1972 Betriebsbuße; vgl. auch BAG 10. 11. 88 AP Nr. 3 zu § 1 KSchG 1969 Abmahnung). Dann unterliegt diese Maßnahme als Vorstufe weiterer Disziplinarmaßnahmen dem MBR des BR (*Richardi* Rn 230). So hat die Rüge, ein Mitgl. einer Tarifkommission habe unberechtigt bezahlte Freizeit in Anspruch genommen, keinen Bezug zur kollektiven Ordnung des Betriebes (BAG 19. 7. 83 AP Nr. 5 zu § 87 BetrVG 1972 Betriebsbuße). Eine Abmahnung liegt nicht vor, wenn der ArbGeb. weitere Rechte außer dem Hinweis auf die Vertragsverletzung in Anspruch nimmt. Führt die Sanktion praktisch zu einer Beförderungssperre, ist das keine Abmahnung mehr (BAG 17. 10. 89 AP Nr. 12 zu § 87 BetrVG 1972 Betriebsbuße).

84   Verletzt ein BRMitgl. seine **betriebsverfassungsrechtlichen Pflichten,** scheiden sowohl eine Abmahnung als auch eine Betriebsbuße aus. Dem ArbGeb. stehen nur die Rechte nach § 23 Abs. 1 zur Verfügung (BAG 15. 7. 92 AP Nr. 9 zu § 611 BGB Abmahnung). Liegt zugleich ein Verstoß gegen die betriebliche Ordnung vor, kann eine Betriebsbuße unter den genannten Voraussetzungen verhängt werden.

85   Durch Betriebsbuße dürfen nur Verstöße gegen die betriebliche Ordnung als solche (Rauchverbote, Kontrollvorschriften, Alkoholverbot usw.) geahndet werden, nicht auch **Straftatbestände** wie etwa Beleidigung (§ 185 StGB), Körperverletzung (§ 223 StGB), Diebstahl geringwertiger Sachen (§ 248 a StGB), Sachbeschädigung (§ 303 StGB).

86   Die Verhängung einer **Betriebsbuße schließt eine staatliche Strafe nicht aus.** Beide liegen auf verschiedenen Ebenen. Die Konkurrenz beider Verf. verstößt deshalb nicht gegen den Grundsatz, dass wegen derselben Tat auf Grund der allgemeinen Strafgesetze nur eine Bestrafung erfolgen darf (Art. 103 Abs. 3 GG).

87   ArbGeb. und BR können bei **Streitigkeiten zwischen ArbN** zwar vermittelnd tätig werden, auch wenn schon Strafanträge wegen Beleidigung, Körperverletzung usw. gestellt sind, um den Betriebsfrieden intern wieder herzustellen. Es darf aber kein Druck auf die streitenden Parteien zur Unterwerfung unter ein Schlichtungsverfahren und zur Annahme eines Vermittlungsvorschlages ausgeübt werden. Den Beteiligten muss der **Weg zu den staatlichen Zivil- und Strafgerichten offen** bleiben (bedenklich BAG 14. 5. 64 AP Nr. 5 zu § 242 BGB Kündigung).

88   Die betriebliche Bußordnung kann **verschiedene Sanktionen** vorsehen. Es kommen Verwarnung oder Verweis oder eine förmliche Missbilligung in Betracht (BAG 14. 12. 66 AP Nr. 27 zu § 59 BetrVG 1952). Bei schweren Verstößen sind auch Geldbußen bis zu einem Tagesverdienst (vgl. GK-*Wiese* Rn 259; ErfK-*Kania* Rn 24) möglich. Diese dürfen nicht dem ArbGeb. zugute kommen (zB Sozialfonds, karitative Zwecke; GK-*Wiese* 261; **aA** *Richardi* Rn 240; *HSWGNR* Rn 169). Schließlich ist als Sanktion auch der **Entzug von Vergünstigungen** möglich (zB ermäßigte Flugscheine BAG 22. 10. 85 AP Nr. 18 zu § 87 BetrVG 1972 Lohngestaltung).

89   **Kündigung oder Rückgruppierung oder Versetzung** ist als Disziplinarmaßnahme nicht zulässig. Diese Maßnahmen sind mit dem zwingenden Kündigungsrecht nicht vereinbar; ein MBR kommt insoweit nur nach §§ 102, 104 in Betracht (BAG

28. 4. 82 AP Nr. 4 zu § 87 BetrVG 1972 Betriebsbuße; *Richardi* Rn 247 ff.; GK-*Wiese* Rn 258).

Sanktionen, durch die der ArbN in seinem **Persönlichkeitsrecht** verletzt werden **90** könnte, sind nicht zulässig. Aus diesem Grund darf der ArbN nicht durch Aushang seines Namens am „Schwarzen Brett" angeprangert werden (*DKK-Klebe* Rn 57; GK-*Wiese* Rn 260; *Richardi* Rn 253; *HSWGNR* Rn 159).

In eine Bußordnung sollten auch **Tilgungsfristen** (nicht mehr als 2 Jahre) aufge- **91** nommen werden, nach deren Ablauf die entspr. Unterlagen aus den Personalakten zu entfernen oder in den Personaldateien zu löschen sind. Wegen gerichtlicher Strafen vgl. § 94 Rn 19.

Die **Bußordnung** enthält allgemeine Grundsätze. Das sind etwa Bußtatbestände, **92** Art, Verhängung und Verwendung einer Geldbuße. Das geschieht in Form einer BV.

Das Verfahren, das zur Verhängung einer Betriebsbuße führen soll, muss **rechts-** **93** **staatlichen Grundsätzen** entsprechen. Da der ArbGeb. nicht allein entscheiden kann, ist die Bildung eines paritätisch aus Vertr. des ArbGeb. und des BR zusammengesetzten Ausschusses zweckmäßig. Der Grundsatz des rechtlichen Gehörs muss gewahrt werden (*HSWGNR* Rn 170). Es darf auch nicht derselbe Verstoß auf betrieblicher Ebene mehrfach geahndet werden. Andererseits besteht auch kein Zwang zur Verfolgung einer jeden Verletzung der betrieblichen Ordnung (Opportunitätsprinzip). Wegen der gerichtlichen Nachprüfung ist eine schriftliche Begründung der Entscheidung erforderlich.

Die Anrufung der ArbG kann nicht ausgeschlossen werden (ErfK-*Kania* Rn 24; **94** GK-*Wiese* Rn 266 ff.). Die **gerichtliche Nachprüfung** beschränkt sich ähnlich wie bei der sog. Vereinsgerichtsbarkeit darauf, ob eine wirksame Bußordnung vorliegt, ob die MindestVerfGrundsätze eingehalten sind, der Verstoß gegen die Betriebsordnung begangen wurde und schließlich ob die betriebliche Disziplinarmaßnahme willkürlich festgesetzt wurde und auch nicht unangemessen ist (BAG 12. 9. 67, 11. 11. 71 AP Nr. 1, 2 zu § 56 BetrVG 1952 Betriebsbuße; *HSWGNR* Rn 175; GK-*Wiese* Rn 266; ErfK-*Kania* Rn 24).

2. Beginn und Ende der täglichen Arbeitszeit, Verteilung der Arbeitszeit auf die Wochentage, Pausen

Nr. 2 beschreibt **mehrere mitbestimmungspflichtige Angelegenheiten.** Es **95** geht zum einen um die – logisch vorrangige – Frage, ob der BR mitzubestimmen hat über die Dauer der wöchentlichen Arbeitszeit, über die Verteilung dieser Arbeitszeit auf die einzelnen Wochentage sowie über Beginn und Ende der täglichen Arbeitszeit und die Lage der Pausen. Es erstreckt sich nicht auf die Zuweisung der innerhalb der ArbZ zu erledigenden Arbeitsmenge (BAG 29. 9. 04 AP Nr. 112 zu § 87 BetrVG 1972 Arbeitszeit); dementsprechend wird der Umfang der von den ArbN geschuldeten Wochenarbeitszeit nicht mitbestimmt (BAG 24. 1. 06 AP Nr. 8 zu § 3 ArbZG). Dieser ergibt sich entweder aus einem anzuwendenden TV oder der arbeitsvertragl. Vereinbarung. Die **dauerhafte Erhöhung des Umfangs der regelm. Wochen-** **arbeitszeit** unterliegt weder der MB nach Nr. 2 noch der nach Nr. 3 (BAG 15. 5. 07 AP Nr. 30 zu § 1 BetrVG 1972 Gemeinsamer Betrieb).

Der **Begriff der Arbeitszeit** bestimmt sich nach dem Zweck des MBR. Arbeits- **96** zeit ist die Zeit, innerhalb derer der ArbN seine vertraglich geschuldete Leistung erbringen soll (BAG 14. 11. 06 AP Nr. 121 zu § 87 BetrVG 1972 Arbeitszeit). Zur Arbeitszeit gehören deshalb auch Zeiten der **Arbeitsbereitschaft,** des **Bereit-** **schaftsdienstes** und der **Rufbereitschaft.** Das gilt hinsichtlich des MBR unabhängig davon, ob und wie diese Zeiten im Einzelnen vergütet werden. Von der gewöhnlichen Arbeitszeit unterscheidet sich Arbeitsbereitschaft nur durch den Grad der Inanspruchnahme. Arbeitsbereitschaft ist wache Achtsamkeit im Zustand der Entspannung. Sie gilt arbeitszeitlich als Arbeitszeit. Bereitschaftsdienst und Rufbereitschaft schränken die Freizeit des ArbN ein. Sie verpflichten den ArbN, sich auf Anordnung des ArbGeb. an einer von diesem bestimmten Stelle (Bereitschaftsdienst) oder einem selbstbestimmten Ort (Rufbereitschaft) aufzuhalten und auf gesonderte Aufforderung hin die Arbeit aufzunehmen. Es handelt sich um Arbeit im betriebsverfassungsrechtlichen Sinn. Deshalb ist es nach dem Zweck der Vorschrift geboten, dem BR hinsichtlich deren Einführung und zeitlichen Lage ein MBR einzuräumen (BAG 22. 7. 03, 29. 2. 00 AP Nr. 108, 81 zu § 87 BetrVG Arbeitszeit). Für das Bestehen und den Umfang des MBR kommt es auf die arbeitszeitrechtliche oder die vergütungsrechtliche Einordnung solcher Zeiten nicht an. Nicht zur Arbeitszeit iSd. Nr. 2 gehört die **Reisezeit**, wenn während dieser Zeit keine Arbeitsleistung zu erbringen ist (BAG 23. 7. 96 AP Nr. 26 zu § 87 BetrVG 1972 Ordnung des Betriebes). **Dienstreise** ist die Fahrt eines ArbN von seiner regulären Arbeitsstätte an einen oder mehrere auswärtige Orte, an denen ein Dienstgeschäft zu erledigen ist. Durch das Reisen als solches erbringt er keine Arbeitsleistung (aA *DKK-Klebe* Rn 68 a). Etwas anderes gilt bei Außendienstmitarbeitern oder wenn der ArbGeb. während der Dienstreise bestimmte Tätigkeiten verlangt, etwa das Führen eines Kfz. Gehört also das Reisen nicht zu den Hauptleistungspflichten des ArbN, ist die dafür aufzuwendende Zeit keine Arbeitszeit iSd. MBR (BAG 14. 11. 06 AP Nr. 121 zu § 87 BetrVG 1972 Arbeitszeit). Auch **Umkleidezeit** kann im Einzelfall zur betriebsverfassungsrechtlichen ArbZ gehören (BAG 10. 11. 09 – 1 ABR 54/08 – NZA-RR 10, 301).

97   Soweit **gesetzliche oder tarifliche Regelungen** bestehen, können MBR nur in den vorgeschriebenen Grenzen ausgeübt werden. Innerhalb der gesetzlichen Höchstarbeitszeitgrenzen ist das Maß der tariflich oder vertraglich geschuldeten Arbeitszeit auszuschöpfen (BAG 24. 1. 06 AP Nr. 8 zu § 3 ArbZG). Gesetzliche Bestimmungen schließen das MBR aus, soweit sie Fragen der Arbeitszeit auch inhaltlich regeln und dem ArbGeb. kein Entscheidungsspielraum verbleibt. Lässt die gesetzliche Regelung mehrere Entscheidungen zu, bleibt das MBR insoweit bestehen.

98   Das **öffentlich-rechtliche Arbeitszeitrecht** soll den ArbN vor einer zeitlichen Überforderung schützen. Es setzt dazu **Höchstgrenzen** der Arbeitszeit fest. Bei der Bestimmung dieser Höchstgrenzen kann der BR nicht über die arbeitszeitrechtliche Einordnung von Rufbereitschaft oder Bereitschaftsdienst befinden (WPK/*Bender* Rn 53). Hierbei handelt es sich um eine Rechtsfrage und nicht um eine der Einigung der Betriebsparteien zugängliche Regelungsfrage (BAG 22. 7. 03 AP Nr. 108 zu § 87 BetrVG 1972 Arbeitszeit). Das ArbZG regelt weiter die Voraussetzungen unter denen ausnahmsweise die Arbeitszeit über den gesetzlichen Rahmen hinaus durch TV verlängert werden kann (§ 7 ArbZG). Innerhalb eines verbleibenden Regelungsspielraums besteht ein MBR (GK-*Wiese* Rn 271; *Gnade* FS *Kehrmann* S. 229).

99   In **Tarifverträgen** wird häufig die Höchstdauer der wöchentlichen Arbeitszeit geregelt. Tarifl. Arbeitszeitregelungen sind unionsrechtskonform auszulegen. Von einer tarifl. Befugnis, die es dem ArbGeb. erlauben würde, die jahresdurchschnittl. Wochenarbeitszeit von 48 Stunden unter bestimmten Voraussetzungen zu überschreiten, dürfen die Betriebsparteien und im Konfliktfall die E-Stelle deshalb keinen Gebrauch machen (BAG 24. 1. 06 AP Nr. 8 zu § 3 ArbZG).

100   Das MBR setzt einen **kollektiven Tatbestand** voraus (vgl. Rn 14 ff.). Er liegt vor, wenn die kollektiven Interessen der ArbN berührt werden, zB Beginn der täglichen Arbeitszeit. In Fragen der Dienstplangestaltung liegt stets ein kollektiver Bezug vor. Dieser ist nur zu verneinen, wenn im Einzelfall die Lage der Arbeitszeit auf den persönlichen Wünschen des ArbN beruht und die mit diesem getroffenen Abreden keine Auswirkungen auf die Arbeitszeitregelungen anderer ArbN haben (BAG 27. 11. 90 AP Nr. 41 zu § 87 BetrVG 1972 Arbeitszeit).

101   **Zweck** des MBR ist es, die Interessen der ArbN vor allem an der Lage ihrer Arbeitszeit und damit zugleich der Freizeit für die Gestaltung ihres Privatlebens zur Geltung zu bringen und darauf zu achten, dass die Einteilung und Lage des geschuldeten Arbeitszeitvolumens eine sinnvolle Gestaltung der freien Zeit überhaupt noch erlaubt (BAG 29. 2. 00, 28. 5. 02, 26. 10. 04, 14. 11. 06 AP Nrn. 81, 96, 113, 121 zu § 87 BetrVG 1972 Arbeitszeit). Mit der Ausübung des MBR nach Nr. 2

greift der BR zwar in die dem ArbGeb. vorbehaltene Arbeitsorganisation ein. Das ist durch Nr. 2 gedeckt. Es existiert kein Rechtsgrundsatz, nach dem MBR insoweit zurücktreten müssen, als durch die Organisation des Arbeitsablaufs berührt wird (BAG 1. 7. 03 AP Nr. 107 zu § 87 BetrVG 1972 Arbeitszeit).

a) Dauer der wöchentlichen Arbeitszeit

Die Dauer der wöchentlichen Arbeitszeit ist die Größe, von der alle weiteren Entscheidungen über die Verteilung dieser Arbeitszeit und deren Lage abhängen. Sie bestimmt sich entweder nach einem TV oder nach einer vertragl. Vereinbarung. Dem steht es gleich, wenn ein TV oder eine vertragliche Vereinbarung lediglich ein konkretes Arbeitszeitvolumen (Jahr, Monat) vorgeben (vgl. Rn 106). **102**

Das MBR des BR über die **Dauer der wöchentlichen Arbeitszeit** ist umstritten. Nach der hM unterliegt die Dauer der wöchentlichen Arbeitszeit, dh der Umfang des vom ArbN geschuldeten Arbeitszeitvolumens, nicht der Mitbestimmung (st. Rspr. des BAG, vgl. BAG 22. 7. 03 AP Nr. 108 zu § 87 BetrVG 1972 Arbeitszeit; 24. 1. 06 AP Nr. 8 zu § 3 ArbZG; *Richardi* Rn 267; GK-*Wiese* Rn 275; *HSWGNR* Rn 192; ErfK-*Kania* Rn 25; *Buchner* RdA 90, 1). Für ein MBR in dieser Frage haben sich ausgesprochen *DKK-Klebe* Rn 73; *Gnade* FS Kehrmann S. 227). **103**

Wortlaut, Systematik sowie der Zweck sprechen dafür, die Dauer der wöchentlichen Arbeitszeit als vorgegeben und **nicht dem MBR des BR** unterliegend anzusehen. Zum einen wird mit der Festlegung von Beginn und Ende der täglichen Arbeitszeit nicht zwangsläufig die Dauer der wöchentlichen Arbeitszeit bestimmt. Zum anderen spricht gegen ein MBR über die Dauer der wöchentlichen Arbeitszeit der systematische Zusammenhang der in Abs. 1 geregelten MBR. Nach § 87 Nr. 3 hat der BR mitzubestimmen über die vorübergehende Verkürzung oder Verlängerung der betriebsüblichen Arbeitszeit. Nur für diesen Sonderfall wird das MBR eingeräumt. Deshalb kann die Dauer der wöchentlichen Arbeitszeit nicht dem MBR nach Nr. 2 unterliegen (BAG 18. 8. 87 AP Nr. 23 zu § 77 BetrVG 1972; GK-*Wiese* Rn 279; *HSWGNR* Rn 192). Der Einwand, Nr. 3 diene nur der Klarstellung, kann diese Betrachtung nicht entkräften. **104**

Auch **Schutzzweck** der Norm kann die Mitbestimmung über die Dauer der wöchentlichen Arbeitszeit nicht rechtfertigen (aA *DKK-Klebe* Rn 74). Zwar müssen die ArbN vor einer überlangen psychisch und physisch belastenden und ihren berechtigten Interessen nach Erholung und Freizeit zuwiderlaufenden Arbeitszeit geschützt werden. Diese Aufgaben übernehmen aber das Gesetz (ArbZG) und die TV. Dass das MBR des BR nicht eingreift, wenn TV die Dauer der wöchentlichen Arbeitszeit regeln, räumt auch *DKK-Klebe* ein (aaO Rn 74). Tarifliche Bestimmungen über die Dauer der Arbeitszeit regeln zwar im Allgemeinen nur deren Höchstdauer, so dass innerhalb dieser Grenzen die Festlegung der konkreten Arbeitszeit durch BV möglich wäre. Es ist aber unter dem Gesichtspunkt des Schutzzwecks nicht erforderlich, dem BR ein weitergehendes MBR einzuräumen. Hinzu kommt, dass ein MBR über die Dauer der wöchentlichen Arbeitszeit unmittelbar in das Austauschverhältnis von Leistung und Gegenleistung eingreifen würde. Diese Kernfrage des ArbVerh. zu regeln ist Aufgabe der TVParteien und nicht den Betriebsparteien zugewiesen. Hätte das Gesetz einen weitergehenden Schutz der ArbN durch die BR gewollt, hätte dies im Hinblick auf die Bedeutung der Frage eindeutig geregelt werden müssen. **105**

b) Verteilung der Arbeitszeit auf die Wochentage

Nach dem Wortlaut der Nr. 2 hat der BR mitzubestimmen über die Verteilung der **wöchentlichen Arbeitszeit** auf die einzelnen Wochentage. Damit besteht ein MBR zur Frage, ob an 4, 5 oder 6 Tagen der Woche gearbeitet werden soll (BAG 13. 10. 87 AP Nr. 24 zu § 87 BetrVG 1972 Arbeitszeit; ErfK-*Kania* Rn 27; *Richardi* Rn 273; *DKK-Klebe* Rn 78; GK-*Wiese* Rn 295). Ist nur die **monatliche oder jährliche Arbeitszeit** (Arbeitszeitkonto) vorgegeben, besteht nach dem Zweckgedanken **106** der Nr. 2 ein MBR bei der Verteilung auf die einzelnen Tage des Monats (GK-*Wiese* Rn 298; *DKK-Klebe* Rn 74 a). Mitzubestimmen hat der BR auch bei der Ausgestaltung eines „rollierenden Systems" der Arbeitszeiten, nach dem die arbeitsfreien Tage in verschiedenen Wochen auf verschiedene Wochentage gelegt werden (BAG 27. 11. 90 AP Nr. 41 zu § 87 BetrVG 1972 Arbeitszeit; ErfK-*Kania* Rn 27; *HSWGNR* Rn 197). Das betrifft auch die Frage, ob gesetzliche Wochenfeiertage vom Rolliersystem ausgenommen werden (LAG Hamm 25. 4. 08 – 13 TaBV 120/07). Es besteht auch bei der Verteilung der nach § 8 oder § 9 TzBfG verkürzten oder verlängerten Arbeitszeit (WPK/*Bender* Rn 60). §§ 8 und 9 TzBfG schließen das MBR nicht aus. Sie enthalten keine abschließende gesetzliche Regelung (*Rieble/Gutzeit* NZA 02, 9; vgl. Rn 125).

107   Bei der **Verteilung** ist von der Dauer der wöchentlichen Arbeitszeit auszugehen. Sie wird meist in TV festgelegt. Ändert sich die tarifliche Wochenarbeitszeit, kann dies zu einer neuen Verteilung führen. Kann die Verteilung trotz Änderung aufrechterhalten werden, bleibt es zunächst bei der bisher geltenden Verteilung. Jede Seite hat jedoch ein Initiativrecht.

08, 109   Der BR kann auch mitbestimmen über die Frage, ob und an welchen Tagen weniger (kürzer) gearbeitet werden soll und an welchen Tagen länger, begrenzt durch die vorgegebene Dauer der wöchentlichen Arbeitszeit. Auch die Frage, ob **arbeitsfreie Tage eingearbeitet** werden sollen und wann unterliegt dem MBR (*HSWGNR* Rn 194; *Löwisch* FS *Molitor* S. 225; aA *Wirges* DB 97, 2488).

110   Das MBR erstreckt sich auch auf die Einführung sogn. **Dienstleistungsabende** (vgl. BAG 25. 2. 97 AP Nr. 72 zu § 87 BetrVG Arbeitszeit). Ordnet der ArbGeb. an, dass wg. einer **Betriebsfeier oder eines Betriebsausflugs** ausfallende ArbZ nachgeholt werden soll, führt das zu einer mitbestimmungspflichtigen Änderung der Lage der tägl. ArbZ (*Vogt/Kossmann* NZA 10, 1264).

111   Soweit **Sonntagsarbeit** gesetzlich zulässig ist, unterliegt deren Einführung und Regelung dem MBR (BAG 25. 2. 97 AP Nr. 72 zu § 87 BetrVG 1972 Arbeitszeit). Das gilt auch dann, wenn ArbN aus anderen Betrieben eingesetzt werden sollen (ErfK-*Kania* Rn 27; *Richardi* Rn 284). Auch TV können Sonntagsarbeit einschränken oder verbieten. Ein MBR besteht auch bei der Festlegung der zeitlichen Lage eines **Ersatzruhetages** als Ausgleich für eine Feiertagsbeschäftigung (LAG Köln 24. 9. 98 AiB 99, 467).

c) Beginn und Ende der täglichen Arbeitszeit

112   Nach der Verteilung der Wochenarbeitszeit auf die einzelnen Wochentage müssen **Beginn und Ende der täglichen Arbeitszeit** festgelegt werden. Mitbestimmungspflichtig ist damit die Dauer der täglichen Arbeitszeit (BAG 28. 9. 88 AP Nr. 29 zu § 87 BetrVG 1972 Arbeitszeit).

113   Beginn und Ende der Arbeitszeit müssen **nicht** für alle ArbN des Betriebs **einheitlich** geregelt zu werden. Es darf nach ArbNGruppen (Arb., Ang., Auszubildende, Jugendliche) unterschieden werden, soweit es hierfür sachliche Gründe gibt. Das gilt auch für einzelne Betriebsabteilungen (GK-*Wiese* Rn 308; *DKK-Klebe* Rn 76). Jede **Änderung** unterliegt ebenfalls dem MBR. Einseitige Änderungen durch den ArbGeb. sind nicht möglich (BAG 23. 3. 99 AP Nr. 80 zu § 87 BetrVG 1972 Arbeitszeit).

114   Nicht mitbestimmungspflichtig sind Vereinbarungen zwischen ArbGeb. und ArbN über die Lage der Arbeitszeit, die nur durch die individuellen Umstände bedingt sind (vgl. Rn 16); es fehlt dann an einem **kollektiven Tatbestand.** Was zur Arbeitszeit gehört (Betreten des Betriebsgeländes, Passieren der Kontrollstellen, Erreichen des Arbeitsplatzes), ist in der Regel in TV geregelt. Grenzen der Regelungsbefugnis, nicht der MBR, ergeben sich aus gesetzlichen und tariflichen Regelungen, etwa zum Arbeitszeitrecht.

115   Die Einführung der sog. **„gleitenden Arbeitszeit"** (einschließlich deren Kontrolle) für ArbN unterliegt dem MBR (BAG 18. 4. 89 AP Nr. 33 zu § 87 BetrVG

1972 Arbeitszeit; *Richardi* Rn 279; GK-*Wiese* Rn 334; *HSWGNR* Rn 204). Gleitende Arbeitszeit kommt den individuellen Bedürfnissen der ArbN entgegen. Beginn und Ende der täglichen Arbeitszeit muss nicht für jeden ArbN gleich sein. Es kommt sowohl eine Verschiebung von Beginn und Ende innerhalb eines Arbeitstages, als auch eine unterschiedlich lange Arbeitszeit mit „Zeitausgleich" innerhalb eines längeren Zeitraums in Betracht. Die erforderlichen **Einzelheiten** eines derartigen Systems sind durch **BV** festzulegen. Dazu gehören die „Gleitspannen" am Vor- und Nachmittag, eine „Kernarbeitszeit", innerhalb deren alle ArbN anwesend sein müssen, und die Festlegung eines Zeitraums, innerhalb dessen Zeitrückstände oder Zeitguthaben ausgeglichen werden müssen. Sinnvoll sind zudem Verfallklauseln, Bestimmungen zum Verhältnis zu Überstundenvergütungen sowie Kontrollbestimmungen über die geleisteten Arbeitsstunden (vgl. GK-*Wiese* Rn 335; *Buschmann/Ulber*, Flexibilisierung: Arbeitszeit – Beschäftigung, S. 121 ff.; *Rauschenberg*, Flexibilisierung und Neugestaltung der Arbeitszeit, S. 29). Der BR hat einen Anspruch gegen den ArbGeb. auf Einhaltung einer BV über Gleitzeit (BAG 23. 6. 92 AP Nr. 20 zu § 23 BetrVG 1972).

Entsprechendes gilt für das flexible Arbeitszeitsystem der sogn. **Vertrauensar** **116** **beitszeit.** Dabei hat der ArbN innerhalb eines vorgegebenen zeitlichen Rahmens die vom ArbGeb. bestimmten Arbeitsziele zu erreichen. Die tarifliche oder individualvertraglich vereinbarte Arbeitszeit bleibt unberührt. Es besteht weder eine bestimmte Anwesenheitspflicht noch eine Kernarbeitszeit. Die konkrete zeitliche Befassung der ArbN mit ihren Arbeitsaufgaben wird nicht dokumentiert. (*DKK-Klebe* Rn 80 a; J/R/H-*Baeck* Kap. 11 Rn 74 ff.). Kennzeichen der Vertrauensarbeitszeit ist der Verzicht des ArbGeb. auf Erfassung und Kontrolle der Arbeitszeit (*Compensis* NJW 07, 3089). Das bleibt in der Eigenverantwortung der ArbN. Eine solche Zuweisung ist durch das arbeitsvertragliche Direktionsrecht gedeckt. Nach dem Zweck des MBR nach Nr. 2 soll der BR aber gerade an dieser direktionsrechtlichen Entscheidung des ArbGeb. beteiligt werden. Danach ist die **Einführung** von Vertrauensarbeitszeit mitbestimmungspflichtig. Das gilt auch für die **Modalitäten der Vertrauensarbeitszeit** (*DKK-Klebe* Rn 80 a; J/R/H-*Baeck* aaO; *Compensis* aaO S. 3092). Ansonsten käme bereits die Einführung einem völligen Verzicht auf die MBR nach Nr. 3 gleich. Ebenso wie bei Gleitzeitmodellen bedarf es daher auch bei der Vertrauensarbeitszeit Regelungen zur Vermeidung einer zeitlichen Überforderung der ArbN, da der ArbGeb. durch die mitbestimmungsfreie Zuweisung konkreter Arbeitsaufgaben die ArbN zur Ableistung von Überstunden unter Umgehung des MBR nach Abs. 1 Nr. 3 veranlassen kann. Eine BV zur Vertrauensarbeitszeit muss deshalb entsprechende Kontrollmechanismen vorsehen (vgl. *DKK-Klebe* Rn 80 a; *Däubler/Hensche*, TVG § 1 Rn 571 ff.; *Reichold* FS *Wiese* S. 407 ff.; *Fröhlich* BuW 98, 230; *Trümner* FS 50 Jahre Arbeitsgerichtsbarkeit Rheinl.-Pfalz S. 395). Regelungsgegenstände einer entsprechenden BV können demnach sein: Kontrollaufzeichnungen der ArbN und Einsichtsrecht des BR, Einrichtung einer innerbetrieblichen Clearing-Stelle zur Schlichtung von Arbeitszeitfragen, Festlegung der Wochentage an denen die Arbeitsleistung erbracht werden kann oder Service-Zeiten, in denen ArbN nach einer von ihnen zu treffenden Absprache im Betrieb zur Verfügung stehen (vgl. J/R/H-*Baeck* Kap. 11 Rn 75). Zur Dokumentationspflicht des ArbGeb. nach § 16 Abs. 2 ArbZG vgl. *Schlottfeldt/Hoff* NZA 01, 530. Zum Informationsanspruch des BR bei Vertrauensarbeitszeit BAG 6. 5. 03 AP Nr. 81 zu § 80 BetrVG 1972.

Ein volles MBR einschließlich des Initiativrechts des BR (vgl. Rn 583) besteht **117** auch, wenn durch die zeitliche Lage der Arbeitszeit mittelbar die **Ladenöffnungszeit** in Geschäften beeinflusst wird. Der ArbGeb. muss sowohl die Ladenschlusszeiten als auch die arbeitsrechtlichen Beschränkungen beachten. Derartige Auswirkungen der MBR auf die unternehmerische Entscheidungsfreiheit sind vom Gesetzgeber gewollt (BAG 31. 8. 82, 13. 10. 87 AP Nr. 8, 24 zu § 87 BetrVG 1972 Arbeitszeit; GK-*Wiese* Rn 303; krit. *Richardi* Rn 315; **aA** *HSWGNR* Rn 216; *Goos* NZA 88, 870; *Martens* RdA 89, 164; *Ch. J. Müller* Die Berufsfreiheit des ArbGeb., Diss 1996

S. 210 ff.). Die Einschränkung der Unternehmerfreiheit ist verfassungsgemäß (BVerfG 18. 12. 85 AP Nr. 15 zu § 87 BetrVG 1972 Arbeitszeit).

d) Pausen

118　Das MBR nach Nr. 2 erstreckt sich auch auf die **Dauer und Lage der Pausen.** Der Begriff der Pause wird im Gesetz selbst nicht definiert, sondern vorausgesetzt. Pausen sind Unterbrechungen der Arbeitszeit, in denen der ArbN weder Arbeit zu leisten noch sich zur Arbeit bereit halten muss (BAG 22. 7. 03 AP Nr. 108 zu § 87 BetrVG 1972 Arbeitszeit). Der ArbN kann frei darüber entscheiden, wo und wie er diese Zeit verbringen will (BAG 23. 9. 92 AP Nr. 6 zu § 3 AZO). Pausen dienen der Erholung (BAG 22. 10. 02 AP Nr. 11 zu § 611 BGB). Gemeint sind allerdings nur die unbezahlten Pausen. Sie rechnen nicht zur Arbeitszeit und sind – soweit eine tariflich oder vertragliche Regelung nichts gegenteiliges bestimmt – auch nicht zu vergüten (BAG 28. 7. 81 AP Nr. 3 zu § 87 BetrVG 1972 Arbeitssicherheit; *HSWGNR* Rn 208). Für den Begriff der Pause iSd MBR ist die Vergütungspflicht der Arbeitszeitunterbrechung unerheblich. Entscheidend ist die Freistellung von der Arbeit. Deshalb erstreckt sich das MBR nach Nr. 2 auch auf die zeitliche Lage von Kurzpausen, die nach einem TV vergütungspflichtig sind (BAG 1. 7. 03 AP Nr. 107 zu § 87 BetrVG 1972 Arbeitszeit). Hinsichtlich bezahlter Pausen ist das MBR auf die Festlegung der zeitlichen Lage der Pausen beschränkt. Ein Initiativrecht für die Einführung solcher Pausen besteht nicht. Der BR könnte ansonsten den Umfang der Vergütungspflicht bestimmen. Das ist dem MB nach Nr. 2 entzogen (BAG 1. 7. 03 aaO). Bei der Ausübung des MBR sind die Vorgaben des § 4 ArbZG zur Mindestpausendauer zu beachten. Zwar kann der ArbGeb. längere Pausen anordnen, hat aber dabei den BR zu beteiligen. Bei der Bestimmung der gesetzlichen Mindestdauer ist Bereitschaftsdienst wie ArbZ zu behandeln (BAG 16. 12. 09 – 5 AZR 157/09 – NZA 10, 505).

119　Bezahlte Unterbrechungen der Arbeit sind keine Pausen iSd. MBR (vgl. *Richardi* Rn 276), soweit sie aus Gründen des Arbeitsschutzes vorgeschrieben sind, zB Lärmpausen (BAG 28. 7. 81 AP Nr. 3 zu § 87 BetrVG 1972 Arbeitssicherheit oder Bildschirmarbeit (BAG 6. 12. 83 AP Nr. 7 zu § 87 BetrVG 1972 Überwachung). Es kommt aber ein MBR nach Nr. 7 in Betracht. Keine Pausen sind auch die sogn. Erholungszeiten beim Akkord (GK-*Wiese* Rn 344).

e) Schichtarbeit

120　Dem MBR unterliegt die **Einführung oder der Abbau von Schichtarbeit** für den ganzen Betrieb, bestimmte Betriebsabteilungen oder Arbeitsplätze (BAG 28. 10. 86, 18. 4. 89, 27. 6. 89 AP Nr. 20, 34, 35 zu § 87 BetrVG 1972 Arbeitszeit; 8. 8. 89 AP Nr. 11 zu § 23 BetrVG 1972; 26. 3. 91 AP Nr. 32 zu § 75 BPersVG). Schichtarbeit kann in Wechselschicht geleistet werden, dann gibt es mehrere Schichten an einem Tag.

121　Das MBR besteht auch im Fall der **Änderung,** selbst wenn nur eine Schicht ausfällt (BAG 13. 7. 77 AP Nr. 2 zu § 87 BetrVG 1972 Kurzarbeit; 28. 5. 02 AP Nr. 96 zu § 87 BetrVG 1972 Arbeitszeit). Der **Wegfall einer Schicht** ist eine nach Nr. 2 zu regelnde Frage der Arbeitszeitverteilung und zugleich eine vorübergehende Verkürzung der Arbeitszeit nach Nr. 3 und demnach mitbestimmungspflichtig (BAG 1. 7. 03, 3. 6. 06 AP Nr. 102, 119 zu § 87 BetrVG Arbeitszeit). Das MBR umfasst deshalb auch die Umstellung von drei auf zwei Schichten, den Wegfall der Nachtschicht oder die Einführung von Wechselschichten. Es besteht unabhängig von den vergütungsrechtlichen Folgen auch für die Absage bereits vereinbarter Schichten (BAG 1. 7. 03 aaO). Fällt ein ArbN in einer Schicht wegen Krankheit, Urlaub oder der Teilnahme an Fortbildungsmaßnahmen aus, kann das zwar zu einer stärkeren Arbeitsbelastung der übrigen ArbN der jeweiligen Schicht führen. Das ist aber keine mitbestimmungspflichtige

Änderung des Schichtplans (BAG 28. 5. 02 AP Nr. 96 zu § 87 BetrVG 1972 Arbeitszeit).

Das MBR erstreckt sich auf die **Aufstellung eines einzelnen Schichtplans.** ArbGeb. und BR können sich jedoch darauf beschränken, **allgemeine Grundsätze** der Schichtplangestaltung zu vereinbaren. In einem solchen Fall kann der ArbGeb. innerhalb des vorgegebenen Rahmens den einzelnen Schichtplan allein erstellen (BAG 18. 4. 89. 1. 7. 03 AP Nr. 34, 102 zu § 87 BetrVG 1972 Arbeitszeit). **122**

Dem MBR unterliegen auch die **Grundsätze, nach denen die ArbN den einzelnen Schichten zugeordnet werden** sollen (BAG 27. 6. 89, 28. 5. 02 AP Nr. 35, 96 zu § 87 BetrVG 1972 Arbeitszeit). Dagegen ist die Zuweisung eines ArbN von einer Schicht in eine andere keine mitbestimmungspflichtige Maßnahme nach der Nr. 2 (*Gaul* NZA 89, 48 und *H. G. Meier* NZA 88 Beil. 3 S. 3; **aA** BAG 27. 6. 89 AP Nr. 35 zu § 87 BetrVG 1972 Arbeitszeit; 8. 8. 89 AP Nr. 11 zu § 23 BetrVG 1972). Inhalt der Maßnahme ist die Zuweisung eines einzelnen ArbN. Das kann nur eine personelle Einzelmaßnahme, also Versetzung iSv. § 95 sein (vgl. § 99 Rn 115). **123**

f) Teilzeitbeschäftigung

Für **Teilzeitbeschäftigte** gelten uneingeschränkt die oben genannten Grundsätze. Teilzeitbeschäftigte unterscheiden sich nur durch den zeitlichen Umfang ihrer Arbeitsverpflichtungen von Vollzeitbeschäftigten. Der BR hat nicht mitzubestimmen über die Dauer der vereinbarten oder tariflich festgelegten wöchentlichen Arbeitszeit. Erst auf der Grundlage dieser Daten kann das MBR des BR einsetzen. Das MBR bezieht sich auf die Lage der vorgegebenen wöchentlichen Arbeitszeit und umfasst die Verteilung der Arbeitszeit auf die einzelnen Wochentage einschließlich der Bestimmung arbeitsfreier Tage. Ferner erstreckt es sich auf die Frage, ob an einem Arbeitstag zusammenhängend oder in mehreren Schichten gearbeitet werden soll, schließlich auf die Festlegung der Mindestdauer der täglichen Arbeitszeit im Gegensatz zur mitbestimmungsfreien Dauer der wöchentlichen Arbeitszeit (BAG 13. 10. 87, 28. 9. 88, 16. 7. 91 AP Nr. 24, 29, 44 zu § 87 BetrVG 1972 Arbeitszeit; *Richardi* Rn 296; *Preis* NZA-Sonderheft 01, 39; ErfK-*Kania* Rn 30). Die dauerhafte Erhöhung des Umfangs der regelmäßigen wöchentlichen Arbeitszeit ist nicht mitbestimmungspflichtig (BAG 15. 5. 07 AP Nr. 30 zu § 1 BetrVG 1972 Gemeinsamer Betrieb). **124**

Nach § 8 TzBfG haben ArbN Anspruch auf Teilzeit. Sie können auch Regelungen zur **Verteilung der Arbeitszeit** verlangen. Das betrifft die Lage der Arbeitszeit. Der ArbN soll nach § 8 die Möglichkeit haben, seine Interessen an der Festlegung der Arbeitszeit und der Freizeit geltend zu machen. Die Vorschrift begründet aber keinen Gesetzesvorbehalt iSd Eingangssatzes (BAG 24. 6. 08 AP Nr. 8 zu § 117 BetrVG 1972) und steht deswegen dem MB des BR nicht entgegen. Allerdings haben die Betriebsparteien auch darauf zu achten, dass die Vereinbarkeit von Familie und Erwerbstätigkeit gefördert wird (§ 80 Abs. 1 Nr. 2 b). Bei der hierbei zu treffenden Abwägung zwischen betrieblichen Interessen und denen der Gesamtheit der ArbN wie der des einzelnen ArbN steht ihnen ein Beurteilungsspielraum zu (BAG 16. 12. 08 AP Nr. 27 zu § 8 TzBfG). Den Betriebsparteien ist es aber verwehrt, den gesetzlichen Teilzeitanspruch zeitlich und umfänglich zu begrenzen. Eine darauf gerichtete Überforderungsquote zugunsten des ArbGeb. kann allenfalls durch TV geregelt werden (BAG 24. 6. 08 aaO). Eine BV über die Lage der Arbeitszeit berechtigt den ArbGeb. daher auch einen entgegenstehenden Verteilungswunsch des ArbN abzulehnen (BAG 18. 2. 03 AP Nr. 2 zu § 8 TzBfG). Das gilt jedoch nicht, wenn dem ArbGeb. mangels kollektiven Bezugs des Verteilungsverlangens eine Abweichung von der BV betriebsverfassungsrechtlich gestattet wäre (BAG 16. 4. 04 AP Nr. 10 zu § 8 TzBfG). Hat aber eine Arbeitszeitverteilungswunsch des ArbN (§ 8 Abs. 2–5 TzBfG) Auswirkungen auf eine BV oder Regelungsabrede zur Verteilung der Arbeitszeit, kann eine solch kollektive Vereinbarung dem individuellen Verteilungsverlangen entgegenstehen (BAG 16. 12. 08 aaO). Nach § 13 Abs. 1 TzBfG kann vereinbart wer- **125** den, dass sich mehrere ArbN einen Arbeitsplatz teilen **(Job-Sharing).** Das betrifft nicht die Lage der täglichen Arbeitszeit. Für die Einführung von Job-Sharing besteht daher kein MBR (GK-*Wiese* Rn 316); die damit in Zusammenhang stehende zeitl. Koordinierung ist mitbestimmungspflichtig (*Richardi* 297).

126   Das MBR bezieht sich auch auf die Frage, ob **Teilzeitbeschäftigte zu festen Zeiten** oder **nach Bedarf** (**KAPOVAZ,** zu Rechtsfragen in diesem Zusammenhang vgl. *Rauschenberg,* Flexibilisierung und Neugestaltung der Arbeitszeit, S. 47) beschäftigt werden (BAG 13. 10. 87, 28. 9. 88 AP Nr. 24, 29 zu § 87 BetrVG 1972 Arbeitszeit; *Preis* NZA-Sonderheft 01, 39 f.). Für ArbN, die nach Bedarf beschäftigt werden, können der früheste Beginn und das Ende der täglichen Arbeitszeit festgelegt werden. Das MBR kann nicht mit der Begründung versagt werden, der ArbGeb. habe nach § 12 TzBfG das Recht, den zeitlichen Umfang zu bestimmen. Dieses Recht schließt das MBR zur Verteilung der ArbZ gerade nicht aus. Die Gestaltungsmöglichkeiten des ArbGeb. müssen zum Schutz der Betroffenen dem MBR des BR unterworfen werden. Die Regelungen zwischen ArbGeb. und BR überlagern etwaige abweichende individuelle Vereinbarungen (BAG 28. 9. 88 AP Nr. 29 zu § 87 BetrVG 1972 Arbeitszeit). Die Vorschriften im TzBfG (§§ 12, 13) beziehen sich nur auf die individual-rechtliche, nicht auf die kollektiv-rechtliche Zulässigkeit der Flexibilisierung von Teilzeitarbeit (BAG 13. 10. 87 AP Nr. 2 zu § 77 BetrVG 1972 Auslegung; 28. 9. 88 AP Nr. 29 zu § 87 BetrVG 1972 Arbeitszeit). **Altersteilzeit** ist eine besondere Form der Teilzeitbeschäftigung. Der BR hat hinsichtlich der Verteilung der geschuldeten ArbZ, nicht hinsichtlich der Einführung von Altersteilzeit mitzubestimmen (*Richardi* Rn 300).

g) Anwendung im Einzelfall

127   Ein MBR besteht in folgenden Fällen:
- **Aufstellung von Dienstplänen** (BAG 23. 3. 99 AP Nr. 80 zu § 87 BetrVG 1972 Arbeitszeit),
- Einführung von **Rufbereitschaft** (BAG 21. 12. 82 AP Nr. 9 zu § 87 BetrVG 1972 Arbeitszeit; *Richardi* Rn 303; *DKK-Klebe* Rn 83; **aA** *HSWGNR* Rn 207 nur Aufstellung eines Rufbereitschaftsplans),
- Einführung von **Rufbereitschaft** in Form einer vom ArbGeb. angeordneten Erreichbarkeit außerhalb der ArbZ über **Mobiltelefone, Smart-Phones oder Laptops** (*Bissels/Domke/Wisskirchen* DB 10, 2052)
- Einführung von **Bereitschaftsdienst** (BAG 29. 2. 00 AP Nr. 81 zu § 87 BetrVG 1972 Arbeitszeit; *Richardi* Rn 303; *DKK-Klebe* Rn 83),
- **Einführung u. Ausgestaltung eines rollierenden Systems** bei der Einführung der 5-Tage-Woche im Kaufhaus (BAG 31. 1. 89 AP Nr. 15 zu § 87 BetrVG 1972 Tarifvorrang; 31. 1. 89, 25. 7. 89 AP Nr. 31, 38 zu § 87 BetrVG 1972 Arbeitszeit),
- **Telearbeit** (centerbasiert, On-Site oder heimbasierte Telearbeit). Das MBR erstreckt sich etwa auf die Einschaltzeit (Betriebszeit) des Computers oder die Einhaltung von Kernzeiten (*Schmeckel* NZA 04, 237; *Wiese* RdA 09, 344),
- **Arbeitszeitverlegungen** zB für die zwischen Weihnachten u. Neujahr ausfallende Arbeitszeit (BAG 9. 5. 84 AP Nr. 58 zu § 1 LohnFG; *Löwisch* FS *Molitor* S. 225; **aA** *Wirges* DB 97, 2488),
- zeitlichen Lage von **Theaterproben,** sofern nicht künstlerische Gesichtspunkte eine bestimmte zeitliche Lage oder Mindestdauer der Proben erfordern (BAG 4. 8. 81 AP Nr. 5 zu § 87 BetrVG 1972 Arbeitszeit; vgl. auch Rn 128 und § 118 Rn 32),
- Festlegung der **Unterrichtsstunden von Lehrern** (BAG 23. 6. 92 AP Nr. 51 zu § 87 BetrVG 1972 Arbeitszeit),
- Einrichtung eines **Sonntagsverkaufs** (jedoch nicht, soweit nur leitende Ang. eingesetzt werden, BAG 25. 2. 97 AP Nr. 72 zu § 87 BetrVG 1972 Arbeitszeit),
- Einführung und Durchführung von **Vertrauensarbeitszeit.**

In **Tendenzbetrieben** müssen die MBR des BR zurücktreten, soweit die Freiheit 128
des Unternehmers zur Tendenzverwirklichung ernsthaft beeinträchtigt wird (BVerfG
15. 12. 99 AP Nr. 67 zu § 118 BetrVG 1972). Zum MBR des BR bei der Arbeitszeit
von **Redakteuren** vgl. BAG 30. 1. 90, 14. 1. 92 AP Nr. 44, 49 zu § 118 BetrVG 1972;
Plander ArbuR 91, 353; *Weller* FS *Gnade* S. 235); zur Festlegung der **Probezeiten in
einem Theater** BAG 4. 8. 81 AP Nr. 5 zu § 87 BetrVG 1972 Arbeitszeit. Bei Privatschulen hat der BR mitzubestimmen bei der Festlegung der **Unterrichtszeit** der
Lehrer (BAG 13. 1. 87 AP Nr. 33 zu § 118 BetrVG 1972; 23. 6. 92 AP Nr. 51 zu
§ 87 BetrVG 1972 Arbeitszeit). Der BR kann aber einen Einsatz der Lehrer im Nach-
mittagsdienst nicht durch sein MBR verhindern (BAG 13. 1. 87 aaO; *Richardi* Rn 320).

Ob bei **LeihArbN** der BR des Verleihers oder des Entleihers mitzubestimmen hat, 129
richtet sich im Allgemeinen danach, welcher ArbGeb. die mitzubestimmende Entscheidung zur Arbeitszeit trifft (BAG 19. 6. 01 AP Nr. 1 zu § 87 BetrVG 1972 Leiharbeitnehmer). Bei der Arbeitnehmerüberlassung steht dem Entleiher das Weisungsrecht hinsichtl. Beginn und Ende der ArbZ des entliehenen ArbN zu. Deshalb steht
dem BR des Entleiherbetriebs auch bezüglich der dort eingesetzten LeihArbN das
MBR nach Nr. 2 zu (*Hunold* NZA-RR 08, 281; *Schirmer* FS 50 Jahre BAG S. 1063).
Die betriebsverfassungsrechtlichen Bestimmungen des § 14 AÜG sind keine abschließenden, das BetrVG verdrängenden Regelungen (BAG 15. 12. 92 AP Nr. 7 zu § 14
AÜG).

3. Vorübergehende Verkürzung oder Verlängerung der betriebsüblichen Arbeitszeit

a) Allgemeines

Das in Nr. 3 geregelte MBR ist ein **Unterfall des MBR der Nr. 2.** Der Begriff 130
der Arbeitszeit ist für beide MBR identisch (BAG 14. 11. 06 AP Nr. 121 zu § 87
BetrVG 1972 Arbeitszeit). In Nr. 3 geht es um die vorübergehende Verkürzung oder
Verlängerung der jeweiligen betriebsüblichen Arbeitszeit, also die Abweichung von
dem für einen bestimmten Wochentag regulär festgelegten Zeitvolumen mit anschl.
Rückkehr zur betriebsüblichen Dauer der Arbeitszeit (BAG 26. 10. 04 AP Nr. 113 zu
§ 87 BetrVG 1972 Arbeitszeit). Verkürzung bedeutet **Kurzarbeit;** Verlängerung
heißt **Überstunden.** Ob sich die zeitl. Veränderung auf die Vergütung oder den
Stand des Arbeitszeitkontos auswirkt, ist für das Bestehen des MBR unerheblich
(BAG 1. 7. 03 AP Nr. 103 zu § 87 BetrVG 1972 Arbeitszeit). Notwendiger Weise
bezieht sich das MBR auch auf die Dauer der wöchentlich oder monatlich geschul-
deten Arbeitsleistung (BAG 5. 3. 74 AP Nr. 1 zu § 87 BetrVG 1972 Kurzarbeit).
Nach der mitbestimmten Entscheidung für eine vorübergehende Verlängerung oder
Verkürzung der betriebsüblichen Arbeitszeit sind die weiteren in Nr. 2 beschriebenen
Fragen (Lage der verkürzten Arbeitszeit, der Überstunden usw.) zu regeln (*Richardi*
Rn 338).

Zweck des MBR ist die angemessene Verteilung der mit einer vorübergehenden 131
Änderung der Arbeitszeit verbundenen Belastungen und/oder Vorteile (BAG 1. 3. 03
AP Nr. 103 zu § 87 BetrVG 1972 Arbeitszeit). Bei der **Kurzarbeit** geht es um den
Ausgleich der Interessen des ArbGeb. an einer wirtschaftlichen Betriebsführung
einerseits und den Interessen der ArbN am Erhalt des Arbeitsplatzes oder darum Son-
derbelastungen durch verkürzte Arbeitszeit, die mit Lohneinbußen verbunden sind,
zu vermeiden. Demgegenüber kann eine Beschränkung oder gar ein Verzicht auf
Überstunden zumindest befristete Neueinstellungen begünstigen (*Richardi* Rn 335).
Bei den **Überstunden** geht es um die Gefährdung der Freizeit und die gerechte
Verteilung der Belastungen und Verdienstchancen unter den ArbN (BAG 23. 7. 96
AP Nr. 26 zu § 87 BetrVG 1972 Ordnung des Betriebes; ErfK-*Kania* Rn 31). Inhalt
des MBR bei der Verlängerung der betriebsüblichen Arbeitszeit ist die Regelungsfra-
ge, ob zusätzlicher Arbeitsbedarf durch eine vorübergehende Erhöhung der regelmä-

ßigen Arbeitszeit abgedeckt werden soll und welche ArbN oder ArbN-Gruppen zu welchen Zeiten und in welchem Umfang diese Arbeit leisten sollen (BAG 23. 7. 96 AP Nr. 68 zu § 87 BetrVG 1972 Arbeitszeit; BAG 19. 6. 01 AP Nr. 1 zu § 87 BetrVG 1972 Leiharbeitnehmer). Insgesamt betrifft der **Schutzzweck des MBR** die Verteilungsgerechtigkeit und den Überforderungsschutz (GK-*Wiese* Rn 362). Es besteht deshalb unabhängig davon, welche individualrechtliche Grundlage die Änderung der Arbeitszeit gegenüber dem ArbN ermöglicht (BAG 24. 4. 07 AP Nr. 124 zu § 87 BetrVG 1972 Arbeitszeit).

132　Arbeitszeit ist die Zeit, innerhalb derer die ArbN ihrer vertraglich geschuldeten Arbeitspflicht nachkommen müssen. **Betriebsübliche Arbeitszeit** ist die im Betrieb regelmäßig geleistete Arbeitszeit (BAG 24. 4. 07 AP Nr. 124 zu § 87 BetrVG 1972 Arbeitszeit), entsprechend dem vertraglich geschuldeten zeitl. Umfang der Arbeitsleistung. Dabei ist auf die im Betrieb jeweils für bestimmte Arbeitsplätze, ArbN-Gruppen oder einzelne ArbN geltende Arbeitszeit abzustellen (BAG 24. 4. 07 AP Nr. 124 zu § 87 BetrVG 1972 Arbeitszeit). Das MBR betrifft Zeiten, in denen der ArbN dem Weisungsrecht des ArbGeb. unterliegt und eine Arbeitsleistung erbringt oder sich hierfür bereithalten muss und deshalb in seiner privaten Lebensgestaltung beschränkt wird (BAG 13. 3. 01 AP Nr. 87 zu § 87 BetrVG 1972 Arbeitszeit). Die betriebsübliche Arbeitszeit braucht im Betrieb nicht einheitlich zu sein (BAG 3. 6. 03 AP Nr. 19 zu § 77 BetrVG 1972 Tarifvorbehalt; BAG 19. 6. 01 AP Nr. 1 zu § 87 BetrVG 1972 Leiharbeitnehmer; *Preis* NZA-Sonderheft 01, 40; *Richardi* Rn 337; GK-*Wiese* Rn 381; *DKK-Klebe* Rn 87). Sie wird durch den regelmäßig geschuldeten zeitlichen Umfang der Arbeitsleistung und durch die Verteilung der Arbeitszeit (vgl. Rn 106 ff. und 112 ff.) bestimmt (BAG 11. 12. 01 AP Nr. 93 zu § 87 BetrVG 1972 Arbeitszeit). Dementsprechend ist eine **tarifliche JahresarbZ** nicht allen Fällen gleichzeitig auch betriebsübl. ArbZ. Das ist erst der Fall, wenn im TV jegliche Regelung zur Verteilung der JahresArbZ auf einen kürzeren Zeitraum fehlt und die Verteilung der ArbZ gänzlich in das – durch zwingende Vorschriften des ArbZG beschränkte – Belieben der ArbN gestellt ist (BAG 11. 12. 01 AP Nr. 93 zu § 87 BetrVG 1972 Arbeitszeit). Deshalb löst das Überschreiten der tariflichen JahresArbZ in der Regel nicht das MBR nach Nr. 3 aus (BAG 11. 12. 01 aaO).

133　Das MBR besteht für eine **vorübergehende Änderung** der betriebsübl. Arbeitszeit (ErfK-*Kania* Rn 33). Dauerhafte ArbZVeränderungen sind durch das MBR nicht gedeckt. Im tarifl. geregelten Bereich bedarf es hierfür einer tarifl. Öffnungsklausel (BAG 22. 7. 09 EzA § 4 TVG Versicherungswirtschaft Nr. 7). Eine vorübergehende Änderung liegt vor, wenn es sich um eine Abweichung von einem für eine bestimmte Zeit festgelegten Zeitvolumen mit anschließender Rückkehr zur betriebsübl. Dauer der Arbeitszeit handelt (BAG 15. 5. 07 AP Nr. 30 zu § 1 BetrVG 1972 Gemeinsamer Betrieb). Demnach darf eine solche Abweichung lediglich einen überschaubaren Zeitraum betreffen (BAG 27. 1. 98 AP Nr. 14 zu § 87 BetrVG 1972 Sozialeinrichtung; BAG 3. 6. 03 AP Nr. 19 zu § 77 BetrVG 1872 Tarifvorbehalt). Das bestimmt sich nach der zum Zeitpunkt der Änderung bestehenden Planung des Arb-Geb. (BAG 24. 4. 07 AP Nr. 124 zu § 87 BetrVG 1972 Arbeitszeit). Eine vorübergehende Änderung liegt etwa vor, wenn es sich um eine Erweiterung/Verkürzung des für einen bestimmten Wochentag regulär festgelegten Arbeitszeitvolumens mit anschließender Rückkehr zur betriebsüblichen Dauer handelt (BAG 14. 11. 06 AP Nr. 121 zu 87 BetrVG 1972 Arbeitszeit). Fälle der vorübergehenden Änderung sind **Sonderschichten** oder Arbeitsausfall an einzelnen Tagen (ErfK-*Kania* Rn 33; *DKK-Klebe* Rn 88). Auch die Einführung von **Bereitschaftsdienst** außerhalb der regelmäßigen Arbeitszeit ist mitbestimmungspflichtig (BAG 29. 2. 00 AP Nr. 81 zu § 87 BetrVG 1972 Arbeitszeit). Das gilt auch für die Anordnung des ArbGeb., an einer außerhalb der betriebsüblichen Arbeitszeit stattfindenden **Mitarbeiterversammlung** teilzunehmen (BAG 13. 3. 01 AP Nr. 87 zu § 87 BetrVG 1972 Arbeitszeit).

134　Das MBR setzt einen **kollektiven Tatbestand** voraus. Ein solcher liegt vor, wenn die Arbeitszeit aus betrieblichen Gründen verändert werden soll und Regelungsfragen auftreten, die kollektive Interessen der ArbN betreffen. Deshalb scheidet das MBR nur aus, wenn es um die **Berücksichtigung individueller Wünsche einzelner ArbN** geht. Insoweit ist es auch unerheblich, ob alle ArbN des Betriebs, einige Abteilungen oder nur einzelne ArbN Überstunden leisten. Auch im zuletzt genannten Fall muss entschieden werden, wie viele Überstunden und von welchen ArbN geleistet werden sollen; es geht auch insoweit um Fragen der Zweckmäßigkeit, bei denen Interessen der ArbN betroffen sind, und um die innerbetriebliche Gerechtigkeit (Verteilung der Lasten und Vorteile). Auf die **Zahl der betroffenen ArbN** kommt es nicht an. Sie ist nur ein Indiz für das Vorliegen eines kollektiven Tatbestandes (st. Rspr. des BAG, vgl. etwa 16. 7. 91 AP Nr. 44 zu § 87 BetrVG 1972 Arbeitszeit; *Richardi* Rn 339; *DKK-Klebe* Rn 97).

Es handelt sich auch dann um einen kollektiven Tatbestand, wenn der ArbGeb. die **135** Arbeitszeit für einen oder mehrere einzelne ArbN aus **dringenden, nicht vorhersehbaren betrieblichen Gründen** ändern will, zB Be- oder Entladen eines LKW nach Arbeitsschluss. Die Dringlichkeit der Maßnahme hat keinen Einfluss auf den kollektiven Tatbestand. Auch können ArbGeb. und BR **Eilfälle im Voraus regeln;** das MBR ist deshalb nicht eingeschränkt (vgl. Rn 24). Nur in **Notfällen** (Brand, Überschwemmungen, Explosionsgefahr) kann der ArbGeb. einseitig Überstunden anordnen. Er muss dann unverzüglich die Zustimmung des BR nachholen (BAG 19. 2. 91, 17. 11. 98 AP Nr. 42, 79 zu § 87 BetrVG 1972 Arbeitszeit; *Richardi* Rn 371).

Auch **Übergangsregelungen,** die anlässlich des Beginns oder des Endes der **136** **Sommerzeit** in Betrieben mit mehreren Schichten erforderlich werden, unterliegen dem MBR, weil die Arbeitszeit entweder verkürzt oder verlängert wird (vgl. BAG 11. 9. 85 AP Nr. 38 zu § 615 BGB).

Das MBR bezieht sich auf die ArbN des Betriebs und eine damit verbundene An- **137** ordnungsbefugnis zu deren zeitl. Einsatz. Im Entleiherbetrieb erstreckt es sich deshalb nicht ohne weiteres auf **Leiharbeitnehmer.** Betriebsverfassungsrechtlich sind diese dem Verleiherbetrieb zugeordnet. Fragen der Kurzarbeit und der Überstunden betreffen regelmäßig ihr ArbVerh. zum Verleiher. Entsendet der Verleiher LeihArbN in Betriebe, deren Wochenarbeitszeit die arbeitsvertraglich vereinbarte Stundenzahl des LeihArbN übersteigt, entscheidet er damit auch über deren zeitlichen Einsatz. Bei dieser Entscheidung (Zulässigkeit von Überstunden) hat der BR des Verleihers mitzubestimmen (BAG 19. 6. 01 AP Nr. 1 zu § 87 BetrVG 1972 Leiharbeitnehmer). Insoweit besteht – anders als bei Nr. 2 – im Rahmen der Nr. 3 kein MBR des BR im Entleiherbetrieb. Darf nach der vertragl. Vereinbarung zwischen Ent- und Verleiher allein der Entleiher für den LeihArbN die Ableistung von Überstunden anordnen, ist hieran der BR des Entleiherbetriebs zu beteiligen (vgl. BAG 25. 8. 04 AP Nr. 41 zu § 23 BetrVG 1972).

Auch für **teilzeitbeschäftigte ArbN** besteht eine betriebsübliche Arbeitszeit. Es **138** ist deren regelmäßig verkürzte Arbeitszeit. Arbeiten Teilzeitbeschäftigte nicht alle mit einer einheitl. Wochenstundenzahl, sind betriebsüblich diejenigen Arbeitszeiten, die individualrechtlich als die üblichen vereinbart werden (BAG 24. 4. 07 AP Nr. 124 zu § 87 BetrVG 1972 Arbeitszeit). Deren vorübergehende Verkürzung oder Verlängerung unterliegt dem MBR (BAG 23. 7. 96 AP Nr. 68 zu § 87 BetrVG 1972 Arbeitszeit; GK-*Wiese* Rn 382). Das MBR bei vorübergehender Verlängerung der Arbeitszeit besteht unabhängig davon, ob den Teilzeitbeschäftigten Überstundenzuschläge erst ab Überschreiten der vollen Arbeitszeit oder schon bei Überschreiten der Teilzeit geschuldet werden (BAG 23. 7. 96 AP Nr. 68 zu § 87 BetrVG 1972 Arbeitszeit; *Preis/Lindemann* NZA-Sonderheft 01, 42). Auch die zur Abdeckung eines betriebl. Mehrbedarfs mit einem ArbN vereinbarte befristete Erhöhung der vertragl. geschuldeten Arbeitszeit fällt unter das MBR nach Nr. 3 (BAG 24. 4. 07 AP Nr. 124 zu § 87 BetrVG 1972 Arbeitszeit).

Das MBR kann ausgeübt werden in Form einer **BV oder durch Regelungsab-** **139** **rede** (vgl. Rn 578 f.). Für die Durchführung von Kurzarbeit ist eine BV zwingend erforderlich, weil sonst der Inhalt der ArbVerh. nicht normativ gestaltet wird (BAG

14. 2. 91 AP Nr. 4 zu § 615 BGB Kurzarbeit) und bei Fehlen einer tarifvertraglichen oder einzelvertraglichen Rechtsgrundlage die ArbN ansonsten nicht verpflichtet sind, der Anordnung von Kurzarbeit überhaupt Folge zu leisten (vgl. Rn 158).

b) Überstunden

140 Die Anordnung von Überstunden ist der Hauptfall der Verlängerung der betriebsüblichen Arbeitszeit. Diese Maßnahme unterliegt dem MBR. **Überstunde** ist die Arbeitszeit, die über diejenige hinausgeht, die nach dem TV oder nach dem Einzelarbeitsvertrag zu leisten ist (*Richardi* Rn 349). Die bloße Berechnung der geschuldeten Arbeitszeit durch den ArbGeb. (zB. Ferienüberhang bei Musikschullehrern) anhand gesetzl. oder tarifl. Vorgaben unterliegt nicht der MB (BAG 9. 11. 10 – 1 AZR 147/09 – NZA-RR 11, 278). Wird die regelmäßige Arbeitszeit in Dienstplänen festgelegt, handelt es sich bei geringfügigen Überschreitungen nicht um die Anordnung von Überstunden (BAG 23. 3. 99 AP Nr. 80 zu § 87 BetrVG 1972 Arbeitszeit). Bei **variabler Arbeitszeit** handelt es sich um die Arbeitszeit, die den für die regelmäßige Arbeit geschuldeten Rahmen überschreitet. Mehrarbeit ist die über die gesetzlich zulässige regelmäßige Arbeitszeit hinausgehende Arbeitszeit. In der betrieblichen Praxis werden die Begriffe Überstunden und Mehrarbeit häufig synonym gebraucht. In der Anordnung einer nur gelegentlich notwendigen **Dienstreise** liegt keine Verlängerung der betriebsüblichen Arbeitszeit, wenn keine zusätzlichen Arbeitsleistungen erbracht werden müssen (BAG 23. 7. 96 AP Nr. 26 zu § 87 BetrVG 1972 Ordnung des Betriebes).

141 Der ArbGeb. kann von den ArbN die Leistung von Überstunden verlangen, wenn er dazu auf Grund einer Vereinbarung im Arbeitsvertrag, nach dem TV und den dort beschriebenen Voraussetzungen oder nach Treu und Glauben (Nebenpflicht im ArbVerh.) berechtigt ist. Auch eine BV kann **Rechtsgrundlage für die Anordnung von Überstunden** sein, soweit nicht zu Lasten von ArbN in eine entgegenstehende individualrechtliche Position eingegriffen wird. Die Betriebsparteien sind nach § 77 Abs. 4 befugt, Rechte und Pflichten unmittelbar zwischen den Arbeitsvertragsparteien zu begründen. Sie können daher auch das Recht des ArbGeb. zur Anordnung von Überstunden vereinbaren. Das gilt wegen § 77 Abs. 4 nur nicht in den Fällen, in denen die Arbeitsvertragsparteien eine solche Anordnungsbefugnis ausdrücklich ausgeschlossen haben (BAG 3. 6. 03 AP Nr. 19 zu § 77 BetrVG 1972 Tarifvorbehalt).

142 Zusätzlich zu diesen Voraussetzungen hat der BR ein MBR zur Frage, **ob und in welchem Umfang Überstunden** zu leisten sind und **welche ArbN** diese Überstunden leisten sollen.

143 Das gilt entspr. dem Schutzzweck des MBR (vgl. Rn 101) auch für die Anordnung zusätzlicher Arbeit für **Teilzeitbeschäftigte** (BAG 24. 4. 07 – 1 ABR 24/06 – NZA 07, 818 GK-*Wiese* Rn 400; *HSWGNR* Rn 234; *DKK-Klebe* Rn 85, 98). Das MBR erstreckt sich nicht auf die Frage, ob und in welcher Höhe Teilzeitbeschäftigte für ihre Überstunden Zuschläge erhalten oder nicht; das ist eine Frage der für das Arbeitsverhältnis geltenden Lohngestaltung (GK-*Wiese* Rn 360; *Schüren* EuroAS 95, 17).

144 Das MBR besteht nicht nur bei einer ausdrücklichen Anordnung von Überstunden. Auch die Duldung **freiwillig geleisteten Überstunden** durch den ArbGeb. unterliegt dem MBR (BAG 27. 11. 90, 16. 7. 91 AP Nr. 41, 44 zu § 87 BetrVG 1972 Arbeitszeit; ErfK-*Kania* Rn 34).

145 Bei der Regelung von Überstunden sind die **Grenzen des ArbZG** zu beachten (BAG 28. 7. 81 AP Nr. 4 zu § 87 BetrVG 1972 Arbeitszeit; Ausnahmegenehmigungen nach dem ArbZG lassen das MBR des BR unberührt) und darüber hinaus auch die gesicherten arbeitswissenschaftlichen Erkenntnisse bei der Planung der Arbeitsabläufe (vgl. § 90 Rn 24 ff., 30 ff.).

Von **Überstunden** iSd MBR (vorübergehend verlängerte vertragliche Arbeitszeit) **146**
ist **Mehrarbeit** iSd. ArbZG zu unterscheiden. Dieser im ArbZG nicht näher defi-
nierte Begriff betrifft Vereinbarungen in einem TV, einer BV oder Arbeitsvertrag, die
bestimmen, von welcher Arbeitsstunde an die Arbeit als Mehrarbeit bezeichnet und
ggfl. zu vergüten ist. Auch dafür gelten die gesetzl. Höchstarbeitszeitgrenzen.

Das MBR kann ausgeübt werden in jedem **Einzelfall,** in dem die Arbeitszeit vor- **147**
übergehend verlängert werden soll. Denkbar sind aber auch allgemeine Vereinbarungen **(Rahmenvereinbarungen)** zwischen ArbGeb. und BR über die voraussehbaren
Tatbestände (vgl. Rn 25), die dann im jeweiligen Einzelfall umgesetzt werden müssen. Solche Regelungen sind zweckmäßig, wenn Überstunden zu erwarten sind.
Derartige Vereinbarungen können auch zum Inhalt haben, dass der ArbGeb. unter bestimmten in der Vereinbarung genannten Voraussetzungen im Einzelfall ohne nochma-
lige Beteiligung des BR Überstunden anordnen darf (BAG 3. 6. 03 AP Nr. 19 zu § 77
BetrVG 1972 Tarifvorbehalt; BAG 10. 3. 92 AP Nr. 1 zu § 77 BetrVG 1972 Regelungsabrede; einschränkend *DKK-Klebe* Rn 39). In diesen Fällen muss das MBR in
seiner Substanz erhalten bleiben. Auch Vereinbarungen über die Begrenzung von
Überstunden sind zulässig (BAG 2. 3. 82 AP Nr. 6 zu § 87 BetrVG 1972 Arbeitszeit
betr. Rufbereitschaft; *Mache* DB 86, 2077).

Neben dem MBR bei vorübergehender Verlängerung der Arbeitszeit kommt für **148**
die Lohnzahlung ein MBR nach Nr. 10 in Betracht.

Der Abbau von Überstunden, also das Gegenteil der vorübergehenden Verlänge- **149**
rung der Arbeitszeit, ist nicht mitbestimmungspflichtig (BAG 25. 10. 77 AP Nr. 1 zu
§ 87 BetrVG 1972 Arbeitszeit; *Richardi* Rn 347). Das gilt nicht für die **vorzeitige**
Beendigung vereinbarter Sonderschichten. Denn dabei geht es um den Schutz
der ArbN, die im Vertrauen auf eine angeordnete Sonderschicht bereits über ihre
Freizeit disponiert haben.

c) Kurzarbeit

Kurzarbeit im vergütungsrechtl. Sinn ist die vorübergehende Kürzung des Volu- **150**
mens der regelmäßig geschuldeten Arbeitszeit bei anschließender Rückkehr zum
vereinbarten Zeitpunkt. Ihre Einführung bedarf einer besonderen normativen oder
vertraglichen Grundlage (BAG 10. 10. 06 AP Nr. 85 zu § 75 BPersVG). Im Sinne des
MBR ist Kurzarbeit die **vorübergehende Herabsetzung der betriebsüblichen**
Arbeitszeit. Es ist unerheblich, ob einzelne Stunden ausfallen sollen, bestimmte
Wochentage oder die Arbeit in ganzen Wochen. Das MBR erstreckt sich auf die
Frage, ob, für welchen Zeitraum, in welchen Bereichen, in welchem zeitl. Umfang
Kurzarbeit eingeführt und wie die geänderte Arbeitszeit auf die einzelnen Wochenta-
ge verteilt werden soll (*DKK-Klebe* Rn 101). Für das Bestehen des MBR kommt es
nicht darauf an, ob die Voraussetzungen für die Gewährung von Kurzarbeitergeld
nach § 169–§ 182 SGB III vorliegen oder nicht (vgl. Rn 162).

Ein MBR besteht auch bei der **Wiederherstellung der betriebsüblichen Ar-** **151**
beitszeit bei vorzeitiger Beendigung von Kurzarbeit (GK-*Wiese* Rn 388; **aA** BAG
21. 11. 78 AP Nr. 2 zu § 87 BetrVG 1972 Arbeitszeit; *Richardi* Rn 354; *Preis* NZA-
Sonderheft 01, 40).

Dagegen besteht kein MBR nach Nr. 3, wenn ArbN einer Betriebsabteilung (be- **152**
trieblich organisatorisch eigenständige Einheit) **Transferkurzarbeitergeld** (§ 216 b
SGB III) erhalten sollen; bei diesen ArbN handelt es sich nicht um eine nur vorübergehende Verkürzung der Arbeitszeit.

Umstritten ist die Frage, ob sich das MBR auch auf **Fragen der finanziellen Mil-** **153**
derung der Folgen der Kurzarbeit bezieht (verneinend ErfK-*Kania* Rn 37; bejahend
DKK-Klebe Rn 102 mit einer Übersicht über den Meinungsstand). Die hM lehnt ein
erzwingbares MBR insoweit ab. Zwar soll das MBR den ArbN auch vor Entgeltein-
bußen schützen (BAG 21. 11. 78 AP Nr. 2 zu § 87 BetrVG 1972 Arbeitszeit). Der Verlust von Entgeltansprüchen ist aber nur die Folge der eingeschränkten Arbeitszeit.

Der auf Arbeitszeitfragen beschränkte Umfang des MBR reicht zum Schutz der ArbN aus. Wortlaut und systematischer Zusammenhang sprechen gegen ein MBR bei Vergütungsfragen in Fällen der Kurzarbeit. Ist die Vergütung für Kurzarbeit bereits im TV geregelt, kommt ein MBR insoweit (vgl. Eingangssatz) ohnehin nicht in Betracht.

154   Das MBR besteht unabhängig von den **Gründen,** aus denen die Einführung von Kurzarbeit erwogen wird. Es ist unerheblich, ob die Arbeit wegen des Betriebs- oder Wirtschaftsrisikos des ArbGeb. eingeschränkt werden muss (zum MBR im Arbeitskampf vgl. Rn 164 ff.). Will der ArbGeb. Auslastungsdefiziten durch ein sog. **Sabbatical** begegnen, fällt das in den Anwendungsbereich des MBR nach Nr. 3, soweit ein TV eine solche „Auszeit" nicht abschließend regelt oder den Betriebsparteien hierfür Vorgaben macht. Allerdings setzt das MBR eine Prognose der Betriebsparteien voraus, nach der nach Ablauf der Auszeit die ArbN wieder zur vorherigen ArbZ zurückkehren (*Seel* DB 09, 2210). Damit ist ein Sabbatical zur dauerhaften Verringerung des Personalbedarfs untauglich. Typischerweise muss der ArbN zur Finanzierung der Auszeit ArbZ in ein ArbZKonto einstellen. Bei den hierfür erforderl. Abmachungen ist zusätzl. das MBR nach Nr. 2 zu beachten.

155   Bei beabsichtigten **Massenentlassungen** iSd. § 17 KSchG kann der ArbGeb. nach § 19 KSchG durch die BA ermächtigt werden, Kurzarbeit einzuführen. Das betrifft aber nur das Verhältnis der Arbeitsvertragsparteien. Will der ArbGeb. von diesem Recht Gebrauch machen, muss er das MBR des BR beachten (GK-*Wiese* Rn 393; *DKK-Klebe* Rn 103; **aA** *HSWGNR* Rn 245).

156   Das MBR gibt dem ArbGeb. nicht die Befugnis, einseitig Kurzarbeit anzuordnen (*Richardi* Rn 358). Das gilt auch dann, wenn die Voraussetzungen für die Gewährung von Kurzarbeitergeld vorliegen (§§ 169 ff. SGB III; vgl. BAG 14. 2. 91 AP Nr. 4 zu § 615 BGB Kurzarbeit). Führt der **ArbGeb. einseitig** ohne Zustimmung des BR Kurzarbeit ein, bleibt es zugunsten des ArbN bei der vertraglich vereinbarten regelmäßigen Arbeitszeit. Der ArbN behält seinen Anspruch auf Vergütung, wenn er dem ArbGeb. seine Leistung anbietet und dieser sie ablehnt (Annahmeverzug gem. § 615 BGB). Nach BAG ist der ArbGeb. einseitig zur Verkürzung der Arbeitszeit in Fällen des **Arbeitskampfs** berechtigt. In diesen Fällen unterliegt der Mitbestimmung die Frage, wie die Arbeitszeitverkürzung durchgeführt werden soll (vgl. Rn 171).

157   Andererseits besteht das MBR bei der Einführung der Kurzarbeit unabhängig davon, ob und auf welcher **Rechtsgrundlage** der ArbGeb. im Verhältnis zum einzelnen ArbN die Kurzarbeit einführen darf. Die Voraussetzungen, unter denen Kurzarbeit eingeführt werden darf, sind häufig in TV geregelt, zB eine Ansagefrist (vgl. BAG 12. 10. 94 AP Nr. 66 zu § 87 BetrVG 1972 Arbeitszeit). Diese tarifl. Vorgaben haben die Betriebsparteien zu beachten, soweit sie eine abschließende Regelung enthalten und deshalb nach dem Eingangssatz die MB ausschließt (BAG 12. 10. 94 und 3. 5. 06 AP Nrn. 66, 119 zu § 87 BetrVG 1972 Arbeitszeit).

158   Für die **Durchführung der Mitbestimmung** besteht eine Besonderheit. Ausnahmsweise kommt es in den Fällen der Herabsetzung der vertraglich oder tarifvertraglich geschuldeten Arbeitszeit auch auf die Form an, in der das MBR ausgeübt wird. Eine BV wirkt unmittelbar und zwingend auf die ArbVerh. ein (§ 77 Abs. 4). Eine **Regelungsabrede** (statt einer BV) über die Einführung von Kurzarbeit wahrt zwar das MBR des BR. Sie kann aber wegen ihrer fehlenden normativen Wirkung nicht die Arbeitsbedingungen der betroffenen ArbN ändern. Das führt dazu, dass bei einer bloßen Regelungsabrede die Lohnansprüche der ArbN wegen Annahmeverzugs des ArbGeb. erhalten bleiben (BAG 14. 2. 91 AP Nr. 4 zu § 615 BGB Kurzarbeit). **Nur TV oder BV sind neben dem Einzelvertrag eine ausreichende Rechtsgrundlage** zur Kürzung der Arbeitszeit und damit des Lohnes bei der Einführung von Kurzarbeit (BAG 11. 7. 90 AP Nr. 32 zu § 611 BGB Betriebsrisiko; 12. 10. 94 AP Nr. 66 zu § 87 BetrVG 1972 Arbeitszeit); GK-*Wiese* Rn 363; **aA** *Heinze* RdA 98, 17: Weder TV noch BV könnten wirksam Kurzarbeit einführen und regeln; diese Auffassung verkennt die Regelungsbefugnis der TVParteien und der Betriebsparteien,

sie sind InteressenVertr. der ArbN. Kurzarbeit wird nur dann stattfinden, wenn sie unbedingt notwendig ist, um Arbeitsplätze zu sichern). Eine BV über Kurzarbeit erfüllt aber nur dann die Anforderungen an eine wirksame Ausübung des MBR, wenn in ihr wenigstens die tatbestandlichen Vorgaben für die vorübergehende Verkürzung der betriebsüblichen Arbeitszeit geregelt sind. (LAG Berlin 29. 10. 98 – 10 Sa 95/98). Eine Regelungsabrede genügt nur in den Fällen, in denen der ArbGeb. schon nach den Arbeitsverträgen oder einem TV berechtigt ist, Kurzarbeit einzuführen (BAG 14. 2. 91 AP Nr. 4 zu § 615 BGB).

Der BR kann die **Initiative** zur vorübergehenden Einführung von Überstunden **159** oder Kurzarbeit ergreifen (BAG 10. 10. 06 – 1 AZR 811/05 – NZA 07, 637; 4. 3. 86 AP Nr. 3 zu § 87 BetrVG 1972 Kurzarbeit; ErfK-*Kania* Rn 35; *Löwisch* FS *Wiese* S. 249; *Richardi* Rn 366; **aA** GK-*Wiese* Rn 367; *HSWGNR* Rn 250; *SWS* Rn 78). Damit können Entlassungen aus betriebsbedingten Gründen jedenfalls vorübergehend vermieden werden. Das MBR betrifft nicht die Frage, ob der Betrieb stillgelegt oder – auf Dauer – eingeschränkt wird; insoweit ist der BR nach §§ 111 ff. zu beteiligen.

Im Mitbestimmungsverf. kann auch geregelt werden, ob und in welchem Umfang **160** der ArbGeb. zur Ergänzung des sozialrechtlichen Kurzarbeitergeldes **Ausgleichsleistungen** erbringt. Solche Zahlungen können jedoch nicht erzwungen werden (*Otto* NZA 92, 97; *HSWGNR* Rn 246).

Die Verletzung von MBR hat **individualrechtliche Folgen.** Soweit der ArbGeb. **161** den BR zu beteiligen hat, dies aber unterlässt, sind einseitig vom ArbGeb. getroffene Maßnahmen insoweit unwirksam, als dadurch Ansprüche der ArbN vereitelt oder geschmälert werden (BAG 13. 7. 77 AP Nr. 2 zu § 87 BetrVG 1972 Kurzarbeit). Die Mitbestimmung ist Wirksamkeitsvoraussetzung (BAG 18. 9. 02 AP Nr. 99 zu § 615 BGB).

Von der Frage der Einführung der Kurzarbeit ist die **Zahlung von Kurzarbeiter-** **162** **geld** durch die AA zu trennen. Die Voraussetzungen für die Gewährung von Kurzarbeitergeld sind in §§ 169 ff. SGB III geregelt. Durch G zur Sicherung von Beschäftigung und Stabilität in Deutschland (BGBl. I 2009 S. 416) wurden die Regelungen zum konjunkturellen Kurzarbeitergeld vorübergehend geändert (§ 421 t SGB III). Außerdem wurde die Bezugsdauer auf 24 Monate verlängert. Nach § 169 SGB III haben ArbN Anspruch auf Kurzarbeitergeld, wenn ein erhebl. Arbeitsausfall mit Entgeltausfall vorliegt. Erhebl. ist ein Arbeitsausfall, wenn er auf wirtschaftl. Gründen oder einem unabwendbaren Ereignis beruht, vorübergehend und nicht vermeidbar ist. Darüber hinaus müssen für die Gewährung von Kurzarbeitergeld die im G genannten persönl. und betriebl. Voraussetzungen erfüllt und der Arbeitsausfall vom ArbGeb. schriftl. der AA angezeigt sein (Einzelheiten *Bonanni/Naumann* ArbRB 09, 172). Dieser Anzeige ist eine Stellungnahme des BR beizufügen. Unterbleibt die Anzeige des ArbGeb., hat der einzelne ArbN uU Schadenersatzansprüche, sofern er bei Erstattung der Anzeige Kurzarbeitergeld erhalten würde. Der BR hat daneben ein eigenes Anzeigerecht (§ 173 Abs. 1 SGB III). Bei einem rückwirkenden Widerruf des Bewilligungsbescheides kommt ein Anspruch des ArbN gegen den ArbGeb. auf Zahlung des Lohnes in Höhe des Kurzarbeitsgeldes in Betracht (BAG 11. 7. 90 AP Nr. 32 zu § 611 BGB Betriebsrisiko mit. Anm. *Trittin*). In dem Verfahren über die Bewilligung von Kurzarbeitergeld ist der BR notwendiger Beteiligter gem. § 12 Abs. 1 Nr. 1 SGB X.

Besonderheiten gelten für das **Transferkurzarbeitergeld** nach § 216 b SGB III. **163** Nach Abs. 1 dieser Vorschrift haben ArbN zur Vermeidung von Entlassungen und zur Verbesserung ihrer Vermittlungschancen Anspruch auf Transferkurzarbeitergeld, wenn und solange sie von einem dauerhaften unvermeidbaren Arbeitsausfall mit Entgeltausfall betroffen sind, das der Agentur für Arbeit angezeigt und mit ihr beraten worden ist und die in § 216 a Abs. 4 iVm. § 172 Abs. 1 a bis 3 SGB III sowie die in § 216 b Abs. 3 SGB III geregelten betrieblichen Voraussetzungen erfüllt sind. Dazu zählt, dass in einem Betrieb Personalanpassungsmaßnahmen durchgeführt werden und die vom Arbeitsausfall betroffenen ArbN in einer betriebsorganisatorisch eigenständigen Einheit zusammengefasst werden (vgl.

Gaul/Bonanni/Otto DB 03, 2386), dieses einen Integrationserfolg erwarten lässt und ein QS-System angewendet wird.

d) Kurzarbeit und Überstunden im Arbeitskampf

164   Bes. umstritten ist das MBR des BR bei Anordnung von Kurzarbeit oder Überstunden als Auswirkung von Streiks und Aussperrungen. Es ist zu unterscheiden zwischen Betrieben, in denen unmittelbar ein Arbeitskampf (Streik oder Aussperrung) stattfindet und Betrieben, die nur mittelbar von den Wirkungen eines Arbeitskampfes betroffen sind.

165   Ist der **Betrieb unmittelbar** vom Arbeitskampf betroffen, entfallen die MBR des BR (BAG 22. 12. 80 AP Nr. 70 zu Art. 9 GG Arbeitskampf). Das gilt zunächst dann, wenn der ArbGeb. mit arbeitswilligen ArbN unter Anordnung von **Überstunden** die Produktion aufrecht erhalten will (hM. vgl. WPK/*Bender* Rn 83; GK-*Wiese* Rn 406 mwN) oder die Verschiebung von Schichten (ErfK-*Dieterich* Art. 9 GG Rn 157). Das BAG hat die Einschränkung des MBR mit der Friedenspflicht des BR und mit einer „Überforderung" des BR und der Kampfparität begründet (BAG 24. 4. 79 AP Nr. 63 zu Art. 9 GG Arbeitskampf; *Jansen,* Die betriebliche MB im Arbeitskampf (Diss. 1999), S. 203 ff.; aA *DKK-Klebe* Rn 92). MBR müssen arbeitskampfkonform eingeschränkt werden. Kampfparität ist der übergeordnete Grundsatz (ErfK-*Dieterich* Art. 9 GG Rn 156 ff.; *Kempen* NZA 05, 185).

166   Für die **Anordnung von Kurzarbeit** in unmittelbar bestreikten Betrieben gilt dasselbe (BAG 22. 12. 80 AP Nr. 70 und 71 zu Art. 9 GG Arbeitskampf). Zum Meinungsstand eingehend GK-*Wiese* Rn 406.

167   Wird der Betrieb nur **teilweise bestreikt,** kann der ArbGeb. die gesamte Betriebstätigkeit während des Streiks einstellen. Auch diese Maßnahme ist eine Reaktion im Arbeitskampf (BAG 22. 3. 94 AP Nr. 130 zu Art. 9 GG Arbeitskampf). Macht der ArbGeb. von diesem Kampfmittel Gebrauch, besteht kein MBR (*Richardi* Rn 379).

168   Greift der ArbGeb. zur (zulässigen) **Abwehraussperrung,** kann der BR ebenfalls nicht an dieser Maßnahme (vorübergehende Einstellung der Arbeit) beteiligt werden. Denn sonst könnte er mit Hilfe seines MBR die Maßnahme erschweren oder verzögern (GK-*Wiese* Rn 406; *Richardi* Rn 379).

169   Dagegen ist der Umfang der MBR in den **Betrieben, die nur mittelbar** von den (Fern-)Wirkungen (zB Störungen von Zulieferungen oder Absatz) eines Arbeitskampfs **betroffen** sind, noch nicht geklärt (zum Meinungsstand bei GK-*Wiese* Rn 407 ff.; ErfK-*Dieterich* Art. 9 GG Rn 159). Das **BAG** hat das **MBR** in den genannten Entscheidungen (22. 12. 80 AP Nr. 70 und 71 zu Art. 9 GG Arbeitskampf) **beschränkt.** Unabhängig davon, ob eine Fernwirkung auf Drittbetrieben auf Gründen beruht, die eine weitere Produktion technisch unmöglich oder wirtschaftlich sinnlos macht, soll diese das Kräfteverhältnis der kampfführenden TVParteien im Gebiet des TV beeinflussen können. Soweit deshalb das Gleichgewicht der Kräfte im Arbeitskampf gestört ist (Paritätsrelevanz), entfällt das MBR. Nach Ansicht des BAG muss sichergestellt werden, dass jede Seite das Arbeitskampfrisiko selbst trägt (zustimmend ErfK-*Kania* Rn 38).

170   Die Kampfparität kann gestört werden, wenn der betroffene Betrieb im Tarifgebiet liegt, für den ein neuer TV abgeschlossen werden soll. Eine Störung der Kampfparität kann auch vorliegen, wenn der betroffene Betrieb zu derselben Branche gehört und die mittelbar betroffene Belegschaft von derselben Gewerkschaft vertreten wird, die den Arbeitskampf führt, und vom Ausgang des Arbeitskampfs auch profitieren würde (*Richardi* Rn 389). Diese Beschränkung der MBR unter Durchbrechung der Grundsätze des sonst vom ArbGeb. zu tragenden Betriebs- und Wirtschaftsrisikos soll aber nur Platz greifen, wenn bei typisierender Betrachtung nennenswerte Einflüsse auf das Kräfteverhältnis der TVParteien eintreten können. Das BAG unterstellt diese Wirkungen jedenfalls dann, wenn auch für die mittelbar betroffenen Betriebe in derselben Branche dieselben Verbände zuständig sind oder eine enge wirtschaftliche

Verflechtung (Konzern) besteht. Im Übrigen hat das BAG darauf verzichtet, einen Katalog von Merkmalen aufzustellen, bei deren Vorliegen erhebliche Einflüsse auf die Arbeitskampfparität anzunehmen sind.

Die ArbN in Drittbetrieben haben nach dieser Auffassung bei Vorliegen einer dieser beiden Voraussetzungen (technische Unmöglichkeit oder wirtschaftliche Unzumutbarkeit) keinen Beschäftigungs- und keinen Lohnanspruch mehr. Deshalb entfällt nach Ansicht des BAG (22. 12. 80 AP Nr. 70 und 71 zu Art. 9 GG Arbeitskampf) ein MBR bei der Frage, ob Kurzarbeit eingeführt werden soll. Das „ob" der Kurzarbeit ist als vom Recht vorgegeben mitbestimmungsfrei. Dagegen hat der BR bei dem „wie", dh bei den Modalitäten mitzubestimmen, soweit noch etwas zu regeln ist, zB ab wann, für welche ArbN und in welcher Form Kurzarbeit eingeführt werden soll (ErfK-*Kania* Rn 38; zu den Entscheidungen vgl. *Richardi* Rn 391; GK-*Wiese* Rn 415). **171**

Haben die Fernwirkungen eines Arbeitskampfes keine Auswirkungen auf die Kampfparität, wird das MBR nicht eingeschränkt. Der ArbGeb. hat kein Recht, die ArbN seines Betriebs nicht zu beschäftigen und ihnen das Entgelt zu verweigern (**aA** *Richardi* Rn 394). **172**

Dabei kann zwischen ArbGeb. und BR streitig sein, **ob** wegen Fernwirkungen des Arbeitskampfs Kurzarbeit tatsächlich notwendig ist. Das ist eine **Rechtsfrage.** Sie muss im BeschlVerf. entschieden werden. Häufig kommt wegen der Eilbedürftigkeit der Entscheidung eine einstw. Vfg. (vgl. Nach § 1 Rn 65 ff.) in Betracht, mit der die einseitige Einführung der Kurzarbeit verhindert werden soll (BAG 22. 12. 80 AP Nr. 70 und 71 zu Art. 9 GG Arbeitskampf). Besteht Streit über das „wie" der beabsichtigten Kurzarbeit, muss der ArbGeb. umgehend die Bildung einer E-Stelle betreiben, da es sich insoweit um eine **Regelungsfrage,** nicht um eine Rechtsfrage handelt. Unterlässt dies der ArbGeb., sind die angeordneten einseitigen Maßnahmen unwirksam, die ArbN behalten ihren Lohnanspruch, der BR kann seinerseits eine **einstw. Vfg. auf Untersagung der Anordnung von Kurzarbeit** beantragen. **173**

Die Auffassung des BAG ist nicht unumstritten. Der Gesetzeswortlaut lässt eine Einschränkung der MBR nicht zu. Das arbeitsrechtliche Arbeitskampfrecht ist auch kein dem MBR vorgehendes Gesetzesrecht im Sinne des Eingangssatzes. Darüber hinaus können die Voraussetzungen des arbeitskampfbedingten Lohnverweigerungsrechts und damit die für die Ausübung des MBR bestehenden Freiräume nur schwer bestimmt werden (vgl. GK-*Wiese* Rn 411). **174**

Zu beachten ist auch der Grundsatz der grundsätzlichen Trennung von BRAmt und Gewerkschaft (vgl. § 2 Rn 10, § 74 Rn 8, § 75 Rn 48). Der **BR** ist nicht der verlängerte Arm der Gewerkschaft, sondern hat seine eigenständigen gesetzlichen Rechte und Pflichten. Er ist **nicht der „Kampfgegner" des ArbGeb.,** von dessen Einverständnis etwa Arbeitskampfmaßnahmen des ArbGeb. abhängig wären, sondern zur Neutralität (§ 74 Abs. 2) verpflichtet (anders *Seiter* RdA 79, 397). Die Neutralitätspflicht des BR ist nicht geeignet MBR zu verkürzen (*Jahnke* ZfA 84, 69; auch *Mayer-Maly* BB 79, 1305 u. *Kraft* FS *Müller* S. 265 ff., die aber aus dem Umstand, dass der BR kein Träger von Arbeitskampfmaßnahmen sei, den Schluss ziehen, MBR seien ausgeschlossen). Das BAG geht selbst davon aus, dass es in mittelbar betroffenen Betrieben an einer für den Arbeitskampf typischen Konfrontation fehlt. Im Übrigen erstreckt sich diese nicht auf den BR. Ein MBR des BR kann die Kampfparität im umkämpften Tarifgebiet nicht nachhaltig gefährden (vgl. zur Problematik *Rauschenberg*, Flexibilisierung und Neugestaltung der Arbeitszeit S. 84 ff.). **175**

Zudem ist die Annahme des BAG, die ArbN seien durch die Zahlung von Kurzarbeitergeld abgesichert, fragwürdig. Außerdem: Es besteht regelmäßig ein **Beurteilungsspielraum des ArbGeb.** ob, wann und in welchem Umfang er zur Kurzarbeit übergeht, insb. bei Absatzstockungen. Das ist eine Regelungs-, keine Rechtsfrage. Der zwangsläufige, sofort notwendige Übergang zur Kurzarbeit wird der extreme Ausnahmefall sein. Notfalls kann eine **E-Stelle kurzfristig zusammentreten** und entscheiden, bevor Engpässe zu Maßnahmen der Produktionsdrosselung zwingen. **176**

177   Die Unterscheidung zwischen dem „ob" der Einführung von Kurzarbeit und dem „wie" ist auch praktisch nicht einfach durchführbar. Beides lässt sich nur schwer trennen (*Meyer* BB 90, 2482, 2487; *Trittin* DB 90, 322).

178   Bei Einführung der Kurzarbeit wegen Fernwirkungen eines Arbeitskampfes kommt auch die **Zahlung von Kurzarbeitergeld** in Betracht. Zusätzlich prüft der Neutralitätsausschuss (§ 390 SGB III) bei der BAA (§ 174 SGB III iVm. § 146 SGB III), ob wegen eines Arbeitskampfes der Anspruch auf Arbeitslosengeld bzw. Kurzarbeitergeld ruht. Die Fachspitzenverbände können durch Klage die Aufhebung der Entscheidung des Neutralitätsausschusses anfechten. Über die Klage entscheidet das BSG im ersten und letzten Rechtszug. Es kann eine einstw. Verfg. erlassen.

4. Auszahlung der Arbeitsentgelte

179   Das MBR des BR in Fragen des Arbeitsentgelts ist im Grundsatz in Nr. 10 geregelt. Nr. 4 betrifft nur einen kleinen Ausschnitt: Es geht um **die Umstände bei der Auszahlung** des Arbeitsentgelts. Nicht dem MBR nach dieser Bestimmung unterliegt die Höhe der jeweils zu zahlenden Vergütung. Das MBR besteht unabhängig von der Rechtsgrundlage für die einzelnen Zahlungen. Es besteht auch bei freiwilligen Leistungen des ArbGeb. (*Richardi* Rn 413; *HSWGNR* Rn 292). Bei **LeihArbN** ist allein der BR des Verleiherbetriebs für die Ausübung des MBR zuständig (GK-*Wiese* Rn 441).

180   Arbeitsentgelt iS dieser Bestimmung ist die **in Geld auszuzahlende Vergütung** für geleistete Arbeit ohne Rücksicht auf ihre Bezeichnung: Gehalt, Lohn, Provisionen, Kindergeld, Familienzulage, Teuerungszulage, Urlaubsgeld (vgl. BAG 25. 4. 89 AP Nr. 3 zu § 98 ArbGG 1979) sowie Reisekosten, Wegegelder, Spesen, Auslösungen usw. einschl. der Regelung von Vorschusszahlungen. Darüber hinaus rechnen auch **Sachleistungen** des ArbGeb. (Deputate) hierher (GK-*Wiese* Rn 425; *DKK-Klebe* Rn 105; *HSWGNR* Rn 292 mit Einschränkungen betr. Auslösung).

181   Der Mitbestimmung unterliegen die Festlegung der Zeiträume, nach denen das Entgelt für die geleistete Arbeit gezahlt werden soll, zB monatl. Lohnzahlung, wöchentliche Lohnzahlung, Auszahlung eines Zeitguthabens am Ende eines mehrmonatigen Verteilungszeitraums (BAG 15. 1. 02 – 1 AZR 65/01 – NZA 02, 1112; *Richardi* Rn 414; ErfK-*Kania* Rn 40). Nach der abdingbaren Vorschrift des § 614 BGB ist der Lohn nachträglich zu zahlen. Geregelt werden kann auch, zu welchen Zeitpunkten Abschläge zu zahlen sind, sofern eine entsprechende vertragliche Verpflichtung des ArbGeb. besteht (**aA** *Richardi* Rn 415). Die Festlegung der **Lohnzahlungsperiode** ist nicht zu verwechseln mit der Frage, nach welchen Grundsätzen der Lohn zu bemessen ist, nach Stunden, Tagen, Wochen oder Monaten. Das ist eine Frage der Lohngestaltung. Sie unterliegt dem MBR nach Nr. 10. Tarifliche Regelungen gehen vor (vgl. Rn 36).

182   Der BR hat auch mitzubestimmen über den **Zahlungszeitpunkt,** also über Tag und Stunde der Entgeltzahlungen, soweit diese nicht durch Gesetz oder TV (bindende Festsetzung nach § 19 HAG) geregelt sind.

183   Nach § 11 Abs. 4 des 5. VermBG idF v. 16. 7. 09 (BGBl. I, 1959) hat der BR mitzubestimmen über den Termin, zu dem die ArbN des Betriebs während eines Kalenderjahres Teile ihres Arbeitslohns vermögenswirksam anlegen können (GK-*Wiese* Rn 428).

184   Der Mitbestimmung unterliegt auch der **Ort der Zahlung.** Das ist die Stelle, an der der ArbN sein Arbeitsentgelt in Empfang nimmt. Das ist regelmäßig der Betrieb. Etwas anderes kann nur in Betracht kommen, wenn die ArbN auf auswärtigen Arbeitsstellen beschäftigt werden (vgl. GK-*Wiese* Rn 429; *DKK-Klebe* Rn 107). Gesetzliche Regelungen (für Seeleute § 34 SeemG; für Heimarbeiter § 19, § 20 HAG; für Auszubildende § 10 BBiG) sind zu beachten. Es kann auch geregelt werden, auf welchem Wege arbeitsunfähig erkrankte ArbN ihr Entgelt erhalten sollen (GK-*Wiese* Rn 429; *DKK-Klebe* Rn 107). Bei Sachleistungen muss geregelt werden, ob der ArbN sie im Betrieb in Empfang nimmt oder ob sie anzuliefern sind (*Richardi* Rn 418).

Größere Bedeutung hat die Regelung über die **Art der Entgeltzahlung.** Dabei **185** geht es um **Auszahlung in bar oder bargeldlos** durch Überweisung auf ein Bankkonto. Diese Frage ist mitbestimmungspflichtig (BAG st. Rspr. 15. 1. 02 AP Nr. 23 zu § 50 BetrVG 1972; 10. 8. 93 AP Nr. 12 zu § 87 BetrVG 1972 Auszahlung).

Durch bargeldlose Zahlungen können **Kosten** (Kontoführungsgebühren, evtl. Ge- **186** bühren für die Überweisung des Arbeitsentgelts und eine Gebühr für die einmalige Abhebung des Arbeitsentgelts) entstehen. Der ArbN muss **Zeit** aufwenden, um sein Geld bei der Bank abzuholen. Es können auch zusätzliche Wegekosten anfallen. Deshalb ist auch zu regeln, wer diese Kosten zu tragen hat und ob und in welchem Umfang der Zeitaufwand vergütet werden soll. Das BAG spricht von einer „Annex-Kompetenz" (st. Rspr., BAG 12. 11. 97 AP Nr. 2 zu § 58 BetrVG 1972; 10. 8. 93 AP Nr. 12 zu § 87 BetrVG 1972 Auszahlung; *Richardi* Rn 427; *DKK-Klebe* Rn 109; ErfK-*Kania* Rn 40; J/R/H-*Meyer* Kap. 13 Rn 18 ff.; **aA** GK-*Wiese* Rn 432; HSWGNR Rn 300: nur freiwillige BV). Das BVerfG hat aus verfassungsrechtlicher Sicht keine Bedenken gegen ein MBR des BR in dieser Frage (BVerfG 18. 10. 87 AP Nr. 7 zu § 87 BetrVG 1972 Auszahlung). Auch die Frage, ob die Zeit, die ArbN zum Aufsuchen der Bank aufwenden müssen, vergütet werden soll („Kontostunde") unterliegt dem MBR (BAG 20. 12. 88, 5. 3. 91 AP Nr. 9, 11 zu § 87 BetrVG 1972 Auszahlung; **aA** *Richardi* Rn 430).

Eine **Pauschalierung** der Aufwendungen (Kosten und Zeitaufwand) durch BV ist **187** zulässig (BAG 15. 1. 02 AP Nr. 23 zu § 50 BetrVG 1972; 5. 3. 91 AP Nr. 11 zu § 87 BetrVG 1972 Auszahlung). Gegen die Festsetzung einer pauschalen Kontoführungsgebühr (ohne Wegezeitvergütung und sonstige Auslagen) von 2 bis 3 Euro monatlich bestehen keine Bedenken (*DKK-Klebe* Rn 110).

Der Spruch der E-Stelle darf bei der Regelung – wie üblich – billiges Ermessen **188** nicht überschreiten (vgl. BAG 10. 8. 93 AP Nr. 12 zu § 87 BetrVG 1972 Auszahlung, für den Fall, dass die Auszahlung des Arbeitsentgelts gegen Vorlage eines Schecks angeboten wird und deshalb nicht mit einem zusätzlichen Aufwand an Freizeit verbunden ist).

Zum MBR im Rahmen der Entgeltumwandlung iSd § 1 a BetrAVG vgl. Rn 468; **189** bei der Einführung und der Ausgestaltung von **Wertguthabenvereinbarungen** (Zeitwertkonten) kommt, soweit keine tarifliche Regelung besteht, ein MBR in Bezug auf Zeit, Ort und Art der Ausgestaltung der Entgelte in Betracht (*Ars/Blümke/ Scheithauer* BB 09, 1358; *Hanau/Veit* NJW 09, 182).

Die ArbN können nicht verpflichtet werden, ein Konto bei einer **bestimmten** **190** **Bank** einzurichten (*Richardi* Rn 429). Nicht unter das MBR fallen **Lohnabtretungsverbote.** Eine solche Regelung hat nichts mit den Umständen der Auszahlung zu tun. Das MBR berechtigt auch nicht dazu, **Gebühren** festzulegen, die dazu dienen, die Bearbeitungskosten des ArbGeb. für Lohn- und Gehaltspfändungen auszugleichen (BAG 18. 7. 06 AP Nr. 15 zu § 850 ZPO). Auch berechtigt das MBR nicht dazu, die Auszahlung einer verdienten erfolgsorientierten Vergütung an das Kriterium der Betriebstreue zu knüpfen. Eine solche Auszahlungsbeschränkung betrifft den Entgeltanspruch selbst und ist damit keine Auszahlungsmodalität, die allein Gegenstand des MBR sind (BAG 12. 4. 10 – 1 AZR 412/09 – NZA 11, 989).

5. Urlaub

a) Zweck der Vorschrift

Durch die Mitbestimmung wird das dem ArbGeb. bei der Festlegung der Lage des **191** Urlaubs zustehende Gestaltungsrecht beschränkt. Dadurch sollen die Urlaubswünsche der einzelnen ArbN und das betriebliche Interesse am Betriebsablauf sinnvoll ausgeglichen werden (GK-*Wiese* Rn 443; *Richardi* Rn 440). Auch müssen unterschiedliche

Interessen einzelner ArbN koordiniert werden (BAG 18. 6. 74, 28. 5. 02 AP Nr. 1, 10 zu § 87 BetrVG 1972 Urlaub). Bei der Festlegung sind die zwingenden Vorschriften des BUrlG und der einschlägigen TV zu beachten.

b) Begriff des Urlaubs

192   Das MBR in Urlaubsfragen betrifft zunächst den **Erholungsurlaub** iSd. § 1 BUrlG und den Zusatzurlaub für Schwerbehinderte. (*DKK-Klebe* Rn 111).

193   Die Bestimmung gilt auch für jede Form der bezahlten oder unbezahlten Freistellung von der Arbeit, weil auch in diesen Fällen gegensätzliche Interessen auszugleichen sind. Das gilt zB für den **Bildungsurlaub** (BAG 28. 5. 02 AP Nr. 10 zu § 87 BetrVG 1972 Urlaub; GK-*Wiese* Rn 444; *DKK-Klebe* Rn 111; ErfK-*Kania* Rn 43; **aA** *HSWGNR* Rn 317). Das MBR des BR begründet keinen Anspruch auf Bildungsurlaub. Ein Rechtsanspruch auf Gewährung von Sonder- oder Bildungsurlaub wird vorausgesetzt. Er kann auf Gesetz (vgl. zB § 616 BGB, Bildungsurlaubsgesetze der Länder), TV oder (freiwilliger) BV beruhen. Kein Urlaub iSd. MBR ist die **Beurlaubung von Beamten** nach § 4 Abs. 3 PostPersRG (BAG 10. 12. 02 AP Nr. 43 zu § 95 BetrVG 1972).

194   Regelungsbedürftig sind bei **freiwilligen Freistellungen** die Grundsätze, nach denen solche Freistellungen gewährt werden sollen. Der BR kann deshalb mit Hilfe des MBR generelle Regelungen zu Anspruchsvoraussetzungen und zur zeitlichen Lage der Freistellungen erreichen. Hierfür besteht nach dem Zweck der Bestimmung (Rn 191) ein dringendes Bedürfnis.

c) Allgemeine Urlaubsgrundsätze

195   Das MBR beginnt mit der Aufstellung **allgemeiner Urlaubsgrundsätze.** In ihnen werden allgemeine Richtlinien festgelegt, nach denen dem einzelnen ArbN vom ArbGeb. im Einzelfall Urlaub zu gewähren ist (BAG 18. 6. 74 AP Nr. 1 zu § 87 BetrVG 1972 Urlaub).

196   Regelungsbedürftig ist insb. die Frage, ob **Betriebsferien** eingerichtet werden sollen und ob der Urlaub im Rahmen der Betriebsferien zu nehmen ist (BAG 9. 5. 84 AP Nr. 58 zu § 1 LohnFG; 31. 5. 88 AP Nr. 57 zu § 1 FeiertagsLohnzahlungsG; ErfK-*Kania* Rn 44; *Richardi* Rn 446; *DKK-Klebe* Rn 112). Mitbestimmungspflichtig sind auch die **zeitliche Lage** der Betriebsferien (*Richardi* Rn 447) und die **Dauer** der Betriebsferien. Die Regelung kann sich auf mehrere Jahre beziehen (BAG 28. 7. 81 AP Nr. 2 zu § 87 BetrVG 1972 Urlaub; *DKK-Klebe* Rn 112).

197   Während der Betriebsferien wird der Betrieb geschlossen. Für den Fall, dass ArbN einen längeren Jahresurlaub beanspruchen können als die Betriebsferien dauern, müssen für die **Abwicklung der Resturlaubsansprüche** weitere allgemeine Grundsätze aufgestellt werden. Das BAG sieht in der Einführung von Betriebsferien bereits dringende betriebliche Belange iSd. § 7 Abs. 1 BUrlG, hinter denen abweichende Urlaubswünsche des einzelnen ArbN zurücktreten müssen. Haben ArbN noch keinen Urlaubsanspruch erworben, bleibt ihr Lohnanspruch für die Dauer der Betriebsferien wg. § 615 BGB erhalten (BAG 2. 10. 74 AP Nr. 2 zu § 7 BUrlG Betriebsferien; *Richardi* Rn 447; *DKK-Klebe* Rn 112).

198   Dem BR steht ein **Initiativrecht** zur Einführung von Betriebsferien zu (*DKK-Klebe* Rn 114; ErfK-*Kania* Rn 44; **aA** *Richardi* Rn 454; GK-*Wiese* Rn 463; *HSWGNR* Rn 328).

199   Werden keine Betriebsferien vereinbart, müssen **allgemeine Urlaubsgrundsätze** aufgestellt werden. Dazu gehören Regelungen über **geteilten oder ungeteilten Urlaub** (bei längerer Urlaubsdauer wird die Möglichkeit der Teilung angebracht sein, vgl. *DKK-Klebe* Rn 113), die **Verteilung des Urlaubs** innerhalb des Kalenderjahres. Es können auch Grundsätze vereinbart werden, wie zu verfahren ist, wenn mehrere ArbN zur gleichen Zeit Urlaub wünschen (ArbN mit schulpflichtigen Kindern während der Ferien, Wechsel der Urlaubserteilung in den günstigeren und ungünstigeren

Monaten, Rücksicht auf den Urlaub berufstätiger Ehegatten oder Lebenspartner). Hierher gehören auch Regelungen über eine **Urlaubssperre** wegen erhöhten Arbeitsanfalls, zB während der Schlussverkäufe im Einzelhandel oder der Inventurzeiten. Auch die Regelung der Urlaubsvertretung gehört hierher. Das MBR bezieht sich auch auf das **Verfahren** bei der Urlaubsbewilligung.

Für spätere Änderungen der Urlaubsgrundsätze gilt dasselbe wie für deren Aufstellung. **200**

d) Urlaubsplan

Auf Grund der allgemeinen Urlaubsgrundsätze ist der **Urlaubsplan** unter Beteiligung des BR aufzustellen, dh die Festlegung des konkreten Urlaubs der einzelnen ArbN des Betriebes auf bestimmte Zeiten. Der Urlaubsplan ist in der Regel verbindlich, auch für den ArbGeb. (GK-*Wiese* Rn 464; *DKK-Klebe* Rn 115). Der Urlaub braucht dann nicht mehr bes. erteilt zu werden. Das schließt nicht aus, dass im Einzelfall Änderungen möglich sind, sei es auf Grund der betrieblichen Belange, sei es auf Grund persönlicher Wünsche der ArbN (einklagbar im Rahmen des § 7 Abs. 1 BUrlG). **201**

Vom Urlaubsplan ist die **Urlaubsliste** zu unterscheiden. In die Urlaubsliste tragen die ArbN ihre Urlaubswünsche ein. Stimmt der ArbGeb. den Wünschen der ArbN zu, wird aus der Urlaubsliste der Urlaubsplan, der vom BR noch mitzubestimmen ist. **202**

Spätere generelle **Änderungen des Urlaubsplanes** bedürfen der Zustimmung des BR (GK-*Wiese* Rn 467). Ein Widerruf des Urlaubs im Einzelfall aus dringenden betrieblichen Gründen richtet sich nach urlaubsrechtlichen Grundsätzen und unterliegt nicht dem MBR (*HSWGNR* Rn 326). Die Frage, ob sich der einzelne ArbN eine Schonzeit nach einer Kur oder eine Reha Maßnahme auf den Erholungsurlaub anrechnen lassen muss, unterliegt als Rechtsfrage nicht dem MBR (BAG 26. 11. 64 AP Nr. 1 zu § 10 BUrlG Schonzeit). **203**

e) Festlegung des Urlaubs für einzelne Arbeitnehmer

Nach § 7 Abs. 1 BUrlG hat der ArbGeb. den Zeitraum für den Urlaub festzulegen. Dieses **Bestimmungsrecht** kann durch TV eingeschränkt sein. Dann gehen die tariflichen Regelungen vor. Nach § 7 BUrlG kommt es in erster Linie auf den Wunsch des ArbN an. Der ArbGeb. kann den Urlaub zu dem vom ArbN gewünschten Zeitraum nur verweigern, wenn dringende betriebliche Belange oder Urlaubswünsche anderer ArbN, die unter sozialen Gesichtspunkten den Vorzug verdienen, entgegenstehen (BAG 18. 12. 86, 20. 6. 00 AP Nr. 10, 28 zu § 7 BUrlG). Die Frage des Zeitraums, in dem Urlaub zu gewähren ist, ist damit eine Rechtsfrage. Das MBR des BR kann deshalb nur ein **Mitbeurteilungsrecht** über die Richtigkeit der Entscheidung sein (*Richardi* Rn 465). **204**

Eine ausdrückliche Einigung zwischen ArbGeb. und ArbN ist damit nicht erforderlich. Einverständnis heißt deshalb nur, dass der ArbN den vom ArbGeb. genannten Zeitraum für den Urlaub akzeptiert. Das ist immer dann der Fall, wenn der ArbGeb. entspr. den Wünschen des ArbN den Urlaub erteilt. Wird zwischen ArbGeb. und einzelnen ArbN bezüglich der endgültigen Festlegung der zeitlichen Lage des Urlaubs **kein Einverständnis** erzielt (insb. weil mehrere ArbN gleichzeitig Urlaub nehmen wollen, aber nach Ansicht des ArbGeb. aus betrieblichen Gründen nicht können), hat der BR auch in diesem Einzelfall ein MBR. In diesen Fällen müssen betriebliche Interessen gegen die Interessen des oder der ArbN abgewogen werden. Dabei haben **ArbGeb. und BR** von den Grundsätzen auszugehen, die § 7 Abs. 1 BUrlG aufstellt. Die Urlaubswünsche des betroffenen ArbN, aber auch die aus sozialen Gründen berechtigten konkurrierenden Urlaubswünsche anderer ArbN und dringende betriebliche Erfordernisse sind nach billigem Ermessen gegeneinander abzuwägen (BAG 4. 12. 70 AP Nr. 5 zu § 7 BUrlG). **205**

206   Das MBR besteht in jedem **Einzelfall** (*Richardi* Rn 467; *DKK-Klebe* Rn 118; J/R/H-*Meyer* Kap. 14 Rn 15; *HSWGNR* Rn 319; **aA** GK-*Wiese* Rn 472: Nur wenn mindestens zwei ArbN betroffen sind).

207–210   Es kann durch formlose **Regelungsabrede** ausgeübt werden. Können sich Arb-Geb. und BR nicht einigen, entscheidet die E-Stelle. Auch sie ist an die in § 7 Abs. 1 BUrlG festgelegten Grundsätze gebunden. Das MBR bei der Festlegung des Urlaubs für einen einzelnen ArbN besteht auch dann, wenn ein Urlaubsplan besteht. Auch in diesen Fällen kann der ArbN geltend machen, aus besonderen Gründen müsse in seinem Fall von dem allgemeinen Urlaubsplan abgewichen werden.

211   Der einzelne ArbN braucht sich mit der zeitlichen Festlegung seines Urlaubs durch ArbGeb. und BR oder durch die E-Stelle nicht zufriedenzugeben (vgl. § 76 Abs. 7); er kann gegen den ArbGeb. auf Erteilung des Urlaubs für einen bestimmten anderen Zeitraum unter Berufung auf § 7 Abs. 1 BUrlG im Urteilsverf. klagen (hM). Er wird aber regelmäßig keinen Erfolg haben, wenn die BetrVerfOrgane selbst schon von den Grundsätzen des § 7 Abs. 1 BUrlG ausgegangen sind (vgl. BAG 25. 2. 83 AP Nr. 14 zu § 626 BGB Ausschlussfrist). Der ArbN kann seinen Urlaubsanspruch unabhängig von Beginn und Ausgang des MBVerfahrens gerichtlich geltend machen.

f) Dauer des Urlaubs und Urlaubsentgelt

212   Das MBR des BR bezieht sich nicht auf die **Dauer des Urlaubs.** Hierfür gelten die gesetzlichen Bestimmungen (BUrlG) und die TV. Auch die Parteien des Arbeitsvertrages können Regelungen über die Dauer des Urlaubs treffen. Sie gehen gesetzlichen und tariflichen Regelungen vor, wenn sie günstiger sind. Dasselbe gilt für die Höhe und Berechnung des **Urlaubsentgelts.** Es wird in der Regel in TV festgelegt.

213   Vom Urlaubsentgelt ist das zusätzliche **Urlaubsgeld** zu unterscheiden, das den ArbN aus Anlass des Urlaubs gewährt wird. Auch die Höhe des Urlaubsgelds ist in der Regel in TV geregelt. Freiwillige BV sind nur möglich, wenn eine Tarifregelung nicht besteht und auch nicht üblich ist oder zusätzliche BV auf diesem Gebiet im TV ausdrücklich zugelassen sind (vgl. BAG 25. 4. 89 AP Nr. 3 zu § 98 ArbGG 1979; vgl. § 77 Rn 67 ff.).

6. Arbeitnehmerüberwachung durch technische Einrichtungen

a) Gesetzessystematik

214   § 87 Abs. 1 Nr. 6 begründet ein MBR des BR bei Einführung und Anwendung von techn. Überwachungseinrichtungen. Er geht als **Spezialvorschrift** der Regelung des Abs. 1 Nr. 1 vor, soweit eine Verhaltens- oder Leistungskontrolle der ArbN durch techn. Einrichtungen erfolgt (GK-*Wiese* Rn 483; vgl. auch BAG 18. 4. 00 AP Nr. 33 zu § 87 BetrVG 1972 Überwachung). Neben Nr. 6 können jedoch weitere MBR zB nach Nr. 2, 7, 10 und 11 sowie nach § 91 bestehen. Bei der Einführung von techn. Überwachungseinrichtungen werden ferner frühzeitig einsetzende Unterrichtungs- und Beratungsrechte nach §§ 90, 106 Abs. 3 Nr. 5 und § 111 Nr. 5 (s. auch § 81 Abs. 3) zu beachten sein.

b) Zweck der Mitbestimmung

215   Die Vorschrift dient dem **Schutz des einzelnen ArbN** gegen anonyme Kontrolleinrichtungen, die „stark in den persönlichen Bereich der ArbN eingreifen" (BT-Drucks. VI/1786 S. 48 f.; vgl. auch BAG 7. 10. 87 AP Nr. 15 zu § 611 BGB Persönlichkeitsrecht). Sie bezweckt nicht den Schutz der ArbN vor jeglicher Überwachung, wohl aber den vor den bes. Gefahren solcher Überwachungsmethoden, die sich für das Persönlichkeitsrecht der ArbN aus dem Einsatz techn. Einrichtungen ergeben (BAG 30. 8. 95 AP Nr. 29 zu § 87 BetrVG 1972 Überwachung; zum Schutzbedürfnis: BVerfG 23. 2. 07 – 1 BvR 2368/06 – Kammerbeschluss; BVerfGE 67, 100, 143). Insofern besteht ein enger Zusammenhang zwischen dem MBR nach § 87 Abs. 1 Nr. 6 und dem Gebot des § 75 Abs. 2, die freie Entfaltung der Persönlichkeit der im Betrieb beschäftigten ArbN zu schützen und zu fördern (BAG 29. 6. 04 AP Nr. 41 zu § 87 BetrVG 1972 Überwachung; GK-*Wiese* Rn 485; einen zu weit gefassten Persönlichkeitsschutz als Normzweck abl. *HSWGNR* Rn 339 ff.). Um die Gefahren, die den ArbN durch die modernen Technologien mit ihren vielfältigen, oft nicht wahrnehmbaren Überwachungsmöglichkeiten drohen, wirksam eindämmen zu können, bedarf der individualrechtliche Persönlichkeitsschutz der kollektivrechtlichen Verstärkung durch die MB (vgl. GK-*Wiese* Rn 485; *Töfflinger* Mitbestimmung S. 143). Von diesem Erfordernis ausgehend, hat das BAG in einer Reihe von Grundsatzentscheidungen (BAG 6. 12. 83 „Bildschirmarbeitsplatz", 14. 9. 84 „Techniker-Berichtsystem", 23. 4. 85 „TÜV-Berichtsystem" u. „Textsystem", 18. 2. 86 „Kienzle-Schreiber", 11. 3. 86 „Paisy" u. 27. 5. 86 „Telefondatenerfassung", AP Nr. 7, 9, 11–15 zu § 87 BetrVG 1972 Überwachung) den aus 1972 stammenden § 87 Abs. 1 Nr. 6 mit Hilfe einer verstärkt auf Sinn und Zweck dieser Vorschrift abstellenden Auslegung auf neue Technologien hinreichend anwendbar gemacht (str.; wie hier GK-*Wiese* Rn 500, 527 ff.; zur Rspr. des BAG vgl. *Linnenkohl* Informationstechnologie S. 71 ff., 85 ff.; *Färber* FS *Gaul* 1992, S. 57, 66 ff.; *Gebhardt/Umnuß* NZA 95, 103).

Das MBR des BR hat drei Ziele: Es soll in erster Linie als **präventiver Schutz** 216 rechtlich unzulässige Eingriffe in den Persönlichkeitsbereich der ArbN bereits im Vorfeld verhindern (*DKK-Klebe* Rn 135). Außerdem sichert es dem BR ein **Mitbeurteilungsrecht** bei der oft schwierigen Ermittlung der Grenze zwischen zulässigen und unzulässigen Eingriffen (vgl. GK-*Wiese* Rn 487 f.). Schließlich gewährleistet es eine **Mitgestaltung** im Rahmen rechtlich zulässiger Eingriffe, die auf das durch die betrieblichen Notwendigkeiten unabdingbar gebotene Maß beschränkt werden. Die in einer BV nach Nr. 6 geregelten Eingriffe in das Persönlichkeitsrecht der ArbN müssen demnach durch überwiegende schützenswerte Interessen des ArbGeb. gerechtfertigt und dürfen nicht unangemessen sein (WPK/*Bender* Rn 107). Das ist anhand einer **Verhältnismäßigkeitsprüfung** festzustellen (BAG 26. 8. 08 AP Nr. 54 zu § 75 BetrVG 1972). In diese sind alle Gesamtumstände einzubeziehen (BAG 29. 6. 04 AP Nr. 41 zu § 87 BetrVG 1972 Überwachung). Der innere Zusammenhang zwischen § 87 Abs. 1 Nr. 6 und § 75 Abs. 2 gebietet es, bei Auslegungszweifeln entsprechend dem Grundsatz der gesetzeskonformen Auslegung diejenige vorzuziehen, die den Persönlichkeitsschutz am besten sichert (vgl. *DKK-Klebe* 135).

c) Arbeitnehmerüberwachung

Vom MBR erfasst werden techn. Einrichtungen, die dazu bestimmt sind, das Verhalten oder die Leistung der ArbN zu überwachen. Überwachung oder Kontrolle 217 vollziehen sich idR in **drei Phasen:** In der **Ermittlungsphase** werden Daten oder Informationen über das Verhalten oder die Leistung der ArbN durch direkte Übermittlung (zB Fernsehkamera) oder, falls die Information nicht auf andere Weise der menschlichen Wahrnehmung zugänglich gemacht werden kann, durch Aufzeichnung (zB Stechuhr, Fahrtenschreiber, EDV-Anlage) erhoben. In der **Verarbeitungsphase** (Auswertungsphase) werden vorhandene Daten über das Verhalten oder die Leistung der ArbN gesichert, geordnet und zueinander in Bezug gesetzt. Schließlich wird in einer **Beurteilungs- und Bewertungsphase** die erhaltene Aussage über das Verhalten oder die Leistung der ArbN mit den jeweiligen Vorgaben (Soll-Ist-Vergleich) oder mit entspr. Daten anderer ArbN verglichen.

Nach Wortlaut und Schutzzweck der Norm ist für die MB des BR nach Nr. 6 218 nicht Voraussetzung, dass die techn. Einrichtung alle Phasen der Überwachung erfasst. **Ausreichend** ist, wenn lediglich ein **Teil des Überwachungsvorgangs** mittels einer techn. Einrichtung erfolgt (BAG 21. 1. 04 AP Nr. 40 zu § 87 BetrVG 1972 Überwachung; GK-*Wiese* Rn 520). Denn bereits dann liegt in aller Regel ein Eingriff in die Persönlichkeitssphäre des ArbN vor, die nach der Absicht des G nur unter gleichberechtigter MB des BR erfolgen soll (*Matthes* JArbR Bd. 23, S. 19 ff.). Deshalb unterfällt auch die bloße **Erhebung** von leistungs- oder verhaltensrelevanten Daten der ArbN durch eine techn. Einrichtung dem MBR (BAG 29. 6. 04 AP Nr. 41 zu § 87 BetrVG 1972 Überwachung- (Videoüberwachung). Mitbestimmungspflichtig ist auch **die Auswertung** manuell erhobener Daten durch eine techn. Einrichtung (vgl. BAG 14. 9. 84 (Techniker-Berichtsystem), 23. 4. 85 (TÜV-Berichtsystem) u. 11. 3. 86 (Paisy), AP Nr. 9, 11 u. 14 zu § 87 BetrVG 1972 Überwachung). Näheres hierzu vgl. Rn 232 ff.

219   Die MB des BR dient dem Persönlichkeitsschutz des einzelnen ArbN. Ihr unterfallen nur solche Überwachungsmaßnahmen, die einem **bestimmten ArbN zugeordnet** werden können. Es genügt, wenn diese Zuordnung mittelbar durch Rückschlüsse aus anderen betrieblichen Informationsmitteln möglich ist, zB Feststellung an Hand der Anwesenheitsliste, wer eine Maschine zu einem bestimmten Zeitpunkt bedient hat (GK-*Wiese* Rn 546). Ist eine Identifizierung eines bestimmten ArbN nicht möglich, besteht grundsätzlich kein MBR (BAG 6. 12. 83 AP Nr. 7 zu § 87 BetrVG 1972 Überwachung; BAG 10. 4. 84 AP Nr. 7 zu § 87 BetrVG 1972 Ordnung des Betriebes; *HSWGNR* Rn 362). **Filmaufnahmen von Arbeitsplätzen,** auf denen ArbN nicht zu sehen oder zu erkennen sind, unterliegen nicht der MB. Das MBR wird nicht dadurch beseitigt, dass der ArbN die Möglichkeit hat, das Kontrollgerät abzuschalten; denn dann lassen Häufigkeit und Dauer der Abschaltung Rückschlüsse auf das Verhalten des ArbN zu (vgl. BAG 14. 5. 74 AP Nr. 1 zu § 87 BetrVG 1972 Überwachung).

220   Nicht ausreichend ist es, wenn Kontrolldaten **nur einer Gruppe** von ArbN zugeordnet werden können, ohne dass eine weitergehende Identifizierung möglich ist, etwa wenn im Falle einer gemeinsamen Nutzung eines Bildschirmgeräts alle nutzungsberechtigten ArbN dieselbe PIN zur Nutzung des Geräts haben oder wenn das Gerät nur bei Arbeitsbeginn und Arbeitsende von einem der Mitarbeiter mit seiner PIN in bzw. außer Betrieb gesetzt wird, in der Zwischenzeit aber von den übrigen Mitarbeitern ohne Verwendung ihrer PIN benutzt werden kann (vgl. BAG 6. 12. 83 AP Nr. 7 zu § 87 BetrVG 1972 Überwachung). Etwas **anderes** gilt den im Fall, dass die von einer techn. Einrichtung erhobenen leistungs- oder verhaltensrelevanten Daten zwar nur einer Gruppe von ArbN zugeordnet werden können, der hierdurch ausgehende Überwachungsdruck auf die Gruppe jedoch auch auf die einzelnen ArbN der Gruppe durchschlägt. Das ist bei einer kleinen überschaubaren **Akkordgruppe** oder einer entsprechenden Gruppe die für ihr **gemeinsames Arbeitsergebnis verantwortlich** gemacht wird anzunehmen. Bei solchen Einheiten wird ein Überwachungsdruck durch Mobilisierung von Anpassungszwängen in der Gruppe erzielt (BAG 18. 2. 86, 26. 7. 94 AP Nr. 13, 26 zu § 87 BetrVG 1972 Überwachung; GK-*Wiese* Rn 549; *Richardi* Rn 500; *Schwarz* Arbeitnehmerüberwachung S. 102 ff.; **aA** *HSWGNR* Rn 362; *Gaul* RDV 87, 115). Diesem Aspekt dürfte der im Rahmen von Lean production erfolgenden Gruppenarbeit erhebliche Bedeutung zukommen, soweit leistungs- oder verhaltensbezogene Daten anfallen und die Gruppe überschaubar klein ist.

221   Die Überwachung durch die techn. Einrichtung muss sich auf die Leistung oder das Verhalten der ArbN beziehen. **Leistung** iSd. Nr. 6 ist nicht im naturwissenschaftlich-techn. Sinn als Arbeit pro Zeiteinheit zu verstehen, sondern als vom ArbN in Erfüllung seiner vertraglichen Arbeitspflicht geleistetes Arbeiten (BAG 23. 4. 85, 18. 2. 86, AP Nr. 12, 13 zu § 87 BetrVG Überwachung; *DKK-Klebe* Rn 148). **Verhalten** ist jedes Tun oder Unterlassen im betrieblichen, aber auch außerbetrieblichen Bereich, das für das Arbeitsverhältnis erheblich sein kann (vgl. BAG 11. 3. 86 AP Nr. 14 zu § 87 BetrVG 1972 Überwachung). Das Verhalten schließt die Leistung begrifflich mit ein, so dass es hier für die MB nicht auf die Abgrenzung der Begriffe ankommt (vgl. GK-*Wiese* Rn 538; s. auch *Däubler* Gläserne Belegschaften Rn 733).

222   Für die **Bestimmung des Verhaltensbegriffs** im Einzelfall kann nicht einfach auf die Kriterien abgestellt werden, die für den in § 1 Abs. 2 KSchG verwandten Be-

griff „Verhalten des ArbN" entwickelt worden sind. Das verbietet der unterschiedliche Normzweck von § 1 KSchG (Bestandsschutz des Arbeitsverhältnisses) einerseits und § 87 Abs. 1 Nr. 6 BetrVG (Persönlichkeitsschutz des ArbN) andererseits. Ferner ist zu beachten, dass nicht nur die Erhebung von Verhaltens- oder Leistungsdaten der ArbN dem MBR des BR unterliegt. Bei EDV-Anlagen (näheres vgl. Rn 232 ff.) reicht es für die MB aus, dass Informationen erhoben werden, die für sich allein keine Aussage über die Leistung oder das Verhalten der ArbN zulassen, die jedoch in Verknüpfung mit anderen Daten eine Verhaltens- oder Leistungskontrolle ermöglichen (vgl. hierzu BAG 11. 3. 86 AP Nr. 14 zu § 87 BetrVG 1972 Überwachung). Dies gilt umso mehr, als es für die Überwachung des Verhaltens der ArbN durch die techn. Einrichtung nicht darauf ankommt, dass die Information für sich allein schon eine sinnvolle Beurteilung ermöglicht (BAG 23. 4. 85, AP Nr. 11 zu § 87 BetrVG 1972 Überwachung; *Richardi* Rn 501). Deshalb können auch **Statusdaten** wie Name, Geschlecht, Geburtstag, Familienstand, Kinderzahl, Schul- und Ausbildung, Vorbeschäftigung, allgemeine Gesundheitsdaten, die für sich keine Aussagen über Verhalten oder Leistung eines ArbN geben, durch Verknüpfung mit anderen Daten derartige Aussagen bewirken und damit von Nr. 6 erfasst werden (vgl. Rn 236; **aA** *HSWGNR* Rn 301). Gleiches gilt für **Betriebsdaten,** die an sich nur Auskunft über die Fertigung geben, also zB über Materialverbrauch, Störungen und Wartezeiten (vgl. Rn 236).

Verhaltens- oder leistungserhebliche Daten des ArbN sind etwa: Beginn und **223** Ende seiner täglichen Arbeitszeit, seine Gleitzeit, Einzelheiten der Vertragserfüllung, erreichte Arbeitsergebnisse im Rahmen von Zielvereinbarungen (*Däubler* NZA 05, 793), Überstunden, Streikbeteiligung, Fehlzeiten unabhängig davon, ob es sich um unentschuldigte oder krankheitsbedingte Fehlzeiten, bargeldlose Abrechnung des Kantinen- oder Automatenverzehrs, Benutzung des Werkbusses oder Einkäufe von Betriebserzeugnissen, betriebliche Darlehen, Pfändungen. Das sogn. **Terrorlistenscreening,** bei dem es um den automatischen Abgleich der Namen von Beschäftigten mit den aufgrund einer EU-Verordnung gelisteten Personen geht, denen weder unmittelbar noch mittelbar Gelder oder in Form von Arbeitsentgelt zur Verfügung gestellt werden darf, dürfte keine leistungs- oder verhaltenserhebliche Daten betreffen, an die das MBR anknüpft (*Roeder/Buhr* BB 2011, 1333; *Otto/Lampe* NZA 11, 1134).

d) Überwachung durch eine technische Einrichtung

Die MB des BR wird ausgelöst, wenn die Überwachung der ArbN durch eine **224** **techn. Einrichtung** erfolgt. An den Begriff „techn. Einrichtung" sind keine bes. Anforderungen zu stellen (vgl. GK-*Wiese* Rn 497). Er soll lediglich die MB nach Nr. 6 auf eine techn. Überwachung beschränken. Eine Überwachung durch Personen, zB Vorgesetzte, Mitarbeiter, Revisoren, Inspektoren, Privatdetektive oder den Werkschutz, unterfällt ebenso wenig dem MBR nach Nr. 6 (vgl. 27. 6. 89 AP Nr. 37 zu § 80 BetrVG 1972; 26. 3. 91 AP Nr. 21 zu § 87 BetrVG 1972 Überwachung; 18. 11. 99 AP Nr. 32 zu § 626 BGB Verdacht strafbarer Handlung; GK-*Wiese* Rn 504; *HSWGNR* Rn 344) wie eine solche durch Kundenbefragung (vgl. BAG 28. 1. 92 AP Nr. 1 zu § 96 BetrVG 1972; s. aber Rn 213) oder Einsatz von Testkunden (BAG 18. 4. 00 AP Nr. 33 zu § 87 BetrVG 1972 Überwachung). Das Gleiche gilt für organisatorische Maßnahmen des ArbGeb. mit dem Ziel einer Leistungs- oder Verhaltenskontrolle der ArbN. Deshalb sind nach Nr. 6 nicht mitbestimmungspflichtig Anordnungen des ArbGeb., Tätigkeitsberichte zu erstellen, namentliche Erledigungslisten oder Arbeitsbücher zum Nachweis der Arbeitsleistung oder geleisteter Mehrarbeit zu führen (vgl. BAG 9. 12. 80, 24. 11. 81 AP Nr. 2, 3 zu § 87 BetrVG 1972 Ordnung des Betriebes; OVG Bremen CR 90, 597; GK-*Wiese* Rn 505; zur MB nach Nr. 1 vgl. Rn 72; zur Frage der MBPflicht, wenn derartige Angaben anschließend durch eine EDV-Anlage ausgewertet werden, vgl. Rn 238). Auch die Kontrolle der Arbeitszeit durch persönlich auszufüllende Zeitkarten oder die Anordnung, private Telefongespräche selbst aufzuschreiben, fallen nicht unter Nr. 6.

225   Für eine techn. Überwachung ist erforderlich und ausreichend, dass das Verhalten oder die Leistung der ArbN zumindest teilweise durch eine techn. Einrichtung der menschlichen Wahrnehmung zugänglich gemacht wird (vgl. GK-*Wiese* Rn 498). Auf die **Modalitäten** der techn. Überwachung kommt es nicht an. Sie kann **optisch** durch fotographische Einzelaufnahmen, Film- oder Fernsehkameras, **akustisch** durch Abhör- oder Tonbandaufzeichnungsgeräte oder andere stationäre oder mobile Kontrollgeräte und neuerdings vor allem durch EDV erfolgen (vgl. hierzu Rn 232 ff.). Ohne Belang ist ferner, ob die techn. Einrichtung, zB eine Filmkamera, **automatisch** arbeitet oder **manuell** von betroffenen ArbN selbst oder Dritten bedient wird (GK-*Wiese* Rn 501 f.) sowie die **zeitliche Dauer,** also ob die Überwachung dauernd, über einen längeren Zeitraum oder in gewissen Abständen wiederholt erfolgt; es genügen zB Filmaufnahmen von nur wenigen Minuten Dauer (BAG 10. 7. 79 AP Nr. 4 zu § 87 BetrVG 1972 Überwachung; *Schwarz* Arbeitnehmerüberwachung S. 86 f.). Unerheblich ist auch der **Standort** der Überwachungseinrichtung, ob sie für den ganzen Betrieb, einen Teil des Betriebs oder nur einen Arbeitsplatz (vgl. GK-*Wiese* Rn 502; *Schwarz* Arbeitnehmerüberwachung S. 102) oder einen einzelnen ArbN (*Röckl/Fahl* NZA 98, 1035, 1038) vorgesehen ist.

226   Entgegen dem missverständlichen Wortlaut der Nr. 6 („dazu bestimmt") ist nicht erforderlich, dass die techn. Einrichtung ausschließlich oder überwiegend die Überwachung der ArbN zum Ziel hat. Der ArbGeb. braucht eine Überwachung der ArbN nicht zu beabsichtigen. Entspr. dem Zweck der Norm, die ArbN präventiv vor Eingriffen in ihren Persönlichkeitsbereich zu schützen, genügt es, wenn die Einrichtung auf Grund ihrer techn. Gegebenheiten und ihres konkreten Einsatzes objektiv **zur Überwachung der ArbN geeignet** ist. Unerheblich ist, ob dies nur ein Nebeneffekt der techn. Einrichtung ist oder ob die erfassten ArbNDaten vom ArbGeb. ausgewertet werden (vgl. BAG 23. 4. 85, 29. 6. 04 AP Nr. 11, 41 zu § 87 BetrVG 1972 Überwachung; *DKK-Klebe* Rn 153 f.; GK-*Wiese* Rn 507 f.). Das MBR entfällt nicht, wenn der ArbGeb. erklärt, mit der techn. Einrichtung keine Kontrollen durchführen zu wollen (BAG 6. 12. 83 AP Nr. 7 zu § 87 BetrVG 1972 Überwachung) oder die Überwachungseinrichtung eine **arbeitsnotwendige Maßnahme** darstellt (GK-*Wiese* Rn 517). Wird etwa eine **Mitarbeiterbefragung** elektronisch durchgeführt oder deren manuell erhobenen Daten elektronisch ausgewertet, besteht ein MBR unabhängig davon, ob sich die Personalumfrage auf das Arbeits- oder das Ordnungsverhalten der ArbN bezieht (*Moll/Roebers* BB 11, 1862). Zu der früher vom BAG verlangten, mittlerweile praktisch aufgegebenen Anforderung der **Unmittelbarkeit** einer Überwachung vgl. 17. Aufl. Rn 72 a und GK-*Wiese* Rn 510.

227   Andererseits setzt das MBR nach Nr. 6 als Schutzmaßnahme vor einer Gefährdung des Persönlichkeitsbereichs der ArbN durch techn. Überwachung voraus, dass die techn. Einrichtung eine **eigenständige Kontrollwirkung** entfalten kann (kr. zu diesem Merkmal *DKK-Klebe* Rn 137, der eine Begrenzung über das Merkmal „zur Überwachung bestimmt" vorzieht). Dies ist zB bei einer **Uhr** (Stoppuhr), die der Vorgesetzte zur Feststellung des Zeitverbrauchs für einen Arbeitsvorgang benutzt (vgl. BAG 8. 11. 94 AP Nr. 27 zu § 87 BetrVG 1972 Überwachung), oder bei einer **Lupe,** die der Meister zur Begutachtung der Qualität eines Arbeitsstückes oder zur Auswertung eines Nutzungsschreibers verwendet, nicht der Fall; hier erfolgt die Kontrolle durch Menschen; den Hilfsmitteln Uhr oder Lupe kommt keine eigenständige Kontrollwirkung zu (BAG 8. 11. 94 aaO). Das Gleiche gilt für eine Rechenmaschine, mit der von Hand eingegebene Fehlzeiten addiert werden, oder für die Speicherung von Personaldaten auf einem Mikrofilm, der lediglich wieder abgelesen werden kann (GK-*Wiese* Rn 512). Herkömmliche **Schreibgeräte,** mit denen der ArbN seine Arbeitsleistung auf Papier aufschreibt, sind ebenfalls keine techn. Einrichtungen mit einer eigenständigen Kontrollwirkung (BAG 24. 11. 81 AP Nr. 3 zu § 87 BetrVG 1972 Ordnung des Betriebes; vgl. aber auch Rn 233 ff.). Auch die Festsetzung der

Bandgeschwindigkeit unterfällt nicht dem MBR nach Nr. 6, da ihr als solcher kein eigenständiger Kontrolleffekt zukommt (GK-*Wiese* Rn 512; vgl. auch Rn 438).

Nicht von Nr. 6 erfasst werden techn. Einrichtungen, mit denen lediglich **Lauf** 228 **oder Ausnutzung einer Maschine** oder sonstige techn. Vorgänge kontrolliert werden, ohne dass daraus Rückschlüsse auf das Verhalten oder die Leistung des ArbN gezogen werden können; das gilt zB für Warnlampen, Druckzähler, Drehzahlmesser, idR auch für Stückzähler (vgl. BAG 9. 9. 75, 18. 2. 86 AP Nr. 2, 13 zu § 87 BetrVG 1972 Überwachung). Auch die Notwendigkeit, zum Ingangsetzen einer Maschine oder zur Vermeidung ihres Stillstands in bestimmten Abständen einen Knopf zu drücken, begründet kein MBR.

Wird jedoch das Drücken des Knopfes oder der Stillstand der Maschine in techni- 229 sierter Form anderweit gemeldet oder aufgezeichnet, löst dies das MBR aus (BAG 9. 9. 75 AP Nr. 2 zu § 87 BetrVG 1972 Überwachung; GK-*Wiese* Rn 514). Hier tritt neben die mitbestimmungsfreie Maschinenkontrolle eine mitbestimmungspflichtige Überwachung des ArbN in Form einer **Bediener-** oder **Benutzerkontrolle,** die Rückschlüsse auf die Leistung oder das Verhalten des ArbN an der Maschine ermöglicht. Gleiches gilt für automatische Sicherungssysteme, die den Zu- oder Abgang des ArbN am Arbeitsplatz oder die Benutzung einer Anlage durch den ArbN festhalten.

Unerheblich ist, ob der ArbN die techn. Möglichkeit hat, die Überwachungsein- 230 richtung (zB eine Multimoment-Filmkamera) abzuschalten; denn bereits das Abschalten lässt Rückschlüsse auf das Verhalten des ArbN zu (BAG 14. 5. 74 AP Nr. 1 zu § 87 BetrVG 1972 Überwachung; GK-*Wiese* Rn 514). Für die MB reicht sogar eine **Drittkontrolle** aus, wenn also auf Grund der von der techn. Einrichtung gesammelten Daten Rückschlüsse auf das Verhalten oder die Leistung von ArbN möglich sind, die nicht die mit der Kontrolleinrichtung versehene Maschine bedienen (vgl. BAG 9. 9. 75 AP Nr. 2 zu § 87 BetrVG 1972 Überwachung; GK-*Wiese* Rn 516).

Entspr. dem Überwachungsbegriff iSd. Nr. 6 (vgl. Rn 217) ist für das MBR des 231 BR unerheblich, ob durch eine techn. Einrichtung erhobene Daten durch diese **ausgewertet werden können** (vgl. BAG 6. 12. 83 AP Nr. 7 zu § 87 BetrVG 1972 Überwachung), ob sie bei entspr. Eignung der Einrichtung auch **tatsächlich** oder erst **später** ausgewertet werden (vgl. BAG 9. 9. 75, 10. 7. 79 AP Nr. 2, 3 zu § 87 BetrVG 1972 Überwachung; GK-*Wiese* Rn 524).

Umstr. ist, wann die Überwachungseignung von **EDV-Anlagen** gegeben ist. Eine 232 EDV-Anlage ist multifunktional im Finanz-, Verkaufs-, Buchhaltungs- oder Personalbereich sowie bei Fertigung und Konstruktion einsatzfähig. Sie ist im Grunde ebenso wenig auf eine ArbNÜberwachung angelegt wie zB eine Filmkamera. Erst wenn nach ihrer Verwendung im konkreten Fall leistungs- oder verhaltensrelevante ArbN Daten erfasst werden können, wird sie zu einer techn. Überwachungseinrichtung iSd. Nr. 6 (vgl. BAG 6. 12. 83 AP Nr. 7 zu § 87 BetrVG 1972 Überwachung). Es reicht daher nicht aus, wenn nur die bloße Rechen- und Speicherkapazität einer EDV-Anlage die Ermittlung oder Aufzeichnung von Leistungs- oder Verhaltensdaten der Benutzer zulässt. Hinzu kommen muss, dass solche Daten auf Grund der bestehenden **Programmierung** erfasst werden können (vgl. BAG aaO; s. auch BVerwG 5. 2. 90 RDV 90, 183; 27. 11. 91 NZA 92, 412; **aA** *DKK-Klebe* Rn 159).

Ist eine EDV-Anlage entspr. programmiert, unterliegt das der MB. Unerheblich, ob 233 die Datenerfassung auf Grund eines speziellen Programms **(Software)** oder des **Betriebsprogramms** (System-Software) erfolgt (zu „absoluten Systemen" vgl. Rn 242). Darüber hinaus ist für das MBR nicht erforderlich, dass die erfassten Benutzerdaten mit Hilfe eines speziellen Programms durch den Rechner selbst ausgewertet werden können). Für die techn. Überwachung iSd. Nr. 6 reicht die manuelle Auswertung der erfassten Benutzerdaten aus (vgl. Rn 219).

Das MBR entsteht, sobald eine bislang mitbestimmungsfreie EDV-Anlage durch 234 neue Programme oder durch Programmänderungen Benutzerdaten speichern kann. Werden danach weitere Programme mit anderen Möglichkeiten der ArbNÜberwachung entwickelt oder eingeführt, unterliegen diese jeweils erneut dem MBR (vgl. Rn 248 f.). Im Gegensatz zu anderen techn. Überwachungseinrichtungen ist bei EDV-Anlagen eine Ausweitung ihrer Funktion durch Erwerb oder Entwicklung entspr. Programme nach außen nicht erkennbar. Umso wichtiger ist es, dass der ArbGeb. gesetzl. verpflichtet ist, von sich aus – ohne Aufforderung – den BR im Rahmen seiner **allgemeinen Unterrichtungspflicht nach § 80 Abs. 2** über die bestehenden Programme und auf Grund seiner **speziellen Unterrichtungs- und Beratungspflicht nach § 90** über künftig beabsichtigte Programme bereits im Planungsstadium unter Vorlage der erforderlichen Unterlagen zu unterrichten und mit ihm die Auswirkungen des Programms auf die ArbN zu beraten (vgl. § 90 Rn 7 ff., 34 ff.). Dadurch wird der BR in die Lage versetzt, bei Programmen, die eine Leistungs- oder Verhaltenskontrolle der ArbN ermöglichen, rechtzeitig sein MBR geltend zu machen. Insb. hat der ArbGeb. den BR über den voraussehbaren weiteren Ausbau des Systems und über die künftige Nutzung von dessen Vernetzungsfähigkeit zu unterrichten (vgl. auch BAG 17. 3. 87 AP Nr. 29 zu § 80 BetrVG 1972; BVerwG 8. 11. 89 RDV 90, 141). Da der **Datenschutzbeauftragte** die Ausführung datenschutzrelevanter Vorschriften sicherzustellen hat (§ 4 g Abs. 1 S. 1 BDSG), hat er den ArbGeb. anzuhalten, die MBR des BR nach Nr. 6 (u. § 94, s. dort Rn 9) bei der EDV zu beachten (*Wohlgemuth* BB 95, 673).

235 Im Zusammenhang mit EDV-Anlagen ist von bes. Bedeutung, dass das MBR des BR nach Nr. 6 schon dann ausgelöst wird, wenn eine techn. Einrichtung zur ArbN-Kontrolle objektiv geeignet ist (vgl. Rn 226). Entscheidend ist also die **Möglichkeit einer Überwachung** des Verhaltens oder der Leistung der ArbN **durch die techn. Einrichtung.** Deshalb unterliegen EDV-Anlagen dem MBR des BR nicht erst, wenn sie Verhaltens- oder Leistungsdaten erheben oder verarbeiten. Sie sind vielmehr schon dann mitbestimmungspflichtig, wenn sie Informationen oder Daten erfassen oder verarbeiten, die für sich alleine keine Aussage über das Verhalten oder die Leistung der ArbN zulassen, die jedoch in Verknüpfung mit anderen Daten eine Verhaltens- oder Leistungskontrolle ermöglichen (vgl. BAG 11. 3. 86 AP Nr. 14 zu § 87 BetrVG 1972 Überwachung). Dies gilt umso mehr, als es für die Überwachung des Verhaltens oder der Leistung der ArbN durch die techn. Einrichtung nicht darauf ankommt, dass die Information für sich allein schon eine sinnvolle Beurteilung der ArbN **(Beurteilungsrelevanz)** gestattet (vgl. BAG 6. 12. 83, 14. 9. 84, 23. 4. 85, 11. 3. 86, AP Nr. 7, 9, 11, 12, 14 zu § 87 BetrVG 1972 Überwachung). Es reicht aus, dass die von der techn. Einrichtung ermittelten oder erarbeiteten Aussagen ein Baustein für die Beurteilung sind (*Däubler* Gläserne Belegschaften Rn 447).

236 Angesichts der vielfältigen Verknüpfungsmöglichkeiten, die moderne EDV-Anlagen mit den bei ihnen gespeicherten Daten bieten, kann praktisch jedes personenbezogene oder personenbeziehbare Datum **verhaltens-** oder **leistungsrelevant** werden und damit unter Nr. 6 fallen. Selbst für sich allein genommen so neutrale Daten wie Geschlecht, Geburtstag, Schul- und Ausbildung, Kinderzahl können durch EDV-mäßige Verknüpfung mit anderen Daten zu einem Aussagewert über Verhalten oder Leistung eines ArbN führen. Das hängt von den jeweiligen Verknüpfungsmöglichkeiten ab. Deshalb ist es nicht ausgeschlossen, dass auch sog. **Statusdaten** wie Anschrift, Familienstand, Kinderzahl, Steuerklasse, Tarifgruppe, Schul- und Ausbildung, Vorbeschäftigung, allgemeine Gesundheitsdaten unter den Tatbestand der Nr. 6 fallen (im Ergebnis ebenso *DKK-Klebe* Rn 150; ErfK-*Kania* Rn 51; vgl. auch BAG 11. 3. 86 aaO unter B II 3 d der Gründe; **aA** BAG 22. 10. 86 AP Nr. 2 zu § 23 BDSG aF; *HSWGNR* Rn 357). Auch sog. **Betriebsdatensysteme,** die an sich nur die Fertigung überwachen und steuern (Erfassung von Materialverbrauch, Störungen, Wartungszeiten) können neben der Verfolgung betriebswirtschaftlicher Ziele uU. je nach den vorhandenen Verknüpfungsmöglichkeiten auch zu einer Überwachung von ArbN führen (*DKK-Klebe* Rn 164).

237 Ein EDV-System ist auch dann dazu bestimmt, Verhalten oder Leistung der ArbN zu überwachen, wenn es Aussagen über das Verhalten oder die Leistung der an der techn. Einrichtung tätigen ArbN erarbeitet, ohne dass die dieser Aussage zugrunde

liegenden, bei der Arbeit anfallenden und erfassten einzelnen Verhaltens- oder Leistungsdaten selbst ausgewiesen werden. Das ist etwa der Fall, wenn bei einem rechnergesteuerten Textsystem zur Satzherstellung lediglich die Anzahl der Zeilen der vom ArbN eingegebenen Texte oder das Datum der Bearbeitung – nicht die Texte selbst – abgerufen werden können; hierbei ist nicht erforderlich, dass diese Aussage für sich allein schon eine sachgerechte Beurteilung ermöglicht (BAG 23. 4. 85 AP Nr. 12 zu § 87 BetrVG 1972 Überwachung).

Das MBR besteht nicht nur, wenn verhaltens- oder leistungsrelevante Daten der **238** ArbN mittels einer techn. Einrichtung erhoben werden, sondern auch, wenn solche, auf **nichttechnischem Wege erhobene Daten** in eine elektronisches Datenverarbeitungs- oder Informationssystem, zB ein **automatisiertes PIS,** zum Zwecke der Speicherung und Verarbeitung **(Datenauswertung)** eingegeben werden (BAG 14. 9. 84, 23. 4. 85, 11. 3. 86 (Paisy), AP Nr. 9, 11, 14 zu § 87 BetrVG 1972 Überwachung; 22. 10. 86 AP Nr. 2 zu § 23 BDSG aF; BVerwG 16. 12. 87 NZA 88, 513).

Diese Ansicht ist **umstritten.** Zum Teil wird ein MBR mit der Begründung ver- **239** neint, es fehle in diesen Fällen das Erfordernis der unmittelbaren und aktuellen Überwachung durch eine techn. Einrichtung; außerdem sei nur bei solchen techn. Einrichtungen eine Gefährdung der Persönlichkeit der ArbN durch anonyme Kontrollen zu befürchten, die selbst – anstelle von Personen – leistungs- oder verhaltensrelevante Informationen erfassen, nicht dagegen bei techn. Einrichtungen, die von Personen ermittelte Daten lediglich fest- und verfügbar halten. Ein MBR sei bei einer bloßen Datenauswertung durch eine techn. Einrichtung weder vom Wortlaut noch vom Normzweck gedeckt (*HSWGNR* Rn 369 f.; *SWS* Rn 107 e).

Diese Ansicht verkennt, dass eine Gefährdung des Persönlichkeitsrechts auch bei **240** einer Einspeicherung manuell erhobener Daten in eine EDV-Anlage und der damit zwangläufig verbundenen Verknüpfungsmöglichkeit bestehen kann. Es sei nur auf die angesichts der nahezu unbegrenzten Speicherkapazität solcher Anlagen mögliche totale Erfassung von ArbNDaten, auf ihre jederzeitige Abrufbarkeit, auf die Gefahr des Kontextverlustes der gespeicherten Daten, auf das „Nichtvergessenkönnen" des Computers und auf die vielfältigen Möglichkeiten der Datenverknüpfung hingewiesen (vgl. § 75 Rn 82 f.; BVerfG NJW 84, 419 [Volkszählungsurteil]; *Däubler* Anm. AP Nr. 2 zu § 23 BDSG aF; *DKK-Klebe* Rn 144). Wegen dieser Gefahren hat das BDSG ua. gerade die Erhebung und Verarbeitung personenbezogener Daten durch Datenverarbeitungsanlagen seinen Schutzregelungen unterworfen (vgl. §§ 1, 3 u. 28 BDSG; zum gesetzl. Datenschutz s. § 83 Rn 16 ff.). Diese **grundsätzliche Entscheidung des Gesetzgebers** muss bei der Auslegung der Nr. 6 maßgebend berücksichtigt werden, zumal dem weder Wortlaut noch Normzweck entgegenstehen. Der **Begriff der Überwachung** umfasst sowohl die Erhebung von Kontrolldaten, ihre Speicherung und ihre Auswertung, dh ihren Vergleich mit anderen Daten (vgl. Rn 217). Ein MBR des BR wird jedoch nach der ganz überw. M nicht erst angenommen, wenn alle Phasen des Überwachungsvorgangs durch eine techn. Einrichtung geschieht. Vielmehr besteht es bereits dann, wenn eine techn. Einrichtung lediglich verhaltens- oder leistungsbezogene Kontrolldaten des ArbN erhebt, ohne diese auch auszuwerten (vgl. Rn 223). Warum bei einer bloßen Auswertung von kontrollrelevanten Daten durch eine techn. Einrichtung dagegen kein MBR des BR bestehen soll, ist nicht nachvollziehbar, wenn die techn. Einrichtung bei der Auswertung dieser Daten einen eigenständigen Kontrolleffekt (vgl. Rn 227) entfaltet, der ebenfalls stark den Persönlichkeitsbereich der ArbN berührt. Dies trifft auf automatisierte PIS mit ihren Möglichkeiten, die gespeicherten Daten nach den unterschiedlichsten Gesichtspunkten abzurufen, zu verarbeiten und zu vergleichen, zu.

Eine **Auswertung** verhaltens- oder leistungsrelevanter Daten der ArbN durch **241** eine EDV-Anlage liegt vor, wenn derartige Daten, ggf. mit anderen Daten, programmgemäß gesichtet, sortiert, zusammengestellt oder miteinander in Beziehung gesetzt und damit zu Aussagen über Verhalten oder Leistung der ArbN verarbeitet werden können, wie zB in sog. **Rennerlisten** zur Leistungsmotivation. Auch bei der

Auswertung von verhaltens- oder leistungsrelevanten Daten ist nicht erforderlich, dass die von der EDV-Anlage erarbeiteten Aussagen für sich allein eine vernünftige und sachgerechte Beurteilung über Verhalten oder Leistung des ArbN ermöglichen, dh dass die programmgemäße Verarbeitung der Daten auch eine Bewertung in Form eines Soll-Ist-Vergleichs vornimmt (vgl. Rn 235). Vielmehr reicht es auch, wenn die erarbeiteten Aussagen erst iVm. anderen Daten oder Umständen zu einer vernünftigen und sachgerechten Beurteilung führen (BAG 14. 9. 84, 23. 4. 85, AP Nr. 9, 11, 12 zu § 87 BetrVG 1972 Überwachung).

242   Erfolgt die Auswertung verhaltens- oder leistungsrelevanter Daten der ArbN auf Grund bestimmter Programme und sind diese von anderen, rein sachbezogenen Auswertungsprogrammen (zB Lagerhaltung, Ersatzteilbeschaffung) getrennt, so besteht ein MBR nicht hinsichtlich des gesamten EDV-Systems, sondern nur insoweit, als in ihm auf Grund bestimmter Programme leistungs- oder verhaltensrelevante ArbN-Daten verarbeitet werden. Anders ist dies bei sog. **absoluten Systemen,** bei denen die in ihnen gespeicherten Daten nicht mittels bestimmter Programme, sondern durch die Anwendung von **Abfragesprachen** verarbeitet und ausgewertet werden. Abfragesprachen ermöglichen einen Zugriff und eine Verarbeitung aller im System gespeicherten Daten. Eine Trennung der Verarbeitung durch das jeweils angewandte Programm besteht nicht. In diesem Fall unterliegt das gesamte System dem MBR (vgl. *DKK-Klebe* Rn 151; ErfK-*Kania* Rn 56; *Simitis* RDV 89, 49; offengelassen BAG 14. 9. 84 AP Nr. 9 zu § 87 BetrVG 1972 Überwachung;

243   Auch ein EDV-gestützter **systematischer Abgleich persönl. Daten der ArbN** mit denen von Lieferanten (Name, Anschrift, Telefon- oder Kontonummer), der dazu dient, unlautere Vorgänge aufzudecken, ist eine technische Einrichtung, die zur Überwachung bestimmt und geeignet ist. Das dafür notwendige Programm generiert neue eigenständige Informationen und ist keinesfalls bloßes Hilfsmittel für eine menschliche Überwachungsleistung. Allerdings setzt das MBR eine − in aller Regel unvermeidl. − Identifizierbarkeit der ArbN voraus (Einzelheiten *Kock/Francke* NZA 09, 646).

e) Beispiele technischer Überwachungseinrichtungen

244   Unter das MBR nach Nr. 6 fallen optische, akustische oder sonstige Kontrollgeräte: **Fingerprint-Scanner-System** zum Fingerabdruckvergleich beim biometrischen Zugangskontrollsystem (BAG 21. 1. 04 AP Nr. 40 zu § 87 BetrVG 1972 Überwachung); **biometrische Zugangskontrollen** (*Hornung/Steidle* AuR 05, 201); **Multimoment-Filmkameras,** die in regelmäßigen Abständen Aufnahmen von Arbeitsplätzen machen, oder sonstige **Filmkameras,** auch wenn sie nur kurzfristig die Arbeit eines Beschäftigten festhalten (vgl. BAG 14. 5. 74, 10. 7. 79 AP Nr. 1, 4 zu § 87 BetrVG 1972 Überwachung; LAG Ba.-Wü. ArbuR 89, 24), die Installierung von **Fernsehmonitoren** (BAG 7. 10. 87 AP Nr. 15 zu § 611 BGB Persönlichkeitsrecht; BVerwG 31. 8. 88 NJW 89, 848 betr. Einbau einer **Videoanlage** zur Aufklärung von Unregelmäßigkeiten (BAG 26. 8. 08 AP Nr. 54 zu § 75 BetrVG 1972; vgl. BVerfG 23. 2. 07 NVwZ 07, 688; GK-*Wiese* Rn 551; kr. *Däubler* CR 94, 101, 108; *Röckl/Fahl* NZA 98, 1035) oder von **Spiegeln** (Zulässigkeit bedenklich, vgl. BAG 15. 5. 91 AP Nr. 23 zu § 611 BGB Persönlichkeitsrecht m. Anm. *Wedde* CR 93, 230 u. Rn 247; s. auch *Merten* NJW 92, 354; *Kramer* NJW 92, 2732 ff. u. § 75 Rn 69; **aA** *HSWGNR* Rn 367); ferner die Installierung von **Mikrophonen** („Wanzen"), das Fertigen von **Tonbandaufnahmen** oder Aufnahmen von **Telefongesprächen** (GK-*Wiese* Rn 551, 555 ff.; *Eickhoff/Kaufmann* BB 90, 914); Geräte zum **Mithören** von telefonischen Verkaufsgesprächen, auch wenn dies zum Zweck einer sachgerechten Schulung der ArbN erfolgt (BAG 30. 8. 95 AP Nr. 29 zu § 87 BetrVG 1972 Überwachung). Unbemerktes Mit-/Abhören dienstlicher Telefonate ist uU wegen Verletzung des Persönlichkeitsbereichs unstatthaft (s. BVerfG 19. 12. 91 DB 92, 786 m. Anm. *Linnenkohl* in ArbuR 92, 160; *Däubler* CR 94, 754, 755; *Wiese* Anm. zu

AP Nr. 1 zu § 87 BetrVG 1972 Überwachung; vgl. auch § 75 Rn 68), jedenfalls idR unzulässig und als Beweismittel nicht verwertbar (BAG 29. 10. 97 AP Nr. 27 zu § 611 BGB Persönlichkeitsrecht; *Fischer* BB 99, 154; *Kopke* NZA 99, 917; *Linnenkohl/Gressierer* AuA 99, 410). Ferner sind zu nennen: **Stechuhren** oder sonstige **automatische Zeiterfassungsgeräte** wie zB den **Zeitstempler,** mit dem Beginn und Ende einzelner Arbeitsvorgänge festgehalten werden (GK-*Wiese* Rn 551); rechnergestützte **Zeitaufnahmegeräte zur Vorgabezeitermittlung** (UNIDAT M 16/IPAS; BAG 15. 12. 92 CR 94, 111); **Produktographen,** dh Geräte, die Daten über Lauf und Ausnutzung von Maschinen, wie zB Lauf, Stillstand, Fertigungsmenge, Taktfolge, Leerlauf, Verlustzeiten, Störzeiten, ggf. nach angeordneter Bedienung bestimmter Meldetasten auf einem Diagrammschreiber aufzeichnen, dementspr. auch *Kienzle-Schreiber* (BAG 9. 9. 75, 18. 2. 86, AP Nr. 2, 13 zu § 87 BetrVG 1972 Überwachung); **Fotokopiergeräte** mit individueller PIN für Benutzer (vgl. OVG Münster CR 93, 375); **Fahrtenschreiber** (BAG 10. 7. 79 AP Nr. 3 zu § 87 BetrVG 1972 Überwachung, 12. 1. 88 AP Nr. 23 zu § 75 BPersVG), soweit nicht gesetzl. vorgeschrieben (vgl. Rn 248); die automatische Erfassung von **Telefondaten oder -gebühren** (BAG 27. 5. 86 AP Nr. 15 zu § 87 BetrVG 1972 Überwachung; GK-*Wiese* Rn 558; zur – datenschutzrechtlichen – Zulässigkeit der Erfassung von Telefonaten vgl. ferner BVerwG 28. 7. 89 PersVertr. 90, 488; für Unzulässigkeit der Erfassung der Zielnummer der Gespräche eines angestellten Psychologen wegen dessen Schweigepflicht vgl. BAG 13. 1. 87 AP Nr. 3 zu § 23 BDSG aF; zur Frage der Behinderung der BRArbeit durch Erfassung der Zielnummer bei Telefonaten von BR-Mitgliedern vgl. BAG 27. 5. 86 aaO einerseits u. BAG 1. 8. 90 AP Nr. 20 zu Art. 56 ZA – Nato-Truppenstatut, [mit abl. Anm. *Wohlgemuth* ArbuR 91, 190], 18. 1. 89–7 ABR 38/87 nv; BVerwG 16. 6. 89 RDV 90, 32u. 28. 7. 89 PersVertr. 89, 297 andererseits; s. auch § 78 Rn 8); zu **Mobiltelefonen** *Wedde* CR 95, 41, 45; **automatische Sicherungssysteme,** die den Zu- und Abgang des ArbN am Arbeitsplatz oder in bestimmten Arbeitsbereichen festhalten; auch techn. Sicherungsmaßnahmen nach **§ 9 BDSG,** da die in der Anlage zu dieser Vorschrift vorgeschriebenen Kontrollaspekte dem ArbGeb. einen Ermessensspielraum belassen (BAG 23. 4. 85 AP Nr. 12 zu § 87 BetrVG 1972 Überwachung; GK-*Wiese* Rn 565; zu den Maßnahmen im einzelnen *Simitis* BDSG § 9 Rn 68ff.; *Kilian* Personalinformationssysteme S. 207; **aA** *SWS* Rn 112a); zu dem bes. Datenschutz- und Datensicherungsproblemen bei **Einführung von PC** vgl. *Schapper* ArbuR 88, 97u. zum **privaten PC** am Arbeitsplatz BVerwG 12. 10. 89, 23. 9. 92 RDV 90, 86u. 93, 67; Hess. VGH RDV 91, 270; *Gola* RDV 93, 162; zu **Laptops im Außendienst** (*Ganz* AiB 92, 189); **Personalabrechnungs-** und **Personalinformationssysteme** (*Trittin/Fischer* NZA 09, 343) wie zB Paisy (vgl. BAG 11. 3. 86 AP Nr. 14 zu § 87 BetrVG 1972 Überwachung u. Rn 234f.), AiSAS (vgl. LAG München CR 92, 217), SAP R/3 Customising (ArbG Hamburg CR 96, 742) sowie die übrigen SAP/RP-Systeme (s. MusterBV bei *Frey/Pulte* BV S. 279ff.). Informations- und Steuerungssysteme, zB INTEX DO3 („Technikerberichtssystem": BAG 14. 9. 84 AP Nr. 9 zu § 87 BetrVG 1972 Überwachung u. Rn 236, s. auch Hess. VGH PersVertr 91, 217; **Arbeitswirtschaftsinformationssystem** „ARWIS" (BAG 26. 7. 94 AP Nr. 26 zu § 87 BetrVG 1972 Überwachung), Einführung eines elektronischen Datenverarbeitungssystems, das zur **Verhaltens- und Leistungskontrolle** bestimmt ist (BAG 14. 11. 06 AP Nr. 43 zu § 87 BetrVG 1972 Überwachung).

245 Die Einrichtung einer **ISDN**-Nebenstellenanlage ist mitbestimmungspflichtig (vgl. BVerwG 2. 2. 90 CR 91, 740; GK-*Wiese* Rn 559; *Roßnagel* CR 93, 507; *Kort* CR 92, 611, 617f.). An das öffentliche Netz angeschlossene **Telekommunikationssysteme** haben vielfältige zur Überwachung geeignete Basismerkmale, wie zB eine **Anrufumleitung,** die in der zentralen Anlage gespeichert wird und Rückschlüsse über Abwesenheit vom Arbeitsplatz zulässt, oder ermöglichen ein **Heranholen des Rufs,** so dass der ArbGeb. auch gegen den Willen des ArbN dessen Gesprächsteilnehmer feststellen kann. Ein MBR besteht auch für die Einrichtung einer **HICOM** Telefonanlage (BAG 11. 11. 98 AP Nr. 19 zu § 50 BetrVG 1972) o. bei der Automatic-Call-Distribution **(ACD)**-Telefonanlage BAG 30. 8. 95 AP Nr. 29 zu § 87 BetrVG 1972 Überwachung).

Der **Internet-Anschluss** löst die MB aus, da er idR zu umfangreichen Kontrollmöglichkeiten führt, wenn zB mittels eines Proxy-Servers alle aufgerufenen Online-Inhalte protokolliert und zwischengespeichert werden, so dass der ArbGeb. feststellen kann, wann, wie lange und welche Seiten ein ArbN im Internet aufgesucht hat (*Beckschulze* DB 01, 1491, 1500). Dem MBR können deshalb auch IT-Sicherheitsmaßnahmen unterliegen (*Kort* NZA 11, 1319). Die Nutzung von **Intranet** und Überwachungstechniken beim betrieblichen Einsatz von **E-Mails** (Überprüfung von Empfänger- und Absenderadressen, Zeitpunkt und Dauer einer Verbindung) sind ebenfalls mitbestimmungspflichtig (*Beckschulze* DB 01, 1491, 1500; *Lindemann/Simon* BB 01, 1950, 1953 ff.; *Ernst* NZA 02, 585; *Wolf/Mulert* BB 08, 442), nicht jedoch der Einsatz von **Viren- und Spamfiltern** (*Beckschulte* DB 07, 1526). Mitbestimmungspflichtig ist auch die sogn. **Internettelefonie** (VoIP); dazu *Heine/Pröpper* BB 2010, 2113 mit Mustervereinbarung.

246 Der Einsatz von **Bildschirmgeräten,** die lediglich dazu dienen, gespeicherte Informationen sichtbar zu machen, fällt nicht unter Nr. 6 (vgl. GK-*Wiese* Rn 553; vgl. aber Rn 233). Sind sie aber mit einem Rechnersystem in einer Weise verbunden, dass die Tätigkeiten der sie bedienenden ArbN festgehalten werden, handelt es sich um mitbestimmungspflichtige techn. Einrichtungen iSd. Nr. 6 (vgl. BAG 6. 12. 83, 23. 4. 85 AP Nr. 7, 12 zu § 87 BetrVG 1972 Überwachung; so zum Betriebssystem **Unix** *Richenhagen* AiB 91, 265).

Deshalb ist auch **Telearbeit** im online-Betrieb immer und im offline-Betrieb je nach Ausgestaltung mitbestimmungspflichtig *Wiese* RdA 09, 344; *Schmeckel* NZA 04, 237). Denn bei einer Onlineverbindung können mit entsprechenden Programmen Dauer, Fehler bei der Erbringung der Arbeitsleistung, Arbeitsqualität ua ausgelesen werden; bei einer Offlineverbindung ist einer Verhaltens- oder Leistungskontrolle etwa über die zum Einsatz kommenden Datenträger möglich. Entsprechendes gilt für **andere Geräte,** die in **computergesteuerten oder -unterstützten Systemen** mit einer **EDV-Anlage** verbunden sind, zB online-Geräte, CAD-, CAE- und CAM-Systeme (vgl. LAG München CR 88, 562; *Linnenkohl* Informationstechnologie S. 33; *Hoyer* AiB 89, 347). **Bürokommunikationssysteme** zur Bearbeitung elektronischer Dokumente (vgl. *Abel* DuD 90, 567; *Hoyer* aaO S. 348), **Organisations- und Vertriebssteuerungs-Systeme-OVS** (vgl. *Lennartz/Richardt* ArbuR 91, 236 ff.), EDV-gestützter Einsatzplan für technischen Kundendienst (zB System **NICE;** s. dazu ArbG München CR 92, 477); **EDV-gestützte Parkerlaubnisverwaltung** mit Speicherung von Parkverstößen, Verwarnungen, Entzug der Parkerlaubnis usw. (s. Rn 218; BVerwG 9. 12. 92 RDV 93, 172), sog. **Expertensysteme,** die zB über authentische Wissensbasen oder nachvollziehbare Regelsysteme verfügen und jedes Faktum oder jede Regel in einer Wissensbasis auf die Person zurückführen können, die sie eingegeben bzw. verändert hat oder von der sie bei der Aufgabenerledigung mit protokolliert wurde (vgl. *Kornwachs* CR 92, 44; *Richenhagen* AiB 92, 305), DNC-Maschinen, rechnergesteuerte Textsysteme, zB Cosy 200 AS und RS (vgl. BAG 23. 4. 85 AP Nr. 12 zu § 87 BetrVG 1972 Überwachung) automatische Abrechnungssysteme zB des Kantinenverzehrs über EDV mittels einer persönlichen Code-Nummer. Ausreichend für das MBR des BR ist, dass auf Grund einer bestehenden **Programmierung (Software)** verhaltens- oder leistungsrelevante Daten der Bildschirmbenutzer (zB Beginn und Ende der Arbeit mit dem Bildschirm, Menge der verarbeiteten Daten und ihre Verarbeitungsdauer, Art und Anzahl der Fehlerkorrekturen) ermittelt und aufgezeichnet werden, so dass aus dieser Bedienerstatistik im Falle ihrer (maschinellen oder manuellen) Auswertung Rückschlüsse auf das Verhalten oder die Leistung der am Bildschirm tätigen ArbN möglich sind. Es kommt weder darauf an, zu welchem Zweck diese Daten erfasst werden, noch darauf, ob sie für sich allein eine vernünftige und sachgerechte Beurteilung ermöglichen (vgl. Rn 229–233,

235). Kann von dem Bildschirmarbeitsplatz des „Operators" die Tätigkeit an den übrigen Bildschirmarbeitsplätzen beobachtet werden, ist dies ebenfalls eine mitbestimmungspflichtige Überwachungsmaßnahme. Das Erstellen und Führen eines **Bestandsverzeichnisses über die vorhandenen EDV-Systeme** kann der BR nicht nach Nr. 6 verlangen; soweit er ein solches zur Ausübung seines MBR benötigt, kann er es gem. § 80 Abs. 2 vom ArbGeb. fordern (BAG 2. 4. 96 AP Nr. 5 zu § 87 BetrVG 1972 Gesundheitsschutz).

Mitbestimmungspflichtig ist auch die Einführung und Durchführung einer (offenen oder verdeckten) **Videoüberwachung** der ArbN an ihrem Arbeitsplatz (*Grimm/Schiefer* RdA 09, 329). Befindet sich deren Arbeitsplatz in öffentlich zugänglichen Räumen, ist dabei auch die gesetzliche Regelung des § 6b BDSG zu beachten (BAG 26. 8. 08 AP Nr. 54 zu § 75 BetrVG 1972). Diese Vorschrift ist nach ihrem Zweck keine taugliche Rechtsgrundlage für die Durchführung von Leistungskontrollen. Deshalb ist auch in solchen Fällen ein verhältnismäßiger Ausgleich zwischen berechtigten Anliegen des ArbGeb. und dem Interesse der ArbN, keinem ständigen Überwachungsdruck ausgesetzt zu sein, zu finden (*Grimm/Schiefer* RdA 09, 329). Das MBR erfasst auch neuere Techniken, mittels derer der jeweilige **Aufenthaltsort** des ArbN ohne dessen Wissen festgestellt werden kann. Das betrifft im Einzelnen den Einsatz von RFID (Radio Frequency Identifikation), mit der unter Einsatz von Funketiketten (Chips) gespeicherte Daten berührungslos und ohne Sichtkontakt an einen PC übertragen werden. Dazu gehört auch der Einsatz von GPS oder der Handy-Ortung (GSM-Ortung); Einzelheiten bei *Gola* NZA 07, 1139. In Call-Centern werden zur Leistungskontrolle/Qualitässicherung und daran ansetzenden Coachingmaßnahmen „**Silent Monotoring**" und „**Voice Recording**" als Überwachungsmaßnahmen eingesetzt. Dabei wird das telefonisch geführte Kundengespräch durch einen Supervisor oder Coach unangekündigt und verdeckt mitgehört oder das Telefonat verdeckt aufgezeichnet. Solche Maßnahmen greifen ganz erhebl. in das Persönlichkeitsrecht des ArbN ein und zwar auch dann, wenn der ArbN mit derartigen Überwachungsmaßnahmen rechnen musste. Derart schwerwiegende Eingriffe sind auch zur Leistungskontrolle nicht zu rechtfertigen und regelmäßig unangemessen (**aA** *Albicker/Wiesenecker* BB 08, 2631).

f) Inhalt, Umfang und Durchführung der Mitbestimmung

Das MBR besteht bei der Einführung und Anwendung von techn. Überwachungseinrichtungen (BAG 21. 1. 04 AP Nr. 40 zu § 87 BetrVG 1972 Überwachung). Unter **Einführung** ist nicht nur die erstmalige Anwendung zu verstehen. Hierunter fallen alle Maßnahmen zur Vorbereitung der geplanten Anwendung, sowie von Zeitraum (zB auf Dauer oder Probe), Ort, Zweckbestimmung und Wirkungsweise der Überwachung. Dazu gehören auch Fragen nach einer etwa notwendig werdenden Veränderung des Arbeitsablaufs, des Arbeitsplatzes sowie die Einweisung der von der Überwachung betroffenen oder an deren Durchführung beteiligten ArbN (GK-*Wiese* Rn 567f.).

Unter **Anwendung** ist die allgemeine Handhabung der eingeführten Kontrolleinrichtung zu verstehen, zB die Festlegung der Art und Weise, wie die Kontrolleinrichtung verwendet werden soll (generelle oder fallweise Kontrolle), Festlegung des Aufstellungsortes (vgl. BVerwG 13. 8. 92 AP Nr. 23 zu § 87 BetrVG 1972) und der Einschaltzeiten sowie **Änderungen** der Anwendung (GK-*Wiese* Rn 569f.; ErfK-*Kania* Rn 59). Bei der Speicherung von leistungs- oder verhaltensrelevanten Daten der ArbN in eine EDV-Anlage gehört die **inhaltliche Gestaltung des Speicherungs- und Verarbeitungsprogramms** zur Anwendung der techn. Überwachungseinrichtung (so *Franz* Personalinformationssysteme S. 231), wenn nicht sogar zu ihrer Einführung (so *Schwarz* Arbeitnehmerüberwachung S. 121 ff.; s. auch OVG Münster CR 93, 518). Damit hat der BR auch die Möglichkeit, bei der Festlegung des **Verwendungszwecks** gespeicherter Leistungs- oder Verhaltensdaten mitzubestimmen (*DKK-Klebe* Rn 158; GK-*Wiese* Rn 535; vgl. auch BAG 11. 3. 86, AP Nr. 14 zu § 87 BetrVG 1972 Überwachung). Das gilt auch, wenn vorhandene Programme geändert oder Computer innerhalb des Betriebes oder über den Betrieb/Unternehmen hinaus vernetzt werden (vgl. Rn 229; *DKK-Klebe* Rn 141, 157). Wie die MBR des BR bei der Anwendung von techn. Überwachungseinrichtungen im Einzelnen ausgestaltet werden kann, insb. ob und in welcher Weise der BR bei den konkreten Einsätzen der techn. Überwachungseinrichtung einzuschalten ist, bleibt der Vereinbarung der Betriebspartner überlassen (BAG 11. 3. 86 aaO; *Bacher* DB 06, 2518); s. die zahlreichen MusterBV zu techn. Kontrolleinrichtungen bei *Frey/Pulte* BV S. 249 ff.).

250   Das MBR des BR nach Nr. 6 wird nicht dadurch beeinträchtigt, dass der ArbGeb. die der MB des BR unterliegenden Angelegenheiten (zB Speicherung oder Auswertung leistungs- oder verhaltensrelevanter ArbNDaten) einem Dritten, zB einem **anderen Konzernunternehmen** oder einem sonstigen externen Rechenzentrum, überlässt (vgl. hierzu BAG 17. 3. 87 AP Nr. 29 zu § 80 BetrVG 1972; Hess. LAG NZA 85, 34; LAG Hamburg BB 85, 2110; ErfK-*Kania* Rn 59). In diesen Fällen muss der ArbGeb. durch eine entspr. Vertragsgestaltung mit dem Dritten sicherstellen, dass der BR seine MBR ausüben kann (BAG 21. 1. 04 AP Nr. 40 zu § 87 BetrVG 1972 Überwachung).

251   Auch im Rahmen der Nr. 6 hat der BR ein **Initiativrecht**. Er kann die **Änderung** bestehender Kontrolleinrichtungen verlangen (GK-*Wiese* Rn 574). Er kann auch die **Einführung** der techn. Kontrolleinrichtung auf Grund seines im MBR nach Nr. 6 enthaltenen Mitgestaltungsauftrags (vgl. Rn 216) dann fordern, wenn dies im Interesse der ArbN (besonders) geboten erscheint: zB Kontrolleinrichtung zur Vermeidung unwürdiger (unangenehmer) körperlicher Untersuchungen oder Gesundheitsschäden der ArbN (vgl. *Ossberger* aaO S. 143; *DKK-Klebe* Rn 135; *Wagner* AuR 93, 70, 94; **aA** BAG 28. 11. 89 AP Nr. 4 zu § 87 BetrVG 1972 Initiativrecht, das unter Hinweis auf die Abwehrfunktion der MB nach Nr. 6 ein Initiativrecht generell ablehnt; GK-*Wiese* Rn 572; *Kort* CR 92, 611, 613) oder zur Vermeidung der „Selbstausbeutung" im Rahmen der sog. Vertrauensarbeitszeit (s. hierzu *Trittin* NZA 01, 1003, 1005; vgl. Rn 116). Auch die **Abschaffung** derartiger Kontrolleinrichtungen bedarf dann der Zustimmung des BR (vgl. LAG Düsseldorf NZA 89, 146, 149; GK-*Wiese* Rn 574; **aA** BAG aaO; *Kort* CR 92, 611, 614; differenzierend *Richardi* Rn 519). Der BR kann aber nicht den Abschluss einer Rahmen-BV mit allgemeinen Regeln über den Einsatz von EDV-Anlagen verlangen, ohne dass es um eine konkrete Anlage geht (LAG Düsseldorf NZA 89, 146).

252   **Zielrichtung der Tätigkeit** des BR muss es sein, von techn. Überwachungseinrichtungen ausgehende Gefahren für die Persönlichkeitssphäre der ArbN entweder zu verhindern oder doch jedenfalls auf das durch die betrieblichen Notwendigkeiten unabdingbare Maß zu beschränken. Hierbei sind berechtigte Belange des ArbGeb. für die Einführung von Kontrolleinrichtungen, zB Gefahrenabwehr, Sicherung des Eigentums, rationellere Gestaltung des Arbeitsablaufs, Kostengründe, gegen die Interessen der ArbN auf Respektierung ihrer Persönlichkeitssphäre abzuwägen (vgl. BAG 11. 3. 86 (Paisy), 27. 5. 86, AP Nr. 14, 15 zu § 87 BetrVG 1972 Überwachung; *Däubler* Gläserne Belegschaften Rn 803 ff.). Sind Kontrolleinrichtungen aus betrieblichen Gründen nicht zu verhindern, kommen zum Schutz der ArbN zB folgende Maßnahmen in Betracht: Einschränkung der ArbNÜberwachung auf das unumgängliche Maß, Vereinbarungen über Vernichtung, Löschung oder Anonymisierung (bestimmter) ArbNDaten, vor allem, wenn sie als auch vom ArbGeb. nicht gewünschter Nebeneffekt andersartiger Kontrollmaßnahmen anfallen; Vereinbarungen über Aufbewahrungsdauer der erfassten Daten, Festlegung des oder der Zwecke, zu denen die Daten nur oder zu denen sie nicht verwendet werden dürfen, Einschränkung des Kreises der Zugriffsberechtigten, Bekanntgabe der Überwachungsdaten in bestimmten Abständen oder unter bestimmten Voraussetzungen an die betroffenen ArbN.

253   Unzulässige Eingriffe in den Persönlichkeitsbereich der ArbN können nicht durch die MB des BR legitimiert werden (BAG 15. 5. 91 AP Nr. 23 zu § 611 BGB Persönlichkeitsrecht m. Anm. *Wedde* CR 93, 230). Die **MB findet ihre Grenze** im Persönlichkeitsrecht der ArbN, das nicht unverhältnismäßig eingeschränkt werden darf. Das zulässige Maß der Beschränkung bestimmt sich nach dem Grundsatz der Verhältnismäßigkeit (BAG 14. 12. 04 AP Nr. 42 zu § 87 BetrVG 1972 Überwachung). Dementsprechend muss die von den Betriebsparteien gefundene Regelung geeignet, erforderlich und bei Abwägung aller betroffenen Rechtsgüter angemessen sein, den erstrebten Zweck zu erreichen (BAG 29. 6. 04 AP Nr. 41 zu § 87 BetrVG 1972). Dabei richtet sich die Angemessenheit der Überwachungsmaßnahme danach, wie intensiv sie in das Persönlichkeitsrecht der ArbN eingreift. Das bestimmt sich etwa bei einer **Videoüberwachung** nach der Anzahl der beobachteten Personen, der der Art der Überwachung (offen oder verdeckt), der Dauer der Überwachung und inwieweit die betroffenen ArbN einen zurechenbaren Anlass für die Überwachung gegeben haben (BAG 26. 8. 08 AP Nr. 54 zu § 75 BetrVG 1972). Bei der **Mitarbeiterkontrolle** durch Abgleich persönl. Daten ist eine unbegrenzte, verdachtsunabhängige oder dauerhafte Vollkontrolle unverhältnismäßig (*Kock/Francke* NZA 09, 646).

Kein MBR besteht wegen des Eingangssatzes, wenn bestimmte Kontrolleinrichtungen **gesetzl. oder tariflich vorgeschrieben** sind (vgl. auch Rn 28 ff.). Letzteres kann zB der Fall sein, wenn ein TV bei leistungsbezogenen Entgelten die Verwendung bestimmter techn. Einrichtungen für die Ermittlung der Vorgabezeiten vorgibt (GK-*Wiese* Rn 575; *SWS* Rn 113 a f.). Gesetzl. vorgeschrieben ist zB die Verwendung von **Fahrtenschreibern** in LKW und Omnibussen zur Aufzeichnung der unmittelbaren Fahrwerte sowie der Lenk- und Ruhezeiten nach § 57 a StVZO. Das MBR entfällt aber **nur insoweit,** als der ArbGeb. die Kontrolleinrichtung im Rahmen der gesetzl. oder tariflichen Regelung verwendet. Die Benutzung von Fahrtenschreibern in anderen als den in § 57 a StVZO genannten Fahrzeugen ist mitbestimmungspflichtig (BAG 10. 7. 79 AP Nr. 3 zu § 87 BetrVG 1972 Überwachung; vgl. Rn 244). Das Gleiche gilt, wenn der ArbGeb. Fahrtenschreiber über die gesetzl. Zweckbestimmung hinaus zu einer umfassenden Verhaltens- oder Leistungskontrolle der ArbN verwenden will. Denn auch die Festlegung der Verwendung der durch techn. Einrichtung erhobenen Daten ist mitbestimmungspflichtig und bei einer über den gesetzl. Verwendungszweck hinausgehenden Nutzung greift der Gesetzesvorbehalt nicht mehr ein (BAG 12. 1. 88 AP Nr. 23 zu § 75 PersVG; GK-*Wiese* Rn 576; *Richardi* Rn 524). Deshalb unterliegt insoweit auch der Einsatz eines bes. Lese- oder Auswertungsgeräts für den Fahrtenschreiber dem MBR (GK-*Wiese* Rn 493). Mit der Nichtigerklärung der entspr. Regelungen des TKG zur Vorratsdatenspeicherung (BVerfG (2. 3. 10 NJW 10, 833) hat sich die Rechtsfrage erledigt, ob ein ArbGeb., der den ArbN die Privatnutzung von Internet/Telefon erlaubt, verpflichtet ist, sogn. Verkehrsdaten auf Vorrat für die Dauer von sechs Monaten zu speichern.

254

Das MBR nach Nr. 6 könnte zwar auch durch formlose Regelungsabrede ausgeübt werden (GK-*Wiese* Rn 578; *HSWGNR* Rn 386; *Richardi* Rn 527). Doch wird im Interesse der Rechtssicherheit in der Regel eine **BV** notwendig sein. Das gilt insb., wenn nähere Regelungen über Einschränkungen der Kontrolleinrichtung, über den zulässigen Verwendungszweck oder sonstige Einzelheiten der erhobenen Informationen festzulegen sind. Zum Regelungsbedarf einer BV zur Videoüberwachung vgl. *Grimm/Schiefer* RdA 09, 329, 338.

255

Führt der ArbGeb. techn. Überwachungseinrichtungen **ohne Zustimmung** des BR ein, kann dieser ihre **Beseitigung** und die **Unterlassung** der Benutzung im Wege des arbeitsgerichtlichen BeschlVerf., ggf. durch eine einstw. Vfg. durchsetzen (ArbG Hamburg CR 96, 742; vgl. Rn 608 ff.). Das kann zu einer ganz erhebl. Störung betriebl. Abläufe führen (*HSWGNR* Rn 389). Außerdem sind die ArbN nicht verpflichtet, die Kontrolleinrichtungen zu bedienen oder zu benutzen (*Richardi* Rn 533). Ferner haben sie ein **Leistungsverweigerungsrecht** ohne negative Auswirkungen auf den Entgeltanspruch, wenn ihnen die Erbringung der Arbeitsleistung nicht möglich ist, ohne dass die (unzulässige) Kontrolleinrichtung ihre Leistungs- oder Verhaltensdaten festhält (vgl. *DKK-Klebe* Rn 135; GK-*Wiese* Rn 580; *HSWGNR*

256

Rn 388). Ferner können sie bei Verletzung ihres Persönlichkeitsrechts das **Löschen rechtswidrig erlangter Daten** verlangen (§ 35 Abs. 2 BDSG). Darüber hinaus kommt bei einer schwerwiegenden Verletzung des allgemeinen Persönlichkeitsrechts ein Anspruch auf **Schmerzensgeld** gem. § 823 Abs. 1, § 253 Abs. 2 iVm. Art 2 GG in Betracht (*Grimm/Schiefer* RdA 09, 329). Ob sich der ArbGeb. in einem arbeitsgerichtlichen Verfahren auf Beweismittel stützen kann, die er unter Verletzung des MBR erlangt hat, ist im Einzelnen umstritten. Welche Auswirkungen insoweit der Theorie der Wirksamkeitsvoraussetzung (dazu Rn 599 ff.) zu kommt, ist derzeit nicht abschließend geklärt (siehe Rn 607).

7. Arbeits- und Gesundheitsschutz

a) Zweck der Vorschrift

257   Der Arbeitsschutz dient dem **Schutz der Gesundheit und des Lebens** der ArbN. Zweck des MBR ist, durch eine Beteiligung der ArbN an den sie betreffenden Maßnahmen zum Schutze ihrer Gesundheit eine möglichst hohe Effizienz des betrieblichen Arbeits- und Gesundheitsschutzes zu erreichen (*Wlotzke* FS Wißmann S. 426). Nr. 7 gewährt dem BR eine Mitregelungsbefugnis bei der betrieblichen Umsetzung der Vorschriften des Arbeits- und Gesundheitsschutzes (Gesetze, RechtsVO, UVV), soweit diese dem ArbGeb. einen Gestaltungsspielraum belassen. Die Mitregelungsbefugnis des BR lässt die **alleinige Verantwortung des ArbGeb.** für die Sicherstellung des Arbeits- und Gesundheitsschutzes nach den einschlägigen Vorschriften unberührt (GK-*Wiese* Rn 587; *Richardi* Rn 535; *DKK-Klebe* Rn 167). Dieser hat für eine geeignete Arbeitsschutzorganisation zu sorgen und Vorkehrungen zu treffen, dass die erforderlichen Maßnahmen auch in personeller Hinsicht eingeleitet und umgesetzt werden (*Wilrich* DB 08, 182).

b) Verhältnis zu anderen Beteiligungsrechten

258   Der BR hat im Zusammenhang mit dem betrieblichen Arbeits- und Gesundheitsschutz neben der Mitregelungsbefugnis nach Nr. 7 noch **folgende Rechte und Aufgaben:** die Überwachung der zugunsten der ArbN geltenden Vorschriften einschließlich des umfassenden Informationsrechts nach § 80 Abs. 1 Nr. 1, Abs. 2; die Zusammenarbeit mit den für den Arbeits- und Gesundheitsschutz zuständigen Behörden und sonstigen Stellen und Personen nach § 89; die Möglichkeit des Abschlusses freiwilliger BV über zusätzliche Maßnahmen zur Verhütung von Arbeitsunfällen und Gesundheitsschädigungen nach § 88; ferner eine Beteiligung bei der Gestaltung von Arbeitsplatz, Arbeitsablauf und Arbeitsumgebung nach §§ 90 f. und die in diesem Zusammenhang vorgeschriebene Berücksichtigung der gesicherten arbeitswissenschaftlichen Erkenntnisse über die menschengerechte Gestaltung der Arbeit (vgl. zum letzteren aber auch Rn 293 f.). Außerdem enthalten eine Reihe arbeitsschutzrechtlicher Spezialgesetze Regelungen über eine Beteiligung des BR (vgl. zB § 9 ASiG, § 22 Abs. 1 SGB VII, § 84 SGB IX zum betriebl. Eingliederungsmanagement dazu Rn 310 a). Nr. 7 ist im Rahmen seines Anwendungsbereiches eine selbständige und abschließende Regelung. Für außerhalb dieses Anwendungsbereichs liegende Sachverhalte kommt u. U. ein MBR des BR nach Nr. 6 oder Nr. 1 in Betracht (zB Rauch- oder Alkoholverbote; betrieblichen Sicherheitswettbewerb BAG 24. 3. 81 AP Nr. 2 zu § 87 BetrVG 1972 Arbeitssicherheit; GK-*Wiese* Rn 583).

c) Gegenstand des Mitbestimmungsrechts

259   Das MBR betrifft Regelungen über die Verhütung von Arbeitsunfällen und Berufskrankheiten sowie über den Gesundheitsschutz im Rahmen der gesetzlichen Bestimmungen und der Unfallverhütungsvorschriften. Ob diese **Rahmenvorschriften**

unmittelbar oder nur mittelbar dem Gesundheitsschutz dienen, ist für das Bestehen des MBR unerheblich (BAG 26. 4. 05 AP Nr. 118 zu § 87 BetrVG 1972 Arbeitszeit).

Arbeitsunfälle sind nach der Legaldefinition des § 8 Abs. 1 SGB VII von außen **260** auf den Körper einwirkende Ereignisse, die der Versicherte im Rahmen der versicherten Tätigkeit erleidet und die zu einem Gesundheitsschaden oder zum Tode führen. Zur versicherten Tätigkeit gehört nicht nur die berufliche Tätigkeit als solche, sondern auch mit ihr zusammenhängenden Tätigkeiten (vgl. § 8 Abs. 2 SGB VII).

Berufskrankheiten sind Krankheiten, die durch RechtsVO der Bundesregierung **261** mit Zustimmung des Bundesrates als Berufskrankheiten bezeichnet werden und die der Versicherte infolge der versicherten Tätigkeit erleidet (§ 9 Abs. 1 SGB VII). Die Berufskrankheit unterscheidet sich vom Arbeitsunfall durch das Nichtvorliegen eines zeitlich begrenzten Ereignisses. Es gilt die BerufskrankheitenVO vom 31. 10. 97 (BGBl. I S. 2623) idF v 11. 6. 09.

Der Begriff des **Gesundheitsschutzes** ist gesetzlich nicht definiert, stimmt aber **262** mit dem in § 1 Abs. 1 ArbSchG überein (BAG 8. 6. 04 AP Nr. 13 zu § 87 BetrVG 1972 Gesundheitsschutz). Er ist weit zu verstehen. Betroffen sind Maßnahmen, die dazu dienen, die physische und psychische Integrität des ArbN zu erhalten, der arbeitsbedingten Beeinträchtigungen ausgesetzt ist, die zu medizinisch feststellbaren Verletzungen oder Erkrankungen führen oder führen können. Erfasst werden demnach auch **vorbeugende Maßnahmen** (BAG 18. 8. 09 DB 09, 2552; *Wlotzke* FS Wißmann S. 426). Arbeitsbedingte Beeinträchtigungen sind solche, die durch die berufliche Tätigkeit verursacht sind oder anlässlich dieser Tätigkeit entstehen oder verschlimmert werden.

Dem Gesundheitsschutz iSd. Nr. 7 nicht zuzuordnen sind die auch zum gesetzli- **263** chen Arbeitsschutz gehörenden Vorschriften zum Schutz von Anstand oder Sitte und über die Trennung der Geschlechter (GK-*Wiese* Rn 593). Die Beteiligung des BR für darauf bezogene Maßnahmen kann insoweit nur aus Nr. 1 folgen.

Das MBR des BR besteht im Rahmen der **gesetzlichen und der Unfallverhü-** **264** **tungsvorschriften.** Es setzt das Bestehen einer entsprechenden Rechtsnorm voraus und knüpft an diese an. Zu den gesetzlichen Vorschriften gehören auch Rechtsverordnungen. Die Streitfrage, ob unter den gesetzlichen Vorschriften nur öffentlichrechtliche Arbeitsschutzvorschriften zu verstehen sind (so GK-*Wiese* Rn 591; *Richardi* Rn 544) oder auch die privatrechtlichen Fürsorgepflichten des ArbGeb. nach § 618 BGB und § 62 HGB (so *DKK-Klebe* Rn 177 ff.) ist nach Erlass des ArbSchG und weiterer arbeitsschutzrechtlicher Vorschriften nicht mehr von praktischer Bedeutung. Die das MBR auslösenden **Rahmenvorschriften** müssen inhaltlich das Verhältnis zwischen ArbGeb. und ArbN betreffen. ArbGeb. und ArbN müssen nicht in einem Arbeitsverhältnis zueinander stehen. Ausreichend ist, dass Personen als abhängig Beschäftigte im Organisations- und Verantwortungsbereich eines ArbGeb. tätig werden (vgl. hierzu die Regelung der arbeitsschutzrechtlichen Verantwortung bei der Zusammenarbeit mehrerer ArbGeb. in § 8 ArbSchG). Das MBR erfasst daher im **Entleiherbetrieb** auch die dort eingesetzten LeihArbN (*Schirmer* FS 50 Jahre BAG S. 1065; vgl. *Kittner/Pieper* § 8 ArbSchG Rn 15), sowie **Beamte, Soldaten** und die in Privatunternehmen eingesetzten **ArbN des öffentl. Dienstes.**

Den staatlichen Vorschriften stehen in ihrem jeweiligen Geltungsbereich gleich die **265** **Unfallverhütungsvorschriften (UVV).** Diese werden von den zuständigen Berufsgenossenschaften nach § 15, § 16 SGB VII zur Verhütung von Arbeitsunfällen, Berufskrankheiten und arbeitsbedingten Gesundheitsgefahren erlassen. Die UVV verpflichten den ArbGeb., Einrichtungen, Anordnungen und Maßnahmen zur Verhütung von Arbeitsunfällen, Berufskrankheiten und arbeitsbedingten Gesundheitsgefahren zu treffen. Dazu zählt etwa die generalklauselartig gefasste Rahmenschutzvorschrift des § 2 Abs. 1 VBG 1 (Unfallverhütungsvorschriften – Allgemeine Vorschriften). Danach hat der Unternehmer zur Verhütung von Arbeitsunfällen Einrichtungen vorzuhalten sowie Anordnungen und Maßnahmen zu treffen, die den Bestimmungen dieser Regelung und den für ihn sonst geltenden Unfallverhütungsvorschriften und den allgemein anerkannten sicherheitstechnischen und arbeitsmedizinischen Regeln entsprechen (vgl. BAG 16. 6. 98 AP Nr. 7 zu § 87 BetrVG 1972 Gesundheitsschutz). Darüber hinaus enthalten UVV auch verhaltensbezogene Vorschriften, die ArbN („Versicherte") zu beachten haben. Mit der ab dem 1. 12. 11 geltenden DGUV 2 wird nunmehr die betriebsärztliche und sicherheitstechnische Regelbetreuung der Betriebe mit mehr als 10 Beschäftigten neu geregelt (dazu *Riesenber-Mordeja* AiB 10, 538).

266 **Keine Vorschriften** iSd. Nr. 7 sind Normen, die dem ArbGeb. Pflichten ausschließlich zum **Schutz Dritter,** dh nicht zu Betrieb gehörender Personen oder Güter oder der **Allgemeinheit** auferlegen, zB nach dem BImschG (GK-*Wiese* Rn 592). Für Maßnahmen zum Schutz der ArbN nach § 5 Abs. 1 Nr. 2 BImschG besteht allerdings ein MBR (GK-*Wiese* Rn 592; aA HSWGNR Rn 402; SWS Rn 117). Auch Vorschriften, die die Sicherheit der vom ArbGeb. hergestellten Produkte betreffen, fallen nicht unter Nr. 7. Der BR eines produzierenden Gewerbes hat deshalb kein MBR über die sicherheitsgerechte Gestaltung der Produkte des ArbGeb. Etwas anderes gilt, wenn bei der Produktion selbst Gefahren entstehen. Maßnahmen des ArbGeb. auf Grund von Vorschriften, die neben dem Schutz Dritter oder der Allgemeinheit auch dem Schutz der ArbN dienen, unterliegen insoweit dem MBR.

267 **Keine Vorschriften** iSv. Nr. 7 sind arbeitsschutzrechtliche **EG-Richtlinien.** Derartige Regelungen richten sich nach Art. 288 Abs. 3 AEUV nur an die Mitgliedstaaten, nicht private Dritte. Sie haben, im Gegensatz zu EG-VO, keine unmittelbare Wirkung gegenüber privaten ArbGeb. Die Mitgliedstaaten müssen die Richtlinien erst noch in ihr **nationales Recht** umzusetzen. Selbst wenn ein Mitgliedstaat die Umsetzungsfrist folgenlos verstreichen lässt, gilt die Richtlinie nicht unmittelbar (BAG 18. 2. 03 AP Nr. 12 zu § 611 BGB Arbeitsbereitschaft mwN).

268 Im Verhältnis zwischen privaten Dritten können EG-Richtlinien dennoch **mittelbare Auswirkung** haben, wenn Dritte von einer nationalen Vorschrift erfasst werden, für deren Anwendung ein **Auslegungsspielraum** bleibt. In diesem Falle ist die nationale Vorschrift richtlinienkonform auszulegen (EuGH AP Nr. 1, 2 zu § 611a BGB; BAG 2. 4. 96 AP Nr. 5 zu § 87 BetrVG 1972 Gesundheitsschutz; BAG 23. 9. 92 AP Nr. 1 zu § 612 BGB Diskriminierung; BAG 24. 1. 06 AP Nr. 8 zu § 3 ArbZG).

269 **Keine Rechtsnormen** iSv. Nr. 7 sind allgemeine Verwaltungsvorschriften der Arbeitsschutzbehörden oder Durchführungsanweisungen, Richtlinien, Sicherheitsregeln oder Merkblätter der Berufsgenossenschaften (BAG 6. 12. 83 AP Nr. 7 zu § 87 BetrVG 1972 Überwachung). Bei ihnen handelt es sich nicht um den ArbGeb. verpflichtende Regelungen, sondern um die Zusammenstellung von allgemein anerkannten sicherheitstechnischen oder arbeitsmedizinischen Regeln oder von gesicherten arbeitswissenschaftlichen Erkenntnissen. Sie können allerdings einer sachgerechten inhaltlichen Ausfüllung von arbeitsschutzrechtlichen Rahmenvorschriften dienen. Ihre Beachtung hat in der Regel zur Folge, dass der ArbGeb. eine auf Grund einer gesetzlichen Verpflichtung zu treffende Arbeitsschutzmaßnahme ordnungsgemäß erfüllt hat.

270 Das MBR besteht **im Rahmen** der geltenden Arbeits- und Gesundheitsschutzvorschriften. Solche Vorschriften sind vielfach dadurch gekennzeichnet, dass dem ArbGeb. nicht die konkrete Art und Weise vorgeschrieben wird, wie er ihm obliegende Handlungspflichten zu erfüllen hat. Sie verpflichten den ArbGeb. zur Erfüllung eines bestimmten Schutzziels (HaKo-BetrVG/*Kothe* Rn 63). Dazu wird ihm ein Handlungsspielraum belassen. Damit bleibt ihm die Entscheidung darüber, auf welche Art und Weise er seiner Handlungspflicht genügt. Dementsprechend bezieht sich das MBR auf die Ausfüllung des Handlungsspielraums (BAG 8. 6. 04 AP Nr. 20 zu § 76 BetrVG 1972 Einigungsstelle; *DKK-Klebe* Rn 176ff.; GK-*Wiese* Rn 596; HSWGNR Rn 403; *Richardi* Rn 550). Keine Rahmenregelung iSd. Nr. 7 liegt vor, wenn eine Vorschrift eine ganz bestimmte Maßnahme, zB einen genau festgelegten Sicherheitsabstand, vorschreibt. In diesem Falle hat der ArbGeb. selbst nichts mehr zu „bestimmen". Für ein MBR des BR ist kein Raum (GK-*Wiese* Rn 605).

Ob und inwieweit eine Arbeits- und Gesundheitsschutzvorschrift eine ausfüllungs- **271** fähige und -bedürftige Rahmenregelung darstellt und welchen Inhalt und welche Reichweite sie hat, ist durch **Auslegung** zu ermitteln. Hiernach richtet sich auch die Art der zur Ausfüllung der Norm zulässigen Maßnahme (GK-*Wiese* Rn 595). Im Wege der Auslegung ist auch die Frage zu beantworten, inwieweit konkrete Spezial-regelungen eine abschließende Regelung des betreffenden Sachkomplexes darstellen oder ob und ggf. wieweit daneben noch allgemeine arbeitsschutzrechtliche Rahmen-regelungen Anwendung finden.

Eine Rahmenvorschrift liegt stets vor, wenn der ArbGeb. einen **Ermessensspiel-** **272** **raum** hat, in welcher Art und Weise er den sich aus der Vorschrift ergebenden Ver-pflichtung nachkommen will (ErfK-*Kania* Rn 63). Das ist der Fall, wenn dem Arb-Geb. ausdrücklich die Wahl zwischen zwei oder mehreren konkreten Maßnahmen bleibt (vgl. zB § 5 BildscharbV: Unterbrechung der Bildschirmarbeit durch Pausen oder andere Tätigkeiten). Ein solcher Ermessensspielraum besteht ferner, wenn eine Norm den ArbGeb. zu „angemessenen" oder „geeigneten" Maßnahmen verpflichtet und er zwischen mehreren möglichen Maßnahmen zu Erfüllung dieser Pflicht wählen kann. Soweit dem ArbGeb. eine Wahlmöglichkeit offensteht, ist das MBR gegeben (BAG 15. 1. 02, 8. 6. 04 AP Nrn. 12, 13 zu § 87 BetrVG 1972 Gesundheitsschutz).

Als Rahmenvorschriften iSd. Nr. 7 sind auch Vorschriften mit unbestimmten **273** Rechtsbegriffen anzusehen. Sie belassen dem ArbGeb. einen **Beurteilungsspielraum** bei der Erfüllung der sich aus ihr ergebenden Pflichten, etwa wenn sie den ArbGeb. zu erforderlichen Schutzmaßnahmen anhalten (vgl. zB § 10 ArbSchG: erforderliche Maßnahmen zur ersten Hilfe oder sonstige Notmaßnahmen). In diesem Falle ist der Handlungsspielraum des ArbGeb., wie er diese Verpflichtung erfüllt, zwar durch den unbestimmten Rechtsbegriff der Erforderlichkeit enger, jedoch in aller Regel nicht auf eine nur denkbare Lösung beschränkt. Im Rahmen des noch bestehenden Hand-lungsspielraums, etwa bei der Wahl zwischen mehreren gleichwirksamen Schutzmaß-nahmen, besteht auch das MBR des BR (BAG 2. 4. 96, 16. 6. 98 AP Nr. 5, 7 zu § 87 BetrVG 1972 Gesundheitsschutz; *DKK-Klebe* Rn 183 f.; GK-*Wiese* Rn 598 ff.; aA *HSWGNR* Rn 414 ff.; *SWS* Rn 123).

Aus diesem Grund sind **arbeitsschutzrechtliche Generalklauseln**, die in allge- **274** meiner Form den ArbGeb. zu den erforderlichen Maßnahmen des Arbeits- und Ge-sundheitsschutzes verpflichten, Rahmenvorschrift iS von Abs. 1 Nr. 7 (BAG 2. 4. 96,16. 6. 98 AP Nr. 5, Nr. 7 zu § 87 BetrVG 1972 Gesundheitsschutz; *DKK-Klebe* Rn 178; GK-*Wiese* Rn 600 ff.; *Kittner* FS *Däubler* S. 690; aA *HSWGNR* Rn 408; *SWS* Rn 121 e; die, durch die zwischenzeitliche Entwicklung des Arbeitsschutzrechts ohnehin überholte Gegenmeinung will die Konkretisierung der zu treffenden Maß-nahmen den staatlichen Stellen überlassen). Diese Vorschriften begründen unmittel-bare Pflichten des ArbGeb.; sie schreiben ihm keine konkrete Einzelmaßnahme vor. Dem ArbGeb. bleibt in aller Regel ein Gestaltungsspielraum. Insoweit besteht das MBR. In Bezug auf arbeitsschutzrechtliche Generalklauseln ist zu beachten, dass für viele arbeitsschutzrechtlich relevante Sachbereiche spezielle staatliche Vorschriften oder UVV der Berufsgenossenschaft bestehen. Diese gehen im Rahmen ihres Gel-tungsbereichs den Generalklauseln vor. Vielfach enthalten sie den Spezialvorschriften für die von ihnen geregelten Sachbereiche wiederum ausfüllungsbedürftige Rahmenvor-schriften (vgl. Rn 301 ff.).

Ein dem ArbGeb. bei einem unbestimmten Rechtsbegriff zustehender Beurtei- **275** lungsspielraum begründet das MBR, wenn ein **Entscheidungsspielraum** in Bezug auf die Rechtsfolge (welche von mehreren möglichen Maßnahmen ist zu ergreifen) besteht. Der BR hat allerdings auch zu beurteilen, ob die tatbestandlichen Vorausset-zungen einer Handlungspflicht des ArbGeb. erfüllt sind. Das wirkt sich insbesondere aus, wenn die Pflicht für das Ergreifen von Arbeitsschutzmaßnahmen ihrerseits aus einem ausfüllungsbedürftigen, weil unbestimmten Rechtsbegriff folgt. Das „Ob" einer Maßnahme hängt nicht von der subjektiven Regelungsbereitschaft des ArbGeb. ab. Das ist durch die Rspr. des BAG nunmehr geklärt (BAG 15. 1. 02 AP Nr. 12 zu

§ 87 BetrVG 1972 Gesundheitsschutz; *DKK-Klebe* Rn 182 f.; GK-*Wiese* Rn 597).
Allerdings hat weder der BR noch der ArbGeb. eine Alleinbeurteilungskompetenz
dafür, ob die Voraussetzungen eines unbestimmten Rechtsbegriffs auf der Tatbe-
standsseite einer Norm des Arbeits- und Gesundheitsschutzes erfüllt sind. Bleibt diese
Frage zwischen den Betriebsparteien streitig, ist sie vom ArbG zu klären. Es handelt
sich um eine Rechtsfrage und nicht um ein Regelungsproblem. Beispielsweise ist es
eine Rechtsfrage, ob eine vom ArbGeb. mangels tariflicher Regelung zu treffende
Entscheidung über den Umfang eines Kompensationsanspruchs nach § 6 Abs. 5 Arb-
ZG für geleistete Nachtarbeit angemessenen ist. Ist der **Ausgleich für Nachtarbeit**
nicht tariflich geregelt, hat der BR allerdings mitzubestimmen, ob der Ausgleich nach
§ 6 Abs. 5 ArbZG in Entgelt oder in Freizeit erfolgen soll. Ebenfalls mitzubestimmen
hat der BR über die konkrete Ausgestaltung des Freizeitausgleichs für geleistete
Nachtarbeit wie dessen Umwandlung in einen Entgeltanspruch, soweit eine Freizeitgewährung aus betriebl. Gründen nicht möglich ist (BAG 26. 4. 05 AP Nr. 118 zu
§ 897 BetrVG 1972 Arbeitszeit).

276   Das MBR des BR **entfällt,** wenn durch konkrete Anweisungen der Gewerbeaufsichtsämter oder der Berufsgenossenschaft im Rahmen ihrer Fachaufsicht (vgl.
§§ 17 ff. SGB VII) bestimmte Maßnahmen **zwingend angeordnet** werden, ohne
dem ArbGeb. einen Handlungsspielraum zu belassen (BAG 26. 5. 88 AP Nr. 14 zu
§ 87 BetrVG 1972 Ordnung des Betriebes; ErfK-*Kania* Rn 64; GK-*Wiese* Rn 605).

277   Ordnet die Vorschrift eine bestimmte Maßnahme zwar zwingend an, gestattet sie
aber eine **Abweichung** für den Fall, dass der ArbGeb. eine ebenso wirksame Maßnahme trifft (vgl. § 3 Abs. 1 ArbStättV), unterliegt das Ob und das Wie dieser Abweichung ebenfalls dem MBR.

278   Auch wenn eine Vorschrift die **Genehmigung einer Ausnahme** (zB durch das
Gewerbeaufsichtsamt) zulässt, besteht das MBR bei Inanspruchnahme der durch die
Genehmigung eingeräumten Wahlmöglichkeit zwischen der vorgeschriebenen Lösung und der durch die Ausnahme gestatteten Abweichung. Die Ausnahme ist nämlich nicht etwa dem Befehl gleichzusetzen, nach ihr zu verfahren. Der ArbGeb. erhält
vielmehr durch sie nur die Möglichkeit, unter bestimmten Voraussetzungen von
der in der Vorschrift angeordneten Maßnahme abzuweichen (GK-*Wiese* Rn 606).
Der Antrag auf Erteilung einer Ausnahmegenehmigung unterliegt nicht der MB,
wohl aber ist der BR hierbei nach § 89 Abs. 2 S. 1 sowohl durch den Arbeitgeber als
auch durch die zuständige Behörde (Aufforderung zur Stellungnahme) zu beteiligen.
Der Antrag des ArbGeb. auf Erteilung einer Ausnahme bindet einen nach § 89 beteiligten BR nicht hinsichtlich seines MBR. Etwas anderes gilt, wenn er dem Antrag
bereits zugestimmt hat und diesem unverändert entsprochen wird. Ferner kann auch
die Dienstanweisung für die Gewerbeaufsichtsämter für das Verwaltungsverfahren
festlegen, in welchem Umfang die Zustimmung des BR für die Beurteilung eines
Antrags auf Erteilung einer Ausnahme zu berücksichtigen ist.

d) Inhalt und Umfang des Mitbestimmungsrechts

279   Das MBR des BR bezieht sich inhaltlich auf die eine Rahmenvorschrift **konkretisierenden Maßnahmen** des ArbGeb. zur Verhütung von Gesundheitsschäden.
Hierunter sind nicht nur kollektive Regelungen in Bezug auf das Verhalten der ArbN
zu verstehen. Vielmehr erstreckt sich das MBR auch auf **organisatorische** (vgl. § 3
Abs. 2 ArbSchG), **medizinische** (vgl. § 6 BildScharbV) oder **technische Maßnahmen** (vgl. § 2 PSA-BV; *DKK-Klebe* Rn 185; GK-*Wiese* Rn 609 ff.; *Siemes* NZA
98, 232; vgl. auch BAG 10. 4. 79 AP Nr. 1 zu § 87 BetrVG 1972 Arbeitssicherheit).
Welche Maßnahmen in Betracht kommen, hängt von dem Inhalt und der Reichweite der jeweiligen Rahmenvorschrift ab. Insofern kann sich das MBR ggfs. auch auf
personelle Maßnahmen beziehen, die einer betriebl. Regelung zugängl. sind.
Maßnahme iSd. Nr. 7 ist jede Handlung des ArbGeb. Das MBR erstreckt sich nur
auf solche Handlungen, die der ArbGeb. aus Gründen des Arbeits- oder Gesund-

heitsschutzes ergreift oder zu ergreifen hat. Es erfasst keine Maßnahmen, die anderen Zwecken dienen. Erst soweit eine solche Maßnahme ihrerseits eine arbeits- und gesundheitsschützende Handlungspflicht des ArbGeb. auslöst, gilt das MBR (vgl. LAG Nürnberg NZA-RR 03, 588). Betreffen die Maßnahmen des ArbGeb. eine überbetriebliche Angelegenheit, kommt die **Zuständigkeit des GesBR** in Betracht. Das ist etwa der Fall bei unternehmensweit einheitlichen Arbeits- und Sicherheitsanweisungen für Montagearbeiten, die typischerweise im Außendienst erbracht werden (BAG 16. 6. 98 AP Nr. 7 zu § 87 BetrVG 1972 Gesundheitsschutz), nicht jedoch bei der Gefährdungsanalyse (BAG 8. 6. 04 AP Nr. 20 zu § 76 BetrVG 1972 Einigungsstelle).

Das MBR besteht **im Rahmen der jeweiligen Arbeitsschutzvorschrift.** Dies 280 bedeutet nicht nur eine gegenständliche Beschränkung auf die Sachbereiche, für die ein konkretisierendes MBR in Betracht kommt. Hierdurch wird das MBR auch umfangmäßig begrenzt. Zum einen hängt sein Umfang von der Ausgestaltung der jeweiligen Rahmenvorschrift ab. Je konkreter sie ist, desto enger ist die Gestaltungsfreiheit des ArbGeb. und folglich das MBR des BR (*Wlotzke* FS Wißmann 426). Zum anderen ist das MBR durch die jeweilige Rechtsvorschrift im Hinblick auf **Inhalt und Niveau** der zu treffenden Maßnahmen begrenzt. Die Regelung des Nr. 7 gewährt kein MBR zur umfassenden Gestaltung des Arbeits- und Gesundheitsschutzes, die über den gesetzlich oder durch die UVV vorgegebenen Rahmen hinausgeht (ErfK-*Kania* Rn 63). Vielmehr besteht es nur innerhalb dieses Rahmens und des von ihm vorgegeben Inhalts und Schutzniveaus in dem Umfang, in dem der ArbGeb. nach der jeweiligen Norm zur Durchführung von Schutzmaßnahmen verpflichtet ist (BAG 2. 4. 96 AP Nr. 5 zu § 87 BetrVG 1972 Gesundheitsschutz; GK-*Wiese* Rn 604).

Das **maßgebende Sicherheitsniveau** wird in gesetzlichen Vorschriften vielfach 281 durch Verweisung auf die **„gesicherten arbeitswissenschaftlichen Erkenntnisse"** (vgl. § 28 Abs. 1 S. 2 JArbSchG; § 4 Nr. 3 ArbSchG, näheres zu diesem Begriff § 90 Rn 41 ff.), auf die „allgemein anerkannten Regeln der Technik" (zB § 3 Abs. 1 S. 2 GSG), auf den „Stand der Technik" (zB in § 4 ArbSchG, § 11 Abs. 1 Nr. 3 GSG und den auf diese Vorschrift gestützten VO sowie in § 5 BImSchG; dort in § 3 Abs. 6 auch Definition dieses Begriffes) oder auf den „Stand von Wissenschaft und Technik" (so im Atom- und Strahlenschutzrecht, vgl. zB § 7 AtomG, § 6 StrSchV, § 6 GenTG) beschrieben. Diese Verweisungen haben den Vorzug, dass die Vorschriften der technischen Entwicklung folgen. Der Gesetz- oder (im Rahmen der gesetzlichen Ermächtigung – Art. 80 GG) Verordnungsgeber ist seinerseits nicht an diese Regeln gebunden; er kann auch Vorschriften erlassen, die weitergehende technische Maßnahmen verlangen.

Unter **„allgemein anerkannten Regeln der Technik"** sind solche Festlegun- 282 gen für technische Verfahren, Einrichtungen und Betriebsweisen zu verstehen, von denen die Fachleute, die sie anzuwenden haben, überzeugt sind, dass sie den für erforderlich gehaltenen sicherheitstechnischen Anforderungen entsprechen. Es genügt nicht, dass bloß im Fachschrifttum die Ansicht vertreten oder in Fachschulen die Ansicht gelehrt wird, die Regel entspreche den technischen Erfordernissen. Die technische Regel muss in der Fachpraxis erprobt und bewährt sein. Es ist unerheblich, ob einzelne Fachleute oder eine kleine Gruppe von Fachleuten die Regeln nicht anerkennen oder überhaupt nicht kennen. Maßgebend ist die vorherrschende Meinung, die sich in den Fachkreisen gebildet hat (vgl. GK-*Wiese* § 89 Rn 22). Durch den Verweis auf die allgemein anerkannten Regeln der Technik wird ein **Sicherheitsniveau** bezeichnet, das in den Fachkreisen vorherrschend als angemessen betrachtet wird.

Unter dem Begriff **„Stand der Technik"** ist ein Entwicklungsstand fortschritt- 283 licher Verfahren, Einrichtungen und Betriebsweisen zu verstehen, der nach herrschender Auffassung führender Fachleute die Erreichung des gesetzlich vorgegebenen Ziels (im Bereich des Arbeitsschutzes insbesondere des gebotenen Schutzes des Lebens und der Gesundheit der ArbN) gesichert erscheinen lässt. Im Gegensatz zu den allgemein anerkannten Regeln der Technik erfordert der Begriff Stand der Technik keine allgemeine Anerkennung durch die Fachpraxis und keine allgemeine praktische Erprobung und Bewährung. Es genügt uU die Erprobung im konkreten Einzelfall. Das zur Erreichung eines bestimmten Sicherheitsniveaus Erforderliche wird also näher an die Front der technischen Entwicklung verlagert (GK-*Wiese* § 89 Rn 23).

284   Noch enger ist der Begriff „**Stand von Wissenschaft und Technik**". Hierunter ist ein Entwicklungsstand fortschrittlichster Verfahren, Einrichtungen und Betriebsweisen zu verstehen, der nach Auffassung führender Fachleute aus Wissenschaft und Technik auf der Grundlage neuester wissenschaftlicher Erkenntnisse im Hinblick auf das gesetzlich vorgegebene Ziel für erforderlich gehalten wird und die Erreichung dieses Ziels gesichert erscheinen lässt. Das Maß des Erforderlichen bestimmt sich hier nach dem neuesten wissenschaftlichen Erkenntnisstand (GK-*Wiese* § 89 Rn 24; vgl. zur Abgrenzung dieser Begriffe auch BVerfG NJW 79, 359, Kalkar-Entscheidung).

285   Zur Ausfüllung der gesetzlichen Rahmenregelungen oder Generalklauseln werden für die Setzung technischen Rechts überdies **technische Normen** und **technische Regeln** der Normenorganisationen (DIN, VDE, DVGW, VDI) oder der Ausschüsse nach § 11 Abs. 2 GSG oder des Gefahrstoffausschusses nach § 52 GefStoffV herangezogen. Das Gleiche gilt für **Richtlinien, Sicherheitsregeln oder Merkblätter** der Berufsgenossenschaften. Diese Normen und Regeln werden unter Beteiligung und unter Einflussmöglichkeit der Fachleute interessierter Kreise erarbeitet und geben in aller Regel den derzeit maßgebenden Sicherheitsstandard wieder. Sie haben keine Rechtsnormenqualität und entfalten als solche keine rechtlich verbindliche Wirkung. Sie dienen jedoch der Ausfüllung unbestimmter Rechtsbegriffe mit der Folge, dass die laufende Anpassung der technischen Normen und Regeln an die technische Entwicklung sich auch auf die Inhaltsbestimmung der unbestimmten Rechtsbegriffe, die ja für die technische Entwicklung offen sind, auswirken. Teilweise verweisen Rechtsvorschriften auf dem Gebiet des technischen Arbeitsschutzes auf solche Normen und Regeln. Auf jeden Fall spricht bei ihrer Beachtung eine Vermutung dafür, dass die Anforderungen der unbestimmten Rechtsbegriffe erfüllt sind und der gesetzliche Normadressat vor Beanstandungen der Aufsichtsbehörde sicher ist.

286   Das MBR besteht bei Regelungen des betrieblichen Arbeits- und Gesundheitsschutzes. Es muss sich um einen **kollektiven Tatbestand** handeln, eine Einzelmaßnahme (BAG 10. 4. 79 AP Nr. 1 zu § 87 BetrVG 1972 Arbeitssicherheit; *DKK-Klebe* Rn 185; GK-*Wiese* Rn 607; *Richardi* Rn 559). Personelle Einzelmaßnahmen werden vom MBR nach Abs. 1 Nr. 7 in der Regel nicht erfasst (zu Sonderregelungen bei der Bestellung und Abberufung von Betriebsärzten und Sicherheitsfachkräften vgl. Rn 321).

287   Auch das MBR nach Nr. 7 gewährt dem BR ein **Initiativrecht** zum Erlass entsprechender betrieblicher Arbeits- und Gesundheitsschutzregelungen (*DKK-Klebe* Rn 186; GK-*Wiese* Rn 639; *HSWGNR* Rn 431; *Richardi* Rn 560). Die von ihm angestrebten Regelungen müssen aber innerhalb des von der maßgebenden Rahmenvorschrift erfassten Schutzbereichs liegen. Darüber hinaus gehende Regelungen können nur durch freiwillige BV nach § 88 vereinbart werden. Das Initiativrecht muss ferner auf eine konkrete Ausfüllung der Rahmenvorschrift zielen. Diese liegt nicht vor, wenn der BR selbst wiederum nur eine ausfüllungsbedürftige Rahmenregelung anstrebt (BAG 6. 12. 83 AP Nr. 7 zu § 87 BetrVG 1972 Überwachung; *DKK-Klebe* Rn 186; *Richardi* Rn 560).

288   Nicht vorgeschrieben ist, in welcher **Form** die MB nach Nr. 7 durchzuführen ist. Das hängt nicht zuletzt davon ab, ob mit der vorgesehenen Regelung die Arbeitsverhältnisse normativ gestaltet werden sollen. In diesem Falle ist der Abschluss einer BV erforderlich. Im Übrigen reicht eine Regelungsabrede aus (GK-*Wiese* Rn 640; *HSWGNR* Rn 433). Je nach dem Inhalt des Regelungsgegenstandes – insbesondere bei nicht einzelfallbezogenen Dauerregelungen – dürfte sich jedoch vielfach der Abschluss einer förmlichen BV empfehlen.

Die Beachtung des MBR des BR ist auch in den Fällen der Nr. 7 grundsätzlich **289** **Wirksamkeitsvoraussetzung** für die vom ArbGeb. zu treffenden Maßnahmen (BAG 16. 6. 98 AP Nr. 7 zu § 87 BetrVG 1972 Gesundheitsschutz; GK-*Wiese* Rn 641; die Theorie der Wirksamkeitsvoraussetzung grundsätzlich ablehnend *HSWGNR* Rn 435; *Richardi* Rn 566). Jedoch ist hier folgende Besonderheit zu beachten: Aus der **öffentlich-rechtlichen Verpflichtung** des ArbGeb., die Arbeitssicherheit im Betrieb zu gewährleisten, ergibt sich, dass Konflikte im Zusammenhang mit dem MBR nicht in der Weise behandelt werden können, dass bis zur Einigung zunächst nichts geschieht. Vielmehr muss bei Meinungsverschiedenheiten in solchen Fällen der ArbGeb. die Erfüllung seiner Verpflichtungen je nachdem durch Anrufung der E-Stelle oder der Aufsichtsbehörde (idR der Gewerbeaufsicht) gewährleisten. Er muss also in den Fällen der Nr. 7 ggf. die **Initiative zur Beilegung des Konfliktes** ergreifen. **Bei konkreten Gefahren** für Leben und Gesundheit der ArbN ist der ArbGeb. überdies gehalten, **sofort die erforderlichen Maßnahmen** zu treffen (allerdings unbeschadet der Möglichkeit einer späteren Korrektur durch die E-Stelle oder die Aufsichtsbehörde). Insoweit ist nach den Grundsätzen der Güterabwägung angesichts des öffentlich-rechtlichen Charakters der Verpflichtung des ArbGeb. und des schutzwürdigen Guts des menschlichen Lebens der im privatrechtlichen Bereich abzulehnende (zunächst mitbestimmungsfreie) **Eilfall** anzuerkennen (zustimmend *Wlotzke* FS Hilger/Stumpf S. 746; GK-*Wiese* Rn 641).

Die Nichtbeachtung des MBR begründet für die ArbN im Allgemeinen **kein** **290** **Leistungsverweigerungsrecht** im Sinne eines Zurückbehaltungsrechts, wenn die vom ArbGeb. einseitig getroffenen Arbeitsschutzmaßnahmen dem materiellen Arbeits- und Gesundheitsschutz entsprechen und deshalb keine Verletzung seiner Fürsorgepflicht vorliegt. Entspricht eine Regelung nicht dem materiellen Arbeits- und Gesundheitsschutz, lässt auch eine Beachtung des MBR des BR ein bestehendes Leistungsverweigerungsrecht unberührt (*Richardi* Rn 567; zum Leistungsverweigerungsrecht des ArbN bei Arbeit in gefahrstoffbelasteten Räumen vgl. BAG 19. 2. 97 AP Nr. 24 zu § 618 BGB). Vom Leistungsverweigerungsrecht nach § 273 BGB ist das Recht des ArbN, sich bei einer unmittelbaren erheblichen Gefahr durch sofortiges Verlassen des Arbeitsplatzes in Sicherheit zu bringen (vgl. § 9 Abs. 3 ArbSchG), zu unterscheiden (*Wlotzke* RdA 92, 94).

Der ArbGeb. hat die **Kosten** der Maßnahmen des Arbeitsschutzes zu tragen. Sie **291** dürfen nicht dem ArbN auferlegt werden (§ 3 Abs. 3 ArbSchG; BAG 10. 3. 76 u. 21. 8. 85 AP Nr. 17 u. 19 zu § 618 BGB). Das gilt auch dann, wenn die Kosten Folgen der notwendigen Beteiligung des BR sind. Von dieser Kostentragungspflicht kann nicht durch Einzelvertrag oder BV ganz oder teilweise abgewichen werden (BAG 18. 8. 82 AP Nr. 18 zu § 618 BGB; vgl. auch BAG 1. 12. 92 AP Nr. 20 zu § 87 BetrVG 1972 Ordnung des Betriebes). Das Verbot der Kostenüberwälzung auf den ArbN besteht in Bezug auf alle Schutzmaßnahmen im Rahmen der Arbeitstätigkeit. Es betrifft nicht den Fall, dass der ArbN bestimmte Arbeitsmittel oder persönliche Schutzausrüstungen auch privat nutzt. Eine **Kostenbeteiligung** des ArbN wegen dieses **privaten Gebrauchsvorteils** ist nicht von Gesetzes wegen untersagt. Allerdings kann diese Kostenbeteiligung nicht im Rahmen des MBR des BR nach Nr. 7 erzwungen, sondern allenfalls in einer freiwilligen BV nach § 88 unter Beachtung der dafür geltenden Kompetenzgrenzen (§ 88 Rn 8 ff.) geregelt werden (*DKK-Klebe* Rn 187; GK-*Wiese* Rn 625). Hierbei kommt eine Kostenbeteiligung nur in Betracht, wenn der ArbN einen derartigen Gebrauchsvorteil überhaupt in Anspruch nehmen kann und dies auch wünscht (*Richardi* Rn 561).

e) Regelungen für einzelne Sachbereiche

Das **ArbSchG** vom 7. 8. 1996 hat einen **erheblich erweiterten Arbeitsschutz- 292 ansatz** (vgl. *Wlotzke* FS Wißmann S. 426; *Kittner/Pieper* § 1 ArbSchG Rn 4 ff.; *Pieper* ArbuR 96, 467). Zu den Maßnahmen des Arbeitsschutzes zählen nicht mehr nur die klassischen Maßnahmen zur Verhütung von Arbeitsunfällen und arbeitsbedingten Gesundheitsgefahren. Vielmehr umfassen diese Maßnahmen nach § 2 Abs. 1 ArbSchG auch solche, die der Berücksichtigung von arbeitsschutzbezogenen Aspekten der **menschengerechten Gestaltung der Arbeit** dienen. Ferner schreibt § 4 Abs. 1 Nr. 3 ArbSchG vor, dass bei den Maßnahmen des Arbeitsschutzes der **Stand der Technik** (vgl. hierzu Rn 283) und die **gesicherten arbeitswissenschaftlichen Erkenntnisse** (vgl. hierzu § 90 Rn 41 ff.) zu berücksichtigen sind. Außerdem hat der ArbGeb. die Wirksamkeit getroffener Maßnahmen laufend zu überprüfen und erforderlichenfalls an sich ändernde Gegebenheiten anzupassen. Dabei ist eine Verbesserung der Sicherheit und des Gesundheitsschutzes der ArbN anzustreben. Durch diese Neuregelungen wird der Arbeitsschutz im Rahmen des ArbSchG nicht nur inhaltlich beträchtlich erweitert, sondern auch stärker auf **vorbeugende Maßnahmen** zur Vermeidung von arbeitsbedingten Gesundheitsgefährdungen erstreckt.

293   Der Begriff „**menschengerechte Gestaltung der Arbeit**" (§ 2 Abs. 1 ArbSchG) ist weit gefasst. Sein Ziel ist die allgemeine Verbesserung der Verhältnisse, unter denen die Arbeit zu leisten ist (vgl. § 90 Rn 38 ff.). Darunter sind Bedingungen zu verstehen, die dem Arbeits- und Gesundheitsschutz der ArbN dienen. Dazu gehören auch solche, die darüber hinausgehend der Vermeidung oder Minderung nicht gesundheitsbeeinträchtigender Belastungen und Lästigkeiten sowie insbesondere der Anerkennung des ArbN als Persönlichkeit dienen (zB durch Gewährung mehr individueller Freiheit im Arbeitsleben und mehr beruflicher Lebensqualität durch eine selbstverantwortliche und schöpferische Gestaltung der Arbeit oder durch der Persönlichkeit angepasste Qualifikationsmöglichkeiten). Im **Rahmen des Arbeitsschutzes** ist der Begriff iS der Vermeidung oder Minimierung von Gesundheitsbeeinträchtigungen zu verstehen (vgl. hierzu Rn 257; *Kittner/Pieper* § 2 ArbSchG Rn 8 ff.). Die hierüber hinausgehenden Ziele der menschengerechten Gestaltung der Arbeit betreffen nicht den Arbeits- und Gesundheitsschutz und werden folglich vom MBR des BR nach Abs. 1 Nr. 7 nicht erfasst. Sie können jedoch bei anderen Beteiligungsrechten des BR, zB nach §§ 90 f. oder 96 ff. Bedeutung haben (vgl. auch § 75 Rn 142 ff.). Soweit mit der menschengerechten Gestaltung der Arbeit jedoch Ziele des Arbeits- und Gesundheitsschutzes angesprochen werden, sind diese nunmehr auch im Rahmen des MBR des BR nach Abs. 1 Nr. 7 zu berücksichtigen. So haben zB gesicherte ergonomische, arbeitspsychologische oder arbeitsmedizinische Erkenntnisse bei der Gestaltung der Arbeitsplätze, der Arbeits- und Fertigungsverfahren und der Auswahl der Arbeitsmittel als vorbeugende Arbeitsschutzmaßnahmen künftig auch im Rahmen dieses MBR Bedeutung.

294   Das **ArbSchG** enthält **zahlreiche Rahmenregelungen.** Es ist sehr offen formuliert und seiner ganzen Konzeption nach auf eine konkretisierende Regelung durch den Verordnungsgeber und – soweit dieser nicht tätig wird oder selbst wieder konkretisierungsbedürftige Regelungen schafft – durch betriebliche Regelungen ausgerichtet (zu den Leitlinien des ArbSchG *Wlotzke* FS *Däubler* S. 654). In der Begründung des Regierungsentwurfs wird ausdrücklich betont, dass auf eine hohe Praktikabilität der Vorschriften geachtet worden ist und durch weitgefasste Formulierungen bewusst Spielräume für an die Situation der Betriebe angepasste Schutzmaßnahmen gelassen worden sind. Ferner wird darauf hingewiesen, dass seine Bestimmungen nach Gefährdungspotential und Betriebsgröße differenzieren und den einzelnen ArbGeb. auch insoweit Ausfüllungsspielräume bieten (vgl. BT-Drucks 13/3540 S. 12, 14; vgl. zu diesem Gesetz allgemein *Wlotzke* NZA 96, 1019; *Fabricius* BB 97, 1254; *Pieper* ArbuR 96, 465). Vorbehaltlich der Konkretisierung durch andere normativen Regelungen ist bei der Ausfüllung dieser Gestaltungsspielräume das MBR des BR zu beachten. Als solche **Rahmenregelungen** sind zB anzusehen:

295   Nach der Grundvorschrift des § 3 ArbSchG hat der ArbGeb. die erforderlichen Maßnahmen des Arbeitsschutzes unter Berücksichtigung aller Umstände zu treffen, die Sicherheit und Gesundheit der ArbN bei der Arbeit beeinflussen. Hierbei handelt es sich um einen Prototyp einer allgemein gehaltenen Rahmenvorschrift, deren Ausfüllung der MB unterliegt (*Kittner/Pieper* § 3 ArbSchG Rn 5). Dies gilt auch für Abs. 2 dieser Bestimmung. Sie verpflichtet den ArbGeb., getroffene Arbeitsschutzmaßnahmen einer Wirksamkeitsprüfung zu unterziehen (Einzelheiten bei (*Kittner/Pieper* § 3 ArbSchG Rn 3). Der ArbGeb. hat zur Planung und Durchführung der Maßnahmen des Arbeitsschutzes unter Berücksichtigung der Art der Tätigkeiten und der Anzahl der Beschäftigten sowohl für **eine geeignete Organisation** zu sorgen und die erforderlichen Mittel bereitzustellen als auch Vorkehrungen zu treffen, die sicherstellen, dass die Maßnahmen bei allen Tätigkeiten und eingebunden in die **betriebliche Führungsstrukturen** beachtet werden und die ArbN ihren Mitwirkungspflichten nachkommen können. Mit der in Abs. 2 angesprochenen Organisation und die Beachtung der Maßnahmen unter Einbindung in die betrieblichen Führungsstrukturen ist die Arbeitsschutzorganisation des Betriebs angesprochen. Diese betrifft nicht nur die spezielle Arbeitsschutzorganisation, wie sie zB im ASiG oder in § 22 SGB VII (betrieblicher Sicherheitsbeauftragter) angesprochen ist, sondern auch die Organisation der Arbeitsabläufe.

Was die **Arbeitsschutzorganisation** im engeren Sinne anbelangt, ist diese weit- **296** gehend durch konkrete Vorschriften des ASiG und des SGB VII geregelt (vgl. hierzu Rn 311 ff. und § 89 Rn 34). Soweit ein darüber hinausgehender Ausbau der Arbeitsschutzorganisation geplant ist, zB die Einrichtung von Arbeitsschutzqualitätszirkeln, ein spezielles Arbeitsschutz-Controlling oder die Entwicklung spezieller Arbeitsschutzprogramme, ist das MBR des BR zu beachten (vgl. *Mattik/Ortmann* BetrR 96, 129; *Kittner* AiB 97, 328).

Maßnahmen des Arbeitsschutzes innerhalb der **Organisation der Arbeitsabläufe** **297** können erforderlich sein, um einen möglichst gefahrlosen Betrieb zu sichern, dh das Zusammenwirken von Mensch, Maschine, Material, die Folge der Arbeitsschritte und den Ablauf der Arbeit im Raum so zu gestalten, dass möglichst Gefahren vermieden werden. Insoweit kommen zB Regelungen in Betracht zur Vermeidung von **Organisationsdefiziten,** zur Sicherung der **Synchronisation,** zur unbedenklichen **Tempogestaltung,** zur Übersichtlichkeit, zur Koordination der Wege für Roh- und Hilfsstoffe, Werkzeuge, Halbzeuge und Endprodukte, zur Sicherung eines genügend in den Arbeitsablauf eingepassten innerbetrieblichen **Transportwesens,** über Abschaltungen bei Reparaturen, zur Ordnung und Sauberkeit auf Wegen und am Arbeitsplatz, zur Festlegung von Stapelhöhen, über sicherheitsgerechte **Anordnungen der Arbeitsplätze** innerhalb des Arbeitsablaufs, zur zweckmäßigen **Signalgebung,** über einen **ausreichenden Informationsfluss** innerhalb des Arbeitsablaufs oder zur Sicherung der **Fluchtwege.**

Die nach § 3 Abs. 1 zu treffenden Maßnahmen des Arbeitsschutzes können auch **298** das **sicherheitsgerechte Verhalten der ArbN** regeln, zB das Erkennen und Geben von Signalen, die Benutzung bestimmter Wege, das Nichtbetreten gefährlicher Räume, Rauchverbote, Alkoholverbot, Teilnahme an Brandschutzübungen, Bedienung von Schutzvorrichtungen.

Auch die in § 4 ArbSchG geregelte Berücksichtigung **allgemeiner Grundsätze** **299** **bei Maßnahmen des Arbeitsschutzes** ist eine ausfüllungsbedürftige Rahmenvorschrift jedenfalls in dem Sinne, dass bei den in ihr enthaltenen unbestimmten Rechtsbegriffen ein Beurteilungsspielraum des ArbGeb. und ein darauf bezogenes Mitbeurteilungsrecht des BR besteht. Das Gleiche gilt für die in § 5 ArbSchG geregelte **Gefährdungsbeurteilung** (BAG 8. 6. 04 AP Nr. 13 zu § 87 BetrVG 1972 Gesundheitsschutz). Hier besteht ein Handlungsspielraum hinsichtlich der Art und Weise, wie die Gefährdungsbeurteilung vorgenommen werden soll. Eine hinreichend bestimmte konkrete Gefährdung wird für das Entstehen des MBR nicht verlangt (BAG 8. 6. 04 AP Nr. 20 zu § 76 BetrVG 1972 Einigungsstelle; *Martin* AiB 07, 483). Die Gefährdungsbeurteilung erstreckt sich auch auf **psychische Belastungen.** Bei deren konkreter Erfassung sind aber die Interessen nicht nur der jeweiligen ArbN, sondern auch die ihrer Kollegen und Vorgesetzten mit zu berücksichtigen. Der **einzelne ArbN** kann zwar die Durchführung einer Gefährdungsbeurteilung verlangen, aber dem ArbGeb. hierfür weder bestimmte Kriterien noch konkrete Methoden vorgeben und auch nicht von ihm fordern, gegenüber dem BR nach Maßgabe der Vorstellungen des ArbN initiativ zu werden (BAG 12. 8. 08 AP Nr. 29 zu § 618 BGB). Die Durchführung einer Gefährdungsbeurteilung ist für eine BV zur Regelung einer **Unterweisung** nach § 12 ArbSchG grundlegend. Deshalb muss eine E-Stelle bei Regelungen über Art und Inhalt einer Unterweisung die Ergebnisse einer Gefährdungsbeurteilung berücksichtigen und daran eine konkrete arbeitsplatz- oder aufgabenbezogene Unterweisung ausrichten. Beschränkt sie sich auf allgemeine Bestimmungen über die Unterweisung zu Gefahren am Arbeitsplatz, verfehlt sie ihren Regelungsauftrag (BAG 11. 1. 11 – 1 ABR 104/09 – NZA 11, 652).

300   Ein **Beurteilungs- und Gestaltungsspielraum des ArbGeb.** und insoweit auch ein MBR und Mitbeurteilungsrecht besteht ua. ferner bei näheren Regelungen über die Sicherstellung des Arbeitsschutzes bei der Zusammenarbeit mehrerer ArbGeb. an einer Arbeitsstelle (§ 8 ArbSchG), bei der Festlegung erforderlicher Maßnahmen in und für besonders gefährliche Arbeitsbereiche (§ 9 ArbSchG), bei näheren Regelungen über die Erste Hilfe und für Notfallmaßnahmen (§ 10 ArbSchG), über die arbeitsmedizinische Vorsorge (§ 11 ArbSchG) sowie über die Unterweisung der ArbN nach § 12 ArbSchG (zur Unterweisung BAG 11. 1. 11 – 1 ABR 104/09 – NZA 11, 652). Nach der Rspr. des BAG ist nicht mitbestimmungspflichtig die **Übertragung von Arbeitsschutzpflichten** auf zuverlässige und fachkundige Personen nach § 13 Abs. 2 ArbSchG (*Schorn* BB 10, 1345). Zwar handelt es sich hierbei um eine Rahmenvorschrift, die dem Gesundheitsschutz dient, aber hinsichtlich der Auswahl des Personenkreises keine betriebl. Regelungen erfordert (BAG 18. 8. 09 DB 09, 2552). Das legt es aber nahe, die fachlichen Anforderungen für die Wahrnehmung der jeweiligen Arbeitsschutzaufgabe im Zusammenhang mit einer dazu zu treffenden mitbestimmten Regelung vorzunehmen (zB. Anforderung an Fachkunde zur Durchführung einer Gefährdungsanalyse). Zur Pflichtenübertragung durch den ArbGeb. allgemein *Wilrich* DB 09, 1294. Allerdings kann die Übertragung von Unternehmerpflichten auf einen Beschäftigten eine personelle Maßnahme sein, die ein MBR nach § 99 auslöst.

301   Entsprechend dem allgemeinen Grundsatz des Vorrangs einer Spezialregelung vor einer allgemeinen sind auch für die Gestaltungsfreiheit des ArbGeb. nach dem ArbSchG in erster Linie die (Rahmen-)Regelungen in Spezialgesetzen maßgebend. § 1 Abs. 3 ArbSchG lässt bestehende sonstige Vorschriften ausdrücklich unberührt. Das gilt auch für **Rechtsverordnungen,** die auf der Grundlage des § 18 ArbSchG erlassen worden sind (WPK/*Bender* Rn 146). Es handelt sich um die VO über Arbeitsstätten v 12. 8. 04 – ArbStättV (BGBl. I S. 2179), die BaustellenVO vom 10. 6. 98 (BGBl. I S. 1283) – BaustellV, die BetriebssicherheitsVO vom 27. 9. 02 (BGBl. I S. 3777) – BetrSichV, die BildschirmarbeitsVO vom 4. 12. 96 (BGBl. I S. 1843) – BildscharbV –, die VO zum Schutze der Mütter am Arbeitsplatz vom 15. 4. 97 (BGBl. I S. 782) – MuSchArbV, die BiostoffVO vom 27. 1. 99 (BGBl. I S. 50) – BiostoffV –, die GefahrstoffVO vom 23. 12. 04 (BGBl. I S. 3758, 3855) – GefStoffV –, die LastenhandhabungsVO vom 4. 12. 96 (BGBl. I S. 1842) – LasthandhabV – vom 4. 12. 96 – sowie die PSA-BenutzungsVO vom 6. 12. 96 (BGBl. I S. 1841) – PSA-BV –, die Gentechnik-SicherheitsVO v 14. 3. 95 (BGBl. I S. 297), die Lärm-VibrationsArbSchV v. 6. 3. 07 (BGBl. I S. 261) und die VO zur arbeitsmedizinischen Vorsorge v. 18. 12. 08 (BGBl I, 2768) – ArbMedV. Welchen **Inhalt** und welche **Reichweite das MBR** in diesen Fällen hat, ist eine Frage der Auslegung der jeweiligen Rahmenvorschrift und, ob und inwieweit neben den Spezialregelungen die allgemeinen Vorschriften anzuwenden sind. Zu beachten ist weiterhin, dass das ArbSchG auf verpflichtenden Vorgaben der Arbeitsschutz-Rahmenrichtlinie der EG (EG-Richtlinie 89/391/EWG vom 12. 6. 1989 – ABlEG Nr. L 183 S. 1) beruht. Das ist für die Auslegung unbestimmter Rechtsbegriffe von Bedeutung (vgl. Rn 268).

302   Mit der BildscharbV besteht nunmehr eine nähere arbeitsschutzrechtliche Regelung für die **Bildschirmarbeit** (vgl. *Schierbaum* ArbuR 99, 82; *Wlotzke* NJW 97, 1472;

Kollmer NZA 97, 138). Zum Bildschirmbegriff der RL EuGH 6. 7. 00 NZA 00, 87. Die bisher in diesem Bereich bestehende Rechtsunsicherheit, insbesondere auch hinsichtlich der Beteiligungsrechte des BR, ist damit zum großen Teil behoben. Die BildscharbV enthält nähere Regelungen über ihren Geltungsbereich (§§ 1 und 2), über eine notwendige Gefährdungsbeurteilung des Bildschirmarbeitsplatzes (§ 3), über die Pflicht des ArbGeb. zu geeigneten Arbeitsschutzmaßnahmen (§ 4), zur Unterbrechung der Bildschirmarbeit (§ 5) und zu regelmäßigen angemessenen Untersuchungen des Sehvermögens (§ 6). Die an einen Bildschirmarbeitsplatz zu stellenden Anforderungen werden in einem Anhang zur Verordnung näher konkretisiert. Soweit dieser dem ArbGeb. Gestaltungs- und Beurteilungsspielräume belässt (was in beträchtlichem Umfang der Fall ist), kommen **MBR des BR** in Betracht etwa bei der Durchführung der Gefährdungsbeurteilung (BAG 8. 6. 04 AP Nr. 13 zu § 87 BetrVG 1972 Gesundheitsschutz und AP Nr. 20 zu § 76 BetrVG 1972 Einigungsstelle), bei der Festlegung geeigneter Schutzmaßnahmen, bei der Frage der Unterbrechung der Bildschirmarbeit durch Pausen oder andere Tätigkeiten – zB Einrichtung sog. Mischarbeitsplätze (vgl. LAG Hamburg 21. 9. 00 NZA-RR 01, 190) – und bei näheren Regelungen über die Untersuchung des Sehvermögens etwa durch Festlegung der Zeitabstände für die Untersuchung, die Art und Weise der Untersuchung oder die Qualifikation des Untersuchers (*Fabricius* BB 97, 1256; zum vergleichbaren MBR des § 75 Abs. 2 Nr. 11 BPersVG BVerwG 8. 1. 01 NZA 01, 570). Soweit der Beschäftigte gegenüber dem ArbGeb. nach § 6 Abs. 2 BildscharbV einen Anspruch auf Zurverfügungstellung einer speziellen Sehhilfe hat, besteht kein MBR. Der Anspruch folgt unmittelbar aus der Rechtsverordnung (vgl. BAG 2. 4. 96 AP Nr. 5 zu § 87 BetrVG 1972 Gesundheitsschutz; ErfK-*Kania* Rn 64; **aA** *Kittner/Pieper* § 3 BildscharbV Rn 10).

Die Bereiche **persönliche Schutzausrüstungen, Arbeitsmittel** und die **manuelle Handhabung von Lasten** haben ebenfalls durch auf § 18 ArbSchG gestützte PSA-BV und die LasthandhabV eigenständige Regelungen erfahren (zu diesen VO vgl.: *Wlotzke* NJW 97, 1469; *Kollmer* NZA 97, 138). Die Regelungen dieser VO enthalten ebenfalls mitbestimmungspflichtige Gestaltungsspielräume für den ArbGeb. (*Fabricius* BB 97, 1256). So darf nach § 2 **PSA-BV** der ArbGeb. nur solche persönliche Schutzausrüstungen bereitstellen, die den Anforderungen der VO über das Inverkehrbringen von persönlichen Schutzausrüstungen entsprechen, im Hinblick auf die zu verhütenden Gefährdungen geeignet sind und den ergonomischen Anforderungen und gesundheitlichen Erfordernissen des Beschäftigten entsprechen. Die nach § 12 ArbSchG erforderliche Unterweisung hat sich insbesondere auf die sicherheitsgerechte Benutzung der Schutzausrüstungen, ggf. durch eine praktische Schulung in der sicherheitsgerechten Benutzung, zu erstrecken (§ 3 PSA-BV). Nach der **LasthandhabV** hat der ArbGeb., um eine Gefährdung der Sicherheit und der Gesundheit der ArbN bei der **manuellen Handhabung von Lasten** zu vermeiden, geeignete organisatorische Maßnahmen zu treffen oder geeignete Arbeitsmittel einzusetzen. Die hierbei zu berücksichtigenden Gesichtspunkte sind in einem Anhang zu VO näher aufgeführt (§§ 2 ff. LasthandhabV). Die Anforderungen an die Bereitstellung und Benutzung von Arbeitsmitteln und deren Beschaffenheit regelt nunmehr die **BetrSichV**, die mit Wirkung zum 1. 1. 03 die ArbeitsmittelbenutzungVO ersetzt hat. Dabei werden in einem Anhang zur BetrSichV Mindestanforderungen an die Beschaffenheit von Arbeitsmitteln und die nach § 3 BetrSichV durchzuführende Gefährdungsanalyse festgelegt. Insgesamt enthält die BetrSichV ein umfassendes Schutzkonzept (Einzelheiten bei *Wilich* DB 02, 1553), das nach dem Willen des VOGebers auf alle von Arbeitsmitteln ausgehenden Gefährdungen anzuwenden ist (BR-Drucks. 301/02 S. 74). Die **BioStoffV** betrifft den Schutz von Beschäftigten vor einer Gefährdung ihrer Sicherheit und Gesundheit bei Tätigkeiten mit biologischen Arbeitsstoffen. Der BR ist nach § 8 Satz 2 BioStoffV bei der sog. Gefährdungsbeurteilung zu beteiligen. Die **LärmVibrationsArbSchV** soll Beschäftigte vor konkreten wie potentiellen Gesundheits- und Sicherheitsgefährdungen schützen, die durch Lärm/Vibration bei der Arbeit ausgelöst werden. Sie enthält ein neues Grenzwertgefüge, das von dem der

303

bisherigen berufsgenossenschaftl. BGV 3 abweicht. Wichtige BR-Aufgaben folgen aus der Umsetzung des Minimierungsgebots, das jetzt aus § 7 Abs. 1 folgt (vgl. *Pauli* AiB 07, 454). Außerdem hat der ArbGeb. eine Gefährdungsbeurteilung vorzunehmen (§ 3), hinsichtl. deren in § 3 Abs. 2 geregelten Umfang ein MBR besteht. Bei der Durchführung der danach festzulegenden Schutzmaßnahmen gibt § 7 Abs. 1 eine Rangfolge vor, die auch die Betriebsparteien bindet. Ein Mitbeurteilungs- und daran knüpfendes MBR besteht bei der Auswahl eines Gehörschutzes (§ 8).

304   Was die **sicherheitstechnische Gestaltung** der persönlichen Schutzausrüstungen und Arbeitsmittel anbelangt, entheben das Gerätesicherheitsgesetz (GSG) und die auf seiner Grundlage erlassenen Rechtsverordnungen als Instrumentarium des vorgreifenden Arbeitsschutzes ArbGeb. und BR weitgehend der Sorge um die sicherheitstechnisch einwandfreie Beschaffenheit der Arbeitsmittel. Nach diesen Rechtsvorschriften dürfen für den **nicht europarechtlich harmonisierten Bereich** nur solche Arbeitsmittel in Verkehr gebracht werden, die nach den allgemein anerkannten Regeln der Technik (vgl. hierzu Rn 282) sowie den Arbeitsschutz- und Unfallverhütungsvorschriften so beschaffen sind, dass Benutzer oder Dritte gegen Gefahren aller Art für Leben und Gesundheit soweit geschützt sind, wie es die Art der bestimmungsmäßigen Verwendung gestattet (vgl. § 3 Abs. 1 S. 2 GSG). Für den **europarechtlich harmonisierten Bereich** müssen die Arbeitsmittel den in den EG-Richtlinien niedergelegten grundlegenden Sicherheitsanforderungen, die in Rechtsverordnungen nach § 4 GSG übernommen werden, genügen. Von der gebotenen Sicherheit der Arbeitsmittel ist auszugehen, wenn sie mit Prüfzeichen nach § 3 Abs. 4 GSG einschließlich der Prüfungsbescheinigung versehen sind und die erforderliche Gebrauchsanweisung mitgeliefert ist.

305   Der **Bereich der gefährlichen Stoffe wird** weitgehend durch die neugefasste GefStoffV geregelt. Sie dient der Umsetzung einschlägiger EG-Rl und der Angleichung an das ArbSchG. Charakteristisch ist das **Schutzkonzept** in Form eines Stufenschutzmodells. Danach darf der ArbGeb. eine Tätigkeit mit Gefahrstoffen erst aufnehmen lassen, wenn eine Gefährdungsbeurteilung nach § 6 GefStoffV durchgeführt ist und die danach erforderlichen Schutzmaßnahmen ergriffen worden sind. Hinsichtlich der vorzunehmenden Gefährdungsbeurteilung gibt § 6 Abs. 1 Satz 2 Nr. 1 bis Nr. 8 die berücksichtigungspflichtigen Kriterien vor. Dazu hat sich der ArbGeb. nach § 6 Abs. 2 GefStoffV mit entspr. Informationen zu versorgen. Art und Umfang der zu treffenden Schutzmaßnahmen richten sich nach dem Ausmaß der Gefährdung. Sie sind in allgemeine (§ 8 GefStoffV), zusätzliche (§ 9 GefStoffV) und besondere (§§ 10–12 GefStoffV) Maßnahmen unterteilt. Darüber hinaus ist der ArbGeb. verpflichtet, für den Fall einer Betriebsstörung, eines Unfalles oder eines Notfalls rechtzeitig Notfallmaßnahmen zu treffen (§ 13 GefStoffV). Außerdem sind schriftliche Betriebsanweisungen zu erstellen und die ArbN entspr. zu informieren (§ 14 GefStoffV). Die den ArbGeb. nach § 3 ArbSchG treffenden Grundpflichten werden zT durch die GefStoffV konkretisiert. Insgesamt eröffnet die GefStoffV dem ArbGeb. eine Reihe von Handlungsspielräumen, bei deren Ausfüllung das MBR nach Nr. 7 zum Tragen kommen kann.

306   Die grundlegende Neuregelung der **ArbStättV** (vgl. *Kollmer* Einf. Rn 36 ff.), die zugleich die früheren Arbeitsstättenrichtlinien aufgehoben hat, zielt darauf ab, die Gesundheit der Beschäftigten vor Gefährdungen zu schützen, die aus der Einrichtung, der Organisation und dem Betrieb von Arbeitsstätten folgen (*Kothe/Faber* DB 05, 225). Die ArbStättV bestimmt im Wesentlichen Schutzziele (§ 3 Abs. 1 S. 1). Diese werden durch weitere Vorgaben nach einem Anhang zur ArbStättV konkretisiert (§ 3 Abs. 1 S. 2). Bei Einhaltung dieser Regel gelten die Anforderungen der ArbStättV als erfüllt. Ansonsten muss der ArbGeb. andere Maßnahmen ergreifen, die diese Schutzziele gleichwertig erfüllen. Das ist zu belegen. Insgesamt eröffnet die neue ArbStättV vielfältige Gestaltungsspielräume für die Umsetzung eines den spezifischen betrieblichen Verhältnissen angepassten Schutzkonzepts. Das erweitert das MBR nach Nr. 7 (*Kothe/Faber* DB 05, 225; *Faber* AiB 06, 528).

Wortgleich beibehalten hat die ArbStättV die bisherige Regelung zum **Nichtrau-** 307
cherschutz, der nunmehr in § 5 ArbStättV normiert ist. Danach erstreckt sich der
Schutz der Nichtraucher nicht nur auf Pausen-, Bereitschafts- und Liegeräume.
Vielmehr hat der ArbGeb. jetzt nach § 5 Abs. 1 ArbStättV wirksame Maßnahmen
zu treffen, damit die nichtrauchenden Beschäftigten an der Arbeitsstätte selbst und
damit am Arbeitsplatz vor Gesundheitsgefahren durch Tabakrauch geschützt werden (*Kollmer* § 5 ArbStättV Rn 14). Das kann für den ArbN nach § 618 Abs. 1 BGB
einen Anspruch auf Zuweisung eines tabakrauchfreien Arbeitsplatzes begründen
(BAG 19. 5. 09 AP Nr. 30 zu § 618 BGB). Soweit erforderlich hat der ArbGeb.
nunmehr nach § 5 Abs. 1 S. 2 ArbStättV auch ein allgemeines oder auf einzelne Bereiche beschränktes Rauchverbot zu erlassen. Das kann sich auch erstrecken auf Arbeitsstätten mit Publikumsverkehr, für die ansonsten nur solche Schutzmaßnahmen
vorzunehmen sind, die die Natur des Betriebs sowie die Art der Beschäftigung zulassen (*Düwell* FA 08, 74; *Uhl/Polloczek* BB 08, 1114)). Bei dieser Entscheidung muss er
seine unternehmerische Betätigungsfreiheit in rechtmäßiger Weise ausüben. Diese
wird regelm. durch landesgesetzl. Regelungen zum Nichtraucherschutz begrenzt
(BAG 19. 5. 09 aaO). Darüber hinaus kann ein Anspruch auf ein **Rauchverbot** nur
aus der allgemeinen, die Lüftung am Arbeitsplatz betreffenden Regelungszusammen-
hang des § 3 ArbStättV, Nr. 3.6 des dazu ergangenen Anhangs iVm. § 618 BGB folgen. Ein MBR kann insoweit auch nach Nr. 1 gegeben sein (vgl. Rn 71) Bei der
betriebl. Umsetzung des Nichtraucherschutzes durch BV bietet es sich an zu regeln in
wie weit nichtrauchende ArbN zu schützen sind, uU durch ein generelles Rauchverbot oder eine Regelung in welchen Räumen noch geraucht werden darf, für welche
Zeiten ein Rauchverbot gelten soll oder ob und in welchem Umfang Raucherpausen
gewährt werden sollen (*Raif/Böttcher* AuR 09, 289).

Mit der **BaustellV** wurde die EG– BaustellenRL (EG-RL 92/57/EWG) in natio- 308
nales Recht umgesetzt (Einzelheiten bei *Kollmer* BaustellVO Einl. Rn 7 ff.; *Pieper*
ArbuR 99, 88). Sie gilt für alle Bauvorhaben, mit deren Ausführung ab 1. 7. 98 begonnen worden ist (§ 8 BaustellV). Zum Zwecke präventiven Arbeitsschutzes für die
an Baustellen Beschäftigten, müssen der Bauherr oder ein von ihm beauftragter Dritter bereits bei der Planung die allgemeinen Grundsätze des § 4 ArbSchG berücksichtigen (§ 2 Abs. 1 BaustellV). Sie müssen einen **Sicherheits- und Gesundheits-**
schutzplan erstellen (§ 2 Abs. 3 BaustellV). Darüber hinaus müssen sie einen
Koordinator bestellen, der die anfallenden Aufgaben des Arbeits- und Gesundheitsschutzes koordiniert. Das MBR besteht jedoch nur bei den ausfüllungsbedürftigen
Regelungen der BaustellV, die sich an den ArbGeb. richten. Ein MBR kommt deshalb nur im Rahmen des § 5 BaustellV in Betracht, der die Pflichten des ArbGeb. in
Bezug auf Maßnahmen des Arbeitsschutzes auf Baustellen regelt (*Kollmer* BaustellV
Einl. Rn 41).

Das Mitbestimmungsrecht nach Abs. 1 Nr. 7 gilt auch für **kerntechnische Anla-** 309
gen sowie für den **Umgang mit radioaktiven Stoffen.** Soweit hier keine abschließende Regelungen auf Grund des Strahlenschutzrechtes getroffen sind, insbesondere durch Auflagen der Genehmigungs- oder Aufsichtsbehörden (BAG 26. 5.
88 u. 9. 7. 91 AP Nr. 14 u. 19 zu § 87 BetrVG 1972 Ordnung des Betriebes), besteht
in den Fragen des Arbeitsschutzes das Mitbestimmungsrecht des BR in demselben
Umfang wie in anderen Betrieben. Die Zusammenarbeit zwischen dem ArbGeb.
(dem Strahlenschutzverantwortlichen) und den nach § 29 Abs. 2 StrlSchV zu bestellenden **Strahlenschutzbeauftragten** mit dem BR und den Fachkräften für Arbeitssicherheit nach dem ASiG ist in § 30 Abs. 3 StrlSchV (idF vom 18. 8. 97, BGBl. I
S. 2113) geregelt. In Angelegenheiten des Strahlenschutzes (Schutz der ArbN vor
Strahlenexpositionen oder Kontaminationen) sieht § 30 Abs. 1 StrlSchV ein besonderes Verfahren zur Lösung von Meinungsverschiedenheiten zwischen dem ArbGeb.
und den Strahlenschutzbeauftragten vor. Lehnt der ArbGeb. dessen Vorschläge über
Strahlenschutzmaßnahmen oder –einrichtungen ab, so hat er dies schriftlich mitzuteilen und zu begründen sowie dem BR und der zuständigen Behörde je eine Abschrift

zu übersenden. Die VO geht davon aus, dass in diesen Fällen die **zuständige Behörde entscheidet.** Dieses § 8 Abs. 3 ASiG nachgebildete Konfliktlösungsmodell betrifft allerdings nur das Verhältnis zwischen ArbGeb. und StrlSchBauauftragten und schließt **Initiativen des BR** nicht aus, zumal auch die StrlSchV eine große Zahl von Vorschriften enthält, bei deren Erfüllung Beurteilungsspielräume bestehen.

310   Dem Arbeitsschutz dient auch das **Gentechnikgesetz** (GenTG idF der Bek. vom 16. 12. 93, BGBl. I S. 2066). Es soll Leben und Gesundheit von Menschen vor möglichen Gefahren gentechnischer Verfahren oder Produkte schützen. Dazu werden in den §§ 6, 7 GenTG Schutz- und Vorsorgepflichten normiert, die § 8 weiter konkretisiert. Weiter regelt das GenTG eine sicherheitstechnische Anpassungsverpflichtung zum Arbeitsverfahren (§ 12 Abs. 6 GenTG). Ferner bestimmt das GenTG besondere Unterrichtungspflichten zugunsten des BR (Anhang VI GenTG V). Die dem Gesundheitsschutz dienenden **Vorschriften des sozialen Arbeitsschutzes** über die Beschränkung der Beschäftigung des Menschen (zB Höchstarbeitszeit für Jugendliche) sind vielfach abschließender Natur. Das MBR des BR kommt hier insbesondere bei der Inanspruchnahme von Ausnahmen in Betracht. Allerdings gewähren die §§ 22, 28 und 29 JugArbSchG sowie §§ 2 und 4 MuSchG Regelungs- bzw. Beurteilungsspielräume, bei deren Ausfüllung das MBR des BR zu beachten ist. Zur Frage der Zulässigkeit ärztlicher Untersuchungen vgl. § 75 Rn 85. Die ArbN können durch BV nicht zur Teilnahme an ärztlichen Untersuchungen verpflichtet werden.

310a   Nach § 84 Abs. 2 SGB IX hat der ArbGeb. ein **betriebl. Eingliederungsmanagement (BEM)** durchzuführen, um für langzeiterkrankte ArbN zu klären, wie deren Arbeitsunfähigkeit überwunden, ihr vorgebeugt und der Arbeitsplatz erhalten werden kann. Daran ist der BR zu beteiligen (§ 84 Abs. 2 iVm § 93 SGB IX). Das erweitert die Beteiligungsrechte des BR, schränkt aber zwingende MBR, die sich hinsichtlich einzelner Teile des BEM ergeben können, nicht ein (HaKo-BetrVG/*Kothe* Rn 9; *Düwell* FS Küttner S. 139; *Müller* AuR 09, 29; **aA** *Balders/Lepping* NZA 05, 854). Dazu bedürfte es wie in anderen Fällen einer ausdrücklichen darauf gerichteten gesetzlichen Anordnung. Vielmehr handelt es sich um eine öffentl.-rechtl. Rahmenvorschrift, die jedenfalls mittelbar dem Gesundheitsschutz dient und bei deren Ausfüllung dem ArbGeb. ein Handlungsspielraum bleibt. Gleichwohl hat der BR nicht bei allen denkbaren Regelungen des BEM mitzubestimmen. Vielmehr ist jede Regelung innerhalb des BEM darauf hin zu untersuchen, ob deren Gegenstand dem MBR nach Nr. 7 unterfällt (vgl. BAG 18. 8. 09 – 1 ABR 45/08 – nv.; *Kothe* Anm. EzA LAGE § 87 BetrVG 2001 Gesundheitsschutz Nr. 3). In Betracht kommt – soweit es etwa um generelle Verfahrensregeln geht – auch ein MBR nach Nr. 1 (*Leuchten* BB 07, 2482) oder hinsichtl. der Nutzung oder Verarbeitung von Gesundheitsdaten ein MBR nach Nr. 6. Beim BEM handelt es sich um einen **organisierten und zugleich kooperativen Suchprozess** zur Realisierung präventiver Maßnahmen zur Vermeidung krankheitsbedingter Kündigungen. Liegen die Voraussetzungen des § 84 SGB IX vor, muss der ArbGeb. initiativ werden. Hinsichtlich des einzuleitenden Klärungsprozesses macht das G zwar keine konkreten Vorgaben, doch macht das Verfahren nur Sinn, wenn es neben den Betriebsparteien die jeweiligen Stellen und Ämter (etwa Servicestellen der Rehabilitationsträger, Integrationsamt) sowie fachkundige Personen (etwa Werks- und Betriebsärzte, Sicherheitsingenieure, Fachkräfte für Arbeitssicherheit, Sicherheitsfachkräfte usw.) einbezieht. Außerdem muss gewährleistet sein, dass sich vernünftigerweise anbietende Anpassungs- oder Änderungsmöglichkeiten sowie die sich danach stellenden Optionen sachlich erörtert werden (BAG 10. 12. 10 – 2 AZR 198/09 – NZA 10, 639). Allerdings ist die Durchführung des BEM abhängig von der Einwilligung des betroffenen ArbN, die nicht durch BV ersetzt werden kann. Die Durchführung eines BEM ist **keine formelle Kündigungsvoraussetzung,** sondern Ausdruck des Grundsatzes der Verhältnismäßigkeit. Das wirkt sich auf die Darlegungs- und Beweislast im KSchProzess aus (dazu BAG 10. 12. 09 – 2 AZR 400/08 – NZA 10, 398). Anregungen und Praxishinweise für ein BEM finden sich etwa bei *Romahn* Betriebl. Eingliederungsmanagement, Schriftenreihe Hans Böckler Stiftung; *Kothe* WS I Mitteilungen 10, 374; *Stück* MDR 10, 1235).

f) Arbeitssicherheitsgesetz

Das Gesetz über Betriebsärzte, Sicherheitsingenieure und andere Fachkräfte für **311** Arbeitssicherheit **(ASiG)** regelt einen wesentlichen Teil der betrieblichen Arbeitsschutzorganisation. Teil dieser Organisation sind auch die nach § 22 SGB VII zu bestellenden Sicherheitsbeauftragten (vgl. hierzu § 89 Rn 34 ff.). Um der Vielgestaltigkeit der betrieblichen Verhältnisse gerecht zu werden, sind auch die Vorschriften des ASiG in beträchtlichem Umfang als konkretisierungsbedürftige Rahmenregelungen ausgestaltet, die Beurteilungsspielräume belassen. Sofern diese nicht durch Rechtsverordnungen nach § 14 ASiG oder durch UVV nach § 15 Abs. 1 Nr. 6 SGB VII (vgl. hierzu die UVV „Betriebsärzte" – VBG 123 – und „Sicherheitsingenieure – VBG 122) oder durch behördliche Anordnungen konkretisiert worden sind, hat der BR bei ihrer näheren betrieblichen Ausgestaltung das MBR nach Abs. 1 Nr. 7.

Das Gesetz verpflichtet alle ArbGeb. ihre Betriebe daraufhin zu überprüfen, ob der **312** Einsatz von Betriebsärzten und Fachkräften für Arbeitssicherheit (Sicherheitsingenieure, -techniker, -meister) erforderlich ist. Ist das der Fall, so müssen sie die entsprechende Zahl von Betriebsärzten und Fachkräften für Arbeitssicherheit bestellen. Sie müssen ihnen die im Gesetz genannten Aufgaben schriftlich übertragen und die organisatorischen Voraussetzungen schaffen, damit diese betrieblichen Dienste ihre Aufgaben erfüllen können. Dazu gehört nach § 8 Abs. 2 ASiG, dass diese Personen fachlich und disziplinarisch unmittelbar dem Leiter des Betriebs zu unterstellen sind und dort eine entspr. Stabsstelle eingerichtet wird (BAG 15. 12. 09 – 9 AZR 769/08 – NZA 10, 506). Die Betriebsärzte und die Fachkräfte für Arbeitssicherheit übernehmen ebenso wenig wie der BR die Verantwortung für die Durchführung des Arbeitsschutzes im Betrieb. Diese **Verantwortung bleibt beim ArbGeb.** und den betrieblichen Führungskräften (vgl. § 13 ArbSchG; GK-*Wiese* Rn 643; *HSWGNR* Rn 436). Die Betriebsärzte und Fachkräfte für Arbeitssicherheit sollen den ArbGeb. sowie die im Betrieb für den Arbeitsschutz Verantwortlichen und den BR **unterstützen,** indem sie als Spezialisten für Arbeitssicherheit und für den betrieblichen Gesundheitsschutz entsprechendes Fachwissen in die betrieblichen Entscheidungen einbringen (zur strafrechtlichen Verantwortung von Sicherheitsfachkräften u. Betriebsärzten vgl. *Benz* BB 91, 1185).

Bei der Prüfung, ob die Bestellung eines Betriebsarztes oder einer Fachkraft für Ar- **313** beitssicherheit in einem Betrieb erforderlich ist, hat der ArbGeb. die **Unfall- und Gesundheitsgefahren** zu berücksichtigen, die sich aus der besonderen Art seines Betriebs ergeben (§ 2 Abs. 1 Nr. 1, § 5 Abs. 1 Nr. 1 ASiG). Diese Gefahren können sehr unterschiedlich sein, je nach den angewandten Fertigungsverfahren oder den verwendeten Betriebsanlagen oder Arbeitsstoffen. Ferner sind die **Zahl der ArbN** und die **Zusammensetzung der ArbNschaft** (zB besonders betreuungsbedürftige ArbNGruppe, Frauen, Jugendliche, ausländische ArbN usw.) zu berücksichtigen (§ 2 Abs. 1 Nr. 2, § 5 Abs. 1 Nr. 2 ASiG). Auch die Organisation im Betrieb kann maßgeblich dafür sein, ob die Bestellung solcher Fachkräfte in größerem oder geringerem Umfang erforderlich ist (§ 2 Abs. 1 Nr. 3, § 5 Abs. 1 Nr. 3 ASiG). Dabei dürfte es wesentlich darauf ankommen, wie intensiv der Arbeitsschutz in die Betriebsorganisation integriert ist.

Aus den **UVV der Unfallversicherungsträger** (§ 15 SGB VII), die in erster Li- **314** nie die gesetzlichen Regelungen für die jeweiligen Branchen präzisieren, ist die durchschnittliche **Einsatzzeit** eines Betriebsarztes oder einer Fachkraft für Arbeitssicherheit zu entnehmen, die für eine bestimmte Betriebsart erforderlich ist (§ 15 Abs. 1 Nr. 6 SGB VII). Einsatzzeit ist die Arbeitszeit, die den Betriebsärzten oder Fachkräften für Arbeitssicherheit zur Erfüllung ihrer Aufgaben je Jahr und ArbN mindestens zur Verfügung stehen muss (vgl. VGB 122, 123).

315   Soweit die Unfallversicherungsträger keine oder unzureichende UVV erlassen, kann das BMAS die gesetzlichen Verpflichtungen durch **Verordnung** nach § 14 Abs. 1 ASiG präzisieren. Aus der Einsatzzeit, die aus dem Gesetz und den durchzuführenden UVV bzw. VO zu entnehmen ist, ergibt sich für den ArbGeb. zugleich die Anzahl von Betriebsärzten oder Fachkräften für Arbeitssicherheit, die er für seinen Betrieb bestellen muss. Kleinbetriebe werden von branchenbezogenen UVV erfasst.

316   Ist der ArbGeb. zur **Bestellung** von **Betriebsärzten** und **Fachkräften für Arbeitssicherheit** verpflichtet, kann er diese Pflicht durch die Bestellung fachkundiger Personen als ArbN oder durch die Beauftragung freiberuflich tätiger Fachleute oder durch den Anschluss an einen überbetrieblichen arbeitsmedizinischen oder sicherheitstechnischen Dienst, zB der Berufsgenossenschaften oder des TÜV, erfüllen. Die Entscheidung hierüber unterliegt dem MBR des BR nach Abs. 1 Nr. 7, auch in Form eines Initiativrechts (BAG 10. 4. 79 AP Nr. 1 zu § 87 BetrVG 1972 Arbeitssicherheit; *DKK-Klebe* Rn 189 ff.; ErfK-*Kania* Rn 65; *Bertzbach* FS *Däubler* S. 158; einschränkend GK-*Wiese* Rn 674; *HSWGNR* Rn 438HS). Das gilt auch, wenn die Berufsgenossenschaften für den von ihnen getragenen überbetrieblichen Dienst einen Anschlusszwang beschlossen haben. Denn der ArbGeb. ist von diesem Anschlusszwang auf Antrag zu befreien, wenn er nachweist, dass er seine Pflichten aus dem ASiG durch Bestellung von Betriebsärzten und Fachkräften für Arbeitssicherheit erfüllt hat (vgl. § 24 Abs. 2 S. 2 SGB VII). Dieses Antragsrecht eröffnet die MB nach Abs. 1 Nr. 7.

317   Im Einzelfall kann auch durch eine **behördliche Anordnung** nach § 12 Abs. 1 ASiG die Verpflichtung des ArbGeb. zur Bestellung von Betriebsärzten und Fachkräften für Arbeitssicherheit konkretisiert werden. Die zuständige Behörde hat vor ihrer Entscheidung auch den BR zu hören und angebrachte Maßnahmen mit ihm zu erörtern sowie ihn über die getroffenen Maßnahmen schriftlich zu unterrichten (§ 12 Abs. 2 und 4 ASiG). Soweit aufgrund einer solchen Anordnung dem ArbGeb. kein Regelungsspielraum bleibt, entfällt das MBR nach Abs. 1 Nr. 7.

318   Über die in UVV, VO oder durch behördliche Anordnungen festgelegten Regelungen hinaus können ArbGeb. und BR in einer **freiwilligen BV** nach § 88 Nr. 1 eine höhere Zahl von Betriebsärzten und Fachkräften für Arbeitssicherheit oder höhere Einsatzzeiten vereinbaren (GK-*Wiese* Rn 648).

319   Bevor der ArbGeb. einen Betriebsarzt oder eine Fachkraft für Arbeitssicherheit bestellt, muss er den BR beteiligen (§ 9 Abs. 3 ASiG). Soll der Arzt oder die Fachkraft in den Betrieb als ArbN eingestellt werden, bedarf der ArbGeb. zur **Bestellung** nach dieser Vorschrift der vorherigen **Zustimmung des BR.** Das Gleiche gilt für die **Abberufung** des Betriebsarztes oder der Fachkraft für Arbeitssicherheit und für die **Erweiterung oder Einschränkung ihrer Aufgaben.** Durch Letzteres kann der BR Einfluss auf die Untersuchungstätigkeit der Betriebsärzte nehmen und zB überflüssigen Untersuchungen der ArbN entgegenwirken (GK-*Wiese* Rn 660 ff.; zur Verpflichtung der ArbN, sich ärztlich untersuchen zu lassen, vgl. § 94 Rn 20 ff.). Die Zustimmung ist Wirksamkeitsvoraussetzung für die betreffende Maßnahme (BAG 24. 3. 88 AP Nr. 1 zu § 9 ASiG; *DKK-Klebe* Rn 192; GK-*Wiese* Rn 641; *HSWGNR* Rn 448). Verweigert der BR seine Zustimmung, entscheidet die E-Stelle.

320   Vor der Verpflichtung von **freiberuflich tätigen Betriebsärzten** und Fachkräften für Arbeitssicherheit bzw. von überbetrieblichen Diensten muss der ArbGeb. den BR hören (§ 9 Abs. 3 S. 3 ASiG). Diese Regelung ist eine Konkretisierung des Gebots der vertrauensvollen Zusammenarbeit. Eine entsprechende Informationspflicht besteht auch, wenn der ArbGeb. auf Grund Satzungsbestimmung der zuständigen BG nach § 24 SGB VII sich einem überbetrieblichen arbeitsmedizinischen und sicherheitstechnischen Dienst anschließen muss (Anschlusszwang). In diesen Fällen besteht kein MBR des BR (GK-*Wiese* Rn 658; *Richardi* Rn 573 f.). Die Verletzung des Anhörungsrechts hat nicht die Unwirksamkeit der Maßnahme zur Folge, da eine § 102 Abs. 1 S. 3 entsprechende Regelung fehlt (GK-*Wiese* Rn 659; *Richardi* Rn 587).

Umstritten ist, welchen **Umfang das MBR** des BR nach § 9 Abs. 3 S. 1 u. 2 **321** ASiG hat. Nach Sinn und Zweck der Bestimmung muss davon ausgegangen werden, dass ein **Initiativrecht des BR** besteht für die **Abberufung** eines ungeeigneten Betriebsarztes bzw. einer ungeeigneten Fachkraft für Arbeitssicherheit und auch für die **Erweiterung oder Beschränkung** des Aufgabenbereiches (GK-*Wiese* Rn 674; *DKK-Klebe* Rn 196; *Richardi* Rn 589; **aa** *HSWGNR* Rn 444 ff.; *SWS* Rn 130 d; offengelassen von BAG 6. 12. 83 AP Nr. 7 zu § 87 BetrVG 1972 Überwachung). Dann kann aber auch nichts anderes für die **Bestellung** gelten (*DKK-Klebe* aaO); **aa** GK-*Wiese* aaO; *Richardi* aaO).

Soll der Betriebsarzt oder die Fachkraft für Arbeitssicherheit als ArbN bestellt oder **322** zu einem späteren Zeitpunkt wieder abberufen werden, ist zwischen dem MBR des BR einschließlich des Initiativrechts nach § 9 Abs. 3 ASiG und den Beteiligungsrechten bei den **personellen Einzelmaßnahmen** nach §§ 99 ff. BetrVG (Einstellung, Eingruppierung, Umgruppierung, Versetzung, Kündigung) zu unterscheiden. Das ASiG macht keinen Unterschied zwischen leitenden Ang. (§ 5 Abs. 3 BetrVG 72) und anderen ArbN, so dass die Beschränkung der betriebsverfassungsrechtlichen Beteiligungsrechte, soweit es sich um leitende Angestellte handelt, bei den MBR nach § 9 Abs. 3 S. 1 u. 2 ASiG nicht Platz greift (GK-*Wiese* Rn 653; *Richardi* Rn 583). Wohl aber ist die Unterscheidung bei den rein arbeitsrechtlichen Vorgängen nach §§ 99 ff. BetrVG zu machen. Es sind Bestellung und Abberufung iS des § 9 Abs. 3 ASiG von der Einstellung, Versetzung und Kündigung zu unterscheiden (BAG 24. 3. 88 AP Nr. 1 zu § 9 ASiG; GK-*Wiese* Rn 654; *DKK-Klebe* Rn 190). In der Regel bedeutet die Zustimmung des BR zur Bestellung eines Betriebsarztes oder einer Fachkraft für Arbeitssicherheit zugleich das Einverständnis mit dessen Einstellung nach § 99 BetrVG und umgekehrt (BAG aaO; GK-*Wiese* Rn 654; *DKK-Klebe* Rn 190; *Richardi* Rn 577). Das Beteiligungsrecht bei der Eingruppierung bleibt dagegen unberührt. Bei der Bestellung eines ArbN aus dem Betrieb ist die dafür erforderliche Versetzung ebenfalls in der Regel mit der Zustimmung des BR nach § 9 Abs. 3 ASiG als erteilt anzusehen. Das MBR besteht ggf. noch für die Umgruppierung.

Wird die Zustimmung des BR zur **Bestellung** eines Betriebsarztes oder einer **323** Fachkraft für Arbeitssicherheit **durch die E-Stelle** ersetzt, so ist damit nicht auch die Zustimmung zu der personellen Maßnahme nach § 99 erfüllt. Denn insoweit steht der E-Stelle allein aus § 9 Abs. 3 ASiG keine Regelungskompetenz zu. Hier muss der ArbGeb. ggf. das Zustimmungsersetzungsverfahren nach § 99 Abs. 4 einleiten. Macht der BR bei der Bestellung eines Betriebsarztes oder einer Fachkraft für Arbeitssicherheit von seinem Initiativrecht Gebrauch, um eine bestimmte Person in diese Funktion zu bringen, kann zwar über einen positiven Beschluss der E-Stelle die Bestellung der betreffenden Person erreicht werden, für die erforderlichen arbeitsrechtlichen Maßnahmen (Einstellung, Versetzung) fehlt aber ein entsprechendes Initiativrecht des BR (*DKK-Klebe* Rn 196).

Im Fall der **Abberufung**, auch auf Verlangen des BR, verliert dieser nicht die **324** Möglichkeit einer **Kündigung** nach § 102 Abs. 3 zu widersprechen, falls dafür die Voraussetzungen vorliegen (GK-*Wiese* Rn 655; *DKK-Klebe* Rn 190; *HSWGNR* Rn 445), zB Verwendungsmöglichkeit eines abberufenen Sicherheitsingenieurs oder Betriebsarztes an anderer Stelle im Betrieb, es sei denn, es handelt sich um einen leitenden Ang. Eine fehlende und auch nicht ersetzte Zustimmung des BR zur Abberufung eines Betriebsarztes nach § 9 Abs. 3 ASiG führt zumindest dann zur Unwirksamkeit der dem Betriebsarzt ausgesprochenen Beendigungskündigung, wenn diese auf Gründe gestützt wird, die sachlich mit der Tätigkeit als Betriebsarzt in einem untrennbaren Zusammenhang stehen (BAG 24. 3. 1988 AP Nr. 1 zu § 9 ASiG; GK-*Wiese* Rn 655; *DKK-Klebe* Rn 190; weitergehend *Bloesinger* NZA 04, 467; **aa** *HSWGNR* Rn 447). Eingehend zum Kündigungsschutz für angestellte Betriebsärzte: *Bertzbach* FS *Däubler* S. 158.

Das MBR nach Abs. 1 Nr. 7 und dem ASiG erstreckt sich, wenn und soweit noch **325** keine abschließende Regelung durch das ASiG und die dazu erlassene UVV oder

RechtsVO vorliegt, auch auf die **Auswahlentscheidung** darüber, ob und wie viele Ärzte bzw. Fachkräfte für Arbeitssicherheit zu bestellen sind (**aA** GK-*Wiese* Rn 649). Unter den gleichen Voraussetzungen können im Wege der Mitbestimmung die **Aufgabenkataloge** der §§ 3 und 6 ASiG konkretisiert sowie die „Aufschlüsselung" der Sicherheitskräfte nach **Qualifikation und Fachkunde** vorgenommen werden, zB die Festlegung des Prozentverhältnisses zwischen Sicherheitsingenieuren und Sicherheitsmeistern (GK-*Wiese* Rn 649).

326   In Ergänzung der dem BR durch das BetrVG übertragenen Aufgaben auf dem Gebiet des Arbeitsschutzes (vgl. § 80 Abs. 1 Nr. 1, § 87 Abs. 1 Nr. 7, § 88 Nr. 1, § 89, §§ 90 und 91) verpflichtet das ASiG die Betriebsärzte und die Fachkräfte für Arbeitssicherheit, bei der Erfüllung ihrer Aufgaben **mit dem BR eng zusammenzuarbeiten** (§ 9 Abs. 1 ASiG). Sie sollen den BR auch unmittelbar in Fragen der Arbeitssicherheit und des Gesundheitsschutzes beraten (§ 9 Abs. 2 ASiG). Dies kann bei der Ausübung von Mitbestimmungsrechten in sozialen Angelegenheiten nach § 87 oder bei der Mitwirkung des BR bei der Gestaltung von Arbeitsplatz, Arbeitsablauf und Arbeitsumgebung (§§ 90, 91) von großer Bedeutung sein. Unterbreiten der Betriebsarzt oder die Fachkraft für Arbeitssicherheit Vorschläge unmittelbar dem ArbGeb., haben sie hiervon dem BR eine Abschrift zuzuleiten. Lehnt der ArbGeb. den Vorschlag ab, muss er dies dem Betriebsarzt oder der Fachkraft für Arbeitssicherheit unter Angabe von Gründen **schriftlich** mitteilen; auch hiervon erhält der BR eine **Abschrift** (vgl. § 8 Abs. 3 ASiG). Zur Schweigepflicht des Betriebsarztes vgl. § 94 Rn 23; zum Zusammenarbeitsgebot *Kollmer* AR-Blattei SD 210.2.

327   Die Zusammenarbeit der für den Arbeitsschutz im Betrieb Verantwortlichen wird durch **Bildung des Arbeitsschutzausschusses** nach § 11 ASiG gesichert. Dieser ist zu bilden, wenn in einem Betrieb Betriebsärzte oder Fachkräfte für Arbeitssicherheit bestellt sind. Ihm gehören an der ArbGeb. oder sein Beauftragter, zwei BRMitgl., die Betriebsärzte und Fachkräfte für Arbeitssicherheit sowie der Sicherheitsbeauftragte nach § 22 SGB VII. Der Ausschuss hat die Aufgabe, Anliegen des Arbeitsschutzes zu beraten. Er tritt nach § 11 ASiG mindestens einmal vierteljährlich zusammen. Die Pflicht zur Bildung eines Arbeitsschutzausschusses besteht auch dann, wenn ein überbetrieblicher Dienst bestellt worden ist. Denn auch in diesem Falle ist es geboten, die für den Arbeitsschutz im Betrieb zuständigen Personen und Stellen organisatorisch zusammenzufassen (GK-*Wiese* Rn 668). Die Pflicht zur Bildung eines Arbeitsschutzausschusses ist notfalls, ggf. auf Anregung des BR, durch eine Anordnung der zuständigen Behörde sicherzustellen. Sie kann vom BR im Wege des MBR § 87 Abs. 1 Nr. 7 nicht erzwungen werden (LAG Hamburg 27. 9. 95 NZA-RR 96, 213).

328   Hinsichtlich der **MitglZahl** und **Zusammensetzung** des Arbeitsschutzausschusses besteht ein MBR nach Abs. 1 Nr. 7 (GK-*Wiese* Rn 670; DKK-*Klebe* Rn 194; *Richardi* Rn 597; **aA** *HSWGNR* Rn 452). Das Gleiche gilt für Regelungen über die Geschäftsführung des Arbeitsschutzausschusses.

329   Die Vorschriften des **ASiG als Rahmengesetz** sind im Hinblick auf die Vielgestaltigkeit der Betriebsverhältnisse so formuliert, dass ausgedehnte Beurteilungsspielräume bleiben. Soweit keine konkretisierende Regelung durch VO oder UVV besteht, bleibt für die nähere Ausfüllung der gesetzlichen Vorschriften ein Gestaltungsspielraum, der einer MB des BR unterliegt und am zweckmäßigsten in einer BV konkretisiert werden sollte.

330   Eine derartige **BV** kann sich auf **folgende Gegenstände** beziehen: die Verpflichtung, Betriebsärzte und Fachkraft für Arbeitssicherheit für den Betrieb zu bestellen bzw. einen Vertrag mit freiberuflich tätigen Betriebsärzten und Fachkräften oder einem überbetrieblichen Dienst abzuschließen, sie durch Hilfspersonal und sächliche Mittel zu unterstützen, zB durch die Bereitstellung von Räumen, Schreibkräften usw., ihnen die erforderliche Fortbildung zu ermöglichen, zB dadurch, dass die Ärzte und die Fachkräfte für Arbeitssicherheit auf Kosten des ArbGeb. an bestimmten Fortbildungsveranstaltungen teilnehmen. Die gewerbl. BG veranstalten Fortbildungskurse

für Sicherheitsfachkräfte. Die Ausbildungslehrgänge werden nach Grundsätzen durchgeführt, die der BMAS im Rahmen seiner Dienstaufsicht festlegt. Zur Unterrichtungspflicht der BG gegenüber dem BR über derartige Lehrgänge vgl. § 9 AVV v. 28. 11. 1977.

8. Sozialeinrichtungen

Der Begriff der Sozialeinrichtung entspricht dem früheren Begriff der „Wohl- **331** fahrtseinrichtung" in § 56 Abs. 1 Buchst. e) BetrVG 1952. Die Änderung der sprachl. Bezeichnung ist ohne rechtl. Bedeutung (BAG 12. 6. 75 AP Nr. 2 zu § 87 BetrVG 1972 Altersversorgung).

Die MBR nach Nr. 8 und Nr. 10 stehen in einem engen sachlichen Zusammen- **332** hang. **Grundtatbestand** ist Nr. 10. Das MBR nach Nr. 10 bezieht sich auf alle geldwerten Leistungen, auch auf soziale Leistungen (vgl. Rn 412). Die Zwischenschaltung einer Sozialeinrichtung wirft zusätzliche Fragen auf; Nr. 8 ist im Vergleich zu Nr. 10 ein Sondertatbestand (ErfK-*Kania* Rn 68). Inhaltlich bestehen nur geringe Unterschiede im Umfang des MBR. Kein Unterschied besteht in der Frage der finanziellen Ausstattung. Bei Sozialeinrichtungen unterliegt die Einführung und Dotierung nicht dem MBR. Auch bei Sozialleistungen, die außerhalb von Einrichtungen gezahlt werden, wird es sich häufig um freiwillige Leistungen handeln. Bei diesen freiwilligen Leistungen ist das MBR des BR nach Nr. 10 ebenfalls eingeschränkt. Der BR kann solche Leistungen nicht erzwingen. Der ArbGeb. kann allein entscheiden, ob und in welchem Umfang er finanzielle Mittel einsetzen will (vgl. Rn 443). Das MBR nach Nr. 8 geht in einem anderen Punkt weiter. Es umfasst auch die Verwaltung der Einrichtung (vgl. Rn 350) und die Entscheidung über die Gewährung von Leistungen im Einzelfall (aust. *Reinecke* AuR 04, 333).

Zweck der Mitbestimmung ist die Sicherung der innerbetrieblichen Verteilungs- **333** gerechtigkeit und die Sicherstellung der Transparenz aller Maßnahmen.

a) Begriff der Sozialeinrichtung

Gegenstand der MBR sind Sozialeinrichtungen. Damit werden zum einen die **334** **Zwecke** beschrieben, die mit einer Einrichtung verfolgt werden. Zum andern wird eine „**Einrichtung**" gefordert.

(1) Die Einrichtung muss „**sozialen**" **Zwecken** dienen, dh den ArbN des Be- **335** triebes und evtl. deren Familienangehörigen werden über das Arbeitsentgelt für die Arbeitsleistung hinaus weitere Leistungen oder Vorteile gewährt, die keine unmittelbare Gegenleistung für die geschuldete Arbeitsleistung sind (BAG 11. 7. 00 AP Nr. 16 zu § 87 BetrVG 1972 Sozialeinrichtung). Sozialleistungen sind in einem weiteren Sinne Entgelt. Sie werden wegen der (fortdauernden) Zugehörigkeit zum Betrieb gewährt. Sie stehen mittelbar in einem Zusammenhang mit der Arbeitsleistung.

Es ist für das MBR auch unerheblich, ob der ArbGeb. solche Leistungen **freiwillig** **336** erbringt (*Moll* Entgelt S. 96). Wenn und soweit nunmehr Rechtsansprüche der einzelnen ArbN nach Errichtung der Sozialeinrichtung entstehen, kommt diesem Umstand nur insoweit noch Bedeutung zu, als der ArbGeb. nicht gezwungen werden kann, insgesamt mehr finanzielle Mittel aufzuwenden, als der von ihm vorgenommenen Dotierung der Sozialeinrichtung entspricht. Der Umfang der finanziellen Mittel gehört zur mitbestimmungsfreien Errichtung.

Soweit der ArbGeb. mit diesen Leistungen noch weitere **Zwecke** verfolgt, wird **337** hierdurch das Vorliegen einer Sozialeinrichtung iSd. MBR nicht in Frage gestellt. Unerheblich ist auch, aus welchen Motiven der ArbGeb. handelt. Ob er eigene Interessen verfolgt oder uneigennützig handelt, ist für die Einordnung als Sozialeinrichtung bedeutungslos (GK-*Wiese* Rn 691; *DKK-Klebe* Rn 208).

Um eine Sozialeinrichtung handelt es sich auch, wenn die Leistungen nicht unent- **338** geltlich sind. Es steht dem sozialen Zweck einer Einrichtung nicht entgegen, wenn sich die ArbN an den Kosten, dh. den finanziellen Mitteln der Einrichtung beteiligen müssen (BAG 10. 2. 09 AP Nr. 21 zu § 87 BetrVG 1972 Sozialeinrichtung). Eine Kostenbeteiligung der ArbN spricht gerade für die Notwendigkeit eines MBR (BAG 11. 7. 00 AP Nr. 16 zu § 87 BetrVG 1972 Sozialeinrichtung).

339   Eine Sozialeinrichtung liegt selbst dann noch vor, wenn sie auf Dauer gesehen kostendeckende Einnahmen erzielen soll (BAG 10. 2. 09 AP Nr. 21 zu § 87 BetrVG 1972 Sozialeinrichtung).

340   **(2)** Eine Sozialeinrichtung bedarf einer **Institutionalisierung.** Erforderlich ist eine gewisse Organisation. Die Mittel für die Sozialleistungen müssen von den übrigen, anderen Zwecken dienenden Betriebsmittel abgegrenzt und deshalb einer gesonderten Verwaltung bedürfen sein („**zweckgebundenes Sondervermögen**" BAG 10. 2. 09 AP Nr. 21 zu § 87 BetrVG 1972 Sozialeinrichtung). Aus diesem Grund ist ein Betriebsausflug oder eine **Betriebsfeier** auch keine Sozialeinrichtung (BAG 27. 1. 98 AP Nr. 14 zu § 87 BetrVG 1972 Sozialeinrichtung; *Vogt/Kossmann* NZA 10, 1264). Die zur Institutionalisierung notwendige **Organisation** muss nach außen erkennbar und auf Dauer eingerichtet sein (BAG 10. 2. 09 aaO). Sie ist Folge nicht Ausdruck eines zweckgebundenen Sondervermögens (BAG 8. 11. 11 − 1 ABR 37/10 −; GK-*Wiese* Rn 679; ErfK-*Kania* Rn 68; einschränkend *Richardi* Rn 604). Dementsprechend fällt auch die Mitarbeiterkapitalbeteiligung über eine Beteiligungsgesellschaft unter das MBR (*Waas* BB-Special 09, 27). Allerdings fällt nicht jede Sozialleistung unter Nr. 8, zB nicht die Zahlung einer Betriebsrente aus dem Firmenvermögen, auch wenn hierfür Rückstellungen zu bilden sind (vgl. GK-*Wiese* Rn 685; HSWGNR Rn 460; DKK-*Klebe* Rn 207). Der Unterschied zu Nr. 10 liegt darin, dass für die Erbringung von Sozialleistungen eine relativ selbständige Verwaltungsorganisation geschaffen wird (*Richardi* Rn 605 ff.). Besondere Anforderungen an die Ausformung einer Organisation sind aber nicht zu stellen.

341   Der Begriff der Einrichtung erfordert weiter, dass es nicht nur um die Gewährung in einem Einzelfall gehen kann. Vielmehr müssen Leistungen nach **allgemeinen Richtlinien** gewährt werden. Die Zwecke und Leistungen müssen auch auf eine gewisse **Dauer** gerichtet sein (BAG 9. 7. 85 AP Nr. 16 zu § 75 BPersVG; GK-*Wiese* Rn 679; DKK-*Klebe* Rn 207; ErfK-*Kania* Rn 68).

342   **(3)** Das Entstehen des MBR verlangt ferner nach einer betriebs-, unternehmens- oder konzernbezogenen **Beschränkung des Wirkungsbereichs.** Deshalb muss die Sozialeinrichtung vom ArbGeb. für die ArbN eines Betriebes, eines Unternehmens oder eines Konzerns errichtet sein. Sie darf nicht einem unbestimmten Nutzerkreis zur Verfügung stehen. Ob das der Fall ist, bestimmt sich nach dem vom ArbGeb. vorgegebenen Zweck der Einrichtung und nicht danach, ob sie nach außen hin als eine solche wahrgenommen wird (BAG 10. 2. 09 AP Nr. 21 zu § 87 BetrVG 1972 Sozialeinrichtung).

343   Nicht zu den Sozialeinrichtungen iSd. Nr. 8 gehören folgerichtig etwa Unterstützungskassen, die für mehrere nicht einem Konzern angehörende Unternehmen (Gruppenunterstützungskassen) eingerichtet werden (BAG 22. 4. 86, 9. 5. 89 AP Nr. 13, 18 zu § 87 BetrVG 1972 Altersversorgung; GK-*Wiese* Rn 699; DKK-*Klebe* Rn 209).

344   Die vom MBR geforderte Beschränkung des Wirkungsbereichs wird nicht aufgehoben, wenn die Sozialleistungen auch Personen zugutekommen, die dem Unternehmen oder Konzern nicht mehr angehören, zB Pensionäre (BAG 21. 6. 79 AP Nr. 1 zu § 87 BetrVG 1972 Sozialeinrichtung; GK-*Wiese* Rn 697). Der Charakter als Sozialeinrichtung geht auch nicht verloren, wenn **Familienangehörige** von ArbN zu den Begünstigten gehören (ErfK-*Kania* Rn 70).

Gleiches gilt, wenn die Sozialeinrichtung auch leitende Ang. einbezieht (zB Benutzung des Werkparkplatzes). Kein MBR besteht jedoch bei Sozialeinrichtungen, die ausschließlich leitenden Ang. vorbehalten sind (GK-*Wiese* Rn 697). Für diesen Personenkreis fehlt es an einer Legitimation des BR.

345   Unschädlich ist weiter, wenn **Außenstehende nur als Gäste** die Einrichtung nutzen dürfen (BAG 11. 7. 00 AP Nr. 16 zu § 87 BetrVG 1972 Sozialeinrichtung;

DKK-Klebe Rn 210). Handelt es sich um Werkmietwohnungen, besteht ein MBR nach Nr. 9 gegenüber dem ArbGeb. hinsichtlich der Werkmietwohnungen, die für ArbN vorgesehen sind und vergeben werden (vgl. BAG 18. 7. 78 AP Nr. 4 zu § 87 BetrVG 1972 Werkmietwohnungen).

Das MBR besteht auch dann, wenn die Sozialeinrichtung für einen Gleichord- **346** nungskonzern (im Unterschied zum Unterordnungskonzern) geschaffen wird (*DKK-Klebe* Rn 211; **aA** GK-*Wiese* Rn 698; *Richardi* Rn 613; *HSWGNR* Rn 466; ErfK-*Kania* Rn 70). Zwar kann für den Gleichordnungskonzern kein KBR gebildet werden, der Träger der MBR sein könnte. Das Vorhandensein eines KBR kann jedoch nicht ausschlaggebend sein. Träger der MBR sind auch in anderen Fällen (zB Gruppenunterstützungskasse nicht konzerngebundener Unternehmen) die BR oder GesBR. Sie nehmen die MBR wahr. Jedenfalls greift ergänzend das MBR nach Nr. 10 ein (BAG 9. 5. 89 AP Nr. 18 zu § 87 BetrVG 1972 Altersversorgung). Mitbestimmungspflichtiger Tatbestand ist dann das Abstimmungsverhalten des Arb-Geb.

(4) Beispiele für Sozialeinrichtungen sind **Pensions- und Unterstützungskas- 347 sen oder Pensionsfonds,** soweit sie von einem oder mehreren ArbGeb. unterhalten werden (gesetzliche Definition in § 1b Abs. 3 und 4 BetrAVG, vgl. BAG 12. 6. 75, 18. 3. 76 26. 4. 88 AP Nr. 1, 4, 16 zu § 87 BetrVG 1972 Altersversorgung), **Werks-küchen, Kantinen** (BAG 15. 9. 87, 11. 7. 00 AP Nr. 9, 16 zu § 87 BetrVG 1972 Sozialeinrichtung), Kasinos, Erholungsheime, Erholungsräume, Werksbibliotheken, Verkaufsstellen und Automaten zum Bezug verbilligter Getränke, **Kindergärten,** sofern sie nicht auch der Öffentlichkeit zugänglich sind (BAG 22. 10. 81 AP Nr. 10 zu § 76 BetrVG 1972; 10. 2. 09 AP Nr. 21 zu § 87 BetrVG 1972 Sozialeinrichtung), Sportanlagen, Badeanstalten, firmeneigene Krankenhäuser, Betreiben eines **Werkver-kehrs mit Bussen,** sofern eine eigenständige Organisation mit abgesonderten Betriebsmitteln vorliegt (BAG 9. 7. 85 AP Nr. 16 zu § 75 BPersVG, nicht bei Betreibung des Busverkehrs durch Dritte). Wegen Werkmietwohnungen vgl. den Sonder-tatbestand der Nr. 9 (Rn 379 ff.).

Nicht zu den Sozialeinrichtungen zählen Werkzeitungen; sie sind in erster Linie **348** Sprachrohr der Betriebsleitung zur ArbNschaft (hM; einschränkend jetzt *DKK-Klebe* Rn 226 unter Hinweis auf den Unterhaltungswert), **Betriebskrankenkassen** als gesetzliche Träger der Sozialversicherung (hM, vgl. GK-*Wiese* Rn 695), auch nicht **einzelvertragliche Pensionsleistungen** auf Grund unmittelbarer Versorgungszusa-ge des ArbGeb., sofern kein abgesondertes Vermögen vorhanden ist und verwaltet wird, auch wenn zur Finanzierung eine Rückdeckungsversicherung besteht. Bei **Di-rektversicherungen** des ArbGeb. für seine ArbN (Begriffsbestimmung in § 1b Abs. 2 BetrAVG), fehlt es an einer „Einrichtung" des ArbGeb. (BAG 12. 6. 75, 18. 3. 76 AP Nr. 1, 4 zu § 87 BetrVG 1972 Altersversorgung). An einer Einrichtung fehlt es auch bei Gewährung eines Rabattes auf Warenbezug durch den ArbGeb. (vgl. BAG 18. 5. 65 AP Nr. 26 zu § 56 BetrVG) und bei Ausgabe von Essensmarken un-mittelbar an die ArbN (BAG 15. 1. 87 AP Nr. 21 zu § 75 BPersVG).

(5) Soweit kein MBR nach Abs. 1 Nr. 8 gegeben ist, weil es an einer „Einrich- **349** tung" fehlt, kommt ein **MBR nach Nr. 10** in Betracht. Insoweit enthält Nr. 10 einen Auffangtatbestand (vgl. Rn 332). Das Beispiel der Gewährung von Altersver-sorgung macht dies deutlich: Verspricht der ArbGeb. Leistungen unmittelbar aus dem Betriebsvermögen, muss er beim Aufstellen eines Leistungsplans das MBR nach Nr. 10 beachten. Verspricht er Leistungen über eine Unterstützungs- oder Pensions-kasse, greift das MBR nach Nr. 8 ein (BAG 26. 4. 88 AP Nr. 16 zu § 87 BetrVG 1972 Altersversorgung). Wird eine Unterstützungskasse für eine Mehrzahl nicht kon-zernverbundener Betriebe oder Unternehmen tätig, entfällt der Tatbestand der Nr. 8. MBR können nach Nr. 10 nur in der Form ausgeübt werden, dass die einzelnen Trägerunternehmen (ArbGeb.) mit ihren BR ihr Abstimmungsverhalten für die Or-gane der Unterstützungskasse aushandeln (BAG 22. 4. 86, 9. 5. 89 AP Nr. 13, 18 zu § 87 BetrVG 1972 Altersversorgung).

b) Inhalt des Mitbestimmungsrechts

350   (1) Das MBR erstreckt sich auf Form, Ausgestaltung und Verwaltung bestehender Sozialeinrichtungen; ihre **Errichtung** kann nicht erzwungen werden (BAG 13. 3. 73 AP Nr. 1 zu § 87 BetrVG 1972 Werkmietwohnungen; 26. 4. 88 AP Nr. 16 zu § 87 BetrVG 1972 Altersversorgung, wie sich aus § 88 Nr. 2 ergibt; *Richardi* Rn 626; GK-*Wiese* Rn 705; ErfK-*Kania* Rn 73). Zum Errichtungsakt gehört der Entschluss, eine „Einrichtung" zu schaffen. Der BR kann die Errichtung einer Sozialeinrichtung nach § 80 Abs. 1 Nr. 2 anregen.

351   Zur Errichtung gehört auch deren **finanzielle Ausstattung.** Die hierfür aufzuwendenden Mittel bestimmt der ArbGeb. mitbestimmungsfrei (st. Rspr. des BAG, vgl. BAG 12. 6. 75 AP Nr. 3 zu § 87 BetrVG 1972 Altersversorgung; GK-*Wiese* Rn 710). Durch das MBR kann er nicht gezwungen werden, für eine Sozialeinrichtung Mittel oder weitere Mittel zur Verfügung zu stellen (BAG 26. 4. 88 AP Nr. 16 zu § 87 BetrVG 1972 Altersversorgung).

352   Zur mitbestimmungsfreien Errichtung gehört die Festlegung des **Zwecks** der Sozialeinrichtung. Der ArbGeb. kann allein entscheiden, ob er eine Kantine oder ein Erholungsheim oder ob er eine Unterstützungskasse zur Durchführung der Altersversorgung einrichten will (BAG 26. 10. 65 AP Nr. 8 zu § 56 BetrVG Wohlfahrtseinrichtung; GK-*Wiese* Rn 707; *Richardi* Rn 628; ErfK-*Kania* Rn 73).

353   Innerhalb der Zweckbestimmung kann er auch den **begünstigten Personenkreis** abstrakt festlegen (BAG 26. 4. 88 AP Nr. 16 zu § 87 BetrVG 1972 Altersversorgung; *Richardi* Rn 629; GK-*Wiese* Rn 708; DKK-*Klebe* Rn 213; ErfK-*Kania* Rn 73). Dagegen gehört die Auswahl der begünstigten ArbN im konkreten Fall zur Verwaltung (vgl. BAG 14. 2. 67 AP Nr. 9 zu § 56 BetrVG Wohlfahrtseinrichtung). Allerdings haben nach § 13 b AÜG ab dem 1. 12. 11 auch LeihArbN Zugang zu Gemeinschaftseinrichtungen oder – diensten des Entleihers, soweit nicht eine Ungleichbehandlung mit den ArbN des Entleiherbetriebs sachlich gerechtfertigt ist. Solche Einrichtungen sind nach § 13 b Satz 2 AÜG insbesondere Gemeinschaftsverpflegung, Kinderbetreuungseinrichtungen oder Beförderungsmittel. Das Zugangsrecht erstreckt sich deshalb nicht auf Essensgutscheine oder Fahrtkostenzuschüsse, also Geldleistungen des Entleiherbetriebs. Deshalb gewährt § 13 b auch keinen Zugang zu einer beim Entleiher bestehenden betrieblichen Altersversorgung.

354   (2) Was für die Errichtung gilt, trifft umgekehrt auch für deren **Schließung** zu. Der BR kann sie mit Hilfe des MBR nicht verhindern (BAG 13. 3. 72 AP Nr. 1 zu § 87 BetrVG 1972 Werkmietwohnungen; 26. 4. 88 AP Nr. 16 zu § 87 BetrVG 1972 Altersversorgung; 10. 3. 92 AP Nr. 34 zu § 1 BetrAVG Unterstützungskasse; ErfK-*Kania* Rn 75; GK-*Wiese* Rn 712; *Moll* Entgelt S. 104 verlangt angemessene Ankündigungsfrist vor der Schließung; *Richardi* Rn 671 die Möglichkeit der Aufrechterhaltung nur mit Beiträgen der ArbN; anders § 75 Abs. 3 Nr. 5 BPersVG). Möglich sind insoweit nur freiwillige BV (BAG 26. 4. 88 AP Nr. 16 zu § 87 BetrVG 1972 Altersversorgung; hM). Wird eine Sozialeinrichtung geschlossen, die der Durchführung einer Altersversorgung diente, können Ansprüche und Anwartschaften der ArbN bestehen bleiben. Der Bestandsschutz hängt von dem Gewicht der Gründe ab, aus denen die Einrichtung geschlossen wird (BAG 10. 3. 92 AP Nr. 5 zu § 1 BetrAVG Betriebsvereinbarung).

355   Ähnliche Wirkung wie die Schließung einer Sozialeinrichtung hat die **Einschränkung der finanziellen Mittel.** Auch diese Maßnahme unterliegt nicht dem MBR des BR (BAG 13. 7. 78 AP Nr. 5 zu § 87 BetrVG 1972 Altersversorgung; GK-*Wiese* Rn 712; *Richardi* Rn 674). Die Festsetzung des neuen Dotierungsrahmens hat zur Folge, dass ein neuer Verteilungsplan aufgestellt werden muss. Die Aufstellung des neuen Verteilungsplans ist mitbestimmungspflichtig (BAG st. Rspr. 26. 4. 88 AP Nr. 16 zu § 87 BetrVG 1972 Altersversorgung; 10. 3. 92 AP Nr. 34 zu § 1 BetrAVG Unterstützungskassen; ErfK-*Kania* Rn 75).

Bei der **Umwandlung** einer Sozialeinrichtung bzw. deren Öffnung für einen 356
unbestimmten Nutzerkreis ist die damit einhergehende Änderung des Zwecks mitbestimmungsfrei (*Richardi* Rn 676; GK-*Wiese* Rn 712). Die Änderung der Nutzungsmöglichkeiten ist aber eine Frage der Ausgestaltung und damit mitbestimmungspflichtig (BAG 15. 9. 87 AP Nr. 9 zu § 87 BetrVG 1972 Sozialeinrichtung).

(3) Das MBR beginnt bei der Entscheidung, in welcher **Form** die Sozialeinrich- 357
tung geschaffen werden soll. Gemeint ist zunächst die **Rechtsform,** in der die Sozialeinrichtung tätig werden soll (*Richardi* Rn 634; GK-*Wiese* Rn 716; *DKK-Klebe*
Rn 215; ErfK-*Kania* Rn 76). Der Mitbestimmung unterliegt die Entscheidung, ob
die Sozialeinrichtung einen selbständigen Rechtsträger erhalten soll oder nicht.
Durch das MBR kann der ArbGeb. jedoch nicht gezwungen werden, dass weitere
finanzielle Mittel aufgebracht werden müssen. Deshalb kann bei der Altersversorgung
der ArbGeb. die Durchführungsform frei wählen, weil mit der Wahl erhebliche steuerliche Vorteile oder Nachteile verbunden sind, die sich unmittelbar auf den Einsatz
der finanziellen Mittel auswirken (BAG st. Rspr., vgl. 12. 6. 75, 26. 4. 88 AP Nr. 1,
16 zu § 87 BetrVG 1972 Altersversorgung).

Dem MBR unterliegt auch die Frage, wer **Betreiber der Sozialeinrichtung** sein 358
soll. Der ArbGeb. bleibt Träger der Sozialeinrichtung. Die Einrichtung muss aber
einen sozialen Charakter behalten. Unter diesen Voraussetzungen können auch Dritte
mit dem Betreiben einer Sozialeinrichtung betraut werden. In Betracht kommen zB
Versicherungsvereine auf Gegenseitigkeit, rechtsfähige Stiftungen, Sozial-GmbH, eingetragener Verein. Auch die spätere Entscheidung des ArbGeb., Teile der anfallenden
Arbeiten (zB Spülarbeiten) an eine Drittfirma zu vergeben, ist mitbestimmungspflichtig (ArbG Köln AiB 99, 346; GK-*Wiese* Rn 722).

Mit der **Wahl der Rechtsform** sind rechtliche Folgen verbunden. Es gelten die 359
jeweiligen vereins- oder gesellschaftsrechtlichen Bestimmungen. Unerheblich ist, welchen MitglKreis die juristische Person umfasst, insb. ob die ArbN selbst Mitgl. sind.
Die Möglichkeit, Mitgliedschaftsrechte auszuüben, ersetzt nicht das MBR. Denn den
einzelnen Mitgl. stehen keine Verwaltungsrechte zu (hM). Soweit allerdings zwingende vereins- oder gesellschaftsrechtliche Vorschriften oder Normen des Versicherungs-
aufsichtsgesetzes bestehen, sind die vertretungsberechtigten Organe der mit eigener
Rechtspersönlichkeit errichteten Sozialeinrichtungen nicht durch das MBR von deren Einhaltung befreit. Insoweit ergeben sich praktisch gewisse Beschränkungen des
MBR durch die Einschränkung der Handlungsfreiheit.

Soll die gewählte Rechtsform geändert werden, unterliegt auch diese Maßnahme 360
der Mitbestimmung (vgl. Rn 358).

(4) Unter **Ausgestaltung** einer Sozialeinrichtung ist die Festlegung allgemeiner 361
Grundsätze in Bezug auf die Arbeitsweise der Einrichtung zu verstehen. Die Ausgestaltung steht nach ihrer Bedeutung und zeitlichen Reihenfolge zwischen Errichtung
und Verwaltung (BAG 13. 3. 73 AP Nr. 1 zu § 87 BetrVG 1972 Werkmietwohnungen; GK-*Wiese* Rn 726; *DKK-Klebe* Rn 216; ErfK-*Kania* Rn 77). Zur Ausgestaltung gehören auch die Aufstellung allgemeiner Grundsätze der Verwaltung der Einrichtung (Satzung oder Organisationsstatut), eine Geschäftsordnung, die Grundsätze
über die Ausstattung der Einrichtung, zB Umstellung von Verkaufseinrichtungen
auf Automaten (*DKK-Klebe* Rn 216) oder die Verwendung von Mehrweggeschirr
und Mehrwegflaschen.

Zur Ausgestaltung gehört vor allem das **Aufstellen allgemeiner Grundsätze** 362
über die **Benutzung** der Einrichtung, zB die Festlegung der Öffnungszeiten (BAG
15. 9. 87 AP Nr. 9 zu § 87 BetrVG 1972 Sozialeinrichtung betr. private Feiern von
ArbN). Allerdings kann etwa die Festlegung der Öffnungszeiten mit dem MBR des
BR kollidieren, der für die Sozialeinrichtung selbst gewählt ist. Die Betriebsparteien
der Sozialeinrichtung, respektive die an ihrer Stelle entscheidende E-Stelle haben
dann diese Festlegungen als betriebliche Belange bei der Festlegung der wöchentl.
Arbeitszeit zu berücksichtigen (BAG 10. 2. 09 AP Nr. 21 zu § 87 BetrVG 1972 Sozialeinrichtung).

363   **Gegenstand des MBR** ist in erster Linie die Aufstellung von Grundsätzen, wie die vom ArbGeb. zur Verfügung gestellten Mittel innerhalb des vorgegebenen Zwecks (vgl. Rn 352) eingesetzt werden sollen. Es geht um die **Verteilungsgrundsätze,** wobei das BAG neuerdings dazu neigt, dies dem MBR nach Nr. 10 zuzuordnen (BAG 11. 12. 01 AP Nr. 36 zu § 1 BetrAVG Ablösung). Am Beispiel der Altersversorgung über eine Unterstützungskasse wird das deutlich. Die Leistungsordnung einer U-Kasse muss die Voraussetzungen beschreiben, unter denen Anwartschaften entstehen und Ansprüche auf betriebliche Altersversorgung erworben werden können (st. Rspr. BAG 16. 2. 93 AP Nr. 19 zu § 87 BetrVG 1972 Altersversorgung). Aber auch bei anderen Sozialeinrichtungen gilt: Die Verteilung bzw. Verwendung der Mittel gehört zur Ausgestaltung, ebenso die Festsetzung von Leistungen gemäß einem Leistungsplan im Einzelfall (*Richardi* Rn 639 ff.).

364   Auch die Entscheidung über eine **Beitragsleistung der ArbN** ist eine Frage der Ausgestaltung und unterliegt dem MBR (BAG 18. 3. 76 AP Nr. 4 zu § 87 BetrVG 1972 Altersversorgung; *Richardi* Rn 641). Ein MBR des BR besteht deshalb hinsichtlich der Festsetzung von **Kantinenpreisen** u. sonstigen Nutzungsentgelten im Rahmen der vom ArbGeb. zur Verfügung gestellten Mittel (BAG 11. 7. 00 AP Nr. 16 zu § 87 BetrVG 1972 Sozialeinrichtung; GK-*Wiese* Rn 711). Das MBR umfasst nicht die Beteiligung derjenigen ArbN an den Kosten der Kantine, die ihre Leistungen nicht in Anspruch nehmen. Die Ausgestaltung der Kantinenbenutzung, insb. die Festlegung der Preise, ist nicht zwingend mit der Kostenbeteiligung der ArbN verbunden, die das Kantinenessen nicht in Anspruch nehmen (BAG 11. 7. 00 AP Nr. 16 zu § 87 BetrVG 1972 Sozialeinrichtung). Das geht auch über eine freiwillige BV nicht. Dem steht § 75 Abs. 2 entgegen. Der Eingriff der Betriebsparteien in die Persönlichkeitsrechte ist unverhältnismäßig. Wirtschaftlichkeitserwägungen können den Eingriff in die private Lebensführung der ArbN nicht rechtfertigen (BAG aaO).

365   Der ArbGeb. kann die der Sozialeinrichtung zur Verfügung stehende Mittel kürzen. Die darauf gerichtete Entscheidung ist mitbestimmungsfrei. Die sich zwingend anschließende **Neuverteilung** der gekürzten Mittel ist wieder mitbestimmungspflichtig. Nach jeder Änderung des Umfangs der finanziellen Ausstattung stellen sich die Fragen nach der Verteilungsgerechtigkeit neu.

366   **(5)** Die **Verwaltung** betrifft **alle übrigen Entscheidungen und Maßnahmen** nach der Errichtung. Der BR wirkt bei allen folgenden Entscheidungen gleichberechtigt mit, auch bei jeder Einzelnen, wenn und solange nicht wegen der laufenden alltäglichen Maßnahmen generelle Grundsätze durch BV aufgestellt sind (hM, GK-*Wiese* Rn 734 f.). Zur Verwaltung gehört auch die Vermögensanlage bei Pensions- und Unterstützungskassen. Dem MBR unterliegt auch die Aufstellung einer internen Hausordnung bei räumlich gebundenen Einrichtungen, aber nicht deren Umsetzung im Einzelfall (zB Aufteilung der Gäste auf die Zimmer des Erholungsheimes uä.).

367   Zur „Verwaltung" rechnen auch Abschluss und Kündigung von **Pachtverträgen über Sozialeinrichtungen** (vgl. VGH Kassel AP Nr. 1 zu § 67 PersVG; GK-*Wiese* Rn 722). Das MBR bezieht sich einmal auf die Grundfrage der Führung der Sozialeinrichtung in eigener Regie oder durch Dritte, zum anderen auf die Bedingungen des Pachtvertrages, insb. hinsichtlich des Einflusses von ArbGeb. und BR auf die Einrichtung (*DKK-Klebe* Rn 217; GK-*Wiese* Rn 746) und die Preise im Rahmen der Zuschüsse des ArbGeb. und den Umfang des Warensortiments. Der ArbGeb. ist verpflichtet, seine vertraglichen Befugnisse gegenüber dem Pächter nur in Übereinstimmung mit dem BR wahrzunehmen (*HSWGNR* Rn 478).

368   Das Mitverwaltungsrecht besteht auch, wenn für die **Sozialeinrichtung** gemäß §§ 1, 4 ein **eigener BR** gebildet ist (hM; vgl. Rn 362). Die Kompetenzabgrenzung dürfte keine Schwierigkeiten bereiten, insb. nicht, wenn ein GesBR oder KBR besteht. Dieser BR hat nur ein MBR in eigenen Angelegenheiten der ArbN der Einrichtung, so dass eine Überschneidung der MBR regelmäßig ausscheidet. Notfalls geht das MBR des begünstigten Betriebes hinsichtlich der „unternehmerischen" Tätigkeit der Sozialeinrichtung vor (GK-*Wiese* Rn 758 nimmt ein abgestuftes Beteili-

gungsverf. erst des Stammbetriebes und dann der Sozialeinrichtung an; vgl. den Fall BAG 22. 10. 81 AP Nr. 10 zu § 76 BetrVG 1972 betr. Kindergarten).

(6) Am **Beispielsfall der Unterstützungskasse** lässt sich der Umfang der MB **369** wie folgt darstellen: Das MBR besteht hinsichtl. Form, Ausgestaltung und Verwaltung dieser Sozialeinrichtung. Danach kann der ArbGeb. mitbestimmungsfrei entscheiden, ob und in welcher Form er eine betriebl. Altersversorgung einführen will, welche Mittel er (Dotierungsrahmen) er dafür bereit stellt, welche Zwecke er verfolgt und welche ArbN er begünstigen will. Mitbestimmungspflichtig sind allein diejenigen Regelungen, mit denen die zur Verfügung stehenden Mittel verteilt werden, sowie die Verwaltung der Sozialeinrichtung (BAG 9. 12. 08 AiB Newsletter 09, Nr. 2, 3; *Reinecke* DB 09, 1182).

c) Form der Mitbestimmung

Die gleichberechtigte Teilnahme des BR an allen mitbestimmungspflichtigen Maß- **370** nahmen und Entscheidungen muss sichergestellt werden. Es gelten die allgemeinen Regeln über das Verf. bei der Mitbestimmung (vgl. Rn 578). Keine Seite kann in mitbestimmungspflichtigen Angelegenheiten ihre Vorstellungen gegen den Willen der anderen Seite durchsetzen. Eine Einigung ist erforderlich. Da sich das MBR auf jede einzelne Verwaltungsmaßnahme erstreckt, kann sich die Bildung gemeinsamer, paritätisch zusammengesetzter Ausschüsse (Kommissionen) von ArbGeb. und BR empfehlen (§ 28 Abs. 3). Deren Aufgabe ist, die Verwaltung der betrieblichen Sozialeinrichtungen entspr. den praktischen Bedürfnissen im Einzelfall vorzunehmen (BAG 13. 3. 73 AP Nr. 1 zu § 87 BetrVG 1972 Werkmietwohnungen).

Das MBR betrifft das Verhältnis von ArbGeb. und BR. Es ist in dem allgemein üb- **371** lichen Verf. auszuüben (vgl. Rn 578). Bei Sozialeinrichtungen mit **eigener Rechts-persönlichkeit** (zB Unterstützungskassen) kann das MBR auf zwei Wegen verwirklicht werden. Wenn zwischen ArbGeb. und BR nichts anderes vereinbart ist, müssen mitbestimmungspflichtige Fragen zunächst zwischen ArbGeb. und BR ausgehandelt werden. Das MBR besteht gegenüber dem ArbGeb., nicht gegenüber der Sozialeinrichtung. Der ArbGeb. hat dafür zu sorgen, dass seine Sozialeinrichtung die getroffene Regelung übernimmt (**„zweistufige" Lösung**). Er muss sich maßgebenden Einfluss auf die Verwaltung sichern, damit die zwischen ArbGeb. und BR vereinbarten Regelungen in der Sozialeinrichtung auch durchgeführt werden (vgl. BAG 11. 12. 01 AP Nr. 36 zu § 1 BetrAVG Ablösung). Sonst könnte das MBR umgangen werden, das sich gerade auch auf selbständige juristische Personen erstreckt (BAG 13. 7. 78 AP Nr. 5 zu § 87 BetrVG 1972 Altersversorgung; BAG 10. 3. 92 AP Nr. 34 zu § 1 BetrAVG Unterstützungskassen; *Richardi* Rn 654 ff.; GK-*Wiese* Rn 747 ff.; *DKK-Klebe* Rn 219 f.). Das zweistufige Verf. ist der **Regelfall** (BAG 10. 9. 02 AP Nr. 37 zu § 1 BetrAVG Nr. 36 Ablösung). Bei Sozialeinrichtungen in der Trägerschaft mehrerer ArbGeb. kann das MBR nach Nr. 8 nur im zweistufigen Verfahren gewahrt werden.

ArbGeb. und BR können auch vereinbaren, dass der BR gleichberechtigte Vertr. in **372** die Organe der Sozialeinrichtung entsendet und dass mitbestimmungspflichtige Fragen in den Beschlussgremien der Sozialeinrichtung nicht gegen den Widerspruch der Vertr. des BR entschieden werden dürfen (**paritätische Besetzung der Entscheidungs-gremien**). Das ist die **„organschaftliche" Mitbestimmung**. Sie findet in den Organen der selbständigen juristischen Person statt (BAG 13. 7. 78, 26. 4. 88 AP Nr. 5, 16 zu § 87 BetrVG 1972 Altersversorgung). Diese Art der Mitbestimmung ist praktikabler. Sie kann erzwungen werden, da auch die Form der Einrichtung dem MBR unterliegt.

Voraussetzung ist eine paritätische Beteiligung des BR (BAG 26. 4. 88 AP Nr. 16 zu **373** § 87 BetrVG 1972 Altersversorgung; *DKK-Klebe* Rn 221). Es reicht nicht aus, wenn in die Beschlussorgane der Einrichtung Vertr. der ArbN gewählt werden. Mitgliedschaftsrechte der ArbN ersetzen nicht das MBR des BR. Nur der BR ist Träger der MBR (GK-

Wiese Rn 748). Entsteht in dem Geschäftsführungsorgan bei paritätischer Besetzung eine „**Pattsituation**", fällt bei Fehlen anderweitiger Konfliktregelungen (zB „neutrales" Vorstandsmitgl.) die Entscheidung an ArbGeb. und BR zurück, die notfalls die E-Stelle anrufen müssen (vgl. *Richardi* Rn 659; GK-*Wiese* Rn 754; ErfK-*Kania* Rn 80).

374　　Wird eine Kasse von mehreren ArbGeb. betrieben (Gruppenunterstützungskasse) kommt eine organschaftliche MB in aller Regel nicht in Betracht (BAG 11. 12. 01 AP Nr. 36 zu § 1 BetrAVG Ablösung). Das MBR folgt dann aus Nr. 10. Es erstreckt sich auf das Abstimmungsverhalten des ArbGeb. bei Beschlüssen der **Gruppenunterstützungskasse** (BAG 14. 12. 93 AP Nr. 81 zu § 7 BetrAVG). Die Verletzung des MBR durch einen der beteiligten ArbGeb. wirkt sich auf die Wirksamkeit der satzungsgem. gefassten Beschlüsse der Gruppenunterstützungskasse nicht aus. Stattdessen hat der ArbGeb. für den Umfang der mitbestimmungswidrig eintretenden Leistungsschmälerung selbst einzustehen, soweit die Verletzung des MBR hierfür kausal ist und die mitbestimmte Entscheidung im Trägerunternehmen durchsetzbar gewesen wäre (*Reinecke* AuR 04, 335).

375　　Die Verwaltung der Sozialeinrichtung kann auch ganz in die Hände des BR gelegt werden. Darauf besteht kein Rechtsanspruch (nur freiwillige BV nach § 88; GK-*Wiese* Rn 744; vgl. den Fall BAG 24. 4. 86 AP Nr. 7 zu § 87 BetrVG 1972 Sozialeinrichtung, in dem die Werkskantine allein dem BR unterstand). Umgekehrt darf die Verwaltung nicht allein dem ArbGeb. übertragen werden, da der BR nicht auf sein MBR verzichten kann (*DKK-Klebe* Rn 223). Die Ausübung der MBR kann auch nicht auf Dritte, auch nicht auf Vertr. der im Betrieb vertretenen Gewerkschaften übertragen werden.

376　　Besteht ein Unternehmen aus mehreren Betrieben, übt der **GesBR** das Mitverwaltungsrecht bei **überbetrieblichen Sozialeinrichtungen** und der Gewährung unternehmenseinheitlicher sozialer Leistungen aus (BAG 6. 4. 76, 5. 5. 77 AP Nr. 2, 3 zu § 50 BetrVG 1972; BAG 8. 12. 81 AP Nr. 1 zu § 1 BetrAVG Unterstützungskassen; vgl. auch § 50 Rn 46). Entspr. gilt für den KBR, zB bei Pensions- oder Unterstützungskassen für den ganzen Konzern (§ 58 Abs. 1). Legt der KBR (GesBR) im Einvernehmen mit der Geschäftsführung nur die Quote für die Benutzung der Einrichtung durch die einzelnen Unternehmen (Betriebe) fest, nimmt im Übrigen der GesBR (BR) das MBR wahr.

d) Folgen unterbliebener Mitbestimmung

377　　Die gebotene, aber unterbliebene Beteiligung des BR kann **individualrechtliche Folgen** haben. **Maßnahmen zum Nachteil der ArbN,** die unter Verstoß gegen das MBR zustande gekommen sind, sind individualrechtlich **unwirksam.** Dies gilt auch, wenn die Sozialeinrichtung rechtlich selbständig ist (BAG 26. 4. 88 AP Nr. 16 zu § 87 BetrVG 1972 Altersversorgung; *DKK-Klebe* Rn 225; aA GK-*Wiese* Rn 750; *Richardi* Rn 684). Widerruft der ArbGeb. zB eine Zusage auf Altersversorgung, die durch eine U-Kasse erbracht werden soll, muss er dafür einstehen, wenn der BR bei der erforderlich gewordenen Neuverteilung der Mittel nicht beteiligt wurde. Es gelten insoweit die allgemeinen Grundsätze, vgl. Rn 599 ff. Sind an einer U-Kasse mehrere Unternehmen beteiligt, setzen Ansprüche einzelner ArbN wegen Verletzung der MBR voraus, dass die Verletzung der Bestimmungen über die Willensbildung in den Organen der Kasse für die nachteilige Änderung der Leistungsrichtlinien ursächlich war (BAG 9. 5. 89 AP Nr. 18 zu § 87 BetrVG 1972 Altersversorgung; *DKK-Klebe* Rn 225).

378　　Schließt die rechtlich selbständige Einrichtung **Rechtsgeschäfte mit Dritten** (nicht ArbN) ab, sind diese Rechtsgeschäfte rechtswirksam, auch wenn der BR hätte beteiligt werden müssen, etwa weil das Geschäft die Verwaltung der Einrichtung betrifft (*Richardi* Rn 683).

9. Zuweisung und Kündigung von Wohnräumen

Der Mitbestimmungstatbestand der Nr. 9 ist ein **Sonderfall** des MBR nach Nr. 8. **379** Die Verwaltung von Wohnräumen fiele bei Bestehen des sozialen Zwecks auch unter den Grundtatbestand der Nr. 8 (GK-*Wiese* Rn 763; *DKK-Klebe* Rn 228). Allerdings ist es für den Sondertatbestand der Nr. 9 unerheblich, ob eine kostendeckende Miete erhoben wird und es sich deshalb nicht um eine Sozialeinrichtung iSd. Nr. 8 handelt (*Richardi* Rn 688).

Das MBR des BR soll eine gerechte Verteilung der Leistungen des ArbGeb. si- **380** cherstellen (ErfK-*Kania* Rn 83). Zudem trägt es einem gesteigerten Schutzbedürfnis der ArbN Rechnung, die wegen der Nutzung einer Werkswohnung über ihre arbeitsvertraglichen Beziehungen hinaus auch in ihrem privaten Lebensbereich von Entscheidungen des ArbGeb. betroffen sind (GK-*Wiese* Rn 761).

a) Wohnräume

Ein MBR nach Nr. 9 besteht nur, wenn **Wohnräume** vermietet bzw. das Miet- **381** verhältnis über Wohnräume gekündigt werden soll. Wohnräume sind Räume jeder Art, die zum Wohnen geeignet und bestimmt sind. Es kommt nicht darauf an, ob es sich um eine vollständige Wohnung oder nur um ein einzelnes Zimmer handelt, ob die Wohnung von einzelnen oder von mehreren Personen belegt ist (BAG 3. 6. 75 AP Nr. 3 zu § 87 BetrVG 1972 Werkmietwohnungen). Zu Wohnräumen gehören auch Behelfsheime, Baracken, Wohnwagen oder andere Schlafstätten (vgl. GK-*Wiese* Rn 772; *HSWGNR* Rn 504; *DKK-Klebe* Rn 229; ErfK-*Kania* Rn 83).

Unerheblich ist, ob die Räume **kurz- oder langfristig**, ob sie **entgeltlich oder** **382** **kostenlos** überlassen werden. Auch bei unentgeltlicher Überlassung soll das MBR den einzelnen ArbN vor ungerechter Behandlung schützen (*DKK-Klebe* Rn 229; *Richardi* Rn 693; *HSWGNR* Rn 503; aA GK-*Wiese* Rn 766: uU MBR nach Nr. 8).

Der ArbGeb. braucht **nicht Eigentümer der Wohnräume** zu sein. Es genügt, **383** wenn er ein Belegungs- oder Vorschlagsrecht für die Nutzung der Räume hat. Das folgt aus dem Zweck des MBR (BAG 18. 7. 78 AP Nr. 4 zu § 87 BetrVG 1972 Werkmietwohnungen; *Richardi* Rn 694; *DKK-Klebe* Rn 230). Bei Gründung eines selbständigen Wohnungsunternehmens muss sich der ArbGeb. den maßgeblichen Einfluss sichern oder den BR paritätisch in den Organen beteiligen (*DKK-Klebe* Rn 230).

b) Zusammenhang mit dem Arbeitsverhältnis

Das MBR setzt voraus, dass Wohnraum mit Rücksicht auf das Bestehen eines **384** ArbVerh. vermietet wird. Es muss sich also um sog. **Werkmietwohnungen** (vgl. §§ 576BGB) handeln, über die zwischen ArbGeb. und ArbN neben dem Arbeitsvertrag ein normaler Mietvertrag abgeschlossen wird.

Bei **Werkdienstwohnungen** (vgl. § 576b BGB) besteht kein MBR (BAG 7. 6. **385** 75 AP Nr. 3 zu § 87 BetrVG 1972 Werkmietwohnungen; ErfK-*Kania* Rn 85). Es wird neben dem Arbeitsvertrag kein bes. Mietvertrag abgeschlossen. Diese Wohnräume werden dem ArbN im Rahmen seines ArbVerh. aus dienstlichen Gründen überlassen (zB Pförtner, Kraftfahrer, Hausmeister, vgl. § 576b BGB). Häufig ist der ArbN verpflichtet, die Werkdienstwohnung zu nutzen (BAG 28. 7. 92 AP Nr. 7 zu § 87 BetrVG 1972 Werkmietwohnungen). Der Bezug der Wohnung muss jedenfalls im Interesse des Betriebes liegen; sonst liegt eine Umgehung des MBR vor (*HSWGNR* Rn 507). Auch TV können Bestimmungen über den Bezug von Werkdienstwohnungen enthalten (vgl. BAG 17. 5. 68 AP Nr. 1 zu § 611 BGB Werkdienstwohnung). Das Nutzungsrecht endet regelmäßig mit der Beendigung des ArbVerh. Allerdings besteht ein Mieterschutz, wenn der ArbN den Wohnraum ganz oder überwiegend möbliert hat, oder wenn er in dem Wohnraum mit seiner Familie einen eigenen Hausstand führt (§ 576b BGB). Die Anrechnung eines Nutzungsbeitrages auf den Lohn bei Gewährung von Werkdienstwohnungen unterliegt dem MBR nach Nr. 10.

386   Gelegentlich. kann die **Abgrenzung** zwischen beiden Wohnraumüberlassungen Schwierigkeiten bereiten. Dann muss der Wille der Parteien durch Auslegung ermittelt werden. Für eine Werkdienstwohnung sind typisch die kostenfreie Überlassung der Wohnung und die Pflicht zur Nutzung dieser Wohnung. Dagegen handelt es sich um eine Werkmietwohnung, wenn der Wohnraum auf der Grundlage eines eigenständigen Mietvertrags aber mit Rücksicht auf das Arbeitsverhältnis überlassen wird. Der Zusammenhang zwischen ArbVerh. und Mietverhältnis fehlt, wenn eine Versicherungsgesellschaft Wohnungen zur Vermögensanlage baut, selbst wenn dann ArbN der Gesellschaft zu normalen Bedingungen Mieter sein können.

c) Inhalt des Mitbestimmungsrechts

387   **(1)** Der ArbGeb. entscheidet allein darüber, **ob** er Wohnräume zur Verfügung stellt. Dasselbe gilt für den Entschluss, auf die Überlassung von Wohnräumen im Zusammenhang mit dem ArbVerh. wieder zu verzichten (BAG 23. 3. 93 AP Nr. 8 zu § 87 BetrVG 1972 Werkmietwohnungen; GK-*Wiese* Rn 776; ErfK-*Kania* Rn 86). Es gilt das zur Sozialeinrichtung Gesagte entspr. (vgl. Rn 350ff.).

388   Der ArbGeb. bestimmt allein den **finanziellen Umfang** für die Beschaffung von Wohnräumen. Der BR kann nicht verlangen, dass der ArbGeb. den Zuschuss für die Unterhaltung von Werkmietwohnungen erhöht (*Richardi* Rn 700).

389   Der ArbGeb. kann auch mitbestimmungsfrei den begünstigten **Personenkreis** bestimmen, etwa Gastarbeiter, Monteure usw. (*Richardi* Rn 703; GK-*Wiese* Rn 776; *HSWGNR* Rn 518; ErfK-*Kania* Rn 86; **aA** *DKK-Klebe* Rn 232; *Kohte* BetrR 93, 81; offen gelassen in BAG 23. 3. 93 AP Nr. 8 zu § 87 BetrVG 1972 Werkmietwohnungen). Das folgt aus dem Recht, über den Umfang der finanziellen Mittel frei zu entscheiden. Mitbestimmungsfrei ist auch der Beschluss, Wohnräume nur den leitenden Ang. zur Verfügung zu stellen (BAG 23. 3. 93 AP Nr. 8 zu § 87 BetrVG 1972 Werkmietwohnungen). Allerdings muss der ArbGeb. nunmehr § 13b AÜG beachten, wonach **LeihArbN** von der Zuweisung von Werkwohnungen des Entleihers nicht ohne weiteres ausgenommen werden dürfen (*Zimmermann* ArbRAktuell 11, 264).

390   **(2)** Dem MBR unterliegt die **Zuweisung von Wohnräumen.** Es geht um eine gerechte Verteilung der zur Verfügung stehenden Räume. Unter Zuweisung ist die Benennung desjenigen zu verstehen, der die Wohnung nutzen darf. Es ist eine Auswahl zu treffen. Das MBR besteht in jedem **Einzelfall** (hM). Die Einigung über die Reihenfolge einer Anwärterliste genügt aber, wenn sie genügend bestimmt ist.

391   Kein MBR besteht, wenn **nur leitende Ang.** zu dem begünstigten Personenkreis gehören (GK-*Wiese* Rn 769). Werden jedoch aus einem einheitlichen Bestand von Werkmietwohnungen ArbN und leitenden Ang. Wohnungen zugewiesen, entscheidet der BR mit. Wohnungen können nur einmal zugewiesen werden. Jede Zuweisung an einen leitenden Ang. verhindert die Zuweisung an die übrigen ArbN. Es ist auch insoweit eine gerechte Auswahl unter den Benutzern zu treffen (BAG 30. 4. 74, 28. 7. 92, 23. 3. 93 AP Nr. 2, 7, 8 zu § 87 BetrVG 1972 Werkmietwohnungen; *DKK-Klebe* Rn 234; *HSWGNR* Rn 508; ErfK-*Kania* Rn 88).

392   Kein MBR besteht, wenn der ArbGeb. Wohnräume ausschließlich an Personen vermieten will, die bereits aus dem ArbVerh. ausgeschieden sind und deshalb nicht mehr vom BR repräsentiert werden (*Richardi* Rn 695ff.; GK-*Wiese* Rn 771). Dagegen besteht ein MBR, wenn sich auch ArbN bewerben (vgl. Rn 391).

393   Die **Verletzung des MBR bei Zuweisung** von Wohnräumen hat individualrechtliche Folgen. Hat der ArbGeb. den BR nicht beteiligt, mag zwar der Mietvertrag wirksam geschlossen worden sein, doch ist die Zuweisung an den ArbN (oder Dritten) unwirksam. Diese Rechtsfolge ist erforderlich, um das MBR des BR wirksam zu sichern (*DKK-Klebe* Rn 235; GK-*Wiese* Rn 781; **aA** ErfK-*Kania* Rn 89; *HSWGNR* Rn 524). Bei Verletzung der MBR kann daher der BR verlangen, dass

der ArbGeb. alles unternimmt, damit der vermietete Wohnraum wieder geräumt wird. Der Nutzer kann einen Anspruch auf Schadensersatz gegen den ArbGeb. haben.

(3) Das MBR besteht auch bei der **Kündigung** von Wohnräumen. Das gilt zu- 394 nächst für Kündigungen, die ArbN betreffen. Es gilt aber auch für Kündigungen, die Wohnraum betreffen, der von leitenden Ang. genutzt wird oder von Dritten, sofern es sich um einen einheitlichen Bestand von Wohnungen ohne feste Zuordnung auf einzelne Gruppen handelt (BAG 28. 7. 92 AP Nr. 7 zu § 87 BetrVG 1972 Werkmietwohnungen; *DKK-Klebe* Rn 236).

Das MBR besteht bei **ordentlichen wie den außerordentliche Kündigun-** 395 **gen.** Eine ordentliche Kündigung wird in der Regel nur möglich sein, wenn das **Arbeitsverhältnis beendet** wird. Eine automatische Koppelung zwischen Kündigung des ArbVerh. und des Mietverhältnisses scheidet nach § 576 BGB aus. Eine Klausel im Mietvertrag „der Mietvertrag endet gleichzeitig mit dem Arbeitsverhältnis" ist unwirksam. Ein MBR besteht auch dann, wenn der ArbN lediglich spezielle Mieterpflichten erheblich verletzt hat und deshalb ausnahmsweise nur das Mietverhältnis, nicht aber das ArbVerh. gekündigt wird. Eine außerordentliche Kündigung des Mietvertrages kommt bei erheblichen Vertragsverletzungen in Betracht (§§ 543 ff. BGB). Sie ist möglich, wenn die mietrechtlichen Gründe (§§ 543, 569 Abs. 2 BGB, vertragswidriger Gebrauch, Zahlungsverzug, Unzumutbarkeit der Fortsetzung des Mietverhältnisses, insb. wegen nachhaltiger Störung des Hausfriedens) dafür vorliegen.

Andererseits kann der BR verlangen, dass der ArbGeb. im **Zusammenhang mit** 396 **der Kündigung des Arbeitsverhältnisses** auch das Mietverhältnis kündigt, um die Wohnung für ArbN des Betriebes zu erhalten (*Richardi* Rn 705). Dies ist gemäß § 576 BGB möglich. Im Übrigen wird es für die mietrechtliche Wirksamkeit der Kündigung darauf ankommen, ob der ArbN das ArbVerh. ohne „gesetzlich begründeten Anlass" gekündigt hat oder ihm wegen seines Verhaltens aus gesetzlich begründetem Anlass gekündigt worden ist (§ 576 a BGB) oder ob die Wohnung (der Wohnraum) für einen anderen ArbN, insb. wegen der gleichen vorgesehenen Arbeitsleistung benötigt wird (§ 576 a Abs. 2 Nr. 1 iVm. § 576 Nr. 2 BGB). Nach § 573 BGB kann der Vermieter (ArbGeb.) ein Mietverhältnis nur dann kündigen, wenn er ein berechtigtes Interesse daran hat, insb. dann, wenn der Mieter (ArbN) seine vertraglichen Pflichten schuldhaft nicht unerheblich verletzt oder Eigenbedarf vorliegt. Die Gründe sind in dem schriftlichen Kündigungsschreiben anzugeben, die Kündigung zum Zwecke der Mieterhöhung ist ausgeschlossen (§ 573 Abs. 1 S. 2 BGB). Diese Gründe dürften mit den besonderen Kündigungsgründen des § 576 a BGB für Werkmietwohnungen weitgehend übereinstimmen. Eigenbedarf ist auch die notwendige Unterbringung des nachfolgenden ArbN. Die generelle Schutzvorschrift des § 549 Abs. 2 Nr. 1 BGB gilt nicht, wenn Wohnraum nur zum vorübergehenden Gebrauch vermietet ist, auch nicht für möblierte Räume für ArbN ohne Familie, insb. in Wohnheimen (§ 549 Abs. 2, 3 BGB). Das MBR bleibt aber bestehen.

Streitig ist, ob **nach wirksamer Beendigung des Arbeitsverhältnisses** das 397 MBR für die Kündigung der Wohnräume weiterbesteht. Das BAG hat diese Frage bejaht (BAG 28. 7. 92 AP Nr. 7 zu § 87 BetrVG 1972 Werkmietwohnungen). Davon ist jetzt für die Praxis auszugehen (zustimmend GK-*Wiese* Rn 784; *DKK-Klebe* Rn 236; ErfK-*Kania* Rn 90; aA *HSWGNR* Rn 525 ff.; *SWS* Rn 162). Jedenfalls besteht ein MBR, wenn vor dem rechtskräftigen Abschluss des Kündigungsrechtsstreits gekündigt werden soll. Außerdem besteht in jedem Fall ein Initiativrecht des BR; er kann verlangen, dass das Mietverhältnis gekündigt wird (*Richardi* Rn 705).

Die Einigung mit dem BR ist **Wirksamkeitsvoraussetzung** für die Kündigung 398 (GK-*Wiese* Rn 787; *Richardi* Rn 725; ErfK-*Kania* Rn 90). Stimmt der BR bzw. die E-Stelle einer Kündigung zu, kann der ArbGeb. kündigen. Der ArbN ist zwar nicht gehindert, der Kündigung zu widersprechen, die Fortsetzung des Mietverhältnisses zu verlangen und Klage beim Amtsgericht zu erheben (*DKK-Klebe* Rn 237; *Kohte* BetrR 93, 81). Der ArbN kann die Unwirksamkeit der Kündigung wegen fehlender

Beteiligung des BR geltend machen. Seine Klage wird aber regelmäßig keinen Erfolg haben, wenn sich die BetrVerfOrgane an die Grundsätze des Mieterschutzrechts gehalten haben.

d) Allgemeine Festlegung der Nutzungsbedingungen

399   Die allgemeine Festlegung der Nutzungsbedingungen betrifft zunächst den Inhalt der **Mietverträge** und der **Hausordnungen** einschließlich der Regelungen über Schönheitsreparaturen, Reinigung des Treppenhauses und anderer Gemeinschaftsräume, Verhalten gegenüber anderen Mietern, Anbringen von Antennen, „Satellitenschüsseln", Markisen usw. Weiter muss entschieden werden, ob und in welchem Umfang neben der Miete **Nebenkosten** gesondert erhoben und abgerechnet werden sollen. Hierher gehört auch die Regelung, ob die Miete vom Arbeitsentgelt einbehalten werden soll.

400   Zu den allgemeinen Nutzungsbedingungen gehört auch die Festlegung der Grundsätze über die **Mietzinsbildung** im Rahmen der vom ArbGeb. zur Verfügung gestellten Mittel (BAG 13. 3. 73, 28. 7. 92 AP Nr. 1, 7 zu § 87 BetrVG 1972 Werkmietwohnungen; GK-*Wiese* Rn 792; *HSWGNR* Rn 515; *DKK-Klebe* Rn 238; ErfK-*Kania* Rn 92). Der ArbGeb. kann nicht gezwungen werden, seinen finanziellen Beitrag zur Schaffung und Erhaltung eines Wohnungsbestandes zu erhöhen. Mitbestimmungspflichtig ist aber die **Festlegung von Kriterien,** nach denen der Mietzins gebildet werden soll (Wertigkeit und Ausstattung der Wohnungen). Das MBR erstreckt sich nicht auf die Festsetzung der **Miete im Einzelfall,** die lediglich die mitbestimmte Regelung vollzieht (*Richardi* Rn 713ff.).

401   Das MBR besteht nicht nur bei der erstmaligen Festlegung der Nutzungsbedingungen, insb. der Mietzinskriterien. Es besteht auch bei jeder **Änderung der Nutzungsbedingungen.** Dabei ist zu berücksichtigen, dass die Erhöhung der Grundmiete nur mit Zustimmung des Mieters (ArbN) bis zur ortsüblichen Vergleichsmiete erfolgen kann und nur, sofern und solange nicht durch (Miet-)Vertrag eine Erhöhung ausgeschlossen ist. Es besteht aber ein einklagbarer Anspruch des Vermieters (ArbGeb.) auf Erteilung der Zustimmung (§§ 557ff. BGB). Den Streit zwischen ArbGeb. und ArbN über die Miethöhe im Einzelfall entscheiden die Amtsgerichte (BAG 24. 1. 90 AP Nr. 16 zu § 2 ArbGG 1979).

402   Bestimmte Betriebskosten und Nebenkosten können gemäß §§ 556 Abs. 2, 3, 556a Abs. 2, 560 BGB nach wie vor durch einseitige schriftliche Erklärung des Vermieters, die aber bei Verletzung des MBR unwirksam wäre, auf die Mieter umgelegt werden. Mögliche **Mieterhöhungen** sind keine gesetzlich vorgeschriebenen Mieterhöhungen. Sie schließen das MBR nicht aus. Andererseits wird der BR im Hinblick auf eine mögliche Entscheidung durch die E-Stelle nur aus triftigen Gründen eine Mieterhöhung ablehnen, die sich unter Berücksichtigung der Dotierung des ArbGeb. im entspr. Abstand zur ortsüblichen Vergleichsmiete für entspr. Werkmietwohnungen hält. Darauf hat der BR zu achten (*Schmidt/Futterer* AR-Blattei, Werkwohnungen II H I 4; *Richardi* Rn 713).

403   Ein MBR besteht in dem vom ArbGeb. gesetzten finanziellen Rahmen auch bei der Festlegung der **Übernachtungsgebühren in einem möblierten betrieblichen Wohnheim,** insb. die Staffelung der Gebühren zwischen auslösungsberechtigten und anderen ArbN (BAG 3. 6. 75 AP Nr. 3 zu § 87 BetrVG 1972 Werkmietwohnungen).

404   Das MBR bei Festlegung der Nutzungsbedingungen besteht nur, soweit die Wohnungen an **ArbN** des Betriebs oder Auszubildende vermietet werden (BAG 28. 7. 92 AP Nr. 7 zu § 87 BetrVG 1972 Werkmietwohnungen; *DKK-Klebe* Rn 239; ErfK-*Kania* Rn 95; anders die Zuweisung und Kündigung einer Werkmietwohnung, vgl. oben Rn 390 und 394).

405   Eine abweichende Festlegung von Mietbedingungen im Hinblick auf Besonderheiten eines Einzelfalles (zB geringere Miete in einem sozialen Härtefall) ist nicht mitbestimmungspflichtig.

Bei Zuweisung und Kündigung genügt eine formlose Regelungsabrede. Für die **406** Festlegung der Nutzungsbedingungen ist die BV die geeignete Form für die Ausübung des MBR.

10. Betriebliche Lohngestaltung

a) Zweck und Bedeutung des Mitbestimmungsrechts

Das MBR dient dem Schutz der ArbN. Sie sollen gleichberechtigt an den Ent- **407** scheidungen des ArbGeb., die ihre Arbeitsvergütung betreffen, teilhaben. Das soll die ArbN vor einer einseitig an den Interessen des ArbGeb. orientierten oder willkürlichen Lohngestaltung schützen. Sein **Zweck** ist die angemessene und transparente Gestaltung des betrieblichen Lohngefüges und die Wahrung der innerbetrieblichen Lohn- und Verteilungsgerechtigkeit (BAG 11. 6. 02 AP Nr. 113 zu § 87 BetrVG 1972 Lohngestaltung; 2. 3. 04 AP Nr. 31 zu § 8 TVG; hM; krit. *HSWGNR* Rn 535). **Gegenstand** des MBR sind die abstrakt-generellen Grundsätze der Entgeltfindung (dazu Rn 417 ff.), nicht jedoch die konkrete Entgelthöhe (BAG st. Rspr. 15. 4. 08 AP Nr. § 87 BetrVG 1972 Lohngestaltung Nr. 133).

Damit gewährt § 87 Abs. 1 Nr. 10 dem BR ein **umfassendes MBR** in nahezu al- **408** len Fragen der betrieblichen Lohngestaltung. Dazu werden die mitbestimmungspflichtigen Angelegenheiten zunächst allgemein mit „Fragen der betrieblichen Lohngestaltung" beschrieben. Dann werden mit den „Entlohnungsgrundsätzen" und den „Entlohnungsmethoden" einzelne Bereiche der Lohngestaltung angesprochen. Diese Bereiche werden – wie das Wort „insbesondere" verdeutlicht – nur beispielhaft aufgezählt; sie sind nicht abschließend gemeint. Ohne Bedeutung ist, ob und wie Fragen der Lohngestaltung begrifflich einzuordnen sind. **Weitere MBR in Entgeltangelegenheiten** finden sich in § 87 Abs. 1 Nr. 8 und 11: Werden Entgeltleistungen durch eine Sozialeinrichtung erbracht, gilt das MBR nach Nr. 8; Nr. 11 erstreckt das MBR für die Festsetzung von Akkord- und Prämiensätze sowie vergleichbarer leistungsbezogener Entgelte noch auf die Entgelthöhe (Rn 497).

In den Entgeltangelegenheiten hat § 87 Abs. 1 Nr. 10 den Charakter einer **Gene-** **409** **ralklausel** (BAG GS 3. 12. 91 AP Nr. 51 zu § 87 BetrVG 1972 Lohngestaltung; GK-*Wiese* Rn 812). Das erlaubt es, auch neu auftretende Fragen der Lohngestaltung in das MBR einzubeziehen (WPK/*Bender* Rn 197). So gilt das MBR nunmehr auch für **Beamte in den privatisierten Unternehmen** der Post; es wird nicht von den in § 28 PostPersRG aufgeführten Vorschriften des BPersVG verdrängt. Allerdings ist die Zuweisung von Beamtenplanstellen und die Aufstellung darauf bezogener Kriterien keine Angelegenheit der betriebl. Lohngestaltung (BAG 28. 3. 06 AP Nr. 128 zu § 87 BetrVG 1972 Lohngestaltung). Bei **LeihArbN** steht das arbeitsentgeltbezogene MBR dem BR des Verleiherbetriebs zu (*HSWGNR* Rn 532). Vergleichbares gilt für **Beamte, Soldaten** und die Beschäftigten des öffentl. Dienstes iSv § 5 Abs. 1 S. 3; hier verbleibt es bei der Zuständigkeit des PR.

Das MBR nach Nr. 10 weist dem BR dem Grunde nach eine Regelungsmacht zu, **410** die der einer Gewerkschaft vergleichbar ist. Die Regelungsbefugnisse unterscheiden sich allerdings darin, dass der BR beim Geldfaktor, also der Vergütungshöhe nicht mitzubestimmen hat. **In der Praxis** hat dieses MBR deshalb eine große Bedeutung, je nachdem ob der **ArbGeb. tarifgebunden ist oder nicht.** Im Betrieb eines ArbGeb., der normativ (§ 3 Abs. 1, Abs. 4 TVG) an einen TV gebunden ist, regelt der TV das betriebliche Lohngefüge. Soweit der TV eine abschließende Regelung enthält, ist eine mitbestimmte Regelung wegen des Tarifvorrangs (Rn 36 ff.) nicht möglich. Allerdings handelt es sich bei den tarifvertraglichen Entlohnungsgrundsätzen nicht um Betriebsnormen, die automatisch auch gegenüber den nicht tarifgebundenen ArbN gelten würden (BAG 11. 11. 08 – 1 ABR 68/07 – NZA 09, 450). Vielmehr sperrt bei einem an § 4 Abs. 1 TVG orientierten Verständnis (Schutz des TV nur für die tarifgebundenen ArbN) der Eingangssatz die MB des BR hinsichtlich der nichttarifgebundenen ArbN. In solchen Betrieben ist der BR also daran gehindert, für die nichttarifgebundenen ArbN von seinem MBR Gebrauch zu machen und ein für sie geltendes Vergütungssystem mitzubestimmen. Danach werden die nicht tarifgebundenen ArbN weder durch den TV noch durch den BR geschützt. Diese Schutzlücke war nach der früheren Rspr. nur im Wege des Gewerkschaftsbeitritts der ArbN zu schließen (BAG 20. 12. 88 AP Nr. 9 zu § 87 BetrVG 1972 Auszahlung; krit. *Kreft* FS Kreutz S. 263). Diese Rspr. hat das BAG in der Entscheidung vom 18. 10. 11 (– 1 ABR 45/10 –) aufgegeben, um sowohl dem Zweck des MBR als auch dem Grundrecht der ArbN auf negative Koalitionsfreiheit besser gerecht zu werden. Das hat zur Folge, dass ein tarifgebundener ArbGeb. auf sämtliche betriebszugehörigen ArbN ungeachtet deren Gewerkschaftszugehörigkeit das tarifliche Entgeltschema anzuwenden hat. Dadurch wird er aber nicht zur Zahlung des Tariflohns an nicht tarifgebundene ArbN gezwungen. Von ihm wird lediglich verlangt, die Lohnfindung nach einem von ihm zu bestimmenden Ausgangslohn nach dem tariflichen System zu betreiben. Unabhängig davon setzen tarifliche Entgeltregelungen idR nur Mindestbedingungen. Daher ist der tarifgebundene ArbGeb. nicht gehindert, zusätzlich zum Tariflohn weitere Leistungen (freiwillig) zu erbringen. Daran hat der BR – wenn auch mit Einschränkungen – mitzubestimmen (Rn 443 ff.). Deshalb ist das **MBR bei einem tarifgebundenen ArbGeb.** vor allem für den Bereich der über- und außertariflichen Leistungen von Bedeutung. Außertarifliche Leistungen sind solche, die für Zwecke gewährt werden, mit denen tarifvertraglich keine Leistungen verbunden ist; dagegen erfolgen übertarifliche Leistungen für Zwecke, für die tarifliche Mindestleistungen vorgesehen sind (vgl. BAG 7. 2. 07 AP § 1 TVG Nr. 17 Tarifverträge: Bewachungsgewerbe).

411   In Betrieben **tarifungebundener ArbGeb.**, also solchen, die keinem ArbGeb.-Verband (mehr) angehören oder nur über eine OT-Mitgliedschaft verfügen oder für die kein FirmenTV und auch kein für allgemeinverbindlich erklärter TV mehr gilt, hat der BR die Aufgabe, die Grundsätze der Lohnfindung gemeinsam mit dem ArbGeb. zu regeln. In diesen Betrieben hat der BR sowohl bei der Aufstellung als auch bei jeder Änderung der betrieblichen Vergütungsstruktur mitzubestimmen. Hier erfasst die MB das gesamte Vergütungssystem (BAG 28. 2. 06 AP Nr. 127 zu § 87 BetrVG 1972 Lohngestaltung; vgl. Rn 439 ff.). Mitbestimmungsfrei kann der ArbGeb. nur die Entgelthöhe zuordnen. Die erweiterten Mitbestimmungsbefugnisse haben ihren Grund darin, dass bei einem tariffreien ArbGeb. der Tarifvorrang des Eingangssatzes keine Rolle spielt, § 77 Abs. 3 nach Maßgabe der Vorrangtheorie (Rn 58 ff.) eine BV nicht sperrt und die vom ArbGeb. gegenüber den ArbN eingegangenen vertraglichen Verpflichtungen mitbestimmungsrechtlich irrelevant sind. Ein tarifungebundener ArbGeb. leistet sämtliche Entgeltbestandteile ohne dazu durch TV verpflichtet zu sein. Betriebsverfassungsrechtlich gesehen erbringt er Entgeltleistungen ohne normative Verpflichtung und damit freiwillig. Das hat zur Folge, dass für ihn die Beschränkungen des MBR bei freiwilligen außer- oder übertariflichen Leistungen eines tarifgebundenen ArbGeb. nicht gelten (vgl. Rn 452 ff.). Allerdings müssen vom BR initiierten Änderungen aufkommensneutral sein; das damit verbundene Finanzvolumen muss sich innerhalb des mitbestimmungsfreien Dotierungsrahmens halten. Dem MBR bei tarifungebundenen ArbGeb. entsprechen die Gestaltungsmöglichkeiten des BR bei den **Entlohnungsgrundsätzen der AT-Ang.**, die nicht zum Kreis der ltd. Ang. zählen. Mangels einer tariflichen Entgeltregelung wird das MBR bei diesem Personenkreis von vornherein nicht durch den Eingangssatz des § 87 beschränkt (vgl. Rn 488 ff.).

b) Gegenstand des Mitbestimmungsrechts

412   Das MBR betrifft die Gestaltung der Lohnfindung im Betrieb. „Lohn" ist hier iSv. **Arbeitsentgelt** schlechthin zu verstehen (BAG 30. 1. 90 AP Nr. 41 zu § 87 BetrVG 1972 Lohngestaltung). Gemeint sind alle vermögenswerten Leistungen des ArbGeb., die er als Gegenleistung für die von den ArbN erbrachte Arbeit gewährt, ohne Rücksicht auf ihre Bezeichnung (BAG 29. 2. 00 AP Nr. 105 zu § 87 BetrVG 1972 Lohngestaltung). Entgelte können Geld oder Sachleistungen sein (hM; GK-*Wiese* Rn 822). Ob sie einmalig oder dauerhaft erbracht werden ist unerheblich (BAG 26. 1. 88 AP Nr. 31 zu § 80 BetrVG 1972). Auch Leistungen, mit denen der ArbGeb. soziale Zwecke verfolgt, die er aber nur mit Rücksicht auf das Arbeitsverhältnis erbringt, zählen zum Lohn iSd MBR. Der ArbGeb. leistet die einzelnen Gehaltsbestandteile als **Gesamtvergütung (aA** *Reichold* BB 09, 1470: Teilvergütung; danach wäre das MBR bei einem tarifungebundenen ArbGeb. auf die Änderung eines Gehaltsbestandteils beschränkt und beließe ihm unabhängig von den übrigen Teilen der Vergütung die freie Entscheidung zur Einführung oder Einstellung eines solchen Entgeltbestandteils). Lohn sind auch die Leistungen des ArbGeb. für die **betriebliche Altersversorgung des ArbN.** Sie unterscheiden sich allerdings von seinen übrigen geldwerten Leistungen darin, dass sie bestimmte biometrische Risiken des ArbN abdecken sollen und nicht nur Entgelt sondern vor allem Versorgungscharakter haben (BAG 12. 6. 75 AP Nr. 1 zu § 87 BetrVG 1972 Altersversorgung). Allein dieser Mischcharakter könnte es rechtfertigen, eine solche ArbGeb.Leistung nicht als Teil der Gesamtvergütung sondern als eine davon abgrenzbare eigenständige Vergütungskomponente anzusehen.

Zum Lohn gehören zunächst die **unmittelbar leistungsbezogenen Entgelte,** **413** also etwa Zeitlohn, Akkordlohn, Gehalt, Zulagen, Urlaubsgeld (BAG 3. 12. 02 AP Nr. 57 zu § 11 BUrlG), auch Investivlohn (vgl. *HSWGNR* Rn 529, *DKK-Klebe* Rn 243). Lohn iSd MBR sind auch die **mittelbar leistungsbezogenen Entgelte** wie etwa Gratifikationen oder Weihnachtsgeld, unabhängig davon ob sie als Einmalzahlung gewährt werden oder ihre Auszahlung auf mehrere Monate verteilt wird. Zum Lohn rechnen auch die zusätzlichen Monatsgehälter, Familienzulagen sowie sonstige Sonderzahlungen. Unerheblich ist, ob die Festsetzung einer Sonderzahlung der Arbeitsleistung vorgeht (Anreizfunktion) oder ihr nachfolgt (Belohnungsfunktion; BAG 29. 2. 00 AP Nr. 105 zu § 87 BetrVG 1972 Lohngestaltung).

Lohnbestandteile sind: **414**
- Provisionen (BAG 26. 7. 88 AP Nr. 6 zu § 87 BetrVG 1972 Provision),
- Geldprämien für Außendienstmitarbeiter im Rahmen eines zeitlich begrenzten Wettbewerbs (BAG 10. 7. 79 AP Nr. 2 zu § 87 BetrVG 1972 Lohngestaltung),
- Gewinn einer Auslandsreise (BAG 30. 3. 82 AP Nr. 10 zu § 87 BetrVG 1972 Lohngestaltung),
- Leistungsprämie (BAG 8. 12. 81 AP Nr. 1 zu § 87 BetrVG 1972 Prämie),
- Gratifikationen aller Art (Weihnachtsgeld, Jahresabschlussvergütungen, Treueprämien, Jubiläumsgelder, Anwesenheitsprämien, vgl. BAG 30. 3. 82 AP Nr. 10 zu § 87 BetrVG 1972 Lohngestaltung),
- Gewinn- und Ergebnisbeteiligungen,
- zinsgünstige Darlehen (BAG 9. 12. 80 AP Nr. 5 zu § 87 BetrVG 1972 Lohngestaltung),
- übertarifliche Zulagen (BAG GS 3. 12. 91 AP Nr. 51 zu § 87 BetrVG 1972 Lohngestaltung),
- Leistungen der betrieblichen Altersversorgung, soweit sie nicht über eine Sozialeinrichtung (Pensionskasse, Unterstützungskasse, Pensionsfond) erbracht werden (st. Rspr., BAG 16. 2. 93 AP Nr. 19 zu § 87 BetrVG 1972 Altersversorgung),
- Ermäßigung des Elternbeitrags im Kindergarten (BAG 22. 10. 81 AP Nr. 10 zu § 76 BetrVG 1972),
- Zulagen für erschwerte Arbeitsbedingungen (BAG 22. 12. 81 AP Nr. 7 zu § 87 BetrVG 1972 Lohngestaltung),
- Lieferung von verbilligtem Heizgas aus eigener Produktion (BAG 22. 10. 85 AP Nr. 5 zu § 87 BetrVG 1972 Werkmietwohnungen),
- verbilligte Flugscheine (BAG 22. 10. 85 AP Nr. 18 zu § 87 BetrVG 1972 Lohngestaltung),

- verbilligte oder kostenlose Personalfahrten von der Wohnung zur Arbeitsstätte (BAG 9. 7. 85 AP Nr. 16 zu § 75 BPersVG; vgl. LAG Nürnberg NZA 90, 503),
- zusätzliches Urlaubsgeld (BAG 31. 1. 84 AP Nr. 15 zu § 87 BetrVG 1972 Lohngestaltung) oder Urlaubsentgelt (BAG 3. 12. 02 AP Nr. 57 zu § 11 BUrlG),
- Kostenübernahme für Familienheimflüge (BAG 10. 6. 86 AP Nr. 22 zu § 87 BetrVG 1972 Lohngestaltung),
- Ausgabe von Essenszusatzmarken für die Kantine (BAG 15. 1. 87 AP Nr. 21 zu § 75 BPersVG),
- Auslandszulagen für vorübergehend dorthin entsandte ArbN (BAG 30. 1. 90 AP Nr. 41 zu § 87 BetrVG 1972 Lohngestaltung),
- Streikbruchprämien (LAG Hamm 16. 9. 97 – 13 TaBV 33/97),
- Erfolgsprämie in Form einer Zeitgutschrift (BAG 27. 1. 98 AP Nr. 14 zu § 87 BetrVG 1972 Sozialeinrichtung),
- Verteilung der Liquidationserlöse der Chefärzte an nachgeordnete Ärzte und Mitarbeiter (BAG 16. 6. 98 AP Nr. 92 zu § 87 BetrVG 1972 Lohngestaltung,
- Zahlungen zur Besitzstandwahrung bei der Umstellung von Leistungslohn auf Zeitlohn (BAG 16. 4. 02 AP Nr. 38 zu § 4 TVG Übertarifl. Lohn und Tariflohnerhöhung),
- Bonuszahlung nach einer Zielvereinbarung für das Erreichen bestimmter Arbeitsergebnisse, jedoch nur soweit es sich um abstrakt-generelle Grundsätze zur Lohnfindung handelt wie etwa das Verfahren über das Zustandekommen einer Zielvereinbarung, Regelungen über Zielinhalte, Anzahl der Ziele, deren Gewichtung, Bemessung und Bewertung sowie Regelungen zur Bestimmung der variablen Entgeltbestandteile (*DKK-Klebe* Rn 266; *WPK/Bender* Rn 210; *Säcker* FS Kreutz S. 399), zur individualrechtlichen Gestaltung und Einordnung *Brors* RdA 04, 273; *Lischka* BB 07, 552; *Reiserer* NJW 08, 609; zur Risikosteuerung *Dzida/Naber* BB 11, 2613); allerdings dürfen die Betriebsparteien die Auszahlung der erfolgsorientierten Bezahlung nicht vom Bestehen eines (ggfls. ungekündigten) Arbeitsverhältnisses zu einem bestimmten Stichtag abhängig machen (BAG 12. 4. 11 – 1 AZR 412/09 – NZA 11, 989),
- Privatnutzung von Dienstwagen (*Oelkers* NJW-Spezial 09, 514), jedoch nur, soweit es um die Regularien der Privatnutzung geht (*Moll/Roebers* DB 10, 2672),
- Ausgabe von Belegschaftsaktien,
- Mitarbeiterkapitalbeteiligung (*Waas* BB-Special 09, 27),
- Fondsmittel, die ein zur Privatliquidation berechtigter Chefarzt für die Vergütung nachgeordneter Ärzte bereitzustellen hat (BAG 16. 6. 98 AP Nr. 92 zu § 87 BetrVG 1972 Lohngestaltung).

415   Zum Lohn zählen auch **Aktienoptionen** (GK-*Wiese* Rn 823; *DKK-Klebe* Rn 265; *Otto* DB 09, 1594). Letztere gewähren dem begünstigten Mitarbeiter das Recht, unter bestimmten Voraussetzungen und nach Ablauf bestimmter Fristen Aktien des ausgebenden Unternehmens zu einem zuvor festgelegten Preis zu erwerben (*Baeck/Diller* DB 98, 1405; *Kau/Leverenz* BB 98, 2269; *Lembke* BB 01, 1469; zur Inhaltskontrolle BAG 28. 5. 08 AP Nr. 13 zu § 305 BGB). Macht der Mitarbeiter von diesem Recht Gebrauch, kann er – soweit der Erwerbspreis niedriger als der Börsenkurs liegt – erhebliche finanzielle Vorteile realisieren. Diese Chance wird dem Betroffenen eingeräumt, weil er in einem Arbeitsverhältnis zum Unternehmen steht. Es handelt sich deshalb um Arbeitsentgelt in Form einer Sonderzuwendung (*Oetker* FS BAG S. 1017; *Mauroschat* S. 65; **aA** *Annuß/Lembke* BB 03, 2230) und zwar auch dann, wenn eine Konzernmutter, die nicht selbst ArbGeb. ist, dieses Optionsrecht einräumt. Dieses Recht wird in einem solchen Fall nur wegen des zwischen einem Tochterunternehmen und dem ArbN bestehenden Arbeitsverhältnisses gewährt, um für diese Mitarbeiter Leistungs- und Motivationsanreize zu schaffen, die letztlich auch der Konzernmutter zugutekommen (*Buhr/Radke* DB 01, 1882).

416   Nicht zum Lohn gehören Zahlungen, mit denen der ArbGeb. **Auslagen oder Aufwendungen der ArbN** erstattet oder Schäden ersetzt, zB Kontoführungsgebühren, Tage- und Übernachtungsgelder, Umzugskosten, Zahlungen für dienstliche Nutzung eines privaten Pkw oder eine Reinigungspauschale (BAG 28. 4. 09 – 1 ABR 97/07 – NZA 09, 1102; 27. 10. 98 AP Nr. 99 zu § 87 BetrVG 1972 Lohngestaltung). Etwas anderes gilt nur, wenn diese Beträge nicht den Zweck haben, entstandene Kosten in pauschalierter Form abzugelten. In einem solchen Fall sind sie Vergütungsbestandteil (BAG 27. 10. 98 AP Nr. 99 zu § 87 BetrVG 1972 Lohngestaltung).

c) Lohngestaltung

Durch das MBR soll der BR im Interesse der Angemessenheit und innerbetrieb- **417** lichen Lohngerechtigkeit Einfluss auf die Ausgestaltung der **betrieblichen Lohnfindung** nehmen. Gemeint ist die Festlegung abstrakter Kriterien zur Bemessung der Leistung des ArbGeb, die er zur Abgeltung der Arbeitsleistung oder für gezeigte Betriebstreue erbringt (BAG 28. 3. 06 AP Nr. 128 zu § 87 BetrVG 1972 Lohngestaltung; *HSWGNR* 557). Dabei geht es um Strukturformen des Entgelts einschließlich ihrer näheren Vollzugsformen (BAG 29. 2. 00 AP Nr. 105 zu § 87 BetrVG 1972 Lohngestaltung). Das ist letztlich das System, nach welchem das Arbeitsentgelt für die Belegschaft oder bestimmte Gruppen von ArbN bemessen werden soll (BAG 6. 12. 88 AP Nr. 37 zu § 87 BetrVG 1972 Lohngestaltung; *Kreft* FS Kreutz S. 263). Der Zusatz „betrieblich" grenzt das generalisierende Entgeltschema von der individuellen Lohnberechnung ab. Er dient nicht dazu, eine vom GesBR mitbestimmte Vergütungsordnung auf Unternehmensebene zu hindern (hM, vgl. § 50 Rn 44 ff.).

Neben den Entlohnungsgrundsätzen erstreckt sich das MBR auch auf die **Ent-** **418** **lohnungsmethoden.** Das meint das technische Verfahren, die Art u. Weise der Ausführung und Durchführung der Entlohnungsgrundsätze (BAG 22. 1. 80 AP Nr. 3 zu § 87 BetrVG 1972 Lohngestaltung; ErfK-*Kania* Rn 101; *Richardi* Rn 760; *HSWGNR* Rn 589; GK-*Wiese* Rn 921 ff.). Dabei geht es etwa um Arbeitsbewertungsmethoden (Punktsystem, Leistungsgruppensystem, Kleinstzeitverf. nach der Work Factor- oder der Methods-Time-Measurement-Methode), Einführung, Anwendung und Änderung von Refa-Grundsätzen oder des Bedaux-Systems, auch mit Abwandlungen (zB Zusammenfassung der Erholungszeiten zu Kurzpausen). Zur Entlohnungsmethode gehört auch das Verfahren, wie Leistung beurteilt werden soll (*Richardi* Rn 761). Eine genaue **Abgrenzung von Entlohnungsgrundsätzen und Entlohnungsmethoden** ist nicht notwendig (*DKK-Klebe* Rn 245). Das MBR betrifft alle Fragen der Lohngestaltung (vgl. Rn 410, 411). Daher darf der BR dem ArbGeb. auch nicht das alleinige Gestaltungsrecht zu den Einzelheiten der Entlohnungsgrundsätze überlassen (BAG 26. 4. 05 AP Nr. 12 zu § 87 BetrVG 1972).

Der sogn. Geldfaktor ist nicht Gegenstand des MBR. Dieses erstreckt sich **nicht** **419** **auf die Lohnhöhe** (vgl. BAG GS 3. 12. 91 AP Nr. 51 zu § 87 BetrVG 1972 Lohngestaltung, BAG 20. 7. 99 AP Nr. 8 zu § 76 BetrVG 1972 Einigungsstelle mwN; hM vgl. *Richardi* Rn 768 f.; GK-*Wiese* 816). Demgegenüber meint *Klebe* (*DKK-Klebe* Rn 254 ff.), das MBR erstrecke sich auch auf die Lohnhöhe, weil es umfassend sei und Wortlaut sowie die Entstehungsgeschichte gegen eine Einschränkung sprächen. Diese Auffassung steht im Widerspruch zu den Grundlagen der Betriebsverfassung. Bestünde ein umfassendes MBR hinsichtlich der Lohnhöhe könnte der BR über sein Initiativrecht und die Einschaltung einer E-Stelle die Höhe der Lohnsumme beeinflussen. Das wäre mit der Verantwortung des ArbGeb. für den wirtschaftlichen Erfolg des Unternehmens und mit seiner Verpflichtung, das Risiko für den Einsatz der Produktionsmittel zu tragen, nicht zu vereinbaren. Überdies bestünde zu Nr. 8 und zu Nr. 11 ein Wertungswiderspruch. Die Einrichtung einer Sozialeinrichtung einschließlich ihrer finanziellen Ausstattung ist gerade mitbestimmungsfrei (vgl. Rn 350 ff.). In Nr. 11 ist die Höhe des Entgelts als mitbestimmungspflichtig erklärt worden, aber nur unter den dort genannten engeren Voraussetzungen (vgl. Rn 514 ff.). Das MBR hinsichtlich der Lohnhöhe wird deshalb von der hM zu Recht abgelehnt.

420 Das MBR besteht nur bei sog. **kollektiven Tatbeständen** (WPK/*Bender* Rn 405). Ausgenommen vom MBR sind individuelle Lohnvereinbarungen (*HSWGNR* 542). Das sind Regelungen mit Rücksicht auf den Einzelfall, bei denen besondere Umstände des einzelnen ArbN eine Rolle spielen, und bei denen kein innerer Zusammenhang zur Leistung anderer ArbN besteht (BAG GS 3. 12. 91 AP Nr. 51 zu § 87 BetrVG 1972 Lohngestaltung; *DKK-Klebe* Rn 242).

421 Die Abgrenzung zwischen kollektiven Regelungen einerseits und individueller Lohngestaltung andererseits ist nicht allein quantitativ bestimmbar. Es sind generelle Regelungen denkbar, die im Augenblick nur einen oder nur wenige ArbN betreffen (GK-*Wiese* Rn 895). Die **Zahl der betroffenen ArbN** ist aber ein Indiz. Allerdings kann der ArbGeb. das MBR nicht dadurch umgehen, dass er mit einer Vielzahl von ArbN Einzelvereinbarungen trifft (BAG 23. 3. 93, 18. 10. 94 AP Nr. 64, 70 zu § 87 BetrVG 1972 Lohngestaltung). Zur Abgrenzung zwischen kollektiver und individueller Gestaltung bedient sich das BAG daher der Formel, wonach es sich bei kollektiven Tatbeständen um die Strukturformen des Entgelts einschließlich der näheren Vollzugformen handeln muss (BAG 22. 9. 92 AP Nr. 57 zu § 87 BetrVG 1972 Lohngestaltung; krit. *HSWGNR* Rn 545 ff.).

422 Ein kollektiver Tatbestand liegt vor, wenn Grund und Höhe der Zahlungen von **allgemeinen Merkmalen** abhängig sind (*Wiese* RdA 95, 355). Ein solches Merkmal ist die Leistung als solche. Sie setzt den Vergleich mit einer Normal- oder Mindestleistung voraus (BAG 22. 9. 92, 27. 10. 92, 14. 6. 94 AP Nr. 56, 61, 69 zu § 87 BetrVG 1972 Lohngestaltung; zust. ErfK-*Kania* Rn 99). **Weitere Merkmale** können sein: Vorhandensein oder Nichtvorhandensein von Fehlzeiten (BAG 22. 9. 92 AP Nr. 60 zu § 87 BetrVG 1972 Lohngestaltung), Dauer der Betriebszugehörigkeit, Abhängigkeit von zurückliegenden Gehaltserhöhungen (BAG 27. 10. 92 AP Nr. 61 zu § 87 BetrVG 1972 Lohngestaltung), Inanspruchnahme tariflicher Alterssicherung (BAG 23. 3. 93 AP Nr. 64 zu § 87 BetrVG 1972 Lohngestaltung), Folgen eines Wechsels der Tarifgruppe (BAG 9. 7. 96 AP Nr. 86 zu § 87 BetrVG 1972 Lohngestaltung) oder auch allgemeine Erwägungen sozialer Art, die mehrere ArbN betreffen können (BAG 14. 6. 94 AP Nr. 69 zu § 87 BetrVG 1972 Lohngestaltung; ErfK-*Kania* Rn 99). Um einen kollektiven Tatbestand handelt es sich auch, wenn ein besonderes Engagement von ArbN in einer Ausnahmesituation nachträglich honoriert werden soll (BAG 29. 2. 00 AP Nr. 105 zu § 87 BetrVG 1972 Lohngestaltung).

423 Entgeltunterschiede, mit denen der ArbGeb. auf **Gegebenheiten des Arbeitsmarktes** reagiert, lassen sich nicht generell als kollektiver oder individueller Regelungsgegenstand einordnen. Sie können individuell sein, wenn ein ArbN nur gegen eine Vergütung, die über der vergleichbarer Arbeitskollegen liegt, zum Abschluss des Arbeitsvertrages oder zum Verbleib bewogen werden kann. Die Lage auf dem Arbeitsmarkt kann sich aber auch allgemein auf die Höhe der Vergütungen auswirken; so kann es notwendig sein, durch Sonderzahlungen eine Betriebsbindung aller ArbN oder einer Gruppe von ArbN herzustellen (BAG 14. 6. 94 AP Nr. 69 zu § 87 BetrVG 1972 Lohngestaltung).

424 Ein **kollektiver Tatbestand fehlt,** wenn für die Lohnbemessung der Wunsch eines einzelnen ArbN maßgebend ist, der etwa persönliche steuerliche Nachteile vermeiden will (BAG 27. 10. 92 AP Nr. 61 zu § 87 BetrVG 1972 Lohngestaltung). Es handelt sich auch nicht um einen kollektiven Tatbestand, wenn nur bei einem einzelnen ArbN eine Tariflohnerhöhung auf eine übertarifliche Zulage angerechnet wird, weil dieser allein aus einem ganz individuellen Grund auf einem tariflich niedriger bewerteten Arbeitsplatz unverändert die bisherige höhere Vergütung bezieht (BAG 22. 9. 92 AP Nr. 57 zu § 87 BetrVG 1972 Lohngestaltung).

d) Entlohnungsgrundsätze

425 Zur Lohngestaltung zählen sowohl die Grundsätze des Lohnsystems (Zeitlohn, Leistungslohn) als auch die Festlegung abstrakt-genereller Faktoren zur Bemessung der Leistung des ArbGeb. Letztlich geht es um die Festlegung der **materiellen Kri-**

terien, die für die Lohnfindung von Bedeutung sein sollen, und das **Verfahren,** nach dem das Entgelt bestimmt werden soll (*Richardi* Rn 752 ff.). Zu treffen ist zunächst die Grundentscheidung, ob die Vergütung nach Zeit oder nach Leistung oder einer Kombination von beiden bemessen werden soll. Im Anschluss daran ist die Entscheidung zu treffen, wie das Vergütungssystem im Einzelnen ausgestaltet werden soll. Dazu zählt auch die Festlegung, in welchem Verhältnis verschiedene Entlohnungsgrundsätze zueinander stehen sollen, wenn sich etwa die Vergütung aus mehreren Bestandteilen zusammensetzen soll (zB Fixum und Provisionen BAG 6. 12. 88 AP Nr. 37 zu § 87 BetrVG 1972 Lohngestaltung). Bestehen für Teile der Belegschaft **unterschiedliche Entgeltsysteme,** die durch unterschiedliche Tätigkeiten bedingt sind (zB Tarifangestellte und AT-Angestellte mit herausgehobenen Leitungsfunktionen) erstreckt sich das MBR nicht auf das strukturelle Verhältnis der Entgeltsysteme zueinander (BAG 19. 9. 95 AP Nr. 81 zu § 87 BetrVG 1972 Lohngestaltung). Allerdings kann die Belegschaft nicht in beliebige Gruppen mit entspr. differenzierten Entgeltsystemen aufgeteilt werden (*DKK-Klebe* Rn 259 a). Die Gruppenbildung muss sachl. gerechtfertigt sein (GK-*Wiese* Rn 898). Ansonsten würde die von Nr. 10 bezweckte Verteilungsgerechtigkeit verfehlt (BAG 18. 11. 03 AP Nr. 15 zu § 77 BetrVG 1972 Nachwirkung).

Der Entlohnungsgrundsatz betrifft das Aufstellen eines **Vergütungssystems** sowie **426** die Bildung von **Entgeltgruppen nach abstrakten Kriterien** sowie die abstrakte Festsetzung der Wertunterschiede zwischen den Gruppen nach Prozentsätzen oder anderen Bezugsgrößen (BAG 22. 6. 10 – 1 AZR 853/08 – NZA 10, 1243; **aA** *HSWGNR* Rn 557 ff.). Kein Entlohnungsgrundsatz ist die **absolute Höhe des Arbeitsentgelts** als bestimmende Ausgangsgröße eines Vergütungsschemas (BAG 15. 4. 08 AP Nr. 133 zu § 87 BetrVG 1972 Betriebliche Lohngestaltung). Die Festlegung einer allgemeinen Vergütungsordnung bei einem tarifgebundenen ArbGeb. ist allen falls im Ausnahmefall erforderlich, wenn etwa der TV den Arbeitsvertragsparteien die Vereinbarung zur Entgelthöhe belässt ohne hierfür eine Entgeltordnung aufzustellen (BAG 14. 12. 93 AP Nr. 65 zu § 87 BetrVG 1972 Lohngestaltung). Bei einem tarifungebundenen ArbGeb. ist hingegen die erstmalige Aufstellung oder die Änderung einer Vergütungsordnung stets mitbestimmungspflichtig (BAG 2. 3. 04 AP Nr. 31 zu § 8 TVG). Hierbei ist es Aufgabe der Betriebsparteien, die Kriterien für die Lohnbemessung (Aufstellung von Lohngruppen; Festlegung der Mindestdifferenz zwischen den Gruppen) festzulegen und zu gewichten (BAG 14. 12. 93 AP Nr. 65 zu § 87 BetrVG 1972 Lohngestaltung). Mittelbar kann sich auf diesem Wege bei höherer Leistung der ArbN auch eine Erhöhung der finanziellen Aufwendungen des ArbGeb. ergeben (BAG 14. 11. 74 AP Nr. 1 zu § 87 BetrVG 1972; grundsätzlich bejahend GK-*Wiese* Rn 953; einschränkend *HSWGNR* Rn 562 unter Berufung auf die vertraglich zwischen ArbGeb. und ArbN vereinbarte Vergütung).

Grundlage jeder Lohngestaltung ist ein kollektives, mindestens zwei Vergütungs- **427** gruppen umfassendes **Entgeltschema.** Es bestimmt die Zuordnung der ArbN zu einer der darin aufgeführten Vergütungsgruppe nach abstrakt generellen Merkmalen. Die darin liegende Abstufung drückt die Wertigkeit einer Arbeitsleistung im Verhältnis zu einer anderen aus. Allerdings betrifft ein Entgeltschema nur einen Teilbereich der betrieblichen Entlohnungsgrundsätze (BAG 28. 4. 09 – 1 ABR 97/07 – NZA 09, 1102). Zu diesen gehört etwa auch die Festlegung, ob im **Zeitlohn oder** im **Akkord** gearbeitet werden soll (zum MBR bei Akkordlöhnen vgl. Nr. 11, Rn 501 ff.), ob **Prämienlohn** gezahlt werden soll und wenn ja für welche Leistung und in welchem Verhältnis zum Grundgehalt (BAG 16. 12. 86 AP Nr. 8 zu § 87 BetrVG 1972 Prämie). Zu den Entlohnungsgrundsätzen gehört auch die Festlegung, ob und für welche Fälle **Provisionen** gezahlt werden sollen, die Festlegung des Verhältnisses von Grundgehalt zu Provisionen (BAG 6. 12. 88 AP Nr. 37 zu § 87 BetrVG 1972 Lohngestaltung). Bei **Zeitlohn** ist die Entscheidung zu treffen, für welche Zeiteinheit (Monat, Woche, Schicht, Stunde) die Entgeltbemessung erfolgen soll (GK-*Wiese* Rn 901, *Richardi* Rn 759, Kreft FS *Kreutz* S. 263).

428   Bei **Leistungszulagen** zählen die Festlegung der maßgeblichen **Bemessungsgrundsätze** und deren technische Durchführung zum Entlohnungsgrundsatz (BAG 30. 1. 90 AP Nr. 41 zu § 87 BetrVG 1972 Lohngestaltung). Festzulegen ist weiter, für welche **Erschwernisse** – differenzierend nach dem Grad der Erschwernisse – die Zulage gezahlt werden soll. Dabei müssen die Betriebsparteien auch die Methode bestimmen, nach der sich der Erschwernisgrad ermittelt (BAG 9. 5. 95 AP Nr. 2 zu § 76 BetrVG 1972 Einigungsstelle).

429   Entlohnungsgrundsatz ist auch die Einführung von **Halbgruppen,** dh einer zusätzlichen Vergütung in Höhe der halben Differenz zwischen der maßgeblichen und der nächst höheren Vergütungsgruppe (BAG 18. 10. 94 AP Nr. 70 zu § 87 BetrVG 1972 Lohngestaltung) oder die Festlegung von Lebensaltersstufen innerhalb einer Vergütungsgruppe (BAG 11. 6. 02 AP Nr. 113 zu § 87 BetrVG 1972).

430   Zur Lohngestaltung gehören ferner die **Grundsätze für die Verteilung freiwilliger oder zusätzlicher Leistungen,** zB der Weihnachtsgratifikation (BAG 17. 12. 85 AP Nr. 5 zu § 87 BetrVG 1972 Tarifvorrang), zur Gewährung von Zulagen und deren Widerruf nach bestimmten Richtlinien (BAG 17. 12. 80 AP Nr. 4 zu § 87 BetrVG 1972 Lohngestaltung; zur Einschränkung der MBR bei freiwilligen Leistungen vgl. Rn 443 ff.), zur Kürzung von Sondervergütungen in Fällen der krankheitsbedingten Arbeitsunfähigkeit nach § 4 a EFZG, zur Fälligkeit des Lohns oder zur Festlegung und Berechnung von Abschlagzahlungen.

431   Um einen Entlohnungsgrundsatz handelt es sich auch, wenn geregelt werden soll, ob in Betrieben, die mit öffentlichen Mitteln gefördert werden, das **Vergütungssystem des öffentlichen Dienstes generell** oder nur das zur Zeit geltende System übernommen werden soll. Die Frage spielt bei Änderungen des Vergütungssystems eine Rolle, zB auf Grund sog. Absenkungserlasse. Im ersten Fall wird das Vergütungssystem bei einer etwaigen Absenkung nicht geändert, im zweiten Fall kann der **Absenkungserlass** nur durch eine (mitbestimmungspflichtige) Änderung der Entlohnungsgrundsätze eingeführt werden (vgl. – zu unterschiedlichen Sachverhalten – BAG 27. 1. 87 AP Nr. 42 zu § 99 BetrVG 1972; 8. 8. 89 AP Nr. 3 zu § 87 BetrVG 1972 Initiativrecht; 27. 5. 87 AP Nr. 6 zu § 74 BAT und 7. 9. 88 AP Nr. 35 zu § 87 BetrVG 1972 Lohngestaltung).

432   Entlohnungsgrundsatz ist weiter die **Stückelung des Jahresentgelts** in Form einer bestimmten Anzahl von Monatsbeträgen (Verteilung auf 12 oder mehr Monate) oder ein **zusätzliches Urlaubsgeld** (BAG 15. 4. 08 AP Nr. 133 zu § 87 BetrVG 1972 Lohngestaltung) oder ob eine Einmalzahlung zu einem konkreten Datum oder in anderen Zeitabschnitten ausgezahlt wird (BAG 28. 8. 08 AP Nr. 15 zu § 87 BetrVG 1972).

433   Legt ein TV für die Gewährung von Zulagen das Volumen in Form eines Prozentsatzes der Lohnsumme fest, ist es Aufgabe der Betriebsparteien abstrakt generelle Kriterien zu finden, die zu einer verteilungsgerechten Aufteilung des Zulagenvolumens für die einzelnen betriebszugehörigen ArbN führen (BAG 28. 4. 98 AP Nr. 91 zu § 87 BetrVG 1972 Lohngestaltung).

434   Regelungen über eine **Beteiligung der ArbN an dem wirtschaftlichen Ertrag** des Unternehmens, an leistungsbedingten Kostenersparnissen, am Produktivitätszuwachs oder Umsatz fallen ebenfalls unter Nr. 10. Deshalb zählen zu den Entlohnungsgrundsätzen auch Regelungen über die Art der Ergebnisbeteiligung, die Bemessungsgrundlagen und über die Berechnung der Ergebnisanteile. Das betrifft auch die Ausgestaltung von **Aktienoptionsplänen** (*HSWGNR* Rn 536) oder sog. **Zielvereinbarungen** (vgl. Rn 414). Bei letztgenannten werden zwischen ArbGeb. und ArbN individuelle Handlungsziele vereinbart, wobei die Art der Zielerreichung dem ArbN eigenverantwortlich überlassen ist. Teil der Zielvereinbarung ist ein Bonussystem, das übertarifliche Zahlungen an das vereinbarte Maß der jeweiligen Zielerreichung und regelmäßig auch den jeweiligen Unternehmenserfolg knüpft (*Riesenhuber/v. Steinau-Steinrück* NZA 05, 785; *Heiden* DB 09, 1705). Bei einer solchen BV kommt auch ein MBR nach Nr. 1 in Betracht, jedoch nicht bei solchen Verfahrensregelungen, die auf das Arbeitsverhalten gerichtet sind. Schließlich ist bei einer BV über Zielvereinbarungen typischerweise auch das MBR nach Nr. 6, das nach Nr. 11, das über Personalfragebögen nach § 94 Abs. 1 sowie das über Beurteilungsgrundsätze nach § 94 Abs. 2 zu beachten. Zugleich erwächst aus einer solchen BV ein Auskunftsanspruch nach § 80 Abs. 2 S. 1. Kommt eine ZielvereinbarungsBV durch Spruch der E-Stelle zustande, ist darauf zu achten, dass für jede Regelung ein zwingendes MBR besteht.

Bei Vergütungsordnungen in Unternehmen, die Bankgeschäfte betreiben oder Fi- **435** nanzdienstleistungen erbringen, ist die am 13. 10. 10 in Kraft getretene **Instituts-VergV** zu beachten. Deren personeller Anwendungsbereich erstreckt sich nicht allein auf Geschäftsleiter, sondern auch auf Mitarbeiter, also ArbN, die mit Aufgaben iSd. § 2 Nr. 6 InstitutsVergV betraut sind. Für diesen Personenkreis dürfen keine Vergütungssysteme (§ 2 Nr. 2 InstitutsVergV) aufgestellt werden, die zum Eingehen unangemessener Risiken Anlass geben. Allerdings sind tarifliche Vergütungsregelungen oder solche, die auf einer tarifvertraglichen Ermächtigungsgrundlage durch BV geregelt sind, vom Geltungsbereich der InstitutsVergV ausgenommen (§ 1 Abs. 3 InstitutsVergV). Insgesamt dürfte die InstitutsVergV die Regelungskompetenz der Betriebsparteien nicht beschränken, sondern konkretisieren (*Groeger* RdA 11, 287).

Die Einführung bloßer **Funktionsbeschreibungen** (vgl. § 94 Rn 31) ohne Bezug **436** zu einer Vergütungsregelung ist kein Entlohnungsgrundsatz § 87 Nr. 10 (BAG 14. 1. 86 AP Nr. 21 zu § 87 BetrVG 1972 Lohngestaltung). Das Gleiche gilt für die Festlegung der **Bandgeschwindigkeit;** sie betrifft den Arbeitsablauf, nicht die Entlohnung (*DKK-Klebe* Rn 251; GK-*Wiese* Rn 931; *HSWGNR* Rn 563). Allerdings kommt unter dem Gesichtspunkt der besonderen Belastung der ArbN ein korrigierendes MBR nach § 91 in Betracht. Soweit die Leistung mittels technischer Überwachungsgeräte festgestellt wird, tritt das MBR nach Nr. 6 hinzu (vgl. Rn 224 ff.). Regelungsbedürftiger Entlohnungsgrundsatz ist dagegen die Frage, welche Zeit etwa als **Nachtarbeit** zuschlagspflichtig sein soll; das gilt auch, wenn ein TV hierfür nur einen zeitlichen Rahmen vorgibt (BAG 21. 9. 93 AP Nr. 62 zu § 87 BetrVG 1972 Arbeitszeit). Zum Entlohnungsgrundsatz zählt weiterhin die Entscheidung, ob ein Ausgleich von Nachtarbeit nach § 6 Abs. 5 ArbZG durch freie Tage oder durch einen Zuschlag zum Entgelt erfolgen soll (BAG 26. 8. 97 AP Nr. 74 zu § 87 BetrVG 1972 Arbeitszeit).

In einem **Gemeinschaftsbetrieb** werden die Entlohnungsgrundsätze je nach **437** VertragsArbGeb. in der Regel unterschiedlich sein. Aus betriebsverfassungsrechtlicher Sicht besteht kein Zwang zur einheitlichen Vergütungsordnung. Denn eine betriebl. Vergütungsordnung betrifft die Leistungsbeziehungen zwischen dem ArbN und dem VertragsArbGeb. Es ist deshalb auch möglich, dass für die ArbN eines der beteiligten ArbGeb. überhaupt kein kollektives Entgeltschema gilt (12. 12. 06 AP Nr. 27 zu § 1 BetrVG 1972 Gemeinsamer Betrieb). Dann steht dem BR ein Initiativrecht zu, um sich mit den betroffenen VertragsArbGeb. auf eine gemeinsame Vergütungsordnung zu verständigen. Auch ein **Betriebsübergang nach § 613 a BGB** führt nicht automatisch zum Wegfall der für diesen Betrieb geltenden Vergütungsordnung. Vielmehr bestimmt sich die Fortgeltung dieser Vergütungsordnung nach deren Geltungsgrund vor dem Betriebsübergang. Beruhte die Vergütungsordnung auf der Tarifbindung des Betriebsveräußerers, verlangt deren dynamische Fortgeltung auch die Tarifbindung des Betriebserwerbers. Ist dieser nicht tarifgebunden, ist er betriebsverfassungsrechtlich zumindest gehalten, das zum Zeitpunkt des Betriebsübergangs bestehende tarifliche Entgeltschema statisch beizubehalten. Hat der tarifgebundene Veräußerer das tarifliche Entgeltschema nur kraft vertraglicher Vereinbarung angewendet, hängt es vom Inhalt dieser Vereinbarungen ab, ob seine Fortgeltung statisch oder dynamisch ist (BAG 8. 12. 09 – 1 ABR 66/08 – NZA 10, 404).

e) Umfang des Mitbestimmungsrechts

438   Mitbestimmungspflichtig ist sowohl die **Aufstellung** als auch die **Änderung von Entlohnungsgrundsätzen.** Auf welcher Grundlage die Anwendung der bisherigen Entlohnungsgrundsätze erfolgt, ist für das MBR unerheblich (BAG 23. 6. 09 – 1 AZR 214/08 – NZA 09, 1159). Von Bedeutung für das MBR ist allein, ob es sich um einen tarifgebundenen ArbGeb. handelt oder nicht.

438a   Bei einem **tarifgebundenen ArbGeb.** regelt der TV die betriebliche Lohngestaltung. Damit ist wegen des Tarifvorrangs des Eingangssatzes des § 87 Abs. 1 sowohl die Aufstellung wie die Änderung der betrieblichen Lohngestaltung dem MBR entzogen. In einem solchen Fall beschränkt sich die MB auf die Gestaltung der Entlohnungsgrundsätze im außer- oder übertariflichen Bereich. Anwendungsfälle der MB sind hier die freiwilligen Leistungen des ArbGeb. (dazu Rn 443 ff.) oder die Anrechnung von Tariflohnerhöhungen auf übertarifliche Entgeltbestandteile (dazu Rn 470 ff.).

439   Sehr viel weitreichender sind die Mitbestimmungsbefugnisse bei einem **tarifungebundenen ArbGeb.** (krit. *Bauer/Günther* DB 09, 620). Bei einem solchen ArbGeb. hindert der Eingangssatz des § 87 Abs. 1 nicht die Mitbestimmung (*Bepler* FS Bauer S. 165). Der BR hat bei einem solchen ArbGeb. sowohl bei der erstmaligen Aufstellung als auch bei jeder Änderung der Entlohnungsgrundsätze mitzubestimmen und kann **innerhalb des** vom ArbGeb. zur Verfügung gestellten **Dotierungsrahmens auch initiativ** werden. Das MBR bei der Änderung des betriebl. Entlohnungsgrundsatzes ist vor allem von Bedeutung, wenn der ArbGeb. einen ihn normativ bindenden FirmenTV kündigt oder aus dem ArbGeb.Verband austritt oder in eine OT-Mitgliedschaft wechselt. In diesen Fällen fällt mit dem Ende der normativen Nachbindung (§ 3 Abs. 1, 3 TVG) der Tarifvorrang des Eingangssatzes weg. Das dadurch verdrängte MBR nach Nr. 10 lebt vollumfänglich wieder auf, denn im Zustand der Nachwirkung ist der mitbestimmungsverdrängende TV nicht mehr vorrangig (BAG GS 3. 12. 91 AP Nr. 51 zu § 87 BetrVG 1972 Lohngestaltung; eingehend *Caspers* FS Löwisch S. 45).

440   Das hat zur Folge, dass bei einem tariffreien ArbGeb. der **BR bei jeglicher Änderung der betrieblichen Entlohnungsgrundsätze zu beteiligen ist.** Denn mit dem Ende der Tarifbindung des ArbGeb. fallen die bisher durch TV bestimmten Entlohnungsgrundsätze nicht einfach ersatzlos weg. Es kommt nicht zu einen betriebsverfassungsrechtlichen „Leerzustand" (*Kreft* FS *Kreutz* S. 263). Vielmehr sind sie betriebsverfassungsrechtlich gesehen weiter beachtlich, weil es sich um die bisher im Betrieb praktizierten Entlohnungsgrundsätze handelt und ihre Änderung oder die Aufstellung einer ganz anderen Vergütungsordnung der Zustimmung des BR bedarf (BAG 15. 4. 08 AP Nr. 133 zu § 87 BetrVG 1972 Lohngestaltung; 2. 3. 04 AP Nr. 31 zu § 3 TVG). Überhaupt es ist für das MBR bei der Änderung der Entlohnungsgrundsätze unerheblich, auf welcher rechtlichen Grundlage die Anwendung der bisherigen Grundsätze basiert. Unabhängig davon, ob die bisherigen Grundsätze auf TV, BV oder einzelvertraglicher Vereinbarung beruhten oder vom tarifungebundenen ArbGeb. einseitig praktiziert wurden, ist jede Änderung mitbestimmungspflichtig (BAG 28. 2. 06 AP Nr. 127 zu § 87 BetrVG 1972). Das hindert etwa einen tariffreien ArbGeb. daran, bei Neueinstellungen einseitig vom bisherigen betriebl. Entlohnungsgrundsatz abzuweichen. Allerdings kann ein solcher ArbGeb. innerhalb des bisherigen Entlohnungssystems **mitbestimmungsfrei** die bisherige Lohnhöhe gleichmäßig absenken (*Reichold* BB 09, 1470).

441   Das Fortwirken einer solchen Vergütungsordnung hat weitreichende **kollektivrechtliche Konsequenzen** (*Kreft* FS Kreutz S. 263). Will der ArbGeb. von ihr künftig abweichen, bedarf er der Zustimmung des BR. Für deren Beibehaltung muss der BR nicht initiativ werden (**aA** *Bauer/Günther* DB 09, 620; *Reichold* FS Konzen S. 763 *ders.* BB 09, 1470). Insoweit ist die Rechtslage vergleichbar mit derjenigen, bei der ein zu keiner Zeit tarifgebundener ArbGeb. von bisher einseitig praktizierten Entlohnungsgrundsätzen abweichen will (BAG 15. 4. 08, 11. 6. 02 AP Nrn. 133, 113 zu § 87 BetrVG 1972 Lohngestaltung; 2. 3. 04 AP Nr. 31 zu § 3 TVG). Will der tarifungebundene ArbGeb. ohne Zustimmung des BR von der bisherigen betriebl. Vergütungsordnung abgehen, steht dem BR ein darauf gerichteter allgem. Unterlassungsanspruch wie ein solcher nach § 23 Abs. 3 zu (BAG 13. 3. 01 ZTR 02, 94). Darüber hinaus ist der BR berechtigt, der Eingruppierung eines ArbN in ein mitbestimmungswidrig geändertes Entgeltsschema nach § 99 Abs. 2. Nr. 1 wg. Gesetzesverstoßes zu widersprechen (BAG 27. 6. 00 AP Nr. 23 zu § 99 BetrVG 1972 Eingruppierung).

Die mitbestimmungswidrige Abkehr vom bisherigen betriebl. Entlohnungsgrund- **442** satz hat ebenso **erhebliche individualrechtliche Folgen.** Bis zu einer Einigung mit dem BR oder dem Spruch der E-Stelle bleibt der ArbGeb. an die bisherige Vergütungsordnung gebunden. Eine gleichwohl vorgenommene Änderung lässt wegen der Theorie der Wirksamkeitsvorausetzung (vgl. Rn 599) die Vergütungsansprüche der einzelnen ArbN unberührt. Will der ArbGeb. seine finanzielle Leistungspflicht bei Neueinstellungen ohne Beteiligung des BR verringern, bleibt ihm nur die Möglichkeit, das Gehaltsniveau unter Beibehaltung der bisherigen Vergütungsordnung prozentual gleichmäßig abzusenken. Beschränkt er sich darauf, einzelne Gehaltsbestandteile zu streichen, verändert er die betriebliche Vergütungsordnung. Zwar kann ein ArbGeb. bei Neueinstellungen ab einem bestimmten Stichtag andere Vergütungsvereinbarungen treffen als bisher. Von dieser Gestaltungsmacht darf er bei Eingreifen des MBR nach Nr. 10 aber nur Gebrauch machen, wenn er den BR beteiligt. Unterlässt er dessen Beteiligung, muss er die neueingestellten ArbN nach denselben Regeln entlohnen wie die bereits beschäftigten. Das gibt ihm schon der allgemeine arbeitsrechtliche Gleichbehandlungsgrundsatz vor (*Bepler* FS Bauer S. 165). Bei Neueinstellungen kann das dazu führen, dass diesen ArbN (vorübergehend, dh. aus § 611 BGB iVm. der betrieblichen Vergütungsordnung) Ansprüche auf Leistungen entstehen, die vertraglich nicht vorgesehen sind (BAG 15. 4. 08 AP § 87 BetrVG 1972 Lohngestaltung Nr. 133). Der dagegen geäußerten Kritik (*Reichold* Anm. zu BAG 2. 3. 04 – AP Nr. 31 zu § 3 TVG; *ders.* BB 09, 1470; *Bauer/Günther* DB 09, 620), nach der das BAG einen Anspruch ohne Anspruchsgrundlage geschaffen habe, ist zu widersprechen. Sie verkennt das Zusammenspiel von vertraglicher Vergütungsabrede und kollektiven Entlohnungsgrundsätzen. Die Beachtung des betrieblichen Entlohnungsschemas kann nicht nur der BR sondern auch der einzelne ArbN verlangen (**aA** *Caspers* FS Löwisch S. 45).

e) Mitbestimmung bei freiwilligen Leistungen

Bei **tarifgebundenen ArbGeb.** beschränkt sich das MBR auf solche Leistungen, **443** zu denen er nicht kraft TV verpflichtet ist; die tarifl. Leistungen sind wegen § 87 Abs. 1 Eingangssatz der MB entzogen. Auch bei den übertarifl. Leistungen kann dem Abschluss von BV § 77 Abs. 3 S. 1 entgegenstehen, wenn es sich lediglich um eine Erhöhung tarifl. Leistungen handelt und keine Tariföffnungsklausel nach § 77 Abs. 3 S. 2 vorliegt. Bei freiwilligen Leistungen des kraft Verbandszugehörigkeit (§ 3 Abs. 1 TVG) oder kraft Nachbindung (§ 3 Abs. 3 TVG) tarifunterworfenen ArbGeb. muss das MBR Rücksicht auf die Freiwilligkeit der Leistungserbringung nehmen und ist entsprechend begrenzt. Dieser Grundsatz und das Ausmaß der Beschränkungen sind seit der Entscheidung des GS für die betriebl. Praxis geklärt (BAG GS 3. 12. 91 AP Nr. 51 zu § 87 BetrVG 1972 Lohngestaltung). Grundlegend anders ist die mitbestimmungsrechtliche Lage eines **tarifungebundenen ArbGeb.,** der grundsätzlich jede Entgeltleistung ohne normative Verpflichtung erbringt (dazu Rn 452). Hier wirkt sich jede von ihm initiierte Veränderung, die über eine gleichmäßige prozentuale Kürzung hinaus geht, auf die Vergütungsstruktur aus und ist mitbestimmungspflichtig (eingehend Rn 439 ff.).

444 **Freiwillige Leistungen** sind ausschließlich solche, die der tarifgebundene Arb-
Geb. erbringt, ohne dazu kraft Gesetzes oder TV verpflichtet zu sein (BAG GS 16. 9.
86 AP Nr. 17 zu § 77 BetrVG 1972). Da Nr. 10 kein MBR bei der Festlegung der
Lohnhöhe gewährt (BAG 28. 2. 06 AP Nr. 127 zu § 87 BetrVG 1972 Lohngestaltung; vgl. Rn 407) sind die Beschränkungen des MBR bei der Einführung, der Kürzung oder der Einstellung solcher Vergütungsbestandteile Folge der Freiwilligkeit der
Leistungserbringung (BAG st. Rspr., vgl. BAG 26. 5. 98 AP Nr. 98 zu § 87 BetrVG
1972 Lohngestaltung; WPK/*Bender* 218 ff.; hM).

445 **Mitbestimmungsfrei** ist die Entscheidung des tarifgebundenen ArbGeb., ob er
eine freiwillige Leistung erbringt und welche finanziellen Mittel er hierfür aufwendet.
Ein solcher ArbGeb. bestimmt also mit dem sogn. **Dotierungsrahmen** den Umfang
seiner Verpflichtung selbst. Der BR kann deshalb den tarifgebundenen ArbGeb. weder zwingen eine solche Leistung einzuführen noch kann er mit Hilfe des MBR
einen höheren Leistungsumfang gegen den Willen des ArbGeb. durchsetzen; ein
darauf gerichtetes **Initiativrecht** steht ihm nicht zu (GK-*Wiese* Rn 833 ff., 861 ff.;
HSWGNR 605 ff.; *DKK-Klebe* 257 ff.). Allerdings ist der tarifgebundene ArbGeb. bei
der unumgänglich notwendigen Aufstellung von Entlohnungsgrundsätzen zur Verteilung der freiwilligen Leistung auf die einzelnen ArbN auf die Mitwirkung des BR
angewiesen. Deshalb kann der BR mittelbar die Einführung der freiwilligen Leistung
verzögern, jedoch auf Dauer nicht verhindern, da der ArbGeb. durch Anrufen der
E-Stelle eine Blockade durch den BR überwinden kann (GK-*Wiese* Rn 864).

446 **Mitbestimmungsfrei** ist zugleich die Bestimmung des **Leistungszwecks** (GK-
Wiese Rn 865), weil sie unmittelbar mit der Entscheidung über die Leistungserbringung verbunden ist. Soweit nicht tariflich abschließend geregelt, kann der tarifgebundene ArbGeb. etwa Leistungen der betrieblichen Altersversorgung versprechen oder
eine Weihnachtsgratifikation oder ein zusätzliches Urlaubsgeld oder eine sonstige
übertarifliche Zahlung. Mit der inhaltlichen Bestimmung der Leistung legt der tarifgebundene ArbGeb. alleine den damit verfolgten Zweck fest, zB Bindung der ArbN
an den Betrieb, Förderung der Leistungsbereitschaft, Abbau von Fehlzeiten usw. Mit
der Bestimmung des Zwecks hängt wiederum die Festlegung zusammen, für welchen
Personenkreis (GK-*Wiese* Rn 867) die geplante Leistung gedacht ist (BAG 8. 12. 81
AP Nr. 1 zu § 87 BetrVG 1972 Prämie). Innerhalb der freien Zweckbestimmung
entscheidet der tarifgebundene ArbGeb. deshalb **mitbestimmungsfrei** über den
Adressatenkreis der Leistung. Die für unterschiedliche Leistungszwecke und Adressa-
tenkreise zur Verfügung gestellten Finanzmittel sind deshalb nicht Teil eines einheitlichen Gesamtbudgets und müssen auch nicht nach einheitlichen Kriterien verteilt
werden (BAG 23. 1. 08 AP Nr. 9 zu § 87 BetrVG 1972 Leistungslohn).

447 Trotz dieser Einschränkungen zum Ob, zum finanziellen Umfang, zum Zweck und
zum Adressatenkreis bleibt auch bei freiwilligen Leistungen des tarifgebundenen
ArbGeb. für das **MBR nach Nr. 10 noch ein Anwendungsbereich** (GK-*Wiese*
Rn 868). Entsprechend dem Gegenstand dieses MBR (vgl. Rn 417, 425) ist der BR
bei der Entscheidung zu beteiligen, wie im Rahmen der mitbestimmungsfreien Vorgaben die einzelnen Leistungen zu berechnen sind und ihre Höhe im Verhältnis zueinander bestimmt werden soll. Die damit verbundenen Festlegungen betreffen nicht
die absolute, sondern die relative Höhe der Leistung im Verhältnis der ArbN untereinander und schaffen auf diese Weise Entlohnungsgrundsätze (BAG 18. 11. 03 AP
Nr. 15 zu § 77 BetrVG 1972; 23. 1. 08 AP Nr. 9 zu § 87 BetrVG 1972 Leistungslohn).

448 Das MBR bei der Gewährung von freiwilligen Leistungen wird keinesfalls dadurch
eingeschränkt, dass der tarifgebundene **ArbGeb. bereits vor der Beteiligung des
BR Zahlungen leistet,** die er nicht mehr zurückfordern kann. Kommt es später zu
einer abweichenden Einigung oder zum Spruch der E-Stelle über eine andere Verteilung, können Mehrkosten entstehen, weil der ArbGeb. die mitbestimmungswidrig
gezahlte Leistung aus rechtl. oder faktischen Gründen nicht mehr zurückfordern
kann. Dadurch kann der von ihm ins Auge gefasste Dotierungsrahmen (kurzzeitig)

überschritten werden. Diese Folge des mitbestimmungswidrigen Verhaltens führt nicht zu einer Beschränkung des MBR; insoweit wird der Grundsatz der mitbestimmungsfreien Entscheidung über den Dotierungsrahmen (eng begrenzt) durchbrochen (BAG 14. 6. 94 AP Nr. 69 zu § 87 BetrVG 1972 Lohngestaltung, ErfK-*Kania* Rn 108; GK-*Wiese* Rn 960).

Was für die Einführung einer freiwilligen Leistung gilt, gilt entsprechend auch für **449** deren **Änderung oder Einstellung.** Durch das MBR kann der tarifgebundene ArbGeb. nicht gehindert werden, die Leistung mitbestimmungsfrei einzuschränken oder ganz abzuschaffen (BAG GS 3. 12. 91 AP Nr. 51 zu § 87 BetrVG 1972 Lohngestaltung; 8. 6. 04 AP Nr. 124 zu § 87 BetrVG 1972 Lohngestaltung). So wie er alleine darüber entscheidet, ob er eine freiwillige Leistung (Rn 444) erbringt, kann er mitbestimmungsfrei darüber befinden, ob und wann er sie vollständig einstellt. Mit den Mitteln des Betriebsverfassungsrechts kann der tarifgebundene ArbGeb. nicht gezwungen werden, eine freiwillige Leistung länger zu zahlen, als er aufgrund der in einer BV selbst eingegangenen Bindung verpflichtet ist (BAG 23. 1. 08 AP Nr. 9 zu § 87 BetrVG 192 Leistungslohn). Entscheidet er sich dafür, bisher erbrachte übertarifliche Vergütungsbestandteile vollständig einzustellen, entfällt das MBR, weil mit dem Wegfall der freiwilligen Leistung kein zusätzliches Vergütungsvolumen mehr zur Verteilung ansteht und die Verteilung des verbleibenden Volumens tariflich geregelt ist (BAG 28. 2. 06 AP Nr. 127 zu § 87 BetrVG 1972 Lohngestaltung). Dementsprechend hat der BR bei einer vollständigen Streichung einer freiwilligen Leistung nicht mitzubestimmen. Das gilt auch dann, wenn einzelne ArbN weiterhin über- oder außertarifliche Leistungen erhalten, die jedoch einem anderen Zweck dienen und deshalb nicht Teil des gestrichenen Finanzbudgets sind (BAG 23. 1. 08 AP Nr. 9 zu § 87 BetrVG 1972 Leistungslohn).

Differenzierter ist die mitbestimmungsrechtliche Lage, wenn dem tarifgebundenen **450** ArbGeb. an einer **Kürzung der freiwilligen Leistung** gelegen ist. Beabsichtigt er unter Beibehaltung der bisherigen Verteilungsgrundsätze lediglich die Höhe der freiwilligen Leistung für alle bisherigen Leistungsberechtigten **gleichmäßig abzusenken,** hat der BR nicht mitzubestimmen. Dagegen führt eine **ungleichmäßige Absenkung** oder eine **partielle Streichung** zu einer Änderung des bisherigen Verteilungsschlüssels. Daran hat der BR mitzuwirken. Dabei gilt es zu beachten, dass mitbestimmungsrechtl. mehrere über- oder außertarifl. Leistungen eine Gesamtvergütung bilden (vgl. Rn 412). Ist die Verteilung einer freiwilligen Leistung in einer BV geregelt, führt eine Kündigung des ArbGeb. zur **Nachwirkung,** wenn er das Ziel verfolgt, neue Verteilungsgrundsätze zu regeln. Die BV wirkt hingegen nicht nach, soweit der tarifgebundene ArbGeb. die freiwillige Leistung einstellen oder künftig einen anderen Leistungszweck verfolgen will.

Bei **Aktienoptionsplänen** handelt es sich typischerweise um freiwillige Leistun- **451** gen. Hier sind der Verteilungsrahmen und die Verteilungsbedingungen zu regeln. (*Buhr/Radke* DB 01, 882). Mitbestimmungsfrei ist die Einführung und Einstellung eines Aktienoptionsplans. Kein MBR besteht auch hinsichtl. dessen Dotierung und bei sämtlichen Entscheidungen, die sich auf die finanzielle Gesamtbelastung auswirken, wie etwa der Basiswert oder die Laufzeit des Aktienoptionsplans (*Otto/Mückl* DB 09, 1594). Wie bei sonst. freiwilligen Leistungen kann der ArbGeb. – allerdings unter Beachtung des arbeitsrechtl. Gleichbehandlungsgrundsatzes – auch den Kreis der Bezugsberechtigten sowie Zweck/Ziel der Leistung bestimmen (*Bauer/Herzberg* NZA 11, 713, *Oetker* FS 50 Jahre BAG S. 1017). Das MBR besteht hinsichtlich der Verteilung auf den vorgegebenen Adressatenkreis, Ermäßigungen beim Erwerb und dessen Abstufungen, Festlegung einer Mindest- oder Höchstzuweisung, Halte- und Ausübungsfristen, die keinen Einfluss auf die finanzielle Gesamtbelastung haben (*Otto/Mückl* DB 09, 1594; *Baeck/Diller* DB 98, 1405). Der ArbGeb. kann sich mit dem Hinweis auf zwingende Vorgaben einer ausl. Muttergesellschaft dem MBR nicht entziehen (**aA** *Buhr/Radke* aaO, *Otto* DB 09, 1594). Zum Schutz der Aktionäre bindet allerdings das AktG den Vorstand bei der Aufstellung und der Ausgestaltung von Aktienoptionsplänen an Vorgaben der Hauptversammlung (vgl. § 193 Abs. 2 Nr. 4 AktG). Das gilt etwa für die Aufteilung der Bezugsrechte, Erfolgsziele, Erwerbs- und Ausübungszeiträume oder die Wartezeit für die erstmalige Ausübung. Diese wirken sich nicht auf das Außenverhältnis zum BR aus und sind keine Beschränkung iSd. Eingangssatzes (aA *Otto* DB 09, 1594; *Mauroschat* S. 147). Allerdings betreffen sie zumeist den mitbestimmungsfreien Bereich (*Oetker* aaO). Das MBR erstreckt sich nur auf die strukturellen Merkmale solcher Systeme (Bewertungsmethode, Zeitraum, Festlegung von Zielgrößen etc *Annuß* NZA 07, 290; *Trittin/Fischer* AuR 06, 261).

452   Bei einem **tarifungebundenen ArbGeb.** stehen dem BR bei der Einführung, Kürzung oder Einstellung einer **Entgeltleistung weitergehende MBR** zu, weil die Sperre des MBR durch den Eingangssatz nicht greift. Ein solcher ArbGeb. kann kollektivrechtlich, da nicht an einen TV gebunden, das gesamte Volumen der von ihm für die Vergütung der ArbN bereit gestellten Mittel mitbestimmungsfrei festlegen (BAG 28. 2. 06 – 1 ABR 4/05 – NZA 06, 1426; 26. 8. 08 – 1 AZR 354/07 – NZA 08, 1426). Deshalb leistet er – betriebsverfassungsrechtlich gesehen – sämtliche Vergütungsbestandteile freiwillig, d. h. ohne hierzu normativ iSd. Eingangssatzes verpflichtet zu sein. Solange er die Arbeit überhaupt vergütet, erbringt er ein „freiwillige" Leistung in Form einer Gesamtvergütung, die sich – mit Ausnahme der Leistungen zur betrieblichen Altersversorgung – nicht in mehrere voneinander unabhängige Bestandteile – wie etwa Grundvergütung, Zulagen, Jahresleistungen etc – aufspalten lässt (BAG 15. 4. 08 – 1 AZR 65/07 – NZA 08, 888). Darauf hat der Umstand, dass der ArbGeb. dem ArbN nach deren vertraglicher Vereinbarung ein bestimmtes Entgelt schuldet, keinen Einfluss. Individualrechtliche Vereinbarungen gehen vor, soweit sie dem ArbN günstiger sind. Das MBR können sie nicht ausschließen (BAG 26. 8. 08 – 1 AZR 354/07 – NZA 08, 1426).

453   Will ein solcher ArbGeb. eine weitere Leistung einführen, ändert er damit zwangsläufig die bisherige Vergütungsstruktur. Das ist schon unabhängig von den für die zusätzliche Leistung aufzustellenden Verteilungsgrundsätzen **mitbestimmungspflichtig.** Will ein nichttarifgebundener ArbGeb. künftig – etwa bei Neueinstellungen – bestimmte Vergütungsbestandteile nicht mehr erbringen, ändert auch diese Entscheidung die bisherige Vergütungsstruktur und bedarf der MB. **Mitbestimmungsfrei** kann er nur sämtliche Vergütungsbestandteile unter Beibehaltung des bisherigen Verteilungsplans einheitlich absenken oder solche Zahlungen einstellen, die – wie etwa der Aufwendungsersatz – keinen Entlohnungscharakter haben. Bei einem tariffreien ArbGeb. hat der BR auch **mitzubestimmen,** wenn dieser einen einzelnen Vergütungsbestandteil (zB Prämie, Gratifikation, Jahressonderzahlung) künftig nicht mehr erbringen will. Auch in diesem Fall ändern sich die bisherigen Lohngrundsätze. Das löst das MBR aus. Der nichttarifgebundene ArbGeb. hat den BR deshalb auch zu beteiligen, wenn er nur einen Vergütungsbestandteil der Gesamtvergütung (zB Prämie, Jahressonderzahlung, Gratifikation, etc) einstellen und die übrigen Vergütungsbestandteile gleichmäßig absenken will. Solange er überhaupt Zahlungen erbringt, stellt er in einem solchen Fall seine Leistungen nicht vollständig ein, sondern verändert die geltenden Entlohnungsgrundsätze. Deshalb erfährt die Vergütungsstruktur eine mitbestimmungspflichtige Änderung, wenn nur einer der mehreren Bestandteilen, aus denen sich die Gesamtvergütung zusammensetzt, gestrichen, erhöht oder vermindert wird und die übrigen Vergütungsbestandteile gleichmäßig abgesenkt werden (BAG 26. 8. 08 – 1 AZR 354/07 – NZA 08, 1426). Das gilt unabhängig davon, ob die einzelnen Vergütungsbestandteile in gesonderten oder einer einheitlichen BV geregelt sind (aA *Lunk/Leder* NZA 11, 249, die annehmen, dass eine Regelung in unterschiedlichen BV einem inhaltlichen Zusammenhang in Form einer Gesamtvergütung ausschließt). In allen Fällen ist nicht nur die Streichung eines Vergütungsbestandteils sondern auch die gleichmäßige Absenkung der übrigen Vergütungsbestandteile wegen Verstoßes gegen das MBR unwirksam. Eine Ausnahme mag eine Veränderung bei der betriebl. Altersversorgung darstellen.

Diese **Grundsätze** haben durch die Entscheidung des Ersten Senats vom 5. 10. 10 **453a** (– 1 ABR 20/09 – NZA 11, 598) **keine Änderung** erfahren und sind auch nicht aufgegeben worden (**aA** Salomon NZA 11, 549). Vielmehr wurden sie weiterentwickelt für Fallgestaltungen, in denen die Betriebsparteien die Entlohnungsgrundsätze für die vom tarifungebundenen ArbGeb. zu erbringenden Leistungen umfassend und abschließend in einer BV geregelt haben und unabhängig davon die vom ArbGeb. zu einem wesentlich späteren Zeitpunkt zur Verfügung gestellten finanziellen Mittel, zu deren Erbringung keine Verpflichtung besteht, in einer gesonderten BV anderen Verteilungsgrundsätzen unterwerfen. Eine solche BV, deren Regelungsgegenstand letztlich nach dem Willen der Betriebsparteien die geltenden betrieblichen Entlohnungsgrundsätze unberührt lässt, wirkt nach einer Kündigung des ArbGeb. nur solange nach, bis er erklärt, für den bisherigen Leistungszweck keine Mittel mehr zur Verfügung stellen zu wollen (vgl. § 77 Rn 191; wohl auch *Schnitker/Sittard* NZA 11, 331, 333). Damit trägt das BAG offenbar dem Umstand Rechnung, dass ein BR im Wege seines MBR nicht erreichen kann, dass ein ArbGeb. über das bisher zur Verfügung gestellte hinaus weitere Mittel für die Entlohnung der betroffenen ArbN bereit zu stellen hat. Vielmehr kann der BR nur im Wege der Umverteilung des bisherigen Dotierungsrahmens (Topf) eine Änderung des Gesamtvergütungssystems herbeiführen. Stellt der ArbGeb. hingegen neue Finanzmittel für einen bestimmten Zweck und eine darauf bezogene Leistung zur Verfügung, die im bisherigen Entlohnungssystem kein Pendant hat, muss ihm auch die Möglichkeit bleiben, über die Einstellung dieser Leistung zu befinden. Die bloße Aufspaltung der Gesamtvergütung in einzelne BV löst diese Rechtsfolge nach Kündigung der jeweiligen EinzelBV aber nicht ohne weiteres aus. Zu modifizieren dürften die unter Rn 453 dargestellten Grundsätze auch sein, soweit neben den mit einem BR geregelten betrieblichen Entlohnungsgrundsätzen auf überbetrieblicher Ebene mit dem GesBR Sonderzahlungen durch GBV vereinbart werden, weil der tarifungebundene ArbGeb. zur Aufbringung der dazu erforderlichen Mittel nur auf Unternehmensebene bereit ist (vgl. § 50 Rn 46). Da die in einer solchen GesBV geregelten Leistungen die mit dem örtlichen BR geregelten Entlohnungsgrundsätze unberührt lassen und nicht in deren Verteilungsplan eingreifen, dürfte eine Kündigung der GesBV mit dem Ziel der Leistungseinstellung ebenfalls die Nachwirkung ausschließen.

Unerheblich für das MBR ist, ob der tarifungebundene ArbGeb. Teile der Vergü- **454** tung den ArbN individualvertraglich schuldet (BAG 26. 8. 08 AP Nr. 15 zu § 87 BetrVG 1972). Solche Ansprüche sind nach dem **Günstigkeitsprinzip** im Verhältnis der Arbeitsvertragsparteien zueinander zu beachten. Das kann zur Folge haben, dass sich ein ArbN bei einer kollektiven Absenkung sämtlicher Vergütungsbestandteile hinsichtlich einzelner Anteile auf ein ihm günstigere arbeitsvertragliche Vereinbarung berufen kann. Allerdings ist durch Auslegung der Individualvereinbarung zu prüfen, ob dem ArbN tatsächlich die einzelnen Vergütungsbestandteile jeweils gesondert oder nicht lediglich eine Gesamtvergütung zugesagt ist, und ob nicht die Individualvereinbarung betriebsvereinbarungsoffen ist. In keinem Fall aber sperrt eine Individualvereinbarung die MB des BR.

g) Leistungen der betrieblichen Altersversorgung

Diese Grundsätze zum MBR in Fragen der betrieblichen Lohngestaltung sind auch **455** anzuwenden bei der **Regelung der betrieblichen Altersversorgung** (ausführl. *Reinecke* ArbuR 04, 328). Die Leistung muss die Begriffsmerkmale des § 1 BetrAVG erfüllen, also einem Versorgungszweck dienen und durch die im Gesetz genannten biologischen Ereignisse (Alter, Invalidität, Tod) ausgelöst werden (BAG 28. 10. 08 – 3 AZR 317/07 – NZA 09, 844; *Reinecke* DB 05, 1963). Diese Leistungen sind zu unterscheiden von solchen, die anderen Zwecken dienen wie etwa Übergangsversorgung, Versorgung bei Krankheit oder Unterstützung in besonderen Notlagen oder der Vermögensbildung (dazu *Reinecke* BB 11, 245). Leistungen der betrieblichen Altersversorgung können auf Geld-, Sach- oder Nutzungsleistungen (sog. Deputate) gerichtet sein (*Reinecke* DB 07, 2836). Dazu zählen auch **Personalrabatte** an ausgeschiedene ArbN (BAG 19. 2. 08 AP Nr. 45 zu § 1 BetrAVG). Eine Leistung dient der Alterssicherung, wenn der Anspruch von dem Erreichen eines bestimmten Alters abhängt. Sie bezweckt die Invaliditätsabsicherung, wenn sie den mit gesundheitlich bedingter Erwerbsunfähigkeit eintretenden Einkommensverlust mindern soll. Die Hinterbliebenenversorgung muss der Absicherung von Ehegatten und Kindern nach dem Tode des ArbN dienen. Dementsprechend ist eine Sterbegeldregelung, die lediglich zur Deckung von Bestattungskosten beiträgt, nicht vom MBR umfasst (BAG 19. 9. 06 AP Nr. 29 zu § 77 BetrVG 1972 Betriebsvereinbarung). Leistungen der betrieblichen Altersversorgung gehören zum Lohn iSv. Nr. 10 (BAG 26. 4. 88, 16. 2. 93 AP Nr. 16, 19 zu § 87 BetrVG 1972 Altersversorgung; *Richardi* Rn 837; GK-*Wiese* Rn 848). Werden Leistungen der betrieblichen Altersversorgung über eine Sozialeinrichtung (Unterstützungskasse, Pensionskasse, unternehmensbezogener Pensionsfond) gezahlt, besteht ein inhaltlich gleiches MBR nach Nr. 8. Bei Einschaltung von Versicherungsunternehmen (Direktversicherung, Direktzusage, Gruppenversicherung) besteht das MBR nach Nr. 10. Ob und inwieweit das Inkrafttreten des AGG einen Handlungsbedarf der Betriebsparteien auslöst, ist derzeit nicht geklärt. Die Bereichsausnahme in § 2 Abs. 2 AGG, nach der für die betriebliche Altersversorgung nicht das AGG sondern das BetrAVG gelten soll, ist lediglich eine Kollisionsregel nach der die Bestimmungen des BetrAVG, die an die vom AGG erfassten Merkmale anknüpfen (zB Unverfallbarkeit, Altersgrenzen) das AGG verdrängen (BAG 11. 12. 07 AP Nr. 1 zu § 2 AGG). Zu Einzelheiten einer unionsrechtskonformen Anwendung des AGG auf die betriebl. Altersversorgung *Rengier* NZA 06, 1251.

456 Für Bestehen und Umfang der MBR ist zu unterscheiden zwischen den Leistungen des ArbGeb. und der Regelung der Ansprüche der ArbN auf Entgeltumwandlung (sog. „arbeitnehmerfinanzierte" Altersversorgung, vgl. dazu Rn 468). Bei einer arbeitgeberfinanzierten Altersversorgung sind die MBR eingeschränkt, doch ist der ArbGeb. an die gesetzlichen Diskriminierungsverbote und den Gleichbehandlungsgrundsatz gebunden (*Schnitker/Sittard* NZA 11, 331). Wegen des Charakters einer freiwilligen Leistung hat **der ArbGeb. allein zu entscheiden,** ob und in welchem Umfang er **finanzielle Mittel** für die betriebliche Altersversorgung zur Verfügung stellen will (*Richardi* Rn 843), welchen **Durchführungsweg** er wählt, welchen **Zweck** er hiermit verfolgen will und welcher **Personenkreis** begünstigt werden soll (BAG 13. 11. 07 AP Nr. 336 zu § 613a BGB; 21. 1. 03 AP Nr. 13 zu § 3 BetrAVG; *Reinecke* ArbuR 04, 328). Mitbestimmungspflichtig ist allerdings die **Leistungsordnung.** Das ist die Entscheidung darüber, wie die zur Verfügung gestellten Mittel auf die Begünstigten verteilt werden und ob und in welchem Umfang die ArbN zu Beiträgen herangezogen werden (vgl. *Reinecke* DB 05, 1963). Dazu zählt nicht die **Anpassungspflicht des ArbGeb.** nach § 16 BetrAVG. Sie betrifft die mitbestimmungsfreie Höhe des Entgelts und ist zudem eine Rechts- und keine Regelungsfrage (GK-*Wiese* Rn 858).

457 **Im Einzelnen gilt:** Der mitbestimmungsfreie **Dotierungsrahmen** ist der Umfang der vom ArbGeb. eingegangenen finanziellen Verpflichtungen oder die Gesamtheit der von ihm zur Verfügung gestellten Mittel. Er ist einer konkreten Bezifferung regelm. nicht zugänglich. Das BAG definiert den Begriff des Dotierungsrahmens als Gesamtheit der geschützten Versorgungsbesitzstände (erdienter Besitzstand und Dynamik, dienstzeitabhängige Zuwächse vgl. BAG 11. 5. 99 AP Nr. 1 zu § 1 BetrAVG Betriebsvereinbarung; *Reinecke* AuR 04, 330).

458 Weil die **Durchführungsform** (Direktzusagen, Versicherungen, Unterstützungs- oder Pensionskassen, Pensionsfond) direkt den finanziellen Aufwand des ArbGeb. beeinflusst, hat er auch die Wahl, in welcher Form er Leistungen der betrieblichen Altersversorgung zusagen will. Nicht mitbestimmungspflichtig sind deshalb der Wechsel der Durchführungsform oder die Auswahl und der Wechsel eines Versicherungsunternehmens (BAG 29. 7. 03 AP Nr. 18 zu § 87 BetrVG 1972 Sozialeinrichtung; 16. 2. 93 AP Nr. 19 zu § 87 BetrVG 1972 Altersversorgung; *DKK-Klebe* Rn 264; ErfK-*Kania* Rn 73).

Mitbestimmungsfrei ist auch die Entscheidung, welchen **Personenkreis** der Arb- **459** Geb. begünstigen will, allerdings nur in den rechtlich zulässigen Grenzen, also unter Beachtung der Gleichbehandlungsgebote (BAG 18. 9. 01 AP Nr. 179 zu § 242 BGB Gleichbehandlung). Diese Entscheidung hängt unmittelbar mit der Entscheidung über den **Zweck der Leistung** zusammen (GK-*Wiese* Rn 853). Daher ist mitbestimmungsfrei die Entscheidung des ArbGeb., ob er nur eine Altersversorgung oder auch eine Hinterbliebenenversorgung oder auch eine Invaliditätsversorgung versprechen will. Ebenso kann er mitbestimmungsfrei entscheiden, ob er Versorgungsleistungen in Form einer Rente oder kapitalisiert erbringen will (BAG 29. 7. 03 AP Nr. 18 zu § 87 BetrVG Sozialeinrichtung).

Mitbestimmungspflichtig sind alle übrigen Entscheidungen. Der BR hat des- **460** halb insb. mitzubestimmen über die Leistungsordnung, also über die Voraussetzungen für das Entstehen und das Erlöschen von Anwartschaften und Ansprüchen (BAG st. Rspr., vgl. zuletzt 26. 4. 88, 16. 2. 93 AP Nr. 16, 19 zu § 87 BetrVG 1972 Altersversorgung). Leistungsplan und Regelungen über die Heranziehung der ArbN zu Beiträgen unterliegen der Mitbestimmung (GK-*Wiese* Rn 854). Auch beim Wechsel der Durchführungsform oder dem Wechsel der Versicherungsgesellschaft innerhalb eines Durchführungswegs besteht eine MBR, wenn mit dem Wechsel eine Änderung der Leistungsordnung verbunden ist (BAG 16. 2. 93 AP Nr. 19 zu § 87 BetrVG 1972 Altersversorgung).

Ein MBR besteht auch bei einer **Neuverteilung nach mitbestimmungsfreier** **461** **Kürzung** des Dotierungsrahmens durch den ArbGeb. (vgl. BAG 26. 4. 88 AP Nr. 16 zu § 87 BetrVG Altersversorgung betr. Unterstützungskasse; 9. 5. 89 AP Nr. 18 zu § 87 BetrVG 1972 Altersversorgung; 24. 1. 06 AP Nr. 15 zu § 2 BetrAVG). Dagegen besteht kein (neues) MBR, wenn die Änderung ihre Ursache allein im Vollzug einer zuvor geschaffenen mitbestimmten Regelung hat (BAG 22. 9. 92 AP Nr. 55 zu § 87 BetrVG 1972 Lohngestaltung).

Die **Mitbestimmung bei der Regelung von Leistungen der betrieblichen** **462** **Altersversorgung** wird im Grundsatz so durchgeführt wie bei anderen Fragen der Lohngestaltung auch. Sie setzt deshalb einen **kollektiven Tatbestand** voraus; dieser ist von einer Einzelfallgestaltung abzugrenzen (vgl. Rn 14 ff.; BAG 24. 1. 06 AP Nr. 15 zu § 2 BetrAVG). Außerdem ist der betriebsverfassungsrechtliche **Gleichbehandlungsgrundsatz** zu beachten, nicht nur zwischen Männern und Frauen, sondern auch in Bezug auf Arbeiter und Angestellte (BAG 16. 2. 10 – 3 AZR 216/09 – NZA 10, 701) und auch bei befristet und unbefristet beschäftigten ArbN (*Reinecke* DB 05, 1963; vgl. BAG 18. 9. 07 AP Nr. 33 zu § 77 BetrVG 1972 Betriebsvereinbarung). Danach bedürfen Differenzierungen eines hinreichenden Sachgrundes. Dieser bestimmt sich nach dem mit der jeweiligen Regelung verfolgten Zweck. Dabei haben die Betriebsparteien einen Beurteilungsspielraum sowie eine Einschätzungsprärogative. Im Bereich der betrieblichen Altersversorgung müssen sie aber berücksichtigen, dass Versorgungszusagen einen typischerweise unterschiedlichen Versorgungsbedarf des Versorgungsempfängers zu berücksichtigen haben, da es sich letztlich um Entgelt für geleistete Dienste handelt. Aus diesem Grund darf etwa eine zugesagte Hinterbliebenenversorgung nicht durch Anrechnungsvorschriften völlig entwertet werden (18. 5. 10 – 3 AZR 97/08 – NZA 11, 581).

BV über eine betriebliche Altersversorgung können nach allgem. Grundsätzen ge- **463** kündigt werden (*Reinecke* AuR 04, 331). Die **Ausübung des Kündigungsrechts** bedarf weder einer Rechtfertigung noch unterliegt sie einer Inhaltskontrolle (BAG 11. 5. 99 AP Nr. 6 zu § 1 BetrAVG Betriebsvereinbarung). Als teilmitbestimmte BV wirken sie nicht nach (§ 77 Abs. 6; BAG 17. 8. 1999 AP Nr. 79 zu § 77 BetrVG 1972 Ablösung), es sei denn, dass in einem engen zeitlichen Zusammenhang mit dem Auslaufen der Kündigungsfrist eine vergleichbare Neuregelung durch BV angestrebt wird (BAG 18. 9. 01 AP Nr. 34 zu § 1 BetrAVG Ablösung).

464 Mangels Nachwirkung bewirkt die Kündigung einer BV über betriebl. Altersversorgung nicht nur den Ausschluss neu eintretender ArbN aus dem Versorgungswerk, sondern wirkt sich auch auf die zum Zeitpunkt des Wirksamwerdens der Kündigung bereits begünstigten ArbN aus. Entsprechend einem daraus resultierenden Schutzbedürfnis müssen die **Rechtsfolgen der Kündigung** (§ 77 Abs. 5) angepasst werden (*Ahrend/Förster/Rühmann* § 1 BetrAVG Rn 79). Sie werden durch die Grundsätze des Vertrauensschutzes und der Verhältnismäßigkeit (§ 75) beschränkt (BAG 13. 11. 07 AP Nr. 3 zu § 313 BGB; 14. 12. 10 – 3 AZR 799/08 – ArbuR 11, 41).

465 Insgesamt gehen die Möglichkeiten eines ArbGeb., durch Kündigung auf die Versorgungsanwartschaften der begünstigten ArbN Einfluss zu nehmen, nicht weiter als die **Handlungsmöglichkeiten der Betriebsparteien** im Rahmen von Aufhebungs- oder Abänderungsvereinbarungen. Je stärker der Eingriff in Besitzstände ist, desto gewichtiger müssen die Gründe für den Eingriff sein (BAG 21. 8. 01 AP Nr. 8 zu § 1 BetrAVG Betriebsvereinbarung). Auch wenn im Verhältnis zweier BV zueinander die Zeitkollisionsregel gilt (§ 77 Rn 192), unterliegt die Änderung oder Einstellung von Versorgungszusagen Grenzen. Die ablösende BV muss nicht nur den Grundsätzen des Vertrauensschutzes und der Verhältnismäßigkeit entsprechen, sondern darf auch für die betroffenen ArbN keine unzumutbare Härte darstellen. Letzteres können die Betriebsparteien durch die Regelung von Übergangsfristen oder Härteklauseln vermeiden (dazu *Schnitker/Sittard* NZA 11, 331). Verletzt der ArbGeb. bei einer Verschlechterung das MBR, sind darauf gerichtete abändernde einzelvertragliche Vereinbarungen unwirksam (BAG 24. 1. 06 AP Nr. 15 zu § 2 BetrAVG).

466 Im Einzelnen gilt ein **3-Stufen-Modell.** In bereits erdiente und nach § 2 BetrAVG zu berechnenden Teilbeträge kann nur aus wichtigem Grund eingegriffen werden. In eine zeitanteilig erdiente Quote eines variablen dienstzeitabhängigen Berechnungsfaktors (erdiente Dynamik) darf nur aus triftigem Grund geschmälert werden. Eingriffe in noch nicht erdiente dienstzeitabhängige Zuwächse müssen durch sachlich-proportionale Gründe gerechtfertigt sein (BAG 21. 4. 09 DB 09, 386; 24. 1. 06 AP Nr. 50 zu § 1 BetrAVG Ablösung).

467 Die betriebliche Altersversorgung kann auch auf einer Gesamtzusage, einer vertraglichen Einheitsregelung oder betrieblicher Übung beruhen. Diese können durch eine **BV abgelöst** werden, wenn die Neuregelung insgesamt bei kollektiver Betrachtung keine Nachteile für die Belegschaft zur Folge hat (kollektiver Günstigkeitsvergleich). Unabhängig davon ist eine Ablösung möglich, wenn die **vertraglichen Einheitsregeln** betriebsvereinbarungsoffen sind oder die Geschäftsgrundlage gestört ist (BAG GS 16. 9. 86 AP Nr. 17 zu § 77 BetrVG 1972; 23. 10. 01, 19. 3. 03, 17. 6. 03 AP Nrn. 33, 41, 44 zu § 1 BetrAVG Ablösung; 12. 10. 04 AP Nr. 23 zu § 1 BetrAVG Hinterbliebenenversorgung).

468 Der Anspruch des ArbN auf **Entgeltumwandlung** ist in § 1a BetrAVG geregelt. In Abs. 1 sind Grund und Höhe des Anspruchs gesetzlich festgelegt. Die daraus resultierende Pflicht des ArbGeb. zur Entgeltumwandlung ist verfassungsgem. (BAG 12. 6. 07 AP Nr. 1 zu § 1a BetrAVG). Der ArbGeb. kann aber auf einer Durchführung in den versicherungsförmigen Durchführungswegen Pensionskasse und Pensionsfonds bestehen. Werden diese Durchführungswege nicht angeboten, kann der ArbN den Abschluss einer Direktversicherung verlangen. Der ArbN kann den Anspruch auf Abschluss einer entsprechenden Vereinbarung und den daraus folgenden Anspruch auf Abschluss einer Direktversicherung in einem einheitl. Klageverfahren geltend machen (BAG 12. 6. 07 aaO). Allerdings bestimmt der ArbGeb. den jeweiligen Versicherungsträger. Dieses Wahlrecht dient dazu, den Verwaltungsaufwand des ArbGeb. zu begrenzen (BT-Drucks. 14/4595 S. 67). Innerhalb dieser gesetzlichen Rahmenbestimmungen sind freiwillige BV nach § 88 möglich. ArbGeb. und BR können sich auf einen Versicherungsträger einigen (zB auf einen bereits bei arbeitgeberfinanzierten Leistungen eingeschalteten Versorgungsträger) und Regelungen zu den umzuwandelnden Beträgen und den Versorgungsleistungen vereinbaren. Ein erzwingbares MBR besteht insoweit nicht (*Perreng* FS Kemper (2005), 347).

Insgesamt sind bei der Entgeltumwandlung nach § 1 a BetrAVG die Einflussmög- **469**
lichkeiten des BR nach der Nr. 10 wegen der **Sperrwirkung des Eingangssatzes**
gering. Die wichtigsten Entscheidungen werden durch G oder TV vorgegeben. Nach
§ 1 a BetrAVG kann der ArbGeb. nach der über die Satze 2 und 3 erfolgten Festlegung des Durchführungswegs einseitig dessen Träger, also zB die konkrete Direktversicherung bestimmen. Hinsichtlich einer darauf gerichteten kollektiven Entscheidung
kommt eine **MBR nach Nr. 4 in Betracht** (*Feudner* DB 01, 2047; **aA** *HSWGNR*
Rn 292; *Richardi* Rn 424, *Kemper* in *Kemper/Kisters-Kölkes ua.* BetrAVG § 1 Rn 371;
Übersicht bei *Reinecke* DB 09, 1182). Zu Lasten der ArbN kann aber nicht die Umwandlung bestimmter Entgeltbestandteile vorgeschrieben werden (vgl. *Feudner* DB
2001, 2047). Ist der ArbN mit diesen Bedingungen nicht einverstanden, kann er sich
für andere Modell, etwa die „Riester-Rente" oder sonstige Formen der privaten Al-
tersvorsorge entscheiden (zur Riester-Rente: *Höfer* DB 01, 1145; *Förster/Rühmann/
Reckenwald* BB 01, 1406).

h) Anrechnung und Widerruf übertariflicher Zulagen

Bei der Anrechnung einer Tariflohnerhöhung auf übertarifliche Lohnbestandteile **470**
ist den Betriebsparteien jede Regelung über die tariflichen Vergütungsbestandteile
verwehrt; sie sind wegen § 77 Abs. 3 darauf beschränkt, das Schicksal der übertarifl.
Lohnbestandteile zu regeln. Das gilt auch bei der Regelung eines Anrechnungsver-
bots (BAG 30. 5. 06 AP Nr. 23 zu § 77 BetrVG 1972). Bei der Anrechnung/
Widerruf solcher Lohnbestandteile muss die **individualrechtliche von der kollektivrechtlichen Zulässigkeit unterschieden werden** (vgl. ErfK-*Kania* Rn 111).
Das (kollektive) MBR besteht unabhängig davon, ob die Anrechnung durch eine
gestaltende Erklärung des ArbGeb. (individualrechtliche Erklärung eines Widerrufs
oder einer Anrechnung) erfolgt oder sich automatisch vollzieht. Für den ArbN
kommt es auch darauf an, ob die Anrechnung individualrechtlich möglich ist (BAG
8. 6. 04 AP Nr. 124 zu § 87 BetrVG 1972 Lohngestaltung).

Tariflohnerhöhung iSd ist jede Erhöhung des dem ArbN als Arbeitsvergütung **471**
für eine bestimmte Zeitspanne tariflich geschuldeten Entgelts. Das betrifft auch
Einmalzahlungen, die für einen bestimmten Zeitraum Tariflohnerhöhungen pausch-
alieren (BAG 16. 4. 02 AP Nr. 38 zu § 4 TVG Übertarifl. Lohn und Tariflohnerhöhung). Unerheblich ist, dass die **Einmalzahlung** regelmäßig erst nach der Auszahlung der übertarifl. Zulage fällig wird (BAG 21. 1. 03 AP Nr. 118 zu § 87 BetrVG
1972 Lohngestaltung). Verfolgt die Zulage einen anderen Zweck als den einer vorweggenommenen Erhöhung des Tariflohns, ist eine Anrechnung aus Anlass einer
Tariferhöhung nicht möglich. Danach ist etwa eine Schicht-Zulage in der Regel
anrechnungsbeständig (BAG 23. 3. 93 AP Nr. 64 zu § 87 BetrVG 1972 Lohngestaltung). Auch eine auf Grund einer Leistungsbeurteilung gezahlte Leistungszulage ist
als selbständiger Lohnbestandteil anrechnungsfest (LAG Köln DB 94, 1628), ebenso
betriebliche Einmalbeträge, die Tariflohnerhöhungen nicht pauschal abgelten und
deshalb bei künftigen Tariferhöhungen unberücksichtigt bleiben.

Die Vereinbarung als „anrechnungsfest" kann sich aus besonderen Umständen oder **472**
aus dem Zweck der Zulage ergeben (zB Zulage für Erschwernisse; vgl. allgemein
BAG 22. 9. 92, 7. 2. 96 AP Nr. 55, 85 zu § 87 BetrVG 1972 Lohngestaltung; 23. 3.
93 AP Nr. 26 zu § 87 BetrVG 1972 Tarifvorrang). Individualrechtlich einschränkbar
sind zB Leistungen, die nur unter Vorbehalt (Widerruf) gewährt wurden. Ein solcher
Vorbehalt muss aber wirksam sein, insbesondere einer AGB-Kontrolle Stand halten
(vgl. BAG 27. 8. 08 AP Nr. 206 zu § 1 TVG: Metallindustrie). Nicht anrechenbar ist
der Lohnausgleich für tarifliche Arbeitszeitverkürzung (BAG 7. 2. 96 AP Nr. 85 zu
§ 87 BetrVG 1972 Lohngestaltung). Ist dem ArbGeb. individualrechtlich nicht gestattet, Tariflohnerhöhungen auf Zulagen anzurechnen, behält der ArbN seinen Anspruch auf die Zulagen, allerdings besteht auch kein MBR.

473   Soweit individualrechtlich eine Anrechnungs- oder Widerrufsmöglichkeit gegeben ist, besteht unter bestimmten Voraussetzungen ein MBR. **Eine Anrechnung ist individualrechtl.** möglich, sofern die Zulage dem ArbN nicht als selbständiger Entgeltbestandteil neben dem Tarifentgelt zugesagt ist. Eine darauf gerichteter Änderungsvorbehalt hält einer Inhaltskontrolle nach den §§ 307 ff. BGB regelmäßig stand (BAG 30. 5. 06 AP Nr. 23 zu § 77 BetrVG 1972; Einzelheiten bei ErfK-*Preis* §§ 305–307 Rn 65 ff.; *DKK-Klebe* Rn 260). Die Anrechnung einer Tariflohnerhöhung auf über-/außertarifliche Zulagen aus Anlass und bis zur Höhe einer Tariflohnerhöhung unterliegt der Mitbestimmung, wenn die Anrechnung zu einer **Änderung der Verteilungsgrundsätze** im Verhältnis der Zulagen zueinander führt (BAG 3. 12. 91, 14. 12. 93 AP Nr. 51 und 65 zu § 87 BetrVG 1972 Lohngestaltung) und für eine Neuregelung innerhalb des vom ArbGeb. vorzugebenden finanziellen Volumens (Dotierungsrahmen) ein Verteilungsspielraum verbleibt (BAG 10. 3. 09 AP Nr. 134 zu § 87 BetrVG 1972 Lohngestaltung). Aus diesem Grund entfällt das MBR, wenn die Anrechnung das Zulagenvolumen völlig aufzehrt oder wenn die Tariflohnerhöhung im Rahmen des rechtl. und tatsächl. Möglichen vollständig und gleichmäßig auf die Zulagen ungeachtet deren Höhe angerechnet wird (BAG 8. 6. 04 AP Nr. 124 zu § 87 BetrVG 1972 Lohngestaltung). **Verteilungsgrundsatz** meint das rechnerische Verhältnis der Zulagen zueinander

474   Die **mitbestimmungspflichtigen Verteilungsgrundsätze** ändern sich, wenn das rechnerische Verhältnis der einzelnen Zulagen zueinander der Höhe nach verschoben wird (BAG 28. 9. 94 AP Nr. 68 zu § 87 BetrVG 1972 Lohngestaltung). Dazu kommt es, wenn die Tariflohnerhöhung auf die Zulage in unterschiedl. Höhe, also nur teilweise, angerechnet wird (WPK/*Bender* Rn 226) und damit noch ein finanzielles Volumen verbleibt, dessen Verteilung der BR mitbestimmen soll (Krit. *DKK-Klebe* Rn 258).

475   Zu einer Änderung der Verteilungsgrundsätze kann es auch bei einer prozentual gleichmäßigen Anrechnung kommen (BAG GS 3. 12. 91 AP Nr. 51 und 52 zu § 87 BetrVG 1972 Lohngestaltung): Geht der ArbGeb. von der Tariflohnerhöhung aus und will er einen **bestimmten (gleichen) Prozentsatz der Tariflohnerhöhung** auf jede Zulage anrechnen (zB 1% einer 3%igen Lohnerhöhung), wird sich im Allgemeinen das rechnerische Verhältnis der einzelnen Zulagen zueinander, also der Verteilungsgrundsatz, ändern. Er ändert sich nur dann nicht, wenn die Zulagen in einem einheitlichen und gleichen Verhältnis zum Tariflohn stehen (zB alle ArbN erhalten eine Zulage von 10% zum Tariflohn) und wenn alle Tariflöhne um den gleichen Prozentsatz erhöht werden. Diese Voraussetzungen werden schon nicht erfüllt, wenn der ArbGeb. unterschiedlich hohe Zulagen zum Tariflohn zahlt oder wenn die Tariflöhne unterschiedlich angehoben werden. Der GS gibt hierfür Beispiele (zu C III 5 B aa der Gründe).

476   Die Verteilungsgrundsätze ändern sich im Allgemeinen nicht, wenn der ArbGeb. jede übertarifliche **Zulage um einen bestimmten gleichen Prozentsatz** kürzt. Das ist nur dann anders, wenn den ArbN ein bestimmter Mindestbetrag (Sockelbetrag) als Mindestbetrag zustehen soll (BAG GS 3. 12. 1991 AP Nr. 51 zu § 87 BetrVG 1972 Lohngestaltung). Bestehen bei einem ArbGeb. **unterschiedl. Entgeltsysteme,** ist das MBR für jedes Entgeltsystem gesondert zu bestimmen (BAG 18. 11. 03 AP Nr. 15 zu § 77 BetrVG 1972 Nachwirkung; **aA** *DKK-Klebe* Rn 259 a).

477   Das MBR des BR entfällt nach Auffassung des GS, soweit **tatsächliche oder rechtliche Hindernisse** entgegenstehen. Ein tatsächliches Hindernis liegt vor bei der **Reduzierung des Zulagenvolumens auf null.** Dann ist nichts mehr zu verteilen (BAG 21. 9. 99 – 1 ABR 59/08 – NZA 00, 898). Das gilt nicht, wenn der ArbGeb. die an sich mitbestimmungsfreie Vollanrechnung gegenüber dem BR als Druckmittel einsetzt, um seine Vorstellungen über eine – an sich mitbestimmungspflichtige – Neuverteilung durchzusetzen (BAG 26. 5. 1998 AP Nr. 98 zu § 87 BetrVG 1972 Lohngestaltung).

Will der ArbGeb. die Tariflohnerhöhung auf die bisher gezahlten freiwilligen über- **478**
tariflichen Zulagen **vollständig und gleichmäßig** bei allen anrechnen, stehen Mittel zur Verteilung mehr zur Verfügung. Dann entfällt die MB, auch wenn sich mit
einer solchen Anrechnung letztl. Verteilungsgrundsätze ändern (*HSWGNR* Rn 573).

Welchen Inhalt die Maßnahme des ArbGeb. hat, ergibt sich aus ihrem **tatsäch-** **479**
lichen Vollzug (BAG 31. 10. 95 AP Nr. 80 zu § 87 BetrVG 1972 Lohngestaltung).
Beschließt er eine vollständige Anrechnung, wird dieser Beschluss aber versehentlich
nicht einheitlich umgesetzt, entsteht allein wegen der praktischen Umsetzung kein
MBR (BAG 31. 10. 95 AP Nr. 80 zu § 87 BetrVG 1972 Lohngestaltung). Ebenso
wenig wird das MBR verletzt, wenn der ArbGeb. **zwei unterschiedliche Anrech-**
nungsvarianten beschließt, aber nur die mitbestimmungsfreie Anrechnungsentscheidung umsetzt (BAG 1. 11. 05 AP Nr. 16 zu § 33 BAT).

Um eine vollständige Anrechnung der Tariflohnerhöhung handelt es sich dann **480**
nicht, wenn von dieser Anrechnung die ArbN ausgenommen werden, die eine tarifvertraglich eingeräumte **Verdienstsicherung** im Alter in Anspruch nehmen können.
Die Anrechnung ist zwar erschwert, weil sie an die Zustimmung des BR gebunden
ist, sie ist aber nicht unmöglich (BAG 7. 2. 96 AP Nr. 85 zu § 87 BetrVG 1972
Lohngestaltung).

Der ArbGeb. kann danach zwar das Gesamtvolumen der Zulagen einseitig kürzen, **481**
er kann aber nicht einseitig die Verteilungsgrundsätze ändern, auch nicht dadurch,
dass er individualrechtlich von seinen Widerrufs- und Anrechnungsrechten Gebrauch
macht. Der Vorgang der **Kürzung und Neuverteilung** darf nicht künstlich aufgespalten werden. Anrechnung und Neuverteilung sind mitbestimmungsrechtlich
häufig eine **Einheit.** Das gilt zB, wenn der ArbGeb. nur die 2. Stufe einer tariflichen
Lohnerhöhung auf die Zulagen anrechnen will. Ein MBR kommt auch dann in
Betracht, wenn der ArbGeb. auf Grund eines einheitlichen Regelungskonzepts reagiert und erst diese Anrechnungskonzeption zu einer Veränderung der Verteilungsgrundsätze führt. Ob ein einheitliches Anrechnungskonzept vorliegt ist eine Frage
des Einzelfalls. Dabei kann es darauf ankommen, ob eine einheitliche Tarifgehaltser-
höhung oder mehrere selbständige Tarifgehaltserhöhungen vorliegen. Im ersten Fall
liegt eine einheitliche Anrechnungskonzeption näher als im zweiten Fall. Für das
Vorliegen einer Gesamtkonzeption spricht vor allem der zeitliche Abstand zwischen
den Anrechnungsentscheidungen oder das Verdrängen oder Ersetzen des ersten Abschnitts der Tariferhöhung durch den zweiten (BAG 10. 3. 09 AP Nr. 134 zu § 87
BetrVG 1972 Lohngestaltung). Das Vorliegen einer einheitlichen Anrechnungskonzeption muss von demjenigen dargelegt werden, der sich hierauf ein beruft (BAG
8. 6. 04 AP Nr. 124 zu § 87 BetrVG 1972 Lohngestaltung).

Es ist auch eine **Umgehung** des MBR, wenn der ArbGeb. zunächst die Tariflohn- **482**
erhöhung vollständig und gleichmäßig anrechnet, in zeitlicher Nähe aber – 6 bis
8 Monate später – einzelnen ArbN die Zulagen wieder zahlt (BAG 23. 3. 93, 17. 1.
95 AP Nr. 64, 71 zu § 87 BetrVG 1972 Lohngestaltung; zur Dauer des Beurteilungs-
zeitraums vgl. *Hoß* NZA 97, 1133). Das gilt selbst dann, wenn der ArbGeb. im Zeitpunkt der Anrechnung noch nicht im Einzelnen und abschließend entschieden hat,
welchem ArbN und in welcher Höhe übertarifliche Zulagen gezahlt werden sollen
(BAG 17. 1. 95 aaO).

Das MBR besteht nur bei **kollektiven Tatbeständen,** also nur dann, wenn es um **483**
generelle Regelungen und nicht um Einzelfälle geht. Dafür stellt das BAG bei der
Entgeltmitbestimmung generell darauf ab, ob es um Strukturformen des Entgelts
einschl. ihrer näheren Vollzugsform geht (BAG 23. 3. 93 AP Nr. 64 zu § 87 BetrVG
1972 Lohngestaltung; krit. *Richardi* Rn 803 ff.). Ein kollektiver Tatbestand liegt vor,
Um einen kollektiven Tatbestand wird es sich regelmäßig schon deswegen handeln,
weil nach allgemeinen Kriterien angerechnet wird.

Ein kollektiver Tatbestand liegt insbesondere vor, **484**
– wenn die Tariflohnerhöhung gegenüber einzelnen ArbN wegen Wechsels der Tarifgruppe angerechnet werden soll (BAG 22. 9. 92 AP Nr. 54 zu § 87 BetrVG 1972

Lohngestaltung), wenn aus Leistungsgründen angerechnet werden soll (BAG 22. 9. 92 AP Nr. 56 zu § 87 BetrVG 1972 Lohngestaltung),
– wenn allgemeine Gehaltserhöhungen zum Anlass der Anrechnung werden (BAG 9. 7. 96 AP Nr. 86 zu § 87 BetrVG 1972 Lohngestaltung),
– wenn Fehlzeiten zum Anrechnungskriterium werden (BAG 22. 9. 92 AP Nr. 60 zu § 87 BetrVG 1972 Lohngestaltung),
– wenn die Dauer der Betriebszugehörigkeit oder das bevorstehende Ende des Arb-Verh. zum Merkmal werden soll (BAG 27. 10. 92 AP Nr. 61 zu § 87 BetrVG 1972 Lohngestaltung),
– wenn die Anrechnung bei Erreichen einer höheren Tarifgruppe ausgeschlossen wird (BAG 23. 3. 93 AP Nr. 64 zu § 87 BetrVG 1972 Lohngestaltung),
– wenn im AT-Bereich die Zulagen auf Gehaltserhöhungen angerechnet werden sollen (BAG 28. 9. 94 AP Nr. 68 zu § 87 BetrVG 1972 Lohngestaltung),
– wenn auf Grund von Alterssprüngen, Höhergruppierungen oder Erhöhungen der tariflichen Leistungszulagen die Tariflohnerhöhung unterschiedlich angerechnet werden soll (BAG 22. 4. 97 AP Nr. 88 zu § 87 BetrVG 1972 Lohngestaltung)
– wenn das durch eine Anrechnung eingesparte Zulagenvolumen künftig nach anderen Grundsätzen verteilt werden soll (BAG 11. 8. 92 AP Nr. 53 zu § 87 BetrVG 1972 Lohngestaltung).

485   Ein kollektiver Tatbestand wird nicht dadurch ausgeschlossen, dass der ArbGeb. mit einer Vielzahl von ArbN jeweils individuelle Vereinbarungen trifft und dabei die **Formulierung einer allgemeinen Regel** vermeidet (BAG 9. 7. 96 AP Nr. 86 zu § 87 BetrVG 1972 Lohngestaltung).

486   **Kein kollektiver Tatbestand** liegt vor, wenn nachweisbar nur die individuellen Besonderheiten die Anrechnungsentscheidung prägen (*Hoß* NZA 97, 1129). Das gilt auch, wenn der ArbGeb. auf Wunsch eines einzelnen ArbN die Tariflohnerhöhung anrechnet, um steuerliche Nachteile zu vermeiden (BAG 27. 10. 92 AP Nr. 61 zu § 87 BetrVG 1972 Lohngestaltung). Bedenklich ist die Verneinung des MBR in den Fällen, in denen der ArbN trotz Umsetzung auf einen tariflich niedriger bewerteten Arbeitsplatz unverändert die bisherige Vergütung erhält (BAG 22. 9. 92 AP Nr. 57 zu § 87 BetrVG 1972 Lohngestaltung). Es handelt sich erkennbar um generelle Regelungen, die für die Lohnbemessung maßgebend sein sollen.

487   Da die Änderung der Verteilungsgrundsätze mitbestimmungspflichtig ist, muss weiter entschieden werden, welche Rechtsfolgen sich bei einer **Verletzung des MBR** ergeben (dazu unten Rn 595 ff.).

i) Mitbestimmungsrecht bei der Vergütung der AT-Angestellten

488   **AT-Angestellte** sind ArbN, deren Vergütung nicht durch TV geregelt wird, weil ihre Tätigkeit höher zu bewerten ist als die Tätigkeit in der obersten Tarifgruppe. Dennoch gehören sie zu den ArbN, für die das BetrVG uneingeschränkt gilt. Dadurch unterscheiden sich dies von den leitenden Ang. iSv. § 5 Abs. 3 (vgl. dort Rn 310 ff.). Da der ArbGeb. für die Erbringung ihrer Arbeitsleistung nach § 612 Abs. 1 BGB ein Entgelt schuldet, handelt es sich hierbei nicht um eine freiwillige Leistung iSd. MBR, von deren Erbringung der ArbGeb. absehen könnte, soweit er sich mit dem BR nicht über die Verteilungskriterien einig wird (BAG 23. 3. 10 – 1 ABR 82/08 – NZA 11, 642).

489   Das MBR des BR für die Lohngestaltung der AT-Ang. hat besondere Bedeutung (vgl. *Wohlgemuth* BB 93, 286). Die Vergütung der AT-Ang. ist nicht tariflich geregelt. Das hindert die MB nach Nr. 10 nicht, da eine betriebliche Vergütungsordnung auch den außertariflichen Bereich erfasst (BAG 12. 12. 06 AP Nr. 32 zu § 99 BetrVG 1972 Eingruppierung). Darüber hinaus steht dem MBR der Eingangssatz des § 87 Abs. 1 nicht entgegen (*HSWGNR* Rn 565); der Abschluss einer BV wird mangels tarifl. oder tarifübl. Regelungen auch nicht nach § 77 Abs. 3 gesperrt. Deshalb können vor allem für AT-Ang. **Zielvereinbarungssysteme** durch BV geregelt werden, die bei

den übrigen ArbN an dieser Regelungssperre scheitern können (*Heiden* S. 124; dazu § 77 Rn 87 ff.; 115). Im Übrigen besteht bei den AT-Ang. ein vergleichbares Bedürfnis nach Schaffung einer gerechten Lohn- oder Vergütungsordnung und nach Transparenz wie bei denjenigen Angestellten, deren Gehälter tarifvertraglich geregelt sind (vgl. Rn 407, 411). Im Grundsatz müssen ArbGeb. und BR deshalb das leisten, was Gewerkschaften und ArbGebVerbände in einem TV leisten: Sie müssen **Gehaltsgruppen** bilden und ihre Wertigkeit zueinander festlegen (BAG 28. 9. 94 AP Nr. 68 zu § 87 BetrVG 1972 Lohngestaltung; zust. ErfK-*Kania* Rn 106; *Richardi* Rn 782). Das gilt auch für jede Änderung dieser Gehaltsgruppen. Eine mitbestimmungspflichtige Änderung liegt zB vor, wenn das Verhältnis zur höchsten Tarifgruppe und das Verhältnis der Gehaltsgruppen zueinander aus Anlass einer Tariflohnerhöhung geändert werden soll (BAG 28. 9. 94 AP Nr. 68 zu § 87 BetrVG 1972 Lohngestaltung). Ein MBR ist auch dann gegeben, wenn der ArbGeb. innerhalb der Gruppen Spielräume für individuelle Gehaltsvereinbarungen hat (BAG 28. 9. 94 aaO).

Das MBR erfasst **nicht die Gehaltshöhe** (*Richardi* 785) Deren Festlegung ist den **490** Arbeitsvertragsparteien vorbehalten (BAG 28. 9. 94 AP Nr. 68 zu § 87 BetrVG 1972 Lohngestaltung). Das hat allerdings keinen Einfluss auf die MB. Sieht der Arbeitsvertrag eine höhere Entlohnung vor als die anhand der mitbestimmten Entlohnungsgrundsätze ermittelte, geht nach dem **Günstigkeitsprinzip** die vertragliche Vereinbarung vor. Da es an einem MBR hinsichtlich der Lohnhöhe fehlt, ist auch die Entscheidung des ArbGeb., ob die Gehälter der AT-Angestellten erhöht werden sollen, mitbestimmungsfrei. Der ArbGeb. kann sich gegenüber dem BR allerdings freiwillig (§ 88) verpflichten in bestimmten Zeitspannen eine Anpassung vorzunehmen oder zumindest eine Erhöhung zu prüfen (BAG 21. 1. 03 AP Nr. 117 zu § 87 BetrVG 1972 Lohngestaltung; 13. 12. 11 – 1 AZR 508/10 –).

Zur Frage der Lohngestaltung bei AT-Angestellten gehört auch die Festlegung des **491** **Abstands zur höchsten Tarifgruppe;** *DKK-Klebe* Rn 267; *Wohlgemuth* BB 93, 286; **aA** BAG 21. 8. 90 AP Nr. 5 zu § 87 BetrVG 1972 Nachwirkung; BAG 27. 10. 92 AP Nr. 61 zu § 87 BetrVG 1972 Lohngestaltung; unklar BAG 28. 9. 94 AP Nr. 68 zu § 87 BetrVG 1972 Lohngestaltung; *Richardi* Rn 783; GK-*Wiese* Rn 941; ErfK-*Kania* Rn 106).

Mitbestimmungspflichtig ist die Zahl der Gruppen, die Festlegung des **Wertunter-** **492** **schiedes zwischen den Gruppen** und die Bestimmung der „Bandbreite" einer Gehaltsgruppe in Prozentsätzen oder Verhältniszahlen (BAG 22. 12. 81 AP Nr. 7 zu § 87 BetrVG 1972 Lohngestaltung; BAG 21. 8. 90 AP Nr. 5 zu § 77 BetrVG 1972 Nachwirkung; BAG 27. 10. 92, 28. 9. 94 AP Nr. 61, 68 zu § 87 BetrVG 1972 Lohngestaltung; GK-*Wiese* Rn 942; einschränkend *HSWGNR* Rn 565).

Das **MBR entfällt nicht** deshalb, weil für die AT-Angestellten Arbeitsentgelte not- **493** wendigerweise einzelvertraglich vereinbart werden (*Richardi* Rn 785; **aA** *HSWGNR* Rn 565). Das schließt ein MBR zur Wahrung der innerbetrieblichen Lohngerechtigkeit und zur Durchschaubarkeit der Lohngestaltung (vgl. Rn 407 ff.) nicht aus.

Nur bei **individuellen,** den Besonderheiten eines einzelnen Arbeitsverhältnisses **494** Rechnung tragenden, **Gehaltsvereinbarungen** besteht kein MBR; es fehlt insoweit an einem kollektiven Tatbestand. Im Übrigen müssen sich die Lohnvereinbarungen innerhalb des mitbestimmten Rahmens für die einzelnen Entgeltgruppen halten. Ein kollektiver Tatbestand liegt jedenfalls vor, wenn ein Gesamtbetrag für Gehaltserhöhungen der AT-Ang. zur Verfügung gestellt wird.

Die **Tarifsperre** des § 77 Abs. 3 steht dem Abschluss entspr. BV nicht entgegen **495** (vgl. § 77 Rn 88), auch nicht wenn ein TV ausdrücklich bestimmen würde, die Entgeltregelung solle nicht durch BV sondern nur durch Einzelverträge erfolgen (GK-*Wiese* Rn 940). Denn damit würden die TVParteien das BetrVG als Schutzgesetz zugunsten der ArbN verletzen. Eine derartige Bestimmung kann keine eine BV ausschließende Wirkung entfalten.

Werden in größeren Betrieben für AT-Ang. typische **allgemeine Arbeitsver-** **496** **tragsbedingungen** entwickelt, so hat der BR auf die Einhaltung des § 75 zu achten

(BAG 18. 9. 73 AP Nr. 3 zu § 80 BetrVG 1972; 17. 5. 78 AP Nr. 42 zu § 242 BGB Gleichbehandlung). Die Aufzählung von Mindestbedingungen für das Erreichen des AT-Status in einem TV („15% über höchstem Tarifgehalt") ist keine Tarifregelung iSd. Eingangssatzes des § 87. Eine solche Regelung dient nur der Abgrenzung des persönlichen Geltungsbereichs des TV.

11. Leistungsbezogene Entgelte

497   Die Vorschrift steht in einem engen Zusammenhang mit Nr. 10. Während Nr. 10 ein MBR bei der Festlegung des Entlohnungsgrundsatzes einräumt (zB. Zeitlohn oder Leistungslohn), legt Nr. 11 die Mitbestimmung des BR bei der Ausgestaltung der Entlohnungsgrundsätze und -methoden leistungsbezogener Entgelte fest. Hier wird eine **besondere, aus Nr. 10 herausgehobene Frage** geregelt (BAG 29. 3. 77 AP Nr. 1 zu § 87 BetrVG 1972 Provision). Es wird klargestellt, dass der BR – soweit nicht nach dem Eingangssatz eine zwingende und abschließende Tarifregelung gilt – auch bei der Festlegung aller Bezugsgrößen für den Leistungslohn mitzubestimmen hat, insb. beim Akkordlohn nicht nur bei der Festlegung des Zeitfaktors, sondern auch des Geldfaktors.

498   Nr. 11 bezieht neben den Akkordsätzen auch alle anderen vergleichbaren leistungsbezogenen Entgelte (zB Prämien, Leistungszulagen zum Zeitlohn) in das MBR des BR ein. Das besondere und erweiterte MBR gilt für **alle Entgeltformen,** bei denen eine **unmittelbare Beziehung zwischen Leistung und Entgelt** besteht (BAG 15. 5. 01 AP Nr. 17 zu § 87 BetrVG 1972 Prämie). Dazu zählen auch Entgelte im Rahmen von **Zielvereinbarungen,** die für das Erreichen eines quantitativ bemessenen Ziels gezahlt werden (*Däubler* NZA 05, 793).

499   **Sinn und Zweck** des erweiterten MBR ergeben sich aus den **besonderen Belastungen der ArbN** bei Zahlung leistungsbezogener Entgelte (BAG 29. 3. 77 AP Nr. 1 zu § 87 BetrVG 1972 Provision; 13. 9. 83 AP Nr. 3 zu § 87 BetrVG 1972 Prämie). Die Beteiligung des BR soll gewährleisten, dass die von den ArbN erwartete Zusatzleistung sachgerecht bewertet wird und in einem angemessenen Verhältnis zu dem erzielbaren Mehrverdienst steht (GK-*Wiese* Rn 962). Darüber hinaus sollen die ArbN auch vor einer Überforderung geschützt werden (BAG 15. 5. 01 AP Nr. 17 zu § 87 BetrVG 1972 Prämie) und damit auch vor gesundheitlichen Gefahren. Deshalb ist auch der Geldfaktor mitbestimmungspflichtig. Geldfaktor ist der Lohn für die Bezugs- oder Ausgangsleistung (BAG 13. 9. 83 AP Nr. 3 zu § 87 BetrVG 1972 Prämie; krit. *Richardi* Rn 876).

500   Ein MBR besteht nicht zuletzt deshalb, weil eine Leistungsbewertung jedenfalls nicht mit mathematischer Genauigkeit vorgenommen werden kann, sondern einem **Beurteilungsspielraum** unterliegt. Hier ist im Interesse der **innerbetrieblichen Lohngerechtigkeit** und aus Gründen des **Überforderungsschutzes** ein MBR geboten (BAG 29. 3. 77; 10. 7. 79 AP Nr. 1, 2 zu § 87 BetrVG 1972 Provision; 28. 7. 81 AP Nr. 2 zu § 87 BetrVG 1972 Lohngestaltung; GK-*Wiese* Rn 962; *DKK-Klebe* Rn 269).

a) Akkordlohn

501   Akkord ist der **Oberbegriff** für die nicht nach der Arbeitszeit, sondern ausschließlich **nach der Arbeitsmenge erfolgende Lohnregelung.** Leistungsbezogene Entgelte iS von Nr. 11 liegen nur dann vor, wenn eine Bezugs- oder Ausgleichsleistung festgesetzt wird und die individuelle Leistung des ArbN zur Ausgangsleistung in Bezug gesetzt werden soll (BAG 28. 7. 81 AP Nr. 2 zu § 87 BetrVG 1972 Provision; 25. 5. 82, 15. 5. 01 AP Nr. 2, 17 zu § 87 BetrVG 1972 Prämie). Der ArbN muss bei leistungsbezogenen Entgelten das Ergebnis seiner Arbeit qualitativ oder quantitativ unmittelbar beeinflussen können. Daran fehlt es etwa bei Jubiläums-, Pünktlichkeits- und Anwesenheitsprämien, aber auch bei solchen Leistungszulagen, die keinen Bezug

zu einer bestimmten Arbeitsmenge haben. Insoweit hat der BR nur nach Nr. 10 mitzubestimmen (GK-*Wiese* Rn 987).

Innerhalb der Akkorde ist zu unterscheiden zwischen **Geldakkord** (fälschlich auch 502 Stückakkord genannt) und **Zeitakkord;** alle anderen Akkordarten (Gewichtsakkord, Flächenakkord, Maßakkord) sind Unterfälle des Geld- oder Zeitakkords (GK-*Wiese* Rn 981).

Beim **Geldakkord** wird unter meist grober Schätzung der zur Herstellung eines 503 Stückes (bzw. einer Maß- oder Gewichtseinheit) erforderlichen Zeit unter Berücksichtigung des Akkordrichtsatzes unmittelbar das **Entgelt für das einzelne Werkstück** festgelegt. Der Verdienst richtet sich nach der Anzahl der erbrachten Leistungseinheiten (zB Anzahl der bearbeiteten Stücke) und dem pro Leistungseinheit vorgegebenen Geldbetrag (Geldfaktor). Dem MBR des BR unterliegt beim Geldakkord die **Entgeltfestsetzung für das einzelne Stück,** in dem die Zeitvorgabe von vornherein mit enthalten ist GK-*Wiese* Rn 981).

Beim **Zeitakkord** ist eine näher zu bestimmende Zeiteinheit (Vorgabezeit) die 504 maßgebliche Berechnungsgrundlage. Dabei wird dem ArbN pro Leistungseinheit (ein zu bearbeitendes Stück) ein bestimmter – meist in Minuten ausgedrückter – Zeitwert „vorgegeben". Jeder Akkordminute wird dann ein bestimmter Geldbetrag zugerechnet. Die pro Leistungseinheit vorgegebene Minutenzahl (Zeitfaktor) ergibt iVm. dem vorgegebenen Geldbetrag (Geldfaktor) und den erbrachten Leistungseinheiten den Verdienst. Beim Zeitakkord umfasst das MBR die **Festsetzung des Zeit- und Geldfaktors.**

Zwischen beiden **Akkordarten besteht kein wesensmäßiger Unterschied.** Sie 505 unterscheiden sich nur in der Art der Berechnung. Praktisch hat sich der Zeitakkord in den Betrieben durchgesetzt. Er wird dem Geldakkord vorgezogen. Bei Lohnerhöhungen ist der Zeitakkord leichter zu korrigieren als der Geldakkord (*DKK-Klebe* Rn 273).

Die Höhe des Akkordlohns richtet sich nach der jeweiligen **Akkordvorgabe.** 506 Beim Geldakkord ist die Akkordvorgabe der für die Leistungseinheit (das Stück) festgesetzte Geldwert. Beim Zeitakkord ist es die Zeit, die für die Leistungseinheit „vorgegeben" wird.

Die Akkordvorgabe erfolgt grundsätzlich unter Berücksichtigung des Akkordricht- 507 satzes. Stets ist zunächst festzulegen, welchen Verdienst ein Akkordarbeiter bei normaler Leistung pro Stunde erreichen soll **(Akkordrichtsatz).** Diese Festlegung erfolgt in den meisten Gewerbezweigen üblicherweise durch TV. Üblich ist die Festlegung des tariflichen Ecklohnes mit einem Zuschlag von 15%. Den Akkordrichtsatz muss der Akkordarbeiter in einer Stunde verdienen, wenn er die Normalleistung erbringt. Ist beim Geldakkord der Akkordrichtsatz auf 15 Euro festgesetzt, muss die Vorgabe für eine Leistungseinheit so festgesetzt werden, dass der ArbN pro Stunde bei einer normalen Arbeitsleistung diesen Akkordrichtsatz erreicht (sind in einer Stunde drei Leistungseinheiten zu schaffen, muss für jede Einheit ein Akkord von 5 Euro festgesetzt werden). Beim **Zeitakkord** muss die für die Leistungseinheit vorgegebene Minutenzahl (Zeitfaktor) so festgesetzt werden, dass iVm. mit dem festzusetzenden Geldfaktor der ArbN bei normaler Arbeitsleistung in einer Stunde den Akkordrichtsatz erreicht (sind zB 10 Minuten für eine Leistungseinheit vorgegeben, muss der ArbN 6 Leistungseinheiten in der Stunde erbringen, wenn der Akkordrichtsatz erreicht werden soll). Es ist dann wie folgt zu rechnen: 6 Leistungseinheiten × 10 Minuten (Zeitfaktor) × 0,25 Euro (Geldfaktor = $^{1}/_{60}$ des Akkordrichtsatzes) = 9 Euro. Erreicht der ArbN statt der „normalen" 6 Leistungseinheiten 8 Leistungseinheiten, erhält er 8 × 10 × 0,25 Euro = 20 Euro.

Ist der Akkordrichtsatz im TV bestimmt, scheidet insoweit eine Mitbestimmung 508 des BR aus (Rn 517).

Der Leistungsgrad des ArbN folgt aus einem Vergleich des Arbeitsergebnisses mit 509 einer Bezugsleistung (Ausgangsleistung). Die Höhe des effektiven Lohns steht idR in einem unmittelbaren Verhältnis zur Arbeitsmenge, je größer die Arbeitsmenge, desto höher der Lohn **(Proportionalakkord).** Denkbar ist aber auch ein **degressiver** oder **progressiver** Akkord. Bei einem progressiven Akkord wird zusätzlich die Steigerung der Arbeitsleistung über einen gewissen Grad hinaus belohnt. Umgekehrt kann ein degressiver Akkord eingeführt werden, um den ArbN vor einer Überanstrengung zu schützen; der Anreiz zur Mehrarbeit wird geringer. Über den Verlauf der Akkordkurve hat der BR mitzubestimmen.

510   Beim Zeitakkord erfolgt die Zeitvorgabe im Gegensatz zum Geldakkord (der meist frei ausgehandelt wird) zumeist auf Grund von **Zeitstudien,** dh unter Verwendung arbeitswissenschaftlicher Erkenntnisse (zB Refa- oder Bedauxverf.). Bei der Ermittlung des Zeitfaktors wird von der „**Normalleistung**" (nicht Durchschnittsleistung) der ArbN des Betriebes ausgegangen, dh der Leistung, die ein hinreichend geeigneter und geübter ArbN auf die Dauer in zumutbarer Weise erbringen kann. Die Bestimmung, dh Umschreibung der Normalleistung, erfolgt regelmäßig durch TV. Soweit tarifliche Regelungen fehlen, hat der BR mitzubestimmen. Der tatsächliche Lohn des einzelnen ArbN pro Stunde bzw. pro Arbeitstag errechnet sich dann aus Stückzahl mal Akkordsatz bzw. aus der Multiplikation der Vorgabezeit mal Geldfaktor mal Zahl der erbrachten Leistungseinheiten.

511   Der BR ist bereits bei der **Vornahme von Zeitstudien,** die der Festlegung des Zeitfaktors vorausgehen, zu beteiligen, auch wenn diese lediglich der Vorbereitung für eigene Entschließungen des ArbGeb. dienen (BAG 24. 2. 87 AP Nr. 21 zu § 77 BetrVG 1972; 24. 11. 87 AP Nr. 6 zu § 87 BetrVG 1972 Akkord; *Richardi* Rn 898; *DKK-Klebe* Rn 285; GK-*Wiese* Rn 1000). Hinsichtlich des Zeitfaktors kann nicht eingewandt werden, ein MBR scheide dann aus, wenn der ArbGeb. von sich aus die **Zeitvorgabe nach anerkannten arbeitswissenschaftlichen Grundsätzen** ermitteln lasse. Der BR soll nicht nur bei der Festlegung des Zeitermittlungsverfahrens mitbestimmen, sondern auch dabei, dass die auch nach seiner Ansicht richtige Zeit ermittelt wird. Die Betriebspartner können auch ein anerkanntes Zeitermittlungssystem für die betrieblichen Bedürfnisse abändern (BAG 24. 2. 87 AP Nr. 21 zu § 77 BetrVG 1972; 24. 11. 87 AP Nr. 6 zu § 87 BetrVG 1972 Akkord; ErfK-*Kania* Rn 123). Die **Mitverantwortung des BR** erhöht die Wahrscheinlichkeit zutreffender Ergebnisse (*Moll* Entgelt S. 30 ff.). Es gibt keine von vornherein allein „richtige" Akkordzeit, deren Ermittlung eine Art „Rechtsanwendung" wäre. Eine absolut objektive Messung der menschlichen Leistung ist nicht möglich. Alle Zeitermittlungssysteme beruhen letzten Endes auf einer Bewertung der Normalleistung und beinhalten einen erheblichen **Beurteilungsspielraum** (vgl. ErfK-*Kania* Rn 123; LAG Düsseldorf EzA § 87 BetrVG Leistungslohn Nr. 5; **aA** *HSWGNR* Rn 645 ff.).

512   Zur Vorgabezeit gehören auch – häufig durch TV festgelegte – zusätzliche Zeiten, wie zB **Erholungs- u. Verteilzeiten.** Soweit eine darauf bezogene tarifliche Regelung fehlt, besteht ein MBR (über MBR bei der Festlegung von Erholungszeit vgl. BAG 24. 2. 87 AP Nr. 21 zu § 77 BetrVG 1972, zu deren Zusammenfassung zu Kurzpausen BAG 24. 11. 87 AP Nr. 6 zu § 87 BetrVG 1972 Akkord und zu Wartezeiten BAG 14. 2. 89 AP Nr. 8 zu § 87 BetrVG 1972 Akkord). Entsprechendes gilt für die Entscheidung, ob Wartezeiten, in denen der ArbN aus von ihm nicht zu vertretenden Gründen keine Akkordarbeit leisten kann, in die Vorgabezeit als Verteilzeit einbezogen oder gesondert erfasst werden (GK-*Wiese* Rn 902).

513   Soweit die Leistung mittels technischer Überwachungsgeräte festgestellt wird, besteht daneben das MBR nach Nr. 6 (vgl. Rn 225 ff.).

514   Auch bei der **Ermittlung des Geldfaktors** hat der BR mitzubestimmen, soweit sich dieser nicht unmittelbar aus dem TV ergibt. Beim Geldfaktor geht es um den Lohn für die Bezugs- bzw. Ausgangsleistung. Die Arbeit im Leistungslohn hat wegen ihrer Gefahren für den ArbN ihren Preis (BAG 14. 2. 89 AP Nr. 8 zu § 87 BetrVG 1972 Akkord; GK-*Wiese* Rn 992 ff.; *DKK-Klebe* Rn 284; **aA** *Richardi* Rn 904).

515   Aus dem tariflichen Akkordrichtsatz folgt aber keineswegs immer unmittelbar der Geldfaktor für den einzelnen Betrieb. Die TV legen auch heute noch zT nur den Akkordrichtsatz als **Produkt von Zeit- und Geldfaktor** fest, nicht auch, auf welche Weise dieses Lohnergebnis erreicht wird. Ebenso wie der Zeitfaktor ist auch der

Geldfaktor als reine Rechnungsgröße manipulierbar und wird ggf. unter Berücksichtigung weiterer Umstände gebildet. Aus dem Wesen des Zeitakkords folgt nicht notwendig die Bindung des Geldfaktors an den tariflichen Akkordrichtsatz. Damit besteht hier ein MBR hinsichtlich der **Lohnhöhe.** Die Aushandlung des 516 Leistungslohnes mit dem ArbGeb. soll nicht dem einzelnen ArbN überlassen werden. Sie muss zum Schutz des ArbN durch BV erfolgen, soweit kein TV eingreift. Der Tatbestand der Nr. 11 geht insoweit über den der Nr. 10 hinaus (BAG 29. 3. 77 AP Nr. 1 zu § 87 BetrVG 1972 Provision; 22. 1. 80 AP Nr. 3 zu § 87 BetrVG 1972 Lohngestaltung; 16. 12. 86 AP Nr. 8 zu § 87 BetrVG 1972 Prämie; 14. 2. 89 AP Nr. 8 zu § 87 BetrVG 1972 Akkord; 20. 11. 90 AP Nr. 48 zu § 77 BetrVG 1972; GK-*Wiese* Rn 992; ErfK-*Kania* Rn 122; **aA** *Richardi* Rn 904; *HSWGNR* Rn 629 ff.; *Joost* ZfA 93, 257, 271 ff.). Das folgt aus Wortlaut und Schutzzweck der Norm. Das MBR soll sich auf die Festlegung aller Bezugsgrößen erstrecken.

Sind allerdings die Vorgabezeiten richtig bemessen, wofür bei gesicherten arbeits- 517 wissenschaftlichen Verf. der erste Anschein sprechen kann, so muss der Geldfaktor den 60. Teil des **Akkordrichtsatzes** erreichen. Es besteht dann wegen des Vorrangs des TV kein MBR mehr, wenn der Geldfaktor des Zeitakkords unmittelbar vom Akkordrichtsatz (tariflichen Stundenlohn) abhängig gemacht wird, dh mindestens ein Sechzigstel des Akkordrichtsatzes beträgt (so in dem Fall BAG 17. 10. 62 AP Nr. 16 zu § 611 BGB Akkordlohn; wegen Prämienlohn vgl. BAG 25. 5. 82 AP Nr. 2 zu § 87 BetrVG 1972 Prämie).

Unter Festsetzung von Akkordsätzen ist jede Bestimmung der Akkordsätze zu ver- 518 stehen, die sich abstrakt auf ein bestimmtes Arbeitsvorhaben oder einen bestimmten Arbeitsplatz bezieht, dagegen **nicht die individuelle Lohnberechnung** für den einzelnen Akkordarbeiter, wie im Gesetzgebungsverfahren klargestellt wurde (schriftlicher Bericht des BT-Ausschusses für Arbeit zu § 87 S. 29). Nicht unter Nr. 11 fällt auch die Zuweisung eines anderen Arbeitsplatzes, an dem im Zeitlohn oder nach einem anderen Akkordsatz gearbeitet wird. In letzterem Fall kommt aber ein MBR nach §§ 99 ff. (Versetzung) in Betracht.

Die Entlohnung kann statt im Einzel- auch im **Gruppenakkord** erfolgen. Er liegt 519 vor, wenn mehreren ArbN eine gemeinschaftlich auszuführende Arbeit unter gemeinsamer Entlohnung nach dem Arbeitsergebnis übertragen wird (BAG 26. 4. 61 AP Nr. 14 zu § 611 BGB Akkordlohn).

Soweit ein MBR besteht, hat der BR auch ein **Initiativrecht** (*Richardi* Rn 912; 520 vgl. Rn 583 ff.).

Haben sich BR und ArbGeb. auf die Anwendung eines bestimmten Entlohnungs- 521 grundsatzes geeinigt und auf das Verf. zu dessen Anwendung („Entlohnungsmethode"), so hat der BR außerdem auch noch bei der **Festsetzung jedes einzelnen Akkordsatzes** mitzubestimmen. Vor allem in Großbetrieben mit einer Vielzahl derartiger Entgeltsätze ist der BR überfordert, selbst wenn man zB ein Abzeichnen von Akkordlisten genügen lässt. Es ist daher die Bildung von besonderen **Ausschüssen** zu empfehlen, die von Mitgl. des BR und Vertr. des ArbGeb. **paritätisch besetzt** werden, um die Entgeltsätze für die einzelnen Arbeitsvorhaben festzusetzen (vgl. auch BAG 26. 7. 88 AP Nr. 6 zu § 87 BetrVG 1972 Provision). Derartige Ausschüsse sieht das Gesetz ausdrücklich vor (§ 28 Abs. 3). Das vereinbarte MBR darf aber nicht zu einem unzulässigen Verzicht auf das MBR führen, insb. indem die einzelne Akkordfestsetzung etwa dem ArbGeb. überlassen wird. Schreibt ein TV die Bildung betrieblicher Akkordkommissionen vor, so sind die TVParteien in deren Ausgestaltung wegen des Vorrangs des TV frei.

Die Zustimmung des BR ist **Wirksamkeitsvoraussetzung** für die Festsetzung der 522 Akkordsätze (vgl. Rn 599 ff.).

b) Prämienlohn

523   Ausdrücklich erwähnt das Gesetz in Nr. 11 auch die Festsetzung von Prämiensätzen und vergleichbaren leistungsbezogenen Entgelten. Damit unterliegen alle auf das produktive Arbeitsergebnis abgestellten Entgelte dem MBR des BR. Vom Akkord unterscheidet sich der Prämienlohn dadurch, dass für die Entlohnung **eine andere Bezugsgröße als die Arbeitsmenge** gewählt wird. Die Prämienentlohnungen können in ihrer wirtschaftlichen Wirkung einem vergröberten Akkordsystem gleichkommen, das maßgeblich auf die Arbeitsmenge abstellt. Sie können auch als bes. Zulagen zum Zeitlohn für qualitätsbestimmte, materialsparende, termingerechte oder maschinenausnutzende Leistungen als Erfolgsprämien gewährt werden, die sich mit dem üblichen Akkordlohnsystem nicht mehr erfassen lassen. Das gilt auch für eine Prämie bei fehlerfreier Arbeit (Ausschussprämie). Diese Ausschussprämie kann degressiv gestaltet werden.

524   Prämienlohn ist meist **betriebsbezogen** gestaltet. Es finden sich selten Regelungen im TV. Er nimmt in der betrieblichen Praxis an Bedeutung zu. Die Arbeitsvergabe im Akkord wird mit zunehmender Automation und Verlagerung der Tätigkeit des ArbN auf die Überwachung von Maschinen unzweckmäßig oder gar unmöglich. Das Leistungsmoment tritt gegenüber dem Zeitmoment (Mengenmoment) in den Vordergrund, wobei der Lohn nicht notwendig linear ansteigt.

525   Echter **Prämienlohn ist Leistungslohn,** dessen Höhe von ArbN beeinflussbar sein muss (BAG 13. 9. 83 AP Nr. 3 zu § 87 BetrVG 1972 Prämie; 13. 3. 84 AP Nr. 4 zu § 87 BetrVG 1972 Lohngestaltung; 16. 12. 86 AP Nr. 8 zu § 87 BetrVG 1972 Prämie). Entscheidend ist, dass eine Leistung des ArbN gemessen und mit einer „Bezugsleistung" verglichen werden kann, so dass die Höhe der Vergütung nach dem Verhältnis von tatsächlicher Leistung und Bezugsleistung ermittelt werden kann (BAG 15. 5. 01 AP Nr. 17 zu § 87 BetrVG 1972 Prämie).

526   Das MBR erstreckt sich bereits **nach Nr. 10** auf die arbeitswissenschaftliche und arbeitstechnische Gestaltung des Prämienverfahrens., also die **Prämienart,** die **Bezugsgröße** und die **Anknüpfungspunkte** (Festsetzung des Leistungsmaßstabes, Ausgangsleistung, Verteilungsschlüssel, Prämienkurve; BAG 25. 5. 82, 13. 9. 83, 16. 12. 86 AP Nr. 2, 3, 8 zu § 87 BetrVG 1972 Prämie, 13. 3. 84 AP Nr. 4 zu § 87 BetrVG 1972 Provision).

527   Dieses MBR wird nach Nr. 11 ausgedehnt auf die Festsetzung der zugrunde zu legenden **Entgelteinheit** (Prämienausgangslohn, Leistungsstufen, höchster Prämienlohn, Prämienlohnlinie), die dem Geldfaktor beim Akkord entspricht (BAG 16. 12. 86 AP Nr. 8 zu § 87 BetrVG 1972 Prämie). Ein MBR lediglich für die Leistungsseite, während der ArbGeb. allein das keinesfalls immer proportionale Verhältnis zur Geldseite bestimmen würde, wäre sinnlos (vgl. BAG 25. 5. 82 AP Nr. 2 zu § 87 BetrVG 1972 Prämie; ErfK-*Kania* Rn 125; **aA** *HSWGNR* Rn 565 ff.). Bei einer Leistungsentlohnung könnte der „Geldfaktor" verschieden verstanden werden (vgl. BAG aaO). Zutreffend handelt es sich um den Betrag, der für die Ausgangs(Bezugs)leistung bezahlt wird; eine höhere Vergütung ergibt sich erst bei Übersteigen der Ausgangsleistung. Ein MBR besteht sowohl hinsichtlich der **Ausgangsleistung** als auch der **Steigerungsbeträge** (GK-*Wiese* Rn 1004; ausdrücklich klargestellt BAG 13. 9. 83 AP Nr. 3 zu § 87 BetrVG 1972 Prämie). Nach einer engeren Auffassung ist unter dem Geldfaktor lediglich das Verhältnis des bereits feststehenden Entgelts für eine Ausgangsleistung zur tatsächlich erzielten Leistung zu verstehen. Damit unterläge nur diese Progression dem MBR (so *Richardi* Rn 903; *SWS* Rn 189 a).

528   Auch die Entscheidung über die Gewährung von **Einzel- oder von Gruppenprämien** unterliegt dem MBR (*SWS* Rn 184; **aA** BAG 8. 12. 81 AP Nr. 1 zu § 87 BetrVG 1972 Prämie mit kr. Anm. *Hilger*). Prämien für die Erfüllung an sich selbstverständlicher Pflichten aus dem Arbeitsvertrag (zB Antrittsgebühr im graphischen Gewerbe; Anwesenheitsprämie) fallen nicht unter Nr. 11, aber unter Nr. 10 (vgl. auch Rn 532). Wegen Prämien für Verbesserungsvorschläge vgl. Rn 554.

529   Zur Durchführung der Mitbestimmung in paritätischen Ausschüssen vgl. Rn 552.

c) Vergleichbare leistungsbezogene Entgelte

Unter „vergleichbaren" leistungsbezogenen Entgelten sind nur solche Entgelte zu **530** verstehen, deren Leistungs- und Entgelteinheiten nach dem konkreten vom ArbN **beeinflussbaren Arbeitsergebnis** berechnet, bemessen oder bewertet werden **im Verhältnis zu einer Bezugsleistung** (Normalleistung; BAG 28. 7. 81, 13. 3. 84 AP Nr. 2, 4 zu § 87 BetrVG 1972 Provision; *Richardi* Rn 887; ErfK-*Kania* Rn 127). Hierher gehören auch Leistungszulagen (zB für Arbeitsergebnis, Arbeitsausführung, Arbeitseinsatz, Arbeitssorgfalt, Arbeitssicherheit, Termineinhaltung, Vergütung für erhöhte Leistungsvorgaben), die in Prozenten oder nach Punkten insb. zum Zeitlohn der jeweiligen Lohngruppe als Grundlohn gewährt werden (*DKK-Klebe* Rn 281; **aA** *HSWGNR* Rn 663, vgl. die Fälle BAG 11. 9. 74 AP Nr. 3 zu § 1 TVG Tarifverträge: Metallindustrie; 28. 2. 84 AP Nr. 4 zu § 87 BetrVG 1972 Tarifvorrang).

Der BR bestimmt mit bei der **Festlegung der einzelnen Beurteilungsstufen** **531** (Leistungsstufen) und deren Punktwert, soweit der TV keine eigenständige Regelung enthält. Eine langfristige Phasenverschiebung, zB eine Regelung, dass der Leistungsbemessung im laufenden Jahr die Entlohnungsermittlung für das vergangene Jahr zugrundelegt wird, ist nicht zulässig, wenn die tatsächliche Leistung im Beurteilungszeitraum die Entgelthöhe nicht mehr beeinflussen kann (BAG 22. 10. 85 AP Nr. 3 zu § 87 BetrVG 1972 Leistungslohn; BAG 15. 5. 01 AP Nr. 17 zu § 87 BetrVG 1972 Prämie).

Nicht hierher rechnen sog. „**Leistungszulagen**", die ohne weitere Anforderun- **532** gen gleich bleibend, wenn auch in Erwartung bes. Leistungen den ArbN gewährt werden, also Zulagen für die Erfüllung ohnehin bestehender vertraglicher Pflichten, Nachtschicht- und Erschwerniszulagen, Überstundenvergütung. Dem MBR nach Nr. 11 unterliegen nicht solche Leistungen, die vom wirtschaftlichen Erfolg des Unternehmens und damit nicht von einer Arbeitsleistung des einzelnen ArbN abhängen (Jahresabschlussvergütungen, Gratifikationen, Ergebnisbeteiligungen, vgl. GK-*Wiese* Rn 987). Diese Vergütungsbestandteile fallen aber unter Nr. 10 (vgl. im Wesentlichen wie hier: GK-*Wiese* Rn 987 ff.; ErfK-*Kania* Rn 126; *HSWGNR* Rn 586). Nicht hierher gehören auch Leistungsprämien, die in ihrer Höhe allein von Leistungen in einem früheren Beurteilungszeitraum anhängen (BAG 15. 5. 01 AP Nr. 17 zu § 87 BetrVG 1972 Prämie). Nach Auffassung des BAG (10. 7. 79 AP Nr. 2 zu § 87 BetrVG 1972 Lohngestaltung) soll kein MBR bestehen hinsichtlich der Höhe der Prämiensätze für einen zeitlich begrenzten Wettbewerb für Außendienstmitarbeiter zwecks Durchsetzung eines neuen Preissystems für Fotokopiergeräte, da im Gegensatz zur Provision diese Prämie gezielt und zusätzlich im Interesse besonderer unternehmerischer Ziele gewährt werde (wohl aber MBR bei der Auslobung des Wettbewerbs, vgl. Rn 414).

Bei der **Vergütung für Heimarbeiter** ist die Festsetzung des Zeit- und Geldfak- **533** tors nach Nr. 11 mitbestimmungspflichtig (*HSWGNR* Rn 661).

Zu den leistungsbezogenen Entgelten gehört das im Bergbau vereinbarte **Gedinge** **534** (*Richardi* Rn 891; GK-*Wiese* Rn 977; *HSWGNR* Rn 660).

d) Provisionen

Unter Aufgabe der in der Voraufl. vertretenen Ansicht, zählen Provisionen nicht zu **535** den vergleichbaren leistungsbezogenen Entgelten iSd. MBR. Zwar werden Provisionen regelmäßig nur gezahlt, wenn der ArbN erfolgreich ist, also das mit der Provision verfolgte Anreizziel erreicht wird; doch fehlt es regelmäßig an einem Bezug zu einer messbaren Normalleistung, die das MBR nach Nr. 11 voraussetzt (BAG 28. 7. 81 AP Nr. 2 zu § 87 BetrVG 1972 Provision; BAG 13. 3. 84, 26. 7. 88 AP Nr. 4 und 6 zu § 87 BetrVG 1972 Provision; *HSWGNR* Rn 662; GK-*Wiese* Rn 971; krit. ErfK-*Kania* Rn 127; **aA** *DKK-Klebe* Rn 282; *Moll* Entgelt S. 68 ff.). Der Bezug zu einer Normalleistung ist keine weitere Voraussetzung für die Annahme, es läge ein vergleichbares leistungsbezogenes Entgelt vor. Allerdings besteht ein MBR nach Nr. 10

zur Frage, ob Provisionen gezahlt werden sollen, für welche Tatbestände und in welchem Verhältnis Fixum und Provision stehen sollen (vgl. Rn 423 f.).

12. Betriebliches Vorschlagswesen

a) Zweck und Bedeutung des Mitbestimmungsrechts

536   Zweck des MBR ist eine gerechte Bewertung der Vorschläge sowie die Förderung der Persönlichkeit der ArbN (BAG 16. 3. 82 AP Nr. 2 zu § 87 BetrVG 1972 Vorschlagswesen; GK-*Wiese* Rn 1017; ErfK-*Kania* Rn 128). Die ArbN sollen im Betrieb mitdenken und durch Vorschläge zur Verbesserung der betrieblichen Arbeitsvorgänge, der Produkte oder Dienstleistungen sowie der Zusammenarbeit im Betrieb zur Einsparung von Kosten beitragen. Es sollen aber nicht nur wirtschaftliche Zwecke verfolgt, sondern unabhängig von einer möglichen Steigerung der Produktivität die Fähigkeiten des einzelnen ArbN oder einer Gruppe von ArbN (Team) entwickelt werden. Schließlich soll das betriebliche Vorschlagswesen auch zur Humanisierung der Arbeitswelt beitragen sowie zur Verbesserung der Arbeitssicherheit und des Gesundheitsschutzes (*Bartenbach/Volz* Rn 407). Insoweit ergänzt das MBR die Aufgaben des BR aus § 80 Abs. 1 Nr. 9, § 89 und kann dazu eingesetzt werden, Vorschläge der ArbN zur Verbesserung des Arbeits- und Gesundheitsschutzes zu fördern (HaKo-BetrVG/*Kothe* Rn 148; WPK/*Bender* 267).

537   Die aktive Unterstützung des betrieblichen Vorschlagswesens liegt auch im Interesse des ArbGeb.: Es steigert die Innovationskraft des Betriebs und ist ein **wirkungsvolles personelles Führungsinstrument,** weil es auf die eigenverantwortliche Erweiterung der Handlungs- und Entscheidungsspielräume der Mitarbeiter abzielt. Dazu wird das Bewusstsein für betriebliche Probleme geschärft, das Verständnis und die Aufgeschlossenheit für notwendige technische und organisatorische Entwicklungen gefördert.

538   Das betriebliche Vorschlagswesen hat aus den genannten Gründen stark an Bedeutung gewonnen. Das belegen die stetige Zunahme an Verbesserungsvorschlägen und die daraus folgenden Einsparungen in Milliardenhöhe (Einzelheiten bei *DKK-Klebe* Rn 289).

b) Begriff und Abgrenzung zu Arbeitnehmererfindungen

539   Der Begriff „betriebliches Vorschlagswesen" meint Systeme und Verfahrensweisen, die Vergünstigungen in Aussicht stellen für einzelne oder eine Gruppe von ArbN, die über ihre Arbeitspflicht hinaus freiwillig einen Vorschlag unterbreiten, der die Ertragslage des Betriebs erhöht, zur Vereinfachung, Erleichterung, Beschleunigung oder sicheren Gestaltung der betrieblichen Arbeit beträgt oder die menschlichen Zusammenarbeit im Betrieb fördert (vgl. *Schwab* S. 138). Solche Verbesserungsvorschläge können nicht nur den **technischen,** sondern auch den **sozialen** und **organisatorischen** Bereich einschließlich einer menschengerechten Arbeitsgestaltung nach § 90 betreffen (*Richardi* Rn 926; GK-*Wiese* Rn 1012; HSWGNR Rn 679; *DKK-Klebe* Rn 290).

540   Der Verbesserungsvorschlag zielt auf eine Änderung oder Neuerung zum gegenwärtigen Zustand des Betriebes, erklärt also nicht nur, was verbesserungsbedürftig ist, sondern zeigt auch auf, wie die Verbesserung vorgenommen werden kann (WPK/*Bender* Rn 267).

541   Ein Verbesserungsvorschlag fällt nur dann in das betriebliche Vorschlagswesen, wenn er eine **zusätzliche Leistung** darstellt, also vom ArbN nicht schon auf Grund des Arbeitsvertrags geschuldet wird (hM, GK-*Wiese* Rn 1013).

542   **Erfindungen,** die patent- oder gebrauchsmusterfähig sind, fallen nicht in den Regelungsbereich. Für sie gilt das Gesetz über Arbeitnehmererfindungen (ArbNErfG), das mit Wirkung zum 1. 10. 09 (BGBl. I S. 253) novelliert worden ist, um die Formenstrenge des früheren Rechts, die sich daraus ergebenden Zuordnungsprobleme sowie die auf einer Einzelfallprüfung beruhende Vergütungsermittlung zu vereinfachen und transparenter zu gestalten (Einzelheiten bei *Reinecke* FA 10, 98; *Gärtner/ Simon* BB 11, 1909). Für solche Erfindungen enthält das ArbNErfG eine abschließende Regelung, die wegen der Vorgabe des Eingangssatzes des § 87 das MBR ausschließt (hM, GK-*Wiese* Rn 1011; *Schwab* AiB 09, 545).

Im Bereich der **technischen Verbesserungsvorschläge** ist eine Abgrenzung er- **543** forderlich. **Qualifizierte technische Verbesserungsvorschläge** sind Vorschläge für technische Neuerungen, die wegen ihres geringeren Neuheitsgrades nicht patent- oder gebrauchsmusterfähig sind (§ 3 ArbNErfG). § 20 Abs. 1 ArbNErfG gewährt dem ArbN oder jedem Mitgl. der beteiligten ArbNGruppe (§ 12 Abs. 2 aaO) für solche Vorschläge einen Anspruch auf angemessene Vergütung wenn sie der ArbGeb. verwertet. Nach § 20 Abs. 1 iVm § 9 Abs. 2 ArbNErfG bestimmt sich die Angemessenheit der Vergütung nach der wirtschaftlichen Verwertbarkeit des Vorschlags, der Stellung des ArbN im Betrieb und dem Anteil des Betriebs am Zustandekommen des Vorschlags.

Für qualifizierte technische Verbesserungsvorschläge besteht hinsichtlich der **Ver-** **544** **gütung** deshalb kein MBR, weil sie gesetzlich geregelt ist (§§ 9 und 12 ArbNErfG). Freiwillige BV nach § 88 können aber abgeschlossen werden (*Gaul* ArbuR 87, 359). Ein MBR besteht aber für alle anderen Fragen (*DKK-Klebe* Rn 291; *Richardi* Rn 931; GK-*Wiese* Rn 1019; ErfK-*Kania* Rn 129; *HSWGNR* Rn 683). Über die Ansprüche bei qualifizierten Verbesserungsvorschlägen hinaus hat ein ArbN schon nach Treu und Glauben für besondere schöpferische Leistungen, die über die übliche Arbeitsleistung hinausgehen, auch ohne besondere Vereinbarung eine Vergütung zu beanspruchen, wenn der ArbGeb. durch Verwertung dieser Leistungen nicht unerhebliche Vorteile hat (BAG 30. 4. 65 AP Nr. 1 zu § 20 ArbNErfG; GK-*Wiese* Rn 1021).

Für die Behandlung **einfacher Verbesserungsvorschläge** verweist § 20 Abs. 2 **545** ArbNErfG auf eine Regelung durch TV oder BV. Insoweit besteht ein MBR des BR, das allerdings durch tarifliche Regelungen inhaltlich beschränkt sein kann (GK-*Wiese* Rn 1021; ErfK-*Kania* Rn 129).

Für **Verbesserungsvorschläge außerhalb des technischen Bereichs,** insb. in **546** organisatorischer, kaufmännischer und sozialer Sicht, enthält das ArbNErfG keine dem MBR vorgehende Regelung. Der BR kann deshalb auch dafür sorgen, dass ArbNVorschläge zur Verbesserung der Umweltsituation des Betriebs in den Themenkreis einbezogen werden.

Zum betrieblichen Vorschlagswesen kann die Einrichtung von **Arbeitskreisen** ge- **547** hören. Sie werden in der Regel auf Wunsch des ArbGeb. gebildet. Dort werden ArbN innerhalb eines oder mehrerer Arbeitsbereiche und außerhalb ihrer arbeitsvertraglich geschuldeten Arbeitsleistung (zB nicht ArbN in einer Forschungsabteilung) unter einer Leitung (Moderator) zusammengefasst mit dem Ziel, Vorschläge zu erarbeiten, die **Produktivität und Arbeitsablauf verbessern** sollen. Diese Gremien werden vielfach **Qualitätszirkel** genannt. Aber auch andere Bezeichnungen sind gebräuchlich (vgl. Praktikerreihe der Hans-Böckler-Stiftung Nr. 7 „Qualitätszirkel“).

Ziel solcher Arbeitskreise kann auch die **Fortbildung der ArbN** sein, die über **548** die Einweisung in ihren Arbeitsbereich (§ 81, vgl. dort Rn 3, 17) hinausgeht. Wenn und soweit es auch Aufgabe der Arbeitskreise ist, Verbesserungsvorschläge zu machen, hat der BR ein MBR nach § 87 Abs. 1 Nr. 12 (*DKK-Klebe* Rn 297; *Heilmann/Taeger* DB 90, 1969, 1973: **aA** GK-*Wiese* Rn 1014; *HSWGNR* Rn 685), und, soweit es um die Fortbildung und weitere Qualifikation der ArbN geht, ein MBR nach §§ 96 ff. (dort Rn 24). Beide Mitbestimmungstatbestände bestehen rechtlich selbständig und nebeneinander (*Schwab* S. 152).

c) Umfang der Mitbestimmung

549　　Der ArbGeb. kann allein darüber entscheiden, ob und welche **Mittel (Dotierungsrahmen)** er zur Vergütung von Verbesserungsvorschlägen zur Verfügung stellen will (*Richardi* Rn 938; GK-*Wiese* Rn 1020; ErfK-*Kania* Rn 131). Deshalb entscheidet der ArbGeb. mitbestimmungsfrei darüber, ob er überhaupt Prämien zahlt. Das schließt es nicht aus, dass aufgrund anderer Vorschriften ein individueller Vergütungsanspruch des ArbN gegeben sein kann. Der BR aber kann den ArbGeb. nicht zwingen, bestimmte Mittel einzusetzen.

550　　Kein MBR besteht bezüglich der **Annahme und der Umsetzung der Vorschläge** und der Vergütungspflicht oder Zahlung einer **Anerkennungsprämie für nichtverwertete Verbesserungsvorschläge** (BAG 16. 3. 82 AP Nr. 2 zu § 87 BetrVG 1972 Vorschlagswesen; *Richardi* Rn 937; *HSWGNR* 695; ErfK-*Kania* Rn 131; *DKK-Klebe* Rn 294). Insoweit handelt es sich um eine mitbestimmungsfreie unternehmerische Entscheidung. Bedenken bestehen nur insoweit, als ein MBR für Vergütungen oder Anerkennungen verneint wird, da der ArbN eine zusätzliche Leistung erbringt, die nicht mit dem normalen Arbeitslohn abgegolten ist. Insoweit könnte ergänzend das MBR nach Nr. 10 eingreifen.

551　　Das MBR betrifft die **Einführung** und die **Aufstellung allgemeiner Grundsätze** für das Einreichen, die Bearbeitung und die Bewertung der Vorschläge sowie für die Bemessung der Prämien (*Bartenbach/Volz* Rn 402). Für die **Bewertung** des Vorschlags kann es auf das Ausmaß der Verbesserung, die Art der Verbesserung (Arbeitssicherheit, Umwelt etc.), die Außenwirkung, Art und Umfang des wirtschaftlichen Nutzens sowie die Nähe zur Arbeitsaufgabe abgestellt werden (*Gennen* ITRB 08, 45). Der Einführung müssen beide Seiten zustimmen. Der BR hat ein Initiativrecht (GK-*Wiese* Rn 1024; *HSWGNR* Rn 691; ErfK-*Kania* Rn 132). Dass die Organisation eines betrieblichen Vorschlagswesens Kosten verursacht, steht dem nicht entgegen (BAG 28. 4. 81 AP Nr. 1 zu § 87 BetrVG 1972 Vorschlagswesen; GK-*Wiese* Rn 1022).

552　　Die Grundsätze über das betriebliche Vorschlagswesen müssen Regelungen über die entscheidungsbefugten **Organe,** deren **Zusammensetzung, Aufgaben und Verfahren** enthalten (BAG 28. 4. 81, 16. 3. 82 AP Nr. 1, 2 zu § 87 BetrVG 1972 Vorschlagswesen). In einem Betrieb dürfte regelmäßig ein Sachbearbeiter die Verbesserungsvorschläge, für die eine bestimmte Form festgelegt werden kann, zunächst entgegennehmen und bearbeiten. Dann könnten die Vorschläge einem – möglichst paritätisch besetzten – Prüfungsausschuss zur Begutachtung zugeleitet werden. Der Ausschuss kann verbindlich aber nur über das Vorliegen der tatsächlichen Voraussetzungen eines Vergütungsanspruchs entscheiden (Erfk-*Kania* Rn 132); über das Bestehen eines Anspruchs kann er wegen § 101 ArbGG nicht befinden (BAG 20. 1. 04 AP Nr. 3 zu § 87 BetrVG 1972 Vorschlagwesen). Gegen die Entscheidung des Prüfungsausschusses kann eine Beschwerdemöglichkeit an einen Berufungsausschuss vorgesehen werden.

553　　Hinsichtlich des **Verfahrens** sind Regelungen zu treffen über den **vorschlagsberechtigten ArbN** und den prämienberechtigten Personenkreis (hM). Dabei können auch LeihArbN berücksichtigt werden (GK-*Wiese* Rn 1029). ArbN, die laut Arbeitsvertrag für die Verbesserung des Betriebsablaufs zu sorgen haben, können ausgenommen werden. Die Gebiete, auf denen Verbesserungsvorschläge eingereicht werden können, sind zu beschreiben, zB Verbesserungsvorschläge zum autonomen Arbeitsschutz, zum Umweltschutz, zur Organisation usw. Zu den allgemeinen Grundsätzen gehört auch die Entscheidung darüber, ob ein **ständiges Vorschlagssystem** eingerichtet wird oder (und) ein **Ideenwettbewerb** mit einer bestimmten Zielsetzung für eine bestimmte Zeit. Zu den allgemeinen Regelungen gehören auch Grundsätze für die Gewährung einer **Prämie** oder den Ausspruch einer **Anerkennung** (Urkunde) unter Berücksichtigung der Verwertbarkeit und Verwertung des Verbesserungsvorschlags und dessen Nutzen für den Betrieb (vgl. BAG 28. 4. 81, 16. 3. 82 AP Nr. 1, 2 zu § 87 BetrVG 1972 Vorschlagswesen). Das Regelwerk zum Verf. sollte übersichtlich sein und rasche möglichst unbürokratische Entscheidungen ermöglichen.

Das MBR besteht auch bezüglich der Aufstellung von Grundsätzen und Metho- **554** den, nach denen die **Vergütung zu bemessen** ist und wie ein **Nutzen** des Vorschlags **ermittelt** werden soll. Der BR hat auch mitzubestimmen, wie eine Vergütung bei Gruppenvorschlägen zu verteilen ist und darüber, wie eine Vergütung zu bestimmen ist, wenn der Nutzen nicht zu ermitteln ist (BAG 28. 4. 81, 16. 3. 82 AP Nr. 1, 2 zu § 87 BetrVG 1972 Vorschlagswesen). Dagegen soll kein MBR bestehen hinsichtlich der Frage, in welchem Verhältnis die Vergütung zum Nutzen des Vorschlags stehen soll (*Richardi* Rn 939; ErfK-*Kania* Rn 133). Dagegen wendet *Klebe* mit Recht ein, dass es sich nur um allgemeine Grundsätze handelt und sich eine Parallele zum MBR nach Nr. 10 anbietet (*DKK-Klebe* Rn 298).

Hinsichtlich der Entscheidung über die Verwertung **eines Verbesserungsvor- 555 schlags** besteht aber kein MBR, vorbehaltlich der §§ 90, 91 (BAG 16. 3. 82 AP Nr. 2 zu § 87 BetrVG 1972 Vorschlagswesen; GK-*Wiese* Rn 1020). Wohl aber kann hierüber auf Grund einer freiwilligen BV nach § 88 eine paritätische Bewertungskommission entscheiden (ArbG Heilbronn 15. 5. 86 DB 87, 541).

Will der ArbGeb. einen sogen. **Erfinderberater** gem. § 21 Abs. 1 ArbNErfG **556–56** bestellen, so sind die Modalitäten mit dem BR zu beraten. Die Bestimmung der Person des **Beauftragten für das betriebliche Vorschlagswesen** unterliegt nicht dem MBR (BAG 16. 3. 82 AP Nr. 2 zu § 87 BetrVG 1972 Vorschlagswesen; ErfK-*Kania* Rn 133). Ein MBR kann sich nur aus § 99 ergeben, wenn eine Einstellung oder Versetzung erforderlich ist (**aA** *DKK-Klebe* Rn 291). Der BR hat auch ein Antragsrecht nach § 80 Abs. 1 Nr. 2 (*Heilmann/Taeger* BB 90, 1969, 1973).

13. Durchführung von Gruppenarbeit

Nach Nr. 13 wird dem BR in Bezug auf Gruppenarbeit ein MBR bei den **561** Grundsätzen über die Durchführung dieser Form der Arbeitsleistung eingeräumt. Die Einführung von Gruppenarbeit beruht auf betriebswirtschaftlichen Überlegungen (vgl. Rn 563). Zu erörtern sind der **Zweck** dieses MBR, der **Begriff** der Gruppenarbeit und der **Umfang des MBR** (vgl. *Preis/Elert* NZA 01, 371; *Klein* NZA Beilage Heft 24/01; *Federlin* NZA-Sonderheft 01, 24). In sachlicher Hinsicht weicht Nr. 13 vom bestehenden System des § 87 ab (WPK/*Bender* 278). Bisher wurden nur einzelne Arbeitsbedingungen durch die MBR beeinflusst. Jetzt geht es um die Durchführung eines unternehmerischen Organisationskonzepts (*Richardi* Rn 949; *Preis/Elert* NZA 01, 373). Dabei betrifft das MBR allerdings nur die Durchführung dieses Konzepts, die Einführung und die Beendigung dieser Arbeitsorganisationsform sind mitbestimmungsfrei (Rn 572).

Nr. 13 beschreibt eine **selbständige mitbestimmungspflichtige Angelegen- 562 heit.** Die übrigen MBR und Beteiligungsrechte des BR, deren Gegenstand für die Durchführung von Gruppenarbeit von Bedeutung ist (vgl. die Hinweise bei *Preis/Elert* NZA 01, 373; *Federlin* NZA-Sonderheft 01, 25), bleiben unberührt (GK-*Wiese* Rn 1050). Das schließt nicht aus, dass in einzelnen Regelungsfragen (zB Arbeitszeit) arbeitsgruppenbezogene abweichende Regelungen getroffen werden. Die Regelung mitbestimmungspflichtiger Angelegenheiten durch die Gruppe selbst, bedarf einer Vereinbarung nach § 28 a. Fehlt es daran, muss der BR selbst gegenüber dem ArbGeb. das MBR ausüben.

a) Zweck der Mitbestimmung

Gründe für die Einführung von Gruppenarbeit liegen außerhalb des Arbeitsrechts. **563** Gruppenarbeit fördert die Eigenverantwortlichkeit und Zusammenarbeit der ArbN, einen ständigen Austausch von Wissen und Erfahrung, sie erleichtert Verbesserungsvorschläge und führt zu flacheren Hierarchien. Gruppenarbeit fördert die Selbstän-

digkeit und Eigeninitiative der einzelnen ArbN in der Gruppe. Die Folge ist vor al-
lem die qualitative Erweiterung des Anforderungsgrades und eine Erleichterung der
Arbeit durch kontinuierlichen Aufgabenwechsel (*Preis/Elert* NZA 01, 372; *Klein*
NZA 01, 371) sowie auf Arbeitgeberseite eine Verbesserung der Qualität und der
Verringerung der Produktionskosten (*Federlin* NZA-Sonderheft 01, 25).

564   Die Beteiligung des BR bei der Durchführung der Gruppenarbeit soll den mit dieser Arbeitsorganisationsform verbundenen Gefahren für den einzelnen ArbN entgegenwirken **(Zweck),** also vor allem das Entstehen eines übermäßigen Gruppen-
drucks verhindern (*Tüttenberg* S. 105). Die Gefahren der Gruppenarbeit liegen – nach
den bisherigen Erfahrungen mit dieser Arbeitsorganisation – einerseits in der Gefahr
der Selbstausbeutung der Gruppenmitglieder und andererseits in der Ausgrenzung
leistungsschwächerer ArbN (GK-*Wiese* Rn 1047). Gerade dieser Gesichtspunkt erfordert eine Beteiligung des BR, der für alle ArbN des Betriebs verantwortlich ist, ohne
Rücksicht auf deren Leistungsstärke (zur rechtspolitischen Bewertung dieser Gefahren
vgl. *Preis/Elert,* NZA 01, 373).

b) Gruppenarbeit

565   Das MBR des BR bezieht sich nur auf Gruppenarbeit iS dieser Bestimmung. Was
unter „Gruppenarbeit" zu verstehen ist, wird im zweiten Halbs. definiert. Nicht alle
Erscheinungsformen, die als Gruppenarbeit bezeichnet werden (Arbeitsteams, Pro-
jektgruppen, Problemlösungsgruppen, Werkstattkreise, Arbeiten im Gruppenakkord,
Montagetrupps usw.), fallen darunter (*DKK-Klebe* Rn 302; GK-*Wiese* Rn 1043;
Richardi Rn 953). Zum Entwicklungsprozess und Verbreitungsgrad dieser Arbeitsform
Blanke RdA 03, 140.

566   Für eine Gruppenarbeit iSd G ist erforderlich, dass eine Mehrheit von ArbN in
einer organisierten Gemeinschaft eine Arbeitsleistung erbringt, für deren Gelin-
gen sie gemeinsam verantwortlich sind. Das bezieht sich auf die von der Gruppe
zu erbringende Arbeitsleistung, nicht auf ein Arbeitsergebnis. Die Verantwortlichkeit
ist tätigkeitsbezogen, nicht ergebnisbezogen (*HSWGNR* Rn 704; *Preis/Elert,* NZA
01, 372).

567   Damit knüpft die Definition an die Rspr. des BAG an, die die Eigenverantwortlichkeit der Gruppe als **Abgrenzungsmerkmal** der Einzelarbeit von der Gruppenarbeit verwendete: Wenn es der Arbeitsgruppe überlassen bleibt, die Arbeitsschritte
unter den einzelnen Gruppenmitgliedern aufzuteilen, handelt es sich um Gruppenarbeit. Der einzelne ArbN schuldet nicht nur die Erfüllung einer isoliert zu beurteilenden Arbeitsaufgabe, sondern Mitarbeit in einer Arbeitsgruppe (BAG 20. 4. 74 AP
Nr. 4 zu § 611 BGB Akkordkolonne). Individualrechtlich zu klären sind die Haf-
tungsfragen, die Beweislast bei Mängeln, Schadensersatzansprüche, Vergütungsansprüche und kündigungsrechtliche Fragen (vgl. hierzu ErfK-*Preis* BGB § 611
Rn 164 ff.). Die Arbeitsverhältnisse der einer Gruppe iSd. Nr. 13 zugeordneten ArbN
bestehen unabhängig nebeneinander (*HSWGNR* Rn 715). Jedes Gruppenmitglied
kann unabhängig von den anderen sein Arbeitsverhältnis kündigen oder kann vom
ArbGeb. gekündigt werden (*Elert,* Gruppenarbeit, S. 77). Der Entgeltanspruch eines
Gruppenmitglieds richtet sich an den VertragsArbGeb. (GK-*Wiese* Rn 1066). Schadensersatz wegen Schlechterfüllung hat nur dasjenige Gruppenmitglied zu leisten, das
den Schaden schuldhaft verursacht hat (*Elert* aaO S. 236; GK-*Wiese* Rn 1067).

568   Die **Eigenverantwortlichkeit** der Gruppe muss **im Verhältnis zum ArbGeb.**
bestehen. An sich ist der ArbGeb. gegenüber allen ArbN weisungsberechtigt. Gruppenarbeit liegt deshalb nur vor, wenn der ArbGeb. den Mitgl. der Gruppe Entscheidungen bei der Erledigung der täglichen Arbeiten überlässt (*Tüttenberg,* S. 37 mwN).
Die ArbN der Gruppe verpflichten sich nicht nur zu gemeinsamer Arbeitsleistung, sie
sind auch berechtigt, die notwendigen Arbeitsschritte im Rahmen der betrieblichen
Vorgaben selbständig zu planen und zu verteilen. Innerhalb der definierten Grenzen
regulieren und verwalten sich die Arbeitsgruppen selbst. Sie lösen auch die auftreten-

den Probleme innerhalb ihrer Gruppe (**Teilautonomie** der Gruppe). Nur teilautonome Gruppen fallen unter Nr. 13 (*HSWGNR* Rn 704; *Blanke* RdA 03, 140; *Annuß*
NZA 01, 370; *Reichold* NZA 01, 864; *Federlin* NZA-Sonderheft 01, 26). Die Delegation direktionsrechtlicher Weisungsbefugnisse lässt das MBR des BR nicht entfallen.
Soll etwa die Gruppe über ihre Arbeitszeit selbst bestimmen, unterliegt diese Entscheidung der MB des BR nach Nr. 2 oder Nr. 3. Der BR kann diese MBR zweckmäßiger Weise im Rahmen der Durchführungsvereinbarung nach Nr. 13 regeln.
Nr. 13 ist jedoch keine mitbestimmungsrechtliche Kompensationsregelung (so wohl
Reichold NZA 01, 864).

Auch ein **zeitliches Moment** ist von Bedeutung. Gruppenarbeit iSv. § 87 Abs. 1   **569**
Nr. 13 verlangt eine auf Dauer angelegte Arbeitsorganisation. Vorübergehende Zu-
sammenfassungen von ArbN können diesen Tatbestand nicht erfüllen (GK-*Wiese*
Rn 1045).

Die Arbeitsgruppe muss schließlich **in den betrieblichen Arbeitsablauf einge-   570
gliedert** sein. Arbeitsgruppen, die nur parallel zur Arbeitsorganisation bestehen, wie
zB Projektgruppen oder Steuerungsgruppen, werden nicht erfasst (*DKK-Klebe*
Rn 305; GK-*Wiese* Rn 1046; **aA** *Tüttenberg* S. 39). Dasselbe gilt für Gruppen die nur
Sonderaufgaben neben der allgemeinen betrieblichen Organisation wahrnehmen. Es
fehlt an einem Grund für die das MBR begründenden Gefahren der Selbstausbeutung und Ausgrenzung.

Diese Merkmale bestimmen die „**teilautonome Gruppenarbeit**" (*Preis/Elert,*   571
NZA 01, 372). Nur auf diese Form der Gruppenarbeit bezieht sich das MBR des
BR. Keine Gruppen iSv. § 87 Abs. 1 Nr. 13 bilden die ArbN, die nur vom ArbGeb.
zusammengefasst werden, um gemeinsam eine Arbeitsaufgabe zu lösen, denen aber
keine Entscheidungskompetenzen für die Gestaltung ihrer Tätigkeiten eingeräumt
werden (GK-*Wiese* Rn 1043 ff.). Das gilt etwa für Akkordgruppen ebenso wie für die
Projektgruppen, die vom ArbGeb. vorübergehend und ohne eigene Entscheidungskompetenzen eingerichtet werden.

c) Umfang des Mitbestimmungsrechts

Das MBR des BR bezieht sich nur auf die „**Durchführung**" von Gruppenarbeit.   **572**
Die unternehmerische Grundentscheidung über **Einführung und Beendigung** von
Gruppenarbeit ist mitbestimmungsfrei (*HSWGNR* Rn 706; WPK/*Bender* Rn 281;
HaKo-BetrVG/*Kothe* Rn 154). Der ArbGeb. entscheidet allein darüber, ob, in wel-
chem Umfang (zB in welcher Abteilung) und wie lange Gruppenarbeit geleistet wer-
den soll (GK-*Wiese* Rn 1049; *Richardi* Rn 954), wie die Arbeitsziele der jeweiligen
Gruppen aussehen sollen, welche betriebl. Aufgaben der Gruppe übertragen werden
und wie viele Arbeitsgruppen gebildet werden

Die Beteiligungsrechte nach den §§ 90 und 111 bleiben allerdings unberührt; sie   **573**
sind bei Einführung und Beendigung der Gruppenarbeit zu beachten und kommen
vor allem in der Planungsphase zum Tragen.

Mit der Beschränkung des MBR auf die Durchführung der Gruppenarbeit wird   **574**
die verfassungsrechtlich geschützte **Entscheidungsfreiheit des Unternehmers**
beachtet. Der Unternehmer kann sein Unternehmen nach ökonomischer Zweckmäßigkeit führen (*DKK-Klebe* Rn 306; GK-*Wiese* Rn 1049; *Engels/Trebinger/Löhr-
Steinhaus* DB 01, 540; *Preis/Elert* NZA 01, 373). Die Einführung von Gruppenarbeit
und deren Beendigung kann der BR nicht erzwingen. Ihm steht insoweit auch **kein
Initiativrecht** zu.

Das MBR bezieht sich auf die nach der Einführung verbleibenden **Maßnahmen**   575
und Entscheidungen. Das betrifft unter Beachtung der mitbestimmungsfreien Vorgaben des ArbGeb. vor allem verfahrensrechtliche Regelungen zur Durchführung von
Gruppenarbeit im Verhältnis der Gruppenmitgl. untereinander und zur Geschäftsleitung aber auch zur Mindestgröße der Gruppen. Vordringlich besteht ein MBR über
die abstrakten Kriterien, nach denen Gruppen gebildet (**Zusammensetzung**) wer-

den sollen, nicht hingegen über die konkrete Auswahl der ArbN. Hier muss der BR im Hinblick auf den Zweck (Rn 564) gleichberechtigt an den Entscheidungen des ArbGeb. beteiligt werden (vgl. zu den Gefahren bei der Gruppenzusammensetzung *Breisig,* Gruppenarbeit und ihre Regelung durch Betriebsvereinbarung S. 52 f.; **aA** *HSWGNR* Rn 707). Die Frage der abstrakten Zusammensetzung und die der gruppeninternen Organisation ist keine Frage der Einführung von Gruppenarbeit, sondern Folge der Grundsatzentscheidung des ArbGeb. Alle Folgeentscheidungen unterliegen dem MBR (*DKK-Klebe* Rn 310; *Tüttenberg* S. 108; **aA** ErfK-*Kania* Rn 135; GK-*Wiese* Rn 1055; *Richardi* Rn 955; *Preis/Elert* NZA 01, 374, die diese Frage als mitbestimmungsfreie unternehmerische Entscheidung ansehen). In der Regel wird es nicht zur Anrufung der E-Stelle kommen, weil diese Form der Arbeit nur bei einem Konsens der Betriebsparteien funktioniert (*Klein* NZA Beilage H 24/01, S. 21).

576   In der Begründung des G-Entwurfs werden weitere Beispiele genannt, die **durch BV geregelt** werden können: Wahl des Gruppensprechers, dessen Stellung und Aufgaben, das Abhalten von Gruppengesprächen, Regelungen über die Zusammenarbeit in der Gruppe einschließlich Konfliktbewältigung (Konfliktlösungsmechanismen) und Zusammenarbeit mit anderen Gruppen, Berücksichtigung von leistungsschwachen Arbeitnehmern. Richtig ist, dass der mitbestimmungsrechtlich vorgesehene erweiterte Handlungs- und Entscheidungsspielraum einer Gruppe nicht zwingend mit der Erweiterung des Handlungsspielraums der einzelnen Gruppenmitglieder verbunden ist (*Preis/Elert* NZA 01, 374). Gerade deshalb besteht ein MBR bei der Aufstellung von Regeln, durch die die einzelnen Gruppenmitglieder vor ungerechtfertigter Benachteiligung durch die Mehrheit geschützt werden müssen (**aA** *Preis/Elert* NZA 01, 374, die in Nr. 13 keinen substantiellen Ansatz sehen, diesen Gefahren zu begegnen). Zu regelungsbedürftigen Fragen in einer BV vgl. *Federlin* NZA-Sonderheft 01, S. 27.

577   Der BR kann im Übrigen einige ihm nach Nr. 13 obliegenden Aufgaben auf die Arbeitsgruppe nach Maßgabe des § 28 a übertragen (GK-*Wiese* Rn 1068; *HSWGNR* Rn 712). Die Arbeitsgruppe kann dann mit dem ArbGeb. im Rahmen der ihr übertragenen Aufgaben **mit dem ArbGeb. Vereinbarungen** schließen. Für den Arb-Geb. handelt es sich um eine freiwillige Vereinbarung. Diese Vereinbarungen haben die Wirkungen einer BV (vgl. § 28 a Rn 18). Eine Vereinbarung nach § 28 a kann über das MBR nach Abs. 1 Nr. 13 nicht erzwungen werden (*Blanke* RdA 03, 140).

V. Ausübung der Mitbestimmung

578   Mitbestimmung bedeutet, dass grundsätzlich der **ArbGeb. nur mit Zustimmung des BR handeln und entscheiden** kann (*Gutzeit* NZA 08, 255). Kommt eine Einigung nicht zustande, kann jede Seite die E-Stelle anrufen (§ 87 Abs. 2, vgl. Rn 595). Über die gleichberechtigte Teilhabe an der Gestaltung des Betriebs und der Schaffung der für den Betrieb gültigen Regeln kann der BR durch Vereinbarung mit dem ArbGeb. oder durch Spruch der E-Stelle Regelungen im Interesse der ArbN erreichen. Umgekehrt kann der ArbGeb. in mitbestimmungspflichtigen Angelegenheiten nicht einseitig handeln und entscheiden. Er ist auf die Zustimmung des BR angewiesen. Das ist der Sinn der Mitbestimmung. Der BR kann deshalb sein MBR nicht in der Weise ausüben, dass er dem **ArbGeb. das alleinige Gestaltungsrecht** über den mitbestimmungspflichtigen Tatbestand eröffnet (BAG 3. 6. 03 AP Nr. 19 zu § 77 BetrVG 1972 Tarifvorbehalt). Jedoch kann er ihm das Recht einräumen, unter bestimmten Voraussetzungen in einzelnen Angelegenheiten alleine zu entscheiden (BAG 8. 6. 04 AP Nr. 20 zu § 76 BetrVG 1972 Einigungsstelle). Der BR kann auf die Ausübung seiner MBR **nicht verzichten** (BAG 3. 6. 03 AP Nr. 19 zu § 77 BetrVG 1972 Tarifvorbehalt; *WPK/Bender* Rn 3; *Joussen* RdA 05, 31). Ob und wann eine Mitbestimmungsbefugnisse nutzt, obliegt seiner Entscheidung; die **Geltendmachung von MBR kann materiellrechtlich nicht verwirkt werden.** Eine prozessuale Verwirkung kommt ebenfalls nicht in Betracht; dem ArbGeb. ist die Klärung des MBR re-

gelm. zumutbar (BAG 28. 8. 07 AP Nr. 53 zu § 95 BetrVG 1972). Die Ausübung des MBR muss mit **höherrangigem Recht** vereinbar sein. Dazu zählen auch die Persönlichkeitsrechte der ArbN (BAG 29. 6. 04 AP Nr. 41 zu § 87 BetrVG 1972 Überwachung).

1. Form der Mitbestimmung

Die **Form, in der MBR ausgeübt werden,** ist nicht entscheidend. § 87 Abs. 1 **579** besagt nichts über die Form des MBR in sozialen Angelegenheiten. Für die praktische Durchführung wird eine **Regelung durch BV zweckmäßig,** ja häufig unumgänglich notwendig sein. Nur BV gelten normativ (§ 77 Abs. 4). Sie gestalten die von ihr erfassten Arbeitsverhältnisse unmittelbar und zwingend; zu ihrer Geltung bedürfen sie nicht der Anerkennung oder Übernahme durch die Betroffenen. Sie wirken wie gesetzliche Normen (Einzelh § 77 Rn 124 ff.). Soweit einzelne Bestimmungen der BV nichtig sind, gilt der übrige Teil dennoch fort, wenn er noch eine sinnvolle, in sich geschlossene Regelung aufweist (vgl. § 77 Rn 32 ff.). Die Geltung einer BV ist an die Beibehaltung der Betriebsorganisation geknüpft. Allerdings führt nicht jede Veränderung der betrieblichen Organisation zum Wegfall der normativen Wirkung einer BV. Vielmehr muss es sich um solche tatsächliche Veränderungen handeln, die zu einer wesentlichen Veränderung der Leitungs- und Organisationsstruktur führen (vgl. § 77 Rn 162 ff.; BAG 7. 6. 11 – 1 ABR 110/09 – DB 11, 2498; 18. 3. 08 – 1 ABR 3/07 – NZA 08, 1259).

Das MBR kann auch durch **Regelungsabrede** ausgeübt werden (BAG 20. 11. 90 **580** AP Nr. 48 zu § 77 BetrVG 1972; 14. 2. 91 AP Nr. 4 zu § 615 BGB Kurzarbeit; vgl. auch § 77 Rn 216 ff.). Sie ist für die ArbN erst verbindlich, wenn sie der ArbGeb. ihnen gegenüber individualrechtl umsetzt. Allerdings wirkt nur die BV wie eine Rechtsnorm auf die ArbVerh. ein und bestimmt deren Inhalt, nicht eine erst in die Einzelarbeitsverhältnisse umzusetzende Regelungsabrede (§ 77 Rn 217). Der BR kann aber verlangen, dass eine Regelungsabrede inhaltlich in eine BV umgewandelt wird (BAG 8. 8. 89 AP Nr. 3 zu § 87 BetrVG 1972 Initiativrecht). Dasselbe Recht hat auch der ArbGeb.

Eine BV kann Regelungen enthalten, die dem ArbGeb. Handlungsmöglichkeiten **581** bei Eintreffen bestimmter Situationen einräumen, die also im Voraus abstrakt geregelt werden (zB erwartete Mehrarbeit). Das kann eine Regelungsabrede nicht **leisten.** Sie ist immer nur einzelfallbezogen. Solange eine BV nicht zustande gekommen ist, muss der ArbGeb. in allen Angelegenheiten des § 87 Abs. 1 für alle Maßnahmen und Entscheidungen die Zustimmung des BR im Einzelfall einholen (GK-*Wiese* Rn 86, 98 ff.). Das **MBR ist kein Vetorecht;** § 87 sieht keine Fristen vor, nach deren Ablauf die Zustimmung des BR fingiert wird. Vielmehr muss der ArbGeb. ausdrücklich ein Einvernehmen erzielen oder die E-Stelle anrufen (BAG 29. 1. 08 AP Nr. 13 zu § 87 BetrVG 1972).

Die Regelungsabrede kann **formlos** zustande kommen; nur für die BV ist eine **582** Form vorgeschrieben (§ 77 Abs. 2). Die Regelungsabrede kann durch schlüssiges Verhalten zustande kommen. Erforderlich ist aber stets ein Beschluss des BR. Das MBR steht dem BR als Kollegialorgan zu. **Schweigen** des BR auf Vorschläge des ArbGeb. bedeutet deshalb **keine Zustimmung** (*Richardi* Rn 80).

2. Initiativrecht des Betriebsrats

Zur Mitbestimmung gehört auch das **Initiativrecht des BR,** sonst hätten beide **583** Teile nicht gleiche Rechte (BAG 8. 8. 89, 28. 11. 89 AP Nr. 3, 4 zu § 87 BetrVG 1972 Initiativrecht; *Richardi* Rn 68; *DKK-Klebe* Rn 18). Der BR kann eine bestimmte Regelung der mitbestimmungspflichtigen Angelegenheit von sich aus vorschlagen. Kommt eine Einigung nicht zustande, kann er die E-Stelle anrufen. Diese entscheidet dann verbindlich.

584   Das Initiativrecht besteht grundsätzlich **in allen Angelegenheiten,** die in § 87 aufgeführt sind (BAG 4. 3. 86 AP Nr. 3 zu § 87 BetrVG 1972 Kurzarbeit; 28. 11. 89 AP Nr. 4 zu § 87 BetrVG 1972 Initiativrecht; 30. 1. 90 AP Nr. 41 zu § 87 BetrVG 1972 Lohngestaltung; *DKK-Klebe* Rn 19; *Richardi* Rn 70). Der Ausschuss für Arbeit und Sozialordnung hat es ausdrücklich abgelehnt, die sozialen MBR in solche mit und ohne Initiativrecht des BR aufzuspalten (vgl. BT-Drucks. VI, 2729 S. 4). Beschränkungen des Initiativrechts oder dessen Ausschluss können sich allerdings aus dem Gegenstand und dem Zweck des einzelnen MBR ergeben (WPK/*Bender* Rn 17). Einzelheiten dazu finden sich in der Kommentierung der jeweiligen MBR.

585   Für das Initiativrecht kommt es nicht auf die überholte Unterscheidung zwischen **formellen und materiellen Arbeitsbedingungen** an (*DKK-Klebe* Rn 19; *Richardi* Rn 69; verneinend für Nr. 3 u. 6: GK-*Wiese* Rn 140). So kann der BR die Initiative ergreifen zur Einführung der gleitenden Arbeitszeit, zur Reduzierung von Schichtarbeit, zur Einführung eines neuen Entlohnungssystems (vgl. *DKK-Klebe* Rn 19), zur Einführung von Kurzarbeit zur Sicherung der Arbeitsplätze (BAG 4. 3. 86 AP Nr. 3 zu § 87 BetrVG 1972 Kurzarbeit; 28. 11. 89 AP Nr. 4 zu § 87 BetrVG 1972 Initiativrecht), zur Einführung von Leistungslohn statt des bisher praktizierten Zeitlohns (BAG 20. 9. 90 AiB 92, 579). Die Initiative des BR kann sich auch auf Modalitäten einer vom ArbGeb. angestrebten Regelung beziehen, zB auf die Befreiung älterer ArbN von der Schichtarbeit, die Einhaltung von Ankündigungsfristen für Schichtarbeit oder auf die Durchführung eines betrieblichen Vorschlagswesens (BAG 28. 4. 81, AP Nr. 1 zu § 87 BetrVG 1972 Vorschlagswesen).

586   Das Initiativrecht kann nicht dadurch beschränkt werden, dass der ArbGeb. allgemein einen Freiraum für seine **unternehmerischen Entscheidungen** beansprucht (*Richardi* Rn 71; *DKK-Klebe* Rn 20; einschränkend GK-*Wiese* Rn 141; HSWGNR Rn 81 ff.). Die MBR sollen gerade die Gestaltungsfreiheit des ArbGeb. einschränken; die Interessen der ArbN sollen bei allen Entscheidungen berücksichtigt werden (BVerfG 18. 12. 85 AP Nr. 15 zu § 87 BetrVG 1972 Arbeitszeit). Das Initiativrecht gestattet über die mitbestimmungspflichtige Angelegenheit hinaus nicht zu Eingriffen in die Betriebsführung. Der BR kann aus diesem Grund daher gegen den Willen des ArbGeb. beispielsweise nicht die Einführung einer Dienstkleidung aus Gründen einer einheitlichen externen Repräsentation des Unternehmens verlangen (vgl. LAG Nürnberg NZA 03, 197).

587   Das Initiativrecht kann auch nicht mit der Begründung verneint werden, es liege nicht im **Interesse der ArbN** (so *Richardi* Rn 72). Es mag sein, dass die Einführung von Überstunden häufig nicht im Interesse der betroffenen ArbN liegt; auszuschließen ist das nicht.

588   Die Einführung **freiwilliger Leistungen** kann der BR nicht mit Hilfe des Initiativrechts durchsetzen (vgl. Rn 443 ff.).

589   Bei einigen Angelegenheiten dürfte das Initiativrecht des BR nicht von großer **Bedeutung** sein. Der BR wird – von Ausnahmefällen abgesehen – kein Interesse haben, technische Einrichtungen zur Überwachung von Leistung und Verhalten der ArbN im Betrieb (Nr. 6) einführen zu wollen. Das ist eine autonome Entscheidung des BR. Sie führt nicht zum Ausschluss des Initiativrechts. Das BAG hat deshalb zu Unrecht das Initiativrecht im Rahmen der Nr. 6 abgelehnt (BAG 28. 11. 89 AP Nr. 4 zu § 87 BetrVG 1972 Initiativrecht; ablehnend auch *SWS* Rn 20, 21; *Richardi* Rn 72).

3. Anrufung der Einigungsstelle

590   Kommt zwischen ArbGeb. und BR keine Einigung über den Inhalt der zu treffenden Maßnahme zustande, muss die E-Stelle eingeschaltet werden. **Jede Seite** kann die E-Stelle zur Ersetzung der Einigung anrufen (vgl. Abs. 2 iVm. § 76 Abs. 5). Wegen der Möglichkeit, die Zuständigkeit tariflicher Schlichtungsstellen zu begründen und des Verf. vor ihnen vgl. § 76 Rn 113.

Die E-Stelle ist **zuständig, soweit ein MBR besteht.** Die E-Stelle entscheidet 591
sowohl über kollektive als auch über Streitigkeiten im Einzelfall (zB Kündigung einer
Wohnung), über formelle und über materielle Arbeitsbedingungen (GK-*Wiese*
Rn 1040; *DKK-Klebe* Rn 312).

Ob ein MBR besteht, muss die E-Stelle als Vorfrage prüfen. Wird der Spruch der 592
E-Stelle nachgeprüft (§ 76 Abs. 5), wird auch die Rechtsfrage entschieden, ob die
E-Stelle zuständig war. Geht es allein um die **Rechtsfrage, ob** in einer bestimmten
Angelegenheit **ein MBR besteht,** muss das ArbG angerufen werden. Es geht dann
nicht um die Ersetzung einer Einigung in einem Regelungsstreit (vgl. Nach § 1
Rn 13). Parallel dazu kann das Verf. vor der E-Stelle eingeleitet werden. Die E-Stelle
muss notfalls unter dem Vorbehalt verhandeln und entscheiden, dass ein MBR be-
steht. Das gilt etwa für den Fall, dass der ArbGeb. sich bei geschuldeten Leistungen
auf den Wegfall der Geschäftsgrundlage beruft (BAG 23. 9. 97 AP Nr. 26 zu § 1
BetrAVG Ablösung). Wird die E-Stelle nicht einverständlich eingerichtet, muss das
ArbG nach **§ 98 ArbGG** angerufen werden. Es bestimmt den Vors. und legt die
Zahl der Beisitzer fest. Das ArbG kann den Antrag des BR wegen fehlender Zuständigkeit der E-Stelle nur zurückweisen, wenn die E-Stelle offensichtlich unzuständig
ist (§ 98 Abs. 1 S. 2 ArbGG), also ein MBR offenkundig nicht in Betracht kommt.

Die E-Stelle wird nur auf **Antrag** tätig. Antragsberechtigt sind der ArbGeb. und 593
der BR. Zum **Verf.** vor der und in der E-Stelle vgl. die Erläuterungen zu § 76. Auch
in dringenden Fällen muss mangels Einigung zunächst das Verf. vor der E-Stelle
durchlaufen werden. Da es sich um Regelungsstreitigkeiten handelt, kann das ArbG
nicht unmittelbar angerufen werden (vgl. Rn 24 und § 76 Rn 126).

Der bindende **Spruch** der E-Stelle hat bei allgemeinen Regelungen die **Wirkung** 594
einer BV und kann daher auch gekündigt werden (§ 77 Rn 144). Wegen der Nachwirkung vgl. § 77 Rn 177ff. **Die gerichtliche Anfechtung** des Spruchs der
E-Stelle **hat keine suspendierende Wirkung.** Er ist bis zu einer anders lautenden
gerichtl. Entscheidung zu befolgen (BAG 26. 10. 04 AP Nr. 113 zu § 87 BetrVG
1972 Arbeitszeit).

VI. Durchsetzung der Mitbestimmungsrechte

Der ArbGeb. kann eine mitbestimmungspflichtige Maßnahme **nur mit Zustim-** 595
mung des BR durchführen. Gelingt eine Verständigung nicht und will der ArbGeb.
eine Regelung herbeiführen, so muss er die E-Stelle anrufen, die eine verbindliche
Entscheidung trifft (§ 87 Abs. 2; vgl. Rn 590). Das kann der ArbGeb. nicht durch die
Übertragung der mitbestimmungspflichtigen Angelegenheit **auf Dritte** verhindern
(zB Datenverarbeitung, Durchführung von Taschenkontrollen; LAG Düsseldorf NZA
02, 361; eingehend *Wiese* NZA 03, 1113; *Wißmann* NZA 03, 1). Der ArbGeb. kann
das MBR des BR auch nicht dadurch umgehen, dass er versucht, seine Ziele ausschließlich auf individualrechtlicher Grundlage durchzusetzen, etwa in dem er **gleich
lautende Vereinbarungen** etwa über zu leistende Überstunden oder Lohnvereinbarungen mit allen in Betracht kommenden ArbN trifft. Das ist eine **Umgehung der
MBR.** Es kommt nicht auf die Form an, in der die Maßnahme durchgeführt wird,
sondern auf den kollektiven Inhalt (vgl. BAG 30. 1. 90, 13. 2. 90, 10. 11. 92 AP
Nr. 41, 43, 52 zu § 87 BetrVG 1972 Lohngestaltung; GK-*Wiese* Rn 120; *DKK-Klebe*
Rn 5).

1. Kollektive Durchsetzungsmöglichkeiten

Gegen eine Verletzung des MBR kann der BR im arbeitsgerichtl. BeschlVerf. vor- 596
gehen. Er kann sein MBR durch einen **Anspruch auf Unterlassung** der beabsichtigten Maßnahme durchsetzen (st. Rspr. des BAG, vgl. grundlegend BAG 3. 5. 94 AP

Nr. 23 zu § 23 BetrVG 1972; vgl. Nach § 1 Rn 20 ff.; § 23 Rn 99 ff.), eine einstw.
Vfg. einreichen oder seine Rechte im Verfahren nach **§ 23 Abs. 3** geltend machen
(vgl. dort Rn 49 ff.).

597　Wirkt die belastende Maßnahme fort (zB Aufstellung von Überwachungsgeräten),
kann der BR verlangen, dass sie **rückgängig gemacht** wird (BAG 16. 6. 98 AP
Nr. 7 zu § 87 BetrVG 1972 Gesundheitsschutz, betr. die Einziehung von Anweisungen zur Vermeidung von Betriebsunfällen; *DKK-Klebe* Rn 7; im Ergebnis zust.
Richardi Rn 138). Es geht um die Beseitigung des betriebsverfassungswidrigen Zustandes (BAG 9. 12. 03 AP Nr. 1 zu § 33 BetrVG 1972).

598　Der BR kann auch auf **Einhaltung einer BV klagen** (BAG 13. 10. 87 AP Nr. 2
zu § 77 BetrVG 1972 Auslegung; 10. 11. 87 AP Nr. 24 zu § 77 BetrVG 1972). Er
hat einen Anspruch darauf, dass der ArbGeb. eine betriebsvereinbarungswidrige
Maßnahme unterlässt und die ArbN zur Beachtung einer BV anhält (LAG Köln 8. 2.
10 NZA-RR 10, 303). Allerdings steht dieser **Durchführungsanspruch** nur demjenigen BRGremium zu, das die BV geschlossen hat. Demzufolge kann der örtl. BR
nicht auf eine von ihm als richtig angesehene Durchführung einer GesBV klagen.
Deren Einhaltung kann er nur unter den Voraussetzungen des § 23 Abs. 3 erzwingen
(BAG 18. 5. 10 – 1 ABR 6/09 – NZA 10, 1433; 5. 10. 10 – 1 ABR 20/09 – NZA
11, 598; *Ahrendt* NZA 11, 774). Eine strafrechtliche Verfolgung von Verstößen gegen
das MBR ist nicht vorgesehen, weil es sich typischerweise nicht um eine Behinderung der BRTätigkeit handelt. Diese ist nach § 119 nur strafbar, wenn sich das betriebsverfassungswidrige Verhalten auf die Geschäftsführung des BR oder die eines
seiner Mitglieder bezieht (§ 119 Rn 7). Wegen der mangelnden Vermögensfähigkeit
des BR kann die Einhaltung des MBR nicht durch ein **Vertragsstrafenversprechen**
zu seinen Gunsten gesichert werden (BAG 29. 9. 04 AP Nr. 81 zu § 40 BetrVG
1972). Zur Sicherung seines MBR nach Nr. 10, 11 steht dem BR auch sein Beteiligungsrecht nach § 99 zur Verfügung. Beabsichtigt der ArbGeb. Eingruppierungen in
die von ihm einseitig aufgestellte neue Vergütungsordnung, kann der BR die **Zustimmung zu den Eingruppierungen** (§ 99) mit Recht verweigern (BAG 24. 4.
01 – 1 ABR 2/01 – NZA 02, 232).

2. Individualrechtliche Folgen

599　Von den kollektivrechtlichen Durchsetzungsmöglichkeiten sind die **individualrechtlichen Folgen** der Verletzung von MBR zu unterscheiden. Das BetrVG ist
ArbNSchutzrecht (vgl. § 1 Rn 1). Die Verletzung von Schutzrechten muss dazu führen, dass die Rechtsstellung der geschützten ArbN durch einseitige Maßnahmen des
ArbGeb. nicht verschlechtert werden darf. Verstößt deshalb der ArbGeb. durch einseitige Maßnahmen gegen das MBR des BR, sind seine Maßnahmen auch im Verhältnis zum ArbN rechtsunwirksam. Das folgt aus dem Schutzzweck der Norm (vgl.
Rn 3) und ist Inhalt der **Theorie der Wirksamkeitsvoraussetzung** (st. Rspr. seit
BAG GS 3. 12. 91 AP Nr. 51 zu § 87 BetrVG 1972 Lohngestaltung). Das Schrifttum
stimmt dieser Theorie weitgehend zu *GK-Wiese* Rn 119; *DKK-Klebe* Rn 4;
v. Hoyningen-Huene RdA 92, 359; **aA** *Richardi* Rn 115 ff.; *HSWGNR* Rn 106 ff.;
Gutzeit NZA 08, 255). Auf eine konsequente Durchsetzung dieser Lehre dürfte allerdings der 2. Senat des BAG verzichten, wenn er eine Änderungskündigung zur
Durchsetzung anderer aber nicht mitbestimmter Verteilungsgrundsätze bei freiwilligen Leistungen für wirksam, aber für nicht durchsetzbar hält. Folgerichtig wäre nach
der Theorie der Wirksamkeitsvoraussetzung aber nur die Rechtsunwirksamkeit der
Kündigung. Der ArbGeb. muss erst für neue – mitbestimmte – Verteilungsgrundsätze
sorgen, bevor er sie mit Hilfe einer Änderungskündigung auch durchsetzen will; die
Rspr. des 2. Senats dreht die Reihenfolge aber um (BAG 17. 6. 98 AP Nr. 49 zu § 2
KSchG 1969).

600　Die Theorie der Wirksamkeitsvoraussetzung ist **praktisch bedeutsam** vor allem
beim MBR der **Lohngestaltung.** So kann der Widerruf von freiwilligen Zulagen

unwirksam sein, wenn der ArbGeb. für einen Verteilungsplan nicht die Zustimmung des BR eingeholt hat; die ArbN können die ungekürzte Weiterzahlung der Zulagen verlangen (BAG GS 3. 12. 91 AP Nr. 51 und 52 zu § 87 BetrVG 1972 Lohngestaltung; vgl. auch Rn 475). Der ArbGeb. kann auch eine Vergütungsordnung oder ein Eingruppierungsschema (Bewertung der verschiedenen Arbeiten und Zuordnung von Lohngruppen, wegen des Tarifvorbehalts im Eingangssatz des § 87 praktisch bedeutsam in Betrieben ohne TV) nicht einseitig ändern. Eine unter Verstoß gegen das MBR des BR aufgestellte Vergütungsordnung löst die bisher geltende Vergütungsordnung nicht ab. Dem ArbN steht eine Bezahlung nach der früheren Vergütungsordnung zu (BAG 24. 4. 01 – 1 ABR 2/01 – NZA 02, 232). In **Fortführung der Theorie** der Wirksamkeitsvoraussetzung nimmt das BAG weiter an, dass der ArbN bei einer mitbestimmungswidrigen Änderung der im Betrieb geltenden Entlohnungsgrundsätze eine Vergütung auf der Grundlage der zuletzt mitbestimmten Entlohnungsgrundsätze verlangen kann. Insoweit wird die arbeitsvertragliche Vergütungsabrede von Gesetzes wegen ergänzt durch eine Verpflichtung des ArbGeb., den ArbN nach den geltenden Entlohnungsgrundsätzen zu vergüten (BAG 22. 6. 10 – 1 AZR 853/10 – NZA 10, 1243; krit. *Reichold* RdA 11, 311).

Im Übrigen kann die Verletzung des MBR keine Ansprüche der ArbN begründen, **601** die vor der mitbestimmungspflichtigen Maßnahme nicht bestanden haben und bei Beachtung des MBR nicht entstanden wären (BAG 2. 3. 04 AP Nr. 31 zu § 3 TVG). Auch bei Nichtbeachtung des MBR erhält der ArbN **keinen Erfüllungsanspruch auf Leistungen,** die der ArbGeb. nach dem Arbeitsvertrag nicht schuldet.

Betrifft eine BV zugleich mitbestimmungspflichtige und mitbestimmungsfreie An- **602** gelegenheiten (teilmitbestimmte BV), bilden diese bei der Lohngestaltung in aller Regel eine Einheit. Nach der Theorie der Wirksamkeitsvoraussetzung führt deshalb eine einseitig vom ArbGeb. angeordnete Neuverteilung auch zur Unwirksamkeit der Kürzungs- bzw. Widerrufsentscheidung (vgl. BAG 9. 7. 96 AP Nr. 86 zu § 87 BetrVG 1972 Lohngestaltung; 19. 9. 95 AP Nr. 61 zu § 77 BetrVG 1972). Bis zu einer Einigung mit dem BR sind die Zulagen ungekürzt zu zahlen.

Eine **nachträgliche Zustimmung** des BR heilt die Unwirksamkeit einer vom **603** ArbGeb. einseitig getroffene Maßnahme nicht (GK-*Wiese* Rn 100). **Rückwirkende Vereinbarungen** sind nur unter Beachtung des Verhältnismäßigkeitsgrundsatzes und des Vertrauensschutzes möglich, zB wenn der ArbGeb. rechtzeitig ein neues Verteilungskonzept angekündigt hatte und die ArbN mit einer Änderung der Zulagenhöhe rechnen mussten (BAG 19. 9. 95 AP Nr. 61 zu § 77 BetrVG 1972).

Maßnahmen, durch die der einzelne **ArbN begünstigt** wird, bleiben ihm gegen- **604** über wirksam. So bleibt der ArbGeb. für die Vergangenheit an die getroffenen Maßnahmen und Zusagen zugunsten des einzelnen ArbN faktisch gebunden (vgl. BAG 14. 6. 72 AP Nr. 54 zu §§ 22, 23 BAT; *v. Hoyningen-Huene* DB 87, 1426). Der Gedanke des Vertrauensschutzes hat Vorrang. Praktisch bedeutet das: Die entgegen dem MBR erfolgte bargeldlose Lohnzahlung kann wirksam sein; hat der ArbN die Arbeitsleistung in der einseitig geänderten Arbeitszeit geleistet, muss sie auch bezahlt werden; die unter Verletzung der MBR zugesagte Prämie muss, soweit vom ArbN entspr. Leistungen erbracht sind, auch bezahlt werden (BAG 5. 7. 76 AP Nr. 10 zu § 12 AZO). Andererseits besteht kein Lohnanspruch für nicht geleistete Arbeit, die dem ArbN auch bei betriebsverfassungsrechtlich einwandfreier Arbeitseinteilung nicht zustünde. Allein aus der Verletzung von MBR kann sich kein individualrechtlicher Anspruch ergeben (BAG 20. 8. 91 AP Nr. 50 zu § 87 BetrVG 1972 Lohngestaltung).

Die Theorie der Wirksamkeitsvoraussetzungen wirkt sich auch bei der Verletzung **605** der arbeitszeitbezogenen MBR aus. Die ArbN brauchen sich Lohnabzüge wegen **Kurzarbeit** nicht gefallen zu lassen, falls hierüber keine Einigung zwischen ArbGeb. und BR zustande gekommen ist. Ihnen steht ein Anspruch auf den Lohn nach der regulär zu leistenden ArbZ zu. Auch die **Anordnung von Überstunden** ist unwirksam, wenn das MBR des BR nicht beachtet wurde; die ArbN können die Überstunden verweigern (vgl. *DKK-Klebe* Rn 4; *v. Hoyningen-Huene* RdA 92, 355; vgl. auch Rn 150 ff., 201 ff.). Eine mitbestimmungswidrige Rückkehr von einer Wechsel-schicht zur Normalschicht ist gegenüber den ArbN ebenfalls unwirksam. Die betrof-fenen ArbN können Annahmeverzugslohn nach § 615 BGB fordern, wenn der Arb-Geb. einseitig die Schicht absagt und damit zu erkennen gegeben hat, eine darauf gerichtete Arbeitsleistung nicht anzunehmen (BAG 18. 9. 02 AP Nr. 99 zu § 615 BGB).

606 Das gilt auch für die Ausübung einseitiger Gestaltungsrechte im Rahmen der **be-trieblichen Altersversorgung,** die zu Einschränkungen von Anwartschaften führen sollen (vgl. BAG 26. 4. 88, 9. 5. 89 AP Nr. 16, 18 zu § 87 BetrVG 1972 Altersver-sorgung; 10. 3. 92 AP Nr. 34 zu § 1 BetrAVG Unterstützungskassen).

607 Vor allem bei mitbestimmungswidrig durchgeführten Taschenkontrollen oder mit-bestimmungswidriger Videoüberwachung stellt sich die Frage, ob die Theorie der Wirksamkeitsvoraussetzung auch zwingend ein prozessuales **Beweisverwertungs-verbot** mitbestimmungswidrig gewonnener Beweismittel und -ergebnisse verlangt. Das ist durch das BAG zwar noch nicht abschließend geklärt, doch spricht vieles da-für, dass es zum Schutz der MBR des BR eines umfassenden Verwertungsverbotes nicht bedarf (BAG 13. 12. 07 – 2 AZR 537/06 – NZA 08, 1008). Vielmehr ist ein mitbestimmungswidriges Verhalten des ArbGeb. auch ohne ein solches Verwertungs-verbot nicht nur kollektivrechtlich, sondern auch individualrechtlich hinreichend sanktionsbewehrt. So stehen den betroffenen ArbN neben Leistungsverweigerungs-rechten, Unterlassungs- und Beseitigungsansprüche sowie solche auf Schadensersatz und Schmerzensgeld zu (Einzelheiten *Grimm/Schiefer* RdA 09, 329, 343 mwN). Hin-zu kommt, dass auch die Beachtung des MBR nicht schlechthin eine Verletzung des Persönlichkeitsrechts des ArbN ausschließt. Ob eine solche vorliegt, entscheidet sich erst anhand der konkreten Ausübung des MBR und nicht allein danach, ob das MBR dem Grunde nach beachtet worden ist. Insoweit wird an der in der Vorauflage (Rn 256) vertretenen gegenteiligen Rechtsauffassung nicht festhalten. Vielmehr gilt der vom BAG in der Entscheidung vom 13. 12. 07 in den Mittelpunkt seiner Über-legungen gestellte allgemeine prozessuale Grundsatz, dass rechtswidrig erlangte Be-weismittel nicht in allen Fällen in einem gerichtlichen Verfahren unverwertbar sind sondern nur dann, wenn die Verwertung in verfassungsrechtlich zu schützende Grundrechte der jeweiligen Prozesspartei schwerwiegend eingreift (*Schlewing* NZA 04, 1071). Dabei ist zu unterscheiden zwischen der Erlangung eines Beweismittels und dessen Verwertung im Prozess. Ein prozessuales Verwertungsverbot kommt da-nach in Betracht, wenn mit der Verwertung einer rechtswidrig erlangten Information selbst eine schwerwiegende Persönlichkeitsrechtsverletzung verbunden wäre (BAG 29. 10. 97 AP Nr. 27 zu § 611 BGB Persönlichkeitsrecht) und nach einer einzelfall-bezogenen Abwägung das Interesse an einer funktionstüchtigen Zivilrechtspflege nicht überwiegt (Einzelheiten bei *Grimm/Schiefer* RdA 09, 329, 339). Werden mitbe-stimmungswidrig erlangte Kenntnisse von tatsächlichen Vorgängen in ein arbeitsge-richtliches Verfahren eingebracht und vom ArbN aber nicht bestritten, ist das ArbG an diesen Tatsachenvortrag gebunden und muss ihn bei seiner Entscheidungsfindung verwerten. Mangels hinreichendem Bestreitens des ArbN stellt sich in einem solchen Fall die Frage nach dem Beweisverwertungsverbot nicht (BAG 13. 12. 07 – 2 AZR 537/06 – NZA 08, 1008; *Dzida/Grau* NZA 10, 1201; im Ergebnis zustimmend *Lunck* NZA 09, 457). Ist eine Videoüberwachung ohne Beteiligung des BR zur Auf-deckung strafbarer Handlungen des ArbN durchgeführt worden, folgt aus der Verlet-zung des MBR kein eigenständiges Beweisverwertungsgebot, wenn der BR der Ver-wendung dieses Beweismittels und einer darauf gestützten Kündigung zustimmt und die Beweisverwertung nach allg. Grundsätzen gerechtfertigt ist (BAG 27. 3. 03 AP Nr. 6 zu § 87 BetrVG 1972).

VII. Rechtsstreitigkeiten

Inhalt und Umfang des MBR können streitig sein. Dabei wird es sich regelmäßig **608** um Rechtsstreitigkeiten handeln. Das gilt zunächst für die Frage, **ob ein Anspruch auf Mitbestimmung besteht.** Diese Frage kann als Rechtsfrage im Wege eines Feststellungsantrags im BeschlVerf. vorab vom ArbG geklärt werden. Dieser Antrag kann auch vor Durchführung des Verf. vor der E-Stelle gestellt werden (vgl. Nach § 1 Rn 17). Sie kann aber auch erst bei der gerichtlichen Kontrolle eines Spruchs der E-Stelle entschieden werden. Zweifel über das Bestehen eines MBR hindern die Tätigkeit der E-Stelle nicht, die zunächst über ihre Zuständigkeit entscheiden muss. In der E-Stelle besteht dann aus Gründen der Praktikabilität häufig die Möglichkeit, zu einer Einigung unabhängig von der unterschiedlich beurteilten Rechtsfrage der Zuständigkeit zu kommen.

Um eine Rechtsstreitigkeit handelt es sich auch, wenn Meinungsverschiedenheiten **609** über das **Bestehen oder Nichtbestehen betrieblicher Normen** (BV) oder deren **Auslegung** oder deren **Durchführung** zu klären sind. Diese Klärung kann im Wege eines Leistungs- oder eines Feststellungsantrags erreicht werden (vgl. Nach § 1 Rn 16 ff.; § 77 Rn 228). Über derartige Rechtsstreitigkeiten entscheidet das ArbG im BeschlVerf. (§ 2a ArbGG). Antragsberechtigt sind nur die BetrVerfOrgane (vgl. Nach § 1 Rn 30 ff.). Die im Betrieb vertretenen Gewerkschaften können nicht von sich aus ein Verf. zur Klärung umstrittener MBR einleiten (BAG 3. 2. 76 AP Nr. 8 zu § 118 BetrVG 1972), es sei denn, es ginge um die **Unwirksamkeit einer BV** wegen des Vorrangs eines TV (vgl. insoweit § 77 Rn 235) oder um eine grobe **Pflichtverletzung iSd. § 23** Abs. 3. Die TVParteien sind nach Ansicht des BAG auch nicht zu beteiligen, wenn der Umfang eines streitigen MDR von Tarifvorschriften abhängt, selbst dann nicht, wenn auch über die Wirksamkeit des TV zu entscheiden ist (BAG 24. 4. 79 AP Nr. 63 zu Art. 9 GG Arbeitskampf; 25. 5. 82 AP Nr. 2 zu § 87 BetrVG 1972 Prämie). Vgl. auch § 77 Rn 111; Nach § 1 Rn 41 ff. Zur Antragsbefugnis von TVParteien vgl. § 1 Rn 35.

Obwohl einseitig unter Verletzung der MBR getroffene Maßnahmen des ArbGeb. **610** unwirksam sind (vgl. Rn 596), ist nicht zu verkennen, dass bei Befolgung unzulässiger einseitiger Anordnungen des ArbGeb. die MBR des BR unterlaufen werden können. Aus der betriebsverfassungsrechtlichen Pflicht des ArbGeb., derartige Anordnungen zu unterlassen, folgt ein entspr. **Unterlassungsanspruch des BR** (vgl. BAG 3. 5. 94 AP Nr. 23 zu § 23 BetrVG 1972). Dabei muss die Handlung, deren Unterlassung begehrt wird, hinreichend bestimmt beschrieben werden (Nach § 1 Rn 20 ff.) Der Unterlassungsanspruch wird im BeschlVerf. geltend gemacht (vgl. Nach § 1 Rn 16) und gem. § 85 Abs. 1 ArbGG, §§ 888 ff. ZPO vollstreckt (vgl. Nach § 1 Rn 62), allerdings erst nach Rechtskraft des Beschlusses. Auch der **Erlass einer einstw. Vfg.** ist möglich. Sie gewährt einen effektiven Rechtsschutz gegen die Missachtung der MBR des BR, ist aber zeitlich bis zur Einigung der Betriebspartner bzw. einem Spruch der E-Stelle zu beschränken. Einzelheiten vgl. Nach § 1 Rn 65 ff.

Kommt es während eines Beschlussverfahrens zu einem Betriebsübergang, bei dem **611** der Betrieb unter Wahrung seiner Identität auf einen neuen ArbGeb. gem. § 613a BGB übergeht, führt das zu einem Beteiligtenwechsel auf Seiten des ArbGeb. und damit zu einem automatischen Austausch des mit dem Antrag in Anspruch genommen ArbGeb. Prozessual tritt der Betriebserwerber in jeglicher Hinsicht an die Stelle des bisherigen Betriebsinhabers (BAG 9. 12. 08 AP Nr. 356 zu § 613a BGB). Allerdings bleibt dazu zu klären, ob der betriebsverfassungsrechtliche Konflikt beim neuen ArbGeb. überhaupt noch fortdauert oder sich erledigt hat. Vergleichbare prozessuale Probleme wirft eine sogn. Funktionsnachfolge nach einer Änderung betriebsverfassungsrechtlicher Zuordnungen (§ 3) auf; Einzelheiten Nach § 1 Rn 43.

§ 88 Freiwillige Betriebsvereinbarungen

Durch Betriebsvereinbarung können insbesondere geregelt werden

1. **zusätzliche Maßnahmen zur Verhütung von Arbeitsunfällen und Gesundheitsschädigungen;**
1 a. **Maßnahmen des betrieblichen Umweltschutzes;**
2. **die Errichtung von Sozialeinrichtungen, deren Wirkungsbereich auf den Betrieb, das Unternehmen oder den Konzern beschränkt ist;**
3. **Maßnahmen zur Förderung der Vermögensbildung;**
4. **Maßnahmen zur Integration ausländischer Arbeitnehmer sowie zur Bekämpfung von Rassismus und Fremdenfeindlichkeit im Betrieb.**

Inhaltsübersicht

I. Vorbemerkung

1   Während § 87 die Angelegenheiten bezeichnet, in denen der BR ein erzwingbares MBR hat, stellt § 88 klar, dass die Betriebsparteien nicht gehindert sind, auch **in anderen Angelegenheiten BV** zu schließen. Die Bestimmung führt beispielhaft einige Angelegenheiten auf (vgl. Rn 15 ff.). Wie das Wort „insbesondere" zeigt, ist die Aufzählung der in der Vorschrift genannten sozialen Angelegenheiten nicht abschließend (vgl. BAG GS 7. 11. 89 AP Nr. 46 zu § 77 BetrVG 1972; BAG 14. 8. 01 AP Nr. 4 zu § 77 BetrVG 1972 Regelungsabrede; 12. 12. 06 AP Nr. 94 zu § 77 BetrVG 1972; *DKKW-Berg* Rn 1; ErfK-*Kania* Rn 1; GK-*Wiese* Rn 7). Vielmehr kommt den Betriebsparteien in sozialen Angelegenheiten grundsätzlich eine umfassende Regelungskompetenz zu (BAG 11. 7. 00 AP Nr. 16 zu § 87 BetrVG 1972 Sozialeinrichtung).

2   Die Befugnis der Betriebsparteien zum Abschluss freiwilliger BV ist nicht auf soziale Angelegenheiten beschränkt. Sie haben vielmehr – unabhängig vom Bestehen erzwingbarer MBR des BR – eine **umfassende Kompetenz zur Regelung betrieblicher und arbeitsvertraglicher Fragen** (vgl. näher § 77 Rn 45 f. mwN; BAG GS 7. 11. 89 AP Nr. 46 zu § 77 BetrVG 1972; BAG 29. 9. 04 AP Nr. 16 zu § 77 BetrVG 1972 Nachwirkung; 19. 10. 05 AP Nr. 26 zu § 77 BetrVG 1972 BV; 18. 7 06 AP Nr. 15 zu § 815 ZPO; 12. 12. 06 AP Nr. 94 zu § 77 BetrVG 1972; 12. 4. 11 – 1 AZR 412/09 – NZA 11, 989; 7. 6. 11 – 1 AZR 807/09 –; *HSWGNR-Worzalla* Rn 4; ErfK/*Kania* Rn 1; HaKo-BetrVG/*Kohte* Rn 4a; *Linsenmaier* RdA 08, 1, 4; *Richardi* Rn 6 f.; vgl. aber auch *ders.* § 77 Rn 67; wohl auch *DKKW-Berg* Rn 4; **aA** GK-*Wiese* Rn 10 f.; *WPK/Bender* Rn 2). Die Annahme einer umfassenden Regelungsbefugnis ergibt sich im Umkehrschluss aus § 77 Abs. 3 S. 1,

steht im Einklang mit den Gesetzesmaterialien und wird mittelbar bestätigt durch § 28 Abs. 1, Abs. 2 S. 1 SprAuG (vgl. **§ 77 Rn 46 mwN**). Die den Betriebsparteien eingeräumte umfassende Betriebsautonomie ist unter Berücksichtigung der materiell-rechtlichen und organisationsrechtlichen gesetzlichen Vorgaben verfassungsrechtlich nicht zu beanstanden (vgl. BAG 12. 12. 06 AP Nr. 94 zu § 77 BetrVG 1972; *Linsenmaier*, RdA 08, 1, 5 f.). Damit unterscheidet sich die Regelungsbefugnis der Betriebsparteien nach dem BetrVG erheblich von derjenigen, die für freiwillige Dienstvereinbarungen nach dem BPersVG und einem Großteil der LPersVG besteht (vgl. *Albicker/Wiesenecker* NZA 07, 842). So sind nach § 73 Abs. 1 S. 1 Dienstvereinbarungen nur insoweit zulässig, wie sie das BPersVG ausdrücklich vorsieht (vgl. BAG 12. 12. 06 AP Nr. 94 zu § 77 BetrVG 1972).

Neben den in der Vorschrift beispielhaft ausdrücklich bezeichneten Angelegenheiten kommen zahlreiche weitere **Regelungsgegenstände** in Betracht, wie etwa **3**
– Altersgrenzen (vgl. dazu BAG GS 7. 11. 89 AP Nr. 46 zu § 77 BetrVG 1972; vgl. ferner § 77 Rn 62 mwN),
– Altersversorgung, betriebliche (vgl. etwa BAG 16. 7. 96 AP Nr. 21 zu § 1 BetrAVG Ablösung),
– Arbeitsentgelt (vgl. BAG 21. 1. 03 AP Nr. 117 zu § 87 BetrVG Lohngestaltung; 12. 4. 11 – 1 AZR 412/09 – NZA 11, 989; 7. 6. 11 – 1 AZR 807/09 –; 5. 7. 11 – 1 AZR 94/10 –),
– Arbeitszeit (zur Dauer der wöchentlichen Arbeitszeit vgl. BAG 13. 10. 87 AP Nr. 24 zu § 87 BetrVG 1972 Arbeitszeit; zur Verkürzung der Arbeitszeiten älterer ArbN BAG 18. 8. 87 AP Nr. 23 zu § 77 BetrVG 1972 „Leber-Rüthers-Kompromiss"),
– Ausschlussfristen (vgl. BAG 9. 4. 91 AP Nr. 1 zu § 77 BetrVG 1972 Tarifvorbehalt; vgl. auch 12. 12. 06 AP Nr. 94 zu § 77 BetrVG 1972, vgl. ferner § 77 Rn 64 mwN),
– Beendigung des Arbeitsverhältnisses (vgl. BAG 27. 10. 88 AP Nr. 16 zu § 620 BGB Bedingung; derartige Regelungen können aber gegen höherrangiges Recht verstoßen, vgl. § 77 Rn 61 mwN),
– „Bleibeprämien" als Anreiz für den ArbN, bei Betriebsstilllegungen nicht von der nächsten Kündigungsmöglichkeit Gebrauch zu machen (*Linsenmaier* FS *Etzel* S. 239, 250),
– BRAufgaben, Übertragung auf Arbeitsgruppen (vgl. § 28a Rn 14 ff. mwN),
– Dienstkleidung, Kostentragung (vgl. dazu BAG 13. 2. 07 AP Nr. 40 zu § 87 BetrVG 1972 Ordnung des Betriebs; vgl. ferner § 77 Rn 65 mwN),
– Gratifikationen,
– MBR des BR, Erweiterung (vgl. BAG 28. 4. 98 AP Nr. 11 zu § 77 BetrVG 1972 Nachwirkung,
– Sozialpläne, freiwillige (vgl. BAG 26. 8. 97, 14. 11. 06 AP Nr. 117, 181 zu § 112 BetrVG 1972),
– Treueprämien,
– „Turboprämien" für den Fall, dass der ArbN von der Erhebung einer KSchKlage absieht (vgl. §§ 112, 112a Rn 198; BAG 31. 5. 05 AP Nr. 175 zu § 112 BetrVG 1972; 18. 5. 10 – 1 AZR 187/09 – NZA 10, 1304),
– Urlaubsdauer,
– Vertragsstrafen (vgl. § 77 Rn 66),
– Weihnachtsgelder,
– Wiedereinstellungsanspruch gegen bisherigen ArbGeb. für den Fall, dass eine Beschäftigung beim Betriebserwerber nicht mehr möglich ist (vgl. BAG 19. 10. 05 AP Nr. 26 zu § 77 BetrVG 1972 BV; **aA** *Diehn* BB 06, 1794).
Zu weiteren möglichen Regelungsgegenständen vgl. GK-*Wiese* Rn 12.

Die Kompetenz der Betriebsparteien zur Regelung betrieblicher und arbeitsvertraglicher Fragen ist zwar umfassend, unterliegt aber **(Binnen-)Schranken** (vgl. im Einzelnen § 77 Rn 52–123; *Linsenmaier* RdA 08, 1, 8). Wichtige Beschränkungen **4** ergeben sich insb. aus höherrangigem Recht und den Individualrechten der ArbN (vgl. Rn 8) sowie dem Tarifvorrang des § 77 Abs. 3 S. 1 (vgl. Rn 9). Für Kollisionen zwischen kollektiven und individualrechtlichen Reglungen gilt das Günstigkeitsprinzip (vgl. Rn 10).

5　In BV können Regelungen über Angelegenheiten der erzwingbaren Mitbestimmung mit solchen **verknüpft** werden, die nicht erzwingbar sind (vgl. zur Nachwirkung einer „teilmitbestimmten" BV § 77 Rn 189). Bei freiwilligen Leistungen des ArbGeb. ist dies sogar der Normalfall. Hier entscheidet der ArbGeb. mitbestimmungsfrei, ob, an wen und in welcher Höhe er die Leistung überhaupt gewährt; dagegen unterliegen die Verteilungsgrundsätze der MB des BR nach § 87 Abs. 1 Nr. 10. Regelmäßig wird dann beides in einer BV festgelegt. In einer einheitlichen BV können aber auch Regelungen über mehrere unterschiedliche Gegenstände getroffen werden. Zur Frage sog. **Koppelungsgeschäfte** vgl. § 87 Rn 27 mwN.

II. Zustandekommen, Inhalt, Wirkung, Kündigung und Nachwirkung freiwilliger Betriebsvereinbarungen

1. Zustandekommen

6　Ebenso wie im Bereich der notwendigen Mitbestimmung nach § 87 kommen auch freiwillige BV gemäß § 77 Abs. 2 S. 1 durch eine von BR und ArbGeb. abzuschließende und **schriftlich niederzulegende Vereinbarung** zustande (vgl. § 77 Rn 18 ff.). Diese ist gemäß § 77 Abs. 2 S. 2 von beiden Seiten zu unterzeichnen (vgl. § 77 Rn 21 ff.) und nach § 77 Abs. 2 S. 3 vom ArbGeb. an geeigneter Stelle im Betrieb auszulegen (vgl. § 77 Rn 25 f.).

7　Anders als nach § 87 Abs. 2 in Angelegenheiten der notwendigen Mitbestimmung können weder ArbGeb. noch BR eine Regelung über die **E-Stelle** erzwingen. Da in den Angelegenheiten des § 88 der Spruch der E-Stelle die Einigung der Betriebsparteien nicht ersetzt, wird eine E-Stelle nicht auf Antrag nur einer Seite tätig (§ 76 Abs. 5 S. 1). Nach § 76 Abs. 6 S. 1 kann sie allerdings in Angelegenheiten der freiwilligen Mitbestimmung dann tätig werden, wenn beide Seiten dies beantragen oder mit ihrem Tätigwerden einverstanden sind. In diesem Fall ersetzt der Spruch der E-Stelle die Einigung zwischen ArbGeb. und BR nach § 76 Abs. 6 S. 2 dann, wenn sich ihm beide Seiten im Voraus unterworfen oder ihn nachträglich angenommen haben.

2. Inhalt

8　Die Regelungsbefugnis der Betriebsparteien ist begrenzt durch **höherrangiges zwingendes staatliches Recht** (vgl. im Einzelnen § 77 Rn 52 ff.). Sie müssen den **Gleichbehandlungsgrundsatz** (vgl. dazu § 75 Rn 30 ff.), das **Benachteiligungsverbot des § 75 Abs. 1 S. 2**, die **Diskriminierungsverbote des AGG** (vgl. dazu § 75 Rn 58 ff.) sowie **grundrechtliche Wertentscheidungen** (vgl. dazu § 75 Rn 1, 25 ff.) beachten. Die **außerbetriebliche private Lebensführung** der ArbN ist ihrer Regelungsbefugnis grundsätzlich entzogen (vgl. § 77 Rn 56 f.). Sie müssen gemäß § 75 Abs. 1, Abs. 2 S. 1 die **grundrechtlich gewährleisteten Freiheitsrechte** und damit auch die durch Art. 2 Abs. 1 iVm. Art. 1 Abs. 1 GG geschützte **allgemeine Handlungsfreiheit** und das **allgemeine Persönlichkeitsrecht** (aPR) der ArbN beachten (vgl. § 77 Rn 58 mwN). In diese Rechte dürfen sie nur unter Beachtung des **Verhältnismäßigkeitsgrundsatzes** eingreifen (vgl. § 77 Rn 58 ff. mit Einzelbeispielen und mwN). Auch darf das sich aus § 611 BGB ergebende Synallagma nicht beseitigt und die durch Art. 12 Abs. 1 GG geschützte Freiheit des ArbN zur Arbeitsplatzaufgabe nicht – durch eine Stichtagsklausel – unverhältnismäßig beschränkt werden (BAG 12. 4. 11 – 1 ABR 412/09 – NZA 11, 989; 5. 7. 11 – 1 AZR 94/10 –).

Eine wichtige Beschränkung der Betriebsparteien beim Abschluss freiwilliger BV **9** ergibt sich ferner aus § 77 Abs. 3 S. 1. Der darin normierte **Tarifvorbehalt** hat gerade bei der freiwilligen Mitbestimmung seinen wesentlichen Anwendungsbereich (HaKo-BetrVG/*Kohte* Rn 6). In Angelegenheiten, die der erzwingbaren Mitbestimmung des BR unterliegen, gilt die Sperre des § 77 Abs. 3 S. 1 nicht. Vielmehr ist hier eine betriebliche Regelung nur dann nach § 87 Abs. 1 Eingangssatz ausgeschlossen, wenn ein Gesetz oder ein TV, an den zumindest der ArbGeb. gebunden ist, die Angelegenheit abschließend und zwingend regelt (BAG GS 3. 12. 91 AP Nr. 51 zu § 87 BetrVG 1972 Lohngestaltung). Diese Einschränkung des Tarifvorbehalts des § 77 Abs. 3 S. 1 durch die sog. „Vorrangtheorie" (vgl. § 77 Rn 109 ff.) gilt aber nur so weit, wie das MBR reicht (vgl. BAG 24. 1. 96, 29. 10. 02 AP Nr. 8, 18 zu § 77 BetrVG 1972 Tarifvorbehalt). Sie gilt daher nicht im Bereich der freiwilligen Mitbestimmung. Hier kann eine BV über Arbeitsentgelte oder sonstige Arbeitsbedingungen – zum Schutz der Funktionsfähigkeit der Tarifautonomie (vgl. etwa BAG 20. 2. 01, 29. 10. 02 AP Nr. 15, 18 zu § 77 BetrVG 1972 Tarifvorbehalt) – nicht geschlossen werden, soweit der Gegenstand tarifvertraglich geregelt ist oder üblicherweise geregelt wird. Etwas anderes gilt wiederum nach § 77 Abs. 3 S. 2 dann, wenn ein TV den Abschluss ergänzender BV ausdrücklich zulässt. Dies muss nicht wörtlich geschehen, im TV aber deutlich zum Ausdruck kommen (BAG 29. 10. 02 AP Nr. 18 zu § 77 BetrVG 1972 Tarifvorbehalt).

Für das Verhältnis von BV und individualvertraglichen Rechtspositionen gilt das **10** **Günstigkeitsprinzip** (vgl. § 77 Rn 196 ff., 205 ff.; BAG GS 16. 9. 86, 7. 11. 89 AP Nr. 17, 46 zu § 77 BetrVG 1972). Nach ihm gehen günstigere einzelvertragliche Abreden den Regelungen einer BV trotz deren unmittelbarer und zwingender Wirkung grundsätzlich vor. Es beschränkt nicht etwa die Regelungskompetenz der Betriebsparteien (so aber *Kreutz* FS *Konzen* S. 461, 466 ff.; *ders.* FS Schmidt-Jortzig S. 753, 755). Vielmehr handelt es sich um eine Kollisionsregel. Die kollektive und die individualrechtliche Regelung bestehen nebeneinander. Der ArbN kann sich aber auf die ihm günstigere Regelung berufen (vgl. BAG 28. 6. 05 AP Nr. 25 zu § 77 BetrVG BV; *Linsenmaier* RdA 08, 1, 9). Das Günstigkeitsprinzip findet keine Anwendung in Fällen der sog. **Betriebsvereinbarungsoffenheit**, in denen ArbGeb. und ArbN vereinbart haben, dass eine betriebliche Regelung der einzelvertraglichen vorgeht. Der Vorbehalt kann auch konkludent vereinbart werden (vgl. BAG 3. 6. 03 AP Nr. 19 zu § 77 BetrVG 1972 Tarifvorbehalt; 24. 8. 04 AP Nr. 77 zu § 2 KSchG 1969). Es gilt das **individuelle Günstigkeitsprinzip.** Dieses findet grundsätzlich auch auf arbeitsvertragliche Einheitsregelungen Anwendung (vgl. BAG 28. 3. 00 AP Nr. 83 zu § 77 BetrVG 1972; **aA** *Bepler* RdA 05, 226, 240 f.). Etwas Anderes gilt für freiwillige Sozialleistungen, die auf eine vom ArbGeb. gesetzte Einheitsregelung oder eine Gesamtzusage zurückgehen. Das betrifft insb. die betriebliche Altersversorgung. Hier ist ein **kollektiver Günstigkeitsvergleich** vorzunehmen und die Gesamtheit der Leistungen vor und nach dem Abschluss der BV zu vergleichen. Das kann dazu führen, dass die Leistung für einzelne ArbN individuell geringer ist als zuvor (BAG GS 16. 9. 86 AP Nr. 17 zu § 77 BetrVG 1972; BAG 28. 3. 00 AP Nr. 83 zu § 77 BetrVG 1972).

3. Wirkung

Für freiwillige BV nach § 88 gilt § 77. Der ArbGeb. muss daher auch eine freiwil- **11** lige BV gemäß § 77 Abs. 1 S. 1 durchzuführen (BAG 13. 10. 87 AP Nr. 2 zu § 77 BetrVG 1972 Auslegung; *DKKW-Berg* Rn 3).

Auch freiwillige BV gelten nach § 77 Abs. 4 S. 1 **unmittelbar und zwingend 12** (vgl. § 77 Rn 124 ff.). Werden den ArbN durch die BV Rechte eingeräumt, können sie darauf nach § 77 Abs. 4 S. 2 nur mit Zustimmung des BR verzichten (vgl. § 77 Rn 131 ff.). Die Verwirkung der Rechte ist nach § 77 Abs. 4 S. 3 ausgeschlossen (vgl. § 77 Rn 137). Einzelvertragliche Ausschlussfristen können nach § 77 Abs. 4 S. 4 für die Geltendmachung dieser Rechte nicht vereinbart werden (vgl. § 77 Rn 138 ff.).

4. Kündigung und Nachwirkung

13　　Auch freiwillige BV sind nach § 77 Abs. 5, sofern nichts anderes vereinbart ist, mit einer Frist von drei Monaten kündbar. Die **Kündbarkeit** kann ausgeschlossen werden (BAG 10. 3. 92 AP Nr. 5 zu § 1 BetrAVG BV). Bei Kündigungen von BV über betriebliche Altersversorgung sind die Wirkungen durch die Grundsätze des Vertrauensschutzes und der Verhältnismäßigkeit begrenzt (vgl. § 77 Rn 149; BAG 10. 3. 92, 11. 5. 99 AP Nr. 5, 6 zu § 1 BetrAVG BV).

14　　Freiwillige BV wirken nach Ablauf der Kündigungsfrist nicht nach. **Nachwirkung** kann jedoch vereinbart werden (BAG GS 16. 3. 56 AP Nr. 1 zu § 57 BetrVG 1952; BAG 28. 4. 98 AP Nr. 11 zu § 77 BetrVG 1972 Nachwirkung). Eine solche Vereinbarung ist im Regelfall dahin auszulegen, dass die Nachwirkung auch gegen den Willen einer Seite beendet werden kann. Scheitern die Bemühungen um eine einvernehmliche Neuregelung, kann jede Betriebspartei die Einigungsstelle anrufen, die verbindlich entscheidet. Die Parteien werden so behandelt, als ob sie sich nach § 76 Abs. 6 von vornherein dem Spruch der E-Stelle unterworfen hätten (BAG 28. 4. 98 AP Nr. 11 zu § 77 BetrVG 1972 Nachwirkung). Zur Frage der teilweisen oder vollständigen Nachwirkung teilmitbestimmter BV vgl. § 77 Rn 189 ff.

III. Die ausdrücklich genannten Angelegenheiten

1. Verhütung von Arbeitsunfällen und Gesundheitsschädigungen

15　　Im Interesse eines weiteren Ausbaus der **Arbeitssicherheit** und des **Gesundheitsschutzes** sieht Nr. 1 auf diesem Gebiet ausdrücklich **freiwillige BV** über „zusätzliche Maßnahmen" vor. Das sind solche, zu denen der ArbGeb. nicht ohnehin bereits auf Grund rechtlicher Bestimmungen verpflichtet ist (GK-*Wiese* Rn 14; ErfK-*Kania* Rn 3). Etwaige MBR des BR an derartigen Maßnahmen – zB § 87 Abs. 1 Nr. 1 oder Nr. 6 – bleiben unberührt (vgl. BAG 24. 3. 81 AP Nr. 2 zu § 87 BetrVG 1972 Arbeitssicherheit; GK-*Wiese* Rn 15; *Richardi* Rn 13).

16　　**Im Bereich der Sicherheitstechnik** kommen als zusätzliche Maßnahmen in Betracht: Verbesserung der Arbeitshygiene, die Verwendung von technischen Einrichtungen, von Werkstoffen oder die Bereitstellung von Körperschutzmitteln mit höherer Sicherheitsqualität als nach dem Stand der Technik üblicherweise in vergleichbaren Betrieben eingeführt; zusätzliche Schutzmaßnahmen; Festlegung von Höchstgeschwindigkeiten im Werksgelände und von Höchstdrehzahlen für Maschinen; regelmäßige vorsorgliche Auswechselung sicherheitswichtiger Verschleißteile; Verwendung von Sicherheitsfarben und -kennzeichnungen (DIN 4818, 4819, 4844).

17　　**Als organisatorische Maßnahmen** kommen in Betracht: Einrichtung einer Unfallstation, Durchführung von Vorsorgemaßnahmen, zusätzliche Freistellungen zB von Sicherheitsbeauftragten; überschaubare Arbeitsbereiche für Sicherheitsbeauftragte; inner- und außerbetriebliche Sicherheitsschulungen (insb. für ArbN an gefährlichen oder – andere Personen – gefährdenden Arbeitsplätzen sowie für Führungskräfte); kombinatorische Unfallstatistik; bessere Ausgestaltung der Arbeitsumgebung (zB Licht- und Luftverhältnisse, Raumklima, Lärm), Erstellung eines Lärmkatasters; Sicherheitspaten für Anfänger; Beteiligung des BR an Messungen und Nachmessungen, soweit er nicht schon nach §§ 4 und 5 ArbSchG oder sonstigen Vorschriften zu beteiligen ist; arbeitsschutzrechtliche Schwerpunkt- oder Sonderprogramme; verbindliche Einführung eines Verf. zur genauen Aufklärung von Unfallhergängen (vgl. die von der BAU herausgegebene Unterrichtungshilfe); Sicherheitswettbewerbe; Prämien für sicherheitsgerechtes Verhalten oder für das Tragen von unbequemen oder ungewohnten Körperschutzmitteln (ggf. in Verbindung mit der Festlegung von Entlohnungsgrundsätzen nach § 87 Abs. 1 Nr. 10); Regelungen über die Prüfung neu eingeführter Arbeitsmittel durch den Sicherheitsingenieur oder über die Anwesenheit des verantwortlichen Vorgesetzten bei Improvisationen (vgl. für den Probebetrieb § 42 VBG 1); Regelungen über die allgemeine Sicherheitspolitik des Betriebs und Unternehmens und der Mittel für ihre Bekanntgabe an die Führungskräfte; Aufklärungsaktionen gegen Alkoholismus; Verbesserung der Arbeitshygiene; Einrichtung einer Unfallstation; Einführung von freiwilligen Reihenuntersuchungen, Vorsorge- und Rehabilitationsmaßnahmen.

1 a. Maßnahmen des betrieblichen Umweltschutzes

Durch freiwillige BV nach Nr. 1 a können die Betriebspartner dem BR im Rah- **18** men seiner funktionellen Zuständigkeit über seine gesetzlichen Beteiligungsrechte hinausgehende Einflussmöglichkeiten auf die Gestaltung des **betrieblichen Umweltschutzes** einräumen. § 89 Abs. 3 enthält eine Legaldefinition dieses Begriffs (vgl. dazu § 89 Rn 8 f.). Zu möglichen Maßnahmen und dabei bestehenden Beteiligungsrechten des BR vgl. § 89 Rn 5 ff. Die Betriebsparteien können in einer BV zB ein allgemeines Unterrichtungs- und Beratungsrecht des BR in allen umweltschutzrelevanten Angelegenheiten vorsehen, etwa über Genehmigungsverfahren und Sicherheitsanalysen, über Behördengespräche einschl. einer Beteiligung des BR, über beabsichtigte umweltschutzrelevante Maßnahmen des ArbGeb. wie die Einführung umweltschutzfreundlicher Techniken und Erstellung umweltschutzfreundlicher Produkte, über Fragen der Abfallentsorgung, eines Öko-Controlling oder von Öko-Bilanzen. Durch Vereinbarungen nach Nr. 1 a können (gemeinsame) Umweltschutzausschüsse gebildet und ihre Aufgaben sowie die Hinzuziehung von Sachverständigen und die Fortbildung der ArbN und der BRMitgl. in Fragen des Umweltschutzes geregelt werden (vgl. dazu näher *Froschauer* S. 206 ff.; *Teichert/Küppers* WS I-Mitt 90, 755; *Schmidt* WS I-Mitt 93, 330; *Teichert* AiB 94, 238).

Nr. 1 a betrifft nur Maßnahmen des betrieblichen Umweltschutzes. Der BR hat **19** **kein generelles umweltpolitisches Mandat** (vgl. § 89 Rn 10; BT-Ds. 14/5741 S. 48). Gleichwohl können sich Maßnahmen des betrieblichen Umweltschutzes auch außerbetrieblich auswirken (GK-*Kreutz* Rn 25). Hierüber geschlossene BV sind nicht etwa aus diesem Grund unwirksam.

2. Errichtung von Sozialeinrichtungen

Nr. 2 ergänzt § 87 Abs. 1 Nr. 8 (vgl. § 87 Rn 334 ff.). Die Errichtung einer Sozi- **20** aleinrichtung kann Gegenstand einer freiwilligen, nicht erzwingbaren BV sein. In dieser BV können ArbGeb. und BR die **Höhe der Mittel** und den **Zweck** der Sozialeinrichtung vereinbaren (ErfK-*Kania* Rn 5).

Der **Wirkungskreis** der Sozialeinrichtung kann sich, wie bei § 87 Abs. 1 Nr. 8, **21** auf den Betrieb, das Unternehmen oder den Konzern erstrecken. Danach richtet sich die funktionale Zuständigkeit der ArbNVertr. (BR, GesBR oder KBR). Durch freiwillige BV können auch Einrichtungen in verbundenen Unternehmen geschaffen werden, die nicht in einem Konzernverhältnis stehen (*DKKW-Berg* Rn 11).

Auch BV über die **Änderung** des Zwecks, der Mittel oder der **Schließung** und **22** die damit verbundene **Abwicklung** der Einrichtung sind möglich.

Der mitbestimmungspflichtige und der mitbestimmungsfreie Teil der Angelegen- **23** heit, können zusammen in **einer** BV geregelt werden (ErfK-*Kania* Rn 5).

3. Förderung der Vermögensbildung

Nr. 3 weist auf die Bedeutung der Vermögensbildung in ArbNHand hin. BV sind **24** möglich im Hinblick auf das **VermögensbildungsG**. In BV kann aber auch die Vermögensbildung auf **andere Weise** gefördert werden, etwa durch Beteiligung am Betriebsvermögen, Ausgabe von Beteiligungspapieren (BAG 28. 11. 89 AP Nr. 6 zu

§ 88 BetrVG 1972). Über Modelle und Erfahrungen der betrieblichen Vermögensbildung vgl. *Gast/Wissmann* BB 87 Beilage 17.

25 Streitig ist, ob freiwillige BV trotz § 77 Abs. 3 S. 1 zulässig sind, wenn ein TV Fragen der Vermögensbildung regelt. Nachdem der Gesetzgeber diesen Regelungsgegenstand, der anders als die anderen Beispiele in § 88 üblicherweise durch TV geregelt wird, ausdrücklich als Beispiel für freiwillige BV normiert, erscheint insoweit eine restriktive Auslegung des **Tarifvorbehalts** in § 77 Abs. 3 S. 1 vertretbar (ebenso *Richardi* Rn 29; *DKKW-Berg* Rn 13; aA ErfK-*Kania* Rn 6; GK-*Wiese* Rn 29). Bei der Verteilung der vom ArbGeb. für vermögenswirksame Leistungen zur Verfügung gestellten Mittel hat der BR nach § 87 Abs. 1 Nr. 10 mitzubestimmen (*Richardi* Rn 31).

4. Integration ausländischer Arbeitnehmer und Bekämpfung der Fremdenfeindlichkeit

26 Nr. 4 korrespondiert mit der allgemeinen Aufgabe des BR nach § 80 **Nr. 7.** Danach kann der BR beim ArbGeb. entspr. Maßnahmen beantragen. Der ArbGeb. muss diese mit dem BR beraten. Ergebnis der Beratungen kann eine freiwillige BV sein.

27 In der BV können das erwünschte und das unerlaubte Verhalten generell beschrieben, **Maßnahmen bei Zuwiderhandlungen** geregelt und gemeinsame Ausschüsse gebildet werden. Möglich sind Aufklärungsaktionen, Veranstaltungen, Fortbildungsmaßnahmen für ArbN, Bestellung von Ansprechpartnern und Beauftragten. Die Bekämpfung von Rassismus und Fremdenfeindlichkeit kann auch durch **Belohnung des erwünschten Verhaltens** erfolgen.

28 Soweit MBR nach § 87 bestehen (etwa nach Nr. 1), kommen mitbestimmte, weitergehende und ergänzende Regelungen in Betracht.

IV. Streitigkeiten

29 Streitigkeiten über **Bestehen, Inhalt und Durchführung von BV** entscheidet das ArbG im BeschlVerf. (§ 2a ArbGG). **Ansprüche einzelner ArbN aus einer BV** sind im Urteilsverf. geltend zu machen (§ 2 Abs. 1 Nr. 3 ArbGG). Zu den Besonderheiten des BeschlVerf. vgl. Nach § 1.

§ 89 Arbeits- und betrieblicher Umweltschutz

(1) [1]**Der Betriebsrat hat sich dafür einzusetzen, dass die Vorschriften über den Arbeitsschutz und die Unfallverhütung im Betrieb sowie über den betrieblichen Umweltschutz durchgeführt werden.** [2]**Er hat bei der Bekämpfung von Unfall- und Gesundheitsgefahren die für den Arbeitsschutz zuständigen Behörden, die Träger der gesetzlichen Unfallversicherung und die sonstigen in Betracht kommenden Stellen durch Anregung, Beratung und Auskunft zu unterstützen.**

(2) [1]**Der Arbeitgeber und die in Absatz 1 Satz 2 genannten Stellen sind verpflichtet, den Betriebsrat oder die von ihm bestimmten Mitglieder des Betriebsrats bei allen im Zusammenhang mit dem Arbeitsschutz oder der Unfallverhütung stehenden Besichtigungen und Fragen und bei Unfalluntersuchungen hinzuzuziehen.** [2]**Der Arbeitgeber hat den Betriebsrat auch bei allen im Zusammenhang mit dem betrieblichen Umweltschutz stehenden Besichtigungen und Fragen hinzuzuziehen und ihm unverzüglich die den Arbeitsschutz, die Unfallverhütung und den betrieblichen Umweltschutz betreffenden Auflagen und Anordnungen der zuständigen Stellen mitzuteilen.**

(3) **Als betrieblicher Umweltschutz im Sinne dieses Gesetzes sind alle personellen und organisatorischen Maßnahmen sowie alle die betrieblichen Bauten, Räume, technische Anlagen, Arbeitsverfahren, Arbeitsabläufe und Arbeitsplätze betreffenden Maßnahmen zu verstehen, die dem Umweltschutz dienen.**

(4) **An Besprechungen des Arbeitgebers mit den Sicherheitsbeauftragten im Rahmen des § 22 Abs. 2 des Siebten Buches Sozialgesetzbuch nehmen vom Betriebsrat beauftragte Betriebsratsmitglieder teil.**

(5) **Der Betriebsrat erhält vom Arbeitgeber die Niederschriften über Untersuchungen, Besichtigungen und Besprechungen, zu denen er nach den Absätzen 2 und 4 hinzuzuziehen ist.**

(6) **Der Arbeitgeber hat dem Betriebsrat eine Durchschrift der nach § 193 Abs. 5 des Siebten Buches Sozialgesetzbuch vom Betriebsrat zu unterschreibenden Unfallanzeige auszuhändigen.**

Inhaltsübersicht

I. Vorbemerkung

Die Beteiligung des BR bei der Durchführung der gesetzlichen Vorschriften über **1** den Arbeitsschutz ist eine seiner wichtigsten Aufgaben. Sie dient unmittelbar der Erhaltung von **Leben und Gesundheit der ArbN.** Mittelbar wird durch die Verhütung von Arbeitsunfällen der Betrieb von Unfallkosten und Betriebsstörungen entlastet. § 89 ergänzt die Bestimmungen der §§ 80 Abs. 1 Nr. 1 und Nr. 9, 81 Abs. 1 S. 2, 87 Abs. 1 Nr. 7, 88 Nr. 1, §§ 90, 91, § 106 Abs. 3 Nr. 5a und § 115 Abs. 7 Nr. 7 (*HSWGNR* Rn 1; *WPK/Bender* Rn 1). Im Gegensatz zu § 87 Abs. 1 Nr. 7, der die MB des BR bei der Aufstellung betrieblicher Regelungen über den Arbeits- und Gesundheitsschutz betrifft, zielen Aufgaben des BR nach § 89 in erster Linie auf die **Sicherstellung der tatsächlichen Durchführung des Arbeitsschutzes** im Betrieb (*Kittner/Pieper* PersR 05, 339).

Die Vorschrift wurde durch das **BetrVerf-ReformG** in mehrfacher Hinsicht er- **2** gänzt. Diese Änderungen tragen der gewachsenen Bedeutung des Umweltschutzgedankens Rechnung (GK-*Wiese* Rn 3). Das geht zurück auf Art. 20a GG. Danach ist es Aufgabe des Staates, die natürlichen Lebensgrundlagen zu schützen. Diesem Auftrag kommt jetzt auch das BetrVG mit der Erweiterung der Überwachungs- und Unterstützungspflichten des BR in den Angelegenheiten des **betrieblichen Umweltschutzes** nach. Die Regelungen in § 89 sollen dem BR dazu anhalten, bei seinen Aktivitäten umweltschutzrelevante Aspekte und Auswirkungen zu prüfen und bei seinen Entscheidungen zu berücksichtigen (BT-Drucks. 14/5741 S. 48). Im Einzelnen betreffen die Änderungen die durch § 80 Abs. 1 Nr. 9 jetzt ausdrücklich in den Katalog der allgemeinen Aufgaben aufgenommenen Verpflichtung, neben den Maßnahmen des Arbeitsschutzes auch solche des betrieblichen Umweltschutzes zu fördern (vgl. § 80 Rn 45 ff.). Insoweit greift die Erweiterung des § 89 um das Thema des betrieblichen Umweltschutzes die bereits vom BAG anerkannten **Wechselwirkungen zwischen Arbeitsschutz und Umweltschutz** auf (BAG 11. 10. 95 AP Nr. 115 zu § 37 BetrVG 1972). Ziel dieser Regelungen ist es, dem BR in Fragen des betrieblichen Umweltschutzes eine vergleichbare Rechtsstellung einzuräumen wie in den Fragen des Arbeitsschutzes (BT-Drucks. 14/5741 S. 48). Darüber hinaus hat das BetrVerf-ReformG den BR in § 45 Satz 1 ausdrücklich berechtigt, umweltpolitische Fragen auf einer BetriebsVerslg. zu behandeln. Ergänzend dazu verpflichtet § 43 Abs. 2 Satz 3 den ArbGeb., in seinem Jahresbericht auf den betrieblichen Umweltschutz einzugehen. Fragen des betrieblichen Umweltschutzes gehören nach der Ergänzung des § 106 Abs. 3 um die Nr. 5 a zu den vom WiAusschuss zu behandelnden wirtschaftlichen Angelegenheiten. Zur Konkretisierung dieser Aufgaben, Pflichten und Befugnisse definiert der neue Abs. 3 den Begriff des betrieblichen Umweltschutzes.

3 Die **Zuständigkeit des BR** nach § 89 umfasst zudem den gesamten Arbeitsschutz im weiten Sinne einschl. des öffentlich-rechtlichen sozialen Arbeitsschutzes (GK-*Wiese* Rn 8; *Reichel/Meyers* RdA 03, 101; *Kittner* FS *Däubler* S. 590, 695). Dazu zählen staatliche Arbeitsschutzvorschriften wie die von den Berufsgenossenschaften nach § 15 SGB VII erlassenen UVV (*HSWGNR* Rn 3). Sie sind darauf ausgerichtet oder sollen dazu beitragen, die Sicherheit und den Gesundheitsschutz der Beschäftigten bei der Arbeit zu gewährleisten.
Entsprechende Vorschrift: § 81 BPersVG.

II. Betrieblicher Umweltschutz

1. Arbeitsschutz und Umweltschutz

4 Im **Verhältnis von Arbeitsschutz und Umweltschutz** (dazu *Kothe* FS *Däubler* S. 639) geht es um die Frage, ob und ggf. welche Möglichkeiten das BetrVG bietet, um einen positiven Beitrag zu einer gesunden Umwelt zu leisten (vgl. Analyse von *Schmidt E.*, Mitbestimmung und die Regulierung des Umweltschutzes auf betrieblicher und überbetrieblicher Ebene, S. 32 ff., 40 ff.; *Froschauer* S. 2 ff., 60 ff., dort auch näheres zum Begriff des Umweltschutzes; *Kloepfer* DB 93, 1129). Beeinträchtigungen der Umwelt, zB durch gefährliche Stoffe, Emissionen oder Strahlen, gefährden zugleich Leben und Gesundheit der ArbN. Das auszuschließen oder zu minimieren ist Aufgabe des Arbeitsschutzes. Diese **sachlichen Zusammenhänge und Berührungspunkte** zwischen Arbeitsschutz und Umweltschutz sind in verschiedenen gesetzlichen Regelungen anerkannt (*Reichel/Meyers* RdA 03, 101). So dient sowohl das ChemG (vgl. §§ 1, 19) als auch die GefStoffV (vgl. § 1) gleichzeitig dem Arbeits- und dem Umweltschutz. Das Gleiche gilt für die StörfallV. Nach § 11 Abs. 4 StörfallV hat der Betreiber nicht nur die zuständige Behörde, sondern auch den BR von einem eingetretenen Störfall zu unterrichten. Ferner ist auf die Bestellung des BR bei der Bestellung des Immissionsschutzbeauftragten (§ 55 Abs. 1 a BImSchG), des Störfallbeauftragten (§ 58 c BImSchG) und des Beauftragten für biologische Sicherheit (§ 16 Abs. 1 GenTS V) ebenso hinzuweisen wie auf die Pflicht des Strahlenschutzbeauftragten (§ 30 Abs. 3 StrSchV, § 14 RöntgenV) und des Beauftragten für biologische Sicherheit (§ 18 Abs. 1 Nr. 2 GenTS V).

5 Innerbetriebliche Maßnahmen haben in nicht seltenen Fällen unmittelbare oder mittelbare umweltrelevante Auswirkungen. Soweit derartige Maßnahmen den Beteiligungsrechten des BR unterliegen, kann dieser durch sachgerechte Wahrnehmung seiner Rechte auch Einfluss auf eine umweltschützende Arbeits- und Betriebsgestaltung nehmen (vgl. BAG 11. 10. 95 AP Nr. 115 zu § 37 BetrVG 1972). Als in diesem Sinne **umweltschutzrelevant** sind zB **folgende Beteiligungsrechte:** § 106 Abs. 3 Nr. 1, 3 bis 5 a (bei der Beratung der wirtschaftlichen und finanziellen Lage des Unternehmens, des Produktions- und Investitionsprogramms, der Fabrikations- und Arbeitsmethoden und der Rationalisierungsvorhaben auch Erörterung von gebotenen

Umweltschutzmaßnahmen, zB umweltschutzfreundliche Produkte oder Produktionsverfahren); § 90 (eine ordnungsgemäße Gestaltung der betrieblichen Räume, technischen Anlagen, Arbeitsverfahren und Arbeitsabläufe sowie der Arbeitsplätze hat in aller Regel auch eine umweltbeeinflussende Wirkung); § 87 Abs. 1 Nr. 1 (zB umweltfreundliche Parkplatzgestaltung oder Abfallentsorgung); § 87 Abs. 1 Nr. 7 (Arbeitssicherheit ist in gefährlichen Betrieben stets auch Umweltschutz); § 87 Abs. 1 Nr. 8 (umweltschutzbewusste Ausgestaltung betrieblicher Sozialeinrichtungen, zB abfallvermeidende Kantinenorganisation); § 87 Abs. 1 Nr. 10 (ggf. Bezuschussung der Benutzung umweltfreundlicher Verkehrsmittel durch ArbN); § 87 Abs. 1 Nr. 12 (Belohnung umweltschutzrelevanter Verbesserungsvorschläge); § 89 (Zusammenarbeit auch mit den für den Umweltschutz zuständigen Stellen und Beauftragten); § 80 Abs. 1 Nr. 1 (Überwachung der Beachtung der in aller Regel auch zugunsten der ArbN wirkenden Umweltschutzgesetze); § 80 Abs. 1 Nr. 2 (Beantragung von Maßnahmen zugunsten der ArbN oder des Betriebs mit besonderer Umweltschutzrelevanz). Durch freiwillige BV nach § 88 iVm. § 80 Abs. 1 Nr. 9 können die Betriebspartner im Rahmen ihrer funktionellen Zuständigkeit weitergehende Einflussmöglichkeiten auf die betriebliche Umweltschutzgestaltung vorsehen (vgl. § 88 Rn 14). In der chemischen Industrie sind bereits eine Reihe diesbezüglicher BV abgeschlossen worden (Sammlung BV „Umweltschutz" Hrsg. IG BCE). Fragen des betrieblichen Umweltschutzes können auch Gegenstand einer BetriebsVerslg. nach § 45 S. 1 oder der individualrechtlichen Unterrichtungs- und Erörterungspflicht des ArbGeb. nach § 81 (vgl. § 81 Rn 6), des Anhörungs- und Erörterungsrechts des ArbN nach § 82 sowie seines Beschwerderechts nach §§ 84, 85 oder seines Vorschlagsrechts nach § 86a sein. Zu möglichen Ansatzpunkten einer Einflussnahme auf den betrieblichen Umweltschutz (vgl. *Froschauer* S. 160 ff.).

6 Eine kontinuierliche Verbesserung der Umweltleistungen von Organisationen hat die VO des Europ. Parlaments und des Rates über die freiwillige Beteiligung von Organisationen an einem Gemeinschaftssystem für das Umweltmanagement und die Umweltbetriebsprüfung (EMAS) zum Ziel. Seit dem 11. 1. 2010 beruht **EMAS** auf der VO (EG) Nr. 1221/2009 (ABlEG L 342 vom 22. 12. 09). Die Teilnahme an EMAS ist freiwillig (Art. 1 VO). Für die EMAS-Eintragung muss das Unternehmen seine Tätigkeiten, Produkte und Dienstleistungen nach den in der VO aufgeführten Kriterien einer Umweltprüfung unterziehen. Diese ist Grundlage eines von der Unternehmensleitung zu schaffenden Umweltmanagementsystems. Der Betrieb muss außerdem eine Umwelterklärung erstellen, in der die umweltrelevanten Tätigkeiten und Daten (Ressourcen- und Energieverbrauch, Emissionen, Abfälle etc.) aufzuführen sind. Wesentliches Ziel von EMAS ist es, die Beschäftigten in den Prozess der kontinuierlichen Verbesserung der Umweltleistung einzubeziehen.

Weitere Informationen sind abrufbar unter www.emas.de; www.dau-bonn-gmbh.de; www.dakks.de

7 Die Teilnahme eines Unternehmens an EMAS berührt **Beteiligungsrechte des BR**(*HSWGNR* Rn 23). Der BR kann nach § 80 Abs. 1 Nr. 2 die Teilnahme an EMAS anregen. Hinsichtlich der darauf gerichteten unternehmerischen Entscheidung steht ihm keine MBR zu (GK-*Wiese* Rn 48). Dem BR ist nach Abs. 5 eine Niederschrift der Umweltprüfung und der für die Öffentlichkeit bestimmte Umwelterklärung zu überlassen. Planungen für die Erstellung eines Umweltprogramms lösen neben dem Beteiligungsrecht nach § 89 Abs. 2 Satz 2 auch das Unterrichtungs- und Beratungsrecht nach § 90 Abs. 1 Nr. 3 aus. Bei der Bereitstellung des Personals, das nach Anh. A 4. 1. zur Einführung und Durchführung der umweltpolitischen Ziele und der darauf gerichteten Planungen erforderlich ist, können MBR bei personellen Einzelmaßnahmen betroffen sein (§ 99). Bei den durch Anh. I A 4. 2. vorgegebenen Schulungen kommen die Beteiligungsrechte nach §§ 96ff. in Betracht (vgl. GK-*Wiese* Rn 53).

2. Betrieblicher Umweltschutz

8   Nunmehr enthält § 89 Abs. 3 eine für das gesamte G geltende **Definition** des Begriffs **des betrieblichen Umweltschutzes** (*DKK-Buschmann* Rn 56). Dabei wird allerdings auf eine konkrete Definition des Merkmals „Umweltschutz" verzichtet (*DKK-Buschmann* Rn 57). Die sehr weitgefasste Begriffsbestimmung knüpft an bestimmten, im G näher bezeichneten Maßnahmen an. Das G trennt zwischen personellen und organisatorischen Maßnahmen und solchen, die betriebliche Bauten, Räume, technische Anlagen, Arbeitsverfahren, Arbeitsabläufe und Arbeitsplätze betreffen. Ihnen allen ist gemeinsam, dass es sich um Maßnahmen handelt, die dem ArbGeb. zuzuordnen und von ihm zu treffen sind. Das gilt unabhängig davon, wer diese Maßnahme veranlasst hat. Das G stellt einen funktionalen Bezug zum Betrieb her. Daraus folgt jedoch keine Beschränkung auf den innerbetrieblichen Bereich (*HSWGNR* Rn 7). Beschrieben wird in Abs. 3 lediglich der Anknüpfungspunkt für Maßnahmen des betrieblichen Umweltschutzes (*Reichel/Meyers* RdA 03, 101). Diese können sich innerhalb oder außerhalb des Betriebs umweltschützend auswirken. Erfasst werden alle vom **Betrieb und dessen Organisation** ausgehenden Auswirkungen auf die Umwelt (*Hanau* RdA 01, 65; GK-*Wiese* Rn 32).

9   Um betrieblichen Umweltschutz handelt es sich, wenn diese Maßnahmen dem Umweltschutz dienen. Das G setzt – wie andere Umweltschutzgesetze auch – den **Begriff des Umweltschutzes** voraus; es definiert ihn nicht (GK-*Wiese* Rn 28). Der Begriff des Umweltschutzes kann in Anlehnung an § 2 des Kommissionsentwurfs zur Kodifizierung des Umweltgesetzbuches bestimmt werden (*DKK-Buschmann* Rn 57; *Konzen* RdA 01, 76; ausführlich *Reichel/Meyer* RdA 03, 101). **Umweltschutz** ist danach jede Handlung, die den vorhandenen Bestand an Sachgütern, Naturgütern, Kulturgütern an Landschaft und Naturhaushalt sowie das zwischen ihnen bestehende Wirkungsgefüge bewahrt oder stärkt. Naturgüter idS. sind Boden, Wasser, Luft, Klima, Tiere, Pflanzen oder sonstige Organismen, insbesondere menschliches Leben. Der Begriff des Umweltschutzes ist weit auszulegen.

10   Die genannten Maßnahmen müssen dem Umweltschutz dienen, ihn also fördern und unterstützen. Das betrifft sowohl die Einhaltung umweltschützender Vorschriften, als auch das Ergreifen von Maßnahmen, die an dem Ziel des Umweltschutzes ausgerichtet sind (zB Einführung eines Job-Tickets; Abfallvermeidung). Ihrem Wortlaut nach bestimmt die Vorschrift kein ausschließlich betriebsbezogenes Umweltschutzmandat. Eine darauf gerichtete Beschränkung gilt nur bei betrieblichen Bauten, Räumen usw., nicht aber in Bezug auf personelle und organisatorische Maßnahmen. Dennoch regelt die Vorschrift **kein allgemeines umweltpolitisches Mandat** des BR (GK-*Wiese* Rn 35). Vielmehr erfordert die Funktion des BR eine teleologische Reduktion der Vorschrift. Die Beschränkung auf ein betriebsbezogenes Mandat folgt aus der dem BR durch das BetrVG zugewiesenen Kompetenz, die Interessen der betriebszugehörigen ArbN wahrzunehmen (GK-*Wiese* Rn 34; *HSWGNR* Rn 7). Das berechtigt den BR nicht, Anliegen des Umweltschutzes im Interesse Dritter oder der Allgemeinheit zu verfolgen (vgl. BT-Drucks. 14/5741 S. 48; *Richardi/Annuß* Rn 13; *Wendeling-Schröder* NZA-Sonderheft 02, 29; *Konzen* RdA 01, 76).

III. Überwachungspflicht des Betriebsrats

11   Dem BR obliegt nach § 80 Abs. 1 Nr. 1 die allgemeine Verpflichtung, darüber zu wachen, dass die zugunsten der ArbN geltenden Gesetze, Verordnungen, Unfallverhütungsvorschriften, TV und BV durchgeführt werden. Außerdem ist er nach § 80 Abs. 1 Nr. 9 gehalten, Maßnahmen des Arbeitsschutzes und des betrieblichen Umweltschutzes zu fördern. Für den Bereich des gesetzlichen Arbeitsschutzes verstärkt § 89 Abs. 1 diese Verpflichtung, indem sie dem BR ausdrücklich auferlegt, sich für die Durchführung der Vorschriften über den Arbeitsschutz und die Unfallverhütung

im Betrieb sowie des betrieblichen Umweltschutzes einzusetzen. Der BR hat somit ein **eigenständiges Überwachungsrecht** und eine **Überwachungspflicht** bei der Bekämpfung von Gefahren für Leben und Gesundheit der ArbN im Betrieb (ErfK-*Kania* Rn 2) und der vom Betrieb ausgehenden Gefahren für die Umwelt (BAG 3. 6. 03 AP Nr. 1 zu § 89 BetrVG 1972). Aufgrund dieser Befugnis und Verpflichtung hat sich der BR (ggf. ein Ausschuss nach § 28) vom Stand des Arbeits- und Umweltschutzes im Betrieb zu überzeugen, sich mit dem Aufzeigen von Gefahrenquellen und Missständen zu befassen, insbesondere Beschwerden und Anregungen aus Kreisen der ArbN, soweit sie nicht offensichtlich unbegründet oder übertrieben sind, nachzugehen. Der BR hat den ArbGeb. auf Gefahren im Betrieb und auf Vernachlässigungen von Schutzeinrichtungen aufmerksam zu machen und mit ihm über deren Beseitigung zu beraten; ein MBR neben § 87 Abs. 1 Nr. 7 begründet es allerdings nicht (GK-*Wiese* Rn 39).

Diese Überwachungsbefugnis und -verpflichtung des BR im Bereich des Arbeits- **12** schutzes und des betrieblichen Umweltschutzes gibt ihm das Recht, alle zur Erfüllung dieser Aufgaben erforderlichen Maßnahmen zu ergreifen. Hierzu gehören allgemeine **Besichtigungen des Betriebs** zum Zwecke der Überprüfung, ob die maßgebenden Arbeitsschutz- und Unfallvorschriften und die des Umweltschutzes eingehalten werden oder zu diesem Zweck durchgeführte **unangekündigte Stichproben.** Dies gilt auch für Betriebsbereiche, zu denen im Allgemeinen der Zutritt verboten ist (DKK-*Buschmann* Rn 28; ErfK-*Kania* Rn 3; GK-*Wiese* Rn 11, der aus Sicherheitsgründen eine Anmeldung bei der aufsichtsführenden Stelle fordert; ebenso *HSWGNR* Rn 21; *Richardi/Annuß* Rn 12). Auch das BRMitgl. hat die für den Zugang zu besonders gefährlichen Arbeitsbereichen nach § 9 ArbSchG erlassenen Anweisungen zu beachten. Die Ausübung der Überwachungsbefugnisse ist nicht von konkreten Verdachtsmomenten abhängig. Der BR kann **jederzeit** von seiner Überwachungsbefugnis Gebrauch machen (*DKK-Buschmann* Rn 28). Über die Durchführung einer Betriebsbegehung braucht er den ArbGeb. nur bei Vorliegen besonderer Umstände zu informieren (vgl. § 80 Rn 80).

Aus der gesetzlichen Regelung, sich für die Durchführung des Arbeitsschutzes und **13** des Umweltschutzes im Betrieb einzusetzen folgt, dass die Überwachungspflicht des BR nicht nur gegenüber dem ArbGeb. sondern auch in Bezug auf die **ArbN des Betriebes** besteht (*DKK-Buschmann* Rn 26; *HSWGNR* Rn 19; *Richardi/Annuß* Rn 11). Der BR soll die ArbN auf die Bedeutung der Einhaltung der Vorschriften des Arbeitsschutzes und des betrieblichen Umweltschutzes hinweisen und sie dafür sensibilisieren (etwa in der BetrVerslg., durch Anschläge am Schwarzen Brett, auf elektronischem Wege, durch kollegiales Gespräch). Der BR kann sich ferner dafür einsetzen, dass im Rahmen des betrieblichen Vorschlagswesens (vgl. § 87 Rn 523 ff.) der Arbeitsschutz und der betriebliche Umweltschutz besonders beachtet wird. Diese Überwachungspflicht des BR besteht in Bezug auf alle für den Betrieb geltenden Arbeitsschutz- und Umweltschutzvorschriften. Hierzu zählen auch besondere betriebliche Arbeitsschutzregelungen, etwa auf Grund einer BV nach § 87 Abs. 1 Nr. 7 oder § 88 Nr. 1.

Der ArbGeb. hat dem BR die für den Betrieb einschlägigen **Bestimmungen** auf **14** dem Gebiete des Arbeits- und Gesundheitsschutzes sowie des Umweltschutzes **zur Verfügung** zu stellen. Dies ergibt sich aus § 40 Abs. 2 und § 80 Abs. 2 S. 2.

Trotz der weitgehenden Überwachungsbefugnis und -verpflichtung des BR im **15** Bereich des Arbeitsschutzes und des betrieblichen Umweltschutzes bleibt der **Arb-Geb.** für die Durchführung und Gewährleistung des betrieblichen Arbeitsschutzes und des betrieblichen Umweltschutzes **verantwortlich** (hM).

IV. Unterstützungspflicht des Betriebsrats

Der BR ist nach Abs. 1 Satz 2 verpflichtet, alle für den gesetzlichen Arbeitsschutz **16** in weitem Sinne zuständigen Behörden und Stellen durch Anregung, Beratung und

Auskunft bei ihrer auf den Betrieb bezogenen Tätigkeit zu unterstützen. In Betracht kommen insbes. die **staatlichen Gewerbeärzte** und **Gewerbeaufsichtsbeamten** (GAB), Beamte der **Baubehörden** und der staatlichen **Gesundheitsämter** und der Stellen für vorbeugenden **Brandschutz,** im Bergbau die Beamten der **Bergaufsichtsbehörde,** die amtlich anerkannten Sachverständigen der **Technischen Überwachungsorganisationen** und die **Aufsichtspersonen der Berufsgenossenschaften** (BAG 3. 6. 03 AP Nr. 1 zu § 89 BetrVG 1972). Die Unterstützungspflicht besteht auch in Bezug auf die für den **Umweltschutz zuständigen Behörden.** Allerdings enthält das G keine darauf gerichtete ausdrückliche Regelung. Diese Pflicht folgt daher wie nach früherem Recht aus den sachlichen Zusammenhängen und Berührungspunkten zwischen Arbeits- und Umweltschutz (vgl. hierzu Rn 4 ff.). Diese Erwägungen gelten auch für die Zusammenarbeit mit dem Immissionsschutz- und Störfallbeauftragten nach den §§ 53 ff., 58 a ff. BImSchG. Abs. 1 gilt ferner für die Zusammenarbeit mit dem Strahlenschutzbeauftragten (vgl. § 30 Abs. 3 StrlSchV; § 14 RöntgenV) und dem Beauftragten für biologische Sicherheit (§ 18 Abs. 1 Nr. 2 GenTS V). Keine Unterstützungspflicht besteht hinsichtlich Polizeibehörden, soweit sie nicht einen Unfallhergang, sondern einen strafrechtlichen Tatbestand untersuchen.

17   Die Unterstützungsaufgabe nach Abs. 1 gilt auch in Bezug auf dem Arbeits- und Gesundheitsschutz dienende **innerbetriebliche Personen** wie zB den Betriebsärzten, Fachkräften für Arbeitssicherheit und den Sicherheitsbeauftragten. Das Gleiche gilt im Falle eines Anschlusses an einen überbetrieblichen arbeitsmedizinischen Dienst für diesen. Selbstverständlich besteht die Unterstützungsfunktion auch gegenüber dem **ArbGeb.** und den von ihm nach § 13 ArbSchG benannten verantwortlichen Personen (*Richardi/Annuß* Rn 16).

18   Der BR kann auch **Betriebskontrollen** der GAB und der sonstigen in Betracht kommenden Stellen oder Entscheidungen der Aufsichtsbehörde **anregen,** wenn der ArbGeb. den Vorschriften über den Arbeits- oder Umweltschutz zuwiderhandelt und eine Einigung im Betrieb nach § 74 Abs. 1 nicht gelingt (GK-*Wiese* Rn 58; *DKK-Buschmann* Rn 23; *Richardi/Annuß* Rn 19). Da dem BR ausdrücklich zur Pflicht gemacht ist, den beteiligten Stellen Auskunft zu erteilen, entfällt insoweit die Schweigepflicht nach § 79 (hM). Abs. 1 Satz 2 begründet zwar eine öffentlich-rechtliche Pflicht des BR, die für den Arbeitsschutz zuständigen öffentlichen Stellen zu unterstützen. Nach dem Gebot der vertrauensvollen Zusammenarbeit, das bei der Auslegung der Tatbestände des BetrVG zu berücksichtigen ist, hat der BR zunächst den ArbGeb. zur Beseitigung von Missständen aufzufordern. Dem steht die ArbSchutzRL des Rates 89/391/EWG nicht entgegen. Nach deren Art. 11 Abs. 6 haben neben den ArbN auch deren Vertreter das Recht, sich gem. den nationalen Rechtsvorschriften oder Praktiken an die für die Sicherheit und den Gesundheitsschutz am Arbeitsplatz zuständigen Behörden zu wenden, wenn sie der Auffassung sind, dass die vom ArbGeb. getroffenen Maßnahmen und bereitgestellten Mittel nicht ausreichen, um die Sicherheit und den Gesundheitsschutz am Arbeitsplatz sicherzustellen. Danach bestimmt sich die Ausgestaltung der Kooperationsbefugnisse nach nationalem Recht. Die Wahrnehmung der Rechte nach Art. 11 Abs. 6 ArbSchutzRL von der Durchführung eines innerbetrieblichen Abhilfeversuchs abhängig zu machen, dürfte danach mit der ArbSchutzRL vereinbar sein (HaKo-BetrVG/*Kothe* Rn 25; offengelassen BAG 3. 6. 03 AP Nr. 1 zu § 89 BetrVG 1972).

19   Durch die nach wie vor geltende **Allgemeine Verwaltungsvorschrift** (AVV) über das Zusammenwirken der technischen Aufsichtsbeamten der Träger der Unfallversicherung mit den Betriebsvertretungen vom 21. 6. 1968, ist die Aufsichtsperson verpflichtet, den BR hinzuzuziehen, wenn sie **Betriebsbesichtigungen, Unfalluntersuchungen** oder **Besprechungen** über betriebliche Unfallverhütungsfragen durchführen, ferner wenn **Anordnungen** im Einzelfall erlassen oder **Ausnahmen** im Einzelfall gebilligt werden. Sie hat dem BR **Niederschriften** über Betriebsbesichtigungen, Unfalluntersuchungen und Besprechungen über betriebliche Unfallverhütungsfragen sowie Schreiben an den Unternehmer, die Maßnahmen der Unfallverhütung zum Gegenstand haben, abschriftlich zu übersenden. Die Aufsichtsperson hat den BR ferner über die entgegen § 20 Abs. 3 SGB VII nicht vom BR mitunterzeichneten Unfallanzeigen sowie über vorgesehene Ausbildungslehrgänge auf dem Gebiet der Unfallverhütung und der ersten Hilfe zu unterrichten. Besonders hervorzuheben ist, dass die Aufsichtsperson den BR auf dessen Verlangen in Angelegenheiten der Unfallverhütung zu beraten hat (GK-*Wiese* Rn 64).

Durch die ebenfalls noch gültige **Allgemeine Verwaltungsvorschrift** über das **20** Zusammenwirken der Träger der **Unfallversicherung** und der **Gewerbeaufsichtsbehörden** vom 26. 7. 1968 werden Unfallversicherungsträger und Gewerbeaufsichtsbehörden zu einem engen Zusammenwirken auf dem Gebiet der Unfallverhütung und der Ersten Hilfe verpflichtet. Die Aufsichtsbeamten sollen bei wichtigen Anlässen Betriebsbesichtigungen gemeinsam vornehmen, insbesondere wenn Zweifel über die Anwendung von Vorschriften bestehen, Ausnahmeregelungen beantragt sind, Anordnungen im Einzelfall erlassen oder Schadensfälle von größerem Ausmaß eingetreten sind. Arbeitsunfälle mit tödlichem Ausgang, Massenunfälle und Unfälle bei der Verwendung neuartiger Maschinen oder bei der Anwendung neuartiger Arbeitsverfahren sollen gemeinsam untersucht werden. Daneben besteht für die Unfallversicherungsträger und Gewerbeaufsichtsbehörden die Pflicht zum gegenseitigen Erfahrungsaustausch, zur gegenseitigen Beteiligung an der Ausarbeitung sicherheitstechnischer Regeln und zur gegenseitigen Anhörung und Unterrichtung bei allen Vorgängen und Maßnahmen von besonderer Bedeutung, zB Anordnungen und Ausnahmen im Einzelfall, Feststellung erheblicher Mängel in einem Betrieb, nicht gemeinsam durchgeführte Unfalluntersuchungen.

Mittelbar trägt diese AVV dazu bei, die Beteiligung des BR auch bei **Maßnahmen 21 der Gewerbeaufsichtsbehörden** sicherzustellen. Denn ein Zusammenwirken des Gewerbeaufsichtsbeamten mit der Aufsichtsperson des Unfallversicherungsträgers führt nach den Bestimmungen der AVV über das Zusammenwirken dieser Aufsichtsperson mit den Betriebsvertretungen in wichtigen Fällen dazu, dass der BR bei Betriebsbesichtigungen, Erlass von Anordnungen oder Bewilligung von Ausnahmen im Einzelfall hinzugezogen wird. Der BR hat damit die Möglichkeit, auch auf die Entscheidungen der Gewerbeaufsichtsbehörden auf dem Gebiete des Arbeits- und Gesundheitsschutzes durch seine genaue Kenntnis der besonderen Verhältnisse des Betriebes Einfluss zu nehmen. Im Übrigen sind die Gewerbeaufsichtsbeamten auch nach den Dienstanweisungen der obersten Arbeitsbehörden der Länder zur **Zusammenarbeit mit dem BR** verpflichtet.

Bei der Durchführung sicherheitstechnischer Maßnahmen auf Grund staatlicher **22** Vorschriften ist es im Interesse eines **effektiven Arbeitsschutzes** erforderlich, dass die praxisnahen BR mithelfen, das staatlich angestrebte Sicherheitsziel zu erreichen. Das Gleiche gilt für die Beurteilung, ob eine von den allgemein anerkannten Regeln der Sicherheitstechnik abweichende sicherheitstechnische Lösung als gleichwertig anerkannt werden kann. Auch hier hat der BR die durch den ständigen Kontakt mit der Betriebspraxis gewachsenen Wissen seiner Mitglieder durch Anregungen und Auskünfte zur Verfügung zu stellen.

Eine Mitwirkung des BR kommt auch **im Rahmen des ArbZG** in Betracht, **23** wenn das Gewerbeaufsichtsamt nach dessen § 15 Anträge über Verlängerung der täglichen Arbeitszeit zu bescheiden hat. Bei der Prüfung, ob die Voraussetzungen für eine Arbeitszeitverlängerung vorliegen, können Auskünfte und Anregungen des BR einen wichtigen Beitrag für eine sachgerechte Entscheidung der Behörden bilden. Der BR kann sich bei permanenten Verstößen des ArbGeb. gegen das ArbZG an das zuständige Aufsichtsamt wenden. Dazu muss er einen Sachverhalt darlegen, der eine Verletzung der arbeitszeitrechtlichen Schutzvorschriften plausibel belegt. Das kann mittels Daten erfolgen, die aus einer elektronischen Zeiterfassung stammen. In diesem Zusammenhang sind schutzwürdige Interessen der ArbN zu beachten, wenn die jeweiligen Arbeitszeiten konkreten ArbN namentlich zugeordnet sind. In diesem Fall hat der BR zu prüfen, ob die Ausübung seiner Unterstützungspflicht die Weitergabe der Daten der ArbN zwingend erfordert oder dem Zweck der Einschaltung mittels anonymisierten Daten Rechnung getragen werden kann. Auch der BR ist Normadressat iSd. BDSG. Bei der Weitergabe persönlicher Daten der ArbN an Dritte kommt es darauf an, ob das zur Wahrung der berechtigten Interessen des BR oder der Aufsichtsbehörde erforderlich ist (BAG 3. 6. 03 AP Nr. 1 zu § 89 BetrVG 1972). Verstößt der ArbGeb. trotz entsprechender Beanstandungen des BR kontinuierlich gegen gesetzliche Arbeitszeitbeschränkungen, verpflichtet ihn das Gebot der vertrauensvollen Zusammenarbeit (§ 2 Abs. 1) nicht dazu, den ArbGeb. über die beabsichtigte Intervention des jeweiligen Aufsichtsamts vorab zu informieren.

24   Der ArbGeb. hat den BR nach Abs. 2 Satz 2 zur Erleichterung seiner Aufgaben **unverzüglich,** dh ohne schuldhaftes Zögern (§ 121 BGB), über **alle Auflagen** (dh einschränkende Bedingungen bei Erteilung von Genehmigungen) **und Anordnungen** zu informieren, die die in Abs. 1 genannten Stellen dem ArbGeb. über den Arbeitsschutz und die Unfallverhütung erteilen. Diese Verpflichtung besteht auch, wenn der BR zuvor entgegen Abs. 2 Satz 1 nicht zugezogen worden war (GK-*Wiese* Rn 73 s).

V. Hinzuziehung des Betriebsrats

25   Der BR ist nach Abs. 2 Satz 1 bei allen mit dem Arbeitsschutz oder der Unfallverhütung zusammenhängenden **Fragen** und **Besichtigungen** sowie bei **Unfalluntersuchungen** zuzuziehen (hM). In der Regel werden das oder die BRMitgl. zu beteiligen sein, die der BR bestimmt, und zwar am Besten in der Geschäftsordnung (§ 36). Auch kann der BR einen besonderen Ausschuss einsetzen oder zusammen mit dem ArbGeb. bilden (§ 28).

26   Die **Pflicht zur Hinzuziehung** des BR trifft nach dem Wortlaut der Vorschrift sowohl den ArbGeb. als auch die mit dem Arbeitsschutz und der Unfallverhütung befassten Stellen (Rn 16). Auch diese haben eine originäre Pflicht, bei betriebsbezogenen Maßnahmen des Arbeits- und Gesundheitsschutzes den BR von sich aus zu beteiligen. Diese Stellen sind nach Abs. 2 Satz 1 bei **betriebsbezogenen Maßnahmen des Umweltschutzes** nicht zu einer Hinzuziehung des BR gehalten. Das ist nach Abs. 2 Satz 2 ausschließlich Sache des ArbGeb. Zu der Verpflichtung der Aufsichtsperson des Trägers der Unfallversicherung vgl. die §§ 1 ff. der AVV über das Zusammenwirken dieser Aufsichtspersonen mit den Betriebsvertretungen. Zur Beteiligung des BR durch die Betriebsärzte und Fachkräfte für Arbeitssicherheit vgl. § 9 Abs. 1 und 2 ASiG (vgl. § 87 Rn 320).

27   Dem BR sind zur Erleichterung seiner Arbeit **alle Niederschriften** auszuhändigen, die im Rahmen seiner Beteiligung nach den Abs. 2 oder 4 angefertigt werden (§ 89 Abs. 5). Das hat nach Abs. 5 der ArbGeb. zu veranlassen. Gleiches gilt für die den Arbeitsschutz und die Unfallverhütung sowie den betrieblichen Umweltschutz betreffenden Auflagen und Anordnungen der zuständigen Stellen. Diese werden durch § 89 Abs. 5 nicht gehindert, den BR unmittelbar über derartige Auflagen und Anordnungen unterrichten (*DKK-Buschmann* Rn 38; aA GK-*Wiese* Rn 73; *HSWGNR* Rn 37).

28   Bei **Anordnungen der Aufsichtsbehörde nach dem ASiG** ist der BR vorher von der Behörde zu hören. Dazu hat die Behörde den BR über eine dem ArbGeb. gegenüber getroffene Anordnung unmittelbar und schriftlich in Kenntnis zu setzen (vgl. § 12 Abs. 2 und 4 ASiG; § 87 Rn 311). Über einen Störfall iS der StörfallVO hat der ArbGeb. außer der zuständigen Stelle auch den BR unverzüglich zu informieren (vgl. § 11 Abs. 4 StörfallVO).

1. Arbeitsschutzeinrichtungen

29   Zu den im Zusammenhang mit dem Arbeitsschutz und der Unfallverhütung stehenden Fragen gehören auch die Einführung und Prüfung von Arbeitsschutzeinrich-

tungen (GK-*Wiese* Rn 69). **Arbeitsschutzeinrichtungen** sind insbesondere Schutz-vorrichtungen an Maschinen, Einrichtungen, die zum Beleuchten, Beheizen, Kühlen sowie zum Be- und Entlüften bestimmt sind, Einrichtungen zum Entstauben und Entgasen von Arbeitsräumen. Vielfach unterliegen diese Maßnahmen dem MBR des BR nach § 87 Abs. Nr. 7, so dass sich schon hieraus die Notwendigkeit seiner Beteiligung ergibt (vgl. Näheres § 87 Rn 286 ff.). Soweit dies nicht der Fall ist, ist der BR nach Abs. 2 sowohl bei **der Prüfung** als auch der anschließenden **Einführung** zuzuziehen. Dazu muss der ArbGeb. den BR rechtzeitig beteiligen, damit dieser die Möglichkeit besitzt, auf die Entscheidung des ArbGeb. durch Anregungen und Beratung Einfluss zu nehmen (*DKK-Buschmann* Rn 34). Der BR kann sich dabei von den für den Betrieb bestellten Betriebsärzten und Fachkräften für Arbeitssicherheit beraten lassen (vgl. § 87 Rn 311 ff.).

2. Unfalluntersuchungen

Die Beteiligung des BR an Unfalluntersuchungen ist besonders wichtig. Aus der **30** Beteiligung lassen sich Erfahrungen gewinnen und Lehren ziehen, die für die Erfüllung der Pflichten nach § 89 Abs. 1 und das MBR nach § 87 Abs. 1 Nr. 7 von besonderer Bedeutung sind. Der BR ist berechtigt und verpflichtet, **an allen Unfall-untersuchungen teilzunehmen** ohne Rücksicht darauf, ob ein ArbN zu Schaden gekommen ist (hM). Ob sich der Unfall in den Betriebsräumen oder bei Außenarbeiten ereignet hat, spielt keine Rolle (BVerwG 8. 12. 61 AP Nr. 2 zu § 68 PersVG; *DKK-Buschmann* Rn 36; GK-*Wiese* Rn 70).

Nach § 193 SGB VII hat der ArbGeb. jeden schwerwiegenden Betriebsunfall **31** (Arbeitsunfähigkeit von mehr als 3 Tagen) der Berufsgenossenschaft anzuzeigen und nach § 89 Abs. 5 eine Durchschrift der Anzeige dem BR auszuhandigen. Der BR hat die **Unfallanzeige** mit zu unterschreiben (§ 193 Abs. 5 SGB VII). Damit übernimmt er keine Verantwortung für ihren Inhalt (hM). Er ist berechtigt, ggf. seine abweichende Sicht zum Unfallgeschehen darzulegen (GK-*Wiese* Rn 85; *DKK-Buschmann* Rn 47; *HSWGNR* Rn 40). Auch durch § 5 der AVV über das Zusammenwirken der Aufsichtspersonen der Träger der Unfallversicherungen mit dem BR wird sichergestellt, dass der BR von allen angezeigten Unfällen Kenntnis erhält. Die Aufsichtsperson ist danach verpflichtet, dem BR Abschriften von Unfallanzeigen zu übersenden oder den Eingang von Unfallanzeigen mitzuteilen, sofern sie nicht vom BR mitunterzeichnet sind. Will die Aufsichtsperson eine Betriebsbesichtigung aus Anlass eines Unfalls durchführen, hat sie den BR hiervon in Kenntnis zu setzen.

Der BR ist nicht nur zu den Besichtigungen des Unfallortes, sondern auch zu an-**32** deren Maßnahmen der Unfallaufklärung, zB zur **Vernehmung von Unfallzeugen** und **Anhörung von Sachverständigen** über Unfallursachen, hinzuziehen.

Ist zur Information des BR die Einsichtnahme in Unterlagen notwendig, sind ihm **33** diese vorzulegen. Zur Unterrichtung des BR gehört auch die Einsichtnahme in abschließende Berichte über Unfälle (*HSWGNR* Rn 25).

VI. Mitwirkung bei der Bestellung und Tätigkeit der Sicherheitsbeauftragten

Nach § 22 SGB VII hat der Unternehmer in Unternehmen mit mehr als **34** 20 Beschäftigten einen oder mehrere **Sicherheitsbeauftragte** zu bestellen. Die Berufsgenossenschaften können für Betriebe mit geringer Unfallgefahr diese Grenzzahl in ihrer Satzung erhöhen. Umgekehrt können sie für kleinere Unternehmen die Bestellung von Sicherheitsbeauftragten anordnen, wenn dies wegen besonderer Gesundheitsgefahren erforderlich ist. Die Bestellung und Abberufung (GK-*Wiese* Rn 78; *DKK-Buschmann* Rn 40; **aA** nur bei Bestellung *HSWGNR* Rn 33) hat unter

Beteiligung des BR zu erfolgen. Diese bezieht sich auf die Person des Sicherheitsbeauftragten oder die personelle Auswahlentscheidung (*Richardi/Annuß* Rn 34). Diese Beteiligung bedeutet keine Mitbestimmung, sie ist jedoch mehr als bloße „Anhörung". Der ArbGeb. hat die beabsichtigte Bestellung von Sicherheitsbeauftragten mit dem Ziel einer Verständigung **rechtzeitig** und eingehend mit dem BR **zu beraten** (*HSWGNR* Rn 33; *Richardi/Annuß* Rn 23; weitergehend bejahen ein Mitbestimmungsrecht: LAG Düsseldorf DB 77, 916; *DKK-Buschmann* Rn 40; differenzierend HaKo-BetrVG/*Kothe* Rn 32 ff.). Die Auswahl geeigneter Sicherheitsbeauftragter ist schon deswegen wichtig, weil diese Personen eine notwendige Ergänzung der innerbetrieblichen Sicherheitsorganisation darstellen. Sie sind nicht etwa wegen des ASiG überflüssig geworden. Die Beteiligung des BR bezieht sich nicht nur auf die Auswahl, sondern auch auf die **Anzahl der Sicherheitsbeauftragten** (soweit diese nicht nach § 719 Abs. 5 RVO durch UVV abschließend bestimmt ist – VGB 1 Art. 1) und auf deren **Zuteilung zu den Betriebsbereichen.**

35   § 22 Abs. 2 SGB VII bezeichnet es als **Aufgabe der Sicherheitsbeauftragten,** den Unternehmer bei der Durchführung des Unfallschutzes zu unterstützen, insbesondere sich von dem Vorhandensein und der ordnungsgemäßen Benutzung der vorgeschriebenen Schutzvorrichtungen fortlaufend zu überzeugen. Dazu hat der Sicherheitsbeauftragte den ArbGeb. von sich aus zu beraten, ihm Hinweise und Empfehlungen zu geben. Er hat dem Unternehmer oder den eingesetzten Betriebsleitern seine Beobachtungen zu melden, seine Arbeitskollegen auf Unfallgefahren aufmerksam zu machen, zu beraten und aufzuklären. Der Sicherheitsbeauftragte hat gegenüber den Mitarbeitern keine Weisungsbefugnis. Der ArbGeb. ist nicht verpflichtet, den Vorschlägen und Anregungen des Sicherheitsbeauftragten nachzukommen (GK-*Wiese* Rn 81; *HSWGNR* Rn 35).

36   Die Sicherheitsbeauftragten dürfen wegen der Erfüllung ihrer Aufgaben nicht benachteiligt werden (§ 22 Abs. 3 SGB VII). Den BG obliegt nach § 23 SGB VII die **Schulung** sowohl der Sicherheitsbeauftragten als auch der Sicherheitsfachkräfte nach dem ASiG. Die BG trägt die unmittelbaren Ausbildungskosten und die erforderlichen Fahrt-, Unterbringungs- sowie Verpflegungskosten (§ 23 Abs. 2 SGB VII). Für die infolge der Teilnahme an einem Ausbildungslehrgang ausgefallene Arbeitszeit hat der ArbGeb. das Arbeitsentgelt unvermindert fortzuzahlen (BAG 20. 7. 77 AP Nr. 1 zu § 720 RVO). Die Heranziehung der Teilnehmer erfolgt auf Grund von Anmeldungen zu den von den BG angebotenen Seminaren und erfolgt nach Beteiligung des BR.

37   An **gemeinsamen Besprechungen** des ArbGeb. oder seines Beauftragten mit den Sicherheitsbeauftragten können beauftragte Mitgl. des BR teilnehmen. Der BR erhält die Besprechungsniederschriften (ErfK-*Kania* Rn 7).

VII. Verstöße

38   **Vorsätzliche Behinderung oder Störung des BR** in der Wahrnehmung seiner Aufgaben nach § 89 ist gemäß § 119 Abs. 1 Nr. 2 **strafbar.** Außerdem können Verstöße gegen die Unfallverhütungsvorschriften eine **Ordnungswidrigkeit** darstellen und mit einem Bußgeld belegt werden (§ 209 SGB VII). Schließlich kommt bei einer Körperverletzung von ArbN durch Unfälle auch eine strafgerichtliche Verfolgung des ArbGeb. in Betracht (§ 323 StGB), wenn er schuldhaft die zur Unfallverhütung erforderlichen Maßnahmen unterlassen hat. Zivilrechtliche Ersatzansprüche eines geschädigten ArbN gegen den ArbGeb. sind aber in der Regel auf Grund der §§ 104 ff. SGB VII ausgeschlossen.

39   Verletzt der BR grob seine Pflichten aus § 89, so kann er gemäß § 23 Abs. 1 aufgelöst, einzelne BRMitgl. können bei einer diesbezüglichen groben Pflichtverletzung des Amtes enthoben werden. Gegen den ArbGeb. kann in entsprechenden Fällen nach § 23 Abs. 3 vorgegangen werden (*Richardi/Annuß* Rn 42).

VIII. Streitigkeiten

Streitigkeiten zwischen ArbGeb. und BR hinsichtlich der Mitwirkung bei Durch- **40** führung des Arbeitsschutzes entscheidet das ArbG im **BeschlVerf.** (§ 2a ArbGG; Einzelheiten Nach § 1 Rn 7ff.). Das ist auch die zutreffende Verfahrensart bei Streitigkeiten des BR mit den für den Arbeitsschutz zuständigen außerbetriebl. Stellen (GK-*Wiese* Rn 88: WPK/*Bender* Rn 25). Wegen Zwangsvollstreckung gegen den ArbGeb. aus arbeitsgerichtl. Beschlüssen nach § 85 Abs. 1 ArbGG vgl. Nach § 1 Rn 62f. Auch der Ersatz notwendiger Aufwendungen von BRMitgl. ist im Beschl- Verf. geltend zu machen (§ 40 Rn 109f.). Lohnansprüche für die Zeit notwendiger Arbeitsversäumnis sind im **Urteilsverf.** einzuklagen (§ 37 Rn 253).

Vierter Abschnitt. Gestaltung von Arbeitsplatz, Arbeitsablauf und Arbeitsumgebung

§ 90 Unterrichtungs- und Beratungsrechte

(1) Der Arbeitgeber hat den Betriebsrat über die Planung
1. von Neu-, Um- und Erweiterungsbauten von Fabrikations-, Verwaltungs- und sonstigen betrieblichen Räumen,
2. von technischen Anlagen,
3. von Arbeitsverfahren und Arbeitsabläufen oder
4. der Arbeitsplätze
rechtzeitig unter Vorlage der erforderlichen Unterlagen zu unterrichten.

(2) [1]**Der Arbeitgeber hat mit dem Betriebsrat die vorgesehenen Maßnahmen und ihre Auswirkungen auf die Arbeitnehmer, insbesondere auf die Art ihrer Arbeit sowie die sich daraus ergebenden Anforderungen an die Arbeitnehmer so rechtzeitig zu beraten, dass Vorschläge und Bedenken des Betriebsrats bei der Planung berücksichtigt werden können.** [2]**Arbeitgeber und Betriebsrat sollen dabei auch die gesicherten arbeitswissenschaftlichen Erkenntnisse über die menschengerechte Gestaltung der Arbeit berücksichtigen.**

Inhaltsübersicht

I. Vorbemerkung

Das G regelt in einem eigenen 4. Abschnitt Beteiligungsrechte des BR in Angele- **1** genheiten, die sich auf die techn. und organisatorische Gestaltung der Arbeitsplätze, des Arbeitsablaufs und der Arbeitsumgebung auswirken können. Der BR soll bereits im **Planungsstadium** auf Grund rechtzeitiger und umfassender Unterrichtung eingeschaltet werden. Vordringliches Ziel der §§ 90, 91 ist es – über den gesetzl. Arbeitsschutz hinaus – die Auswirkungen techn. und organisatorischer Maßnahmen auf die menschliche Arbeit durch Maßnahmen des autonomen Arbeitsschutzes zu beeinflussen.

2 Während der Regelungsbereich des **gesetzl. Arbeitsschutzes** die Abwehr von Schäden für Leben und Gesundheit der ArbN und die entspr. Vorsorge umfasst (§ 87 Rn 251 ff.), betrifft der „**autonome Arbeitsschutz**" als Gestaltungsaufgabe der autonomen Kräfte des Arbeitslebens (Betriebsparteien, Tarifpartner) die Schaffung möglichst positiver und menschenwürdiger Umstände für die Erbringung der Arbeitsleistung einschließlich der Schaffung einer menschenwürdigen Arbeitswelt (ErfK-*Kania* Rn 1).

3 Aus dem **Begriff des autonomen Arbeitsschutz** folgt, dass die in den §§ 90 und 91 angesprochenen Bereiche systematisch dem Arbeitsschutz im weiteren Sinne zuzuordnen sind, wobei die Grenze zwischen gesetzl. und autonomen Arbeitsschutz fließend ist. Dies gilt jetzt umso mehr, als das ArbSchG neben den klassischen Maßnahmen zur Unfallverhütung und zum Gesundheitsschutz nun ausdrücklich auch Maßnahmen zur menschengerechten Gestaltung der Arbeit zum Gegenstand des gesetzl. Arbeitsschutzes macht (§ 2 Abs. 1; *Wlotzke* NZA 96, 1017; Näheres s. § 87 Rn 293 ff.).

4 Da sich das MBR des BR nach § 91 nur auf diejenigen Bereiche erstreckt, die nicht durch den gesetzl. Arbeitsschutz geregelt sind, **verliert** es auf Grund der Ausdehnung des gesetzl. Arbeitsschutzes **an Bedeutung** und tritt insoweit hinter das ohnehin wirksamere MBR nach § 87 Abs. 1 Nr. 7 zurück. Dagegen wird § 90, der wie § 91 uneingeschränkt neben § 87 Abs. 1 Nr. 7 gilt, wegen der im Planungsstadium greifenden Mitwirkungsrechte die MB nach § 87 Abs. 1 Nr. 7 stärken (ebenso *Kittner/Pieper* AiB 97, 325). Darüber hinaus ergänzt die betriebsratsbezogene Unterrichtungspflicht nach § 90 die entsprechende **arbeitnehmerbezogene Unterrichtungspflicht** nach § 81 Abs. 4.

5 Das Unterrichts- und Beratungsrecht nach § 90 kann durch TV oder BV nicht eingeschränkt werden (ErfK-*Kania* Rn 1; *DKK-Klebe* Rn 5). Zulässig sind kollektivrechtliche Regelungen zur Ausgestaltung, also zur Konkretisierung des Informations- oder Beratungsverfahrens.

6 Entspr. Vorschriften: § 75 Abs. 3 Nr. 16, § 76 Abs. 2 Nr. 5, Nr. 7 BPersVG.

II. Unterrichtung über die Planung

7 Die Vorschrift des § 90 regelt die Beteiligung des BR bei der **Planung künftiger Änderungen,** nicht eine Verbesserung der menschengerechten Gestaltung der Arbeit in bestehenden Einrichtungen, wenn dort nichts verändert wird (GK-*Weber* Rn 7; s. auch BVerwG 27. 11. 91 CR 92, 412, 415). Existiert oder droht aber ein gefährlicher oder gesundheitsschädlicher Zustand, gelten ohnehin die öffentlich-rechtlichen Arbeitsschutzvorschriften; insoweit besteht ein volles MBR (auch Initiativrecht) nach § 87 Abs. 1 Nr. 7 (Näheres hierzu § 87 Rn 257 ff., 287).

8 Der ArbGeb. hat den BR **über die Planung** – das Anstreben eines definierten Ziels – bezogen auf Arbeitsstätten, technische Anlagen, Arbeitsverfahren, Arbeitsabläufe u. Arbeitsplätze zu unterrichten und die vorgesehenen Maßnahmen mit dem BR zu beraten (vgl. § 80 Rn 57). Die Unterrichtung erfolgt nicht wie in § 111 über geplante Maßnahmen. Sie hat bereits im Vorfeld zu erfolgen bei dem systematischen Suchen und Festlegen von Zielen sowie der Vorbereitung von Aufgaben, deren Durchführung zum Erreichen der Ziele erforderlich ist (*Richardi/Annuß* Rn 17 f.). Schließlich soll der BR auf die Planung noch Einfluss nehmen können (aA *HSWGNR* Rn 11).

Die Planung iSd. § 90 erfasst die Makro- wie die Mikroplanung, dh sowohl die Planung auf Betriebs- oder Betriebsbereichsebene als auch die Ablauf- oder Gestaltungsplanung am Arbeitsplatz oder zwischen mehreren Arbeitsplätzen.

Der ArbGeb. hat den BR **rechtzeitig über die Planung zu unterrichten.** Der 9
Plan ist das Ergebnis der Planung. Deshalb ist der BR vor der Erstellung des Plans
zu informieren. Vorgegeben sind allerdings die unternehmerischen Ziele der betrieblichen Produktions- und Fertigungsplanung. Aufgabe der betrieblichen Planung ist
demzufolge die Entwicklung von technisch durchführbaren und wirtschaftlichen
Lösungsalternativen (Stufe 4 des REFA Standardprogramms vgl. § 80 Rn 59). Daran
schließt sich die Auswahl der optimalen Lösung unter technischen, wirtschaftlichen,
humanen und rechtlichen Gesichtspunkten an (Stufe 5 des REFA Standardprogramms). Die Unterrichtung des BR und die Beratung mit ihm muss erfolgen, bevor
die Entwicklung von Lösungsalternativen abgeschlossen ist (GK-*Weber* Rn 5).

Planung ist ein kontinuierlicher Prozess (BAG 17. 3. 87 AP Nr. 29 zu § 80 BetrVG 10
1972). Bei einer Änderung der unternehmerischen Vorgaben müssen Entscheidungsschritte uU mehrfach durchlaufen werden. Daraus folgt das Erfordernis einer **laufenden Unterrichtung,** vor allem wenn Planungsvorstellungen wechseln oder Vorentscheidungen für die weitere Planungen zu treffen sind (*Richardi/Annuß* Rn 21).
Hierfür bieten sich idR die monatlichen Besprechungen an (§ 74 Abs. 1).

Der ArbGeb. hat über den Zweck und die techn. und organisatorischen Einzelhei- 11
ten der geplanten Projekte gem. § 80 Abs. 2, der § 90 insoweit ergänzt, **umfassend
zu unterrichten.** Dazu gehört auch die Erläuterung in verständlicher Form. Fremd-
sprachige Unterlagen sind, soweit dies erforderlich und verhältnismäßig ist, grundsätzlich in deutscher Übersetzung vorzulegen (vgl. Hess. LAG BB 94, 574). Geschieht dies nicht oder bleiben Fragen unbeantwortet, kann der BR eine betriebliche
Auskunftsperson (§ 80 Rn 81 ff.) anfordern oder nach näherer Vereinbarung mit dem
ArbGeb. einen Sachverständigen (§ 80 Abs. 3; Rn 86 ff.) hinzuziehen.

Dem BR sind auch schriftliche Unterlagen und Zeichnungen zur Verfügung zu 12
stellen, wobei es auf den Einzelfall ankommt, welche Aufzeichnungen und Pläne zur
Einsichtnahme vorgelegt oder überlassen werden müssen (*DKK-Klebe* Rn 24; **aA** bez.
Überlassung umfangreicher Unterlagen *HSWGNR* Rn 56). Solche Unterlagen sind
ua. techn. Zeichnungen, Baupläne, Beschreibung der geplanten Maßnahmen. Das G
sieht ausdrücklich die **Vorlage der erforderlichen Unterlagen** durch den ArbGeb.
vor, ohne dass es einer Anforderung durch den BR bedarf (*DKK-Klebe* Rn 22; *SWS*
Rn 17; wegen der Berücksichtigung von Betriebs- und Geschäftsgeheimnissen vgl.
§ 80 Rn 60). Aus dem Zweck der Vorlagepflicht folgt, dass die entsprechenden Unterlagen dem BR bis zum Abschluss der Planung zur Verfügung stehen müssen. Nur
auf diese Weise ist der BR in der Lage, sein Beratungsrecht nach Abs. 2 effizient auszuüben (*DKK-Klebe* Rn 25; nur zeitweilige Überlassung GK-*Weber* Rn 26; ErfK-
Kania Rn 7).

Plant der ArbGeb. ein **EDV-System** einzuführen, hat er dem BR zB Problemana- 13
lyse, Systembeschreibung einschl. der zu verarbeitenden Daten, Zwecksetzung,
Beschreibung der vorhandenen Dateien u. Programme, Datenflussplan, Zugriffsbe-
rechtigung, Maßnahmen der Datensicherung sowie alle Auswirkungen auf die ArbN
mitzuteilen (vgl. BAG 4. 6. 87, 26. 2. 92 AP Nrn. 30, 48 zu § 80 BetrVG 1972).
Diese Unterrichtungspflicht über sämtliche Formen und Auswirkungen eines EDV-
Systems trifft den ArbGeb. auch bei einer **Auslagerung der Datenverarbeitung**
(vgl. § 80 Rn 53; BAG 17. 3. 87 AP Nr. 29 zu § 80 BetrVG 1972).

Die Unterrichtungs- (und Beratungs-)pflicht gegenüber dem BR **obliegt stets** 14
dem ArbGeb., auch soweit es sich um die Planung für Teilbereiche, Gruppen- oder
einzelne Arbeitsplätze handelt. Dabei kann er sich von einer oder bei komplexen
Fallgestaltungen auch von mehreren Personen vertreten lassen, die bez. der geplanten
Maßnahmen über die notwendige Fachkompetenz verfügen; Entscheidungskompetenz müssen sie nicht haben (BAG 11. 12. 91 AP Nr. 2 zu § 90 BetrVG 1972; wegen
Delegation von Aufgaben vgl. § 1 Rn 240). Die zulässige Delegation dieser Aufgabe
befreit den ArbGeb. nicht von seiner grundsätzlichen Verantwortung.

Auf ArbN-Seite ist idR der BR des von der Planung betroffenen Betriebs zu be- 15
teiligen (*Richardi/Annuß* Rn 23). Die **Zuständigkeit des GesBR oder des KBR**

wird idR nicht angenommen werden können, es sei denn, der BR macht von der Delegationsmöglichkeit nach § 50 Abs. 2 bzw. der GesBR von der nach § 58 Abs. 2 Gebrauch. Die Tatsache allein, dass derartige Planungen auf Unternehmensebene (in straff geführten Konzernen auf der Ebene des herrschenden Unternehmens) durchgeführt werden, begründet als solche nicht die Zuständigkeit des GesBR bzw. KBR.

16   Je nach Art und Umfang des Betriebs führt die Beteiligung des BR nach § 90 zu häufigeren Verhandlungen zwischen ArbGeb. und BR. Das gilt vor allem, wenn sich die Unterrichtung und Beratung auf Planungen bezieht, die Teilbereiche des Betriebs, Gruppen und einzelne Arbeitsplätze betreffen. Die Übertragung dieser Aufgaben auf einen **bes. fachkundigen Ausschuss** (zur Vorbereitung der Entscheidung des BR oder zur selbständigen Erledigung) kann deshalb zweckmäßig sein (Rn 10).

17   Der BR kann **seinerseits Planungen** für zukünftige Änderungen nach § 80 Abs. 1 Nr. 2 oder Nr. 9 **vorschlagen,** deren Durchführung aber nicht erzwingen (BAG 6. 12. 83 AP Nr. 7 zu § 87 BetrVG 1972 Überwachung; *HSWGNR* Rn 60). Unberührt bleiben die MBR und Initiativrechte auf Grund anderer Vorschriften, zB über infolge der Änderung erforderliche Verhaltensweisen der ArbN nach § 87 Abs. 1 Nr. 1, deren Kontrolle durch techn. Anlagen nach § 87 Abs. 1 Nr. 6, auf dem Gebiet des gesetzl. Arbeitsschutzes nach § 87 Abs. 1 Nr. 7, in Fragen der Entgeltgestaltung, die mit den geplanten Änderungen zusammenhängen, nach § 87 Abs. 1 Nr. 10, in Fragen der Beschäftigungssicherung nach § 92 a; über die Teilnahme an Maßnahmen der Berufsbildung (Qualifikation für nach der Planung geänderte Tätigkeiten) nach § 97 Abs. 2, § 98 Abs. 1 und Abs. 3 und bei den mit den Änderungen zusammenhängenden allgemeinen Personalangelegenheiten (§§ 92 ff.), sowie bei geplanten Betriebsänderungen mit nachteiligen Auswirkungen für die ArbN nach §§ 111 ff.

III. Gegenstände der Unterrichtung

1. Bauvorhaben

18   Die Planung der **in Nr. 1** genannten **Bauvorhaben** erfolgt in Durchführung des Investitions- und Produktionsprogramms (§ 106 Abs. 3 Nr. 3). Im engeren Sinne handelt es sich um die Betriebsstättenplanung. Die Unterrichtung des BR (und die Beratung mit ihm) über die Planung muss nach der Projektfreigabe und spätestens zu Beginn der Ausführungsplanung stattfinden, damit der BR seine Vorschläge noch einbringen kann (s. Abs. 2 S. 1, Rn 34 ff.).

Nr. 1 umfasst die Planung von **Neu-, Um- und Erweiterungsbauten** jeglicher betrieblicher Räumlichkeiten, insb. im Fabrikations- und Verwaltungsbereich, zB den Umbau oder den Neubau einer Fabrikhalle oder eines neuen Verwaltungsgebäudes. Sonstige betriebliche Räume sind auch **Sozialräume** (Waschräume, Toiletten, Kantinen). Unter Räumlichkeiten sind aber auch abgegrenzte Teile eines Gebäudes zu verstehen, so dass zB auch die Planung der Einrichtung eines Labors oder des Umbaus eines Stockwerks zu einem Großraumbüro unter § 90 fällt. Demgemäß ist jede bauliche Maßnahme beteiligungspflichtig, soweit es sich nicht um eine **bloße Renovierung** oder kleine bauliche Veränderungen ohne Änderung der Bausubstanz handelt, zB um das Brechen einer neuen Tür (ErfK-*Kania* Rn 2; *HSWGNR* Rn 27; *Richardi/Annuß* Rn 8; insoweit **aA** bezogen auf das Brechen einer neuen Tür *DKK-Klebe* Rn 7; jede Veränderung des Baukörpers GK-*Weber* Rn 10). Nicht beteiligungspflichtig sind ferner reine Abbrucharbeiten; insoweit gilt § 89.

19   Soweit Vorschriften des **gesetzl. Arbeitsschutzes** bestehen (insb. ArbStättV), hat der BR das Mitbestimmungsrecht nach § 87 Abs. 1 Nr. 7 (GK-*Weber* Rn 11). Darüber hinaus besteht auch hier die Möglichkeit von zusätzlichen Vereinbarungen nach § 88. Dieser öffentlich-rechtlich abgesteckte Regelungsbereich setzt den Gestaltungsmöglichkeiten des BR im Rahmen des korrigierenden MBR nach § 91 Grenzen.

2. Technische Anlagen

Die Planung von **technischen Anlagen (Nr. 2)** ist die vom Produktions- **20** und Investitionsprogramm bzw. vom Rationalisierungsprogramm (§ 106 Abs. 3, Nr. 3 u. 4) abgeleitete Betriebsmittelplanung und zwar die Planung sowohl der (externen) Betriebsmittelbeschaffung als auch der (internen) Betriebsmittelentwicklung. Der Begriff der techn. Anlage erfasst **Maschinen, Geräte** und **Hilfsmittel,** die unmittelbar oder mittelbar dem Arbeitsablauf dienen, ihn ermöglichen oder erleichtern sollen, zB Neubau von Fahrstühlen, Klimaanlagen, Einziehen von Schallschluckdecken, Raumbeleuchtungen, Büromobiliar usw. (ErfK-*Kania* Rn 3; *Richardi/Annuß* Rn 11; *SWS* Rn 7 b). **Nicht** beteiligungspflichtig sind die Anschaffung einfacher Werkzeuge (GK-*Weber* Rn 13) sowie die **Ersatzbeschaffung** für vorhandene techn. Anlagen, sofern sich die gegebenen Bedingungen nicht ändern (zB Ersatz eines unbrauchbar gewordenen Motors oder Fahrstuhls durch einen neuen). Nicht gemeint sind techn. Anlagen, die im Betrieb zur Überlassung an Dritte produziert werden.

Die Planung von techn. Anlagen bezieht sich sowohl auf die **Fabrikations-** als **21** auch den **Verwaltungsbereich** (zB Einführung von EDV-Anlagen iVm. Datensichtgeräten; von numerisch kontrollierten [NC], computergesteuerten [CNC] oder zentralcomputergesteuerten Maschinen; von Geräten zum computerunterstützten Konstruieren [CAD] oder Fertigen [CAM], vgl. *Linnenkohl* CR 91, 100; s. auch § 87 Rn 229, 232 ff., 241; Einsatz von Robotern; Umstellung der durch EDV ausgeführten Personalabrechnung vom Offline- auf Online-Betrieb, *DKK-Klebe* Rn 9; *HSWGNR* Rn 33; Einführung Telekommunikationseinrichtungen; Internet und Intranet).

Auch auf dem Gebiet der techn. Anlagen deckt sich der Regelungsbereich weitge- **22** hend mit dem des gesetzl. Arbeitsschutzes. Die **Bedeutung des autonomen Arbeitsschutzes** ist allerdings auch hier nicht in der betrieblichen Gestaltung bzw. in der Beschaffung solcher Anlagen nach den Gesichtspunkten des Gefahrenschutzes zu sehen (insoweit gilt insb. das GSG), sondern in der **Anpassung der Arbeit an den Menschen,** um unnötige Belastungen und Beanspruchungen zu vermeiden. Dabei sind die sich aus der Natur des Menschen ergebenden Schranken der Beanspruchbarkeit (einerseits Leistung, Aufnahmefähigkeit, Konzentration, Ermüdungsfaktoren, andererseits die geistes(sozial)wissenschaftlichen Richtziele wie Schutz der Persönlichkeit und der Menschenwürde) zu berücksichtigen. In Frage kommt demgemäß die Errichtung und Beschaffung von techn. Anlagen, bei deren Bedienung oder durch deren betriebliche Emissionen der ArbN möglichst wenig beeinträchtigt werden soll.

Dazu bietet sich an, Beeinträchtigungen durch Lärm, Staub, Vibration, Nässe, Gase und Dämpfe, Hitze bzw. Kälte, Lichtmangel oder Blendung zu vermeiden (zB menschengerechte Gestaltung von Skalen, von Bildschirmarbeitsplätzen, Vermeidung von Geruchsbelästigungen einschl. der durch passives Rauchen, abgasfreie Flurförderung). Dem Ziel, die Arbeit an den Menschen anzupassen dient zB die Berücksichtigung der Körpermaße (DIN 33 402), die sinnfällige Anordnung von Stellteilen (Bedienungselementen DIN 33 401), die körpergerechte Gestaltung der Sitzgelegenheiten (DIN 4549).

3. Arbeitsverfahren

Arbeitsverfahren (Nr. 3) betrifft die Technologie zur Veränderung der Arbeits- **23** gegenstände (insb. der Werkstoffe) zur Erfüllung der Arbeitsaufgabe, zB vorwiegend Muskelarbeit oder vorwiegend nicht körperliche Tätigkeit wie Steuern, Überwachen (ErfK-*Kania* Rn 4; *Richardi/Annuß* Rn 13). Die Planung des ArbGeb. erfolgt insoweit in Ausführung der Produktions- und Fertigungsplanung. Das Arbeitsverfahren wird durch die **Arbeitsmethode** bedingt; daher dürfte der Begriff „Arbeitsverfahren" weitgehend mit dem der Fabrikations- und Arbeitsmethoden (§ 106 Abs. 3 Nr. 5) übereinstimmen. Insoweit ergänzen sich die Beteiligungsrechte nach Nr. 3 mit denen nach § 106 Abs. 3 Nr. 5 und § 111 Abs. 2 Nr. 5. Die Gestaltungsaufgabe bezieht sich hier auf die Beurteilung der angewandten Arbeitsmethode und der Technologie unter den Gesichtspunkten der Beanspruchung und Belastung der ArbN.

24   Unter Planung von **Arbeitsablauf (Nr. 3)** ist (nach DIN 33400 Nr. 2.4) die räumliche und zeitliche Folge des Zusammenwirkens von Mensch, Arbeitsmittel, Stoff, Energie und Information in einem Arbeitssystem zu verstehen (LAG Hamm EzA § 90 BetrVG 1972 Nr. 1; GK-*Weber* Rn 17). Die Planung des ArbGeb. erfolgt in Ausführung der Planung von Fabrikations- und Arbeitsmethode bzw. des Arbeitsverfahrens. Sie kann sowohl den gesamten Betrieb als auch Teilbereiche mit unmittelbarem Bezug auf die Arbeitsplätze betreffen. Angesprochen wird damit die organisatorische, räumliche und zeitliche Gestaltung des Arbeitsprozesses iSd. Erfüllung der Arbeitsaufgabe, wobei Beanspruchungen der ArbN zu berücksichtigen sind (s. Rn 28 f.). Im Einzelnen kann es um folgendes gehen:

25   **Fließband, Gruppen- oder Einzelarbeit** (zur Ausgestaltung der Gruppenarbeit vgl. das MBR nach § 87 Abs. 1 Nr. 13 und die weiteren Beteiligungsrecht des BR bei deren Einführung und Ausgestaltung wie zB die nach §§ 92, 95, 96 ff., 99, 102, 87 Nr. 1, 6, 10, 11 u. § 111, s. BAG 22. 4. 97 AP Nr. 14 zu § 99 BetrVG 1972 Versetzung; LAG Köln NZA 97, 280; *Hunold* Lean production S. 8 ff.; *Kuhn-Friedrich/Kamp* Gruppenarbeit in Unternehmen der BRD aus d. Sicht v. BR u. PR, 1996; *Lang/Ohl* Lean production S. 61 ff., 126 ff., 168 ff.; *Kreßel* RdA 94, 23).

26   Arbeit in der Halle, im Freien, in einer Kabine oder einem Fahrzeug, über oder unter Tage; Lage der Arbeitszeit, zB Nachtschicht (insoweit besteht zusätzlich ein MBR nach § 87 Abs. 1 Nrn. 2 u. 3); aktenlose Sachbearbeitung; (*Peter* DB 98, 573), Just in time; Umstellung des Bürobetriebs, der Lagerhaltung, der Werkstattkontrolle.

27   **Rationalisierungsmaßnahmen** mittels rechnergestützter Produktionsplanungs- u. Steuerungssysteme, Projektmanagementsysteme, Lean production u. Lean management (s. dazu insb. *Hunold* Lean production S. 11 f., 14 f., 21 f., 83 f., unzutreffend allerdings seine Ansicht, dass Abflachung der Hierarchie – Lean management – nicht unter § 90 falle [S. 60], denn – abgesehen davon, dass die Unterrichtungspflicht des ArbGeb. unabhängig von den Auswirkungen der geplanten Maßnahmen auf die ArbN besteht [vgl. Rn 13] – ist hier der Arbeitsablauf mit der Folge einer stärkeren Arbeitsbeanspruchung, Leistungsverdichtung u. anderer Qualifikationsanforderungen betroffen, also Auswirkungen, über die nach § 90 Abs. 2 zu beraten ist [vgl. Rn 34 mwN]; *Hunold* NZA 93, 723) einschl. Maßnahmen zur Verwirklichung des Kontinuierlichen Verbesserungsprozesses (KVP) auch Kaizen (Veränderung zum Besseren) genannt (eingehend *Wisskirchen/Bissels/Domke* BB 09, 890).

28   Einführung und Anwendung von **Qualitätsmanagement-Systemen:** Zunehmende Bedeutung bei Produktion und Dienstleistung erlangt das Qualitätsmanagement (QM oder TQM = Total-Quality-Management). Es kann als Gesamtheit aller qualitätsbezogenen Tätigkeiten und Zielsetzungen verstanden werden. Sein genauer Inhalt ergibt sich aus der Normenreihe DIN EN ISO 9000 bis 9004 (zu diesbezügl. betriebsverfassungsrechtl Fragen *Lachenmann* RdA 98, 105; *Schmidt/Dobberahn* NZA 95, 1017). Hiernach ist der Begriff Qualität nicht mehr produktbezogen, sondern bedeutet eine alle unternehmerischen Aktivitäten umfassende Darstellung und Festlegung der Qualitätsfähigkeit. Diese Normenreihe erfordert, dass ein Unternehmen die Organisationsstruktur und alle Abläufe eindeutig regelt und festlegt. Qualität wird also von vornherein planmäßig produziert. Entsprechendes gilt für Qualitätssicherungssysteme. Infolge des Wechsels der Qualität von einer – eher beteiligungsfreien – Produktbezogenheit hin zu einer – idR beteiligungsintensiven – Organisations-, Anlagen- und Ablaufbezogenheit sind idR alle Unterrichtungtatbestände der Nr. 1–4 erfüllt – und je nach Ausgestaltung weitere Beteiligungsrechte wie § 87 Abs. 1 Nr. 6, §§ 106 ff., §§ 111 ff. gegeben (zu entspr. Schulungsanspruch LAG Rheinland-Pfalz NZR-RR 97, 215; ArbG Wetzlar NZA-RR 96, 336).

Nimmt ein Unternehmen freiwillig an dem Gemeinschaftssystem für das Um- 29
weltmanagement und die Umweltbetriebsprüfung – **EMAS** – (vgl. § 89 Rn 6 ff.) teil,
kann bei den betrieblichen Planungen zur Erstellung und zur Durchführung des
Umweltprogramms, des Umweltmanagementsystems und der Umweltbetriebsprüfung der Tatbestand der Nr. 3 erfüllt sein.

4. Arbeitsplätze

Die Planung der **Arbeitsplätze (Nr. 4)** bezieht sich auch auf die Ausgestaltung 30
der einzelnen Arbeitsplätze, insb. die räumliche Anordnung und Gestaltung der Maschinen und Werkzeuge sowie die Anbringung sonstiger Arbeitsmittel und die Arbeitsumgebung des Arbeitsplatzes (GK-*Weber* Rn 21; *HSWGNR* Rn 45; s. auch
BVerwG 16. 12. 92 AP Nr. 42 zu § 75 BPersVG).

Arbeitsplatz ist zunächst im arbeitstechnischen Sinn als der (uU veränderliche) 31
Ort zu sehen, an dem der einzelne ArbN unter den techn. und organisatorischen
Gegebenheiten der Arbeitsabläufe innerhalb eines Arbeitssystems seine Arbeit erfüllt
(ähnlich DIN 33 400, Nr. 2.4; *Richardi/Annuß* Rn 15; *HSWGNR* Rn 45 demgegen-
über sehen als Arbeitsplatz den Tätigkeitsbereich im räumlich-funktionalen Sinne an:
DKK-Klebe Rn 15; GK-*Weber* Rn 21). Die Gestaltungsaufgabe bezieht sich hier auf
die ergonomisch richtige Gestaltung und Anordnung der Arbeitsmittel einschließlich
der Arbeitsumgebung. Die Planungen können sowohl den gesamten Betrieb als auch
Teilbereiche sowie einzelne Arbeitsplätze betreffen; über alle diese Planungen hat der
ArbGeb. den BR zu unterrichten.

Dabei sind die Anforderungen an die **körpergerechte Gestaltung,** zB im Hin- 32
blick auf die Körpermaße, die Greif- und Bewegungsräume sowie die Möglichkeiten
zur Wahrnehmung von Vorgängen oder zur Steuerung von Arbeitsprozessen zu berücksichtigen. Der ArbN soll nach Möglichkeit über das nach den Grundsätzen des
Gefahrenschutzes erforderliche Maß hinaus vor Beeinträchtigungen durch Lärm,
Vibrationen, Nässe, Gase, Dämpfe, Hitze, Kälte, Lichtmangel oder Blendung (am
eigenen Arbeitsplatz oder durch innerbetriebliche Immissionen) geschützt werden.
Einseitige körperliche oder geistige Beanspruchung oder anstrengende Körperhal-
tung (Arbeiten in Zwangshaltung) sind möglichst zu vermeiden. Zur ergonomischen
Büroraumplanung- und -gestaltung *Martin* AiB 98, 83.

Über diesen arbeitsschutzrechtlichen Begriff des Arbeitsplatzes hinaus gehört hier 33
auch dessen funktionaler Bezug zu den in Nr. 1 bis 3 genannten Tatbeständen dazu.
Beispielhaft hierfür sind vor allem **Bildschirmarbeitsplätze.**

IV. Beratung mit dem Betriebsrat

1. Ablauf

An die zeitlich vorgelagerte Unterrichtung des BR schließt sich die **rechtzeitige** 34
Beratung mit ihm über die vorgesehenen Maßnahmen und ihre Auswirkungen auf
die ArbN an (Abs. 2). Information und Beratung sind unterschiedliche und von
einander zu trennende Vorgänge (*DKK-Klebe* Rn 26; *Richardi/Annuß* Rn 24). Ob
und ggf. welcher Zeitraum dazwischen liegen wird, hängt davon ab, wie schwierig
und komplex die Planungen sind. Jedenfalls muss auch die Beratung im Stadium der
Planung (s. dazu Rn 7 ff.; s. auch § 92 Rn 27 f.) erfolgen. Dabei hat der ArbGeb.
zwei aus Begriff und Wesen der Beratung abzuleitende Grundsätze zu beachten. Zum
einen muss dem BR genügend Zeit für die interne Meinungsbildung über die Planungen und ihre Auswirkungen, möglicherweise unter Hinzuziehung von Sachverständigen und Rückkoppelung mit der Belegschaft, eingeräumt werden. Zum anderen muss, wie in Abs. 2 S. 1 ausdrücklich vorgesehen, die Beratung mit dem BR so
rechtzeitig stattfinden, dass dessen Vorschläge und Bedenken noch berücksichtigt

werden können (vgl. BAG 11. 12. 91 AP Nr. 2 zu § 90 BetrVG 1972; Hess LAG BB 93, 1948; *DKK-Klebe* Rn 19; *HSWGNR* Rn 63 ff.). Der BR darf nicht vor vollendete Tatsachen gestellt werden.

35   Die Beratung des BR ist insb. dann **nicht mehr rechtzeitig,** wenn sie erst erfolgt, nachdem zwischen den anderen Ressorts des Unternehmens Übereinstimmung über die Maßnahmen erzielt worden ist. In einem solchen Stadium ist die Planung abgeschlossen, weil der erzielte Kompromiss widerstreitender Interessen erfahrungsgemäß nicht erneut in Frage gestellt wird. Außerdem ist die **Beteiligung** in den fortschreitenden Stufen der Planung zu **wiederholen** (BAG 11. 12. 91 AP Nr. 2 zu § 90 BetrVG 1972), und insb. die Informationen zu aktualisieren (*DKK-Klebe* Rn 21).

2. Gegenstände

36   Bei der Beratung mit dem BR **müssen alle Gesichtspunkte** erörtert werden, die sich aus den vorgesehenen Maßnahmen und deren Auswirkungen für die ArbN ergeben, also techn., organisatorische, wirtschaftliche und finanzielle Fragen, auch wenn sie nicht mit arbeitswissenschaftlichen Erkenntnissen im Zusammenhang stehen (ErfK-*Kania* Rn 8). So sind Fragen der **Beschäftigungspolitik des Unternehmens** und der Auswirkungen der geplanten Maßnahmen auf die Arbeitszeit, die Arbeitsplätze, Art und Anforderungen der Arbeit (Automatisierung, Arbeitstempo, Einzel- oder Gruppenarbeit), die Arbeitsentgelte, die Personalplanung und die betriebliche oder außerbetriebliche Fortbildung anzusprechen (*DKK-Klebe* Rn 28). Beratungsgegenstand kann auch sein die Umweltpolitik des Unternehmens, insb. die ArbN unmittelbar betreffenden **Maßnahmen des betrieblichen Umweltschutzes** (§ 89 Abs. 3) zB bei neuen oder zu ändernden Produktionsanlagen, Bauten und auch Produktionsprozessen sowie Produktionslinien, soweit damit einer der Tatbestände des Abs. 1 in Zusammenhang steht.

37   In erster Linie sind die vorgesehenen Maßnahmen im Hinblick auf ihre **Auswirkungen auf die Art der Arbeit** und die **Anforderungen an die ArbN** zu beraten. Beide Begriffe sind wegen der nicht erschöpfenden Aufzählung und ihrer Verwendung iVm. den arbeitswissenschaftlichen Erkenntnissen **weit auszulegen.** Demgemäß ist unter Art der Arbeit sowohl die Festlegung bzw. Abgrenzung der Arbeitsaufgabe des einzelnen ArbN als auch die sonstigen Auswirkungen von Arbeitsmethoden und -verfahren, die der ArbN anzuwenden hat oder denen er unterworfen ist (zB Automatisierung, Kontrollmaßnahmen, Arbeitsteilung, Rotation, Einzel- oder Gruppenarbeit; über Auswirkungen und Anforderungen bei Lean production), einschließlich der verwendeten Arbeitsmittel und -stoffe zu verstehen. Der Begriff der Anforderungen an die ArbN ist als Oberbegriff für Qualifikation, Verantwortung, Geschicklichkeit, Umgebungseinflüsse, Belastung und Beanspruchung aufzufassen (ähnlich *HSWGNR* Rn 70; ErfK-*Kania* Rn 9).

3. Inhaltliche Anforderungen

38   In Form einer **Sollvorschrift** (Abs. 2 S. 2) ist BR und ArbGeb. auch aufgegeben, bei ihren Beratungen die gesicherten arbeitswissenschaftlichen Erkenntnisse über die menschengerechte Gestaltung der Arbeit zu berücksichtigen (vgl. auch § 4 Nr. 3 ArbSchG).

38a   Der Begriff der **menschengerechten Gestaltung der Arbeit** wird in einem speziellen humanitären Sinn gebraucht. Aus dem Zusammenhang mit dem Katalog in Nr. 1 bis Nr. 4 und dem Verweis auf die gesicherten arbeitswirtschaftlichen Erkenntnisse und die anschließende klarstellende Vorschrift des § 91 ergibt sich, dass es zunächst nicht um die Arbeitsgestaltung im allgemeinen betriebswirtschaftlichen Sinn unter Vorrangigkeit der Wirtschaftlichkeit des Betriebes bzw. der Erhöhung des Wirkungsgrades des Arbeitssystems geht. Vielmehr steht im Vordergrund die Gestaltung der Arbeitsplätze, der Arbeitsverfahren, des Arbeitsablaufs und der Arbeitsumgebung mit dem Ziel der besseren **Anpassung der Arbeit an den Menschen,** an dessen physische und psychische Eigenschaften, Leistungsvermögen und Bedürfnisse (vgl. ErfK-*Kania* Rn 11; GK-*Weber* Rn 44; *HSWGNR* Rn 72).

Ein weiteres Ziel der menschengerechten Gestaltung der Arbeit ist es, eine Ar- **39** beitsgestaltung anzustreben, die der **Würde des ArbN** entspricht und die freie **Entfaltung seiner Persönlichkeit** ermöglicht (*Richardi/Annuß* Rn 31). Demnach sollten sich die Bemühungen von ArbGeb. und BR in freiwilliger (vertrauensvoller) Zusammenarbeit auf den Abbau von Arbeitsumständen richten, die – mögen sie auch technisch einwandfrei und unfallsicher sein – dem Wesen des Menschen widersprechen, insb. wegen des Übermaßes von Zwängen, zB wegen zeitlicher Bindung, Eintönigkeit, Einsamkeit oder allgemein wegen der Verdrängung möglicher Selbstbestimmung zugunsten vermeidbarer Fremdbestimmung und Kontrolle.

Demnach kann der BR mittels der §§ 90, 91 folgende Ziele anstreben: **40** Abkehr von der Fließbandarbeit zugunsten taktungebundener oder teilweise taktbefreiter Arbeit; auch bei Fließbandarbeit: Gewährleistung von persönlichen Freiräumen (zB Erholzeiten, Möglichkeiten der kurzfristigen Arbeitsunterbrechung, etwa durch Pufferbildung); Einführung von Gruppenarbeit oder ähnlicher Arbeitsstrukturen, die eine Abwechslung in der Arbeit und damit einen Abbau der Eintönigkeit ermöglichen; Erweiterung von Arbeitsaufgaben; Vermeidung sinnentleerender Arbeitsteilung (vgl. zB bei MTM-Arbeitsplätzen); Anreicherung von Arbeitsinhalten; Information über den jeweiligen Sinn der Arbeit; Beachtung der menschlichen Leistungs- und Beanspruchungsgrenzen (zB durch Abbau von Schicht- oder Nachtarbeit sowie vermeidbarer Überstunden); menschengerechte Handhabung der Kontrollpotenziale neuer Technologien; Gewährleistung von Kommunikation am Arbeitsplatz.

ArbGeb. und BR sollen bei der Planung diejenigen **gesicherten arbeitswissen-** **41** **schaftlichen Erkenntnisse** berücksichtigen (Abs. 2 S. 2), die einen Bezug zur menschengerechten Gestaltung der Arbeit haben. Der Begriff der arbeitswissenschaftlichen Erkenntnisse wird mittlerweile in zahlreichen Vorschriften (zB § 4 Nr. 3 ArbSchG; § 28 Abs. 1 S. 2 JArbSchG; § 95 Abs. 1 SeemG; § 61 Abs. 1 S. 1 Nr. 1a BBergG; § 3 Abs. 1 Nr. 1 ArbStättV; § 17 Abs. 1 S. 2 GefahrStVO) verwendet, ist jedoch an keiner Stelle gesetzlich definiert (*HSWGNR* Rn 71). Der Begriff knüpft an die **Arbeitswissenschaft** an, die ihrerseits keine bestimmte abgegrenzte Wissenschaft ist. Es handelt sich vielmehr um eine **Anzahl wissenschaftlicher Fachdisziplinen,** die über Erkenntnisse verfügen, die sich unter den verschiedensten Gesichtspunkten auf die menschliche Arbeit beziehen. Das sind insb. Arbeitsmedizin, Ergometrie, Arbeitsphysiologie, Arbeitspsychologie, Arbeitspädagogik, Betriebssoziologie, Wirtschaftswissenschaft (s. MünchArbR-*Kothe*§ 290 Rn 24ff.).

Nach der **allgemein anerkannten Definition** von *Luczak/Volpert* (Arbeitswis- **42** senschaft S. 59) ist Arbeitswissenschaft das systematische Analysieren, Ordnen und Gestalten der technischen, organisatorischen und sozialen Bedingungen von Arbeitsprozessen mit dem Ziel, dass die arbeitenden Menschen in produktiven und effizienten Arbeitsprozessen
– schädigungslose, ausführbare, erträgliche und beeinträchtigungsfreie Arbeitsbedingungen vorfinden,
– Standards sozialer Angemessenheit nach Arbeitsinhalt, Arbeitsaufgabe, Arbeitsumgebung sowie Entlohnung und Kooperation erfüllt sehen,
– Handlungsspielräume entfalten, Fähigkeiten erwerben und in Kooperation mit anderen ihre Persönlichkeit erhalten und entwickeln können" (so auch ErfK-*Kania* Rn 12; GK-*Weber* Rn 35; MünchArbR-*Kothe* § 290 Rn 24.).

Die arbeitswissenschaftlichen Erkenntnisse, die ArbGeb. und BR bei §§ 90, 91 be- **43** rücksichtigen sollen, müssen gesichert sein. Da es eine einheitliche übergeordnete Arbeitswissenschaft (noch) nicht gibt, die einheitliche Erkenntnismethoden beanspruchen könnte, ist als **„gesichert"** eine Erkenntnis anzusehen, die den Methoden der Erkenntnisgewinnung der betr. Einzeldisziplin entspricht, es sei denn, sie wird durch Erkenntnisse einer anderen arbeitswissenschaftlichen Disziplin generell oder bei der konkreten Anwendung auf die Arbeitsgestaltung des Betriebs widerlegt (falsifiziert) oder als ergänzungsbedürftig ausgewiesen. Es kann nicht verlangt werden, dass Erkenntnisse einer Einzeldisziplin auch durch die Erkenntnisse der anderen Disziplinen bestätigt werden müssen. Dies gilt insb. im Verhältnis von geisteswissenschaftlichen zu naturwissenschaftlichen Disziplinen (*Richardi/Annuß* Rn 34; **aA** GK-*Weber* Rn 36 allgemeine Akzeptanz fordernd). Den an den Arbeitswissenschaften beteiligten Disziplinen ist die ihnen eigene wissenschaftliche Schlussweise, also ihre spezifische Art der Erkenntnisgewinnung, zu belassen. Als „gesichert" ist also auch eine Erkenntnis anzusehen, die nach den Maßstäben der betroffenen wissenschaftlichen Disziplin als gültig anerkannt ist (*DKK-Klebe* § 91 Rn 11). Gesichert sind auch solche, die der Gesetzgeber bestimmten Regelungswerken zuordnet (*HSWGNR* Rn 73).

44   **Gestaltungsrichtlinien** sind – soweit sie nicht ohnehin die Qualität von Rechtsnormen haben – als „gesichert" anzusehen, wenn über sie in Fachkreisen eine überwiegende Meinung dahin besteht, dass sie der Zielsetzung der menschengerechten Arbeitsgestaltung entsprechen, ihre Anwendung zweckmäßig und mit angemessenen Mitteln durchführbar ist (**praktische Bewährung** fordernd *73* Rn 72; *SWS* Rn 26; GK-*Weber* Rn 37). Wenig aussagekräftig ist die lediglich negative Abgrenzung des BAG 6. 12. 83 AP Nr. 7 zu § 87 BetrVG 1972 Überwachung, nach der es sich bei gesicherten arbeitswissenschaftlichen Erkenntnissen „um Erkenntnisse handeln muss, die besagen, dass die davon nach unten abweichende Gestaltung nicht mehr als menschengerecht angesehen werden kann". Es genügt uU eine problemlose Durchführung in einem vergleichbaren Betrieb unter kritischer wissenschaftlicher Kontrolle. Die Richtigkeitsgewähr solcher Gestaltungsrichtlinien ist besonders groß, soweit Verabschiedungsverfahren mit Veröffentlichung von Entwürfen, Einspruchsmöglichkeiten und Schlichtungsverfahren praktiziert werden, wie bei der Erstellung von **DIN-Normen.**

45   Für die Praxis bedeutsam sind daher die einschlägigen DIN-Normen (vgl. zB DIN 33 400), aber auch die **Sicherheitsregeln der BG, die Arbeitsstättenregeln** (§ 3 Abs. 2 ArbStättV), die sämtliche unter weitgehender Beteiligung und Einflussmöglichkeit der Fachleute interessierter Kreise erarbeitet werden (GK-*Weber* Rn 40; widerlegbare Vermutung *HSWGNR* Rn 75). Gestaltungsrichtlinien, die in **Tarifverträgen** festgelegt sind, wirken innerhalb ihres Geltungsbereichs, soweit sie Ansprüche der ArbN normieren, unmittelbar, dh ohne den Umweg über § 91, außerhalb des Geltungsbereichs des TV als Beispiele, auf die im Rahmen eines Verfahrens nach § 91 zurückgegriffen werden kann (GK-*Weber* Rn 41).

46   Als gesichert anzusehen sind auch übereinstimmende Aussagen zu Gestaltungszielen auf Grund ernst zu nehmender wissenschaftlicher Forschung. Dies dürfte in weitgehendem Maße zutreffen für die von der BAU veröffentlichten Forschungsberichte und herausgegebenen „Arbeitswissenschaftliche Erkenntnisse – Forschungsergebnisse für die Praxis". Die **Forschungsberichte der BAU** betreffen schwerpunktmäßig die Bereiche Lärm, Beleuchtung, Klima, ergonomische und sicherheitstechnische Gestaltung der Arbeitsmittel, elektrotechnische Sicherheit (Einzelheiten vgl. im regelmäßig erscheinenden Katalog über die Schriftreihen der BAU). Entsprechendes gilt für die **arbeitswissenschaftlichen Veröffentlichungen der BG** (Schwerpunkte: Lärmabwehr, Bildschirmgeräte; Fundstellen ua. im ZH 1-Verzeichnis).

V. Verstöße

47   Kommt der ArbGeb. seinen Verpflichtungen nach § 90 Abs. 1, Abs. 2 S. 1 überhaupt nicht nach oder gibt er **wahrheitswidrige, unvollständige** oder **verspätete Auskünfte,** kann gegen ihn nach § 121 eine Geldbuße von bis zu 10 000 Euro verhängt werden (vgl. OLG Düsseldorf DB 82, 1575). Ist die Rechtsfrage streitig, ob die Voraussetzungen des § 90 für die Informations- und Beratungspflicht des ArbGeb.

vorliegen, so entscheiden hierüber die ArbG im **BeschlVerf.** Bei offensichtlichen Verstößen gegen die gesicherten arbeitswissenschaftlichen Erkenntnisse über die menschengerechte Gestaltung der Arbeit kann der BR von seinem **korrigierende MBR** nach § 91 Gebrauch machen und im BeschlVerf. durchsetzen. Bei Verstößen gegen öffentlich-rechtliche Verpflichtungen finden dagegen die entspr. Maßnahmen des Verwaltungszwangs Anwendung bzw. werden solche Verstöße strafrechtlich oder als Ordnungswidrigkeiten verfolgt.

Der BR kann seinen Anspruch auf Unterrichtung und Beratung auch durch **48** **einstw. Vfg.** geltend machen (Einzelheiten Nach § 1 Rn 65 ff.). Durch sie kann dem ArbGeb. im Allgemeinen nicht untersagt werden, die Maßnahme bis zur vollständigen Unterrichtung und bis zum Abschluss der Beratung aufzuschieben. Denn § 90 gewährt nur ein Unterrichtungs- und Beratungsrecht, kein MBR, das den ArbGeb. an einer einseitigen Durchführung der Maßnahme hindert (vgl. zum letzteren § 87 Rn 565 f.). Nur in den Fällen des § 91 besteht unter den dort genannten engen Voraussetzungen ein (lediglich) korrigierendes MBR. Die der Durchführung der Maßnahme durch eine einstw. Vfg. zu untersagen, würde wohl über den Hauptanspruch (Unterrichtung u. Beratung) hinausgehen (vgl. GK-*Weber* Rn 47; *HSWGNR* Rn 90; ErfK-*Kania* Rn 13; *Konzen* Betriebsverfassungsrechtliche Leistungspflichten S. 109; **aA** DKK-*Klebe* Rn 37; *Heither* ARBlattei SD 530.14.7. Rn 39 ff.). Allerdings wäre eine Sicherungsverfg. in Betracht zu ziehen (vgl. § 111 Rn 137 ff.). Insgesamt ist aber die Praxis der LAG uneinheitlich (vgl. Übersicht bei LAG Berlin-Brandenburg 16. 4. 10 – 10 TaBV 2577/09).

Falls allerdings im Zeitpunkt des Erlasses der einstw. Vfg. bekannt ist, dass die vom **49** ArbGeb. geplante Maßnahme offensichtlich den gesicherten arbeitswissenschaftlichen Erkenntnissen über die menschengerechte Gestaltung der Arbeit widerspricht und die ArbN hierdurch besonders belastet werden, kann die Durchführung der geplanten Maßnahme gem. § 938 ZPO untersagt werden (ähnlich *Richardi/Annuß* Rn 42; weitergehend *DKK-Klebe* Rn 37). Auch soweit die Unterrichtung über Planungen stattzufinden hat, die den gesetzl. Arbeitsschutz (§ 87 Abs. 1 Nr. 7) oder andere MBTatbestände nach § 87 (§ 87 Rn 14) betreffen, kann im Wege der einstw. Vfg. ein Aufschub der Durchführung erzwungen werden (vgl. § 87 Rn 610).

§ 91 Mitbestimmungsrecht

[1]**Werden die Arbeitnehmer durch Änderungen der Arbeitsplätze, des Arbeitsablaufs oder der Arbeitsumgebung, die den gesicherten arbeitswissenschaftlichen Erkenntnissen über die menschengerechte Gestaltung der Arbeit offensichtlich widersprechen, in besonderer Weise belastet, so kann der Betriebsrat angemessene Maßnahmen zur Abwendung, Milderung oder zum Ausgleich der Belastung verlangen.** [2]**Kommt eine Einigung nicht zustande, so entscheidet die Einigungsstelle.** [3]**Der Spruch der Einigungsstelle ersetzt die Einigung zwischen Arbeitgeber und Betriebsrat.**

Inhaltsübersicht

I. Vorbemerkung

Die Bestimmung des § 91 ergänzt das Unterrichtungs- und Beratungsrecht des BR **1** nach § 90 durch ein **korrigierendes MBR,** wenn der ArbGeb. Änderungen von

Arbeitsplatz, Arbeitsablauf oder Arbeitsumgebung durchführt, die gesicherten arbeitswissenschaftlichen Erkenntnissen über die menschengerechte Gestaltung der Arbeit offensichtlich widersprechen und deshalb die betroffenen ArbN in besonderer Weise belasten. Der BR kann dann angemessene Maßnahmen zur Abwendung, Milderung oder zum Ausgleich dieser Belastungen verlangen.

2　　Das korrigierende MBR des BR ist auf die Beseitigung konkreter Verstöße gegen gesicherte arbeitswissenschaftliche Erkenntnisse über die menschengerechte Gestaltung der Arbeit beschränkt. Es ermöglicht damit nicht die anlasslose Durchsetzung solcher Erkenntnisse (BAG 6. 12. 83 AP Nr. 7 zu § 87 BetrVG 1972 Überwachung; *DKK-Klebe* Rn 4 ff.; GK-*Weber* Rn 6). Im Gegensatz zu § 90 steht dem BR zur Beseitigung konkreter Verstöße iSd. § 91 ein **Initiativrecht** zu (*HSWGNR* Rn 2). Es entscheidet letzten Endes die E-Stelle auf Antrag des ArbGeb. oder des BR verbindlich.

3　　Der Begriff der menschengerechten Gestaltung der Arbeit wurde ursprünglich nur im Rahmen der §§ 90, 91 für den autonomen Arbeitsschutz verwendet. Der Begriff hat mittlerweile Eingang in zahlreiche Vorschriften des gesetzl. Arbeitsschutzes gefunden (zB § 2 Abs. 1 ArbSchG; § 6 S. 1 ASiG; § 19 Abs. 1 S. 1 ChemG; § 28 Abs. 1 S. 2 JArbSchG). Da es im gesetzl. und autonomen Arbeitsschutz unterschiedliche **MB-Ansätze** gibt, muss der BR im Rahmen seiner frühzeitigen Mitwirkung nach § 90 prüfen, um welchen Aspekt der menschengerechten Gestaltung der Arbeit es jeweils geht. Zwar bestehen die einzelnen MBR nebeneinander, sie schließen sich nicht aus. Doch sind die Anforderungen und der Umfang der MBR jeweils unterschiedlich ausgestaltet. So setzt etwa das MBR aus § 87 Abs. 1 Nr. 7 bereits bei der Änderung von Arbeitsbedingungen an und nicht wie das MBR aus § 91 bei Maßnahmen zur Abhilfe oder zum Ausgleich von Belastungen (GK-*Weber* Rn 24). Auch verbleibt für das MBR aus § 91 ein Anwendungsbericht für solche Ziele, die über die Vermeidung und Verringerung von Gesundheitsbeeinträchtigungen hinaus gehen (*Kittner/Pieper* BetrVG Rn 24). Das MBR aus § 91 setzt entgegen dem aus § 87 Abs. 1 Nr. 7 auch keinen kollektiven Tatbestand (§ 87 Rn 14 ff.) voraus. Es genügt dass **ein Arbeitnehmer** durch eine in § 91 genannte Maßnahme besonders belastet wird (*HSWGNR* Rn 28).

4　　Entspr. Vorschriften: § 75 Abs. 3 Nr. 16, § 76 Abs. 2 Nr. 5, Nr. 7 BPersVG.

II. Voraussetzungen der Mitbestimmung

5　　**Besonderen Belastungen** iSd. § 91 sind erhebliche typisiert-negative Belastungen (bzw. Beeinträchtigungen), die das Maß zumutbarer Belastung und Beanspruchung des arbeitenden Menschen übersteigen. Hierzu gehören zB negative Umgebungseinflüsse (Lärm, Vibrationen, Nässe, Gase, Dämpfe, Hitze, Kälte, Lichtmangel, Blendung), aber auch negative Beanspruchungen durch die Art der Arbeitsleistung (zB Tempo, Takt, einseitige Beanspruchung, Zwangshaltung, Monotonie, übermäßige Kontrolle). Diese negativen Belastungen lösen das MBR nach § 91 aus, wenn sie auch nach der Einarbeitungszeit dauerhaft bestehen (*HSWGNR* Rn 27; **aA** *DKK-Klebe* Rn 17; GK-*Weber* Rn 18; *Richardi/Annuß* Rn 12).

6　　Für das **Ausmaß der Belastung** kommt es auf die durchschnittliche Belastbarkeit der in Frage kommenden ArbN an. Bei einer besonderen Belastung eines einzelnen ArbN, die ihre Ursache in dessen persönlichen Verhältnissen hat, greift § 91 nicht ein (*Richardi/Annuß* Rn 13; **aA** *DKK-Klebe* Rn 18). Dieser ArbN kann sich auf sein Beschwerderecht nach §§ 84, 85 berufen.

7　　Darüber hinaus muss es sich für die Anwendung des § 91 um besondere Belastungen handeln, die **nicht mit Mitteln des gesetzl. Arbeitsschutzes** abgewehrt werden können; insoweit besteht das weitergehende MBR nach § 87 Abs. 1 Nr. 7 (s. Rn 3) oder die Möglichkeit, dass die Gewerbeaufsicht bzw. der TAB der BG durch Anordnung konkreter Maßnahmen den Arbeitsschutz im Betrieb durchsetzt.

Das MBR nach § 91 ist nicht bei jeder besonderen Belastung gegeben. Es setzt vo- **8** raus, dass diese Belastungen **auf einer Änderung des betrieblichen Zustands** bei Arbeitsplätzen, Arbeitsablauf oder Arbeitsumgebung beruhen, die offensichtlich den gesicherten arbeitswissenschaftlichen Erkenntnissen über die menschengerechte Gestaltung der Arbeit widerspricht (ErfK-*Kania* Rn 1).

Als **Änderung** kommt jede Neuerrichtung bzw. Neugestaltung in Betracht, aber **9** auch jede Veränderung des bestehenden techn. oder organisatorischen Zustands, soweit es sich nicht lediglich um Renovierung, Reparatur oder Ersatzteilbeschaffung ohne grundlegende Veränderung der baulichen oder techn. Gegebenheiten handelt (s. § 90 Rn 18; BAG 28. 7. 81 AP Nr. 3 zu § 87 BetrVG 1972 Arbeitssicherheit; GK-*Weber* Rn 6; HSWGNR Rn 14).

Die Änderung muss sich auf Arbeitsplätze, den Arbeitsablauf oder die Arbeitsum- **10** gebung beziehen. Zum Begriff **Arbeitsplatz** vgl. § 90 Rn 30 ff., zu **Arbeitsablauf** § 90 Rn 24. Der Begriff **Arbeitsumgebung**, der in der Überschrift des Vierten Abschnitts als einer der Oberbegriffe gebraucht ist, umfasst den Gesamtzustand der Arbeitsumwelt, innerhalb deren der ArbN die Arbeit verrichtet (E DIN 33 400: physikalische, chemische, biologische Einflüsse auf den Menschen im Arbeitssystem dh Klima, Lärm, Erschütterungen, Blendung oder Lichtmangel, Nässe, Staub, evtl. auch Schutzkleidung, Erkältungsgefahr, Unfallgefährdung).

Die **Arbeitsplatzumgebung** umfasst sowohl den Zustand des Arbeitsplatzes als **11** auch die betrieblichen Immissionen in ihrer Abhängigkeit von der Gestaltung der Arbeitsstätte, der techn. Anlagen sowie vom Arbeitsverfahren (*HSWGNR* Rn 15). Wegen dieses Zusammenhangs sind die betrieblichen Maßnahmen, auf die sich das MBR nach § 91 bezieht, praktisch identisch mit denen, die dem Beratungsrecht nach § 90 unterfallen (*DKK-Klebe* Rn 3; einschr. *HSWGNR* Rn 13).

Die besondere Belastung **löst das MBR nur aus,** wenn sie auf Maßnahmen des **12** ArbGeb. zurückgeht, die offensichtlich den gesicherten arbeitswissenschaftlichen Erkenntnissen über die menschengerechte Gestaltung der Arbeit widersprechen. Der Verstoß gegen diese Erkenntnisse muss für jeden, der auf dem einschlägigen Gebiet der Arbeitswissenschaften eine ausreichende Sachkunde besitzt, spätestens im Zeitpunkt der Durchführung deutlich erkennbar sein. Es gilt ein objektiver Maßstab (GK-*Weber* Rn 13).

Die Feststellung eines offensichtlichen Verstoßes ist bei GestaltungsRL (Regelwer- **13** ken) verhältnismäßig einfacher als bei Richtzielen auf höherer Abstraktionsstufe (vgl. § 90 Rn 44 f.).

Zum Begriff der gesicherten arbeitswissenschaftlichen Erkenntnisse vgl. § 90 **14** Rn 41 ff.

III. Abhilfemaßnahmen

Das MBR des BR greift ein, sobald sich herausstellt, dass geplante, in der Ausfüh- **15** rung begriffene (BAG 6. 12. 83 AP Nr. 7 zu § 87 BetrVG 1972 Überwachung) oder durchgeführte Maßnahmen (vgl. Rn 9) eine besondere Belastung der ArbN in physischer und (oder) psychischer Hinsicht (Rn 5 ff.) mit sich bringen. Der BR kann – ggf. bereits im **Planungsstadium** – verlangen, dass der ArbGeb. angemessene Maßnahmen zur Abwendung, Milderung oder zum Ausgleich der Belastungen durchführt. Dies gilt auch, wenn sich ArbGeb. und BR gem. § 90 einig waren, nunmehr in der Praxis aber gleichwohl besondere Belastungen auftreten (*DKK-Klebe* Rn 2).

Der **BR** muss zur Inanspruchnahme der MBR die **negativen Aspekte** der Ar- **16** beitsgestaltung **darlegen,** dh welche besonderen Belastungen bestehen und welche gesicherten arbeitswissenschaftlichen Erkenntnisse offensichtlich missachtet wurden. Hierzu kann er auf gesicherte Erkenntnisse über ergonomische Gestaltung der statischen Komponenten des Arbeitsplatzes und der Arbeitsumgebung hinweisen, aber auch auf grundlegende Erkenntnisse, die sich auf die menschengerechte Gestaltung des Arbeitsablaufs beziehen (§ 90 Rn 38 ff.). In welcher Weise abgeholfen werden kann, überlässt das G den Betriebspartnern. Sie sollen nach den Gegebenheiten und Möglichkeiten des Betriebs unter Berücksichtigung der Interessen der ArbN angemessene Abhilfemaßnahmen vereinbaren. Da – anders als im Bereich des gesetzl. Arbeitsschutzes – keine öffentlich-rechtlichen Regelungen die im Einzelfall richtige Abhilfe vorgeben, besteht für ArbGeb. und BR ein erheblicher Ermessensspielraum.

17 **Angemessen** sind solche Maßnahmen, die nach dem jeweiligen technisch-organisatorischen und wirtschaftlichen Möglichkeiten geeignet und erforderlich sind, die besonderen Belastungen körperlicher oder nichtkörperlicher Art oder ihre Folgen für die ArbN zu beseitigen oder zu verringern (GK-*Weber* Rn 27; *HSWGNR* Rn 30). Danach ist zunächst zu prüfen, ob Änderungen der Arbeitsplätze, des Arbeitsablaufs oder der Arbeitsumgebung in einer Weise vorgenommen werden können, die eine besondere Belastung der ArbN vermeidet oder doch mildert.

18 Erst wenn und soweit eine Abwendung oder Milderung derartiger Auswirkungen aus techn. oder wirtschaftlichen Gründen nicht möglich sein sollte, sind **Ausgleichsvorkehrungen** zu treffen (*DKK-Klebe* Rn 19; *Richardi/Annuß* Rn 16), die gesicherte arbeitswissenschaftliche Erkenntnisse berücksichtigen. Diese Maßnahmen dürfen nicht gegen gesetzl. Arbeitsschutzvorschriften oder Vorschriften der Berufsgenossenschaften und nicht gegen gesicherte arbeitswissenschaftliche Erkenntnisse verstoßen. Maßnahmen zur Abwendung besonderer Belastungen haben Vorrang vor Maßnahmen zu deren Milderung, diese wiederum vor Ausgleichsmaßnahmen (ErfK-*Kania* Rn 2).

19 Als **Maßnahmen zur Abwendung,** also Beseitigung besonderer Belastungen, kommen zB in Betracht:
– Rückgängigmachen der Änderung (*DKK-Klebe* Rn 19; *Richardi/Annuß* Rn 19; GK-*Weber* Rn 29; in der Regel verneinend *HSWGNR* Rn 35);
– Verbesserung der ergonomischen Gestaltung des Arbeitsplatzes nach Körpermaßen und -kräften;
– Abwendung von Hebearbeit durch techn. Mittel (Kran, Gabelstapler); hier dürfte jedoch das MBR nach § 87 Abs. 1 Nr. 7 das MBR nach § 91 weitgehend verdrängen, *Wlotzke* NJW 97, 1469);
– Abwendung von Tragearbeit durch Transportmittel; hier dürfte das MBR nach § 87 Abs. 1 Nr. 7 vorrangig sein;
– Abwendung von Haltearbeit durch techn. Mittel (Stützen, selbsthaltende Zangen);
– Vermeidung von Zwangshaltungen;
– Abwendung von besonders belastenden Körperhaltungen wie: kriechen, bücken, knien, auf einem Bein stehen, Über-Kopf-Arbeit durch nicht belastende Körperhaltungen wie: sitzen, aufrecht stehen;
– Herabsetzung der Bandgeschwindigkeit bei Fließbandarbeit (vgl. auch § 87 Rn 430);
– Abbau von Nachtschichten;
– Beseitigung von Staub, Lärm, Gasen, Nebel, Dämpfen, Erschütterungen, Strahlungen, Wärme, Blendung, Lichtmangel an der Entstehungsquelle.

20 Als **Maßnahmen zur Milderung,** also teilweiser Aufhebung der Belastung, kommen in Betracht:
– Erholzeiten entspr. der Belastung (*HSWGNR* Rn 37); bei tägl. Arbeit an Bildschirmgeräten hat ArbGeb. diese nach § 5 BildscharbV so zu organisieren, dass sie durch andere Tätigkeiten oder Pausen unterbrochen wird (hier MB nach § 87 Abs. 1 Nr. 7, s. dort Rn 296; BAG 2. 4. 96 AP Nr. 5 zu § 87 BetrVG 1972 Gesundheitsschutz);
– Verkürzung von Belastungen durch Ablösung;
– Arbeitswechsel;
– Mischarbeitsplätze;
– Verringerung von Unterbelastung oder Monotonie durch Ausgleichstätigkeit (zB Gruppenarbeit);

– Berücksichtigung konstitutioneller Faktoren beim Arbeitseinsatz;
– Vermeidung sozialer Isolierung;
– Augenuntersuchungen; nach § 6 BildscharbV hat ArbGeb. vor Aufnahme von Bildschirmtätigkeit und danach in regelmäßigen Abständen eine Augenuntersuchung anzubieten (MB nach § 87 Abs. 1 Nr. 7, s. dort Rn 296);
– Einsatz von Blendschutz, Brillen, Lupen, Gehörschutz;
– Nutzung körpergerechter Schutzkleidung.

Als **Ausgleichsmaßnahmen** können herangezogen werden: 21
– Zusatzurlaub;
– Verkürzung der Tätigkeitszeit;
– erhöhte Freizeit;
– das Stellen von Wechselkleidung;
– das Stellen von Körperschutzmitteln;
– Bereitstellen von Getränken bei extremen klimatischen Bedingungen;
– die Einrichtung von Ruheräumen;
– die Einrichtung von Bädern, Duschräumen, Massageräumen, Bestrahlungsräumen;
– die Stellung von die Belastung unmittelbar ausgleichender Zwischenverpflegung;
– Aufstellen von Ventilatoren und Verdunstungsapparaten;
– Aufstellen von Regenschutz bei Arbeiten im Freien;
– Einrichten von Wärmestellen bei Arbeiten im Freien bei Kälte;
– Lohnzuschläge (zB Erschwerniszulage) sind arbeitswissenschaftlich verfehlt und nur einzusetzen, wenn keine andere Ausgleichsmöglichkeit besteht (GK-*Weber* Rn 33; ganz abl. *DKK-Klebe* Rn 21; *HSWGNR* Rn 40; *Richardi/Annuß* Rn 15).

Über derartige Maßnahmen sollen sich ArbGeb. und BR einigen, bei Abhilfemaß- 22
nahmen durch Regelungsabrede, im Übrigen durch BV. Für BV im Rahmen des § 91 gilt grundsätzlich die **Beschränkung des § 77 Abs. 3.** Danach dürfen keine Arbeitsbedingungen durch BV geregelt werden, die Gegenstand tarifvertraglicher oder tarifüblicher Regelungen sind (GK-*Weber* Rn 26). Die Schranke des § 77 Abs. 3 hat jedoch nur Bedeutung, wenn der betr. Gegenstand tatsächlich inhaltlich – und nicht nur irgendwie formal – tarifvertraglich oder tarifüblich geregelt ist. Ausgleichsmaßnahmen in Form einer über die sonstigen Pausen hinaus gehenden Unterbrechung der Arbeitszeit betreffen einen anderen Regelungsgegenstand als Arbeitszeit und -pausenregelungen in TV. Für eine solche Ausgleichsmaßnahme gilt die Regelungssperre des § 77 Abs. 3 nicht. Der Tarifvorbehalt des § 87 Abs. 1 Einleitungssatz ist in den Fällen des § 91 nicht anzuwenden; denn § 91 enthält eine eigenständige Regelung außerhalb des § 87 (**aA** analoge Anwendung des Tarifvorbehalts des § 87 Abs. 1: *DKK-Klebe* Rn 23; GK-*Weber* Rn 26, jeweils ohne Darlegung einer Regelungslücke). Damit fehlt es an einem Tarifvorbehalt, der § 77 Abs. 3 verdrängen könnte (vgl. § 77 Rn 108 ff.).

IV. Streitigkeiten

Kommt eine Einigung zwischen ArbGeb. und BR nicht zustande, entscheidet auf 23
Antrag von ArbGeb. oder BR die **E-Stelle** verbindlich über die zu treffenden Maßnahmen. Soweit der Spruch der E-Stelle Ansprüche für die einzelnen ArbN begründet, haben diese einen im **UrteilsVerf.** einklagbaren Anspruch auf Gewährung bzw. Durchführung der Maßnahme, ggf. bei Gefahr einer erheblichen Gesundheitsgefährdung ein Recht auf Zurückbehaltung der Arbeitsleistung (*DKK-Klebe* Rn 26; ErfK-*Kania* Rn 3; GK-*Weber* Rn 37; *HSWGNR* Rn 47; *Richardi/Annuß* Rn 28; zur Weigerung Arbeit in asbestbelasteten Räumen zu verrichten BAG 19. 2. 97 AP Nr. 24 zu § 618 BGB Anm. *Wlotzke*). Ist zwischen den Betriebsparteien streitig, ob eine besondere Belastung der ArbN iSd. Vorschrift vorliegt und demnach Maßnahmen überhaupt zu treffen sind, entscheiden über diese Rechtsfrage die ArbG im **BeschlVerf.** (*HSWGNR* Rn 44; Einzelheiten vgl. nach § 1 Rn 7 ff.). Auch die E-Stelle hat ihre

Zuständigkeit zur Entscheidung als Vorfrage zu prüfen (Näheres § 76 Rn 83, 123), einschließlich der Frage, ob ein MBR nach § 91 oder nach § 87 Abs. 1 Nr. 7 besteht.

Fünfter Abschnitt. Personelle Angelegenheiten

Erster Unterabschnitt.
Allgemeine personelle Angelegenheiten

§ 92 Personalplanung

(1) [1]**Der Arbeitgeber hat den Betriebsrat über die Personalplanung, insbesondere über den gegenwärtigen und künftigen Personalbedarf sowie über die sich daraus ergebenden personellen Maßnahmen und Maßnahmen der Berufsbildung anhand von Unterlagen rechtzeitig und umfassend zu unterrichten.** [2]**Er hat mit dem Betriebsrat über Art und Umfang der erforderlichen Maßnahmen und über die Vermeidung von Härten zu beraten.**

(2) **Der Betriebsrat kann dem Arbeitgeber Vorschläge für die Einführung einer Personalplanung und ihre Durchführung machen.**

(3) **Die Absätze 1 und 2 gelten entsprechend für Maßnahmen im Sinne des § 80 Abs. 1 Nr. 2a und 2b, insbesondere für die Aufstellung und Durchführung von Maßnahmen zur Förderung der Gleichstellung von Frauen und Männern.**

Inhaltsübersicht

I. Vorbemerkung

1   Die allgemeinen, kollektiv zu beratenden und zu regelnden personellen Angelegenheiten fasst das G in einem bes. Unterabschnitt zusammen. Entlassungen, Einstellungen und Versetzungen als mitbestimmungspflichtige personelle Einzelmaßnahmen beruhen mit Ausnahme personenbedingter und verhaltensbedingter Kündigungen zumeist auf **zeitlich zurückliegenden Grundsatzentscheidungen** des ArbGeb. (Unternehmers), mögen diese nun ausdrücklich als solche erkannt und geplant worden sein oder nicht. Im Hinblick darauf gewinnt die **Personalplanung** zunehmend an Bedeutung. Sie ist in besonderer Weise geeignet, die betrieblichen und sozialen Probleme vorausschauend zu regeln. Die Probleme des Arbeitsplatzrisikos bei strukturellen Änderungen oder konjunkturellen Einbrüchen kann sie nicht lösen.

2   Dem im Interesse des Betriebes liegenden Bedürfnis nach einer gezielten und vorausschauenden Planung zum Einsatz und der Verwendung der menschlichen Arbeitskraft tragen die Vorschriften des 5. Abschnitts Rechnung. Aus der **Personalplanung** (§ 92) ergibt sich darauf aufbauend die innerbetriebliche **Ausschreibung von Arbeitsplätzen** (§ 93), die Aufstellung von **Personalfragebogen und Beurteilungsgrundsätzen** (§ 94) und der Erlass von **AuswahlRL** (§ 95). Diese allgemeinen personellen Fragen haben einen engen Zusammenhang mit der **Berufsbildung** (§§ 96–98) und den **personellen Einzelmaßnahmen** (§§ 99–105). Ferner hat nach

§ 106 Abs. 2 der Unternehmer den **WiAusschuss** rechtzeitig und umfassend über die Auswirkungen wirtschaftlicher Maßnahmen auf die Personalplanung zu unterrichten. Das entspricht der Vorstellung, die Personalplanung in die Gesamtunternehmensplanung als einen Kernbereich neben solchen der Absatz-, Investitions-, Produktions- oder Finanzplanung zu integrieren. Darüber hinaus bestehen enge Wechselwirkungen mit anderen Beteiligungsrechten des BR, insb. wenn nur vorübergehend ein Personalbedarf oder Personalüberhang besteht, der durch Überstunden oder Kurzarbeit ausgeglichen werden soll. Schließlich steht eine Personalplanung auch in einem engen Zusammenhang mit dem **Vorschlagsrecht des BR** für beschäftigungssichernde Maßnahmen nach § 92 a und vor allem mit den wirtschaftlichen Angelegenheiten der G. Ihre rechtzeitige Umsetzung ist gerade bei Betriebsänderungen geeignet, die finanziellen Auswirkungen eines Sozialplanes (§ 112) für den Betrieb in Grenzen zu halten.

Die Vorschrift des § 92 wurde durch das **BetrVerf-ReformG** um einen 3. Abs. er- **3** gänzt, weshalb der im früheren Abs. 2 enthaltene Hinweis auf Frauenfördermaßnahmen entfallen konnte (BT-Drucks. 14/5741 S. 49). Die Änderung geht zurück auf die durch dieses G erweiterten Befugnisse des BR, sich im Rahmen seiner allgemeinen Aufgaben verstärkt für die Durchsetzung der tatsächlichen Gleichstellung von Frauen und Männern und die Vereinbarkeit von familiären Aufgaben und Erwerbstätigkeit einzusetzen (§ 80 Abs. 1 Nr. 2 a und Nr. 2 b). Die **Neufassung** des § 92 konkretisiert diese Aufgabe für den Bereich der Personalplanung (*Löwisch* BB 01, 1790; *Reichold* NZA 01, 863). Sie weist dem BR die Befugnis zu, dem ArbGeb. etwa die Aufstellung von Frauenförderplänen und solche zur besseren Vereinbarkeit von Familie und Erwerbstätigkeit vorzuschlagen und ihn dadurch zu veranlassen, entsprechende Maßnahmen zum Gegenstand der Personalplanung zu machen (krit. *HSWGNR* Rn 7). Umgekehrt soll der ArbGeb. dazu veranlasst werden, sich gerade mit dem Thema der Frauenförderung zu beschäftigen, die dazu notwendigen personellen Maßnahmen und die erforderlichen Fortbildungsmaßnahmen zu ermitteln und anhand konkreter Daten mit dem BR zu beraten (BT-Drucks. 14/5741 S. 30, 48).

Entspr. Vorschriften: Keine. **4**

II. Personalplanung

Der Bedarf nach **betrieblicher Personalplanung** entstand zunächst in der Zeit **5** des Mangels an Arbeitskräften und beschränkte sich demgemäß auf die Personalbeschaffung. Im Rahmen der schnellen wirtschaftlichen und technischen Entwicklung und der berechtigten sozialen Interessen der ArbN an Aufstiegsmöglichkeiten und an der Sicherung ihrer Arbeitsplätze sind die Anforderungen an die Personalplanung gestiegen. Es sind nicht nur Arbeitskräfte zu gewinnen bzw. zu halten, sondern es müssen in steigendem Maße ArbN auf andere, vielfach qualifiziertere Tätigkeiten umgeschult werden.

Personalplanung berührt Fragen des **innerbetrieblichen wie des außerbetrieb-** **6** **lichen Arbeitsmarktes** (*Fischer/Reihsner* S. 90). Gerade in diesem Bereich müssen sich ArbGeb. sowie BR auch ihrer gesamtwirtschaftlichen und -gesellschaftlichen Verantwortung bewusst sein (zB Verzicht auf zusätzliche Verdienstmöglichkeiten durch Überstunden, die zugleich uU Investitionen erübrigen). Bes. Probleme sind bei bestimmten Beschäftigtengruppen zu lösen, zB bei Auszubildenden, Frauen, älteren ArbN oder vermindert Leistungsfähigen, damit diese in ihrem Interesse und dem des Betriebes angemessen beschäftigt werden können. Die Personalplanung hat damit vor allem in größeren Betrieben gleichrangige Bedeutung mit der Finanz-, Beschaffungs-, Absatz- und Produktionsplanung.

Aktuelle Bedeutung erhält die Personalplanung im Zusammenhang mit neuen **7** Produktions- und Fertigungsverfahren wie **Lean production** mit verstärkter Gruppenarbeit (s. dazu § 90 und § 87 Abs. 1 Nr. 13), Verringerung der Fertigungstiefe, **Outsourcing,** Einführung flacher Hierarchien – **Lean Management** –, auch wenn vom Abbau der Hierarchie direkt nur leitende Ang. betroffen sind, deren Aufgaben aber zumindest teilweise von Ang. übernommen werden, sowie zur Verwirklichung des **Kontinuierlichen Verbesserungsprozesses** (KVP, auch Kaizen genannt), ferner bei **Tele-Arbeit** (*Wedde* CR 94, 230; s. § 5 Rn 172 ff.) oder bei der Bildung eines Zeitarbeitspools, dessen zugeordnete LeihAN der ArbGeb. bedarfsgerecht abfordert (*Böhm* DB 08, 2026).

8   Obwohl inzwischen voll ausgebildete und anerkannte **Methoden der Personalplanung** entwickelt worden sind (vgl. *Fischer/Reihsner* S. 95 ff.), ist in vielen Unternehmen eine umfassende Personalplanung noch immer von untergeordneter Bedeutung. Neben der fehlenden Bereitschaft, sich intensiv mit Personalplanung zu beschäftigen, beruht eine defizitäre Personalplanung häufig auf einer unzureichenden Information über bewährte Planungsmodelle. Personalplanung findet überdies ihre natürliche Grenze in den Unwägbarkeiten, die für alle längerfristigen Prognosen gelten. Sowohl die wirtschaftlich-techn. Entwicklung (betrieblich, branchenmäßig, national und international) als auch das Verhalten der ArbN (Probleme der Mobilität und der Wahl des Arbeitsplatzes) lassen sich letztlich nur bedingt voraussehen. Die Zusammenhänge der betrieblichen Personalplanung mit den Problemen der übergreifenden Arbeitsmarktpolitik macht die betriebliche Personalplanung nicht überflüssig; vielmehr ist die betriebliche Reaktion auf die gesamtwirtschaftlichen Daten eine notwendige Ergänzung gesamtwirtschaftlicher Bemühungen.

9   Den **Begriff der Personalplanung** definiert das G nicht (*Richardi/Thüsing* Rn 3). Nach der Gesetzesbegründung zum BetrVG 1972 soll § 92 sicherstellen, dass der BR rechtzeitig über die personelle Lage des Betriebs und deren Entwicklung anhand von Unterlagen umfassend informiert wird. Er soll mit dem ArbGeb. entsprechende Maßnahmen beraten, nicht zuletzt um Härten für die ArbN zu vermeiden (BT-Drucks. VI/1786 S. 50). Aus diesem Anliegen leitet sich als Definition der Personalplanung ab, jede Planung, die sich auf den gegenwärtigen und künftigen Personalbedarf in quantitativer und qualitativer Hinsicht, auf dessen Deckung im weiteren Sinne und auf den abstrakten Einsatz der personellen Kapazität bezieht. Das erfasst die Planung des Personalbedarfs, der Personalbeschaffung, des Personaleinsatzes sowie der Personalentwicklung (BAG 6. 11. 90 AP Nr. 3 zu § 92 BetrVG; 23. 3. 10 AP Nr. 72 zu § 80 BetrVG 1972).

10   Für das Eingreifen der Beteiligungsrechte nach § 92 ist es unerheblich, ob die Personalplanung gezielt oder mehr intuitiv erfolgt oder ob sie nur kurz- oder langfristig angelegt ist. Die Personalplanung bedarf zudem eines ständigen **Abgleichs mit der tatsächlichen Situation.** Daher sind die Pläne fortlaufend zu überprüfen und ggf. zu korrigieren. Auch ist zu überprüfen, ob die vorgesehenen Werbemaßnahmen und Berufsbildungsmaßnahmen tatsächlich durchgeführt werden. Diese Kontrolle ist Teil der Personalplanung (*DKK-Schneider/Homburg* Rn 38; *Richardi/Thüsing* Rn 14; **aA** GK-*Raab* Rn 17; *HSWGNR* Rn 63). Nicht zur Personalplanung gehört die bloße Fixierung von Personaldaten.

11   Kernbereich jeder Personalplanung ist die **Personalbedarfsplanung.** Sie erfolgt vierdimensional. Zu berücksichtigen sind quantitative, qualitative, zeitliche und örtliche Elemente (*Richardi/Thüsing* Rn 6). Sie hat im Grundsatz danach zu fragen, wie viele ArbN. mit welcher Qualifikation an welchen Orten und für welche Zeit gebraucht werden (*Fischer/Reihsner* S. 90 ff.), um die Unternehmensziele unter Beachtung der personalpolitischen Grundsätze zu verwirklichen (vgl. auch BAG 6. 11. 90 AP Nr. 3 zu § 92 BetrVG 1972). Das erfordert eine Gegenüberstellung des voraussichtlichen zukünftigen Personalbedarfs mit dem aktuellen Personalbestand, also eine Art **Bestandsaufnahme von Soll und Ist** unter Berücksichtigung vorhersehbarer Veränderungen (Pensionierungen, Wehr- oder Zivildienst, Ablauf befristeter Arbeitsverhältnisse) sowie der Produktions- und Investitionsplanung, von Rationalisierungsvorhaben und Betriebsänderungen (§ 106 Abs. 3; ErfK-*Kania* Rn 3 ff.).

Es ist nicht nur nach der **Zahl** der gegenwärtig und zukünftig benötigten (Ersatz- 12
bedarf u. Neubedarf) ArbN zu fragen, sondern eine weitere Aufschlüsselung hinsichtlich der **Qualifikation** und des **Zeitpunktes** und der **Dauer des zukünftigen
Bedarfs** vorzunehmen. Zu überlegen ist, ob geeignete ArbN, evtl. nach beruflicher
Umschulung oder Fortbildung, in einer Anzahl bereitgestellt werden, dass das Arbeitspensum zumutbare Belastungen nicht übersteigt. Außerdem muss untersucht
werden, inwieweit die benötigten Arbeitskräfte innerhalb des Betriebs herangebildet
oder von außerhalb gewonnen werden müssen. Dazu zählt auch der Einsatz von
LeihArbN (*DKK-Schneider/Homburg* Rn 15 a). Die Personalbedarfsplanung kann auch
aufzeigen und vermeiden, dass in einzelnen Abteilungen Personalengpässe, in anderen dagegen Personalüberschüsse auftreten (Bedarfsdeckung, -überdeckung, -unter-
deckung). Sie hat sich auch mit der **Bereitstellung von Teilzeitarbeitsplätzen
oder Telearbeitsplätzen** zu befassen.

Die Planung der **Personalbeschaffung** befasst sich mit dem rechtzeitigen Bereit- 13
stellen der mit Hilfe der Personalbedarfsplanung als erforderlich ermittelten Anzahl
von ArbN, die über eine den Arbeitsplatzanforderungen entspr. Qualifikation verfügen, so dass sich Personalbestand und Personalbedarf decken (s. auch BAG 31. 1. 89
AP Nr. 33 zu § 80 BetrVG 1972, 6. 11. 90 AP Nr. 3 zu § 92 BetrVG 1972). **Interne
Beschaffungsmaßnahmen** können sein Mehrarbeit, Urlaubsverschiebung, Umwandlung von Teilzeit- in Vollzeitarbeitsverhältnisse oder von befristeten in unbefristete Arbeitsverhältnisse. **Externe Beschaffungsmaßnahmen** sind Neueinstellungen
oder der Einsatz von LeihArbN aber auch von sogn. Ein–Euro–Jobbern (*Engels* NZA
07, 8; Einzelh. Rn 19.

Im Zweifel wird der **innerbetrieblichen Personalbeschaffung** im Zusammen- 14
hang mit Maßnahmen der Fortbildung bzw. Umschulung der Vorzug zu geben sein.
Bei Inanspruchnahme des **außerbetrieblichen Arbeitsmarkts** ist zu prüfen, inwieweit Arbeitskräfte mit der erforderlichen Qualifikation oder nach Fortbildung
oder Umschulung in geringerer oder größerer räumlicher Entfernung vom Betrieb
uU zu gewinnen sind. Im Anschluss daran ist zu überlegen, welche Mittel zweckmäßig für eine Anwerbung in Betracht kommen (Arbeitsvermittlung, Stellenanzeigen, Vermittlung durch ArbN des Betriebes, persönliche Einladung) und in
welchem Ausmaß sie eingesetzt werden müssen, um voraussichtlich die benötigte
ArbNZahl zu dem gewünschten Zeitpunkt und mit der erforderlichen Qualifikation
zu gewinnen. Aus sozialen Gründen, aber auch im Interesse der Sicherung einer
qualifizierten Belegschaft, ist der Schaffung von Arbeits- oder Berufsausbildungsverhältnissen der Vorzug vor der Beschäftigung von **LeihArbN** oder **Fremdfirmen-
ArbN** zu geben (*DKK-Schneider/Homburg* Rn 21; *Plander* AiB 90, 21). Auch durch
den Abbau von Überstunden können Arbeitsplätze erhalten oder neue geschaffen
werden.

Grundsätzliche **Aufgabe der betrieblichen Personalentwicklungsplanung** ist 15
es, die Qualifikation der Mitarbeiter an die Bedarfsziele des Betriebes anzupassen
(*HSWGNR* Rn 53). Dabei sollen die Interessen der Mitarbeiter an der Entwicklung
ihrer Fähigkeiten soweit als möglich berücksichtigt werden. Demgegenüber definieren *Kador/Kempe/Pornschlegel* (Kap. 3.7.) als Aufgabe der betrieblichen Personalentwicklungsplanung, Bildungsmaßnahmen für die Mitarbeiter zu planen, damit sie das
erforderliche Wissen und Können erwerben, um betriebliche Arbeitsaufgaben zu
übernehmen, ihr Wissen und Können den sich wandelnden Anforderungen ihrer
Arbeitsaufgaben anzupassen und ihre Fähigkeiten zu vertiefen, damit sie betriebliche
Aufstiegsmöglichkeiten individuell wahrnehmen können bzw. Wissen auf neuen
Arbeitsgebieten erwerben, wenn die bisherigen Arbeitsaufgaben entfallen. Die Personalentwicklung dient danach sowohl der betrieblichen Personalbeschaffung als auch
gesamtwirtschaftlichen und gesellschaftlichen Interessen. Sie erfolgt insb. durch **Ausbildung, Fortbildung und Umschulung** der bereits vorhandenen ArbN (vgl.
§§ 96–98) sowie durch „**sonstige Bildungsmaßnahmen**" (§ 98 Abs. 6), die der
allgemeinen Weiterbildung dienen (vgl. § 98 Rn 38 ff.) und eine entspr. Zeitplanung.

Diesen Maßnahmen kommen vor allem bei der Einführung und Fortentwicklung neuer Produktionsmethoden, die zB eine Umstellung von Einzel- auf Gruppenarbeit, erhöhte Anforderungen und größeres Verantwortungsbewusstsein verlangen, besondere Bedeutung zu. Innerbetriebliche **Stellenausschreibungen** (§ 93), regelmäßige Personalbeurteilungen und deren Besprechung mit den ArbN (vgl. § 94, § 82 Abs. 2 S. 1), **Frauenförderpläne** (§ 75 Rn 120 ff.), **Laufbahnpläne** für gehobene Positionen und **Berufsbildungsmaßnahmen** dienen der Qualifizierung der ArbN des Betriebes.

16   Der BR ist auch bei Förderungsmaßnahmen für ArbN zu beteiligen, die die **Qualifikation als leitende Ang.** erreichen sollen (*DKK-Schneider/Homburg* Rn 28; GK-*Raab* Rn 5; *HSWGNR* Rn 54; vgl. § 98 Rn 36).

17   Die **Personaleinsatzplanung** erstreckt sich auf die Bereiche des Personaleinsatzes wie die des Personalabbaus (*Richardi/Thüsing* Rn 9). Sie legt fest, wie der künftige personelle Bedarf abzudecken ist. Dazu gehören Überlegungen zur Beschäftigung von Auszubildenden, der Vergabe an Fremdfirmen, zum Einsatz von Leiharbeitnehmern, zum Einsatz von Schwerbehinderten oder der Wiedereingliederung langzeiterkrankter Beschäftigter (*DKK-Schneider/Homburg* Rn 25 a). **Aufgabe der Personaleinsatzplanung** ist die bestmögliche Eingliederung der verfügbaren Mitarbeiter in den betrieblichen Leistungsprozess. Dazu ist die tatsächliche Zuordnung von Arbeitskräften und Arbeitsplätzen zu optimieren. Diesem Teil der Personalplanung entsprechen bei der Gestaltung von Arbeitsplätzen, Arbeitsabläufen und Arbeitsumgebung die in § 90 behandelten Planungsbereiche. Während die Planung der Stellen (Arbeitsplätze) und ihre Beschreibung im Rahmen der Personalbedarfsplanung mehr oder weniger detailliert erfolgt, liegt der Schwerpunkt der Einsatzplanung auf der angemessenen **Zuordnung der ArbN zu den Stellen** (zB auf Dauer, Zuteilung zu Schichten); vorübergehende Umsetzung zur Überbrückung von Fehlzeiten wie Urlaub oder Krankheit; Versetzung; Umgruppierung, Einsatz von Teilzeitarbeitskräften, insb. bei kapazitätsorientierter Arbeitszeit; Gruppenarbeit (*Kreßel* RdA 94, 23 ff.; s. § 90 Rn 30 ff. mwN). Der konkrete Einsatz einzelner ArbN auf einen bestimmten Arbeitsplatz fällt nicht unter § 92, sondern unter § 99 (GK-*Raab* Rn 16; *HSWGNR* Rn 61).

18   Auch eine systematische Personalplanung kann nicht die Arbeitsplatzrisiken ausschließen, die aus konjunkturellen oder strukturellen Gründen entstehen können (Auftragsrückgänge, Auswirkungen neuer Technologien, Konzentrationsvorgänge). Derartige Vorgänge können Abbaumaßnahmen zur Anpassung des Personalbestands an den (nicht nur vorübergehend) verminderten Personalbedarf unvermeidlich machen. **Aufgabe der Personalabbauplanung** ist es, sowohl die veränderten Gegebenheiten für das Unternehmen (den Betrieb) zu berücksichtigen, als auch die sozialen Folgen für die ArbN möglichst gering zu halten. Bei der Abbauplanung ist eine rechtzeitige Abstimmung mit den übrigen Bereichen der Personalplanung, aber auch mit den anderen Bereichen der Unternehmensplanung (Absatz-, Produktions-, Investitionsplanung, Rationalisierungsvorhaben) wichtig. Diese Planungen setzen Daten, denen die Abbauplanung zu folgen hat. Eine rechtzeitige und möglichst langfristige Planung ermöglicht Vorgehensweisen, die einerseits für das Unternehmen den Bestand einer den Unternehmenszielen auf lange Zeit entspr. qualifizierten und strukturierten Belegschaft sichern, andererseits den sozialen Belangen der ArbN möglichst gerecht werden.

19   Soweit möglich sollten **vorbeugende Maßnahmen** getroffen werden (Flexibilität der Produktionsplanung, Gestaltung der Arbeitsabläufe u. -plätze auch unter Rücksichtnahme auf bes. schutzwürdige Personengruppen). Reichen diese nicht aus, so bestehen uU Möglichkeiten der Arbeitszeitreduzierung (Abbau von Überstunden, Einführung von Altersteilzeit, Kurzarbeit, Urlaubspläne; der Qualifizierung von ArbN (Ausbildung, Fortbildung, Umschulung) zum Zwecke ihrer Beschäftigung auf anderen Arbeitsplätzen. Als Maßnahmen des Personalabbaus, die die Arbeitsverhältnisse nicht unmittelbar betreffen, kommen des weiteren Einstellungsbeschränkungen

sowie **Abbau von Leiharbeit** oder **Fremdfirmeneinsätzen** in Betracht. Ein direkter Personalabbau kann durch vorzeitige Pensionierung, Aufhebungsverträge, Kündigungen (§ 102) sowie Massenentlassungen erfolgen. Die Abbauplanung iVm. den anderen Unternehmensplanungen kann dazu beitragen, dass nach Möglichkeit die jeweils mildeste Lösung gewählt wird (vgl. ErfK-*Kania* Rn 5; *DKK-Schneider/Homburg* Rn 29).

Die Planung der **Personalkosten** betrifft die Kosten, die bei Erfüllung der Plan- **20** ziele Personalbeschaffung, -einsatz, -entwicklung und -abbau entstehen, zB Kosten der Werbung, Löhne, Gehälter, Personalnebenkosten, Kosten für Bildungsveranstaltungen und -maßnahmen sowie für Kündigungen oder einen Sozialplan (RKW-Handbuch Teil VII; *Kador/Kempe/Pornschlegel* Kap. 3.8; beide mit Hinweisen auf Planungsmethoden). Auch die Personalkostenplanung ist Teil der Personalplanung (*DKK-Schneider/Homburg* Rn 30; *Fischer/Reihsner* S. 112; **aA** *HSWGNR* Rn 64; GK-*Raab* Rn 18; differenzierend *Richardi/Thüsing* Rn 15).

III. Beteiligung des Betriebsrats

Für die Personalplanung ist der Unternehmer (ArbGeb.) verantwortlich. In dessen **21** Leitungsfunktion darf der BR nicht eingreifen. Deshalb hat der BR **kein MBR** bei der Personalplanung, sondern **Unterrichtungs-** und **Beratungsrechte** in dem Umfang, in dem der ArbGeb. Personalplanung durchführt (ErfK-*Kania* Rn 6; GK-*Raab* Rn 20). Auch die Methoden der Personalplanung sowie die organisatorischen und techn. Hilfsmittel unterliegen grundsätzlich nicht der MB (**aA** *Diller/Schuster* DB 08, 928), Ausnahmen gelten bei der MBR des BR bei der Ausschreibung (§ 93), bei Personalfragebogen, Musterarbeitsverträgen, Beurteilungsgrundsätzen (§ 94), AuswahlRL (§ 95), bei der Durchführung von Maßnahmen der betrieblichen Berufsbildung (§ 98), sowie bei geplanten Betriebsänderungen (§§ 111 ff.) und bei Maßnahmen, die als Ergebnis der Personalplanung im sozialen (§ 87) oder personellen (§§ 99 ff.) Bereich durchgeführt werden.

Möglich sind **freiwillige,** nicht erzwingbare **BV** (vgl. § 88) zur Regelung der **22** Mitwirkung des BR bei der Beratung über die Personalplanung, zB über die **Bildung eines gemeinsamen Ausschusses,** in dem ArbGeb., Vertr. des BR und weitere sachverständige Betriebsangehörige aus den betr. Ressorts Fragen der Personalplanung und deren Verzahnung mit den übrigen Planungsbereichen zur Vorbereitung von Entscheidungen beraten.

1. Unterrichtungspflicht des Arbeitgebers

Die Unterrichtungspflicht des ArbGeb. nach § 92 Abs. 1 gilt für **alle Bereiche 23 der Personalplanung** einschließl. der sich daraus ergebenden allgemeinen personellen Maßnahmen, nicht hingegen auf eine konkrete personelle Maßnahme iSd. § 99 (BAG 27. 10. 10 – 7 ABR 86/09 – NZA 11, 418). Das Hervorheben des jeweiligen und künftigen Personalbedarfs als Kernbereich der Personalplanung (§ 92 Abs. 1 S. 1) ist lediglich beispielgebend. Die aufgeführten Unterrichtungsgegenstände stellen keine erschöpfende Aufzählung dar (*DKK-Schneider/Homburg* Rn 31). Führt der ArbGeb. nur in Teilbereichen eine Personalplanung durch (zB nur eine Einsatzplanung), ist der BR auch hierüber zu unterrichten (GK-*Raab* Rn 21). Die Unterrichtung ist nicht von einem ausdrücklichen Verlangen des BR abhängig. Vielmehr muss der ArbGeb. bei jeder Art von Personalplanung von sich aus an den BR herantreten. Der ArbGeb. kann die von ihm geschuldete Information weder unter Hinweis auf den **Tendenzcharakter** des Unternehmens oder Betriebs noch mit der Begründung verweigern, die Personalplanung enthalte **Geschäftsgeheimnisse** (BAG 6. 11. 90 AP Nr. 3 zu § 92 BetrVG 1972).

24   Auch über die **Methoden der Personalplanung** und die organisatorischen und techn. Hilfsmittel, deren sich der ArbGeb. dabei bedient, ist der BR zu unterrichten (zB Assessment-Center als Personalauswahlverfahren). Das gilt insb., wenn der ArbGeb. im Rahmen seiner Planung **automatisierte Personalinformationssysteme** verwendet, die ein wesentliches Instrument zur Durchführung einer Personalplanung sind (ErfK-*Kania* Rn 7; *DKK-Schneider/Homburg* Rn 35; GK-*Raab* Rn 29). Die wesentlichen Funktionen solcher Systeme betreffen die Lohnabrechnung, Stammdatenverwaltung, Administration, Personalberichterstattung, und Zeitermittlung (*Fischer/ Reihsner* S. 270 f.). Sie eignen sich auf Grund ihrer Daten zB über Personalstand, Fluktuation, Aufbau der Belegschaft, Ausbildung und Qualifikation der ArbN vorzüglich für eine Personalplanung. Insb. bei einer Verknüpfung ihrer Daten mit denen anderer Datensysteme, zB einer Arbeitsplatzdatenbank, ermöglichen sie durch eine automatisierte Gegenüberstellung der Erfordernisse des Arbeitsplatzes und der Qualifikation sowie der Leistungsfähigkeit der ArbN (generell oder gezielt für bes. Gruppen von ArbN) zT eine bis zur konkreten personellen Einzelmaßnahme durchgehende Personalplanung. Bei der Einführung und Anwendung automatisierter Personalinformationssysteme sind einerseits die Vorschriften des BDSG zu beachten (vgl. hierzu § 83); zum anderen kommen MBR des BR nach § 87 Abs. 1 Nr. 6, §§ 94 und 95 in Betracht.

25   Auf jeden Fall ist der BR im Rahmen der Personalplanung über die bestehenden **Personalinformationssysteme** zu unterrichten, auch wenn sie nur dazu dienen, die personalwirtschaftlichen Verwaltungsabläufe zu bewältigen. Denn auch sie liefern mit ihren Informationen zB über Altersaufbau, Betriebszugehörigkeitsdauer, Einkommensstruktur und Fehlzeiten wesentliche Daten für eine Personalplanung. Hierbei bezieht sich die Unterrichtungspflicht des ArbGeb. nicht nur auf die Aussagen und Resultate dieser Systeme. Vielmehr erfasst sie auch die Programmdetermination, Fragedimensionen und Entscheidungsvariablen, dh die **Programmierung** bzw. **Software** dieser Systeme, die je nach Perfektion der Programmierung mehr oder weniger selbst eine Personalplanung durchführen (**aA** GK-*Raab* Rn 29). Eine rechtzeitige und umfassende Information des BR kann dazu beitragen, Bedenken und Beunruhigungen zu vermeiden, die die Einführung und Anwendung von Personalinformationssystemen erschweren. Im Übrigen kann durch den Abschluss von BV, die über notwendige Regelungen nach § 87 Abs. 1 Nr. 6, §§ 94 und 95 hinausgehen, die Zulässigkeit der Verarbeitung und Nutzung von Personaldaten iSd. BDSG entweder begründet oder im Rahmen der §§ 28, 35 BDSG konkretisiert werden.

26   Die Unterrichtung des BR erfolgt „über die Planung" (nicht wie in § 111 über „geplante Maßnahmen"). **Planung** besteht im systematischen Suchen und Festlegen von Zielen sowie im Vorbereiten von Aufgaben, deren Durchführung zum Erreichen der Ziele erforderlich ist. Der Plan ist das Ergebnis der Planung. Das Stadium der Planung geht also der Entscheidung über den Plan voraus. Der BR ist in der Phase der Entscheidungsfindung, dh vor der Entscheidung über einen Plan, zu beteiligen (vgl. § 90 Rn 8 ff.; ErfK-*Kania* Rn 8; *DKK-Schneider/Homburg* Rn 36; GK-*Raab* Rn 22; **aA** *HSWGNR* Rn 73 den Unterschied zwischen Planung und Plan verkennend, wenn sie die Beteiligung des BR erst nach Erarbeitung eines Plans bzw. im Endstadium der Planung bei der Maßnahmenplanung – dh praktisch bei der Ein- und Durchführung des Plans – einsetzt). Er muss seine Bedenken und Anregungen noch vortragen können mit dem Ziel, die abschließende Meinungsbildung des ArbGeb. – den eigentlichen Plan – noch zu beeinflussen.

27   Andererseits müssen die Überlegungen des ArbGeb. das **Stadium der Planung** erreicht haben. Bloßes Erkunden der ihm zur Verfügung stehenden Handlungsspielräume reicht hierfür nicht aus. Verzichtet er dann zB auf einen ins Auge gefassten Personalabbau oder eine Personalerweiterung, braucht er dem BR diesen Verzicht nicht zu erläutern und zu begründen (vgl. 31. 1. 89 AP Nr. 33 zu § 80 BetrVG 1972; 6. 11. 90 AP Nr. 3 zu § 92 BetrVG 1972 m. zust. Anm. *Kraft/Raab* SAE 92, 7; kr. zur

BAG-Rspr. *DKK-Schneider/Homburg* Rn 36). Falls jedoch zB im Rahmen einer **Gemeinkostenwertanalyse** zwecks Kostenreduzierung zur Darstellung des Ist-Zustandes Erhebungsbogen (Formulare) verwendet werden sollen, die Rückschlüsse auf Fertigkeiten oder Eignung der befragten ArbN zulassen, also praktisch Personalfragebogen iSd. § 94 (vgl. dort Rn 6) und damit Instrumente der Personalplanung sind, ist spätestens mit diesem Entschluss das Planungsstadium erreicht (**aA** *Pfelzer* NZA 90, 514). Auch ist die Feststellung des Personalbedarfs für ein geplantes Projekt schon vor der Zustimmung eines (behördlichen) Zuwendungsgebers zu dem beantragten Stellenplan ist Personalplanung iSd. § 92. Gleiches gilt für den bewilligten Stellenplan sowie für Abweichungen von diesem: Jeder dieser Tatbestände löst jeweils die Unterrichtung des BR aus (vgl. BAG 6. 11. 90 aaO).

Der **Zeitpunkt der rechtzeitigen Unterrichtung** ist ebenso wie der einer Beratung nach § 90 Abs. 2 oft schwierig zu ermitteln. Richtschnur ist der Zweck der Unterrichtung. Sie soll es dem BR ermöglichen, auf das noch vorläufige Ergebnis der Überlegungen des ArbGeb. vor dem Erstellen des Plans Einfluss nehmen zu können. Deshalb muss die Unterrichtung vor dem endgültigen Abschluss der Planung erfolgen. **28**

Geht der ArbGeb. selbst nicht nach bewussten und damit nachvollziehbaren Entscheidungsschritten (**intuitiv**) vor, ist die Bestimmung der Planungsphase, in der die Arbeitnehmervertretung zu informieren ist, rückbezüglich naturgemäß kaum möglich. Da aber jedenfalls die Planung vor einer Entscheidung steht, hat die Unterrichtung **vor der Einführung** bzw. **der Durchführung** von Maßnahmen zu erfolgen. Findet **eine methodische Personalplanung** statt, ist bereits über die Planungsschritte zu unterrichten. Das betrifft die auf das Planungsziel ausgerichtete Datenerhebung und die Entwicklung der an diesem Ziel ausgerichteten Lösungsansätze sowie deren Abstimmung mit den übrigen Planungsbereichen des Betriebs/Unternehmens **29**

Planung ist ein **kontinuierlicher Prozess** (BAG 17. 3. 87 AP Nr. 29 zu § 80 BetrVG 1972). Es müssen uU die Entscheidungsschritte wegen Änderung der Unternehmensziele oder Planungsvorgaben mehrfach durchlaufen werden. Da zwingt zu einer **laufenden Unterrichtung** (GK-*Raab* Rn 24). Hierfür bieten sich die monatlichen Besprechungen an (§ 74 Abs. 1). Näheres kann zB im Zusammenhang mit der Bildung eines Ausschusses des BR oder eines gemeinsamen Ausschusses von ArbGeb. und BR gegebenenfalls durch freiwillige, nicht erzwingbare BV (§ 90) festgelegt werden. **30**

Die Unterrichtung des BR über die Personalplanung sowie die als Möglichkeiten künftigen wirtschaftlichen Handelns zur Erörterung stehenden Maßnahmen hat umfassend an Hand derjenigen **Unterlagen** zu erfolgen, die der ArbGeb. selbst für seine Planung verwendet (zB **Stellenbeschreibungen, Stellenpläne, Stellenbesetzungspläne,** wenn der Personal-Ist-Bestand nicht auf andere Weise als griffbereite Arbeitsunterlage zur Verfügung steht). Solche Unterlagen können auch sein Arbeitsblätter (Maßnahmeplan), die ein Unternehmensberater für den ArbGeb. als Ergebnis innerbetrieblicher Planungsüberlegungen erstellt hat (LAG Schleswig-Holstein ArbuR 94, 202), Personalbedarfsunterlagen, Personalstatistiken über Fluktuation, Altersaufbau und Krankenstand der Belegschaft, Personalkostenpläne. Dazu gehören auch die durch andere Planungsbereiche (Produktion, Investition, Rationalisierung) vorgegebenen Daten, da zwischen allen Planungen ein innerer Zusammenhang besteht (BAG 19. 6. 84 AP Nr. 2 zu § 92 BetrVG 1972; *DKK-Schneider/Homburg* Rn 41; *Richardi/Thüsing* Rn 28). Im Fall der Delegation der Planung auf den betrieblichen ArbGeb. zählt hierzu insb. die Rahmenplanung des Unternehmers. Ausgenommen sind nur Unterlagen, die der BR zur Wahrnehmung seiner Mitwirkungsrechte bei der Personalplanung nicht benötigt. Das sind nach BAG im Planungsvorstadium erstellte Berichte über Rationalisierungs- und Personalreduzierungsmöglichkeiten sowie **Prüfungsberichte,** die (noch) nicht umgesetzt werden sollen (BAG 19. 6. 84 aaO; 27. 6. 89 AP Nr. 37 zu § 80 BetrVG 1972). Dem BR sind nach der weitergehenden Norm des § 80 Abs. 2 S. 2 die erforderlichen **Unterlagen** auch **zur Verfügung zu stel-** **31**

len, da nur so eine sinnvolle Vorbereitung und Zusammenarbeit möglich ist (**aA** nur für Einblick in die Unterlagen ErfK-*Kania* Rn 7; GK-*Raab* Rn 27; **aA** *HSWGNR* Rn 84; *Richardi/Thüsing* Rn 31; *SWS* Rn 15b). Das gilt für alle vorhandenen Unterlagen sowie solche, die ausgedruckt oder über ein Lesegerät oder Monitor sichtbar gemacht werden können.

32   Für den **Baubereich** ergeben sich für den BR aus den Unterrichtungspflichten des ArbGeb. (Generalunternehmers) nach § 5 Abs. 1 TV-Mindestlohn wichtige Aspekte, die er nicht nur bei seiner Überwachungsaufgabe, sondern auch für seine Beteiligung im Rahmen der Personalplanung nutzbar machen kann. Aus der Kombination dieser Norm mit § 92 iVm. § 80 Abs. 2 hat der ArbGeb. von sich aus den BR rechtzeitig (Rn 28 ff.) über den (geplanten) Abschluss von Nachunternehmer-Verträgen zu unterrichten und, falls es dazu kommt, diese dem BR auf Verlangen zur Verfügung zu stellen. Mittels dieser Normenkombination verfügt der BR über eine bes., der schwierigen Baubranche angepasste Einflussmöglichkeit auf die Personalplanung der Generalunternehmer.

33   Nimmt ein Unternehmen an **EMAS,** dem europaweiten Gemeinschaftssystem für das Umweltmanagement und die Umweltbetriebsprüfung teil, (s. dazu § 89 Rn 6 ff.) können sich bei der Aufstellung, Fortschreibung und Durchführung des **Umweltprogramms** über die konkreten Umweltziele und -tätigkeiten sowie der Entwicklung neuer bzw. geänderte Produkte oder Verfahren und insb. bei der Einrichtung und Anpassung des **Umweltmanagementsystems** Beteiligungsrechte des BR unter dem Gesichtspunkt der Personalplanung (s. insb. Rn 15, 17) ergeben. Das ist jedenfalls immer dann der Fall, wenn in Stellenbeschreibungen umweltspezifische Aufgaben für bestimmte Arbeitsplätze festgelegt werden sollen (Rn 11, 31).

34   Beabsichtigt der ArbGeb. **Stellen für den Bundesfreiwilligendienst** einzurichten, hat der er den BR darüber zu unterrichten. Die geplante Einrichtung solcher Stellen oder solchen für ein sog. Freiwilligenjahr ist Teil der Personalplanung. Mit ihr gibt der ArbGeb. zu erkennen, für welche Aufgaben ein Bedarf für die Beschäftigung eigener ArbN fehlt (vgl. BAG 19. 6. 01 AP § 99 BetrVG 1972 Einstellung Nr. 35). **Arbeitsgelegenheiten nach § 16 SGB II** (Ein-Euro-Jobber) dürfen nur arbeitsmarktneutral eingerichtet werden.

2. Beratungspflicht des Arbeitgebers

35   Der ArbGeb. hat mit dem BR über Art und Umfang der erforderlichen Maßnahmen und über die Vermeidung von Härten zu beraten. Auch insoweit hat er von sich aus die Beratung zu veranlassen. Zu beraten sind die sich aus der Planung des Arb-Geb. ergebenden Maßnahmen. Das schließt eine Beratung der Planungsgrundlagen nicht aus. Ob und welche Maßnahmen zu treffen sind, hängt auch von der Qualität der Planung und davon ab, ob die Grundlagen für die Prognosen des ArbGeb. zutreffen oder nicht. Die **umfassende Beratung** entspricht allein dem Zweck der Beratungspflicht. Sie dient ua. dazu, dem ArbGeb. ggf. Alternativen zum Erreichen seines Planziels vorzuschlagen. Die Vorschrift des Abs. 1 S. 2 schließt deshalb Beratungen über weitere Aspekte der Personalplanung insb. auf Initiative des BR keinesfalls aus (zB über die Personalbedarfsplanung; wie hier *DKK-Schneider/Homburg* Rn 43; **aA** GK-*Raab* Rn 31; *HSWGNR* Rn 92 ff.; *Richardi/Thüsing* Rn 34; differenzierend BAG 6. 11. 90 AP Nr. 3 zu § 92 BetrVG 1972: ArbGeb. muss nicht von sich aus schon über bloße Personalbedarfsplanung mit BR beraten, sondern erst, wenn aus dieser im Rahmen der Personaldeckungsplanung konkrete Maßnahmen folgen sollen). Eine Einschränkung des Beratungsrechts gegenüber einem weitergehenden Unterrichtungsrecht ist sinnwidrig und verstößt zudem gegen die übergreifenden Grundsätze der § 74 Abs. 1, § 75, § 80 Abs. 1 Nr. 2, 4 u. 7. Deshalb erstreckt sich das Beratungsrecht des BR nach **Gegenstand und Umfang** auf alle Aspekte, für die dem BR ein Unterrichtungsrecht zusteht (vgl. Rn 23 ff.; *Kadel* BB 93, 797; im Ergebnis ebenso BAG 6. 11. 90 aaO). Dieses Auslegungsergebnis entspricht auch dem Gebot der uni-

onsrechtskonformen Auslegung. Nach Art. 4 Abs. 2b der RL 2002/14/EG vom 11. 3. 02 zur Festlegung eines allgemeinen Rahmens für die Unterrichtung und die Anhörung der ArbN in der EG (ABl. Nr. L 80/29) umfassen die Rechte der ArbN-Vertretung auch die Unterrichtung und Anhörung zu Beschäftigungssituation, Beschäftigungsstruktur und wahrscheinlicher Beschäftigungsentwicklung sowie dazu geplanter antizipativer Maßnahmen. Demensprechend hat hinsichtlich solcher Maßnahmen nicht nur eine Information des BR zu erfolgen, sondern auch eine Anhörung (*Zwanziger* AuR 10, 459; *Bonin* AuR 04, 321; **aA** GK-*Raab* Rn 31).

3. Vorschlagsrecht des Betriebsrats

Nach Abs. 2 kann der BR auch von sich aus Vorschläge für die Einführung und **36** Durchführung einer Personalplanung machen. Die Verwirklichung dieses Rechts setzt **eine umfassendere Unterrichtung als nach Abs. 1** voraus. Dem BR sind schon dann nach § 80 Abs. 2 S. 2 die erforderlichen Unterlagen zur Verfügung zu stellen, wenn erst ihre Prüfung ergeben kann, ob er initiativ werden soll oder kann (BAG 27. 6. 89 AP Nr. 37 zu § 80 BetrVG 1972 insoweit widersprüchlich und 19. 6. 84 AP Nr. 2 zu § 92 BetrVG 1972 für Abs. 2 nicht eindeutig; wie hier *DKK-Schneider/Homburg* Rn 44). So können Rationalisierungs-, Personalreduzierungs- und Prüfungsberichte, die der ArbGeb. vorerst noch nicht umsetzen will (vgl. Rn 30), für eine etwaige Initiative des BR aber ausschlaggebend sein Dem BR steht in Bezug auf die Erforderlichkeit der begehrten Unterlagen und ihres Umfangs ein **Einschätzungsspielraum** zu (BAG 20. 9. 90 EzA § 80 BetrVG 1972 Nr. 39). Sofern der ArbGeb. Personaldaten in EDV-Anlagen verarbeitet, kann der BR auch vorschlagen, ein Programm für ein Personalinformationssystem zu entwickeln. Der ArbGeb. ist gem. § 80 Abs. 2 verpflichtet, dem BR die insoweit erforderlichen Auskünfte zu geben und Unterlagen zur Verfügung zu stellen. Der BR kann hier den Anstoß für eine moderne Entwicklung geben, insb. für eine methodische Personalplanung. In Betrieben mit hoher Fluktuation kann der BR die Erstellung einer **Fluktuationsanalyse** vorschlagen, bzw. eine solche selbst zB mittels Fragebogenaktion erstellen und anhand dieser Analyse Vorschläge zur Beseitigung der Fluktuationsursachen erarbeiten (vgl. *Bösche/Grimberg* AiB 92, 590). Ein Vorschlag zur Personalplanung kann auch dahin gehen, gegenwärtig **fremdvergebene Arbeiten** künftig wieder durch betriebsangehörige ArbN erledigen zu lassen (vgl. BAG 15. 12. 98 AP Nr. 56 zu § 80 BetrVG 1972). Dazu kann er die Vorlage von Kontrolllisten mit exakten Arbeitszeitvolumenangaben für FremdfirmenArbN verlangen (vgl. BAG 31. 1. 89 AP Nr. 33 zu § 80 BetrVG 1972).

Der ArbGeb. ist nach § 2 Abs. 1 verpflichtet, sich mit den Vorschlägen des BR **37** ernsthaft zu beschäftigen. Er muss sie aber nicht durchführen (ErfK-*Kania* Rn 9). So kann der BR auch nicht die Einführung oder Nichteinführung einer bestimmten Methode der Personalplanung oder den Abschluss einer BV hierüber erzwingen (hM). **Freiwillige BV** über Maßnahmen der Personalplanung und die mit ihr angestrebten Ziele sind jedoch zulässig (zB Frauenförderung, Arbeitsplätze für Schwerb., Ausbildungsplätze). Die E-Stelle kann nur gem. § 76 Abs. 6 tätig werden.

Grundsätzlich ist der BR Träger der Rechte nach § 92 (hM). Bei einer **betriebs-** **38** **übergreifenden Personalplanung** in Unternehmen mit mehreren Betrieben kann der GesBR zu beteiligen sein (§ 50 Rn 51 ff.). Entspr. gilt für einen bestehenden KBR (§ 58 Rn 13). Träger der Rechte nach § 92 bei der **Deutsche Bahn AG** ist der BR bzw. GesBR, auch bezüglich der personalpolitischen Einbeziehung der zugewiesenen Beamten des BEV (*Engels/Mauß-Trebinger* RdA 97, 217, 232). Den bes. PersVertr. stehen insoweit keine Befugnisse zu; ihre Zuständigkeit beschränkt sich auf wenige, festgelegte personelle Einzelmaßnahmen (s. dazu § 99). Entspr. gilt für die **Postunternehmen** (*Engels/Mauß-Trebinger* RdA 97, 217, 236).

IV. Besondere Fördermaßnahmen

39   Im Rahmen der Personalplanung weist Abs. 3 nunmehr sowohl dem ArbGeb. als auch dem BR hinsichtlich der in § 80 Abs. 1 Nr. 2a und Nr. 2 genannten Bereiche eine **besondere Verantwortung** zu. Die Verantwortung ist nicht auf die Planung und Durchführung von Gleichstellungsmaßnahmen beschränkt. Der Wortlaut des Abs. 3 hebt solche Maßnahmen nur beispielhaft hervor, beschränkt sie im Rahmen der sich aus § 80 Abs. 1 Nr. 2a und Nr. 2b ergebenden Aufgaben aber nicht.

40   Das Ergreifen von Maßnahmen für das Erreichen einer tatsächlichen und nicht nur verfassungstheoretischen Gleichstellung von Frauen und Männern (Art. 3 Abs. 2 GG), die Aufstellung von Frauenförderplänen sowie Maßnahmen zur besseren Vereinbarkeit von familiären Betreuungsaufgaben mit den Anforderungen der Erwerbstätigkeit ist Teil der **unternehmerischen Handlungsfreiheit** des ArbGeb., über die er entscheidet. Das Ergreifen solcher Maßnahmen liegt jedoch nicht nur im gesamtgesellschaftlichen Interesse, sondern auch in dem des Betriebs/Unternehmens. Solche Maßnahmen tragen in hohem Maße dazu bei, qualifizierte und motivierte Arbeitskräfte zu gewinnen und auf Dauer an den Betrieb zu binden. Zugleich können sie einen Beitrag zur Verbesserung des Betriebsklimas leisten.

41   Als Maßnahme iSd. Abs. 3 kommt etwa in Betracht die Aufstellung eines **Frauenförderplans** (*DKK-Schneider/Homburg* Rn 44a; *HSWGNR* Rn 103), den der ArbGeb. zB alle drei Jahre zu erstellen und zwischenzeitlich zu aktualisieren hat. Dieser Plan sollte die Situation der weiblichen ArbN dokumentieren, deren bisherige Förderung in den einzelnen Bereichen auswerten und insb. zur Erhöhung des Frauenanteils Maßnahmen zur Durchsetzung notwendiger personeller und organisatorischer Verbesserungen im Rahmen von Zielvorgaben und eines zeitlichen Stufenplans entwickeln. Dabei sollten möglichst statistische Daten ausgewertet und die sich daraus ergebenden Unterschiede im Vergleich der Anteile von Frauen und Männern bei Bewerbungen, Einstellungen, beruflichem Aufstieg und Fortbildung in einzelnen Bereichen aufgezeigt und erläutert werden (*Feldhoff* AiB 96, 445; *Schiek* AiB 94, 450s. auch *Colneric* RdA 94, 65; *v. Friesen* ArbuR 94, 405; jeweils mit MusterBV; *Debler* NZA 97, 529).

42   Als **weitere Maßnahmen** kommen in Betracht die Entwicklung familienfreundlicher Arbeitszeitmodelle, die Einführung oder Ausweitung von Telearbeit oder die Aufteilung von Vollzeitarbeitsplätzen auf Teilzeit bzw. die Rückkehr auf Vollzeitstellen. In den Bereich der von § 80 Abs. 1 Nr. 2a und Nr. 2b angesprochenen Themen fallen auch die Qualifizierung von ArbN während einer Elternzeit nach dem BEEG oder die Qualifizierung von Arbeitnehmerinnen im Hinblick auf künftige Führungsaufgaben bzw. deren Teilnahme an Fortbildungsmaßnahmen, deren zeitliche Lage und Dauer auch Rücksicht auf familiäre Betreuungsaufgaben nimmt.

43   Bei der Planung der genannten Maßnahmen hat der ArbGeb. den BR umfassend und rechtzeitig zu **unterrichten** und die entspr. **Unterlagen vorzulegen.** Es gelten die in Rn 24 bis Rn 34 dargestellten Grundsätze. Darüber hinaus sind diese Maßnahmen nach den in Rn 35 dargestellten Kriterien mit dem BR zu beraten.

44   Spiegelbildlich weist Abs. 3 dem **BR ausdrücklich die Befugnis zu,** dem ArbGeb. solche Maßnahmen vorzuschlagen und Einzelheiten für ihre Durchführung zu unterbreiten. Die Umsetzung solcher Vorschläge kann der BR nach Abs. 3 aber nicht erzwingen. Er ist auf die argumentative Beeinflussung des ArbGeb. beschränkt.

V. Streitigkeiten

45   Die Verletzung der Informations- und Beratungsrechte des BR wirkt sich auf spätere personelle Einzelmaßnahmen nicht aus (WPK-*Preis* Rn 9; *Richardi/Thüsing* Rn 50). Bei groben Verstößen gegen die Informations- und Beratungspflicht kommt

ein Verfahren gegen den ArbGeb. nach § 23 Abs. 3 in Betracht (*DKK-Schneider/Homburg* Rn 48). Ein allgem. Unterlassungsanspruch ist entsprechend der betriebsverfassungsrechtlichen Ausgestaltung des Beteiligungsrechts nicht gegeben (GK-*Raab* Rn 45). Der BR kann ein **BeschlVerf.** auf Feststellung seiner Rechte nach § 92 in Gang setzen (Einzelheiten nach § 1 Rn 7 ff.). Erfüllt der ArbGeb. seine Informationspflichten nach Abs. 1 S. 1 und Abs. 3 wahrheitswidrig, unvollständig oder verspätet, handelt er ordnungswidrig (vgl. § 90 Rn 47). Es kann eine Geldbuße bis zu 10 000 Euro verhängt werden (§ 121).

§ 92 a Beschäftigungssicherung

(1) **¹Der Betriebsrat kann dem Arbeitgeber Vorschläge zur Sicherung und Förderung der Beschäftigung machen. ²Diese können insbesondere eine flexible Gestaltung der Arbeitszeit, die Förderung von Teilzeitarbeit und Altersteilzeit, neue Formen der Arbeitsorganisation, Änderungen der Arbeitsverfahren und Arbeitsabläufe, die Qualifizierung der Arbeitnehmer, Alternativen zur Ausgliederung von Arbeit oder ihrer Vergabe an andere Unternehmen sowie zum Produktions- und Investitionsprogramm zum Gegenstand haben.**

(2) **¹Der Arbeitgeber hat die Vorschläge mit dem Betriebsrat zu beraten. ²Hält der Arbeitgeber die Vorschläge des Betriebsrats für ungeeignet, hat er dies zu begründen; in Betrieben mit mehr als 100 Arbeitnehmern erfolgt die Begründung schriftlich. ³Zu den Beratungen kann der Arbeitgeber oder der Betriebsrat einen Vertreter der Bundesagentur für Arbeit hinzuziehen.**

Inhaltsübersicht

I. Vorbemerkung

§ 92 a wurde durch das **BetrVerf-ReformG** mit Wirkung zum 28. 7. 01 in das **1** BetrVG eingeführt. Die Vorschrift geht zurück auf die Erweiterung des Katalogs der allgemeinen Aufgaben des BR in § 80 Abs. 1. Danach ist der BR von Gesetzes wegen angehalten, die Beschäftigung im Betrieb zu fördern und zu sichern (§ 80 Abs. 1 Nr. 8). Mit der Regelung des § 92 a soll der BR in die Lage versetzt werden, diese Aufgabe aktiv wahrzunehmen und eigene Initiativen zur Beschäftigungssicherung im Betrieb zu ergreifen (BT-Drucks. 14/5741 S. 49). Dazu konkretisiert die Vorschrift ein darauf gerichtetes Vorschlagsrecht (GK-*Raab* Rn 6). Durch Art. 81 des Dritten Gesetzes für moderne Dienstleistungen am Arbeitsmarkt vom 23. 12. 03 (BGBl. I S. 2848) wurde die Neubezeichnung der Dienststellen der Arbeitsverwaltung mit Bundesagentur in das BetrVG übernommen.

Um es dem BR zu ermöglichen, zu Gunsten der Beschäftigungssicherung im Be- **2** trieb initiativ werden zu können, regelt Abs. 1 der Vorschrift ein darauf gerichtetes **umfassendes Vorschlagsrecht.** Dazu gibt das G dem BR Beispiele für beschäftigungsfördernde Initiativen an die Hand. Dem Vorschlagsrecht des BR stellt Abs. 2 der Vorschrift eine **Beratungspflicht des ArbGeb.** gegenüber. Zur Steigerung der Effizienz dieser Beratungen eröffnet das G den Betriebsparteien außerdem das Recht, bei ihren Beratungen einen Vertreter der Arbeitsverwaltung als neutralen Dritten hinzuzuziehen. Neu im G ist die Regelung zur Begründungspflicht des ArbGeb., soweit er die Vorschläge des BR für ungeeignet hält.

3 Die Vorschrift gewährt dem BR **kein MBR in Fragen der Unternehmensführung** (ErfK-*Kania* Rn 1; *DKK-Däubler* Rn 1; *Richardi/Thüsing* Rn 6). Ihr Zweck ist darauf gerichtet, gezielt den Dialog der Betriebsparteien in Fragen der Beschäftigungssicherung und des Erhalts von Arbeitsplätzen zu fördern (BT-Drucks. 14/5741 S. 49).

4 Für Vorschläge, die über den einzelnen Betrieb hinaus gehen, also **standortübergreifend** sind, kommt die Zuständigkeit des GesBR oder des KBR in Betracht. Bezieht sich der Vorschlag auf Angelegenheiten der jug. oder der zu ihrer Ausbildung Beschäftigten, sind die JugAzubiVertr. zu beteiligen.

Entspr. Vorschriften: keine

II. Vorschlagsrecht des Betriebsrats

5 Das G regelt das Vorschlagsrecht des BR für Maßnahmen der Beschäftigungssicherung im 5. Abschnitt des G im Rahmen der personellen Angelegenheiten. Es räumt dem BR damit **kein allgemeines arbeitsmarktpolitisches Mandat** ein (*DKK-Däubler* Rn 2; im Ergebnis zustimmend GK-*Raab* Rn 7). Die systematische Zuordnung zu den personellen Angelegenheiten verdeutlicht die belegschaftsbezogene Ausrichtung des Vorschlagsrechts (vgl. *Konzen* RdA 01, 76; krit. *Rieble* NZA-Sonderheft 01, 48).

6 Das Vorschlagsrecht ist seinem Inhalt nach weit gefasst. Es erlaubt deshalb auch Vorschläge zur Führung des Betriebs. Ein verfassungsrechtlich bedenklicher Eingriff in die durch Art. 2 Abs. 1, Art. 12 Abs. 1 oder Art. 14 GG geschützte Dispositionsfreiheit des ArbGeb. ist damit nicht verbunden (*Richardi/Thüsing* Rn 3). Denn das Vorschlagsrecht ist **kein MBR.** Es setzt auf die Überzeugungskraft der unterbreiteten Vorschläge. Der ArbGeb. ist nicht verpflichtet einen Vorschlag umzusetzen, auch wenn er ihn für geeignet hält (*HSWGNR* Rn 14; *Engels/Trebinger/Löhr-Steinhaus* DB 01, 532).

7 Nach Abs. 1 Satz 1 kann der BR Vorschläge zur **Sicherung und Förderung der Beschäftigung** machen. Das G enthält keine ausdrückliche Beschränkung auf den Betrieb; eine solche folgt aus dem allgemeinen, durch Wahl vermittelten Mandat des BR, die Interessen der betriebszugehörigen ArbN zu wahren. Den Begriff der Sicherung und der Förderung der Beschäftigung erläutert das G ebenfalls nicht. Aus dem Betriebsbezug des Vorschlagsrechts und seinem daran ausgerichteten Schutzzweck folgt, dass es vorrangig um Vorschläge zur Sicherung der im Betrieb vorhandenen Arbeitsplätze und die Förderung der belegschaftszugehörigen ArbN geht (*Konzen* RdA 01, 76). Wegen der Aufführung des Begriffspaares Sicherung und Förderung der Beschäftigung unter der Gesetzesüberschrift „Beschäftigungssicherung" bedarf es keiner konkreten inhaltlichen Zuordnung des Vorschlags.

8 Das G definiert nicht den Begriff der Beschäftigungssicherung oder -förderung. Gemeint ist in erster Linie der Ausbau von Beschäftigungsmöglichkeiten zur Schaffung neuer Arbeitsplätze (GK-*Raab* Rn 12). Dazu benennt das G Initiativen, auf die sich das Vorschlagsrecht beziehen kann. Die **Aufzählung ist nicht abschließend** (*Wendeling-Schröder/Welkoborsky* NZA 02, 1370; GK-*Raab* Rn 8). Der BR kann dem ArbGeb. über die im G genannten Beispielsfälle hinaus weitere Vorschläge zur Sicherung und Förderung der Beschäftigung unterbreiten (*DKK-Däubler* Rn 5; *Richardi/Thüsing* Rn 4). Dazu können im Falle der **Fremdvergabe von Arbeit** nicht nur Maßnahmen zur Vermeidung von „outsourcing" zählen, sondern auch solche zur Rückführung fremdvergebener Aufgaben. Nach der Gesetzesbegründung kommen weiter Vorschläge zur ArbZ-Flexibilisierung in Betracht oder solche zur Optimierung der Kapazitätsauslastung. Solche zur Förderung von Teilzeit- oder Telearbeit können zur besseren Vereinbarkeit von Familienpflichten und damit zum Verbleib im Betrieb beitragen. Vorschläge zur Einführung neuer Formen der Arbeitsorganisation (Gruppenarbeit etc.) sowie solche zur Änderung von Arbeitsverfahren und -abläufen können nen zur Kostensenkung beitragen und dadurch die Wettbewerbsfähigkeit des Betriebs

erhalten oder gar steigern und damit mittelbar die Beschäftigung zu fördern. Dieses Ziel können auch Vorschläge zum Investitions- und Produktionsprogramm, zur Produktpalette, zur Erweiterung des Angebots an Dienstleistungen oder solche für eine umweltbewusstere Produktion verfolgen. Das Vorschlagsrecht erfasst auch Reintegration zuvor ausgelagerter Einheiten. Es erstreckt sich auch auf die Inanspruchnahme von Leistungen der aktiven Arbeitsförderung iSd. § 3 Abs. 4 SGB III. Bei einem sich abzeichnenden sozialplanpflichtigen Stellenabbau kann der BR im Wege seines Vorschlagsrechts nach § 92a präventiv tätig werden, in dem er dem ArbGeb. einen „Beschäftigungsplan" ohne die aus §§ 111 ff. folgenden Beschränkungen unterbreitet und die Bundesagentur nach Abs. 2 der Vorschrift einbezieht (*Wendeling-Schröder/Welkoborsky* NZA 02, 1370). Zur Vorgehensweise bei der Ausübung des Vorschlagsrechts *Niemeyer* AiB 02, 616.

Das weitgefasste Vorschlagsrecht weist eine Reihe von Berührungspunkten zu den **9** übrigen **gesetzlichen Beteiligungsrechten** und der **zwingenden MB** auf. Diese schränken das Vorschlagsrecht nach § 92a Abs. 1 nicht ein (*DKK-Däubler* Rn 3). Der BR kann dem ArbGeb. deshalb auch **Qualifizierungsmaßnahmen** vorschlagen, ohne an die Voraussetzungen des darauf gerichteten MBR nach § 97 Abs. 2 iVm. § 98 Abs. 1 gebunden zu sein. Dem BR ist es auch unbenommen, Vorschläge für die Durchführung außerbetrieblicher Berufsbildungsmaßnahmen zu unterbreiten, deren Ziel es ist, die beruflichen Kenntnisse und Fähigkeiten der ArbN zu aktualisieren. Der BR kann auch bei einer sich abzeichnenden Betriebsänderung ungeachtet der in § 111 geregelten Vorgaben beschäftigungssichernde Vorschläge unterbreiten. Bezieht sich der Vorschlag auf Gegenstände die der MB nach § 87 Abs. 1 unterliegen, können die Betriebsparteien Regelungen durch BV treffen. In den übrigen Fällen kommt der Abschluss freiwilliger BV in Betracht (vgl. § 77 Rn 47; ErfK-*Kania* Rn 1; *DKK-Däubler* Rn 16).

III. Pflicht des Arbeitgebers

§ 92a Abs. 2 hält den ArbGeb. dazu an, sich mit dem Vorschlag des BR ernsthaft **10** und in angemessener Zeit zu befassen. Dazu begründet Abs. 2 Satz 1 die Pflicht, den Vorschlag mit dem BR zu beraten. **Intensität und Dauer der Beratung** sind abhängig vom Inhalt des jeweiligen Vorschlags. Das Gebot der vertrauensvollen Zusammenarbeit (§ 2 Abs. 1) verpflichtet die Betriebsparteien dazu, sich mit den Argumenten der jeweils anderen Seite auseinander zu setzen (*HSWGNR* Rn 21). Es gelten die zu § 111 entwickelten Grundsätze (vgl. § 111 Rn 105 ff.).

Nach Abs. 2 Satz 2 trifft den ArbGeb. zusätzlich eine **Begründungspflicht,** so- **11** fern er den Vorschlag des BR für ungeeignet hält. Über den Wortlaut der Vorschrift hinaus ist der ArbGeb. zur Begründung auch dann verpflichtet, wenn er den Vorschlag zwar für geeignet hält, aber nicht bereit ist, ihn aufzugreifen. Die Begründungspflicht dient der Unterstützung des Beratungsrechts (*Löwisch* BB 01, 1790). Die Begründung muss verständlich sein. Aus ihr müssen die tragenden Erwägungen für die Zurückweisung des Vorschlags hervorgehen (GK-*Raab* Rn 31; *Löwisch* BB 01, 1790). Es kommt nicht darauf an, ob die subjektive Einschätzung des ArbGeb. zu verifizieren ist. Der ArbGeb. ist verpflichtet, die Begründung von sich aus zu erteilen. Der BR muss ihn nicht erst dazu auffordern.

In Betrieben mit mehr als 100 ArbN muss die Begründung sogar schriftlich er- **12** folgen. Es genügt die Wahrung der Textform des § 126b BGB. Damit kann die Begründung auch per Fax oder **E-Mail** übermittelt werden (GK-*Raab* Rn 34). Der Schwellenwert dient dem **Überforderungsschutz kleinerer Betriebe.** Für die Bestimmung des Schwellenwerts kommt es auf die Zahl der in der Regel dort Beschäftigten an (*DKK-Däubler* Rn 20; GK-*Raab* Rn 33; **aA** *Richardi/Thüsing* Rn 12 aktuelle Belegschaftsgröße). Damit wirken sich kurzfristige Schwankungen in der Belegschaft nicht aus. Entscheidend ist die Zahl der betriebszugehörigen ArbN einschließlich der LeihArbN sowie der nach § 5 Abs. 1 S. 3 in Betrieben eingesetzten

Beamte, Soldaten und ArbN des öffentl. Dienstes. Diese Zahl gibt einen zuverlässigen Hinweis auf die Größe und personelle Ausstattung der Betriebsführung. Die für das Eingreifen des **Schriftformgebots** maßgebende ArbNZahl bestimmt sich nach dem Zeitpunkt, zu dem die Ablehnung mitgeteilt werden soll.

13   Die Betriebsparteien sind nach Abs. 2 Satz 3 berechtigt, zu ihren Beratungen über den Vorschlag des BR einen **Vertreter** der Bundesagentur beizuziehen. Dieser Dritte soll zum einen auf Grund seiner Sachnähe die Parteien über beschäftigungssichernde Fördermaßnahmen des Arbeitsförderungsrechts beraten (*DKK-Däubler* Rn 15; *Richardi/Thüsing* Rn 14). Darüber hinaus soll er als neutrale Instanz Meinungsverschiedenheiten zwischen den Betriebsparteien ausräumen helfen (BT-Drucks. 14/5741 S. 49; *Engels/Trebinger/Löhr-Steinhaus* DB 01, 532). Über die zur Verfügung zu stellende Person entscheidet die angerufene Stelle. Im Gegensatz zu anderen Fällen enthält das G keine Vorgabe hinsichtlich der Person dieses Dritten.

IV. Streitigkeiten

14   Der BR kann seinen Anspruch auf Beratung und Erteilung einer Begründung im arbeitsgerichtl. **Beschl.Verf.** durchsetzen (Einzelheiten nach § 1 Rn 7 ff.). Das G gewährt dem BR einen darauf gerichteten Erfüllungsanspruch (*Annuß* NZA 01, 367). Verletzt der ArbGeb. seine Pflichten, kommt ein Antrag nach § 23 Abs. 3 in Betracht, nicht jedoch ein allgem. Unterlassungsanspruch (WPK-*Preis* Rn 8). Auch führt die Missachtung der ArbGeb-Pflichten aus § 92a nicht zur Unwirksamkeit individualrechtlicher Maßnahmen, zu deren Schutz der BR von seinem Vorschlagsrecht Gebrauch gemacht hat. Denn § 92a begründet Rechte und Pflichten nur im Verhältnis der Betriebsparteien zueinander und nicht im Verhältnis zu einzelnen ArbN (vgl. BAG 18. 10. 06 – 2 AZR 434/05 – NZA 07, 552). Die Verletzung der Beratungs- und Begründungspflicht ist auch keine Ordnungswidrigkeit nach § 121 Abs. 1 (GK-*Raab* Rn 43).

§ 93 Ausschreibung von Arbeitsplätzen

Der Betriebsrat kann verlangen, dass Arbeitsplätze, die besetzt werden sollen, allgemein oder für bestimmte Arten von Tätigkeiten vor ihrer Besetzung innerhalb des Betriebs ausgeschrieben werden.

Inhaltsübersicht

I. Vorbemerkung

1   Die Vorschrift dient der effektiven Verwirklichung eines **innerbetrieblichen Arbeitsmarkts.** Es sollen die im Betrieb selbst vorhandenen Möglichkeiten der Personalbeschaffung aktiviert werden. Außerdem sollen Irritationen der Belegschaft über die Hereinnahme Außenstehender trotz eines möglicherweise im Betrieb vorhandenen qualifizierten Angebots vermieden werden (BAG 27. 7. 93 AP Nr. 3 zu § 93 BetrVG 1972). Missachtet der ArbGeb. das Ausschreibungsverlangen, kann der BR der beabsichtigten Stellenbesetzung mit einem Betriebsexternen nach § 99 Abs. 2 Nr. 5 widersprechen. Dieser Zustimmungsverweigerungsgrund sichert damit die Ausübung des MBR nach § 93 (vgl. Rn 19).

Durch das 2. GleiBG wurde die ursprüngliche Fassung des § 93 mit dem Ziel er- **2** gänzt, die Vereinbarkeit von Familie und Erwerbstätigkeit zu fördern. Dazu bestimmte Satz 2 der Vorschrift ein Recht des BR, beim ArbGeb. die Ausschreibung von Teilzeitarbeitsplätzen anregen zu können. Hierzu war der ArbGeb. allerdings nur verpflichtet, wenn er bereit war, die entsprechenden Arbeitsplätze mit Teilzeitkräften zu besetzen. Die durch das 2. GleiBG eingefügten Sätze 2 und 3 wurden mit dem **Inkrafttreten des TzBfG** vom 21. 12. 00 (BGBl. I S. 1966) mit Wirkung zum 1. 1. 01 aufgehoben (vgl. Art. 2a). Die vom ArbGeb. bei der Ausschreibung von Arbeitsplätzen als Voll- oder Teilzeitstellen zu beachtenden Anforderungen regelt nunmehr § 7 Abs. 1 TzBfG.

Entspr. Vorschrift: § 75 Abs. 3 Nr. 14 BPersVG. **3**

II. Ausschreibung von Arbeitsplätzen

Die Ausschreibung von Arbeitsplätzen ist Teil der Personalbeschaffungsplanung **4** (vgl. § 92 Rn 2, 13). Sie wird dem ArbGeb. nicht von Gesetzes wegen aufgegeben, sondern erst, wenn der BR sie von sich aus verlangt hat (BAG 1. 2. 11 – 1 ABR 79/09 – NZA 11, 703) oder die Betriebsparteien hierüber eine Vereinbarung getroffen haben (BAG 14. 12. 04 AP Nr. 121 zu § 99 BetrVG 1972). Missachtet der ArbGeb. das MBR, kann der BR nach § 99 Abs. 1 iVm. § 99 Abs. 2 Nr. 5 die Zustimmung zu einer entsprechenden personellen Maßnahme verweigern (BAG 6. 10. 10 – 7 ABR 18/09 – NZA 11, 360)). Führt der ArbGeb. eine innerbetriebliche Ausschreibung durch, genügt er damit zugleich seiner **Informationspflicht nach § 18 TzBfG** (*DKK-Buschmann* Rn 4) Nach dieser Vorschrift hat der ArbGeb. seine bei ihm befristet beschäftigten ArbN über zu besetzende unbefristete Arbeitsplätze zu informieren. Das MBR gilt nicht für die Ausschreibung von Arbeitsplätzen ltd. Angst. (vgl. BAG 27. 7. 93 AP Nr. 3 zu § 93 BetrVG 1972).

Das MBR bezieht sich auf das Verfahren zur Besetzung vorhandener Arbeitsplätze **5** und nicht auf die Schaffung neuer Arbeitsplätze. Es setzt eine vorhandene besetzungsfähige oder eine vom ArbGeb. geschaffene Stelle voraus. Ob diese Arbeitsplätze in Voll- oder Teilzeit oder befristet oder auf Dauer besetzt werden sollen, ist für das Eingreifen des MBR unerheblich. Das Verlangen des BR bestimmt den Umfang der Ausschreibungspflicht (BAG 14. 12. 04 AP Nr. 121 zu § 99 BetrVG 1972). Der BR kann insgesamt verlangen, dass **freiwerdende oder neu geschaffene Arbeitsplätze allgemein** oder doch für **bestimmte Arten von Tätigkeiten,** also ArbNGruppen, innerhalb des Betriebs ausgeschrieben werden. Das gilt selbst dann, wenn sie nach der Vorstellung des ArbGeb. mit **LeihArbN** oder freien Mitarbeitern besetzt werden sollen (BAG 1. 2. 11 – 1 ABR 79/09 – NZA 11, 703; 27. 7. 93 AP Nr. 3 zu § 93 BetrVG 1972) oder nur für bestimmte ArbN geschaffen werden sollen (LAG Chemnitz AuA 94, 26). Beabsichtigt der ArbGeb. dauerhaft eine Stelle mit einem LeihArbN zu besetzen, kann der BR nicht bei jedem – ggfls. auch vom Verleiher initiierten – Austausch eines LeihArbN auf diesem Arbeitsplatz erneut eine Ausschreibung verlangen. Dies folgt aus dem Zweck des MBR, das auf die Aktivierung des innerbetriebl. Stellenmarkts gerichtet ist, aber nach der Stellenbesetzung mit einem LeihArbN nicht mehr zum Zuge kommt. Zu besetzende Arbeitsplätze können auch solche sein, die durch eine Aufstockung der Arbeitszeit bereits beschäftigter ArbN entstehen. Auch in diesem Fall kann eine Einstellung iSv. § 99 Abs. 1 S. 1 vorliegen, zu der ein BR, der zuvor erfolglos die Ausschreibung verlangt hat, seine Zustimmung gemäß § 99 Abs. 2 Nr. 5 verweigern kann (BAG 25. 1. 05 AP Nr. 114 zu § 87 BetrVG 1972 Arbeitszeit; vgl. zu § 75 Abs. 1 Nr. 1 BPersVG BVerwG 23. 3. 99 BVerwGE 108, 347). Eine Ausschreibung nur aus Anlass eines konkreten Einzelfalls kann der BR nicht fordern (GK-*Raab* Rn 16; *Richardi/Thüsing* Rn 7; **aA** *DKK-Buschmann* Rn 9). Verlangt der BR keine innerbetriebliche Ausschreibung, kann er sich nach Einleitung der personellen Maßnahme nicht auf den Zustimmungsverweigerungsgrund des § 99

Abs. 2 Nr. 5 berufen (§ 99 Rn 247 ff.; BAG 25. 1. 05 AP Nr. 114 zu § 87 BetrVG 1972 Arbeitszeit; ErfK-*Kania* Rn 4).

6   Das **MBR bezieht sich nicht** auf Inhalt, Form und Frist der Ausschreibung (aA Voraufl.; nunmehr BAG 6. 10. 10 – 7 ABR 18/09 – NZA 11, 360). Die darauf bezogenen Anforderungen bestimmen sich nach dem Zweck einer Ausschreibung. Dementsprechend muss deutlich gemacht werden, um welchen Arbeitsplatz es geht und welche Anforderungen an den Bewerber gestellt werden. Auch die Ausschreibungsfrist bestimmt der ArbGeb. Diese muss so bemessen sein, dass alle potentiellen Bewerber die Chance der Kenntnisnahme haben. Zwei Wochen reichen regelmäßig aus (BAG 6. 10. 10 – 7 ABR 18/09 – NZA 11, 360).

7   **Ausschreibung** ist die allgemeine Aufforderung an alle oder eine bestimmte Gruppe von ArbN, sich für bestimmte Arbeitsplätze im Betrieb zu bewerben (BAG 23. 2. 88 AP Nr. 2 zu § 93 BetrVG 1972). Das erfordert die Bekanntgabe bestimmter stellen- wie aufgabenbezogener **Mindestinformationen.** Dazu gehören die Bezeichnung der zu besetzenden Position, die jeweiligen Qualifikationsanforderungen – ggf. unter Hinweis auf erwartete Bereitschaft zur Einarbeitung oder Fortbildung –, eine aussagekräftige Aufgabenbeschreibung, die Angabe der Gehalts- oder Tarifgruppe, der Hinweis auf voll- oder/und Teilzeitbeschäftigung bzw. Befristung sowie der Zeitpunkt der Arbeitsaufnahme am neuen Arbeitsplatz. Da der Hinweis auf mangelnde Qualifikation der häufigste Grund zur Verhinderung von Einstellungen oder des beruflichen Aufstiegs von Frauen ist, sollte der BR bei der Ausschreibung von Arbeitsplätzen darauf achten, dass die Anforderungen im Vorfeld einer Ausschreibung möglichst genau benannt werden, damit nicht im Nachhinein mit zusätzlich geforderten Qualifikationsmerkmalen versteckte Frauendiskriminierung praktiziert werden kann (vgl. § 99 Rn 179).

8   Nach § 11 iVm. § 7 Abs. 1 und 2 AGG darf der ArbGeb. einen Arbeitsplatz **weder** öffentlich noch innerhalb des Betriebes **nur für Männer oder nur für Frauen** ausschreiben, es sei denn, ein bestimmtes Geschlecht ist unverzichtbare Voraussetzung für die auf dem Arbeitsplatz auszuübende Tätigkeit. Bei diesen Ausschreibungen sind nun auch die übrigen Benachteiligungsverbote (vgl. BAG 18. 8. 09 – 1 ABR 47/08 – NZA 10, 222) nach dem AGG zu beachten. Der BR kann die Einhaltung dieses Benachteiligungsverbotes über das Zustimmungsverweigerungsrecht nach § 99 Abs. 2 Nr. 5 (§ 99 Rn 250; GK-*Raab* Rn 34) oder sein Antragsrecht nach § 17 AGG durchsetzen.

9   Vereinbaren die Betriebsparteien **Ausschreibungsgrundsätze,** sollte zweckmäßigerweise nicht nur **die Frist,** NZA 10, 222 sondern auch **die Form** einer Ausschreibung geregelt werden: zB Anschlag am Schwarzen Brett, Veröffentlichung in der Werkszeitung, Rundschreiben, Intranet, E-Mail, etc. Allerdings kann nur eine freiwillige BV abgeschlossen werden (BAG 27. 10. 1992 AP Nr. 29 zu § 95 BetrVG 1972). Kommt eine solche nicht zustande, kann der ArbGeb. alleine die Art und Weise der Bekanntgabe festlegen (BAG 6. 10. 10 – 7 ABR 18/09 – NZA 11, 360).

10   Eine **unternehmens- oder konzernbezogene Ausschreibung** ist durch den BR nicht erzwingbar (für völlige Beschränkung der Anwendung des § 93 auf den einzelnen Betrieb: *HSWGNR* Rn 26; *SWS* Rn 5). Sind jedoch die Voraussetzungen für die Zuständigkeit des GesBR (KBR) gegeben (vgl. § 50 Rn 51 ff., § 58 Rn 13), können auch diese Organe eine Ausschreibung in allen, auch betriebsratslosen Betrieben oder Unternehmen verlangen. Dies gilt insb. für Spezialisten- und solche Beförderungsstellen, für deren Besetzung ArbN des weiteren Bereichs in Frage kommen (im Ergebnis wie GK-*Raab* Rn 22; *Richardi/Thüsing* Rn 15; *DKK-Buschmann* Rn 22). Hat der ArbGeb. mit dem GBR oder dem KBR Ausschreibungsgrundsätze durch freiwillige BV geregelt und verfährt auch danach, erfüllt er damit zugleich das Ausschreibungsverlangen des BR.

11   In **Tendenzbetrieben** kann der BR die Ausschreibung auch solcher Arbeitsplätze verlangen, die mit Tendenzträgern besetzt werden sollen (BAG 1. 2. 11 – 1 ABR

79/09 – NZA 11, 703). Das dient der Aktivierung des innerbetriebl. Stellenmarkts für Tendenzträger. Sieht der ArbGeb. dennoch von einer Ausschreibung ab, begründet dies aber aus Gründen des Tendenzschutzes kein Zustimmungsverweigerungsrecht nach § 99 Abs. 2 Nr. 5 (vgl. Hess. LAG NZA 97, 671). Vgl. auch § 118 Rn 35.

Träger des MBR nach § 93 bei der **Deutschen Bahn AG** ist der BR, auch bezüglich der zugewiesenen Beamten des BEV (*Engels/Mauß-Trebinger* RdA 97, 217, 232). Nach § 5 Abs. 2 ELV regelt der Präsident des BEV durch Vereinbarung mit dem Vorstand der DBAG Art und Umfang der Ausschreibung sowie das Stellenbesetzungsverfahren. Dadurch soll lediglich der verfassungsmäßig garantierte Zugang zu öffentlichen Ämtern (Art. 33 Abs. 2 GG) für zugewiesene Beamte auch bei der Deutschen Bahn AG gewährleistet werden. Die Rechte des BR nach § 93 werden dadurch nicht eingeschränkt. Bei den **Postunternehmen** gilt § 93 ebenfalls uneingeschränkt (*Engels/Mauß-Trebinger* RdA 97, 217, 236; s. auch § 99 Rn 259ff.). **12**

Die Durchführung der innerbetrieblichen Ausschreibung des Arbeitsplatzes begründet **keine** entsprechende **Besetzungspflicht** des ArbGeb. Dieser muss lediglich bestehende AuswahlRL (§ 95) beachten (BAG 18. 11. 80 AP Nr. 1 zu § 93 BetrVG 1972; BAG 30. 1. 79 AP Nr. 11 zu § 118 BetrVG 1972; *Richardi/Thüsing* Rn 25 mwN). Der ArbGeb. kann neben der innerbetrieblichen Ausschreibung auch andere Bewerbungen einholen, zB durch Zeitungsanzeige oder Anfrage beim Arbeitsamt (hM). Bei dem **externen Stellenangebot** müssen die Kriterien der innerbetrieblichen Ausschreibung beibehalten werden (*HSWGNR* Rn 43). Ändert der ArbGeb. die Ausschreibungskriterien, kann der BR der Einstellung eines außerbetrieblichen Bewerbers die Zustimmung versagen (BAG 23. 2. 88 AP Nr. 2 zu § 93 BetrVG 1972). Ferner muss zwischen der externen und der betriebsinternen Ausschreibung ein angemessener Zeitraum liegen, der hinreichend Zeit für eine innerbetriebliche Bewerbung belässt. Entscheidet sich der ArbGeb. trotz einer internen Ausschreibung für einen externen Bewerber, hat der BR zu prüfen, ob ein Zustimmungsverweigerungsgrund nach § 99 Abs. 2 Nr. 2 oder Nr. 3 vorliegt. **13**

III. Ausschreibung von Teilzeitarbeitsplätzen

Nach § 80 Abs. 1 Nr. 2a und Nr. 2b gehört die Unterstützung der tatsächlichen Gleichstellung von Frauen und Männern insbesondere bei der Einstellung und dem beruflichen Aufstieg ebenso zu den allgemeinen Aufgaben des BR wie die der Förderung der Vereinbarkeit von Familie und Erwerbstätigkeit. Im Rahmen dieser Aufgabe kann der **BR nach § 92 Abs. 3 dem ArbGeb. vorschlagen,** Teilzeitarbeitsplätze neu einzurichten oder Vollzeitstellen in Teilzeitstellen umzuwandeln. Die darauf gerichteten Vorschläge hat der ArbGeb. mit dem BR zu beraten; daran gebunden ist er nicht (*HSWGNR* Rn 44). Das entspricht der Rechtslage nach der bis zum 31. 12. 00 geltenden Fassung des § 93, die zwar ein Vorschlagsrecht des BR regelte, den ArbGeb. aber nur dann zur innerbetrieblichen Ausschreibung von Teilzeitarbeitsplätzen verpflichtete, soweit er überhaupt bereit war, eine Stelle mit Teilzeitkräften zu besetzen. **14**

Die Förderung von Teilzeitarbeit durch ein vermehrtes Angebot von Teilzeitarbeitsplätzen wird darüber hinaus vom **Vorschlagsrecht nach § 92a Abs. 1** erfasst. Auch diese Vorschläge hat der ArbGeb. mit dem BR zu erörtern. Lehnt er die Vorschläge ab, muss er dies dem BR gegenüber begründen. In Betrieben mit mehr als 100 ArbN hat die Begründung nach § 92a Abs. 2 S. 2 schriftlich zu erfolgen. Über eine argumentative Beeinflussung des ArbGeb. hinaus, kann der BR über das Vorschlagsrecht nach § 92a Abs. 1 ebenfalls keine Ausschreibung von Teilzeitstellen erzwingen. **15**

§ 7 Abs. 1 TzBfG verpflichtet den ArbGeb. bei der externen wie der betriebsinternen Ausschreibung eines Arbeitsplatzes, diesen auch als Teilzeitarbeitsplatz auszuschreiben, sofern sich die Stelle dafür eignet. Das MBR nach § 93 berechtigt den **16**

BR, eine betriebsinterne Ausschreibung zu fordern. Die Ausübung des MBR nach § 93 löst demnach die **Ausschreibungspflicht nach § 7 Abs. 1 TzBfG** aus (*Engels* ArbuR 09, 65; *Sievers* § 7 TzBfG Rn 2; *Meinel/Heyn/Herms* § 7 TzBfG Rn 5; *TZA-Buschmann* § 7 Rn 2 f.). Missachtet der ArbGeb. seine Pflicht, eine zu besetzende Stelle als Teilzeitarbeitsplatz auszuschreiben, obwohl die Stelle dafür geeignet ist, kann der BR unter Hinweis auf § 99 Abs. 2 Nr. 5 der beabsichtigten personellen Maßnahme die Zustimmung verweigern, soweit er eine entsprechende Ausschreibung verlangt hat (*DKK-Buschmann* Rn 28; *Herbert/Hix* DB 02, 2377; *Däubler* ZIP 01, 218; *Rolfs* RdA 01, 141; *Fischer* ArbuR 01, 325; *Laux/Schlachter* § 7 Rn 39; wohl auch *Hanau* NZA 01, 1168; *Hromadka* NJW 01, 401; **aA** *Ehler* BB 01, 1146; *Lindemann/Simon* BB 01, 146; *Beckschulte* DB 00, 2598; *Preis/Gotthardt* DB 00, 2067; *Spinner* in *Arnold/Gräfl* TzBfG § 7 Rn 12 ff.).

17   Das TzBfG regelt nicht die Kriterien, nach denen ein zu besetzender Arbeitsplatz als **Teilzeitarbeitsplatz geeignet** ist. Der Entwurf des TzBfG sah zunächst eine andere Fassung der Ausschreibungspflicht vor. Danach konnte der ArbGeb. von der Ausschreibung als Teilzeitarbeitsplatz nur absehen, wenn dringende betriebliche Gründe einer Teilzeitbeschäftigung an diesem Arbeitsplatz entgegenstanden. Das sollte nach der Amtlichen Begründung Fälle treffen, in denen die Besetzung des Arbeitsplatzes unzumutbar erschwert wird, weil die Tätigkeit Spezialkenntnisse erfordert, über die nur eine begrenzte Anzahl der fachlich und räumlich in Betracht kommenden vollzeitbeschäftigten ArbN verfügen. Diese Fassung ist jedoch nicht Gesetz geworden. Stattdessen stellt das TzBfG auf die Geeignetheit als Teilzeitarbeitsplatz ab. Damit sollte klargestellt werden, dass der ArbGeb. Teilzeitarbeitsplätze nur im Rahmen seiner betrieblichen Möglichkeiten ausschreiben muss (BT-Drucks. 14/4625 S. 23). Nach der st. Rspr. des BAG kann der ArbGeb. innerhalb seiner betrieblichen Organisationsfreiheit den Inhalt der auf einem Arbeitsplatz zu erbringenden Tätigkeit und das dazu notwendige Anforderungsprofil bestimmen. Seine Entscheidung, eine Arbeitsstelle als Teil- oder Vollzeitstelle auszuweisen, ist Teil seiner unternehmerischen Freiheit. Ist die Stelle auf Grund der vom ArbGeb. definierten Anforderungen **objektiv für Teilzeitarbeit** geeignet, ist sie entsprechend auszuschreiben (*Laux/Schlachter* § 7 Rn 20 ff.; *Meinel/Heyn/Herms* § 7 TzBfG Rn 10; *DKK-Buschmann* Rn 27; *Spinner* in *Arnold/Gräfl* TzBfG § 7 Rn 8). Das gilt nur dann nicht, wenn bereits im Zeitpunkt der Ausschreibung feststeht, dass einer Teilzeittätigkeit künftig betriebliche Gründe iSd. § 8 Abs. 4 TzBfG entgegenstehen werden (*Herbert/Hix* DB 02, 2377). Allein die pauschale Behauptung, keine Stellen mit Teilzeitbeschäftigten besetzen zu wollen oder der ebenso pauschale Hinweis auf einen erhöhten Abrechnungs- oder Personalbetreuungsbedarf oder allgemeine organisatorische Schwierigkeiten sind zur Begründung der fehlenden Eignung iSd. § 7 Abs. 1 TzBfG unzureichend.

IV. Verstöße und Streitigkeiten

18   Schreibt der ArbGeb. entgegen dem Verlangen des BR freiwerdende Arbeitsplätze nicht innerhalb des Betriebes aus, so kann der BR seine **Zustimmung** zu einer personellen Maßnahme gem. **§ 99 Abs. 2 Nr. 5 verweigern,** die sich auf die Besetzung des nicht ausgeschriebenen Arbeitsplatzes richtet (BAG 14. 12. 04 AP Nr. 121 zu § 99 BetrVG 1972; ErfK-*Kania* Rn 8). Damit wird ein indirekter Zwang auf den ArbGeb. ausgeübt, die Stellenausschreibung vorzunehmen bzw. nachzuholen. Das gilt auch, wenn der ArbGeb. seine **Ausschreibungspflicht nach § 7 Abs. 1 TzBfG** trotz eines darauf gerichteten Verlangens des BR verletzt (str.; vgl. Rn 16). Ohne ein vorheriges Verlangen des BR oder eine Vereinbarung über die Ausschreibung liegt ein Zustimmungsverweigerungsgrund nach § 99 Abs. 2 Nr. 5 nicht vor (vgl. BAG 25. 1. 05 AP Nr. 114 zu § 87 BetrVG 1972 Arbeitszeit). Verweigert der BR bei einer entsprechenden Besetzung oder Versetzung seine Zustimmung, ist im Rahmen der auf § 99 Abs. 2 Nr. 5 gestützten Zustimmungsverweigerung zu prüfen, ob der zu besetzende Arbeitsplatz objektiv zur Besetzung mit Teilzeitkräften geeignet war.

Das ArbG entscheidet im Streitfall über Umfang sowie Art und Weise (Personen- **19** kreis, Form, Frist) innerbetrieblicher Ausschreibungen. Beim Begriff der Ausschreibung handelt es sich um einen Rechtsbegriff. Überdies kann der BR gegen den ArbGeb. **ein BeschlVerf.** auf Feststellung der Ausschreibungspflicht anstrengen, wenn dieser die Ausschreibung verweigert (*DKK-Buschmann* Rn 31); daneben kommt ein Verfahren nach § 23 Abs. 3 in Betracht (Einzelheiten Nach § 1 Rn 7 ff.).

§ 94 Personalfragebogen, Beurteilungsgrundsätze

(1) ¹**Personalfragebogen bedürfen der Zustimmung des Betriebsrats.** ²**Kommt eine Einigung über ihren Inhalt nicht zustande, so entscheidet die Einigungsstelle.** ³**Der Spruch der Einigungsstelle ersetzt die Einigung zwischen Arbeitgeber und Betriebsrat.**

(2) **Absatz 1 gilt entsprechend für persönliche Angaben in schriftlichen Arbeitsverträgen, die allgemein für den Betrieb verwendet werden sollen, sowie für die Aufstellung allgemeiner Beurteilungsgrundsätze.**

Inhaltsübersicht

I. Vorbemerkung

Die Vorschrift des § 94 behandelt die Einführung und Verwendung von Personal- **1** fragebogen, Rubriken für persönliche Angaben in schriftlichen Arbeitsverträgen und die Aufstellung allgemeiner Beurteilungsgrundsätze. Eine sachgerechte Gestaltung von Fragebogen, Arbeitsvertragsangaben und Beurteilungsgrundsätzen ist ein **wichtiges Hilfsmittel der Personalplanung** (§ 92), der Anwendung von PersonalauswahlRL (§ 95) und der Entscheidung über personelle Einzelmaßnahmen. Durch sie erhält der ArbGeb. Informationen über die Person des ArbN sowie dessen beruflichen Kenntnisse, Fähigkeiten und damit seinen Einsatzmöglichkeiten. Solches Wissen ist unverzichtbare Voraussetzung einer modernen Personalplanung.

Personalfragebogen oder das Offenlegen bestimmter persönlicher Daten im Ar- **2** beitsvertrag berühren das Persönlichkeitsrecht der ArbN. Das MBR des BR soll daher einerseits zur **Versachlichung der Personalpolitik** beitragen und andererseits unzulässigen **Eingriffen in das Persönlichkeitsrecht** der ArbN vorbeugen (BAG 21. 9. 03 AP Nr. 4 zu § 94 BetrVG 1972). Die Beteiligung des BR soll gewährleisten, dass der ArbGeb. nur solche Fragen stellt, für die ein berechtigtes Auskunftsbedürfnis besteht. Der Bewerber ist zwar berechtigt, unzulässige Fragen nicht oder falsch zu beantworten. Er riskiert dann aber, dass ein Arbeitsverhältnis erst gar nicht zustande kommt oder später wegen Täuschung angefochten wird. Zwar darf ein Bewerber auf unzulässige Fragen wahrheitswidrige Antworten geben, ohne dass ihm berechtigterweise eine arglistige Täuschung vorgeworfen werden könnte (BAG 18. 10. 00 AP Nr. 59 zu § 123 BGB; BAG 15. 10. 92 AP Nr. 8 zu § 611a BGB).

Das MBR des BR soll aber dazu beitragen, dass für den Bewerber eine derartige Konfliktlage gar nicht erst entsteht.

3   Die Verwendung der Personalfragebogen und Formulararbeitsverträge iSd. § 94 Satz bedarf einer BV jedenfalls dann, wenn der ArbN entsprechend verpflichtet werden soll. Auch die weitere Verwendung von **Altfragebogen** und Beurteilungsgrundsätzen nach erstmaliger Bildung eines BR bedarf dessen Zustimmung; der ArbGeb. muss die Initiative ergreifen (Hess. LAG DB 90, 1973 u. DB 91, 1027; *Teske* ZIP 87, 960; vgl. auch BAG 22. 10. 86 AP Nr. 2 zu § 23 BDSG mit Anm. *Däubler,* das für eine Übergangszeit bei Duldung durch den BR eine Weiterverwendung für zulässig ansieht, die nach Hess. LAG DB 90, 1973 u. *Däubler* höchstens 1 Jahr dauern darf). Bei einheitlichen Fragebogen, Angaben in Arbeitsverträgen oder Beurteilungsgrundsätzen in einem **Unternehmen mit mehreren Betrieben** steht das MBR dem GesBR unter den Voraussetzungen des § 50 zu (vgl. § 50 Rn 51 ff.; GK-*Raab* Rn 7). Entspr. gilt für den KBR (vgl. § 58 Rn 13). Im **Gemeinschaftsbetrieb** steht dem dafür gebildeten BR das MBR gegenüber dem jeweiligen VertragsArbGeb. zu.

4   Die Vorschrift des § 94 gilt uneingeschränkt auch in den Fällen, in denen die auf Grund eines Fragebogens usw. erhobenen Daten der ArbN in einer Weise verarbeitet werden, die den Vorschriften des BDSG unterliegt. Das **BDSG lässt die MBR des BR unberührt.** Es gestattet durch **BV** (§ 4 Abs. 1 BDSG) die Zulässigkeit der Verarbeitung personenbezogener Daten zu regeln (vgl. Rn 14). Zu Einzelheiten des Datenschutzes vgl. § 83 Rn 16 ff.

5   Entspr. Vorschriften: § 75 Abs. 3 Nr. 8, 9; § 76 Abs. 2 Nr. 2, 3 BPersVG; für Beurteilungsgrundsätze: § 30 S. 1 Nr. 2 SprAuG.

II. Personalfragebogen

1. Gegenstand des Mitbestimmungsrechts

6   **Personalfragebogen** sind idR **formularmäßig gefasste Zusammenstellungen** von Fragen, die ein Bewerber (ArbN) beantworten soll. Sie sollen Aufschluss über die Person, Kenntnisse und Fertigkeiten des Befragten geben (vgl. BAG 9. 7. 91 AP Nr. 19 zu § 87 BetrVG 1972 Ordnung des Betriebs; 21. 9. 93 AP Nr. 4 zu § 94 BetrVG 1972). Erfasst werden sowohl Fragebogen für die schon im Betrieb tätigen ArbN, als auch Einstellungsfragebogen für Bewerber (*Richardi/Thüsing* Rn 5).

7   Ein **Arbeitsplatzerhebungsbogen** unterliegt nicht der MB, soweit die Fragen den Inhalt, den Umfang und die Bedeutung eines Arbeitsplatzes betreffen und nicht arbeitnehmerbezogen sind (*Rebhan* dbr 3/2005 S. 30, 31). Enthält ein solcher Erhebungsbogen personenbezogene Fragen, die objektiv geeignet sind, Rückschlüsse auf Leistung oder Eignung der Befragten zuzulassen, handelt es sich um einen zustimmungsbedürftigen Personalfragebogen (Hess. LAG CR 90, 274; *HSWGNR* Rn 8). Gleiches gilt für einen Erhebungsbogen zwecks Durchführung einer **Organisationsuntersuchung** zur Bürokommunikation und Systemplanung, der von den ArbN die Beantwortung auch personenbezogener Fragen zB nach ihren Vorstellungen zur Bürokommunikation verlangt (VGH Ba-Wü RDV 93, 234). Entscheidend ist der Inhalt der Fragen, nicht der mit der Erhebung verfolgte Zweck. Entsprechendes gilt für Erhebungsbogen (Formulare) zur Darstellung des Ist-Zustandes bei Verfahren der **Gemeinkostenwertanalyse** (aA *Pfelzer* NZA 90, 514). Zustimmungsbedürftig sind auch sog. ergänzende Personalfragebogen, die vom ArbGeb. zu einer **betriebsinternen Sicherheitsüberprüfung** in sicherheits- und sabotagegefährdeten Unternehmen verwendet werden (vgl. *DKK-Klebe* Rn 10; *Gitter/Henker* ZTR 90, 403, 407 ff.). Werden in solchen Unternehmen Angaben über persönliche Verhältnisse eines Bewerbers oder ArbN nicht vom ArbGeb., sondern von einer Aufsichtsbehörde erhoben, steht dem BR kein MBR bei Verwendung und Ausgestaltung derartiger behördlicher Erhebungsbogen zu (BAG 9. 7. 91 AP Nr. 19 zu § 87 BetrVG 1972

Ordnung des Betriebes; vgl. BAG 17. 5. 83 AP Nr. 11 zu § 75 BPersVG mit Anm. *Wiese*).

Das MBR des BR ist nicht auf Personalfragebogen im formellen Sinn beschränkt. **8** Unerheblich ist, ob die Daten schriftlich oder in elektronischer Form erhoben werden (*Rebhan* dbr 3/2005 S. 30, 31). Zustimmungsbedürftig sind auch Fragen, die nicht in einem schriftlichen Fragebogen vom ArbN selbst zu beantworten sind, sondern in standardisierter Form von einem Dritten erhoben werden, sog. **Checklisten.** Das kann auch das Führen formalisierter **Krankengespräche** betreffen (§ 87 Rn 71; ErfK-*Kania* Rn 2; diesen Aspekt zur Begründung eines MBR des BR bei Krankengesprächen übersieht *Raab* NZA 93, 193) oder die auf Grund eines Interviews oder eines psychologischen Tests von einem **Befrager ausgefüllten Unterlagen** (BAG 21. 9. 93 AP Nr. 4 zu § 94 BetrVG 1972; GK-*Raab* Rn 16; *Richardi/Thüsing* Rn 7) oder solche, die über ein Datensichtgerät in einen **Datenträger eingegeben** oder über **optische Belegeleser eingelesen** werden (*Däubler* Anm. AP Nr. 2 zu § 23 BDSG aF). Im letzteren Fall ist der BR deshalb schon bei den vorbereitenden Arbeiten zur Erfassung der Daten auf Datenträger, dh bei der Programmierung einzuschalten (*Kufer* AR-Blattei SD 580 Rn 181). Auch Testbögen, anhand derer die Eignung eines ArbN festgestellt werden soll, sind Personalfragebögen (vgl. Rn 26; *Rebhan* dbr 3/2005 S. 30, 31).

2. Inhalt und Umfang des Mitbestimmungsrechts

Dem MBR unterliegt die **Einführung** und **jede Änderung konkreter Frage-** **9** **bögen** (*Rebhan* dbr 3/2005 S. 30, 33). Es gilt auch für nachträgliche formularmäßige Fragestellungen zum Zwecke der Datenerfassung. Die erforderliche Einigung bezieht sich darauf, ob der ArbGeb. erstmals konkrete Fragebogen einsetzen oder den Inhalt bereits eingeführter Fragebogen verändern darf (*Richardi/Thüsing* Rn 30). Zwar kann der BR weder die Einführung noch eine Änderung von Fragebogen verlangen, allenfalls kann er sein personalplanungsbezogenes Vorschlagsrecht (§ 92 Abs. 2) nutzen. Beide Vorgänge kann er jedoch beeinflussen, indem er seine Zustimmung verweigert und die Durchführung eines E-Stellenverfahrens erzwingt. Darüber hinaus erstreckt sich das MBR auch auf eine nähere **Festlegung des Verwendungszwecks** der vom ArbN erbetenen Informationen (*DKK-Klebe* Rn 7). Andernfalls käme die Schutzfunktion des § 94 nur unzureichend zum Tragen. Ebenso wichtig wie die Beschränkung des Fragerechts als solche ist es sicherzustellen, dass der ArbGeb. die Informationen der ArbN nur insoweit verwertet, als dies durch den Zweck des konkreten Arbeitsverhältnisses bedingt ist.

Durch die Eingabe der ermittelten ArbNDaten in automatisierte Datenverarbei- **10** tungsanlagen besteht die Gefahr, dass sie aus ihrem zulässigen Kontext gelöst werden. Die vielfältigen Möglichkeiten der automatisierten Datenverarbeitung machen es zwingend erforderlich bei der **Erstellung von Personalfragebogen** die Besonderheiten und die qualitativ andersartige Dimension der Datenverarbeitung zu berücksichtigen. Deshalb kann der BR bei sensiblen Daten verlangen, dass schon im Fragebogen eine **Umschreibung** oder **Beschränkung des zulässigen Verwendungszwecks** festgelegt wird. Das entspricht § 32 Abs. 1 Satz 1 BDSG und trägt den Informationspflichten des ArbGeb. nach § 4a Abs. 1 Satz 2 BDSG Rechnung (vgl. § 83 Rn 32 ff.). Insgesamt muss der BR die Informationserwartungen des ArbGeb. an der informationellen Selbstbestimmung der Betroffenen messen (*Simitis* § 28 BDSG Rn 42). Deshalb kann er verlangen, dass bestimmte Informationen nach einer gewissen Zeit nicht mehr berücksichtigt werden dürfen oder zu anonymisieren sind (vgl. *DKK-Klebe* Rn 7; *Simitis* § 28 BDSG Rn 43). Auf die Einschaltung des BR im Hinblick auf dessen MBR nach §§ 94 und 87 Abs. 1 Nr. 6 hat der Datenschutzbeauftragte hinzuwirken.

Der BR ist nicht berechtigt, ohne Kenntnis der Datenverwendung einer generellen **11** Klausel zuzustimmen, wonach die ArbN mit der Beantwortung der gestellten Fragen in eine unbeschränkte Verwendung ihrer personenbezogenen Daten pauschal einwilligen (vgl. § 83 Rn 29).

12   Die Einholung des **Einverständnisses des ArbN** zur Verwendung seiner Daten in automatisierten Verfahren ist mitbestimmungspflichtig (*DKK-Klebe* Rn 27; **aA** *Lambrich/Cahlik* RDV 02, 297). Eine derartige Einwilligung des ArbN bedarf der **Schriftform.** Ist die Einwilligungserklärung Bestandteil des Fragebogens, so muss sie im äußeren Erscheinungsbild des Fragebogens hervorgehoben sein. Es gelten die Anforderungen des § 4a Abs. 1 BDSG (vgl. § 83 Rn 29).

13   Der ArbGeb. ist frei in seiner Entscheidung darüber, Personalfragebogen einzuführen oder sie wieder abzuschaffen (*DKK-Klebe* Rn 2). Der BR hat **kein erzwingbares MBR** also kein Initiativrecht zur Einführung von Personalfragebogen. Er kann die Einführung von Personalbogen nach § 92 Abs. 2 lediglich vorschlagen. Wenn und solange im Betrieb Fragebogen verwendet werden sollen, ist aber ihr Inhalt zwischen ArbGeb. und BR abzustimmen. Das folgt aus § 94 Abs. 1 Satz 2.

14   Über den Inhalt der Personalfragebogen entscheidet im Streitfall die E-Stelle. Sie kann vom ArbGeb. angerufen werden; für den BR besteht dazu in aller Regel keine Notwendigkeit. Der ArbGeb. entscheidet zwar alleine darüber, ob er Personalfragebogen einführen oder verwenden will, er darf jedoch nur solche Fragen stellen, denen der BR zugestimmt hat. Die im **Konfliktfall** zur Entscheidung berufene E-Stelle muss nicht der Aufnahme jeder zulässiger Frage in den Personalfragebogen zustimmen. Ihr steht ein Auswahlrecht zu, das sich zweckmäßigerweise an den betrieblichen Verhältnissen und dem jeweiligen Informationsbedarf orientiert.

15   Der BR kann einen E-Stellenspruch ebenso wie eine mit dem ArbGeb. vereinbarte BV über die Verwendung von Personalfragebögen kündigen. Da der BR außer in den Fällen einer freiwilligen BV weder die Einführung noch die tatsächliche Verwendung von Personalfragebögen erzwingen kann, tritt **keine Nachwirkung** nach § 77 Abs. 6 ein. Mit der Kündigung entfällt nach Ablauf der Kündigungsfrist die Zustimmung des BR. Der ArbGeb. kann die Personalfragebögen nicht mehr einsetzen. Eine Nachwirkung würde ihn in die Lage versetzen, die Bögen bis zu einer Einigung mit dem BR weiter zu verwenden. Das widerspricht dem Zweck des MBR (GK-*Raab* Rn 14; differenzierend *Richardi/Thüsing* Rn 43; *DKK-Klebe* Rn 24: Nachwirkung nur bei Kündigung der BV zwecks inhaltlicher Änderungen).

3. Fragerecht des Arbeitgebers

16   Was den Inhalt der Fragen betrifft, bedarf es einer **Abwägung der berechtigten Interessen** von ArbN und ArbGeb. Das bringt es mit sich, dass Fragen, die vor einer Einstellung unzulässig sind, danach zulässig werden können, zB nach dem Bestehen einer Schwangerschaft, der Zugehörigkeit zu einer Kirche oder Gewerkschaft (vgl. Rn 17, 20). Allgemein gilt, dass ein Interesse des ArbGeb. an der Beantwortung schutzwürdig ist, wenn ein Zusammenhang mit der vom ArbN zu erbringenden Leistung, mit dessen sonstigen Vertragspflichten oder mit der Pflichtenbindung des ArbGeb. besteht (BAG 7. 9. 95 AP Nr. 24 zu § 242 BGB Auskunftspflicht). Der ArbGeb. muss ein berechtigtes, billigenswertes und schutzwürdiges Interesse an der Beantwortung seiner Frage im Hinblick auf das ArbVerh. haben (BAG 16. 12. 04 AP Nr. 64 zu § 123 BGB). Danach ist das Fragerecht beschränkt durch das betriebliche Interesse und das Persönlichkeitsrecht des ArbN (BAG 13. 6. 02 AP Nr. 69 zu § 1 KSchG 1969). Diese Grenze müssen ArbGeb., BR und E-Stelle bei der Aufstellung von Personalfragebogen beachten. Die Zustimmung des BR oder die Entscheidung der E-Stelle führt nicht zur Zulässigkeit einer unstatthaften Frage (vgl. GK-*Raab* Rn 41; *Richardi/Thüsing* Rn 11; vgl. die Beispiele unzulässiger Fragen in sog. **biografischen Fragebögen** bei *Hunold* DB 93, 224). ArbGeb. und BR müssen sich darauf beschränken, nur solche Fragen in den Personalfragebogen aufzunehmen, die zweifelsfrei zulässig sind. Der ArbN muss zudem die Zulässigkeit der Fragestellung beurteilen können. Die Frage muss deshalb so konkret formuliert sein, dass der ArbN zweifels-

frei erkennen kann, wonach gefragt wird (BAG 13. 6. 02 AP § 1 KSchG 1969 Nr. 69). Im Einzelnen gilt:

Zugehörigkeit zu einer Partei, Gewerkschaft oder Konfession: Darauf ge- **17** richtete Fragen sind in der Regel **vor der Einstellung** unzulässig (BAG 28. 3. 00 AP § 99 BetrVG 1972 Einstellung Nr. 27; ErfK-*Preis* § 611 BGB Rn 278). Ausnahmen können in **Tendenzbetrieben** in Betracht kommen, soweit es um Tendenzträger geht und die Fragen einen entsprechenden Tendenzbezug aufweisen (*DKK-Klebe* Rn 20; *HSWGNR* Rn 48; *Richardi/Thüsing* Rn 20). **Nach** erfolgter **Einstellung** kann eine solche Frage statthaft sein, soweit die Angaben für die Lohnberechnung und Entgeltauszahlung benötigt werden (vgl. GK-*Raab* Rn 38). Die Frage nach der **Mitgliedschaft bei Scientology** betrifft nicht die Konfession. Die Organisation der Scientology ist keine Religions- oder Weltanschauungsgemeinschaft (BAG 22. 3. 95 AP Nr. 2 zu § 5 ArbGG 1979). Eine auf die Zugehörigkeit zu dieser Organisation gerichtete Frage bezieht sich auf die innere Einstellung von ArbN. Sie kann daher außerhalb des öffentlichen Dienstes und Tendenzbetrieben jedenfalls im Hinblick auf die Übertragung einer Vertrauensstellung oder besonderen Repräsentationsaufgaben gestellt werden (ErfK-*Preis* § 611 BGB Rn 278; *Bauer/Baeck/Merten* DB 97, 2534; vgl. LAG Berlin DB 97, 2542).

MfS-Tätigkeit, SED-Zugehörigkeit: Fragen nach einer Tätigkeit für das Minis- **18** terium für Staatssicherheit der ehemaligen DDR oder die SED sind im öffentlichen Dienst zulässig etwa bei Lehrern (vgl. BVerfG 8. 7. 97 NZA 97, 935; BAG 16. 12. 04 AP Nr. 64 zu § 123 BGB). Auch außerhalb des öffentlichen Dienstes kann es Arbeitsstellen geben, deren Besetzung der ArbGeb. von der wahrheitsgemäßen Beantwortung nach einer MfS-Verstrickung abhängig machen kann (BAG 13. 6. 02 AP § 1 KSchG 1969 Nr. 69). Das kann betreffen eine hervorgehobene Position (in einem sicherheitsrelevanten Bereich oder in sabotagegefährdeten Unternehmen) oder die Verwendung als Tendenzträger in einem Tendenzbetrieb (vgl. BAG 21. 9. 93 AP Nr. 4 zu § 94 BetrVG 1972; ErfK-*Preis* § 611 BGB Rn 285 ff.; *DKK-Klebe* Rn 18). Fragen nach Vorgängen von vor 1970 verletzen jedoch das allgemeine Persönlichkeitsrecht. Sie dürfen nicht gestellt werden. Aus ihrer unzutreffenden Beantwortung dürfen keine arbeitsrechtlichen Konsequenzen gezogen werden (BVerfG 8. 7. 97 NZA 97, 992).

Vorstrafen, Ermittlungsverfahren: Nach Vorstrafen darf unter Berücksichti- **19** gung des Resozialisierungsgedankens nicht allgemein gefragt werden, sondern nur gezielt, wenn und soweit das für den zu besetzenden Arbeitsplatz von Bedeutung ist (BAG 20. 5. 99 AP Nr. 50 zu § 123 BGB). Das ist etwa der Fall bei der Frage nach Vermögensdelikten bei einem Bankkassierer, Verkehrsstraftaten bei einem Kraftfahrer, Sittlichkeitstaten bei Jugendbetreuern usw. Der ArbN (Bewerber) darf sich als unbestraft bezeichnen (§ 51 BZRG), wenn arbeitsplatzbezogene Vorstrafen im Register nicht mehr (5 Jahre nach Verurteilung) eingetragen oder in das Führungszeugnis nicht aufzunehmen sind (vgl. LAG Berlin DB 97, 101: Keine Offenbarungspflicht bei Nichtaufnahme der Verurteilung ins polizeiliche Führungszeugnis; zur Offenbarungspflicht eines Bewerbers, der demnächst eine Freiheitsstrafe von acht Monaten antreten muss, vgl. Hess. LAG NZA 87, 352). Versucht der ArbGeb., dieses Recht des ArbN (Bewerbers) durch Vorlage eines **lückenlosen Beschäftigungsnachweises** zu umgehen, dürfte es diesem entspr. seinem Recht auf Lüge gestattet sein, „Phantasie"-Angaben in diesem Nachweis zu machen (*DKK-Klebe* Rn 17; *Wedde* CR 92, 679, 681 f.). Es darf auch nach einem Ermittlungsverfahren gefragt werden, wenn die Arbeitsaufgabe dies im Hinblick auf die erhobenen Vorwürfe oder im Hinblick auf die durch das Ermittlungsverfahren eingeschränkte Mobilität des Bewerbers oder ArbN erfordert (ErfK-*Preis* § 611 BGB Rn 289). Eine darauf gerichtete Frage verstößt nach hM nicht gegen die Unschuldsvermutung des Art. 6 Abs. 2 EMRK (BAG 20. 5. 99 AP Nr. 50 zu § 123 BGB; *Richardi/Thüsing* Rn 24; GK-*Raab* Rn 32).

Persönliche, familiäre Situation: Fragen nach Familienstand, Kinderzahl und **20** zuständiger Sozialversicherung sind nach der Einstellung wegen der vom ArbGeb.

vorzunehmenden Entgeltberechnung statthaft (*Ehrich* DB 00, 421). Unzulässig ist die Frage nach der Betreuung aufsichtsbedürftiger Kinder. Daran besteht kein berechtigtes Interesse des ArbG (*D/K/Z* §§ 123, 124 BGB Rn 13). Das gilt für alle weiteren Fragen persönlicher Art, die mit der vorgesehenen oder ausgeübten Tätigkeit nichts zu tun haben. Sie dürfen nicht in Personalfragebogen aufgenommen werden, zB nach dem Beruf des Vaters, nach der Freizeitbeschäftigung, nach den Familienverhältnissen oder nach Heiratsabsichten. Es besteht idR auch keine Offenbarungspflicht über die jeweilige **sexuelle Orientierung** (vgl. auch EuGH 30. 4. 96 NZA 96, 695) und deshalb auch kein darauf gerichtetes Fragerecht. Ebenso unzulässig sind Fragen nach Erbkrankheiten von Familienangehörigen (*Bayreuther* NZA 2010, 679).

21   **Vermögensverhältnisse, Verdienst:** Fragen nach der persönlichen Vermögenssituation sind nur zulässig, sofern es sich um bes. Vertrauensstellungen handelt, bei denen der ArbN entweder mit Geld umgehen muss oder die Gefahr der Bestechung oder des Geheimnisverrats besteht (*Richardi/Thüsing* Rn 22; *HSWGNR* Rn 50). **Lohn- und Gehaltspfändungen** dürfen erst nach der Einstellung für Zwecke des Lohnbüros erfragt werden (GK-*Raab* Rn 34; **aA** *HSWGNR* Rn 51). Fragen nach dem letzten Verdienst sind zulässig, sofern der Bewerber diese als Mindestvergütung fordert (*Moritz* NZA 87, 332; vgl. auch BAG 19. 5. 83 AP Nr. 25 zu § 123 BGB). Im Übrigen sind Fragen nach dem letzten erzielten Verdienst nicht zulässig. Die Beantwortung dieser Frage verschlechtert die Verhandlungsposition des ArbN erheblich. Dem steht kein sachlich gerechtfertigtes Informationsinteresse des ArbGeb. gegenüber (ErfK-*Preis* § 611 BGB Rn 279).

22   **Schwangerschaft:** Eine darauf gerichtete Frage ist vor einer Einstellung idR wegen Verstoßes gegen das Diskriminierungsverbot nach dem AGG regelmäßig unzulässig (vgl. BAG 6. 2. 03 AP Nr. 21 zu § 611a BGB). Das gilt auch unabhängig davon, ob sich neben Frauen auch Männer bewerben (EuGH 4. 10. 01 DB 01, 2451; BAG 15. 10. 92 AP Nr. 8 zu § 611a BGB; *Ehrich* DB 00, 421; *DKK-Klebe* Rn 14; *Richardi/Thüsing* Rn 13). Dem ArbGeb. ist die Frage nach einer Schwangerschaft auch dann noch verwehrt, wenn die Frau die vereinbarte Tätigkeit wegen eines mutterschutzrechtlichen Beschäftigungsverbots zunächst nicht aufnehmen kann (BAG 6. 2. 03 AP Nr. 21 zu § 611a BGB). Zur Umgehung der unzulässigen Frage durch Abschluss befristeter Arbeitsverträge § 5 Rn 131.

23   **Wehrdienst, Zivildienst:** Eine solche Frage an einen Bewerber dürfte nach der Rspr. des EuGH (vgl. EuGH 8. 11. 90 AP Nr. 23 zu Art. 119 EWG-Vertrag) nur noch im Ausnahmefall (zB Einstellung für befristete Tätigkeit, die Bewerber wegen Einberufung nicht ausüben kann) und nur bei Bewerbern im grundwehrdienstfähigen Alter zulässig sein (vgl. *Richardi/Thüsing* Rn 25; ErfK-*Preis* § 611 BGB Rn 273). Mit der Aussetzung des Wehr- und Zivildienstes seit 2011 haben solche Fragen ohnehin an Bedeutung verloren.

24   **Schwerbehinderteneigenschaft:** Nach der bisherigen Rspr. des BAG ist die Frage nach der Schwerbehinderteneigenschaft bei der Einstellung generell zulässig, auch wenn die zu Grunde liegenden Behinderungen keinen Einfluss auf die zu erbringende Arbeitsleistung haben. Es bestehe insoweit ein berechtigtes Interesse des ArbGeb. daran, Anzahl und Arbeitsbedingungen der von ihm beschäftigten Schwerbehinderten zu kennen, um seinen Verpflichtungen nach dem SGB IX und der Beachtung der Beteiligungsrechte der Schwerbehindertenvertretung bzw. des BR nachkommen zu können (BAG 5. 10. 95, 18. 10. 00 AP Nr. 40, 59 § 123 BGB). Diese Rspr. dürfte nach dem Inkrafttreten des Benachteiligungsverbots des § 81 II SGB IX am 1. 7. 01 und angesichts der RL 2000/78/EG vom 27. 11. 2000 (ABl. Nr. L 303/16) wohl nicht uneingeschränkt fortgeführt werden können (vgl. *Messingschlager* NZA 03, 301; 303 ff.; *Brors* DB 03, 1734 ff.; *Joussen* NJW 03, 2857, 2860; *Düwell* DB 01, 1257, 1259 f.; *Bachmann* ZfA 03, 43, 66; ErfK-*Rolfs* § 81 SGB IX Rn 6). Die Frage nach bestimmten körperlicher Funktionen, geistigen Fähigkeiten oder seelischer Gesundheit dürfte aber dann zulässig sein, wenn diese unerlässliche Voraussetzung für die auszuübende Tätigkeit sind; dies folgt schon aus § 81 Abs. 2 S. 2 Nr. 1 S. 2 SGB IX

(vgl. *Richardi/Thüsing* Rn 14; ErfK-*Rolfs* § 81 SGB IX Rn 6; GK-*Raab* Rn 30; vgl. auch BAG 11. 11. 93 AP Nr. 38 zu § 123 BGB). Der ArbGeb. darf die Frage nach der Schwerbehinderteneigenschaft wohl auch stellen, wenn es ihm darum geht, seiner Pflicht zur Beschäftigung schwerbehinderter Menschen nach § 71 SGB IX gerade zu genügen. Er muss dann aber sowohl auf diesen Zweck seiner Frage als auch darauf hinweisen, dass der ArbN die Frage unrichtig beantworten darf (vgl. *Richardi/Thüsing* Rn 15).

Krankheiten: Unzulässig ist es, von Bewerbern die Vorlage einer Bescheinigung **25** ihrer Krankenkasse über Häufigkeit und Dauer der Erkrankungen in letzter Zeit zu verlangen oder danach zu fragen. Fragen nach Krankheiten sind ausnahmsweise zulässig (*HSWGNR* Rn 33), wenn sie sich auf Erkrankungen beziehen, die zu einer dauerhaften Gefährdung oder Einschränkung der Leistungsfähigkeit des ArbN auf dem in Aussicht genommenen Arbeitsplatz führen (zB Pilot, Kraftfahrer, ArbN im sicherheitsrelevanten Bereich von Atomkraftwerken). In diesem Rahmen darf auch nach einer **Alkohol- oder Drogenabhängigkeit** gefragt werden (zum Drogenscreening *Diller/Powietzka* NZA 01, 1227). Nicht zulässig sind Fragen nach den Konsumgewohnheiten bei Alkohol und sonstigen Drogen. Nunmehr untersagt § 19 Nr. 2 GenDG dem ArbGeb. ausdrückl. nach einer **genetischen Veranlagung** des ArbN oder Bewerbers zu fragen (*Wiese* BB 09, 2198). Genetische Untersuchungen und Analysen zum Arbeitsschutz sind nur unter den engen Voraussetzungen des § 20 Abs. 2 GenDG erlaubt (dazu *Wiese* BB 11, 313). Unzulässig sind auch allgemeine Fragen zum Gesundheitszustand (*Ehrich* DB 00, 421) oder Blutuntersuchungen, die nicht durch arbeitsplatzrelevante Gefährdungen veranlasst sind. Ärztliche **Einstellungsuntersuchungen** sind zulässig. Der Bewerber braucht sich zwar nicht untersuchen zu lassen (wegen gesetzl. vorgeschriebener Untersuchungen vgl. aber §§ 18, 47 BundesseuchenG, §§ 32 ff. JugArbSchG, § 5 BerufskrankheitenVO, sowie Untersuchungen auf Grund von Arbeitsschutzvorschriften u. UVVen), muss aber dann damit rechnen, dass er nicht eingestellt wird. Andererseits darf der Arzt dem ArbGeb. das Ergebnis der Untersuchung nur insoweit mitteilen, als er die Eignung für den vorgesehenen Arbeitsplatz bejaht oder verneint (ohne einzelne Befunddaten). In diesem Fall besteht für die Fragen des **ärztlichen Befundbogens** nach dem Zweck des § 94 Abs. 1 kein MBR (*Rebhan* dbr 3/2005 S. 30, 31; **aA** *DKK-Klebe* Rn 11). Denn dem ArbGeb. steht kein Weisungsrecht hinsichtlich der Fragen zu. Außerdem unterliegt der Arzt der Schweigepflicht. Vergleichbares gilt bei **psychologischen Testverfahren,** die von Fachpsychologen durchgeführt werden, die wie Ärzte der Schweigepflicht unterliegen und nur das wertende Ergebnis der Begutachtung dem ArbGeb. mitteilen.

Bei **AIDS** (ErfK-*Preis* § 611 BGB Rn 274) ist zwischen Infizierung und akuter **25a** Erkrankung zu unterscheiden. Die Frage nach einer **HIV-Infektion** ist grundsätzlich unzulässig, da in diesem Stadium weder eine Leistungsminderung des ArbN noch eine Ansteckungsgefahr bei der üblichen betrieblichen Tätigkeit besteht (*HSWGNR* Rn 34). Sie wird zT nur dann für zulässig angesehen, wenn auf dem vorgesehenen Arbeitsplatz die Gefahr einer Ansteckung Dritter besteht, zB bei Heil- und Pflegeberufen (*Richardi/Thüsing* Rn 17; *Keller* NZA 88, 563: Fragerecht bei Küchenpersonal u. ArbN der Lebensmittelherstellung; **aA** *Lichtenberg/Schücking* NZA 90, 41). Nach einer akuten Erkrankung darf der ArbGeb. wohl ohne Einschränkung fragen, da nach dem derzeitigen Stand der Medizin nach wie vor mit einer alsbaldigen Arbeitsunfähigkeit zu rechnen ist. AIDS-Tests dürfen keinesfalls ohne Zustimmung des Bewerbers (ArbN) vorgenommen werden.

4. Testverfahren

Standardisierte Tests zur Feststellung des Potentials von ArbN für bestimmte Aufga- **26** ben **(Potentialanalyse)** sowie die hierbei angewandten Verfahren unterliegen der MB des BR, da die Äußerungen der Testpersonen idR festgehalten und ausgewertet werden (*Jedzig* DB 96, 1337, 1340) Das gilt auch für die Einführung und Ausgestaltung eines **Assessment-Centers,** also einem system. Verfahren, das der Feststellung von Verhaltensleistungen und dem Verstehen von Verhaltensdefiziten dient und dessen Besonderheit darin besteht, dass es von mehreren Beobachtern gleichzeitig für mehrere Bewerber nach einheitlichen Vorgaben angewandt wird (dazu *Stubbe* S. 23). Dabei werden die Bewerber in einer Gruppenveranstaltung ua. auf der Grundlage simulierter Arbeitssituationen anhand abstrakt-genereller Kriterien beurteilt (BVerwG 29. 1. 03 PersV 03, 297; allgm. *Breisig* AiB 03, 138). Soweit dabei Personalfragebogen eingesetzt und Beurteilungsgrundsätze aufgestellt werden, besteht das MBR (*Stubbe* S. 231). **Intelligenztests,** die den Intelligenzquotienten ermitteln, und **Persönlichkeitstests** zur Bestimmung bzw. Erfassung der Gesamtpersönlichkeit sind in jedem Fall unzulässig. **Genetische Analysen** dienen in der Regel dazu, die Anfälligkeit oder Resistenz des ArbN gegenüber konkreten Krankheiten festzustellen (*Däubler* RDV 03, 7; *Ellermann/Opolka* Genomanalyse, ihre biochemischen, medizinischen und politischen Aspekte, 1991; *v. Hoyningen-Huene/Püttner* Psychologischer Test im Betrieb S. 38; *Dobbertin* DuD 97, 82; *Stumper* DuD 95, 511). Sie sind stets unzulässig, weil durch Feststellung von Erbanlagen massiv in das Persönlichkeitsrecht des ArbN eingegriffen wird, nämlich sowohl in das Recht auf Nichtwissen als auch in das Recht auf informationelle Selbstbestimmung. Ab dem 1. 2. 10 untersagt § 19 GenDG vom 21. 7. 09 (BGBl. I, 2529) dem ArbGeb. ausdrücklich, vom ArbN die Vornahme genetischer Untersuchungen oder Analysen zu verlangen oder bereits vorliegende Ergebnisse zu nutzen. Er darf deshalb nach solchen Ergebnissen auch nicht im oder bei der Anbahnung des Arbeitsverhältnisses fragen (*Wiese* BB 09, 2198). Das gilt auch, wenn sich der ArbN „freiwillig" offenbart (*Genenger* AuR 09, 285). Eine Ausnahme vom Verbot des § 19 GenDG gestattet § 20 Abs. 2 GenDG nur für die Vornahme einer Genproduktanalyse im Rahmen arbeitsmedizinischer Vorsorgeuntersuchungen zur Aufdeckung arbeitsplatzrelevanter genetisch bedingter Überempfindlichkeiten.

III. Formularverträge

27   Ein MBR des BR besteht auch, wenn in Arbeitsverträgen, die allgemein für den Betrieb verwandt werden, sog. **Formularverträgen,** persönliche Angaben verlangt werden, sofern diese über die Feststellung der reinen Personalien (Name, Vorname, Geburtstag u. -ort, Anschrift) hinausgehen. Dadurch soll eine Umgehung der MB bei Personalfragebogen verhindert werden. Sonst wäre es dem ArbGeb. möglich, dieselben Angaben ohne Beteiligung des BR zu erlangen, indem er sie statt in Personalfragebogen in die Arbeitsverträge aufnimmt. Im Übrigen unterliegt das Muster eines Formularvertrages, insb. die Aufnahme allgemeiner Arbeitsbedingungen in den Arbeitsvertrag, nicht dem MBR (*Richardi/Thüsing* Rn 52). Dem dürfte gleichstehen die im Betrieb allgemein angestrebte Einwilligung der ArbN zur **Speicherung oder sonstiger Verarbeitung personenbezogener Daten,** die eine Ergänzung der Arbeitsverträge ist und nach § 4a Abs. 1 BDSG der Schriftform bedarf. Ist eine solche Einwilligungserklärung Bestandteil des Formulararbeitsvertrags, muss sie im äußeren Erscheinungsbild des Vertragstextes hervorgehoben sein. Die Vorschrift betrifft nur schriftliche Verträge, nicht mündliche Vereinbarungen. Sie gilt auch für eine allgemein einzuführende schriftliche Ergänzung bestehender Arbeitsverträge (*DKK-Klebe* Rn 27).

IV. Allgemeine Beurteilungsgrundsätze

28   Auch die **Aufstellung allgemeiner Beurteilungsgrundsätze** (nicht die Beurteilung im Einzelfall) unterliegt dem MBR, sofern sie der ArbGeb. einführt oder verwendet. **Der BR hat kein Initiativrecht.** Ausnahmen kommen in Betracht,

wenn die Beurteilungsgrundsätze in einem unmittelbaren Zusammenhang mit Entlohnungsfragen (zB Zielvereinbarungen) stehen. Insoweit kann ein Initiativrecht nach § 87 Abs. 1 Nr. 10, Nr. 11 in Frage kommen. Mitbestimmungspflichtig nach § 94 Abs. 2 sind die Einführung, die Verwendung und die Beurteilungskriterien in ihrer Gesamtheit. Dazu können auch die Beurteilungskriterien für **Zielvereinbarungen** gehören (*Geffken* NZA 00, 1033). Beurteilungsgrundsätze sind auch das vom ArbGeb. für sogn. **Ein-Euro-Jobber** auf der Grundlage von § 61 SGB II zu erstellende Zeugnis mit Kompetenzprofil und die Teilnehmerbeurteilung zur Ergänzung des Kundenprofils (*Engels* NZA 07, 8).

Beurteilungsgrundsätze sind Regelungen, die eine Bewertung des Verhaltens **29** oder der Leistung der ArbN objektivieren und nach einheitlichen Kriterien ausrichten sollen (BAG 23. 10. 84 AP Nr. 8 zu § 87 BetrVG 1972 Ordnung des Betriebes; Hess. LAG DB 90, 1975; *DKK-Klebe* Rn 28; vgl. insb. *Jedzig* DB 96, 1337, 1338). Erreicht werden soll ein einheitliches Vorgehen bei der Beurteilung und ein Bewerten nach einheitlichen Maßstäben mit dem Ziel, zu miteinander vergleichbaren Beurteilungsergebnissen zu gelangen (BAG 18. 4. 00 AP Nr. 33 zu § 87 BetrVG 1972 Überwachung). Sie sind Grundlage für die Beurteilung der ArbN (Bewerber). In welcher Form sie zur Anwendung gelangen ist bedeutungslos. Unter diesen Begriff fallen sowohl **Beurteilungsformulare** als auch **FührungsRL** (*HSWGNR* Rn 68, 74), in denen Beurteilungskriterien festgelegt sind (*DKK-Klebe* Rn 36; vgl. auch *Richardi/Thüsing* Rn 56; **aA** BAG 23. 10. 84 aaO). Auch kommt es nicht darauf an, ob die Beurteilung schriftlich niedergelegt oder elektronisch gespeichert wird. Nicht unter § 94 fallen aber Erfassungsbogen, in die ArbN die Arbeitszeiten für einzelne Arbeitsvorhaben eintragen (BAG 24. 11. 81 AP Nr. 3 zu § 87 BetrVG 1972 Ordnung des Betriebes; vgl. § 87 Rn 72). Das gilt entsprechend für sonstige arbeitsbegleitende Papiere (*DKK-Klebe* Rn 35).

Werden Beurteilungen von ArbN in ein **Personalinformationssystem** eingege- **30** ben, so müssen sie zuvor nach allgemeinen (Beurteilungs-)Grundsätzen standardisiert sein. Die Festlegung von katalogmäßigen Klassifikationsmerkmalen für eine automatisierte Erstellung von **Fähigkeits- und Eignungsprofilen** stellt eine Aufstellung von Beurteilungsgrundsätzen dar, die dem MBR des BR nach Abs. 2 unterliegt (*DKK-Klebe* Rn 34; *Jedzig* DB 91, 754; **aA** GK-*Raab* Rn 50; *Richardi/Thüsing* Rn 55). Zu den Beurteilungsgrundsätzen gehört auch die **Festlegung des Verfahrens,** wie Beurteilungen zustande kommen (zB Fragebogen für Vorgesetzte mit Beurteilungsstufen, Festlegung einzelner Verfahrenselemente wie Arbeitsprogramme, Simulationen, Tests; LAG Hamm 10. 1. 10 LAGE § 98 ArbGG 1979 Nr. 57; *Jedzig* DB 96, 1337, 1339 f.; *Feldhoff* AiB 96, 445, 452). Deshalb unterliegen auch EDV-Programme, die für die Beurteilung wesentliche Informationen zusammenführen, dem MBR (*Jedzig* DB 91, 754; *Kort* CR 92, 611, 619). Dies gilt erst recht für Programme, die auf Grund der gespeicherten Daten unmittelbar selbst eine Beurteilung erstellen. Wegen Beteiligung des BR bei **Assessment-Center** (Rn 26) vgl. BAG 20. 4. 93 AP Nr. 106 zu § 99 BetrVG 1972; *v. Hoyningen-Huene/Püttner* Psychologischer Test im Betrieb S. 35 f., 64, die im MB ablehnen; *Gennen* ZfA 90, 507 ff.; *Schönfeld/Gennen* NZA 89, 543; s. auch *Breisig* BetrR 91, 204; *Hunold* DB 93, 224, 228).

Eine sachgemäße Beurteilung der Leistungen seiner ArbN ist dem ArbGeb. nicht **31** verwehrt. Sie setzt jedoch voraus, dass für die Arbeitsplätze **Arbeitsbeschreibungen (Stellenbeschreibungen)** vorhanden sind, aus denen sich Rechte und Pflichten der Arbeitsaufgabe ergeben (vgl. auch § 92 Rn 11 ff.). Derartige Arbeitsbeschreibungen, auch analytische Arbeitsplatzbewertungen, sind arbeitsplatzbezogen und keine persönlichen Beurteilungsgrundsätze für die einzelnen ArbN (*DKK-Klebe* Rn 35; *Richardi/Thüsing* Rn 55). Das gilt auch für **Funktionsbeschreibungen** als reine Bestandsaufnahme für Gruppen von Stelleninhabern mit vergleichbarer Tätigkeit (BAG 14. 1. 86 AP Nr. 21 zu § 87 BetrVG 1972 Lohngestaltung; vgl. auch § 87 Rn 430).

32   Der **ArbGeb. entscheidet** alleine darüber, **ob er Beurteilungsgrundsätze** im Betrieb **einführt.** Erst an deren Inhalt hat der BR ein volles MBR (*Richardi/Thüsing* Rn 62). Es wird zweckmäßigerweise eine BV abgeschlossen, die als anderweitige Rechtsvorschrift iSd. § 4 Abs. 1 BDSG (vgl. § 83 Rn 26 ff.) auch die Speicherung der Beurteilungsergebnisse in automatisierten Verfahren iSd. BDSG gestattet (vgl. *Jedzig* DB 91, 753). Die Grundsätze beziehen sich insb. auf die bisherige Arbeitsleistung (Beurteilungsmerkmale u. deren Gewichtung), Eignung für andere Aufgaben, ggf. auch Fragen der Zusammenarbeit mit anderen ArbN, Entschlussfähigkeit und Verantwortungsbewusstsein, Berufsbildungsmaßnahmen und Verfahrensregelungen (Kreis der Beurteiler u. Beurteilten, Zeitraum der Beurteilung, Arbeitsproben, psychologische Testverfahren, Überwachung, Kontrolle u. Auswertung der Beurteilungen gem. den Beurteilungsgrundsätzen; zur Durchführung von BV über Leistungsbeurteilung von ArbN vgl. *Jedzig* DB 91, 859). Sie sind maßgebend für die **Zeugniserstellung.** Eine durch Beurteilungs-Fragebogen und entspr. Textbausteine standardisierte Zeugniserstellung unterliegt der MB des BR (*Weuster* AiB 92, 328, 339 mit einer Muster-BV zu Arbeits- u. Ausbildungszeugnissen).

V. Streitigkeiten

33   Können sich ArbGeb. und BR über die inhaltliche Gestaltung von Personalfragebogen, Formularverträgen oder Beurteilungsgrundsätzen nicht einigen, entscheidet auf Antrag des BR oder des ArbGeb. die **E-Stelle.** Die Aufnahme unzulässiger Fragen wird meist zur Teilnichtigkeit, nicht dagegen zur Gesamtnichtigkeit des Spruchs der E-Stelle führen. Der ArbN kann ggf. die Beantwortung unzulässiger Fragen verweigern oder sie unzutreffend beantworten. Durch Spruch der E-Stelle ist der ArbGeb. nicht verpflichtet Personalfragebogen, Formularverträge oder Beurteilungsgrundsätze anzuwenden, wenn er auf deren Einsatz völlig verzichtet.

34   **Fehlt die Zustimmung des BR** und ist sie auch nicht durch Spruch der E-Stelle ersetzt worden, ist die Erhebung und Erfassung (Speicherung) der Daten mittels des **Personalfragebogens** unzulässig. Die ArbN sind nicht verpflichtet, ihn auszufüllen, selbst wenn die Daten individualrechtlich anzugeben sind (*Richardi/Thüsing* Rn 48). Unzulässig erhobene Daten sind zu löschen, da ihre Speicherung ebenfalls unzulässig ist (s. § 35 Abs. 2 S. 2 Nr. 1 BDSG). Verwendet der ArbGeb. einen Einstellungsfragebogen ohne Zustimmung des BR, hat das keinen Einfluss auf die Wirksamkeit des abgeschlossenen Arbeitsvertrages (*HSWGNR* Rn 98; vgl. auch Hess. LAG, DB 85, 1534: kein Zustimmungsverweigerungsrecht des BR nach § 99 Abs. 2 Nr. 2).

35   Die Verletzung des MBR des BR berechtigt nach einer Entscheidung des Zweiten Senats des BAG den ArbN nicht, eine individualrechtlich zulässig gestellte Frage falsch zu beantworten (BAG 2. 12. 99 AP Nr. 16 zu § 79 BPersVG). Dies erscheint mit der ansonsten vom BAG bei der Verletzung von MBR vertretenen Theorie der Wirksamkeitsvoraussetzung (vgl. § 87 Rn 599 ff.) nicht ohne Weiteres vereinbar (**aA** als das BAG daher auch *DKK-Klebe* Rn 25; *HaKo-BetrVG/Kreuder* Rn 18). Zumindest aber darf es dem ArbN nicht zum Nachteil gereichen, wenn er die Beantwortung der Frage unter Hinweis auf die fehlende Zustimmung des BR verweigert. Er dürfte aber im Zweifel kaum beweisen können, dass eine unterbliebene Einstellung auf der Nichtbeantwortung der mitbestimmungswidrigen Frage beruhte. Verwendet der ArbGeb. **ohne Zustimmung des BR Beurteilungsgrundsätze,** hat der ArbN Anspruch auf Entfernung einer auf ihrer Grundlage erstellten Beurteilung aus der Personalakte sowie auf Nichtverwendung der Beurteilung bei personellen Entscheidungen (*Richardi/Thüsing* Rn 71.; **aA** *HSWGNR* Rn 101).

36   Bei Verwendung von Fragebogen oder Beurteilungsgrundsätzen ohne Zustimmung des BR kommen Unterlassungs- und Beseitigungsansprüche gegen den ArbGeb. nach § 23 Abs. 3 in Betracht (*DKK-Klebe* Rn 44; *GK-Raab* Rn 59). Wird die Befragung durch eine **im Ausland ansässige Konzernmutter** etwa per **E-Mail**

oder **Intranet** durchgeführt, ohne dass der BR die Fragen hätte mitbestimmen können, kann ein Unterlassungsanspruch nach § 23 Abs. 3 gegenüber dem inländischen ArbGeb. gerechtfertigt sein. Dieser kann sich nicht darauf berufen, auf die Frageaktion der Konzernmutter keinen Einfluss zu haben. Er muss zumindest versuchen, mit dem BR eine Verständigung zu erreichen, oder die E-Stelle anrufen (Hess. LAG DB 01, 2254). Hat der BR der Verwendung von Formularverträgen zugestimmt, kann er ohne das Vorliegen besonderer Voraussetzungen keine erneute Vorlage der Verträge im Rahmen seiner Überwachungspflicht nach § 80 Abs. 1 fordern (BAG 19. 10. 99 AP Nr. 58 zu § 80 BetrVG 1972).

§ 95 Auswahlrichtlinien

(1) [1]**Richtlinien über die personelle Auswahl bei Einstellungen, Versetzungen, Umgruppierungen und Kündigungen bedürfen der Zustimmung des Betriebsrats.** [2]**Kommt eine Einigung über die Richtlinien oder ihren Inhalt nicht zustande, so entscheidet auf Antrag des Arbeitgebers die Einigungsstelle.** [3]**Der Spruch der Einigungsstelle ersetzt die Einigung zwischen Arbeitgeber und Betriebsrat.**

(2) [1]**In Betrieben mit mehr als 500 Arbeitnehmern kann der Betriebsrat die Aufstellung von Richtlinien über die bei Maßnahmen des Absatzes 1 Satz 1 zu beachtenden fachlichen und persönlichen Voraussetzungen und sozialen Gesichtspunkte verlangen.** [2]**Kommt eine Einigung über die Richtlinien oder ihren Inhalt nicht zustande, so entscheidet die Einigungsstelle.** [3]**Der Spruch der Einigungsstelle ersetzt die Einigung zwischen Arbeitgeber und Betriebsrat.**

(3) [1]**Versetzung im Sinne dieses Gesetzes ist die Zuweisung eines anderen Arbeitsbereichs, die voraussichtlich die Dauer von einem Monat überschreitet, oder die mit einer erheblichen Änderung der Umstände verbunden ist, unter denen die Arbeit zu leisten ist.** [2]**Werden Arbeitnehmer nach der Eigenart ihres Arbeitsverhältnisses üblicherweise nicht ständig an einem bestimmten Arbeitsplatz beschäftigt, so gilt die Bestimmung des jeweiligen Arbeitsplatzes nicht als Versetzung.**

Inhaltsübersicht

I. Vorbemerkung

§ 95 schließt die Vorschriften über allgemeine personelle Angelegenheiten ab. Geregelt wird die MB bei der **Aufstellung von AuswahlRL** aus Anlass der im G aufgeführten personellen Maßnahmen. Ihrer Funktion entsprechend sind AuswahlRL zwischen allgemeiner Personalplanung und personeller Einzelentscheidung angesiedelt (*DKK-Klebe* Rn 1). Darüber hinaus enthält Abs. 3 die **Definition** des betriebs- **1** verfassungsrechtlichen **Versetzungsbegriffs.** Daran knüpft ein Teil der MB des BR in den personellen Angelegenheiten. Wegen dieses Sachzusammenhangs ist der Versetzungsbegriff bei § 99 (Rn 118 ff.) erläutert.

2 **Sinn und Zweck** dieses MBR liegen darin, die Personalführung in den Betrieben durchschaubarer zu machen und Personalentscheidungen zu versachlichen (BAG 26. 7. 05 AP Nr. 43 zu § 95 BetrVG 1972). Der einzelne ArbN soll erkennen können, aus welchen Gründen er von einer ihm günstigen personellen Einzelmaßnahme ausgenommen wird oder ihn eine belastende Maßnahme trifft. Die Belegschaft hat ein schützenswertes Interesse daran, dass personelle Einzelmaßnahmen nicht nur im Hinblick auf größtmögliche Effizienz, sondern auch unter Berücksichtigung persönlicher und sozialer Belange erfolgen und so als billigenswert und angemessen empfunden werden (BAG 10. 12. 02, 26. 7. 05 AP Nrn. 42, 43 zu § 95 BetrVG 1972). Damit schützen AuswahlRL die ArbN vor willkürlichen Personalveränderungen. Sie tragen dazu bei, Streitigkeiten zwischen ArbGeb. und BR sowie zwischen einzelnen ArbN und ArbGeb. aus Anlass von personellen Einzelmaßnahmen zu vermeiden. AuswahlRL führen zu einer Selbstbindung des ArbGeb. und schränken dessen Vertragsfreiheit ein. Diese Beschränkungen sind verfassungsgemäß. Die dagegen geäußerten Bedenken insb. gegen die zwingende MB nach Abs. 2 haben die Praxis nicht beeinflusst und sind aufgegeben worden (ausführlich GK-*Raab* Rn 27 f.).

3 Nach Abs. 1 hat der BR bei AuswahlRL mitzubestimmen. Bis zu einer Betriebsgröße von 500 ArbN kann aber der ArbGeb. frei darüber entscheiden, ob er AuswahlRL überhaupt einführt. Der BR kann die Einführung nicht erzwingen. Erst in Betrieben mit **mehr als 500 ArbN** hat der BR nach Abs. 2 ein **Initiativrecht** und kann die Aufstellung von AuswahlRL auch gegen den Willen des ArbGeb. über die E-Stelle durchsetzen. Durch das BetrVerf-ReformG wurde der frühere Schwellenwert von 1000 ArbN halbiert, um dem Umstand Rechnung zu tragen, dass zunehmend großbetriebliche Strukturen aufgelöst werden und an ihre Stelle kleinere Organisationseinheiten treten (BT-Drucks. 14/5741 S. 49).

4 Die Bedeutung von AuswahlRL hat für betriebsbedingte Kündigungen wiederholt Änderungen erfahren (Einzelh. APS/*Kiel* § 1 KSchG Rn 656 ff.). Nach der Änderung des früheren § 1 Abs. 3 und Abs. 4 KSchG durch das **ArbRBeschFG** vom 25. 9. 96 (BGBl. I S. 1476) konnte die in einer RL nach § 95 BetrVG vorgenommene Gewichtung der bei einer Sozialauswahl nach § 1 Abs. 3 S. 1 KSchG zu berücksichtigenden Kriterien (Betriebszugehörigkeit, Lebensalter, Unterhaltspflicht) von den Gerichten nur noch auf grobe Fehlerhaftigkeit hin überprüft werden. Nach dem **Korrekturgesetz** vom 19. 12. 98 (BGBl. I S. 3843) waren den Betriebsparteien die im Rahmen der Sozialauswahl zu berücksichtigenden Grunddaten nicht mehr vorgeben, sondern in der RL zu regeln. Mit dem **Gesetz zu Reformen am Arbeitsmarkt** vom 24. 12. 03 (BGBl. I S. 3002) hat der Gesetzgeber den Rechtszustand nach dem ArbRBeschFG nahezu unverändert wieder hergestellt. Allerdings müssen die Betriebsparteien nun auch das Kriterium der Schwerbehinderung berücksichtigen; hinsichtlich der groben Fehlerhaftigkeit wird wieder nur auf die Bewertung der durch § 1 Abs. 3 KSchG vorgegebenen Grunddaten zueinander abgestellt (ErfK-*Oetker* § 1 KSchG Rn 2). Vgl. Rn 25 ff.

5 Entspr. Vorschrift: § 76 Abs. 2 Nr. 8 BPersVG.

II. Auswahlrichtlinien

1. Rechtsnatur

6 AuswahlRL sind **BV,** wenn sie schriftlich zwischen ArbGeb. und BR festgelegt werden. Sie wirken nicht normativ auf das einzelne Arbeitsverhältnis; insbesondere handelt es sich nicht um Abschluss- oder Beendigungsnormen für das Arbeitsverhältnis, vielmehr haben sie den Charakter einer Betriebsnorm (*Richard*/*Thüsing* Rn 7).

AuswahlRL bedürfen nicht der Schriftform (*DKK-Klebe* Rn 12); sie kommen dann nur als Regelungsabrede zustande (vgl. BAG 5. 12. 02 AP Nr. 59 zu § 1 KSchG 1969 Soziale Auswahl; nur BV mögl. GK-*Raab* Rn 5 f.). Ob eine AuswahlRL zwingend der Form einer BV bedarf, hat die Rspr. des BAG bisher offen gelassen (BAG 17. 11. 10 – 7 ABR 120/09 – NZA-RR 11, 415). Eine BV über AuswahlRL können beide Betriebsparteien kündigen (hM). Eine **Nachwirkung** entfällt jedoch in den Fällen des Abs. 1, weil nur der ArbGeb. ein Initiativrecht hat (ErfK-*Kania* Rn 5; GK-*Raab* Rn 9; **aA** *DKK-Klebe* Rn 13 mit rechtspolit. Begründung für den Fall einer Kündigung zur Änderung der BV). Eine BV auf der Grundlage des § 95 Abs. 2 wirkt demgegenüber nach, soweit die regelmäßige ArbNZahl nicht unter 501 sinkt (hM; *Richardi/Thüsing* Rn 55).

2. Funktion

AuswahlRL sind von Bedeutung für die **Entscheidungsfindung bei personel-** **7** **len Einzelmaßnahmen,** insb. wenn mehrere ArbN oder Bewerber in Betracht kommen (BAG 10. 12. 02 AP Nr. 42 zu § 95 BetrVG 1972). Es sind **abstrakt-generelle Grundsätze,** welche die für die jeweilige personelle Auswahl maßgeblichen fachlichen, persönlichen und sozialen Gesichtspunkte gewichten (BAG 26. 7. 05 AP Nr. 43 zu § 95 BetrVG 1972). Sie können bestimmen, welche Gesichtspunkte bei personellen Einzelmaßnahmen im Hinblick auf die ArbN zu berücksichtigen sind oder außer Betracht zu bleiben haben (*DKK-Klebe* Rn 4; ErfK-*Kania* Rn 3; ähnlich *Richardi/Thüsing* Rn 6 ff., 16; enger *Zöllner* FS *Müller* S. 667 ff., 675 f. u. ihm folgend HSWGNR Rn 11). Je differenzierter eine AuswahlRL ist, desto stärker wird der Entscheidungsspielraum des ArbGeb. eingeengt. Letztlich ist die Auswahl des ArbN/Bewerbers für eine bestimmte personelle Einzelmaßnahme allein Sache des ArbGeb. AuswahlRL sollen seinen **Ermessensspielraum** durch das Aufstellen von Entscheidungskriterien **einschränken.** Sie dürfen ihn aber grundsätzlich **nicht völlig beseitigen** (BAG 10. 12. 02 AP Nr. 43 zu § 95 BetrVG 1972). Ob Besonderheiten für AuswahlRl zur Sozialauswahl für betriebsbedingte Kündigungen gelten, ist noch nicht abschließend geklärt (BAG 26. 7. 05 AP Nr. 43 zu § 95 BetrVG 1972). Ein Punkteschema zur Gewichtung von Sozialdaten muss seit dem 1. 1. 04 jedenfalls keine individuelle Abschlussprüfung vorsehen (BAG 9. 11. 06 AP Nr. 87 zu § 1 KSchG 1969 Soziale Auswahl; ErfK-*Oetker* § 1 KSchG Rn 356).

AuswahlRL haben sowohl **kollektivrechtliche** als auch individualrechtliche **Aus-** **8** **wirkungen.** So kann der BR nach § 99 Abs. 2 Nr. 2 seine Zustimmung zu einer Einstellung, Umgruppierung oder Versetzung verweigern, wenn die Maßnahme gegen eine AuswahlRL nach § 95 verstoßen würde. Nach § 102 Abs. 3 Nr. 2. kann er einer ordentlichen Kündigung widersprechen, die gegen eine AuswahlRL verstößt. Bei Verwendung von AuswahlRL, die der ArbGeb. ohne Beteiligung der BR aufstellt, kann der BR Unterlassung verlangen (BAG 26. 7. 05 AP Nr. 43 zu § 95 BetrVG 1972). **Individualrechtliche Folgen** von AuswahlRL ergeben sich insb. aus dem KSchG. Nach § 1 Abs. 2 S. 2 Nr. 1 a KSchG ist eine Kündigung, die gegen eine Richtlinie nach § 95 verstößt, sozial ungerechtfertigt. § 1 Abs. 4 KSchG beschränkt die gerichtliche Prüfung einer auf einer AuswahlRL beruhenden Sozialauswahl zugunsten des Arbeitgebers auf grobe Fehlerhaftigkeit. Die Missachtung des MBR nach § 95 ist allerdings keine Wirksamkeitsvoraussetzung einer Kündigung, die unter Anwendung eines nicht mitbestimmten Auswahlsystems erfolgt ist (BAG 9. 11. 06 AP Nr. 87 zu § 1 KSchG 1969 Soziale Auswahl; *Rossa/Salamon* NJW 08, 1991).

3. Gegenstand

Eine **AuswahlRL liegt vor,** wenn der ArbGeb. seine Personalentscheidungen **9** nach einem konkreten Auswahlsystem trifft. Das kann auch eine FührungsRL sein. Eine das MB des BR auslösende AuswahlRL des ArbGeb. muss von ihm nicht schriftlich niedergelegt sein (*DKK-Klebe* Rn 12). Anderenfalls könnte der ArbGeb. durch das Unterlassen der schriftlichen Dokumentation eines tatsächlich praktizierten Auswahlsystems das MBR des BR unterlaufen.

10   Mitbestimmungspflichtige AuswahlRL liegen etwa vor, wenn in sicherheits- und sabotagegefährdeten Unternehmen vor jeder Einstellung oder Versetzung **Regelanfragen** an das Landesamt für **Verfassungsschutz** gerichtet werden und von dessen Antwort die personelle Maßnahme abhängig gemacht wird (vgl. ArbG München CR 89, 919 mit Anm. *Ehmann; DKK-Klebe* Rn 9; *Gitter/Henker* ZTR 90, 407 ff.; offen gelassen BAG 9. 7. 91 AP Nr. 19 zu § 87 BetrVG 1972 Ordnung des Betriebes). Das gilt auch, wenn routinemäßig nach einer **HIV-Infektion** gefragt oder grundsätzlich eine Einstellungsuntersuchung verlangt wird (vgl. *Löwisch* DB 87, 940; *Wiese* RdA 86, 124; *Lichtenberg/Schücking* NZA 90, 45; **aA** *SWS* Rn 8; zur Zulässigkeit derartiger Fragen vgl. § 94). Um eine AuswahlRL handelt es sich auch, wenn der ArbGeb. Bewerber mit ihrem Einverständnis einem **Alkohol- oder Drogentest** unterzieht und grundsätzlich von einer Einstellung absieht, soweit ein Bewerber sein Einverständnis nicht erteilt oder der Test positiv ausfällt (LAG Ba.-Wü. NZA-RR 03, 417).

11   Bes. Fragen treten auf, wenn im Betrieb (Unternehmen) ein **automatisiertes Personalinformationssystem (PIS)** besteht (vgl. hierzu auch § 87 Rn 233 ff., § 92, § 94). Die bloße Sammlung von Daten der ArbN auf einem Datenträger, auch soweit es sich um Daten über die Qualifikation und Leistungsfähigkeit handelt, stellt für sich allein noch keine AuswahlRL iSd. des § 95 dar. Etwas anderes gilt, wenn das PIS so aufgebaut ist, dass es im Falle der **Verknüpfung mit anderen Datensystemen** (zB einer Datenbank mit den Erfordernissen der einzelnen Arbeitsplätze des Betriebs) die für eine personelle Einzelentscheidung zu berücksichtigenden Daten selbst in einer Weise auswertet, dass der oder die für einen bestimmten Arbeitsplatz am besten geeignete ArbN „automatisch" ermittelt werden. Die einem derartigen PIS zugrundeliegende Programmierung bzw. Software setzt voraus, dass vorher die für die „automatische Auswahl" maßgebenden Kriterien und Gesichtspunkte (sog. **Fähigkeits- oder Eignungsprofile**) im Einzelnen festgelegt worden sind (vgl. hierzu *Kilian* Personalinformationssysteme S. 43 f.). Die Festlegung dieser Kriterien ist dann eine AuswahlRL iSd. § 95 und unterliegt deshalb dem **MBR** (*DKK-Klebe* Rn 10).

12   Eine AuswahlRL muss nicht sämtliche bei einer personellen Einzelmaßnahme zu bedenkenden Aspekte berücksichtigt. Sie kann sich vielmehr auf die Festlegung einiger, den Betriebspartnern bes. wichtiger Gesichtspunkte beschränken. Insb. ist die Festlegung eines sog. Punkt- oder Bewertungssystems für die einzelnen Auswahlkriterien kein notwendiges Wesensmerkmal für eine AuswahlRL. Auch die Vereinbarung eines **Negativkatalogs**, in dem festgelegt wird, welche Gesichtspunkte bei der Durchführung personeller Einzelmaßnahmen nicht (zB Verbot der Vorlage von Krankenkassenunterlagen über zurückliegende krankheitsbedingte Fehlzeiten oder von Untersuchungen/Tests auf Vorliegen einer HIV-Infektion oder AIDS bei Einstellungen) oder nach einer gewissen Zeit nicht mehr zu berücksichtigen sind, ist eine AuswahlRL (*DKK-Klebe* Rn 4).

III. Mitbestimmung des Betriebsrats

1. Voraussetzungen

13   Der MB unterliegen **AuswahlRL** über die **personelle Auswahl** bei **Einstellungen** (§ 99 Rn 28 ff.), **Versetzungen** (vgl. § 99 Rn 89 ff.), **Umgruppierungen** (vgl. § 99 Rn 78 ff.) und **Kündigungen** (Entlassungen, vgl. § 102 Rn 3 ff.). Der **Laufbahnaufstieg** nach § 20 Eisenbahn-Laufbahnverordnung für bei der Deutsche Bahn Gruppe beschäftigten Beamte ist keine derartige personelle Maßnahme (BAG 23. 3. 10 AP Nr. 72 zu § 80 BetrVG). Die **Eingruppierung** wird hier im Unterschied zu

§ 99 Abs. 1 S. 1 zu Recht nicht genannt. Denn sie richtet sich regelmäßig nach der vorgegebenen tariflichen oder betrieblichen Lohn- oder Gehaltsgruppeneinteilung. Die Aufstellung von AuswahlRL würde insoweit auf eine Kommentierung, insb. eines TV, hinauslaufen. Das ist aber nicht Aufgabe von ArbGeb. und BR (*Richardi/ Thüsing* Rn 8 mwN). Für AuswahlRL bei der Eingruppierung fehlt zudem ein entsprechender Schutzbedarf: Der erstmaligen Eingruppierung geht eine Einstellung voraus, für die AuswahlRL nach § 95 mitbestimmt werden können. Bei einem späteren Wechsel der Vergütungsgruppe kann der ArbN durch AuswahlRL bei Umgruppierungen geschützt werden (BAG 10. 12. 02 AP Nr. 43 zu § 95 BetrVG 1972). Die MB des BR wird durch **Besonderheiten der arbeitstechnische Zwecksetzung** des Betriebes nicht beeinflusst. Es gilt deshalb auch in sicherheits- und sabotagegefährdeten Betrieben (ArbG München CR 89, 919 u. Anm. *Ehmann; DKK-Klebe* Rn 9; offen gelassen BAG 9. 7. 91 AP Nr. 19 zu § 87 BetrVG 1972 Ordnung des Betriebes; einschr. *Gitter/Henker* ZTR 90, 407 ff.).

Umgruppierung ist die Neueinreihung eines ArbN in eine für den Betrieb geltende Vergütungsordnung. Ihr liegt die Feststellung zugrunde, nach der die Tätigkeit eines ArbN nicht mehr den Merkmalen seiner bisherigen Vergütungsgruppe entspricht. Eine Umgruppierung kann daher aus zwei Gründen geboten sein: Änderung der Vergütungsordnung bei gleichbleibender Tätigkeit oder Zuweisung anderer Aufgaben, aufgrund derer die Merkmale einer anderen Vergütungsgruppe erfüllt werden (BAG 26. 10. 04 AP Nr. 29 zu § 99 BetrVG 1972 Eingruppierung). Im Gegensatz zur Eingruppierung hat eine Umgruppierung nicht nur kommentierende Bedeutung. Es geht weniger um die zu treffende Einreihung denn um die **vorgelagerte personelle Auswahl** (BAG 10. 12. 02 AP Nr. 42 zu § 95 BetrVG 1972). Aus diesem Grund besteht etwa bei der **Insichbeurlaubung von Beamten** in den Betrieben der Postunternehmen hinsichtlich der Kriterien für die Auswahl der zu beurlaubenden Beamten ein MBR nach § 95. Trotz Beibehaltung der bisherigen Tätigkeit führt dort allein der Wechsel in den ArbNStatus unter Aufrechterhaltung des Beamtenverhältnisses wegen der damit verbundenen Befreiung von Sozialabgaben zu einer höheren Nettoentlohnung und damit zur Zuordnung in eine andere Vergütungsgruppe (BAG aaO). **14**

In Betrieben **bis zu 500 ArbN** besteht ein MBR nur, sofern der ArbGeb. AuswahlRL aufstellen will (Abs. 1). Es kommt auf den regelmäßigen Bestand an ArbN einschl. der iSd § 5 Abs. 1 S. 3 an (*DKK-Klebe* Rn 14; GK-*Raab* Rn 23; *Richardi/ Thüsing* Rn 49); **LeihArbN** bleiben nach dem Zweck des MBR bei der Berechnung der ArbNGrenzzahl im Entleiherbetrieb unberücksichtigt. In diesen Betrieben kann also nur der ArbGeb. die Initiative ergreifen, ob AuswahlRL aufgestellt werden sollen (ErfK-*Kania* Rn 5; *DKK-Klebe* Rn 16, der gleichwohl dem BR ein Recht auf Anrufung der E-Stelle zubilligt). Deshalb kann er auch noch während des E-Stellenverfahrens seinen Antrag zurückziehen. Der BR hat aber darüber mitzubestimmen, ob AuswahlRL tatsächl. aufgestellt und wie sie inhaltlich ausgestaltet werden. **15**

In Betrieben mit **mehr als 500 ArbN** kann auch der BR die Aufstellung von AuswahlRL verlangen und im Nichteinigungsfall über die E-Stelle durchsetzen (Abs. 2). Er hat ein Initiativrecht und ist wie der ArbGeb. zur Anrufung der E-Stelle berechtigt. **16**

2. Zuständigkeit

Werden AuswahlRL für alle Betriebe eines Unternehmens aufgestellt, kann unter den allgemeinen Voraussetzungen seiner Zuständigkeit der **GesBR** gegeben sein (§ 50 Rn 38 ff.; GK-*Raab* Rn 26), ggf. auch ein etwa bestehender KBR (BAG 31. 5. 83, 3. 5. 84, AP Nr. 2, 5 zu § 95 BetrVG 1972). Ein zwingendes Erfordernis für betriebsübergreifende Regelungen folgt nicht allein daraus, dass der von einer AuswahlRL betroffene Personenkreis und dessen Aufgabengebiet in allen Betrieben gleichartig sind. Hinzu kommen muss, dass auch die Aufstellung einheitlicher RL **17**

zwingend geboten ist (BAG 10. 12. 02 AP Nr. 43 zu § 95 BetrVG 1972). In einem
solchen Fall kann der GBR eine AuswahlRL auch für betriebsratslose Betriebe mit
dem ArbGeb. vereinbaren. Wegen der maßgebenden ArbNGrenzzahl und des Initiativrechts nach Abs. 2 kommt es aber auf den einzelnen Betrieb an (§ 50 Rn 10; BAG
10. 12. 02 AP Nr. 43 zu § 95 BetrVG 1972). Der GesBR kann für einen Betrieb, in
dem lediglich bis zu 500 ArbN beschäftigt sind, keine Aufstellung von AuswahlRL
verlangen. Insoweit fehlt es an einem MBR auf der betrieblichen Ebene, dessen Ausübung dem GesBR nur nach Maßgabe des § 50 zuwachsen kann (GK-*Raab* Rn 22f.;
Richardi/Thüsing Rn 58; aA *DKK-Klebe* Rn 20). Besteht eine gesetzl. Zuständigkeit
des GesBR kann er auch für betriebsratslose Betriebe mit mehr als 500 ArbN die
Aufstellung von AuswahlRL fordern (§ 50 Abs. 1 zweiter Halbs.).

3. Umfang

18   Die **Regelungsbefugnis der Betriebsparteien** unterliegt Beschränkungen. AuswahlRL haben die Grundsätze des § 75 zu beachten, insbesondere die darin geregelten **Benachteiligungsverbote** (vgl. § 75 Rn 58 ff.) und den betriebsverfassungsrechtlichen **Gleichbehandlungsgrundsatz.** Zu berücksichtigen sind auch tarifvertragliche **Besetzungsregeln.** AuswahlRL dürfen zwingendes Gesetzesrecht nicht missachten (*DKK-Klebe* Rn 21). Das ist nach der Neufassung des § 1 Abs. 4 KSchG vor
allem für AuswahlRL für Kündigungen aus betriebsbedingten Gründen von Bedeutung (vgl. Rn 23 ff.). Für den Bereich der erzwingbaren MB zur Einführung und
Ausgestaltung von AuswahlRL legt Abs. 2 S. 1 die Auswahlgesichtspunkte fest. Danach können sich Auswahlgesichtspunkte auf die Festlegung der **fachlichen und
persönlichen Voraussetzungen** und **sozialen Gesichtspunkte** erstrecken. Das
beschränkt zugleich die Regelungskompetenz der E-Stelle.

19   Art. 12 Abs. 1 GG schützt ua. das Interesse des ArbGeb., in seinem Unternehmen
nur solche Mitarbeiter zu beschäftigen, die seinen Vorstellungen entsprechen (BVerf-
GE 97, 169; BVerfG 30. 7. 03 NZA 03, 959). Das darauf bezogene Ermessen des
ArbGeb. darf eine AuswahlRL nicht völlig aufheben (BAG 10. 12. 02 AP Nr. 42 zu
§ 95 BetrVG 1972). Das ist bei AuswahlRL, die von der E-Stelle aufgestellt werden,
zu beachten.

20   Die Auswahlgesichtspunkte können auch nach **Personengruppen differenzieren.** Gegeneinander abgrenzen lassen sich etwa: Auszubildende, ArbN ohne spezielle,
ArbN mit spezieller Berufsausbildung, ArbN mit Weisungsbefugnissen (*DKK-Klebe*
Rn 29). Außerdem können AuswahlRL dazu eingesetzt werden, die Besetzung von
Arbeitsplätzen mit Schwerb. oder sonst Leistungsgeminderten zu fördern. Das gilt
auch, wenn für den Betrieb bereits eine Integrationsvereinbarung nach § 83 SGB IX
getroffen worden ist (LAG Köln 3. 5. 05 NZA-RR 06, 580). Eine Unterscheidung
ist auch möglich nach Berufsfeldern oder Tätigkeitsbereichen (BAG 27. 10. 92 AP
Nr. 29 zu § 95 BetrVG 1972).

21   Auch **Verfahrensregeln** zur Feststellung der nach einer konkreten AuswahlRL zu
beachtenden Gesichtspunkte (insb. im Rahmen eines **Assessment-Center-Verfah-
ren,** s. § 94) unterliegen dem MBR (*Löwisch* Rn 5; *Richardi/Thüsing* Rn 13; GK-*Raab*
Rn 16; *Grunewald* NZA 96, 15; *Jedzig* DB 96, 1337, 1341; aA *HSWGNR* Rn 15). Das
MBR bezieht sich nicht nur **auf materielle,** sondern **auch auf formelle Fragen.**
Insb. kommen in Betracht: Festlegung der verwertbaren Unterlagen (zB Personal-
fragebogen, Schulzeugnisse, Zeugnisse früherer ArbGeb. u. von Lehrgängen, Perso-
nalakten, Ergebnis von Beurteilungsgesprächen, Eignungsurteile von Ärzten u.
Psychologen in bes. festgelegten Fällen), Festlegung der Wertigkeit der Kriterien
(„Gewichtung"), Bestimmung der für die Feststellung und Bewertung der Auswahl-
gesichtspunkte maßgebenden Personen. Bei psychologischen Tests erstreckt sich die
MB des BR nicht nur auf die in der AuswahlRL genannten Ergebniskriterien (zB
Kontaktfähigkeit, Entscheidungsfreude, Stressstabilität), sondern auch auf das Testver-
fahren.

IV. Auswahlgesichtspunkte

1. AuswahlRL bei Einstellung, Versetzung und Umgruppierung

Bei einer AuswahlRL nach Abs. 1 werden die Auswahlkriterien durch den Zweck **22** der MB begrenzt. Andere Gesichtspunkte können nur im Rahmen einer freiwilligen Vereinbarung berücksichtigt werden (GK-*Raab* Rn 14). Im Rahmen von **Einstellungen, Versetzungen und Umgruppierungen** können AuswahlRL folgende Aspekte regeln:

– im **fachlichen Bereich:** zB Festlegung des aus einer Arbeitsplatzbeschreibung/ Stellenbeschreibung/Funktionsbeschreibung zu gewinnenden Anforderungsprofils, soweit es die konkrete Bewerberauswahl steuern soll (*DKK-Klebe* Rn 5 ff.; *Richardi/Thüsing* Rn 20; wohl auch GK-*Raab* Rn 32; aA BAG 31. 5. 83 u. 31. 1. 84, AP Nr. 2 u. 3 zu § 95 BetrVG 1972, 23. 2. 88 AP Nr. 2 zu § 93 BetrVG 1972: Teil der Personalbedarfsplanung, nicht AuswahlRL; *HSWGNR* Rn 21; *Hunold* DB 89, 1338; *Schönfeld/Gennen* NZA 89, 543), Schulbildung, Berufsbildung, abgelegte Prüfungen, erforderliche Grund- und Spezialkenntnisse, Nachweis von Fertigkeiten, Vorpraxis, betrieblicher Werdegang. Grundqualifikation wie Facharbeiter- oder Meisterbrief, wobei im Rahmen eines Punktesystems Note, Alter des Qualifikationsnachweises und die nachfolgende berufliche Entwicklung gewichtet werden müssen (BAG 27. 10. 92 AP Nr. 29 zu § 95 BetrVG).

– im **persönlichen Bereich:** zB Alter soweit durch einen hinreichenden Grund gerechtfertigt (vgl. § 75 Rn 75 ff.), Zuverlässigkeit, Anforderungen aus arbeitsmedizinischer Sicht, eventuell erforderliche Tauglichkeitsuntersuchungen, Potentialanalyse (vgl. § 94; *Jedzig* DB 96, 1337), Ergebnis eines Alkohol- oder Drogentests (LAG Ba.-Wü NZA-RR 03, 417), sonst. Tests (zB bei bes. psychologischen Anforderungen, vgl. auch § 94 Rn 26), Festlegung der bevorzugten Berücksichtigung von Frauen in Bereichen, in denen sie noch immer unterrepräsentiert sind (vgl. BVerfG 28. 1. 92 DB 92, 377 u. 16. 11. 93 DB 94, 1292; ferner BAG 5. 3. 96 AP Nr. 226 zu Art. 3 GG Anm. *Schiek*) oder von betriebsangehörigen ArbN gegenüber Bewerbern bei gleicher Eignung („Aufstieg geht vor Einstieg", GK-*Kraft* Rn 32), bei Ein-Euro-Jobbern (*Engels* NZA 07, 8), bei behinderten Menschen Kriterien für die Beurteilung der Einsatzmöglichkeiten. Auch das Ergebnis regelm. betrieblichen Beurteilungen kann erfasst werden, wenn sie für die in Aussicht genommene Arbeitsaufgabe von Bedeutung sind (BAG 27. 10. 92 AP Nr. 29 zu § 95 BetrVG 1972). Zur Vermeidung einer unzulässigen Diskriminierung wegen eines in § 1 AGG geregelten Merkmals muss die Berücksichtigung einer persönlichen Voraussetzung als Entscheidungskriterium durch einen sachlichen Grund gerechtfertigt sein (vgl. § 75 Rn 58 ff.).

– im **sozialen Bereich:** Berücksichtigung des Familienstands sowie von Unterhaltspflichten, der Dauer der Betriebszugehörigkeit oder bei Einstellungen die Dauer der Arbeitslosigkeit. Es können nur solche Kriterien berücksichtigt werden, die nicht zu einer nach dem AGG untersagten Diskriminierung führen (*HSWGNR* Rn 49). Im Rahmen eines Punktesystems darf die Seniorität gegenüber fachlichberuflichen Erfahrungen nicht allein den Ausschlag geben (BAG 27. 10. 92 AP Nr. 29 zu § 95 BetrVG 1972). Möglich sind auch Verfahrensgrundsätze die dem Ziel dienen, die Erfüllung der gesetzl. Schwerbehindertenquote zu erreichen (*Gussen* NZA 11, 830). Über erzwingbare AuswahlRL kann die Entscheidung des ArbGeb. hinsichtlich der Art des von ihm bei der Einstellung angestrebten Rechtsverhältnisses (Befristung, Leiharbeit) nicht beschränkt werden.

2. AuswahlRL bei Kündigung

23 AuswahlRL bei Kündigungen werden in erster Linie für **betriebsbedingte Kündigungen** in Frage kommen, bei denen typischerweise zwischen mehreren ArbN eine – soziale – Auswahl vorzunehmen ist. Unmaßgeblich ist, ob es sich um eine einmalige Kündigungswelle handelt oder die AuswahlRL erst für künftige Kündigungen gelten soll (BAG 26. 7. 05 AP Nr. 43 zu § 95 BetrVG 1972).

24 Nach überwiegender Auffassung im Schrifttum kommen AuswahlRL bei **personen- oder verhaltensbedingten Kündigungen** nicht in Betracht (GK-*Raab* Rn 37; *Richardi/Thüsing* Rn 37; *HSWGNR* Rn 53; ErfK-*Kania* Rn 16; wohl auch – wenngleich nicht tragend – BAG 18. 4. 00 AP Nr. 9 zu § 98 BetrVG 1972; **aA** *DKK-Klebe* Rn 24 f.). Dies erscheint nicht zwingend. Für die hM spricht zwar, dass in Abs. 1 von „personeller Auswahl" die Rede ist und eine Auswahl zwischen mehreren Personen bei verhaltens- oder personenbedingten Kündigungen regelmäßig nicht stattfindet. Andererseits spricht aber Abs. 2 nur von Richtlinien und von den zu beachtenden fachlichen und persönlichen Voraussetzungen. Um solche kann es aber auch bei personen- und verhaltensbedingten Kündigungen gehen (vgl. *DKK-Klebe* Rn 24 f.). Denkbar wären etwa RL über Tilgungsfristen für Abmahnungen, über Angebote von Umschulungs- und Fortbildungsmaßnahmen an langjährig beschäftigte leistungsgeminderte ArbN oder auch Verfahrensregeln (vgl. Rn 21) vor dem Ausspruch verhaltensbedingter Kündigungen etwa über eine notwendige Anhörung des ArbN. Zu AuswahlRL für Kündigungen wegen Krankheit vgl. auch *Schlömp-Röder* AiB 90, 132.

25 Vor Ausspruch einer **betriebsbedingten Kündigung** hat der ArbGeb. eine Sozialauswahl vorzunehmen (§ 1 Abs. 3 KSchG). Nach dem mehrfach geänderten § 1 Abs. 4 KSchG (vgl. Rn 4) können nunmehr in einer BV nach § 95 die hierbei zu beachtenden sozialen Gesichtspunkte festgelegt und ihr Verhältnis zueinander gewichtet werden. Die zu gewichtenden Kriterien gibt § 1 Abs. 3 KSchG vor; sie können weder erweitert noch eingeschränkt werden (*HSWGNR* Rn 56). Diese kollektivrechtliche Bewertung der Sozialdaten der ArbN kann dann im Kündigungsschutzverfahren nur auf grobe Fehlerhaftigkeit hin überprüft werden. Das beschränkt die gerichtliche Kontrolle der Sozialauswahl zugunsten des ArbGeb.

26 Eine solche RL hat nach der seit dem 1. 1. 04 geltenden Fassung des § 1 Abs. 4 KSchG von den durch § 1 Abs. 3 KSchG vorgegebenen Grunddaten auszugehen und muss sie zueinander gewichten. Das betrifft die Dauer der Betriebszugehörigkeit, das Lebensalter, die Unterhaltspflichten und die Schwerbehinderung eines ArbN. Die Berücksichtigung des Lebensalters in einem Punkteschema ist nach § 10 S. 1, 2 AGG gerechtfertigt und damit mit dem Verbot der Altersdiskriminierung vereinbar (vgl. BAG 6. 11. 08 – 2 AZR 523/07 – NZA 09, 361). Bei der **Gewichtung der Grunddaten** steht den Betriebsparteien ein Wertungsspielraum zu; das G macht dazu keine Vorgaben. Gesetzliche Sozialkriterien, die wie Alter und Betriebszugehörigkeit bei allen ArbN vorliegen, müssen in einer Weise bewertet werden, dass sie das Ergebnis der Sozialauswahl auch beeinflussen können (BAG 18. 10. 06 AP Nr. 86 zu § 1 KSchG Soziale Auswahl). Bei der Gewichtung des Lebensalters lässt die Rspr. jedenfalls eine lineare Punkteverteilung (ein Punkt pro Lebensjahr) zu; keinesfalls sind die Betriebsparteien gezwungen, nach Altersgruppen oder Altersstufen zu differenzieren (BAG 5. 11. 09 – 2 AZR 676/08 – NZA 10, 457). Auch eine altersgruppenbezogene Staffelung ist unionsrechtsgemäß (BAG 15. 12. 11 – 2 AZR 42/10 –).

27 Eine AuswahlRL unterliegt keiner Angemessenheitskontrolle (APS/*Kiel* § 1 KSchG Rn 779). Ihre den ArbGeb. begünstigende Wirkung im KSch-Prozess kann sie aber nur entfalten, wenn grobe Fehler vermieden werden. Von grober Fehlerhaftigkeit ist auszugehen, wenn die von § 1 Abs. 3 KSchG vorgegebenen Grunddaten entweder missachtet werden oder deren Bewertung evident unzulänglich oder völlig unausgewogen ist. Das ist der Fall, wenn einzelne Sozialdaten überhaupt nicht, eindeutig unzureichend oder mit eindeutig überhöhter Bedeutung berücksichtigt werden (BAG 5. 6. 08 AP Nr. 169 zu § 1 KSchG 1969 Betriebsbedingte Kündigung).

Bisher umstritten war, ob die Wirksamkeit einer solchen RL voraussetzt, dass über 28 die gesetzlichen Grunddaten und deren Gewichtung hinaus dem ArbGeb. die Möglichkeit einer individuellen Abschlussbewertung verbleibt. Zwischenzeitlich ist klargestellt, dass die Wirksamkeit eine Punkteschemas zur Gewichtung der gesetzlichen Sozialdaten iSd. § 1 Abs. 4 KSchG keine individuelle Abschlussprüfung vorsehen muss (BAG 9. 11. 06 AP Nr. 87 zu § 1 KSchG 1969 Soziale Auswahl). Im Übrigen ist zwischen den betriebsverfassungsrechtl. Vorgaben und kündigungsschutzrechtl. Wirkungen zu differenzieren. Eine AuswahlRL, die dem ArbGeb. jede Abschlussbewertung verwehrt, kann nicht gegen seinen Willen durch Spruch der E-Stelle durchgesetzt werden (GK-*Raab* Rn 40). Führt die individuelle Abschlussprüfung dazu, dass der Gewichtung der Sozialdaten durch die Betriebsparteien die Grundlage entzogen wird, entfaltet die AuswahlRL keine privilegierende Wirkung zugunsten des ArbGeb.; er muss dann eine zumindest ausreichende Sozialauswahl belegen. Darüber hinaus ist die gerichtliche Kontrolle einer individuellen Abschlussprüfung des ArbGeb. nicht auf grobe Fehlerhaftigkeit reduziert (APS/*Kiel* Rn 781).

Der Regelungsgegenstand einer RL zur sozialen Auswahl ist ausweislich des Wort- 29 lauts von § 1 Abs. 4 KSchG auf die Bewertung der sozialen Gesichtspunkte nach § 1 Abs. 3 S. 1 KSchG nF begrenzt. Eine Regelung über die **Festlegung** der in die Sozialauswahl nicht einzubeziehenden ArbN** (§ 1 Abs. 3 S. 2 KSchG) oder der miteinander vergleichbaren ArbN genießt keinen Kontrollschutz iSd § 1 Abs. 4 KSchG (APS/*Kiel* § 1 KSchG Rn 775). Nicht disponieren können die Betriebsparteien über die gesetzlichen Anforderungen für die Vergleichbarkeit von ArbN. Dazu kann eine AuswahlRL mangels Regelungskompetenz der Betriebsparteien keine Vorgaben machen (BAG 5. 6. 08 AP Nr. 169 zu § 1 KSchG 1969 Betriebsbedingte Kündigung).

Wirksamkeitsvoraussetzung einer AuswahlRL im Rahmen von Kündigungen 30 ist, dass sie als BV gemeinsam von BR und ArbGeb. beschlossen, schriftlich niedergelegt sowie von beiden Seiten unterzeichnet ist. Nur in dieser Form löst sie die größere kündigungsschutzrechtliche Sicherheit zugunsten des ArbGeb. aus (*HSWGNR* Rn 59; *Gaul/Lunk* NZA 04, 184, 186). Als Regelungsabrede nimmt eine RL nicht an der Privilegierung des § 1 Abs. 4 KSchG teil.

V. Streitigkeiten

Rechtsstreitigkeiten über AuswahlRL, insb. über Inhalt und Umfang des MBR, zB 31 die Auslegung der Begriffe „Einstellung, Versetzung, Umgruppierung und Kündigung" und über die Durchführung einer AuswahlRL entscheiden die ArbG im **BeschlVerf.** (Einzelheiten Nach § 1 Rn 7 ff.). Missachtet der ArbGeb. das MBR kann der BR ein Unterlassungsverfahren nach § 23 Abs. 3 einleiten (*DKK-Klebe* Rn 32). Darüber hinaus steht dem BR zum Schutz seiner MB auch ein **allgem. Unterlassungsanspruch** zu. Er kann deshalb dem ArbGeb. untersagen lassen, die Sozialauswahl nach einem Punkteschema vorzunehmen, das er nicht mitbestimmt hat (BAG 26. 7. 05 AP Nr. 43 zu § 95 BetrVG 1972). Diese Ansprüche können im Wege einer **einstw. Verfg.** durchgesetzt werden.

Soweit die Wirksamkeit einer AuswahlRL im Rahmen eines KSch-Prozesses zu 32 klären ist, entscheiden die ArbG im **Urteilsverf.**

Zweiter Unterabschnitt. Berufsbildung

§ 96 Förderung der Berufsbildung

(1) [1]**Arbeitgeber und Betriebsrat haben im Rahmen der betrieblichen Personalplanung und in Zusammenarbeit mit den für die Berufsbildung und den für**

die Förderung der Berufsbildung zuständigen Stellen die Berufsbildung der Arbeitnehmer zu fördern. [2]Der Arbeitgeber hat auf Verlangen des Betriebsrats den Berufsbildungsbedarf zu ermitteln und mit ihm Fragen der Berufsbildung der Arbeitnehmer des Betriebs zu beraten. [3]Hierzu kann der Betriebsrat Vorschläge machen.

(2) [1]Arbeitgeber und Betriebsrat haben darauf zu achten, dass unter Berücksichtigung der betrieblichen Notwendigkeiten den Arbeitnehmern die Teilnahme an betrieblichen oder außerbetrieblichen Maßnahmen der Berufsbildung ermöglicht wird. [2]Sie haben dabei auch die Belange älterer Arbeitnehmer, Teilzeitbeschäftigter und von Arbeitnehmern mit Familienpflichten zu berücksichtigen.

Inhaltsübersicht

I. Vorbemerkung

1   Das Gesetz widmet der Berufsbildung in den §§ 96–98 einen eigenen Unterabschnitt. Der Berufsbildung kommt wegen der technischen und wirtschaftlichen Entwicklung eine ständig größere Bedeutung zu. Berufliche Bildung liegt im **Interesse der Unternehmer.** Die Nutzung neuer Techniken zum Erhalt und Stärkung der Wettbewerbsfähigkeit von Unternehmen/Betrieben verlangt nach einer entsprechenden Anpassung und Erweiterung der Qualifikation der ArbN (ErfK-*Kania* Rn 1). Damit stehen die Maßnahmen der beruflichen Bildung auch in einem engen Zusammenhang mit Maßnahmen der Personalplanung (§ 92 Rn 9 ff.), die wiederum auf konkreten Investitionsentscheidungen des Unternehmens beruhen. Aus der **Sicht der ArbN** entscheidet die Teilnahme an betrieblichen Berufsbildungsmaßnahmen dagegen über den Erhalt oder die Verbesserung des Arbeitsplatzes, über den beruflichen Aufstieg und die Chancen am Arbeitsmarkt. Maßnahmen der Berufsbildung haben bes. Bedeutung für ArbN, die aus familiären Gründen zeitweise aus dem Berufsleben ausgeschieden sind und bei ihrer Rückkehr ihre Berufskenntnisse aktualisieren müssen.

2   Seit der Neufassung des Abs. 2 S. 2 durch das 2. GleiBG vom 24. 6. 94 (BGBl. I S. 1406) verfolgt § 96 auch das Ziel, die beruflichen Bildungschancen von Teilzeitbeschäftigten und ArbN mit familiären Pflichten zu verbessern (vgl. BR-Drucks. 301/93 S. 124). Dieses Anliegen wird jetzt durch die **§§ 10, 18 TzBfG** unterstützt, die den ArbGeb. verpflichten, für die Aus- und Weiterbildung der befristet oder der in Teilzeit Beschäftigten Sorge zu tragen. Die gewachsene Bedeutung der beruflichen Bildung für die Zukunftsfähigkeit der Betriebe und ihrer Belegschaften hat den Gesetzgeber auch dazu veranlasst, die Befugnisse des BR auszuweiten. Während nach früherem Recht der ArbGeb. mit dem BR Fragen der Berufsbildung der ArbN lediglich zu beraten hatte, verpflichtet ihn die Neufassung des § 96 Abs. 1 Satz 1 durch

das **BetrVerf-ReformG** dazu, auf ein entsprechendes Verlangen des BR den Berufsbildungsbedarf konkret zu ermitteln und anhand der dabei gewonnen Erkenntnisse die Fragen der Berufsbildung der ArbN mit dem BR zu beraten. Die konkrete Feststellung des Berufsbildungsbedarfs soll dem BR auch die Ausübung seiner Beteiligungsrechte nach den §§ 96 ff. erleichtern (GK-*Raab* Rn 3). Nach der Gesetzesbegründung ist die vom ArbGeb. zu veranlassende Bedarfsermittlung eine unverzichtbare Arbeitsgrundlage für eine wirksame Ausübung der Beteiligungsrechte des BR zur Qualifizierung der beruflichen Bildung der ArbN (BT-Drucks. 14/5741 S. 49).

1. Struktur der Betriebsratsbeteiligung

Abs. 1 verpflichtet ArbGeb. und BR gemeinsam, die Berufsbildung der ArbN zu **3** fördern (**Förderungspflicht**). Abs. 2 konkretisiert diese Pflicht. Die Betriebsparteien haben gemeinsam darauf zu achten, dass den ArbN die Teilnahme an betrieblichen Maßnahmen oder außerbetrieblichen Maßnahmen der Berufsbildung ermöglicht wird.

Nach Abs. 1 S. 2 hat der ArbGeb. auf Verlangen des BR den Berufsbildungsbedarf **4** im Betrieb konkret zu ermitteln. Diese Ermittlungspflicht geht einher mit der weiteren Pflicht, mit dem BR alle Fragen der Berufsbildung der ArbN des Betriebs zu beraten (**Ermittlungs- und Beratungspflicht**). Die Beratungspflicht betrifft auch die Errichtung und Ausstattung betrieblicher Einrichtungen zur Berufsbildung, die Einführung betrieblicher Berufsbildungsmaßnahmen und die Teilnahme an außerbetrieblichen Berufsbildungsmaßnahmen. Die Ermittlungspflicht ist Grundlage des durch das **BetrVerf-ReformG** geschaffenen MBR bei der Einführung von Maßnahmen der betrieblichen Berufsbildung nach § 97 Abs. 2. Den in Abs. 2 geregelten Pflichten des ArbGeb. entsprechen die **Vorschlags- und Beratungsrechte** des BR in Abs. 1 Satz 2 und Satz 3.

2. Zweck der Beteiligung

Dem BR werden durch das BetrVG umfassende in sich abgestufte Beteiligungs- **5** rechte eingeräumt, weil in Fragen der betrieblichen Berufsbildung wichtige ArbN-Interessen berührt sind. Die Beteiligung des BR an der betrieblichen Berufsbildung verfolgt den **Zweck**, die Persönlichkeit und die Würde der ArbN zu wahren (*Hammer* S. 33). Sie sollen zugleich wegen der Auswirkungen auf das soziale Schicksal der ArbN und ihren beruflichen Werdegang für angemessene Inhalte, korrekte Auswahlverf. und Transparenz sorgen. Häufig entscheidet die Teilnahme an Maßnahmen der betrieblichen Berufsbildung darüber, ob der ArbN seinen Arbeitsplatz behalten oder an einem beruflichen Aufstieg teilnehmen kann (BAG 31. 1. 69 AP Nr. 1 zu § 56 BetrVG Berufsausbildung; 5. 11. 85 AP Nr. 2 zu § 98 BetrVG 1972). Der ArbGeb. hat deshalb ein Interesse an einer einvernehmlichen Gestaltung, damit die Aus- und Weiterbildung konfliktfrei geregelt wird. Darüber hinaus soll die Vorschrift auch dazu beitragen, dass sich der ArbGeb. konkret mit dem **Berufsbildungsbedarf** der bei ihm beschäftigten ArbN befasst und im Rahmen seiner technischen und finanziellen Investitionsentscheidungen und der daran ausgerichteten Personalplanung berücksichtigt.

3. Erfasste Arbeitnehmer

Die in §§ 96–98 geregelten Beteiligungsrechte des BR beziehen sich auf die Be- **6** rufsbildung (und sonstige Bildung iSv. § 98 Abs. 6) derjenigen ArbN, die unter das BetrVG fallen (§§ 5 und 6). Die **berufliche Bildung von LeihArbN** ist Angelegenheit des VertragsArbGeb., der über den jeweiligen Einsatz des LeihArbN entscheidet und ihn für die Erledigung konkreter Aufgaben beim Entleiher auswählt. Die Wahrnehmung der Beteiligungsrechte nach den §§ 96 ff. steht in Bezug auf die

LeihArbN deshalb dem BR des Verleiherbetriebs zu. Die Beteiligungsrechte des BR beziehen sich nicht auf die Berufsbildung (sonstige Bildungsmaßnahmen) der **leitenden Ang.** iSv. § 5 Abs. 3 (ErfK-*Kania* Rn 4). Das auf eine nachhaltige Berufsbildung angelegte Beteiligungsrecht nach Abs. 1 S. 2 erfasst sog. Ein-Euro-Jobber nicht (*Engels* NZA 07, 8), wohl aber ArbN iSd § 5 Abs. 1 S. 3.

4. Zuständigkeit

7　　**Zuständig** für die Wahrnehmung der Rechte aus Abs. 2 ist im Allgemeinen der BR. Fallen die Entscheidungen über die Berufsbildung und sonstige Bildungsmaßnahmen einheitlich auf der Unternehmensebene, kommt eine Zuständigkeit des GesBR uU auch für betriebsratslose Betriebe in Betracht. Entspr. gilt für den KBR. Der BR bleibt zuständig, wenn über die Teilnahme einzelner ArbN im Betrieb entschieden wird (vgl. *Gilberg*, S. 215 ff.). Die BR der **Deutsche Bahn AG** können auch hinsichtlich der **Beamte** die Beteiligungsrechte bei Fragen der Berufsbildung ausüben (§ 1 Nr. 20 und 231 DBAG ZustV). Dasselbe gilt für Beamte der Postunternehmen (§ 24 Abs. 1 PostPersRG; dazu *Engels/Mauß-Trebinger* RdA 97, 232, 236).

8　　Entspr. Vorschriften: keine.

II. Berufsbildung

9　　Das BetrVG legt selbst nicht fest, was unter **Berufsbildung** iSd. §§ 96 bis 98 zu verstehen ist. Während § 96 Abs. 1 nur allgemein von Berufsbildung spricht, ist in § 98 Abs. 1 ausdrücklich von betrieblicher Berufsbildung die Rede. Dies legt nahe, dass die Förderungspflicht nach Abs. 1 sowohl die inner- als auch die außerbetriebliche Berufsbildung betrifft. Das verdeutlicht Abs. 2 S. 1 (GK-*Raab* Rn 6). Zur Begriffsbestimmung kann zunächst an die Definition in **§ 1 Abs. 1 BBiG** angeknüpft werden Nach dieser sind Berufsbildung „die Berufsausbildungsvorbereitung, die Berufsbildung, die berufliche Fortbildung und die berufliche Umschulung". Die „Berufsausbildungsvorbereitung" wurde durch Gesetz vom 23. 12. 02 (BGBl. I S. 4621) neu in § 1 BBiG aufgenommen. Durch das am 1. 4. 05 in Kraft getretene Gesetz zur Reform der beruflichen Bildung **(Berufsbildungsreformgesetz – BerBiRefG)** vom 23. 3. 05 (BGBl. I S. 931) ist insoweit keine Änderung eingetreten (*Taubert* NZA 05, 503; vgl. zur Reform des Berufsbildungsrechts durch das BerBiRefG ferner *Mühlhausen/Stück* AuA 05, 272; *Natzel* DB 05, 610; *Nehls* AiB 05, 332 *Opolony* BB 05, 1050; *Wohlgemuth* AuR 05, 241). Nach § 1 Abs. 2 BBiG dient die **Berufsausbildungsvorbereitung** dem Ziel, durch die Vermittlung von Grundlagen für den Erwerb beruflicher Handlungsfähigkeit an eine Berufsausbildung in einem anerkannten Ausbildungsberuf heranzuführen. Dieser Bereich gehört spätestens jetzt auch zur Berufsbildung iSv. § 96 Abs. 1. Der betriebsverfassungsrechtliche **Begriff der Berufsbildung** ist jedoch nicht beschränkt auf den Begriff der Berufsbildung iSd. BBiG. Er ist **weit auszulegen** (vgl. BAG 23. 4. 91 AP Nr. 7 zu § 98 BetrVG 1972) und geht entspr. dem Zweck der gesetzlichen Regelung über die Begriffsbestimmung des BBiG hinaus (*HSWGNR* Rn 4; *Richardi/Thüsing* Rn 7; GK-*Raab* Rn 7 f.). Zur Berufsbildung im betriebsverfassungsrechtl. Sinn gehören alle Maßnahmen, die in **systematischer, lehrplanartiger Weise Kenntnisse und Fähigkeiten vermitteln,** durch welche die ArbN zu ihrer beruflichen Tätigkeit befähigt werden (vgl. BAG 5. 11. 85, 18. 4. 00, 24. 8. 04 AP Nr. 2, 9, 12 zu § 98 BetrVG 1972).

10　　Zur Berufsbildung im betriebsverfassungsrechtl. Sinn zählen insb. Maßnahmen zur Qualifikation für neue berufliche Anforderungen und Maßnahmen für den Erhalt vorhandener Qualifikationen, um die Arbeitsplatzsicherheit zu erhöhen oder das Eintreten von Arbeitslosigkeit zu hindern (zur Feststellung des Qualifizierungsbedarfs

Satzer AiB 99, 129). Formen und Inhalte der Wissensvermittlung spielen, abgesehen von der Berufsbezogenheit, keine Rolle (*HSWGNR* Rn 5). Beispiele für Maßnahmen der beruflichen Bildung sind **kurzfristige Bildungsmaßnahmen** für Anlernlinge, Praktikanten, **betriebliche Lehrgänge** (Beispiel in BAG 4. 12. 90 AP Nr. 1 zu § 97 BetrVG 1972) und **Seminare,** Bildungsprogramme, Anleitungen zur Bedienung neuer Maschinen (zB Schulung von Kfz-Mechanikern für ein neues Modell), Veranstaltungen zum Zweck des Erfahrungsaustauschs, Besuch von Ausstellungen, Messen und Kongressen, Vorbereitungsseminare für Auslandtätigkeit u. ä. Zur Berufsbildung im betriebsverfassungsrechtl. Sinn gehören auch Maßnahmen iSd. **§ 26 BBiG,** also insb. strukturierte **Ausbildungsmaßnahmen für Praktikanten und Volontäre** (vgl. GK-*Raab* Rn 11; ErfK-*Kania* Rn 7; *HSWGNR* Rn 6). Die Maßnahme kann auch eine **ökologisch orientierte** Berufsbildung sein. Zur Berufsbildung kann auch das sog. **Telelearning,** Teletutoring oder Teleteaching gehören, also der multimedial aufbereitete, auf einer webbasierten Lernumgebung beruhende Wissenserwerb über technische Systeme (vgl. dazu *Heller* AiB 02, 706). Nicht zur Berufsbildung gehören die „sonstigen Bildungsmaßnahmen" iSv. § 98 Abs. 6, obwohl sie mitbestimmungspflichtig sind (*Richardi/Thüsing* § 98 Rn 67). Ihnen fehlt die Berufsbezogenheit. Die Rspr. zum Begriff der Berufsbildung ist zusammengestellt bei *Hammer* ZTR 96, 245 ff.

Berufsbildung ist **abzugrenzen** gegenüber der – mitbestimmungsfreien – Unterrichtung des ArbN über seine Aufgaben und Verantwortung sowie über die Art seiner Tätigkeit und ihre Einordnung in den Arbeitsablauf des Betriebes nach **§ 81 Abs. 1 S. 1** (BAG 5. 11. 85, 10. 2. 88 AP Nr. 2, 5 zu § 98 BetrVG 1972; 28. 1. 92 AP Nr. 1 zu § 96 BetrVG 1972 krit. *Richardi/Thüsing* Rn 14; *Alexander* NZA 92, 1057, 1059). § 81 setzt Kenntnisse, Fähigkeiten und Erfahrungen voraus. §§ 96 ff. regeln demgegenüber, wie sie erworben oder erweitert werden können. Alle Maßnahmen, durch die Einsatzmöglichkeiten erweitert werden sollen, gehen über Maßnahmen nach § 81 Abs. 1 S. 1 hinaus. Zu den Bildungsmaßnahmen gehören nicht einzelne **Anweisungen** zur Konkretisierung der zu leistenden Arbeit sowie Art und Umfang ihrer Verrichtung. Das ist Bestimmung der geschuldeten Arbeitsleistung (BAG 28. 1. 92 AP Nr. 1 zu § 96 BetrVG 1972). **11**

1. Berufsausbildung

Nach **§ 1 Abs. 3 BBiG** hat die Berufsausbildung „die für die Ausübung einer qualifizierten Tätigkeit in einer sich wandelnden Arbeitswelt notwendigen beruflichen Fertigkeiten, Kenntnisse und Fähigkeiten (berufliche Handlungsfähigkeit) in einem geordneten Ausbildungsgang zu vermitteln. Sie hat ferner den Erwerb der erforderlichen Berufserfahrungen zu ermöglichen." Zentrales Ziel der Berufsausbildung ist nach der neuen Terminologie die **berufliche Handlungsfähigkeit.** Damit soll den besonderen Anforderungen eines modernen Berufsbildungssystems Rechnung getragen und durch die Berücksichtigung der – früher nicht ausdrücklich genannten – „Fähigkeiten" betont werden, dass über fachliches Wissen und Geschick hinaus auch die Förderung sozialer Kompetenzen wie Team- und Kommunikationsfähigkeit zur Berufsausbildung gehören (vgl. BT-Drucks. 15/3980 zu § 1; *Taubert* NZA 05, 503, 504, *Wohlgemuth* ArbuR 05, 241 f.). Das **Berufsausbildungsverhältnis** wird gemäß § 10 Abs. 1 BBiG durch einen Berufsausbildungsvertrag begründet. Dessen wesentlicher Inhalt ergibt sich aus § 11 Abs. 1 S. 2 BBiG. Er ist nach § 11 Abs. 1 S. 1 BBiG schriftlich niederzulegen; die elektronische Form genügt nicht. Neu eingeführt wurde durch das BBiG die sog. **Verbundausbildung** (Einzelh. *Stück/ Mühlhausen* NZA-RR 06, 169). Hierzu sieht § 10 Abs. 5 BBiG das Zusammenwirken mehrerer natürlicher oder juristischer Personen in einem Ausbildungsverbund vor. Damit soll kleinen und mittelständischen Unternehmen, die aufgrund des internationalen Wettbewerbsdrucks das normale Ausbildungsspektrum nicht anbieten können, ermöglicht werden, ihre Ausbildungspotentiale zu bündeln und eine breit **12** angelegte, am Berufsprinzip ausgerichtete Ausbildung zu ermöglichen (*Taubert* NZA 05, 503, 506). Das Ausbildungsverhältnis besteht aber nur mit einem Ausbildenden. Dieser hat die Rechte und Pflichten aus dem Ausbildungsverhältnis (*Wohlgemuth* ArbuR 05, 241, 243). Die MBR des BR nach § 98 Abs. 1 bestehen in diesem Fall – wohl nur – beim Abschluss der Vereinbarung, soweit dabei Regelungen über die spätere Durchführung der Bildungsmaßnahmen getroffen werden (vgl. § 98 Rn 6; BAG 18. 4. 00 AP Nr. 9 zu § 98 BetrVG 1972).

13   Die **Ausbildungsdauer** soll nach § 5 Abs. 1 Nr. 2 BBiG, bzw. § 26 Abs. 1 Nr. 2 HandwO nicht mehr als drei und nicht weniger als zwei Jahre betragen. Nach § 8 Abs. 1 S. 1 BBiG, bzw. § 27 b Abs. 1 HandwO hat die zuständige Stelle auf gemeinsamen Antrag des Azubi und des Ausbildendenden die **Ausbildungszeit zu kürzen,** wenn zu erwarten ist, dass das Ausbildungsziel in der gekürzten Zeit erreicht wird. Will der ArbGeb. generell eine verkürzte Ausbildungszeit vorsehen, hat der BR gemäß § 98 Abs. 1 mitzubestimmen (vgl. zu § 29 Abs. 2 BBiG aF BAG 24. 8. 04 AP Nr. 12 zu § 98 BetrVG 1972). § 8 Abs. 1 S. 2 BBiG sieht nun auch die Möglichkeit einer **Teilzeitberufsausbildung** vor (vgl. dazu *Opolony* BB 05, 1050, 1052). Voraussetzung ist auch hier die Erwartung, dass das Ausbildungsziel in der – täglich oder wöchentlich – gekürzten Zeit erreicht wird (*Taubert* NZA 05, 503, 505). Voraussetzung ist ferner ein gemeinsamer Antrag des Azubi und des Ausbildendenden sowie ein berechtigtes Interesse, das sich zB aus der Betreuung eines Kindes oder eines pflegebedürftigen Angehörigen ergeben kann (vgl. BT-Drucks. 15/4752 zu § 8 BBiG). Ein Anspruch des Azubi gegen den Ausbildenden nach § 8 Abs. 1 TzBfG auf eine Teilzeitausbildungsverhältnis besteht wohl nicht (vgl. *Opolony* BB 05, 1050, 1052). In Ausnahmefällen kommt nach § 8 Abs. 2 BBiG, bzw. § 27 b Abs. 2 HandwO auch eine **Verlängerung der Ausbildungszeit** in Betracht. Die **Pflichten des Azubi** im Berufsausbildungsverhältnis ergeben sich aus § 13 BBiG, die **des Ausbildenden** aus §§ 14 bis 16 BBiG. Regelungen über die **Vergütung** enthalten die §§ 17 bis 19 BBiG. **Probezeit, Beginn und Beendigung** des Berufsausbildungsverhältnisses sind in §§ 20 bis 23 BBiG geregelt.

14   Soweit Personen ohne Begründung eines ArbVerh. eingestellt werden, um berufliche Fertigkeiten, Kenntnisse, Fähigkeiten oder berufliche Erfahrungen zu erwerben, ohne dass es sich um eine Berufsausbildung iSd. BBiG handelt, gelten nach **§ 26 BBiG** die §§ 10 bis 23 und 25 BBiG mit einigen näher bezeichneten Einschränkungen. Dies betrifft insb. **Praktikanten und Volontäre.** Es handelt sich um Berufsbildung im betriebsverfassungsrechtlichen Sinn (vgl. GK-*Raab* Rn 11; ErfK-*Kania* Rn 7; HSWGNR Rn 6).

15   Regelungen über die **Ordnung der Berufsbildung** und die **Anerkennung von Ausbildungsberufen** enthalten die §§ 4 bis 9 BBiG, bzw. die §§ 25 ff. HandwO (vgl. *Taubert* NZA 05, 503, 504 f.; *Wohlgemuth* ArbuR 05, 241, 242) Nach § 4 Abs. 1 BBiG kann das BMAS oder das sonst zuständige Fachministerium durch Rechtsverordnung **Ausbildungsberufe staatlich anerkennen** und **Ausbildungsordnungen** erlassen. § 5 Abs. 1 BBiG, bzw. § 26 Abs. 1 HandwO beschreibt, welche Regelungen eine Ausbildungsordnung mindestens enthalten muss. § 5 Abs. 2 BBiG, bzw. § 26 Abs. 2 HandwO bezeichnet, was sie darüber hinaus enthalten kann. Eine Verzeichnis über die anerkannten Ausbildungsberufe führt und veröffentlicht gemäß § 90 Abs. 3 Nr. 3 BBiG das Bundesinstitut für Berufsbildung (vgl. §§ 89 ff. BBiG). Regelungen über die **Eignung von Ausbildungsstätte und Ausbildungspersonal** enthalten die §§ 27 bis 33 BBiG, bzw. die §§ 21 ff. HandwO (vgl. dazu *Taubert* NZA 05, 503, 508). Die noch aufgrund § 21 Abs. 1 BBiG aF erlassene Ausbilder-Eignungsverordnung **(AEVO)** vom 16. 2. 99 (BGBl. I S. 157, berichtigt S. 700, geändert durch VO vom 28. 5. 03 BGBl. I S. 783) gilt auch nach dem In-Kraft-Treten des neuen BBiG fort (*Taubert* NZA 05, 503, 508; *Wohlgemuth* ArbuR 05, 241, 244). Die §§ 34 bis 36 BBiG, bzw. die §§ 28 bis 30 HandwO regeln das **Verzeichnis der Berufsausbildungsverhältnisse** (vgl. dazu *Taubert* NZA 05, 503, 508). Das **Prüfungswesen** ist nun in den §§ 37 bis 50 BBiG, bzw. §§ 31 bis 40 HandwO geregelt (dazu *Taubert*

NZA 05, 503, 507 f.). § 51 BBiG regelt die Errichtung einer **besonderen Interes-senvertretung** für Azubi, deren praktische Berufsbildung in einer sonstigen Berufs-bildungseinrichtung außerhalb der schulischen und betrieblichen Berufsbildung statt-findet (BAG 13. 6. 07 – 7 ABR 44/06 – NZA-RR 08, 19).

Die BA fördert die berufliche Ausbildung und auch berufsvorbereitende Bil- **16** dungsmaßnahmen gemäß §§ 59 ff. SGB III durch **individuelle Berufsausbil-dungsbeihilfen für die Azubi.** Auf diese Förderung besteht bei Vorliegen der ge-setzlichen Anspruchsvoraussetzungen ein Rechtsanspruch (vgl. § 3 Abs. 5 SGB III; *Stratmann* in *Niesel* SGB III § 59 Rn 2). Förderungsfähig ist nach § 60 eine erstmalige berufliche Ausbildung, wenn sie in einem staatlich anerkannten Ausbildungsberuf betrieblich oder außerbetrieblich durchgeführt wird. Nach § 59 Nr. 3 SGB III setzt der Anspruch Bedürftigkeit voraus (zu Einzelheiten der Bedarfsberechnung und Ein-kommensanrechnung vgl. §§ 65 bis 71 SBG III). Nach §§ 235 a ff. SGB III können ferner **ausbildungsbegleitende Hilfen an den ArbGeb** gewährt werden. Diese können unter bestimmten Voraussetzungen Zuschüsse zur Ausbildungsvergütung erhalten. Ein Rechtsanspruch auf diese Leistungen besteht nicht. Diese Leistungen werden gemäß §§ 240 ff. SGB III ergänzt durch **Zuschüsse an Träger von Maß-nahmen der beruflichen Ausbildung.** Ziel dieser Regelungen ist es, die Ausbil-dung, Qualifizierung und Beschäftigung förderungsbedürftiger Jugendlicher zu er-möglichen und deren Eingliederungsvoraussetzungen zu verbessern.

2. Fortbildung und Umschulung

Zur Berufsbildung zählen auch Fortbildung und Umschulung. Die **berufliche** **17** **Fortbildung** wird in § 1 Abs. 4 BBiG – wie auch die Berufsbildung (vgl. Rn 12) – **jetzt mit Blick auf die berufliche Handlungsfähigkeit definiert.** Diese zu er-halten und anzupassen oder zu erweitern und beruflich aufzusteigen soll die beruf-liche Fortbildung ermöglichen. Regelungen zur beruflichen Fortbildung enthalten die §§ 53 bis 56 BBiG, bzw. die §§ 42 bis 42 d HandwO. Nach § 53 Abs. 1 BBiG können durch Rechtsverordnung Fortbildungsabschlüsse anerkannt und hierfür in einer Fortbildungsordnung Prüfungsregelungen erlassen werden. Neu ist insb. die Regelung in § 55 BBiG, wonach Zeiten der Berufstätigkeit im Ausland zu berück-sichtigen sind (*Wohlgemuth* ArbuR 05, 241, 246). Zu Konzepten arbeitnehmerorien-tierter Weiterbildung vgl. *Gillen/Dehnbostel/Elsholz/Habenicht/Proß/Skroblin* (Hrsg.) Kompetenzentwicklung in vernetzten Lernstrukturen, Bielefeld, 2005 sowie die zahl-reichen Informationen unter www.KomNetz.de.

Die **berufliche Umschulung soll** nach § 1 Abs. 5 BBiG – unverändert – **zu** **18** **einer anderen beruflichen Tätigkeit befähigen** (§ 1 Abs. 4 BBiG). Regelungen u. a. zum Erlass einer Umschulungsordnung, zu Umschulungsmaßnahmen und -prü-fungen sowie zur Berücksichtigung ausländischer Vorqualifikationen enthalten die §§ 58 bis 63 BBiG, bzw. die §§ 42 e bis 42 j HandwO. Fortbildung oder Umschulung findet entweder in Arbeitsverhältnisse oder in Vertragsverhältnisse iSv. § 26 BBiG statt.

Nach §§ 77 ff. SGB III können ArbN unter bestimmten Voraussetzungen durch **19** **Übernahme der Weiterbildungskosten** (Lehrgangskosten, Fahrtkosten, Kosten für auswärtige Unterbringung und Verpflegung sowie für die Betreuung von Kindern) gefördert werden. Von zentraler Bedeutung ist dabei der durch das Hartz-I-G vom 23. 12. 02 (BGBl. I S. 4607) neu eingeführte **Bildungsgutschein,** durch den dem ArbN gemäß § 77 Abs. 4 SGB III das Vorliegen der Voraussetzungen für eine Förde-rung bescheinigt wird (vgl. *Stratmann* in *Niesel* SGB III § 77 Rn 31 ff.). Näheres über die Anforderungen an förderungsfähige Maßnahmen und deren Träger regelt die Verordnung über das Verfahren zur Anerkennung von fachkundigen Stellen sowie zur Zulassung von Trägern und Maßnahmen der beruflichen Weiterbildung nach dem SGB III (Anerkennungs- und Zulassungsverordnung-Weiterbildung – AZWV) vom 16. 6. 04 (BGBl. I S. 1100, abgedruckt in *Niesel* SGB III nach § 87).

3. Andere Maßnahmen

20   Nach § 81 Abs. 1 S. 1 ist der ArbGeb. verpflichtet, den ArbN über dessen Aufgaben und seine Verantwortung sowie über die Bedeutung seiner Tätigkeit im größeren Rahmen des Arbeitsablaufs zu unterrichten (vgl. § 81 Rn 3). Es handelt sich um **individualrechtliche Verpflichtungen,** die sich ohnehin weitgehend als Nebenpflichten aus dem Arbeitsverhältnis ergeben (§ 81 Rn 2). Soweit der ArbGeb. den ArbN nach Maßgabe des § 81 Abs. 1 S. 1 informiert, handelt es sich nicht um eine Maßnahme der Berufsbildung (hM). Diese Einweisung setzt voraus, dass der ArbN die für die Ausübung der Tätigkeit am vorgesehenen Arbeitsplatz erforderlichen beruflichen Kenntnisse und Fähigkeiten bereits besitzt (BAG 23. 4. 91 AP Nr. 7 zu § 98 BetrVG 1972).

21   Die **gesetzliche Abgrenzung** zwischen Berufsbildungsmaßnahmen (einschließlich der sonstigen Bildungsmaßnahmen iSv. § 98 Abs. 6) einerseits und der Unterrichtung des ArbN nach § 81 andererseits ist **zwingend** (BAG 5. 11. 85, 10. 2. 88 AP Nr. 2, 5 zu § 98 BetrVG 1972). Sie darf nicht zu Lasten der Berufsbildung durch eine unzulässige Erweiterung der Unterrichtung nach § 81 verschoben werden. Abzulehnen sind daher die Versuche, alle sog. „arbeitsplatz- bzw. unternehmensbezogenen Informationen" als Unterrichtung nach § 81 – außerhalb der Berufsbildung – zu werten (*HSWGNR* Rn 7 ff.). Es besteht kein Gegensatz zwischen tätigkeits- und funktionsbezogenen Informationen einerseits und berufsbezogenen Informationen andererseits. Auch das, was an Informationen der Tätigkeit und der Funktion des ArbN im Betrieb zugutekommen soll, aber über § 81 hinausgeht, ist Berufsbildung (vgl. *Hammer* S. 119 ff.; *DKK-Buschmann* Rn 10). Das bringt § 98 Abs. 6 hinreichend deutlich zum Ausdruck.

22   Abzulehnen ist auch die **Unterscheidung zwischen personen- und funktionsbezogenen Maßnahmen,** wonach alle funktionsbezogenen Maßnahmen nicht zur Berufsbildung zählen und deshalb mitbestimmungsfrei bleiben sollen. Eine solche Abgrenzung wird dem Zweck der gesetzlichen Regelung – Beteiligung des BR an diesen Maßnahmen wegen ihrer Bedeutung für die Arbeitsplatzsicherheit, den beruflichen Aufstieg und die Chancen am Arbeitsmarkt – nicht gerecht. Die Teilnahme an Lehrgängen, die das jeweilige Aufgabengebiet des ArbN betreffen, kann für die Existenzsicherung entscheidend werden. Abzulehnen ist auch das Merkmal der **Verwertbarkeit** der vermittelten Kenntnisse **im Beruf** und die darauf gerichtete Beurteilung Dritter, weil es nicht auf den Erfolg der Maßnahme ankommt. Nur die sonstigen Bildungsmaßnahmen iSv. § 98 Abs. 6 gehören wegen fehlender Berufsbezogenheit nicht zur Berufsbildung iSv. §§ 96 und 98.

23   **Im Einzelnen gehören zur Berufsbildung:** Lehrgänge über technische Fragen, Werkstoffkunde, Arbeitsphysiologie und -psychologie, Arbeitssicherheit, Wirtschaftskunde, Arbeits- und Sozialrecht, Mitarbeiterführung, Lehrgänge für Flugbegleiter über Sicherheits- und Notfallmaßnahmen (BAG 10. 2. 88 AP Nr. 5 zu § 98 BetrVG 1972), Seminare, die den ArbN die für die Ausfüllung ihres Arbeitsplatzes und ihrer beruflichen Tätigkeit notwendigen Kenntnisse und Fähigkeiten verschaffen sollen (BAG 23. 4. 91 AP Nr. 7 zu § 98 BetrVG 1972). Zur beruflichen Bildung gehören weiter die sog. Trainee-Programme, bei denen Nachwuchskräfte, die keine leitenden Ang. sind, zu Ausbildungszwecken verschiedene Arbeitsbereiche im Betrieb durchlaufen. Nach Ansicht des BAG (28. 1. 92 AP Nr. 1 zu § 96 BetrVG 1972) gehören Veranstaltungen, in denen der ArbGeb. die ArbN befähigen will, gegenüber Kunden freundlicher und hilfsbereiter zu sein, nicht zu Maßnahmen der beruflichen Bildung, sondern sind eine gezielte Einweisung in die geschuldete Tätigkeit. Das ist bedenklich, weil solche Veranstaltungen die beruflichen Kenntnisse und Erfahrungen verbessern sollen.

24   Zu den Bildungsmaßnahmen gehören auch alle Einrichtungen des ArbGeb., die dazu dienen, den ArbN weitere Kenntnisse über Produkte (Dienstleistungen) und Arbeitsabläufe zu verschaffen. Das gilt etwa für **„Qualitätszirkel"** oder ähnliche

Einrichtungen (*DKK-Buschmann* Rn 9). In diesen Arbeitsgruppen (vgl. § 28 a Rn 10 ff.) werden ArbN zusammengefasst, die sich über die vertraglich geschuldete Arbeitsleistung hinaus informieren und fortbilden sollen, auch in der Weise, dass sie ihre Erfahrungen und Beobachtungen einbringen. Ziel solcher Einrichtungen wird häufig sein, die Motivation der ArbN und die Arbeitszufriedenheit zu erhöhen (insb. bei neuen Technologien und Veränderungen am Arbeitsplatz) sowie die Produkte (Dienstleistungen) zu verbessern und die Produktivität zu erhöhen. Diese Zielsetzung führt zu MBR des BR nach § 87 Abs. 1 Nr. 12 und ggf. auch nach Nr. 13. Soweit diese Einrichtungen des ArbGeb. auch dazu dienen, durch **Problemanalyse und Problemerörterung** die **berufliche Qualifikation** der ArbN zu verbessern, kommt ein MBR des BR nach § 98 in Frage; insoweit enthalten diese Veranstaltungen des ArbGeb. berufsbildende Elemente.

III. Förderungspflichten

ArbGeb. und BR haben gemeinsam im Rahmen der betrieblichen Planung die **25** Berufsbildung der ArbN zu fördern. Der Zusammenhang mit der betrieblichen Planung und die Beschränkung der Zuständigkeit des BR auf betriebliche Belange verdeutlichen die Betriebsbezogenheit der Förderungspflichten. **ArbN können** aus dieser Verpflichtung **keine individuellen Ansprüche ableiten** (*Richardi/Thüsing* Rn 16; GK-*Raab* Rn 22). Solche Ansprüche können sich aber aus den Arbeitnehmerweiterbildungsgesetzen der Bundesländer ergeben (vgl. ErfK-*Kania* Rn 10; *Klevemann* BB 89, 209).

Soweit eine **Personalplanung** besteht, ist die gemeinsame Förderung der Be- **26** rufsausbildung Bestandteil der Personalentwicklungsplanung und damit auch der Personalplanung (vgl. § 92 Rn 6 ff.). Berufsbildung trägt dazu bei, dass nicht nur kurzfristig, sondern vor allem langfristig unter Berücksichtigung der technischen Änderungen, der Abgänge, Krankheitsausfälle, Pensionierungen, usw. die notwendigen Mitarbeiter termingerecht nach Qualität und Zahl vorhanden sind. Maßnahmen der Berufsbildung ergeben sich daher aus der Berechnung des künftigen Personalbedarfs sowohl an Nachwuchskräften (Berufsausbildung) als auch an bes. qualifizierten Mitarbeitern (Berufsfortbildung). Maßnahmen der Berufsbildung können schließlich einen erforderlichen Personalabbau ganz oder teilweise verhindern (vgl. § 92 Rn 11).

Zur Förderungspflicht gehört es auch darauf zu achten, dass **ArbN** die **Teilnahme** **27** an betrieblichen oder außerbetrieblichen Maßnahme der Berufsbildung **ermöglicht wird.** Daraus ergeben sich ebenfalls keine individuellen Ansprüche der ArbN auf berufliche Förderung, etwa durch bezahlte oder unbezahlte Freistellungen von der Arbeit oder durch Übernahme von Kosten (*Richardi/Thüsing* Rn 16; GK-*Raab* Rn 22; vgl. aber Rn 31).

Die Einführung **betrieblicher Berufsbildungsmaßnahmen** bleibt dem ArbGeb. **28** überlassen. Insoweit ist er nur verpflichtet, mit dem BR über die Einführung dieser Maßnahmen zu beraten (§ 97). Der BR kann die Einführung von Bildungsmaßnahmen nicht erzwingen (vgl. § 97 Rn 4). Etwas anderes gilt, wenn sich auf Grund geplanter oder tatsächlicher Maßnahmen des ArbGeb. die Tätigkeit des ArbN ändert und deshalb dessen berufliche Kenntnisse und Fähigkeiten nicht mehr ausreichen. In diesem Fall steht dem BR ein **echtes MBR** hinsichtlich der Einführung betrieblicher Berufsbildungsmaßnahmen zu (vgl. § 97 Abs. 2).

Eine **betriebliche Berufsbildungsmaßnahme** liegt vor, wenn der ArbGeb. Trä- **29** ger bzw. Veranstalter der Maßnahme ist und sie für seine ArbN durchführt. Entscheidend ist, ob der ArbGeb. auf Inhalt und Organisation rechtlich einen beherrschenden Einfluss hat (BAG 4. 12. 90 AP Nr. 1 zu § 97 BetrVG 1972; 12. 11. 91, 24. 8. 04 AP Nr. 8, 12 zu § 98 BetrVG 1972). Unerheblich ist der Ort an dem die Maßnahme durchgeführt wird (vgl. Rn 14). **Außerbetriebliche Maßnahmen der Berufsbildung** werden zB von der Bundesagentur für Arbeit, aber auch von Verbänden und

Kammern durchgeführt (zB Sonderkurse bei Berufs- und Fachschulen, Lehrgänge von Kammern, ArbGebVerbänden und Gewerkschaften, Fernschulen, Besuch von Akademien, zentralen Lehrlingswerkstätten).

30　　Soweit die betrieblichen Notwendigkeiten dies zulassen, ist bildungswilligen und -fähigen ArbN die **Teilnahme** an solchen betrieblichen und außerbetrieblichen Maßnahmen der Berufsbildung zu **ermöglichen.** Das gilt vor allem dann, wenn die Maßnahmen von der BA gefördert werden (vgl. Rn 19). Die Anzahl der Teilnehmer und der Zeitpunkt der Maßnahme richten sich nach betrieblichen Notwendigkeiten. Zur Auswahl der Teilnehmer vgl. § 98 Abs. 3.

31　　Die **Belange älterer ArbN** sind nach Abs. 2 S. 2 mit dem Ziel der Erhaltung und Anpassung ihrer Fähigkeiten und Kenntnisse durch Teilnahme an Fortbildungsveranstaltungen bes. zu berücksichtigen (vgl. auch § 75 Abs. 1 S. 2, § 80 Abs. 1 Nr. 6). Die Bemühungen um die Belange älterer ArbN sind abzuwägen gegen die **Probleme der Jugendarbeitslosigkeit.** Letztere beziehen sich allerdings mehr auf die Berufsausbildung, während für ältere ArbN in erster Linie eine Fortbildung oder Umschulung in Betracht kommt.

32　　**Teilzeitbeschäftigte** und **ArbN mit Familienpflichten** stehen häufig vor bes. Schwierigkeiten. Die Bildungsmaßnahmen sind im zeitlichen Umfang und Rahmen auf vollzeitbeschäftigte ArbN abgestellt (vgl. zur Teilzeitberufsausbildung jetzt aber § 8 Abs. 1 S. 2 BBiG, dazu Rn 13). Daher verpflichtet Abs. 2 S. 2 ArbGeb. und BR, auf die Belange dieser ArbN bes. Rücksicht zu nehmen und letztlich für einen diskriminierungsfreien Zugang zu betrieblichen oder außerbetrieblichen Berufsbildungsmaßnahmen Sorge zu tragen. Wenn möglich sollen auch Veranstaltungen mit geringerem zeitlichen Umfang oder Tagesveranstaltungen mit Kinderbetreuung angeboten werden (*HSWGNR* Rn 38). Familienpflichten bestehen, wenn eine beschäftigte Person mindestens ein Kind unter 18 Jahren oder einen nach ärztlichem Gutachten pflegebedürftigen sonstigen Angehörigen tatsächlich betreut oder pflegt. Die Förderung dieser ArbNGruppe ist bes. wichtig nach einer Familienpause, um Frauen und Männern die Wiedereingliederung in das Berufsleben durch Fortbildung zu erleichtern.

33　　**ArbGeb. und BR** haben mit den für die Berufsbildung und deren Förderung **zuständigen Stellen zusammenzuarbeiten.** Dies sind außerhalb des öffentlichen Dienstes nach § 71 BBiG die jeweiligen Kammern wie etwa die Handwerkskammern oder die Industrie- und Handelskammern.

IV. Ermittlungspflicht des Arbeitgebers

34　　Nach Abs. 1 S. 2 hat der ArbGeb. auf Verlangen des BR den Berufsbildungsbedarf zu ermitteln. Die Pflicht bezieht sich auf den betrieblichen Bildungsbedarf. Dieser ergibt sich nach der Gesetzesbegründung aus der Durchführung einer **Ist-Analyse** und einer **Soll-Analyse** (vgl. GK-*Raab* Rn 30). Der Bestandsaufnahme (Ist-Analyse) sind gegenüberzustellen die voraussichtlichen künftigen Anforderungen an die jeweiligen Arbeitsplätze und die dazu notwendigen Qualifikationen **(Soll-Konzept).** Die Differenz zeigt Art und Umfang des betrieblichen Bildungsbedarfs auf. Die Ermittlungspflicht des ArbGeb. bezieht sich auf die Feststellung des Bedarfs. Sie erstreckt sich nach Wortlaut und Zweck nicht darauf, in welcher Weise der ermittelte Bedarf abzudecken ist.

35　　Die **Feststellung des Ist-Zustandes** ist eine Bestandsaufnahme des Qualifikationsbedarfs für die vorhandenen Arbeitsplätze. Dazu gehört die Angabe des aktuellen Personalbestands und des aktuellen Qualifikationsniveaus. Zu erfassen ist auch die absehbare Personalfluktuation. Sie gibt Hinweise auf den Abgang (Kündigung, Auflösungsvertrag, Altersteilzeit, Befristungen) qualifizierter Arbeitskräfte oder solcher mit geringerer Qualifikation sowie auf den Zugang entsprechender Arbeitskräfte und deren voraussichtliches Qualifikationsniveau. Dem festgestellten Ist-Zustand gegenüberzustellen ist der **Soll-Zustand.** Dieser betrifft das Qualifikationsniveau, das im Betrieb aktuell noch erreicht werden muss oder für die Bewältigung geplanter neuer oder weiterer Arbeitsabläufe künftig gebraucht wird. Es besteht ein innerer Zusammenhang mit den Investitionsvorhaben des Betriebs. Sie können für die Ermittlung des künftig notwendig werdenden Qualifikationsniveaus nicht außer Acht bleiben, weil sie sich unmittelbar auf diesen Bedarf auswirken.

Die Ermittlung des Berufsbildungsbedarfs hat einen direkten **Bezug zur Perso-** **36** **nalentwicklungsplanung.** Sie durchbricht den im Rahmen der allgemeinen Personalplanung geltenden Grundsatz des § 92, nach dem der ArbGeb. zur Planung nicht verpflichtet ist, der BR jedoch über eine vorhandene Planung zu unterrichten ist und deren Ergebnisse mit dem BR zu beraten sind. Der Berufsbildungsbedarf ist umfassend und nicht nur in Bezug auf betriebliche Berufsbildungsmaßnahmen zu ermitteln (*HSWGNR* Rn 23). Eine entsprechende Beschränkung folgt weder aus dem Wortlaut der Vorschrift noch aus dem Zweck der Ermittlungspflicht (**aA** *Konzen* RdA 01, 76).

Der ArbGeb. hat nicht von sich aus den Berufsbildungsbedarf für seinen Betrieb **37** festzustellen. Seine Ermittlungspflicht wird erst durch ein entsprechendes **Verlangen** **des BR** ausgelöst. Die Ermittlungen sind auch dann durchzuführen, wenn der Arb-Geb. hierfür keinen aktuellen oder künftigen Bedarf sieht (*DKK-Buschmann* Rn 20 b; *GK-Raab* Rn 29; *HSWGNR* Rn 19; *Richardi/Thüsing* Rn 18). Selbst wenn der Arb-Geb. in absehbarer Zeit keine Investitionen vornehmen will, ist er dennoch zu einer aktuellen Bedarfsanalyse verpflichtet. Das folgt aus dem **Zweck seiner Ermittlungspflicht.** Sie soll dem BR eine effektive Ausübung seiner Mitbestimmungs- und Mitwirkungsbefugnisse ermöglichen und ihn von den Schwierigkeiten einer damit verbundenen Ermittlung entlasten. Das ist auch im Interesse des ArbGeb., weil sie dessen Verpflichtung minimiert, dem BR für diese Aufgabe eine betriebliche Auskunftsperson zur Verfügung zu stellen oder mit ihm eine Vereinbarung über die Heranziehung eines externen Sachverständigen treffen zu müssen.

Das Recht des BR, vom ArbGeb. die Ermittlung des Personalbedarfs verlangen zu **38** können, erstreckt sich nicht darauf, dem ArbGeb. die **Methode der Bedarfsermittlung** vorzugeben (*HSWGNR* Rn 21). Hierüber entscheidet der ArbGeb. § 92 Abs. 2 Satz gibt auch keinen Planungszeitraum vor. Auch diesen kann der ArbGeb. bestimmen. Die Wahl der Methode und die Festlegung des Zeitraums dürfen aber dem Zweck der Ermittlungspflicht nicht zuwiderlaufen. Im Rahmen der vertrauensvollen Zusammenarbeit der Betriebsparteien kann der BR geeignete Vorschläge unterbreiten. Ein vom ArbGeb. ermittelter Bedarf ist Grundlage der Mitbestimmung nach § 98 und bindet entsprechend (*DKK-Buschmann* Rn 20 e).

V. Beratungspflichten des Arbeitgebers und Vorschlagsrechte des Betriebsrats

Der ArbGeb. hat nach Abs. 1 S. 2 mit dem BR auf dessen Verlangen alle Fragen zu **39** beraten, die die Berufsbildung der ArbN im Betrieb und damit auch das Ergebnis des ermittelten Bildungsbedarfs betreffen (*GK-Raab* Rn 32; *HSWGNR* Rn 32). Dazu gehören auch die Beratung über die Errichtung und Ausstattung betrieblicher Einrichtungen zur Berufsbildung, die Einführung betrieblicher Berufsbildungsmaßnahmen und die Teilnahme an außerbetrieblichen Berufsbildungsmaßnahmen (§ 97) sowie die Grundlagen der Bedarfsermittlung und die darauf beruhenden Prognosen. Ferner zählen dazu Fragen der individualrechtlichen Gestaltung der Maßnahmen einschließlich der Vereinbarung etwaiger Rückzahlungsverpflichtungen bei vorzeitiger Beendigung des Arbeitsverhältnisses durch den ArbN.

Die Beratung erfolgt **auf Verlangen des BR.** Nur über die in § 97 erwähnten **40** Angelegenheiten hat der ArbGeb. von sich aus die Beratung mit dem BR zu suchen. Für diese Angelegenheiten kommt es auf das Verlangen des BR nicht an.

41　　Soweit Beratungspflichten des ArbGeb. bestehen, kann der BR Vorschläge machen. Das **Vorschlagsrecht** bezieht sich auf alle Fragen der Berufsbildung der ArbN des Betriebs. Der BR kann von sich aus die Initiative ergreifen. Der ArbGeb. muss mit dem BR über dessen Vorschläge beraten. Er muss Anregungen entgegennehmen. Doch ist er nicht verpflichtet, den Anregungen zu folgen. Zu beraten ist mit dem Ziel einer Verständigung.

VI. Streitigkeiten

42　　Besteht Streit über die Ermittlungspflicht oder Informations-, Beratungs- und Vorschlagsrechte sowie über deren Umfang, entscheiden die ArbG im **BeschlVerf.** (Einzelheiten Nach § 1 Rn 7 ff.). Das ist zB der Fall, wenn es der ArbGeb. ablehnt, auf Verlangen des BR den Berufsbildungsbedarf zu ermitteln oder Fragen der Berufsbildung der ArbN des Betriebes zu beraten (*HSWGNR* Rn 40). Die Weigerung des ArbGeb. kann auch einen groben Verstoß gegen seine Verpflichtungen nach dem BetrVG darstellen. Es kann ein Verf. nach § 23 Abs. 3 eingeleitet werden (ErfK-*Kania* Rn 12; *HSWGNR* Rn 40). Auch der BR kann seine Beratungspflichten verletzen; das kann zu einem Verf. nach § 23 Abs. 1 führen.

§ 97 Einrichtungen und Maßnahmen der Berufsbildung

(1) **Der Arbeitgeber hat mit dem Betriebsrat über die Errichtung und Ausstattung betrieblicher Einrichtungen zur Berufsbildung, die Einführung betrieblicher Berufsbildungsmaßnahmen und die Teilnahme an außerbetrieblichen Berufsbildungsmaßnahmen zu beraten.**

(2) **¹Hat der Arbeitgeber Maßnahmen geplant oder durchgeführt, die dazu führen, dass sich die Tätigkeit der betroffenen Arbeitnehmer ändert und ihre beruflichen Kenntnisse und Fähigkeiten zur Erfüllung ihrer Aufgaben nicht mehr ausreichen, so hat der Betriebsrat bei der Einführung von Maßnahmen der betrieblichen Berufsbildung mitzubestimmen. ²Kommt eine Einigung nicht zustande, so entscheidet die Einigungsstelle. ³Der Spruch der Einigungsstelle ersetzt die Einigung zwischen Arbeitgeber und Betriebsrat.**

Inhaltsübersicht

I. Vorbemerkung

1　　Die Vorschrift räumt dem BR in Abs. 1 als **Ergänzung des Beratungs- und Vorschlagsrechts** nach § 96 ein bes. Beratungsrecht bei der Errichtung und Ausstattung betrieblicher Berufsbildungseinrichtungen, bei der Einführung betrieblicher Berufsbildungsmaßnahmen und für die Teilnahme an außerbetrieblichen Berufsbildungsmaßnahmen ein. Sie steht im Zusammenhang mit der Personalplanung nach § 92 Abs. 1, aus der sich häufig Folgen für die betriebliche Berufsbildung (vgl. § 96) ergeben. Wechselwirkungen bestehen auch zur Beschäftigungssicherung nach § 92 a, zum Widerspruchsrecht bei Kündigungen nach § 102 Abs. 3 Nr. 4 sowie zu Interessenausgleich und Sozialplan (§ 112), die Maßnahmen der beruflichen Fort- und Weiterbildung oder der Umschulung vorsehen können, und in besonderem Maße zum MBR nach § 98 Abs. 1 über die Durchführung betrieblicher Bildungsmaßnahmen.

Das BetrVerf-ReformG hat die Beteiligungsrechte des BR im Rahmen der be- **2** trieblichen Berufsbildung erheblich erweitert (BT-Drucks. 14/5741 S. 49). Während das frühere Recht dem BR lediglich bei der Durchführung einer vom ArbGeb. veranlassten betrieblichen Berufsbildungsmaßnahme nach § 98 Abs. 1 ein MBR zubilligte, regelt der durch das BetrVerf-ReformG eingefügte Abs. 2 ein **eigenständiges MBR** bereits für die **Einführung einer betrieblichen Berufsbildungsmaßnahme.** Dieses MBR ist allerdings an tätigkeitsändernde Maßnahmen des ArbGeb. geknüpft, die ein Qualifikationsdefizit der betroffenen ArbN zur Folge haben. Es zielt darauf ab, durch die Einflussnahme des BR auf die berufliche Qualifizierung der ArbN den Bestand der Arbeitsverhältnisse zu sichern (BT-Drucks. 14/5741 S. 29; *Reichold* NZA 01, 857; *Hanau* RdA 01, 65).

Entspr. Vorschrift: Keine. **3**

II. Beratungsrechte des Betriebsrats

Der ArbGeb. hat mit dem BR rechtzeitig und eingehend gemäß dem Grundsatz ver- **4** trauensvollen Zusammenwirkens (§ 2 Abs. 1) zu beraten, wenn er betriebliche Einrichtungen der Berufsbildung errichten und ausstatten will (zB Lehrwerkstatt, Umschulungswerkstatt, betriebliches Bildungszentrum). Eines ausdrücklichen Verlangens des BR bedarf es nicht. Der **ArbGeb. muss die Initiative ergreifen,** soweit er Maßnahmen der genannten Art plant. Das gilt auch für die Änderung vorhandener Einrichtungen (GK-*Raab* Rn 6) und für die sachliche Ausstattung (zB Maschinen, Werkzeuge, Lehrmaterial usw. HSWGNR Rn 3), nicht für deren Auflösung (**aA** DKK-*Buschmann* Rn 3; ErfK-*Kania* Rn 3). Die Ausbildungsstätte muss nach § 27 Abs. 1 BBiG, bzw. § 21 Abs. 1 HandwO nach Art und Einrichtung für die Berufsausbildung geeignet sein. Eine Ausbildungsstätte, in der die erforderlichen beruflichen Fertigkeiten, Kenntnisse und Fähigkeiten nicht im vollen Umfang vermittelt werden können, gilt nach § 27 Abs. 2 BBiG, bzw. § 21 Abs. 2 HandwO als geeignet, wenn deren Vermittlung durch Ausbildungsmaßnahmen außerhalb der Ausbildungsstätte erfolgt. Die Eignung wird nach § 32 Abs. 1 BBiG, bzw. § 23 Abs. 1 HandwO überwacht. Die persönliche und fachliche Eignung von Ausbildenden und Ausbildern beurteilt sich nach §§ 28 bis 30 BBiG, bzw. §§ 22 bis 22 b HandwO (vgl. § 98 Rn 14 ff.). Die personelle Ausstattung der betrieblichen Einrichtung unterliegt dem MBR nach § 98 Abs. 2. Ein **erzwingbares MBR** zur Schaffung derartiger Einrichtungen und Bereitstellung finanzieller Mittel besteht nicht. Die Investitionsentscheidung verbleibt beim ArbGeb.

Eine vorherige Beratungspflicht des ArbGeb. besteht ferner bei **Einführung be- 5 trieblicher Berufsbildungsmaßnahmen** unabhängig davon, ob diese Berufsbildungsmaßnahme mit einer tätigkeitsändernden Maßnahme des ArbGeb. in einem Zusammenhang steht (vgl. § 96 Rn 28 ff.). Um eine betriebliche Bildungsmaßnahme handelt es sich stets dann, wenn der ArbGeb. maßgeblich den Inhalt, den Teilnehmerkreis, die Lehrkräfte und den Ablauf der Bildungsmaßnahme bestimmt (BAG 4. 12. 90 AP Nr. 1 zu § 97 BetrVG 1972; BAG 12. 11. 91, 24. 8. 04 AP Nr. 8, 12 zu § 98 BetrVG 1972). Unerheblich ist, ob die Maßnahme innerhalb oder außerhalb des Betriebes oder der Arbeitszeit (zB Fortbildungskurse, Trainee-Programme, betriebl. Zusatzunterricht für Auszubildende, Technikerausbildung, Einführung in neue technische Verf. oder Werkstoffe) stattfindet.

Das Beratungsrecht erstreckt sich auch auf die Frage der **Teilnahme an außerbe- 6 trieblichen Berufsbildungsmaßnahmen.** Hierbei handelt es sich um solche Maßnahmen, die von einem betriebsexternen Veranstalter (Handwerkskammer, Berufsbildungswerk etc.) durchgeführt werden (GK-*Raab* Rn 10; *DKK-Buschmann* Rn 6). § 10 Abs. 5 BBiG sieht jetzt auch ausdrücklich die Verbundausbildung in einem Ausbildungsverbund vor (vgl. *Opolony* BB 05, 1050, 1051; *Taubert* NZA 05, 503, 506). Das Beratungsrecht umfasst die Art der Maßnahme, Auswahl der ArbN, Zeitpunkt und Zeitdauer der Teilnahme. Werden ArbN hierzu von der Arbeit freigestellt oder trägt der ArbGeb. mindestens teilweise die Kosten für die Teilnahme der ArbN, hat der BR darüber hinaus ein MBR bei der Auswahl nach § 98 Abs. 3 und Abs. 4. Das besondere Beratungsrecht bezieht sich auch auf die Beteiligung des ArbGeb. an überbetrieblichen Bildungseinrichtungen. Es berechtigt den BR dazu, mit dem ArbGeb. die Auswahl der ArbN und die Dauer sowie den Zeitpunkt der außerbetrieblichen Berufsbildung zu beraten (*Richardi/Thüsing* Rn 8; *HSWGNR* Rn 7). Das dient nicht nur dazu, eine gleichmäßige Heranziehung der ArbN bei einer Maßnahme der außerbetrieblichen Berufsbildung zu gewährleisten, sondern ermöglicht es dem BR, sich im Rahmen seiner besonderen Förderpflichten nach § 80 Abs. 1 für bestimmte ArbNGruppen – wie etwa ältere ArbN, solche mit familiären Betreuungspflichten oder ausländische ArbN – einzusetzen. Das Beratungsrecht gilt auch in Bezug auf sog. Ein-Euro-Jobber (*Engels* NZA 07, 8).

7   Bezogen auf die Errichtung und Einführung hat die Beratung mit dem BR bereits zu einem **Zeitpunkt** stattzufinden, in dem der ArbGeb. mehrere konkrete Lösungsvorschläge auf ihre konkrete Umsetzung hin prüft (Auswahl der optimalen Lösung, Stufe 5 REFA-Standardprogramm vgl. § 80 Rn 57). Das Beratungsrecht über die Teilnahme an außerbetrieblichen Bildungsmaßnahmen setzt ein, bevor die vom ArbGeb. ins Auge gefasste Entscheidung umgesetzt wird. Das folgt aus dem Zweck des Beratungsrechts.

III. Mitbestimmung bei der Qualifizierung

1. Zweck des Mitbestimmungsrechts

8   Gemäß Abs. 2 hat der BR unter bestimmten Voraussetzungen bei der Einführung von Maßnahmen der betrieblichen Berufsbildung mitzubestimmen. Nach früherem Recht war die MB des BR beschränkt auf die **Durchführung von Maßnahmen der betrieblichen Berufsbildung** (§ 98 Abs. 1). Der ArbGeb. konnte allein über das „Ob" solcher Maßnahmen entscheiden. Durch das BetrVerf-ReformG sind die Mitbestimmungsbefugnisse des BR auch auf die **Einführung betrieblicher Berufsbildungsmaßnahmen** erstreckt worden. Dazu knüpfte der RegE den Mitbestimmungstatbestand zunächst an Maßnahmen des ArbGeb., die bezogen auf technische Anlagen, Arbeitsverfahren und Arbeitsabläufe sowie Arbeitsplätze dazu führen, dass sich die Tätigkeit der davon betroffenen ArbN ändern wird und ihre beruflichen Kenntnisse und Fähigkeiten zur Erfüllung ihrer Aufgabe nicht mehr ausreichen. Das entspricht den Voraussetzungen der Unterrichtungspflicht des ArbGeb. nach § 90 Abs. 1 Nr. 2–4. Die dem ArbGeb. zuzurechnenden Ursachen eines Qualifikationsdefizits der ArbN als Voraussetzung für das Entstehen des MBR hat der dann G gewordene Vorschlag des BT-Ausschusses für Arbeit und Sozialordnung ausgeweitet (BT-Drucks. 14/6352 S. 58 ff.). Mit Hinweis darauf, dass die im RegE enthaltenen tatbestandlichen Voraussetzungen für das Entstehen des MBR zu eng seien, wurden die aus § 90 Abs. 1 Nr. 2–4 entnommenen Beschränkungen aufgegeben. Bei der sprachlichen Fassung des Abs. 2 wurde außerdem anstelle des Futurs „ändern wird" das Präsens „ändern" in Bezug auf die Tätigkeit der ArbN gebraucht (ausführlich GK-*Raab* Rn 4).

9   Wie die amtliche Begründung verdeutlicht, ist Abs. 2 vor dem Hintergrund **arbeitsförderungsrechtlicher Pflichten** der Arbeitsvertragsparteien nach § 2 SGB III zu sehen. Diese weisen den ArbGeb. einerseits eine Mitverantwortung für die berufliche Leistungsfähigkeit der bei ihnen Beschäftigten zu (§ 2 Abs. 2 Nr. 1 SGB III).

Anderseits werden auch die ArbN dazu angehalten, ihre berufliche Leistungsfähigkeit den sich ändernden Anforderungen anzupassen (§ 2 Abs. 4 SGB III). Diese Verpflichtung werden durch arbeitsrechtliche Vorschriften konkretisiert (*Bepler* in *Gagel* § 2 SGB III Rn 28 ff.). Dazu gehört ua. die Vorschrift des § 81 Abs. 4 Satz 2, nach der ein ArbGeb. mit dem ArbN zu erörtern hat, wie dessen berufliche Kenntnisse an die vom ArbGeb. geänderten Tätigkeitsanforderungen im Rahmen der betrieblichen Möglichkeiten angepasst werden können (*Richardi/Thüsing* Rn 17; *Franzen* NZA 01, 865). Das ist auch Gegenstand der Beratungspflicht des ArbGeb. mit dem BR nach § 90 Abs. 2. Diese Vorschrift zählt daher ebenso zu den § 2 SGB III konkretisierenden arbeitsrechtlichen Bestimmungen wie das MBR nach Abs. 2.

Abs. 2 greift die durch § 2 SGB III begründete Verantwortung auf. Sein Ziel ist es,   **10** den BR in die Lage zu versetzen, **präventiv betriebliche Berufsbildungsmaßnahmen** zugunsten von ArbN durchzusetzen, bei denen durch Maßnahmen des ArbGeb. Qualifikationsdefizite entstehen, die ohne Teilnahme an entsprechenden Berufsbildungsmaßnahmen ihre Verwendung auf dem bisherigen Arbeitsplatz oder im Rahmen ihrer bisherigen Tätigkeit in Frage stellen. Der damit verbundenen **Gefahr des Arbeitsplatzverlustes** soll der BR präventiv und nicht mehr nur repressiv durch das Widerspruchsrecht bei Kündigungen nach § 102 Abs. 3 Nr. 4 begegnen können. Danach ist der **Zweck des MBR** darauf gerichtet, durch betriebliche Qualifizierungsmaßnahmen das Risiko des Arbeitsplatzverlustes zu verringern und damit zur Beschäftigungssicherung beizutragen (GK-*Raab* Rn 3; *Engels/Trebinger/Löhr-Steinhaus* DB 01, 532; *Franzen* NZA 01, 865). Es erstreckt sich deshalb nicht auf sog. Ein-Euro-Jobber (*Engels* NZA 07, 8) und ArbN iSd § 5 Abs. 1 S. 3, deren öffentl.-rechtl. Dienstverhältnis oder Arbeitsverhältnis nicht betroffen ist.

2. Voraussetzungen des Mitbestimmungsrechts

Das G knüpft das Entstehen des MBR an eine **tätigkeitsändernde Maßnahme**   **11** des ArbGeb. Eine Definition zum Begriff der Maßnahme oder Vorgaben zu Art und Umfang einer solchen Maßnahme enthält das G nicht. Entsprechend der Gesetzesbegründung ist der Begriff der Maßnahme nicht auf die Maßnahmen iSd. § 90 Abs. 1 Nr. 2–4 beschränkt. Der Begriff ist **weit zu auszulegen** (*Franzen* NZA 01, 865). Er bezieht sich allgemein auf Handlungen und Aktivitäten des ArbGeb. (*DKK-Buschmann* Rn 10; GK-*Raab* Rn 15). Das sind auch solche, die unmittelbar auf Vorschläge und Initiativen des BR – etwa nach § 80 Abs. 1, § 89 oder § 92 a – zurückgehen (*DKK-Buschmann* Rn 14).

Nach Abs. 2 muss dem ArbGeb. das Qualifikationsdefizit auf Grund eigener Hand-   **12** lungen zurechenbar sein. Ihn trifft danach keine Verantwortung für die Qualifizierung von ArbN, deren Qualifikationsdefizit Folge persönlicher Entscheidungen ist (GK-*Raab* Rn 20; *Richardi/Thüsing* Rn 10). Abs. 2 gewährt danach **kein MBR,** wenn der Verlust an beruflicher Qualifikation etwa durch die Inanspruchnahme einer Elternzeit nach dem BEEG oder eine sonstige, vom ArbN gewünschte Freistellung bedingt ist, ohne dass sich nach seiner Rückkehr die Anforderungen an seine Tätigkeit durch Maßnahmen des ArbGeb. geändert hätten (**aA** wohl *DKK-Buschmann* Rn 20). Dem BR bleibt aber die Möglichkeit, mit dem ArbGeb. eine freiwillige BV über die Qualifizierung dieser Beschäftigten zu vereinbaren. Das dient ua. dazu, Arbeitskräfte, die mit den betrieblichen Verhältnissen vertraut sind, an den Betrieb zu binden und Reorganisationskosten zu mindern.

Der Begriff der Maßnahme erfasst **technische und/oder organisatorischen**   **13** **Maßnahmen** des ArbGeb. Das betrifft die Einführung oder Änderung technischer Anlagen oder von Arbeitsverfahren, Arbeitsabläufen oder Arbeitsplätzen (*DKK-Buschmann* Rn 12). Infolge seiner weiten Fassung ist der Begriff der Maßnahme aber nicht auf solche technisch-organisatorischer Art beschränkt. Er erfasst nach dem Zweck des MBR auch **personelle Maßnahmen** wie Umsetzung oder Versetzung, die für den betroffenen ArbN tätigkeitsverändernd ist. Dazu gehören auch Entlassungen, wenn die Tätigkeit des Gekündigten anderen ArbN übertragen wird, denen dafür aber noch die erforderliche Qualifikation fehlt. Auf **entlassene ArbN** erstreckt sich das MBR nicht. Es dient nicht dazu, die Arbeitsmarktchancen von ArbN, deren Arbeitsverhältnis ohnehin endet, zu verbessern.

14   Die Maßnahme des ArbGeb. muss zu einer **Änderung der Tätigkeit** der betroffenen ArbN führen. Das bezieht sich auf das Anforderungsprofil, auf die Art und Weise ihrer Erledigung und damit den Inhalt der bisherigen Tätigkeit. Tätigkeitsändernd ist eine Maßnahme, wenn eine **Soll-Analyse** der künftigen Arbeitsaufgaben andere Anforderungen ergibt als die **Ist-Analyse** der bisherigen Arbeitsaufgaben. Die Änderung muss dem Zweck des MBR entsprechend aber so **nachhaltig** sein, dass die individuellen Kenntnisse und Fähigkeiten der betroffenen ArbN nicht mehr ausreichen, ihre jeweilige Aufgabe zu erfüllen (BT-Drucks. 14/5741 S. 49; *Richardi/Thüsing* Rn 9; *HSWGNR* Rn 17 ff.). Änderungen, die nur einen geringen Einfluss auf die Art und Weise der künftigen Erledigung der individuellen Arbeitsaufgabe haben und denen deshalb bereits im Rahmen der Unterweisung nach § 81 Abs. 1 genügt werden kann, lösen das MBR nach Abs. 2 nicht aus (*Franzen* NZA 01, 865).

15   Die Änderung der Tätigkeit muss dazu führen, dass die vom ArbN für die Erfüllung seiner Aufgabe verlangten beruflichen Kenntnisse und Fähigkeiten unzureichend werden. Das kann praktische Fertigkeiten wie theoretisches Wissen betreffen. Gegenstand des MBR ist aber die Einführung betrieblicher Bildungsmaßnahmen. Aus dem **Gegenstand des MBR** folgt daher, dass die entstandenen beruflichen Defizite auch durch Maßnahmen der betrieblichen Berufsbildung behebbar sein müssen (GK-*Raab* Rn 21). Sind die auf Grund einer Maßnahme des ArbGeb. eingetretenen Qualifikationsdefizite so groß, dass sie wegen ihrer zeitlichen Dauer und/oder ihrer Inhalte nur durch eine außerbetriebliche Bildungsmaßnahme (zB Ausbildung zum Facharbeiter, Studium) beseitigt werden können, greift das MBR nach Abs. 2 nicht ein.

16   Das MBR verlangt **keinen kollektiven Tatbestand** (*HSWGNR* Rn 21; **aA** *Franzen* NZA 01, 865). Der kollektive Tatbestand ist eine Voraussetzung für bestimmte MBR in den sozialen Angelegenheiten des § 87 Abs. 1. Es dient etwa bei der MB in Fragen der Arbeitszeit (Nr. 2 und Nr. 3) oder des Entgelts (Nr. 10) der Abgrenzung zwischen dem mitbestimmungspflichtigen kollektiven Regelungsbedarf und dem für Einzelfallgestaltungen, die allein mit Rücksicht auf besondere Umstände des einzelnen Arbeitsverhältnisses getroffen werden sind (vgl. BAG 14. 6. 94 AP Nr. 69 zu § 87 BetrVG 1972). Die Berufsbildung ist aber Teil der personellen Angelegenheiten, die stets an den individuellen Verhältnissen einzelner ArbN ansetzen. Auch wenn das G von „betroffenen ArbN" spricht, kommt es für das MBR nicht darauf an, ob die Maßnahme des ArbGeb. einen einheitlichen und damit kollektiv zu regelnden Bildungsbedarf erzeugt. Der Zweck des MBR und die enge Verknüpfung mit dem Widerspruchsrecht nach § 102 Abs. 3 Nr. 4 machen deutlich, dass es auch einsetzen soll, wenn von der Maßnahme nur einzelne ArbN betroffen sind, deren individuelle berufliche Kenntnisse und Fähigkeiten im Hinblick auf ihre künftigen Arbeitsaufgabe eine Bildungsmaßnahme erfordern.

17   Das MBR des BR besteht sowohl vor der Umsetzung einer tätigkeitsändernden Maßnahme als auch nach deren Durchführung. Die Kumulation der **zeitlichen Anknüpfungspunkte** vermeidet einen Streit der Betriebsparteien darüber, ob das MBR schon nach dem Abschluss der Maßnahmeplanungen oder erst ausgeübt werden kann, wenn der ArbGeb. die Maßnahme tatsächlich umgesetzt und sich die Tätigkeit auch faktisch geändert hat (*DKK-Buschmann* Rn 15 f.).

18   Das MBR besteht allerdings erst bei **geplanten Maßnahmen** des ArbGeb. Da es sich nicht auf das „Ob" und „Wie" der tätigkeitsändernden Maßnahme bezieht und Gegenstand des MBR nicht die argumentative Beeinflussung des ArbGeb. zum Inhalt und Umfang dieser Maßnahme ist, setzt es nicht im Planungsstadium der Maßnahme selbst ein. Es entsteht, wenn sich der ArbGeb. zur Durchführung dieser Maßnahme entschlossen hat (*Richardi/Thüsing* Rn 15; **aA** *Franzen* NZA 01, 865). Dieser **Entste-**

henszeitpunkt folgt daraus, dass die Ausübung des MBR Kenntnisse über Inhalt und Umfang der tätigkeitsändernden Maßnahme verlangt, anhand derer Qualifikationsdefizite und Qualifizierungsbedarf zuverlässig beurteilt werden können. Der ArbGeb. hat den BR nach § 90 Abs. 1 über die Planung von Maßnahmen und deren Abschluss zu informieren. Das ermöglicht es dem BR, das MBR nicht erst nach der Umsetzung der tätigkeitsändernden Maßnahme auszuüben, sondern bereits nach dem Abschluss der Planung im Vorgriff auf die Einführung frühzeitig entsprechende Bildungsmaßnahmen zu fordern (vgl. BT-Drucks. 14/5741 S. 50). Erst recht kann das MBR auch einen erst **nachträglich erkannten Qualifizierungsbedarf** im Anschluss an den Vollzug der Maßnahme aufgreifen (*DKK-Buschmann* Rn 20). Ein nachträglicher Qualifizierungsbedarf kann auch entstehen, wenn sich zu einem späteren Zeitpunkt herausstellt, dass durch eine Einweisung nach § 81 Abs. 1 das Qualifikationsdefizit nicht zu beseitigen war.

Das **Entstehen des MBR** setzt nicht voraus, dass sich die Tätigkeit des ArbN infolge der Maßnahme bereits tatsächlich geändert hat. Zwar enthält das G an dieser Stelle nicht mehr die im RegE noch enthaltene Futurform des „ändern wird". Die G gewordene Präsensform „ändern" lässt jedoch nicht darauf schließen, dass das MBR vor Umsetzung der Maßnahme nur entsteht, wenn die Planung selbst zu einer Änderung der Tätigkeit führt (aA *Franzen* NZA 01, 865). Dieses grammatikalische Auslegungsergebnis steht mit dem vorrangigen Zweck des MBR nicht in Einklang. Das **MBR soll präventiv wirken** (*Hanau* RdA 01, 65). Es wäre zweckwidrig, das MBR erst nach der Umsetzung einer tätigkeitsändernden Maßnahme eingreifen zu lassen, obwohl bereits nach Abschluss der Planungen aber vor der Durchführung der Maßnahme die Notwendigkeit betrieblicher Berufsbildungsmaßnahmen feststeht. **19**

Die berufliche Weiterbildung wird zunehmend auch zum Gegenstand von **Qualifizierungstarifverträgen** (vgl. insb. *Rieble* FS 50 Jahre BAG S. 831, 837 ff.). Soweit danach tarifliche Regelungen bestehen, sind nach **§ 77 Abs. 3 S. 1** betriebliche Regelungen gesperrt, sofern nicht der TV eine Öffnungsklausel iSv. § 77 Abs. 3 S. 2 enthält (vgl. *Löwisch* NZA-Sonderbeilage zu Heft 24/2001 S. 40, 44; vgl. auch zu § 98 BAG 24. 8. 04 AP Nr. 12 zu § 98 BetrVG 1972) und deshalb dem ArbGeb. ein Gestaltungsspielraum verbleibt (BAG 5. 11. 85 AP Nr. 2 zu § 98 BetrVG 1972). Dogmatisch zweifelhaft erscheint dagegen, ob für die Fälle der Tarifüblichkeit iSv. § 77 Abs. 3 S. 1 die im Verhältnis von § 77 Abs. 3 S. 1 zu § 87 Abs. 1 Eingangshalbsatz entwickelte Vorrangtheorie (vgl. § 77 Rn 109 ff.) anwendbar ist (GK-*Raab* Rn 14; *Franzen* NZA 01, 865, 870; *Rieble* FS 50 Jahre BAG S. 831, 832). Dafür spricht der nur durch die Vorrangtheorie gewährleistete effektive Schutz der zwingenden Mitbestimmung (vgl. § 77 Rn 112), die zudem gewährleistet, dass ein dem ArbGeb. durch bloße Tarifüblichkeit eröffneter Gestaltungsspielraum im Interesse der ArbN mitbestimmt werden kann. **19a**

3. Gegenstand des Mitbestimmungsrechts

Das MBR nach Abs. 2 ist ein **Initiativrecht** (*Reichold* NZA 01, 857; *Franzen* NZA 01, 865; *Löwisch* BB 01, 1790; *Konzen* RdA 01, 76). Es ist gerichtet auf die Einführung betrieblicher Berufsbildungsmaßnahmen. Das MBR kann nach Abs. 2 S. 3 über die E-Stelle durchgesetzt werden. Es erstreckt sich nicht auf die bloße Einweisung eines ArbN (LAG Hamm LAG Report 03, 107). **20**

Das MBR betrifft die Einführung **betrieblicher Berufsbildungsmaßnahmen.** Das sind allgemein solche, die dem ArbN Kenntnisse und Erfahrungen vermitteln, die zur Ausfüllung seines Arbeitsplatzes und seiner beruflichen Tätigkeit dienen (BAG 23. 4. 91, 18. 4. 00, 24. 8. 04 AP Nr. 7, 9, 12 zu § 98 BetrVG 1972). **21**

Die von der Rspr. des BAG für § 98 am Schutzzweck dieser Norm entwickelte weite Begriffsbestimmung bedarf im Anwendungsbereich des § 97 Abs. 2 nach Wortlaut und Zweck dieses MBR einer einschränkenden Auslegung. Nach § 97 Abs. 2 soll der ArbN durch die Berufsbildungsmaßnahme in die Lage versetzt werden, sei- **22** nen Aufgaben nachzukommen. Die Berufsbildungsmaßnahme muss daher einen konkreten Aufgabenbezug haben. Was Inhalt der Aufgaben ist, bestimmt sich nach dem Umfang der vertraglich geschuldeten Arbeitsleistung. Zweck des MBR ist es nicht, den ArbN allgemein für den Arbeitsmarkt wettbewerbsfähig zu machen. Das MBR ist seinem Schutzzweck nach darauf gerichtet, solche Fähigkeitsdefizite auszugleichen, die der ArbGeb. auf Grund der Änderung der Anforderungen der Arbeitsaufgabe zu verantworten hat. **Berufsbildungsmaßnahmen iSd. Abs. 2** sind daher solche, die geeignet sind, dem ArbN Kenntnisse und Fähigkeiten vermitteln, die er für die Ausfüllung seines geänderten Arbeitsplatzes oder seiner veränderten Arbeitsaufgabe benötigt (vgl. Rn 15; GK-*Raab* Rn 21).

23   Das MBR gilt nur für Maßnahmen der **betrieblichen Berufsbildung** (GK-*Raab* Rn 13, 21). Dieser Begriff ist nicht räumlich, sondern funktional zu verstehen. Es kommt nicht darauf an, ob die Maßnahme im Betrieb selbst durchgeführt wird. Entscheidend ist, dass die Maßnahme vom ArbGeb. getragen oder veranstaltet und für seine ArbN durchgeführt wird. Das setzt voraus, dass der ArbGeb. die Bildungsmaßnahme durchführt. Bedient er sich eines Dritten, muss der ArbGeb. einen beherrschenden Einfluss auf Inhalt und Durchführung der Veranstaltung haben (vgl. BAG 18. 4. 00, 24. 8. 04 AP Nr. 9, 12 zu § 98 BetrVG 1972).

24   Das MBR ist auf die Einführung betrieblicher Berufsbildungsmaßnahmen gerichtet. Das betrifft nicht die **Schaffung betrieblicher Bildungseinrichtungen.** Der BR kann nach Abs. 2 daher nicht die Einrichtungen von Schulungszentren verlangen. Insoweit steht ihm ein Beratungsrecht nach Abs. 1 zu. Die Beschränkung auf betriebliche Bildungsmaßnahmen schließt ein MBR zur Einführung **außerbetrieblicher Bildungsmaßnahmen** aus (*Reichold* NZA 01, 857). Für solche Maßnahmen besteht nur ein MBR bei der Auswahl der teilnehmenden ArbN nach § 98 Abs. 3. Diese Beschränkung des MBR folgt auch daraus, dass der ArbGeb. keinen beherrschenden Einfluss auf außerbetriebliche Berufsbildungsmaßnahmen hat und es daher an einem Anknüpfungspunkt für das MBR fehlt (vgl. BAG 18. 4. 00 AP Nr. 9 zu § 98 BetrVG 1972).

25   Die betriebliche Berufsbildungsmaßnahme muss sowohl den ArbN als auch dem ArbGeb. zumutbar sein (*Richardi/Thüsing* Rn 12). Das folgt aus dem systematischen Zusammenhang des MBR mit dem Widerspruchsgrund des § 102 Abs. 3 Nr. 4 bei Kündigungen. Dieser knüpft das Recht des BR, einer ordentlichen Kündigung zu widersprechen, daran, dass der ArbN jedenfalls nach zumutbaren Umschulungs- und Weiterbildungsmaßnahmen weiterbeschäftigt werden kann (vgl. § 102 Rn 48 ff.; BAG 7. 2. 91, AP Nr. 1 zu § 1 KSchG 1969 Umschulung). Die Beurteilung der **Zumutbarkeit verlangt** letztlich eine Abwägung der berechtigten Interessen des ArbGeb. und solchen der betroffenen ArbN am Erhalt ihres Arbeitsplatzes. Wie im Bereich des § 102 sind dafür etwa maßgebend die mit der Bildungsmaßnahme verbunden betrieblichen Belastungen, die Verantwortung des ArbGeb. für das Qualifikationsdefizit, die Dauer und die zeitliche Lage der Bildungsmaßnahme und auch, dass die Maßnahme den Erhalt des Arbeitsplatzes bezweckt, aber nicht eine Qualifizierung für den beruflichen Aufstieg des jeweiligen ArbN ist (vgl. § 102 Rn 45 ff.). Soweit die **E-Stelle** über die Zumutbarkeit zu befinden hat, steht ihr ein **Beurteilungsspielraum** zu, der nur eingeschränkter gerichtlicher Kontrolle unterliegt.

26   Das MBR erfasst die Festlegung von **Qualifizierungszielen** für ArbN oder Gruppen von ArbN und die Fixierung von **Qualifizierungswegen.** Es bezieht sich auch darauf ob der ArbGeb. selbst die Maßnahme durchführt oder dazu einen Dritten beauftragt und die Auswahl des Dritten. Das Ob der Bildungsmaßnahme betrifft nach dem Schutzzweck des MBR auch die Festlegung der zeitlichen und der örtlichen Lage der Bildungsveranstaltung.

27   Die Konkretisierung der Bildungsmaßnahme bestimmt den **Kreis der Teilnahmeberechtigten.** Adressat jeder Bildungsveranstaltung iSd. Abs. 2 ist zunächst jeder ArbN, dessen beruflichen Kenntnisse und Fähigkeiten auf Grund einer tätigkeitsändernden Maßnahme des ArbGeb. zwar unzureichend geworden sind, der aber doch

auf Grund seiner Kenntnisse und Fähigkeiten qualifizierungsfähig ist (*Franzen* NZA 01, 865). Die Betriebsparteien können unter dieser Voraussetzung einzelne ArbN nicht von der Teilnahme an betrieblichen Bildungsmaßnahmen ausnehmen (*Richardi/Thüsing* Rn 13). § 75 Abs. 1 verpflichtet sie zur Gleichbehandlung. Das von § 98 Abs. 3 begründete Auswahlermessen gilt im Anwendungsbereich von § 97 Abs. 2 nicht. Ein Auswahlermessen steht den Betriebsparteien und damit der E-Stelle aber zu, wenn zB eine gemeinsame Schulung aller teilnahmeberechtigter ArbN dem Arb-Geb. etwa aus betrieblichen Gründen nicht zumutbar ist und die Maßnahme daher zeitlich gestaffelt durchzuführen ist. Dieses Auswahlrecht folgt allerdings nicht aus § 98 Abs. 3, sondern aus dem Inhalt des MBR.

Eine das MBR auslösende tätigkeitsändernde Maßnahme des ArbGeb. kann auch **28** mit einem **Abbau von Arbeitsplätzen** verbunden sein und in Bezug auf die verbleibenden ArbN einen Qualifizierungsbedarf erzeugen. Sollen die verbleibenden ArbN bereits im Vorgriff auf einen künftigen Arbeitsplatzabbau ausgebildet werden, bedarf dies zunächst einer Auswahlentscheidung der Betriebsparteien. Dieses **Auswahlrecht** folgt aus der Zumutbarkeit der Bildungsmaßnahme (vgl. Rn 27). Die Qualifizierung von ArbN, für die im Zeitpunkt der Qualifizierung wegen des feststehenden Wegfalls von Arbeitsplätzen kein Bedarf besteht, ist dem ArbGeb. nicht zumutbar (ähnlich *Richardi/Thüsing* Rn 13). Allerdings greift die Auswahl der zu qualifizierenden ArbN der Sozialauswahl bei betriebsbedingten Kündigungen vor. Die mit dem BR getroffene Vereinbarung ermöglicht es dem ArbGeb. nach § 1 Abs. 3 Satz 2 KSchG diejenigen ArbN von der Sozialauswahl auszunehmen, deren Weiterbeschäftigung betriebsorganisatorische, wirtschaftliche oder sonstige berechtigte betrieblichen Interessen bedingen. Verschafft die Teilnahme an einer nach Abs. 2 mitbestimmten Bildungsmaßnahme diesen ArbN eine Qualifikation, die für einen geordneten Betriebsablauf erforderlich ist, kann ein nach § 1 Abs. 3 Satz 2 berücksichtigungsfähiger Sachverhalt vorliegen. Die Herausnahme bestimmter ArbN aus der Sozialauswahl beruht auf einer Vereinbarung mit dem BR. Einer darauf gerichteten BV kommt, was die Beurteilung des Qualifizierungsbedarfs und der Qualifizierbarkeit der Teilnehmer betrifft, eine Richtigkeitsgewähr zu. Eine BV nach Abs. 2 kann daher in entsprechender Anwendung des § 1 Abs. 4 KSchG im KSchVerfahren nur auf grobe Fehlerhaftigkeit hin überprüft werden. Die Kündigung eines ArbN, der an einer Bildungsmaßnahme teilnimmt oder dafür vorgesehen ist, kann wegen eines Verstoßes gegen das kündigungsschutzrechtliche Ultima-Ratio-Prinzip unwirksam sein (*DKK-Buschmann* Rn 28; *GK-Raab* Rn 29).

Das MBR kann in Form einer **BV** oder einer **Regelungsabrede** ausgeübt wer- **29** den. Die Regelungsabrede wirkt nur im Verhältnis der Betriebsparteien. Sie kann keine Ansprüche der ArbN begründen. Umgekehrt kann der BR die ArbN zur Teilnahme an der Bildungsveranstaltung nicht verpflichten. Abgesehen davon, dass eine Zwangsschulung ihren Zweck verfehlt, verletzt ein Schulungszwang das Persönlichkeitsrecht des ArbN.

4. Kosten der Bildungsmaßnahme

Wie auch die sonstigen MBTatbestände des G enthält Abs. 2 keine Regelung da- **30** rüber, wer die Kosten der Maßnahme zu tragen hat. Es gelten daher die **allgemeinen Grundsätze.** Danach sind die Kosten von demjenigen zu tragen, in dessen Sphäre sie anfallen. Die Kosten der Regelung eines mitbestimmungspflichtigen Tatbestandes sind betriebliche Kosten (*Burkert* S. 204), die grundsätzlich der ArbGeb. zu tragen hat (vgl. BAG 1. 12. 92 AP Nr. 20 zu § 87 BetrVG 1972 Ordnung des Betriebs; **aA** *HSWGNR* Rn 26 ff. einzelfallbezogene Betrachtung). Es handelt sich nicht um einen Annex zum MBR (vgl. BAG 5. 3. 91 AP Nr. 11 zu § 87 BetrVG 1972 Auszahlung); die betriebliche Bildungsmaßnahme lässt sich ohne eine Regelung zur Kostenbeteiligung einführen (*GK-Raab* Rn 23; **aA** *ErfK-Kania* Rn 7 unter Hinweis auf § 2 SGB III).

31　　Zu den vom **ArbGeb. zu tragenden Kosten** gehören zunächst die der **Bildungsmaßnahme** selbst. Sie fallen beim ArbGeb. als Träger oder Veranstalter der betrieblichen Bildungsmaßnahme an (*Franzen* NZA 01, 865). Zu den Kosten der Maßnahme gehört auch das **Arbeitsentgelt der teilnehmenden ArbN,** wenn die Bildungsmaßnahme während der ArbZ durchgeführt wird (**aA** *Franzen* NZA 01, 865, der die Kosten der Entgeltfortzahlung der Risikosphäre der ArbN zuweist). Der ArbN ist nach dem Arbeitsvertrag aber nicht verpflichtet, sich innerhalb seiner freien Zeit weiterzubilden. Die Teilnahme dieser ArbN während der Arbeitszeit ist vielmehr eine Konkretisierung der Arbeitspflicht durch den ArbGeb. Dieser ist zudem verpflichtet, durch zumutbare Bildungsmaßnahmen ein von ihm gesetztes Qualifikationsdefizit zu beseitigen, ehe er durch Ausspruch einer ordentlichen Kündigung das Arbeitsverhältnis überhaupt beenden kann (vgl. § 1 Abs. 2 Satz 3 KSchG).

32　　Gehören die Entgeltfortzahlungskosten zu den Kosten der mitbestimmten Maßnahme, steht dem BR kein MBR hinsichtlich der Vereinbarung sog. **Rückzahlungsklauseln** zu (GK-*Raab* Rn 23). Eine entspr. Regelung in einer freiwilligen BV (§ 88) muss jedenfalls verhältnismäßig sein. Dazu muss sie zur Verwirklichung eines berechtigten Interesses des ArbGeb. geeignet, erforderlich und angemessen sein (vgl. § 88 Rn 8 ff.). Eine Rückzahlungsklausel kann der ArbGeb. aber einzelvertraglich mit dem ArbN vereinbaren (**aA** *Franzen* NZA 01, 865 wegen der von ihm angenommenen Annexkompetenz des BR; vgl. Rn 30).

5. Durchsetzung des Mitbestimmungsrechts

33　　Können sich die Betriebsparteien über die Einführung einer Maßnahme der betrieblichen Berufsbildung nicht einigen, können beide Seiten **die E-Stelle anrufen.** Deren Spruch entscheidet den Konflikt gemäß Abs. 2 S. 3 verbindlich. Die Zuständigkeit der E-Stelle beurteilt sich danach, ob eine vom ArbGeb. veranlasste Maßnahme ein Qualifikationsdefizit erzeugt, das im Wege einer betrieblichen Berufsbildungsmaßnahme ausgleichbar ist. Insoweit steht der E-Stelle ein Beurteilungsermessen zu (*DKK-Buschmann* Rn 21 ff.; GK-*Raab* Rn 26). Der Spruch der E-Stelle bezieht sich darauf, ob und welche Maßnahmen der betrieblichen Berufsbildung durchzuführen sind (GK-*Raab* Rn 25). Wegen Fehlens eines MBR kann sie keine finanzielle Beteiligung der ArbN an der Maßnahme regeln.

34　　Verlangt der BR trotz Vorliegens der tatbestandlichen Voraussetzungen des MBR nach Abs. 2 nicht die Einführung einer betrieblichen Berufsbildungsmaßnahme, kann er dennoch einer damit im Zusammenhang stehenden Kündigung nach § 102 Abs. 3 Nr. 4 BetrVG widersprechen (GK-*Raab* Rn 28 für ein Widerspruchsrecht bei offenkundigem Vorliegen der Voraussetzungen des Abs. 2). Seine Untätigkeit ist kein **Verzicht auf das Widerspruchsrecht** nach § 102 Abs. 3 Nr. 4 und setzt auch keinen darauf gerichteten Vertrauenstatbestand (**aA** GK-*Raab*, nach dem der kollektive Schutz des Abs. 2 den des § 102 Abs. 3 Nr. 4 verdrängen soll). Etwas anderes kann allenfalls gelten, wenn der BR dem ArbGeb. gegenüber zum Ausdruck gebracht hat, von seinem MBR nach Abs. 2 keinen Gebrauch machen zu wollen.

35　　Vereinbaren die Betriebsparteien die Einführung einer betrieblichen Berufsbildungsmaßnahme, steht dem BR ein darauf gerichteter **Durchführungsanspruch** zu (vgl. § 77 Rn 227). Beschließt der ArbGeb. bei Vorliegen der Voraussetzungen des MBR nach Abs. 2 eine Bildungsmaßnahme ohne BRbeteiligung, missachtet er das MBR. Der BR kann einen auf § 23 Abs. 3 gestützten **Unterlassungsanspruch** geltend machen, der jedoch bei ungeklärten Rechtsfragen keinen Erfolg haben dürfte. Dem BR steht aber nach den vom BAG entwickelten Grundsätzen ein **allgemeiner Unterlassungsanspruch** bezogen auf die Einführung einer nicht mitbestimmten Bildungsmaßnahme zu, da ihm kein anderer wirksamer Weg zur Durchsetzung seines MBR zusteht. Dessen Sicherung ist auch nicht auf andere Weise gewährleistet (vgl. BAG 26. 7. 05 AP Nr. 43 zu § 95 BetrVG 1972).

Verlangt der BR vom ArbGeb. im Wege seines **Initiativrechts die Einführung** 36
einer betrieblichen Berufsbildungsmaßnahme und spricht der ArbGeb. ungeachtet
dessen betriebsbedingte Kündigungen in Bezug auf die zu qualifizierenden ArbN aus,
wird das auf präventiven Kündigungsschutz gerichtete MBR vereitelt, bestenfalls der
Geltendmachung durch die ArbN im Wege der KSchKlage überantwortet. Dem BR
steht daher nach allgemeinen Grundsätzen des **Unterlassungsanspruchs** das Recht
zu, vom ArbGeb. zu verlangen, bis zum Abschluss des MBVerfahrens den Ausspruch
von Kündigungen zu unterlassen (*Franzen* NZA 01, 865).

Die Beachtung des MBR ist **nicht Wirksamkeitsvoraussetzung einer Kündi-** 37
gung (BAG 6. 7. 06 AP Nr. 48 zu § 95 BetrVG 1972). Bei der Bestimmung der
Rechtsfolge einer fehlenden oder nicht ordnungsgemäßen Mitbestimmung ist zwischen der kollektiven und der individualrechtlichen Ebene zu trennen. Die Verletzung des MBR führt nach der st. Rspr. des BAG nur dann automatisch zur Unwirksamkeit der individualrechtlichen Maßnahme, wenn diese wie bei der Kündigung
selbst Gegenstand des MBR ist (BAG 2. 12. 99 AP Nr. 16 zu § 79 BPersVG; 5. 4. 01
AP Nr. 32 § 99 BetrVG 1972 Einstellung). Das MBR nach Abs. 2 ist zwar auf präventiven Kündigungsschutz gerichtet. Sein Gegenstand ist aber die Einführung einer
Bildungsmaßnahme. Das begründet neben § 102 und § 103 kein weiteres Wirksam-
keitserfordernis für die Kündigung selbst.

IV. Streitigkeiten

Streitigkeiten über den Umfang der Beteiligung des BR entscheiden die ArbG im 38
BeschlVerf. (Einzelheiten Nach § 1 Rn 7 ff.). Ein Verstoß des ArbGeb. gegen § 97
ist keine Ordnungswidrigkeit nach § 121. Es kommt aber ein Antrag nach § 23
Abs. 3 in Betracht, uU ein allgemeiner Unterlassungsanspruch. Das Bestehen eines
MBR nach Abs. 2 kann nach den allgemeinen Grundsätzen durch einen Feststellungsantrag gerichtlich geklärt werden. Das Feststellungsinteresse hängt vom Bestehen
eines Qualifizierungsbedarfs im Zeitpunkt der letzten gerichtlichen Anhörung ab.
Fehlt es daran, muss das Feststellungsinteresse gesondert begründet werden; ggf. kann
das Verfahren in der Hauptsache erledigt sein.

§ 98 Durchführung betrieblicher Bildungsmaßnahmen

(1) **Der Betriebsrat hat bei der Durchführung von Maßnahmen der betrieblichen Berufsbildung mitzubestimmen.**

(2) **Der Betriebsrat kann der Bestellung einer mit der Durchführung der betrieblichen Berufsbildung beauftragten Person widersprechen oder ihre Abberufung verlangen, wenn diese die persönliche oder fachliche, insbesondere die
berufs- und arbeitspädagogische Eignung im Sinne des Berufsbildungsgesetzes
nicht besitzt oder ihre Aufgaben vernachlässigt.**

(3) **Führt der Arbeitgeber betriebliche Maßnahmen der Berufsbildung durch
oder stellt er für außerbetriebliche Maßnahmen der Berufsbildung Arbeitnehmer
frei oder trägt er die durch die Teilnahme von Arbeitnehmern an solchen Maßnahmen entstehenden Kosten ganz oder teilweise, so kann der Betriebsrat Vorschläge für die Teilnahme von Arbeitnehmern oder Gruppen von Arbeitnehmern des Betriebs an diesen Maßnahmen der beruflichen Bildung machen.**

(4) **¹Kommt im Fall des Absatzes 1 oder über die nach Absatz 3 vom Betriebsrat vorgeschlagenen Teilnehmer eine Einigung nicht zustande, so entscheidet die Einigungsstelle. ²Der Spruch der Einigungsstelle ersetzt die Einigung zwischen Arbeitgeber und Betriebsrat.**

(5) **¹Kommt im Fall des Absatzes 2 eine Einigung nicht zustande, so kann der
Betriebsrat beim Arbeitsgericht beantragen, dem Arbeitgeber aufzugeben, die**

Bestellung zu unterlassen oder die Abberufung durchzuführen. [2] **Führt der Arbeitgeber die Bestellung einer rechtskräftigen gerichtlichen Entscheidung zuwider durch, so ist er auf Antrag des Betriebsrats vom Arbeitsgericht wegen der Bestellung nach vorheriger Androhung zu einem Ordnungsgeld zu verurteilen; das Höchstmaß des Ordnungsgeldes beträgt 10 000 Euro.** [3] **Führt der Arbeitgeber die Abberufung einer rechtskräftigen gerichtlichen Entscheidung zuwider nicht durch, so ist er auf Antrag des Betriebsrats vom Arbeitsgericht zu erkennen, dass der Arbeitgeber zur Abberufung durch Zwangsgeld anzuhalten sei; das Höchstmaß des Zwangsgeldes beträgt für jeden Tag der Zuwiderhandlung 250 Euro.** [4] **Die Vorschriften des Berufsbildungsgesetzes über die Ordnung der Berufsbildung bleiben unberührt.**

(6) **Die Absätze 1 bis 5 gelten entsprechend, wenn der Arbeitgeber sonstige Bildungsmaßnahmen im Betrieb durchführt.**

Inhaltsübersicht

I. Vorbemerkung

1　　Während § 96 und 97 Abs. 1 allgemeine Beratungsrechte und Vorschlagsrechte des BR zum Gegenstand haben, räumt § 98 ebenso wie der durch das BetrVerf-ReformG neu eingeführte § 97 Abs. 2 dem BR **echte MBR** bei der **Durchführung von Maßnahmen der betrieblichen Berufsbildung,** bei der **Bestellung der Ausbilder** und bei der **Auswahl der an der Berufsbildung teilnehmenden ArbN** ein, die teils über die E-Stelle (Abs. 4 iVm. Abs. 1, 3), teils über das ArbG (Abs. 5 iVm. Abs. 2) durchsetzbar sind. Während § 97 Abs. 2 unter bestimmten einschränkenden Voraussetzungen ein MBR bereits bei der Einführung betrieblicher Berufsbildungsmaßnahmen vorsieht, normiert § 98 Abs. 1 ein MBR ohne die einschränkenden Voraussetzungen generell bei der **Durchführung** derartiger Maßnahmen.

2　　Allerdings entscheidet der ArbGeb. alleine darüber, ob er außerhalb gesetzlicher Verpflichtungen Einrichtungen der Berufsausbildung schafft, Berufsbildungsmaßnahmen durchführt und welche finanziellen Mittel er dafür zur Verfügung stellt (*DKK-Buschmann* Rn 1; vgl. auch BAG 24. 8. 04 AP Nr. 12 zu § 98 BetrVG 1972). Ein mittelbarer Zwang zur Einführung von Umschulungsmaßnahmen kann sich ungeachtet § 97 Abs. 2 allerdings aus § 102 Abs. 3 Nr. 4 zur Vermeidung von Kündigungen ergeben (GK-*Raab* Rn 10). Das MBR ist an die **Durchführung** einer betrieblichen Bildungsmaßnahme geknüpft. Während es bei der Einführung um die Frage geht, ob eine bestimmte Berufsbildungsmaßnahme im Betrieb überhaupt durchgeführt wird, betrifft die Durchführung alle Fragen, die sich nach einer Einführung der Maßnahme stellen. Die Einführung betrifft das „Ob" und damit auch den Zweck sowie die daran knüpfende abstrakt-generelle Festlegung des Teilnehmerkreises, die Durchführung das „Wie" der Maßnahme (BAG 24. 8. 04 AP Nr. 12 zu § 98 BetrVG 1972). Hierbei geht es zB um die konkrete Festlegung des Teilnehmerkreises, hinsichtlich dessen dem BR ein Vorschlagsrecht nach Abs. 3 zusteht, die konkrete Ausgestaltung der Maßnahme oder die Zahl der Teilnehmer (*DKK-Buschmann* Rn 2; teilweise **aA** GK-*Raab* Rn 11 ff.). Auch die Festlegung der Dauer einer Bildungsmaßnahme ist eine mitbestimmungspflichtige Regelung über deren Durchführung (BAG 24. 8. 04 AP Nr. 12 zu § 98 BetrVG 1972; **aA** *Natzel* SAE 05, 249, 251 f.). Dem ArbGeb. bleibt aber ein faktisch entscheidender Einfluss durch sein Alleinentscheidungsrecht über die Höhe der Mittel und deren Zweckbestimmung. Die MBR werden weiter eingeschränkt durch den relativen **Tendenzschutz** (§ 118 Abs. 1 S. 1); sie sind ausgeschlossen, soweit es sich um die Aus- und Fortbildung der Tendenzträger handelt (*Richardi/Thüsing* Rn 7).

Abs. 6 stellt sicher, dass der BR in gleicher Weise wie bei beruflichen Bildungs- **3** maßnahmen auch bei **sonstigen im Betrieb durchgeführten Bildungsmaßnahmen** mitzubestimmen hat. Unberührt bleibt die Überprüfung der fachlichen und persönlichen Eignung der Ausbilder für die Berufsausbildung nach dem BBiG.

Entspr. Vorschrift im BPersVG: § 75 Abs. 3 Nr. 6, 7; § 76 Abs. 2. **4**

II. Durchführung von Maßnahmen der betrieblichen Berufsbildung

Der BR hat bei der Durchführung aller Maßnahmen der betrieblichen Berufsbil- **5** dung, aber auch bei der Vermittlung sonstiger (beruflicher) Kenntnisse und Fertigkeiten, ein **echtes MBR**. Das BetrVG definiert den Begriff der Berufsbildung nicht. Er ist anhand der Bestimmungen des BBiG sowie aus dem Zweck des MBR zu ermitteln. Nach § 1 Abs. 1 BBiG ist Berufsbildung die **Berufsausbildungsvorbereitung, die Berufsausbildung, die berufliche Fortbildung** und die **berufliche Umschulung** (vgl. § 96 Rn 9 ff.). Maßnahmen der Berufsbildung sind solche, die dem ArbN Kenntnisse und Erfahrungen vermitteln, die zur Ausfüllung eines Arbeitsplatzes oder einer beruflichen Tätigkeit im Allgemeinen befähigen (BAG 18. 4. 00 AP Nr. 9 zu § 98 BetrVG 1972). Die Berufsausbildung selbst ist weitgehend gesetzlich geregelt durch das BBiG und die nach §§ 4, 5 BBiG, bzw. §§ 25, 26 HandwO erlassenen Ausbildungsordnungen (vgl. § 96 Rn 15). Insoweit kommt nur eine Ausfüllung und Anpassung der Vorschriften an die betrieblichen Verhältnisse in Betracht (ErfK-*Kania* Rn 4). Deshalb wird auch eine Schulung zum AGG, die Fortbildungsmaßnahme iSd § 1 I BBiG ist, vom MBR umfasst (VG Ffm 10. 9. 07 NZA-RR 08, 52; **aA** *Besgen* BB 07, 213). Typischer **Gegenstand des MBR** ist der Ablauf der jeweiligen Ausbildung (BAG 18. 4. 00 AP Nr. 9 zu § 98 BetrVG 1972). Das sind im einzelnen Regelungen über einen Versetzungsplan für das Durchlaufen der einzelnen Abteilungen, das Verkürzen der Ausbildung, das Führen und Überwachen von schriftlichen Ausbildungsnachweisen nach § 14 Abs. 1 Nr. 4 BBiG, die Durchführung betrieblicher Zwischenprüfungen, regelmäßige Beurteilungen (LAG Köln 12. 4. 83 EzA § 98 BetrVG Nr. 1) oder die Zuständigkeiten von Personen, die nach § 28 Abs. 3 BBiG, bzw. § 22 Abs. 3 HandwO unter der Verantwortung des Ausbilders oder der Ausbilderin bei der Berufsausbildung mitwirken. Das MBR erstreckt sich auf die Festlegung der zeitl. Lage einer Schulungsveranstaltung (BAG 15. 4. 08 AP Nr. 70 zu § 80 BetrVG 1972). Insoweit geht das MBR nach § 98 den arbeitszeitbezogenen MBR nach § 87 Nr. 2, 3 als speziellere Regelung vor. **Sinn und Zweck** des MBR nach § 98 bestehen in der Wahrung des berechtigten Interesses der Betroffenen an einer ihren Belangen entsprechenden Ausbildung (BAG 24. 8. 04 AP Nr. 12 zu § 98 BetrVG 1972).

Das MBR besteht nur bei Maßnahmen der **betrieblichen Berufsbildung**. Der **6** Begriff betrieblich ist nicht räumlich, sondern **funktional zu verstehen.** Entscheidend ist nicht der Ort der Bildungsmaßnahme, sondern ob der ArbGeb. Träger oder Veranstalter der Maßnahme ist und die Maßnahme für seine ArbN durchführt (BAG 18. 4. 00 AP Nr. 9 zu § 98 BetrVG 1972). Der ArbGeb. ist Veranstalter (Träger),

wenn er auf Inhalt und Organisation der Maßnahme einen beherrschenden Einfluss
hat (BAG 18. 4. 00 AP Nr. 9 zu § 98 BetrVG 1972). Für die Prüfung des Ausmaßes
der Einflussmaßnahme kann maßgeblich auf diejenigen Umstände abgestellt werden,
die Gegenstand der MB sind (*Raab* NZA 08, 270). Für die ArbN kann die Maßnahme auch dann bestimmt sein, wenn zwar Dritte zugelassen sind, die ArbN des Betriebs aber den Vorrang haben (BAG 4. 12. 90 AP Nr. 1 zu § 97 BetrVG 1972;
12. 11. 91 AP Nr. 8 zu § 98 BetrVG 1972). Vereinbaren mehrere ArbGeb. die gemeinsame Durchführung von Maßnahmen der Berufsbildung, ohne dass einzelne
ArbGeb. insoweit einen beherrschenden Einfluss hätten, oder überträgt ein ArbGeb.
die Maßnahmen der Berufsbildung einem Dritten, so haben die BR der einzelnen
Betriebe bei der Durchführung der Bildungsmaßnahmen kein MBR nach Abs. 1. Sie
haben jedoch in entspr. Anwendung des § 98 beim Abschluss der Vereinbarung über
die Zusammenarbeit der ArbGeb. oder der Übertragung auf den Dritten insoweit
mitzubestimmen, als Regelungen über die spätere Durchführung der Bildungsmaßnahmen getroffen werden (BAG 18. 4. 00 AP Nr. 9 zu § 98 BetrVG 1972). Dies gilt
insb. auch für die **Verbundausbildung** in einem Ausbildungsverbund nach § 10
Abs. 5 BBiG (vgl. dazu *Hänlein* NZA 06, 348; § 96 Rn 9, 12 mwN).

7   Ein MBR besteht nicht bei jeder konkreten **Einzelmaßnahme** gegenüber einem
Auszubildenden. Es bezieht sich auf die Durchführung von Maßnahmen, auf deren
inhaltliche, zeitliche Ausgestaltung (ErfK-*Kania* Rn 3), nicht auf individuelle Weisungen zu deren Umsetzung.

8   Die **Einstellung von Auszubildenden** unterliegt allein dem personellen MBR
nach § 99. Der BR kann den ArbGeb. nicht im Wege der Mitbestimmung zwingen,
Auszubildende einzustellen. Er kann derartige Einstellungen anregen, indem er auf
staatliche Fördermaßnahmen etwa nach dem SGB III (vgl. dazu § 96 Rn 16 ff.) hinweist. Überdies sind freiwillige BV über Einstellungsvorhaben im Rahmen der Perso-
nalbeschaffungs- bzw. Personalentwicklungsplanung zulässig (vgl. § 92). Dagegen
besteht kein MBR nach § 98 bei der Gestaltung des Inhalts der Ausbildungsverträge,
insb. bei der Festlegung der – in aller Regel auch tariflich geregelten – Ausbildungsvergütung oder der Rückzahlung von Ausbildungskosten (ErfK-*Kania* Rn 6; **aA** *DKK-
Buschmann* Rn 4).

9   Die Maßnahmen der Berufsbildung betreffen in erster Linie die Azubi. Deshalb hat
die **JugAzubiVertr.** ein Teilnahmerecht an BRSitzungen, sowie ein Stimmrecht und
ein Antragsrecht (§§ 67, 70 Abs. 1 Nr. 1, 3), wenn es um Angelegenheiten der Berufsausbildung dieser ArbN geht. Der BR hat die JugAzubiVertr. zu Besprechungen
mit dem ArbGeb. über diese Angelegenheiten zuzuziehen (§ 68), sowie die JugAzubi-
Vertr. rechtzeitig und umfassend zu unterrichten (§ 70 Abs. 2). Die Vertr. der Anliegen gegenüber dem ArbGeb., insb. die MBR, stehen aber dem BR, nicht der Jug-
AzubiVertr. zu (GK-*Raab* Rn 9). Die JugAzubiVertr. kann nach § 67 Abs. 3 in diesen
Angelegenheiten gegenüber dem BR initiativ werden.

10   Nach dem Berufsbildungsbegriff des § 98 besteht das MBR nicht nur bei Maß-
nahmen der Berufsausbildung, sondern auch der **betrieblichen Fortbildung und
Umschulung**. Es bezieht sich sachlich auf den gesamten Inhalt der Maßnahme (§ 96
Rn 13, 29). Soweit keine gesetzlichen Vorgaben bestehen, ist es nicht beschränkt (**aA**
Oetker S. 99, der von ungeschriebenen mitbestimmungsfreien Vorgaben ausgeht). Der
BR hat zB mitzubestimmen über Inhalt und Umfang der zu vermittelnden Kenntnis-
se oder Fähigkeiten, über die Methoden der Wissensvermittlung, über die zeitliche
Dauer und Lage der Maßnahme. Auch eine betriebliche Prüfung ist Teil der Maß-
nahme. Die Ausgestaltung der Prüfung unterliegt daher dem MBR (vgl. BAG 5. 11.
85 AP Nr. 2 zu § 98 BetrVG 1972, mit zust. Anm. von *Natzel*).

Fortbildungskurse für ltd. Ang. unterliegen nicht dem MBR, wohl aber Kurse für
ArbN, die sich für eine Leitungsaufgabe qualifizieren sollen (*DKK-Buschmann* Rn 25;
HSWGNR Rn 3). Nach *Richardi/Thüsing* (Rn 6) besteht insoweit ein MBR bei
Festlegung der Qualitätsanforderungen; nach GK-*Raab* (Rn 48) zwar ein MBR bei
der Auswahl der Teilnehmer, nicht aber bei der Durchführung der Maßnahme.

Das MBR besteht nur in dem Umfang, in dem der ArbGeb. einen Gestaltungsspiel- **11** raum hat. **Grenzen** ergeben sich daher insb. aus **§§ 53 bis 57 BBiG,** bzw. **§§ 42 bis 42 d** HandwO sowie aus **§§ 58 bis 63 BBiG,** bzw. **§§** 42 e bis 42 j HandwO und der nach §§ 53 Abs. 1, 58 Abs. 1 BBiG erlassenen **Fortbildungs-** und **Umschulungs-ordnung.** Zu beachten ist auch § 38 Abs. 4, wonach freigestellte BR.Mitglieder nicht von inner- und außerbetrieblichen Maßnahmen der Berufsbildung ausgeschlossen werden dürfen.

ArbGeb. und BR müssen sich über alle mitbestimmungspflichtigen Maßnahmen **12** bei der Durchführung von Maßnahmen der betrieblichen Berufsbildung einigen. Eine **Regelungsabrede** ist möglich. Sollen Rechte der ArbN begründet werden, ist eine BV erforderlich. Können sich ArbGeb. und BR nicht über die der Mitbestimmung unterliegenden Fragen einigen, entscheidet auf Antrag einer oder beider Seiten die E-Stelle (Abs. 4). Der **Spruch der E-Stelle** ersetzt die fehlende Einigung (Abs. 4 S. 2). Dabei sind keine Rechtsfragen, sondern nur Regelungsfragen zu entscheiden (**aA** *HSWGNR* Rn 26). Rechtliche Rahmenbedingungen müssen eingehalten werden; sie können zur besseren Übersicht und Verständlichkeit in den Spruch aufgenommen werden. Für die Beurteilung von Rechtsfragen sind die ArbG im Rahmen der gerichtl. Überprüfung von Sprüchen der E-Stelle zuständig.

III. Bestellung und Abberufung der mit der Durchführung der betrieblichen Berufsbildung beauftragten Personen

Der BR hat nach Abs. 2 ein **MBR** bei der **Bestellung** und der **Abberufung** der **13** mit der Durchführung der betrieblichen Berufsbildung beauftragten Personen. Dieses MBR bezieht sich auf die Ausbilder nach dem BBiG bzw. der HandwO, aber auch auf alle anderen Personen, die mit der Durchführung einer Maßnahme der beruflichen Bildung beauftragt werden, sei es bei der Berufsausbildung außerhalb des BBiG, sei es im Rahmen der Fortbildung oder der Umschulung (*Richardi/Thüsing* Rn 24). Unerheblich ist, ob es sich bei den Beauftragten um ArbN des Betriebs oder um freiberuflich Tätige handelt. Zu den Beauftragten können auch ltd. Ang. gehören (GK-*Raab* Rn 20; *Ehrich* RdA 93, 220). Bestellung ist die Übertragung bestimmter Aufgaben und der Verantwortung. Die Abberufung ist der Entzug dieser Aufgaben. Sie ist nicht gleichbedeutend mit der Kündigung des Arbeitsverhältnisses.

1. Sachliche Anforderungen

a) Ausbilder nach dem Berufsbildungsgesetz

Ausbilder ist die Person, die im Betrieb die Berufsbildung persönlich durchzu- **14** führen hat. Abgesehen von kleineren Handwerksbetrieben wird Ausbilder nicht der ArbGeb. sein, sondern eine von ihm ausdrücklich beauftragte Person (§ 14 Abs. 1 Nr. 2 BBiG). Der anstellende ArbGeb. („Ausbildender") braucht zur Einstellung dann nur die persönliche, nicht die fachliche Eignung zum Ausbilden zu haben (§ 28 Abs. 2 BBiG, bzw. § 22 Abs. 2 HandwO). Der **Ausbilder** muss dagegen die für die Ausbildung erforderliche **persönliche und fachliche Eignung** iSv. §§ 29, 30 BBiG, bzw. §§ 22a, 22b HandwO besitzen. Durch die Bestellung des Ausbilders wird der Ausbildende nicht von der Verantwortung für die Erfüllung der Ausbildungspflichten nach §§ 14 ff. BBiG befreit (§ 278 BGB). Verletzt er diese Pflichten schuldhaft, macht er sich schadenersatzpflichtig; zB kann die Verdienstminderung bis zum Bestehen einer Wiederholungsprüfung geltend gemacht werden (BAG 10. 6. 76 AP Nr. 2 zu § 6 BBiG; ErfK-*Schlachter* § 14 BBiG Rn 3).

Die noch aufgrund § 21 Abs. 1 BBiG aF erlassene Ausbilder-Eignungsverordnung **15** **(AEVO)** vom 16. 2. 99 (BGBl. I S. 157, berichtigt S. 700) geändert durch VO vom 21. 1. 09 BGBl. I S. 88) gilt auch nach dem In-Kraft-Treten des neuen BBiG am

1. 4. 05 (vgl. § 96 Rn 9) fort (*Taubert* NZA 05, 503, 508; *Wohlgemuth* ArbuR 05, 241, 244).

16   Die **persönliche Eignung** fehlt einem Ausbilder gemäß § 29 Nr. 1 und 2 BBiG, bzw. § 22 a HandwO, wenn er Kinder und Jugendliche nicht beschäftigen darf oder wiederholt oder schwer gegen das BBiG verstoßen hat. Die **fachliche Eignung** besitzt nach § 30 Abs. 1 BBiG, bzw. § 22 b HandwO, wer die beruflichen sowie berufs- und arbeitspädagogischen Fertigkeiten, Kenntnisse und Fähigkeiten besitzt, die für die Vermittlung der Ausbildungsinhalte erforderlich sind. Näheres regeln § 30 Abs. 2 BBiG, bzw. § 22 b Abs. 2, 3 HandwO und die nach § 30 Abs. 3 bis 5 BBiG erlassenen Rechtsverordnungen (vgl. *Wohlgemuth* ArbuR 05, 241, 244).

17   Persönliche und fachliche Eignung werden ebenso wie die Eignung der Ausbildungsstätte gemäß § 32 Abs. 1 BBiG, bzw. § 23 Abs. 1 HandwO überwacht. Nach § 33 Abs. 2 BBiG, bzw. § 24 Abs. 2 HandwO hat die nach Landesrecht zuständige Behörde das Einstellen und Ausbilden zu versagen, wenn die persönliche Eignung des Ausbilders oder der mit der Berufsbildung beauftragten Personen nicht oder nicht mehr vorliegt. Daneben (vgl. § 98 Abs. 5 S. 4) ist aber nach § 98 Abs. 2 auch der **BR** eine Art Überwachungsorgan hinsichtlich der mit der Berufsbildung beauftragten Personen (GK-*Raab* Rn 19). Er **kann** der **Bestellung widersprechen** oder die **Abberufung der beauftragten Person verlangen,** wenn diese die persönliche oder fachliche, insb. die berufs- und arbeitspädagogische Eignung nicht besitzt oder ihre Aufgaben vernachlässigt. Das ist der Fall, wenn sie diese nicht mit der erforderlichen Gründlichkeit und Gewissenhaftigkeit ausführt und deshalb zu befürchten ist, dass die Auszubildenden das Ziel der Ausbildung nicht erreichen (ErfK-*Kania* Rn 10; GK-*Raab* Rn 21; *Richardi/Thüsing* Rn 31; *DKK-Buschmann* Rn 10). Maßgebend sind objektive Kriterien (HSWGNR Rn 37). Führt der ArbGeb. die Berufsbildung selbst durch, bleibt dem BR nur die Möglichkeit, beim ArbGeb. zu remonstrieren oder im Fall der Erfolglosigkeit die nach §§ 71 ff. BBiG zuständige Stelle zu informieren (GK-*Raab* Rn 20).

b) Andere Beauftragte

18   Außer dem Ausbilder iSd. BBiG können nach § 28 Abs. 3 BBiG, bzw. § 22 Abs. 3 HandwO **weitere Personen** mit der betrieblichen Berufsbildung (Ausbildung, Fortbildung und Umschulung) beauftragt werden. Auch auf diese bezieht sich das MBR des BR nach Abs. 2. Sie müssen nach § 28 Abs. 3 BBiG zwar nicht über die besonderen (fachlichen) Voraussetzungen des § 30 BBiG, bzw. § 22 b HandwO verfügen, aber die für die Vermittlung von Ausbildungsinhalten erforderlichen beruflichen Fertigkeiten, Kenntnisse und Fähigkeiten besitzen und persönlich geeignet sein. Bei deren Fehlen kann daher der BR bereits der Bestellung widersprechen. Auch sein Recht, die Abberufung zu verlangen, ist damit nicht auf die Fälle der Vernachlässigung der Aufgaben beschränkt (so schon zum alten BBiG *Richardi/Thüsing* Rn 24; *DKK-Buschmann* Rn 12; *HSWGNR* Rn 34; GK-*Raab* Rn 22; **aA** *Ehrich* RdA 93, 223).

2. Verfahren

19   Um die MBR des BR nach Abs. 2 zu wahren, muss der ArbGeb. zunächst den BR rechtzeitig und umfassend informieren (*HSWGNR* Rn 42). Der BR kann sodann auf Grund eines Beschlusses unter Beteiligung der JugAzubiVertr. (Rn 9) der **Bestellung eines Ausbilders** oder einer anderen mit der Durchführung einer Maßnahme der betrieblichen Berufsbildung beauftragten Person widersprechen oder die Abberufung verlangen (negatives Konsensprinzip). Der BR kann von sich aus die Bestellung einer bestimmten Person nicht durchsetzen. Hinsichtlich der Abberufung besteht ein Initiativrecht. Der BR kann die Abberufung durch den ArbGeb. nicht verhindern. Nimmt der ArbGeb. selbst die Ausbildung vor, kann der BR nur – sofern Abhilfeversuche beim ArbGeb. vergeblich bleiben – die nach §§ 71 ff. BBiG zuständigen Stellen informieren.

Können sich ArbGeb. und BR über die Bestellung bzw. Abberufung des Ausbil- **20** ders nicht einigen, kann der **BR** nach Abs. 5 vorgehen und das **ArbG anrufen** mit dem Antrag, dem ArbGeb. aufzugeben, die Bestellung zu unterlassen oder die Abberufung durchzuführen. Er muss das Verf. einleiten. Dabei muss er Tatsachen vortragen, die seine Bedenken rechtfertigen können, formelhafte Wendungen genügen nicht (*Richardi/Thüsing* Rn 29). Die gesetzlich genannten **Widerspruchs- und Abberufungsgründe** sind **abschließend.**

Auch der **ArbGeb.** kann vor Bestellung eines Ausbilders eine **gerichtliche Klä- 21 rung** herbeiführen, um feststellen zu lassen, ob der Widerspruch des BR berechtigt ist (LAG Berlin NZA-RR 00, 370; **aA** *Ehrich* RdA 93, 220). Das folgt nicht aus dem Wortlaut des Abs. 5 S. 1, sondern aus dem unterschiedlichen Zwangsverfahren nach Abs. 5 S. 2 u. 3. Der ArbGeb. muss die Möglichkeit zur Klärung der Rechtslage haben. Bestellt er trotz Widerspruchs des BR einen Ausbilder, ist diese Maßnahme unwirksam (*DKK-Buschmann* Rn 16). Nach *Richardi/Thüsing* (Rn 35) besteht ein Klärungsrecht, wenn der ArbGeb. zwecks Beachtung des Gebots der vertrauensvollen Zusammenarbeit von der Bestellung des zwischen den Betriebsparteien umstrittenen Ausbilders absehen will. Hat der ArbGeb. den Ausbilder (oder andere Beauftragte) entgegen Abs. 5 ohne Einigung mit dem BR bereits bestellt, kann der BR nur noch die Abberufung verlangen.

Das ArbG entscheidet im **BeschlVerf.** Weist es den Antrag des BR zurück, kann **22** der ArbGeb. den Ausbilder bestellen bzw. in seinem Amt belassen. Gibt es dagegen dem Antrag statt, wird dem ArbGeb. die Verpflichtung auferlegt, die Bestellung des bestimmten Ausbilders zu unterlassen bzw. dessen Abberufung durchzuführen (Abs. 5).

Bestellung und Abberufung eines Ausbilders sind von den sich daraus uU ergeben- **23** den **personellen Einzelmaßnahmen nach §§ 99, 102 zu unterscheiden.** Das Verf. nach § 98 Abs. 2, 5 ist ein Sondertatbestand zu § 99 und § 23 Abs. 3. Der BR kann beide Rechte (§§ 99, 102 und § 98 Abs. 2) nebeneinander wahrnehmen. Es gibt keine rechtliche, sondern nur eine tatsächliche Abhängigkeit beider Maßnahmen (vgl. *Ehrich* RdA 93, 227). Die gerichtliche Entscheidung auf Abberufung ersetzt nicht eine etwa erforderliche (Änderungs-)Kündigung des Arbeitsverhältnisses des Ausbilders (*HSWGNR* Rn 58; *GK-Raab* Rn 41). Ein Widerspruch des BR wird, wenn eine solche gerichtliche Entscheidung vorliegt, nur aus Gründen des § 102 Abs. 3 Nr. 3 und 5 erfolgen können; auch scheidet ein weiterer Beschäftigungsanspruch nach § 102 Abs. 5 hier aus. Hinsichtlich der persönlichen und fachlichen Eignung kommt eine Verweigerung der Zustimmung gemäß § 99 Abs. 2 Nr. 1 im Hinblick auf die Sonderregelung des § 98 nicht in Betracht (*GK-Raab* Rn 40); andere Zustimmungsverweigerungsgründe können unbeschränkt geltend gemacht werden.

Die rechtskräftige Entscheidung des ArbG wird nach den §§ 888, 890 ZPO **24 zwangsweise durchgesetzt,** falls der ArbGeb. ihr nicht nachkommt (*Germelmann/ Matthes/Prütting/Müller-Glöge* § 85 ArbGG Rn 27). Führt der ArbGeb. die **Bestellung eines Ausbilders** entgegen einer rechtskräftigen Entscheidung durch, ist er auf Antrag des BR zu einem Ordnungsgeld zu verurteilen (Abs. 5 S. 2). Es handelt sich um eine repressive Maßnahme wegen Verstoßes gegen die Entscheidung des ArbG gem. § 890 ZPO (Erzwingung einer Unterlassung). Deshalb muss ihr eine **Androhung** vorausgehen, die auf Antrag des BR durch Beschluss des ArbG ausgesprochen wird, aber schon mit dem Bestellungsverbot in einem Beschluss verbunden werden kann (*GK-Raab* Rn 35). Der BR wird daher zweckmäßigerweise mit dem Antrag, die Verpflichtung zur Unterlassung der Bestellung des Ausbilders auszusprechen, zugleich den Antrag verbinden, im Fall der Zuwiderhandlung den ArbGeb. zu einem Ordnungsgeld zu verurteilen. Eine bestimmte Summe braucht weder in dem Antrag des BR noch in dem Androhungsbeschluss des ArbG angegeben werden. Es genügt der Hinweis des ArbG auf den gesetzlichen Rahmen (*DKK-Buschmann* Rn 17; *HSWGNR* Rn 45).

25 Der Mindestbetrag des **Ordnungsgeldes** beträgt 1 Euro, das Höchstmaß 10 000 Euro. Die Festsetzung von Haft ist ausgeschlossen (§ 85 Abs. 1 ArbGG). Sowohl vor der Androhung als auch vor Ausspruch des Ordnungsgeldes ist der ArbGeb. zu hören (§ 891 ZPO, § 83 ArbGG). Bei der Festsetzung des Ordnungsgeldes handelt es sich um eine Maßnahme der Zwangsvollstreckung. Es gelten die §§ 888, 890 ZPO entsprechend. Deshalb ergeht die Entscheidung ohne mündliche Verhandlung durch Beschluss des Vorsitzenden (§ 891 ZPO, § 53 Abs. 1 ArbGG; *Germelmann/Matthes/Prütting/Müller-Glöge* § 53 ArbGG Rn 7). Da es sich im Fall des § 890 ZPO um eine repressive Maßnahme handelt, setzt sie ein **Verschulden des ArbGeb.** voraus (*Richardi/Thüsing* Rn 39; *HSWGNR* Rn 47), das aber regelmäßig gegeben sein wird. Der BR kann seinen Antrag auf Festsetzung eines Ordnungsgeldes bis zur Rechtskraft des Beschlusses zurücknehmen. Später ist eine Rücknahme unbeachtlich. Leistet der ArbGeb. dem Verbot der Bestellung nachträglich dadurch Folge, dass er die Bestellung des Ausbilders widerruft, so hat dies weder für die Verhängung noch die Vollstreckung des Ordnungsgeldes Bedeutung, da es sich um eine Maßnahme iSd. § 890 ZPO, nicht um eine Beugemaßnahme gem. § 888 ZPO handelt. Die Vollstreckung erfolgt von Amts wegen durch den Vors. des ArbG. Die eingezogenen Beträge fließen der Staatskasse zu.

26 Führt der ArbGeb. die **Abberufung** eines Ausbilders entgegen einer rechtskräftigen gerichtlichen Entscheidung nicht durch, wird er dazu auf Antrag des BR durch das ArbG angehalten, indem dieses für jeden Tag der Zuwiderhandlung **Zwangsgeld** von 1 bis 250 Euro festsetzt (Abs. 5 S. 3). Hier handelt es sich um eine **Beugemaßnahme** iSd. § 888 ZPO (*Richardi/Thüsing* Rn 45; *HSWGNR* Rn 49). Das Zwangsgeld kann nicht mehr verhängt oder vollstreckt werden, wenn der ArbGeb. der Anordnung des Gerichts nachgekommen ist (GK-*Raab* Rn 36). Wegen der Einzelheiten vgl. § 101 Rn 4 ff. Die dortigen Ausführungen gelten auch hier. Diese Sonderbestimmungen gehen einem Verf. nach § 23 Abs. 3 vor.

27 Neben dem MBR bei der Bestellung und Abberufung von Ausbildern bleibt gemäß Abs. 5 S. 4 deren **Überwachung durch die nach §§ 71 ff. BBiG zuständige Stelle** (vgl. § 96 Rn 33) gem. §§ 32, 33 BBiG, bzw. §§ 23, 24 HandwO unberührt. Beide Verf. können nebeneinander in Betracht kommen (*DKK-Buschmann* Rn 14; *Richardi/Thüsing* Rn 53). Die zuständige Stelle hat nach § 32 BBiG, bzw. § 23 HandwO darüber zu wachen, dass die persönliche und fachliche Eignung der Ausbilder gegeben ist und ggf. auf die Abstellung von Mängeln hinzuwirken. Die nach Landesrecht zuständige Stelle hat gemäß § 33 Abs. 2 und 3 BBiG, bzw. § 24 Abs. 2 und 3 HandwO nach vorheriger Anhörung der Beteiligten das Einstellen und Ausbilden zu untersagen, wenn die persönliche oder fachliche Eignung des Ausbilders nicht (mehr) vorliegt. Insoweit handelt es sich um einen im verwaltungsgerichtlichen Verf. nachzuprüfenden Verwaltungsakt. Da die Vernachlässigung der Aufgaben des Ausbilders nicht notwendig identisch ist mit der fehlenden Eignung nach §§ 32, 33 BBiG, geht das MBR des BR weiter als die Einflussmöglichkeit der nach dem BBiG zuständigen Stellen. Der BR ist aber nicht gehindert, neben oder anstelle einer Anrufung des ArbG das **Untersagungsverfahren nach dem BBiG** durch entspr. Anregung bei den zuständigen Stellen in Gang zu bringen, insb. wenn der ArbGeb. selbst ausbildet.

IV. Teilnahme von Arbeitnehmern an Berufsbildungsmaßnahmen

28 Nach Abs. 3 und 4 besteht ein **MBR** des BR bei der **Auswahl der ArbN,** die an Berufsbildungsmaßnahmen teilnehmen sollen. Hierdurch soll die Chancengleichheit der ArbN bei Bemühungen um den Erhalt des Arbeitsplatzes und beim beruflichen Fortkommen gesichert werden (*HSWGNR* Rn 60; *Richardi/Thüsing* Rn 55). Die Belange der älteren ArbN, der Teilzeitbeschäftigten und der ArbN mit Familienpflichten sollen berücksichtigt werden. Bei der Auswahl der Auszubildenden besteht kein MBR; die Einstellung Auszubildender fällt unter § 99. Genießt der ArbGeb. **Tendenzschutz** (§ 118) und hat seine Auswahl Tendenzbezug, besteht insoweit kein MBR nach Abs. 3 (BAG 30. 5. 06 AP Nr. 80 zu § 118 BetrVG 1972).

ArbGeb. und BR müssen sich über alle Teilnehmer einigen (positives Konsensprin- **29** zip). Es können paritätisch besetzte **Bildungsausschüsse** (§ 28 Abs. 2) die Auswahl übernehmen. Der BR kann eigene Vorschläge für die Teilnahme von einzelnen bildungswilligen und -fähigen ArbN oder von Gruppen von ArbN machen.

Voraussetzung des MBR ist, dass es sich entweder **30**
– um **betriebliche,** dh vom ArbGeb. veranstaltete und maßgeblich von ihm gestaltete, nicht unbedingt im Betrieb durchgeführte (vgl. § 96 Rn 29 u. *Hammer* S. 155), **Maßnahmen** der Berufsbildung handelt, oder
– um **außerbetriebliche Maßnahmen,** für die der ArbGeb. die ArbN von der **Arbeit freistellt** (mit oder ohne Fortzahlung des Lohnes), oder
– um Maßnahmen der Berufsbildung, bei denen der ArbGeb. die **Teilnahmekosten** (Teilnehmergebühren, Reisekosten, Aufenthaltskosten) der ArbN ganz oder teilweise trägt; letzterer Fall kann sowohl bei außerbetrieblichen wie bei betrieblichen Maßnahmen außerhalb der Arbeitszeit des ArbN gegeben sein (Wochenendseminare).

Der ArbGeb. kann einseitig **fachliche Zulassungsvoraussetzungen** aufstellen. **31** Die Zulassungsvoraussetzungen müssen allerdings sachlich geboten sein, um den Zweck der Bildungsmaßnahme zu erreichen (ähnlich *Richardi/Thüsing* Rn 57; weitergehend *HSWGNR* Rn 64).

Der **ArbGeb. kann** auch – nach Beratung mit dem BR – die Zahl der Teilneh- **32** mer festlegen (*HSWGNR* Rn 63). Das MBR bezieht sich nur auf die Auswahl (BAG 8. 12. 87 AP Nr. 4 zu § 98 BetrVG 1972). Es setzt deshalb zwingend voraus, dass der **BR auch eigene Vorschläge** hinsichtlich der Teilnehmer macht (BAG 20. 4. 10 – 1 ABR 78/08 – NZA 10, 902). Auch Schulungen zum AGG, die Fortbildungsmaßnahme iSd § 1 I BBiG sind, werden vom MBR umfasst (VG Ffm 10. 9. 07 NZA-RR 08, 52; **aA** *Besgen* BB 07, 213). Auf einen bloßen Widerspruch gegenüber der vom ArbGeb. getroffenen Auswahlentscheidung kann sich der BR nicht beschränken (BAG 30. 5. 06 AP Nr. 80 zu § 118 BetrVG 1972).

Schlagen ArbGeb. und BR für die Teilnahme an Maßnahmen der beruflichen Bil- **33** dung mehr Teilnehmer vor als Teilnehmerplätze zur Verfügung stehen, müssen ArbGeb. und BR alle vorgeschlagenen Bewerber in die Auswahl einbeziehen. Die **Auswahl** muss nach **einheitlichen** Kriterien erfolgen (BAG 8. 12. 87 AP Nr. 4 zu § 98 BetrVG 1972; *Richardi/Thüsing* Rn 59).

Kommt eine Einigung nicht zustande, **entscheidet die E-Stelle** unter Berücksichtigung der Grundsätze des § 96 Abs. 2 im Rahmen der vom ArbGeb. (nach Beratung mit dem BR gemäß § 97) festgesetzten Aufnahmekapazität und der Teilnahmeanforderungen verbindlich (Abs. 4). Sie hat ggf. eine Auswahl unter den vom ArbGeb. und BR vorgeschlagenen Teilnehmern zu treffen, selbst wenn nur ein Teilnehmer entsandt werden kann (BAG 8. 12. 87 AP Nr. 4 zu § 98 BetrVG 1972; ErfK-*Kania* Rn 16; *DKK-Buschmann* Rn 23; **aA** *Meisel* S. 52, der die E-Stelle lediglich wegen der vom BR vorgeschlagenen und vom ArbGeb. abgelehnten Teilnehmer entscheiden lassen will). Etwas anderes gilt nur, wenn der BR von sich aus keine Vorschläge für die Teilnahme von ArbN gemacht hat und damit die Auswahl dem ArbGeb. überlassen hat. Das MBR des BR ist an die aktive Ausübung des Vorschlagsrechts gebunden (BAG 8. 12. 87 AP Nr. 4 zu § 98 BetrVG 1972).

Die für die Teilnahme bestimmten ArbN haben dann einen unmittelbaren An- **34** spruch gegen den ArbGeb. auf Teilnahme bzw. Freistellung oder (und) Übernahme der Teilnahmekosten, den sie im Urteilsverfahren vor dem ArbG durchsetzen können (*Richardi/Thüsing* Rn 64).

Zur Vermeidung von Streitigkeiten kann die Aufstellung objektiver **Auswahlge- 35 sichtspunkte** zweckmäßig sein (Alter, fachliche Qualifikationen, Aufnahmeprüfungen). Solche Auswahlgesichtspunkte sind keine Auswahlrichtlinien iSd. § 95 (vgl. BAG 18. 4. 00 AP Nr. 9 zu § 98 BetrVG 1972); dennoch können ArbGeb. und BR solche Richtlinien vereinbaren, da es sich bei ihnen um Vorentscheidungen im Zusammenhang mit dem MBR nach § 98 Abs. 3 handelt (*Richardi / Thüsing* Rn 59; *DKK-Buschmann* Rn 24).

36   Soweit **Gesetze der Länder über Bildungsurlaub** den ArbGeb. verpflichten, bestimmte ArbN für die Teilnahme an beruflichen Bildungsmaßnahmen freizustellen, kommt ein MBR nach Abs. 3 nicht in Betracht. Die Teilnahme am gesetzlichen Bildungsurlaub beruht auf einem individuellen Anspruch der ArbN, nicht auf einer Auswahl des ArbGeb., die der BR im Interesse der Gleichbehandlung beeinflussen können soll (*HSWGNR* Rn 69).

V. Durchführung sonstiger betrieblicher Bildungsmaßnahmen

37   Für sonstige betriebliche Bildungsmaßnahmen, die nicht Berufsbildungsmaßnahmen sind, gelten nach Abs. 6 die Abs. 1 bis 5 entspr. Der **BR hat ein MBR,** sofern der ArbGeb. derartige Bildungsmaßnahmen selbst durchführt, bei der Durchführung dieser Maßnahmen und hinsichtlich der Ausbilder und der teilnehmenden ArbN. Wegen des Anspruchs der BRMitgl. auf bezahlte Freistellung für Schulungs- und Bildungsveranstaltungen vgl. § 37 Abs. 7 (dort Rn 195 ff.) und wegen des entspr. Fortbildungsanspruchs der Betriebsärzte und Fachkräfte für Arbeitssicherheit vgl. § 2 Abs. 3 und § 5 Abs. 3 ASiG (vgl. § 87 Rn 324).

„**Bildungsmaßnahmen**" sind Veranstaltungen, die Lernprozesse durch theoretische Einsichten vermitteln und vollziehen, ohne dass es auf die konkrete Vermittlungsmethode ankommt (ErfK-*Kania* Rn 19; GK-*Raab* Rn 43). Es genügt, wenn hierzu in systematisch-lehrplanartiger Weise vorgegangen wird um das Lernziel zu erreichen (*Richardi / Thüsing* Rn 67). Bloße Diskussionsrunden mit Vorgesetzten – gleich welcher Form – werden hiervon nicht erfasst. Der Bildung dient die systematische Vermittlung staatsbürgerlicher und kultureller Kenntnisse, zB Kurse über Erste Hilfe und Unfallverhütung oder sozialkundliche Themen, Sprachkurse, Meisterwochen, Programmier- und REFA-Lehrgänge, Buchführungskurse, Lehrgänge über Menschenführung im Betrieb, über Arbeitssicherheit, Wirtschaftskunde, Arbeits- u. Sozialrecht, sofern es sich nicht gerade um Kenntnisse handelt, die für den einzelnen ArbN eine berufliche Fortbildung oder Umschulung darstellen. Dann ist der BR nach Abs. 1 bis 5 erst recht zu beteiligen. Solche Bildungsmaßnahmen haben in der Regel auch keinen Tendenzbezug; hier hat der BR ein MBR (BAG 30. 5. 06 AP Nr. 80 zu § 118 BetrVG 1972). Zu derartigen Bildungsmaßnahmen zählen auch die AGG-Schulungen der Beschäftigten, die der ArbGeb. wegen seiner Schulungspflichten nach § 12 Abs. 1 AGG im Betrieb für seine ArbN durchführt oder durch Dritte durchführen lässt (*Besgen* BB 07, 213).

38   Nicht unter Bildungsmaßnahmen fällt die **Freizeitbeschäftigung und Unterhaltung,** zB Einrichtung eines betrieblichen Schachklubs oder eines Sportvereins, eines Werksorchesters, Vergnügungsveranstaltungen usw. (*Richardi / Thüsing* Rn 67; GK-*Raab* Rn 44). Sofern es sich um Ausgestaltung und Verwaltung von Sozialeinrichtungen handelt, die der Bildung der ArbN dienen, ist das MBR nach § 87 Abs. 1 Nr. 8 zu beachten.

39   Nicht unter Bildungsmaßnahmen iSv. Abs. 6 fallen die **Unterrichtung des ArbN** nach § 81 Abs. 1 S. 1 und 2 (ErfK-*Kania* Rn 20; GK-*Raab* Rn 44). Informationen über Aufbau, Organisation und Bedeutung des Unternehmens, über seine wirtschaftliche Lage, Vertriebsschulungen, Unterweisungen in neue Geräte und Produkte gehen über die Unterrichtungspflichten nach § 81 Abs. 1 hinaus und unterliegen daher der Mitbestimmung des BR (**aA** *HSWGNR* Rn 74). Der Erfahrungsaustausch dient ua. der beruflichen Bildung. Er kann Teil einer Berufsbildungsmaßnahme sein.

Das MBR besteht nur, wenn der ArbGeb. die sonstige Bildungsmaßnahme **im** 40
Betrieb durchführt. Das ist nicht im rein örtlichen Sinne zu verstehen, sondern
funktional. Es handelt sich nur um eine andere Beschreibung der in Abs. 1 bis 5 genannten betrieblichen Maßnahmen. Gemeint sind die Maßnahmen des ArbGeb., die
für die ArbN des Betriebes durchgeführt werden (vgl. GK-*Raab* Rn 42; *HSWGNR*
Rn 75; *Richardi/Thüsing* Rn 68.

Für die Ausübung des MBR gilt die Kommentierung zu Abs. 1 bis 5 entspr. Es be- 41
stehen **MBR** bei der Durchführung der Maßnahme, bei der Bestellung und Abberufung der beauftragten Person (*Richardi/Thüsing* Rn 69) und bei der Auswahl der teilnehmenden ArbN.

VI. Streitigkeiten

Streitigkeiten über die Bestellung und Abberufung von Ausbildern entscheiden die 42
ArbG. im **BeschlVerf.** (Einzelheiten Nach § 1 Rn 7 ff.). Streitigkeiten über die
Auswahl von Teilnehmern an Berufsbildungsmaßnahmen und die Durchführung der
Maßnahme die **E-Stelle.** Ob eine Maßnahme der Mitbestimmung unterliegt, ist eine
Rechtsfrage, die vom ArbG im **BeschlVerf.** entschieden wird. Dabei kann der BR
das Bestehen eines MBR im Wege eines Feststellungsantrags klären lassen. In dem
Antrag ist das beanspruchte MBR konkret zu bezeichnen; eine allgemeine Bezug-
nahme auf § 98 ist wegen der unterschiedlichen MBR unzureichend (BAG 18. 4. 00
AP Nr. 9 zu § 98 BetrVG).

Dritter Unterabschnitt. Personelle Einzelmaßnahmen

§ 99 Mitbestimmung bei personellen Einzelmaßnahmen

(1) [1] In Unternehmen mit in der Regel mehr als zwanzig wahlberechtigten
Arbeitnehmern hat der Arbeitgeber den Betriebsrat vor jeder Einstellung, Eingruppierung, Umgruppierung und Versetzung zu unterrichten, ihm die erforderlichen Bewerbungsunterlagen vorzulegen und Auskunft über die Person der
Beteiligten zu geben; er hat dem Betriebsrat unter Vorlage der erforderlichen
Unterlagen Auskunft über die Auswirkungen der geplanten Maßnahme zu geben und die Zustimmung des Betriebsrats zu der geplanten Maßnahme einzuholen. [2] Bei Einstellungen und Versetzungen hat der Arbeitgeber insbesondere
den in Aussicht genommenen Arbeitsplatz und die vorgesehene Eingruppierung
mitzuteilen. [3] Die Mitglieder des Betriebsrats sind verpflichtet, über die ihnen
im Rahmen der personellen Maßnahmen nach den Sätzen 1 und 2 bekannt
gewordenen persönlichen Verhältnisse und Angelegenheiten der Arbeitnehmer,
die ihrer Bedeutung oder ihrem Inhalt nach einer vertraulichen Behandlung
bedürfen, Stillschweigen zu bewahren; § 79 Abs. 1 Satz 2 bis 4 gilt entsprechend.

(2) Der Betriebsrat kann die Zustimmung verweigern, wenn
1. die personelle Maßnahme gegen ein Gesetz, eine Verordnung, eine Unfallverhütungsvorschrift oder gegen eine Bestimmung in einem Tarifvertrag oder in
   einer Betriebsvereinbarung oder gegen eine gerichtliche Entscheidung oder
   eine behördliche Anordnung verstoßen würde,
2. die personelle Maßnahme gegen eine Richtlinie nach § 95 verstoßen würde,
3. die durch Tatsachen begründete Besorgnis besteht, dass infolge der personellen Maßnahme im Betrieb beschäftigte Arbeitnehmer gekündigt werden oder
   sonstige Nachteile erleiden, ohne dass dies aus betrieblichen oder persönlichen Gründen gerechtfertigt ist; als Nachteil gilt bei unbefristeter Einstel-

lung auch die Nichtberücksichtigung eines gleich geeigneten befristet Beschäftigten,

4. der betroffene Arbeitnehmer durch die personelle Maßnahme benachteiligt wird, ohne dass dies aus betrieblichen oder in der Person des Arbeitnehmers liegenden Gründen gerechtfertigt ist,

5. eine nach § 93 erforderliche Ausschreibung im Betrieb unterblieben ist oder

6. die durch Tatsachen begründete Besorgnis besteht, dass der für die personelle Maßnahme in Aussicht genommene Bewerber oder Arbeitnehmer den Betriebsfrieden durch gesetzwidriges Verhalten oder durch grobe Verletzung der in § 75 Abs. 1 enthaltenen Grundsätze, insbesondere durch rassistische oder fremdenfeindliche Betätigung, stören werde.

(3) [1] Verweigert der Betriebsrat seine Zustimmung, so hat er dies unter Angabe von Gründen innerhalb einer Woche nach Unterrichtung durch den Arbeitgeber diesem schriftlich mitzuteilen. [2] Teilt der Betriebsrat dem Arbeitgeber die Verweigerung seiner Zustimmung nicht innerhalb der Frist schriftlich mit, so gilt die Zustimmung als erteilt.

(4) Verweigert der Betriebsrat seine Zustimmung, so kann der Arbeitgeber beim Arbeitsgericht beantragen, die Zustimmung zu ersetzen.

Inhaltsübersicht

I. Vorbemerkung

Der Begriff „Mitbestimmung" entspricht im Rahmen personeller Einzelmaßnah- **1** men nicht dem normalen Sprachgebrauch des G, da bei Meinungsverschiedenheit zwischen ArbGeb. und BR nicht die E-Stelle, sondern das ArbG entscheidet, und der BR kein Initiativrecht, sondern nur ein Zustimmungsverweigerungsrecht (Abs. 2) hat. Die Beteiligungsrechte des BR können jedoch durch TV oder BV einvernehmlich zu einem „echten" MBR erweitert werden (hM; BAG 10. 2. 88 AP Nr. 53 zu § 99 BetrVG 1972; 18. 8. 09 – 1 ABR 49/08 – NZA 10, 112; § 1 Rn 245 ff.; zu Beispielen aus Rspr. s. *Lerch/Weinbrenner* NZA 11, 664, 667; **aA** GK-*Raab* Rn 5), aber nicht wirksam ausgeschlossen werden (BAG 12. 1. 11 – 7 ABR 34/09 – NZA 11, 1297). Dagegen kann dem BR von der E-Stelle ohne seine Zustimmung kein gesetzlich nicht vorgesehenes MBR aufgedrängt werden, da damit auch eine Vermehrung von Aufgaben und Verantwortung verbunden ist (BAG 30. 8. 95 AP Nr. 29 zu § 87 BetrVG 1972 Überwachung: keine MB bei Abmahnung).

Die Beteiligungsrechte bei personellen Einzelmaßnahmen sind in §§ 99–105 **2** erschöpfend aufgezählt. Sie stehen in einem Zusammenhang sowohl mit den ihnen vorgelagerten bzw. flankierenden individualrechtlichen Beteiligungsrechten der §§ 81–85 als auch mit den sie erheblich verstärkenden Beteiligungsrechten des BR bei **kollektiven Regelungen** im personellen Bereich, die in §§ 92 ff. geregelt sind. Letztere haben erheblichen Einfluss auf den Umfang des MBR bei Einzelmaßnahmen (§ 99 Abs. 2 Nr. 1 „Betriebsvereinbarung", § 99 Abs. 2 Nr. 2, § 102 Abs. 3 Nr. 2 „Auswahlrichtlinien", § 99 Abs. 2 Nr. 5 „Ausschreibung"; s. auch die Beteiligungsrechte des BR nach §§ 96 ff., insb. § 98).

Die Beteiligungsrechte bei Einzelmaßnahmen stehen dem BR nicht nur **zuguns- 3 ten des einzelnen ArbN** zu, sondern **auch im kollektiven Interesse** der ArbN des Betriebes insgesamt. Es ist dabei möglich, dass individuelle und kollektive Interessen widerstreiten, zB bei der Einstellung eines Bewerbers, die in seinem Interesse liegt, aber den Interessen der ArbNschaft im Ganzen widerspricht. Der BR hat dann die allgemeinen und individuellen Interessen gegeneinander abzuwägen (*DKKW-Bachner* Rn 4).

Der ArbGeb. hat den BR **vor** den in § 99 genannten **personellen Einzelmaß- 4 nahmen** (Einstellung, Eingruppierung, Umgruppierung, Versetzung) umfassend zu **unterrichten** sowie die **Zustimmung** des BR einzuholen. Verweigert der BR diese Zustimmung aus den im G genannten Gründen, so darf der ArbGeb. die Maßnahme grundsätzlich nicht durchführen (vgl. aber wegen vorläufiger Maßnahmen in dringenden Fällen § 100). Will der ArbGeb. die Maßnahme trotz Verweigerung der Zustimmung des BR durchführen, so muss er das ArbG anrufen mit dem Antrag, die Zustimmung zu ersetzen. Das MBR des BR besteht hier in Form eines Zustimmungsverweigerungsrechts aus den in Abs. 2 genannten Gründen (s. Rn 1).

Das **BetrVerf-ReformG** hat die Vorschrift in drei Punkten geändert. Die für die **5** Beteiligung des BR bei personellen Einzelmaßnahmen maßgebliche ArbNGrenzzahl von idR mehr als **20 wahlberechtigten ArbN** in Abs. 1 bezieht sich nicht mehr auf den Betrieb, sondern auf das **Unternehmen** (*Engels/Trebinger/Löhr-Steinhaus* DB 01, 532, 540). In Abs. 2 Nr. 3 wird verdeutlicht, dass bei Einstellungen auf einen Dauerarbeitsplatz die Nichtberücksichtigung eines gleichgeeigneten befristet Beschäftigten ein Grund zur Zustimmungsverweigerung ist. Nach Abs. 2 Nr. 6 ist eine zu befürchtende Störung des Betriebsfriedens durch rassistische oder fremdenfeindliche Betätigung eines Bewerbers oder ArbN ebenfalls ein Zustimmungsverweigerungsgrund.

6   Die Beteiligung des BR bei personellen Einzelmaßnahmen gegenüber den in den Betrieben der privatisierten Unternehmen der **Bahn** und **Post,** den in den Kooperationsbetrieben der **Bundeswehr,** den in der **BRD-Finanzagentur GmbH,** der Gesellschaft für Außenwirtschaft, Standortmarketing mbH und der DFS Deutsche Flugsicherung GmbH (§ 5 Rn 321 ff.) beschäftigten Beamten, Soldaten und ArbN regeln Sonderbestimmungen (Rn 299 ff.). Soweit keine spezialgesetzlichen Regelungen greifen, finden die Beteiligungsrechte des BR nach §§ 99 ff. bei Entscheidungen betreffend die im neuen § 5 Abs. 1 S. 3 genannten Personengruppen der in Betrieben privatrechtlich organisierter Unternehmen tätigen Beamten, Soldaten und ArbN des öffentlichen Dienstes grundsätzlich Anwendung und sie zählen beim Schwellenwert mit (s. § 5 Rn § 317 f.).

7   Entspr. Vorschriften: § 75 Abs. 1 Nr. 1–4, § 76 Abs. 1 Nr. 1–5, § 77 Abs. 2 BPersVG.

II. Voraussetzung der Mitbestimmung bei personellen Einzelmaßnahmen

1. Zahl der Arbeitnehmer

8   Die Vorschriften der §§ 99–101 über das MBR bei personellen Einzelmaßnahmen gelten – anders als bei § 102 – nur für **Unternehmen mit in der Regel** (s. dazu § 1 Rn 271 ff.) **mehr als 20 wahlberechtigten ArbN** (zum ArbNBegriff § 5 Rn 15 ff.). Der gegenüber § 102 engere Anwendungsbereich der §§ 99 ff. ist jedoch durch das BetrVerf-ReformG wesentlich erweitert worden, indem die ArbNGrenzzahl nicht mehr auf den einzelnen Betrieb, sondern auf das gesamte Unternehmen bezogen wird und als Wahlberechtigte auch die in § 7 S. 2 genannten ArbN anerkannt werden, obwohl sie nicht in einem Arbeitsverhältnis zum Betriebsinhaber stehen (s. dazu § 7 Rn 37 ff.). Die Umstellung der Bezugsgröße auf das Unternehmen entspricht Organisationsstrukturen in der Wirtschaft, die darauf abzielen, zu dezentralisieren und ihre ArbN in einer Vielzahl kleinerer, leistungsstarker Einheiten einzusetzen, um schnell und flexibel auf den Markt reagieren zu können (vgl. BT-Drucks. 14/5741 S. 50). Außerdem ist es sachgerecht, den betriebsverfassungsrechtlichen Schutz des Einzelnen in personellen Angelegenheiten nicht länger von der durch den ArbGeb. beeinflussbaren Zahl und Größe unternehmenszugehöriger Betriebe abhängig zu machen (vgl. BVerfGE 97, 169 ff.; *Konzen* RdA 01, 76, 91).

9   Der **Unternehmensbezug** der ArbNGrenzzahl bewirkt, dass bei Ermittlung des Schwellenwerts alle ArbN eines Unternehmens zu berücksichtigen sind, unabhängig davon, ob sie in BRfähigen oder nicht BRfähigen Betrieben (§ 1, § 4 Abs. 2) oder Betriebsteilen (§ 4 Abs. 1) tätig sind (GK-*Raab* Rn 7; *Engels/Trebinger/Löhr-Steinhaus* DB 01, 532, 540; *Löwisch* BB 01, 1734, 1795, der allerdings nicht BRfähige Betriebe ausnimmt). Das bedeutet, dass in einem Unternehmen mit idR mehr als 20 wahlberechtigten ArbN jedem dort bestehenden BR die Rechte aus den §§ 99 ff. zustehen, selbst wenn er nur ein 1-köpfiger BR und für einen Betrieb mit zB nur 5 oder 10 ArbN zuständig ist.

10   Haben mehrere Unternehmen mit jeweils weniger als 21 ArbN einen **gemeinsamen Betrieb** mit mehr als 20 ArbN, so stehen sowohl dem BR in dem gemeinsamen Betrieb als auch den BR in den jeweiligen Betrieben der einzelnen Unternehmen die Rechte nach §§ 99 ff. zu (GK-*Raab* Rn 8 f.; *Düwell/Kreuder* Rn 10; *Däubler* ArbuR 01, 285, 291; im Ergebnis ebenso BAG 29. 9. 04 AP Nr. 40 zu § 99 BetrVG 1972 Versetzung über Analogie; aA *Löwisch* BB 01, 1734, 1795). Wesen des gemein-

samen Betriebs ist es, dass er mehreren Unternehmen angehört und diese mehrfache Unternehmenszugehörigkeit durch gemeinsame organisatorische Maßnahmen der betroffenen Unternehmen gewollt und begründet worden ist. Führt der Unternehmensbezug des Schwellenwerts dazu, dass die ArbN aller zum Unternehmen gehörigen Organisationseinheiten mitzählen, trifft dies auch für einen gemeinsamen Betrieb zu. Unerheblich ist hierbei, dass nicht alle ArbN in einem ArbVerh. zum jeweiligen Unternehmen stehen. Denn dem neuen § 7 S. 2 ist der Grundgedanke zu entnehmen, dass ein Arbeitsvertrag zum Betriebsinhaber nicht mehr Voraussetzung für die Betriebs-/Unternehmenszugehörigkeit ist.

Bei der Ermittlung des regelmäßigen Beschäftigtenstands kommt es nicht auf **11** „ständig" beschäftigte ArbN (s. dazu § 1 Rn 276) an. Auch nur **vorübergehend Beschäftigte** zählen zumindest dann mit, wenn sie zB zeitlich hintereinander auf einem Arbeitsplatz tätig werden und damit bei der Zahl der „in der Regel" Beschäftigten zu berücksichtigen sind (vgl. *DKKW-Bachner* Rn 7; *Richardi/Thüsing* Rn 12). Das trifft insb. bei den im neuen § 7 S. 2 genannten Beschäftigten zu. Im Grunde ist die Zahl der im Betrieb vorhandenen Arbeitsplätze entscheidend (GK-*Raab* Rn 7; vgl. auch BAG 31. 7. 86 AP Nr. 5 zu § 17 KSchG 1969).

Die erforderliche ArbNZahl muss zu dem **Zeitpunkt** gegeben sein, zu dem die **12** personelle Maßnahme tatsächlich durchgeführt werden soll (GK-*Raab* Rn 7; *Richardi/Thüsing* Rn 14), bei der Einstellung ist dies allerdings idR der Zeitpunkt des Abschlusses des Arbeitsvertrages, s. Rn 30 ff.). Folglich zählt der zu entlassende ArbN jedenfalls mit, ein noch Einzustellender, durch dessen Einstellung die Mindestzahl von mehr als 20 Wahlberechtigten erst erreicht würde, dagegen nicht (GK-*Raab* aaO; *HSWGNR* Rn 5).

In Unternehmen mit bis zu 20 ArbN mit einem oder mehreren BR kann die Gel- **13** tung der §§ 99 ff. durch BV oder TV vereinbart werden. Das folgt mittelbar aus § 325 Abs. 2 UmwG. Hat zB die Spaltung eines Unternehmens eine Betriebsspaltung zur Folge und entfallen dadurch für die aus der Spaltung hervorgegangenen Betriebe Beteiligungsrechte des BR, so kann nach dieser Vorschrift die Fortgeltung der an sich wegen Nichterreichens der erforderlichen ArbNZahl untergehenden Beteiligungsrechte des BR durch BV oder TV vereinbart werden (DKKW-*Bachner* Rn 31 f.; *Wlotzke* DB 94, 40, 46; Beispiel für einen derartigen TV in ArbuR 97, 320; s. auch § 1 Rn 245 ff.; aA GK-*Raab* Rn 5).

Auch wenn der BR in Unternehmen bis zu 20 ArbN keine Beteiligungsrechte in **14** personellen Angelegenheiten nach §§ 99 ff. hat, ergibt sich doch aus seinen allgemeinen Aufgaben (§ 80), dass auch er personelle Maßnahmen anregen kann, die dem Betrieb und der Belegschaft dienen (§ 80 Abs. 1 Nr. 2); auch hat er Beschwerden von ArbN, die sich auf ihre Umgruppierung oder Versetzung beziehen, auf ihre Berechtigung zu prüfen und ggf. nach § 85 zu verfahren; schließlich hat er auf die Einhaltung der gesetzlichen und tariflichen Bestimmungen auch im personellen Bereich zu achten (§ 80 Abs. 1 Nr. 1). Die Pflicht des ArbGeb. zur Unterrichtung auch des einköpfigen BR über personelle Einzelmaßnahmen wird aus § 2 Abs. 1 abzuleiten sein. Aus **§ 75 Abs. 1** ergibt sich die Pflicht, für die Behandlung aller ArbN in personellen Angelegenheiten nach Recht und Billigkeit einzutreten (*DKKW-Bachner* Rn 10). Dabei ist insb. das neue AGG zu beachten (s. dazu § 75 Rn 1, 2, 5, 58 ff.).

2. Bestehen eines Betriebsrats

Voraussetzung für die Wahrnehmung der Beteiligungsrechte aus §§ 99 ff. ist die **15** **Wahl eines BR.** Folglich ist der ArbGeb. in seinen personellen Entscheidungen frei, wenn in einem Betrieb ein BR zwar gebildet werden könnte, dieser aber tatsächlich nicht besteht (LAG Düsseldorf BB 68, 628). Ein erstmals gewählter BR kann erst nach **Konstituierung** beteiligt werden, da er vorher handlungsunfähig ist (*HSWGNR* Rn 6; *Richardi/Thüsing* Rn 19; s. auch BAG 23. 8. 84 AP Nr. 36 zu § 102 BetrVG 1972 m.Anm. *Richardi;* **aA** wohl *DKKW-Bachner* Rn 11). Eine vorher durchgeführte Personalmaßnahme bedarf nicht der (nachträglichen) Genehmigung dieses BR (GK-*Raab* Rn 12).

16   Fallen personelle Einzelmaßnahmen häufig an, ist die Bildung bes. Ausschüsse (§ 28) für die Ausübung des MBR zweckmäßig. Der Betr. Ausschuss nach § 27 ist aber nicht ohne weiteres zuständig, da es sich nicht um laufende Geschäfte handelt. In kleineren Betrieben kann die Zuständigkeit nicht auf den BRVors. übertragen werden (§ 27 Rn 94).

17   Eine Zuständigkeit des **GesBR** dürfte bei personellen Einzelmaßnahmen in aller Regel **nicht** gegeben sein (vgl. § 50 Rn 55; *DKKW-Bachner* Rn 12; *Schmelcher* FS Gaul 92 S. 497; *Bachner* NZA 06, 1309, 1312).

3. Von der Mitbestimmung erfasste Personen

18   Dem MBR des BR unterliegen nicht nur ArbN, sondern grundsätzlich alle Personen, die in den Betrieb eingegliedert werden, um zusammen mit den im Betrieb schon beschäftigten ArbN den arbeitstechnischen Zweck des Betriebs durch weisungsgebundene Tätigkeit zu verwirklichen; auf das zum ArbGeb. bestehende Rechtsverhältnis dieser Personen kommt es nicht an (hM; BAG 31. 1. 95 AP Nr. 56 zu § 118 BetrVG 1972; Einzelheiten s. Rn 33 ff.). Auf leitende Ang. ist § 99 nicht anwendbar, sondern nur § 105.

4. Betriebs- und unternehmensübergreifende Maßnahmen

19   Die MBR bei personellen Einzelmaßnahmen werden im Betrieb durch den dortigen BR ausgeübt. Auch wenn diese **Maßnahmen** von einem zentralen Personalmanagement **auf Unternehmens-** oder **Konzernebene** (zum konzernbezogenen ArbNEinsatz § 5 Rn 219 ff.) angeordnet werden und es zu **Versetzungen** von einem Betrieb zu einem anderen des Unternehmens oder innerhalb des Konzerns kommt, bleiben die örtlichen BR zuständig, weil sich die tatsächliche Durchführung auch zentraler Maßnahmen im jeweiligen Betrieb auswirkt **(doppelte Betriebsbezogenheit)**. Folglich stehen die MBR grundsätzlich sowohl dem BR des abgebenden (Versetzung) als auch dem aufnehmenden Betriebs (Einstellung) zu (BAG 20. 9. 90, 26. 1. 93 AP Nr. 84, 102 zu § 99 BetrVG 1972; DKKW-*Bachner* 15).

19a Hiervon gibt es **zwei Ausnahmen:** Bei einer betriebsübergreifenden Versetzung setzt das MBR des BR des abgebenden Betriebs den Fortbestand der Einheit voraus, für die der BR errichtet ist; nur dann kann er durch seine Zustimmungsverweigerung zur beabsichtigten Versetzung des ArbN die verbleibende Belegschaft des abgebenden Betriebs vor einer evt. Arbeitsverdichtung schützen und zugunsten des ArbN, der nicht versetzt werden will, erreichen, dass dieser ohne Änderung seines bisherigen Arbeitsbereichs im Betrieb weiterbeschäftigt wird. Diese Ziele können bei einer **vollständigen Stilllegung** des abgebenden Betriebs und einer Zuweisung des ArbN zu einem anderen Betrieb des Unternehmens nicht erreicht werden, so dass der **restmandatierte BR (§ 21 b)** des stillgelegten Betriebs nicht nach § 99 zu beteiligen ist (BAG 8. 12. 09 – 1 ABR 41/09 – NZA 10, 665 m. Anm. *Junker* EWiR § 99 BetrVG 2/10, 273). Die zweite Ausnahme, dass das Zustimmungsverweigerungsrecht des BR des abgebenden Betriebs entfällt, betrifft den Fall, dass der **ArbN** mit der **Versetzung einverstanden** ist (Näheres s. Rn 171).

20   Aufgrund dessen kann es zu **einander widersprechenden Entscheidungen** der beiden BR kommen und die personelle Maßnahme scheitern. Diese und weitere sich aus der betriebverfassungsrechtl. Aufspaltung der individualrechtlich einheitlichen Maßnahme möglicherweise ergebenden Schwierigkeiten für den ArbGeb. (zB Einleitung mehrerer Zustimmungsersetzungsverfahren) hat das G erkennbar in Kauf genommen und sind deshalb hinzunehmen. Sie können insb. **nicht** die Zuständigkeit des **GesBR** oder des **KBR** begründen, da Zweckmäßigkeitserwägungen (Vermeidung von Konkurrenzproblemen zwischen einzelnen BR und von Kosten) insoweit

unbeachtlich sind (BAG 20. 9. 90, 26. 1. 93 AP Nr. 84, 102 zu § 99 BetrVG 1972; **aA** *Richardi/Thüsing* Rn 124 f.). Das gilt auch bei einer sog. **Personalrunde,** einer jährlichen Bündelung von Versetzungen (BAG 26. 1. 93 aaO).

Da es im Interesse der Gesamtbelegschaft eines Unternehmens oder Konzerns 21 liegen kann, **einheitliche Regelungen** zum betriebsübergreifenden Personaleinsatz zu haben und ihn damit für alle Betroffenen durchschaubarer zu machen, liegt es nahe, die Entscheidungen der örtlichen BR durch unternehmens- oder konzernweit geltende AuswahlRL vorzustrukturieren, für die der GesBR, bzw. KBR zuständig ist (s. § 95 Rn 17).

5. Sondertatbestände: Auslandsberührung, Tendenzbetrieb

Dem BR eines inländischen Betriebs stehen bei personellen Einzelmaßnahmen ge- 22 genüber im **Ausland** tätigen Mitarbeitern dieses Betriebs die MBR nach §§ 99 ff. zu. Die betriebsverfassungsrechtliche Zuordnung zum Inlandbetrieb des ArbGeb. wird durch den Auslandseinsatz nicht aufgehoben. Das gilt sogar bei einer Eingliederung in den Betrieb einer ausländischen Tochtergesellschaft, wenn die entsandten ArbN fortlaufend dem Weisungsrecht des deutschen ArbGeb. unterliegen (BAG 20. 2. 01 AP Nr. 23 zu § 101 BetrVG 1972; Näheres s. § 1 Rn 22 ff.). In **Tendenzbetrieben** sind die MBR des BR nur bei personellen Einzelmaßnahmen betr. sog. Tendenzträger eingeschränkt (dazu § 118 Rn 35 ff.).

6. Arbeitskampf

Während eines **Arbeitskampfes** bleibt der BR zwar im Amt (s. § 74 Rn 17 f.), je- 23 doch kann sein personelles **MBR eingeschränkt** sein (hM: BAG 10. 2. 88 AP Nr. 5 zu § 98 BetrVG 1972; 10. 12. 02 AP Nr. 59 zu § 80 BetrVG 1972; DKKW-*Bachner* Rn 24; GK-*Raab* Rn 15; *HSWGNR* Rn 19; *Heinze* Rn 433 ff.; *v. Hoyningen-Huene/Boemke* S. 225 f.; zur Verfassungsmäßigkeit dieser Ansicht BVerfG 7. 4. 97 DB 97, 1982). Es ist nur dann und nur insoweit eingeschränkt, als es unmittelbar und zwangsläufig zur Folge hätte, dass die Freiheit des ArbGeb., Arbeitskampfmaßnahmen zu ergreifen oder Folgen eines Arbeitskampfes zu begegnen, in ihrem Kernbereich – und damit die Kampfparität – beeinträchtigen würde (BAG 10. 2. 88 aaO; 19. 2. 91 AP Nr. 26 zu § 95 BetrVG 1972; 13. 12. 11 – 1 ABR 2/10 –). Das bedeutet im Einzelnen:

Einschränkung des MBR nur, wenn sich der **ArbGeb. selbst im Arbeitskampf** 24 befindet. Die **Versetzung** arbeitswilliger ArbN aus einem nicht bestreikten Betrieb in einen von einem Arbeitskampf betroffenen Betrieb **desselben ArbGeb.** zur Begrenzung von Streikfolgen bedarf nicht der Zustimmung des BR des abgebenden Betriebs (BAG 13. 12. 11 – 1 ABR 2/10). Aber volles MBR bei „Abgabe" von ArbN eines nicht arbeitskampfbetroffenen Betriebs zur Aushilfe an ein arbeitskampfbetroffenes Tochterunternehmen (so BAG 19. 2. 91 aaO, das auch auf den anderen fachlichen Tarifbereich des Tochterunternehmens hinweist; ob allerdings die insb. zu § 87 Abs. 1 Nr. 3 entwickelte Rspr. des BAG zu arbeitskampfbedingten Fernwirkungen in nur mittelbar kampfbetroffenen Betrieben [s. § 87 Rn 164 ff.] auf § 99 übertragbar ist, dürfte wegen der Kombination „Arbeitskampfferne" und „Einzelmaßnahmen" kaum von praktischer Bedeutung sein [*Brox/Rüthers* Rn 450, die allerdings nach Rn 449 f. § 99 – außer dem Zustimmungsverweigerungsgrund des Abs. 2 Nr. 3 in unmittelbar streikbetroffenen Betrieben – voll anwenden wollen; DKKW-*Bachner* Rn 27]; *Busch* DB 97, 1974).

Einschränkung nur bei **unmittelbar arbeitskampfbezogenen personellen** 25 **Maßnahmen** wie Einstellung von Streikbrechern oder Versetzung arbeitswilliger ArbN auf Arbeitsplätze streikender ArbN (BAG 10. 12. 02 AP Nr. 59 zu § 80 BetrVG 1972; 13. 12. 11 – 1 ABR 2/10 –; *v. Hoyningen-Huene/Boemke* S. 25 f.; **aA** DKKW-*Bachner* Rn 24), dagegen volles MBR bei Maßnahmen, die nicht wegen, sondern nur während des Arbeitskampfes durchgeführt werden (hM: vgl. BAG 6. 3.

79 AP Nr. 20 zu § 102 BetrVG 1972; *DKKW-Bachner* Rn 24; *HSWGNR* Rn 19; *Heinze* Rn 436 f.).

26   Keine Einschränkung bei **Eingruppierungen oder Umgruppierungen** wegen des damit verbundenen bloßen Normenvollzugs (Rn 81), der nicht arbeitskampfrelevant sein kann (GK-*Raab* Rn 17).

27   Keine Einschränkung des **Unterrichtungsrechts** wegen dessen mangelnder Arbeitskampfrelevanz (BAG 10. 12. 02 AP Nr. 59 zu § 80 BetrVG 1972; *DKKW-Bachner* Rn 24; GK-*Raab* Rn 17).

28   Die arbeitskampfbedingte Einschränkung des MBR gilt nur für die Dauer des Arbeitskampfes. Nach dessen Beendigung hat der ArbGeb. die Zustimmung des BR einzuholen, wenn er die personelle Maßnahme weiterhin aufrechterhalten will (*DKKW-Bachner* Rn 26; *v. Hoyningen-Huene/Boemke* S. 226; *Richardi/Thüsing* Rn 22; **aA** GK-*Raab* Rn 18); andernfalls könnte er die Ausnahmesituation zur Umgehung des MBR des BR missbrauchen (s. den Fall BAG 6. 3. 79 AP Nr. 20 zu § 102 BetrVG 1972). Die vorstehenden Grundsätze gelten nach BAG auch bei **rechtswidrigem Arbeitskampf** wegen der faktisch gleichen Situation für ArbGeb. und BR (vgl. BAG 14. 2. 78 AP Nr. 57, 58 zu Art. 9 GG Arbeitskampf; GK-*Raab* Rn 19; **aA** *Brox-Rüthers* Rn 442 ff.; *Däubler* Arbeitsrecht I S. 288; *DKKW-Bachner* Rn 25; *HSWGNR* Rn 20).

III. Gegenstände der Beteiligung

29   § 99 unterwirft die wichtigsten personellen Einzelmaßnahmen dem MBR des BR, nämlich die Einstellungen, Eingruppierungen, Umgruppierungen und Versetzungen. Wegen Kündigungen vgl. § 102. Diese Aufzählung ist **erschöpfend**, dh eine Erweiterung im Wege der Analogie ist nicht zulässig (BAG 22. 1. 98 AP Nr. 11 zu § 174 BGB; *DKKW-Bachner* Rn 35). Sonstige personelle Fragen wird der BR aber zum Teil bei Erfüllung seiner Aufgaben im sozialen Bereich oder im Rahmen seiner allgemeinen Aufgaben (§§ 75, 80 Abs. 1) zu behandeln haben. Hierfür gilt jedoch nicht das Mitbestimmungsverfahren nach §§ 99 ff. Arbeitsvertragliche und betriebsverfassungsrechtliche Voraussetzungen für eine personelle Maßnahme, die sich nicht immer decken, müssen unabhängig von einander geprüft werden und gegeben sein (hM).

1. Einstellung

30   Nach wohl überwiegender Ansicht kann unter Einstellung sowohl die **Begründung des ArbVerh.** (Abschluss des Arbeitsvertrages) durch Willensübereinstimmung von ArbGeb. und ArbN über die – eventuell erst zukünftige – Arbeitsaufnahme des ArbN im Betrieb verstanden werden, als auch die damit zusammenhängende tatsächliche Beschäftigung im Betrieb, dh die **Arbeitsaufnahme** an einem bestimmten Arbeitsplatz (so frühere Rspr. BAG 14. 5. 74, 12. 7. 1988 AP Nr. 2, 54 zu § 99 BetrVG 1972; *DKKW-Bachner* Rn 37; GK-*Raab* Rn 22; *HSWGNR* Rn 22). Demgegenüber vertritt das BAG in neuerer Rspr. (28. 4. 92 AP Nr. 98 zu § 99 BetrVG 1972, bestätigt durch BAG 13. 4. 94 AP Nr. 9 zu § 72 LPVG NW; s. auch *Richardi* NZA 09, 1, 2) die Meinung, dass Einstellung nur noch die tatsächliche Beschäftigung, nicht mehr der Abschluss des Arbeitsvertrages sei (ebenso *Heinze* Rn 192 ff.; *v. Hoyningen-Huene* Betriebsverfassungsrecht S. 298 f.; MünchArbR-*Matthes* § 263 Rn 7).

31   Diese **Ansicht des BAG widerspricht Wortlaut und Intention des § 99.** Wenn dessen Abs. 1 von „Bewerbungsunterlagen", von dem „in Aussicht genommenen Arbeitsplatz" und von der „vorgesehenen Eingruppierung" spricht, Abs. 2 Nr. 6 zwischen in Aussicht genommenem „Bewerber" und „Arbeitnehmer" unterscheidet, ist eindeutig zum Ausdruck gebracht, dass der BR in das Einstellungsverfahren, also in den noch offenen Bewerbungsvorgang einzuschalten ist (ebenso GK-*Raab* Rn 23; *Hromadka* Anm. zu BAG 28. 4. 92 AP Nr. 98 zu § 99 BetrVG 1972). Nur so ist eine frühzeitige und effiziente Einflussnahme des BR auf die Entscheidung des ArbGeb.

gewährleistet (das erkennt auch das BAG aaO an und kommt über den Normsinn zur Korrektur seiner zu engen Begriffsinterpretation; vgl. auch BAG 9. 12. 08 AP Nr. 59 und § 99 BetrVG 1972 Einstellung u. Rn 41).

Sofern beide Zeitpunkte (s. Rn 30) auseinanderfallen, ist jeweils die **zeitlich erste** 32 **Maßnahme** des ArbGeb. mitbestimmungspflichtig, dh der Abschluss des Arbeitsvertrages oder Rahmenvertrages, der den Zeitpunkt und die Dauer einer tatsächlichen Beschäftigung noch offen lässt (im Ergebnis auch BAG 28. 4. 92 aaO), oder die tatsächliche Einstellung vor Abschluss eines formellen Vertrages (hM, vgl. BAG 28. 4. 92 aaO; *DKKW-Bachner* Rn 37; *GK-Raab* Rn 23f.; *HSWGNR* Rn 22). Ist ein Arbeitsvertrag nichtig, so ist die etwa gleichwohl erfolgte tatsächliche Einstellung maßgebend (*DKKW-Bachner* Rn 41). Die Zustimmung des BR zur Einstellung vermag Mängel des Arbeitsvertrages nicht zu ersetzen (*Heinze* Rn 277).

Der Begriff der Einstellung setzt **nicht** voraus, dass ein **ArbVerh.** begründet werden 33 muss. Nach der Rspr. des BAG (vgl. 23. 6. 10 – 7 ABR 1/09 – NZA 10, 1302 mwN) liegt eine mitbestimmungspflichtige Einstellung vor, wenn Personen (also nicht nur ArbN) in den Betrieb eingegliedert werden, um zusammen mit den dort schon beschäftigten ArbN den arbeitstechnischen Zweck des Betriebes durch weisungsgebundene Tätigkeit zu verwirklichen. Auf das Rechtsverhältnis, in dem diese Personen zum ArbGeb. als Betriebsinhaber stehen, kommt es nicht an, so dass § 99 auch bei der Einstellung von NichtArbN greift (zustimmend *DKKW-Bachner* Rn 38; MünchArbR-*Matthes* § 263 Rn 7, 19; dagegen *Hunold* NZA 90, 461, 465; *ders.* NZA 98, 1025, 1028).

Eine mitbestimmungspflichtige Einstellung liegt folglich auch dann vor, wenn der 33a ArbGeb. in dem von ihm betriebenen Krankenhaus Rote-Kreuz-Pflegekräfte einsetzt, die von einer **DRK–Schwesternschaft** auf Grund eines mit ihm geschlossenen Gestellungsvertrags entsandt werden (BAG 22. 4. 97 AP Nr. 18 zu § 99 BetrVG 1972 Einstellung; s. auch BVerwG ZTR 98, 233), ein Mitgl. in eine DRK Schwesternschaft zur Leistung von Pfegediensten aufgenommen wird (BAG 23. 6. 10 – 7 ABR 1/09 – NZA 10, 1302) oder ein ehrenamtlicher Einsatz von Mitgl. des DRK im Rahmen eines vom DRK betriebenen Rettungsdienstes erfolgt (BAG 12. 11. 02 AP Nr. 43 zu § 99 BetrVG 1972 Einstellung).

Maßgebend ist vielmehr, ob die zu verrichtende Tätigkeit ihrer Art nach eine **wei-** 34 **sungsgebundene Tätigkeit** ist, die der Verwirklichung des arbeitstechnischen Zwecks des Betriebes zu dienen bestimmt ist und daher vom ArbGeb. organisiert werden muss. Unerheblich ist dagegen, ob und ggf. von wem diesen Personen tatsächlich Weisungen hinsichtlich ihrer Tätigkeit gegeben werden (BAG 15. 4. 86 – Taxifahrer –, 18. 4. 89 – Dialysezentrum –, 1. 8. 89 – Tallymänner –, 3. 7. 90 – Honorarlehrkräfte –, 28. 4. 92 – Rahmenvertrag, 20. 4. 93 – Assessment-Center –, AP Nr. 35, 65, 68, 81, 98, 106 zu § 99 BetrVG 1972; 27. 7. 93 – Freie Mitarbeiter – AP Nr. 3 zu § 93 BetrVG 1972; zur BAG – Rspr. *Weller* Arbeitsrecht der Gegenwart 91, 135; gegen diese Rspr. *Hunold* NZA 90, 461; *ders.* NZA 98, 1025; *Walle* NZA 99, 518, 521).

Diese **Begriffserweiterung** entspricht dem aus Abs. 2 ablesbaren **Normzweck** 35 des § 99, insb. den Schutz der bereits im Betrieb Beschäftigten durch Mitsprache des BR bei der personellen Zusammensetzung des Arbeitsverbandes zu gewährleisten (vgl. BAG 20. 9. 90, 5. 3. 91, AP Nr. 84, 90 zu § 99 BetrVG 1972), führt beim derzeitigen Trend zur Neustrukturierung der Produktionsbeziehungen zB mittels Drittfirmeneinsatz (s. dazu Rn 58 ff.; *Dauner-Lieb* NZA 92, 817; *Henssler* NZA 94, 294; *Kreuder* ArbuR 93, 316; *Leisten* BB 92, 266; *Wagner* ArbuR 92, 40) zu sachgerechten Ergebnissen und entspricht dem sich aus § 14 Abs. 3 AÜG ergebenden Willen des Gesetzgebers. Dagegen ist die Beschäftigung eines **freien Mitarbeiters** oder freien Handelsvertr. nur bei atypischen Fallgestaltungen (partielles Weisungsrecht des ArbGeb. betr. Arbeitseinsatz) eine Einstellung iSd. § 99 (s. Rn 73f.; BAG 30. 8. 94 AP Nr. 6 zu § 99 BetrVG 1972 Einstellung).

Im Einzelnen gilt folgendes: Eine mitbestimmungspflichtige Einstellung liegt 36 immer bei der Beschäftigung von **ArbN** iSd. BetrVG vor, unabhängig davon, wie das zugrunde liegende ArbVerh. ausgestaltet ist. Folglich werden neben dem „**Normal-**

arbeitsverhältnis" sämtliche **Sonderformen** (s. dazu § 5 Rn 103 ff.), also **befristete, Probe-, Teilzeit-,** flexible Teilzeit-, **Aushilfs-** und **Telearbeitsverhältnisse** erfasst (hM; *DKKW-Bachner* Rn 39; MünchArbR-*Matthes* § 263 Rn 9). Ausreichend ist auch schon der Abschluss eines **Rahmenvertrags,** der Zeitpunkt und Dauer der tatsächlichen Beschäftigung im Betrieb noch offen lässt (BAG 28. 4. 92 AP Nr. 98 zu § 99 BetrVG 1972).

37 Die **Versetzung** in einen anderen Betrieb des Unternehmens oder Konzerns (zum konzernbezogenen Personaleinsatz § 5 Rn 219 ff.) ist mit einer mitbestimmungspflichtigen Einstellung im aufnehmenden Betrieb verbunden (st. Rspr. s. BAG 22. 11. 05 AP Nr. 7 zu § 117 BetrVG 1972 mwN; s. Rn 19 ff., 136 f.; *Richardi/Thüsing* Rn 33; *Diller/Powietzka* DB 01, 1034, 1037). Die **Rückkehr** in den abgebenden Betrieb ist mitbestimmungsfrei, wenn sie bereits Gegenstand des zu Beginn der Versetzung im abgebenden Betrieb durchgeführten MBVerfahrens war (BAG 18. 10. 88 AP Nr. 56 zu § 99 BetrVG 1972; *DKKW-Bachner* Rn 42).

38 Die (ein- oder mehrmalige) **Verlängerung** eines **befristeten** Arbeitsverhältnisses (zur Befristung s. § 5 Rn 103 ff.) oder dessen **Umwandlung** in ein unbefristetes ist als mitbestimmungspflichtige Einstellung anzusehen (hM; BAG 27. 10. 10 – 7 ABR 86/09 – NZA 11, 418; LAG Hessen NZA-RR 99, 584; *DKKW-Bachner* Rn 45; GK-*Raab* Rn 27; MünchArbR-*Matthes* § 263 Rn 13; **aA** HSWGNR Rn 37; *Richardi/Thüsing* Rn 34 f.; *Hunold* NZA 97, 741, 745 bei Mehrfachbefristungen). Das gilt auch bei der Weiterbeschäftigung eines bei einem privaten ArbGeb. befristet beschäftigten Beamten (BAG 23. 6. 09 – 1 ABR 30/08 – NZA 09, 1162).

38a Eine mitbestimmungspflichtige Einstellung liegt auch im Fall des § 15 Abs. 5 TzBfG vor, wenn ein unbefristetes Arbeitsverhältnis dadurch zustande kommt, dass der ArbGeb. einen ArbN bewusst über die Befristung hinaus **weiter beschäftigt** (*Preis/Lindemann* NZA-Sonderheft 01, 46 f.; *Nehls* DB 01, 2722) oder nach § 16 S. 1 TzBfG im Fall der vom ArbN nach § 17 S. 1 TzBfG geltend gemachten Unwirksamkeit der Befristung der befristete Arbeitsvertrag als auf unbestimmte Zeit geschlossen gilt (BAG 27. 10. 10 – 7 ABR 86/09 – NZA 11, 418). Dies gilt allerdings bei einem befristeten Probearbeitsverhältnis dann nicht, wenn dem BR vor der Ersteinstellung die Übernahme bei Bewährung mitgeteilt worden ist (BAG 7. 8. 90 aaO).

39 Bei einer Beschäftigung über die vertraglich **vereinbarte oder tarifliche Altersgrenze hinaus** liegt ebenfalls eine mitbestimmungspflichtige Einstellung vor (BAG 18. 7. 78, 12. 7. 88, AP Nr. 9, 54 zu § 99 BetrVG 1972; *DKKW-Bachner* Rn 45; **aM** GK-*Raab* Rn 28; HSWGNR Rn 37; *Richardi/Thüsing* Rn 37; vgl. auch Rn 44 u. § 75 Abs. 1 Nr. 5 BPersVG). Wegen Beteiligung des BR bei Nichtverlängerung eines ArbVerh. vgl. § 102 Rn 17.

40 Bei Änderungen der persönlichen **Arbeitszeit** ist zu unterscheiden: Da dem Begriff „Einstellung" (Rn 30 ff.) **kein zeitlicher Aspekt** innewohnt, sind bloße Änderungen der Arbeitszeit und damit auch deren Aufstockung an sich unbeachtlich (*Richardi/Thüsing* Rn 47; HSWGNR Rn 37; **aA** *DKKW-Bachner* Rn 42 a; *Löwisch/Kaiser* Rn 14; *Greßlin* S. 261; *Schüren* AuR 01, 321, 323, 324). Nach **BAG** (25. 1. 05 AP Nr. 114 zu § 87 BetrVG 1972 Arbeitszeit; ablehnend *Bengelsdorf* FS Kreutz S. 41 ff.; *Hunold* NZA 05, 910) soll jedoch eine sowohl nach **Dauer** als auch nach **Umfang nicht unerhebliche Erweiterung** des Volumens der arbeitsvertraglich geschuldeten regelmäßigen Arbeitszeit schon beschäftigter ArbN des Betriebs eine **neuerliche Einstellung** darstellen (so auch BVerwG 23. 3. 99 AP Nr. 73 zu § 75 BPersVG bei Aufstockung um 14,75 Std. wöchentl.).

41 In der Entscheidung vom 9. 12. 08 (AP Nr. 59 zu § 99 BetrVG 1972 Einstellung) die Voraussetzungen für die Annahme einer Einstellung in Anlehnung an § 95 Abs. 3 S. 1 und § 12 Abs. 1 S. 3 TzBfG präzisiert: Die Verlängerung der Arbeitszeit eines ArbN ist dann eine mitbestimmungspflichtige Einstellung, wenn sie für **mehr als ein Monat** vorgesehen ist und **mindestens zehn Stunden** pro Woche beträgt. Der BR kann seine Beteiligung bereits vor Abschluss des entpr. Änderungsvertrags verlangen, um noch Einfluss nehmen zu können.

Die Umwandlung eines **Teilzeitarbeitsverhältnisses** (s. dazu § 5 Rn 157 ff.) **in** 42
ein **Vollzeitarbeitsverhältnis** kann unter den in Rn 40, 41 genannten Voraussetzungen nach BAG eine Einstellung sein, **nicht** dagegen der umgekehrte Fall einer
Verringerung der Arbeitszeit (BAG 25. 1. 05 aaO). Folglich kann das Geltendmachen des Anspruchs nach § 9 TzBfG auf Arbeitszeitverlängerung die Beteiligung des
BR nach § 99 auslösen, nicht dagegen das Geltendmachen des Teilzeitanspruchs nach
§ 8 TzBfG (vgl. *Kossens/Kerschbaumer* S. 111; *Preis/Lindemann* NZA-Sonderheft 01,
43 f. mwN). Eine Beteiligung des BR ergibt sich jedoch immer dann, wenn die Verwirklichung des Anspruchs auf Arbeitszeitänderung zB mit einer Versetzung iSd. § 95
Abs. 3 oder Umgruppierung des betroffenen ArbN selbst einhergeht oder andere
ArbN versetzt, umgruppiert oder neue ArbN eingestellt werden müssen (*Pelzner/
Scheddler/Widlak* S. 38; *Preis/Lindemann* aaO). Verändern sich Lage und Verteilung
der Arbeitszeit von ArbN, so greift das MBR des BR nach § 87.

Die **Umwandlung** eines Vollzeitarbeitsverhältnisses **in** ein **Teilzeitarbeitsver-** 43
hältnis nach dem **AltersteilzeitG** ist keine mitbestimmungspflichtige Einstellung (so
BVerwG 12. 6. 01 NZA 01, 1091 zu § 75 Abs. 1 Nr. 1 BPersVG; s. auch Rn 42).

Die **Wiederaufnahme** der **Arbeit** nach Unterbrechung der tatsächlichen Be- 44
schäftigung (zB nach Obsiegen im Kündigungsrechtsstreit oder dessen einvernehmlicher Beilegung) oder nach **Ruhen des Arbeitsverhältnisses** (zB nach Ableistung
des Wehr- oder Zivildienstes, nach Beendigung eines Arbeitskampfes) liegt **keine
Einstellung** vor (hM; BAG 5. 4. 01 AP Nr. 174 zu § 626 BGB; LAG Mecklenburg-
Vorpommern NZA 97, 51; GK-*Raab* Rn 35; *Richardi/Thüsing* Rn 44 f.).

Gleiches gilt bei Beendigung der **Elternzeit.** Führt der ArbN seine bestehende 45
Teilzeitarbeit iSd. § 15 Abs. 5 BEEG während der Elternzeit weiter, liegt schon begrifflich keine Wiederaufnahme/Einstellung vor (s. BAG 27. 4. 04 AP Nr. 39 zu § 15
BErzGG). Auch ist ein Wechsel von Vollzeit- in Teilzeitarbeit aufgrund einer entspr.
Änderung des Arbeitsvertrages keine Einstellung (s. Rn 40 f.). Übernimmt aber ein
ArbN während der Elternzeit auf Grund einer nachträglichen Vereinbarung mit dem
ArbGeb. auf seinem bisherigen Arbeitsplatz aushilfsweise eine befristete Teilzeitbeschäftigung, so liegt darin eine Einstellung, gegen die der BR uU Zustimmungsverweigerungsgründe (s. Abs. 2 Nr. 3), die bei der Ersteinstellung nicht bestanden,
geltend machen kann (BAG 28. 4. 98 AP Nr. 22 zu § 99 BetrVG 1972 Einstellung).

Keine Einstellung ist die **Weiterbeschäftigung** des ArbN zB bei Rücknahme der 46
Kündigung oder auf Grund des nach § 102 Abs. 5 bestehenden oder des richterrechtl. anerkannten Weiterbeschäftigungsanspruchs sowie die **Fortsetzung** der bisherigen Tätigkeit bei **Betriebsübergang** nach § 613 a BGB (hM; MünchArbR-*Matthes*
§ 263 Rn 17; *Richardi/Thüsing* Rn 43). Wird einem ArbN gekündigt und kommt es
nach Zugang der Kündigung zu einem Betriebsübergang, hat der bislang in der Einheit beschäftigte ArbN einen Anspruch gegen den neuen Betriebsinhaber, zu unveränderten Arbeitsbedingungen unter Wahrung seines Besitzstandes **wieder eingestellt**
zu werden (BAG 13. 11. 97 AP Nr. 169 zu § 613 a BGB; nach BAG 21. 8. 08 (AP
Nr. 353 zu § 613 a BGB) muss der Anspruch innerhalb eines Monats nach Betriebsübergang geltend gemacht werden). Auch dies ist **keine mitbestimmungspflichtige Einstellung,** weil der ArbGeb. hier keinen Entscheidungsspielraum hat.

Wird allerdings mehreren ArbN betriebsbedingt gekündigt und ergeben sich da- 47
nach wider Erwarten anderweitige Beschäftigungsmöglichkeiten, die nach der Rspr.
des BAG (s. BAG 27. 2. 97, 6. 8. 97, 4. 12. 97 AP Nr. 1, 2, 4 zu § 1 KSchG Wiedereinstellung; grundlegend dazu Boewer NZA 99, 1121 ff., 1177 ff.; *Günzel* DB 00,
1227 ff.; *Meinel/Bauer* NZA 99, 575; *Nägele* BB 98, 1686; *Oberhofer* RdA 06, 92 ff.;
Raab RdA 00, 147 ff.; *Ricken* NZA 98, 460; *Walker* SAE 98, 103) einen **Anspruch** auf **Wiedereinstellung** begründen, so liegt eine mitbestimmungspflichtige
Einstellung jedenfalls dann vor, wenn nicht alle gekündigten ArbN wiedereingestellt
werden können (so *Boewer* aaO S. 1182; *Nägele* aaO S. 1689). Dann ist nämlich der
ArbGeb. in der Auswahl der wiedereinzustellenden ArbN nicht frei, sondern hat
soziale Gesichtspunkte zu berücksichtigen (BAG 4. 12. 97 aaO), bei deren Verletzung

der BR seine Zustimmung nach Abs. 2 Nr. 1 (Verstoß gegen § 1 Abs. 3 KSchG analog) verweigern kann.

47a   Bei Bestehen einer **konzernbezogenen Weiterbeschäftigungspflicht** des ArbGeb. aufgrund eines konzernbezogenen Kündigungsschutzes (zu den engen Voraussetzungen vgl. BAG 23. 4. 08 AP Nr. 177 zu § 1 KSchG 1969 Betriebsbedingte Kündigung mwN, s. auch BAG 10. 5. 07 AP Nr. 1 zu § 626 BGB Unkündbarkeit bei einer tariflichen Verpflichtung), ist die Weiterbeschäftigung eines ArbN im Betrieb eines anderen Konzernunternehmens eine Einstellung, die der Zustimmung des dortigen BR bedarf. Gleiches gilt, wenn der ArbGeb. tariflich verpflichtet ist, dem ArbN bei Wegfall seines Arbeitsplatzes die Weiterbeschäftigung auf einem anderen freien Arbeitsplatz im Konzern zu verschaffen (BAG 10. 5. 07 aaO).

48   Bei einer **Wiedereinstellungszusage** ist folgendes zu beachten: Scheidet ein ArbN aus dem Betrieb aus und steht überhaupt nicht fest, ob er jemals in den Betrieb zurückkehren wird, so löst seine Rückkehr die Beteiligungsrechte des BR nach § 99 aus. Eine Wiedereinstellung, die nach Beendigung eines vorangegangenen ArbVerh. durch Neuabschluss eines Arbeitsvertrages erfolgt, ist jedenfalls dann eine mitbestimmungspflichtige Einstellung, wenn dem ArbGeb. bez. des Einsatzes des ArbN nicht jeglicher Entscheidungsspielraum fehlt (BAG 5. 4. 01 AP Nr. 174 zu § 626 BGB).

49   Da das MBR des BR an der Eingliederung in den Betrieb anknüpft (s. Rn 18, 33), besteht es auch dann, wenn der Arbeitsvertrag **nichtig** ist und nur ein **faktisches Arbeitsverhältnis** zustande kommt. Handelt es sich um einen Gesetzesverstoß, kann der BR seine Zustimmung gem. Abs. 2 Nr. 1 verweigern (*DKKW-Bachner* Rn 41; *Richardi/Thüsing* Rn 42; s. Rn 188 ff.).

50   Einstellungen im Rahmen eines **mittelbaren ArbVerh.** (s. § 5 Rn 229) sind ebenfalls mitbestimmungspflichtig (BAG 18. 4. 89 AP Nr. 65 zu § 99 BetrVG 1972 m. Anm. *Kraft/Raab; DKKW-Bachner* Rn 40; MünchArbR–*Matthes* § 263 Rn 9).

51   Die auf Grund von **Berufsausbildungsverhältnissen** und **ähnlichen Rechtsverhältnissen** vorgesehenen Beschäftigungen (zB Praktikanten, Volontäre, Anlernlinge, Umschüler: zu diesen Personengruppen s. § 5 Rn 282 ff.) sind mitbestimmungspflichtige Einstellungen (*Sarge* AiB 07, 107, 109). Dazu zählen auch moderne Auswahlverfahren (zB **Assessment-Center,** dazu § 94 Rn 30), so dass jede Form eines der angestrebten Beschäftigung vorgelagerten „Trainings", ohne die eine solche Beschäftigung nicht möglich wäre, bereits Einstellung ist, unabhängig davon, ob die Personen danach als ArbN oder freie Mitarbeiter beschäftigt oder aber nicht genommen werden (BAG 20. 4. 93 AP Nr. 106 zu § 99 BetrVG 1972; *DKKW-Bachner* Rn 44; MünchArbR–*Matthes* § 263 Rn 9; *Richardi/Thüsing* Rn 39 f.; *Wahlers* ZTR 05, 185 ff.).

51a   Werden **Azubis** eines **reinen Ausbildungsbetriebs** (s. hierzu § 5 Rn 298 ff.) zum Zwecke ihrer praktischen Ausbildung vorübergehend in einem anderen Betrieb eingesetzt, so stellt das für diesen Betrieb eine Einstellung dar, die der Zustimmung des dortigen BR bedarf (BAG 30. 9. 08 – 1 ABR 81/07 – NZA 09, 112 (nur LS; BeckRS 08, 58 212). Dagegen ist die Aufnahme von **Schülerpraktikanten** mangels Eingliederung in den Betrieb keine Einstellung (BAG 8. 5. 90 AP Nr. 80 zu § 99 BetrVG 1972), wohl aber die Beschäftigung von Rote-Kreuz-Krankenpflegeschülerinnen (BAG 22. 4. 97 AP Nr. 18 zu § 99 BetrVG 1972 Einstellung) und **Studenten** im **Betriebspraktikum** (s. § 5 Rn 305 ff.).

52   Die **Übernahme** in ein ArbVerh. nach **Beendigung** der **Ausbildung** oder die Weiterbeschäftigung gem. § 24 BBiG ist eine mitbestimmungspflichtige Einstellung (LAG Hamm DB 82, 2303; *DKKW-Bachner* Rn 45; GK–*Raab* Rn 29; *Richardi/Thüsing* Rn 41; **aA** *HSWGNR* Rn 37; *SWS* Rn 191). Bei einer **Übernahmeverpflichtung** des ArbGeb. nach § 78 a besteht kein MB des BR (hM; GK–*Raab* Rn 29).

53   Die Ausgabe von Arbeit an in **Heimarbeit Beschäftigte** (s. § 5 Rn 309 ff.) ist als Einstellung anzusehen, wenn von vornherein feststeht, dass die Voraussetzungen des § 5 Abs. 1 S. 2 gegeben sind, sie also als ArbN dieses Betriebs gelten (hM: *HSWGNR* Rn 34; weitergehend *DKKW-Bachner* Rn 52).

Der Einsatz von **ABM-Kräften** ist eine mitbestimmungspflichtige Einstellung. Das **54** gleiche gilt für die Beschäftigung von **erwerbsfähigen Hilfsbedürftigen** (§ 16 Abs. 3 SGB II; s. dazu § 5 Rn 154). Soweit sie im Rahmen von ABM oder der Entgeltvariante tätig werden, ist dies aufgrund ihres ArbNStatus unzweifelhaft. Aber auch die Einstellung eines **Ein-Euro-Jobbers,** der zwar in keinem ArbVerhältnis steht (s. § 5 Rn 155), aber im Betrieb eingegliedert ist und es dann auf das zugrunde liegende Rechtsverhältnis nicht ankommt (s. Rn 33), unterliegt der MB des BR (BAG 2. 10. 07 AP Nr. 54 zu § 99 BetrVG 1972 Einstellung; *Engels* NZA 07, 8, 11; *ders.* FS Richardi 520, 530 f.; *Richardi* NZA 09, 1, 3; *Rixen* SoSi 05, 152, 154; *Schulze* NZA 05, 1335 f.; ebenso für öffentl. Bereich BVerwG 21. 3. 07 NZA 07, 499).

Dem eine Arbeitsgelegenheit vorhaltenden Dritten wird idR die Möglichkeit ein- **55** geräumt, **Ein-Euro-Bewerber** für die von ihm angebotenen Zusatzjobs anzunehmen oder abzulehnen (vgl. Arbeitshilfe der BA zur Umsetzung von Arbeitsgelegenheiten v. 2. 9. 05 S. 13; BVerwG 21. 3. 07 aaO). An dieser **Auswahlentscheidung** ist der BR zu beteiligen (so bei Zivildienstleistenden BAG 19. 6. 01 AP Nr. 35 zu § 99 BetrVG 1972 Einstellung, s. Rn 77), unabhängig davon, ob es zu einer Eingliederungsvereinbarung gekommen oder ein Heranziehungs-Verwaltungsakt gem. § 15 Abs. 1 S. 6 SGB II erlassen worden ist (BVerwG 21. 3. 07 aaO; Einzelheiten s. *Engels* aaO).

Bei einer Entsendung von BauArbN zu einer **ARGE** (s. dazu 5 Rn 272 ff.) ist de- **56** ren Arbeitsaufnahme im Betrieb der ARGE eine mitbestimmungspflichtige Einstellung (s. Rn 37), unabhängig davon, ob sie freigestellt oder abgeordnet sind (*Schüren / Hamann* AÜG § 14 Rn 142; *Schwab* NZA-RR 08, 169, 174; **aA** *HSWGNR* Rn 39 f.). Zur Rückkehr in den Stammbetrieb gilt das in Rn 37 Ausgeführte (so auch *Schwab* NZA-RR 08, 169, 174).

Die **Arbeitsaufnahme von echten** und **unechten LeihArbN** (s. § 5 Rn 231 ff.; **57** zu letzteren *Wensing / Freise* BB 04, 2238 ff.) sowie der sonstigen von § 7 S. 2 erfassten Personen (s. § 7 Rn 37 ff.) im Entleiher- bzw. Einsatzbetrieb ist, unabhängig von der Dauer und dem zeitlichen Umfang ihres Einsatzes, eine mitbestimmungspflichtige Einstellung (so ausdückl. für unechte LeihAbN BAG 23. 1. 08 AP Nr. 14 zu § 14 AÜG; 9. 3. 11 – 7 ABR 137/09 – NZA 11, 871; *Hunold* NZA-RR 08, 281, 282). Bei jedem auch noch so kurzfristigen Einsatz von LeihArbN oder der anderen unter § 7 S. 2 fallenden Personen handelt es sich um eine tatsächliche Eingliederung in den Einsatzbetrieb; es können sich (personelle) Auswirkungen auf die Stammbelegschaft ergeben, auf die der dortige BR im Rahmen seiner MB nach Abs. 1 und 2 zu achten hat (zu dessen Zuständigkeit auch für die LeihArbN vgl. § 5 Rn 267 ff.). Das stellt für die unechte LeihArbeit § 14 Abs. 3 AÜG ausdrücklich klar.

Erfolgen **nacheinander** mehrere befristete **Einsätze** von LeihArbN, so ist **jeder** **58** Einsatz nach Abs. 1 **mitbestimmungspflichtig;** die gilt auch dann, wenn den jeweils befristeten Eingliederungen eine zwischen Verleiher und Entleiher geschlossene **Rahmenvereinbarung** zugrunde liegt (BAG 23. 1. 08 AP Nr. 14 zu § 14 AÜG). Die Beschäftigung eines LeihArbN über den ursprünglich **vorgesehenen Zeitpunkt hinaus** ist ebenfalls eine Einstellung (BAG 9. 3. 11 – 7 ABR 137/09 – NZA 11, 871; 1. 6. 11 – 7 ABR 18/10 – BeckRS 11, 75883; *Hunold* NZA-RR 08, 281, 282; *Ulber* AiB 09, 7, 9; *Wensing / Freise* BB 04, 2238, 2239; s. auch Rn 38). Gleiches gilt für den **Austausch** eines LeihArbN (BAG 23. 1. 08 aaO; DKKW-*Bachner* Rn 133; *Ulber* AiB 09, 7, 9; *Tiling* BB 09, 2422 f., aA *Hunold* NZA-RR 08, 281, 282; *Wensing / Freise* aaO).

Das Beteiligungsrecht des BR besteht sowohl für die Frage, **ob** LeihArbN oder **59** andere von § 7 S. 1 erfassten Personen eingestellt werden sollen, als auch für ihre **Auswahl,** falls diese dem Entleiher möglich ist (BAG 23. 1. 08 aaO; DKKW-*Bachner* Rn 56; *Müllner* S. 88; wegen des Umfangs der Unterrichtung des BR bei LeihArbN vgl. Rn 153) sowie bei Verlängerung der Entleihe der LeihArbN (BAG 23. 1. 08 aaO; *Sahl / Bachner* NZA 94, 1063).

Die aufgrund einer Rahmenvereinbarung zwischen Verleiher und Entleiher erfol- **59a** gende Aufnahme von LeihArbN in einen **Stellenpool,** aus dem der Verleiher auf Anforderung des Entleihers LeihArbN für die jeweiligen konkreten Einsätze im Entleiherbetrieb auswählt, ist keine Übernahme iSv § 14 Abs. 3 S. 1 AÜG und damit keine mitbestimmungspflichtige Einstellung (BAG 23. 1. 08 AP Nr. 14 zu § 14 AÜG; *Tiling* BB 09, 2422, 2423). Eine mitbestimmungspflichtige Übernahme stellt erst der jeweilige konkrete Einsatz von LeihArbN im Entleiherbetrieb dar (BAG 23. 1. 08 aaO). Für den Fall, dass der Entleiher berechtigt ist, selbst unmittelbar aus einem Pool LeihArbN abzurufen, gilt das Gleiche; das Abrufen eines jeden LeihArbN ist eine mitbestimmungspflichtige Einstellung (*Ulber* AÜG § 14 Rn 195; **aA** *Schüren/Hamann* AÜG § 14 Rn 149).

60   Wird der LeihArbN kraft **gesetzlicher Fiktion** wegen fehlender Erlaubnis für die ArbNÜberlassung nach AÜG **ArbN des Entleiherbetriebes** (§ 10 Abs. 1 AÜG, vgl. § 5 Rn 253), so wird dadurch die Willensbildung des ArbGeb. zum Abschluss des Arbeitsvertrages ersetzt. Der BR ist gleichwohl erneut zu beteiligen. Zwar kann er seine Zustimmungsverweigerung wegen des gesetzlich fingierten Zustandekommens des ArbVerh. nicht mehr präventiv ausüben; er kann aber dem ArbGeb. nach § 101 durch das ArbG aufgeben lassen, die Maßnahme aufzuheben. Dem steht die erteilte Zustimmung des BR zur Eingliederung des LeihArbN nicht entgegen; diese erfasst nicht auch die Beschäftigung im Rahmen eines fingierten ArbVerh. (vgl. *Schüren/ Hamann* AÜG § 10 Rn 38, § 14 Rn 517 ff. mwN; **aA** *Ulber* AÜG § 14 Rn 191 mwN).

61   Dagegen ist die **Rückkehr** des LeihArbN in den Verleiherbetrieb keine Einstellung in diesen Betrieb, da der ArbN diesem betriebsverfassungsrechtlich ununterbrochen angehört hat (*Heinze* Rn 412) und die Entsendung in den jeweiligen Entleiherbetrieb – da nach der Art des Arbeitsverhältnisses üblich – keine Versetzung ist. Wegen Anspruch des BR auf Vorlage von Werkverträgen vgl. § 80 Rn 63.

62   Der Einsatz von Personen auf Grund eines **Gestellungsvertrages** ist eine mitbestimmungspflichtige Einstellung, wenn die gestellten Personen so in den Betrieb **eingegliedert** sind, dass der ArbGeb. auf Grund des Gestellungsvertrages ihnen gegenüber die für ein ArbVerh. typischen Weisungsbefugnisse bez. des Arbeitseinsatzes auch nach Art, Zeit und Ort hat. Dabei ist unerheblich, ob die gestellten Personen wegen § 5 Abs. 2 Nr. 3 nicht als ArbN gelten (so für Rote-Kreuz-Pflegekäfte BAG 22. 4. 97 AP Nr. 18 zu § 99 BetrVG 1972 Einstellung; *Richardi/Thüsing* Rn 52).

63   Schwierige Fragen können sich beim **Fremdfirmeneinsatz** ergeben, der als Begleiterscheinung von Rationalisierung und Neustrukturierung der Produktionsprozesse (Lean production, Outsourcing) vor allem unter Kostengesichtspunkten zunehmend an Bedeutung gewinnt (*Plander* Flucht aus dem Normalarbeitsverhältnis S. 192 ff.; *Bauschke* NZA 00, 1201 ff.; *Dauner-Lieb* NZA 92, 817; *Hammacher* BB 97, 1686; *Henssler* NZA 94, 294; *Kreuder* ArbuR 93, 316; *Walle* NZA 99, 518); zum Fremdfirmeneinsatz in der DV *Feuerborn* CR 95, 91); zur Abgrenzung der verschiedenen Erscheinungsformen des Einsatzes von FremdfirmenArbN s. § 5 Rn 279 ff.

64   **Keine Einstellung** der FremdfirmenArbN mangels Eingliederung liegt grundsätzlich vor, wenn der ArbGeb. absonderbare Arbeiten auf Fremdfirmen überträgt oder eine Werk- oder Dienstleistung für sich einkauft (BAG 28. 11. 89, AP Nr. 5 zu § 14 AÜG; 5. 3. 91, 5. 5. 92 AP Nr. 90, 97 zu § 99 BetrVG 1972; 13. 5. 92 NZA 93, 357; 31. 3. 93 AP Nr. 2 zu § 9 AÜG; kr. *Bauschke* NZA 00, 1201, 1203), auch wenn die Tätigkeit des Fremdpersonals unverzichtbare Hilfsfunktion für den Betriebszweck ist, ihr Umfang vom Betriebsablauf (Produktionsablauf) abhängt, das Fremdpersonal angelernt und sein Einsatz durch ArbN des Betriebs koordiniert werden muss (BAG 18. 10. 94 AP Nr. 5 zu § 99 BetrVG 1972 Einstellung). Beispiele: Gebäudereinigung, Bewachung, Betreiben einer Kantine, Pförtner-, Wartungs-, Service-, Reparatur- und Botendienste, Lagerhaltungs- u. Versorgungsaufgaben, Leergut-Entsorgung. Gleiches gilt für **Gebrauchsüberlassung von Maschinen mit Bedienungspersonal,** wenn die Gebrauchsüberlassung im Vordergrund steht und die Überlassung des Personals nur dienende Funktion hat (BAG 17. 2. 93 AP Nr. 9 zu § 10 AÜG; *Kania* NZA 94, 871; kr. *Mayer* AiB 94, 60).

65   Ebenfalls **keine Einstellung** mangels Eingliederung liegt vor, wenn der ArbGeb. eine **Fremdfirma** mit der Aufrechterhaltung der Verkaufsbereitschaft seines Ver-

brauchermarktes an Samstagen zwischen 16.00 und 20.00 Uhr beauftragt, ihr die für eine eigenverantwortliche Leitung des Marktes erforderliche **Organisationsgewalt** überträgt und die von ihr eingesetzten (eigenen) **ArbN allein ihren Weisungen** unterliegen (ArbG Mainz NZA-RR 04, 201 best. durch LAG Rheinland-Pfalz).

Problematisch sind die Fälle, in denen die Dienstleistung oder das Werk zu **66** einem festgelegten Zeitpunkt im Betrieb des ArbGeb. von bestimmter Art und Güte in Zusammenarbeit mit den ArbN des Betriebs, also unter **Einbeziehung in** die Planung des **Arbeitsablaufs** und der Produktion, und auf Dauer zu erbringen ist. Nach der Rspr. des BAG (30. 1. 91 AP Nr. 8 zu § 10 AÜG, 5. 3. 91, 9. 7. 91, 5. 5. 92 aaO [Rn 64] kommt es hier für die Anwendung des § 99 maßgebend darauf an, ob die FremdfirmenArbN derart in die Arbeitsorganisation des ArbGeb. (Auftraggebers) **eingegliedert** sind, dass dieser die für ein ArbVerh. typischen Entscheidungen über deren Arbeitseinsatz auch nach Zeit und Ort zu treffen hat, der ArbGeb. die **Personalhoheit** über sie hat (so zuletzt BAG 13. 12. 05 AP Nr. 50 zu § 99 BetrVG 1972 Einstellung.

Dafür soll es nicht ausreichen, wenn er mit Einverständnis des Dienst- oder Werk- **67** unternehmers den FremdfirmenArbN notwendige Einzelanweisungen erteilen kann, wenn i. ü. alle sonstigen, an sich aus dem **Direktionsrecht** folgenden Anweisun gen zur Ausführung der Tätigkeit (dienst-/werk-)vertraglich zwischen ArbGeb. und Dienst-/Werkunternehmer festgelegt sind (zustimmend *Dauner-Lieb* NZA 92, 817; *Henssler* NZA 94, 294, 303; ablehnend DKKW-*Bachner* Rn 59 ff.; *Kreuder* ArbuR 93, 316; *Leisten* BB 92, 266; *Wagner* ArbuR 92, 40; erheblich vorsichtiger BAG 18. 10. 94 aaO [Rn 64], das die Übernahme **wenigstens eines Teils der ArbGeb.-Stellung** gegenüber dem Fremdpersonal für die Eingliederung ausreichen lässt).

Danach ist praktisch jeder Aufgabenbereich dienst- oder werkvertragsoffen, so dass **68** sich **kaum noch verlässliche Kriterien zur Unterscheidung** verdeckter Arb NÜberlassung von Firmeneinsatz auf Dienst- oder Werkvertragsbasis bestehen (DKKW-*Bachner* Rn 60; *Dauner-Lieb* aaO; *Hager* SAE 92, 230; *Kreuder* aaO; *Leisten* aaO; *Wagner* aaO; s. auch *Henssler* aaO; *Walle* NZA 99, 518). Das liegt vor allem daran, dass das BAG zumindest den Eindruck erweckt, als könne der für die Anwendung des § 99 allein entscheidende tatsächliche Vorgang der Eingliederung einer Person (nicht unbedingt ArbN: s. Rn 33 ff.) beim Fremdfirmeneinsatz durch vertragliche Übertragung von an sich aus dem Direktionsrecht des ArbGeb. folgenden Anweisun gen auf den Dienst-/Werkunternehmer selbst dann noch verdrängt werden, wenn das Recht zu Einzelanweisungen wieder auf den ArbGeb. „rückübertragen" werden muss, damit die FremdfirmenArbN ihre Leistung innerhalb der vorhandenen Ar beitsorganisation des ArbGeb. erbringen können (insoweit vorsichtiger BAG 18. 10. 94 [Rn 59]; aufschlussreich auch die ausdrückliche Feststellung des BAG 16. 7. 97 AP Nr. 4 zu § 611 BGB Zeitungsträger, dass die ArbNEigenschaft nicht dadurch ausge schlossen wird, dass der Dienstgeber die wenigen erforderlichen Weisungen bereits in den Vertrag aufnimmt; insgesamt wieder zurückhaltender BAG 13. 3. 01 NZA 01, 1262).

In derartigen Fällen liegt der **Personaleinsatz** zumindest partiell und **nicht un- 69 wesentlich** (auch) beim **ArbGeb.** des Betriebs, so dass eine verdeckte ArbN Überlassung, jedenfalls eine Eingliederung anzunehmen und damit **§ 99 anzuwenden** ist (vgl. *Kreuder* ArbuR 93, 316, 320). Das entspricht nicht nur dem Grundgedanken der auch vom BAG anerkannten Konstruktion „mittelbares Arbeitsverhältnis" und Auf spaltung der ArbGebfunktion (vgl. § 5 Rn 229 ff.), sondern vor allem auch dem **Normzweck** des § 99, nämlich dem BR ein Mitspracherecht bei der personellen Zusammenstellung des Betriebsverbandes zu geben, den das BAG ansonsten zu Recht zwecks Erweiterung des Einstellungsbegriffs (s. Rn 33 ff.) bemüht (ebenso *Krüger* AiB 98, 621, 637).

Der Hinweis des BAG (5. 3. 91 aaO Rn 64) auf den aus § 111 ableitbaren Grund- **70** satz der Mitbestimmungsfreiheit der unternehmerischen Entscheidung (vgl. dagegen zB BAG 13. 10. 87 AP Nr. 24 zu § 87 BetrVG 1972 Arbeitszeit u. § 87 Rn 117) über die Vergabe von Aufgaben an Drittfirmen hilft nicht weiter. **Maßgebend** ist das „**Wie**" des **Fremdfirmeneinsatzes.** Erfolgt er in der geschilderten, den Tatbestand des § 99 erfüllenden Weise, dann ist der BR auch nach dieser Norm zu beteiligen (vgl. *Richardi* NZA 09, 1, 3; **aA** *Dauner-Lieb* NZA 92, 817; weitergehend *Kreuder* AiB 94, 731).

71   Eine vorsichtige **Modifizierung dieser Rspr.** scheint das BAG mit Beschluss vom 1. 12. 92 (EzA § 99 BetrVG 1972 Nr. 110; dazu *Kreuder* ArbuR 93, 316) einzuleiten, das wieder stärker auf die Absonderbarkeit der Arbeiten abstellt und **strengere Anforderungen** für die Annahme einer ArbNÜberlassung ausschließenden **unternehmerischen Tätigkeit der Fremdfirma** fordert: Eigene erhebliche unternehmerische Tätigkeit und Verantwortung im sachlichen (zB qualifizierte Arbeiten, Spezialkenntnisse, Know how) und personellen Bereich (eigene Personalorganisation, nennenswerte Zahl von ArbN), Dispositions-, Koordinations-, Planungsmöglichkeit in relevantem Umfang (so auch *Dauner-Lieb* aaO; *Feuerborn* CR 95, 91, 94); deshalb unterfällt auch die Ein-Mann(Frau)-Beschäftigung in aller Regel dem § 99 (s. Beispiele aus der Rspr. bei Rn 34).

72   Erschöpft sich die unternehmerische Tätigkeit der Drittfirma in der Auszahlung der Vergütung der eingesetzten ArbN und der Koordinierung ihres Einsatzes, so dürfte infolge der für sie bindenden Tätigkeitsvorgaben die Grenze zur **verdeckten ArbNÜberlassung** überschritten sein (BAG 1. 12. 92 aaO; s. auch die Lösungsversuche von *Kreuder* aaO über § 87 Abs. 1 Nr. 1 u. gemeinsamen Betrieb). Gleiches gilt für den Fall, dass der ArbGeb., um Kosten für Überstunden zu vermeiden, eine Fremdfirma damit beauftragt, mit ihren ArbN samstags die Arbeiten der Stammbelegschaft fortzuführen (ArbG Wiesbaden NZA-RR 98, 165). Entsprechend Beispielen aus der Praxis empfiehlt sich der **Abschluss von BV** über die Voraussetzungen für einen Fremdfirmeneinsatz (zB: nur bei Aufträgen, die sich für eine unternehmerische selbständige und vollverantwortliche Erledigung eignen, nicht dagegen zur Personalergänzung der eigenen Bereiche).

73   Nach den in Rn 33 ff. genannten Grundsätzen entscheidet sich, ob die Beschäftigung eines **freien Mitarbeiters** eine mitbestimmungspflichtige Einstellung ist (vgl. BAG 3. 7. 90 AP Nr. 81 zu § 99 BetrVG 1972: Einstellung von Honorarlehrkräften als freie Mitarbeiter bei gleicher Beschäftigung wie fest angestellte Lehrkräfte; 27. 7. 93 AP Nr. 3 zu § 93 BetrVG 1972 mit kr. Anm. *Hromadka* SAE 94, 133; 15. 12. 98 AP Nr. 56 zu § 80 BetrVG 1972; *MünchArbR–Matthes* § 263 Rn 25; *Richardi/Thüsing* Rn 57; s. auch *Pohle* BB 99, 2401). Bei Vergabe von Arbeiten im **Außenbereich,** die nicht an eine feste Betriebsstätte gebunden sind, kommt es für die MB des BR darauf an, ob eine **betriebsorganisatorisch notwendige Zusammenarbeit** gegeben ist, da dann die Interessen der Belegschaft berührt sind BAG 25. 6. 96 – 1 ABR 6/96 – nv.).

74   Werden im Auftrag des ArbGeb. im Betrieb Mitarbeiter eines anderen Unternehmens als **Testkäufer** eingesetzt, so liegt hierin nur dann eine mitbestimmungspflichtige Einstellung, wenn die Testkäufer in den Betrieb eingegliedert sind. Daran fehlt es, wenn nicht der ArbGeb., sondern das andere Unternehmen ihren Einsatz steuert (BAG 13. 3. 01 AP Nr. 34 zu § 99 BetrVG 1972 Einstellung; *Deckers/Deckers* NZA 04, 139 ff.).

75   Danach kann auch mit der Bestellung eines **externen Datenschutzbeauftragten** eine mitbestimmungspflichtige Einstellung verbunden sein, wie das BAG (22. 3. 94 AP Nr. 4 zu § 99 BetrVG 1972 Versetzung) erwähnt (so auch LAG Frankfurt CR 90, 342, das bei entspr. Eingliederung in den Betrieb § 99 anwendet, ebenso DKKW–*Bachner* Rn 38, *Gola/Schomerus* BDSG § 4 f Rn 33; *Schierbaum* AiB 01, 512, 514; *Rudolf* NZA 96, 296; s. auch Rn 131). Entspr. gilt für die Bestellung von **externen Umweltschutzbeauftragten** und **Umweltgutachtern** (s. Rn 132).

76   Werden **Strafgefangene** im Betrieb beschäftigt, liegt eine Einstellung vor, unabhängig davon, ob die Eingliederung auf Grund eines freien Beschäftigungsverhältnisses (§ 39 StVollzG) oder nach § 41 StVollzG erfolgt (DKKW-*Bachner* Rn 53;

MünchArbR-*Matthes* § 263 Rn 26; *Richardi/Thüsing* Rn 58; **aA** BAG 3. 10. 78 AP Nr. 18 zu § 5 BetrVG 1972; *HSWGNR* Rn 41).

Die hoheitliche Zuweisung von **Zivildienstleistenden** als solche ist keine mitbe- **77** stimmungspflichtige Einstellung (ArbG Hamburg 31. 1. 89, NZA 89, 652). Dagegen liegt eine solche **Einstellung** dann vor, wenn im Vorfeld der ArbGeb. eine **Auswahlentscheidung** darüber trifft, welcher Zivildienstleistende in die Belegschaft aufgenommen werden soll (BAG 19. 6. 01 AP Nr. 35 zu § 99 BetrVG 1972 Einstellung m. zust. Anm. *Giesen* SAE 02, 144 u. *Oetker* EwiR § 99 BetrVG 2/02, 271; DKKW-*Bachner* Rn 54).

Bei Abordnung, Überlassung oder Zuweisung von **Beamten, Soldaten** der Bun- **78** deswehr und **ArbN des öffentlichen Dienstes** einschließlich der zu ihrer Berufsausbildung Beschäftigten (s. zur Neuregelung § 5 Rn 316 ff.) in bzw. zu privaten Betrieben liegt dort eine Einstellung vor (BAG 23. 6. 09 – 1 ABR 30/08 – NZA 09, 1162; DKKW-*Bachner* Rn 55). Da die Einstellung kein ArbVerh. voraussetzt (s. Rn 33), ist das Fehlen eines Arbeitsvertrags zum Betriebsinhaber unschädlich. Zur Sondersituation bei den privatisierten Unternehmen von **Bahn** und **Post,** den Kooperationsbetrieben der **Bundeswehr,** der BRD-**Finanzagentur** GmbH, Germany Trade and Invest – **Gesellschaft für Außenwirtschaft** und Standortmarketing mbH, DFS Deutsche **Flugsicherung** GmbH s. Rn 303 ff., § 5 Rn 321 ff.

2. Eingruppierung

Die Einstellung ist regelmäßig verbunden mit der erstmaligen Eingruppierung, dh **79** mit der **ersten** Festlegung der für die Entlohnung des ArbN maßgebenden **Lohnbzw. Gehaltsgruppe** (BAG 12. 1. 11 – 7 ABR 15/09 – NZA-RR 11, 574). Bei der Eingruppierung handelt es sich nicht um einen konstitutiven Akt, sondern um Rechtsanwendung und die Kundgabe einer Rechtsansicht (BAG 4. 5. 11 – 7 ABR 10/10 – NZA 11, 1239).

Die Eingruppierung setzt eine **Vergütungsordnung,** dh ein kollektives, mindes- **79a** tens zwei Vergütungsgruppen enthaltendes **Entgeltschema** voraus, das eine Zuordnung der ArbN nach bestimmten, generell beschriebenen Merkmalen (bei einem TV nach der dortigen Gruppeneinteilung, bei BV oder RL nach der betrieblichen Lohnordnung) wie bestimmte Tätigkeiten, Lebensalter, Dauer der Berufstätigkeit oder Betriebszugehörigkeit vorsieht (BAG 4. 5. 11 – 7 ABR 10/10 – NZA 11, 1239 mwN). Sie spiegelt die ihr zugrunde liegenden Vergütungsgrundsätze wider und ist Ausdruck einer Entscheidung über die Wertigkeit der jeweiligen ArbNTätigkeiten, die sich im relativen Abstand der mit den jeweiligen Vergütungsgruppen verbundenen konkreten Entgeltsätzen zeigt (BAG 17. 11. 10 – 7 ABR 123/09 – NZA 11, 531).

Für die Frage, ob eine mitbestimmungspflichtige Ein-(Um-)gruppierung vorliegt, **79b** kommt es nicht auf die Bezeichnung der einzelnen Stufen auf Kriterien des Vergütungsschemas an. **Nicht nur** die **Zuordnung** zu ausdrücklich so bezeichneten Entgelt-, Vergütungs-, Lohn- oder Gehalts„gruppen" kann eine Ein-(Um-)"gruppierung" sein, sondern auch etwa die **Feststellung,** dass ein ArbN die **Voraussetzungen** für eine bestimmte Leistung **erfüllt,** die nach dem Entgeltschema zu einer höheren Einreihung führt oder wegen der höheren Bewertung seiner Tätigkeit zu zahlen ist (BAG 6. 4. 11 – 7 ABR 136/09 – BeckRS 11, 75 222).

Für die **Maßgeblichkeit** einer Vergütungsordnung im Verhältnis von ArbGeb. und **79c** ArbN kommt es nicht darauf an, weshalb sie im Betrieb Anwendung findet, ob aufgrund eines TV, einer BV, allgemein eingegangener vertraglicher Verpflichtung oder einseitiger Praxis des ArbGeb. (BAG 12. 1. 11 – 7 ABR 34/09 – NZA 11, 1297). Das **BAG** (4. 5. 11 – 7 ABR 10/10 – NZA 11, 1239) hat jetzt **klargestellt,** dass eine betriebsverfassungsrechtliche Verpflichtung des ArbGeb. zur Eingruppierung eines ArbN in eine **tarifliche Vergütungsordnung** nicht nur dann besteht, wenn dieser selbst aufgrund beiderseitiger Tarifbindung, einzelvertraglicher Bezugnahme oder aus anderen Gründen einen Anspruch auf Anwendung des TV hat. Für die betriebliche MB nach § 99 Abs. 1 kommt es nicht auf einen Anspruch des einzelnen ArbN auf Anwendung des TV, sondern darauf an, ob die Vergütungsordnung **im Betrieb gilt.** Ist dies der Fall, ist der ArbGeb. betriebsverfassungsrechtlich an sie gebunden und verpflichtet, eine Eingruppierung vorzunehmen und hieran den BR zu beteiligen (s. auch Rn 86 a). Welche **individuellen Ansprüche** des einzelnen ArbN hieraus folgen, hat das BAG **offen** gelassen.

79d   Da es für die Maßgeblichkeit einer Vergütungsordnung nicht auf deren Geltungsgrund ankommt, kann der **ArbGeb.** die im Betrieb geltende Vergütungsordnung nach Wegfall des ursprünglichen Geltungsgrundes **nicht einseitig** verändern. Vielmehr hat er das MB des BR nach § 87 Abs. 1 Nr. 10 zu beachten (BAG 8. 12. 09 – 1 ABR 66/08 – NZA 10, 404; 4. 5. 11 – 7 ABR 10/10 – NZA 11, 1239; s. auch § 87 Rn 425 ff.).

79e   Das betriebliche Entgeltschema spiegelt häufig nur einen Teil der im Betrieb geltenden Entlohnungsgrundsätze wider. Die **betriebliche Vergütungsordnung** insgesamt besteht idR **aus mehr Entgeltgrundsätzen, als** sie im jeweiligen **Entgeltschema** zum Ausdruck kommt. Entgeltgrundsätze sind abstrakt-generelle Grundsätze zur Lohnfindung, die allgemeinen Vorgaben, aus denen sich die Gesamtvergütung der ArbN in abstrakter Weise ergibt (vgl. BAG 22. 6. 10 – 1 AZR 853/08 – NZA 10, 1243). Dazu zählen neben dem Entgeltschema zB die Entscheidung über eine bestimmte Stückelung des jährlichen Gesamtentgelts in Form mehrerer gleich hoher oder verschieden hoher Monatsbeträge. **Maßgeblich** für die zutreffende Eingruppierung ist aber **nur** das betreffende **Entgeltschema** (BAG 28. 4. 09 – 1 ABR 97/07 – NZA 09, 1102). Dieses ändert sich nicht, wenn der – tariflich ungebundene – ArbGeb. die bisherigen Entgeltbeträge bei Neueinstellungen sämtlich um den gleichen Prozentsatz absenkt oder – unter Verstoß gegen § 87 Abs. 1 Nr. 10 – sonstige betriebliche Entlohnungsgrundsätze einseitig ändert (BAG 28. 4. 09 aaO).

80   Die **allgemeinen Merkmale** einer Vergütungsgruppe sind grundsätzlich erfüllt, wenn der ArbN eine Tätigkeit ausübt, die als Regel-, Richt- oder **Tätigkeitsbeispiel** zu dieser Vergütungsgruppe genannt ist (st. Rspr. BAG 2. 8. 06 – 10 ABR 48/05 – NZA-RR 07, 554; 25. 8. 10 – 4 ABR 104/08 – BeckRS 11, 65291 mwN). Das gilt aber nur dann, wenn sie lediglich einmal in einer bestimmten Vergütungsgruppe genannt sind. Wird die Tätigkeit des ArbN von einem Tätigkeitsbeispiel nicht oder nicht voll erfasst, muss auf die allgemeinen Merkmale zurückgegriffen werden. Gleiches gilt, wenn die Tätigkeitsbeispiele unbestimmte Begriffe enthalten; diese sind dann im Lichte der Oberbegriffe auszulegen (BAG 22. 6. 05 – 10 ABR 34/04 – NZA-RR 06, 23; 2. 8. 06 aaO; 28. 1. 09 AP Nr. 34 zu § 99 BetrVG 1972 Eingruppierung: Eingruppierung einfachster Tätigkeit gem. TVöD). Werden Tätigkeitsbeispiele in einem TV für eine bestimmte ArbNGruppe genannt, greifen sie nur zu Gunsten dieses Personenkreises, nicht generell für alle, die auch diese Tätigkeit ausüben (BAG 17. 11. 10 – 4 ABR 19/09 – BeckRS 11, 66042).

80a   Entspricht die Tätigkeit eines ArbN einem Tätigkeitsbeispiel einer niedrigeren als der beantragten Vergütungsgruppe, kann diese Tätigkeit idR nicht unter die abstrakten Tätigkeitsmerkmale der begehrten höheren Vergütungsgruppe subsumiert werden. **Funktionsbezeichnungen** zeigen einerseits an, dass die aufgeführten ArbN nach den vorangestellten Tätigkeitsmerkmalen in die betreffende Vergütungsgruppe eingruppiert werden können, andererseits aber auch, dass eine Eingruppierung dieser ArbN außerhalb der Vergütungsgruppen, in denen sie mit ihrer Funktionsbezeichnung aufgeführt sind, nicht in Betracht kommt (BAG 19. 5. 10 – 4 AZR 903/08 – BeckRS 10, 73 421 mwN).

80b   Erfüllt die Tätigkeit eines ArbN im Geltungsbereich eines TV keines der in der tariflichen Vergütungsordnung geregelten Tätigkeitsmerkmale, liegt eine **Tariflücke** vor. Sie kann durch die Gerichte nur geschlossen werden, wenn es sich um eine bewusste Auslassung der TVParteien handelt. Eine **unbewusste** Tariflücke darf aber nur dann **geschlossen** werden, wenn sich aus dem TV selbst hinreichende Anhaltspunkte dafür ergeben, dass eine vollständige Regelung für alle im Geltungsbereich des TV ausgeübten Tätigkeiten geschaffen werden sollte und es überdies eindeutige Hinweise darauf gibt, wie die TVParteien die nicht berücksichtigte Tätigkeit bewertet hätten. Bestehen jedoch mehrere Lösungsmöglichkeiten, muss die Wahl den TVParteien überlassen bleiben (BAG 25. 8. 10 – 4 ABR 104/08 – BeckRS 11, 65 291 mwN).

In einem Betrieb können **unterschiedliche Vergütungsordnungen** jeweils für 81 bestimmte Teile der Belegschaft gelten. Im **gemeinsamen Betrieb** können zudem für die an ihm beteiligten ArbGeb. jeweils in ihrem Verhältnis zu ihren ArbN verschiedene Vergütungsordnungen zur Anwendung kommen. Auch ist es möglich, dass die ArbN eines der beteiligten ArbGeb. mangels eines kollektiven Vergütungsschemas nicht eingruppiert werden können (BAG 12. 12. 06 AP Nr. 27 zu § 1 BetrVG 1972 Gemeinsamer Betrieb mwN). Das MBR bei der Eingruppierung besteht im gemeinsamen Betrieb nur gegenüber dem VertragsArbGeb. des betroffenen ArbN (BAG 23. 9. 03 AP Nr. 28 zu § 99 BetrVG 1972 Eingruppierung; 8. 12. 09 – 1 ABR 66/08 – NZA 10, 404).

Einstellung und (Erst-)**Eingruppierung** (ebenso Versetzung u. (Neu-)Eingrup- 82 pierung) sind zwei **zu trennende,** jeweils dem MBR des BR unterliegende **Tatbestände,** so dass der BR der Einstellung als solcher nicht widersprechen kann, wenn um die richtige oder fehlende Eingruppierung gestritten wird; er hat die Zustimmungsverweigerung auf diese zu beschränken (BAG 10. 2. 76, 20. 12. 88 AP Nr. 4, 62 zu § 99 BetrVG 1972). Schließt sich unmittelbar an ein befristetes ArbVerh. ein weiteres ArbVerh. an (s. Rn 38), so ist eine erneute Eingruppierung dann nicht erforderlich, wenn sich weder die Tätigkeit des ArbN noch das maßgebliche Entgeltgruppenschema ändert (BAG 11. 11. 97 AP Nr. 17 zu § 99 BetrVG 1972 Eingruppierung; *Schoof* AiB 04, 409, 414).

Wird ein **Leih-ArbN** iSd. AÜG an einen Entleiher überlassen, in dessen Betrieb 83 eine Vergütungsordnung besteht, ist er aufgrund des in das AÜG eingeführten Grundsatzes des **Equal pay** (§ 3 Abs. 1 Nr. 3, § 9 Nr. 2, § 10 Abs. 4 AÜG; s. dazu § 5 Rn 255 ff.) **für die Zeit der Überlassung** in diese Vergütungsordnung einzugruppieren, wenn nicht ein auf das Leiharbeitsverhältnis anwendbarer TV vom Equal Pay abweichende Regelungen zulässt (s. § 5 Rn 256 ff.). Da die Eingruppierung ein ArbVerh. voraussetzt und dieses nur zum Verleiher besteht (s. § 5 Rn 250), hat dieser die Eingruppierung vorzunehmen. Bei der Eingruppierung ist ausschließlich der **BR des Verleiherbetriebs** zu beteiligen; der BR beim Entleiher ist insoweit unzuständig (BAG 17. 6. 08 AP Nr. 34 zu § 99 BetrAVG 1972 Eingruppierung; *Schüren/Hamann* AÜG § 14 Rn 169, 423; *Ulber* AÜG § 14 Rn 33; *Hamann* NZA 03, 531 f.; *Lembke* BB 03, 102; *Tiling* BB 09, 2422, 2424; *Wensing/Freise* BB 04, 2238, 2242; *Stück* AuA 05, 338).

Die für die **Eingruppierung erforderlichen Informationen** hat der **Entleiher** 84 im Verleihvertrag anzugeben (§ 12 AÜG; s. § 5 Rn 259). Dessen Vorlage kann der BR vom Verleiher zwecks Ausübung seines MBR nach § 80 Abs. 2 verlangen (*Schüren/Hamann* AÜG § 14 Rn 363). Außerdem hat der BR nach Abs. 1 S. 1 einen Auskunftsanspruch bez. der für die richtige Einstufung der Tätigkeit in die Vergütungsordnung des Entleihers erforderlichen Unterlagen wie TV oder BV (*Schüren/Hamann* AÜG § 14 Rn 423; *Ulber* AÜG § 14 Rn 38). Ist der BR nicht in der Lage, die fremde Vergütungsordnung zu beurteilen, hat der Verleiher ihm eine Auskunftsperson nach § 80 Abs. 2 S. 3 zur Verfügung zu stellen oder es ist ein Sachverständiger nach § 80 Abs. 3 hinzuzuziehen (*Hamann* NZA 03, 532).

Für die Maßgeblichkeit (s. Rn 79 c) einer **tariflichen Lohn-** oder **Gehaltsgruppenordnung** ist es **unerheblich,** ob sie unmittelbar **kraft Tarifbindung** (oder AVE) oder **kraft Erstreckung** (entspr. einzelvertraglicher Vereinbarung, betrieblicher Übung bei einseitiger Einführung durch ArbGeb.) oder durch BV gem. § 87 Abs. 1 Nr. 10 zur Anwendung kommt; entscheidend ist allein, dass sie im Betrieb gilt (BAG 4. 5. 11 – 7 ABR 10/10 – NZA 11, 1239). Wendet der tarifgebundene ArbGeb. auf die ArbN unabhängig von deren Tarifbindung den einschlägigen VergütungsTV an, kann er eine bestimmte Gruppe nicht tarifgebundener ArbN (hier Werkstudenten) **nicht ohne Sachgrund ausnehmen** (BAG 11. 11. 08 AP Nr. 127 zu § 99 BetrVG 1972).

86 Nach **Wegfall** der **Tarifbindung** des ArbGeb. muss dieser die bisher im Betrieb geltende tarifliche Vergütungsordnung in ihrer Struktur weiter anwenden, solange der BR einer Änderung nicht gem § 87 Abs. 1 Nr. 10 zugestimmt hat (BAG 2. 3. 04 AP Nr. 31zu § 3 TVG; BAG 28. 4. 09 – 1 ABR 97/07 – NZA 09, 1102). Bis zu einer wirksamen Änderung hat der ArbGeb. neu eingestellte ArbN in eine Vergütungsgruppe des bisherigen Entgeltschemas einzugruppieren (BAG 14. 4. 10 – 7 ABR 91/08 – NZA-RR 11, 83). Will der BR eine Änderung der Vergütungsordnung, kann er initiativ werden (s. § 87 Rn 425, 583f.). Tut er dies nicht, kann der ArbGeb. die bisherige Eingruppierungspraxis fortführen, ohne den BR erneut nach § 87 Abs. 1 Nr. 10 beteiligen zu müssen (LAG Schleswig-Holstein NZA-RR 07, 365).

86a Bei einem **Betriebsübergang** ist der neue Betriebsinhaber zur Fortführung einer im Betrieb oder Betriebsteil bestehenden Vergütungsordnung verpflichtet. Mit welchem Inhalt diese bei dem Erwerber weiter gilt, richtet sich grundsätzlich nach dem Geltungsgrund vor dem Betriebsübergang. Beruhte die Geltung der betrieblichen Vergütungsordnung auf der **Tarifbindung** des **Veräußerers,** ist für deren dynamische Fortgeltung grundsätzlich die Tarifbindung des Erwerbers erforderlich. Endet die normative Geltung des TV mit dem Übergang auf einen **nicht tarifgebundenen Erwerber,** ist dieser betriebsverfassungsrechtlich nur verpflichtet, das bei dem Veräußerer geltende tarifliche Entgeltschema mit dem im Zeitpunkt des Betriebsübergangs bestehenden Inhalt fortzuführen (BAG 8. 12. 09 – 1 ABR 66/08 – NZA 10, 404; 4. 5. 11 – 7 ABR 10/10 – NZA 11, 1239).

86b Hat der **tarifgebundene Betriebsveräußerer** die tariflichen Entlohnungsgrundsätze **auf** die **nicht tarifgebundenen ArbN angewandt** (einzelvertragl. Bezugnahme, betriebl. Übung), hat er für diese einen eigenständigen Geltungsgrund geschaffen mit der Folge, dass betriebsverfassungsrechtlich eine einheitliche Vergütungsordnung für tarifgebundene und nicht tarifgebundene ArbN besteht. Mit welchem Inhalt sie nach einem Betriebsübergang weiter gilt, hängt von der ursprünglichen Ausgestaltung ihres Geltungsgrundes beim Veräußerer ab. Wird das tarifliche Entgeltschema in seiner jeweiligen Fassung in Bezug genommen, kann es sich – je nach Auslegung – um eine bloße **Gleichstellungsabrede** oder um eine vom Wegfall der Tarifbindung des ArbGeb. unabhängige **dynamische Bezugnahme** auf das Tarifrecht handeln. Eine Gleichstellungsabrede verpflichtet den Erwerber nicht zur Anpassung der betrieblichen Vergütungsordnung an künftige Änderungen des einschlägigen tariflichen Entgeltschemas, wohl aber eine von der Tarifbindung des Veräußers unabhängige Bezugnahmeklausel (BAG 8. 12. 09 – 1 ABR 66/08 – NZA 10, 404).

87 Bei **nicht** nach **TV** entlohnten ArbN ist unter Eingruppierung die Festlegung der **betriebsüblichen Entlohnung** in einer BV, RL oder einseitig vom ArbGeb. geschaffenen Vergütungsordnung zu verstehen (BAG 28. 1. 86 AP Nr. 32 zu § 99 BetrVG 1972). Gibt es keine Vergütungsordnung, so entfällt eine Eingruppierung. Der ArbGeb. ist nicht verpflichtet, eine Vergütungsordnung aufzustellen (BAG 12. 12. 00 ZTR 01, 435).

88 Bei **Heimarbeitern,** die in der Hauptsache für den Betrieb tätig sind (s. dazu § 5 Rn 311), besteht die Eingruppierung in der Zuordnung verschiedener Arbeitsgänge in die Entgeltgruppen der bindenden Festsetzungen gem. § 19 HAG u. die Zuweisung der Tätigkeiten (BAG 20. 9. 90 AP Nr. 83 zu § 99 BetrVG 1972; DKKW-*Bachner* Rn 74; aA *HSWGNR* Rn 54).

89 Die Eingruppierung wird ausdrücklich als bes. MBTatbestand erwähnt, **setzt** aber **voraus,** dass überhaupt eine **Lohn- oder Gehaltsgruppenordnung** besteht (BAG 20. 12. 88 AP Nr. 62 zu § 99 BetrVG 1972). Ist dies der Fall, dann ist der ArbGeb. zur Eingruppierung der ArbN und zur Beteiligung des BR betriebsverfassungsrechtlich verpflichtet (BAG 23. 11. 93 aaO). Dies gilt grundsätzlich auch für **geringfügig**

beschäftigte ArbN iSd. § 8 Abs. 1 Nr. 1 SGB IV (s. BAG 18. 6. 91 AP Nr. 92 zu § 99 BetrVG 1972; DKKW-*Bachner* Rn 72).

Das MBR des BR erstreckt sich nicht nur auf die Bestimmung der Lohngruppe, **90** sondern auch auf die der richtigen **Fallgruppe dieser Lohngruppe,** wenn damit unterschiedliche Rechtsfolgewirkungen (zB Bewährungsaufstieg) verbunden sein können (BAG 27. 7. 93 AP Nr. 110 zu § 99 BetrVG 1972; zu **Zulagen** s. Rn 112). Der BR kann die Zustimmung zu einer Eingruppierung auch mit der Begründung verweigern, die vom ArbGeb. zur Anwendung vorgesehene Vergütungsgruppenordnung gelte für den ArbN nicht (BAG 27. 1. 87, 30. 1. 90 AP Nr. 42, 78 zu § 99 BetrVG 1972).

Das MBVerfahren bei einer Eingruppierung ist ein einheitliches, **alle Teile der 91 Eingruppierung** erfassendes Verfahren. Auch wenn es um mehrere Fragestellungen geht – wie zB Auswahl zwischen einer Vergütungsordnung mit und einer ohne Aufstieg nach Lebensaltersstufen sowie Einreihung in die zutreffende Vergütungs- und Fallgruppe – kann der ArbGeb. das MBVerfahren nicht auf die einzelnen Teile beschränken. Eine „richtige", zustimmungspflichtige Eingruppierung liegt nur dann vor, wenn alle Teilfragen zutreffend beurteilt worden sind; eine **„Teileingruppierung"** kommt einer unrichtigen Eingruppierung gleich (BAG 27. 6. 00 AP Nr. 23 zu § 95 BetrVG 1972 Eingruppierung).

Kein Eingruppierungsmerkmal ist die Dauer der wöchentlichen **Arbeitszeit. 92** So kann zB ein ArbGeb. nach Ablauf eines TV mit einem neu eingestellten ArbN eine längere Wochenarbeitszeit ohne Erhöhung der Vergütung wirksam vereinbaren, ohne dass der BR seine Zustimmung zu der vom ArbGeb. vorgesehenen Eingruppierung verweigern kann, wenn diese den tariflichen Merkmalen entspricht (BAG 28. 6. 06 AP Nr. 30 zu § 99 BetrVG 1972 Eingruppierung; *Bepler* NZA 06, 45, 47).

Das MBR des BR entfällt nicht, wenn der ArbGeb. bei seiner Eingruppierungs- **93** prüfung zu dem Ergebnis kommt, dass die zu bewertende Tätigkeit Anforderungen stellt, die die **Qualifikationsmerkmale** der **obersten Vergütungsgruppe über-steigen;** auch insoweit steht dem BR ein Mitbeurteilungsrecht (s. Rn 96 ff.) zu (BAG 31. 10. 95, 23. 9. 03 AP Nr. 5, 28 zu § 99 BetrVG 1972 Eingruppierung; s. auch Rn 108). Folglich ist der BR auch dann zu beteiligen, wenn ein ArbN **außer-tariflich entlohnt** werden soll.

Zur betrieblichen Vergütungsordnung gehört nicht nur die tarifliche Vergütungs- **94** ordnung, sondern auch der **außertarifliche** – einheitliche oder ebenfalls gestufte – Bereich (BAG 12. 12. 06 AP Nr. 32 zu § 99 BetrVG 1972 Eingruppierung m. Anm *Rudolph* AiB 07, 432). Bei Bestehen einer oder mehrerer betrieblicher Gehaltsgrup-pen für **AT-Ang.** bestimmt der BR bei deren „Eingruppierung" (außer bei leitenden Ang. iSv. § 5 Abs. 3) mit (DKKW-*Bachner* Rn 66; HSWGNR Rn 51; *Richardi/ Thüsing* Rn 70; *Hunold* NZA-RR 10, 505, 509; vgl. auch Rn 114 u. § 87 Rn 488 ff.).

Vereinbart der ArbGeb. mit dem ArbN bei Einstellung oder Versetzung eine Ver- **95** gütung nach einer **höheren Tarifgruppe** als die der Tätigkeit entsprechenden, dann hat eine der MB des BR unterliegende Eingruppierung in diese, der Tätigkeit ent-sprechende Tarifgruppe zu erfolgen; bei dem „überschießenden" Teil der Vergütung handelt es sich um ein übertarifliches Entgelt, das sich als arbeitsvertragliches Element der Beurteilung des BR entzieht (*Schoof* AiB 04, 409, 414).

Die Eingruppierung in die Lohngruppen eines TV oder einer betrieblichen Lohn- **96** ordnung erfolgt zwingend – automatisch je nach der ausgeübten bzw. vertraglich auszuübenden Tätigkeit. Die Eingruppierung ist kein Gestaltungsakt, sondern Nor-menvollzug und damit ein Beurteilungsakt. Folglich ist hier auch das MBR des BR kein Mitgestaltungs-, sondern ein bloßes **Mitbeurteilungsrecht** (vgl. BAG 6. 4. 11 – 7 ABR 136/09 – BeckRS 11, 75 222 mwN). Die Mitbeurteilung des BR soll eine größere Gewähr für die Richtigkeit der vorgenommenen Eingruppierung und der gleichmäßigen Anwendung der Lohn- und Gehaltsgruppenordnung bieten, also einer **„Richtigkeitskontrolle"** dienen; dadurch kann eine gleichmäßige Anwendung der

Lohn- und Gehaltsgruppenordnung zwecks innerbetrieblicher Lohngerechtigkeit und Transparenz erreicht werden (st. Rspr. u. hM: BAG 28. 4. 09 – 1 ABR 97/07 – NZA 09, 1102; DKKW-*Bachner* Rn 67; *Richardi/Thüsing* Rn 75 f.).

96a Die der Mitbeurteilung des BR unterfallende Rechtsanwendung des ArbGeb. setzt keinen **Gestaltungs-** oder **Ermessensspielraum** voraus. Sie wird andererseits aber durch einen dem ArbGeb. von den Urhebern der Vergütungsordnung eingeräumten Beurteilungsspielraum auch nicht ausgeschlossen (BAG 6. 4. 11 – 7 ABR 136/09 – BeckRS 11, 75 222).

96b Der **ArbGeb.** ist an einer einmal bekundeten **Einschätzung** zur Eingruppierung eines ArbN **nicht gebunden.** Er kann die Prüfung noch mal vornehmen und zu einer anderen oder auch der gleichen Ein-(Um-)gruppierungsbeurteilung kommen. Hierbei ist der BR erneut zu beteiligen (BAG 9. 3. 11 – 7 ABR 127/09 – BeckRS 11, 73 484).

96c Das Mitbeurteilungsrecht des BR besteht **nicht** bei der **abstrakten Bewertung** eines Arbeitsplatzes oder einer Tätigkeit. Sie erfolgt unabhängig vom Arbeitsplatzinhaber oder von demjenigen, der die Tätigkeit ausübt; sie ist keine personenbezogene Einzelmaßnahme wie die Eingruppierung (BAG 17. 11. 10 – 7 ABR 123/09 – NZA 11, 531). Gleiches gilt für die Einstufung einer Arbeitsaufgabe in ein System der Arbeitsaufgabenbewertung, wie zB in §§ 4–7 ERA-TV; dagegen ist die **Zuordnung** von ArbN zu Entgeltgruppen des **ERA-TV** eine dem MBR des BR unterliegende Ein-/Umgruppierung (BAG 12. 1. 11 – 7 ABR 34/09 – NZA 11, 1297).

97 Dem BR steht **kein Initiativrecht** zu, aufgrund dessen er vom ArbGeb. eine bestimmte Ein- oder Umgruppierung von ArbN verlangen könnte. Dem ArbGeb. kann nur die Einleitung eines ergebnisoffenen Zustimmungsverfahrens aufgegeben werden, nicht aber die Zuordnung einer ausgeübten Tätigkeit zu einer bestimmten Entgelt- oder Lohngruppe (BAG 25. 8. 10 – 4 ABR 104/08 – BeckRS 11, 65 291).

97a **Missachtet** der ArbGeb. das **Mitbeurteilungsrecht** des BR, so kann dieser zwar nicht die Aufhebung der ohne seine Beteiligung erfolgten Eingruppierung, jedoch die Durchführung des Beteiligungsverfahrens verlangen und über § **101** durchsetzen (BAG 25. 8. 10 – 4 ABR 104/08 – BeckRS 11, 65291; *Kuhn/Zimmermann* AiB 00, 380, 383 f.; s. § 101 Rn 8 ff.).

98 Ein **Mitbeurteilungsrecht** des BR **entfällt,** wenn die Vergütungsordnung selbst eine bestimmte Stelle mit bindender Wirkung für den ArbGeb. in ihr abstraktes Vergütungsschema eingereiht hat (s. BAG 21. 10. 09 – 4 ABR 40/08 – NZA 10, 528; 12. 1. 11 – 7 ABR 34/09 – NZA 11, 1297). Diese Einreihung ist für ArbGeb., BR und die ArbN selbst dann maßgeblich, wenn die Anwendung der abstrakten Tätigkeitsmerkmale zu einem anderen Ergebnis führen würde; eine entspr. TV-Regelung beschneidet die Kompetenz der Betriebspartner bei Ein- und Umgruppierung nicht in rechtswidriger Weise (BAG 29. 6. 11 – 7 ABR 24/10 – NZA-RR 12, 18 mwN). Hier ist die rechtsanwendende Beurteilung der Betriebsparteien auf die Frage begrenzt, ob die ein- oder umzugruppierenden ArbN die von den TVParteien bewertete Stelle tatsächlich innehaben und die dort zu leistenden Tätigkeiten und Aufgaben der Stellenbeschreibung entsprechen (BAG 6. 10. 10 – 7 ABR 80/09 – BeckRS 11, 68126; 12. 1. 11 – 7 ABR 25/09 – NZA 11, 1304).

99 Nach BAG (3. 5. 94 AP Nr. 2 zu § 99 BetrVG 1972 Eingruppierung m. ablehn. Anm. v. *Pallasch* SAE 95, 37; zu den verfahrensrechtl. Konsequenzen *Busemann* NZA 96, 681) ist der ArbGeb. seiner Pflicht zur Beteiligung des BR erst dann nachgekommen, wenn das Beteiligungsverfahren zu einer **positiven Bestimmung der Vergütungsgruppe** – entweder durch Zustimmung des BR oder durch deren gerichtliche Ersetzung – geführt hat. Scheitert der ArbGeb. mit seinem Ersetzungsantrag, so muss er die Zustimmung des BR zur Eingruppierung in eine andere Vergütungsgruppe beantragen (vgl. *Hey* BB 95, 1587).

100 Die im **erneuten** Beteiligungs- oder Ersetzungsverfahren gefundene **Eingruppierung** ist dann für den ArbGeb. **verbindlich.** Der betreffende ArbN kann also seinen Entgeltanspruch unmittelbar auf diese Eingruppierung stützen. Hält dagegen der BR die mit seiner erklärten oder ersetzten Zustimmung erfolgte Eingruppierung nicht (mehr) für zutreffend, so kann er vom ArbGeb. nicht eine erneute (beteiligungspflichtige) Eingruppierungsentscheidung verlangen (BAG 18. 6. 91 AP Nr. 105 zu § 99 BetrVG 1972). Ein entspr. Initiativrecht steht ihm nicht zu; er hat nur ein Zustimmungsverweigerungsrecht (*Richardi/Thüsing* Rn 80).

Einem erneuten Zustimmungsersuchen des ArbGeb. zur Eingruppierung eines **100a** ArbN fehlt bei der **Aufeinanderfolge** von **zwei ArbVerh.** bei **unveränderter Tätigkeit** und **Vergütungsordnung** die Grundlage. Der ArbGeb. kann jedenfalls dann, wenn er bereits um die Zustimmung des BR ersucht hat und im Fall der verweigerten Zustimmung ein gerichtliches Zustimmungsverfahren eingeleitet hat, hinsichtlich der Eingruppierung kein weiteres Zustimmungsverfahren nach Abs. 1 in Gang setzen (BAG 1. 7. 09 – 4 ABR 18/08 – NZA 10, 290).

Der einzelne **ArbN** ist nicht gehindert, im Urteilsverfahren seine **Eingrup- 101 pierung überprüfen zu lassen** (vgl. BAG 12. 12. 06 AP Nr. 27 zu § 1 BetrVG 1972 Gemeinsamer Betrieb mwN). Der tarifliche Lohnanspruch besteht unabhängig von dem Beteiligungsrecht des BR. Ein BeschlVerf. über die Ersetzung der Zustimmung des BR zur Eingruppierung hat keine präjudizielle Wirkung für den Eingruppierungsrechtsstreit des ArbN (BAG 13. 5. 81 AP Nr. 24 zu § 59 HGB, 28. 1. 86 AP Nr. 32 zu § 99 BetrVG 1972; 25. 2. 87 AP Nr. 16 zu § 1 TVG TV: Einzelhandel 12. 1. 93 AP Nr. 101 zu § 99 BetrVG 1972, 9. 2. 93 aaO, 3. 5. 94 AP Nr. 2 zu § 99 BetrVG 1972 Eingruppierung; DKKW-*Bachner* Rn 68).

Der einzelne **Leih-ArbN** hat zwecks Prüfung, ob der Grundsatz des Equal Pay für **102** die Zeit der Überlassung beachtet wird, gem. § 13 AÜG einen Auskunftsanspruch gegenüber dem Entleiher über die in dessen Betrieb für einen vergleichbaren ArbN geltenden wesentlichen Arbeitsbedingungen einschließlich des Arbeitsentgelts (s. § 5 Rn 251, 259), so dass er auch seine Eingruppierung überprüfen und ggf. das ArbG anrufen kann (s. Rn 83).

Die mit der Eingruppierung wegen der Tätigkeitsmerkmale sachlich zusammen- **103** hängende **Zuweisung des ersten Arbeitsplatzes** als solche unterliegt dagegen dem Direktionsrecht des ArbGeb. Es besteht insoweit nach § 99 Abs. 1 Satz 3 nur eine Unterrichtungspflicht gegenüber dem BR. Wegen Einweisung des ArbN vgl. § 81 Abs. 1.

3. Umgruppierung

Unter Umgruppierung ist **jede Änderung** der Einreihung in die tarifliche oder **104** betriebliche Lohn- oder Gehaltsgruppenordnung, also eine **Neu-Eingruppierung,** zu verstehen, so dass die Ausführungen in den Rn 79 ff. auch für die Umgruppierung gelten. Eine Umgruppierung liegt **unabhängig** davon vor, ob der ArbN ein höheres **(Höherstufung),** niedrigeres **(Herabstufung)** oder weiterhin gleiches Arbeitsentgelt erzielt (BAG 6. 8. 02 AP Nr. 27 zu § 99 BetrVG 1972 Eingruppierung; DKKW-*Bachner* Rn 75; *HSWGNR* Rn 56). Sie beruht auf der Feststellung, dass die Tätigkeit des ArbN nicht – oder nicht mehr – den Tätigkeitsmerkmalen derjenigen Vergütungsgruppe entspricht, in die er eingruppiert ist, sondern denen einer anderen (BAG 26. 10. 04 AP Nr. 29 zu § 99 BetrVG 1972 Eingruppierung; 12. 1. 11 – 7 ABR 15/09 – NZA-RR 11, 574).

Die einer **mitbestimmungspflichtigen Umgruppierung** zugrunde liegenden **Tatbestände** können folgende sein:

Dem ArbN wird eine **andere Tätigkeit** zugewiesen, die den Tätigkeitsmerkmalen **105** einer anderen Vergütungsgruppe entspricht (hM; BAG 6. 4. 11 – 7 ABR 136/09 – BeckRS 11, 75222). Hier wird die Umgruppierung häufig, aber nicht immer mit einer **Versetzung** (vgl. BAG 10. 11. 09 – 1 ABR 64/08 – NZA-RR 10, 416) verbunden sein. Dann sind beide Vorgänge je für sich mitbestimmungspflichtig (MünchArbR-*Matthes* § 266 Rn 9; *Richardi/Thüsing* Rn 83).

106   Aufgrund des Grundsatzes des **Equal Pay** (s. Rn 83 f., 102) für **Leih-ArbN** iSd.
AÜG hat bei jedem Wechsel des Einsatzbetriebs, in dem eine Vergütungsordnung
besteht, eine erneute Eingruppierung und damit eine Umgruppierung des Leih-
ArbN zu erfolgen (*Ulber* AÜG § 14 Rn 106; *Hamann* NZA 03, 532), es sei denn, dass
ein auf das Leiharbeitsverhältnis anwendbarer TV vom Equal Pay abweichende Regelungen zulässt (s. § 9 Nr. 2 AÜG). Weitere Konsequenz der Regelung ist, dass die
Zuweisung einer anderen Tätigkeit in demselben Entleiherbetrieb eine Umgruppierung erforderlich macht, wenn die Tätigkeit nach dem Vergütungssystem anders als
die bisherige zu bewerten ist (s. Rn 104 f.). Bei der Umgruppierung steht nur dem
BR des Verleiherbetriebs, nicht dem des Entleiherbetriebs das MBR zu (s. Rn 83).

107   Die Tätigkeit des ArbN hat sich in ihrer **Wertigkeit geändert**, zB auf Grund geringeren oder größeren Arbeitsanfalls einer höherwertigen Tätigkeit, durch die der
ArbN gleichsam in eine **andere Vergütungsgruppe „hineinwächst"** (BAG 30. 5.
90 AP Nr. 31 zu § 75 BPersVG; MünchArbR-*Matthes* § 266 Rn 10).

107a   Die für die Einreihung des ArbN maßgeblichen abstrakten Kriterien haben sich
zwar nicht geändert, wohl aber die ihrer Beurteilung zugrunde liegenden tatsächlichen Umstände. Knüpfen zB die Vorgaben einer Vergütungsordnung auch an **persönliche Qualifikationsmerkmale** des ArbN an, liegt eine Umgruppierung vor,
wenn der ArbN bei gleich bleibender Tätigkeit erst mit Erfüllung der persönlichen
Qualifikationsmerkmale der entspr. Gruppe in der Vergütungsordnung zugeordnet ist
(BAG 6. 4. 11 – 7 ABR 136/09 – BeckRS 11, 75 222).

107b   Die Änderung der Einstufung des ArbN innerhalb einer Entgeltgruppe **(Umstu-
fung)** ist eine rechtsanwendende Modifikation seiner Einreihung in der Vergütungsordnung und damit eine mitbestimmungspflichtige Umgruppierung (BAG 6. 4. 11 –
7 ABR 136/09 – BeckRS 11, 75 222).

108   Die Tätigkeit des ArbN ist wegen höherwertiger, über der höchsten Vergütungsgruppe der tariflichen Vergütungsordnung liegender Qualifikationsmerkmale nicht
mehr einzugruppieren, so dass eine **„Ausgruppierung"** gegeben ist (BAG 17. 6. 08
AP Nr. 126 zu § 99 BetrVG 1972; 4. 5. 11 – 7 ABR 10/10 – NZA 11, 1239; s. auch
Rn 113). Gibt es neben der tariflichen Vergütungsordnung ein außertarifliches gestuf-
tes Vergütungssystem, in das der ArbN hineinwächst, so umfasst das MB des BR
nicht nur die „Ausgruppierung", sondern auch die Eingruppierung in das außertarifliche System (BAG 26. 10. 04 AP Nr. 29 zu § 99 BetrVG 1972 Eingruppierung).

108a   Der ArbGeb. nimmt die **Beurteilung** vor, ein ArbN sei **aufgrund** einer mit ihm
vereinbarten **Vertragsänderung** keiner Vergütungsgruppe der bisher angewandten
Vergütungsordnung mehr zuzuordnen, vielmehr unterfalle er einem **außerhalb** der
bisherigen Vergütungsordnung liegenden, in sich nicht gestuften Bereich. Das ist
ebenfalls eine mitbestimmungspflichtige Umgruppierung in Form der Ausgruppierung (BAG 17. 6. 08 AP Nr. 126 zu § 99 BetrVG 1972).

109   Es tritt eine **Änderung der Vergütungsordnung** ein, ohne dass sich die Tätigkeit des ArbN ändert (hM; BAG 12. 1. 11 – 7 ABR 15/09 – NZA-RR 11, 574
mwN). Dies kann sich zB ergeben bei **einer neuen Lohn- bzw. Gehaltsgruppeneinteilung** oder **Änderung der Vergütungsgruppenordnung** (strukturelle Änderung, Änderung der Zahl der Vergütungsgruppen, Neufassung der Tätigkeitsmerkmale, Vermehrung der Tätigkeitsbeispiele [BAG 12. 1. 93; 9. 3. 93 AP Nr. 101, 104 zu
§ 99 BetrVG 1972]. Gleiches gilt bei einer **Überleitung** in eine **neue Entgeltordnung** des TVöDVKA (BAG 22. 4. 09 – 4 ABR 14/08 – NZA 09, 1286). Bei **Teilung einer Gehaltsgruppe** in zwei sind alle ArbN der bisherigen Gehaltsgruppe
umzugruppieren oder – soweit das bisherige Gehaltsniveau beibehalten wird – neu
einzugruppieren [LAG Hamburg NZA 93, 424]; bei letzterem ist die Zustimmungsverweigerung des BR dann unbeachtlich, wenn er bei gleich bleibender Tätigkeit des
ArbN dessen Umgruppierung in eine höhere unveränderte Gehaltsgruppe verlangt
(BAG 18. 1. 94 AP Nr. 1 zu § 99 BetrVG 1972 Eingruppierung).

110   Es kommt bei einer **Insichbeurlaubung** von **Beamten** der Postunternehmen
dazu, dass diese trotz gleichbleibender Tätigkeit aus der einen Vergütungsordnung

(gesetzl. Besoldungsordnung für Beamte) in eine andere, tarifliche Vergütungsordnung fallen (BAG 10. 12. 02 AP Nr. 43 zu § 95 BetrVG 1972).

Der ArbGeb. hält die ursprüngliche Eingruppierung für unzutreffend und will eine **111** **Berichtigung** der Ersteingruppierung vornehmen (BAG 20. 3. 90 AP Nr. 79 zu § 99 BetrVG 1972, 28. 4. 98 AP Nr. 18 zu § 99 BetrVG 1972 Eingruppierung; 30. 5. 90 AP Nr. 31 zu § 75 BPersVG; DKKW-*Bachner* Rn 76). Eine wiederholte korrigierende **Rückgruppierung** eines ArbN bei unveränderter Tätigkeit und Tarifrechtslage ist regelmäßig treuwidrig und von Rechts wegen ausgeschlossen (BAG 23. 9. 09 – 4 AZR 220/08 – NZA 10, 528).

Die Gewährung oder der Wegfall einer **Zulage** ist dann eine mitbestimmungs- **112** pflichtige Ein- bzw. Umgruppierung, wenn neben den für die Eingruppierung entscheidenden Tätigkeitsmerkmalen weitere Merkmale für den Anspruch auf die Zulage erfüllt sein müssen, die Zulage eine **Zwischenstufe** zwischen Vergütungsgruppen darstellt (LAG Schleswig-Holstein NZA-RR 07, 365). Das ist zB nicht der Fall bei einer allgemeinen „Techniker-" oder „Programmierer"-Zulage (BAG 24. 6. 86 AP Nr. 37 zu § 99 BetrVG 1972) oder einer Zulage in „angemessener" Höhe für eine unspezifische Kombination von Tätigkeiten (BAG 2. 4. 96 AP Nr. 7 zu § 99 BetrVG 1972 Eingruppierung).

Wird ein Ang. zu einem **AT-Ang.** „befördert", indem der ArbGeb. feststellt, dass **113** die zu bewertende Tätigkeit Anforderungen stellt, die über den Qualifikationsmerkmalen der obersten Vergütungsgruppe liegen, so ist dies mitbestimmungspflichtig (BAG 31. 10. 95, 12. 12. 06 AP Nr. 5, 32 zu § 99 BetrVG 1972 Eingruppierung; s. Rn 93 f.). Das gilt auch für den umgekehrten Fall, dass ein **AT-Ang.** in die höchste Tarifgruppe herabgestuft werden soll (BAG 28. 1. 86 AP Nr. 32 zu § 99 BetrVG 1972).

Wird ein Ang. in der Weise umgruppiert bzw. „befördert", dass für seine Tätigkeit **114** **künftig die Merkmale des § 5 Abs. 3** zutreffen, so unterliegt diese Umgruppierung nicht der personellen MB, sondern dem Verfahren nach **§ 105** (BAG 8. 2. 1977, 29. 1. 80 AP Nr. 16, 24 zu § 5 BetrVG 1972). Es kann hier für die Beförderung eines schon im Betrieb tätigen ArbN nichts anderes gelten als für die Neueinstellung eines leitenden Ang. Ebenso ist der BR lediglich zu informieren, wenn ein Ang. ohne Umgruppierung seine Funktion behält, nunmehr vom ArbGeb. aber nicht mehr als leitender Ang. geführt wird.

Ebenso wie bei der Eingruppierung ist es auch bei der Umgruppierung unerheb- **115** lich, ob die Vergütungsgruppenordnung auf **TV, BV** oder einer vom **ArbGeb.** einseitig **aufgestellten Regelung** beruht (s. Rn 79 c ff.).

Für den Anspruch des ArbN auf das Entgelt derjenigen Entgeltgruppe, deren Tä- **116** tigkeitsmerkmalen seine Tätigkeit entspricht, ist es ohne Einfluss, ob der BR beteiligt worden ist, dieser zugestimmt hat oder nicht (hM; MünchArbR-*Matthes* § 266 Rn 27; Näheres s. Rn 281 ff.). Dies folgt daraus, dass sich das MB des BR hier in einer **Richtigkeitskontrolle** erschöpft (s. Rn 96 ff.). Ist zB eine Höhergruppierung ohne Beteiligung des BR erfolgt, so besteht dennoch für die Dauer der tatsächlichen Ausübung dieser Tätigkeit ein Anspruch auf entspr. Vergütung (BAG 5. 9. 1973, 15. 12. 76 AP Nr. 72, 95 zu §§ 22, 23 BAT; 19. 7. 78 AP Nr. 8 zu §§ 22, 23 BAT 1975; 10. 3. 82 AP Nr. 7 zu § 75 BPersVG).

Nicht dem MBR unterliegt die **einzelvertragliche Abmachung** über eine hö- **117** here oder übertarifliche Entlohnung (GK-*Raab* Rn 54).

4. Versetzung

Die Versetzung als arbeitsrechtlicher Vorgang weist **drei Ebenen** auf, die ausein- **118** ander zu halten sind (s. *v. Hoyningen-Huene/Boemke* S. 34 ff.). Die **individualrechtliche Ebene** betrifft die rechtliche Grundlage der Versetzung, die **individualrechtliche Versetzungsregelung.** Hier geht es um die schuldrechtliche Befugnis des ArbGeb., dem ArbN eine andere Tätigkeit zuzuweisen, also den Aufgabenbereich des

ArbN nach Art, Ort und Umfang der Tätigkeit zu verändern (*Schaub/Linck* § 45 Rn 15, 34; *v. Hoyningen-Huene* NZA 93, 145). Diese Befugnis des ArbGeb. kann sich aus seinem Direktionsrecht (vgl. § 106 GewO; *Fliss* NZA-RR 08, 225 ff.) oder aus einer einvernehmlichen oder mittels Änderungskündigung erzwungenen Vertragsänderung ergeben (vgl. BAG 19. 1. 11 – 10 AZR 738/09 – NZA 11, 631 zur AGB-Kontrolle bei Versetzungsklausel u. *Däubler/Bonin/Deinert* AGB-Kontrolle § 307 BGB Rn 183 a ff., 193 ff.; *Schmitt-Rolfes* AuA 11, 454). Die Versetzungsregelung ist demnach ein ein- bzw. zweiseitiger **Rechtsakt** und als solcher individualrechtliche Voraussetzung für die Zuweisung eines geänderten Tätigkeitsbereichs (*v. Hoyningen-Huene/Boemke* aaO).

119 Auf der **tatsächlichen Ebene** geht es um die Versetzung als **tatsächliche Zuweisung** eines anderen Arbeitsbereichs. Die Zuweisung ist als Vollzug der Versetzungsregelung von dieser strikt zu trennen. Die Versetzung wird dadurch realisiert, dass dem ArbN sein neuer Arbeitsbereich zugewiesen wird, ihm also zB die erforderlichen Arbeitsmittel ausgehändigt sowie der neue Arbeitsplatz und das Tätigkeitsumfeld gezeigt werden, damit er entspr. der Versetzungsregelung tätig werden kann. Die Versetzung als Zuweisung eines anderen Arbeitsbereichs ist ein **Realakt** (*v. Hoyningen-Huene/Boemke* S. 36; *v. Hoyningen-Huene* NZA 93, 146).

120 Auf der **betriebsverfassungsrechtlichen Ebene** geht es um die **Beteiligung** des **BR** bei der Versetzung als **tatsächliche Zuweisung** eines anderen Tätigkeitsbereichs. Die **MB knüpft** daher **nicht** an die zugrunde liegende schuldrechtliche **Versetzungsregelung** als **Rechtsgeschäft, sondern** an die **tatsächliche Zuweisung** des anderen Arbeitsbereichs als **Realakt** an (*v. Hoyningen-Huene/Boemke* S. 38). Die MB greift allerdings erst dann, wenn die beabsichtigte Tätigkeitsänderung die **von** § 95 Abs. 3 geforderte Qualität und Intensität** aufweist (*v. Hoyningen-Huene* NZA 93, 146). Das MBR steht sowohl dem BR des abgebenden als auch dem BR des aufnehmenden Betriebs unter dem Gesichtspunkt der Einstellung zu (st. Rspr. s. BAG 22. 11. 05 AP Nr. 7 zu § 117 BetrVG 1972 mwN; vgl. auch Rn 19 f., 170 f.; s. Checkliste für BR-Handeln *Schrader* AiB 09, 21 ff.).

121 Aus dem Vorstehenden (Rn 118–120) ergibt sich, dass bei einer **individualrechtlich zulässigen** Versetzung die **Beteiligung des BR nicht entfällt** (BAG 26. 5. 88 AP Nr. 13 zu § 95 BetrVG 1972; 17. 2. 98 AP Nr. 27 zu § 618 BGB; *Weber/ Ehrich* BB 96, 2246, 2249; s. auch Bußgeldbescheid Bezirksregierung Düsseldorf AiB 97, 177 u. § 121 Rn 3); eine ohne die erforderliche Zustimmung des BR ausgesprochene Versetzung ist auch individualrechtlich unwirksam und berechtigt den ArbN, die Arbeit zu den geänderten Bedingungen zu verweigern (BAG 22. 4. 10 – 2 AZR 491/09 – NZA 10, 1235). Und umgekehrt **heilt** die **Beteiligung des BR** nach § 99 **Mängel** auf der **individualrechtlichen Ebene nicht;** insb. kann sie eine erforderliche Zustimmung des ArbN nicht ersetzen (LAG Düsseldorf DB 78, 2494; *Weber/ Ehrich* BB 96, 2246, 2249).

122 Ist individualrechtlich für die Versetzung (Umgruppierung) eine **Änderungskündigung** erforderlich, so ist der BR auch nach § 102 zu beteiligen (MünchArbR-*Matthes* § 265 Rn 29). Für das Verhältnis der beiden Beteiligungsrechte zu einander bedeutet dies folgendes: Die Zustimmung des BR nach § 99 ist zwar keine Wirksamkeitsvoraussetzung für die für eine Versetzung erforderliche Änderungskündigung (BAG 22. 4. 10 – 2 AZR 491/09 – NZA 10, 1235), sondern nur für die tatsächliche Zuweisung des neuen Arbeitsbereichs nach Ablauf der Kündigungsfrist (s. Rn 119). So lange jedoch das Verfahren nach § 99 nicht ordnungsgemäß durchgeführt ist (Zustimmung oder deren gerichtliche Ersetzung), kann der ArbGeb. die geänderten Vertragsbedingungen nicht durchsetzen, der ArbN ist folglich in seinem bisherigen Arbeitsbereich weiterzubeschäftigen, der ihm nicht wirksam entzogen worden ist (BAG 30. 9. 93 AP Nr. 33 zu § 2 KSchG 1969 m. kr. Anm. *Wlotzke;* 22. 4. 10 – 2 AZR 491/09 – NZA 10, 1235; *Griese* BB 95, 458, 463; zur Problematik der Versetzungs-Änderungskündigung *Berkowsky* NZA 10, 250 ff.). Andererseits steht dem BR kein Zustimmungsverweigerungsgrund gem. Abs. 2 Nr. 1 bis zur endgültigen Entschei-

dung über die Wirksamkeit der Änderungskündigung zu (BAG 10. 8. 93 NZA 94, 187; vgl auch *Schrader* AiB 07, 573 ff.).

Nach dem bes. **betriebsverfassungsrechtlichen Versetzungsbegriff in § 95** **123** **Abs. 3** (vgl. *v. Hoyningen-Huene/Boemke* S. 119 ff.; *Mattheis* S. 50 ff.; zur entspr. BAG-Rspr. *Schlochauer* FS Richardi S. 751 ff.) ist unter Versetzung die tatsächliche (*Heinze* Rn 206) **Zuweisung** (zu diesem Begriff BAG 19. 2. 91 AP Nr. 26 zu § 95 BetrVG 1972) eines **anderen Arbeitsbereichs** zu verstehen, gleichgültig, ob er höhere, niederere oder gleichwertige Anforderungen an den ArbN stellt (vgl. LAG Berlin NZA-RR 98, 76; GK-*Raab* Rn 56), die entweder voraussichtlich **länger als einen Monat** dauern wird **oder** – auch bei kürzerer Dauer – mit einer **erheblichen Änderung der äußeren Umstände** verbunden ist, unter denen die Arbeit zu leisten ist. Es handelt sich also um einen räumlichen (und) oder einen funktionalen Versetzungsbegriff (zur „schleichenden Versetzung" *Kuhn/Zimmermann* AiB 00, 380 ff.).

Der Begriff des **Arbeitsbereichs** wird in **§ 81 Abs. 1 und 2** durch die Aufgabe **124** und die Verantwortung sowie die Art der Tätigkeit und ihre Einordnung in den Arbeitsablauf des Betriebs umschrieben. Es geht also um den konkrete Arbeitsplatz und seine Beziehung zur betrieblichen Umgebung in **räumlicher, technischer und organisatorischer Hinsicht** (BAG 27. 6. 06 AP Nr. 47 zu § 95 BetrVG 1972; 17. 6. 08 AP Nr. 47 zu § 99 BetrVG 1972 Versetzung mwN; vgl. auch § 81 Rn 10; ähnlich DKKW-*Bachner* Rn 90; *v. Hoyningen-Huene/Boemke* S. 120 ff.). Eine tarifliche Tätigkeitsbeschreibung, die zwecks Eingruppierung die Hauptaufgaben des jeweiligen Stelleninhabers wiedergibt, ist nicht gleichbedeutend mit dem Arbeitsbereich; dieser ist mittels der konkret ausgeübten Tätigkeit des ArbN zu bestimmen (BAG 13. 3. 07 NZA-RR 07, 581). Welche **Arbeitsbereiche** in einem Betrieb vorhanden sind, ergibt sich aus dessen Organisation. Es kann zweckmäßig sein, die Arbeitsbereiche **durch Vereinbarung** zwischen Betriebsleitung und BR festzulegen.

In jedem Arbeitsbereich treten ständig Änderungen ein, die die Unterrichtungs- **125** pflicht des ArbGeb. nach § 81 auslösen. Nicht jede dieser Veränderungen ist jedoch eine mitbestimmungspflichtige Versetzung. Bagatellfälle und Änderungen innerhalb der üblichen Schwankungsbreite werden nicht erfasst. Die **Veränderung** muss so **erheblich** sein, dass sich das **Gesamtbild der Tätigkeit ändert** (BAG 11. 12. 07, 17. 6. 08 AP Nr. 45, 47 zu § 99 BetrVG 1972 Versetzung). Es kommt darauf an, ob sich die Tätigkeit oder Arbeitsaufgabe vor und nach der Zuweisung – über im üblichen Schwankungsbereich liegende Veränderungen hinausgehend – so voneinander unterscheidet, dass die neue Tätigkeit oder Aufgabe vom Standpunkt eines mit den betrieblichen Verhältnissen vertrauten Beobachters eine andere wird (BAG 28. 8. 07 AP Nr. 53 zu § 95 BetrVG 1972; 17. 6. 08 AP Nr. 47 zu § 99 BetrVG 1972 Versetzung; 16. 3. 10 – 3 AZR 31/09 – NZA 10, 1028). Dabei ist es unerheblich, ob die neue Tätigkeit für die betroffenen ArbN angenehmer oder unangenehmer, vorteilhafter oder nachteiligt ist, wie lange sie dauert und ob die Teilnahme freiwillig oder obligatorisch ist (BAG 28. 8. 07 aaO).

Die Zuweisung eines **anderen Arbeitsbereichs** liegt bei folgenden Tatbeständen **126** vor:

Dem ArbN wird ein **neuer Tätigkeitsbereich** zugewiesen (BAG 10. 4. 84 AP **127** Nr. 4 zu § 95 BetrVG 1972; 18. 2. 86 AP Nr. 33 zu § 99 BetrVG 1972). Das ist immer der Fall, wenn der Gegenstand der geschuldeten Leistung, also der **Inhalt der Arbeitsaufgabe,** ein anderer wird (zB Reinigungskraft soll Pförtner, Fahrer soll Lagerverwalter, Fertiger von Gipsabdrücken für Kiefermodelle soll Auslieferungsfahrer – BAG 29. 9. 04, Rn 125 –, fluguntauglicher ArbN soll statt im Flug- im Landbetrieb eingesetzt – BAG 22. 11. 05 AP Nr. 7 zu § 117 BetrVG 1972 – werden). Dabei ist unerheblich, ob dies für den ArbN vorteilhaft oder nachteilig ist (hM; Münch-ArbR-*Matthes* § 264 Rn 7 f.; *Richardi/Thüsing* Rn 100). Auch eine nur **kommissarische** Versetzung löst die MB des BR aus (ArbG Offenbach AiB 97, 291).

Der ArbN behält zwar formal seinen bisherigen Tätigkeitsbereich, ihm werden je- **128** doch **wesentliche Teilfunktionen** neu **übertragen** oder **entzogen,** die der Gesamttätigkeit ein **solches Gepräge** geben, dass von einer **anderen Tätigkeit** ausgegangen werden muss (BAG 2. 4. 96 AP Nr. 34 zu § 95 BetrVG 1972; s. Rn 125). Dabei können **quantitative** und (oder) **qualitative** Gesichtspunkte eine Rolle spielen (BAG 2. 4. 96 aaO).

129   Als **quantitativ** erheblich für Hinzufügung oder Entzug von Teilfunktionen ist ein **Anteil von 20%** anzusehen, bei dessen Vorliegen die Bildung eines neuen Arbeitsbereichs zu vermuten ist (LAG München BB 79; 1092; DKKW-*Bachner* Rn 98; **aA** *Griese* BB 95, 458, der 20% noch als unerheblich ansieht; nach BAG 2. 4. 96 (Rn 128) dürften jedenfalls 25% idR reichen). Dabei stellt auch schon ein Entzug von unter 20% bisher wahrgenommener Aufgaben, der Teil einer **mehraktigen Maßnahme** ist, als erster Schritt für die Zuweisung eines anderen Arbeitsbereichs bereits den Beginn einer Versetzung dar und unterliegt daher dem MBR (LAG Hamm DB 79, 2042; ArbG Kassel DB 77, 1417; DKKW-*Bachner* Rn 105).

130   Allerdings kann nicht schematisch ohne Berücksichtigung der jeweiligen Struktur des Arbeitsbereichs nur quantitativ bewertet werden (*Belling* DB 85, 335, 337). Teilfunktionen können wegen ihrer Bedeutung **qualitativ** auch dann prägend sein, wenn sie einen zeitlich geringeren Anteil ausmachen (BAG 2. 4. 96 aaO; LAG Frankfurt DB 83, 2143: Entzug der Betreuung der gesamten Altkundschaft eines Vertriebsrepräsentanten). Bei qualitativer Änderung einzelner Teiltätigkeiten ist die Feststellung, ob bei Betrachtung der Gesamttätigkeit sich diese wesentlich geändert hat, erheblich schwerer. Ein **Indiz** hierfür ist, wenn eine **Umgruppierung** erforderlich wird (DKKW-*Bachner* Rn 94; MünchArbR-*Matthes* § 264 Rn 8).

131   Die Bestellung eines ArbN des Betriebs zum **Datenschutzbeauftragten** iSd. § 4f. BDSG (zur Neuregelung *Gola/Klug* NJW 07, 118 ff.) ist zwar – im Gegensatz zur Bestellung des Betriebsarztes nach § 9 Abs. 3 ASiG – nicht als solche mitbestimmungspflichtig (vgl. LAG Frankfurt BB 84, 1684; *Ehrich* MB bei betrieblichen Beauftragten S. 252 f.), stellt jedoch eine **Versetzung** iSd. § 95 Abs. 3 (ggf. auch eine Umgruppierung) dar und unterliegt insoweit dem MBR des BR nach § 99 (hM: BAG 22. 3. 94 AP Nr. 4 zu § 99 BetrVG 1972 Versetzung m. zust. Anm. *v. Hoyningen-Huene* SAE 95, 159; DKKW-*Bachner* Rn 98; *Gola/Schomerus* BDSG § 4f Rn 33; s. auch Rn 180; **aA** ArbG München RDV 94, 258; *Ehrich* aaO S. 258 f.). Auch bei einem **externen Datenschutzbeauftragten** können die Beteiligungsrechte nach § 99 greifen (*Gola/Schomerus* aaO; s. Rn 75).

132   Rn 131 gilt entspr. für **Umweltschutzbeauftragte** (s. hierzu *Schierbaum/Nahrmann* AiB 97, 36 ff.). Nimmt das Unternehmen am System der EG-Öko-Audit-VO teil (s. dazu § 81 Rn 6, § 89 Rn 6 f.), so gilt Rn 131 entspr. für die im Rahmen der Umweltbetriebsprüfung einzusetzenden internen und externen **Umweltgutachter** (vgl. Art. 3 d, 4, Anh. II, III EG-VO Nr. 1836/93, § 4 AusführungsG, BGBl. 95 I S. 1591; ebenso *Kothe* Umweltauditrecht Rn 182; *Merten* DB 96, 90, 92; *Wagner* AiB 96, 453, 458). Dagegen gilt Rn 131 nicht für **Zivildienstbeauftragte** mangels eigenen Amtes (so BAG 12. 9. 96 AP Nr. 1 zu § 30 ZDG).

133   Ein vom ArbGeb. veranlasster **Stellentausch** kann eine mitbestimmungspflichtige Versetzung sein. Das ist er dann, wenn zB ein Sachbearbeiter, der persönlichen Kontakt mit den Kunden (Versicherten) hat und in einem kundengerecht eingerichteten Büro mit nur zwei Arbeitsplätzen arbeitet, mit einem Sachbearbeiter tauschen muss, der nur telefonischen oder schriftlichen Kundenkontakt hat und in einem Raum mit weiteren drei oder vier Kollegen sitzt. Hier hat sich für beide ArbN das Gesamtbild ihrer Tätigkeit erheblich geändert (BAG 13. 5. 97 – 1 ABR 82/96 – nv.).

134   Dagegen ist eine **Suspendierung/Freistellung** des ArbN **von der Arbeit keine Versetzung.** Der ArbN erhält keinen neuen Arbeitsbereich, er ist nur von der Ausübung seiner in diesem Bereich geschuldeten Arbeitsleistung freigestellt, zB aus disziplinarischen oder persönlichen Gründen oder bis zum Ablauf der Kündigungsfrist (so BAG 22. 1. 98 AP Nr. 11 zu § 174 BGB; 28. 3. 00 AP Nr. 39 zu § 95 BetrVG 1972; LAG Hamm NZA-RR 07, 469). Dieser Sachverhalt hat auf Grund der abschließenden Regelung des § 99 (s. Rn 29) ausschließlich kündigungsrechtliche Relevanz und ist im Rahmen der §§ 102, 103 zu berücksichtigen (hM; ArbG Minden NZA-RR 97, 437; *Hoß/Lohr* BB 98, 2527, 2580; *Sibben* NZA 98, 1267 f.; **aa** ArbG Minden AiB 97, 231; ArbG Wesel BB 98, 644).

Wird in einem Unternehmen ein **Stellenpool** eingerichtet, in dem von der Arbeit **134a** suspendierte/freigestellte ArbN zusammengefasst werden, denen an sich wegen Wegfalls ihres Arbeitsplatzes betriebsbedingt gekündigt werden könnte (zur Zulässigkeit eines mehrjährigen Suspendierungsrechts in TV BAG 27. 2. 02 AP Nr. 36 zu § 1 TVG:Rundfunk; vgl. *Hümmerich/Welslau* NZA 05, 610 ff.), so ist zu unterscheiden: Werden die ArbN im Stellenpool aus personalbuchhalterischen oder anderen technischen Gründen **nur „geparkt"**, ohne dort andere Arbeiten verrichten zu müssen, so liegt **keine Versetzung** vor (s. Rn 134; *Trebeck* NZA 09, 513, 516).

Sind die im **Stellenpool** zusammengefassten ArbN dagegen verpflichtet, dort **be- 134b stimmte Arbeiten** zu verrichten, als Springer, Aushilfe oder LeihArbN tätig zu werden oder sich umschulen oder fortbilden zu lassen, so ist die Zuweisung zum Stellenpool idR eine **Versetzung** (unklar *Trebeck* NZA 09, 513, 516). Dem steht die Entscheidung des BAG vom 15. 8. 06 (AP Nr. 1 zu § 84 LPVG Berlin) nicht entgegen. Abgesehen davon, dass der Versetzungsbegriff des BetrVG (Rn 118 ff.) ein anderer als der der PersVG ist (das übersieht *Trebeck* NZA 09, 513, 514), wird gem. § 1 Abs. 2 S. 3 Stellenpoolgesetz des Landes Berlin den Personalüberhangkräften im Zentralen Personalüberhangmanagement (Stellenpool) keine neue Tätigkeit zugewiesen (so BAG aaO).

Aber auch eine **erhebliche Änderung der Umstände allein** ohne Zuweisung **135** eines anderen Arbeitsbereichs kann eine Versetzung sein. Es wäre sinnwidrig, nur bei Abordnungen bis zu einem Monat diese Umstände zu berücksichtigen. Die Umstände der Arbeitsleistung zählen bei der Bestimmung des Arbeitsbereichs mit (BAG 26. 5. 88 AP Nr. 13 zu § 95 BetrVG 1972; *DKKW-Bachner* Rn 87; *Richardi/Thüsing* Rn 102; kr. *v. Hoyningen-Huene/Boemke* S. 123 f.).

Unter den **Umständen der Arbeitsleistung** sind Ort (hierzu ausführlich **136** Rn 143 ff.), Art und Weise (Gestaltung des Arbeitsplatzes und des Arbeitsablaufs, Stellung innerhalb der betrieblichen Organisation, Lage der Arbeitszeit, Belastung, Umwelteinflüsse wie Lärm, Schmutz, Hitze, Kälte, Nässe [vgl. BAG 10. 4. 84, 8. 8. 89 AP Nr. 4, 18 zu § 95 BetrVG 1972; 11. 12. 07 AP Nr. 45 zu § 99 BetrVG 1972 Versetzung; 23. 6. 09 – 1 ABR 23/08 – NZA 09, 1430; *DKKW-Bachner* Rn 101; *MünchArbR-Matthes* § 264 Rn 13; *Richardi/Thüsing* Rn 114], fachliche Anforderungen [vgl. LAG Düsseldorf 28. 1. 1987, NZA 88, 69 betr. Verkäuferin in einem Warenhaus]), also die **äußeren Umstände** gemeint, unter denen die Arbeit tatsächlich zu leisten ist, während **eine Änderung der materiellen Arbeitsbedingungen** regelmäßig unter dem Gesichtspunkt der Umgruppierung, uU auch der Änderungskündigung, dem MBR des BR unterliegt (Rn 104 ff., 122; § 102 Rn 9 ff.).

Beide Arten der Änderung der Arbeitsbedingungen können auch zusammenfallen, **137** zB wenn durch Zuweisung neuer, höherwertiger Tätigkeiten ein Anspruch auf Höhergruppierung entsteht; dann liegt sowohl eine **Umgruppierung** als auch eine **Versetzung** vor. Wegen der „Arbeitsumstände" iSd. menschengerechten Arbeitsgestaltung vgl. § 90 Rn 39 f. Auch eine für den einzelnen ArbN offenbar günstige Änderung der Umstände unterliegt dem MBR (*HSWGNR* Rn 87; *Richardi/Thüsing* Rn 116). Wegen Umsetzung einzelner ArbN im Schichtbetrieb und der Frage einer Veränderung der Lage der Arbeitszeit als etwaiger Versetzung vgl. Rn 149 f., § 87 Rn 123.

Es muss sich um eine **erhebliche Änderung der äußeren Umstände** handeln, **138** die das Gesamtbild der Tätigkeit prägen. Das ist zB der Fall, wenn der ArbN seine gleich bleibende Arbeit in einer **anderen organisatorischen Einheit** erbringen soll (BAG 10. 4. 84 AP Nr. 4 zu § 95 BetrVG 1972; 16. 1. 07 AP Nr. 52 zu § 99 BetrVG 1972 Einstellung; *MünchArbR-Matthes* § 353 Rn 10). Danach ist die Zuweisung zu einem anderen **Betrieb** (BAG 19. 2. 91 AP Nr. 26 zu § 95 BetrVG 1972), **Nebenbetrieb** und **Betriebsteil** (auch im Fall des § 4 Nr. 1 muss eine gewisse Leitung existieren, BAG 28. 6. 95 AP Nr. 8 zu § 4 BetrVG 1972) stets eine Versetzung, die idR (Ausnahme s. Rn 171) mitbestimmungspflichtig ist (DKKW-*Bachner* Rn 95, 100; *Richardi/Thüsing* Rn 106).

139 In größeren Betrieben mit Abteilungen und weiteren Unterbereichen dürfte auch ein **innerbetrieblicher Wechsel** von einer dieser Einheiten zu einer anderen für die MB des BR ausreichen. Hier ergibt sich eine Änderung der organisatorischen Umgebung, die darin bestehen kann, dass der ArbN mit neuen Kollegen zusammenarbeiten oder er seine Arbeitsaufgaben – auch wenn sie als solche gleich geblieben sind – innerhalb einer anderen Arbeitsorganisation erfüllen muss (BAG 17. 6. 08 AP Nr. 47 zu § 99 BetrVG 1972 Versetzung; GK-*Raab* Rn 72). **Maßgebend** ist jeweils die **kleinste organisatorische Einheit,** der eine Leitung mit arbeitsrechtlichen Weisungsbefugnissen vorsteht (*Gaul* NZA 89, 48, 50).

139a So ist die Umsetzung einer Altenpflegekraft für mehr als einen Monat auf eine andere Station in einem in mehrere Stationen gegliederten **Seniorenheim** eine Versetzung, wenn die einzelnen Stationen organisatorisch eigenständig sind (BAG 29. 2. 00 AP Nr. 36 zu § 95 BetrVG 1972). Auch kann zB der Wechsel des **Filialbezirks,** uU auch nur der Filiale eine Versetzung sein (vgl. LAG Berlin NZA-RR 98, 76 zu Postfilialen in Berlin, wo es um mehrmonatige Abordnungen ging).

139b **Nicht ausreichend** ist dagegen die Zuweisung der **gleichen Tätigkeit** in einer **anderen Abteilung** und Etage des gleichen Betriebsgebäudes ohne Änderung der Verantwortung (BAG 17. 6. 08 AP Nr. 47 zu § 99 BetrVG 1972 Versetzung), die Teilnahme an einem „workshop" während der üblichen Arbeitszeit auf dem Betriebsgelände (BAG 28. 8. 07 AP Nr. 53 zu § 95 BetrVG 1972; dazu *Hunold* NZA 06, 342 f.), kurzer Einsatz eines Flugkapitäns als **Copilot** (BAG 11. 12. 07 AP Nr. 45 zu § 99 BetrVG 1972 Versetzung), ein Wechsel der **Arbeitskolonne** oder Arbeitsgruppe (GK-*Raab* Rn 73; MünchArbR-*Matthes* § 264 Rn 10; bei Gruppenarbeit s. Rn 140 f.), die Zuteilung des **Betriebsteils** zu einer **anderen Leitungsstelle** im Unternehmen, der Wechsel des **Vorgesetzten** (BAG 10. 4. 84 aaO). Letzteres ist aber dann eine Versetzung, wenn der neue Vorgesetzte über die Befugnis der Erteilung bloßer Arbeitsanweisungen hinaus **relevante Personalbefugnisse,** etwa die Kompetenz zur Ausübung von Disziplinaraufgaben oder zur Leistungsbeurteilung besitzt und eigenverantwortlich wahrnimmt; dann ergibt sich für den ArbN ein **anderes „Arbeitsregime"** (BAG 17. 6. 08 AP Nr. 47 zu § 99 BetrVG 1972 Versetzung).

140 Bei **Gruppenarbeit** kann je nach deren Ausgestaltung der vom ArbGeb. Veranlasste Gruppeneintritt oder Gruppenwechsel eine mitbestimmungspflichtige Versetzung sein. Das ist der Fall, wenn zB die **Gruppe** als teilautonome Gruppe iSv. § 87 Abs. 1 Nr. 13 (s. dort Rn 568) im Rahmen ihres Auftrags die Planung, Steuerung, Durchführung, Koordinierung und Kontrolle ihrer Tätigkeit selbstverantwortlich ausübt und ihr ein gewählter Gruppensprecher mit koordinierender Funktion vorsteht, sie also eine betriebliche **Organisationseinheit** (Rn 139) darstellt (LAG Köln NZA 97, 280). Gleiches gilt für Arbeitsgruppen, denen Aufgaben nach § 28a übertragen worden sind (s. dortige Erl.). Hier ist insb. Abs. 2 Nr. 3 zu beachten.

141 Übt ein ArbN der bisher im Einzelakkord verrichteten Tätigkeiten nunmehr im **Gruppenakkord** aus, kann darin je nach Ausgestaltung der Arbeitsleistung eine mitbestimmungspflichtige Versetzung liegen (BAG 17. 6. 08 AP Nr. 47 zu § 99 BetrVG 1972 Versetzung). Für die insoweit erforderliche Feststellung einer erheblichen Änderung des Arbeitsbereichs sind ua. die durch Einbindung in die Gruppe entstehenden Abhängigkeiten (Anpassungsdruck, Entlohnung nach gemeinsamem Arbeitsergebnis) und die Notwendigkeit der Zusammenarbeit mit den anderen Gruppenmitgliedern (Änderung des Arbeitsablaufs, Verteilung der Arbeit untereinander, unterschiedliches Leistungsvermögen) zu beachten (BAG 22. 4. 97 AP Nr. 14 zu § 99 BetrVG 1972 Versetzung).

142 Wird einem ArbN ein Arbeitsbereich zugewiesen, in dem er erstmals Tätigkeiten zu verrichten hat, für die **bes. Arbeitsschutzvorschriften** (ArbSchG u. ergänzende

VO) bestehen, handelt es sich idR um eine mitbestimmungspflichtige Versetzung (so für das Bewegen von Lasten iSd. LasthandhabV ArbG Berlin AiB 99, 227 m. Anm. *Feldhoff*).

Die Entsendung eines ArbN zu einem **anderen Arbeitsort** bedeutet Zuweisung **143** eines anderen Arbeitsbereichs. Zum Arbeitsbereich gehört auch der Arbeitsort. Der **Ortswechsel** wird schon nach allgemeiner Anschauung als Versetzung angesehen. Dabei genügt es in jedem Fall, dass der ArbN seine Arbeitsleistung in einer anderen geographischen Gemeinde erbringen soll.

Die bloße **Verlagerung** eines **Betriebs** oder eines räumlich gesonderten Betriebs- **144** teils um wenige Kilometer innerhalb einer politischen Gemeinde ist ohne Hinzutreten weiterer Veränderungen keine MBpflichtige Versetzung der davon betroffenen ArbN (BAG 27. 6. 06 AP Nr. 47 zu § 95 BetrVG 1972). Eben sowenig vermag ein bloßer Zimmertausch, ein Wechsel der Fabrikhalle oder die **Verlegung** einer ganzen Betriebsabteilung in andere Räume an demselben Ort eine Versetzung zu begründen (LAG Berlin NZA 92, 854 – LS –; GK-*Raab* Rn 74; *v. Hoyningen-Huene/Boemke* S. 142; zum Teil **aA** DKKW-*Bachner* Rn 95). Bei einem nicht unerheblich veränderten Anfahrtsweg kann eine Ortsveränderung auch innerhalb der Gemeinde (schlechtere Verkehrsverbindung; s. *HSWGNR* Rn 83) für eine Versetzung ausreichen, in jedem Fall aber der Wechsel von einem Betriebsteil zu einem räumlich weit entfernten Betriebsteil (*HSWGNR* aaO). Wegen Betriebsverlegung als Betriebsänderung vgl. § 111 Rn 81 und wegen Zumutbarkeit einer Weiterbeschäftigung an einen anderen Ort §§ 112, 112 a Rn 270 ff.

Die Zustimmung des BR ist also auch bei unveränderter Arbeitsleistung an einem **145** anderen Ort und ohne Eingliederung in eine andere Organisationseinheit (s. dazu Rn 138 ff.) erforderlich, wenn die **Entsendung länger** als **einen Monat** dauert (BAG 18. 2. 86, 18. 10. 88 AP Nr. 33, 56 zu § 99 BetrVG 1972; 1. 8. 89, 8. 8. 89 AP Nr. 17, 18 zu § 95 BetrVG 1972; zur Tätigkeit in einem anderen Betrieb [eines Tochterunternehmens] BAG 19. 2. 91 AP Nr. 26 zu § 95 BetrVG 1972 u. Rn 138). Das ist zB beim Wechsel von Betriebsarbeit zu (inhaltsgleicher) Telearbeit sowie beim Wechsel zwischen den einzelnen Formen der Telearbeit (s. § 5 Rn 195 ff.) der Fall.

Aber auch wenn der Arbeitsplatzwechsel an einen anderen Ort von **kürzerer** **146** **Dauer** ist, aber mit einer **erheblichen Änderung der Umstände** (erheblich längere Fahrtzeiten, schwierige Verkehrsverbindungen, stärkere physische Belastung) verbunden ist, liegt eine zustimmungspflichtige Versetzung vor (BAG 1. 8. 89, 8. 8. 89 AP Nr. 17, 18 zu § 95 BetrVG 1972: Entsendung von Berlin nach Köln, bzw. zu einem 160 km entfernten Arbeitsort; BAG 18. 10. 88 AP Nr. 56 zu § 99 BetrVG 1972: Belastung infolge eines erforderlichen bes. Organisationstalentes oder Improvisationsvermögens; LAG Köln AiB 92, 232: kurzfristige Abordnung in die neuen Bundesländer; s. auch *Aigner* DB 96, 1237; *Hunold* AuA 96, 191). Das gilt insb. bei Entsendung inländischer Arbeitskräfte ins Ausland (BAG 18. 2. 86 AP Nr. 33 zu § 99 BetrVG 1972: Arbeitseinsatz in Japan; s. auch § 1 Rn 22 ff.).

Auch eine sehr **kurzfristige Dienstreise** mit nur einer Übernachtung kann eine **147** mitbestimmungspflichtige Versetzung sein. Das trifft nicht auf jede Auslandsdienstreise mit einer Übernachtung zu, da die Notwendigkeit einer Übernachtung als solche für die geforderte erhebliche Änderung der Arbeitsumstände nicht ausreicht; maßgebend sind die Umstände des Einzelfalles (BAG 21. 9. 99 AP Nr. 38 zu § 95 BetrVG 1972). Wenn allerdings zB ein zum Bodenpersonal gehörender, standortgebundener Flugzeugabfertiger zwecks Flugzeugabfertigung auf dem Zielflughafen im Orient (LAG Köln NZA 94, 911) oder Flugzeugmechaniker mehrere Tage auf anderen Flughäfen im Inland oder Ausland eingesetzt werden (LAG Brandenburg AiB 96, 123), liegt eine Versetzung vor.

Dagegen sah das BAG (28. 9. 88 AP Nr. 55 zu § 99 BetrVG 1972) in der Abord- **148** nung von weniger als einem Monat in eine andere **Filiale** des Unternehmens in der gleichen Stadt keine Versetzung, weil der bloße Ortswechsel sowie die Arbeit unter einem anderen Vorgesetzten (Rn 139) und mit anderen Arbeitskollegen sowie allgemeine Anpassungsschwierigkeiten zu keiner erheblichen Änderung der Arbeitsumstände führen (*Aigner* DB 96, 1237; vgl. LAG Berlin NZA-RR 98, 76 zu Postfilialen in Berlin, wo es allerdings um mehrmonatige Abordnungen ging). Wegen Beteiligung der verschiedenen BR bei Versetzung in einen anderen Betrieb des Unternehmens vgl. Rn 170.

149   Bei Änderungen der **Arbeitszeit** ist zu unterscheiden: Da dem räumlich und funktional bestimmten Begriff „**Arbeitsbereich**" (Rn 124) **kein zeitlicher Aspekt** innewohnt, sind bloße Änderungen der Arbeitszeit idR unbeachtlich. Verändern sich Dauer und Lage der Arbeitszeit eines ArbN, wie Verlängerung oder Verkürzung der normalen Wochenarbeitszeit von VollzeitArbN oder der Mindestwochenarbeitszeit von Teilzeitbeschäftigten mit variabler Arbeitszeit, Umsetzung von Normal- in Wechselschicht oder von Tag- in Nachtschicht, so liegt grundsätzlich keine zustimmungspflichtige Versetzung vor (BAG 19. 2. 91, 16. 7. 91, 23. 11. 93 AP Nr. 25, 28, 33 zu § 95 BetrVG 1972; BAG 25. 1. 05 AP Nr. 114 zu § 87 BetrVG 1972 Arbeitszeit; LAG Köln ZTR 97, 378 u. NZA-RR 97, 391; ErfK-*Kania* Rn 13; *v. Hoyningen-Huene/Boemke* S. 146). Hier greift das MBR des BR nach § 87 (vgl. § 87 Rn 120 ff.). Allerdings kann nach BAG eine MBpflichtige Einstellung vorliegen (s. Rn 40 ff.).

150   Eine Versetzung kann aber auch bei Änderung der Arbeitszeit durch **Hinzutreten weiterer Umstände** im konkreten Einzelfall angenommen werden, wie zB kurzfristige Vertretung in anderer Abteilung, die nicht in Gleitzeit arbeitet oder in der **Nachtarbeit** geleistet werden muss (BAG 19. 2. 91 aaO; DKKW-*Bachner* Rn 102 f.) oder Beschäftigung in (variabler) **Teilzeitarbeit** (KAPOVAZ) statt in Vollarbeit wegen der damit regelmäßig verbundenen organisatorischen Änderungen (vgl. eingehend *Klevemann* AiB 86, 156; *Meier* NZA 88 Beil. 3 S. 3; **aM** *Eich* BB 89, 145). Folglich ist die bloße **Umwandlung** eines **Teilzeitarbeitsverhältnisses** (s. dazu § 5 Rn 157 ff.) in ein **Vollzeitarbeitsverhältnis** und umgekehrt **keine Versetzung** (BAG 25. 1. 05 AP Nr. 114 zu § 87 BetrVG 1972 Arbeitszeit).

151   Demnach löst weder das **Geltendmachen** des **Teilzeitanspruchs** nach § 8 TzBfG noch des Anspruchs nach § 9 TzBfG auf **Arbeitszeitverlängerung** als solcher die Beteiligung des BR nach § 99 unter dem Gesichtspunkt einer Versetzung (s. aber Rn 40 ff.) aus (*Kossens/Kerschbaumer* S. 112; *Meinel/Heyn/Herms* TzBfG § 8 Rn 13, § 9 Rn 7; *Preis/Lindemann* NZA-Sonderheft 01, 43 f.; *Rolfs* RdA 01, 129, 137 f.; vgl. auch BAG 16. 7. 91, 23. 11. 93 AP Nr. 28, 33 zu § 95 BetrVG 1972 mwN). Diese ergibt sich jedoch dann, wenn die Verwirklichung des Anspruchs auf Arbeitszeitänderung zB mit einer Versetzung iSd. Rn 123 ff. des betroffenen ArbN selbst einhergeht oder andere ArbN versetzt werden müssen (*Pelzner/Scheddler/Widlak* S. 38; *Preis/Lindemann* aaO).

152   Der Versetzungsbegriff knüpft an die **Zuweisung** eines anderen Arbeitsbereichs durch den ArbGeb. an. Hierfür ist nicht erforderlich, dass der ArbGeb. einseitig von seinem Direktionsrecht Gebrauch macht; ausreichend ist auch, wenn nach Vertragsinhalt das Einverständnis des ArbN erforderlich ist. Entscheidend ist, dass der ArbN auf **Initiative des ArbGeb.** in einem anderen Arbeitsbereich tätig wird (BAG 19. 2. 91 AP Nr. 26 zu § 95 BetrVG 1972; *Richardi/Thüsing* Rn 109). Bei einer auf Dauer mit Einverständnis des ArbN vorgesehenen Versetzung entfällt das MBR des BR (BAG 20. 9. 90 AP Nr. 84 zu § 99 BetrVG 1972; s. Rn 171). Das gilt aber nur dann, wenn die einverständliche Versetzung des ArbN keine Auswirkungen auf andere ArbN hat. Das bedeutet, dass beim Geltendmachen eines Teilzeitanspruchs nach § 8 **TzBfG** und einer damit verbundenen einverständlichen Versetzung des die Teilzeit beanspruchenden ArbN der BR immer dann zu beteiligen ist, wenn infolge der Reduzierung der Arbeitszeit organisatorische Maßnahmen zulasten anderer ArbN zu treffen sind (*Preis/Lindemann* NZA-Sonderheft 01, 44; *Rieble/Gutzeit* NZA 02, 7, 13; **aA** *Rolfs* RdA 01, 129, 139).

153   Durch den relativ weiten Versetzungsbegriff des § 95 Abs. 3 werden die allein vom Direktionsrecht des ArbGeb. abhängigen sog. **Umsetzungen stark eingeschränkt.** **Mitbestimmungsfrei** sind nur noch **vorübergehende** (voraussichtliche Dauer bis

zu einem Monat) Zuweisungen eines **anderen Arbeitsbereichs,** der hinsichtlich Arbeitsplatz, Arbeitsverrichtung und Arbeitsumgebung **keine erhebliche Änderung** aufweist (zB Mitglied der Hofkolonne soll als **Ferienvertretung** mit Abladearbeiten beschäftigt werden, der Reparaturschlosser wird mit der Betreuung einer anderen Maschine beauftragt, eine Schreibkraft soll statt mit einer Kugelkopfschreibmaschine jetzt Texte mit Hilfe eines Bildschirms schreiben, BAG 10. 4. 84 AP Nr. 4 zu § 95 BetrVG 1972; *HSWGNR* Rn 85 f.; *v. Hoyningen-Huene/Boemke* S. 145), Aushilfe einer Kassiererin in einem bestreikten Tochterunternehmen (BAG 19. 2. 91 AP Nr. 26 zu § 95 BetrVG 1972) oder eine dauernde Änderung des konkreten Arbeitsplatzes ohne jede Veränderung der betrieblichen Umgebung, da dann keine Änderung des „Arbeitsbereichs" vorliegt (zB der ArbN soll zukünftig in derselben Betriebsabteilung an einer völlig gleichartigen Maschine beschäftigt werden, die Stenotypistin wird einem anderen Sachbearbeiter derselben Materie und in derselben Abteilung zugeteilt; LAG Bremen DB 78, 2493; weitergehend LAG Rheinland-Pfalz EzA, § 95 BetrVG Nr. 3).

Die **Dauer** der geplanten **Zuweisung** eines anderen Arbeitsbereichs ist für die   **154** Frage der MB des BR bedeutsam. **Überschreitet** sie voraussichtlich **einen Monat,** wird kraft G eine Erheblichkeit der Änderung und damit eine **mitbestimmungspflichtige Versetzung** unwiderleglich vermutet (*v. Hoyningen-Huene/Boemke* S. 127). Dauert sie voraussichtlich **nicht länger als einen Monat und ist sie tatsächlich mit keiner erheblichen Änderung** verbunden, **unterliegt** sie **nicht dem MBR.** Bei der **Zeitprognose** („voraussichtlich") kommt es auf eine objektive, sachliche Beurteilung der wahrscheinlichen Dauer im Zeitpunkt der Zuweisung des anderen Arbeitsbereichs an (*Meisel* Rn 350).

Für die **Fristberechnung** ist der Tag der tatsächlichen Zuweisung maßgeblich. Ver-   **155** längert sich der Zeitraum über einen Monat hinaus, ohne dass dies vorhergesehen werden konnte, zB bei unvorhergesehen längerer Erkrankung eines Arbeitskollegen, so bedarf es auch für die länger dauernde Vertretung keiner Zustimmung des BR, es sei denn sie würde nunmehr voraussichtlich noch länger als einen Monat dauern (zB Kur des ArbN; wie hier *Heinze* Rn 210; *HSWGNR* Rn 84; *Richardi/Thüsing* Rn 113; *Meisel* Rn 350 u. DKKW-*Bachner* Rn 108 wollen den BR beteiligen, sobald sich herausstellt, dass die anderweitige Verwendung insgesamt einen Monat überschreitet; ähnlich GK-*Raab* Rn 79; *v. Hoyningen-Huene/Boemke* S. 127).

Eine Versetzung liegt nicht vor, wenn nach ihrer **Eigenart des ArbVerh.** eine   **156** **ständige Beschäftigung an einem** bestimmten **Arbeitsplatz** üblicherweise **nicht** in Frage kommt (§ 95 Abs. 3 S. 2), selbst wenn dies nicht ausdrücklich im Arbeitsvertrag vereinbart ist, zB bei Monteuren, ArbN im Baugewerbe, Handelsvertretern (soweit ArbN) und bei **Ausbildungsverhältnissen,** soweit der planmäßige Ortswechsel des Arbeitsplatzes üblich und zur Erreichung des Ausbildungszieles erforderlich ist, zB in Lebensmittelfilialbetrieben (BAG 3. 12. 85 AP Nr. 8 zu § 95 BetrVG 1972).

Der **Wechsel** muss **typisch** für das ArbVerh. sein (BAG 18. 2. 86 AP Nr. 33 zu   **157** § 99 BetrVG 1972, 8. 8. 89 AP Nr. 18 zu § 95 BetrVG 1972). Die jeweilige Bestimmung des Ortes der Arbeitsleistung ist dann keine Versetzung.

Nach der Eigenart ihrer ArbVerh. werden insb. **ArbN** des **Baugewerbes** nicht   **158** ständig am gleichen Ort beschäftigt; ihr Beschäftigungsort wechselt mit den Baustellen. Werden sie zu einer sog. **Arbeitsgemeinschaft (ARGE) entsandt,** handelt es sich jedoch um eine **Versetzung** (*Schwab* NZA-RR 08, 169, 174). Denn unabhängig davon, ob die Entsendung zu einer ARGE durch Freistellung oder Abordnung erfolgt (s. dazu § 5 Rn 272 ff.), werden die entsandten ArbN in einen anderen Betrieb, nämlich den der ARGE, eingegliedert und erbringen damit ihre Arbeit nicht nur an einem anderen Ort, sondern vor allem **in** einer **anderen organisatorischen Einheit** (s. Rn 138 ff.; insofern unterscheiden sie sich von LeihArbN, die typischerweise in anderen Unternehmen eingesetzt werden), so dass dem BR des abgebenden Stammbetriebs ein MBR zusteht (*GL* Rn 25; *Schwab* aaO; *ders.* AR-Blattei (D) Baugewerbe VI Arbeitsgemeinschaft D I 2.; **aa** LAG Düsseldorf DB 74, 1628; LAG Berlin DB 84, 673; *Ulber* AÜG Einl. C Rn 149; zur Beteiligung eines etwa bestehenden BR der ARGE unter dem Gesichtspunkt der Einstellung s. Rn 56).

159   Der **Wechsel** ist ferner typisch für **Dekorateure** von Einzelhandelsfirmen, die bei den einzelnen Filialen die Schaufenster dekorieren; **Revisoren;** die angestellten **Vertreter** und **Propagandisten** (wegen Beteiligung des BR des jeweiligen Beschäftigungsbetriebes vgl. Rn 37, 170); **IT-Berater,** die deutschlandweit und im Ausland extern bei Kunden eingesetzt werden (LAG Hessen 13. 2. 07 BeckRS 07, 44 563); Ang. auf Großbaustellen auch bei vorübergehender Verwendung im Innendienst (LAG Hamm DB 79, 2042); sog. „**Springer**"; **GesamthafenArbN** (BAG 2. 11. 93 AP Nr. 32 zu § 95 BetrVG 1972, das aber hier wegen sechsjähriger Beschäftigung des ArbN an einem Arbeitsplatz eine Versetzung annimmt; zu GesamthafenArbN s. § 5 Rn 19). Bei solchen ArbN unterliegt die Anordnung des ArbGeb. über den Arbeitsplatz, an dem die Arbeit zu verrichten ist, nicht dem MBR.

159a   Keine Versetzung ist der jeweilige Einsatz von **LeihArbN** bei verschiedenen Verleihern (BAG 19. 6. 01 AP Nr. 92 zu § 87 BetrVG 1972 Arbeitszeit; *Ulber* AÜG § 14 Rn 40), es sei denn, der LeihArbN soll nach dem Überlassungsvertrag ausschließlich zu einer bestimmten Tätigkeit in einem festgelegten Arbeitsbereich eingesetzt werden (zB Vertretung eines ausgefallenen StammArbN); dann MBR des EntleiherBR nach Maßgabe des § 95 Abs. 3 (vgl. Rn 123 ff.; *Schüren/Hamann* AÜG § 14 Rn 330; *Hunold* NZA-RR 08, 281, 286). Keine Versetzung ist ferner der Einsatz von ArbN-Gruppe zur Bedienung vermieteter Spezialmaschinen im fremden Betrieb („**Leasing**"; Fremdfirmeneinsatz, vgl. Rn 64 u. § 5 Rn 275) oder die Durchführung einer Vereinbarung über Tätigkeitswechsel zur Anreicherung von Arbeitsinhalten, sog. **job rotation** (DKKW-*Bachner* Rn 110; *HSWGNR* Rn 88).

160   Dagegen schließt auch eine **arbeitsvertragliche Vereinbarung** über die **Zulässigkeit auswärtiger Beschäftigung,** zB mit dem Filialleiter, dem Lohnbuchhalter, dem Dreher und überhaupt mit allen ArbN, bei denen der ständige Wechsel des Arbeitsortes nicht zur bes. Eigenart ihres ArbVerh. gehört, das **MBR des BR** bei Versetzung **nicht aus** (hM; DKKW-*Bachner* Rn 110; *HSWGNR* Rn 88). Dies gilt auch bei generellen **Umsetzungs- oder Versetzungsklauseln** (*Künzl* BB 95, 824; **aA** *Gerauer* BB 95, 406; generell zu diesen Klauseln *Dzida/Schramm* BB 07, 1221 ff.) sowie bei Einverständnis des ArbN in einem konkreten Versetzungsfall (BAG 18. 2. 86 AP Nr. 33 zu § 99 BetrVG 1972; zum Verhältnis der individualrechtlichen u. betriebsverfassungsrechtlichen Voraussetzungen Rn 118 ff.).

161   Zur **Versetzung von BRMitgliedern** s. § 103 Abs. 3 und dortige Erläuterungen.

IV. Unterrichtung des Betriebsrats durch den Arbeitgeber, Einholung der Zustimmung

162   Die Unterrichtungs- und Vorlagepflicht nach Abs. 1 S. 1 und 2 dient dazu, dem BR Informationen zu verschaffen, die er benötigt, um sein Recht zur Stellungnahme nach Abs. 2 sachgerecht ausüben zu können. Der ArbGeb. hat den BR so zu unterrichten, dass dieser aufgrund der mitgeteilten Tatsachen in der Lage ist zu prüfen, ob **einer der** in Abs. 2 genannten **Zustimmungsverweigerungsgründe** vorliegt (BAG 27. 10. 10 – 7 ABR 36/09 – NZA 11, 527; 1. 6. 11 – 7 ABR 18/10, 117/09 –, BeckRS 11, 75883, 76301 mwN). Ein solcher ist zB nicht gegeben, wenn der ArbGeb. bei der Einstellung eines externen (Leih-)ArbN den BR nicht darüber unterrichtet, welche TeilzeitArbN aufgrund ihres angezeigten Wunsches auf Aufstockung ihrer Arbeitszeit für die zu besetzende Stelle grundsätzlich in Betracht gekommen wären; zu dieser Information ist der ArbGeb. deshalb nicht verpflichtet, weil sie keinen hinreichenden Bezug zu einem der Zustimmungsverweigerungsgründe hat (BAG 1. 6. 11 – 7 ABR 117/09 – BeckRS 11, 76 301). Hat jedoch der ArbN seinen Wunsch auf Verlängerung der Arbeitszeit gegenüber dem ArbGeb. **geltend**

gemacht, also ein entspr. Vertragsangebot dem ArbGeb. unterbreitet, wird eine entspr. Unterrichtungspflicht des ArbGeb. begründet, weil sie für eine Zustimmungsverweigerung des BR nach Abs. 2 Nr. 3 relevant ist (s. Rn 224).

Das MBR des BR ist nach st. Rspr. des BAG **kein Instrument** zur umfassenden **162a** **Vertragsinhaltskontrolle** (BAG 27. 10. 10 – 7 ABR 86/09 – NZA 11, 418 mwN). So hat der BR zB bei Einstellungen keinen Anspruch auf Unterrichtung über etwa **tarifwidrige Arbeitszeitvereinbarungen,** weil diese keinen Zustimmungsverweigerungsgrund nach Abs. 2 Nr. 1 darstellen (BAG 27. 10. 10 – 7 ABR 36/09 – NZA 11, 527; Näheres dazu Rn 189 ff.). Aus dem gleichen Grund ist der ArbGeb. bei nicht dauerhafter Einstellung eines ArbN nicht verpflichtet, dem BR mitzuteilen, ob die **Befristung** mit oder ohne **Sachgrund** sowie ggf. mit welchem Sachgrund erfolgen soll (BAG 27. 10. 10 – 7 ABR 86/09 – NZA 11, 418).

Der Umfang der vom ArbGeb. geschuldeten Unterrichtung des BR bestimmt sich **162b** nach dem Zweck der Beteiligung an der jeweiligen personellen Maßnahme (BAG 27. 10. 10 – 7 ABR 36/09 – NZA 11, 527 mwN). Sie muss dementsprechend **umfassend und rechtzeitig** erfolgen; sonst läuft die Anhörungsfrist nicht (BAG 12. 1. 11 – 7 ABR 25/09 – NZA 11, 1304; s. Rn 177, 268).

Bei Neueinstellungen ist die Unterrichtung „**rechtzeitig**", wenn sie spätestens **163** eine Woche vor Abschluss des Arbeitsvertrages bzw. vor Arbeitsaufnahme erfolgt, falls diese zeitlich vor Vertragsabschluss liegt (s. Rn 30 ff.; vgl. *DKKW-Bachner* Rn 121; *Richardi/Thüsing* Rn 153). Über Bewerbungen schwerbehinderter Menschen und entspr. Vermittlungsvorschläge der AA ist der BR **unmittelbar** nach Eingang zu unterrichten (§ 81 Abs. 1 S. 4 SGB IX).

Bei längeren **Vorgesprächen** muss der ArbGeb. den BR darauf hinweisen, wann **164** das formelle Beteiligungsverfahren beginnen soll, er also die Maßnahme durchführen will (vgl. ArbG Kassel DB 78, 111; *DKKW-Bachner* Rn 126). Der BR muss wissen, worum es sich handelt, und Zeit haben, sich über seine Stellungnahme so rechtzeitig schlüssig zu werden, dass er ggf. die Verweigerung der Zustimmung noch binnen einer Woche dem ArbGeb. schriftlich mitteilen kann (Abs. 3). Diese Frist muss der BR ausnutzen können, so dass er regelmäßig eine Woche vor Durchführung der geplanten Maßnahme zu unterrichten ist.

Will der ArbGeb. eine Stelle vor ihrer endgültigen Besetzung **kommissarisch 164a** (vorläufig) besetzen, so hat er den BR sowohl bei der kommissarischen als auch bei der endgültigen Stellenbesetzung nach § 99 zu beteiligen, da es sich hierbei um eigenständige beteiligungspflichtige personelle Maßnahmen handelt, selbst wenn sie dieselbe Person betreffen; die kommissarische Stellenbesetzung ist nicht ohne weiteres die vorläufige Durchführung einer personellen Maßnahme iSd. § 100 (LAG Berlin BB 94, 2276).

In **Eilfällen** kann der BR gehalten sein, nach Möglichkeit seine Stellungnahme **165** auch schon eher abzugeben, zB wenn Aushilfskräfte für die Erledigung plötzlich anfallender Arbeiten oder für erkrankte ArbN einzustellen sind. Auch dann hat die Unterrichtung aber unbedingt vor Durchführung der Maßnahme zu geschehen (*DKKW-Bachner* Rn 122), sofern nicht der ArbGeb. den Weg des § 100 beschreiten will (*HSWGNR* Rn 100).

Die Mitteilung ist an den **Vors. des BR** (§ 26 Rn 38), bei. einem evtl gebildeten **166** **Personalausschuss** (§ 28) an dessen Vors. zu richten (GK-*Raab* Rn 85; *Richardi/ Thüsing* Rn 155). Geht es bei der personellen Einzelmaßnahme um den BRVors. selbst, so genügt es nicht, dass er als ArbN persönlich über seinen zukünftigen Arbeitseinsatz unterrichtet wird (LAG Hamm 28. 5. 1973, DB 73, 1407).

Bei **Neueinstellungen** handelt es sich um Personen, die noch nicht ArbN des Be- **167** triebes sind, aber auf Grund eigener Bewerbung oder Aufforderung des ArbGeb. werden wollen. Es sind die **Personalien aller,** also auch der nicht vom ArbGeb. zur Einstellung (Umgruppierung, Versetzung) vorgesehenen **Bewerber mitzuteilen** (st. Rspr. u. hM: BAG 6. 4. 73, 18. 7. 78, 19. 5. 81 AP Nr. 1, 7 zu § 99 BetrVG 1972 AP Nr. 18 zu § 118 BetrVG 1972; *DKKW-Bachner* Rn 129; **aM** für vom Arb-

Geb. nicht in Betracht gezogene Bewerber [ArbN], es sei denn, AuswahlRL nach § 95 sehen einen Bewerbervergleich vor: LAG Köln 29. 4. 88 DB 88, 1859; GK-*Raab* Rn 92; *HSWGNR* Rn 109; für ArbN, die die Qualifikationsvoraussetzungen nicht erfüllen: *Richardi/Thüsing* Rn 136). Nur so kann der BR auch das ausdrücklich für Bewerber geltende Diskriminierungsverbot (§§ 7, 6 Abs. 1 S. 2 AGG) überwachen (s. dazu § 75 Rn 58 ff.).

168   „**Bewerber**" ist nur derjenige ArbN, der sich auf einen konkreten Arbeitsplatz bewirbt (BAG 1. 6. 11 – 7 ABR 117/09 – NZA 11, 1435), nicht auch andere geeignete ArbN, die sich für einen anderen Arbeitsplatz beworben haben (BAG 10. 11. 92 AP Nr. 100 zu § 99 BetrVG 1972). Vorzulegen sind ggf. auch Vermittlungsvorschläge der AA für den betr. Arbeitsplatz. Praktischen Schwierigkeiten in Großbetrieben kann durch entspr. Vereinbarungen zwischen ArbGeb. und BR vorgebeugt werden, zB zunächst nur Unterrichtung des BR über die Bewerber, die nach einer Vorauswahl des ArbGeb. unter bestimmten Gesichtspunkten überhaupt für eine Einstellung in Betracht kommen. Zu den Bewerbern zählt nicht mehr, wer seine Bewerbung zurückgezogen hat (DKKW-*Bachner* Rn 129).

169   Werden Einstellungen durch eine **Unternehmensberatungsfirma** vorbereitet und diese mit einer Vorauswahl von Bewerbern beauftragt, so hat der ArbGeb. den BR zumindest über die Bewerber zu informieren, die ihm von der Firma benannt werden (BAG 18. 12. 90 AP Nr. 85 zu § 99 BetrVG 1972; *Heinze* Rn 236; *Richardi/Thüsing* Rn 137; kr. ErfK-*Kania* Rn 19), außerdem über alle innerbetrieblichen Bewerber; entspr. gilt für Vorauswahl durch zentrale Personalabteilung (*Reiserer* BB 92, 2499). Trotz dieser umfassenden Informationspflicht obliegt die Auswahl unter den Stellenbewerbern grundsätzlich dem ArbGeb. (BAG 18. 7. 1978 AP Nr. 7 zu § 99 BetrVG 1972).

170   Bewerber ist auch ein **ArbN eines anderen Betriebes** (oder einer anderen selbständigen Betriebsabteilung) des gleichen Unternehmens, der in den Betrieb auf Dauer „**versetzt**" werden soll. In solchen Fällen bestimmt daher der BR des neuen Betriebes wegen „Einstellung" mit, der des abgebenden Betriebes bei Versetzung kraft Direktionsrechts oder wenn eine Änderungskündigung erforderlich ist (BAG 26. 1. 93 AP Nr. 102 zu § 99 BetrVG 1972; s. Rn 19 ff., 120 u. 122).

171   Anders verhält es sich, wenn der **ArbN** mit der **Versetzung einverstanden** ist, sei es, dass er sie selbst gewünscht hat oder sie zumindest seinen Wünschen und seiner freien Entscheidung entspricht; für eine derartige Annahme reicht der Verzicht einer Klageerhebung gegen eine entspr. Änderungskündigung nicht aus (2. 4. 96 AP Nr. 9 zu § 99 BetrVG 1972 Versetzung; s. auch Rn 246). Zwar können auch dann die Interessen der Belegschaft des abgebenden Betriebes betroffen sein, jedoch kann der Zweck des MBR nach § 99 nicht mehr erreicht werden, weil der BR das freiwillige Ausscheiden eines ArbN aus dem Betrieb letzthin nicht verhindern kann. Dann beschränkt sich die Beteiligung des BR des abgebenden Betriebes auf eine Unterrichtung nach § 99 Abs. 1 (BAG 20. 9. 90 AP Nr. 84 zu § 99 BetrVG 1972; 26. 1. 93 AP Nr. 102 zu § 99 BetrVG 1972; MünchArbR-*Matthes* § 264 Rn 30; kr. DKKW-*Bachner* Rn 95). Im Ergebnis ist demnach eine Versetzung nur bei Zustimmung beider BR möglich (BAG 22. 1. 91 AP Nr. 86 zu § 99 BetrVG 1972; zur Ausnahme s. Rn 19 a, zum Konkurrenzproblem bei divergierenden Entscheidungen beider BR s. Rn 20 f.).

172   Macht ein **schwerbehinderter Mensch** seinen gesetzlichen Anspruch nach § 81 Abs. 4 S. 1 Nr. 1 SGB IX auf Beschäftigung auf einem behinderungsgerechten Arbeitsplatz in einem anderen Betrieb geltend, so muss der ArbGeb. die Zustimmung des BR des aufnehmenden Betriebs einholen und sich bei einer ablehnenden Haltung des BR nach Kräften um die Zustimmung bemühen. Verweigert der BR dennoch seine Zustimmung, so würde es die Grenzen der Zumutbarkeit nach § 81 Abs. 4 S. 3 SGB IX unzulässig zu Lasten des ArbGeb. verschieben, wenn man von ihm stets ohne Berücksichtigung bes. Umstände (zB unbegründeter Widerspruch des BR, kollusives Zusammenwirken von ArbGeb. u. BR) die Durchführung des **Zustim-**

mungsersetzungsverfahrens (s. Rn 277 ff.) verlangen würde (BAG AP Nr. 10 zu § 81 SGB IX).

Wird ein ArbN vorübergehend in einen anderen Betrieb versetzt **(Abordnung),** 173 wobei gleichzeitig die baldige Rückkehr vereinbart wird, so handelt es sich um eine einheitliche personelle Maßnahme, die jedenfalls bei Überschreitung der Monatsfrist gleichfalls als Versetzung auch der Zustimmung des BR des Stammbetriebes bedarf (BAG 18. 2. 86, 26. 1. 88, 18. 10. 88, 1. 8. 89 AP Nr. 33, 50, 56 zu § 99 BetrVG 1972, AP Nr. 17 zu § 95 BetrVG 1972; s. Rn 19 ff.). Eine Zuständigkeit des **GesBR** besteht **nicht** (vgl. Rn 20; § 50 Rn 55; BAG 20. 9. 90, 26. 1. 93 AP Nr. 84, 102 zu § 99 BetrVG 1972; **aM** *Richardi/Thüsing* Rn 124).

Im Einzelnen sind der Name, die **genauen Personalien,** die vorgesehene Ein- 174 gruppierung, Zeitpunkt der Maßnahme (wird eine Einstellung zeitlich vorgezogen, so ist eine erneute Unterrichtung des BR nicht erforderlich, LAG Düsseldorf 4. 3. 1976, DB 76, 779) und alle persönlichen Tatsachen über den Bewerber bzw. ArbN **mitzuteilen,** die den BR nach Abs. 2 zur Verweigerung der Zustimmung berechti- gen könnten, also **alle Umstände über die fachliche und persönliche Eignung** für den vorgesehenen Arbeitsplatz sowie über die betrieblichen Auswirkungen (BAG 18. 10. 88, 10. 11. 92 AP Nr. 57, 100 zu § 99 BetrVG 1972, 14. 12. 04 AP Nr. 122 zu § 99 BetrVG 1972; DKKW-*Bachner* Rn 132; Erfk-*Kania* Rn 20). Hierher gehören auch die nach § 94 verlangten und nach § 94 ermittelten Angaben (auch über das Er- gebnis ärztlicher Einstellungsuntersuchungen, vgl. § 94 Rn 25 u. *Reiserer* BB 92, 2499).

Dies gilt sowohl für **vom Bewerber eingereichte** als auch für vom **ArbGeb.** 175 **ermittelte Angaben** (so für Internetrecherchen *Forst* NZA 10, 427, 432; *Oberwetter* BB 08, 1562, 1565). Bei nur **mündlichen**/telefonischen **Bewerbungen** hat der ArbGeb. ebenfalls die nach Rn 174 wesentlichen Informationen dem BR zu über- mitteln (vgl. BAG 14. 12. 04 AP Nr. 122 zu § 99 BetrVG 1972, DKKW-*Bachner* Rn 143). Mitzuteilen sind auch sonstige persönliche Umstände, die nach Abs. 2 be- deutsam sein können (zB Schwerbehinderteneigenschaft [BAG 10. 11. 92 aaO; DKKW-*Bachner* Rn 132]; Schwangerschaft [GK-*Kraft/Raab* Rn 94 u. *HSWGNR* Rn 106; **aM** *Richardi/Thüsing* Rn 139 betr. Schwangerschaft], vgl. auch § 94 Rn 22; nachteilige Auswirkungen auf andere ArbN). Gleiches gilt für aus Vorstellungsgesprä- chen gewonnene Erkenntnisse (BAG 28. 6. 05 NZA 06, 111). Der ArbGeb. braucht aber keine Informationen zu beschaffen, die er selbst nicht hat oder für die mangels Zusammenhangs mit dem vorgesehenen Arbeitsplatz keine Offenbarungspflicht des Bewerbers oder ArbN besteht. Der **Datenschutz** steht der Mitteilung von Personal- daten an den BR nicht entgegen (vgl. § 83 Rn 23). Wegen Vorlage des Arbeitsver- trages vgl. Rn 184.

Die Mitteilung von dem ArbGeb. bekannten **Vorstrafen** kommt nur in Betracht, 176 wenn sich aus ihnen Rückschlüsse auf die fachliche Eignung (zB Verkehrsdelikte von Kraftfahrern) oder eine mögliche Gefährdung des Betriebsfriedens (Abs. 2 Nr. 6) ziehen lassen (*Richardi/Thüsing* Rn 139). Nur in diesem Rahmen darf auch der Arb- Geb. einen Bewerber nach Vorstrafen fragen (vgl. § 94 Rn 19).

Die Auskunft muss so **erschöpfend** sein, dass der BR sich ein Bild von der Person 177 der Bewerber, dh aller Bewerber (vgl. oben Rn 167), bzw. ArbN machen kann. Die Auskunft muss rechtzeitig, wahrheitsgemäß und vollständig erteilt werden, sonst han- delt der ArbGeb. **ordnungswidrig** (§ 121) und die **Anhörungsfrist läuft nicht** (BAG 1. 6. 11 – 7 ABR 18/10 – BeckRS 11, 75883; s. auch Rn 206 f., 268 f.). An- dererseits müssen nur solche Angaben gemacht werden, die die Rückschlüsse auf die fachliche und persönliche Eignung erlauben. Dinge aus dem Privatleben, die keinerlei Bedeutung für die Arbeit in dem betr. Betrieb oder den vorgesehenen Arbeitsplatz haben können, braucht der ArbGeb. dem BR nicht mitzuteilen, auch wenn er sie zufällig erfahren hat (*Richardi/Thüsing* Rn 139).

Bei der Einstellung von ArbN iSd. neuen § 7 S. 2 (s. dortige Rn 37 ff.), insb. von 178 **LeihArbN** wird sich die Unterrichtung des BR im Entleiherbetrieb schwerpunkt- mäßig auf Anzahl, Qualifikation, Einstellungstermin, Einsatzdauer, vorgesehene Arbeitsplätze und Auswirkungen der Einstellung auf die Stammbelegschaft konzentieren (vgl. BAG 1. 6. 11 – 7 ABR 18/10 – BeckRS 11, 75883; DKKW-*Bachner* Rn 133; *Schüren/Hamann* AÜG § 14 Rn 158 ff.; *Wensing/Freise* BB 04, 2238, 2240; weitergehend *Ulber* AiB 09, 7, 9 f.). Der BR des Entleiherbetriebes kann die Vorlage der ArbN-Überlassungsverträge (§ 12 AÜG) verlangen (*Ulber* AÜG § 14 Rn 151; Erfk-*Wank* § 14 AÜG Rn 21; **aA** MünchArbR-*Matthes* § 263 Rn 34; *Wensing/Freise* aaO), aber nicht die der Arbeitsverträge der LeihArbN mit dem Verleiher nach § 11 AÜG (BAG 1. 6. 11 – 7 ABR 18/10 – BeckRS 11, 75883; *Schüren/Hamann* AÜG § 14 Rn 168). § 14 Abs. 3 S. 2 iVm § 12 Abs. 1 und 2 AÜG bestimmt, dass der Entleiher dem BR auch die schriftliche Erklärung des Verleihers über die Erlaubnis nach § 1 AÜG vorzulegen hat und ihm unverzüglich Mitteilung machen muss, falls die Erlaubnis entfällt (BAG 1. 6. 11 – 7 ABR 18/10 – BeckRS 11, 75 883). Entspr. Verpflichtungen hat der Verleiher gegenüber dem Entleiher (§ 12 AÜG). Vgl. weiter Rn 57 u. 83 f.

178a   **Umstr.** ist, ob der Entleiher dem dortigen BR auch die **Personalien** wie Vor- und Zunamen, Alter, Geschlecht, Beruf **der LeihArbN** mitteilen muss. Das wird für die Fälle verneint, in denen die vom Verleiher geschuldeten LeihArbN im Überlassungsvertrag namentlich benannt, sondern nur gattungsmäßig (Monteur, Schweißer, Bürokraft) bestimmt sind; man könne dem Entleiher ein entspr. Nachfragen beim Verleiher nicht zumuten (*Schüren/Hamann* AÜG § 14 Rn 162; *Thüsing* AÜG § 14 Rn 165). Der BR des Entleiherbetriebs hat den Auskunftsanspruch gegenüber dem Entleiher über die jeweilige Person der LeihArbN. Dieser Auskunftsanspruch des BR ist aufgrund der Besonderheiten der ArbNÜberlassung oder der spezifischen Gestaltungsmöglichkeiten des ArbNÜberlassungsvertrags weder reduziert noch entbehrlich. Nur bei einer namentlichen Bezeichnung des LeihArbN kann der BR die ihm insb. in Abs. 2 Nr. 6, aber auch in Nr. 2 und 3 auferlegte Schutzfunktion erfüllen (s. jetzt BAG 9. 3. 11 – 7 ABR 137/09 – NZA 11, 871; so schon BAG 23. 1. 08 AP Nr. 14 zu § 14 AÜG zum Stellenpool v. LeihArbN: hinreichend präzise Bezeichnung der einzustellenden Person erforderlich; *Ulber* AÜG § 14 Rn 205; *Düwell* NZA-RR 11, 1, 3).).

178b   Um seiner Auskunftspflicht nachkommen zu können, ist der Entleiher gehalten, gegenüber dem Verleiher darauf zu bestehen, dass der **Überlassungsvertrag** die **Personalien** der LeihArbN enthält (im Ergebnis ebenso *Ulber* AÜG § 14 Rn 200 ff.; *ders.* AiB 09, 7, 9 f.; DKKW-*Bachner* Rn 133; *Trittin/Fütterer* AiB 08, 173 ff.; einschr. LAG Hessen 16. 1. 07 BeckRS 07, 44 175, soweit der Verleiher die Auskunft über die Personalien verweigert oder bei nur kurzfristigem Austausch).

179   Das in Rn 177 Gesagte gilt beim **Fremdfirmeneinsatz** (s. Rn 63 ff.) zumindest in den Fällen von Rn 68 f. (s. auch § 92 Rn 14), sowie bei der Beschäftigung von NichtArbN wie zB „**Freie Mitarbeiter**" und als **Ein-Euro-Jobber** tätige erwerbsfähige Hilfsbedürftige (*Engels* NZA 07, 8, 11; s. Rn 54 f. u. § 5 Rn 155), entspr. (s. Rn 33 ff.; DKKW-*Bachner* Rn 133 a f.).

180   Bei **Einstellungen** (Rn 30 ff.) und **Versetzungen** (Rn 118 ff.) ist insb. der **vorgesehene Arbeitsplatz** mitzuteilen. **Arbeitsplatz** ist nicht nur der räumliche Ort, an dem die Arbeit geleistet wird, sondern auch die Funktion, in die der Bewerber bzw. ArbN in den Betrieb eingegliedert werden soll, also der Arbeitsbereich (BAG 3. 10. 89 aaO; GK-*Raab* Rn 96; zum Arbeitsbereich s. Rn 124). Bei Versetzungen sind weitere bedeutsame Gesichtspunkte wie die konkreten Folgen, zB Wegfall der Provisionserzielung, anzugeben (LAG Schleswig-Holstein BB 01, 2432). Bei **befristeten** ArbVerh. und ArbN iSd. neuen § 7 S. 2, insb. **LeihArbN,** ist außerdem die voraussichtliche Dauer der Beschäftigung mitzuteilen (BAG 1. 6. 11 – 7 ABR 18/10 – BeckRS 11, 75 883; nicht der Befristungsgrund: s. Rn 162 a), bei **Teilzeitkräften** Lage und Dauer der **Arbeitszeit** (BAG 20. 12. 88 AP Nr. 62 zu § 99 BetrVG 1972; DKKW-*Bachner* Rn 128).

180a   Damit der BR die ihm obliegende Richtigkeitskontrolle (Rn 96) bei **Ein-** und **Umgruppierungen** (Rn 79 ff., 104 ff.) ausüben kann, muss ihm der ArbGeb. alle erforderlichen Angaben zur vorgesehenen Vergütungsgruppe machen bzw. die Gründe erläutern, weshalb der ArbN anders als bisher einzureihen ist. Solche Gründe können zB in der Zuweisung einer anders bewerteten Tätigkeit an den ArbN liegen. Gruppiert der ArbGeb. einen eingereihten ArbN bei unveränderter Rechtsgrundlage und Tätigkeit um, hat er die Beurteilungskriterien zu nennen, die er der anderen Einstufung zugrunde legt. Sind persönliche Qualifikationsanforderungen an den ArbN ein- oder umgruppierungsrelevant, sind diese dem BR mitzuteilen (BAG 9. 3. 11 – 7 ABR 127/09 – BeckRS 11, 73484; 29. 6. 11 – 7 ABR 24/10 – NZA-RR 12, 18). Die konkrete Informationspflicht des ArbGeb. richtet sich letztlich nach der jeweiligen Ausgestaltung der Vergütungsordnung.

Bei einer **tariflichen Vergütungsordnung** sind die Angaben mitteilungsbedürf- **180b** tig, auf die die TV-Parteien abgestellt haben (BAG 12. 1. 11 – 7 ABR 15/09 – NZA-RR 11, 574). Auch hat der ArbGeb. über alle ihm bekannten Umstände zu informieren, die die Wirksamkeit der Vergütungsverordnung betreffen, zB dass die für die Ein- und Umgruppierung maßgeblichen TV noch nicht gelten sowie ggf. über Entwicklung und Stand der TV-Verhandlungen (BAG 6. 10. 10 – 7 ABR 80/09 – BeckRS 11, 68126; 12. 1. 11 – 7 ABR 25/09 – NZA 11, 1304; 29. 6. 11 – 7 ABR 24/10 – NZA-RR 12, 18). Über die tatsächliche Höhe der Einzelgehälter muss der ArbGeb. nicht informieren (BAG 3. 10. 89 AP Nr. 74 zu § 99 BetrVG 1972; *Richardi/Thüsing* Rn 166).

Die **Unterrichtung des BR** kann **mündlich oder schriftlich** (aus Beweisgrün- **181** den zweckmäßig) geschehen und ist mit der Bitte um Zustimmung zu der geplanten Maßnahme zu verbinden. Bei Einstellungen hat der ArbGeb. von sich aus die erforderlichen (nicht nur die seiner Ansicht nach aussagekräftigen) **Bewerbungsunterlagen** (zB Bewerbungsschreiben, Ergebnis von Auswahlprüfungen, Zeugnisse, Teilnahmebestätigungen, Lebenslauf, Lichtbild, auch die vom ArbGeb. selbst anlässlich der Bewerbung erstellten Unterlagen wie Personalfragebogen, sich aus dem Vorstellungsgespräch ergebende Informationen, Interviews, Testergebnisse, Einstellungsprüfungen, Auskünfte Dritter) aller Bewerber, auch der abgelehnten, vorzulegen (BAG 14. 12. 04 AP Nr. 122 zu § 99 BetrVG 1972; 17. 6. 08 AP Nr. 46 zu § 99 BetrVG 1972 Versetzung; s. Rn 167, 175). Der BR kann deren **Aushändigung für höchstens eine Woche** verlangen, um seinen gesetzlichen Aufgaben gerecht werden zu können (BAG 3. 12. 85, 14. 12. 04 AP Nr. 29, 122 zu § 99 BetrVG 1972; DKKW-*Bachner* Rn 146; MünchArbR-*Matthes* § 263 Rn 35; **aA** *Meisel* Rn 219; *HSWGNR* Rn 113).

Der ArbGeb. darf **nicht bestimmte Unterlagen zurückhalten,** die der Bewer- **182** ber als **vertraulich** bezeichnet hat. Gleiches gilt für Informationen, die der ArbGeb. bei mündlichen/telefonischen Bewerbungen erfahren hat (vgl. BAG 14. 12. 04 AP Nr. 122 zu § 99 BetrVG 1972). Wer sich um eine Stelle bewirbt, muss die Einhaltung der Beteiligungsrechte des BR in Kauf nehmen (DKKW-*Bachner* Rn 136; GK-*Raab* Rn 87; *HSWGNR* Rn 114; **aA** *Richardi/Thüsing* Rn 146; *Meisel* Rn 220; *Heinze* Rn 239 f.; *Wiedemann* Anm. zu AP Nr. 1 zu § 99 BetrVG 1972).

Findet ein **Vorstellungsgespräch** beim ArbGeb. statt, so wäre es zweckmäßig, **183** dass sich der Bewerber auch beim BR vorstellt, damit dieser sachgemäß prüfen kann, ob etwa eine der Voraussetzungen des Abs. 2 vorliegt. Ein Rechtsanspruch des BR besteht insoweit nicht (hM: BAG 18. 7. 78 AP Nr. 7 zu § 99 BetrVG 1972; DKKW-*Bachner* Rn 147).

Bei Versetzungen, Ein- und Umgruppierungen sind gleichfalls die erforderlichen **184** Unterlagen vorzulegen, dh die Unterlagen, die der BR zur Prüfung seiner Verweigerungsgründe nach Abs. 2 benötigt (*Richardi/Thüsing* Rn 149, 168; wegen Einblick in die Bruttolohn- und Gehaltslisten vgl. § 80 Abs. 2 Satz 2). Nach LAG Köln (NZA-RR 09, 424) ist zur Eingruppierung bei Neueinstellung die Vorlage einer **Tätigkeitsbeschreibung** entbehrlich, wenn der BR sowohl den konkreten Arbeitsplatz als auch die dort zu verrichtende Tätigkeit aus eigener Sachkunde genau kennt. Die Einsicht in die **Personalakten** als solche und auch in den **Arbeitsvertrag** (BAG

18. 10. 88 AP Nr. 57 zu § 99 BetrVG 1972) ist **nicht** vorgesehen und kommt allenfalls mit Einverständnis des ArbN (Bewerbers) in Betracht (§ 83 analog; hM). Es sind aber die erforderlichen konkreten Angaben aus den Personalakten (§ 80 Rn 66), bzw. aus bestehenden Personaldateien (vgl. § 102 Rn 26) zu machen (DKKW-*Bachner* Rn 144).

185   Die Mitglieder des BR trifft nach Abs. 1 S. 3 eine bes. **Schweigepflicht.** Gewährt ein BRMitgl. einem Dritten Einsicht in Bewerbungsunterlagen, die ihm vorgelegt wurden, liegt ein objektiv erheblicher und offensichtlich schwerwiegender Verstoß gegen die Geheimhaltungspflicht vor, der den Ausschluss des Mitgl. aus dem BR rechtfertigt (ArbG Wesel NZA-RR 09, 21). Näheres zur Geheimhaltungspflicht s. § 79 Rn 32.

186   Der ArbGeb. hat die **Zustimmung** des BR zu der geplanten Maßnahme **einzuholen.** Hierfür sieht das G keine bes. Form vor. Fehlt es an einem ausdrücklichen Zustimmungsersuchen, reicht es aus, wenn der BR der Mitteilung des ArbGeb. entnehmen kann, dass es um die Zustimmung zu einer konkreten personellen Maßnahme geht (BAG 10. 11. 09 – 1 ABR 64/08 – NZA-RR 10, 416); schon in der Unterrichtung des BR liegt für diesen erkennbar auch die Bitte um Zustimmung (GK-*Raab* Rn 114; *Richardi/Thüsing* Rn 156). Dem ArbGeb. steht es frei, darüber zu entscheiden, ob er am Zustimmungsgesuch festhält oder es aufgibt. Er kann es auch nach Zustimmungsverweigerung des BR und Einleitung eines Zustimmungsersetzungsverfahrens wieder fallenlassen, wodurch dieses sich erledigt, und dann erneut die Zustimmung des BR zu der gleichen personellen Maßnahme (Einstellung, Versetzung) denselben ArbN betreffend einholen (BAG 28. 2. 06 AP Nr. 51 zu § 99 BetrVG 1972 Einstellung; s. auch BAG 16. 1. 07 AP Nr. 52 zu § 99 BetrVG 1972 Einstellung).

V. Gründe für die Versagung der Zustimmung

187   Die Verweigerung der Zustimmung kann nur auf einen der in Abs. 2 erschöpfend aufgezählten Gründe gestützt werden (hM). Soweit diese Gründe betriebsbezogen sind (zB Abs. 2 Nr. 3, 5), ändert sich hieran nichts dadurch, dass die ArbNGrenzzahl in Abs. 1 S. 1 auf das Unternehmen bezogen wird (s. Rn 8 f.); denn hierbei handelt es sich lediglich um eine Anwendungsvoraussetzung für die §§ 99 ff. ohne inhaltliche Auswirkung auf die Tatbestände des Abs. 2. Der Zustimmungsverweigerungsgrund muss dem ArbGeb. mitgeteilt worden sein. Eine Vereinbarung zwischen ArbGeb. und BR, dass die fehlende Zustimmung des BR innerhalb der Wochenfrist als Zustimmungsverweigerung gelten soll und das Zustimmungsersetzungsverfahren eingeleitet werden kann, ist unzulässig (BAG 18. 8. 09 – 1 ABR 49/08 – NZA 10, 112). Ist der Zustimmungsverweigerungsgrund dem ArbGeb. mitgeteilt worden, kann der BR im arbeitsgerichtlichen Verfahren noch weitere Gründe des Katalogs des Abs. 2 heranziehen (Näheres vgl. Rn 291).

1. Verstoß gegen Gesetz, Tarifvertrag, Betriebsvereinbarung, Unfallverhütungsvorschriften

188   Eine Maßnahme unter Verstoß gegen Abs. 2 Nr. 1 ist regelmäßig **an sich schon nichtig** (§ 134 BGB). Wenn sich jedoch der ArbGeb. und der ArbN einig sind, bestünden mangels bes. Vorschriften des BetrVG keine oder nur sehr beschränkte Möglichkeiten für den BR, die Rücknahme der personellen Maßnahme zu erreichen. Beruft sich der ArbGeb. allein auf die Unwirksamkeit einer von ihm selbst vorgenommenen personellen Maßnahme, so kann dies rechtsmissbräuchlich sein.

189   Ein Gesetzesverstoß als Zustimmungsverweigerungsgrund setzt voraus, dass die **personellen Maßnahmen als solche,** nicht einzelne Vertragsbestimmungen **gesetzeswidrig** sind (st. Rspr. BAG 17. 6. 08 AP Nr. 46 zu § 99 BetrVG 1972 Verset-

zung; 27. 10. 10 – 7 ABR 86/09 – NZA 11, 418 mwN). So kann die Beschäftigung eines ArbN zu unangemessen niedrigem Lohn Wucher sein und gegen § 302 a Abs. 1 S. 1 Nr. 3 StGB verstoßen (BGH 22. 4. 97 BB 97, 2166; *Nägele* BB 97, 2162), gesetzwidrig ist aber nur die Entlohnung, nicht die tatsächliche Einstellung und Beschäftigung des ArbN. Der BR kann die Zustimmung zu einer Einstellung nur dann nach Abs. 2 Nr. 1 verweigern, wenn nach dem Zweck der verletzten Norm die geplante Einstellung ganz unterbleiben muss; das MBR des BR bei Einstellungen ist eben kein Instrument einer umfassenden Vertragskontrolle (BAG 21. 7. 09 – 1 ABR 35/08 – NZA 09, 1156 mwN; s. auch Rn 162 a, 210) und kann auch nicht die Einstellung zu normgemäßen Bedingungen erzwingen (BAG 9. 7. 96 AP Nr. 9 zu § 99 BetrVG 1972 Einstellung).

Deshalb kann der BR die Zustimmung zu einer Einstellung nicht alleine deshalb **190** verweigern, weil eine **untertarifliche Bezahlung** vorgesehen ist (BAG 28. 3. 00 AP Nr. 27 zu § 99 BetrVG 1972 Einstellung; *Preis/Lindemann* NZA-Sonderheft 01, 36).

Gleiches gilt, wenn ein **Leih-ArbN** iSd. **AÜG** eingestellt und mit ihm unter Ver- **191** letzung des gesetzlichen Grundsatzes von **Equal Pay** (BAG 21. 7. 09 – 1 ABR 35/08 – NZA 09, 1156; 1. 6. 11 – 7 ABR 117/09 – NZA 11, 1435; GK-*Raab* Rn 135; s. § 3 Abs. 1 Nr. 3, § 9 Nr. 2 AÜG) für die Zeit der Überlassung eine **Unterbezahlung** vereinbart wird, obwohl dies ein TV nicht zulässt (*Düwell* NZA-RR 11, 1, 4; s. § 5 Rn 256). Dem Zweck der verletzten Norm kann nicht nur dadurch entsprochen werden, dass die Einstellung beim Verleiher oder die Überlassung an den Entleiher unterbleibt. Denn die Vereinbarung ist unwirksam und der Leih-ArbN hat nach § 10 Abs. 4 iVm. § 9 Nr. 2 AÜG einen gesetzlichen Anspruch gegen den Verleiher auf Zahlung des im Entleiherbetrieb einem vergleichbaren ArbN zu gewährenden Arbeitsentgelts (BAG 21. 7. 09 aaO).

Der **Verstoß** des Verleihers gegen den Grundsatz des **Equal Pay** soll gerade **nicht** **192** die **Einstellung** selbst **in Frage stellen** (vgl. BAG 25. 1. 05 AP Nr. 48 zu § 99 BetrVG 1972 Einstellung). Also kann weder der BR im Verleiherbetrieb bei der Einstellung des Leih-ArbN noch der BR im Entleiherbetrieb (BAG 21. 7. 09 – 1 ABR 35/08 – NZA 09, 1156 mwN) bei der Überlassung des Leih-ArbN (s. Rn 58) die Zustimmung wegen Gesetzesverstoß verweigern (*Schüren/Hamann* AÜG § 14 Rn 192.; *Hamann* NZA 03, 533; *Hanau* ZIP 03, 1577; *Melms/Lipinski* BB 04, 2409, 2414; *Reuter* ZfA 06, 459, 460; *Wensing/Freise* BB 04, 2238, 2242; *Tiling* BB 09, 2422, 2425; **aA** *Ulber* AÜG § 14 Rn 216; *Grimm/Brock* DB 03, 1116; *Reim* AiB 03, 74).

Dagegen liegt ein **Gesetzesverstoß** iSv. Abs. 1 Nr. 1 vor, wenn die **Überlassung** **192a** eines LeihArbN an den Entleiher **nicht nur vorübergehend** erfolgen soll (*Hamann* NZA 11, 70, 75; *Ulber* AiB 11, 351, 352). Denn die zeitliche Überlassung darf nach der Neuregelung des § 1 Abs. 1 S. 2 AÜG nur noch vorübergehend (ausführlich zu diesem Begriff *Hamann* NZA 11, 70, 72 ff.; s. § 5 Rn 244) erfolgen. An diese Vorgabe sind sowohl Verleiher als auch Entleiher gebunden (*Leuchten* NZA 11, 608, 609; **aA** *Lembke* DB 11, 414 f., der von einem unverbindl. Programmsatz ausgeht). Die Einstellung eines LeihArbN auf Dauer ist als solche gesetzwidrig, weil sie dem Gesetzeszweck, einen Austausch von Stammpersonal durch LeihArbN zu verhindern, zuwiderlaufen würde. Eine Überlassung wird immer vorübergehend sein, wenn für sie einer der Befristungsgründe des § 14 Abs. 1 S. 2 Nr. 1–5 TzBfG vorliegt, wohl aber auch dann, wenn es beim Entleiher einen zusätzlichen Beschäftigungsbedarf gibt, dessen Dauer ungewiss ist (*Hamann* NZA 11, 70, 73 f.). Aufgrund der neuen Rechtslage ist dem **BR** jetzt möglich, einem **Missbrauch** der ArbNÜberlassung vorzubeugen. Ein solcher ist bei Einsatz eines LeihArbN auf einem Dauerarbeitsplatz grundsätzlich angezeigt, es seidenn, der ArbGeb. kann einen vorübergehenden Vertretungsfall dalegen (vgl. *Hamann* RdA 11, 321, 325 f.; BAG 12. 11. 02 AP Nr. 41 zu § 99 BetrVG 1972 Einstellung dürfte überholt sein).

Verwendet hingegen der ArbGeb. als Auswahlkriterium bei der Einstellung „**keine** **193** Gewerkschaftszugehörigkeit**", ist dies ein Verstoß gegen Art. 9 Abs. 3 GG und begründet eine Zustimmungsverweigerung (BAG 28. 3. 00 aaO). Als Verstoß gegen das **Persönlichkeitsrecht** (§ 75 Abs. 2 iVm. Art. 2 Abs. 1 GG kann der BR einer Einstellung die Zustimmung verweigern, wenn der ArbGeb. beim Auswahlverfahren unzulässigerweise ein **Drogenscreening** gefordert hat und sich für den am Test teilgenommenen Bewerber entscheidet (*Diller/Powietzka* NZA 01, 1227, 1229).

194   Es kommen ua. Verstöße gegen folgende **gesetzliche Verbote** und Vorschriften in RechtsVO in Frage:

195   Verbot der Beschäftigung von **Frauen** gem. §§ 3, 4, 6, 8 MuSchG, von **Jugendlichen** (§§ 22 ff. JugArbSchG); die gesundheitsschutzrechtlichen Vorschriften der §§ 3 ff. ArbZG, Vorschriften zum Schutz der ArbN vor Gefährdungen ihrer Gesundheit und Sicherheit durch **Gefahrstoffe**, ins. §§ 7 ff. GefStoffV. Auch UVV, als autonomes Satzungsrecht gem. § 15 SGB VII von den Berufsgenossenschaften erlassen, können derartige Vorschriften enthalten (ArbG Berlin AiB 88, 292: Bestellung zur Aufsichtsperson iSd. § 13 UVV VBG 1 ohne entspr. Qualifikation); Verbot der ArbNÜberlassung im Baugewerbe (§ 1 b AÜG, s. auch § 5 Rn 251 ff.); Beschäftigung von nicht aus EG-Staaten kommenden **Ausländern** ohne Arbeitsgenehmigung (vgl. §§ 284 ff. SGB III, BAG 22. 1. 91 AP Nr. 86 zu § 99 BetrVG 1972), Beschäftigung von ArbN ohne Gesundheitsattest gemäß §§ 17, 18 Bundesseuchengesetz).

195a   Verstoß gegen Prüfungspflicht gem. § 81 Abs. 1 S. 1 SGB IX zugunsten **schwbeh. Menschen,** selbst wenn die Pflichtquote erfüllt ist (BAG 14. 11. 89, 10. 11. 92 AP Nr. 77, 100 zu § 99 BetrVG 1972; LAG Rheinland-Pfalz AiB 11, 408 m. Anm. *Rudolph*; *Cramer/Fuchs/Hirsch/Ritz* § 81 SGB IX Rn 13). Die Prüfpflicht besteht immer und für alle ArbGeb., unabhängig davon, ob sich ein schwbeh. Mensch beworben oder bei seiner Bewerbung diesen Status offenbart hat (BAG 13. 10. 11 – 8 AZR 608/10 –). Voraussetzung ist aber, dass die Stelle mit einem externen Bewerber besetzt werden soll (BAG 17. 6. 08 AP Nr. 46 zu § 99 BetrVG 1972 Versetzung: Offen gelassen bei interner Stellenbesetzung); das gilt auch bei einer beabsichtigten Besetzung der Stelle mit einem LeihArbN (BAG 23. 6. 10 – 7 ABR 3/09 – NZA 10, 1362; *Freihube/Sasse* BB 11, 1657). Ob allerdings unter Hinweis auf diese BAG-Rspr. ein Zustimmungsverweigerungsrecht des BR bei Verstoß des ArbGeb. gegen **§ 13 a AÜG** begründet werden kann (so *Hamann* RdA 11, 321, 335 f.) erscheint wegen der bes. Rechtstellung der Schwbeh. fraglich.

195b   Dagegen **kein Verstoß** bei betriebs- oder unternehmensinterne Versetzung eines ArbN auf die offene Stelle (BAG 17. 6. 08 aaO). Ebenfalls kein Verstoß gegen § 81 Abs. 2 S. 1, Abs. 4 S. 1 Nr. 1 SGB IX, wenn der schwbeh. Mensch infolge dauerhafter Beeinträchtigung (Flugvntauglichkeit) die vertraglich geschuldete Tätigkeit (Pilot) nicht mehr verrichten kann und kein freier behindertengerechter Arbeitsplatz besteht (BAG 22. 11. 05 AP Nr. 7 zu § 117 BetrVG 1972) oder ein schwerbeh. Bewerber, dessen Bewerbung erst nach dem Zeitpunkt der Besetzungsentscheidung vorlag, nicht berücksichtigt wird (vgl. BAG 19. 8. 10 – 8 AZR 370/09 – NZA 11, 200 u. § 75 Rn 60 a).

196   Verstöße gegen den **Gleichbehandlungsgrundsatz** (§ 75 Abs. 1 u. dort Rn 30 ff.; BAG 18. 9. 02 AP Nr. 31 zu § 99 BetrVG 1972 Versetzung; DKKW-*Bachner* Rn 175; *Amthauer* S. 177 f.; **aA** bei Einstellung GK-*Raab* Rn 138, HSWGNR Rn 153, *Richardi/Thüsing* Rn 191); da dieser Grundsatz keine schematische Gleichbehandlung der ArbN fordert, hängt die Berechtigung einer Zustimmungsverweigerung des BR von den Umständen des Einzelfalles ab, die eine sachfremde Schlechterstellung einzelner ArbN gegenüber anderen ArbN in vergleichbarer Lage ergeben müssen (BAG 20. 9. 06 AP Nr. 29 zu § 1 TVG Tarifverträge: Deutsche Bahn). So ist z. B. der Gleichbehandlungsgrundsatz **nicht verletzt,** wenn der ArbGeb. nach **Wegfall** der **Tarifbindung** neu eingestellte ArbN geringer vergütet als solche, deren ArbVerh. der Nachwirkung unterfällt (BAG 2. 3. 04 AP Nr. 122 zu § 87 BetrVG 1972 Lohngestaltung). Gleiches gilt, wenn **ABM-Kräfte unter Tarif** entlohnt werden, weil deren ArbVerh. vom Förderzweck geprägt ist und es folglich unerheblich ist, ob sie im Einzelfall gleichwertige Leistungen wie andere ArbN erbringen (BAG 18. 6. 97 AP Nr. 2 zu § 3 d BAT; s. auch BAG 9. 7. 96 AP Nr. 9 zu § 99 BetrVG 1972 Einstellung; s. aber BAG 17. 12. 97 AP Nr. 1 zu § 3 d BAT-O).

Zahlreiche **Beispiele** für sachgerechte und nicht sachgerechte Differenzierungen 197 aus der **Rspr.** finden sich bei **§ 75 Rn 44 f.**

Verstöße insb. gegen die **Diskriminierungsverbote** des **AGG** (s. § 7 iVm §§ 1, 2, 198 6 AGG u. dazu ausführl. § 75 Rn 58 ff.; *Besgen* BB 07, 213, 217). Nach § 2 AGG sind Benachteiligungen aus Gründen der Rasse oder wegen der ethnischen Herkunft, des Geschlechts, der Religion oder Weltanschauung, einer Behinderung, des Alters oder der sexuellen Identität unzulässig. Diese Verbote gelten rund um den Arbeits- und Ausbildungsplatz für Auswahlkriterien und **Einstellungsbedingungen,** Beschäftigungs- und **Arbeitsbedingungen** einschließlich Arbeitsentgelt, insb. für individual- und kollektivrechtliche Vereinbarungen und Maßnahmen bei Durchführung und Beendigung des ArbVerh. sowie beim beruflichen Aufstieg und für alle Ebenen der betrieblichen Berufsausbildung einschließlich der beruflichen Weiter- und Fortbildung. Sie schützen nicht nur **ArbN** und zu ihrer Berufsbildung Beschäftigte, sondern auch **Bewerber** um einen Arbeitsplatz vor Benachteiligungen. Dadurch kann der BR sehr viel nachhaltiger als bisher bereits bei Einstellungen Diskriminierungen verhindern.

Die Benachteiligung bei personellen Einzelmaßnahmen aufgrund der vorgenann- 199 ten Merkmale berechtigt nur dann zur Zustimmungsverweigerung, wenn sie das **AGG** nicht ausnahmsweise **zulässt.** Das ist der Fall bei sog. **positiven Maßnahmen,** durch die bestehende Nachteile aufgrund eines der Diskriminierungsmerkmale verhindert oder ausgeglichen werden soll (s. § 7 AGG u. dazu § 75 Rn 120 ff.) oder wenn der Grund der unterschiedlichen Behandlung, z. B. das Geschlecht, wegen der **Art der auszuübenden Tätigkeit** oder der Bedingungen ihrer Ausübung eine wesentliche und entscheidende berufliche Anforderung darstellt, sofern der Zweck rechtmäßig und die Anforderung angemessen ist (§ 8 AGG; s. § 75 Rn 118 f.). Sehr ausdifferenzierte Sonderregelungen betreffen die Zulässigkeit unterschiedlicher Behandlung wegen des **Alters** (§ 10 AGG; s. § 75 Rn 74 ff.) sowie der Religion oder Weltanschauung (§ 9 AGG; § 75 Rn 135).

Ein Gesetzesverstoß liegt vor, wenn ein **Ein-Euro-Jobber** eingestellt wird, ohne 200 dass die Voraussetzungen des § 16 Abs. 3 S. 2 SGB II gegeben sind, er insb. **nicht** mit **zusätzlichen Arbeiten** (das sind solche, die ohne Ein-Euro-Job nicht, nicht in diesem Umfang oder erst zu einem späteren Zeitpunkt durchgeführt würden, vgl. § 261 Abs. 2 SGB III) beschäftigt werden soll. Dann kann der BR die Zustimmung verweigern; denn die Einstellung würde dem Zweck der Regelung widersprechen (s. Rn 189), Verdrängungseffekte zu vermeiden (s. Arbeitshilfe der BA zur Umsetzung von Arbeitsgelegenheiten v. 2. 9. 05 S. 17 f.) und zB auszuschließen, dass Arb-Geb. ArbN entlassen, um sie dann später durch billige Ein-Euro-Jobber zu ersetzen (BAG 2. 10. 07 AP Nr. 54 zu § 99 BetrVG 1972 Einstellung; vgl. auch BVerwG 21. 3. 07 NZA 07, 499; *Eicher/Spellbrink* SGB II § 16 Rn 226; *KRHS* RN 26; *Engels* NZA 07, 8, 11; *ders.* FS Richardi S. 519, 532; *ders.* ArbuR 09, 10, 73; *Rixen* SoSi 05, 152, 154 ff.; *Schulze* NZA 05, 1336); wohl auch *Zwanziger* AuR 05, 8, 14, außer bei Heranziehungsbescheid, was nicht überzeugt (s. Rn 54 f.).

Außer bei **Wiederbesetzung frei werdender Arbeitsplätze** wäre auch die 201 Wahrnehmung von Mutterschutz-, Urlaubs- oder **Krankenvertretungen** durch **Ein-Euro-Jobber** oder der Versuch des ArbGeb., durch deren Einstellung die Verlängerung befristeter ArbVerh. oder eine sich daran anschließende unbefristete Beschäftigung zu verhindern, **unzulässig** (s. Arbeitshilfe der BA zur Umsetzung von Arbeitsgelegenheiten v. 2. 9. 05 S. 17). Generell als **nicht zusätzliche Arbeiten** sind Instandsetzungs-, Wartungs-, Erhaltungs- und Verwaltungsarbeiten sowie alle Tätigkeiten anzusehen, die ihrer Natur nach für eine ordnungsgemäße Aufgabenerledigung unaufschiebbar sind (*Eicher/Spellbrink* aaO Rn 220; *Engels* NZA 07, 8, 11). Indizien sind die Dauer der wöchentlichen Arbeitszeit (idR höchstens bis zu 30 Std) und der Tätigkeit, die nur vorübergehend (befristet) sein sollte (*Eicher/Spellbrink* aaO Rn 227, 229; *Rixen* SoSi 05, 152, 156). Die Prüffrage lautet: Kann man den Ein-Euro-Job hinwegdenken, ohne dass die standardgerechte Funktionsfähigkeit des konkreten Bereichs, in dem der Ein-Euro-Job verrichtet werden soll, entfällt (*Rixen* aaO).

202   Hat der **BR** eine **grundsätzlich positive Stellungnahme** zum generellen Einsatz von Ein-Euro-Jobbern gegenüber seinem ArbGeb. (Maßnahmeträger) abgegeben (s. Arbeitshilfe der BA zur Umsetzung von Arbeitsgelegenheiten v. 2. 9. 05 S. 17), so **verliert** der BR dadurch **nicht** sein **Zustimmungsverweigerungsrecht**. Er muss in jedem **Einzelfall** prüfen können, ob die konkrete Einstellung eines Ein-Euro-Jobbers tatsächlich der Deckung eines zusätzlichen Arbeitsbedarfs dient oder nicht und damit gesetzwidrig wäre (*Engels* FS Richardi S. 519, 531 f.).

203   Ein Gesetzesverstoß ist auch gegeben, wenn der ArbGeb. einen ArbN, der die in § 4f Abs. 2 BDSG geforderten Qualifikationen (erforderliche Fachkunde, Zuverlässigkeit) nicht besitzt, zum **Datenschutzbeauftragten** bestellt (BAG 22. 3. 94 AP Nr. 4 zu § 99 BetrVG 1972 Versetzung m. zust. Anm. *Wohlgemuth; Wohlgemuth* Datenschutz Rn 743; *Schierbaum* AiB 01, 512, 514 f.; s. auch Rn 110; **aA** ArbG München RDV 94, 258; *HSWGNR* Rn 151; *Ehrich* MB bei betrieblichen Beauftragten S. 254 ff.).

204   Gleiches gilt für alle weiteren betrieblichen Beauftragten, bei denen das G die Bestellung von persönlichen oder fachlichen Qualifikationen abhängig macht (so folgerichtig auch *Ehrich* aaO, der allerdings BAG 22. 3. 94 aaO ablehnt; *Faber* AiB 95, 28), insb. bei den **betrieblichen Arbeitsschutz-** und/oder **Umweltschutzbeauftragten** (s. hierzu ausführl. *Schierbaum/Nahrmann* AiB 97, 36 ff.), wie zB beim Beauftragten für die Biologische Sicherheit (§§ 16 f. Gentechnik-SicherheitsVO), Strahlenschutzbeauftragten (vgl. § 29 StrahlenSchV, § 13 RÖV), Immissionsschutzbeauftragten (vgl. §§ 55 Abs. 1 a, Abs. 2 S. 1, 58 c Abs. 1 BImSchG), Störfallbeauftragten (§ 58 a BImSchG), kerntechnischen Sicherheitsbeauftragten (§ 2 Atomrechtliche Sicherheitsbeauftragten- u. MeldeVO), Gefahrgutbeauftragten (§ 2 Abs. 1 GefahrgutbeauftragtenVO), Betriebsbeauftragten für Abfall (§ 11 c Abs. 2 S. 1 AbfG) sowie für die im Rahmen der Umweltbetriebsprüfung einzusetzenden internen und externen **Umweltgutachter** (vgl. Art. 3 d, 4, Anh. II, III EG-VO Nr. 1836/93, § 4 AusführungsG, BGBl. 95 I S. 1591; s. auch Rn 132).

205   Ein Gesetzesverstoß liegt auch dann vor, wenn die Versetzung eines **BR-Mitglieds** eine unzulässige Behinderung der BR-Arbeit (Verstoß gegen § 78) bedeutet (vgl. BAG 26. 1. 93 AP Nr. 102 zu § 99 BetrVG 1972; DKKW-*Bachner* Rn 175; s. jetzt § 103 Abs. 3).

206   Ein Verstoß gegen gesetzl. Vorschriften iSd. Nr. 1 liegt an sich auch vor bei **Einstellung**, Eingruppierung, Umgruppierung und Versetzung **ohne Beteiligung des BR** gemäß § 99. Allerdings handelt es sich um einen Verstoß gegen das Verfahren bei der Beteiligung des BR, nicht um ein Verbot der Einstellung als solcher. Nach st. Rspr. des BAG (12. 1. 11 – 7 ABR 15/09 – NZA-RR 11, 574) muss aber die personelle Maßnahme selbst gegen eine gesetzl. Vorschrift verstoßen.

207   Dieser Auffassung kann gefolgt werden, wenn man gleichzeitig davon ausgeht, **ohne** ordnungsgemäße und vollständige **Unterrichtung** des BR werde die **Wochenfrist** für dessen Stellungnahme überhaupt **nicht in Lauf gesetzt** (vgl. Rn 177, 268), so dass der ArbGeb. die personelle Maßnahme noch nicht durchführen darf und ein Zustimmungsersetzungsantrag als unbegründet abzuweisen ist (*HSWGNR* Rn 148; *Richardi/Thüsing* Rn 196). Holt der ArbGeb. die fehlende Unterrichtung im Zustimmungsersetzungsverfahren nach (zur Zulässigkeit BAG 18. 3. 08 – 1 ABR 81/06 – NZA 08, 832 mwN), kann der BR innerhalb einer Woche weitere Zustimmungsverweigerungsgründe geltend machen. Dann steht der Zustimmungsersetzungsentscheidung die zunächst fehlende oder unvollständige Unterrichtung des BR nicht mehr entgegen (BAG 10. 8. 93 NZA 94, 187).

208   Ein **Gesetzesverstoß** liegt aber dann vor, wenn über die bloße Nichtbeachtung des Verfahrens nach § 99 hinaus ein weiterer Verstoß gegen ein Beteiligungsrecht des BR erfolgt. Das ist zB dann der Fall, wenn der ArbGeb. bei der Eingruppierung neu eingestellter ArbN derart vorgeht, dass er der **Eingruppierung** ein **Vergütungssystem** zugrunde legt, bei dem der **BR nicht** nach § 87 Abs. 1 Nr. 10 **beteiligt** worden ist (BAG 27. 6. 00 AP Nr. 23 zu § 95 BetrVG 1972 Eingruppierung);

dies hat zur Folge, dass die Vergütungsordnung mit der vor der Änderung bestehenden Struktur weiter anzuwenden ist (BAG 28. 4. 09 – 1 ABR 97/07 – NZA 09, 1102) und sie bei Neueinstellungen Ansprüche auf eine höhere Vergütung als die vertraglich vereinbarte begründen kann (BAG 11. 6. 02 AP Nr. 113 zu § 87 BetrVG 1972 Lohngestaltung; s. auch BAG AP Nr. 30 zu § 99 BetrVG 1972 Eingruppierung u. Rn 86).

209 Entspr. gilt, wenn der ArbGeb. zB **Teilzeitkräfte** einstellt, die **außerhalb** der durch BV geregelten **Arbeitszeit** eingesetzt werden sollen, und damit das MBR des BR verletzt (LAG Baden-Württemberg AiB 00, 36 m. Anm. *Stather;* s. dagegen LAG Düsseldorf NZA-RR 01, 540).

209a Dagegen kann der BR einer **Eingruppierung** die Zustimmung nicht deshalb versagen, weil der ArbGeb. mit dem ArbN eine längere Arbeitszeit als die im Betrieb übliche vereinbart hat, da die Festlegung der Dauer der Wochenarbeitszeit keine nach § 87 Abs. 1 Nr. 10 mitbestimmungspflichtige Aufstellung eines Entlohnungsgrundsatzes ist (BAG 30. 10. 01 AP Nr. 26 zu § 95 BetrVG 1972 Eingruppierung). Gleiches gilt, wenn bei einer beabsichtigten Eingruppierung neu eingestellter ArbN der Arb-Geb. die sich aus dem betrieblichen Entgeltsystem (s. Rn 79a) ergebende Grundvergütung gleichmäßig reduzieren und eine jährliche Sonderzahlung nicht mehr in der bisherigen Höhe gewähren will (BAG 28. 4. 09 – 1 ABR 97/07 – NZA 09, 1102). Zur **Eingruppierung** von **Leih-ArbN** iSd. AÜG s. Rn 83 f.

210 Als **Gesetzesverstoß** ist **nicht** anzusehen eine Vertragsklausel über die Beendigung des ArbVerh. mit Vollendung des **65. Lebensjahres** (vgl. § 77 Rn 61 ff.) oder eine vertraglich vorgesehene **Befristung** des ArbVerh. ohne rechtfertigenden Grund, also Verstoß gegen § 14 TzBfG, da dem BR **keine Vertragsinhaltskontrolle** des Arbeitsvertrages hinsichtlich seiner wesentlichen Bestimmungen zusteht (st. Rspr. BAG 27. 10. 10 – 7 ABR 86/09 – NZA 11, 418; vgl. Rn 162a; s. auch BAG 5. 5. 92 NZA 92, 1089 –: Keine Prozessstandschaft des BR zur Überprüfung der Wirksamkeit einer Befristung; GK-*Raab* Rn 135; aA *Richardi/Thüsing* Rn 194 f.) und nicht die Einstellung, sondern uU die spätere Beendigung des ArbVerh. gesetzwidrig ist (BAG 16. 7. 85 AP Nr. 21 zu § 99 BetrVG 1972; vgl. auch Rn 38 u. § 102 Rn 17).

211 **Kein Gesetzesverstoß** besteht bei Zweifeln über die Ausgestaltung von Teilzeit-arbeitsverträgen nach §§ 6 ff. TzBfG (so zur Vorgängerregelung in §§ 2–5 BeschFG LAG Düsseldorf NZA 86, 200; aA LAG Baden-Württemberg BB 85, 2321). Der BR kann der Einstellung nicht die Zustimmung versagen, wohl aber beim ArbGeb. nach § 80 Abs. 1 Nr. 1, 4 vorstellig werden, ohne dass aber MBR erweitert würden.

212 **Verstöße gegen** eine Bestimmung in einem **TV** (BAG 27. 10. 10 – 7 ABR 36/09 – NZA 11, 527), auch wenn dieser nur kraft einzelvertraglicher Bezugnahme anwendbar ist (DKKW-*Bachner* Rn 177; HSWGNR Rn 156; GK-*Raab* Rn 140; aA *Richardi/Thüsing* Rn 200 f.). Verstöße sind vor allem bei der **Eingruppierung** oder Umgruppierung (vgl. den Fall BAG 8. 10. 85 AP Nr. 22 zu § 99 BetrVG 1972 betr. MTV über Verdienstsicherung im Alter) möglich, aber auch bei sonstigen Arbeitsbedingungen (DKKW-*Bachner* Rn 177). Ein TV-Verstoß liegt auch bei einer zu hohen Eingruppierung (BAG 28. 4. 98 AP Nr. 18 zu § 99 BetrVG 1972 Eingruppierung) sowie bei Eingruppierung nach einem **falschen TV** vor (BAG 22. 3. 05 BB 05, 2024 mwN). Derartige Verstöße stehen aber einer Einstellung oder Versetzung auf einen bestimmten Arbeitsplatz nicht entgegen (BAG 18. 3. 08 – 1 ABR 81/06 – NZA 08, 832).

212a Bei **Einstellungen** und **Versetzungen** liegt ein Zustimmungsverweigerungsgrund dann vor, wenn der Verstoß gegen den TV nur durch das Unterbleiben der personellen Maßnahme verhindert werden kann, also der TV die Beschäftigung als solche verbietet oder sie nur unter bestimmten Voraussetzungen erlaubt (BAG 27. 10. 10 – 7 ABR 36/09 – NZA 11, 527; 8. 12. 10 – 7 ABR 98/09 – NZA 11, 751). Solche Verbotsnormen enthalten zB sog. **qualitative Besetzungsregeln.** Sie verbieten – insb. aus Gründen des Schutzes vor Überforderung, der Förderung der Arbeitsqualität sowie des Beschäftigungsschutzes für Fachkräfte – auf bestimmten Arbeitsplätzen die Beschäftigung von ArbN, die bestimmte Anforderungen nicht erfüllen. Sie sind idR Betriebsnormen (§ 3 Abs. 2 TVG), die unabhängig von der Tarifbindung der ArbN für alle Betriebe eines tarifgebundenen ArbGeb. gelten (BAG 18. 3. 08 – 1 ABR 81/06 – NZA 08, 832; 27. 10. 10 – 7 ABR 36/09 – NZA 11, 527 mwN). Ein tarif- vertragl. Höchstalter von 32 Jahren und 364 Tagen für Einstellungen von **Piloten** ist wegen Verstoßes gegen das Verbot der Altersdiskriminierung des § 7 Abs. 1 AGG unwirksam und deshalb kein Zustimmungsverweigerungsgrund (BAG 8. 12. 10 – 7 ABR 98/09 – BeckRS 11, 72 342).

212b   Qualitative Besetzungsregeln sind im Wege der Tarifauslegung von tariflichen Vor- schriften zur tarifgerechten Eingruppierung abzugrenzen. Diese sind idR Inhaltsnor- men (§ 4 Abs. 1 S. 1 TVG). Ein Verstoß gegen sie stellt keinen Zustimmungsverwei- gerungsgrund bei Einstellung oder Versetzung dar (s. Rn 212). Wegen der mit qualitativen Besetzungsregeln verbundenen Eingriffe in die negative Koalitionsfreiheit der nichtorganisierten ArbN und in deren Berufsausübungsfreiheit (Art. 12 Abs. 1 GG) können sie bei Auslegungschwierigkeiten nur mit großer Zurückhaltung ange- nommen werden (BAG 18. 3. 08 – 1 ABR 81/06 – NZA 08, 832).

213   Als qualitative Besetzungsregeln in Form von **Abschlussverboten** kommen zB Ausschluss von Jugendlichen, Kindern oder von ungelernten Arb. von der Beschäf- tigung an bestimmten Arbeitsplätzen, Verbot einer Einstellung ohne Zustimmung des BR, Verbot der Unterschreitung einer Mindestarbeitszeit in Betracht (BAG 28. 1. 92 AP Nr. 95 zu § 99 BetrVG 1972; DKKW-*Bachner* Rn 177). Lässt eine tarifliche Re- gelung **befristete Arbeitsverträge** nur bei Vorliegen eines sachlichen oder in der Person des ArbN gegebenen Grundes zu, so handelt es sich dabei idR nicht um eine Norm, deren Verletzung eine Zustimmungsverweigerung nach Abs. 2 Nr. 1 begrün- den kann (BAG 28. 6. 94 AP Nr. 4 zu § 99 BetrVG 1972 Einstellung; vgl. Rn 210).

214   Die Verletzung qualitativer Besetzungsregeln in Form tariflicher **Abschlussgebote** begründet ebenfalls ein Verweigerungsrecht, zB: Bestimmungen, wonach bestimmte Arbeitsplätze gewissen Gruppen von ArbN vorbehalten bleiben sollen (Frauen mit dem Ziel der Verwirklichung einer zwecks Frauenförderung vorgesehenen Quoten- regelung (s. dazu § 75 Rn 120 ff.), Schwerbeh., ältere ArbN, Besetzungsregelungen im MTV Druckindustrie, BAG 22. 1. 91 AP Nr. 67 Art. 12 GG). Auch gegen eine Wiedereinstellungsklausel nach Abschluss eines Arbeitskampfes kann verstoßen wer- den, wenn der seitherige Arbeitsplatz des Streikenden anderweit besetzt werden soll (DKKW-*Bachner* Rn 177). Mindestarbeitsbedingungen stehen Tarifnormen gleich (§ 8 MindArbBedG), ebenso **bindende Festsetzungen** für in Heimarbeit Beschäf- tigte (§ 19 HAG; s. BAG 20. 9. 90 AP Nr. 83 zu § 99 BetrVG 1972).

215   Schreibt eine **Betriebsnorm** vor, **welcher Prozentsatz** der Belegschaft **mit einer verlängerten regelmäßigen Arbeitszeit** beschäftigt werden darf, und ver- langt sie die Einhaltung der festgesetzten Quote nicht durchgängig, sondern nur zu bestimmten, halbjährigen Stichtagen und überlässt sie allein dem ArbGeb., wie er dieses Ergebnis erreicht, so kann der BR einer Einstellung nicht mit der Begründung widersprechen, die mit dem einzustellenden ArbN vereinbarte Arbeitszeit verstoße gegen den TV, weil die Quote der Betriebsnorm bereits erfüllt sei und durch die Neu- einstellung überschritten werde. Denn die Stichtagsregelung soll dem ArbGeb. er- kennbar einen zeitlichen Spielraum eröffnen und einer flexiblen Personalwirtschaft Rechnung tragen mit der Folge, dass der ArbGeb. nur einen termingerechten Ge- samterfolg, nämlich ausschließlich an den Stichtagen, schuldet. Ist also der ArbGeb. nicht hinsichtlich einzelner personeller Maßnahmen gebunden, kann der BR seine Zustimmung auch nicht damit begründen, die Quote sei ausgeschöpft (BAG 17. 6. 97 AP Nr. 2 zu § 3 TVG Betriebsnormen m. kr. Anm. *Herbst;* ähnlich LAG Niedersach- sen BB 98, 1535 m. Anm. *Feil,* das dem BR einen Unterlassungsanspruch versagt).

216   Vorbehaltlich des Vorrangs des TV (§ 77 Abs. 3, § 87 Abs. 1 S. 1) kann auch eine **BV** Bestimmungen über personelle Maßnahmen enthalten, deren Verletzung zur Verweigerung der Zustimmung berechtigt, zB Arbeitsplatzsicherungen oder Wiedereinstellungsansprüche in einem Sozialplan (BAG 18. 12. 90 AP Nr. 85 zu § 99 BetrVG 1972; DKKW-*Bachner* Rn 178; GK-*Raab* Rn 141; *HSWGNR* Rn 160; *Richardi/Thüsing* Rn 202), ausdrückliches Verbot der Beschäftigung über eine Altersgrenze von 65 Jahren hinaus (vgl. BAG 10. 3. 92 AP Nr. 96 zu § 99 BetrVG 1972; ausführlich zu dieser Frage vgl. § 77 Rn 62), Vereinbarungen über die Nichtverwendung von aus technischen Überwachungseinrichtungen gewonnenen Daten zu Personalentscheidungen, über den Versetzungsplan für Auszubildende zur Regelung des Durchlaufens der einzelnen Abteilungen (§ 98 Rn 5), Beteiligung des BR bei Einstellungsgesprächen (LAG Berlin NZA 85, 604; vgl. auch Rn 39). Wegen AuswahlRL vgl. unten Rn 219.

Eine personelle Maßnahme, insb. eine Einstellung entgegen einer **rechtskräftigen** 217 **gerichtlichen Entscheidung** liegt vor, wenn die Beschäftigung eines bestimmten ArbN im Betriebe oder doch an einem bestimmten Arbeitsplatz verboten und dies gerichtlich festgestellt worden ist. ZB in den Fällen der §§ **100 Abs. 3, 101, 104** (insoweit **aA** *Heinze* Rn 305), ferner bei gerichtlichem Berufsverbot nach § **70 StGB**, zB für einen Arzt, der als Betriebsarzt eingestellt werden soll, für einen Kraftfahrer, § 44 StGB (DKKW-*Bachner* Rn 179; *HSWGNR* Rn 162; *Richardi/Thüsing* Rn 203; **aA** betr. Fahrverbot GK-*Raab* Rn 136). Wird der ArbGeb. verurteilt, einen ArbN zu den bestehenden vertraglichen Bedingungen zu beschäftigen, ohne dass der Inhalt der Arbeitsaufgaben des ArbN Streitgegenstand war, so verstößt eine Versetzung des ArbN nicht gegen die Entscheidung (BAG 26. 10. 04 AP Nr. 41 zu § 99 BetrVG 1972 Versetzung).

Eine **behördliche Anordnung** wird einer personellen Maßnahme nur selten im 218 Wege stehen. In Frage kommt die behördliche Untersagung des Einstellens von Auszubildenden und des Ausbildens, wenn die persönliche oder fachliche Eignung nicht (mehr) vorliegt (§§ 27, 33 BBiG, §§ 22, 24 HandwO, vgl. § 98 Rn 13), Verbot der Beschäftigung von Jugendlichen (§ 27 JArbSchG). Ferner sind zu nennen Anordnungen auf Grund von Ermächtigungen in VO über den Arbeitsschutz.

2. Verstoß gegen Auswahlrichtlinien nach § 95

Die Verletzung von AuswahlRL berechtigt den BR zur Verweigerung der Zu- 219 stimmung zu der personellen Maßnahme, und zwar gleichgültig, ob der BR die Aufstellung von RL verlangen konnte (§ 95 Abs. 2) oder sie nur bei freiwilliger Einführung in ihrer Ausgestaltung dem MBR des BR unterlagen (§ 95 Abs. 1). Es kommt dann nicht darauf an, ob die Verweigerung der Zustimmung „unangemessen" ist (so aber *Blomeyer* Gedächtnisschrift *Dietz* S. 165; wie hier: DKKW-*Bachner* Rn 181; GK-*Raab* Rn 145; *HSWGNR* Rn 164; *Richardi/Thüsing* Rn 206). Unerheblich ist auch, ob die AuswahlRL als BV oder Regelungsabrede erlassen worden sind. Näheres vgl. die Rn zu § 95.

3. Besorgnis der Benachteiligung anderer Arbeitnehmer des Betriebes

Der Tatbestand der Nr. 3 ist gegeben, wenn die durch bestimmte Tatsachen – die 220 vom BR anzuführen sind – belegte **Besorgnis** besteht, dass durch die vorgesehene personelle Maßnahme einem schon im Betrieb beschäftigten **anderen ArbN gekündigt** werden muss (BAG 15. 9. 87 AP Nr. 45 zu § 99 BetrVG 1972 betr. Versetzung eines ArbN, dessen Arbeitsplatz wegfällt; nach BAG ist aber die Zustimmung zu ersetzen, wenn nach den Grundsätzen der sozialen Auswahl gerade dem ArbN gekündigt werden muss, dessen Arbeitsplatz der zu versetzende ArbN einnehmen soll; DKKW-*Bachner* Rn 183, 185) oder dass diesem doch **sonstige Nachteile** drohen, zB Zuweisung eines anderen Arbeitsbereichs oder auch eines anderen Arbeitsplatzes unter Verschlechterung oder Erschwerung der Arbeitsbedingungen. Regelungszweck ist die Erhaltung des status quo der im Betrieb beschäftigten ArbN (BAG 26. 10. 04 AP Nr. 41 zu § 99 BetrVG 1972 Versetzung).

220a   Erfolgt die **Überlassung** eines LeihArbN an den Entleiher **nicht nur vorüber-gehend,** so ist ein Austausch von Stammpersonal durch LeihArbN im Entleiher-Betrieb zu befürchten, so dass außer dem Zustimmungsverweigerungsgrund nach Nr. 1 (s. Rn 192a) der nach Nr. 3 vorliegt (*Ulber* AÜG § 14 Rn 223; *ders.* AiB 11, 351, 355).

221   Übernimmt ein ArbN **während der Elternzeit** auf Grund einer nachträglichen Vereinbarung mit dem ArbGeb. auf seinem bisherigen Arbeitsplatz **aushilfsweise** eine befristete **Teilzeitbeschäftigung,** so liegt darin eine Einstellung (s. Rn 45), gegen die der BR uU Zustimmungsverweigerungsgründe nach Nr. 3 geltend machen kann, wenn das vorübergehend frei gewordene Arbeitsvolumen anderen ArbN übertragen worden ist (BAG 28. 4. 98 AP Nr. 22 zu § 99 BetrVG 1972 Einstellung; *Preis/Lindemann* NZA-Sonderheft 01, 37).

222   Gibt es im Betrieb **Teilzeitarbeitsplätze** oder werden solche geschaffen und will der ArbGeb. diese oder auch nur einen davon mit externen Bewerbern besetzen, kann der BR diesen Einstellungen die Zustimmung nach Nr. 3 versagen. Denn mit der Einstellung der externen Bewerber würden im Betrieb beschäftigte Vollzeit-ArbN mit Wunsch nach Teilzeit den Nachteil erleiden, dass ihr gesetzlicher **Anspruch** auf **Arbeitszeitverringerung** nach § 8 TzBfG vereitelt oder zumindest er-schwert wird (*Preis/Lindemann* NZA-Sonderheft 01, 37). Gleiches gilt, wenn ArbN aus einem anderen Betrieb des Unternehmens auf diese Teilzeitstellen versetzt werden sollen.

223   Will der ArbGeb. einen **Vollzeitarbeitsplatz,** der sich für Teilzeit eignet (s. § 93 Rn 17), mit einem VollzeitArbN besetzen, kann der BR ebenfalls die Zustimmung zu der Einstellung oder einer eventuellen Versetzung verweigern, da auch in diesem Fall der Anspruch von an Teilzeit interessierten ArbN auf Arbeitszeitverringerung nach § 8 TzBfG unterlaufen und ihnen damit ein Nachteil entstehen würde. Dabei ist es für die Nr. 3 unerheblich, ob der ArbGeb. der Ausschreibungs- und Informa-tionspflicht nach § 7 TzBfG nachgekommen ist oder nicht.

224   Hat ein teilzeitbeschäftigter ArbN den Anspruch auf **Verlängerung seiner Ar-beitszeit** nach § 9 TzBfG geltend gemacht und beabsichtigt der ArbGeb., den entspr. freien Arbeitsplatz mit einem externen Bewerber durch Einstellung oder mit einem anderen VollzeitArbN des Betriebs oder eines anderen Betriebs des Unternehmens im Wege der Versetzung zu besetzen, so steht dem BR das Zustimmungsverweigerungs-recht der Nr. 3 zu. Denn bei anderweitiger Besetzung des freien Arbeitsplatzes erlei-det der an Vollzeit interessierte TeilzeitArbN den Nachteil, dass er seinen Rechtsan-spruch nach § 9 TzBfG nicht durchsetzen kann (BAG 1. 6. 11 – 7 ABR 117/09 – NZA 11, 1435; GK-*Raab* Rn 153; *Richardi/Thüsing* Rn 218; *Schüren* ArbuR 01, 321, 323; *Preis/Lindemann* NZA-Sonderheft 01, 34 f. sehen Nr. 1 erfüllt). Der ArbN muss seinen Wunsch auf Verlängerung seiner Arbeitszeit gegenüber dem ArbGeb. **geltend gemacht,** also ein entspr. Vertragsangebot dem ArbGeb. unterbreitet haben; die Mitteilung des Wunsches auf Aufstockung der Arbeitszeit (§ 7 Abs. 2 TzBfG) reicht für den Zustimmungsverweigerungsgrund der Nr. 3 nicht aus (BAG 1. 6. 11 – 7 ABR 117/09 – BeckRS 11, 76301).

224a   Ein Anspruch auf Verlängerung der vertraglichen Arbeitszeit besteht nur, wenn ein **freier Arbeitsplatz** besetzt werden soll (BAG 1. 6. 11 – 7 ABR 117/09 – BeckRS 11, 76301). Das ist bei nur einer befristeten Einstellung zur Vertretung des erkrankten ArbN nicht der Fall (LAG Schleswig-Holstein NZA-RR 09, 139). Der ArbGeb. ist auch nicht verpflichtet, einzurichtende und zu besetzende Arbeitsplätze nach den Arbeitszeitwünschen eines ArbN zu schaffen, zuzuschneiden oder ihm die für einen anderen (Teilzeit-)Arbeitsplatz vorgesehene Arbeitszeit ganz oder teilweise zuzuteilen (BAG 1. 6. 11 – 7 ABR 117/09 – NZA 11, 1435), wie zB einen freien Teilzeitar-beitsplatz zu splitten, um die vertragliche Arbeitszeit eines TeilzeitArbN auf 100% einer Vollzeitarbeitsstelle aufzustocken (LAG Schleswig-Holstein aaO).

225   Machen **mehrere teilzeitbeschäftigte ArbN** den Anspruch nach § 9 TzBfG geltend und sind weniger freie Arbeitsplätze vorhanden, kann der BR nur dann nach

Nr. 3 tätig werden, wenn die Erhöhung der Arbeitszeit nach der neueren Rspr. des BAG (25. 1. 05 AP Nr. 114 zu § 87 BetrVG 1972 Arbeitszeit; ablehnend *Hunold* NZA 05, 910) als **neuerliche Einstellung** zu werten ist (s. Rn 40 f.) oder die Besetzung der freien Arbeitsplätze mit einer Versetzung oder Umgruppierung verbunden ist (s. Rn 42).

Die personelle Maßnahme muss nicht zu einer Beendigungskündigung führen, **226** eine infolge der Einstellung oder Versetzung zu befürchtende **Änderungskündigung** reicht aus (BAG 30. 8. 95 AP Nr. 5 zu § 99 BetrVG 1972 Versetzung; *Richardi/ Thüsing* Rn 214).

Fallen bei einer **Betriebsänderung** Arbeitsplätze mehrerer vergleichbarer ArbN **227** weg und stehen nur für einen Teil dieser ArbN Beschäftigungsmöglichkeiten zur Verfügung, so dass eine Sozialauswahl (§ 1 Abs. 3 KSchG) zu erfolgen hat, so begründet die Versetzung eines ArbN auf einen freien Arbeitsplatz die Besorgnis, dass einem anderen ArbN infolge dieser Maßnahme gekündigt wird (BAG 30. 8. 95, 2. 4. 96 AP Nr. 5, 9 zu § 99 BetrVG 1972 Versetzung; LAG Köln NZA 97, 887; s. auch Rn 243; **aA** *Löwisch/Kaiser* Rn 79 f.; *Löwisch* RdA 96, 352, 354).

Auch **tatsächliche, nicht unerhebliche Erschwerungen** der Arbeit rechnen **228** hierher, zB Verdopplung des Verantwortungsbereichs für einen Schichtleiter durch Versetzung des zweiten Schichtleiters der Abteilung (BAG 15. 9. 87 AP Nr. 46 zu § 99 BetrVG 1972; DKKW-*Bachner* Rn 186; HSWGNR Rn 169; *v. Hoyningen-Huene/Boemke* S. 176), erhebliche Mehrarbeit eines StammArbN zwecks Einarbeitung eines LeihArbN (*Wensing/Freise* BB 04, 2238, 2423) oder andere Formen der Leistungsverdichtung (DKKW-*Bachner* Rn 189).

Nachteil iSd. Nr. 3 ist auch die Versagung der beruflichen Entwicklung anderer **229** ArbN, wenn hierauf ein **Rechtsanspruch** oder mindestens eine **rechtserhebliche Anwartschaft, nicht nur eine Chance** oder eine bloße Erwartungshaltung, besteht (st. Rspr.: BAG 26. 10. 04 AP Nr. 41 zu § 99 BetrVG 1972 Versetzung mwN; 17. 6. 08 – AP Nr. 46 zu § 99 BetrVG 1972 Versetzung; *Heinze* Rn 314; HSWGNR Rn 170; *Richardi/Thüsing* Rn 217; *Meisel* Rn 254; **aA** DKKW-*Bachner* Rn 186). Der Verlust einer **Beförderungschance** ist nur dann rechtlich nachteilig, wenn dadurch eine Rechtsposition des nicht beförderten ArbN gefährdet wird; es gibt keinen allgemeinen Anspruch des ArbN auf Beförderung (BAG 18. 9. 02 AP Nr. 31 zu § 99 BetrVG 1972 Versetzung). Wird eine Beförderung unter Verstoß gegen AuswahlRL iSd. § 95 oder des Gleichbehandlungsgrundsatzes gem § 75 Abs. 1 vorgenommen, so ist dies ein Rechtsverstoß nach Abs. 2 Nr. 1 und 2 (BAG 18. 9. 02 aaO).

Nach der mit dem BetrVerf-ReformG erfolgten Ergänzung in Nr. 3 Halbs. 2 gilt **230** auch die Nichtberücksichtigung eines gleichgeeigneten **befristet Beschäftigten** bei unbefristeter Einstellung als Nachteil. Dieser Zustimmungsverweigerungsgrund steht im Zusammenhang mit den Informationsrechten nach §§ 18, 20 TzBfG (GK-*Raab* Rn 150 f.; *Löwisch* BB 01, 1734, 1795). Es muss um eine Neueinstellung eines externen Bewerbers oder um eine Einstellung im Zuge einer Versetzung eines ArbN aus einem anderen Betrieb des Unternehmens (*Löwisch/Kaiser* Rn 88; *Richardi/Thüsing* Rn 221; *Fuchs* AiB 02, 511; *Oetker,* NZA 03, 938; **aA** ErfK-*Kania* Rn 31 a; *Rieble* NZA Sonderheft 01, 56 f.) gehen; dem externen Bewerber soll also ein unbefristetes ArbVerh. angeboten werden, bzw. der den Betrieb wechselnde ArbN steht in einem unbefristeten ArbVerh. und soll einen neu geschaffenen oder frei gewordenen Dauerarbeitsplatz in einem anderen Betrieb mit befristet Beschäftigten einnehmen.

Nur unter vorgenannten Voraussetzungen kann der **BR mittels** seines **Zustim-** **231** **mungsverweigerungsrechts** dafür sorgen, dass befristet Beschäftigte, die noch nicht aus dem Betrieb ausgeschieden sind (ArbG Frankfurt a. M. NZA-RR 02, 474), unabhängig vom Grund der Befristung, also auch bei Befristungen auf Probe (*Oetker* NZA 03, 941; *Löwisch/Kaiser* Rn 88; **aA** SWS Rn 73a), in ein **Dauerarbeitsverhältnis** wechseln können (*Engels/Trebinger/Löhr-Steinhaus* DB 01, 532, 539). Dagegen ist unerheblich, ob die Tätigkeit des befristet Beschäftigten den Tätigkeitsmerkmalen des zu besetzenden Dauerarbeitsplatzes entspricht. Allein entscheidend ist, ob Erfahrung, Kenntnisse, Ausbildung etc. die gleiche Eignung des befristet Beschäftigten begründen (**aA** *Preis/Lindemann* NZA-Sonderheft 01, 35; *Rieble* aaO).

232   Die Einstellung eines **LeihArbN** zu vorübergehendem Einsatz im Entleiher-Betrieb ist kein Fall der Nr. 3 Halbs. 2. Hier geht es nicht um die Besetzung einer unbefristeten Stelle durch einen Bewerber, mit dem der befristet Beschäftigte in Konkurrenz tritt, sondern um die Besetzung eines Arbeitsplatzes für Fremdpersonal (BAG 25. 1. 05 AP Nr. 48 zu § 99 BetrVG 1972 Einstellung; vgl. *Düwell/Dahl* NZA 07, 889, 892 f.; s. aber *Hamann* RdA 11, 321, 336 unter Hinweis auf § 13 a AÜG).

233   Bei der Frage der **gleichen Eignung** steht dem ArbGeb. letztlich ein Beurteilungsspielraum zu, da er innerhalb seiner betrieblichen Organisationsfreiheit den Inhalt der an einem Arbeitsplatz zu erbringenden Tätigkeit und das dazu notwendige Anforderungsprofil bestimmen kann (*Richardi/Thüsing* Rn 219; *Däubler* ArbuR 01, 290; *Hanau* ZIP 01, 1981, 1987; *Konzen* RdA 01, 76, 92; *Preis/Lindemann* NZA-Sonderheft 01, 35; *Rieble* aaO, 57). Die pauschale Behauptung, der befristet Beschäftigte sei nicht gleichgeeignet, reicht dagegen nicht aus. Der ArbGeb. muss sich auf das objektive Vorhandensein von Tatsachen berufen können, die die Eignung oder Nichteignung des befristet Beschäftigten belegen (*Preis/Lindemann* aaO). Tut er dies nicht, greift Nr. 3 Halbs. 2. Um in dieser Frage Streit möglichst zu vermeiden, empfiehlt sich die Vereinbarung von Auswahlrichtlinien nach § 95 (ebenso *Oetker,* NZA 03, 943).

234   Nr. 3 Halbs. 2 ist über seinen Wortlaut hinaus immer dann anwendbar, wenn ein Arbeitsvertrag befristet abgeschlossen worden ist, unabhängig davon, ob die Befristung wirksam oder unwirksam ist. Selbst wenn der ArbN die **Unwirksamkeit** der **Befristung geltend gemacht** hat und es noch keine rechtskräftige Feststellung der Unwirksamkeit gibt, kann der BR seine Zustimmung verweigern (*Oetker,* NZA 03, 941; *Preis/Lindemann* aaO, 47; *Rieble* aaO, 57).

235   Beim **„betriebsinternen Wettbewerb"** um einen unbefristeten Arbeitsplatz greift Nr. 3 Halbs. 2 nicht, wenn ein solcher Arbeitsplatz innerhalb des Betriebs vergeben wird und sich mehrere betriebsangehörige befristet (und unbefristet) Beschäftigte bewerben (*HSWGNR* Rn 173; *Hanau* ZIP 01, 1981, 1987; **aA** *Oetker,* NZA 03, 939 bei Übernahme eines Auszubildenden des Betriebs in ein unbefristetes Arb-Verh.). Konkurriert ein TeilzeitArbN, der die Verlängerung seiner Arbeitszeit nach § 9 **TzBfG** verlangt, mit einem befristet Beschäftigten, wird dem Teilzeiter der Vorrang einzuräumen sein, da er einen entspr. Rechtsanspruch hat (GK-*Raab* Rn 153; *Hanau* aaO; *Oetker,* NZA 03, 939; **aA** *Fuchs* AiB 02, 511). Das gilt auch dann, wenn ein externer Bewerber unbefristet eingestellt werden soll.

236   In dem Fall, dass in einem Betrieb nur wenige **befristet Beschäftigte** tätig sind und dem BR bekannt ist, dass diese **kein Interesse** an einer unbefristeten Beschäftigung haben, ist für sie weder ein „Nachteil" zu befürchten, noch kann von einer „Nichtberücksichtigung" die Rede sein, so dass in diesem Ausnahmefall Nr. 3 Halbs. 2 nicht erfüllt ist und dem BR kein Zustimmungsverweigerungsrecht zusteht (GK-*Raab* Rn 157; *Fuchs* AiB 02, 511; *Oetker* NZA 03, 942). Gleiches gilt, wenn der BR keinen befristet Beschäftigten konkret benannt hat; dessen bedarf es aber, um die gleiche Eignung (Rn 233) beurteilen zu können (BAG 25. 1. 04 DB 05, 1693).

237   Die Annahme des BR, ein anderer ArbN sei geeigneter, reicht allein als Zustimmungsverweigerungsgrund nicht aus (GK-*Raab* Rn 149), ebenso nicht der vorgesehene Abbau von Überstunden wegen Neueinstellungen (*DKKW-Bachner* Rn 189; *HSWGNR* Rn 169; *Richardi/Thüsing* Rn 218; **aA** GK-*Raab* Rn 160), vorbehaltlich des MBR nach § 87 Abs. 1 Nr. 3 (dort Rn 140 ff.; vgl. auch § 102 Rn 97), wohl aber Kurzarbeit wegen nicht notwendiger Einstellungen und Überstunden wegen Versetzungen (*DKKW-Bachner* Rn 189; *HSWGNR* Rn 169; *Richardi/Thüsing* Rn 218).

238   Selbst wenn ein Nachteil iSd. Nr. 3 vorliegt, greift dieser Zustimmungsverweigerungsgrund nicht, wenn die Maßnahme durch **betriebliche oder persönliche Gründe gerechtfertigt** ist, also auch zu einer Kündigung führen könnte oder schon

geführt hat. Dafür trägt der ArbGeb. die Darlegungslast (DKKW-*Bachner* Rn 191; *HSWGNR* Rn 174; *Richardi/Thüsing* Rn 226). Solche Gründe sind zB die Notwendigkeit, einen bes. qualifizierten ArbN – auch gegen höheren Lohn – zu gewinnen oder einen solchen auf einem Arbeitsplatz einzusetzen, den ein ungeeigneter ArbN inne hat, dessen befristeter Arbeitsvertrag nicht verlängert wird (vgl. *Ehrich* BB 92, 1483). Eine Benachteiligung von ArbN des Betriebes infolge geplanter personeller Maßnahme aus betriebsbedingten oder personen- bzw. verhaltensbedingten Gründen berechtigt daher den BR nicht, die Zustimmung zu einer Ersatzeinstellung zu verweigern; insoweit ist der BR lediglich nach § 102 zu beteiligen (ArbG Offenbach DB 81, 2033; ArbG Wiesbaden NZA 86, 170; *HSWGNR* Rn 171; *Ehrich* aaO; **aA** DKKW-*Bachner* Rn 191). Dem ArbGeb. steht ein gewisser Beurteilungsspielraum zu.

Ein- oder Umgruppierungen allein können praktisch keinen Zustimmungsverweigerungsgrund nach Nr. 3 auslösen, da sie sich nicht auf andere ArbN nachteilig auswirken können (hM; LAG Schleswig-Holstein NZA-RR 07, 365; *Richardi/Thüsing* Rn 209). Überhaupt reicht die Befürchtung des BR, der ArbGeb. könne die Arbeitsbedingungen seiner ArbN den ungünstigeren Regelungen neu eingestellter ArbN anpassen, für eine Zustimmungsverweigerung idR nicht aus (BAG 9. 7. 96 AP Nr. 9 zu § 99 BetrVG 1972 Einstellung). Folglich begründet auch eine untertarifliche Beschäftigung von **ABM-Kräften** keine Zustimmungsverweigerung nach Nr. 3. **239**

Wird ein **Ein-Euro-Jobber** eingestellt, hat der BR grundsätzlich das Zustimmungsverweigerungsrecht der Nr. 3. Dessen Voraussetzungen dürften idR kaum gegeben sein, wenn der Ein-Euro-Jobber, wie es § 16 Abs. 3 S. 2 SGB II vorschreibt, ausschließlich mit zusätzlichen Arbeiten beschäftigt wird. Dadurch kann der status quo der im Betrieb beschäftigten ArbN nicht gefährdet werden. Soll der Ein-Euro-Jobber dagegen **nicht** mit **zusätzlichen Arbeiten** (s. Rn 200) beschäftigt werden, dürfte idR die begründete Besorgnis bestehen, dass ArbN durch billige Ein-Euro-Jobber ersetzt werden oder sonstige Nachteile, wie zB Entziehung von Arbeitsfeldern, Zuweisung anderer Tätigkeitbereiche, Versetzungen, erleiden (vgl. BVerwG 21. 3. 07 NZA 07, 499; *Engels* NZA 07, 8, 12; *Zwanziger* AuR 05, 8, 14f.). **240**

Der BR kann aber immer nur erreichen, dass eine **Benachteiligung unterbleibt.** Ein positiver Anspruch auf Einstellung oder Versetzung eines bestimmten ArbN besteht (außer dem Fall des § 104) weder unter betriebsverfassungsrechtlichen Gesichtspunkten noch aufgrund des Gleichbehandlungsgrundsatzes oder des Diskriminierungsschutzes nach dem AGG (s. § 15 Abs. 6 AGG u. dazu § 75 Rn 127ff.). Die Auswahl unter den Bewerbern ist Sache des ArbGeb. Der BR kann nicht die Einstellung eines vom ArbGeb. abgelehnten Bewerbers durchsetzen (BAG 19. 5. 81 AP Nr. 18 zu § 118 BetrVG 1972). **241**

4. Benachteiligung des von der personellen Maßnahme betroffenen Arbeitnehmers

Auch der von der personellen Maßnahme unmittelbar betroffene ArbN (BAG 6. 10. 78 AP Nr. 10 zu § 99 BetrVG 1972) kann der ungerechtigt Benachteiligte sein, insb. bei **Versetzung** (bei erforderlichen Änderungskündigungen besteht auch das Beteiligungsrecht nach § 102; s. zum Verhältnis beider Verfahren Rn 122). Solche Nachteile sind sowohl bei einer Verschlechterung der äußeren Arbeitsbedingungen (zB Schmutz, Lärm, längere Wege) als auch der materiellen Arbeitsbedingungen gegeben (DKKW-*Bachner* Rn 195; *HSWGNR* Rn 177; *Richardi/Thüsing* Rn 230). Dagegen stellt eine von der im Betrieb geltenden Vergütungsordnung gebotene **Ein-** oder **Umgruppierung** keinen „Nachteil" dar, selbst wenn sie zu einem geringeren Einkommen führt (BAG 6. 8. 02 AP Nr. 27 zu § 99 BetrVG 1972 Eingruppierung). **242**

Fallen mehrere vergleichbare Arbeitsplätze weg und gibt es nur für einen Teil der betroffenen ArbN andere gleichwertige Arbeitsplätze, so kann der BR die Zustimmung zur Versetzung eines ArbN auf einen niedriger einzustufenden Arbeitsplatz mit der Begründung verweigern, der ArbGeb. habe **soziale Auswahlkriterien** nicht **243** beachtet (BAG 2. 4. 96 AP Nr. 9 zu § 99 BetrVG 1972 Versetzung m. kr. Anm. *Kania* SAE 98, 96; LAG Köln NZA 97, 887; s. Rn 227).

244 Ist die Maßnahme **weder aus betrieblichen noch aus persönlichen Gründen** gerechtfertigt (Rn 238), so kann der BR seine Zustimmung versagen (vgl. LAG Hamm BB 92, 430, das ein Zustimmungsverweigerungsrecht des BR gegen die Versetzung eines Verkäufers wegen unkorrekter Kleidung abgelehnt hat, u. BAG 10. 8. 93 NZA 94, 187, das die Schließung einer Abteilung als ein im Rahmen der Nr. 4 als vorgegebener, betrieblicher Grund wertet, der nicht auf seine Zweckmäßigkeit hin zu überprüfen ist; ebenso BAG 16. 1. 07 AP Nr. 52 zu § 99 BetrVG 1972 Einstellung zu Versetzungen bei Arbeitsplatzverlagerungen aufgrund unternehmerischer Entscheidung). Die Maßnahme kann dann zugleich einen Verstoß gegen den Gleichbehandlungsgrundsatz (§ 75 Abs. 1) oder einen der Diskriminierungsverbote des AGG oder des § 75 Abs. 1 (s. Rn 196 ff., § 75 Rn 58 ff.) darstellen, der ebenfalls nach Nr. 4 gerügt werden kann (BAG 3. 12. 85 AP Nr. 1 zu § 74 BAT; DKKW-*Bachner* Rn 195: nur Nr. 1). Soll ein ArbN zwecks **Freimachen eines leidensgerechten Arbeitsplatzes** für einen kranken ArbN versetzt werden, steht dem BR das Zustimmungsverweigerungsrecht zu (vgl. BAG 29. 1. 97 AP Nr. 32 zu § 1 KSchG 1969 Krankheit; s. auch BAG 19. 5. 10 – 5 AZR 162/09 – NZA 10, 1119; *Lingemann* BB 98, 1106).

245 Auch bei **Neueinstellung** von ArbN können Benachteiligungen vorkommen. Diese begründen jedoch keine Zustimmungsverweigerung nach Nr. 4, sondern allenfalls nach Nr. 1; das gilt auch bei der Einstellung von LeihArbN unter Verletzung des „equal pay"-Prinzips (BAG 21. 7. 09 – 1 ABR 35/08 – NZA 09, 1156; 1. 6. 11 – 7 ABR 117/09 – NZA 11, 1435). Die Einstellung als solche ist keine Benachteiligung (s. Rn 189 ff.). Schlechtere Arbeitsbedingungen kann der BR nur beanstanden, wenn sie auf einer unzutreffenden Eingruppierung beruhen. Ansonsten greift weder Nr. 1 noch Nr. 4, da sie den BR nicht zu einer Inhaltskontrolle der arbeitsrechtlichen Bedingungen berechtigen (s. Rn 189).

246 Auch das **Einverständnis des ArbN** schließt grundsätzlich den Verweigerungsgrund nicht aus. Der BR muss auf Grund seiner kollektiven Verantwortung und im wohlverstandenen Interesse des Bewerbers (s. Rn 3) in der Lage sein, in solchen Fällen die Zustimmung zu verweigern (DKKW-*Bachner* Rn 194; *Heinze* Rn 324; *Richardi/Thüsing* Rn 231; aA GK-*Raab* Rn 162; ErfK-*Kania* Rn 32; MünchArbR-*Matthes* § 263 Rn 63; *v. Hoyningen-Huene/Boemke* S. 179; *Hartmann* ZfA 08, 383, 405). Nach BAG (2. 4. 96 AP Nr. 9 zu § 99 BetrVG 1972 Versetzung) gilt das dann nicht, wenn der ArbN eine Versetzung selbst wünscht oder sie seinen Wünschen und seiner freien Entscheidung entspricht; für eine derartige Annahme reicht der Verzicht einer Klageerhebung gegen eine entspr. Änderungskündigung nicht aus (s. auch Rn 171).

5. Fehlende Ausschreibung im Betrieb nach § 93

247 Die vom BR verlangte innerbetriebliche Ausschreibung von Arbeitsplätzen (s. dazu § 93 Rn 1 ff.) wird vor allem bei der geplanten Besetzung von Arbeitsplätzen mit **neuen Bewerbern** praktisch; auf deren künftiges Rechtsverhältnis zum ArbGeb. (zB freie Mitarbeiter) kommt es dabei grundsätzlich nicht an (s. dazu Rn 33 ff. einerseits u. BAG 27. 7. 93 AP Nr. 3 zu § 93 BetrVG 1972 andererseits, das auf die Deckungsgleichheit der MBR des BR nach §§ 93 u. 99 bei der Besetzung von Arbeitsplätzen hinweist). Die Ausschreibung hat auch bei der Besetzung von Arbeitsplätzen mit LeihArbN zu erfolgen (st. Rspr. BAG 1. 2. 11 – 1 ABR 79/09 – NZA 11, 703; 1. 6. 11 – 7 ABR 18/10 – BeckRS 11, 75883; kr. *Gussen* NZA 11, 830, 835; zur Informationspflicht des ArbGeb. gegenüber LeihArbN über freie Arbeitsplätze s. § 5 Rn 261). Bei **Versetzungen** von ArbN spielt die Ausschreibung ebenfalls eine Rolle.

247a Unterlässt der ArbGeb. die Ausschreibung, obwohl der BR sie verlangt hat (s. Rn 252, § 93 Rn 5), oder ist sie unzureichend erfolgt, so kann der BR einer Besetzung des Arbeitsplatzes unter Hinweis hierauf **ohne** weitere **Begründung** die Zustimmung **verweigern** (BAG 6. 10. 10 – 7 ABR 18/09 – NZA 11, 360; DKKW-

Bachner Rn 197; s. § 93 Rn 6 f.). Er kann seine Zustimmungsverweigerung aber nur dann auf Abs. 2 Nr. 5 stützen, wenn er die **Ausschreibung vor** dem **Antrag** des ArbGeb. auf **Zustimmung** zur Einstellung oder Versetzung eines ArbN auf einen bestimmten Arbeitsplatz **verlangt** hat. Ein späteres Ausschreibungsverlangen genügt nicht (BAG 1. 6. 11 − 7 ABR 18/10 − BeckRS 11, 75 883). Ebenso wenig genügt eine Verletzung des Anspruchs der **LeihArbN** aus § 13 a AÜG durch den ArbGeb. (*Hamann* RdA 11, 321, 336).

Als Mindestangaben verlangt eine Ausschreibung die Beschreibung der betreffen- **247b** den Stelle durch zumindest schlagwortartige Bezeichnung der mit ihr verbundenen Arbeitsaufgaben und die von den Bewerbern erwarteten Qualifikationen (§ 93 Rn 7). Dem eine Zustimmungsverweigerung begründenden Unterlassen einer Ausschreibung kommt eine **Desinformation** über die zu besetzende Stelle gleich (BAG 10. 3. 09 − 1 ABR 93/07 − NZA 09, 622), da sie mögliche Interessenten von einer Bewerbung abhalten kann. Das dürfte bei einer in Aussicht gestellten Vergütung, die eindeutig den ArbGeb. bindenden TV oder betrieblichen Vorgaben widerspricht, der Fall sein. Unrichtige, aber nicht offensichtlich **falsche Angaben** über die **tarifliche Eingruppierung** berechtigen den BR nicht, die Zustimmung zur Einstellung eines Bewerbers zu verweigern (BAG aaO).

Es kommt nicht darauf an, ob im Betrieb überhaupt für die Stelle **geeignete Bewer-** **248** **ber** vorhanden sind; das lässt sich im Voraus nicht sicher beurteilen (vgl. BAG 6. 4. 73 AP Nr. 1 zu § 99 BetrVG 1972; DKKW-*Bachner* Rn 201; MünchArbR-*Matthes* § 263 Rn 64; **aA** *HSWGNR* Rn 181; *Richardi/Thüsing* Rn 238 halten zwar die Zustimmungsverweigerung für rechtsmissbräuchlich, aber gleichwohl formell für wirksam). Deshalb kann der BR einer Stellenbesetzung die Zustimmung verweigern, wenn der ArbGeb. Stellen nicht intern, sondern ausschließlich extern ausschreibt (LAG Berlin-Brandenburg 26 TaBV 1954/09 − BeckRS 10, 74505). Auch bei zu erwartender Erfolglosigkeit einer Stellenausschreibung ist eine Zustimmungsverweigerung nicht rechtsmissbräuchlich (Hess. LAG DB 01, 156).

Das Zustimmungsverweigerungsrecht nach Nr. 5 kann der BR auch bei fehlen- **249** der Ausschreibung von **Teilzeitarbeitsplätzen** geltend machen (DKKW-*Bachner* Rn 197 a; *Richardi/Thüsing* Rn 239; *Fischer* ArbuR 01, 325; **aA** ErfK-*Kania* Rn 34; *Ehler* BB 01, 1146). Dem steht § 7 Abs. 1 TzBfG nicht entgegen. Übt der BR sein allgemeines Recht auf Stellenausschreibung nach § 93 aus, löst er dadurch die bes. Ausschreibungspflicht des ArbGeb. nach § 7 Abs. 1 TzBfG aus. Unterlässt der ArbGeb. eine entspr. Ausschreibung als Teilzeitarbeitsplatz, kann der BR der beabsichtigten personellen Maßnahme die Zustimmung versagen (s. § 93 Rn 16 mwN).

Arbeitsplätze müssen **diskriminierungsfrei** ausgeschrieben werden (vgl. § 11 **250** AGG u. § 93 Rn 8). Verstößt die Ausschreibung gegen eines der Diskriminierungsmerkmale des § 1 AGG und des § 75 Abs. 1, so berechtigt dies zur Zustimmungsverweigerung (*Däubler/Bertzbach* AGG § 11 Rn 25; *Amthauer* S. 176 ff.; *Meinel/Heyn/Herms* AGG § 11 Rn 33: nur aus Nr. 1; DKKW-*Bachner* Rn 198; GK-*Raab* Rn 167; *HSWGNR* § 93 Rn 21; zu einer altersdiskriminierenden Stellenausschreibung s. BAG 18. 8. 09 − 1 ABR 47/08 u. § 75 Rn 85 a; **aA**; *Richardi/Thüsing* Rn 235).

Das Zustimmungsverweigerungsrecht des BR besteht auch, wenn der ArbGeb. **251** **vereinbarte Ausschreibungsgrundsätze** (s. § 93 Rn 9) verletzt hat (DKKW-*Bachner* Rn 198; GK-*Raab* Rn 167; nach BAG 18. 11. 80 AP Nr. 1 zu § 93 BetrVG 1972 darf der ArbGeb. aber auch nach Ablauf der Ausschreibungsfrist eingegangene Bewerbungen berücksichtigen; nach ArbG Reutlingen [AiB 94, 122] muss zwischen Stellenausschreibung und Einstellung eines Externen mindestens 1 Woche zur Ermöglichung innerbetrieblicher Bewerbungen liegen; s. § 93 Rn 13) oder in **Stellenanzeigen** geringere Anforderungen stellt als bei der innerbetrieblichen Ausschreibung (s. § 93 Rn 13) und nunmehr einen außerbetrieblichen Bewerber einstellt (BAG 23. 2. 88 AP Nr. 2 zu § 93 BetrVG 1972).

Ausnahmsweise dürfte der ArbGeb. eine erforderliche **Ausschreibung nachholen** **252** können, wenn eine vorläufige Einstellung aus dringenden betrieblichen Erfordernissen (§ 100 Rn 4) sofort vorgenommen werden muss, zB im Fall der Ersetzung des einzigen bisherigen Kranführers im Betrieb (*Richardi/Thüsing* Rn 237). Ein Zustimmungsverweigerungsrecht besteht nicht, wenn der BR erst im konkreten Fall nachträglich, also nach dem Zustimmungsersuchen des ArbGeb., die Ausschreibung verlangt (hM; BAG 14. 12. 04 AP Nr. 121 zu § 99 BetrVG 1972).

6. Gefahr für den Betriebsfrieden

253   Es müssen bestimmte Angaben über ein **Verhalten des Bewerbers oder ArbN** vorgebracht werden, aus denen sich ergibt, dass bei **objektiver Beurteilung** die **Besorgnis** besteht, dass er sich auf dem ihm zugedachten Arbeitsplatz **gesetzwidrig verhalten** oder die **Grundsätze des § 75 Abs. 1** (Recht und Billigkeit, Gleichbehandlung, Diskriminierungsverbote) grob verletzen wird und dass hierdurch der Betriebsfriede gestört würde. Dazu bedarf es einer auf bestimmten Tatsachen beruhenden **Prognose,** der in Aussicht genommene Bewerber oder ArbN werde künftig den Betriebsfrieden gerade dadurch stören, dass er sich gesetzwidrig verhalten oder gegen § 75 Abs. 1 verstoßen wird; eine Störung des Betriebsfriedens aus anderen Gründen genügt nicht (BAG 16. 11. 04 AP Nr. 44 zu § 99 BetrVG 1972 Einstellung). Für die Prognose können Rückschlüsse oft nur aus dem früheren Verhalten gezogen werden, wobei Fehler und Verirrungen, die längere Zeit zurückliegen, dann nicht mehr herangezogen werden sollten, wenn der Bewerber bzw. ArbN sich inzwischen nichts mehr hat zuschulden kommen lassen oder sich glaubhaft von seinen Verfehlungen distanziert hat (vgl. BAG 16. 11. 04 aaO). Letztlich sind die Umstände des Einzelfalls maßgeblich.

254   Die Besorgnis kann nur auf **bestimmte Tatsachen** gestützt werden, persönliche Einstellung und Lebensführung reichen nicht aus. So ist insb. die politische, gewerkschaftliche oder religiöse Einstellung eines Bewerbers (ArbN) ebenso wenig ein Zustimmungsverweigerungsgrund wie dessen sexuelle Ausrichtung, selbst wenn dadurch der Betriebsfrieden gestört wird, weil diese Einstellung in der Belegschaft nicht akzeptiert wird. Die Belegschaft ist nicht vor jedem ihr missliebigen, den Betriebsfrieden störenden neuen Mitgl., sondern nur vor einem solchen geschützt, das voraussichtlich den Betriebsfrieden durch ein vom G ausdrücklich missbilligtes Verhalten stören wird (BAG 16. 11. 04 aaO); GK-*Raab* Rn 169; *HSWGNR* Rn 186; *Richardi/Thüsing* Rn 243).

255   Die Regelung der Nr. 6 steht in Zusammenhang mit **§ 104,** der für die Entfernung betriebsstörender ArbN allerdings strengere Voraussetzungen, nämlich eine **wiederholte ernstliche Störung des Betriebsfriedens** nennt (s. § 104 Rn 7). Ist ein ArbN aufgrund dieser Vorschrift entlassen worden und soll er wieder eingestellt werden, so dürfte die Zustimmungsverweigerung des BR idR gerechtfertigt sein, es sei denn, sie wäre wegen eines glaubwürdigen Sinneswandels unberechtigt; in diesem Fall kann sich jedoch die Frage stellen, ob die beabsichtigte Einstellung wegen Umgehung des § 104 S. 1 ein Gesetzesverstoß iSv Abs. 2 Nr. 1 darstellt (BAG 16. 11. 04 aaO).

256   Mit der durch das BetrVerf-ReformG erfolgten Ergänzung der Nr. 6 wird ein bes. schwerer Fall der Störung des Betriebsfriedens, nämlich durch **rassistische** oder **fremdenfeindliche Betätigung** hervorgehoben. Damit wird es dem BR ermöglicht, zB der Einstellung von Personen die Zustimmung zu verweigern, wenn durch Tatsachen die begründete Befürchtung besteht, dass sie sich rassistisch oder fremdenfeindlich betätigen und dadurch den Betriebsfrieden stören werden (BT-Drucks. 14/5741 S. 50; s. auch § 74 Rn 63; § 80 Rn 21 ff.; kr. *Annuß* NZA 01, 367, 370). Der BR kann auch nach § 17 AGG vorgehen (s. § 23 Rn 111 ff.; *Wenckebach* AiB 09, 274 ff.).

257   Die **Mitgliedschaft** oder Betätigung ausschließlich in einer **rechtsgerichteten Partei** wird nicht ausreichen. Anders verhält es sich, wenn zB von einem Neonazi bekannt ist, dass er Schlägereien mit Ausländern anzettelt oder diese in der Öffent-

lichkeit beschimpft und verbal angreift. Soll dieser Neonazi in einen Betrieb eingestellt werden, in dem ausländische ArbN oder andere Minderheiten beschäftigt sind,
ist durch Tatsachen begründet, dass der Neonazi diese ArbN beleidigen oder gar tät-
lich angreifen wird, so dass der BR berechtigt ist, die Zustimmung zur Einstellung zu
verweigern (*Zimmer* AiB 01, 256). Dabei reicht ein außerbetriebliches negatives Verhalten aus, wenn es wie im Beispielsfall in den konkreten Betrieb hineinwirkt (vgl.
Lansnicker/Schwirtzeck DB 01, 865; *Opolony* AuA 01, 456; *Polzer/Powietzka* NZA 00,
970; *Däubler* NJW 00, 3691 mit Fallgestaltungen).

Der Zustimmungsverweigerungsgrund kommt nur bei Einstellungen oder Verset- **258**
zungen, nicht bei Ein- oder Umgruppierungen in Betracht.

Beispiele für **gesetzwidriges Verhalten:** Diebstahl an Kollegen, Beleidigungen, **259**
Mobbing (s. dazu § 84 Rn 8), Raufereien am Arbeitsplatz, körperliche Züchtigung
jug. ArbN, Verleumdung, sexuelle Belästigung am Arbeitsplatz (s. § 3 Abs. 4 AGG,
§ 75 Rn 115, § 84 Rn 2, 9 ff., 19 ff.; § 104 Rn 4). Gesetzwidriges Verhalten ist aber
unerheblich, wenn es mit dem betrieblichen Geschehen in keinerlei Zusammenhang
steht (GK-*Raab* Rn 169; *HSWGNR* Rn 185; *Richardi/Thüsing* Rn 242a; zB Übertretung der Verkehrsgesetze, soweit es sich nicht um Kraftfahrer handelt). Wegen
Fragen nach Vorstrafen vgl. Rn 176.

VI. Verweigerung der Zustimmung und Mitteilung an Arbeitgeber

Der BR hat eine etwaige Verweigerung der Zustimmung zu der personellen Maß- **260**
nahme dem ArbGeb. binnen einer **Ausschlussfrist von einer Woche** seit Zugang
der Auskunft unter **Angabe konkreter Gründe** schriftlich mitzuteilen (Abs. 3). Ein
Nachschieben neuer Verweigerungsgründe nach Ablauf der Wochenfrist ist ausgeschlossen (BAG 21. 7. 09 – 1 ABR 35/08 – NZA 09, 1156 mwN). Das gilt auch für
den Fall, dass sich der BR nach Ablauf der Wochenfrist auf einen Zustimmungsverweigerungsgrund beruft, den es vorher noch nicht gab. So kann zwar der BR eine
vom BRVors. ohne entspr. Beschluss des BR mit dem ArbGeb. und deshalb schwebend unwirksame Vereinbarung, deren Nichtbeachtung zB einen Zustimmungsverweigerungsgrund nach Abs. 2 Nr. 1 oder 2 begründen könnte, nachträglich genehmigen (s. § 26 Rn 27); eine nach Ablauf der Wochenfrist erfolgende Genehmigung
ist aber nicht geeignet, nachträglich einen Zustimmungsverweigerungsgrund zu begründen, der bei Ablauf der Frist noch nicht vorlag (BAG 17. 11. 10 – 7 ABR
120/09 – NZA-RR 11, 415).

Die Mitteilung muss **schriftlich** erfolgen. Sie ist nach BAG (9. 12. 08 AP Nr. 128 **260a**
zu § 99 BetrVG 1972) auch dann schriftlich, wenn sie nicht vom BRVors. gem. § 126
BGB eigenhändig mit Namensunterschrift versehen ist, sondern der **Textform des**
§ 126 b BGB genügt. Dafür soll es ausreichen, dass die Erklärung in einer Urkunde
oder auf andere zur dauerhaften Wiedergabe in Schriftzeichen geeignete Weise abgegeben, die Person des Erklärenden genannt und der Abschluss des Textes durch
Nachbildung der Namensunterschrift oder anders erkennbar gemacht wird.

Für die Erfüllung des Schriftlichkeitsgebots soll eine Mitteilung per **E-Mail** genü- **260b**
gen, wenn diese den Erfordernissen der Textform des § 126 b BGB entspricht (BAG
10. 3. 09 – 1 ABR 93/07 – NZA 09, 622). Insb. kann der Inhalt einer elektronischen
Datei vom Empfänger gespeichert und damit jederzeit abgerufen oder ausgedruckt
und so dauerhaft wiedergegeben werden. In jedem Fall genügt ein **Telefax** der
Schriftform (BAG 11. 6. 02 AP Nr. 118 zu § 99 BetrVG 1972 m. Anm. *Rudolph* ArbuR 03, 232)

Ist das Schreiben des BR **vom BRVors.** bzw. dem Vors. des zuständigen Aus- **261**
schusses **unterzeichnet,** so ist nicht zu beanstanden, dass der Vors. selbst durch die
personelle Einzelmaßnahme betroffen ist (BAG 19. 3. 03 AP Nr. 77 zu § 40 BetrVG
1972; s. § 26 Rn 24, 45 f.). Die mündliche Mitteilung mag im Einzelfall geeignet
sein, Missverständnisse zu vermeiden und ist deshalb neben schriftlicher Mitteilung oft

zu empfehlen, kann diese aber nicht ersetzen. Mitteilung und Begründung müssen nicht in demselben Schriftstück enthalten sein, aber zumindest der Textform des § 126 b BGB genügen (Rn 260 a); so kann der BR in seinem Verweigerungsschreiben auf Ausführungen in einem früheren Schreiben Bezug nehmen (BAG 16. 11. 04 AP Nr. 44 zu § 99 BetrVG 1972 Einstellung). Bei längeren Vorgesprächen zwischen ArbGeb. und BR kann auch die Angabe der Zustimmungsverweigerungsgründe in einem Schreiben des BR kurz vor dem formellen Anhörungsverfahren genügen (ArbG Kassel DB 78, 111).

262　Die **Wiederholung des Wortlauts einer der Nrn. des Abs. 2 genügt nicht** (GK-*Raab* Rn 121). Konkrete Tatsachen und Gründe müssen aber nur für die Tatbestände der Nrn. 3 u. 6 des Abs. 2 angegeben werden (BAG 21. 7. 09 – 1 ABR 35/08 – NZA 09, 1156 mwN). Im Übrigen verlangt das G nicht die Angabe konkreter Gründe. Vielmehr genügt es, dass sich die Zustimmungsverweigerungsgründe des BR noch einem der gesetzl. Tatbestände zuordnen lassen. Es muss als **möglich** erscheinen, dass mit der gegebenen Begründung ein gesetzl. Tatbestand geltend gemacht wird (st. Rspr. BAG 2. 8. 06 – 10 ABR 48/05 – NZA-RR 07, 554; 16. 3. 10 – 3 AZR 31/09 – NZA 10, 1028 mwN; DKKW-*Bachner* Rn 164). Nach wie vor ist aber eine Begründung unbeachtlich, die offensichtlich auf keinen der Verweigerungsgründe des G Bezug nimmt (BAG 6. 8. 02 AP Nr. 27 zu § 99 BetrVG 1972 Eingruppierung).

263　Es ist also auch eine nach Ansicht des ArbGeb. unzutreffende, aber **nicht offensichtlich unsinnige Begründung beachtlich,** dh der ArbGeb. muss das ArbG anrufen, das die Stichhaltigkeit der Gründe nachprüft. Dieses materielle Prüfungsrecht steht nicht dem ArbGeb. zu (*Heinze* Rn 298; *Kraft* Anm. AP Nr. 21 zu § 99 BetrVG 1972; DKKW-*Bachner* Rn 165; *HSWGNR* Rn 137). Die vom BR vorgebrachten Gründe müssen nicht die Rechtfertigung der Zustimmungsverweigerung ergeben, sie brauchen nicht einleuchtend zu sein, sofern sie nur in Zusammenhang mit den Gründen des Abs. 2 stehen. Sonst würden die Parteirollen vertauscht und entgegen der Absicht des Gesetzgebers der BR gezwungen, seinerseits gemäß § 101 das ArbG anzurufen (*GL* Rn 110: **„kein Vorprüfungsrecht des ArbGeb.";** BAG 21. 11. 78 AP Nr. 3 zu § 101 BetrVG 1972: „Die Prüfung der Schlüssigkeit bleibt dem Gericht im Zustimmungsersetzungsverfahren vorbehalten"; BAG 18. 10. 88 AP Nr. 57 zu § 99 BetrVG 1972).

264　Die **Ausschlussfrist** von einer Woche gilt nur für Gründe tatsächlicher Art, nicht für rechtliche Argumente, so dass der BR auch nach Fristablauf noch rechtliche Gesichtspunkte zur Stützung seiner Zustimmungsverweigerung anführen kann, die er im Verweigerungsschreiben nicht erwähnt hat (BAG 28. 4. 98 AP Nr. 18 zu § 99 BetrVG 1972 Eingruppierung; 18. 9. 02 AP Nr. 31 zu § 99 BetrVG 1972 Versetzung). Die Ausschlussfrist gilt ferner dann nicht, wenn die beabsichtigte personelle Einzelmaßnahme auf einer unwirksamen Rechtsvorschrift (zB TV, BV) beruht (BAG 6. 8. 02 AP Nr. 27 zu § 99 BetrVG 1972 Eingruppierung).

265　Bei der **Berechnung der Wochenfrist** ist der Tag, an dem die Auskunft zugegangen ist, nicht mitzurechnen (§ 187 Abs. 1, § 188 Abs. 2 BGB). Ist daher die Mitteilung an einem Mittwoch dem BR zugegangen, so muss dieser vor Ablauf des folgenden Mittwochs seine Verweigerung schriftlich geltend machen. Fällt das Fristende auf einen Samstag, Sonntag oder gesetzlichen Feiertag, endet die Frist am folgenden Werktag (§ 193 BGB; zur Fristenberechnung *Rudolph* AiB 07, 653). Ein Telefax ist zugegangen, wenn die gesendeten Signale noch vor Ablauf des letzten Tages der Frist vom Telefaxgerät des ArbGeb. vollständig empfangen (gespeichert) worden sind; der Ausdruck ist für die Fristwahrung nicht entscheidend (vgl. BGH 25. 4. 06 BB 06, 1654).

266　ArbGeb. und BR können **Fristverlängerung vereinbaren** (vgl. § 102 Rn 64; st. Rspr. BAG 6. 10. 10 – 7 ABR 80/09 – BeckRS 11, 68126 mwN; DKKW-*Bachner* Rn 157; GK-*Raab* Rn 116; ErfK-*Kania* Rn 37; *Richardi/Thüsing* Rn 257; aA *HSWGNR* Rn 143), uz auch dann, wenn der ArbN bereits vorläufig eingestellt ist, wobei in diesem Fall der ArbGeb. den ArbN gem. § 100 Abs. 1 S. 2 auch auf die

Fristverlängerung hinweisen muss (BAG 16. 11. 04 aaO). Das Fristende muss eindeutig bestimmbar sein; die Frist kann nicht gänzlich aufgehoben werden (BAG 3. 5. 06 AP Nr. 31 zu § 99 BetrVG 1972 Eingruppierung). Eine erhebliche Fristverlängerung von mehr als sieben Monate kann bei bes. Einzelumständen (zB zahlreiche Umgruppierungen) gerechtfertigt sein (s. BAG 6. 10. 10 – 7 ABR 80/09 – BeckRS 11, 68126; 12. 1. 11 – 7 ABR 25/09 – NZA 11, 1304). Nach Ablauf der Ausschlussfrist ist eine Fristverlängerung nicht mehr möglich (BAG 29. 6. 11 – 7 ABR 24/10 – NZA-RR 12, 18; GK-*Raab* Rn 116).

Auch **durch TV** kann jedenfalls anlässlich eines neuen Gehalts-TV mit der Not- **267** wendigkeit zahlreicher Umgruppierungen die Wochenfrist verlängert werden (BAG 22. 10. 85 AP Nr. 23 zu § 99 BetrVG 1972; kr. *Richardi/Thüsing* Rn 258). Nimmt der ArbGeb. dennoch nach Ablauf einer Woche schon die personelle Einzelmaßnahme vor, so bleibt diese individualrechtlich wirksam; der einzelne ArbN kann auf den Gesetzeswortlaut vertrauen (*Richardi/Thüsing* Rn 259; vgl. auch *HSWGNR* Rn 143). Wegen Neueinstellungen vgl. aber Rn 278 f.

Kommt der ArbGeb. seiner **Pflicht** nach Abs. 1, den BR über die personelle Ein- **268** zelmaßnahme **zu unterrichten,** die erforderlichen Unterlagen vorzulegen und Auskunft über die Person der Beteiligten zu geben, **nicht** oder **nicht vollständig** nach, **beginnt** die **Frist** nach Abs. 3 **nicht** zu laufen (BAG 12. 1. 11 – 7 ABR 25/09 – NZA 11, 1304); Gleiches gilt bei einer nicht den Tatsachen entspr. Unterrichtung des BR (BAG 1. 6. 11 – 7 ABR 18/10 – BeckRS 11, 75 883). Der ArbGeb. darf die beabsichtigte personelle Maßnahme nicht durchführen (BAG 10. 8. 93 NZA 94, 187). Die Frist wird grundsätzlich auch dann nicht in Lauf gesetzt, wenn es der BR unterlässt, den ArbGeb. auf die offenkundige Unvollständigkeit der Unterrichtung hinzuweisen (BAG 6. 10. 10 – 7 ABR 80/09 – BeckRS 11, 68 126: Die für die Ein-/Umgruppierung maßgeblichen TV gelten mangels Unterzeichnung noch nicht, 9. 3. 11 – 7 ABR 127/09 – BeckRS 11, 73484). Die Frist wird bei offensichtlich unvollständiger Unterrichtung des BR selbst dann nicht in Gang gesetzt, wenn der BR sich auf ein Zustimmungsersuchen des ArbGeb. mit Widerspruchsgründen nach Abs. 2 einlässt (BAG 14. 12. 04 AP Nr. 122 zu § 99 BetrVG 1972; 29. 6. 11 – 7 ABR 24/10 – NZA-RR 12, 18).

Durfte der ArbGeb. aber berechtigterweise davon ausgehen, den BR vollständig **269** iSv Abs. 1 unterrichtet zu haben, kann es gemäß § 2 Abs. 1 Sache des BR sein, den **ArbGeb.** innerhalb der Wochenfrist schriftlich (Fax ausreichend, s. Rn 260 b) darauf **hinzuweisen,** dass er die **Unterrichtung nicht** als **ausreichend** ansieht, und um Vervollständigung der erteilten Auskünfte zu bitten (BAG 6. 10. 10 – 7 ABR 80/09 – BeckRS 11, 68126; 1. 6. 11 – 7 ABR 18/10 – BeckRS 11, 75 883; s. entspr. Musterschreiben für BR bei *Böttcher/Krüger* S. 43). Andernfalls gilt die Zustimmung als erteilt. In diesem Fall führt die Untätigkeit des BR zum Verlust seiner Beteiligungsrechte (DKKW-*Bachner* Rn 169; *HSWGNR* Rn 142; *Richardi/Thüsing* Rn 255).

Hat der ArbGeb. den BR nicht oder **unzureichend informiert,** so tritt auch die **270** **Zustimmungsfiktion nicht** ein (*Heinze* Rn 268). Ein Zustimmungsersetzungsantrag des ArbGeb. ist als unbegründet abzuweisen (vgl. BAG 6. 10. 10 – 7 ABR 80/09 – BeckRS 11, 68126; vgl. auch Rn 206 f.).

Hat allerdings der BR bereits auf Grund einer unvollständigen Unterrichtung die **271** Zustimmung zu einer Einstellung versagt, der ArbGeb. das ArbG zwecks Zustimmungsersetzung (s. Rn 277 ff.) angerufen und nunmehr die **Information** des BR **vervollständigt,** so liegt jetzt eine ordnungsgemäße Unterrichtung vor. Der BR kann nunmehr **binnen einer weiteren Woche** abschließend Stellung nehmen, auch weitere Zustimmungsverweigerungsgründe vorbringen, die sich aus der nachgeholten Information ergeben (BAG 10. 8. 93 aaO; 12. 1. 11 – 7 ABR 25/09 – NZA 11, 1304; s. Rn 277a). Danach hat das ArbG in der Sache zu entscheiden.

Ob der BR die Zustimmung verweigern will, hat er gemäß § 33 nach pflicht- **272** gemäßen Ermessen zu beschließen. Eine etwa erklärte ausdrückliche Zustimmung des BR kann weder widerrufen noch angefochten werden (GK-*Raab* Rn 171;

HSWGNR Rn 128; Münch*ArbR*-*Matthes* § 263 Rn 77; *Richardi/Thüsing* Rn 250; wegen Kündigung vgl. § 102 Rn 55) und bedarf im Gegensatz zur Verweigerung nicht der Schriftform. **Schweigen innerhalb der Wochenfrist gilt als Zustimmung** (Abs. 3 S. 2), selbst wenn der BR schuldlos die Zustimmung verspätet verweigert. Nur in Fällen **höherer Gewalt** wird man dem BR noch das Recht einräumen müssen, seine Zustimmung alsbald nach Wegfall des Hindernisses zur Abgabe einer Erklärung noch nachträglich verweigern zu können (DKKW-*Bachner* Rn 157; *HSWGNR* Rn 145; ErfK-*Kania* Rn 40; *Heinze* Rn 29 f.; *Meisel* Rn 243). Wegen Betriebsferien vgl. § 102 Rn 7, 68.

273   Bei einer personellen **Einzelmaßnahme** gegenüber einem **BRMitgl.** oder seinem Ehegatte (LAG Düsseldorf DB 05, 954) ist es wegen **Interessenkollision** gehindert, an der **Beschlussfassung** und auch an der ihr vorangehenden Beratung über die Zustimmungsverweigerung teilzunehmen (BAG 10. 11. 09 – 1 ABR 64/08 – NZA-RR 10, 416; Näheres s. § 33 Rn 23, 37). Die Nichtbeachtung dieser Pflicht führt zur Unwirksamkeit des Beschlusses mit der Folge, dass mangels wirksamer Verweigerung die Zustimmung als erteilt gilt (BAG 3. 8. 99 AP Nr. 7 zu § 25 BetrVG 1972; 10. 11. 09 – 1 ABR 64/08 – NZA-RR 10, 416; *Grosjean* NZA-RR 05, 122).

274   Liegt ein **Aussetzungsantrag** nach § 35 vor, so kann der Beschluss dem ArbGeb. dennoch schon zur Fristwahrung mitgeteilt werden, da der Lauf der Wochenfrist nicht gehemmt ist (§ 35 Rn 29 ff.; so auch *GL* Rn 104). Ist für Personalfragen ein **Ausschuss** nach § 28 gebildet, so kommt es auf dessen Willensbildung an, sofern ihm diese Aufgabe zur selbständigen Erledigung übertragen ist (vgl. § 28 Rn 9). Der Vors. des BR allein ist nicht zuständig (vgl. § 26 Rn 22 ff. und § 102 Rn 52). Eine nicht in Ausführung eines BR-Beschlusses erklärte Zustimmung des BR-Vors. hindert den BR jedenfalls nicht, innerhalb der Wochenfrist die Zustimmung noch zu verweigern (DKKW-*Bachner* Rn 155).

275   Bei **Jugendlichen** nimmt die JugAzubiVertr. gemäß § 67 Abs. 1 S. 2 unter den in § 67 Rn 11 ff. genannten Voraussetzungen an der Beratung teil und hat ggf. ein Stimmrecht nach § 67 Abs. 2 (vgl. § 67 Rn 20 ff.).

276   Hat der BR innerhalb einer Woche die Zustimmung verweigert, so können ArbGeb. und BR sich noch um eine **Verständigung** bemühen. Sie können sich dabei der E-Stelle nach § 76 Abs. 6 bedienen. Der BR kann seinen ablehnenden Beschluss jederzeit aufheben (hM; *Richardi/Thüsing* Rn 271 mwN). Dann steht der geplanten Maßnahme nichts mehr im Wege. Schließt sich umgekehrt der ArbGeb. den Bedenken an, so hat er von der Maßnahme Abstand zu nehmen. Wegen Verhängung von Zwangsgeld gegen den ArbGeb. bei Durchführung personeller Maßnahmen ohne Zustimmung des BR vgl. § 101 und wegen Verhängung von Geldbußen bei Verletzung der Auskunftspflichten § 121.

VII. Antrag auf Ersetzung der Zustimmung

277   **Gegenstand** des **Zustimmungsersetzungsverfahrens** nach Abs. 4 ist die Frage, ob die beabsichtigte personelle Maßnahme aufgrund eines konkreten, an den BR gerichteten Zustimmungsersuchens des ArbGeb. im Hinblick auf die vom BR vorgebrachten Verweigerungsgründe gegenwärtig und zukünftig als endgültige Maßnahme zulässig ist. Verfahrensgegenstand ist nicht, ob die Maßnahme im Zeitpunkt der Antragstellung des ArbGeb. zulässig war. Diese gegenwarts- und zukunftsbezogene Frage ist nach der Rechtslage im **Zeitpunkt** der gerichtlichen **Entscheidung** zu beantworten. Folglich sind auch Veränderungen tatsächlicher Art bis zum Schluss der Anhörung vor dem LAG zu berücksichtigen (BAG 22. 4. 10 – 2 AZR 491/09 – NZA 10, 1235). Die Betriebsparteien können schon vor Rechtshängigkeit eines Zustimmungsersetzungsverfahrens vereinbaren, sich der **erstinstanzlichen Entscheidung** des ArbG zu **unterwerfen** und hiergegen kein Rechtsmittel einzulegen mit der Fol-

ge, dass der Beschl. unabhängig vom Ergebnis und den Günden unanfechtbar ist (BAG 8. 9. 10 – 7 ABR 73/09 – NZA 11, 934).

Voraussetzung für die gerichtliche Zustimmungsersetzung ist eine ordnungsgemäße **277a** Unterrichtung des BR (s. dazu Rn 162 ff.). Nur diese setzt die Frist für die Zustimmungsverweigerung in Lauf (BAG 6. 10. 10 – 7 ABR 80/09 – BeckRS 11, 68 126). Der ArbGeb. kann jedoch, wenn der BR seine Zustimmung aufgrund einer unvollständigen oder einer den Tatsachen nicht entspr. Unterrichtung verweigert hat, auch noch im Zustimmungsersetzungsverfahren die **fehlenden** oder **korrigierten Informationen nachholen** und dadurch die **Wochenfrist** des Abs. 3 S. 1 **in Gang setzen,** wenn für den BR erkennbar ist, dass der ArbGeb. hiermit seiner noch nicht vollständig erfüllten Unterrichtungspflicht aus Abs. 1 S. 1 und 2 nachkommen möchte (BAG 12. 1. 11 – 7 ABR 25/09 – NZA 11, 1304; 1. 6. 11 – 7 ABR 18/10 – BeckRS 11, 75883). Der ArbGeb. muss weder das Zustimmungsersuchen wiederholen noch darauf hinweisen, dass jetzt die Zustimmungsverweigerungsfrist für den BR erneut zu laufen beginnt (BAG 29. 6. 11 – 7 ABR 24/10 – NZA-RR 12, 18).

Erfolgt die ergänzende Information durch einen im gerichtlichen Zustimmungsersetzungsverfahren eingereichten **Schriftsatz** oder ihm beigefügte Anlagen, beginnt **277b** der Lauf der Wochenfrist erst dann, wenn die nachgereichte Mitteilung **beim** Vors. des **BR** – nicht beim Verfahrensbevollmächtigten des BR – **eingeht** (BAG 9. 3. 11 – 7 ABR 127/09 – BeckRS 11, 73484; 1. 6. 11 – 7 ABR 18/10 – BeckRS 11, 75883).

Außerdem muss der BR die Zustimmung zu der personellen Maßnahme aus ei- **277c** nem der in Abs. 2 genannten Gründen audrücklich verweigert haben (s. Rn 187 ff.). Die Betriebsparteien können **nicht vereinbaren,** dass die **Zustimmung** des BR **als verweigert gilt,** wenn zwischen ihnen bis zum Ablauf der Äußerungsfrist in Abs. 3 kein Einvernehmen über die vom ArbGeb. beantragte personelle Maßnahme erzielt wird. Dies überschreitet ihre Regelungskompetenz, die einen Eingriff in das arbeitsgerichtliche Verfahren nicht umfasst (BAG 18. 8. 09 – 1 ABR 49/08 – NZA 10, 112; 12. 1. 11 – 7 ABR 25/09 – NZA 11, 1304; 29. 6. 11 – 7 ABR 24/10 – NZA-RR 1278; *Hexel/Lüders* NZA 11, 613 ff.).

Der BR legt mit der schriftlichen Begründung seiner innerhalb der Wochenfrist **277d** des Abs. 3 erklärten Zustimmungsverweigerung zu der beabsichtigten personellen Maßnahme den **Gegenstand** des vom ArbGeb. einzuleitenden **Zustimmungersetzungsverfahrens** fest und konkretisiert ihn. Er ist mit Zustimmungsverweigerungsgründen **ausgeschlossen,** die er dem ArbGeb. nicht innerhalb einer Woche nach seiner Unterrichtung mitgeteilt hat (BAG 17. 11. 10 – 7 ABR 120/09 – NZA-RR 11, 415; s. Rn 260, 291).

Im Einzelnen gilt Folgendes:

Hat der BR fristgemäß, schriftlich und unter Angabe von Gründen, die sich auf **277e** den Katalog des Abs. 2 beziehen müssen (vgl. Rn 187 ff., 260 ff.), seine Zustimmung zu der geplanten personellen Maßnahme verweigert, so darf sie der ArbGeb. vorbehaltlich eines Verfahrens nach § 100 **zunächst nicht durchführen** (DKKW-*Bachner* Rn 206). Andernfalls setzt er sich einer gerichtlichen Anordnung auf Aufhebung der Maßnahme und einer eventuellen Erzwingung gem. § 101 aus. Zum anderen ist die **Maßnahme** zivilrechtlich zunächst **schwebend unwirksam,** weil die Zustimmung vom BR nicht erteilt und vom ArbG noch nicht ersetzt ist. Wird sie ersetzt, so wird die Maßnahme nunmehr voll wirksam. Wird sie nicht ersetzt, so ist sie zivilrechtlich endgültig unwirksam (ausführlich zum Ersetzungsverfahren *Boemke* ZfA 92, 473 ff.).

Unterlässt der ArbGeb. es überhaupt, das Verfahren nach § 99 durchzuführen, **278** so ist ein gleichwohl abgeschlossener **Arbeitsvertrag von vornherein unwirksam** (*Boewer* RdA 74, 73; *Meyer* BB 82, 1614; *Hanau* RdA 73, 289; **aA** hM: BAG 2. 7. 80 AP Nr. 5 zu § 101 BetrVG 1972; 5. 4. 01 AP Nr. 174 zu § 626 BGB; DKKW-*Bachner* Rn 216; GK-*Raab* Rn 128; *Richardi/Thüsing* Rn 293; *Meisel* Rn 263, 289; *Heinze* Rn 198 f.; HSWGNR Rn 189). Das gilt insb. für **Neueinstellungen,** auf die ein Bewerber grundsätzlich keinen Anspruch hat.

279   Der ArbGeb. kann sich auf die Unwirksamkeit der Einstellung nicht berufen, wenn er bewusst von der Beteiligung des BR abgesehen und damit **rechtsmissbräuchlich** gehandelt hat. Auch der BR kann sein Recht, ein Verfahren nach § 101 durchzuführen, verwirken, wenn er längere Zeit in Kenntnis dieser Tatsache sich verschweigt, insb. länger als 6 Monate, so dass der ArbN bereits unter das KSchG fällt (vgl. *Richardi/Thüsing* Rn 296; weitergehend BAG 2. 7. 80 AP Nr. 9 zu Art. 33 Abs. 2 GG u. AP Nr. 5 zu § 101 BetrVG 1972, das den BR von vornherein auf ein Verfahren nach § 101 verweisen will; hier wird aber verkannt, dass das BetrVG 1972 im Gegensatz zum BetrVG 1952 gerade dem ArbGeb. die Verpflichtung zur Anrufung des ArbG auferlegen will, vgl. § 101 Rn 3). Wegen Schadensersatzansprüchen des Bewerbers gegen den ArbGeb. vgl. § 100 Rn 7.

280   Fehlt die Zustimmung des BR zur Einstellung eines ArbN, kann dies grundsätzlich nur dann ein **Leistungsverweigerungsrecht** des ArbN begründen, wenn der BR sich auf die Verletzung seines MBR beruft und die Aufhebung der Einstellung verlangt (BAG 5. 4. 01 AP Nr. 174 zu § 626 BGB).

281   Bei **Ein- und Umgruppierungen** besteht ein Rechtsanspruch des ArbN auf richtige Eingruppierung, das MBR des BR erstreckt sich nur auf die „Richtigkeitskontrolle" (vgl. Rn 96 f.). Insoweit können zutreffende Ein- bzw. Umgruppierungen auch ohne Beteiligung des BR im Verhältnis zum einzelnen ArbN nicht unwirksam sein (DKKW-*Bachner* Rn 220; *Richardi/Thüsing* Rn 303). Ist eine so erfolgte Ein- oder Umgruppierung tarifrechtlich richtig, so steht dem ArbN die tarifvertragliche Vergütung zu, solange er diese Tätigkeit ausübt (BAG 5. 9. 73 AP Nr. 3 zu § 24 BAT, 19. 7. 78 AP Nr. 8 zu §§ 22, 23 BAT 1975; s. auch BAG 16. 1. 91 AP Nr. 2 zu § 24 MTA; vgl. Rn 101).

281a   Hat ein **Zustimmungsersetzungsverfahren** stattgefunden, ist die **gerichtlich** als zutreffend festgestellte **Eingruppierung** oder Umgruppierung für den ArbGeb. im Verhältnis zum betroffenen ArbN verbindlich. Wird die Zustimmung des BR nicht ersetzt, weil eine andere als die dem ArbN angebotene Vergütungsgruppe zutreffend ist, kann sich der ArbN im Individualrechtsstreit unmittelbar darauf berufen, die vom ArbGeb. vorgesehene, aber vom BR abgelehnte Einstufung sei fehlerhaft (BAG 28. 8. 08 – 2 AZR 967/06 – NZA 09, 505 mwN).

282   Der BR hat nur Anspruch auf **nachträgliche** Einholung der **Zustimmung** (BAG 24. 6. 86 AP Nr. 37 zu § 99 BetrVG 1972 mwN). Der einzelne ArbN kann unabhängig von einem BeschlVerf. über die Ersetzung der Zustimmung zur Eingruppierung die seines Erachtens richtige Gehaltsgruppe einklagen (BAG 13. 5. 81 AP Nr. 24 zu § 59 HGB; DKKW-*Bachner* Rn 220; zur Frage der präjudiziellen Wirkung des BeschlVerf. s. Rn 101). Scheitert der ArbGeb. mit seinem Ersetzungsantrag, so muss er die Zustimmung des BR zur Eingruppierung in eine andere Vergütungsgruppe beantragen (BAG 3. 5. 94 AP Nr. 2 zu § 99 BetrVG 1972 Eingruppierung; s. dazu Rn 99).

283   **Versetzungen** ohne Beteiligung des BR sind unwirksam, auch wenn kraft BV sich das Direktionsrecht des ArbGeb. auf Versetzungen erstreckt (BAG 5. 4. 01 AP Nr. 32 zu § 99 BetrVG 1972 Einstellung; 22. 4. 10 – 2 AZR 491/09 – NZA 10, 1235; DKKW-*Bachner* Rn 218; **aA** GK-*Raab* Rn 129; *Richardi/Thüsing* Rn 299) oder der ArbN einverstanden ist. Entspricht allerdings eine **Versetzung in einen anderen Betrieb** dem Wunsch des ArbN, so hat der BR des abgebenden Betriebs kein MBR (s. Rn 171) und dessen Nichtbeteiligung keine Unwirksamkeit der Versetzung zur Folge (*Richardi/Thüsing* Rn 301).

284   Der ArbN braucht einer betriebsverfassungswidrigen Versetzungsanordnung nicht nachzukommen (LAG Baden-Württemberg NZA 85, 326). Der insb. bei Versetzung in Betracht kommende Verweigerungsgrund des Abs. 2 Nr. 4 dient auch dem Schutz des einzelnen ArbN. Zum Verhältnis Änderungskündigung und MBR bei Versetzungen s. Rn 122. Wegen vorläufiger personeller Maßnahmen vgl. § 100. Daneben gibt es **keine einstw. Vfg. auf Antrag des ArbGeb.** mit dem Ziel, die personelle Maßnahme vorläufig zu gestatten (DKKW-*Bachner* Rn 208; *HSWGNR*

Rn 196; *Richardi/Thüsing* Rn 306; *Boemke* ZfA 92, 473, 522 f.; vgl. auch § 100 Rn 1).

Der ArbGeb. hat die Möglichkeit, beim ArbG den **Antrag auf Ersetzung der** 285 **Zustimmung** zu der personellen Maßnahme zu stellen, evtl. nur hilfsweise zu dem Feststellungsantrag, dass die Zustimmung des BR nach dessen ordnungsgemäßer Unterrichtung wegen Fristablaufs als erteilt gilt, wenn über die ordnungsgemäße Unterrichtung gestritten wird (BAG 28. 1. 86 AP Nr. 34 zu § 99 BetrVG 1972; zur Unzumutbarkeit eines Zustimmungsersetzungsverfahrens bei Versetzung zwecks Freimachen eines leidensgerechten Arbeitsplatzes für kranken ArbN vgl. BAG 29. 1. 97 AP Nr. 32 zu § 1 KSchG 1969 Krankheit; 19. 5. 10 – 5 AZR 162/09 – NZA 10, 1119). Das ArbG hat ggf. aber auch ohne ausdrücklichen Antrag statt auf Ersetzung der Zustimmung auf die Feststellung zu erkennen, dass die Zustimmung als erteilt gilt (BAG 18. 10. 88 AP Nr. 57 zu § 99 BetrVG 1972). Das Zustimmungsersetzungsverfahren kann schon eingeleitet werden, wenn der neu zu besetzende Arbeitsplatz noch nicht frei ist (BAG 15. 9. 87 AP Nr. 45 zu § 99 BetrVG 1972). Eine Frist zur Einleitung des Zustimmungsersetzungsverfahrens enthält Abs. 4 nicht (BAG 15. 9. 87 AP Nr. 46 zu § 99 BetrVG 1972).

Das Zustimmungsersetzungsverfahren ist bei **kurzfristigen personellen Einzel-** 285a **maßnahmen,** wie zB kurze Beschäftigungszeiten von LeihArbN, wenig hilfreich. Dementspr. soll nach LAG Rh-Pfalz (14. 12. 07 NZA-RR 08, 248; s. dazu *Hamann* NZA 08, 1042; *Tiling* BB 09, 2422) ein ArbGeb. nach Ablauf einer Beschäftigungszeit eines ArbN von höchstens drei Tagen auch nicht zur Einleitung eines Zustimmungsersetzungsverfahrens verpflichtet sein. Bei derart kurzfristigen Maßnahmen greift jedoch auch der zugunsten des BR konzipierte Schutzmechanismus der §§ 100, 101 nicht. Eine **Vertragsstrafenvereinbarung** zwischen BR und ArbGeb., nach der dieser bei Verletzung eines MBR ein Ordnungsgeld an einen Dritten zu zahlen hat, hilft ebenfalls nicht weiter, da sie unzulässig ist (BAG 19. 1. 10 – 1 ABR 62/08 – NZA 10, 592).

Hier kann dem BR nur mit einer **einstw. Vfg.** geholfen werden (Einzelheiten dazu in Rn 295 ff.).

Der ArbGeb. kann **mehrere Zustimmungsersetzungsverfahren** – nacheinan- 285b der oder auch zeitlich parallel, also schon vor dem rechtskräftigen Abschluss des zunächst eingeleiteten – zur Einstellung oder Versetzung desselben ArbN einleiten; hierbei handelt es sich idR nicht um denselben Verfahrensgegenstand (BAG 16. 1. 07 AP Nr. 52 zu § 99 BetrVG 1972 Einstellung; 22. 4. 10 – 2 AZR 491/09 NZA 10, 1235). Zwar verfolgt der ArbGeb. hiermit das gleiche Rechtsschutzziel; aber es geht um einen anderen Vorgang und Lebenssachverhalt, nämlich um ein neues Zustimmungsersuchen, das mit erneuten Informationspflichten des ArbGeb., möglichen Veränderungen der Sachlage und einer erneuten Beschlussfassung des BR einhergeht (BAG 16. 1. 07 aaO).

Zieht der ArbGeb. sein **Gesuch** gegenüber dem BR **auf Zustimmung** zu einer 286 personellen Maßnahme **zurück** (s. Rn 186), ist einem bei Gericht anhängigen Zustimmungsersetzungsbegehren die Grundlage entzogen. Das Verfahren hat sich objektiv erledigt. Das gilt auch dann, wenn ein weiteres Zustimmungsersuchen an den BR gerichtet und ein weiteres Zustimmungsersetzungsverfahren denselben ArbN und denselben Arbeitsplatz betreffend eingeleitet war (BAG 28. 2. 06, 16. 1. 07 AP Nr. 51, 52 zu § 99 BetrVG 1972 Einstellung; s. Rn 285 a). Erklärt der ArbGeb. das gerichtl. Zustimmungsersetzungsverfahren für erledigt, ist dieses auch dann einzustellen, wenn der BR die Zustimmung zur Erledigung verweigert (BAG 8. 12. 10 – 7 ABR 99/09 – NZA-RR 11, 315).

Zur **Verpflichtung** des ArbGeb., im Rahmen des § 81 Abs. 4 S. 1 Nr. 1 SGB IX 287 ein **gerichtliche Zustimmungsersetzungsverfahren durchzuführen** s. Rn 172.

Das ArbG entscheidet im **BeschlVerf.** (§ 2a ArbGG, s. dazu Nach § 1 Rn 1 ff.). 288 Die von der geplanten personellen Maßnahme erfassten **ArbN** haben **nicht** die Rechtsstellung eines **Beteiligten** (BAG 27. 5. 82 AP Nr. 3 zu § 80 ArbGG 1979, kr.

Grunsky SAE 83, 22; für Ein- und Umgruppierungen: BAG 22. 3. 1983, 31. 5. 83
AP Nr. 6 zu § 101 BetrVG 1972 AP Nr. 27 zu § 118 BetrVG 1972; ebenso BAG
17. 5. 83 AP Nr. 18 zu § 99 BetrVG 1972; DKKW-*Bachner* Rn 210, 214; GK-*Raab*
Rn 184; **aA** *Hartmann* ZfA 08, 383, 393 ff.; 404 ff.), insb. auch kein eigenes Antragsrecht (*Boemke* ZfA 92, 473, 490 ff.; *Heinze* Rn 352; *HSWGNR* Rn 192; vgl. auch
§ 102 Rn 128; für eigenes Antragsrecht des ArbN: *Richardi/Thüsing* Rn 280 ff., 307).
Auch sind die in Nr. 3 genannten anderen beschäftigten ArbN nicht Beteiligte, da
der BR ihre Interessen nur im Vorfeld seiner Entscheidung über die Zustimmungsverweigerung zu berücksichtigen hat.

289   Zu erwägen wäre ein im **Urteilsverfahren** einklagbarer Anspruch des ArbN
(Bewerbers) gegen den ArbGeb. auf Einleitung eines Verfahrens nach § 99 Abs. 4,
sofern er schon tatsächlich beschäftigt wird oder eine verbindliche Zusage hat (für
einen derartigen Anspruch: *HSWGNR* Rn 192; *Boewer* RdA 74, 76, Fn 57). Ein
derartiges vorgeschaltetes Verfahren ist aber höchst unpraktisch und umständlich
(*Hartmann* ZfA 08, 383, 390). Wegen Schadensersatzansprüchen vgl. § 100 Rn 7.

290   Der **ArbGeb.** hat im Verfahren die **Darlegungs- und Beweislast** (DKKW-*Bach-*
ner Rn 211; GK-*Raab* Rn 181; *Heinze* Rn 355 ff.; *HSWGNR* Rn 193; **aA** Münch-
ArbR-*Matthes* § 263 Rn 88; *Busemann* NZA 96, 681, 683), dass die vom BR konkret
und fristgemäß vorgetragenen Gründe zur Verweigerung der Zustimmung nicht
gegeben sind, ferner im Streitfall für die ordnungsgemäße Unterrichtung (BAG
28. 1. 86 AP Nr. 34 zu § 99 BetrVG 1972), der **BR** für die **Formalien** (Schriftform,
Frist) der Zustimmungsverweigerung (DKKW-*Bachner* Rn 211; GK-*Raab* Rn 182;
HSWGNR Rn 194). Das Amtsermittlungsprinzip im BeschlVerf. bedingt eine Aufklärung des zur Nachprüfung gestellten Sachverhalts von Amts wegen, allerdings
nicht die Prüfung, ob etwa weitere vom BR nicht geltend gemachte Gründe für
die Verweigerung der Zustimmung bestehen (*Heinze* Rn 353 will nicht geltend gemachte Gründe dann berücksichtigen, wenn das ArbG auf sie im Rahmen der Feststellung der erheblichen Tatsachen stößt).

291   Der BR kann grundsätzlich keine **weiteren Gründe,** die er nicht schon in seiner
schriftlichen Zustimmungsververweigerung aufgeführt hat, im BeschlVerf. **nach-**
schieben; er ist mit diesen Gründen ausgeschlossen (BAG 17. 11. 10 – 7 ABR
120/09 – NZA-RR 11, 415 mwN; **aA** Voraufl.; *Düwell* Rn 66; *Schreiber* RdA 87,
257). Dagegen ist der BR mit einer Konkretisierung der Gründe für seine Zustimmungsverweigerung und weiteren rechtlichen Argumenten nicht ausgeschlossen
(Rn 264); auch muss er bisher ihm nicht bekannte Gründe noch geltend machen
können (DKKW-*Bachner* Rn 167, 212; *Düwell* Rn 55; GK-*Raab* Rn 123; *Dütz* Anm.
EzA § 99 BetrVG Nr. 37; **aA** MünchArbR-*Matthes* § 263 Rn 87).

292   Stellt das ArbG **rechtskräftig** fest, es habe kein ausreichender Grund zur Verweigerung der Zustimmung vorgelegen, so gibt es dem Antrag des ArbGeb. statt, der
nunmehr die Maßnahme durchführen kann. Lehnt es den Antrag dagegen ab, so muss
der ArbGeb. endgültig von der Durchführung der geplanten Maßnahme absehen
(vgl. auch § 101 Rn 3 ff.; bei Ein-, Umgruppierung s. Rn 96 ff. u. 281 f.), es sei denn
der Antrag würde mit der Begründung abgewiesen, die Zustimmung sei nicht erforderlich (BAG 21. 9. 89 AP Nr. 72 zu § 99 BetrVG 1972).

293   Der BR hat **keine Prozessstandschaft** zur Klärung oder Durchsetzung der seiner
Beteiligung nach § 99 zugrunde liegenden Rechte der einzelnen ArbN (vgl. BAG
5. 5. 92 NZA 92, 1089).

294   Hat sich die streitige personelle Maßnahme vor oder während des BeschlVerf. tatsächlich **erledigt,** so sind die Verfahren nach § 99 Abs. 4, § 100 Abs. 2 S. 1, § 101
wegen Erledigung der Hauptsache gem. § 83 a Abs. 2 ArbGG einzustellen (BAG
26. 4. 90 AP Nr. 3 zu § 83 a ArbGG 1979). Das gilt auch dann, wenn der BR der
Erledigung widerspricht (BAG 10. 2. 99 NZA 99, 1225 u. 1226).

295   **Umstritten** ist, ob der BR zur Wahrung seines MBR nach § 99 Abs. 1 S. 1 einen
Anspruch auf Unterlassung einer personellen Maßnahme hat, deren Durchführung er nicht zugestimmt hat. Einen solchen Anspruch bejahen DKKW-*Trittin* § 23

Rn 131, DKKW-*Bachner* § 101 Rn 18 ff., 23 ff.; *Derleder* ArbuR 95, 13). Demgegen-
über lehnen GK-*Oetker* § 23 Rn 152; *Richardi/Thüsing* § 23 Rn 84; MünchArbR-
Matthes § 240 Rn 35; ErfK-*Kania* § 101 Rn 9; *Raab* ZfA 97, 236 einen allgemeinen
Unterlassungsanspruch in den Angelegenheiten der personellen MB ab.

Das **BAG** (23. 6. 09 – 1 ABR 23/08 – NZA 09, 1430; 9. 3. 11 – 7 ABR 137/09   **296**
– NZA 11, 871) hat diese Frage jetzt entschieden und einen allgemeinen Unterlassungsanspruch im Rahmen des § 99 Abs. 1 abgelehnt.

Nach § 99 Abs. 1 hat der BR zwar ein MBR. Doch sieht das G hier die vorläufige   **297**
Durchführung der Maßnahme ohne vorherige Zustimmung oder Zustimmungsersetzung ausdrücklich vor. Hierzu stellt es in §§ 100, 101 detaillierte spezielle Regeln
auf. § **100** bestimmt dabei die Voraussetzungen und die Dauer der Durchführung
einer personellen Einzelmaßnahme auch ohne Zustimmung des BR. Ergänzend dazu
billigt § **101** dem BR das Recht zu, unter den dort geregelten Voraussetzungen die
Aufhebung einer mitbestimmungswidrig durchgeführten personellen Einzelmaßnahme zu verlangen. Dieser Schutzmechanismus wirkt allerdings nur zukunftsbezogen.
Er geht regelmäßig **ins Leere** bei **kurzfristigen personellen Einzelmaßnahmen,**
die sich vor Eintritt der Rechtskraft einer gerichtlichen Entscheidung durch Zeitablauf erledigen (ebenso LAG Köln NZA-RR 03, 249; aufschlussreich der Fall LAG
Rh-Pfalz 14. 12. 07 NZA-RR 08, 248; s. auch *Hamann* NZA 08, 1042).

Nur für diesen Fall kann von einer **Schutzlücke** gesprochen werden. Nach der   **298**
Konzeption der §§ 100, 101 ist das MBR des BR nicht absolut geschützt. Der BR
hat vielmehr grundsätzlich für die Dauer des Verfahrens nach §§ 100, 101 vorläufige
personelle Maßnahmen hinzunehmen, ohne dass er zu diesen seine Zustimmung
erteilt hat oder diese ersetzt ist. Leitet der ArbGeb. ein Verfahren nach § 100 trotz
fehlender Zustimmung des BR nicht ein oder ersucht er den BR nicht um die Zustimmung zur personellen Maßnahme, kann der BR wegen eines groben Verstoßes
des ArbGeb. gegen seine betriebsverfassungsrechtlichen Pflichten die Aufhebung der
Maßnahme schon nach § 23 Abs. 3 verlangen (BAG 19. 1. 10 – 1 ABR 55/08 –
NZA 11, 659; vgl. § 101 Rn 12). Dies kann in dringenden Fällen auch im Wege des
einstweiligen Rechtsschutzes in Form einer Leistungsverfg. (§ 85 Abs. 2 S. 1 ArbGG)
geschehen (vgl. LAG Köln NZA-RR 03, 249). Gleiches gilt, wenn der ArbGeb. das
Verfahren nach § 100 betreibt, aber entweder den Antrag nach § 100 Abs. 2 nicht
rechtzeitig innerhalb der Dreitagesfrist stellt, oder die Aufrechterhaltung der vorläufigen personellen Maßnahme überhaupt nicht oder offenkundig unzureichend begründet. In diesen Fällen kann die Aufrechterhaltung der vorläufigen personellen
Maßnahme **rechtsmissbräuchlich** sein und ggf. auch im Wege der **einstw. Vfg.**
unterbunden werden (*Mittag/Junghans* AiB 09, 30, 32). Ein darüber hinaus gehender
Unterlassungsanspruch kann dagegen nicht anerkannt werden. Durch ihn würde die
gesetzliche Konzeption der §§ 100, 101 konterkariert.

VIII. Sonderregelungen für die bei der DBAG,
den Postunternehmen, in den Kooperationsbetrieben
der Bundeswehr, bei anderen privatrechtlich organisierten
Unternehmen tätigen Beamten, Soldaten und Arbeitnehmern
des öffentlichen Dienstes

Die der DBAG zugewiesenen Beamten, die in den privatisierten Postunternehmen   **299**
(Deutsche Post AG, Deutsche Postbank AG, Deutsche Telekom AG) beschäftigten
Beamten und die von den Post-AGn ihren Tochter-, Enkel- und Beteiligungsgesellschaften zugewiesenen Beamten (s. § 5 Rn 321) sowie die in den Kooperationsbetrieben der Bundeswehr beschäftigten Beamten und Soldaten (s. § 5 Rn 322) und die
der BRD-Finanzagentur GmbH (§ 5 Rn 323), der Gesellschaft für Außenwirtschaft,
Standortmarketing mbH (§ 5 Rn 324) und der DFS Deutsche Flugsicherung GmbH

(§ 5 Rn 325) zugewiesenen Beamten und ArbN gelten **infolge** ihrer **Eingliederung** in die jeweiligen Betriebe **als ArbN** iSd. **BetrVG** (§ 19 DBGrG, § 24 PostPersRG, § 6 BwKoopG, § 5 BWpVerwPG, § 6 BfAIPG, § 4 Abs. 2 BAFlSBAÜbnG).

299a   Folglich nehmen sie an den **BRWahlen** in den privatrechtlich organisierten Unternehmen teil (§ 7 Rn 10, 10a, § 8 Rn 28), der **BR** vertritt ihre Interessen und kann seine **Beteiligungsrechte** auch zugunsten der zugewiesenen oder gestellten Beamten, Soldaten und ArbN grundsätzlich uneingeschränkt geltend machen (vgl. BAG 4. 5. 11 – 7 ABR 3/10 – NZA 11, 1373; GK-*Raab* Rn 186; *Engels/Müller/Mauß* DB 94, 477 f.; *Engels/Mauß-Trebinger* RdA 97, 217, 219 ff., 232 ff.; *Engels* ArbuR 09, 10, 74; *Pröpper* ZBVR online 3/2011 S. 23 ff.), also in allen sozialen Angelegenheiten (§§ 87 ff.), bei der Gestaltung von Arbeitsplatz, Arbeitsablauf und Arbeitsumgebung (§§ 90 f.), in allen allgemeinen personellen Angelegenheiten (§§ 92 ff.), bei der Berufsbildung (§§ 96 ff.) sowie bei Betriebsänderungen (§§ 111 ff.).

300   Das gilt grundsätzlich auch bei **personellen Einzelmaßnahmen.** So hat das BAG (4. 5. 11 – 7 ABR 3/10 – NZA 11, 1373) zu §§ 1, 6 Abs. 1 **BwKoopG** entschieden, dass der BR bei innerbetrieblichen **Versetzungen** von Beamten und ArbN in den privatrechtlich organisierten Kooperationsunternehmen der Bundeswehr nach § 99 Abs. 1 S. 1 BetrVG mitzubestimmen hat.

300a   Es können aber auch abweichend von §§ 99 ff. **Sonderregelungen** zum Tragen kommen. Der Gesetzgeber hat dies zur Wahrung des durch Art. 33 Abs. 5 GG geschützten Prinzips, dass Beamte in beamtenspezifischen Angelegenheiten ausschließlich durch von ihnen gewählte Personen vertreten werden müssen, für erforderlich gehalten (vgl. Begründung zu Art. 4 § 24 PTNeuOG – jetzt § 26 PostPersRG – BR-Drucks. S. 102; *Battis* Gutachten zur Weiterbeschäftigung der Beamten in privatisierten Postunternehmen, Juni 92, und Ergänzungsgutachten, Nov. 92, beide nv.; kr. *Plander,* Juristisches Kurzgutachten zu verfassungsrechtlichen Aspekten der Betriebsverfassung in privatisierten Postunternehmen, Januar 94, nv.; *Blanke/Sterzel* ArbuR 93, 265, 269 ff.; *Engels/Müller/Mauß* aaO; s. zuletzt aber § 5 Rn 316 ff.).

301   Als derartige **beamtenspezifische Angelegenheiten** sind vor allem die in § 76 Abs. 1 BPersVG genannten Personalangelegenheiten der Beamten anzusehen. Das sind Einstellung und Anstellung, die aber wegen der Privatisierung keine Rolle mehr spielen dürften, **Beförderung,** Übertragung eines anderen Amtes mit höherem Endgrundgehalt ohne Änderung der Amtsbezeichnung, Verleihung eines anderen Amtes mit anderer Amtsbezeichnung beim Wechsel der Laufbahngruppe, **Laufbahnwechsel,** Übertragung einer **höher** oder **niedriger** zu bewertenden **Tätigkeit, Versetzung** zu einer anderen Dienststelle (Betrieb), **Umsetzung** innerhalb der Dienststelle (Betrieb) mit Wechsel des Dienstortes, **Abordnung** für länger als 3 Monate, Zuweisung nach § 123a des Beamtenrechtsrahmengesetzes (Tätigkeit bei anderer Einrichtung außerhalb des Anwendungsbereichs des BRRG) für länger als 3 Monate, **Anordnungen,** welche die Freiheit der Wohnungswahl beschränken, Versagung oder Widerruf der Genehmigung einer **Nebentätigkeit,** Ablehnung eines Antrags nach §§ 72a oder 72e des Bundesbeamtengesetzes auf **Teilzeitbeschäftigung,** Ermäßigung der regelmäßigen Arbeitszeit oder Urlaub und Hinausschieben des Eintritts in den Ruhestand wegen Erreichens der Altersgrenze. Ausschließlich bei diesen rein statusrechtlichen Tatbeständen des § 76 Abs. 1 BPersVG findet Personalvertretungsrecht Anwendung (vgl. § 17 Abs. 2 DBGrG, § 28 PostPersRG; s. auch *Engels/Müller/Mauß* aaO; *Engels/Mauß-Trebinger* RdA 97, 217, 232 ff., 236 f.; *Lorenzen* PersVertr. 95, 99, 104; zu **Entlassungen** s. § 102 Rn 137).

302   Die **Beteiligung des BR** erfolgt entspr. den verschiedenen beamtenrechtlichen Zuordnungsmodellen **in unterschiedlicher Form.**

1. Beteiligung des Betriebsrats bei personellen Einzelmaßnahmen gegenüber den der DBAG zugewiesenen Beamten

Beim Zuweisungsmodell der Bahnreform ist öffentlicher Dienstherr der Beamten **303** das BEV. Damit die DBAG ihre Arbeitgeberfunktion gegenüber den ihr zugewiesenen Beamten wahrnehmen kann, sind ihr bestimmte Dienstherrenbefugnisse zur Ausübung übertragen worden; so ist sie gegenüber den Beamten weisungsbefugt und kann beamtenrechtliche Entscheidungen sowie sonstige Entscheidungen und Maßnahmen treffen, die mit der Dienstausübung der Beamten in den Betrieben der DBAG in unmittelbarem Zusammenhang stehen (vgl. § 12 Abs. 4 S. 2, Abs. 6 DBGrG sowie die DBAGZustV mit ihren 40 Übertragungstatbeständen; *Engels/Müller/Mauß* DB 94 S. 473: *Engels/Mauß-Trebinger* RdA 97, 217, 218).

Die Verwaltung der der DBAG zugewiesenen Beamten verbleibt beim BEV (Art. 1 **304** § 3 Abs. 2 Nr. 3 ENeuOG). Dort werden **bes. PersVertr.** gebildet, die ausschließlich von den der DBAG zugewiesenen Beamten gewählt werden (s. *Lorenzen* PersVertr. 94, 145). Ihnen allein obliegt es, in den wenigen in § 76 Abs. 1 BPersVG genannten Personalangelegenheiten der Beamten, die der DBAG gem. der DBAGZustV übertragen worden sind, das **personalrechtliche MBR** auszuüben und bei Meinungsverschiedenheiten den in § 17 Abs. 2 bis 6 DBGrG aufgezeigten personalvertretungsrechtlichen Weg (E-Stelle, Verwaltungsgerichte) zu beschreiten (*Engels/Mauß-Trebinger* RdA 97, 217, 219, 237 ff.).

Das gilt auch, wenn die DBAG personelle Einzelmaßnahmen gegenüber den ihr **305** zugewiesenen Beamten ergreifen will, die sowohl von § 76 Abs. 1 BPersVG als auch von § 99 Abs. 1 BetrVG erfasst werden, wie insb. Versetzungen und, bei Versetzungen in andere Betriebe, Einstellungen (s. Rn 19, 170). Hier geht § 17 Abs. 2 DBGrG aus den Erwägungen in Rn 300 grundsätzlich § 19 DBGrG vor und **schließt das MBR des BR nach § 99 Abs. 1 aus** (*Grabendorff/Ilbertz/Widmaier* BPersVG Einl. Rn 53; *Lorenzen/Schmitt/Etzel/Gerhold/Schlatmann/Rehak* BPersVG § 1 Rn 33 g, § 69 Rn 54 b; *Engels/Müller/Mauß* DB 94, 478; *Engels/Mauß-Trebinger* RdA 97, 217, 232 ff.; *Lorenzen* aaO; **aA** BAG 12. 12. 95 AP Nr. 8 zu § 99 BetrVG 1972 Versetzung m. abl. Anm. *Engels/Trebinger;* GK-*Raab* Rn 188; *Altvater/Hamer/Ohnesorg/Peiseler* BPersVG Anh. III C § 17 DBGrG Rn 12, § 19 Rn 2; *Blanke/Sterzel* Privatisierungsrecht für Beamte S. 172; *Burkert/Huschenbett* PersR 10, 468, 469).

Die abweichende Ansicht des BAG (aaO, Rn 305), das sich in diesen Fällen für **306** eine **uneingeschränkte Doppelbeteiligung** sowohl der bes. PersVertr. als auch des BR ausspricht, **widerspricht** Sinn und Zweck des **§ 17 Abs. 2 S. 1 DBGrG.** Er soll sicherstellen, dass die Sonderstellung der Beamten auch in kollektivrechtlicher Hinsicht in den Betrieben der privatisierten DBAG im Kern beibehalten wird. Nach Meinung des Gesetzgebers gehört hierzu die von ihm aus Art. 33 Abs. 5 GG abgeleitete vertretungsrechtliche Komponente, dass in statusrechtlichen Personalangelegenheiten der Beamten nur diese durch ausschließlich von ihnen gewählten Vertretern mitbestimmen. Zu diesem Zweck sind für die der DBAG zugewiesenen Beamten die bes. PersVertr. geschaffen worden, die in den Personalangelegenheiten des § 76 Abs. 1 BPersVG die Rolle der Beamtengruppe im ehemaligen PersR (s. § 38 Abs. 2 BPersVG) übernehmen (ausführl. *Engels/Mauß-Trebinger* RdA 97, 217, 232 ff.; *dies.* Anm. zu BAG 12. 12. 95 AP Nr. 8 zu § 99 BetrVG 1972 Versetzung).

Die personelle Zusammensetzung der bes. PersVertr. (s. Rn 304) stellt sicher, dass **307** bei der Ausübung der MB kein **gruppenfremder Einfluss** letztentscheidend ist. Dieses Ziel wird bei dem vom BAG vertretenen uneingeschränkten Doppelbeteiligung konterkariert: Der BR kann, wenn er seine Zustimmung nach § 99 Abs. 2 verweigert, die Versetzung eines Beamten verhindern, obwohl der nach § 17 Abs. 2 DBGrG zuständige PersR der Maßnahme zugestimmt hat. Überdies sind im Streitfall einander widersprechende Entscheidungen in verschiedenen Verfahrenswegen nicht ausgeschlossen (*Engels/Trebinger* Anm. zu BAG 12. 12. 95 AP Nr. 8 zu § 99 BetrVG 1972 Versetzung).

308   Der als vorrangige Schutzvorschrift zugunsten der Beamten konzipierte § 17 Abs. 2 DBGrG ist aber als **Ausnahmeregelung eng auszulegen** und geht nur insoweit § 19 DBGrG vor, als sein Tatbestand reicht. Daraus folgt im Einzelnen:

309   Mit der den Schutz der Beamten bezweckenden ausschließlichen Zuständigkeit der bes. PersVertr. **als MBTräger** in beamtenspezifischen Angelegenheiten ist eine Beteiligung des BR nicht ausgeschlossen. Eine **Unterrichtung** auch **des BR** nach § 99 Abs. 1 bei allen beamtenrechtlichen Entscheidungen mit Auswirkungen auf die ArbN der DBAG ist zur Verwirklichung der der DBAG auferlegten einheitlichen Personalpolitik für Arb., Ang. und zugewiesenen Beamte (vgl. § 5 ELV über die einheitliche Stellenausschreibung für Arb., Ang. und Beamte) geradezu erforderlich, zumal deren Mitgestaltung über die §§ 92ff. allein den BR bzw. dem GesBR der DBAG vorbehalten ist (vgl. *Blanke/Sterzel* Privatisierungsrecht für Beamte S. 173; *Engels/Müller/Mauß* aaO; s. auch Rn 311, § 93 Rn 12).

310   Aufgrund der hier vertretenen **eingeschränkten Doppelbeteiligung** hat der BR vor allem in Fällen der
– Übertragung einer höher zu bewertenden Tätigkeit (§ 12 Abs. 6 S. 1 DBGrG; § 76 Abs. 1 Nr. 3 BPersVG)
– Umsetzung (Nr. 1 DBAGZustV; § 76 Abs. 1 Nr. 4 BPersVG)
– Versetzung (Nr. 2 DBAGZustV; § 76 Abs. 1 Nr. 4 BPersVG)
– Abordnung (Nr. 3 DBAGZustV; § 76 Abs. 1 Nr. 5 BPersVG)
einen Anspruch auf Unterrichtung, Vorlage der erforderlichen Unterlagen der Beamten, Auskunft über die Auswirkungen der geplanten Maßnahme sowie Mitteilung des für den Beamten in Aussicht genommenen Arbeitsplatzes. Soweit die DBAG diese Pflichten gegenüber dem BR nicht erfüllen kann, weil sie nicht Dienstherr der ihr zugewiesenen Beamten ist und nicht über die erforderlichen Kenntnisse und Unterlagen über die betr. Beamten verfügt, treffen diese Verpflichtungen das BEV (§ 19 Abs. 5 DBGrG).

311   Die in den Fällen der Rn 310 erforderliche **Beteiligung** sowohl der **bes. PersVertr.** als auch des **BR** ist derart **miteinander** zu **verzahnen,** dass der BR Gelegenheit zur Stellungnahme gegenüber der bes. PersVertr. zu der von der DBAG beabsichtigten Personalmaßnahme erhält und die bes. PersVertr. diese Stellungnahme bei der Ausübung ihres MBR berücksichtigen kann (*Burkert/Huschenbett* PersR 10, 468, 469; vgl. § 33 Rn 29f.; s. auch § 38 Abs. 2 BPersVG zur gemeinsamen Beratung im PersR vor Beschlussfassung durch eine Gruppe). Diese Verzahnung ist auch für eine sinnvolle Ausübung des den bes. PersVertr. zustehenden Rechts auf Widerspruch gegen eine Personalmaßnahme wegen Verstoßes gegen eine AuswahlRL (vgl. § 17 Abs. 2 S. 2 DBGrG, § 77 Abs. 2 Nr. 1 iVm. § 76 Abs. 2 Nr. 8 BPersVG) unerlässlich, da AuswahlRL nach § 95 der MB allein des BR unterliegen. Einzelheiten der Verzahnung sollten durch TV oder BV geregelt werden (s. *Engels/Müller/Mauß* DB 94, 478; *Engels/Mauß-Trebinger* RdA 97, 217, 235).

312   MBR der bes. PersVertr. bestehen nicht bei beamtenrechtlichen Maßnahmen, die die in § 1 Nr. 1–3 DBAGZustV iVm. § 76 Abs. 1 Nr. 4 und 5 BPersVG geforderten örtlichen und zeitlichen Modalitäten nicht erfüllen. Da Umsetzungen ohne Dienstortwechsel, vorübergehende Versetzungen sowie Abordnungen bis zu 3 Monaten idR Versetzungen iSd. § 95 Abs. 3 sind (s. Rn 123), **finden die §§ 99ff. uneingeschränkt Anwendung.** Es besteht kein Grund, die Beteiligungsrestriktion des BPersVG gegenüber dem BetrVG in das DBGrG zu übertragen und die Anwendung der §§ 99ff. unterhalb der Anwendungsschwelle des § 76 Abs. 1 BPersVG auszuschließen (*Engels/Mauß-Trebinger* RdA 97, 217, 235; **aA** *Richardi* NZA 96, 953, 955f.).

313   Die **ausschließliche Zuständigkeit des BR** in den vorgenannten Fällen widerspricht auch nicht dem vorgesehenen Schutz der Beamten durch bes. Vertretungen (s. Rn 304ff.), denn dieser Sonderschutz besteht nur bei Versetzungen mit erheblichen Auswirkungen auf die betroffenen Beamten. Im Übrigen stehen die Beamten, die für die Anwendung des BetrVG als ArbN gelten, hinsichtlich des kollektiven

Schutzes ihren ebenfalls auf die DBAG „übergeleiteten" ArbN-Kollegen gleich (s. *Engels/Müller/Mauß* DB 94, 478; *Engels/Mauß-Trebinger* RdA 97, 217, 235).

MBR der bes. PersVertr. bestehen nicht in Personalangelegenheiten von Beamten **314** der Besoldungsstufe **A 16** (vgl. § 17 Abs. 2 DBGrG iVm. § 77 Abs. 1 S. 2 BPersVG). Auf diese Beamten finden – falls sie nicht auf Grund ihrer Stellung im Unternehmen oder Betrieb als leitende Ang. gelten (s. § 5 Rn 347 ff., 367 ff.) und insoweit nur § 105 zu beachten ist – die **§§ 99 ff.** **uneingeschränkt** Anwendung, sofern nicht ein Tatbestand gegeben ist, der ausschließlich nach Beamtenrecht zu beurteilen ist und in die Zuständigkeit der Verwaltungsgerichte fällt, wie zB eine Beförderung.

Werden die bei beamtenrechtlichen Entscheidungen nach § 76 Abs. 1 BPersVG **315** dem BR gegenüber bestehenden Aufklärungs- und Auskunftspflichten nach § 99 Abs. 1 nicht, wahrheitswidrig, unvollständig oder verspätet erfüllt, so kann dies als eine **Ordnungswidrigkeit** geahndet werden (§ 121).

2. Beteiligung des Betriebsrats bei personellen Einzelmaßnahmen gegenüber den bei den PostAGn beschäftigten Beamten

Im Gegensatz zur Bahnreform sind im Rahmen der Postreform die privatisierten **316** Postunternehmen mit der Wahrnehmung sämtlicher Befugnisse des Dienstherrn Bund gegenüber den bei ihnen beschäftigten Beamten „beliehen" (s. §§ 1 ff. Post-PersRG). Bei diesem Beleihungsmodell fällt dem BR die Interessenvertr. sowohl der ArbN als auch der übergeleiteten Beamten zu, diese haben also **kein separates Vertretungsorgan** (vgl. *Blanke/Sterzel* Privatisierungsrecht für Beamte S. 169; *Engels/Mauß-Trebinger* RdA 97, 217 ff.).

Der **BR** nimmt neben seinen originären Beteiligungsrechten nach dem BetrVG **317** (s. Rn 299) MBR und Mitwirkungsrechte in **beamtenspezifischen Personalangelegenheiten** nach § 76 Abs. 1, § 78 Abs. 1 Nr. 3–5 und § 79 Abs. 3 BPersVG wahr (§ 28 Abs. 1 S. 1, § 29 PostPersRG). Die gebotene Sondervertretung der **Beamten** wird durch partielle Anerkennung als **eigene Gruppe innerhalb der BR** der Postunternehmen mit **ausschließlicher Beschlussfassungsbefugnis** (s. dazu § 33 Rn 28) in den vorgenannten Angelegenheiten der Beamten verwirklicht (s. § 28 Abs. 1 PostPersRG). Die der ausschließlichen Beschlussfassungsbefugnis der Beamtengruppe im BR vorbehaltenen Tatbestände sind in Rn 301 aufgeführt (zu **Entlassungen** s. § 102 Rn 137).

Will der BR seine **Zustimmung** in den MBFällen des § 76 Abs. 1 BPersVG **verweigern,** gilt der Versagungskatalog des § 77 Abs. 2 BPersVG. Die Verweigerung der **318** Zustimmung muss der BR unter Angabe von Gründen innerhalb einer Woche nach Unterrichtung durch den ArbGeb. diesem schriftlich mitteilen, andernfalls gilt die Zustimmung als erteilt (§ 29 Abs. 2 PostPersRG; s. *Engels/Mauß-Trebinger* RdA 97, 217, 238).

Wenn sich ArbGeb. und BR nicht einigen können, ist die E-Stelle anzurufen, die **319** binnen 2 Monaten entscheiden soll (§ 29 Abs. 3 S. 1 PostPersRG). Die E-Stelle stellt fest, ob ein Grund zur Zustimmungsverweigerung iSd. § 77 Abs. 2 BPersVG vorliegt (§ 29 Abs. 3 S. 2 PostPersRG). Schließt sie sich nicht der Auffassung des ArbGeb. an, kann sie diesem nur eine **Empfehlung** geben (s. § 76 Rn 98). Folgt der ArbGeb. ihr nicht, so hat er innerhalb von 10 Tagen die Angelegenheit mit der Empfehlung der E-Stelle dem BMF zur endgültigen Entscheidung vorzulegen (§ 29 Abs. 3 S. 4 PostPersRG). Damit wird § 104 S. 3 BPersVG, der das verfassungsmäßig gebotene Letztentscheidungsrecht des Dienstherrn sichert, Rechnung getragen (*Engels/Mauß-Trebinger* RdA 97, 217, 238 f.; *Lorenzen* PersVertr. 95, 99, 105).

Die Frage des **Vorrangs von § 28 PostPersRG** iVm. § 76 Abs. 1 BPersVG (Be- **320** schlussfassung nur der Beamtengruppe im BR, E-Stelle, Verwaltungsgerichtsverfahren nach § 29 iVm. § 83 ff. PostPersRG – so BVerwG 11. 3. 11 – 6 PB 19.10 – juris.) gegenüber § 24 Abs. 1 iVm. §§ 99 ff. BetrVG (Beschlussfassung des BR, Arbeitsgerichtsverfahren) stellt sich wie bei Rn 308 ff. Im Einzelnen gilt folgendes:

321   Den §§ 28, 29 PostPersRG ist Vorrang gegenüber den §§ 99 ff. einzuräumen, wenn es um Tatbestände geht, die auch den räumlichen und zeitlichen Modalitäten der in § 76 Abs. 1 BPersVG genannten Personalmaßnahmen entsprechen; §§ 99 ff. sind insoweit nicht anzuwenden (so jetzt auch BAG 12. 8. 97 AP Nr. 15 zu § 99 BetrVG 1972 Versetzung; *Bacher* PersR 94, 489; 494; *Engels/Mauß-Trebinger* RdA 97, 217, 236; *Lorenzen* ZfPR 95, 130, 132; *ders.* PersV 95, 99, 104; *Pielsticker* ZTR 96, 101, 104; *Richardi* NZA 96, 953, 955 f.; wohl auch *Wehner* ZTR 95, 207, 210; **aA** *Hummel* PersR 96, 228, 229; *Hummel/Spoo* AiB 97, 21, 22 f.).

322   Das in Rn 310 f. geschilderte Problem gibt es bei den Postunternehmen nicht, da die beamtenrechtlichen Entscheidungen des § 76 Abs. 1 BPersVG im BR als Gesamtgremium zuvor zu beraten sind (s. § 33 Rn 27 ff.). Die Frage der Anwendung des § 99 Abs. 1 stellt sich daher nicht.

323   In den in Rn 312 geschilderten Fällen finden §§ 99 ff. uneingeschränkt Anwendung; die MB wird vom BR insgesamt ausgeübt (BAG 12. 8. 97 AP Nr. 14 zu § 99 BetrVG 1972 Eingruppierung; LAG Köln – 11 TaBV 60/08 –, das aber infolge Erledigung vor BAG gegenstandslos geworden ist; *Blanke/Sterzel* Privatisierungsrecht für Beamte S. 170; *Engels/Mauß-Trebinger* RdA 97, 217, 237; *Hummel* PersR 96, 228, 229 f.; *Wehner* ZTR 95, 207, 211; **aA** *Pielsticker* ZTR 96, 101, 104; *Richardi* NZA 96, 953, 955 f.). Der Streit darüber, ob §§ 99 ff. Anwendung finden, ist vor den Gerichten für Arbeitssachen zu klären (BVerwG 22. 2. 98 PersR 98, 292).

324   Gleiches gilt in Fällen der Rn 314.

325   Auch in Angelegenheiten, in denen das BMF (s. Rn 319) Entscheidungen und Maßnahmen gegenüber den bei den Postunternehmen beschäftigten Beamten trifft, wird die Interessenvertretung der betroffenen Beamten vom BR wahrgenommen (§ 31 PostPersRG; *Engels/Mauß-Trebinger* RdA 97, 217, 239).

326   Wenn die Deutsche Telekom bisher als **Beamtenposten** ausgewiesene Arbeitsposten als Ang.-Posten **umkategorisiert,** ist dies allein noch nicht mitbestimmungspflichtig, da es sich um eine organisatorische Entscheidung des ArbGeb. handelt. Die Umkategorisierung macht jedoch eine Überprüfung der bisherigen Eingruppierungen erforderlich. Darin liegt ein mitbestimmungspflichtiger Eingruppierungsvorgang, unabhängig davon, zu welchem Ergebnis diese Überprüfung führt. Der BR kann ein Verfahren zur Neueingruppierung jedenfalls dann verlangen, wenn die Deutsche Telekom aus der Umkategorisierung der Arbeitsposten vergütungsrechtliche Konsequenzen zieht, wie zB Versagung des Zeitaufstiegs, der dem betroffenen Ang. nach den für Beamtenposten maßgebenden Vergütungsregelungen zugestanden hätte (BAG 12. 8. 97 AP Nr. 14 zu § 99 BetrVG 1972 Eingruppierung; zur Ein- u. Umgruppierung s. Rn 79 ff., 104 ff.).

3. Beteiligung des Betriebsrats bei personellen Einzelmaßnahmen gegenüber den von den PostAGn ihren Tochter-, Enkel- und Beteiligungsgesellschaften zugewiesenen Beamten

327   Die zunehmende Konzernbildung der Post-AGn hat zu einer Verschlankung der jeweiligen Konzernspitze geführt mit der Folge, dass die Beamten, die nach bisher geltendem Recht nur bei den Post-AGn beschäftigt werden durften, dort keine ausreichende Beschäftigungsmöglichkeit mehr hatten. Das **Erste G zur Änderung des PostPersRG** v. 9. 11. 04 (BGBl. I S. 2774) hat es ermöglicht, dass Beamte auch **außerhalb der Muttergesellschaft** im Beamtenverhältnis beschäftigt werden können, indem ihnen dort ihrem statusrechtlichen Amt angemessene Tätigkeiten (vgl. OVG Münster – 1 B 1650/08 – BeckRS 09, 32 439 zur Zuweisung v. Bundesbeamten zu Tochterunternehmen der Deutschen Telekom AG u. dazu *Biletzki* ZTR 10, 10 ff.; *Nokiel/Scholz* ZTR 05, 310 ff.) zugewiesen werden. Dies ist ohne Zustimmung des Beamten auf Dauer möglich, wenn es sich um eine mindestens im Mehrheitsbesitz befindliche Tochter- oder Enkelgesellschaft einer Post-AG handelt. Andernfalls ist die Zuweisung nur mit Zustimmung des Beamten und nur vorübergehend zulässig (s. § 4 Abs. 4 PostPersRG nF u. Gesetzesbegründung BT-Drucks. 15/3404 S. 8). Die Rechtsstellung der Beamten bleibt unberührt, sie sind weiterhin unmittelbare Bundesbeamten, ihr Dienstherr ist der Bund (§ 4 Abs. 4 S. 6 nF, § 2 Abs. 3 PostPersRG) mit der Folge, dass die dienstrechtlichen Befugnisse bei den jeweiligen Post-AGn verbleiben (BT-Drucks. aaO S. 9, s. Rn 331).

Für die Rechtsstellung der den Unternehmen zugewiesenen Beamten und ihre **328** Interessenvertretung durch BR gelten grundsätzlich die **gleichen Regelungen** wie für die Beschäftigung bei den Post-AGn (vgl. §§ 24 Abs. 3, 28 Abs. 1 PostPersRG). Auf die Ausführungen in Rn 316ff. wird verwiesen. Folgende **Besonderheiten** gilt es zu beachten:

Bei der Entscheidung über die (erstmalige) **Zuweisung,** die der Sache nach eine **329** Versetzung ist, ist sowohl der BR bei der Post-AG nach § 28 Abs. 1, § 29 PostPersRG (Abgabe) als auch der BR des Unternehmens, in dem der Beamte die zugewiesene Tätigkeit ausüben soll (Aufnahme/Einstellung), nach §§ 99ff. zu beteiligen (so Begründung in BT Ausschussdrucks. 15(19)1366 Nr. 7 v. 21. 9. 04 des W+A-Ausschusses; *Engels* ArbuR 09, 10, 74f.; vgl. auch Rn 170) mit der Folge, dass bei dessen Zustimmungsverweigerung die gerichtliche Ersetzung erforderlich ist.

Soll ein Beamter, der **BR-Mitgl.** im Betrieb einer Post-AG ist, zB in einem Toch- **330** ter-Unternehmen beschäftigt werden und stimmt er der Zuweisung nicht zu, ist der BR der Post-AG nach § 103 Abs. 3 zu beteiligen, der uneingeschränkt neben § 28 PostPersRG gilt (*Engels* ArbuR 09, 10, 75; s. dazu § 103 Rn 77).

Die dienstrechtlichen Befugnisse gegenüber diesen Beamten verbleiben mit Aus- **331** nahme des im Rahmen der Zuweisung im erforderlichen Maße auf das Unternehmen übergehenden Weisungsrechts bei der jeweiligen Post-AG. Demzufolge sieht der neue § 28 Abs. 2 PostPersRG vor, dass in den Fällen, in denen die Post-AGn Entscheidungen in **beamtenspezifischen Personalangelegenheiten** (zB Beförderungen, Erhebung von Disziplinarklagen) treffen (s. Rn 317), der **bei** der jeweiligen **Post-AG** bestehende **BR** insb. nach Maßgabe der §§ 28 Abs. 1, 29ff. PostPersRG (s. Rn 318ff.) zu beteiligen ist. Um sachgerechte Entscheidungen zu ermöglichen und das fehlende Wahlrecht zum BR bei der jeweiligen Post-AG (s. BAG 16. 1. 08 AP Nr. 12 zu § 7 BetrVG 1972 u. § 7 Rn 11) zu kompensieren, ist gleichzeitig der BR des Betriebs, in dem der Beamte tätig ist, über die Angelegenheit zu unterrichten und ihm Gelegenheit zu Stellungnahme zu geben (*Engels* ArbuR 09, 10, 75). Diese eingeschränkte Beteiligung des BR vor Ort gilt nur bei Entscheidungen gegenüber bereits zugewiesenen Beamten, nicht für die erstmalige Zuweisung (s. Rn 329).

4. Beteiligung des Betriebsrats bei personellen Einzelmaßnahmen gegenüber den in Kooperationsbetrieben der Bundeswehr beschäftigten Beamten, Soldaten und Arbeitnehmern

Anders als bei Bahn und Post wird durch das **KooperationsG der Bundeswehr** **332** v. 30. 7. 04 (s. § 5 Rn 322) nicht ein staatlicher Aufgabenbereich komplett privatisiert. Personal der Bundeswehr (Beamte, Soldaten, ArbN) wird längerfristig in Betrieben privatrechtlich organisierter Unternehmen eingesetzt. Der Bund bleibt für diesen Personenkreis Dienstherr bzw. ArbGeb., während die Aufgabenerledigung im Kooperationsbetrieb nach Weisungen des dortigen ArbGeb. erfolgt (s. Gesetzesbegründung BT-Drucks. 15/2944 S. 8). Soweit dieser Weisungen erteilen kann, ist der BR zuständig, dessen Beteiligungsrechte nach dem BetrVG er zu beachten hat. So hat der BR bei innerbetrieblichen Versetzungen von Beamten und ArbN in den privatrechtlich organisierten Kooperationsunternehmen der Bundeswehr nach § 99 Abs. 1 S. 1 BetrVG mitzubestimmen (BAG 4. 5. 11 – 7 ABR 3/10 – NZA 11, 1373).

Für die beamtenspezifischen Personalangelegenheiten nach § 76 Abs. 1, § 78 **332a** Abs. 1 Nr. 3–5 und § 79 BPersVG bleibt die jeweilige Dienststelle der Bundeswehr zuständig, die den dortigen PersR zu beteiligen hat. Dieser ist zur Interessenvertretung auch der in Kooperationsbetrieben tätigen Beamten dadurch legitimiert, dass diese ein doppeltes aktives und passives Wahlrecht sowohl zum PersR der Dienststelle als auch zum BR des Kooperationsbetriebs haben (§§ 2, 3, 6 Abs. 1 BwKoopG; BVerwG 14. 12. 09 – 6 P 16/08 – NZA-RR 10, 274; s. § 7 Rn 11, § 33 Rn 30 a; *Engels* ArbuR 09, 10, 75).

333   Trotz der Zuständigkeit des **PersR** als **MBTräger** in beamtenspezifischen Personalangelegenheiten ist eine **Unterrichtung** auch **des BR** des Kooperationsbetriebs nach § 99 Abs. 1 erforderlich, insb. in den Fällen der Umsetzung und Versetzung (§ 76 Abs. 1 Nr. 4 BPersVG), da sich diese beamtenspezifischen Entscheidungen auf die Gesamtbelegschaft eines Kooperationsbetriebs auswirken. Soweit der Kooperationsbetrieb diese Pflichten gegenüber dem BR nicht erfüllen kann, weil er nicht Dienstherr der ihm zugewiesenen Beamten ist und nicht über die erforderlichen Kenntnisse und Unterlagen über die betr. Beamten verfügt, treffen diese Verpflichtungen deren jeweilige Dienststelle (§ 6 Abs. 3 BwKoopG).

334   Die **Beteiligung** sowohl des **PersR** als auch des **BR** (Rn 333) ist **miteinander** zu **verzahnen** (s. Rn 311 zur gleichen Frage bei der Bahn).

335   MBR des PersR bestehen nicht bei beamtenspezifischen Entscheidungen, die die in § 76 Abs. 1 Nr. 4 BPersVG geforderten örtlichen oder zeitlichen Modalitäten nicht erfüllen. Hier ist der BR des Kooperationsbetriebs uneingeschränkt nach §§ 99 ff. zu beteiligen (s. Rn 312 f. zur gleichen Frage bei der Bahn).

336   Das Ausführungen in Rn 332–335 gelten sinngemäß für zugewiesene Soldaten und ArbN.

5. Beteiligung des Betriebsrats bei personellen Einzelmaßnahmen gegenüber den der BRD-Finanzagentur GmbH zugewiesenen Beamten und Arbeitnehmern

337   Im Rahmen des G zur Modernisierung des Schuldenwesens des Bundes **(Bundesschuldenwesenmodernisierungsgesetz)** vom 12. 7. 06 (BGBl. I S. 1466) sind die Beamten und ArbN der Bundeswertpapierverwaltung ab dem 1. 8. 06 Beschäftigte des Bundesamtes für zentrale Dienste und offene Vermögensfragen **(BADV)** geworden. Gleichzeitig sind sie der privatrechtlich organisierten **BRD-Finanzagentur GmbH** zugewiesen worden (§§ 1, 2 BWpVerwPG; s. auch § 5 Rn 323). Die dienst- und arbeitsrechtlichen Verhältnisse zum Bund, dem BADV, bleiben davon unberührt mit der Folge, dass der Bund weiterhin Dienstherr bzw. ArbGeb. der zugewiesenen Beschäftigten bleibt, während die Aufgabenerledigung in der BRD-Finanzagentur GmbH nach Weisungen des dortigen ArbGeb. erfolgt.

337a   Soweit die BRD-Finanzagentur GmbH als ArbGeb. den ihr zugewiesenen Beamten und ArbN Weisungen erteilen kann, ist der **dortige BR** zuständig, dessen Beteiligungsrechte nach dem BetrVG zu beachten sind (s. Rn 299 a ff.). Das trifft grundsätzlich auch bei **personellen Einzelmaßnahmen** zu. So hat der BR zB bei innerbetrieblichen Versetzungen von zugewiesenen Beamten und ArbN in der GmbH nach § 99 Abs. 1 S. 1 BetrVG mitzubestimmen (vgl. BAG 4. 5. 11 – 7 ABR 3/10 – NZA 11, 1373). Soweit es um **beamtenspezifische** Personalangelegenheiten nach § 76 Abs. 1, § 78 Abs. 1 Nr. 3–5 und § 79 BPersVG geht, bleibt das **BADV** zuständig, das den dortigen **PersR** zu beteiligen hat. Dieser ist zur Interessenvertretung auch der in der BRD-Finanzagentur GmbH tätigen Beamten dadurch legitimiert, dass diese ein doppeltes aktives und passives Wahlrecht sowohl zum PersR der Dienststelle als auch zum BR der BRD-Finanzagentur GmbH haben (§§ 4–6 BWpVerwPG; s. § 7 Rn 11, § 33 Rn 30 b; *Engels* ArbuR 09, 10, 75).

338   Die in Rn 337 dargestellte Konstruktion der gespaltenen ArbGeb.-Funktion zwischen BADV und Finanzagentur entspricht der im KooperationsG der Bundeswehr gewählten, so dass die Ausführungen in Rn 333–336 entspr. gelten.

6. Beteiligung des Betriebsrats bei personellen Einzelmaßnahmen gegenüber den der Gesellschaft für Außenwirtschaft und Standortmarketing mbH zugewiesenen Beamten und Arbeitnehmern

Nach dem G über das Personal der Bundesagentur für Außenwirtschaft vom 8. 12. **339** 08 (BGBl. I S. 2370) sind die Beamten und ArbN der Bundesagentur für Außenwirtschaft ab dem 1. 1. 09 Beschäftigte des Bundesamtes für Wirtschaft und Ausfuhrkontrolle (BAFA) geworden. Gleichzeitig sind sie der privatrechtlich organisierten **Gesellschaft für Außenwirtschaft und Standortmarketing mbH** zugewiesen worden (§§ 1, 2 BfAIPG). Die dienst- und arbeitsrechtlichen Verhältnisse zum Bund, dem BAFA, bleiben davon unberührt mit der Folge, dass der Bund weiterhin Dienstherr bzw. ArbGeb. der zugewiesenen Beschäftigten bleibt, während die Aufgabenerledigung in der Gesellschaft für Außenwirtschaft und Standortmarketing mbH nach Weisungen des dortigen ArbGeb. erfolgt.

Soweit die **GmbH** entscheiden und als ArbGeb. den ihr zugewiesenen Beamten **339a** und ArbN Weisungen erteilen kann, vertritt der **dortige BR ihre** Interessen und nimmt für sie die Beteiligungsrechte nach dem BetrVG wahr (s. §§ 2 bis 6 BfAIPG; s. Rn 299a ff., § 5 Rn 316; s. auch § 33 Rn 30c). Das trifft grundsätzlich auch bei **personellen Einzelmaßnahmen** zu. So hat der BR zB auch bei innerbetrieblichen Versetzungen von zugewiesenen Beamten und ArbN in der GmbH nach § 99 Abs. 1 S. 1 BetrVG mitzubestimmen (vgl. BAG 4. 5. 11 – 7 ABR 3/10 – NZA 11, 1373).

Soweit es um die beamtenspezifischen Personalangelegenheiten nach § 76 Abs. 1, **339b** § 78 Abs. 1 Nr. 3–5 und § 79 BPersVG geht, bleibt das BAFA zuständig, das den dortigen PersR zu beteiligen hat. Dieser ist zur Interessenvertretung auch der in der GmbH tätigen Beamten dadurch legitimiert, dass diese ein doppeltes aktives und passives Wahlrecht sowohl zum PersR der Dienststelle als auch zum BR der GmbH haben (§§ 4–6 BfAIPG; s. § 7 Rn 11). Soweit die GmbH entscheiden kann, ist der dortige BR zuständig und vertritt die Interessen der zugewiesenen Beamten und ArbN.

Die in Rn 339 dargestellte Konstruktion der gespaltenen ArbGeb.-Funktion zwi- **340** schen BAFA und der Gesellschaft für Außenwirtschaft und Standortmarketing mbH entspricht der im KooperationsG der Bundeswehr gewählten, so dass die Ausführungen in Rn 333–336 entspr. gelten.

7. Beteiligung des Betriebsrats bei personellen Einzelmaßnahmen gegenüber den der DFS Deutsche Flugsicherung GmbH zugewiesenen Beamten und Arbeitnehmern

Die in Art. 8 des G zur Errichtung eines Bundesaufsichtsamtes für Flugsicherung **341** und zur Änderung und Anpassung weiterer Vorschriften eingestellten Ergänzungen des G zur Übernahme der Beamten und ArbN der Bundesanstalt für Flugsicherung (BAFlSBAÜbnG) vom 29. 7. 09 (BGBl. I S. 2424, 2429) bestimmen, dass die **der DFS Deutsche Flugsicherung GmbH** zugewiesenen **Beamten** und **ArbN** des **Luftfahrt-Bundesamtes (LBA)** aktiv und passiv wahlberechtigt zum dortigen PR sind, der ihre Interessen gegenüber dem Bundesamt vertritt und bei dessen Entscheidungen als Dienstherr/ArbGeb. zu beteiligen ist (§§ 4 f. BAFlSBAÜbnG). Das betrifft insb. die beamtenspezifischen Personalangelegenheiten nach § 76 Abs. 1, § 78 Abs. 1 Nr. 3–5 und § 79 BPersVG.

Soweit die DFS Deutsche Flugsicherung GmbH entscheidungsbefugt ist, hat sie **341a** den dortigen BR zu beteiligen, der auch die Interessen der zugewiesenen Beamten und ArbN vertritt und für sie die Beteiligungsrechte nach dem BetrVG wahrnimmt (s. (§ 4 Abs. 2 BAFlSBAÜbnG; § 5 Rn 317 ff., 325; s. auch § 33 Rn 30d). Das trifft grundsätzlich auch bei **personellen Einzelmaßnahmen** zu. So hat der BR zB auch bei innerbetrieblichen Versetzungen von zugewiesenen Beamten und ArbN in der GmbH nach § 99 Abs. 1 S. 1 BetrVG mitzubestimmen (vgl. BAG 4. 5. 11 – 7 ABR 3/10 – NZA 11, 1373).

342   Die in Rn 341 dargestellte Konstruktion der gespaltenen ArbGeb.-Funktion zwischen LBA und der DFS Deutsche Flugsicherung GmbH entspricht der im KooperationsG der Bundeswehr gewählten, so dass die Ausführungen in Rn 333–336 entspr. gelten.

§ 100 Vorläufige personelle Maßnahmen

(1) [1] **Der Arbeitgeber kann, wenn dies aus sachlichen Gründen dringend erforderlich ist, die personelle Maßnahme im Sinne des § 99 Abs. 1 Satz 1 vorläufig durchführen, bevor der Betriebsrat sich geäußert oder wenn er die Zustimmung verweigert hat.** [2] **Der Arbeitgeber hat den Arbeitnehmer über die Sach- und Rechtslage aufzuklären.**

(2) [1] **Der Arbeitgeber hat den Betriebsrat unverzüglich von der vorläufigen personellen Maßnahme zu unterrichten.** [2] **Bestreitet der Betriebsrat, dass die Maßnahme aus sachlichen Gründen dringend erforderlich ist, so hat er dies dem Arbeitgeber unverzüglich mitzuteilen.** [3] **In diesem Fall darf der Arbeitgeber die vorläufige personelle Maßnahme nur aufrechterhalten, wenn er innerhalb von drei Tagen beim Arbeitsgericht die Ersetzung der Zustimmung des Betriebsrats und die Feststellung beantragt, dass die Maßnahme aus sachlichen Gründen dringend erforderlich war.**

(3) [1] **Lehnt das Gericht durch rechtskräftige Entscheidung die Ersetzung der Zustimmung des Betriebsrats ab oder stellt es rechtskräftig fest, dass offensichtlich die Maßnahme aus sachlichen Gründen nicht dringend erforderlich war, so endet die vorläufige personelle Maßnahme mit Ablauf von zwei Wochen nach Rechtskraft der Entscheidung.** [2] **Von diesem Zeitpunkt an darf die personelle Maßnahme nicht aufrechterhalten werden.**

Inhaltsübersicht

I. Vormerkung

1   Die Vorschrift des § 100 hat Ausnahmecharakter (*Lahusen* NZA 89, 869) und mildert das grundsätzliche Zustimmungserfordernis für personelle Maßnahmen nach § 99 für die Fälle ab, in denen sachliche Gründe eine vorläufige Durchführung der Maßnahme dringend gebieten. Neben dem bes. Verfahren nach § 100 ist eine einstw. Vfg. auf Antrag des ArbGeb. gemäß § 85 Abs. 2 ArbGG, §§ 935 ff. ZPO unzulässig (§ 99 Rn 284 ff.; DKKW-*Bachner* Rn 1; GK-*Raab* Rn 3; HSWGNR Rn 2; *Richardi/Thüsing* Rn 1). Gleiches gilt grundsätzlich auch für einstw. Vfg. auf Antrag des BR (vgl. ArbG Münster DB 91, 103 u. § 101 Rn 11; s. aber § 99 Rn 295 ff. zu einer möglichen einstw. Vfg. in Ausnahmefällen).

2   Entspr. Vorschriften: § 69 Abs. 5, § 72 Abs. 6 BPersVG.

II. Vorläufige Durchführung personeller Maßnahmen

Der ArbGeb. kann, wenn noch keine Stellungnahme des BR vorliegt, also die **3** Wochenfrist des § 99 Abs. 3 noch nicht abgelaufen ist, oder der BR die Zustimmung bereits ausdrücklich verweigert hat (nicht mehr dagegen nach rechtskräftiger Ablehnung der Ersetzung der Zustimmung; ebenso *Richardi/Thüsing* Rn 6), eine personelle Maßnahme gleichwohl unter bestimmten Voraussetzungen **vorläufig durchführen.** Das gilt auch, wenn der BR nicht beschlussfähig oder nicht erreichbar ist (BAG 19. 1. 10 – 1 ABR 55/08 – NZA 10, 659). Ist dagegen seit Unterrichtung des BR bereits eine Woche vergangen, ohne dass der BR sich geäußert hat, so gilt dies als Zustimmung (§ 99 Abs. 3 S. 2), dh der ArbGeb. kann die beabsichtigte personelle Maßnahme ohne weiteres durchführen.

Ein Recht zur vorläufigen Durchführung der personellen Maßnahme hat der **4** ArbGeb. nur, wenn diese **aus sachlichen Gründen dringend erforderlich** ist, dh, wenn ein verantwortungsbewusster ArbGeb. im Interesse des Betriebes alsbald handeln muss, die geplante Maßnahme also keinen Aufschub verträgt (*Gillen/Vahle* BB 10, 761). Das Merkmal „aus sachlichen Gründen" deutet darauf hin, dass die Dringlichkeit auf vom ArbGeb. nicht rechtzeitig voraussehbaren Umständen beruhen muss, der ArbGeb. darf sich also nicht selbst bewusst in „Zugzwang" setzen, um nach § 100 handeln zu können (LAG Schleswig-Holstein NZA 09, 139; LAG Berlin-Brandenburg – 26 TaBV 1954/09 – BeckRS 10, 74505; DKKW-*Bachner* Rn 3; *Löwisch/Kaiser* Rn 2; *Heinze* Rn 364; *Schrader* AIB 09, 26, 27; vgl. auch ArbG Neumünster ArbuR 93, 187; **aA** GK-*Raab* Rn 11; *HSWGNR* Rn 8; *Richardi/Thüsing* Rn 8; *Gillen/Vahle* BB 10, 761, 764).

Die Maßnahme muss wirklich notwendig sein und kein zumutbarer anderer Weg **4a** zur Verfügung stehen (DKKW-*Bachner* Rn 5; *Meisel* Rn 229; zur kommissarischen Stellenbesetzung s. § 99 Rn 163). Unter sachlichen Gründen sind **betriebliche Gründe,** insb. solche des geregelten Arbeitsablaufs zu verstehen, nicht persönliche Gründe oder sozialpolitische Überlegungen (so aber *Lahusen* NZA 89, 869 zur Vermeidung hoher Arbeitslosigkeit; wie hier *Gillen/Vahle* BB 10, 761). Ein solcher Grund ist zB gegeben, wenn aus einer personellen Unterbesetzung eine Verletzung öffentlich-rechtlicher und vertraglicher Pflichten folgt (LAG Schleswig-Holstein NZA 09, 139). Bei Prüfung der Frage, ob solche betrieblichen Gründe vorliegen, scheiden Fragen der sozialen Auswahl zunächst aus; sie sind bei der Entscheidung über die Ersetzung der Zustimmung des BR nach § 99 Abs. 4 zu berücksichtigen (BAG 7. 11. 77 AP Nr. 1 zu § 100 BetrVG 1972). Es kommt allein auf die **Verhältnisse im Zeitpunkt der Durchführung der Maßnahme** an; entfällt nachträglich der dringende betriebliche Grund, so ist der ArbGeb. nicht verpflichtet, die Maßnahme vor Abschluss des Zustimmungsersetzungsverfahrens wieder aufzuheben (BAG 6. 10. 78 AP Nr. 10 zu § 99 BetrVG 1972).

Beispiele:

Der ArbGeb. hat die Gelegenheit, eine dringend benötigte, im Betrieb nicht vorhandene Fachkraft einzustellen (*HSWGNR* Rn 10; s. auch *Gillen/Vahle* BB 10, 762); betriebliche Notwendigkeiten verlangen eine sofortige Versetzung von ArbN, zB um die monatliche Lohnabrechnung im Betrieb sicherzustellen (BAG 7. 11. 77 AP Nr. 1 zu § 100 BetrVG 1972).

Ein- und Umgruppierungen werden kaum unaufschiebbar sein (DKKW-*Bach-* **5** *ner* Rn 7; ErfK-*Kania* Rn 1; *HSWGNR* Rn 10; *Richardi/Thüsing* Rn 3; *Gillen/Vahle* BB 10, 761, 763f.; **aA** für Eingruppierungen GK-*Raab* Rn 13). Davon abgesehen hat der BR nur ein Mitbeurteilungsrecht, da es sich um einen Akt der Rechtsanwendung handelt (vgl. § 99 Rn 96ff.). Deshalb dürfte eine vorläufige Ein- oder Umgruppierung nicht in Betracht kommen (BAG 27. 1. 87 AP Nr. 42 zu § 99 BetrVG 1972).

6　　Ein dauernder **Missbrauch** der Möglichkeit zur vorläufigen Durchführung personeller Maßnahmen kann zu Maßnahmen gegen den ArbGeb. nach § **23 Abs. 3** führen (s. § 99 Rn 295 ff. zu einer möglichen einstw. Vfg.) und dem BR einen **Unterlassungsanspruch** geben (BAG 19. 1. 10 – 1 ABR 55/08 – NZA 10, 659). Eine
gesetzeswidrige vorläufige Einstellung erzeugt keinerlei Rechtswirkungen auf Dauer,
da sie unwirksam ist; es besteht nur ein faktisches Beschäftigungsverhältnis (vgl. § 99
Rn 277 e).

7　　Der ArbGeb. hat den **betroffenen ArbN (bzw. Bewerber)** bei vorläufiger
Durchführung der Maßnahme über die **Sach- und Rechtslage,** insb. den Widerspruch des BR mündlich oder schriftlich **aufzuklären** (Abs. 1 S. 2), dh auf die
Möglichkeit hinzuweisen, dass die Maßnahme kraft gerichtlicher Entscheidung rückgängig gemacht werden muss (Abs. 3). Soweit der ArbGeb. nicht einseitig kraft
Weisungsrechts handeln kann, ist es zweckmäßig, die Vereinbarung mit dem ArbN
unter Vorbehalt zu schließen, dh unter der auflösenden Bedingung einer negativen
arbeitsgerichtlichen Entscheidung. Damit vermeidet der ArbGeb. evtl. **Schadensersatzansprüche** bei Rückgängigmachung der Maßnahme aus dem Gesichtspunkt
des Verschuldens bei Vertragsabschluss (vgl. dazu BAG 14. 6. 72 AP Nr. 54 zu
§§ 22, 23 BAT; *DKKW-Bachner* Rn 18; *HSWGNR* Rn 15; *Richardi/Thüsing*
Rn 11).

7a　　Der ArbGeb. hat den ArbN auch von der Stellungnahme des BR und ggf. der
Entscheidung des ArbG zu unterrichten. Andererseits hat der ArbN (Bewerber)
den ArbGeb. auf bes. persönliche Umstände hinzuweisen, die zur einer Verweigerung der Zustimmung des BR führen könnten (vgl. BAG 8. 10. 59 AP Nr. 1 zu
§ 620 BGB Schuldrechtliche Kündigungsbeschränkungen; *DKKW-Bachner* Rn 19;
HSWGNR Rn 15). Unterlässt der ArbN diesen Hinweis, so kann dies zur Minderung von Schadensersatzansprüchen führen (§ 254 BGB). Die Unterrichtung des
ArbN (Bewerbers) durch den ArbGeb. ist aber keine Wirksamkeitsvoraussetzung für
die vorläufige Durchführung der Maßnahme (*DKKW-Bachner* Rn 17; *GK-Raab*
Rn 21; *HSWGNR* Rn 14; *Richardi/Thüsing* Rn 10).

III. Unterrichtung und Stellungnahme des Betriebsrats

8　　Der ArbGeb. hat den BR **unverzüglich** (dh ohne schuldhaftes Zögern, § 121
Abs. 1 BGB) von der **vorläufigen personellen Maßnahme mündlich oder
schriftlich zu unterrichten** (Abs. 2 S. 1), dh bereits vor ihrer Durchführung oder
jedenfalls sofort danach (BAG 7. 11. 77 AP Nr. 1 zu § 100 BetrVG 1972; *GK-Raab*
Rn 24; *Gillen/Vahle* BB 10, 761, 765). Es sind alle Angaben zu machen, die auch
§ 99 Abs. 1 S. 1 verlangt (vgl. § 99 Rn 162 ff.; notfalls sind einzelne Angaben oder
Unterlagen nachzuliefern). Außerdem ist die **sachliche Dringlichkeit** der Maßnahme **darzulegen.** Regelmäßig hat die Unterrichtung nach § 99 Abs. 1 zusammen
mit der nach § 100 Abs. 2 S. 1 zu erfolgen, ausnahmsweise alsbald danach (hM; enger
DKKW-Bachner Rn 12). Ist der ArbGeb. aus dringenden betrieblichen Gründen genötigt, von der Möglichkeit des § 100 Gebrauch zu machen, so ergibt sich aus dem
Gebot der vertrauensvollen Zusammenarbeit, dass er diese Absicht bereits bei der
ersten Unterrichtung nach § 99 Abs. 1 dem BR mitteilen muss. Diese Mitteilung
enthebt den ArbGeb. nicht von der weiteren Unterrichtungspflicht nach § 100 Abs. 2
S. 1, sobald die vorläufige Maßnahme tatsächlich durchgeführt wird.

9　　Der **BR** ist seinerseits nach Abs. 2 verpflichtet, dem ArbGeb. **unverzüglich**
(zweckmäßigerweise schriftlich) **zu antworten,** wenn er die sachliche Dringlichkeit
der Maßnahme bestreiten will. Verschweigt der BR sich, so gilt die Maßnahme als
vorläufige Maßnahme als gebilligt (*DKKW-Bachner* Rn 23; *GK-Raab* Rn 28; *Heinze*
Rn 375; *HSWGNR* Rn 18; *Schrader* AiB 08, 26, 28 f.). Bei verspätetem Bestreiten
der Dringlichkeit und rechtzeitiger Zustimmungsverweigerung des BR hinsichtlich
der Maßnahme selbst, muss der ArbGeb. binnen 3 Tagen das Ersetzungsverfahren

nach § 99 Abs. 4 einleiten, ohne allerdings noch die Dringlichkeit der Maßnahme darlegen zu müssen (*Heinze* Rn 378 ff.).

Der BR kann eventuell zugleich schon die Zustimmung zur Maßnahme als solcher **10** entweder erklären oder gem. § 99 Abs. 3 verweigern oder aber diese Stellungnahme innerhalb der Wochenfrist nachholen. Der BR kann sich auch ausschließlich darauf beschränken, die sachliche Dringlichkeit zu bestreiten. Der BR kann aber auch die Dringlichkeit der Maßnahme einräumen, eine Zustimmung zur Maßnahme selbst vorbehaltlich einer weiteren Erörterung mit dem ArbGeb. verweigern. Dann muss der ArbGeb. das Verfahren nach § 99 Abs. 4 durchführen, will er sich nicht dem Zwangsverfahren nach § 101 aussetzen (DKKW-*Bachner* Rn 20; s. auch *Richardi/ Thüsing* Rn 17).

IV. Ersetzungs- und Feststellungsantrag des Arbeitgebers

Nach Abs. 2 S. 3 darf der **ArbGeb.** bei **Bestreiten der sachlichen Dringlich-** **11** **keit** die vorläufige personelle Maßnahme bis zur endgültigen Entscheidung des ArbG nur aufrechterhalten, wenn er **innerhalb von drei Tagen** (Kalendertage) nach entspr. Mitteilung des BR das **ArbG zur Entscheidung im BeschlVerf.** (§ 2a ArbGG; s. dazu Nach § 1 Rn 1 ff.) anruft. Der Tag des Zugangs der Mitteilung des BR wird nicht mitgerechnet. Der Antrag muss binnen 3 Tagen beim ArbG eingehen. Da das G auf Kalendertage abstellt, muss zB das ArbG nach Widerspruch des BR am Freitag bereits am folgenden Montag angerufen werden. Nur wenn der letzte Tag ein Samstag, Sonntag oder gesetzl. Feiertag ist, verlängert sich die Frist bis zum Ablauf des nächsten Werktages (§ 193 BGB).

Der (Doppel-)Antrag geht einmal auf **Feststellung,** dass die Maßnahme aus **sach-** **11a** **lichen Gründen dringend geboten** war, aber **außerdem** auch auf **Ersetzung der Zustimmung** des BR zur personellen Maßnahme als solcher. Damit werden die Verfahren nach § 99 Abs. 4 und § 100 Abs. 2 miteinander verbunden (hM; BAG 15. 9. 87 AP Nr. 46 zu § 99 BetrVG 1972; DKKW-*Bachner* Rn 27; GK-*Raab* Rn 35 f.; *Heinze* Rn 376; *Richardi/Thüsing* Rn 25; *Gillen/Vahle* BB 10, 761, 765 f.). Es gibt praktisch nicht zwei hintereinander durchzuführende Verfahren (Eilfall und Normalfall). Die Vorläufigkeit der Maßnahme erfordert eine alsbaldige Klärung der endgültigen Wirksamkeit (vgl. *Heinze* Rn 374).

Der **Antrag** auf (vorsorgliche) **Ersetzung der Zustimmung** nach § 99 Abs. 4 ist **12** nur dann **entbehrlich** oder später hinfällig, wenn die Zustimmung erteilt wird oder vom BR nicht fristgerecht und formgerecht verweigert wurde. Sobald nämlich feststeht, dass eine Maßnahme betriebsverfassungsrechtlich zulässig ist, so kann sie – auch vorläufig – durchgeführt werden; entspr. Anträge des ArbGeb. werden gegenstandslos (DKKW-*Bachner* Rn 24; GK-*Raab* Rn 30; *Heinze* Rn 377; HSWGNR Rn 22; *Richardi/Thüsing* Rn 31). Das Verfahren ist für erledigt zu erklären (§ 83a ArbGG; *Richardi/Thüsing* Rn 41). Das Bestreiten der dringenden Erforderlichkeit einer Maßnahme stellt nämlich nicht zugleich notwendigerweise eine Zustimmungsverweigerung nach § 99 Abs. 3 dar (hM, vgl. *Richardi/Thüsing* Rn 28 f.).

Der **Zustimmungsersetzungsantrag** ist ebenso wie der Dringlichkeitsantrag **12a** **binnen 3 Tagen zu** stellen (DKKW-*Bachner* Rn 28, 30; GK-*Raab* Rn 32, s. aber dort Rn 33; *Heinze* Rn 376; MünchArbR-*Matthes* § 263 Rn 98). Hält der ArbGeb. trotz unverzüglichen Bestreitens der sachlichen Dringlichkeit durch den BR die personelle Maßnahme aufrecht, ohne rechtzeitig das ArbG anzurufen, so kann der BR nach § 101 verfahren. Die personelle Maßnahme ist aufzuheben (Näheres vgl. die Rn zu § 101; s. auch § 99 Rn 295 ff. zu einer möglichen einstw. Vfg.).

Nach LAG Rh-Pfalz (14. 12. 07 NZA-RR 08, 248) soll ein ArbGeb. bei **kurz-** **12b** **fristigen personellen Einzelmaßnahmen,** wie zB kurze Beschäftigungszeiten von LeihArbN, nach Ablauf einer Beschäftigungszeit eines ArbN von höchstens drei Tagen nicht zur Einleitung eines Zustimmungsersetzungsverfahrens verpflichtet sein.

Unter den Voraussetzungen des § 100 soll sich der ArbGeb. auf Vorläufigkeitsmaßnahmen beschränken können (vgl. § 99 Rn 285 a, 295 ff.).

V. Entscheidung des Arbeitsgerichts

13　　In einem **einheitlichen Verfahren** mit dem Antrag des ArbGeb. auf **Ersetzung der Zustimmung** des BR **und Feststellung der** sachlichen **Dringlichkeit** einer vorläufigen personellen Maßnahme hat das ArbG im BeschlVerf. (s. dazu Nach § 1 Rn 1 ff.) **zu entscheiden** (LAG Schleswig-Holstein BB 78, 611; DKKW-*Bachner* Rn 32 halten eine gemeinsame Entscheidung nur für zweckmäßig, *Richardi/Thüsing* Rn 37 u. MünchArbR-*Matthes* § 263 Rn 109 eine Vorabentscheidung über die Dringlichkeit durch Teilbeschluss für erforderlich). Die betroffenen ArbN sind nicht Beteiligte nach § 83 ArbGG (GK-*Raab* Rn 38; vgl. § 99 Rn 288). Das **ArbG** kann zu vier Ergebnissen kommen (vgl. DKKW-*Bachner* Rn 34 ff.; *HSWGNR* Rn 32 ff.):

a) Das ArbG hält die Maßnahme für **dringlich und keinen** der geltend gemachten **Verweigerungsgründe** des § 99 Abs. 2 **für gegeben.** Dann obsiegt der ArbGeb.; er kann die Maßnahme endgültig durchführen.

b) Das ArbG **verneint die Dringlichkeit** und erkennt auch die **Weigerungsgründe des BR an.** Die Anträge des ArbGeb. werden zurückgewiesen, dh er darf die Maßnahmen weder vorläufig noch endgültig aufrechterhalten.

c) Das ArbG **bejaht** zwar **die Dringlichkeit** der Maßnahme an sich, erkennt aber die **Weigerungsgründe des BR an.** Dann hat zwar der Feststellungsantrag des ArbGeb. Erfolg, aber nicht der Antrag auf Ersetzung der Zustimmung. Die Rechtsfolgen sind die gleichen wie im Fall b). Die Maßnahme war zwar vorläufig gerechtfertigt, bleibt aber nicht rechtswirksam und muss aufgehoben werden (vgl. BAG 26. 10. 04 AP Nr. 41 zu § 99 BetrVG 1972 Versetzung; 1. 6. 11 – 7 ABR 18/10 – BeckRS 11, 75 883; DKKW-*Bachner* Rn 35; GK-*Raab* Rn 40).

d) Das ArbG hält zwar die **Verweigerung der Zustimmung** durch den BR **nicht für gerechtfertigt,** ersetzt also die Zustimmung, hält die **Maßnahmen** gleichwohl aber **nicht für sachlich dringend,** so dass an sich kein Fall des § 100 Abs. 1 S. 1 gegeben wäre. Der Feststellungsantrag ist dann aber gleichwohl nur abzuweisen, wenn die Maßnahme „**offensichtlich**" nicht dringend war. Ob diese offensichtliche Verkennung vorliegt, hat das ArbG von Amts wegen zu prüfen und ggfs. in der Beschlussformel zum Ausdruck zu bringen, weil sich Abs. 2 und Abs. 3 inhaltlich nicht decken (BAG 18. 10. 88 AP Nr. 4 zu § 100 BetrVG 1972). Eines ausdrücklichen Gegenantrags des BR bedarf es nicht (*HSWGNR* Rn 34; *Richardi/Thüsing* Rn 39).

14　　Das Merkmal der Offensichtlichkeit erfordert eine grobe, ohne weiteres ersichtliche Verkennung der sachlich-betrieblichen Notwendigkeiten für eine alsbaldige Durchführung der Maßnahme (hM; **aA** *Heinze* Rn 383), wobei von dem Zeitpunkt der Entscheidung des ArbGeb., nicht von der nachträglichen Beurteilung der Situation auszugehen ist (BAG 7. 11. 77 AP Nr. 1 zu § 100 BetrVG 1972). Nur wenn dem ArbGeb. insoweit ein **grober Vorwurf** zu machen ist, muss der Feststellungsantrag wegen offensichtlicher Verkennung der Dringlichkeit abgewiesen werden mit der Folge, dass die personelle Maßnahme keinen Bestand hat (Rn 18 f.).

15　　Mit der gerichtlichen Ersetzung der Zustimmung des BR erledigt sich entgegen der Ansicht des BAG (26. 10. 04 AP Nr. 41 zu § 99 BetrVG 1972 Versetzung, 16. 11. 04, 14. 12. 04 AP Nr. 125, 122 zu § 99 BetrVG 1972, 18. 3. 08 – 1 ABR 81/06 – NZA 08, 832; 1. 6. 11 – 7 ABR 18/10 – BeckRS 11, 75883) noch nicht der Antrag auf Feststellung der Dringlichkeit der Maßnahme. Zwar hätte der ArbGeb., wenn er das normale Verfahren nach § 99 Abs. 4 abgewartet hätte, die Maßnahme durchführen können, weil in der Sache kein Grund zur Verweigerung der Zustimmung bestand. Wegen offensichtlicher Verkennung der sachlichen Dringlichkeit einer vorläufigen Maßnahme trifft den ArbGeb. aber die Sanktion, dass er die

Maßnahme überhaupt nicht aufrechterhalten darf. Eine ähnlich, keinesfalls „überzogene" Sanktion enthält auch § 102 Abs. 1 S. 3 (wie hier DKKW-*Bachner* Rn 36; *Lahusen* NZA 89, 869; *Misera* SAE 80, 106; *WW* Rn 15; **aA** BAG aaO; GK-*Raab* Rn 41; *Heinze* Rn 386 ff.; *HSWGNR* Rn 36; *Meisel* Rn 283; *Richardi/Thüsing* Rn 36 a; die aM nimmt also in Kauf, dass die offensichtliche, auch absichtliche Verkennung der Dringlichkeit entgegen der klaren Gesetzesvorschrift erheblich erleichtert wird).

Das Verfahren auf Feststellung der Dringlichkeit einer Maßnahme erledigt sich allerdings und ist vom ArbG einzustellen, wenn der Antrag des ArbGeb. nach § 99 Abs. 4 auf Ersetzung der Zustimmung zu der Maßnahme selbst rechtskräftig abgelehnt wird; denn dann endet die Maßnahme ohnehin nach § 100 Abs. 3 S. 1 1. Alternative mit Ablauf von 2 Wochen nach rechtskräftiger Entscheidung. Darauf, ob die Maßnahme zwischenzeitlich aus dringenden Gründen sachlich erforderlich war, kommt es nicht mehr an (BAG 18. 10. 88 AP Nr. 4 zu § 100 BetrVG 1972, 27. 1. 87 AP Nr. 42 zu § 99 BetrVG 1972). Sowohl die Nichtersetzung der Zustimmung des BR wie auch die Verneinung der dringenden Erforderlichkeit („oder") durch das ArbG führt zur Beendigung der vorläufigen Maßnahme (vgl. Rn 18). **16**

Kommt das ArbG zu dem Ergebnis, dass die verweigerte Zustimmung des BR zu der Maßnahme nicht zu ersetzen ist und (oder) die Maßnahme offensichtlich nicht dringend war, so ist zunächst die (formelle) **Rechtskraft der Entscheidung abzuwarten** (vgl. **Nach** § 1 Rn 56). Eine einstw. Vfg. zwecks Aufhebung einer vorläufigen personellen Maßnahme kommt vor rechtskräftigem Abschluss des Verfahrens nicht in Betracht; die Frage der Sanktion ist in § 101 geregelt (LAG Frankfurt DB 88, 915; s. aber § 99 Rn 295 ff. zu einer möglichen einstw. Vfg.). **17**

Die **vorläufige personelle Maßnahme endet 2 Wochen nach Rechtskraft** der Entscheidung ohne Rücksicht auf die Dauer von Kündigungsfristen. Der frühere Rechtszustand wird wiederhergestellt. Die **gerichtliche Entscheidung wirkt rechtsgestaltend** (DKKW-*Bachner* Rn 40; GK-*Raab* Rn 44 f.; *Richardi/Thüsing* Rn 47 f.; ErfK-*Kania* Rn 9; **aA** *Heinze* Rn 391). Einer Kündigung bei Neueinstellungen bedarf es nicht (**aA** GK-*Raab* Rn 47; *Richardi/Thüsing* Rn 50 ff.). Wegen eventueller Schadensersatzansprüche des ArbN vgl. Rn 7. **18**

Auch tatsächlich darf die personelle Maßnahme **nicht** länger aufrechterhalten werden (Abs. 3 S. 2; hierauf möchte *Heinze* Rn 390 f. die Wirkung der gerichtlichen Entscheidung begrenzen). Insb. bei neu eingestellten ArbN würde eine gesetzwidrige Weiterbeschäftigung auf Grund eines unwirksamen ArbVerh. (vgl. § 99 Rn 278) erfolgen. Jedoch muss der ArbGeb. auch bei nichtigem ArbVerh. dem ArbN das bisher verdiente Entgelt zahlen; andererseits hat der verbotswidrig beschäftigte ArbN keinen Anspruch auf Einhaltung einer Kündigungsfrist. Nicht nur die Beschäftigung auf dem Arbeitsplatz, für den der Bewerber in Aussicht genommen war, ist **verboten,** sondern **jede Beschäftigung** als ArbN im Betrieb (DKKW-*Bachner* Rn 42), es sei denn, die Zustimmungsverweigerung bezöge sich nur auf bestimmte Arbeitsplätze. Mit dem Sinn des G dürfte auch die Beschäftigung in anderer Eigenschaft (zB als leitender Ang.) kaum zu vereinbaren sein. Bei **Versetzungen** kehrt der ArbN an seinen alten Arbeitsplatz zurück. Wegen Ein- und Umgruppierungen vgl. aber § 101 Rn 8. **19**

Die tatsächliche Durchführung des Beschlusses des ArbG über die Beendigung der vorläufigen personellen Maßnahmen kann der BR gemäß § 101 erzwingen. Der ArbGeb. kann aber das bisher unterbliebene oder mangelhafte Verfahren nach § 99 (erneut) in Gang setzen (vgl. BAG 28. 2. 06 AP Nr. 51 zu § 99 BetrVG 1972 Einstellung; 16. 1. 07 AP Nr. 52 zu § 99 BetrVG 1972 Einstellung; s. auch § 99 Rn 186, 285 b f.). **20**

§ 101 Zwangsgeld

[1]Führt der Arbeitgeber eine personelle Maßnahme im Sinne des § 99 Abs. 1 Satz 1 ohne Zustimmung des Betriebsrats durch oder hält er eine vorläufige personelle Maßnahme entgegen § 100 Abs. 2 Satz 3 oder Abs. 3 aufrecht, so kann der Betriebsrat beim Arbeitsgericht beantragen, dem Arbeitgeber aufzugeben, die personelle Maßnahme aufzuheben. [2]Hebt der Arbeitgeber entgegen einer rechtskräftigen gerichtlichen Entscheidung die personelle Maßnahme nicht auf, so ist auf Antrag des Betriebsrats vom Arbeitsgericht zu erkennen, dass der Arbeitgeber zur Aufhebung der Maßnahme durch Zwangsgeld anzuhalten sei. [3]Das Höchstmaß des Zwangsgeldes beträgt für jeden Tag der Zuwiderhandlung 250 Euro.

Inhaltsübersicht

I. Vorbemerkung

1   Die Vorschrift sichert die Einhaltung des personellen MBR des BR nach den §§ 99, 100, obwohl diese Maßnahmen an sich schon unwirksam sind oder werden, sofern das ArbG die Zustimmung des BR nicht ersetzt bzw. nicht feststellt, dass die vorläufige personelle Maßnahme dringend erforderlich war (vgl. § 99 Rn 277 ff., § 100 Rn 3 ff.). Es soll auch **rein tatsächlich keine Beschäftigung** mehr entgegen dem personellen MBR erfolgen. Gegenüber den allgemeinen Bestimmungen des 8. Buchs der ZPO, insb. des § 888 ZPO, handelt es sich hier iVm. § 85 Abs. 1 ArbGG um eine Sondervorschrift (DKKW-*Bachner* Rn 1; *Richardi/Thüsing* Rn 1, 7), die eine Art zweistufiges Verfahren vorsieht. Eine **Vertragsstrafenvereinbarung** zwischen BR und ArbGeb., nach der dieser bei Verletzung eines MBR ein Ordnungsgeld an einen Dritten zu zahlen hat, ist unzulässig (BAG 19. 1. 10 – 1 ABR 62/08 – NZA 10, 592).

2   Entspr. Vorschrift: Keine.

II. Gerichtliche Anordnung über die Aufhebung personeller Maßnahmen

3   Der BR kann verlangen, dass der ArbGeb. die ohne seine Zustimmung durchgeführte personelle Maßnahme wieder aufhebt. Für den Fall der Einstellung kann der BR darauf bestehen, dass der betreffende ArbN nicht im Betrieb beschäftigt wird. Eine etwa aufgenommene tatsächliche Beschäftigung muss der ArbGeb. rückgängig machen (BAG 20. 2. 01 AP Nr. 23 zu § 101 BetrVG 1972; 5. 4. 01 AP Nr. 174 zu § 626 BGB). Folglich kann der BR nach ordnungsgemäßer Beschlussfassung (§ 33) beim ArbG beantragen, dem ArbGeb. die tatsächliche Aufhebung einer personellen Maßnahme iSd. § 99 Abs. 1 S. 1 (vgl. dort Rn 29–161, wegen Eingruppierungen und Umgruppierungen, vgl. aber Rn 8) aufzugeben, wenn
a) der ArbGeb. die endgültige personelle Maßnahme entgegen § 99 Abs. 1 S. 1 **ohne Zustimmung des BR durchgeführt** hat – dh, wenn dieser seine Zustimmung nicht erteilt hat und sie auch nicht wegen Fristablaufs als erteilt gilt – und das ArbG die Zustimmung auch nicht im BeschlVerf. ersetzt hat (§ 99 Abs. 4, dort Rn 277 ff.) oder

b) der ArbGeb. eine **vorläufige personelle Maßnahme aufrechterhält,** ohne den BR überhaupt oder unverzüglich (*Heinze* Rn 373) zu unterrichten oder nach zwar unverzüglicher Unterrichtung (§ 100 Abs. 2 S. 1) nicht innerhalb von drei Tagen nach ablehnender Äußerung des BR (Bestreiten der Dringlichkeit) das **ArbG angerufen** zu haben (§ 100 Abs. 2 S. 3) oder

c) der ArbGeb. den ArbN (Bewerber) noch länger als zwei Wochen **nach negativer rechtskräftiger Entscheidung** des ArbG über die Ersetzung der Zustimmung oder die Dringlichkeit der Maßnahme **faktisch weiterbeschäftigt** (§ 100 Abs. 3, dort Rn 13 Buchst. c und d) oder seinen Antrag nach § 99 Abs. 4 zurückgenommen hat (*Heinze* Rn 395 f. geht von 6 Fällen aus; diese sind aber in den vorgenannten 3 Fallgruppen enthalten; s. auch DKKW-*Bachner* Rn 3).

Dem Antrag des BR kann der ArbGeb. jetzt nicht mehr mit einem Hilfsantrag **4** begegnen, die fehlende Zustimmung des BR zu ersetzen, noch kann er geltend machen, in Wahrheit fehle ein Zustimmungsverweigerungsgrund (BAG 18. 7. 78, 21. 11. 78, 16. 7. 85 AP Nr. 1 u. 3 zu § 101 BetrVG 1972, AP Nr. 21 zu § 99 BetrVG 1972; DKKW-*Bachner* Rn 12; HSWGNR Rn 11; *Heinze* Rn 401; *Richardi/Thüsing* Rn 14). Damit würde entgegen dem Zweck der §§ 99, 100 der ArbGeb. praktisch der Verpflichtung enthoben, von sich aus eine gerichtliche Entscheidung darüber herbeizuführen, ob der Widerspruch des BR begründet war. Der ArbGeb. könnte das Zustimmungsersetzungsverfahren „überspringen" (vgl. auch § 99 Rn 263). Umgekehrt kann auch der BR den ArbGeb. nicht verpflichten, zu bereits vorgenommenen Einstellungen nachträglich die Zustimmung nach § 99 Abs. 1 einzuholen; ein entspr. Antrag ist wegen der Möglichkeit des BR, nach § 101 vorzugehen, unzulässig (BAG 20. 2. 01 AP Nr. 23 zu § 101 BetrVG 1972). Ebensowenig hat der BR grundsätzlich ein rechtliches Interesse (§ 256 Abs. 1 ZPO) an der gerichtl. Feststellung, ihm habe an einer vom ArbGeb. bereits endgültig durchgeführten personellen Einzelmaßnahme ein MBR zugestanden (BAG 15. 4. 08 AP Nr. 55 zu § 95 BetrVG 1972).

Der BR ist aber auf das Verfahren nach § 101 nicht allein angewiesen, insb. wenn **5** die personelle Maßnahme inzwischen wieder aufgehoben worden ist. Er kann sich auch darauf beschränken, eine Verpflichtung des ArbGeb. nach § 99 für die Zukunft feststellen zu lassen. Dann liegt kein Begehren auf Erstattung eines unzulässigen Rechtsgutachtens durch das ArbG vor, wenn das Verfahren generell zur Klärung der Beteiligungsrechte des BR unabhängig vom konkreten Einzelfall führt (BAG 30. 4. 81, 16. 7. 85 AP Nr. 12, 21 zu § 99 BetrVG 1972; 19. 5. 81 AP Nr. 21 zu § 118 BetrVG 1972; DKKW-*Bachner* Rn 10).

Das ArbG entscheidet im **BeschlVerf.** (§ 2a ArbGG, s. dazu Nach § 1 Rn 1 ff.). **6** Beteiligte sind der BR, der ArbGeb., aber nicht der betroffene ArbN oder Bewerber; BAG 27. 5. 82 AP Nr. 3 zu § 80 ArbGG 1979; 22. 3. 83 AP Nr. 6 zu § 101 BetrVG 1972; DKKW-*Bachner* Rn 9; *Richardi/Thüsing* Rn 12). Hat der ArbGeb. ein Verfahren auf Ersetzung der Zustimmung und Feststellung der Dringlichkeit nach § 100 Abs. 2 S. 3 eingeleitet, so kann der **BR** bereits in diesem Verfahren seinen **Abweisungsantrag mit dem Antrag verbinden,** dass dem ArbGeb. aufgegeben wird, die vorläufige personelle Maßnahme aufzuheben (hM; ArbG Stuttgart ArbuR 93, 187; DKKW-*Bachner* Rn 11; HSWGNR Rn 11; *Richardi/Thüsing* Rn 13). Im Falle des Zustimmungsersetzungsverfahrens nach § 99 allein wird eine derartige Verbindung praktisch nicht in Betracht kommen, da der ArbGeb. die Maßnahme entweder bereits einseitig ohne Anrufung des ArbG nach § 99 Abs. 4 durchgeführt hat, also noch gar kein BeschlVerf. anhängig ist oder er evtl. die Maßnahme trotz negativer rechtskräftiger Entscheidung des ArbG gleichwohl nachträglich durchführt. Das ArbG gibt dem Antrag des BR statt, wenn das Mitbestimmungsverfahren der §§ 99, 100 überhaupt nicht durchgeführt wurde oder doch die Zustimmung des BR nicht ersetzt bzw. festgestellt wird, dass die Maßnahme offensichtlich nicht dringend war. Andernfalls ist der Antrag abzuweisen, weil dann die Maßnahme des ArbGeb. rechtswirksam ist.

III. Zwangsgeldverfahren

7   Liegt ein rechtskräftiger Beschluss des ArbG dahin vor, der ArbGeb. habe die personelle Maßnahme aufzuheben, so muss er unverzüglich die **tatsächlichen Konsequenzen** aus einer jedenfalls nunmehr rechtsunwirksamen personellen Maßnahme ziehen (wegen Schadenersatzansprüchen des betroffenen ArbN bzw. Bewerbers vgl. § 100 Rn 7). Die Maßnahme (Einstellung, Versetzung) ist rückgängig zu machen. In entspr. Anwendung des § 100 Abs. 3 S. 2 muss dies bei unterbliebener Durchführung des Verfahrens nach §§ 99, 100 jedenfalls **binnen zwei Wochen** geschehen, nachdem ein rechtskräftiger Beschluss nach § 101 vorliegt (§ 100 Abs. 3 S. 1 analog, hM; *Richardi/Thüsing* Rn 23; **aA** DKKW-*Bachner* Rn 13; MünchArbR-*Matthes* § 265 Rn 18; *Matthes* FS *Richardi* S. 685, 689). Da der Arbeitsvertrag von vornherein unwirksam ist (§ 99 Rn 277 ff.), bzw. bei Einhaltung der Verfahrensvorschriften die Entscheidung des ArbG rechtsgestaltend wirkt (§ 100 Rn 18), kann sich der **Bewerber** auch nach Ablauf von 6 Monaten Beschäftigungszeit ab Einstellung **nicht auf das KSchG berufen** (**aA** *v. Hoyningen-Huene* RdA 82, 205; *Misera* Anm. AP Nr. 5 zu § 101 BetrVG 1972; vgl. aber auch § 99 Rn 278 f. mwN). Geht man aber von dem wirksamen Bestehen eines ArbVerh. aus, so liegt zumindest ein betriebsbedingter Kündigungsgrund vor (*Rixecker* ArbuR 83, 238).

8   Bei **Eingruppierungen und Umgruppierungen** besteht das Beteiligungsrecht des BR nur in einem **Mitbeurteilungsrecht**, das als **Richtigkeitskontrolle** dient (vgl. § 99 Rn 96 ff.; DKKW-*Bachner* Rn 5; *v. Hoyningen-Huene* aaO; **aA** GK-*Raab* Rn 6). Der BR kann in Fällen, in denen der ArbGeb. die gebotene Ein- oder Umgruppierung eines ArbN unterlässt, in entspr. Anwendung von § 101 zur Sicherung seines Mitbeurteilungsrecht beim ArbG beantragen, dem ArbGeb. aufzugeben, eine Ein- oder Umgruppierungsentscheidung vorzunehmen, ihn um Zustimmung zu ersuchen und im Fall der beachtlichen Zustimmungsverweigerung das arbeitsgerichtliche Zustimmungsersetzungsverfahren nach § 99 Abs. 4 einzuleiten (st. Rspr. BAG 25. 8. 10 – 4 ABR 104/08 – BeckRS 11, 65291; 4. 5. 11 – 7 ABR 10/10 – NZA 11, 1239).

9   Der BR kann nach § 101 beantragen, dem im Zustimmungsersetzungsverfahren unterlegenen ArbGeb. die Einleitung eines erneuten Beteiligungsverfahrens aufzugeben, das die Eingruppierung in eine andere Vergütungsgruppe vorsieht (BAG 3. 5. 94 AP Nr. 2 zu § 99 BetrVG Eingruppierung; vgl. § 99 Rn 99 f.). Ein erneutes Eingruppierungsverfahren kann der BR aber nicht allein deshalb verlangen, weil er die bisherige Eingruppierung trotz unveränderter Tätigkeit nicht mehr für zutreffend hält (BAG 18. 6. 91 aaO; § 99 Rn 100). Der Lohnanspruch des ArbN kraft Tarifrechts bleibt unberührt (*Heinze* Rn 399). Er kann im Urteilsverfahren klagen.

10   Hebt der ArbGeb. die Maßnahme nicht auf, so kann der BR nach rechtskräftiger Entscheidung (BAG 18. 6. 91 AP Nr. 92 zu § 99 BetrVG 1972) den Antrag an das ArbG stellen, den **ArbGeb. durch Zwangsgeld** zur **Befolgung der gerichtlichen Anordnung anzuhalten.** Eine bes. vorherige gerichtliche Androhung des Zwangsgeldes ist nicht erforderlich. Das ArbG entscheidet nach Anhörung des ArbGeb., aber ohne erneute Sachprüfung durch Beschluss; einer mündlichen Verhandlung bedarf es nicht (§ 891 ZPO). Das Zwangsgeld beträgt für **jeden** Tag und **jeden Fall** der Zuwiderhandlung mindestens bis zu **höchstens 250 Euro.** Die Höhe des Zwangsgeldes bestimmt das Gericht nach freiem, pflichtgemäßem Ermessen. Eine Festsetzung von Haft ist ausgeschlossen (§ 85 Abs. 1 S. 2 ArbGG). Die Vollstreckung des Zwangsgeldes erfolgt von Amts wegen nach §§ 704 ff. ZPO. Die Beträge fließen der Staatskasse zu. Vollstreckungsbehörde ist der Vors. des ArbG (DKKW-*Bachner* Rn 16; HSWGNR Rn 15).

11   Das Verfahren des § 101 ist der Vorschrift des § 888 ZPO nachgebildet. Es handelt sich also anders als im Falle des § 890 ZPO nicht um eine echte öffentlich-rechtliche repressive Maßnahme wegen Zuwiderhandlung gegen eine gerichtliche Anordnung,

sondern um eine **Zwangsmaßnahme zur Durchsetzung einer gerichtlichen Entscheidung.** Die allgemeinen strafrechtlichen Grundsätze gelten daher nicht. Demnach kommt es einerseits auf ein **Verschulden des ArbGeb. nicht** an (hM, *Richardi/ Thüsing* Rn 21; *Pohle* BB 99, 2401, 2403). Andererseits sind Zwangsgelder als Beugemaßnahme nicht mehr festzusetzen oder zu vollstrecken, wenn der BR seinen Antrag zurücknimmt oder der ArbGeb. die ihm verbotene personelle Maßnahme vor Verhängung oder Vollstreckung des Zwangsgeldes aufhebt (DKKW-*Bachner* Rn 16; GK-*Raab* Rn 14; HSWGNR Rn 14).

§ 101 ist **Sondervorschrift** gegenüber § 85 Abs. 1 ArbGG und § 23 Abs. 3 S. 3, **12** soweit es um die Aufhebung der konkreten personellen Maßnahme, um die Beseitigung eines bereits eingetretenen mitbestimmungswidrigen Zustandes im Einzelfall, ohne Rücksicht auf die Schwere des Verstoßes geht (BAG 17. 3. 87 AP Nr. 7 zu § 23 BetrVG 1972; GK-*Raab* Rn 16f.; *Heinze* Rn 403; **aA** DKKW-*Bachner* Rn 18; *Soost/ Hummel* AiB 00, 621 ff.; vgl. auch § 23 Rn 58), nicht aber für einen **vorbeugenden, in die Zukunft gerichteten Unterlassungsanspruch** nach wiederholten groben Verstößen des ArbGeb. (§ 23 Abs. 3), insb. durch Einstellung von ArbN für jeweils kurze Zeit, so dass das Verfahren nach § 101 ins Leere geht (BAG 17. 3. 87 aaO, 1. 8. 89, 7. 8. 90 AP Nr. 68, 82 zu § 99 BetrVG 1972; 19. 1. 10 – 1 ABR 55/08 – NZA 10, 659; LAG Hessen NZA-RR 99, 584; LAG Köln NZA-RR 03, 249; s. auch § 99 Rn 295 ff. zu einer möglichen einstw. Vfg.; ausführlich DKKW-*Bachner* Rn 18 ff. mwN; *Soost/Hummel* AiB 00, 621 ff.). Ob hier auch ein **allgemeiner Unterlassungsanspruch** (vgl. § 23 Rn 98 ff., § 87 Rn 610) besteht, hat das BAG (23. 6. 09 – 1 ABR 23/08) verneint. Zu Einzelheiten s. § 99 Rn 296 ff.

Der ArbGeb. ist nicht gehindert, nach Entlassung des ArbN das Verfahren nach **13** § 99 Abs. 4, § 100 Abs. 2 erneut und nunmehr ordnungsgemäß einzuleiten (vgl. BAG 28. 2. 06 AP Nr. 51 zu § 99 BetrVG 1972 Einstellung; 16. 1. 07 AP Nr. 52 zu § 99 BetrVG 1972 Einstellung; s. auch § 99 Rn 186, 285 b f.).

§ 102 Mitbestimmung bei Kündigungen

(1) **[1]Der Betriebsrat ist vor jeder Kündigung zu hören. [2]Der Arbeitgeber hat ihm die Gründe für die Kündigung mitzuteilen. [3]Eine ohne Anhörung des Betriebsrats ausgesprochene Kündigung ist unwirksam.**

(2) **[1]Hat der Betriebsrat gegen eine ordentliche Kündigung Bedenken, so hat er diese unter Angabe der Gründe dem Arbeitgeber spätestens innerhalb einer Woche schriftlich mitzuteilen. [2]Äußert er sich innerhalb dieser Frist nicht, gilt seine Zustimmung zur Kündigung als erteilt. [3]Hat der Betriebsrat gegen eine außerordentliche Kündigung Bedenken, so hat er diese unter Angabe der Gründe dem Arbeitgeber unverzüglich, spätestens jedoch innerhalb von drei Tagen, schriftlich mitzuteilen. [4]Der Betriebsrat soll, soweit dies erforderlich erscheint, vor seiner Stellungnahme den betroffenen Arbeitnehmer hören. [5]§ 99 Abs. 1 Satz 3 gilt entsprechend.**

(3) **Der Betriebsrat kann innerhalb der Frist des Absatzes 2 Satz 1 der ordentlichen Kündigung widersprechen, wenn**
1. **der Arbeitgeber bei der Auswahl des zu kündigenden Arbeitnehmers soziale Gesichtspunkte nicht oder nicht ausreichend berücksichtigt hat,**
2. **die Kündigung gegen eine Richtlinie nach § 95 verstößt,**
3. **der zu kündigende Arbeitnehmer an einem anderen Arbeitsplatz im selben Betrieb oder in einem anderen Betrieb des Unternehmens weiterbeschäftigt werden kann,**
4. **die Weiterbeschäftigung des Arbeitnehmers nach zumutbaren Umschulungs- oder Fortbildungsmaßnahmen möglich ist oder**

5. eine Weiterbeschäftigung des Arbeitnehmers unter geänderten Vertragsbedingungen möglich ist und der Arbeitnehmer sein Einverständnis hiermit erklärt hat.

(4) Kündigt der Arbeitgeber, obwohl der Betriebsrat nach Absatz 3 der Kündigung widersprochen hat, so hat er dem Arbeitnehmer mit der Kündigung eine Abschrift der Stellungnahme des Betriebsrats zuzuleiten.

(5) [1] Hat der Betriebsrat einer ordentlichen Kündigung frist- und ordnungsgemäß widersprochen und hat der Arbeitnehmer nach dem Kündigungsschutzgesetz Klage auf Feststellung erhoben, dass das Arbeitsverhältnis durch die Kündigung nicht aufgelöst ist, so muss der Arbeitgeber auf Verlangen des Arbeitnehmers diesen nach Ablauf der Kündigungsfrist bis zum rechtskräftigen Abschluss des Rechtsstreits bei unveränderten Arbeitsbedingungen weiterbeschäftigen. [2] Auf Antrag des Arbeitgebers kann das Gericht ihn durch einstweilige Verfügung von der Verpflichtung zur Weiterbeschäftigung nach Satz 1 entbinden, wenn

1. die Klage des Arbeitnehmers keine hinreichende Aussicht auf Erfolg bietet oder mutwillig erscheint oder

2. die Weiterbeschäftigung des Arbeitnehmers zu einer unzumutbaren wirtschaftlichen Belastung des Arbeitgebers führen würde oder

3. der Widerspruch des Betriebsrats offensichtlich unbegründet war.

(6) Arbeitgeber und Betriebsrat können vereinbaren, dass Kündigungen der Zustimmung des Betriebsrats bedürfen und dass bei Meinungsverschiedenheiten über die Berechtigung der Nichterteilung der Zustimmung die Einigungsstelle entscheidet.

(7) Die Vorschriften über die Beteiligung des Betriebsrats nach dem Kündigungsschutzgesetz bleiben unberührt.

Inhaltsübersicht

I. Vorbemerkung

1　　Nach Abs. 1 S. 3 ist eine ohne Anhörung des BR ausgesprochene Kündigung unwirksam. Der BR kann nicht nur gem. Abs. 2 Bedenken geltend machen, sondern aus den Gründen des Abs. 3 einer ordentlichen Kündigung widersprechen. Trotz dieses Widerspruchs kann zwar der ArbGeb. kündigen. Die ordentliche Kündigung ist dann aber gem. § 1 Abs. 2 S. 2, 3 KSchG sozial nicht gerechtfertigt, wenn einer der Widerspruchsgründe vorliegt. Auf diese Weise werden das MBR des BR bei Kündigungen und der individuelle Kündigungsschutz nach dem KSchG miteinander verbunden. Abs. 5 ordnet bei ordentlichen Kündigungen eine vorläufige Weiterbeschäftigungspflicht des ArbGeb. auf Antrag des ArbN an, um ihm den Arbeitsplatz zu erhalten, falls er den Kündigungsrechtsstreit gewinnt.

Mit dem am 1. 5. 2000 in Kraft getretenen Arbeitsgerichtsbeschleunigungsgesetz **2** ist ein neuer § 623 BGB geschaffen worden, der vorsieht, dass die Kündigung des Arbeitsverhältnisses nunmehr der Schriftform bedarf. Eine ohne Schriftform erfolgte Kündigung ist unwirksam. Die neue Regelung gilt für ordentliche und außerordentliche Kündigungen (vgl. hierzu *Däubler* AiB 00, 188 ff.; *Preis/Gotthardt* NZA 00, 348 ff.; *Lakies* BB 99, 667; *Trittin/Backmeister* DB 00, 618 ff.).

Das am 1. 1. 04 in Kraft getretene G zu Reformen am Arbeitsmarkt vom 24. 12. **2a** 03 (BGBl. I S. 3002) hat eine Reihe einschneidender Änderungen des **KSchG** zu Lasten der Arbeitnehmer gebracht (Literatur: *Löwisch* NZA 03, 689 ff.; *ders.* BB 04, 154 ff.; *Thüsing/Stelljes* BB 03, 1673 ff.; *Meinel* DB 03, 1438; *Grobys* DB 03, 2174; *Buschmann* AuR 04, 1 ff.; *Willemsen/Annuß* NJW 04, 177 ff.; *Preis* DB 04, 70 ff. *Schmidt* NZA 04, 79 ff.; *Bader* NZA 04, 65 ff.; *Richardi* DB 04, 486 ff.; *Hanau* ZIP 04, 1169); § 102 ist dagegen nicht verändert worden. Bei den Änderungen des KSchG, die zT im Rahmen des § 102 eine Rolle spielen können, handelt es sich um Folgende:

– Für die **Anwendung** des KSchG ist ein neue, **zweite Schwelle** festgelegt worden (§ 23 Abs. 1 S. 3 1. Halbsatz KSchG). Ab dem 1. 1. 04 gilt das KSchG in Betrieben mit **zehn oder weniger** ArbN **nicht** für **neu eingestellte ArbN.** Für Betriebe, die bereits vor dem 1. 1. 04 mehr als fünf ArbN beschäftigen, gilt das KSchG auch nach Inkrafttreten der Neuregelung weiter, dh die ArbN behalten ihren bereits erworbenen Kündigungsschutz (bei der Berechnung des abgesenkten Schwellenwerts des § 23 Abs. 1 S. 2 KSchG zählen nur die ArbN, die bereits am 31. 12. 03 im Betrieb beschäftigt waren; Ersatzeinstellungen für ausgeschiedene (Alt-)ArbN werden bei der Berechung nicht berücksichtigt (BAG 21. 9. 06 AP Nr. 37 zu § 23 KSchG 1969). In Betrieben mit nur fünf oder weniger ArbN gilt, dass Neueinstellungen nach dem 31. 12. 03 erst das Überschreiten der Schwelle von insgesamt mehr als zehn ArbN den Kündigungsschutz für alle ArbN auslösen (§ 23 Abs. 1 S. 3 2. Halbsatz KSchG). Aber auch für Neueinstellungen nach dem 31. 12. 03 in Betrieben mit mehr als fünf aber weniger als zehn ArbN gilt, dass diese Neueinstellungen für die Erlangung des Kündigungsschutzes solange nicht zu berücksichtigen sind, wie nicht die Schwelle von zehn ArbN überschritten wird (§ 23 Abs. 1 S. 3 2. Halbsatz KSchG).

– Die **Sozialauswahl** bei betriebsbedingten Kündigungen wird auf die Grunddaten der Betriebszugehörigkeit, Lebensalter, Unterhaltspflichten und Schwerbehinderung des ArbN begrenzt (§ 1 Abs. 3 S. 1 KSchG).

– ArbN, deren Weiterbeschäftigung insb. wegen ihrer Kenntnisse, Fähigkeiten und Leistungen oder zur Sicherung einer ausgewogenen Personalstruktur des Betriebes, im berechtigten betrieblichen Interesse liegt, sind in die **Sozialauswahl nicht einzubeziehen** (§ 1 Abs. 3 S. 2 KSchG).

– Die gerichtliche Überprüfbarkeit der Sozialauswahl wird auf grobe Fehlerhaftigkeit beschränkt, wenn zwischen ArbGeb. und BR in einer **BV nach § 95** (s. Rn 26 ff.) die Wertigkeit der vier zuvor genannten Sozialdaten zueinander festgelegt ist oder die zu kündigenden ArbN in einem **Interessenausgleich** (s. §§ 112, 112a Rn 49 ff.) **namentlich benannt sind** (§ 1 Abs. 4, 5 KSchG).

– Sind die zu kündigenden ArbN in einem **Interessenausgleich namentlich benannt,** wird des Weiteren vermutet, dass die Kündigung durch dringende betriebliche Erfordernisse im Sinne des § 1 Abs. 2 KSchG bedingt ist (§ 1 Abs. 5 S. 1 KSchG).

– Die **Unwirksamkeit** der **Kündigung** muss einheitlich, unabhängig vom Unwirksamkeitsgrund, **innerhalb von 3 Wochen** nach Zugang der **schriftlichen** Kündigung gerichtlich geltend gemacht werden (§ 4 Abs. 1, § 13 Abs. 3 KSchG; s. Rn 63 a). Bei Versäumung der Klagefrist gilt die Kündigung als von Anfang an rechtswirksam (§ 7 KSchG).

– Verankerung eines **gesetzlichen Abfindungsanspruchs** des ArbN unter folgenden Voraussetzungen: Der ArbGeb. hat den ArbN in seiner Kündigungserklärung darauf hingewiesen, dass er die Kündigung auf betriebsbedingte Gründe stützt und der ArbN bei Verstreichenlassen der dreiwöchigen Klagefrist die Abfindung beanspruchen kann. Entscheidet sich der ArbN, keine Kündigungsschutzklage zu erheben, hat er mit Ablauf der Kündigungsfrist, dh nach Beendigung des Arbeitsverhältnisses, Anspruch auf die gesetzlich festgelegte Abfindung (§ 1 a Abs. 1 KSchG; vgl. BT-Drucks. 15/1204 S. 12). Die Höhe der Abfindung beträgt 0,5 Monatsverdienste für jedes Jahr des Bestehens des Arbeitsverhältnisses; bei einem Zeitraum von mehr als sechs Monaten ist auf ein volles Jahr aufzurunden (§ 1 a Abs. 2 KSchG).

3   Am 1. 1. 99 ist die **InsO** v. 5. 10. 94 (BGBl. I S 2866), zul. geändert durch Gesetz v. 19. 12. 98 (BGBl. I S. 3836), in Kraft getreten (zur Übersicht *Bichlmeier/Engberding/Oberhofer* AiB 99, 569). Ihre arbeitsrechtlichen Vorschriften in §§ 113, 120–122, 125–128 InsO (Text s. Anhang 3) sind bereits mit dem ArbRBeschFG v. 25. 9. 96 in Kraft gesetzt worden (*Heilmann* Neues Insolvenzrecht u. ArbNInteressen S. 9; *Bichlmeier/Oberhofer* AiB 97, 161; *Giesen* ZIP 98, 46; *Lakies* RdA 97, 145; *ders.* BB 98, 2638; *Schaub* AuA 97, 218; *ders.* DB 99, 217). Sie betreffen § 102 zwar nicht unmittelbar, sind aber zT im Rahmen dieser Vorschrift bei Insolvenz zu beachten:

– Die **Kündigungsfrist** beträgt, wenn sie nicht ohnehin kürzer ist, **3 Monate** zum Monatsende, unabhängig davon, ob eine längere Frist durch G, TV oder Einzelvereinbarung vorgesehen ist (§ 113 Abs. 1 InsO). Mit der Dreimonatsfrist kann auch ein befristetes Arbeitsverhältnis gekündigt werden, wenn der Befristungszeitpunkt später liegt (*Heilmann* Neues Insolvenzrecht u. ArbNInteressen S. 28). Auf den „starken" vorläufigen Insolvenzverwalter findet § 113 InsO keine Anwendung, auch nicht entsprechend (BAG 20. 1. 05 AP Nr. 18 zu § 113 InsO). Kündigung durch den starken vorläufigen Insolvenzverwalter ist auch ohne vorherige Zustimmung des Insolvenzgerichts zur Betriebsstilllegung (§ 22 Abs. 1 S. 2 Nr. 2 InsO) wirksam (BAG 27. 10. 05 AP Nr. 4 zu § 22 InsO).

– Der ArbN muss die **Unwirksamkeit** der Kündigung durch den Insolvenzverwalter immer, unabhängig vom Unwirksamkeitsgrund (also auch bei § 102 Abs. 1 S. 3, § 103), **innerhalb von 3 Wochen** nach Zugang der Kündigung gerichtlich geltend machen (§ 113 Abs. 2 InsO – aufgehoben durch Art. 4 Nr. 2 G zu Reformen am Arbeitsmarkt – die Klagefrist für die Unwirksamkeit der Kündigung durch den Insolvenzverwalter richtet sich nunmehr unmittelbar nach § 4 KSchG – BT-Drucks. 15/1204 S. 9, 13, 15). Ein Sonderkündigungsrecht ist nicht vorgesehen (*Heilmann* Neues Insolvenzrecht u. ArbNInteressen S. 47).

– Für Kündigungen im Zusammenhang mit Betriebsänderungen eröffnet die InsO bes. Verfahrensmöglichkeiten für eine schnelle Klärung. Sind in einem **Interessenausgleich** zwischen Insolvenzverwalter und BR die zu kündigenden ArbN namentlich benannt, so wird vermutet, dass die Kündigung der bezeichneten ArbN durch dringende betriebliche Erfordernisse, die einer Weiterbeschäftigung in diesem Betrieb oder einer Weiterbeschäftigung zu unveränderten Arbeitsbedingungen entgegenstehen, bedingt ist. Überdies kann die soziale Auswahl der ArbN nur im Hinblick auf die Grunddaten der Dauer der Betriebszugehörigkeit, Lebensalter und Unterhaltspflichten des ArbN und auch insoweit nur auf grobe Fehlerhaftigkeit nachgeprüft werden; sie ist nicht als grob fehlerhaft anzusehen, wenn eine ausgewogene Personalstruktur erhalten oder geschaffen wird (§ 125 InsO; s. auch Rn 35 und §§ 112, 112 a Rn 67 ff., 82 ff.).

– Kommt ein Interessenausgleich nach § 125 InsO nicht innerhalb von drei Wochen zustande, kann der Insolvenzverwalter beim ArbG beantragen festzustellen, dass die Kündigung von im Antrag bezeichneten ArbN durch dringende betriebliche Erfordernisse bedingt und sozial gerechtfertigt ist. Die soziale Auswahl der ArbN kann dann ebenfalls nur im Hinblick auf die Grunddaten der Dauer der Betriebszugehörigkeit, Lebensalter und Unterhaltspflichten des ArbN nachgeprüft werden (§ 126 InsO; s. auch Rn 37 ff. und §§ 112, 112a Rn 67 ff.).

Entspr. Vorschriften: § 78 Abs. 1 Nr. 4, 5, § 79 BPersVG, § 31 SprAuG.   **4**

II. Gegenstand der Anhörung des Betriebsrats

1. Kündigung

Der BR (oder ein hiermit beauftragter Ausschuss, §§ 27 Abs. 3, 28) ist ohne   **5**
Rücksicht auf die ArbNZahl des Betriebes **vor jeder Kündigung zu hören,** auch wenn diese innerhalb einer Probezeit ausgesprochen wird u. das KSchG noch keine Anwendung findet (BAG 8. 9. 88, 11. 7. 91, 18. 5. 94, 8. 4. 03, 16. 9. 04 AP Nr. 49, 57, 64, 133, 142 zu § 102 BetrVG 1972; BAG 28. 6. 07 DB 07, 1986; *Berkowsky* Beteiligung des BR § 4 Rn 3 ff.; *DKK-Bachner* Rn 7; *KR-Etzel* Rn 62 b; zur Geltung der drei-wöchigen Klagefrist s. BAG 28. 6. 07 DB 07, 1986). Gleiches gilt bei Kündigungen im Rahmen von **Massenentlassungen** nach § 17 KSchG (BAG 16. 9. 93 AP Nr. 62 zu § 102 BetrVG 1972; *Feichtinger* Rn 49). Unter Kündigung ist **jede Art der Kündigung** seitens des ArbGeb. zu verstehen, die ordentliche und die außerordentliche (*Hinrichs* Anhörung S. 12). Will der ArbN bei Änderungskündigung das Arbeitsverhältnis auf jeden Fall fortsetzen, so kann er das Angebot des ArbGeb. unter Vorbehalt annehmen und gegen die Änderung der Arbeitsbedingungen als solche klagen (§§ 2, 8 KSchG; wegen Beteiligung des BR vgl. Rn 9 ff., § 99 Rn 122). Eine **Teilkündigung** ist nur hinsichtlich von Nebenabreden bei ausdrücklicher vertraglicher Zulassung möglich (BAG 7. 10. 82, 14. 11. 90, AP Nr. 5 zu § 620 BGB Teilkündigung, AP Nr. 25 zu § 611 BGB Arzt-Krankenhausvertrag; *DKK-Kittner/ Bachner* Rn 14; *Hromadka* RdA 92, 234, 243, 251). Sie fällt unter § 102, da die Stellung des ArbN in der Belegschaft nicht berührt wird und allgemein die Kündigungsvorschriften nicht für anwendbar gehalten werden (hM; *Heinze* Rn 466; *Richardi/ Thüsing* Rn 12; *Kirsch/Strybny* BB 05, 10; **aA** *Stahlhacke/Preis/Vossen* Rn 372).

Ob das **KSchG** für den betroffenen ArbN **anwendbar** ist (BAG 13. 7. 78, 28. 9.   **6**
78, 8. 9. 88, 3. 12. 98, 8. 4. 03, 16. 9. 04 AP Nr. 17, 18, 19, 49, 99, 133, 142 zu § 102 BetrVG 1972) und **deutsches Arbeitsvertragsrecht** Anwendung findet (BAG 9. 11. 77 AP Nr. 13 zu Internat. Privatrecht, Arbeitsrecht) spielt für die **Beteiligung des BR keine Rolle** (GK-*Raab* Rn 21; *Feichtinger* Rn 48; *Richardi/Thüsing* Rn 32; zum Kündigungsschutz außerhalb des KSchG *Oetker* ArbuR 97, 41; *Preis* NZA 97, 1256; s. Rn 48). Es ist auch unerheblich, ob der ArbN die Kündigung hinnehmen will (*Heinze* Rn 458). Gilt das KSchG nicht, so kann sich der betroffene ArbN allerdings nicht auf die mangelnde soziale Rechtfertigung einer Kündigung berufen und keine Weiterbeschäftigung nach Abs. 5 verlangen. Ist ein ArbN in einem ausländischen Betrieb eines deutschen Unternehmens beschäftigt, so entfällt die Beteiligung eines inländischen BR, es sei denn, es handele sich nur um eine vorübergehende Entsendung unter Aufrechterhaltung der Zugehörigkeit zum inländischen Betrieb (*DKK-Bachner* Rn 40; *Reiter* NZA 04, 1246, 1249 ff.; *Grosjan* DB 04, 2422, 2423 f.; vgl. auch § 1 Rn 22 ff.).

Besteht kein BR, so kann das MBR nicht ausgeübt werden (*Brill* ArbuR 75, 15;   **7**
Meisel Rn 11), nach Ansicht des BAG (23. 8. 84 AP Nr. 36 zu § 102 BetrVG 1972) auch nicht vor der **Konstituierung** eines erstmals gewählten BR gemäß § 29 (ebenso LAG Düsseldorf 24. 6. 09 ArbR 09, 52; *WPK-Preis* Rn 12; MünchArbR-*Matthes* § 356 Rn 21; *Richardi/Thüsing* Rn 30; **aA** *DKK-Bachner* Rn 30); für den Fall des **Übergangsmandats** s. aber § 21 a Rn 20 ff. Gleiches gilt bei längerer Verhinderung eines ersatzlosen einköpfigen BR, der aber auch bei Erkrankung zu beteiligen ist, wenn der ArbGeb. ihn auch in anderen Angelegenheiten beteiligt hat (BAG

15. 11. 84 AP Nr. 2 zu § 25 BetrVG 1972). Während vereinbarter **Betriebsferien** oder sonstiger Verhinderung des BR (zB Auslandsmontage) laufen die Anhörungsfristen für den BR nicht (vgl. auch Rn 68; *DKK-Bachner* Rn 35; *Richardi / Thüsing* Rn 31; *Rudolph* AiB 96, 289; **aA** *HSWGNR* Rn 17 und BAG 18. 8. 82 AP Nr. 24 zu § 102 BetrVG 1972: noch vorhandene BRMitgl. sind in entspr. Anwendung des § 22 anzuhören; ähnlich GK-*Raab* Rn 12; *Stahlhacke / Preis / Vossen* Rn 365 im Hinblick auf Frist des § 626 Abs. 2 BGB). Hat der ArbGeb. den BR schon vor Beginn der Betriebsferien unterrichtet, so sind die infolge der Betriebsferien fehlenden Anhörungstage an deren Ende anzuhängen.

8   § 102 gilt auch für **in Heimarbeit Beschäftigte** iSd. § 5 Abs. 1 S. 2, da nach § 29 HAG die Beendigung des Beschäftigungsverhältnisses einer Kündigung bedarf (BAG 7. 11. 95 AP Nr. 74 zu § 102 BetrVG 1972; MünchArbR-*Heenen* § 238 Rn 88 ff., 99). Jedenfalls ist das Anhörungsverfahren durchzuführen und der BR hat ein Widerspruchsrecht, wenn einer der Tatbestände des Abs. 3 vorliegt. Wegen Weiterbeschäftigungsanspruch vgl. Rn 107 und wegen Einstellung von in Heimarbeit Beschäftigten § 99 Rn 53.

2. Änderungskündigung

9   Die **Änderungskündig**ung stellt sich unbeschadet der Wahlmöglichkeit des ArbN, von der es abhängt, ob das weitere Verfahren sich nach § 102 Abs. 2 ff. oder § 99 Abs. 2 ff. bestimmt, von Seiten des ArbGeb. aus auch als eine Kündigung dar, die zur Beendigung des Arbeitsverhältnisses führen kann (BAG 10. 3. 82 AP Nr. 2 zu § 2 KSchG 1969; *Richardi / Thüsing* Rn 11; *Stahlhacke / Preis / Vossen* Rn 371, 2043 f.; *Hohmeister* BB 94, 1777; zu Hauptproblemen der Änderungskündigung *Schrader / Straube* DB 06, 1678; *Berkowsky* NZA 99, 293; *ders.* NZA 00, 1129; *Fischermeier* NZA 00, 737; *Gaul* DB 98, 1913; *Pauly* DB 97, 2378; *Weber / Ehrich* BB 96, 2246; zur Änderungskündigung i. d. Rspr. *Becker-Schaffner* ZTR 98, 193; zur überflüssigen Änderungskündigung *Benecke* NZA 05, 1092; zum Schriftformerfordernis der Änderungskündigung und dessen Erstreckung auf das Änderungsangebot s. BAG 16. 9. 04 AP Nr. 78 zu § 2 KSchG; betriebsbedingte Änderungskündigung BAG 21. 9. 06 AP Nr. 86 zu § 2 KSchG 1969; Sozialauswahl und Vergleichbarkeit der ArbN s. BAG 18. 1. 07 AP Nr. 89 zu § 1 KSchG Soziale Auswahl, BAG 9. 9. 10 – 2 AZR 936/08 – ZTR 11, 296; zur Annahmefrist BAG 18. 5. 06 AP Nr. 83 zu § 2 KSchG 1969; BAG 1. 2. 07 DB 07, 1474; zu Massenänderungskündigungen *Hidalgo / Mauthner* NZA 07, 1254 ff.; zur Zulässigkeit Änderungskündigung und Angebot eines befristeten Arbeitsverhältnisses / Altersteilzeit s. BAG 16. 12. 10 – 2 AZR 576/09 – DB 11, 1587). Der ArbGeb. ist unabhängig von dem Widerspruchsgrund des BR nach Abs. 3 Nr. 5 (Rn 95 ff.) schon individualrechtlich verpflichtet, vor Ausspruch einer Beendigungskündigung dem ArbN eine zumutbare Weiterbeschäftigung auf einem anderen, freien Arbeitsplatz anzubieten (BAG 27. 9. 84 AP Nr. 8 zu § 2 KSchG 1969; BAG 21. 4. 05 AP Nr. 80 zu § 2 KSchG 1969; LAG Köln NZA-RR 05, 300; *Gaul / Kühnreich* BB 03, 254, 256). Das mit der Änderungskündigung verbundene Änderungsangebot muss konkret gefasst sein, d. h. eindeutig bestimmt bzw. bestimmbar (BAG 15. 1. 09 AP Nr. 141 zu § 2 KSchG 1969 mwN; BAG 10. 9. 09 – 2 AZR 822/07 – NZA 10, 333). Mehrere Änderungskündigungen zur selben Zeit mit unterschiedlichen Angeboten sind nicht hinreichend bestimmt iSd § 2 S. 1 KSchG (BAG 10. 9. 10 – 2 AZR 822/07 – NZA 10, 333). Auch wenn der ArbN vor Ausspruch der Kündigung ein Änderungsangebot ablehnt, entbindet dies den ArbGeb. grundsäztl. nicht von seiner Pflicht, das Änderungsangebot mit einer nachfolgenden Beendigungskündigung erneut zu verbinden, es sei denn, der ArbN hat eindeutig zu erkennen gegeben, dass er das Änderungsangebot in keinem Fall annehmen will – auch nicht unter dem Vorbehalt der sozialen Rechtfertigung (BAG 21. 4. 05 AP Nr. 80 zu § 2 KSchG 1969 zust. *Malottke* AiB 06, 188; kritisch: *Baur / Winzer* BB 06, 266; *Berkowsky* NZA 06, 697; *Lelley / Sabin* DB 06, 110). Es ist also zunächst ein An-

hörungsverfahren durchzuführen, das sowohl den Erfordernissen des § 102 Abs. 1 als auch wegen der vorgesehenen Umgruppierung bzw. Versetzung § 99 Abs. 1 genügt (insoweit gleicher Meinung *Richardi/Thüsing* Rn 11; ebenso GL § 99 Rn 27 f., § 102 Rn 10; Meier NZA 88, Beil. 3 S. 3; s. auch § 99 Rn 122). Beide Beteiligungsverfahren decken sich sowohl in ihren Voraussetzungen als auch in ihrer Ausgestaltung und ihren Folgen nicht (BAG 3. 11. 77, 29. 1. 86 AP Nr. 1 zu § 75 BPersVG, AP Nr. 42 zu § 99 BetrVG 1972, 29. 6. 88 AP Nr. 2 zu § 72 LPVG NW), können aber miteinander verbunden werden (*Richardi/Thüsing* Rn 274; Becker-Schaffner ZTR 98, 193, 199). Die Entscheidung des BR muss nicht notwendigerweise einheitlich ausfallen (BAG 30. 9. 94 AP Nr. 33 zu § 2 KSchG 1969). Auch ist für eine Änderungskündigung zum Zwecke der Versetzung nicht Wirksamkeitsvoraussetzung, dass im Kündigungszeitpunkt eine Zustimmung des BR zur Versetzung vorliegt (s. dazu ausführlich BAG 22. 4. 10 – 2 AZR 491/09 – NZA 10, 1235; BAG 12. 8. 10 – 2 AZR 945/08 – NZA 11, 460). Dem BR ist auch das Änderungsangebot (Entgelt, Art der auszuübenden Tätigkeit am neuen Arbeitsplatz) mitzuteilen, und zwar unabhängig von den Widerspruchsgründen nach Abs. 3 (BAG 10. 3. 82, 20. 3. 86, 19. 5. 93, AP Nr. 2, 14, 31 zu § 2 KSchG 1969, 30. 11. 89 AP Nr. 53 zu § 102 BetrVG 1972, 11. 10. 89 AP Nr. 47 zu § 1 KSchG 1969 Betriebsbedingte Kündigung; BAG 27. 9. 01 AP Nr. 40 zu § 4 TVG Nachwirkung; *Richardi/Thüsing* Rn 62, 269; *Wallner* Rn 172, 193), andernfalls ist die Änderungskündigung unwirksam (*Hinrichs* Anhörung S. 29; *v. Hoyningen-Huene/Linck* KSchG § 2 Rn 187, 189; *Kittner/Däubler/Zwanziger* KSchG § 2 Rn 187; *Wallner* Rn 172). Außerdem erfordert eine ordnungsgemäße Anhörung zusätzlich die Mitteilung, dass bei Ablehnung des Änderungsangebots eine Beendigungskündigung beabsichtigt sei, falls dies der ArbGeb. beabsichtigt (BAG 30. 11. 89 aaO; LAG Hamm BB 97, 2053; *Stahlhacke/Preis/Vossen* Rn 418; *Becker-Schaffner* BB 91, 129, 135; ders. ZTR 98, 193). Das weitere Beteiligungsverfahren richtet sich dann je nach dem Verhalten des betroffenen ArbN, läuft aber parallel, da die Äußerungsfristen des BR immer eine Woche betragen.

Unterfällt die mit der **Änderungskündigung** beabsichtigte Änderung der Arbeitsbedingungen dem **MBR nach § 87 Abs. 1,** so ist die vorherige Zustimmung des BR zu dieser Änderung erforderlich (vgl. BAG 31. 1. 84 AP Nr. 15 zu § 87 BetrVG 1972 Lohngestaltung; *v. Hoyningen-Huene/Linck* KSchG § 2 Rn 205; *KR-Rost* § 2 KSchG Rn 143 ff.; aA jetzt BAG 17. 6. 98 AP Nr. 49 zu § 2 KSchG 1969; *Richardi/Thüsing* § 87 Rn 128; *Wallner* Rn 205 f.). Eine ohne Zustimmung des BR erfolgte Änderungskündigung ist wegen Verletzung des MBR nach der Theorie der Wirksamkeitsvoraussetzung (s. § 87 Rn 599) unwirksam (GK-*Wiese* § 87 Rn 121; *v. Hoyningen-Huene/Linck* Rn 205). Bei seiner gegensätzlichen Entscheidung vom 17. 6. 98, aaO, hat das BAG die zu § 99 entwickelten Grundsätze (s. § 99 Rn 122) herangezogen mit der Folge, dass nunmehr die Änderungskündigung bei sozial gerechtfertigter Änderung der Vertragsbedingungen wirksam ist und nur nicht durchgesetzt werden kann, solange die MB nicht durchgeführt ist. Die Annahme einer wirksamen Kündigung ist jedoch mit der Theorie der Wirksamkeitsvoraussetzung unvereinbar, die gerade verhindern soll, dass die MB durch Maßnahmen des ArbGeb. auf individualrechtlicher Ebene unterlaufen wird (vgl. *Kittner/Däubler/Zwanziger* § 2 KSchG Rn 189 a). Die **Vermutungswirkung** des **§ 1 Abs. 5 KSchG** gilt auch für ordentliche Änderungskündigungen (vgl. ausführlich BAG 19. 6. 07 AP Nr. 16 zu § 1 KSchG 1969 Namensliste) nicht jedoch für außerordentliche Kündigungen – seien es Beendigungs- oder Änderungskündigungen (BAG 28. 5. 09 NZA 09, 954 ff.).

Will der **ArbN** das **Arbeitsverhältnis** auf jeden Fall **fortsetzen,** so wird er das Angebot des ArbGeb. zur Änderung der Arbeitsbedingungen (Umgruppierung, Versetzung) annehmen, ggf. unter Vorbehalt. Dann richtet sich die Klageerhebung nur gegen die Änderung der Arbeitsbedingungen (§§ 2, 4 S. 2, 8 KSchG). Es muss nicht nur die Dreiwochenfrist des § 4 KSchG eingehalten werden, sondern die Annahme unter Vorbehalt muss auch innerhalb der Kündigungsfrist erfolgen. Dann liegt in

Wahrheit keine Kündigung vor, sondern nur eine unter dem Druck des ArbGeb. stehende beabsichtigte Vertragsänderung, insb. eine Versetzung und (oder) Umgruppierung, die dem MBR des BR nach § 99 Abs. 2 (nicht nach § 102) unterliegt (wie hier: *HSWGNR* Rn 19; dagegen nehmen *DKK-Bachner* Rn 13, *Dütz* SAE 79, 204, *GL* § 99 Rn 27 und § 102 Rn 10, *Richardi/Thüsing* Rn 273 f.; *v. Hoyningen-Huene/ Linck* KSchG § 2 Rn 192, *Schwerdtner* FS BAG, S. 577 ff., *Wallner* Rn 167 f. ein MBR nach beiden Bestimmungen an; ebenso BAG 3. 11. 77 AP Nr. 1 zu § 75 BPersVG für den Fall der Rückgruppierung im Wege der Änderungskündigung mit der Maßgabe, dass beide Verfahren verbunden werden können; nach BAG 10. 3. 82, aaO (Rn 9) ist in jedem Fall von vornherein das Anhörungsverfahren nach § 102 durchzuführen, wobei der ArbGeb. den BR das Änderungsangebot mitzuteilen hat; ebenso *Heinze* Rn 464, *KR-Etzel* Rn 31; *Hohmeister* BB 94, 1777. Die Rspr. des BAG 28. 5. 98 AP Nr. 48 zu § 2 KSchG 1969, wonach der ArbN sich bei Vorbehaltsannahme auch dann noch auf sonstige Unwirksamkeitsgründe, zB fehlende Anhörung nach § 102, berufen kann, wenn er Klage nach Ablauf der Frist des § 4 KSchG erhebt, ist mit der Änderung des § 4 S. 1 und des § 13 Abs. 3 KSchG durch das G zu Reformen am Arbeitsmarkt überholt: Der ArbN muss die Kündungsschutzklage auch im Fall sonstiger Unwirksamkeitsgründe innerhalb der Dreiwochenfrist erheben (s. Rn 2 a, 63 a). Für die Annahme des in einer **Änderungskündigung** enthaltenen Änderungsangebots **ohne Vorbehalt** ist der ArbN nicht an die Höchstfrist von drei Wochen nach Zugang der Kündigung (§ 2 S. 2 KSchG) gebunden (BAG 6. 2. 03 AP Nr. 71 zu § 2 KSchG 1969; *Berkowsky,* Änderungskündigung § 2 Rn 60; ErfK-*Ascheid* § 2 KSchG Rn 36; *Stahlhacke/Preis/Vossen* Rn 2049).

12   Es handelt sich um eine **„Änderungsschutzklage"**, deren Streitgegenstand die Wirksamkeit der Änderung ist. Der BR muss sich vor seiner Beschlussfassung beim betroffenen ArbN vergewissern, ob dieser Klage nach §§ 2, 4 KSchG erheben, der Vertragsänderung vorbehaltlos zustimmen oder sie vorbehaltlos ablehnen will. Der BR muss im Fall der beabsichtigten Änderungskündigung den ArbN hören (vgl. Rn 69). Verweigert der BR bei Annahme der Änderung (Umgruppierung, Versetzung) durch den ArbN unter Vorbehalt die Zustimmung zu dieser Maßnahme, so muss der ArbGeb. zunächst das ArbG anrufen, um die Ersetzung der Zustimmung zu erreichen. Ein Dringlichkeitsfall iSd. § 100 dürfte praktisch nicht vorkommen. Hat der ArbGeb. im BeschlVerf. keinen Erfolg, so kann die im Wege der „Änderungskündigung" angestrebte Vertragsänderung nicht durchgeführt werden (s. zum Verhältnis Änderungskündigung u. Versetzung § 99 Rn 122 sowie BAG 30. 9. 93 AP Nr. 33 zu § 2 KSchG 1969 m. kr. Anm. *Wlotzke*). Die im Zustimmungsersetzungsverfahren festgestellte Eingruppierung ist für den ArbGeb. im Verhältnis zum ArbN verbindlich; hieran ist der ArbGeb. auch im Kündigungsrechtsstreit gebunden (BAG 28. 8. 08 AP Nr. 140 zu § 2 KSchG 1969). Eine Änderungskündigung, die ein der Entscheidung des Beschlusses widersprechendes Vertragsänderungsangebot hinsichtlich der Eingruppierung enthält ist sozial ungerechtfertigt (BAG 28. 8. 08 aaO; APS/*Künzl* § 2 KSchG Rn 160). Hat er Erfolg oder stimmt der BR der vorgesehenen personellen Maßnahme gemäß § 99 zu (*Meisel* Rn 600), so kann der ArbGeb. die Vertragsänderung nunmehr durchführen, vorbehaltlich deren Nachprüfung nach den hierfür maßgebenden Vorschriften des KSchG.

13   Eine vorläufige Weiterbeschäftigung zu den bisherigen Bedingungen nach Abs. 5 kommt in diesem Fall nicht in Betracht, da es sich nicht um eine Kündigung iSd. Beendigung des Arbeitsverhältnisses handelt. Der ArbN klagt nicht gem. Abs. 5 auf Feststellung, dass das Arbeitsverhältnis durch die Kündigung nicht aufgelöst ist, sondern auf Feststellung, dass die Änderung der Arbeitsbedingungen sozial ungerechtfertigt ist. Der ArbN muss vielmehr **vorläufig zu den geänderten Vertragsbedingungen weiterarbeiten** (BAG 18. 1. 90 AP Nr. 27 zu § 2 KSchG 1969; *v. Hoyningen-Huene/Linck* KSchG § 2 Rn 111; *GL* Rn 605; GK-*Raab* Rn 181; *HSWGNR* Rn 190; *Richardi/Thüsing* Rn 281; *KR-Etzel* Rn 199 c; *Meisel* Rn 616; *Schwerdtner* FS BAG, S. 577; vgl. auch LAG Düsseldorf DB 93, 1680; **aA** *DKK-*

Bachner Rn 251), es sei denn, der BR hätte einer Umgruppierung oder Versetzung widersprochen und der ArbGeb. keinen Antrag nach § 100 gestellt. Dann wäre der ArbN zu den alten Arbeitsbedingungen weiter zu beschäftigen (LAG Düsseldorf DB 93, 1680; *DKK-Bachner* Rn 251; *Richardi/Thüsing* Rn 282; *Schwerdtner* aaO, S. 580; **aA** *v. Hoyningen-Huene/Linck* KSchG § 2 Rn 112).

Will der ArbN auf die angebotenen neuen Vertragsbedingungen **auch nicht un-** 14 **ter Vorbehalt eingehen,** sondern nur zu den bisherigen Vertragsbedingungen das Arbeitsverhältnis fortsetzen, so wird er Kündigungsschutzklage gem. §§ 1, 4 S. 1 KSchG erheben. Der BR muss sich über diese Absicht des ArbN vor seiner Beschlussfassung vergewissern. In diesem Fall liegt eine (ordentliche) **Kündigung iSd.** § 102 vor, da der Bestand des Arbeitsverhältnisses selbst in Frage gestellt ist. Der BR kann der Kündigung aus den Gründen des § 102 Abs. 3 Nr. 1–4, widersprechen, nach Nr. 5 nur, wenn eine Versetzungsmöglichkeit auf einen anderen als dem vorgesehenen Arbeitsplatz besteht (zB ein Ang. als Lagerverwalter statt als Hofkehrer). In diesem Fall steht dem ArbN unter den Voraussetzungen des Abs. 5 ein **Anspruch auf vorläufige Weiterbeschäftigung zu den alten Bedingungen** zu (*Schwerdtner* FS BAG, S. 599; GK-*Raab* Rn 180).

3. Anderweitige Beendigung des Arbeitsverhältnisses

Dagegen besteht in den Fällen, in denen das **Arbeitsverhältnis aus anderen** 15 **Gründen als durch Kündigung seitens des ArbGeb.** (s. hierzu *Schiefer* DB 00, 669 ff.) **endet:** Geltendmachung der Nichtigkeit (*DKK-Bachner* Rn 22; *HSWGNR* Rn 16) oder Anfechtbarkeit (*HSWGNR* Rn 16; **aA** *DKK-Bachner* Rn 21; *Wolf/ Gaugel* ArbuR 82, 271), Zeitablauf bei zulässig befristetem Arbeitsverhältnis (vgl. BAG 15. 3. 78, 24. 10. 79 AP Nr. 45, 49 zu § 620 BGB Befristeter Arbeitsvertrag u. § 99 Rn 38), **Aufhebungsvertrag** (hM; *DKK-Bachner* Rn 19; *Richardi/Thüsing* Rn 21; ErfK-*Kania* Rn 2; *Bauer* Arbeitsrechtl. Aufhebungsverträge Rn 325 a; *Hümmerich* § 3 Rn 7; **aA** *Keppler* ArbuR 96, 263: § 102 analog; zur Zulässigkeit v. Aufhebungsverträgen BAG 30. 9. 93 AP Nr. 37 zu § 123 BGB; *Müller* in *Glaubrecht/Halberstadt/Zander* Aufhebungsverträge und BetrVG, Gr. 5 S. 537; *Bengelsdorf* BB 95, 978; ders, DB 97, 874; kr. *Zwanziger* DB 94, 982; ders. BB 96, 903; zu erzwungenem Aufhebungsvertrag s. BAG 21. 3. 96 AP Nr. 42 zu § 123 BGB; zu Bedenkzeit, Rücktritts-/ Widerrufsrecht BAG 14. 2. 96 NZA 96, 811; LAG Köln BB 96, 907 m. Anm. *v. Puttkamer* BB 96, 1440 u. *Bauer/Haußmann* BB 96, 901; LAG Mecklenburg-Vorpommern BB 96, 907; zur Umgehung des § 613 a BGB BAG 11. 7. 95 AP Nr. 56 zu § 1 TVG Tarifverträge Einzelhandel sowie BAG 18. 8. 05 AP Nr. 31 zu § 620 BGB Aufhebungsvertrag und BAG 18. 8. 11 – 8 AZR 312/10 – DB 11, 2850; BAG 23. 11. 06 AP Nr. 1 zu § 613 a BGB Wiedereinstellung mit Anm. *Müller* BB 07, 1054 im Zusammenhang mit Beschäftigungsgesellschaft; zur Anfechtung *Weber/Ehrich* NZA 97, 414; zu sozialversicherungsrechtl. Auswirkungen *Hümmerich* NZA 97, 409, *Tödtmann/Schauer* AiB 05, 357 ff.; zu Aufklärungspflichten des ArbGeb. BAG 13. 11. 96 AP Nr. 4 zu § 620 BGB Aufhebungsvertrag u. *Hoß/Ehrich* DB 97, 625; zur Inhaltskontrolle *Bauer/Diller* DB 95, 1810, *Dieterich* RdA 95, 129 u. *Germelmann* NZA 97, 236; kein Haustürgeschäft iSd § 312 Abs. 1 S. 1 Nr. 1 BGB und keine Inhaltskontrolle nach § 307 Abs. 2 iVm § 310 Abs. 3 BGB BAG 27. 11. 03 AP Nr. 1 zu § 312 BGB; BAG 22. 4. 04 AP Nr. 27 zu § 620 BGB Aufhebungsvertrag; kritisch *Hümmerich* NZA 04, 809 ff.; Wegfall d. Geschäftsgrundlage BAG 29. 1. 97 AP Nr. 131 zu § 626 BGB; Eintritt einer Bedingung, Wegfall der Geschäftsgrundlage BAG 24. 8. 95 AP Nr. 17 zu § 242 BGB Geschäftsgrundlage), Beendigung der Tätigkeit eines LeihArbN im Entleiherbetrieb (vgl. § 5 Rn 233 ff.), Ruhen des Arbeitsverhältnisses kraft Gesetzes (zB Wehrdienst) oder Vereinbarung (GK-*Raab* Rn 26), gerichtliche Entscheidung nach § 100 Abs. 3, § 101, § 104, Mitteilung der Nichtübernahme durch den ArbGeb. nach § 78 a (vgl. dort Rn 13) **keine Anhörungspflicht** (hM). Auch bei Geltendmachung eines rechtlichen Mangels des Arbeitsvertrages entfällt die Möglichkeit einer Klage nach dem KSchG. Wegen einvernehmlicher Versetzung in einen anderen Betrieb vgl. § 99 Rn 171. Vom Aufhebungsvertrag zu unterscheiden ist der **Abwicklungsvertrag,** bei dem das Arbeitsverhältnis durch **anhörungspflichtige Kündigung** endet u. nur die Modalitäten der Abwicklung geregelt werden (BAG 28. 6. 05 AP Nr. 146 zu § 102 BetrVG 1972; *Richardi/Thüsing* Rn 22; ErfK-*Kania* Rn 2; *APS-Koch* § 102 Rn 33 (differenzierend); *Haag/Sobek* AiB 06, 417; *Nebeling/Schmid* NZA 02, 1310, 1312; *Popp* AuA 01, 148; *Grunewald* NZA 94, 441; *Hümmerich* § 3 Rn 8; *ders.* NZA 94, 200 u. 833 sowie BB 99, 1868, der jedoch die fehlende Anhörung für die Wirksamkeit der Kündigung dann für unbeachtlich hält, wenn der ArbN die Kündigung unbeanstandet hinnimmt; **aA** LAG Hamm NZA-RR 02, 642; *Bauer/Krieger* NZA 06, 306; *Wolff* EWiR § 102 BetrVG 1/04, 893; *Bauer* Arbeitsrechtl. Aufhebungsverträge Rn 325 a; *APS-Koch* § 102 Rn 33 für den Fall, dass sich die Arbeitsvertragsparteien bereits vorher auf eine Beendigung des Arbeitsverhältnisses durch einen Abwicklungsvertrag verständigt haben und die Kündigung nur noch zum Schein ausgesprochen wird). Zur Frage der Sperrzeitwirkung von Beendigungsvereinbarungen auf das Arbeitslosengeld s. BSG 18. 12. 03 NZA 04, 661 ff.; 12. 7. 06 NZA 06, 1359; *Boecken/Hümmerich* DB 04, 2046; hinsichtlich § 1 a KSchG vgl. *Stahlhacke/Preis/Vossen* Rn 1167 m ff.; *Preis/Schneider* NZA 06, 1297; Andeutung dazu BSG 12. 7. 06 aaO; hinsichtlich Aufhebungsvereinbarungen aufgrund Diskriminierungen (echter/fingierter) nach AGG und nicht diskriminierenden Sachverhalten vgl. *Cornelius/Lipinski* BB 07, 496 ff.).

16   Der BR ist ebenfalls zu beteiligen, wenn der **Insolvenzverwalter** gem. § 113 InsO kündigt (*Kutzki* ZTR 99, 491, 492; zur Kündigung d. Konkursverwalter BAG 16. 9. 93 AP Nr. 62 zu § 102 BetrVG 1972; *DKK-Bachner* Rn 17; *HSWGNR* Rn 15; s. Rn 3). Gleiches gilt bei Einzelkündigungen während, aber nicht wegen eines **Arbeitskampfes,** da der BR weiterhin funktionsfähig ist (vgl. § 74 Rn 17 ff.; § 99 Rn 23 ff.; BAG 6. 3. 79, AP Nr. 20 zu § 102 BetrVG 1972; *Heinze* DB 82, Beil. 23, mit Ausnahme des individualrechtlichen Weiterbeschäftigungsanspruchs; **aA** *Meisel* Rn 23 f.; für uneingeschränkte Beteiligung des BR auch bei „Kampfkündigungen" *DKK-Bachner* Rn 41). Soweit Aussperrungen während eines Arbeitskampfes zulässig sein sollten, entfällt aber insoweit ein MBR (*Richardi/Thüsing* Rn 24), ebenso bei außerordentlichen Kampfkündigungen des ArbGeb. gegenüber ArbN, die sich an rechtswidrigen Arbeitskämpfen beteiligen (BAG 14. 2. 78 AP Nr. 57 zu Art. 9 GG Arbeitskampf). Dabei wird es sich ohnehin um außerordentliche Kündigungen handeln, bei denen der BR nicht widersprechen kann (*Brox/Rüthers* Rn 446). Kündigungen nach Beendigung des Arbeitskampfes unterliegen uneingeschränkt der Beteiligung des BR (hM; nach *Heinze* Rn 722 bleiben die Beteiligungsrechte des BR nach § 102 Abs. 2 u. 3 stets gewahrt, allerdings soll kein Weiterbeschäftigungsanspruch bestehen, soweit dieser arbeitskampfrechtlich relevant ist), ebenso Kündigungen in nur mittelbar streikbetroffenen Betrieben. Notfalls kannder ArbGeb. Entbindung von dem Weiterbeschäftigungsanspruch begehren (*Brox/Rüthers* Rn 448).

17   Bei **Nichtverlängerung** eines **befristeten Arbeitsvertrages** kann das Arbeitsverhältnis nach der Rspr. des BAG (GS 12. 10. 60, AP Nr. 16 zu § 620 BGB Befristeter Arbeitsvertrag) uU als auf unbestimmte Zeit eingegangen anzusehen sein, soweit nicht das TzBfG gilt. Hier ist zu unterscheiden. Handelt es sich um eine zulässige (auch wiederholte) Befristung des Arbeitsverhältnisses oder eine Beendigung wegen Erreichens der Altersgrenze (vgl. § 77 Rn 61 f.), so bedeutet das Auslaufen des Arbeitsvertrages keine Kündigung, der BR ist nicht zu beteiligen (vgl. den Fall der Nichtverlängerungsmitteilung nach dem tariflichen Bühnenarbeitsrecht BAG 28. 10. 1986, AP Nr. 32 zu § 118 BetrVG 1972). Stellt dagegen die Nichtverlängerung eine unzulässige Befristung des Arbeitsverhältnisses dar, so kann dieses nur durch eine Kündigung gelöst werden. Das Verhalten des ArbGeb. anlässlich der Nichtverlängerung kann für den Fall der Unzulässigkeit der Befristung als hilfsweise erklärte Kündigung angesehen werden, die dem Beteiligungsrecht des BR nach § 102 unterliegt (vgl. *DKK-Bachner* Rn 23; *GL* Rn 16; GK-*Kraft* Rn 31; *HSWGNR* Rn 15; *Heinze*

Rn 467; *KR-Etzel* Rn 40; *Stahlhacke/Preis/Vossen* Rn 376, 1729; *Peiseler* NZA 85, 238; nach *Richardi/Thüsing* Rn 18 muss der ArbGeb. ausdrücklich hilfsweise eine Kündigungserklärung abgeben; *v. Altrock* DB 87, 785 sieht in der „Nichtwiedereinstellung" einen Gesetzesverstoß nach § 99 Abs. 2 Nr. 1; vgl. auch BAG 15. 3. 78, 26. 4. 79 AP Nr. 45, 47 zu § 620 BGB Befristeter Arbeitsvertrag). Der BR kann insb. geltend machen, der ArbN könne auf demselben Arbeitsplatz beschäftigt werden (vgl. Rn 90), da es sich um einen Dauerarbeitsplatz handele. Er kann bei Zulässigkeit eines befristeten Arbeitsvertrages aber nicht dessen Fortsetzung nach Fristablauf verlangen (BVerwG 12. 8. 83, 6 P 29.79, ArbuR 84, 191 und dazu *Plander* ArbuR 84, 161).

Der BR einer **Arbeitsgemeinschaft des Baugewerbes** ist bei „Rückverset-   **18** zung" eines ArbN zum Stammbetrieb zu beteiligen (LAG Düsseldorf DB 75, 650; *DKK-Bachner* Rn 18; vgl. auch wegen Entsendung zur Arbeitsgemeinschaft § 99 Rn 56, 158). Je nach Ausgestaltung der Rechtsbeziehung des ArbN zur ARGE (s. dazu § 5 Rn 272 ff., 275) kann eine Kündigung durch diese aber nur bez. des mit ihr (zusätzlich) geschlossenen Arbeitsvertrages (so bei Freistellung) unter Beteiligung des dortigen BR erfolgen. Ansonsten kann eine Kündigung nur der ArbGeb. des Stammbetriebes unter Beteiligung seines BR aussprechen (§ 9 Ziff. 2.2 BRTV-Bau; s. auch Rn 30 ff.).

Die im Baubereich vom ArbGeb. ausgesprochene „vorübergehende Ausstellung"   **19** während der Winterperiode (verbunden mit einer Wiedereinstellung danach) ist eine Kündigung, auf die § 102 Anwendung findet (BAG 11. 3. 98 DB 98, 626).

III. Anhörungsverfahren

1. Zeitpunkt

Die **Anhörung** des BR **muss** in jedem Fall erfolgen, **bevor die Kündigung**   **20** **ausgesprochen** wird; dies gilt für ordentliche wie außerordentliche Kündigungen (Abs. 1 S. 3; grundsätzlich zum Anhörungsverfahren *Berkowsky* Beteiligung des BR § 4 Rn 5 ff.; *Feichtinger* Die BRAnhörung bei Kündigung 1994; *Hinrichs* Anhörung S. 12 ff.; *Stahlhacke/Preis/Vossen* Rn 367 ff.; zur neueren Rspr. *Bader* NZA-RR 00, 57 ff.; *Bayer* DB 92, 782; *Bitter* NZA 91 Beil. 3 S. 16; *Hümmerich* RdA 00, 345 ff.; *Kutzki* AuA 00, 52 ff.). Eine schriftliche Kündigung ist dann ausgesprochen, wenn das Kündigungsschreiben den **Machtbereich des ArbGeb. verlassen** hat, insb. zur Post gegeben (BAG 13. 11. 75 AP Nr. 7 zu § 102 BetrVG 1972; *APS-Koch* § 102 Rn 61; vgl. auch § 103 Rn 9) oder einem Kurierdienst übergeben worden ist (BAG 8. 4. 03 AP Nr. 133 zu § 102 BetrVG 1972). Eine erneute Anhörung vor **Freistellung** von der Arbeit während der Kündigungsfrist scheidet aus (vgl. BAG 22. 1. 98 AP Nr. 11 zu § 174 BGB; s. auch § 99 Rn 134). In bes. schwerwiegenden Fällen einer außerordentlichen Kündigung dürfte der ArbGeb. befugt sein, den ArbN schon vor der Anhörung des BR und vor der Kündigung vorläufig von der Arbeit unter Weiterzahlung der Bezüge freizustellen (*KR-Etzel* Rn 119; **aA** *Meisel* Rn 482, zT *GL* Rn 50). Es gibt aber **keine „Eilfälle"**, die eine Anhörung des BR erst nach der Kündigung oder eine Verkürzung der gesetzl. Fristen rechtfertigen könnten (BAG 13. 11. 75, 29. 3. 77 AP Nr. 7, 11 zu § 102 BetrVG 1972; *DKK-Bachner* Rn 16; ErfK-*Kania* Rn 3; GK-*Raab* Rn 38; *Feichtinger* Rn 47; *Heinze* Rn 470, 488, *KR-Etzel* Rn 88; *Gester/Zachert* Jahrbuch des Arbeitsrechts, Bd. 12 S. 89; **aA** *HSWGNR* Rn 23; *Meisel* Rn 380).

Die Anhörung des BR erübrigt sich nicht deshalb, weil in einem Gemeinschaftsbe-   **20a** trieb mehrerer Unternehmen ein Unternehmen seine betriebliche Tätigkeit einstellt. Der für den Gemeinschaftsbetrieb gewählte BR bleibt für den verbleibenden Betrieb der maßgebliche BR; er ist auch dann anzuhören, wenn der BR durch die Stilllegung eines der beteiligten Unternehmen unter die vorgeschriebene Anzahl von BRMitgl. sinkt; dies gilt auch wenn nur noch ein BRMitgl. im Amt ist (BAG 19. 11. 03 AP Nr. 19 zu § 1 BetrVG 1972 Gemeinsamer Betrieb mit zust. Anm. *Oetker* EWiR § 22

BetrVG 1/04, 729 f.; *Schmädicke/Glaser/Altmüller* NZA 05, 393, 400; s. auch *Annuß/Hohenstatt* NZA 04, 420 ff.). Die Anhörung ist auch dann durchzuführen, wenn die BRWahl angefochten worden ist und das Verfahren dazu noch nicht abgeschlossen ist, denn eine ggf. erfolgreiche Anfechtung wirkt nur für die Zukunft (BAG 9. 6. 11 – 6 AZR 132/10 – ZTR 11, 119).

20b   Es ist der **zuständige BR** anzuhören. Die Anhörung zB eines nicht mehr amtierenden oder unzuständigen BR, führt zur Unwirksamkeit der Kündigung (BAG 28. 9. 83 AP Nr. 1 zu § 21 BetrVG 1972; BAG 12. 5. 05 AP Nr. 145 zu § 102 BetrVG 1972). Die Zuständigkeit des BR bei Kündigung eines „**Trainee** in allen Filialen" richtet sich nach der konkreten Ausgestaltung des Traineeverhältnisses, insbs. ob die (Gesamt-)Ausbildung im Wesentlichen von einer Stelle organisiert und überwacht wird und ob die für das Arbeitsverhältnis grundlegenden Entscheidungen dort oder im Einsatzbetrieb getroffen werden (BAG 12. 5. 05 aaO). Im Fall eines **Betriebsübergang**s und Widerspruchs des ArbN nach § 613 a Abs. 5 BGB ist der mit übergehende BR für den widersprechenden ArbN nicht mehr der zuständige BR (BAG 24. 5. 05 AP Nr. 284 zu § 613 a BGB; *Nicolai* BB 06, 1162). Zuständig ist der BR, dem der ArbGeb. den widersprechenden ArbN betrieblich zuordnet (BAG aaO; *Nicolai* aaO); erfolgt keine Zuordnung begründet dies nicht die Zuständigkeit des GesBR, selbst dann nicht, wenn bei Widerspruch des ArbN im Rahmen des § 613 a BGB keiner der im Unternehmen des Betriebsveräußerers bestehenden BR zu hören ist (BAG 21. 3. 96 AP Nr. 81 zu § 102 BetrVG 1972; LAG Nürnberg 9. 8. 11 AuA 11, 727; *Meyer* NZA 05, 9, 14; *Nicolai* BB 06, 1162). Eine Zuständigkeit des GesBR wird auch nicht dadurch begründet, dass die Aufgabe in einen anderen Betrieb verlagert wird, was sich schon eindeutig aus § 102 Abs. 3 Nr. 3 ergibt (BAG 16. 12. 10 – 2 AZR 576/09 – DB 11, 1587).

20c   Betrifft die Kündigung eines ArbN einen **Betriebsteil**, dessen Belegschaft an der Wahl des BR im Hauptbetrieb nicht teilgenommen hat und ist die BR-Wahl unangefochten und nicht nichtig, kommt es für die Frage, ob der BR des Hauptbetriebs anzuhören ist, darauf an, ob der Betriebsteil unselbständig oder selbständig iSd § 4 Abs. 1 ist. Handelt es sich um einen unselbständigen Betriebsteil ist der BR bei der Kündigung eines ArbN dieses Betriebsteils anzuhören, unabhängig davon ob die Belegschaft irrtümlicher Weise bei der Wahl nicht beteiligt worden ist (s. auch § 1 Rn 189; ebenso LAG München ArbuR 05, 118; *DKK-Bachner* Rn 122; **aA** BAG 3. 6. 04 AP Nr. 141 zu § 102 BetrVG 1972; *KR-Etzel* Rn 46; *ErfK-Kania* Rn 1). Die Auffassung des BAG, der BR repräsentiere bei einer nicht angefochtenen BR-Wahl nur die Belegschaft, die ihn mit gewählt hat unabhängig davon, ob es sich um einen selbständigen oder unselbständigen Betriebsteil handelt, überzeugt nicht. Der BR vertritt grundsätzl. die Belegschaft des Betriebs. Zum Betrieb gehören auch die unselbständigen Betriebsteile. Dementsprechend erstrecken sich zB BV'n uneingeschränkt auch auf diese Betriebsteile, unabhängig davon, ob die Belegschaft den BR gewählt hat. Für die Frage der Anhörung des BR zB bei personellen Maßnahmen wie Versetzung, Eingruppierung, Kündigung etc. gilt nichts anderes (vgl. BAG 3. 12. 85 AP Nr. 28 zu § 99 BetrVG; LAG München ArbuR 05, 118). Ansonsten würden diese ArbN bis zur nächsten BR-Wahl interessenvertretungsrechtlich schutzlos gestellt. Denn im Fall der Unselbständigkeit des Betriebsteils kann auch kein eigener BR nach § 4 Abs. 1 gewählt werden. Zugleich werden sie interessenvertretungsrechtl. mit anderen ArbN des Betriebs, die ebenfalls an der Wahl, sei es irrtümlich oder durch späteres Hinzukommen nicht beteiligt waren, ungleich behandelt (s. § 1 Rn 189). ArbN des Betriebs, die irrtümlicher Weise nicht zur Wahl zugelassen worden sind und die Wahl nicht angefochten haben, werden zweifellos vom BR mit vertreten. Dies für den Fall eines größeren Belegschaftsteils anders zu bewerten, ist nicht zu begründen. Auch ArbN später hinzukommender Betriebsteile werden vom BR mit vertreten, wenn es sich um unselbständige Betriebsteile handelt. Aus diesen Gründen kann im vorliegenden Fall bei der Frage des zuständigen BR die Entscheidung, ob es sich um einen unselbständigen oder selbständigen Betriebsteil handelt, nicht dahin stehen (unzutreffend insoweit BAG 3. 6. 04 AP Nr. 141 zu § 102 BetrVG 1972). Eine andere Beurteilung kann im Fall der Frage des Vorliegens eines Gemeinschaftsbetriebs zweier Unternehmen gegeben sein (BAG 23. 3. 06 AP Nr. 13 zu § 1 KSchG 1969 Konzern).

2. Form und Inhalt der Mitteilung

Voraussetzung der Anhörung ist zunächst, dass der **ArbGeb. den BR** schriftlich **21** oder mündlich zu Händen des BRVors. (§ 26 Rn 38) oder des Vors. des nach § 28 gebildeten Personalausschusses von der **vorgesehenen Kündigung unterrichtet** (wegen BetrAusschuss vgl. Rn 50; *Richardi/Thüsing* Rn 77, 79). Im Fall der Verhinderung ist der stellv. Vors. zur Entgegennahme berechtigt (s. ausführl. § 26 Rn 41a, 44 ff. u. BAG 7. 7. 11 – 6 AZR 248/10 – NZA 11, 1108). Die Unterrichtung braucht auch bei sehr komplexen Kündigungssachverhalten nur mündlich erfolgen (BAG 6. 2. 97 AP Nr. 85 zu § 102 BetrVG 1972; BAG 10. 11. 05 AP Nr. 42 zu § 1 KSchG 1969 Krankheit). Diese Unterrichtung hat grundsätzlich **während** der **Arbeitszeit** und in den **Betriebsräumen** stattzufinden. Weist allerdings der BRVors. zB eine telefonische Mitteilung, die er zu Hause erhält, nicht zurück (s. Musterschreiben bei *Rudolph* AiB 96, 289), so wird die Äußerungsfrist in Lauf gesetzt (BAG 27. 8. 82 AP Nr. 25 zu § 102 BetrVG 1972). Bei Mitteilung an andere BR-Mitgl. als Erklärungsbote trägt der ArbGeb. das Übermittlungsrisiko (vgl. BAG 27. 8. 1974, 27. 6. 85 AP Nr. 1 zu § 72 PersVG Niedersachsen AP Nr. 37 zu § 102 BetrVG 1972 und *Meisel* Rn 448), es sei denn, der BR hat keine Vorkehrungen für den Fall der Verhinderung sowohl des Vors. als auch des stellv. Vors. des BR getroffen; dann ist jedes BRMitgl. zur Entgegennahme von Erklärungen des ArbGeb. berechtigt und verpflichtet (BAG 27. 6. 85 aaO; LAG Frankfurt BB 77, 1048; GK-*Raab* Rn 45, *Richardi/Thüsing* Rn 81).

Bestehen Unklarheiten, ob es sich lediglich um eine Unterrichtung gemäß § 92 **22** handelt, so geht dies zu Lasten des ArbGeb. (LAG Düsseldorf DB 74, 1917; *DKK-Bachner* Rn 51). Eine **Information** an den BR **nach § 105** kann **nicht** ohne weiteres in eine **Anhörung nach § 102** umgedeutet werden, wenn sich herausstellt, dass der gekündigte ArbN kein leitender Ang. ist (vgl. § 105 Rn 1; BAG 19. 8. 75 AP Nr. 1 zu § 105 BetrVG 1972, 26. 5. 77, 7. 12. 79 AP Nr. 13, 21 zu § 102 BetrVG 1972; *Richardi/Thüsing* Rn 85); die Freistellung eines leitenden Ang. bis zur Beendigung des Arbeitsverhältnisses begründet keine Anhörungspflicht des BR (s. § 105 Rn 4; **aA** ArbG München NZA-RR 05, 194). Der BR muss jedenfalls aus der Mitteilung des ArbGeb. entnehmen können, dass es sich um eine beabsichtigte, noch bevorstehende Kündigung handelt (BAG 18. 9. 75 AP Nr. 6 zu § 102 BetrVG 1972). Kündigt ein **Bevollmächtigter des ArbGeb.,** so ist die Kündigung idR dem ArbGeb. zuzurechnen, auch wenn bei Kündigungsausspruch auf das Vertretungsverhältnis nicht ausdrücklich hingewiesen wird. Wiederholt ArbGeb. selbst die Kündigung wegen Zweifel, ob ihm die Kündigung durch Bevollmächtigten zugerechnet wird, leitet er einen neuen Kündigungsvorgang ein und muss den BR erneut anhören (BAG 31. 1. 96 AP Nr. 80 zu § 102 BetrVG 1972). Ist die Kündigung mangels Kenntnis des ArbN von der konkret zur Kündigung bevollmächtigten Person unwirksam, bedarf die neu auszusprechende Kündigung der erneuten Anhörung des BR (BAG 12. 1. 06 AP Nr. 54 zu § 1 KSchG 1969 Verhaltensbedingte Kündigung; LAG Köln 30. 3. 04 ArbuR 04, 396). Zur Möglichkeit der Kenntniserlangung über den Kündigungsberechtigten muss der ArbGeb. – soweit er die konkrete Person nicht ausdrücklich gegenüber dem ArbN namentlich benennt – dem ArbN zumindest mitteilen, wie er erfahren kann, welche Person konkret kündigungsberechtigt ist, zB durch Aushang am schwarzen Brett oder im Intranet (vgl. dazu ausführlich BAG 14. 4. 11 – 6 AZR 727/09 – NZA 11, 683).

Neben den **Personalien** des ArbN sind auch die **Kündigungsgründe** anzuge- **23** ben, zB bei **Krankheit** die **Fehlzeiten,** Zukunftsprognosen und wirtschaftliche **Belastungen** für den Betrieb (vgl. BAG 25. 11. 82, 24. 11. 83 AP Nr. 7 zu § 1 KSchG

1969 Krankheit AP Nr. 30 zu § 102 BetrVG 1972, dazu *Rummel* NZA 84, 76, *Schumann* DB 84, 1878; 26. 9. 91, 21. 5. 92 AP Nr. 28, 30 zu § 1 KSchG 1969 Krankheit; 18. 5. 94 AP Nr. 64 zu § 102 BetrVG 1972; zur BAG-Rspr. *Becker-Schaffner* DB 96, 426; *Weber/Hoß* DB 93, 2429; *Feichtinger* Rn 121 ff.), hierzu können auch Angaben zu den angelaufenen Entgeltfortzahlungskosten gehören (LAG Schleswig-Holstein NZA-RR 04, 635 ff.), bei **Alkoholmissbrauch,** ob dieser auf Alkoholabhängigkeit (Krankheit) oder Fehlverhalten beruht (vgl. zur Problematik BAG 26. 1. 95 AP Nr. 34 zu § 1 KSchG 1969 Verhaltensbedingte Kündigung; *Gottwald* NZA 97, 635; *Hemming* BB 98, 1998; *v. Hoyningen-Huene* DB 95, 142; *Künzl* ArbuR 95, 206), bei **MfS**-Kündigung Beginn, Umfang und Ende der früheren Tätigkeit sowie heutiges Verhalten vgl. BAG 26. 5. 94 AuA 95, 205 m. Anm. *Kohte* (S. 206), wobei allerdings unzutreffende Antworten auf Fragen betr. Vorgänge vor 1970 keine arbeitsrechtl. Konsequenzen nach sich ziehen dürfen, BVerfG 8. 7. 97 NZA 97, 992; s. auch § 94 Rn 18). Werturteile oder stichwortartige Angaben genügen nicht, es sind **konkrete Tatsachen** anzugeben (BAG 13. 7. 78, 28. 9. 78, 4. 3. 81, 11. 7. 91, 15. 3. 01 AP Nr. 17, 19 zu § 102 BetrVG, 72 AP Nr. 1 zu § 77 LPVG Baden-Württemberg, AP Nr. 57 zu § 102 BetrVG 1972, AP Nr. 46 zu § 4 KSchG 1969), sofern diese dem BR nicht ohnehin bekannt sind, zB aus Anlass einer vorherigen Erörterung zwischen ArbGeb. und BR (s. BAG 6. 11. 97 AP Nr. 42 zu § 1 KSchG 1969; *Feichtinger* Rn 106). Bei einer Kündigung wegen des Tragens eines **islamischen Kopftuchs** muss der BR nicht notwendig auf den muslimischen Glauben des ArbN hingewiesen werden, wenn der ArbGeb. die religiöse Motivation des ArbN genannt hat (BAG 10. 10. 02 AP Nr. 44 zu § 1 KSchG 1969 Verhaltensbedingte Kündigung). Bei einer nicht unter das KSchG fallenden Kündigung ist die Mitteilung **subjektiver Wertungen** ausreichend, wenn ArbGeb. keine auf Tatsachen gestützte oder konkretisierbare Kündigungsgründe benennen kann (BAG 3. 12. 98, 8. 4. 03, 16. 9. 04; 22. 9. 05 AP Nr. 99, 133, 142 zu § 102 BetrVG 1972, Nr. 20 zu § 1 KSchG 1969 Wartezeit; ebenso ErfK-*Kania* Rn 7; *KR-Etzel* Rn 62 b; kr. dazu *Dornieden* AiB 99, 469).

24   Maßgebend ist der bei Einleitung des Anhörungsverfahrens vorhandene Kenntnisstand der zur Entgegennahme von Mitteilungen berechtigten BRMitgl.; die irrige Annahme des ArbGeb., der BR sei über den Kündigungssachverhalt bereits informiert, geht zu seinen Lasten, dh das Anhörungsverfahren ist nicht ordnungsgemäß eingeleitet (BAG 27. 6. 85 AP Nr. 37 zu § 102 BetrVG 1972; kr. zu dieser Entscheidung *Hohmeister* NZA 91, 209 der in jedem Fall die vollständige Unterrichtung des BR verlangt, da das Anhörungsverfahren ein formelles Verfahren sei). Gleiches gilt, wenn der ArbGeb. ihm bekannte **entlastende Umstände** bei Pflichtwidrigkeiten von ArbN dem BR verschweigt (BAG 2. 11. 83, 31. 8. 89, 22. 9. 94 AP Nr. 29 zu § 102 BetrVG 1972, AP Nr. 1 zu § 77 LPVG Schl.-H., AP Nr. 68 zu § 102 BetrVG 1972; LAG Schleswig-Holstein DB 97, 1339; *Kutzki* ZTR 99, 491, 493; *ders.* AuA 00, 52, 55; **aA** *Rinke* NZA 98, 77, 83); dazu gehören auch entlastende Umstände, die dem ArbGeb. erst im Laufe des Anhörungsverfahrens bekannt werden (LAG Baden-Württemberg ArbuR 06, 411).

25   Weiter sind mitzuteilen die **Art der Kündigung,** also ordentliche, (fristlose) außerordentliche und außerordentliche Kündigung mit Auslauffrist (BAG 12. 8. 76, 29. 8. 91 AP Nr. 10, 58 zu § 102 BetrVG 1972; ErfK-*Kania* Rn 5; kr. *Rinke* NZA 98, 77, 79; vgl. auch Rn 39, 62 f.). Das Offenhalten, ob es eine Änderungs- oder Beendigungskündigung wird, ist dann zulässig, wenn der Kündigungssachverhalt für beide Alternativen feststeht und auf jeden Fall einer der Kündigungen ausgesprochen werden soll (BAG 22. 4. 10 – 2 AZR 991/08 – NZA-RR 10, 583). Des weiteren anzugeben sind **Kündigungsfrist** und **Kündigungstermin** (BAG 29. 3. 90, 16. 9. 93, 27. 11. 03 AP Nr. 56, 62, 136 zu § 102 BetrVG 1972; 15. 12. 94 AP Nr. 67 zu § 1 KSchG 1969 Betriebsbedingte Kündigung; *DKK-Bachner* Rn 63, 66; *Richardi/Thüsing* Rn 52; *KR-Etzel* Rn 59; *Feichtinger* Rn 85 ff.; *Bauer* Arbeitsrechtl. Aufhebungsverträge Rn 330; *Bayer* DB 92, 784; *Hohmeister* NZA 91, 210; **aA** GK-*Raab* Rn 52, 54; *HSWGNR* Rn 33; *Rinke* NZA 98, 77, 79 f.; BAG 29. 1. 86 AP Nr. 42

zu § 102 BetrVG 1972, dem aber darin beizupflichten ist, dass die unrichtige Angabe des Kündigungstermins allein nicht zur Unwirksamkeit der Kündigung führt; ebenso LAG Schleswig-Holstein BB 95, 1593; ErfK-*Kania* Rn 5). Einer bes. Mitteilung der Kündigungsfrist bzw. des Endtermins bedarf es aber nicht, wenn der BR über die tatsächlichen Umstände für die Berechnung der maßgebenden Frist bzw. des Endtermins unterrichtet ist (BAG 24. 10. 96 AP Nr. 87 zu § 102 BetrVG 1972). Das ist zB der Fall, wenn in einem Betrieb die dem BR bekannten tariflichen Kündigungsfristen angewandt werden; ist eine hiervon abweichende Kündigungsfrist mit einem einzelnen ArbN vereinbart worden, so ist bei Kündigung dieses und weiterer ArbN nur diese Kündigungsfrist dem BR mitzuteilen (BAG 24. 10. 96 aaO). Das Gleiche gilt, wenn der Insolvenzverwalter dem BR nach erfolgter Betriebsstilllegung mitteilt, er werde das Arbeitsverhältnis gem. § 113 InsO zum nächstmöglichen Termin kündigen und dem BR auf Grund eines zuvor abgeschlossenen Interessenausgleichs mit Namensliste (s. Rn 37) das Alter und die Dauer der Betriebszugehörigkeit bekannt sind (LAG Hamm BB 00, 2472).

Muss die Kündigung trotz Zustimmung des BR aus formellen Gründen wieder- **26** holt werden, zB mangels Zugangs, so bedarf es uU keiner erneuten Anhörung des BR (vgl. BAG 11. 10. 89 AP Nr. 55 zu § 102 BetrVG 1972; *DKK-Bachner* Rn 55). Ist aber die Kündigungserklärung zugegangen, so ist der BR bei jeder Wiederholungskündigung erneut anzuhören (BAG 16. 9. 93, 31. 1. 96, 3. 4. 08 AP Nr. 62, 80, 159 zu § 102 BetrVG 1972 u. BAG 10. 11. 05 AP Nr. 196 zu § 626 BGB; kritisch dazu *Diller* NZA 04, 579, 582; vgl. insgesamt zur Problematik der Wiederholungskündigung: *Lingemann/Beck* NZA-RR 07, 225). Die Anhörung des BR zu einem vom ArbN erst angekündigten Verhalten genügt nicht (BAG 19. 1. 83 AP Nr. 28 zu § 102 BetrVG 1972; BAG 22. 4. 10 – 2 AZR 991/08 – NZA-RR 10, 583). Eine ausdrückliche Aufforderung an den BR zur Stellungnahme ist nicht erforderlich, sofern aus dem Schreiben des ArbGeb. deutlich hervorgeht, dass er das Verfahren nach § 102 einleiten will (hM, vgl. BAG 28. 2. 1974, 7. 12. 79 AP Nr. 2, 21 zu § 102 BetrVG 1972). Über die **Vorlage von Unterlagen** besagt § 102 im Gegensatz zu § 99 (Rn 181 ff.) nichts. Hier findet die allgemeine Vorschrift des § 80 Abs. 2 Anwendung (*DKK-Bachner* Rn 47; **aA** BAG 26. 1. 95, 6. 2. 97 AP Nr. 69, 85 zu § 102 BetrVG 1972; ErfK-*Kania* Rn 4; *Wallner* Rn 188; *Hümmerich/Mauer* DB 97, 165; *Kiel/Koch* Rn 684; *Kutzki* ZTR 99, 491, 492; *Rinke* NZA 98, 77, 83). Besteht ein **Personalinformationssystem** über Verhalten und Leistung der ArbN und wertet der ArbGeb. dies zur Vorbereitung einer Kündigung aus, so hat er dem BR die anfallenden Daten vollständig zur Verfügung zu stellen (*Kittner/Däubler/Zwanziger* Rn 47).

Bei einer **betriebsbedingten Kündigung** hat der ArbGeb. dem BR die **inner-** **27** bzw. **außerbetrieblichen Gründe** und deren Folgen für die Beschäftigung im Zusammenhang mit der unternehmerischen Organisationsentscheidung mitzuteilen (zu Grundfragen der betriebsbedingten Kündigung *v. Hoyningen-Huene/Linck* § 1 KSchG Rn 682 ff.; *Kiel/Koch* Rn 109 ff.; *Kittner/Däubler/Zwanziger* § 1 KSchG Rn 250 ff.; *Stahlhacke/Preis/Vossen* Rn 413, 930 ff.; *Bitter* DB 99, 1214; *Quecke* NZA 99, 1247). Dabei genügen auch hier pauschale oder schlagwortartige Begründungen wie hohe Verluste, Umsatzrückgang, schwierige wirtschaftliche Lage nicht (GK-*Raab* Rn 63; *Rinke* NZA 98, 77, 84). Vielmehr ist die Tatsache einer entsprechenden Unternehmerentscheidung sowie deren Kausalität für den Wegfall des Arbeitsplatzes des zu kündigenden ArbN konkret darzulegen (BAG 26. 9. 02 AP Nr. 124 zu § 1 KSchG 1969 Betriebsbedingte Kündigung mwN; *DKK-Bachner* Rn 91). Überdies ist eine eventuell damit zusammenhängende Leistungsverdichtung bestimmter ArbN mitzuteilen (vgl. LAG Thüringen NZA-RR 99, 189). Führt der ArbGeb. für eine Kündigung Rentabilitätsgründe an, so ist auf die wirtschaftliche Situation des Gesamtbetriebs und nicht nur auf die der Betriebsabteilung oder des unselbständigen Betriebsteils abzustellen, in dem der ArbN beschäftigt ist (BAG 11. 10. 89 AP Nr. 47 zu § 1 KSchG 1969 Betriebsbedingte Kündigung; 20. 8. 98, 12. 11. 98 AP Nr. 50, 51 zu § 2 KSchG 1969), so dass der ArbGeb. dem BR die wirtschaftliche Lage des

Gesamtbetriebs darstellen muss (GK-*Raab* Rn 63). Bei einer beabsichtigten Betriebsstilllegung hat der ArbGeb. den BR im Rahmen der Anhörung nach § 102 (anders § 111) nur über diese Absicht und den Stilllegungszeitpunkt, nicht über die wirtschaftlichen Hintergründe und die Motive der unternehmerischen Entscheidung zu informieren (LAG Thüringen NZA-RR 01, 643).

28   Sieht der ArbGeb. keine Möglichkeit, den zu kündigenden ArbN auf einem anderen Arbeitsplatz weiterzubeschäftigen (§ 1 Abs. 2 S. 2 1 b u. 2 b KSchG), so genügt der ArbGeb. seiner Anhörungspflicht idR schon durch den ausdrücklichen oder konkludenten Hinweis auf **fehlende Weiterbeschäftigungsmöglichkeiten**. Hat jedoch der BR vor Einleitung des Anhörungsverfahrens Auskunft über Weiterbeschäftigungsmöglichkeiten für den zu kündigenden ArbN auf einem konkreten, kürzlich frei gewordenen Arbeitsplatz verlangt, muss der ArbGeb. dem BR nach Abs. 1 S. 2 mitteilen, warum aus seiner Sicht eine Weiterbeschäftigung des ArbN auf diesem Arbeitsplatz nicht möglich ist. Hier reicht der pauschale Hinweis auf fehlende Weiterbeschäftigungsmöglichkeiten nicht aus. Hat der ArbGeb. den BR über Weiterbeschäftigungsmöglichkeiten auf dem vom BR benannten Arbeitsplatz zunächst objektiv falsch informiert und rügt dies der BR innerhalb der Frist des Abs. 2 unter Angabe des zutreffenden Sachverhalts, so hat der ArbGeb. dem BR ergänzend mitzuteilen, weshalb aus seiner Sicht trotzdem eine Weiterbeschäftigung des ArbN auf diesem Arbeitsplatz nicht in Betracht kommt, andernfalls ist die Kündigung nach Abs. 1 S. 3 unwirksam (BAG 17. 2. 00 AP Nr. 113 zu § 102 BetrVG 1972).

29   Zu dem bes. Fall, dass mehreren ArbN betriebsbedingt gekündigt wird und sich danach neue Beschäftigungsmöglichkeiten ergeben mit der Folge von **Wiedereinstellungsansprüchen** s. § 99 Rn 47, 47 a.

30   Kommt es bei betriebsbedingten Kündigungen auf die **soziale Auswahl** unter mehreren ArbN an, so sind auch die hierfür wesentlichen Gesichtspunkte, die „**Sozialdaten**", anzugeben (*Kittner/Zwanziger-Appel* § 98 Rn 28). Dazu gehören nicht nur die vier Grunddaten Alter, Dauer der Betriebszugehörigkeit, Unterhaltsverpflichtungen und Schwerbehinderung des ArbN, sondern auch **bes. soziale Umstände** wie zB Krankheit infolge eines Arbeitsunfalls oder einer gesundheitsgefährdenden Tätigkeit, Pflegebedürftigkeit naher Angehöriger, Höhe des Ehegatteneinkommens, Alleinerziehung und Chancen auf dem Arbeitsmarkt sowie Umstände für einen bes. Kündigungsschutz, und zwar nicht nur für den Betroffenen, sondern auch für **andere ArbN** mit vergleichbarer Tätigkeit, die der ArbGeb. in seine Erwägungen einbezogen hat (vgl. BAG 29. 3. 84 AP Nr. 31 zu § 102 BetrVG 1972; 16. 9. 93 aaO; *DKK-Bachner* Rn 62; *HSWGNR* Rn 33; *Richardi/Thüsing* Rn 67; *Stahlhacke/Preis/Vossen* Rn 1093, 1107 f.; *Heinze* Rn 476; *Bost-Klatt* AiB 04, 208 f.; *Bader* NZA 99, 64, 68; *Däubler* NJW 99, 601; *Preis* RdA 99, 311, 315; zu Unterhaltspflichten vgl. *Kleinebrink* DB 05, 2522; zur **Sozialauswahl** und **Vergleichbarkeit** von **Teilzeit- und Vollzeitbeschäftigten** und Teilzeitbeschäftigten untereinander vgl. BAG 22. 4. 04 AP Nr. 67 zu § 1 KSchG 1969 Soziale Auswahl u. BAG 15. 7. 04 AP Nr. 68 zu § 1 KSchG Soziale Auswahl) LAG Köln NZA 94, 317; *Rühle* DB 94, 834); dazu gehören beim Bau auch die zu einer **ARGE** abgeordneten (nicht die freigestellten) ArbN (vgl. Rn 18, insb. § 5 Rn 275). Ohne diese Angaben kann der BR nicht sachgemäß Stellung nehmen. Der ArbGeb. kann nicht dem BR die Auswahl zu kündigender ArbN überlassen; es liegt dann keine ordnungsgemäße Anhörung vor (LAG Berlin, EzA § 102 BetrVG Nr. 46; *DKK-Bachner* Rn 61; *Stahlhacke/Preis/Vossen* Rn 397). Angaben zu den persönlichen Daten anhand der vorliegenden Steuerkarte sind ausreichend, soweit dem ArbGeb. keine anderen Erkenntnisse vorliegen; stimmen diese nicht mit den tatsächlichen Verh. überein, ist es Aufgabe des ArbN diese dem ArbGeb zur Kenntnis zu geben; die BR-Anhörung ist in diesem Fall nicht mangelhaft (BAG 24. 11. 05 AP Nr. 43 zu § 1 KSchG 1969 Krankheit; BAG 6. 7. 06 AP Nr. 80 zu § 1 KSchG 1969; LAG Schleswig-Holstein NZA-RR 05, 582 ff.; ErfK-*Kania* § 102 Rn 9; *Kleinebrink* DB 05, 2522; **aA** LAG Rheinland-Pfalz NZA-RR 07, 247). Diese Grundsätze gelten auch bei Kündigungen im Rahmen von **Massenentlassun-**

gen nach § 17 KSchG (BAG 16. 9. 93 AP Nr. 62 zu § 102 BetrVG 1972; *Feichtinger* Rn 49; *Hinrichs* Anhörung S. 31 ff.). Äußert sich der BR trotz unzureichender Information abschließend zur Kündigung, so ist diese aber nicht von vornherein unwirksam (vgl. BAG 3. 2. 82 AP Nr. 1 zu § 72 BPersVG).

Hält der ArbGeb. eine Sozialauswahl vor Ausspruch einer betriebsbedingten Kün- **31** digung wegen des Widerspruchs des ArbN gegen den Übergang des Arbeitsverhältnisses für überflüssig, so hat er die sozialen Gesichtspunkte vergleichbarer ArbN auch nicht vorsorglich dem BR mitzuteilen (subjektive Determinierung, s. Rn 41). Das Unterbleiben einer Sozialauswahl spricht in diesem Fall nicht für eine ungenügende Berücksichtigung sozialer Gesichtspunkte, wenn der gesamte Bereich ausgegliedert wurde und der ArbN keine anerkennenswerte Widerspruchsgründe hat (BAG 24. 2. 00 AP Nr. 116 zu § 102 BetrVG 1972). Gleiches gilt, wenn eine Sozialauswahl nach der für den BR erkennbaren Auffassung des ArbGeb. wegen der Stilllegung des gesamten Betriebes nicht vorzunehmen ist. In diesem Fall bedarf es keiner Unterrichtung des BR über Familienstand und Unterhaltspflichten der zu kündigenden ArbN (BAG 13. 5. 04 AP Nr. 140 zu § 102 BetrVG unter teilweiser Aufgabe von BAG 16. 9. 03 AP Nr. Nr. 62 zu § 102 BetrVG 1972 mit zust. Anm. *Feichtinger* EWiR § 102 BetrVG 5/04, 1011 f.). Nicht davon erfasst wird die Verpflichtung zur Mitteilung der Sozialdaten Lebensalter und Eintrittsdatum, die für die Berechnung der ordentlichen Kündigungsfrist von Bedeutung sind (vgl. BAG 18. 10. 06 NZA 07, 798).

Das **BDSG** steht der Mitteilung der Sozialdaten des in Betracht kommenden Per- **32** sonenkreises nicht entgegen (*APS-Koch* § 102 Rn 87; *DKK-Bachner* Rn 48; *KR-Etzel* Rn 71; *Feichtinger* Rn 120; LAG Berlin EzA § 1 KSchG betriebsbedingte Kündigung Nr. 17). Wegen Umfang der Unterrichtung bei verhaltensbedingter Kündigung vgl. den Fall BAG 2. 3. 89 AP Nr. 101 zu § 626 BGB.

Das in Rn 30 ff. zur sozialen Auswahl Gesagte gilt auch nach **Inkrafttreten** des **33** durch das G zu Reformen am Arbeitsmarkt **geänderten § 1 Abs. 3 S. 1 KSchG,** der ausschließlich für den Bereich des KSchG die Sozialauswahl auf die vier Gesichtspunkte Dauer der Betriebszugehörigkeit, Lebensalter, Unterhaltspflichten und Schwerbehinderung des ArbN beschränkt (s. Rn 2a). Abgesehen davon, dass das Anhörungsverfahren nach § 102 einheitlich für alle Kündigungsformen und -sachverhalte gilt, widerspräche eine Beschränkung der Anhörung auf die vorgenannten vier Gesichtspunkte Sinn und Zweck des Verfahrens nach § 102 Abs. 1, das sich ganz wesentlich vom eigentlichen Kündigungsschutz unterscheidet. Es dient eben nicht einer umfassenden Prüfung der Rechtmäßigkeit der beabsichtigten Kündigung durch den BR. Vielmehr will es eine gewisse **Richtigkeitsgewähr durch Verfahren** ermöglichen (*Berkowsky* Beteiligung des BR § 1 Rn 9). Der ArbGeb. soll gezwungen werden, über die Gründe für seine Kündigung, dh über die tatsächlichen Grundlagen seiner Kündigungsmotivation, schon im Vorfeld der Kündigung Rechenschaft abzulegen; er soll zugleich durch den BR mögliche Einwände seiner Belegschaft gegen eine eventuelle Kündigung erfahren und vor seiner Entscheidung berücksichtigen (vgl. BAG 22. 9. 94, 15. 3. 01 AP Nr. 68 zu § 102 BetrVG 1972, AP Nr. 46 zu § 4 KSchG 1969; *Berkowsky* Beteiligung des BR § 4 Rn 53 ff.; *Oppertshäuser* NZA 97, 920, 923). § 102 Abs. 1 normiert einen **eigenen,** bes. strukturierten **Erkenntnisprozess** zwischen ArbGeb. und BR, der vom Kündigungsschutzprozess und damit auch von § 1 KSchG zu unterscheiden ist (*Berkowsky* NZA 96, 1065, 1068; kr. dazu *Isenhardt* FS 50 Jahre BAG S. 943 ff.).

Dieser in einer Art Vorprüfungsverfahren eingebetteter **„präventiver Kündi- 34 gungsschutz"** (GK-*Raab* Rn 3; kr. hierzu *Rinke* NZA 98, 77) soll nicht nur dem Individualinteresse des ArbN am Erhalt des Arbeitsplatzes dienen, sondern auch dem BR Einfluss auf die Zusammensetzung der Belegschaft verschaffen (GK-*Raab* Rn 3; *Oppertshäuser* aaO). Außerdem ist das Anhörungsverfahren ein geeignetes Mittel, den ArbGeb. auf seine in **§ 2 Abs. 2 SGB III** nF umschriebene bes. Verantwortung für den Arbeitsmarkt (s. zum wortgleichen § 2 Abs. 1 SGB III aF *Gagel* BB 01, 358 ff.; *Schaub* NZA 97, 810; *Kittner* NZA 97, 968, 975; *Rolfs* NZA 98, 18; zurückhaltend

Bauer/Haussmann NZA 97, 1100; *Beckschulze* BB 98, 791; *Ettwig* NZA 97, 1152) hinzuweisen und ihm Vorschläge zur Vermeidung von Kündigungen zu machen.

34a **Diese mit § 102 verbundenen Zielvorstellungen** lassen sich nicht mit einer auf die erwähnten vier Punkte reduzierten Anhörung des BR verwirklichen, so dass der ArbGeb. von sich aus, zumindest aber auf Nachfrage des BR, auch **bes. soziale Umstände** wie zB Pflegebedürftigkeit naher Angehöriger, Höhe des Ehegatteneinkommens (vgl. dazu ausführlicher Rn 30) mitzuteilen hat (im Ergebnis ebenso *Nielebock* AiB 97, 88, 93; *Stahlhacke/Preis/Vossen* Rn 1093, 1107 f. hinsichtlich Arbeitsunfall oder gesundheitsgefährdender Tätigkeit; aA *Löwisch* NZA 96, 1009, 1012).

35 Des Weiteren ist der ArbGeb. nach der Neufassung des § 1 Abs. 3 S. 2 KSchG (s. Rn 2 a) auch verpflichtet, unaufgefordert von sich aus dem BR die Gründe mitzuteilen, aus denen er bestimmte ArbN **von der Sozialauswahl** nach § 1 Abs. 3 S. 1 KSchG **ausnehmen** will (*Bader* NZA 97, 905, 912; *ders.* NZA 96, 1125, 1130; *ders.* NZA 99, 64, 69; *Matthießen* NZA 98, 1153, 1159; *Oppertshäuser* NZA 97, 920, 922; nach ArbG Ludwigshafen ArbuR 97, 416 Mitteilungspflicht auf Rüge des BR hin). Nur bei Kenntnis der Leistungs- und Qualifikationsunterschiede kann sich der BR ein zutreffendes Bild davon machen, ob tatsächlich Kenntnisse, Fähigkeiten und Leistungen im berechtigten betrieblichen Interesse liegen, die die Herausnahme an sich vergleichbarer ArbN aus der Sozialauswahl bedingen (vgl. ArbG Ludwigshafen ArbuR 97, 416; s. auch LAG Berlin BB 97, 472; zur Herausnahme aus der Sozialauswahl s. *Däubler* NJW 99, 601, 602; *Preis* RdA 99, 311, 318; generell zur Sozialauswahl und Herausnahme von Leistungsträgern s. *Thüsing/Wege* RdA 05, 12 ff.; *Buschbaum* BB 11, 309 ff.). Wird ihm dies verwehrt, entfällt ein wesentliches Korrektiv im Vorfeld dagegen, dass die Schutzfunktion der Sozialauswahl praktisch unterlaufen wird. Dient die Herausnahme von ArbN aus der Sozialauswahl der Sicherung einer ausgewogenen Personalstruktur des Betriebs, hat der ArbGeb. dem BR die **Art der Personalstruktur** zu benennen, die er aufrechterhalten will (zB Altersstruktur und Leistungsstärke) sowie die Kriterien für die Bildung von Gruppen zur Sicherung der entspr. Personalstruktur aufzustellen, zB unter 30-jährige, 30–40-jährige, 41 bis 50-jährige, über 50-jährige ArbN; dazu gehört auch die Angabe wieviel Prozent der potenziell zu kündigenden ArbN vor Ausspruch der Kündigung den jeweiligen Altersgruppen angehören und wie sich die einzelnen Kündigungen auf die einzelnen Altersgruppen verteilen (BAG 20. 4. 05 NZA 05, 877 ff.; BAG 6. 7. 06 AP Nr. 82 zu § 1 KSchG 1969 Soziale Auswahl). Die **Altersgruppenbildung** ist auch unter Berücksichtigung des AGG und der Vorgaben der Richtlinie 2000/78/EG nach wie vor zulässig (vgl. ausführlich BAG 6. 11. 08 AP Nr. 182 zu § 1 KSchG 1969 Betriebsbedingte Kündigung; BAG 15. 12. 11 – 2 AZR 42/10 – PM Nr. 96/11; ArbG Bielefeld NZA-RR 07, 466; *APS-Kiel* § 1 KSchG Rn 765; *Wendeling-Schröder/Stein* § 10 Rn 8, 30; *Bauer/Göpfert/Krieger* § 10 Rn 5, 45m; *Däubler/Berzbach-Däubler* § 7 Rn 255; *Thüsing* Arbeitsrechtl. Diskriminierungsschutz Rn 460; *Meinel/Heyn/Herms* AGG § 10 Rn 33; *Schleusener/Suckow/Voigt* § 10 Rn 14 ff.; *Gaul/Niklas* NZA-RR 09, 457 ff.; *Lingemann/Beck* NZA 09, 577 ff.; *Lassmann* AiB 08, 594 ff.; *Wendeling-Schröder* NZA 07, 1399; *Hamacher/Ulrich* NZA 07, 657; *Bauer/Krieger* NZA 07, 674; *Freckmann* BB 07, 1049, 1052; *Linsenmaier* RdA 03 Sonderheft 5, 22, 29; aA ArbG Osnabrück (nrkr.) NZA 07, 626; *Rust/Falke* AGG § 7 Rn 161 ff.; *KR/Griebeling* § 1 KSchG Rn 645 a; *Bertelsmann* AuR 07, 369 ff.; *Wenekebach* AuR 08, 70, 72; **einschränkend** *Däubler/Berzbach-Brors* § 10 Rn 109–112). Bei der Sozialauswahl ist auch unter Beachtung der Diskriminierungsverbote des AGG die Berücksichtigung der Dauer der Betriebszugehörigkeit und des Lebensalters des Arbeitnehmers bei der Auswahl der für eine betriebsbedingte Kündigung in Frage kommenden vergleichbaren Arbeitnehmer eine nach Art. 6 Abs. 1 der RL 2000/78/EG gerechtfertigte Festlegung besonderer Entlassungsbedingungen (vgl. BT-Drucks. 16/6316 zu Frage 43, 44; BAG 6. 11. 08 aaO). Insofern kann eine Kündigung die gegen Diskriminierungsverbote verstößt, sozialwidrig sein; die Regelung des § 2 Abs. 4 AGG steht dem nicht entgegen (vgl. BAG 6. 11. 08 aaO). Der ArbGeb. hat bei der Altersgruppenbildung konkret darzulegen, warum diese erforderlich ist; im

Fall der Massenentlassung ist regelmäßig vom Vorliegen berechtigter betrieblicher Interessen auszugehen (BAG 18. 3. 10 – 2 AZR 468/08 – NZA 10, 1059). Ist eine Namensliste nach § 1 Abs. 5 KSchG, unter Verstoß gegen die Vorschriften des AGG zustande gekommen, führt dies nicht zur Unwirksamkeit der Namensliste und Wegfall der Vermutungswirkung nach § 1 Abs. 5 KSchG, kann jedoch zur groben Fehlerhaftigkeit der Sozialauswahl führen (BAG 6. 11. 08 aaO; BAG 5. 11. 09 – 2 AZR 676/08 – NZA 10, 457; BAG 10. 6. 10 – 2 AZR 420/09 – DB 10, 2566; *Lingemann/Beck* NZA 09, 577 ff.; *Gaul/Niklas* NZA-RR 09, 457 ff.; *Schiefer* DB 09, 2546, 2548; *ders.* DB 09, 733, 735; **aA** *Stahlhacke/Preis* Rn 1196; *Temming* S. 561). Vgl. insgesamt zum Streitstand Anwendbarkeit AGG auch im Bereich des Kündigungsrechts und der Frage der Europarechtskonformität des § 2 Abs. 4 AGG: BAG 6. 11. 08 aaO; *APS-Preis* Grundlagen J Rn 71 ff.; *Wendeling-Schröder/Stein* § 2 Rn 39 ff.; *Däubler/Bertzbach-Däubler* § 2 Rn 262 ff.; *Rust/Falke* AGG § 2 Rn 240 ff.; *Meinel/Heyn/Herms* AGG § 2 Rn 58 ff.; *Schleusener/Suckow/Voigt* § 2 Rn 20 ff., *Hamacher/Ulrich* NZA 07, 657; *Däubler* AiB 06, 738; *Sagan* NZA 06, 1257; *Bauer/Preis/Schunder* NZA 06, 1261; *Diller/Krieger/Arnold* NZA 06, 887; *Bertelsmann* AuR 07, 369 ff.; *Wendeling-Schröder* NZA 07, 1399, 1403.

Die Darlegungs- und Beweislast für das Vorliegen von berechtigten betrieblichen **35a** Interessen an der Weiterbeschäftigung bestimmter ArbN obliegt dem ArbGeb. (BAG 10. 2. 99 AP Nr. 40 zu § 1 KSchG 1969 Soziale Auswahl; *KR-Etzel* § 1 KSchG Rn 655 mwN; *Fischermeier* NZA 97, 1089, 1097). Schlagwortartige Angaben wie „Spitzenkraft" reichen nicht aus. Bei der Herausnahme bestimmter Personen aus der Sozialauswahl muss der ArbGeb. das Interesse des sozial schwächeren ArbN, zu dessen Lasten von der Sozialauswahl abgewichen wird, gegen das betriebliche Interesse an der Herausnahme des Leistungsträgers abwägen (BAG 12. 4. 02 AP Nr. 56 zu § 1 KSchG 1969 Soziale Auswahl; BAG 5. 12. 02 AP Nr. 60 zu § 1 KSchG Soziale Auswahl; kritisch: *Thüsing/Stelljes* BB 03, 1673, 1675; *Thüsing/Wege* RdA 05, 12, 15 ff.). Je schwerer das Interesse des sozial Schwächeren wiegt, desto gewichtiger müssen die Gründe für die Ausklammerung der Leistungsträger sein (BAG aaO mwN; BAG 5. 6. 08 AP Nr. 179 zu § 1 KSchG 1969 Betriebsbedingte Kündigung). Zur Streitfrage ob die Leistungsträger vor der Sozialauswahl oder erst danach herausgenommen werden können vgl. *Brors* AuR 05, 41 ff.; *Lingemann/Rolf* NZA 05, 264 ff.

Das Anhörungsverfahren nach § 102 wird auch im Fall des Abschlusses eines Inte- **35b** ressenausgleichs mit Namensliste nach § 1 Abs. 5 KSchG nicht obsolet. Gespräche zwischen ArbGeb. und BR im Rahmen der Verhandlungen über eine **Interessenausgleich** bei Betriebsänderung und dabei auch über die Erstellung einer **Namensliste** gem. § 1 Abs. 5 KSchG (s. Rn 2a; §§ 112, 112a Rn 49 ff.) ersetzen nicht die **Anhörung** des BR nach § 102 (BAG 20. 5. 99 AP Nr. 4 zu § 1 KSchG 1969 Namensliste; LAG Hessen 18. 7. 03 AuR 04, 316; *Hanau* ZIP 04, 1169, 1172; *Gaul* BB 04, 2686, 2691; *Löwisch* BB 04, 154, 157; *Fischermeier* NZA 97, 1089, 1100; *Zwanziger* ArbuR 97, 427, 432; *KR-Etzel* § 1 KSchG Rn 705; *Kittner/Trittin* KSchR, 3. Aufl. § 1 KSchG Rn 495 k; **aA** *Gießen* ZfA 97, 145, 175). Zum einen folgt dies aus dem Wortlaut des § 1 Abs. 5 S. 4 KSchG, der nur die (weitere) Beteiligung des BR nach § 17 Abs. 3 S. 2 KSchG, nicht aber die nach § 102 für ersetzt erklärt (BAG aaO; *Gaul* BB 04, 2686, 2691). Zum anderen dienen die gesetzlichen Regelungen in § 1 Abs. 5 KSchG und § 102 unterschiedlichen Zwecken; § 1 Abs. 5 KSchG stellt auf das betriebliche Gesamtkonzept, § 102 auf die Einzelfallbetrachtung ab (BAG aaO). Die Vereinbarung einer Namensliste im Interessenausgleich lässt daher nicht notwendigerweise darauf schließen, dass auch die Einzelbetrachtung jeder Kündigung, die § 102 gerade sicherstellen soll, in ausreichender Weise stattgefunden hat (BAG aaO; mit Anmerkung *Haertlein* EWiR § 102 BetrVG 1/99, 1095 u. *Schlachter* EWiR § 1 KSchG 4/99, 1135; LAG Hessen 18. 7. 03 AuR 04, 316).

Die Verpflichtung zur Anhörung nach § 102 macht jedoch keine Verdoppelung **35c** des Beteiligungsverfahrens erforderlich. **Zulässig** ist, beide Verfahren zusammenzufassen, damit der BR gleichzeitig mit dem Abschluss des Interessenausgleichs auch zu den beabsichtigten Kündigungen Stellung nehmen kann (BAG 20. 5. 99 AP Nr. 5 zu § 1 KSchG 1969 Namensliste). Die **Verbindung von Interessenausgleich und Betriebsratsanhörung** nach § 102 muss schon bei der Einleitung des Beteiligungsverfahrens **ausdrücklich klar gestellt werden.** Allein in den Verhandlungen über den Interessenausgleich ist nicht zugleich die Anhörung des BR nach § 102 zu sehen. Erforderlich ist vielmehr, dass der ArbGeb. den BR um die Stellungnahme zu einer konkreten Kündigungsabsicht nach § 102 ersucht (BAG aaO). Steht im Zeitpunkt der Unterzeichnung des Interessenausgleichs mit Namensliste noch nicht endgültig fest, ob ein in der Namensliste aufgeführter ArbN tatsächlich gekündigt wird, da er noch von der Option Gebrauch machen kann, in eine Transfergesellschaft zu wechseln und ist in dem Interessenausgleich festgehalten, dass die Anhörung des BR nach § 102 unberührt bleibt, ist vor Ausspruch der tatsächlichen Kündigung noch die förmliche BR-Anhörung durchzuführen (LAG Rheinland-Pfalz NZA-RR 08, 356).

35d   Die Betriebsratsanhörung nach § 102 unterliegt auch bei Vorliegen einer Namensliste im Interessenausgleich **keinen erleichterten Anforderungen.** Die Sozialauswahl ist wesentlicher Bestandteil des nach § 102 mitzuteilenden Kündigungsgrundes. Denn erst wenn der ArbGeb. seiner Mitteilungspflicht nachgekommen ist, kann der BR sachgerecht entscheiden, ob ihm das nach § 102 Abs. 3 Nr. 1 zustehende Widerspruchsrecht wegen fehlerhafter Sozialauswahl ausübt oder nicht. Voraussetzung dafür ist daher, dass der ArbGeb. dem BR nicht nur die Sozialdaten der zur Kündigung anstehenden, sondern auch der in die Sozialauswahl einbezogenen Arbeitnehmer sowie die Gesichtspunkte, nach denen er bei der Sozialauswahl vorgegangen ist, mitteilt (BAG 20. 5. 99 AP Nr. 5 zu § 1 KSchG 1969 Namensliste). Gleiches gilt auch in der **Insolvenz** (BAG 21. 7. 05 AP Nr. 50 zu § 113 BetrVG 1972; BAG 26. 7. 07 AP Nr. 324 zu § 613a BGB). Ist der Betrieb im Zeitpunkt des Kündigungsausspruchs bereits stillgelegt und betrifft die Kündigung einen ArbN, der noch mit Abwicklungsarbeiten beschäftigt ist, ist der BR im Rahmen seines Restmandats anzuhören (BAG 26. 7. 07 aaO).

35e   Einer weiteren Darlegung der Kündigungsgründe durch den ArbGeb. bedarf es dann nicht, wenn der BR bei Einleitung des Anhörungsverfahrens bereits über den erforderlichen Kenntnisstand verfügt, um zu der konkret beabsichtigten Kündigung eine sachgerechte Stellungnahme abgeben zu können. Die dem BR aus den Verhandlungen über den Interessenausgleich bekannten Tatsachen muss der ArbGeb. im Anhörungsverfahren nach § 102 nicht erneut mitteilen; ausreichend ist, dass der ArbGeb. zur BRAnhörung weitgehend auf den dem BR bekannten Sachverhalt über den Interessenausgleich und die Namensliste Bezug nimmt (BAG 20. 5. 99 AP Nr. 5 zu § 1 KSchG 1969 Namensliste; BAG 5. 11. 09 – 2 AZR 676/08 – NZA 10, 457; *Gaul* BB 04, 2686, 2691). Bestreitet dies der ArbN im Kündigungsschutzprozess, obliegt dem ArbGeb. die Beweislast für die Vorkenntnisse des BR (BAG 20. 5. 99 AP Nr. 5 zu § 1 KSchG 1969 Namensliste; *Bichlmeier/Oberhofer* AiB 97, 161, 166 ff.).

36   Die mit der Namensliste verbundene Vermutung bezieht sich sowohl auf den Wegfall der bisherigen Beschäftigung als auch auf das Fehlen anderer Beschäftigungsmöglichkeiten im Betrieb oder Unternehmen (BAG 7. 5. 98 – 2 AZR 536/97 – AP Nr. 94 zu § 1 KSchG 1969 Betriebsbedingte Kündigung). Die Vermutungswirkung kann auch entfallen, wenn sich die Sachlage wesentlich geändert hat (Wegfall der Geschäftsgrundlage vgl. BAG 12. 3. 09 AP Nr. 97 zu § 1 KSchG 1969 Soziale Auswahl s. auch § 112, 112a Rn 65); das Freiwerden eines anderen Arbeitsplatzes nach Abschluss des Interessenausgleichs ist kein Anwendungsfall des § 1 Abs. 5 S. 3 KSchG (BAG 23. 10. 08 AP Nr. 18 zu § 1 KSchG 1969 Namensliste). Für die Widerlegung der Vermutung trägt der ArbN die Darlegungs- und Beweislast. Die Überprüfung der Sozialauswahl ist auf grobe Fehlerhaftigkeit beschränkt. Das betrifft die Richtigkeit der Sozialauswahl in jeder Hinsicht, also auch die Bildung auswahlrelevanter Gruppen (BAG 21. 9. 06 AP Nr. 15 zu § 1 KSchG 1969 Namensliste mwN), die Frage der Vergleichbarkeit der ArbN und der Herausnahme bestimmter ArbN aus der Sozialauswahl nach § 1 Abs. 3 S. 2 KSchG (vgl. BT-Drucks. 15/1204 S. 11 f.; ebenso zur

Herausnahme von „Leistungsträgern" *Thüsing/Stelljes* BB 03, 1673, 1676f.; *Löwisch* RdA 97, 80f.; *Neef* NZA 97, 65, 69; *Kappenhagen* BB 98, 2266 Anm. zu BAG 7. 5. 98; **aA** *Preis* NJW 96, 3369, 3372; *Stahlhacke/Preis/Vossen* Rn 1166p). Hinsichtlich der sozialen Kriterien Dauer der Betriebszugehörigkeit, Lebensalter, Unterhaltspflichten und Schwerbehinderung des ArbN ist die Sozialauswahl dann als grob fehlerhaft anzusehen, wenn die Gewichtung der Kriterien jede Ausgewogenheit vermissen lässt (vgl. BT-Drucks. 15/1204 S. 11f.; BAG 2. 12. 99 AP Nr. 45 zu § 1 KSchG 1969 Soziale Auswahl; BAG 21. 1. 99, 21. 9. 06 AP Nr. 3, 15zu § 1 KSchG 1969 Namensliste). *Löwisch* BB 04, 154, 156). Gleiches gilt auch in der Insolvenz (BAG 28. 8. 03, 17. 11. 05 AP Nr. 1 zu § 125 InsO u. AP Nr. 19 zu § 113 InsO). Die Beschränkung der Überprüfbarkeit auf grobe Fehlerhaftigkeit ist aber nur dann gerechtfertigt, wenn die zu kündigenden ArbN im Interessenausgleich abschließend benannt sind, sich ArbGeb. und BR also auf die namentliche Nennung der zu kündigenden ArbN endgültig geeinigt haben (BAG 6. 12. 01 NZA 02, 999). Die Aufstellung einer Teil-Namensliste ist zulässig, wenn die Betriebsänderung schrittweise geplant ist und zeitl. gestaffelt entsprechend den geplanten Entlassungswellen jeweils eine vollständige Namensliste aufgestellt werden soll (BAG 22. 1. 04 AP Nr. 1 zu § 112 BetrVG 1972 Namensliste); dagegen kommt einer Teil-Namensliste die Vermutungswirkung des § 1 Abs. 5 KSchG nicht zu, wenn über die übrigen ArbN lediglich keine Einigung erzielt werden konnte (BAG 26. 3. 09 NZA 09, 1151ff.; zum Meinungsstand *Richter/ Riem* NZA 11, 1254). Die Namensliste muss als Anlage zum Interessenausgleich nicht selbst nochmals von allen Parteien unterzeichnet sein. Sie muss jedoch mit dem Interessenausgleich eine Urkunde bilden. Ausreichend ist, dass die Haupturkunde (Interessenausgleich) unterschrieben ist und in ihr auf die nicht unterschriebene Anlage (Namensliste) verwiesen wird und beide mittels Heftmaschine körperlich derart miteinander verbunden sind, dass eine Lösung nur mit Gewalt möglich ist (BAG 7. 5. 98 – 2 AZR 55/98 – AP Nr. 1 zu § 1 KSchG 1969 Namensliste; BAG 6. 12. 01 NZA 02, 999; BAG 6. 7. 06 AP Nr. 80 zu § 1 KSchG 1969; *Löwisch* BB 04, 154, 156; *Buschmann* AuR 04, 1, 2). Im Augenblick der Unterzeichnung müssen die Schriftstücke als einheitliche Urkunde äußerlich erkennbar sein; eine bloß gedankliche Verbindung zur Haupturkunde reicht nicht (BAG 6. 7. 06 aaO). Wird die Namensliste getrennt von dem Interessenausgleich erstellt, bedarf die Namensliste der Unterzeichnung durch alle Parteien sowie eines eindeutigen Verweises auf diesen Interessenausgleich (BAG 22. 1. 04, 19. 6. 07 AP Nr. 1, 16 zu § 112 BetrVG 1972 Namensliste; BAG 6. 7. 06 aaO; BAG 12. 5. 10 – 2 AZR 551 – NZA 11, 114; *Gaul* BB 04, 2686, 2687). Unschädlich ist, wenn der Interessenausgleich zeitlich später aber noch im sachlichen Zusammenhang zur Betriebsänderung um die Namensliste ergänzt wird (BAG 26. 3. 09 NZA 09, 1151ff.; BAG 19. 6. 07 AP Nr. 16 zu § 1 KSchG 1969 Namensliste).

Auch im Fall der **Insolvenz** ersetzen Gespräche zwischen Insolvenzverwalter und **37** BR im Rahmen der Verhandlungen über einen **Interessenausgleich** bei Betriebsänderung und dabei auch über die Erstellung einer **namentlichen Liste** gem. **§ 125 Abs. 1 InsO** (s. Rn 3, §§ 112, 112a Rn 67ff.) nicht die **Anhörung** des BR nach § 102. Auch wenn die Namensliste erstellt worden ist, hat der ArbGeb. den BR zu jeder Kündigung zu hören (BAG 28. 8. 03 AP Nr. 134 zu § 102 BetrVG; *Kittner/ Däubler/Zwanziger* § 125 InsO Rn 24; *Obermüller/Hess* InsO Rn 870; ErfK-*Kania* Rn 2; kritisch zur Namensliste in der Insolvenz: *DKK-Däubler* Anh. zu §§ 111–113 zu § 125 InsO Rn 5; *Matthes* RdA 99, 178, 179). Auch ist die Anhörung insoweit sinnvoll, als bis zum Ausspruch der konkreten Kündigung Zeit vergeht und der BR ermitteln kann, ob sich zwischenzeitlich die Sachlage wesentlich iSv. § 125 Abs. 1 S. 2 InsO (s. Rn 3) oder auch nur insoweit geändert hat, dass ArbN, denen nicht gekündigt werden sollte, freiwillig ausscheiden und nun bestimmte auf der Liste genannte ArbN die frei gewordenen Arbeitsplätze einnehmen sollen (s. hierzu *Giesen* ZIP 98, 46, 52; *Heinze* NZA 99, 57, 60). Möglich ist, die Erstellung der Namensliste mit dem Anhörungsverfahren zu verbinden (vgl. BAG 20. 5. 99 AP Nr. 5 zu § 1

KSchG 1969 Namensliste; ArbG Wesel NZA 97, 341; *Obermüller/Hess* aaO). Da die §§ 125, 126 InsO weitgehend § 1 Abs. 3, 5 KSchG entsprechen, wird insoweit auf die Ausführungen in Rn 35a bis d verwiesen (vgl. auch BAG 17. 11. 05 AP Nr. 19 zu § 113 InsO; *Lakies* RdA 97, 145; *Bichlmeier/Oberhofer* AiB 97, 161, 166 ff.). Die **Anhörung** des BR zu einer nach der Insolvenzeröffnung vorgesehenen Kündigung durch den noch vorläufigen Insolvenzverwalter ist nach BAG ordnungsgemäß, wenn dieser auch zum endgültigen Insolvenzverwalter bestellt wird (BAG 22. 9. 05 AP Nr. 1 zu § 323 UmwG).

38   Kommt ein Interessenausgleich nach § 125 InsO nicht innerhalb von drei Wochen zustande und stellt das ArbG auf entsprechenden Antrag des Insolvenzverwalters nach **§ 126 InsO** (s. Rn 3, Anhang 11) fest, dass die Kündigung bestimmter, im Antrag bezeichneter ArbN durch dringende betriebliche Erfordernisse bedingt und sozial gerechtfertigt ist, muss der Insolvenzverwalter gleichwohl vor Ausspruch der Kündigung (nicht vor Antragstellung) den BR beteiligen. Das gerichtliche Verfahren nach § 126 InsO ersetzt nicht das Anhörungsverfahren nach § 102 (vgl. *Heilmann* Neues Insolvenzrecht u. ArbNInteressen S. 54; *Obermüller/Hess* InsO Rn 873; *Bichlmeier/Oberhofer* AiB 97, 161, 168; *Warrikoff* BB 94, 2338, 2342; *Zwanziger* BB 97, 626, 628; s. Rn 36). Wird der BR nicht angehört, ist die Kündigung nach Abs. 1 S. 3 unwirksam, und eine hierauf gestützte Klage des ArbN wird Erfolg haben (*Lakies* RdA 97, 145, 155; *Zwanziger* BB 97, 626, 628). Dem steht § 127 Abs. 1 InsO nicht entgegen. Da sich der Beschluss des ArbG nach § 126 InsO ausschließl. auf § 1 KSchG bezieht und nicht auch auf andere Unwirksamkeitsgründe (*Dörner* NZA 91, 94, 98), entfaltet er für diese keine Bindungswirkung nach § 127 InsO (*Heilmann* Neues Insolvenzrecht u. ArbNInteressen S. 55; *Giesen* ZIP 98, 46, 54; *Heinze* NZA 99, 57, 61; *Lakies* RdA aaO S. 152). Die Kündigung eines sich bereits in der **Freistellungsphase** einer Block-Altersteilzeit befindlichen ArbN aufgrund einer Betriebsstilllegung ist nicht nach § 1 Abs. 2 KSchG sozial gerechtfertigt; dies gilt auch für eine Kündigung durch den Insolvenzverwalter (BAG 5. 12. 02 AP Nr. 125 zu § 1 KSchG Betriebsbedingte Kündigung). Dem steht auch nicht entgegen, dass der in der Freistellungsphase befindliche ArbN in einem zwischen Insolvenzverwalter und BR vereinbarten Interessenausgleich ausdrücklich benannt ist; insoweit gilt die Vermutung der **Namensliste** bereits als widerlegt, wenn der ArbN unstreitig in der vereinbarten Block-Altersteilzeit seine gesamte Arbeitsleistung erbracht hat und damit der Wegfall der Beschäftigungsmöglichkeit für sein Arb. Verhältnis bedeutungslos geworden ist (BAG aaO). Etwas anderes gilt, wenn sich der ArbN noch in der Arbeitsphase befindet, auch wenn die Freistellungsphase kurz bevor steht (BAG 16. 6. 05 AP Nr. 13 zu § 3 ATG).

39   Die **Sozialdaten** sind auch bei der **außerordentlichen Kündigung** im Rahmen der Interessenabwägung von Bedeutung (s. BAG 27. 2. 97 AP Nr. 36 zu § 1 KSchG 1969 Verhaltensbedingte Kündigung; *Stahlhacke/Preis/Vossen* Rn 615). Dies gilt grundsätzl. auch im Fall der **Verdachtskündigung** (BAG 26. 9. 02 AP Nr. 37 zu § 626 BGB Verdacht auf strafbare Handlung). Die fehlende Mitteilung der genauen Sozialdaten des zu kündigenden ArbN an den BR steht der Wirksamkeit der außerordentlichen Kündigung jedoch dann nicht entgegen, wenn es dem ArbGeb. wegen der Schwere der Kündigungsvorwürfe auf die genauen Sozialdaten ersichtlich nicht ankommt, der BR die ungefähren Daten kennt und er daher die Kündigungsabsicht des ArbGeb. ausreichend beurteilen kann (BAG 15. 11. 95 AP Nr. 73 zu § 102 BetrVG 1972; BAG 26. 9. 02 AP Nr. 37 zu § 626 BGB Verdacht auf strafbare Handlung).

40   Ist die **außerordentliche Kündigung** gegenüber einem tariflich unkündbaren ArbN aus betriebsbedingten Gründen **ausnahmsweise** unter Einhaltung der **ordentlichen Kündigungsfrist** zulässig (zB Wegfall des Arbeitsplatzes u. keine andere Weiterbeschäftigungsmöglichkeit), hat die Beteiligung des BR nach den strengeren Regeln über die Beteiligung des BR bei ordentlichen Kündigungen zu erfolgen, es gelten hier also Abs. 2 S. 1 sowie Abs. 3 bis 5 entsprechend (BAG 5. 2. 98 AP Nr. 143 zu § 626 BGB m. zust. Anm. *Wiedemann* EWiR § 626 BGB 2/98, 537; BAG 18. 1. 01 AP Nr. 1 zu § 28 LPVG Niedersachsen; BAG 8. 4. 03 AP Nr. 181 zu

§ 626 BGB; *Thannheiser* AiB 98, 601; *Bachner/Gerhardt* AiB 07, 26). Da in diesem Fall der ArbGeb. zu einer sozialen Auswahl entspr. § 1 Abs. 3 KSchG verpflichtet ist (BAG aaO; *Stahlhacke/Preis/Vossen* Rn 823, 1075), sind dem BR alle relevanten Sozialdaten der in die Auswahl einzubeziehenden ArbN mitzuteilen. Zu den strengen Anforderungen an eine tarifvertraglich ausgeschlossene außerordentliche betriebsbedingte Kündigung aus wichtigem Grund s. BAG 27. 6. 02 AP Nr. 4 zum früheren § 55 Abs. 2 BAT. Zur Frage der Freikündigung eines Arbeitsplatzes für ordentlich unkündbare Arbeitnehmer s. BAG 18. 5. 06 AP Nr. 5 zu § 55 BAT; *Breschendorf* BB 07, 661; *Kiel* NZA Beilage 1/2005, 18, 25 ff.). Zur Frage einer konzernweiten Beschäftigungspflicht eines ordentlich nicht kündbaren ArbN s. Rn 87 aE. Zur Reichweite des den § 55 BAT ablösenden § 34 TVöD s. BAG 27. 11. 08 – 2 AZR 757/07 – NZA 09, 481; *Bröhl* RdA 10, 170, 178.

Der ArbGeb. muss **alle Kündigungsgründe** einschließl. der den Kündigungs- **41** sachverhalt bes. prägenden Begleitumstände (LAG Hessen NZA 99, 269: Konkurrenztätigkeit sogar während der Arbeitszeit u. am Arbeitsplatz) mitteilen, die ihm bisher **bekannt** sind **und** auf die er die Kündigung **stützen will;** es müssen dem BR also nicht alle objektiv kündigungsrechtlich erheblichen Tatsachen, sondern die vom ArbGeb. für die Kündigung als ausschlaggebend angesehenen Umstände mitgeteilt werden (Grundsatz der **subjektiven Determinierung:** BAG 11. 7. 91, 22. 9. 94, 15. 11. 95, 16. 9. 04 AP Nr. 57, 68, 73, 142 zu § 102 BetrVG 1972; BAG 23. 6. 09 NZA 09, 1137 ff.; BAG 20. 2. 00 AP Nr. 7 KSchG 1969 Namensliste; BAG 7. 11. 02 AP Nr. 40 zu § 1 KSchG 1969 Krankheit; ErfK-*Kania* Rn 6; *Kiel/Koch* Rn 704; *Kittner/ Däubler/Zwanziger* Rn 227; *Feichtinger* Rn 117; *Berkowsky* NZA 96, 1065, 1068; *Bitter* FS Stahlhacke S. 57 ff.; kr. *Kraft* FS *Kissel* S. 611 ff.). Der Kündigungssachverhalt muss unter Angabe von Tatsachen, aus denen der Kündigungsentschluss hergeleitet wird, so beschrieben werden, dass der BR ohne zusätzliche eigene Nachforschungen die Stichhaltigkeit der Kündigungsgründe prüfen kann (BAG 7. 11. 02 AP Nr. 40 zu § 1 KSchG 1969 Krankheit; BAG 11. 12. 03 AP Nr. 65 zu § 1 KSchG 1969 Soziale Auswahl). Hat der ArbGeb. den BR bereits vor dem Anhörungsverfahren erschöpfend über die Kündigungsgründe unterrichtet, kann er im Anhörungsverfahren pauschal hierauf verweisen (BAG 19. 5. 93 AP Nr. 31 zu § 2 KSchG 1969).

Teilt der ArbGeb. dem BR objektiv kündigungsrechtlich erhebliche Tatsachen **41a** deshalb nicht mit, weil er die Kündigung darauf nicht oder zunächst nicht stützen will, lässt dies die Ordnungsgemäßheit der Anhörung unberührt; eine nur bei objektiver Würdigung unvollständige Mitteilung der Kündigungsgründe führt nicht zur Unwirksamkeit der Kündigung nach § 102 (st. Rspr. vgl. BAG 7. 11. 02 aaO; BAG 11. 12. 03 AP Nr. 65 zu § 1 KSchG 1969 Soziale Auswahl; BAG 13. 5. 04 AP Nr. 140 zu § 102 BetrVG 1972). Dem ArbGeb. ist es dann aber verwehrt, im Kündigungsschutzprozess Gründe nachzuschieben, die über die Erläuterung des mitgeteilten Sachverhalts hinausgehen (BAG aaO).

Eine weitere Erläuterung und **Konkretisierung** dem BR rechtzeitig **mitgeteilter** **41b** Kündigungsgründe ohne wesentliche Veränderung des Kündigungssachverhalts (BAG 27. 2. 97 AP Nr. 36 zu § 1 KSchG Verhaltensbedingte Kündigung: dann kein unzulässiges Nachschieben; s. dazu Rn 43) ist aber im Kündigungsschutzprozess möglich, sofern dadurch nicht überhaupt erst ein kündigungsrechtlich erheblicher Sachverhalt angegeben wird (BAG 18. 12. 80, 11. 4. 85 AP Nr. 22, 39 zu § 102 BetrVG 1972, 11. 10. 89, 29. 3. 90 AP Nr. 47, 50 zu § 1 KSchG 1969 Betriebsbedingte Kündigung; *Zwanziger* NJW 95, 916; zur Abgrenzung einer (zulässigen) nachträglichen Sachverhaltskonkretisierung vom (unzulässigen) Nachschieben eines (weiteren) Kündigungssachverhalts im Prozess s. *Feichtinger* Rn 273 f.; s. auch BAG 27. 2. 97 aaO: Bei Kündigung wegen wiederholten Zuspätkommens ist nachträgliches Berufen auf betriebstypische Störungen zulässiges Konkretisieren; *Kutzki* ZTR 99, 491, 495). Ebenfalls kein unzulässiges „Nachschieben" von Kündigungsgründen liegt vor, wenn im Prozess auf Vorbringen des zu kündigenden ArbN die aus Sicht des ArbGeb. einer Sozialauswahl entgegen stehenden Tatsachen ergänzt werden und dem BR zuvor diejenigen Auswahlkriterien mitgeteilt worden sind, auf die die Kündigung gestützt wird (BAG 26. 3. 09 NZA 09, 1151 ff.); dazu kann iRd Sozialauswahl auch die Benennung bisher nicht für vergleichbar gehaltene ArbN im Prozess gehören (BAG 9. 9. 10 – 2 AZR 936/08 – ZTR 11, 296). Um eine zulässige Konkretisierung kann es sich auch dann handeln, wenn die erst im Kündigungsschutzprozess eingeführten Tatsachen dem BR bei der Anhörung bereits bekannt waren (BAG 11. 12. 03 AP Nr. 65 zu § 1 KSchG 1969 Soziale Auswahl). Entscheidend ist, dass für den BR der „Kündigungsgrund" im Sinne eines aus mehreren Tatsachen und einer groben rechtlichen Einordnung gebildeten Begründungszusammenhangs erkennbar wird, auf den der ArbGeb. sich stützen will (BAG aaO; BAG 23. 6. 09 aaO). Hat der ArbGeb. diesen Tatsachenkomplex umrissen, kann er im Prozess alle die dazu gehörigen Tatsachen vortragen, die er entweder dem BR mitgeteilt hat oder die dem BR bekannt waren (BAG aaO). Die Pflicht des ArbGeb. gegenüber dem BR zur Begründung der Kündigung geht jedenfalls nicht über seine Darlegungslast im Prozess hinaus.

42   Eine Geltendmachung dem BR nicht mitgeteilter Gründe im Prozess führt nicht zur Unwirksamkeit der Kündigung mangels Anhörung des BR, vielmehr kann der ArbGeb. die Kündigung nicht auf diese weiteren Gründe stützen (BAG 8. 9. 88, 11. 7. 91, 22. 9. 94 AP Nr. 49, 57, 68 zu § 102 BetrVG 1972; 18. 10. 06 NZA 07, 798; *DKK-Bachner* Rn 75).

43   Ein **„Nachschieben"** von anderen Kündigungsgründen im Rechtsstreit (individualrechtlich gesehen nach hM ohne weiteres zulässig, vgl. BAG 17. 8. 72, 18. 1. 80, 11. 4. 85 AP Nr. 65 zu § 626 BGB, AP Nr. 1 zu § 626 BGB Nachschieben von Kündigungsgründen, AP Nr. 39 zu § 102 BetrVG 1972; dies gilt auch für den Fall der Verdachtskündigung: BAG 26. 9. 02 AP Nr. 37 zu § 626 BGB Verdacht auf strafbare Handlung) ist betriebsverfassungsrechtlich nur zulässig, wenn sie zum Zeitpunkt der Kündigung bereits vorlagen, dem **ArbGeb.** aber **noch nicht bekannt** waren (das wird allerdings kaum angenommen werden können, wenn ein Personalinformationssystem besteht). Sein Kündigungswille war dann durch diese Gründe auch noch nicht bestimmt (*GL* Rn 30 f., *HSWGNR* Rn 53; *Richardi/Thüsing* Rn 128; einschränkend, dass nämlich nur die wesentlichen Kündigungsgründe mitzuteilen sind, *Meisel* Rn 421 ff.; *SWS* Rn 48 ff., nach *KR-Etzel* Rn 185 ff., *Gester/Zachert* Jahrbuch des Arbeitsrechts, Bd. 12, S. 93, *Schwerdtner* ZIP 81, 809, 1122, *DKK-Bachner* Rn 109 ff., 116 müssen die Gründe vor Ausspruch der Kündigung dem BR in jedem Fall vollständig mitgeteilt sein; ein „Nachschieben" soll überhaupt nicht in Betracht kommen). Der ArbGeb. muss aber den **BR erneut anhören,** bevor er diese Gründe im Kündigungsschutzprozess einführen kann; einer erneuten Kündigung bedarf es aber nicht (BAG 11. 4. 85 AP Nr. 39 zu § 102 BetrVG 1972; 4. 6. 97 AP Nr. 5 zu § 626 BGB Nachschieben von Kündigungsgründen; *GL* Rn 30b; *HSWGNR* Rn 53; *Richardi/Thüsing* Rn 130; **aA** *DKK-Bachner* Rn 116; *Heinze* Rn 481).

44   Wird die Kündigung auf andere als die dem BR mitgeteilten Gründe gestützt oder werden bes. Begleitumstände des Kündigungssachverhalts dem BR nicht mitgeteilt, die dem **ArbGeb. bereits bekannt** waren, so sind diese nicht zu berücksichtigen (hM; LAG Hessen NZA 99, 269; *DKK-Bachner* Rn 112; *Düwell/Braasch* Rn 131; *KR-Etzel* Rn 185 e; **aA** *HSWGNR* Rn 54). Dann beschränkt sich die Überprüfung des ArbG im Kündigungsschutzprozess auf die dem BR mitgeteilten Gründe. Dies gilt selbst dann, wenn der BR der Kündigung aus den schon mitgeteilten Gründen bereits zugestimmt hatte; denn diese Zustimmung ist kein „Freibrief" für einen Austausch des Kündigungssachverhalts (st. Rspr., BAG 1. 4. 81, 3. 2. 82 AP Nr. 23 zu § 102 BetrVG 1972 AP Nr. 1 zu § 72 BPersVG; 26. 9. 91 AP Nr. 28 zu § 1 KSchG 1969 Krankheit; *Richardi/Thüsing* Rn 126; *Schwerdtner* ZIP 81, 1122; **aA** *Isenhardt* 50 Jahre BAG S. 943 ff., 957; einschr. nur für den Fall, dass die nachgeschobenen Kündigungsgründe die Kündigung nicht in einem neuen Licht erscheinen lassen: *KR-Etzel* Rn 189). Die Kündigungsgründe sind nicht beliebig kumulierbar, ohne dass sich der Bewertungszusammenhang ändern kann (*Höland* ZIP 82, 143, 149). Nach Ansicht des BAG (3. 4. 86 AP Nr. 18 zu § 626 BGB Verdacht strafbarer Handlung)

kann der ArbGeb. der nach Anhörung des BR wegen einer strafbaren Handlung gekündigt hat, im Kündigungsschutzprozess die Kündigung nicht ohne erneute Anhörung des BR auf den Verdacht einer Straftat wegen desselben Sachverhalts stützen (zur Abgrenzung zwischen Tat- u. **Verdachtskündigung** s. BAG 26. 3. 92 AP Nr. 23 zu § 626 BGB Verdacht strafb. Handlung; s. auch BAG 14. 9. 94, 13. 9. 95, 26. 9. 02 AP Nr. 24, 25, 37 zu § 626 BGB Verdacht strafb. Handlung; *DKK-Bachner* Rn 103; *Appel* ArbuR 95, 201; *Bengelsdorf* AuA 95, 196; *Dörner* AiB 93, 147; *ders.* NZA 92, 865 u. 93, 873; *Lücke* BB 97, 1842; *ders.* BB 98, 2259; *Schönfeld* NZA 99, 299; *Deinert* AuR 05, 285 ff.; *aA Rinke* NZA 98, 77, 82 f.). Eine erneute Anhörung des BR ist jedoch dann nicht erforderlich, wenn die BRAnhörung zwar aus Anlass einer Verdachtskündigung erfolgte, aber zur Überzeugung des Gerichts die objektive Pflichtwidrigkeit des ArbN als erwiesen feststeht und dem BR – ggf. im Rahmen zulässigen Nachschiebens – diejenigen Umstände mitgeteilt worden sind, welche nicht nur den Tatverdacht, sondern auch zur Überzeugung des Gerichts den Tatvorwurf begründen; insoweit wird dem BR entsprechend dem Normzweck des § 102 nichts vorenthalten (BAG 10. 6. 10 – 2 AZR 541/09 – NZA 10, 1227; BAG 27. 1. 11 – 2 AZR 825/09 – NZA 11, 798). Das betriebsverfassungsrechtliche Verwertungsverbot für nicht mitgeteilte Kündigungsgründe erstreckt sich nicht auf die Verwendung dieser Gründe im Rahmen eines Auflösungsantrages nach § 9 Abs. 1 S. 2 KSchG (BAG 10. 10. 02 AP Nr. 45 zu § 9 KSchG 1969; ErfK-*Ascheid* § 9 KSchG Rn 24; *v. Hoyningen-Huene/Linck* KSchG § 9 Rn 64; *Stahlhacke/Preis/Vossen* Rn 1984; *Keßler* NZA 02, 1, 9; *Gravenhorst* NZA-RR 07, 57 ff.; *aA KR-Spilger* § 9 KSchG Rn 58a; *Kittner/Däubler/Zwanziger* KSchG § 9 Rn 23; *Müller* BB 02, 2014 f.); zur Berufung auf im Kündigungsschutzprozess erfolglose Kündigungsgründe im Rahmen eines Auflösungsantrags nach § 9 KSchG s. BVerfG 22. 10. 04 NZA 05, 41 ff.

Der ArbGeb. kommt dagegen seiner Pflicht zur Unterrichtung des BR nicht nach, **45** wenn er aus seiner subjektiven Sicht dem BR **bewusst unrichtige** oder **unvollständige Sachdarstellungen** unterbreitet oder einen für die Entschließung des BR wesentlichen Umstand verschweigt. Enthält der ArbGeb. somit dem BR bewusst ihm bekannte und seinen Kündigungsentschluss bestimmende Tatsachen vor, die nicht nur eine Ergänzung oder Konkretisierung des mitgeteilten Sachverhalts darstellen, sondern diesem erst das Gewicht eines Kündigungsgrundes geben oder weitere eigenständige Kündigungsgründe beinhalten, dann ist das Anhörungsverfahren fehlerhaft und die Kündigung unwirksam (BAG 18. 5. 94, 22. 9. 94 AP Nr. 64, 68 zu § 102 BetrVG 1972; BAG 7. 11. 02 AP Nr. 40 zu § 1 KSchG 1969 Krankheit; BAG 13. 5. 04 AP Nr. 140 zu § 102 BetrVG 1972; BAG 18. 10. 06 NZA 07, 798; BAG 12. 8. 10 – 2 AZR 945/08 – NZA 11, 460; BAG 16. 12. 10 – 2 AZR 576/09 – DB 11, 1587; *DKK-Bachner* Rn 79; *Feichtinger* Rn 104; *Kutzki* ZTR 99, 491, 492, 494; *Rinke* NZA 98, 77, 78).

Verlangt der **BR** vom ArbGeb. die **Kündigung** eines ArbN und entschließt sich **46** der ArbGeb., dieser Forderung aus den vom BR genannten Gründen nachzukommen, so ist, auch wenn kein Fall des § 104 vorliegt (vgl. dortige Rn 9) eine erneute Beteiligung des BR nicht mehr erforderlich. In dem Kündigungsverlangen des BR liegt dann bereits dessen Zustimmung zur Kündigung (BAG 15. 5. 97 AP Nr. 1 zu § 104 BetrVG 1972 m. zust. Anm. *Raab* SAE 99, 16; *Kutzki* ZTR 99, 491, 495). Entspr. gilt, wenn der ArbGeb. bei einer im Übrigen korrekten Anhörung zu einer Mehrzahl von Kündigungen Änderungswünsche des BR verwirklicht; dadurch wird keine erneute Anhörungspflicht begründet (BAG 7. 12. 95 AP Nr. 29 zu § 1 KSchG 1969 Auswahl).

Ob die mitgeteilten **Gründe eine Kündigung sachlich rechtfertigen,** ist eine **47** **erst im Kündigungsschutzprozess** nachzuprüfende Frage der Begründetheit der Kündigung (BAG 24. 3. 77 AP Nr. 12 zu § 102 BetrVG 1972). Auch bei ArbN, die **(noch) nicht unter das KSchG fallen** (zum Kündigungsschutz außerhalb des KSchG *Oetker* ArbuR 97, 41; *Preis* NZA 97, 1256; s. Rn 48), genügt aber nicht die formelhafte Begründung „für uns nicht geeignet" oder „eine zufrieden stellende Kooperation für die Zukunft sei nicht zu erwarten" (BAG 13. 7. 78 AP Nr. 17 zu § 102 BetrVG 1972), oder „die Leistungen sind nicht zufrieden stellend" (BAG 28. 9. 78 AP Nr. 19 aaO). oder „hoher Anteil an Fehlzeiten" (LAG Berlin DB 89, 129). Es sind keine geringeren Anforderungen an die Mitteilungspflichten des ArbGeb. zu stellen als bei ArbN, die unter das KSchG fallen (BAG aaO, 8. 9. 88 AP Nr. 49 zu § 102 BetrVG 1972; *DKK-Bachner* Rn 104; kr. *Isenhardt* 50 Jahre BAG S. 943 ff., 960; einschr. LAG Berlin aaO; **aA** *HSWGNR* Rn 48). Allerdings bedarf es noch nicht der Angabe gesetzl. Kündigungsgründe iSv. § 1 KSchG (BAG 8. 9. 88 aaO), jedoch der konkreten Umstände oder subjektiven Vorstellungen des ArbGeb. für die Kündigung (BAG 11. 7. 91, 18. 5. 94 AP Nr. 57, 64 zu § 102 BetrVG 1972; *Rinke* NZA-RR 98, 77, 87; nach BAG 3. 12. 98 AP Nr. 99 zu § 102 BetrVG 1972 soll Mitteilung **subjektiver Wertungen** ausreichen; kr. dazu *Dornieden* AiB 99, 469; s. auch LAG Schleswig-Holstein NZA-RR 03, 310 wonach ArbGeb. in den ersten sechs Beschäftigungsmonaten den Wahrheitsgehalt der an ihn herangetragenen Beschwerden nicht überprüfen muss).

48   Vorstehendes gilt nach dem Beschl. des **BVerfG** vom 27. 1 98 (NZA 98, 470) in verstärktem Maße. Das Gericht stellt **drei Grundregeln** auf, die aus verfassungsrechtlichen Gründen bei Kündigungen **außerhalb des KSchG** zu beachten sind: 1. Eine Kündigung darf weder willkürlich sein noch auf sachfremden Motiven beruhen; Beispiele dafür sind Diskriminierungen iSd. Art. 3 Abs. 3 GG (*Oetker* ArbuR 97, 41, 48; *Preis* NZA 97, 1256, 1266). 2. Soweit unter mehreren ArbN eine Auswahl zu treffen ist, ist der ArbGeb. zu einem gewissen Maß an sozialer Rücksichtnahme verpflichtet. 3. Ein durch langjährige Mitarbeit erdientes Vertrauen in den Fortbestand eines Arbeitsverhältnisses darf nicht unberücksichtigt bleiben (s. dazu *Däubler* FS 50-jähriges Bestehen d. Arbeitsgerichtsbarkeit Rheinland-Pfalz S. 271, 276 ff.; *Falder* NZA 98, 1254; *Gragert/Kreutzfeldt* NZA 98, 567; *Kittner* NZA 98, 731). Die 1. Grundregel dürfte auch bei Kündigungen in den ersten 6 Monaten eines Arbeitsverhältnisse (§ 1 Abs. 1 KSchG) gelten. Für die Beteiligung des BR bedeutet dies, dass ihm die Tatsachen mitzuteilen sind, die für die Beachtung der vorgenannten Regeln sprechen (*Kittner* aaO S. 733).

49   Unter Berücksichtigung der in Rn 48 genannten Entscheidung des BVerfG hat das BAG (21. 2. 01 AP Nr. 12 zu § 242 BGB Kündigung; BAG 28. 10. 10 – 2 AZR 392/08 – DB 11, 118; s. hierzu *Annuß* BB 01, 1898; *Gragert/Wiehe* NZA 01, 934) entschieden, dass auch der ArbGeb. im Kleinbetrieb, der nicht dem KSchG unterfällt, ein durch Art. 12 GG gebotenes Mindestmaß an sozialer Rücksichtnahme zu wahren hat, soweit im Fall der Kündigung unter mehreren ArbN eine Auswahl zu treffen ist. Eine dieser Anforderung nicht entspr. Kündigung ist wegen **Verstoßes gegen Treu und Glauben** unwirksam. Die Auswahlentscheidung des ArbGeb. unterliegt nicht den Kriterien der sozialen Auswahl nach § 1 Abs. 3 KSchG; sie kann nur darauf überprüft werden, ob sie unter Berücksichtigung des Interesses des ArbN am Erhalt seines Arbeitsplatzes und der schützenswerten Interessen des Kleinunternehmens gegen Treu und Glauben verstößt. Sinn und Zweck ist es, ArbN vor willkürlichen oder auf sachfremden Motiven beruhenden Kündigungen zu schützen. Ein nach § 242 BGB beachtlicher Auswahlfehler ist daher nur dann evident, wenn die Nichteinbeziehung eines ArbN in den Auswahlkreis willkürlich ist (BAG 6. 2. 03 AP Nr. 30 zu § 23 KSchG 1969). Erst wenn dies der Fall ist, kann es auf die Rechtfertigung der Auswahlentscheidung nach sozialen Gesichtspunkten ankommen. Es obliegt grundsätzl. dem **ArbN darzulegen** und zu **beweisen,** dass die Kündigung nach § 242 BGB treuwidrig ist; § 1 Abs. 2 S. 4 KSchG findet keine Anwendung (BAG aaO; *Isenhardt* 50 Jahre BAG S. 943 ff., 960). Bei der Frage, ob auf das Arbeitsverhältnis der Parteien das KSchG Anwendung findet, zählt der zu kündigende ArbN bei der Ermittlung des Schwellenwerts nach § 23 KSchG grundsätzlich mit; auch dann, wenn die Kündigung auf der unternehmerischen Entscheidung beruht, den betreffenden Arbeitsplatz nicht mehr neu zu besetzen (BAG 22. 1. 04 AP Nr. 31 zu § 23 KSchG 1969; *Gragert/Keilich* NZA 04, 776 ff.). Bei der Berechnung des abgesenkten Schwel-

lenwerts des § 23 Abs. 1 S. 2 KSchG zählen nur die ArbN, die bereits am 31. 12. 03 im Betrieb beschäftigt waren; Ersatzeinstellungen für ausgeschiedene (Alt-)ArbN werden bei der Berechung nicht berücksichtigt (BAG 21. 9. 06 AP Nr. 37 zu § 23 KSchG 1969). Zur Darlegungs- und Beweislastverteilung vgl. BAG 26. 6. 08 AP Nr. 42 zu § 23 KSchG 1969; kritisch dazu *Berkowsky* DB 09, 1126 ff. Zu der Frage, ob im Ausland beschäftigte ArbN bei der Berechnung des Schwellenwerts mitzählen s. BAG 17. 1. 08, 26. 3. 09 AP Nr. 40 u. 45 zu § 23 KSchG 1969 und BAG 26. 3. 09 – 2 AZR 883/07 – DB 09, 1409 f. sowie die dazu ergangene Kritik in der Literatur *Kappelhoff* ArbRB 08, 235; *Deinert* ArbuR 08, 300; *Otto / Mückl* BB 08, 1231; *Boemke* JuS 08, 751; *Straube* DB 09, 1406 ff.). Zum Geltungsbereich des KSchG und Kleinbetriebsklausel im Fall mehrerer Kleinbetriebe eines Unternehmens s. BAG 28. 10. 10 – 2 AZR 392/08 – DB 11, 118).

IV. Beschlussfassung des Betriebsrats

50 Die Mitteilung hat so frühzeitig zu geschehen, dass dem BR genügend Zeit bleibt, in Ruhe zu beraten und über seine Stellungnahme zu **beschließen** (§ 33). Wegen Teilnahme der JugendAzubiVertr. vgl. § 67 Rn 11 ff., 20 ff. **Umlaufverfahren genügt nicht,** auch nicht in sog. Eilfällen (hM, vgl. § 33 Rn 21; BAG 16. 1. 03 AP Nr. 129 zu § 102 BetrVG 1972; GK-*Raab* Rn 90; *Richardi / Thüsing* Rn 90; *Feichtinger* Rn 149; **aA** *Meisel* Rn 458, *Brill* ArbuR 75, 19). Der BetrAusschuss ist nur zuständig, wenn diesem Ausschuss oder einem bes. Personalausschuss diese Aufgaben zur selbständigen Erledigung gem. §§ 27 Abs. 3, 28 Abs. 3 übertragen worden sind (BAG 4. 8. 75, 12. 7. 84 AP Nr. 4, 32 zu § 102 BetrVG 1972). Zur ordnungsgemäßen Anhorung iSd. Abs. 1 S. 1 gehört auch die Möglichkeit des BR, schriftlich Stellung zu nehmen und Bedenken geltend zu machen oder Widerspruch einzulegen.

50a Welche Zeitspanne als genügend anzusehen ist, hängt von der Eilbedürftigkeit der Kündigung und den betrieblichen Verhältnissen ab. Jedenfalls die **Wochenfrist** des § 102 Abs. 2 S. 1 bei ordentlichen Kündigungen und die von **drei Tagen** (S. 3) bei außerordentlichen Kündigungen **muss dem BR eingeräumt werden** (BAG 8. 4. 03 AP Nr. 133 zu § 102 BetrVG 1972). Die Äußerungsfrist für den BR berechnet sich nach § 187 Abs. 1, § 188 Abs. 1, Abs. 2 BGB, wobei die Frist regelmäßig um 24.00 Uhr des letzten Tages endet (BAG aaO unter Hinweis darauf, dass die Auffassung des LAG Hamm DB 92, 2640, wonach die Äußerungsfrist am letzten Tag mit dem Dienstschluss der Personalverwaltung ende, jeder gesetzlichen Grundlage entbehrt; zur Fristberechnung generell s. *Hochhuth* AiB 99, 431). **Fristverlängerung** kann generell oder im Einzelfall vereinbart werden (vgl. Rn 64).

51 Die Äußerung des BR erfolgt durch dessen Vors. (oder durch den Vors. des Personalausschusses). Der **ArbGeb.** ist mangels bes. negativer Anhaltspunkte (LAG Berlin AP Nr. 1 zu § 102 BetrVG 1972) **nicht verpflichtet,** sich über die **Richtigkeit der Erklärung des BRVors. zu vergewissern** (BAG 26. 9. 63 AP Nr. 2 zu § 70 PersVG Kündigung; GK-*Raab* Rn 106; *Richardi / Thüsing* Rn 121; *Feichtinger* Rn 150; vgl. jedoch § 26 Rn 26). Wird der nicht mehr amtierende BR oder ein unzuständiger BR angehört, ist die Kündigung unwirksam (BAG 28. 9. 83 AP Nr. 1 zu § 21 BetrVG 1972; BAG 12. 5. 05 AP Nr. 145 zu § 102 BetrVG 1972). Vgl. auch Rn 20 b, 61. Zum **Übergangsmandat** s. § 21 a.

52 Eine **wirksame Äußerung** des BR liegt noch nicht vor, wenn ein einzelnes BR-Mitgl. vor Ablauf der Wochenfrist gegenüber dem ArbGeb. eine Erklärung abgibt, dieser aber weiß oder den Umständen nach annehmen muss, dass sich der **BR als Gremium** noch nicht mit der Angelegenheit ordnungsgemäß durch Beschlussfassung (vgl. Rn 50) befasst hat (BAG 28. 2. 74, 18. 8. 82 AP Nr. 2, 24 zu § 102 BetrVG 1972; *Kutzki* ZTR 99, 491, 495). Erörterung der Kündigung mit dem BR-Vors. oder einem einzelnen BR-Mitgl. genügt nicht, ebenso nicht die spontane Zustimmung des anwesenden BR-Vors., auch nicht in kleineren Betrieben (BAG 28. 3. 74,

18. 9. 75 u. 16. 1. 03 AP Nr. 3, 6 u. 129 zu § 102 BetrVG 1972). Wegen Ausschüssen des BR vgl. § 27 Rn 70, 82, § 28 Rn 9.

53   Hat der ArbGeb. das Anhörungsverfahren ordnungsgemäß eingeleitet, so sind **Mängel in der Willensbildung des BR unerheblich,** wenn der ArbGeb. mit dem Ausspruch der Kündigung bis zum **Ablauf der Wochenfrist** des § 102 Abs. 2 S. 1 bzw. der Frist von 3 Tagen nach § 102 Abs. 2 S. 3 **wartet** (BAG 28. 3. 74, 15. 11. 95 AP Nr. 3, 73 zu § 102 BetrVG 1972; LAG Köln NZA 96, 376; zum Fristablauf s. Rn 50 a). Fehler, die im Verantwortungsbereich des BR entstehen, führen grundsätzl. nicht zur Unwirksamkeit der Kündigung wegen fehlender Anhörung; dies auch dann nicht, wenn der ArbGeb. im Zeitpunkt der Kündigung weiß oder erkennen kann, dass der BR die Angelegenheit nicht fehlerfrei behandelt hat (BAG 16. 1. 03 AP Nr. 129 zu § 102 BetrVG 1972; BAG 24. 6. 04 AP Nr. 22 zu § 620 BGB). Sie gehören grundsätzl. zur **Sphäre des BR,** und damit zu dessen Zuständig-keits- und Verantwortungsbereich (BAG 4. 8. 75, 24. 3. 77, 15. 11. 95 u. 16. 1. 03 AP Nr. 4, 12, 73 u. 129 zu § 102 BetrVG 1972) und gehen nicht zu Lasten des Arb-Geb. (ErfK-*Kania* Rn 26; *Feichtinger* Rn 148 ff.). Etwas anderes gilt nur dann, wenn erkennbar keine Stellungnahme des Gremiums sondern nur eine pers. Äußerung des BRVors. vorliegt oder der ArbGeb. den Fehler des BR durch unsachgemäßes Verhal-ten selbst veranlasst bzw. beeinflusst hat (BAG 16. 1. 03; 6. 10. 05 AP Nr. 129, 150 zu § 102 BetrVG 1972; BAG 24. 6. 04 AP Nr. 22 zu § 620 BGB; *Richardi/Thüsing* Rn 122; GK-*Raab* Rn 74 f.; ErfK-*Kania* Rn 26).

Beispiele:

Fehlerhafte Zusammensetzung des BR oder des zuständigen Ausschusses bei Beschl-Fassung (BAG 2. 4. 76, 12. 10. 79, AP Nr. 9 zu § 102 BetrVG 1972, AP Nr. 7 zu § 1 KSchG 69 Betriebsbedingte Kündigung); Mängel bei der BeschlFassung selbst, zB Umlaufverfah-ren (BAG 4. 8. 75, 16. 1. 03 AP Nr. 4, 129 zu § 102 BetrVG 1972); uU Teilnahme des Arb-Geb. an der BRSitzung (BAG 24. 3. 77, AP Nr. 12 aaO); ermessensfehlerhafte Nichtanhö-rung des ArbN durch den BR (BAG 12. 10. 79 aaO).

54   Der Ausspruch von **Kündigungen vor Fristablauf** ist nicht zu beanstanden, wenn zu diesem Zeitpunkt eine abschließende Stellungnahme des BR vorliegt, also aus der Reaktion des BR unmissverständlich folgt, dass er keine weitere Erörterung wünscht und für ihn das Anhörungsverfahren abgeschlossen ist (BAG 16. 1. 03, 16. 9. 04, 3. 4. 08 AP Nr. 129, 142, 159 zu § 102 BetrVG 1972 mwN; BAG 24. 6. 04 AP Nr. 22 zu § 620 BGB; LAG Berlin NZA-RR 99, 485; s. auch Rn 65). Der ArbGeb. kann sich auf eine ihm vorzeitig übermittelte Stellungnahme des BR aber nur verlassen, wenn er nicht mehr mit der Möglichkeit rechnen muss, dass der BR noch eine weitere Stellungnahme abgeben wird (BAG 24. 6. 04 AP Nr. 22 zu § 620 BGB). Verschweigt sich der BR, so kann der ArbGeb. jedenfalls nach Ablauf der Wochenfrist kündigen (BAG 18. 9. 75 AP Nr. 6 zu § 102 BetrVG 1972; BAG 24. 6. 04 AP Nr. 22 zu § 620 BGB; LAG Hamm DB 92, 2640 u. dazu Rn 52). Wegen nicht eindeutiger Äußerungen des BR vgl. Rn 65.

55   Der **Widerruf einer ausdrücklichen Zustimmungserklärung** des BR ist nach Zugang der Mitteilung an den ArbGeb. nicht mehr möglich (vgl. § 33 Rn 45; BAG 3. 2. 82 AP Nr. 1 zu § 72 BPersVG; GK-*Raab* Rn 94; *KR-Etzel* Rn 126; **aA** *Gaul* RdA 79, 269 f.: Widerruf bis zum Zeitpunkt des Ausspruchs der Kündigung durch den ArbGeb.; vgl. auch § 103 Rn 37 u. § 99 Rn 272).

V. Folgen mangelhafter Anhörung

56   Kündigt der ArbGeb. **ohne vorherige Anhörung des BR,** so ist die Kündigung mangels Vorliegens dieses Tatbestandsmerkmals der Kündigung von **vornherein un-wirksam** (Abs. 1 S. 3), ohne dass es noch auf die materiellen Gründe für die Kündi-

gung ankäme (hM; *Kiel/Koch* Rn 761). Die Kündigung ist auch unwirksam bei **mangelhafter Anhörung** des BR (dazu ausführlich BAG 16. 9. 93, 16. 1. 03, 27. 11. 03 AP Nr. 62, 129, 136 zu § 102 BetrVG 1972), insb. wenn der ArbGeb. seine Mitteilungspflichten nicht ausreichend erfüllt, unabhängig davon, ob und wie der BR zu der mangelhaften Anhörung Stellung genommen hat. Auch eine Stellungnahme des BR ist nicht geeignet, Fehler des ArbGeb. bei der Anhörung zu heilen (BAG 28. 2. 74, 4. 8. 75, 16. 3. 78, 28. 9. 78, 5. 2. 81 AP Nr. 2, 4, 15, 19 zu § 102 BetrVG 1972 AP Nr. 1 zu § 72 LPVG NW). Ein vorheriger Verzicht auf das Anhörungsrecht ist unwirksam (GK-*Raab* Rn 84). Auf ein **Verschulden des ArbGeb.** bei der Einleitung des Anhörungsverfahrens **kommt es nicht an** (*KR-Etzel* Rn 107 a). Die Beteiligung des BR liegt auch im Interesse des ArbGeb., der uU vom BR auf ihm bisher unbekannte Umstände hingewiesen wird und dadurch den Verlust eines Kündigungsschutzprozesses vermeiden kann. Besteht nämlich Einigung zwischen BR und Arb-Geb. über die für eine betriebsbedingte Kündigung anstehenden ArbN, so kann eine tatsächliche Vermutung für die ausreichende Berücksichtigung sozialer Gesichtspunkte iSd. § 1 Abs. 3 KSchG sprechen (BAG 16. 2. 61 AP Nr. 1 zu § 565 ZPO; zur Sozialauswahl nach der Neufassung des § 1 Abs. 3 KSchG s. Rn 33 ff.).

Die Einhaltung des Anhörungsverfahrens ist **Wirksamkeitsvoraussetzung jeder** 57 **Kündigung,** gleichgültig welcher Art die auszusprechende Kündigung ist, ob sie im Rahmen von Massenentlassungen nach § 17 KSchG erfolgt (BAG 16. 9. 93 AP Nr. 62 zu § 102 BetrVG 1972; *Feichtinger* Rn 49) und unabhängig davon, ob der betroffene ArbN unter das KSchG fällt oder nicht (vgl. Rn 5, 47). Das gilt auch für die außerordentliche Kündigung; da es um die Beteiligung des BR, nicht des ArbN geht, kann auch dessen Anhörung vor der Kündigung für den ArbGeb. nicht „unzumutbar" sein (*Heinze* Rn 499 ff.). Infolgedessen trägt der kündigende **ArbGeb. die Darlegungs- und Beweislast** dafür, dass das Verfahren nach Abs. 1 eingehalten ist (BAG 19. 8. 75, 16. 3. 00, AP Nr. 5, 114 zu § 102 BetrVG 1972; BAG 23. 6. 05 AP Nr. 11 zu § 138 ZPO; *DKK-Bachner* Rn 240; GK-*Raab* Rn 88; *Richardi/Thüsing* Rn 134; *Kittner/Däubler/Zwanziger* Rn 240; *Zwanziger* NJW 95, 916; *Griebeling* NZA 07, 540; **aA** *Spitzweg/Lücke* NZA 95, 404; *Mühlhausen* NZA 02, 644 und NZA 06, 967), der ArbN im Streitfall aber dafür, dass eine Anhörung wegen wirksamen Bestehens eines BR überhaupt erforderlich war (ErfK-*Kania* Rn 30). Hat der ArbGeb. die BRAnhörung im Detail schlüssig dargelegt, muss dies der ArbN substantiiert oder mit Nichtwissen bestreiten, pauschales Bestreiten ohne sich auf fehlende eigene Wahrnehmung zu berufen reicht nicht (ErfK-*Kania* Rn 30; BAG 16. 3. 00 AP Nr. 114 zu § 102 BetrVG 1972; s. zu dieser Entscheidung kritisch *Mühlhausen* NZA 02, 644; *ders.* NZA 06, 967 zu BAG 23. 6. 05; vgl. dazu Erwiderung *Griebeling* NZA 07, 540). Auf die Anhörung können weder der ArbN noch der BR verzichten (GK-*Raab* Rn 80; *Richardi/Thüsing* Rn 37, 123).

Eine mangelhafte Anhörung liegt ua. dann vor, wenn der ArbGeb. bei der **Abga-** 57a **be der Kündigungserklärung** nicht die **Frist des Anhörungsverfahrens** nach § 102 einhält und damit dem BR die Möglichkeit nimmt, innerhalb der gesetzlichen Frist auf die Entscheidung des ArbGeb. Einfluss zu nehmen (BAG 8. 4. 03 u. 3. 4. 08 AP Nr. 133 u. 159 zu § 102 BetrVG 1972). So liegt grundsätzl. **keine ordnungsgemäße Anhörung** des BR vor, wenn zwar das Anhörungsverfahren vor **Zugang** der Kündigung abgeschlossen ist, aber das Kündigungsschreiben bereits vor Ablauf der Anhörungsfrist den Machtbereich des ArbGeb. verlassen hat (BAG aaO mwN; zum Zeitpunkt der Abgabe der Kündigungserkl. s. Rn 20; zur Fristberechnung s. Rn 50 a). Die Frist beginnt mit ordnungsgemäßer Einleitung des Anhörungsverfahrens (s. dazu Rn 20 ff., 21 und § 26 Rn 39 ff.). Etwas anderes gilt nur dann, wenn der BR bis zum letzten Tag der Anhörungsfrist noch keine Stellungnahme abgegeben hat, der ArbGeb. das Kündigungsschreiben am letzten Tag der Äußerungsfrist bei Dienstschluss einem Kurierdienst übergibt und gleichzeitig dafür sorgt, dass eine Zustellung erst so spät erfolgt, dass er sie noch verhindern kann, wenn der BR wider Erwarten doch zu der Kündigungsabsicht Stellung nimmt (BAG aaO).

57b   Die Anhörung ist ebenfalls mangelhaft, wenn sie zu einem Zeitpunkt erfolgt, in dem die Kündigungsüberlegungen noch unter dem Vorbehalt der weiteren Entwicklung stehen (BAG 22. 4. 10 – 2 AZR 991/08 – NZA-RR 10, 583 – sog. Vorratskündigung). Ist die Anhörung zu einer Kündigung ausdrücklich mit dem Hinweis eingeleitet worden, dass die Kündigung erst nach Abschluss des Interessenausgleichs und Sozialplans erfolgen soll, und wird die Kündigung zwar nach Abschluss des Interessenausgleichs aber noch vor Abschluss des Sozialplans ausgesprochen, ist diese Kündigung nicht mehr von der Anhörung gedeckt (BAG 27. 11. 03 AP Nr. 136 zu § 102 BetrVG 1972). Gleiches gilt, wenn die Anhörung zu einem erst noch erwarteten Verhalten des ArbN erfolgen soll (BAG 19. 1. 1983 AP Nr. 28 zu § 102 BetrVG 1972). Dagegen kann die Anhörung unter eine Rechtsbedingung gestellt werden, zB Anhörung zu einer vorsorglichen weiteren Kündigung, für den Fall der Rechtsunwirksamkeit der früheren Kündigung (BAG 22. 4. 10 – 2 AZR 991/08 – NZA-RR 10, 583). Auch kann der ArbGeb. bei Einleitung des Anhörungsverfahrens die Art der Kündigung (Änderungs- oder Beendigungskündigung offen halten, wenn der Kündigungssachverhalt für beide Fälle feststeht und die Kündigung auf jeden Fall ausgesprochen werden soll BAG 22. 4. 10 – 2 AZR 991/08 – NZA-RR 10, 583).

58   Der ArbGeb. ist verpflichtet, die Stellungnahme des BR (Bedenken nach Abs. 2 oder Widerspruch nach Abs. 3) entgegenzunehmen und sich mit ihr sachlich auseinanderzusetzen. Der ArbGeb. muss den BR „anhören", darf also zB nicht dem BR ein fertig formuliertes Kündigungsschreiben vorlegen, er muss sich mit Gegenvorstellungen des BR befassen. Der ArbGeb. muss noch bereit sein, die Argumente des BR zu würdigen (vgl. § 1 Rn 213; *DKK-Bachner* Rn 59; GK-*Raab* Rn 39; *Gester/Zachert* Jahrbuch des Arbeitsrechts, Bd. 12, S. 92; **aA** BAG 28. 2. 74, 13. 11. 75, 28. 9. 78 AP Nr. 2, 7 und 19 zu § 102 BetrVG 1972 unter Hinweis darauf, dass der BR immer noch Einfluss auf den Kündigungswillen des ArbGeb. nehmen könnte, wenn die Kündigung noch nicht ausgesprochen sei; **aA** auch *Heinze* Rn 460; *HSWGNR* Rn 27; GK-*Raab* Rn 39; *GL* Rn 40; *Richardi/Thüsing* Rn 75; *KR-Etzel* Rn 55).

59   **Nachträgliche Zustimmung** des BR **heilt die Unwirksamkeit der Kündigung** als einseitiger Willenserklärung, die keinen Schwebezustand zulässt, **nicht** (BAG 28. 2. 74, 18. 9. 75 AP Nr. 2, 6 zu § 102 BetrVG 1972; *APS-Koch* § 102 Rn 152; ErfK-*Kania* Rn 29; *GL* Rn 49; GK-*Raab* Rn 42; *HSWGNR* Rn 20). Das BetrVG enthält keine dem § 184 BGB entspr. Vorschrift. Der ArbGeb. kann aber uU **nach ordnungsgemäßer Anhörung** des BR **erneut kündigen,** wenn die materiellen Kündigungsgründe noch nicht verbraucht sind.

60   **Kündigt der ArbGeb.** erst **geraume Zeit nach Anhörung des BR,** so ist eine erneute Anhörung erforderlich, falls sich inzwischen der Kündigungssachverhalt geändert hat (BAG 26. 5. 77 AP Nr. 14 zu § 102 BetrVG 1972; BAG 22. 4. 10 – 2 AZR 991/08 – NZA-RR 10, 583; *DKK-Bachner* Rn 58; ErfK-*Kania* Rn 3; *Richardi/Thüsing* Rn 116; *Meisel* Rn 451; *Heinze* Rn 503 hält nach längerem Zeitablauf stets eine neue Anhörung für erforderlich). Eine Frist für den Ausspruch der Kündigung enthält § 102 im Gegensatz zu § 88 Abs. 3 SGB IX und § 18 Abs. 4 KSchG aber nicht.

61   Bei der Kündigung **Schwbeh.** steht es dem ArbGeb. grundsätzl. frei, ob er den Antrag auf Zustimmung zur Kündigung beim Integrationsamt vor, während oder erst nach der Beteiligung des BR stellt (BAG 11. 5. 00 AP Nr. 42 zu § 103 BetrVG 1972). Hört er den BR schon vor Abschluss des Verfahrens vor dem Integrationsamt an, ist eine erneute Anhörung des BR nicht erforderlich, wenn die Entscheidung des Integrationsamtes erst später ergeht und sich der Kündigungssachverhalt inzwischen nicht geändert hat. Das gilt auch, wenn die Zustimmung des Integrationsamtes erst nach einem jahrelangen Verwaltungsgerichtsverfahren erteilt wird (BAG 18. 5. 94 AP Nr. 3 zu § 108 BPersVG; BAG 23. 10. 08 AP Nr. 18 zu § 1 KSchG 1969 Namensliste). Dann muss der ArbGeb. aber binnen einem Monat nach der Erteilung der Zustimmung (§ 88 Abs. 3 SGB IX; BAG 5. 9. 79, 1. 4. 81, 26. 9. 91 AP Nr. 6 zu § 12 SchwbG aF; AP Nr. 23 zu § 102 BetrVG 1972, AP Nr. 28 zu § 1 KSchG 1969

Krankheit) bzw. der Fiktion der Zustimmung nach § 88 Abs. 5 SGB IX kündigen. Das Anhörungsverfahren zu einer beabsichtigten **außerordentlichen Kündigung** kann auch erst nach dem Ende des Zustimmungsverfahrens beim Integrationsamt eingeleitet werden; der Zustimmungsantrag muss binnen 2 Wochen nach Kenntnis des ArbGeb. von den maßgeblichen Tatsachen beim Integrationsamt eingehen (§ 91 Abs. 2 SGB IX). Dann muss der ArbGeb. aber sofort nach Bekanntgabe der zustimmenden Entscheidung oder nach Ablauf der 2 Wochenfrist des § 91 Abs. 3 SGB IX das Anhörungsverfahren beim BR einleiten und sofort nach Eingang der Stellungnahme des BR oder Ablauf der 3-Tage-Frist des § 102 Abs. 2 S. 3 kündigen (BAG 3. 7. 80, 1. 4. 81 AP Nr. 2 zu § 18 SchwbG aF, AP Nr. 23 zu § 102 BetrVG 1972; 22. 1. 87 AP Nr. 24 zu § 102 BetrVG 1972; vgl. auch *Braasch* BlStR 81, 1 u. *Jobs* ArbuR 81, 225, 229). Die Ausschlussfrist der § 626 Abs. 2 BGB wird nicht durch den rechtzeitigen Antrag nach § 91 Abs. 2 SGB IX verdrängt (BAG 2. 3. 06 AP Nr. 6 zu § 91 SGB IX; BAG 1. 2. 07 NZA 07, 744). Erfolgt jedoch die Zustimmung des Integrationsamtes erst nach Ablauf der Zwei-Wochen-Frist des § 626 Abs. 2 BGB, muss der ArbGeb. die außerordentliche Kündigung nach § 91 Abs. 5 SGB IX unverzüglich nach Erteilung der Zustimmung erklären, d. h. am ersten Tag nach Bekanntgabe der Zustimmung (förmliche Zustellung nicht erforderlich, ausreichend ist die mündliche bzw. fernmündliche Bekanntgabe; gleiches gilt hinsichtlich der Entscheidung des Widerspruchsausschusses – BAG 21. 4. 05, 12. 5. 05 AP Nr. 4, 5 zu § 91 SGB IX) bzw. nach Eintritt der Zustimmungsfiktion; ist BR-Anhörung bis dahin noch nicht erfolgt, muss diese unmittelbar am nächsten Tag eingeleitet werden; die Kündigung ist am ersten Tag nach Abschluss des Anhörungsverfahrens auszusprechen (BAG 27. 5. 83 AP Nr. 12 zu § 12 SchwbG; LAG Rheinl.-Pfalz NZA-RR 05, 71 f.; ErfK-*Rolfs* § 91 SGB IX Rn 9). Erfolgt die Zustimmung des Integrationsamtes noch vor Ablauf der Frist des § 626 Abs. 2 BGB, kann der ArbGeb. diese Frist noch ausschöpfen (BAG 15. 11. 01 AP Nr. 45 zu § 626 BGB Ausschlussfrist unter Aufgabe der bisherigen Rspr. BAG 22. 1. 87 AP Nr. 24 zu § 103 BetrVG 1972; ebenso BAG 7. 11. 02 AP Nr. 19 zu § 620 BGB Kündigungserklärung, BAG 2. 3. 06 AP Nr. 6 zu § 91 SGB IX; ErfK-*Rolfs* § 91 SGB IX Rn 7). Das ArbG hat die Einhaltung der Frist nach § 626 Abs. 2 BGB eigenständig zu prüfen (BAG 2. 3. 06 aaO). Die Schwerbehinderteneigenschaft ist zwar Tatbestandsmerkmal für § 91 Abs. 2 SGB IX, nicht jedoch für § 626 Abs. 2 BGB; d. h. erlangt der ArbGeb. erst nach Ablauf der Frist des § 626 Abs. 2 BGB Kenntnis und führt die Einleitung des Verfahrens nach § 91 Abs. 2 SGB IX ein, führt dies nicht zur „Heilung" der versäumten Frist des § 626 Abs. 2 BGB (BAG 2. 3. 06 aaO). In den Fällen, in denen ein Dauertatbestand geltend gemacht wird, wie zB dauernde Arbeitsunfähigkeit wegen Krankheit, reicht für die Einhaltung der Zwei-Wochen-Frist des § 626 Abs. 2 BGB aus, dass der Zustand auch in den letzten zwei Wochen vor Ausspruch der Kündigung noch bestand (BAG 13. 5. 04 AP Nr. 12 zu § 626 BGB Krankheit).

Das Erfordernis der Einleitung eines Zustimmungsverfahrens beim Integrationsamt **61a** durch den ArbGeb. setzt voraus, dass für den ArbN Sonderkündigungsschutz nach § 85 SGB IX besteht. Dieser besteht insb. wenn ein Feststellungs- oder Gleichstellungsbescheid, ein Schwerbehindertenausweis vorliegt (§ 69 Abs. 1 und. 2 SGB IX) oder die Schwerbehinderung offenkundig ist (s. dazu insbs. BAG 18. 10. 00 NZA 01, 315 – durch die Neuregelung in § 90 Abs. 2a SGB IX soll der von der Rspr. entwickelte Grundsatz zur Offenkundigkeit nicht in Frage gestellt werden, s. auch BT Drucks. 15/2357 S. 24 – bestätigt durch BAG 13. 2. 08 AP Nr. 5 zu § 85 SGB IX). Der bes. Kündigungsschutz nach den §§ 85 ff. SGB IX besteht dagegen nicht, wenn zum Zeitpunkt der Kündigung die Eigenschaft als schwerbeh. Mensch nicht nachgewiesen ist oder das Versorgungsamt nach Ablauf der Frist des § 69 Abs. 1 S. 2 SGB IX (drei bzw. sieben Wochen) eine Feststellung wegen fehlender Mitwirkung nicht treffen konnte (§ 90 Abs. 2a SGB IX). Mit dieser Neuregelung soll dem ArbN die bisher bestehende Möglichkeit genommen werden, noch kurz vor Zugang der Kündigung durch Stellung eines Feststellungsantrags den bes. Kündigungsschutz zu erlangen (BT-Drucks. 15/2357 S. 24). Zur Geltendmachung des bes. Kündigungs-schutzes muss der ArbN nunmehr den Antrag beim Versorgungsamt so rechtzeitig gestellt haben und seinen Mitwirkungspflichten umfassend nachgekommen sein, dass ein positiver Bescheid bei ordnungsgemäßer Bearbeitung durch das Versorgungsamt noch vor Zugang der Kündigung möglich gewesen wäre (BAG 1. 3. 07 DB 07, 1702; *Schrader/Klagges* NZA-RR 09, 169 ff.; *Griebeling* NZA 05, 494, 497 f.; *Düwell* BB 04, 2811, 2813; *Bauer/Powietzka* NZA-RR 05, 505 ff.). Beruht die Verzögerung des Anerkennungsverfahrens nicht auf Fehlverhalten des ArbN, entfällt der bes. Kündigungsschutz nicht – auch dann nicht, wenn die Schwerbehinderteneigenschaft erst in einem Abhilfebescheid nach Zugang der Kündigung festgestellt wird (LAG Düsseldorf LAGE § 90 SGB IX Nr. 1; LAG Köln NZA-RR 07, 133); der ArbN hat den ArbGeb. hierauf innerhalb einer angemessenen Frist (drei Wochen) nach Zugang der Kündigung hinzuweisen (BAG 11. 12. 08 NZA 09, 556 ff.; BAG 12. 1. 06 AP Nr. 3 zu § 85 SGB IX; LAG Düsseldorf aaO; *Schlewing* NZA 05, 1218, 1223; *Schulze* AuR 05, 252, 253 unter Hinweis auf eine Sitzung der Bundesarbeitsgemeinschaft der Integrationsämter v. 29. 7. 04; *Stahlhacke/Preis/Vossen* Rn 1472 c, 1477; *Bantle/Waterschek* AiB 05, 404 f.; *Däubler* AiB 05, 387, 394; **aA** *Cramer/Ritz/F.-W. Dopotka* Rn 22, wonach es nur auf die Antragstellung ankommen soll). Unterlässt der ArbN diese Mitteilung, hat er den besonderen Kündigungsschutz verwirkt, wenn der ArbGeb. die Schwerbehinderung nicht kennt und insoweit nicht mit der Zustimmungspflichtigkeit rechnen muss (BAG 11. 12. 08 aaO). Hat dagegen der ArbN dem ArbGeb. vor Zugang der Kündigung mitgeteilt, dass er Antrag auf Feststellung über das Bestehen einer Behinderung gestellt hat, liegt kein Tatbestand der Verwirkung vor (BAG 9. 6. 11 – 2 AZR NZA-RR 11, 516). Wird die Berufung auf die Schwerbehinderung und damit die Unzulässigkeit der Kündigung innerhalb der Klagefrist des § 4 Abs. 1 KSchG geltend gemacht, liegt ebenfalls in der Regel keine Verwirkung nach § 242 BGB vor (BAG 23. 2. 10 – 2 AZR 659/08 – NZA 11, 411; LAG Köln 11. 2. 11 NZA-RR 11, 459; kritisch dazu *Gehlhaar*, NZA 11, 673). Im Fall des Betriebsübergangs muss sich der Betriebserwerber die Kenntnis des Betriebsveräußerers zurechnen lassen (BAG 11. 12. 08 aaO). § 90 Abs. 2 a SGB IX gilt uneingeschränkt auch für schwerbehinderten Menschen gleichgestellte ArbN; auch sie müssen mindestens drei Wochen vor der Kündigung den Antrag auf Gleichstellung gestellt haben (BAG 1. 3. 07 aaO; *Göttling* NZA-RR 07, 281, 284; *Eylert/Sänger* RdA 10, 24, 35).

Weist der BR den ArbGeb. iR des Anhörungsverfahrens nach § 102 auf die rechtzeitig erfolgte Antragstellung des ArbN hin, kann der ArbGeb. sich nicht auf Vertrauensschutz berufen (vgl. zu § 85 SGB IX aF BAG 20. 1. 05 AP Nr. 1 zu § 85 SGB IX). Zu den Neuregelungen des SGB IX im Rahmen des Gesetzes zur Förderung der Ausbildung und Beschäftigung schwerbehinderter Menschen vom 23. 4. 04 (BGBl. I S. 606) s. u. a. *Cramer* NZA 04, 698 ff.; *Düwell* BB 04, 2811 ff.; *Bernhardt/Barthel* AuA 04, 20 ff.; *Rehwald/Kossack* AiB 04, 604 ff.; *Grimm/Brock/Windeln* DB 05, 282 ff.; *Griebeling* NZA 05, 494 ff.; *Bauer/Powietzka* NZA-RR 05, 505 ff.; *Stafhorst* AuA 05, 35 ff.; *Schulze* AuR 05, 252 ff.; *Rolfs/Bark* BB 05, 1678 ff.; *Schlewing* NZA 05, 1218 ff.; *Göttling* NZA-RR 07, 281; *Schrader/Klagges* NZA-RR 09, 169 ff.; *Eylert/Sänger* RdA 10, 24, 34 f). Wegen Anhörung der SchwbehVertr. vgl. § 32 Rn 10 ff. Zur Klagefrist s. Rn 63 a.

61b   Sowohl die Durchführung des **Präventionsverfahrens** nach § 84 Abs. 1 SGB IX als auch des sog. **betrieblichen Eingliederungsmanagement (BEM)** nach § 84 Abs. 2 SGB IX ist keine formelle Wirksamkeitsvoraussetzung für die Kündigung, stellt jedoch eine Konkretisierung des dem Kündigungsschutzrecht innewohnenden Verhältnismäßigkeitsgrundsatzes dar (vgl. ausführlich dazu BAG 7. 12. 06 AP Nr. 56 zu § 1 KSchG 1969 Verhaltensbedingte Kündigung; BAG 12. 7. 07 AP Nr. 28 zu § 1 KSchG 1969 Personenbedingte Kündigung; BAG 10. 12. 09 – 2 AZR 400/08 – NZA 10, 398; LAG Berlin NZA-RR 06, 184; LAG Nürnberg NZA-RR 07, 75; *Schiefer* DB 10, 1884; *Baumeister/Richter* ZfA 10, 3, 19 ff.; *Joussen* DB 09, 286; *Oppolzer* AiB 07, 37; *Steinau-Steinrück/Hagemeister* NJW Spezial 05, 129; *Balders/Lepping*

NZA 05, 854; Cramer/*Ritz*/*Schian* § 84 Rn 9, 49; **aA** *Brose* RdA 06, 149; *Schimanski* BehindertenR 2002, 121; *Tschöpe* NZA 08, 398 ff. hinsichtlich der damit verbundenen Verlagerung der Darlegungs- und Beweislast auf den ArbGeb.). Die Durchführung des auf dem Freiwilligkeitsprinzip beruhenden BEM gilt für alle – auch die nicht schwerbehinderten – Beschäftigten (Cramer/*Ritz*/*Schian* § 84 Rn 19; *Neumann*/*Pahlen*/*Majerski-Pahlen* § 84 Rn 10; *Deinert* NZA 10, 969, 970; BAG 12. 7. 07 AP Nr. 28 zu § 1 KSchG 1969 Personenbedingte Kündigung). Soweit ein Verfahren nach § 84 Abs. 1 oder Abs. 2 SGB IX durchgeführt worden ist, ist damit nicht zugleich auch das Anhörungsverfahren nach § 102 erfüllt. Beide sind von einander zu trennende Verfahren; in den Verfahren nach § 84 Abs. 1 und 2 SGB IX geht es um die Beseitigung von Schwierigkeiten, die zu einer Gefährdung des Beschäftigungsverhältnisses führen können; in § 102 geht es um die konkrete Kündigung (*Brose* RdA 06, 149, 153; *Arnold*/*Fischinger* BB 07, 1894, 1896; *Deinert* NZA 10, 969, 971). Zum MBR des BR nach § 87 siehe dort Rn 310 a.

Bei **außerordentlichen Kündigungen wird** die Dreitagefrist für die Stellung- **62** nahme des BR auf die zweiwöchige Überlegungsfrist des ArbGeb. nach § 626 Abs. 2 S. 1 angerechnet, dh die letztere Frist wird nicht verlängert (*Kittner*/*Däubler*/ *Zwanziger* Rn 161; *HSWGNR* Rn 22; **aA** *Meisel* Rn 487 f. u. *H. P. Müller* DB 75, 1363). Die Frist läuft aber nicht, so lange der ArbGeb. noch Ermittlungen anstellt und binnen einer Woche nach Kenntnis des Vorfalls den ArbN anhört (BAG 6. 7. 1972 AP Nr. 3 zu § 626 BGB Ausschlussfrist; BAG 2. 3. 06 AP Nr. 6 zu § 91 SGB IX; zu Sozialdaten bei außerordentlichen Kündigung s. Rn 40). Je nach S V kann eine Ermittlung 2 Monate dauern, die Notwendigkeit muss der Kündigungsberechtigte darlegen können; zur Zwei-Wochen-Frist und deren Beginn bei noch notwendigen Ermittlungen vgl. BAG 1. 2. 07 NZA 07, 744.

Eine **nachträglich,** insb. im Prozess, abgegebene Erklärung des ArbGeb., die **63** **außerordentliche Kündigung solle hilfsweise als ordentliche** gelten, ist wegen Nichtanhörung des BR zur ordentlichen Kündigung **unwirksam,** und zwar auch dann, wenn sie aus verhaltensbedingten Gründen ausgesprochen wurde. Sie wäre eine Umgehung des Verfahrens nach § 102 Abs. 3 u. 5 (GK-*Raab* Rn 48; *Richardi*/ *Thüsing* Rn 53, 104; *v. Hoyningen-Huene*/*Linck* KSchG § 13 Rn 47 ff.; *Benecke* AuR 05, 48 ff.; BAG 16. 3. 78, 20. 9. 84 AP Nr. 15 zu § 102 BetrVG 1972; AP Nr. 80 zu § 626 BGB; **aA** *HSWGNR* Rn 164 bei verhaltensbedingter Kündigung). Etwas anderes kann gelten bei ausdrücklicher und vorbehaltloser Zustimmung des BR zur Kündigung und identischem Sachverhalt (BAG aaO; *DKK-Bachner* Rn 102; **aA** *Benecke* AuR 05, 48, 50 f. unter Hinweis auf die unterschiedl. Ausgestaltung des § 102 bei einer ordentl. und außerordentl. Kündigung – zulässig nur, wenn erneute Anhörung reiner Formalismus wäre, eine andere Reaktionsmöglichkeit des BR zur ordentl. Kündigung ausgeschlossen ist). Der ArbGeb. kann aber von vornherein den BR **auch zu einer hilfsweise zu erklärenden ordentlichen Kündigung hören,** wenn er den BR deutlich auf diese Absicht hinweist (BAG aaO; *Meisel* Rn 409, der die Ansicht des BAG aber für wenig einleuchtend hält; *GL* Rn 26 a; *Heinze* Rn 483; *HSWGNR* Rn 164; *KR-Etzel* Rn 182; *Benecke* AuR 05, 48, 49). Dann hat aber der ArbGeb. die **Wochenfrist einzuhalten.** Auch ist es denkbar, dass der ArbGeb. aus denselben Gründen statt einer außerordentlichen nur eine ordentliche Kündigung ausspricht, wenn der BR dieser zustimmt (LAG Baden-Württemberg DB 77, 777; nach LAG Berlin NJW 83, 1631 ist der BR dann nochmals zu hören). Die Anhörung wegen einer beabsichtigten ordentlichen Kündigung ersetzt nicht die Anhörung wegen einer stattdessen ausgesprochenen und zudem auf zusätzliche Gründe gestützten außerordentlichen Kündigung (BAG 12. 8. 76 AP Nr. 10 zu § 102 BetrVG 1972; *DKK-Bachner* Rn 102).

Mit der **Änderung des KSchG** durch das G zu Reformen am Arbeitsmarkt vom **63a** 24. 12. 2003 (BGBl. I S. 3002) ist für die Geltendmachung aller Unwirksamkeitsgründe eine **einheitliche Klagefrist von drei Wochen** eingeführt worden (s. Rn 2 a, 3 5. Spiegelstrich). Danach muss der ArbN ab dem 1. 1. 04 die Rechtsunwirksamkeit der Kündigung unabhängig von dem Grund ihrer Unwirksamkeit innerhalb einer Frist von drei Wochen nach Zugang der **schriftlichen Kündigung** geltend machen (§ 4 S. 1, § 13 Abs. 3 KSchG; vgl. dazu auch BT-Drucks. 15/1204 S. 9, 13, 15; BT-Drucks. 15/1587 S. 11, 31; *Raab* RdA 04, 321; *Bender/Schmidt* NZA 04, 358). Dies bedeutet, dass auch im Fall der unwirksamen Kündigung wegen fehlender oder nicht ordnungsgemäßer Anhörung des BR, der ArbN die Unwirksamkeit der Kündigung innerhalb der **dreiwöchigen Klagefrist** geltend machen muss. Insoweit handelt es sich um eine Unwirksamkeit aus „anderen Gründen" im Sinne des § 4 S. 1 u. § 13 Abs. 3 KSchG (KR-*Friedrich* § 13 KSchG Rn 217; *Löwisch* NZA 03, 689, 693; *ders.* BB 04, 154, 158; *Willemsen/Annuß* NJW 04, 177, 183). Dies gilt auch für Kündigungen in der Wartezeit (BAG 28. 6. 07 DB 07, 1986), für die Berufung auf tarifvertragliche oder arbeitsvertragliche Unkündbarkeit (BAG 8. 11. 07 AP Nr. 63 zu § 4 KSchG 1969) sowie für die Unwirksamkeit der Kündigung wg. fehlender Massenentlassungsanzeige (LAG Niedersachsen BB 09, 1981 f. mit zust. Anm. *Langner/Kobialka* ebenda). Unterbleibt die rechtzeitige Klageerhebung, gilt die **Kündigung** nach § 7 KSchG als von Anfang an **rechtswirksam.** Ist die Unwirksamkeit der Kündigung rechtzeitig geltend gemacht worden, kann sich der ArbN auch auf Unwirksamkeitsgründe berufen, die er zunächst nicht geltend gemacht hat; hierauf hat ihn das ArbG hinzuweisen (vgl. § 6 KSchG). Wahrung der Frist gegen die erste Kündigung gilt auch für Folgekündigungen, soweit sie aus gleichem Grund und zum gleichen Termin ausgesprochen werden (BAG 23. 4. 08 AP Nr. 65 zu § 4 KSchG 1969). Die dreiwöchige **Klagefrist beginnt** jedoch erst dann, wenn dem ArbN die **Kündigung** in **schriftlicher Form** zugegangen ist (vgl. BT-Drucks. 15/1587 S. 31; zur Schriftform und Übergabe einer Kopie der Kündigungserklärung s. BAG 4. 11. 04 AP Nr. 3 zu § 623 BGB; Unterzeichnung der Kündigung durch alle Gesellschafter einer GbR s. BAG 21. 4. 05 AP Nr. 4 zu § 623 BGB; Schriftform ist bei Kündigung per E-Postbrief nicht gewahrt (s. auch *Schomaker* AiB 11,234); mangelnde Schriftform kann auch nach drei Wochen geltend gemacht werden: BAG 9. 2. 06 AP Nr. 56 zu § 4 KSchG 1969). Die Frist des § 4 KSchG gilt nicht bei Geltendmachung der Nichteinhaltung der Kündigungsfrist (BAG 15. 12. 05 AP Nr. 55 zu § 4 KSchG 1969; zu dieser Thematik siehe *Eisemann* NZA 11, 601 ff.; **aA** v. *Hoyningen-Huene/ Linck* KSchG § 4 Rn 22). Bedarf die Kündigung zu ihrer Wirksamkeit der **Zustimmung einer Behörde** (insb. § 18 BEEG, § 9 MuSchG, § 85 SGB IX; § 5 PflegeZG), beginnt die **Klagefrist** zur Anrufung des ArbG nicht bereits mit Zugang der schriftl. Kündigung sondern erst ab der **Bekanntgabe der Entscheidung der Behörde an den ArbN** zu laufen (§ 4 S. 4 KSchG; : BAG 3. 7. 03 AP Nr. 7 zu § 18 BErzGG; *APS-Ascheid/Hesse* § 4 KSchG Rn 102; *Backmeister/Trittin/Mayer* § 4 KSchG Rn 34; *Löwisch* BB 04, 154, 158; *Preis* DB 04, 70, 77; *Schmidt* NZA 04, 79, 80; *Richardi* DB 04, 486, 489; *Hanau* ZIP 04, 1169, 1176; *Däubler* AiB 05, 387, 392; **aA** *Zeising/Kröplin* DB 05, 1626 ff.; *Griebeling* NZA 05, 494, 501 f.; *Bauer/Powietzka* NZA-RR 05, 505, 513 f.). Vors. für die Anwendbarkeit des § 4 S. 4 KSchG ist, dass der ArbGeb. Kenntnis von den den Sonderkündigungsschutz begründenden Tatsachen im Zeitpunkt des Zugangs der Kündigung hat (BAG 13. 2. 08 AP Nr. 5 zu § 85 SGB IX; BAG 19. 2. 09 AP Nr. 38 zu § 9 MuSchG 1968). War ArbGeb. die Notwendigkeit einer behördl. Zustimmung nicht bekannt, gilt nach BAG 13. 2. 08 aaO die Frist nach § 4 S. 1 KSchG; insb. hat der ArbN dem ArbGeb. innerhalb von drei Wochen seinen Schwerbehindertenstatus bzw. Gleichstellung mitzuteilen, unterlässt er dies, kann er sich nicht mehr auf den Sonderkündigungsschutz berufen und mit Ablauf der Klagefrist nach § 4 Abs. 1 KSchG ist der eigentliche Nichtigkeitsgrund geheilt – die Bekanntgabe der Schwerbehinderteneigenschaft hemmt nicht die Klagefrist nach § 4 Abs. 1 KSchG (vgl. allgemein *Stahlhacke/Preis/Vossen* Rn 1815 c, *APS-Ascheid/Hesse* § 4 KSchG Rn 102, *Preis* DB 04, 77; *Schmidt* NZA 04, 79, 81 f.; *Griebeling* NZA 05, 494, 50; vgl. insgesamt zum Meinungsbild: *Zeising/Kröplin* DB 05, 1626 ff.). Gleiches – kein Hemmung der Klagefrist – gilt für die Bekanntgabe der Schwangerschaft innerhalb der Zweiwochenfrist des § 9 Abs. 1 S. 1 MuSchG: wird

nicht innerhalb der dreiwöchigen Klagefrist des § 4 S. 1 KSchG Kündigungsschutzklage erhoben, gilt die Kündigung von Anfang an als rechtswirksam (BAG 19. 2. 09
AP Nr. 38 zu § 9 MuSchG 1968); die Anwendung des § 4 S. 4 KSchG setzt voraus,
dass der ArbGeb. von der Schwangerschaft zum Zeitpunkt des Zugangs der Kündigung Kenntnis erlangt hat (BAG 19. 2. 09 aaO). Wird dem ArbN die Entscheidung
der Behörde nicht bekannt, kann er die Unwirksamkeit der Kündigung – bis zur
Grenze der **Verwirkung** – jederzeit geltend machen (BAG 13. 2. 08 aaO; BAG 3. 7.
03 AP Nr. 7 zu § 18 BErzGG; BAG 25. 3. 04 AP Nr. 36 zu § 9 MuSchG; *Schmidt*
aaO S. 80 hinsichtl. § 18 Abs. 1 S. 2 BErzGG – jetzt § 18 BEEG). Eine Auflösung
des Arbeitsverhältnisses gem. § 9 KSchG (auf Antrag des ArbGeb.) kommt nicht in
Betracht (BAG 9. 10. 79 AP Nr. 4 zu § 9 KSchG 1969; *v. Hoyningen-Huene/Linck* § 9
Rn 16; *GL* Rn 46; *Richardi/Thüsing* Rn 127). Zum Sonderkündigungsschutz nach
dem PflegeZG s. u. a. *Novara* DB 10, 503 ff.

VI. Mitteilung von Bedenken durch den Betriebsrat

Der BR hat **Bedenken** gegen die geplante **ordentliche Kündigung binnen** 64
einer Woche (s. Rn 52 f.) seit Zugang der Auskunft des ArbGeb. **unter Angabe
von Gründen schriftlich** mitzuteilen. Die Übermittlung per **Telefax** als Kopie
der Originalunterschrift genügt (vgl. BAG 11. 6. 02 AP Nr. 118 zu § 99 BetrVG
1972 – die dortigen Ausführungen gelten auch für den Widerspruch des BR nach
§ 102 – s. auch BAG 16. 1. 03 AP Nr. 129 zu § 102 BetrVG 1972, wo der BR der
Kündigung per Telefax rechtswirksam zugestimmt hat; *Fischer* AiB 99, 390, 392;
Mareck BB 00, 2042, 2043; *Rudolph* AuR 03, 233; *Röger* NJW 04, 1764, 1767 dessen
Ausführungen zu § 99 Abs. 3 auf § 102 übertragbar sind; *v. Hoyningen-Huene/Linck*
KSchG § 1 Rn 1030; *ErfK-Preis* §§ 125–127 BGB Rn 13 a; **aA** *Thannheiser* AiB 97,
498, 500; *Gotthardt/Beck* NZA 02, 876, 882; *Richardi/Thüsing* § 99 Rn 262). Nach
neuester Entscheidung des BAG zu § 99 bedarf die Mitteilung nicht der Schriftform
nach § 126 BGB (Originalunterschrift) sondern **ausreichend** ist die **Textform nach
§ 126 b BGB** (BAG 9. 12. 08 AP Nr. 36 zu § 99 BetrVG 1972 Einstellung). Danach
ist ausreichend, dass die Erklärung in einer Urkunde oder auf andere zur dauerhaften
Wiedergabe in Schriftzeichen geeignete Weise abgegeben, die Person des Erklärenden
genannt und der Abschluss des Textes durch Nachbildung der Namensunterschrift
oder anders erkennbar gemacht wird. Auch der Widerspruch per **E-Mail** ist nach der
neuesten Rspr. des BAG **zulässig** (BAG 10. 3. 09 AP Nr. 127 zu § 99 BetrVG 1972;
dem zustimmend *Thannheiser* Der Personalrat 09, 280 ff.; *Skowronek* AiB 09, 593 ff.; **aA**
noch ArbG Frankfurt 16. 3. 04 CR 04, 708; das LAG Baden-Württemberg 1. 8. 08
DB 08, 2260, forderte, dass ein Widerspruch per E-Mail entsprechend § 126 a BGB
mit einer elektronischen qualifizierten Signatur versehen sein muss – anhängig bei
BAG unter 1 ABR 84/08. Will man bei der Übermittlung per Mail hinsichtlich der
Beweisbarkeit auf Nummer sicher gehen, bietet sich auch an, den unterschriebenen
Widerspruch in gescannter Form und damit unter bildlicher Wiedergabe der Origi-
nalunterschrift dem ArbGeb. per E-Mail zu übermitteln (insoweit kann nichts anderes
gelten als beim Telefax – offengelassen von LAG-Baden-Württemberg aaO weil nicht
entscheidungsrelevant). ArbGeb. und BR können **Fristverlängerung vereinbaren**
(vgl. § 99 Rn 265; BAG 14. 8. 86 AP Nr. 43 zu § 102 BetrVG 1972; *ErfK-Kania*
Rn 11; *GK-Raab* Rn 102 f.; *MünchArbR-Matthes* § 356 Rn 35; *Richardi/Thüsing*
Rn 102; *Rudolph* AiB 07, 653 ff.; **aA** *Heinze* Rn 491, 498; *HSWGNR* Rn 85).
Schutzwerte Interessen des ArbN im „Vorfeld" der Kündigung werden nicht berührt.
Ist der letzte Tag der Frist ein Sonntag, gesetzl. Feiertag oder Samstag, so erstreckt
sich die Frist bis zum nächsten Werktag (§ 193 BGB). Rückfragen des BR beim
ArbGeb. nach ausreichender Unterrichtung über die Kündigung (Rn 21 ff.) verlän-
gern die Wochenfrist aber nicht (LAG Frankfurt DB 73, 1806). Auch für **Massen-
kündigungen** tritt keine automatische Verlängerung der Anhörungsfrist ein; die

Verweigerung einer Fristverlängerung durch den ArbGeb. kann aber rechtsmissbräuchlich sein (BAG 14. 8. 86, aaO; *Hinrichs* Anhörung S. 31 f.; KR-*Weigand* § 17 KSchG Rn 62 c).

65 Ob der BR Bedenken geltend machen will, hat er nach pflichtgemäßem Ermessen zu beschließen. Die Geltendmachung von Bedenken nach Abs. 2 ist der generelle **Auffangtatbestand** für alle ablehnenden Stellungnahmen des BR (*Heinze* Rn 530). Der zustimmende Beschluss ist unwiderruflich, wenn er dem ArbGeb. mitgeteilt worden ist (vgl. Rn 55 und § 33 Rn 33). Die Mitteilung des BR, er nehme die Kündigung zur Kenntnis bzw. er beabsichtige, keine Stellungnahme abzugeben, kann nicht ohne weiteres als eine abschließende Äußerung des BR angesehen werden (BAG 12. 3. 87 AP Nr. 47 zu § 102 BetrVG 1972; *Oetker* BB 84, 1433). Sie entbindet den ArbGeb. nicht von der Einhaltung der Wochenfrist (LAG Berlin-Brandenburg 22. 10. 09 – 2 Sa 1186/09 – LAGE § 102 BetrVG 2001 Nr. 9; *HSWGNR* Rn 87; **aA** LAG Hamm DB 83, 48; *KR-Etzel* Rn 103; *Kutzki* ZTR 99, 491, 495; *Hunold* NZA 10, 798), auch nicht die mündliche Mitteilung von Bedenken, wenn noch eine schriftliche Stellungnahme angekündigt ist (*KR-Etzel* Rn 103 a; BAG 28. 7. 82 – 7 AZR 1181/79 –; **aA** LAG Hamm 5. 12. 75, DB 76, 680), oder die schriftlich erklärte Bereitschaft des BR, über andere Vorschläge zu diskutieren. Der ArbGeb. kann vor Ablauf der Wochenfrist nur kündigen, wenn der BR der Kündigung ausdrücklich zustimmt (BAG 16. 1. 03 AP Nr. 129 zu § 102 BetrVG 1972 mwN) oder sich aus der Erklärung des BR, insb. unter Zugrundelegung einer ständigen Übung, eindeutig ergibt, er wünsche keine weitere Erörterung des Falles, seine Stellungnahme sei abschließend (BAG 12. 3. 87, 16. 1. 03 AP Nr. 47, 129 zu § 102 BetrVG 1972; BAG 24. 6. 04 AP Nr. 22 zu § 620 BGB; LAG Berlin NZA-RR 99, 485: Rückgabe eines vom BRVors. unterzeichneten Anhörungsbogens an ArbGeb. vor Fristablauf, s. auch Rn 54).

66 **Eine ausdrückliche Zustimmungserklärung** sieht das G **nicht** vor und kann **vom BR** nicht **verlangt** werden. Die **Nichtäußerung** binnen der Wochenfrist wird kraft G **als Zustimmung fingiert,** selbst wenn der BR lediglich keine Möglichkeit sah, einen rechtserheblichen Widerspruch zu erheben (Abs. 2 S. 2; vgl. § 99 Rn 260 ff., 272). Nunmehr kann der ArbGeb. die Kündigung aussprechen, vorbehaltlich ihrer Überprüfung im Kündigungsschutzverfahren. War der BR schuldlos gehindert, die Wochenfrist einzuhalten, so wird er noch nachträglich Widerspruch einlegen können; die Wirksamkeit des Anhörungsverfahrens nach Abs. 1 bleibt aber davon unberührt (vgl. *Heinze* Rn 582 f. u. § 99 Rn 272). Hat der BR der beabsichtigten Kündigung ausdrücklich zugestimmt, kann die Ordnungsgemäßheit der Anhörung nicht mit der Begründung in Frage gestellt werden, die (zutreffenden) Mitteilungen an den BR seien nicht substantiiert genug gewesen, solange durch weggelassene Einzelheiten kein verfälschendes Bild vom Kündigungstatbestand entsteht (LAG Köln NZA-RR 00, 32).

67 Bedenken gegen eine **außerordentliche Kündigung** sind dem ArbGeb. unverzüglich, spätestens **binnen drei Tagen,** schriftlich mitzuteilen. Wegen Fristablauf am Wochenende vgl. Rn 64, wegen Widerspruch Rn 72 und Weiterbeschäftigung Rn 105.

68 Die Fristen dieses G und des § 626 Abs. 2 BGB werden durch einen **Aussetzungsantrag nach § 35** weder gehemmt noch unterbrochen (vgl. § 99 Rn 272), wohl aber durch **Betriebsferien,** in denen der ArbGeb. den gesetzl. Erfordernissen nicht genügen kann (vgl. Rn 7).

69 Der **BR soll,** sofern dies nach pflichtgemäßem Ermessen erforderlich erscheint, vor seiner Stellungnahme den **betroffenen ArbN hören** und muss dies im Fall des Abs. 3 Nr. 3–5 u. im Fall einer vorgesehenen Änderungskündigung (vgl. Rn 9 ff.). Er hat über **vertrauliche persönliche Dinge zu schweigen,** die er vom ArbGeb. oder ArbN in Zusammenhang mit personen- oder verhaltensbedingten Kündigungsgründen erfährt (vgl. § 79 Rn 32). Hört der BR den ArbN nicht, so ist diese Unterlassung ohne Einfluss auf die Wirksamkeit des Widerspruchs (*Meisel* Rn 461). Auch wird die Ordnungsmäßigkeit der Anhörung dadurch nicht beeinträchtigt (BAG 2. 4.

76, 3. 2. 82 AP Nr. 9 zu § 102 BetrVG 1972, AP Nr. 1 zu § 72 BPersVG; *DKK-Bachner* Rn 147). Bei ständiger Nichtanhörung der ArbN kommt aber ein Antrag nach § 23 Abs. 1 in Betracht (so auch *KR-Etzel* Rn 94; *Richardi/Thüsing* Rn 108; *Schütte* NZA 11, 263, 264).

Die Gründe, auf die der BR seine **Bedenken** stützt, sind nicht notwendig die **70** gleichen wie in Abs. 3. Der BR kann zur Begründung seiner Bedenken auch Argumente heranziehen, die völlig außerhalb des Katalogs des Abs. 3 liegen. Für ein sich anschließendes Kündigungsschutzverfahren kommen aber nur die Widerspruchsgründe des Abs. 3 in Betracht, soweit es die Anwendung des § 1 Abs. 2 S. 2 und 3 KSchG sowie des § 102 Abs. 5 BetrVG angeht. Die Äußerung von Bedenken kann aber mittelbar die Stellung des ArbN im Kündigungsschutzprozess verstärken (vgl. *Heinze* Rn 530 ff.).

VII. Widerspruch des Betriebsrats

Bei geplanten **ordentlichen Kündigungen** kann der BR innerhalb der Wochen- **71** frist des Abs. 2 S. 1 (vgl. Rn 64) gegen die Kündigung nach pflichtgemäßem Ermessen Widerspruch einlegen, wenn er einen der **abschließend** (hM; kr. dazu *Heinze* Rn 538 ff.; die Geltendmachung aller Gründe des § 1 Abs. 2 S. 1 KSchG halten für zulässig: *Brox* FS BAG, S. 37) **aufgestellten Tatbestände des Abs. 3 Nr. 1–5** für gegeben hält. Die Stellungnahme muss dem ArbGeb. noch innerhalb der Wochenfrist zugehen (vgl. Rn 52 f.). Der betroffene ArbN (Bewerber) hat keinen einklagbaren Anspruch gegen den BR auf Tätigwerden (*DKK-Bachner* Rn 150). Ein wiederholtes Untätigbleiben trotz Vorliegens der Voraussetzungen des Abs. 3 kann aber eine grobe Pflichtverletzung (§ 23 Abs. 1) sein. Der BR hat den in Betracht kommenden Tatbestand unter Hinweis auf mindestens einen Widerspruchsgrund in seiner **schriftlichen Stellungnahme** (Fax ist ausreichend, s. Rn 64) zu bezeichnen und zu erläutern (eventuell in einem besonderen Schriftsatz innerhalb der Wochenfrist). Eine **Wiederholung des Gesetzeswortlauts allein genügt nicht** (hM; LAG München NZA 94, 1000; ErfK-*Kania* Rn 15), auch nicht das Vorbringen eines Zweifels, dass wirklich kein anderer Arbeitsplatz vorhanden sei (LAG Düsseldorf DB 78, 1282); dieser ist vielmehr zu benennen (LAG Düsseldorf DB 80, 2043; aA LAG Berlin DB 80, 2449: globale Angabe anderer Beschäftigungsmöglichkeit genügt). Die **konkrete Begründung braucht** andererseits **nicht ohne weiteres einleuchtend** zu sein, wie sich mittelbar aus Abs. 5 Nr. 3 ergibt (vgl. Rn 120; *Bormann* DB 75, 882; *Heinze* Rn 577; *HSWGNR* Rn 101; *KR-Etzel* Rn 144; Möglichkeit des Vorliegens eines Widerspruchsgrundes ausreichend, LAG Hamburg 21. 5. 08 – 4 SaGa/08 – AiB Newsletter 10/2008; LAG München BB 94, 1287; LAG Schleswig-Holstein BB 96, 1612; *v. Hoyningen-Huene/Linck* KSchG § 1 Rn 1030). Bei einer Widerspruchsfrist von nur einer Woche können keine zu hohen Anforderungen gestellt werden. Ein mündlich eingelegter Widerspruch reicht aber ebenso wenig wie bei der Erhebung von Bedenken (vgl. Rn 64) aus. Soweit Widerspruchsgründe nach Abs. 3 vorliegen, entfällt die Geltendmachung von Bedenken; Abs. 2 wird insoweit verdrängt. Der BR kann aber neben Widerspruchsgründen auch Bedenken aus anderen Gründen geltend machen (*Heinze* Rn 573 f.). Mit der abschließenden Stellungnahme des BR endet seine Beteiligung (vgl. BAG 19. 5. 83 AP Nr. 44 zu § 37 BetrVG 1972); es ist Sache des ArbN, ob er ggf. Kündigungsschutzklage erheben will.

Obwohl in Abs. 3 nicht vorgesehen, kann der BR auch einer **außerordentlichen** **72** **Kündigung** widersprechen, da der Widerspruch eine qualifizierte Art von Bedenken ist; allerdings bewirkt er grundsätzlich (Ausnahme s. Rn 105) nicht die Rechtsfolge des Abs. 5 (BAG 4. 2. 93 EzA § 626 BGB nF Nr. 144; *KR-Etzel* Rn 137; *Kania/Kramer* RdA 95, 287, 296).

Bei den **Widerspruchsgründen** handelt es sich in erster Linie um Gesichtspunkte **73** betriebsbedingter Kündigungen mit kollektivem Einschlag, die der BR wegen seines besseren Überblicks über die betrieblichen Geschehnisse leichter geltend machen kann als der einzelne ArbN. Insb. ist der einzelne ArbN vielfach überfordert, wenn er im Kündigungsschutzprozess auf betriebliche Fragen eingehen und Gesichtspunkte der sozialen Auswahl bei Kündigungen darlegen und beweisen soll (vgl. § 1 Abs. 3 letzter S. KSchG).

Beispiele für den Inhalt von Widerspruchsbegründungen:

74   Gegen die Kündigung wird Widerspruch eingelegt, weil Herr X schon 10 Jahre der Firma angehört und eine 5-köpfige Familie zu ernähren hat. In der Abteilung sind mehrere ArbN beschäftigt, die kürzere Zeit im Betrieb beschäftigt sind und keinen Unterhaltsverpflichtungen nachkommen müssen (vgl. Abs. 3 Nr. 1);

Gegen die Kündigung wird Widerspruch eingelegt, weil Herr X in der Abteilung ..., in der mehrere Arbeitsplätze nicht besetzt sind, weiterbeschäftigt werden kann (vgl. Abs. 3 Nr. 3); er ist in der Lage und bereit, nach kurzer Umschulung die dort anfallenden Arbeiten zu verrichten (vgl. Abs. 3 Nr. 4);

Gegen die Kündigung wird Widerspruch eingelegt, weil Herr X bereit ist, nach Stilllegung der Betriebsabteilung, in der er jetzt beschäftigt ist, eine Tätigkeit als Lagerarbeiter anzunehmen; im Lager sind mehrere Arbeitsplätze nicht besetzt (vgl. Abs. 3 Nr. 3 und 5).

VIII. Widerspruchsgründe

75   Die **Widerspruchsgründe des Abs. 3 decken sich** nach der Änderung des KSchG durch das G zu Reformen am Arbeitsmarkt (s. Rn 2a) hinsichtlich der sozialen Auswahl mit § 1 Abs. 3 S. 1 KSchG (s. Rn 2a, 33 ff.) zwar noch weitgehend, aber nicht mehr vollständig. Sie modifizieren zT die personen-, verhaltens- und betriebsbedingten Gründe für eine Kündigung nach § 1 Abs. 2 S. 1 KSchG. Soweit derartige Tatbestände schon nach § 1 Abs. 1, Abs. 2 S. 1, Abs. 3 eine Kündigungsschutzklage rechtfertigen, kann der **ArbN unabhängig von einem etwaigen Widerspruch des BR klagen** (BAG 13. 9. 73 AP Nr. 2 zu § 1 KSchG 1969; *DKK-Bachner* Rn 185; *GL* Rn 93; *Gift* ZfA 74, 135 f.; *v. Hoyningen-Huene/Linck* KSchG § 1 Rn 1018 ff., 1026 u. FS BAG, S. 264; **aA** *Blomeyer* Gedächtnisschrift Dietz S. 152 f.). Die Gegenmeinung würde nicht zu einer vom G gewünschten Erweiterung, sondern im Gegenteil zu einer Einschränkung des bisherigen individuellen Kündigungsschutzes führen, insb. wenn kein BR besteht. Für die auf § 1 Abs. 2 S. 1 KSchG gestützte Klage ist es daher unerheblich, ob zugleich ein den Widerspruch des BR begründender Tatbestand vorliegt und ein entspr. Widerspruch erhoben wird oder nicht.

76   Insoweit kommen nach der bisherigen Rspr. des BAG, die noch fortentwickelt werden könnte (vgl. *Gester/Zachert* Jahrbuch des Arbeitsrechts, Bd. 12, S. 100 und *GL* Rn 94), nach **§ 1 Abs. 2 S. 1 KSchG folgende Tatbestände** in Betracht: Versetzung oder Umsetzung innerhalb desselben Betriebes (BAG 28. 11. 68 AP Nr. 19 zu § 1 KSchG Betriebsbedingte Kündigung), Weiterbeschäftigung nach Umschulung oder Fortbildung (BAG 7. 5. 68 AP Nr. 18 aaO), einverständliche Änderung der Arbeitsbedingungen (BAG 12. 12. 68 AP Nr. 20 aaO), Versetzung in einen **anderen Betrieb des Unternehmens** (BAG 22. 11. 73, 27. 9. 84 AP Nr. 21 zu § 1 KSchG Betriebsbedingte Kündigung AP Nr. 8 zu § 2 KSchG 1969), aber **nicht des Konzerns** (BAG 14. 10. 82, 27. 11. 91 AP Nr. 1, 6 zu § 1 KSchG 1969 Konzern; BAG 23. 11. 04 AP Nr. 132 zu § 1 KSchG Betriebsbedingte Kündigung; vgl. aber Rn 87, wegen Weiterbeschäftigung im Rahmen eines Sozialplans §§ 112, 112a Rn 266).

77   Bei den Kündigungsgründen, die zu einem Widerspruch nach Abs. 3 führen können, wird es sich zwar in **erster Linie** um **betriebsbedingte Gründe** handeln. Ein Widerspruch des BR kommt aber auch bei **personenbedingten** (vgl. BAG 10. 3. 77 AP Nr. 4 zu § 1 KSchG 1969 Krankheit) und in einzelnen Fällen sogar **verhaltensbedingten** (verschuldeten) Kündigungsgründen in Betracht (vgl. BAG 16. 3. 78, 22. 7. 82 AP Nr. 15 zu § 102 BetrVG 1972; AP Nr. 5 zu § 1 KSchG 1969 Verhaltensbedingte Kündigung; LAG Köln EWiR § 1 KSchG 3/99, 515 m. abl. Anm. *Heckelmann; Richardi/Thüsing* Rn 147; *v. Hoyningen-Huene/Linck* KSchG § 1 Rn 1044; *KR-Etzel* Rn 146), wenn nämlich zu erwarten ist, dass das zu missbilligende Verhalten bei Einsatz auf einem anderen Arbeitsplatz entfällt (vgl. *Brox* FS BAG, S. 48; *Feichtinger* Rn 180; *Gester/Zachert* Jahrbuch des Arbeitsrechts, Bd. 12, S. 97; LAG Düsseldorf BB 76, 464 bei schuldlosen verhaltensbedingten Kündigungsgründen; *Heinze* Rn 553; *Großmann* DB 77, 1364; differenzierend *GL* Rn 64; **aA** *HSWGNR* Rn 107 ff.; *SWS* Rn 114). Die Widerspruchsgründe des Abs. 3 beschränken sich nicht auf bestimmte Kündigungsarten, sondern auf bestimmte Lebenssachverhalte (*Klebe* BB 80, 838).

Nach Abs. 3 **Nr. 1** kann der BR einer Kündigung trotz Vorliegens dringender be- **78** trieblicher Erfordernisse dann widersprechen, wenn der ArbGeb. bei der Auswahl des zu kündigenden ArbN **soziale Gesichtspunkte nicht oder nicht ausreichend** berücksichtigt hat. Da dieser Widerspruchsgrund nicht entspr. der Neufassung des § 1 Abs. 3 S. 1 KSchG (s. dazu Rn 2a, 33 ff.) auf die Gesichtspunkte Dauer der Betriebszugehörigkeit, Lebensalter, Unterhaltspflichten und Schwerbehinderung des ArbN eingeschränkt ist, sondern der weiter gefasste **Wortlaut** des bis zum 31. 12. 03 geltenden **§ 1 Abs. 3 S. 1 KSchG aF** beibehalten worden ist, kann der BR auch aus anderen, zB den in Rn 30 genannten bes. sozialen Gesichtspunkten widersprechen (so bereits zu der gleichlautenden Änderung des § 1 Abs. 3 S. 1 KSchG durch das ArbRBeschFG vom 25. 9. 96: *Nielebock* AiB 97, 88, 94; **aA** ErfK-*Kania* Rn 18). Die Rechte des BR sollten durch die Änderung des KSchG nicht geschmälert werden. Dies rechtfertigt sich auch aus der Tatsache, dass das Widerspruchsrecht des BR unabhängig von der Anwendbarkeit des KSchG besteht und die in § 2 Abs. 2 SGB III umschriebene Verantwortung des ArbGeb. für den Arbeitsmarkt (s. Rn 34) so eher realisiert werden kann. Des Weiteren kann der BR seinen Widerspruch darauf stützen, dass der ArbGeb. den Kreis der nach § 1 Abs. 3 S. 2 KSchG nF (s. Rn 2a, 35) aus der Sozialauswahl herausgenommenen ArbN zu weit gezogen hat (*Richardi* 7. Aufl. Rn 144). Der BR ist damit nicht gehindert, auch **andere bes. soziale Umstände** (wie zB Pflegebedürftigkeit naher Angehöriger, Familienstand, wirtschaftliche Lage, Nebenverdienst oder Einkünfte des Ehegatten, Alleinerziehung, Krankheit infolge eines Arbeitsunfalls oder einer gesundheitsgefährdenden Tätigkeit, Schwerbehinderteneigenschaft, Chancen auf dem Arbeitsmarkt) anzuführen (*Bost-Klatt* AiB 04, 208 f.; *Mareck* BB 00, 2042, 2043).

Vorstehendes gilt entsprechend bei Kündigungen durch den Insolvenzverwalter im **79** Rahmen der §§ 125, 126 InsO (s. Rn 3, 37 f.).

Bei Nr. 1 ist nur ein Vergleich zwischen den (austauschbaren) ArbN des **Betriebes 80** (auch eines Großbetriebes), nicht aber innerhalb des Unternehmens oder Konzerns vorzunehmen (BAG 22. 5. 86 AP Nr. 4 zu § 1 KSchG 1969 Konzern; BAG 18. 9. 03 AP Nr. 14 zu § 17 KSchG 1969; BAG 23. 3. 06 AP Nr. 13 zu § 1 KSchG 1969 Konzern; *DKK-Bachner* Rn 187; *Heinze* Rn 546; *Weller* ArbuR 86, 225, 230); dies gilt grundsätzl. auch dann, wenn sich der ArbGeb. ein betriebsübergreifendes Versetzungsrecht vorbehalten hat (BAG 2. 6. 05 DB 05, 2196; BAG 15. 12. 05 AP Nr. 76 zu § 1 KSchG 1969 Soziale Auswahl; s. aber dazu auch Rn 87; *Gaul/Bonani* NZA 06, 289, 291; zu Versetzungsklauseln s. *Dzida/Schramm* BB 07, 1221). Eine auf den gesamten Betrieb bezogene Sozialauswahl ist auch bei einer beabsichtigten **Teilbetriebsstilllegung** und einem vorgesehenen **Teilbetriebsübergang** vorzunehmen; die Vergleichbarkeit der ArbN in dem stillzulegenden und dem später übergehenden Betriebsteil wird nicht durch das Kündigungsverbot des § 613a Abs. 4 BGB ausgeschlossen (BAG 28. 10. 04 AP Nr. 69 zu § 1 KSchG 1969 mit zust. Anm. *Richter* EWiR § 1 KSchG 1/05, 263). Zur Vergleichbarkeit von ArbN im Hauptbetrieb und räuml. weit entfernter Betriebsstätte vgl. BAG 3. 6. 04 AP Nr. 141 zu § 102 BetrVG; zur Vergleichbarkeit generell vgl. BAG 17. 2. 00 AP Nr. 46 zu § 1 KSchG Soziale Auswahl; BAG 2. 2. 06 AP Nr. 142 zu § 1 KSchG Betriebsbedingte Kündigung; BAG 5. 6. 08 AP Nr. 179 zu § 1 KSchG 1969 Betriebsbedingte Kündigung. Bei einem

Gemeinschaftsbetrieb zweier oder mehrerer Unternehmen ist eine unternehmensübergreifende, jedenfalls auf den Gemeinschaftsbetrieb bezogene Auswahl vorzunehmen (BAG 5. 5. 94, 13. 9. 95 AP Nr. 23 zu § 1 KSchG 1969 Soziale Auswahl u. Nr. 7 zu § 1 KSchG 1969 Betriebsbedingte Kündigung; BAG 22. 3. 01 AP Nr. 59 zu Art. 101 GG; *Bonanni* S. 234 ff., 248 f.; *Lunck* NZA 05 Beilage 1, 41 ff.; **aA** *Annuß/Hohenstatt* NZA 04, 420 ff.). Dies gilt nur dann nicht, wenn der Gemeinschaftsbetrieb im Zeitpunkt der Kündigung entweder nicht mehr besteht (BAG 13. 9. 95 AP Nr. 72 zu § 1 KSchG 1969 Betriebsbedingte Kündigung; BAG 24. 2. 05 AP Nr. 4 zu § 1 KSchG 1969 Gemeinschaftsbetrieb) oder feststeht, dass einer der beiden Betriebe eines Gemeinschaftsbetriebs bei Ablauf der ArbN der Kündigungsfrist stillgelegt sein wird (BAG 27. 11. 03 AP Nr. 64 zu § 1 KSchG soziale Auswahl mit zust. Anm. *Balle* EWiR § 1 KSchG 3/04, 1101; BAG 24. 2. 05 aaO; *Lunck* NZA 05 Beilage 1, 41 ff.; *Schmädicke/Glaser/Altmüller* NZA 05, 393, 400). Dem ArbGeb. des stillzulegenden Betriebs fehlt es insoweit regelmäßig an der Durchsetzungsfähigkeit, seine ArbN im Betrieb des anderen Unternehmens weiterzubeschäftigen (BAG 23. 3. 06 AP Nr. 13 zu § 1 KSchG 1969 Konzern; 22. 9. 05 AP Nr. 1 zu § 323 UmwG, 18. 9. 03 AP Nr. 12 zu § 1 KSchG 1969 Konzern; BAG 27. 11. 03 aaO). Bleibt dagegen die einheitliche Leitungsstruktur erhalten, hat auch eine unternehmensübergreifende Sozialauswahl innerhalb des Gemeinschaftsbetriebs zu erfolgen (BAG 24. 2. 05 aaO; BAG 29. 11. 07 AP Nr. 95 zu § 1 KSchG 1969 Soziale Auswahl). Zur bes. kündigungsrechtlichen Situation bei Spaltung oder Teilübertragung eines Unternehmens s. § 322 und § 323 UmwG (dazu *Wlotzke* DB 94, 44; *Bauer/Lingemann* NZA 94, 1060; s. auch Rn 86). Zur präjudiziellen Bindungswirkung einer rechtskräftigen Entscheidung zum Vorliegen eines gemeinsamen Betriebes nach § 18 Abs. 2 s. dazu § 18 Rn 58.

81 Ggf. ist die Kündigung einerseits nach dem KSchG sozial ungerechtfertigt, zum anderen kann der BR aber schon vor Ausspruch einer Kündigung und einer evtl. Prüfung der Auswahl der gekündigten ArbN im Kündigungsschutzprozess Widerspruch einlegen, um den ArbGeb. entweder zu veranlassen, von der Kündigung des dafür vorgesehenen ArbN von vornherein abzusehen oder doch dem ArbN für die etwaige Prozessführung eine Hilfestellung zu geben (vgl. Abs. 4). Der betroffene ArbN wird oft nicht in der Lage sein, von sich aus die Belange der uU betroffenen ArbN bei der Auswahl zu kündigender ArbN zu überblicken. In Verbindung mit der auf Verlangen zu gebenden Auskunft des ArbGeb. über seine Gründe für die getroffene soziale Auswahl (§ 1 Abs. 3 S. 1 Halbs. 2 KSchG; vgl. Rn 30 ff. „Sozialdaten") kann dann der ArbN bzw. sein Rechtsbeistand prüfen, ob eine Kündigungsschutzklage Aussicht auf Erfolg hat. Die den ArbN nach § 1 Abs. 3 letzter S. KSchG treffende Beweislast wird dadurch erleichtert. Bei Widerspruch des BR nach Nr. 1 spricht der Beweis des ersten Anscheins für mangelnde soziale Auswahl (*Heinze* Rn 543). Der **BR** hat zwar die zugunsten des für die Kündigung vorgesehenen ArbN sprechenden Gesichtspunkte darzulegen, braucht aber **nicht** seinerseits **andere ArbN zu bezeichnen,** denen gekündigt werden könnte (LAG Niedersachsen DB 75, 1898; LAG Hamburg 25. 5. 10 AuA 11, 112; *DKK-Bachner* Rn 188; GK-*Raab* Rn 114; *KR-Etzel* Rn 151; *Düwell/Braasch* Rn 90; *Löwisch/Kaiser* Rn 55; *J/R/H-Jaeger* Kapitel 25 Rn 114; *Feichtinger* Rn 188; *Heinze* Rn 578; **aA** BAG 9. 7. 03 AP Nr. 14 zu § 102 BetrVG 1972 Weiterbeschäftigung; LAG Düsseldorf DB 76, 1065; *Richardi/Thüsing* Rn 186; *SWS* Rn 126; *HSWGNR* Rn 124; ErfK-*Kania* Rn 18). Nicht ausreichend ist dagegen die allgemeine Behauptung, es gäbe andere ArbN die weniger schutzbedürftig sind; der BR muss vielmehr den Personenkreis vergleichbarer ArbN zumindest anhand abstrakter Merkmale bezeichnen, so dass der ArbGeb. in der Lage ist, seine Auswahlentscheidung zu überprüfen (*KR-Etzel* Rn 151; *Düwell/Braasch* Rn 90; *Löwisch/Kaiser* Rn 55; *J/R/H-Jaeger* aaO; LAG Nürnberg NZA-RR 05, 255 ff.; ebenso BAG aaO, wonach die ArbN entweder vom BR konkret benannt sein oder anhand abstrakter Merkmale im Widerspruchsschreiben bestimmbar sein müssen; *Herresthal* Anm. zu BAG aaO in EzA 04 Nr. 1 zu § 102 Beschäftigungspflicht) Nach BAG aaO ist der BR hierzu auch dann verpflichtet, wenn der ArbGeb. dem BR selbst keine Sozialdaten anderer ArbN mitteilt, weil es nach seiner Auffassung keine vergleichbaren ArbN gibt (ebenso *KR-Etzel* § 102 Rn 153; *DKK-Bachner* Rn 189; **aA** *APS-Koch* § 102 Rn 194). Des Weiteren ist nach Auffassung des BAG aaO zur Begründung des Widerspruchs weiter **erforderlich,** dass der **BR plausibel darlegt,** warum ein anderer ArbN sozial weniger schutzbedürftig sei. Dabei reicht es aus, aufzuzeigen, welche Gründe aus seiner Sicht zu einer anderen Bewertung der sozialen Schutzwürdigkeit führen; nicht aufgeführt werden müssen die einzelnen Sozialdaten iSd. § 1 Abs. 3 S. 1 KSchG. Zu weitgehend dagegen die Anforderung an einen ordnungsgemäßen Widerspruch des BR im Fall des Vorliegens mehrerer Kündigungen, wonach der BR den Widerspruch für jede einzelne Kündigung so formulieren muss, dass er jeweils andere weniger schutzwürdige ArbN bestimmt bzw. bestimmbar bezeichnet (so aber BAG aaO; ablehnend *Herresthal* Anm. zu BAG aaO in EzA 04 Nr. 1 zu § 102 Beschäftigungspflicht).

Soweit in einem Betrieb **AuswahlRL** nach § 95, insb. über die fachlichen, persönlichen und sozialen Gesichtspunkte bestehen, nach denen erforderliche Kündigungen vorzunehmen sind, berechtigt der Tatbestand einer Kündigung unter Verstoß gegen diese RL den BR, nach **Nr. 2** Widerspruch einzulegen, sofern sich diese RL im Rahmen des § 75 des § 1 KSchG als auch des AGG halten (vgl. § 95 Rn 12, 22 ff.). Dies gilt insb., wenn in einer AuswahlRL festgelegt ist, dass bestimmte Vorgänge (Personaldaten in PIS) nicht zu Personalentscheidungen herangezogen werden dürfen. Aufgrund der Neuregelung in § 1 Abs. 4 KSchG, nach der die gerichtliche Überprüfbarkeit der Sozialauswahl auf grobe Fehlerhaftigkeit beschränkt wird (s. Rn 2 a), wenn zwischen ArbGeb. und BR in einer BV nach § 95 (s. auch dort Rn 22 ff.), die in § 1 Abs. 3 S. 1 KSchG genannten sozialen Gesichtspunkte und ihre Wertigkeit zueinander festgelegt sind, kommt dem Widerspruch nach Nr. 2 erhöhte Bedeutung zu (vgl. *Richardi / Thüsing* Rn 158). Eine AuswahlRL, die einen der sozialen Gesichtspunkte nach § 1 Abs. 3 Satz 1 KSchG nicht oder so gering bewertet, dass er in fast allen denkbaren Fällen nicht mehr den Ausschlag geben kann, erfüllt nicht die gesetzlichen Vorgaben des § 1 Abs. 4 KSchG; in diesen Fällen kann sich der ArbGeb. nicht auf den eingeschränkten Prüfungsmaßstab der groben Fehlerhaftigkeit berufen (BAG 18. 10. 06 AP Nr. 86 zu § 1 KSchG 1969 Soziale Auswahl). BR unter Verstoß gegen § 95 Abs. 1 aufgestelltes Punkteschema führt für sich alleine nicht zur Unwirksamkeit der Kündigung (BAG 6. 7. 06 AP Nr. 48 zu § 95 BetrVG 1972; BAG 9. 11. 06 AP Nr. 87 zu § 1 KSchG 1969 Soziale Auswahl; *Hidalgo / Häberle-Haug / Stubbe* DB 07, 914; *Bonanni / Naumann* BB 06, 549). Bei der Berufung auf eine fehlerhafte Sozialauswahl bei Vollzug eines zulässigen Punktesystems muss sich der Auswahlfehler konkret auf den jeweils gekündigten ArbN auswirken (Aufgabe der Rspr. zum sog. Domino-Effekt: BAG 9. 11. 06 aaO). Zur Zulässigkeit von Altersgruppenbildungen im Rahmen eines Punkteschemas nach AGG s. Rn 35.

Abs. 3 **Nr. 3** gibt ein Widerspruchsrecht, wenn der ArbN zwar nicht mehr an seinen bisherigen Arbeitsplatz, aber doch auf einem **anderen, freien** (*DKK-Kittner / Bachner* Rn 198; *Heinze* Rn 551; *Meisel* Rn 521) **Arbeitsplatz des Betriebes** im Wege der Versetzung **weiterbeschäftigt werden könnte** (wegen der Darlegungslast im Kündigungsschutzprozess vgl. BAG 3. 2. 77 AP Nr. 4 zu § 1 KSchG 1969 Betriebsbedingte Kündigung). Dabei muss der BR einen freien Arbeitsplatz möglichst konkret, zumindest in bestimmbarer Weise angeben; ein allgemeiner Hinweis auf irgendeine Beschäftigungsmöglichkeit oder der Hinweis auf die Überbrückung von Personalengpässen im Betrieb durch werkvertragliche Beauftragung eines Subunternehmers reicht für einen ordnungsgem. Widerspruch nicht aus (BAG 17. 6. 99 DB 99, 2012 mit kr. Anm. *Thannheiser* AiB 00, 165; BAG 11. 5. 00 AP Nr. 13 zu § 102 BetrVG Weiterbeschäftigung; *Mareck* BB 00, 2042, 2044). Als Widerspruchsgrund i. S. der Nr. 3 dürfte der Hinweis auf ein nicht durchgeführtes Eingliederungsmanagement nach § 84 Abs. 2 SGB IX dann nicht ausreichend sein, wenn nicht zugleich damit eine dadurch bedingte konkrete anderweitige Beschäftigungsmöglichkeit angegeben wird (vgl. LAG Nürnberg 5. 9. 06 DB 07, 752). Es sind auch in absehbarer

82

83

Zeit nach Ablauf der Kündigungsfrist freiwerdende Arbeitsplätze zu berücksichtigen (BAG 15. 12. 94 AP Nr. 66, 67 zu § 1 KSchG 1969 Betriebsbedingte Kündigung, BAG 1. 3. 07 DB 07, 1540; *Feichtinger* Rn 201). Hierzu zählen z. B. von LeihArbN besetzte Arbeitsplätze (vgl. ArbG Stuttgart NZA-RR 97, 260; LAG Berlin-Brandenburg 3. 3. 09 DB 09, 1353, wenn sie als Dauerarbeitsplätze zu qualifizieren sind; *DKK-Bachner* Rn 198; *Stahlhacke/Preis* Rn 1006; *Kittner/Däubler/Zwanziger* § 1 KSchG Rn 373; einschränkend *v. Hoyningen-Huene/Linck* § 1 KSchG Rn 751: nur bei vorübergehender Beschäftigung; *Gaul/Ludwig* DB 10, 2334, 2338. Nicht frei i. d. S. sind Beschäftigungsvolumina, die über „Rahmenverträge" ausschließlich zur Abdeckung vorhandenen Vertretungsbedarfs bestehen (vgl. BAG 1. 3. 07 aaO). Befristete Arbeitsverhältnisse können als „frei werdende" Arbeitsplätze angesehen werden, wenn dieser Arbeitsplatz nach den Planungen des ArbGeb. auch nach Ablauf der Befristung weiter bestehen soll (vgl. dazu *Gehlhaar* DB 08, 1831). Konkurrieren in einem Betrieb mehrere zur Kündigung anstehende ArbN um die Weiterbeschäftigung auf dem einzig freien Arbeitsplatz, so hat sich der ArbGeb. unter Beachtung der Grundsätze der Sozialauswahl nach § 1 Abs. 3 KSchG für einen der betroffenen ArbN zu entscheiden (BAG 15. 12. 94 – 2 AZR 320/94 aaO; kr. dazu *Schiefer* NZA 95, 662). Ein Anspruch auf **Beförderung** besteht dagegen nicht; die Weiterbeschäftigungspflicht besteht nur hinsichtlich gleich- und geringwertiger Arbeitsplätze (BAG 23. 11. 04 AP Nr. 70 zu § 1 KSchG 1969 – Soziale Auswahl *APS/Kiel* § 1 Rn 610ff., 631; **aA** *Houben* NZA 08, 851, 855, wonach der ArbGeb. auch einen höherwertigen Arbeitsplatz anbieten muss, wenn kein gleichwertiger Arbeitsplatz existiert und der ArbN das Anforderungsprofil eines höherwertigen Arbeitsplatzes erfüllt.

84   Einer evtl. erforderlich werdenden **Versetzung** in einen anderen Betrieb wird dann neben dem BR des aufnehmenden Betriebes der des abgebenden Betriebes nur bei Erforderlichkeit einer Änderungskündigung zuzustimmen haben, also nicht bei Zustimmung des ArbN zur Versetzung. Sind diese Zustimmungen nicht zu erreichen, so entfällt ein Widerspruchsrecht (vgl. § 99 Rn 170f.; nach *Heinze* Rn 555 bleibt das Widerspruchsrecht des BR des abgebenden Betriebes von der Zustimmung des einzelnen ArbN zur Versetzung unabhängig). Allerdings wird der BR des abgebenden Betriebes, der einer Kündigung widersprochen hat, der Versetzung nicht die Zustimmung verweigern können. Damit würde er sich mit seinem eigenen Verhalten jedenfalls dann in Widerspruch setzen, wenn der ArbGeb. einem konkreten Versetzungsvorschlag des BR folgt (*GL* Rn 67; *GK-Raab* Rn 121; *Heinze* Rn 556; *HSWGNR* Rn 137; **aA** *DKK-Bachner* Rn 205). Wird der Betrieb stillgelegt und soll der ArbN in einen anderen Betrieb versetzt werden, ist der BR des stillgelegten Betriebs nicht im Rahmen seines Restmandats zu beteiligen (BAG 8. 12. 09 – 1 ABR 41/09 – NZA 11, 665).

85   Ausdrücklich ist auch eine Weiterbeschäftigung in einem **anderen Betrieb des Unternehmens** in Betracht zu ziehen; dies gilt ganz allgemein auch ohne Widerspruch des BR (BAG 17. 5. 84, 27. 9. 84, 24. 6. 04, 23. 11. 04 AP Nr. 21 zu § 1 KSchG 1969 Betriebsbedingte Kündigung, AP Nr. 8 zu § 2 KSchG 1969, AP Nr. 76 zu § 1 KSchG 1969, AP Nr. 132 zu § 1 KSchG Betriebsbedingte Kündigung; *DKK-Bachner* Rn 193; *Weller* ArbuR 86, 225; vgl. auch Rn 76 u. wegen Weiterbeschäftigung bei Betriebsänderungen § 112 Abs. 5 Nr. 2 S. 2, dort Rn 266ff.). Konkurrieren mehrere zur Kündigung anstehende ArbN verschiedener Betriebe des Unternehmens um einen freien Arbeitsplatz in einem dieser Betriebe, so hat der ArbGeb. die sozialen Belange der betr. ArbN zumindest nach § 315 BGB (§ 1 Abs. 3 KSchG ist **betriebsbezogen**) mit zu berücksichtigen (BAG 15. 12. 94 – 2 AZR 320/94 aaO [Rn 83]; *Bachner* NZA 06, 1309; *Haas/Salomon* NZA 06, 1192).

86   Führen die an einer Spaltung oder Teilübertragung nach dem UmwG beteiligten Unternehmen einen Betrieb gemeinsam (§ 322 UmwG), so sind außer den Weiterbeschäftigungsmöglichkeiten im **Gemeinschaftsbetrieb** die in den anderen Betrieben der am Gemeinschaftsbetrieb beteiligten Unternehmen maßgebend (*Wlotzke* DB

95, 44; s. auch Rn 80; **aA** *Bonanni* S. 244; einschränkend auf die Betriebe des Vertragsarbeitgebers: KR-*Friedrich* §§ 322, 323, 324 UmwG Rn 51; *APS-Kiel* § 1 KSchG Rn 589). Generell für eine Weiterbeschäftigungsmöglichkeit auf freien Arbeitsplätzen im gemeinsamen Betrieb, auch wenn sie zu demjenigen Teil des Betriebs gehören, der von einem anderen Unternehmen in den gemeinsamen Betrieb „eingebracht" worden ist *Gaul/Kühnreich* BB 03, 254, 255.

Eine Weiterbeschäftigung in einem anderen Betrieb des **Konzerns** ist nur aus 87 nahmsweise bei einem arbeitsvertraglich ohnehin vorgesehenen **konzernweiten Einsatz** des ArbN (s. dazu § 5 Rn 219 ff.; *Kiel/Koch* Rn 826) oder bei entspr. **Selbstbindung** (formlose Zusage, Inaussichtstellen einer Weiterbeschäftigung im Konzern) des ArbGeb. zu berücksichtigen, wenn dieser einen **bestimmenden Einfluss** auf die Versetzung des ArbN innerhalb des Konzerns hat (BAG 14. 10. 82, 21. 1. 99, 18. 9. 03, 23. 3. 06 AP Nr. 1, 9, 12, 13 zu § 1 KSchG 1969 Konzern; BAG 23. 11. 04 AP Nr. 132 zu § 1 KSchG Betriebsbedingte Kündigung; *DKK-Bachner* Rn 195; *Richardi/Thüsing* Rn 168; *Stahlhacke* DB 94, 1361, 1367; *Gaul/Kühnreich* BB 03, 254, 256; grundsätzlich zum konzerndimensionalen Kündigungsschutz *Helle* Konzernbedingte Kündigungsschranken bei Abhängigkeit u. Beherrschung durch Kapitalgesellschaften 1989, S. 88 ff.; zur Weiterbeschäftigung in multinationalen Konzernen *Eser* BB 94, 1991). Für die Frage des bestimmenden Einflusses ist es unerheblich, ob die Möglichkeit der Einflussnahme auf Grund eindeutiger rechtlicher Regelungen (zB Beherrschungsvertrag) oder eher nur faktisch besteht (BAG 18. 9. 03 AP Nr. 12 zu § 1 KSchG Konzern; BAG 23. 11. 04 AP Nr. 132 zu § 1 KSchG Betriebsbedingte Kündigung). Beruft sich der ArbN auf eine anderweitige Beschäftigungsmöglichkeit im Konzern, so muss er auch dann konkret aufzeigen, wie er sich dies in einem anderen Konzernunternehmen vorstellt (BAG 20. 1. 94, 23. 3. 06 AP Nr. 8, 13 zu § 1 KSchG 1969 Konzern). Der Weiterbeschäftigungspflicht steht nicht entgegen, dass der ArbN ein erst nach Ausspruch der Kündigung erfolgtes Arbeitsplatzangebot eines Konzernunternehmens abgelehnt hat (BAG 23. 11. 04 AP Nr. 132 zu § 1 KSchG Betriebsbedingte Kündigung). Für eine entspr. Anwendung dieser Ausnahmeregelung bez. **Beschäftigungsgesellschaften** *DKK-Bachner* Rn 196. Im Fall einer außerordentlichen Kündigung eines ordentlich unkündbaren ArbN ist der ArbGeb verpflichtet, für eine Weiterbeschäftigung auf einem andern freien Arbeitsplatz im Konzern zu sorgen, wenn er dazu durch TV verpflichtet ist (BAG 10. 5. 07 NZA 07, 1278).

Die Grundsätze der Rn 87 gelten auch dann, wenn sich ein ArbN in einem dem 88 deutschen Recht unterliegenden Vertrag verpflichtet, seine **Arbeitsleistung** im Rahmen eines ergänzenden Dienstvertrages mit einem **ausländischen, konzernzugehörigen Unternehmen** zu erbringen, und sich der Vertragspartner vorbehält, dem ArbN selbst Weisungen und dienstliche Anordnungen zu erteilen und jederzeit ein anderes zum Konzern gehörendes Unternehmen für den weiteren Auslandseinsatz des ArbN zu bestimmen. Dann ist der Vertragspartner selbst ArbGeb. und hat bei der Kündigung deutsches Kündigungsschutzrecht zu beachten. Beruft sich nun der ArbGeb. darauf, für den ArbN sei die bisherige Beschäftigungsmöglichkeit bei dem konzernzugehörigen Unternehmen weggefallen, so hat er dies nicht nur darzulegen und ggf. zu beweisen, sondern auch für fehlende Einsatzmöglichkeiten bei anderen konzernzugehörigen Unternehmen, bei denen der ArbN vereinbarungsgemäß beschäftigt werden könnte, eine gesteigerte Darlegungslast (BAG 21. 1. 99 AP Nr. 9 zu § 1 KSchG Konzern; *Kraft* SAE 99, 272; *Lingemann/Steinau-Steinrück* DB 99, 2161). Vgl. zu dieser Problematik auch *Wisskirchen/Bissels* DB 07, 340.

Grundsätzlich sollen die **Arbeitsbedingungen** unverändert bleiben, jedenfalls aber 89 nicht verschlechtert werden. Notfalls kommt aber nach Nr. 4 auch eine Weiterbeschäftigung nach Umschulung (Rn 91) oder unter geänderten Vertragsbedingungen in Betracht (vgl. Nr. 5, unten Rn 95).

Ist eine Weiterbeschäftigung auf dem **bisherigen Arbeitsplatz** möglich, zB Be 90 schäftigung in einer anderen Schicht, so besteht erst recht ein Widerspruchsgrund (wie hier: LAG Düsseldorf DB 80, 2043; *DKK-Bachner* Rn 200; *Brox* FS BAG, S. 39, 50; *Heinze* Rn 541, 550; *KR-Etzel* Rn 164; **aA** BAG 12. 9. 85 AP Nr. 7 zu § 102 BetrVG 1972 Weiterbeschäftigung; ähnlich LAG München BB 94, 1287; LAG Nürnberg NZA-RR 05, 255, 257; ErfK-*Kania* Rn 20; *Richardi/Thüsing* Rn 164; *Meisel* Rn 523; wie hier, aber nur bei Beschäftigungsmöglichkeit in einer anderen Schicht: GK-*Raab* Rn 116, *HSWGNR* Rn 132, *Richardi/Thüsing* Rn 166). Der Widerspruchsgrund gilt auch, wenn eine Änderungskündigung zur Einführung variabler Arbeitszeit (Teilzeitarbeit) ausgesprochen werden soll (*DKK-Bachner* Rn 200; *Klevemann* AiB 86, 160).

91	Der Widerspruchsgrund nach **Nr. 4** ergänzt subsidiär den der Nr. 3 und steht in Zusammenhang mit § 97 Abs. 2 (s. dazu Rn 92). Sofern und soweit zB Rationalisierungsmaßnahmen durchgeführt werden, soll der ArbGeb. die an den bisherigen Betriebsanlagen beschäftigten ArbN nicht ohne weiteres mit der Begründung entlassen, sie seien zur Bedienung neuer Maschinen nicht geeignet. Der ArbGeb. muss dem ArbN Gelegenheit zur Einarbeitung auf die neuen technischen Arbeitsbedingungen geben. Der BR kann einer Kündigung widersprechen, wenn der ArbGeb. nicht zunächst **Umschulungs- oder Fortbildungsmaßnahmen** (s. hierzu *Gaul* BB 95, 2422) durchführt, damit der ArbN den neuen Arbeitsbedingungen gerecht werden kann (vgl. auch die Beteiligungsrechte des BR nach §§ 96–98 u. die Unterrichtungs- u. Erörterungspflicht des ArbGeb. gegenüber dem ArbN nach § 81 Abs. 4). Derartige Maßnahmen sind regelmäßig schon im Zusammenhang mit der Einschaltung des BR bei der technischen Planung gem. § 90 und im Rahmen der Personalplanung (§ 92) zu erörtern. Nur wenn dem **ArbGeb.** aus besonderen betrieblichen Gründen oder auch Gründen in der Person des ArbN die Umschulung **nicht zumutbar** ist, weil sie in angemessener Zeit offenbar keinen Erfolg verspricht, der ArbN nicht zustimmt (vgl. *Heinze* Rn 558, der eine Zustimmung des ArbN erst im Kündigungsschutzprozess für ausreichend ansieht) oder zum Zeitpunkt der Beendigung der Umschulung voraussichtlich kein freier Arbeitsplatz vorhanden sein wird (GK-*Raab* Rn 132; *Bost-Klatt/Fuhrmann* AiB 05, 413, 415; vgl. auch BAG 7. 2. 91 AP Nr. 1 zu § 1 KSchG 1969 Umschulung; LAG Nürnberg NZA-RR 05, 255, 257), kann davon abgesehen werden (vgl. auch *DKK-Bachner* Rn 208 ff.; ErfK-*Kania* Rn 21; *Richardi/Thüsing* Rn 172 f.). Der BR hat dann kein Widerspruchsrecht gegen die Kündigung, vorbehaltlich einer möglichen Weiterbeschäftigung des ArbN nach Vertragsänderung gem. Nr. 5. Die Widerspruchsgründe nach Nr. 3 u. 4 können auch zusammen gegeben sein, wenn Umschulungsmaßnahmen die Weiterbeschäftigung in einem **anderen Betrieb des Unternehmens** ermöglichen (GK-*Raab* Rn 127; *DKK-Bachner* Rn 215; *Richardi/Thüsing* Rn 172; für Umsetzung nur im bisherigen Beschäftigungsbetrieb: *HSWGNR* Rn 139; *Meisel* Rn 529).

92	Zwischen dem Widerspruchsrecht nach Nr. 4 und dem mit dem BetrVerf-ReformG neu eingeführten **MBR** nach **§ 97 Abs. 2** bestehen **Wechselwirkungen.** Mittels dieses MBR ist der BR bei durch Maßnahmen des ArbGeb. entstehenden Qualifikationsdefiziten von ArbN in der Lage, für diese **präventiv** betriebliche Berufsbildungsmaßnahmen durchzusetzen mit dem Ziel, dass die betroffenen ArbN geschult, umgeschult oder fortgebildet werden und ihre Verwendung auf dem bisherigen Arbeitsplatz oder im Rahmen ihrer bisherigen Tätigkeit gesichert wird. Diese präventive MB hat gegenüber dem repressiven Widerspruchsrecht der Nr. 4 den Vorteil, dass es erst gar nicht zur Kündigung kommen muss und der BR den ArbGeb. nicht erst im Nachhinein auf Umschulungs- oder Fortbildungsmaßnahmen verweisen kann (s. § 97 Rn 10).

93	Kündigt ein ArbGeb. unter Missachtung des MBR nach § 97 Abs. 2, so ist die Kündigung zwar nicht unwirksam, weil die Beachtung des MBR nicht Wirksamkeitsvoraussetzung einer Kündigung ist; jedoch steht dem BR dann ein **Unterlassungsanspruch,** also das Recht zu, vom ArbGeb. zu verlangen, bis zum Abschluss des MBVerfahrens den Ausspruch der Kündigung zu unterlassen (§ 97 Rn 36 f. mwN). Da das MBR nach § 97 Abs. 2 keinen kollektiven Tatbestand voraussetzt

(s. § 97 Rn 16), kann der BR den Unterlassungsanspruch auch dann geltend machen, wenn nur einzelne ArbN betroffen sind.

Hat der BR trotz Vorliegens der tatbestandlichen Voraussetzungen des § 97 Abs. 2 **94** sein MBR zur Einführung von betrieblichen Berufsbildungsmaßnahmen **nicht ausgeübt,** so kann er dennoch einer hiermit zusammenhängenden Kündigung widersprechen. Die Untätigkeit des BR kann **nicht** als **Verzicht** auf das Widerspruchsrecht der **Nr. 4** gewertet werden. Anders verhält es sich nur dann, wenn der BR dem ArbGeb. gegenüber unmissverständlich zum Ausdruck gebracht hat, dass er von seinem MBR nach § 97 Abs. 2 keinen Gebrauch machen werde (s. § 97 Rn 34).

Ist eine Weiterbeschäftigung des ArbN zu gleichen Vertragsbedingungen nach **95** Nr. 3 oder 4 nicht möglich, so kann der BR gleichwohl hilfsweise einer Kündigung mit dem Ziel der Lösung des Arbeitsverhältnisses noch widersprechen (Abs. 3 **Nr. 5**), wenn wenigstens noch eine **Beschäftigung unter geänderten, auch ungünstigeren Bedingungen** möglich ist. Dann muss aber der **ArbN einverstanden** sein und zwar gegenüber dem BR (*Heinze* Rn 562). Darüber muss sich der BR vergewissern, bevor er Widerspruch gegen eine beabsichtigte Kündigung des ArbGeb. einlegt (vgl. *DKK-Bachner* Rn 220; GK-*Raab* Rn 134; *HSWGNR* Rn 150). Der BR kann durch die Erhebung des Widerspruchs von sich aus die Initiative ergreifen (*Richardi/ Thüsing* Rn 177). Eines vorherigen Angebots des ArbGeb. zur Änderung der Vertragsbedingungen bedarf es nicht (*Wank* RdA 87, 129, 140). Einen derartigen Sachverhalt erfasst Nr. 5 offenbar gar nicht, weil dann dieser Widerspruchsgrund gar nicht Platz greifen würde (*Heinze* Rn 567). Bietet vielmehr der ArbGeb. dem ArbN geänderte Arbeitsbedingungen an (vgl. auch Rn 9) und geht dieser vorbehaltlos darauf ein, so kommt kein MBR nach § 102, wohl aber uU nach § 99 in Betracht. Ein Widerspruch des BR wäre nur wegen des etwa noch streitigen Umfangs der Änderungen möglich (*Meisel* Rn 530), wenn der BR meint, der ArbN könne noch günstigere Bedingungen erreichen, als sie ihm vorgeschlagen sind.

Das **Einverständnis des ArbN kann auch nur bedingt** erfolgen, dh vorbehalt- **96** lich der gerichtlichen Nachprüfung der sozialen Rechtfertigung der Änderungen im Kündigungsschutzprozess (vgl. Rn 9 ff.; *DKK-Bachner* Rn 221; *KR-Etzel* Rn 173; GK-*Raab* Rn 135; *Richardi/Thüsing* Rn 178; ErfK-*Kania* Rn 22; **aA** *Heinze* Rn 563 f.; *Meisel* Rn 530; *GL* Rn 77; *HSWGNR* Rn 150; *Wank* RdA 87, 141, falls die Initiative nicht vom ArbGeb. ausgeht). Dann hat der ArbGeb. eine Änderungskündigung auszusprechen. Kündigt er gleichwohl dem ArbN, ohne die Fortsetzung des Arbeitsverhältnisses zu geänderten Bedingungen anzubieten, so führt der Widerspruch des BR dazu, dass diese Kündigung bei Vorliegen des Tatbestandes der Nr. 5 sozial ungerechtfertigt ist.

Der Widerspruch des BR ist unbegründet, wenn er nur auf die Möglichkeit der **97** Einführung von **Kurzarbeit** verweist (ErfK-*Kania* Rn 22; *HSWGNR* Rn 149; LAG Düsseldorf DB 74, 2113; LAG Hamm 8. 3. 83, BB 83, 1349; *Vollmer* DB 82, 1933; *Wank* aaO; **aA** ArbG Mannheim BB 83, 1031; ArbG Bocholt BB 82, 1938; *DKK-Bachner* Rn 219; vgl. auch BAG 17. 10. 80, 15. 6. 89 AP Nr. 10, 45 zu § 1 KSchG 1969 Betriebsbedingte Kündigung). Insoweit liegt aber ein kollektiver Tatbestand vor, der zu einer Initiative des BR nach **§ 87 Abs. 1 Nr. 3** führen kann und damit betriebsbedingte Kündigungen überflüssig macht; das MBR des BR dient auch der Erhaltung der Arbeitsplätze (vgl. BAG 4. 3. 86 AP Nr. 3 zu § 87 BetrVG 1972 Kurzarbeit; ähnlich *GL* Rn 78; *Richardi/Thüsing* Rn 176; *Heinze* Rn 566; vgl. auch § 87 Rn 159). Wohl aber ist ein Widerspruchsgrund gegeben, wenn der betroffene ArbN zusammen mit bestimmten Arbeitskollegen bereit ist, zur Teilzeitarbeit überzugehen oder Überstunden abzubauen, um die Arbeit zu „strecken" (abl. *Heinze* aaO). Die Nichtbeachtung von entsprechenden Änderungsvorschlägen des BR nach **§ 92 a** führt grundsätzl. nicht zur Beschränkung des Kündigungsrechts. Das Verfahren nach § 92 a kann jedoch je nach Ausgestaltung einer danach getroffenen Vereinbarung zur Konkretisierung des kündigungsrechtlichen ultima-ratio-Grundsatzes führen (BAG 18. 10. 06 AP Nr. 1 zu § 92 a BetrVG 1972).

IX. Kündigung durch Arbeitgeber

98　　Der ArbGeb. kann zwar **trotz Widerspruchs des BR** eine **ordentliche Kündigung aussprechen,** wird also in seiner Entscheidungsfreiheit (s. dazu *Preis* NZA 95, 241; *v. Hoyningen-Huene* NZA 94, 1009) anders als durch § 99 nicht unmittelbar beschränkt. Das gilt erst recht, wenn lediglich Bedenken geltend gemacht werden. Materiell gesehen stellen die Widerspruchsgründe des Abs. 3 Nr. 2–5 aber zugleich **zT neue Tatbestände einer sozial ungerechtfertigten** und damit unwirksamen **Kündigung** dar, sofern sie vom BR frist- und formgerecht geltend gemacht werden und die Widerspruchsgründe tatsächlich bestehen. Deren Fehlen hat der ArbGeb. im individuellen Kündigungsschutzprozess zu beweisen. Das ArbG kann uU einen anderen Widerspruchsgrund für gegeben erachten als der BR (§ 1 Abs. 2 S. 2, 3 KSchG: „aus einem dieser Gründe"; aA für Zustimmungsverweigerungsgründe nach § 99: BAG 3. 7. 84 AP Nr. 20 zu § 99 BetrVG 1972; *Hanau* BB 72, 454 Fn 20).

99　　Nimmt der **BR den Widerspruch** (nach Zugang der Kündigung) **zurück,** so kann sich der ArbN im Kündigungsschutzprozess weiterhin auf § 1 Abs. 2 S. 2, 3 KSchG berufen (*GL* Rn 86; *GK-Raab* Rn 111; *Richardi / Thüsing* Rn 188, 213; *KR-Etzel* Rn 139). Die **Rücknahme** ist also weitgehend **unbeachtlich** und hat auch keinen Einfluss auf den Weiterbeschäftigungsanspruch (*HSWGNR* Rn 112; *Richardi / Thüsing* Rn 188; *KR-Etzel* Rn 140; *Meisel* Rn 498, 557). Wohl ist es aber zulässig, dass der ArbGeb. mit Einverständnis des BR eine weitere Kündigung (auch die des Weiterbeschäftigungsverhältnisses) ausspricht (aA *Brinkmeier* ArbuR 05, 46 f.).

100　　Um dem ArbN die Führung des Rechtsstreits zu erleichtern, verpflichtet Abs. 4 den **ArbGeb.** bei Ausspruch einer Kündigung trotz Widerspruchs des BR, dem ArbN zugleich **eine Abschrift der Stellungnahme des BR** zuzuleiten. Der Anspruch auf Unterrichtung nach Abs. 4 ist nicht davon abhängig, dass der ArbN unter das KSchG fällt (*DKK-Bachner* Rn 223; *HSWGNR* Rn 155). Unterlässt der ArbGeb. dies, so ist die Kündigung deshalb nicht unwirksam; es kommen aber Schadensersatzansprüche des ArbN in Betracht, zB wenn er von einer Klageerhebung abgesehen hätte und nun Prozess- und Rechtsanwaltskosten zu tragen hat (*GL* Rn 84; *Richardi / Thüsing* Rn 191; *ErfK-Kania* Rn 28; *Heinze* Rn 580; für Unwirksamkeit der Kündigung, da es sich um eine formelle Kündigungsvoraussetzung handele: *Düwell* NZA 88, 866; *Berkowsky,* Änderungskündigung § 14 Rn 91; *Schütte* NZA 11, 263, 265 mw.N) und ggf. ein Verfahren gegen den ArbGeb. nach § 23 Abs. 3, insb. bei ständiger Unterlassung der Mitteilung (*DKK-Bachner* Rn 224). Der ArbN hat einen, uU noch im Kündigungsschutzprozess durchsetzbaren Anspruch auf Überlassung der Stellungnahme (nach *Heinze* Rn 532 f. soll der ArbGeb. verpflichtet sein, dem ArbN auch vom BR geäußerte Bedenken mitzuteilen).

101　　Für eine erfolgreiche **Klageerhebung des ArbN** nach dem **KSchG** ist allerdings Voraussetzung, dass das **KSchG** überhaupt für ihn **gilt** (Mindestdauer des Arbeitsverhältnisses von sechs Monaten, kein Kleinbetrieb nach § 23 Abs. 1 S. 2 und 3 KSchG; zu den betr. Änderungen s. Rn 2a; *Bader* NZA 99, 64, 66; *Preis* RdA 99, 311, 312). Hierbei ist zu beachten, dass nach dem Beschluss des BVerfG v. 27. 1. 98 (NZA 98, 470) als „Betrieb" iSd. § 23 Abs. 1 KSchG der ArbGeb., bzw. das Unternehmen zu verstehen ist, also für die dort genannte Schwelle die ArbNZahl des Unternehmens maßgeblich ist (*Kittner* NZA 99, 731; *Preis* RdA 99, 311, 313; *Gragert / Kreutzfeldt* NZA 99, 567, 569; einschr. *Falder* NZA 99, 1254, 1257; s. auch Rn 48). Die Kündigungsschutzklage ist binnen drei Wochen nach Zugang der schriftlichen Kündigung zu erheben (§ 4 KSchG), andernfalls diese als von Anfang an rechtswirksam gilt (§ 7 KSchG); dies gilt auch für ArbN, die nicht unter das KSchG fallen (*Stahlhacke / Preis / Vossen* Rn 1725; *APS-Ascheid / Hesse* § 4 KSchG Rn 11). Erhebt der BR keinen Widerspruch, so kann der ArbN gleichwohl geltend machen, die Kündigung sei bereits nach § 1 Abs. 2 S. 1 KSchG sozialwidrig (vgl. Rn 75).

Nimmt der ArbGeb. die Kündigung zurück, so entfällt nicht das Rechtsschutzinte- **102** resse des ArbN an der Fortführung des Kündigungsschutzprozesses. Er kann auch danach noch den Auflösungsantrag nach § 9 KSchG stellen (BAG 29. 1. 81, 26. 11. 81, 19. 8. 82 AP Nr. 6, 8, 9 zu § 9 KSchG 1969).

X. Vorläufige Weiterbeschäftigung des Arbeitnehmers

Bei einer **ordentlichen Kündigung,** der der BR widersprochen hat, gibt Abs. 5 **103** dem betroffenen ArbN das Recht, von der Erhebung der Kündigungsschutzklage an seine **Weiterbeschäftigung** auch nach Ablauf der Kündigungsfrist **bis zum rechtskräftigen Abschluss des Kündigungsschutzprozesses** zu verlangen (grundsätzlich zum Weiterbeschäftigungsanspruch *Haas* NZA-RR 08, 57; *Gussone* ArbuR 94, 245; *ders.* AiB 94, 34; *v. Hoyningen-Huene/Linck* DB 93, 1185; *Künzl* ArbuR 93, 389; *Pallasch* BB 93, 2225; kein Schriftformerfordernis nach § 14 Abs. 4 iVm § 21 TzBfG – findet nur Anwendung auf vertragl. Befristungs- und Bedingungsabreden s. dazu auch *Bengelsdorf* NZA 05, 277 ff., 280; generell zu vertragl. Befristungs- und Bedingungsabreden iR der Weiterbeschäftigung bis zum Abschluss des Kündigungsschutzprozesses (BAG 22. 10. 03 AP Nr. 6 zu § 14 TzBfG), und zwar zu unveränderten Arbeitsbedingungen (vgl. Rn 114; wegen Ausnahmen vgl. unten Rn 117). Auf die Wirksamkeit oder Unwirksamkeit der Kündigung kommt es nicht an. Der Beschäftigungsanspruch nach Abs. 5 ist davon unabhängig (*Boewer* NZA 88, 1; *Schrader/Straube* RdA 06, 98, 101). Bis zum Ablauf der Kündigungsfrist hat der ArbN kraft Arbeitsvertrages einen Beschäftigungsanspruch, soweit dem nicht überwiegende und schwerwiegende Interessen des ArbGeb. entgegenstehen (BAG 19. 8. 76 AP Nr. 4 zu § 611 BGB Beschäftigungspflicht; dazu und zur möglichen formularmäßigen Abbedingung *Fischer* NZA 04, 233 ff.). Gewinnt er den Kündigungsschutzprozess, so besteht das bisherige Arbeitsverhältnis nahtlos fort, was allerdings erst nach gerichtlicher Entscheidung feststeht (*Heinze* Rn 606 ff. geht bei Vorliegen der drei gesetzlichen Voraussetzungen [Rn 106] davon aus, dass der Gesetzgeber von der Wahrscheinlichkeit des Weiterbestehens des gekündigten Arbeitsverhältnisses ausgeht und deshalb der Weiterbeschäftigungsanspruch gegeben ist). Verliert der ArbN, so bestand vom Ablauf der Kündigungsfrist an ein **besonderes gesetzliches,** durch die rechtskräftige Abweisung der Kündigungsschutzklage auflösend bedingtes **Beschäftigungsverhältnis** mit dem bisherigen Vertragsinhalt (ähnlich: *GL* Rn 97; *HSWGNR* Rn 176; *Haas* NZA-RR 08, 57; *Lepke* DB 75, 499; *Meisel* Rn 567 für faktisches Arbeitsverhältnis; BAG 12. 9. 85 AP Nr. 7 zu § 102 BetrVG 1972 Weiterbeschäftigung; *Richardi/Thüsing* Rn 204 u. *KR-Etzel* Rn 215 für Fortbestehen des bisherigen Arbeitsverhältnisses). Es ist von den Erfolgsaussichten des Kündigungsschutzprozesses unabhängig. Der ArbGeb. kann evtl. aber Befreiung von der Weiterbeschäftigungspflicht verlangen (vgl. Rn 117). Zur Sonderproblematik der Weiterbeschäftigung des betriebl. **Datenschutzbeauftragten** s. LAG Erfurt RDV 96, 195; ArbG Erfurt RDV 96, 39 (aufgeh.); 97, 88 m. Anm. *Jaspers; Ostrowicz* RDV 95, 112.

Spricht der ArbGeb. **neben einer außerordentlichen Kündigung zugleich** **104** **hilfsweise eine ordentliche** aus, so ist diese Möglichkeit nach Anhörung des BR zu beiden Kündigungen zwar individualrechtlich gegeben, schließt aber die Konsequenzen des Abs. 5 nicht aus. Eine ordentliche Kündigung, die nach § 1 Abs. 2 S. 2, 3 KSchG angegriffen wird, ist eine Kündigung mit vorläufiger Beschäftigungsgarantie, die nicht deshalb entfallen kann, weil zugleich auch außerordentlich gekündigt wird. Will der ArbGeb. die Weiterbeschäftigung unbedingt vermeiden, so darf er **nur außerordentlich kündigen** (ArbG Aachen EzA § 102 BetrVG 1972 Nr. 2; *DKK-Bachner* Rn 249; *Kittner/Däubler/Zwanziger* Rn 249; *Gester/Zachert* Jahrbuch aaO, S. 104; *WW* Rn 44; **aA** *HSWGNR* Rn 167; *MünchArbR-Matthes* § 357 Rn 4; *Richardi/Thüsing* Rn 209; *ErfK-Kania* Rn 32; *KR-Etzel* Rn 198; *Meisel* Rn 537). Allerdings wird eine außerordentliche Kündigung meist auf verhaltensbedingte Grün-

de gestützt, bei denen im Allgemeinen ein Widerspruch des BR nicht in Betracht
kommen wird (vgl. aber Rn 77).

105   Spricht der ArbGeb. nur eine **außerordentliche Kündigung** aus, so besteht kein
Weiterbeschäftigungsanspruch, es sei denn, sie wird gegenüber einem an sich (zB auf
Grund TV oder Arbeitsvertrag) unkündbaren ArbN **befristet** ausgesprochen (zur
Gesamtproblematik *Kania/Kramer* RdA 95, 287). Hier ist Abs. 5 entspr. anzuwenden,
da die befristet außerordentliche Kündigung an die Stelle einer ansonsten auszuspre-
chenden ordentlichen Kündigung tritt (BAG 4. 2. 93 EzA § 626 BGB nF Nr. 144;
Kania/Kramer RdA 95, 287, 296, s. auch § 103 Rn 14 ff.).

1. Voraussetzungen

106   **Voraussetzung des Anspruchs auf Weiterbeschäftigung** ist, dass
a) der **BR der Kündigung** frist- und formgerecht aus einem der Gründe des Abs. 3
   widersprochen hat, wobei die Widerspruchsgründe nicht „einleuchtend" zu sein
   brauchen (vgl. Rn 70, 120; *Heinze* Rn 593; LAG Köln 24. 11. 05 juris). Das gilt
   auch für den Widerspruchsgrund nach Nr. 5, weil der ArbGeb. keine geänderten
   Arbeitsbedingungen angeboten hat, der ArbN aber gegenüber dem BR seine Bereitschaft erklärt hat, zu geänderten Bedingungen weiter zu arbeiten (vgl. Rn 95).
b) der **ArbN** binnen drei Wochen nach der Kündigung **Klage nach § 4 KSchG**
   mit dem Feststellungsantrag **erhoben** hat, dass das Arbeitsverhältnis durch die
   Kündigung nicht aufgelöst ist. Bei Änderungskündigungen (vgl. Rn 9 ff.) entfällt
   der Weiterbeschäftigungsanspruch zu den bisherigen Bedingungen, wenn der
   ArbN unter Vorbehalt mit der Änderung einverstanden ist (hM vgl. *Heinze*
   Rn 595; *KR-Etzel* Rn 199 d; offengelassen BAG 18. 1. 90 AP Nr. 27 zu § 2
   KSchG 1969).
c) der ArbN neben der Klageerhebung noch **ausdrücklich die vorläufige Weiter-
   beschäftigung verlangt.** Der BR kann die Weiterbeschäftigung nicht verlangen.
   Dieser Antrag muss noch innerhalb der Kündigungsfrist gestellt werden (LAG
   Hamm DB 76, 1917; nach BAG 11. 5. 00 AP Nr. 13 zu § 102 BetrVG Weiterbe-
   schäftigung reicht Anbieten der Arbeitskraft in Person u. Verlangen der Weiterbeschäftigung am ersten Arbeitstag nach Ablauf der Kündigungsfrist aus, ebenso
   ArbG Frankfurt mit zust. Anmerkung *Backmeister* AiB 03, 374; LAG München
   NZA-RR 05, 312; LAG Berlin-Brandenburg ArbR 10, 349; *Schrader/Straube* RdA
   06, 98, 102); ist diese kürzer als die Klagefrist von 3 Wochen nach dem KSchG,
   jedenfalls spätestens mit Klageerhebung (*HSWGNR* Rn 175; *KR-Etzel* Rn 209;
   MünchArbR-Wank § 121 Rn 21; *SWS* Rn 172; keine zeitliche Beschränkung
   nehmen *DKK-Bachner* Rn 261, GK-*Raab* Rn 173, *Düwell/Braasch* Rn 104,
   MünchArbR-Matthes § 357 Rn 10; *Berkowsky*, Änderungskündigung § 14 Rn 98
   u. *Richardi/Thüsing* Rn 221 an; nach LAG München NZA-RR 05, 312 begründet
   das Zuwarten von bis zu dreieinhalb Monaten zumindest keine Dringlichkeit iSd
   Erlass einer einstweiligen Verfügung). Der ArbN kann seine Weiterbeschäftigung
   auch schon vor Ablauf der Kündigungsfrist verlangen, wenn ihn der ArbGeb. von
   der Arbeit freistellen will; denn sonst entstünde eine Lücke in der Beschäftigung
   (*Braasch* BB 76, 320; *Schrader/Straube* RdA 06, 98, 102). Das Weiterbeschäftigungsverlangen muss ausdrücklich gestellt werden; nicht ausreichend ist dass ArbN
   durch Zugang zum alten Arbeitsplatz ohne Kenntnis des Personalstelle nach Ablauf
   der Kündigungsfrist weiterarbeitet (LAG München NZA-RR 05, 312).
107   Der Anspruch auf vorläufige **Weiterbeschäftigung entfällt,** wenn der ArbN wegen zu kurzer Betriebszugehörigkeit **noch nicht unter das KSchG fällt** (oder das
   KSchG wie bei Heimarbeitern von vornherein keine Anwendung findet, *KR-Etzel*
   Rn 11; *DKK-Bachner* Rn 255; *Richardi/Thüsing* Rn 216; *Haas* NZA-RR 08, 57, 59;
   aA *KR-Etzel* § 102 Rn 205 a), er **keine Kündigungsschutzklage** erhebt, oder seinerseits einen **Auflösungsantrag nach § 9 KSchG stellt** (GK-*Raab* Rn 170; *Richar-
   di/Thüsing* Rn 219; **aA** *DKK-Bachner* Rn 256). In den beiden letzteren Fällen will der

ArbN ohnehin nicht im Betrieb bleiben. Dann besteht auch kein schutzwertes Interesse an vorläufiger Weiterbeschäftigung (hM, vgl. *Schaub* NJW 81, 1807; **aA** für den Fall des Auflösungsantrags *Heinze* Fn 891). Ein Auflösungsantrag des ArbGeb. ist ohne Bedeutung. Auch kann der Verzicht eines ArbN auf die Beschäftigung während der Kündigungsfrist ggf. zum Wegfall der Weiterbeschäftigung nach Ablauf der Kündigungsfrist führen (*Fischer* NZA 04, 233, 235).

Liegen die Voraussetzungen des § 102 Abs. 5 nicht vor (insb. wenn kein BR besteht bzw. dieser nicht widerspricht), so kann der ArbN gleichwohl nach dem grundlegenden Beschluss des **GS des BAG** vom **27. 2. 1985** (AP Nr. 14 zu § 611 BGB Beschäftigungspflicht) seine Weiterbeschäftigung im Allgemeinen verlangen, wenn er Kündigungsschutzklage erhoben und in 1. Instanz vor dem ArbG ein obsiegendes Urteil erstritten hat. Dieser Beschäftigungsanspruch besteht dann regelmäßig, bis eine etwa gegenteilige Entscheidung des LAG oder des BAG ergehen sollte. Wird ein für den ArbN obsiegendes Urteil rechtskräftig, so hat er den allgemein anerkannten Anspruch auf Beschäftigung während des zweifelsfrei bestehenden Arbeitsverhältnisses (zum Beschluss des Großen Senats bzw. zum allgemeinen Beschäftigungsanspruch vgl. *Berkowsky* Betriebsbedingte Kündigung § 11 Rn 6 ff.; *Stahlhacke/Preis/Vossen* Rn 2113 ff.; *DKK-Bachner* Rn 242; *Richardi/Thüsing* Rn 260 ff.; *Schrader/Straube* RdA 06, 98, 103; *Weber/Weber* RdA 07, 344 ff.). Dieser Anspruch besteht auch bei Streit über die Wirksamkeit einer Befristung des Arbeitsverhältnisses (BAG 13. 6. 85 AP Nr. 19 zu § 611 BGB Beschäftigungspflicht). Wegen Weiterbeschäftigungsanspruch bei wiederholter Kündigung vgl. BAG 19. 12. 85 AP Nr. 17 aaO; zur Rückabwicklung u. Bestimmung des Wertes der auf Grund des allgemeinen Weiterbeschäftigungsanspruchs erbrachten Arbeitsleistung s. BAG 12. 2. 92 AP Nr. 9 zu § 611 BGB Weiterbeschäftigung, m. Anm. *Künzl* ArbuR 93, 126. Zur Frage Schriftformerfordernis nach § 14 Abs. 4 iVm § 21 TzBfG, insbesondere bei freiwilligem Weiterbeschäftigungsangebot während des Kündigungsschutzverfahrens durch ArbGeb. vgl. *Bengelsdorf* NZA 05, 277 ff.; BAG 22. 10. 03 AP Nr. 6 zu § 14 TzBfG).

Der Anspruch nach Abs. 5 besteht bei **verspätet eingereichter Klage** jedenfalls bis zur Entscheidung des ArbG nach § 5 KSchG auf nachträgliche Zulassung der Klage (*DKK-Bachner* Rn 258; *WW* Rn 42; **aA** *Richardi/Thüsing* Rn 217; *Heinze* Rn 594; *ErfK-Kania* Rn 33; *GL* Rn 102; *KR-Etzel* Rn 207; *HSWGNR* Rn 168; *GK-Raab* Rn 171): diese Autoren wollen einen Weiterbeschäftigungsanspruch erst vom Zeitpunkt der Zulassung der verspäteten Klage an gewähren; dann war aber uU das Arbeitsverhältnis schon tatsächlich unterbrochen.

Nimmt der ArbN die **Kündigungsschutzklage zurück,** so entfällt damit der Anspruch auf Weiterbeschäftigung, ebenso mit Ablauf der Kündigungsfrist einer **weiteren ordentlichen Kündigung,** der der BR nicht widerspricht bzw. gegen die der ArbN keine Kündigungsschutzklage erhebt (*DKK-Bachner* Rn 303, 306; *Richardi/Thüsing* Rn 219, 236; *KR-Etzel* Rn 208; **aA** *Brinkmeier* AuR 05, 46 f.). Dasselbe gilt, wenn nunmehr der ArbN kündigt.

Während des Weiterbeschäftigungsverhältnisses kann auch der die Weiterbeschäftigung verlangende ArbN nicht jederzeit die Arbeit einstellen, wenn nicht die Voraussetzungen des § 626 BGB für ihn gegeben sind. Auch er muss die Kündigungsfristen einhalten, da das Arbeitsverhältnis zu den bisherigen Arbeitsbedingungen weitersteht; dazu gehört auch die Einhaltung der Kündigungsfristen (hM; *DKK-Kittner/Bachner* Rn 301).

Verlangt der ArbN **keine vorläufige Weiterbeschäftigung,** so kann er nach **Obsiegen** im Kündigungsschutzprozess **gleichwohl in den Betrieb zurückkehren,** aber auch nach § 12 KSchG ein inzwischen eingegangenes anderes Arbeitsverhältnis fortsetzen und die Wiederaufnahme der Arbeit binnen einer Woche gegenüber dem alten ArbGeb. ablehnen. Wegen Anrechnung von Zwischenverdienst auf den vom ArbGeb. geschuldeten Lohn vgl. § 11 KSchG. Abs. 5 gibt dem **ArbN eine echte Wahlmöglichkeit** (wie hier *DKK-Bachner* Rn 275; *Richardi/Thüsing* Rn 258; *Heinze* Rn 623 Fn 948). Es kommt vielmehr darauf an, ob die Voraussetzungen des

§ 11 KSchG gegeben sind. Nach st. Rspr. genügt die Erhebung der Kündigungsschutzklage, um den Annahmeverzug des ArbGeb. herbeizuführen. Diese Rechtsstellung des einzelnen ArbN wird durch die zusätzliche Möglichkeit, nach Abs. 5 die Weiterbeschäftigung zu verlangen, verbessert, aber nicht verschlechtert. Der ArbN behält daher, falls er die Kündigungsschutzklage gewinnt, seinen Lohnanspruch im Grundsatz auch dann, wenn er das Angebot des ArbGeb. auf vorläufige Weiterbeschäftigung abgelehnt hat (im Ergebnis auch *Heinze* Rn 625). Dieses Angebot bezieht sich nicht auf das gekündigte Arbeitsverhältnis. Allerdings ist er wegen der Anrechnungsvorschrift des § 11 KSchG uU gezwungen, auf das Angebot des ArbGeb. einzugehen (vgl. auch *Denck* NJW 83, 255; BAG 15. 1. 86 AP Nr. 66 zu § 1 LohnFG; BAG 24. 9. 03 AP Nr. 4 zu § 11 KSchG 1969; LAG Hamm DB 86, 1394). Zum Fall der Änderungskündigung und Fragen der Zumutbarkeit s. BAG 16. 6. 04 AP Nr. 11 zu § 615 BGB Böswilligkeit mit Anm. *Hennings* EWiR § 11 KSchG 1/05 35 und *Sandmann* RdA 05, 247 ff.; BAG 11. 1. 06 AP Nr. 113 zu § 615 BGB; *Lüderitz/ Pawlak* NZA 11, 313). Je nach den konkreten Umständen des Einzelfalls kann auch die objektiv vertragswidrige Arbeit zumutbar sein (vgl. BAG 7. 2. 07 AP Nr. 12 zu § 615 BGB Böswilligkeit unter Aufgabe der Rspr. vom 3. 12. 1980 AP Nr. 4 zu § 615 BGB Böswilligkeit).

113   Wird der ArbN vorläufig weiterbeschäftigt und gewinnt er die Kündigungsschutzklage, so dauert das Arbeitsverhältnis nahtlos fort. Wird dagegen seine **Klage abgewiesen**, so **endet** das besondere gesetzliche Beschäftigungsverhältnis **mit der Rechtskraft des Urteils** ohne erneute Kündigung bzw. Kündigungsfrist (*Richardi/ Thüsing* Rn 225). Der Lohn ist bis zu diesem Zeitpunkt weiterzuzahlen, auch wenn der ArbGeb. den ArbN trotz dessen Verlangens nicht beschäftigt hat (*Richardi/Thüsing* Rn 230; *Schrader/Straube* RdA 06, 98, 101).

2. Unveränderte Arbeitsbedingungen

114   Der ArbN ist zu unveränderten Arbeitsbedingungen weiterzubeschäftigen. Das bedeutet zunächst **Weiterzahlung des** bisherigen **Arbeitsentgelts** einschließlich zwischenzeitlich gewährter allgemeiner Lohnerhöhungen, der Beiträge zur Sozialversicherung u. zu Unterstützungskassen, aber ohne Anspruch auf nunmehr erst entstehende Leistungen, die an eine ununterbrochene Betriebszugehörigkeit anknüpfen, zB Gratifikationen, Jubiläumsgelder, „Unkündbarkeit", Ruhegeld (vgl. *Heinze* Rn 620 u. Fn 942; zweifelnd für jeden einzelnen Punkt des ArbVerh. *Haas* NZA-RR 08, 57, 58). Diese sind nachzuzahlen, wenn der Kündigungsschutzprozess gewonnen wird. Der ArbN ist außerdem wie bisher im Betrieb **tatsächlich zu beschäftigen** (hM; BAG 26. 5. 77 AP Nr. 5 zu § 611 BGB Beschäftigungspflicht; *Richardi/Thüsing* Rn 228). Im Einverständnis mit dem ArbN kann hiervon abgewichen werden (zB nur Lohnzahlung; *Willemsen/Hohenstatt* DB 95, 215). Der ArbN ist nach Sinn und Zweck der Vorschrift **nicht schlechter, aber auch nicht besser zu stellen** als in einem ungekündigten Arbeitsverhältnis. Demnach sind Umsetzungen auf einen gleichwertigen Arbeitsplatz möglich. Die Beschäftigungspflicht – nicht die Lohnzahlungspflicht – entfällt wie auch in einem nicht gekündigten Arbeitsverhältnis ausnahmsweise, wenn dem zwingende betriebliche (zB Wegfall jeder Beschäftigungsmöglichkeit) oder persönliche Gründe entgegenstehen (vgl. *GL* Rn 110; *Richardi/Thüsing* Rn 229; *Gester/Zachert* Jahrbuch des Arbeitsrechts, Bd. 12, S. 100; *HSWGNR* Rn 178; *KR-Etzel* Rn 228; *Kittner/Däubler/Zwanziger* Rn 247, 293; **aA** *Willemsen/Hohnstatt* aaO, die bei Unmöglichkeit der Weiterbeschäftigung eine Befreiung des ArbGeb. auch von der Entgeltzahlungspflicht annehmen). Grundsätzlich hat jeder ArbN einen **Anspruch auf Beschäftigung** (vgl. BAG GS 27. 2. 85 AP Nr. 14 zu § 611 BGB Beschäftigungspflicht; hM). Abs. 5 soll die Weiterbeschäftigung im Kündigungsfall sichern, damit der Arbeitsplatz für den gekündigten ArbN bis zur rechtskräftigen Entscheidung auch tatsächlich erhalten bleibt.

Während dieses besonderen gesetzlichen Beschäftigungsverhältnisses besteht das **115** **Wahlrecht** zum BR **fort** (vgl. § 7 Rn 33 f.; *DKK-Bachner* Rn 274; *HSWGNR* Rn 180; *Otto* RdA 75, S. 72; *GL* Rn 112; *KR-Etzel* Rn 221). Diese Beschäftigungs- zeit ist bei negativem Ausgang des Kündigungsschutzprozesses aber nicht auf die Dauer der Betriebszugehörigkeit anzurechnen, was zB für die Frage der Unkündbar- keit oder die Zahlung von Jubiläums- oder Ruhegeld eine Rolle spielen kann (vgl. Rn 114; *GL* Rn 109; *HSWGNR* Rn 179; **aA** *DKK-Bachner* Rn 272; *GK-Raab* Rn 175; *Richardi/Thüsing* Rn 232).

Der ArbN kann den Weiterbeschäftigungsanspruch im Wege der Klage im **Ur-** **116** **teilsverfahren** und im Wege der **einstw. Vfg.** durchsetzen (hM; LAG Nürnberg BB 93, 444; LAG Düsseldorf DB 93, 1680; *Brox* FS BAG S. 52; *DKK-Bachner* Rn 266; *Dütz* DB 78 Beil. 13; *GK-Raab* Rn 183; *HSWGNR* Rn 184; *Richardi/* *Thüsing* Rn 239; *KR-Etzel* Rn 222; *Haas* NZA-RR 08, 57, 59). Der Verfügungsan- spruch ist bei Vorliegen der drei Voraussetzungen der Rn 106 ohne weiteres gegeben, als Verfügungsgrund (drohender Verlust des Arbeitsplatzes) genügt zB die Glaubhaft- machung der vorgesehenen neuen Besetzung des Arbeitsplatzes durch einen anderen ArbN (vgl. LAG Köln NZA 84, 300; *Heinze* Rn 610 f.; ausführlich zur einstw. Vfg. LAG München NZA 94, 997; LAG München NZA-RR 05, 312; LAG Nürnberg NZA-RR 05, 255; kein Erfordernis zur Glaubhaftmachung des Verfügungsgrundes: LAG Berlin-Brandenburg ArbR 10, 349; *ErfK-Kania* Rn 36; *APS-Koch* Rn 213 mwN; zur Bestimmtheit des Weiterbeschäftigungsurteils als Vollstreckungstitel ist Bezeichnung der Tätigkeit des ArbN erforderlich, LAG Frankfurt BB 93, 1740; LAG Berlin BB 93, 732; LAG Rheinland-Pfalz NZA-RR 05, 550). Die Vollstreckung er- folgt gem. § 888 ZPO durch Verhängung von Zwangsgeld gegen den ArbGeb. (*GL* Rn 113; kein Zwangsgeld bei „Weiterbeschäftigung" eines freigestellten BR-Mit- glieds, LAG Berlin aaO; vgl. auch § 101 Rn 8 u. unten Rn 121). Das Verfahren wird zweckmäßig mit dem Kündigungsschutzprozess, ein Verfahren des ArbN auf einstw. Vfg. mit einem etwaigen gegenteiligen Antrag des ArbGeb. nach Abs. 5 S. 2 (vgl. Rn 121) verbunden. Schadensersatzansprüche des ArbGeb. gem. § 945 ZPO wegen einer letzthin zu Unrecht erwirkten einstw. Vfg. auf Weiterbeschäftigung gibt es nicht (*Heinze* Rn 630; vgl. auch nach § 1 Rn 73). Zur zwangsweisen Durchsetzung des Weiterbeschäftigungsanspruchs durch den ArbN im Insolvenzverfahren des ArbGeb. vgl. *Gaumann/Liebermann* NZA 05, 908 ff.

3. Entbindung des Arbeitgebers von der Weiterbeschäftigung

Der ArbGeb. braucht ausnahmsweise den ArbN trotz dessen Verlangens nicht vor- **117** läufig weiter zu beschäftigen, wenn ihn das **ArbG** auf Grund einer von ihm bean- tragten **einstw. Vfg. im Urteilsverfahren** (hM; *Richardi/Thüsing* Rn 249 mwN; vgl. auch Rn 116), **von der Verpflichtung zur Weiterbeschäftigung entbindet** (Abs. 5 S. 2). Der ArbGeb. kann sein Verlangen auch in einem Verfahren des ArbN auf Erlass einer **einstw. Vfg.** auf Beschäftigung einredeweise durch Widerspruch oder Berufung gegen eine dem Antrag des ArbN stattgebende einstw. Verf. geltend machen (*Dütz* DB 78, Beil. 13, S. 9; *Heinze* Rn 639; **aA** *GL* Rn 113; *Rieble* BB 03, 844, 849; ArbG Düsseldorf 27. 9. 83, BB 84, 675: zwei getrennte Verfahren). Bis dahin ist der ArbN weiterzubeschäftigen. Dem Antrag hat das ArbG, das gemäß § 937 Abs. 2, § 944 ZPO in dringenden Fällen ohne mündliche Verhandlung durch den Vorsitzenden allein entscheiden kann (hM), stattzugeben, wenn **einer der drei** **folgenden Tatbestände** (ohne dass es auf weitere Voraussetzungen nach der ZPO ankäme) vorliegt und vom **ArbGeb. glaubhaft gemacht** wird:

a) Die Kündigungsschutzklage hat nach vorläufiger Prüfung der Rechtslage **keine** **118** **hinreichende Aussicht auf Erfolg** oder erscheint gar mutwillig. Das ArbG hat das gesamte Vorbringen des ArbN zu würdigen (ArbG Passau BB 92, 928 zum Fall, dass ArbN nach verlorener 1. Instanz des Kündigungsschutzprozesses die Er- folgsaussichten der Berufung wegen neuer Gesichtspunkte glaubhaft machen kann), nicht nur die Widerspruchsgründe des BR. Diese Beurteilungsgrundsätze stimmen mit denen überein, die nach § 114 ZPO bei der Prüfung des Antrags auf Prozesskostenhilfe anzulegen sind und ggfs. zu deren Ablehnung führen (ArbG Stuttgart ArbuR 93, 222 u. NZA-RR 97, 260; *DKK-Bachner* Rn 286; *Richardi/Thüsing* Rn 244; *Stahlhacke/Preis/Vossen* Rn 2107).

119 b) Die Weiterbeschäftigung des ArbN würde zu einer **unzumutbaren** wirtschaftlichen **Belastung des ArbGeb.** führen. Der Weiterbeschäftigungsanspruch kann ausnahmsweise entfallen, wenn der Weiterbeschäftigung zwingende betriebliche oder persönliche Gründe entgegenstehen und der ArbN demgegenüber kein besonderes, vorrangig berechtigtes Interesse an der tatsächlichen Weiterbeschäftigung hat (BAG 15. 3. 01 AP Nr. 46 zu § 4 KSchG 1969 mwN). Dieser Sachverhalt wird nur ganz ausnahmsweise (Kündigung einer größeren Anzahl von ArbN aus betriebsbedingten Gründen und deshalb Wegfall jeder Beschäftigungsmöglichkeit) gegeben sein, weil dem ArbGeb. bei vorläufiger Weiterbeschäftigung des ArbN ja auch dessen Arbeitskraft zur Verfügung steht (*Meisel* Rn 578; *Heinze* Rn 646; *GL* Rn 120 u. *KR-Etzel* Rn 226) und er andererseits dem ArbN regelmäßig auch den Lohn weiterzahlen müsste, wenn er nicht weiterbeschäftigt wird, sofern dieser den Rechtsstreit gewinnt (§ 615 BGB). Die Tatsache, dass der ArbGeb. den ArbN nicht mehr benötigt, reicht allein nicht aus. Denn das ist bei jeder betriebsbedingten Kündigung der Fall (*HSWGNR* Rn 196). Die wirtschaftlichen Belastungen des ArbGeb. müssen so schwerwiegend sein, dass die wirtschaftliche Existenz des Betriebes durch die Lohnfortzahlung infrage gestellt ist (*Richardi/Thüsing* Rn 246; LAG Hamburg 2. 11. 01 AiB 03, 496; für jeden Fall gesondert zu prüfen LAG München NZA-RR 05 312; auf die Liquidität und Wettbewerbsfähigkeit abstellend: *Rieble* BB 03, 844, 848; *Berkowsky*, Änderungskündigung § 14 Rn 103; *Stahlhacke/Preis/Vossen* Rn 2108; *Thannheiser* AiB 09, 44, 46 mit Hinweis auf ArbG Hamburg 3. 4. 08 – 9 Ga 12/08; LAG Hamburg 16. 5. 01 mwN NZA-RR 02, 25, 27; s. dazu auch *Haas* NZA-RR 08, 57, 61 ff.). Das kann in kleineren Betrieben der Fall sein, in größeren Betrieben allenfalls, wenn eine größere Anzahl von ArbN entlassen werden muss (ArbG Stuttgart ArbuR 93, 222), insb. bei Stilllegung des ganzen Betriebes oder doch einer größeren Betriebsabteilung (ErfK-*Kania* Rn 39; zu weitgehend *Willemsen/Hohenstatt* DB 95, 215, 218 ff., die die Zahlengrenzen des § 17 KSchG idR für die Annahme einer unzumutbaren Belastung des ArbGeb. ausreichen lassen; so auch *Rieble* BB 03, 844, 848 der zurecht auf den unterschiedlichen Regelungsgehalt und -zweck der Normen verweist; differenzierend LAG Hamburg aaO mit zust. Anmerkung *Goergens* in AiB 03, 496 mit Verweis auf unterschiedliche Rspr. innerhalb des LAG). Ggf. ist bei einem **Gemeinschaftsbetrieb** eine Weiterbeschäftigung in den anderen Betrieben der am Gemeinschaftsbetrieb beteiligten Unternehmen (s. Rn 86) oder ausnahmsweise im **Konzern** zu beachten (s. Rn 87, s. dazu insbs. LAG Hamburg aaO mit zust. Anmerkung *Goergens* AiB 03, 496; *DKK-Bachner* Rn 294; zur konzernbezogenen Beurteilung der wirtschaftlichen Belastbarkeit des ArbGeb. [„Durchgriffshaftung"] s. BAG 15. 1. 91 AP Nr. 21 zu § 113 BetrVG 1972; 6. 10. 92 AP Nr. 5 zu § 1 BetrAVG Konzern; *DKK-Bachner* Rn 294). Zur Frage der Unmöglichkeit der Leistung im Fall der Zwangsvollstreckung des auf Weiterbeschäftigung gerichteten Titels vgl. LAG Köln NZA-RR 02, 214; LAG Schleswig-Holstein NZA-RR 04, 409 f.).

120 c) Der **Widerspruch** des BR ist zwar formell ordnungsgemäß, aber aus rechtlichen oder tatsächlichen Gründen **offensichtlich unbegründet** (LAG München NZA-RR 05, 312; wegen Begründungspflicht des BR vgl. Rn 71 f., s. auch BAG 9. 7. 03 AP Nr. 14 zu § 102 BetrVG 1972 Weiterbeschäftigung unter Rn 81). Dieser Tatbestand hängt meist mit der mangelnden Erfolgsaussicht einer Kündigungsschutzklage zusammen, da die Widerspruchsgründe und die Gründe für eine mangelnde soziale Rechtfertigung einer Kündigung zum großen Teil identisch sind. Hier ist aber erforderlich, dass der Widerspruch „offensichtlich" unbegründet ist (oder infolge der tatsächlichen Entwicklung im Betrieb wird), dh die Grundlosigkeit muss sich bei unbefangener Beurteilung geradezu aufdrängen (zB der BR hat nur allgemeine Bedenken geltend gemacht, da die Kündigung aus schuldhaftem Verhalten des ArbN erfolgte; bei personenbedingter Kündigung wird mangelnde soziale Auswahl gerügt [LAG Düsseldorf DB 75, 1995]; es bestanden gar keine RL nach § 95; der Arbeitsplatz, auf dem der umzusetzende ArbN beschäftigt werden soll, ist bereits besetzt, *Richardi/Thüsing* Rn 247). Offensichtlich unbegründet ist ein Widerspruch auch, wenn die **tatsächlichen Voraussetzungen** für den geltend gemachten Widerspruch offensichtlich **nicht** gegeben sind, es also keiner Beweiserhebung bedarf (ArbG Stuttgart NZA-RR 97, 260). Auf die Erfolgsaussichten der Kündigungsschutzklage selbst kommt es aber nicht an.

Es dürfte aber nicht richtig sein, mit dem LAG Berlin (DB 74, 1629 sowie *Dütz* **121** DB 78, Beil. 13, S. 9) eine einstw. Vfg. mangels Rechtsschutzinteresses von vornherein mit der Begründung abzulehnen, es liege ein unbeachtlicher Widerspruch vor, so dass ohnehin kein Weiterbeschäftigungsanspruch bestehe (wie hier LAG Baden-Württemberg BB 75, 43; LAG Hamm DB 79, 1232; ArbG Frankfurt AiB 03, 374 mit zust. Anm. *Backmeister* ebenda; *GL* Rn 122; *GK-Raab* Rn 191; *HSWGNR* Rn 200; *KR-Etzel* Rn 232). Im Interesse der Rechtssicherheit muss der ArbGeb. die Frage seiner Weiterbeschäftigungspflicht einer materiellen gerichtlichen Entscheidung zuführen können, evtl. mit dem Hilfsantrag, dass eine Verpflichtung zur Weiterbeschäftigung nicht besteht (GK-*Raab* Rn 191; *HSWGNR* Rn 200; *Mareck* BB 00, 2042, 2043). Der Antrag ist deshalb nicht mangels Rechtsschutzinteresses, sondern ggf. als unbegründet abzuweisen.

Die Entbindung des ArbGeb. von der Weiterbeschäftigungspflicht durch das **122** Rechtsmittelgericht lässt bis dahin angefallene Vergütungsansprüche des ArbN unberührt (BAG 7. 3. 96 AP Nr. 9 zu § 102 BetrVG 1972 Weiterbeschäftigung).

Eine Entbindung von der Weiterbeschäftigungspflicht nach Abs. 5 lässt einen et- **123** waigen einzelvertraglichen Beschäftigungsanspruch unberührt (LAG Rheinland-Pfalz BB 80, 415). Wegen des allgemeinen Weiterbeschäftigungsanspruchs vgl. Rn 108.

XI. Erweiterung des Mitbestimmungsrechts durch Betriebsvereinbarung

Abs. 6 sieht entspr. einer teilweise bisher schon geübten Praxis vor, dass ArbGeb. **124** und BR durch **freiwillige BV,** die also als solche nicht erzwungen werden kann (nur Einigungsverfahren nach § 76 Abs. 6), dem BR bei der Anhörung zu einer Kündigung weitergehende Rechte als gesetzlich vorgesehen eingeräumt werden können bis hin zu Regelungen (s. auch Rn 131), die die **Wirksamkeit von Kündigungen** des ArbGeb. von der **Zustimmung des BR abhängig machen** (BAG 6. 2. 97 AP Nr. 86 zu § 102 BetrVG 1972; 28. 4. 98 AP Nr. 11 zu § 77 BetrVG 1972 Nachwirkung; 21. 6. 00 AP Nr. 121 zu § 102 BetrVG 1972; ausführlich *Rieble* ArbuR 93, 39; zur Gestaltung derartiger BV *Mauer/Schüßler* BB 00, 2518; zur generellen Zulässigkeit der Erweiterung der Beteiligungsrechte des BR s. § 1 Rn 245 ff.; § 99 Rn 13 u. § 325 Abs. 2 UmwG). Es ist der Abschluss einer formellen BV erforderlich, formlose Regelungsabrede genügt nicht (BAG 14. 2. 78 AP Nr. 60 zu Art. 9 GG Arbeitskampf; *DKK-Bachner* Rn 314; ErfK-*Kania* Rn 42; *Richardi/Thüsing* Rn 288). Das Zustimmungserfordernis kann auch lediglich für bestimmte ArbN-Gruppen oder bestimmte Arten von Kündigungen eingeführt werden (*Rieble* ArbuR 93, 39, 44). Der Begriff der Kündigung iSd. Abs. 6 erfasst jede, also auch eine **außerordentliche** Kündigung (hM; *APS-Koch* § 102 Rn 176; *GK-Raab* Rn 196; *Richardi/Thüsing* Rn 286; **aA** MünchArbR-*Matthes* § 358 Rn 3). Die 2-Wochenfrist des § 626 Abs. 2 S. 1 BGB läuft in diesen Fällen erst von dem Augenblick an, wo der ArbGeb. kündigen kann (vgl. § 103 Rn 46). § 102 Abs. 6 gilt allerdings nicht für Kündigungen von BR-Mitgl., da § 15 Abs. 1 KSchG und § 103 zwingende Sonderregelungen enthalten

(*DKK-Bachner* Rn 312; *HSWGNR* Rn 211). Eine **einzelvertraglich** vereinbarte Zustimmungspflicht des BR zu Kündigungen ist **unwirksam** (BAG 23. 4. 09 AP Nr. 160 zu § 102 BetrVG 1972 mit zust. Anm. *Rieble* ebenda; *Lerch/Weinbrenner* NZA 11, 664, 669).

125 Besteht eine derartige BV für ordentliche Kündigungen, so wird zwar das MBR des BR verstärkt, es **entfällt aber ein Widerspruch** des BR gem. Abs. 3 **und** eine **Weiterbeschäftigungspflicht** nach Abs. 5. Die nach Abs. 6 getroffene Regelung tritt an die Stelle der gesetzl. (BAG 7. 12. 00 AP Nr. 113 zu § 1 KSchG Betriebsbedingte Kündigung; *ErfK-Kania* Rn 47; *GL* Rn 133; *KR-Etzel* Rn 248, 251; *HSWGNR* Rn 214; *Richardi/Thüsing* Rn 302, 304; **aA** *DKK-Bachner* Rn 313 u. zT *Meisel* Rn 634). Folglich kann sich der ArbGeb. im Kündigungsschutzprozess auch auf solche Mitteilungen zu den Kündigungsgründen berufen, die er dem BR bis zu dessen Zustimmung oder erst während des Zustimmungsersetzungsverfahrens gegeben bzw. richtig gestellt hat (BAG 7. 12. 00 aaO). Die BV kann ganz oder teilweise andere Maßstäbe als der Abs. 3 für die Unzulässigkeit einer Kündigung setzen, die aber die Grundgedanken der § 2 Abs. 1, §§ 75 und 76 Abs. 5 zu berücksichtigen haben. Insb. ist die Festlegung von Fristen für den Verfahrensweg durch BV zu empfehlen. Die BV kann aber in eine etwa schon erworbene einzelvertragliche Rechtsposition des Ausschlusses ordentlicher Kündigungen nicht eingreifen (BAG 16. 2. 62 AP Nr. 11 zu § 4 TVG Günstigkeitsprinzip), auch nicht die Tatbestände für eine außerordentliche Kündigung über das G (§ 626 Abs. 1 BGB) hinaus erweitern (BAG 22. 11. 73 AP Nr. 67 zu § 626 BGB).

126 Einigen sich ArbGeb. und BR dahin, die Kündigung könne ausgesprochen werden, so kann der ArbGeb. kündigen. Der ArbN kann Klage gemäß dem KSchG erheben und sich auf § 1 Abs. 1, Abs. 2 S. 1, Abs. 3 KSchG berufen. Seine **Rechtsstellung nach dem KSchG bleibt unberührt** (*DKK-Bachner* Rn 309; *GL* Rn 127; *Heinze* Rn 727; *HSWGNR* Rn 207; *Richardi/Thüsing* Rn 301). Einigen sie sich nicht, so sieht Abs. 6 **zwingend** (*Adomeit* DB 71, 2363; *Gumpert* BB 72, 48; *Hanau* BB 71, 490; **aA** BAG 17. 6. 00 AP Nr. 62 zu § 256 ZPO 1977; *Gutzeit* SAE 01, 173, 176; *GK-Raab* Rn 206; *ErfK-Kania* Rn 44; *KR-Etzel* Rn 256; *HSWGNR* Rn 218; *Richardi/Thüsing* Rn 292, 294; *Meisel* Rn 633) vor, dass dann zunächst die **E-Stelle** entscheidet, wenn Meinungsverschiedenheiten darüber bestehen, ob gem. dem Inhalt der BV der BR einer Kündigung zuzustimmen hat oder nicht. Legt eine BV fest, dass Kündigungen der Zustimmung des BR bedürfen, ohne zugleich den Fall einer ablehnenden Entscheidung des BR zu regeln, so ist diese BV idR dahin auszulegen, dass die gesetzl. Regelung des Abs. 6, also die Zustimmung der E-Stelle, nicht ausgeschlossen sein soll (BAG 28. 4. 98 AP Nr. 11 zu § 77 BetrVG 1972 Nachwirkung). Die **sofortige Anrufung des ArbG** kann **nicht** verlangt u. nicht vereinbart werden, da es sich bei der Frage, **ob** gekündigt werden soll, auch dann zunächst um eine Ermessensentscheidung handelt, wenn bestimmte Gründe für eine Kündigung bestehen (**aA** BAG 21. 6. 00 AP Nr. 121 zu § 102 BetrVG: ausreichend ist, dass ArbGeb. gegen ablehnende Entscheidung des BR vorgehen kann; *Heinze* Rn 730; *Richardi/Thüsing* Rn 294; *HSWGNR* Rn 218 nehmen an, es handele sich um eine Rechtsfrage; deshalb könne auch die sofortige Anrufung des ArbG vereinbart werden). Entscheidet die E-Stelle dahin, die Zustimmung sei zu Recht verweigert, so darf der ArbGeb. die Kündigung nicht durchführen. Eine gleichwohl ausgesprochene Kündigung ist unwirksam. Ersetzt dagegen die E-Stelle die Zustimmung des BR, so kann der ArbGeb. nunmehr kündigen.

127 Die **Entscheidung der E-Stelle** unterliegt bei Rechtsverstößen, insb. Verstößen gegen die BV, der vollen **Überprüfung durch das ArbG** im BeschlVerf. (§ 2a ArbGG; vgl. BAG 11. 7. 58 AP Nr. 27 zu § 626 BGB; *Richardi/Thüsing* Rn 299; *Berkowsky*, Änderungskündigung § 14 Rn 111). Insb. ist die Frage der „Berechtigung" des BR zur Verweigerung der Zustimmung eine Rechtsfrage (hM). Letzten Endes handelt es sich bei dem Verfahren vor der E-Stelle also nur um ein außergerichtliches **Vorverfahren** zwischen den Partnern der Betriebsverfassung über die Willensbildung des

ArbGeb. Die gerichtliche Prüfung erstreckt sich noch nicht auf die Gesichtspunkte des KSchG, die in einem folgenden Kündigungsprozess vorzunehmen sind.

Der **betroffene ArbN** kann zwar nicht gegen die Erteilung der Zustimmung des **128** BR zur Kündigung gerichtlich vorgehen (*DKK-Bachner* Rn 316; *GL* Rn 134; *HSWGNR* Rn 215; **aA** *Blomeyer* Gedächtnisschrift Dietz 1973 S. 147 ff.) und ist auch im Verfahren vor der E-Stelle nicht zuzuziehen (*Heinze* Rn 732). Er ist aber im BeschlVerf. zur Überprüfung der Entscheidung der E-Stelle **Beteiligter** (§ 83 ArbGG; *DKK-Bachner* Rn 316; *GL* Rn 134; *Düwell/Braasch* Rn 141; *Heinze* aaO; **aA** *KR-Etzel* Rn 261; GK-*Raab* Rn 209).

Der ArbN ist zwar nicht gehindert, nach einer betriebsverfassungsrechtlich zulässi- **129** gen Kündigung gleichwohl noch Kündigungsschutzklage zu erheben. Er kann sich dann aber wegen der mangelnden sozialen Rechtfertigung seiner Kündigung nicht auf die Gründe des § 1 Abs. 2 S. 2 und 3 KSchG berufen, da das Widerspruchsverfahren nach Abs. 3 außer Betracht bleibt (**aA** *HSWGNR* Rn 219; *Rieble* ArbuR 93, 39, 47). Außerdem dürfte ein arbeitsgerichtlicher Beschluss über die Zulässigkeit einer Kündigung bindende Wirkung („Präklusionswirkung") für das nachfolgende Urteilsverfahren (Kündigungsschutzprozess) haben, soweit nach Abschluss des Verfahrens nicht neue Tatsachen entstanden oder bekannt geworden sind (vgl. BAG 24. 4. 75 AP Nr. 3 zu § 103 BetrVG 1972; *GL* Rn 134; *KR-Etzel* Rn 265; **aA** *Heinze* Fn 1000). Vgl. auch § 103 Rn 47.

Folgende Erwägungen sprechen für eine Vereinbarung nach Abs. 6: Die **130** Verstärkung des MBR und der Anspruch auf vorläufige Weiterbeschäftigung bedingen, dass das gesetzl. Verfahren umständlich ist und zu einer Verzögerung der Entscheidung führen kann. Es kann deshalb zweckmäßig sein, allgemein oder für bestimmte Gruppen von ArbN das Zustimmungsverfahren nach Abs. 6 einzuführen, das einerseits dem BR ein volles MBR einräumt (allerdings auch ein hohes Maß von Mitverantwortung für die Kündigungen), andererseits aber eine schnellere und umfassendere Entscheidung ermöglicht. Die rechtlichen Gesichtspunkte für eine allgemeine Regelung nach Abs. 6 und für die Einigung der Betriebspartner bzw. die Entscheidung der E-Stelle im konkreten Fall sind aus den Grundgedanken der § 2 Abs. 1, §§ 75 und 76 Abs. 5 sowie aus den allgemeinen Grundsätzen des Kündigungsschutzrechts zu entnehmen. Überdies unterliegen die Sprüche der E-Stelle der gerichtlichen Überprüfung (vgl. Rn 127).

Soll das Anhörungsverfahren entspr. Abs. 6 unterhalb des Erfordernisses der BRZu- **131** stimmung zB durch Einführung einer Beratungspflicht bei Widerspruch des BR erweitert werden, so muss eine dem Abs. 1 S. 3 entsprechende Sanktion bei Verstoß gegen eine solche Beratungspflicht in der BV deutlich geregelt werden, andernfalls eine Unwirksamkeit der Kündigung nicht angenommen werden kann (BAG 6. 2. 97 AP Nr. 86 zu § 102 BetrVG 1972).

Auch ein **TV** kann eine Regelung nach Abs. 6 treffen (BAG 21. 6. 00 AP Nr. 121 **132** zu § 102 BetrVG). Näheres vgl. § 1 Rn 256 und *Hanau* RdA 73, 293; *DKK-Kittner/ Bachner* Rn 315; GK-*Raab* Rn 199; *GL* § 92, Vorbem. 9; *KR-Etzel* Rn 244; BAG 12. 3. 87, 10. 2. 88 AP Nr. 47, 53 zu § 99 BetrVG 1972; DB 84, 670; **aA** zT *Heinze* Rn 734; *HSWGNR* Rn 216; *Richardi/Thüsing* Rn 305).

XII. Beteiligung des Betriebsrats nach anderen gesetzlichen Vorschriften

Das **KSchG** sieht die Einschaltung des BR bei Einzelkündigungen in § 3 und bei **133** beabsichtigten Massenentlassungen in **§ 17 Abs. 1** vor. Der unter das KSchG fallende ArbN (also nicht leitende Ang. iSd. § 14 KSchG) kann binnen einer Woche nach der Kündigung **Einspruch beim BR einlegen,** und zwar auch dann, wenn der BR Bedenken oder einen Widerspruch gar nicht oder jedenfalls nicht aus den vom ArbN vorgetragenen Gründen erhoben hat (§ 3 KSchG gilt unabhängig von § 102 BetrVG;

näheres vgl. *Brill* ArbuR 77, 109; *Heinze* Rn 510 ff.). Erachtet der BR den Einspruch des ArbN für begründet, so soll der BR zunächst versuchen, mit dem ArbGeb. eine Verständigung herbeizuführen. Er hat seine Stellungnahme zum Einspruch dem ArbGeb. und dem ArbN auf Verlangen schriftlich mitzuteilen (§ 3 KSchG). Diese schriftliche Äußerung soll der ArbN bei Anrufung des ArbG seiner Klage beifügen (§ 4 KSchG). Die Anrufung des BR ist aber nicht zwingend vorgeschrieben und ist auch keine Prozessvoraussetzung für den Kündigungsschutzprozess.

134   Bei beabsichtigten **Massenentlassungen** gemäß den Größenordnungen des **§ 17 Abs. 1 KSchG** (vgl. Text Anh. 5) hat der **ArbGeb. dem AA zuvor schriftlich Anzeige** zu erstatten. Mit der sog. „Junk-Entscheidung" des EuGH vom 27. 1. 05 (DB 05, 453 ff.) ist unter dem Begriff Entlassung die Kündigungserklärung zu verstehen und nicht wie bisher nach st. Rspr. des BAG die tatsächliche Beendigung des Arbeitsverhältnisses. Des Weiteren ist sowohl das Konsultationsverfahren nach Artikel 2 der RL 98/56/EG als auch die Massenentlassungsanzeige nach Artikel 3 und 4 der RL vor Ausspruch der Kündigung durchzuführen. Die Regelungen der §§ 17 ff. KSchG sind dementsprechend richtlinienkonform anzuwenden (eine richtlinienkonforme Auslegung bejahend: BAG 23. 3. 06 AP Nr. 21 zu § 17 KSchG 1969; *Schiek* AuR 06, 41; *Riesenhuber/Domröse* NZA 05, 568 ff., dieselben EWS 05, 97 ff.; *Nicolai* NZA 05, 206 ff.; *Wolter* ArbuR 05, 135 ff.; *Dornbusch/Wolff* BB 05, 885 ff.; *Appel* DB 05, 1002 ff.; zweifelnd, aber wohl befürwortend ErfK-*Kania* § 111 Rn 25; **aA** *Bauer/Krieger/Powietzka* DB 05, 445 ff.; *Thüsing* BB 05 Heft 16 S. I).

134a   Nach § 17 Abs. 2 KSchG hat der ArbGeb. zunächst dem **BR rechtzeitig,** dh hier mindestens 2 Wochen vor Anzeige an das AA (ebenso BAG 21. 5. 08 NZA 08, 753 ff.; ErfK-*Kiel* § 17 KSchG Rn 21; KR-*Weigand* § 17 KschG Rn 58; *Osnabrügge* NJW 05, 1093, 1095), die zweckdienlichen Auskünfte zu erteilen und ihn insb. über die Gründe der Entlassungen, die Zahl und die Berufsgruppen der Betroffenen und der regelmäßig beschäftigten ArbN, den vorgesehenen Entlassungszeitraum, die vorgesehenen Kriterien für die Auswahl der zu entlassenden ArbN und die Berechnung etwaiger Abfindungen schriftlich zu unterrichten; darüber hinaus hat er mit dem BR über die Entlassungen mit dem Ziel zu beraten, diese zu vermeiden oder einzuschränken und ihre Folgen zu mildern (§ 17 Abs. 2 KSchG). Die Unterrichtung nach § 17 Abs. 2 KSchG kann mit der Anhörung des BR nach § 102 Abs. 1 verbunden werden; sie ist nicht obsolet (BAG 14. 8. 86 AP Nr. 43 zu § 102 BetrVG 1972; *DKK-Bachner* Rn 318; ErfK-*Kiel* § 17 KSchG Rn 25; *Krieger/Ludwig* NZA 10, 919, 923; *Schramm/ Kuhnke* NZA 11, 1071). Dem AA ist nach § 17 Abs. 2 S. 1 KSchG zugleich eine Abschrift der Mitteilung an den BR zuzuleiten, die – im Unterschied zur Mitteilung an den BR – keine Angabe über die Berechnungskriterien für etwaige Abfindungen enthalten muss (§ 17 Abs. 3 S. 1 KSchG); diese Mitteilung ist nicht identisch mit der Anzeige (so auch KR-*Weigand* § 17 KSchG Rn 62; ErfK-*Kiel* § 17 KSchG Rn 21).

134b   Nach Abschluss der Beratungen mit dem BR hat der ArbGeb. seiner **Anzeige an das AA** eine **Stellungnahme des BR beizufügen;** äußert sich der BR nicht schriftlich, so hat der ArbGeb., zB durch eidesstattliche Versicherung, glaubhaft zu machen, dass er den BR mindestens 2 Wochen zuvor unterrichtet hat und den Stand der Beratungen darzulegen. Geschieht dies nicht, so liegt keine wirksame Anzeige an das AA vor. Von Kündigungen betroffene ArbN können sich innerhalb der Frist des § 4 S. 1 KSchG auf deren Unwirksamkeit berufen, selbst wenn der BR nach § 102 ordnungsgemäß angehört sein sollte (BAG 6. 12. 73, 31. 7. 86 AP Nr. 1, 5 zu § 17 KSchG 1969; *Richardi/Thüsing* Rn 310; ErfK-*Kiel* § 17 KSchG Rn 35 f.). Besteht ein Interessenausgleich mit Namensliste ersetzt dieser die Stellungnahme des BR nach Absatz 3 S. 2 (§ 1 Abs. 5 S. 4 KSchG; § 125 Abs. 2 InsO; *Osnabrügge* NJW 05, 1093, 1095; *Krieger/Ludwig* NZA 10, 919, 921). Ist der GesBR für den Abschluss des Interessenausgleichs nebst Namensliste zuständig, ersetzt dieser die Stellungnahme des BR nach § 17 Abs. 3 S. 2 KSchG; eine Stellungnahme des örtlichen BR muss der Massenentlassungsanzeige für deren Wirksamkeit nicht beigefügt werden (BAG 7. 7. 11 – 6 AZR 248/10 – NZA 11, 1108; *Schramm/Kuhnke* NZA 11, 1071; *Grau/Sittard* BB

11, 1845). Auch müssen für eine wirksame Massenentlassungsanzeige die Beratungen nicht abgeschlossen sein (BAG 21. 5. 08 – 8 AZR 84/07 – NZA 08, 753; BAG 28. 5. 09 – 8 AZR 273/08 – NZA 09, 1267 ff.; BAG 13. 7. 06 AP Nr. 22 zu § 17 KSchG 1969; KR-*Weigand* § 17 KSchG Rn 64, ErfK-*Kiel* § 17 KSchG Rn 23; *Temming* ZESAR 10, 277, 284; **aA** BVerfG 25. 2. 10 – 1 BvR 230/09 – NZA 10, 439: wonach das BAG (21. 5. 08 – 8 AZR 84/07 – NZA 08, 753) die Frage, ob die Beratungen mit dem BR vor Erstattung der Massenentlassungsanzeige beendet sein müssen, dem EuGH zur Vorabentscheidung hätte vorlegen müssen, da sich die Antwort auf diese Frage nicht unmittelbar aus der RL und der bisher zur MassenentlassungsRL ergangenen Rspr. des EuGH ergebe; vertretbar sei dagegen aber die Auffassung, dass eine wirksame Massenentlassungsanzeige nach § 17 Abs. 2 S. 2 KSchG nicht den Abschluss eines Interessenausgleichs und Sozialplans voraussetzt (BVerfG 25. 2. 10 – 1 BvR 230/09 – NZA 10, 439; ebenso *Niklas/Koehler* NZA 10, 913, 916).

Wegen des Inhalts der Anzeige des ArbGeb. vgl. § 17 Abs. 3 S. 4 KSchG. Insb. soll **134c** der ArbGeb. im Einvernehmen mit dem BR für die Arbeitsvermittlung Angaben über Geschlecht, Alter, Beruf und Staatsangehörigkeit der zu entlassenden ArbN machen. Eine Abschrift dieser Anzeige erhält der BR. Auch der BR kann gegenüber dem AA eine Stellungnahme abgeben; hiervon erhält der ArbGeb. eine Abschrift. § 17 Abs. 3a KSchG bestimmt, dass die Auskunfts-, Beratungs- und Anzeigepflichten des ArbGeb. auch dann gelten, wenn die Entscheidung über die Massenentlassungen von einem den ArbGeb. beherrschenden Unternehmen getroffen werden. Fehlende Angaben über den Stand der Beratungen haben nicht zwingend die Unwirksamkeit der Anzeige zur Folge, da die Vorschriften der §§ 17ff. KSchG nach Art. 4 Abs. 2 der RL einen arbeitsmarktpolitischen Zweck verfolgen (BAG 28. 5. 09 – 8 AZR 273/08 – NZA 09, 1267 ff.; *Schramm/Kuhnke* NZA 11, 1071, 1074). Sie sollen es der AA ermöglichen, nach arbeitsmarktpolitischen Lösungen für die durch die anstehenden Massenentlassungen aufgeworfenen Probleme zu suchen – dieser Aufgabe kann sie grdstzl. auch dann nachkommen, wenn Angaben über den Stand der Beratungen fehlen (BAG 28. 5. 09 – 8 AZR 273/08 – NZA 09, 1267 ff. unter Hinweis auch auf die Formularpraxis der AA). Unabhängig davon kann sich die AA ein Bild von dem Stand der Beratungen nach § 20 Abs. 3 KSchG verschaffen, wonach die AA vor ihrer Entscheidung nach § 18 Abs. 1 od. Abs. 2 den ArbGeb. und BR anzuhören hat und ihr die für die Beurteilung des Falls erforderlichen Auskünfte zu erteilen sind.

In den Fällen, in denen der ArbGeb. vor der Entscheidung des EuGH am 27. 1. 05 **134d** die Kündigungen vor Erstattung der Anzeige an die AA ausgesprochen hat, sind diese nach der Rspr. des BAG nicht unwirksam, da der ArbGeb. insoweit noch auf die bis dahin geltende Rspr. des BAG (Entlassung nicht gleich Kündigungsausspruch) vertrauen durfte (BAG 23. 3. 06, 13. 7. 06 AP Nr. 21, 22 zu § 17 KSchG 1969; BAG 20. 9. 06 AP Nr. 316 zu 613a BGB; BAG 22. 3. 07 DB 07, 1596; **aA** *Schiek* AuR 06, 41). Gleiches gilt für eine unterlassene Anzeige, wenn unter Zugrundelegung der bis zum Ausspruch der Kündigungen geltenden Rspr. die Entlassungen jeweils für sich nicht die Schwellen des § 17 KSchG 1969 erreichen (BAG 21. 9. 06 AP Nr. 15 zu § 1 KSchG 1969 Namensliste). Für die Frage des Entfallens des schutzwürdigen Vertrauens spielen auch die Handlungsempfehlungen der BA eine Rolle (BAG 13. 7. 06 und 21. 9. 06 aaO). **Kündigungen,** die **vor** Erstattung einer **Anzeige** an die AA ausgesprochen werden und nicht dem Vertrauensschutz der alten BAG-Rspr. unterfallen, sind unwirksam (BAG 28. 5. 09 – 8 AZR 273/08 – NZA 09, 1267 ff.; *Niklas/Koehler* NZA 10, 913, 918).

Ein **vor** der **Kündigungserklärung** abgeschlossener Interessenausgleich im Fall **135** des § 111 BetrVG erfüllt die Beratungspflicht nach § 17 Abs. 2 S. 2 KSchG, ist jedoch nicht Bedingung für ein richtlinienkonformes Verständnis des § 17 KSchG (vgl. dazu BAG 21. 5. 08 – 8 AZR 84/07 – NZA 08, 753 ff.; BVerfG 25. 2. 10 – 1 BvR 230/09 – NZA 10, 439; *Temming* ZESAR 10, 277, 284; *Schramm/Kuhnke* NZA 11, 1071, 1073; *Niklas/Koehler* NZA 10, 913, 916; *Grau/Sittard* BB 11, 1845 1848). Weder ist Vors. des § 17 Abs. 2 S. 2 KSchG, dass vor Durchführung der Massenentlassung eine Einigung über einen Interessenausgleich bzw. Sozialplan erzielt worden sein muss, noch muss zur Erfüllung der Konsultationspflicht nach Scheitern der Verhandlung ein unparteiischer Dritter eingeschaltet werden – auch nicht nach Artikel 2 Abs. 2 der Massenentlassungs-RL (vgl. dazu BAG 21. 5. 08 aaO). Ob und inwieweit ein nicht ordnungsgemäß durchgeführtes Konsultationsverfahren mit dem BR zur Unwirksamkeit der Kündigung führt, ist umstritten: für Unwirksamkeit: *Dornbusch/Wolff* BB 05, 885, 887 Grundsatz des „effet utile"; *Riesenhuber/Domröse* NZA 05, 568, 569; *Appel* DB 05, 1002, 1004; *Wolter* ArbuR 05, 135, 140; **aA** BAG 18. 9. 03 AP Nr. 14 zu § 17 KSchG 1969; *Bauer/Krieger/Powietzka* DB 05, 445, 449; *Nicolai* NZA 05, 206, 207).

136   Nach **§ 87 Abs. 2 SGB IX** hat das Integrationsamt vor Entscheidung über die Zustimmung zur Kündigung eines Schwbeh. eine Stellungnahme des BR und der SchwbehVertr. einzuholen. Nach **§§ 85, 91 SGB IX** bedarf **jede Kündigung eines Schwbeh. der vorherigen Zustimmung des Integrationsamtes** (vgl. Rn 61). Die Vorschriften beziehen sich auf alle Arbeitsverhältnisse, also auch auf das eines leitenden Ang.

137   Bei den **Post-AG'n** (Deutsche Telekom AG, Deutsche Post AG, Deutsche Post Bank AG) ist der BR bei Entlassung von Beamten auf Probe oder auf Widerruf, bei vorzeitiger Versetzung in den Ruhestand und vor fristloser Entlassung und außerordentlicher Kündigung nach § 28 Abs. 1 PostPersRG iVm. § 78 Abs. 1 Nr. 4, 5 und § 79 Abs. 3 BPersVG zu beteiligen. Bei Entlassungen nach § 78 Abs. 1 Nr. 4 und 5 BPersVG richtet sich das Verfahren nach § 78 Abs. 2 und § 72 Abs. 1 bis 3, 6 BPersVG (§ 29 Abs. 5 PostPersRG). Außerdem kann der BR binnen 3 Tagen nach Zugang der seine Einwendung gegen eine Entlassung ablehnenden Mitteilung des ArbGeb. die Angelegenheit dem in § 1 Abs. 8 PostPersRG genannten Vorstandsmitgl. zur Entscheidung vorlegen. Dieses entscheidet nach Verhandlung mit dem BR endgültig, bis dahin ist die beabsichtigte Entlassung auszusetzen (§ 29 Abs. 6, 7 PostPersRG). Dem BR steht also kein echtes Widerspruchsrecht zu, auch gibt es keinen Weiterbeschäftigungsanspruch des betroffenen Beamten. Vor fristlosen Entlassungen ist der BR entspr. § 79 Abs. 3 BPersVG anzuhören (§ 29 Abs. 8 PostPersRG). In Streitigkeiten sind die Verwaltungsgerichte zuständig, die entspr. den Vorschriften des ArbGG über das BeschlVerf. entscheiden (§ 29 Abs. 9 PostPersRG). Soweit der BR Beschlüsse fassen muss, sind nach gemeinsamer Beratung im BR nur die Beamtenvertr. beschlussfassungsbefugt (s. auch § 33 Rn 28, § 99 Rn 299 ff., 316 ff.).

138   Betreffen die unter Rn 137 genannten Maßnahmen einen Beamten, dem nach § 4 Abs. 4 S. 1 bis 3 PostPersRG von einer Post-AG eine Tätigkeit bei einer Tochter-, Enkel- oder Beteiligungsgesellschaft zugewiesen worden ist, gilt Folgendes: Da es sich um eine beamtenspezifische Angelegenheit iSd § 28 Abs. 1 PostPersRG handelt, richtet sich das Beteiligungsrecht nach § 28 Abs. 2 PostPersRG. Danach ist der BR im Betrieb der Post-AG, dem der Beamte stellenmäßig zugehört, nach den unter Rn 137 genannten Voraussetzungen zu beteiligen. **Gleichzeitig** ist der BR des Betriebs, in dem der Beamte die zugewiesene Tätigkeit ausübt, über die beabsichtigte Maßnahme zu unterrichten, und es ist ihm Gelegenheit zur Stellungnahme zu geben (§ 28 Abs. 2 2. Halbs. PostPersRG). Damit wird sichergestellt, dass dem BR bei der Post-AG bei seiner Beschlussfassung alle maßgeblichen Tatsachen für seine Entscheidungsfindung zur Verfügung stehen.

§ 103 Außerordentliche Kündigung und Versetzung in besonderen Fällen

(1) **Die außerordentliche Kündigung von Mitgliedern des Betriebsrats, der Jugend- und Auszubildendenvertretung, der Bordvertretung und des Seebetriebsrats, des Wahlvorstands sowie von Wahlbewerbern bedarf der Zustimmung des Betriebsrats.**

(2) [1]Verweigert der Betriebsrat seine Zustimmung, so kann das Arbeitsgericht sie auf Antrag des Arbeitgebers ersetzen, wenn die außerordentliche Kündigung unter Berücksichtigung aller Umstände gerechtfertigt ist. [2]In dem Verfahren vor dem Arbeitsgericht ist der betroffene Arbeitnehmer Beteiligter.

(3) [1]Die Versetzung der in Absatz 1 genannten Personen, die zu einem Verlust des Amtes oder der Wählbarkeit führen würde, bedarf der Zustimmung des Betriebsrats; dies gilt nicht, wenn der betroffene Arbeitnehmer mit der Versetzung einverstanden ist. [2]Absatz 2 gilt entsprechend mit der Maßgabe, dass das Arbeitsgericht die Zustimmung zu der Versetzung ersetzen kann, wenn diese auch unter Berücksichtigung der betriebsverfassungsrechtlichen Stellung des betroffenen Arbeitnehmers aus dringenden betrieblichen Gründen notwendig ist.

Inhaltsübersicht

I. Vorbemerkung

Um den Schutz der Betriebsverfassungsorgane, wie er in § 78 ausgesprochen ist, **1** nicht nur gegen ordentliche Kündigungen, sondern auch gegenüber **außerordentlichen Kündigungen** sicherzustellen, wurde die Regelung des § 103 geschaffen, der geschützte Personenkreis und die Dauer des Schutzes erweitert und §§ 15 ff. KSchG entspr. umgestaltet. Motiv der Regelung ist es, die **Träger der Betriebsverfassungsorgane, Wahlbewerber** und **Mitgl. des Wahlvorstandes** auch vor **willkürlichen außerordentlichen Kündigungen** (auch vor außerordentlichen Kündigungen mit sozialer Auslauffrist, BAG 18. 2. 93 AP Nr. 35 zu § 15 KSchG 1969) **zu schützen.** Vor allem soll der ArbGeb. bei groben Amtspflichtverletzungen, insb. von BR-Mitgl., die aber deren Arbeitsverhältnis nicht unmittelbar berühren, den zur Ahndung derartiger Verstöße vorgesehenen Weg des Ausschlusses aus dem BR beschreiten und nicht auf die außerordentliche Kündigung des Arbeitsverhältnisses ausweichen (vgl. Rn 27). Oft handelt es sich bei den Gründen für eine außerordentliche Kündigung von BR-Mitgl. und den Mitgl. anderer Organe nur um vorgeschobene arbeitsvertragliche Gründe, in Wahrheit aber um sachliche Streitfragen um die Amtsführung. Auch kann es im Einzelfall schwierig sein zu unterscheiden, ob ein bestimmtes Verhalten eines BR-Mitgl. einen Verstoß gegen seine Amtspflichten oder gegen Pflichten aus dem Arbeitsvertrag darstellt. Der Gesetzgeber setzt andererseits das Vertrauen in den BR, dass er die Zustimmung zu einer außerordentlichen Kündigung bei groben Arbeitsvertragsverletzungen nicht verweigern wird. Andernfalls kann der ArbGeb. das BeschlVerf. nach § 103 Abs. 2 durchführen. Der Sinn des bes. Kündigungsschutzes ist es, die Wahl der Betriebsverfassungsorgane und die **Kontinuität ihrer Arbeit** zu sichern (BAG 18. 9. 97 AP Nr. 35 zu § 103 BetrVG). Dieses Beteiligungsrecht erfährt allein eine Einschränkung im Fall sog. **Tendenzunternehmen** nach § 118: für die Kündigung eines als Tendenzträger beschäftigten BRMitgl. aus tendenzbedingten Gründen bedarf es nicht der Zustimmung des BR nach § 103; es bedarf allein einer Anhörung nach § 102 (BAG 28. 8. 03 AP Nr. 49 zu § 103 BetrVG 1972; siehe ausführl. § 118 Rn 40). Wegen des **Schutzes Auszubildender** als Mitgl. von Betriebsverfassungsorganen vgl. **§ 78 a.**

2   § 103 iVm. §§ 15 und 16 KSchG erweitert den Kündigungsschutz über den für ordentliche Kündigungen hinaus
a) in persönlicher Hinsicht (Einbeziehung der JugAzubiVertr., Bordvertr., SeeBR, Wahlvorst. und Wahlbewerber),
b) durch das Erfordernis der Zustimmung des BR zur außerordentlichen Kündigung während der Amtszeit,
c) durch Einführung eines „nachwirkenden" Kündigungsschutzes nach Beendigung der Amtszeit (von einem Jahr für Mitglieder des BR, der JugAzubiVertr. und des See-BR – von 6 Monaten für Mitglieder der Bordvertr., des Wahlvorst. und für Wahlbewerber).

3   Mit dem **BetrVerf-ReformG** ist ein neuer Abs. 3 angefügt worden. Zur besseren Sicherung der Stellung betriebsverfassungsrechtlicher Funktionsträger sieht Abs. 3 Einschränkungen der Versetzungsbefugnis des ArbGeb. vor. **Versetzungen,** die zum Verlust des Amtes oder der Wählbarkeit führen würden, werden in Anlehnung an die Regelungen zur außerordentlichen Kündigung in Abs. 1 und 2 an die vorherige Zustimmung des BR und im Fall der Zustimmungsverweigerung an eine die Zustimmung ersetzende arbeitsgerichtliche Entscheidung gebunden (BT-Drucks. 14/5741 S. 50 f.). Das gilt dann nicht, wenn der betroffene ArbN mit der Versetzung einverstanden ist.

4   Entspr. Vorschrift: § 47 Abs. 1 und 2 BPersVG.

II. Voraussetzungen des Kündigungsschutzes nach dem KSchG

1. Personenkreis

5   Der durch § 15 KSchG iVm. mit § 103 geschützte Personenkreis umfasst die **Mitgl. des BR** (einschließlich endgültig nachgerückter oder vorübergehend tätiger **ErsMitgl.,** vgl. Rn 9), der **JugAzubiVertr.,** der **BordVertr., des SeeBR** sowie die **Mitgl. des Wahlvorst.** und die **Wahlbewerber** für diese Organe, also nicht nur für den BR; Voraussetzung ist jedoch, dass sie überhaupt wählbar sind (BAG 26. 9. 96 AP Nr. 3 zu § 15 KSchG 1969 Wahlbewerber; s. auch § 8 Rn 32, 59). § 103 und § 15 KSchG gelten auch für gewählte BR-Mitgl. und andere Organmitgl. vor Amtsantritt (vgl. § 21 Rn 12; *KR-Etzel* Rn 19), Wahlbewerber, die von vornherein als ErsMitgl. kandidieren (§ 14 Abs. 4 S. 2; *Stein* ArbuR 75, 202) und nachgerückte ErsMitgl. des Wahlvorst. (vgl. Rn 9 f.). Auch **Mitgl. einer tariflichen Sondervertretung** nach § 3 Abs. 1 Nr. 1 bis 3 sind geschützt, da sie an die Stelle des BR treten (vgl. § 3 Rn 52; *DKK-Bachner* Rn 10; *Richardi/Thüsing* Rn 5; *Düwell/Kloppenburg* Rn 3), ebenso zusätzlich in den Wahlvorst. entsandte betriebsangehörige Gewerkschaftsbeauftragte (§ 16 Abs. 1 S. 6; **aA** *Engels/Natter* BB 89, Beil. 8 S. 21; zum neuen Kündigungsschutz der Initiatoren einer BRWahl nach § 15 Abs. 3 a s. § 17 Rn 37 ff.). Keinen bes. Kündigungsschutz genießen die in **nichtiger Wahl** bestimmten Organmitgl. (BAG 7. 5. 86 AP Nr. 18 zu § 15 KSchG 1969; *Fischermeier* ZTR 98, 433, 434).

6   Gleiches gilt für **Mitgl. der Schwerbehinderten- u. GesamtschwerbehindertenVertr.** (vgl. § 96 Abs. 3 SGB IX) und die Wahlbewerber für diese Ämter (vgl. § 94 Abs. 6 S. 2 SGB IX). Auf diese sind sowohl § 103 als auch §§ 15, 16 KSchG anzuwenden (vgl. § 32 Rn 12; *DKK-Bachner* Rn 11; *KR-Etzel* Rn 14; GK-*Raab* Rn 7; *Richardi/Thüsing* Rn 7; **aA** *HSWGNR* Rn 15). Es bedarf der Zustimmung des BR zur Kündigung, die auch hier durch das ArbG, nicht etwa durch die Hauptfürsorgestelle ersetzt werden kann. Daneben ist die außerordentliche Kündigung aber auch noch der **Zustimmung** des **Integrationsamtes** nach § 91 SGB IX, sofern das Mitgl. der Vertr. als Schwerbehinderter anerkannt ist (vgl. § 102 Rn 61).

§ 29 a HAG erstreckt den Kündigungsschutz auch auf in **Heimarbeit Beschäftig- 7 te,** die nach § 103 geschützte betriebsverfassungsrechtliche Funktionen ausüben (vgl. § 102 Rn 8).

Der durch § 15 KSchG und § 103 auch jetzt **noch nicht erfasste,** aber **durch § 78 8 geschützte Personenkreis** (nicht amtierende ErsMitgl. des BR; Vertretungen nach § 3 Abs. 1 Nr. 5: für diesen Personenkreis sehen ZuordnungsTV nach § 3 oft einen bes. Kündigungsschutz in der Weise vor, dass § 103 entspr. mit der Maßgabe gelten soll, dass an die Stelle des ArbG die E-Stelle tritt, s. auch *Fischermeier* ZTR 98, 433, 434), Mitgl. der E-Stelle, einer tariflichen Schlichtungsstelle gemäß § 76 Abs. 8, einer betrieblichen Beschwerdestelle nach § 86, des Wi-Ausschusses, Auskunftspersonen nach § 80 Abs. 2 S. 3), **genießt einen relativen Kündigungsschutz** bei Kündigungen, wenn diese nämlich wegen ihrer betriebsverfassungsrechtlichen Tätigkeit erfolgen. Dafür kann eine tatsächliche Vermutung sprechen (§ 78 Rn 21). Kündigungen sind dann nicht nur sozial ungerechtfertigt iSd. § 1 KSchG, sondern verstoßen von vornherein gegen das gesetzliche Verbot des § 78 und sind deshalb nach § 134 BGB nichtig (vgl. BAG 22. 2. 79, DB 79, 1659; *DKK-Bachner* Rn 12; ErfK-*Kania* Rn 2). Entspr. gilt für ArbNVertr. im AR (vgl. ausführlich *Wlotzke/Wißmann/Koberski/Kleinsorge* § 26 Rn 17 ff. zum MitbestG), Wahlbewerber vor Aufstellung des Wahlvorschlags u. Mitgl. des Wahlvorst. vor ihrer Bestellung (§ 20 Rn 16, 33; vgl. auch BAG 13. 10. 77 AP Nr. 1 zu § 1 KSchG 1969 Verhaltensbedingte Kündigung; *Richardi/Thüsing* Rn 8).

2. Dauer des Kündigungsschutzes

Die Notwendigkeit der Zustimmung des BR besteht für die außerordentliche 9 Kündigung **während der Amtszeit** (vgl. Rn 54 ff.) der Mitgl. des BR bzw. der Jug-AzubiVertr., der BordVertr. oder des SeeBR (§ 15 Abs. 1 S. 1 KSchG). Dabei kommt es auf die jeweilige Amtszeit des BRMitgl. an (BAG 5. 11. 09 – 2 AZR 487/08 – NZA-RR 10, 236). Es kommt auf den **Zeitpunkt des Herausgehens der Kündigung** an (§ 102 Rn 20; *KR-Etzel* Rn 62), nicht auf den Zeitpunkt des Zugangs der Kündigung (so aber GK-*Raab* Rn 19; HSWGNR Rn 19; *Richardi/Thüsing* Rn 16; *WPK-Preis* Rn 8; *Fiebig/Gallner/Nägele* § 15 Rn 90). Für **ErsMitgl.** gilt der bes. Kündigungsschutz für die Zeit ihrer Vertretung im BR, einschl. einer kurzfristigen eigenen Verhinderung während der Vertretungszeit (BAG 9. 11. 77 AP Nr. 3 zu § 15 KSchG 1969; BAG 12. 2. 04 DB 04, 1508; BAG 18. 5. 06 AP Nr. 2 zu § 15 KSchG 1969 Ersatzmitglied; BAG 5. 11. 09 – 2 AZR 487/08 – NZA-RR 10, 236; ausführl. *Uhmann* NZA 00, 576 ff.; *ders.* AuA 01, 220 ff.; *Zumkeller* NZA 01, 823). Der Kündigungsschutz für ErsMitgl. beginnt an dem Tage, an dem das ordentliche Mitgl. erstmals verhindert ist, im Fall einer BR-Sitzung schon mit der Ladung. Als ausreichend zur Vorbereitung der Sitzung sind aber 3 Tage vor der BR-Sitzung anzusehen (BAG 17. 1. 79 AP Nr. 5 zu § 15 KSchG 1969). Der Kündigungsschutz besteht während der ganzen Dauer der Vertretung ohne Rücksicht auf die Wahrnehmung konkreter Geschäfte des BR und ohne Rücksicht darauf, ob etwa die Krankmeldung des ordentlichen BR-Mitgl. und dessen Fernbleiben vom Dienst berechtigt war oder nicht (BAG 5. 9. 86 AP Nr. 26 zu § 15 KSchG 1969; BAG 12. 2. 04 DB 04, 1508). Er ist jedoch ausgeschlossen, wenn der Vertretungsfall durch kollusive Absprachen zum Schein herbeigeführt wird oder das ErsMitgl. weiß bzw. es sich ihm aufdrängen muss, dass kein Vertretungsfall vorliegt (BAG 12. 2. 04 aaO). Nach Ende der Vertretung besteht der nachwirkende Kündigungsschutz des § 15 Abs. 1 S. 2 KSchG (vgl. Rn 53; BAG 5. 11. 09 – 2 AZR 487/08 – NZA-RR 10, 236). Daneben bleibt der Kündigungsschutz des verhinderten BR-Mitgl. bestehen (*DKK-Bachner* Rn 21).

Der entspr. Schutz für Mitgl. des **Wahlvorst.** läuft vom **Zeitpunkt seiner Be- 10 stellung an** (§§ 16, 17), nicht schon für Wahlbewerber für den Wahlvorst. (vgl. § 20 Rn 16; *Fischermeier* ZTR 98, 433, 434) und endet mit der **Bekanntgabe des endgültigen Wahlergebnisses** (§ 18 Abs. 3, § 18 WO) bzw. der gerichtlichen Abberufung (§ 18 Abs. 1 S. 2); **aA** *Grimm/Brock/Windeln* DB 06, 156 ff., die den Sonderkündigungsschutz des § 15 Abs. 3 KSchG im Wege der teleologischen Reduktion auf allenfalls 16 Wochen vor Ablauf der Amtsperiode des BR beschränken wollen. Fehlt es an einer förmlichen Bekanntmachung des Wahlergebnisses durch den Wahlvorst., endet der bes. Kündigungsschutz mit der **konstituierenden Sitzung des BR** (BAG 5. 11. 09 – 2 AZR 487/08 – NZA-RR 10, 236). Der Kündigungsschutz für **Mitgl. des Wahlvorst.**, die durch das **ArbG bestellt werden,** beginnt mit Verkündung des Einsetzungsbeschlusses und nicht erst mit dessen Rechtskraft (BAG 26. 11. 09 – 2 AZR 186/09 – NZA 10, 443; **aA** *KR/Etzel* § 103 BetrVG Rn 22; *Rudolph* AiB 2005, 655). Er endet, wenn die Unwirksamkeit der Bestellung durch rechtskräftige Entscheidung festgestellt wird (BAG 26. 11. 09 – 2 AZR 186/09 – NZA 10, 443; APS/Link § 15 KSchG Rn 69).

10a   Der bes. Kündigungsschutz für **Wahlbewerber** der in § 103 genannten Organe beginnt vom Zeitpunkt der **Aufstellung** an, nicht erst ab der Einreichung (so aber *GL* Rn 9; *GK-Raab* Rn 17; *Richardi/Thüsing* Rn 19 u. *Meisel* Rn 644), **des Wahlvorschlags** mit ausreichender Zahl von Unterschriften, jedoch nicht vor Bestellung eines Wahlvorst. (§ 14 Abs. 3–5 u. § 15 Abs. 3 S. 1 KSchG, vgl. BAG 4. 4. 74 AP Nr. 1 zu § 626 BGB ArbNVertr. im AR, 4. 3. 76, 5. 12. 80 AP Nr. 1, 9 zu § 15 KSchG 1969 Wahlbewerber; BAG 7. 7. 11 – 2 AZR 377/10; *DKK-Bachner* Rn 18; *KR-Etzel* Rn 23 ff.; *Löwisch/Kaiser* Rn 8; *HSWGNR* Rn 24), und besteht **bis zur Bekanntgabe des Wahlergebnisses** (§ 15 Abs. 3 S. 1 KSchG). Keine Voraussetzung ist, dass der Wahlvorst. das Wahlausschreiben erstellt hat; maßgebend ist für den bes. Kündigungsschutz für Wahlbewerber ist die Einleitung des Wahlverfahrens, das mit der Bestellung des Wahlvorst. beginnt vgl. BAG 4. 3. 76 AP Nr. 1 zu § 15 KSchG 1969 und LAG Hamm 25. 2. 11 ArbR 11, 256 – nrkft; ArbG Herford 21. 7. 10 juris. Mängel der Kandidatenaufstellung beeinträchtigen den bes. Kündigungsschutz nicht, soweit sie behebbar sind (BAG 4. 3. 76 AP Nr. 1 zu § 15 KSchG 1969; BAG 17. 3. 05 AP Nr. 4 zu § 27 BetrVG 1972; *APS-Linck* § 15 KSchG Rn 78; *Rudolph* AiB 05, 655). Ausreichend für bes. Kündigungsschutz ist, dass die Voraussetzungen des § 8 BetrVG im Zeitpunkt der Wahl vorliegen (BAG 7. 7. 11 – 2 AZR 377/10). Auch entfällt der Kündigungsschutz nicht, falls die Vorschlagsliste durch Streichung von Unterschriften gem. § 8 Abs. 2 Nr. 3 WO ungültig wird (BAG 5. 12. 80 aaO; *KR-Etzel* Rn 24; *Nägele* BB 2002, 354; *Rudolph* AiB 05, 655; **aA** *Löwisch/Kaiser* Rn 8). Nach LAG Köln 29. 3. 01, AiB 01, 602 entfällt der KSchutz auch nicht, wenn sich noch 80% der Arbeitnehmer als Kandidaten bewerben.

11   **Besteht** im Betrieb noch **kein BR,** so genießen Mitgl. des Wahlvorstands und Wahlbewerber gleichwohl den Kündigungsschutz nach § 15 Abs. 3 S. 1 KSchG. Der ArbGeb. hat dann die Erteilung der Zustimmung zur Kündigung **unmittelbar beim ArbG zu beantragen** (BAG 12. 8. 76, 30. 5. 78 AP Nr. 2, 4 zu § 15 KSchG 1969; *GL* Rn 33; *DKK-Bachner* Rn 18, 38; *ErfK-Kania* Rn 4; *GK-Raab* Rn 30; *Richardi/Thüsing* Rn 37; **aA** *KR-Etzel* Rn 53 f., der § 103 jedoch entsprechend anwendet), es sei denn, es besteht für diesen Betrieb ein **Übergangsmandat** eines anderen BR (s. dazu § 21 a). Entspr. gilt, wenn nur (noch) ein BRMitgl. amtiert, dem gekündigt werden soll und kein Ers.Mitgl. mehr vorhanden ist (BAG 16. 12. 1982 AP Nr. 13 zu § 15 KSchG 1969) oder BR-Mitgl. wegen Teilnahme an einem rechtswidrigen **Arbeitskampf** gekündigt werden soll (BAG 14. 2. 1978 AP Nr. 57 zu Art. 9 GG Arbeitskampf; *Brox/Rüthers* Rn 447; *WW*-ArbuR 82, 265, für Verfahren nach Abs. 1 **aA** *GK-Raab* Rn 39).

3. Kündigung und anderweitige Beendigung des Arbeitsverhältnisses

12   Der bes. Kündigungsschutz besteht nur, wenn es zur Beendigung des Arbeitsverhältnisses einer **Kündigung des ArbGeb. bedarf,** wozu auch die **Änderungskündigung** zu rechnen ist (hM). Anders bei der (ordentlichen oder außerordentlichen) **Massenänderungskündigung:** könnte das BRMitgl. oder die anderen Funktionsträger sich auch insoweit auf den bes. Kündigungsschutz berufen, so liefe das auf eine verbotene Begünstigung u. Verletzung des Gleichbehandlungsgrundsatzes des § 75 hinaus (vgl. § 78 Rn 20; im Ergebnis wie hier: *HSWGNR* Rn 36; *Richardi/Thüsing* § 78 Rn 27 f.; *GK-Raab* Rn 25; SWS Rn 4; *Stahlhacke/Preis/Vossen* Rn 1625; ausführlich *Hilbrandt* NZA 97, 465; *ders.* NZA 98, 1258; **aa** ErfK-*Kania* Rn 6; ErfK-*Linck* § 15 KSchG Rn 10; *Backmeister/Trittin/Mayer* § 15 KSchG Rn 82; *Bröhl* RdA 10, 170, 174; BAG 29. 1. 81, 6. 3. 86, 7. 10. 04, 17. 3. 05 AP Nr. 10, Nr. 19, Nr. 56, Nr. 58 zu § 15 KSchG 1969; danach ist § 15 KSchG gegenüber § 78 lex specialis; abgesehen von den Sonderfällen des § 15 Abs. 4 u. 5 KSchG schließe § 15 KSchG eine ordentliche Kündigung gegenüber den Funktionsträgern aus und lasse **nur eine außerordentliche Kündigung** aus wichtigem Grund mit notwendiger Auslauffrist zu). Nach BAG 7. 10. 04 und 17. 3. 05 aaO kann ein solches auf betriebliche Gründe beruhendes außerordentliches Kündigungsrecht zB die Einführung eines einheitlichen Umstrukturierungskonzepts sein; dabei hat der ArbGeb. dem BRMitgl. zumutbare Änderungen anzubieten (s. BAG 17. 3. 05 aaO im Fall der Zurückstufung um zwei Gehaltsstufen); verweigert der BR bei Vorliegen der Tatbestandsvoraussetzungen die Zustimmung, verletzt er seine Amtspflichten, wenn er die Zustimmung verweigert, nur um eine Bevorzugung der BRMitgl. gegenüber den ArbN zu erreichen (BAG 7. 10. 04 aaO).

Es **gilt aber** § **102.** Das BR-Mitgl. kann sich dann noch auf mangelnde soziale Rechtfertigung der Änderungskündigung berufen.

Kein bes. Kündigungsschutz besteht, sofern der ArbGeb. kraft seines Direktions- **13** rechts einzelne Arbeitsbedingungen einseitig ändern kann, zB kraft tariflicher Ermächtigung, § 15 KSchG greift ferner nicht Platz, wenn das BR-Mitgl. oder der sonstige geschützte Funktionsträger seinerseits kündigt oder das **Arbeitsverhältnis in anderer Weise** (Zeitablauf zB Vollendung des 65. Lebensjahres, vgl. § 77 Rn 61 f., § 78 Rn 20, § 102 Rn 15 f. u. § 24 Rn 22; Zweckerreichung, Anfechtung) **endet.** Wird ein inzwischen in den BR gewählter ArbN erneut nur **befristet** beschäftigt, so sind an die Zulässigkeit dieser zweiten Befristung bes. strenge Anforderungen zu stellen (BAG 17. 2. 83 AP Nr. 14 zu § 15 KSchG 1969; *DKK-Bachner* Rn 9; weitergehend ArbG München AiB 11, 267, wonach in richtlinienkonformer Auslegung des § 14 Abs. 2 TzBfG eine sachgrundlose Befristung des BRMitgl. nicht mit Art. 7 der RL 2002/14/EG und Art. 27 der europäischen Grundrechtscharta vereinbar sei; mit zutreffenden Gründen abgelehnt von ArbG Berlin 1. 9. 11 – 33 Ca 5877/11 – DB 11, 2612). Eine Aussperrung kann das Arbeitsverhältnis von BR-Mitgl. allenfalls suspendieren (vgl. § 24 Rn 24, § 74 Rn 17 ff.).

III. Ordentliche Kündigung bei Betriebsstilllegung

Die ordentliche Kündigung des in § 15 Abs. 1 bis 3 a KSchG genannten Personen- **14** kreises ist wegen ihrer betriebsverfassungsrechtlichen Funktionen grundsätzlich unzulässig. Insoweit gehen gesetzliche Kündigungsverbote dem allgemeinen Kündigungsschutz als spezialgesetzliche Regelung vor (BAG 21. 4. 05 AP Nr. 74 zu § 1 KSchG 1969 Soziale Auswahl). Ausnahmsweise lässt § 15 Abs. 4 KSchG eine **ordentliche Kündigung** zu, und zwar im Fall der Stilllegung des ganzen Betriebes (BAG 29. 3. 77 AP Nr. 11 zu § 102 BetrVG 1972, 23. 4. 80, 20. 1. 84 AP Nr. 8, 16 zu § 15 KSchG 1969). Zur Kündigungsfrist bei Stilllegung durch Insolvenzverwalter s. § 113 Abs. 1 InsO u. § 102 Rn 3. Die Kündigung bedarf in diesen Fällen **nicht der Zustimmung** des BR nach § 103, aber dessen **Anhörung nach § 102 Abs. 1** (hM; BAG aaO, 18. 9. 97 AP Nr. 35 zu § 103 BetrVG 1972 mwN u. Anm. *Hilbrandt;* BAG 15. 2. 07 DB 07, 1759; BAG 23. 2. 10 NZA, 10, 1288; *Richardi/Thüsing* Rn 25; *Bernstein* NZA 93, 728; *Eckert* SAE 99, 141; *Fischermeier* ZTR 98, 433; *Hilbrandt* NZA 98, 1258, 1260; **aA** *Bader* BB 78, 616, der eine außerordentliche Kündigung zulassen will und *Belling* NZA 85, 481, der eine Zustimmung des BR nach § 103 verlangt). Dann endet das Amt des BR bzw. die sonstigen Ämter als Folge der Stilllegung. Das gilt auch bei einem auf Grund Arbeitsvertrag oder TV **unkündbaren**

Funktionsträger, dem außerordentlich gekündigt werden kann (hM; vgl. *Stahlha-cke/Preis/Vossen* Rn 1631 mwN) und die außerordentliche Kündigung an die Stelle der ordentlichen nach § 15 Abs. 4 (u. 5) KSchG tritt (BAG 18. 9. 97 aaO; *Fischermeier* ZTR 98, 433; s. auch § 102 Rn 105). Zur Kündigung von Wahlinitiatoren im Fall der Betriebsstilllegung siehe § 17 Rn 41.

15   Unter **Stilllegung** ist die **Aufgabe des Betriebszwecks** und damit die Auflö-sung der zu diesem Zweck geschaffenen Betriebsgemeinschaft zwischen ArbGeb. und ArbN für eine nicht nur vorübergehende, zeitlich noch unbestimmte Dauer auf Grund eines ernstlichen Willensentschlusses des ArbGeb. zu verstehen (hM; *Roos* AiB 99, 12, 16). Vgl. auch § 111 Rn 65 ff. Werden nach Produktionseinstellung die Arbeitsverhältnisse gekündigt, so liegt idR eine Auflösung der zwischen ArbGeb. und ArbN bestehenden Betriebs- und Produktionsgemeinschaft vor, wenn im Kündi-gungszeitraum davon auszugehen ist, dass eine eventuelle Wiederaufnahme der Pro-duktion erst nach einem längeren, wirtschaftlich nicht unerheblichen Zeitraum (7 bzw. 8,5 Monate) erfolgen kann, dessen Überbrückung mit weiteren Vergütungs-zahlungen dem ArbGeb. nicht zuzumuten ist (BAG 21. 6. 01 AP Nr. 50 zu § 15 KSchG 1969). Auch eine Betriebsverlegung kann im Einzelfall Stilllegung sein und zur Kündigung berechtigen. Eine Betriebsstilllegung kann auch schon gegeben sein, wenn auf dem Betriebsgrundstück noch einzelne Abwicklungsarbeiten oder War-tungsaufgaben erfüllt werden (BAG 23. 4. 80, aaO). Es liegt grundsätzlich im pflicht-gemäßen Ermessen des ArbGeb., ob er bei Vorliegen eines Sachverhalts, der eine sinnvolle Weiterarbeit des Betriebs in der bisherigen Form ausschließt, zum Mittel der Betriebseinschränkung (zB Kurzarbeit), der vorübergehenden Betriebsunterbrechung (Werksurlaub) oder aber der Stilllegung greift (BAG 17. 9. 57 AP Nr. 8 zu § 13 KSchG); wegen MBR nach § 87 Abs. 1 Nr. 3 vgl. aber dort Rn 150 ff.

16   Für die Anhörung des BR zu einer Kündigung nach § 15 Abs. 4 und 5 gelten die allgemeinen Grundsätze zu § 102. Besteht aus Sicht des ArbGeb. keine Weiterbe-schäftigungsmöglichkeit in einem anderen Betrieb, genügt insoweit ein entspr. (kon-kludenter) Hinweis − aus dem BRMandat ergeben sich keine Besonderheiten (BAG 23. 2. 10 − 2 AZR 656/08 − NZA 10, 1288). Ein Widerspruch des BR gegen die Kündigung nach § 102 Abs. 3 kommt insb nach Nr. 3 wegen Weiterbeschäftigungs-möglichkeit in einem **anderen Betrieb des Unternehmens** in Betracht (vgl. auch § 102 Rn 83). Zwar geht § 15 Abs. 4 KSchG offenbar davon aus, diese Vorschrift ent-halte eine § 1 KSchG nicht einbeziehende abschließende Regelung. Damit würden aber BR-Mitgl. schlechter gestellt als andere ArbN. Daher ist die entstandene Gesetzes-lücke dahin zu schließen, dass eine Kündigung von BR-Mitgl. nur möglich ist, wenn auch eine Beschäftigungsmöglichkeit in einem anderen Betrieb des Unternehmens nicht besteht (BAG 13. 8. 92, 22. 9. 05 AP Nr. 32, 59 zu § 15 KSchG 1969; *v. Hoyn-ningen-Huene/Linck* KSchG § 15 Rn 166; *Kittner/Däubler/Zwanziger* § 15 KSchG Rn 67; KR-*Etzel* § 15 KSchG Rn 93 f.; *Bernstein* NZA 93, 728; *Nerreter* NZA 95, 54; **aA** *HSWGNR* Rn 39). Macht der BR eine derartige Beschäftigungsmöglichkeit geltend und widerspricht er der Kündigung, so hat das gekündigte BRMitgl. zumin-dest bei Erheben der Kündigungsschutzklage einen Weiterbeschäftigungsanspruch nach § 102 Abs. 5 und kann auch sein Amt vorläufig weiterführen (vgl. ArbG Elms-horn AiB 97, 173 m. Anm. *Zabel*). Besteht eine derartige Beschäftigungsmöglichkeit, so führt dies jedoch nicht dazu, dass nun eine außerordentliche Änderungskündigung entspr. § 103 nur mit Zustimmung des BR möglich wäre (BAG 13. 8. 92 aaO). We-gen Gemeinschaftsbetrieb mehrerer Unternehmen vgl. Rn 22.

17   Veräußert der bisherige ArbGeb. den Betrieb, so gehen nach **§ 613 a BGB** alle Arbeitsverhältnisse auf den neuen Betriebsinhaber über (vgl. § 1 Rn 115 ff.; § 21 Rn 34 u. § 111 Rn 49 ff.). Die Betriebsübernahme führt nicht zur Beendigung der Amtszeit des BR (BAG 1. 8. 01, 24. 5. 05 AP Nr. 225, 284 zu § 613 a BGB; *Nicolai* BB 06, 1162). Stilllegung und Veräußerung des Betriebes schließen einander aus (BAG 23. 4. 80, aaO [Rn 14]; **aA** wohl *Annuß* DB 99, 798). Wegen der wirtschaft-lichen Beteiligungsrechte bei Betriebsstilllegung vgl. aber §§ 111−113 und die dorti-

gen Rn. Wird nur ein **Betriebsteil** mit einem dort beschäftigten BR–Mitgl. veräußert, endet dessen BR–Mandat, es sei denn, es widerspricht dem Übergang seines Arbeitsverhältnisses (vgl. § 24 Rn 26). Die damit bezweckte Beibehaltung des BR–Mandats ist als sachlicher Grund für den Widerspruch iSd. BAG–Rspr. (vgl. BAG 7. 4. 93 AP Nr. 22 zu § 1 KSchG 1969 Soziale Auswahl) anzusehen mit der Folge, dass dem BR–Mitgl. der volle Kündigungsschutz, also auch der nach § 15 KSchG, erhalten bleibt (*Kittner/Däubler/Zwanziger* § 15 KSchG Rn 65; MünchArbR–*Wank* § 120 Rn 110; *v. Hoyningen-Huene/Linck* KSchG § 15 Rn 79, 182 ff.; *Nicolai* BB 06, 1162; **aA** 71; *Annuß* DB 99, 798, 800; *Feudner* DB 94, 1570). Widerspricht ein Funktionsträger dem Übergang seines Arbeitsverhältnisses und besteht beim ArbGeb. keine Arbeitsmöglichkeit mehr, so ist § 15 Abs. 4 (u. 5) KSchG (direkt oder entspr.) anzuwenden (BAG 18. 9. 97 AP Nr. 35 zu § 103 BetrVG 1972 m. Anm. *Hilbrandt; ders.* NZA 98, 1258, 1260; *Nicolai* BB 06, 1162; *v. Hoyningen-Huene/Linck* KSchG § 15 Rn 162, 182; KR-*Etzel* § 15 KSchG Rn 125 a; *Düwell/Kloppenburg* Rn 59). Das gilt auch für ein freigestelltes BRMitgl. (BAG aaO). Widerspricht der Funktionsträger nicht dem Übergang seines Arbeitsverhältnis aber liegt ein Fall des Übergangsmandats nach § 21 a vor, bleibt insoweit das BR–Mandat bis zur Neuwahl eines BR im neuen, bisher betriebsratslosen Betrieb bestehen (vgl. § 21 a Rn 8 ff., 13, 16; *GK-Raab* Rn 35; generell für den Fall der Betriebsspaltung *Düwell/Kloppenburg* Rn 60).

Eine Kündigung ist jedoch nicht zulässig, wenn die **Stilllegung nur für vorübergehende, kurze Zeit** erfolgt, um die Kündigungsschutzbestimmungen des § 15 KSchG zu umgehen. Dann liegt nur eine Scheinstilllegung vor. Auch eine bloße Änderung des Betriebszwecks unter Beibehaltung der Betriebsorganisation ist keine Stilllegung. Hatte der alte ArbGeb. vor einer Betriebsübernahme die Arbeitsverhältnisse (noch) wirksam gekündigt, stellt aber der neue ArbGeb. die Masse der ArbN alsbald wieder ein, so bleibt der alte BR im Amt. Eine Kündigung der DR–Mitgl. war demnach unzulässig. **18**

Die Kündigung ist regelmäßig erst **zum Zeitpunkt der Stilllegung** zulässig, dh die Kündigungsfrist darf i. d. R. erst mit der Stilllegung ablaufen, während die Kündigung schon früher ausgesprochen werden kann (hM). Unterbleibt die Stilllegung, so ist die Kündigung gegenstandslos, verzögert sich die Stilllegung, so wirkt die Kündigung erst zum nächst zulässigen Kündigungstermin (BAG 23. 4. 80 AP Nr. 8 zu § 15 KSchG 1969; LAG Nürnberg NZA-RR 08, 295 ff.). Ausnahmsweise kann schon zu einem **früheren Zeitpunkt gekündigt werden,** wenn das BR–Mitgl. (oder der sonstige Funktionsträger) aus zwingenden betrieblichen Gründen, an die ein strenger Maßstab anzulegen ist, **nicht mehr beschäftigt werden kann,** auch nicht an einem anderen Arbeitsplatz (BAG 21. 6. 01 AP Nr. 50 zu § 15 KSchG 1969). Sonst ist das BR–Mitgl. aber auch bei stufenweiser Stilllegung erst mit der letzten ArbN-Gruppe zu entlassen (BAG 26. 10. 67 AP Nr. 17 zu § 13 KSchG). Die Beschäftigungsmöglichkeit spielt bei nach § 38 freigestellten BR–Mitgl. keine Rolle, sofern noch ArbN im Rahmen der Staffel des § 38 Abs. 1 beschäftigt werden. Selbst wenn dies aber nicht mehr der Fall ist und an sich auch keine Beschäftigungsmöglichkeit mehr besteht, muss der BR funktionsfähig bleiben, schon wegen der Aufstellung eines Sozialplanes. Zur Wahrung eines „**Restmandats**" muss jedenfalls ein BR-Mitgl. bis zum Schluss im Betrieb verbleiben (*GL* Rn 51; *HSWGNR* Rn 38; zum Restmandat s. § 21 b u. die dortigen Rn). Der BR fällt weg, wenn die ständige ArbNZahl unter 5 sinkt, bleibt aber erhalten, wenn der Betrieb zwar tatsächlich schon stillgelegt ist, um den rechtlichen Bestand der Arbeitsverhältnisse oder deren Abwicklung aber noch gestritten wird (BAG 17. 7. 64 AP Nr. 3 zu § 80 ArbGG und 29. 3. 77 AP Nr. 11 zu § 102 BetrVG 1972; KR-*Etzel* § 15 Rn 119). **19**

Die **Stilllegung** einer **Betriebsabteilung** kann idR **nicht zur Kündigung** eines BR–Mitgl. oder sonstigen Funktionsträgers (Rn 5) führen (§ 15 Abs. 5 KSchG). Es ist vielmehr in eine andere Betriebsabteilung zu gleichen Arbeitsbedingungen zu übernehmen, evtl. nach Ausspruch einer (ordentlichen) Änderungskündigung (BAG 20. 1. 84 AP Nr. 16 zu § 15 KSchG 1969; *Bernstein* NZA 93, 728). Kann das BR- **20**

Mitgl. auf einem freien Arbeitsplatz in einer anderen Betriebsabteilung weiterbeschäftigt werden, ist der ArbGeb. grundsätzlich nicht verpflichtet, einen örtlich näher gelegenen und deshalb das BRMitgl. weniger belastenden Arbeitsplatz freizukündigen (BAG 28. 10. 99 AP Nr. 59 zu § 2 KSchG 1969 mit Anm. *Backmeister* AiB 00, 583). Es kommt hier nur die Stilllegung einer **unselbständigen Betriebsabteilung** ohne eigenen BR in Frage, dh eines organisatorisch abgegrenzten Teils eines Betriebes mit eigener personeller Einheit, eigenen technischen Betriebsmitteln und eigenem Betriebszweck bzw. Hilfszweck (BAG aaO u. 11. 10. 89 AP Nr. 47 zu § 1 KSchG 1969 Betriebsbedingte Kündigung; BAG 23. 2. 10 – 2 AZR 656/08 – NZA 10, 1288 mwN; *Annuß* DB 99, 798, 799). Wird eine diesen Anforderungen nicht genügende Arbeitseinheit stillgelegt, so kommt eine ordentliche Kündigung von vornherein nicht in Betracht. Gleiches gilt, wenn es sich lediglich um eine Betriebseinschränkung handelt (BAG 17. 11. 05 AP Nr. 60 zu § 15 KSchG 1969). Handelt es sich dagegen um selbständige Betriebsteile mit eigenem BR (vgl. § 4), so greifen die Vorschriften Platz, die für die Stilllegung des ganzen Betriebes gelten; § 15 Abs. 5 KSchG findet insoweit keine Anwendung (BAG 4. 11. 04 AP Nr. 57 zu § 15 KSchG 1969; *Fiebig/Gallner/Nägele* § 15 Rn 114).

21 Eine Kündigung ist in eng begrenzten Ausnahmefällen nur zulässig, wenn die Übernahme in andere Abteilungen aus zwingenden betrieblichen Gegebenheiten nicht möglich ist: Das hat der ArbGeb. genau darzulegen und zu beweisen (BAG 25. 11. 81, 12. 3. 09 AP Nr. 11 u. 63 zu § 15 KSchG 1969; *Schleusener* DB 98, 2368). Notfalls ist für das BR-Mitgl. sogar ein anderer Arbeitsplatz **durch Kündigung frei** zu **machen** (so BAG 18. 10. 00, 4. 11. 05, 17. 11. 05 AP Nr. 49, 57, 60 zu § 15 KSchG 1969; *Richardi/Thüsing* § 103 Rn 30; *Fiebig/Gallner/Nägele* § 15 Rn 125; *Horcher* NZA-RR 06, 393, 396 ff.), wobei aber auch die sozialen Belange des uU betroffenen ArbN zu berücksichtigen sind (von BAG 18. 10. 00 aaO offen gelassen; ebenso BAG 12. 3. 09 aaO aber mit Hinweis, dass dazu jedoch besondere Konstellationen vorliegen müssen, wie zB Mandatsschutz läuft mit Gewissheit alsbald aus im Vergleich zu einem sozial deutlich schützwürdigeren ordentl. kündbaren ArbN; wie hier LAG-Düsseldorf 15. 9. 05 – 11 Sa 788/05; *v. Hoyningen-Huene/Linck* KSchG § 15 Rn 183; *KR-Etzel* § 15 Rn 126; *Stahlhacke/Stahlhacke* Rn 1634; APS/Kiel § 15 Rn 185; *Horcher* NZA-RR 06, 393, 397; *Bröhl* RdA 10, 170, 174; *Bernstein* NZA 93, 728; *Roos* AiB 98, 610, 612; *ders.* AiB 99, 12, 16; deshalb zB Versetzung auf den Arbeitsplatz eines Schwerbehinderten nicht möglich; gegen diese Beschränkung *Matthes* DB 80, 1165; *Fischer* DB 04, 2752, 2754; *Backmeister/Trittin/Mayer* § 15 KSchG Rn 136; *Breschendorf* BB 07, 661; **aA** *Thüsing/Laux/Lembke* KSchG § 15 Rn 77 a; *Schleusener* DB 98, 2368, 2370, Adam AuR 07, 151, 152, *Leuchten* NZA 07, 585, die eine Freikündigungspflicht des ArbGeb. generell ablehnen). Kann nur ein Teil der geschützten Funktionsträger umgesetzt werden, sind bei der Besetzung der Stellen vorrangig die aktiven Mandatsträger vor den im Nachwirkungszeitraum geschützten ErsatzMitgl. zu berücksichtigen (BAG 2. 3. 06 AP Nr. 61 zu § 15 KSchG 1969); im Übrigen bestimmt sich die Auswahl nach den Regeln der Sozialauswahl gem. § 1 Abs. 3 KSchG (BAG 22. 9. 05 AP Nr. 59 zu § 15 KSchG 1969; *Roos* AiB 98, 610, 612; *Fiebig/Gallner/Nägele* § 15 Rn 123; *Bröhl* RdA 10, 170, 173 Sozialauswahl unter Berücksichtigung Erhaltung besonderer Fachkompetenzen wie des BRVors. **aA** *Horcher* NZA-RR 06, 393, 397). Der ArbGeb. muss dem Mandatsträger **keinen höherwertigen Arbeitsplatz** anbieten, wenn kein gleichwertiger vorhanden ist; dies gilt auch, wenn das BRMitgl. das Anforderungsprofil dafür erfüllt (BAG 23. 2. 10 – 2 AZR 656/08 – NZA 10, 1288; *Bröhl* RdA 10, 170, 173; **aA** LAG Rheinland-Pfalz 13. 11. 07 LAGE Nr. 20 zu § 15 KSchG: *Houben* NZA 08, 851, 855, wenn der Mandatsträger das Anforderungsprofil eines höherwertigen Arbeitsplatzes erfüllt). Andernfalls liefe dies auf eine unzulässige Begünstigung des BRMitgl. hinaus (BAG 23. 2. 10 – 2 AZR 656/08 – NZA 10, 1288).

22 Die Grundsätze über das Vorliegen eines **Gemeinschaftsbetriebes** mehrerer Unternehmen (vgl. § 1 Rn 78 ff. und 111 Rn 60) gelten auch für die Kündigung

von Mitgl. der Betriebsverfassungsorgane wegen Stilllegung eines Betriebsteils. Eine Schließung eines Betriebsteils i. R. eines Gemeinschaftsbetriebs liegt nur dann vor, wenn bezogen auf den gesamten gemeinsamen Betrieb die Arbeits- und Produktionsgemeinschaft zwischen Unternehmer und Belegschaft aufgelöst wird (BAG 15. 2. 07 DB 07, 1759). Wer gegenüber dem BR so auftritt, als betreibe er zusammen mit anderen Unternehmen einen Gemeinschaftsbetrieb, muss sich auch hinsichtlich des Sonderkündigungsschutzes der BRMitgl. (§ 15 KSchG) so behandeln lassen, als bestehe ein Gemeinschaftsbetrieb (BAG 18. 10. 00 AP Nr. 49 zu § 15 KSchG 1969). Die BRMitgl. sind in einen anderen Betriebsteil, auch eines anderen Unternehmens, zu übernehmen, sofern die am Gemeinschaftsbetrieb beteiligten Unternehmen ArbGeb. geworden sind (BAG 5. 3. 87 AP Nr. 30 zu § 15 KSchG 1969; *Bonanni* S. 249 f.; *Fischer* DB 04, 2752, 2754). Der BR kann einer Kündigung nach § 102 Abs. 3 Nr. 3 widersprechen. Für den Zeitpunkt der Kündigung gilt das für die Stilllegung des ganzen Betriebes Gesagte entsprechend. Wegen Versetzung in einen anderen Betrieb des Unternehmens, Ausgliederung eines Betriebsteils u. Konkurseröffnung vgl. auch § 24 Rn 34 ff.

Beschließt der ArbGeb., **Betriebsabteilungen** an einen Erwerber zu **veräußern** **23** und gleichzeitig die bei ihm **verbleibenden Abteilungen stillzulegen,** so hat er die betriebsverfassungsrechtlichen Funktionsträger in die zu veräußernden Abteilungen zu übernehmen. Geschieht dies nicht, gehen die Arbeitsverhältnisse der Funktionsträger nach **§ 613 a BGB analog** auf den Erwerber über, wenn die Funktionsträger nicht widersprechen (LAG Sachsen-Anhalt BB 99, 1875). Der Erwerber kann – wie zuvor auch der Veräußerer – geltend machen, dass eine Übernahme der Funktionsträger in die zu veräußernden bzw. veräußerten Abteilungen aus betrieblichen Gründen nicht möglich war (§ 15 Abs. 5 S. 2 KSchG; s. auch Rn 17, 20).

Die Ausführungen unter den Rn 14 ff. gelten uneingeschränkt auch in der **Insol-** **23a** **venz** (vgl. BAG 17. 11. 05 AP Nr. 60 zu § 15 KSchG 1969; ErfK-*Müller-Glöge* § 113 InsO Rn 25; ErfK-*Ascheid* § 125 InsO Rn 1; *Wimmer/Eisenbeis* § 113 InsO Rn 37 ff.; *Hess* § 113 InsO Rn 556 ff.).

IV. Zustimmungsverfahren bei außerordentlichen Kündigungen

Die außerordentliche Kündigung eines BR-Mitgl. oder eines anderen in § 103 **24** Abs. 1 genannten Mandatsträgers ist nur zulässig, wenn die **Voraussetzungen des** **§ 626 BGB** vorliegen **und der BR** zu diesem einseitigen Rechtsgeschäft **vorher die Zustimmung** zu dieser Maßnahme erteilt (BAG 4. 3. 04 AP Nr. 50 zu § 103 BetrVG 1972) **oder das ArbG sie ersetzt** hat (§ 103 Abs. 2); das gilt auch für die außerordentliche Änderungskündigung (BAG 6. 3. 86 AP Nr. 19 zu § 15 KSchG 1969; BAG 17. 3. 05 AP Nr. 58 zu § 15 KSchG 1969; *Richardi/Thüsing* Rn 27). Die Eröffnung des Insolvenzverfahrens selbst ist kein wichtiger Grund iSd § 626 BGB (BAG 29. 3. 77 AP Nr. 11 zu § 102 BetrVG; ErfK-*Müller-Glöge* § 113 InsO Rn 25). Kündigt der ArbGeb. vorher, so ist die Maßnahme von vornherein unheilbar **nichtig,** nicht nur schwebend unwirksam (BAG 22. 8. 74, 20. 3. 75, 4. 3. 76, 25. 3. 76, 9. 7. 98 AP Nr. 1, 2, 5, 6, 36 (Anm. *Kohte/Lenart* SAE 00, 195) zu § 103 BetrVG 1972; vgl. § 15 Abs. 1 S. 1, § 13 Abs. 3 KSchG, vgl. auch Rn 48). Auf ein **Verschulden des ArbGeb.** an der unterbliebenen Anhörung **kommt es nicht an** (*KR-Etzel* § 102 Rn 107 a). Die **Unwirksamkeit** der Kündigung muss innerhalb der **Klagefrist** von **drei Wochen** geltend gemacht werden (vgl. dazu ausführlich Rn 60). **Nachträgliche Zustimmung** (Genehmigung) des BR heilt die Unwirksamkeit einer schon ausgesprochenen Kündigung **nicht** (BAG 22. 2. 72 AP Nr. 1 zu § 15 BBiG, 28. 2. 74 AP Nr. 2 zu § 102 BetrVG 1972, 22. 8. 74, 20. 3. 75, 1. 12. 77 AP Nr. 1, 2 u. 11 zu § 103 BetrVG 1972; *DKK-Bachner* Rn 28; ErfK-*Kania* Rn 29; *GL* Rn 12; *GK-Raab* Rn 45; *v. Hoyningen-Huene/Linck* KSchG § 15 Rn 103; kr. *Richardi/Thüsing* Rn 55). Eine Auflösung des Arbeitsverhältnisses auf Antrag des

ArbGeb. gegen Zahlung einer Abfindung gem. §§ 9, 10 KSchG kommt nicht in
Betracht (BAG 9. 10. 79 AP Nr. 4 zu § 9 KSchG 1969; *DKK-Bachner* Rn 28). Vgl.
auch § 102 Rn 59 u. wegen nachträglicher Zustimmung des BR vor deren Ersetzung
im BeschlVerf. nach Abs. 2 Rn 36. Zur Geltendmachung der Unwirksamkeit der
Kündigung vgl. Rn 39, 48, 60.

25   Das **Zustimmungsersuchen** des ArbGeb. ist an den BRVors., bei dessen Verhinderung (s. § 26 Rn 45 f.) an den Stellvertr. oder an das vom BR zur Entgegennahme
von Erklärungen des ArbGeb. in Kündigungsangelegenheiten ermächtigte BRMitgl.
zu richten (*Fischermeier* ZTR 98, 433, 435). Da das Zustimmungsersuchen eine einseitige empfangsbedürftige Willenserklärung ist, auf die als geschäftsähnliche Handlung die §§ 164 ff. BGB anwendbar sind, kann der BR das Ersuchen durch einen
Vertr. des ArbGeb. wegen fehlender Vollmacht gem. § 174 BGB zurückweisen (Hess.
LAG ZTR 98, 475).

26   Nach **§ 626 Abs. 1 BGB** kann das Arbeitsverhältnis von jedem Vertragteil, also
auch vom ArbGeb. aus wichtigem Grund ohne Einhaltung einer Kündigungsfrist
gekündigt werden, wenn dem Kündigenden unter Berücksichtigung aller Umstände
des Einzelfalles und unter Abwägung der Interessen beider Vertragteile die Fortsetzung des Arbeitsverhältnisses selbst bis zum Ablauf der normalen Kündigungsfrist
oder bis zum vereinbarten Ende des Arbeitsverhältnisses nicht zugemutet werden
kann. Ein BR-Mitgl. steht hinsichtlich der Beurteilung des wichtigen Grundes
grundsätzlich jedem anderen ArbN gleich; seine Eigenschaft als Amtsträger iSd. § 15
KSchG darf weder zu seinen Gunsten noch zu seinen Ungunsten berücksichtigt werde (LAG Köln LAGE § 15 KSchG Nr. 14).

27   Liegen die Voraussetzungen des § 626 BGB vor, bedeutet dies für die Beurteilung
der **Zumutbarkeit einer Weiterbeschäftigung** des BR-Mitgl. folgendes: Würde
man – wie an sich geboten – auf die weitere absehbare Vertragsdauer, also auf den
frühestmöglichen Kündigungszeitpunkt nach Ablauf der Amtszeit des BR-Mitgl.
(§ 15 Abs. 1 S. 2 KSchG) abstellen, so könnte bei gleichen Tatumständen und gleichgelagerten ArbGeb.- und ArbN-Interessen die fristlose Kündigung gegenüber einem
BR-Mitgl. allein wegen der absehbaren langen Bindungsdauer, nämlich 1 Jahr nach
Ende des BR-Amts, für wirksam, die fristlose Kündigung gegenüber einem anderen
ArbN jedoch mit der Begründung für unwirksam erklärt werden, dass dessen Weiterbeschäftigung bis zum Ablauf der ordentlichen Kündigungsfrist dem ArbGeb. zumutbar sei. Da dies mit dem Benachteiligungsverbot des § 78 S. 2 unvereinbar wäre, ist
auf die mangels ordentlicher Kündbarkeit des BR-Mitgl. nicht einschlägige und daher **fiktive Kündigungsfrist** des § 622 BGB abzustellen. Folglich kann einem BR-
Mitgl. oder anderen Funktionsträger nach § 15 KSchG, § 626 BGB nur dann fristlos
gekündigt werden, wenn dem ArbGeb. bei einem vergleichbaren ArbN ohne betriebsverfassungsrechtliche Funktionen dessen Weiterbeschäftigung bis zum Ablauf
der einschlägigen ordentlichen Kündigungsfrist unzumutbar wäre (BAG 10. 2. 99 AP
Nr. 42 zu § 15 KSchG 1969; BAG 27. 9. 01 AiB 02, 446; BAG 5. 11. 09 – 2 AZR
487/08 – NZA-RR 10, 236; BAG 12. 5. 10 – 2 AZR 587/08 – NZA-RR 11, 15).
Gleiches gilt auch für den Zeitraum des nachwirkenden Kündigungsschutzes (BAG
15. 3. 01 NZA-RR 02, 20).

28   Ist nach den Grundsätzen in Rn 27 eine verhaltensbedingte fristlose Kündigung
gegenüber einem BR-Mitgl. ausgeschlossen, so dürfte mit Rücksicht auf die lange
Bindungsdauer – in Anlehnung an die neuere BAG-Rspr. zu tariflich unkündbaren
ArbN (BAG 5. 2. 98 AP Nr. 143 zu § 626 BGB mwN; BAG 18. 1. 01 AP Nr. 1 zu
§ 28 LPVG Niedersachsen; BAG 8. 4. 03 AP Nr. 181 zu § 626 BGB) – eine verhaltensbedingte außerordentliche **Kündigung** mit Gewährung einer **Auslauffrist** angezeigt sein (vgl. *KR-Etzel* § 15 KSchG Rn 22; s. auch § 102 Rn 40), um das BR-
Mitgl. gegenüber einem vergleichbaren tariflich unkündbaren ArbN nicht zu bevorzugen (§ 78 S. 2; **aA** BAG 17. 1. 08 AP Nr. 62 zu § 15 KSchG 1969; BAG 12. 5. 10
– 2 AZR 587/08 – NZA-RR 11, 15; LAG Köln AiB 02, 639, ArbG Duisburg
NZA-RR 09, 252 ff.; *Eylert/Sänger* RdA 10, 24, 28).

Bei der Beurteilung der Frage der zulässigen Kündigung ist zu trennen zwischen dem 29 Vorwurf der Amtspflichtverletzung und einer arbeitsvertraglichen Pflichtverletzung. Liegt **allein ein Verstoß** des BR-Mitgl. (Mitgl. der JugAzubiVertr., der Bord- 30 vertr., der SeeBR) gegen seine **Amtspflichten** vor, sieht dafür das Gesetz das Ausschlussverfahren nach § 23 wegen grober Verletzung seiner gesetzl. Pflichten aus dem BRAmt vor; eine Kündigung nach § 15 Abs. 1 S. 2, Abs. 3 S. 2 KSchG ist grundsätzlich unzulässig (BAG 23. 10. 08 NZA 09, 855 ff.; BAG 5. 11. 09 − 2 AZR 487/08 − NZA-RR 10, 236; BAG 12. 5. 10 − 2 AZR 587/08 − NZA-RR 11, 15). Es ist jedoch oft schwer zu beurteilen, ob in erster Linie eine Verletzung betriebsverfassungsrechtlicher oder arbeitsvertraglicher Pflichten vorliegt. Nur wenn durch die **Amtspflichtverletzung zugleich** das konkrete **Arbeitsverhältnis unmittelbar und erheblich beeinträchtigt** wird, ist eine außerordentliche Kündigung zulässig (BAG 22. 8. 74 AP Nr. 1 zu § 103 BetrVG 1972, 16. 10. 86 AP Nr. 95 zu § 626 BGB; BAG 23. 10. 08 NZA 09, 855 ff.; BAG 5. 11. 09 − 2 AZR 487/08 − NZA-RR 10, 236; BAG 12. 5. 10 − 2 AZR 587/08 − NZA-RR 11, 15; *DKK-Bachner* Rn 27; *Roos* AiB 98, 610, 612; vgl. auch § 23 Rn 23; ähnlich *Richardi/Thüsing* § 103 Anhang, Rn 20 ff.). Die Möglichkeit eines Zusammenhangs von Pflichtwidrigkeiten aus dem Amt und aus dem Arbeitsverhältnis verneinen grundsätzlich *Bieback* RdA 78, 82 ff., *Weber* NJW 73, 787 und *Konzen* ZfA 85, 469, 483, der nur ein Verfahren nach § 23 Abs. 1 für möglich hält; so wohl auch LAG Niedersachsen NZA-RR 05, 530 ff.). Hängt das arbeitsvertragswidrige Verhalten des ArbN mit seiner **Amtstätigkeit zusammen** (s. LAG Hamburg ArbuR 97, 301 zu elektronischer Verbreitung eines Textes über Ansprüche der ArbN im Unternehmen), so ist eine Kündigung nur unter **Anlegung eines besonders strengen Maßstabes** gerechtfertigt (BAG 16. 10. 86 aaO u. BAG 23. 10. 08 NZA 09, 855 ff; BAG 12. 5. 10 − 2 AZR 587/08 − NZA-RR 11, 15; LAG Hamburg aaO: Unternehmensöffentliche Kritik an Geschäftsführung in zugespitzter und provozierender Form idR kein außerordentl. Kündigungsgrund; aA MünchArbR-*Berkowsky* § 157 Rn 45). Das gilt auch für JugAzubiVertr. (BAG 11. 12. 75 AP Nr. 1 zu § 15 KSchG 1969). Zu prüfen ist insb., ob auch nach Ausschluss aus dem BRAmt weitere vergleichbare Pflichtverletzungen drohen und das Vertrauensverhältnis zum ArbGeb. aufgrund der Pflichtverletzung, die mit der Ausübung des Mandats im Zusammenhang steht, nachhaltig gestört ist (BAG 23. 10. 08 NZA 09, 855 ff.; BAG 5. 11. 09 − 2 AZR 487/08 − NZA-RR 10, 236; BAG 12. 5. 10 − 2 AZR 587/08 − NZA-RR 11, 15 ErfK-*Kania* Rn 12). Der ArbGeb. hat zu beweisen, dass das eine Amtspflichtverletzung darstellende Verhalten des BR-Mitgl. auch bei anderen ArbN Grund zur außerordentlichen Kündigung wäre (*DKK-Bachner* Rn 27). Das BR-Mitgl. kann sich damit entlasten, gemäß seinen Amtspflichten in gutem Glauben gehandelt zu haben (vgl. *Säcker* RdA 65, 372, DB 67, 2072). Begeht ein BR-Mitgl. lediglich einen Verstoß gegen seine Amtspflichten, ohne dass die Pflichten aus dem Arbeitsverhältnis dadurch wesentlich berührt werden, so kann dies zwar zum Ausschluss aus dem BR nach § 23 führen, aber nicht zur außerordentlichen Kündigung (BAG 8. 8. 68 AP Nr. 57 zu § 626 BGB).

Einem BR-Mitgl. kann idR nicht wegen häufiger krankheitsbedingter Fehlzeiten 30a außerordentlich gekündigt werden (BAG 18. 2. 93 AP Nr. 35 zu § 15 KSchG 1969). Auch bei einer Kündigung eines ehemaligen BRMitgl. wegen krankheitsbedingter Arbeitsunfähigkeit hat der ArbGeb. grundsätzl. den Ablauf des nachwirkenden Kündigungsschutzes nach § 15 Abs. 1 S. 2 KSchG abzuwarten und sodann ordentlich zu kündigen (BAG 15. 3. 01 NZA-RR 02, 20). Täuscht es eine Krankheit vor, kann ihm jedenfalls dann fristlos gekündigt werden, wenn es als ArbN eine Vertrauensstellung innehat (LAG Berlin BB 99, 421). Nach LAG Rheinland-Pfalz begründet allein genesungswidriges Verhalten ohne Vortäuschen einer Erkrankung keinen außerordentlichen Kündigungsgrund (ArbuR 05, 37). Erhält ein BR-Mitgl. während der BR-Sitzung ein Telefonat des ArbGeb., dessen Inhalt auf der Sitzung behandelt werden soll, und zeichnet es das Telefonat deshalb auf, spielt es dem BR vor und löscht es danach wieder, so berechtigt dies nicht zur fristlosen Kündigung des BR-Mitgl. (LAG

Hamm NZA-RR 98, 350). Führt ein BRMitgl. unerlaubt und heimlich umfangreiche Privattelefonate unter Benutzung von Telefonanschlüssen anderer Arbeitskollegen auf Kosten des ArbGeb., kann dies ein wichtiger Grund für eine außerordentliche Kündigung sein (BAG 4. 3. 04 AP Nr. 50 zu § 103 BetrVG 1972). Die Abgabe einer vorsätzlich falschen eidesstattlichen Versicherung in einem Rechtsstreit kann eine fristlose Kündigung rechtfertigen (BAG 24. 11. 05 AP Nr. 55 zu § 103 BetrVG 1972). Zur fristlosen Entlassung eines freigestellten BR-Mitgl. wegen Übernahme eines mehrjährigen gewerkschaftl. Wahlamtes LAG Berlin NZA-RR 96, 368. Ob eine Verbalinjurie zur außerordentlichen Kündigung rechtfertigt, hängt von den Umständen des Einzelfalls ab (vgl. LAG Niedersachsen NZA-RR 05, 530 ff.). Ein wichtiger Grund kann auch in der Verletzung arbeitsvertraglicher Nebenpflichten liegen, zu denen nach § 242 Abs. 2 BGB auch die Pflicht des ArbN gehört, auf die berechtigten Interessen des ArbGeb. und seiner Vertragspartner Rücksicht zu nehmen. So berechtigt die vorsätzliche und strafbewehrte Verletzung des Briefgeheimnisses im Betrieb ein- und ausgehender, sowie intern versandter Post zur außerordentlichen Kündigung (BAG 12. 5. 10 – 2 AZR 587/08 – NZA-RR 11, 15). Die Meldung eines Arbeitszeitverstoßes bei der Aufsichtbehörde rechtfertigt keine außerordentl. Kündigung bzw. Ausschluss aus dem BR, wenn der ArbGeb. seinerseits in rechtswidriger Weise handelt (ArbG Marburg 12. 11. 10 LAGE § 23 BetrVG 2001 Nr. 6). Spricht der ArbGeb. wegen eines Vorfalls, an dem **mehrere ArbN beteiligt** sind, **nur dem BR-Mitgl.** gegenüber eine **außerordentliche Kündigung** aus, so ist diese nach §§ 75, 78 iVm. mit § 134 BGB nichtig (BAG 22. 2. 79, DB 79, 1659; *Düwell/Kloppenburg* Rn 18).

30b   Eine vergleichbare Unterscheidung zwischen Verletzung der Amtspflicht und der Pflichten aus dem Arbeitsverhältnis ist angezeigt, wenn das BRMitgl. zugleich Mitgl. des **Aufsichtsrats** ist und ihm ein Verstoß gegen seine Verpflichtungen als ARMitgl. vorgeworfen wird. Auch hier kommt vorrangig die Sanktion des Gesellschaftsrechts, Abberufung aus dem AR nach § 103 Abs. 3 AktG, in Betracht. Liegt die Amtspflichtverletzung als ARMitgl. in der Weitergabe geheimhaltungspflichtiger Informationen an den BR, kann dies grdstzl. auch ein Verstoß gegen die arbeitsvertragl. Pflichten sein vgl. dazu § 79 Rn 21 und BAG 23. 10. 08 NZA 09, 855 ff.). Für eine verhaltensbedingte außerordentliche Kündigung gilt das Prognoseprinzip, wonach sich die vergangene Pflichtverletzung auch auf die Zukunft belastend auswirken muss (vgl. BAG 23. 10. 08 aaO mwN).

31   Die außerordentliche Kündigung von BR-Mitgl. und der weiteren in § 103 Abs. 1 genannten Personen (vgl. Rn 5 ff.) bedarf der ausdrücklichen (mündlichen oder schriftlichen) **Zustimmung des BR,** der sie bei wirklich groben Verstößen eines Mitgl. gegen seine arbeitsvertraglichen Pflichten nicht verweigern darf (*Zumkeller* NZA 01, 823); vgl. im Übrigen Rn 1. Auf Verlangen des ArbGeb. muss die Zustimmung schriftlich erteilt werden, weil ansonsten der betroffene ArbN die Kündigung nach § 182 Abs. 3 iVm. § 111 S. 2 BGB zurückweisen kann (LAG Hamm NZA-RR 99, 242; *Richardi/Thüsing* Rn 48; *KR-Etzel* Rn 89; *Fischermeier* ZTR 98, 433, 435; **aA** BAG 4. 3. 04 AP Nr. 50 zu § 103 BetrVG 1972, wonach § 103 eine die Anwendbarkeit der §§ 182 ff., 111 BGB ausschließende Sonderregelung enthält; ErfK-*Kania* Rn 9; *APS-Linck* Rn 21; *Besgen* NZA 10, 133, 137; *Eylert/Sänger* RdA 10, 24, 29). Bei der Beratung und Beschlussfassung nimmt das betroffene Mitgl. nicht teil; an seine Stelle tritt ein ErsMitgl. (vgl. § 25 Rn 15; BAG 26. 8. 81, 23. 8. 84, 3. 8. 99 AP Nr. 13, 17 zu § 103 BetrVG 1972 u. AP Nr. 7 zu § 25 BetrVG 1972; so auch LAG Düsseldorf DB 05, 954 im Fall der Interessenkollision des BRMitgl, wenn pers. Einzelmaßnahme den Ehepartner betrifft). Dasselbe gilt für den einköpfigen BR. Das Ersatzmitgl. ist nicht wegen Befangenheit als verhindert anzusehen (*DKK-Bachner* Rn 43; *HSWGNR* Rn 57; GK-*Raab* Rn 52; *Oetker* ArbuR 87, 224; *Richardi/Thüsing* Rn 43, 46; **aA** ArbG Siegen NZA 86, 267; *Lepke* BB 73, 895 für sofortige Entscheidungen des ArbG). Ist kein Ersatzmitgl. vorhanden, so hat der ArbGeb. das Verfahren nach Abs. 2 einzuleiten (BAG 16. 12. 82 AP Nr. 13 zu § 15 KSchG 1969; LAG Schleswig-Holstein NZA-RR 05, 309). Nicht als verhindert sind auch andere BR-

Mitgl. anzusehen, denen aus dem gleichen Anlass ebenfalls gekündigt werden soll (BAG 25. 3. 76 AP Nr. 6 zu § 103 BetrVG 1972; *Richardi/Thüsing* Rn 44; *Oetker* aaO). Kann der BR auch mit Ersatzmitgl. nicht mehr voll besetzt werden, so ist der RestBR zu beteiligen (BAG 16. 10. 86 AP Nr. 95 zu § 626 BGB).

Bei Betrieben und Unternehmen der **Seeschifffahrt** tritt an die Stelle des BR der SeeBR bzw. die Bordvertretung bezüglich ihrer Mitgl., soweit der Kapitän Kündigungsbefugnis hat (§ 116 Abs. 1 S. 2, § 115 Abs. 1 S. 2, Abs. 7 Nr. 1).

Der BR kann die Entscheidung über die Zustimmung auf den **BetrAusschuss** 32 gem. § 27 Abs. 3 S. 2 und 3 oder einen **bes. Ausschuss** nach § 28 übertragen (BAG 17. 3. 05 AP Nr. 4 zu § 27 BetrVG 1972; GK-*Raab* Rn 49; HSWGNR Rn 53; *Richardi/ Thüsing* Rn 42; *APS-Linck* Rn 9; **aA** *Heinze* Rn 667; *GL* Rn 13; *DKK-Kittner/ Bachner* Rn 33; ErfK-*Kania* Rn 7). Die Übertragung muss ausdrücklich und mit eindeutiger Zuständigkeitsbeschreibung erfolgen; zulässig ist auch eine Bestätigung eines BR-Beschlusses nach Neuwahl des BR (BAG aaO). Wegen der grundsätzl. Bedeutung der Frage ist eine Übertragung aber idR nicht zu empfehlen. Ausgeschlossen ist eine Übertragung auf die Arbeitsgruppe nach § 28a, da diese kein Organ des Betriebsrats ist (vgl. § 28a Rn 7). Im Ergebnis ebenso GK-*Raab* Rn 49, der darauf abstellt, dass die Kündigung eines Amtsträgers nicht im Zusammenhang mit der von der Arbeitsgruppe zu erledigenden Aufgaben steht. Auch für die Erteilung der **Zustimmung zur außerordentlichen Kündigung von JugAzubiVertr.** ist der **BR zuständig.** Die JugAzubiVertr. stimmen aber mit, weil überwiegend die kollektiven Belange jug. ArbN betroffen sind (vgl. § 67 Rn 20). Bei (erfolgreicher) Anfechtung der Wahl (nicht aber bei Nichtigkeit) besteht das Zustimmungserfordernis bis zur rechtskräftigen Entscheidung des ArbG (§ 19 Rn 50).

Der **ArbGeb.** hat im eigenen Interesse den BR alsbald von der beabsichtigten 33 außerordentlichen Kündigung unter genauer Angabe der Kündigungsgründe wie nach § 102 Abs. 1 (vgl. § 102 Rn 23ff.; BAG 23. 4. 08 AP Nr. 56 zu § 103 BetrVG 1972) zu unterrichten und dessen **Zustimmung zu beantragen.** Eine unzureichende Unterrichtung führt trotz etwaiger Zustimmung des BR zur Unwirksamkeit der Kündigung (BAG 5. 2. 81 AP Nr. 1 zu § 72 LPVG NW; *Heinze* Rn 668f.). Der ArbGeb. muss dies so rechtzeitig tun, dass er bei Nichterteilung der Zustimmung **noch innerhalb der Zweiwochenfrist des § 626 Abs. 2 BGB die Ersetzung der Zustimmung beim ArbG beantragen** kann (vgl. BAG 22. 8. 74, 20. 3. 75, 18. 8. 77, AP Nr. 1, 2, 10 zu § 103 BetrVG 1972, 10. 12. 92 AP Nr. 4 zu § 87 ArbGG 1979). Da die Nichtäußerung des BR hier als Zustimmungsverweigerung gilt, wird der ArbGeb. zweckmäßigerweise dem BR eine angemessene Frist setzen, die entspr. § 102 Abs. 2 S. 3 drei Tage betragen soll. Gibt der BR **binnen 3 Tagen keine Erklärung ab,** so **gilt die Zustimmung als verweigert** (BAG 18. 8. 77 AP Nr. 10 zu § 103 BetrVG 1972; *DKK-Bachner* Rn 31; ErfK-*Kania* Rn 9; HSWGNR Rn 56; *Richardi/Thüsing* Rn 45; *KR-Etzel* Rn 78, 94; *Heinze* Rn 668; *Bieback* ArbuR 77, 321; *Buus* BB 79, 1508 unter Hinweis auf § 108 Abs. 1 S. 2 BPersVG; *Roos* AiB 98, 610, 613). Dies gilt auch dann, wenn bei Zustimmungsantrag nur der BR-Vors. erklärt, der Kündigung werde zugestimmt, ohne dass dem erkennbar ein BR-Beschl. zugrunde lag (BAG 24. 10. 96 AP Nr. 32 zu § 103 BetrVG 1972). Der ArbGeb. kann und muss dann ggf. noch binnen der Zweiwochenfrist des § 626 Abs. 2 S. 1 BGB auch die Ersetzung der Zustimmung des BR beim ArbG beantragen (BAG aaO u. 24. 4. 75 AP Nr. 3 aaO). Die Frist beginnt nicht erneut zu laufen. Der fristgerechte Ausspruch der außerordentlichen Kündigung ist also dem ArbGeb. idR nur dann möglich, wenn er **spätestens 10 Tage nach Kenntnis** der für die Kündigung maßgebenden Tatsachen **beim BR die Zustimmung** zur Kündigung **beantragt** hat (BAG 24. 10. 96 AP Nr. 32 zu § 103 BetrVG 1972; *Fischermeier* ZTR 98, 433, 435; *Düwell/Kloppenburg* Rn 17).

Ein Zustimmungsverfahren kann idR nur für die Kündigung Wirksamkeit entfal- 34 ten, für die es eingeleitet worden ist. Hat der ArbGeb. einen Zustimmungsantrag gestellt und auf die spontane Zustimmungserklärung des BR-Vors. hin vor Ablauf von drei Tagen gekündigt, so muss er **erneut die Zustimmung** des BR beantragen, wenn er wegen **Bedenken** gegen die **Wirksamkeit** der **ersten Kündigung** eine weitere Kündigung aussprechen will. Ein stattdessen gestellter Zustimmungsersetzungsantrag ist unzulässig (BAG 24. 10. 96 AP Nr. 32 zu § 103 BetrVG 1972; s. auch Rn 41; zum gleichen Problem beim Anhörungsverfahren s. § 102 Rn 22, 52).

35   Es ist ratsam, aber nicht erforderlich, dass der BR seine Verweigerung der Zustimmung näher begründet. An einen Katalog von Gründen wie nach § 102 Abs. 3 ist der BR nicht gebunden. Es ist **immer der EinzelBR,** nicht der GesBR zuständig (vgl. § 48 Rn 21; *DKK-Bachner* Rn 33).

36   Der BR kann seine **Zustimmung** im Gegensatz zu den mangelnden Rechtsfolgen einer Rücknahme des Widerspruchs gegen eine ordentliche Kündigung (vgl. § 102 Rn 99) auch **noch nachträglich erteilen** (vgl. auch Rn 50; *GL* Rn 20; *Richardi/Thüsing* Rn 51; *KR-Etzel* Rn 99; *Roos* AiB 99, 12, 19). Dann wird ein etwa schon eingeleitetes BeschlVerf. nach § 103 Abs. 2 gegenstandslos (BAG 10. 12. 92 AP Nr. 4 zu § 87 ArbGG 1979, 23. 6. 93 AP Nr. 2 zu § 83a ArbGG 1979). Der ArbGeb. kann nunmehr unverzüglich kündigen (BAG 17. 9. 81 AP Nr. 14 zu § 103 BetrVG 1972). Eine zuvor ausgesprochene Kündigung bleibt aber unwirksam (Rn 24). Eine (unbedingte) Zustimmung liegt aber noch nicht vor, wenn der BR noch die Vorlage einer schriftlichen Äußerung eines Belastungszeugen verlangt (BAG 1. 12. 77 AP Nr. 11 zu § 103 BetrVG 1972).

37   Eine **Rücknahme der Zustimmungserklärung** ist nach Zugang beim ArbGeb. nicht mehr möglich (vgl. § 102 Rn 55; *DKK-Bachner* Rn 36; *Richardi/Thüsing* Rn 51; *KR-Etzel* Rn 86).

38   Noch mehr als nach § 102 (vgl. dort Rn 52f.) kommt es hier darauf an, dass die **Zustimmung des BR** auf einem **wirksamen BRBeschluss beruht,** dem konstitutive Bedeutung zukommt. Die sog. „Sphärentheorie" ist hier abzulehnen (BAG 23. 8. 84 AP Nr. 17 zu § 103 BetrVG 1972; *DKK-Bachner* Rn 34; *ErfK-Kania* Rn 8; *Bieback* ArbuR 77, 323; *Klebe/Schumann* DB 78, 1591; *KR-Etzel* Rn 107, falls dem ArbGeb. die Mängel bekannt sind oder bekannt sein müssen; **aA** *GL* Rn 15; *Löwisch/Kaiser* Rn 25; *Richardi/Thüsing* Rn 54; wegen Vertrauensschutz des ArbGeb. vgl. § 26 Rn 29f. und BAG 23. 8. 84, aaO für den Fall, dass der ArbGeb. die Tatsachen für den mangelhaften BR-Beschluss weder kennt noch kennen muss). Zwischen beiden Verfahren nach § 102 und § 103 bestehen erhebliche Unterschiede in ihren Voraussetzungen und Wirkungen (BAG 26. 8. 81, 23. 8. 84 AP Nr. 13, 17 zu § 103 BetrVG 1972; *Zumkeller* NZA 01, 823ff.; kritisch dazu *Diller* NZA 04, 579, 581; *Grosjean* NZA-RR 05, 113ff., 122).

39   **Stimmt der BR zu,** so kann der **ArbGeb. binnen der Frist des § 626 Abs. 2 Satz 1 BGB** nunmehr **außerordentlich kündigen.** Die Ausschlussfrist von 2 Wochen läuft von der Kenntnis des ArbGeb. von der Verfehlung an, verkürzt sich also um die Äußerungsfrist von 3 Tg. (vgl. Rn 33) für den BR (BAG 22. 8. 74, 24. 4. 75, 18. 8. 77 AP Nr. 1, 3, 10 zu § 103 BetrVG 1972; *Richardi/Thüsing* Rn 56ff.). Die Kündigung ist nach Zustimmung des BR jedenfalls **zulässig** (§ 15 Abs. 1 S. 1 KSchG). Ob sie gemäß § 626 Abs. 1 BGB auch **begründet** ist, entscheidet das ArbG, wenn das **BR-Mitgl.** oder der sonstige Funktionsträger **binnen drei Wochen das Gericht anruft** (vgl. Rn 60; § 13 Abs. 1 S. 2 iVm. § 4 KSchG; *KR-Etzel* Rn 39). Andernfalls gilt die außerordentliche Kündigung als wirksam (§ 7 KSchG).

40   Ist das BR-Mitgl. zugleich **Schwerbehinderter,** so braucht der ArbGeb. als ersten Schritt nicht das Verfahren nach § 103 einzuleiten. Zweckmäßigerweise wird er vielmehr zunächst das Verfahren vor dem Integrationsamt durchführen (Antragstellung binnen 2 Wochen nach Kenntnis der maßgeblichen Tatsachen) und nach erteilter oder fingierter Zustimmung unverzüglich das Verfahren nach § 103 Abs. 2 BetrVG (BAG 22. 1. 87 AP Nr. 24 zu § 103 BetrVG 1972; LAG Rheinland-Pfalz NZA-RR 06, 245; *DKK-Bachner* Rn 33a; *ErfK-Kania* Rn 10). Es steht dem ArbGeb. jedoch grundsätzl. frei, ob er den Antrag auf Zustimmung zur Kündigung beim Integrationsamt vor, während oder erst nach der Beteiligung des BR stellt (BAG 11. 5. 00 AP Nr. 42 zu § 103 BetrVG 1972). Das Verfahren vor dem Integrationsamt ist auch für

BR-Mitgl. vorrangig, vgl. im Übrigen § 102 Rn 61. Ein BRMitgl., welches im laufenden Verfahren zur Zustimmungsersetzung nach § 103 Abs. 2 einen Bescheid über die Schwerbehinderteneigenschaft erhält und dies dem ArbGeb. erst nach Rechtskraft des Ersetzungsbeschlusses und Ausspruch der Kündigung mitteilt, handelt treuwidrig; die Kündigung ist auch ohne Zustimmung des Integrationsamtes wirksam (LAG Rheinland-Pfalz ZTR 04, 268).

V. Ersetzung der Zustimmung zu außerordentlichen Kündigungen durch das Arbeitsgericht

Stimmt der BR der außerordentlichen Kündigung **nicht zu** oder gibt er binnen 41 3 Tagen (vgl. Rn 33) keine Erklärung ab, so kann der ArbGeb. beim **ArbG im Wege des BeschlVerf.** beantragen, die **Zustimmung des BR zu ersetzen** (Abs. 2). Das muss innerhalb einer Ausschlussfrist von 2 Wochen in entspr. Anwendung des § 626 Abs. 2 BGB geschehen, sonst ist der Ersetzungsantrag unbegründet (BAG 18. 8. 77, 7. 5. 86, 22. 1. 87 AP Nr. 10, 18, 24 zu § 103 BetrVG 1972; *DKK-Bachner* Rn 40). Ist das Arbeitsverhältnis schon vor der Entscheidung des ArbG beendet, so ist der Antrag mangels Rechtsschutzbedürfnis unzulässig (BAG 27. 6. 02 u. 24. 11. 05 AP Nr. 47 u. 55 zu § 103 BetrVG 1972 unter Aufgabe seiner bisherigen Rspr. BAG 10. 2. 77 AP Nr. 9 zu § 103 BetrVG 1972, wonach die Aufrechterhaltung des Antrags lediglich zur Unbegründetheit führte). Dagegen bleibt das Rechtsschutzinteresse für einen Feststellungsantrag bestehen, wenn die Beteiligten weiterhin über die Wirksamkeit der Kündigung und darüber streiten, ob für die Kündigung überhaupt eine Zustimmung des BR nach § 103 bzw. dessen gerichtl. Ersetzung notwendig war (BAG 28. 8. 03 AP Nr. 49 zu § 103 BetrVG 1972). Das Rechtsschutzinteresse im Zustimmungsersetzungsverfahren für eine weitere vorsorglich auszusprechende außerordentliche Kündigung entfällt solange nicht, wie über die vorausgegangenen Kündigungen noch nicht rechtskräftig entschieden ist (BAG 24. 11. 05 AP Nr. 55 zu § 103 BetrVG 1972). Ein vor Zustimmungsverweigerung gestellter (vorsorglicher) Ersetzungsantrag ist nach Ansicht des BAG (7. 5. 86, 24. 10. 96 AP Nr. 18, 32 zu § 103 BetrVG 1972) unzulässig u. soll es auch nach Zustimmungsverweigerung durch den BR bleiben. Ein **Streik,** durch den der ArbGeb. veranlasst werden soll, einen Antrag auf Ersetzung der Zustimmung zur Kündigung eines BR-Mitgl. zurückzunehmen, ist rechtswidrig (BAG 7. 6. 88 AP Nr. 106 zu Art. 9 GG Arbeitskampf). Scheidet ein BRMitgl. während des Zustimmungsersetzungsverfahrens auf Grund einer Neuwahl des BR aus dem BR aus, ist für eine außerordentliche Kündigung durch den ArbGeb. eine erneute Anhörung des BR nach § 102 nicht erforderlich (BAG 8. 6. 00 AP Nr. 120 zu § 102 BetrVG 1972; BAG 5. 11. 09 – 2 AZR 487/08 – NZA-RR 10, 236).

Ein sog. **Nachschieben von Kündigungsgründen** ohne erneute Beteiligung des 42 BR ist **betriebsverfassungsrechtlich nicht zulässig,** da dessen Zustimmung Wirksamkeitsvoraussetzung für die Kündigung ist (vgl. auch § 102 Rn 41 ff.; insoweit problematisch LAG Mecklenburg-Vorpommern NZA 97, 51, 55: Keine Verpflichtung des ArbGeb., BR während Ersetzungsverfahren „auf dem laufenden zu halten"). Anders als im Anhörungsverfahren nach § 102 können auch Tatsachen nachgeschoben werden, die bei Einleitung des Zustimmungsverfahrens noch nicht vorlagen, unabhängig davon, ob sie dem ArbGeb. bereits bekannt waren oder nicht (BAG 23. 4. 08 AP Nr. 56 zu § 103 BetrVG 1972). Diese (neuen) Gründe können nachdem der BR erneut und erfolglos um seine Zustimmung gebeten worden ist, noch im BeschlVerf. innerhalb der 2-Wochenfrist des § 626 Abs. 2 BGB vorgebracht werden (BAG 23. 4. 08 aaO; LAG Düsseldorf BB 94, 793; LAG Nürnberg NZA-RR 99, 413; GK-*Raab* Rn 49; *Fischermeier* ZTR 98, 433, 436; **aA** *Helm/Müller* AiB 99, 604, 607 ff.); das gilt auch, wenn die neuen Gründe erst im BeschwerdeVerf. nachgeschoben werden (LAG Nürnberg aaO). Das Ersetzungsverfahren bezieht sich nämlich auf eine erst zukünftig auszusprechende Kündigung (BAG 22. 8. 74 und 27. 5. 75, 27. 1. 77 AP Nr. 1, 4 und 7 zu § 103 BetrVG 1972; BAG 23. 4. 08 aaO; *DKK-Bachner* Rn 41; *Richardi/Thüsing* Rn 71 f.). Das Erfordernis, die neuen Gründe im BR zu behandeln, wird nicht dadurch ersetzt, dass der BRVors. davon durch Teilnahme am Beschlussverfahren erfährt (BAG 23. 4. 08 aaO; *Eylert/Sänger* RdA 10, 24, 30).

43   Der **Betroffene ist Beteiligter** (Abs. 2, § 83 ArbGG – zur zulässigen Vertretung sowohl des BRMitgl. als auch des BR im Zustimmungsersetzungsverfahren durch den selben Anwalt s. BAG 25. 8. 04 AP Nr. 1 zu § 43a BRAO und § 40 Rn 29) und kann ggfs. nach § 87 Abs. 1 ArbGG Beschwerde (BAG 15. 8. 02 AP Nr. 48 zu § 103 BetrVG 1972; 10. 12. 92 AP Nr. 4 zu § 87 ArbGG 1979, 23. 6. 93 AP Nr. 2 zu § 83a ArbGG 1979, LAG Köln AP Nr. 22 zu § 103 BetrVG 1972; *Heinze* Rn 675; *HSWGNR* Rn 69) und unter den Voraussetzungen der §§ 92, 92a ArbGG Rechtsbeschwerde einlegen (wegen Kostenerstattung durch den ArbGeb. bei Obsiegen, vgl. BAG 31. 1. 90 AP Nr. 28 zu § 103 BetrVG 1972 u. § 40 Rn 60 ff.; zu Prozesskostenhilfe s. BAG 29. 10. 07 NZA 08, 967 f.), auch wenn der BR die gerichtliche Entscheidung hinnimmt (BAG 10. 12. 92 aaO). Der ArbGeb. braucht lediglich den Sachverhalt darzulegen. Das **ArbG** ist von Amts wegen zur Aufklärung aller nach § 626 Abs. 1 BGB maßgebenden Umstände verpflichtet, soweit der ArbGeb. sich auf einen bestimmten Sachverhalt beruft (BAG 27. 1. 77 AP Nr. 7 zu § 103 BetrVG 1972; für erhöhte Mitwirkungspflicht des ArbGeb. bei Aufklärung des Sachverhalts: *Eylert/Fenski* BB 90, 2401; *GK-Raab* Rn 67). Es hat den Beschluss des BR nicht etwa nur auf Ermessensfehler hin nachzuprüfen (BAG 22. 8. 74 AP Nr. 1 zu § 103 BetrVG 1972), sondern es **trifft eine Rechtsentscheidung** (hM). Deshalb hat es im Zustimmungsersetzungsverfahren alle Gründe für die Unwirksamkeit der beabsichtigten Kündigung zu prüfen (BAG 11. 5. 00 AP Nr. 21 zu § 134 BGB). BR und ArbGeb. können ohne Zustimmung des betroffenen BR-Mitgl. das Verfahren gemäß § 83a ArbGG für erledigt erklären (BAG 23. 6. 93 AP Nr. 2 zu § 83a ArbGG 1979; *GL* Rn 28a; **aA** *Dütz* RdA 80, 81, 99; *Fenn* Festschrift BAG S. 91, 103).

44   Das BeschlVerf. nach § 103 Abs. 2 kann **hilfsweise mit einem Ausschließungsantrag nach § 23 Abs. 1** verbunden werden, aber nicht umgekehrt ein Ausschließungsantrag hilfsweise mit einem Antrag nach § 103 Abs. 2 (BAG 21. 2. 78 AP Nr. 1 zu § 74 BetrVG 1972; *DKK-Bachner* Rn 45; *GK-Oetker* § 23 Rn 73; *GL* Rn 33a; *Richardi/Thüsing* § 23 Rn 44; **aA** *Bohn* SAE 79, 67; *HSWGNR* Rn 73; vgl. auch § 23 Rn 21 ff.), denn damit gibt der ArbGeb. zu erkennen, dass er die Fortsetzung des Arbeitsverhältnisses für zumutbar hält. Das BR-Mitgl. ist während des Verfahrens nach § 103 nicht gehindert, sein Amt auszuüben (*DKK-Bachner* Rn 47). Anders als im Fall des Ausschlussverfahrens nach § 23 Abs. 1 (vgl. dort Rn 32) ist eine einstw. Vfg., dem ArbN die Ausübung seines Amtes zu untersagen, unzulässig (ArbG Elmshorn AiB 97, 173; *Richardi/Thüsing* Rn 81; *Lepke* BB 73, 899), ebenso eine einstw. Vfg. auf vorläufige Ersetzung der Zustimmung, da die Entscheidung in der Hauptsache vorweggenommen würde (*KR-Etzel* Rn 130 und *GK-Raab* Rn 75; *HSWGNR* Rn 742; *Richardi/Thüsing* Rn 81). Eine etwa nach erstinstanzlicher Ersetzung der Zustimmung durch das ArbG mögliche **Suspendierung von der Arbeit** (vgl. *Richardi/Thüsing* Rn 92 f.; *P. Nipperdey* DB 75, 1891; *GK-Raab* Rn 90; *Thannheiser* AiB 09, 44, 46; **aA** *DKK-Bachner* Rn 48; *Bieback* ArbuR 77, 328; allgemein gegen einen Weiterbeschäftigungsanspruch LAG Berlin AP Nr. 6 zu § 611 BGB Beschäftigungspflicht) hindert das BR-Mitgl. grundsätzlich nicht, weiterhin den **Betrieb** zum Zwecke der **Ausübung seines Amtes zu betreten** (*APS-Linck* Rn 38, 38a; *Fischermeier* ZTR 98, 433, 437; **aA** LAG München 27. 1. 11 AuA 11, 370, nur wenn begründeter Weiterbeschäftigungsanspruch besteht). Daran ändert auch ein **Hausverbot** des ArbGeb. nichts (LAG Hamm DB 75, 111; LAG Düsseldorf DB 77, 1053; ArbG Elmshorn AiB 97, 173; *HSWGNR* Rn 82; *Richardi/Thüsing* Rn 95; *Dütz* DB 78, Beil. 13, S. 17; *GL* Rn 35; *Hümmerich* DB 01, 1778; *Besgen* NZA 10, 133, 135; einschränkend bei Rechtsmissbrauch *GK-Raab* Rn 91; *Löwisch/Kaiser* Rn 48; **aA** LAG München NZA-RR 03, 641 im Fall glaubhaft gemachter strafbarer Handlungen und massiver

Pflichtverletzungen des BRMitgl. auch in der Freistellungsphase; ArbG Hagen NZA-RR 07, 527 f.). Eine **Suspendierung** von der Arbeit ist jedoch dann zulässig, wenn der Weiterbeschäftigung überwiegende und schutzwürdige Interessen des ArbGeb. entgegenstehen, die eine Verhinderung der Beschäftigung geradezu gebieten, wie zB erhebliche Gefahren für den Betrieb oder für die dort tätigen Personen objektiv bestehen (BAG 19. 8. 76 AP Nr. 4 zu § 611 BGB Beschäftigungspflicht; BAG 15. 3. 01 AP Nr. 46 zu § 4 KSchG 1969; LAG Hamm NZA-RR 03, 311; LAG Köln NZA-RR 06, 28; *Richardi/Thüsing* Rn 92; GK-*Kraft* Rn 61) oder es zu Störungen des Betriebsfriedens oder des betrieblichen Ablaufs kommt und andere Arbeitnehmer gefährdet werden (LAG Sachsen NZA-RR 00, 588; KR-*Etzel* Rn 143).

Hat dagegen der BR seine Zustimmung erteilt oder das ArbG sie (rechtskräftig) ersetzt, so ist nunmehr das BR-Mitgl. während eines Kündigungsrechtsstreits an der Ausübung seiner Tätigkeit iSv. § 25 Abs. 1 S. 2 verhindert (vgl. § 24 Rn 16; LAG Düsseldorf DB 75, 700; LAG Schleswig-Holstein BB 76, 1319; *DKK-Bachner* Rn 48; GK-*Raab* Rn 93). Vor Ersetzung der Zustimmung und Ausspruch der Kündigung kann der ArbGeb. das BRMitgl. grundsätzl. nicht von der Arbeit freistellen, es sei denn es liegen die o. g. Vors. für eine Suspendierung vor; liegen die Vors. nicht vor, kann BRMitgl. seinen Weiterbeschäftigungsanspruch mit Hilfe einer einstw. Vfg. durchsetzen (LAG Köln NZA-RR 06, 28; LAG Hamburg 16. 9. 05 AiB Newsletter 06, Nr. 7 S. 4 f.; LAG München 27. 1. 11 AuA 11, 370). Einem während des Zustimmungsersetzungsverfahrens von der Arbeitspflicht freigestellten BRMitgl. ist nicht zumutbar, ein vom ArbGeb. vermitteltes ArbVerh. bei einem anderen ArbGeb. anzunehmen (ArbG München 6. 7. 10 AiB 10, 689). **45**

Ersetzt das ArbG die Zustimmung, so kann der ArbGeb. **nach formeller Rechtskraft** (dazu Nach § 1 Rn 57 und insb. *Richardi* RdA 75, 73 ff.; GL Rn 25; *Mareck* BB 86, 1082; BAG 9. 7. 98 AP Nr. 36 zu § 103 BetrVG 1972; *Biebach* ArbuR 77, 325) der Entscheidung **nunmehr binnen 2 Wochen kündigen** (§ 626 Abs. 2 S. 1 BGB); eine vorher erklärte Kündigung ist unheilbar nichtig (BAG 9. 7. 98 AP Nr. 36 zu § 103 BetrVG 1972). Dem ArbGeb. ist zuzumuten, sich nach Ablauf der Rechtsmittelfrist alsbald nach dem Eintritt der Rechtskraft zu erkundigen (ArbG Wiesbaden 11. 1. 78, DB 78, 796). Die Frist läuft erst von diesem Zeitpunkt ab, da eine außerordentliche Kündigung vorher überhaupt nicht zulässig war (vgl. § 4 S. 4 KSchG; im Ergebnis wie hier *Heinze* Rn 672 ff.; *Düwell/Kloppenburg* Rn 25). Nach Ansicht des **BAG** (24. 4. 75, 18. 8. 77, 25. 1. 79, 9. 7. 98 AP Nr. 3, 10, 12, 36 zu § 103 BetrVG 1972) muss der ArbGeb. im Hinblick auf die vergleichbare Regelung des § 91 SGB IX nach Rechtskraft der die Zustimmung ersetzenden Entscheidung nunmehr **„unverzüglich" kündigen** (ebenso KR-*Etzel* Rn 136; ErfK-*Kania* Rn 14; GK-*Raab* Rn 82 f.; *DKK-Bachner* Rn 51; *Richardi/Thüsing* Rn 85; *Eylert/Sänger* RdA 10, 24, 329); seine Ansicht, dass der ArbGeb. uU schon nach Zustellung des Beschlusses des LAG kündigen muss, wenn nämlich die Rechtsbeschwerde nicht zugelassen ist und eine Divergenzrechtsbeschwerde offensichtlich ausscheidet (BAG 25. 1. 79, aaO), hat das BAG aufgegeben (BAG 9. 7. 98 aaO; *Dornieden* AiB 99, 48; *Rugenstein* AuA 99, 281; kritisch dazu *Diller* NZA 04, 579, 582 f.). **46**

Der **Betroffene** kann zwar nunmehr noch binnen drei Wochen (Rn 39, 60) **Kündigungsschutzklage erheben.** Da aber regelmäßig derselbe Tatbestand vorliegt und im Urteilsverfahren dieselben Prüfungsmaßstäbe (vgl. Rn 26 f.) anzulegen sind wie im BeschlVerf., hat die Entscheidung des ArbG im BeschlVerf. grundsätzlich **präjudizielle Wirkung** für das Urteilsverfahren mit der Folge, dass eine **abweichende Sachentscheidung regelmäßig nicht** in Betracht kommt, weil das ArbG im Urteilsverfahren nicht mehr zu der Feststellung kommen kann, es habe kein Grund für eine **außerordentliche Kündigung** vorgelegen (BAG 10. 12. 92 AP Nr. 4 zu § 87 ArbGG 1979, 23. 6. 93 AP Nr. 2 zu § 83 a ArbGG 1979; 15. 8. 02 AP Nr. 48 zu § 103 BetrVG 1972; *APS-Linck* Rn 43; ErfK-*Kania* Rn 15; *Richardi/Thüsing* Rn 88, 91; **aA** *Helm/Müller* AiB 99, 604, 606 f.) oder eine Kündigung nach § 15 Abs. 4 oder 5 KSchG bedürfe – entgegen dem BeschlVerf. – der Zustimmung **47** des BR (s. Rn 14 ff. sowie BAG 18. 9. 97 AP Nr. 35 zu § 103 BetrVG 1972 m. zust. Anm. *Hilbrandt* u. *Eckert* SAE 99, 141). Der ArbN kann sich nach rechtskräftiger Zustimmungsersetzung grundsätzlich auch nicht mehr auf Kündigungshindernisse berufen, die er schon im Zustimmungsersetzungsverfahren hätte einwenden können (s. hierzu und zu Ausnahmen BAG 11. 5. 00 AP Nr. 21 zu § 134 BGB; keine Präklusionswirkung hinsichtl. Unwirksamkeitsgrund bei fehlender Zustimmung des Integrationsamts bei Kündigung eines Schwbeh. BAG 11. 5. 00 AP Nr. 42 zu § 103 BetrVG 1972). Etwas anderes kann nur gelten, falls die Formalien der Kündigung (zB Fehlen des vertragl. Schriftformerfordernisses) oder die Einhaltung der Frist des § 626 Abs. 2 S. 1 BGB streitig sind (vgl. *Düwell/Kloppenburg* Rn 26; *KR-Etzel* Rn 139 f.; *Fischermeier* ZTR 98, 433, 437) oder neue Tatsachen die früheren Kündigungsgründe in einem anderen Licht erscheinen lassen (BAG 24. 4. 75, 9. 1. 86 AP Nr. 3 zu § 103 BetrVG 1972 AP Nr. 20 zu § 626 BGB Ausschlussfrist; BAG 15. 8. 02 AP Nr. 48 zu § 103 BetrVG 1972; ErfK-*Kania* Rn 15; *GL* Rn 30; *v. Hoyningen-Huene/Linck* KSchG § 15 Rn 153). Die **Klage ist** also regelmäßig **unbegründet** (*Richardi/ Thüsing* Rn 88; *HSWGNR* Rn 79). Ein Rechtsschutzbedürfnis dürfte aber für die Klage zu bejahen sein, so dass sie nicht als unzulässig, sondern als unbegründet abzuweisen ist (BAG aaO; *DKK-Bachner* Rn 53; GK-*Raab* Rn 85; *Richardi/Thüsing* Rn 78; *v. Hoyningen-Huene/Linck* KSchG § 15 Rn 151 f.; *KR-Etzel* Rn 138; *Heinze* Rn 676). Dagegen entfaltet die rechtskräftige Ersetzung der Zustimmung des BR zur außerordentlichen Kündigung nach § 103 **keine Bindungswirkung** hinsichtlich eines Kündigungsgrundes für einen **späteren Kündigungsschutzprozess,** in dem der ArbN die Sozialwidrigkeit einer auf denselben Sachverhalt gestützten **ordentlichen Kündigung** geltend macht (BAG 15. 8. 02 aaO). Grund und Grenzen der Bindungswirkung bestimmen sich danach, ob der nachfolgende Rechtsstreit „als inhaltliche Fortsetzung des rechtskräftig abgeschlossenen Vorprozesses" erscheint. Dies ist bei einer gegen eine ordentliche Kündigung gerichteten Kündigungsschutzklage nicht der Fall, vielmehr ist mit Ausspruch der außerordentlichen Kündigung die Wirkung des Beschlusses nach § 103 Abs. 2 verbraucht (BAG 15. 8. 02 aaO).

48   Lehnt das **ArbG die Ersetzung der Zustimmung rechtskräftig ab,** so kann der ArbGeb. dem BR-Mitgl. oder sonstigen Funktionsträger nicht kündigen, wohl aber uU noch ein Verfahren nach § 23 Abs. 1 beantragen. Kündigt der ArbGeb., ohne dass die Voraussetzungen des § 103 gegeben sind, so ist die außerordentliche Kündigung ohne weiteres unwirksam (Rn 24). Lehnt das **ArbG die Ersetzung der Zustimmung rechtskräftig ab,** so kann der ArbGeb. dem BR-Mitgl. oder sonstigen Funktionsträger nicht kündigen, wohl aber uU noch ein Verfahren nach § 23 Abs. 1 beantragen. Kündigt der ArbGeb., ohne dass die Voraussetzungen des § 103 gegeben sind, so ist die außerordentliche Kündigung ohne weiteres unwirksam (Rn 24). Zur Erhebung der Kündigungsschutzklage s. Rn 60.

49   Wird die Zustimmungsersetzung rechtskräftig mit der Begründung versagt, die gegen das BRMitgl. erhobenen Tatvorwürfe seien nicht erwiesen, so ist eine später erfolgte (noch) **nicht rechtskräftige strafrechtliche Verurteilung** des BRMitgl. wegen der Unschuldsvermutung **keine neue Tatsache,** die in einem erneuten BeschlVerf. eine Ersetzung der Zustimmung des BR zur außerordentlichen Kündigung zulassen würde; anders kann es sich jedoch bei einer inzwischen rechtskräftigen Verurteilung verhalten. Allerdings ist das ArbG nicht an die Tatsachen- und Schuldfeststellungen der Strafgerichte gebunden und kann zu einem anderen Ergebnis kommen (BAG 16. 9. 99, 8. 6. 00 AP Nr. 38, 43 zu § 103 BetrVG 1972).

50   Läuft während des Zustimmungsverfahrens nach § 103 Abs. 1 oder 2 die Amtszeit des BR (Rn 54 f.) ab, so ist zu unterscheiden: Wird das **Organmitgl. wiedergewählt,** so gilt die bisherige Erklärung des BR weiter (BAG 27. 1. 11 – 2 ABR 114/09 – NZA-RR 11, 348). Allerdings kann der neue BR einer außerordentlichen Kündigung noch zustimmen. Ein evtl. Zustimmungsersetzungsverfahren kann fortgesetzt werden (BAG 12. 3. 09 – 2 ABR 24/08 – NZA-RR 10, 180; BAG 27. 1. 11 – 2 ABR 114/09 – NZA-RR 11, 348; *DKK-Bachner* Rn 55; *Besgen* NZA 10, 133,

135, *Eylert/Sänger* RdA 10, 24, 30). Im Fall der Anfechtung entfällt der bes. Kündigungsschutz erst mit Rechtskraft des der Anfechtung stattgebenden Beschlusses; ist der BR zurückgetreten, besteht der bes. Kündigungsschutz bis zur Wahl des neuen BR (BAG 12. 3. 09 – 2 ABR 24/08 – NZA-RR 10, 180; BAG 27. 1. 11 – 2 ABR 114/09 – NZA-RR 11, 348; zur Amtszeit s. § 13 Rn 42 u. § 21 Rn 27). Kündigt der ArbGeb. unter Fortsetzung des Verfahrens nach § 103 des ArbVerh. vorsorglich für den Fall, dass die Kündigung ggf. nicht mehr der Zustimmung bedarf, ist dies nicht als Rücknahme des Zustimmungsersuchens nach § 103 zu verstehen und verbraucht nicht die Anhörung des BR ((BAG 27. 1. 11 – 2 ABR 114/09 – NZA-RR 11, 348). Erfolgt keine Wiederwahl oder endet der Schutz des Wahlvorst. oder des Wahlbewerbers, so gelten nunmehr die Vorschriften über den nachwirkenden Kündigungsschutz nach § 15 Abs. 1 S. 2, Abs. 3 S. 2 KSchG (vgl. unten Rn 51 ff.). Hat der ArbGeb. die Zustimmung nach § 103 beantragt und endet die Amtszeit des BR-Mitgl. (oder eines anderen geschützten Mitgl. eines Betriebsverfassungsorgans), ohne dass dieses wieder gewählt wird, so wird das **Verfahren** nach § 103 **gegenstandslos.** Das Verfahren ist einzustellen (vgl. § 83a ArbGG u. BAG 30. 5. 78 AP Nr. 4 zu § 15 KSchG 1969; BAG 12. 3. 09 – 2 ABR 24/08 – NZA-RR 10, 180; ebenso *KR-Etzel* Rn 131 ff.; *Weber/Ehrich/Hörchens/Oberthür* Teil D Rn 220; **aA** *DKK-Bachner* Rn 55, da durch Verzögerung des gerichtlichen Verfahrens das Zustimmungserfordernis entfallen könne; dann ist aber die außerordentliche Kündigung im Kündigungsschutzprozess in vollem Umfang nachzuprüfen. Die Entscheidung verlagert sich lediglich vom BeschlVerf. auf das Urteilsverfahren). Der ArbGeb. kann die außerordentliche Kündigung aussprechen, ohne dass es einer erneuten Anhörung des BR bedarf, sofern die Gründe für die außerordentliche Kündigung sich nicht geändert haben (BAG 27. 1. 11 – 2 ABR 114/09 – NZA-RR 11, 348). Auch in diesem Fall muss nach Ansicht des BAG (vgl. Rn 46 u. BAG aaO) die Kündigung nunmehr unverzüglich erfolgen.

VI. Kündigungsschutz nach Ende der betriebsverfassungsrechtlichen Funktionen

§ 15 Abs. 1 S. 2 und Abs. 3 S. 2 KSchG regelt den **nachwirkenden Kündi- 51 gungsschutz gegen ordentliche Kündigungen** für Mandatsträger, deren Amtszeit beendet ist (BR-Mitgl., Mitgl. der JugAzubiVertr., des SeeBR der Bordvertretung, des Wahlvorst. sowie der Wahlbewerber). Eine **Einschaltung des BR wie in § 103** während der Amtszeit ist hier **nicht** vorgesehen (*Roos* AiB 98, 610, 611). Eine ordentliche Kündigung ist während des Schutzzeitraums ohne weiteres unwirksam, es gilt jedoch die dreiwöchige Klagefrist einzuhalten (§ 4 S. 1, § 13 Abs. 3 und § 7 KSchG; s. ausführlich Rn 60). Dabei kommt es nicht darauf an, ob der ArbGeb. statt einer ordentlichen etwa auch eine außerordentliche Kündigung (evtl. mit Auslauffrist) hätte aussprechen können (BAG 5. 7. 79 AP Nr. 6 zu § 15 KSchG 1969). Sinn der Vorschrift ist es, eventuell aufgetretene Spannungen zwischen ArbGeb. und Amtsträger abzubauen und letzterem für eine Übergangszeit den gesicherten Anschluss an das Berufsleben zu gewährleisten (vgl. auch die Jahresfristen für BR-Mitgl. gem. § 37 Abs. 3, 4 und § 38 Abs. 3, 4). **Außerordentliche Kündigungen** unterliegen nunmehr keinen bes. Einschränkungen mehr, der BR ist aber nach **§ 102 Abs. 1** zu hören. Zur Klagefrist siehe Rn 60.

Ordentliche Kündigungen von **Mitgliedern des BR,** der JugAzubiVertr. oder 52 des SeeBR, die **innerhalb eines Jahres** (bei Bordvertretungen innerhalb von sechs Monaten) nach Beendigung der Amtszeit diesen zugehen (§ 102 Rn 20) sind **unzulässig,** sofern es sich nicht um eine Stilllegung (vgl. oben Rn 14 ff.) handelt. Für **Mitgl. des Wahlvorst. und Wahlbewerber** (auch bei Nichtigkeit der BRWahl, LAG Düsseldorf DB 79, 1092) besteht der nachwirkende Kündigungsschutz **von 6 Monaten** nach Bekanntgabe des endgültigen Wahlergebnisses (§ 18 WO), im Fall der Amtsniederlegung vor Durchführung der Wahl vom Zeitpunkt der Niederlegung an (BAG 9. 10. 86 AP Nr. 23 zu § 15 KSchG 1969), bei Wahlbewerbern ist dies der Zeitpunkt der Rücknahme ihrer Kandidatur (BAG 17. 3. 05 AP Nr. 4 zu § 27 Betr-VG 1972; *Richardi/Thüsing* Rn 23; *Stahlhacke/Preis/Vossen* Rn 1616). Dieser Schutz gilt auch für gewählte Bewerber, die die Wahl ablehnen (§ 17 Abs. 2 WO), aber nicht für den gem. § 18 Abs. 1 wegen Untätigkeit abgelösten Wahlvorst. Nach Beendigung des nachwirkenden Kündigungsschutzes eines Funktionsträgers kann der ArbGeb. diesem wieder wie jedem anderen Arbeitnehmer kündigen (BAG 14. 2. 02 AP Nr. 21 zu § 611 BGB Haftung des Arbeitgebers). Die Kündigung kann auch wegen Pflichtverletzungen während der Schutzfrist ausgesprochen werden, wenn diese in keinem Zusammenhang mit der ausgeübten Funktion stehen (zB Schlägerei: BAG 13. 6. 96 AP Nr. 2 zu § 15 KSchG 1969 Wahlbewerber). Erfolgt insofern eine zulässige Kündigung, steht dem ehemaligen Funktionsträger auch kein Schadensersatzanspruch im Hinblick auf eine frühere Verletzung der Übernahmepflicht des § 15 Abs. 5 Satz 1 KSchG zu (BAG 14. 2. 02 aaO). Dagegen ist eine Kündigung im Zeitraum des nachwirkenden Kündigungsschutzes wegen Verletzung der Übernahmepflicht des § 15 Abs. 5 Satz 1 KSchG unwirksam (BAG 14. 2. 02 aaO). Die dreiwöchige Klagefrist ist zu beachten (§ 4 S. 1, § 13 Abs. 3 KSchG, s. Rn 60). Unzulässig ist es, ArbN, die im Zeitpunkt der beabsichtigten Kündigung noch Sonderkündigungsschutz haben, in die Sozialauswahl einzubeziehen – dies gilt auch dann, wenn der Sonderkündigungsschutz alsbald auslaufen wird (BAG 21. 4. 05 AP Nr. 74 zu § 1 KSchG 1969 Soziale Auswahl; *Krebber* RdA 06, 235).

53   Der nachwirkende Kündigungsschutz von einem Jahr gilt nach der Rspr. des BAG auch für **ErsMitgl.** des BR (der JugAzubiVertr.) und zwar unabhängig davon, ob sie **endgültig** in den BR nachgerückt oder nur **vorübergehend** als Stellvertr. für ein zeitweilig verhindertes BR-Mitgl. tätig geworden sind. Auch das ErsMitgl. ist, wenn uU. auch nur vorübergehend, eigenständiges Mitgl. des BR mit vollen Rechten und Pflichten. Das Ende der persönlichen Mitgliedschaft im BR steht der „Beendigung der Amtszeit" iSd. § 15 Abs. 1 S. 2 KSchG gleich (vgl. Rn 54, 57). Wenn der nachwirkende Kündigungsschutz für das einzelne BR-Mitgl. auch bei vorzeitigem Ausscheiden aus dem BR vor der Beendigung der Amtszeit des BR selbst gilt (vgl. Rn 57), so muss dies auch für das ErsMitgl. zutreffen, das vorübergehend im BR tätig wird und dann wieder ausscheidet, es sei denn, das ErsMitgl. hätte in der Vertretungszeit überhaupt keine BRTätigkeit wahrgenommen. Im Übrigen spielt aber die Dauer der Vertretung im BR keine Rolle (LAG Niedersachsen AiB 87, 286). Die Schutzfrist beträgt ein Jahr ohne Rücksicht auf die Dauer der Vertretung. (Vgl. eingehend BAG 6. 9. 79 AP Nr. 7 zu § 15 KSchG 1969; BAG 18. 5. 06 AP Nr. 2 zu § 15 KSchG 1969 Ersatzmitglied; GK-Oetker § 25 Rn 58; GK-Raab Rn 22; Barwasser ArbuR 77, 74; *Matthes* DB 80, 1165; **aA** GL Rn 18; *P. Nipperdey* DB 81, 217 hält diese Rspr. wegen Verstoßes gegen den Grundsatz der Verhältnismäßigkeit für verfassungswidrig.) Vgl. auch § 25 Rn 5 ff. Es ist zweckmäßig, dass das ErsMitgl. die Aufnahme seiner Vertretungstätigkeit im BR dem ArbGeb. alsbald meldet, damit dieser über das Eintreten des Kündigungsschutzes informiert ist. Die **außerordentliche Kündigung** des ErsMitgl. im Nachwirkungszeitraum bedarf nicht der Zustimmung des BR nach § 103 (BAG 18. 5. 06 aaO; s. Rn 9, 51).

54   Unter **„Amtszeit"** ist zunächst die **Amtsperiode des kollektiven Organs** zu verstehen, der im Normalfall die Dauer der Mitgliedschaft des einzelnen Mitgl. entspricht (*Richardi/Thüsing* § 103 Anhang Rn 9). Der bes. Kündigungsschutz gem § 15 Abs. 1 S. 1 KSchG iVm § 103 besteht nur während der jeweiligen Amtszeit des BR-Mitgl. (BAG 5. 11. 09 – 2 AZR 487/08 – NZA-RR 10, 236). Scheidet ein BR-Mitgl. während des Zustimmungsersetzungsverfahrens aus, besteht nur noch nachwirkender Kündigungsschutz (BAG 5. 11. 09 – 2 AZR 487/08 – NZA-RR 10, 236; s. auch Rn 57). Im Fall des § 22 endet die Amtszeit des geschäftsführenden BR bei fehlender Bekanntgabe des Wahlergebnisses mit der konstituierenden Sitzung des neu gewählten BR (BAG 5. 11. 09 – 2 AZR 487/08 – NZA-RR 10, 236).

Die volle regelmäßige Amtszeit des BR dauert vier Jahre (§ 21) und beginnt mit   55
der Bekanntgabe (§ 18 Abs. 3) des endgültigen Wahlergebnisses oder mit Ablauf der
Amtszeit des vorigen BR (vgl. § 21 Rn 5 ff.). Bereits gewählte BR-Mitgl. genießen
aber in letzterem Fall **bis zum Amtsantritt** schon den **vollen Kündigungsschutz,**
so dass eine außerordentliche Kündigung nur mit Zustimmung des (bisherigen) BR
möglich ist (vgl. § 21 Rn 12). Kraft Gesetzes abgekürzte Amtszeiten nach § 13 Abs. 2
Nr. 1 (Veränderung der ArbNZahl nach 24 Monaten) und Nr. 2 (Absinken der Gesamtzahl der BR-Mitgl. unter die vorgeschriebene Zahl) beeinträchtigen den nachwirkenden Kündigungsschutz nicht. Die Amtszeit endet in diesen Fällen mit der Bekanntgabe des Wahlergebnisses des neu gewählten BR (§ 21 S. 5). Von da an läuft die
einjährige Schutzzeit. Das Gleiche gilt aber auch bei kollektivem Rücktritt des
BR oder sonstigen Organs (vgl. § 21 Rn 27), da der alte BR die Geschäfte weiterführt. Erst mit Bekanntgabe des Wahlergebnisses der Neuwahl nach § 18 WO beginnt die Jahresfrist. Bleibt der vorzeitig neu gewählte BR länger als 4 Jahre im Amt
(§ 13 Abs. 3), so gelten für dessen Kündigungsschutz die vorstehenden Ausführungen
entsprechend. Lagen die Voraussetzungen des § 13 Abs. 3 S. 2 in Wahrheit nicht vor
und stellt das ArbG dies rechtskräftig fest, so beginnt der nachwirkende Kündigungsschutz von dem Zeitpunkt, zu dem die regelmäßige Amtszeit des BR abgelaufen war.
Die **Betriebsübernahme** führt idR nicht zu einer Beendigung der Amtszeit des BR
(vgl. Rn 17, § 21 Rn 34).

Kein nachwirkender Kündigungsschutz trotz Beendigung der Tätigkeit des   56
Kollektivorgans besteht dagegen, wenn der BR durch gerichtliche Entscheidungen
gem. § 23 aufgelöst worden ist (§ 15 Abs. 1 letzter Halbsatz KSchG; § 13 Abs. 2
Nr. 5) oder die BRWahl mit Erfolg **angefochten** oder deren Nichtigkeit festgestellt
ist (§ 13 Abs. 2 Nr. 4). Bis zur Rechtskraft des der Anfechtung stattgebenden Urteils
genießen die – anfechtbar – gewählten BRMitgl. den bes. Kündigungsschutz (BAG
12. 3. 09 – 2 ABR 24/08 – NZA-RR 10, 180).

Auch bei **vorzeitigem Erlöschen der Mitgliedschaft des einzelnen Organ-**   57
mitgl. vor Ende der Organs als solchem besteht nach der Rspr. des
BAG regelmäßig **nachwirkender Kündigungsschutz,** soweit das Erlöschen nicht
auf gerichtlicher Entscheidung beruht, also nicht bei Ausschluss aus dem BR und
rechtskräftiger (BAG 29. 9. 83 AP Nr. 15 zu § 15 KSchG 1969) gerichtlicher Entscheidung über die Feststellung der Nichtwählbarkeit (§ 15 Abs. 1 letzter Halbsatz
KSchG iVm. § 24 Abs. 1 Nr. 5 u. 6; vgl. dort Rn 47). Geschützt ist also insb. das
BR-Mitgl., das sein Amt – aus welchen Gründen auch immer – niederlegt (§ 24
Abs. 1 Nr. 2). Das gilt auch, wenn das BRMitgl. während des Zustimmungsersetz-
zungsverfahrens ausscheidet (BAG 5. 11. 09 – 2 AZR 487/08 – NZA-RR 10, 236).
Wenn auch der Wortlaut des § 15 Abs. 1 letzter Halbsatz KSchG auch die gegenteil-
ge Auffassung zulässt, so sprechen nach Ansicht des BAG systematischer Zusammenhang, Entstehungsgeschichte von BetrVG und KSchG und Sinn und Zweck der Regelung mehr für ein Abstellen auf die persönliche Mitgliedschaft (so BAG 5. 7. 79 AP
Nr. 6 zu § 15 KSchG 1969 mit ausführlicher Begründung; LAG Hamm NZA-RR
98, 350; GK-*Raab* Rn 22; *Matthes* DB 80, 1165; *Richardi/Thüsing* Anhang § 103,
Rn 9 unter Hinweis auf den RE des EG-Anpassungsgesetzes [BT-Drucks. 8/3317],
der eine Ergänzung des § 15 KSchG vorsah, die dann wegen der Rspr. des BAG als
nicht erforderlich angesehen wurde; **aA** *GL* Rn 42; *HSWGNR* Rn 26, die uU eine
zeitlich begrenzte Nachwirkung je nach der Dauer der Mitgliedschaft annehmen; vgl.
auch § 24 Rn 40).

Gleiches gilt bei **späterem Eintritt in das Betriebsverfassungsorgan** (zum   58
Beispiel bei Nachrücken eines ErsMitgl.), selbst wenn die Mitgliedschaft bis zum
Ende der Amtsperiode nur noch kurze Zeit dauert.

Wegen der Amtszeit der **JugAzubiVertr.** vgl. § 64 Rn 12 und wegen des nach-   59
wirkenden Kündigungsschutzes für JugAzubiVertr. und deren ErsMitgl. § 78 a Rn 11.
Für deren Mitgl. gelten im Übrigen die Rn 32 ff. entspr., **GesBR, KBR,** GesJug-
AzubiVertr. und KJugAzubiVertr. haben keine Amtszeit, da sie eine Dauereinrichtung

sind (vgl. § 47 Rn 26, § 49 Rn 5, § 54 Rn 50, § 72 Rn 13, § 73a Rn 7). Bei den Mitgl. der in § 103 nicht genannten Betriebsverfassungsorgane bestimmt sich der nachwirkende Kündigungsschutz nach ihrer Amtszeit in dem sie entsendenden Organ, dem BR bzw. der JugAzubiVertr.

VII. Geltendmachung des Kündigungsschutzes

60   Mit der **Änderung des KSchG** durch das G zu Reformen am Arbeitsmarkt vom 24. 12. 2003 (BGBl. I S. 3002) ist nunmehr für die Geltendmachung aller Unwirksamkeitsgründe eine **einheitliche Klagefrist von drei Wochen** eingeführt worden (s. auch § 102 Rn 2a). Danach muss der ArbN ab dem 1. 1. 04 die Rechtsunwirksamkeit der Kündigung unabhängig von dem Grund ihrer Unwirksamkeit innerhalb einer Frist von drei Wochen nach Zugang der **schriftlichen Kündigung** geltend machen (§ 4 S. 1, § 13 Abs. 3 KSchG; vgl. dazu auch BT-Drucks. 15/1204 S. 9, 13; BT-Drucks. 15/1587 S. 11, 31). Dies bedeutet, dass auch im Fall der unwirksamen Kündigung mangels Zustimmung des BR bzw. Zustimmungsersetzung durch das ArbG nach § 103, das BRMitgl. die Unwirksamkeit der Kündigung innerhalb der **dreiwöchigen Klagefrist** geltend machen muss. Insoweit handelt es sich um eine Unwirksamkeit aus „anderen Gründen" im Sinne des § 13 Abs. 3 KSchG (KR-*Etzel* § 15 KSchG Rn 38, 39; *Willemsen/Annuß* NJW 04, 177, 184). Unterbleibt die rechtzeitige Klageerhebung, gilt die **Kündigung** nach § 7 KSchG als von Anfang an **rechtswirksam.** Ist die Unwirksamkeit der Kündigung rechtzeitig geltend gemacht worden, kann sich das BRMitgl. auch auf Unwirksamkeitsgründe berufen, die es zunächst nicht geltend gemacht hat; hierauf hat ihn das ArbG hinzuweisen (vgl. § 6 KSchG). Das BR-Mitgl. bzw. der sonstige Funktionsträger kann die Unwirksamkeit einer gegen § 15 KSchG verstoßenden Kündigung damit nicht mehr wie bisher als Vorfrage im Wege der Leistungsklage, zB auf Zahlung des Lohnes, geltend machen. Er muss nach § 4 S. 1 KSchG Klage auf Feststellung erheben, dass das Arbeitsverhältnis durch die Kündigung nicht aufgelöst ist. Die **dreiwöchige Klagefrist beginnt** jedoch erst dann, wenn dem ArbN die **Kündigung** in **schriftlicher Form** zugegangen ist (vgl. BT-Drucks. 15/1587 S. 31). Bedarf die Kündigung zusätzlich der **Zustimmung einer Behörde** (zB § 18 BErzGG, § 9 MuSchG, § 85 SGB IX), beginnt die **Klagefrist** dagegen erst ab **Bekanntgabe der Entscheidung der Behörde an den ArbN** (§ 4 S. 4 KSchG; s. auch BAG 17. 2. 82 AP Nr. 1 zu § 15 SchwbG; BAG 3. 7. 03 AP Nr. 7 zu § 18 BErzGG; *Löwisch* BB 04, 154, 158; *Preis* DB 04, 70, 77; **aA** *Griebeling* NZA 05, 494ff., 502; siehe ausführl. § 102 Rn 63a). Wird dem ArbN die Entscheidung der Behörde nicht bekannt, kann er die Unwirksamkeit der Kündigung – bis zur Grenze der **Verwirkung** – jederzeit geltend machen (BAG 3. 7. 03 AP Nr. 7 zu § 18 BErzGG; BAG 25. 3. 04 AP Nr. 36 zu § 9 MuSchG).

61   Mit Aufhebung des **§ 113 Abs. 2 InsO** durch Art. 4 Nr. 2 des G zu Reformen am Arbeitsmarkt (s. § 102 Rn 3 2. Spiegelstrich) gilt die **3-Wochen-Frist** des § 4 KSchG auch für alle Gründe für die Unwirksamkeit einer Kündigung des Arbeitsverhältnisses durch den Insolvenzverwalter (§ 102 Rn 3 2. Spiegelstrich). Sie gilt folglich auch für die außerordentliche Kündigung von BR-Mitgl., zB auch bei Geltendmachen der fehlenden Zustimmung des BR (*Lakies* RdA 97, 145, 147; *Bichlmeier/Oberhofer* AiB 97, 161, 162).

62   Allerdings kann das BR-Mitgl. auch **nicht seinerseits die Auflösung des Arbeitsverhältnisses** und die Zahlung einer Abfindung nach §§ 9, 10 KSchG verlangen, da der 1. Abschnitt des KSchG (§§ 1–14) mit Ausnahme der §§ 4 bis 7 auf eine Kündigung, die bereits aus anderen als den in § 1 Abs. 2 und 3 KSchG bezeichneten Gründen rechtsunwirksam ist, unanwendbar ist (anders, soweit es nicht um die fehlende Zustimmung, sondern um die Überprüfung des wichtigen Grundes selbst geht, hM).

Stellt das ArbG die Unwirksamkeit der Kündigung eines BR-Mitgl. oder sonstigen **63** Funktionsträgers fest und ist dieses inzwischen ein anderes Arbeitsverhältnis eingegangen, so kann es nach Maßgabe des § 16 KSchG die neue Tätigkeit beibehalten und die Wiederaufnahme der Arbeit in dem früheren Arbeitsverhältnis durch Erklärung gegenüber dem ArbGeb. binnen einer Woche nach Rechtskraft des Urteils ablehnen. Mit Zugang der Erklärung erlischt das alte Arbeitsverhältnis (*DKK-Kittner/ Bachner* Rn 62).

VIII. Schutz gegen Versetzungen

Mit dem durch das **BetrVerf-ReformG** neu angefügten Abs. 3 ist die strittige **64** Frage, ob für BRMitgl. ein Versetzungsschutz analog § 103 anzuerkennen ist (dafür zB LAG Hamm EzA § 103 BetrVG 1972 Nr. 19; Hess. LAG BB 95, 2064; dagegen BAG 11. 7. 00 AP Nr. 44 zu § 103 BetrVG 1972), zugunsten der betriebsverfassungsrechtlichen Funktionsträger entschieden worden. Zur besseren Sicherung der Stellung der in Abs. 1 genannten Personen werden Einschränkungen der Versetzungsbefugnis des ArbGeb. vorgesehen mit der Folge, dass Versetzungen, die zum Verlust des Amtes oder der Wählbarkeit führen würden, entspr. den Regelungen zur außerordentlichen Kündigung in Abs. 1 und 2 an die **vorherige Zustimmung** des BR und im Fall der Zustimmungsverweigerung an eine die **Zustimmung ersetzende arbeitsgerichtliche Entscheidung** gebunden werden (BT-Drucks. 14/5741 S. 50 f.).

Bei der Maßnahme, die der ArbGeb. gegenüber einem Funktionsträger ergreifen **65** will, muss es sich um eine **Versetzung** handeln, die in § 95 Abs. 3 gesetzlich definiert ist (*DKK-Bachner* Rn 66; GK-*Raab* Rn 31; zum Begriff s. § 99 Rn 118 ff.). Dabei zielt die neue Regelung auf solche Versetzungen, die sich im Rahmen des Direktionsrechts des ArbGeb. halten (*Löwisch* BB 01, 1734, 1796). Abs. 3 soll die bisherige Schutzlücke schließen, die sich immer dann auftat, wenn der ArbGeb. auf Grund des Arbeitsvertrages berechtigt war, den Funktionsträger betriebsübergreifend einzusetzen, ohne eine Änderungskündigung aussprechen zu müssen (BT-Drucks. 14/5741 S. 50 f.). Gegen Versetzungen, die einer (außerordentlichen) Änderungskündigung bedürfen, sind die Funktionsträger bereits nach Abs. 1 und 2 geschützt (*Löwisch/ Kaiser* Rn 18; GK-*Raab* Rn 31; für eine ausdrückliche kumulative Anwendung von Abs. 1 und 3 *DKK-Bachner* Rn 65, 77).

Die Versetzung muss zur Folge haben, dass der betroffene Funktionsträger sein **66** **Amt verliert.** Das ist dann der Fall, wenn er in einen anderen Betrieb versetzt wird, also die Betriebszugehörigkeit und damit die Wählbarkeit einbüßt (§ 24 Nr. 4). Eine nur vorübergehende Abordnung eines BR-Mitgl. in einen anderen Betrieb ist grundsätzlich nicht mit dem Verlust des BR-Amtes verbunden (vgl. § 24 Rn 34; *Richardi/Thüsing* § 24 Rn 21; GK-*Raab* Rn 33; *Löwisch/Kaiser* Rn 18; KR-*Etzel* Rn 163, 178; *Rieble* NZA 02, 46). In der Regel dürfte jedoch die vorübergehende Versetzung gleichzeitig auch eine vorübergehende Verhinderung i. S. d. § 25 darstellen, so dass in dieser Zeit für das BR-Mitgl. ein **Ersatzmitgl.** nachrückt (GK-*Raab* Rn 34). Von einer nur vorübergehenden Abordnung wird man jedoch dann nicht mehr sprechen können, wenn trotz eines Rückkehrtermins die Abordnung einige Jahre dauern soll (vgl. auch *APS-Linck* § 103 BetrVG Rn 43b; *WPK-Preis* § 103 Rn 19; GK-*Raab* Rn 33; aA *Löwisch/Kaiser* Rn 18 dauerhaft, wenn mehr als sechs Monate).

Eine Versetzung innerhalb des Betriebs begründet keinen Amtsverlust, so dass **66a** Abs. 3 keine Anwendung findet. Hier bestehen die Beteiligungsrechte des BR nach §§ 99 ff., insb. das Zustimmungsverweigerungsrecht gem. § 99 Abs. 2 (*Richardi/ Thüsing* Rn 36). Gleiches gilt mangels Amtsverlust für die Versetzung in einen nach § 4 Abs. 1 selbständigen Betriebsteil, der von seiner Option nach § 4 Abs. 1 Satz 2 (Wahl zum BR im Hauptbetrieb) Gebrauch gemacht hat sowie für die Versetzung in einen Kleinstbetrieb nach § 4 Abs. 2 (*Düwell/Kloppenburg* Rn 10) aber auch für die

Versetzung innerhalb eines nach § 3 Abs. 1 Nr. 1 bis 3 durch Tarifvertrag bzw. Betriebsvereinbarung festgelegten Organisationsbereichs.

67   Für die Anwendung des Abs. 3 ist unerheblich, ob es um den Amtsverlust eines BRMitgl. geht, das einem BR mit Vollmandat, **Übergangsmandat** (§ 21 a) oder Restmandat (§ 21 b) angehört (*Düwell/Kloppenburg* Rn 12). Allein entscheidend ist, dass durch die Versetzung die Mitglschaft im BR enden würde (*Löwisch* BB 01, 1734, 1796). Abs. 3 ist dagegen nicht anwendbar, wenn der Funktionsträger im Rahmen einer Betriebsspaltung oder Betriebszusammenlegung seinen konkreten Arbeitsplatz behält, er also nicht versetzt wird (GK-*Raab* Rn 35; *Annuß* NZA 01, 367, 369; *Rieble* NZA-Sonderheft 01, 58; **aA** KR-*Etzel* Rn 163 unter Hinweis darauf, dass das BRMitgl. sein Amt mit Ende des Übergangsmandats verliert), oder wenn er zwar im Zuge dieser Maßnahmen versetzt wird, jedoch der BR, dem er angehört, nach § 21 a Abs. 1 oder Abs. 2 untergeht und kein Fall des § 21 b vorliegt.

68   In dem bes. Fall, dass ein Mitgl. der **JugAzubiVertr.** im Rahmen des Ausbildungsplans nur **vorübergehend** zu einer überbetrieblichen Ausbildungsstätte **versetzt** wird und nach Absolvierung dieses Ausbildungsabschnitts wieder in den ursprünglichen Betrieb zurückkehrt, tritt kein (endgültiger) Verlust des Amtes ein; dieses ruht vielmehr während der Versetzung und lebt nach Rückkehr wieder auf, so dass Abs. 3 keine Anwendung findet.

69   Zu den in Abs. 1 geschützten Personen gehören auch die **Wahlbewerber,** die noch kein Amt inne haben. Um zu verhindern, dass der ArbGeb. versucht, auf die Zusammensetzung des BR Einfluss zu nehmen oder gar die Wahl eines BR zu verhindern, schützt Abs. 3 Wahlbewerber vor Versetzungen in einen anderen Betrieb, die zum Verlust ihrer Wählbarkeit führen würde. Diese Regelung steht in engem Zusammenhang mit den neuen Vorschriften, die wie insb. § 14 a die Bildung von mehr BR bezwecken.

70   Die einen Amtsverlust begründende Versetzung bedarf nur dann der Zustimmung des BR, wenn die Versetzung gegen den Willen des betroffenen ArbN erfolgen soll. Ist der **ArbN mit** seiner **Versetzung einverstanden,** besteht das Zustimmungserfordernis nicht (Abs. 3 S. 1 2. Halbs.); dem Willen des ArbN, den Arbeitsplatz zu wechseln, wird Vorrang eingeräumt (*Richardi/Thüsing* Rn 32; *WPK-Preis* Rn 17). Das Einverständnis des ArbN muss anlässlich der konkreten beabsichtigten Versetzung erklärt worden sein. Es reicht nicht aus, dass der ArbN einen Arbeitsvertrag mit der häufig verwendeten Klausel unterzeichnet hat, dass er jederzeit unternehmens- oder konzernweit eingesetzt oder mit anderen zumutbaren Arbeiten beschäftigt werden kann (*KRHS* Rn 31; *HSWGNR* Rn 30; *WPK-Preis* Rn 17: *Löwisch/Kaiser* Rn 19; *Weber/Ehrich/Hörchens/Oberthür* Teil D Rn 225; *Fiebig/Gallner/Nägele* § 15 Rn 64 b). Die Zustimmung des ArbN kann auch noch nachträglich erklärt werden (*Richardi/Thüsing* Rn 32; ErfK-*Kania* Rn 6). Mit Zustimmung des ArbN wird die Versetzung ex nunc wirksam (ErfK-*Kania* Rn 6). Die Annahme einer Änderungskündigung unter dem Vorbehalt der sozialen Rechtfertigung bzw. sonstigen Wirksamkeit ersetzt nicht die Zustimmung des BR (ArbG Berlin AiB 02, 49; ErfK-*Kania* Rn 17). Diese ist im Fall der Änderungskündigung bereits nach Absatz 1 erforderlich (*WPK-Preis* Rn 17: ErfK-*Kania* Rn 6).

71   Ist die Versetzung zustimmungsbedürftig, hat der BR nach pflichtgemäßem Ermessen zu prüfen, ob er der Versetzung zustimmt oder ihr die Zustimmung versagt. § 103 ist gegenüber § 99 lex specialis (GK-*Raab* Rn 44; *Richardi/Thüsing* Rn 36; KR-*Etzel* Rn 175 a; **aA** LAG Berlin ArbUR 05, 277 mit zust. Anm. *Rudolph* AiB 06, 516; *DKK-Bachner* Rn 74, der beide Verfahren nebeneinander anwenden will). Der BR ist anders als bei § 99 an keine bestimmten Verweigerungsgründe gebunden und kann daher alle gegen die Versetzung bestehenden rechtlichen Bedenken geltend machen (*Düwell/Kloppenburg* Rn 19; GK-*Raab* Rn 55, 65; **aA** *HSWGNR* Rn 31; *Richardi/Thüsing* Rn 35; KR-*Etzel* Rn 175, wonach der BR die Zustimmung bei Vorliegen dringender betriebl. Gründe nicht versagen darf), dazu gehören auch die Verweigerungsgründe nach § 99 Abs. 2 (GK-*Raab* Rn 44, 55). **Stimmt der BR** der

Versetzung **nicht zu,** so kann der ArbGeb. beim **ArbG im Wege des BeschlVerf.** beantragen, die **Zustimmung des BR** entspr. Abs. 2 **zu ersetzen** (Abs. 3 S. 2). Eine ohne Zustimmung oder ohne eine die Zustimmung ersetzende arbeitsgerichtliche Entscheidung ausgesprochene Versetzung ist **unwirksam** (GK-*Raab* Rn 87; *DKK-Bachner* Rn 70; *APS-Linck* Rn 43 e) und damit auch die in der Entscheidung liegende Arbeitsweisung; *SWS* Rn 45, *Rieble* NZA-Sonderheft 01, 59).

Da die Versetzung nicht wie die außerordentliche Kündigung unter dem Zeit- **71a** druck des § 626 Abs. 2 BGB steht, ist für die Zustimmung des BR nicht auf die drei-Tages-Frist des § 102 Abs. 2 S. 3 wie im Fall der außerordentlichen Kündigung abzustellen (GK-*Raab* Rn 57). Stattdessen kommt in **analoger Anwendung des § 99 Abs. 3** hier die **1-Wochenfrist** zum Tragen (GK-*Raab* aaO; KR-*Etzel* Rn 170; *APS-Linck* Rn 43 d; *Franzen* SAE 01 S. 271). Mangels ausdrücklicher anderweitiger Regelung gilt das **Schweigen** des BR nicht als Zustimmung sondern als **Zustimmungsverweigerung** (GK-*Raab* aaO; KR-*Etzel* Rn 170, 176; *Fiebig/Gallner/Nägele* § 15 Rn 64 a; *Franzen* SAE 01, 271). Erst nach Ablauf dieser Frist kann der ArbGeb. die Zustimmungsersetzung beim ArbG beantragen (*Löwisch/Kaiser* Rn 36).

Führt der ArbGeb. die Versetzung ohne Zustimmung des BR und ohne Zustim- **71b** mungsersetzung durch, kann der BR in **analoger Anwendung des** § 101 beim ArbG die Aufhebung der Versetzung verlangen (LAG Berlin ArbuR 05, 277 mit zust. Anm. *Rudolph* AiB 06, 516; GK-*Raab* Rn 47; *APS-Linck* Rn 43 e; **aA** ArbG Nürnberg 11. 10. 10 – 7 TaBVGa 7/10 – DB 11, 883; *HSWGNR* Rn 32). Nach ArbG Berlin, AiB 02, 49 und ArbG Nürnberg DB 11, 883 soll der BR den nach Abs. 3 gewährleisteten Schutz seiner Rechtsstellung im Wege der **einstw. Vfg.** durchsetzen können (ebenso ErfK-*Kania* Rn 17; *Backmeister/Trittin/Mayer* § 103 BetrVG Rn 22).

Voraussetzung für die Zustimmungsersetzung ist, dass die Versetzung „auch unter **72** Berücksichtigung der betriebsverfassungsrechtlichen Stellung des betroffenen ArbN aus dringenden betrieblichen Gründen notwendig ist". Mit dieser Formulierung werden zwei Gesichtspunkte erfasst, die das ArbG bei der Ersetzungsentscheidung zu prüfen hat. Das Wort „auch" verdeutlicht, dass das ArbG zunächst wie bei jeder Versetzung **allgemein** festzustellen hat, ob der ArbGeb. sein **Direktionsrecht** gem. **§ 315 BGB** nach billigem Ermessen ausgeübt hat (KR-*Etzel* Rn 175 a; GK-*Raab* Rn 55; *Fiebig/Gallner/Nägele* § 15 Rn 64 c). Je nach Einzelfall ist eine Abwägung der Interessenlage beider Vertragsparteien vorzunehmen (*Düwell/Kloppenburg* Rn 19). Je schwerer die Versetzung für den ArbN beispielsweise in sozialer, familiärer, finanzieller oder gesundheitlicher Hinsicht wiegt, desto schwerwiegender müssen die betrieblichen Gründe für die Versetzung sein. Insbesondere müssen bei der Abwägung, welches Interesse überwiegt, die betrieblichen Gründe in Verhältnis zu der betriebsverfassungsrechtlichen Stellung des betroffenen ArbN gestellt werden; je größer das kollektive Interesse an einer Fortsetzung des BRAmts ist, um so schwerer müssen die betrieblichen Gründe an einer Versetzung wiegen (GK-*Raab* Rn 66). Dabei ist stets zu beachten, ob andere geeignete ArbN zur Verfügung stehen (*Löwisch/Kaiser* Rn 34).

Kommt das ArbG nach diesem ersten Prüfungsschritt zur Zulässigkeit der Verset- **73** zung aus allgemeinen Grundsätzen, muss es nun dem **betriebsverfassungsrechtlichen Bezug** der Versetzung Rechnung tragen. Dabei ist es auf Grund des allgemeinumfassenden Wortlauts „betriebsverfassungsrechtliche Stellung des betroffenen ArbN" zwischen den einzelnen Funktionsträgern je nach ihrer Bedeutung differenzieren. Ein BRVorsitzender, ein freigestelltes oder ein besonders qualifiziertes BRMitgl. ist gegen eine Versetzung schützenswerter als zB ein Wahlbewerber auf aussichtsloser Stelle in der Vorschlagsliste (ebenso *Löwisch* BB 01, 1734, 1796; *Franzen* SAE 01 S. 271; *J/R/H-Göpfert* Kap. 26 Rn 28; *Fiebig/Gallner/Nägele* § 15 Rn 64 c; **aA** *Rieble* NZA-Sonderheft 01, 60).

Des Weiteren hat das ArbG festzustellen, ob die Versetzung des Funktionsträgers **74** aus **dringenden betrieblichen Gründen notwendig** ist. Diese Formulierung lehnt sich an den Begriff der betrieblichen Notwendigkeiten in § 30 an. Betriebliche Notwendigkeiten sind nicht gleichzusetzen mit betrieblichen Interessen oder Bedürfnissen. Das ArbG kann nur solche betrieblichen Gründe als Rechtfertigung für die Versetzung anerkennen, die zwingenden Vorrang vor dem Interesse des BR an der Kontinuität seiner personellen Zusammensetzung und seiner Arbeit haben. Derartige betriebliche Notwendigkeiten dürften idR nur in **Ausnahmesituationen** bestehen (vgl. auch *DKK-Bachner* Rn 72 f.; **aA** *HSWGNR* Rn 33). Dies kann beispielsweise der Fall sein, wenn der Arbeitsplatz wegfällt und keine anderweitige Beschäftigungsmöglichkeit mehr im Betrieb besteht (*KR-Etzel* Rn 185; *DKK-Bachner* Rn 73; 34; *Franzen* SAE 01 S. 272) bzw. der Betrieb stillgelegt wird und eine Versetzung die einzige Möglichkeit der Weiterbeschäftigung ist (*Löwisch/Kaiser* Rn 34; *Fiebig/Gallner/Nägele* § 15 Rn 64 c). Als Anhaltspunkt können insoweit auch die dringenden betrieblichen Erfordernisse iS von § 1 Abs. 2 S. 1 KSchG herangezogen werden (ebenso *KR-Etzel* Rn 185; *Richardi/Thüsing* Rn 33; *Franzen* SAE 01 S. 272; *Backmeister/Trittin/Mayer* § 103 BetrVG Rn 18 f.; *KRHS* Rn 31). Eine Besonderheit besteht in diesem Zusammenhang für ein freigestelltes BRMitgl: der Wegfall des bisherigen Arbeitsplatzes kann wegen der Freistellung von der Arbeit grundsätzl. keine dringende Notwendigkeit für eine Versetzung begründen; die Frage der Weiterbeschäftigung stellt sich erst am Ende der Amtszeit des BR bzw. der Freistellung (ebenso *KR-Etzel* Rn 187; *Löwisch/Kaiser* Rn 35). Nicht unter den Begriff „dringende betriebliche Gründe" dürfte der Fall der Versetzung aus personen- bzw. verhaltensbedingten Gründen (zB Störung des Betriebsfriedens) gehören (ebenso *HSWGNR* Rn 33; im Ergebnis so wohl auch *KR-Etzel* Rn 186; **aA** *Richardi/Thüsing* Rn 34; *Löwisch/Kaiser* Rn 34).

74a   Das Vorliegen dringender betrieblicher Gründe ist immer dann zu bejahen, wenn keine zumutbaren betrieblichen Alternativen bestehen bzw. es keine gleich geeigneten und für die Kontinuität der Amtsführung des BR weniger einschneidende Maßnahmen gibt (*GK-Raab* Rn 66; enger: *DKK-Bachner* Rn 72). Dies ist zB der Fall, wenn ein Unternehmen mit zwei Betrieben A und B über drei Spezialisten mit wichtigen Funktionen für den Betriebs- oder Arbeitsablauf verfügt, von denen zwei im Betrieb A tätig und dort im BR sind. Fällt der Spezialist im Betrieb B aus und ist kein anderweitiger Ersatz möglich, kann das ArbG die verweigerte Zustimmung des BR zur Versetzung eines der dem BR angehörenden Spezialisten in den Betrieb B ersetzen (*DKK-Bachner* Rn 73; **aA** *KR-Etzel* Rn 184, der davon ausgeht, dass sich die dringenden betriebl. Gründe nur auf den Betrieb beziehen, in dem das BRMitgl. beschäftigt ist mit der Folge, dass in diesem Fall keine Versetzung sondern nur eine außerordentliche Änderungskündigung zulässig ist). Nicht ausreichend ist dagegen der allgemeine Verweis auf eine rentablere Nutzung der Arbeitsleistung (*DKK-Bachner* Rn 73; **aA** *Richardi/Thüsing* Rn 34). Auch der Umstand, dass ein Funktionsträger – einen vom ArbGeb. nicht veranlassten – Verlust an Kenntnissen und Fähigkeiten erlitten hat, die die Ausübung seiner Tätigkeit erschwert oder unmöglich macht und deshalb betriebsübergreifend versetzt werden soll, reicht grundsätzlich nicht für eine Zustimmungsersetzung aus (*KR-Etzel* Rn 186; **aA** *Löwisch* BB 01, 1734, 1796; *HSWGNR* Rn 33; *J/R/H-Göpfert* Kap. 26 Rn 28). Als Alternative kommt eine entsprechende Schulung des Funktionsträgers oder seine Versetzung innerhalb des Betriebs in Betracht, so dass keine dringende betriebliche Notwendigkeit für eine betriebsübergreifende Versetzung mit Amtsverlust besteht. Erst wenn feststeht, dass die Qualifikationsdefizite nicht durch Fortbildungs- und Umschulungsmaßnahmen aufgefangen werden können (*Löwisch/Kaiser* Rn 34) und keine anderweitige Beschäftigungsmöglichkeit für das BRMitgl. im Betrieb in Betracht kommt, kann von einem dringenden Erfordernis zur Versetzung ausgegangen werden.

75   Durch die Ausgestaltung des Versetzungsschutzes in Abs. 3 an den Kündigungsschutz in Abs. 1 und 2 gelten im Übrigen die diesbezügl. Ausführungen in den Rn 5 ff. entsprechend. Besonders hinzuweisen ist darauf, dass sich aus der Verweisung in Abs. 3 auf Abs. 2 auch ein Versetzungsschutz für Mitgl. des Wahlvorst. und für Wahlbewerber in **betriebsratslosen Betrieben** ergibt. In diesen Fällen hat der ArbGeb. die Erteilung der Zustimmung zur Versetzung unmittelbar beim ArbG zu beantragen (s. Rn 11; *Richardi/Thüsing* Rn 37).

Es gibt **keinen nachwirkenden Versetzungsschutz** (*HSWGNR* Rn 34; *Fiebig/* 76
Gallner/Nägele § 15 Rn 64 a; *Rieble* NZA-Sonderheft 01, 59). Der Versetzungsschutz
knüpft an die tatsächliche Amtsausübung an, die nicht durch eine betriebsübergreifende
Versetzung beeinträchtigt werden soll. Dies bedeutet, dass mit Beendigung des Amtes die (bisherigen) betriebsverfassungsrechtlichen Funktionsträger nach allgemeinen
Grundsätzen versetzt werden können. Der BR kann dann seine Beteiligungsrechte
aus §§ 99 ff. geltend machen. Für **Ersatzmitgl.** greift der Versetzungsschutz uneingeschränkt nur dann, wenn sie gem. § 25 Abs. 1 S. 1 endgültig in den BR oder in die
JugAzubiVertr. nachgerückt sind (*Rieble* NZA-Sonderheft 01, 59). Vertreten sie ein
zeitweilig verhindertes BRMitgl., steht ihnen der Versetzungsschutz nur während
der Vertretungszeit zu (s. § 25 Rn 11; ArbG Düsseldorf DB 03, 1688; *HSWGNR*
Rn 34).

Abs. 3 gilt uneingeschränkt auch für ein BRMitgl., das als **Beamter** bei einer 77
Post-AG (Deutsche Telekom AG, Deutsche Post AG, Deutsche Post Bank AG) oder
bei einer Tochter-, Enkel- oder Beteiligungsgesellschaft einer Post-AG beschäftigt ist.
Beabsichtigt der ArbGeb., ein beamtetes BRMitgl. ohne dessen Einverständnis zu
versetzen, so bedarf dies der Zustimmung des BR. Handelt es sich um ein BRMitgl.
in einer Post-AG, ist der dort zuständige BR zu beteiligen; handelt es sich um einen
Beamten, dem eine Tätigkeit in einer Tochter-, Enkel- oder Beteiligungsgesellschaft
zugewiesen ist, so ist der dortige BR zu beteiligen. Die Beteiligung nach § 103
Abs. 3 wird nicht durch die §§ 28, 29 PostPersRG verdrängt. Diese sind nur insoweit
abschließend, als sie für ihren Regelungsbereich betreffend § 76 Abs. 1 BPersVG ihre
Entsprechung im BetrVG finden. So schließen die Regeln des § 28 PostPersRG die
MB nach § 99 als Entsprechung zu § 76 Abs. 1 BPersVG nur insoweit aus, wie der
Tatbestand des MBR nach § 76 Abs. 1 BPersVG reicht (BAG 12. 8. 1997 AP Nr. 15
zu § 99 BetrVG 1972 Versetzung). Die Beteiligung des BR im Fall der Versetzung
eines BRMitgl. nach § 103 Abs. 3 findet keine Entsprechung in § 76 Abs. 1
BPersVG, sondern entspricht beteiligungsrechtlich der Regelung des § 47 Abs. 2
BPersVG, welche nicht durch § 76 Abs. 1 BPersVG verdrängt wird (*Altvater/Hamer/*
Ohnesorg/Peiseler § 46 BPersVG Rn 21 c). Die vom BMF unter dem 12. 11. 2004
herausgegebenen Ausführungshinweise (Abdruck in ZBVR 04, 258 ff.) zum Ersten G
zur Änderung des PostPersRG vom 9. 11. 2004 (BGBl. I S. 2774) sind nicht abschließend.

§ 104 Entfernung betriebsstörender Arbeitnehmer

[1] **Hat ein Arbeitnehmer durch gesetzwidriges Verhalten oder durch grobe Verletzung der in § 75 Abs. 1 enthaltenen Grundsätze, insbesondere durch rassistische oder fremdenfeindliche Betätigungen, den Betriebsfrieden wiederholt
ernstlich gestört, so kann der Betriebsrat vom Arbeitgeber die Entlassung oder
Versetzung verlangen.** [2] **Gibt das Arbeitsgericht einem Antrag des Betriebsrats
statt, dem Arbeitgeber aufzugeben, die Entlassung oder Versetzung durchzuführen, und führt der Arbeitgeber die Entlassung oder Versetzung einer rechtskräftigen gerichtlichen Entscheidung zuwider nicht durch, so ist auf Antrag des
Betriebsrats vom Arbeitsgericht zu erkennen, dass er zur Vornahme der Entlassung oder Versetzung durch Zwangsgeld anzuhalten sei.** [3] **Das Höchstmaß des
Zwangsgeldes beträgt für jeden Tag der Zuwiderhandlung 250 Euro.**

Inhaltsübersicht

I. Vorbemerkung

1　　Die Vorschrift entspricht § 66 Abs. 4 BetrVG 52. Durch das BetrVerf–ReformG ist sie ergänzt worden, indem ausdrücklich hervorgehoben wird, dass rassistische oder fremdenfeindliche Betätigungen besonders grobe Verletzungen der in § 75 Abs. 1 enthaltenen Grundsätze sind und den Betriebsfrieden stören.
2　　Entspr. Vorschrift: Keine.

II. Voraussetzungen

3　　Durch die Vorschrift erhält der BR die Möglichkeit, die Entfernung eines ArbN aus dem Betrieb, aus der Betriebsabteilung oder von seinem Arbeitsplatz zu verlangen, wenn der ArbN durch sein Verhalten den Betriebsfrieden ernstlich gestört hat. Die Vorschrift stellt eine logische Ergänzung des § 75 Abs. 1 und des § 99 Abs. 2 Nr. 6 dar (zum Verhältnis § 104 und § 99 Abs. 2 Nr. 6 bei späterer Wiedereinstellung s. BAG 16. 11. 04 AP Nr. 44 zu § 99 BetrVG 1972 Einstellung; sie kann vom BR nach Inkrafttreten des BSchG am 1. 9. 94 auch zur Bekämpfung sexueller Belästigung am Arbeitsplatz (s. dazu § 84 Rn 2, 9 ff., 19 f.) genutzt werden. Die Bestimmung bezieht sich **nur auf ArbN iSd. BetrVG** (ErfK–*Kania* Rn 2; *HSWGNR* Rn 2; *KR–Etzel* Rn 4; **aA** *Richardi/Thüsing* Rn 12; Münch*ArbR*–*Matthes* § 359 Rn 5; GK–*Raab* Rn 4; *Düwell/Braasch* Rn 2, die das Antragsrecht auch auf Leiharbeitnehmer und freie Mitarbeiter erstrecken). Bezüglich anderer im Betrieb beschäftigter Personen hat der BR nur das Antragsrecht nach § 80 Abs. 1 Nr. 2. Streik(drohung) mit dem Ziel der Entlassung eines VorstandsMitgl. ist rechtswidrig (BGHZ 34, 393 = AP Nr. 5 zu § 626 BGB Druckkündigung). Auf leitende Ang. findet § 104 keine Anwendung (allgm. Meinung). Dem gemäß kann der BR die Entfernung betriebsstörender leitender Ang. auch dann nicht verlangen, wenn der ArbN erst nach Schluss der mündlichen Anhörung erster Instanz zum Prokuristen bestellt wird und erst hierdurch zum leitenden Ang. wird (LAG Nürnberg NZA-RR 2002, 524).
4　　Gesetzwidrig verhält sich derjenige, der den Willen zur Missachtung der gesetzl. Ordnung bekundet; das ist zB der Fall bei wiederholter Verleumdung oder Beleidigung von Mitarbeitern, Tätlichkeiten (vgl. LAG Hamm BB 94, 2208), Diebstählen, Betrügereien, Nötigungen oder unsittlichen Handlungen.
5　　Wegen **Verletzung der Grundsätze des § 75** Abs. 1 vgl. dort Rn 9 ff. Die Aufzählung unzulässiger Diskriminierungsmerkmale ist an die Terminologie des AGG angepasst worden; aufgenommen wurden zusätzlich die Merkmale Rasse oder ethnische Herkunft, Weltanschauung, Alter und Behinderung. Das Antragsrecht nach § 104 hat sich damit um diese Tatbestände erweitert (vgl. *Rust/Falke* AGG § 17 Rn 20; *Besgen* BB 07, 213, 215 f.; *Thüsing* Arbeitsrechtlicher Diskriminierungsschutz Rn 158). Die Beurteilung der Zulässigkeit einer unterschiedlichen Behandlung richtet sich allein nach den Bestimmungen des AGG (BT-Drs. 16/1780 S. 56; *Besgen* aaO; *Thüsing* aaO Rn 160; *Rühl/Schmid/Viethen* S. 49, 90). Die Verletzung muss **„grob"**, dh bes. schwer sein (*DKK-Bachner* Rn 2; *HSWGNR* Rn 3). Der ArbN muss gegen diese Grundsätze verstoßen, andere ArbN in bes. auffälliger Weise diskriminiert haben (*Richardi/Thüsing* Rn 4), obwohl er sich über die Fehlerhaftigkeit seines Verhaltens ohne weiteres hätte im Klaren sein können. Hier sind insb. zu nennen Schikane gegenüber älteren oder behinderten ArbN, Psychoterror (Mobbing, s. dazu § 84 Rn 8), Diebstählen unter Arbeitskollegen, Tätlichkeiten (*DKK-Kittner/ Bachner* Rn 2), sexuelle Belästigungen (s. dazu §§ 2 ff. BSchG u. § 84 Rn 9, 19 f.). Bloße Ungefälligkeit, verschlossenes Wesen u. ä. reichen nicht aus (*DKK-Kittner/ Bachner* Rn 2; *KR-Etzel* Rn 9).
6　　Als ein besonders grober Fall der Verletzung der Grundsätze des § 75 Abs. 1 werden ausdrücklich **rassistische** oder **fremdenfeindliche Betätigungen** hervorgeho-

ben. Dieser Tatbestand ist zB bei Hetze gegen ausländische ArbN (s. *Klevemann* AiB 93, 529, 539; *Korinth* ArbuR 93, 105) oder generell gegen Ausländer, Aussiedler oder Asylbewerber (s. die Fälle BAG 1. 7. 99 DB 99, 2216; LAG Niedersachsen 9. 12. 93 – 14 Sa 941/93 – zur Vorinst. ArbG Hannover kr. *Däubler* BB 93, 1220; LAG Hamm BB 94, 1288 m. kr. Anm. *Stückemann,* LAG Hamm BB 95, 678, LAG Rheinland-Pfalz BB 98, 163; ArbG Siegen DB 94, 1146, in denen es um Kündigung ging; s. auch BVerfG 2. 2. 95 ArbuR 95, 152) erfüllt. Diese Betätigungen müssen einen Bezug zum Betrieb haben, der immer dann gegeben ist, wenn dort ausländische ArbN oder Angehörige von Minderheiten beschäftigt sind (zum Ganzen *Lasnicker/Schwirtzek* DB 01, 865 ff.; *Opolony* AuA 01, 456; *Polzer/Powietzka* NZA 00, 970 ff.; *Zimmer* AiB 01, 256; *Frank* DB 01, 865; s. auch § 74 Rn 63, 63 a, § 99 Rn 256 f.).

Voraussetzung des Verlangens des BR auf Entlassung oder Versetzung ist die **wie-** **7** **derholte und ernstliche Störung** des Betriebsfriedens durch den ArbN, dh Störer. Der ArbN muss **mindestens zweimal,** bevor der BR mit seinem Verlangen auf Entlassung oder Versetzung an den ArbGeb. herantritt, Handlungen begangen haben, die den Betriebsfrieden ernstlich gestört haben (hM; BAG 16. 11. 04 AP Nr. 44 zu § 99 BetrVG 1972 Einstellung; LAG Köln NZA 94, 431; LAG Hamm BB 95, 678; ErfK-*Kania* Rn 3; *WPK-Preis* Rn 2). Zwischen den Handlungen und den Störungen des Betriebsfriedens muss Ursachenzusammenhang gegeben sein, dh es muss eine Handlung begangen worden sein, deren unmittelbare Auswirkung die Störung des friedlichen Zusammenarbeitens der ArbN untereinander und mit dem ArbGeb. war, nicht dagegen eine Handlung, die erst durch das Zutun anderer zum Anlass von Störungen wurde oder völlig außerhalb der Betriebssphäre liegt (zB Übertretung der Straßenverkehrsordnung, Unterhaltsprozess). Die Störung muss ernstlich sein, dh objektiv ernst zu nehmen, von einer gewissen Dauer und von nachteiliger betrieblicher Wirkung für eine größere Anzahl von ArbN sein (LAG Köln aaO; GK-*Raab* Rn 8; *HSWGNR* Rn 6). Eine bloße Gefährdung des Betriebsfriedens reicht nicht (LAG Köln aaO; LAG Hamm 23. 10. 09 BeckRS 2010, 66070). Zur Meinungsäußerung im gewerkschaftseigenen Intranet s. BAG 24. 6. 04 AP Nr. 49 zu § 1 KSchG 1969 Verhaltensbedingte Kündigung. Zur einmaligen zustimmenden Äußerung zum Terroranschlag am 11. September 2001 s. LAG Nürnberg NZA-RR 04, 347.

Schließlich muss das Verhalten dem ArbN auch als **Schuld** zuzurechnen sein **8** (*DKK-Bachner* Rn 4; ErfK-*Kania* Rn 3; *HSWGNR* Rn 7; GK-*Raab* Rn 10; **aA** *Adomeit* ARBlattei, Kündigung XII Ziff. B V, *Heinze* Rn 690), es sei denn, der ArbN wäre unzurechnungsfähig (*GL* Rn 4; *KR-Etzel* Rn 15; *Richardi/Thüsing* Rn 8; *Düwell/Braasch* Rn 8). Ein nur objektiv gesetzwidriges oder gegen § 75 Abs. 1 verstoßendes Verhalten genügt nicht, wohl aber Fahrlässigkeit; Vorsatz ist nicht zu fordern (hM).

III. Verlangen auf Kündigung oder Versetzung

Der BR oder ein dazu ermächtigter Ausschuss (§§ 27, 28) kann bei Vorliegen der **9** Voraussetzungen des § 104 verlangen, dass das Arbeitsverhältnis des ArbN gekündigt wird (bei Vorliegen eines wichtigen Grundes ggf. auch gemäß § 626 BGB; für Wahlrecht des ArbGeb., ob eine ordentliche oder außerordentliche Kündigung ausgesprochen wird: *GL* Rn 9; *HSWGNR* Rn 11; zur Kündigung wegen rassistischer oder fremdenfeindlicher Betätigungen s. Rn 6), oder dass dieser auf einen anderen Arbeitsplatz versetzt wird. Genügt die letztere Maßnahme, so kann der BR nur die Versetzung beantragen, weil sie weniger einschneidend ist (zum **Grundsatz der Verhältnismäßigkeit:** *DKK-Bachner* Rn 8; *KR-Etzel* Rn 23; GK-*Raab* Rn 11; *Richardi/ Thüsing* Rn 14). Der BR kann nur die Entfernung des ArbN von seinem derzeitigen Arbeitsplatz (ggf. aus der Betriebsabteilung) fordern, nicht dagegen den Arbeitsplatz bestimmen, auf den der ArbN bei einer Versetzung kommen soll (hM). Insoweit hat der BR aber ein MBR nach § 99 (vgl. Rn 13 und § 99 Rn 118 ff.). Die Durchführung der Kündigung oder der Versetzung (ggf. auf Grund einer Änderungskündigung, *KR-Etzel* Rn 21), obliegt dem ArbGeb. (§ 77 Abs. 1). Eine weitere Beteiligung des BR nach §§ 99, 102 bzw. § 103 entfällt, wenn der ArbGeb. im Einzelfall dem Verlangen des BR, eine bestimmte Maßnahme durchzuführen, nachkommt (vgl. auch BAG 15. 5. 1997 AP Nr. 1 zu § 104 BetrVG 1972; *Düwell/Braasch* Rn 11; *WPK-Preis* Rn 3; *HSWGNR* Rn 8; *Richardi/Thüsing* Rn 16; *KR-Etzel* Rn 27, 31; *Berkowsky,* Änderungskündigung § 14 Rn 48; s. auch Rn 13 und § 102 Rn 46).

10 Der ArbGeb. hat den **Sachverhalt in eigener Verantwortung zu prüfen;** das Initiativrecht des BR nach § 104 schafft **keinen neuen Kündigungs- oder Versetzungsgrund,** sondern setzt einen solchen voraus (BAG 15. 5. 1997 AP Nr. 1 zu § 104 BetrVG 1972; *DKK-Bachner* Rn 9; *GL* Rn 8; differenzierend *Richardi/Thüsing* Rn 15). Kommt der ArbGeb. zu dem Ergebnis, dass das Verlangen des BR sachlich nicht berechtigt ist, so hat er auf Grund seiner Fürsorgepflicht alle ihm von der Rechtsordnung zur Verfügung gestellten Mittel zu nutzen, um einer durch das Verhalten der anderen BelegschaftsMitgl. drohenden Beeinträchtigung der Rechtsposition eines ArbN zu begegnen (zB wenn der BR bei Nichtentlassung eines nichtorganisierten BelegschaftsMitgl. mit Streik oder Kündigung seitens der ArbN droht), es sei denn, eine derartige Fürsorge würde zu einer erheblichen Gefährdung oder gar Vernichtung des Betriebs führen (BAG 21. 2. 57 AP Nr. 22 zu § 1 KSchG mit zust. Anm. *Herschel* 10. 10. 57, 11. 2. 60, 26. 1. 62, 18. 9. 75, 10. 3. 77 AP Nr. 1. 3. 8 u. 10 zu § 626 BGB Druckkündigung AP Nr. 9 zu § 313 ZPO). Auch der ArbN hat allerdings zu einer möglichst friedlichen Lösung des Konflikts beizutragen, zB freiwillige Annahme eines anderen, gleichwertigen Arbeitsplatzes (BAG 11. 2. 60 AP Nr. 3 zu § 626 BGB Druckkündigung). Der ArbGeb. darf sich nicht auf eine Drucksituation berufen, die er selbst in vorwerfbarer Weise herbeigeführt hat (BAG 26. 1. 62 AP Nr. 8 zu § 626 BGB Druckkündigung; ArbG Berlin NZA 87, 637 betr. Boykott eines aidsinfizierten ArbN). Kann der **ArbGeb. dem Druck** des BR bzw. der ArbNschaft **nicht entgehen,** so dürfte auch eine an sich aus persönlichen Gründen ungerechtfertigte Kündigung betriebsbedingt iSd. § 1 Abs. 2 KSchG sein (BAG 19. 6. 86 AP Nr. 33 zu § 1 KSchG 1969 Betriebsbedingte Kündigung).

11 Verliert der ArbN durch eine derartige **„Druckkündigung"** (*Bulla* FS *Hueck* S. 25) **seinen Arbeitsplatz,** ohne dass die Voraussetzungen des § 104 vorliegen, so stehen ihm **Schadensersatzansprüche** nach § 823 Abs. 1 BGB zu, da das Recht am Arbeitsplatz ein absolutes Recht iS dieser Bestimmung ist (**aA** GK-*Raab* Rn 23), uU auch auf Grund des § 826 BGB wegen sittenwidriger Schädigung (*DKK-Kittner/Bachner* Rn 10; *HSWGNR* Rn 17; *KR-Etzel* Rn 74). Der Anspruch richtet sich gegen jedes BRMitgl. und jeden sonstigen ArbN oder Dritten, der sich an der Ausübung des rechtswidrigen Drucks beteiligt hat (hM), aber nicht gegen den ArbGeb., wenn dieser das ihm Zumutbare getan hat (so aber *GL* Rn 11; *Heinze* Rn 696; wie hier: GK-*Raab* Rn 23; *HSWGNR* Rn 17).

12 Entspricht der ArbGeb. dem Verlangen des BR und kündigt er das Arbeitsverhältnis des ArbN (je nach der Schwere des Verstoßes und seiner Art mit oder ohne Einhaltung einer Kündigungsfrist), so kann der betroffene ArbN vor dem ArbG Klage erheben (soweit für sein Arbeitsverhältnis das KSchG gilt). Die **Einigung zwischen ArbGeb. und BR** über die Vornahme der **Kündigung bindet das ArbG nicht,** vielmehr muss dieses den Tatbestand frei würdigen und über die Wirksamkeit der Kündigung entscheiden (hM). Die Entscheidung des ArbG ergeht im Urteilsverfahren.

13 Entspricht der ArbGeb. dem Verlangen des BR auf **Versetzung,** so unterliegt diese im Hinblick auf den Arbeitsplatz, auf den der zu Versetzende kommen soll, dem MBR des BR nach § 99, es sei denn, der ArbGeb. folgt einem konkreten Vorschlag des BR (*GL* Rn 13; *KR-Etzel* Rn 27). Ist der ArbN nach dem Arbeitsvertrag nicht verpflichtet, der Versetzung Folge zu leisten, so kann der ArbGeb. eine Änderungskündigung aussprechen, die ihrerseits dem MBR nach § 99 bzw. § 102 unterliegt (*Richardi/Thüsing* Rn 20).

IV. Anrufung und Entscheidung des Arbeitsgerichts

Weigert sich der ArbGeb., die vom BR beantragte Kündigung oder Versetzung **14** vorzunehmen, so kann der **BR das ArbG anrufen,** mit dem Antrag, dem ArbGeb. die Durchführung dieser Maßnahme aufzugeben. Das ArbG entscheidet im **Beschl-Verf.** (§ 2a ArbGG). In diesem Verfahren hat der BR lediglich den Sachverhalt darzulegen, da im BeschlVerf. das ArbG von Amts wegen zur Aufklärung verpflichtet ist. Der **betroffene ArbN** ist am Verfahren beteiligt, dh er ist insb. nach § 83 Abs. 3 ArbGG zu hören (LAG Baden-Württemberg ArbuR 2002, 116; *Richardi/Thüsing* Rn 21; *DKK-Bachner* Rn 11; **aA** *GK-Raab* Rn 18; MünchArbR-*Matthes* § 359 Rn 16).

Eine **Frist für die Stellung des Antrages ist nicht festgelegt.** Ist verhältnis- **15** mäßig lange Zeit nach der Ablehnung des Verlangens durch den ArbGeb. vergangen, hat sich inzwischen der Betrieb über die Vorfälle beruhigt und hat der betreffende ArbN zu erkennen gegeben, dass er sich das Eingreifen des BR zu Herzen genommen hat, so wird man in seinem Interesse annehmen müssen, dass der BR den Antrag nicht mehr mit Erfolg wird stellen können (Verwirkung; *GK-Raab* Rn 18; *Richardi/Thüsing* Rn 22; *SWS* Rn 7). Als Richtlinie kann die **Frist von 3 Monaten** für die Stellung von Strafanträgen herangezogen werden (*DKK-Bachner* Rn 12; *HSWGNR* Rn 19; *KR-Etzel* Rn 40; **aA** *GL* Rn 16).

Gibt das **ArbG dem Antrag des BR nicht statt,** so gilt das Verlangen des BR **16** als nicht gestellt. Die Rechtsstellung des ArbN bleibt dann unberührt. Der BR ist jedoch nicht gehindert, bei erneuten, uU schwerwiegenderen Verstößen des betreffenden ArbN die früheren Handlungen, die im ersten Verfahren zur Begründung des Verlangens nicht ausreichten, in einem neuen Verfahren zur Unterstützung seines Antrags mit heranzuziehen.

Stellt das **Gericht fest, dass das Verlangen** des BR **auf Entlassung** des ArbN **17** **begründet** ist, so ist der ArbGeb. verpflichtet, ohne schuldhaftes Zögern nach Eintritt der Rechtskraft des Beschlusses das Arbeitsverhältnis des ArbN durch **Kündigung zum nächstzulässigen Kündigungstermin** aufzulösen (*DKK-Bachner* Rn 13; *Meisel* Rn 708; *Düwell/Braasch* Rn 13; *Richardi/Thüsing* Rn 24 legt dagegen die Betonung allein auf die Beendigung der Beschäftigung, ohne Hinweis darauf, in welchem Zeitraum diese zu erfolgen hat). Das Recht, fristlos zu kündigen, wird im Hinblick auf § 626 Abs. 2 S. 1 BGB verwirkt sein. Der ArbN ist, falls das KSchG für sein Arbeitsverhältnis gilt, nicht gehindert, Klage nach diesem Gesetz beim ArbG zu erheben oder die Kündigung in anderer Weise durch Anrufung des ArbG anzugreifen. Er wird jedoch mit der Klage durch **Sachurteil** abzuweisen sein, da der Beschluss des ArbG präjudizielle Wirkung hat (*DKK-Bachner* Rn 10; *Düwell/Braasch* Rn 14; *GL* Rn 19; *Richardi/Thüsing* Rn 26; *KR-Etzel* Rn 78; **aA** *GK-Raab* Rn 25; *Heinze* Rn 702 meint offenbar, die Rechte des betroffenen ArbN würden durch die Entscheidung des ArbG überhaupt nicht berührt). Vgl. auch § 103 Rn 47.

Stellt das Gericht fest, dass das **Verlangen** des BR **auf Versetzung begründet** **18** ist, so hat der ArbGeb. den betreffenden ArbN unverzüglich nach Eintritt der Rechtskraft des Beschlusses an einen **anderen Arbeitsplatz zu versetzen,** wenn er diese Möglichkeit nach dem Arbeitsvertrag kraft Direktionsrechts hat. Die Versetzung auf einen bestimmten anderen Arbeitsplatz kann dem ArbGeb. aber nicht vorgeschrieben werden (*GL* Rn 17; *Heinze* Rn 700). Sieht der Arbeitsvertrag des betroffenen ArbN ein derartiges Weisungsrecht des ArbGeb. nicht vor und ist der ArbN mit der Versetzung nicht einverstanden, so muss der ArbGeb. eine Änderungskündigung aussprechen, die dem MBR nach § 99 bzw. § 102 unterliegt (vgl. § 102 Rn 9 ff.).

V. Zwangsgeldverfahren

19   Kommt der **ArbGeb. dem rechtskräftigen Beschluss** des ArbG auf Entlassung oder Versetzung des ArbN **nicht nach,** so kann der BR nunmehr den Antrag an das ArbG stellen, den ArbGeb. durch Verhängung von **Zwangsgeld** zur Befolgung der gerichtlichen Anordnung anzuhalten. Es handelt sich, wie in § 101, um eine Zwangsmaßnahme iSd. § 888 ZPO. Daneben kommt ein Verfahren nach § 23 Abs. 3 nicht in Betracht (*DKK-Bachner* Rn 16; *Düwell/Braasch* Rn 13; *HSWGNR* Rn 23; *Heinze* DB 83, Beil. 9, S. 19). Wegen näherer Einzelheiten vgl. § 101 Rn 11 f.

§ 105 Leitende Angestellte

Eine beabsichtigte Einstellung oder personelle Veränderung eines in § 5 Abs. 3 genannten leitenden Angestellten ist dem Betriebsrat rechtzeitig mitzuteilen.

Inhaltsübersicht

I. Vorbemerkung

1   Gemäß § 5 Abs. 3 findet das G auf **leitende Ang. nur in den ausdrücklich genannten Fällen** Anwendung. Demzufolge besteht auch kein MBR bei personellen Maßnahmen, die diesen Personenkreis angehen, auch nicht, wenn ein schon im Betrieb tätiger ArbN zum leitenden Ang. befördert wird (vgl. § 99 Rn 114) oder umgekehrt ihm diese Befugnisse entzogen werden (*DKK-Bachner* Rn 2; *Düwell/Braasch* Rn 4; *GK-Raab* Rn 3; *Richardi/Thüsing* Rn 4; *HSWGNR* Rn 3). Einer Zustimmung des BR bedarf es auch nicht, wenn der leitende Ang. zunächst nur befristet zur Probe beschäftigt wird (BAG 16. 4. 02 AP Nr. 69 zu § 5 BetrVG 1972). Der BR ist aber nach § 99 zur beteiligen, wenn ein ATAng. in die höchste Tarifgruppe herabgestuft werden soll (BAG 28. 1. 86 AP Nr. 32 zu § 99 BetrVG 1972). In Zweifelsfällen empfiehlt es sich für den ArbGeb., in jedem Fall das Anhörungsverfahren nach § 102 Abs. 1 vorsorglich durchzuführen unter entspr. eingehender Unterrichtung des BR (vgl. auch Rn 9). Eine Information nach § 105 kann nämlich nicht ohne weiteres in eine Anhörung nach § 102 umgedeutet werden (BAG 19. 8. 75, 26. 5. 77, 7. 12. 79 AP Nr. 1 zu § 105 BetrVG 1972, AP Nr. 13, 21 zu § 102 BetrVG 1972; ErfK-*Kania* Rn 2; vgl. § 102 Rn 22). Dies gilt selbst dann, wenn der BR und (oder) der ArbGeb. und der Ang. selbst (irrig) der Meinung waren, es handele sich um einen leitenden Ang. (BAG 19. 8. 75 AP Nr. 5 zu § 102 BetrVG 1972, 30. 5. 78, EzA § 105 BetrVG 72 Nr. 3; *DKK-Bachner* Rn 10; *HSWGNR* Rn 10 wollen den Gedanken der Verwirkung anwenden, wenn der Ang. sich erst während des Prozesses auf die Unwirksamkeit der Kündigung beruft, weil er in Wahrheit kein leitender Ang. sei und der BR nach § 102 hätte gehört werden müssen). BR und ArbGeb. können sich nicht darüber „einigen", dass ein Ang. leitender Ang. ist. Es kommt vielmehr auf die **objektive Rechtslage** an. Der Rechtsstatus des Ang. ist in einem Kündigungsschutzprozess als Vorfrage mit zu klären (BAG 19. 8. 75 AP Nr. 5 zu § 102 BetrVG 1972; *DKK-Bachner* Rn 9). Die Zuordnung von Ang. nach § 18 a gilt nur für die Wahlen (vgl. auch Rn 9 und § 18 a Rn 63; *Dänzer-Vanotti* ArbuR 89, 204).

2   Andererseits sind Einstellungen und personelle Veränderungen leitender Ang. für die ArbNschaft des Betriebes von erheblicher praktischer Bedeutung, da sie vielfach

Funktionen des ArbGeb. wahrnehmen. Der BR soll daher auf Grund der besonderen Informationspflicht des ArbGeb. nach § 105 **frühzeitig von derartigen Maßnahmen unterrichtet** werden. Für Veränderungen des Personenkreises des **§ 5 Abs. 2** besteht keine ausdrückliche Mitteilungspflicht. Sie ergibt sich aber aus dem Gebot der vertrauensvollen Zusammenarbeit auch für VorstandsMitgl. und Geschäftsführer (*DKK-Bachner* Rn 3; *KR-Etzel* Rn 3).

Entspr. Vorschriften: § 77 Abs. 1 BPersVG, § 31 Abs. 1 SprAuG.   **3**

II. Mitteilung über personelle Veränderungen

Die Mitteilungspflicht besteht bei Einstellung und anderen personellen Verän-   **4** derungen. Der Begriff der Einstellung ist derselbe wie in § 99 Abs. 1 (vgl. dort Rn 30 ff.). „Personelle Veränderungen" sind nicht nur Umgruppierungen, Versetzungen und Entlassungen, sondern **jede Änderung der Führungsfunktion** des leitenden Ang., seiner Stellung in der Organisation des Betriebes (Unternehmens), auch ein Ausscheiden „im gegenseitigen Einverständnis", eine Suspendierung oder eine Kündigung durch den leitenden Ang. selbst (insoweit **anders** die **hM,** wie hier *DKK-Bachner* Rn 5). Der Sinn des von § 99 Abs. 1 abweichenden Wortlauts ist es, den BR und damit die ArbN über alle Veränderungen der Führungsfunktion leitender Ang. zu informieren (*Richardi/Thüsing* Rn 6; *Heinze* Rn 417; *KR-Etzel* Rn 23; *HSWGNR* Rn 11, aber nicht für Ein- u. Umgruppierungen). Wird der leitende Ang. aus Anlass der Beendigung des Arbeitsvertrages von der Wahrnehmung seiner Aufgaben freigestellt, so ändert sich nichts an seinem rechtlichen Status als leitender Ang.; die Freistellung führt nicht dazu, dass nunmehr der BR nach § 102 anzuhören ist (BAG 23. 3. 76 AP Nr. 14 zu § 5 BetrVG 1972; 18. 8. 82 – 7 AZR 235/80 nv; *Powietzka/Hager* DB 06, 102; **aA** ArbG München NZA-RR 05, 194).

Ist die Auskunftpflicht dem Gegenstand nach im Verhältnis zu der über andere   **5** ArbN erweitert, so ergibt sich ihrem Umfang nach häufig eine Einschränkung, da die bei leitenden Ang. übliche einzelvertragliche Abrede von Arbeitsbedingungen über den Tarifsätzen grundsätzlich nicht mitzuteilen ist (*Richardi/Thüsing* Rn 11). Im Übrigen sind zur Person und zum Arbeitsplatz grundsätzlich die gleichen Angaben zu machen wie bei anderen ArbN (einschränkend *HSWGNR* Rn 12).

Die Mitteilung hat **„rechtzeitig"** zu geschehen, dh zu einem Zeitpunkt, zu dem der   **6** BR noch die Möglichkeit hat, sich vor Durchführung der Maßnahmen zu äußern und die ArbNschaft zu unterrichten (vgl. § 99 Rn 162 b f.; hM; *Richardi/Thüsing* Rn 14 hält eine Unterrichtung nach Vertragsabschluss, jedoch vor Einstellung eines leitenden Ang. für ausreichend, wenn ein „schutzwürdiges" Interesse an Geheimhaltung besteht; der BR ist aber ggfs. selbst noch zur Geheimhaltung verpflichtet; vermittelnd *GL* Rn 8; *KR-Etzel* Rn 29 f. hält die Unterrichtung mindestens eine Woche vorher für ausreichend, aber auch erforderlich). Der BR darf nicht bei Empfang der Mitteilung vor vollendeten Tatsachen stehen.

Hat der **BR Bedenken oder Anregungen,** so kann er diese dem ArbGeb. mit-   **7** teilen. Er kann solche Bedenken (auch im Interesse des betr. Ang.) auf § 75 Abs. 1 S. 1 stützen. Der ArbGeb. ist nach § 74 Abs. 1 verpflichtet, sachlich hierauf einzugehen (hM). Jedoch muss er nicht wie im Falle des § 99 Abs. 3 eine Frist von einer Woche abwarten, bevor er die personelle Maßnahme durchführen kann (*DKK-Kittner/Bachner* Rn 6).

Besteht ein **GesBR** und erstreckt sich der Aufgabenbereich des leitenden Ang. auf   **8** mehrere Betriebe des Unternehmens, so ist **auch der GesBR** zu verständigen (§ 51 Abs. 5), nicht etwa nur der BR der Hauptverwaltung (ebenso *Richardi/Thüsing* Rn 15; **aA** ErfK-*Kania* Rn 3; *GL* Rn 3; *HSWGNR* Rn 14; *Düwell/Braasch* Rn 5: alle BR und GesBR nur, wenn leitender Ang. ausschl. Funktionen im Unternehmensbereich wahrnimmt). Entspr. gilt für den KBR (§ 59 Abs. 1).

9   **Verstöße gegen** § 105 sind nicht strafbar, da die Aufklärungs- und Auskunfts-
    pflichten, bei deren Verletzung Geldbußen möglich sind, in § 121 Abs. 1 ohne Er-
    wähnung des § 105 erschöpfend aufgezählt sind. Auch ist eine Kündigung nicht
    wegen Verletzung der Informationspflicht gegenüber dem BR unwirksam (BAG
    25. 3. 76 AP Nr. 13 zu § 5 BetrVG 1972), ggfs. aber wegen Nichtanhörung des
    Sprecherausschusses entgegen § 31 SprAuG. Der ArbGeb. wird daher in Zweifelsfäl-
    len der Zuordnung zu den leitenden Ang. vorsorglich sowohl den BR als auch den
    Sprecherausschuss anhören müssen, will er die Unwirksamkeit der Kündigung aus
    formellen Gründen vermeiden (*Bauer* NZA 89 Beil. 1, S. 27; GK-*Raab* Rn 13;
    WPK-Preis Rn 3).

Sechster Abschnitt. Wirtschaftliche Angelegenheiten

Erster Unterabschnitt. Unterrichtung in wirtschaftlichen Angelegenheiten

§ 106 Wirtschaftsausschuss

(1) [1]In allen Unternehmen mit in der Regel mehr als einhundert ständig beschäftigten Arbeitnehmern ist ein Wirtschaftsausschuss zu bilden. [2]Der Wirtschaftsausschuss hat die Aufgabe, wirtschaftliche Angelegenheiten mit dem Unternehmer zu beraten und den Betriebsrat zu unterrichten.

(2) [1]Der Unternehmer hat den Wirtschaftsausschuss rechtzeitig und umfassend über die wirtschaftlichen Angelegenheiten des Unternehmens unter Vorlage der erforderlichen Unterlagen zu unterrichten, soweit dadurch nicht die Be-
triebs- und Geschäftsgeheimnisse des Unternehmens gefährdet werden, sowie
die sich daraus ergebenden Auswirkungen auf die Personalplanung darzustellen.
[2]Zu den erforderlichen Unterlagen gehört in den Fällen des Absatzes 3 Nr. 9a
insbesondere die Angabe über den potentiellen Erwerber und dessen Absichten
im Hinblick auf die künftige Geschäftstätigkeit des Unternehmens sowie die
sich daraus ergebenden Auswirkungen auf die Arbeitnehmer; Gleiches gilt,
wenn im Vorfeld der Übernahme des Unternehmens ein Bieterverfahren durchgeführt wird.

(3) Zu den wirtschaftlichen Angelegenheiten im Sinne dieser Vorschrift gehören insbesondere

1. die wirtschaftliche und finanzielle Lage des Unternehmens;
2. die Produktions- und Absatzlage;
3. das Produktions- und Investitionsprogramm;
4. Rationalisierungsvorhaben;
5. Fabrikations- und Arbeitsmethoden, insbesondere die Einführung neuer
   Arbeitsmethoden;
5 a. Fragen des betrieblichen Umweltschutzes;
6. die Einschränkung oder Stilllegung von Betrieben oder von Betriebsteilen;
7. die Verlegung von Betrieben oder Betriebsteilen;
8. der Zusammenschluss oder die Spaltung von Unternehmen oder Betrieben;
9. die Änderung der Betriebsorganisation oder des Betriebszwecks;
9 a. die Übernahme des Unternehmens, wenn hiermit der Erwerb der Kontrolle verbunden ist, sowie
10. sonstige Vorgänge und Vorhaben, welche die Interessen der Arbeitnehmer
    des Unternehmens wesentlich berühren können.

I. Vorbemerkung

Der 6. Abschnitt befasst sich mit den **Beteiligungsrechten** in **wirtschaft-** 1
lichen Angelegenheiten. Im 1. Unterabschnitt (§§ 106–110) sind die Bildung eines
WiAusschusses und seine Aufgabenstellung geregelt. Der 2. Unterabschnitt (§§ 111–
113) behandelt die Rechte des BR bei Betriebsänderungen.

Der WiAusschuss hat die **Aufgabe,** wirtschaftliche Angelegenheiten mit dem Un- 2
ternehmer zu beraten und dann den BR zu unterrichten (Abs. 1 S. 2). Er ist ein
Hilfsorgan des BR (BAG 18. 11. 80 AP Nr. 2 zu § 108 BetrVG 1972; BAG 5. 12.
91, 7. 4. 04 AP Nr. 10, 17 zu § 106 BetrVG 1972; *Richardi/Annuß* Rn 4; *DKKW-
Däubler* Rn 2; MünchArbR-*Joost* § 231 Rn 1; ErfK-*Kania* Rn 1) und soll diesen insb.
bei der Wahrnehmung seiner MBR und Mitwirkungsrechte in wirtschaftlichen Angelegenheiten (§§ 111–112a) unterstützen.

Die **Errichtung** des WiAusschusses ist **zwingend** vorgeschrieben. Der BR 3
(GesBR) hat ihn zu errichten und bestimmt seine Mitgl. (§ 107). Der **BR** (GesBR)
kann die Aufgaben des WiAusschusses **nicht** selbst **übernehmen** (*Richardi/Annuß*
Rn 2). Eine **Ausnahme** hiervon sieht der durch das Risikobegrenzungsgesetz vom
12. 8. 08 (BGBl. I S. 1666) neu eingefügte **§ 109 a** bei Unternehmensübernahme
vor. Zur Möglichkeit, die Aufgaben des WiAusschusses auf einen anderen Ausschuss
zu übertragen vgl. § 107 Rn 29. Zur Rspr. zu §§ 106 ff. s. *Cox/Grimberg* AiB 03,
26 ff.

Der WiAusschuss wird für das **Unternehmen** gebildet, nicht für einen oder meh- 4
rere Betriebe. Er ist bewusst klein gehalten, um eine vertrauensvolle Zusammenarbeit
zu gewährleisten. Für **Konzerne** ist die Errichtung eines WiAusschusses an der Konzernspitze nicht vorgesehen, obwohl dort in erheblichem Umfang über wirtschaftliche Angelegenheiten entschieden wird und deshalb für den KBR ein WiAusschusses sinnvoll wäre. Das BAG lehnt eine entspr. erweiternde Auslegung des § 106
Abs. 1 ab (BAG 23. 8. 89 AP Nr. 7 zu § 106 BetrVG 1972; zust. *Richardi/Annuß*
Rn 6, 9). Der KBR kann jedoch einen Konzernbetriebsausschuss und weitere Aus-

schüsse bilden und ihnen Aufgaben, auch die eines WiAusschusses, übertragen (vgl. § 59 Rn 7 ff.).

5   In Unternehmen und Unternehmensgruppen (Konzernen), die in mehreren Staaten der EU tätig sind und eine gewisse Größe haben, werden **Europäische BR** gebildet. Der EBR hat vergleichbare Aufgaben wie der WiAusschuss auf der innerstaatlichen Ebene (vgl. Anhang 3 Übersicht EBRG §§ 29 ff.). Entspr. gilt für den SE-BR und den SCE-BR (s. Anhang 3 Übersicht EBRG Rn 5 f.).

6   Die Vorschriften dieses Unterabschnitts (§§ 106–110) finden nach § 118 Abs. 1 keine Anwendung auf **Tendenzunternehmen** (vgl. § 118 Rn 43). Der Unternehmer (ArbGeb.) kann auf den Tendenzschutz dann verzichten, wenn dieser sich aus einer karitativen oder erzieherischen Zwecksetzung ergibt (BAG 5. 10. 00 AP Nr. 69 zu § 118 BetrVG 1972.

7   § 106 regelt in Abs. 1 die grundsätzlichen **Aufgaben** des WiAusschusses, in Abs. 2 die **Auskunftspflicht** des Unternehmers über die wirtschaftlichen Angelegenheiten des Unternehmens, der Abs. 3 enthält eine beispielhafte Aufzählung von **wirtschaftlichen Fragen,** auf die sich die Unterrichtungspflicht des Unternehmers bezieht.

8   Das **Risikobegrenzungsgesetz** vom 12. 8. 08 (BGBl. I S. 1666) hat die Beteiligungsrechte des WiAusschusses und des BR bei Übernahme eines Unternehmens konkretisiert und erweitert. Ziel dieses Gesetzes ist es, die Transparenz bei Unternehmenskäufen durch Finanzinvestoren zu erhöhen und unerwünschten Entwicklungen in Bereichen, in denen Finanzinvestoren tätig sind, entgegenzuwirken. Auch die im Unternehmen tätigen Akteure, also BR und WiAusschuss, sollen in die Lage versetzt werden, dieses Ziel zu erreichen (BT-Drucks. 16/7438 S. 8). Dafür sind die rechtlichen Voraussetzungen verbessert worden (s. Rn 80 ff., § 109 a).

9   Der Katalog der wirtschaftlichen Angelegenheiten ist um **Nr. 9 a** in **§ 106 Abs. 3** erweitert worden; sie stellt klar, dass der Unternehmer den WiAusschuss rechtzeitig und umfassend über eine geplante Übernahme des Unternehmens informieren muss, wenn damit der Erwerb der Kontrolle über das Unternehmen verbunden ist (s. Rn 80 ff.). Zu den vorzulegenden Unterlagen **(Abs. 2 S. 2)** gehören insb. Angaben über den potentiellen Erwerber und dessen Absichten hinsichtlich der künftigen Geschäftstätigkeit des Unternehmens sowie die sich daraus ergebenden Auswirkungen auf die ArbN (Rn 114).

10   Wegen der Brisanz der Thematik macht das **Risikobegrenzungsgesetz** eine Ausnahme von dem Grundsatz, dass bei Fehlen eines WiAusschusses der BR (GesBR) dessen Aufgabe nicht übernehmen kann. Der neue **§ 109 a** sieht vor, dass in Unternehmen, in denen **kein WiAusschuss** besteht, der Unternehmer den BR entspr. § 106 Abs. 1 und 2 bei einer Unternehmensübernahme zu beteiligen hat. Damit wird erreicht, dass auch in Unternehmen mit weniger als 101 ArbN über den Erwerb wesentlicher Anteile durch Investoren zu unterrichten ist.

11   Beteiligungsrechte in wirtschaftlichen Angelegenheiten werden auch **außerhalb des BetrVG** in Vorschriften spezieller G begründet (vgl. *Engels* ArbuR 09, 10, 26 ff., 65 ff.). Sie ergänzen idR die allgemeinen Vorschriften des BetrVG und sind neben diesen anzuwenden. Hier sind insb. das **UmwG**, das **MgVG** und das **WpÜG** zu nennen. Nach den §§ 5 Abs. 3, 122 e, 126 Abs. 3, 176, 177, 194 Abs. 2 UmwG müssen die gesellschaftsrechtlichen Verträge oder ihre Entwürfe den **zuständigen BR** der betroffenen Rechtsträger spätestens einen Monat vor dem Vollzug zugeleitet werden. Das ist der Tag der Versammlung der Anteilsinhaber jedes beteiligten Rechtsträgers, die über die Zustimmung zu dem gesellschaftsrechtlichen Vertrag beschließen soll (vgl. Rn 71 ff.).

12   Das für **börsennotierte Unternehmen** geltende **WpüG** bestimmt in seinen §§ 10 Abs. 5 S. 2, 14 Abs. 4 S. 2, § 27 (s. dazu *Engels* ArbuR 09, 10, 65 ff. mwN), dass der Vorstand der Zielgesellschaft den **zuständigen BR** über die Mitteilung des Bieters, dass dieser die Entscheidung zur Abgabe eines Angebots zum Erwerb von Wertpapieren gefasst hat, zu unterrichten und ihm unverzüglich die veröffentlichte Angebotsunterlage zu übermitteln hat. Die Angebotsunterlage muss ua die Absicht

des Bieters bez. der künftigen Geschäftätigkeit offen legen, Angaben über die Situation der ArbN und ihrer Vertretungen enthalten sowie über geplante wesentliche Änderungen der Beschäftigungsbedingungen einschließlich der insoweit vorgesehenen Maßnahmen informieren (vgl. Gesetzesbegründung BT-Drucks. 14/7034 S. 41, 16/1003 S. 18). Vorstand und AR der Zielgesellschaft haben eine begründete Stellungnahme zu dem Angebot abzugeben und sie gleichzeitig mit deren Veröffentlichung dem zuständigen BR zuzuleiten. Dieser zu veröffentlichenden Stellungnahme ist eine Stellungnahme des BR, die ein wichtiges Instrument der politischen Einflussnahme auf die geplante Übernahme ist (WHSS-*Schweibert* C Rn 394a), in dem Angebot beizufügen. Diese Regelungen gelten auch für **Übernahmeangebote** (vgl. § 34 WpÜG). Auf diese Vorschriften wird im Zusammenhang mit den durch das **Risikobegrenzungsgesetz** erfolgten Ergänzungsregelungen in § 106 eingegangen (s. Rn 80 ff. und zu Nr. 10 Rn 130).

Das im G zur **Restrukturierung** und geordneten Abwicklung von **Kreditinsti-** 12a **tuten** (RestrukturierungsG) vom 9. 12. 2010 (BGBl. I S. 1900) enthaltene **KredReorgG** (Art. 1) und die Änderung des KWG (Art. 2) enthalten eine Reihe von Vorschriften zum Sanierungs- und Reorganisationsverfahren, die eine Einschaltung des WiAusschusses bedingen. Kommt es zu einer Übertragungsanordnung der BaFin nach den §§ 48a ff. KWG, ist diese mit Bekanntgabe gegenüber dem Kreditinstitut auch dem **zuständigen BR** zuzuleiten (Näheres s. Rn 38a ff.).

Entspr. Vorschriften: § 32 Abs. 1 SprAuG, §§ 29, 30 EBRG, §§ 28, 29 SEBG, 13 §§ 28, 29 SCEBG.

II. Voraussetzung für Errichtung

Die Errichtung des WiAusschusses ist vorgeschrieben, wenn im Unternehmen **in** 14 **der Regel** mehr als **100 ArbN** ständig beschäftigt werden; zu den Begriffen der „in der Regel" und „ständig beschäftigten" ArbN s. die Erläuterungen in § 1 Rn 271 ff. und 276 ff. Vorübergehende Schwankungen in der Belegschaftsstärke bleiben außer Betracht (BAG 7. 4. 04 AP Nr. 17 zu § 106 BetrVG 1972). **Sinkt** die **Belegschaftsstärke** im Unternehmen dauerhaft auf weniger als 101 ArbN, endet das Amt des WiAusschusses unabhängig davon, ob die Amtszeit des bestellenden BR noch andauert (BAG 7. 4. 04 aaO mwN; **aA** *DKKW-Däubler* Rn 13a; *Grauvogel/ Hase/Röhricht* Rn 277).

Für die Feststellung der Belegschaftsstärke gilt der **betriebsverfassungsrechtliche** 15 **ArbN-Begriff** (vgl. dazu § 5 Rn 15 ff.). Insb. zählen die in § 5 Abs. 2 genannten Personen, selbst wenn sie ArbN sind, und leitende Ang. nicht mit (*DKKW-Däubler* Rn 5; GK-*Oetker* Rn 30; HSWGNR Rn 12; *Richardi/Annuß* Rn 11), wohl aber Auszubildende und erwerbsfähige Hilfsbedürftige iSv § 16 Abs. 3 SGB II, soweit sie nicht als Ein-Euro-Jobber tätig sind (s. § 5 Rn 154f. mwN). Auf die **Wahlberechtigung** der ArbN kommt es hier nicht an (hM; s. DKKW-*Däubler* aaO).

Hat ein Unternehmen mehrere Betriebe, werden die ArbN aller Betriebe zusam- 16 mengezählt. Auf die Größe der einzelnen Betriebe und darauf, ob sie einen BR haben, kommt es nicht an. Es muss jedoch, wie sich aus § 107 Abs. 2 ergibt, mindestens für einen dieser Betriebe ein BR errichtet sein, denn die Mitgl. des WiAusschusses können nur vom BR bestimmt werden.

Der WiAusschuss wird stets **für das ganze Unternehmen** (§ 1 Rn 144 ff.) unbe- 17 schadet der Zahl seiner Betriebe gebildet; deshalb ist auch die Errichtung mehrerer WiAusschüsse, etwa für räumlich benachbarte oder im Produktionsprozess bes. nah zusammenhängende Betriebe ausgeschlossen.

Bilden mehrere Unternehmen einen einheitlichen Betrieb (**Gemeinschaftsbe-** 18 **trieb,** vgl. § 1 Rn 78 ff.) mit zusammen mehr als 100 ArbN, so ist bei der Trägergruppe ein WiAusschuss zu bilden, selbst wenn diese Unternehmen rechtlich selbständig bleiben (BAG 1. 8. 90 AP Nr. 8 zu § 106 BetrVG 1972; *DKKW-Däubler*

Rn 19a; MünchArbR-*Joost* § 231 Rn 5; ErfK-*Kania* Rn 2; **aA** *Richardi/Annuß* Rn 12 betr. Berechnung des Schwellenwerts). Haben die Trägerunternehmen weitere Betriebe, wird bei jedem Unternehmen ein WiAusschuss gebildet. Alle ArbN des Gemeinschaftsbetriebs zählen bei jedem Unternehmen mit. Dem BR eines Gemeinschaftsunternehmens darf die Unterstützung durch einen WiAusschuss nicht versagt werden. Das gilt unabhängig davon, zu welchem Unternehmen die ArbVerh. begründet sind (MünchArbR-*Joost* § 231 Rn 5).

19   Hat ein Unternehmen **Betriebe** im Inland und **im Ausland,** zählen die in den ausländischen Betrieben beschäftigten ArbN bei der Ermittlung der für die Errichtung des WiAusschusses maßgebenden Zahl nicht mit (GK-*Oetker* Rn 36; HSWGNR Rn 10; *Richardi/Annuß* Rn 13; *Löwisch/Kaiser* Rn 5; MünchArbR-*Joost* § 231 Rn 10; **aA** DKKW-*Däubler* Rn 23; *Grauvogel/Hase/Röhricht* Rn 283). Nur inländische InteressenVertr. können im Inland einen WiAusschuss bilden. Die ausländischen ArbN können aber Mitgl. des WiAusschusses werden (vgl. § 107 Rn 7).

20   Der WiAusschuss ist auch für die **inländischen Betriebe** eines Unternehmens mit **Sitz im Ausland** zu errichten, wenn die inländischen Betriebe organisatorisch zusammengefasst sind und die maßgebende ArbNZahl erreichen (vgl. § 1 Rn 19; BAG 1. 10. 74 und 31. 10. 75 AP Nr. 1 und 2 zu § 106 BetrVG 1972; *Richardi/Annuß* Rn 14; GK-*Oetker* Rn 21 f.).

21   Die Norm des § 106 ist zwingend. Sie ist auf **kleinere Unternehmen** auch nicht entspr. anzuwenden. Der BR (GesBR) eines kleineren Unternehmens kann keinen WiAusschuss bilden. Ihm stehen auch die Rechte eines WiAusschusses nicht selbst zu (BAG 5. 2. 91 AP Nr. 10 zu § 106 BetrVG 1972; GK-*Oetker* Rn 38; *Richardi/Annuß* Rn 15 f.; MünchArbR-*Joost* § 231 Rn 6; ErfK-*Kania* Rn 2); eine **Ausnahme** lässt § 109 a bei Unternehmensübernahme zu (Näheres dort). Werden für **kleinere Unternehmen** entspr. **Ausschüsse** auf Grund freiwilliger BV errichtet, so haben diese nicht die gesetzlichen Befugnisse des WiAusschusses. Ihre Funktionen richten sich nach den durch freiwillige BV getroffenen Abmachungen, die allerdings die Regelung des BetrVG übernehmen können.

22   Unabhängig vom Bestehen eines WiAusschusses ist auch der BR über wirtschaftliche Fragen nach **§ 80 Abs. 2** zu unterrichten, soweit er die Auskünfte zur Durchführung seiner Aufgaben benötigt. Diese Anspruchsgrundlage des BR und die des WiAusschusses nach § 106 Abs. 2 schließen nicht einander aus, sie stehen nebeneinander (BAG 5. 2. 91 AP Nr. 10 zu § 106 BetrVG 1972). Der BR hat aber kein allgemeines Einblicksrecht in die Jahresbilanz (LAG Köln 8. 9. 1987 NZA 88, 210) oder den Wirtschaftsprüfungsbericht zum Jahresabschluss (BAG 5. 2. 91 aaO).

III. Allgemeine Aufgaben

23   Der WiAusschuss hat die allgemeine Aufgabe, als bes. betriebsverfassungsrechtliches Organ die **Zusammenarbeit und Information zwischen Unternehmer und BR (GesBR) in wirtschaftlichen Angelegenheiten zu fördern.** Er hat aber kein MBR. Die Fragen der Unternehmenspolitik sollen frühzeitig vorbesprochen und abgeklärt werden, bevor auf Grund konkreter Planung die Unterrichtungs- und Beratungsrechte des BR einsetzen (*Stück/Wein* DB 05, 334). Das gilt insb. in Krisenzeiten (zu Hilfestellungen *Eisbach/Schneider* AiB 11, 654; *Kischewski/Hoffmann/Lerch* AiB 10, 672). Die Beratungen dienen der Vorbereitung einer Entscheidung, zB bei neuen Anlagen und Verfahren (§ 90) und in personellen Angelegenheiten nach §§ 92 ff., aber auch, wie die neuen, mit dem Risikobegrenzungsgesetz erfolgten Ergänzungen in Abs. 2 und 3 verdeutlichen, bei einer oft mit weitreichenden Folgen für die ArbN verbundenen Unternehmensübernahme. Insb. in diesem Zusammenhang müssen auch Fragen der Beschäftigungssicherung (§ 92 a) im WiAusschuss beraten werden.

24   Der WiAusschuss kann auch **eigene Vorschläge** und Initiativen in die Beratungen einbringen (DKKW-*Däubler* Rn 33; ErfK-*Kania* Rn 3). Zu einer offensiven

WiAusschussarbeit gehört es auch, zusammen mit dem BR (GesBR) ein eigenes Kennzahlensystem zur Früherkennung von Unternehmenskrisen zu entwickeln (ausführlich *Cox/Offermann* S. 43 ff., 65 ff.; *Grauvogel/Hase/Röhricht* Rn 180 ff.). Unabhängig davon bestehen die Unterrichtungs- u. Beratungsrechte des BR wegen geplanter Betriebsänderungen (vgl. § 111 Rn 102 ff.).

§ 106 Abs. 1 stellt als allgemeine Aufgabe des WiAusschusses heraus: **25**

a) **Beratung wirtschaftlicher Angelegenheiten mit dem Unternehmer.** Die regelmäßige Beratung wird dadurch gefördert, dass der WiAusschuss monatlich einmal zusammentritt und an seinen Sitzungen der Unternehmer oder sein Vertr. teilzunehmen hat (§ 108).

b) **Unterrichtung des BR** über das Ergebnis aller Beratungen und aller erhaltenen Auskünfte (vgl. § 108 Rn 26). Der Umfang der Unterrichtungspflicht kann wegen der Gefährdung von Betriebs- und Geschäftsgeheimnissen beschränkt sein (vgl. Rn 43 ff., 129). Da nach § 79 Abs. 1 keine Schweigepflicht gegenüber dem BR besteht, kann der WiAusschuss diese Aufgabe ungehindert wahrnehmen. Die Unterrichtung kann mündlich erfolgen. Sie erfolgt durch den Ausschuss, der einzelne Mitgl. mit dieser Aufgabe betrauen kann (MünchArbR-*Joost* § 231 Rn 78).

Abs. 1 erwähnt nicht ausdrücklich den Grundsatz der **„vertrauensvollen Zusammenarbeit"**; **26** dieser gilt jedoch auch hier, zumal der WiAusschuss als Informations- und Beratungsgremium die Tätigkeit des BR (GesBR) unterstützt, der seinerseits nach § 2 Abs. 1 zur vertrauensvollen Zusammenarbeit mit dem ArbGeb. verpflichtet ist.

Bestehen im Unternehmen mehrere Betriebe mit BR, so hat der WiAusschuss den **27** **GesBR** zu unterrichten, wenn die betr. Angelegenheit in dessen Zuständigkeit fällt (vgl. § 50 Rn 58), anderenfalls ist der jeweilige **BR** zu unterrichten. Dies gilt insb., wenn der BR im WiAusschuss nicht vertreten ist. Daraus, dass der GesBR in den institutionellen Fragen des WiAusschusses (vgl. § 107 Abs. 2 S. 2) zuständig ist, ist nicht notwendigerweise abzuleiten, dass dieser auch in den sachlichen Fragen der Information stets der gesetzliche Adressat ist.

IV. Unterrichtungspflicht des Unternehmers

Anders als in den meisten Vorschriften des BetrVG ist in den §§ 106 ff. der **Unter-** **28** **nehmer in dieser seiner Eigenschaft** und nicht in seiner Funktion als ArbGeb. angesprochen. Damit tritt dem WiAusschuss derjenige gegenüber, der die wirtschaftlichen Ziele verfolgt, denen die arbeitstechnische Leistung des Betriebs zu dienen bestimmt ist (§ 1 Rn 144 ff.), und der die Unternehmensziele, den finanziellen Rahmen und damit die Planungs- und Leistungsvorgaben der Betriebe festsetzt.

Der Unternehmer muss den WiAusschuss von sich aus **unaufgefordert** unterrich- **29** ten; der WiAusschuss braucht seine Rechte nicht ausdrücklich geltend zu machen (*DKKW-Däubler* Rn 52; WHSS-*Schweibert* C Rn 406; *Hjort* AiB 09, 132 f.). Die Verletzung der Unterrichtungspflicht ist eine Ordnungswidrigkeit iSv. § 121.

Rechtzeitige Unterrichtung heißt, der Unternehmer hat den WiAusschuss vor **30** einer Entscheidung zu unterrichten. Der WiAusschuss muss vor dem BR unterrichtet werden, sonst ist die Beratung sinnlos. Der BR muss seine Beteiligungsrechte noch wahrnehmen und noch auf die Willensbildung des Unternehmers Einfluss nehmen können (BAG 20. 11. 84 AP Nr. 3 zu § 106 BetrVG 1972; *Richardi/Annuß* Rn 24; ErfK-*Kania* Rn 4; *Rumpff/Boewer* S. 193). Schon der Entschluss zur Planung (zu unternehmensinternen Planungssystemen *Grauvogel/Hase/Röhricht* Rn 37 ff.) kann Unterrichtungspflichten auslösen, weil Ziele und Wege erörtert werden sollen (*DKKW-Däubler* Rn 40; *Cox/Offermann* S. 37 f.; *Hjort* AiB 05, 201 f.; *Sieg/Maschmann* Rn 467).

Aus der Hilfsfunktion des WiAusschusses für den BR (GesBR) folgt eine **Vorver-** **31** **lagerung der Unterrichtung** (so zutreffend GK-*Oetker* Rn 102) insb. in Fällen, in denen **Spezialgesetze** wie das **UmwG** und **WPÜG** Ansprüche des **„zuständigen**

Betriebsrats" (idR der GesBR) auf Mitwirkung in wirtschaftlichen Angelegenheiten vorsehen und den Unternehmen die Erfüllung dieser Ansprüche innerhalb bestimmter Fristen auferlegen (vgl. §§ 5 Abs. 3, 126 Abs. 3 UmwG: s. Rn 11, 12). Vor einer Unterrichtung des zuständigen BR hat das Unternehmen die Angelegenheit mit dem WiAusschuss zu beraten und diesem ist ausreichend Zeit zu gewähren, dass er dem zuständigen BR über die Beratung berichten kann (vgl. *Semler/Stengel* § 5 UmwG Rn 80; *Engels* ArbuR 09, 10, 27 f.; zu Abs. 3 Nr. 9 a vgl. Rn 110 ff.).

32   Die Unterrichtungspflicht kann eintreten, **bevor** eine **ad-hoc-Publizitätsverpflichtung** nach § 15 WpHG entsteht; die ad-hoc-Publizitätsverpflichtung setzt ein, wenn eine neue Tatsache im Tätigkeitsbereich der AG eingetreten ist, die wegen der Auswirkungen auf die Vermögens- und Finanzlage oder auf den allgemeinen Geschäftsverlauf der AG geeignet ist, den Börsenpreis der Wertpapiere erheblich zu beeinflussen. Beide Verpflichtungen bestehen unabhängig voneinander.

33   Verspätet ist die Unterrichtung jedenfalls immer dann, wenn Entscheidungen im zuständigen Unternehmensorgan (Vorstand, Geschäftsführung) bereits gefallen sind (ErfK-*Kania* Rn 4; *Hjort* AiB 09, 132, 133).

34   **Umfassend** ist die Unterrichtung, wenn der WiAusschuss alle Informationen erhält, die für eine sinnvolle Beratung der Angelegenheit erforderlich sind. Unternehmer und die Mitgl. des WiAusschusses müssen über die gleichen Informationen **(Informationsparität)** verfügen (LAG Köln NZA-RR 05, 32; *Sieg/Maschmann* Rn 467; WHSS-*Schweibert* C Rn 407). Gegenstand der Unterrichtung sind die Maßnahme selbst, ihre Auswirkungen, aber auch ihre Gründe (*Richardi/Annuß* Rn 25). Zur umfassenden Information gehören Glaubwürdigkeit und Verständlichkeit (BAG 17. 3. 87 AP Nr. 29 zu § 80 BetrVG 1972) und sie muss der Wahrheit entsprechen (GK-*Oetker* Rn 107). Der WiAusschuss muss aufgrund der Information zu einer sachgemäßen Beratung und zu eigenen Vorschlägen in der Lage sein.

35   Eine umfassende Unterrichtung erfordert auch die Mitteilung von **Insiderinformationen** (s. § 13 WpHG). Dass das öffentliche Bekanntwerden von Umständen, die geeignet sind, den Kurswert eines Insiderpapiers (s. § 12 WpHG) erheblich zu beeinflussen, steht dem nicht entgegen. Das Verbot des § 14 Abs. 1 Nr. 2 WpHG greift nicht, da die Mitteilung von Insiderinformationen an den WiAusschuss nicht „unbefugt" erfolgt, sondern durch § 106 Abs. 2 gedeckt ist (GK-*Oetker* Rn 108; DKKW-*Däubler* Rn 55; *Richardi/Annuß* Rn 32; **aA** *Röder/Merten* NZA 05, 268, 271 f.).

36   Bei der Unterrichtung sind insb. die Auswirkungen der unternehmerischen Planungen „auf die Personalplanung" darzustellen. Die **Personalplanung** (vgl. § 92 Rn 8 ff.) erfolgt idR jedenfalls in ihren Zieldaten bereits im Zusammenhang mit der Aufstellung der für die Gesamtplanung des Unternehmens zu erarbeitenden Teilpläne für Absatz, Produktion, Investitionen, Finanzpolitik. Zum Umfang der Unterrichtungspflichten bei **Unternehmensumstrukturierungen** (vgl. *Bachner/Köstler/Matthießen/Trittin,* § 4 Rn 293 ff.).

37   Die Unterrichtung erfolgt **„unter Vorlage der erforderlichen Unterlagen",** ohne dass es insoweit eines ausdrücklichem Verlangens des WiAusschusses (wie im Falle des § 80 Abs. 2 S. 2) bedarf. Derartige Unterlagen sind zB
   – der **Jahresabschluss,** der nach § 242 HGB die Bilanz sowie die Gewinn- und Verlustrechnung umfasst (BAG 8. 8. 89 AP Nr. 6 zu § 106 BetrVG 1972; vgl. *Godorr* AiB 11, 463 f.), der **Wirtschaftsprüfungsbericht** nach § 321 HGB (BAG 8. 8. 89 AP Nr. 6 zu § 106 BetrVG 1972); die Verpflichtung wird nicht durch § 108 Abs. 5 eingeschränkt. Die Verpflichtungen bestehen nebeneinander (*Richardi/Annuß* Rn 28; *Dütz/Vogg* SAE 91, 231; **aA** *HSWGNR* § 108 Rn 20 f.; *SWS* §§ 106–109 Rn 84; *Rumpff/Boewer* S. 184),
   – **sonstige Berichte** (zB einer Unternehmensberatung, LAG Frankfurt 1. 9. 88 NZA 89, 193), **Pläne** zur Verbesserung der Arbeitsmethoden, Organisations- und Rationalisierungspläne, Bilanzen (s. *Eisbach/Rothkegel/Schneider* AiB 10, 373 ff., 11, 537 ff.), Gewinn- und Verlustrechnungen, Betriebsabrechnungsbögen und **Erfolgs-**

berechnungen (BAG 17. 9. 91 AP Nr. 13 zu § 106 BetrVG 1972), Betriebsstatistiken, Marktanalysen (OLG Karlsruhe 7. 6. 85 NZA 85, 570), Mittelfristplanung wie Zusammenstellung unternehmensrelevanter Daten einschl. der sich daraus ergebenden Auswirkungen (LAG Köln NZA-RR 05, 32), Management-Report zur Steuerung des Geschäftsfeldes (LAG Köln aaO), **Bewertung** des Unternehmens durch **Rating-Agenturen** (vgl. DKKW-*Däubler* Rn 64a).

– Unterlagen über Lohn- und Leistungsbewertungen sowie **Investitionsplanungen,** Unterlagen zur Ermittlung des Personalbedarfs an Hand der Gegebenheiten und der Planziele des Unternehmens (weitere Beispiele bei *Grauvogel/Hase/Röhricht* Rn 394).

Mit dem **Risikobegrenzungsgesetz** vom 12. 8. 08 (BGBl. I S. 1666) ist Abs. 2 **38** ergänzt worden. Der neue S. 2 nennt in Anlehnung an § 11 WpÜG nicht abschließende Beispiele für erforderliche Unterlagen bei **Unternehmensübernahme** (Abs. 3 Nr. 9a). Hier geht es insb. um Angaben über den potenziellen Erwerber und dessen Absichten bez. der künftigen Geschäftätigkeit des Unternehmens sowie die sich daraus ergebenden Auswirkungen auf die ArbN; Gleiches soll gelten, wenn der Unternehmensübernahme ein Bieterverfahren vorgeschaltet ist. Näheres zum Gesamtkomplex vgl. Rn 114ff.

Gerät ein **systemrelevantes Kreditinstitut** in wirtschaftliche Schwierigkeiten, **38a** hat es nach Maßgabe des § 2 Abs. 1 **KredReorgG das** Sanierungsverfahren durch Anzeige bei der BaFin einzuleiten und einen **Sanierungsplan** vorzulegen (vgl. zum Ganzen *Schuster/Westpfahl* DB 11, 221 ff., 282 ff.; *Schabert* DB 11, Beil. zu Heft 13 S. 6 ff.). Der Sanierungsplan (§ 2 Abs. 2 KredReorgG), der alle zur Sanierung geeignete Maßnahmen ua solche zur Erhaltung der unternehmerischen Einheit und der Rettung von Arbeitsplätzen zum Gegenstand hat (so GBegründung BT-Drucks. 534/10 S. 69), ist vor Einleitung des Sanierungsverfahrens mit dem WiAusschuss zu beraten und ihm die Endfassung ebenfalls vorzulegen. Dem Kreditinstitut steht auch bezüglich der Person des **Sanierungsberaters** ein Vorschlagsrecht zu. Da dieser den Sanierungsplan umzusetzten hat (§ 6 Abs. 1 KredReorgG) und dazu geeignet sein soll, hat das Institut vor Ausübung seines Vorschlagsrechts die Personalie mit dem WiAusschuss zu beraten. Da der Sanierungsberater sich aufgrund der in § 4 Abs. 1 Nr. 1–4 KredReorgG über umfassende Rechte zur Informationsgewinnung die notwendige Einsicht in die Geschäftsabläufe und die finanzielle Lage des Kreditinstituts verschaffen und in ausreichendem Maße das operative Geschäft des Instituts beeinflussen kann (GBegründung BT-Drucks. 534/10 S. 71), nimmt er wirtschaftliche Angelegenheiten wahr, über deren Fortgang der WiAusschuss ebenfalls zu unterrichten ist. Dem steht nicht entgegen, dass der Sanierungsberater unter der Aufsicht des OLG steht. Die GBegründung (BT-Drucks. 534/10 S. 60) stellt ausdrücklich klar, dass die Beteiligungsrechte des BR – und damit auch dessen Hilfsorgan WiAusschuss – nach dem BetrVG unberührt bleiben.

Ist eine Sanierung des Kreditinstitus erfolglos oder von vornherein aussichtslos, **38b** kann unter Vorlage eines **Reorganisationsplans** das Reorganisationsverfahren bei der Bafin eingeleitet werden (§ 7 KredReorgG). Der Reorganisationsplan enthält weitreichendere Maßnahmen als der Sanierungsplan (vgl. §§ 8 ff. KredReorgG). So stellt die Ausgliederung (§ 11 KredReorgG) ein wesentliches Instrument der Reorganisation des Kreditinstituts dar. Durch Ausgliederung können bestimmte Teile des Unternehmens zur Neugründung oder zur Aufnahme durch Übertragung an einen oder mehrere Rechtsträger aus dem Kreditinstitut ausgelagert werden. Die Übertragung der Vermögenswerte des Kreditinstituts im Wege der Gesamtrechtsnachfolge oder partiellen Gesamtrechtsnachfolge auf einen oder mehrere Rechtsträger ermöglicht eine Aufteilung des Geschäfts in schlechte und gesunde Teile bzw. nach Geschäftsbereichen (GBegründung BT-Drucks. 534/10 S. 77f.). Wegen der damit verbundenen Auswirkungen für die Belegschaft muss der Reorganisationsplan außer Angaben über Name und Sitz des übernehmenden Rechtsträgers, zum Vermögensübergang und die finanzielle Gegenleistung Angaben über die Folgen der Ausgliederung für die ArbN und ihre Vertretungen sowie die insoweit vorgesehene Maßnahmen enthalten (§ 11 Abs. 1 KredReorgG iVm § 48 e Abs. 1 Nr. 1–4 KWG). Außerdem darf es zu keinem Eingriff in Forderungen von ArbN auf Arbeitsentgelt und von Versorgungsberechtigten auf betriebliche Altersversorgung kommen (§ 12 Abs. 3 KredReorgG). Das alles sind Themen, die eine frühzeitige Unterrichtung und Beratung des WiAusschusses erfordern, bevor der Reorganisationsplan aufgestellt wird (vgl. auch GBegründung BT-Drucks. 534/10 S. 61). Was den **Reorganisationsberater** angeht, gelten die Vorschriften über den Sanierungsberater entpr. (GBegründung BT-Drucks. 534/10 S. 74 zu § 7 Abs. 5 KredReorgG), so dass bez. der Mitwirkung des WiAusschuss insoweit auf Rn 38 a verwiesen werden kann.

38c Mit den im Rahmen des RestrukturierungsG erfolgten **Neuregelungen** in den **§§ 45 ff.** **KWG** werden die hoheitlichen Handlungsinstrumente der BaFin zur Restrukturierung eines gefährdeten Kreditinstituts erweitert (GBegründung BT-Drucks. 534/10 S. 62). Verlangt die BaFin vom Institut einen **Restrukturierungsplan,** wie und in welchem Zeitraum die Eigenmittelausstattung oder Liquidität des Instituts nachhaltig wiederhergestellt werden soll (§ 45 Abs. 2 S. 1 Nr. 7 u. S. 2 KWG), hat das Institut die vorzuschlagenden Maßnahmen mit dem WiAusschuss rechtzeitig zu beraten. Die BaFin kann einen **Sonderbeauftragten** bestellen und ihm ua die Aufgabe übertragen, einen Restrukturierungsplan für das Institut zu erstellen (§ 45 c Abs. 1, Abs. 2 Nr. 7 KWG). Dann ist der Sonderbeauftragte, der diese wirtschaftliche Angelegenheit anstelle des Instituts als Unternehmer wahrnimmt (s. § 45 c Abs. 1 u. 3 KWG sowie GBegründung BT-Drucks. 534/10 S. 91 f.) verpflichtet, mit dem WiAusschuss über den Restrukturierungsplan zu beraten, bevor dieser der BaFin zugeleitet wird. Die Rechte des WiAusschusses werden auch bei diesem Verfahren nicht verkürzt (GBegründung BT-Drucks. 534/10 S. 60).

38d Die Bafin kann nach Maßgabe der §§ 48 a ff. bei einer Bestands- und Systemgefährdung eines Kreditinstituts eine **Übertragungsanordnung** mit der Folge erlassen, dass das Vermögen des Instituts einschließlich seiner Verbindlichkeiten auf einen bestehenden Rechtsträger im Wege der Ausgliederung übertragen wird (zum Inhalt d. Anordnung s. § 48eKWG). Auf die Übertragungsanordnung als solche kann der WiAusschuss keinen Einfluss nehmen (zur event. Abwendung der Anordnung s. Rn 38 e zu § 48 c Abs. 1 KWG). Es handelt sich bei ihr um den Rechtsakt einer Behörde, der die Ausgliederung unmittelbar vollzieht, ohne dass es – anders als nach dem UmwG (s. Rn 71 ff.) – eines Ausgliederungsvertrages, Ausgliederungsberichts oder Ausgliederungsbeschlusses der Anteilsinhaberversammlung des Instituts oder des übernehmenden Trägers bedarf (§ 48 f, g u. GBegründung BT-Drucks. 534/10 S. 100 ff.). Die Übertragungsanordnung ist mit Bekanntgabe gegenüber dem Kreditinstitut auch dem zuständigen BR zuzuleiten (§ 48 c Abs. 6 KWG). Bei den sich aus der Übertragungsanordnung ergebenden **Auswirkungen** auf die ArbN und ihre Vertretungen **greifen die Vorschriften** des **BetrVG,** insb. §§ 106 ff., 111 ff. uneingeschränkt (GBegründung BT-Drucks. 534/10 S. 99); das Gleiche gilt für die ArbN und ihre Vertretungen im übernehmenden Rechtsträger, dem auch die Übertragungsanordnung bekannt zu geben ist (§ 48 c Abs. 6 KWG).

38e Wenn die BaFin nach Maßgabe des § 48 c Abs. 1 KWG dem Kreditinstitut vor Erlass der Übertragungsanordnung eine Frist setzt, binnen derer das Institut einen **Wiederherstellungsplan** vorzulegen hat, auf welche Weise die Bestandsgefährdung des Instituts abgewendet werden kann, besteht die Möglichkeit, eine Übertragungsanordnung zu vermeiden. Dann kann der WiAusschuss, mit dem der Wiederherstellungsplan zu beraten ist, Einfluss auf dessen inhaltliche Gestaltung nehmen und die Interessen der ArbN einbringen. Hat das Institut bereits einen Sanierungs- oder Reorganisationsplan (s. Rn 38 a, b) eingereicht, der zur Abwendung der Systemgefährdung geeignet und realisierbar ist, gilt er als geeigneter Wiederherstellungsplan (§ 48 c Abs. 2 KWG) mit der Folge, dass die BaFin keine Übertragungsanordnung treffen darf, solange der Plan erwartungsgemäß verhandelt, angenommen, bestätigt und umgesetzt wird (GBegründung BT-Drucks. 534/10 S. 98).

Ist das übertragende Unternehmen nicht sanierungsfähig oder lässt sich das Sanie- **38f** rungsziel nur unter wirtschaftlich unvertretbarem Aufwand erreichen, kann die BaFin nach Maßgabe des § 48m Abs. 7 KWG von dem übernehmenden Rechtsträger die Erstellung eines **Liquidationsplans** verlangen. An dessen Aufstellung ist der WiAus- schuss zu beteiligen.

Vorzulegen sind Unterlagen, die dem Unternehmer zur Verfügung stehen, gleich- **39** gültig ob er sie selbst oder ob Dritte sie angefertigt haben (Hess. LAG AiB 96, 668). Aus dem Grundsatz der vertrauensvollen Zusammenarbeit (s. Rn 26) kann sich erge- ben, dass der Unternehmer eine Unterlage eigens zwecks **Vorlage** für den WiAus- schuss **anzufertigen** hat, wenn dies für eine sinnvolle Unterrichtung erforderlich ist, wie dies bei komplexen Sachverhalten (zB Unternehmensübernahme; s. Rn 115, 122, 127) zutreffen dürfte (weitergehend *Föhr* DB 76, 1378, 1382; **aA** GK-*Oetker* Rn 115; MünchArbR-*Joost* § 231 Rn 49).

Der WiAusschuss hat Anspruch darauf, dass ihm die **Unterlagen zur Einsicht- 40 nahme vorgelegt** werden (vgl. § 108 Abs. 3) und die Unterrichtung unter Hinweis auf sie erfolgt; eine Darstellung ausschließlich in Form einer Präsentation über Bea- mer oder Folien reicht nicht aus (*Cox/Offermann* S. 28). Der Unternehmer hat in seinen Berichten die Unterlagen zu verwerten. Die Mitgl. des WiAusschusses können sich **schriftliche Aufzeichnungen machen.** Sie dürfen sich gegen den Willen des Unternehmers keine Abschriften oder Ablichtungen anfertigen (BAG 20. 11. 84 AP Nr. 3 zu § 106 BetrVG 1972; *Richardi/Annuß* Rn 31).

Obwohl „Vorlage" nicht gleichbedeutend mit „Überlassen" ist, hat der Unter- **41** nehmer dem WiAusschuss umfangreiche Aufstellungen, Listen uä auch schon **vor der Sitzung** in Fotokopie zu **übergeben** oder diese Unterlagen auch im Original für kurze Zeit auszuhändigen, da deren Auswertung und sofortige Beratung im zeit- lichen Rahmen einer Sitzung (§ 108) gar nicht möglich ist (BAG 20. 11. 84 AP Nr. 3 zu § 106 BetrVG 1972; DKKW-*Däubler* Rn 45 f.; GK-*Oetker* Rn 121 ff.; ErfK-*Kania* Rn 6; **aA** MünchArbR-*Joost* § 231 Rn 53). Allerdings sind diese Unterlagen nach Ansicht des BAG (aaO) spätestens bei Beendigung der Sitzung zurückzugeben.

Die Mitgl. des WiAusschusses dürfen sich ohne Zustimmung des Unternehmers **42** wegen der Vertraulichkeit der Unterlagen auch keine Fotokopien selbst anfertigen. Sie haben aber das Recht, ohne den Unternehmer zu einer **vorbereitenden** (Infor- mations-)**Sitzung** zusammenzutreten (BAG 16. 3. 82 AP Nr. 3 zu § 108 BetrVG 1972; MünchArbR-*Joost* § 231 Rn 54; DKKW-*Däubler* Rn 46 f.; ErfK-*Kania* Rn 6). Die allgemeine Unterrichtungspflicht nach § 80 Abs. 2 gilt hier nicht, da sich diese nur auf den BR bezieht.

Sowohl der Umfang der Unterrichtung und Beratung als auch die Heranziehung **43** und Vorlage von Unterlagen wird **beschränkt** durch das Recht des Unternehmers, die Auskunftserteilung zu verweigern, soweit dadurch **Betriebs- und Geschäftsge- heimnisse** (vgl. § 79 Rn 3 f.) gefährdet werden. Das dürfte auch für vertraglich ge- heim zu haltende Betriebs- und Geschäftsgeheimnisse von Geschäftspartnern gelten (*GL* Rn 34). §§ 14, 15 WpHG stehen der Unterrichtungspflicht nicht entgegen (GK-*Oetker* Rn 108, 126; *Kappes* NJW 95, 2832; vgl Rn 35).

Der Unternehmer muss nach pflichtgemäßer Prüfung der objektiv begründeten An- **44** sicht sein, dass durch die Mitteilung an die Mitgl. des WiAusschusses eine **Gefährdung** der Betriebs- oder Geschäftsgeheimnisse eintreten könnte, obwohl diese nach § 79 Abs. 2 zur Geheimhaltung verpflichtet sind. Eine solche Gefährdung kommt wegen der in Abs. 3 genannten Tatbestände, die praktisch immer schon Betriebs- und Geschäfts- geheimnisse enthalten, nur in Ausnahmefällen in Betracht (BAG 11. 7. 00 AP Nr. 2 zu § 109 BetrVG 1972; LAG Köln NZA-RR 05, 32; WHSS-*Schweibert* C Rn 409).

Die Gefährdung kann sowohl **objektiv** im Hinblick auf die Bedeutung der völli- **45** gen Geheimhaltung einer bestimmten Tatsache für Bestand und Entwicklung des Unternehmens bestehen, als auch **(subjektiv)** in der Person eines oder mehrerer Mitgl. des WiAusschusses begründet sein (BAG 11. 7. 00 aaO; *Richardi/Annuß* Rn 34; DKKW-*Däubler* Rn 58; *Stück/Wein* DB 05, 335; enger GK-*Oetker* Rn 128 f.;

Oetker FS Wissmann S. 396, 403). Letztlich entscheidet die **E-Stelle** über den Umfang der Unterrichtungspflicht (BAG 8. 8. 89 AP Nr. 6 zu § 106 BetrVG 1972; vgl. § 109 Rn 2 ff.).

46   Unabhängig vom Schutz der Betriebs- und Geschäftsgeheimnisse sind die **Mitgl.** des **WiAusschusses** verpflichtet, die ihnen wegen ihrer Zugehörigkeit zum WiAusschuss bekannt gewordenen Tatsachen, die vom Unternehmer ausdrücklich als geheimhaltungsbedürftig bezeichnet worden sind, nicht zu offenbaren (§ 79). Diese Pflicht gilt nicht gegenüber dem BR.

47   Verweigert der Unternehmer eine Auskunft, zu deren Erteilung er (ggf. nach Entscheidung der E-Stelle) verpflichtet ist, oder erteilt er sie wahrheitswidrig, verspätet oder unvollständig (zB verweigert er die Auskunft über wichtige Vorkommnisse, die für die Beantwortung einer Frage von Bedeutung sind), so kann diese **Ordnungswidrigkeit** mit einer Geldbuße bis zu 10 000 Euro geahndet werden (§ 121). Ggf. kommen auch Maßnahmen nach § 23 Abs. 3 in Frage.

V. Wirtschaftliche Angelegenheiten

48   In Abs. 3 werden **beispielhaft** die wichtigsten wirtschaftlichen Angelegenheiten aufgezählt. Der **Katalog ist nicht erschöpfend,** wie sich aus dem Wort „insbesondere" ergibt (hM). Er zählt nur auf, welche Gegenstände jedenfalls bei Unterrichtung des WiAusschusses über die wirtschaftlichen Angelegenheiten des Unternehmens anzusprechen sind. So gilt die Unterrichtungspflicht auch für **Dienstleistungsunternehmen,** obwohl in Abs. 3 Nr. 2, 3 und 5 beispielhaft auf „Produktion" bzw. „Fabrikation", nicht dagegen auf die entspr. Vorgänge bei Planung und Erbringung von Dienstleistungen abgestellt ist. **Nr. 10** ist zudem eine **beschränkte Generalklausel.** Aus dieser den Katalog abrundenden Klausel kann jedoch nicht im Umkehrschluss abgeleitet werden, dass wirtschaftliche Angelegenheiten iSd. § 106 nur solche sind, die die Interessen der ArbN wesentlich berühren (so aber *HSWGNR* Rn 43; *Richardi/Annuß* Rn 38; wie hier GK-*Oetker* Rn 50 f.; DKKW-*Däubler* Rn 62).

49   Der Katalog gibt keinen Anhaltspunkt dafür, dass zu den wirtschaftlichen Angelegenheiten auch die **laufende Geschäftsführung** zu rechnen ist, dh die zur Durchführung der mitgeteilten Planungen und Vorhaben erfolgenden unternehmerischen Handlungen, soweit sie die Interessen der ArbNschaft nicht berühren (*Richardi/Annuß* Rn 38; im Ergebnis auch GK-*Oetker* Rn 48), falls derartige Geschäftsführungsmaßnahmen nicht ausdrücklich in § 106 Abs. 3 angesprochen sind.

50   Andererseits verpflichtet der Katalog (insb. in den Fällen der Nr. 6–9, 10) den Unternehmer, über die dort aufgeführten Betriebsänderungen zu berichten, auch wenn er ihre **Durchführung auf nachgeordnete Teilebenen** delegiert hat. Auch gegenüber den im Katalog aufgeführten Materien gilt die Beschränkung der Auskunftpflicht bei Gefährdung von Geschäfts- und Betriebsgeheimnissen. Die Tatbestände überschneiden sich dem Mitteilungsgegenstand nach teilweise mit denen des § 111. Für die Zuständigkeit des WiAusschusses ist aber **nicht Voraussetzung,** dass die wirtschaftlichen Angelegenheiten **wesentliche Nachteile** für die ArbN haben können.

51   Zu den wirtschaftlichen Angelegenheiten gehören insbesondere:

1. Wirtschaftliche und finanzielle Lage des Unternehmens (Nr. 1)

52   Der Informationspflicht über die allgemeine wirtschaftliche und finanzielle Lage des Unternehmens (nicht der privaten finanziellen Verhältnisse des Unternehmers selbst) ist laufend zu genügen. Sie geht der Vorlage und Erläuterung des Jahresabschlusses zeitlich voraus (vgl. § 108 Abs. 5). Zur wirtschaftlichen und finanziellen Lage gehören **alle auf das Unternehmen einwirkenden Gegebenheiten,** die für die unternehmerische Planung von Bedeutung sind.

In diesem Sinne ist die Bestimmung eine **Generalklausel** (DKKW-*Däubler* 53 Rn 64) und betrifft insb. Verluste, Gewinne, Risikolage (dh die Frage, ob die Produktion mit bes. kaufmännischen Risiken für die Zukunft belastet ist, Kreditschwierigkeiten), Versorgungslage mit Roh- und Betriebsstoffen, Energieversorgung, Preisgestaltung und deren Kalkulationsgrundlage (GK-*Oetker* Rn 58 ff.; *Richardi/Annuß* Rn 40; **aA** zur Preisgestaltung *HSWGNR* Rn 44 wegen des Vorliegens von Geschäftsgeheimnissen; *Stück/Wein* DB 05, 334, 336). Hierher rechnen weiter Außenstände, Fragen der Rohstoffbeschaffung und -kosten, Versorgung des Betriebs mit Kohle und Energie, die steuerliche Belastung, die sozialen Aufwendungen, Konjunktur, Konkurrenz, wirtschaftliche Entwicklung der Branche, Exportabhängigkeit und Wechselkurse, Auftragsbestand, monatliche Erfolgsrechnungen (BAG 17. 9. 91 AP Nr. 13 zu § 106 BetrVG 1972), Lieferzeiten und Liquidität.

Wird in einem **systemrelevanten Kreditinstitut,** das in wirtschaftliche Schwie- 53a rigkeiten geraten ist, ein Sanierungs- oder Reorganisationsverfahren nach Maßgabe des § 2 Abs. 1, § 7 KredReorgG eingeleitet, geht es darum, wie die wirtschaftliche und finanzielle Lage des Instituts verbessert werden kann (Einzelheiten s. Rn 38 a ff).

Vor allem gehört hierher die Absicht, die **Eröffnung eines Insolvenzverfahrens** 54 zu beantragen, und die Antragstellung durch einen Gläubiger des Unternehmens (DKKW-*Däubler* Rn 64; GK- *Oetker* Rn 60; *Richardi/Annuß* Rn 41).

2. Produktions- und Absatzlage (Nr. 2)

Bei Erläuterung der **Absatzlage** sind die für den Absatz (Vertrieb, Umsatz, Ver- 55 kauf) der Erzeugnisse oder Dienstleistungen des Unternehmens bestehenden Gegebenheiten und Entwicklungen, insb. die binnen- und außenwirtschaftliche Marktlage darzustellen, und zwar an Hand der Verkaufs- und Umsatzstatistiken des Unternehmens und der Unterlagen der Marktforschung. Die Analyse der Absatzlage ist Voraussetzung für die Aufstellung des **Absatzprogramms.**

Die Darstellung der **Produktionslage** ist die weitgehend von der Absatzlage aus- 56 gehende Analyse des Kapazitätsbestands bzw. der Auslastung der Betriebe, der Höhe der Lagerbestände, ggf. des Bedarfs an Betriebsmitteln sowie Roh- und Hilfsstoffen. Es ist hier gemeint das Verhältnis der Gütermenge und -art, die erzeugt werden könnte (Kapazität), zur tatsächlichen Erzeugung, aufgegliedert nach Typen und Warenarten; die Hemmnisse, die einer Steigerung der Produktion entgegenstehen, und die Möglichkeiten ihrer Beseitigung, Produktionsausfälle durch höhere Gewalt, Streik, gewerbliche Auflagen. Die Untersuchung der Produktionslage ist Voraussetzung für die Erarbeitung des **Produktionsprogramms.**

3. Produktions- und Investitionsprogramm (Nr. 3)

Das **Produktionsprogramm** wird im Hinblick auf die Gegebenheiten der Be- 57 schaffungsmärkte und der Kapazität der Produktionsbereiche aufgestellt; es legt fest, welche Waren oder Dienstleistungen für einen bestimmten Zeitraum mittel- oder langfristig erzeugt werden sollen. Damit legt es die zu erbringende arbeitstechnische Leistung der Betriebe fest. Es geht vom **Absatzprogramm** aus, dass seinerseits aufgestellt wird, um entspr. den Leistungsmöglichkeiten der Betriebe den voraussichtlichen Bedarf des Absatzmarktes zu befriedigen.

Durch das **Investitionsprogramm** wird festgelegt, welche Investitionsprojekte 58 oder Einzelinvestitionen (kurz-, mittel- oder langfristig) durchgeführt werden sollen, insb. durch Entwicklung und Beschaffung von Betriebsstätten und Betriebsmitteln im Rahmen der auf Grund der Finanzplanung zur Verfügung stehenden Finanzmittel sowie unter Berücksichtigung der Absatzplanung und Personalplanung. Die Aufstellung eines Investitionsprogramms kann Auswirkungen auf die Personalplanung haben und ist deshalb bes. wichtig. Ggf. können durch das Investitionsprogramm nachgeordneten Ebenen des Unternehmens (zB den einzelnen Betrieben) eigene Budgets zur Bestreitung von Kleininvestitionen zur Verfügung gestellt werden. Bei Durchführung des Investitionsprogramms in den Betrieben sind die BR idR zu beteiligen (§§ 90, 92, ggf. § 111).

4. Rationalisierungsvorhaben (Nr. 4)

59   Die Rationalisierung hat die zweckmäßigere Gestaltung der Arbeitsvorgänge (auch im Verwaltungsbereich) zum Ziel, um die Wirtschaftlichkeit des Unternehmens zu steigern, sei es durch Normung und Typisierung der Produkte oder des Arbeitsablaufs, sei es durch **Rationalisierungsinvestitionen** zur Einführung arbeitssparender oder qualitätsverbessernder Technologien (Einsatz von EDV-Anlagen, Mikroprozessoren, Datensichtgeräten, NC- oder CNC-Maschinen, des computerunterstützten Konstruierens-CAD), sei es durch **betriebsorganisatorische Maßnahmen.** Es werden alle Vorhaben erfasst, die in Anwendung wissenschaftlicher Erkenntnisse die Leistungen des Betriebes verbessern, insb. den Aufwand an menschlicher Arbeit, aber auch an Zeit, Energie, Material und Kapital herabsetzen.

60   Ziel ist neben der Erhöhung der Wirtschaftlichkeit gleichrangig die **Erzielung menschengerechter Arbeitsbedingungen.** Rationalisierungsvorhaben fallen teilweise zugleich unter Nr. 3, 5 und 9. Die Mitteilungspflicht des Unternehmers erstreckt sich auf solche Rationalisierungsvorhaben, die über den Rahmen der bereits in den Betrieben eingeführten Methoden hinausgehen oder diese ändern. Das gilt vor allem für Restrukturierungsmaßnahmen (wie Outsourcing, Offshoring, Schaffung virtueller Strukturen), die Unternehmen leistungsfähiger, rentabler und effizienter machen sollen (*Wedde* AiB 08, 13 ff.). Soweit der Personalbedarf oder -einsatz sich infolge der angestrebten Rationalisierung ändern kann, ist hierauf gemäß Abs. 2 hinzuweisen. Auf diesem Gebiete bestehen die Beteiligungsrechte des BR bei der Planung der in den Betrieben durchzuführenden Maßnahmen nach §§ 90, 92, bzw. bei geplanten Betriebsänderungen mit nachteiligen Folgen für die ArbN nach § 111.

5. Fabrikations- und Arbeitsmethoden (Nr. 5)

61   Der Begriff der „Fabrikationsmethode" beschreibt das planmäßige Vorgehen bei der Gütererzeugung. Gemeint ist der Ablauf der Gütererzeugung unter **technischen Gesichtspunkten** (vgl. GK-*Oetker* Rn 67). Arbeitsmethode ist ein Begriff der Arbeitswissenschaften. Er beschreibt das Vorgehen bei der Gütererzeugung unter dem **arbeitswissenschaftlichen** Gesichtspunkt der menschlichen Arbeitskraft. Beide Begriffe beschreiben zusammen die Produktion. Technische und arbeitswissenschaftliche Aspekte sind damit gleichermaßen Beratungsgegenstand im WiAusschuss (*Richardi/Annuß* Rn 47).

62   Technologisch lässt sich die Produktion durch den jeweiligen **Stand der Technik** beschreiben. Arbeitstechnisch ist von Bedeutung, **in welchem Umfang Maschinen** eingesetzt werden, ob Einzel- oder Massenfertigung stattfindet, ob Sorten- oder Serienfertigung. Es lassen sich auch handwerkliche und industrielle Arbeitsmethoden (Reihen-, Fließbandfertigung, Roboter) unterscheiden. Arbeitsmethoden werden durch Zerlegen der Arbeit in einzelne Abschnitte ermittelt. Arbeitsmethoden gibt es deshalb nicht nur bei der Erzeugung von Gütern. Auch bei der Erbringung von Dienstleistungen lassen sich einzelne Arbeitsmethoden beschreiben und feststellen, zB Gruppenarbeit, Einsatz von Technik.

63   Der WiAusschuss ist über alle neuen Fabrikations- und Arbeitsmethoden zu unterrichten. Er hat auch zu **beraten** über solche Fabrikations- und Arbeitsmethoden, die im Unternehmen entwickelt werden sollen, zB die rechnergesteuerten Textsysteme im graphischen Gewerbe, die Einführung von Bildschirmarbeitsplätzen, die Einführung oder Änderung der Fließbandarbeit, die Einzel- oder Gruppenarbeit, Schichtarbeit, gleitende Arbeitszeit, Kontrolleinrichtungen.

Die Informations- und Beratungsrechte des WiAusschusses werden **ergänzt** durch 64
die Rechte des BR nach § 90 Nr. 2–4, § 91 und § 111 Nr. 5 (vgl. dort Rn 97 ff.).
Die MBR nach § 87 Abs. 1 Nr. 2, 6 und 10 bleiben unberührt.

6. Fragen des betrieblichen Umweltschutzes (Nr. 5 a)

Fragen des Umweltschutzes gehören zu den wirtschaftlichen Angelegenheiten 65
eines Unternehmens. Sie haben – positive oder negative – Auswirkungen auf die
Produktion, den Absatz und damit auch auf die Arbeitsplätze der im Unternehmen
beschäftigten ArbN. Der **Umweltschutz** ist ein **bedeutsamer betriebswirtschaftlicher Faktor.** Maßnahmen des Umweltschutzes beeinflussen die Kosten und das
Ansehen des Unternehmens in der Öffentlichkeit.

Die Beteiligungsrechte betreffen den **„betrieblichen"** Umweltschutz. Die Vor- 66
schrift bezieht sich insoweit auf § 89 Abs. 3. Dort wird „betrieblicher Umweltschutz"
definiert (vgl. § 89 Rn 8 ff.). Mit der Einschränkung „betrieblich" sollen die Beteiligungsrechte beschränkt werden auf die Fragen, die das Unternehmen unmittelbar
betreffen. Ein **Unternehmensbezug** ist immer erforderlich. Insoweit besteht ein
Bezug zu den Aufgaben des WiAusschusses. Es geht zB um die Festlegung der umweltpolitischen Ziele des Unternehmens, um die Umweltvorsorge bei Einführung
neuer Produkte, um die Verbesserung der Umweltverträglichkeit von Produktionsverfahren. Weder mit § 89 noch mit § 106 lässt sich ein allgemeines umweltpolitisches Mandat des WiAusschusses (BR) begründen (unbegründet daher die Kritik von
Schiefer/Korte NZA 01, 356).

7. Einschränkung oder Stilllegung von Betrieben und Betriebsteilen (Nr. 6)

Die Bestimmung entspricht § 111 Nr. 1 (vgl. dort Rn 63 f.) mit der Maßgabe, dass 67
der WiAusschuss auch über Veränderungen bei kleineren (nicht wesentlichen) Betriebsteilen zu unterrichten ist, und es auf befürchtete Nachteile für die ArbN nicht
ankommt. Der WiAusschuss muss auch unterrichtet werden, wenn ein betriebsratsloser Betrieb stillgelegt werden soll (ebenso *Richardi/Annuß* Rn 50, aber **aA** bei kleineren Betriebsteilen). Der WiAusschuss nimmt unternehmensbezogene Aufgaben wahr
(BAG 9. 5. 95 AP Nr. 12 zu § 106 BetrVG 1972).

8. Verlegung von Betrieben oder Betriebsteilen (Nr. 7)

Die Regelung entspricht § 111 Nr. 2 (vgl. dort Rn 81 f.) mit der Maßgabe, dass 68
auch über die Verlegung kleinerer Betriebsteile zu berichten ist, und es auf befürchtete Nachteile für ArbN nicht ankommt.

9. Zusammenschluss oder Spaltung von Unternehmen oder Betrieben (Nr. 8)

Die Regelung entspricht § 111 Nr. 3 (vgl. dort Rn 83 ff.). Ob Nachteile für die 69
ArbN entstehen können, ist hier unerheblich. Zum Zusammenschluss von Unternehmen vgl. unten Rn 71 ff. Zu den wirtschaftlichen Angelegenheiten, über die der
Unternehmer den WiAusschuss zu informieren und mit ihm zu beraten hat, gehören
der **Zusammenschluss** und die **Spaltung** von Unternehmen oder Betrieben. Nr. 8
betrifft **Unternehmensspaltungen** iSd. UmwG, aber auch Betriebsspaltungen, die
sich innerhalb eines Unternehmens vollziehen, ohne dass damit eine Einzelrechts-
oder Gesamtrechtsnachfolge verbunden ist. § 111 ist betriebsbezogen, er betrifft nur
Betriebsänderungen.

70　　Die **weiteren Beteiligungsrechte** aus dem BetrVG bleiben unberührt (zB Unterrichtungsrechte nach § 80 Abs. 2 und die Beteiligung in Fällen von Betriebsänderungen gem. §§ 111 ff.).

71　　Neben den allgemeinen Unterrichtungspflichten enthält das **UmwG** (vgl. Rn 11, § 1 Rn 156 ff.) weitere spezielle Unterrichtungspflichten. Die Umwandlung (Verschmelzung/Fusion, Vermögensübertragung, Spaltung) betrifft die Unternehmensebene. Das UmwG verpflichtet den Unternehmer, die BR über die „**Folgen der Umwandlung** für die ArbN und ihre Vertr. sowie die insoweit vorgesehenen Maßnahmen" zu **unterrichten** (vgl. § 5 Abs. 1 Nr. 9, § 122 e, § 126 Abs. 1 Nr. 11, Abs. 3, § 136, § 176, § 177, § 194 Abs. 1 Nr. 7, Abs. 2 UmwG). Bei den Folgen für die ArbN handelt es sich um diejenigen, die durch die Umwandlung unmittelbar bewirkt werden. Es kommen alle Formen der Umwandlung (§ 1 Rn 158 ff.) in Betracht (Zu Handlungsansätzen für BR bei Fusionen s. *Skudelny-Stumpf* AiB 09, 569 ff.).

72　　Der WiAusschuss muss schon im **Planungsstadium** und **vor** dem **BR** (vgl. Rn 30 f.) informiert werden, welche Betriebe und Betriebsteile und welche ArbVerh. bei einer Umwandlung auf welchen Rechtsträger übergehen, ob mit dem Wechsel ein Wechsel in einen anderen Tarifbereich verbunden ist, ob BV wegen Verlusts der Betriebsidentität enden, ob sich der BR verkleinert oder ein GesBR wegfällt. Weil auch über die vorgesehenen Maßnahmen zu unterrichten ist, muss auch über die weiteren Folgen nach der Umwandlung (Spaltung) informiert werden. Dabei wird es sich um personelle Maßnahmen (Versetzungen, Umschulungen, Entlassungen) oder um Betriebsänderungen (Interessenausgleich, Sozialplan) handeln (ausführlich hierzu *Bachner/Köstler/Matthießen/Trittin,* § 4 Rn 309 ff.).

73　　Der gesellschaftsrechtliche **Umwandlungsvertrag** (Verschmelzungsvertrag, Spaltungsvertrag oder -plan, Umwandlungsbeschluss) ist spätestens einen Monat vor dem Tag der Verslg. der Anteilsinhaber jedes beteiligten Unternehmens dem jeweils zuständigen BR zuzuleiten. Besteht das Unternehmen aus mehreren Betrieben, ist der GesBR zuständig, weil die Umwandlungen unternehmensbezogen sind und sich auch die Abspaltung nur eines Betriebs auf die anderen Betriebe auswirken kann. Allerdings sollen auch alle EinzelBR des Unternehmens den Vertrag erhalten, selbst wenn „ihr" Betrieb durch die Umwandlung nicht unmittelbar berührt wird (*Wlotzke* DB 95, 45).

73a　　Die bedeutendste Neuerung im Dritten G zur Änderung des UmwG vom 11. 7. 2011 (BGBl. I S. 1338) ist der sog. **umwandlungsrechtliche Squeeze-out,** eine Kombination aus dem Ausschluss der Minderheitsaktionäre einer Aktiengesellschaft und einer anschließenden konzerninternen Verschmelzung der Aktiengesellschaft auf den Großaktionär. Da in diesem Fall **weder** bei der übernehmenden Muttergesellschaft **noch** bei der übertragenden Tochtergesellschaft eine Versammlung der Anteilseigner erforderlich ist, stellt der neu gefasste § 62 Abs. 4 S. 4 UmwG sicher, dass die Pflicht zur **Zuleitung** des **Verschmelzungsvertrags** gem. § 5 Abs. 3 UmwG an den zuständigen BR (s. Rn 73) auch im Rahmen einer **Konzernverschmelzung** fristgerecht erfüllt wird. Für den Fall, dass die Versammlung nur bei dem übernehmenden Unternehmen entfällt, ist eine zusätzliche Regelung mit Hinweis auf die Praxis für nicht erforderlich gehalten worden; danach wird zur Berechnung der Frist zur Erfüllung der Zuleitungsverpflichtung gegenüber dem zuständigen BR des übernehmenden Unternehmens an den Tag der Versammlung beim übertragenden Unternehmen angeknüpft (Beschlussempfehlung u. Bericht d. Rechtsausschusses, BT-Drucks. 17/5930 v. 25. 5. 11, S. 11; *Freytag/Müller-Etienne* BB 11, 1731, 1732; *Simon/Merkelbach* DB 11, 1317, 1320; zum „Squeeze-out *Kiefner/Brügel* AG 11, 525 ff.).

73b　　Umwandlungen in all ihren Formen nach dem UmwG werden erst mit Eintragung in das Handelsregister wirksam (s. insb. §§ 20, 36 Abs. 1, § 131 Abs. 1, 135 Abs. 1, 176 Abs. 1 UmwG). Der Anmeldung der Umwandlung zur Eintragung in das Handelsregister sind als Anlagen ua der Umwandlungsvertrag sowie ein Nachweis über die rechtzeitige Zuleitung des Umwandlungsvertrags oder seines Entwurfs an den zuständigen BR beizufügen (vgl. §§ 16, 17 UmwG). Enthält der Umwandlungs-vertrag oder -beschluss nicht die notwendigen Mindestangaben (s. Rn 71 f.), muss das Registergericht die Eintragung der Umwandlung ablehnen (OLG Düsseldorf 15. 5. 98 AiB 98, 594; *Müller* AiB 11, 259). Da nicht auszuschließen ist, dass in der Zeit zwischen Zuleitung des Vertrags oder Entwurfs an den BR und Anmeldung zum Handelsregister der ursprüngliche Vertragstext geändert worden ist, sollte der BR – falls ihm nicht der endgültige Text nochmals nach § 5 Abs. 3 UmwG zugeleitet worden ist (s. *Semler/Stengel* § 5 UmwG Rn 147) – den Empfang der Unterlage in der Weise bestätigen, dass er in seinem Bestätigungsschreiben das Datum des ihm zugeleiteten Vertragstextes nennt und auf die beigefügte Kopie dieses Textes Bezug nimmt. Weicht der beim Registergericht eingereichte Vertragstext in wesentlichen Punkten wie Auswirkungen auf die Unternehmensstruktur oder Folgen für die ArbN und ArbNVertr. von dem ursprünglichen, dem BR zugeleiteten Text ab, wird das Gericht hierin ein Eintragungshindernis unter dem Gesichtspunkt einer nicht geset-zeskonformen Beteiligung des BR sehen (*Bachner/Köstler/Matthießen/Trittin* § 4 Rn 284; *Semler/Stengel* § 5 UmwG Rn 147; *Müller* AiB 11, 259).

74 Bei **grenzüberschreitenden Verschmelzungen** kommen die vorgenannten Grundsätze ebenfalls zum Tragen. Das gewährleisten das **MgVG** vom 21. 12. 06 (s. Einleitung Rn 73 und § 1 Rn 182b) und die durch das **Zweite G zur Ände-rung des UmwG** vom 19. 4. 07 (s. Einleitung Rn 74) eingefügten §§ 122a ff. UmwG (s. auch *Engels* ArbuR 09, 10, 26 ff.).

75 Die Vorschrift des § 29 S. 1 **MgVG** stellt sicher, dass die Regelungen über **ArbN-Vertr.** und deren Strukturen (also das BetrVG, BR, GesBR, KBR, WiAusschuss, ArbNVertr. nach § 3) in einer beteiligten inländischen Gesellschaft, die durch die Verschmelzung als eigenständige juristische Personen erlischt, nach Eintragung der aus der grenzüberschreitenden Verschmelzung hervorgehenden Gesellschaft **fortbe-stehen,** selbst wenn deren Sitz in einem anderen MS liegt (BT-Drucks. 16/2922; s. Rn 19). Nach § 29 S. 2 MgVG hat die Leitung dieser Gesellschaft zu gewährleis-ten, dass ArbNVertr. ihre Aufgaben weiterhin wahrnehmen können. Folglich hat sie auch den WiAusschuss gem. §§ 106 ff. zu beteiligen. Da dieser den BR bzw. GesBR über die grenzübergreifende Verschmelzung zu unterrichten hat, ist der WiAusschuss vor dem BR bzw. GesBR zu informieren (*Engels* ArbuR 09, 10, 28); *Simon/Hinrichs* NZA 08, 391, 395 f.). Zu den bes. Informationsrechten des § 6 MgVG s. § 1 Rn 182b. und *Engels* ArbuR 09, 10, 28 f.).

76 Nach § 122c UmwG haben die Vertretungsorgane der beteiligten Gesellschaften einen gemeinsamen **Verschmelzungsplan** aufzustellen, der ua Angaben über die voraussichtlichen Auswirkungen der Verschmelzung auf die Beschäftigung enthalten muss. Er hat folglich Auskunft zu geben zB über geplante Entlassungen, Versetzun-gen, Weitergeltungen von TV, Verlagerung oder Zusammenlegung von Betrieben, Änderung der ArbNVertr.Struktur, geplante Abfederung der Maßnahme durch Inte-ressenausgleich, Beschäftigungs- und Sozialplan (*Bachner/Köstler/Matthießen/Trittin* § 4 Rn 267 ff.; *Engels* ArbuR 09, 10, 27).

77 In dem nach § 122e UmwG ebenfalls zu erstellenden **Verschmelzungsbericht** sind die Auswirkungen der grenzüberschreitenden Verschmelzung auf die Gläubiger und ArbN zu erläutern. In ihm sind die bereits im Plan enthaltenen Angaben zu konkretisieren und zu ergänzen. Sowohl der Verschmelzungsplan (umstr.; wie hier *Engels* ArbuR 09, 10, 26 f. mwN) als auch der Verschmelzungsbericht sind dem zu-ständigen BR, oder falls es keinen BR gibt, den ArbN der an der Verschmelzung beteiligten Gesellschaft spätestens einen Monat vor der Verslg. der Anteilsinhaber, die über die Zustimmung zum Verschmelzungsplan beschließen soll, zugänglich zu ma-chen (Näheres s. *Engels* ArbuR 09, 10, 26 ff.).

10. Änderung der Betriebsorganisation oder des Betriebszwecks (Nr. 9)

78   Unter **Betriebsorganisation** ist das bestehende Ordnungsgefüge für die Verbindung von Betriebszweck im Betrieb arbeitender Menschen und Betriebsanlagen mit dem Ziele der (optimalen) Erfüllung der Betriebsaufgaben zu verstehen, (so auch BAG 22. 5. 79 AP Nr. 3, 4 zu § 111 BetrVG 1972). Der **Betriebszweck** wird vom Unternehmer zur Erreichung der jeweiligen Unternehmensziele bestimmt; er ist Ergebnis der Absatz- und Produktionsplanung, durch die den Betrieben Aufgaben der Gütererzeugung oder der Dienstleistung zugewiesen werden.

79   Die Informationspflicht nach Abs. 3 Nr. 9 erfasst **jede** vom Unternehmer in Betracht gezogene **Änderung**, nicht nur – wie bei dem vergleichbaren Tatbestand in § 111 Nr. 4 (vgl. dort Rn 91 ff.) – geplante „grundlegende Änderungen" (DKKW-*Däubler* Rn 77; ErfK-*Kania* Rn 16; **aA** *Richardi/Annuß* Rn 55; vgl. § 111 Rn 90 ff.).

79a   Die in einem systemrelevanten Kreditinstitut, das in wirtschaftliche Schwierigkeiten geraten ist, durchzuführenden **Sanierungs-, Reorganisations-** oder **Restrukturierunsverfahren** nach Maßgabe des § 2 Abs. 1, § 7 KredReorgG, § 45 Abs. 2 S. 1 Nr. 7, S. 2 KWG (s. dazu Rn 38 a ff.) sind oftmals mit Änderungen der Betriebsorganisation verbunden.

11. Übernahme des Unternehmens mit Kontrollerwerb (Nr. 9 a)

80   Durch die mit Art. 4 des **Risikobegrenzungsgesetzes** (s. Rn 8 ff.) neu eingefügte Nr. 9 a wird der Katalog der wirtschaftlichen Angelegenheiten in Abs. 3 erweitert. Sie begründet für den Fall, dass es zu einer Unternehmensübernahme kommt und diese mit dem Erwerb der Kontrolle über das Unternehmen verbunden ist, eine rechtzeitige und umfassende Unterrichtung des WiAusschusses hierüber. Sie gilt unabhängig davon, ob ein börsennotiertes oder ein nicht börsennotiertes Unternehmen übernommen wird (vgl. *Joost* FS Kreutz S. 161, 164). Nach dem Wortlaut der Nr. 9 a ist eine Unternehmensübernahme im Wege des Erwerbs von Geschäftsanteilen oder Aktien an der Zielgesellschaft (Unternehmen) erfasst („share deal", also nicht der „asset deal": Erwerb von Vermögensgegenständen des Unternehmens; GK-*Oetker* Rn 82; *Richardi/Annuß* Rn 55 a; *Liebers/Erren/Weiß* NZA 09, 1063, 1064; *Vogt/Bedkowski* NZG 08, 725; **aA** MünchArbR-*Joost* § 231 Rn 34; *Joost* FS Kreutz S. 161, 165). Dabei erfolgt ein Wechsel der Anteilseigner (Gesellschafter); die Zielgesellschaft (Unternehmen) selbst bleibt durch diese Transaktion unberührt (*Seibt* Mergers & Acquisitions S. 5).

81   Nr. 9 a enthält gegenüber Nr. 10 eine **Spezialregelung** für Unternehmensübernahmen und geht ihr, soweit die Voraussetzungen der Nr. 9 a vorliegen, insoweit vor (vgl. GK-*Oetker* Rn 87, 88 f.; *Löwisch/Kaiser* Rn 35). Sie greift – anders als Nr. 10 – unabhängig davon, ob die Unternehmensübernahme die Interessen der ArbN des Unternehmens wesentlich berühren kann (GK-*Oetker* Rn 85); sie lässt die sich **allein auf gesellschaftsrechtlicher Ebene** vollziehenden Transaktionen für eine Unterrichtung des WiAusschusses ausreichen (vgl. *Schröder/Falter* NZA 08, 1097, 1099). Zum anderen setzt sie voraus, dass die Übernahme mit einer Änderung der Kontrolle über das Unternehmen verbunden ist, was Nr. 10 nicht fordert.

a) Kontrollerwerb

82   Vorbild für die Regelung der Nr. 9 a sind die übernahmerechtlichen Vorschriften des **WpÜG**. Dieses G gilt für börsennotierte Unternehmen. Es sieht bei Unternehmensübernahme umfangreiche und detaillierte Mitwirkungsrechte des zuständigen BR nach §§ 29, 34 iVm §§ 10 Abs. 5 S. 2, 14 Abs. 4 S. 2, § 27 vor (s. Rn 12). Für nicht börsennotierte Unternehmen gab es bisher keine derartigen speziellen Informationspflichten. Nunmehr soll die Belegschaft **nicht börsennotierter Unternehmen in gleicher Weise** über eine Unternehmensübernahme wie die ArbN börsennotierter Unternehmen unterrichtet werden, wenn sich die Kontrolle über das Unternehmen ändert (so Gesetzesbegründung BT-Drucks. 16/7438 S. 9). Das ist nach der Gesetzesbegründung (aaO S. 15) unter Hinweis auf § **29 Abs. 2 WpÜG** dann der Fall, wenn mindestens **30% der Stimmrechte** an dem Unternehmen gehalten werden.

Schon bei der seinerzeitigen Diskussion um die jetzt in Bezug genommene Vor- **83** schrift des § 29 Abs. 2 WpÜG ist befürchtet worden, dass eine starre Schwelle in § 29 Abs. 2 WpÜG unterschiedliche Gegebenheiten in einzelnen Gesellschaften nicht ausreichend berücksichtigen könne und deshalb für eine Kontrolle das Innehaben der einfachen Mehrheit der Stimmrechte oder die Hauptversammlungsmehrheit zu fordern sei (vgl. *Geibel/Süßmann* WpÜG § 29 Rn 17; *Mülbert* ZIP 01, 1221, 1225). Der Gesetzgeber hat sich dennoch **für** den **starren Schwellenwert** von 30% der Stimmrechte entschieden. Er ist davon ausgegangen, dass unter Berücksichtigung der üblichen Präsenzen in den Hauptversammlungen börsennotierter Unternehmen bei Erreichen eines solchen Schwellenwerts dort idR eine Mehrheit zu erzielen und damit die Ausübung von Kontrolle möglich sein dürfte (BT-Drucks. 14/7034 S. 53; *Geibel/Süßmann* WpÜG § 29 Rn 15).

Die gleiche Diskussion um eine starre Schwelle von **30%** der Stimmrechte zur **84** Vermutung der Kontrolle wird zur neuen **Nr. 9 a** geführt und diese Schwelle **für nicht börsennotierte Unternehmen abgelehnt** (ErfK-*Kania* Rn 16 a; *Düwell/Steffan* Rn 31; GK-*Oetker* Rn 85; *Richardi/Annuß* Rn 55 a; *Liebers/Erren/Weiß* NZA 09, 1063, 1064; *Löw* DB 08, 758, 759; *Schröder/Falter* NZA 08, 1097, 1099; *Simon/Dobel* BB 08, 1955, 1956; *Thüsing* ZIP 08, 106, 108). Noch während des Gesetzgebungsverfahrens ist in der **Literatur** der **Formulierungsvorschlag** gemacht worden festzuschreiben, dass es außerhalb des Anwendungsbereichs des WpÜG auf den Erwerb der Mehrheit der Stimmrechte an dem Unternehmen („des Eigentums an der Gesellschaft") ankommen soll (so *Thüsing* ZIP 08, 106, 108).

Diesem Vorschlag ist der **Gesetzgeber nicht gefolgt.** Auch im abschließenden **85** Bericht des federführenden Finanzausschusses (s. BT-Drucks. 16/9821 S. 10 ff.) ist die Frage nicht erörtert und sind keine von der Gesetzesbegründung zu Nr. 9 a abweichende Ausführungen gemacht worden. Das mit dem Risikobegrenzungsgesetz verfolgte Hauptanliegen, unerwünschte Aktivitäten von Finanzinvestoren zu erschweren und die **rechtlichen Voraussetzungen** für eine **bessere Information** aller Akteure zu verbessern (so Gesetzesbegründung BT-Drucks. 16/7438 S. 8), ist nach Ansicht des Gesetzgebers für den WiAusschuss am ehesten im Wege einer **generalisierenden Betrachtungsweise** mit Hilfe einer festen und ausschließlich quantitative **Schwelle von 30% der Stimmrechte** zu erreichen.

Die Schwelle von 30% der Stimmrechte gilt also grundsätzlich **sowohl** für **bör- 86 sennotierte** als auch für **nicht börsennotierte Unternehmen,** um die Unterrichtung des WiAusschusses bei Unternehmensübernahme nach Nr. 9 a auszulösen (**aA** die in Rn 84 genannten Autoren; bei *Löw* und *Thüsing* unklar, ob dies auch für AGs gilt). Die oftmals zu beobachtende Interdependenz von 30% der Stimmrechte einerseits und Kontrollerwerb andererseits bei börsennotierten Unternehmen (s. Rn 83) dürfte weitgehend auch auf nicht börsennotierte **AG** wegen der jeweils geltenden Gesellschaftsform zutreffen (ähnlich *Fleischer* ZfA 09, 787, 814 f., der eine widerlegliche Kontrollvermutung annimmt).

Abweichungen von dem Grundsatz einer uneingeschränkten Geltung des Schwel- **87** lenwertes von 30% der Stimmrechte sind in **Ausnahmefällen** bei nicht börsennotierten Unternehmen denkbar. Wenn ein solches Unternehmen darlegen kann, dass mit dem Erwerb von 30% der Stimmrechte offensichtlich keine Änderung der Kontrolle über das Unternehmen verbunden ist, findet Nr. 9 a keine Anwendung. Das ist zB bei einer Familien-GmbH der Fall, dessen Mehrheitseigentümer weiterhin über eine 70%-Beteiligung verfügt und damit offensichtlich keine Kontrolländerung eintritt (vgl. *Thüsing* ZIP 08, 106, 108). Umgekehrt kann der Erwerb von zB 10% der Stimmrechte bei Streubesitz im übrigen zur Kontrollausübung ausreichen (vgl. GK-*Oetker* Rn 85).

88 In Fällen, in denen **kein Wechsel** der **Kontrolle** über das Unternehmen erfolgt, ist Nr. 10 anwendbar, soweit deren Voraussetzungen erfüllt sind (GK-*Oetker* Rn 87, 89; *Löwisch/Kaiser* Rn 35; **aA** *Simon/Dobel* BB 08, 1955, 1956).

89 Wird die Kontrolle über eine **Konzernmuttergesellschaft** erworben, wird indirekt auch die Kontrolle über die Tochtergesellschaft(en) erlangt. Dieser **indirekte Kontrollerwerb** erfüllt nicht den Tatbestand der Nr. 9 a bez. der Tochtergesellschaft(en). Es fehlt hier an einer Unternehmensübernahme. Diese setzt eine Veränderung in der Gesellschafterstruktur voraus. Der Erwerb von Geschäftsanteilen (ausschließlich) an der Muttergesellschaft lässt die Gesellschafterstruktur der Tochtergesellschaft(en) unberührt (vgl. GK-*Oetker* Rn 86; *Richardi/Annuß* Rn 55 a; MünchArbR-*Joost* § 231 Rn 36; *Liebers/Erren/Weiß* NZA 09, 1063, 1065; *Simon/Dobel* BB 08, 1955, 1956; *Vogt/Bedkowski* NZG 08, 725, 727). Allerdings ist beim indirekten Kontrollerwerb Nr. 10 zu beachten. Hält dagegen die Konzernmuttergesellschaft mindestens 30% der Anteile an einer, mehreren oder allen Tochtergesellschaften, dann verändert sich auch deren Gesellschafterstruktur in einer Weise, die einen **direkten Kontrollerwerb** über die jeweiligen Tochtergesellschaften darstellt und eine Unterrichtungspflicht auch gegenüber den dortigen WiAusschüsse nach Nr. 9 a begründet (s. auch Rn 100; **aA** wohl *Vogt/Bedkowski* NZG 08, 725, 727: zu undifferenziert).

b) Unterrichtungspflicht des Unternehmers

90 Die Pflicht zur Unterrichtung des WiAusschusses über die Unternehmensübernahme obliegt dem Unternehmer (vgl. Rn 28 ff.), also dem Vorstand oder der Geschäftsführung der zu übernehmenden Gesellschaft (Zielgesellschaft). Die Übernahme des Unternehmens erfolgt mittels **Veräußerung** der **Gesellschaftsanteile** an der Zielgesellschaft durch die **Gesellschafter,** nicht durch den Unternehmer. Aus dieser Personenverschiedenheit von unterrichtungsverpflichtetem Unternehmer einerseits und Veräußerer der Geschäftsanteile andererseits ergeben sich aber aufgrund der **Rechtslage** und der **einschlägigen Praxis** in aller Regel keine größeren Probleme für die Geschäftsleitung der Zielgesellschaft, den WiAusschuss über die Unternehmensübernahme und ihre Modalitäten zu unterrichten (vgl. *Löwisch/Kaiser* Rn 45; **aA** DKKW-*Däubler* Rn 77 b; MünchArbR-*Joost* § 231 Rn 37; *Löw* DB 08, 758 f.; *Simon/Dobel* BB 08, 1955, 156; *Schröder/Falter* NZA 08, 1097, 1099; *Thüsing* ZIP 08, 106 ff.; *Vogt/Bedkowski* NZG 08, 725, 727).

91 Bei **börsennotierten** Unternehmen hat der Bieter nach §§ 29, 34 iVm §§ 10 Abs. 5 S. 1, 14 Abs. 4 S. 1 WpÜG den Vorstand der Zielgesellschaft über die Unternehmensübernahme ausführlich zu unterrichten (ebenso *Simon/Dobel* BB 08, 1955, 1956; unzutreffend *Schröder/Falter* NZA 08, 1097, 1099), so dass er in der Lage ist, den WiAusschuss über die Unternehmensübernahme zu unterrichten. Außerdem treffen die Hinweise in Rn 92 ff auch auf börsennotierte Unternehmen zu.

92 Bei **nicht börsennotierten** Unternehmen bestehen idR ebenfalls **keine Probleme** (**aA** *Löw* DB 08, 758 f.; *Simon/Dobel* BB 08, 1955, 156; *Schröder/Falter* NZA 08, 1097, 1099; *Thüsing* ZIP 08, 106 ff.). Die Geschäftsleitungen dieser Unternehmen sind in **rechtlicher** und **tatsächlicher** Hinsicht so stark in die Übernahme eingebunden, dass sie ihre Unterrichtungspflichten gegenüber dem WiAusschuss nachkommen können (vgl. *Nagel/Hopfe* ZIP 10, 817 f.); ein Informationsanspruch gegenüber dem potentiellen Erwerber besteht nicht (*Fleischer* ZfA 09, 787, 800 ff.).

93 Gem. § 76 AktG liegt die Geschäftsführungsbefugnis einer (nicht börsennotierten) **AG** allein beim Vorstand. Zu den **Geschäftsführungsmaßnahmen** gehört auch der **Erwerb** bzw. die **Veräußerung** von **Beteiligungen** (*Hüffer* AktG § 76 Rn 15 f.). Ebenso obliegt den Geschäftsführern einer **GmbH** auch ohne ausdrückliche Regelung im GmbHG die Geschäftsführung der Gesellschaft zur Wahrnehmung der operativen Leitungsaufgaben, zu denen auch der Beteiligungserwerb zählt (hM; *Baumbach/Hueck* GmbHG § 35 Rn 87). Es kommt noch hinzu, dass in 80% und mehr der

Gesellschaften alle **Geschäftsführer** zugleich **Gesellschafter** sind (*Baumbach/Hueck* GmbHG Vor § 35 Rn 4).

Eine Veräußerung größerer Gesellschaftsanteile ohne Wissen der Geschäftsleitung **94** des Zielunternehmens ist unrealistisch. Ganz überwiegend werden Kontakte unmittelbar durch **Absprachen** auf **Vorstands-** oder **Geschäftsführungsebene** geknüpft. **Käufer** von Gesellschaftsanteilen sind auf die **Zusammenarbeit** mit der **Geschäftsleitung** der Zielgesellschaft angewiesen (vgl. *Fleischer* ZfA 09, 787, 795). Diese verfügt über die für einen Kauf interessanten Informationen aus dem operativen und strategischen Bereich. Aus den Verhandlungen und Gesprächen lassen sich für die Geschäftsleitung Rückschlüsse über die mit der beabsichtigten Übernahme verfolgten Ziele ziehen, wenn diese nicht ohnehin offen angesprochen werden.

Bei Übernahmen durch **Finanzinvestoren** ist die Einbindung des Management **95** der Zielgesellschaft sogar von größter Bedeutung. **Private-Equity-Transaktionen** sind nur erfolgreich, wenn es gelingt, die Geschäftsleitung der Zielgesellschaft auf einen **gemeinsamen Businessplan** festzulegen, der in der Investmentzeit realisiert werden soll (s. *Fleischer* ZfA 09, 787, 796). Ist die wirtschaftliche Übereinstimmung (sog. Alignment) zwischen Finanzinvestor und operativem Management ein Kernelement dieser Transaktionen (*Eilers/Koffka/Mackensen* S. 8 Rn 16, S. 9 Rn 20, S. 11 Rn 27, S. 338 f. Rn 1, 5 f.), folgen daraus nicht nur umfangreiche Kenntnisse, sondern darüber hinaus große Einflussmöglichkeiten der Geschäftsleitung der Zielgesellschaft auf die zukünftige Planungen des Unternehmens.

Häufig werden bei (insb. freundlichen) Übernahmen ein sog. **Business Com-** **96** **bination Agreement** zwischen Bieter und Zielgesellschaft abgeschlossen. Hierin werden Eckpunkte des Übernahmeangebots geregelt, insb. Gegenleistung und Bedingungen, Absichten des Bieters bez. der Zielgesellschaft, etwaige Folgen der Übernahme für die ArbN und ihre Vertretungen sowie die Verpflichtung der Zielgesellschaft, das Übernahmeangebot zu unterstützen (*Seibt* Mergers & Acquisitions S. 129). Auch hier ist die Geschäftsleitung der Zielgesellschaft zu einer Unterrichtung des WiAusschusses in der Lage.

Bei der Veräußerung von Tochtergesellschaften größerer Konzerne werden übli- **97** cherweise auf beiden Seiten **Verhandlungskommissionen** gebildet. Verhandlungsführer sind, abhängig von der Bedeutung des Veräußerungsobjekts, oft ein oder mehrere Personen auf Vorstands- oder Geschäftsführerebene. Hinzukommen die jeweiligen Fachleute aus den Abteilungen für Finanzen, Planung sowie Marketing und Vertrieb.

Ohne Einschaltung und Mitwirkung der Geschäftsleitung der Zielgesellschaft **98** könnte auch keine **due diligence,** die einen Unternehmenskauf vorbereitende Prüfung des Kaufobjekts (vgl. dazu *Eilers/Koffka/Mackensen* S. 34 ff. Rn 1 ff.; WHSS-*Seibt/Hohenstatt* K Rn 20 ff.; *Fleischer* ZfA 09, 787, 795), erfolgen, wobei dies vor allem für die immer häufiger vom Verkäufer durchgeführte vendor due diligence (*Eilers/Koffka/Mackensen* S. 36 Rn 3) zutrifft. Da die due diligence vor allem auch **zukunftsbezogen** ist und der Evaluation bzw. Bestimmung einer angemessenen Gegenleistung und der Transaktionsstruktur dient (*Seibt* Mergers & Acquisitions S. 83, 106 f.), ist die Geschäftsleitung der Zielgesellschaft über die Modalitäten der beabsichtigte Unternehmensübernahme und die damit verbundene Zielsetzung des Käufers informiert. Sie verfügt über die für eine Unterrichtung des WiAusschusses erforderlichen Kenntnisse

Aus alledem folgt, dass in der Praxis die Geschäftsleitung der Zielgesellschaft sehr **99** stark in die Veräußerung von Gesellschaftsanteilen involviert und sie damit auch in **nicht börsennotierten Unternehmen in der Lage** ist, ihre Pflicht zur **Unterrichtung des WiAusschusses** über die Unternehmensübernahme zu erfüllen.

In Ausnahmefällen ist **mangelnde Kenntnis** der **Zielgesellschaft** von einer dro- **100** henden Übernahme – theoretisch – denkbar: Die Konzernmuttergesellschaft hält Anteile an einer nicht börennotierten Tochtergesellschaft und will 30 % ihrer Anteile an der Tochtergesellschaft veräußern, ohne deren Geschäftsleitung einzubeziehen. Diese verfügt dann nicht über die für eine Unterrichtung des WiAusschusses erforderlichen

Kenntnisse. Um den Unterrichtungsanspruch des WiAusschusses nach Nr. 9 a nicht leer laufen zu lassen, ist in **Anlehnung** an die Rspr. des **EuGH** (15. 7. 04 AP Nr. 5 zu § 5 EBRG) zur Bildung eines **EBR** von einer Verpflichtung der **Muttergesellschaft** auszugehen, der Geschäftsleitung der **Tochtergesellschaft** die **Auskünfte** zu erteilen, die sie dem dortigen WiAusschuss schuldet (im Ergebnis ähnlich GK-*Oetker* Rn 110; aA *Löw* DB 08, 758, 759; s. auch § 109 a Rn 8 zu einem anderen Lösungsweg).

101　　Dies entspricht sinngemäß einem Beschl. des **LAG Nürnberg** vom 21. 2. 02 (NZA-RR 02, 247): Die Muttergesellschaft mit Sitz im Ausland hat entschieden, den ArbN einer Tochtergesellschaft Aktienoptionen zu gewähren. Gegenüber dem vom BR geltend gemachte MBR nach § 87 Abs. 1 Nr. 10 kann sich die Geschäftsleitung der Tochtergesellschaft nicht darauf berufen, sie habe keine Kenntnis von den Verteilungsgrundsätzen der Muttergesellschaft. Das **MBR** des BR **scheitere nicht** daran, dass die Geschäftsleitung der Tochtergesellschaft **nicht über alles** die **eigene Firma Betreffende** informiert werden.

c) Rechtzeitige Unterrichtung und Beratung

102　　Die Unterrichtung über die Unternehmensübernahme hat **rechtzeitig** zu erfolgen (s. Rn 30 ff.). Die Ansicht, die Geschäftsleitung schulde schon deshalb keine rechtzeitige Unterrichtung, weil die Unternehmensübernahme kein mitbestimmungspflichtiger Vorgang sei (so *Schröder/Falter* NZA 08, 1097, 1098), verkennt, dass auch andere Tatbestände des Abs. 3 (zB Nr. 1–3) nicht der MB des BR unterliegen und dennoch Gegenstand einer rechtzeitigen Information sind (hM). Ebensowenig kann die Pflicht zur rechtzeitigen Unterrichtung mit der fehlenden Wechselwirkung zwischen Unternehmensübernahme und erheblichen sozialen Auswirkungen begründet werden. Allein die gesellschaftrechtlichen Vorgänge einer Unternehmensübernahme mit Kontrollerwerb lösen die Verpflichtung zur rechtzeitigen Unterrichtung aus (Rn 81; *Thüsing* ZIP 08, 106; aA *Schröder/Falter* aaO).

103　　Zur **Bestimmung** der **Rechtzeitigkeit** gibt es wegen der Vielgestaltigkeit der Tatbestände einer Unternehmensübernahme und ihrer Begleitumstände (vgl. Rn 92 ff.) keinen allgemeingültigen Maßstab. Es kommt auf den konkreten Einzelfall an, wie die Unternehmensübernahme erfolgt und von der Geschäftsleitung der Zielgesellschaft mitgestaltet oder begleitet wird. **Spätestens** ist der WiAusschuss immer dann zu unterrichten, **bevor** die Vertragsbedingungen für die Übernahme und ihre Gestaltung **bindend geregelt** werden (*Löwisch/Kaiser* Rn 42; WHSS-*Schweibert* C Rn 403 d; *Liebers/Erren/Weiß* NZA 09, 1063, 1067; s. auch *Nagel/Hopfe* ZIP 10, 817, 818). Nur so kann der WiAusschuss sein Beratungsrecht (Abs. 1 S. 2) sinnvoll ausüben und auf den Willenbildungsprozess der Geschäftsleitung, die in rechtlicher und tatsächlicher Hinsicht über weitreichende Mitgestaltungsbefugnisse bei der Übernahme verfügt (s. Rn 92 ff.; aA *Thüsing* ZIP 08, 106 f.; *Vogt/Bedkowski* NZG 08, 725, 728), Einfluss nehmen (GK-*Oetker* Rn 100 f.).

104　　Zieht sich die Unternehmensübernahme länger hin und wird wegen ihrer Komplexität in mehreren, thematisch gegliederten Teilbereichen (zB Finanzen einschließlich Gegenleistung für die Übernahme und Sicherheitsleistungen, Investitionen, Umweltschutz, künftige Geschäftätigkeit, Standortfragen; vgl. § 10 Abs. 2 WpÜG) zeitlich versetzt verhandelt, so ist der WiAusschuss **vor Abschluss** der jeweiligen Verhandlung der Einzelthemen von der Geschäftsleitung, also **mehrmals sukzessiv** zu **unterrichten.** Eine mehrmalige sukzessive Informationspflicht entsteht auch dann, wenn sich der Kreis der potentiellen Erwerber im Laufe des Prozesses erweitert.

105　　Ein **früherer** als der in Rn 103 genannte **Zeitpunkt** für eine rechtzeitige Unterrichtung ergibt sich, wenn **Handlungen** der Geschäftsleitung im **Vorfeld** der Übernahme **präjudizierende Wirkung** auf die spätere Gestaltung der Unternehmensübernahme bzw. der diesbez. Vertragsbedingungen haben. Dann hat die Geschäftsleitung eine Unterrichtung und Beratung des WiAusschusses vor Schaffung dieser Tatbestände durchzuführen. Das ist zB bei der Festlegung eines gemeinsamen **Businessplans** mit dem Erwerber (Rn 95) oder dem Abschluss eines **Business Combination Agreement** (Rn 96) der Fall.

Gleiches gilt bei einer Verpflichtung zur Annahme eines Übernahmeangebots. Ein **106** solches häufig im Vorfeld eines Übernahmeverfahrens vereinbartes **Irrevocable Undertaking** ist ein rechtsverbindlicher Vorvertrag, der zum Abschluss eines Kauf- und Übertragungsvertrages über die von Aktionären an der Zielgesellschaft gehaltenen Aktien auf der Grundlage des Übernahmeangebots und gem. den in der Angebotsunterlage niedergelegten Bedingungen verpflichtet (*Seibt* Mergers & Acquisitions S. 835 ff.). Er wird idR innerhalb des gesetzl. Referenzzeitraums für maßgebliche Vorerwerbe von 6 Monaten vor der Veröffentlichung der Angebotsunterlage (vgl. § 31 Abs. 6 WpÜG, § 4 WpÜG-AngebotsVO) geschlossen (*Seibt* aaO S. 837).

Bei **freundlichen Übernahmeangeboten** insb. durch **Private Equity** werden **107** ebenfalls die Übernahme und ihre Modalitäten schon **vor** dem **Bieterverfahren** festgelegt (*Eilers/Koffka/Mackensen* S. 131 Rn 18). Bieter und Zielgesellschaft treffen vor der Veröffentlichung der Übernahmeabsicht durch den Bieter (§ 10 Abs. 1 WpÜG) eine **Vereinbarung** über die Eckpunkte des Übernahmeangebots. In ihr werden typischerweise Absichtserklärungen bzw. **Zusagen** hinsichtlich künftiger **Unternehmenspolitik,** Strategie, Standorte, **Arbeitsplätze** usw. gegeben (*Eilers/Koffka/Mackensen* S. 131 Rn 18 f.).

Die in Rn 95 ff. geschilderte **Praxis** belegt, dass bei der Übernahme **börsenno-** **108** **tierter Unternehmen** nicht generell von einer rechtzeitigen Unterrichtung ausgegangen werden kann, wenn sie zeitgleich mit der schriftlichen Mitteilung des Bieters über die Veröffentlichung seines Übernahmeangebots und Zuleitung der Angebotsunterlage an den Vorstand des Zielunternehmens (§§ 10 Abs. 5, 14 Abs. 4 WpÜG) erfolgt (so aber *Simon/Dobel* DB 08, 1955, 1957). Es wird schon übersehen, dass die genannten Vorschriften des WpÜG nur den Zeitpunkt für die Vorlage von Unterlagen an den zutreffenden BR betreffen, **nicht** den **Zeitpunkt** der **Unterrichtung** des **WiAusschusses,** der nach dem BetrVG ohnehin vor dem BR einzuschalten ist (vgl. GK-*Oetker* Rn 102; **aA** *Schröder/Falter* NZA 08, 1097, 1100).

Der **vorzeitigen Information** des WiAusschuss steht auch **§ 14 Abs. 2 S. 2** **109** **WpÜG nicht entgegen,** der eine Bekanntgabe der Angebotsunterlage vor ihrer Veröffentlichung verbietet (**aA** *Schröder/Falter* aaO). Dieses Verbot steht in innerem Zusammenhang mit der Aufsichtsfunktion der Bundesanstalt für Finanzdienstleistungen und hat nur verfahrensrechtlichen Charakter. Es schließt die gängige Praxis nicht aus, die Angebotsunterlage bereits im Vorfeld dem Vorstand der Zielgesellschaft zwecks Prüfung, Einschaltung von WiAusschuss und zuständigem BR sowie Erarbeitung einer Empfehlung für die Wertpapierinhaber zwecks Annahme des Angebots zuzuleiten (*Geibel/Süßmann* WpÜG § 14 Rn 42 ff., 44).

Als Fazit ist festzuhalten: Eine **rechtzeitige** Unterrichtung des WiAusschusses setzt **110** voraus, dass **vor Abschluss** einer dem Bieterverfahren **vorgelagerten Vereinbarung** oder Zusage über Eckpunkte des Übernahmeangebots von der Zielgesellschaft zu unterrichten ist.

Ohne derart frühzeitige Festlegungen kann bei einem Auktionsverfahren der ent- **111** scheidende Zeitpunkt für eine rechtzeitige Unterrichtung auch schon nach dem **positiven Abschluss** der **due diligence** liegen, wenn die konkreten Vertragsverhandlungen begonnen haben. Dann ist die Erwerbsabsicht hinreichend konkret und potentielle Erwerber sind in der Lage, zB etwas zu der von ihnen beabsichtigten künftigen Geschäftstätigkeit des Unternehmens zu sagen (ErfK-*Kania* Rn 6 a; *Düwell/ Steffan* Rn 19; *Löw* DB 08, 758, 760; **aA** *Schröder/Falter* NZA 08, 1097, 1099 f.; *Simon/Dobel* BB 08, 1955, 1957). In jedem Fall **zu spät** ist der Zeitpunkt des **Zuschlags** an einen der potentiellen Erwerber; dann ist kein sinnvoller Dialog mit dem WiAusschuss über verschiedene Alternativen mehr möglich.

Eine rechtzeitige Unterrichtung hat außerdem so frühzeitig zu erfolgen, dass für **112** den WiAusschuss ausreichend Zeit für eine **Beratung** der Übernahme mit dem Unternehmer nach Abs. 1 S. 2 verbleibt (**aA** – keine Beratung – GK-*Oetker* Rn 112 ff.; *Liebers/Erren/Weiß* NZA 09, 1063, 1067; *Löw* DB 08, 758, 760; *Simon/Dobel* BB 08, 1955, 1957; *Thüsing* ZIP 08, 106, 107; *Vogt/Bedkowski* NZG 08, 725, 728). Eine Beratung ist **erforderlich,** um der Geschäftsleitung des Zielunternehmens die Haltung der Belegschaft zu der Übernahme darzulegen, sie für arbeitnehmerfreundlichere Modalitäten der Übernahme zu gewinnen und ihr Gründe aus ArbNSicht zu nennen, die für einen bestimmten Erwerber sprechen. Eine Beratung ist auch **sinnvoll;** denn sowohl nach der Rechtslage (Rn 92 f.), vor allem aber auch nach der Verfahrenspraxis (s. Rn 94 ff.) verfügen die Geschäftsleitungen über erheblichen Einfluss und Gestaltungsmöglichkeiten bei Unternehmensübernahmen, die es seitens des WiAusschusses zugunsten der ArbN zu nutzen gilt.

113   Den Handlungsmöglichkeiten der Geschäftsleitung des Zielunternehmens steht § 33 WpÜG nicht entgegen (**aA** *Thüsing* ZIP 08, 106, 107). Es gibt weder eine kapitalmarktrechtliche noch eine aktienrechtliche **Neutralitätspflicht,** nach der sich Vorstand und AR der Zielgesellschaft „neutral" zu dem Übernahmeangebot zu verhalten hätten (*Geibel/Süßmann* WpÜG § 33 Rn 10 ff.; *Hüffer* AktG § 76 Rn 15 d ff.). Sie können vielmehr für oder gegen das Angebot Stellung nehmen und Maßnahmen zur Abwehr eines Angebots ergreifen, zB sich um einen **„weißen Riesen"** bemühen, im Rahmen der Geschäftsführungsbefugnis des Vorstands gem. § 76 AktG oder auf Grundlage von Ermächtigungsbeschlüssen der Hauptversammlung Handlungen vornehmen oder Geschäfte tätigen, durch die der Bieter objektiv behindert werden kann, oder die Hauptversammlung einberufen, um weitere Maßnahmen zu beschließen (*Geibel/Süßmann* aaO).

d) Erforderliche Unterlagen

114   Der durch Art. 4 des **Risikobegrenzungsgesetzes** (s. Rn 8 ff.) in **Abs. 2** angefügte **S. 2** konkretisiert unter dem Gesichtspunkt einer umfassenden Unterrichtung (s. Rn 23 ff.) die dem WiAusschuss bei der Unternehmensübernahme zusätzlich vorzulegenden erforderlichen Unterlagen. Hierzu gehören insb. Unterlagen mit Angaben über den potenziellen Erwerber und dessen Absichten hinsichtlich der künftigen Geschäftstätigkeit des Unternehmens sowie die sich daraus ergebenden Auswirkungen auf die ArbN. Gleiches gilt, wenn der Unternehmensübernahme ein Bieterverfahren vorgeschaltet ist.

115   Indem der neue S. 2 die erforderlichen Unterlagen ausdrücklich benennt, wird erstmalig im BetrVG dem Unternehmer die Vorlage eines **bestimmten Mindestkatalogs** von **Unterlagen** auferlegt. Das hat zur weiteren Folge, dass dann, wenn Unterlagen mit den verlangten Angaben nicht existieren, diese **zu erstellen sind** (*Thüsing* ZIP 08, 106, 107 f.; wohl auch *Liebers/Erren/Weiß* NZA 09, 1063, 1066; **aA** MünchArbR-*Joost* § 231 Rn 37; *Fleischer* ZfA 09, 787, 797; *Simon/Dobel* BB 08, 1955 1957). Das kann bei der Übernahme nicht börsennotierter Unternehmen, für die das WpÜG (vgl. dessen § 11) mit seiner Verpflichtung zur Erstellung derartiger Unterlagen nicht gilt, eine Rolle spielen.

116   Unerheblich ist, ob es sich um Unterlagen des Unternehmers oder des Erwerbers handelt. Entscheidend ist, dass sie die geforderten **Mindestangaben** enthalten.

117   Dazu gehört die Angabe über den **potentiellen Erwerber.** Das sind Personen, die in **konkrete Vertragsverhandlungen** eintreten und damit ihre Erwerbsabsicht dartun. Entspr. gilt bei Durchführung eines Bieterverfahrens. In einem üblichen **Bieterverfahren** (Versand von Informationsmaterial, Abgabe unverbindlicher Gebote, Einsicht in Unternehmensunterlagen, Abgabe der sog. Binding Offers – verbindliche Angebote, dann Vertragsverhandlungen und anschließend Entscheidung über den Verkauf), sind nur diejenigen potentielle Erwerber, die ein **verbindliches Angebot** abgeben. Bloße Interessenbekundungen reichen nicht aus (Bericht des Finanzausschusses BT-Drucks. 16/9821 S. 11; *Löwisch/Kaiser* Rn 42).

Potentielle Erwerber sind auch Erwerber, die bereits **im Vorfeld Zusagen** oder 118
Absichtserklärungen hinsichtlich der Unternehmensübernahme und ihre Modalitäten
machen. Das ist insb. der Fall bei der Festlegung eines **Businessplans** (s. Rn 95, 105)
oder der **späteren Unternehmenspolitik** (s. Rn 107) sowie beim Abschluss eines
Business Combination Agreement (Rn 96) oder eines **Irrevocable undertaking** (Rn 106).

Hat das Unternehmen die Wahl zwischen **mehreren potentiellen Erwerbern,** 119
hat es dem WiAusschuss die geforderten Angaben gem. Abs. 2 S. 2 zu allen potentiellen Erwerbern zu machen (vgl. BT-Drucks. 16/9821 S. 11). Nur dann kann der
WiAusschuss sich im Rahmen der Beratung mit dem Unternehmen für den aus Sicht
der Belegschaft vorzugswürdigen Erwerber aussprechen.

Die in Abs. 2 S. 2 geforderten **Unterlagen** mit Angaben über die potentiellen Er- 120
werber und ihre Absichten bereiten bei Übernahme **börsennotierter Unternehmen** keine größeren Schwierigkeiten. Diese und noch weitere Angaben müssen im
Übernahmeangebot gem. § 11 Abs. 2 iVm § 39 WpÜG enthalten sein. Allerdings
sind die Unterlagen mit diesen Informationen dem WiAusschuss rechtzeitig, idR
vor der **Veröffentlichung** des Übernahmeangebots vorzulegen (vgl. Rn 102ff.,
Rn 108). Das betrifft auch diejenigen Angaben in § 11 Abs. 2 WpÜG, die in Abs. 2
S. 2 nicht ausdrücklich erwähnt, aber aufgrund der dortigen **Insbesondere-Regelung** (nicht abschließender Mindestkatalog) wegen ihrer Bedeutung miterfasst sind.

Das gilt insb. für Angaben zur **finanzielle** und **wirtschaftliche Bedeutung** der 121
Übernahme für die Zielgesellschaft. Diese bemisst sich, wie **§ 11 Abs. 2 S. 2 Nr. 4**
und **S. 3 Nr. 1** iVm § 39 WpÜG für das **Übernahmeangebot** festlegt, entscheidend danach, wie geartet und wie hoch die für die Wertpapiere der Zielgesellschaft
gebotene **Gegenleistung** aussieht, wie sichergestellt wird, dass dem Bieter die zur
Erfüllung des Angebots notwendigen Mittel zur Verfügung stehen und welche Auswirkungen eines erfolgreichen Übernahmeangebots auf die Vermögens-, Finanz- und
Ertragslage des Bieters haben. Unterlagen mit entspr. Angaben sind dem WiAusschuss
vorzulegen, damit er sich ein Bild von der finanzielle und wirtschaftlichen Potenz der
Erwerber machen kann (GK-*Oetker* Rn 109; *Löwisch/Kaiser* Rn 43; MünchArbR-*Joost* § 231 Rn 37; **aA** *Löw* DB 08, 758, 760).

Sollten **Unterlagen** mit vorstehenden Angaben vor der Veröffentlichung des 122
Übernahmeangebots noch nicht existieren, sind sie von der Geschäftleitung des Zielunternehmen **zu erstellen** (s. Rn 115). Dazu ist sie aufgrund ihrer rechtlichen und
tatsächlichen Einbindung in den Prozess der Unternehmensübernahme (s. Rn 91ff.)
in der Lage.

Vorzulegen ist dem WiAusschuss auch die dem Vorstand und AR der Zielgesell- 123
schaft nach **§ 27 WpÜG** obliegende **begründete Stellungnahme** zu den voraussichtlichen Folgen eines erfolgreichen Übernahmeangebots für die Zielgesellschaft,
die ArbN und ihre Vertretungen, die Beschäftigungsbedingungen und die Standorte
der Zielgesellschaft (Engels ArbuR 09, 10, 66). Vor Abgabe dieser Stellungnahme ist
deren Inhalt mit dem WiAusschuss zu beraten. Der Stellungnahme kann der WiAusschuss entnehmen, ob und inwieweit der Vorstand seine Anregungen übernommen
hat und wie er den BR bei dessen Stellungnahme (s. § 27 Abs. 2 WpÜG; *Engels*
ArbuR 09, 10, 66) am besten argumentativ unterstützt.

Aufgrund des angestrebten Gleichklangs zwischen den Informationen in börsenno- 124
tierten Unternehmen und nicht börsennotierten Unternehmen (Gesetzesbegründung
BT-Drucks. 16/7438 S. 9) hat der WiAusschuss in **nicht börsennotierten Unternehmen** Anspruch auf Vorlage von Unterlagen mit Angaben, die denen in § 11
Abs. 2 WpÜG **genannten** entsprechen.

Dazu gehört insb. der **Vertrag** zur **Veräußerung** der **Gesellschaftsanteile** (ArbG 125
Berlin AiB 11, 260; *Peter* AiB 11, 261f.; s. aber Rn 126). Er gibt Aufschluss über die
Gegenleistung (ua Kaufpreis) und evt. auch über die Sicherheitsleistungen des Käufers. Die Kenntnis dieser Daten und die Möglichkeit ihrer Bewertung sind für den
Willensbildungsprozess innerhalb des WiAusschusses, ob er sich gegenüber der Ge-

schäftsleitung für oder gegen den Erwerber oder einen bestimmten Erwerber aussprechen soll, von großer Bedeutung.

126 Die **Gegenansicht** (*Löwisch/Kaiser* Rn 40; MünchArbR-*Joost* § 231 Rn 37; *Löw*
DB 08, 758, 760; *Simon/Dobel* BB 08, 1955, 1957 f.; *Schröder/Falter* NZA 08,
1097 f.), die eine Pflicht zur Vorlage des Veräußerungsvertrags verneint, beruft sich
auf eine alte Entscheidung des BAG (22. 1. 99 AP Nr. 9 zu § 106 BetrVG 1972), die
angesichts der neuen Nr. 9 a überholt ist. Die seinerzeit entscheidungserhebliche
Nr. 10 mit ihrer beschränkten Generalklausel (vgl. dazu Rn 130 ff.) ist durch die Spezialvorschrift der Nr. 9 a verdrängt worden (s. Rn 81). Diese erklärt den gesellschaftrechtlichen Vorgang der Unternehmensübernahme als solchen zur wirtschaftlichen
Angelegenheit. Damit wird der Veräußerungsvertrag automatisch zu einer vorlage-
pflichtigen Unterlage gem. Abs. 2 S. 2, die auch Gegenstand der Beratung nach
Abs. 1 S. 2 ist (**aA** *Simon/Dobel* aaO, die Einflussmöglichkeiten des WiAusschusses
gem. Rn 93 ff. übersehen).

127 Soweit die Geschäftsleitung **nicht börsennotierter Unternehmen** über keine
Unterlagen über die Absichten der potentiellen Erwerber bez. der beabsichtigten
Geschäftstätigkeit des Unternehmens und die sich ergebenden Auswirkungen auf die
ArbN verfügt, hat sie diese zu **erstellen** (s. Rn 115) und ist dazu auch in der Lage (s.
Rn 122, 91 ff.).

128 Die Unterlagen müssen vor allem Angaben über Sitz und Standort wesentlicher
Unternehmensteile und über die beabsichtigte Verwendung des Vermögens des Zielunternehmens sowie über dessen künftige Verpflichtungen enthalten. Außerdem
haben sie über die **Situation** der **ArbN** und ihrer Vertretungen sowie über geplante
wesentliche Änderungen der Beschäftigungsbedingungen einschließlich der insoweit
vorgesehenen Maßnahmen zu informieren (vgl. GK-*Oetker* Rn 109; MünchArbR-
Joost § 231 Rn 37; *Liebers/Erren/Weiß* NZA 09, 1063, 1066). Dem Erwerber obliegen
also Angaben auch über die **mittelbaren Folgen** der **Übernahme,** wie zB über
Gründung oder Entflechtung eines Konzerns, Zusammenlegung oder Spaltung von
Unternehmen oder Betrieben, Vergrößerung, Verkleinerung oder Verlust von BR-
Gremien, Geltung von TV und BV, Personalabbau und die insoweit beabsichtigten
Maßnahmen zur Vermeidung oder Abfederung von wirtschaftlichen Nachteilen der
betroffenen ArbN (so zum entspr. heranzuziehenden WpÜG *Geibel/Süßmann* § 11
Rn 24 ff.; *Engels* ArbuR 09, 10, 65).

e) Geheimhaltung

129 Der Gesetzgeber hat durch die Neuregelungen bei der Unternehmensübernahme
keine zusätzlichen Risiken bez. der Weitergabe von Betriebs- und Geschäftsgeheimnisse gesehen und deshalb von Sonderregelungen abgesehen (so Ausschussbericht BT-
Drucks. 16/9821 S. 11; *Liebers/Erren/Weiß* NZA 09, 1063, 1067 ff.). Es gelten die
allgemeinen Regelungen des Abs. 1 S. 1 (s. Rn 43 ff. u. § 79 Rn 3 ff.; zu Insiderinformationen s. Rn 35).

12. Sonstige für die Arbeitnehmer bedeutsame Vorgänge und Vorhaben (Nr. 10)

130 Nr. 10 enthält eine **beschränkte Generalklausel** (hM). Sie erfasst alle nicht bereits in den Nr. 1–9 a aufgeführten Fragen, die das wirtschaftliche Leben des Unternehmens in entscheidenden Punkten betreffen. Voraussetzung ist, dass die Interessen
der ArbN des Unternehmens wesentlich berührt werden können (BAG 11. 7. 00 AP
Nr. 2 zu § 109 BetrVG 1972).

131 Hierher gehören zB **Rechtsstreitigkeiten,** die für das Unternehmen von grundlegender Bedeutung sind; die Auswirkung der **Steuerpolitik** und sonstiger Maßnahmen der öffentlichen Hand (Zölle, Liberalisierung, Einfuhrsperren), Maßnahmen
des Auslands, die Auswirkungen auf die wirtschaftliche Tätigkeit des Unternehmens

haben werden; allgemeine **wirtschaftliche Lage** der **Branche;** Zusammenarbeit mit anderen Unternehmen (WHSS-*Schweibert* C 404; Verlagerung der Produktion **ins Ausland;** Durchführung von **Pilotprojekten** über neue Dienstleistungen und Produkte, wenn die Ergebnisse Auswirkungen auf die Beschäftigungsverhältnisse der ArbN haben können (BAG 11. 7. 00 AP Nr. 2 zu § 109 BetrVG 1972); Ausgliederungen von Dienstleistungen (BAG, aaO), **Konzentrationsvorgänge,** Veräußerung von **Geschäftsanteilen** einer GmbH – ohne dass damit ein Kontrollerwerb verbunden ist (s. Nr. 9 a) – und deren mögliche Auswirkungen auf Geschäftspolitik u. -führung (aber ohne Vorlage der notariellen Veräußerungsverträge, BAG 22. 1. 91 AP Nr. 9 zu § 106 BetrVG 1972), die **Übernahme** des **Unternehmens,** die nicht von Nr. 9 a erfasst wird, und der **Übergang des Unternehmens,** eines **Betriebs** oder **Betriebsteils** auf einen anderen Inhaber (§ 613 a BGB, vgl. auch § 111 Rn 49 ff.); Art und Umfang von Sozialaufwendungen und freiwilligen Sozialleistungen.

Bei der Übernahme eines börsennotierten Unternehmens ohne gleichzeitigen **132** Kontrollerwerb als auch beim bloßen Erwerb von Wertpapieren des Zielunternehmens sehen die §§ 10 Abs. 5, 11 Abs. 2, 14 Abs. 4, § 27 WpÜG die gleichen Mitwirkungsrechte des zuständigen BR wie bei einer Unternehmensübernahme mit Kontrollerwerb vor (vgl. *Engels* ArbuR 09, 10, 65 ff.). Damit verfügt auch der Wi-Ausschuss nach Maßgabe des WpÜG iVm Nr. 10 über die gleichen Rechte. Folglich gilt hier das zu börsennotierten Unternehmen in den Rn 12, 90 ff., insb. 106 ff. Ausgeführte entsprechend.

VI. Streitigkeiten

Bei Streitigkeiten über die Zulässigkeit der Bildung eines WiAusschusses und die **133** Frage, ob es sich um wirtschaftliche Angelegenheiten nach Abs. 2, 3 handelt, oder etwa nur um die laufende Geschäftsführung oder die persönlichen wirtschaftlichen Verhältnisse des Unternehmers entscheidet das ArbG nach § 2 a ArbGG im **Beschl-Verf.** (s. dazu Nach § 1 Rn 1 ff.; s. auch LAG Hessen NZA-RR 07, 199 ff.). Beteiligt auf der ArbNSeite ist der BR (GesBR), nicht der WiAusschuss (BAG 15. 3. 06 AP Nr. 79 zu § 118 BetrVG 1972). Bei einem Streit über die Erteilung einer **Auskunft** entscheidet nach § 109 zunächst die **E-Stelle.** Verletzungen der Auskunftspflicht nach § 106 Abs. 2 sind außerdem Ordnungswidrigkeiten (vgl. § 121).

§ 107 Bestellung und Zusammensetzung des Wirtschaftsausschusses

(1) [1]**Der Wirtschaftsausschuss besteht aus mindestens drei und höchstens sieben Mitgliedern, die dem Unternehmen angehören müssen, darunter mindestens einem Betriebsratsmitglied.** [2]**Zu Mitgliedern des Wirtschaftsausschusses können auch die in § 5 Abs. 3 genannten Angestellten bestimmt werden.** [3]**Die Mitglieder sollen die zur Erfüllung ihrer Aufgaben erforderliche fachliche und persönliche Eignung besitzen.**

(2) [1]**Die Mitglieder des Wirtschaftsausschusses werden vom Betriebsrat für die Dauer seiner Amtszeit bestimmt.** [2]**Besteht ein Gesamtbetriebsrat, so bestimmt dieser die Mitglieder des Wirtschaftsausschusses; die Amtszeit der Mitglieder endet in diesem Fall in dem Zeitpunkt, in dem die Amtszeit der Mehrheit der Mitglieder des Gesamtbetriebsrats, die an der Bestimmung mitzuwirken berechtigt waren, abgelaufen ist.** [3]**Die Mitglieder des Wirtschaftsausschusses können jederzeit abberufen werden; auf die Abberufung sind die Sätze 1 und 2 entsprechend anzuwenden.**

(3) [1]**Der Betriebsrat kann mit der Mehrheit der Stimmen seiner Mitglieder beschließen, die Aufgaben des Wirtschaftsausschusses einem Ausschuss des Betriebsrats zu übertragen.** [2]**Die Zahl der Mitglieder des Ausschusses darf die Zahl**

der Mitglieder des Betriebsausschusses nicht überschreiten. [3] Der Betriebsrat kann jedoch weitere Arbeitnehmer einschließlich der in § 5 Abs. 3 genannten leitenden Angestellten bis zur selben Zahl, wie der Ausschuss Mitglieder hat, in den Ausschuss berufen; für die Beschlussfassung gilt Satz 1. [4] Für die Verschwiegenheitspflicht der in Satz 3 bezeichneten weiteren Arbeitnehmer gilt § 79 entsprechend. [5] Für die Abänderung und den Widerruf der Beschlüsse nach den Sätzen 1 bis 3 sind die gleichen Stimmenmehrheiten erforderlich wie für die Beschlüsse nach den Sätzen 1 bis 3. [6] Ist in einem Unternehmen ein Gesamtbetriebsrat errichtet, so beschließt dieser über die anderweitige Wahrnehmung der Aufgaben des Wirtschaftsausschusses; die Sätze 1 bis 5 gelten entsprechend.

Inhaltsübersicht

I. Vorbemerkung

1   § 107 behandelt Bestellung und Zusammensetzung, Voraussetzungen für die Mitgliedschaft sowie die Amtszeit des WiAusschusses. Nach Abs. 3 kann ein Ausschuss des BR (GesBR) unmittelbar die Aufgaben des WiAusschusses übernehmen. Wegen Teilnahme des Unternehmers vgl. § 108 Abs. 2 (dort Rn 12).

2   Entspr. Vorschrift: Keine.

II. Zusammensetzung

3   Der WiAusschuss besteht aus **mindestens drei und höchsten sieben Mitgl.** Über die Größe des Ausschusses innerhalb des gesetzlichen Rahmens **bestimmt allein der BR (GesBR).** Es ist nicht ersichtlich, dass der WiAusschuss eine ungerade MitglZahl haben müsse, zumal keine formellen Beschlüsse zu fassen sind (vgl. § 108 Rn 11; hM). Eine Staffelung der MitglZahl nach der Größe des Unternehmens besteht nicht.

4   Ein Vors. ist im G nicht vorgesehen, ein Mitgl. wird aber in der Praxis geschäftsleitende Aufgaben übernehmen.

5   Alle Mitgl. des WiAusschusses müssen dem **Unternehmen angehören,** dh in ihm tätig sein. Es können kraft ausdrücklicher Erwähnung in Abs. 1 S. 2 **auch leitende Ang.** (§ 5 Abs. 3), wenn sie hierzu bereit sind, dem WiAusschuss als Mitgl. angehören. Sie können weder gezwungen werden, Mitgl. zu werden, noch haben sie einen Rechtsanspruch auf Vertr. im WiAusschuss (DKKW-*Däubler* Rn 9; *Richardi/ Annuß* Rn 4). Ihre Bestellung kann wegen ihres Sachverstandes für die Beurteilung wirtschaftlicher Fragen zweckmäßig sein. Sind leitende Ang. zu Mitgl. des WiAusschusses bestellt, stehen sie insoweit dem ArbGeb. nicht mehr zu dessen Unterstützung zur Verfügung. Nicht zum Mitgl. des WiAusschusses berufen werden kann der Personenkreis des § 5 Abs. 2 Nr. 1 u. 2 (GK-*Oetker* Rn 7, 11; *Richardi/Annuß* Rn 5; ErfK-*Kania* Rn 3).

6   Die **Zugehörigkeit zum Unternehmen** ist hier als Eingliederung in die personelle Organisation des Unternehmens zu verstehen; dh Unternehmensangehörige sind Personen, die an der wirtschaftlichen und betrieblichen Tätigkeit des Unternehmens in irgendeiner Funktion ständig und nicht nur vorübergehend mitwirken, ohne

ArbN sein zu müssen (DKKW-*Däubler* Rn 7; *Richardi/Annuß* Rn 5). Die **Mitgliedschaft im AR** einer AG allein begründet nicht die Unternehmenszugehörigkeit iSd. Gesetzes, da die Tätigkeit des AR sich im Wesentlichen auf eine Überwachung der Geschäftsführung beschränkt (vgl. § 111 AktG). Auch Aktionäre einer AG oder Genossen einer Genossenschaft gehören dem Unternehmen nicht an, sofern sie nicht im Unternehmen tätig sind.

Auch **ArbN ausländischer Betriebe** des Unternehmens kommen als Mitgl. des **7** WiAusschusses in Betracht (DKKW-*Däubler* Rn 10; ErfK-*Kania* Rn 3; *WPK* Rn 1; **aA** GK-*Oetker* Rn 9; *Richardi/Annuß* Rn 6). Sie sind von Entscheidungen im Unternehmen betroffen, auch wenn sie bei Ermittlung der Unternehmensgröße nicht mitzählen (§ 106 Rn 19).

Mindestens ein Mitgl. des WiAusschusses muss **zugleich einem BR des Un-** **8** **ternehmens angehören.** Besteht ein GesBR, so liegt es in dessen Hand, ob er ein Mitgl. aus seinen Reihen entsenden will. Notwendig ist dies aber nicht (DKKW-*Däubler* Rn 11; GK-*Oetker* Rn 12; MünchArbR-*Joost* § 231 Rn 17; *Richardi/Annuß* Rn 7). Möglich ist auch, dass alle Mitgl. des WiAusschusses Mitgl. eines BR sind.

Wer als BRMitgl. zum Mitgl. des WiAusschusses bestimmt ist, verliert diese Funk- **9** tion mit Beendigung der Mitgliedschaft im BR (vgl. § 24 Rn 8; *Löwisch/Kaiser* Rn 2; **aA** GK-*Oetker* Rn 34). Das gilt auch, wenn mehrere BRMitgl. dem Ausschuss angehören. Denn es lässt sich nicht feststellen, wer nun das dem WiAusschuss notwendig angehörende BRMitgl. sein soll (*GL* Rn 16; **aA** *Richardi/Annuß* Rn 23, sofern noch ein BRMitgl. weiterhin dem WiAusschuss angehört; DKKW-*Däubler* Rn 28; MünchArbR-*Joost* § 231 Rn 107).

Das G verlangt ausdrücklich, dass alle Mitgl. die zur Erfüllung ihrer Aufgaben er- **10** forderliche **fachliche und persönliche Eignung** besitzen sollen. Die **fachliche Eignung** ist die Fähigkeit, die Unterrichtung zu verstehen, um tatsächlich im WiAusschuss mitarbeiten zu können. Dazu gehören weniger Beherrschung der Bilanzkunde und bes. volks- und betriebswirtschaftliche Kenntnisse, als praktische Erfahrungen im Betrieb, die zum Verständnis der wirtschaftlichen, finanziellen und technischen Gegebenheiten des Unternehmens ausreichen. Nach Ansicht des BAG (18. 7. 78 AP Nr. 1 zu § 108 BetrVG 1972) sollen die Mitgl. des WiAusschusses idR fähig sein, die Jahresabschluss anhand der gegebenen Erläuterungen zu verstehen und gezielte Fragen zu stellen. Mit dieser Entscheidung legt das Gericht der **Sollvorschrift** des Abs. 1 S. 3 entgegen dem G den Charakter einer schwachen Mussvorschrift bei (wie hier DKKW-*Däubler* Rn 14; GK-*Oetker* Rn 20; ErfK-*Kania* Rn 4; strenger *Richardi/Annuß* Rn 9). Welche ArbN der BR (GesBR) in den WiAusschuss berufen kann, hängt aber weitgehend von der personellen Zusammensetzung der Belegschaft ab. So wird es zB in einem Mittelbetrieb, der vorwiegend gewerbliche Leistungen technischer oder baulicher Art erbringt, schwieriger sein, nach den Maßstäben des BAG geeignete (bilanzkundige) Mitgl. für den WiAusschuss zu finden, als in den Betrieben eines Kreditinstituts. Die Zusammensetzung des WiAusschusses kann Folgen haben für die Berechtigung, einen Sachverständigen hinzuziehen zu können.

Persönliche Eignung ist: Gesunder Menschenverstand, Zuverlässigkeit, Loyalität **11** und Diskretion. Sonstige Voraussetzungen für die Mitgliedschaft im WiAusschuss stellt das G nicht auf, so dass dem BR ein verhältnismäßig großes Maß an Ermessensfreiheit bei der Auswahl gegeben ist. Bes. Charaktereigenschaften sind keine Voraussetzung (GK-*Oetker* Rn 19).

Die **Entscheidung** darüber, wer persönlich und fachlich geeignet ist, obliegt **allein** **12** **dem bestimmenden BR (GesBR).** Die qualitativen Anforderungen haben nur die Bedeutung eines Hinweises; sie haben keine Auswirkungen auf eine ordnungsgemäße Zusammensetzung (DKKW-*Däubler* Rn 14; GK-*Oetker* Rn 20; ErfK-*Kania* Rn 4; **aA** *HSWGNR* Rn 14). Auf jeden Fall muss der BR (GesBR) einen WiAusschuss bilden können.

III. Bestellung und Abberufung der Mitglieder, Amtszeit

13   In Unternehmen mit **einem Betrieb** bestellt der **BR** die Mitgl. des WiAusschusses mit einfacher Stimmenmehrheit durch Beschluss (§ 33). Jedes Mitgl. ist einzeln zu wählen. Einen bes. Minderheitenschutz wie für die Ausschüsse des BR gibt es nicht (GK-*Oetker* Rn 25; *Richardi/Annuß* Rn 13; *Engels/Natter* BB 89, Beil. 8 S. 22).

14   Die **Amtszeit** ist mit der des BR gekoppelt, beträgt also im Regelfall vier Jahre (§ 107 Abs. 2 S. 1 iVm. § 21; vgl. aber auch die Fälle des vorzeitigen Endes oder einer Verlängerung der Amtszeit des BR nach § 13. Im Fall des § 13 Abs. 2 Nr. 1 endet die Amtszeit der Mitgl. des WiAusschusses erst mit der Beendigung der Amtszeit des BR; das ist die Bekanntgabe des Wahlergebnisses nach einer Neuwahl, LAG Hessen 17. 8. 93 DB 94, 1248). Vor Ablauf der Amtszeit des WiAusschusses erlischt die Mitgliedschaft des einzelnen Mitgl. außer im Fall des Endes der Mitgliedschaft im BR (vgl. Rn 8 zu § 24; **aA** GK-*Oetker* Rn 34) durch Amtsniederlegung im WiAusschuss (Rn 9 zu § 24) oder Abberufung. Das Amt wird freiwillig übernommen (DKKW-*Däubler* Rn 25). Das Mitgl. kann es ohne Grund aufgeben. Scheidet ein Mitgl. aus dem Unternehmen aus, endet auch das Amt im WiAusschuss kraft G (DKKW-*Däubler* Rn 26).

15   Abs. 2 S. 3 sieht vor, dass der bestellende BR jederzeit und ohne bes. Grund ein Mitgl. durch einfachen Mehrheitsbeschluss **abberufen** kann (DKKW-*Däubler* Rn 24; GK-*Oetker* Rn 31; *Richardi/Annuß* Rn 21). Das Mitgl. des WiAusschusses ist auf das Vertrauen des bestellenden BR angewiesen (ErfK-*Kania* Rn 10).

16   Es ist zweckmäßig, dass für jeweils ein Mitgl. des WiAusschusses je ein **ErsMitgl.** generell für den Fall der **Verhinderung** des ordentlichen Mitgl. bestellt wird. Dieses Mitgl. kann auch zum Nachrücken bestimmt werden. Werden mehrere ErsMitgl. bestellt, muss die Reihenfolge des Nachrückens festgelegt werden (*Richardi/Annuß* Rn 14).

17   Das Amt des einzelnen Mitgl. kann vor Ablauf der Amtszeit des WiAusschusses enden. Die Mitgliedschaft endet durch Abberufung (vgl. Rn 15), durch Amtsniederlegung (Rn 14), mit dem Amt als BRMitgl. (Rn 9). In allen Fällen des **Erlöschens der Mitgliedschaft** einzelner Personen rückt das ErsMitgl. nach, notfalls ist für den Rest der Amtszeit ein anderes Mitgl. zu bestellen.

18   Besteht ein Unternehmen aus **mehreren Betrieben** mit BR, so bestellt der **GesBR** die Mitgl. des WiAusschusses mit der einfachen Mehrheit seiner anwesenden Stimmen, nicht mit der Mehrheit der Zahl seiner Mitgl. (vgl. § 47 Abs. 7, 8). Dasselbe gilt für die Abberufung (*Richardi/Annuß* Rn 13).

19   Da der GesBR keine **Amtszeit** hat (vgl. § 47 Rn 26), richtet sich die Amtszeit der Mitgl. des WiAusschusses nach der Mehrheit der Mitgl. des GesBR ohne Rücksicht auf deren Stimmenzahl nach § 47 Abs. 7, 8. Die Amtszeit eines GesBRMitgl. endet mit der Amtszeit des BR, der es entsandt hat (vgl. § 47 Rn 35 ff.).

Beispiel:

Besteht der GesBR aus 12 Personen (je 2 Vertreter aus 6 Betrieben), so beginnt die Amtszeit der Mitgl. des WiAusschusses am Tage des Beschlusses über ihre Bestellung. Sie endet, wenn die Amtszeit der BR von vier Betrieben abgelaufen ist. ZB es läuft ab

die Amtszeit des BR des Betriebs A am	5. 3. 2012
die Amtszeit des BR des Betriebs B am	7. 3. 2012
die Amtszeit des BR des Betriebs C am	18. 4. 2012
die Amtszeit des BR des Betriebs D am	6. 5. 2012
die Amtszeit des BR des Betriebs E am	10. 5. 2012
die Amtszeit des BR des Betriebs F am	31. 5. 2012

dann endet die Amtszeit der Mitgl. des WiAusschusses am 6. Mai.

20   **Besteht kein GesBR,** obwohl ein GesBR gebildet werden könnte, so kann der **WiAusschuss nicht gebildet** werden (hM: DKKW-*Däubler* Rn 16; ErfK-*Kania*

Rn 5; GK-*Oetker* Rn 23; *Richardi/Annuß* Rn 11; MünchArbR-*Joost* § 231 Rn 12; *HSWGNR* Rn 17).

Anders ist die Rechtslage, wenn in einem Unternehmen **nur ein Betrieb be-** 21 **triebsratsfähig** ist. Dann kann kein GesBR gebildet werden. Der einzige BR bestimmt dann die Mitgl. des WiAusschusses (*Richardi/Annuß* Rn 12; MünchArbR-*Joost* § 231 Rn 12; *Cox/Offermann* S. 19; ErfK-*Kania* Rn 5). Dasselbe gilt, wenn in einem Unternehmen mit mehreren betriebsratsfähigen Betrieben **nur ein Betrieb einen BR** hat (DKKW-*Däubler* Rn 17; *Grauvogel/Hase/Röhricht* Rn 282). Die ArbN des Betriebs, die einen BR gebildet haben, können nicht darunter leiden, dass in anderen betriebsratsfähigen Betrieben kein BR gebildet wurde; die Sicherung der wichtigen Unterrichtungs- und Beratungsansprüche geht vor (*Richardi/Annuß* Rn 12).

Ist ein in den GesBR entsandtes Mitgl. eines BR aus persönlichen Gründen vor- 22 zeitig aus seinem BR und damit aus dem GesBR ausgeschieden (zB Amtsniederlegung, Beendigung des ArbVerh., Verlust der Wählbarkeit, Ausschluss durch das ArbG, Tod, vgl. Rn 39 zu § 24) oder abberufen worden (Rn 15), so tritt gem. § 47 Abs. 3 an seine Stelle ein Mitgl. des BR für den Rest seiner Amtszeit in den GesBR ein. Derartige **Personenwechsel innerhalb des GesBR** sind für die Amtsdauer der Mitgl. des WiAusschusses unerheblich (DKKW-*Däubler* Rn 23; *Richardi/Annuß* Rn 18). Wird dagegen der ganze BR durch Beschluss des ArbG (§ 23) aufgelöst, so ist dies für die Amtszeit der Mitgl. des WiAusschusses erheblich. (Wird zB der BR D nach dem obigen Beispiel am 3. 1. 2012 durch das ArbG aufgelöst, so endet die Amtszeit der Mitgl. des WiAusschusses schon am 18. 4. 2012).

Gemäß § 51 Abs. 4 genügt für die Beschlussfassung des GesBR über die Bestim- 23 mung der Mitgl. des WiAusschusses die Teilnahme von mindestens der Hälfte der Mitgl. des GesBR, die mindestens die Hälfte aller Stimmen vertreten (§ 47 Abs. 7).

IV. Rechtsstellung der Mitglieder

Die Tätigkeit im WiAusschuss ist **ehrenamtlich.** Die Vorschrift des § 37 Abs. 2 24 und 3 ist entspr. anzuwenden (*Cox/Offermann* S. 26). Die Mitgl. sind von der Arbeit freizustellen. Versäumnisse von Arbeitszeit, die durch die Teilnahme an den Beratungen des WiAusschusses entstehen, berechtigen den ArbGeb. nicht zur Minderung des Arbeitsentgelts (DKKW-*Däubler* Rn 30; *HSWGNR* Rn 28; MünchArbR-*Joost* § 321 Rn 111).

Eine entspr. Anwendung des § 37 Abs. 6 über erforderliche **Schulungen** ist im Inte- 25 resse der Funktionsfähigkeit des WiAusschusses geboten. Alle Mitgl., nicht nur die Mitgl. des BR, müssen über die erforderlichen Kenntnisse verfügen (LAG Hamm 13. 10. 99 NZA-RR 2000, 641; DKKW-*Däubler* Rn 32; *Richardi/Annuß* Rn 28; wohl auch ErfK-*Kania* Rn 13; **aA** BAG 6. 11. 73 AP Nr. 5 zu § 37 BetrVG 1972, mit insoweit kr. Anm. von *Kittner; HSWGNR* Rn 32; differenzierend jetzt GK-*Oetker* Rn 38 f.). Neuerdings hat das BAG seine ablehnende Rspr. eingeschränkt (BAG 11. 11. 98 AP Nr. 129 zu § 37 BetrVG 1972); Ausnahmen sind möglich bei neugewählten BR oder wenn kein ArbN mit entspr. Qualifikation zu finden ist (vgl. MünchArbR-*Joost* § 321 Rn 112). Das gilt sowohl für die Lohnfortzahlung, als auch für die Kostentragung (vgl. § 37 Rn 102). Die Teilnahme an Schulungen ist nur dann nicht erforderlich, wenn die erforderlichen Kenntnisse schon vorhanden sind, zB Grundkenntnisse der Betriebswirtschaft (vgl. Rn 10). Da auch ein Mitgl. der SchwbVertr. an den Sitzungen des WiAusschusses teilnehmen darf (§ 108 Rn 23), hat der BR einen Anspruch darauf, dass dieses Mitgl. der SchwbVertr. an Schulungs- und Bildungsveranstaltungen nach § 37 Abs. 6 teilnehmen kann (LAG Hamburg 12. 11. 96 – AiB 97, 542).

Die Mitgl. des WiAusschusses gehören nicht zu dem Personenkreis, der nach § 15 26 KSchG bes. Kündigungsschutz genießt. Ein **relativer Kündigungsschutz** besteht nach § 78 S. 2. Eine Kündigung ist nichtig, wenn sie wegen der Tätigkeit im Wi-

Ausschuss erfolgt (DKKW-*Däubler* Rn 33; *Richardi/Annuß* Rn 29; MünchArbR-*Joost* § 231 Rn 115; *HSWGNR* Rn 32). Die Vorschriften über die wirtschaftliche und berufliche Absicherung (§ 37 Abs. 4 und 5) sind nicht entspr. anzuwenden (GK-*Oetker* Rn 41; *Richardi/Annuß* Rn 30; **aA** DKKW-*Däubler* Rn 30). Die Mitgl. des Wi-Ausschusses dürfen wegen ihrer Tätigkeit aber **nicht benachteiligt** werden, auch nicht in ihrer beruflichen Entwicklung (§ 78 S. 2).

27   Die durch die Tätigkeit des WiAusschusses entstehenden **Kosten trägt in entspr. Anwendung des § 40 der Unternehmer,** da diese Kosten durch die Tätigkeit des BR (GesBR) erforderlich werden, da die Bildung eines WiAusschusses nach dem G obligatorisch ist (BAG 17. 10. 90 AP Nr. 8 zu § 108 BetrVG 1972 betr. Büropersonal, aber keine Hinzuziehung eines weiteren BRMitgl. als Protokollführer). Auch ist es verboten, den WiAusschuss in seiner Tätigkeit zu stören oder zu behindern oder dessen einzelne Mitgl. um ihrer Tätigkeit willen zu benachteiligen oder zu begünstigen (§ 78 und die Strafvorschrift in § 119 Abs. 1 Nr. 2 u. 3).

28   Die Mitgl. des WiAusschusses unterliegen der Geheimhaltungspflicht nach § 79. Die Verletzung kann nach § 120 bestraft werden.

V. Übertragung der Aufgaben auf Ausschuss des Betriebsrats

29   Abs. 3 ermöglicht eine Anpassung an die bes. Verhältnisse der einzelnen Unternehmen. Da der BR (GesBR) ohnehin alle Mitgl. des WiAusschusses bestellt, hat er die Möglichkeit, von der Bildung dieses bes. Gremiums überhaupt abzusehen und diese Aufgaben einem **bes. Ausschuss des BR** (§ 28) bzw. GesBR (§ 51 Abs. 1) **zu übertragen, ggf. auch dem BetrAusschuss** nach § 27 (hM; GK-*Oetker* Rn 48). Die Übertragung ist davon abhängig, dass die Mehrheit der Mitgl. des BR bzw. die Mehrheit der Stimmen der Mitgl. des GesBR (§ 47 Abs. 7) dies beschließt (absolute Mehrheit).

30   Für Bestellung und Zusammensetzung gilt § 28 Abs. 1 u. 2 entspr. (DKKW-*Däubler* Rn 35; *Richardi/Annuß* Rn 38). Abs. 3 enthält eine eigenständige Regelung; insb. wird nicht auf Abs. 1 verwiesen, so dass die aus der Sollvorschrift des Abs. 1 S. 3 abgeleiteten Kriterien für die Auswahl der Mitgl. des WiAusschusses nicht unmittelbar zutreffen. Allerdings liegt es im eigenen Interesse des BR (GesBR), entspr. qualifizierte Personen in den Ausschuss nach Abs. 3 zu bestellen.

31   Da sich die Höchstzahl der Mitgl. an der des BetrAusschusses orientiert, kommt die Übertragung der Aufgaben des WiAusschusses auf einen **bes. Ausschuss des BR nur** in Betracht, wenn der **BR mindestens neun Mitgl.** hat, dh der Betrieb idR mindestens 201 ArbN beschäftigt (§ 27 Abs. 1 iVm. § 9; DKKW-*Däubler* Rn 36; *Richardi/Annuß* Rn 36; GK- *Oetker* Rn 50; ErfK-*Kania* Rn 16; **aA** *Löwisch/Kaiser* Rn 11: ab 101 ArbN).

32   In **kleineren Betrieben** dürfte für eine derartige Delegierung kein Bedürfnis bestehen. Es dürfte aber zulässig sein, dass **faktisch** der **BR** selbst die Aufgaben des **WiAusschusses** übernimmt, wenn er **höchstens 7 Mitgl.** hat, die er nach Abs. 1 S. 1 sämtlich in den WiAusschuss berufen kann (*Oetker/Lunk* DB 90, 2320; ErfK-*Kania* Rn 17; DKKW-*Däubler* Rn 42; GK-*Oetker* Rn 51; *Richardi/Annuß* Rn 37).

33   Ist in einem Unternehmen ein GesBR errichtet, so beschließt dieser mit der Mehrheit der Stimmen über die anderweitige Wahrnehmung der Aufgaben des Wi-Ausschusses. Der GesBR kann die Aufgaben des WiAusschusses einem Ausschuss des GesBR übertragen, auch dem GesBetrAusschuss. Die Zahl der Mitgl. des Ausschusses darf die Zahl der Mitgl. des GesBetrAusschusses nicht überschreiten (Abs. 3 S. 6 iV mit S. 2). Der GesBR kann selbst die Aufgaben übernehmen (*GL* Rn 36; **aA** GK-*Oetker* Rn 58; *Löwisch/Kaiser* Rn 11; *Richardi/Annuß* Rn 43). Dagegen kann der GesBR die Aufgaben des WiAusschusses nicht auf einzelne BR oder deren Ausschüsse übertragen. Der WiAusschuss des GesBR ist ein Organ auf der Unternehmensebene (vgl. *Richardi/Annuß* aaO).

Die **Zahl der AusschussMitgl.** darf bis zur Zahl der Mitgl. des BetrAusschusses 34
(§§ 27, 51: 5–11 je nach Größe des BR bzw. GesBR) in beliebiger Höhe festgesetzt
werden. Es braucht keine ungerade Zahl zu sein.

Der BR (GesBR) hat auch das Recht, bis zur gleichen Zahl **weitere ArbN,** die 35
nicht dem BR angehören müssen (aber können) oder auch zu den leitenden Ang.
(§ 5 Abs. 3) rechnen können, hinzu zu wählen. Die **Höchstzahl** der Ausschussmitgl.
beträgt also **22.** Auch für die Erweiterung des Ausschusses ist absolute Mehrheit der
Mitgl. erforderlich (vgl. Rn 29; GK-*Oetker* Rn 52). Damit besteht die Möglichkeit,
die Sachkunde von ArbN außerhalb des BR nutzbar zu machen. Die hinzugewählten
ArbN haben die gleichen Rechte und Pflichten wie die Mitgl. des BR. Für deren
Verschwiegenheitspflicht gelten gleichfalls §§ 79, 120.

Die **Vorschriften über die Verhältniswahl** (§ 27 Abs. 1 S. 3 ff. für den BetrAus- 36
schuss, § 28 Abs. 1 S. 2 für die weiteren Ausschüsse des BR) gelten jedenfalls nicht
für den Fall, dass der GesBR die Aufgaben des WiAusschusses einem seiner Ausschüsse überträgt (vgl. § 51 Rn 20, 32). Sie gelten ferner nicht für die Entsendung
weiterer Mitgl. (Rn 32) in den Ausschuss des BR oder GesBR. Die Grundsätze über
die Verhältniswahl sind andererseits anzuwenden, wenn der BetrAusschuss oder ein
anderer Ausschuss des BR die Aufgaben des WiAusschusses zusätzlich übernimmt.
Zweifelhaft ist die Rechtslage, wenn der BR die Aufgaben des WiAusschusses einem
bes. Ausschuss zur alleinigen Wahrnehmung überträgt. Im Hinblick auf die gewünschten fachlichen und persönlichen Voraussetzungen der Mitgl. (Abs. 1 S. 3), die
jederzeitige Abberufungsmöglichkeit (Abs. 2 S. 3) und die mögliche Entsendung
weiterer Mitgl. (Abs. 3 S. 3) wird man davon ausgehen können, dass für diesen bes.
Ausschuss des BR, ebenso wie für einen entspr. Ausschuss des GesBR, nicht die Vorschriften über die Verhältniswahl wie für andere Ausschüsse des BR gelten (DKKW-
Däubler R11 38).

Der BR (GesBR) kann jederzeit die Übertragung der Aufgaben des WiAus- 37
schusses auf den bes. Ausschuss oder die Heranziehung weiterer Mitgl. widerrufen.
Er kann auch die MitglZahl innerhalb der vorgegebenen Höchstgrenzen ändern.
Zur Beschlussfassung ist jeweils absolute Mehrheit erforderlich (GK-*Oetker* Rn 52;
Löwisch/Kaiser Rn 14; *Richardi/Annuß* Rn 46; HSWGNR Rn 38).

VI. Streitigkeiten

Alle Streitigkeiten über die Errichtung, Zusammensetzung und Amtszeit des 38
WiAusschusses entscheidet das **ArbG im BeschlVerf.** nach § 2a ArbGG (s. dazu
Nach § 1 Rn 1 ff.). Dazu gehört auch ein Streit über die Frage der Größe des Ausschusses. Gleiches gilt bei Meinungsverschiedenheiten über die Tragung der persönlichen und sächlichen Kosten des Ausschusses durch den Unternehmer. Ein etwa
schon gebildeter WiAusschuss hat weder Beteiligtenrechte noch Antragsbefugnis
(GK-*Oetker* Rn 61 f.), weil er nur eine Art Hilfsorgan für den BR (GesBR) ist; auch
die Kompetenzzuweisung in § 109 an den BR legt dies nahe (BAG st. Rspr. 22. 1. 91
AP Nr. 9 zu § 106 BetrVG 1972).

Lohn- und Gehaltsansprüche sowie Ansprüche auf Freizeitausgleich sind im Ur- 39
teilsverf. geltend zu machen (DKKW-*Däubler* Rn 44; GK-*Oetker* Rn 61).

§ 108 Sitzungen

(1) **Der Wirtschaftsausschuss soll monatlich einmal zusammentreten.**

(2) [1]**An den Sitzungen des Wirtschaftsausschusses hat der Unternehmer oder
sein Vertreter teilzunehmen.** [2]**Er kann sachkundige Arbeitnehmer des Unternehmens einschließlich der in § 5 Abs. 3 genannten Angestellten hinzuziehen.**

[3] **Für die Hinzuziehung und die Verschwiegenheitspflicht von Sachverständigen gilt § 80 Abs. 3 und 4 entsprechend.**

(3) **Die Mitglieder des Wirtschaftsausschusses sind berechtigt, in die nach § 106 Abs. 2 vorzulegenden Unterlagen Einsicht zu nehmen.**

(4) **Der Wirtschaftsausschuss hat über jede Sitzung dem Betriebsrat unverzüglich und vollständig zu berichten.**

(5) **Der Jahresabschluss ist dem Wirtschaftsausschuss unter Beteiligung des Betriebsrats zu erläutern.**

(6) **Hat der Betriebsrat oder der Gesamtbetriebsrat eine anderweitige Wahrnehmung der Aufgaben des Wirtschaftsausschusses beschlossen, so gelten die Absätze 1 bis 5 entsprechend.**

Inhaltsübersicht

I. Vorbemerkung

1   Die Vorschrift enthält organisatorische Bestimmungen über die Sitzungen des Wi-Ausschusses, über deren Teilnehmer und die Hinzuziehung von Sachverständigen. Sie enthält auch weitere Bestimmungen über die Rechte und Pflichten des WiAusschusses; insoweit ergänzt sie § 106. Hervorgehoben wird die Verpflichtung zur Unterrichtung des BR (GesBR).
Entspr. Vorschrift im **BPersVG 74:** Keine.

II. Sitzungen

2   Das G spricht in Abs. 1 lediglich aus, dass die Sitzungen des WiAusschusses **einmal im Monat** stattfinden sollen. Hiervon kann abgewichen werden, wenn nicht genügend Beratungsgegenstände anstehen oder wegen dringender wirtschaftlicher Entscheidungen zwischenzeitlich eine Sitzung erforderlich ist (DKKW-*Däubler* Rn 3; *Richardi/Annuß* Rn 7; GK-*Oetker* Rn 7).

3   Im Übrigen enthält § 108 keine Bestimmungen über die GO des WiAusschusses. Die Bedeutung des WiAusschusses liegt in der sachlichen, aber zwanglosen Aussprache, im Austausch von Unterrichtungen, Erfahrungen und Ratschlägen. Deshalb ist es auch nicht zweckmäßig, die Tätigkeit des WiAusschusses durch eine **GO** zu binden. Die Wahl eines **Vors.** ist möglich, aber bei diesem Gremium, dessen Aufgabe nur in der Beratung besteht, nicht erforderlich. Es wird aber zweckmäßig sein, eine gewisse Geschäftsverteilung unter den Mitgl. des WiAusschusses vorzunehmen. Da er ein Hilfsorgan des BR ist, sind die Grundregeln über dessen Organisation und Geschäftsführung soweit erforderlich entspr. anzuwenden (*Richardi/Annuß* Rn 3; MünchArbR-*Joost* § 231 Rn 72; ErfK-*Kania* Rn 2).

4   Das gilt für die **Einberufung** der Sitzungen. In der Regel wird der WiAusschuss sich konstituieren und bestimmte geschäftsleitende Aufgaben auf einzelne Mitgl. übertragen, die insb. die Einladungen übernehmen. Der Zeitpunkt der Sitzungen ist dann von Fall zu Fall oder generell im Voraus durch Absprache mit dem Unternehmer festzule-

gen, da dessen Teilnahme für die Tätigkeit des WiAusschusses von wesentlicher Bedeutung und deshalb vorgeschrieben ist. Zweckmäßig ist es, dem Unternehmer anstehende Fragen vorher mitzuteilen, damit er sich auf die Sitzung vorbereiten kann.

Die **Tagesordnung** der jeweiligen Sitzung des WiAusschusses wird weitgehend 5 bestimmt durch die in § 106 Abs. 2 und 3 genannten Gegenstände, über die der Unternehmer unaufgefordert rechtzeitig und umfassend zu berichten hat.

Erscheint der Unternehmer oder sein Vertr. zu dem vereinbarten Termin nicht 6 oder erklärt er, nicht verhandeln zu wollen, so kann bei groben Verstößen nach § 23 Abs. 3 verfahren werden. Bestreitet der Unternehmer die ordnungsgemäße Errichtung oder Geschäftsführung des WiAusschusses, so entscheidet das ArbG im Beschl-Verf. (vgl. unten Rn 40).

Die Sitzungen sind **nicht öffentlich.** Das ergibt sich aus der Vertraulichkeit der 7 meisten Beratungsgegenstände und der entspr. Anwendung des § 30 (hM; GK-*Oetker* Rn 11). Personen, die zur Teilnahme nicht berechtigt sind, dürfen grundsätzlich nicht anwesend sein.

Die Aufnahme einer **Sitzungsniederschrift** ist nicht erforderlich (hM; GK-*Oetker* 8 Rn 13). Wegen der Protokollführung vgl. BAG 17. 10. 90 AP Nr. 8 zu § 108 BetrVG 1972.

Die Sitzungen finden regelmäßig **während der Arbeitszeit** unter Erstattung des 9 Lohnausfalles durch den Unternehmer statt (hM; DKKW-*Däubler* Rn 5). Die Mitgl. haben Anspruch auf Arbeitsbefreiung unter Fortzahlung des Arbeitsentgelts. § 37 Abs. 2 u. 3 gelten entspr.

Die **Kosten** für die Sitzungen hat der Unternehmer zu tragen. Notwendige Auf- 10 wendungen eines Mitgl. (zB Reisekosten) sind zu erstatten.

Das G sieht **kein Verfahren** für Beschlüsse des WiAusschusses vor, da es nicht 11 dessen Aufgabe ist, förmliche Beschlüsse zu fassen. Vielmehr bleibt die Beschlussfassung dem BR (GesBR) und dem Unternehmer, als den „handelnden" Organen vorbehalten.

III. Teilnahme des Unternehmers und anderer Personen

Nach Abs. 2 S. 1 hat der **Unternehmer oder sein Vertr.** an **allen Sitzungen** 12 des WiAusschusses **teilzunehmen.** Unternehmer ist bei Einzelfirmen der Inhaber, bei juristischen Personen oder anderen Personengesamtheiten mindestens ein Mitgl. des gesetzlichen VertrOrgans bzw. eine zur Vertr. oder Geschäftsführung berufene Person (Näheres § 1 Rn 235 ff. und § 5 Rn 327 ff.).

Der WiAusschuss kann zur Vorbereitung der Sitzung mit dem Unternehmer auch 13 ohne diesen zu einer Sitzung zusammentreten (BAG 16. 3. 82 AP Nr. 3 zu § 108 BetrVG 1972; GK-*Oetker* Rn 16). Das gilt auch, wenn der Unternehmer sich weigert, an der Sitzung des WiAusschusses teilzunehmen (DKKW-*Däubler* Rn 8). Ein solches Verhalten kann einen groben Verstoß iSv. § 23 Abs. III darstellen (ErfK-*Kania* Rn 6).

Insb. bei Einzelunternehmen kann der Unternehmer verhindert sein. Dann hat er 14 seinen Vertr. zu entsenden. **Vertr.** ist diejenige Person, die nach Satzung, GO oder Organisation des Unternehmens allgemein als rangnächster in der Betriebshierarchie ggf. an Stelle des Unternehmers die Verantwortung trägt, insb. ein leitender Ang., der Generalvollmacht oder Prokura hat (vgl. § 5 Abs. 3 Nr. 2, dort Rn 373 ff.; ähnlich *Richardi/Annuß* Rn 15 f.; DKKW-*Däubler* Rn 11; HSWGNR Rn 7; GK-*Oetker* Rn 21) und in der Lage ist, die vorgeschriebenen Unterrichtungen rechtzeitig und umfassend vorzunehmen. Die Entsendung irgendeines Bevollmächtigten reicht nicht aus.

Darüber, ob der Unternehmer selbst die Sitzung wahrnehmen will oder seinen 15 Vertr. entsendet, entscheidet der Unternehmer (DKKW-*Däubler* Rn 12; GK-*Oetker* Rn 22; *Richardi/Annuß* Rn 16). Der WiAusschuss kann weder das persönliche Erscheinen des Unternehmers oder die Entsendung eines bestimmten Mitgl. des Vertr-Organs oder eines bestimmten Gesellschafters verlangen (*Dütz* FS Westermann S. 43).

16   Es besteht keine originäre Alleinzuständigkeit des **Arbeitsdirektors** (§ 33 MitbestG, § 13 Montan-MitbestG, § 13 MitbestErgG), den Vorst. gegenüber dem Wi-Ausschuss zu vertreten. Jedenfalls dürfte diese Aufgabe nicht zu dem unabdingbaren Mindestressort dieses VorstMitgl. gehören (hierzu: *Wlotzke/Wißmann/Koberski/Kleinsorge* MitbestG § 33 Rn 28 ff.). Vielmehr sollten diejenigen VorstMitgl., die fachlich jeweils zuständig sind (unbeschadet der Gesamtverantwortung sämtlicher Vorst-Mitgl.), den angesprochenen Gegenstand mit dem WiAusschuss erörtern. Dies schließt die Teilnahme des Arbeitsdirektors im Hinblick auf den sozialen Bezug der Beratungen nicht aus. Keine Vertr. iSd. Abs. 2 S. 1 sind sonstige ArbN in untergeordneter Stellung, die der Unternehmer etwa im Einzelfall bestellt. Derartige sachkundige ArbN kann der Unternehmer lediglich zu seiner Unterstützung zuziehen.

17   Der Unternehmer kann nach Abs. 2 S. 2 weitere **sachkundige ArbN** des Unternehmens, einschl. leitender Ang., **zuziehen.** Es steht ihm frei, welche und wieviele ArbN er beizieht, da es sich um ein Beratungsgremium ohne Abstimmungen handelt. (DKKW-*Däubler* Rn 20; *Richardi/Annuß* Rn 18; ErfK-*Kania* Rn 7). Die Zuziehung kann auf einzelne Beratungsgegenstände beschränkt werden. Eine ausdrückliche Festlegung der **Verschwiegenheitspflicht** für diese ArbN fehlt, ergibt sich aber aus allgemeinen arbeitsrechtlichen und zivilrechtlichen (Recht am eingerichteten Gewerbebetrieb) Gesichtspunkten; ihre Verletzung ist in § 120 Abs. 1 Nr. 4 ausdrücklich unter Strafe gestellt (vgl. § 120 Rn 4; *Richardi/Annuß* Rn 19; GK-*Oetker* Rn 30). Vgl. auch § 79 Rn 17.

18   Die Hinzuziehung von **Sachverständigen** (insb. solche außerhalb des Unternehmens) bedarf nach Abs. 2 S. 3 einer näheren **Vereinbarung zwischen Unternehmer und WiAusschuss** (vgl. § 80 Abs. 3, dort Rn 86 f. u. ErfK-*Kania* Rn 8). Eine solche Vereinbarung ist erforderlich, wenn der WiAusschuss selbst einen Sachverständigen zuziehen will. Sie ist auch erforderlich, wenn der Unternehmer solche Personen zuziehen will (**aA** *Richardi/Annuß* Rn 21; *Dütz* FS Westermann S. 44 mit der Begründung, dieser Fall sei in Abs. 2 S. 3 nicht geregelt). Es ist aber zu berücksichtigen, dass im Regelfall die Mitgl. des WiAusschusses ohnehin selbst die fachliche Eignung besitzen sollen (BAG 18. 7. 78 AP Nr. 1 zu § 108 BetrVG 1972; gegen jede Einschränkung der Zuziehung: DKKW-*Däubler* Rn 21).

19   Für die **sachlichen Voraussetzungen** der Zuziehung eines Sachverständigen gilt § 80 Abs. 3 entspr. Die Beratung muss sich auf die Aufgaben des WiAusschusses beziehen und erforderlich sein. Außerdem ist eine Vereinbarung erforderlich (DKKW-*Däubler* Rn 23; *Richardi/Annuß* Rn 21). Sie muss zwischen Unternehmer und Wi-Ausschuss getroffen werden (DKKW-*Däubler* Rn 24; ErfK-*Kania* Rn 8; **aA** GK-*Oetker* Rn 34; *Grauvogel/Hase/Röhricht* Rn 345); der WiAusschuss organisiert seine Arbeit selbst. Der BR (GesBR) ist aber berechtigt, Ansprüche des WiAusschusses durchzusetzen. Die bes. Fachkunde der Mitgl. des WiAusschusses muss nicht immer vorausgesetzt werden. Sie kann zB nicht gefordert werden, wenn der BR die Aufgaben des WiAusschusses auf einen Ausschuss des BR übertragen hat oder diese Aufgaben etwa selbst wahrnimmt (vgl. § 107 Rn 31), zumal § 107 Abs. 2 eine eigenständige Regelung enthält und nicht auf § 107 Abs. 1 verweist. Eine restriktive Handhabung verhindert oft den sachgerechten Dialog und erschwert die Zusammenarbeit. Sie ist nicht angebracht (DKKW-*Däubler* Rn 25). Bei Meinungsverschiedenheiten über die Notwendigkeit, einen Sachverständigen hinzuzuziehen, entscheidet das ArbG im BeschlVerf. (BAG 18. 7. 78 AP Nr. 1 zu § 108 BetrVG 1972).

20   Für die Verschwiegenheitspflicht der Sachverständigen gilt über § 80 Abs. 4 § 79 Abs. 2 entspr.

21   Die **Teilnahme eines Gewerkschaftsbeauftragten ist** in entspr. Anwendung des § 31 **zulässig** (hM: BAG 18. 11. 80, 25. 6. 87 AP Nr. 2, 6 zu § 108 BetrVG 1972; DKKW-*Däubler* Rn 15; *Richardi/Annuß* Rn 23; ErfK-*Kania* Rn 9; HSWGNR Rn 12; MünchArbR-*Joost* § 231 Rn 87). Die Gewerkschaft muss im BR vertreten sein (BAG 18. 11. 80 AP Nr. 2 zu § 108 BetrVG 1972). Wird der WiAusschuss von einem GesBR bestellt, genügt, dass die Gewerkschaft in einem EinzelBR vertreten ist (*Richardi/Annuß* Rn 25).

Voraussetzung ist weiter, dass ein Viertel der Mitgl. des BR bzw. des GesBR den **22** Antrag stellt oder ein Beschluss des BR bzw. des GesBR vorliegt (*Richardi/Annuß* Rn 26). Hat der BR bzw. der GesBR dem WiAusschuss eine Ermächtigung erteilt, so kann dieser auch selbst mit Mehrheit die Zuziehung beschließen (BAG 18. 11. 80 AP Nr. 2 zu § 108 BetrVG 1972; *Cox/Offermann* S. 31). Nach Ansicht des BAG (25. 6. 87 AP Nr. 6 zu § 108 BetrVG 1972) kann die Teilnahme von Gewerkschaftsbeauftragten aber jeweils nur für eine konkrete Sitzung beschlossen werden, nicht generell für alle zukünftigen Fälle (ErfK-*Kania* Rn 9; aA DKKW-*Däubler* Rn 18; *Grauvogel/Hase/Röhricht* Rn 337; offen gelassen von BAG 28. 2. 90 AP Nr. 1 zu § 31 BetrVG 1972). Der Gewerkschaftsbeauftragte unterliegt der Geheimhaltungspflicht im gleichen Umfang wie die Mitgl. des WiAusschusses. Diese Pflicht besteht auch gegenüber der Gewerkschaft selbst. Die Anwesenheit eines Gewerkschaftsbeauftragten schränkt deshalb die Unterrichtungspflicht des Unternehmers nicht weiter ein, selbst wenn er eine Verwertung der erlangten Kenntnisse bei Tarifverhandlungen befürchtet (BAG 11. 7. 00 AP Nr. 2 zu § 109 BetrVG 1972; so jetzt auch *Richardi/Annuß* Rn 28).

Die **SchwbVertr.** kann nach § 95 Abs. 4 SGB IX an allen Sitzungen teilnehmen **23** (hM: BAG 4. 6. 87 AP Nr. 2 zu § 22 SchwbG).

Der ArbGeb. kann in entspr. Anwendung des § 29 Abs. 4 S. 2 seinerseits einen **24** Verbandsvertr. zuziehen (hM: BAG 18. 11. 80 AP Nr. 2 zu § 108 BetrVG 1972).

IV. Einsicht in Unterlagen

Für die Rechte und Pflichten des WiAusschusses enthalten Abs. 3 bis 5 eine den **25** § 106 ergänzende Regelung. Abs. 3 stellt klar, dass alle Mitgl. des WiAusschusses ein umfassendes Einsichtsrecht in die vom Unternehmer gemäß § 106 Abs. 2 vorzulegenden Unterlagen (vgl. dort Rn 37 ff., 114 ff.) haben. Die Unterlagen müssen in den Sitzungen des WiAusschusses zur Verfügung stehen (DKKW-*Däubler* Rn 28; GK-*Oetker* Rn 50; *Richardi/Annuß* Rn 33). Beide Vorschriften (Vorlagepflicht und Einsichtsrecht) ergänzen sich.

V. Bericht an Betriebsrat

Der WiAusschuss hat nach Abs. 4 in Konkretisierung der Verpflichtung nach § 106 **26** Abs. 1 S. 2 **unverzüglich nach jeder Sitzung** dem BR bzw. GesBR einen vollständigen **Bericht** über die Sitzung zu geben (s. § 106 Rn 25). Die Übersendung des Protokolls ist nicht ausreichend (DKKW-*Däubler* Rn 29; GK-*Oetker* Rn 57; *Richardi/Annuß* Rn 34 f.; aA HSWGNR Rn 35). Eine Unterrichtung des GesBR reicht dann nicht aus, wenn im GesBR nicht sämtliche BR vertreten sind (DKKW-*Däubler* Rn 29; zu weitgehend *Cox/Offermann* S. 33: Unterrichtung von GesBR und allen betroffenen BR; aA GK-*Oetker* Rn 58). Durch diese Unterrichtung soll erreicht werden, dass der BR (GesBR) ständig über die aktuelle wirtschaftliche Lage des Unternehmens informiert ist. Auch mitgeteilte Betriebs- und Geschäftsgeheimnisse sind nicht zurückzuhalten, aber auf deren Geheimhaltung durch den BR (GesBR) hinzuweisen.

Im Allgemeinen sollen alle Mitgl. des WiAusschusses die Unterrichtung vorneh **27** men, damit der Gang der Beratungen nicht nur durch eine Person weitergegeben wird. Mit Zustimmung des BR (GesBR) wird aber auch die Unterrichtung **durch ein Mitgl.** des WiAusschusses genügen (ErfK-*Kania* Rn 11; HSWGNR Rn 27; einschr. – auch ohne Zustimmung – *Richardi/Annuß* Rn 35; GK-*Oetker* Rn 55).

VI. Erläuterung des Jahresabschlusses

28   Der Unternehmer hat dem WiAusschuss unter Beteiligung des BR (GesBR) in gemeinsamer Sitzung den Jahresabschluss gemäß Abs. 5 zu erläutern. Unter Jahresabschluss ist die **Jahresbilanz** (Handelsbilanz) und die **Gewinn- und Verlustrechnung** zu verstehen (§ 242 Abs. 3 HGB). Für alle Kaufleute und Handelsgesellschaften gelten einheitlich die §§ 242 ff. HGB. Ergänzende Vorschriften bestehen für Kapitalgesellschaften (AG, KGaA und GmbH, §§ 264 ff. HGB; zum Mindestberichtswesen der Gesellschaften s. *Cox/Offermann* S. 81 ff.; *Grauvogel/Hase/Röhricht* Rn 431 ff. iVm Rn 115 ff.). Der Jahresabschluss der Kapitalgesellschaften ist um einen **Anhang** (§§ 284 ff. HGB) zu erweitern. Er ist damit Teil des Jahresabschlusses bei Kapitalgesellschaften (*Richardi/Annuß* Rn 37; *Cox/Offermann* S. 81; *Oetker* NZA 01, 691 mwN; zur Verschärfung der Veröffentlichungspflicht von Jahresabschlüssen *Cox/Offermann* AiB 07, 267 ff.).

29   Der **Lagebericht** soll eingehen auf Vorgänge von bes. Bedeutung nach Schluss des Geschäftsjahres, die voraussichtliche Entwicklung der Gesellschaft und den Bereich Forschung und Entwicklung (§ 289 HGB). Der Anhang bildet mit der Bilanz und der Gewinn- und Verlustrechnung eine Einheit (§ 264 Abs. 1 HGB). Die Erläuterungspflicht entfällt nicht deshalb, weil der Lagebericht verständlicher ist als der Jahresabschluss. Denn Erläutern heißt Erklären der Positionen und die Darstellung der Zusammenhänge sowie das Eingehen auf Nachfragen und deren Beantwortung (vgl. Rn 34). Insoweit bilden der Jahresabschluss und der Lagebericht eine Einheit. Das eine ist ohne das andere nicht verständlich. Deshalb erstreckt sich die Erläuterungspflicht auf den Lagebericht (DKKW-*Däubler* Rn 35; *Richardi/Annuß* Rn 37; ErfK-*Kania* Rn 12; *Cox/Offermann* S. 82; *Grauvogel/Hase/Röhricht* Rn 433 iVm Rn 115 ff.; **aA** GK-*Oetker* Rn 63; HSWGNR Rn 19 ff.; *Oetker* NZA 01, 692).

30   Die **Steuerbilanz** ist kein Bestandteil des Jahresabschlusses. Ihre Einbeziehung in die Erläuterungspflicht ist aber vom Zweck der Bestimmung her geboten, weil steuerrechtliche Gesichtspunkte für das Verständnis der wirtschaftlichen Lage des Unternehmens von Bedeutung ist (DKKW-*Däubler* Rn 37; *Düwell/Steffan* Rn 7; *Richardi/Annuß* Rn 40; ErfK-*Kania* Rn 14; **aA** GK-*Oetker* Rn 66; HSWGNR Rn 21; *Oetker* NZA 01, 692). Nur soweit die Steuerbilanz die persönlichen Verhältnisse des Unternehmers betrifft, besteht keine Erläuterungspflicht (*Richardi/Annuß* aaO; *Oetker* NZA 01, 692).

31   Jahresabschluss ist auch der **Konzernabschluss** (§§ 290 ff. HGB, DKKW-*Däubler* Rn 34; *Düwell/Steffan* Rn 7; *Richardi/Annuß* Rn 38; *Martens* DB 88, 1231; **aA** GK-*Oetker* Rn 64; HSWGNR Rn 21; *WPK* Rn 7; *Oetker* NZA 01, 693). Die Erläuterung des Konzernabschlusses ist bei konzerngebundenen Unternehmen zur umfassenden Information über die wirtschaftlichen Angelegenheiten des Unternehmens notwendig (insoweit noch zustimmend *Oetker* NZA 01, 693).

32   Jahresabschluss und Lagebericht von mittleren und großen Kapitalgesellschaften sowie von Konzernen sind durch einen **Abschlussprüfer** zu prüfen (§ 316 HGB). Erst danach kann der Jahresabschluss festgestellt werden. Zu den vorzulegenden Berichten gehört auch, ebenso wie für den AR (§ 170 Abs. 1 AktG), die **Vorlage des Wirtschaftsprüfungsberichts des Abschlussprüfers** (soweit gesetzlich vorgeschrieben, Rn 29) zur Einsicht (BAG 8. 8. 89 AP Nr. 6 zu § 106 BetrVG 1972; DKKW-*Däubler* Rn 36; *Richardi/Annuß* Rn 39; GK-*Oetker* Rn 65; MünchArbR-*Joost* § 321 Rn 51; ErfK-*Kania* Rn 14; *Bösche/Grimberg* ArbuR 87, 133; 121; **aA** *Hommelhoff* ZIP 90, 218; *Oetker* NZA 01, 692). Soweit die Handelsbilanz unter Beachtung der steuerrechtlichen Vorschriften berichtigt wird, muss auch dies mitgeteilt werden. Nur so kann die wirtschaftliche Lage des Unternehmens richtig beurteilt werden.

33   Zum **Zeitpunkt** der Erläuterung enthält § 108 keine ausdrückliche Bestimmung. Die Regelung in Abs. 5 beschränkt sich auf eine Erläuterung des Jahresabschlusses. Er muss also bereits fertig gestellt sein (GK-*Oetker* Rn 69 mwN). Bei Kapitalgesellschaf-

ten richtet sich der Zeitpunkt nach 264 Abs. 1 S. 2 und 3 HGB bzw. für den Fall der Prüfungspflicht nach der Erteilung des Bestätigungsvermerks durch den Abschlussprüfer (§ 322 HGB). Die Feststellung des Jahresabschlusses durch den AR ist demgegenüber nicht abzuwarten (DKKW-*Däubler* Rn 38; GK-*Oetker* aaO). Für den Jahresabschluss von Einzelkaufleuten und Personalgesellschaften enthält das HGB keine Fristen. Er ist sofort nach Fertigstellung zu erläutern.

Zum **Inhalt** der Erläuterungspflicht: Der Unternehmer muss ggf. unter Zuziehung **34** sachkundiger Mitarbeiter des Unternehmens die Bedeutung der einzelnen Bilanzposten erklären und ihre Zusammenhänge darstellen. Fragen von Mitgl. des WiAusschusses und des BR sind sachgemäß zu beantworten (BAG 18. 7. 78 AP Nr. 1 zu § 108 BetrVG 1972). Die Erläuterung muss so ausführlich sein, dass sich der WiAusschuss ein umfassendes Bild machen kann und über einen mit dem Unternehmer vergleichbaren Informationsstand verfügt (*Oetker* NZA 01, 693; *Boesche/Grimberg* AuR 87, 136).

Der Unternehmer ist im Rahmen seiner Erläuterungspflicht auch verpflichtet, den **35** Jahresabschluss und die Ergänzungen (s. o.) **vorzulegen.** Eine Erläuterung ist ohne Kenntnis des zu erläuternden Gegenstands nicht sinnvoll denkbar (*Boesche/Grimberg* AuR 87, 136; *Oetker* NZA 01, 694). Im Übrigen ist § 108 Abs. 5 auch nicht als Einschränkung des § 106 Abs. 2 zu verstehen. § 108 Abs. 5 will dem gesteigerten Informationsbedürfnis am Jahresabschluss gerecht werden (*Oetker* NZA 01, 694).

Der BR und die Mitgl. des WiAusschusses haben das Recht, Einsicht in die vorzu- **36** legenden Unterlagen zu nehmen. Die Vorlagepflicht ist nur dann sinnvoll, wenn die Beteiligten an der Bilanzsitzung auch Einsicht nehmen (*Oetker* NZA 01, 695) und sich **Notizen und Aufzeichnungen** machen können (GK-*Oetker* Rn 72; *Richardi/Annuß* Rn 45; HSWGNR Rn 27; ErfK-*Kania* Rn 14). Dabei können nicht nur die Mitgl. des WiAusschusses, sondern auch die der BR (GesBR) Fragen stellen. Nach dem Gebot der vertrauensvollen Zusammenarbeit ist der Unternehmer verpflichtet, den Mitgl. des WiAusschusses ein Exemplar des Jahresabschlusses auszuhändigen, soweit dieser zu **veröffentlichen ist,** dh bei Kapitalgesellschaften (§ 325 HGB) und großen Genossenschaften (§ 339 HGB). In diesen Fällen ist jedem Mitgl. des BR und des WiAusschusses ein Exemplar auszuhändigen (*Richardi/Annuß* Rn 42).

Teilnehmer an der „**Bilanzsitzung**" sind alle Mitgl. des BR und die Mitgl. des **37** WiAusschusses. Jedes Mitgl. des BR hat ein Recht zur Teilnahme. Der BR hat jedoch die Möglichkeit, einzelne Mitgl. mit der Wahrnehmung seines Beteiligungsrechts zu beauftragen, dann haben nur diese ein Teilnahmerecht (*Oetker* NZA 01, 696). Besteht im Unternehmen ein GesBR, übt dieser das Beteiligungsrecht aus. Er ist zuständig für das Gesamtunternehmen. Mitgl. des KBR haben kein Teilnahmerecht. Es geht um Angelegenheiten des Unternehmens (*Oetker* NZA 01, 696).

Bei Kapitalgesellschaften ist nunmehr neben der Einreichung des Jahresabschlusses **38** beim Registergericht (Amtsgericht) auch dessen Veröffentlichung im BAnz. vorgesehen, wobei Erleichterungen für kleinere und mittlere Gesellschaften vorgesehen sind (§§ 325 ff. HGB). Kommen die gesetzlichen Vertr. ihren Offenlegungspflichten nicht nach, so kann ua. der GesBR (BR, KBR) beim Registergericht beantragen, die Mitgl. des VertrOrgans durch Zwangsgelder zur Einhaltung der Vorschriften anzuhalten (§ 335 HGB).

VII. Entsprechende Anwendung für den Ausschuss des Betriebsrats

Abs. 6 regelt rechtstechnisch die entspr. Anwendung des § 108 Abs. 1 bis 5, wenn **39** die Aufgaben des WiAusschusses gemäß § 107 Abs. 3 von einem Ausschuss des BR (GesBR) wahrgenommen werden (vgl. § 107 Rn 29, 37).

VIII. Streitigkeiten

40   Alle Streitigkeiten über die **Geschäftsführung** des WiAusschusses oder eines nach § 107 Abs. 3 gebildeten anderen Ausschusses, seine Zuständigkeit (insb. die Auslegung des Begriffs der wirtschaftlichen Angelegenheiten), die Berechtigung zur Teilnahme und die **Ordnungsmäßigkeit der Unterrichtung** durch den Unternehmer entscheidet das ArbG im **BeschlVerf.** (§ 2a ArbGG; s. dazu Nach § 1 Rn 1 ff.; s. auch LAG Hessen NZA-RR 07, 199 ff.; DKKW-*Däubler* Rn 42). Gleiches gilt für die Zuziehung eines **Sachverständigen** (vgl. § 80 Rn 93 und BAG 18. 7. 78 AP Nr. 1 zu § 108 BetrVG 1972). Die Frage der Erforderlichkeit der Zuziehung ist eine Rechtsfrage. Antragsberechtigt sind der Unternehmer und der BR; der WiAusschuss ist nicht Beteiligter.

41   Das ArbG entscheidet im BeschlVerf. auch Streitigkeiten über das **Einsichtsrecht** nach Abs. 3 und über Zeitpunkt u. Umfang des Unterrichtungsanspruchs. Nur bei Meinungsverschiedenheiten über die Frage, ob der Unternehmer in einer unstreitig wirtschaftlichen Angelegenheit eine **konkrete Auskunft** geben muss und in welchem Umfang, entscheidet zunächst die **E-Stelle** (§ 109 Rn 6 ff.).

42   Verstöße gegen die Unterrichtspflichten (unvollständig, wahrheitswidrig, verspätet) nach § 106 Abs. 2 und § 108 Abs. 5 werden als Ordnungswidrigkeiten mit Geldbußen bis zu 10 000 Euro geahndet (§ 121).

§ 109 Beilegung von Meinungsverschiedenheiten

[1] **Wird eine Auskunft über wirtschaftliche Angelegenheiten des Unternehmens im Sinn des § 106 entgegen dem Verlangen des Wirtschaftsausschusses nicht, nicht rechtzeitig oder nur ungenügend erteilt und kommt hierüber zwischen Unternehmer und Betriebsrat eine Einigung nicht zustande, so entscheidet die Einigungsstelle.** [2] **Der Spruch der Einigungsstelle ersetzt die Einigung zwischen Arbeitgeber und Betriebsrat.** [3] **Die Einigungsstelle kann, wenn dies für ihre Entscheidung erforderlich ist, Sachverständige anhören; § 80 Abs. 4 gilt entsprechend.** [4] **Hat der Betriebsrat oder der Gesamtbetriebsrat eine anderweitige Wahrnehmung der Aufgaben des Wirtschaftsausschusses beschlossen, so gilt Satz 1 entsprechend.**

Inhaltsübersicht

I. Vorbemerkung

1   Das Verf. nach § 109 ist nur vorgesehen für Meinungsverschiedenheiten über den konkreten **Umfang der Auskunftspflicht** nach § 106 Abs. 2 einschließlich der Vorlage der erforderlichen Unterlagen. Das ist ein Streit über Rechtsfragen. Über Rechtsfragen entscheidet an sich das Gericht (Nach § 1 Rn 11 ff.). Die E-Stelle als innerbetriebliche Schlichtungsstelle wird aus Gründen der Zweckmäßigkeit eingeschaltet. Das Verf. vor der E-Stelle ist anders als das Gerichtsverf. nicht öffentlich. Es dient dem Schutz sensibler Unternehmensdaten, indem Streitigkeiten über Auskünfte über solche Daten möglichst betriebsintern beigelegt werden sollen (LAG Hessen NZA-RR 07, 199 ff.). Sie entscheidet darüber, ob eine Auskunft über wirtschaftliche Angelegenheiten des Unternehmens nicht, nicht rechtzeitig oder nur unvollständig erteilt wurde und weitere Auskünfte erforderlich sind. Dabei muss sie als Vorfrage prüfen, ob die verlangte Auskunft sich auf eine wirtschaftliche Angelegenheit iSd. § 106 bezieht.

II. Zuständigkeit der Einigungsstelle

Die E-Stelle entscheidet über die Auskunftspflicht des Unternehmers im konkre- **2** ten Fall. Geht der Streit darum, ob eine Frage überhaupt zu den wirtschaftlichen Angelegenheiten und damit zur Zuständigkeit des WiAusschusses gehört, so ist die E-Stelle offensichtlich unzuständig (LAG Hessen NZA-RR 07, 199 ff.). Hierüber entscheiden die **ArbG** im BeschlVerf. (BAG 17. 9. 91 AP Nr. 13 zu § 106 BetrVG 1972; BAG 11. 7. 00 AP Nr. 2 zu § 109 BetrVG 1972; *Richardi/Annuß* Rn 5; s. auch § 76 Rn 31 ff.). Dagegen ist sie nicht offensichtlich unzuständig, wenn die Auskunft über die Vermögensübertragung von einer Konzernholdinggesellschaft verlangt wird, nachdem durch Umstrukturierung ein Gemeinschaftsbetrieb mit mehreren GmbHs geschaffen worden ist und die Holdinggesellschaft dort in Personalfragen „das Sagen" hat (LAG Niedersachsen NZA-RR 10, 142).

Der Streit über die Auskunftserteilung oder die Entscheidung der E-Stelle wird **2a** zwischen ArbGeb. und BR ausgetragen; die E-Stelle und der WiAusschuss sind nicht zu beteiligen (BAG 11. 7. 00 AP Nr. 2 zu § 109 BetrVG 1972).

Während die Unterrichtungspflicht nach § 108 Abs. 5 verhältnismäßig klar um- **3** schrieben ist, kann die Durchführung des § 106 Abs. 2 in der Praxis durchaus Schwierigkeiten bereiten, so dass der Unternehmer und die Mitgl. des WiAusschusses verschiedener Ansicht, insb. auch über das Vorliegen eines Betriebs- und Geschäftsgeheimnisses sein können. Das G regelt das Verf. zur Beilegung und Entscheidung derartiger Meinungsverschiedenheiten in § 109 selbständig.

Das **Verf. nach § 109 gilt auch** für den Fall, dass der Unternehmer die **Aus- 4 kunft unter Berufung auf** ein **Betriebs- oder Geschäftsgeheimnis verweigert** (BAG 11. 7. 00 AP Nr. 2 zu § 109 BetrVG 1972; LAG Köln NZA-RR 05, 32; DKKW-*Däubler* Rn 4; *Richardi/Annuß* Rn 6; nur bei offensichtlichem Rechtsmissbrauch des ArbGeb.: *HSWGNR* Rn 9; für Alleinentscheidung des Unternehmers: *SWS* §§ 106–109 Rn 78). Falls man insoweit jede Überprüfungsmöglichkeit verneint, wird eine Umgehung der Auskunftspflichten durch den Unternehmer praktisch kaum zu vermeiden sein. Überdies braucht der ArbGeb. der E-Stelle nicht das Geschäftsgeheimnis zu offenbaren, sondern nur **glaubhaft zu machen,** dass er die Auskunft wegen der **Gefährdung von Geschäftsgeheimnissen** verweigern müsse (LAG Düsseldorf DB 78, 1695; DKKW-*Däubler* Rn 4; GK-*Oetker* Rn 9; *Richardi/Annuß* Rn 8; MünchArbR-*Joost* § 321 Rn 131).

Die **E-Stelle** entscheidet insoweit im Interesse des Schutzes von Betriebs- oder **5** Geschäftsgeheimnissen zwar trotz rechtssystematischer Bedenken über eine **Rechtsfrage** (BAG 8. 8. 89 AP Nr. 6 zu § 106 BetrVG 1972; 11. 7. 00 AP Nr. 2 zu § 109 BetrVG 1972). Deren **Spruch** kann aber im arbeitsgerichtlichen **BeschlVerf. in vollem Umfang nachgeprüft** werden (BAG 11. 7. 00 aaO). Einstw. Vfg. auf Einsicht in Unterlagen vor Entscheidung der E-Stelle würden deren Spruch vorgreifen u. sind abzulehnen (ArbG Wetzlar 28. 2. 89 NZA 89, 443).

III. Verfahren der Einigungsstelle

1. Verlangen auf Auskunft in wirtschaftlichen Angelegenheiten

Für die Einleitung eines Verf. nach § 109 bestehen folgende Voraussetzungen: **6**

Es bedarf eines **ausdrücklichen,** an den Unternehmer oder seinen Vertr. gerichteten **Verlangens** auf Auskunftserteilung über wirtschaftliche Fragen gemäß § 106, dh auf Erteilung einer konkret verlangten Auskunft (LAG Niedersachsen NZA-RR 10, 142; LAG Hessen NZA-RR 07, 199 ff.; *Richardi/Annuß* Rn 10 f.; *HSWGNR* Rn 10; *ErfK-Kania* Rn 2). Dieses muss vom WiAusschuss oder dem nach § 107 Abs. 3 gebildeten Ausschuss beschlossen und gegenüber dem Unternehmer gestellt sein. Der Unternehmer muss daraufhin die Auskunft überhaupt nicht, unvollständig, verspätet oder ohne Vorlage der erforderlichen Unterlagen erteilt haben.

2. Verständigung zwischen Unternehmer und Betriebsrat

7   Im Streitfall ist zunächst der **BR (GesBR)** einzuschalten. Zwischen ihm und dem **Unternehmer** soll ein Ausgleich angestrebt werden. Der WiAusschuss, der nur Hilfsfunktionen für den BR, aber keine Entscheidungsbefugnisse hat (BAG 15. 3. 06 AP Nr. 79 zu § 118 BetrVG 1972), muss sich an den BR (GesBR) wenden, der sich seinerseits, falls er das Verlangen für berechtigt erachtet (rechtsähnlich § 80 Abs. 1 Nr. 3), mit dem Unternehmer in Verbindung setzen kann. Hierbei gilt § 74 Abs. 1 S. 2 entspr., dh Unternehmer und BR (GesBR) haben mit dem ernsten Willen zur Einigung über eine Beilegung der Meinungsverschiedenheit zu verhandeln. Der BR (GesBR) ist auch zuständig, wenn ein bes. Ausschuss nach § 107 Abs. 3 die Aufgaben des WiAusschusses übernommen hat, sofern er nicht nach § 28 Abs. 1 S. 2 ermächtigt ist (*DKKW-Däubler* Rn 8).

8   Einigen sich Unternehmer und BR (GesBR) darüber, dass die verweigerte Auskunft an den WiAusschuss zu erteilen ist, so hat der Unternehmer sie unverzüglich vollständig und wahrheitsgemäß zu erteilen (BAG 8. 8. 89 AP Nr. 6 zu § 106 BetrVG 1972). Die **Einigung** ist **bindend.** Sie kann im BeschlVerf. durchgesetzt werden (*DKKW-Däubler* Rn 7; *HSWGNR* Rn 11; *GK-Oetker* Rn 17 ff.). Wird eine Verständigung darüber erzielt, dass die Auskunftserteilung nicht gewünscht werden soll, so bindet diese Erklärung des BR auch die Mitgl. des WiAusschusses (hM). Es handelt sich um eine nicht formbedürftige betriebliche Regelung (*DKKW-Däubler* Rn 7; *Richardi/Annuß* Rn 13; vgl. § 77 Rn 216 ff.).

3. Entscheidung der Einigungsstelle

9   Kann die **Meinungsverschiedenheit** zwischen Unternehmer und BR **nicht** gütlich **beigelegt** werden, so entscheidet die E-Stelle (wegen anschließender Anrufung des ArbG vgl. Rn 12 f.) darüber, ob, wann und in welcher Weise eine Auskunft unter Vorlage welcher Unterlagen zu erteilen ist (LAG Hessen NZA-RR 07, 199 ff.). Für das Verf. gelten die allgemeinen Vorschriften (vgl. § 76 Rn 56 ff.). Ihr Spruch ersetzt die Einigung zwischen Unternehmer (ArbGeb.) und BR. Entscheidet die E-Stelle dahin, dass der Unternehmer zur Erteilung der Auskunft verpflichtet ist und weigert sich dieser dennoch, der Verpflichtung nachzukommen, so macht er sich einer Ordnungswidrigkeit schuldig (§ 121). Bei groben Verstößen gegen die Unterrichtungspflicht kann ein Verf. nach § 23 Abs. 3 in Betracht kommen.

10   Die E-Stelle kann erforderlichenfalls **Sachverständige anhören.** Es bedarf hier **keiner** entspr. **Vereinbarung** zwischen BR und ArbGeb. (anders § 80 Abs. 3 und § 108 Abs. 2 S. 3; *GK-Oetker* Rn 30; *Richardi/Annuß* Rn 16; *ErfK-Kania* Rn 4; *HSWGNR* Rn 15). Streit über Erforderlichkeit der Anhörung (Kosten des Sachverständigen) entscheiden die ArbG im **BeschlVerf.** (§ 2 a ArbGG). Beteiligte sind BR, Unternehmer und in diesem Sonderfall die E-Stelle, vertreten durch ihren Vors. Die Sachverständigen unterliegen der Geheimhaltungspflicht nach § 79.

11   Die Übertragung der Entscheidungsbefugnis der E-Stelle auf **tarifliche Schlichtungsstellen,** wie sie § 76 Abs. 8 vorsieht, ist **zulässig** (*DKKW-Däubler* Rn 11; *Richardi/Annuß* Rn 17; *HSWGNR* Rn 13 nur bei überbetrieblicher Vereinheitlichung).

4. Erzwingung der Auskunftserteilung

Kommt der Unternehmer der Entscheidung der E-Stelle (Rn 9) oder der freiwilli- **12** gen Vereinbarung über die Erteilung einer Auskunft (Rn 8) nicht nach, so kann der BR (GesBR), nicht der WiAusschuss, beim zuständigen ArbG die **Verurteilung des Unternehmers** zur Auskunftserteilung beantragen (*Richardi/Annuß* Rn 21; GK-*Oetker* Rn 36; *HSWGNR* Rn 20; ErfK-*Kania* Rn 6). Das ArbG entscheidet im **BeschlVerf.** (§ 2a ArbGG, s. dazu Nach § 1 Rn 1ff.). Dabei ist als Vorfrage die Rechtmäßigkeit des Spruchs der E-Stelle in vollem Umfang nachzuprüfen, da die E-Stelle im Rahmen des § 109 über Rechtsfragen zu befinden hat (so jetzt auch BAG 11. 7. 00 AP Nr. 2 zu § 109 BetrVG 1972; *Richardi/Annuß* Rn 19; **aA** GK-*Oetker* Rn 32ff.; s. Rn 5).

Aus dem rechtskräftigen Beschluss kann gem. § 85 Abs. 1 ArbGG die Zwangsvoll- **13** streckung nach den Vorschriften der ZPO betrieben werden. Da es sich bei der Auskunftserteilung um eine unvertretbare Handlung handelt, hat das ArbG auf Antrag den Unternehmer durch Zwangsgeld zur Erteilung der Auskunft anzuhalten (§ 888 ZPO). Daneben kommt ein Verf. nach § 23 Abs. 3 nicht in Betracht (*Heinze* DB 83, Beilage 9, S. 20). Die ArbG entscheiden auch bei Streit über die Zuständigkeit der E-Stelle (vgl. Rn 1) und die Erläuterung des Jahresabschlusses (vgl. § 108 Rn 40). In Eilfällen kann nach Spruch der E-Stelle eine einstw. Vfg. ergehen (DKKW-*Däubler* Rn 16).

Entscheidet die E-Stelle gegen den BR (GesBR), kann dieser das ArbG anrufen, **14** um seinen Unterrichtungsanspruch durchzusetzen. Der Spruch der E-Stelle ist auch in diesem Fall voll überprüfbar.

§ 109a Unternehmensübernahme

In Unternehmen, in denen kein Wirtschaftsausschuss besteht, ist im Fall des § 106 Abs. 3 Nr. 9a der Betriebsrat entsprechend § 106 Abs. 1 und 2 zu beteiligen; § 109 gilt entsprechend.

Inhaltsübersicht

I. Vorbemerkung

Durch Art. 4 des **Risikobegrenzungsgesetzes** vom 12. 8. 08 (BGBl. I S. 1666) **1** ist § 109a in das G neu eingefügt worden. Er sieht vor, dass in Unternehmen, in denen **kein WiAusschuss** besteht, der Unternehmer den BR entspr. § 106 Abs. 1 und 2 bei einer **Unternehmensübernahme** nach § 106 Abs. 3 Nr. 9a zu beteiligen hat. Wegen der schützenswerten Interessen der Belegschaft, über den Erwerb wesentlicher Anteile durch Investoren auch in **kleineren Unternehmen** informiert zu werden und evt. Einfluss nehmen zu können (vgl. BT-Drucks. 16/7438 S. 15), wird eine Ausnahme von dem Grundsatz zugelassen, dass bei Fehlen eines WiAusschusses der BR (GesBR) dessen Aufgabe nicht übernehmen kann. Die Vorschrift findet keine Anwendung auf Tendenzunternehmen (s. § 106 Rn 6).

II. Voraussetzung für die Beteiligung des Betriebsrats

2   Dem BR fällt die Wahrnehmung der Aufgaben des WiAusschusses **nur** im Fall der **Unternehmensübernahme** mit **Kontrollerwerb** nach § 106 Abs. 3 Nr. 9a zu; besteht im Unternehmen ein GesBR, übernimmt er – oder wenn es dort einen unternehmenseinheitlichen BR nach § 3 Abs. 1 Nr. 1a gibt – dieser die Aufgaben des WiAusschusses (DKKW-*Däubler* Rn 2; GK-*Oetker* Rn 9). In allen anderen Fällen bleibt es bei dem Grundsatz, dass der BR (GesBR) nicht an die Stelle des WiAusschusses treten kann (§ 106 Rn 3).

3   Der BR (GesBR) übernimmt die Funktionen eines WiAusschusses in Unternehmen, in denen **kein WiAusschuss** besteht. Die **Gründe** für das Fehlen eines WiAusschusses spielen keine Rolle; sie können **rechtlicher** oder **tatsächlicher** Art sein. **Folgende Fälle** kommen in Betracht:

4   Ein Unternehmen erreicht nicht den Schwellenwert des § 106 Abs. 1 S. 1 und hat **nur 100 oder weniger** ständig beschäftigte **ArbN** (DKKW-*Däubler* Rn 1; GK-*Oetker* Rn 6; Erfk-*Kania* Rn 1; *Löw* DB 08, 758, 759; *Schröder/Falter* NZA 08, 1097, 1101; *Simon/Dobel* BB 08, 1955, 1958; *Thüsing* ZIP 08, 106, 108; *Hjort* AiB 09, 132, 135; **aA** *Löwisch/Kaiser* Rn 1; *Richardi/Annuß* Rn 2; *Löwisch* DB 08, 2834f.; Näheres zum Schwellenwert s. § 106 Rn 14ff.). Das Gleiche gilt, wenn die Belegschaftsstärke im Unternehmen dauerhaft auf weniger als 101 ArbN sinkt und das Amt des WiAusschusses endet (s. § 106 Rn 14); hier wächst die Zuständigkeit des untergehenden WiAusschusses hinsichtlich des Unternehmensübergangs dem BR (GesBR) zu.

5   In einem Unternehmen mit **mehr als 100** ständig beschäftigten **ArbN** bestimmt der BR oder, wenn mehrere BR bestehen, der GesBR entgegen § 107 Abs. 2 keine Mitgl. des WiAusschusses, obwohl die **gesetzlichen Voraussetzungen** für die Errichtung eines WiAusschuss **gegeben** sind (s. § 107 Rn 3, 18; DKKW-*Däubler* Rn 1; GK-*Oetker* Rn 7; *Löwisch* DB 08, 2834f.; *Ratayczak* AiB 08, 130, 131; **aA** *Düwell/Steffan* Rn 1; ErfK-*Kania* Rn 1).

6   In einem Unternehmen mit **mehreren Betriebsräten** wird **kein GesBR** gebildet mit der Folge, dass auch ein WiAusschuss nicht gebildet werden kann (s. § 107 Rn 20). Hier sind die einzelnen BR entspr. § 106 Abs. 1 und 2 zu beteiligen.

7   Besteht kein WiAusschuss, weil der BR (GesBR) dessen **Aufgaben** einem bes. **BR-(GesBR-)Ausschuss** gem § 107 Abs. 3 übertragen hat (§ 107 Rn 29ff.), findet § 109a keine Anwendung (GK-*Oetker* Rn 6). Der BR-(GesBR-)Ausschuss ersetzt den WiAusschuss. Er nimmt dessen Stellung ein und verfügt über dieselben Rechte und Pflichten wie ein WiAusschuss, so dass für eine Anwendung des § 109a kein Raum ist.

8   Die Vorschrift gilt nur für Unternehmen, nicht für Konzerne, für die ein WiAusschuss nicht vorgesehen ist (§ 106 Rn 4). Eine **analoge Anwendung** des **§ 109a** auf **Konzerne** und den **KBR** kommt **ausnahmsweise** dann in Betracht, wenn das Ziel des Risikobegrenzungsgesetzes, durch die neuen Regelungen des § 106 Abs. 2 S. 2 und Abs. 3 Nr. 9a mehr Transparenz für die Belegschaft bei Unternehmensübernahmen zu schaffen (s. Gesetzesbegründung BT-Drucks. 16/7438 S. 8), dadurch unterlaufen wird, dass die Konzernmuttergesellschaft eine Tochtergesellschaft ohne deren Einbeziehung veräußert (s. § 106 Rn 100). Um dem wirksam zu begegnen, ist der KBR entsprechend § 109a zu beteiligen.

III. Rechte des den Wirtschaftsausschuss ersetzenden Betriebrats

9   Der den WiAusschuss ersetzende BR (GesBR) hat im Fall der Unternehmensübernahme mit Kontrollerwerb (§ 106 Abs. 3 Nr. 9a) gegenüber dem Unternehmer die **Unterrichtungs-** und **Beratungsrechte** nach § 106 Abs. 1 und 2 (s. insb. dortige Rn 80ff., 90ff.). Eine Aberkennung der Beratungsrechte (so GK-*Oetker* Rn 12ff.)

widerspricht dem eindeutigen Wortlaut des G. Zudem würde dem BR die Möglichkeit genommen, auf die Ausgestaltung der Unternehmensübernahme Einfluss zu nehmen (s. hierzu § 106 Rn 112 iVm Rn 92 ff.) und sich für die betroffenen ArbN einzusetzen. Zur **Durchsetzung** der Rechte des den WiAusschuss ersetzenden BR kann dieser nach Maßgabe des § 109 (s. dortige Rn) die ES-Stelle anrufen.

Für die Beantwortung der Fragen, die sich dem BR (GesBR) bei einer Unter- 10 nehmensübernahme in gleicher Weise wie dem WiAusschuss stellen können, wird auf die Ausführungen zu **§ 106 Rn 80 bis 129** verwiesen.

Bei der Übernahme eines **börsennotierten Unternehmens** gelten die Vorschrif- 11 ten des WpÜG neben § 109 a (GK-*Oetker* Rn 23). Hier ist darauf zu achten, dass zwar Art, Inhalt und Umfang der Unterrichtung über die Unternehmensübernahme in § 11 Abs. 2 iVm § 39 WpÜG festgelegt sind, das gilt aber nicht für den Zeitpunkt der Unterrichtung des den WiAusschuss ersetzenden BR (**aA** *Simon/Dobel* BB 08, 1955, 1958). In dieser Funktion ist er eben nicht der „zuständige BR" iSv § 14 Abs. 4 S. 2 WpÜG, den der Vorstand der Zielgesellschaft erst nach der Veröffentlichung des Übernahmeangebots durch dessen Übermittlung zu unterrichten hat. Er hat die Aufgaben und Befugnisse eines WiAusschusses gem. §§ 106, 109 a und ist deshalb bereits vor der Veröffentlichung des Übernahmeangebots zu unterrichten (wohl auch GK-*Oetker* Rn 24). Dass dies erforderlich und zulässig ist, belegen die Ausführungen in § 106 Rn 102 ff., insb. Rn 108 ff.

IV. Streitigkeiten

Bei Streitigkeiten darüber, ob die Anwendungsvoraussetzungen des § 109 a vorlie- 12 gen, entscheidet das ArbG nach § 2 a ArbGG im **BeschlVerf.** (s. dazu Nach § 1 Rn 1 ff.). Bei einem Streit über die Erteilung einer **Auskunft** entscheidet nach § 109 zunächst die **E-Stelle.** Verletzungen der Auskunftspflicht nach § 106 Abs. 2 sind außerdem Ordnungswidrigkeiten (vgl. § 121).

§ 110 Unterrichtung der Arbeitnehmer

(1) **In Unternehmen mit in der Regel mehr als 1000 ständig beschäftigten Arbeitnehmern hat der Unternehmer mindestens einmal in jedem Kalendervierteljahr nach vorheriger Abstimmung mit dem Wirtschaftsausschuss oder den in § 107 Abs. 3 genannten Stellen und dem Betriebsrat die Arbeitnehmer schriftlich über die wirtschaftliche Lage und Entwicklung des Unternehmens zu unterrichten.**

(2) [1]**In Unternehmen, die die Voraussetzungen des Absatzes 1 nicht erfüllen, aber in der Regel mehr als zwanzig wahlberechtigte ständige Arbeitnehmer beschäftigen, gilt Absatz 1 mit der Maßgabe, dass die Unterrichtung der Arbeitnehmer mündlich erfolgen kann.** [2]**Ist in diesen Unternehmen ein Wirtschaftsausschuss nicht zu errichten, so erfolgt die Unterrichtung nach vorheriger Abstimmung mit dem Betriebsrat.**

Inhaltsübersicht

I. Vorbemerkung

1   Diese Vorschrift betrifft die vierteljährliche Unterrichtung der ArbN über die wirtschaftliche Lage und Entwicklung des Unternehmens. Sie unterscheidet Unternehmen mit in der Regel (§ 1 Rn 271 ff.) mehr als 1000 ständig beschäftigten ArbN (Abs. 1, schriftliche Unterrichtung) und Unternehmen mit in der Regel mehr als 20 wahlberechtigten, ständigen ArbN (Abs. 2, mündliche Unterrichtung). Der Inhalt der Unterrichtungspflicht ist aber der gleiche. Unberührt bleiben die Verpflichtung des ArbGeb., in einer BetrVerslg. über die wirtschaftliche Lage und Entwicklung des Betriebs zu berichten (§ 43 Rn 19 ff.) und die Bestimmungen über den Tätigkeitsbericht des BR in der BetrVerslg.

2   Entspr. Vorschrift im **BPersVG 74:** Keine.

II. Vierteljahresbericht in größeren Unternehmen

3   Die vierteljährliche Unterrichtung der ArbN über Lage und Entwicklung des Unternehmens erfolgt durch den Unternehmer **nach vorheriger Abstimmung** mit dem WiAusschuss (bzw. Ausschuss nach § 107 Abs. 3) und dem BR (GesBR). Sinn der Vorschrift ist, dass Inhalt und Umfang des Berichts vor der Erstattung zunächst mit dem WiAusschuss und dem BR erörtert werden. Es ist nicht erforderlich, dass eine völlige Übereinstimmung über den Bericht erzielt wird; jedenfalls aber muss das Benehmen hergestellt und WiAusschuss und BR Gelegenheit zur Stellungnahme gegeben werden. Verantwortlich für die Erstattung ist aber der Unternehmer. Letzten Endes hat er den Bericht so zu erstatten, wie er es für richtig hält.

4   Kommt eine Einigung über den Inhalt des Berichts nicht zustande, haben BR (GesBR) und WiAusschuss das Recht, die Aufnahme ihrer Sicht in den Bericht oder die Verteilung eines „Alternativberichts" zu verlangen (DKKW-*Däubler* Rn 12; ErfK-*Kania* Rn 6: nur Alternativbericht; **aA** GK-*Oetker* Rn 16; *Richardi/Annuß* Rn 5; HSWGNR Rn 11 ff.; MünchArbR-*Joost* § 231 Rn 69; *Rumpff/Boewer* S. 248). Andernfalls wäre die Einschaltung des WiAusschusses und des BR eine reine Formalität und würde dem falschen Eindruck einer gemeinsamen Beurteilung Vorschub leisten. Das Recht des BR, auf BetrVerslg. zu informieren, ist nicht gleichwertig, weil GesBR und WiAusschuss kein originäres Teilnahmerecht haben (§ 42 Rn 23). Jedenfalls kann der BR in seinem Tätigkeitsbericht in der BetrVerslg. auch auf die wirtschaftliche Lage des Unternehmens aus seiner Sicht eingehen.

5   Der Vierteljahresbericht muss in Unternehmen mit mehr als 1000 ständig beschäftigten ArbN **schriftlich** in der Weise erstattet werden, dass jedes Belegschaftsmitgl. mühelos davon Kenntnis erhalten kann (hM). Geeignet hierfür sind insb. Werkzeitungen, Anschlag am schwarzen Brett (MünchArbR-*Joost* § 231 Rn 67; GK-*Oetker* Rn 19; nach ErfK-*Kania* Rn 3, DKKW-*Däubler* Rn 9 u. *Richardi/Annuß* Rn 6 genügt ein Anschlag am schwarzen Brett nicht), E-Mail, Vervielfältigung und Verteilung an die Unternehmensangehörigen, insb. in den vierteljährlichen BetrVerslg.

6   Werden **ausländische ArbN** nicht nur vereinzelt beschäftigt, die keine hinreichenden Sprachkenntnisse haben, muss der Bericht übersetzt werden (hM: DKKW-*Däubler* Rn 10; ErfK-*Kania* Rn 3).

7   Der vierteljährliche Lagebericht soll den **ArbN in groben Zügen einen Überblick über die Wirtschaftslage des Unternehmens** und seiner Betriebe, die wirtschaftlichen und sozialen Leistungen, die Schwierigkeiten, die Marktlage und die Entwicklung, die das Unternehmen und seine Betriebe seit dem letzten Bericht genommen haben, sowie die Aussichten für die künftige Entwicklung gewähren. Da dieser Bericht sämtlichen Belegschaftsmitgl. (also nicht – wie bei der Unterrichtung des BR und des WiAusschusses – einem verhältnismäßig kleinen Personenkreis) erstattet wird, muss er sich notwendigerweise auf eine Zusammenfassung solcher Angaben beschränken, deren Bekanntwerden die Wettbewerbsfähigkeit des Unternehmens nicht beeinträchtigen kann (hM: MünchArbR-*Joost* § 231 Rn 66; *Richardi/Annuß* Rn 9; **aA** DKKW-*Däubler* Rn 7; GK-*Oetker* Rn 7). Anhaltspunkt über den Umfang der Unterrichtung können die Mitteilungen an die Aktionäre sein. ArbN sind aber eher an der Sicherheit der Arbeitsplätze interessiert. Darauf ist Rücksicht zu nehmen (DKKW-*Däubler* Rn 6). Angaben, durch die **Betriebs- oder Geschäftsgeheimnisse** gefährdet werden könnten, braucht der Bericht nicht zu enthalten.

Der Vierteljahresbericht nach § 110 überschneidet sich teilweise mit den jährlichen **8** Berichten in der BetrVerslg. gemäß § 43 Abs. 2 S. 3 (und der BRVerslg. nach § 53 Abs. 2 Nr. 2) und kann auch dort erstattet werden (vgl. § 43 Rn 24).

III. Vierteljahresbericht in kleineren Unternehmen

In Unternehmen, die die ArbNZahl des Abs. 1 nicht erreichen, aber **in der 9 Regel** (§ 1 Rn 271) doch **mehr als 20 wahlberechtigte, ständige ArbN** beschäftigen, gelten die Ausführungen zu Abs. 1 (Rn 3–8) mit der Maßgabe, dass die Unterrichtung **nur mündlich** zu erfolgen braucht, zweckmäßig in den regelmäßigen Betr- oder AbtVerslg. (§ 43 Rn 24).

Besteht kein WiAusschuss, weil das Unternehmen nicht mehr als 100 ArbN ständig beschäftigt (§ 106 Abs. 1), so hat sich der Unternehmer lediglich mit dem BR (GesBR) abzustimmen (§ 110 Abs. 2 S. 2). Das Gleiche gilt, wenn kein WiAusschuss gebildet ist (*Richardi/Annuß* Rn 4; GK-*Oetker* Rn 13).

IV. Streitigkeiten

Besteht zwischen Unternehmer und BR Streit über die (ordnungsgemäße) viertel- **10** jährliche Unterrichtung der ArbN, so entscheiden hierüber die ArbG im **Beschl-Verf.** nach § 2a ArbGG (s. dazu Nach § 1 Rn 1 ff.; DKKW-*Däubler* Rn 17; *Richardi/Annuß* Rn 12; *Dütz* FS *Westermann* S. 53). Antragsberechtigt sind der ArbGeb., der BR und der GesBR.

Die Verletzung der Unterrichtungspflicht kann als Ordnungswidrigkeit mit einer **11** Geldbuße bis zu 10 000 Euro geahndet werden (§ 121).

Zweiter Unterabschnitt. Betriebsänderungen

§ 111 Betriebsänderungen

¹**In Unternehmen mit in der Regel mehr als zwanzig wahlberechtigten Arbeitnehmern hat der Unternehmer den Betriebsrat über geplante Betriebsänderungen, die wesentliche Nachteile für die Belegschaft oder erhebliche Teile der Belegschaft zur Folge haben können, rechtzeitig und umfassend zu unterrichten und die geplanten Betriebsänderungen mit dem Betriebsrat zu beraten. ²Der Betriebsrat kann in Unternehmen mit mehr als 300 Arbeitnehmern zu seiner Unterstützung einen Berater hinzuziehen; § 80 Abs. 4 gilt entsprechend; im Übrigen bleibt § 80 Abs. 3 unberührt. ³Als Betriebsänderung im Sinne des Satzes 1 gelten**

1. **Einschränkung und Stilllegung des ganzen Betriebs oder von wesentlichen Betriebsteilen,**
2. **Verlegung des ganzen Betriebs oder von wesentlichen Betriebsteilen,**
3. **Zusammenschluss mit anderen Betrieben oder die Spaltung von Betrieben,**
4. **grundlegende Änderungen der Betriebsorganisation, des Betriebszwecks oder der Betriebsanlagen,**
5. **Einführung grundlegend neuer Arbeitsmethoden und Fertigungsverfahren.**

Inhaltsübersicht

I. Vorbemerkung

1   Die §§ 111–113 regeln das **MBR** des BR **bei Betriebsänderungen,** die wesentl. Nachteile für die ArbN zur Folge haben können. Ihr Zweck ist, die ArbN bei Durchführung von Betriebsänderungen zu beteiligen und die ihnen dadurch entstehenden wirtschaftlichen Nachteile auszugleichen oder jedenfalls abzumildern. Soweit mit einer Betriebsänderung eine Massenentlassung iSd. Richtlinie 98/59/EG vom 20. 7. 98 (Massenentlassungsrichtlinie; vgl. dazu *Wißmann* RdA 98, 221 ff.; EuGH 27. 1. 05 – C-188/03 – „Junk" NZA 05, 213; 16. 7. 09 – C-12/08 – „Mono Car Styling" AP Nr. 5 zu Richtlinie 98/59/EG; 10. 9. 09 – C-44/08 – „Akavan Erityisalojen Keskusliitto" NZA 09, 1083; 3. 3. 11 – C-235/10 – „Claes" NZA 11, 337; vgl. auch BVerfG 25. 2. 10 NZA 10, 439) verbunden ist, ist dies bei der Auslegung der §§ 111 ff. zu beachten (vgl. BAG 22. 7. 03 AP Nr. 42 zu § 113 BetrVG 1972). Von Bedeutung für die Anwendung und Auslegung des § 111 kann auch die Richtlinie 2002/14/EG zur Festlegung eines allgemeinen Rahmens für die Unterrichtung und Anhörung der ArbN in der Europäischen Gemeinschaft (Rahmen-Richtlinie 2002/14/EG) sein (vgl. dazu *Franzen* FS *Birk* S. 97 ff.). Die Beteiligung des BR nach § 111 lässt dessen sonstige Beteiligungsrechte unberührt. Betriebsänderungen sind häufig mit personellen Einzelmaßnahmen verbunden, bei denen der BR nach §§ 99, 102 mitzubestimmen hat.

2   Die in den §§ 111–113 verwendeten Begriffe **„Unternehmer"** und **„Arbeitgeber"** bezeichnen beide diejenige Rechtsperson, die Inhaber des Betriebs und Arbeitgeber der dort beschäftigten ArbN ist (BAG 15. 1. 91 AP Nr. 21 zu § 113 BetrVG 1972). Zum „BetriebsArbGeb." und zum „VertragsArbGeb.", insb. im Gemeinschaftsbetrieb vgl. § 1 Rn 103, 106, 237, 238.

Während es bis zum Inkrafttreten des BetrVerf-ReformG für das Entstehen von **3** Beteiligungsrechten nach § 111 Satz 1 auf die Größe des Betriebs ankam, ist nun die **Größe des Unternehmens** maßgeblich (vgl. Rn 18 ff.; BAG 9. 11. 10 – 1 AZR 708/09 – NZA 11, 466). Neu eingeführt wurde durch Satz 2 das Recht des BR, in Unternehmen mit mehr als 300 ArbN zu seiner Unterstützung einen Berater hinzuzuziehen (vgl. Rn 117 ff.).

In wirtschaftlichen Angelegenheiten kommt es häufig zu **Interessenkonflikten** **4** zwischen Unternehmer und ArbN. Während der Unternehmer seine Entscheidungen über die Einschränkung oder Stilllegung von Betrieben oder Betriebsteilen, über Verlegungen, Zusammenschlüsse oder Spaltungen, über Änderungen der Betriebsorganisation oder die Einführung neuer Arbeitsmethoden und Fertigungstechniken in erster Linie nach wirtschaftlichen Gesichtspunkten zu treffen hat, haben die ArbN berechtigte Interessen an der Erhaltung ihrer Arbeitsplätze und an sozialverträglichen Lösungen bei Stilllegungen, Einschränkungen oder Rationalisierung. Für sie und ihre Familien sind die Arbeitsplätze regelmäßig die wirtschaftliche Existenzgrundlage.

Die §§ 111 ff. regeln diesen Konflikt, indem sie dem BR bei bestimmten Betriebs- **5** änderungen Beteiligungsrechte verleihen. Betriebsänderungen im Sinne von § 111 lösen Ansprüche des BR auf **Unterrichtung und Beratung** aus. Dabei ist ein **Interessenausgleich** anzustreben. In diesem wird festgelegt, ob, wann und wie die vom Unternehmer beabsichtigte Betriebsänderung durchgeführt werden soll. Der BR kann in diesem Verf. die Interessen der ArbN geltend machen. Es soll eine Lösung gefunden werden, die sowohl den wirtschaftlichen Interessen des Unternehmers als auch den sozialen Belangen der ArbN gerecht wird. Dabei hat der Unternehmer alle Verständigungsmöglichkeiten auszuschöpfen. Letztlich entscheidet er jedoch allein, wenn es nach Ausschöpfung aller Verständigungsmöglichkeiten nicht zu einem Interessenausgleich kommt. Die **Entscheidungsfreiheit des Unternehmers** in wirtschaftlichen Angelegenheiten bleibt also in vollem Umfang erhalten (vgl. zur Frage der Zulässigkeit eines Arbeitskampfes um tarifliche Regelungen bei einer Betriebsänderung §§ 112, 112a Rn 184 ff.).

Kommt es zu einer Betriebsänderung, die wirtschaftliche Nachteile für die ArbN **6** (Entlassungen, Versetzungen) mit sich bringt, muss ein **Sozialplan** aufgestellt werden. Auf diesen sollen sich Unternehmer und BR einigen. Kommt eine Einigung nicht zustande, kann der BR einen Sozialplan grundsätzlich auch erzwingen (zu Ausnahmen vgl. §§ 112, 112a Rn 100 ff.). Die E-Stelle kann den Sozialplan gegen den Willen des Unternehmers beschließen.

Die **finanziellen Auswirkungen des Sozialplans können die Entscheidun-** **7** **gen** des Unternehmers **über** Art und Umfang einer **Betriebsänderung beeinflussen.** Die Möglichkeit des BR, einen Sozialplan durch einen Spruch der Einigungsstelle zu erzwingen, kann daher dazu beitragen, dass sich der Unternehmer nicht leichtfertig und ohne Rücksicht auf die sozialen Interessen der Belegschaft zu einer Betriebsänderung entschließt und dass er sie in einer für die ArbN möglichst schonenden Form durchführt (BAG 22. 5. 79 AP Nr. 4 zu § 111 BetrVG 1972; 20. 4. 82 AP Nr. 15 zu § 112 BetrVG 1972). In der Praxis wird deshalb häufig gleichzeitig über Interessenausgleich und Sozialplan verhandelt.

Die **leitenden Ang.** iSv. § 5 Abs. 3 werden nicht vom BR, sondern von einem **8** im Betrieb gemäß § 1 SprAuG gewählten Sprecherausschuss vertreten. Diesen muss der Unternehmer gemäß § 32 Abs. 2 Satz 1 SprAuG über geplante Betriebsänderungen, die wesentliche Nachteile für die leitenden Ang. zur Folge haben können, rechtzeitig und umfassend unterrichten. Wenn leitenden Ang. infolge der geplanten Betriebsänderung wesentliche Nachteile entstehen, hat der Unternehmer nach § 32 Abs. 2 Satz 2 SprAuG mit dem Sprecherausschuss über Maßnahmen zum Ausgleich oder zur Milderung dieser Nachteile zu beraten. Verhandlungen über einen Interessenausgleich sind nicht vorgeschrieben. Ein Sozialplan für leitende Ang. kann nicht erzwungen, aber freiwillig und mit normativer Wirkung (§ 28 Abs. 2 Satz 1 SprAuG) vereinbart werden (GK-*Oetker* Rn 6 mwN).

9   Betriebsänderungen und ihre Folgen können Gegenstand tariflicher Regelungen sein **(Rationalisierungsschutzabkommen).** Nach § 112 Abs. 1 Satz 4 gilt die Regelungssperre des § 77 Abs. 3 nicht für Sozialpläne. Die Betriebsparteien können nicht nur im Anwendungsbereich von VerbandsTV, sondern auch neben einem FirmenTV einen Sozialplan vereinbaren (BAG 13. 4. 94 AP Nr. 119 zu § 1 TVG Tarifverträge: Metallindustrie). TV enthalten **Mindestbedingungen.** Ein Sozialplan kann über eine tarifliche Regelung hinausgehen. Er darf sie aber, falls das im TV nicht ausdrücklich zugelassen wurde, nicht unterschreiten (vgl. §§ 112, 112a Rn 183; *Richardi/Annuß* § 112 Rn 178 ff.; GK-*Oetker* §§ 112, 112a Rn 171 f.).

10   In wirtschaftlichen Angelegenheiten ist auch der **WiAusschuss** zu beteiligen (§ 106). Die dort genannten Angelegenheiten sind zu einem erheblichen Teil identisch mit den Tatbeständen, die als Betriebsänderung iSv. § 111 gelten. Die Beteiligungsrechte bestehen nebeneinander. Der WiAusschuss hat dem BR unverzüglich über die ihm gegenüber durchgeführte Unterrichtung und Beratung zu berichten (vgl. § 108 Abs. 4).

11   Auch die Unterrichtungspflichten des ArbGeb. in der **BetrVerslg.** (§ 43 Abs. 2 S. 3), in der **BRVerslg.** (§ 53 Abs. 2 Nr. 2) und gegenüber den **ArbN** nach § 110 sind unabhängig von den Unterrichtungspflichten des § 111.

12   Das **UmwG** (vgl. dazu § 1 Rn 156 ff.) verpflichtet den Unternehmer, die BR über die Folgen der Umwandlung für die ArbN und ihre Vertretungen sowie die insoweit vorgesehenen Maßnahmen zu unterrichten (vgl. § 5 Abs. 1 Nr. 9, Abs. 3, § 126 Abs. 1 Nr. 11, Abs. 3, § 136, § 176 Abs. 1, § 177, § 194 Abs. 1 Nr. 7, Abs. 2 UmwG). Diese Unterrichtungspflichten bestehen neben den Unterrichtungs- und Beratungspflichten nach § 111. Soweit die Umwandlung von Unternehmen auch Auswirkungen auf die betriebliche Organisation hat, können Beteiligungsrechte des BR nach §§ 111 ff. bestehen (vgl. Rn 56 ff.). Von Bedeutung für die ArbN ist im Falle einer Unternehmensspaltung die sich aus § 134 Abs. 1 UmwG ergebende Nachhaftung der Anlagegesellschaft für Forderungen nach §§ 111 bis 113 (vgl. § 1 Rn 179; *Bauer/Lingemann* NZA 94, 1057, 1062; *DKKW-Däubler* Rn 75).

Maßnahmen nach dem **KredReorgG** vom 9. 12. 10 (BGBl. I 1900; vgl. dazu § 106 Rn 12a, 38a und b, 53a und 78a), insbesondere die darin vorgesehenen Sanierungs- und Reorganisationsverfahren sowie Maßnahmen nach §§ 45 ff. **KWG** (vgl. dazu § 106 Rn 12a, 38c bis f) lassen die Beteiligungsrechte des BR nach §§ 111 ff. unberührt.

13   Beim Verständnis und der Auslegung der §§ 111 ff. sind wegen des Grundsatzes der **richtlinienkonformen Auslegung** des nationalen Rechts (vgl. dazu insb. EuGH 5. 10. 04 AP Nr. 12 EWG/Richtlinie 93/104 – „Pfeifer" –) zunehmend gemeinschaftsrechtliche Regelungen zu berücksichtigen. Bei Betriebsänderungen können insb. die RL 98/59/EG vom 20. 7. 98 **(MassenentlassungsRL),** die RL 2001/ 23/EG vom 12. 3. 01 **(BetriebsübergangsRL)** und die RL 2002/14/EG vom 11. 3. 2002 **(MitwirkungsRL)** von Bedeutung sein (vgl. *Franzen* FS *Birk* S. 97 ff.).

14   Zur funktionalen **Zuständigkeit von BR GesBR und KBR** vgl. im Einzelnen **§ 50 Rn 59, 60 und § 58 Rn 15, 16 mwN.** Nach **§ 50 Abs. 1 S. 1 Halbs. 2** ist der GesBR im Rahmen seiner originären Zuständigkeit auch zuständig für **BRlose Betriebe** (vgl. Rn 19).

15   Kommen auf der ArbNSeite als Verhandlungspartner sowohl der BR als auch der GesBR in Betracht, muss der ArbGeb. bei **Zweifeln über den zuständigen Verhandlungspartner** die in Betracht kommenden ArbNVertr. zur Klärung der Zuständigkeit auffordern. Verhandelt er nicht mit dem zuständigen Partner, trägt er das Risiko, dass sein Verhandlungsversuch betr. den Interessenausgleich als unzureichend gewertet wird (BAG 24. 1. 96 AP Nr. 16 zu § 50 BetrVG 1972).

16   Der **KBR** wird selten zuständig sein (vgl. § 58 Rn 15). In Betracht kommen kann seine Zuständigkeit uU bei unternehmensüberschreitenden Zusammenlegungen von Betrieben eines Konzerns oder bei einer konzernweiten Umstrukturierung, bei der die Änderungen in den einzelnen Betrieben in wechselseitiger Abhängigkeit voneinander stehen.

Entspr. Vorschriften im **BPersVG:** § 76 Abs. 2 Nr. 7, § 78 Abs. 1 Nr. 2; im **17** **SprAuG:** § 32 Abs. 2 (nur Unterrichtung und Beratung).

II. Allgemeine Voraussetzungen einer Betriebsänderung

1. Unternehmensgröße

Die Beteiligungsrechte des BR in wirtschaftlichen Angelegenheiten sind von einer **18** bestimmten **Unternehmensgröße** abhängig. Sie bestehen nur dann, wenn im Unternehmen in der Regel mehr als 20 wahlberechtigte ArbN beschäftigt werden.

Abzustellen ist auf das Unternehmen. Diese **Bezugsgröße** ist sachgerechter als die **19** frühere Bezugsgröße „Betrieb". Der Zweck der Norm, kleinere Unternehmen vor zu starker finanzieller Belastung durch Sozialpläne zu schützen, soll tatsächlich nur diesen Unternehmen zugute kommen (BT-Drucks. 14/5741 S. 51; BAG 9. 11. 10 – 1 AZR 708/09 – NZA 11, 466 *Engels/Trebinger/Löhr-Steinhaus* DB 01, 540). Allein entscheidend ist die Gesamtzahl der Arbeitnehmer des Unternehmens; unerheblich ist, ob diese in einer oder mehreren Betriebseinheiten eingesetzt werden (vgl. BT-Drucks. 14/5741, S. 51; BAG 9. 11. 10 – 1 AZR 708/09 – NZA 11, 466). Zur Vermeidung von gegen Art. 3 Abs. 1 GG verstoßenden Wertungswidersprüchen hatte das BAG bereits zu § 111 aF entschieden, dass es für die MBR nach §§ 111 ff. entgegen dem Gesetzeswortlaut jedenfalls dann auf die Anzahl der Beschäftigten des gesamten Unternehmens ankomme, wenn mehrere Betriebe betroffen sind und der GesBR zuständig ist (vgl. BAG 8. 6. 99 AP Nr. 47 zu § 111 BetrVG 1972, bestätigt durch BAG 23. 9. 03 AP Nr. 43 zu § 113 BetrVG 1972). Somit ist auch für **kleinere Betriebe** ein Interessenausgleich zu versuchen und ein Sozialplan zu vereinbaren, sofern nur im Unternehmen in der Regel mehr als 20 wahlberechtigte ArbN beschäftigt sind (BAG 9. 11. 10 – 1 AZR 708/09 – NZA 11, 466; GK-*Oetker* Rn 10, 12). Dies gilt gemäß § 50 Abs. 1 S. 1 Halbs. 2 auch für BRlose Betriebe, sofern ein GesBR gebildet und dieser aufgrund einer betriebsübergreifenden Betriebsänderung originär zuständig ist (vgl. GK-*Oetker* Rn 36; *Richardi/Annuß* Rn 29).

Betreiben zwei oder mehrere Unternehmen, die jeweils nicht mehr als 20 wahlbe- **20** rechtigte Arbeitnehmer beschäftigen, einen gemeinsamen Betrieb (§ 1 Abs. 1 S. 2) mit mehr als 20 wahlberechtigten Arbeitnehmern, ist umstritten, ob der für den **Gemeinschaftsbetrieb** gebildete BR Beteiligungsrechte nach §§ 111 ff. besitzt.

Ein Teil des Schrifttums **verneint** dies (so *Annuß* NZA 01, 367, 369; *Löwisch* BB **21** 01, 1790, 1797; *ders.* NZA-Sonderbeilage zu Heft 24/01, 40, 46; *Reichold* NZA 01, 857, 864 f.; *Schubert* ZfA 04, 253, 275 ff.; *Richardi/Annuß* Rn 26; ErfK/*Kania* Rn 5). Begründet wird dies vor allem mit dem Zweck des Schwellenwertes, nach dem weniger leistungsfähige Unternehmen vor zu starker **finanzieller Belastung** geschützt werden sollen.

Ein anderer Teil des Schrifttums hält dagegen die **Beschäftigtenzahl in dem ge- 22 meinsamen** Betrieb für **maßgeblich** (*Hanau* ZIP 01, 1981, 1986; DKKW-*Däubler* Rn 24 a; *Boecken* FS 50 Jahre BAG S. 931 ff.; vgl. auch *Schweibert* in *Willemsen/Hohenstatt/Schweibert/Seibt* C Rn 10, 11). Begründet wird dies vor allem mit der Erwägung, dass die bisherige Rechtslage, nach der die Beschäftigtenzahl im Gemeinschaftsbetrieb maßgeblich war (BAG 11. 11. 97 AP Nr. 42 zu § 111 BetrVG 1972), durch das **BetrVerf-ReformG nicht zum Nachteil der Arbeitnehmer** verändert werden sollte. Auch wird darauf verwiesen, dass in einem Gemeinschaftsbetrieb mit in der Regel mehr als 100 beschäftigten ArbN ein WiAusschuss nach § 106 auch dann zu errichten sei, wenn keines der beteiligten Unternehmen für sich allein diese Beschäftigtenzahl erreiche (BAG 1. 8. 90 AP Nr. 8 zu § 106 BetrVG 1972).

Zutreffend dürfte es sein, in diesen Fällen **nach dem Gegenstand der Beteili- 23 gungsrechte** zu **differenzieren.** Soweit es um die Unterrichtungs- und Beratungsrechte und die Verpflichtung zum Versuch eines Interessenausgleichs geht, dürfte nach dem Sinn und Zweck des Beteiligungsrechts auf die Zahl der in dem gemeinsamen Betrieb beschäftigten ArbN abzustellen und die – jedenfalls analoge – Anwendung des § 111 S. 1 sowie ggf. auch des § 113 Abs. 3 geboten sein (vgl. *Wißmann* FS 25 Jahre ARGE Arbeitsrecht im DAV S. 1039, 1050 f.). Über einen **Interessenausgleich** ist in einem Gemeinschaftsbetrieb regelmäßig mit dem „gewillkürten Betriebsarbeitgeber" (*Wißmann* NZA 01, 409, 410), also mit der Gemeinschaft der den Betrieb führenden Unternehmen zu verhandeln (vgl. auch BAG 12. 11. 02 AP Nr. 155 zu § 112 BetrVG 1972; *Wißmann* FS 25 Jahre ARGE Arbeitsrecht im DAV S. 1039, 1052). Dem steht die etwa geringere wirtschaftliche Leistungsfähigkeit kleinerer Unternehmen nicht entgegen. Da ein Interessenausgleich nicht über die E-Stelle erzwingbar ist, werden die Unternehmen durch die Verpflichtung, den BR zu unterrichten und den Versuch eines Interessenausgleichs zu unternehmen, nicht finanziell unzumutbar belastet. Bei Massenentlassungen schreibt Art. 2 Abs. 1 und 2 der RL 98/59/EG (Massenentlassungsrichtlinie) auch für Gemeinschaftsbetriebe mit in der Regel mehr als 20 ArbN ohnehin die rechtzeitige Konsultation der ArbN-Vertr. vor. Dies ist bei der richtlinienkonformen Auslegung des § 111 S. 1 zu beachten. Für die Verpflichtung zum Abschluss eines **Sozialplans** dürfte dagegen in einem Gemeinschaftsbetrieb nach dem Sinn und Zweck des Schwellenwerts die Beschäftigtenzahl des Vertragsarbeitgebers maßgeblich sein (vgl. *Wißmann* FS 25 Jahre ARGE Arbeitsrecht im DAV S. 1039, 1050; **aA** GK-*Oetker* Rn 15). Ein durch Spruch der E-Stelle erzwingbarer Sozialplan ist für das Unternehmen mit erheblichen finanziellen Belastungen verbunden. Den Arbeitgeber vor diesen zu schützen, ist Zweck des Schwellenwerts. Außerdem geht es bei einem Sozialplan nach seinem Gegenstand anders als beim Interessenausgleich nicht um das Schicksal des Gemeinschaftsbetriebs, sondern um Kompensationen für die einzelnen ArbN (vgl. BAG 12. 11. 02 AP Nr. 155 zu § 112 BetrVG 1972).

24   Die „Unternehmensgröße" ist nur eine Voraussetzung für das Entstehen von Beteiligungsrechten. Erforderlich ist außerdem das Vorliegen von **Betriebsänderungen** iSv. § 111 S. 3. Diese sind entspr. den unverändert gebliebenen Tatbeständen betriebsbezogen zu beurteilen (BT-Drucks. 14/5741, S. 51; *Annuß* NZA 01, 367, 369; *Engels/Trebinger/Löhr-Steinhaus* DB 01, 540; *Reichold* NZA 01, 857, 865; *DKKW-Däubler* Rn 34a; GK-*Oetker* Rn 17). Der Katalog des S. 3 ist deshalb auch auf Kleinbetriebe unter 21 ArbN anzuwenden.

25   Berücksichtigt werden nur **ArbN** (vgl. § 5 Rn 15 ff.). Zu diesen gehören auch die **Heimarbeiter,** die in der Hauptsache für diesen Betrieb arbeiten. **LeiharbeitN** dürften zu berücksichtigen sein, wenn sie länger als drei Monate in dem Betrieb eingesetzt werden und damit nach § 7 S. 2 wahlberechtigt sind (BAG 18. 10. 11 – 1 AZR 335/10 – PM Nr. 79/11). Zwar sind LeiharbN nach der Rspr. des BAG keine ArbN des Entleiherbetriebs iSv. § 9 (vgl. BAG 16. 4. 03 AP Nr. 7 zu § 9 BetrVG 1972; 22. 10. 03 AP Nr. 28 zu § 38 BetrVG 1972; 10. 3. 04 AP Nr. 8 zu § 7 BetrVG 1972). Nach dem Sinn und Zweck des Schwellenwerts des § 111 S. 1, kleine Unternehmen vor zu hoher finanzieller Belastung zu schützen, sind sie hier aber mitzuzählen. Für die Beurteilung der finanziellen Belastbarkeit eines Unternehmens macht es keinen Unterschied, ob es sich bei den Beschäftigten um eigene oder ausgeliehene ArbN handelt. Nach dem durch Art. 9 des Gesetzes zur Errichtung eines Bundesaufsichtsamtes für Flugsicherung und zur Änderung und Anpassung weiterer Vorschriften vom 29. 7. 09 (BGBl. I, S. 2424) in das BetrVG neu eingefügten § 5 Abs. 1 S. 3 sind jetzt wohl auch **Beamte** und **Soldaten** zu berücksichtigen, die in Betrieben privatrechtlich organisierter Unternehmen tätig sind (vgl. zu deren Berücksichtigung bei den organisatorischen Schwellenwerten BAG 15. 12. 11 – 7 ABR 65/10 – PM Nr. 95/11). Zu den ArbN gehören nicht die **freien Mitarbeiter** und die **FremdfirmenArbN.** Auch die in § 5 Abs. 2 genannten Personen gelten nicht als ArbN iSd. BetrVG. Schließlich gehören auch die **leitenden Ang.** (§ 5 Abs. 3) nicht zu den ArbN iSd. § 111. Nicht berücksichtigt werden die ArbN, die auf Grund einer Förderungsmaßnahme der AA nach §§ 229 ff. SGB III beschäftigt werden (vgl. auch § 231 Abs. 2 SGB III; vgl. ferner § 1 Rn 272).

Der zeitliche Umfang der Beschäftigung der ArbN ist nicht von Bedeutung. **Teil-** 26
zeitbeschäftigte zählen mit (BAG 22. 2. 83 AP Nr. 7 zu § 113 BetrVG 1972; 29. 1.
92 AP Nr. 1 zu § 7 BetrVG 1972; vgl. § 5 Rn 175). Im Unterschied zu § 106 Abs. 1
S. 1 kommt es auch nicht darauf an, ob die ArbN ständig beschäftigt sind (GK-*Oetker*
Rn 24). Deshalb gehören auch **befristet beschäftigte ArbN** dazu, sofern sie auf
regelmäßig besetzten Arbeitsplätzen eingesetzt werden (vgl. *Richardi/Annuß* Rn 23).
Bei nur zeitweilig beschäftigten ArbN kommt es darauf an, ob sie normalerweise
während des größten Teils eines Jahres beschäftigt werden. Eine Ausnahme gilt für
reine Kampagnebetriebe, die überhaupt nur während eines Teils des Jahres arbeiten;
in diesen ist die Beschäftigtenzahl während der Kampagne maßgebend (BAG 16. 11.
04 AP Nr. 58 zu § 111 BetrVG 1972).

Die ArbN müssen **„in der Regel"** in dem von einer Betriebsänderung betroffe- 27
nen Betrieb beschäftigt werden. Die Vorschrift stellt auf die Beschäftigtenzahl des
Betriebs im regelmäßigen, nicht vorübergehenden Zustand ab. Maßgebend ist die
Zahl, die für den Betrieb im Allgemeinen kennzeichnend ist (BAG 16. 11. 04 AP
Nr. 58 zu § 111 BetrVG 1972). Das erfordert eine wertende Gesamtwürdigung, die
grundsätzlich sowohl einen Rückblick als auch eine Prognose der weiteren Entwicklung des Betriebs einschließt. Im Fall der Betriebsstilllegung kommt allerdings nur ein
Rückblick auf die bisherige Belegschaftsstärke in Betracht (BAG 16. 11. 04 AP
Nr. 58 zu § 111 BetrVG 1972). Eine vorübergehende Erhöhung der Personalstärke
infolge außergewöhnlichen Arbeitsanfalls hat ebenso außer Betracht zu bleiben wie
eine vorübergehende Verringerung der Belegschaft wegen eines zeitweisen Arbeitsrückgangs (vgl. § 1 Rn 271 ff.). Der Begriff „in der Regel" ist ein unbestimmter
Rechtsbegriff; die Beurteilung durch das LAG unterliegt insoweit nur einer eingeschränkten revisionsrechtlichen Kontrolle.

Maßgeblicher Zeitpunkt: Gegenstand der Beteiligungsrechte ist die jeweilige, 28
auf eine Änderung abzielende Entscheidung des Unternehmers (vgl. auch BAG
28. 3. 06 AP Nr. 12 zu § 112a BetrVG 1972 mit Anm. *Oetker*). Es kommt grundsätzlich auf den Zeitpunkt **jeder geplanten Betriebsänderung** an. Eine erste Betriebsänderung kann schon zu einer Verringerung der ArbNZahl führen. Dann
kommt es bei einer weiteren Betriebsänderung, die unabhängig von der ersten Betriebsänderung geplant wird, auf die Zahl der in diesem Zeitpunkt beschäftigten
ArbN an.

Die Größe des Unternehmens muss für den **Zeitpunkt** ermittelt werden, **zu dem** 29
der Unternehmer mit der Betriebsänderung beginnt. Das ist der Zeitpunkt, in
dem die Planung abgeschlossen ist; bei einer Betriebsstilllegung ist das grundsätzlich
der Stilllegungsbeschluss (BAG 9. 5. 95, 10. 12. 96, 16. 11. 04 AP Nr. 33, 37, 58 zu
§ 111 BetrVG 1972; vgl. ferner auch Rn 110).

Handelt es sich um eine **einheitliche Maßnahme,** ist die Zahl der bei Einleitung 30
dieser Maßnahme beschäftigten ArbN maßgeblich. Für eine einheitliche Maßnahme
kann ein enger zeitlicher Zusammenhang sprechen (vgl. BAG 9. 5. 95 AP Nr. 33 zu
§ 111 BetrVG 1972; vgl. aber auch BAG 28. 3. 06 AP Nr. 12 zu § 112a BetrVG
1972). Im Fall der Betriebsstilllegung ist nur ein Rückblick auf die bisherige Belegschaftsstärke erforderlich (BAG 9. 5. 95, 16. 11. 04, AP Nr. 33, 58 zu § 111 BetrVG
1972). Auch im Fall eines Personalabbaus kann sich die Ermittlung der regelmäßigen
Belegschaftsstärke nur auf den vorangehenden Zustand beziehen (BAG 10. 12. 96 AP
Nr. 37 zu § 111 BetrVG 1972).

Die ArbN müssen iSv § 7 **wahlberechtigt** sein (vgl. dort Rn 6 ff.). 31

In **kleineren Unternehmen,** die den Schwellenwert des Satz 1 nicht überschrei- 32
ten, bestehen keine Beteiligungsrechte des BR nach §§ 111 ff. Freiwillige BV (§ 88)
sind jedoch möglich (vgl. zur (Un-)Möglichkeit einer Namensliste §§ 112, 112a
Rn 54).

2. Bestehen eines Betriebsrats

33   Die Beteiligungsrechte sind grundsätzlich vom **Bestehen eines BR** in dem Betrieb abhängig, der von der Betriebsänderung betroffen ist. Bei einem betriebsratslosen Betrieb ist die originäre Zuständigkeit eines GesBR nach § 50 Abs. 1 S. 1 Halbs. 2 ausreichend. Auch hierfür ist der Zeitpunkt maßgebend, an dem sich der Unternehmer zu einer Betriebsänderung entschließt (BAG 28. 10. 92 AP Nr. 63 zu § 112 BetrVG 1972; *Richardi / Annuß* Rn 27). Zur Betriebsänderung in einem Luftfahrtunternehmen mit mehreren Interessenvertr. (Boden-, Cockpit- und Kabinenpersonal) vgl. BAG 26. 4. 07 AP Nr. 4 zu § 125 InsO.

34   Wird der BR erst gewählt, nachdem der Unternehmer **schon** mit der **Betriebsänderung begonnen** hat, stehen ihm keine Beteiligungsrechte hinsichtlich dieser Betriebsänderung mehr zu. Dies gilt auch dann, wenn dem Unternehmer im Zeitpunkt seines Beschlusses bekannt war, dass ein BR gewählt werden soll (BAG 28. 10. 92 AP Nr. 63 zu § 112 BetrVG 1972; ErfK/*Kania* Rn 6; GK-*Oetker* Rn 35; *Richardi / Annuß* Rn 27; aA *DKKW-Däubler* Rn 124 f.). Der Arbgeb. muss bei seiner unternehmerischen Planung und bei ihrer Durchführung die Konstituierung eines BR nicht abwarten. Führt er allerdings eine Betriebsänderung erst nach der Konstituierung des Betriebsrats durch und ist streitig, wann er den abschließenden Entschluss zu der Betriebsänderung gefasst hat, kann es Sache des ArbGeb. sein, näher darzutun, dass dies bereits vor der Konstituierung der Fall war.

35   Der BR behält auch nach der Stilllegung, Spaltung oder Zusammenlegung eines Betriebs gemäß § 21 b ein **Restmandat** bis zur Abwicklung all seiner mit der Betriebsänderung zusammenhängenden Aufgaben.

3. Tendenzunternehmen

36   Nach § 118 Abs. 1 S. 2 sind die §§ 111 bis 113 auf **Tendenzunternehmen** nur insoweit anzuwenden, als sie den Ausgleich oder die Milderung wirtschaftlicher Nachteile für die ArbN infolge von Betriebsänderungen regeln (vgl. dazu § 118 Rn 46 f.). Dies bedeutet nicht, dass der BR nur die Aufstellung eines Sozialplans verlangen könnte. Vielmehr muss der ArbGeb. den BR auch in Tendenzunternehmen rechtzeitig und umfassend **so über die geplante Betriebsänderung unterrichten, dass dieser eigene Vorstellungen über einen Sozialplan entwickeln kann.** Die Verletzung dieser Pflicht ist durch § 113 Abs. 3 sanktioniert, nicht dagegen der unterlassene Versuch eines Interessenausgleichs (BAG 27. 10. 98, 18. 11. 03 AP Nr. 65, 76 zu § 118 BetrVG 1972; 30. 3. 04 AP Nr. 47 zu § 113 BetrVG 1972; *Bauer* FS *Wißmann* S. 215, 220 f.; *Lunk* NZA 05, 841, 846 ff.). Er muss ihm dazu aber zunächst nur die „Basisdaten" mitteilen (BAG 18. 11. 03 AP Nr. 76 zu § 118 BetrVG 1972; 30. 3. 04 AP Nr. 47 zu § 113 BetrVG 1972). In Unternehmen ohne Tendenzschutz obliegt es dem ArbGeb. im eigenen Interesse, die Unterrichtung so rechtzeitig vorzunehmen, dass noch genügend Zeit für die Durchführung des Interessenausgleichsverfahrens bleibt. Zuvor kann er mit der Betriebsänderung wegen der Sanktion des § 113 Abs. 3 nicht beginnen. Dies lässt sich auf Tendenzunternehmen nicht übertragen. Hier muss die Unterrichtung so erfolgen, dass der BR noch Vorstellungen über einen Sozialplan entwickeln kann. Der hierfür erforderliche Zeitraum lässt sich nicht starr und generell festlegen, sondern hängt von den Umständen des Einzelfalls ab. Meist dürfte ein Monat genügen (so auch *Bauer* FS *Wißmann* S. 215, 221; vgl. aber auch BAG 27. 10. 98 AP Nr. 65 zu § 118 BetrVG 1972, das „als grobe Orientierung" die Zeitvorgaben in § 113 Abs. 3 S. 2 und 3 in der bis zum 31. 12. 98 geltenden Fassung vom 25. 9. 96 nennt). In einem von einem Tendenzunternehmen und einem Nicht-Tendenzunternehmen geführten Gemeinschaftsbetrieb (§ 1 Abs. 1 S. 2) kann möglicherweise das Nicht-Tendenzunternehmen von der sich aus § 118 Abs. 1 S. 2 ergebenden Privilegierung des Tendenzunternehmens dann profitieren, wenn in dem Betrieb die tendenzbezogenen Tätigkeiten überwiegen (vgl. *Lunk* NZA 05, 841, 846 ff.).

4. Insolvenz des Unternehmers

Die §§ 111 ff. gelten grundsätzlich auch für Betriebsänderungen nach der Eröff- **37** nung eines **Insolvenzverfahrens**. Die §§ 121 ff. InsO setzen die Anwendbarkeit der §§ 111 ff. voraus (BAG 22. 7. 03 AP Nr. 42 zu § 113 BetrVG 1972). Die sich aus §§ 121 ff. InsO ergebenden zahlreichen Besonderheiten werden im jeweiligen Sachzusammenhang erörtert (vgl. §§ 112, 112 a Rn 54 ff., Rn 254 ff.). Auch die Art. 1 bis 3 der Massenentlassungsrichtlinie sind anwendbar, wenn die Auflösung und Liquidation eines Betriebs wegen Insolvenz gerichtlich angeordnet wird (EuGH 3. 3. 11 – C-235/10 – „Claes" NZA 11, 337).

Für die Beteiligungsrechte des BR ist es unerheblich, ob sich die Betriebsänderung **38** aus einer **wirtschaftlichen Notlage** ergibt. Sie bestehen auch bei Betriebsänderungen, die durch die wirtschaftliche Situation mehr oder weniger diktiert werden (BAG 9. 7. 85, 22. 7. 03 AP Nr. 13, 42 zu § 113 BetrVG 1972). Nach der Eröffnung eines Insolvenzverf. tritt der Insolvenzverwalter an die Stelle des Unternehmers (vgl. § 1 Rn 239).

Die Eröffnung des Insolvenzverf. ist selbst keine Betriebsänderung. Der BR ist bei **39** der **Stellung des Insolvenzantrags** nicht zu beteiligen (*Richardi/Annuß* Rn 36; MünchArbR-*Matthes* § 268 Rn 15).

5. Betriebsänderung und wesentliche Nachteile

§ 111 S. 1 sieht das MBR des BR generalklauselartig für geplante Betriebsände- **40** rungen vor, die wesentliche Nachteile für die ganze Belegschaft oder erhebliche Teile zur Folge haben können. § 111 S. 3 zählt beispielhaft und nicht abschließend auf, welche Tatbestände in jedem Fall als Betriebsänderungen iSd. S. 1 gelten.

Betriebsänderung iSv. § 111 S. 1 ist grundsätzlich jede Änderung der betrieb- **41** lichen Organisation, der Struktur, des Tätigkeitsbereichs, der Arbeitsweise, der Fertigung, des Standorts und dgl., sofern sie wesentliche Nachteile für die Belegschaft oder erhebliche Teile derselben zur Folge haben kann.

Dagegen ist bei den in **S. 3** genannten Tatbeständen nicht zu prüfen, ob solche **42** Nachteile zu erwarten sind. Die **nachteiligen Folgen** werden vielmehr bei den in S. 3 genannten Maßnahmen **fingiert** (BAG 17. 8. 82 AP Nr. 11 zu § 111 BetrVG 1972; 10. 12. 96 AP Nr. 110 zu § 112 BetrVG 1972; 9. 11. 10 – 1 AZR 708/09 – NZA 11, 466). Die tatsächlich entstehenden Nachteile werden erst bei der Aufstellung eines Sozialplans geprüft (BAG 25. 1. 00 AP Nr. 137 zu § 112 BetrVG 1972).

Die Beteiligungsrechte des BR nach den §§ 111, 112 bestehen somit in den Fällen **43** des § 111 S. 3 auch dann, wenn die konkrete Betriebsänderung im Einzelfall keine wesentlichen Nachteile für die Belegschaft oder wesentliche Teile davon erwarten lässt (BAG 17. 8. 82 AP Nr. 11 zu § 111 BetrVG 1972). Wenngleich hiernach der Relativsatz in S. 1 keine selbständige Bedeutung für die in S. 3 genannten Betriebsänderungen hat, kann er doch bei der Auslegung der Tatbestände des S. 3 als **Interpretationshilfe** herangezogen werden (GK-*Oetker* Rn 58; *Richardi/Annuß* Rn 47). Die ArbN müssen **wahlberechtigt** sein (vgl. § 7 Rn 6 ff.).

Nach zutreffender, wenn auch umstrittener Auffassung enthält **S. 3 keine ab- 44 schließende Aufzählung** der mitbestimmungspflichtigen Tatbestände. Vielmehr sind nach S. 1 auch mitbestimmungspflichtige Betriebsänderungen denkbar, die nicht unter S. 3 fallen (vgl. GK-*Oetker* Rn 51, 52 mwN; *DKKW-Däubler* Rn 33, 33 a; *WPK/Preis/Bender* Rn 11; **aA** *Richardi/Annuß* Rn 41–43; *HSWGNR-Hess* Rn 47 ff. mwN; offen gelassen in BAG 6. 12. 88 AP Nr. 26 zu § 111 BetrVG 1972). Da die praktisch relevanten Fälle durch S. 3 erfasst sind, hat der Streit eher theoretische Bedeutung (HaKo-BetrVG/*Steffan* Rn 18).

Da nach zutreffender Auffassung (s. Rn 42, 43) bei Maßnahmen iSd. S. 3 die we- **45** sentlichen Nachteile fingiert werden, bedürfen sie in diesen Fällen bei der Prüfung des MBR keiner weiteren gesonderten Feststellung.

46   Liegt dagegen kein privilegierter Tatbestand nach S. 3 vor, setzt das MBR nach der Generalklausel des S. 1 voraus, dass die geplante Betriebsänderung wesentliche Nachteile für die Belegschaft oder wesentliche Teile der Belegschaft zur Folge haben kann (vgl. GK-*Oetker* Rn 164 ff.). Erforderlich ist nicht, dass die Nachteile sicher vorherzusehen sind. Es genügt, dass sie bei objektiver Beurteilung eintreten können.

47   Die wesentlichen **Nachteile,** welche die Verpflichtung des Unternehmers zur Unterrichtung und Beratung des BR über einen Interessenausgleich zur Folge haben, können **materieller und immaterieller Art** sein. Materiell sind wirtschaftliche Nachteile wie der Verlust des Arbeitsplatzes, die Minderung des Arbeitsentgelts oder höhere Fahrtkosten (*DKKW-Däubler* Rn 94; GK-*Oetker* Rn 165; ErfK/*Kania* Rn 7). Immateriell sind Beeinträchtigungen und Belastungen durch Leistungsverdichtungen und Kontrollen, Qualifikationsverluste durch geringere Anforderungen an die Arbeit (*DKKW-Däubler* Rn 94; ErfK/*Kania* Rn 7). Die Nachteile sind unwesentlich, wenn sie nach einer gewissen Einarbeitungszeit wieder verschwinden (*DKKW-Däubler* Rn 94).

48   Für S. 1 ist Voraussetzung außerdem, dass die zu besorgenden Nachteile bei der Belegschaft oder zumindest **erheblichen Teilen der Belegschaft** eintreten. Dabei kann an den Begriff des wesentlichen Betriebsteils iSv. S. 3 Nr. 1 und 2 angeknüpft werden. Dementsprechend sind die Grenzwerte des § 17 Abs. 1 S. 1 KSchG heranzuziehen, wobei ebenso wie bei der Betriebseinschränkung mindestens 5% der Belegschaft betroffen sein müssen und es sich um eine einheitliche unternehmerische Planung handeln muss (vgl. BAG 7. 8. 90 AP Nr. 34 zu § 111 BetrVG 1972; 28. 3. 06 – 1 ABR 5/05 – NZA 06, 932; 9. 11. 10 – 1 AZR 708/09 – NZA 11, 466; GK-*Oetker* Rn 171; *DKKW-Däubler* Rn 45). Die Grenzwerte des § 17 Abs. 1 S. 1 KSchG passen allerdings nicht für Betriebe mit weniger als 21 ArbN, in denen – sofern das Unternehmen mehr als 20 ArbN beschäftigt – nach der Novellierung des BetrVG nun auch eine mitbestimmungspflichtige Betriebsänderung möglich ist (vgl. Rn 3, 19). Hier liegt eine Betriebsänderung dann vor, wenn durch den Personalabbau mindestens sechs ArbN betroffen sind (BAG 9. 11. 10 – 1 AZR 708/09 – NZA 11, 466; *Löwisch* BB 01, 1790, 1797; **aA** *WPK/Preis/Bender* Rn 14; *DKKW-Däubler* Rn 45 a; GK-*Oetker* Rn 93). In den Fällen des S. 3 kommt es – sofern es nicht um die Frage des wesentlichen Betriebsteils geht – für das MBR des BR ohnehin auf die Zahl der ArbN nicht an.

III. Betriebsübergang und Änderungen der Unternehmensstruktur

1. Betriebs- und Betriebsteilübergang

49   Betriebe sind – mit Ausnahme der Gemeinschaftsbetriebe mehrerer Unternehmen (§ 1 Abs. 1 S. 2) – rechtlich einem Unternehmen zugeordnet (vgl. § 1 Rn 144). Ein Betrieb besteht aus einzelnen Vermögensgegenständen. Die rechtliche Zuordnung dieser Vermögensgegenstände kann sich ändern entweder durch Übertragung des Betriebs oder von Betriebsteilen auf einen anderen Unternehmer (§ 613 a BGB; vgl. Rn 50 ff.; § 1 Rn 115 ff.) oder durch Umwandlungen iSv. § 1 UmwG (vgl. Rn 56 ff.).

50   Geht der Betrieb als Ganzes auf einen Erwerber über, liegt allein darin nach bislang ganz überwiegender Auffassung in Rspr. und Schrifttum **keine Betriebsänderung** iSv. §§ 111 ff. (BAG 25. 1. 00 AP Nr. 137 zu § 112 BetrVG 1972 mwN; 16. 5. 02 AP Nr. 237 zu § 613 a BGB; 26. 4. 07 AP Nr. 4 zu § 125 InsO; *Moll* RdA 03, 129, 131; ErfK/*Kania* Rn 10; GK-*Oetker* Rn 52; *Richardi/Annuß* Rn 124; MünchArbR-*Matthes* § 268 Rn 38; *WPK/Preis/Bender* Rn 16; HSWGNR-*Hess* Rn 138; HaKo-BetrVG/*Steffan* Rn 30; **aA** *DKKW-Däubler* Rn 102). Allerdings kann ein **Betriebsinhaberwechsel** mit erheblichen Nachteilen für die ArbN verbunden sein (zB Schmälerung der Haftungsmasse, Herauswachsen aus der Sozialplanpflicht). Gleichwohl fällt ein reiner Betriebsinhaberwechsel nicht unter die Tatbestände des S. 3. Auch eine Betriebsänderung iSv. S. 1 wurde bislang verneint, da der Wechsel des ArbGeb. an der Betriebsorganisation nichts ändert und regelmäßig nicht von der Möglichkeit wesentlicher Nachteile für die Belegschaft auszugehen ist. Die ArbN sind also durch § 111 nach bislang herrschender Auffassung betriebsverfassungsrechtlich nicht vor einer mit der Auswechslung des Betriebsinhabers etwa verbundenen **Verringerung der Haftungsmasse** geschützt (BAG 10. 12. 96, 25. 1. 00 AP Nr. 110, 137 zu § 112 BetrVG). Allerdings kann eine ausschließlich zum Zwecke der Stilllegung erfolgende Betriebsveräußerung uU noch dem Veräußerer als Betriebsstilllegung iSv. S. 3 Nr. 1 zuzurechnen sein (MünchArbR-*Matthes* § 268 Rn 38; offen gelassen in BAG 17. 3. 87 AP Nr. 18 zu § 111 BetrVG 1972). Im Anwendungsbereich des UmwG folgt außerdem ein beträchtlicher Schutz der ArbN vor einer Minderung der Haftungsmasse aus der **Nachhaftung der Anlagegesellschaft** nach § 134 Abs. 1, Abs. 3 UmwG (vgl. dazu § 1 Rn 179; *Bauer/Lingemann* NZA 94, 1057, 1062).

Die Auffassung, ein Betriebsübergang sei regelmäßig keine Betriebsänderung iSv. **50a** § 111, bedarf gemeinschaftsrechtlich der Überprüfung (vgl. § 1 Rn 37; *Karthaus* ArbuR 07, 114). Nach Art. 4 Abs. 2 c der **RL 2002/14/EG** vom 11. 3. 02 zur Festlegung eines allgemeinen Rahmens für die Unterrichtung und Anhörung der ArbN in der EG, die nach Art. 3 für Unternehmen mit mind. 50 ArbN oder für Betriebe mit mind. 20 ArbN in einem Mitgliedstaat gilt, erfolgt eine Unterrichtung und Anhörung zu Entscheidungen, die wesentliche Veränderungen der Arbeitsorganisation oder der Arbeitsverträge mit sich bringen können. Betrachtet man den anlässlich eines Betriebsübergangs eintretenden Wechsel des Arbeitgebers als eine wesentliche Änderung der Arbeitsverträge, dürfte nach der RL 2002/14/EG die vorherige Unterrichtung und Anhörung der ArbNVertr. erforderlich sein. In Unternehmen mit einem WiAusschuss dürfte der sich danach ergebenden Umsetzungspflicht die in § 106 Abs. 1 S. 2, Abs. 2 vorgeschriebene Unterrichtung und Beratung (vgl. § 1 Rn 135) genügen (vgl. *Bonin* ArbuR 04, 321, 326; *Franzen* FS *Birk* S. 97, 104 f.; vgl. auch *Reichold* NZA 03, 289, 298 f.; **aA** *Karthaus* ArbuR 07, 114, 117 f.). Dies gilt aber nicht in Unternehmen, in denen in der Regel nicht mehr als 100 ArbN beschäftigt sind und daher nach § 106 Abs. 1 S. 1 ein WiAusschuss nicht zu bilden ist. Hier könnte eine weite, richtlinienkonforme Auslegung des § 111 BetrVG geboten sein, welche zu dessen Anwendung auf Betriebsveräußerungen führt (so *Karthaus* ArbuR 07, 114, 118; *Reichold* NZA 03, 289, 298; vgl. auch GK-*Oetker* Rn 5, 163; *Franzen* FS *Birk* S. 97, 103). Die Sanktion des § 113 Abs. 3 dürfte meist daran scheitern, dass die ArbN infolge des Betriebsübergangs regelmäßig nicht entlassen werden oder andere wirtschaftliche Nachteile erleiden. Dies könnte ein Argument für den allgemeinen Unterlassungsanspruch (vgl. § 111 Rn 131 ff.) sein (vgl. *Karthaus* ArbuR 07, 114, 118 f.).

Anlässlich eines Betriebsübergangs kann es zu Maßnahmen kommen, die als **51** solche **Betriebsänderungen** iSv. § 111 darstellen und bei denen die Beteiligungsrechte des BR zu beachten sind (BAG 25. 1. 00 AP Nr. 137 zu § 112 BetrVG 1972; *Moll* RdA 03, 129, 134; *Richardi/Annuß* Rn 128, 133; DKKW-*Däubler* Rn 103).

Ein **Betriebsteilübergang** ist regelmäßig mit einer mitbestimmungspflichtigen **52** Spaltung des Betriebs iSv. S. 3 Nr. 3 verbunden (vgl. BAG 10. 12. 96 AP Nr. 110 zu § 112 BetrVG 1972; ErfK/*Kania* Rn 10; DKKW-*Däubler* Rn 106; WPK/*Preis/Bender* Rn 18; HaKo-BetrVG/*Steffan* Rn 31).

In diesem Fall sind in einem durch Spruch der E-Stelle zustande kommenden Sozialplan nur die **Nachteile** auszugleichen, die **durch** die **Betriebsaufspaltung** verursacht werden, nicht dagegen diejenigen, die durch den Betriebsteilübergang entstehen (BAG 25. 1. 00 AP Nr. 137 zu § 112 BetrVG 1972). Für einvernehmlich vereinbarte Sozialpläne besteht keine solche Beschränkung.

Zuständig für Verhandlungen über Interessenausgleich und Sozialplan für die ver- **54** bleibenden und die übergehenden ArbN ist der **BR des bisherigen Betriebs** (BAG 16. 6. 87 AP Nr. 19 zu § 111 BetrVG 1972). Wird der übergehende Betriebsteil in einen anderen Betrieb eingegliedert, wird für künftige Maßnahmen dessen BR zuständig. Bleibt er selbständig, wird er betriebsratslos. Der BR des alten Betriebs behält aber gemäß § 21a Abs. 1 S. 1 ein **Übergangsmandat.**

55 In der Praxis ist bisweilen zweifelhaft, ob eine vollständige, bzw. teilweise **Betriebsstilllegung iSv. S. 3 Nr. 1 oder ein Betriebs- bzw. Betriebsteilübergang iSv. § 613a Abs. 1 S. 1 BGB** vorliegt. Im Hinblick auf diese Ungewissheit können die Betriebsparteien nach der Rspr. des BAG einen Sozialplan vorsorglich für den Fall vereinbaren, dass entgegen ihrer beiderseitigen Annahme kein Betriebsübergang vorliegt und in den vorsorglich ausgesprochenen Kündigungen eine Betriebsänderung zu sehen ist (BAG 1. 4. 98 AP Nr. 123 zu § 112 BetrVG 1972). Auch können sie die Anwendung eines Sozialplans im Wege einer auflösenden Bedingung für den Fall ausschließen, dass es wegen eines Betriebs- oder Betriebsteilübergangs nicht zu der Betriebs- oder Betriebsteilstilllegung kommt. Allerdings dürfen sie Sozialplanansprüche der ArbN nicht davon abhängig machen, dass diese zuvor eine erfolglose Klage gegen den etwaigen Betriebserwerber geführt haben. Eine derartige Bedingung ist für den ArbN unzumutbar und nach § 75 Abs. 1 S. 1 unzulässig (BAG 22. 7. 03 AP Nr. 160 zu § 112 BetrVG 1972).

2. Änderungen der Unternehmensstruktur

56 **Vorgänge,** die sich ausschließlich **auf der Ebene des Unternehmens** abspielen, lösen keine Beteiligungsrechte des BR nach § 111 aus (*Maschmann* NZA Beilage 1/ 2009 S. 32). Das gilt insbesondere für die **Umwandlungen nach dem UmwG** (vgl. dazu § 1 Rn 156 ff.).

57 **Umwandlungen** nach dem UmwG führen auf Unternehmensebene im Wege der Gesamtrechtsnachfolge oder durch Wechsel der Rechtsform zu Vermögensübertragungen. Sie sind nicht notwendig mit Änderungen der betrieblichen Organisationsstruktur verbunden und stellen daher **als solche keine Betriebsänderungen** dar.

58 Umwandlungen nach dem UmwG lösen allerdings **Unterrichtungsansprüche** des BR oder des WiAusschusses aus. Nach § 106 Abs. 3 Nr. 8, Abs. 2 hat der Unternehmer den WiAusschuss im Falle des Zusammenschlusses oder der Spaltung von Unternehmen zu unterrichten. Ist mit einer Unternehmensübernahme der Erwerb der Kontrolle verbunden, hat der Unternehmer nach § 106 Abs 3 Nr. 9a, Abs 2 den WiAusschuss und bei dessen Fehlen nach § 109a den BR zu unterrichten. Zu den Unterrichtungspflichten nach dem UmwG vgl. Rn 12, § 106 Rn 71.

59 Änderungen auf der Unternehmensebene können mit Änderungen der betrieblichen Organisation zusammentreffen. Das ist insbesondere der Fall, wenn mit einer **Spaltung des Unternehmens** eine **Spaltung des Betriebs** iSv. S. 3 Nr. 3 – die „Spaltung von Betrieben" wurde durch das Gesetz zur Bereinigung des Umwandlungsrechts vom 28. 10. 94 in § 111 aufgenommen – verbunden ist (BAG 10. 12. 96 AP Nr. 110 zu § 112 BetrVG 1972; GK-*Oetker* Rn 125 mwN; *DKKW-Däubler* Rn 77). Dann ist der BR nach § 111 zu beteiligen. Kommt es hierbei zu einem Interessenausgleich, in dem ArbN namentlich bezeichnet werden, die nach der Umwandlung einem bestimmten Betrieb oder Betriebsteil zugeordnet werden, so kann nach § 323 Abs. 2 UmwG die **Zuordnung der ArbN** durch das ArbG nur auf grobe Fehlerhaftigkeit überprüft werden. Das Verhältnis von § 323 Abs. 2 UmwG zu dem gemäß § 324 UmwG ebenfalls anwendbaren § 613a Abs. 1 S. 1 BGB ist ebenso problematisch wie die Vereinbarkeit mit der Richtlinie 2001/23/EG (Betriebsübergangsrichtlinie; vgl. dazu §§ 112, 112a Rn 94 f.; GK-*Oetker* §§ 112, 112a Rn 117, *Bauer/Lingemann* NZA 94, 1057, 1061). Hat eine Spaltung oder Teilübertragung eines Unternehmens die Spaltung eines Betriebes zur Folge und entfallen dadurch Rechte des BR, so kann nach § 325 Abs. 2 UmwG deren Fortgeltung durch BV oder TV vereinbart werden (vgl. § 1 Rn 175 ff.). Erfolgt eine Spaltung des Betriebs im Zusammenhang mit einer Umwandlung nach dem UmwG, hat der bisherige BR ein Übergangsmandat nach § 21a Abs. 3, Abs. 1.

Bleibt trotz Unternehmensspaltung oder Vermögensteilübertragung die einheit- **60** liche Organisation des Betriebs erhalten, wird gemäß § 1 Abs. 2 Nr. 2 vermutet, dass die beteiligten Unternehmen den **Betrieb gemeinsam führen** (vgl. § 1 Rn 92 ff.). Es liegt keine Betriebsänderung vor. Der BR bleibt im Amt. Zur mitbestimmungspflichtigen Betriebsspaltung kommt es erst, wenn der Gemeinschaftsbetrieb aufgelöst wird (*Maschmann* NZA Beilage 1/2009 S. 32). Bei der Spaltung des Unternehmens in eine Anlage- und eine Betriebsgesellschaft haftet die Anlagegesellschaft nach § 134 Abs. 1 UmwG für Forderungen der ArbN, die binnen fünf Jahren nach der Spaltung auf Grund der §§ 111 bis 113 BetrVG begründet werden.

Werden durch Verschmelzung selbständige **Betriebe zusammengelegt,** ist dies **61** eine mitbestimmungspflichtige Betriebsänderung nach S. 2 Nr. 3. Der BR des zahlenmäßig größten Betriebs hat ein Übergangsmandat nach § 21 a Abs. 3, Abs. 2.

IV. Die einzelnen Fälle einer Betriebsänderung

Nach S. 3 gelten bestimmte Maßnahmen des Unternehmers ohne weiteres als Be- **62** triebsänderung. Die wesentlichen Nachteile für die Belegschaft oder Teile davon werden fingiert (Rn 42; BAG 9. 11. 10 – 1 AZR 708/09 – NZA 11, 466). Eine geplante Maßnahme des Unternehmers kann mehrere Tatbestände einer Betriebsänderung iSv. S. 3 erfüllen. Mehrere Maßnahmen des Unternehmers auf Grund jeweils neuer Planungen und Entscheidungen lösen jeweils die Beteiligungsrechte des BR aus.

1. Einschränkung und Stilllegung des ganzen Betriebs oder wesentlicher Betriebsteile, Personalabbau

Wenngleich es seit dem BetrVerf-ReformG für das MBR nach § 111 nicht mehr **63** auf die Betriebs-, sondern nun auf die Unternehmensgröße ankommt, ist der **Betriebsbegriff** im Rahmen von S. 3 weiterhin von Bedeutung. Maßgeblich ist der Betriebsbegriff, der den anderen Bestimmungen des BetrVG zugrunde liegt (GK-*Oetker* Rn 13 mwN).

Die Frage, ob ein Betriebsteil ein Betrieb iSv. § 111 ist, beurteilt sich nach § 4. **64** Sind nach § 3 durch TV oder BV abweichende betriebsverfassungsrechtliche Organisationseinheiten gebildet, so sind diese auch im Rahmen des § 111 S. 3 maßgeblich (vgl. GK-*Oetker* Rn 20).

a) Stilllegung eines Betriebs oder Betriebsteils

Betriebsstilllegung ist nach der st. Rspr. des BAG die Auflösung der zwischen **65** Arbeitgeber und Arbeitnehmern bestehenden Betriebs- und Produktionsgemeinschaft, die ihre Veranlassung und zugleich ihren unmittelbaren Ausdruck darin findet, dass der Arbeitgeber die wirtschaftliche Betätigung in der ernstlichen Absicht einstellt, den bisherigen Betriebszweck dauernd oder für eine ihrer Dauer nach unbestimmte, wirtschaftlich nicht unerhebliche Zeitspanne nicht weiterzuverfolgen (vgl. etwa BAG 21. 6. 01 AP Nr. 50 zu § 15 KSchG 1969 mwN; vgl. ferner *Richardi/ Annuß* Rn 56 ff.). Die Produktionseinstellung ist erst dann eine Stilllegung, wenn die ArbVerh. aufgelöst werden (vgl. BAG 30. 5. 06 AP Nr. 5 zu § 209 InsO; *HSWGNR-Hess* Rn 136 mwN; *Richardi/Annuß* Rn 60). Bei einer juristischen Person oder einer GmbH & Co. KG bedarf eine Betriebsstilllegung keines Beschlusses des für die Auflösung der Gesellschaft zuständigen Organs (BAG 11. 3. 98 AP Nr. 43 zu § 111 BetrVG 1972; 5. 4. 01 AP Nr. 117 zu § 1 KSchG 1969 Betriebsbedingte Kündigung). Wird der Betrieb alsbald nach einer Ruhepause wiedereröffnet, spricht das gegen eine ernsthafte Stilllegungsabsicht (BAG 27. 9. 84 AP Nr. 39 zu § 613 a BGB; HaKo-BetrVG/*Steffan* Rn 21).

66   Keine Betriebsstilllegung iSd. S. 3 Nr. 1 liegt nach allgemeiner Auffassung vor, wenn die Auflösung der Betriebsorganisation sich notwendig aus der **Eigenart des Betriebes** ergibt. Dies ist der Fall, wenn ein von vorne herein nur für einen zeitlich begrenzten Zweck errichteter Betrieb nach der Zweckerreichung nicht fortgeführt wird. Gleiches gilt bei sog. **Saison- und Kampagnebetrieben** (vgl. GK-*Oetker* Rn 76; *DKKW-Däubler* Rn 111; MünchArbR-*Matthes* § 268 Rn 16). Die Weiterbeschäftigung weniger ArbN mit Abwicklungsarbeiten steht der Annahme einer Stilllegung nicht entgegen (BAG 14. 10. 82 AP Nr. 1 zu § 1 KSchG 1969 Konzern).

67   **Betriebsstilllegung und Betriebsübergang** nach § 613 a BGB schließen sich aus (BAG 26. 4. 07 AP Nr. 4 zu § 125 InsO mwN). Eine Betriebsveräußerung ist daher als solche nicht nach § 111 mitbestimmungspflichtig (vgl. aber zur gemeinschaftsrechtlichen Problematik Rn 50). Mit ihr können aber Betriebsänderungen verbunden sein (vgl. Rn 50). Sind alle Arbeitsverhältnisse vor dem Betriebsübergang wirksam beendet, ist der Betrieb iSv. S. 3 Nr. 1 stillgelegt. Daran ändert die nachfolgende Veräußerung der Betriebsmittel nichts (BAG 21. 10. 80 AP Nr. 8 zu § 111 BetrVG 1972).

68   Die **Verlegung** des Betriebes iSv. S. 3 Nr. 2 ist **keine Stilllegung,** wenn die Belegschaft erhalten bleibt (GK-*Oetker* Rn 70). Wird dagegen – mangels entsprechender Verpflichtung, Bereitschaft oder Fähigkeit – der wesentliche Teil der bisherigen Belegschaft am neuen Standort nicht weiterbeschäftigt, sondern eine neue Belegschaft eingestellt, handelt es sich regelmäßig um eine Betriebsstilllegung und eine anschließende Neuerrichtung (vgl. Rn 81, BAG 12. 2. 87 AP Nr. 67 zu § 613 a BGB; GK-*Oetker* Rn 70, 122 mwN; *HSWGNR-Hess* Rn 141).

69   Auch ein **wesentlicher Betriebsteil** kann stillgelegt werden. Mit Betriebsteil ist keine Betriebsabteilung im Rechtssinne (§ 4, § 15 Abs. 5 KSchG) gemeint. Erforderlich, aber auch ausreichend ist eine betriebswirtschaftlich oder technisch abgrenzbare Organisation innerhalb der Betriebsorganisation (*Richardi/Annuß* Rn 82), die auch für den ganzen Betrieb „wesentlich" sein muss. Wesentlich ist der Betriebsteil jedenfalls dann, wenn in ihm ein erheblicher Teil der Gesamtbelegschaft beschäftigt wird **(quantitative Betrachtung).** Dies ist der Fall, wenn die Zahlenwerte des § 17 KSchG erfüllt u. im Betriebsteil mindestens 5% der Belegschaft tätig sind (BAG 7. 8. 90 AP Nr. 34 zu § 111 BetrVG 1972; 27. 6. 02 EzA § 1 KSchG Betriebsbedingte Kündigung Nr. 119; 9. 11. 10 – 1 AZR 708/09 – NZA 11, 466). Der bloße Personalabbau in einem Betriebsteil reicht nur dann aus, wenn bezogen auf den Gesamtbetrieb die Zahlenwerte des § 17 Abs. 1 KSchG erreicht werden (BAG 9. 11. 10 – 1 AZR 708/09 – NZA 11, 466; *DKKW/Däubler* Rn 46; *Richardi/Annuß* Rn 85; *Matthes* FS Gaul S. 397, 399, 404). Bei einem Beschluss der ArbN eines Betriebsteils ohne BR nach § 4 Abs. 1 Satz 2, an der Wahl des BR im Hauptbetrieb teilzunehmen, sind die Teileinheiten iSv. §§ 111 ff. als Gesamtbetrieb anzusehen (vgl. *Bayreuther* NZA 11, 727; **aA** LAG München 26. 1. 11 NZA-RR 11, 299).

70   Ob ein Betriebsteil, der diese zahlenmäßigen Schwellenwerte nicht erreicht, wegen seiner Bedeutung für den Betrieb gleichwohl als „wesentlich" erachtet werden kann **(qualitative Betrachtung),** ist nicht abschließend geklärt. Das BAG hat die Frage bislang offen gelassen, in den entschiedenen Fällen einen wesentlichen Betriebsteil aber jeweils verneint (BAG 6. 6. 78, 6. 12. 88, 7. 8. 90 AP Nr. 2, 26, 34 zu § 111 BetrVG 1972; 28. 3. 06 AP Nr. 12 zu § 112 a BetrVG 1972).

b) Einschränkung des Betriebs oder eines Betriebsteils

71   Unter **Einschränkung des Betriebs** ist eine Herabsetzung der Leistungsfähigkeit des Betriebs zu verstehen, die sowohl durch eine Verringerung der sächlichen Betriebsmittel als auch durch Einschränkung der Zahl der ArbN bedingt sein kann (BAG 28. 4. 93 AP Nr. 32 zu § 111 BetrVG 1972).

72   Bei der **Betriebseinschränkung** wird der Betriebszweck weiter verfolgt, aber die **Leistung der Betriebsanlagen herabgesetzt,** zB durch Außerbetriebsetzung von

Maschinen. Die Einschränkung muss ungewöhnlich sein. Betriebstypische Schwankungen (Winterpause, Sommerloch) sind unerheblich. Eine (zeitlich) **geringere Ausnutzung der Betriebsanlagen** (Verkürzung der Arbeitszeit, geringere Schichtzahl) genügt allein jedenfalls nicht. Vielmehr muss die Entlassung von ArbN hinzukommen. Unberührt bleibt das MBR nach § 87 Abs. 1 Nr. 2 u. 3. Die Ausgliederung eines Bereiches kann eine Betriebseinschränkung iSv. S. 3 Nr. 1 sein (*Bauer* DB 94, 219); zugleich wird häufig ein Fall der Nr. 3 oder 4 vorliegen.

c) Betriebseinschränkung durch reinen Personalabbau

Ein bloßer **Personalabbau** kann eine Betriebseinschränkung iSv. S. 3 Nr. 1 sein, **73** auch wenn die sächlichen Betriebsmittel unverändert beibehalten werden. Dies war st. Rspr. des BAG (BAG 6. 12. 88, 7. 8. 90 AP Nr. 26, 34 zu § 111 BetrVG 1972) und wurde durch § 112 a Abs. 1 BetrVG 1972 bestätigt: Eine Betriebsänderung kann daher allein in der Entlassung von ArbN liegen (BAG 28. 3. 06 AP Nr. 12 zu § 112 a BetrVG 1972 mit Anm. *Oetker;* 9. 11. 10 – 1 AZR 708/09 – NZA 11, 466).

Eine Betriebsänderung liegt nur vor, wenn eine größere Anzahl von ArbN betrof- **74** fen ist. Betroffen sind alle ArbN, deren Arbeitsplätze wegfallen sollen. Maßgeblich sind grdstzl. die Zahlen und Prozentangaben in **§ 17 Abs. 1 KSchG;** in größeren Betrieben müssen aber mindestens 5% der Belegschaft betroffen sein (st. Rspr. des BAG, vgl. etwa 28. 3. 06 AP Nr. 12 zu § 112 a BetrVG 1972; 9. 11. 10 – 1 AZR 708/09 – NZA 11, 466).

Danach gilt folgende **Staffel:** **75**

Betriebe mit 21–59 ArbN	mehr als 5 ArbN
Betriebe mit 60–499 ArbN	10% der ArbN oder aber mehr als 25 ArbN
Betriebe mit 500–599 ArbN	mindestens 30 ArbN
Betriebe mit über 600 ArbN	mindestens 5% der ArbN

Bei Unternehmen mit in der Regel mehr als 20 wahlberechtigten ArbN ist § 111 **75a** auch in **kleineren Betrieben** anwendbar. Bei einem Personalabbau kann hier nicht auf die Staffel des § 17 Abs. 1 KSchG zurückgegriffen werden (vgl. Rn 48). In einem solchen Fall ist eine beachtliche Einschränkung des ganzen Betriebs oder eines wesentlichen Betriebsteils nur anzunehmen, wenn mindestens 6 ArbN von der Entlassung betroffen sind (vgl. Rn 48; 9. 11. 10 – 1 AZR 708/09 – NZA 11, 466). Nicht abschließend geklärt ist in der Rspr., ob ein im Rahmen von S. 3 Nr. 1 beachtlicher Personalabbau auch vorliegen kann, wenn die Schwellenwerte des § 17 Abs. 1 KSchG geringfügig unterschritten werden (bejahend LAG Thüringen 7. 9. 95 AP Nr. 36 zu § 111 BetrVG 1972; offen gelassen BAG 7. 8. 90 AP Nr. 34 zu § 111 BetrVG 1972).

Anders als nach § 17 Abs. 1 KSchG ist nicht notwendig, dass der Personalabbau **76** innerhalb von 30 Kalendertagen erfolgt. Erforderlich, aber auch ausreichend ist, dass er auf einer **einheitlichen unternehmerischen Planung** beruht (BAG 22. 5. 79 AP Nr. 4 zu § 111 BetrVG 1972; 8. 6. 99 – 1 AZR 696/98 –; 28. 3. 06 AP Nr. 12 zu § 112 a BetrVG 1972; GK-*Oetker* Rn 95 mwN). Maßgeblich ist die unternehmerische Entscheidung, aus der sich ergibt, wie viele ArbN voraussichtlich insgesamt entlassen werden. Eine einheitliche Planungsentscheidung kann auch eine stufenweise Durchführung vorsehen. Dabei kann ein enger zeitlicher Zusammenhang zwischen **mehreren Entlassungswellen** ein wesentliches Indiz für eine von Anfang an einheitliche Planung sein (BAG 28. 3. 06 AP Nr. 12 zu § 112 a BetrVG 1972 mwN; *WPK/Preis/Bender* Rn 12). Eine spätere Entlassungswelle kann aber auch auf einer neuen Planungsentscheidung des ArbGeb. beruhen. Dies gilt insb. wenn nach der ersten Entlassungswelle neue, ursprünglich nicht vorgesehene Umstände eingetreten sind. Erfolgt die neue Planung erst nach Durchführung der ersten Entlassungswelle, sind die Zahlen nicht zusammenzurechnen (BAG 28. 3. 06 AP Nr. 12 zu § 112 a BetrVG 1972 auch in Auseinandersetzung mit BAG 10. 12. 96, 19. 1. 99 AP Nr. 32, 37 zu § 113 BetrVG 1972).

77   **Teilzeitbeschäftigte** zählen mit, soweit es darum geht, ob der Personalabbau schon allein eine Betriebsänderung darstellt.

78   Einzubeziehen in die Berechnung sind nicht nur die vom ArbGeb. betriebsbedingt gekündigten ArbN, sondern auch die ArbN, deren ArbVerh. auf Grund eines arbeitgeberseitig veranlassten **Aufhebungsvertrags** endet. Dies folgt bereits aus § 112a Abs. 1 S. 2 (vgl. §§ 112, 112a Rn 104). Danach gilt als Entlassung auch das vom ArbGeb. aus Gründen der Betriebsänderung veranlasste Ausscheiden auf Grund von Aufhebungsverträgen. Für vom ArbGeb. veranlasste **Eigenkündigungen** gilt nach dem Normzweck nichts anderes. Auch sie sind bei der Beurteilung, ob ein bloßer Personalabbau eine Betriebsänderung darstellt, mitzuzählen (BAG 23. 8. 88, 10. 12. 96 AP Nr. 17, 32 zu § 113 BetrVG 1972; GK-*Oetker* Rn 97 mwN). Vom ArbGeb. veranlasst sind Aufhebungsvertrag oder Eigenkündigung, wenn dieser bei dem ArbN die Erwartung hervorgerufen hat, mit der eigenen Initiative komme er einer sonst notwendig werdenden betriebsbedingten Kündigung des ArbGeb. nur zuvor. Dabei kommt es nicht darauf an, ob der ArbGeb. die Absicht hatte, den ArbN zu einer Eigenkündigung zu bewegen. Entscheidend ist vielmehr, ob die Erwartung des ArbN, sein Arbeitsplatz werde entfallen, auf Grund des Verhaltens des ArbGeb. objektiv gerechtfertigt war (BAG 29. 10. 02, 25. 3. 03 EzA § 112 BetrVG 2001 Nr. 4; 6; 22. 7. 03 AP Nr. 160 zu § 112 BetrVG 1972; 13. 2. 07 AP Nr. 17 zu § 47 BetrVG 1972). Mitzuzählen sind auch ArbN, die in andere Betriebe des Unternehmens (Konzerns) versetzt werden (*Richardi/Annuß* Rn 76; *DKKW-Däubler* Rn 56). Auch die ArbN, die einem Übergang ihres ArbVerh. auf den Erwerber eines Betriebsteils widersprochen haben und deshalb betriebsbedingt gekündigt werden, zählen mit (BAG 10. 12. 96 AP Nr. 32 zu § 113 BetrVG 1972).

79   Bei einer **Änderungskündigung** kommt es darauf an, ob der betroffene ArbN diese zumindest unter Vorbehalt angenommen hat. In diesem Fall besteht das ArbVerh. fort und der ArbN zählt nicht mit.

80   Entsprechend dem sozialen Schutzzweck der §§ 111ff. können für die Erheblichkeit einer Personalreduzierung nur die ArbN berücksichtigt werden, die aus betriebsbedingten Gründen den Arbeitsplatz verlieren. Daher bleiben die Mitarbeiter außer Betracht, die aus – nicht nur vorgeschobenen – **personen- oder verhaltensbedingten Gründen** gekündigt werden oder deren Arbeitsverhältnis unabhängig von betriebsbedingten Gründen infolge **Fristablauf** endet (BAG 2. 8. 83 AP Nr. 12 zu § 111 BetrVG 1972; GK-*Oetker* Rn 99; ErfK/*Kania* Rn 9; *Richardi/Annuß* Rn 78; **aA** *DKKW-Däubler* Rn 57; MünchArbR-*Matthes* § 268 Rn 23).

2. Verlegung des ganzen Betriebs oder von wesentlichen Betriebsteilen

81   Nr. 2 gilt nur für ortsgebundene Betriebe und Betriebsteile, nicht dagegen für solche, die ihrer Art nach auf einen ständigen Ortswechsel angelegt sind, wie etwa ein Jahrmarktunternehmen, ein Wanderzirkus oder ein Tourneetheater (vgl. *HSWGNR-Hess* Rn 153 mwN). Verlegung ist **jede nicht nur geringfügige Veränderung der örtlichen Lage** des Betriebs oder von wesentlichen Betriebsteilen unter Weiterbeschäftigung der gesamten oder des größeren Teils der Belegschaft. Eine solche ist zB gegeben bei der Verlegung vom Zentrum an den Stadtrand oder an einen 4,3 km entfernten Ort (BAG 17. 8. 82 AP Nr. 11 zu § 111 BetrVG 1972) oder auch bei der Verlagerung eines Betriebs innerhalb einer Gemeinde um 3 km (vgl. BAG 27. 6. 05 AP Nr. 47 zu § 95 BetrVG 1972), nicht dagegen beim Umzug von einer Straßenseite auf die andere. Meinungsverschiedenheiten werden in der Praxis dann entstehen, wenn durch die Verlegung Entlassungen ortsgebundener Arbeitskräfte oder Erschwerungen der Arbeit oder der Wege vom und zum Arbeitsplatz zu erwarten sind. Für das MBR ist es unerheblich, ob die ArbN kraft Arbeitsvertrages verpflichtet sind, am neuen Arbeitsort die Arbeit fortzusetzen oder ob es einer Änderungskündigung be-

darf, für die zusätzlich das personelle MBR in Betracht kommt (*Richardi/Annuß* Rn 91; *DKKW-Däubler* Rn 64).

Werden wesentliche Teile der Belegschaft **am neuen Arbeitsort nicht weiter-** 82 **beschäftigt,** so handelt es sich um eine **Betriebsstilllegung** und anschließende Neuerrichtung des Betriebes (vgl. Rn 68; BAG 12. 2. 87 AP Nr. 67 zu § 613a BGB; *Richardi/Annuß* Rn 91; *DKKW*-Däubler Rn 66). Maßgeblich ist, ob die Identität des Betriebs trotz des Ortswechsels erhalten bleibt. Wann dies der Fall ist, lässt sich meist nur im Wege einer wertenden Einzelfallbeurteilung beantworten. Die Kontinuität de Belegschaft spielt dabei eine wesentliche Rolle. Ob ein Betrieb iSv. S. 3 Nr. 2 ins Ausland verlegt werden kann (so zB *DKKW-Däubler* Rn 69) oder ob in diesem Fall stets eine Stilllegung vorliegt (so zB *Richardi/Annuß* Rn 95), ist umstritten. In jedem Fall ist der BR zu beteiligen.

3. Zusammenschluss und Spaltung von Betrieben

Anders als § 106 Abs. 3 Nr. 8, der auch den Zusammenschluss oder die Spaltung 83 von Unternehmen betrifft (vgl. Rn 56 ff., § 1 Rn 158 ff.), erfasst S. 3 Nr. 3 grundsätzlich nur den Zusammenschluss oder die Spaltung von Betrieben, also Änderungen auf der betrieblichen Ebene. Ist allerdings mit dem Zusammenschluss oder der Spaltung von Unternehmen zugleich der Zusammenschluss oder die Spaltung von Betrieben verbunden unterfällt der Vorgang S. 3 Nr. 3 (vgl. GK-*Oetker* Rn 127).

Der **Zusammenschluss** eines Betriebes mit einem anderen kann auf zweierlei 84 Weise erfolgen. Zum einen kann aus den bisherigen Betrieben unter Verlust ihrer Identität ein neuer Betrieb gebildet werden (GK-*Oetker* Rn 128 mwN). Zum andern kann ein Betrieb unter Aufrechterhaltung seiner eigenen Identität einen anderen Betrieb aufnehmen (GK-*Oetker* Rn 129 mwN). Die Betriebe können verschiedenen Unternehmen angehören. Dann erfordert aber der Zusammenschluss eine einheitliche unternehmerische Leitung (vgl. § 1 Rn 78 ff.). Es entsteht in diesem Fall ein Gemeinschaftsbetrieb iSv. § 1 Abs. 1 S. 2. Zuständig zumindest für den Versuch eines Interessenausgleichs ist bei mehreren Betrieben desselben Unternehmens regelmäßig der GesBR (vgl. § 50 Rn 59; BAG 24. 1. 96 AP Nr. 16 zu § 50 BetrVG 1972), bei Überschreitung der Unternehmensgrenzen in einem Konzern der KBR.

Unter S. 1 Nr. 3 fallen nach überwiegender Auffassung auch **Betriebsteile,** die 85 **nach § 4** als selbständige Betriebe gelten (GK-*Oetker* Rn 126; ErfK/*Kania* Rn 13). Nicht von Nr. 3 erfasst werden nach dessen eindeutigem Wortlaut dagegen **sonstige Betriebsteile** (GK-*Oetker* Rn 135; ErfK/*Kania* Rn 13). Beim Zusammenschluss von Betriebsteilen kann aber eine grundlegende Änderung der Betriebsorganisation iSv. S. 3 Nr. 4 vorliegen oder die Generalklausel des S. 1 eingreifen (GK-*Oetker* Rn 135). Dies gilt insbesondere, wenn die Betriebsgrenzen überschritten werden (vgl. *DKKW-Däubler* Rn 71).

Die **Spaltung eines** bisher organisatorisch **einheitlichen Betriebs** kann inner- 86 halb eines Unternehmens erfolgen und zu zwei neuen selbständigen Betrieben führen, in denen der ArbGeb. derselbe bleibt. Sie kann auch in der Abspaltung eines Betriebsteils und dessen Übertragung auf einen neuen Betriebsinhaber liegen (§ 613a Abs. 1 S. 1 BGB, vgl. Rn 49 ff., 87). Die Spaltung setzt voraus, dass zumindest zwei neue Einheiten entstehen; die Stilllegung eines Betriebsteils ist keine Spaltung (BAG 18. 3. 08 AP Nr. 66 zu § 111 BetrVG 1972).

Eine Betriebsänderung iSv. Nr. 3 liegt ua. vor, wenn der ArbGeb. einen **Betriebs-** 87 **teil ausgliedert,** um ihn gemäß § 613a Abs 1 Nr. 1 BGB auf ein anderes Unternehmen zu übertragen (BAG 10. 12. 96 AP Nr. 110 zu § 112 BetrVG 1972; GK-*Oetker* Rn 134). Dabei kommt es nicht darauf an, ob es sich bei dem abgespaltenen Teil um einen wesentlichen oder erheblichen Teil des Betriebs handelt (BAG 18. 3. 08 AP Nr. 66 zu § 111 BetrVG 1972; **aA** *Meyer/Röger* BB 09, 894, 896 f.). Ausreichend ist in jedem Fall, wenn eine „veräußerungsfähige Einheit" abgespalten wird

(BAG 10. 12. 96 AP Nr. 110 zu § 112 BetrVG 1972; GK-*Oetker* Rn 134; *DKKW-Däubler* Rn 77; vgl. auch *Kleinebrink/Commandeur* NZA 07, 113).

88   Die Spaltung eines Betriebs kann schließlich auch mit einer **Spaltung des Unternehmens** nach dem UmwG verbunden sein (vgl. Rn 56 ff., § 1 Rn 160–164, 171 ff.) Die Spaltung des Unternehmens stellt allein jedoch keine Betriebsänderung dar. Ohne betriebsorganisatorische Änderung führt sie nicht zu einer Spaltung des bisher einem Unternehmen gehörenden Betriebs. Vielmehr wird nach § 1 Abs. 2 Nr. 2 ein Gemeinschaftsbetrieb vermutet, wenn nach der Unternehmensspaltung Betriebsteile nun verschiedenen Unternehmen zuzuordnen sind.

89   In Fällen der **Aufspaltung** wird der Ursprungsbetrieb aufgelöst; der BR erhält unter den Voraussetzungen des § 21a Abs. 1 S. 1 ein zeitlich befristetes **Übergangsmandat** in den Betriebsteilen und behält nach § 21b ein **Restmandat** für den Ursprungsbetrieb (BAG 18. 3. 08 AP Nr. 66 zu § 111 BetrVG 1972). In Fällen der **Abspaltung** besteht der Ursprungsbetrieb fort. Sein BR bleibt im Amt und hat hinsichtlich der Abspaltung nach § 111 ff. mitzubestimmen. Für die abgespaltenen Teile hat er nach § 21a Abs. 1 S. 1 ein zeitlich befristetes **Übergangsmandat** (BAG 18. 3. 08 AP Nr. 66 zu § 111 BetrVG 1972; § 21a Rn 9a). Dies gilt aber nicht, wenn die abgespaltene Einheit in einen neuen Betrieb mit bestehendem BR eingegliedert wird.

4. Grundlegende Änderungen der Betriebsorganisation, des Betriebszwecks oder der Betriebsanlagen

90   Die unter Nr. 4 und 5 genannten Änderungen sind bisweilen **schwer** voneinander **abgrenzbar,** weil sie vielfach ineinander übergehen. Das ist aber in der Praxis unschädlich, weil die Tatbestände alternativ nebeneinander stehen (BAG 17. 12. 85 AP Nr. 15 zu § 111 BetrVG 1972; *Richardi/Annuß* Rn 107; GK-*Oetker* Rn 136).

91   Grundlegende Änderungen von Betriebsorganisation, Betriebszweck oder Betriebsanlagen können erhebliche Auswirkungen auf die Arbeitsweise, die Arbeitsbedingungen und die Zahl der Arbeitsplätze haben. Daher ist der BR im Interesse der ArbN zu beteiligen.

92   Eine Änderung der **Betriebsorganisation** iSd. Nr. 4 liegt vor, wenn der Betriebsaufbau, insbesondere hinsichtlich Zuständigkeiten und Verantwortung, umgewandelt wird (BAG 18. 3. 08 AP Nr. 66 zu § 111 BetrVG 1972). Entgegen einem im Schrifttum vertretenen recht engen Verständnis kommt ein MBR nach Nr. 4 nicht nur in Betracht, wenn sich der Betriebsaufbau oder die Organisation des Leitungsapparates ändern (in dieser Richtung aber GK-*Oetker* Rn 109, 111; *Richardi/Annuß* Rn 108). Die Betriebsorganisation wird nicht nur in Fällen der Zentralisierung oder Dezentralisierung von Zuständigkeiten oder bei der Umorganisation von Sparten oder der Neugliederung von Betriebsabteilungen geändert, sondern zB auch beim Übergang zur Gruppenarbeit. Das „outsourcing" von Aufgaben auf selbständige Handelsvertreter (vgl. dazu BAG 18. 11. 03 AP Nr. 76 zu § 118 BetrVG 1972) und ähnlichen Maßnahmen (vgl. § 90 Rn 27; *Hunold* NZA 93, 723; ErfK/*Kania* Rn 15; *DKKW-Däubler* Rn 82) können mit Änderung der Betriebsorganisation verbunden sein. Die Übertragung der Aufgaben der technischen Anzeigenproduktion (Satzherstellung) eines Zeitungsverlags auf ein externes Unternehmen hat das BAG nicht als grundlegende Änderung der Betriebsorganisation angesehen, da sich in dem zugrunde liegenden Fall an der Arbeitsweise und den Arbeitsbedingungen des ganz überwiegenden Teils der Belegschaft des Betriebs nichts änderte (BAG 18. 3. 08 AP Nr. 66 zu § 111 BetrVG 1972). Die Spaltung eines Betriebs ist ebenfalls eine Änderung der Betriebsorganisation (BAG 16. 6. 87 AP Nr. 19 zu § 111 BetrVG 1972; *Richardi/Annuß* Rn 109; GK-*Oetker* Rn 138). Sie fällt darüber hinaus unter Nr. 3 (vgl. Rn 86 ff.).

93   **Betriebszweck** iSd. Nr. 4 ist der mit dem Betrieb verfolgte arbeitstechnische Zweck (BAG 17. 12. 85, 16. 6. 87 AP Nr. 15, 19 zu § 111 BetrVG 1972; GK-*Oetker*

Rn 140 mwN). Er wird geändert, wenn der ArbGeb. den bisherigen Betriebszweck durch einen anderen ersetzt oder um einen weiteren Betriebszweck ergänzt oder einen von mehreren arbeitstechnischen Zwecken nicht mehr weiter verfolgt (GK-*Oetker* Rn 142 mwN; *DKKW-Däubler* Rn 83). Eine grundlegende Änderung des Betriebszwecks verneint hat das BAG, als in einem Schlachthof, in dem zuvor Rinder und Schweine von denselben ArbN abwechselnd geschlachtet wurden, künftig nur noch Schweine geschlachtet werden sollten (BAG 28. 4. 93 AP Nr. 32 zu § 111 BetrVG 1972). Bei einem Dienstleistungsunternehmen ändert sich der Betriebszweck, wenn andere Dienstleistungen als bisher angeboten werden sollen (BAG 17. 12. 85 AP Nr. 15 zu § 111 BetrVG 1972: Einrichtung von Automatenspielen neben dem klassischen Glücksspiel an Spieltischen). Eine grundlegende Änderung der Betriebsorganisation und des Betriebszwecks liegt zB vor, wenn ein Versicherungsunternehmen beschließt, den eigenen Vertrieb aufzugeben und ihn künftig nur noch durch freie Handelsvertreter durchführen zu lassen (BAG 8. 6. 99 AP Nr. 47 zu § 111 BetrVG 1972; 23. 9. 03 AP Nr. 43 zu § 113 BetrVG 1972). Ob die Änderung des Betriebszwecks auf einer Veränderung der Marktlage beruht, spielt keine Rolle (*Richardi/Annuß* Rn 113). Wegen der Unterrichtung des WiAusschusses vgl. § 106 Abs. 3 Nr. 9.

Unter **Betriebsanlagen** ist die sächliche Einrichtung des Betriebs zu verstehen. **94** Zu dieser gehören alle Gegenstände, die nicht zur Veräußerung bestimmt sind, sondern zur Verwirklichung des arbeitstechnischen Zwecks eingesetzt werden (vgl. BAG 26. 10. 82 AP Nr. 10 zu § 111 BetrVG 1972; GK-*Oetker* Rn 144; *Richardi/Annuß* Rn 114). Auch die Änderung von einzelnen Betriebsanlagen kann unter Nr. 4 fallen (BAG 26. 10. 82 AP Nr. 10 zu § 111 BetrVG 1972). Erfasst werden Anlagen in allen Betriebsbereichen. Eine Änderung der Betriebsanlagen kann daher vorliegen beim Bau neuer Werkhallen, bei der Einführung neuer Maschinen, eines neuen EDV-Systems, von Datensichtgeräten (BAG 26. 10. 82 AP Nr. 10 zu § 111 BetrVG 1972) oder von Telearbeitsplätzen.

Die Änderung der Betriebsorganisation, des Betriebszwecks oder der Betriebsanla- **95** gen muss **grundlegend** sein. Grundlegend ist die Änderung, wenn sie sich auf den Betriebsablauf in erheblicher Weise auswirkt. Maßgeblich ist der Grad der Veränderung. Es kommt entscheidend darauf an, ob die Änderung einschneidende Auswirkungen auf den Betriebsablauf, die Arbeitsweise oder die Arbeitsbedingungen der ArbN hat (vgl. BAG 18. 3. 08 AP Nr. 66 zu § 111 BetrVG 1972) oder mit einem „Sprung" in der technischen Entwicklung verbunden ist (vgl. *DKKW-Däubler* Rn 85; GK-*Oetker* Rn 150). So stellt zB die Umstellung auf EDV oder auf CNC-gesteuerte Maschinen regelmäßig eine grundlegende Änderung dar. Auch die Einführung neuer oder die tiefgreifende Änderung der EDV-Software dürfte häufig grundlegend sein. Dabei kann die erforderliche Einarbeitungszeit ein wichtiger Anhaltspunkt sein. Der normale Ersatz abgenutzter Maschinen fällt nicht unter Nr. 4. In Zweifelsfällen kann die Generalklausel des S. 1 herangezogen und berücksichtigt werden, ob die Änderung wesentliche Nachteile für die Belegschaft oder für erhebliche Teile davon zur Folge haben kann (BAG 26. 10. 82 AP Nr. 10 zu § 111 BetrVG 1972; GK-*Oetker* Rn 151).

Bei einer grundlegenden Änderung von Betriebsanlagen kommt neben der Mitbe- **96** stimmung nach §§ 111 ff. auch ein MBR nach **§ 97 Abs. 2** in Betracht (vgl. § 97 Rn 11 ff.).

5. Einführung grundlegend neuer Arbeitsmethoden und Fertigungsverfahren

Die Tatbestände der Nr. 5 überschneiden sich zu einem erheblichen Teil mit de- **97** nen der Nr. 4. Während in Nr. 4 die sächlichen Arbeitsmittel im Vordergrund stehen, geht es in Nr. 5 mehr darum, wie die menschliche Arbeitskraft zur Verfolgung der arbeitstechnischen Zwecke eingesetzt wird (*DKKW-Däubler* Rn 89).

98   Auch um die **Arbeitsmethode** iSd. Nr. 5 geht es meist, wenn neue technische Hilfsmittel eingeführt werden oder die Arbeitsorganisation geändert wird. Eine Änderung der Arbeitsmethode liegt zB vor beim Übergang zum Ein-Personen-Betrieb in Omnibussen und Straßenbahnen oder bei der Einführung von Gruppenarbeit (*Richardi/Annuß* Rn 120; *DKKW-Däubler* Rn 90).

99   Der Begriff der **Fertigungsverfahren** in Nr. 5 ist identisch mit dem der Fabrikationsmethode in § 106 Abs. 3 Nr. 5 (vgl. *Richardi/Annuß* Rn 121; *GK-Oetker* Rn 157). Es geht dabei um das planmäßige technische Vorgehen bei der Erzeugung von Gütern (vgl. § 106 Rn 61 f.).

100   Nr. 5 setzt grundlegend **neue** Arbeitsmethoden und Fertigungsverfahren voraus. Die Beurteilung richtet sich hierbei nicht nach der allgemeinen technischen Entwicklung, sondern nach den konkreten Verhältnissen des jeweiligen Betriebs (*Richardi/Annuß* Rn 123; *GK-Oetker* Rn 158). Die einzuführende Methode muss die bisherige entweder ersetzen oder neben dieser eingesetzt werden. Die Veränderung bereits vorhandener Methoden genügt nicht.

101   Ebenso wie nach Nr. 4 besteht das MBR nur bei **grundlegenden** Veränderungen (vgl. Rn 95). Diese erfordert grundsätzlich eine qualitative Bewertung. Der grundlegende Charakter der neuen Arbeitsmethode oder des neuen Fertigungsverfahrens kann sich aber auch aus der Zahl der von ihr betroffenen ArbN ergeben (vgl. *GK-Oetker* Rn 160).

V. Unterrichtung und Beratung

102   Anders als beim Sozialplan, den der BR gemäß § 112 Abs. 4 auch gegen den Willen des ArbGeb. durch einen Spruch des E-Stelle erzwingen kann (vgl. aber die Einschränkungen und Ausnahmen in § 112a), hat der BR bei der Frage, ob und wie der ArbGeb. eine Betriebsänderung durchführt, **kein volles Mitbestimmungsrecht,** sondern nur ein eingeschränktes Mitwirkungsrecht (vgl. zur **dogmatischen Struktur** des Beteiligungsrechts nach § 111 *GK-Oetker* Rn 172 ff.; *Richardi/Annuß* Rn 139–142). Er kann der Durchführung der Betriebsänderung gegen den Willen des ArbGeb. letztlich weder verhindern noch eine andere Durchführung erzwingen. Der ArbGeb. ist vielmehr nach § 111 S. 1 lediglich verpflichtet, den BR über geplante Betriebsänderungen zu unterrichten und diese mit ihm zu beraten. Ziel der Beratungen ist ein Interessenausgleich über die geplante Betriebsänderung (§ 112 Abs. 1 S. 1). **Erzwingen kann der BR den Interessenausgleich nicht** (zur Frage der Zulässigkeit eines Arbeitskampfes zur Erzwingung tariflicher Vereinbarungen bei Betriebsänderungen vgl. §§ 112, 112a Rn 184 ff.). Die E-Stelle ist insoweit zu keinem Spruch befugt. Der ArbGeb. muss allerdings alle Möglichkeiten einer Einigung über den Interessenausgleich ausschöpfen und dazu erforderlichenfalls auch die E-Stelle anrufen und das E-Stellenverfahren durchführen (vgl. § 113 Rn 18 mwN). Andernfalls drohen ihm die Sanktionen des § 113 Abs. 3. Der Beteiligung nach § 111 zeitlich vorgelagert ist in Unternehmen mit einem WiAusschuss regelmäßig dessen Unterrichtung nach § 106 Abs. 2. Die Tatbestände des § 111 S. 3 entsprechen weitgehend denen des § 106 Abs. 3 Nr. 5, 6, 7, 8 und 9 (vgl. § 106 Rn 61–64, 67–79).

103   Wenn die Betriebsänderung in einer **Massenentlassung iSv. § 17 Abs. 1 KSchG** besteht, trifft den ArbGeb. unabhängig von § 111 **gegenüber** der **Agentur für Arbeit die Anzeigepflicht** nach § 17 Abs. 1 und 3 KSchG sowie **gegenüber** dem **BR** die **Unterrichtungspflicht nach § 17 Abs. 2 S. 1 KSchG** (vgl. etwa BAG 30. 3. 04 AP Nr. 47 zu § 113 BetrVG 1972; 22. 4. 10 – 6 AZR 948/08 – NZA 10, 1057; v. *Hoyningen-Huene/Linck* § 17 KSchG Rn 49 ff.; HaKo-*Pfeiffer* § 17 KSchG Rn 42 ff.; *Reinhard* RdA 07, 207, 212; *Weber* ArbuR 08, 365, 369; *Grau/Sittard* BB 11, 1845). Danach muss der ArbGeb. den BR schriftlich insb. unterrichten über die in § 17 Abs. 2 Satz 1 Nr. 1 bis 6 KSchG genannten Umstände, also über die Gründe für die geplanten Entlassungen, die Zahl und die Berufsgruppen der zu entlassenden sowie der in der Regel beschäftigten ArbN, den vorgesehenen Entlassungszeitraum, die Kriterien für die Auswahl der zu entlassenden ArbN sowie für die Berechnung etwaiger Abfindungen. Die Unterrichtung muss so rechtzeitig erfolgen, dass eine anschließende Beratung zwischen ArbN. und BR noch sinnvoll ist (*Grau/Sittard* BB 11, 1845; *Niklas/Köhler* NZA 10, 913). Auch der EuGH hat betont, dass die Konsultation vor der Entscheidung des ArbGeb. stattfinden müsse, da andernfalls das Konsultationsverfahren, das Kündigungen gerade verhindern solle, leer liefe (EuGH 10. 9. 09 – C-44/08 – „Akavan Erityisalojen Keskusliitto" NZA 09, 1083). Nach **§ 17 Abs. 2 S. 2 KSchG** haben die Betriebsparteien insbesondere die Möglichkeiten zu beraten, Entlassungen zu vermeiden oder einzuschränken oder ihre Folgen zu mildern. Dies entspricht Art. 2 Abs. 1 bis 3 der RL 98/59/EG vom 20. 7. 98 (**Massenentlassungsrichtlinie;** vgl. dazu *Wißmann* RdA 98, 221, 224; EuGH 10. 9. 09 – C-44/08 – „Akavan Erityisalojen Keskusliitto" NZA 09, 1083). Erforderlich ist ein ernsthaftes Verhandeln mit dem Ziel der Einigung (vgl. Art. 2 Abs. 1 RL 98/59/EG). Der BR muss die Möglichkeit haben, konstruktive Vorschläge zu unterbreiten (vgl. Art. 2 Abs. 3 der RL 98/59/EG). Ein vor der „Entlassung" abgeschlossener Versuch eines Interessenausgleichs erfüllt die Beratungspflicht nach § 17 Abs. 2 S. 2 KSchG. Weder nach nationalem Recht noch nach der Massenentlassungsrichtlinie ist eine Einigung mit dem BR erforderlich (BAG 20. 11. 01, 30. 3. 04 AP Nr. 39, 47 zu § 113 BetrVG 1972; 21. 5. 08 NZA 08, 753; *Grau/Sittard* BB 11, 1845).

Die Verletzung dieser dem BR gegenüber bestehenden Unterrichtungs- und Konsultationspflichten kann **mittelbar Auswirkungen auf** die vom ArbGeb. ausgesprochenen **Kündigungen** haben. Wie der **EuGH** im Urteil vom 27. 1. 05 (AP Nr. 18 zu § 17 KSchG 1969 – **„Junk"** –; vgl. dazu etwa *Bauer/Krieger/Powietzka* DB 05, 445; *dies.* BB 06, 2023; *Dornbusch/Wolf* BB 05, 885; *Nicolai* NZA 05, 206) entschieden hat, ist – nicht, wie früher vom BAG angenommen, die tatsächliche Beendigung sondern vielmehr – bereits der Ausspruch der Kündigung die „Entlassung" iSd RL 98/59/EG. Dem hat sich das BAG grundsätzlich angeschlossen, in „Altfällen" dem ArbGeb. allerdings noch „Vertrauensschutz" eingeräumt (BAG 23. 3. 06, 13. 7. 06 AP Nr. 21, 22 zu § 17 KSchG 1969; 22. 4. 10 – 6 AZR 948/07 – NZA 10, 1057). Bei Massenentlassungen muss daher die Anzeige an die Agentur für Arbeit nach § 17 Abs. 1, Abs. 3 KSchG vor dem Ausspruch der Kündigungen erfolgen.

Die sich aus der **Verletzung der Anzeigepflicht** ergebenden **Rechtsfolgen** sind noch nicht endgültig geklärt (vgl. BVerfG 25. 2. 10 – 1 BvR 230/09 – NZA 10, 439 mwN; BAG 7. 7. 11 – 6 AZR 248/10 NZA 11, 1108). Eine – mit § 102 Abs. 1 S. 3 BetrVG vergleichbare – gesetzliche Regelung, die für diesen Fall die Unwirksamkeit der Kündigung ausdrücklich bestimmt, gibt es nicht. Allerdings werden nach § 18 Abs. 1 Halbs. 1 KSchG Entlassungen, die nach § 17 KSchG anzuzeigen sind, vor Ablauf eines Monats nach Eingang der Anzeige bei der Agentur für Arbeit nur mit deren Zustimmung wirksam. Dabei kann der Begriff der „Entlassung" in § 18 KSchG nicht anders verstanden werden als in § 17 KSchG (BAG 22. 4. 10 – 6 AZR 948/07 – NZA 10, 1057). Unter ihm ist somit der Ausspruch der Kündigung zu verstehen (vgl. BAG 23. 3. 06, 13. 7. 06 AP Nr. 21, 22 zu § 17 KSchG 1969; 22. 4. 10 – 6 AZR 948/07 – NZA 10, 1057). Da aber die Anzeige vor der Kündigung erfolgen muss, kann folgerichtig eine vor einer wirksamen Anzeige ausgesprochene Kündigung **keine das Arbeitsverhältnis beendende Wirkung** mehr entfalten (vgl. BAG 22. 4. 10 – 6 AZR 948/07 – NZA 10, 1057; 7. 7. 11 – 6 AZR 248/10 – NZA 11, 1108 „regelmäßig"; jedenfalls im Ergebnis wohl ebenso HaKo-*Pfeiffer* § 17 KSchG Rn 82; *v. Hoyningen-Huene/Linck* § 18 KSchG Rn 27ff.; ErfK/*Kiel* § 17 KSchG Rn 35, § 18 KSchG Rn 14; *Reinhard* RdA 07, 207, 214; *Weber* ArbuR 08, 365, 375; *Grau/Sittard* BB 11, 1845; anders die frühere Rspr. des BAG, vgl. etwa 18. 9. 03 AP Nr. 14 zu § 17 KSchG 1969). Das BAG hat die Frage in zahlreichen Entscheidungen offen gelassen, weil es dem ArbGeb. für Kündigungen, die vor dem Urteil des EuGH vom 27. 1. 05 (AP Nr. 18 zu § 17 KSchG 1969 – „Junk" –) ausgesprochen wurden, „Vertrauensschutz" auf seine bisherige Rspr. zugebilligt hat

103a

103b

(vgl. BAG 23. 3. 06, 13. 7. 06, 20. 9. 06, 8. 11. 07, 12. 7. 07 AP Nr. 21, 22, 24, 28, 33 zu § 17 KSchG 1969, 26. 7. 07 AP Nr. 324 zu § 613 a BGB). Nach dem Urteil des BAG vom 28. 5. 09 (– 8 AZR 273/08 – NZA 09, 1267; vgl. dazu BVerfG 25. 2. 10 – 1 BvR 230/09 – NZA 10, 439) ist nunmehr aber wohl davon auszugehen, dass eine Kündigung rechtsunwirksam ist, wenn sie der ArbGeb. vor einer nach § 17 Abs. 1 KSchG erforderlichen, den gesetzlichen Anforderungen entsprechenden Anzeige ausgesprochen hat (ebenso BAG 22. 4. 10 – 6 AZR 948/08 – NZA 10, 1057; vgl. aber auch BAG 7. 7. 11 – 6 AZR 248/10 – NZA 11, 1108).

103c Die nach § 17 Abs. 1 KSchG erforderliche **Anzeige** an die Agentur für Arbeit muss **die in § 17 Abs. 3 S. 4 KSchG genannten Angaben** enthalten. Außerdem ist sie nach **§ 17 Abs. 3 S. 2 und 3 KSchG** nur wirksam, wenn ihr entweder eine **Stellungnahme des BR** zu den geplanten Entlassungen beigefügt ist **oder** der ArbGeb. **glaubhaft** macht, dass er den BR mindestens zwei Wochen vor der Anzeige nach § 17 Abs. 2 S. 1 **unterrichtet** hat und er den **Stand der Beratungen** darlegt (vgl. dazu BAG 28. 5. 09 – 8 AZR 273/08 – NZA 09, 1267; vgl aber auch BVerfG 25. 2. 10 – 1 BvR 230/09 – NZA 10, 439). Fehlt es hieran, genügt die Anzeige nicht den – formalen – Erfordernissen des § 17 Abs. 3 S. 2 bis 4 KSchG. In diesem Fall können die gleichwohl ausgesprochenen Kündigungen die Arbeitsverhältnisse wegen § 18 Abs. 1 KSchG nicht wirksam beenden. Unionsrechtlich fraglich ist, ob überhaupt sowie ggf. unter welchen Voraussetzungen der ArbGeb. die Anzeige gegenüber der Agentur für Arbeit auch vor dem Abschluss der Konsultationen nach § 17 Abs. 2 Satz 2 KSchG, Art. 2 Abs. 1 und 2 Satz 1 der Massenentlassungsrichtlinie wirksam erstatten kann (vgl. BVerfG 25. 2. 10 – 1 BvR 230/09 – NZA 10, 439; *Grau/Sittard* BB 11, 1845). Da es nach der Beurteilung des BVerfG in dem der Entscheidung des BAG vom 28. 5. 09 (– 1 BvR 230/09 – NZA 09, 1267) zugrunde liegenden Fall hierauf ankam, und die Frage unionsrechtlich nicht geklärt ist, hat das BVerfG das Urteil des BAG wegen Verletzung seiner Pflicht zur Anrufung des EuGH nach Art. 234 Abs. 3 EG und dem sich daraus ergebenden Verstoß gegen das Gebot des gesetzlichen Richters nach Art. 101 Abs. 1 Satz 2 GG aufgehoben (BVerfG 25. 2. 10 – 1 BvR 230/09 – NZA 10, 439). In der Insolvenz ersetzt gemäß § 125 Abs. 2 InsO ein Interessenausgleich nach § 123 Abs. 1 InsO die Stellungnahme des BR nach § 17 Abs. 3 Satz 2 KSchG. Dies gilt auch, wenn der Insolvenzverwalter aufgrund einer betriebsübergreifenden Betriebsänderung mit dem GesamtBR einen Interessenausgleich mit Namensliste abgeschlossen hat und dieser der Massenentlassungsanzeige beigefügt wird (BAG 7. 7. 11 – 6 AZR 248/10 – NZA 11, 1108).

103d Anzeigepflichtige Kündigungen dürfen bereits unmittelbar nach Eingang der Anzeige bei der Agentur für Arbeit ausgesprochen werden. Sie beenden aber, sofern der Kündigungstermin vor Ablauf der einmonatigen Sperrfrist des § 18 Abs. 1 KSchG liegt und keine Zustimmung der Agentur zu einem früheren Zeitpunkt vorliegt, das ArbVerh. nicht zu dem in der Kündigungserklärung genannten Zeitpunkt, sondern erst mit Ablauf eines Monats nach Eingang der Anzeige (BAG 6. 11. 08 DB 09, 515; 28. 5. 09 – 8 AZR 273/08 –).

103e Die **Rechtsfolgen der Verletzung der** in § 17 Abs. 2 S. 1 **und 2** KSchG vorgeschriebenen **Konsultationspflicht** sind ebenfalls noch **nicht abschließend** geklärt (offen gelassen auch in BAG 28. 5. 09 – 8 AZR 273/08 – NZA 09, 11267). Das BAG hat – freilich noch vor der Entscheidung des EuGH vom 27. 1. 05 (– C-188/03 – AP Nr. 18 zu § 17 KSchG 1969 – „Junk" –) – für einen solchen Fall in einem Tendenzunternehmen einen Anspruch auf Nachteilsausgleich verneint; ein solcher lasse sich weder auf § 18 KSchG noch auf § 113 Abs. 3 BetrVG stützen (BAG 18. 11. 03 AP Nr. 76 zu § 118 BetrVG 1972). Allerdings verpflichtet Art. 6 RL 98/59/EG die Mitgliedstaaten dafür zu sorgen, dass den ArbNVertr. und/oder den ArbN administrative und/oder gerichtliche Verfahren zur Durchsetzung der Verpflichtungen gemäß der RL zur Verfügung stehen. In Betracht kommen dabei zum einen individualrechtliche Sanktionen wie etwa eine (analoge) Anwendung des § 102 Abs. 1 S. 3, des § 113 Abs. 3, § 18 Abs. 1 KSchG oder des § 134 BGB oder ein materiellrechtlicher Anspruch des BR auf Unterlassung der Massenentlassung (vgl. zu den unterschiedlichen Sanktionsmöglichkeiten *Reinhard* RdA 07, 207, 211 ff.; *Weber* ArbuR 08, 365, 373 ff.) oder die Sicherung des Konsultationsanspruchs im Wege des einstweiligen Rechtsschutzes nach § 938 Abs. 2 ZPO durch die zeitweilige Untersagung der Durchführung der Massenentlassung (vgl. dazu auch Rn 138). Der Umstand, dass der EuGH die kollektive Natur des in der Massenentlassungsrichtlinie garantierten Informations- und Konsultationsrechts betont (vgl. 16. 7. 09 – C-12/08 – „Mono Car Styling" AP Nr. 5 zu Richtlinie 98/59/EG Rn 40, 42, 50), könnte dafür sprechen, auch die effektive Verwirklichung dieses Rechts durch kollektivrechtliche Instrumente und nicht – jedenfalls nicht in erster Linie – durch individualrechtliche Sanktionen durchzusetzen.

Die **Verhandlungen vor der E-Stelle** über einen Interessenausgleich gehören **103f** **nicht** mehr zu der **durch Art. 2 der RL 98/59/EG vorgeschriebenen Konsultation** (BAG 30. 3. 04 AP Nr. 47 zu § 113 BetrVG 1972; vgl. auch BVerfG 25. 2. 10 – 1 BvR 230/09 – NZA 10, 439; *Bauer/Krieger/Powietzka* BB 06, 2023, 2025; vgl. aber auch die später zurückgenommene Vorlage des ArbG Berlin an den EuGH vom 21. 2. 06 NZA 06, 739).

1. Der Verpflichtete

Unternehmer iSd. §§ 111 ff. ist der Inhaber des Betriebs, der die Betriebsänderung plant. Dies gilt auch **in einem konzernabhängigen Unternehmen.** Das herrschende Unternehmen ist nicht Unternehmen iSv. § 111 (BAG 15. 1. 91 AP Nr. 21 zu § 113 BetrVG 1972). Das beherrschte Unternehmen kann sich gegenüber dem BR nicht auf Unkenntnis oder Unzuständigkeit berufen (*DKKW-Däubler* Rn 130). **104**

Schwierigkeiten bereiten kann „die **Suche nach dem Arbeitgeber**" (*Wißmann* NZA 01, 409 ff.) in einem **gemeinsamen Betrieb** mehrerer Unternehmen (vgl. § 1 Rn 96). Verhandlungen über das Ob und Wie der Stilllegung, also über einen Interessenausgleich sind in diesem Fall regelmäßig mit dem sog. „Betriebsarbeitgeber", also allen den Betrieb gemeinsam führenden Unternehmen oder der von diesen bestellten Betriebsleitung zu führen (vgl. BAG 12. 11. 02 AP Nr. 155 zu § 112 BetrVG 1972; *Wißmann* NZA 01, 409, 411; *Däubler* FS *Zeuner* S. 19, 27 f.; *Seel* MDR 10, 7). Ein Sozialplan kann aber hinsichtlich der einzelnen ArbN wohl nur gegenüber dem jeweiligen Vertragsarbeitgeber erzwungen werden (vgl. BAG 12. 11. 02 AP Nr. 155 zu § 112 BetrVG 1972; vgl. auch BAG 11. 11. 97 AP Nr. 42 zu § 111 BetrVG 1972; *Wißmann* NZA 01, 409, 411; *Gaul* NZA 03, 695, 700 f.). **105**

Wird über das Vermögen des Unternehmens das Insolvenzverf. eröffnet, hat der **Insolvenzverwalter** die Pflichten des Unternehmers zu erfüllen. Er tritt an dessen Stelle (§ 1 Rn 239; BAG 22. 7. 03 – 1 AZR 541/02 – NZA 04, 93). **106**

2. Zeitpunkt der Unterrichtung

Der BR ist nach S. 1 **rechtzeitig** zu unterrichten. Er soll durch die Unterrichtung in die Lage versetzt werden, auf das Ob und Wie der geplanten Betriebsänderung Einfluss nehmen zu können (BAG 14. 9. 76, 20. 11. 01 AP Nr. 2, 39 zu § 113 BetrVG 1972; GK-*Oetker* Rn 182). Verletzt der ArbGeb. seine Pflicht, haben die ArbN nach § 113 Abs. 3 einen Anspruch auf Nachteilsausgleich (vgl. § 113 Rn 13 ff.). **107**

Hierzu ist einerseits erforderlich, dass sich die Planung des Unternehmers in gewissem Umfang bereits verdichtet hat. Vorüberlegungen sind allein noch keine Planung. Um eine sinnvolle Beratung mit dem BR zu ermöglichen, müssen **Art und Umfang der geplanten Betriebsänderung bekannt und konkretisiert** sein (BAG 20. 11. 01 AP Nr. 39 zu § 113 BetrVG 1972; 30. 5. 06 AP Nr. 5 zu § 209 InsO; GK-*Oetker* Rn 184; *Rieble* NZA 04, 1029, 1030). Im Stadium reiner Vorüberlegun- **108** gen hat der BR noch kein Unterrichtungs- und Beratungsrecht (*Seel* MDR 10, 7). Er kann aber nach § 92 a Abs. 1 S. 1 von sich aus dem ArbGeb. Vorschläge zur Sicherung und Förderung der Beschäftigung machen, die dieser wiederum nach § 92 a Abs. 2 mit dem BR beraten muss. Zur Abgrenzung von Vorbereitungshandlung und Beginn der Betriebsänderung und zu unterschiedlichen Fallgestaltungen *Langner/Widhammer* NZA 11, 430.

109   Andererseits darf der Unternehmer vor der Beratung mit dem BR aber auch noch **keine vollendeten Tatsachen** geschaffen haben (BAG 4. 12. 02 AP Nr. 2 zu § 38 InsO; 22. 11. 05 AP Nr. 5 zu § 615 BGB Anrechnung; 30. 5. 06 AP Nr. 5 zu § 209 InsO; vgl. für die Unterrichtung und Konsultation bei einer Massenentlassung auch EuGH 27. 1. 05 AP Nr. 18 zu § 17 KSchG 1969 – „Junk" –; EuGH 10. 9. 09 – C-44/08 – „Akavan Erityisalojen Keskusliitto" NZA 09, 1083). Der BR muss auf das Ob und Wie der Betriebsänderung noch Einfluss nehmen können. Es ist aber unschädlich, wenn der ArbGeb. – etwa durch Beschluss der Gesellschafterversammlung – den Entschluss zur Betriebsänderung bereits gefasst hat, ohne sich zuvor mit dem BR beraten zu haben (BAG 30. 5. 06 AP Nr. 5 zu § 209 InsO; GK-*Oetker* Rn 186). Die Geschäftsführung der Gesellschaft kann die sich aus den Verhandlungen mit dem BR ergebenden Alternativen an die Gesellschafter weiterleiten, um ggf. eine Änderung der Pläne herbeizuführen (BAG 20. 11. 01 AP Nr. 39 zu § 113 BetrVG 1972; 30. 3. 04 AP Nr. 47 zu § 113 BetrVG 1972). Daher dürfte es auch nicht immer schädlich sein, wenn andere Gesellschaftsorgane (Aufsichtsrat) bereits um Zustimmung zu der Betriebsänderung ersucht wurden (*Richardi/Annuß* Rn 147; **aA** *DKKW-Däubler* Rn 132; ErfK/*Kania* Rn 20; GK-*Oetker* Rn 186; vgl. auch BAG 14. 9. 76 AP Nr. 2 zu § 113 BetrVG 1972). Nach der – bei der Auslegung von § 111 zu berücksichtigenden – Rspr. des EuGH entsteht die Informations- und Konsultationspflicht nach der Massenentlassungsrichtlinie für das betroffene Tochterunternehmen bereits dann, wenn innerhalb eines Konzerns die Muttergesellschaft strategische Entscheidungen trifft, welche das Tochterunternehmen zwingen, Massenentlassungen ins Auge zu fassen oder zu planen (EuGH 10. 9. 09 – C-44/08 – „Akavan Erityisalojen Keskusliitto" NZA 09, 1083).

110   Die Unterrichtung ist **nicht mehr rechtzeitig, wenn** der ArbGeb. mit der Durchführung der Betriebsänderung bereits begonnen hat (vgl. BAG 30. 5. 06 AP Nr. 5 zu § 209 InsO mwN; *DKKW-Däubler* Rn 132; ErfK/*Kania* Rn 20; *WPK/Preis/Bender* Rn 31; GK-*Oetker* Rn 183; *Richardi/Annuß* Rn 148). Mit der Durchführung einer Betriebsstilllegung beginnt der Unternehmer, sobald er **unumkehrbare Maßnahmen zur Auflösung der betrieblichen Organisation** getroffen hat (vgl. BAG 30. 5. 06 – 1 AZR 25/05 – AP Nr. 5 zu § 209 InsO mwN; *Langner/Widhammer* NZA 11, 430). Noch kein Beginn der Betriebsstilllegung sind in der Regel der Stilllegungsentschluss und dessen Verlautbarung, die bloße Einstellung der Produktion, die Freistellung von ArbN oder auch die Kündigung einiger Ausbildungsverhältnisse (vgl. BAG 22. 11. 05 AP Nr. 5 zu § 615 BGB Anrechnung, 30. 5. 06 AP Nr. 5 zu § 209 InsO mwN und Klarstellung zu BAG 22. 7. 03 AP Nr. 42 zu § 113 BetrVG 1972). Dagegen beginnt die Durchführung der Betriebsänderung **spätestens mit dem Ausspruch der Kündigungen** (BAG 4. 12. 02 AP Nr. 2 zu § 38 InsO; 20. 11. 01, 23. 9. 03 AP Nr. 39, 43 zu § 113 BetrVG 1972; 30. 5. 06 AP Nr. 5 zu § 209 InsO) oder mit der Veräußerung von zur Fortführung des Betriebs erforderlichen Betriebsmitteln (BAG 30. 5. 06 AP Nr. 5 zu § 209 InsO). Auch wenn der ArbGeb. im Hinblick auf die geplante Betriebsänderung zunächst nur die ArbVerh. der leitenden Ang. kündigt, hat er bereits mit der Aufgabe der Betriebsorganisation und damit der Betriebsänderung begonnen (BAG 4. 6. 03 AP Nr. 2 zu § 209 InsO). Gleiches gilt, wenn ein Flugunternehmen das „Handling" auf einem Flughafen auf ein Fremdunternehmen überträgt (vgl. BAG 16. 5. 07 AP Nr. 64 zu § 111 BetrVG 1972).

3. Gegenstand und Form der Unterrichtung

Die Unterrichtung muss **umfassend** sein. Der Unternehmer muss die Gründe für 111 die geplante Betriebsänderung darlegen, den Inhalt einer möglichen Maßnahme und die Auswirkungen auf die ArbN beschreiben. Auch der Zeitplan muss genannt werden. Der BR muss sich von der geplanten Maßnahme und deren Auswirkung ein vollständiges Bild machen können. Hat der Unternehmer zwischen mehreren **Alternativen** gewählt, muss er den BR über die Alternativen informieren und darlegen, warum er sich für die beabsichtigte Maßnahme entschieden hat (*Bauer/Göpfert* DB 97, 1468; GK-*Oetker* Rn 178). Der BR ist auch über die sozialen Folgen der geplanten Betriebsänderung zu unterrichten (vgl. BAG 18. 11. 03 AP Nr. 76 zu § 118 BetrVG 1972; 30. 3. 04 AP Nr. 47 zu § 113 BetrVG 1972; GK-*Oetker* Rn 177). Die vorherige Unterrichtung des WiAusschusses entbindet den Unternehmer nicht von seiner Informationspflicht gegenüber dem BR. Geschäfts- und Betriebsgeheimnisse schränken die Unterrichtungspflicht nicht ein (*DKKW-Däubler* Rn 134; GK-*Oetker* Rn 179; ErfK/*Kania* Rn 21; *WPK/Preis/Bender* Rn 32; *Richardi/Annuß* Rn 152).

Für die Unterrichtung ist **keine bestimmte Form** vorgeschrieben. Sie kann da- 112 her grundsätzlich auch mündlich erfolgen (*WPK/Preis/Bender* Rn 33).

Anders als § 106 Abs. 2 schreibt § 111 auch nicht ausdrücklich die Vorlage der er- 113 forderlichen **Unterlagen** vor. Die entsprechende Verpflichtung folgt aber aus § 80 Abs. 2 S. 2 (ErfK/*Kania* Rn 21; *WPK/Preis/Bender* Rn 32). Zu den Unterlagen zählen auch Gutachten von Unternehmensberatern, Wirtschaftsprüferberichte und Bilanzen (*DKKW-Däubler* Rn 134). Der Unternehmer muss nur die Unterlagen zur Verfügung stellen, über die er selbst verfügt.

4. Beratung mit dem Betriebsrat

Der Unternehmer hat nach S. 1 den BR zu unterrichten und mit ihm zu beraten. 114 **Originär zuständig** ist grundsätzlich der **BR** des betroffenen Betriebs. Zur Zuständigkeit des **GesBR vgl. § 50 Rn 59.** Zur Zuständigkeit des **KBR vgl. § 58 Rn 15.** Ist der GesBR originär zuständig, kann er gemäß § 50 Abs. 1 S. 1 Hs. 2 die Beteiligungsrechte auch für die betroffenen **BRlosen Betriebe** wahrnehmen (§ 50 Rn 29; GK-*Oetker* Rn 226; *DKKW-Däubler* Rn 119). Er ist aber nicht berechtigt, in BRlosen Betrieben die Rolle des örtl. BR zu übernehmen und Angelegenheiten zu regeln, für die der örtl. BR zuständig wäre (§ 50 Rn 33; GK-*Oetker* Rn 226).

Gegenstand der Beratung ist die geplante Betriebsänderung. Es geht zum einen 115 darum, ob und wie die Betriebsänderung durchgeführt wird (Interessenausgleich). Zum andern geht es um die Frage, ob und in welchem Umfang Nachteile für die ArbN auszugleichen oder zu mildern sind (Sozialplan).

Kommt keine Einigung zustande, so ist die **E-Stelle** anzurufen (§ 112 Abs. 2, vgl. 116 §§ 112, 112a Rn 32ff.). Diese kann einen Spruch nur über einen Sozialplan, nicht aber über einen Interessenausgleich fassen.

VI. Die Hinzuziehung eines Beraters

Bei Betriebsänderungen nach S. 1 kann der BR nach dem – durch das BetrVerf- 117 ReformG eingefügten – S. 2 in Unternehmen mit mehr als 300 ArbN einen **Berater zu seiner Unterstützung hinzuziehen** (vgl. *Oetker* NZA 02, 465 ff.; *Kleinebrink* ArbRB 03, 212 ff.; *Rose/Grimmer* DB 03, 1790 ff.).

Voraussetzung ist, dass in dem Unternehmen mehr als 300 ArbN beschäftigt sind. 118 Wie in S. 1 ist auch hier grundsätzlich nicht die Betriebs-, sondern die **Unternehmensgröße** maßgeblich. Auch der BR kleinerer Betriebe kann daher einen Berater hinzuziehen, wenn der Betrieb zu einem Unternehmen mit mehr als 300 ArbN gehört. Unklar ist die Rechtslage, wenn zwar in einem **gemeinsamen Betrieb** mehrerer Unternehmen (§ 1 Abs. 1 S. 2), nicht aber jeweils bei den Trägerunternehmen mehr als 300 ArbN beschäftigt sind (vgl. zur entsprechenden Problematik in S. 1 Rn 20–23). Der Gesetzgeber hat diese Fallgestaltung planwidrig nicht geregelt. Dies rechtfertigt nach dem Sinn und Zweck des Gesetzes die entsprechende Anwendung des S. 2 (vgl. *GK-Oetker* Rn 198; *ders.* NZA 02, 465, 466; *Schubert* ZfA 04, 253, 279 f.; *Annuß* NZA 01, 367, 369; *aA Kleinebrink* ArbRB 03, 212). Die Regelung dient dazu, dass der BR abweichend von dem zeitaufwändigen Verfahren nach § 80 Abs. 3 bei einer Betriebsänderung einen Berater auch ohne vorherige Vereinbarung mit dem ArbGeb. hinzuziehen kann; wegen ihrer **Kostenrelevanz** soll sie aber nur in Unternehmen mit mehr als 300 ArbN gelten (BT-Drucks. 14/5741, S. 52). In einem gemeinsamen Betrieb mit mehr als 300 ArbN steht die Kostenbelastung der erforderlichen Heranziehung eines Beraters bei einer Betriebsänderung jedenfalls nicht in dem gleichen Maß entgegen wie in den Fällen, in denen sich das Unternehmen nicht mit anderen zur gemeinsamen Führung einer solchen Wirtschaftsbetriebs verbunden hat. Der gemeinsame Betrieb bildet vielmehr in seiner Gesamtheit ein **wirtschaftliches Potential,** das die mit der Heranziehung des Beraters verbundene finanzielle Belastung rechtfertigt. Diese trifft auch nicht den einzelnen Unternehmer, sondern deren Gesamtheit, denn die Beratung ist begrenzt auf das Interessenausgleichsverfahren (vgl. Rn 119). Sie betrifft damit den gemeinsamen Betrieb. Dementsprechend können die Unternehmen die **Kosten** untereinander **aufteilen** (*Schubert* ZfA 04, 253, 279 f.). Außerdem entsteht die Pflicht zur Kostenerstattung ohnehin nur, wenn der BR die Heranziehung des Beraters für erforderlich halten durfte (Rn 123 f.). Maßgeblich für den Schwellenwert von 300 ArbN ist die regelmäßige Beschäftigtenzahl. Das Fehlen der ansonsten üblichen Worte „in der Regel" beruht ersichtlich auf einem Redaktionsversehen (*GK-Oetker* Rn 195; *ders.* NZA 02, 465, 467). Auf die Wahlberechtigung kommt es nicht an (*GK-Oetker* Rn 199). Teilzeitkräfte zählen mit (*Oetker* NZA 02, 465, 467).

119   **Gegenstand der Beratung** sind das Ob und Wie der Betriebsänderung, also der **Interessenausgleich, nicht** dagegen der **Sozialplan** (*Rose/Grimmer* DB 03, 1790, 1795; *Kleinebrink* ArbRB 03, 212, 213; *Oetker* NZA 02, 465, 469; HaKo-BetrVG/ *Steffan* Rn 45; *aA Manske* FS 25 Jahre ARGE Arbeitsrecht im DAV 953, 955 ff.; wohl auch *DKKW-Däubler* Rn 135 d). Dies folgt aus der systematischen Stellung des S. 2 und entspricht dem Sinn und Zweck der Regelung. Die Beratung dient vor allem dazu, dass der BR die geplante Betriebsänderung erfassen und Alternativvorschläge erarbeiten kann, und bezieht sich damit auf die Gegenstände der Interessenausgleichsverhandlungen. Dies schließt für die Verhandlungen über den Sozialplan die Hinzuziehung eines Sachverständigen nach Maßgabe des § 80 Abs. 3 nicht aus. Der Berater kann auf Wunsch des BR auch an den Verhandlungen mit dem ArbGeb. beratend teilnehmen (*Manske* FS 25 Jahre ARGE Arbeitsrecht im DAV 953, 958 ff.; *GK-Oetker* Rn 233; *DKKW-Däubler* Rn 135 f.; *Richardi/Annuß* Rn 55; *aA Rose/Grimmer* DB 03, 1790, 1792).

120   Die **Person des Beraters** wird im Gesetz nicht näher beschrieben. Eine formale Qualifikation (zB Rechtsanwalt, Wirtschaftsprüfer) wird nicht vorausgesetzt. Insbesondere ist der Kreis der Berater nicht auf die anerkannten Beratungsberufe beschränkt (*Däubler* ArbuR 01, 285, 286; *GK-Oetker* Rn 190; *ders.* NZA 02, 465, 467). In Frage kommt insbesondere die Beratung in technischen, betriebswirtschaftlichen und arbeitswissenschaftlichen Fragen. Aber auch die Hinzuziehung eines rechtlichen Beraters, also auch eines Rechtsanwalts ist möglich (*Löwisch* Sonderbeilage zu NZA Heft 24/2001 S. 40, 46; *Reichold* NZA 01, 857, 865; *Däubler* ArbuR 01, 285, 286; *Lingemann* NZA 02, 939; *Manske* FS 25 Jahre ARGE Arbeitsrecht im DAV 953, 957; vgl. zu § 80 Abs. 3 BAG 16. 11. 05 AP Nr. 64 zu § 80 BetrVG 1972; *GK-Kraft/ Weber* § 80 Rn 131; *aA GK-Oetker* Rn 189; *ders.* NZA 02, 465, 467 ff.

121   Nach dem Sinn und Zweck des Gesetzes kann der BR auch **mehr als einen Berater** hinzuziehen, sofern dies wegen des unterschiedlichen Fachwissens auf mehreren Gebieten erforderlich ist (*Däubler* ArbuR 01, 285, 286; *Richardi/Annuß* Rn 54; *WPK/Preis/Bender* Rn 35; GK-*Oetker* Rn 194; *ders.* NZA 02, 465, 471; **aA** *Rose/ Grimmer* DB 03, 1790, 1792; *Kleinebrink* ArbRB 03, 212, 213).

Die Heranziehung des Beraters muss zur Erfüllung der dem BR im Rahmen von **122** § 111 gestellten Aufgaben erforderlich sein. Die **Erforderlichkeit** der Heranziehung wird vom Gesetzgeber nicht generell unterstellt. Vielmehr muss der BR – ebenso wie bei der Beauftragung eines Rechtsanwalts in einem arbeitsgerichtlichen Beschlussverfahren (vgl. dazu im Einzelnen BAG 20. 10. 99 AP Nr. 67 zu § 40 BetrVG 1972) oder bei der Hinzuziehung eines Sachverständigen nach § 80 Abs. 3 (vgl. dazu – allerdings recht streng – BAG 16. 11. 05 AP Nr. 64 zu § 80 BetrVG 1972) – nach Maßgabe der konkreten Umstände des Einzelfalls prüfen, ob die Heranziehung des Beraters auch unter Berücksichtigung der dem ArbGeb. hierdurch entstehenden Kosten erforderlich ist (ebenso im Ergebnis *Reichold* NZA 01, 857, 865; *Richardi/Annuß* Rn 53 mwN; GK-*Oetker* Rn 202; *ders.* NZA 02, 465, 469 ff.; **aA** *Däubler* ArbuR 01, 285, 286; *Manske* FS 25 Jahre ARGE Arbeitsrecht im DAV 953, 957).

Dabei können die vom BAG zu § 80 Abs. 3 entwickelten Grundsätze (vgl. insb. **123** BAG 16. 11. 05 AP Nr. 64 zu § 80 BetrVG 1972) herangezogen werden (GK-*Oetker* Rn 20). Eine unkritische, uneingeschränkte Übertragung erscheint freilich problematisch. Auch der Gesetzgeber geht ausweislich der Gesetzesbegründung davon aus, bei „Unternehmensumstrukturierungen ... im Zeitalter der Globalisierung" gehe es oft um „hochkomplizierte Fragestellungen", bei denen der BR „seine Beteiligungsrechte in der Regel nicht ohne fremden Sachverstand wirksam ausüben" kann (BT-Ds. 14/5741, 51 ff.). Die Verhandlungssituation zwischen ArbGeb. und BR ist gerade bei Betriebsänderungen von starken Interessengegensätzen gekennzeichnet (vgl. Rn 4). Der BR muss sich daher nicht etwa generell darauf verweisen lassen, dass auch **betriebs- oder unternehmensinterne Berater** in ausreichendem Maße zur Verfügung stehen (*Richardi/Annuß* Rn 53; *ders.* NZA 01, 367, 369; GK-*Oetker* Rn 203; HaKo-BetrVG/*Steffan* Rn 47). Im Rahmen der Beurteilung der Erforderlichkeit (vgl. Rn 123) muss er allerdings prüfen, ob nicht ebenso geeignete, kostengünstigere Erkenntnismöglichkeiten zur Verfügung stehen. Von der Möglichkeit des § 80 Abs. 2 S. 3 kann der BR Gebrauch machen, muss es aber nicht. Dies gilt zumindest dann, wenn es – wie meistens – auch darum geht, fundierte Alternativvorschläge zu den Vorstellungen des ArbGeb. zu entwickeln (*Oetker* NZA 02, 465, 470). Die Heranziehung ist regelmäßig nicht erforderlich, wenn BRMitglieder über fundierte, zuverlässige Kenntnisse bereits verfügen.

Der BR entscheidet nach **pflichtgemäßem Ermessen** durch Beschluss. In die- **124** sem ist der Berater namentlich zu bezeichnen (*Oetker* NZA 02, 465, 471; vgl. zu § 80 Abs. 3 BAG 19. 4. 89 AP Nr. 35 zu § 80 BetrVG 1972). Die Erforderlichkeit der Heranziehung des Beraters und ein mit diesem geschlossene Honorarvereinbarung unterliegen der **arbeitsgerichtlichen Kontrolle.** Diese ist aber – wie in den sonstigen Fällen des § 40 – auf die Prüfung beschränkt, ob die Heranziehung sowie eine erteilte Honorarzusage unter den konkreten Umständen der Erledigung der gesetzlichen Aufgaben des BR diente und ob also neben den Interessen der Belegschaft auch die berechtigten Interessen des ArbGeb. insbesondere an der Begrenzung der Kosten berücksichtigt hat (BAG 20. 10. 99 AP Nr. 67 zu § 40 BetrVG 1972). Im Falle eines ordnungsgemäßen Beschlusses des BR hat der ArbGeb. die **Kosten** der Heranziehung des Beraters nach **§ 40 Abs. 1** zu tragen. Er hat den BR von seiner Honorarverpflichtung gegenüber dem Berater freizustellen. Tritt der BR seinen **Freistellungsanspruch** gegen den ArbGeb. an den Berater ab, so wandelt sich der Freistellungsanspruch des BR in einen Zahlungsanspruch des Beraters um (BAG 24. 10. 01 AP Nr. 71 zu § 40 BetrVG 1972).

Bestehen gesetzliche Regeln für die Vergütung eines Beraters, sind diese maßgeb- **125** lich. Für einen beratenden Rechtsanwalt gilt das **RVG.** Eine **Honorarzusage,** die zu einer höheren Vergütung führt, darf der BR regelmäßig nicht für erforderlich halten. In Ausnahmefällen dürfen auch höhere Vergütungen, zB Zeithonorare, zugesagt werden (zur vergleichbaren Situation bei der Tätigkeit eines Rechtsanwalts im Beschl-Verf. BAG 20. 10. 99 AP Nr. 67 zu § 40 BetrVG 1972). Dies kann der Fall sein, wenn kein sachkundiger Berater bereit ist, zu den gesetzlichen Gebühren tätig zu werden. Bestehen keine gesetzlichen Bestimmungen zur Berechnung der Vergütung, wird das marktübliche Honorar nach § 612 Abs. 2 BGB geschuldet. Lässt sich auch dieses nicht ermitteln, setzt der Berater das Honorar nach § 316 iVm. § 315 Abs. 1 BGB fest (*Natzel* NZA 01, 874; *Oetker* NZA 02, 465, 472).

126   Der Berater unterliegt gemäß S. 2 Hs. 2 iVm. § 80 Abs. 4 hinsichtlich der ihm bekannt werdenden Betriebs- und Geschäftsgeheimnisse der **Verschwiegenheitspflicht** des § 79. Beauftragt der BR einen Rechtsanwalt, ihn bei Verhandlungen über einen Interessenausgleich und Sozialplan zu beraten und zu vertreten, folgt daraus kein Mandat zur Vertretung der einzelnen ArbN. Der vom BR mit dem Rechtsanwalt geschlossene Anwaltsvertrag ist in der Regel auch kein Vertrag mit Schutzwirkung zugunsten der ArbN (BAG 24. 8. 06 AP Nr. 3 zu § 276 BGB Vertragsverletzung).

127   Gemäß S. 2 Hs. 3 bleibt **§ 80 Abs. 3 unberührt.** Damit ist klargestellt, dass in Betrieben mit weniger als 301 ArbN der BR auch weiterhin zu seiner Unterstützung einen Sachverständigen nach Maßgabe des § 80 Abs. 3 hinzuziehen kann (BT-Drucks. 14/6352, S. 59).

VII. Die Durchsetzung und Sicherung der Beteiligungsrechte

128   Die Ansprüche des BR auf Unterrichtung und Beratung werden indirekt individualrechtlich gesichert. Der BR kann sie außerdem im arbeitsgerichtlichen Beschlussverfahren verfolgen. Umstritten ist, ob die Beteiligungsrechte auch einen Anspruch des BR auf Unterlassung der Betriebsänderung rechtfertigen.

1. Die individualrechtliche Sicherung

129   Die **Rechte des BR** auf Unterrichtung, Beratung und den Versuch eines Interessenausgleichs werden **mittelbar durch individualrechtliche Sanktionen gesichert,** die dem ArbGeb. im Falle der Verletzung der Beteiligungsrechte drohen. Allerdings hat die Verletzung der Beteiligungsrechte nicht wie bei einer Kündigung gemäß § 102 Abs. 1 S. 3 oder in Fällen der zwingenden Mitbestimmung entsprechend der Theorie der Wirksamkeitsvoraussetzung (vgl. § 87 Rn 599; BAG 11. 6. 02 AP Nr. 113 zu § 87 BetrVG 1972 Lohngestaltung) die individualrechtliche Unwirksamkeit der Maßnahme zur Folge (vgl. zur Verletzung der Unterrichtungs- und Konsultationspflicht nach § 17 Abs. 2 KSchG bei Massenentlassungen aber Rn 103). Unterlässt der ArbGeb. bei einer Betriebsänderung den Versuch eines Interessenausgleichs, führt dies vielmehr gemäß § 113 Abs. 3, Abs. 1 dazu, dass die betroffenen ArbN einen **Anspruch auf Nachteilsausgleich** haben. Die den Verhandlungsanspruch mittelbar sichernde Bestimmung kommt auch zur Anwendung, wenn der ArbGeb. die Durchführung eines Einigungsstellenverfahrens unterlassen hat (BAG 20. 11. 01 AP Nr. 39 zu § 113 BetrVG 1972). Durch § 113 Abs. 3 wird der ArbGeb. zwar mittelbar angehalten, die Beteiligungsrechte des BR zu beachten. Dem BR gibt die Bestimmung aber keinen gerichtlich durchsetzbaren Anspruch.

2. Die kollektivrechtliche Durchsetzung und Sicherung

130   Der BR kann den Anspruch auf Unterrichtung und auf eine mit dem Ziel eines Interessenausgleichs geführte Beratung grundsätzlich im Wege eines **Leistungsantrags im arbeitsgerichtlichen Beschlussverfahren** verfolgen. Dieser Weg wird in der Praxis allerdings häufig zu langwierig sein, zumal gemäß § 85 Abs. 1 S. 1 ArbGG

die Zwangsvollstreckung nur aus rechtskräftigen Beschlüssen stattfindet. Bis ein solcher vorliegt, wird die Betriebsänderung oft schon durchgeführt sein. Eine effektive gerichtliche Durchsetzung des Unterrichtungs- und Beratungsanspruchs wird daher regelmäßig nur im Wege einer einstweiligen Verfügung nach § 85 Abs. 2 S. 1 ArbGG in Betracht kommen. Dabei handelt es sich um eine auf die Vornahme – unvertretbarer – Handlungen gerichtete Leistungsverfügung, die erforderlichenfalls über die Androhung und Festsetzung von Zwangsgeld (§ 888 ZPO) zu vollstrecken ist.

Heftig umstritten ist, ob der BR außerdem zur Wahrung seiner Rechte auf Beratung **131** und damit zur Sicherung der Möglichkeit, auf die Willensbildung des ArbGeb. Einfluss zu nehmen, einen **Anspruch auf Unterlassung** aller Maßnahmen hat, welche die Betriebsänderung ausmachen oder sie teilweise vorwegnehmen (zB Ausspruch von Kündigungen, Abtransport von Maschinen). Vgl. „zur Dogmatik des allgemeinen betriebsverfassungsrechtlichen Unterlassungsanspruchs" *Lobinger* ZfA 04, 101 ff. Eine Zusammenstellung der LAG-Entscheidungen findet sich bei *Seel* MDR 10, 7

Bejaht wird ein entsprechender Unterlassungsanspruch in Schrifttum und Rspr. **132** zB von *Derleder* ArbuR 95, 17; *Fauser/Nacken* NZA 06, 1136; *Fischer* ArbuR 97, 177; *Heither* FS *Däubler* S. 338; *Lobinger* FS *Richardi* S. 657, 673 ff.; *Zabel* ArbuR 08, 173; *Zwanziger* BB 98, 480; MünchArbR-*Matthes* § 269 Rn 49; LAG Berlin 7. 9. 95 AP Nr. 36 zu § 111 BetrVG 1972; LAG Hamburg 26. 6. 97 NZA-RR 97, 196; LAG Thüringen 18. 10. 03 ZIP 04, 1118; Hess. LAG 27. 6. 07 – 4 TaBVGa 137/07; LAG Hamm 30. 7. 07 – 10 TaBVGa 17/07; LAG München 22. 12. 08 BB 10, 896).

Ausdrücklich verneint wird der Anspruch zB von *Bauer* DB 94, 217, 224 f.; *ders.* **133** FS *Wißmann* S. 215, 224 ff., *Bauer/Krieger* BB 10, 53; *Bengelsdorf* DB 90, 1233, 1235 ff.; *Hohenstatt* NZA 98, 846, 850 f.; *Lipinski* BB 02, 2226; *Raab* ZfA 97, 246; *Walter* ZfA 05, 45, 72 ff.; *HSWGNR-Hess* Rn 183 ff. mit zahlreichen Nachweisen; *WPK/Preis/Bender* Rn 38; GK-*Oetker* Rn 192; *Schweibert* in *Willemsen/Hohenstatt/Schweibert/Seibt* C Rn 309; *Weber* AuR 08, 365, 378 ff.; *Rebel* Grundprobleme des Nachteilsausgleichs gemäß § 113 Abs. 3 BetrVG, 2007, S. 285 ff.; *Völksen* RdA 10, 354; LAG Schleswig-Holstein 13. 1. 92 LAGE § 111 BetrVG 1972 Nr. 11; LAG Düsseldorf 19. 11. 96 LAGE § 111 BetrVG 1972 Nr. 14. Etwas widersprüchlich *Richardi/Annuß* Rn 168, der den Unterlassungsanspruch einerseits grundsätzlich ablehnt, ihn aber andererseits wegen der RL 2002/14/EG im Wege richtlinienkonformer Auslegung anerkennen will.

Das **BAG** hat die Frage bislang nicht beantwortet. Es hat allerdings entschieden, **134** dass der BR bei Verletzung seiner MBR nach § 87 einen Anspruch auf Unterlassung der mitbestimmungswidrigen Maßnahmen hat, obwohl ein solcher gesetzlich nicht ausdrücklich vorgesehen ist. Dieser Unterlassungsanspruch setze auch keine grobe Pflichtverletzung voraus (BAG 3. 5. 94 AP Nr. 23 zu § 23 BetrVG 1972). Das BAG hat dies allerdings ausdrücklich nur für die MBR in sozialen Angelegenheiten entschieden. Für einen Unterlassungsanspruch komme es auf die einzelnen Mitbestimmungstatbestände, deren konkrete gesetzliche Ausgestaltung und die Art der Rechtsverletzung an. Es sei daher nicht widersprüchlich, einen Unterlassungsanspruch bei Verstößen gegen § 87 zu bejahen, ihn aber im Zusammenhang mit der Mitbestimmung bei personellen Einzelmaßnahmen oder in wirtschaftlichen Angelegenheiten zu verneinen (BAG 3. 5. 94 AP Nr. 23 zu § 23 BetrVG 1972).

Der BR hat bei Verletzung seiner Beteiligungsrechte nach § 111 **materiellrecht-** **135** **lich keinen Anspruch** gegen den ArbGeb. **auf Unterlassung der Durchführung der Betriebsänderung.** Das BetrVG sieht einen derartigen Anspruch nicht vor. Der Gesetzgeber hat trotz dahin gehender Initiativen des DGB und der Bundestagsfraktion der PDS das BetrVerf-ReformG nicht zum Anlass genommen, einen entsprechenden Unterlassungsanspruch des BR in das BetrVG aufzunehmen. Der Unterlassungsanspruch ergibt sich auch nicht zwingend aus Struktur und Funktion der Beteiligungsrechte des BR bei Betriebsänderungen. Die MBR des BR nach § 87 und nach § 111 unterscheiden sich insoweit beträchtlich. Anders als in sozialen Angelegenheiten ist das Beteiligungsrecht des BR bei der Entscheidung über das Ob und

Wie einer Betriebsänderung nicht als volles MBR ausgestaltet. Der BR muss unterrichtet und es muss mit ihm beraten werden. Die unternehmerische Maßnahme bedarf aber zu ihrer Wirksamkeit nicht seiner Zustimmung. Die Verletzung des MBR nach § 87 führt nach der Theorie der Wirksamkeitsvoraussetzung (vgl. § 87 Rn 599) zur Unwirksamkeit der Maßnahme. Daher ist es konsequent, dem BR einen Anspruch auf Unterlassung der unwirksamen Maßnahme zuzuerkennen. Eine Verletzung der Beteiligungsrechte nach § 111 hat dagegen nicht die Unwirksamkeit der Betriebsänderung zur Folge. Daher ist mit den Unterrichtungs- und Beteiligungsrechten nach § 111 nicht notwendig ein Unterlassungsanspruch verbunden.

136   Die Verneinung eines materiellrechtlichen Unterlassungsanspruchs bedeutet nicht, dass damit dem BR die Durchsetzung seiner Beteiligungsrechte bei Betriebsänderungen unmöglich würde.

137   Allerdings wird die **Wahrnehmung der Beteiligungsrechte vereitelt,** wenn der Unternehmer die Betriebsänderung ohne Unterrichtung und Beratung mit dem BR durchführt. Eine nachträgliche Unterrichtung und Beratung hat keinen Sinn und kann die Interessen der ArbN nicht mehr zur Geltung bringen (MünchArbR-*Matthes* § 270 Rn 49). Auch stellt die Sanktion des **§ 113 Abs. 3 keine hinreichende Absicherung der Beteiligungsrechte des BR** dar. Dabei kann dahin stehen, ob der Sanktion in der Praxis präventive Wirkung zukommt oder ob es sich um eine „stumpfes Schwert" handelt (so *Bertzbach* FS *Heinrichs* S. 6; *Heither* FS *Däubler* S. 338, 341). Denn jedenfalls steht dieses „Schwert" nicht dem BR, sondern nur den einzelnen ArbN zur Verfügung.

138   Die effektive Durchsetzung der Unterrichtungs- und Beratungsrechte des BR bei Betriebsänderungen ist nicht durch die zweifelhafte Konstruktion materiellrechtlicher Unterlassungsansprüche, sondern durch die konsequente Anwendung der Instrumente zu gewährleisten, welche die Verfahrensordnungen für den **einstweiligen Rechtsschutz** zur Verfügung stellen. Der BR kann die ihm nach § 111 S. 1 materiellrechtlich zustehenden Ansprüche auf Beratung und Unterrichtung, sofern das Verhalten des ArbGeb. diese zu vereiteln droht, im Wege des einstweiligen Rechtsschutzes verfolgen. Nach § 85 Abs. 2 S. 1 ArbGG ist auch im Beschlussverf. der Erlass einer einstweiligen Verfügung zulässig. Nach § 85 Abs. 2 S. 2 ArbGG sind – mit gewissen Modifikationen – die Vorschriften der ZPO anwendbar. Gemäß § 935 ZPO sind einstweilige Verfügungen in Bezug auf den Streitgegenstand zulässig, wenn zu besorgen ist, dass durch eine Veränderung des bestehenden Zustandes die Verwirklichung des Rechts einer Partei vereitelt oder wesentlich erschwert werden könnte. Dies wird hinsichtlich der Beratungs- und Unterrichtungsrechte des BR meist der Fall sein, wenn der Unternehmer im Begriff ist, die beabsichtigte Betriebsänderung ohne Beteiligung des BR durchzuführen. Zum Zweck der Sicherung der Beteiligungsrechte des BR kann daher der Erlass einer einstweiligen Verfügung geboten sein. Dabei bestimmt das (Arbeits-)Gericht gemäß § 938 Abs. 1 ZPO nach freiem Ermessen, welche **Anordnungen zur Erreichung des Zwecks** erforderlich sind. Nach **§ 938 Abs. 2 ZPO** kann die einstweilige Verfügung ua. auch darin bestehen, dass dem Gegner eine Handlung verboten wird. Ein derartiges **Verbot** kann sich auf die Durchführung der Betriebsänderung beziehen. Insbesondere eröffnet § 938 Abs. 2 ZPO dem Gericht die Möglichkeit, zur Sicherung der Beteiligungsrechte des BR vorübergehend die Maßnahmen zu untersagen, die bereits die Betriebsänderung ausmachen, wie etwa den Abtransport von Maschinen oder den Ausspruch von Kündigungen (ArbG Hamburg 25. 1. 07 ArbuR 07, 397; *Düwell/Lipke/Koch* ArbGG § 85 Rn 30 mwN; **aA** *HSWGNR-Hess* Rn 189 mit zahlreichen Rspr-Nachweisen für beide Auffassungen; *WPK/Preis/Bender* Rn 38; *Rebel* Grundprobleme des Nachteilsausgleichs gemäß § 113 Abs. 3 BetrVG, 2007, S. 299 f.). Damit werden nicht etwa die speziellen gesetzlichen Wertungen des BetrVG unterlaufen (so aber GK-*Oetker* Rn 251), sondern es wird in systemkonformer Weise die Verwirklichung der **Beteiligungsrechte des BR verfahrensrechtlich gewährleistet.** Das ArbG muss aber mit einem derartigen Verbot insbesondere wegen der erheblichen wirtschaftlichen

Folgen vorsichtig umgehen, die Interessen sorgfältig abwägen und **hohe Anforderungen an die Glaubhaftmachung** von Verfügungsanspruch und Verfügungsgrund stellen. Dies gilt umso mehr, als wegen der Vermögenslosigkeit des BR gemäß § 85 Abs. 2 S 2 ArbGG die Bestimmung des § 945 ZPO keine Anwendung findet und daher der ArbGeb. **keinen Schadensersatz** beanspruchen kann, wenn sich nachträglich herausstellt, dass die Anordnung der einstweiligen Verfügung ungerechtfertigt war (vgl. *Schmädicke* NZA 04, 295, der deshalb – zu Unrecht – das Vorliegen eines Verfügungsgrundes in diesen Fällen generell verneint).

Bei schweren Verstößen des Unternehmers gegen die Unterrichtungs- und Bera- **139** tungspflicht kommt auch ein Verf. nach **§ 23 Abs. 3** in Betracht. Da sich Betriebsänderungen in der Regel nicht in gleicher Weise wiederholen, dürfte dies in der Praxis eher selten der Fall sein (vgl. *Rebel* Grundprobleme des Nachteilsausgleichs gemäß § 113 Abs. 3 BetrVG, 2007, S. 280 ff.).

Daneben handelt der Unternehmer gemäß **§ 121 Abs. 1** ordnungswidrig, wenn er **140** die Unterrichtungspflicht nach § 111 nicht, wahrheitswidrig, unvollständig oder verspätet erfüllt (*Rebel* Grundprobleme des Nachteilsausgleichs gemäß § 113 Abs. 3 BetrVG, 2007, S. 301).

VIII. Rechtsstreitigkeiten

Der BR kann den Unternehmer im Beschlussverf. auf **Erfüllung der Unterrich-** **141** **tungs- und Beratungspflicht** in Anspruch nehmen. Ein entsprechender Beschluss wird nach § 888 ZPO vollstreckt. Der Erlass einer einstweiligen Verfügung ist möglich und für die Praxis bedeutsam (vgl. Rn 138).

Der Streit über die Frage, ob eine Maßnahme Beteiligungsrechte des BR nach **142** § 111 auslöst, kann von den Betriebsparteien im **BeschlussVerf.** im Wege eines Feststellungsantrags geklärt werden. Zu den **Besonderheiten des BeschlVerf.** vgl. **Nach § 1.** Ist die Betriebsänderung bereits durchgeführt, kann regelmäßig nur noch die Verpflichtung zur Aufstellung eines Sozialplans festgestellt werden (BAG 17. 12. 85 AP Nr. 15 zu § 111 BetrVG 1972; 10. 11. 87 AP Nr. 15 zu § 113 BetrVG 1972).

Ein arbeitsgerichtlicher Beschluss, wonach eine Betriebsänderung vorliegt, bindet **143** ArbGeb. und BR und entfaltet auch **Bindungswirkung** für etwaige Ansprüche nach § 113 Abs. 3 (vgl. BAG 10. 11. 87 AP Nr. 15 zu § 113 BetrVG 1972).

Eine **E-Stelle** muss erforderlichenfalls bei der Prüfung ihrer Regelungskompetenz **144** das Vorliegen einer Betriebsänderung als Vorfrage beurteilen. Sie „entscheidet" diese Rechtsfrage aber nicht. Dies ist vielmehr, ggf. auch im Rahmen eines Vorabentscheidungsverfahrens, Sache der Gerichte (vgl. BAG 10. 12. 02 AP Nr. 43 zu § 95 BetrVG 1972; *Schmidt*, JbArbR, Bd. 40, S. 121, 122 f.).

§ 112 Interessenausgleich über die Betriebsänderung, Sozialplan

(1) ¹Kommt zwischen Unternehmer und Betriebsrat ein Interessenausgleich über die geplante Betriebsänderung zustande, so ist dieser schriftlich niederzulegen und vom Unternehmer und Betriebsrat zu unterschreiben. ²Das Gleiche gilt für eine Einigung über den Ausgleich oder die Milderung der wirtschaftlichen Nachteile, die den Arbeitnehmern infolge der geplanten Betriebsänderung entstehen (Sozialplan). ³Der Sozialplan hat die Wirkung einer Betriebsvereinbarung. ⁴§ 77 Abs. 3 ist auf den Sozialplan nicht anzuwenden.

(2) ¹Kommt ein Interessenausgleich über die geplante Betriebsänderung oder eine Einigung über den Sozialplan nicht zustande, so können der Unternehmer oder der Betriebsrat den Vorstand der Bundesagentur für Arbeit um Vermittlung ersuchen, der Vorstand kann die Aufgabe auf andere Bedienstete der Bundesagentur für Arbeit übertragen. ²Erfolgt kein Vermittlungsersuchen oder

bleibt der Vermittlungsversuch ergebnislos, so können der Unternehmer oder der Betriebsrat die Einigungsstelle anrufen. [3] Auf Ersuchen des Vorsitzenden der Einigungsstelle nimmt ein Mitglied des Vorstands der Bundesagentur für Arbeit oder ein vom Vorstand der Bundesagentur für Arbeit benannter Bediensteter der Bundesagentur für Arbeit an der Verhandlung teil.

(3) [1] Unternehmer und Betriebsrat sollen der Einigungsstelle Vorschläge zur Beilegung der Meinungsverschiedenheiten über den Interessenausgleich und den Sozialplan machen. [2] Die Einigungsstelle hat eine Einigung der Parteien zu versuchen. [3] Kommt eine Einigung zustande, so ist sie schriftlich niederzulegen und von den Parteien und vom Vorsitzenden zu unterschreiben.

(4) [1] Kommt eine Einigung über den Sozialplan nicht zustande, so entscheidet die Einigungsstelle über die Aufstellung eines Sozialplans. [2] Der Spruch der Einigungsstelle ersetzt die Einigung zwischen Arbeitgeber und Betriebsrat.

(5) [1] Die Einigungsstelle hat bei ihrer Entscheidung nach Absatz 4 sowohl die sozialen Belange der betroffenen Arbeitnehmer zu berücksichtigen als auch auf die wirtschaftliche Vertretbarkeit ihrer Entscheidung für das Unternehmen zu achten. [2] Dabei hat die Einigungsstelle sich im Rahmen billigen Ermessens insbesondere von folgenden Grundsätzen leiten zu lassen:
1. Sie soll beim Ausgleich oder bei der Milderung wirtschaftlicher Nachteile, insbesondere durch Einkommensminderung, Wegfall von Sonderleistungen oder Verlust von Anwartschaften auf betriebliche Altersversorgung, Umzugskosten oder erhöhte Fahrtkosten, Leistungen vorsehen, die in der Regel den Gegebenheiten des Einzelfalles Rechnung tragen.
2. Sie hat die Aussichten der betroffenen Arbeitnehmer auf dem Arbeitsmarkt zu berücksichtigen. Sie soll Arbeitnehmer von Leistungen ausschließen, die in einem zumutbaren Arbeitsverhältnis im selben Betrieb oder in einem anderen Betrieb des Unternehmens oder eines zum Konzern gehörenden Unternehmens weiterbeschäftigt werden können und die Weiterbeschäftigung ablehnen; die mögliche Weiterbeschäftigung an einem anderen Ort begründet für sich allein nicht die Unzumutbarkeit.
2 a. Sie soll insbesondere die im Dritten Buch des Sozialgesetzbuches vorgesehenen Förderungsmöglichkeiten zur Vermeidung von Arbeitslosigkeit berücksichtigen.
3. Sie hat bei der Bemessung des Gesamtbetrages der Sozialplanleistungen darauf zu achten, dass der Fortbestand des Unternehmens oder die nach Durchführung der Betriebsänderung verbleibenden Arbeitsplätze nicht gefährdet werden.

§ 112 a Erzwingbarer Sozialplan bei Personalabbau, Neugründungen

(1) [1] Besteht eine geplante Betriebsänderung im Sinne des § 111 Satz 3 Nr. 1 allein in der Entlassung von Arbeitnehmern, so findet § 112 Abs. 4 und 5 nur Anwendung, wenn
1. in Betrieben mit in der Regel weniger als 60 Arbeitnehmern 20 vom Hundert der regelmäßig beschäftigten Arbeitnehmer, aber mindestens 6 Arbeitnehmer,
2. in Betrieben mit in der Regel mindestens 60 und weniger als 250 Arbeitnehmern 20 vom Hundert der regelmäßig beschäftigten Arbeitnehmer oder mindestens 37 Arbeitnehmer,
3. in Betrieben mit in der Regel mindestens 250 und weniger als 500 Arbeitnehmern 15 vom Hundert der regelmäßig beschäftigten Arbeitnehmer oder mindestens 60 Arbeitnehmer,

4. in Betrieben mit in der Regel mindestens 500 Arbeitnehmern 10 vom Hundert der regelmäßig beschäftigten Arbeitnehmer, aber mindestens 60 Arbeitnehmer

aus betriebsbedingten Gründen entlassen werden sollen. [2]Als Entlassung gilt auch das vom Arbeitgeber aus Gründen der Betriebsänderung veranlasste Ausscheiden von Arbeitnehmern aufgrund von Aufhebungsverträgen.

(2) [1]§ 112 Abs. 4 und 5 findet keine Anwendung auf Betriebe eines Unternehmens in den ersten vier Jahren nach seiner Gründung. [2]Dies gilt nicht für Neugründungen im Zusammenhang mit der rechtlichen Umstrukturierung von Unternehmen und Konzernen. [3]Maßgebend für den Zeitpunkt der Gründung ist die Aufnahme einer Erwerbstätigkeit, die nach § 138 der Abgabenordnung dem Finanzamt mitzuteilen ist.

Inhaltsübersicht

I. Vorbemerkung

1   Die §§ 112, 112a regeln Voraussetzungen, Zustandekommen und Inhalt von **Interessenausgleich und Sozialplan**. Nach dem durch das **BetrVerf-ReformG** eingefügten § 112 Abs. 5 Nr. 2a hat die E-Stelle bei der Aufstellung von Sozialplänen mit den **im SGB III vorgesehenen Förderungsmöglichkeiten** einen weiteren wichtigen Gesichtspunkt zu berücksichtigen. Durch Art. 81 des Dritten Gesetzes für moderne Dienstleistungen am Arbeitsmarkt vom 23. 12. 03 – „**Hartz III**" – (BGBl. I S. 2848) wurden mit Wirkung **ab 1. 1. 04** die bisherigen Bestimmungen über Zuschüsse zu Sozialplanmaßnahmen in §§ 254 bis 259 SGB III durch die Regelungen in § 216a SGB III über Leistungen zur Förderung der Teilnahme an Transfermaßnahmen abgelöst (vgl. dazu Rn 222ff.) und die Bestimmungen über das sog. Strukturkurzarbeitergeld in § 175 SGB III durch die Regelungen in § 216b SGB III über das sog. Transferkurzarbeitergeld ersetzt (vgl. dazu Rn 236ff.). Ferner wurde in § 112 Abs. 2 der „Präsident des Landesarbeitsamtes" durch den „Vorstand der Bundesagentur für Arbeit" bzw. einen von diesem benannten Bediensteten ersetzt. Durch das am **1. 1. 11** in Kraft getretene „**Beschäftigtenchancengesetz**" wurden an §§ 216a und b SGB III etliche Änderungen vorgenommen (vgl. Rn 222ff.). Ebenfalls bereits zum 1. 1. 04 trat mit der Anfügung des § 1 Abs. 5 KSchG („Namensliste") durch Art. 1 des **Gesetzes zu Reformen am Arbeitsmarkt** vom 24. 12. 03 (BGBl. I S. 3002) eine wesentliche Änderung in der Bedeutung des Interessenausgleichs ein (vgl. dazu Rn 49ff.).

2   Wenngleich in der Praxis die Verhandlungen über **Interessenausgleich und Sozialplan** häufig verbunden werden, **unterscheiden sich** die beiden Rechtsinstitute wesentlich **in Inhalt, Funktion, Zustandekommen** und **Wirkungsweise** (vgl. BAG 22. 7. 03 AP Nr. 42 zu § 113 BetrVG 1972; *Wißmann* FS 25 Jahre ARGE Arbeitsrecht im DAV S. 1037, 1039f.) Gegenstand des **Interessenausgleichs** ist die Frage, **ob, wann und wie** eine **Betriebsänderung durchgeführt** wird. Dagegen geht es beim **Sozialplan** darum, wie die **wirtschaftlichen Nachteile ausgeglichen oder abgemildert** werden, die den ArbN infolge der Betriebsänderung entstehen. Daher kann die E-Stelle in einem Sozialplan dem ArbGeb. nicht die Durchführung der Betriebsänderung vorschreiben. Sie kann verbindlich nur die Milderung oder den Ausgleich von Nachteilen regeln, nicht deren Eintritt verhindern (BAG 17. 9. 91 AP Nr. 59 zu § 112 BetrVG 1972).

3   Die **Intensität und Durchsetzbarkeit** der Beteiligungsrechte des BR ist unterschiedlich. Der ArbGeb. hat einen Interessenausgleich zwar ernsthaft zu versuchen. Der BR kann ihn aber gegen den Willen des ArbGeb. nicht erzwingen. Die ggf. anzurufende E-Stelle kann keinen Spruch über das Ob und Wie einer Betriebsänderung fassen, sondern lediglich auf eine gütliche Einigung hinwirken. Damit verbleibt die unternehmerisch-wirtschaftliche Entscheidungsbefugnis letztlich allein beim ArbGeb. Einen Sozialplan kann dagegen der BR mit Ausnahme der in § 112a genannten Fälle (vgl. dazu Rn 100ff.) erzwingen. Die E-Stelle entscheidet ggf. auch gegen den Willen des ArbGeb. verbindlich über den Inhalt des Sozialplans.

4   Auch die **Sicherung des MBR** des BR bei Interessenausgleich und Sozialplan ist unterschiedlich ausgestaltet. Die Verletzung der Pflicht zum Versuch eines Interessenausgleichs hat gemäß § 113 Abs. 3 Ansprüche der ArbN auf Nachteilsausgleich zur Folge. Den Abschluss eines Sozialplans kann der BR durch die Errichtung einer E-Stelle – erforderlichenfalls gemäß § 98 ArbGG – durchsetzen.

5   **Rechtsnatur** und **rechtliche Wirkungen** von Interessenausgleich und Sozialplan sind ebenfalls unterschiedlich. Ein Sozialplan hat nach der ausdrücklichen gesetzlichen Regelung des § 112 Abs. 1 Satz 3 die Wirkung einer BV. Er begründet damit normativ Ansprüche der einzelnen Arbeitnehmer. Es handelt sich um eine BV besonderer Art, auf welche die Regelungen und Grundsätze zur BV entspr. anzuwenden sind (vgl. Rn 174ff.). Dagegen sind die Wirkungen eines Interessenausgleichs im

Gesetz nicht ausdrücklich beschrieben (vgl. dazu Rn 43 ff.). Insb. sieht das G nicht etwa einen gerichtlich durchsetzbaren Anspruch der ArbN auf Einhaltung des Interessenausgleichs, sondern in § 113 Abs. 1 und 2 das Abweichen des Unternehmers vom Interessenausgleich und hieran anknüpfend Ansprüche der ArbN auf Nachteilsausgleich vor.

Die erheblichen Unterschiede zwischen Interessenausgleich und Sozialplan macht 6 § 118 Abs. 1 S. 2 für **Tendenzunternehmen** deutlich (vgl. dazu BAG 18. 11. 03 AP Nr. 76 zu § 118 BetrVG 1972; *Wißmann* FS 25 Jahre ARGE Arbeitsrecht im DAV S. 1037, 1040). Hier ist der ArbGeb. zur Unterrichtung und Beratung, nicht aber zum Versuch eines Interessenausgleichs verpflichtet. Einen Sozialplan kann der BR dagegen verlangen (vgl. § 111 Rn 36; § 118 Rn 46).

In der **Insolvenz** des Unternehmens gibt es hinsichtlich Interessenausgleich und 7 Sozialplan gleichfalls erhebliche Abweichungen (vgl. zum Interessenausgleich Rn 67 ff., zum Sozialplan Rn 287 ff.).

Unabhängig von einem Interessenausgleich sind die **weiteren MBR** vor und bei 8 der Durchführung der Betriebsänderung, insb. nach **§§ 87 Abs. 1 Nr. 3 und 6, 90, 98, 99, 102 u. 106.** Eine Einigung über personelle Abbaumaßnahmen ersetzt nicht die Kündigungen und beseitigt nicht das **Anhörungsrecht** des BR **nach § 102** (BAG 19. 1. 99 AP Nr. 37 zu § 113 BetrVG 1972). Der BR kann die Initiative zur **Einführung von Kurzarbeit** ergreifen (vgl. § 87 Rn 159) und so versuchen, die Betriebsänderung durch Personalabbau entweder überhaupt oder doch zumindest in dem geplanten Umfang und (oder) zu dem vorgesehenen Zeitpunkt zu verhindern. Der Umstand, dass durch eine ggf. über § 87 Abs. 1 Nr. 3 BetrVG vom BR erzwungene Kurzarbeit Daten gesetzt werden, welche die unternehmerische Freiheit zur Betriebseinschränkung berühren, steht dem MBR nicht entgegen (vgl. BAG 4. 3. 86 AP Nr. 3 zu § 87 BetrVG 1972 Kurzarbeit).

Entspr. Vorschrift im **BPersVG:** § 75 Abs. 3 Nr. 13. 9

II. Interessenausgleich

1. Gegenstand, Bedeutung und Inhalt des Interessenausgleichs

Gegenstand des Interessenausgleichs ist ausschließlich die konkret **geplante Be-** 10 **triebsänderung.** Anders als ein vorsorglicher (Rahmen-)Sozialplan kann ein Interessenausgleich nicht für etwaige künftige, noch nicht konkret geplante Betriebsänderungen vereinbart werden (*HSWGNR-Hess* § 112 Rn 19). Er ist seiner Natur nach auf den Einzelfall bezogen und kann nicht „auf Vorrat" geschlossen werden (*Wißmann* FS 25 Jahre ARGE Arbeitsrecht im DAV S. 1037, 1054; *WPK/Preis/Bender* Rn 4). Der BR soll auf die Gestaltung der konkreten Betriebsänderung Einfluss nehmen können. Dies schließt vorweggenommene Regelungen für künftige in ihren Einzelheiten noch nicht absehbare Maßnahmen aus. In einer solchen Regelung läge vielmehr ein unzulässiger Verzicht des BR auf die Mitgestaltung der künftigen Betriebsänderung (vgl. BAG 19. 1. 99 AP Nr. 37 zu § 113 BetrVG 1972 mwN).

Ist eine **Betriebsänderung bereits durchgeführt,** ist für einen Interessenaus- 11 gleich ebenfalls kein Raum mehr (*Richardi/Annuß* § 112 Rn 16). Regelungen über die Modalitäten einer schon vollzogenen Betriebsänderung sind nicht möglich. In diesem Fall kommen nur noch Ansprüche der ArbN auf Nachteilsausgleich nach § 113 Abs. 3 in Betracht.

Erforderlich ist der Versuch eines Interessenausgleichs **bei allen in § 111 Abs. 1** 12 **genannten Betriebsänderungen** (s. dazu § 111 Rn 40–111). Ein Interessenausgleich ist daher auch dann zu versuchen, wenn ein Sozialplan deshalb nicht erzwungen werden kann, weil bei einem Personalabbau die Zahlen des § 112a Abs. 1 S. 1 nicht erreicht sind oder eine Neugründung iSv. § 112a Abs. 2 vorliegt (ErfK/*Kania*

Rn 4). In diesen Fällen kommt einem etwaigen Interessenausgleich sogar eine beson-dere Bedeutung zu.

13   Durch einen Interessenausgleich werden die **Modalitäten** der **Betriebsänderung** geregelt, nicht deren Folgen. Unternehmer und BR verständigen sich in ihm dar-über, **ob, wann und wie** die geplante Betriebsänderung durchgeführt werden soll (BAG 9. 7. 85 AP Nr. 13 zu § 113 BetrVG 1972; 27. 10. 87, 17. 9. 91 AP Nr. 41, 59 zu § 112 BetrVG 1972; 20. 4. 94 AP Nr. 27 zu § 113 BetrVG 1972; *Richardi/Annuß* § 112 Rn 18).

14   In Zeiten, die von tiefgreifenden und immer rascheren Umstrukturierungsprozes-sen, Globalisierung und hoher Arbeitslosigkeit gekennzeichnet sind, gewinnt der Interessenausgleich an **Bedeutung.** Sozialpläne können häufig den Verlust des Ar-beitsplatzes nicht mehr ausgleichen, sondern allenfalls abmildern. Gefragt sind daher intelligente Lösungen in einem Interessenausgleich, die nach Möglichkeit bereits den Eintritt erheblicher Nachteile für die ArbN, allen voran den Verlust des Arbeitsplatzes vermeiden, ohne die erforderlichen Rationalisierungs- und Modernisierungsprozesse in Betrieb und Unternehmen zu verhindern.

15   Dabei kann die vertrauensvolle **Einbindung des BR in den Entscheidungs-prozess des ArbGeb.** durchaus auch für das Unternehmen nützlich sein. Für dieses ist häufig ein intelligenter Interessenausgleich ebenfalls sinnvoller als ein teurer Sozial-plan, durch den die Belegschaft nach den Grundsätzen der sozialen Auswahl ausge-dünnt wird. Zwar wird der BR in den Beratungen über einen Interessenausgleich entspr. seiner betriebsverfassungsrechtlichen Aufgabe vor allem die Interessen der von ihm repräsentierten Belegschaft geltend machen, die häufig mit den Interessen des Unternehmens insb. an einer Kostensenkung nicht übereinstimmen. Gleichwohl hat aber auch die Belegschaft ein Interesse am Fortbestand eines gesunden Unterneh-mens. Daher wird der BR im wohlverstandenen Interesse der ArbN das Know-how, das er auf Grund seiner Nähe zur Belegschaft und den betrieblichen Abläufen besitzt, dazu verwenden, gemeinsam mit dem ArbGeb. nach betriebswirtschaftlich sinnvollen und sozialverträglichen Lösungen zu suchen. Dies erhöht nicht zuletzt auch die Ak-zeptanz der Entscheidungen des ArbGeb. bei der Belegschaft.

16   Der Interessenausgleich kann in der uneingeschränkten **Zustimmung** des BR zu der geplanten Betriebsänderung bestehen (*Richardi/Annuß* § 112 Rn 19). Der Unter-nehmer kann diese dann wie geplant durchführen. Er darf aber von der Planung ohne erneute Beteiligung des BR nicht abweichen. Anderenfalls setzt er sich gemäß § 113 Abs. 1 u. 2 Ansprüchen der ArbN auf Nachteilsausgleich aus. Die Zustimmung des BR zur geplanten Betriebsänderung entbindet den ArbGeb. nicht von der Verpflich-tung zum Abschluss eines Sozialplans.

17   Die Betriebsparteien können als Interessenausgleich auch vereinbaren, dass die ge-plante **Betriebsänderung unterbleibt** (*Richardi/Annuß* § 112 Rn 20). In diesem Fall ist kein Raum für einen Sozialplan. Führt der ArbGeb. die Betriebsänderung ganz oder teilweise gleichwohl durch, begründet dies Ansprüche der ArbN auf Nachteilsausgleich nach § 113 Abs. 1 u. 2.

18   In den meisten Fällen geht es darum, ob und wie der ArbGeb. die geplante **Betriebs-änderung** zu **modifizieren** bereit ist. Der BR kann – ggf. nach Inanspruchnahme eines Beraters nach § 111 Abs. 1 Satz 2 – Alternativen zu den Plänen des ArbGeb. vorschlagen. Ziel des BR wird es dabei regelmäßig sein, nach Möglichkeit bereits den Eintritt schwerwiegender Nachteile für die ArbN zu verhindern und den ArbGeb. – ggf. auch unter Hinweis auf die mit einem späteren Sozialplan verbundenen wirt-schaftlichen Belastungen – zu weniger einschneidenden Maßnahmen zu bewegen.

19   Je nach Art der Betriebsänderung kommen im Interessenausgleich **unterschied-liche Regelungen** in Betracht. Veränderungen der ursprünglichen Planung der Be-triebsänderung können in zeitlicher, qualitativer und quantitativer Hinsicht vereinbart werden, zB Betriebseinschränkung statt Stilllegung, Kündigungsverbote, Entlassungs-termin, Freistellungen, Maßnahmen zur menschengerechten Arbeitsplatzgestaltung, Umschulungs-, Fortbildungs- und Qualifizierungsmaßnahmen.

Insb. bei Teilstilllegungen oder bei einem reinen Personalabbau können in einem 20 Interessenausgleich **Auswahlrichtlinien** für die erforderlichen Kündigungen iSd. § 95 Abs. 1 Satz 1 vereinbart werden. Seit dem 1. 1. 04 ist die sog. „**Namensliste"** im Interessenausgleich auch wieder außerhalb der Insolvenz (vgl. dort § 125 InsO, dazu Rn 79 ff.) von Bedeutung (vgl. Rn 49 ff.).

2. Zustandekommen eines Interessenausgleichs

Das BetrVG sieht für das Zustandekommen eines Interessenausgleichs in § 112 21 Abs. 1 bis 3 ein bestimmtes Verf. vor. Der Abschluss eines Interessenausgleichs ist aber für beide Betriebsparteien **freiwillig** (GK-*Oetker* Rn 38). Weder der ArbGeb. noch der BR können ihn erzwingen. Anders als beim Sozialplan kann die E-Stelle die Einigung der Betriebsparteien nicht ersetzen.

a) Der innerbetrieblich vereinbarte Interessenausgleich

Die **Initiativlast** für den Abschluss eines Interessenausgleichs liegt beim **ArbGeb.** 22 (BAG 24. 1. 96 AP Nr. 16 zu § 50 BetrVG 1972). Er muss sich um Verhandlungen mit dem BR bemühen und diese mit dem ernsthaften Willen zur Einigung führen (ErfK/*Kania* Rn 8; *WPK*/*Preis*/*Bender* Rn 9). Eine bestimmte Verhandlungsdauer ist nicht vorgeschrieben (vgl. § 113 Rn 19). Ohne den ausreichenden Versuch eines Interessenausgleichs darf der ArbGeb. die Betriebsänderung nicht durchführen. Andernfalls setzt er sich Ansprüchen der ArbN nach § 113 Abs. 3 aus.

Der **BR** ist **verpflichtet,** sich auf Verhandlungen mit dem ArbGeb. **einzulassen.** 23 Er muss diese ebenso wie der ArbGeb. mit dem ernsthaften Willen zu einer Einigung führen. Er kann seine Zustimmung zu einem Interessenausgleich von dem Abschluss eines Sozialplans abhängig machen (vgl. BAG 17. 9. 74 AP Nr. 1 zu § 113 BetrVG 1972; GK-*Oetker* Rn 40; MünchArbR-*Matthes* § 269 Rn 9; *Richardi*/*Annuß* § 112 Rn 24; aA HSWGNR-*Hess* § 112 Rn 51; *Stege*/*Weinspach* §§ 111–113 Rn 110). Er kann hierdurch das Verf. zur Herbeiführung eines Interessenausgleichs aber nicht dauerhaft blockieren. Der ArbGeb. kann vielmehr die E-Stelle anrufen. Diese muss nicht abwarten, bis ein Sozialplan freiwillig abgeschlossen oder durch eigenen Spruch zustande gekommen ist. Sie hat vielmehr die Verhandlungen für gescheitert zu erklären, wenn die Verhandlungsmöglichkeiten ausgeschöpft sind (vgl. Rn 42). Der Arb-Geb. kann dann die Betriebsänderung durchführen. Seine Pflicht zum Abschluss eines Sozialplans bleibt dadurch unberührt.

Ein Interessenausgleich ist schriftlich niederzulegen und vom Unternehmer und 24 dem BRVors. zu unterschreiben (BAG 9. 7. 85 AP Nr. 13 zu § 113 BetrVG 1972). Das **Schriftformerfordernis** dient nicht dem Übereilungsschutz, sondern der **Normenklarheit.** Die Schriftform soll Zweifel über den Inhalt der vereinbarten Norm ausschließen (BAG 14. 11. 06 AP Nr. 181 zu § 112 BetrVG 1972; 12. 5. 10 – 2 AZR 551/08 – NZA 11, 114). Die Wahrung der **Schriftform ist Wirksamkeitsvoraussetzung.** Eine mündliche Vereinbarung genügt nicht (BAG 9. 7. 85, 26. 10. 04 AP Nr. 13, 49 zu § 113 BetrVG 1972; *DKW-Däubler* Rn 10; GK-*Oetker* Rn 44 ff.; *Richardi*/*Annuß* § 112 Rn 28; HSWGNR-*Hess* § 112 Rn 27; *WPK*/*Preis*/*Bender* Rn 13; *Raab* FS *Konzen* S. 719, 740; vgl. auch § 77 Rn 21). Die **elektronische Form** dürfte gemäß §§ 126 Abs. 3, 126 a BGB genügen. Das Schrifttum ist zwar ganz überwiegend anderer Ansicht (vgl. GK-*Oetker* Rn 46; *Richardi*/*Annuß* § 112 Rn 27; *WPK*/*Preis*/*Bender* Rn 13). Es ist aber nicht erkennbar, warum für den Interessenausgleich strengere Anforderungen gelten sollen als für eine BV. Für diese wird zu Recht überwiegend die elektronische Form als ausreichend erachtet (vgl. § 77 Rn 21). Es ist nicht erforderlich, dass der Interessenausgleich in einer gesonderten Urkunde niedergelegt und als solcher ausdrücklich bezeichnet wird. Auch auf die Bezeichnung kommt es nicht an. Maßgebend ist nur der Inhalt einer Einigung über eine Betriebsänderung (BAG 20. 4. 94 AP Nr. 27 zu § 113 BetrVG 1972). Es ist vielfach üblich, Interessenausgleich und Sozialplan in einer Urkunde niederzulegen. Die Einigung über einen Sozialplan stellt aber nicht notwendig zugleich eine Einigung über den Interessenausgleich dar. Werden aber in einer Urkunde bestimmte Maßnahmen des Unternehmers (zB Personalabbau) als berechtigt anerkannt, kann darin ein Interessenausgleich liegen (BAG 20. 4. 94 AP Nr. 27 zu § 113 BetrVG 1972). Zur Schriftform der Namensliste in einem Interessenausgleich vgl. Rn 55.

25   **Zuständig** für die Vereinbarung ist grundsätzlich der **BR** des betroffenen Betriebs. Nur wenn die Betriebsänderung, wie zB bei einer Zusammenlegung, mehrere Betriebe eines Unternehmens betrifft und eine betriebsübergreifende Regelung notwendig macht, ist der **GesBR** zuständig (vgl. § 111 Rn 114; **§ 50 Rn 59;** BAG 24. 1. 96, 11. 12. 01, 3. 5. 06 AP Nr. 16, 22, 29 zu § 50 BetrVG 1972; *Wißmann* FS 25 Jahre ARGE Arbeitsrecht im DAV S. 1039, 1042). Zur Zuständigkeit des **KBR** vgl. **§ 58 Rn 15.** Ist der GesBR für den Interessenausgleich zuständig, so ist er dies auch für eine **Namensliste.** Dagegen folgt aus der Zuständigkeit des GesBR für den Abschluss des Interessenausgleichs nicht ohne Weiteres seine Zuständigkeit auch für den Abschluss eines **Sozialplans** (vgl. Rn 130; BAG 3. 5. 06 AP Nr. 29 zu § 50 BetrVG 1972).

26   **Zuständig** für den Abschluss eines Interessenausgleichs **auf Arbeitgeberseite** ist grundsätzlich das einzelne Unternehmen, also der Rechtsträger. Schwierigkeiten können sich ergeben bei einer unternehmensübergreifenden Betriebsänderung im **Konzern** (vgl. dazu *Wißmann* FS 25 Jahre ARGE Arbeitsrecht im DAV S. 1039, 1045 ff.). Die Initiativlast liegt insoweit zunächst beim „Konzernarbeitgeber" (vgl. § 58 Rn 6), also beim herrschenden Unternehmen. Darüber hinaus dürfte es aber auch erforderlich sein, dass sich die beherrschten Unternehmen, die letztlich die Betriebsänderung durchführen, an den Interessenausgleichsverhandlungen beteiligen (vgl. *Wißmann* FS 25 Jahre ARGE Arbeitsrecht im DAV S. 1039, 1045 f.). Dies gilt insb. im Falle einer Massenentlassung, bei der die Konsultationspflicht nach Art. 2 Abs. 4 RL 98/59/EG (MassenentlassungsRL) auch für die betroffenen Tochterunternehmen besteht (vgl. *Wißmann* FS 25 Jahre ARGE Arbeitsrecht im DAV S. 1039, 1046). Ansprüche aus § 113 Abs. 3 richten sich wohl regelmäßig gegen den Konzernarbeitgeber (*Wißmann* FS 25 Jahre ARGE Arbeitsrecht im DAV S. 1039, 1046; *Schmitt-Rolfes* FS 50 Jahre BAG S. 1081, 1096).

b) Die Einschaltung des Vorstands der Bundesagentur für Arbeit

27   Scheitert der Versuch eines innerbetrieblichen Interessenausgleichs, kann nach § 112 Abs. 2 jede Seite den **Vorstand der BA** um Vermittlung ersuchen. Dieser kennt die Verhältnisse am Arbeitsmarkt und die im SGB III vorgesehenen Förderungsmöglichkeiten zur Vermeidung von Arbeitslosigkeit (vgl. *Rolfs* NZA 98, 20; *Richardi/Annuß* § 112 Rn 212).

28   **Jede Betriebspartei** kann um Vermittlung ersuchen. Im Insolvenzverf. können Insolvenzverwalter und BR die Vermittlung gemäß § 121 InsO im Interesse der Verfahrensbeschleunigung aber nur gemeinsam verlangen.

29   Die Einschaltung des Vorstands der BA ist **keine Voraussetzung für die Anrufung der E-Stelle** (GK-*Oetker* Rn 278; *Richardi/Annuß* § 112 Rn 219). Einvernehmlich können die Betriebsparteien auch jede andere Person um Vermittlung ersuchen (GK-*Oetker* Rn 258). Die einseitige Anrufung anderer Vermittlungspersonen sieht das G jedoch nicht vor (GK-*Oetker* Rn 257).

30   Der Vorstand der BA ist **zur Vermittlungstätigkeit verpflichtet** (GK-*Oetker* Rn 261; *Richardi/Annuß* § 112 Rn 221). Er kann nach Abs. 2 S. 1 die Aufgabe auf andere Bedienstete der BA übertragen. Mit Beschluss Nr. 53/2004 vom 23. 8. 04 hat der Vorstand der BA von dieser Möglichkeit Gebrauch gemacht und die Aufgabe auf die Geschäftsführungen der Regionaldirektionen übertragen sowie diesen die Möglichkeit der weiteren Delegation auf andere Bedienstete der BA eröffnet.

Die **Gestaltung des Vermittlungsverf.** steht im Ermessen des Vorstands der BA, 31 bzw. des von diesem beauftragten Bediensteten (GK-*Oetker* Rn 270). Ausdrücklich sieht das G keinen Einlassungszwang für die andere Seite vor (GK-*Oetker* Rn 271). Eine entsprechende Verpflichtung zur Beteiligung an dem Vermittlungsverf. folgt aber wohl gemäß § 2 Abs. 1 aus dem Gebot der vertrauensvollen Zusammenarbeit (*Richardi/Annuß* § 112 Rn 220 mwN). Jede Seite kann das Vermittlungsverf. jederzeit durch die Anrufung der E-Stelle abbrechen; damit steht fest dass der Vermittlungsversuch erfolglos geblieben ist (GK-*Oetker* Rn 273).

c) Die Einigungsstelle

Kommt es nicht zu einem Vermittlungsversuch oder bleibt die Vermittlung erfolg- 32 los, kann gemäß § 112 Abs. 2 Satz 2 jede Seite die **E-Stelle** anrufen.

Für den BR ist die Anrufung der E-Stelle eine **Möglichkeit. Für den ArbGeb.** 33 ist sie dagegen eine **Obliegenheit.** Er hat ohne Durchführung des E-StellenVerf. keinen ausreichenden Versuch eines Interessenausgleichs unternommen (BAG 20. 11. 01 AP Nr. 39 zu § 113 BetrVG 1972). Führt er die Betriebsänderung ohne das E-StellenVerf. durch, begründet dies Ansprüche der ArbN auf Nachteilsausgleich nach § 113 Abs. 3 (BAG 18. 12. 84, 20. 11. 01 AP Nr. 11, 39 zu § 113 BetrVG 1972).

Die **Anrufung und Bildung** der E-Stelle erfolgt nach den allgemeinen Grundsät- 34 zen (vgl. § 76 Rn 7 ff.). Der Unternehmer oder der BR muss die **andere Seite auffordern,** sich an der Errichtung der E-Stelle zu beteiligen (GK-*Oetker* Rn 281). Hierzu muss insb. der **Gegenstand der Verhandlungen** mitgeteilt und angegeben werden, ob lediglich über den Interessenausgleich oder auch über einen Sozialplan verhandelt werden soll (GK-*Oetker* Rn 282).

Sofern keine ständige E-Stelle errichtet ist, sind außerdem ein **E-StellenVors.** und 35 die **Zahl der Beisitzer** vorzuschlagen. Kommt insoweit keine Einigung zustande, so entscheidet auf entsprechenden Antrag gemäß § 76 Abs. 2 Satz 2 u. 3 BetrVG, § 98 Abs. 1 Satz 1 ArbGG der Vors. einer Kammer des **ArbG.** Dieser **kann** den **Antrag auf Errichtung der E-Stelle** gemäß § 98 Abs. 1 Satz 2 ArbGG **nur zurückweisen, wenn** die E-Stelle **offensichtlich unzuständig** ist (vgl. § 76 Rn 21 ff.).

Auch für das **Verf. vor der E-Stelle** gelten die allgemeinen Grundsätze (vgl. § 76 36 Rn 37 ff.). Die Ausgestaltung ist somit weitgehend frei (*Richardi/Annuß* § 112 Rn 233). Ruft eine Betriebspartei die E-Stelle an, so muss sich die andere Seite auf die Verhandlungen **einlassen** (*Richardi/Annuß* § 112 Rn 229).

Die E-Stelle hat als Vorfrage zu prüfen, ob sie für die Streitigkeit zuständig ist. 37 Verneint sie ihre Zuständigkeit, so stellt sie ihre Tätigkeit ein. Ein entsprechender Beschluss bindet die Betriebsparteien aber nicht. Sie können die mitbestimmungsrechtliche Lage gerichtlich prüfen lassen. Stellt das Gericht das Bestehen eines in der E-Stelle zu verfolgenden Beteiligungsrechts und damit deren Zuständigkeit fest, so hat diese das Verf. fortzusetzen (BAG 10. 12. 02 AP Nr. 43 zu § 95 BetrVG 1972; *Schmidt* JbArbR Bd. 40, S. 121, 122).

Gemäß § 112 Abs. 2 Satz 3 kann der Vors. der E-Stelle ein Mitglied des Vorstands 38 der **BA** oder einen von diesem benannten Bediensteten der BA wegen deren besonderer Sachkunde um **Teilnahme an der Verhandlung** ersuchen. Diese sind verpflichtet, dem Ersuchen nachzukommen (GK-*Oetker* Rn 289).

Ist die E-Stelle sowohl wegen des Interessenausgleichs als auch wegen des Sozial- 39 plans angerufen, so kann sie **über beide Gegenstände gemeinsam verhandeln.** Das G sieht dies, wie in § 112 Abs. 2 u. 3 deutlich wird, sogar als Normalfall an (*Richardi/Annuß* § 112 Rn 209). Die gemeinsame Verhandlung wird häufig zweckmäßig sein (*HSWGNR-Hess* § 112 Rn 59; vgl. auch Rn 126). Zwar handelt es sich bei Interessenausgleich und Sozialplan um unterschiedliche Gegenstände (vgl. Rn 2 ff.). Gleichwohl hängen die Modalitäten der Betriebsänderung (Interessenausgleich) und der Ausgleich oder die Milderung der durch die Betriebsänderung den ArbN entstehenden Nachteile (Sozialplan) eng zusammen. Dies wird besonders deutlich, wenn der BR die Zustimmung zu einem Interessenausgleich vom Abschluss eines Sozialplans abhängig macht (vgl. Rn 23). Zwingend ist die gemeinsame Verhandlung aber nicht. Eine getrennte Verhandlung wird zB in Betracht kommen, wenn für den Interessenausgleich der GesBR und für den Sozialplan die örtlichen BR zuständig sind (vgl. BAG 11. 12. 01 AP Nr. 22 zu § 50 BetrVG 1972). Auch dann ist freilich eine Verbindung der Verf. wohl nicht ausgeschlossen.

40   Nach § 112 Abs. 3 Satz 1 haben zunächst die Betriebsparteien selbst **Vorschläge** zur Überbrückung der Meinungsverschiedenheiten zu machen. Die E-Stelle hat gemäß § 112 Abs. 3 Satz 3 eine **Einigung** der Parteien zu **versuchen.** Sie hat zu klären, worin die Meinungsverschiedenheiten bestehen und mit den Betriebsparteien zu beraten, wie eine Verständigung erzielt werden kann. Zur Aufklärung des Sachverhalts kann sie die Beteiligten zur **Vorlage von Unterlagen** auffordern. Erforderlichenfalls kann sie auch einen **Sachverständigen** hinzuziehen.

41   Eine Einigung ist gemäß § 112 Abs. 3 Satz 3 in vollem **Wortlaut schriftlich niederzulegen** und vom Unternehmer, dem BR-Vors. und dem Vors. der E-Stelle zu **unterschreiben.** Die Unterschrift des BR-Vors. muss durch einen entspr. Beschluss des BR gedeckt sein (BAG 17. 2. 81 AP Nr. 11 zu § 112 BetrVG 1972; GK-*Oetker* Rn 49). Zweifelhaft erscheint, ob es genügt, wenn der Beschluss des BR zwar nicht die einzelnen Formulierungen deckt, der vom BR-Vors. unterzeichnete Interessenausgleich aber von seinem Gehalt her auf der „Linie" des vom BR gefassten Beschlusses liegt (so aber BAG 24. 2. 00 AP Nr. 7 zu § 1 KSchG Namensliste; vgl. auch *Linsenmaier* FS *Wißmann* S. 378, 383). Bei Nichteinhaltung der Schriftform ist ein Interessenausgleich nicht wirksam zustande gekommen (BAG 9. 7. 85 AP Nr. 13 zu § 113 BetrVG 1972). Die Einigung muss nicht als Interessenausgleich bezeichnet sein. Auch im Abschluss eines Sozialplans kann je nach den Umständen die Zustimmung des BR zu einer Betriebsänderung liegen (BAG 20. 4. 94 AP Nr. 27 zu § 113 BetrVG 1972).

42   Das G enthält keine Regelungen über die zeitliche Mindest- oder Höchstdauer des Verf. vor der E-Stelle (vgl. § 113 Rn 19 mwN). Das **Scheitern des Versuchs eines Interessenausgleichs in der E-Stelle** (vgl. dazu BAG 16. 8. 11 – 1 AZR 44/10 –; *Hesse* FS 25 Jahre ARGE Arbeitsrecht im DAV S. 879; *Kania/Joppich* NZA 05, 749) ist insofern von beträchtlicher wirtschaftlicher Bedeutung, als der ArbGeb. von diesem Zeitpunkt an die Betriebsänderung ohne die Sanktion des § 113 Abs. 3 durchführen kann. Der genaue Zeitpunkt sollte daher möglichst schriftlich – sei es in einem Protokoll, sei es in einer Vereinbarung, sei es in einem Beschluss – festgehalten werden. Das G sieht freilich insofern keine bestimmte Form vor (HaKo-BetrVG/ *Steffan* Rn 8). Die Verhandlungen sind stets gescheitert, wenn beide Betriebsparteien dies in der E-Stelle übereinstimmend erklären (*Hesse* FS 25 Jahre ARGE Arbeitsrecht im DAV S. 879, 883). Gleiches gilt, wenn die E-Stelle mit der Mehrheit ihrer Mitglieder – dies bedeutet in der Praxis mit der Stimme des Vors. – das Scheitern feststellt (vgl. *Hesse* FS 25 Jahre ARGE Arbeitsrecht im DAV S. 879, 883 f.). Schwierigkeiten bereiten die Fälle, in denen der ArbGeb. einseitig die Verhandlungen für gescheitert erklärt, einen Mehrheitsbeschluss der E-Stelle über das Scheitern aber – mangels Zustimmung des Vors. – nicht herbeiführen kann (vgl. *Hesse* FS 25 Jahre ARGE Arbeitsrecht im DAV S. 879, 884 ff.; *Kania/Joppich* NZA 05, 749, 752; ErfK/ *Kania* Rn 8). Insofern gilt es zu beachten, dass einerseits der ArbGeb. nicht zu einem Interessenausgleich gezwungen werden kann, andererseits das G von ihm jedoch den ernsthaften Versuch eines Interessenausgleichs verlangt (vgl. BAG 18. 8. 82 AP Nr. 11 zu § 111 BetrVG 1972). Nachdem der ArbGeb. die E-Stelle anrufen und diese gemäß Abs. 3 S. 2 eine Einigung der Parteien versuchen muss, ist es grundsätzlich auch ihre Aufgabe zu beurteilen, ob alle ernsthaft in Betracht kommenden Verständigungsmöglichkeiten ausgeschöpft sind (DKKW-*Däubler* Rn 9 ebenso wohl *Rebel* Grundprobleme des Nachteilsausgleichs gemäß § 113 Abs. 3 BetrVG, 2007, S. 64 f.; **aA** GK-*Oetker* § 113 Rn 52; *Löwisch* RdA 89, 261, 218). Daher wird der ArbGeb.

nur in Ausnahmefällen die Verhandlungen einseitig für beendet erklären können, ohne sich der Sanktion des § 113 Abs. 3 auszusetzen (**aA** insoweit *Hesse* FS 25 Jahre ARGE Arbeitsrecht im DAV S. 879, 885 ff.; wohl auch ErfK/*Kania* Rn 8). Ein solcher Ausnahmefall dürfte vorliegen, wenn der E-StellenVors. – entgegen der ihm obliegenden Pflicht – das Verfahren offensichtlich verzögert (vgl. *DKKW-Däubler* Rn 9). Dass der Gesetzgeber durchaus im Normalfall eine gewisse Verhandlungsdauer voraussetzt, ergibt sich – im Umkehrschluss – aus § 122 InsO (vgl. Rn 69 ff.).

3. Rechtscharakter und Wirkungen eines Interessenausgleichs

Das G sagt ausdrücklich nichts über den **Rechtscharakter** eines wirksam verein- **43** barten Interessenausgleichs. Im Umkehrschluss lässt sich lediglich aus § 112 Abs. 1 Satz 3 entnehmen, dass dem Interessenausgleich anders als dem Sozialplan nicht die Wirkung einer BV zukommt. Er ist jedenfalls keine Rechtsnorm (vgl. BAG 23. 9. 03 AP Nr. 43 zu § 113 BetrVG 1972). Dem ArbGeb. drohen aber gemäß § 113 Abs. 1 u. 2 für den Fall einer ohne zwingenden Grund vorgenommenen Abweichung vom Interessenausgleich individualrechtliche Sanktionen.

Weitgehend Einigkeit besteht darüber, dass es sich beim Interessenausgleich nicht **44** um eine BV, sondern um eine **kollektive Vereinbarung** besonderer Art handelt (BAG 20. 4. 94 AP Nr. 27 zu § 113 BetrVG 1972; BGH 15. 11. 00 AP Nr. 140 zu § 112 BetrVG 1972; ErfK/*Kania* Rn 9; *WPK/Preis/Bender* Rn 16; GK-*Oetker* Rn 67). Er begründet ein kollektivrechtliches Schuldverhältnis (GK-*Oetker* Rn 68) und bindet den ArbGeb., die Betriebsänderung in der im Interessenausgleich vorgesehenen Art und Weise durchzuführen.

Umstritten ist in Rspr. und Schrifttum, ob der BR einen gerichtlich durchsetzba- **45** ren **Anspruch** gegen den ArbGeb. hat, die **Betriebsänderung so,** wie im Interessenausgleich vorgesehen, **durchzuführen** und davon **abweichende Maßnahmen zu unterlassen.** Überwiegend wird ein derartiger Anspruch grundsätzlich verneint (vgl. etwa BAG 28. 8. 91 AP Nr. 2 zu § 85 ArbGG 1979; ErfK/*Kania* Rn 9; *WPK/Preis/Bender* Rn 16; *Richardi/Annuß* § 112 Rn 47), teils aber auch bejaht (vgl. *Zwanziger* BB 98, 478; *DKKW-Däubler* Rn 15 ff.; MünchArbR-*Matthes* § 269 Rn 34). **Entscheidend** dürfte die **Auslegung** der zwischen ArbGeb. und BR getroffenen Vereinbarung sein (vgl. GK-*Oetker* Rn 68, 74). Die Betriebsparteien haben es in der Hand, im Interessenausgleich einen eigenständigen Erfüllungsanspruch des BR zu begründen. Von einem entspr. Verpflichtungswillen des ArbGeb., der zum Abschluss eines Interessenausgleichs nicht verpflichtet ist, kann allerdings nicht ohne weiteres ausgegangen werden. Entscheidend sind insoweit die Umstände des Einzelfalls.

Ein Interessenausgleich entfaltet grundsätzlich **keine normative Wirkung** für die **46** ArbVerh. der ArbN (BAG 20. 4. 94; 23. 9. 03 AP Nr. 27, 43 zu § 113 BetrVG 1972; 14. 11. 06 AP Nr. 181 zu § 112 BetrVG 1972; BGH 15. 11. 00 AP Nr. 140 zu § 112 BetrVG 1972; ErfK/*Kania* Rn 9; GK-*Oetker* Rn 69; *WPK/Preis/Bender* Rn 16).

Häufig enthalten **aber** Vereinbarungen über einen Interessenausgleich nicht nur **47** Regelungen über die Durchführung der Betriebsänderung selbst, sondern auch Folgeregelungen, die ihrer Art nach Geltung für die ArbVerh. beanspruchen und den ArbN Rechte oder Ansprüche einräumen (zB Kündigungsverbote, Anspruch auf Umschulungs- oder Fortbildungsmaßnahme). Ein derartiger „**qualifizierter" Interessenausgleich** ist eine gemischte Vereinbarung, die auch die Rechtsnatur einer freiwilligen BV aufweist (BGH 15. 11. 00 AP Nr. 140 zu § 112 BetrVG 1972; GK-*Oetker* Rn 70; *Richardi/Annuß* § 112 Rn 46; MünchArbR-*Matthes* § 269 Rn 36; *HSWGNR-Hess* § 112 Rn 57). Auf derartige Bestimmungen kann sich der einzelne ArbN gegenüber dem ArbGeb. berufen (vgl. auch BAG 14. 11. 06 AP Nr. 181 zu § 112 BetrVG 1972).

Materiellrechtliche Wirkungen für die ArbVerh. der betroffenen ArbN entfaltet ein **48** Interessenausgleich in den Fällen des § 323 Abs. 2 UmwG (**Zuordnung von ArbN** zu einem Betrieb, vgl. Rn 94 f.), des § 1 Abs. 5 KSchG und des § 125 Abs. 1 Satz 1 InsO (**Namensliste** der zu kündigenden ArbN, vgl. Rn 49 ff., 79 ff.).

4. Namensliste, Insolvenz und Zuordnung von Arbeitnehmern

a) Namensliste

49   Durch das **Gesetz zu Reformen am Arbeitsmarkt vom 24. 12. 03** (BGBl. I S. 3002) hat der Gesetzgeber mit Wirkung vom 1. 1. 04 erneut auch außerhalb der Insolvenz für Kündigungen aufgrund einer Betriebsänderung in **§ 1 Abs. 5 KSchG** die sog. **Namensliste** eingeführt. Die Vorschrift war schon einmal zum 1. 10. 96 durch das Arbeitsrechtliche Beschäftigungsförderungsgesetz vom 25. 9. 96 (BGBl. I S. 1476) eingeführt, durch das Gesetz zu Korrekturen in der Sozialversicherung und zur Sicherung der Arbeitnehmerrechte vom 9. 12. 98 – „Korrekturgesetz" – (BGBl. I S. 3843) aber wieder ersatzlos gestrichen worden (vgl. dazu ua. *Jaeger* FS 25 Jahre ARGE Arbeitsrecht im DAV S. 889; HaKo-*Gallner* § 1 KSchG Rn 671 ff.; *Thüsing/ Stelljes* BB 03, 1673, 1676 f.; *Thüsing/Wege* BB 05, 213; *Gaul* BB 04, 2686; *Fischer* BB 04, 1001; *Zimmer/Rupp* FA 05, 259). Die Bestimmung lautet:

„Sind bei einer Kündigung auf Grund einer Betriebsänderung nach § 111 des Betriebsverfassungsgesetzes die Arbeitnehmer, denen gekündigt werden soll, in einem Interessenausgleich zwischen Arbeitgeber und Betriebsrat namentlich bezeichnet, so wird vermutet, dass die Kündigung durch dringende betriebliche Erfordernisse im Sinne des Absatzes 2 bedingt ist. Die soziale Auswahl der Arbeitnehmer kann nur auf grobe Fehlerhaftigkeit überprüft werden. Die Sätze 1 und 2 gelten nicht, soweit sich die Sachlage nach Zustandekommen des Interessenausgleichs wesentlich geändert hat. Der Interessenausgleich nach Satz 1 ersetzt die Stellungnahme des Betriebsrates nach § 17 Abs. 3 Satz 2."

50   Die Bestimmung ist **verfassungsgemäß** (BAG 6. 9. 07 AP Nr. 170 zu § 1 KSchG 1969 Betriebsbedingte Kündigung). Zu ihrem Verständnis kann die Rspr. des BAG zur Namensliste nach § 1 Abs. 5 KSchG „aF" herangezogen werden (vgl. insbes. BAG 7. 5. 98 – 2 AZR 55/98 und 2 AZR 536/97 –, 21. 1. 99, 20. 5. 99 – 2 AZR 148/99 und 2 AZR 532/98 –, 10. 2. 99, 24. 2. 00 AP Nr. 1 bis 7 zu § 1 KSchG 1969 Namensliste; 21. 2. 02 EzA § 1 KSchG Interessenausgleich Nr. 10; 22. 1. 04 AP Nr. 1 zu § 112 BetrVG 1972 Namensliste).

51   Nach § 1 Abs. 5 S. 1 KSchG, der **inhaltlich weitgehend § 125 InsO** entspricht (vgl. dazu Rn 79 ff.), wird bei einer Kündigung auf Grund einer Betriebsänderung nach § 111 vermutet, dass die Kündigung der ArbN, die in einem Interessenausgleich zwischen ArbG und BR namentlich benannt sind, durch dringende betriebliche Erfordernisse iSv. § 1 Abs. 2 KSchG bedingt ist. Auch kann nach § 1 Abs. 5 S. 2 KSchG die soziale Auswahl nur auf grobe Fehlerhaftigkeit überprüft werden. Dies gilt nach § 1 Abs. 5 S. 3 KSchG aber dann nicht, wenn sich die Sachlage nach Zustandekommen des Interessenausgleichs wesentlich geändert hat. Gemäß § 1 Abs. 5 S. 4 KSchG ersetzt der Interessenausgleich nach S. 1 außerdem die bei einer Massenentlassung nach § 17 Abs. 3 S. 2 KSchG erforderliche Stellungnahme des BR.

52   **Voraussetzung für die Anwendbarkeit** des § 1 Abs. 5 KSchG ist eine **Kündigung auf Grund einer Betriebsänderung.** Die Bestimmung verweist ausdrücklich auf § 111 BetrVG. Sie setzt damit eine Betriebsänderung voraus. Erforderlich ist daher einer der in § 111, insb. in S. 3 genannten Tatbestände (BAG 3. 4. 08 AP Nr. 17 zu § 1 KSchG 1969 Namensliste; *Gaul* BB 04, 2686, 2687; *Däubler* NZA 04, 177, 183; *Jaeger* FS 25 Jahre ARGE Arbeitsrecht im DAV S. 889, 890; **aA** *Thüsing/Wege* BB 05, 213, 214 f.). Erforderlich ist ferner, dass die Betriebsänderung für die Kündigung kausal war. Schließlich muss der ArbN im Interessenausgleich als zu kündigender ArbN namentlich genannt sein. Diese Voraussetzungen muss der ArbGeb. dartun und ggf. beweisen (BAG 22. 1. 04 AP Nr. 1 zu § 112 BetrVG 1972 Namensliste; 31. 5. 07 AP Nr. 65 zu § 111 BetrVG 1972; 3. 4. 08 AP Nr. 17 zu § 1 KSchG 1969 Namensliste).

Die Regelung gilt auch für betriebsbedingte **Änderungskündigungen** (BAG **53** 22. 1. 04 AP Nr. 1 zu § 1 KSchG 1969 Namensliste; ErfK/*Oetker* § 1 KSchG Rn 363). Da für **Tendenzbetriebe** ein Interessenausgleich gemäß § 118 Abs. 1 S. 2 nicht vorgesehen ist, dürfte eine Namensliste iSv. § 1 Abs. 5 KSchG wohl nicht möglich sein (*Richardi/Annuß* Rn 22 a; *Gaul* BB 04, 2686, 2689; *Däubler* NZA 04, 177, 182; *Quecke* RdA 04, 86, 90; **aA** *Thüsing/Wege* BB 05, 213, 215 f.; *Bauer* FS *Wißmann* S. 215, 228).

Keine Voraussetzung ist nach dem Sinn und Zweck der Regelung wohl eine be- **54** stimmte **Unternehmensgröße.** Der – nicht mehr auf Betriebe, sondern auf das Unternehmen abstellende – Schwellenwert des § 111 Satz 1 dient dem Schutz kleiner Unternehmen vor finanziellen Belastungen. Sein Zweck ist es nicht, größere Unternehmen in der Insolvenz gegenüber kleineren Unternehmen besser zu stellen. Daher kann auch in Unternehmen mit idR nicht mehr als 20 wahlberechtigten ArbN der Insolvenzverwalter mit dem BR einen Interessenausgleich iSv. § 125 InsO vereinbaren (**aA** aber die ganz hM, vgl. etwa *Thüsing/Wege* BB 05, 213, 215 mwN; *Däubler* NZA 04, 177, 183; *Willemsen/Annuß* NJW 04, 177, 180; *Quecke* RdA 04, 86, 90; *Gaul* BB 05, 2686, 2687; *Richardi/Annuß* Rn 22 b; ErfK/*Gallner* § 125 InsO Rn 3; KR-*Weigand* § 125 InsO Rn 6; ausdrücklich offen gelassen zu § 126 InsO von BAG 29. 6. 00 AP Nr. 2 zu § 126 InsO).

Die für einen Interessenausgleich geltenden **Formvorschriften** (vgl. Rn 24) müs- **55** sen gewahrt sein. Erforderlich ist daher nach § 112 Abs. 1 Satz 1 die Unterschrift des BRVors. und des Arbeitgebers. Auf das gesetzliche Schriftformerfordernis sind die §§ 125, 126 BGB anwendbar (BAG 12. 5. 10 – 2 AZR 551/08 – NZA 11, 114; 10. 6. 10 – 2 AZR 420/09 – NZA 10, 1352). Das Schriftformerfordernis erstreckt sich auch auf die Namensliste. Ausreichend ist, wenn Interessenausgleich und Namensliste eine einheitliche Urkunde bilden (BAG 12. 5. 10 – 2 AZR 551/08 – NZA 11, 114; 10. 6. 10 – 2 AZR 420/09 – NZA 10, 1352). Das ist der Fall, wenn sowohl Interessenausgleich als auch Namensliste unterschrieben und von Anfang an körperlich verbunden sind. Ist die Namensliste getrennt vom Interessenausgleich erstellt worden, so ist zur Wahrung der Schriftform ausreichend, aber auch erforderlich, dass im Interessenausgleich auf die zu erstellende Namensliste verwiesen wird, die erstellte Namensliste von den Betriebsparteien unterschrieben worden ist und die Liste ihrerseits eindeutig auf den Interessenausgleich Bezug nimmt (BAG 12. 5. 10 – 2 AZR 551/08 – NZA 11, 114; 10. 6. 10 – 2 AZR 420/09 – NZA 10, 1352). Ohne eine solche Rückverweisung stellen Interessenausgleich und Namensliste keine einheitliche Urkunde dar (BAG 12. 5. 10 – 2 AZR 551/08 – NZA 11, 114; zur Frage, ob eine E-Stellensitzung zur Wirksamkeit des Interessenausgleichs vor dessen Unterzeichnung unterbrochen werden muss, um einen Beschluss des BR herbeizuführen, BAG 24. 2. 00 AP Nr. 7 zu § 1 KSchG 1969 Namensliste). In der Namensliste müssen im Regelfall die **zu kündigenden ArbN namentlich abschließend zweifelsfrei benannt** sein (vgl. BAG 22. 1. 04 AP Nr. 1 zu § 112 BetrVG 1972 Namensliste; ErfK/*Oetker* § 1 KSchG Rn 362).

Nach der Rechtsprechung des BAG steht ein Verstoß einer Namensliste gegen **56** Vorschriften des AGG oder gegen gemeinschaftsrechtliche Diskriminierungsverbote, insbesondere das **Verbot der Altersdiskriminierung,** der Wirksamkeit der Namensliste und ihrer Vermutungswirkung nach § 1 Abs. 5 Satz 1 KSchG nicht entgegen (BAG 6. 11. 08 AP Nr. 182 zu § 1 KSchG 1969 Betriebsbedingte Kündigung; vgl. auch Rn 85; **aA** *Mohr* SAE 07, 353, 354; *Temming,* Altersdiskriminierung im Arbeitsleben, S. 561). Dies erscheint angesichts § 7 Abs. 2 AGG bedenklich. Allerdings geht auch das BAG davon aus, dass in einem solchen Fall die konkrete Sozialauswahl grob fehlerhaft sein kann (BAG 6. 11. 08 AP Nr. 182 zu § 1 KSchG 1969 Betriebsbedingte Kündigung). Das AGG und die RL 2000/78/EG stehen einer auf einer Altersgruppenbildung aufbauenden Namensliste nicht entgegen (BAG 6. 11. 08 AP Nr. 182 zu § 1 KSchG 1969 Betriebsbedingte Kündigung; *Lingemann/Beck* NZA 09, 577; *Benecke* ArbuR 09, 326; vgl. ferner zur Rechtslage vor dem Inkrafttreten des

AGG BAG 12. 3. 09 – 2 AZR 418/07 – NZA 09, 1023). Die Altersgruppenbildung kann zur Aufrechterhaltung einer ausgewogenen betrieblichen Altersstruktur gerechtfertigt sein (vgl. zu Sozialauswahl und Altersdiskriminierung BAG 15. 12. 11 – 2 AZR 42/10 – PM Nr. 96/11). Darin erblickt der Gesetzgeber, wie sich aus § 10 Abs. 3 Satz 2 KSchG ergibt, ein legitimes Ziel. Den Betriebsparteien die Möglichkeit zu eröffnen, für eine ausgewogene Altersstruktur zu sorgen, ist ein im Allgemeininteresse liegendes legitimes Ziel (so wohl auch *Benecke* ArbuR 09, 326, 331). Daher kann dahin stehen, ob berechtigte Arbeitgeberinteressen alleine ausreichen können, um ein eine unmittelbare Altersdiskriminierung rechtfertigendes legitimes Ziel iSv. § 10 Satz 1 AGG darzustellen (so wohl BAG 6. 11. 08 AP Nr. 182 zu § 1 KSchG 1969 Betriebsbedingte Kündigung). Legitime Ziele iSv. Art. 6 Abs. 1 der Rili 2000/78/EG sind allerdings nur solche von Allgemeininteresse, insbesondere sozialpolitische Ziele aus den Bereichen Beschäftigungspolitik, Arbeitsmarkt und berufliche Bildung sind (vgl. EuGH 5. 3. 09 NZA 09, 305 – „Age Concern England" –; 18. 6. 09 BB 09, 1811 – „Hütter" –; 13. 9. 11 – C-447/09 – „Prigge").

57   **Zuständig** für die Vereinbarung der Namensliste ist meist der örtliche BR. Ist für den Abschluss des Interessenausgleichs der GesBR oder gar der KBR zuständig, so ist er dies auch für die Namensliste (vgl. § 50 Rn 60; *Ohlendorf/Salamon* NZA 06, 131; *Zimmer/Rupp* FA 05, 259; *Gaul* BB 04, 2686, 2687; **aA** *Fischer* BB 04, 1001; *APS/Kiel* § 1 KSchG Rn 795).

58   Der **Zeitpunkt** der Erstellung der Namensliste kann auch nach der Erstellung des Interessenausgleichs liegen. Erforderlich ist dann ihre Unterzeichnung und eine ausdrückliche Bezugnahme auf den Interessenausgleich oder eine körperliche Verbindung mit diesem. Die Erstellung der Namensliste muss aber vor dem Ausspruch der Kündigungen liegen (*Jaeger* FS 25 Jahre ARGE Arbeitsrecht im DAV S. 889, 894).

59   Die Erstellung eines Interessenausgleichs mit Namensliste entbindet den ArbGeb. nicht von der **Pflicht zur Anhörung des BR** zu den auszusprechenden Kündigungen **nach § 102**. Die BRAnhörung unterliegt insoweit keinen erleichterten Anforderungen (BAG 22. 1. 04, 23. 10. 08 AP Nr. 1, 18 zu § 112 BetrVG 1972 Namensliste; *ErfK/Oetker* § 1 KSchG Rn 362; **aA** *Röder/Krieger* DB 05, 2578, 2581). Der ArbGeb. kann sie aber mit den Verhandlungen über den Interessenausgleich verbinden (BAG 20. 5. 99 AP Nr. 5 zu § 1 KSchG 1969 Namensliste).

60   Liegt ein formwirksamer Interessenausgleich mit Namensliste vor, wird gemäß § 1 Abs. 5 S. 1 KSchG **vermutet**, dass die Kündigung der bezeichneten ArbN durch **dringende betriebliche Erfordernisse** iSv. § 1 Abs. 2 KSchG bedingt ist (vgl. zu der etwas abweichenden Formulierung in § 125 Abs. 1 S. 1 Nr. 1 InsO Rn 81). Es handelt sich um eine **gesetzliche Vermutung nach § 292 ZPO**. Der ArbGeb. muss im Prozess nur die Vermutungslage darlegen. Der ArbN muss dann den vollen Nachweis führen, dass die Kündigung nicht durch dringende betriebliche Erfordernisse bedingt ist (BAG 7. 5. 98 AP Nr. 94 zu § 1 KSchG 1969 Betriebsbedingte Kündigung). Um die Vermutungswirkung zu widerlegen, muss er substantiiert Tatsachen vortragen, die den gesetzlich vermuteten Umstand ausschließen; eine bloße Erschütterung der Vermutung genügt nicht (vgl. BAG 22. 1. 04, 23. 10. 08 AP Nr. 1, 18 zu § 112 BetrVG 1972 Namensliste; 26. 4. 07 AP Nr. 4 zu § 125 InsO).

61   Die **Vermutungswirkung** des § 1 Abs. 5 S 1 KSchG erstreckt sich **auch** auf das **Nichtvorliegen einer anderweitigen Beschäftigungsmöglichkeit im Betrieb** (BT-Drucks. 15/1204 S. 11; BAG 7. 5. 98 AP Nr. 94 zu § 1 KSchG 1969 Betriebsbedingte Kündigung; 22. 1. 04, 23. 10. 08 AP Nr. 1, 18 zu § 112 BetrVG 1972 Namensliste).

62   Die Vermutung der **fehlenden Weiterbeschäftigungsmöglichkeit** erstreckt sich grundsätzlich auch auf **andere Betriebe im selben Unternehmen** (BAG 6. 9. 07 AP Nr. 170 zu § 1 KSchG 1969 Betriebsbedingte Kündigung; APS/*Kiel* § 1 Rn 799; *Gaul* AuA 98, 168, 169; *Preis* NZA 97, 1073, 1086; *Willemsen/Annuß* NJW 04, 177, 180; vgl. zu dem nach seinem Wortlaut sogar engeren § 125 Abs. 1 S. 1 Nr. 1 InsO Rn 81 mwN; **aA** *Fischermeier* NZA 97, 1089, 1097; *Jaeger* FS 25 Jahre ARGE

Arbeitsrecht im DAV S. 889, 900; *Kothe* BB 98, 946, 950; HaKo-*Gallner* § 1 KSchG Rn 679 mwN). Nach dem Wortlaut des § 1 Abs. 5 S. 1 KSchG betrifft seine Vermutung alle Aspekte der Betriebsbedingtheit der Kündigung und damit auch die fehlende Weiterbeschäftigungsmöglichkeit in einem anderen Betrieb desselben Unternehmens. Für dieses Verständnis sprechen auch die Gesetzesbegründung (vgl. BT-Drucks. 15/1204 S. 11) und der Gesetzeszweck, Kündigungen, die auf Grund Betriebsänderungen notwendig werden, einfach, rechtssicher und zugleich sozial ausgewogen zu gestalten (BAG 6. 9. 07 AP Nr. 170 zu § 1 KSchG 1969 Betriebsbedingte Kündigung). Dem kann nicht erfolgreich entgegengehalten werden, der BR verfüge insoweit nicht über die erforderlichen Kenntnisse. Vielmehr macht § 102 Abs. 3 Nr. 3 deutlich, dass das G entsprechende Kenntnisse des BR voraussetzt. Eine Ausnahme von dieser Vermutung ist nach der Rspr. des BAG geboten, wenn der ArbN in erheblicher Weise bestreitet, dass sich der BR mit Weiterbeschäftigungsmöglichkeiten in anderen Betrieben überhaupt nicht befasst hat, und darüber hinaus konkrete Anhaltspunkte für solche Beschäftigungsmöglichkeiten vorträgt (BAG 6. 9. 07 AP Nr. 170 zu § 1 KSchG 1969 Betriebsbedingte Kündigung).

Die **Überprüfung der sozialen Auswahl** ist nach § 1 Abs. 5 S. 2 KSchG **auf** **63** **grobe Fehlerhaftigkeit beschränkt.** Der Prüfungsmaßstab der groben Fehlerhaftigkeit gilt nicht nur für die sozialen Indikatoren und deren Gewichtung selbst, sondern auch auf die Bildung der auswahlrelevanten Gruppen (BAG 28. 8. 03 AP Nr. 1 zu § 125 InsO mwN; 21. 7. 05 AP Nr. 50 zu § 113 BetrVG 1972, 21. 9. 06 – 2 AZR 284/06 –, 10. 6. 10 – 2 AZR 420/09 – NZA 10, 1352). Grob fehlerhaft ist die soziale Auswahl **nur, wenn ein evidenter Fehler** vorliegt und der Interessensausgleich, insb. bei der Gewichtung der Auswahlkriterien, **jede Ausgewogenheit vermissen lässt** (BT-Drucks. 15/1204 S. 12; BAG 21. 1. 99 AP Nr. 3 zu § 1 KSchG 1969 Namensliste; 28. 8. 03 AP Nr. 1 zu § 125 InsO; 21. 7. 05 AP Nr. 50 zu § 113 BetrVG 1972; 21. 9. 06 – 2 AZR 284/06 –; 10. 6. 10 – 2 AZR 420/09 – NZA 10, 1352).

Der ArbN kann allerdings auch bei Vorliegen einer Namensliste im Kündigungs- **64** schutzprozess nach § 1 Abs. 3 S. 1 Halbs. 2 KSchG vom ArbGeb. **Auskunft** über die Gründe verlangen, die zu der getroffenen Sozialauswahl geführt haben (BAG 22. 1. 04 AP Nr. 1 zu § 112 BetrVG 1972 Namensliste; 17. 11. 05 AP Nr. 119 zu § 113 InsO; *Gaul* BB 04, 2686, 2690; **aA** *Röder/Krieger* DB 05, 2578, 2581). Unterlässt der ArbGeb. die **Auskunft,** ist die Kündigung ohne weiteres unwirksam (BAG 10. 2. 99 AP Nr. 6 zu § 1 KSchG 1969 Namensliste; *Jaeger* FS 25 Jahre ARGE Arbeitsrecht im DAV S. 889, 902).

Nach § 1 Abs. 5 S. 3 KSchG kommt die Vermutung der Betriebsbedingtheit und **65** die Beschränkung der Überprüfbarkeit der Sozialauswahl dann nicht zur Anwendung, wenn sich die Sachlage nach dem Zustandekommen des Interessenausgleichs so wesentlich geändert hat, dass von einem **Wegfall der Geschäftsgrundlage** auszugehen ist (BAG 21. 2. 01 EzA KSchG § 1 Interessenausgleich Nr. 8; 22. 1. 04 AP Nr. 1 zu § 112 BetrVG 1972 Namensliste; 12. 3. 09 – 2 AZR 418/07 –). Wesentlich ist die Änderung, wenn zumindest einer der Betriebspartner den Interessenausgleich in Kenntnis der späteren Änderung so nicht abgeschlossen hätte (BAG 22. 1. 04, 23. 10. 08 AP Nr. 1, 18 zu § 112 BetrVG 1972 Namensliste; 12. 3. 09 – 2 AZR 418/07 – NZA 09, 1023; *Jaeger* FS 25 Jahre ARGE Arbeitsrecht im DAV S. 889, 904).

Durch einen **Interessenausgleich mit Namensliste verschlechtert** sich die **66** **Position des betroffenen ArbN im Kündigungsschutzprozess** ganz erheblich. Der BR trägt daher bei dem Abschluss eines derartigen Interessenausgleichs eine hohe Verantwortung. Die Gefahr, dass es zu Koppelungsgeschäften oder sachfremden Entscheidungen kommt, denen der betroffene ArbN weitgehend wehrlos gegenübersteht, ist nicht von der Hand zu weisen (*Thüsing/Stelljes* BB 03, 1673, 1676; vgl. auch *Kohte* BB 98, 946, 953). Der **BR muss** vor dem Abschluss eines derartigen Interessenausgleichs die Kündigungsgründe, die Möglichkeit der Weiterbeschäftigung auch in einem anderen Betrieb des Unternehmens und die soziale Auswahl äußerst sorgfältig prüfen (vgl. *BBDW/Bram* § 1 KSchG Rn 288 n).

b) Der Interessenausgleich in der Insolvenz

67   Wie jeder andere ArbGeb. ist grundsätzlich auch der **Insolvenzverwalter** in Unternehmen mit in der Regel mehr als 20 wahlberechtigten ArbN bei Betriebsänderungen verpflichtet, den BR zu unterrichten und den Versuch eines **Interessenausgleichs** zu unternehmen (BAG 22. 7. 03 AP Nr. 42 zu § 113 BetrVG 1972; *Schrader/Straube* ZInsO 05, 910). Dies gilt auch, wenn der BR erst nach der Eröffnung des InsVerf. errichtet wurde (BAG 18. 11. 03 AP Nr. 162 zu § 112 BetrVG 1972). Der Insolvenzverwalter kann die Beteiligung des BR nicht mit der Begründung unterlassen, die Betriebsstilllegung sei unausweichliche Folge einer wirtschaftlichen Zwangslage und es gebe keine sinnvolle Alternative (BAG 22. 7. 03 AP Nr. 42 zu § 113 BetrVG 1972; 18. 11. 03 AP Nr. 162 zu § 112 BetrVG 1972; *Linck* in HK-InsO § 122 Rn 1; *Schrader/Straube* ZInsO 05, 910, 911). Nach der InsO gelten allerdings im Interesse einer zügigen Abwicklung des InsVerf. einige Besonderheiten.

68   So ist der Insolvenzverwalter nicht verpflichtet, sich auf ein gemäß § 112 Abs. 2 Satz 1 an den Vorstand der BA gerichtetes Vermittlungsersuchen des BR einzulassen. Denn ein **Vermittlungsversuch** findet nach dem der Verfahrensbeschleunigung dienenden § 121 InsO nur statt, wenn Insolvenzverwalter und BR gemeinsam darum ersuchen (*DKKW-Däubler* Anhang zu §§ 111–113, § 121 InsO Rn 2).

69   **§ 122 InsO** (vgl. dazu *Giesen* ZIP 98, 142; *Lakies* RdA 97, 145; *ders.* BB 99, 206; *Schrader/Straube* ZInsO 05, 910, 913 f.; *Linck* in HK-InsO § 122 Rn 1 ff.) eröffnet dem Insolvenzverwalter die Möglichkeit, nach **3-wöchigen ergebnislosen Verhandlungen** über einen Interessenausgleich Betriebsänderungen durchzuführen, ohne zuvor das bisweilen zeitaufwändige Verf. nach § 112 Abs. 2 ausgeschöpft zu haben (BAG 22. 7. 03 AP Nr. 42 zu § 113 BetrVG 1972). „Um Missbräuchen vorzubeugen" (BT-Drucks. 12/2443, S. 154) muss der Insolvenzverwalter allerdings zuvor die **Zustimmung des ArbG** einholen (*Linck* in HK-InsO § 122 Rn 4).

70   Den **Antrag** auf Zustimmung des ArbG zur Durchführung der Betriebsänderung kann der Insolvenzverwalter gemäß § 122 Abs. 1 Satz 1 InsO stellen, wenn ein Interessenausgleich nicht innerhalb von drei Wochen nach Verhandlungsbeginn oder schriftlicher Aufforderung zur Aufnahme von Verhandlungen zustande gekommen ist. Maßgeblich ist der jeweils frühere Zeitpunkt. Voraussetzung für den Lauf der Frist ist aber, dass der Insolvenzverwalter den BR zuvor umfassend unterrichtet hat (FK-InsO/*Eisenbeis* § 122 Rn 11; *Linck* in HK-InsO § 122 Rn 7, 8; *Braun/Wolf* InsO § 122 Rn 3; *DKKW-Däubler* Anh. zu §§ 111–113, § 122 InsO Rn 3).

71   Ausreichend ist grundsätzlich, dass seit Beginn der Verhandlungen oder der Aufforderung zu diesen drei Wochen vergangen sind. Auf die rechtlich kaum fassbare „Intensität" der Verhandlungen kommt es nicht an (so aber *DKKW-Däubler* Anh. zu §§ 111–113, § 122 InsO Rn 4). Ein reines **Scheinangebot** zu Verhandlungen genügt allerdings nicht (vgl. *Zwanziger* Kommentar zum Arbeitsrecht der Insolvenzordnung § 122 InsO Rn 25; *Linck* in HK-InsO § 122 Rn 12).

72   Für das **Zustimmungsverfahren** vor dem ArbG gelten gemäß § 122 Abs. 2 Satz 2 InsO die Vorschriften des ArbGG über das **BeschlVerf.** Zuständig ist gemäß § 82 Abs. 1 Satz 1 ArbGG das Gericht, in dessen Bezirk der Betrieb liegt. Am Verf. zu beteiligen sind gemäß § 122 Abs. 2 Satz 2 Halbs. 2 InsO der Insolvenzverwalter und der BR. Im Antrag sind die geplanten Betriebsänderungen genau zu bezeichnen. Das Gericht erforscht den Sachverhalt gemäß § 83 Abs. 1 Satz 1 ArbGG im Rahmen der gestellten Anträge von Amts wegen *Linck* in HK-InsO § 122 Rn 18). Gemäß § 122 Abs. 2 Satz 3 InsO ist das Verf. nach Maßgabe des § 61 a Abs. 3–6 ArbGG vorrangig zu erledigen (vgl. *Zwanziger* [Rn 71] § 122 InsO Rn 39).

73   Das ArbG erteilt die Zustimmung, wenn die wirtschaftliche Lage des Unternehmens auch unter Berücksichtigung der sozialen Belange der ArbN die Durchführung der Betriebsänderung ohne die vorherige Durchführung des Verf. nach § 112 Abs. 2 erfordert. Voraussetzung ist, dass wirtschaftlich die mit der Anrufung der E-Stelle verbundene Verzögerung nicht vertretbar erscheint. Erforderlich ist eine **besondere**

Eilbedürftigkeit (*Lakies* BB 99, 206; *Zwanziger* [Rn 71] § 122 InsO Rn 27). Der allgemeine Hinweis auf die Insolvenz genügt nicht (ArbG Berlin 26. 3. 98 AiB 99, 239). Zu berücksichtigen sind nicht nur die sich aus der wirtschaftlichen Lage des Unternehmens ergebenden Erfordernisse einer beschleunigten Durchführung der Betriebsänderung, sondern auch die sozialen Belange der ArbN und deren Interesse an einem vor der E-Stelle zu versuchenden Interessenausgleich (*Zwanziger* [Rn 71] § 122 InsO Rn 27; *Linck* in HK-InsO § 122 Rn 15).

Wenn das ArbG die Zustimmung erteilt, kann der Insolvenzverwalter die **Be- 74 triebsänderung** durchführen, **ohne** die **E-Stelle** anzurufen und ohne sich Ansprüchen der ArbN auf Nachteilsausgleich nach § 113 Abs. 3 auszusetzen (*Linck* in HK-InsO § 122 Rn 16). Die Verpflichtung zur Aufstellung des Sozialplans bleibt unberührt. **Lehnt das ArbG die Zustimmung ab,** muss der Insolvenzverwalter wie jeder andere ArbGeb. gemäß § 112 Abs. 2 Satz 2 die **E-Stelle** anrufen und dort den Versuch eines Interessenausgleichs unternehmen. Zu beachten ist ferner, dass das **Insolvenzgericht** unter bestimmten Voraussetzungen gemäß **§ 158 Abs. 2 Satz 2 InsO** auf Antrag des Schuldners dem Insolvenzverwalter zeitweilig die Stilllegung des Unternehmens untersagen kann (vgl. FK-InsO/*Eisenbeis* § 122 Rn 7; *Linck* in HK-InsO § 122 Rn 17).

Nach § 122 Abs. 3 Satz 1 InsO gibt es gegen den Beschluss des ArbG **keine Be- 75 schwerde.** Das ArbG hat aber gemäß § 122 Abs. 3 Satz 2 Halbs. 2 InsO in entspr. Anwendung des § 72 Abs. 2 ArbGG die **Rechtsbeschwerde** an das BAG **zuzulassen.** Dies ist der Fall, wenn die Rechtssache grundsätzliche Bedeutung hat (§ 72 Abs. 2 Nr. 1 ArbGG) oder wenn die Entscheidung des ArbG auf einer Divergenz iSd. entspr. geltenden § 72 Abs. 2 Nr. 2 ArbGG beruht. **Divergenzfähig** sind nur Entscheidungen des BVerfG, des Gemeinsamen Senats der obersten Gerichtshöfe des Bundes und des BAG (so wohl auch MünchKommInsO-*Löwisch/Caspers* §§ 121, 122 Rn 49). Keine Verpflichtung zur Zulassung der Rechtsbeschwerde besteht, wenn das ArbG von der Entscheidung eines anderen ArbG oder eines LAG abweicht. Das ArbG ist kein LAG und kann daher nicht von einer anderen Kammer desselben LAG und auch nicht von einem „anderen" LAG divergieren. Es besteht auch Veranlassung, über den Wortlaut des § 72 Abs. 2 Nr. 2 ArbGG hinaus eine Zulassungspflicht bei einer Abweichung von der Entscheidung eines anderen ArbG anzunehmen (*Rummel* DB 97, 775; **aA** *Müller* NZA 98, 1319; *Zwanziger* [Rn 71] § 122 InsO Rn 55; *DKKW-Däubler* Anhang nach §§ 111–113, § 122 InsO Rn 12). § 122 InsO dient der Beschleunigung der Verf. Aus diesem Grund ist weder die Möglichkeit einer Beschwerde noch die Möglichkeit einer Nichtzulassungsbeschwerde gegen die Nichtzulassung der Rechtsbeschwerde vorgesehen (vgl. Rn 63). Dieser Zweck würde unterlaufen, wenn das ArbG verpflichtet wäre, festzustellen, ob es in der Bundesrepublik divergierende erstinstanzliche Entscheidungen gibt. Im Übrigen wäre das Verhältnis dieser Entscheidungen zu den Entscheidungen von LAG dann ungeklärt. Dass der Gesetzgeber divergierende erstinstanzliche Entscheidungen hinnimmt, macht auch § 64 Abs. 3 ArbGG deutlich. An die Zulassung der Rechtsbeschwerde durch das ArbG ist das BAG gemäß § 122 Abs. 3 Satz 2 InsO iVm. § 72 Abs. 3 ArbGG gebunden.

Gegen die Nichtzulassung der Rechtsbeschwerde durch das ArbG findet **keine 76 Nichtzulassungsbeschwerde** statt (vgl. zu § 126 InsO BAG 14. 8. 01 AP Nr. 44 zu § 72a ArbGG 1979 Divergenz mit zahlreichen Nachw.; *Linck* in HK-InsO § 122 Rn 19). § 122 Abs. 3 Satz 2 InsO verweist nicht auf § 72a ArbGG.

Der BR wird im Verf. nach § 122 InsO idR die **Beauftragung eines Rechts- 77 anwalts** für erforderlich halten dürfen. Der ArbGeb. hat nach § 40 die dadurch entstehenden Kosten zu tragen (vgl. § 40 Rn 21 ff.). Diese sind Masseverbindlichkeiten iSv. § 55 Abs. 1 Nr. 1 InsO (*Linck* in HK-InsO § 122 Rn 18).

Nach § 122 Abs. 1 Satz 3 InsO ist der Insolvenzverwalter durch Einleitung des 78 Verf. auf Zustimmung des ArbG zur Durchführung der Betriebsänderung nicht gehindert, einen **Interessenausgleich nach § 125 InsO** zustande zu bringen oder einen Feststellungsantrag nach § 126 InsO zu stellen. Der in § 125 InsO vorgesehene besondere Interessenausgleich soll eine erfolgreiche Sanierung insolventer Unternehmen fördern und im Insolvenzfall zusätzliche Kündigungserleichterungen schaffen (BAG 28. 8. 03 AP Nr. 1 zu § 125 InsO). Die Bestimmung dient der Förderung der „übertragenden Sanierung". Es soll verhindert werden, dass eine beabsichtigte, mit Rationalisierungsmaßnahmen verbundene Betriebsveräußerung daran scheitert, dass der potenzielle Erwerber nicht übersehen kann, welche ArbVerh. auf ihn übergehen (*Linck* in HK-InsO § 125 Rn 1). Die Bestimmung führt – ebenso wie § 1 Abs. 5 KSchG (vgl. dazu Rn 49 ff.) – zu einer Einschränkung des Kündigungsschutzes der im Interessenausgleich namentlich bezeichneten ArbN. Ein Interessenausgleich nach § 125 InsO macht die nach § 102 Abs. 1 erforderliche Anhörung des BR zu den einzelnen Kündigungen nicht entbehrlich. Die BRAnhörung unterliegt grundsätzlich auch keinen erleichterten Anforderungen (BAG 28. 8. 03 AP Nr. 134 zu § 102 BetrVG 1972). Gemäß § 125 Abs. 2 InsO ersetzt in der Insolvenz ein Interessenausgleich nach § 123 Abs. 1 InsO die Stellungnahme des BR nach § 17 Abs. 3 Satz 2 KSchG. Dies gilt auch, wenn der Insolvenzverwalter aufgrund einer betriebsübergreifenden Betriebsänderung mit dem GesamtBR einen Interessenausgleich mit Namensliste abgeschlossen hat und dieser der Massenentlassungsanzeige beigefügt wird (BAG 7. 7. 11 – 6 AZR 248/10 – NZA 11, 1108; vgl. dazu *Schramm/Kuhnke* NZA 11, 1071).

79   Die **Voraussetzungen** für eine wirksame Namensliste nach § 125 Abs. 1 InsO sind dieselben wie nach § 1 Abs. 5 KSchG (vgl. dazu Rn 49 ff.).

80   Liegen die Voraussetzungen des § 125 Abs. 1 S. 1 InsO vor, so wird gemäß Nr. 1 vermutet, dass die Kündigung der ArbVerh. der bezeichneten ArbN durch dringende betriebliche Erfordernisse, die einer Weiterbeschäftigung in diesem Betrieb oder einer Weiterbeschäftigung zu unveränderten Arbeitsbedingungen entgegenstehen, bedingt ist. Es handelt sich um eine **gesetzliche Vermutung nach § 292 ZPO** (*Linck* in HK-InsO § 125 Rn 23; vgl. zu § 1 Abs. 5 S. 1 KSchG Rn 60).

81   Die gesetzliche Vermutung bezieht sich **wohl nicht nur auf fehlende Weiterbeschäftigungsmöglichkeiten im Betrieb, sondern grundsätzlich auch auf andere Betriebe im selben Unternehmen** (BAG 20. 9. 06 – 6 AZR 249/05 – NZA 07, 387; *Gaul* BB 04, 2686, 2689; *Lakies* BB 99, 207 f.; ErfK/*Gallner* § 125 Rn 7; *Linck* in HK-InsO § 125 Rn 20; APS-*Dörner* § 125 InsO Rn 24; *Zwanziger* [Rn 71] § 125 Rn 47; **aA** *Fischermeier* NZA 97, 1096 f.; DKKW-*Däubler* Anh. zu §§ 111–113, § 125 InsO Rn 15). Zwar ist der Wortlaut des § 125 Abs. 1 S. 1 Nr. 1 InsO enger als der des § 1 Abs. 5 S. 1 KSchG (vgl. zu diesem Rn 62). Für ein weites Verständnis spricht aber der gebotene Gleichklang der beiden Vorschriften (vgl. *Linck* in HK-InsO § 125 Rn 20).

82   Nach § 125 Abs. 1 Satz 1 Nr. 2 InsO kann die **soziale Auswahl** der ArbN **nur** im Hinblick auf die Dauer der **Betriebszugehörigkeit,** das **Lebensalter** und die **Unterhaltspflichten** und auch insoweit **nur grobe Fehlerhaftigkeit** nachgeprüft werden. Damit werden zum einen die **Beurteilungskriterien** beschränkt (vgl. *Zwanziger* [Rn 71] § 125 Rn 55 ff.; ErfK/*Gallner* § 125 InsO Rn 12), zum anderen der **Beurteilungsmaßstab** geändert (vgl. *Zwanziger* [Rn 71] § 125 Rn 63 ff.). Der Prüfungsmaßstab der groben Fehlerhaftigkeit bezieht sich nicht nur auf die sozialen Indikatoren und deren Gewichtung; vielmehr wird die gesamte soziale Auswahl, also insb. auch die Bildung der auswahlrelevanten Gruppen, nur auf ihre grobe Fehlerhaftigkeit überprüft (vgl. dazu Rn 63; GK-*Oetker* Rn 99; *Linck* in HK-InsO § 125 Rn 27; ErfK/*Gallner* § 125 InsO Rn 9).

83   Auch in der Insolvenz hat die Sozialauswahl auf den **gesamten Betrieb** bezogen zu erfolgen (BAG 28. 10. 04 AP Nr. 69 zu § 1 KSchG Soziale Auswahl; ErfK/*Gallner* § 125 InsO Rn 10). Ob ein Verstoß hiergegen eine grobe Fehlerhaftigkeit der Sozialauswahl zur Folge hat, hat das BAG bislang offen gelassen (BAG 17. 11. 05 AP Nr. 119 zu § 113 InsO). Bei der fehlerhaften Annahme, eine Beschäftigungsfiliale sei ein eigenständiger Betrieb, hat es eine grobe Fehlerhaftigkeit verneint (BAG 3. 4. 08 AP Nr. 17 zu § 1 KSchG 1969 Namensliste).

Auch wenn ein ArbN in die Namensliste aufgenommen ist, muss der Insolvenz- **84** verwalter ihm auf Verlangen nach § 1 Abs. 3 S. 3 Hs. 2 KSchG die Gründe mitteilen, die zu der getroffenen Sozialauswahl geführt haben. Erst nach Erfüllung der **Auskunftspflicht** trägt der ArbN die volle Darlegungslast für die Fehlerhaftigkeit der Sozialauswahl. Es genügt dabei nicht, dass er die gesetzliche Vermutung erschüttert; er muss vielmehr das Gegenteil beweisen (BAG 17. 11. 05 AP Nr. 119 zu § 113 InsO; *Linck* in HK-InsO § 125 Rn 38).

Nach § 125 Abs. 1 Satz 1 Nr. 2 Halbs. 2 InsO ist die soziale Auswahl ferner nicht **85** zu beanstanden, wenn eine **ausgewogene Personalstruktur erhalten oder geschaffen** wird. Die Vorschrift erlaubt damit – anders als § 1 Abs. 5 KSchG – auch Eingriffe in bestehende Personalstrukturen zur Steigerung der Leistungsfähigkeit des Betriebs (BAG 28. 8. 03 AP Nr. 1 zu § 125 InsO). Dem Insolvenzverwalter wird die Möglichkeit eröffnet, personalpolitische Fehlentwicklungen durch die Sozialauswahl zu korrigieren (ErfK/*Gallner* § 125 InsO Rn 14; *Linck* in HK-InsO § 125 Rn 30). Dabei ist Personalstruktur nicht mit Altersstruktur gleichzusetzen, sondern in einem umfassenderen Sinn zu verstehen (BAG 28. 8. 03 AP Nr. 1 zu § 125 InsO). Auch die Frage, ob die angestrebte Personalstruktur ausgewogen ist, ist nach der Rspr. des BAG nur auf grobe Fehlerhaftigkeit überprüfbar (BAG 28. 8. 03 AP Nr. 1 zu § 125 InsO; **aA** *Zwanziger* [Rn 71] § 125 InsO Rn 71). Im Prozess muss aber der InsVerw. darlegen, wie die Personalstruktur beschaffen ist und welche Struktur erreicht werden soll (*Linck* in HK-InsO § 125 Rn 30).

Die **Bildung von Altersgruppen** ist nach der Rspr. des BAG grundsätzlich nicht **85a** zu beanstanden (vgl. BAG 6. 11. 08 AP Nr. 182 zu § 1 KSchG 1969 Betriebsbedingte Kündigung; vgl. auch Rn 56). Sie ist danach im Anwendungsbereich des AGG bei Massenkündigungen nach § 10 Satz 1 und 2 AGG gerechtfertigt (BAG 6. 11. 08 AP Nr. 182 zu § 1 KSchG 1969 Betriebsbedingte Kündigung; vgl. zur Rechtslage vor Geltung des AGG BAG 19. 6. 07 AP Nr. 16 zu § 1 KSchG 1969 Namensliste; 12. 3. 09 – 2 AZR 418/07 – NZA 09, 1023). Ob allein die Generalklausel des § 10 Satz 1 und 2 AGG als gesetzgeberische Umsetzung der aus der RL 2000/78/EG ergebenden gemeinschaftsrechtlichen Verpflichtung genügt, erscheint allerdings nicht unproblematisch. Jedenfalls iVm § 125 Abs. 1 Nr. 2 InsO und § 1 Abs. 3 S. 1 und 2 KSchG dürfte aber der gesetzgeberische Wille, im Interesse einer ausgewogenen Personal- und Altersstruktur bei Massenkündigungen die Bildung von Altersgruppen zu gestatten, hinreichend deutlich zum Ausdruck kommen. Die Erhaltung oder Schaffung einer ausgewogenen Personal- und Altersstruktur den Betriebsparteien zu ermöglichen, stellt ein nicht nur im Interesse einzelner ArbGeb. sondern im Allgemeininteresse liegendes Ziel des Gesetzgebers dar (vgl. auch ErfK/*Gallner* § 125 InsO Rn 15; *Linck* in HK-InsO § 125 Rn 32). Zu Altersgruppen in 5-Jahres-Schritten vgl. BAG 20. 4. 05 – 2 AZR 201/04 – NZA 05, 877 (vgl. auch BAG 15. 12. 11 – 2 AZR 42/10 – PM Nr. 96/11).

Bei der **Kündigung schwerbehinderter Menschen** soll das Integrationsamt ge- **86** mäß **§ 89 Abs. 3 SGB IX** die Zustimmung erteilen, wenn – ua – der schwerbehinderte Mensch in einem Interessenausgleich nach § 125 InsO namentlich als einer der zu entlassenden ArbN bezeichnet ist (vgl. *Zwanziger* [Rn 71] § 125 InsO Rn 137; ErfK/*Gallner* § 125 InsO Rn 12).

Ergänzt wird § 125 InsO durch **§ 128 InsO.** Der Insolvenzverwalter kann danach **87** mit dem BR einen Interessenausgleich iSv. § 125 InsO auch dann vereinbaren, wenn die beabsichtigte **Betriebsänderung erst nach einer Betriebsveräußerung** durchgeführt werden soll. Nach dem Betriebsübergang kann sich dann der Betriebserwerber auf die kündigungsrechtliche Privilegierung nach § 125 InsO berufen (GK-*Oetker* Rn 104 ff.). Nach § 128 Abs. 2 InsO erstreckt sich die Vermutung des § 125 Abs. 1 Satz 1 Nr. 1 InsO auch darauf, dass die Kündigung nicht wegen des Betriebsübergangs erfolgte (ErfK/*Gallner* § 128 Rn 2; *Linck* in HK-InsO § 128 Rn 3; *DKKW-Däubler* Anh. zu §§ 111–113, § 128 InsO Rn 5). § 128 InsO findet nach seinem Sinn und Zweck auch auf die Veräußerung von Betriebsteilen Anwendung

(GK-*Oetker* Rn 109; **aA** *DKKW-Däubler* Anh. zu §§ 111–113, § 128 InsO Rn 6). Durch die Bestimmung sollen in der Insolvenz die Schwierigkeiten verringert werden, die sich aus § 613a BGB für die Veräußerung von Betrieben oder Betriebsteilen ergeben (vgl. BT-Drucks. 12/2443 S. 150).

88　　§ 126 InsO ermöglicht dem Insolvenzverwalter, **in einem arbeitsgerichtlichen BeschlVerf.** feststellen zu lassen, **dass die Kündigung** bestimmter namentlich bezeichneter ArbN durch dringende betriebliche Erfordernisse bedingt und sozial **gerechtfertigt** ist (vgl. dazu *Rieble* NZA 07, 1393; ErfK/*Gallner* § 126 Rn 1; *Linck* in HK-InsO § 126 Rn 1). Dies gilt für beabsichtigte und für bereits ausgesprochene Kündigungen (BAG 29. 6. 00 AP Nr. 2 zu § 126 InsO mwN). Der Insolvenzverwalter kann das Verf. einleiten, wenn es im Betrieb keinen BR gibt oder aus anderen Gründen innerhalb von 3 Wochen nach Verhandlungsbeginn oder schriftlicher Aufforderung zur Aufnahme von Verhandlungen ein Interessenausgleich nach § 125 Abs. 1 InsO nicht zustande gekommen ist.

89　　Voraussetzung für die Anwendbarkeit des § 126 InsO ist das Vorliegen einer **Betriebsänderung iSv. § 111.** Die Bestimmung ist daher nicht anwendbar, wenn der Insolvenzverwalter ohne Betriebsänderung einzelne betriebsbedingte Kündigungen aussprechen will (*Zwanziger* [Rn 71] § 126 InsO Rn 9 mwN; *Linck* in HK-InsO § 126 Rn 5; **aA** ErfK/*Gallner* § 126 InsO Rn 1 mwN; *Rieble* NZA 09, 1393, 1394). Keine Voraussetzung ist aber die Überschreitung des Schwellenwerts des § 111 Satz 1. § 126 InsO ist daher auch anwendbar in Unternehmen mit nicht mehr als 20 wahlberechtigten ArbN (*DKKW-Däubler* Anh. zu §§ 111–113 § 126 InsO Rn 7 mwN; KR-*Weigand* § 126 InsO Rn 3; **aA** *Linck* in HK-InsO § 126 Rn 1; *Zwanziger* [Rn 71] § 126 InsO Rn 9; offen gelassen in BAG 29. 6. 00 AP Nr. 2 zu § 126 InsO). Nach § 128 Abs. 1 InsO wird die Anwendung des § 126 InsO nicht dadurch ausgeschlossen, dass die Betriebsänderung erst nach einer Betriebsveräußerung durchgeführt werden soll.

90　　Für das Verf. gelten gemäß § 126 Abs. 2 Satz 1 InsO die Vorschriften über das **arbeitsgerichtliche BeschlVerf.** entsprechend. Zu beteiligen sind gemäß § 126 Abs. 2 S. 1 Halbs. 2 InsO der **Insolvenzverwalter, der BR** und die **betroffenen ArbN,** soweit sie sich nicht mit der Beendigung der ArbVerh. oder den geänderten Arbeitsbedingungen einverstanden erklärt haben (BAG 29. 6. 00 AP Nr. 2 zu § 126 InsO). Gibt es keinen BR, sind neben dem Insolvenzverwalter nur die betroffenen ArbN beteiligt. Ist eine Betriebsveräußerung beabsichtigt, ist außerdem gemäß § 128 Abs. 1 Satz 2 InsO der **Betriebserwerber** zu beteiligen. Der Insolvenzverwalter muss in dem Antrag die zu kündigenden ArbN namentlich bezeichnen (*Zwanziger* [Rn 71] § 126 InsO Rn 28). Er muss dartun, dass es in dem Betrieb keinen BR gibt oder dass seit der umfassenden Unterrichtung des BR 3 Wochen vergangen sind. Er muss die Betriebsänderung beschreiben und darlegen, dass die beabsichtigten oder bereits ausgesprochenen Kündigungen durch dringende betriebliche Erfordernisse bedingt sind. Außerdem hat er Betriebszugehörigkeit, Lebensalter und Unterhaltspflichten sämtlicher vergleichbarer ArbN und die Kriterien für die soziale Auswahl anzugeben (vgl. *Lakies* BB 99, 208; *Linck* in HK-InsO § 126 Rn 13). Das ArbG muss diese Tatsachen gemäß § 83 Abs. 1 Satz 1 ArbGG aber auch von Amts wegen ermitteln. Es hat das Verf. gemäß § 126 Abs. 2 Satz 2, § 122 Abs. 2 Satz 3 InsO nach Maßgabe des § 61a Abs. 3–6 ArbGG vorrangig zu erledigen.

91　　Das ArbG hat in vollem Umfang das Vorliegen dringender **betrieblicher Erfordernisse** zu **prüfen** (*Zwanziger* [Rn 71] § 126 InsO Rn 42; *Linck* in HK-InsO § 126 Rn 14). Eine fehlerhafte soziale Auswahl müssen aber die betroffenen ArbN aufzeigen (BAG 29. 6. 00 AP Nr. 2 zu § 126 InsO). Dabei kommt es nur auf die in § 126 Abs. 1 Satz 2 InsO genannten Kriterien an (*Zwanziger* [Rn 71] § 126 InsO Rn 43). Wurden die Kündigungen bereits von einem vorläufigen Insolvenzverwalter ausgesprochen, muss das Gericht auch dessen Kündigungsbefugnis prüfen (BAG 29. 6. 00 AP Nr. 2 zu § 126 InsO). Zu einer Betriebsstilllegung ist der vorläufige Insolvenzverwalter nach § 22 InsO meist nicht befugt (vgl. BAG 29. 6. 00 AP Nr. 2 zu § 126 InsO). Sonstige Unwirksamkeitsgründe sind allerdings im Verf. nach § 126 InsO nicht zu prüfen (BAG 29. 6. 00 AP Nr. 2 zu § 126 InsO; *Linck* in HK–InsO § 126 Rn 15; **aA** *Zwanziger* § 126 Rn 49).

Gewinnt das Gericht die Überzeugung (§ 84 S. 1 ArbGG), dass die Kündigungen **92** durch dringende betriebliche Erfordernisse bedingt sind und die soziale Auswahl nicht zu beanstanden ist, stellt es fest, dass die Kündigungen der namentlich im Einzelnen zu bezeichnenden ArbN sozial gerechtfertigt sind. Andernfalls weist es den Antrag ab. Das Gericht kann dem Antrag auch teilweise entsprechen und ihn im Übrigen abweisen. Die rechtskräftige Entscheidung entfaltet gemäß § 127 Abs. 1 Satz 2 InsO **Bindungswirkung für** spätere oder bereits erhobene **KSchutzklagen.** Eine Ausnahme gilt nur, wenn sich die Sachlage nach dem Schluss der letzten mündlichen Verhandlung wesentlich geändert hat. KSchutzverf. sind gemäß § 127 Abs. 2 InsO bis zur Rechtskraft der Entscheidung im Verf. nach § 126 InsO auszusetzen.

Gegen den Beschluss des ArbG findet gemäß § 126 Abs. 2 Satz 2 iVm. § 122 **93** Abs. 3 InsO **keine Beschwerde,** sondern lediglich im Falle ihrer Zulassung durch das ArbG die Rechtsbeschwerde an das BAG statt (vgl. Rn 75 f.). Die Möglichkeit der Nichtzulassungsbeschwerde besteht nicht (BAG 14. 8. 01 AP Nr. 44 zu § 72 a ArbGG 1979 Divergenz). Eine zugelassene Rechtsbeschwerde kann jeder beteiligte ArbN einlegen. Sie wirkt nicht zugunsten der anderen ArbN (BAG 29. 6. 00 AP Nr. 2 zu § 126 InsO). Gerichtskosten werden gemäß § 2 Abs. 2 GKG für das Verf. nach § 126 InsO nicht erhoben. Hinsichtlich der **außergerichtlichen Kosten** der Verfahrensbeteiligten gilt nach § 126 Abs. 3 Satz 1 InsO für den ersten Rechtszug **§ 12 a Abs. 1 Satz 1 ArbGG entspr.** Nach dieser Vorschrift besteht kein Anspruch der obsiegenden Partei auf Entschädigung wegen Zeitversäumnis und auf Erstattung der Kosten für die Zuziehung eines Prozessbevollmächtigten. Die Erstattung sonstiger Kosten – wie zB Reisekosten – wird dadurch nicht ausgeschlossen. Der Verweis in § 126 Abs. 3 Satz 1 InsO könnte daher dahin verstanden werden, dass anders als sonst im BeschlVerf. (vgl. zuletzt BAG 20. 4. 99 AP Nr. 43 zu § 81 ArbGG 1979; GK–ArbGG/*Wenzel* § 12 Rn 433 mwN) ausnahmsweise eine Kostenentscheidung zu ergehen hat. Wie sich aus den Gesetzesmaterialien (BT-Drucks. 12/2443 S. 150) ergibt, wollte der Gesetzgeber jedoch für das erstinstanzliche Verf. nicht die Pflicht zur Erstattung außergerichtlicher Kosten einführen. Daher ist **im ersten Rechtszug eine Kostenentscheidung entbehrlich.** Der BR hat gegen den Insolvenzverwalter gemäß § 40 BetrVG einen materiellrechtlichen Anspruch auf Erstattung der Kosten für die Hinzuziehung eines Verfahrensbevollmächtigten (*Lakies* RdA 97, 154; *ders.* BB 99, 209; *Müller* NZA 98, 1320). **Anders als sonst in BeschlVerf.** besteht dagegen nach § 126 Abs. 3 Satz 2 InsO ein **Kostenerstattungsanspruch für das Rechtsbeschwerdeverf.** In diesem muss daher eine Kostenentscheidung ergehen (vgl. BAG 20. 1. 00 AP Nr. 1 zu § 126 InsO). Bei dieser finden die §§ 91 ff. ZPO Anwendung (*Lakies* RdA 97, 154; *ders.* BB 99, 209). Dadurch soll gewährleistet werden, dass ein ArbN, der im Rechtsbeschwerdeverf. obsiegt, die Kosten seines Prozessbevollmächtigten ersetzt bekommt (BT-Drucks. 12/2443 S. 150). Die Bestimmung kann aber auch zur Folge haben, dass der ArbN die außergerichtlichen Kosten des erfolgreichen Insolvenzverwalters erstatten muss (*Müller* NZA 98, 1320). Darunter fallen aber nicht die Kosten des am Rechtsbeschwerdeverf. beteiligten BR. Diese hat vielmehr, wenn sie erforderlich waren, nach dem insoweit vorgehenden § 40 BetrVG der Insolvenzverwalter zu tragen.

c) Zuordnung von Arbeitnehmern nach Umwandlung

Stellt sich die **Umwandlung** (Verschmelzung, Spaltung oder Vermögensübertra- **94** gung) eines Unternehmens (vgl. § 1 Rn 156 ff., § 111 Rn 56 ff.) zugleich als **Betriebsänderung** iSv. § 111 dar, so können die ArbN den neuen Betrieben in einem Interessenausgleich **namentlich zugeordnet** werden. Nach § 323 Abs. 2 UmwG kann in diesem Fall das ArbG die Zuordnung nur auf „grobe Fehlerhaftigkeit" überprüfen. Ist die Umwandlung mit einem Betriebs- oder Betriebsteilübergang verbunden, gerät § 323 Abs. 2 UmwG in ein Spannungsverhältnis zu dem gemäß § 324 UmwG ebenfalls anwendbaren zwingenden § 613a Abs. 1 Satz 1 BGB (vgl. BAG 25. 5. 00 AP Nr. 209 zu § 613a BGB) und zur RL 2001/23/EG (Betriebsübergangs-RL; vgl. GK-*Oetker* Rn 119f.). Dabei geht schon wegen des Gebots der richtlinienkonformen Auslegung § 613a Abs. 1 Satz 1 BGB grundsätzlich vor. Liegt ein Betriebs- oder Betriebsteilübergang vor, ist ein Interessenausgleich nur für die ArbVerh. von Bedeutung, deren Zuordnung zweifelhaft ist, weil der ArbN seine Tätigkeit in mehreren Betrieben oder Betriebsteilen erbringt.

95   Der Interessenausgleich entfaltet dann in eingeschränktem Maß **Wirkungen für die einzelnen ArbVerh.** Die ArbN können die Zuordnung grundsätzlich nur noch auf grobe Fehlerhaftigkeit überprüfen lassen. Grob fehlerhaft ist die Zuordnung nur bei völliger Sachwidrigkeit.

III. Sozialplan

1. Allgemeine Voraussetzungen

96   Der Sozialplan ist nach der **Legaldefinition** des § 112 Abs. 1 Satz 2 die Einigung zwischen Unternehmer und BR über den Ausgleich oder die Milderung der wirtschaftlichen Nachteile, die den ArbN infolge der geplanten Betriebsänderung entstehen. Er ist bei jeder Betriebsänderung aufzustellen. Ausnahmen sind in § 112a geregelt (vgl. Rn 100ff.). §§ 112, 112a gelten für den Abschluss eines Sozialplans auch in Tendenzbetrieben (vgl. § 118 Rn 47). Zu einem zwischen ArbGeb. und Sprecherausschuss vereinbarten Sozialplan für leitende Angestellte vgl. BAG 10. 2. 09 – 1 AZR 767/07 – NZA 09, 970.

97   Die Aufstellung eines Sozialplans ist – anders als ein Interessenausgleich – gemäß § 112 Abs. 4 grundsätzlich über die E-Stelle erzwingbar. Hinsichtlich des möglichen Inhalts und den bei der Aufstellung zu beachtenden Grundsätzen bestehen erhebliche **Unterschiede** zwischen Sozialplänen, die auf einer **freiwilligen Vereinbarung** beruhen und solchen, die durch **Spruch einer E-Stelle** zustande kommen (vgl. *Schmidt* FS *Krentz* S. 451). Bei Vereinbarungen über einen Sozialplan sind die Betriebsparteien in ihrer Regelungsbefugnis in erheblichem Umfang frei (vgl. Rn 127f.). Regeln sie über § 112 Abs. 1 Satz 2 hinaus nicht nur den Ausgleich oder die Milderung wirtschaftlicher Nachteile, handelt es sich der Sache nach nicht mehr nur um einen Sozialplan, sondern um eine den Betriebsparteien auf Grund ihrer Betriebsverfassungsautonomie mögliche freiwillige BV. Solche freiwilligen BV sind auch die sog. Rahmensozialpläne (vgl. Rn 99). In einem durch Spruch der E-Stelle zustande gekommenen Sozialplan dürfen dagegen nur Regelungen über den Ausgleich oder die Milderung der durch die konkrete Betriebsänderung entstehenden wirtschaftlichen Nachteile getroffen werden. Außerdem hat die E-Stelle die in Abs. 5 genannten Grundsätze zu beachten.

98   Die Verpflichtung zur Aufstellung eines Sozialplans besteht unabhängig davon, ob der Unternehmer einen Interessenausgleich mit dem BR versucht oder erreicht hat. Sie besteht **auch noch nach Durchführung der Betriebsänderung** (BAG 15. 10. 79 AP Nr. 5 zu § 111 BetrVG 1972; GK-*Oetker* Rn 137). Dies gilt auch, wenn der Unternehmer keinen Interessenausgleich versucht hat. Die in diesem Fall den ArbN nach § 113 Abs. 3 zustehenden Ansprüche auf Nachteilsausgleich lassen die Verpflichtung zum Abschluss eines Sozialplans nicht entfallen (zur etwaigen Anrechnung vgl. § 113 Rn 33).

99   Bestehen Unsicherheiten darüber, ob eine Betriebsänderung vorliegt, können ArbGeb. und BR **vorsorglich** einen **Sozialplan** für den Fall vereinbaren, dass es sich bei den Maßnahmen um eine Betriebsänderung handelt (BAG 1. 4. 98, 22. 7. 03 AP Nr. 123, 160 zu § 112 BetrVG 1972; vgl. auch BAG 15. 5. 07 ZIP 07, 1575). Stellt sich in diesem Fall heraus, dass tatsächlich keine Betriebsänderung, sondern etwa ein

Betriebsübergang vorliegt, können Ansprüche aus dem vorsorglich vereinbarten Sozialplan entfallen. Die Betriebsparteien können die Sozialplanansprüche aber nicht wirksam davon abhängig machen, dass der ArbN zuvor erfolglos eine Klage gegen den etwaigen Betriebserwerber geführt hat (BAG 22. 7. 03 AP Nr. 160 zu § 112 BetrVG 1972). Erzwungen werden kann ein derartiger (aufschiebend oder auflösend) bedingter Sozialplan nicht. Die E-Stelle muss sich im Rahmen ihrer Zuständigkeitsprüfung vielmehr schlüssig werden, ob eine sozialplanpflichtige Betriebsänderung vorliegt oder nicht. Die Aufstellung von **Rahmen-** oder **Dauersozialplänen** für künftige, noch nicht konkret geplante Betriebsänderungen fällt nicht unter § 111 ff. Sie ist freiwillig möglich, aber nicht erzwingbar (vgl. dazu BAG 11. 12. 07 NZA-RR 08, 298; GK-*Oetker* Rn 134, 135). Für derartige Rahmensozialpläne gilt § 112 Abs. 1 S. 4 nicht; daher unterfallen sie der tariflichen Regelungssperre des § 77 Abs. 3 S. 1 (vgl. Rn 222). Sie schränken die MBR des BR bei konkret eintretenden Betriebsänderungen grundsätzlich nicht ein (*DKKW-Däubler* Rn 131). Eine Einschränkung gilt, wenn bei Abschluss eines Sozialplans die Betriebsänderung bereits „in groben Umrissen abschätzbar" ist. In diesem Fall ist das MBR des BR hinsichtlich des Sozialplans verbraucht (BAG 26. 8. 97 AP Nr. 117 zu § 112 BetrVG 1972; ErfK/*Kania* Rn 15). Über einen Interessenausgleich muss aber dennoch verhandelt werden (BAG 19. 1. 99 AP Nr. 37 zu § 113 BetrVG 1972, 11. 12. 01 AP Nr. 22 zu § 50 BetrVG 1972; *DKKW-Däubler* Rn 132 a). Freiwillige vorsorgliche Rahmensozialpläne für eventuelle künftige im Konzernverbund erfolgende Betriebsänderungen gelten regelmäßig nur, solange ein Unternehmen dem Konzernverbund angehört; jedenfalls ohne entsprechende Anhaltspunkte ist nicht anzunehmen, dass ein Unternehmen die mit einem freiwilligen Rahmensozialplan verbundenen finanziellen Belastungen auch für Betriebsänderungen eingehen will, die erst nach einem Ausscheiden aus dem Konzernverbund stattfinden (BAG 11. 12. 07 NZA-RR 08, 298). Die Betriebsparteien können freiwillige Dauer- oder Rahmensozialpläne anlässlich einer konkret anstehenden Betriebsänderung einvernehmlich abändern (BAG 14. 11. 06, 19. 2. 08 AP Nr. 181, 191 zu § 112 BetrVG 1972). Rahmensozialpläne sind kündbar. Da sie nicht erzwingbar sind, entfalten sie keine Nachwirkung nach § 77 Abs. 6.

2. Einschränkungen der Erzwingbarkeit (§ 112 a)

Nach § 112 a ist in bestimmten Fällen trotz Vorliegens einer Betriebsänderung ein **100** **Sozialplan nicht erzwingbar.** Die durch das BeschFG 1985 eingeführte Bestimmung soll zum einen dazu beitragen, dass ein Unternehmer nicht wegen der Sozialplanpflichtigkeit eines Personalabbaus von Neueinstellungen absieht. Zum anderen soll die Neugründung von Unternehmen erleichtert werden (*Richardi/Annuß* § 112 a Rn 1).

a) Ausschließlicher Personalabbau

§ 112 a Abs. 1 schränkt die Sozialplanpflicht nach § 112 Abs. 4 ein, wenn eine ge- **101** plante Betriebsänderung **„allein"** in der **Entlassung** von ArbN besteht und bestimmte Schwellenwerte nicht überschritten werden. Die Vorschrift kommt trotz ihres etwas missverständlichen Wortlauts auch dann zur Anwendung, wenn zum Personalabbau weitere Maßnahmen des ArbGeb. hinzukommen. Unanwendbar ist sie erst, wenn diese weiteren Maßnahmen allein oder zusammen mit dem Personalabbau eine Betriebsänderung iSv. § 111 S. 3 darstellen. Erst dann ist ein Sozialplan erzwingbar. Dieses Verständnis der Vorschrift entspricht ihrem Sinn und Zweck und der Gesetzessystematik (BAG 28. 3. 06 AP Nr. 12 zu § 112 a BetrVG 1972 mit Anm. *Oetker; WPK/Preis/Bender* Rn 31; *Richardi* § 112 a Rn 5; *DKKW-Däubler* Rn 32; **aA** GK-*Oetker* Rn 238).

Dementsprechend genügt zB die zusätzlich zum Personalabbau erfolgende Veräu- **102** ßerung einiger Maschinen nicht zur Unanwendbarkeit des § 112 a Abs. 1; erst wenn diese Maschinen ggf. gemeinsam mit dem abgebauten Personal einen **wesentlichen Betriebsteil iSv. § 111 S. 3 Nr. 1** darstellen, liegt eine sozialplanpflichtige Maßnahme vor (BAG 28. 3. 06 AP Nr. 12 zu § 112a BetrVG 1972 mit Anm. *Oetker;* vgl. auch BAG 6. 12. 88 AP Nr. 26 zu § 111 BetrVG 1972).

103   Bei reinem Personalabbau sind für die Sozialplanpflichtigkeit nicht die Zahlen und Prozentangaben des § 17 Abs. 1 KSchG maßgeblich (vgl. § 111 Rn 74, 75), sondern die Staffel des § 112a Abs. 1 Satz 1 (BAG 28. 3. 06 AP Nr. 12 zu § 112a BetrVG 1972; vgl. auch 9. 11. 10 – 1 AZR 708/09 – NZA 11, 466). Danach ist bei bloßem Personalabbau ein Sozialplan nur erzwingbar, wenn in Betrieben mit idR (§ 1 Rn 271 ff. u. § 111 Rn 27)

bis zu 59 ArbN	20% der ArbN, aber mindestens 6 ArbN
60–249 ArbN	20% der ArbN oder mindestens 37 ArbN
250–499 ArbN	15% der ArbN oder mindestens 60 ArbN
500–599 ArbN	60 ArbN
ab 600 ArbN	10% der ArbN

aus betriebsbedingten Gründen entlassen werden. Es gelten die Grundsätze, die zum Personalabbau als Betriebsänderung entwickelt wurden (§ 111 Rn 74 ff.).

104   Aus betriebsbedingten Gründen **entlassen** iSv. § 112a Abs. 1 Satz 1 sind nicht nur die ArbN, denen der ArbGeb. kündigt. Als Entlassung gilt vielmehr nach § 112a Abs. 1 Satz 2 auch das vom ArbGeb. aus Gründen der Betriebsänderung veranlasste Ausscheiden auf Grund von **Aufhebungsverträgen.** Gleichzustellen ist die vom ArbGeb. veranlasste **Eigenkündigung** des ArbN (BAG 23. 8. 88 AP Nr. 17 zu § 113 BetrVG 1972; vgl. auch Rn 192 f. mwN). Durch den ArbGeb. veranlasst ist ein Aufhebungsvertrag oder eine Eigenkündigung, wenn der ArbGeb. bei dem ArbN im Hinblick auf eine konkret geplante Betriebsänderung die berechtigte Annahme hervorgerufen hat, mit der eigenen Initiative komme er einer sonst notwendig werdenden betriebsbedingten Kündigung des ArbGeb. zuvor (BAG 22. 7. 03, 26. 10. 04; 13. 12. 05 AP Nr. 160, 171, 179 zu § 112 BetrVG 1972). Dies ist insb. der Fall, wenn der ArbGeb. dem ArbN mitgeteilt hat, er habe für ihn nach Durchführung der Betriebsänderung keine Beschäftigung mehr (BAG 15. 1. 91, 28. 10. 92 AP Nr. 57, 65 zu § 112 BetrVG 1972; 29. 10. 02; 25. 3. 03 EzA § 112 BetrVG 2001 Nr. 4, 6). § 112a Abs. 1 Satz 2 und die dazu entwickelte Rechtsprechung ist auch maßgeblich, wenn es um „Entlassungen" iSv. § 113 Abs. 3 (vgl. dazu § 113 Rn 22), die Auslegung und Wirksamkeit von Sozialplänen (vgl. dazu Rn 175) oder um Entlassungen iSv. § 123 Abs. 1 InsO (vgl. dazu Rn 296) geht.

105   Werden die Grenzzahlen bei einem **stufenweisen Abbau** erreicht, kommt es darauf an, ob dieser auf einer **einheitlichen unternehmerischen Planung** beruht (vgl. näher **§ 111 Rn 76;** BAG 28. 3. 06 AP Nr. 12 zu § 112a BetrVG 1972).

b) Neugegründete Unternehmen

106   § 112a Abs. 2 schließt die Anwendung des § 112 Abs. 4 u. 5 auf Betriebe **neu gegründeter Unternehmen** für vier Jahre aus. Ein Sozialplan ist dann nicht erzwingbar. § 112a Abs. 2 gilt für alle Betriebsänderungen. Die Betriebsparteien können aber freiwillig einen Sozialplan vereinbaren. Auch können sie gemäß § 76 Abs. 6 Satz 1 gemeinsam die E-Stelle anrufen. Deren Spruch ersetzt gemäß § 76 Abs. 6 Satz 2 die Einigung der Betriebsparteien aber nur, wenn diese sich dem Spruch im Voraus entwerfen oder ihn nachträglich annehmen (BAG 6. 12. 88 AP Nr. 26 zu § 111 BetrVG 1972).

107   Begünstigt werden junge Unternehmen. Entscheidend ist allein das **Alter des Unternehmens,** nicht das Alter des Betriebs (BAG 13. 6. 89, 22. 5. 95 AP Nr. 3, 7, 8 zu § 112a BetrVG 1972, 10. 12. 96, AP Nr. 110 zu § 112 BetrVG 1972; 27. 6. 06 AP Nr. 14 zu § 112a BetrVG 1972; GK-*Oetker* Rn 309 mwN; ErfK/*Kania* Rn 17; MünchArbR-*Matthes* § 271 Rn 37; *Richardi* § 112a Rn 13; *WPK/Preis/Bender* Rn 33).

Die Privilegierung des § 112a Abs. 2 gilt daher nicht für Unternehmen, die mehr **108** als vier Jahre bestehen, wenn sie einen **neuen Betrieb** gründen (BAG 27. 6. 06 AP Nr. 14 zu § 112a BetrVG 1972; *Richardi* § 112a Rn 13; *WPK/Preis/Bender* Rn 33; GK-*Oetker* Rn 307f. *DKKW-Däubler* Rn 34). In diesem Betrieb sind Betriebsänderungen von Anfang an sozialplanpflichtig.

Dagegen findet § 112a Abs. 2 Anwendung, wenn ein **neu gegründetes Unter-** **109** **nehmen** einen Betrieb übernommen hat, der bereits länger als vier Jahre bestand (BAG 27. 6. 06 AP Nr. 14 zu § 112a BetrVG 1972 mwN; GK-*Oetker* Rn 310 mwN; ErfK/*Kania* Rn 17; *Richardi* § 112a Rn 15; *WPK/Preis/Bender* Rn 34; *Fuhlrott* ArbRAktuell 11, 109; aA *DKKW-Däubler* Rn 35). Die Privilegierung endet dementsprechend auch nicht, wenn ein von einem neu gegründeten Unternehmen übernommener Betrieb während der ersten vier Jahre nach der Unternehmensgründung vier Jahre alt wird.

Hierfür sprechen der Wortlaut, der Sinn und Zweck der Regelung und praktische **110** Bedürfnisse. Bereits der **Wortlaut** der Bestimmung ist insoweit eindeutig. Die Auslegung entspricht auch dem vom Gesetzgeber verfolgten **Zweck der Regelung** (BAG 27. 6. 06 AP Nr. 14 zu § 112a BetrVG 1972). Wären junge Unternehmen in übernommenen älteren Betrieben schon in den ersten vier Jahren sozialplanpflichtig, würde die neue unternehmerische Tätigkeit, die der Gesetzgeber fördern will, erschwert (BAG 10. 12. 96 AP Nr. 110 zu § 112 BetrVG 1972). Für die Auslegung sprechen ferner Gründe der **Rechtssicherheit.** Als maßgeblicher Zeitpunkt der Gründung des Unternehmens ist in § 112a Abs. 2 Satz 3 ausdrücklich die nach § 138 AO dem Finanzamt mitzuteilende Aufnahme einer Erwerbstätigkeit festgestellt. Dagegen fehlt es an der Bestimmung des Alters eines Betriebs. Dieses lässt sich häufig – insb. bei Spaltungen, Zusammenlegungen, Bildung von Gemeinschaftsbetrieben – auch keineswegs ohne weiteres feststellen.

Die Auslegung steht nicht im Widerspruch zu **§ 613a BGB** und ist weder verfas- **111** sungsrechtlich noch unionsrechtlich zu beanstanden (BAG 27. 6. 06 AP Nr. 14 zu § 112a BetrVG 1972). Allerdings verlieren die ArbN eines älteren Betriebs bei der Übernahme durch ein neu gegründetes Unternehmen für den Fall einer in den nächsten vier Jahre erfolgenden Betriebsänderung die Chance auf einen erzwingbaren Sozialplan. Diese Aussicht ist aber kein Recht iSv. § 613a BGB (BAG 27. 6. 06 AP Nr. 14 zu § 112a BetrVG 1972). Auch die **RL 2001/23/EG (Betriebsübergangs-RL)** gebietet keine andere Auslegung (BAG 27. 6. 06 AP Nr. 14 zu § 112a BetrVG 1972; *Richardi* § 112a Rn 15; *WPK/Preis/Bender* Rn 34; aA *DKKW-Däubler* Rn 35). Nach deren Art. 3 Nr. 1 gehen die Rechte und Pflichten des Veräußerers aus einem zum Zeitpunkt des Übergangs bestehenden Arbeitsvertrag oder ArbVerh. auf Grund des Übergangs auf den Erwerber über. Zu diesen individualrechtlichen Pflichten des Veräußerers gehört nicht seine kollektivrechtliche Verpflichtung, im Falle einer Betriebsveräußerung einen Sozialplan abzuschließen (vgl. BAG 13. 6. 89, 27. 6. 06 AP Nr. 3, 14 zu § 112a BetrVG 1972). Die Betriebsübergangs-RL gebietet nicht die unveränderte Fortgeltung betriebsverfassungsrechtlicher Rechtspflichten beim Betriebserwerber. Dies erscheint eindeutig. Das BAG hat daher zu Recht von einer Anrufung des EuGH nach Art. 234 EG (jetzt: Art. 267 Abs. 3 AEUV) abgesehen (BAG 27. 6. 06 AP Nr. 14 zu § 112a BetrVG 1972).

Die Gefahr einer durch § 112a Abs. 2 möglichen **„Flucht aus der Sozialplan-** **112** **pflichtigkeit"** durch Übertragung von Betrieben oder Betriebsteilen auf neu gegründete Unternehmen ist allerdings nicht völlig von der Hand zu weisen. Die Vorschrift ist daher rechtspolitisch nicht unbedenklich. Die Fluchtmöglichkeiten sind allerdings beschränkt (vgl. BAG 10. 12. 96 AP Nr. 110 zu § 112 BetrVG 1972). Insbesondere gilt die Privilegierung des § 112a Abs. 2 Satz 1 gemäß Abs. 2 Satz 2 nicht für Neugründungen im **Zusammenhang mit** der rechtlichen **Umstrukturierung von Unternehmen und Konzernen.** Damit will der Gesetzgeber verhindern, dass Unternehmen, die bei der Umstrukturierung von Unternehmen und Konzernen neu gegründet werden, von der Sozialplanpflicht befreit sind (vgl. BT-Drucks. 10/2102

S. 28; BAG 22. 2. 95 AP Nr. 7, 8 zu § 112a BetrVG). Zu solchen Neugründungen gehören die Verschmelzung bestehender auf neu gegründete Unternehmen, die Auflösung eines Unternehmens unter Übertragung seines Vermögens auf ein neu gegründetes Unternehmen, die Aufspaltung eines Unternehmens auf mehrere neu gegründete Unternehmen und die Abspaltung von Teilen bestehender Unternehmen auf neu gegründete Tochtergesellschaften (BT-Drucks. 10/2102 S. 28; BAG 27. 6. 06 AP Nr. 14 zu § 112a BetrVG 1972). Streitig ist, ob die Beschränkung des § 112a Abs. 2 Satz 2 nur für Unterordnungs- oder auch für Gleichordnungskonzerne gilt (bejahend *Trümner/Weinbrenner* ArbuR 10, 248; verneinend *Richardi/Annuß* § 112a Rn 19). Da § 112a Abs. 2 Satz 2 – anders als § 8 Abs. 1 Satz 2 und § 54 Abs. 1 Satz 1 – nicht den Klammerzusatz „§ 18 Abs. 1 des Aktiengesetzes" enthält, erscheint es auch im Hinblick auf den Zweck des § 112a Abs. 2 Satz 2 und auf die mit § 112a Abs. 2 Satz 1 verbundene Gefahr der „Flucht aus der Sozialplanpflichtigkeit" gerechtfertigt, § 112a Abs. 2 Satz 2 weit auszulegen und auch auf Gleichordnungskonzerne anzuwenden.

113 Umstritten ist das für den **Ablauf der Vier-Jahres-Frist** maßgebliche Ereignis (Entschluss zur Durchführung; Beginn der Durchführung – so *DKKW-Däubler* Rn 34 –; Ende der Durchführung; Spruch der E-Stelle – so GK-*Oetker* Rn 313). Richtig dürfte es aus Gründen der Rechtssicherheit und Rechtsklarheit sein, auf den Beginn der Betriebsänderung abzustellen. Dies ist das erste zuverlässig objektivierbare Ereignis (ebenso *Fuhlrott* ArbRAktuell 11, 109).

114 Die **Gestaltungsformen der Umstrukturierung** sind **vielfältig** (vgl. die Beispiele in der Gesetzesbegründung BT-Drucks. 10/2102 S. 28). Im Wesentlichen sind die in § 1 Abs. 1 UmwG genannten Umstrukturierungen (vgl. dazu näher § 1 Rn 156 ff.) angesprochen (*Richardi* § 112a Rn 18). Die in der Gesetzesbegründung genannten Beispiele sind aber nur beispielhaft und nicht abschließend. Es ist nicht notwendig, dass ein bestehendes Unternehmen in seiner Struktur verändert wird. Ein Fall des § 112a Abs. 2 S. 2 liegt daher auch vor, wenn der Alleingesellschafter und Geschäftsführer einer älteren KG eine neue GmbH gründet und diese von der KG einen Betrieb übernimmt; die GmbH kann sich dann nicht auf die Privilegierung des § 112a Abs. 2 S. 1 berufen (BAG 22. 2. 95 AP Nr. 7 zu § 112a BetrVG 1972; *Richardi* § 112a Rn 18). Dasselbe gilt, wenn zwei Unternehmen einem neu gegründeten Unternehmen jeweils einen Betrieb übertragen, der von dem neuen Unternehmen fortgeführt werden soll (BAG 22. 2. 95 AP Nr. 8 zu § 112a BetrVG 1972; *Richardi* § 112a Rn 18).

115 Die Beschränkung der Fluchtmöglichkeiten durch § 112a Abs. 2 Satz 2 wird verstärkt durch die für Fälle der Vermögensaufspaltung in **§ 134 Abs. 1 UmwG** normierte 5-jährige **Nachhaftung der Anlagegesellschaft** für Ansprüche auf Grund der §§ 111–113 BetrVG (vgl. dazu **BAG 15. 3. 11 – 1 ABR 97/09 – NZA 11, 1112**).

116 Die Fluchtmöglichkeiten aus der Sozialplanpflicht sind schließlich auch durch den **institutionellen Rechtsmissbrauch** begrenzt. Ein solcher kommt in Betracht, wenn die Übertragung eines Betriebs auf ein neu gegründetes Unternehmen in der kollusiv verfolgten Absicht erfolgt, den Betrieb anschließend sozialplanfrei stillzulegen (vgl. BAG 13. 6. 89, 27. 6. 06 AP Nr. 3, 14 zu § 112a BetrVG 1972).

3. Der vereinbarte Sozialplan

117 Sozialpläne kommen entweder durch eine einvernehmliche **Vereinbarung** zwischen ArbGeb. und BR (GesBR) **oder** durch Spruch der **E-Stelle** (vgl. dazu Rn 252 ff.) zustande. Der Zweck ist in beiden Fällen derselbe. Bei der Ausgestaltung vereinbarter Sozialpläne sind die Betriebsparteien aber wesentlich freier als die E-Stelle.

a) Gegenstand und Zweck

Der Sozialplan ist nach der Legaldefinition in § 112 Abs. 1 S. 2 die Einigung über **118** den **Ausgleich** oder die **Milderung** der **wirtschaftlichen Nachteile,** die den ArbN infolge der geplanten Betriebsänderung entstehen. Es muss sich daher um vermögenswerte Nachteile handeln, wie insb. den Verlust des Arbeitsplatzes, Einkommensminderungen, Wegfall von Sonderleistungen, Verlust von Anwartschaften auf betriebliche Altersversorgung, Umzugs- oder erhöhte Fahrtkosten (vgl. § 112 Abs. 5 Nr. 1). Nicht auszugleichen sind dagegen immaterielle Beeinträchtigungen (*DKKW-Däubler* Rn 39; *Richardi/Annuß* § 112 Rn 84; ErfK/*Kania* Rn 12; *Schmidt FS Kreutz* S. 451, 453). Zwar können die immateriellen Beeinträchtigungen (Verlust sozialer Beziehungen, Entwertung eines langjährigen Wissens) den ArbN bisweilen stärker belasten als wirtschaftliche Nachteile. Der Gesetzeswortlaut ist insoweit aber eindeutig. Für die nach der Funktion des Sozialplans zumindest erforderliche „Milderung" genügt nicht bereits jede wirtschaftliche Leistung unabhängig von ihrem Wert. Vielmehr muss es sich um eine **„substanzielle" Milderung** und eine **„spürbare" Entlastung** der ArbN handeln (BAG 24. 8. 2004 AP Nr. 174 zu § 112 BetrVG 1972).

Die durch den Sozialplan auszugleichenden oder abzumildernden wirtschaftlichen **119** Nachteile müssen den **Arbeitnehmern** entstehen. Einzubeziehen in den Sozialplan sind daher die gemäß § 5 Abs. 1 Satz 2 als ArbN geltenden in **Heimarbeit** Beschäftigten, die in der Hauptsache für den Betrieb arbeiten (*DKKW-Däubler* Rn 45; *Schmidt* NZA 89, 126). Nicht in Betracht kommt dagegen eine Einbeziehung der **leitenden Ang.** (§ 5 Abs. 3). Für diese ist der BR nicht zuständig. Ein Sozialplan kann für die leitenden Ang. nur vom Sprecherausschuss geschlossen werden (vgl. BAG 10. 2. 09 – 1 AZR 767/07 – NZA 09, 970; *DKKW-Däubler* Rn 47).

Nicht einheitlich beurteilt wird der **Zweck eines Sozialplans.** Dabei geht es **120** insb. darum, ob ein Sozialplan eine **vergangenheitsbezogene Entschädigungsfunktion oder** eine **zukunftsbezogene Überbrückungsfunktion** hat (vgl. ErfK/*Kania* Rn 12; GK-*Oetker* Rn 129 ff.; *Temming* RdA 08, 205). Dies ist für die Ausgestaltung eines Sozialplans von entscheidender Bedeutung. Wird die Entschädigungsfunktion betont, ist vor allem der bislang erworbene Besitzstand und damit insb. auch die Beschäftigungsdauer maßgeblich. Liegt der Schwerpunkt eines Sozialplans bei der Überbrückung und Vorsorge, sind vor allem die künftig erwachsenden Nachteile zu prognostizieren.

Das **BAG** sah **zunächst** den Zweck des Sozialplans **sowohl** in der Entschädigung **121** **als auch** in der Überbrückung (vgl. BAG GS 13. 12. 78 AP Nr. 6 zu § 112 BetrVG 1972). In **neueren Entscheidungen** betont es dagegen stets die **zukunftsorientierte Ausgleichs- und Überbrückungsfunktion** (vgl. etwa BAG 24. 8. 04, 31. 5. 05, 30. 9. 08 11. 11. 08 AP Nr. 174, 175, 197, 196 zu § 112 BetrVG 1972; 20. 1. 09 NZA 09, 495). Normzweck des § 112 Abs. 1 Satz 2 sei es, die künftigen Nachteile auszugleichen, die den ArbN durch die Betriebsänderung entstehen können. Es gehe nicht um eine Entschädigung für den Verlust des Besitzstands. Insb. sei eine Sozialplanabfindung keine nachträgliche Vergütung für in der Vergangenheit geleistete Dienste (vgl. BAG 28. 10. 92, 11. 8. 93, 9. 11. 94, 31. 7. 96, 14. 8. 01, 30. 10. 01, 12. 11. 02, 13. 3. 07, 30. 9. 08, 11. 11. 08 AP Nr. 66, 71, 85, 103, 142, 145, 159, 183, 197, 196 zu § 112 BetrVG 1972; 20. 1. 09 NZA 09, 495). Bisweilen formuliert das BAG aber auch, der Sozialplan habe sowohl eine vergangenheitsbezogene Entschädigungsfunktion als auch eine zukunftsbezogene Überbrückungsfunktion (so BAG 28. 3. 07 AP Nr. 184 zu § 112 BetrVG 1972). Wenngleich das BAG ganz überwiegend die zukunftsbezogene Funktion des Sozialplans betont, lässt es letztlich für die Berücksichtigung des in der Vergangenheit erworbenen Besitzstands doch – zu Recht – breiten Raum. Insb. ist es nach seiner st. Rspr. zulässig, bei der Höhe der Sozialplanabfindungen auf das vergangenheitsbezogene Kriterium der Betriebszugehörigkeit abzustellen (vgl. Rn 135; BAG 23. 4. 85, 14. 8. 01, 12. 11. 02; 13. 3. 07, 26. 5. 09 AP Nr. 26, 142, 159, 183, 200 zu § 112 BetrVG 1972).

122   Das BAG stellt **zu Recht in erster Linie auf die zukunftsbezogene Ausgleichs- und Überbrückungsfunktion von Sozialplänen** ab (vgl. etwa BAG 11. 11. 08 – 1 AZR 475/07 – NZA 09, 210; 20. 4. 10 – 1 AZR 988/08 – NZA 10, 1018; ebenso ErfK-*Oetker* Rn 131 mwN; **aA** dezidiert *Temming* RdA 08, 205). Die Richtigkeit dieses Verständnisses folgt bereits aus der „Legaldefinition" des Sozialplans in Abs. 1 Satz 2. Wenn dieser die infolge der Betriebsänderung zu besorgenden wirtschaftlichen Nachteile ausgleichen oder abmildern soll, dann handelt es sich eben nicht um eine Entschädigung für während des Arbeitsverhältnisses erlittene Nachteile. Vielmehr geht es darum, den Verlust der mit dem bisherigen Arbeitsverhältnis verbundenen Vorteile erträglich zu gestalten (*Linsenmaier* FS *Etzel* S. 239, 242). Die Beurteilung dieses Verlustes verlangt nach einer zukunftsbezogenen prognostischen Betrachtung. Dies macht insb. Abs. 5 Satz 2 Nr. 2 deutlich. **Allerdings** können die durch eine Betriebsänderung für einen ArbN künftig zu besorgenden Nachteile nicht ohne **Berücksichtigung der in der Vergangenheit erworbenen Besitzstände und Anwartschaften** beurteilt werden. Vielmehr gehören auch der Verlust des Bestandsschutzes und der Anwartschaften, die der ArbN im bisherigen ArbVerh. erlangt hat, und die maßgebend insb. von dessen Dauer bestimmt sind, zu den Nachteilen, die dem ArbN bei einer Entlassung entstehen. Diese Nachteile verbleiben ihm selbst dann, wenn er alsbald eine neue Stelle findet (BAG 23. 4. 85, 30. 11. 94, 22. 7. 03, 13. 3. 07 AP Nr. 26, 89, 160, 183 zu § 112 BetrVG 1972).

123   Der Sozialplan hat außerdem eine **Befriedungsfunktion** (BAG 14. 8. 01, 12. 11. 02, 31. 5. 05 AP Nr. 142, 159, 175 zu § 112 BetrVG 1972). Auch diese rechtfertigt es, auf eindeutige und plausible Kriterien wie Lebensalter und Betriebszugehörigkeit abzustellen (BAG 31. 5. 05 AP Nr. 175 zu § 112 BetrVG 1972). Diese haben insb. auch den Vorzug hoher **Transparenz** und **Praktikabilität** (BAG 14. 8. 91, 12. 11. 02 AP Nr. 142, 159 zu § 112 BetrVG 1972).

124   Der **Zweck des Sozialplans,** die durch eine Betriebsänderung entstehenden wirtschaftlichen Nachteile auszugleichen oder abzumildern, **verbietet** es, in ihm seinerseits **Belastungen für die ArbN,** wie Lohnkürzungen, die Verkürzung der Kündigungsfristen oder die Aufhebung von Versorgungsanwartschaften vorzusehen (vgl. BAG 24. 3. 81 AP Nr. 12 zu § 112 BetrVG 1972; ErfK/*Kania* Rn 23; *Richardi*/*Annuß* § 112 Rn 89; *DKKW-Däubler* Rn 43). Auch verbietet er Differenzierungen, die ausschließlich betrieblichen Interessen an der Erhaltung der eingearbeiteten Belegschaft dienen (vgl. BAG 31. 5. 05, 13. 2. 07, 6. 11. 07 AP Nr. 175, 185, 190 zu § 112 BetrVG 1972).

b) Zustandekommen

125   Das **Verf. zur Aufstellung** eines Sozialplans ist in § 112 Abs. 1 bis 4 geregelt. Es entspricht zunächst dem Verf. zur Herbeiführung eines Interessenausgleichs (vgl. Rn 21 ff.).

126   Wenngleich sich **Interessenausgleich und Sozialplan** in Gegenstand, Durchsetzbarkeit und Wirksamkeit wesentlich unterscheiden (vgl. Rn 2 ff.), werden in der Praxis die Verhandlungen häufig verbunden (vgl. Rn 39). Diese **Verbindung** ist meist sinnvoll, da das Ob, Wann und Wie einer Betriebsänderung einerseits und die Regelung der Folgen der Betriebsänderung andererseits in innerem, teilweise vorgreiflichen Zusammenhang stehen (vgl. BAG 20. 4. 82 AP Nr. 15 zu § 112 BetrVG 1972). Zum einen lassen sich die im Sozialplan auszugleichenden oder zumindest zu mildernden Nachteile zuverlässig nur beurteilen, wenn über Art und Umfang der Betriebsänderung Klarheit besteht. Zum anderen können die mit einem Sozialplan für den ArbGeb. verbundenen wirtschaftlichen Belastungen für die unternehmerischen Entscheidungen bei der Betriebsänderung von Bedeutung sein und ihn davon abhalten, sich leichtfertig und ohne Rücksicht auf die sozialen Belange der Belegschaft zu einer Betriebsänderung zu entschließen (BAG 20. 4. 82 AP Nr. 15 zu § 112 BetrVG 1972). Schließlich kann der BR seine Zustimmung zu einem Interessenausgleich vom Abschluss eines Sozialplans abhängig machen (vgl. Rn 23 mwN) und so die Durchführung der Betriebsänderung zwar nicht verhindern, aber doch in gewissem zeitlichen Umfang hinauszögern. Daher sind die Verhandlungen über Interessenausgleich und Sozialplan häufig ineinander verschränkt (vgl. zu einer „Verzahnung" von Interessenausgleich und Sozialplan auch BAG 11. 12. 01 AP Nr. 22 zu § 50 BetrVG 1972).

Kommt ein **Interessenausgleich** zustande, bildet dieser die **Grundlage der So-** **127** **zialplanverhandlungen.** Scheitert der Versuch eines Interessenausgleichs endgültig, muss mit dem Sozialplan nicht etwa abgewartet werden, bis die Betriebsänderung durchgeführt ist. Der Sozialplan soll vielmehr auch in diesem Fall vor der Betriebsänderung aufgestellt werden. Grundlage hierfür ist die erklärte Absicht, wie der Arb-Geb. die Betriebsänderung durchführen will.

Gibt der ArbGeb. nach Abschluss eines Sozialplans die beabsichtigte Betriebsände- **128** rung ersatzlos auf, ist der Sozialplan gegenstandslos. Entschließt er sich zu einer neuen, anderen Betriebsänderung, so beginnt das Verf. nach §§ 111 ff. von neuem. Ggf. ist auch ein **neuer Sozialplan** aufzustellen, der den alten ganz oder teilweise ersetzen kann. Ist zunächst nur eine Teilstilllegung eines Betriebs vorgesehen, soll dann aber vor deren Durchführung der gesamte Betrieb stillgelegt werden, so ist unbeschadet eines früheren Sozialplanes ein neuer Sozialplan für alle ArbN aufzustellen (BAG 9. 12. 81 AP Nr. 14 zu § 112 BetrVG 1972).

Der Sozialplan bedarf nach § 112 Abs. 1 S. 2 der **Schriftform.** Er ist schriftlich **129** niederzulegen und vom Unternehmer und dem BRVors. (oder seinem Vertr.) zu unterschreiben. Das Schriftformerfordernis dient demselben Zweck wie dasjenige des § 77 Abs. 2 S. 1 (vgl. dazu § 77 Rn 21). Die Schriftform soll Zweifel über den Inhalt der vereinbarten Norm ausschließen (BAG 14. 11. 06 AP Nr. 181 zu § 112 Betr-VG 1972; *Raab* FS *Konzen* S. 719, 737). Eine schriftliche Verweisung auf genau bezeichnete andere schriftliche Regelungen reicht aus (BAG 14. 11. 06 AP Nr. 181 zu § 112 BetrVG 1972 mwN; GK-*Oetker* Rn 209). Ebenso wie für eine BV (vgl. dazu § 77 Rn 21) dürfte die elektronische Form nach §§ 126 Abs. 3, 126 a BGB wohl genügen (**aA aber** 24. Aufl., *Raab* FS *Konzen* S. 719, 737; *Richardi/Annuß* Rn 79). Aus dem Gesetz ergibt sich iSv. 126 Abs. 3 BGB wohl nicht, dass die schriftliche Form nicht durch die elektronische ersetzt werden könnte. Auch der Zweck des Schriftformerfordernisses dürfte der elektronischen Form nicht entgegenstehen. Das Schriftformerfordernis soll Zweifel über den Inhalt der vereinbarten Norm ausschließen (BAG 14. 11. 06 AP Nr. 181 zu § 112 BetrVG 1972). Diesem Zweck wird die elektronische Form gerecht. Die Wahrung der Schriftform ist Wirksamkeitsvoraussetzung (*Raab* FS *Konzen* S. 719, 737; *Richardi/Annuß* § 112 Rn 79; *DKKW-Däubler* Rn 27; GK-*Oetker* Rn 211). Kommt eine Einigung erst in der E-Stelle zustande, ist der Sozialplan nach Abs. 3 S. 3 auch vom Vors. der E-Stelle zu unterschreiben. Seine Unterschrift ist keine Wirksamkeitsvoraussetzung, weil die Betriebsparteien jederzeit eine Vereinbarung treffen können (*Richardi/Annuß* § 112 Rn 79).

Zuständig für den Abschluss eines Sozialplans ist grundsätzlich der **örtliche BR.** **130** Eine originäre Zuständigkeit des **GesBR** ist nach § 50 Abs. 1 dann gegeben, wenn ein zwingendes Bedürfnis nach einer betriebsübergreifenden Regelung besteht (**§ 50** **Rn 59;** BAG 11. 12. 01, 3. 5. 06 AP Nr. 22, 29 zu § 50 BetrVG 1972). Aus der Zuständigkeit des GesBR zum Abschluss des Interessenausgleichs (vgl. Rn 25) folgt nicht notwendig seine Zuständigkeit für den Abschluss auch des Sozialplans (vgl. **§ 50** **Rn 60 mwN;** BAG 11. 12. 01, 3. 5. 06 AP Nr. 22, 29 zu § 50 BetrVG 1972; *Joussen* RdA 07, 114). Auch wenn – wie zB bei der Zusammenlegung mehrerer Betriebe – eine überbetriebliche Angelegenheit vorliegt, bedeutet dies nicht, dass auch ein Sozialplan notwendig nur betriebsübergreifend geschlossen werden könnte. Eine solche Notwendigkeit ergibt sich weder aus dem Umstand, dass die finanziellen Mittel von ein und demselben ArbGeb. zur Verfügung gestellt werden, noch aus dem Gleichbehandlungsgrundsatz (BAG 3. 5. 06 AP Nr. 29 zu § 50 BetrVG 1972; *Wißmann* FS 25 Jahre ARGE Arbeitsrecht im DAV S. 1039, 1043 f.). Der GesBR ist aber zuständig, wenn ein mit dem ArbGeb. vereinbartes, das gesamte Unternehmen betreffendes Sanierungskonzept nur auf der Grundlage eines bestimmten, auf das gesamte Unternehmen bezogenen Sozialplanvolumens realisiert werden kann (BAG 11. 12. 01, 23. 10. 02, 3. 5. 06 AP Nr. 22, 26, 29 zu § 50 BetrVG 1972).

131   Adressat der Sozialplanverhandlungen auf Unternehmensseite ist der ArbGeb. Wer dieser ist, kann im **Gemeinschaftsbetrieb** zweifelhaft sein (vgl. § 111 Rn 105; *Wißmann* NZA 01, 411). In Betracht kommen ein gemeinsamer Sozialplan mit allen den Gemeinschaftsbetrieb führenden ArbGeb. – sei es mit, sei es ohne gesamtschuldnerische Haftung (vgl. dazu BAG 12. 11. 02 AP Nr. 155 zu § 112 BetrVG 1972; *Gaul* NZA 03, 700; *Schmidt* FS *Kreutz* S. 451, 455) – oder getrennte Sozialpläne mit den jeweiligen Vertrags-ArbGeb. in Betracht. Die Entscheidung hierüber obliegt zunächst der Dispositionsbefugnis der Betriebsparteien (BAG 12. 11. 02 AP Nr. 155 zu § 112 BetrVG 1972). Erzwungen werden kann ein Sozialplan aber wohl nur im Verhältnis zum jeweiligen VertragsArbGeb. (*Gaul* NZA 03, 700 f.; vgl. ferner *Däubler* FS *Zeuner* S. 19, 27 f.). Falls sich die Betriebsparteien nicht einigen, sind wohl sogar mehrere E-Stellen für den Abschluss von Sozialplänen zu errichten.

132   Ist eine Betriebsänderung im **Zusammenhang mit einer Betriebsveräußerung** geplant, so ist bis zum Betriebsübergang der bisherige ArbGeb. zuständig. Danach tritt der Betriebserwerber an seine Stelle. Ein bei Betriebsübergang bereits abgeschlossener Sozialplan wirkt nicht nur gemäß § 613a Abs. 1 Satz 2 BGB in den einzelnen ArbVerh., sondern normativ beim Betriebserwerber fort. Dies gilt aber nur dann, wenn die Identität des Betriebs erhalten bleibt (BAG 15. 1. 02 AP Nr. 1 zu § 2 SozPlKonkG). Bei einem Betriebsübergang in der Insolvenz dürfte die Haftung des Betriebserwerbers ausscheiden (vgl. Rn 317).

133   Geht ein Betrieb durch Stilllegung, Spaltung oder Zusammenlegung unter, so behält dessen BR gemäß § 21b ein **Restmandat** für den Abschluss eines Sozialplans (vgl. § 21b Rn 1 ff.; zum früheren Recht BAG 1. 4. 98, 5. 10. 00 AP Nr. 123, 141 zu § 112 BetrVG 1972). Das Restmandat ist von dem BR auszuüben, der bei der Beendigung des Vollmandats im Amt war. Das Weiterbestehen eines ArbVerh. der BR-Mitgl. ist nicht erforderlich. Das Restmandat **endet**, wenn im Zusammenhang mit der Betriebsstilllegung keine Verhandlungsgegenstände mehr offen sind oder wenn kein BR-Mitgl. mehr bereit ist, das Restmandat auszufüllen (BAG 5. 10. 00 AP Nr. 141 zu § 112 BetrVG 1972). Das Restmandat besteht auch für die **bereits ausgeschiedenen ArbN**. Sozialpläne kommen häufig erst nach der Durchführung der Betriebsänderung und damit nach dem Ausscheiden der von der Betriebsstillegung betroffenen ArbN zustande. Da das G die Durchführung einer Betriebsänderung bereits vor dem Abschluss eines Sozialplans erlaubt, sind die Betriebsparteien auch zu nachträglichen Regelungen gegenüber den bereits ausgeschiedenen ArbN berechtigt (BAG 5. 10. 00 AP Nr. 141 zu § 112 BetrVG 1972).

c) Inhalt

134   Die Betriebsparteien haben bei der Aufstellung von Sozialplänen **tatsächliche Beurteilungsspielräume** und **normative Gestaltungsspielräume** (BAG 6. 11. 07, 19. 2. 08, 30. 9. 08, 11. 11. 08 AP Nr. 190, 191, 197, 196 zu § 112 BetrVG 1972; 20. 1. 09 NZA 09, 495).

135   Der **Beurteilungsspielraum** betrifft die **tatsächliche Einschätzung der** sich aus der Betriebsänderung für die ArbN ergebenden **wirtschaftlichen Nachteile** (BAG 11. 11. 08 AP Nr. 196 zu § 112 BetrVG 1972). Diese lassen sich regelmäßig nicht in allen Einzelheiten sicher voraussagen. Vielmehr hängen bei der Beendigung von Arbeitsverhältnissen, die häufig Folge einer Betriebsänderung sind, die Chancen der einzelnen ArbN, in absehbarer Zeit eine gleichwertige neue Arbeitsstelle zu finden, von einer Vielzahl von Umständen ab. Insoweit kommen die Betriebsparteien regelmäßig nicht umhin, eine **Prognose** anzustellen (BAG 11. 11. 08 AP Nr. 196 zu § 112 BetrVG 1972). Dabei sind auch **pauschalierende und typisierende Be-**

trachtungen zulässig (BAG 5. 10. 00, 14. 8. 01, 24. 8. 04, 13. 2. 07, 11. 11. 08 AP Nr. 141, 142, 174, 185, 196 zu § 112 BetrVG 1972; 20. 1. 09 NZA 09, 495; *WPK/ Preis/Bender* Rn 28).

Für die Ermittlung der Nachteile ist der **Zeitpunkt** zugrunde zu legen, zu dem   **136** der Sozialplan abgeschlossen werden soll. Dieser liegt nach Wortlaut – „geplante Betriebsänderung" – und Konzeption des Gesetzes **vor der Betriebsänderung.** Ausgehend von diesem Zeitpunkt ist eine **vorausschauende Betrachtungsweise** geboten (vgl. BAG 23. 4. 85 AP Nr. 26 zu § 112 BetrVG 1972; vgl. auch 5. 10. 00, 14. 8. 01, 24. 8. 04 AP Nr. 141, 142, 174 zu § 112 BetrVG 1972). Maßgeblich sind daher auch bei einem späteren Abschluss des Sozialplans nicht die zu diesem Zeitpunkt tatsächlich eingetretenen Nachteile, sondern diejenigen, mit denen im Zeitpunkt der Betriebsstilllegung typischerweise zu rechnen war (BAG 23. 4. 85 AP Nr. 26 zu § 112 BetrVG 1972; *WPK/Preis/Bender* Rn 29; *DKKW-Däubler* Rn 41; aA *v. Hoyningen-Huene* RdA 86, 110: Zeitpunkt des tatsächlichen Abschlusses des Sozialplans).

Auch wenn jedenfalls der Schwerpunkt eines Sozialplans in seiner Überbrückungs-   **137** funktion liegt, ist es nicht zu beanstanden, wenn die Betriebsparteien auch auf vergangenheitsbezogene Kriterien abstellen. Auch das BAG lässt für die Berücksichtigung des in der Vergangenheit erworbenen Besitzstands – zu Recht – breiten Raum. Insb. ist es zulässig, bei der Höhe der Sozialplanabfindungen das vergangenheitsbezogene Kriterium der **Betriebszugehörigkeit** zu berücksichtigen (BAG 23. 4. 85, 14. 8. 01, 12. 11. 02; 13. 3. 07 AP Nr. 26, 142, 159, 183 zu § 112 BetrVG 1972; 26. 5. 09 – 1 AZR 198/08 – NZA 09, 849). Zum einen wird der durch den Sozialplan auszugleichende oder abzumildernde Verlust des Arbeitsplatzes maßgeblich auch durch die Dauer der Betriebszugehörigkeit bestimmt. Zum andern dürfen die Betriebsparteien typisierend davon ausgehen, dass sich mit der Dauer der Betriebszugehörigkeit die Qualifikation des ArbN zunehmend auf die spezifischen Bedürfnisse des bisherigen Beschäftigungsbetriebs verengt und damit seine Chancen auf dem Arbeitsmarkt abnehmen (BAG 26. 5. 09 – 1 AZR 198/08 – NZA 09, 849; *Linsenmaier* FS *Etzel* S. 239, 243). Ausschließlich auf die Betriebszugehörigkeit abzustellen, ist allerdings nur dann unbedenklich, wenn sich die übrigen sozialplanrelevanten Faktoren, wie etwa Lebensalter und Unterhaltspflichten nicht wesentlich unterscheiden (vgl. BAG 12. 11. 02 AP Nr. 159 zu § 112 BetrVG 1972). Das Ansteigen von Sozialplanabfindungen mit zunehmender Betriebszugehörigkeit führt regelmäßig zu einer mittelbaren Benachteiligung jüngerer ArbN iSv. § 3 Abs. 2 AGG. Diese **mittelbare Altersdiskriminierung** ist aber durch ein legitimes Ziel gerechtfertigt. Dies folgt bereits aus § 10 Satz 3 Nr. 6 AGG. Diese Bestimmung ist, soweit sie den Betriebsparteien die Differenzierung von Sozialplanleistungen nach der Betriebszugehörigkeit gestattet, mit der RL 2000/78/EG vereinbar (BAG 26. 5. 09 – 1 AZR 198/08 – NZA 09, 849; *Linsenmaier* FS *Etzel* S. 239, 243). Es entspricht einem allgemeinen sozialpolitischen Interesse, dass Sozialpläne danach unterscheiden können, welche wirtschaftlichen Nachteile ArbN drohen, die durch eine Betriebsänderung ihren Arbeitsplatz verlieren (BAG 26. 5. 09 – 1 AZR 198/08 – NZA 09, 849). Die Auslegung eines auf die Betriebszugehörigkeit abstellenden Sozialplans wird regelmäßig ergeben, dass frühere Dienstzeiten bei demselben ArbGeb. nur zu berücksichtigen sind, wenn zwischen den Arbeitsverhältnissen ein enger sachlicher Zusammenhang bestand oder wenn die Arbeitsvertragsparteien eine entsprechende Vereinbarung getroffen haben (BAG 13. 3. 07 AP Nr. 183 zu § 112 BetrVG 1972). Einigermaßen zuverlässig lassen sich die Abmilderungen der Nachteile einschätzen, die sich aus **Leistungen der Arbeitslosen- und Rentenversicherung** ergeben. Diese Leistungen können die Betriebsparteien berücksichtigen, auch wenn sie nicht vom ArbGeb., sondern von der Versichertengemeinschaft oder vom Staat erbracht werden (BAG 11. 11. 08 AP Nr. 196 zu § 112 BetrVG 1972). Zwar hängt die Höhe einer gesetzlichen Altersrente und die damit verbundene wirtschaftliche Absicherung von individuell unterschiedlichen Versicherungsverläufen ab. Dennoch sind insoweit Pauschalierungen zulässig (BAG 11. 11. 08 AP Nr. 196 zu § 112 BetrVG 1972). Daher ist die typisierende Annahme, **rentenberechtigte oder rentennahe ArbN** seien regelmäßig wirtschaftlich stärker abgesichert als rentenferne Jahrgänge, nicht zu beanstanden (BAG 30. 9. 08, 11. 11. 08 AP Nr. 197, 196 zu § 112 BetrVG 1972; 20. 1. 09 NZA 09, 495; 26. 5. 09 – 1 AZR 198/08 – NZA 09, 849; *Linsenmaier* FS *Etzel* S. 239, 245). Dementsprechend gestattet § 10 Satz 3 Nr. 6 AGG sogar ausdrücklich den Ausschluss von Sozialplanleistungen, wenn Beschäftigte wirtschaftlich abgesichert sind, weil sie, ggf. nach Bezug von Arbeitslosengeld, rentenberechtigt sind. Auch diese Regelung ist gemeinschaftsrechtskonform (BAG 26. 5. 09 – 1 AZR 198/08 – NZA 09, 849). Hängt die Möglichkeit des vorzeitigen Bezugs einer Altersrente von einem bestimmten Alter und/oder Geschlecht ab, liegt in der nachteiligen Berücksichtigung dieser Möglichkeit keine unzulässige Alters- oder Geschlechtsdiskriminierung (BAG 30. 9. 08 AP Nr. 197 zu § 112 BetrVG 1972).

138 Der **Gestaltungsspielraum** der Betriebsparteien betrifft die Frage, ob, in welchem Umfang und wie sie die von ihnen prognostizierten wirtschaftlichen Nachteile ausgleichen oder abmildern (BAG 11. 11. 08 AP Nr. 196 zu § 112 BetrVG 1972). Hierbei haben sie einen **weiten Ermessensspielraum.** In dessen Rahmen können sie nach der Vermeidbarkeit der Nachteile unterscheiden und sind insbesondere nicht gehalten, alle erdenklichen Nachteile zu entschädigen auszugleichen (BAG 14. 8. 01, 19. 2. 08, 20. 5. 08, 30. 9. 08, 11. 11. 08 AP Nr. 142, 191, 192, 197, 196 zu § 112 BetrVG 1972; *Richardi/Annuß* § 112 Rn 101).

139 Die Betriebsparteien haben allerdings die **Funktion des Sozialplans** und den **Normzweck** des § 112 Abs. 1 Satz 2, **zwingendes Gesetzesrecht,** insb. den **betriebsverfassungsrechtlichen Gleichbehandlungsgrundsatz** sowie **grundgesetzliche, unionsrechtliche und einfachgesetzliche Diskriminierungsverbote** zu beachten (vgl. Rn 174 ff.; BAG 12. 11. 02, 13. 2. 07, 19. 2. 08, 30. 9. 08, 11. 11. 08 AP Nr. 155, 185, 191, 197, 196 zu § 112 BetrVG 1972; 20. 1. 09 NZA 09, 495; 26. 5. 09 – 1 AZR 198/08 – NZA 09, 849). An die für die E-Stelle geltenden Grundsätze für die Ermessensausübung (§ 112 Abs. 5) sind sie bei der einvernehmlichen Vereinbarung eines Sozialplans dagegen nicht unmittelbar gebunden (*Richardi/Annuß* § 112 Rn 202). Gleichwohl ist es regelmäßig sinnvoll, wenn auch die Betriebsparteien in einvernehmlichen Sozialplänen die in § 112 Abs. 5 S. 2 zum Ausdruck kommenden gesetzgeberischen Wertungen berücksichtigen.

140 Die Betriebsparteien sind nicht gehalten, Sozialplanleistungen nach einer **abstrakten Formel** zu bestimmen. Sie können die Leistungen – insb. in kleineren Betrieben – auch nach den ihnen bekannten Verhältnissen der ArbN individuell festlegen (BAG 12. 12. 85 AP Nr. 25 zu § 112 BetrVG 1972). Vgl. zu „Möglichkeiten der Festlegung von Abfindungsleistungen in Sozialplänen" und zu **Musterformulierungen** *Kleinebrink* ArbRB 04, 254. Die Betriebsparteien sind nicht verpflichtet, sich innerhalb eines Sozialplans auf eine Berechnungsformel zu beschränken. Vielmehr gehört es zu ihrem Gestaltungsspielraum, verschiedene Formeln zu kombinieren (BAG 26. 5. 09 – 1 AZR 198/08 – NZA 09, 849; 26. 5. 09 – 1 AZR 212/08 –).

141 Je nach Art der Betriebsänderung und der dadurch entstehenden Nachteile können **unterschiedliche Sozialplanleistungen** sachgerecht sein. Bei Betriebsstilllegungen oder -einschränkungen, die zu Entlassungen und zum Verlust des Arbeitsplatzes führen, kommen insb. **einmalige Abfindungen** in Betracht (vgl. dazu *Kleinebrink* ArbRB 04, 254). Es können aber auch **andere Sozialplanleistungen** vorgesehen werden, wie zB laufende Überbrückungsgelder zur Aufstockung des Arbeitslosengeldes, die Aufrechterhaltung von Versorgungsanwartschaften (vgl. BAG 13. 2. 75 AP Nr. 9 zu § 9 zu § 242 BGB Ruhegehalt – Unverfallbarkeit, 7. 8. 75 AP Nr. 169 zu § 242 BGB Ruhegehalt), ArbGeb.Darlehen, Beibehaltung von Werkswohnungen, Übernahme von Bewerbungskosten, Beihilfen für Umschulungs- und Fortbildungsmaßnahmen, Anspruch auf bevorzugte Wiedereinstellung (vgl. BAG 18. 12. 90 AP Nr. 85 zu § 99 BetrVG 1972; *DKKW-Däubler* Rn 113).

142 Bei **Versetzungen** kommen insb. die Erstattung von **Umzugs- oder Fahrtkosten** sowie die Zahlung einer **Trennungsentschädigung** in Betracht (vgl. *DKKW-*

Däubler Rn 104). Bei Einführung grundlegend **neuer Arbeitsmethoden und Fertigungsverfahren** kann die Übernahme von **Umschulungs- und Fortbildungskosten** angezeigt sein (vgl. *DKKW-Däubler* Rn 106). Häufig empfiehlt sich ein **Sonderfond für** unvorhergesehene **Härtefälle** (vgl. **143** *DKKW-Däubler* Rn 108). Eine **Höchstbegrenzung** des Gesamtvolumens des Sozialplans besteht außerhalb des Insolvenzverf. (vgl. dazu Rn 287 ff.) nicht.

d) Schranken der Regelungsbefugnis – Gleichbehandlungsgrundsatz

Bei der Vereinbarung eines Sozialplans haben ArbGeb. und BR zwar einen weiten **144** Gestaltungsspielraum (vgl. Rn 134 ff.). Auch ist es bei einem gerichtlichen Streit über Sozialplanansprüche nicht Sache der Gerichte, nach einer besseren Lösung als der von den Betriebsparteien gewählten zu suchen. Gleichwohl unterliegen Sozialpläne der gerichtlichen Rechtmäßigkeitskontrolle. Diese ist vor allem darauf gerichtet, ob die Sozialplangestaltung mit höherrangigem Recht vereinbar ist. Dazu gehört insb. der **betriebsverfassungsrechtliche Gleichbehandlungsgrundsatz,** dem wiederum der allgemeine Gleichheitssatz des Art. 3 Abs. 1 GG zugrunde liegt (BAG 31. 5. 05, 13. 2. 07, 30. 9. 08, 11. 11. 08 AP Nr. 175, 185, 197, 196 zu § 112 BetrVG 1972; 22. 3. 05 AP Nr. 48 zu § 75 BetrVG 1972; 20. 1. 09 – 1 AZR 740/07 – NZA 09, 495). Er verbietet eine sachfremde Schlechterstellung einzelner ArbN gegenüber anderen ArbN in vergleichbarer Lage. Eine unterschiedliche Behandlung ist sachfremd, wenn es keine billigenswerten Gründe gibt (BAG 19. 7. 95 AP Nr. 96 zu § 112 BetrVG; 18. 9. 01 AP Nr. 179 zu § 242 BGB Gleichbehandlung). Daher dürfen Arbeiter und Angestellte allein wegen ihres Status bei Sozialplanleistungen nicht unterschiedlich behandelt werden (*DKKW-Däubler* Rn 49; *ErfK/Kania* Rn 26). Maßgeblich für die Beurteilung ist vor allem der mit der Sozialplanregelung verfolgte Zweck (BAG 31. 5. 05, 13. 2. 07 AP Nr. 175, 185 zu § 112 BetrVG 1972; 20. 1. 09 – 1 AZR 740/07 – NZA 09, 495; 26. 5. 09 – 1 AZR 198/08 – NZA 09, 849; 26. 5. 09 – 1 AZR 212/08–; *Linsenmaier* FS *Etzel* S. 239, 241). Der Gleichbehandlungsgrundsatz ist auch zugunsten derjenigen ArbN anzuwenden, die auf der Grundlage eines früheren Sozialplans schon aus dem Betrieb ausgeschieden sind (BAG 11. 2. 98 AP Nr. 121 zu § 112 BetrVG 1972; *ErfK/Kania* Rn 26). Er kommt aber nicht zur Anwendung, wenn später wegen einer weiteren Betriebsänderung ein besserer Sozialplan geschlossen wird als derjenige, der für die frühere Betriebsänderung geschlossen wurde, von der der ArbN betroffen war. Dem steht bereits entgegen, dass es sich in einem solchen Fall um zwei verschiedene betriebsverfassungsrechtliche Angelegenheiten handelt, die unterschiedlich geregelt werden können (BAG 23. 3. 10 AP Nr. 207 zu § 112 BetrVG 1972). Es verstößt nicht gegen den betriebsverfassungsrechtlichen Gleichbehandlungsgrundsatz, wenn die Betriebsparteien nur die ArbN in den Geltungsbereich eines Sozialplans einbeziehen, die zum Zeitpunkt seines Inkrafttretens in einem Arbeitsverhältnis zum ArbGeb. stehen (BAG 14. 12. 10 – 1 AZR 279/09 – NZA-RR 11, 182).

Neben dem seit jeher von den Betriebsparteien zu beachtenden betriebsverfas- **145** sungsrechtlichen Gleichbehandlungsgrundsatz und grundrechtlichen Wertungen müssen diese bei der Aufstellung von Sozialplänen insbesondere auch die **Diskriminierungsverbote** des am 18. 8. 06 in Kraft getretenen **Allgemeinen Gleichbehandlungsgesetzes – AGG** vom 14. 8. 2006 (BGBl. I S. 1897) berücksichtigen (vgl. dazu **§ 75 Rn 58 ff., 96;** BAG 26. 5. 09 – 1 AZR 198/08 – NZA 09, 849; *Bauer/Göpfert/Krieger* AGG § 10 Rn 51 ff.; *Däubler/Bertzbach-Brors* AGG § 10 Rn 129 ff.; *Thüsing* Arbeitsrechtlicher Diskriminierungsschutz Rn 446 ff.; *Annuß* BB 06, 1629, 1634; *Besgen* BB 07, 213, 218; *Krieger/Arnold* NZA 09, 1153). Das AGG verbietet in § 7 Abs. 1 AGG die Benachteiligung von Beschäftigten wegen eines der in § 1 AGG genannten Gründe. Danach sind verboten Benachteiligungen aus Gründen der **Rasse** oder wegen der **ethnischen Herkunft,** des **Geschlechts,** der **Religion** oder **Weltanschauung,** einer **Behinderung,** des **Alters** oder der **sexuellen Identität.** Das entspricht weitgehend den Benachteiligungsverboten des

§ 75 Abs. 1. Diese Bestimmung ist durch die Einfügung der Benachteiligungsverbote aus Gründen der Rasse, der ethnischen Herkunft, Weltanschauung, Behinderung, und des Alters an die Terminologie des in Umsetzung der RL 2000/43/EG, 2000/78/EG und 2002/73/EG erlassenen AGG angepasst worden. Darüber hinaus enthält § 75 Abs. 1 noch das Benachteiligungsverbot aus Gründen der **politischen oder gewerkschaftlichen Betätigung oder Einstellung** (vgl. dazu § 75 Rn 97–103; BAG 12. 2. 85 AP Nr. 25 zu § 112 BetrVG 1972). **Ausländer** dürfen bei Sozialabfindungen nicht schlechter gestellt werden (*DKKW-Däubler* Rn 49; ErfK/*Kania* Rn 26). Nach § 7 Abs. 2 AGG sind Bestimmungen in Vereinbarungen, die gegen das Benachteiligungsverbot verstoßen, unwirksam. Damit hat der nationale Gesetzgeber dem sich aus Art. 16 b RL 2000/78/EG ergebenden Gebot Rechnung getragen, Bestimmungen in „Betriebsordnungen" für nichtig zu erklären, die mit dem Gleichbehandlungsgrundsatz nicht vereinbar sind. Zu diesen Betriebsordnungen gehören auch Sozialpläne. Diese regeln „Entlassungsbedingungen … in … kollektivrechtlichen Vereinbarungen … bei der … Beendigung eines Beschäftigungsverhältnisses" iSv. § 2 Abs. 1 Nr. 2 AGG. Dass Sozialpläne in den Anwendungsbereich des AGG fallen, zeigt auch § 10 S. 3 Nr. 6 AGG.

146   Die Bestimmungen des AGG finden allerdings auf **Sozialpläne,** die **vor** seinem Inkrafttreten am **18. 8. 06** geschlossen wurden, ebenso wenig unmittelbar Anwendung wie § 75 Abs. 1 in der seit dem 18. 8. 06 geltenden Fassung (BAG 30. 9. 08, 11. 11. 08 AP Nr. 197, 196 zu § 112 BetrVG 1972; 20. 1. 09 – 1 AZR 740/07 – NZA 09, 495; 26. 5. 09 – 1 AZR 212/08 –). Gleiches gilt für gemeinschaftsrechtliche Diskriminierungsverbote für die Zeit vor ihrer nationalen Umsetzung, bzw. vor Ablauf der Umsetzungsfrist. Ein von den Gerichten der Mitgliedsstaaten zu beachtendes gemeinschaftsrechtliches Verbot setzt einen gemeinschaftsrechtlichen Bezug der möglicherweise diskriminierenden Behandlung voraus (BAG 30. 9. 08, 11. 11. 08 AP Nr. 197, 196 zu § 112 BetrVG 1972; 20. 1. 09 – 1 AZR 740/07 – NZA 09, 495; 26. 5. 09 – 1 AZR 212/08 –). Sozialpläne sind keine staatlichen Maßnahmen zur Umsetzung gemeinschaftsrechtlicher Richtlinien. Daher ist ein gemeinschaftsrechtlicher Bezug nicht gegeben, solange eine Richtlinie nicht umgesetzt ist oder hätte umgesetzt werden müssen (BAG 30. 9. 08, 11. 11. 08 AP Nr. 197, 196 zu § 112 BetrVG 1972; 20. 1. 09 – 1 AZR 740/07 – NZA 09, 495; EuGH 23. 9. 08 – C-427/06 – [Birgit Bartsch], NZA 08, 111).

147   Die **in § 1 AGG genannten Gründe verbieten** – mit Ausnahme der Merkmale Geschlecht, Behinderung und Alter – bei Sozialplänen **regelmäßig jegliche Differenzierung.** An die Rasse, die ethnische Herkunft, die Religion, die Weltanschauung, die sexuelle Identität oder eine politische oder gewerkschaftliche Betätigung oder Einstellung dürfen die Betriebsparteien – etwa bei der Höhe von Abfindungen oder anderen Überbrückungsleistungen – grundsätzlich nicht anknüpfen. Sie dürfen ArbN deshalb grundsätzlich weder benachteiligen noch bevorzugen. Auch eine „positive Diskriminierung", also eine Bevorzugung wegen eines dieser Merkmale dürfte regelmäßig ausgeschlossen sein. Zwar ist nach § 5 AGG eine unterschiedliche Behandlung zulässig, wenn durch geeignete und angemessene Maßnahmen bestehende Nachteile wegen eines in § 1 AGG genannten Grundes verhindert oder ausgeglichen werden sollen. Eine positive Diskriminierung wäre aber wohl im Hinblick auf § 75 Abs. 1, der Ausdruck des allgemeinen Gleichheitssatzes des Art. 3 Abs. 1 GG ist, bedenklich (vgl. aber auch *Däubler/Bertzbach-Hinrichs* AGG § 5 Rn 10 mwN; *Bauer/Göpfert/Krieger* AGG § 5 Rn 8 f.; *Thüsing* Arbeitsrechtlicher Diskriminierungsschutz Rn 389 ff.). Art. 3 Abs. 1 GG verbietet nicht nur die Benachteiligung, sondern auch die Bevorzugung.

148   Zur Beseitigung bestehender Nachteile zwischen **Frauen und Männern** sieht Art. 3 Abs. 2 S. 2 GG kompensatorische Maßnahmen vor. Daher wäre es wohl grundsätzlich nicht ausgeschlossen, in Sozialplänen einen erhöhten Nachteilsausgleich für weibliche ArbN vorzusehen, wenn die Betriebsparteien aufgrund ihrer Einschätzungsprärogative zu der Beurteilung gelangen sollten, dass die Chancen auf dem Ar-

beitsmarkt signifikant schlechter seien. Auch steht nach einem Urteil des EuGH vom 9. 12. 04 (C-19/02 AP Nr. 20 zu EWG-RL Nr. 75/117 „Hlozek") Gemeinschaftsrecht einem Sozialplan nicht entgegen, der für ein Überbrückungsgeld eine unterschiedliche Altersregelung für Männer und Frauen enthält, wenn sich diese nach dem nationalen gesetzlichen System der vorzeitigen Alterspension in unterschiedlichen Situationen befinden.

Wie sich aus Art. 3 Abs. 3 S. 2 GG ergibt, geht das GG auch bei **behinderten** 149 **Menschen** von der Möglichkeit der Bevorzugung aus. Der Förderungs- und Integrationsauftrag des Sozialstaatsprinzips soll erkennbar verstärkt werden (ErfK/*Schmidt* Art. 3 GG Rn 77 mwN). Daher erscheint die „positive Diskriminierung" von behinderten Menschen unbedenklich (vgl. *Däubler/Bertzbach-Hinrichs* AGG § 5 Rn 44; *Thüsing* Arbeitsrechtlicher Diskriminierungsschutz Rn 407 f.; *Wendeling-Schröder* NZA 04, 1320, 1322; vgl. auch BAG 6. 11. 07 AP Nr. 190 zu § 112 BetrVG 1972). Eine Sozialplanregelung, die eine Reduzierung von Abfindungen für ArbN vorsieht, die vorgezogenes Altersruhegeld in Anspruch nehmen können, kann eine – schon nach § 81 Abs. 2 Satz 2 Nr. 1 SGB IX in der bis zum 17. 8. 06 geltenden Fassung grundsätzlich unzulässige – mittelbare Diskriminierung behinderter Menschen zur Folge haben. Die Ungleichbehandlung kann aber deshalb gerechtfertigt sein, weil die Betriebsparteien die durch den Verlust des Arbeitsplatzes entstehenden wirtschaftlichen Nachteile typisierend bei ArbN mit Anspruch auf vorgezogenes Altersruhegeld für geringer erachten dürfen (BAG 11. 11. 08 AP Nr. 196 zu § 112 BetrVG 1972).

Das **Lebensalter, die Betriebszugehörigkeit** und die **Rentennähe** sind in § 10 150 S. 3 Nr. 6 AGG als Umstände, die eine Differenzierung in Sozialplänen rechtfertigen, ausdrücklich genannt (vgl. BAG 26. 5. 09 DB 09, 1766; 23. 3. 10 – 1 AZR 832/08 – NZA 10, 774; 12. 4. 11 – 1 AZR 743/09 – NZA 11, 985; vgl. generell zur Zulässigkeit unterschiedlicher Behandlung wegen des Alters nach dem AGG *Thüsing* Arbeitsrechtlicher Diskriminierungsschutz Rn 411 ff.; vgl. zum Verbot der Altersdiskriminierung im Gemeinschaftsrecht *Preis* NZA 06, 401; zur RL 2000/78/EG und dem Lebensalter als Differenzierungskriterium in Sozialplänen *Schweibert* FS 25 Jahre ARGE Arbeitsrecht im DAV S. 1001; *Linsenmaier* RdA 03, Sonderbeilage Heft 5, S. 22, 32 f.; *Temming* RdA 08, 205). Danach sind „Differenzierungen von Leistungen in Sozialplänen iSd. BetrVG" zulässig, „wenn die Parteien eine nach Alter oder Betriebszugehörigkeit gestaffelte Abfindungsregelung geschaffen haben, in der die wesentlich vom Alter abhängenden Chancen auf dem Arbeitsmarkt durch eine verhältnismäßig starke Betonung des Lebensalters erkennbar berücksichtigt worden sind, oder Beschäftigte von den Leistungen des Sozialplans ausgeschlossen haben, die wirtschaftlich abgesichert sind, weil sie, ggf. nach Bezug von Arbeitslosengeld rentenberechtigt sind."

Der nationale Gesetzgeber hat durch § 10 S. 3 Nr. 6 AGG zusammen mit den im 151 Zusammenhang mit den nach Art. 16 b RL 2000/78/EG erforderlichen Maßnahmen den Betriebsparteien die Möglichkeit einer nach Lebensalter differenzierenden Ausgestaltung von Abfindungsregelungen eröffnet (BAG 26. 5. 09 – DB 09, 1766; 23. 3. 10 – 1 AZR 832/08 – NZA 10, 774; 12. 4. 11 – 1 AZR 743/09 – NZA 11, 985; vgl. auch *Linsenmaier* RdA 03, Sonderbeilage Heft 5, S. 22, 33; *Löwisch/Caspers/Neumann* Beschäftigung und demographischer Wandel, 2003, S. 32). § 10 S. 3 Nr. 6 AGG zieht die gesetzgeberische Konsequenz aus dem Umstand, dass das **Alter** – anders als die anderen verbotenen Diskriminierungsmerkmale – keine binäre, sondern eine **lineare Eigenschaft** ist, die sich im Laufe eines Lebens ständig verändert (*Linsenmaier* RdA 03, Sonderbeilage Heft 5, S. 22, 25). Zugleich ist das Lebensalter stets relativ. Daher ist es folgerichtig, wenn § 10 S. 3 Nr. 6 AGG „nach Alter ... gestaffelte Abfindungsregelungen" vorsieht.

Die Regelung in § 10 S. 3 Nr. 6 AGG ist, soweit sie die unmittelbare oder – 152 vermittelt über Betriebszugehörigkeit oder Rentennähe – mittelbare Altersdiskriminierung gestattet, gemeinschaftsrechtlich nicht zu beanstanden. Insbesondere **verstößt** sie **nicht gegen die RL 2000/78/EG** (BAG 23. 3. 10 – 1 AZR 832/08 – NZA 10, 774; 12. 4. 11 – 1 AZR 743/09 – NZA 11, 985; 12. 4. 11 – 1 AZR

764/09 – NZA 11, 988; *Linsenmaier* FS *Etzel* S. 239, 244; **aA** *Thomas Schmidt* ZE-SAR 11, 164; vgl. jetzt insb. auch das Vorabentscheidungsersuchen des ArbG München vom 17. 2. 11 – 22 Ca 8260/10 –). Der deutsche Gesetzgeber verfolgt mit der Vorschrift ein iSv. Art. 6 Abs. 1 Satz 1 der Richtlinie legitimes sozialpolitisches Ziel. Dieses besteht darin, es den Betriebsparteien zu ermöglichen, in Sozialplänen danach zu unterscheiden, welche wirtschaftlichen Nachteile den ArbN drohen, die durch eine Betriebsänderung ihren Arbeitsplatz verlieren (BAG 26. 5. 09 – 1 AZR 198/08 – NZA 09, 849; 23. 3. 10 – 1 AZR 832/08 – NZA 10, 774; 12. 4. 11 – 1 AZR 743/09 – NZA 11, 985; 12. 4. 11 – 1 AZR 764/09 – NZA 11, 988).

153   § 10 Satz 3 Nr. 6 AGG gestattet zum einen **nach dem Lebensalter gestaffelte Abfindungsregelungen.** Dies ermöglicht es, in Sozialplänen die Abfindungen mit zunehmendem Lebensalter zunächst ansteigenzu lassen. Eine solche **Progression** ist sachgerecht (BAG 26. 5. 09 – 1 AZR 198/08 – NZA 09, 849; 12. 4. 11 – 1 AZR 743/09 – NZA 11, 985; 12. 4. 11 – 1 AZR 764/09 – NZA 11, 988). Wie das BAG im Urteil vom 12. 4. 11 (– 1 AZR 743/09 – NZA 11, 985) unter Heranziehung statistischer Daten der Bundesagentur näher ausgeführt hat, dürfen die Betriebsparteien – jedenfalls unter den derzeitigen wirtschaftlichen Rahmenbedingungen – im Rahmen ihres Beurteilungsspielraums davon ausgehen, dass sich die Arbeitsmarktchancen der von einer Betriebsänderung betroffenen ArbN mit zunehmendem Alter fortschreitend verschlechtern. Daher stellt es keine unzulässige Diskriminierung jüngerer ArbN dar, wenn sich die Sozialplanabfindungen mit steigendem Lebensalter erhöhen (BAG 12. 4. 11 – 1 AZR 743/09 – NZA 11, 985; 12. 4. 11 – 1 AZR 764/09 – NZA 11, 988; *Schmidt* FS *Kreutz* S. 451, 459; *Linsenmaier* FS *Etzel* S. 239, 244; *Mohr* RdA 10, 44; **aA** *Annuß* BB 06, 1629, 1634; *Schweibert* FS 25 Jahre ARGE Arbeitsrecht im DAV S. 1001, 1010; *Däubler/Bertzbach-Brors* AGG § 10 Rn 133; *Lingemann/Gotham* NZA 07, 663, 664).

154   Durch § 10 S. 3 Nr. 6 AGG gedeckt sind ferner Regelungen, nach denen bei **rentennahen Jahrgängen** eine **Reduktion der Abfindung** eintritt (vgl. zur Rechtslage vor Geltung des AGG BAG 26. 7. 88, 31. 7. 96, 30. 9. 08, 11. 11. 08 AP Nr. 45, 103, 197, 196 zu § 112 BetrVG 1972; 20. 1. 09 – 1 AZR 740/07 – NZA 09, 495; 26. 5. 09 – 1 AZR 212/08 –; zur Rechtslage nach dem AGG BAG 26. 5. 09 – 1 AZR 198/08 – NZA 09, 849; 23. 3. 10 – 1 AZR 832/08 – NZA 10, 774; *Schmidt* FS *Kreutz* S. 451, 460; *Linsenmaier* FS *Etzel* S. 239, 245; *Preis* NZA 10, 1323; *Mohr* RdA 10, 44; *Krieger/Arnold* NZA 09, 1153; *Bauer/Göpfert/Krieger* AGG § 10 Rn 54; *Däubler/Bertzbach-Brors* AGG § 10 Rn 129; *Thüsing* Arbeitsrechtlicher Diskriminierungsschutz Rn 448; ErfK/*Kania* Rn 25; *Bayreuther* NJW 22, 19; *Giesen* EuZA 11, 383). ArbN, die unmittelbar nach dem Ausscheiden oder im Anschluss an den Bezug von Arbeitslosengeld I durch den Bezug einer Atersrente wirtschaftlich abgesichert sind, erleiden durch den Verlust ihres Arbeitsplatzes typischerweise geringere wirtschaftliche Nachteile als die ArbN, die keinen solchen Anspruch haben. Nicht zu beanstanden ist auch eine Regelung, nach der die betroffenen ArbN zwar nicht unmittelbar nach dem Bezug von Arbeitslosengeld I rentenberechtigt sind, aber eine Abfindung erhalten, die so bemessen ist, dass sie die wirtschaftlichen Nachteile ausgleichen kann, welche die ArbN nach der Erfüllung ihres Arbeitslosengeldanspruchs bis zum frühestmöglichen Bezug einer Altersrente erleiden (BAG 23. 3. 10 – 1 AZR 832/08 – NZA 10, 774; *Linsenmaier* FS *Etzel* S. 239, 246). Nach der Rechtsprechung des BAG ist die Reduzierung oder der Ausschluss von Sozialplananprüchen auch dann zulässig, wenn der rentenberechtigte ArbN von der Möglichkeit, Altersrente in Anspruch zu nehmen, keinen Gebrauch machen, sondern noch weiter berufstätig sein will. Der EuGH hat allerdings eine dänische Abfindungsregelung für unverhältnismäßig erachtet, weil diese auch ArbN von dem Abfindungsanspruch ausschließe, die zwar eine Altersrente beziehen könnten, hierauf aber vorübergehend verzichten möchten, um ihre berufliche Laufbahn weiterzuverfolgen (EuGH 12. 10. 10 – C-499/08 – „**Ole Andersen**" NZA 10, 1341). Er hat in dieser Entscheidung – anders als in dem am selben Tag ergangenen Urteil zu einer tariflichen Altersgrenze von

65 Jahren (EuGH 12. 10. 10 – C-45/09 – „Rosenbladt" NZA 10, 1167) – eine sehr strenge Verhältnismäßigkeitsprüfung vorgenommen (vgl. dazu *Preis* NZA 10, 1323). Dennoch erscheint es gut vertretbar, wenn das BAG ohne Anrufung des EuGH – wie etwa zuletzt im Urteil vom 10. 3. 10 (– 1 AZR 832/08 – NZA 10, 774) – an seinem Konzept festhält (so auch *Linsenmaier* FS *Etzel* S. 239, 247; *Tim Wißmann* RdA 11, 181; vgl. aber auch die Erwiderung von *Oberberg* RdA 11, 314; vgl. ferner das Vorabentscheidungsersuchen des ArbG München vom 17. 2. 11 – 22 Ca 8260/10 –; insoweit nicht eindeutig *Bayreuther* NJW 11, 19 und *Giesen* EuZA 11, 383). Immerhin liegt ein wesentlicher Unterschied zwischen der vom EuGH in der Rechtssache „Ole Andersen" beurteilten dänischen Regelung und Sozialplänen iSv. § 112 Abs. 1 Satz 2 darin, dass für Sozialpläne regelmäßig nur ein begrenztes finanzielles Volumen zur Verfügung steht, das zum Ausgleich oder zur Abmilderung der durch die Betriebsänderung entstehenden wirtschaftlichen Nachteile unter den betroffenen ArbN zu verteilen ist. Die von den Betriebsparteien herzustellende „Verteilungsgerechtigkeit" ist somit regelmäßig damit verbunden, dass das, was dem einen ArbN gegeben, dem anderen genommen wird (*Linsenmaier* FS *Etzel* S. 239, 247; *Rolf* BB 11, 2894; *Tim Wißmann* RdA 11, 181; keinen wesentlichen, eine unterschiedliche Betrachtung rechtfertigenden Unterschied sieht dagegen *Thomas Schmidt* ZESAR 11, 164). Dabei kann – auch in unionsrechtlicher Perspektive – nicht genug betont werden, dass es nach dem Zweck von Sozialplänen eben nicht um ein zusätzliches Entgelt für geleistete Dienste, sondern im Rahmen einer zukunftsgerichteten Betrachtung um die Überbrückung der voraussichtlichen Arbeitslosigkeit und den Ausgleich oder die Abmilderung der dadurch entstehenden wirtschaftlichen Nachteile geht (vgl. BAG 11. 11. 08 – 1 AZR 475/07 – NZA 09, 210; 20. 4. 10 – 1 AZR 988/08 – NZA 10, 1018). Jedenfalls würde ein Vorabentscheidungsersuchen des BAG Betriebsparteien und Einigungsstellen bei der Ausgestaltung von Sozialplänen bis zu einer Entscheidung des EuGH vor große praktische Probleme stellen. Ein Sozialplan kann auch vorsehen, dass solche ArbN keine Abfindung erhalten, die wegen des Bezugs einer **befristeten vollen Erwerbsminderungsrente** nicht beschäftigt sind und bei denen damit zu rechnen ist, dass ihre Arbeitsunfähigkeit auf nicht absehbare Zeit fortbesteht (BAG 7. 6. 11 – 1 AZR 34/10 – ZIP 11, 2268).

Regelmäßig ist in Sozialplänen die **Betriebszugehörigkeit** ein für die Abfin- **155** dungshöhe maßgeblicher Faktor. Dies ist trotz der zukunftsbezogenen Überbrückungsfunktion des Sozialplans sachgerecht. Die Betriebsparteien dürfen typisierend davon ausgehen, der wirtschaftliche Verlust, den es mit dem Sozialplan auszugleichen oder abzumildern gilt, steige mit zunehmender Betriebszugehörigkeit und es nehme wegen der Verengung der beruflichen Qualifikation mit langer Betriebszugehörigkeit die Vermittelbarkeit auf dem Arbeitsmarkt tendenziell ab (BAG 14. 8. 01, 13. 3. 07 AP Nr. 142, 183 zu § 112 BetrVG 1972; 26. 5. 09 – 1 AZR 198/08 – NZA 09, 849). Die Berücksichtigung der Betriebszugehörigkeit bei der Abfindungshöhe führt zwar zu einer mittelbaren Benachteiligung jüngerer Arbeitnehmer (BAG 26. 5. 09 DB 09, 1766; *Däubler/Bertzbach-Brors* AGG § 10 Rn 134). Diese ist aber ebenfalls durch § 10 S. 3 Nr. 6 AGG gerechtfertigt (BAG 26. 5. 09 – 1 AZR 198/08 – NZA 09, 849; *Linsenmaier* FS *Etzel* S. 239, 243; *Mohr* RdA 10, 44). Bedenklich kann die ausschließliche Berücksichtigung der Beschäftigungsdauer allerdings sein, wenn sich bei den ArbN die anderen sozialplanrelevanten Faktoren erheblich unterscheiden (BAG 12. 11. 02 AP Nr. 159 zu § 112 BetrVG 1972). Die Betriebsparteien können in einem Sozialplan regeln, dass für die Bemessung einer Abfindung nur die **Betriebszugehörigkeit beim ArbGeb.** und seinem Rechtsvorgänger, nicht dagegen die in einem Überleitungsvertrag anerkannte oder nach einer Förderungsverordnung der ehemaligen DDR anzurechnende Beschäftigungszeit zu berücksichtigen ist (BAG 16. 3. 94, 30. 3. 94 AP Nr. 75, 76 zu § 112 BetrVG 1972).

Keinen diskriminierungsrechtlichen Bedenken begegnen **Höchstbetragsklauseln,** **156** die die mit zunehmendem Lebensalter und/oder zunehmender Betriebszugehörigkeit steigende Abfindung auf einen bestimmten Höchstbetrag begrenzen (vgl. zum

Rechtszustand vor dem Inkrafttreten des AGG BAG 19. 10. 99 AP Nr. 135 zu § 112 BetrVG 1972; 19. 6. 07 – 1 AZN 1043/06 –; 2. 10. 07 AP Nr. 52 zu § 75 BetrVG 1972 mit zustimmender Anm. *Mohr* in EzA BetrVG 2001 § 75 Nr. 6; 21. 7. 09 – 1 AZR 566/08 – NZA 09, 1107; vgl. zum AGG *Krieger/Arnold* NZA 09, 153; *Bauer/Göpfert/Krieger* AGG § 10 Rn 54; *Linsenmaier* FS *Etzel* S. 239, 248; *Thüsing* Arbeitsrechtlicher Diskriminierungsschutz Rn 448). Dabei geht es, wie bisweilen übersehen wird, gar nicht um die Rechtfertigung einer Benachteiligung älterer ArbN. Eine Höchstbetragsklausel benachteiligt ältere ArbN nicht. Sie begrenzt vielmehr deren mit der Altersstaffelung verbundene Bevorzugung (BAG 2. 10. 07 AP Nr. 52 zu § 75 BetrVG 1972; 21. 7. 09 – 1 AZR 566/08 – NZA 09, 1107; *Schmidt* FS *Kreutz* S. 451, 460). Dies liegt im Gestaltungsspielraum der Betriebsparteien. Auch bei einem bereits nach dem AGG zu beurteilenden Sozialplan hat das BAG eine Höchstbegrenzung nicht beanstandet (BAG 26. 5. 09 – 1 AZR 198/08 – NZA 09, 849).

157 Die Betriebsparteien können bestimmen. dass sich die Abfindungshöhe nach der **zuletzt bezogenen Monatsvergütung** richtet (BAG 22. 9. 09 – 1 AZR 316/08 – AP Nr. 204 zu § 112 BetrVG 1972; *Linsenmaier* FS *Etzel* S. 239, 242). Auch das Gesetz stellt in dem in § 113 Abs. 1 Halbs. 2 in Bezug genommenen § 10 Abs. 3 KSchG nicht auf absolute Beträge, sondern auf den letzten Monatsverdienst des einzelnen ArbN ab. Dies gilt auch für **teilzeitbeschäftigte ArbN.** Es steht mit § 4 Abs. 1 Satz 2 TzBfG in Einklang, wenn ein ArbN eine Abfindung in dem Umfang erhält, der dem Anteil seiner Arbeitszeit an der Arbeitszeit eines vergleichbaren vollzeitbeschäftigten ArbN entspricht (BAG 28. 10. 92 AP Nr. 66 zu § 112 BetrVG 1972, 22. 9. 09 – 1 AZR 316/08 – AP Nr. 204 zu § 112 BetrVG 1972). Im Falle der Beendigung des Arbeitsverhältnisses während der mit einer Verringerung der Arbeitszeit verbundenen Elternzeit dürfte allerdings eine (zeit-)anteilige Kürzung der Abfindung nicht zulässig sein (vgl. EuGH 22. 10. 09 – C-116/08 – „Meerts" NZA 10, 29; *Mohnke* BB 10, 641). Die Betriebsparteien dürfen auch auf einen Beschäftigungsquotienten (Verhältnis von Teilzeit und Vollzeit insgesamt) abstellen (BAG 14. 8. 01 AP Nr. 142 zu § 112 BetrVG 1972; 22. 9. 09 – 1 AZR 316/08 – AP Nr. 204 zu § 112 BetrVG 1972). Ebenso können Sozialpläne regeln, dass in Fällen, in denen sich die individuelle Arbeitszeit in der näheren Vergangenheit wesentlich geändert hat, nicht das letzte Entgelt, sondern eine die gesamte Betriebszugehörigkeit einbeziehende Durchschnittsberechnung maßgeblich ist (BAG 22. 9. 09 – 1 AZR 316/08 – AP Nr. 204 zu § 112 BetrVG 1972; *Linsenmaier* FS *Etzel* S. 239, 242.

158 Die Zahlung von Abfindungen kann auf die ArbN beschränkt werden, denen **kein zumutbarer anderer Arbeitsplatz** angeboten werden kann oder die noch keine andere Beschäftigung gefunden haben (BAG 17. 2. 81 AP Nr. 11 zu § 112 BetrVG 1972). Es dürfen ArbN ausgeschlossen werden, die einen zumutbaren gleichwertigen und gleichbezahlten **Arbeitsplatz** in einem anderen Betrieb des Unternehmens oder Konzerns **ablehnen** (BAG 28. 9. 88, 6. 11. 07 AP Nr. 47, 190 zu § 112 BetrVG 1972; *Linsenmaier* FS *Etzel* S. 239, 251). Dies folgt allerdings für einvernehmliche Sozialpläne nicht etwa zwingend aus § 112 Abs. 5 S. 2 Nr. 2; dieser bindet nur die E-Stelle und nicht die Betriebsparteien (BAG 15. 12. 98, 6. 11. 07 AP Nr. 126, 190 zu § 112 BetrVG 1972). Immerhin kann der Regelung aber der allgemeine Gedanke entnommen werden, dass kein oder nur ein geringerer Ausgleich von Nachteilen erforderlich ist, wenn ein ArbN einen ihm zumutbaren Arbeitsplatz ausschlägt (vgl. BAG 15. 12. 98, 6. 11. 07 AP Nr. 126, 190 zu § 112 BetrVG 1972; vgl. auch zur „vorzeitigen" Eigenkündigung BAG 9. 11. 94, 13. 2. 07 AP Nr. 85, 185 zu § 112 BetrVG 1972). Außerdem entspricht es Sinn und Zweck eines Sozialplans, den Verlust von Arbeitsplätzen möglichst zu vermeiden (BAG 28. 9. 88, 13. 2. 07 AP Nr. 47, 185 zu § 112 BetrVG 1972). Das Ziel, dem ArbGeb. an einem anderen Betriebssitz eine möglichst eingearbeitete und qualifizierte Belegschaft zu erhalten, rechtfertigt allerdings den Ausschluss oder die Reduzierung von Sozialplansprüchen nicht; es entspräche nicht dem Zweck eines Sozialplans, der darauf gerichtet ist, wirtschaftliche Nachteile der ArbN auszugleichen (BAG 6. 11. 07 AP Nr. 190 zu § 112 BetrVG 1972 unter Aufgabe von BAG 28. 9. 88, 9. 11. 94, 19. 7. 95 AP Nr. 47, 85, 96 zu § 112 BetrVG 1972; vgl. auch schon BAG 13. 2. 07 AP Nr. 185 zu § 112 BetrVG 1972; vgl. zur „Turboprämie" Rn 169 und BAG 31. 5. 05 AP Nr. 175 zu § 112 BetrVG 1972).

Der Sozialplan kann **näher festlegen, welches Arbeitsplatzangebot zumutbar** **159** ist (BAG 28. 9. 88, 19. 6. 96 AP Nr. 47, 102 zu § 112 BetrVG 1972; *Linsenmaier* FS *Etzel* S. 239, 251). Dies ist in der Regel auch sinnvoll, bringt doch eine Generalklausel, die sich auf den Begriff der „Unzumutbarkeit" oder der „sozialen Härte" beschränkt, erhebliche Auslegungs- und Anwendungsschwierigkeiten mit sich. § 121 SGB III findet keine entsprechende Anwendung (BAG 6. 11. 07 AP Nr. 190 zu § 112 BetrVG 1972). Er betrifft das öffentlich-rechtliche Verhältnis zwischen dem Staat und den Arbeitslosen; dagegen regeln die Betriebsparteien das privatrechtliche Verhältnis zwischen ArbGeb. und ArbN. Die Interessenlage ist auch nicht etwa identisch. Die Betriebsparteien können regeln, dass familiäre Bindungen einen Ortswechsel unzumutbar machen (vgl. § 121 Abs. 4 S. 7 SGB III). Sie müssen dies aber nicht. Eine entsprechende Verpflichtung ergibt sich auch nicht aus Art. 6 GG. Dessen Wertungen verpflichten die Betriebsparteien zwar, ArbN nicht wegen einer ehelichen Gemeinschaft zu benachteiligen; sie verpflichten sie aber nicht, diese ArbN gegenüber anderen zu bevorzugen (BAG 6. 11. 07 AP Nr. 190 zu § 112 BetrVG 1972; *Linsenmaier* FS *Etzel* S. 239, 252). Im Rahmen des Gestaltungsspielraums der Betriebsparteien liegt es auch, für ArbN, die ein nach dem Sozialplan eigentlich „unzumutbares" Arbeitsangebot bei einem anderen Konzernunternehmen gleichwohl annehmen, vorzusehen, dass sie keine Abfindung erhalten, wenn sie ihr neues Arbeitsverhältnis vor Ablauf einer bestimmten Erprobungszeit selbst kündigen (BAG 20. 4. 10 – 1 AZR 988/08 – NZA 10, 1018).

Ein Sozialplan kann Abfindungsansprüche für ArbN ausschließen, die durch **160** **„Vermittlung"** des ArbGeb. einen **neuen Arbeitsplatz** erhalten (BAG 22. 3. 05 – 1 AZR 3/04 – NZA 05, 831 mwN). Dabei kann der Sozialplan unter „Vermittlung" jeden Beitrag des ArbGeb. verstehen, der das neue ArbVerh. möglich macht (BAG 19. 6. 96 AP Nr. 102 zu § 112 BetrVG 1972; 20. 1. 09 – 1 AZR 740/07 – NZA 09, 495). Maßgeblich ist die Auslegung des jeweiligen Sozialplans (*Linsenmaier* FS *Etzel* S. 239, 252). Voraussetzung für eine solche Herausnahme aus dem Kreis der Anspruchsberechtigten ist nicht, dass in dem neuen ArbVerh. der bislang erworbene Besitzstand in vollem Umfang erhalten bleibt. Auch muss innerhalb der Gruppe der ArbN, denen ein neuer Arbeitsplatz vermittelt wird, nicht notwendig nochmals danach differenziert werden, ob die bisherige Betriebszugehörigkeit im neuen ArbVerh. vollständig, teilweise oder gar nicht angerechnet wird (BAG 22. 3. 05 – 1 AZR 3/04 – NZA 05, 831). Auch die Situation der ArbN zum Zeitpunkt des Ausscheidens darf berücksichtigt werden (BAG 11. 2. 98 AP Nr. 121 zu § 112 BetrVG 1972).

Ein Ausschluss oder eine geringere Zahlung ist zulässig, wenn ArbN dem Über- **161** gang ihres ArbVerh. ohne berechtigten Grund **nach § 613 a BGB widersprechen** (BAG 5. 2. 97, 22. 7. 03 AP Nr. 112, 160 zu § 112 BetrVG 1972). Die Betriebsparteien sind bei einem vereinbarten Sozialplan aber hierzu nicht verpflichtet. Für ArbN, die wegen ihres Widerspruchs gegen den Übergang ihres ArbVerh. entlassen werden, kann der Sozialplan die üblichen Abfindungen vorsehen. § 112 Abs. 5 S. 2 Nr. 2 lässt sich zwar der allgemeine Gedanke entnehmen, dass ein Ausgleich von Nachteilen nicht erforderlich ist, wenn dem ArbN ein zumutbarer anderer Arbeitsplatz angeboten wird. Es steht aber im Ermessen der Betriebsparteien, wie sie die Frage der Zumutbarkeit beantworten (BAG 28. 9. 88, 19. 6. 96, 15. 12. 98, 6. 11. 07 AP Nr. 47, 102, 126, 190 zu § 112 BetrVG 1972). Diese können eine Reduzierung der Abfindung auch dann vorziehen, wenn die E-Stelle dazu nicht verpflichtet wäre (BAG 6. 11. 07 AP Nr. 190 zu § 112 BetrVG 1972).

Mit dem Gleichbehandlungsgrundsatz vereinbar ist es, wenn die Betriebsparteien **162** im Sozialplan zwischen ArbN unterscheiden, denen infolge der Betriebsänderung gekündigt worden ist und solchen, die ihr ArbVerh. durch eine **Eigenkündigung** oder einen **Aufhebungsvertrag** beendet haben (BAG 19. 7. 95 AP Nr. 96 zu § 112

BetrVG 1972). Die Betriebsparteien können typisierend davon ausgehen, dass ArbN, die ihr ArbVerh. selbst beenden, schon einen neuen Arbeitsplatz gefunden haben und sie daher der Verlust ihres Arbeitsplatzes im Betrieb nicht so schwer trifft wie gekündigte ArbN (BAG 13. 2. 07, 19. 2. 08 AP Nr. 185, 191 zu § 112 BetrVG 1972; 15. 5. 07 ZIP 07, 1575; 10. 2. 09 – 1 AZR 767/07 – NZA 09, 970; 1. 2. 11 – 1 AZR 417/09 – NZA 11, 880; 12. 4. 11 – 1 AZR 505/09 –; *Linsenmaier* FS *Etzel* S. 239, 248). Zwar können auch diese ArbN einen – allerdings geringeren – wirtschaftlichen Nachteil erleiden. Die Betriebsparteien sind aber frei in ihrer Entscheidung, ob diese ArbN dafür einen geringeren oder auch gar keinen Ausgleich erhalten sollen (BAG 11. 8. 93, 20. 4. 94, 19. 7. 95 AP Nr. 71, 77, 96 zu § 112 BetrVG 1972).

163   Wenn allerdings die **Eigenkündigung oder der Aufhebungsvertrag vom Arb-Geb. veranlasst** worden ist, sind diese ArbN mit denen gleich zu behandeln, denen vom ArbGeb. gekündigt worden ist (BAG 28. 4. 93, 20. 4. 94, 19. 7. 95, 22. 7. 03, 26. 10. 04, 19. 2. 08, 20. 5. 08 AP Nr. 67, 77, 96, 160, 171, 191, 192 zu § 112 BetrVG 1972, 29. 10. 02; 25. 3. 03 EzA § 112 BetrVG 2001 Nr. 4, 6; 15. 5. 07 – 1 AZR 370/06 – ZIP 07, 1575; 10. 2. 09 – 1 AZR 767/07 – NZA 09, 970; *Linsenmaier* FS *Etzel* S. 239, 249). Vom ArbGeb. veranlasst ist eine Eigenkündigung oder ein Aufhebungsvertrag, wenn der ArbGeb. beim ArbN im Hinblick auf eine konkret geplante Betriebsänderung die **berechtigte Annahme** hervorgerufen hat, **er komme** mit der eigenen Initiative zur Beendigung des ArbVerh. einer sonst notwendig werdenden **betriebsbedingten Kündigung des ArbGeb. nur zuvor** (BAG 22. 7. 03, 26. 10. 04; 13. 12. 05, 20. 5. 08 AP Nr. 160, 171, 179, 192 zu § 112 BetrVG 1972). Ob das geschehen ist, ist eine Frage des Einzelfalls. Entscheidend sind die dem ArbN im Zeitpunkt seiner Kündigung bekannten Umstände (BAG 20. 5. 08 AP Nr. 192 zu § 112 BetrVG 1972). Der bloße Hinweis auf eine unsichere Lage des Unternehmens, auf notwendig werdende Betriebsänderungen und die nicht auszuschließende Möglichkeit des Arbeitsplatzverlustes genügt regelmäßig nicht, um in diesem Sinn einen vom Arb-Geb. gesetzten Anlass anzunehmen. Anders ist es dagegen, wenn der ArbGeb. dem ArbN mitgeteilt hat, er habe für ihn nach Durchführung der Betriebsänderung keine Beschäftigungsmöglichkeit mehr (BAG 15. 1. 91, 28. 10. 92 AP Nr. 57, 65 zu § 112 BetrVG 1972; 25. 3. 03 EzA § 112 BetrVG 2001 Nr. 6). In einem einvernehmlich zustande gekommenen Sozialplan können die Betriebsparteien die Klärung der Frage, ob die Eigenkündigung eines ArbN vom ArbGeb. veranlasst war, dadurch herbeiführen, dass der ArbGeb. der Kündigung innerhalb einer bestimmten Frist widersprechen und die Fortsetzung des ArbVerh. anbieten kann (BAG 6. 8. 02, 26. 10. 04, 19. 2. 08 AP Nr. 154, 171, 191 zu § 112 BetrVG 1972). Die Berechtigung der Annahme des ArbN, er komme durch eine Eigenkündigung der Kündigung des ArbGeb. nur zuvor, kann in einem Sozialplan insbesondere bei ungewissen, langfristigen Entwicklungen durch Stichtagsregelungen verhindert werden (BAG 10. 2. 09 – 1 AZR 767/07 – NZA 09, 970; 15. 3. 11 – 1 AZR 808/09 –). Solange der ArbGeb. dem ArbN den voraussichtlichen Termin seines Ausscheidens noch nicht mitgeteilt hat, wird dieser häufig berechtigterweise noch nicht davon ausgehen dürfen, er komme mit einer Eigenkündigung einer betriebsbedingten Kündigung des ArbGeb. nur zuvor (BAG 15. 3. 11 – 1 AZR 808/09 –). Nicht mehr vom ArbGeb. veranlasst ist eine vom ArbN ausgesprochene Eigenkündigung, wenn der ArbGeb. zuvor die Durchführung der beabsichtigten Betriebsänderung endgültig aufgegeben und den ArbN hiervon in Kenntnis gesetzt hat; dies muss nicht notwendig schriftlich geschehen (BAG 26. 10. 04 AP Nr. 171 zu § 112 BetrVG 1972). Nimmt ein ArbN eine Änderungskündigung des ArbGeb. unter dem Vorbehalt ihrer sozialen Rechtfertigung an, entsteht regelmäßig kein Abfindungsanspruch, wenn dieser im Sozialplan für den Fall der Beendigung des ArbVerh. vorgesehen ist; dies gilt auch dann, wenn die Parteien in dem sich anschließenden Änderungsschutzprozess einen Abfindungsvergleich schließen (BAG 13. 12. 05 AP Nr. 179 zu § 112 BetrVG 1972).

164   Die Betriebsparteien können in Sozialplänen **Stichtagsregelungen** vorsehen. Sie haben dabei erhebliche Ermessensspielräume (BAG 19. 2. 08 AP Nr. 191 zu § 112

BetrVG 1972; 18. 5. 10 – 1 AZR 187/09 – NZA 10, 1304). Stichtagsregelungen sind häufig mit Härten verbunden. Diese müssen im Interesse der Rechtssicherheit hingenommen werden, wenn der Zeitpunkt sachlich vertretbar ist und dies auch für die zwischen den Gruppen gezogenen Grenzen zutrifft (BAG 22. 3. 05 AP Nr. 48 zu § 75 BetrVG 1972; 19. 2. 08, 30. 9. 08, 11. 11. 08 AP Nr. 191, 197, 196 zu § 112 BetrVG 1972; 20. 1. 09 – 1 AZR 740/07 – NZA 09, 495; 26. 5. 09 – 1 AZR 198/08 – NZA 09, 849; 22. 9. 09 – 1 AZR 316/08 –; 18. 5. 10 – 1 AZR 187/09 – NZA 10, 1304). Stichtage in Sozialplänen müssen sich an deren Zweck orientieren. Stichtagsregelungen für „vorzeitige" Eigenkündigungen sind daher nicht zu beanstanden, sofern sie Ausdruck der typisierenden Beurteilung der Betriebsparteien sind, dass frühzeitig selbst kündigende ArbN ihr Arbeitsverhältnis nicht aufgrund der Betriebsänderung beenden oder ihnen durch eine Betriebsänderung geringere oder gar keine wirtschaftlichen Nachteile zu besorgen haben (vgl. BAG 19. 2. 08 AP Nr. 191 zu § 112 BetrVG 1972; 10. 2. 09 – 1 AZR 767/07 – NZA 09, 970; 1. 2. 11 – 1 AZR 417/09 – NZA 11, 880; 12. 4. 11 – 1 AZR 505/09 –). Sachlich gerechtfertigt ist es auch, auf den Zeitpunkt des Scheiterns der Interessenausgleichsverhandlungen (vgl. BAG 30. 11. 94 AP Nr. 89 zu § 112 BetrVG 1972), die Bekanntgabe des Stilllegungsbeschlusses an den BR (BAG 13. 11. 96 AP Nr. 4 zu § 620 BGB Aufhebungsvertrag) oder den Abschluss der Sozialplanverhandlungen (BAG 12. 4. 11 – 1 AZR 505/09 –) abzustellen. Gleiches gilt, wenn der Stichtag in nahem zeitlichem Zusammenhang zum Abschluss des Interessenausgleichs steht (BAG 24. 1. 96 AP Nr. 98 zu § 112 BetrVG 1972).

Dagegen sind Stichtagsregelungen **nicht gerechtfertigt, wenn** ihr Sinn und **165** Zweck **ausschließlich** darin besteht, die **personelle Zusammensetzung** der Belegschaft bis zu einem bestimmten Zeitpunkt zu sichern (BAG 19. 2. 08 AP Nr. 191 zu § 112 BetrVG 1972; anders noch BAG 19. 7. 95 AP Nr. 96 zu § 112 BetrVG 1972). Diesem betrieblichen Interesse kann nur durch andere zusätzliche Leistungen im Rahmen einer freiwilligen BV Rechnung getragen werden (BAG 19. 2. 08 AP Nr. 191 zu § 112 BetrVG 1972; vgl. auch 22. 9. 09 – 1 AZR 316/08 –).

Die **Elternzeit** dürfen die Betriebsparteien bei der Bemessung der Sozialplanab- **166** findung nicht unberücksichtigt lassen (BAG 12. 11. 02, 21. 10. 03, 6. 11. 07 AP Nr. 159, 163, 190 zu § 112 BetrVG 1972; 22. 9. 09 – 1 AZR 316/08 –; vgl. auch EuGH 22. 10. 09 – C-116/08 – „Meerts" NZA 10, 29). Die Herausnahme dieser Zeiten widerspricht den in Art. 6 GG enthaltenen Wertungen, die nach § 75 Abs. 1 auch von den Betriebsparteien zu beachten sind. Zwar richtet sich Art. 6 GG nicht unmittelbar an die Betriebsparteien. Er begründet aber eine Schutzpflicht des Staates, welche die Gerichte bei der Anwendung von Generalklauseln und sonstiger auslegungsbedürftiger Begriffe und damit auch des § 75 Abs. 1 Satz 1 zu beachten haben (BAG 12. 11. 02, 21. 10. 03 AP Nr. 159, 163 zu § 112 BetrVG 1972). Dem Gebot zur Berücksichtigung von Elternzeiten bei Sozialplanleistungen steht nicht entgegen, dass diese Zeiten bei Entgeltansprüchen unberücksichtigt bleiben (vgl. etwa BAG 12. 1. 00 AP Nr. 223 zu § 611 BGB Gratifikation; vgl. aber jetzt auch EuGH 22. 10. 09 – C-116/08 – „Meerts" NZA 10, 29)). Sozialplanabfindungen haben keinen Entgeltcharakter und sind keine nachträgliche Vergütung für geleistete Dienste (BAG 12. 11. 02 AP Nr. 159 zu § 112 BetrVG 1972). Aus Art. 6 GG folgt allerdings für die Betriebsparteien nicht die Pflicht, verheiratete Arbeitnehmer oder solche, die mit ihren Kindern in häuslicher Gemeinschaft leben, gegenüber unverheirateten, kinderlosen ArbN zu bevorzugen (BAG 6. 11. 07 AP Nr. 190 zu § 112 BetrVG 1972; 22. 9. 09 – 1 AZR 316/08 –).

Zulässig ist es, bei der Sozialplanabfindung nur solche **Kinder** zu berücksichtigen, **167** die in der **Lohnsteuerkarte** eingetragen sind (BAG 12. 3. 97 DB 97, 1522; *DKKW-Däubler* Rn 49).

Die Zahlung einer Abfindung darf nicht davon abhängig gemacht werden, dass die **168** ArbN keine **Kündigungsschutzklage** erheben (BAG 20. 12. 83, 20. 6. 85, 31. 5. 05 AP Nr. 17, 33, 175 zu § 112 BetrVG 1972; *Linsenmaier* FS *Etzel* S. 239, 250). Daran

hat sich durch § 1a KSchG nichts geändert (BAG 31. 5. 05 AP Nr. 175 zu § 112
BetrVG 1972; **aA** *Busch* BB 04, 267; *Hanau* ZIP 04, 1169, 1177 ff.; *Raab* RdA 05, 1,
10 f.). Eine solche Bedingung verstößt gegen den Zweck eines Sozialplans. Die mit
ihr verbundene Gruppenbildung ist mit dem betriebsverfassungsrechtlichen Gleichbehandlungsgrundsatz des § 75 Abs. 1 S. 1 nicht vereinbar (BAG 31. 5. 05 AP
Nr. 175 zu § 112 BetrVG 1972).

169   Die Betriebsparteien können aber anlässlich einer Betriebsänderung **zusätzlich** zu
einem Sozialplan in einer freiwilligen BV (vgl. § 88 Rn 3) im Interesse des ArbGeb.
an alsbaldiger Planungssicherheit Leistungen davon abhängig machen, dass der ArbN
von einer Kündigungsschutzklage absieht. Die Vereinbarung einer solchen „Turboprämie" ist zulässig (BAG 31. 5. 05 – 1 AZR 254/04 – NZA 05, 997; 18. 5. 10 –
1 AZR 187/09 – NZA 10, 1304; *Linsenmaier* FS *Etzel* S. 239, 250. Dadurch wird
weder der betriebsverfassungsrechtliche Gleichbehandlungsgrundsatz des § 75 Abs. 1
S. 1 BetrVG verletzt, noch gegen das Maßregelungsverbot des § 612a BGB verstoßen
(BAG 31. 5. 05 – 1 AZR 254/04 – NZA 05, 997). Die Zulässigkeit einer derartigen
Regelung entspricht der in § 1a KSchG zum Ausdruck kommenden Wertung.
Durch eine derartige BV darf allerdings nicht das Verbot umgangen werden, Sozialplanleistungen vom Verzicht auf die Erhebung einer Kündigungsschutzklage abhängig
zu machen (BAG 31. 5. 05 – 1 AZR 254/04 – NZA 05, 997). An diesem Verbot hat
sich durch den zum 1. 1. 04 eingeführten § 1a KSchG nichts geändert (BAG 31. 5.
05 – 1 AZR 254/04 – NZA 05, 997). Ob eine Umgehung vorliegt, hängt von den
Umständen des Einzelfalls ab; dabei kann insb. das Verhältnis von Sozialplanvolumen
und Höhe der „Turboprämie" von Bedeutung sein. Durch eine ebenfalls in einer
freiwilligen BV iSv. § 88 zu vereinbarenden **„Bleibeprämie"** können ArbN veranlasst werden, von der ihnen grundsätzlich eröffneten Möglichkeit zur fristgerechtne
Kündigung keinen Gebrauch zu machen (*Linsenmaier* FS *Etzel* S. 239, 250; vgl. auch
BAG 19. 2. 08 – 1 AZR 1004/06 – NZA 08, 719).

170   Zulässig ist auch eine Regelung, nach der die Fälligkeit erst dann eintritt, wenn der
Kündigungsschutzprozess rechtskräftig abgeschlossen ist, oder nach der Abfindungen
nach dem KSchG auf die Sozialplanabfindung anzurechnen sind (BAG 20. 6. 85 AP
Nr. 33 zu § 112 BetrVG 1972). Vgl. zu einer „Turboprämie" in einem freiwilligen
kirchlichen Rationalisierungsschutzabkommen BAG 3. 5. 06 AP Nr. 17 zu
§ 612a BGB. Vgl. zur Zulässigkeit eines **in einem TV vorgesehenen Abfin-
dungsausschlusses** bei Erhebung einer Kündigungsschutzklage BAG 6. 12. 06 AP
Nr. 1 zu § 1 TVG Sozialplan.

171   Auch wenn der Zweck eines Sozialplans – Ausgleich oder Abmilderung der durch
eine Betriebsänderung entstehenden wirtschaftlichen Nachteile – ein anderer ist als
der Gesetzeszweck des § 1a KSchG – Vermeidung von KSchutzklagen und Planungssicherheit des ArbGeb. –, so können die Betriebsparteien gleichwohl in einem
Sozialplan regeln, dass **Abfindungen** nach § 1a KSchG auf die Sozialplanabfindung
angerechnet werden (vgl. BAG 19. 6. 07 AP Nr. 4 zu § 1a KSchG 1969). Denn obwohl der Gesetzeszweck des § 1a KSchG ein anderer ist, so bewirkt doch das Mittel, mit
dem er verfolgt wird, nämlich die Abfindung, für den ArbN den Ausgleich oder die
Abmilderung wirtschaftlicher Nachteile. Diese Leistungsidentität rechtfertigt die Anrechnung.

172   Die nach § 75 Abs. 1 Satz 1 zu beachtenden Grundsätze von Recht und Billigkeit
verbieten es auch, dass ein Anspruch auf Sozialplanleistungen von **Bedingungen**
abhängig gemacht wird, **deren Erfüllung für den ArbN unzumutbar ist** (BAG
22. 7. 03 AP Nr. 160 zu § 112 BetrVG 1972). Unwirksam ist daher die Bestimmung,
nach der nur die ArbN eine Abfindung erhalten, die einen etwaigen Betriebserwerber
wegen eines möglicherweise vorliegenden Betriebsübergangs erfolglos verklagt haben
(BAG 22. 7. 03 AP Nr. 160 zu § 112 BetrVG 1972; *Linsenmaier* FS *Etzel* S. 239, 252).

173   Wird der Gleichbehandlungsgrundsatz oder das Diskriminierungsverbot verletzt,
können die benachteiligten ArbN grundsätzlich **Gleichbehandlung mit den begünstigten ArbN** verlangen. Nur auf diese Weise lässt sich der Grundsatz der

Gleichbehandlung tatsächlich verwirklichen (BAG 15. 1. 91 AP Nr. 57 zu § 112 BetrVG 1972; *DKKW-Däubler* Rn 52; *Linsenmaier* FS *Etzel* S. 239, 253). Die damit mittelbar verbundene Erhöhung des Sozialplanvolumens ist dann hinzunehmen, wenn die Mehrbelastung des ArbGeb. durch die Korrektur im Verhältnis zum Gesamtvolumen nicht ins Gewicht fällt (BAG 26. 6. 90, 15. 1. 91, 12. 11. 02, 21. 10. 03, 24. 8. 04 AP Nr. 56, 57, 159, 163, 174 zu § 112 BetrVG 1972). Auf die Zahl der betroffenen ArbN kommt es nicht an (BAG 21. 10. 03 AP Nr. 163 zu § 112 BetrVG 1972). Bei schwer wiegenden Änderungen des Gesamtvolumens stellt sich allerdings die Frage der Teil-/Gesamtnichtigkeit (vgl. Rn 206) sowie des Wegfalls der Geschäftsgrundlage (vgl. *DKKW-Däubler* Rn 52; vgl. ferner Rn 219 ff.).

e) Rechtsnatur, Auslegung, Rechtswirkungen und Verhältnis zum Tarifvertrag

Die **Rechtsnatur** eines Sozialplans ist im BetrVG nicht ausdrücklich festgelegt. Er **174** hat nach § 112 Abs. 2 Satz 3 die **„Wirkung einer Betriebsvereinbarung"**. Daher bezeichnet und behandelt das BAG den Sozialplan in st. Rspr. zutreffend als **„Betriebsvereinbarung besonderer Art"** (vgl. etwa BAG 16. 3. 94, 5. 2. 97, 15. 12. 98, 12. 11. 02 AP Nr. 75, 112, 126, 155 zu § 112 BetrVG 1972, 25. 3. 03 EzA § 112 BetrVG 2001 Nr. 5; vgl. ferner die Nachweise bei GK-*Oetker* Rn 151). Die wichtigste Besonderheit gegenüber sonstigen BV liegt darin, dass nach § 112 Abs. 1 S. 4 der Tarifvorbehalt des § 77 Abs. 3 auf Sozialpläne keine Anwendung findet.

Der Rechtscharakter von Sozialplänen ist maßgeblich für ihre **Auslegung**. Nach **175** der st. Rspr. des BAG sind Sozialpläne als „Betriebsvereinbarungen besonderer Art" nicht etwa wie privatrechtliche Verträge gemäß §§ 133, 157 BGB, sondern **wegen ihrer aus § 77 Abs. 4 S. 1, § 112 Abs. 1 S. 3 folgenden normativen Wirkung wie TV** auszulegen (BAG 16. 3. 94, 5. 2. 97, 15. 12. 98, 12. 11. 02; 22. 11. 05; 13. 2. 07 AP Nr. 75, 112, 126, 155, 176, 185 zu § 112 BetrVG 1972; 26. 5. 09 DB 09, 1766). Auszugehen ist dementsprechend zunächst vom **Wortlaut** und dem durch ihn vermittelten **Wortsinn**. Darüber hinaus kommt es auf den **Gesamtzusammenhang** und die **Systematik** der Bestimmung an. Von besonderer Bedeutung sind ferner der **Sinn und Zweck** der Regelung. Der **tatsächliche Wille** der Betriebsparteien ist zu berücksichtigen, soweit er in dem Regelungswerk seinen Niederschlag gefunden hat. Im Zweifel gebührt derjenigen Auslegung der Vorzug, die zu einem **sachgerechten, zweckorientierten, praktisch brauchbaren** und gesetzeskonformen Verständnis der Regelung führt (vgl. etwa BAG 12. 11. 02, 22. 11. 05, 14. 11. 06, 13. 2. 07 AP Nr. 155, 176, 181, 185 zu § 112 BetrVG 1972; 26. 5. 09 – 1 AZR 198/08 – NZA 09, 849). Dabei ist insb. auch der **Grundsatz der möglichst gesetzeskonformen Auslegung** von Bedeutung (*Schmidt* FS *Kreutz* S. 451, 457). Der Wille der Betriebsparteien geht im Regelfall dahin, eine wirksame gesetzeskonforme Regelung zu treffen (BAG 14. 11. 06 AP Nr. 181 zu § 112 BetrVG 1972). Daher ist es weder gerechtfertigt noch sinnvoll, Sozialplanbestimmungen so auszulegen, dass sie sich als gesetzwidrig erweisen, um sodann Problemen der Teil- oder Gesamtnichtigkeit, der Lückenfüllung oder der Reparatur über die Anwendung des Gleichheitssatzes gegenüber zu stehen. Diese Auslegungsgrundsätze gelten auch für Sozialpläne, die zwischen ArbGeb. und Sprecherausschuss mit normativer Wirkung gemäß § 28 Abs. 2 S. 1 SprAuG vereinbart werden (BAG 10. 2. 09 – 1 AZR 767/07 – NZA 09, 970).

Der Rechtscharakter von Sozialplänen ist auch maßgeblich für die Rechtsfolgen im **176** Falle der **Teilnichtigkeit des Sozialplans.** Insb. findet § 139 BGB keine unmittelbare Anwendung (GK-*Oetker* Rn 156; *Palandt/Heinrichs* BGB § 139 Rn 3; aA *Kreutz* FS *Säcker* S. 247, 251 ff.). Es kommt daher nicht darauf an, ob die Betriebsparteien den Sozialplan auch geschlossen hätten, wenn sie die Unwirksamkeit einzelner Bestimmungen erkannt hätten. Die Teilunwirksamkeit führt im Zweifel nicht zur Gesamtnichtigkeit. Aus dem **Normencharakter** des Sozialplans folgt vielmehr, dass grundsätzlich der verbleibende wirksame Teil aufrecht zu erhalten ist, wenn er auch ohne die unwirksamen Bestimmungen noch eine weiterhin sinnvolle Regelung darstellt. Die Unwirksamkeit einzelner Bestimmungen führt nur dann zur Unwirksamkeit des gesamten Sozialplans, wenn der unwirksame Teil so wesentlich für die Gesamtregelung ist, dass sie ohne diese keine sinnvolle Einheit mehr darstellt (BAG 25. 1. 00, 24. 8. 04 AP Nr. 137, 174 zu § 112 BetrVG 1972; vgl. ferner BAG 21. 1. 03 AP Nr. 1 zu § 21 a BetrVG 1972; GK-*Oetker* Rn 157). Die Teilnichtigkeit kann zu Regelungslücken führen. Eine Lückenschließung durch die Gerichte ist jedenfalls dann möglich, wenn zwingendes Recht, insb. der betriebsverfassungsrechtliche Gleichbehandlungsgrundsatz, nur eine Lösung zulässt. Sind dagegen mehrere gesetzeskonforme Lösungen denkbar, kommt eine Lückenschließung durch ergänzende Auslegung des Sozialplans nur in Betracht, wenn zuverlässig feststellbar ist, welche Regelung die Betriebsparteien getroffen hätten, wenn sie die Teilnichtigkeit des Sozialplans erkannt hätten (vgl. für eine BV BAG 10. 2. 09 – 3 AZR 653/07 – NZA 09, 796; für einen TV BAG 20. 7. 00 AP Nr. 1 zu § 2 BMTG II SR 2 g). Andernfalls ist es Sache der Betriebsparteien, die Lücke zu schließen.

177   Die **Rechtswirkungen** eines Sozialplans sind nach der ausdrücklichen Regelung des § 112 Abs. 1 Satz 3 die einer BV. Demgemäß gelten die Bestimmungen eines Sozialplans für die von seinem Geltungsbereich erfassten ArbVerh. nach § 77 Abs. 4 Satz 1 unmittelbar und zwingend. Sie begründen normativ **unmittelbare Ansprüche der ArbN** gegen den ArbGeb. (BAG 17. 10. 89, 28. 3. 07 AP Nr. 53, 184 zu § 112 BetrVG 1972; BGH 15. 11. 00 AP Nr. 140 zu § 112 BetrVG 1972; GK-*Oetker* Rn 152). Normative Wirkung kann ein Sozialplan nur entfalten, wenn in ihm eindeutige, hinreichend bestimmte Regelungen getroffen sind. Lassen seine Regelungen eine klare Inhaltsbestimmung nicht zu, so bleiben sie wirkungslos. Ein Sozialplan iSv. Abs. 1 Satz 2, Satz 3, Abs. 4 Satz 1 ist dann nicht aufgestellt (BAG 26. 5. 09 – 1 ABR 12/08 – NZA-RR 09, 588). Die **Betriebsparteien** oder eine **E-Stelle dürfen** daher **nicht offenlassen, ob** überhaupt und ggf. in welchem Umfang **Leistungsansprüche** der ArbN **entstehen.** Andernfalls haben sie ihren Regelungsauftrag nicht erfüllt. Der Spruch einer E-Stelle ist in diesem Fall unwirksam (BAG 26. 5. 09 – 1 ABR 12/08 – NZA-RR 09, 588).

178   Nach § 77 Abs. 1 Satz 1 besteht außerdem eine kollektivrechtliche **Pflicht des ArbGeb. zur Durchführung** der Vereinbarung. Der BR hat daher auch einen Anspruch auf Durchführung der Bestimmungen des Sozialplans. Gleichwohl hat dieser Anspruch nicht die Befugnis des BR zum Inhalt, die Erfüllung der einzelnen Ansprüche der ArbN in einem arbeitsgerichtlichen BeschlVerf. zu verfolgen (vgl. BAG 17. 10. 89 AP Nr. 53 zu § 112 BetrVG 1972; GK-*Oetker* Rn 152). Die Abgrenzung kann im Einzelfall Schwierigkeiten bereiten, vor allem weil ein lediglich auf „Durchführung" eines Sozialplans gerichteter Antrag regelmäßig nicht hinreichend bestimmt iSv. § 253 Abs. 2 Nr. 2 ZPO ist und daher die Handlungen angegeben werden müssen, die zur Durchführung erforderlich sind.

179   Zu den Rechtswirkungen einer BV gehört grundsätzlich auch deren **Nachwirkung** gemäß § 77 Abs. 6 (vgl. § 77 Rn 177 ff.). Diese ist allerdings beim Sozialplan von eingeschränkter Bedeutung, da dieser nicht auf Dauer angelegt, sondern auf eine konkrete Betriebsänderung bezogen ist. Dementsprechend können auch bei einem für eine bestimmte Betriebsänderung geschlossenen Sozialplan grundsätzlich allenfalls etwaige darin enthaltene Dauerregelungen gekündigt werden (vgl. aber Rn 216; vgl. auch *Bonanni/Mückl* ArbRB 09, 242). Bei diesen kommt dann eine Nachwirkung in Betracht (vgl. BAG 10. 8. 94 AP Nr. 86 zu § 112 BetrVG 1972). Ein auf Dauer angelegter Rahmensozialplan entfaltet dagegen nach fristgemäßer Kündigung grundsätzlich keine Nachwirkung gemäß § 77 Abs. 6, da er nicht durch Spruch der E-Stelle erzwungen werden kann (vgl. GK-*Oetker* Rn 163).

180   Der Normencharakter eines Sozialplans schließt **individuelle Vereinbarungen** zwischen ArbGeb. und ArbN nicht aus. Diese sind aber nur wirksam, wenn sie für den ArbN günstiger sind. Das **Günstigkeitsprinzip** (vgl. dazu § 77 Rn 196 ff.) gilt auch für Sozialpläne (vgl. BAG 27. 1. 04, 30. 3. 04 AP Nr. 166, 170 zu § 112 BetrVG 1972; GK-*Oetker* Rn 158). Ein **Verzicht auf** einen **Sozialplananspruch** ist

danach zulässig, wenn zweifelsfrei feststellbar ist, dass die Abweichung vom Sozialplan die für den ArbN günstigere Regelung ist. Maßgeblich ist ein objektiver Beurteilungsmaßstab. Abzustellen ist auf den Zeitpunkt, zu dem sich Sozialplan und einzelvertragliche Abrede erstmals konkurrierend gegenüberstehen (BAG 27. 1. 04 AP Nr. 166 zu § 112 BetrVG 1972). Es ist ein sog. **Sachgruppenvergleich** vorzunehmen (vgl. dazu BAG 20. 4. 99 AP Nr. 89 zu Art. 9 GG). Bei Leistungen, die funktional nicht äquivalent sind, ist ein Günstigkeitsvergleich regelmäßig nicht möglich. Gleiches gilt, wenn die zu vergleichenden Leistungen mit unterschiedlichen Gegenleistungen verbunden sind (BAG 27. 1. 04, 30. 3. 04 AP Nr. 166, 170 zu § 112 BetrVG 1972). Mittelbare Fernwirkungen (zB für das Arbeitslosengeld) und unwahrscheinliche Kausalverläufe (wie zB Unfall, Tod, Krankheit) bleiben regelmäßig außer Betracht. Ist nicht zweifelsfrei feststellbar, dass die Abweichung für den ArbN günstiger ist, bleibt es bei der zwingenden Geltung des Sozialplans (BAG 27. 1. 04, 30. 3. 04 AP Nr. 166, 170 zu § 112 BetrVG 1972).

Die Betriebsparteien können in einem Sozialplan regeln, dass **Abfindungen** nach **181** § 1a KSchG auf die Sozialplanabfindung **angerechnet** werden (vgl. BAG 19. 6. 07 AP Nr. 4 zu § 1a KSchG 1969). Gleiches gilt für individuell vereinbarte Abfindungen, sofern diese dem Ausgleich von wirtschaftlichen Nachteilen aus der Betriebsänderung dienen. Die Anrechnung von Leistungen, die aus anderen Gründen gezahlt werden, kann ein Sozialplan freilich nicht vorsehen. Voraussetzung für eine Anrechnung ist vielmehr die zumindest partielle Identität der Leistungszwecke.

Ein wesentlicher Unterschied zu sonstigen BV besteht beim **Verhältnis zwischen 182 Sozialplan und TV.** Ein TV und ein betrieblicher Sozialplan sind grundsätzlich nebeneinander möglich (BAG 6. 12. 06, 26. 4. 07 AP Nr. 1, 2 zu § 1 TVG Sozialplan). Nach § 112 Abs. 1 Satz 4 ist der ansonsten geltende **Tarifvorbehalt des § 77 Abs. 3 nicht anwendbar** (vgl. BAG 14. 11. 06 AP Nr. 181 zu § 112 BetrVG 1972). Die Betriebsparteien können daher in einem Sozialplan Regelungen treffen, die von einem für den Betrieb geltenden Tarifvertrag – insb. von etwaigen tariflichen Rationalisierungsschutzabkommen – abweichen (GK-*Oetker* Rn 164). Dies gilt nicht nur für Verbands-, sondern auch für FirmenTV (BAG 13. 4. 94 AP Nr. 119 zu § 1 TVG Tarifverträge: Metallindustrie; 6. 12. 06 AP Nr. 1 zu § 1 TVG Sozialplan; GK-*Oetker* Rn 166; *DKKW-Däubler* Rn 54).

Bei einer **Konkurrenz von Sozialplan und Tarifvertrag** gilt das **Günstig- 183 keitsprinzip** (BAG 6. 12. 06 AP Nr. 1 zu § 1 TVG Sozialplan). Bestimmungen in einem Sozialplan kommen daher nur zur Anwendung, wenn sie zugunsten der ArbN vom TV abweichen oder wenn dieser für die ArbN ungünstigere Regelungen ausdrücklich gestattet (vgl. BAG 11. 7. 95 AP Nr. 10 zu § 1 TVG Tarifverträge: Versicherungsgewerbe; GK-*Oetker* Rn 171; *DKKW-Däubler* Rn 55). Beim Günstigkeitsvergleich darf nicht die „Rosinentheorie" angewandt werden (vgl. *DKKW-Däubler* Rn 54). Vielmehr ist wie auch sonst bei § 4 Abs. 3 TVG ein Sachgruppenvergleich anzustellen (GK-*Oetker* Rn 171; vgl. auch § 77 Rn 199 ff.). Die Betriebsparteien können in einem Sozialplan durch eine **„Anrechnungsklausel"** regeln, dass Leistungen des ArbGeb., die dieser aufgrund eines TV erbringt, Sozialplananspruche erfüllen, wenn sie dem Ausgleich oder der Abmilderung von Nachteilen dienen, die den ArbN durch die Betriebsänderung entstehen (vgl. BAG 14. 11. 06 AP Nr. 181 zu § 112 BetrVG 1972). Sie regeln dadurch nicht das Schicksal tariflicher, sondern betrieblicher Leistungen.

Heftig **umstritten** war, **ob** (ergänzende) **tarifliche Sozialpläne durch einen 184 Streik erzwungen werden können** (vgl. dazu LAG Schleswig-Holstein 27. 3. 03 AP Nr. 165 zu Art. 9 GG Arbeitskampf; LAG Niedersachsen 2. 6. 04 AP Nr. 164 zu Art. 9 GG Arbeitskampf; LAG Hamm 31. 5. 00 AP Nr. 158 zu Art. 9 GG Arbeitskampf; *Bauer/Krieger* NZA 04, 1019; *Berg/Platow/Schoof/Unterhinninghofen* TVG und Arbeitskampfrecht § 1 TVG Rn 97 ff.; ErfK/*Dieterich* GG Art. 9 Rn 116; *Franzen* ZfA 05, 315; *Gaul* RdA 08, 13; *Hanau/Thüsing* ZTR 01, 49; *Hohenstatt/Schramm* DB 04, 2214; *Kühling/Bertelsmann* NZA 05, 1017; *Lieb* DB 99, 2058; *C. Meyer* DB 05,

830; *ders.* ZTR 05, 394; *Nicolai* SAE 04, 240; *dies.* RdA 06, 33; *Rieble* RdA 05, 200; *Rolfs/Clemens* NZA 04, 410; *Schiefer/Worzalla* DB 06, 46; *Thüsing/Ricken* JbArbR, Bd. 42, S. 113 ff.; *Wendeling-Schröder* NZA 98, 624; *Zabel* AiB 05, 105; *Krieger/Wiese* BB 10, 568). Das **BAG** hat einen Großteil der hierfür wesentlichen Fragen in dem **Grundsatzurteil vom 24. 4. 07** (AP Nr. 2 zu § 1 TVG Sozialplan) beantwortet. Danach ist ein **Streik,** der **zur Herbeiführung eines tariflichen Nachteilsausgleichs** geführt wird, **grundsätzlich zulässig** (zu „Gegenmaßnahmen der Arbeitgeberseite" *Lipinski/Ferme* DB 07, 1250).

185 Ansprüche auf einen Ausgleich der durch Betriebsänderungen den ArbN entstehenden wirtschaftlichen Nachteile sind tariflich regelbar. Die entsprechende Regelungskompetenz der TVParteien folgt bereits aus Art. 9 Abs. 3 GG (BAG 24. 4. 07 AP Nr. 2 zu § 1 TVG Sozialplan). Forderungen nach dem Abschluss eines TV über Abfindungsregelungen oder verlängerte Kündigungsfristen sind auf ein nach § 1 Abs. 1 TVG **zulässiges tarifliches Regelungsziel** gerichtet (vgl. BAG 24. 4. 07 AP Nr. 2 zu § 1 TVG Sozialplan; vgl. auch schon BAG 6. 12. 06 AP Nr. 1 zu § 1 TVG Sozialplan; *Fischinger* Arbeitskämpfe bei Standortverlagerung und -schließung S. 109 mwN; *Rolfs/Clemens* DB 03, 1678, 1681; *Wiedemann/Thüsing* TVG § 1 Rn 705). Den TVParteien haben die entsprechende Regelungskompetenz auch für Betriebe mit BR. Dem stehen nicht etwa die §§ 111 ff. entgegen. Diese entfalten keine Sperrwirkung gegenüber tariflichen Sozialplänen (BAG 6. 12. 06 24. 4. 07 AP Nr. 1, 2 zu § 1 TVG Sozialplan; *Bauer/Krieger* NZA 04, 1019, 1022; *Däubler/Zwanziger* TVG § 4 Rn 1018c; *Franzen* ZfA 05, 315, 331 ff.; *Gaul* RdA 08, 13, 14; *Hohenstatt/Schramm* DB 04, 2214, 2217; *Kühling/Bertelsmann* NZA 05, 1017, 1020; *Reichold* BB 04, 2814, 2817; *Thüsing/Ricken* JbArbR Bd. 42 S. 113, 122; *Zabel* AiB 05, 105, 106; **aA** *Nicolai* SAE 04, 240, 248 ff.; *dies.* RdA 06, 33, 34 ff.; *C. Meyer* DB 05, 830, 831 f.; *Schiefer/Worzalla* DB 06, 46, 47). Wie sich aus § 112 Abs. 1 S. 4 ergibt, geht das Gesetz von einem möglichen Nebeneinander betriebsverfassungsrechtlicher und tariflicher Regelungen aus (vgl. BAG 6. 12. 06, 24. 4. 07 AP Nr. 1, 2 zu § 1 TVG Sozialplan).

186 Streiks zur Erzwingung von TV zur Regelung von Abfindungszahlungen wegen einer konkreten Betriebsänderung sind auch nicht deshalb rechtswidrig, weil solche TV nicht mit **Mitteln des Arbeitskampfes** erzwungen werden könnten (BAG 24. 4. 07 AP Nr. 2 zu § 1 TVG Sozialplan). Derartige Streiks verstoßen nicht etwa generell gegen den **Verhältnismäßigkeitsgrundsatz** (BAG 24. 4. 07 AP Nr. 2 zu § 1 TVG Sozialplan; **aA** *Thüsing/Ricken* JbArbR Bd. 42 S. 113, 126 ff.; *Kappenhagen/Lambrich* BB 07, 2238, 2240; *Ricken* ZfA 08, 283, 291 ff.). Der arbeitskampfrechtliche Grundsatz der Verhältnismäßigkeit, insb. das ultima-ratio-Prinzip betrifft nur das Verhältnis der TVParteien untereinander. Deshalb kann die Gewerkschaft, deren Forderungen nach einem Tarifsozialplan vom einzelnen ArbGeb. oder vom ArbGebVerband zurückgewiesen werden, nicht darauf verwiesen werden, sie müsse vor Arbeitskampfmaßnahmen abwarten, was bei den möglicherweise langwierigen und erst nach der Betriebsänderung abgeschlossenen Sozialplanverhandlungen zwischen ArbGeb. und BR – u. U. erst nach einem E-Stellen-Verfahren – herauskommt (BAG 24. 4. 07 AP Nr. 2 zu § 1 TVG Sozialplan). Eine etwaige „Zangenwirkung" kann im Hinblick auf die Koalitionsbetätigungsgarantie nicht zu Lasten der TVParteien aufgelöst werden (BAG 24. 4. 07 AP Nr. 2 zu § 1 TVG Sozialplan; *Löwisch* DB 05, 554, 559).

187 Auch **sehr weitreichende Forderungen** – etwa nach sehr langen Kündigungsfristen oder sehr hohen Abfindungen – führen nicht zur Rechtswidrigkeit des zu ihrer Durchsetzung geführten Streiks (BAG 24. 4. 07 AP Nr. 2 zu § 1 TVG Sozialplan; *Gaul* RdA 08, 13, 18 f.). Streikforderungen einer Gewerkschaft, deren Gegenstand grundsätzlich tariflich regelbar ist, unterliegen **keiner gerichtlichen Übermaßkontrolle** (BAG 24. 4. 07 AP Nr. 2 zu § 1 TVG Sozialplan; *Kühling/Bertelsmann* NZA 05, 1017, 1026). Zu der durch Art. 9 Abs. 3 GG geschützten Betätigungsfreiheit gehört auch, über das als erforderlich angesehene Maß einer Streikforderung entscheiden zu können. Die Grenze liegt erst dort, wo die Streikforderung gezielt auf die wirtschaftliche Exis-

tenzvernichtung des Gegners gerichtet und damit vom Schutzbereich des Art. 9 Abs. 3 GG nicht mehr gedeckt ist (BAG 24. 4. 07 AP Nr. 2 zu § 1 TVG Sozialplan). Es findet grundsätzlich auch keine gerichtliche Kontrolle dahin statt, ob etwa die Streikforderungen „prohibitiven" Charakter haben (vgl. *Hohenstatt/Schramm* DB 04, 2214, 2215) und mittelbar auf die Verhinderung der Betriebsänderung selbst gerichtet sind. Maßgeblich für den Inhalt der mit einem Streik verfolgten Ziele sind vielmehr die dem Gegner in Form des konkreten Streikbeschlusses übermittelten Tarifforderungen (BAG 24. 4. 07 AP Nr. 2 zu § 1 TVG Sozialplan).

Eine Schranke für den Streik um einen Firmensozialplan kann sich aus der **relati-** **188** **ven Friedenspflicht** ergeben, wenn die Folgen von Betriebsänderungen schon durch **tarifliche Rationalisierungsschutzabkommen** geregelt sind (vgl. BAG 10. 12. 02 AP Nr. 162 zu Art. 9 GG Arbeitskampf; 24. 4. 07 AP Nr. 2 zu § 1 TVG Sozialplan; *Bauer/Krieger* NZA 04, 1019, 1022; *Gaul* RdA 08, 13, 15 f.; *Rieble* RdA 05, 200, 202; *Lindemann/Dannhorst* BB 08, 1226). Entscheidend dafür ist, ob die TVParteien die Sachmaterie bereits erkennbar umfassend geregelt haben. Das ist durch Auslegung zu ermitteln (vgl. zu einigen praktisch relevanten Rationalisierungsschutzabkommen *Lindemann/Dannhorst* BB 08, 1226, 1229 f.).

Ein Streik kann nicht nur um einen mit dem einzelnen ArbGeb. abzuschließenden **189** FirmenTV (vgl. BAG 10. 12. 02 AP Nr. 162 zu Art. 9 GG Arbeitskampf; *Kühling/ Bertelsmann* NZA 05, 1017 f.; **aA** zB *Lieb* DB 99, 2058; *Rolfs/Clemens* NZA 04, 410, 411 f.), sondern ebenso um einen mit dem ArbGebVerband abzuschließenden **firmenbezogenen VerbandsTV** geführt werden (BAG 24. 4. 07 NZA 07, 987). Seiner Zulässigkeit steht auch nicht entgegen, wenn zugleich Verhandlungen über einen FlächenTV stattfinden (BAG 24. 4. 07 AP Nr. 2 zu § 1 TVG Sozialplan).

Die **Beteiligungsrechte des BR nach §§ 111 ff.** sind während des Streiks um **190** einen Tarifsozialplan **nicht suspendiert.** Insbesondere darf der ArbGeb. in einem solchen Fall die Betriebsänderung nicht etwa ohne den Versuch eines Interessenausgleichs durchführen; andernfalls setzt er sich der Sanktion des § 113 Abs. 3 BetrVG aus (**aA** aber *Willemsen/Stamer* NZA 07, 412, 415 ff.; *Gaul* RdA 08, 13, 22; *Lipinski/Ferme* DB 07, 1250, 1252; *Kappenhagen/Lambrich* BB 07, 2238, 2240). Arbeitskämpfe lassen die MBR des BR grundsätzlich unberührt. Eine Suspendierung von MBR kommt nur insoweit in Betracht, als durch diese die Arbeitskampffreiheit des ArbGeb. tatsächlich eingeschränkt wird. Dazu müssen sie geeignet sein, den ArbGeb. an der Durchführung einer beabsichtigten kampfbedingten Maßnahme vorübergehend zu hindern und auf diese Weise zusätzlichen Druck auf ihn auszuüben (BAG 10. 12. 02 AP Nr. 59 zu § 80 BetrVG 1972 mwN; vgl. auch 13. 12. 11 – 1 ABR 2/10 – PM Nr. 93/11; vgl. ferner § 74 Rn 21 f.). Mit Unterrichtungsansprüchen des BR sind solche Beeinträchtigungen nicht verbunden. Sie hindern den ArbGeb. nicht, sich arbeitskampfbezogen zu betätigen (BAG 10. 12. 02 AP Nr. 59 zu § 80 BetrVG 1972). Dies gilt auch für die dem BR durch § 111 S. 1 eingeräumten Unterrichtungs- und Beratungsrechte. Es ist auch nicht etwa aus Gründen der Arbeitskampfparität geboten, dem ArbGeb. vor dem Versuch des Interessenausgleichs die Durchführung der Betriebsänderung, insb. einer Betriebsstilllegung zu gestatten, ist es doch dem ArbGeb unbenommen, sich gegenüber dem Streik mit den üblichen Mitteln des Arbeitskampfes, wie der Abwehraussperrung, zur Wehr zu setzen. Auch das Verlangen des BR nach dem Abschluss eines Sozialplans und die Anrufung der E-Stelle nach § 112 Abs. 4 zur Durchsetzung dieses Anspruchs ist parallel zu einem Arbeitskampf nicht ausgeschlossen. Bei einem Spruch über einen Sozialplan wird die E-Stelle allerdings regelmäßig gehalten sein, Regelungen über die Anrechnung etwaiger tariflicher Leistungen auf den betrieblichen Sozialplan zu treffen.

Ausdrücklich nicht entschieden hat das BAG die Frage, ob ein **Streik** zulässig ist, **191** **mit dem bereits die Betriebsstilllegung oder -verlagerung selbst verhindert –** und ein BeschäftigungssicherungsTV erzwungen – werden soll (vgl. zum Meinungsstand *Kühling/Bertelsmann* NZA 05, 1017, 1022; *ErfK/Dieterich* Art. 9 GG Rn 116). Wer maßgeblich auf das in Teil II Art. 6 Nr. 4 ES C garantierte „Streikrecht im Falle von Interessenkonflikten" abstellt, wird geneigt sein, sogar dieses weitergehende Kampfziel für zulässig erachten (so im Ergebnis *Berg/Platow/Schoof/Unterhinninghofen* TVG und Arbeitskampfrecht Teil 2 Rn 71 f.; ebenso mit leichten Einschränkungen *Kühling/Bertelsmann* NZA 05, 1017, 1026; **aa** *Nicolai* SAE 04, 240; 241; *Gaul* RdA 08, 13, 18; *Hanau/Thüsing* ZTR 01, 49, 52; *Franzen* ZfA 05, 315, 337; differenzierend ErfK/*Dieterich* GG Art. 9 Rn 116). Dagegen könnte sich aus den Regelungen des § 112, nach denen nur ein Sozialplan, nicht dagegen ein – wie auch immer gearteter – Interessenausgleich erzwungen werden kann, die – ihrerseits wieder an Art 9 Abs. 3 GG zu messende – Wertung des deutschen Gesetzgebers ergeben, der Arb-Geb. könne gegen seinen Willen nicht zur Fortführung eines Betriebs gezwungen werden. Die durch **Art. 12 Abs. 1 GG** gewährleistete, grundsätzlich tariffreie Unternehmensautonomie und die sich auf die sozialen Folgewirkungen unternehmerischer Entscheidungen erstreckende, durch **Art. 9 Abs. 3 GG** geschützte Tarifautonomie lassen sich häufig nicht scharf trennen (vgl. BAG 3. 4. 90 AP Nr. 56 zu Art. 9 GG; *Kühling/Bertelsmann* NZA 05, 1017, 1021; ErfK/*Dieterich* Art. 9 GG Rn 116). Dies gilt gerade auch dort, wo es um die Stilllegung oder Verlagerung eines Betriebs geht. Diese betreffen einerseits die unternehmerische Autonomie, andererseits aber auch die Wirtschafts- und Arbeitsbedingungen iSv. Art. 9 Abs. 3 S. 1 GG (*Kühling/Bertelsmann* NZA 05, 1017, 1023). Es dürfte daher erforderlich sein, **praktische Konkordanz zwischen den kollidierenden Grundrechten** herzustellen (vgl. *Hohenstatt/Schramm* DB 04, 2214; *Kühling/Bertelsmann* NZA 05, 1017, 1022 ff.; *Thüsing/Ricken* JbArbR, Bd. 42, S. 113, 119; *Franzen* ZfA 05, 315, 335; vgl. auch ErfK/*Dieterich* GG Art. 9 Rn 74, 116). Eine letztinstanzliche Entscheidung der Gerichte für Arbeitssachen steht insoweit noch aus. Durch Streiks, die sich gegen Betriebsverlagerungen innerhalb der europäischen Gemeinschaft richten, können unionsrechtliche Grundfreiheiten, insb. der freie Dienstleistungsverkehr (Art. 49 EG) und die Niederlassungsfreiheit (Art. 43 EG) berührt sein. Das Verhältnis von nationalem, verfassungsrechtlich innerhalb der Gemeinschaft unterschiedlich gewährleistetem und ausgestaltetem Arbeitskampfrecht einerseits und unionsrechtlichen Grundfreiheiten andererseits ist noch nicht abschließend geklärt (vgl. dazu EuGH 11. 12. 07 AP Nr. 3 zu Art. 43 EG – Viking –; 18. 12. 07 AP Nr. 15 zu Art. 49 EG – Laval –; *Däubler* ArbuR 08, 409; *Kocher* ArbuR 08, 13; *Wißmann* ArbuR 09, 149; *Zwanziger* DB 08, 294; *Krieger/Wiese* BB 10, 568).

192   Anwendbar ist der Tarifvorbehalt des § 77 Abs. 3 insoweit, als ein einvernehmlich vereinbarter Sozialplan Regelungen enthält, die über den Ausgleich oder die Milderung der durch die Betriebsänderung entstehenden Nachteile hinausgehen (GK-*Oetker* Rn 169; *DKKW-Däubler* Rn 54; *Richardi/Annuß* § 112 Rn 180). Dies gilt insb. auch für freiwillig vereinbarte „vorsorgliche" Sozialpläne und für „Rahmensozialpläne". Diese sind daher nur zulässig, soweit es keine tarifvertraglichen Regelungen gibt oder diese den Abschluss von Rahmensozialplänen gestatten. Andernfalls sind selbst günstigere **Rahmensozialpläne durch den Tarifvorbehalt des § 77 Abs. 3 gesperrt** (vgl. BAG 14. 11. 06 AP Nr. 181 zu § 112 BetrVG 1972).

f) Individual-, pfändungs-, steuer- und sozialrechtliche Behandlung von Sozialplananprüchen

193   Der **Zeitpunkt des Entstehens** von Sozialplananprüchen ist vor allem von Bedeutung für ihre Übertragbarkeit, die Vererblichkeit (vgl. Rn 232) und den Beginn etwaiger an die Entstehung des Anspruchs anknüpfender tariflicher Ausschlussfristen. Es ist Sache der Betriebsparteien zu regeln, wann Ansprüche aus einem Sozialplan entstehen. Erforderlichenfalls ist der Zeitpunkt im Wege der Auslegung des Sozialplans festzustellen (BAG 27. 6. 06 AP Nr. 180 zu § 112 BetrVG 1972). Aus dem Sinn und Zweck von Sozialplananprüchen, die dem ArbN durch eine Betriebsänderung entstehenden wirtschaftliche Nachteile auszugleichen, wird sich häufig ergeben, dass der Abfindungsanspruch erst mit dem betriebsbedingten Ausscheiden aus dem Be-

trieb entsteht (BAG 25. 9. 96, 27. 6. 06 AP Nr. 105, 180 zu § 112 BetrVG 1972 mwN; so auch für ein tarifliches Rationalisierungsschutzabkommen BAG 22. 5. 96 AP Nr. 13 zu § 4 TVG Rationalisierungsschutz; vgl. aber auch BAG 13. 12. 94 AP Nr. 6 zu § 4 TVG Rationalisierungsschutz und zu einem in einem Prozessvergleich vereinbarten Abfindungsanspruch BAG 22. 5. 03 AP Nr. 8 zu § 767 ZPO).

Nicht notwendig identisch mit dem Entstehen des Anspruchs ist seine **Fälligkeit,** **194** also der Zeitpunkt, zu dem der ArbN die Leistung verlangen kann (vgl. § 271 BGB). Dieser Zeitpunkt kann hinausgeschoben werden, zB bis zum rechtskräftigen Abschluss eines Kündigungsschutzprozesses (vgl. Rn 170; BAG 20. 6. 85 AP Nr. 33 zu § 112 BetrVG 1972). Die Fälligkeit ist häufig von Bedeutung für den Lauf tariflicher Ausschlussfristen. Fehlt eine Fälligkeitsregelung im Sozialplan, wird die Abfindung regelmäßig am Ende des Arbeitsverhältnisses fällig (BAG 30. 3. 04 AP Nr. 170 zu § 112 BetrVG 1972).

Ein **Verzicht** des ArbN auf Ansprüche aus einem Sozialplan ist wegen § 77 Abs. 4 **195** Satz 2 grundsätzlich nur mit Zustimmung des BR möglich (GK-*Oetker* Rn 177; *DKKW-Däubler* Rn 139; *Richardi/Annuß* § 112 Rn 190). Eine Ausnahme hiervon kann bei einem Tatsachenvergleich in Betracht kommen (vgl. BAG 31. 7. 96 AP Nr. 63 zu § 77 BetrVG 1972; *DKK-Däubler* Rn 139). Ein Verzicht kann wegen des Günstigkeitsprinzips außerdem dann wirksam sein, wenn er Teil einer Individualvereinbarung ist, durch die sich der ArbN – bei dem gebotenen Sachgruppenvergleich – insgesamt besser stellt (vgl. § 77 Rn 135; BAG 14. 12. 99 – 1 AZR 81/99 –; 27. 1. 04, 30. 3. 04 Nr. 166, 170 zu § 112 BetrVG 1972).

Ein Sozialplan kann gemäß § 77 Abs. 4 Satz 4 iVm. § 112 Abs. 1 S. 3 selbst **Aus-** **196** **schlussfristen** für die Geltendmachung der in ihm festgelegten Ansprüche vorsehen (GK-*Oetker* Rn 178; *DKKW-Däubler* Rn 140; *Richardi/Annuß* § 112 Rn 191).

Sozialplananspüche können gemäß § 77 Abs. 4 Satz 4 iVm. § 112 Abs. 1 S. 3 von **197** **tariflichen Ausschlussfristen** erfasst werden. Erfasst eine tarifliche Ausschlussfrist allgemein Ansprüche aus dem ArbVerh., so gilt sie idR auch für einen Anspruch auf Zahlung einer einmaligen Abfindung aus einem Sozialplan (BAG 30. 11. 94, 27. 1. 04 AP Nr. 88, 166 zu § 112 BetrVG 1972; 27. 3. 96 AP Nr. 134 zu § 4 TVG Ausschlussfristen; GK-*Oetker* Rn 178). **Individualvertragliche Ausschlussfristen** erfassen wegen § 77 Abs. 4 Satz 4 iVm. § 112 Abs. 1 S. 3 Sozialplananspüche grundsätzlich nicht. Wird ein TV individualvertraglich insgesamt in Bezug genommen, so gelten seine Ausschlussfristen auch für Sozialplananspüche (BAG 27. 1. 04 AP Nr. 166 zu § 112 BetrVG 1972). Jedenfalls in diesem Fall ist davon auszugehen, dass die beiderseitigen Interessen durch die tarifvertragliche Regelung ausgewogen berücksichtigt sind. Davon kann aber wohl nicht ohne Weiteres ausgegangen werden, wenn individualvertraglich nur Teile eines TV, insb. etwa ausschließlich dessen Ausschlussfristen, in Bezug genommen werden (offen gelassen in BAG 27. 1. 04 AP Nr. 166 zu § 112 BetrVG 1972).

Sozialplananspüche unterliegen gemäß § 195 BGB der **regelmäßigen Verjäh-** **198** **rung** von drei Jahren. Der frühere Streit, ob die 30-jährige Verjährungsfrist des § 195 BGB aF oder die kurzen Verjährungsfristen des § 196 Abs. 1 Nr. 8 u. 9 BGB aF Anwendung finden, hat sich damit erledigt. Das BAG hatte sich gegen die kurzen Verjährungsfristen entschieden und dies vor allem damit begründet, dass Sozialplananspüche kein Entgelt für geleistete Dienste sind, sondern eine zukunftsbezogene Überbrückungsfunktion haben (BAG 30. 10. 01 AP Nr. 145 zu § 112 BetrVG 1972).

Leistungen aus einem Sozialplan gehören zum Arbeitseinkommen iSv. § 850 **199** Abs. 2, 4 ZPO und sind daher gemäß § 850 Abs. 1 ZPO nach Maßgabe der §§ 850 a bis i ZPO **pfändbar.** Dies gilt insb. auch für **Abfindungen,** die ArbN wegen der Beendigung des ArbVerh. erhalten. Sie unterliegen nicht den Pfändungsbeschränkungen nach § 850 c ZPO. Der ArbN kann aber gemäß § 850 i ZPO auf Antrag beim Vollstreckungsgericht Pfändungsschutz erlangen (BAG 13. 11. 91 AP Nr. 13 zu § 850 ZPO).

200	Bei **regelmäßig wiederkehrenden Ausgleichsleistungen** gelten die Pfändungs-
beschränkungen des § 850c ZPO (GK-*Oetker* Rn 188). Werden dem ArbN auf
Grund des Sozialplans Aufwendungsentschädigungen, Auslösungsgelder oder sonstige
soziale Zulagen für auswärtige Beschäftigungen gezahlt, sind diese nach § 850a
Nr. 3 ZPO unpfändbar (GK-*Oetker* Rn 188).

201	Soweit Sozialplanansprüche nicht der Pfändung unterworfen sind, gilt das **Auf-
rechnungsverbot** nach § 394 Abs. 1 BGB (GK-*Oetker* Rn 190). In diesem Fall findet auch das **Abtretungsverbot** des § 400 BGB Anwendung (GK-*Oetker* Rn 190),
das allerdings dann nicht gilt, wenn der ArbN vom Abtretungsempfänger eine wirtschaftlich gleichwertige Leistung erhält (*Palandt/Heinrichs* BGB § 400 Rn 3).

202	Sind Sozialplanansprüche einmal entstanden (vgl. Rn 193), so sind sie grundsätz-
lich auch **vererblich** (BAG 27. 6. 06 AP Nr. 180 zu § 112 BetrVG 1972; GK-*Oetker*
Rn 185; *Richardi/Annuß* § 112 Rn 199). Ein Abfindungsanspruch kann nicht vererbt
werden, wenn er zum Zeitpunkt des Todes des ArbN noch nicht entstanden war
(BAG 27. 6. 06 AP Nr. 180 zu § 112 BetrVG 1972).

203	Sozialplanleistungen gehören zu den Einkünften aus nichtselbständiger Tätigkeit
iSd. § 19 Abs. 1 Satz 1 Nr. 1 EStG und sind daher **grundsätzlich zu versteuern**
(GK-*Oetker* Rn 446ff.; *Richardi/Annuß* § 112 Rn 196; *Bolsmann/Maaß* ArbRAktuell
11, 287; vgl. auch BAG 28. 9. 04 EzA § 42d EStG Nr. 2; 21. 7. 09 NZA 09, 1213).
Allerdings kommen dem ArbN **Steuerbefreiungen** und **Tarifermäßigungen** zugute. Nach § 42e EStG besteht die Möglichkeit, beim Finanzamt eine Lohnsteueran-
rufungsauskunft einzuholen.

204	Von Bedeutung war früher insb. § 3 Nr. 9 EStG. Danach waren Abfindungen,
die mit Rücksicht auf eine vom ArbGeb. veranlasste Auflösung des ArbVerh. gezahlt
werden, in bestimmtem Umfang steuerfrei. Hatte der ArbN das 50. bzw. 55. Lebensjahr vollendet und das ArbVerh. mindestens 15, bzw. 20 Jahre bestanden, waren 9000,
bzw. 11000 Euro steuerfrei.

205	Durch Art. 1 Nr. 1a des G zum Einstieg in ein steuerliches Sofortprogramm vom
22. 12. 05 (BGBl. I S. 3682) wurde § 3 Nr. 9 EStG mit Wirkung vom 1. 1. 06 aufgehoben. Nach **§ 52 Abs. 4a EStG nF** ist die Bestimmung aber weiterhin anzuwenden auf **vor dem 1. 1. 06 entstandene Ansprüche,** soweit die Abfindungen
dem ArbN vor dem 1. 1. 08 zufließen. Zum „Entstanden"-Sein genügt es – abweichend von Rn 193 – steuerrechtlich wohl, dass der Anspruch noch im Jahr 2005
„individualisiert" wurde (vgl. BT-Drs. 16/255 S. 7). Dies ist der Fall, wenn Kündigung oder Aufhebungsvertrag 2005 erfolgten. Möglicherweise genügt auch die Benennung eines ArbN in einer Namensliste zum Interessenausgleich.

206	Sofern § 3 Nr. 9 EStG nicht mehr anwendbar ist oder seine Höchstgrenzen über-
schritten sind, sind die Abfindungen als **außerordentliche Einkünfte nach § 24
Nr. 1, 34 EStG** zu versteuern. Dabei können den ArbN Tarifermäßigungen zugute
kommen (vgl. GK-*Oetker* Rn 461f.; *Bolsmann/Maaß* ArbRAktuell 11, 287). Der
ArbGeb. schuldet dem ArbN grundsätzlich eine „Brutto"-Vergütung Die Steuerlast
trägt nach § 38 Abs. 2 EStG grundsätzlich der ArbN. Dies kann in einem Sozialplan
anders geregelt werden, muss dann aber in diesem deutlich zum Ausdruck kommen
(vgl. BAG 21. 7. 09 – 1 AZR 167/08 – NZA 09, 1213).

207	Leistungen aus Sozialplänen, insb. Abfindungen, sind keine **sozialversicherungs-
pflichtigen Leistungen** (*Bolsmann/Maaß* ArbRAktuell 11, 287). Sie werden nicht
für Zeiten des ArbVerh. gezahlt und sind kein Arbeitsentgelt iSv. § 14 SGB IV
(*HSWGNR-Hess* § 112 Rn 321). Eine Ausnahme gilt nur dann, wenn in der Abfindung ein Lohnanspruch oder ein Urlaubsabgeltungsanspruch enthalten ist.

208	Die Zahlungen von Sozialplanabfindungen lassen **grundsätzlich** – nämlich im
Falle fristgemäßer Beendigung – den Anspruch des ArbN auf Arbeitslosengeld unbe-
rührt (GK-*Oetker* Rn 184; *Richardi/Annuß* § 112 Rn 198). Sie sind kein Arbeitsent-
gelt iSv. § 143 Abs. 1 SGB III. Dies folgt – im Umkehrschluss – schon aus § 143a
SGB III (vgl. GK-*Oetker* Rn 184). Ebenso wenig haben sie eine Sperrzeit nach § 144
SGB III zur Folge.

Lediglich dann, wenn das **ArbVerh. ohne Einhaltung** einer **der ordentlichen** 209
Kündigungsfrist des ArbGeb. entspr. Frist beendet worden ist, ruht der Anspruch
auf Arbeitslosengeld gemäß § **143 a Abs. 1 Satz 1 SGB III** bis zum Tag, an dem
das ArbVerh. bei Einhaltung dieser Frist geendet hätte. Maßgeblich ist die objektiv
nach Gesetz, TV, BV oder Einzelarbeitsvertrag geltende Frist (ErfK/*Rolfs* § 143 a
SGB III Rn 20). Dazu zählt auch die in der Insolvenz des ArbGeb. verkürzte Frist des
§ 113 InsO (vgl. BAG 16. 6. 1999 AP Nr. 3 zu § 113 InsO). Ist die ordentliche Kündigung – etwa durch TV oder bei BR-Mitgliedern – ausgeschlossen, so gilt gemäß
§ 143 a Abs. 1 Satz 3 SGB III bei zeitlich unbegrenztem Ausschluss eine Kündigungsfrist von 18 Monaten, bei zeitlich begrenztem Ausschluss die Kündigungsfrist, die
ohne den Ausschluss maßgeblich wäre. Nach § 143 a Abs. 2 Satz 1 SGB III ruht der
Anspruch auf Arbeitslosengeld längstens ein Jahr. Außerdem ruht er gemäß § 143 a
Abs. 2 Satz 2 Nr. 1 SGB III längstens bis zu dem Tag, an dem der ArbN bei Fortführung des ArbVerh. einen Betrag von 60% der Abfindung verdient hätte. Dieser An-
rechnungsbetrag von 60% vermindert sich nach § 143 a Abs. 2 Satz 3 GB III für je
fünf Lebensjahre nach Vollendung des 35. Lebensjahr und für je fünf Jahre Betriebszugehörigkeit um jeweils um 5%, beträgt aber mindestens 25% der Abfindung.

Beispiel: 210

Ein 55 Jahre alter ArbN mit einem Bruttomonatseinkommen von 3000 Euro wird nach 25-
jähriger Betriebszugehörigkeit entlassen. Eine ordentliche Kündigung wäre nicht mehr zulässig gewesen. Der ArbN erhält eine Abfindung von 30 000 Euro.
Da eine ordentliche Kündigung zeitlich unbegrenzt ausgeschlossen ist, gilt eine fiktive
Kündigungsfrist von 18 Monaten. Der Anspruch ruht jedoch längstens ein Jahr. 60% der
Abfindung werden allenfalls berücksichtigt. 20% der Abfindung sind für das höhere Le-
bensalter und 25% für die längere Betriebszugehörigkeit abzuziehen. Das ergäbe einen
anrechenbaren Teil von 15% der Abfindung. 25% sind jedoch mindestens anzurechnen.
Das sind 7500 Euro. Dieser Betrag wäre bei Fortführung des ArbVerh. in 2½ Monaten ins
Verdienen gekommen. So lange ruht der Anspruch auf Arbeitslosengeld.

Entlassungsentschädigung iSd. § 143 a SGB III ist jede Leistung, die für die 211
Zeit nach der Tätigkeit des ArbN wegen deren Beendigung gezahlt wird (vgl. ErfK/
Rolfs § 143 a SGB III Rn 3). Auf den Zeitpunkt der Entstehung und der Fälligkeit
kommt es nicht an (ErfK/*Rolfs* § 143 a SGB III Rn 4). Erforderlich ist nur ein kausa-
ler Zusammenhang zwischen dem Verlust des Arbeitsplatzes und der an den ArbN
gezahlten Leistung (ErfK/*Rolfs* § 143 a SGB III Rn 7).

Der Ruhenszeitraum wird – anders als bei der Sperrzeit – nicht auf die Anspruchs- 212
dauer angerechnet, so dass sich die gemäß §§ 127 ff. SGB III errechnete Anspruchs-
dauer infolge des Ruhens nicht verkürzt, sondern der **Anspruchszeitraum lediglich zeitlich verschoben** wird (ErfK/*Rolfs* § 143 a SGB III Rn 36).

Sozialplanabfindungen sind iSv. § 19 Abs. 2 SGB II zu berücksichtigendes Ein- 213
kommen und mindern daher den Anspruch auf **ALG II** (vgl. *Mecke* in *Eicher/
Spellbrink* SGB II § 11 Rn 26). Auch die gemäß § 13 SGB II erlassene Verordnung
zur Berechnung von Einkommen sowie zur Nichtberücksichtigung von Einkommen
und Vermögen beim ALG II/Sozialgeld vom 20. 10. 04 (BGBl. I S. 2622; abgedruckt
in *Eicher/Spellbrink* SGB II Anhang zu § 13) sieht insoweit keine Ausnahme vor.

g) Kündigung und Änderung von Sozialplänen

Ein Sozialplan kann grundsätzlich wie jede BV **einvernehmlich aufgehoben** 214
oder **abgeändert** oder durch einen anderen Sozialplan **ersetzt** werden. Die Betriebsparteien können einen Sozialplan grundsätzlich auch zum Nachteil der ArbN
abändern oder durch einen für sämtliche oder einzelne ArbN ungünstigeren Sozialplan ersetzen (BAG 24. 3. 81, 10. 8. 94, 5. 10. 00, 12. 11 02 AP Nr. 12, 86, 141, 159
zu § 112 BetrVG 1972; 2. 10. 07 – 1 AZR 815/06 – NZA-RR 08, 242; vgl. zur
verschlechternden Abänderung einer im Anwendungsbereich einer kirchlichen Mit-

arbeitervertretungsordnung geschlossenen Dienstvereinbarung BAG 19. 6. 07 AP Nr. 4 zu § 1a KSchG 1969; GK-*Oetker* Rn 215; *DKKW-Däubler* Rn 135; *Richardi/Annuß* § 112 Rn 183). Es gilt das **Ablösungsprinzip.** Der neue Sozialplan tritt an die Stelle des bisherigen (BAG 10. 8. 94, 5. 10. 00 AP Nr. 86, 141 zu § 112 BetrVG 1972; GK-*Oetker* Rn 218).

215 Allerdings ist die verschlechternde Abänderung eines Sozialplans nicht ohne weiteres und uneingeschränkt zulässig. Die Betriebsparteien können durch eine neue BV oder einen abändernden Sozialplan bereits entstandene Ansprüche der ArbN grundsätzlich nicht entfallen lassen (vgl. BAG 12. 11 02 AP Nr. 159 zu § 112 BetrVG 1972; 19. 6. 07 AP Nr. 4 zu § 1a KSchG 1969; 2. 10. 07 – 1 AZR 815/06 – NZA-RR 08, 242). Es gelten vielmehr insoweit die zur **echten** und **unechten Rückwirkung** entwickelten Regeln und die Grundsätze der **Verhältnismäßigkeit** und des **Vertrauensschutzes** (vgl. hierzu näher § 77 Rn 194). Eine Verschlechterung der bisherigen Regelungen kommt danach dann in Betracht, wenn die ArbN mit einer rückwirkenden Verschlechterung rechnen mussten oder wenn wegen Wegfalls der Geschäftsgrundlage eine Anpassung an die geänderten tatsächlichen Verhältnisse erforderlich ist (BAG 5. 10. 00 AP Nr. 141 zu § 112 BetrVG 1972; ausdrücklich offen gelassen in BAG 21. 10. 03 AP Nr. 163 zu § 112 BetrVG 1972). Auch in diesem Fall müssen die Eingriffe in die bereits entstandenen Ansprüche am Zweck der Maßnahme gemessen geeignet, erforderlich und proportional sein (BAG 5. 10. 00 AP Nr. 141 zu § 112 BetrVG 1972; BAG 19. 6. 07 AP Nr. 4 zu § 1a KSchG 1969; 2. 10. 07 – 1 AZR 815/06 – NZA-RR 08, 242). Eine noch vor Auszahlung der Sozialplanabfindung nachträglich in einen Sozialplan aufgenommene Anrechnungsklausel, nach der Abfindungen nach § 1a KSchG auf Sozialplanabfindungen angerechnet werden, stellt einen Fall unechter Rückwirkung dar, verletzt aber nicht den Grundsatz der Verhältnismäßigkeit (BAG 19. 6. 07 AP Nr. 4 zu § 1a KSchG 1969; *Linsenmaier* FS *Kreutz* S. 271, 281; **aA** *Gehlhaar* BB 07, 2805). Gleiches gilt, wenn die Betriebsparteien noch vor Auszahlung der Sozialplanabfindungen bei einem feststehenden Gesamtvolumen die Berechnungsformel ändern und die ArbN mangels Kenntnis der persönlichen Daten der anderen ArbN für sich noch keinen bestimmten Abfindungsbetrag errechnen konnten (vgl. BAG 2. 10. 07 NZA-RR 08, 242; *Linsenmaier* FS *Kreutz* S. 271, 281 f.). Den Fälligkeitstermin für Sozialplanabfindungen darf eine E-Stelle nicht ersatzlos streichen (BAG 21. 10. 03 AP Nr. 163 zu § 112 BetrVG 1972).

216 Ein Sozialplan iSv. § 112 Abs. 1 Satz 2 betrifft regelmäßig nur eine bestimmte Betriebsänderung. Anders als eine für eine unbestimmte Dauer geschlossene BV kann er daher grundsätzlich zumindest **insgesamt nicht ordentlich gekündigt** werden (BAG 10. 8. 94 AP Nr. 86 zu § 112 BetrVG 1972; GK-*Oetker* Rn 223; *DKKW-Däubler* Rn 136; *Richardi/Annuß* § 112 Rn 185; *HSWGNR-Hess* § 112 Rn 297). Eine ordentliche (Teil-)Kündigung kommt allenfalls hinsichtlich der in einem Sozialplan vorgesehenen Dauerregelungen in Betracht, wenn ein bestimmter wirtschaftlicher Nachteil durch laufende Leistungen ausgeglichen oder gemildert werden soll (GK-*Oetker* Rn 224; offen gelassen in BAG 10. 8. 94 AP Nr. 86 zu § 112 BetrVG 1972). Auch hiergegen bestehen aber schwerwiegende Bedenken. Denn anders als bei einem vorsorglichen Sozialplan oder einem Rahmensozialplan sollen die Dauerregelungen in einem für eine bestimmt Betriebsänderung geschlossenen Sozialplan die durch diese Betriebsänderung konkret entstehenden Nachteile ausgleichen oder abmildern. Damit verträgt sich die ordentliche Kündigung nicht (vgl. *Richardi/Annuß* § 112 Rn 185).

217 Danach kommt allenfalls eine – gesetzlich allerdings nicht vorgesehene – **außerordentliche Kündigung** in Betracht (vgl. BAG 10. 8. 94 AP Nr. 86 zu § 112 BetrVG 1972; GK-*Oetker* Rn 228 ff.; *Richardi/Annuß* § 112 Rn 186; *HSWGNR-§* 112 *Hess* Rn 298 ff.; **abl.** *DKKW-Däubler* Rn 136). Dies gilt freilich allenfalls hinsichtlich der noch nicht entstandenen Ansprüche aus Dauerregelungen in einem Sozialplan (GK-*Oetker* Rn 228, 232; *Bonanni/Mückl* ArbRB 09, 242, 243). Auch insoweit spricht aber vieles dafür, die Betriebsparteien auf die bei Wegfall der Geschäftsgrundlage

bestehenden Möglichkeiten zur Anpassung zu verweisen (vgl. Rn 219). Bereits entstandene Ansprüche können durch eine außerordentliche Kündigung ohnehin nicht beseitigt werden (GK-*Oetker* Rn 232). Im Übrigen wirken selbst im Falle einer wirksamen außerordentlichen (Teil-)Kündigung die Dauerregelungen gemäß § 77 Abs. 6 nach (BAG 10. 8. 94 AP Nr. 86 zu § 112 BetrVG 1972; *Richardi/Annuß* § 112 Rn 186; **aA** GK-*Oetker* Rn 231).

Anderes gilt für freiwillige vorsorgliche **(Rahmen-)Sozialpläne,** die sich nicht **218** auf eine bestimmte Betriebsänderung beziehen. Diese sind gemäß § 77 Abs. 5 ordentlich kündbar. Sie entfalten keine Nachwirkung gemäß § 77 Abs. 6, da sie nicht erzwingbar sind.

Ist die **Geschäftsgrundlage** für einen Sozialplan nachträglich **weggefallen** (vgl. **219** zum Wegfall der GG bei BV § 77 Rn 152) und deshalb dem ArbGeb. oder auch der Belegschaft das Festhalten an dem bisherigen Sozialplan nicht mehr zumutbar, so können ArbGeb. oder BR nach allgemeiner Auffassung eine **Anpassung** des Sozialplans an die veränderten tatsächlichen Verhältnisse verlangen (BAG 10. 8. 94, 28. 8. 96 AP Nr. 86, 104 zu § 112 BetrVG 1972; GK-*Oetker* Rn 233 ff.; *Richardi/Annuß* § 112 Rn 187; *ErfK/Kania* Rn 41; *DKKW-Däubler* Rn 137; *Bonanni/Mückl* ArbRB 09, 242, 244). Verweigert der andere Teil die Anpassung, kann die E-Stelle angerufen werden. Diese hat darüber zu befinden, ob die Geschäftsgrundlage weggefallen ist, und ggf. eine Neuregelung zu beschließen (BAG 10. 8. 94 AP Nr. 86 zu § 112 BetrVG 1972; *Richardi/Annuß* § 112 Rn 187; ErfK/*Kania* Rn 42). Ist der Betrieb bereits stillgelegt, hat dessen BR auch für den Abschluss des abändernden Sozialplans gemäß § 21b ein Restmandat (vgl. zur früheren Rechtslage BAG 5. 10. 00 AP Nr. 141 zu § 112 BetrVG 1972).

Ein Wegfall der Geschäftsgrundlage (vgl. für privatrechtliche Verträge § 313 Abs. 1 **220** und 2 BGB) kann vorliegen, wenn die Betriebsparteien bei Abschluss des Sozialplans von **tatsächlichen Verhältnissen** ausgegangen sind, die sich später als **unzutreffend** erweisen. Dies kann zB der Fall sein, wenn die von einem Dritten – etwa der Bundesanstalt für vereinigungsbedingte Sonderaufgaben (früher Treuhandanstalt) – erwarteten Mittel nicht zur Verfügung gestellt werden (vgl. BAG 10. 8. 94 AP Nr. 86 zu § 112 BetrVG 1972) oder der Betrieb entgegen der ursprünglichen Planung nicht stillgelegt, sondern von einem Dritten übernommen wird (vgl. BAG 28. 8. 96 AP Nr. 104 zu § 112 BetrVG 1972). Voraussetzung für eine Änderung des Sozialplans ist ferner, dass das Festhalten daran für eine Seite unzumutbar geworden ist. Unzumutbarkeit setzt idR voraus, dass das Festhalten an dem Sozialplan zu untragbaren, mit Recht und Gerechtigkeit nicht zu vereinbarenden Ergebnissen führen würde. Dies erfordert eine umfassende Interessenabwägung unter Würdigung aller Umstände (vgl. zur Unzumutbarkeit des Festhaltens an einer Gesamtversorgungszusage BAG 19. 2. 08 AP Nr. 5 zu § 313 BGB).

Der Wegfall der Geschäftsgrundlage führt nicht etwa zum Wegfall des bisherigen **221** Sozialplans (vgl. auch § 77 Rn 152; *Bonanni/Mückl* ArbRB 09, 242, 244). Vielmehr gilt dieser, bis ein abändernder Sozialplan zustande gekommen ist. Dies kann sowohl durch Vereinbarung der Betriebsparteien als auch durch einen diese ersetzenden Spruch der E-Stelle geschehen. In dem ablösenden Sozialplan können auch **bereits entstandene Ansprüche der ArbN eingeschränkt** werden. Die ArbN können nicht unbedingt darauf vertrauen, dass Ansprüche auch dann erhalten bleiben, wenn die Geschäftsgrundlage für den Abschluss des Sozialplans weggefallen ist. Die Grundsätze der Verhältnismäßigkeit und des Vertrauensschutzes sind jedoch zu beachten (vgl. Rn 245; BAG 10. 8. 94, 5. 10. 00 AP Nr. 86, 141 zu § 112 BetrVG 1972; *Linsenmaier* FS *Kreutz* S. 271, 281 f.).

h) Der Transfersozialplan

Von besonderer Bedeutung ist seit dem 1. 1. 02 der sog. **„Transfersozialplan".** **222** Das SGB III sieht nun im Rahmen der „aktiven Arbeitsförderung" (§ 3 Abs. 4

SGB III) zahlreiche Förderungsmöglichkeiten zur Vermeidung von Arbeitslosigkeit vor, welche die E-Stelle nach dem eigens eingefügten § 112 Abs. 5 Nr. 2a beachten soll (vgl. Rn 243 ff.) und die auch für den von den Betriebsparteien vereinbarten Sozialplan von erheblicher Bedeutung sind. Insb. sah das SGB III in der vom 1. 1. 2002 bis zum 31. 12. 2003 geltenden Fassung in §§ 254 bis 259 vor, dass Maßnahmen in einem Sozialplan zur Eingliederung von ArbN in den Arbeitsmarkt durch Zuschüsse gefördert werden können (vgl. zu Transfersozialplänen *Bauer* NZA 01, 375; *Bepler* ArbuR 99, 219; *Engels/Trebinger/Löhr-Steinhaus* DB 01, 539; *Martin Heither* Sozialplan und Sozialrecht 2002; *Rolfs* NZA 98, 17; *Wendeling-Schröder/Welkoborsky* NZA 03, 1370; *Welkoborsky* AiB 09, 428; *Wolff* NZA 99, 622; *DKKW-Däubler* Rn 155 ff.; *GK-Oetker* Rn 463 ff.).

223   Durch das **Dritte Gesetz für moderne Dienstleistungen am Arbeitsmarkt vom 23. 12. 03 – „Hartz III"** – (BGBl. I S. 2848) hat der Gesetzgeber die früheren Regelungen über Zuschüsse zu Sozialplanmaßnahmen in §§ 254 bis 259 SGB III durch die in **§ 216a SGB III** geregelten **Leistungen zur Förderung der Teilnahme an Transfermaßnahmen** abgelöst (vgl. BT-Drucks. 15/1515 S. 90 ff.; *Krodel* in *Niesel* SGB III § 216a; *Gaul/Bonanni/Otto* DB 03, 2386; *C. Meyer* BB 04, 490; *Mengel/Ullrich* BB 05, 1109; *Lembke* BB 04, 773, 780 ff.; *Sieg* NZA 05, 9, 12 f.; *ErfK-Rolfs* § 216a, § 216b SGB III). Dabei hat er an dem Ziel festgehalten, durch ein Anreizsystem die bei Betriebsänderungen verantwortlich Handelnden dazu zu bewegen, für die von Arbeitslosigkeit bedrohten ArbN beschäftigungswirksame Maßnahmen vorzusehen, anstatt ihnen Abfindungen zu gewähren (vgl. BT-Drucks. 13/4941 S. 197; BT-Drucks. 15/1515 S. 91). Der direkte Übergang aus dem alten in ein neues ArbVerh. soll gefördert werden. Indem sich die BA an den Kosten der Transfermaßnahmen beteiligt, soll insb. auch für die Betriebsparteien ein Anreiz geschaffen werden, die bisweilen nicht unbeträchtlichen Sozialplanmittel nicht lediglich für Abfindungen, sondern beschäftigungswirksam einzusetzen. Durch das am **1. 1. 2011** in Kraft getretene Gesetz vom 24. 10. 2010 (BGBl. I, S. 1417; sog. **„Beschäftigtenchancengesetz"**) wurden sowohl bei der Förderung der Teilnahme an Transfermaßnahmen (§ 216a SGB III) als auch beim Transferkurzarbeitergeld (§ 216b SGB III) etliche Änderungen vorgenommen (vgl. dazu *Böhnke/Kreuziger* AuA 11, 14; *Diller* FA 11, 135; *Homburg* AiB 11, 11; *Paulsen* AuA 10, 640; *Mückl* ArbR Aktuell 10, 515; *Thannheiser* AiB 11, 222; *Rolf/Riechwald* BB 11, 2805). Die am 20. 11. 10 veröffentlichten **Geschäftsanweisungen der Bundesagentur für Arbeit (GA der BA)** sind abrufbar unter http://www.arbeitsagentur.de/zentraler-Content/A06-Schaffung/A062-Beschaeftigungsverhaeltnisse/Publikation/pdf/GA-Transferleistungen.pdf. (die vorliegende Kommentierung erfolgt auf dem Stand Juni 2011). Die Neuregelungen sehen keine Übergangsbestimmungen vor. Sie sind daher nur auf Neufälle ab dem 1. 1. 11 anzuwenden. Leistungsfälle, die in 2011 entstehen, aber auf Sozialplan- oder Interessenausgleichsverhandlungen/Abstimmungsgesprächen etc., der Betriebsparteien aus 2010 beruhen, sind nach den GA der BA hinsichtlich der Beratungspflicht gemäß § 216a Abs. 1 Nr. 1 SGB III und § 216b Abs. 1 Nr. 4 SGB III nach der bis 31. 12. 2010 geltenden Rechtlage zu behandeln.

224   Die als Leistung an den ArbN ausgestaltete Förderung ist nach § 216a SGB III von mehreren **Voraussetzungen** abhängig. Wenn diese **kumulativ** vorliegen, besteht ein **Rechtsanspruch** auf die Leistung (BT-Drucks. 15/1515 S. 91). Dies soll die Planungssicherheit der Betriebsparteien bei den Restrukturierungsprozessen und die Akzeptanz des beschäftigungswirksamen Instruments erhöhen.

225   Voraussetzung ist nach § 216a Abs. 1 S. 1 SGB III zunächst, dass es sich um ArbN handelt, die **auf Grund von Betriebsänderungen oder im Anschluss an die Beendigung eines Berufsausbildungsverhältnisses von Arbeitslosigkeit bedroht** sind (vgl. dazu Nr. 2.2 der GA der BA). Maßgeblich ist die Legaldefinition des § 17 SGB III (vgl. *GK-Oetker* Rn 471 ff.). Von Arbeitslosigkeit bedroht ist daher der versicherungspflichtig Beschäftigte, der alsbald mit der Beendigung der Beschäftigung rechnen muss und voraussichtlich danach arbeitslos wird. Mit der alsbaldigen Beendigung der Beschäftigung rechnen muss insb. der in einem Interessenausgleich namentlich bezeichnete (§ 1 Abs. 5 S. 1 KSchG) ArbN. Nicht erforderlich ist, dass eine bevorstehende oder bereits ausgesprochene Kündigung rechtswirksam ist. Von Arbeitslosigkeit bedroht ist vielmehr auch der ArbN, der eine rechtswidrige Kündigung hinnimmt. Etwas Anderes gilt allenfalls bei einer offensichtlich unwirksamen Kündigung (*Krodel* in *Niesel* SGB III § 216a Rn 9). Als **Betriebsänderungen** iSv. § 216a Abs. 1 S. 1 SGB III gelten gemäß § 216a Abs. 1 S. 3 SGB III Betriebsänderungen iSd. § 111 BetrVG. Es wird somit ausdrücklich angeknüpft an den betriebsverfassungsrechtlichen Begriff der Betriebsänderung (BT-Drucks. 15/1515, S. 91). Der Schwellenwert des § 111 S. 1 von in der Regel mehr als 20 wahlberechtigten ArbN muss aber nicht erreicht sein. Vielmehr sind nach § 216a Abs. 1 S. 3 SGB III Transfermaßnahmen unabhängig von der Unternehmensgröße förderungsfähig (*Gaul/Bonanni/Otto* DB 03, 2386, 2387; *Krodel* in *Niesel* SGB III § 216a Rn 7; *Mengel/Ullrich* BB 05, 1109, 1110; ebenso Nr. 2.1 der GA der BA). Aufgrund der Ergänzung des § 216a Abs. 1 S. 3 SGB III durch das 4. SGB III-ÄndG vom 19. 11. 04 (BGBl. I S. 2902) ist entgegen der früheren Praxis die Teilnahme von ArbN an Transfermaßnahmen unabhängig von der Anwendbarkeit des BetrVG im jeweiligen Betrieb, also insb. auch bei ArbN von Religionsgemeinschaften und ihren karitativen und erzieherischen Einrichtungen (§ 118 Abs. 2) förderungsfähig (*Krodel* in *Niesel* SGB III § 216a Rn 8; *Mengel/Ullrich* BB 05, 1113; ebenso Nr. 2.1. der GA der BA). Grundsätzlich ausgeschlossen sind aber nach § 216a Abs. 3 S. 3 SGB III die ArbN des öffentlichen Dienstes (vgl. Rn 154). Durch Art. 6 G vom 23. 4. 04 (BGBl. I S. 602) wurden in Ergänzung des § 216a Abs. 1 S. 1 SGB III unabhängig vom Vorliegen einer Betriebsänderung in die Förderung aufgenommen auch ArbN, denen im Anschluss an ihr Berufsausbildungsverhältnis die Arbeitslosigkeit droht (vgl. *Krodel* in *Niesel* SGB III § 216a Rn 12).

Zweite Voraussetzung ist nach dem **durch das Beschäftigtenchancengesetz 226 neu eingefügten § 216a Abs. 1 S. 1 Nr. 1 SGB III,** dass „sich die Betriebsparteien im Vorfeld der Entscheidung über die Einführung von Transfermaßnahmen, insbesondere im Rahmen ihrer Verhandlungen über einen die Integration der Arbeitnehmer fördernden Interessenausgleich oder Sozialplan nach § 112 des Betriebsverfassungsgesetzes, **durch die Agentur für Arbeit beraten lassen.**" Diese verpflichtende Beratung stellt eine „Förderungsvoraussetzung dar, deren Nichteinhaltung einen eigenen Ablehnungstatbestand bildet" (Nr. 1 (2) der GA der BA). Nach der Gesetzesbegründung soll sie sicherstellen, dass die AA die Betriebsparteien frühzeitig über arbeitsmarktpolitisch sinnvolle Maßnahmen zur Eingliederung der von Arbeitslosigkeit bedrohten Arbeitnehmer beraten können. Ferner soll sie dazu beitragen, dass die Fördervoraussetzungen nach § 216a SGB III in einem Interessenausgleich und Sozialplan berücksichtigt werden. Darüber hinaus kann frühzeitig über die Höhe der Leistungen und das Verfahren informiert werden. Die „Elemente der Beratung" sind in Nr. 1(3) der GA der BA näher beschrieben. Diese sehen außerdem als Anlage 1 einen formularmäßigen, von allen Gesprächsteilnehmern gegenzuzeichnenden **„Beratungsvermerk"** vor. In Betrieben ohne BR sollte statt der dort nicht möglichen Beratung mit dem BR eine Betriebsversammlung stattfinden (Nr. 1 (12) der GA der BA).

Dritte Voraussetzung ist nach § 216a Abs. 1 S. 1 Nr. 2 SGB III, dass die **Maß- 227 nahme von einem Dritten,** also von einem vom ArbGeb. verschiedenen Rechtsträger angeboten wird (Nr. 2. 4 der GA der BA; *C. Meyer* BB 04, 490, 491; *Mengel/Ullrich* BB 05, 1109, 1111). Die Auswahl des Dritten obliegt den Betriebsparteien, denen die AA gemäß § 216a Abs. 1 Nr. 1 SGB III beratend zur Seite steht.

Vierte Voraussetzung ist nach § 216a Abs. 1 S. 1 Nr. 3 SGB III, dass die vorgese- 228 hene, zu fördernde Maßnahme der **Eingliederung** der ArbN in den Arbeitsmarkt dienen (vgl. Nr. 2.3 der GA der BA). Als **beschäftigungsfördernde Maßnahmen** kommen alle Leistungen der aktiven Arbeitsförderung in Betracht (*Kopp* NZS 97, 457; *Wolff* NZA 98, 20; GK-*Oetker* Rn 386f.), also zB Maßnahmen zur Feststellung der Leistungsfähigkeit, der Arbeitsmarktchancen und des Qualifikationsbedarfs der ArbN („Profiling"), Maßnahmen des Betriebs oder einer außerbetrieblichen Einrichtung zum erfolgreichen Abschluss einer bereits begonnenen Berufsausbildung oder einer beruflichen Weiterbildung, zur Förderung der Aufnahme einer Beschäftigung, wie Mobilitätsbeihilfen nach den §§ 53, 54 SGB III und Einstellungszuschüsse für ArbVerh. bei anderen ArbGeb. oder auch Maßnahmen zur Vorbereitung der Gründung und Begleitung einer selbständigen Existenz (vgl. Nr. 2. 3 (3) der GA der BA; *Kopp* NZS 97, 457; *Matthes* RdA 99, 181).

229   Fünfte Voraussetzung ist nach § 216a Abs. 1 Nr. 4 SGB III, dass die **Durchführung der Maßnahme gesichert** ist (vgl. Nr. 2. 5 der GA der BA). Es muss gewährleistet sein, dass der Träger der Maßnahme diese tatsächlich durchführt und die vom ArbGeb. zugesagten Mittel zur Verfügung stehen (vgl. *C. Meyer* NZA 98, 513, 515 f.; *GK-Oetker* Rn 393 f.). Nach Nr. 2. 5 der GA der BA ist vom beauftragten Dritten eine Erklärung vorzulegen, dass die für die Durchführung notwendigen Voraussetzungen in räumlicher und personeller Hinsicht vorliegen und bis zum Ende der geplanten Eingliederungsmaßnahme aufrechterhalten werden.

230   Sechste Voraussetzung ist nach § 216a Abs. 1 S. 1 Nr. 5 SGB III, dass ein **System zur Sicherung der Qualität** angewendet wird. Nach Nr. 2. 6 der GA der BA muss der Arbeitgeber nachweisen, dass der Träger der Transfermaßnahme ein solches internes Qualitätssicherungssystem anwendet Hierzu hat der Träger gegenüber dem Arbeitgeber eine Erklärung abzugeben, dass sowohl die Zufriedenheit der Teilnehmer am Ende der Maßnahme (Feedback) als auch deren Verbleib erfasst werden. Vom Träger ist der Verbleib der Teilnehmer sechs Monate nach Beendigung der Maßnahme festzustellen und dem Arbeitgeber sowie der Agentur für Arbeit mitzuteilen.

231   Nach § 216a Abs. 1 S. 2 SGB III sind förderungsfähig alle Transfermaßnahmen, an deren Finanzierung sich der **ArbGeb. angemessen beteiligt** (vgl. Nr. 2.7 der GA der BA). Dies schließt eine Förderung aus, wenn die Maßnahmekosten durch eine finanzielle Beteiligung Dritter und die Zuschussgewährung abgedeckt würden. Von einer angemessenen Eigenbeteiligung ist nach Nr. 2 7 der GA der BA auszugehen, wenn der Arbeitgeber die ihm tatsächlich entstehenden Maßnahmekosten (Maßnahmekosten abzüglich evtl. Leistungen Dritter) zu mindestens 50 Prozent trägt. Die Beteiligung kann in einem Sozialplan vereinbart werden. Dies kann auch durch einen Spruch der E-Stelle geschehen (vgl. Rn 274). Die Finanzierungszusage kann ferner auf Grund einer sonstigen kollektiv- oder individualrechtlichen Vereinbarung abgegeben werden (BT-Drucks. 15/1515 S. 91).

232   **Ausgeschlossen** ist eine Förderung gemäß § 216a Abs. 3 S. 1 SGB III dann, wenn die Maßnahme dazu dient, den ArbN auf eine Anschlussbeschäftigung im gleichen Betrieb oder in einem anderen Betrieb des Unternehmens oder auch des Konzerns vorzubereiten. Die Förderung darf nach Nr. 2.8 der GA der BA nicht dazu führen, dass Unternehmen eine im **Eigeninteresse** stehende spezifische Fortbildung ihrer Arbeitnehmer zu Lasten der Beitragszahler finanzieren. Es sollen sowohl **unerwünschte „Mitnahmeeffekte"** als auch **Wettbewerbsverzerrungen** vermieden werden (vgl. *Rolfs* NZA 98, 21; *GK-Oetker* Rn 396). Unternehmen sollen die öffentliche Förderung nicht zu Lasten der Beitragszahler für ihre Eigeninteressen benutzen (BT-Drucks. 15/1515 S. 91). Ausgeschlossen ist die Förderung nach § 216a Abs. 3 S. 2 SGB III außerdem, wenn der ArbGeb. aufgrund gesetzlicher oder vertraglicher Regelungen zur Durchführung der Maßnahme ohnehin verpflichtet ist (BT-Drucks. 15/1515 S. 91). „Bestehende Verpflichtungen" iSv. § 216a Abs. 3 S. 2 SGB III sind aber nur solche, die bereits zuvor bestanden. Nach Nr. 2. 8 der GA der BA gehören dazu auch vertragliche Regelungen, Betriebsvereinbarungen, Sozialpläne oder sozialplanähnlichen Vereinbarungen, in denen sich der Arbeitgeber zur alleinigen Finanzierung von Eingliederungs-maßnahmen bereit erklärt hat. Von der Förderung ausgeschlossen sind schließlich nach § 216a Abs. 3 S. 3 SGB III ArbN des öffentlichen Dienstes mit Ausnahme der Beschäftigten von Unternehmen, die in selbständiger Rechtsform erwerbswirtschaftlich betrieben werden (vgl. Nr. 2.1 (4) der GA der BA).

Nach § 216a Abs. 2 S. 1 SGB III wird die Förderung als Zuschuss gewährt. Dessen **233** **Höhe** beträgt nach § 216a Abs. 2 S. 2 SGB III 50% der erforderlichen und angemessenen Maßnahmekosten, höchstens jedoch 2500 Euro je geförderten ArbN (vgl. dazu Nr. 2. 7 der GA der BA). Der Gesetzgeber hat durch das Beschäftigtenchancengesetz den zuvor verwendeten Begriff der „aufzuwendenden Maßnahmekosten" durch den Begriff der „erforderlichen und angemessenen Maßnahmekosten" ersetzt. Nach der Gesetzesbegründung führte der bisherige Begriff in einigen Fällen zu unangemessen hohen Maßnahmekosten und bedurfte daher einer Konkretisierung. Erforderlich sind nach der Gesetzesbegründung Maßnahmekosten, wenn keine günstigere Maßnahme verfügbar ist, durch die das verfolgte Ziel gleichermaßen erreicht werden kann. Das Kriterium der Angemessenheit der Maßnahmekosten erlaubt die notwendige Feststellung der Verhältnismäßigkeit zwischen dem verfolgten Ziel und den eingesetzten Mitteln. Die Verschärfung und die weitergehende Kontrolle wird teilweise kritisiert und darauf hingewiesen, bereits die 50%-ige finanzielle Beteiligung der ArbGeb. sei ein ausreichendes „natürliches Korrektiv" gewesen (vgl. *Paulsen* AuA 10, 640). Bezuschusst werden ausschließlich die tatsächlich anfallenden Maßnahmekosten (vgl. Nr. 2. 7 (2) de GA der BA). Dagegen werden keinerlei Zuschüsse zur Finanzierung der Lebenshaltungskosten gewährt (BT-Drucks. 15/1515 S. 91).

Während der Teilnahme an Transfermaßnahmen sind nach § 216a Abs. 5 SGB III **234** **andere Leistungen** der aktiven Arbeitsförderung mit gleichartiger Zielsetzung (zB Transferkurzarbeitergeld nach § 216b SGB III) ausgeschlossen (vgl. Nr. 2. 9 der GA der BA; *Lembke* BB 04, 773, 781).

Leistungen zur Förderung der Teilnahme an Transfermaßnahmen sind nach § 323 **235** Abs. 2 S. 1 SGB III vom ArbGeb. schriftlich unter Beifügung einer Stellungnahme der Betriebsvertretung zu beantragen. Nach § 323 Abs. 2 S. 2 SGB III kann der **Antrag** auch von der Betriebsvertretung gestellt werden. Gemäß § 325 Abs. 5 SGB III muss der Antrag innerhalb von drei Monaten nach Ablauf des Monats gestellt werden, in dem die zu fördernde Maßnahme beginnt. Zuständig ist nach § 327 Abs. 3 S. 3 SGB III die AA, in deren Bezirk der Betrieb des ArbGeb. liegt. Nach § 320 Abs. 4a SGB III hat der ArbGeb. der AA die Voraussetzungen für die Erbringung von Leistungen zur Förderung der Teilnahme an Transfermaßnahmen nachzuweisen. Antragsvordrucke sind im Internet unter http://www.arbeitsagentur.de/nn_26728/ zentraler-Content/Vordrucke/A06-Schaffung/Allgemein/Formulare-Kurzarbeiter-geld.html abrufbar (vgl. Nr. 4 2. 1 (4) der GA der BA).

Nach **§ 216b SGB III** haben ArbN „zur Vermeidung von Entlassungen und zur **236** Verbesserung ihrer Vermittlungschancen" unter bestimmten Voraussetzungen „Anspruch auf Kurzarbeitergeld zur Förderung der Eingliederung bei betrieblichen Restrukturierungen **(Transferkurzarbeitergeld)"** (vgl. zum **Transfer-Kug** insbes. Nr. 3 der GA der BA, Internet-Fundstelle s. Rn 223; vgl. auch *Krodel* in *Niesel* SGB III § 216b; *Gaul* DB 03, 2386; *C. Meyer* BB 04, 490; *Mengel/Ullrich* BB 05, 1109; *Krieger/Fischinger* NJW 07, 2289; *Lembke* BB 04; 773; *Annuß/Lembke,* Arbeitsrechtliche Umstrukturierungen in der Insolvenz; *Sieg* NZA 05, 9, 13f.; *Stück* MDR 05, 361; *Welkoborsky* NZS 04, 509; *Praß/Sämisch* ZInsO 04, 1284). Ziel der Regelung ist nach ihrem Abs. 1 die Vermeidung von Entlassungen und die Verbesserung der Vermittlungsaussichten von ArbN. Auch diese Regelung wurde durch das **Beschäftigtenchancengesetz** zum 1. 1. 11 nicht unerheblich geändert (vgl. Rn 223).

§ 216b Abs. 1 SGB III benennt die **Voraussetzungen** für den Anspruch auf **237** Transfer-Kug. Die unter Nr. 1 bis 3 genannten Voraussetzungen orientieren sich an der Systematik der Vorschriften über das konjunkturelle Kurzarbeitergeld in § 169 SGB III (vgl. Nr. 3. 1 der GA der BA). Die in § 216b Abs. 1 Nr. 2 und 3 SGB III lediglich pauschal bezeichneten betrieblichen und persönlichen Voraussetzungen sind in § 216b Abs. 3 und 4 SGB III näher beschrieben. Mit der durch das Beschäftigtenchancengesetz neu eingefügten Nr. 4 soll nach der Gesetzesbegründung sichergestellt werden, dass die AA die Betriebsparteien so früh wie möglich über Fördermöglichkeiten und Fördervoraussetzungen beraten können.

238   Voraussetzung für den Anspruch auf Transfer-Kug ist nach § 216b Abs. 1 Nr. 1 SGB III, dass die ArbN von einem **dauerhaften unvermeidbaren Arbeitsausfall** mit Entgeltausfall betroffen sind (vgl. dazu Nr. 3. 2. 1 der GA der BA). Ein solcher liegt nach § 216b Abs. 2 SGB III vor, wenn infolge einer Betriebsänderung iSd. 216a Abs. 1 Satz 3 SGB III die Beschäftigungsmöglichkeiten für die ArbN nicht nur vorübergehend entfallen. Von einem dauerhaften Arbeitsausfall ist auszugehen, wenn der betroffene Betrieb in absehbarer Zeit die aufgebauten Arbeitskapazitäten nicht mehr benötigt. Er wird regelmäßig „unvermeidbar" sein. Vermeidbar wird er nur ausnahmsweise dann sein, wenn von vorneherein klar war, dass nur ein vorübergehender Arbeitskräftebedarf besteht und dennoch auf Dauer angelegte Arbeitskapazitäten geschaffen wurden (BT-Drucks. 15/1515 S. 92).

239   Die **betrieblichen Voraussetzungen** iSv. § 216b Abs. 1 Nr. 2 SGB III liegen vor, wenn die in § 216b Abs. 3 Nr. 1 bis 4 SGB III genannten Voraussetzungen erfüllt sind. Die Nr. 3 und 4 sind durch das Beschäftigtenchancengesetzt neu hinzu gekommen.

240   Erste betriebliche Voraussetzung ist nach § 216b Abs. 3 Nr. 1 SGB III, dass in einem Betrieb **Personalanpassungsmaßnahmen aufgrund einer Betriebsänderung** durchgeführt werden. Maßgeblich ist danach der Betrieb und nicht etwa das Unternehmen (vgl. Nr. 3. 2. 2 (1) der GA der BA). Betriebsänderungen sind – unabhängig von der Unternehmensgröße und der Anwendung des BetrVG im jeweiligen Betrieb solche iSv. §§ 111 ff. (vgl. § 216a Abs. 1 S. 3 SGB III, Rn 225).

241   Zweite betriebliche Voraussetzung ist nach § 216b Abs. 3 Nr. 2 SGB III, dass die vom Arbeitsausfall betroffenen ArbN **zur Vermeidung von Entlassungen und zur Verbesserung ihrer Eingliederungschancen in einer betriebsorganisatorisch eigenständigen Einheit (beE) zusammengefasst** werden (vgl. Nr. 3. 2. 2 (2) der GA der BA). Die beE kann als interne **unselbständige beE** im bisherigen Betrieb gebildet werden. In diesem Fall ist eine eindeutige Trennung zwischen den ArbN des Betriebs und der beE unerlässlich (vgl. Nr. 3. 2. 2 (7) der GA der BA; *Bachner/Schindele* NZA 99, 132; *Welkoborsky* NZS 04, 509, 514). Regelmäßig werden die beE aber einem neuen Rechtsträger als selbständige **Beschäftigungs- und Qualifizierungsgesellschaft (BQG)** zugeordnet (vgl. Nr. 3. 2. 2 (8) der GA der BA; *Bachner/Schindele* NZA 99, 132; *DKKW-Däubler* Rn 180; *Stück* MDR 05, 361, 362 ff.; *Krieger/Fischinger* NJW 07, 2289). Der Wechsel in die beE erfolgt in diesen Fällen idR durch einen **dreiseitigen Vertrag zwischen bisherigem ArbGeb., Transfergesellschaft und ArbN** (vgl. Nr. 3. 2. 2 (8) der GA der BA; *Lembke* BB 04, 773, 775; *ders.* BB 05, 670; *Mengel/Ullrich* BB 05, 1109, 1116). Nach Nr. 3. 2. 2 (8) der GA der BA können die Beschäftigungsbedingungen der ArbN in der beE „im Sozialplan oder in einer anderen BV zwischen den Betriebsparteien geregelt werden". Dies erscheint – jedenfalls hinsichtlich der normativen Wirkung – nicht unbedenklich. Bei einer freiwilligen BV nach § 88 ist zudem die Regelungssperre des § 77 Abs. 3 zu beachten. Diese gilt nach § 112 Abs. 1 Satz 3 zwar für Sozialpläne nicht. Es erscheint aber zweifelhaft, ob die Regelung der – ggf. die ArbN nicht nur begünstigenden – Arbeitsbedingungen bei der beE noch zum Gegenstand eines Sozialplans gehört. Auch dürfte der Abschluss eines Sozialplans oder einer anderen BV, durch den nicht der bisherige Arbeitgeber, sondern die BQG verpflichtet wird, ohne deren Zustimmung nicht möglich sein. Daher dürfte es sich empfehlen, in einem solchen Fall zumindest die BQG am Abschluss des Sozialplans oder der BV zu beteiligen und in den dreiseitigen Verträgen unmissverständlich auf den Sozialplan oder die BV Bezug zu nehmen. Deutlich weniger Probleme bereitet die Regelung der Arbeitsbedingungen in einem mit der BQG geschlossenen TV. Nach der Rspr. des BAG ist der Abschluss eines **Aufhebungsvertrags mit einem Betriebserwerber im Zusammenhang mit dem Abschluss eines Arbeitsvertrags mit einer BQG** trotz eines anschließenden Betriebsübergangs grundsätzlich wirksam, wenn die Vereinbarung auf das endgültige Ausscheiden des ArbN aus dem Betrieb gerichtet ist (BAG 18. 8. 05 AP Nr. 31 zu § 620 BGB Aufhebungsvertrag; 23. 11. 06 AP Nr. 1 zu

§ 613a BGB Wiedereinstellung mwN; zustimmend *Krieger/Fischinger* NJW 07, 2289, 2291; skeptisch ErfK/*Preis* § 613a BGB Rn 159; *Küttner/Kania* Personalbuch 2010 Beschäftigungsgesellschaft Rn 6). Der Aufhebungsvertrag ist aber unwirksam, wenn § 613a BGB umgangen wird. Das ist der Fall, wenn die Übernahme in die BQG nur zum Schein vorgeschoben und dem ArbN die Einstellung bei einem Betriebserwerber bereits verbindlich in Aussicht gestellt wird (BAG 23. 11. 06 AP Nr. 1 zu § 613a BGB Wiedereinstellung). Die Zusammenfassung in der beE muss ferner **zur Vermeidung von Entlassungen und zur Verbesserung ihrer Eingliederngschancen** erfolgen. Diese Voraussetzung ist nicht mehr erfüllbar, wenn die in die beE zu übernehmenden ArbN bereits arbeitslos geworden sind und ihr Beschäftigungsverhältnis iSd. § 25 Abs. 1 S. 1 SGB III beendet ist (vgl. Nr. 3. 2. 2 (3) der GA der BA). Wohl bekanntestes Transfermodell ist das Modell **„Vivento"**, der internen unselbständigen beE der Deutschen Telekom (DTAG), dem der zwischen der DTAG und ver.di geschlossene TV Rationalisierungsschutz und Beschäftigungssicherung (TV Ratio) vom 29. 6. 02 zugrundeliegt und bei dem der BQG nicht nur Arbeitnehmer, sondern auch Beamte zugewiesen wurden (vgl. dazu etwa. *Blatt* NZA Beilage 1/05 S. 14; *Hümmerich/Welslau* NZA 05, 610; *Stück* MDR 05, 361, 363; zur (Un-)Zulässigkeit einer ausschließlich auf den TV Ratio gestützten Versetzung LAG Brandenburg 30. 6. 05 BB 05, 2017, das Revisionsverfahren – 9 AZR 490/05 – wurde durch Vergleich erledigt; zur Rechtswidrigkeit der Versetzung von Beamten zu Vivento vgl. BVerwG 22. 6. 06 NVwZ 07, 101; zum Anspruch auf eine „amtsangemessene Beschäftigung" BVerwG 18. 9. 08 NVwZ 09, 187).

Dritte betriebliche Voraussetzung ist nach dem neu eingefügten § 216b Abs. 3 **242** Nr. 3 SGB III nun auch, dass die **Organisation und Mittelausstattung der beE den angestrebten Integrationserfolg erwarten lassen** (vgl. Nr. 3. 2. 2 (13) der GA der BA). Nach der Gesetzesbegründung soll sichergestellt werden, dass der vom ehemaligen ArbGeb. beauftragte Transferanbieter oder die im Betrieb geschaffene Einheit die organiatorische und finanzielle Gewähr für eine erfolgreiche Eingliederungsarbeit bietet. Voraussetzung hierfür ist vor allem eine der Anzahl der übernommenen ArbN entsprechende angemessene Infrastruktur des Trägers der beE. Hierzu zählen z.B. die Gewährleistung eines Betreuungssschlüssels von mindestens 1:50, der Einsatz von qualifizierten Beratern oder die Anwendung von Anreizsystemen zur frühzeitigen Arbeitsaufnahme. Durch das Erfordernis der ausreichenden Mittelausstattung soll sichergestellt werden, dass der beauftragte Transferanbieter die Fähigkeit hat, seinen Verbindlichkeiten nachzukommen und die übernommene Eingliederungsaufgabe zu erfüllen (vgl. auch hierzu Nr. 3. 2. 2 (13) der GA der BA).

Vierte betriebliche Voraussetzung ist nach dem ebenfalls neu eingefügten § 216b **243** Abs. 3 Nr. 4 SGB III ferner, dass ein **System zur Sicherung der Qualität** angewendet wird (vgl. Nr. 3. 2. 2 (15) der GA der BA). Dabei soll nach der Gesetzesbegründung zum einen am Ende der Maßnahmen systematisch die Zufriedenheit der Teilnehmer und des ehemaligen ArbGeb. festgestellt werden. Zum andern sollen die Beratungsinhalte und Aktivitäten sowie Vermittlungserfolge und die Verbleibsquote sechs Montae nach Abschluss der Maßnahmen dokumentiert und die Daten zum Maßnahmeerfolg sowohl dem früheren ArbGeb. als auch der BA zur Verfügung gestellt werden. Als neues Instrument zur Sicherung der Qualität und als Nachweis der Aktivitäten allier Beteilgten wird eine individuell zu führende **„Transfer-Mappe"** eingeführt (vgl. die Anlage 6 zu den GA der BA).

Anspruch auf Transfer-Kug kann auch in der **Insolvenz** bestehen (vgl. dazu näher **244** Nr. 3. 2. 2 (4) und (5) der BA der GA; *Praß/Sämisch* ZInsO 04, 1284). Wenn der Insolvenzverwalter die ArbN gekündigt hat, können die Voraussetzungen des § 216b SGB III aber nur so lange erfüllt werden, als die Entlassungen nicht wirksam geworden sind. Beabsichtigt der Insolvenzverwalter im Zuge der Durchführung einer Betriebsänderung auch die gekündigten ArbN einer beE zuzuführen, können diese ArbN nur dann Transfer-KuG erhalten, wenn sich die Parteien auf die ungekündigte Fortsetzung des Arbeitsverhältnisses einigen (vgl. Nr. 3. 2. 2 (5) der GA der BA). Von einer Entlassung ist dagegen nach den GA der BA auszugehen, wenn der ArbN bereits aufgrund einer unwiderruflichen Freistellung aus dem Betrieb ausgeschieden ist (vgl. Nr. 3. 2. 2 (5) der GA der BA).

245   Die **persönlichen Voraussetzungen** nach § 216b Abs. 1 Nr. 3, Abs. 4 SGB III (vgl. dazu Nr. 3. 2. 3 und Nr. 3. 2. 4 der GA der BA) sind erfüllt, wenn der ArbN

1. von Arbeitslosigkeit bedroht ist,
2. nach Beginn des Arbeitsausfalls eine versicherungspflichtige Beschäftigung
   a) fortsetzt oder
   b) im Anschluss an die Beendigung eines Berufsausbildungsverhältnisses aufnimmt,
3. nicht vom Kurzarbeitergeldbezug ausgeschlossen ist und
4. sich vor der Überleitung in die beE aus Anlass der Betriebsänderung bei der Agentur für Arbeit arbeitsuchend meldet und an einer arbeitsmarktlich zweckmäßigen Maßnahme zur Feststellung der Eingliederungsaussichten teilgenommen hat; können in berechtigten Ausnahmefällen trotz Mithilfe der Agentur für Arbeit die notwendigen Feststellungsmaßnahmen nicht rechtzeitig durchgeführt werden, sind diese im unmittelbaren Anschluss an die Überleitung innerhalb eines Monats nachzuholen.

245a   **Nicht von Arbeitslosigkeit bedroht** iSv. § 216b Abs. 4 Nr. 1 SGB III sind nach den GA der BA ArbN, die „absoluten Kündigungsschutz" genießen. Da auch ordentlich unkündbare ArbN unter bestimmten Voraussetzungen außerordentlich kündbar sind, können auch sie von Arbeitslosigkeit bedroht sein (vgl. näher Nr. 3.2.3 der GA der BA). Unabdingbare persönliche Voraussetzung ist nach § 216b Abs. 4 Nr. 4 SGB III vor allem, dass der ArbN vor der Überleitung in die beE **an einer arbeitsmarktlich zweckmäßigen Maßnahme zur Feststellung der Eingliederungsaussichten teilgenommen** hat. Diese Vorschaltung eines „Profiling-Moduls" bezweckt die „Aktivierung der ArbN" (BT-Drucks. 15/1515 S. 92). Jedenfalls nach den GA der BA ist erforderlich, dass sich der ArbGeb. finanziell an der Profiling-Maßnahme beteiligt. § 216b Abs. 4 Nr. 4 Halbsatz 2 SGB III sieht für „berechtigte Ausnahmefälle" einer spätere Nachholung der Profiling-Maßnahme vor (vgl. dazu näher Nr. 3. 2. 4 (5) der GA der BA)

246   Nach der durch das Beschäftigtenchancengesetz zum 1. 1. 11 in § 216b Abs. 1 SGB III neu eingefügten Nr. 4 müssen sich „die **Betriebsparteien im Vorfeld** der Entscheidung über die Inanspruchnahme von Transferkurzarbeitergeld, insbesondere im Rahmen ihrer Verhandlungen über einen die Integration der Arbeitnehmer fördernden Interessenausgleich oder Sozialplan nach § 112 BetrVG, **durch die Agentur für Arbeit beraten lassen"**.

247   Nach § 216b Abs. 1 Nr. 5 SGB III muss schließlich der dauerhafte Arbeitsausfall der AA angezeigt worden sein. Das **Anzeigeverfahren** richtet sich nach § 173 SGB III. Der ArbGeb. muss daher nach § 173 Abs. 1 S. 3 SGB III gegenüber der AA mit der Anzeige die betrieblichen Voraussetzungen und den dauerhaften Arbeitsausfall glaubhaft machen (BT-Drucks. 15/1515 S. 92).

248   Nach § 216b Abs. 7 SGB III ist der **Anspruch ausgeschlossen,** wenn die ArbN nur vorübergehend in der beE zusammengefasst werden, um anschließend einen anderen Arbeitsplatz im gleichen Betrieb oder einem anderen Betrieb desselben Unternehmens oder Konzerns zu besetzen. Dadurch soll verhindert werden, dass sich Betriebe durch planmäßiges Vorgehen von Personal- und Qualifizierungskosten zu Lasten der AA befreien (Nr. 3.10 der GA der BA). Der durch das 4. SGB III-ÄndG vom 19. 11. 04 (BGBl. I S. 2902) in § 216b Abs. 7 S. 2 SGB III eingefügte Verweis auf § 216a Abs. 3 S. 3 SGB III hat zur Folge, dass ArbN des öffentlichen Dienstes keinen Anspruch auf Transferkurzarbeitergeld haben, sofern es sich nicht um Beschäftigte von Unternehmen handelt, die in selbständiger Rechtsform erwerbswirtschaftlich betrieben werden (*Krodel* in *Niesel* SGB III § 216b Rn 32).

249   Nach § 216b Abs. 6 Satz 1 SGB III muss der ArbGeb. während des Bezugs des Transfer-Kug dem geförderten ArbN **Vermittlungsvorschläge** unterbreiten. Dadurch soll zum einen die passive Kurzarbeit verhindert und zum anderen sollen Arbeitsplatzangebote akquiriert werden, die der BA nicht gemeldet werden (vgl. Nr. 3.7 der GA der BA). Nach dem durch das Beschäftigtenchancengesetz neu gefassten § 216b Abs. 9 SGB III muss der ArbGeb. der **AA monatlich bestimmte Strukturdaten übermitteln.** Die Vorschrift zielt auf eine Erhöhung der Transparenz im Leistungssystem ab (vgl. Nr. 3.12 der GA der BA).

Nach § 216b Abs. 8 SGB III beträgt die **Bezugsfrist** für das Transfer-Kug längstens 12 Monate. 250

Der ArbGeb. kann sich in einem vereinbarten **Sozialplan** verpflichten, eine 251 beE iSv. § 216b SGB III zu schaffen und dort bestimmte Qualifizierungsmaßnahmen durchzuführen (*DKKW-Däubler* Rn 183; zur Frage der Erzwingbarkeit vgl. Rn 278 f.). Es handelt sich der Sache nach nicht um eine Regelung über den Ausgleich oder die Milderung der durch eine Betriebsänderung entstehenden Nachteile, sondern um das „Wie" der Betriebsänderung und damit um eine Materie, die Gegenstand des nicht erzwingbaren Interessenausgleichs ist (*Bachner/Schindele* NZA 99, 134). Für Personalanpassungsmaßnahmen auf diesem Wege kann es gute Gründe geben (vgl. *Bachner/Schindele* NZA 99, 135 f.; *Growe* AiB 98, 264; vgl. aber auch *JRH-Röder/Baeck* Kap. 28 Rn 197 ff.). Die ArbN bleiben vorläufig in einem ArbVerh. und können sich aus diesem heraus auf andere ArbVerh. bewerben. Für den ArbGeb. vermindert sich die Gefahr von Kündigungsschutzprozessen und langwierigen Auseinandersetzungen vor den ArbG (*Krieger/Fischinger* NJW 07, 2289).

4. Der von der Einigungsstelle beschlossene Sozialplan

a) Kompetenz und Abwägungsklausel

Gelingt in den Verhandlungen vor der E-Stelle keine Einigung der Betriebsparteien über die Aufstellung eines Sozialplans, so entscheidet gemäß § 112 Abs. 4 Satz 1 die **E-Stelle.** Deren **Spruch** ersetzt nach § 112 Abs. 4 Satz 2 die Einigung zwischen ArbGeb. und BR. Auch in diesen Fällen hat der Sozialplan die Wirkung einer BV. Die Regelung ist **verfassungsgemäß.** Sie verstößt nicht gegen Art. 14 GG. Dieses Grundrecht schützt den Eigentümer nicht gegen die Auferlegung von Geldleistungspflichten, solange die Substanz des Eigentums erhalten bleibt. Außerdem wird nur die Sozialbindung des Eigentums konkretisiert. Da das Beteiligungsrecht des BR letztlich die unternehmerische Entscheidung nicht beeinträchtigt, werden auch Art. 12 und Art. 2 GG nicht verletzt (*Richardi/Annuß* § 112 Rn 9 ff.). 252

Die **Kompetenz** der E-Stelle ist **durch § 112 Abs. 1 Satz 2 begrenzt** (vgl. *Richardi/Annuß* § 112 Rn 136). Sie darf nur Regelungen beschließen, die darauf gerichtet sind, die wirtschaftlichen Nachteile auszugleichen oder zu mildern, die den ArbN durch die beabsichtigte oder bereits durchgeführte beteiligungspflichtige Betriebsänderung entstehen. Sie überschreitet daher zum einen ihre Kompetenz, wenn sie Nachteile ausgleichen will, die auf einer Maßnahme beruhen, die – wie zB ein Betriebsübergang – keine Betriebsänderung iSd. §§ 111 ff. darstellt (vgl. BAG 25. 1. 00 AP Nr. 137 zu § 112 BetrVG 1972). Dementsprechend ist sie nicht befugt, den bei einem Betriebsübergang auf ein junges Unternehmen wegen § 112a Abs. 2 eintretenden Verlust der Sozialplananwartschaft ohne die Verringerung der Haftungsmasse auszugleichen (vgl. BAG 10. 12. 96, 25. 1. 00 AP Nr. 110, 137 zu § 112 BetrVG 1972). Ebenso überschreitet sie ihre Kompetenz, wenn sie Regelungen trifft, welche die Durchführung der Betriebsänderung selbst betreffen, wie zB Kündigungsverbote (vgl. BAG 17. 9. 91 AP Nr. 59 zu § 112 BetrVG 1972; *Richardi/Annuß* § 112 Rn 136). Derartige Regelungen können nur Gegenstand eines nicht erzwingbaren Interessenausgleichs sein. Überschreitet die E-Stelle ihre Kompetenz, ist ihr Spruch – ggf. teilweise (vgl. Rn 176) – unwirksam. Andererseits muss die E-Stelle aber auch eine bestimmte Regelung treffen. Sie kann nicht offenlassen, ob und in welchem Umfang Leistungsansprüche der ArbN entstehen. Andernfalls hat sie ihren Regelungsauftrag nicht erfüllt (BAG 26. 5. 09 – 1 ABR 12/08 – NZA-RR 09, 588). 253

254 Bei ihrem Spruch ist die E-Stelle ebenso wie die Betriebsparteien an **höherrangiges Recht** und damit insb. gemäß § 75 an die Grundsätze von Recht und Billigkeit sowie an den Gleichbehandlungsgrundsatz gebunden (vgl. Rn 144 ff.). Darüber hinaus hat sie **nach § 112 Abs. 5 Satz 1 u. 2** bei ihrer Entscheidung **weitere gesetzliche Vorgaben** zu beachten (vgl. zuletzt BAG 6. 5. 03 AP Nr. 161 zu § 112 BetrVG 1972). Die darin beschriebenen Grundsätze konkretisieren die allgemeine für die E-Stelle geltende **Abwägungsklausel** des § 76 Abs. 5 Satz 3 (vgl. § 76 Rn 87; GK-*Oetker* Rn 403).

255 Nach § 112 Abs. 5 Satz 1 hat die E-Stelle bei ihrer Entscheidung zum einen die **sozialen Belange der betroffenen ArbN** zu berücksichtigen. Diese bestimmen den Sozialplanbedarf und die regelmäßige **Untergrenze** des Sozialplans. Es liegt im Ermessen der E-Stelle festzulegen, ob und welche Nachteile – ganz oder teilweise – ausgeglichen und welche lediglich gemildert werden sollen. Die E-Stelle muss aber grundsätzlich mindestens Leistungen vorsehen, die noch als **substantielle, spürbare Milderung der wirtschaftlichen Nachteile** angesehen werden können (BAG 24. 8. 04 AP Nr. 174 zu § 112 BetrVG 1972; *Scholz* BB 06, 1498, 1499). Will ein BR den Spruch der E-Stelle mit der Begründung anfechten, dessen Gesamtvolumen sei zu gering, muss er darlegen, dass der Sozialplan nicht einmal eine substantielle Milderung der Nachteile vorsieht (BAG 24. 8. 04 AP Nr. 174 zu § 112 BetrVG 1972). Die wirtschaftlichen Verhältnisse des Unternehmens können es im Einzelfall ausnahmsweise gebieten, selbst von einer substantiellen Milderung der wirtschaftlichen Nachteile der ArbN abzusehen (BAG 24. 8. 04 AP Nr. 174 zu § 112 BetrVG 1972; *Scholz* BB 06, 1498, 1500).

256 Die E-Stelle darf – anders als die Betriebsparteien in einem einvernehmlichen Sozialplan – keine weitergehenden Leistungen vorsehen, als selbst für den vollen Ausgleich aller wirtschaftlichen Nachteile der ArbN erforderlich sind (vgl. BAG 6. 5. 03, 24. 8. 04 AP Nr. 161, 174 zu § 112 BetrVG 1972; GK-*Oetker* Rn 405; *Richardi/ Annuß* § 112 Rn 141; *Scholz* BB 06, 1498). Dies bildet eine – von zwei – **Obergrenzen des Sozialplans.** Die E-Stelle hat ferner gemäß § 112 Abs. 5 Satz 1 auf die **wirtschaftliche Vertretbarkeit ihrer Entscheidung für das Unternehmen** zu achten (vgl. *Gaul* BB 04, 2004; *Giese* FS *Wißmann* S. 314 ff.). Diese markiert die zweite Obergrenze. Die geforderte Beachtung der wirtschaftlichen Vertretbarkeit hat gegenüber den sozialen Belangen der ArbN eine Korrekturfunktion (BAG 6. 5. 03 AP Nr. 161 zu § 112 BetrVG 1972; 15. 3. 11 – 1 ABR 97/09 – NZA 11. 1112; *v. Hoyningen-Huene* RdA 86, 103; *Richardi/Annuß* § 112 Rn 140). Sie bildet eine zusätzliche Ermessensgrenze (BAG 6. 5. 03 AP Nr. 161 zu § 112 BetrVG 1972). Im G ist nicht ausdrücklich definiert, wann ein Sozialplan wirtschaftlich vertretbar ist. Ebenso wenig schreibt das G ein bestimmtes Sozialplanvolumen vor (BAG 14. 9. 94 AP Nr. 87 zu § 112 BetrVG 1972). Aus § 112 Abs. 5 Satz 2 Nr. 3, wo eine Obergrenze bei der Gefährdung des Fortbestands des Unternehmens und der verbleibenden Arbeitsplätze gezogen ist, wird aber deutlich, dass das G die Vertretbarkeit auch einschneidender Belastungen des Unternehmens bis an den Rand der Bestandsgefährdung als möglich ansieht (BAG 6. 5. 03 AP Nr. 161 zu § 112 BetrVG 1972). Wie schwer die Belastungen sein dürfen, lässt sich **nicht abstrakt** beurteilen, **sondern** richtet sich nach den **Gegebenheiten des Einzelfalls** (vgl. **BAG** 14. 9. 94 AP Nr. 87 zu § 112 BetrVG 1972, **6. 5. 03 AP Nr. 161 zu § 112 BetrVG 1972; 15. 3. 11 – 1 ABR 97/09 – NZA 11. 1112**). Dabei können Umstände wie Verbindlichkeiten, Verluste, Überschuldung, Liquiditätsschwierigkeiten einerseits sowie Personalkosteneinsparungen und Grundvermögen andererseits berücksichtigt werden (BAG 14. 9. 94 AP Nr. 87 zu § 112 BetrVG 1972). Eine Rolle spielt insb. auch, welche Einsparungen für das Unternehmen mit der Betriebsänderung verbunden sind (BAG 6. 5. 03 AP Nr. 161 zu § 112 BetrVG 1972). So hat das BAG Aufwendungen für einen Sozialplan jedenfalls in Höhe des Einspareffekts für ein Jahr für vertretbar gehalten (BAG 27. 10. 87 AP Nr. 41 zu § 112 BetrVG 1972). Eine absolute Höchstgrenze ist damit aber nicht festgelegt (BAG 6. 5. 03 AP Nr. 161 zu § 112 BetrVG

1972). Je härter die Betriebsänderung die ArbN trifft, umso größere Belastungen sind für das Unternehmen hinnehmbar (BAG 6. 5. 03 AP Nr. 161 zu § 112 BetrVG 1972; kritisch *Lessner* SAE 04, 257; *Giese* FS *Wißmann* S. 314 ff.). Nach dem Beschluss des BAG vom 15. 3. 11 (**– 1 ABR 97/09 – NZA 11.** 1112)** ist die Grenze der wirtschaftlichen Vertretbarkeit „regelmäßig" überschritten, wenn die Erfüllung der Sozialplanverbindlichkeiten zu einer Illiquididät, zur bilanziellen Überschuldung oder zu einer nicht mehr vertretbaren Schmälerung des Eigenkapitals führt. Dies darf nicht dahin (miss-)verstanden werden, dass bei Unternehmen, die sich am Rande der Insolvenz befinden, kein Sozialplan oder ein"Null-Sozialplan" abzuschließen wäre. Vielmehr führt das BAG unter Anknüpfung an den Beschluss vom 6. 5. 03 (AP Nr. 161 zu § 112 BetrVG 1972) im selben Zusammenhang ausdrücklich aus, der Umstand, dass ein Unternehmen bereits in wirtschaftlichen Schwierigkeiten befinde, entbinde es nach den Wertungen des BetrVG nicht von der Notwendigkeit, weitere Belastungen durch einen Sozialplan auf sich zu nehmen; sogar in der Insolvenz seien Betriebsänderungen gemäß § 123 InsO sozialplanpflichtig. In der Tat wäre es jedenfalls bei einer vollständigen Betriebsstilllegung, bei der ein Erhalt einer verkleinerten Belegschaft ohnehin nicht vorgesehen ist, schwer verständlich, dass den vom Verlust ihres Arbeitsplatzes regelmäßig hart betroffenen ArbN im Hinblick auf das Eigenkapital des Unternehmens oder wegen der Interessen künftiger Insolvenzgläubiger nur geringe oder gar keinerlei Abfindungsleistungen zustehen sollen. Sonstigen Gläubigern eines Unternehmens kann hinsichtlich des Grundes oder der Höhe ihrer Forderungen nicht die geringe oder bedrohte Liquidität des Unternehmens entgegengehalten werden. Auch erzwingbare Sozialpläne sind nach der gesetzlichen Konzeption nicht lediglich eine von der Leistungsfähigkeit des Unternehmens abhängige Chance, sondern Ausdruck und Ergebnis einer kollektiven Rechtsposition der von einer Betriebsänderung betroffenen Belegschaft. Zwar ist nicht zu verkennen, dass durch § 112 Abs. 5 Satz 1, Satz 2 Nr. 3 eine Relation zwischen der Höhe von Sozialplansprüchen und der wirtschaftlichen Situation des Unternehmens hergestellt wird. Gleichwohl widerspräche es den Wertungen der §§ 112, 112 a und des § 123 InsO, wenn bei Betriebsstilllegungen eines am Rande der Insolvenz stehenden Unternehmens der – über die E-Stelle „durchzusetzende – „Anspruch" der Belegschaft auf den Abschluss eines ihre wirtschaftlichen Nachteile abmildernden Sozialplans mit der Begründung „abgewehrt" werden könnte, gerade mit den durch den Sozialplan entstehenden Verpflichtungen werde die Grenze zur Insolvenz überschritten. Im Übrigen zeigt die Regelung in § 124 InsO, dass der Gesetzgeber durchaus auch den Fall eines kurz vor der Eröffnung des Insolvenzverfahrens geschlossenen Sozialplans gesehen hat. Die Grenzziehung zwischen den berechtigten Interessen der ArbN an einer nennenswerten Abmilderung ihrer wirtschaftlichen Nachteile und der Vermeidung einer eben dadurch verursachten Insolvenz des Unternehmens erscheint freilich äußerst schwierig und verlangt insbesondere von der E-Stelle Augenmaß. Noch nicht abschließend geklärt ist auch, ob ein Sozialplan wirksam unter die auflösende Bedingung der Eröffnung des Insolvenzverfahrens über das Vermögen des ArbGeb. gestellt werden kann. Es spricht einiges dafür, dass das aus Gründen des mit den §§ 123, 124 InsO auch intendierten Schutzes der Insolvenzgläubiger nicht möglich ist (so auch LAG Niedersachsen 24. 9. 09 ZIP 10, 442, die zum BAG eingelegte Rechtsbeschwerde – 1 ABR 128/09 – wurde zurückgenommen; vgl. auch Rn 328 bis 330).

Maßgeblich sind die wirtschaftlichen Verhältnisse des **Unternehmens,** nicht des **257** Betriebs (*Richardi/Annuß* § 112 Rn 144; GK-*Oetker* Rn 408). Bei einer Aufspaltung eines Unternehmens in eine **Betriebs- und Anlagegesellschaft** sind aber in zumindest entspr. Anwendung des **§ 134 UmwG** auch die wirtschaftlichen Verhältnisse der Anlagegesellschaft zu berücksichtigen (BAG 15. 3. 11 – 1 ABR 97/09 – NZA 11, 1112; ErfK/*Kania* Rn 38). Unter § 134 UmwG fallen nicht nur die Aufspaltung iSv. § 123 Abs. 1 UmwG und die Abspaltung iSv. 123 Abs. 2 UmwG, sondern auch die Ausgliederung iSv. § 123 Abs. 3 UmwG. Der Wortlaut des § 134 Abs. 1 UmwG ist zwar insoweit nicht eindeutig. § 134 Abs. 2 UmwG spricht aber ohne weitere

Differenzierung von „der Spaltung". Eine Art der Spaltung ist, wie sich bereits aus der Überschrift des § 123 UmwG ergibt, die Ausgliederung nach § 123 Abs. 3 UmwG. Im Übrigen entspricht es Sinn und Zweck des § 134 Abs. 1 UmwG, die Bestimmung auch auf Fälle der Ausgliederung anzuwenden (BAG 15. 3. 11 – 1 ABR 97/09 – NZA 11, 1112). Der „**Bemessungsdurchgriff**" **auf die Anlagegesellschaft** ist allerdings nicht unbeschränkt; er ist vielmehr der Höhe nach auf die bei der Spaltung entzogenen Vermögensbestandteile begrenzt (BAG 15. 3. 11 – 1 ABR 97/09 – NZA 11, 1112). Auch wenn das Unternehmen Teil eines Konzerns ist, sind grundsätzlich die Verhältnisse des Unternehmens maßgeblich. Dieses führt die Betriebsänderung durch, schließt ggf. die Vereinbarung über den Sozialplan ab und hat die daraus resultierenden Ansprüche zu erfüllen. Eine **generelle konzerndimensionale Betrachtung** ist daher nicht **gerechtfertigt** (BAG 15. 3. 11 – 1 ABR 97/09 – NZA 11, 1112; GK-*Oetker* Rn 145; *Richardi/Annuß* § 112 Rn 145; *Gaul* NZA 03, 698 f.; **aA** *DKKW-Däubler* Rn 116).

258   Die Frage, ob bei der Dotierung eines Sozialplans und dessen wirtschaftlicher Vertretbarkeit iSv. Abs. 5 S. 1 ein **Berechnungs- oder Bemessungsdurchgriff** in Betracht kommt, mit dem das Vermögen des herrschenden Unternehmens oder eines (Allein-)Gesellschafters berücksichtigt wird, ist noch nicht abschließend geklärt (vgl. dazu BAG 24. 8. 04 AP Nr. 174 zu § 112 BetrVG 1972 mit kritischer Anm. *C. Meyer*, 15. 3. 11 – 1 ABR 97/09 – NZA 11, 1112; GK-*Oetker* Rn 412; *DKKW-Däubler* Rn 117; *Gaul* BB 04, 1498, 1501 ff.; *Scholz* BB 06, 1498, 1501 ff.). Nach der neueren Rspr. des BGH und der Aufgabe der Haftungsgrundsätze im sog. qualifizert faktischen Konzern (vgl. dazu BGH 29. 3. 93 BGHZ 122, 123) bestimmt sich die Haftung des Alleingesellschafters einer GmbH bei dessen Eingriff in deren Gesellschaftsvermögen nunmehr nach den Grundsätzen der „**Existenzvernichtungshaftung**" als besonderer Fallgruppe einer vorsätzlichen sittenwidrigen Schädigung (vgl. dazu näher § 1 Rn 185). Nach diesem Modell der **Innenhaftung** haftet ein Gesellschafter der Gesellschaft, wenn er missbräuchlich das zweckgebundene Gesellschaftsvermögen schädigt (BGH 16. 7. 07 BGHZ 173, 246 – „Trihotel" –; 26. 4. 08 BGHZ 176, 221 – „Gamma" –; 9. 2. 09 DB 09, 981 – „Sanitary" –). Der Schadensersatzanspruch gegen den Gesellschafter gehört zum Vermögen der Gesellschaft. Daher erscheint es gerechtfertigt, ihn bei der Beurteilung der Vermögenslage der Gesellschaft und der wirtschaftlichen Vertretbarkeit eines Sozialplans zu berücksichtigen (deutlich in diese Richtung – „spricht vieles dafür –, wenngleich nicht abschließend entschieden BAG 15. 3. 11 – 1 ABR 97/09 – NZA 11, 1112). Eine Gesellschaft, deren Vermögen von ihrem Alleingesellschafter oder dem sie beherrschenden Unternehmen missbräuchlich vorsätzlich und kompensationslos geschädigt wurde, kann sich daher gegenüber dem Anspruch des BR auf Abschluss auf einen substantiellen Nachteilsausgleich gerichteten Sozialplans, nicht darauf berufen, dieser gefährde den Bestand des Unternehmens. Die Frage, ob ein Gesellschafter der Gesellschaft missbräuchlich Vermögen entzogen oder ein herrschende Unternehmen seine Leitungsmacht missbraucht und auf die Belange des abhängigen Unternehmens willkürlich keine Rücksicht genommen hat, wird allerdings in der Praxis bisweilen schwierig zu beantworten sein (vgl. BGH 29. 3. 93 AP Nr. 2 zu § 303 AktG; BAG 4. 10. 94 AP Nr. 32 zu § 16 BetrAVG; *Gaul* NZA 03, 699, *DKKW-Däubler* Rn 119 a). Managementfehler beim Betrieb des Gesellschaftsunternehmens genügen allein nicht (vgl. BGH 13. 12. 04 BB 05, 268). Auch eine „Unterkapitalisierung" ist allein nicht ausreichend (BGH 26. 4. 08 BGHZ 176, 221 – „Gamma" –; BAG 15. 3. 11 – 1 ABR 97/09 – NZA 11, 1112). Erforderlich ist vielmehr ein gezielter, betriebsfremden Zwecken dienender Eingriff des Gesellschafters in das Gesellschaftsvermögen (vgl. BGH 13. 12. 04 BB 05, 268). Ein solcher kann insbesondere bei konzerninternen Geschäften und Transaktionen vorliegen, bei denen das Verhältnis von Leistung und Gegenleistung offenkundig auf Kosten des beherrschten Unternehmens gestört ist (vgl. *Scholz* BB 08, 1498, 1503).

259   Im **Gemeinschaftsbetrieb** mehrerer Unternehmen kann zweifelhaft sein, ob auf die wirtschaftlichen Verhältnisse sämtlicher Unternehmen oder des jeweiligen Ver-

trags-ArbGeb. abzustellen ist. Das BAG hat die Frage bislang offen gelassen (BAG 11. 11. 97 AP Nr. 42 zu §111 BetrVG 1972, 12. 11. 02 AP Nr. 155 zu §112 BetrVG 1972). Da Adressat der Sozialplanverhandlungen und Schuldner der Sozialplanansprüche der jeweilige Vertrags-ArbGeb. ist (vgl. Rn 131; *Gaul* NZA 03, 700 f.; *Wißmann* FS 25 Jahre ARGE Arbeitsrecht im DAV S. 1037, 1050), dürfte auch dessen wirtschaftliche Leistungsfähigkeit bei der Bemessung des für seine ArbN abzuschließenden Sozialplans entscheidend sein (*Richardi/Annuß* §112 Rn 144, 168; **aA** *Gaul* NZA 03, 700; *DKKW-Däubler* Rn 85).

§112 Abs. 5 stellt ausdrücklich klar, dass die E-Stelle wie auch in anderen Fällen **260** gem. §76 Abs. 5 S. 3 nach **billigem Ermessen** (vgl. §76 Rn 87) zu entscheiden hat. Allerdings werden durch die gesetzlichen Vorgaben **Richtlinien** für die Ausübung des Ermessens gegeben (BAG 26. 5. 88 AP Nr. 26 zu §76 BetrVG 1972). Die Geltendmachung einer Ermessensüberschreitung kann nur binnen einer Ausschlussfrist von zwei Wochen erfolgen (vgl. §76 Rn 105 ff.). Die **gerichtliche Überprüfung** bezieht sich dabei allein auf die getroffene Regelung selbst. Es kommt also nicht auf die von der E-Stelle angestellten Erwägungen, sondern lediglich darauf an, ob sich die Regelung im Ergebnis als billiger Ausgleich der Interessen von ArbGeb. und Belegschaft darstellt (BAG 6. 5. 03, 24. 8. 04 AP Nr. 161, 174 zu §112 BetrVG 1972). Dagegen ist letztlich ohne Bedeutung, ob die von der E-Stelle angenommenen tatsächlichen und rechtlichen Umstände zutreffen und ihre Überlegungen frei von Fehlern sind (vgl. §76 Rn 105 mwN; BAG 6. 5. 03, 24. 8. 04 AP Nr. 161, 174 zu §112 BetrVG 1972 mwN).

b) Gegebenheiten des Einzelfalls

Nach §112 Abs. 5 Satz 2 Nr. 1 soll die E-Stelle beim Ausgleich oder bei der Mil- **261** derung wirtschaftlicher Nachteile – insb. durch Einkommensminderung, Wegfall von Sonderleistungen oder Verlust von Anwartschaften auf betriebliche Altersversorgung, Umzugskosten oder erhöhte Fahrtkosten – Leistungen vorsehen, die in der Regel den **Gegebenheiten des Einzelfalls** Rechnung tragen. Wie das Wort „insbesondere" zeigt, sind die genannten Nachteile nicht abschließend (GK-*Oetker* Rn 420). Auch der Verlust des Arbeitsplatzes und die zum Ausgleich festgelegten Abfindungen sind an Nr. 1 zu messen (BAG 14. 9. 94 AP Nr. 87 zu §112 BetrVG 1972; GK-*Oetker* Rn 421 mwN).

§112 Abs. 5 Satz 2 Nr. 1 soll nach der Gesetzesbegründung (BT-Drucks. 10/2102 **262** S. 17) die E-Stelle anhalten, sich um den Ausgleich feststellbarer oder zu erwartender materieller Einbußen des ArbN im Einzelfall zu bemühen und weniger generell pauschale Abfindungssummen festzusetzen. Die E-Stelle muss daher den **Ausgleich** der Nachteile **möglichst konkret** vornehmen (BAG 14. 9. 94 AP Nr. 87 zu §112 BetrVG 1972).

Einer Berücksichtigung der individuellen Nachteile steht vielfach entgegen, dass **263** ein Sozialplan schnell aufgestellt und abgewickelt werden soll, so dass sich oft zum Zeitpunkt seiner Aufstellung noch nicht beurteilen lässt, welche Nachteile der einzelne ArbN zu erwarten hat. Dann können Ausgleichsleistungen für **typischerweise zu erwartende Nachteile** vielfach doch **nur pauschaliert** vorhergesagt werden (*Richardi/Annuß* §112 Rn 151; ErfK/*Kania* Rn 32; MünchArbR-*Matthes* §270 Rn 18). Die E-Stelle darf bei der Beurteilung der den ArbN entstehenden Nachteile pauschale und typische Annahmen zugrunde legen. Sie kann daher zB hinsichtlich der Aussichten auf dem Arbeitsmarkt nach dem Alter der ArbN differenzieren und Altersgruppen bilden (vgl. etwa BAG 24. 8. 04 AP Nr. 174 zu §112 BetrVG 1972; vgl. zum einvernehmlichen Sozialplan Rn 134 ff.). Neben der Gewährung eines Grundbetrages nach einem **Punktesystem** können weitere einmalige oder laufende Leistungen (bis zu einem bestimmten Endtermin) für die ArbN vorgesehen werden, denen zukünftig weitere wirtschaftliche Nachteile entstehen, zB Einkommensminderungen durch eine nunmehr schlechter bezahlte Tätigkeit oder Arbeitslosigkeit, erhöhte Fahrtkosten. Dann ist die Bildung eines Sonderfonds erforderlich. Spätere Leistungen aus Sozialplänen müssen aber in den Anspruchsvoraussetzungen schon konkret geregelt werden. Diese Ansprüche sind im Rahmen des Gesamtvolumens des Sozialplans (Rn 280 ff.) zu begleichen.

264   Die E-Stelle überschreitet grundsätzlich ihr Ermessen, wenn sie für alle infolge einer Betriebsänderung entlassenen ArbN ohne Unterschied Abfindungen festsetzt, deren Höhe sich ohne weitere Differenzierung – insb. nach Alter, familiären Belastungen, Schwerbehinderteneigenschaft usw. – allein nach dem Monatseinkommen und der Dauer der Betriebszugehörigkeit richtet (BAG 14. 9. 94 AP Nr. 87 zu § 112 BetrVG 1972). Eine Ausnahme gilt aber dann, wenn sich die anderen sozialplanrelevanten Daten der ArbN nicht wesentlich unterscheiden (vgl. zum vereinbarten Sozialplan Rn 135, 155 f.; BAG 12. 11. 02 AP Nr. 159 zu § 112 BetrVG 1972).

c) Aussichten auf dem Arbeitsmarkt und Weiterbeschäftigungsmöglichkeit

265   Nach § 112 Abs. 5 S. 2 Nr. 2 S. 1 hat die E-Stelle weiter die **Aussichten der betroffenen ArbN auf dem Arbeitsmarkt** zu prüfen. Damit wird ihr eine schwierige Aufgabe übertragen. Der Vorstand der BA (vgl. Rn 27) oder ein von diesem benannter Bediensteter der BA können dabei als Sachverständige hilfreich sein. Die zu prognostizierenden Aussichten auf dem Arbeitsmarkt hängen von zahlreichen Faktoren, wie insb. Lebensalter, Behinderung, Beruf, Ausbildung, Qualifikation usw. ab. Daher können nach diesen Merkmalen bei der Höhe der Sozialplanabfindungen **Gruppenbildungen** erfolgen (GK-*Oetker* Rn 426). Häufig werden für erfahrungsgemäß schwieriger zu vermittelnde ArbN Zuschläge vorgesehen.

266   Nach Abs. 5 S. 2 Nr. 2 S. 2 soll die E-Stelle die **ArbN** von Leistungen **ausschließen,** die in demselben Betrieb oder in einem anderen Betrieb des Unternehmens oder Konzerns **weiterbeschäftigt werden können und** dies trotz **zumutbarer Arbeitsbedingungen ablehnen.**

267   Das Angebot kann **vom selben Unternehmen** oder von einem anderen **zum selben Konzern gehörenden Unternehmen** kommen. Der Ausschlusstatbestand des § 112 Abs. 5 S. 2 Nr. 2 S. 2 ist nach dem Sinn und Zweck der Vorschrift aber auch dann anwendbar, wenn der ArbN einem Übergang seines ArbVerh. nach § 613 a BGB widerspricht und ihm deshalb gekündigt werden muss (vgl. GK-*Oetker* Rn 427; vgl. zum vereinbarten Sozialplan Rn 161; BAG 5. 2. 97 AP Nr. 112 zu § 112 BetrVG 1972; 6. 11. 07 AP Nr. 190 zu § 112 BetrVG 1972). Das **Arbeitsplatzangebot eines anderen ArbGeb.** (außerhalb des Unternehmens oder Konzerns) fällt nicht unter § 112 Abs. 5 Nr. 2 S. 2. Es ist aber im Rahmen der Aussichten auf dem Arbeitsmarkt zu berücksichtigen (GK-*Oetker* Rn 332).

268   Das dem ArbN gemachte Angebot muss für diesen **zumutbar** sein. Die Zumutbarkeit setzt grundsätzlich voraus, dass die angebotenen **Arbeitsbedingungen gleichwertig** sind (GK-*Oetker* Rn 429; *Richardi/Annuß* § 112 Rn 156 f.; ErfK/*Kania* Rn 35). Sie müssen nicht unbedingt gleichartig sein (GK-*Oetker* Rn 429; *Richardi/Annuß* § 112 Rn 157). Die Gleichwertigkeit muss grundsätzlich sowohl in **rechtlicher,** als auch in **finanzieller und beruflicher Hinsicht** gegeben sein (GK-*Oetker* Rn 430; *Richardi/Annuß* § 112 Rn 157; ErfK/*Kania* Rn 35).

269   Die Gleichwertigkeit in rechtlicher Hinsicht setzt insb. voraus, dass dem ArbN die bisherige **kündigungsschutzrechtliche Stellung** erhalten bleibt (vgl. BT-Ds. 10/2102 S. 27; *Richardi/Annuß* § 112 Rn 156; GK-*Oetker* Rn 430). Bei einem Wechsel zu einem anderen Konzernunternehmen muss dieses der neue ArbGeb. verbindlich zusichern (BT-Ds. 10/2102 S. 27; *Richardi/Annuß* § 112 Rn 155 f.). Auch die bisherige Betriebszugehörigkeit muss angerechnet werden. Dem ArbN müssen die gesetzlichen oder vertraglichen Kündigungsfristen erhalten bleiben (*DKKW-Däubler* Rn 73 ff.; ErfK/*Kania* Rn 35; GK-*Oetker* Rn 430).

270   Welche **Arbeitsbedingungen** dem ArbN im Hinblick auf **Art, Ort und Vergütung** der Tätigkeit zumutbar sind, hat die E-Stelle nach pflichtgemäßem **Ermessen** zu

beurteilen (vgl. BAG 25. 10. 83, 27. 10. 87, 28. 9. 88 AP Nr. 18, 41, 47 zu § 112 BetrVG 1972; *Richardi/Annuß* § 112 Rn 158). Sie kann grundsätzlich die Gesichtspunkte generalklauselartig bezeichnen, einen Katalog von Unzumutbarkeitstatbeständen festlegen, zumutbare Arbeitsplätze im Sozialplan bereits konkret benennen oder die Beurteilung im Einzelfall einem paritätischen Ausschuss übertragen (vgl. BAG 8. 12. 76, 28. 9. 88 AP Nr. 3, 47 zu § 112 BetrVG 1972; *Richardi/Annuß* § 112 Rn 158). Unbestimmte, nicht näher präzisierte Rechtsbegriffe sollten allerdings im Interesse der Normadressaten und zur Vermeidung von Rechtsstreitigkeiten möglichst nicht verwendet werden. Die **Zumutbarkeitsregelungen in § 121 SGB III** sind **nicht maßgebend** (GK-*Oetker* Rn 432; ErfK/*Kania* Rn 34; *WPK/Preis/Bender* Rn 69; vgl. zu einem einvernehmlichen Sozialplan BAG 6. 11. 07 AP Nr. 190 zu § 112 BetrVG 1972; **aA** wohl *HSWGNR-Hess* Rn 369 ff.). Der Begriff der „Zumutbarkeit" iSv. § 112 Abs. 5 S. 2 Nr. 2 S. 2 ist schon wegen der unterschiedlichen Normziele nicht identisch mit dem des § 121 SGB III. Es geht hier nicht um die Belastung der Beitragszahler, sondern um die Frage, ob die Ablehnung eines Angebots auf anderweitige Weiterbeschäftigung den Ausschluss von Sozialplanleistungen gebietet.

Zumutbar ist grundsätzlich nur eine Tätigkeit entspr. der beruflichen **Qualifika-** 271 **tion** und mit einer **Vergütung,** die der bisherigen tariflichen Eingruppierung entspricht. Eine etwas geringere Vergütung steht aber der Zumutbarkeit nicht entgegen (BAG 28. 9. 88 AP Nr. 47 zu § 112 BetrVG 1972; *WPK/Preis/Bender* Rn 72). Der Wegfall von Überstunden am neuen Arbeitsplatz ist zumutbar (ErfK/*Kania* Rn 35). Trotz finanzieller Einbußen kann ein neues Arbeitsplatzangebot insbesondere dann zumutbar sein, wenn zusätzlich Ausgleichsleistungen nach § 112 Abs. 5 Nr. 1 gewährt werden. Ein Facharbeiter muss aber grundsätzlich als solcher weiterbeschäftigt werden. Eine Tätigkeit in einer geringeren Tarifgruppe ist selbst bei Lohnausgleich meist nicht zumutbar. Eine geringere Stellung in der Hierarchie des Unternehmens muss aber uU hingenommen werden. Von den ArbN wird auch verlangt werden können, dass sie sich Umschulungsmaßnahmen für eine gleichwertige Tätigkeit unterziehen.

Eine mit einer **Einkommensminderung** verbundene **Arbeitszeitverkürzung** 271a kann in gewissem Umfang zumutbar sein (vgl. *WPK/Preis/Bender* Rn 72; sehr weitgehend zu einem tariflichen Sozialplan aber BAG 28. 2. 02 EzA § 4 TVG Personalabbau Nr. 9; vgl. auch BAG 18. 4. 96 AP Nr. 14 zu § 4 TVG Rationalisierungsschutz).

Ein erforderlicher **Ortswechsel** macht, wie § 112 Abs. 5 S. 2 Nr. 2 S. 2 Halbs. 2 272 ausdrücklich bestimmt, die Weiterbeschäftigung **für sich allein nicht unzumutbar.** Weitere Umstände wie etwa ein hohes Lebensalter, Schwerbehinderteneigenschaft, Pflege von Familienangehörigen, erforderliche Umschulung von Kindern können aber zur Unzumutbarkeit führen (GK-*Oetker* Rn 334). Die E-Stelle kann derartige Umstände berücksichtigen, muss dies aber nicht (vgl. zu einem einvernehmlichen Sozialplan BAG 6. 11. 07 AP Nr. 190 zu § 112 BetrVG 1972). Auch insoweit ist für eine analoge Anwendung des § 121 Abs. 4 SGB III kein Raum. Der Sozialplan kann wegen des mit der Verlegung eines Betriebs für den ArbN mit der Fortsetzung des Arbeitsverhältnisses verbundenen Mehraufwands einen finanziellen Ausgleich vorsehen.

d) Berücksichtigung von Förderungsmöglichkeiten

Nach dem durch das BetrVerf-ReformG neu eingefügten § 112 Abs. 5 Satz 2 Nr. 2 a 273 soll die E-Stelle bei der Aufstellung des Sozialplans insb. die im SGB III vorgesehenen **Förderungsmöglichkeiten zur Vermeidung von Arbeitslosigkeit berücksichtigen** (vgl. BT-Drucks. 14/5741 S. 52). Die Vorschrift steht in engem Zusammenhang mit der Verpflichtung der ArbGeb. nach § 2 Abs. 2 SGB III, bei ihren Entscheidungen verantwortungsvoll die Auswirkungen auf die Beschäftigung der ArbN einzubeziehen, und dem Recht des BR nach dem durch das BetrVerf-ReformG eingeführten § 92 a,

Vorschläge zur Sicherung und Förderung der Beschäftigung zu machen (vgl. § 92a
Rn 1 ff.; *Wendeling-Schröder/Welkoborsky* NZA 03, 1370).

274   Die Verpflichtung der E-Stelle dient dazu, den Abschluss sog. „**Transfer-Sozial-
pläne**" (vgl. dazu Rn 222 ff.) zu fördern und dafür zu sorgen, dass die vorhandenen
Sozialplanmittel nicht nur für Abfindungen sondern zur Förderung einer Anschlusstä-
tigkeit bei einem anderen ArbGeb., zur inner- oder außerbetrieblichen Weiterqualifi-
zierung oder zur Vorbereitung einer selbständigen Existenz eingesetzt werden. Der
Sozialplan soll den häufig ausschließlichen Abfindungscharakter verlieren und zu einem
Instrument der Beschäftigungssicherung werden (vgl. Rn 132; *Bauer* NZA 01, 377;
Engels/Trebinger/Löhr-Steinhaus DB 01, 539; *Martin Heither* Sozialplan und Sozialrecht).

275   Nachdem das neue **Transferkurzarbeitergeld nach § 216b SGB III** nun ausdrücklich ebenso wie die Förderung der Teilnahme an Transfermaßnahmen nach
§ 216a SGB III zu den sog. Transferleistungen gehört, dürfte kein Zweifel mehr bestehen, dass es sich ebenfalls um eine der in § 112 Abs. 5 S. 2 Nr. 2a angesprochenen
Förderungsmöglichkeiten handelt (*Gaul/Bonanni/Otto* DB 03, 2386, 2390). Die
E-Stelle muss daher auch diese Förderungsmöglichkeit berücksichtigen.

276   Die **Förderungsmöglichkeiten und** ihre **Voraussetzungen** sind in **Rn 222 ff.**
näher dargestellt.

277   Anders als die Betriebsparteien bei einer freiwilligen Vereinbarung über einen Sozialplan muss die E-Stelle sorgfältig die **Grenzen zwischen einem Sozialplan und
einem Interessenausgleich beachten.** Sie darf in ihrem Spruch über einen Sozialplan keine Regelungen über die Modalitäten der Betriebsänderung treffen. Die
Grenzziehung kann im Einzelfall gerade bei Transfer-Sozialplänen Schwierigkeiten
bereiten (vgl. dazu *Wendeling-Schröder/Welkoborsky* NZA 03, 1370, 1375 ff.).

278   Unzulässig dürfte es sein, den ArbGeb. durch **Spruch der E-Stelle** zu verpflichten, eine betriebsorganisatorische selbständige Einheit iSv. § 216b Abs. 3 Nr. 2
SGB III (**beE**) zu errichten, um so die Möglichkeit zum Bezug von Transferkurzarbeitergeld zu schaffen (*Bachner/Schindele* NZA 99, 130, 134; *Richardi/Annuß* § 112
Rn 163; *Gaul/Bonanni/Otto* DB 03, 2386, 2390; *Krieger/Fischinger* NJW 07, 2289,
2293; **aA** *DKKW-Däubler* Rn 183). Denn dadurch wird in die unternehmerische
Entscheidungsfreiheit eingegriffen.

279   Nicht ausgeschlossen erscheint es dagegen, dem ArbGeb. durch Spruch der E-Stelle unter Berücksichtigung der wirtschaftlichen Vertretbarkeit aufzugeben, die erforderlichen **finanziellen Mittel für** eine **Transfergesellschaft (BQG)** zur Verfügung
zu stellen, um den von der Betriebsänderung betroffenen ArbN den Wechsel in diese
Gesellschaft zu ermöglichen. Die damit verbundene wirtschaftliche Belastung kann
dem ArbGeb. auch gegen seinen Willen auferlegt werden (*Gaul/Bonanni/Otto* DB
03, 2386, 2390; *Krieger/Fischinger* NJW 07, 2289, 2293).

e) Gesamtvolumen des Sozialplans

280   Bereits gemäß § 112 Abs. 5 Satz 1 muss die E-Stelle bei der Aufstellung eines Sozialplans auf die wirtschaftliche Vertretbarkeit ihrer Entscheidung für das Unternehmen
achten (vgl. Rn 256 ff.; *Gaul* BB 04, 1498; *Scholz* BB 06, 1498, 1499 f.). Diese Verpflichtung wird ergänzt durch § 112 Abs. 5 S. 2 Nr. 3. Danach hat die E-Stelle bei
der **Bemessung des Gesamtbetrags der Sozialplanleistungen** darauf zu achten,
dass der Fortbestand des Unternehmens oder die nach Durchführung der Betriebsänderung verbleibenden Arbeitsplätze nicht gefährdet werden. Damit wird eine Grenze
für die zulässige Belastung des Unternehmens gezogen (vgl. BAG 6. 5. 03 AP
Nr. 161 zu § 112 BetrVG 1972).

281   Die Grenze nach § 112 Abs. 5 Satz 2 Nr. 3 ist nicht identisch mit der wirtschaftlichen Vertretbarkeit iSv. § 112 Abs. 5 Satz 1. Sie stellt vielmehr die **äußerste Grenze der Vertretbarkeit** dar. Dementsprechend ist ein Sozialplanvolumen, das nicht
zur Bestandsgefährdung des Unternehmens oder verbleibender Arbeitsplätze führt,
nicht deshalb bereits stets iSv. § 112 Abs. 5 Satz 1 wirtschaftlich vertretbar. Vielmehr

bedarf auch bei Einhaltung der Grenze des § 112 Abs. 5 Satz 2 Nr. 3 die wirtschaftliche Vertretbarkeit iSv. § 112 Abs. 5 Satz 1 einer gesonderten Abwägung (BAG 6. 5. 03 AP Nr. 161 zu § 112 BetrVG 1972; *Scholz* BB 06, 1498, 1500). Dabei wird eine Belastung bis zur Grenze des § 112 Abs. 5 Satz 2 Nr. 3 am ehesten bei einer Betriebsänderung vertretbar sein, die zur Entlassung eines großen Teils der Belegschaft führt und ein wirtschaftlich wenig leistungsfähiges Unternehmen betrifft (BAG 6. 5. 03 AP Nr. 161 zu § 112 BetrVG 1972).

Eine **absolute Obergrenze** für das Gesamtvolumen eines Sozialplans fordert das **282** Gesetz – außerhalb der Insolvenz (vgl. dort § 123 Abs. 1 u. 2 InsO, dazu Rn 294 ff.) – nicht. Für eine entspr. Anwendung des § 113 Abs. 1, Abs. 3 ist kein Raum (BAG 27. 10. 87, 6. 5. 03 AP Nr. 41, 161 zu § 112 BetrVG 1972; *Richardi/Annuß* § 112 Rn 165; GK-*Oetker* Rn 443 mwN; aA wohl *Hohenstatt/Stamer* DB 05, 2410, 2414).

Die E-Stelle ist nicht verpflichtet, **abstrakte Höchstbeträge** für die einzelnen **283** Abfindungen festzulegen (BAG 6. 5. 03 AP Nr. 161 zu § 112 BetrVG 1972). Sie kann dies aber tun, ohne damit notwendig gegen den Gleichbehandlungsgrundsatz zu verstoßen (BAG 23. 8. 88, 6. 5. 03 AP Nr. 46, 161 zu § 112 BetrVG 1972; 21. 7. 09 – 1 AZR 566/08 – NZA 09, 1107).

Die Frage, wann der Bestand des Unternehmens oder die nach der Betriebsänderung **284** verbleibenden Arbeitsplätze gefährdet sind, wird sich konkret oft nur schwer beantworten lassen. Bei Zweifeln kann es erforderlich sein, einen betriebswirtschaftlichen **Sachverständigen** hinzuzuziehen (*Richardi/Annuß* § 112 Rn 167; *v. Hoyningen-Huene* RdA 86, 110).

Stellt sich nach der Aufstellung des Sozialplans durch die E-Stelle heraus, dass die **285** Grenzen des § 112 Abs. 5 Satz 2 Nr. 3 überschritten sind, kann eine **Anpassung wegen Wegfalls der Geschäftsgrundlage** in Betracht kommen (vgl. Rn 219).

Die in den neuen Bundesländern von der **Treuhandanstalt** (seit 1. 1. 95: Bundes- **286** anstalt für vereinigungsbedingte Sonderaufgaben) privatisierten Unternehmen verfügten häufig über keine hinreichenden Mittel, um Sozialpläne auch nur ansatzweise angemessen zu dotieren. Daher unterzeichneten die Treuhandanstalt, DGB und DAG am 13. 4. 91 eine gemeinsame Erklärung, durch die eine gewisse Mindestdotierung von Sozialplänen sichergestellt werden sollte (abgedruckt in RdA 91, 289 ff.; vgl. dazu 21. Aufl. Rn 244–253; *Däubler* AiB 91, 179; *Berg/Schneider* AiB 91, 296; *DKK-Däubler* 5. Aufl. 1996 Rn 121 ff.; *Richardi/Annuß* Rn 170).

5. Der Sozialplan in der Insolvenz

Sozialpläne gibt es auch in der Insolvenz eines Unternehmens. **Auch im Insol- 287 venzverf.** finden **grundsätzlich** neben den Vorschriften über den Interessenausgleich (vgl. dazu Rn 67 ff.) die Vorschriften über den **Sozialplan** Anwendung (vgl. etwa BAG 22. 7. 03 AP Nr. 42 zu § 113 BetrVG 1972; 18. 11. 03 AP Nr. 162 zu § 112 BetrVG 1972). Die am 1. 1. 99 in Kraft getretene InsO enthält allerdings einige Sonderregelungen (vgl. dazu etwa *Ahrens* ZInsO 13/2003; *Boemke/Tietze* DB 99, 1389; *Heinze* NZA 99, 57; *Lakies* BB 99, 206, 209; FK-InsO/*Eisenbeis* §§ 123, 124; *Linck* in HK-InsO §§ 123, 124; MünchKomm-InsO/*Löwisch/Caspers* §§ 123, 124; *Zwanziger* [Rn 71] §§ 123, 124 InsO; *Kohnen/Römer* ZInsO 10, 1206). Auf Konkurs- und Vergleichsverf., die vor dem 1. 1. 99 eröffnet wurden, sind gemäß Art. 103 EGInsO die zuvor geltenden Vorschriften der KO und des Gesetzes über den Sozialplan im Konkurs- und Vergleichsverfahren vom 20. 2. 85 (SozplKonkG; vgl. die Erläuterungen in der 19. Aufl., Anh. 3) anzuwenden (vgl. BAG 15. 1. 02 AP Nr. 1 zu § 2 SozplKonkG; 12. 11. 02 AP Nr. 155 zu § 112 BetrVG 1972).

Zu **unterscheiden** ist insb. zwischen Sozialplänen, die noch **vor Eröffnung** des **288** Insolvenzverf. aufgestellt wurden (vgl. Rn 318 ff.), und solchen, die **nach Eröffnung** des Insolvenzverf. zustande gekommen sind (vgl. Rn 289 ff.).

a) Voraussetzungen und Zustandekommen von Sozialplänen im Insolvenzverfahren

289   Ebenso wie jeder andere ArbGeb. hat auch der Insolvenzverwalter in Unternehmen mit in der Regel mehr als 20 wahlberechtigten ArbN im Falle einer Betriebsänderung mit dem BR grundsätzlich einen Sozialplan abzuschließen. **Sozialplanpflichtig** sind auch in der Insolvenz **alle Betriebsänderungen** iSv. § 111. Zwar wird die Insolvenz häufig die Liquidation des Unternehmens, die Stilllegung des Betriebs und die Entlassung der ArbN zur Folge haben. In Fällen der übertragenden und der fortführenden Sanierung (vgl. etwa FK-InsO/*Jaffé* § 220 Rn 24 ff., Rn 57 ff.) kommen aber auch andere Betriebsänderungen, wie etwa grundlegende Änderungen der Betriebsorganisation oder des Betriebszwecks, Betriebsteilstilllegungen oder andere in § 111 Abs. 1 S. 2 Nr. 1–5 genannte Maßnahmen in Betracht (vgl. dazu Rn 308). Die Eröffnung des Insolvenzverf. selbst ist keine Betriebsänderung (*Linck* in HK-InsO § 123 Rn 3).

290   Bei der Insolvenz **neu gegründeter Unternehmen** ist nach § 112a Abs. 2 Satz 1 ein Sozialplan in den ersten vier Jahren nach der Gründung nicht erzwingbar (*Linck* in HK-InsO § 123 Rn 8).

291   Die §§ 111 ff. gelten auch in den Fällen, in denen ein **Insolvenzplan nach §§ 117 ff. InsO** aufgestellt wird. In diesem können zwar die Befriedigung der Gläubiger, die Verwertung der Masse und ihre Verteilung sowie die Schuldnerhaftung abweichend von den Bestimmungen der InsO geregelt werden. Die arbeitsrechtlichen Schutzbestimmungen werden aber nicht außer Kraft gesetzt (*Boemke/Tietze* DB 99, 1390).

292   Für das Verf. zur Aufstellung eines Sozialplans besteht nur eine Besonderheit. Nach **§ 121 InsO** wird der Vorstand der BA nur dann beteiligt, wenn beide Seiten dies beantragen. Weigert sich entweder der Insolvenzverwalter oder der BR, kann die E-Stelle unmittelbar angerufen werden.

b) Inhalt und Umfang des Sozialplans

293   Auch im Insolvenzverf. sind die **Betriebsparteien und die E-Stelle** nach Maßgabe der betriebsverfassungsrechtlichen Bestimmungen **grundsätzlich frei** in ihrer Entscheidung, ob und wie die den ArbN durch die Betriebsänderung entstehenden Nachteile ausgeglichen werden sollen (*Boemke/Tietze* DB 99, 1391). Hinsichtlich des zulässigen **Umfangs** des Sozialplans ergeben sich aber **Besonderheiten aus § 123 InsO.** Die dem früheren § 2 SozplKonkG (vgl. dazu die Erläuterungen in der 19. Aufl. Anh. 3 a) entsprechende Bestimmung schafft einen Ausgleich zwischen den Interessen der durch die Insolvenz betroffenen ArbN und der sonstigen Insolvenzgläubiger (*Linck* in HK-InsO § 123 Rn 1).

294   § 123 Abs. 1 InsO begrenzt das zulässige Gesamtvolumen eines in der Insolvenz aufgestellten Sozialplans jedenfalls in den Fällen, in denen ausschließlich die durch Entlassungen entstehenden Nachteile ausgeglichen werden sollen (vgl. zu anderen Betriebsänderungen Rn 308), auf einen **Gesamtbetrag von bis zu $2^1/_2$ Monatsverdiensten.** Innerhalb dieses Volumens können die Betriebsparteien oder die E-Stelle den Sozialplan ausgestalten. Die E-Stelle hat bei einem Spruch die Grundsätze des § 112 Abs. 5 zu beachten. Für § 112 Abs. 5 Satz 2 Nr. 3 ist allerdings dann kein Raum, wenn ein Betrieb vollständig stillgelegt und das Unternehmen liquidiert wird. Nicht jeder ArbN, der bei der Berechnung des zulässigen Gesamtvolumens mitzählt, muss deshalb auch bei der Verteilung berücksichtigt werden. Es handelt sich um eine absolute Obergrenze (*Linck* in HK-InsO § 123 Rn 10 f.). Eine Durchbrechung der im Interesse der übrigen Insolvenzgläubiger vorgesehenen Grenze ist wohl auch unter dem Gesichtspunkt des Berechnungsdurchgriffs (vgl. Rn 258) nicht möglich (*Schwarzburg* NZA 09, 176, **aA** *Roden* NZA 09, 659).

295   Für das zulässige Gesamtvolumen kommt es – grundsätzlich (vgl. aber auch Rn 308) – darauf an, welche ArbN **von einer Entlassung betroffen** sind. Maßgeblich ist der betriebsverfassungsrechtliche ArbNBegriff (*DKKW-Däubler* Anh. zu

§§ 111–113, § 123 InsO Rn 5). Mitzuzählen sind daher auch Teilzeitkräfte sowie gemäß § 5 Abs. 1 Satz 2 die in Heimarbeit Beschäftigten, die in der Hauptsache für den Betrieb arbeiten (*DKKW-Däubler* Anh. zu §§ 111–113, § 123 InsO Rn 5; *Linck* in HK-InsO § 123 Rn 13). Keine Berücksichtigung finden leitende Angestellte iSv. § 5 Abs. 3 (*Boemke/Tietze* DB 99, 1389, 1391).

Von einer Entlassung betroffen sind nicht nur die ArbN, denen der Insolvenzverwalter kündigt. Einzurechnen sind auch die ArbN, die auf Veranlassung des ArbGeb. einen **Aufhebungsvertrag** geschlossen oder eine **Eigenkündigung** ausgesprochen haben, um einer Kündigung des ArbGeb. zuvorzukommen (*Boemke/Tietze* DB 99, 1391; *DKKW-Däubler* Anh. zu §§ 111–113, § 123 InsO Rn 4; *Linck* in HK-InsO § 123 Rn 14). Dies entspricht § 112a Abs. 1 Satz 2 (vgl. dazu Rn 104). Vom Insolvenzverwalter veranlasst ist ein Aufhebungsvertrag oder eine Eigenkündigung des ArbN, wenn der Insolvenzverwalter bei dem ArbN im Hinblick auf eine konkret geplante Betriebsänderung die berechtigte Annahme hervorgerufen hat, mit der eigenen Initiative zur Beendigung des ArbVerh. komme er einer sonst notwendig werdenden betriebsbedingten Kündigung des Insolvenzverwalters nur zuvor (vgl. etwa BAG 29. 10. 02, 25. 3. 03 EzA § 112 BetrVG 2001 Nr. 4, 6 mwN). **296**

Wegen der Bestimmung des Monatsverdienstes verweist § 123 Abs. 1 InsO auf **297** **§ 10 Abs. 3 KSchG.** Danach gilt als Monatsverdienst, was dem ArbN bei der für ihn maßgebenden regelmäßigen Arbeitszeit in dem Monat zusteht, in dem das Arb-Verh. endet.

Der **Bemessungszeitraum** kann Schwierigkeiten bereiten, da bei Aufstellung des **298** Sozialplans bisweilen noch nicht genau feststehen wird, wie hoch der Monatsverdienst in dem Monat sein wird, in dem die einzelnen ArbVerh. enden (vgl. *Boemke/Tietze* DB 99, 1391; *DKKW-Däubler* Anh. zu §§ 111–113, § 123 InsO Rn 10–12; *GK-Oetker* Rn 376; *Zwanziger* [Rn 71] § 123 InsO Rn 19). Dieser Zeitpunkt wird häufig in der Zukunft liegen und sich bei den ArbN darüber hinaus individuell unterscheiden. Teilweise wird daher im Wege korrigierender Gesetzesauslegung auf den Zeitpunkt des Abschlusses des Sozialplans oder den Zeitpunkt der Durchführung der Betriebsänderung bzw. den Zeitpunkt abgestellt, zu dem die Mehrzahl der ArbN entlassen wird (vgl. zum Meinungsstand *GK-Oetker* Rn 297). Am sichersten dürfte es statt dessen sein, den **Gesamtbetrag und die einzelnen Beträge** zunächst **nicht absolut** festzulegen, **sondern** ein Gesamtvolumen **abstrakt** vorzusehen und die **Verteilungsrelationen** zu bestimmen (vgl. *DKKW-Däubler* Anh. zu §§ 111–113 § 123 InsO Rn 13; *Zwanziger* [Rn 71] § 123 InsO Rn 29; *Linck* in HK-InsO § 123 Rn 16). Zur abstrakten Festlegung des Gesamtbetrags ist anzugeben, welche ArbN mit welchen Einkommensbestandteilen bezogen auf welchen – ggf. künftigen – Monat zu berücksichtigen sind. Die Verteilung kann über eine Punktesystem festgelegt werden (vgl. *Zwanziger* [Rn 71] § 123 InsO Rn 30).

Bei der Ermittlung des Monatsverdienstes der einzelnen betroffenen ArbN ist ge- **299** mäß § 10 Abs. 3 KSchG nicht auf die regelmäßige betriebliche, sondern auf die jeweilige **individuelle Arbeitszeit** abzustellen. Schwankungen der Arbeitszeit – Kurzarbeit und Überstunden – sind nicht zu berücksichtigen. Sind jedoch Überstunden über einen längeren Zeitraum hinweg angefallen, sind sie einzubeziehen (*Boemke/Tietze* DB 99, 1391; *DKKW-Däubler* Anh. zu §§ 111–113, § 123 InsO Rn 8; *v. Hoyningen-Huene/Linck* KSchG § 10 Rn 102).

Zu den **Geldbezügen** gehören alle **Grundvergütungen** (Gehalt, Zeitlohn, **300** Fixum). Maßgebend ist der Bruttobetrag ohne Abzüge für Lohnsteuer und Sozialversicherung (*DKKW-Däubler* Anh. zu §§ 111–113, § 123 InsO Rn 8; *v. Hoyningen-Huene/Linck* § 10 Rn 10). Bei Akkordlöhnern ist der **Akkordverdienst** zu errechnen, den sie in dem maßgebenden Bemessungsmonat unter Zugrundelegung der für sie maßgebenden Arbeitszeit erzielt haben oder – bei Störungen – erzielt hätten. Zu den Geldbezügen gehören auch alle geschuldeten **Zulagen** (Gefahrenzulagen, Erschwerniszulagen, Schicht- und Nachtarbeitszuschläge). Weiter gehören alle Leistungen dazu, die nicht den Charakter von reinem Aufwendungsersatz haben. Fallen

Aufwendungen nur an, wenn der ArbN tatsächlich arbeitet (Spesen, Fahrtkostenzuschüsse), gehört der Ersatz dieser Aufwendungen nicht zum Arbeitsverdienst. Zu den Geldbezügen gehören jedoch die vertraglich oder tariflich vorgesehenen **Sonderzahlungen** (13. oder 14. Gehalt, Jahresabschlussvergütungen, Weihnachtsgeld usw.). Sind solche Leistungen auf einen längeren Zeitraum bezogen (Jahr, Halbjahr), werden sie anteilig auf einen Monat umgerechnet (*Boemke/Tietze* DB 99, 1391). Das gilt auch für das vertraglich vereinbarte oder tariflich vorgesehene Urlaubsgeld.

301   Zum Monatsverdienst gehören alle vom ArbGeb. geschuldeten **Sachbezüge**. Sie sind in Geld umzurechnen (zB Deputate in der Landwirtschaft, im Bergbau, Überlassung von Werkswohnungen usw.). Maßgebend ist ihr Marktwert. Das ist der Betrag, den der ArbN aufwenden müsste, wenn er sich diese Leistungen auf dem Markt beschafft (BAG 22. 9. 60 AP Nr. 27 zu § 616 BGB). § 10 Abs. 3 KSchG enthält keine Verweisung auf die in der Sachbezugsverordnung (vgl. § 17 Abs. 1 Nr. 4 SGB IV) festgesetzten Werte; diese Werte sind daher nicht maßgebend. Für die Ermittlung der Verdienste ist es unerheblich, ob der ArbN bis zum Ablauf der Kündigungsfrist beschäftigt wird; **Freistellungen, Urlaub,** längere **Krankheit** usw. wirken sich auf die Berechnung nicht aus (*DKKW-Däubler* Anh. zu §§ 111–113, § 123 InsO Rn 9; *v. Hoyningen-Huene/Linck* § 10 Rn 13).

302   Der zulässige Gesamtbetrag ergibt sich, wenn die Monatsverdienste aller betroffenen ArbN mit 2,5 multipliziert werden. Besonderheiten können sich in einem von mehreren Unternehmen gemeinsam geführten **Gemeinschaftsbetrieb** iSv. § 1 Abs. 1 S. 2 ergeben. Wird über das Vermögen eines oder auch sämtlicher beteiligter Unternehmen das Insolvenzverfahren eröffnet, ist dadurch nicht notwendig der Gemeinschaftsbetrieb aufgelöst. An die Stelle der (Vertrags-)ArbGeb. tritt der jeweilige Insolvenzverwalter. Im Falle von Betriebsänderungen, insb. auch einen Stilllegung des Gemeinschaftsbetriebs, sind ggf. mehrere Sozialpläne mit den jeweiligen Vertrags-ArbGeb. der ArbN, bzw. den Insolvenzverwaltern abzuschließen. Diese können wohl in einem Sozialplan zusammengefasst werden. Bei der Ermittlung der – mehreren – nach § 123 Abs. 1 InsO zulässigen Gesamtbeträge zählen jeweils nur die ArbN des jeweiligen Vertrags-ArbGeb., nicht dagegen alle ArbN des Gemeinschaftsbetriebs (vgl. zu § 2 SozplKonkG BAG 12. 11. 02 AP Nr. 155 zu § 112 BetrVG 1972). Eine gesamtschuldnerische Verpflichtung mehrerer insolvent gewordener Unternehmen dürfen die Insolvenzverwalter nicht eingehen (BAG 12. 11. 02 AP Nr. 155 zu § 112 BetrVG 1972; *Linck* in HK-InsO § 123 Rn 17).

303   Sinnvoll kann es sein, **vorsorglich Anpassungsregelungen** für den Fall vorzusehen, dass die zulässigen Grenzen ungewollt überschritten werden (vgl. *Lakies* BB 99, 210; *Linck* in HK-InsO § 123 Rn 19).

c) Rechtsfolgen bei Überschreitung des nach § 123 Abs. 1 InsO zulässigen Gesamtvolumens

304   Wird der zulässige Höchstbetrag überschritten, ist der **Sozialplan insgesamt unwirksam** (vgl. *Boemke/Tietze* DB 99, 1392; *Lakies* BB 99, 210; *GK-Oetker* Rn 383; *Schwarzburg* NZA 09, 176; *DKKW-Däubler* Anh. zu §§ 111–113 § 123 InsO Rn 15; *Linck* in HK-InsO § 123 Rn 18). Die Nichtigkeit wirkt **nicht nur relativ** gegenüber den Insolvenzgläubigern, sondern absolut (*Zwanziger* [Rn 71] § 123 InsO Rn 37). Die Nichtigkeit betrifft sowohl vereinbarte Sozialpläne als auch solche, die von der E-Stelle aufgestellt werden.

305   Die Nichtigkeit lässt sich durch Verwendung eines Punktesystems (vgl. Rn 298) oder durch vorsorgliche **Nachbesserungsklauseln** vermeiden, in denen Regelungen für den Fall der Überschreitung des zulässigen Gesamtvolumens vorgesehen sind (vgl. *GK-Oetker* Rn 303; *Linck* in HK-InsO § 123 Rn 19; *Kohnen/Römer* ZInsO 10, 1206).

306   Bei Überschreitung der Grenze des § 123 Abs. 1 InsO kommt außerdem eine **geltungserhaltende Reduktion** in – entsprechender – Anwendung des § 140 BGB in

Betracht (vgl. *DKKW-Däubler* Anh. zu §§ 111–113 § 123 InsO Rn 16; GK-*Oetker* Rn 385; *Zwanziger* [Rn 71] § 123 InsO Rn 37). Diese ist dann angezeigt, wenn die Parteien in Kenntnis der Nichtigkeit wegen Überschreitens der zulässigen Höchstgrenze den Sozialplan mit einem geringeren Volumen und proportional gekürzten Ansprüchen aufgestellt hätten. In diesem Fall können die Ansprüche anteilig gekürzt werden. Dies setzt allerdings voraus, dass die Verteilungsmaßstäbe eindeutig erkennbar sind und durch eine anteilige Kürzung nicht berührt werden (*Boemke/Tietze* DB 99, 1392; *DKKW-Däubler* Anh. zu §§ 111–113 § 123 InsO Rn 16; GK-*Oetker* Rn 385; *Linck* in HK-InsO § 123 Rn 20). Wären in Kenntnis des Überschreitens der Höchstgrenzen andere Verteilungsmaßstäbe gesetzt worden, bleibt es bei der Nichtigkeit des Sozialplans (*Boemke/Tietze* DB 99, 1392; *DKKW-Däubler* Anh. zu §§ 111–113 § 123 InsO Rn 16; *Zwanziger* [Rn 71] § 123 InsO Rn 37).

Die **Nichtigkeit** der Vereinbarung und die Nichtigkeit des Spruchs der E-Stelle **307 kann jederzeit,** also auch außerhalb der Frist des § 76 Abs. 5, **geltend gemacht werden** (*Boemke/Tietze* DB 99, 1392; *DKKW-Däubler* Anh. zu §§ 111–113 § 123 InsO Rn 15; GK-*Oetker* Rn 386). Ist ein Sozialplan nichtig, werden **neue Verhandlungen,** Vereinbarungen sowie ggf. ein erneutes Tätigwerden der E-Stelle **erforderlich.** Aus einem nichtigen Sozialplan kann der einzelne ArbN keine Ansprüche herleiten (*Linck* in HK-InsO § 123 Rn 20).

d) Anwendbarkeit des § 123 Abs. 1 InsO auf sonstige Betriebsänderungen

Höchst zweifelhaft und von nicht unerheblicher Bedeutung ist die Frage, ob und **308** ggf. wie die Höchstgrenzen des § 123 Abs. 1 InsO auch Anwendung finden, wenn der Insolvenzverwalter im Zusammenhang mit einer Betriebsänderung **andere Maßnahmen als (ausschließlich) Entlassungen** beabsichtigt (vgl. dazu etwa *Boemke/Tietze* DB 99, 1392f.; *DKKW-Däubler* Anh. zu §§ 111–113 § 123 InsO Rn 22; GK-*Oetker* Rn 369f.; MünchKomm-InsO/*Löwisch/Caspers* § 123 InsO Rn 26; *Zwanziger* [Rn 71] § 123 InsO Rn 52). Die wohl noch überwiegende Auffassung geht dahin, dass insb. wegen des Wortlauts des § 123 Abs. 1 InsO dieser auf sonstige Maßnahmen nicht anwendbar sei. Daraus wird sodann der Schluss gezogen, dass es für diese sonstigen Sozialplanleistungen keine gesetzliche Obergrenze gebe (vgl. *Boemke/Tietze* DB 99, 1392f.; *DKKW-Däubler* Anh. zu §§ 111–113 § 123 InsO Rn 22). Diese Auffassung führt aber zu **unauflösbaren Wertungswidersprüchen.** Diese werden vor allem dann deutlich, wenn ein Sozialplan aufgestellt werden soll für eine Betriebsänderung, die sowohl mit Entlassungen als auch mit anderen Maßnahmen, wie zB Versetzungen, Rationalisierungsmaßnahmen oder ähnlichem verbunden ist, und der Sozialplan daher sowohl Entlassungsabfindungen als auch andere Leistungen, wie zB Umzugskostenzuschüsse, Fahrgelderstattungen, Verdienstausgleich enthalten soll. In einem solchen Fall erscheint es weder sach- und systemgerecht, das Gesamtvolumen des Sozialplans auf das $2\frac{1}{2}$-fache des Monatsverdienstes der zu entlassenden ArbN zu beschränken, noch wegen der sonstigen Maßnahmen eine Obergrenze gänzlich abzulehnen. Vielmehr hat der Gesetzgeber derartige Fallgestaltungen erkennbar planwidrig nicht bedacht (vgl. *DKKW-Däubler* Anh. zu §§ 111–113 § 123 InsO Rn 22). Dies rechtfertigt die **analoge Anwendung des § 123 Abs. 1 InsO** (so im Ergebnis auch GK-*Oetker* Rn 370; *Zwanziger* [Rn 71] § 123 InsO Rn 52) und führt dazu, dass bei einer derart gemischten Betriebsänderung, aber auch bei Betriebsänderungen, die mit gar keinen Entlassungen verbunden sind, die **betroffenen ArbN** bei der Ermittlung des Gesamtvolumens zu berücksichtigen sind (*Linck* in HK-InsO § 123 Rn 5). BR und Insolvenzverwalter oder E-Stelle müssen freilich das hierdurch eröffnete Gesamtvolumen nicht ausschöpfen. Zugleich führt dies zwanglos zu dem systemgerechten Ergebnis, dass sämtliche Sozialplanleistungen Masseverbindlichkeiten iSv. § 123 Abs. 2 Satz 1 InsO sind und den Beschränkungen des § 123 Abs. 2 Satz 2 u. 3 InsO unterfallen (so im Ergebnis auch *Boemke/Tietze* DB 99, 1392).

e) Einordnung als Masseverbindlichkeit, relative Berichtigungssperre, Vollstreckungsverbot und Haftungsbeschränkung des Betriebserwerbers

309 Nach § 123 Abs. 2 Satz 1 InsO sind die Verbindlichkeiten aus einem solchen – nach der Eröffnung des Insolvenzverf. aufgestellten – Sozialplan **Masseverbindlichkeiten.** Dies ergibt sich außerdem bereits aus § 55 Abs. 1 Nr. 1 InsO und könnte allenfalls bei von der E-Stelle aufgestellten Sozialplänen zweifelhaft sein. § 123 Abs. 2 Satz 1 InsO gilt nicht nur für die Sozialpläne, die für entlassene ArbN Abfindungen vorsehen (Rn 293 ff.), sondern auch für sonstige Sozialplanleistungen (vgl. Rn 308). Als Masseverbindlichkeiten sind die Sozialplanforderungen gemäß § 53 InsO **vorweg zu berichtigen** (vgl. BAG 29. 10. 02 EzA § 112 BetrVG 2001 Nr. 4). Die Anmeldung und Feststellung der Forderung zur Insolvenztabelle entfällt (*Boemke/Tietze* DB 99, 1393; *Linck* in HK-InsO § 123 Rn 27).

310 Gleichwohl rangieren die Sozialplansprüche im Ergebnis nur als „letztrangige Masseverbindlichkeiten" (*Braun/Wolf* InsO § 123 Rn 12; *Linck* in HK-InsO § 123 Rn 25). Dies ist die Konsequenz aus der **relativen Berichtigungssperre** des § 123 Abs. 2 Satz 2 InsO. Danach darf für die Berichtigung (Erfüllung) der Sozialplanforderungen nicht mehr als ein Drittel der Masse verwendet werden, die ohne den Sozialplan für die Verteilung an die Insolvenzgläubiger zur Verfügung stünde. Übersteigt der Gesamtbetrag aller Sozialplanforderungen diese Grenze, so werden nach § 123 Abs. 2 Satz 2 InsO die einzelnen Sozialplanforderungen anteilig gekürzt. Dies entspricht der früheren Regelung in § 4 SozplKonkG.

311 Die relative Berichtigungssperre ist wie folgt zu ermitteln (vgl. MünchKomm-InsO/*Löwisch/Caspers* § 123 Rn 61; *Zwanziger* [Rn 71] § 123 InsO Rn 23; *Linck* in HK-InsO § 123 Rn 22): Zunächst ist eine **fiktive Teilungsmasse** zu bilden. Hierzu sind von der insgesamt vorhandenen Masse zunächst die Aus- und Absonderungen (§§ 47 ff. InsO) sowie Aufrechnungen (§§ 94 ff. InsO) abzusetzen und sodann sowohl die Kosten des Insolvenzverf. (§ 54 InsO) als auch alle sonstigen Masseverbindlichkeiten (§ 55 InsO) abzuziehen. Diese fiktive Teilungsmasse ist sodann nochmals durch drei zu teilen. Der so ermittelte Betrag stellt sodann die Obergrenze dar, bis zu der die Sozialplansprüche befriedigt werden dürfen. Die relative Berichtigungssperre führt dazu, dass ggf. die Ansprüche der einzelnen ArbN nur in einem entspr. Verhältnis erfüllt werden.

Beispiel:

Der Sozialplan hat ein Volumen von 50 000 Euro. Die fiktive Teilungsmasse beträgt 105 000 Euro. Sozialplanforderungen dürfen deshalb insgesamt nur bis zur Höhe von 35 000 Euro berichtigt werden. Jeder ArbN erhält nur $^{7}/_{10}$ seines Sozialplananspruchs. Steht ihm eine Abfindung von 2500 Euro zu, erhält er tatsächlich nur 1750 Euro.

312 Diese Kürzung im Insolvenzverf. hat **keine Auswirkungen auf den Bestand der Forderung** aus dem Sozialplan. Die Forderung bleibt unabhängig von ihrer Erfüllbarkeit im Insolvenzverf. in voller Höhe bestehen. Nach Abschluss des Insolvenzverf. kann der ArbN seine Forderung gegen seinen früheren ArbGeb. (Insolvenzschuldner) nach § 215 Abs. 2, § 201 Abs. 1 InsO geltend machen.

313 Die Berichtigungssperre gilt für **alle Sozialplanforderungen** während des laufenden Insolvenzverf. Werden mehrere Sozialpläne nacheinander aufgestellt, darf zur Begleichung sämtlicher Forderungen nicht mehr als ein Drittel der Masse verwandt werden (*Boemke/Tietze* DB 99, 1393; *Lakies* BB 99, 210; *Schaub* DB 99, 217). Die Berichtigungssperre gilt nicht nur für Sozialpläne, die Abfindungen wegen Entlassungen vorsehen, sondern auch für andere Sozialplanleistungen (vgl. Rn 308).

314 In einem **Insolvenzplan** kann von der Verteilungsvorschrift des § 123 Abs. 2 InsO abgewichen werden, und zwar sowohl zugunsten als auch zu Lasten der Sozialplangläubiger (*Boemke/Tietze* DB 99, 1393; *Kübler/Prütting-Moll* InsO, §§ 123, 124 Rn 79).

Eine weitere Einschränkung für die Durchsetzbarkeit der Ansprüche aus einem So- **315** zialplan folgt aus § 123 Abs. 3 Satz 2 InsO. Danach können die ArbN wegen ihrer Sozialplanforderungen nicht die Zwangsvollstreckung in die Masse betreiben. Dies hat auch Folgen für die gerichtliche Durchsetzung von Sozialplanansprüchen gegen den Insolvenzverwalter. Nach überwiegender Auffassung entfällt wegen des **Vollstreckungsverbots** nämlich das **Rechtsschutzbedürfnis** für eine Leistungsklage (BAG 31. 7. 02 AP Nr. 1 zu § 38 InsO, 11. 12. 01 AP Nr. 1 zu § 209 InsO, vgl. auch BAG 29. 10. 02 EzA § 112 BetrVG 2001 Nr. 4; 22. 7. 03 AP Nr. 42 zu § 113 BetrVG 1972; 22. 11. 05 AP Nr. 176 zu § 112 BetrVG 1972; BGH NJW 03, 2454; *Zwanziger* [Rn 71] § 123 InsO Rn 47). Dem ArbN ist daher anzuraten, statt dessen eine **Feststellungsklage** zu erheben. Dieser steht der ansonsten zu beachtende Vorrang der Leistungsklage nicht entgegen (BAG 29. 10. 02 EzA § 112 BetrVG 2001 Nr. 4; 22. 7. 03 AP Nr. 42 zu § 113 BetrVG 1972; 22. 11. 05 AP Nr. 176 zu § 112 BetrVG 1972; *Linck* in HK-InsO § 123 Rn 26).

Die ArbN sind auf eine baldige Auszahlung der Abfindung angewiesen, wenn der **316** Zweck des Sozialplans, die Nachteile einer Entlassung zu mildern, erreicht werden soll. § 123 Abs. 3 S. 1 InsO sieht deshalb vor, dass der Insolvenzverwalter bei hinreichend vorhandenen Barmitteln mit Zustimmung des Insolvenzgerichts **Abschlagszahlungen** vornehmen soll (*Linck* in HK-InsO § 123 Rn 28).

Fraglich kann die Haftung eines etwaigen **Betriebs- oder Betriebsteilerwerbers** **317** für in der Insolvenz entstandene Sozialplanansprüche sein. Für das früher geltende Konkursrecht schied nach der Rechtsprechung des BAG eine Haftung des Betriebserwerbers für Abfindungsansprüche aus einem vor Konkurseröffnung geschlossenen Sozialplan auf Grund einer teleologischen Reduktion des § 613a BGB aus (vgl. BAG 15. 1. 02 AP Nr. 1 zu 2 SozplKonkG mwN). Das BAG hat dies auch angenommen für Abfindungsansprüche aus einem vom Konkursverwalter nach 2 SozplKonkG geschlossenen Sozialplan, und zwar auch im Fall der normativen Fortgeltung des Sozialplans, die bei der Wahrung der Betriebsidentität eintritt (BAG 15. 1. 02 AP Nr. 1 zu § 2 SozplKonkG). Das BAG hat zwar jeglichen Hinweis auf die Rechtslage nach der InsO vermieden. Die Interessenlage dürfte aber vergleichbar sein. Entscheidender Gesichtspunkt ist bei der Rspr. des BAG, dass sich die Haftung des Betriebserwerbers im Ergebnis zu Lasten der Insolvenzgläubiger auswirken würde, weil ein Betriebserwerber im Falle seiner Haftung für die Sozialplanansprüche nur einen entspr. geringeren Kaufpreis für den Betrieb bezahlen und auf diese Weise den Insolvenzgläubigern Haftungsmasse entzogen oder gar die Betriebsveräußerung unmöglich würde. Diese Erwägungen treffen für die Rechtslage nach der InsO gleichermaßen zu.

f) Sozialpläne vor Eröffnung des Insolvenzverfahrens

Für **Sozialpläne,** die **vor der Eröffnung des Insolvenzverf.**, aber nicht früher **318** als drei Monate vor dem Eröffnungsantrag aufgestellt werden, sieht § 124 InsO eine beiderseitige **Widerrufsmöglichkeit** vor. Sozialpläne, die in dieser Zeit aufgestellt wurden, sollen typischerweise bereits Nachteile ausgleichen, die mit dem Eintritt der Insolvenz im Zusammenhang stehen. Es erscheint daher angemessen, die durch solche Sozialpläne begünstigten ArbN weitgehend den ArbN gleichzustellen, denen Forderungen aus einem im Insolvenzverf. aufgestellten Sozialplan zustehen (*Braun / Wolf* InsO § 124 Rn 1).

Maßgebend für die Frist ist der Antrag auf **Eröffnung des Insolvenzverfahrens.** **319** Sozialpläne, die im Zeitraum von 3 Monaten vor dem Antrag aufgestellt werden, sind Sozialpläne der **„kritischen Phase".** Diese reicht bis zur Eröffnung des InsVerf. Der Zeitpunkt des Antrags auf Eröffnung ergibt sich aus Akten des Insolvenzgerichts. Zwischen dem Antrag auf Eröffnung des Verf. und der Eröffnung selbst kann ein längerer Zeitraum liegen. Wird in diesem Zeitraum ein Sozialplan aufgestellt, ist er ebenfalls nach § 124 InsO zu behandeln, nicht nach § 123 InsO (*DKKW-Däubler* Anh. zu §§ 111–113 § 124 InsO Rn 8; *Linck* in HK-InsO § 124 Rn 1).

320　　**Aufgestellt** ist der Sozialplan, wenn ArbGeb. und BR sich geeinigt haben oder die Einigung durch die E-Stelle ersetzt worden ist. Im Falle einer Einigung ist maßgeblich der Zeitpunkt, in dem der Sozialplan gemäß § 112 Abs. 1 Satz 1 u. 2 von Unternehmer und BR unterschrieben ist (*Linck* in HK-InsO § 124 Rn 2).

321　　Für die **Fristberechnung** gilt § 188 Abs. 2 u. 3 BGB (*Linck* in HK-InsO § 124 Rn 2). Es ist daher vom Tag des Antrags auf Eröffnung des Insolvenzverf. drei Monate zurückzurechnen. Bei einem Eingang des Antrags am 20. 5. werden alle seit einschließlich 20. Februar abgeschlossenen Sozialpläne erfasst (§ 188 Abs. 2 BGB). Bei einem Antragseingang am 31. 7. rechnet die Frist ab einschließlich 30. 4. (§ 188 Abs. 3 BGB).

322　　Sozialpläne die in der sog. „kritischen Phase" aufgestellt wurden, können sowohl vom Insolvenzverwalter als auch vom BR **widerrufen** werden. Beide Seiten haben insofern ein Wahlrecht. Der Widerruf ist weder an eine **Frist** noch an einen besonderen **Grund** gebunden (*Braun/Wolf* § 124 InsO Rn 4; *Linck* in HK-InsO § 124 Rn 3). Ein Widerruf des BR setzt einen ordnungsgemäßen **BR-Beschluss** voraus. Das **Restmandat** des BR nach § 21b erstreckt sich auch auf den Widerruf. Der Widerruf ist gegenüber dem jeweils anderen Teil zu erklären. Dies gilt auch dann, wenn der Sozialplan durch Spruch der E-Stelle zustande gekommen ist (*Linck* in HK-InsO § 124 Rn 3). Der Widerruf wird mit **Zugang** (§ 130 BGB) bei der jeweils anderen Betriebspartei wirksam.

323　　Der **Sozialplan entfällt** mit dem Widerruf **rückwirkend** und entfaltet grundsätzlich keine Wirkungen mehr. Insb. können aus dem widerrufenen Sozialplan keine Ansprüche mehr geltend gemacht werden (*Linck* in HK-InsO § 124 Rn 6). Mit dem Wegfall des Sozialplans lebt aber die Sozialplanpflicht wegen der Betriebsänderung wieder auf (*Linck* in HK-InsO § 124 Rn 8). Dies gilt auch dann, wenn die Betriebsänderung bereits durchgeführt wurde (*Braun/Wolf* InsO § 123 Rn 6). Insolvenzverwalter und BR müssen sich erneut auf einen Sozialplan einigen oder notfalls die E-Stelle entscheiden lassen. Für den neu abzuschließenden Sozialplan gilt § 123 InsO (*Braun/Wolf* InsO § 123 Rn 6).

324　　Bei der **Aufstellung des neuen Sozialplans** können gemäß § 124 Abs. 2 InsO ArbN berücksichtigt werden, denen bereits aus dem früheren Sozialplan Leistungen zustanden. Die Betriebsparteien können unter Beachtung des Gleichbehandlungsgrundsatzes ArbN nun aber auch unberücksichtigt lassen. Die Inhalte und Verhältnisse des widerrufenen Sozialplans entfalten auch insoweit keine Bindungswirkung (*Braun/Wolf* InsO § 124 Rn 7; *Linck* in HK-InsO § 124 Rn 8).

325　　Mit dem Widerruf des Sozialplans entfällt zwar der Rechtsgrund für die daraus bereits erbrachten Leistungen. Diese können aber gemäß § 124 Abs. 3 Satz 2 InsO **nicht** wegen des Widerrufs **zurückgefordert** werden (*Linck* in HK-InsO § 124 Rn 7). Nach § 124 Abs. 3 Satz 3 InsO sind die bereits erbrachten Leistungen jedoch bei der Aufstellung eines neuen Sozialplans bis zur Höhe von $2^1/_2$ Monatsverdiensten abzusetzen (*Linck* in HK-InsO § 124 Rn 9). Zur Vermeidung von Missverständnissen und Streitigkeiten sollten die Betriebsparteien in dem neuen Sozialplan zweifelsfrei **regeln, ob** und ggf. in welcher Höhe die bereits erbrachten Zahlungen auf die neu festgelegten Leistungen **anzurechnen** sind.

326　　Die **Entscheidung, ob ein Widerruf des alten Sozialplans sinnvoll** ist, kann sowohl für den BR als auch für den Insolvenzverwalter **schwierig** sein. Sie hängt von den Umständen des **Einzelfalls**, insb. von der vorhandenen Masse, der Höhe von Masse- und Insolvenzforderungen sowie den bereits erbrachten Zahlungen ab. Zwar sind einerseits die Ansprüche aus dem alten Sozialplan häufig absolut höher, da für sie noch nicht die Grenzen des § 123 Abs. 1 InsO galten. Andererseits handelt es sich aber bei den Forderungen aus dem alten Sozialplan um einfache Insolvenzforderungen, während die Forderungen aus dem neuen Sozialplan gemäß § 123 Abs. 2 InsO – allerdings letztrangige – Masseverbindlichkeiten sind.

327　　Forderungen aus einem nicht widerrufenen oder bereits vor der „kritischen Phase" abgeschlossenen und daher nicht widerrufbaren Sozialplan sind keine Masseverbindlichkeiten, sondern **Insolvenzforderungen iSv.** § 38 **InsO,** die nach §§ 174 ff. InsO am Verteilungsverfahren teilnehmen (BAG 31. 7. 02 AP Nr. 1 zu § 38 InsO mwN; *Boemke/Tietze* DB 99, 1394; *DKKW-Däubler* Anh. zu §§ 111–113 § 124 InsO Rn 1; *Linck* in HK-InsO § 124 Rn 10; *Zwanziger* [Rn 71] § 124 InsO Rn 13). Eine Ausnahme gilt nur, wenn der Sozialplan von einem vorläufigen Insolvenzverwalter mit Verfügungsbefugnis nach § 21 Abs. 2 Nr. 1, § 22 InsO (sog. starker Insolvenzverwalter) abgeschlossen wurde; dann gelten nämlich die Ansprüche nach § 55 Abs. 2 InsO als Masseverbindlichkeiten (BAG 31. 7. 02 AP Nr. 1 zu § 38 InsO).

Streitig kann sein, ob es Möglichkeiten gibt, sich auch noch von **Sozialplänen** zu   **328** lösen, die bereits **vor der sog.** „**kritischen Phase**" abgeschlossen wurden (vgl. dazu *Boemke/Tietze* DB 99, 1395 mwN). Eine **ordentliche Kündigung** des Sozialplans wird regelmäßig nicht in Betracht kommen. Sie wäre mit dem auf eine konkrete Betriebsänderung bezogenen Charakter eines Sozialplans nicht vereinbar.

Zu denken wäre daher allenfalls an eine **außerordentliche Kündigung** oder an   **329** die Anrufung der E-Stelle mit der Begründung, durch die Insolvenz sei die **Geschäftsgrundlage** für den früher abgeschlossenen Sozialplan entfallen. Dies könnte deshalb der Fall sein, weil zum Zeitpunkt des Abschlusses des alten Sozialplans normalerweise noch damit gerechnet wird, dass die daraus resultierenden Ansprüche tatsächlich befriedigt werden.

Gleichwohl ist die **Eröffnung eines Insolvenzverf.** jedenfalls nach der neuen   **330** InsO **kein hinreichender Grund,** um einen Wegfall der Geschäftsgrundlage annehmen zu können. In gewissem Sinne ist die Insolvenz eines Schuldners in allen Vertragsbeziehungen ein Wegfall der Geschäftsgrundlage. Der Gesetzgeber hat diesen Fall aber mit der InsO geregelt. Dies gilt in besonderem Maße für Sozialpläne. Für diese hat er mit § 124 InsO sogar eine ausdrückliche Regelung getroffen (*Boemke/ Tietze* DB 99, 1395). Eine Anwendung der Grundsätze über den Wegfall der Geschäftsgrundlage ist auch aus Gründen der Rechtssicherheit und wegen der Interessen der übrigen Insolvenzgläubiger nicht möglich. Noch nicht abschließend geklärt ist, ob ein Sozialplan wirksam unter die auflösende Bedingung der Eröffnung des Insolvenzverfahrens über das Vermögen des ArbGeb. gestellt werden kann. Es spricht einiges dafür, dass das aus Gründen des mit den §§ 123, 124 InsO auch intendierten Schutzes der Insolvenzgläubiger nicht möglich ist (so auch LAG Niedersachsen 24. 9. 09 ZIP 10, 442, die zum BAG eingelegte Rechtsbeschwerde – 1 ABR 128/09 – wurde zurückgenommen; vgl. auch Rn 256)

IV. Streitigkeiten

Besteht zwischen den Betriebsparteien Streit darüber, ob der ArbGeb. auf Grund   **331** einer Betriebsänderung zur Unterrichtung des und Beratung mit dem BR sowie zum Versuch eines Interessenausgleichs verpflichtet ist, kann der BR seine Ansprüche im **arbeitsgerichtlichen BeschlVerf.** verfolgen (vgl. § 111 Rn 130 ff., Rn 141). Zu den **Besonderheiten des BeschlVerf.** vgl. **Nach § 1.**

Ist zwischen den Betriebsparteien die Verpflichtung des ArbGeb. zum Abschluss   **332** eines Sozialplans streitig, kann der BR eine etwa bereits gebildete ständige **E-Stelle anrufen oder** gemäß § 76 Abs. 2 Satz 2 u. 3 BetrVG, § 98 Abs. 1 Satz 1 ArbGG beim ArbG die **Errichtung einer E-Stelle beantragen.** Das ArbG kann den Antrag nach § 98 Abs. 1 Satz 2 ArbGG nur bei offensichtlicher Unzuständigkeit abweisen. Die E-Stelle hat ihre Zuständigkeit in eigener Verantwortung zu beurteilen und hierbei zu prüfen, ob eine sozialplanpflichtige Betriebsänderung vorliegt. Bejaht sie ihre Zuständigkeit und kommt eine Einigung über einen Sozialplan nicht zustande, stellt die E-Stelle durch Spruch gemäß § 112 Abs. 4 Satz 1 einen Sozialplan auf. Verneint sie ihre Zuständigkeit, stellt sie ihre Tätigkeit – ggf. durch ausdrücklichen, deklaratorischen Beschluss – ein (vgl. BAG 28. 5. 02 AP Nr. 10 zu § 87 BetrVG 1972 Urlaub).

333   Die Betriebsparteien haben unter bestimmten Umständen die Möglichkeit, die „Zuständigkeit" der E-Stelle bereits vorab oder auch parallel zu einem E-Stellenverf. in einem sog. **Vorabentscheidungsverf.** gerichtlich prüfen zu lassen (vgl. Nach § 1 Rn 12). Der Sache nach handelt es sich dabei um die gerichtliche Klärung der Frage, ob eine mitbestimmungspflichtige Angelegenheit vorliegt. Diese Frage bildet im Verhältnis der Betriebsparteien ein Rechtsverhältnis iSv. § 256 Abs. 1 ZPO, das einer gerichtlichen Feststellung grundsätzlich zugänglich ist. Ein ihre Zuständigkeit feststellender Zwischenbeschluss einer E-Stelle ist allerdings dann nicht mehr gesondert gerichtlich anfechtbar, wenn bereits vor der gerichtlichen Anhörung im Verf. erster Instanz der Spruch der E-Stelle über den Sozialplan vorliegt (vgl. BAG 22. 1. 02 AP Nr. 16 zu § 76 BetrVG 1972 Einigungsstelle). Um ein Vorabentscheidungsverf. in diesem Sinne handelt es sich der Sache nach auch, wenn ein Beschluss der E-Stelle angegriffen wird, durch welche sich diese für unzuständig erklärt und ihre Tätigkeit eingestellt hat (vgl. BAG 10. 12. 02 AP Nr. 43 zu § 95 BetrVG 1972).

334   Stellt das Gericht das Vorliegen einer beteiligungspflichtigen, durch Spruch der E-Stelle zu entscheidenden betriebsverfassungsrechtlichen Regelungsstreitigkeit rechtskräftig fest, ist dies für die Beteiligten sowie die E-Stelle **bindend.** Diese hat ihre etwa eingestellte Tätigkeit wieder aufzunehmen und eine Sachregelung zu treffen (BAG 10. 12. 02 AP Nr. 43 zu § 95 BetrVG 1972). Verneint das Gericht rechtskräftig das Vorliegen eines beteiligungspflichtigen Tatbestands, stellt die E-Stelle ihre Tätigkeit endgültig ein.

335   Jede der beiden Betriebsparteien kann die Unwirksamkeit eines Sozialplans gerichtlich geltend machen. Dies gilt auch dann, wenn sie dem Sozialplan – sei es vor, sei es in einem E-Stellenverf. – zugestimmt hat. Die Zustimmung nimmt der Betriebspartei grundsätzlich weder prozessual noch materiellrechtlich die Befugnis, die Unwirksamkeit einer BV geltend zu machen (vgl. BAG 18. 2. 03 AP Nr. 11 zu § 77 BetrVG 1972). Sie kann hierzu sogar nach § 80 Abs. 1 Satz 1 verpflichtet sein. Dies gilt auch für einen Sozialplan. Der **Streit über die Wirksamkeit** ist von den Betriebsparteien im **arbeitsgerichtlichen BeschlVerf.** auszutragen. Der Sozialplan kann als betriebsverfassungsrechtliches Rechtsverhältnis iSv. § 256 Abs. 1 ZPO erachtet werden, dessen Bestehen oder Nichtbestehen einer gerichtlichen Feststellung zugänglich ist. Als Unwirksamkeitsgründe kommen insb. Verletzungen höherrangigen Rechts in Betracht. Auch die Zuständigkeit von BR oder GesBR ist erforderlichenfalls von Amts wegen zu prüfen.

336   Einen durch Spruch der E-Stelle aufgestellten Sozialplan können die Betriebsparteien ebenfalls im arbeitsgerichtlichen BeschlVerf. angreifen. Die **gerichtliche Entscheidung über die Wirksamkeit des Spruchs der E-Stelle** hat gemäß § 76 Abs. 5 **feststellende und nicht rechtsgestaltende Wirkung.** Deshalb ist die Feststellung der Unwirksamkeit des Spruchs und nicht seine Aufhebung zu beantragen (BAG 28. 5. 02 AP Nr. 10 zu § 87 BetrVG 1972 Urlaub, 6. 5. 03 AP Nr. 161 zu § 112 BetrVG 1972). Verstöße gegen zwingendes höherrangiges Recht können zeitlich unbegrenzt geltend gemacht werden. Die Überschreitung der Grenzen des Ermessens können dagegen ArbGeb. oder BR gemäß § 76 Abs. 5 Satz 4 nur binnen einer Frist von zwei Wochen nach Zuleitung des Beschlusses der E-Stelle gerichtlich geltend machen. Dies betrifft insb. die Behauptung, die E-Stelle habe die in § 76 Abs. 5 genannten Grundsätze verletzt. Zum **Wert des Gegenstands der anwaltlichen Tätigkeit** bei gerichtlicher Anfechtung eines Spruchs der E-Stelle wegen überhöhten Sozialplanvolumens vgl. BAG 9. 11. 04 – 1 ABR 11/02 (A) – NZA 05, 70, wegen zu niedrigen Sozialplanvolumens vgl. BAG 20. 7. 05 – 1 ABR 23/03 (A) – DB 05, 2086.

337   Der BR kann auch seinen aus § 77 Abs. 1 Satz 1 oder aus dem Sozialplan selbst folgenden **Anspruch** gegen den ArbGeb. **auf Durchführung** der Regelungen des Sozialplans im Wege des arbeitsgerichtlichen BeschlVerf. verfolgen. Er kann aber nicht an Stelle der ArbN deren Individualansprüche geltend machen (vgl. Rn 178; BAG 17. 10. 89 AP Nr. 53 zu § 112 BetrVG 1972, 21. 1. 03 AP Nr. 1 zu § 21a BetrVG 1972; **aA** *DKKW-Däubler* Rn 153).

Fraglich erscheint, ob Gegenstand eines BeschlVerf. auch **Inhalt, Anwendbarkeit** 338 **und Auslegung eines Sozialplans** sein können (so wohl *DKKW-Däubler* Rn 152). Insb. kann zweifelhaft sein, ob es sich insoweit um ein betriebsverfassungsrechtliches Rechtsverhältnis iSv. § 256 Abs. 1 ZPO handelt. Nachdem der BR vom ArbGeb. die (ordnungsgemäße) Durchführung einer BV verlangen kann (Rn 337), erscheint es konsequent, ihm auch die Möglichkeit zu eröffnen, einen Streit über Inhalt, Anwendbarkeit und Auslegung eines Sozialplans im BeschlVerf. zu klären (vgl. auch BAG 10. 2. 09 – 1 ABR 94/07 –).

Der einzelne ArbN kann **Ansprüche** aus einem Sozialplan **im Urteilsverf.** ein- 339 klagen. Wirksamkeit und Auslegung des Sozialplans sind dann ggf. als Vorfrage zu prüfen. Die Zuständigkeit von BR oder GesBR ist vom Gericht nur zu prüfen, wenn eine Seite diese bestreitet oder sich Zweifel aufdrängen (vgl. BAG 20. 2. 01 AP Nr. 15 zu § 77 BetrVG 1972 Tarifvorbehalt). Der ArbN kann insb. geltend machen, er sei unter Verletzung des Gleichbehandlungsgrundsatzes von Leistungen ausgeschlossen worden, und Gleichbehandlung mit den Begünstigten verlangen (vgl. Rn 173; BAG 15. 1. 91 AP Nr. 57 zu § 112 BetrVG 1972). Der einzelne ArbN kann sich aber im Individualverf. nicht erfolgreich darauf berufen, die Betriebsparteien oder die E-Stelle hätten bei der Festlegung des Gesamtvolumens des Sozialplans ermessensfehlerhaft gehandelt (BAG 17. 2. 81, 14. 2. 84, 26. 7. 88 AP Nr. 11, 21, 45 zu § 112 BetrVG 1972).

§ 113 Nachteilsausgleich

(1) **Weicht der Unternehmer von einem Interessenausgleich über die geplante Betriebsänderung ohne zwingenden Grund ab, so können Arbeitnehmer, die infolge dieser Abweichung entlassen werden, beim Arbeitsgericht Klage erheben mit dem Antrag, den Arbeitgeber zur Zahlung von Abfindungen zu verurteilen; § 10 des Kündigungsschutzgesetzes gilt entsprechend.**

(2) **Erleiden Arbeitnehmer infolge einer Abweichung nach Absatz 1 andere wirtschaftliche Nachteile, so hat der Unternehmer diese Nachteile bis zu einem Zeitraum von zwölf Monaten auszugleichen.**

(3) **Die Absätze 1 und 2 gelten entsprechend, wenn der Unternehmer eine geplante Betriebsänderung nach § 111 durchführt, ohne über sie einen Interessenausgleich mit dem Betriebsrat versucht zu haben, und infolge der Maßnahme Arbeitnehmer entlassen werden oder andere wirtschaftliche Nachteile erleiden.**

Inhaltsübersicht

I. Vorbemerkung

Die Vorschrift regelt in Abs. 1 die **individualrechtlichen Folgen** eines Abwei- 1 chens des Unternehmers vom Interessenausgleich durch einen Anspruch auf Abfindung bei Entlassungen. Abs. 2 sieht zusätzlich einen zeitlich begrenzten Ausgleich sonstiger, dh nicht durch Entlassungen bedingter wirtschaftlicher Nachteile vor. Nach Abs. 3 gelten die Abs. 1 u. 2 entspr., wenn der Unternehmer eine Betriebsänderung durchführt, ohne einen Interessenausgleich versucht zu haben.

2   § 113 dient zum einen dazu, ArbN einen Anspruch auf Ausgleich von wirtschaftlichen Nachteile zu verschaffen, die ihnen dadurch entstehen, dass der ArbGeb. bei einer Betriebsänderung ohne zwingenden Grund von einem mit dem BR vereinbarten Interessenausgleich abweicht oder gar bereits den Versuch eines Interessenausgleichs unterlässt. Da die Nachteile damit zumindest auch auf der Betriebsänderung selbst beruhen, besteht zwischen dem Anspruch auf Nachteilsausgleich nach § 113 und Sozialplananansprüchen eine zumindest partielle Zweckidentität (vgl. BAG 20. 11. 01 AP Nr. 39 zu § 113 BetrVG 1972; 4. 12. 02 AP Nr. 2 zu § 38 InsO). Vor allem ist § 113 aber eine **Sanktionsnorm** (*Rebel* Grundprobleme des Nachteilsausgleichs gemäß § 113 Abs. 3 BetrVG, 2007, S. 34 ff.). Sie will betriebsverfassungsrechtliche Rechte des BR sichern (BAG 20. 11. 01 AP Nr. 39 zu § 113 BetrVG 1972; 4. 12. 02 AP Nr. 2 zu § 38 InsO). Als Sanktionsmittel werden dem ArbN individualrechtliche Ausgleichsansprüche eingeräumt (ErfK/*Kania* Rn 1). Diese entstehen unabhängig vom Verschulden des ArbGeb. (vgl. Rn 16) und grundsätzlich auch unabhängig von Ansprüchen aus einem Sozialplan (vgl. Rn 33).

3   § 113 gilt für **alle Betriebsänderungen** und damit auch dann, wenn kein erzwingbarer Anspruch auf Abschluss eines Sozialplanes besteht (vgl. §§ 112, 112a Rn 100 ff.; BAG 8. 11. 88 AP Nr. 18 zu § 113 BetrVG 1972; ErfK/*Kania* Rn 3).

4   In **Tendenzbetrieben** sind §§ 111–113 gemäß § 118 Abs. 1 S. 2 nur insoweit anzuwenden, als sie den Ausgleich oder die Milderung wirtschaftlicher Nachteile für die ArbN infolge von Betriebsänderungen regeln. Für die Anwendung des § 113 Abs. 1 und 2 dürfte daher in Tendenzbetrieben kein Raum sein. Die Bestimmungen setzen jeweils einen Interessenausgleich voraus, den es in Tendenzunternehmen nicht gibt und den der Unternehmer auch nicht versuchen muss. Dagegen kommt ein Nachteilsausgleich nach Abs. 3 dann in Betracht, wenn der ArbGeb. eine Betriebsänderung durchführt, ohne den BR rechtzeitig unterrichtet und Verhandlungen über einen Sozialplan ermöglicht zu haben (vgl. § 118 Rn 47; BAG 27. 10. 98, 18. 11. 03 AP Nr. 65, 76 zu § 118 BetrVG 1972; 30. 3. 04 AP Nr. 47 zu § 113 BetrVG 1972; *DKKW-Wedde* § 118 Rn 61, 62; **aA** GK-*Weber* § 118 Rn 152; MünchArbR-*Matthes* § 273 Rn 3; *Rebel* [Rn 2], S. 94 ff.). Anders als die §§ 106–110 hat der Gesetzgeber die §§ 111–113 nicht für unanwendbar, sondern eingeschränkt für anwendbar erklärt. Wenn daher für § 113 überhaupt ein Anwendungsbereich verbleiben soll, dann für seinen Abs. 3. Dies ergibt auch Sinn. Sanktioniert wird durch Abs. 3 auch die Verletzung der Unterrichtungspflicht nach § 111 S. 1. Diese Unterrichtung dient zwar in erster Linie den Beratungen über einen Interessenausgleich. Sie ist für den BR aber auch hilfreich bei Verhandlungen über einen Sozialplan. Nicht erforderlich ist allerdings, dass der ArbGeb. dem BR bereits sämtliche später möglicherweise tatsächlich relevant werdenden Informationen erteilt; es genügen vielmehr zunächst „Basisinformationen", die es dem BR ermöglichen, einigermaßen fundiert einzuschätzen, auf welche Regelungen eines Sozialplans sich die Betroffenen einzustellen haben (BAG 18. 11. 03 AP Nr. 76 zu § 118 BetrVG 1972; 30. 3. 04 AP Nr. 47 zu § 113 BetrVG 1972). Der auch im Tendenzbetrieb bestehende Anspruch auf Unterrichtung über die beabsichtigte Betriebsänderung wird durch die individualrechtlichen Ansprüche der ArbN auf Nachteilsausgleich gesichert. Auf den Tendenzschutz kann sich der Arb-Geb., der seine Unterrichtungspflichten verletzt, nicht berufen. Die nach § 118 Abs. 1 S. 2 iVm. § 111 S. 1 in Tendenzbetrieben bestehende Pflicht des ArbGeb., dem BR die Informationen zu erteilen, die dieser benötigt, um sein MBR bei einem Sozialplan auszuüben, gilt **auch in nicht tendenzgeschützten Betrieben,** dort neben der Pflicht zur Erteilung der auf einen Interessenausgleich bezogenen Informationen (BAG 30. 3. 04 AP Nr. 47 zu § 113 BetrVG 1972).

5   Die Vorschrift gilt auch in der **Insolvenz** (vgl. § 111 Rn 37–39; BAG 22. 7. 03 AP Nr. 42 zu § 113 BetrVG 1972; *Rebel* [Rn 2], S. 228 ff.). Der Insolvenzverwalter

kann sich nicht darauf berufen, die Beteiligung des BR sei wegen der schlechten wirtschaftlichen Situation ausnahmsweise entbehrlich. Unterlässt der Insolvenzverwalter den Versuch eines Interessenausgleichs, haben die ArbN gemäß Abs. 3 einen Anspruch auf Nachteilsausgleich (BAG 22. 7. 03 AP Nr. 42 zu § 113 BetrVG 1972). Zur insolvenzrechtlichen Einordnung der Ansprüche und zur Klageart s. Rn 40, 41.

Entspr. Vorschrift im **BPersVG:** Keine. **6**

II. Abweichen vom Interessenausgleich

Der Unternehmer muss sich grundsätzlich sowohl dem BR als auch den ArbN ge- **7** genüber an einen erzielten Interessenausgleich über die geplante Maßnahme halten (näher §§ 112, 112a Rn 45 f.). Nur aus **zwingenden Gründen** darf er davon **abweichen**. In Betracht kommen nur nachträglich entstandene oder erkennbar gewordene Umstände (BAG 17. 9. 74 AP Nr. 1 zu § 113 BetrVG 1972; *Richardi* Rn 15; *DKKW-Däubler* Rn 4; *GK-Oetker* Rn 30; ErfK/*Kania* Rn 4).

Ein wichtiger Grund genügt nicht. „Zwingend" ist ein Grund zur Abweichung **8** vielmehr nur, wenn einem verständigen, verantwortungsbewussten Unternehmer im Interesse des Unternehmens und seiner ArbNschaft – insb. zur Abwendung unmittelbar drohender Gefahren – **praktisch keine andere Wahl** bleibt. An die Notwendigkeit der Abweichung ist ein strenger Maßstab anzulegen (vgl. *Richardi* Rn 13 ff.; *GK-Oetker* Rn 31 ff.; ErfK/*Kania* Rn 4). Beispiele können sein die Entziehung eines entscheidenden Bankkredits, der überraschende Verlust von Großaufträgen, die Insolvenz eines Hauptkunden oder ein schwerwiegender Rohstoff- oder Energiemangel (vgl. ErfK/*Kania* Rn 4).

Da sich der Unternehmer auf einen Ausnahmetatbestand beruft, ist er im Streitfall **9** **darlegungs- u. beweispflichtig** dafür, dass er aus zwingenden Gründen von der erzielten Einigung abweichen musste (*GK-Oetker* Rn 35; *Richardi* Rn 18; ErfK/*Kania* Rn 4).

Die Abweichung von einem Interessenausgleich ist allein **keine neue Betriebs-** **10** **änderung.** Anderes gilt bei einer völlig anderen Maßnahme (zB Stilllegung statt Verlegung); an dieser ist der BR erneut zu beteiligen (vgl. *DKKW-Däubler* Rn 5; *Richardi* Rn 10). Keine Abweichung iSv. Abs. 1 liegt vor, wenn der ArbGeb. die Betriebsänderung ganz unterlässt (*DKKW-Däubler* Rn 5).

Entscheidender **Zeitpunkt für die Beurteilung** der Notwendigkeit der Abwei- **11** chung ist die Durchführung der Maßnahme. Es kommt also nicht darauf an, ob sich die wirtschaftliche Entscheidung des Unternehmers nachträglich als sachlich richtig oder falsch erweist (*GK-Oetker* Rn 34; *Richardi* Rn 17).

Die **Nichterfüllung eines Sozialplans** fällt nicht unter § 113 (*DKKW-Däubler* **12** Rn 7; *Richardi* Rn 12). Die ArbN können auf Erfüllung bestehen und die Sozialplanansprüche einklagen (vgl. §§ 112, 112a Rn 177, 339).

III. Unterbliebener Versuch eines Interessenausgleichs

Der Abweichung von einem Interessenausgleich stellt das Gesetz in **Abs. 3** den **13** Fall gleich, in dem der Unternehmer die Unterrichtung des BR oder den Versuch eines **Interessenausgleichs gänzlich unterlässt** oder **mit der Betriebsänderung vor Abschluss des Interessenausgleichsverfahrens beginnt.** Der Verweis auf Abs. 1 und 2 betrifft nur die Rechtsfolgen, nicht die Anspruchsvoraussetzungen (BAG 18. 12. 84 AP Nr. 11 zu § 113 BetrVG 1972; ErfK/*Kania* Rn 9). Diese ergeben sich allein aus Abs. 3.

Der **Anspruch** nach Abs. 3 **entsteht, wenn** der **Unternehmer ohne den hin-** **14** **reichenden Versuch eines Interessenausgleichs die Betriebsänderung durchführt** und deshalb ArbN entlassen werden oder andere wirtschaftliche Nachteile erleiden. **Der ArbGeb. führt eine Betriebsänderung durch, wenn er mit ihr beginnt und vollendete, unumkehrbare Tatsachen schafft** (vgl. näher § 111 Rn 109 f.). Ein Verstoß des ArbGeb. gegen seine Anzeigepflicht nach § 17 Abs. 3 KSchG (vgl. dazu § 111 Rn 103) begründet keinen Anspruch nach Abs. 3 (BAG 30. 3. 04 AP Nr. 47 zu § 113 BetrVG 1972).

15   Abs. 3 ist **auch anwendbar, wenn zwingende Gründe für eine Betriebsänderung vorliegen,** das Verf. nach §§ 111, 112 aber nicht eingehalten wurde. Die Verpflichtung des ArbGeb., den BR zu unterrichten und mit ihm einen Interessenausgleich zu versuchen, entfällt nicht bei Maßnahmen, die mehr oder weniger durch die wirtschaftliche Situation „diktiert" werden (BAG 9. 7. 85, 22. 7. 03 AP Nr. 13, 42 zu § 113 BetrVG 1972). Bei einem Interessenausgleich geht es nicht nur darum, ob, sondern insbesondere auch wie eine erforderliche Betriebsänderung durchgeführt werden soll (BAG 22. 7. 03 AP Nr. 42 zu § 113 BetrVG 1972). Eine teleologische Reduktion kommt, wenn überhaupt, allenfalls in ganz besonderen Ausnahmefällen in Betracht, in denen weder für das Ob noch für das Wie der Durchführung der Betriebsänderung irgendwelche Alternativen möglich erscheinen (vgl. *GK-Oetker* Rn 56; *WPK-Preis/Bender* Rn 14; *Rebel* [Rn 2], S. 178 f.).

16   Für den Anspruch auf Nachteilsausgleich kommt es auf ein **Verschulden** des Unternehmers nicht an. Es genügt ein objektiv betriebsverfassungswidriges Verhalten (BAG 20. 11. 01, 23. 9. 03 AP Nr. 39, 43 zu § 113 BetrVG 1972; *Richardi* Rn 28; *GK-Oetker* Rn 38; ErfK/*Kania* Rn 1).

17   Um einen Anspruch nach Abs. 3 zu vermeiden muss der Unternehmer **vor der tatsächlichen Durchführung der Betriebsänderung alle Möglichkeiten einer Einigung über den Interessenausgleich ausschöpfen** (BAG 18. 12. 84, 9. 7. 85, 20. 11. 01, 26. 10. 04 AP Nr. 11, 13, 39, 49 zu § 113 BetrVG 1972; 16. 5. 07 AP Nr. 64 zu § 111 BetrVG 1972). Mit formlosen Mitteilungen des BRVors., der Betriebsänderung werde zugestimmt oder ein Interessenausgleich sei überflüssig, darf er sich grundsätzlich nicht begnügen (BAG 26. 10. 04 AP Nr. 49 zu § 113 BetrVG 1972; 16. 5. 07 AP Nr. 64 zu § 111 BetrVG 1972). Der BR kann auf seine gesetzlich vorgeschriebene Beteiligung an der Entscheidung über das Ob, Wann und Wie der Betriebsänderung auch nicht wirksam verzichten (BAG 26. 10. 04 AP Nr. 49 zu § 113 BetrVG 1972). Der ArbGeb. muss erforderlichenfalls das Verfahren nach § 112 Abs. 2 voll ausschöpfen (BAG 18. 12. 84, 26. 10. 04, 21. 7. 05 AP Nr. 11, 49, 50 zu § 113 BetrVG 1972).

18   Der ArbGeb. muss **notfalls die E-Stelle anrufen** und das E-Stellenverfahren durchführen (BAG 20. 11. 01, 26. 10. 04 AP Nr. 39, 49 zu § 113 BetrVG 1972). Ausnahmen von dieser Obliegenheit kommen in Betracht, wenn der BR seine Tätigkeit gänzlich eingestellt hat oder der BRVors. trotz eines ordnungsgemäßen BRBeschlusses über die Zustimmung zur Betriebsänderung dem Verlangen des ArbGeb. nach schriftlicher Niederlegung nicht nachkommt (BAG 26. 10. 04 AP Nr. 49 zu § 113 BetrVG 1972; 6. 8. 91 – 1 AZR 642/90 –). Zumindest der hinreichende „Versuch" eines Interessenausgleichs liegt vor, wenn die Betriebsparteien einen aufschiebend bedingten Interessenausgleich geschlossen haben (vgl. BAG 21. 7. 05 AP Nr. 50 zu § 113 BetrVG 1972; offen gelassen hat das BAG die Frage, ob ein Interessenausgleich unter einer aufschiebenden oder auflösenden Bedingung überhaupt geschlossen werden kann). Der ArbGeb. muss die Verhandlungen vor der E-Stelle mit dem **ernsthaften Bemühen um einen Interessenausgleich** führen (GK-*Oetker* Rn 46). Dies setzt zumindest voraus, dass er sich die Alternativvorschläge des BR anhört und sich mit diesen inhaltlich befasst (GK-*Oetker* Rn 46).

19   Eine bestimmte **Verhandlungsdauer** ist nicht vorgeschrieben. Die zeitweilig in Abs. 3 S. 2 und 3 enthaltene, zum 1. 1. 99 entfallene Frist von zwei bzw. drei Monaten ist nicht mehr von Bedeutung (vgl. BAG 16. 5. 07 AP Nr. 64 zu § 111 BetrVG 1972; GK/*Oetker* Rn 47; *WP/Preis/Bender* §§ 112, 112 a Rn 11). Sie stellt weder eine Mindest- noch eine Höchstfrist dar. Die erforderliche Verhandlungsdauer hängt sehr von den Umständen des Einzelfalls und der Komplexität der Angelegenheit ab

(vgl. HaKo-BetrVG/*Steffan* Rn 8). Es ist sinnvoll, den Zeitpunkt des Scheiterns der Verhandlungen vor der E-Stelle zweifelsfrei festzuhalten. Zur Frage, wann von einem endgültigen Scheitern ausgegangen werden kann, vgl. näher §§ 112, 112a Rn 42.

Der Unternehmer muss mit der **zuständigen InteressenVertr.** verhandeln (vgl. **20** § 111 Rn 114). Bei übereinstimmenden Äußerungen von BR und GesBR darf der Unternehmer das gemeinsam bezeichnete Organ für zuständig halten. Bei unklarer Zuständigkeit reicht es aus, wenn der Unternehmer alles ihm zur Klärung Zumutbare unternimmt. Weist er ohne weiteres einen der möglichen Verhandlungspartner zurück so trägt er das Risiko, dass sein Verhandlungsversuch als unzureichend gewertet wird, weil der zurückgewiesene Verhandlungspartner zuständig war (BAG 24. 1. 96 AP Nr. 16 zu § 50 BetrVG 1972, GK-*Oetker* Rn 45).

IV. Entlassung von Arbeitnehmern

Unter **Entlassung iSv. Abs. 3** sind nicht nur Kündigungen zu verstehen. Es geht **21** vielmehr um das tatsächliche Ausscheiden des ArbN aus dem Betrieb.

Die Entlassung muss nicht auf einer **Kündigung durch den ArbGeb.** beruhen. **22** Entlassen ist ein ArbN, wenn sein ArbVerh. auf Veranlassung des ArbGeb. tatsächlich beendet wird. Die Entlassung kann daher auch Folge eines **Aufhebungsvertrags** oder einer vom ArbGeb. veranlassten **Eigenkündigung** des ArbN sein (vgl. § 111 Rn 78, §§ 112, 112a Rn 104; BAG 23. 8. 88; 8. 11. 88 AP Nr. 17, 18 zu § 113 BetrVG 1972; 4. 7. 89 AP Nr. 27 zu § 111 BetrVG 1972; 29. 10. 02, 25. 3. 03 EzA § 112 BetrVG 2001 Nr. 4, 6; 22. 7. 03 AP Nr. 160 zu § 112 BetrVG 1972; GK-*Oetker* Rn 65f.; *Richardi* Rn 42; *DKKW-Däubler* Rn 14; ErfK/*Kania* Rn 5).

Voraussetzung für Abfindungsansprüche nach Abs. 3 ist, dass die Kündigung **tat- 23 sächlich** zur **Beendigung** des ArbVerh. führt (BAG 31. 10. 95 AP Nr. 29 zu § 72 ArbGG 1979; 14. 12. 04 AP Nr. 32 zu § 611 BGB Haftung des Arbeitgebers; *DKKW-Däubler* Rn 13; GK-*Oetker* Rn 61). Dies ist zum einen der Fall, wenn die Kündigung wirksam ist. Der ArbN kann aber auch eine unwirksame Kündigung akzeptieren. Dann liegt ebenfalls eine Entlassung iSv. Abs. 3 vor. Der ArbGeb. kann sich gegenüber dem Abfindungsanspruch nicht darauf berufen, die von ihm selbst ausgesprochene Kündigung sei unwirksam gewesen (*DKKW-Däubler* Rn 14; GK-*Oetker* Rn 63). Keine Entlassung liegt aber vor, wenn der ArbN im Wege einer Kündigungsschutzklage die Rechtsunwirksamkeit einer Kündigung erfolgreich hat feststellen lassen (BAG 31. 10. 95 AP Nr. 29 zu § 72 ArbGG 1979; 14. 12. 04 AP Nr. 32 zu § 611 BGB Haftung des Arbeitgebers; GK-*Oetker* Rn 63). Gleiches gilt, wenn eine Kündigung später vom ArbGeb. im Einvernehmen mit dem ArbN „zurückgenommen" wird (BAG 14. 12. 04 AP Nr. 32 zu § 611 BGB Haftung des Arbeitgebers).

V. Andere wirtschaftliche Nachteile

Einen Anspruch auf Nachteilsausgleich haben nach Abs. 2 auch die ArbN, die **24** zwar nicht entlassen werden, die aber auf Grund der Abweichung von einem Interessenausgleich oder beim unterbliebenen Versuch eines Interessenausgleichs durch die Betriebsänderung **andere wirtschaftliche Nachteile** erleiden.

Erforderlich sind **vermögenswerte Nachteile,** die in Geld ausgeglichen werden **25** können. Rein immaterielle Nachteile genügen nicht (*DKKW-Däubler* Rn 18; GK-*Oetker* Rn 69). In Betracht kommen zB erhöhte Fahrtkosten bei Betriebsverlegungen (GK-*Oetker* Rn 70) oder Lohneinbußen bei grundlegend neuen Arbeitsmethoden (wegen des Inhalts des Nachteilsausgleich s. Rn 34).

VI. Kausalität

26   Zwischen Betriebsänderung und Entlassung oder anderen wirtschaftlichen Nachteilen muss ein **Ursachenzusammenhang** bestehen (*DKKW-Däubler* Rn 15; GK-
Oetker Rn 71; *Richardi* Rn 19 ff.). Ausreichend ist ein mittelbarer, aber noch adäqua-
ter Zusammenhang (GK-*Oetker* Rn 72; *Richardi* Rn 20).

27   Anspruch auf Nachteilsausgleich haben auch die ArbN, denen ohne Versuch eines
Interessenausgleich gekündigt wird, weil sie dem Übergang ihres ArbVerh. aufgrund
eines – eine Betriebsänderung darstellenden – Betriebsteilübergangs **widersprochen**
haben (BAG 10. 12. 96 AP Nr. 32 zu § 113 BetrVG 1972; GK-*Oetker* Rn 74).

28   Den Zusammenhang zwischen der Abweichung und der Entlassung hat der ArbN
darzulegen und zu **beweisen.** Bei der Stilllegung oder Einschränkung von Betrieben oder Betriebsteilen (§ 111 Abs. 1 S. 3 Nr. 1) wird die Feststellung der Kausalität
meist keine Schwierigkeiten bereiten. Werden bei Betriebsverlegungen (§ 111 Abs. 1
S. 3 Nr. 2) ArbN entlassen, liegt der Kausalzusammenhang gleichfalls regelmäßig
nahe. Entlassungen, die in zeitlichem Zusammenhang mit anderen Betriebsänderungen nach § 111 Abs. 1 S. 3 Nr. 3–5 stehen, werden ebenfalls häufig durch diese bedingt sein. Bei einem engen zeitlichen Zusammenhang dürfte es im Rechtsstreit nach
den Grundsätzen der abgestuften Darlegungs- und Einlassungslast regelmäßig Sache
des ArbGeb. sein, darzutun, dass und warum die Entlassung nichts mit der Betriebsänderung zu tun hat. Im Übrigen kann die Beweisführung nach den Grundsätzen des
Beweises des ersten Anscheins erleichtert sein (*Richardi* Rn 22). Dieser liegt insb.
bei einem engen zeitlichen Zusammenhang zwischen Betriebsänderung und Entlassung nahe (GK-*Oetker* Rn 75).

VII. Inhalt des Nachteilsausgleichs

29   Der **Inhalt des Nachteilsausgleichs** ist davon abhängig, ob der ArbN entlassen
wird oder ob er andere wirtschaftliche Nachteile erleidet. Bei einer Entlassung kann
er nach Abs. 1 eine Abfindung beanspruchen (Rn 30 ff.). Erleidet er andere wirtschaftliche Nachteile, so sind diese nach Abs. 2 bis zu einem Zeitraum von 12 Monaten auszugleichen (Rn 34).

30   Wird der ArbN unter Abweichung von einem Interessenausgleich **entlassen,** hat
das ArbG den ArbGeb. auf Antrag des ArbN zur Zahlung einer **Abfindung** zu verurteilen. Voraussetzung ist, dass der ArbN den Arbeitsplatz tatsächlich verliert
(Rn 23). Hinsichtlich der **Höhe der Abfindung** verweist Abs. 1 Hs. 2 auf § 10
KSchG. Dieser sieht je nach Lebensalter und Beschäftigungsdauer einen Rahmen von
bis zu 12, 15 oder 18 Monatsverdiensten vor. Innerhalb dieses Rahmens sind wichtige Faktoren bei der Bemessung der Abfindung insb. das Alter des ArbN, dessen Betriebszugehörigkeit und seine Aussichten auf dem Arbeitsmarkt (BAG 13. 6. 89,
22. 7. 03 AP Nr. 19, 42 zu § 113 BetrVG 1972). Das Gericht kann ferner das Ausmaß des betriebsverfassungswidrigen Verhaltens des ArbGeb. berücksichtigen (BAG
20. 11. 01 AP Nr. 39 zu § 113 BetrVG 1972; 4. 12. 02 AP Nr. 2 zu § 38 InsO;
24. 8. 06 AP Nr. 152 zu § 1 KSchG 1969 Betriebsbedingtee Kündigung; GK-*Oetker*
Rn 87). Dagegen spielen die wirtschaftlichen Verhältnisse des ArbGeb. für die Höhe
der Abfindung keine Rolle (BAG 20. 11. 01, 22. 7. 03 AP Nr. 39, 42 zu § 113
BetrVG 1972; *DKKW-Däubler* Rn 16; GK-*Oetker* Rn 91; *Richardi/Annuß* Rn 49).
Dies folgt aus dem Sanktionscharakter des Nachteilsausgleichs.

31   Der Rahmen des § 10 Abs. 1 und 2 KSchG iVm. § 113 Abs. 1 Hs. 2 gilt auch in
der **Insolvenz.** Der Nachteilsausgleich ist nicht etwa in entsprechender Anwendung
des § 123 Abs. 1 InsO auf 2½ Monatsverdienste begrenzt (BAG 22. 7. 03 AP Nr. 42
zu § 113 BetrVG 1972; GK-*Oetker* Rn 89). Auch die Interessen der anderen Insol-

venzgläubiger gebieten weder eine Begrenzung noch eine Minderung des Anspruchs auf Nachteilsausgleich (BAG 22. 7. 03 AP Nr. 42 zu § 113 BetrVG 1972).

Schwierigkeiten kann das **Verhältnis zwischen** dem Anspruch auf **Nachteilsaus-** 32 **gleich und** einem **Sozialplananspruch** bereiten. Grundsätzlich sind die beiden Ansprüche in ihren Voraussetzungen voneinander unabhängig und können nebeneinander bestehen (vgl. GK-*Oetker* Rn 101 *Richardi* Rn 65). Wenn bei einer gerichtlichen Entscheidung über einen Anspruch auf Nachteilsausgleich ein **Sozialplan bereits abgeschlossen** ist, so ist nach der Rspr. des BAG und einem Teil des Schrifttums die einem ArbN auf Grund eines Sozialplans gezahlte Abfindung auf den Anspruch auf Nachteilsausgleich **anzurechnen** (BAG 13. 6. 89; 20. 11. 01 AP Nr. 19, 39 zu § 113 BetrVG 1972; 16. 5. 07 AP Nr. 64 zu § 111 BetrVG 1972; *Richardi/Annuß* § 112 Rn 204; *Leuchten/Lipinski* NZA 03, 1361; weitere Nachweise bei GK-*Oetker* Rn 102; **aA** *DKKW-Däubler* §§ 112, 112a Rn 60; *Hinrichs,* Kündigungsschutz und Arbeitnehmerbeteiligung bei Massenentlassungen, Diss., Halle, 2001 S. 180ff.; *Weber* AuR 08, 365, 378). Dies folge aus der teilweisen Zweckidentität von Nachteilsausgleich und Sozialplanabfindung (BAG 20. 11. 01 AP Nr. 39 zu § 113 BetrVG 1972; 6. 8. 02 – 1 AZR 421/01 –; 16. 5. 07 AP Nr. 64 zu § 111 BetrVG 1972). Durch die Anrechnung kann allerdings die Sanktionswirkung des Nachteilsausgleichs erheblich gemindert sein (kritisch zumindest gegenüber einer vollständigen Anrechnung daher *Hanau* NZA 96, 841, 845; *Oetker* NZA 98, 1193, 1198; *Wißmann* RdA 98, 221, 227; ErfK/*Kania* Rn 2; *DKKW-Däubler* §§ 112, 112a Rn 60; GK-*Oetker* Rn 103; *Hinrichs* aaO; *Weber* AuR 08, 365, 378; *Rebel* [Rn 2], S. 64ff.). Eine wirksame Sanktion ist jedenfalls bei Massenentlassungen schon wegen der RL 98/56/EG vom 20. 7. 98 (MassenentlassungRL) geboten. Der EuGH hat bereits zur vorherigen RL 75/129 entschieden, eine Entschädigung, die mit Zahlungen auf Grund eines Arbeitsvertrags oder wegen Bruchs dieses Vertrags zusammenfalle, sei keine hinreichend abschreckende Sanktion für die Verletzung der Pflicht zur Information und Konsultation der Arbeitnehmervertreter (EuGH 8. 6. 94 – C 383/92 –). Das BAG konnte die Vereinbarkeit einer Anrechnung mit der MassenentlassungsRL in den Urteilen vom 20. 11. 01 (AP Nr. 39 zu § 113 BetrVG 1972) und vom 16. 5. 07 (AP Nr. 64 zu § 111 BetrVG 1972) dahin stehen lassen, da in dem zu entscheidenden Fall der ArbGeb. der europarechtlich vorgeschriebenen Konsultationspflicht nachgekommen war und lediglich die nach deutschem Recht erforderliche Anrufung der Einigungsstelle unterlassen hatte. Die MassenentlassungsRL verlangt nicht die Durchführung des im BetrVG vorgesehenen E-StellenVerf. (vgl. *Giesen* SAE 06, 175; **aA** wohl ArbG Berlin Vorlagebeschluss an den EuGH vom 21. 2. 06 NZA 06, 739, zurückgenommen mit Beschluss vom 26. 7. 06 BB 06, 2084). Im Falle einer Verletzung der Unterrichtungs- und Beratungspflicht könnte allerdings möglicherweise eine Anrufung des EuGH nach Art. 234 EG erforderlich werden. Auch nach der Rspr. des BAG ist die Höhe des Nachteilsausgleichs nicht auf eine etwa vereinbarte Sozialplanabfindung beschränkt, sondern kann diese übersteigen (BAG 13. 6. 89; 20. 11. 01 AP Nr. 19, 39 zu § 113 BetrVG 1972).

Wird der **Sozialplan erst nach** einem dem ArbN vom Gericht zugesprochenen 33 **Nachteilsausgleich** vereinbart, können die Betriebsparteien in dem Sozialplan regeln, ob und in welcher Höhe sie eine Anrechnung des Nachteilsausgleichs auf die Sozialplananspruche vorsehen (*DKKW-Däubler* §§ 112, 112a Rn 60; **aA** *Rebel* [Rn 2], S. 67). Sie sollten hierzu eine eindeutige Regelung treffen. Ohne eine solche dürfte eine Anrechnung regelmäßig nicht in Betracht kommen. Den dem ArbN zuerkannten Anspruch auf Nachteilsausgleich können die Betriebsparteien selbstverständlich nicht reduzieren.

Wird der ArbN nicht entlassen, sondern erleidet er **andere wirtschaftliche** 34 **Nachteile** (s. Rn 24, 25), kann er nach Abs. 2 deren Ausgleich verlangen. Der Anspruch ist begrenzt auf die Dauer von 12 Monaten. Fällt der Nachteil bereits innerhalb eines Jahres weg, besteht für den Rest des Jahres kein Anspruch (GK-*Oetker* Rn 109; ErfK/*Kania* Rn 7; *Richardi* Rn 54). Für die während eines Jahres entstehenden Nachteile (zB höhere Fahrtkosten, Lohneinbußen) ist ein voller finanzieller Ausgleich zu leisten. Die Höhe ist erforderlichenfalls nach § 287 Abs. 1 ZPO zu schätzen (ErfK/*Kania* Rn 7).

VIII. Streitigkeiten, Insolvenz

35   Den Anspruch auf Nachteilsausgleich kann der ArbN gemäß § 2 Abs. 1 Nr. 3a ArbGG im Wege der **Leistungsklage** vor den Arbeitsgerichten verfolgen (GK-*Oetker* Rn 110; *Richardi* Rn 55).

36   Im Falle einer Entlassung ist der Klageantrag auf die Verurteilung zur Zahlung einer **Abfindung** zu richten. Deren Höhe muss nicht beziffert, sondern kann in das **Ermessen des Gerichts** gestellt werden (BAG 22. 2. 83 AP Nr. 7 zu § 113 BetrVG 1972; GK-*Oetker* Rn 93, 107). Der ArbN muss aber die für die Höhe der Abfindung maßgeblichen Umstände angeben, wie etwa die Höhe seines Verdienstes, sein Lebensalter und seine Beschäftigungsdauer. Die Festsetzung des Nachteilsausgleichs durch das LAG ist **revisionsrechtlich nur in eingeschränktem Umfang überprüfbar** (BAG 10. 12. 96 AP Nr. 32 zu § 113 BetrVG 1972; 16. 5. 07 AP Nr. 64 zu § 111 BetrVG 1972).

37   Wird gemäß Abs. 2 der **Ausgleich anderer Nachteile** verlangt, ist der Klageantrag grundsätzlich zu **beziffern.** Eine Ausnahme kann in Betracht kommen, wenn dem ArbN die Ermittlung der Höhe seines Anspruchs unmöglich oder unzumutbar und die Höhe gemäß § 287 Abs. 1 ZPO zu schätzen ist (*Thomas/Putzo* § 253 Rn 12 mwN).

38   Wenn der ArbN die auf Grund der Betriebsänderung ausgesprochene Kündigung für unwirksam hält, kann er **Kündigungsschutzklage** erheben und mit dieser hilfsweise für den Fall des Unterliegens einen Antrag auf Zahlung einer Abfindung nach Abs. 1, 3 stellen (GK-*Oetker* Rn 81, 111; *Richardi* Rn 46). Er kann aber nicht kumulativ sowohl mit der Kündigungsschutzklage als auch mit einem Anspruch auf Nachteilsausgleich Erfolg haben (vgl. Rn 23; BAG 31. 10. 95 AP Nr. 29 zu § 72 ArbGG 1979). Erhebt der ArbN getrennt sowohl eine Kündigungsschutzklage als auch eine Abfindungsklage nach Abs. 1, 3, so ist das Verfahren über den Anspruch auf Nachteilsausgleich gemäß § 148 ZPO bis zur Entscheidung über die vorgreifliche Kündigungsschutzklage auszusetzen (GK-*Oetker* Rn 81).

39   Ist vorab in einem **BeschlVerf.** darüber entschieden worden, ob eine Maßnahme eine Betriebsänderung darstellt (vgl. dazu § 111 Rn 143), so entfaltet diese Entscheidung **präjudizielle Wirkung** für die Abfindungsklage. Das Gericht ist in dem Verfahren über den Nachteilsausgleich nach § 113 an die Entscheidung in dem vorangegangenen Beschlussverfahren gebunden (BAG 10. 11. 87 AP Nr. 15 zu § 113 BetrVG 1972 mit Anm. *Leipold*). Entsprechendes gilt für die rechtskräftige gerichtliche Feststellung in einem Verfahren nach § 18 Abs. 2, ob zwei Unternehmen einen gemeinsamen Betrieb bilden. Die Entscheidung im BeschlVerf. bindet auch den einzelnen ArbN, wenn er eine Klage nach § 113 erhebt (BAG 9. 4. 91 AP Nr. 8 zu § 18 BetrVG 1972). Zum Schwellenwert des § 111 im Gemeinschaftsbetrieb vgl. § 111 Rn 20ff.

40   In der **Insolvenz** des Unternehmens sind vom Gericht zugesprochene Abfindungen keine Masseverbindlichkeiten, sondern nach § 38 InsO zu berichtigende Insolvenzforderungen, wenn sich der **Unternehmer noch vor Eröffnung des Insolvenzverfahrens betriebsverfassungswidrig verhalten** hat (GK-*Oetker* Rn 94). Dies gilt auch, wenn der Gemeinschuldner die Kündigungen in Absprache mit dem vorläufigen Insolvenzverwalter ausgesprochen hat (BAG 4. 12. 02 AP Nr. 2 zu § 38 InsO; 8. 4. 03 AP Nr. 40 zu § 113 BetrVG 1972). Der ArbN muss in diesem Fall seine **Forderung** gemäß § 174 InsO schriftlich beim Insolvenzverwalter **anmelden.** Liegt über die Forderung ein vollstreckbarer Titel vor, ist es gemäß § 179 Abs. 2 InsO Sache des Insolvenzverwalters oder eines anderen Insolvenzgläubigers, einen etwaigen Widerspruch zu betreiben.

Wird dagegen die **Betriebsänderung nach Eröffnung des Insolvenzverfah-** 41
rens beschlossen und durchgeführt und verhält sich der Insolvenzverwalter hierbei betriebsverfassungswidrig (vgl. § 112 Rn 54 ff.), so ist der Anspruch auf Nachteilsausgleich eine **Masseverbindlichkeit** iSv. § 55 Abs. 1 Nr. 1 InsO (BAG 22. 7.
03 AP Nr. 42 zu § 113 BetrVG 1972; 30. 5. 06 AP Nr. 5 zu § 209 InsO; GK-*Oetker*
Rn 95; *Schrader/Straube* ZinsO 05, 910, 916 f.). Er ist grundsätzlich im Wege einer
Leistungsklage gegen den Insolvenzverwalter zu verfolgen (vgl. BAG 4. 6. 03, 30. 5.
06 AP Nr. 2, 5 zu § 209 InsO; *Straube* ZinsO 05, 910, 916 f.). Sobald dieser die **Un-**
zulänglichkeit der Masse anzeigt, wird nach § 210 InsO die Vollstreckung einer
zuvor begründeten Masseverbindlichkeit nach § 209 Abs. 1 Nr. 3 InsO unzulässig.
Nach überwiegender Auffassung in Rspr. und Schrifttum lässt das Vollstreckungsverbot das Rechtsschutzbedürfnis für eine Leistungsklage entfallen (BAG 11. 12. 01;
4. 6. 03 AP Nr. 1, 2 zu § 209 InsO; BGH 3. 4. 03 NJW 03, 2454; *Braun/Kießner*
InsO § 210 Rn 7). In diesem Fall kann der ArbN seinen Anspruch gegen den Insolvenzverwalter im Wege der Feststellungsklage nach § 256 Abs. 1 ZPO geltend machen (BAG 29. 10. 02 EzA § 112 BetrVG 2001 Nr. 4; 22. 7. 03 AP Nr. 42 zu § 113
BetrVG 1972). Wird der Anspruch auf Nachteilsausgleich erst nach Anzeige der Mas-
seunzulänglichkeit begründet, handelt es sich um keine Altmasseverbindlichkeit nach
§ 209 Abs. 1 Nr. 3, sondern um eine Neumasseverbindlichkeit nach § 209 Abs. 1
Nr. 2 InsO. Auf diese findet das Vollstreckungsverbot des § 210 InsO keine unmittelbare Anwendung. Die sog. Neumasseverbindlichkeiten sind daher grundsätzlich weiterhin im Wege der Leistungsklage zu verfolgen (BAG 4. 6. 03, 30. 5. 06 AP Nr. 2, 5
zu § 209 InsO; 18. 11. 03 AP Nr. 162 zu § 112 BetrVG 1972; *Straube* ZinsO 05,
910, 917 f.). Ist aber ungewiss, ob die Masse zur vor vollständigen Befriedigung nur
nur der Neumasseverbindlichkeiten ausreicht, dürfte auch eine Feststellungsklage
zulässig sein (vgl. BAG 4. 6. 03 AP Nr. 2 zu § 209 InsO; 18. 11. 03 AP Nr. 162 zu
§ 112 BetrVG 1972; BGH 3. 4. 03 NJW 03, 2454).

IX. Steuer-, sozialversicherungs- und pfändungsrechtliche
Behandlung und individualrechtliche Verfügbarkeit

Steuerrechtlich werden alle Abfindungen wegen einer vom ArbGeb. veranlassten 42
oder gerichtlich ausgesprochenen Auflösung des ArbVerh. sowie Zahlungen auf
Grund eines Sozialplans gleich behandelt. Sie waren bis 31. 12. 05 nach Maßgabe des
§ 3 Nr. 9 EStG steuerfrei (vgl. zur Gesetzesänderung §§ 112, 112 a Rn 205). Sie sind
als außerordentliche Einkünfte nach §§ 24 Nr. 1, 34 EStG zu versteuern.

Beim Ausgleich anderer Nachteile gemäß Abs. 2 gibt es grundsätzlich keine Steu- 43
erbefreiung oder –ermäßigung (*Richardi* Rn 57). Für Fahrtkosten und Umzugskosten
gilt aber § 3 Nr. 16 EStG. Leistungen des ArbGeb. für doppelte Haushaltsführung
unterliegen zwar dem Lohnsteuerabzug, der ArbN kann aber insoweit Werbungskosten geltend machen (§ 9 Abs. 1 Nr. 5 EStG).

Zur **sozialversicherungsrechtlichen Behandlung** der Ansprüche vgl. §§ 112, 44
112 a Rn 237). Der Abfindungsanspruch ist kein Arbeitsentgelt im sozialversicherungsrechtlichen Sinn. Er kann nach § 143 a SGB III zum Ruhen des Anspruchs auf
Arbeitslosengeld führen, wenn das Arbeitsverhältnis ohne Einhaltung der für die ordentliche Kündigung des ArbGeb. geltenden Frist beendet worden ist (vgl. §§ 112,
112 a Rn 239; GK-*Oetker* Rn 99).

Pfändungsrechtlich sind Abfindungen Arbeitseinkommen iSv. § 850 Abs. 2, 4 45
ZPO. Sie unterliegen nicht den Pfändungsbeschränkungen nach § 850 c ZPO. Der
ArbN kann aber gemäß § 850 i ZPO beim Vollstreckungsgericht Pfändungsschutz
beantragen (BAG 13. 11. 91 AP Nr. 13 zu § 850 ZPO).

Die Betriebs- oder Arbeitsvertragsparteien können Ansprüche nach § 113 Abs. 3 46
im Voraus **nicht ausschließen** (BAG 20. 11. 01, 23. 9. 03 AP Nr. 39, 43 zu § 113
BetrVG 1972). Auf einen bereits entstandenen Anspruch kann der ArbN aber – etwa

in einem Aufhebungsvertrag – wirksam **verzichten** (BAG 23. 9. 03 AP Nr. 43 zu
§ 113 BetrVG 1972). Der Sanktionscharakter steht dem nicht entgegen. Der ArbN
hat es in der Hand, ob er einen Anspruch geltend macht oder nicht. Eine entspr.
Anwendung des § 77 Abs. 4 S. 2 ist nicht möglich (*Richardi* Rn 64; *Keller* NZA 97,
519). Der Anspruch ist entstanden, wenn der Unternehmer mit der Betriebsänderung
beginnt (vgl. Rn 14; *Hunold* NZA-RR 04, 561, 563; **aA** wohl *Rebel* [Rn 2], 2007,
S. 47; noch sehr viel weitergehend zu Unrecht GK-*Oetker* Rn 74: erst mit Urteil des
Arbeitsgerichts)).

47   Abfindungsansprüche sind nicht höchstpersönlich. Sie können daher **abgetreten**
und **vererbt** werden (*HSWGNR-Hess* Rn 88).

48   Ansprüche auf Nachteilsausgleich unterfallen **tariflichen Ausschlussfristen** jedenfalls dann, wenn diese Ansprüche aus dem ArbVerh. oder solche erfassen, die
damit in Zusammenhang stehen (BAG 22. 2. 83 AP Nr. 7 zu § 113 BetrVG 1972,
21. 10. 97 – 1 AZR 138/97 –; *Richardi* Rn 63; *HSWGNR-Hess* Rn 70).

Fünfter Teil. Besondere Vorschriften für einzelne Betriebsarten

Erster Abschnitt. Seeschifffahrt

§ 114 Grundsätze

(1) Auf Seeschifffahrtsunternehmen und ihre Betriebe ist dieses Gesetz anzuwenden, soweit sich aus den Vorschriften dieses Abschnitts nichts anderes ergibt.

(2) [1] Seeschifffahrtsunternehmen im Sinne dieses Gesetzes ist ein Unternehmen, das Handelsschifffahrt betreibt und seinen Sitz im Geltungsbereich dieses Gesetzes hat. [2] Ein Seeschifffahrtsunternehmen im Sinne dieses Abschnitts betreibt auch, wer als Korrespondenzreeder, Vertragsreeder, Ausrüster oder aufgrund eines ähnlichen Rechtsverhältnisses Schiffe zum Erwerb durch die Seeschifffahrt verwendet, wenn er Arbeitgeber des Kapitäns und der Besatzungsitglieder ist oder überwiegend die Befugnisse des Arbeitgebers ausübt.

(3) Als Seebetrieb im Sinne dieses Gesetzes gilt die Gesamtheit der Schiffe eines Seeschifffahrtsunternehmens einschließlich der in Absatz 2 Satz 2 genannten Schiffe.

(4) [1] Schiffe im Sinne dieses Gesetzes sind Kauffahrteischiffe, die nach dem Flaggenrechtsgesetz die Bundesflagge führen. [2] Schiffe, die in der Regel binnen 24 Stunden nach dem Auslaufen an den Sitz eines Landbetriebs zurückkehren, gelten als Teil dieses Landbetriebs des Seeschifffahrtsunternehmens.

(5) Jugend- und Auszubildendenvertretungen werden nur für die Landbetriebe von Seeschifffahrtsunternehmen gebildet.

(6) [1] Besatzungsmitglieder sind die in § 3 des Seemannsgesetzes genannten Personen. [2] Leitende Angestellte im Sinne des § 5 Abs. 3 dieses Gesetzes sind nur die Kapitäne.

§ 115 Bordvertretung

(1) [1] Auf Schiffen, die mit in der Regel mindestens fünf wahlberechtigten Besatzungsmitgliedern besetzt sind, von denen drei wählbar sind, wird eine Bordvertretung gewählt. [2] Auf die Bordvertretung finden, soweit sich aus diesem Gesetz oder aus anderen gesetzlichen Vorschriften nicht etwas anderes ergibt, die Vorschriften über die Rechte und Pflichten des Betriebsrats und die Rechtsstellung seiner Mitglieder Anwendung.

(2) Die Vorschriften über die Wahl und Zusammensetzung des Betriebsrats finden mit folgender Maßgabe Anwendung:
1. Wahlberechtigt sind alle Besatzungsmitglieder des Schiffes.
2. Wählbar sind die Besatzungsmitglieder des Schiffes, die am Wahltag das 18. Lebensjahr vollendet haben und ein Jahr Besatzungsmitglied eines Schiffes waren, das nach dem Flaggenrechtsgesetz die Bundesflagge führt. § 8 Abs. 1 Satz 3 bleibt unberührt.
3. Die Bordvertretung besteht auf Schiffen mit in der Regel

5 bis 20 wahlberechtigten Besatzungsmitgliedern	aus einer Person,
21 bis 75 wahlberechtigten Besatzungsmitgliedern	aus drei Mitgliedern,
über 75 wahlberechtigten Besatzungsmitgliedern	aus fünf Mitgliedern.

4. (weggefallen)

5. § 13 Abs. 1 und 3 findet keine Anwendung. Die Bordvertretung ist vor Ablauf ihrer Amtszeit unter den in § 13 Abs. 2 Nr. 2 bis 5 genannten Voraussetzungen neu zu wählen.

6. Die wahlberechtigten Besatzungsmitglieder können mit der Mehrheit aller Stimmen beschließen, die Wahl der Bordvertretung binnen 24 Stunden durchzuführen.

7. Die in § 16 Abs. 1 Satz 1 genannte Frist wird auf zwei Wochen, die in § 16 Abs. 2 Satz 1 genannte Frist wird auf eine Woche verkürzt.

8. Bestellt die im Amt befindliche Bordvertretung nicht rechtzeitig einen Wahlvorstand oder besteht keine Bordvertretung, wird der Wahlvorstand in einer Bordversammlung von der Mehrheit der anwesenden Besatzungsmitglieder gewählt; § 17 Abs. 3 gilt entsprechend. Kann aus Gründen der Aufrechterhaltung des ordnungsgemäßen Schiffsbetriebs eine Bordversammlung nicht stattfinden, so kann der Kapitän auf Antrag von drei Wahlberechtigten den Wahlvorstand bestellen. Bestellt der Kapitän den Wahlvorstand nicht, so ist der Seebetriebsrat berechtigt, den Wahlvorstand zu bestellen. Die Vorschriften über die Bestellung des Wahlvorstands durch das Arbeitsgericht bleiben unberührt.

9. Die Frist für die Wahlanfechtung beginnt für Besatzungsmitglieder an Bord, wenn das Schiff nach Bekanntgabe des Wahlergebnisses erstmalig einen Hafen im Geltungsbereich dieses Gesetzes oder einen Hafen, in dem ein Seemannsamt seinen Sitz hat, anläuft. Die Wahlanfechtung kann auch zu Protokoll des Seemannsamtes erklärt werden. Wird die Wahl zur Bordvertretung angefochten, zieht das Seemannsamt die an Bord befindlichen Wahlunterlagen ein. Die Anfechtungserklärung und die eingezogenen Wahlunterlagen sind vom Seemannsamt unverzüglich an das für die Anfechtung zuständige Arbeitsgericht weiterzuleiten.

(3) Auf die Amtszeit der Bordvertretung finden die §§ 21, 22 bis 25 mit der Maßgabe Anwendung, dass

1. die Amtszeit ein Jahr beträgt,

2. die Mitgliedschaft in der Bordvertretung auch endet, wenn das Besatzungsmitglied den Dienst an Bord beendet, es sei denn, dass es den Dienst an Bord vor Ablauf der Amtszeit nach Nummer 1 wieder antritt.

(4) [1]Für die Geschäftsführung der Bordvertretung gelten die §§ 26 bis 36, § 37 Abs. 1 bis 3 sowie die §§ 39 bis 41 entsprechend. [2]§ 40 Abs. 2 ist mit der Maßgabe anzuwenden, dass die Bordvertretung in dem für ihre Tätigkeit erforderlichen Umfang auch die für die Verbindung des Schiffes zur Reederei eingerichteten Mittel zur beschleunigten Übermittlung von Nachrichten in Anspruch nehmen kann.

(5) [1]Die §§ 42 bis 46 über die Betriebsversammlung finden für die Versammlung der Besatzungsmitglieder eines Schiffes (Bordversammlung) entsprechende Anwendung. [2]Auf Verlangen der Bordvertretung hat der Kapitän der Bordversammlung einen Bericht über die Schiffsreise und die damit zusammenhängenden Angelegenheiten zu erstatten. [3]Er hat Fragen, die den Schiffsbetrieb, die Schiffsreise und die Schiffssicherheit betreffen, zu beantworten.

(6) Die §§ 47 bis 59 über den Gesamtbetriebsrat und den Konzernbetriebsrat finden für die Bordvertretung keine Anwendung.

(7) Die §§ 74 bis 105 über die Mitwirkung und Mitbestimmung der Arbeitnehmer finden auf die Bordvertretung mit folgender Maßgabe Anwendung:

1. Die Bordvertretung ist zuständig für die Behandlung derjenigen nach diesem Gesetz der Mitwirkung und Mitbestimmung des Betriebsrats unterliegenden Angelegenheiten, die den Bordbetrieb oder die Besatzungsmitglieder des Schiffes betreffen und deren Regelung dem Kapitän aufgrund gesetzlicher Vorschriften oder der ihm von der Reederei übertragenen Befugnisse obliegt.

2. Kommt es zwischen Kapitän und Bordvertretung in einer der Mitwirkung oder Mitbestimmung der Bordvertretung unterliegenden Angelegenheit nicht zu einer Einigung, so kann die Angelegenheit von der Bordvertretung an den Seebetriebsrat abgegeben werden. Der Seebetriebsrat hat die Bordvertretung über die weitere Behandlung der Angelegenheit zu unterrichten. Bordvertretung und Kapitän dürfen die Einigungsstelle oder das Arbeitsgericht nur anrufen, wenn ein Seebetriebsrat nicht gewählt ist.

3. Bordvertretung und Kapitän können im Rahmen ihrer Zuständigkeiten Bordvereinbarungen abschließen. Die Vorschriften über Betriebsvereinbarungen gelten für Bordvereinbarungen entsprechend. Bordvereinbarungen sind unzulässig, soweit eine Angelegenheit durch eine Betriebsvereinbarung zwischen Seebetriebsrat und Arbeitgeber geregelt ist.

4. In Angelegenheiten, die der Mitbestimmung der Bordvertretung unterliegen, kann der Kapitän, auch wenn eine Einigung mit der Bordvertretung noch nicht erzielt ist, vorläufige Regelungen treffen, wenn dies zur Aufrechterhaltung des ordnungsgemäßen Schiffsbetriebs dringend erforderlich ist. Den von der Anordnung betroffenen Besatzungsmitgliedern ist die Vorläufigkeit der Regelung bekannt zu geben. Soweit die vorläufige Regelung der endgültigen Regelung nicht entspricht, hat das Schifffahrtsunternehmen Nachteile auszugleichen, die den Besatzungsmitgliedern durch die vorläufige Regelung entstanden sind.

5. Die Bordvertretung hat das Recht auf regelmäßige und umfassende Unterrichtung über den Schiffsbetrieb. Die erforderlichen Unterlagen sind der Bordvertretung vorzulegen. Zum Schiffsbetrieb gehören insbesondere die Schiffssicherheit, die Reiserouten, die voraussichtlichen Ankunfts- und Abfahrtszeiten sowie die zu befördernde Ladung.

6. Auf Verlangen der Bordvertretung hat der Kapitän ihr Einsicht in die an Bord befindlichen Schiffstagebücher zu gewähren. In den Fällen, in denen der Kapitän eine Eintragung über Angelegenheiten macht, die der Mitwirkung oder Mitbestimmung der Bordvertretung unterliegen, kann diese eine Abschrift der Eintragung verlangen und Erklärungen zum Schiffstagebuch abgeben. In den Fällen, in denen über eine der Mitwirkung oder Mitbestimmung der Bordvertretung unterliegenden Angelegenheit eine Einigung zwischen Kapitän und Bordvertretung nicht erzielt wird, kann die Bordvertretung dies zum Schiffstagebuch erklären und eine Abschrift dieser Eintragung verlangen.

7. Die Zuständigkeit der Bordvertretung im Rahmen des Arbeitsschutzes bezieht sich auch auf die Schiffssicherheit und die Zusammenarbeit mit den insoweit zuständigen Behörden und sonstigen in Betracht kommenden Stellen.

§ 116 Seebetriebsrat

(1) [1]In Seebetrieben werden Seebetriebsräte gewählt. [2]Auf die Seebetriebsräte finden, soweit sich aus diesem Gesetz oder aus anderen gesetzlichen Vorschriften nicht etwas anderes ergibt, die Vorschriften über die Rechte und Pflichten des Betriebsrats und die Rechtsstellung seiner Mitglieder Anwendung.

(2) Die Vorschriften über die Wahl, Zusammensetzung und Amtszeit des Betriebsrats finden mit folgender Maßgabe Anwendung:

1. Wahlberechtigt zum Seebetriebsrat sind alle zum Seeschifffahrtsunternehmen gehörenden Besatzungsmitglieder.

2. Für die Wählbarkeit zum Seebetriebsrat gilt § 8 mit der Maßgabe, dass
   a) in Seeschifffahrtsunternehmen, zu denen mehr als acht Schiffe gehören oder in denen in der Regel mehr als 250 Besatzungsmitglieder beschäftigt

sind, nur nach § 115 Abs. 2 Nr. 2 wählbare Besatzungsmitglieder wählbar sind;

b) in den Fällen, in denen die Voraussetzungen des Buchstabens a nicht vorliegen, nur Arbeitnehmer wählbar sind, die nach § 8 die Wählbarkeit im Landbetrieb des Seeschifffahrtsunternehmens besitzen, es sei denn, dass der Arbeitgeber mit der Wahl von Besatzungsmitgliedern einverstanden ist.

3. Der Seebetriebsrat besteht in Seebetrieben mit in der Regel
   5 bis 400 wahlberechtigten Besatzungsmitgliedern aus einer Person,
   401 bis 800 wahlberechtigten Besatzungsmitgliedern aus drei Mitgliedern,
   über 800 wahlberechtigten Besatzungsmitgliedern aus fünf Mitgliedern.

4. Ein Wahlvorschlag ist gültig, wenn er im Fall des § 14 Abs. 4 Satz 1 erster Halbsatz und Satz 2 mindestens von drei wahlberechtigten Besatzungsmitgliedern unterschrieben ist.

5. § 14 a findet keine Anwendung.

6. Die in § 16 Abs. 1 Satz 1 genannte Frist wird auf drei Monate, die in § 16 Abs. 2 Satz 1 genannte Frist auf zwei Monate verlängert.

7. Zu Mitgliedern des Wahlvorstands können auch im Landbetrieb des Seeschifffahrtsunternehmens beschäftigte Arbeitnehmer bestellt werden. § 17 Abs. 2 bis 4 findet keine Anwendung. Besteht kein Seebetriebsrat, so bestellt der Gesamtbetriebsrat oder, falls ein solcher nicht besteht, der Konzernbetriebsrat den Wahlvorstand. Besteht weder ein Gesamtbetriebsrat noch ein Konzernbetriebsrat, wird der Wahlvorstand gemeinsam vom Arbeitgeber und den im Seebetrieb vertretenen Gewerkschaften bestellt; Gleiches gilt, wenn der Gesamtbetriebsrat oder der Konzernbetriebsrat die Bestellung des Wahlvorstands nach Satz 3 unterlässt. Einigen sich Arbeitgeber und Gewerkschaften nicht, so bestellt ihn das Arbeitsgericht auf Antrag des Arbeitgebers, einer im Seebetrieb vertretenen Gewerkschaft oder von mindestens drei wahlberechtigten Besatzungsmitgliedern. § 16 Abs. 2 Satz 2 und 3 gilt entsprechend.

8. Die Frist für die Wahlanfechtung nach § 19 Abs. 2 beginnt für Besatzungsmitglieder an Bord, wenn das Schiff nach Bekanntgabe des Wahlergebnisses erstmalig einen Hafen im Geltungsbereich dieses Gesetzes oder einen Hafen, in dem ein Seemannsamt seinen Sitz hat, anläuft. Nach Ablauf von drei Monaten seit Bekanntgabe des Wahlergebnisses ist eine Wahlanfechtung unzulässig. Die Wahlanfechtung kann auch zu Protokoll des Seemannsamtes erklärt werden. Die Anfechtungserklärung ist vom Seemannsamt unverzüglich an das für die Anfechtung zuständige Arbeitsgericht weiterzuleiten.

9. Die Mitgliedschaft im Seebetriebsrat endet, wenn der Seebetriebsrat aus Besatzungsmitgliedern besteht, auch, wenn das Mitglied des Seebetriebsrats nicht mehr Besatzungsmitglied ist. Die Eigenschaft als Besatzungsmitglied wird durch die Tätigkeit im Seebetriebsrat oder durch eine Beschäftigung gemäß Absatz 3 Nr. 2 nicht berührt.

(3) Die §§ 26 bis 41 über die Geschäftsführung des Betriebsrats finden auf den Seebetriebsrat mit folgender Maßgabe Anwendung:

1. In Angelegenheiten, in denen der Seebetriebsrat nach diesem Gesetz innerhalb einer bestimmten Frist Stellung zu nehmen hat, kann er, abweichend von § 33 Abs. 2, ohne Rücksicht auf die Zahl der zur Sitzung erschienenen Mitglieder einen Beschluss fassen, wenn die Mitglieder ordnungsgemäß geladen worden sind.

2. Soweit die Mitglieder des Seebetriebsrats nicht freizustellen sind, sind sie so zu beschäftigen, dass sie durch ihre Tätigkeit nicht gehindert sind, die Aufgaben des Seebetriebsrats wahrzunehmen. Der Arbeitsplatz soll den Fähigkeiten und Kenntnissen des Mitglieds des Seebetriebsrats und seiner bisherigen beruflichen Stellung entsprechen. Der Arbeitsplatz ist im Einvernehmen

mit dem Seebetriebsrat zu bestimmen. Kommt eine Einigung über die Bestimmung des Arbeitsplatzes nicht zustande, so entscheidet die Einigungsstelle. Der Spruch der Einigungsstelle ersetzt die Einigung zwischen Arbeitgeber und Seebetriebsrat.

3. Den Mitgliedern des Seebetriebsrats, die Besatzungsmitglieder sind, ist die Heuer auch dann fortzuzahlen, wenn sie im Landbetrieb beschäftigt werden. Sachbezüge sind angemessen abzugelten. Ist der neue Arbeitsplatz höherwertig, so ist das diesem Arbeitsplatz entsprechende Arbeitsentgelt zu zahlen.

4. Unter Berücksichtigung der örtlichen Verhältnisse ist über die Unterkunft der in den Seebetriebsrat gewählten Besatzungsmitglieder eine Regelung zwischen dem Seebetriebsrat und dem Arbeitgeber zu treffen, wenn der Arbeitsplatz sich nicht am Wohnort befindet. Kommt eine Einigung nicht zustande, so entscheidet die Einigungsstelle. Der Spruch der Einigungsstelle ersetzt die Einigung zwischen Arbeitgeber und Seebetriebsrat.

5. Der Seebetriebsrat hat das Recht, jedes zum Seebetrieb gehörende Schiff zu betreten, dort im Rahmen seiner Aufgaben tätig zu werden sowie an den Sitzungen der Bordvertretung teilzunehmen. § 115 Abs. 7 Nr. 5 Satz 1 gilt entsprechend.

6. Liegt ein Schiff in einem Hafen innerhalb des Geltungsbereichs dieses Gesetzes, so kann der Seebetriebsrat nach Unterrichtung des Kapitäns Sprechstunden an Bord abhalten und Bordversammlungen der Besatzungsmitglieder durchführen.

7. Läuft ein Schiff innerhalb eines Kalenderjahres keinen Hafen im Geltungsbereich dieses Gesetzes an, so gelten die Nummern 5 und 6 für europäische Häfen. Die Schleusen des Nordostseekanals gelten nicht als Häfen.

8. Im Einvernehmen mit dem Arbeitgeber können Sprechstunden und Bordversammlungen, abweichend von den Nummern 6 und 7, auch in anderen Liegehäfen des Schiffes durchgeführt werden, wenn ein dringendes Bedürfnis hierfür besteht. Kommt eine Einigung nicht zustande, so entscheidet die Einigungsstelle. Der Spruch der Einigungsstelle ersetzt die Einigung zwischen Arbeitgeber und Seebetriebsrat.

(4) Die §§ 42 bis 46 über die Betriebsversammlung finden auf den Seebetrieb keine Anwendung.

(5) Für den Seebetrieb nimmt der Seebetriebsrat die in den §§ 47 bis 59 dem Betriebsrat übertragenen Aufgaben, Befugnisse und Pflichten wahr.

(6) Die §§ 74 bis 113 über die Mitwirkung und Mitbestimmung der Arbeitnehmer finden auf den Seebetriebsrat mit folgender Maßgabe Anwendung:

1. Der Seebetriebsrat ist zuständig für die Behandlung derjenigen nach diesem Gesetz der Mitwirkung oder Mitbestimmung des Betriebsrats unterliegenden Angelegenheiten,

   a) die alle oder mehrere Schiffe des Seebetriebs oder die Besatzungsmitglieder aller oder mehrerer Schiffe des Seebetriebs betreffen,

   b) die nach § 115 Abs. 7 Nr. 2 von der Bordvertretung abgegeben worden sind oder

   c) für die nicht die Zuständigkeit der Bordvertretung nach § 115 Abs. 7 Nr. 1 gegeben ist.

2. Der Seebetriebsrat ist regelmäßig und umfassend über den Schiffsbetrieb des Seeschifffahrtsunternehmens zu unterrichten. Die erforderlichen Unterlagen sind ihm vorzulegen.

Zweiter Abschnitt. Luftfahrt

§ 117 Geltung für die Luftfahrt

(1) Auf Landbetriebe von Luftfahrtunternehmen ist dieses Gesetz anzuwenden.

(2) [1] Für im Flugbetrieb beschäftigte Arbeitnehmer von Luftfahrtunternehmen kann durch Tarifvertrag eine Vertretung errichtet werden. [2] Über die Zusammenarbeit dieser Vertretung mit den nach diesem Gesetz zu errichtenden Vertretungen der Arbeitnehmer der Landbetriebe des Luftfahrtunternehmens kann der Tarifvertrag von diesem Gesetz abweichende Regelungen vorsehen.

Inhaltsübersicht

I. Vorbemerkung

1   Die Vorschrift regelt die Anwendbarkeit des Gesetzes auf die Betriebe von **Luftfahrtunternehmen**. Abs. 1 ordnet die uneingeschränkte Geltung des BetrVG für die **Landbetriebe** von Luftfahrtunternehmen an. Auf die im **Flugbetrieb** beschäftigten ArbN ist das BetrVG nach bislang ganz herrschender Auffassung vollständig unanwendbar (vgl. BAG 20. 2. 01 AP Nr. 6 zu § 117 BetrVG 1972; GK-*Franzen* Rn 7 ff.; ErfK/*Kania* Rn 1; *Richardi/Thüsing* Rn 5; *WPK/Bender* Rn 1; HaKo-BetrVG/*Kloppenburg* Rn 4; *Bayreuther* NZA 10, 262; vgl. aber auch *DKKW-Däubler* Rn 8, der die Bereichsausnahme – zu Unrecht – für verfassungswidrig hält, vgl. dazu Rn 5). Insoweit dürfte allerdings aus Gründen des Unionsrechts eine einschränkende Auslegung der Bereichsausnahme dahin geboten sein, dass sie nur die Flugbetriebe erfasst, für die durch einen gemäß Abs. 2 S. 1 geschlossenen TV eine ArbNVertretung errichtet werden kann, während für Flugbetriebe, für die ein solcher TV nicht geschlossen ist, die Bildung eines – ggf. für Land- und Luftbetrieb einheitlichen – BR möglich ist (vgl. dazu Rn 6).

II. Geltungsbereich

1. Luftfahrtunternehmen

2   Das Gesetz definiert den **Begriff des Luftfahrtunternehmens** nicht. Das BAG versteht ihn zu Recht nicht mehr wie früher in Anlehnung an § 20 Abs. 1 LuftVG (so noch BAG 14. 10. 86 AP Nr. 5 zu § 117 BetrVG 1972 und weiterhin *Richardi/Thüsing* Rn 5), sondern ausgehend von dem mit der Bereichsausnahme des Abs. 2 vom Gesetzgeber verfolgten **Regelungszweck** (vgl. BAG 20. 2. 01 AP Nr. 6 zu § 117 BetrVG 1972; zustimmend GK-*Franzen* Rn 3; *WPK/Bender* Rn 3; HaKo-BetrG/*Kloppenburg* Rn 7; **aA** wohl *Richardi/Thüsing* Rn 5). Die Abgrenzung hat daher danach zu erfolgen, ob aufgrund des Unternehmenszwecks ein darauf gerichteter Flugbetrieb eingerichtet wurde, dessen arbeitsrechtliche Organisation den in Abs. 2 – jedenfalls bei Abschluss entsprechender TV (vgl. Rn 7) – vorgesehenen Aus-

schluss der Anwendung des BetrVG rechtfertigt (vgl. BAG 20. 2. 01 AP Nr. 6 zu § 117 BetrVG 1972; GK-*Franzen* Rn 3; *WPK/Bender* Rn 3). Die Bereichsausnahme für das fliegende Personal beruht auf dessen besonderer Tätigkeit. Für die im Flugbetrieb eingesetzten ArbN ist es wegen einer **typischerweise fehlenden Ortsgebundenheit** und der damit einhergehenden wechselnden Aufenthalte an unterschiedlichen Flughäfen im In- und Ausland besonders schwierig, zusammen mit den ArbN des Landbetriebs eine Interessenvertretung nach den Grundsätzen des BetrVG zu organisieren und sich an dieser aktiv zu beteiligen (vgl. BT-Drucks. IV/1786, S. 58; BAG 13. 10. 81, 20. 2. 01 AP Nr. 1, 6 zu § 117 BetrVG 1972). Dagegen führen kurzfristige Ortsabwesenheiten zu keinen besonderen Schwierigkeiten in der betriebsverfassungsrechtlichen Organisation (GK-*Franzen* Rn 3). Ein Luftrettungsdienst, der von bundesweit verteilten Stützpunkten Hubschrauber für die Luftrettung jeweils ortsnah einsetzt, ist daher kein Flugunternehmen iSd. Gesetzes (BAG 20. 2. 01 AP Nr. 6 zu § 117 BetrVG 1972). Das gilt auch für Unternehmen, die Rundflüge veranstalten oder Ballonfahrten durchführen (GK-*Franzen* Rn 3).

2. Landbetrieb

Auf die **Landbetriebe** von Luftfahrtunternehmen findet das BetrVG uneinge- 3 schränkt Anwendung. Zu diesen gehören insb. die kaufmännischen Betriebe, Reisebüros, Reparaturwerkstätten. Die Verwaltung und Unterhaltung eines Flughafens wird dagegen regelmäßig von einem rechtlich selbständigen Unternehmen durchgeführt (GK-*Franzen* Rn 5). Die Aufgaben der Flugsicherung sind zum 1. 1. 93 von der Bundesanstalt für Flugsicherung auf ein privatrechtliches Unternehmen, die Deutsche Flugsicherung GmbH (DFS), übertragen worden (vgl. § 1 Rn 56c). Auf sie findet das BetrVG uneingeschränkt Anwendung. Bei der Feststellung der Zahl der in den Landbetrieben tätigen ArbN zählen die Besatzungsangehörigen der Luftfahrzeuge nicht mit (GK-*Franzen* Rn 6; *Richardi/Thüsing* Rn 6).

3. Fliegendes Personal

Zum **fliegenden Personal,** also den „im Flugbetrieb beschäftigten ArbN", gehö- 4 ren die ArbN, deren arbeitsvertraglich geschuldete Gesamttätigkeit durch die Beförderung von Personen und Gütern durch Luftfahrzeuge geprägt wird. Das sind ArbN, die entweder unmittelbar eine Beförderungstätigkeit ausüben bzw. unmittelbar daran mitwirken, Personen oder Sachen während der Beförderung betreuen oder mit der Beförderung verbundene Dienstleistungen erbringen (BAG 14. 10. 86 AP Nr. 5 zu § 117 BetrVG 1972). Auf den quantitativen Anteil der unmittelbar in der Luft verbrachten Zeit kommt es nicht entscheidend an; **maßgeblich** ist vielmehr, ob die fliegende Tätigkeit der Gesamttätigkeit **„das Gepräge"** gibt (BAG 14. 10. 86 AP Nr. 5 zu § 117 BetrVG 1972; GK-*Franzen* Rn 8; kritisch *DKKW-Däubler* Rn 8). Flugzeugführer, Flugingenieure oder Flugbegleiter, die nur gelegentlich zu Ausbildungs- und Kontrollzwecken fliegen, sind kein fliegendes Personal. Diese Aufgaben prägen ihre Tätigkeit nicht. Mitarbeiter in Wartungs-, Prüf- oder Kontrolldiensten gehören ebenfalls nicht zum fliegenden Personal (*Schmid/Roßmann*, Das Arbeitsverhältnis der Besatzungsmitglieder von Luftfahrtunternehmen, 1997, Rn 507ff.). Die für das fliegende Personal Verantwortlichen, die nur noch für den Erhalt einer Erlaubnis oder Berechtigung fliegen, bzw. zu Übungs- oder Kontrollzwecken fliegen, sind Beschäftigte des Landbetriebes. Das gilt auch für Flugbetriebsleiter oder Piloten, die nur oder überwiegend am Flugsimulator ausbilden, für Lehrflugingenieure, Ausbildungsleiter, Lehrpurser ua (vgl. *Schmid/Roßmann*, aaO, Rn 508).

Die grundsätzliche Herausnahme des fliegenden Personals aus dem Anwendungs- 5 bereich des BetrVG ist **verfassungsgemäß** (BAG 5. 11. 85, 14. 10. 86, 20. 2. 01 AP Nr. 4, 5, 6 zu § 117 BetrVG 1972; 24. 6. 08 NZA 08, 1309; ErfK/*Kania* Rn 1; GK-*Franzen* Rn 9; *Richardi/Thüsing* Rn 2; *WPK/Bender* Rn 2; **aA** *DKKW-Däubler* Rn 5).

Dies gilt insbesondere, wenn dadurch diesem Personenkreis die Möglichkeit der Wahl einer ArbNVertretung nicht genommen, sondern die Herausnahme in gemeinschaftsrechtskonformer Auslegung des Abs. 2 auf die Fälle beschränkt wird, in denen ein TV die Errichtung einer ArbNVertretung vorsieht (vgl. Rn 6). Sie verstößt nicht gegen Art. 3 Abs. 1 GG. Durch den Verweis auf die flexiblere Gestaltungsform des TV trägt der Gesetzgeber den Besonderheiten des Flugbetriebs und der typischerweise gegebenen Ortsungebundenheit des dort beschäftigten Personenkreises Rechnung, die eine aktive Mitarbeit in einem betriebsverfassungsrechtlichen Gremium erheblich erschwert. Er bewegt sich innerhalb der ihm zustehenden **Einschätzungsprärogative**, wenn er diese Schwierigkeiten für gewichtiger hält als in Fällen, in denen in einem Betrieb eine Vielzahl von Außendienstmitarbeitern oder LKW-Fahrer beschäftigt sind (GK-*Franzen* Rn 9). Der Verweis auf die Errichtung einer betrieblichen Vertretung durch TV ist gemessen an dem Differenzierungsziel und dem Gewicht der Differenzierungsgründe nicht willkürlich (vgl. zur Prüfungsformel des BVerfG: BVerfG 11. 1. 95 AP Nr. 209 zu Art. 3 GG; ErfK/*Schmidt* Art. 3 GG Rn 33 ff.).

6   Die **Herausnahme aus** dem Anwendungsbereich des **BetrVG** findet jedoch **nur** statt, **wenn** ein nach Abs. 2 S. 1 geschlossener **TV** die Errichtung einer **ArbN-Vertretung vorsieht.** Ist ein solcher TV nicht geschlossen, kommt das BetrVG zur Anwendung und es kann – je nach betrieblicher Organisation – ein gesonderter BR für den Flugbetrieb oder ein einheitlicher BR für den Land- und Flugbetrieb gewählt werden (ebenso ArbG Cottbus 24. 9. 09 – 1 BVGa 7/09 –, abgeändert durch LAG Berlin-Brandenburg 30. 10. 09 LAGE § 117 BetrVG 2001 Nr. 1; im Ergebnis auch mit anderer Begründung,ebenso *DKKW-Däubler* Rn 10; **aA** LAG Berlin-Brandenburg 30. 10. 09 LAGE § 117 BetrVG 2001 Nr. 1; GK-*Franzen* Rn 11; *Bayreuther* NZA 10, 262).

6a   Der **Wortlaut** des Gesetzes ist insoweit nicht zwingend (ebenso *DKKW-Däubler* Rn 10; **aA** *Bayreuther* NZA 10, 262). Dieses regelt nicht etwa ausdrücklich, dass es auf das fliegende Personal keine Anwendung finde. Allerdings folgt das grundsätzlich aus dem Gesamtzusammenhang der Abs. 1 und 2 und entspricht der Gesetzesbegründung (vgl. BT-Drucks. IV/1786, S. 58; GK-*Franzen* Rn 7).

6b   Der Gesetzeswortlaut lässt eine Auslegung zu, nach der das BetrVG nur bei Vorliegen eines TV nach Abs. 2 unanwendbar ist und andernfalls ein BR errichtet werden kann (ebenso ArbG Cottbus 24. 9. 09 – 1 BVGa 7/09 –, abgeändert durch LAG Berlin-Brandenburg 30. 10. 09 LAGE § 117 BetrVG 2001 Nr. 1; wohl auch, allerdings nicht im Wege unionsrechtskonformer, sondern verfassungskonformer Auslegung *DKKW-Däubler* Rn 10; **aA** LAG Berlin-Brandenburg 30. 10. 09 LAGE § 117 BetrVG 2001 Nr. 1 und GK-*Franzen* Rn 9, die den Ausschluss aus der gesetzlichen Betriebsverfassung für verfassungs- und unionsrechtskonform halten; *Bayreuther* NZA 10, 262 und ErfK/*Kania* halten den Ausschluss für unionsrechtswidrig, sehen aber keine Möglichkeit zu einer richtlinienkonformen Auslegung). Ein solches Verständnis ist wegen des Grundsatzes der **richtlinienkonformen Auslegung** des nationalen Rechts (vgl. dazu insb. EuGH 5. 10. 04 AP Nr. 12 zu EWG/Richtlinie 93/104 – „Pfeifer" –) geboten. Die RL 98/59/EG vom 20. 7. 98 **(MassenentlassungsRL),** die RL 2001/23/EG vom 12. 3. 01 **(BetriebsübergangsRL)** und die RL 2002/14/ EG vom 11. 3. 2002 **(MitwirkungsRL;** vgl. zu dieser *Bonin* ArbuR 04, 321; *Fischer* TranspR 05, 103) nehmen die Luftfahrt – anders als einige ausdrücklich bezeichnete Bereiche wie etwa Hochseeschiffe – weder generell von ihrem Anwendungsbereich noch von den in ihnen vorgeschriebenen Unterrichtungs- und Beratungsrechten der ArbNVertr. (vgl. Art 2 MassenentlassungsRL, Art. 7 BetriebsübergangsRL und Art. 1 Abs. 3, Art. 4 Abs. 4 d der MitwirkungsRL) aus. Die Mitgliedstaaten haben für eine effektive Umsetzung der RL zu sorgen (vgl. Art. 6 MassenentlassungsRL, Art. 9 BetriebsübergangsRL und Art. 11 MitwirkungsRL).

6c   Allerdings schreiben die RL den einzelnen Staaten nicht die Errichtung bestimmter ArbNVertretungen vor, sondern überlassen ihnen insoweit die Ausgestaltung (vgl. etwa Art. 2 e MitwirkungsRL). Gleichwohl eröffnet der unionsrechtliche RLGeber den Mitgliedstaaten nicht die Möglichkeit, von der Errichtung von ArbNVertr. für bestimmte Bereiche gänzlich abzusehen und so die durch die RL vorgeschriebenen Unterrichtungs- und Beratungsrechte leer laufen zu lassen (vgl. dazu EuGH 8. 6. 94 – Rs. C-383/92 – „Kommission/Vereinigtes Königreich" Slg. 1994, I-2483; 8. 6. 94 – Rs. C-382/92 – „Kommission/Vereinigtes Königreich" Slg. 1994, I-2461; *Alber* FS *Wißmann* S. 507, 512 f.). Dies wäre keine hinreichende Umsetzung der RL und widerspräche dem Grundsatz des **„effet utile"**.

Dabei schreibt das Gemeinschaftsrecht den Mitgliedstaaten nicht zwingend vor, die **6d** Errichtung der ArbNVertr. selbst zu regeln. Sie müssen lediglich Vorsorge treffen, damit für die ArbN die Errichtung von ArbNVertr. ggf. auch gegen den Willen des ArbGeb. ermöglicht wird. Dies macht die MitwirkungsRL besonders deutlich. Nach deren Art. 5 können die Mitgliedstaaten es den **Sozialpartnern** überlassen, durch Vereinbarung Modalitäten für die Unterrichtung und Anhörung der ArbN vorzusehen. Nach Art. 11 MitwirkungsRL (vgl. zu deren – gegenüber § 1 höheren, gegenüber § 106 niedrigeren – Schwellenwerten Art. 3 MitwirkungsRL) mussten die Mitgliedstaaten jedoch bis zum 23. 3. 05 entweder selbst die notwendigen Rechtsvorschriften erlassen oder sicherstellen, dass die Sozialpartner die erforderlichen Bestimmungen einführen. Dies bedeutet nicht, dass nach diesem Zeitpunkt § 117 ersatzlos zu streichen wäre (so aber *Bonin* ArbuR 04, 321; *Fischer* TranspR 05, 103). Vielmehr ist den **Erfordernissen der RL genügt, wenn sichergestellt** ist, **dass entweder eine gesetzliche oder eine tarifvertragliche ArbNVertretung errichtet werden kann**. Nicht erforderlich ist, dass sie tatsächlich errichtet ist. Allein die durch Abs. 2 eröffnete Möglichkeit des Abschlusses eines TV genügt allerdings nicht. Andernfalls hätten es die ArbGeb. in der Hand, die gemeinschaftsrechtlich vorgeschriebene Beteiligung der ArbNVertr. zu verhindern. Dies gilt umso mehr, als sich aus Abs. 2 S. 1 kein Anspruch der Gewerkschaft auf den Abschluss eines entspr. TV ergibt (BAG 14. 2. 89 AP Nr. 52 zu Art. 9 GG; GK-*Franzen* Rn 12). Erforderlich ist daher, dass ein entsprechender TV tatsächlich abgeschlossen ist. Dann ist es gerechtfertigt, die gesetzliche Betriebsverfassung für das fliegende Personal zu suspendieren. Derartige TV müssen nicht notwendig den in Art. 4 MitwirkungsRL vorgesehenen Modalitäten der Unterrichtung und Anhörung genügen, sondern können nach Art. 5 MitwirkungsRL hiervon abweichen (vgl. Rn 9; vgl. auch BAG 5. 11. 85 AP Nr. 4 zu § 117 BetrVG). Das BAG hat zur Unionsrechtskonformität der Bereichsausnahme bislang nicht ausdrücklich näher Stellung genommen, sich hierzu aber immerhin auf vorliegende Kommentierung bezogen (BAG 24. 6. 08 AP Nr. 8 zu § 117 BetrVG 1972).

4. Tarifverträge nach Abs. 2 S. 1 u. 2

Nach Abs. 2 S. 1 kann für das fliegende Personal **durch TV** eine – **vom Gesetz 7 abweichende – Vertretung** errichtet werden. Die TVParteien haben hierbei einen beträchtlichen Gestaltungsspielraum. TV über eine InteressenVertr. nach Abs. 2 S. 1 können sich darauf beschränken, im Wesentlichen die Vorschriften des BetrVG zu übernehmen. Sie können aber die Organisation der InteressenVertr. und deren Beteiligungsrechte auch anders gestalten (vgl. BAG 5. 11. 85 AP Nr. 4 zu § 117 BetrVG; GK-*Franzen* Rn 13 f.; *Richardi/Thüsing* Rn 13; *WPK/Bender* Rn 9; einschränkend *DKKW-Däubler* Rn 14).

Die TVParteien haben für den Bereich der Luftfahrunternehmen **unterschiedliche 8 Modelle** entwickelt (vgl. zu den verschiedenen TV im Einzelnen GK-*Franzen* Rn 14, 16). Teilweise ist die Errichtung einer einheitlichen Personalvertretung für das gesamte Bordpersonal vorgesehen. Andere TV (wie insb. der TV PV für das Bordpersonal der Deutschen Lufthansa AG) sehen ganz ausdifferenzierte Gruppenvertretungen vor, die dann wiederum eine Gesamtvertretung bilden. Teilweise wird zwischen dem Cockpit- und dem Kabinenpersonal unterschieden. Ist eine Gesamtvertretung nicht vorgesehen oder soll eine für das Boden- und das Luftpersonal gemeinsame Regelung getroffen werden, kommt eine „mehrgliedrige betriebsverfassungsrechtliche Vereinbarung" in Betracht, an der auf ArbNSeite mehrere Interessenvertretungen beteiligt sind (vgl. zu einem mehrgliedrigen Interessenausgleich mit Namensliste bei einem in Insolvenz geratenen Luftfahrtunternehmen BAG 26. 4. 07 AP Nr. 4 zu § 125 InsO). Der Geltungsbereich eines TV über die Errichtung einer betrieblichen Vertretung für das fliegende Personal kann sich auf die vom Unternehmen auf ausländischen Teilstrecken betriebenen Flugzeuge erstrecken (vgl. BAG 10. 9. 85 AP Nr. 3 zu § 117 BetrVG 1972; *Richardi / Thüsing* Rn 13; *Bayreuther* NZA 10, 262; vgl. auch § 1 Rn 16).

9   Die TVParteien müssen die **Mitbestimmung** und **Mitwirkung** der ArbNVertretung nicht zwingend in derselben Weise ausgestalten, wie diese im BetrVG geregelt ist. Sie können insb. wegen der für den Flugbetrieb geltenden Besonderheiten abweichende Regelungen treffen. Dem stehen grundsätzlich weder Art. 3 GG noch unionsrechtliche Vorschriften entgegen. Diese können allerdings wohl zur Beantwortung der Frage herangezogen, welcher Mindeststandard an Beteiligungsrechten erreicht sein muss. Offen erscheint auch, ob bei Unterschreitung eines solchen **Mindeststandards** die gesetzlichen Regelungen analog oder zur Lückenfüllung herangezogen werden können und/oder müssen (vgl. zur Mitbestimmung der Personalvertretung Cockpit bei der Versetzung eines Flugkapitäns in den Bodenbetrieb BAG 22. 11. 05 AP Nr. 7 zu § 117 BetrVG 1972, 11. 12. 07 AP Nr. 45 zu § 99 BetrVG 1972 Versetzung; vgl. auch Hess. LAG 19. 9. 06 – 4/9 TaBV 59/06 –, die Nichtzulassungsbeschwerde – 1 ABN 10/07 – wurde vom BAG mit Beschluss v. 11. 12. 07 zurückgewiesen). Das LAG Hamm hat in einem Vorlagebeschluss nach Art. 100 Abs. 1 Satz 1 GG die Auffassung vertreten, § 6 Satz 1 DrittelbG lasse sich auch unter Berücksichtigung des Grundsatzes möglichst verfassungskonformer Auslegung nicht dahin auslegen, dass eine nach § 117 Abs. 1 errichtete Vertretung ein wahlvorschlagsberechtigter BR iSv. § 6 Satz 1 DrittelbG sei; § 6 Satz 1 DrittelbG sei daher mit Art. 3 Abs. 1 GG unvereinbar (LAG Hamm 14. 1. 10 – 13 TaBV 46/10 –). Die Vorlage ist beim BVerfG unter dem Aktenzeichen – 1 BvL 7/11 – anhängig.

10   Nach Abs. 2 S. 2 kann der TV, durch den eine Vertr. für das fliegende Personal errichtet wird, zugleich vom BetrVG abweichende Regelungen über die **Zusammenarbeit** dieser Vertr. mit den gesetzlich errichteten Vertr. der **Landbetriebe** (BR, GesBR KBR) vorsehen. Durch einen solchen **„Kooperationsvertrag"** können auch Rechtspositionen der nach dem BetrVG errichteten BR der Landbetriebe tangiert sein (BAG 14. 10. 86 AP Nr. 5 zu § 117 BetrVG 1972; GK-*Franzen* Rn 14).

11   Bislang noch nicht näher befasst haben sich Rspr. und Schrifttum mit der Frage, mit welcher Gewerkschaft ein TV nach Abs. 2 S. 1 abzuschließen ist, wenn für die Beschäftigten des fliegenden Personals **mehrere Gewerkschaften tarifzuständig** sind. Manches spricht dafür, dass insoweit insbesondere aus Gründen mitgliedschaftlicher Legitimation das Repräsentativitätsprinzip (Mehrheitsprinzip) gilt und dementsprechend die mitgliederstärkste Gewerkschaft zuständig ist (vgl. zu der ähnlichen Frage eines TV nach § 3 Abs. 1 die Kommentierung zu § 3 Rn 16; die Parallele ziehen auch GK-*Franzen* Rn 12; vgl. zu einem TV nach § 3 aber BAG 29. 7. 09 – 7 ABR 27/08 – NZA 09, 1424).

12   TV nach Abs. 2 können nach überwiegender Auffassung mit **arbeitskampfrechtlichen Mitteln** erzwungen werden (GK-*Franzen* Rn 12 mwN; DKKW/*Däubler* Rn 12; *Bayreuther* NZA 10, 262). Dies erscheint dann nicht zwingend, wenn – wie hier vertreten (vgl. Rn 6) – bei Fehlen eines TV die gesetzliche Betriebsverfassung zur Anwendung kommt. Die Ausgestaltung der Betriebsverfassung von der Kampfstärke der Koalitionen abhängig zu machen, ist jedenfalls nicht unproblematisch.

III. Streitigkeiten

13   Über Streitigkeiten zwischen BR und ArbGeb. des Landbetriebs entscheiden die ArbG nach § 2a ArbGG im **BeschlussVerf.** Das ist auch die zutreffende Verfahrens-

art für die Klärung von Meinungsverschiedenheiten der durch TV nach Abs. 2 gebildeten Betriebsparteien. Auch insoweit handelt es sich um Fragen der betrieblichen Ordnung, die nach § 2a ArbGG dem Beschlussverfahren zugewiesen sind. Eine gemäß einem TV nach Abs. 2 S. 1 gebildete Personalvertretung ist in einem Beschluss-Verf. gemäß § 10 ArbGG **beteiligtenfähig** (BAG 22. 11. 05 AP Nr. 7 zu § 117 BetrVG 1972, 11. 12. 07 AP Nr. 45 zu § 99 BetrVG 1972 Versetzung). Zu den **Besonderheiten des BeschlVerf.** vgl. **Nach § 1.**

Dritter Abschnitt. Tendenzbetriebe und Religionsgemeinschaften

§ 118 Geltung für Tendenzbetriebe und Religionsgemeinschaften

(1) [1]**Auf Unternehmen und Betriebe, die unmittelbar und überwiegend**
1. **politischen, koalitionspolitischen, konfessionellen, karitativen, erzieherischen, wissenschaftlichen oder künstlerischen Bestimmungen oder**
2. **Zwecken der Berichterstattung oder Meinungsäußerung, auf die Artikel 5 Abs. 1 Satz 2 des Grundgesetzes Anwendung findet,**

dienen, finden die Vorschriften dieses Gesetzes keine Anwendung, soweit die Eigenart des Unternehmens oder des Betriebs dem entgegensteht. [2]**Die §§ 106 bis 110 sind nicht, die §§ 111 bis 113 nur insoweit anzuwenden, als sie den Ausgleich oder die Milderung wirtschaftlicher Nachteile für die Arbeitnehmer infolge von Betriebsänderungen regeln.**

(2) **Dieses Gesetz findet keine Anwendung auf Religionsgemeinschaften und ihre karitativen und erzieherischen Einrichtungen unbeschadet deren Rechtsform.**

Inhaltsübersicht

I. Vorbemerkung

Die Vorschrift bringt in Abs. 1 für bestimmte Unternehmen und Betriebe mit **1** Rücksicht auf deren Eigenart (**„Tendenzbetriebe"**) Ausnahmen von Bestimmungen des BetrVG. Sie nimmt nach Abs. 2 **Religionsgemeinschaften** und deren karitative und erzieherische Einrichtungen vom Geltungsbereich des G insgesamt aus. Das Selbstbestimmungsrecht der Religionsgemeinschaften bei der Erfüllung ihres Sendungsauftrags soll nicht durch die Mitsprache der ArbN beschränkt werden (*Kühling* ArbuR 07, 138).

2   § 118 dient nicht allein dem Schutz der in der Vorschrift aufgeführten Zielsetzungen um ihrer selbst willen. In erster Linie hat die Norm einen **Grundrechtsbezug.** Mit ihr gestaltet der Gesetzgeber die Freiheitsrechte der Art. 4 GG, Art. 5 GG und Art. 9 Abs. 3 GG aus (BAG 20. 4. 10 – 1 ABR 78/08 –NZA 10, 902). Ein solcher Bezug fehlt aber bei karitativen oder erzieherischen Zielsetzungen. Hier beruht die eingeschränkte Geltung der Betriebsverfassung auf dem besonderen Zweck solcher Unternehmen/Betriebe (*Thüsing/Pötters* RdA 11, 280). Die damit verbundene Privilegierung ist mit Art. 3 GG vereinbar (BAG 14. 9. 10 – 1 ABR 29/09 – NZA 11, 225). Dagegen wird mit der Ausnahmevorschrift des Abs. 2 das Grundrecht der freien Religionsausübung und die Verfassungsgarantie der kirchlichen Selbstbestimmung zur Entfaltung gebracht (BT-Drucks. VI/2729 S. 17; ErfK-*Schmidt* Art. 4 Rn 57, Art. 5 Rn 79 ff.). Diese Zwecke sind bei der Auslegung der Vorschrift zu berücksichtigen (ErfK-*Kania* Rn 2).

3   § 118 geht zurück auf § 81 BetrVG 1952, der die Mitbestimmung in Betrieben beschränkte, die politischen, gewerkschaftlichen, konfessionellen, karitativen, erzieherischen, wissenschaftlichen, künstlerischen oder ähnlichen Bestimmungen dienten und Religionsgemeinschaften einschließlich ihrer karitativen und erzieherischen Einrichtungen vom Geltungsbereich des Gesetzes ausschloss (zur Rechtsentwicklung vgl. GK-*Weber* Rn 4 ff.). Demgegenüber versucht das BetrVG 1972 den Ausnahmetatbestand zu präzisieren. Es beschränkt den Tendenzschutz auf Unternehmen und Betriebe, soweit sie die genannten Bestimmungen oder Zwecke „unmittelbar und über wiegend" verfolgen. Die Sonderstellung gilt uU nur für einzelne Betriebe eines Unternehmens. Um einer zweckwidrigen Ausweitung der Sondervorschrift entgegenzuwirken, wurde im BetrVG 1972 der Hinweis auf „ähnliche Bestimmungen" gestrichen. Damit entfällt eine **analoge Anwendung** der Sondervorschrift des § 118 Abs. 1 (*DKK-Wedde* Rn 1; *Richardi/Thüsing* Rn 48). Die **Aufzählung ist erschöpfend.** Das BAG schließt allerdings eine Analogie unter Hinweis auf den Normzweck bei Änderung der rechtlichen oder tatsächlichen Verhältnisse, die eine Regelungslücke zur Folge haben, nicht aus (BAG 23. 3. 99 AP Nr. 66 zu § 118 BetrVG 1972). Da § 118 Abs. 1 nicht jede geistig-ideelle Zielsetzung schützt, sondern eine gezielte Auswahl trifft, ist die Feststellung einer analogiefähigen Lücke aber kaum vorstellbar (GK-*Weber* Rn 34).

4   Entspr. Vorschriften: § 77 Abs. 1, § 95 Abs. 1, § 112 BPersVG, § 1 Abs. 3 Nr. 2, § 32 Abs. 1 S. 2, Abs. 2 SprAuG, § 34 EBRG.

II. Unternehmen und Betriebe

5   Das G gilt zwar für den Betrieb. Der Betrieb verfolgt aber nur einen arbeitstechnischen Zweck (vgl. § 1 Rn 63 ff.). Eine **Tendenz kann daher nur das Unternehmen** haben (hM; GK-*Weber* Rn 47). Deshalb führt das G zur Klarstellung neben dem Betrieb auch das Unternehmen auf. In Unternehmen mit mehreren Betrieben oder nach § 4 selbständigen Betriebsteilen erstreckt sich die Tendenz des Unternehmens nicht zwangsläufig auf alle Betriebe. Umgekehrt vermittelt nicht schon ein Tendenzbetrieb allen anderen (neutralen) Betrieben des Unternehmens die Tendenz (BVerfG 29. 4. 03 NZA 03, 864). Die Voraussetzungen des Abs. 1 sind vielmehr für **jeden Betrieb** iSd. §§ 1, 4 **gesondert zu prüfen** (*HSWGNR* Rn 6; *WPK/Bender* Rn 8; kr. *Richardi/Thüsing* Rn 28). Ein tendenzneutrales Unternehmen kann keinen Tendenzbetrieb unterhalten. Das hat seinen Grund darin, dass der Betrieb als arbeitstechnische Teilorganisation des Unternehmens keinen andern Zweck verfolgen kann als das Unternehmen selbst (BAG 27. 7. 93 AP Nr. 51 zu § 118 BetrVG 1972).

6   Bei sog. **Mischunternehmen,** die sowohl tendenzgeschützte als auch tendenzneutrale Zwecke verfolgen, kommt es auf die überwiegende Zielsetzung auf der Ebene des Betriebes an (*WPK/Bender* Rn 14). Dabei ist nicht das „Gepräge" maßgebend (zu der vom BAG aufgegebenen Geprägetheorie BAG AP Nr. 13 zu § 81 BetrVG

1952, die allerdings im Schrifttum eine Renaissance erlebt vgl. Übersicht bei *Gillen/ Hörle* NZA 03, 1225), sondern **quantitative Gesichtspunkte,** wie der Einsatz sachlicher und insb. personeller Mittel („Arbeitszeitmenge") für Tendenzzwecke (vgl. Rn 14; ErfK-*Kania* Rn 7; *DKK-Wedde* Rn 13; *Richardi/Thüsing* Rn 36 unter Hinweis auf die indizielle Bedeutung einer qualitativ-numerischen Abgrenzung; *Bauer/ Mengel* NZA 01, 307; s. auch BAG 27. 7. 93 AP Nr. 51 zu § 118 BetrVG 1972: 10 vH Wortbeiträge u. 50 vH moderierte Musikbeiträge für Zwecke der Berichterstattung u. Meinungsäußerung ausreichend; **aa** Geprägetheorie *HSWGNR* Rn 12). Ein zahlenmäßiges Übergewicht sog. Tendenzträger ist nicht gefordert (BAG 20. 11. 90 AP Nr. 47 zu § 118 BetrVG 1972). Das Überwiegen der Tendenz im ganzen Unternehmen ist maßgebend für die Frage der **Errichtung eines WiAusschusses.** Dieser wird nicht für den Betrieb, sondern das Unternehmen errichtet (Rn 43). Gesellschaftsrechtliche Verflechtungen eines rechtlich selbständigen Unternehmens mit einem anderen Unternehmen bleiben außer Betracht (BAG 31. 10. 75, 30. 6. 81 AP Nr. 3, 20 zu § 118 BetrVG 1972). Dagegen werden die MBR bei Betriebsänderungen nach §§ 111 ff. im Betrieb verwirklicht, so dass es auf dessen Tendenzcharakter ankommt. Entspr. gilt regelmäßig für soziale und personelle MBR, es sei denn, sie ist unternehmensbezogen und fällt deshalb in den Zuständigkeitsbereich des **GesBR** (§ 50 Abs. 1). Werden ausnahmsweise zwischen Unternehmer und GesBR tendenzbezogene Maßnahmen vereinbart, zB über das Verhalten der ArbN (vgl. Rn 42), die aus besonderen Gründen einheitlich für alle Tendenzbetriebe gelten sollen, erfassen solche BV nicht die tendenzneutralen Betriebe des Unternehmens. Insoweit fehlt dem GesBR die Regelungskompetenz.

Sind mehrere Unternehmen in einem **Konzern** oder in anderer Weise verbunden, **7** kommt es ausschließlich auf das einzelne Unternehmen bzw. den einzelnen Betrieb an, dessen Tendenzeigenschaft jeweils gesondert zu prüfen ist (BAG 31. 10. 75, 30. 6. 81 AP Nr. 3, 20 zu § 118 BetrVG 1972; bestätigt durch BVerfG 29. 4. 03 NZA 03, 864; *DKK-Wedde* Rn 17; *Richardi/Thüsing* Rn 105 ff.; GK-*Weber* Rn 48, 51). Auf den Betrieb ist auch beim **Tendenzgemeinschaftsbetrieb** abzustellen, der durch gemeinsame Betriebsführung eines Tendenzunternehmens und eines Nicht- Tendenzunternehmens entsteht (**aA** *Lunk* NZA 05, 841).

Die Eigenschaft als Tendenzbetrieb (bzw. -unternehmen) nach Abs. 1 setzt voraus, **8** dass der Betrieb/Unternehmen einer **geistig-ideellen Zielrichtung** dient. Dieses „zweckhafte Wollen" muss ein bestimmtes Niveau aufweisen, also Ernst zu nehmen sein. Auf die Rechtsform des Trägers des Betriebes kommt es ebenso wenig an, wie auf die konkreten persönlichen Überzeugungen des Betriebsinhabers (BAG 14. 11. 75 AP Nr. 5 zu § 118 BetrVG 1972). Auch die Motivation des Unternehmers ist unerheblich, maßgebend ist die Art des Unternehmens (BAG 1. 9. 87 AP Nr. 11 zu § 101 BetrVG 1972; *Richardi/Thüsing* Rn 37). Beispielsweise ist die einer Partei oder Gewerkschaft gehörende Gastwirtschaft kein Tendenzbetrieb, umgekehrt aber uU das karitativen Zwecken dienende Erholungsheim einer Privatperson.

Das Unternehmen muss **keine einseitige geistig-ideelle Zielsetzung** verfolgen. **9** Eine solche – am Wort Tendenz in der Normüberschrift ausgerichtete – Auffassung ist mit dem Zweck des § 118 (vgl. Rn 2) unvereinbar. § 118 will in erster Linie die geistige Freiheit fördern, die objektive Wissens- und Wertevermittlung oder Forschung, weniger subjektive, einseitige Zielsetzungen. Es können auch mehrere der in Abs. 1 genannten Ziele nebeneinander verfolgt werden (BAG 15. 2. 89, 23. 3. 99 AP Nrn. 39, 66 zu § 118 BetrVG 1972).

Der Betrieb kann neben ideellen Zielen zugleich der **Gewinnerzielung** dienen. **10** Das wird vielfach, wenn nicht sogar regelmäßig (Presse, Verlage, sogn. Unterhaltungsindustrie) der Fall sein (BAG 15. 2. 89, 27. 7. 93 AP Nr. 39, 51 zu § 118 BetrVG 1972, 1. 9. 87 AP Nr. 10, 11 zu § 101 BetrVG 1972; *Richardi/Thüsing* Rn 41; ErfK-*Kania* Rn 2). Ein Gewinnstreben steht der Verfolgung geistig-ideeller Ziele nicht entgegen. Es ist häufig notwendige Voraussetzung für eine derartige Bestimmung. Gewinnstreben und „Tendenz" sind keine gegeneinander abwägbaren

Größen (GK-*Weber* Rn 23). Bei karitativen Einrichtungen gilt das allerdings nicht (Rn 18).

11   Andererseits ist eine ideelle Zielrichtung nicht mehr gegeben, wenn **rein kommerzielle Gesichtspunkte im Vordergrund** stehen, selbst wenn der Unternehmer dabei gewisse ethische oder ideelle Zielsetzungen zu achten hat, zB die Behandlung der Patienten in einem kommerziell betriebenen Krankenhaus, die sich insoweit nicht nachteilig von der Behandlung in einem karitativen Krankenhaus unterscheiden darf. Dann achtet der ArbGeb. die ideelle Zielrichtung, verfolgt sie aber nicht, er ist nicht karitativ tätig (ähnlich *Richardi/Thüsing* Rn 45; *DKK-Wedde* Rn 18; vgl. BAG 21. 11. 75 AP Nr. 6 zu § 118 BetrVG 1972).

12   Der **Tendenzschutz setzt voraus,** dass Betrieb/Unternehmen dazu bestimmt ist, die durch § 118 geschützte Tendenz zu verwirklichen. Dazu muss deren Zweck der Tendenzverfolgung dienen. Das kommt in den Tatbestandsmerkmalen „unmittelbar" und „überwiegend" zum Ausdruck (vgl. BAG 21. 7. 98 AP Nr. 63 zu § 118 BetrVG 1972).

13   **Unmittelbar:** Der Betriebszweck selbst muss auf die Tendenz ausgerichtet sein und nicht bloß seiner wirtschaftlichen Tätigkeit nach geeignet sein, den eigentlichen Tendenzbetrieb zu unterstützen (WPK/*Bender* Rn 11). Es genügt daher nicht, dass die Überschüsse eines Betriebes (zB Hotel) der Finanzierung eines Tendenzbetriebes (zB Krankenhaus) dienen oder mittelbar die wirtschaftliche Grundlage einer Tendenztätigkeit gesichert wird, zB durch die Gema (BAG 8. 3. 83 AP Nr. 26 zu § 118 BetrVG 1972; OLG Stuttgart BB 89, 1005). Gefordert ist ein **direkter Bezug zwischen Zweck und Tendenz** (*DKK-Wedde* Rn 7; GK-*Weber* Rn 56; *Richardi/ Thüsing* Rn 32).

14   **Überwiegend:** Bei Mischbetrieben (Rn 10) muss ein quantitatives Übergewicht unmittelbar tendenzbezogener Tätigkeiten vorhanden sein (*HSWGNR* Rn 10). Die von § 118 geschützten geistig-ideellen Zielsetzungen dürfen keine untergeordnete Rolle spielen. Es gilt das **quantitativ-numerische Prinzip** (BAG 21. 6. 89, 23. 3. 99 zu AP Nr. 43, 66 zu § 118 BetrVG 1972; *DKK-Wedde* Rn 9; *Bauer/Mengel* NZA 01, 30). Dafür kommt es nicht auf Umsatz oder Gewinnzahlen an, sondern darauf, in welchem Umfang die personellen/sachlichen Mittel zur Verwirklichung tendenzgeschützter Ziele eingesetzt werden (BAG 21. 6. 89 AP Nr. 43 zu § 118 BetrVG 1972). So wird etwa eine Druckerei, die im wesentlichen Akzidenzgeschäfte betreibt, nicht durch die Herstellung eines Heimatblatts zum Tendenzbetrieb.

III. Geschützte Bestimmungen

1. Geistig-ideelle Bestimmungen (Abs. 1 Nr. 1)

15   Die Betriebe (Unternehmen) können **politischen Bestimmungen** dienen. Politisch ist nicht nur iSv. parteipolitisch zu verstehen (BAG 21. 7. 98, 23. 3. 99 AP Nr. 63, 66 zu § 118 BetrVG 1972; GK-*Weber* Rn 73 (hM); **aA** *DKK-Wedde* Rn 21). Eine solche Einschränkung widerspräche dem Wortlaut der Vorschrift und deren Zweck. Die Beschränkung der Beteiligungsrechte des BR soll ermöglichen, dass Bürger ihr Recht ausüben können, im Interesse der Allgemeinheit auf die Gestaltung des öffentlichen Lebens Einfluss zu nehmen. Dieser Zweck bestimmt die Anforderungen an den Politikbegriff der Vorschrift. Ein Unternehmen dient einer politischen Bestimmung, wenn seine Zielsetzung darin besteht, zur Gestaltung öffentlicher Aufgaben im Interesse der Allgemeinheit die Willensbildung des demokratisch verfassten Staates beeinflussen zu wollen (BAG 21. 7. 98 AP Nr. 63 zu § 118 BetrVG 1972). Eine bloße Einflussnahme auf die gesellschaftliche Ordnung genügt dafür nicht (BAG 23. 3. 99 AP Nr. 66 zu § 118 BetrVG 1972). Der Tendenzcharakter fehlt deshalb, wenn ein Unternehmen politischer Tendenz im Auftrag und nach Vorgabe staatlicher Stellen tätig wird (BAG 21. 7. 98 AP Nr. 63 zu § 118 BetrVG 1972). Der Tendenz-

schutz bezweckt nicht den Schutz staatlichen Handelns. Zu den Betrieben mit **politischer Zweckbestimmung** gehören ua. der Verwaltungsapparat der politischen Parteien mit Geschäftsstellen, Büros, Sekretariaten, zugehörigen Frauen-, Senioren- und Jugendgruppen, sog. Arbeitsgemeinschaften usw., wirtschaftspolitische und sozialpolitische Vereinigungen (zB Verbände der Behinderten oder Vertriebenen, Bundesverband der Deutschen Industrie, Wirtschaftsverbände). Sport- oder Sportfördervereine oder Interessenverbände (zB. Mieterverein) sind keine Unternehmen politischer Zweckbestimmung (*Richardi/Thüsing* Rn. 51 ff.).

Gegenüber § 81 BetrVG 1952 wurde das Wort „gewerkschaftliche Bestimmungen" **16** durch **koalitionspolitische Bestimmungen** ersetzt, um die Einziehung der ArbGebVerbände zu verdeutlichen. Damit soll der verfassungsrechtlich gewährleisteten Koalitionsfreiheit des **Art. 9 Abs. 3 GG** Rechnung getragen werden. Die koalitionspolitische Bestimmung muss deswegen auf die Gestaltung der Arbeits- und Wirtschaftsbedingungen gerichtet sein (GK-*Weber* Rn 81), wozu etwa auch die Aufgabe der DGB-Rechtschutz GmbH zählt (LAG Ba.-Wü. 10. 5. 05 ArbuR 06, 133; *DKK-Wedde* Rn 24). Rechtlich selbständige wirtschaftliche Unternehmen der Gewerkschaften und ArbGebVerbände (Versicherungen, Banken, Wohnungsbaugesellschaften, Konsumvereine) und Einrichtungen der Tarifvertragsparteien (Zusatzversorgungs-, Urlaubs-, Lohnausgleichskassen) fallen nicht unter § 118, wohl aber verbandsinterne Bildungs- und Schulungseinrichtungen oder Forschungsinstitute (*Richardi/Thüsing* Rn 53; ErfK-*Kania* Rn 9).

Betriebe oder Unternehmen mit unmittelbar und überwiegend **konfessionellen** **17** **Bestimmungen** sind solche, deren Zielsetzung Ausdruck eines konkreten allgemeinen Glaubensbekenntnisses ist (*DKK-Wedde* Rn 26; GK-*Weber* Rn 84). Sie müssen rechtlich selbständig und nicht schon nach Abs. 2 vom Geltungsbereich des G ausgenommen sein. Von Abs. 1 werden etwa erfasst Bildungsvereinigungen, Frauen , Männer-, Jugendgruppen, Missionsvereine (*HSWGNR* Rn 22; *Richardi/Thüsing* Rn 55 f.).

Karitativ ist eine Tätigkeit im Dienste Hilfsbedürftiger, insb. körperlich oder geis- **18** tig oder seelisch leidender Menschen (BAG 5. 10. 00, 15. 3. 06 AP Nr. 69, 79 zu § 118 BetrVG 1972; zur Begriffsbestimmung *Thüsing/Pötters* RdA 11, 280). Die Zielsetzung des Unternehmens muss darauf gerichtet sein, die inneren oder äußeren Nöte solch Hilfebedürftiger abzuwehren oder zu lindern (BAG 12. 11. 02 AP Nr. 43 zu § 99 BetrVG 1972 Einstellung). Die Tätigkeit braucht weder für die dafür eingesetzten ArbN oder sonstige Beschäftigte noch für das Unternehmen oder den Betrieb völlig uneigennützig zu sein (BAG 7. 4. 81 AP Nr. 16 zu § 118 BetrVG 1972; GK-*Weber* Rn 93; *Richardi/Thüsing* Rn 59; *HSWGNR* Rn 25; aA *DKK-Wedde* Rn 28). **Kostendeckende Einnahmen** können erzielt werden, doch darf die Betätigung nicht mit der Absicht der Gewinnerzielung erfolgen (BAG 29. 6. 88 AP Nr. 37 zu § 118 BetrVG 1972). Der Dienst muss nicht auf Grund christlicher Überzeugung ausgeübt werden. Unerheblich ist, ob die Betätigung zugleich eine dem Staat zugewiesene sozialpolitische Aufgabe betrifft (BAG 7. 4. 81 aaO). Allerdings darf das Unternehmen nicht von G wegen unmittelbar zur Hilfeleistung verpflichtet sein; dann läge keine karitative und damit freiwillige Hilfeleistung mehr vor (BAG 29. 6. 88, 22. 11. 95 AP Nr. 37, 58 zu § 118 BetrVG 1972). Da das G allein auf das Unternehmen selbst abstellt, kann ein in privater Rechtsform betriebenes Krankenhaus auch dann eine karitative Einrichtung sein, wenn die Anteile nur von einer Gebietskörperschaft gehalten werden, die ihrerseits gesetzlich dazu verpflichtet ist, die bedarfsgerechte Versorgung der Bevölkerung mit leistungsfähigen Krankenhäusern sicherzustellen (BAG 24. 5. 95 AP Nr. 57 zu § 118 BetrVG 1972). Die Aufnahme eines privatrechtlich organisierten Krankenhauses in den staatlichen Krankenhausplan führt nicht dazu, dass der Krankenhausträger nunmehr zum Betreiben des Krankenhauses gesetzlich verpflichtet ist und damit dessen karitative Bestimmung entfällt (BAG 22. 11. 95 AP Nr. 58 zu § 118 BetrVG 1972).

Beispiele für Betriebe/Unternehmen mit **karitativer Zielsetzung:**

Deutsches Rotes Kreuz, Arbeiterwohlfahrt, private Fürsorgevereine, Krankenhäuser (wegen kommerziell betriebener Kliniken vgl. Rn 14); wohl auch Heime für Drogengefährdete, Familienhilfswerke u. Familienberatungsstellen, Müttergenesungswerk, Deutsche Krebshilfe, Bergwacht, Deutsche Gesellschaft zur Rettung Schiffbrüchiger, Volksbund Deutscher Kriegsgräberfürsorge (BAG 8. 12. 70 AP Nr. 28 zu § 59 BetrVG), Werkstatt für Behinderte iSv. § 136 SGB IX (BAG 7. 4. 81, 31. 1. 84 AP Nr. 16 zu § 118 BetrVG 72, AP Nr. 15 zu § 87 BetrVG 1972 Lohngestaltung), Berufsförderungswerke für Behinderte (BAG 29. 6. 88, 8. 11. 88, 31. 1. 95 AP Nr. 37, 38, 56 zu § 118 BetrVG 1972).

18a Aus der Zuordnung eines Betriebs zu einem der vorgenannten Rechtsträger (DRK, AWO etc.) folgt nicht zwingend dessen karitative Zielsetzung. Das Vorliegen einer **karitativen Bestimmung ist** für jeden Betrieb **gesondert zu prüfen** (BAG 12. 11. 02 AP Nr. 43 zu § 99 BetrVG 1972 Einstellung).

19 Für Sanatorien, Kinderheime, Erholungsheime, Altenheime und Dialysezentren (s. BAG 18. 4. 89 AP Nr. 65 zu § 99 BetrVG 1972), die mit der Absicht der Gewinnerzielung betrieben werden, gilt § 118 nicht (*DKK-Wedde* Rn 30; *Richardi/Thüsing* Rn 59). Soweit diese Betriebe Einrichtungen von Religionsgemeinschaften sind, gilt die Bereichsausnahme nach Abs. 2 (*Richardi/Thüsing* Rn 62, 196 ff.; **aA** *DKK-Wedde* Rn 26) Vom BetrVG ausgenommen sind nach § 130 zudem die öffentlich–rechtlich organisierten karitativen Betriebe (zB Krankenhäuser, Kinderheime). Für diese gelten die PersVG der Länder.

20 **Erzieherischen Bestimmungen** dienen die Bildungseinrichtungen allgemeinbildender und berufsbildender Art, die durch planmäßiges und methodisches Unterrichten in mehreren aus- oder berufsbildenden Fächern die Persönlichkeit des Menschen formen (BAG 23. 3. 99 AP Nr. 66 zu § 118 BetrVG 1972). Die reine Wissensvermittlung darf nicht im Vordergrund stehen (GK-*Weber* Rn 100). Vielmehr müssen solche Bildungseinrichtungen auf die Entfaltung und das Formen der Persönlichkeit des Menschen gerichtet sein (BAG 21. 6. 89 AP Nr. 43 zu § 118 BetrVG 1972; ErfK-*Kania* Rn 12; *Richardi/Thüsing* Rn 63; *Küchenhoff* NZA 92, 679). Erzieherische Zwecke verfolgen ua.: Privatschulen aller Art (BAG 22. 5. 79, 13. 1. 87 AP Nr. 12, 33 zu § 118 BetrVG 1972, 3. 12. 87 NZA 88, 507; 13. 6. 89 AP Nr. 36 zu § 87 BetrVG 1972 Arbeitszeit), Berufsbildungswerke (BAG 14. 4. 88 AP Nr. 36 zu § 118 BetrVG 1972; *Küchenhoff* NZA 92, 679), Berufsförderungswerke zur Wiedereingliederung Behinderter in das Berufsleben (BAG 31. 1. 95 AP Nr. 56 zu § 118 BetrVG 1972); uU Berufsbildungswerke einer Gewerkschaft (BAG 3. 7. 90 AP Nr. 81 zu § 99 BetrVG 1972; offen gelassen für Berufsbildungszentren auf Basis der früheren §§ 40 ff. AFG: BAG 9. 12. 92 – 7 ABR 3/92 nv.); private Erziehungsanstalten, Internate, aber auch Volkshochschulen und Fernlehrinstitute (vgl. Art. 7 Abs. 4 S. 1 GG; *Richardi/Thüsing* Rn 64; aA *DKK-Wedde* Rn 32) jedoch **nicht** Autofahrschulen oder etwa Sprachschulen, die ausschließlich Fremdsprachen nach einer bestimmten Methode unterrichten (BAG 7. 4. 81 AP Nr. 17 zu § 118 BetrVG 1972; *DKK-Wedde* Rn 32) oder ein Verein, der Materialien für den Deutschunterricht im Ausland zur Verfügung stellt (BAG 21. 7. 98 AP Nr. 63 zu § 118 BetrVG 1972). Für **Kindertageseinrichtungen** auf der Ebene des Bundesrechts, konkretisiert etwa § 22 Abs. 2, 3 SGB VIII (bzw. entsprechende G der Länder) deren Ziele und Aufgaben. Sie reichen von einer Betreuung bis hin zur Erziehung und Bildung der Kinder. Hier bestimmt sich das Vorliegen eines Tendenzbetriebs entsprechend dem praktizierten Konzept des Trägers (weitergehend *Stölzel* NZA 09, 239). Soweit derartige Betriebe Einrichtungen von Religionsgemeinschaften sind, fallen sie unter Abs. 2 und sind von der Geltung des G ohnehin ausgenommen, zB konfessionelle Privatschulen und konfessionelle Erziehungsanstalten. Soweit sie von der öffentlichen Hand betrieben werden gilt das PersVG des jeweiligen Landes (§ 130).

21 Art. 5 Abs. 3 GG garantiert die Wissenschaftsfreiheit. Diese Gewährleistung ist bei der Auslegung des Begriffs der **wissenschaftlichen Bestimmung** heranzuziehen.

Wissenschaftlich ist demnach jede Tätigkeit, die nach Inhalt und Form als ernsthafter Versuch zur Ermittlung der Wahrheit anzusehen ist (BAG 20. 11. 90, 21. 7. 98 AP Nr. 47, 63 zu § 118 BetrVG 1972). Der Betrieb/das Unternehmen muss insgesamt dazu bestimmt sein, die jeweilige geistig-ideelle Zielsetzung zu verwirklichen (BAG 15. 2. 89 AP Nr. 39 zu § 118 BetrVG 1972). Der bloße Einsatz wissenschaftlicher Methoden zur Verfolgung der Betriebs-/Unternehmenszwecke reicht dafür nicht aus (BAG 21. 7. 98 AP Nr. 63 zu § 118 BetrVG 1972). Wissenschaftlichen Bestimmungen dienen zB: Bibliotheken (soweit sie selbst Forschung oder Lehre auf dem Gebiet der Bibliothekswissenschaft betreiben, BAG 20. 11. 90 AP Nr. 47 zu § 118 BetrVG 1972), wissenschaftliche Buch- und Zeitschriftenverlage (soweit sie nicht unter Nr. 2 einzuordnen sind, vgl. Rn 26), Forschungsinstitute, auch soweit sie unabhängig von den Universitäten Forschung betreiben (zB Max-Planck-Institute). Der weite Wissenschaftsbegriff der Vorschrift lässt keine Differenzierung zwischen grundlagen- oder anwendungsbezogener Forschung zu (§ 118 verneinend für Großforschungseinrichtungen: *Wendeling-Schröder* ArbuR 84, 328; **aA** *Richardi/Thüsing* Rn 67). Keine Tendenz verfolgt die rein kommerzielle Forschung (zB Forschungsabteilung eines Pharmabetriebs; ebenso BAG 21. 6. 89 AP Nr. 43 zu § 118 BetrVG 1972; *DKK-Wedde* Rn 34; *HSWGNR* Rn 37; *Richardi/Thüsing* Rn 67). In derartigen Betrieben/Unternehmen ist die MB nicht eingeschränkt.

Unter **Kunst** ist wie in Art. 5 Abs. 3 S. 1 GG die Gestaltung eines seelisch- **22** geistigen Gehalts durch eine eigenwertige Form nach bestimmten Gesetzen zu verstehen, wobei die Gestaltungsmittel und -gesetze bei jeder Kunst verschieden sind. Auf jeden Fall muss eine schöpferische Begabung und Gestaltung (Leistung) gegeben sein (BVerwGE 23, 104; 25, 318; 62, 55; BVerfGE 39, 173, 188f.; BAG 15. 2. 89 AP Nr. 39 zu § 118 BetrVG 1972; ErfK-*Kania* Rn 14; *HSWGNR* Rn 20). Geschützt ist der Werkbereich, also die eigentliche künstlerische Betätigung, aber auch der Wirkbereich, näml. die Darbietung und Verbreitung eines Kunstwerks (BVerfG 24. 2. 1971 BVerfGE 30, 173) **Künstlerischen Bestimmungen** dienen Werke der Sprache, der Musik, der darstellenden und bildenden Kunst, einschl. des Films (vgl. § 2 Urheberrechtsgesetz). Die künstlerische Zweckbestimmung muss eine unmittelbare sein. Eine nur wirtschaftliche Unterstützung eines Tendenzunternehmens/Tendenzbetriebs genügt hierfür nicht. Auch eine Produktionsgesellschaft kann Tendenzschutz genießen, wenn ihr Unternehmenszweck auf die Produktion tendenzgeschützter Veranstaltungen gerichtet ist.

Als **Beispiele** für künstlerische Betriebe (Unternehmen) sind zu nennen: Theater (BAG 28. 10. 86 AP Nr. 32 zu § 118 BetrVG 1972; 13. 2. 07 AP Nr. 81 zu § 118 BetrVG 1972) einschl. Musical-Theater, Filmherstellungsbetriebe (nicht aber Lichtspieltheater), Kleinkunstbühnen, Konzertagenturen, Musikverlage, Symphonieorchester (BAG 3. 11. 82 AP Nr. 12 zu § 15 KSchG 1969), belletristische Buchverlage (BAG aaO), auch Revuen und Zirkus-Unternehmen (GK-*Weber* Rn 116; *Richardi/Thüsing* Rn 73; **aA** Voraufl.; *DKK-Wedde* Rn 37; *HSWGNR* Rn 40).

Reine Tanz- und Unterhaltungsstätten haben **keine geschützte Tendenz,** ebenso **22a** nicht Verwertungsgesellschaften zur Ausnutzung von Urheberrechten (Gema; BAG 8. 3. 83 AP Nr. 26 zu § 118 BetrVG 1972; *Löwisch* FS Caemmerer, S. 566), Betriebe der Herstellung von Tonträgern (Schallplatten, CD, Musikcassetten) und der Musikhandel. Buchverlage, die literarische oder musikalische Werke verlegen, fallen unter Nr. 1, ausgenommen Buchhandlungen (vgl. Rn 26, 28; *Richardi/Thüsing* Rn 74f.).

Bei **Theatern und Orchestern** nehmen vielfach Orchester-, Chor- und Solo- **22b** vorstände die Interessen des künstlerischen Personals wahr. Das schränkt die Befugnisse des BR nicht ein. Soweit die PersVG der Länder anzuwenden sind (§ 130), enthalten diese zT Sonderregelungen für Bedienstete mit künstlerischer Tätigkeit.

2. Berichterstattung oder Meinungsäußerung (Abs. 1 Nr. 2)

23   Die von **Art. 5 Abs. 1 S. 2 GG** garantierte Pressefreiheit und Freiheit der Berichterstattung durch Rundfunk und Film (Fernsehen) wird in Abs. 1 Nr. 2 ausdrücklich genannt. Dasselbe gilt für Meinungsäußerungen, obwohl diese in Art. 5 Abs. 1 S. 1 und nicht in Art. 5 Abs. 1 S. 2 GG garantiert werden (krit. *Richardi/ Thüsing* Rn 77). Das Grundrecht gewährleistet die publizistische Betätigung von der Informationsbeschaffung bis hin zu zur Verbreitung von Tatsachen und Meinungen. Dieser Schutzbereich erfasst den gesamten Inhalt eines Presseerzeugnisses, also auch die darin enthaltenen Werbeanzeigen (BVerfG 12. 12. 00 BVerfGE 102, 347; BAG 20. 4. 10 – 1 ABR 78/08 – NZA 10, 902). Soweit aber ein Verlag (eine Druckerei) sich ausschließlich oder überwiegend auf die Herausgabe von Anzeigenblättern, amtlichen Mitteilungen, Formularen, Adressen- oder Telefonbüchern usw. beschränkt, liegt eine tendenzneutrale Betätigung vor, die nicht der Berichterstattung oder Meinungsäußerung dient. In derartigen Fällen sind die MBR des BR nicht eingeschränkt; § 118 Abs. 1 findet keine Anwendung (vgl. BAG 27. 8. 68 AP Nr. 10 zu § 81 BetrVG; *HSWGNR* Rn 49; *Richardi/Thüsing* Rn 86; *Bauer/Lingemann* NZA 95, 813, 814). § 118 Abs. 1 S. 1 verlangt nicht, dass die Zwecksetzung nichtwirtschaftlicher Art ist.

24   § 118 Abs. 1 S. 1 Nr. 2 enthält eine **grundrechtsausgestaltende Regelung** und keine grundrechtsbeschränkende. Bei ihrer Anwendung und Auslegung kommt es deshalb nicht auf das Gewicht der durch das MBR geschützten Interessen der ArbN an. Dem BR steht kein Einfluss auf die Tendenz zu, weil damit eine Beschränkung der durch Art. 5 Abs. 1 GG geschützten Freiheiten verbunden wäre. Dabei gewährleistet die Pressefreiheit das Recht, die Tendenz einer Zeitung festzulegen, beizubehalten, zu ändern und diese Tendenz zu verwirklichen (BVerfG 15. 12. 99 AP Nr. 67 zu § 118 BetrVG 1972). Vergleichbares gilt für die Rundfunkfreiheit, nach der Auswahl, Inhalt und Gestaltung des Programms Sache des Rundfunks bleiben und sich an publizistischen Kriterien ausrichten (BVerfG 15. 12. 99 AP Nr. 68 zu § 118 BetrVG 1972).

25   Betriebe (Unternehmen) dienen insb. der Berichterstattung oder Meinungsäußerung (BAG 30. 5. 06 AP Nr. 80 zu § 118 BetrVG 1972), wenn sie **Zeitungen oder Zeitschriften** (Tageszeitungen oder periodische Zeitschriften politischen oder ideellen oder fachlichen Inhalts) herausgeben (BAG 18. 11. 03 AP Nr. 76 zu § 118 BetrVG 1972). Dabei spielt es keine Rolle, ob das Druckerzeugnis politisch gebunden ist oder nicht (Generalanzeiger, Heimatblätter). Letztere dienen jedenfalls der Berichterstattung (vgl. BAG 7. 11. 75 AP Nr. 3 zu § 99 BetrVG 1972 u. 9. 12. 75 AP Nr. 7 zu § 118 BetrVG 1972; *Richardi/Thüsing* Rn 80).

26   Auch **Buch- und Zeitschriftenverlage** sind im Regelfall Tendenzbetriebe. Soweit die Druckerzeugnisse nicht unmittelbar der Berichterstattung oder Meinungsäußerung (Abs. 1 Nr. 2) dienen, können sie dennoch geistig-ideelle Ziele iSd. Abs. 1 Nr. 1, insb. erzieherischer, wissenschaftlicher oder künstlerischer Art verfolgen. Das gilt auch bei breiter Streuung des Verlagsprogramms, sei es auf dem Gebiet der Fachliteratur oder Belletristik (BAG 14. 11. 75, 15. 2. 89 AP Nr. 5, 39 zu § 118 BetrVG 1972; GK-*Weber* Rn 128; *Richardi/Thüsing* Rn 82; **aA** wohl *DKK-Wedde* Rn 42).

27   Umfasst der **Presseverlag** in einem einheitlichen Betrieb zugleich die **Druckerei,** die ausschließlich eigene Presseerzeugnisse herstellt, erstreckt sich die Tendenzeigenschaft auch auf die Druckerei als unselbständige Betriebsabteilung (BAG 22. 2. 66, 27. 8. 68 AP Nr. 4, 10, 11 zu § 81 BetrVG). Etwas anderes gilt, wenn die Druckerei **Betriebsteil** des Zeitungsbetriebs iSd. § 4 ist. In diesem Falle ist der Betriebsteil nur dann Tendenzbetrieb, wenn er ausschließlich den Druck dieser Zeitungen oder Zeitschriften mit Tendenzcharakter zur Aufgabe hat, oder diese Aufgabe im Betrieb überwiegt und nicht etwa der Druck verlagsfremder Erzeugnisse (BAG 31. 10. 75 AP Nr. 3 zu § 118 BetrVG 1972). **Reine Lohndruckereien,** die als selbständige Betriebe (Unternehmen) für Tendenzunternehmen Lohnaufträge durchführen, genießen keinen Tendenzschutz (BAG 31. 10. 75, 30. 6. 81 AP Nr. 3, 20 zu § 118 BetrVG

1972). Sie verfolgen ebenso wenig eine geistig-ideelle Zielsetzung wie zB die Papierfabrik, die das notwendige Papier liefert.

Zwecken der Berichterstattung oder Meinungsäußerung iSd. § 5 Abs. 1 S. 2 GG dienen **auch Rundfunk** (BAG 11. 2. 92, 27. 7. 93 AP Nr. 50, 51 zu § 118 BetrVG 1972; zu Lokalfunkstationen in NRW *Pahde-Syrbe* ArbuR 94, 333), **Film und Nachrichtenbüros** (hM), dagegen nicht der **Handel mit Zeitungen, Zeitschriften und Büchern,** die Buchgemeinschaften (soweit nicht mit Buchverlagen verbunden) und die Lesezirkel. Sie bezwecken weder Berichterstattung noch Meinungsäußerung. Sie verteilen lediglich die darauf gerichteten Erzeugnisse (ebenso *DKK-Wedde* Rn 46; *Richardi/Thüsing* Rn 81). Dies gilt auch bei sog. „wissenschaftliche Buchhandlungen" oder Hersteller von Werbefilmen (GK-*Weber* Rn 127). Bei den privaten **Rundfunk-** u. **Fernsehsendern** muss gewährleistet sein, dass der BR zum Schutze der grundrechtlich geschützten Rundfunkfreiheit keinen Einfluss auf die Programmgestaltung und damit auf die Tendenz der Privaten nehmen kann. Unerheblich ist, dass sich diese Rundfunk- oder Fernsehveranstalter über Werbeeinnahmen finanzieren. Soweit Rundfunk und Fernsehanstalten Körperschaften des öffentlichen Rechts sind, fallen sie ohnehin aus dem Anwendungsbereich des BetrVG (§ 130). Für sie gelten vielfach Sonderregelungen in den PersVG der Länder.

IV. Einschränkung der Beteiligungsrechte

1. Eigenartsklausel

Auf Tendenzbetriebe (Unternehmen) finden die Vorschriften dieses G, insb. über **29** die Beteiligung des BR in sozialen und personellen Angelegenheiten und bei der Gestaltung von Arbeitsplatz, Arbeitsablauf und Arbeitsumgebung keine Anwendung, „soweit die **Eigenart des Unternehmens oder des Betriebes dem entgegensteht**" (Abs. 1 S. 1 aE). Hierfür kommt es darauf an, ob die Einschränkung der Beteiligungsrechte durch die Tendenz bedingt oder doch im Hinblick auf die Tendenz erforderlich ist, weil sonst deren Verwirklichung durch Beteiligungsrechte des BR ggf. verhindert oder ernstlich beeinträchtigt werden könnte (BAG 11. 2. 92 AP Nr. 50 zu § 118 BetrVG 1972; 21. 9. 93 AP Nr. 4 zu § 94 BetrVG 1972). Es ist in jedem **konkreten Einzelfall** zu prüfen, ob und inwieweit die Eigenart des Unternehmens oder des Betriebes der Beteiligung des BR entgegensteht (BAG 30. 5. 06 AP Nr. 80 zu § 118 BetrVG 1972). Das entscheidet sich nach dem Gegenstand der MB oder der Beteiligung (GK-*Weber* Rn 132) (vgl. Rn 31 ff.). Die „Eigenartsklausel" führt nicht dazu, dass die MB- und Beteiligungsrechte entweder vollständig zu gewähren oder vollständig zu versagen sind.

2. Tendenzbedingte Einschränkungen

Entscheidend kommt es auf die **Tendenznähe der Maßnahme** und darauf an, **30** inwieweit die von einer Maßnahme betroffene Person den Tendenzcharakter mit verwirklicht, also selbst **Tendenzträger** ist. Beide Gesichtspunkte müssen zusammentreffen, wenn das MBR entfallen oder eingeschränkt werden soll (*DKK-Wedde* Rn 47; *Richardi/Thüsing* Rn 121; WPK/*Bender* Rn 47; kr. *Rüthers/Franke* DB 92, 374). So hat zB die Arbeitszeit für Raumpflegerinnen in einem Verlag nichts mit einer Tendenz zu tun, wohl aber die Kündigung eines Zeitungsredakteurs, der fortgesetzt gegen die allgemeine Linie des Blattes verstößt. Weitere allgemeine Grundsätze lassen sich nicht aufstellen. Es kommt jeweils auf die Eigenart des Unternehmens (Betriebs) im Verhältnis zu der an sich beteiligungspflichtigen Maßnahme und deren Auswirkungen auf die mehr oder weniger die Tendenz tragenden ArbN an. **Tendenzträger ist,** wer als ArbN eine tendenzbezogene Aufgabe wahrnimmt und in verantwortlicher Stellung unmittelbar maßgebenden Einfluss auf die Tendenzverwirklichung nehmen kann (BAG 28. 8. 03 AP Nr. 48 zu § 103 BetrVG 1972), sofern diese Arbeiten nicht nur einen zeitlich völlig unbedeutenden Umfang haben (BAG 20. 11. 90 AP Nr. 47 zu § 118 BetrVG 1972) Tendenzträger können nur ArbN sein, für deren Tätigkeit die durch § 118 geschützte Tendenz prägend ist (BAG 30. 5. 06 AP Nr. 80 zu § 118 BetrVG 1972). Dazu muss es ihnen möglich sein, mit ihrer Arbeit auf die Tendenzverwirklichung maßgebend Einfluss zu nehmen (*Dzida/Hohenstatt* NZA 04, 1084); eine schlichte Mitwirkung bei der Tendenzverfolgung genügt dafür nicht (BAG 20. 4. 2010 – 1 ABR 78/08 – NZA 10, 902). Kein Tendenzträger ist, wer bei der Verfolgung der Tendenz zwar mithilft, jedoch für die **Verwirklichung der Tendenz** keinen individuellen Gestaltungsspielraum hat. Dementsprechend sind Tendenzträger nur solche ArbN, die bei tendenzbezogenen Tätigkeitsinhalten, die einen bedeutenden Teil ihrer Arbeitsaufgaben ausmachen, im Wesentlichen frei über die Aufgabenerledigung entscheiden können (BAG 14. 9. 10 – 1 ABR 29/09 –). Aus diesem Grund sind etwa die vom DRK im Rettungsdienst eingesetzten **Rettungskräfte** keine Tendenzträger, da ihnen die Ausübung ihres Dienstes durch Sachzwänge der geforderten Arbeitsleistung, Richtlinien und Weisungen umfassend vorgegeben ist (BAG 12. 11. 02 AP Nr. 43 zu § 99 BetrVG 1972 Einstellung). Gleiches kann auch für **pädagogische Mitarbeiter** einer karitativen Einrichtung gelten (BAG 14. 9. 10 – 1 ABR 29/09 – NZA 11, 225). Als **Tendenzträger sind** angesehen worden: Psychologen und Lehrkräfte eines Berufsförderungswerks (BAG 31. 1. 95 AP Nr. 56 zu § 118 BetrVG 1972); Lehrer an Schulen (BAG 22. 5. 79 AP Nr. 12 zu § 118 BetrVG 1972); hauptamtliche Gewerkschaftsfunktionäre (BAG 6. 12. 79 AP Nr. 2 zu § 1 KSchG Verhaltensbedingte Kündigung); Orchestermusiker (BAG 4. 8. 81 AP Nr. 5 zu/87 BetrVG 1972 Arbeitszeit); Schriftleiter, Ressortleiter, Redakteure einschl. Anzeigenredakteure (BAG 30. 5. 06 AP Nr. 80 zu § 118 BetrVG 1972; 20. 4. 10 – 1 ABR 78/08 – NZA 10, 902).

a) Organisation der Betriebsverfassung

31　　Bei den **organisatorischen** (§§ 1–73 b) und den **allgemeinen Vorschriften** des G über die Beteiligung des BR (§§ 74–86 a) wird sich kaum eine Einschränkung des MBR ergeben (*Richardi/Thüsing* Rn 132 ff.; *Richter* DB 91, 2661), zB nicht für den Einblick in die Lohn- und Gehaltslisten (BAG 30. 4. 74, 22. 5. 79, 30. 6. 81 AP Nr. 1, 12, 20 zu § 118 BetrVG 1972, AP Nr. 15 zu § 80 BetrVG 1972), auch in Bezug auf die Tendenzträger, denn der Dienst für die Tendenz macht die Höhe der Bezüge nicht zu einer schutzwürdigen Angelegenheit (BAG 13. 2. 07 AP Nr. 81 zu § 118 BetrVG 1972); nicht für den Jahresbericht des ArbGeb. in der BetrVerslg. nach § 43 Abs. 2 S. 2 (BAG 8. 3. 77 AP Nr. 1 zu § 43 BetrVG 1972) oder für das Zugangsrecht der Gewerkschaften zum Betrieb (BAG 14. 2. 78 AP Nr. 26 zu Art. 9 GG, sofern nicht insoweit gerade der Tendenzcharakter entgegensteht, zB bei einem ArbGeb.-Verband, vgl. ErfK-*Kania* Rn 21, *Richardi/Thüsing* Rn 137).

b) Soziale Angelegenheiten

32　　In **sozialen Angelegenheiten** (§§ 87–89) wird im Allgemeinen eine Einschränkung der MBR nicht in Betracht kommen, weil es in aller Regel um den **wertneutralen Arbeitsablauf des Betriebes** geht (BAG 30. 1. 90, 14. 1. 92 AP Nr. 44, 49 zu § 118 BetrVG 1972; BVerfG 15. 12. 99 AP Nr. 67 zu § 118 BetrVG 1972; *Richardi/Thüsing* Rn 142; *Richter* DB 91, 2661). Allerdings können bes. Probleme bei der Frage der Ordnung des Betriebes und des Verhaltens der ArbN (§ 87 Abs. 1 Nr. 1, vgl. auch Rn 42) oder auch hinsichtlich der Arbeitszeit (vgl. § 87 Abs. 1 Nr. 2, 3; ErfK-*Kania* Rn 22) auftreten, zB in karitativen Einrichtungen aus therapeutischen Gründen, in Ganztagsschulen aus erzieherischen Gründen (BAG 13. 1. 87 AP Nr. 33 zu § 118 BetrVG 1972) oder in Presseunternehmen wegen der Aktualität oder Unabhängigkeit der Berichterstattung (BAG 28. 5. 02 AP Nr. 39 zu § 87 Ordnung des Betriebes; LAG Nieders. BB 91, 974; *Richardi/Thüsing* Rn 144 f.). Geht es um den organisatorisch-technischen Arbeitsablauf oder die Verteilung der Arbeitszeit oder die

Kalkulation von Arbeitszeitvorgaben, bleibt auch bezüglich der Tendenzträger das MBR erhalten (BVerfG 15. 12. 99 AP Nr. 67 zu § 118 BetrVG 1972; BAG 30. 1. 90 AP Nr. 44 zu § 118 (BetrVG 1972 [MB bei Dauer, nicht Lage der Arbeitszeit von Redakteuren an einzelnen Arbeitstagen], 14. 1. 92 AP Nr. 49 zu § 118 BetrVG 1972 [MB bei Beginn u. Ende der täglichen Arbeitszeit sowie Verteilung der Arbeitszeit auf die einzelnen Wochentage einschl. Gleitzeitregelung], 11. 2. 92 AP Nr. 50 zu § 118 BetrVG 1972 [MB bei Festlegung des Endes der täglichen Arbeitszeit, wenn die für die Aktualität der Berichterstattung relevanten Entscheidungen des ArbGeb. wie Redaktionsschluss, Lage u. Dauer der Redaktionskonferenzen, Besetzung der Redaktionen mitbestimmungsfrei bleiben]). Für Theaterproben (BAG 4. 8. 81 AP Nr. 5 zu § 87 BetrVG 1972 Arbeitszeit); für Pflegekräfte (BAG 18. 4. 89 AP Nr. 34 zu § 87 BetrVG 1972 Arbeitszeit, 6. 11. 90 AP Nr. 8 zu § 3 AZO Kr); für Lehrkräfte (BAG 13. 6. 89 AP Nr. 36 zu § 87 BetrVG 1972 Arbeitszeit betr. Höchstgrenzen für Vertretungsstunden). Bei Forschungszulagen ist eine das MBR aus § 87 Abs. 1 Nr. 10 nicht ausgeschlossen (13. 2. 90 AP Nr. 45 zu § 118 BetrVG 1972; **aA** *Endlich* NZA 90, 13), allenfalls bei besonderen Entgeltformen zur Förderung der Tendenz (BAG 31. 1. 84 AP Nr. 15 zu § 87 BetrVG 1972 Lohngestaltung). Auch bei den Fragen der Gestaltung von Arbeitsplatz, Arbeitsablauf und Arbeitsumgebung (**§§ 90–91**) wird kaum eine Einschränkung der MBR im Hinblick auf eine Tendenz in Betracht kommen (GK-*Weber* Rn 189). Gleiches gilt für das Vorschlagsrecht des BR für Maßnahmen der Beschäftigungssicherung (**§ 92 a**), die der ArbGeb. lediglich zu prüfen hat (*DKK-Wedde* Rn 86 a; ohne Beratungspflicht; **aA** *Richardi / Thüsing* 153).

c) Personelle Maßnahmen

Eher kann sich die geistig-ideelle Zielsetzung bei **personellen Maßnahmen** aus- **33** wirken und deshalb gerade in personellen Angelegenheiten zu nicht unerheblichen Einschränkungen des MBR des BR gegenüber bestimmten ArbN führen (*Richter* DB 91, 2661). Dabei ist bei der Übernahme eines LeihArbN auf den Entleiherbetrieb abzustellen (LAG Niedersachsen 26. 11. 07 – 6 TaBV 33/07). **Tendenzneutral** sind nur die allgem. personellen Angelegenheiten der **§§ 92–98.** Das gilt etwa hinsichtlich der Beteiligungsrechte des BR bei der Personalplanung (BAG 6. 11. 90 AP Nr. 3 zu § 92 BetrVG 1972), der innerbetrieblichen Stellenausschreibung, auch für Tendenzträger (§ 93; BAG 30. 1. 79 AP Nr. 11 zu § 118 BetrVG 1972) und der Berufsbildung (*Richardi / Thüsing* Rn 151). Die Beteiligungsrechte entfallen lediglich für Personalfragebogen (BAG 21. 9. 93 AP Nr. 4 zu § 94 BetrVG 1972), Beurteilungsgrundsätze und AuswahlRL, die sich auf Tendenzträger beziehen (ErfK-*Kania* Rn 24; GK-*Weber* Rn 196 ff.) oder bei der Auswahl von Tendenzträgern zur Teilnahme an einer Berufsbildungsmaßnahme nach § 98 Abs. 3; hier ist in der Regel von einer Tendenzbezogenheit der Auswahlentscheidung auszugehen (BAG 30. 5. 06 AP Nr. 80 zu § 118 BetrVG 1972).

Welche ArbN ausgenommen sind, wird weitgehend von den Verhältnissen des ein- **34** zelnen Tendenzbetriebes abhängen. ArbN, die bestimmte **Tätigkeiten** verrichten, wie sie unabhängig von der Eigenart des Tendenzbetriebes **in jedem Betrieb anfallen** (zB Stenotypistinnen, Buchhalter, Bürogehilfin, Registratoren, Lagerarbeiter usw.), werden von der Eigenart des Tendenzbetriebs nicht berührt. Für personelle Maßnahmen ihnen gegenüber kommen daher die Vorschriften des BetrVG in vollem Umfange zur Anwendung (vgl. aber auch Rn 42).

Eine Einschränkung der Beteiligungsrechte des BR kommt vor allem bei **perso-** **35** **nellen Einzelmaßnahmen gegenüber Tendenzträgern** in Betracht (BAG 12. 11. 02 AP Nr. 43 zu § 99 BetrVG 1972 Einstellung). Die personellen MBR (also insb. das Zustimmungsverweigerungsrecht nach § 99 Abs. 2, das Widerspruchsrecht nach § 102 Abs. 3 und der Weiterbeschäftigungsanspruch nach § 102 Abs. 5, aber nicht die Informationspflichten des ArbGeb. nach § 99 Abs. 1 und § 102 Abs. 1) entfallen bei tendenzbedingten (nicht bei aus sonstigen Gründen vorgesehen) personellen Maßnahmen gegenüber solchen ArbN, die **Tendenzträger** sind. Die Tendenzträgereigenschaft ist jeweils individuell nach den unter Rn. 30 dargestellten Kriterien zu bestimmen.

36   Für die Beschränkung oder der Ausschluss der MB in den personellen Angelegenheiten kommt es auf den **Tendenzcharakter der jeweiligen Maßnahme** an (*DKK-Wedde* Rn 47). Für die Tendenzbedingtheit einer personellen Maßnahme kann bei Tendenzträgern eine tatsächliche Vermutung sprechen, insb. bei **Einstellungen,** weil sich fachliche u. tendenzspezifische Eignung kaum trennen lassen (BAG 7. 11. 75 AP Nr. 3 zu § 99 BetrVG 1972; ErfK-*Kania* Rn 25; aa *DKK-Wedde* Rn 89, zweifelnd *Richardi/Thüsing* Rn 161). Auch bei **Versetzungen** von Tendenzträgern ist in der Regel von der Tendenzbedingtheit einer solchen Maßnahme auszugehen (BAG 1. 9. 87 AP Nr. 10 zu § 101 BetrVG 1972; BAG 27. 7. 93 AP Nr. 51 zu § 118 BetrVG 1972). Die Beteiligungsrechte entfallen nicht hinsichtlich der **Ein- oder Umgruppierung** (BAG 31. 5. 83, 3. 12. 85 AP Nr. 27 zu § 118 BetrVG 1972, AP Nr. 31 zu § 99 BetrVG 1972, 7. 9. 88 AP Nr. 35 zu § 87 BetrVG 1972 Lohngestaltung; *DKK-Wedde* Rn 93; *Richardi/Thüsing* Rn 160). Das folgt aus dem Mitbeurteilungsrecht des BR, das Gegenstand des MBR bei der Eingruppierung ist. Auch ist die Stelle eines Tendenzträgers auf Verlangen des BR auszuschreiben (§ 93). Durch eine solche Verpflichtung wird die Tendenzbestimmung und -verwirklichung nicht ernsthaft beeinträchtigt (BAG 1. 2. 11 – 1 ABR 79/09 – NZA 11, 703). Aus dem Fehlen der Sanktionsmöglichkeit des § 99 Abs. 2 Nr. 5 (Hess. LAG ZTR 97, 97) folgt nichts Gegenteiliges.

37   Dagegen sind die **Unterrichtungs- und Anhörungsrechte** des BR bei personellen Einzelmaßnahmen nicht ausgeschlossen (GK-*Weber* Rn 206). Die Rechte des BR nach **§§ 99 Abs. 1** und **102 Abs. 1** bleiben auch bei tendenzbedingten Maßnahmen gegenüber Tendenzträgern bestehen (BAG 19. 5. 81 AP Nr. 21 zu § 118 BetrVG 1972 betr. Einstellung, BAG 8. 5. 90 AP Nr. 46 zu § 118 BetrVG 1972 betr. Versetzung; BAG 27. 7. 93 AP Nr. 51 zu § 118 BetrVG 1972 betr. Kündigung). Die bloße Information des BR und dessen Anhörung beeinträchtigt die Tendenz nicht (BVerfG 6. 11. 79 AP Nr. 14 zu § 118 BetrVG 1972). Der BR kann auch schriftlich Bedenken geltend machen, die der ArbGeb. ernsthaft prüfen muss (BAG 19. 5. 81 AP Nr. 18 zu § 118 BetrVG 1972). Eine vorläufige Durchführung der Maßnahme gem. § 100 vor Ablauf der Wochenfrist des BR zur Stellungnahme kommt nur ganz ausnahmsweise in Betracht (BAG 8. 5. 90 aaO). Vernachlässigt der ArbGeb. seine Informationspflichten, treffen ihn die Rechtsfolgen des § 101 bzw. § 102 Abs. 1 S. 3.

38   Eine Kündigung ist keine tendenzbedingte Maßnahme. Der BR ist daher stets vor dem Ausspruch einer **Kündigung zu hören** (GK-*Weber* Rn 210 (hM); aA *HSWGNR* Rn 92f.; *Dzida/Hohenstatt* NZA 04, 1084). Dem BR sind alle Gründe für eine beabsichtigte Kündigung mitzuteilen, nicht nur die tendenzneutralen (BAG 7. 11. 75 AP Nr. 1 zu § 130 BetrVG 1972; *DKK-Wedde* Rn 98; *Richardi/Thüsing* Rn 164f.). Bei einer **ausschließlich tendenzbedingten Kündigung** steht dem BR kein Widerspruchsrecht nach § 102 Abs. 3 zu (BAG aaO; Widerspruch zulassend GK-*Weber* Rn 211). Das schließt das Entstehen eines Weiterbeschäftigungsanspruchs nach § 102 Abs. 5 aus (so auch GK-*Weber* Rn 211, wegen tendenzbedingter Beschränkung des Weiterbeschäftigungsanspruchs; *Richardi/Thüsing* Rn 166; aA *DKK-Wedde* Rn 96).

39   Handelt es um eine Kündigung wegen **Leistungsmängel** ohne unmittelbaren Bezug zum Tendenzzweck (BAG 3. 11. 82 AP Nr. 12 zu § 15 KSchG 1969, 16. 1. 97 ArbuR 97, 211 *DKK-Wedde* Rn 97) oder aus **betriebsbedingten Gründen** zB wegen einer Betriebseinschränkung oder Rationalisierung, steht der Tendenzschutz einem Widerspruch nach § 102 Abs. 3 nicht entgegen (*DKK-Wedde* Rn 94, 96; vgl. BAG 7. 11. 75 AP Nr. 1 zu § 130 BetrVG 1972; aA *Oldenburg* NZA 89, 412). Soweit solche Personen iSd. § 5 Abs. 3 in leitender Stellung tätig sind, unterliegen sie dem personellen MBR ohnehin nicht. Über personelle Maßnahmen gegenüber diesem Personenkreis, ist der BR nach § 105 zu informieren.

Tendenzbedingte außerordentliche Kündigungen von **BRMitgl.**, die ihrer- 40
seits Tendenzträger sind, unterliegen ebenfalls dem Anhörungsgebot des § 102
Abs. 1 (GK-*Weber* Rn 212; *Richardi/Thüsing* Rn 135), jedoch nicht der Zustimmung
nach § 103 Abs. 1 (BAG 28. 8. 03 AP Nr. 49 zu § 103 BetrVG 1972; **aA** *DKK-
Wedde* Rn 100). § 78 a gilt auch für Tendenzträger. Tendenzbedingte Gründe, die
gegen eine Übernahme in ein Arbeitsverhältnis sprechen könnten, sind im Rahmen,
der Unzumutbarkeit der **Weiterbeschäftigung nach § 78 a** Abs. 4 zu prüfen (BAG
23. 6. 83 AP Nr. 10 zu § 78 a BetrVG 1972).

Die Eigenart des Tendenzbetriebs hindert den BR nicht, nach § **104** die Entlassung 41
oder Versetzung eines ArbN verlangen zu können. Auch die Verfolgung geistig-ideeller
Zielsetzungen kann das Festhalten an einem ArbN, der den Betriebsfrieden stört oder
sich gesetzeswidrig verhält, nicht rechtfertigen (*Richardi/Thüsing* Rn 167). Sofern ein
bestimmtes Verhalten des ArbN im Hinblick auf die Tendenz verlangt werden kann
(Rn 42), ist der BR wegen eines solchen Verhaltens nicht berechtigt, von seinem Initiativrecht nach § 104 Gebrauch zu machen (**aA** *DKK-Wedde* Rn 101).

Die Tendenz des Beschäftigungsbetriebes kann ein **bestimmtes innerdienstli-** 42
ches oder außerdienstliches Verhalten der ArbN erfordern. Ein Verstoß dagegen
kann zu einer Kündigung berechtigen. Im Wesentlichen kommt es hierfür auf die
Tendenznähe des ArbN an und darauf, ob er aktiv gegen die Tendenz Stellung
nimmt, oder nur sein Privatleben nicht nach der Tendenz ausrichtet (vgl. den Fall
LAG Berlin EzA § 1 KSchG Tendenzbetrieb Nr. 11 für den Redakteur einer Tages-
zeitung und BAG 6. 12. 79 AP Nr. 2 zu § 1 KSchG 1969 Verhaltensbedingte Kündigung betr. Rechtsschutzsekretär einer Gewerkschaft; BAG 14. 10. 80 AP Nr. 7 zu
Art. 140 GG betr. Angestellte einer Caritasgeschäftsstelle; 21. 10. 82 AP Nr. 14 zu
Art. 140 GG betr. Arzt in einem kath. Krankenhaus und 24. 5. 89 AP Nr. 1 zu § 611
BGB Gewissensfreiheit betr. Arzt in Forschungseinrichtung). In Betrieben mit politischer oder koalitionspolitischer Tendenz können uU Mitgliedschaft in dem Verband
und aktives Eintreten für dessen Ziele vorausgesetzt werden; § **75 gilt insoweit
nicht** (vgl. § 75 Rn 135). Im **außerdienstlichen Bereich** kann keine volle Unterwerfung unter die Zielsetzungen des ArbGeb. verlangt werden. Insoweit kommt bei
einer Abwägung der berechtigten tendenzbedingten Belange des ArbGeb. gegenüber
den Grundrechten des einzelnen ArbN (Art. 2 Abs. 1, Art. 5 Abs. 1 GG) diesen ein
stärkeres Gewicht zu.

d) Wirtschaftliche Angelegenheiten

In den **wirtschaftlichen Angelegenheiten** ist zu differenzieren: § 118 Abs. 1 S. 2 43
ordnet ausdrücklich an, dass in Tendenzunternehmen **kein WiAusschuss** zu errichten ist (§§ 106–109) und auch die Unterrichtung der ArbN nach § 110 entfällt. Das
erfasst auch die in § 106, § 109 a neu eingefügte Unterrichtungspflicht wegen bevorstehender Unternehmensübernahme. Der ArbGeb. bleibt aber zu seinem jährlichen
Bericht in der BetrVerslg. verpflichtet (vgl. BAG 8. 3. 77 AP Nr. 1 zu § 43 BetrVG
1972). Die Regelung des § 118 Abs. 1 S. 2 ist zwar verfassungsgemäß (BAG 7. 4. 81
AP Nr. 16 zu § 118 BetrVG 1972; GK-*Weber* Rn 134; ErfK-*Kania* Rn 17; **aA** *DKK-
Wedde* Rn 3) doch rechtspolitisch fragwürdig, da der WiAusschuss als Beratungs- und
Informationsgremium keine Möglichkeit hat, die Tendenz zu beeinflussen. Nicht
geklärt ist, ob die Regelung in Einklang mit der RL 2002/14/EG vom 11. 3. 02 zur
Festlegung eines allgm. Rahmens für die Unterrichtung und Anhörung der ArbN in
der Europäischen Gemeinschaft steht (zum Meinungsstand und zum Umsetzungsbe-
darf *Richardi/Thüsing* Rn 169 a ff.).

Der WiAusschuss ist stets auf das Unternehmen bezogen. Besondere Schwierigkei- 44
ten bereitet die Anwendung des Abs. 1 S. 2 bei **Unternehmen mit mehreren Betrieben,** die nicht ausschließlich geschützte Bestimmungen iSd. Abs. 1 S. 1 verfolgen. Dazu bedarf es der Prüfung, ob insgesamt die tendenzneutralen Zwecke
überwiegen. Für die Bildung eines WiAusschusses kommt es in einem Mischunter-

nehmen nach der Rspr. des BAG auf quantitative Gesichtspunkte an. Entscheidend ist, in welchem Umfang und mit welcher Intensität es seine Tätigkeit den tendenzgeschützten Bestimmungen im Vergleich zu tendenzneutralen Zielen widmet. Abzustellen ist auf den Umfang, in dem das Unternehmen seine personellen und sonstigen Mittel zur Tendenzverwirklichung einsetzt. Bei personalintensivem Einsatz kommt es auf die Arbeitsmenge an (BAG 15. 3. 06 AP Nr. 79 zu § 118 BetrVG 1972): Kein taugliches Abgrenzungskriterium sind stets variierende Umsatzzahlen. Auch soweit ein WiAusschuss zu bilden ist, ist er nur für die tendenzneutralen und nicht auch für die Tendenzbetriebe des Unternehmens zuständig.

45   Bildet der Betrieb einer **Lohndruckerei** ein rechtlich selbständiges Unternehmen, so ist ein WiAusschuss auch dann zu bilden, wenn eine wirtschaftliche und personelle Verflechtung mit einem Zeitungsverlages besteht; denn die Druckerei dient nicht „unmittelbar" einer Tendenz (BAG 31. 10. 75 AP Nr. 3 zu § 118 BetrVG 1972). Ein WiAusschuss ist auch zu errichten, wenn ein reines Druckereiunternehmen abhängiges Unternehmen eines Konzerns ist (BAG 30. 6. 81, AP Nr. 20 zu § 118 BetrVG 1972). Dadurch wird die Tendenz des Konzerns nicht beeinflusst, weil die Beratung im WiAusschuss der Druckerei sich nur auf dieses Unternehmen erstreckt, das lediglich der technischen Verwirklichung der Tendenz dient.

46   Abs. 1 sieht ausdrücklich vor, dass die **§§ 111–113** auch in Tendenzunternehmen (-betrieben) insoweit anzuwenden sind, als sie den **Ausgleich oder die Milderung wirtschaftlicher Nachteile** für die ArbN bei Betriebsänderungen betreffen (§ 112 Abs. 1 S. 2). Die Vorschrift enthält einen Anwendungsbefehl, der sich auch auf § 113 erstreckt (BAG 23. 3. 99 AP Nr. 65 zu § 118 BetrVG 1972; **aA** in Bezug auf § 113 *HSWGNR* Rn 103; *Richardi/Thüsing* Rn 172; für uneingeschränkte Anwendung des § 113 *DKK-Wedde* Rn 62). Maßgebend ist die Tendenz des konkreten Betriebes, aber nicht des Unternehmens. Das Beteiligungsrecht besteht nicht bei der Entscheidung über den Grund der Maßnahme, wohl aber deren Folgen.

47   Demgemäß sind die §§ 111–113 wie folgt anzuwenden:

§ 111:   **Unterrichtung und Beratung** über eine Betriebsänderung im Hinblick auf die Vermeidung wesentlicher Nachteile für die ArbN (*HSWGNR* Rn 111; *Richardi/Thüsing* Rn 170; GK-*Weber* Rn 148; **aA** betr. Beratung *Bauer/Lingemann* NZA 95, 813, 815), rechtzeitig vor Durchführung der Betriebsänderung, damit der BR auch in einem Tendenzunternehmen über angemessene Informationen über die durch Sozialplan auszugleichenden Nachteile verfügt (BAG 27. 10. 99 AP Nr. 65 zu § 118 BetrVG 1972). Allerdings ist nach Normzweck und Systematik der Vorschriften der ernsthafte Versuch eines Interessenausgleichs nicht geboten; die E-Stelle muss deshalb nicht angerufen werden. Im Tendenzbetrieb ist die Beteiligung des BR auf die Folgen des Interessenausgleichs beschränkt. Sie erstreckt sich nicht auf deren Ob und Wie (GK-*Weber* Rn 146, hM). Der ArbGeb. ist von Verfassungs wegen aber nicht gehindert, mit dem BR einen freiwilligen Interessenausgleich zu vereinbaren (*Gillen/Hörle* NZA 03, 1225).

§§ 112, 112a: Gelten **nur für den Abschluss eines Sozialplans** (BAG 17. 8. 82 AP Nr. 11 zu § 111 BetrVG 1972), nicht hinsichtlich eines Interessenausgleichs. Bei Meinungsverschiedenheiten sind die in diesen Vorschriften vorgesehenen Konfliktlösungen wegen der Tendenz nicht beschränkt. Die (mögliche) Einschaltung des Vorstands der Bundesagentur für Arbeit sowie die Zuständigkeit der E-Stelle für den Sozialplan bleiben erhalten (GK-*Weber* Rn 143).

§ 113 Abs. 3:   mit der Maßgabe, dass an Stelle der **Verhandlung über** den Interessenausgleich, die über den damit in innerem Zusammenhang stehenden **Sozialplan** tritt (§ 113 Abs. 1 und 2 ist nur über die Bezugnahme in Abs. 3 anwendbar). Der Unternehmer soll den BR – auch eines Tendenzbetriebes – nicht vor vollendete Tatsachen stellen (BAG 18. 11. 03 AP Nr. 76 zu § 118 BetrVG 1972 GK-*Weber* Rn 152, der allerdings eine Beratungspflicht über den Sozialplan vor Durchführung der Betriebsänderung ablehnt; *DKK-Wedde* Rn 61 für unbeschränkte Anwendbarkeit des § 113, **aa** *HSWGNR* Rn 103, *Richardi/Thüsing* Rn 172, einschränkend auch *Bauer* FS *Wißmann* S. 215). Der Sozialplan kann außerdem noch gemäß §§ 112, 112a durchgesetzt werden. In Tendenzbetrieben ist § 113 Abs. 3 anzuwenden, wenn der ArbGeb. eine Betriebsänderung durchführt, ohne den BR rechtzeitig zu unterrichten und Verhandlungen über einen Sozialplan zu ermöglichen (BAG 27. 10. 98 AP Nr. 65 zu § 118 BetrVG 1972). Eine Pflichtverletzung des ArbGeb., die den Anspruch auf Nachteilsausgleich begründet, folgt aus dem unterlassenen Bemühen, eine Einigung mit dem BR zu erzielen (**aa** *Gillen/Hörle* NZA 03, 1231). Nicht geklärt hat das BAG, ob ein Anspruch auf Nachteilsausgleich entsteht, wenn der ArbGeb. ohne zwingenden Grund von einem Interessenausgleich abweicht (§ 113 Abs. 1). In diesem Fall dürfte ein Anspruch auf Nachteilsausgleich gegeben sein. Insoweit handelt es sich um einen freiwilligen Interessenausgleich, der mit betriebsverfassungsrechtlichen Mitteln durchzusetzen ist. Dazu gehört auch der Nachteilsausgleich (GK-*Weber* Rn 145, 151).

Gemäß § 613a **BGB** gehen die Arbeitsverhältnisse aller ArbN in Tendenzbetrieben auf den neuen Betriebsinhaber über, also auch die der **Tendenzträger.** Es handelt sich um eine bürgerlich-rechtliche Vorschrift. Für sie gelten die Beschränkungen des § 118 nicht (BAG 7. 11. 75 AP Nr. 3 zu § 99 BetrVG 1972). **48**

V. Freiwillige Vereinbarungen

Der Tendenzschutz des § 118 soll dem ArbGeb. die Verwirklichung grundrechtlich **49** geschützter Ziele nach eigenen Vorstellungen ermöglichen. Der ArbGeb. kann deshalb dem BR ein MBR in tendenzrelevanten Fragen freiwillig einräumen (vgl. BAG 31. 1. 95 AP Nr. 56 zu § 118 BetrVG 1972) oder darauf verzichten (BAG 5. 10. 00 AP Nr. 69 zu § 118 BetrVG 1972). Das gilt für alle in Abs. 1 genannten Zielsetzungen.

Verleger können durch sog. **Redaktionsstatute** über § 118 Abs. 1 S. 1 hinaus ge- **50** hende Beteiligungsrechte gewährleisten. Solche Statute zwischen Verlegern und Redakteuren sollen die „innere Pressefreiheit" sichern. Innerhalb des Rahmens der allgemeinen Tendenz des Presseorgans soll kein Gewissenszwang auf die Redakteure ausgeübt und ein Mitspracherecht in journalistischen Fragen bei der Gestaltung des Presseerzeugnisses gewährt werden. Redaktionsstatute dienen vor allem dazu, konkurrierende wechselseitige Grundrechtspositionen zum Ausgleich zu bringen (*Rüthers* RdA 02, 360). Solche Vereinbarungen sind mit Art. 5 Abs. 1 GG vereinbar, soweit damit kein völliger Grundrechtsverzicht verbunden ist. Oberhalb dieser Grenze sind Verleger von Verfassungs wegen nicht gehindert, durch individualrechtliche Vereinbarungen das tendenzbezogene Direktionsrecht zu beschränken und Tendenzbestimmungskompetenzen auf Redakteure zu übertragen. Auch das ist Ausdruck der verfassungsrechtlichen geschützten Tendenz (vgl. *Maunz/Dürig-Herzog* GG Art. 5 Abs. 1, 2 Rn 174).

Redaktionsstatute dürfen nicht im **Widerspruch zu den Organisationsvor-** **51** **schriften des G** stehen. Die Befugnisse des BR dürfen durch ein solches Statut nicht eingeschränkt werden. Die Kompetenzen der Sondervertretungen (Redaktionsräte) müssen deshalb auf Tendenzangelegenheiten beschränkt sein, die der Mitbestimmung und Mitwirkung des BR nach § 118 Abs. 1 entzogen sind (BAG 19. 6. 01 AP Nr. 3 zu § 3 BetrVG 1972).

52   Redaktionsstatute haben in der Regel individualrechtlichen Charakter. Sie kommen häufig im Wege **arbeitsvertraglicher Einheitsregelungen/Gesamtzusage** zustande. Gesellschaftsrechtliche oder vereinsrechtliche Beziehungen zwischen Verleger und Redakteur werden dadurch nicht begründet (vgl. BAG 19. 6. 01 AP Nr. 3 zu § 3 BetrVG 1972). Nicht möglich ist der Abschluss einer **BV.** Der BR ist hierfür mangels Regelungskompetenz nicht zuständig (GK-*Weber* Rn 41; *Richardi/Thüsing* Rn 240; **aA** DKK-*Wedde* Rn 104). Auf diese Fragen beschränkte Regelungen können auch durch **TV** getroffen werden (umstr., zum Meinungsstand GK-*Weber* Rn 35 ff.). Die Regelungskompetenz der TV-Parteien ist durch Art. 9 Abs. 3 GG gedeckt. Redaktionsstatute betreffen die Beteiligung von Redakteuren an personellen und betrieblichen Entscheidungen. Das ist Teil des durch Art. 9 Abs. 3 GG gewährleisteten Rechts zur Regelung von Arbeits- und Wirtschaftsbedingungen.

53   Arbeitsvertragliche Redaktionsstatute können, soweit kein **Widerrufsrecht** des Verlegers vereinbart ist, durch Kündigung beseitigt werden. Eine Teilkündigung ist unzulässig (BAG 19. 6. 01 AP Nr. 3 zu § 3 BetrVG 1972). Fehlt eine gesonderte Vereinbarung zur **Kündigung** des Redaktionsstatuts, kann es als Teil des Arbeitsverhältnisses nur durch eine Änderungs- oder eine Beendigungskündigung beseitigt werden. Bei der Prüfung der sozialen Rechtfertigung einer solchen Kündigung ist die grundrechtliche Gewährleistung des Art. 5 Abs. 1 GG zu beachten. Die Tendenzentscheidung des ArbGeb. entspricht der unternehmerischen Entscheidung im Rahmen einer betriebsbedingten Kündigung. Sie unterliegt nur einer Willkürkontrolle.

VI. Bereichsausnahme für Religionsgemeinschaften

1. Religionsgemeinschaft

54   Der Begriff der Religionsgemeinschaften des Abs. 2 entspricht dem der Religionsgesellschaft des Art. 137 Abs. 3 WRV iVm. Art. 140 GG (BAG 24. 7. 91 AP Nr. 48 zu § 118 BetrVG 1972) und damit der grundgesetzlich geschützten Religionsfreiheit des Art. 4 GG (BVerfG 5. 2. 91 BVerfGE 83, 341; *Thüsing* RdA 03, 210; krit. *Däubler* RdA 03, 204). Er erfasst nicht nur die christlichen Religionen. **Religionsgemeinschaften** sind neben den allgemein anerkannten christlichen auch **Glaubensgemeinschaften weltanschaulicher Art** (vgl. Art. 137 WRV iVm. Art. 140 GG; DKK-*Wedde* Rn 106; *Richardi/Thüsing* Rn 190 GK-*Weber* Rn 218, 221, WPK/*Bender* Rn 73 auch Weltanschauungsgemeinschaft ohne religiösen Bezug). Keine Religionsgemeinschaft ist die Scientology-Sekte, deren religiöse u. weltanschaulichen Lehren nur als Vorwand für die Verfolgung wirtschaftlicher Zwecke dienen (BAG 22. 3. 95 AP Nr. 21 zu § 5 ArbGG 1979 m. Anm. *Goerlich* JZ 95, 955; s. auch LAG Berlin DB 97, 2542; *Zuck* NJW 97, 697). Ob es sich bei dem ArbGeb. um eine Religionsgemeinschaft handelt, für die das BetrVG nicht gilt, ist von den ArbG zu prüfen (BAG 22. 3. 95 aaO; *Richardi/Thüsing* Rn 191).

55   Auf Religionsgemeinschaften, die Körperschaften des öffentlichen Rechts sind, findet das BetrVG wegen § 130 ohnehin keine Anwendung. Körperschaften des öffentlichen Rechts sind im Bereich der **römisch-katholischen Kirche** die Bistümer und der Verband der Diözesen. Bei den **evangelischen Landeskirchen** sind dass die Zusammenschlüsse in der Evangelischen Kirche in Deutschland (EKD), die Evangelischen Kirche der Union (EKU) und die Vereinigte Evangelisch-Lutherische Kirche Deutschlands (VELKD) sowie die evangelische Freikirchen. Öffentlich-rechtliche Körperschaften sind darüber hinaus die **jüdischen Kultusgemeinden** und der Zentralrat der Juden in Deutschland. Den Status einer öffentlich rechtlichen Körperschaft haben außerdem die Niederlassungen der **Orden und religiösen Kongregation** nach Art. 182 der Bayrischen Verfassung und dem mit dem Heiligen Stuhl geschlossenen Konkordat vom 29. 3. 1924 (vgl. die Übersicht bei *Richardi/Thüsing*

Rn 193 ff.). Diese Körperschaften sind wegen § 112 BPersVG auch vom Geltungsbereich des Personalvertretungsrechts ausgenommen.

Die **Bereichsausnahme** in Abs. 2 ist deshalb von **Bedeutung** für die privatrecht- **56** lich organisierten Religionsgemeinschaften sowie die privatrechtlich organisierten und deshalb rechtlich selbständigen erzieherischen und karitativen Einrichtungen der öffentlich-rechtlich verfassten Kirchen. Jenen steht es von Verfassungs wegen frei, sich **privatrechtlicher Handlungsformen zur Erfüllung ihres religiösen Auftrags** zu bedienen (BVerfGE 24, 236; 11. 10. 77, 25. 3. 80, 17. 2. 81 AP Nr. 1, 6, 9 zu Art. 140 GG). Nach der Auffassung des BVerfG, an die das BAG gebunden ist, muss die Kirche nach ihrem Selbstverständnis selbst über ihre Betätigung bestimmen können. Dieser Befugnis trägt das BetrVG mit der Bereichsausnahme in Abs. 2 Rechnung. Nach der st. Rspr. des BVerfG gehört zu dem den Religionsgemeinschaften zustehenden Freiheitsraum nämlich auch das Recht, Vertretungsorgane entsprechend dem Charakter der Religionsgemeinschaft für die bei ihr tätigen ArbN einzurichten und zu gestalten (BVerfG 11. 10. 77 AP Nr. 1 zu Art. 140 GG). Die Bereichsausnahme verstößt danach nicht gegen das Sozialstaatsprinzip (BVerfG 6. 12. 77 AP Nr. 10 zu § 118 BetrVG 1972). Damit entscheidet nach der st. Rspr. des BVerfG die Kirche allein, was zu ihren Einrichtungen nach § 118 Abs. 2 zählt (vgl. BVerfG 21. 9. 76, 25. 3. 80, 17. 2. 81 AP Nr. 5, 6, 9 zu Art. 140 GG).

2. Privatrechtliche Einrichtungen einer Religionsgemeinschaft

Abs. 2 nimmt nur die privatrechtlich organisierten **karitativen oder erzieheri-** **57** **schen Einrichtungen** (zB Verein, Stiftung, GmbH) von der Anwendung des G aus, andere nicht (*DKK-Wedde* Rn 105; *Richardi/Thüsing* Rn 203). Diese können aber unter Abs. 1 fallen. Hat eine solche Einrichtung den Status einer öffentlich-rechtichen Körperschaft, gilt das BetrVG nicht (§ 130). Sind Wirtschaftsbetriebe Regieoder Eigenbetriebe einer öffentlich-rechtlich organisierten Religionsgemeinschaft, findet das BetrVG wegen § 130 keine Anwendung.

Soweit die Religionsgemeinschaften über ihren **eigentlichen Verwaltungsappa-** **58** **rat hinaus Einrichtungen** irgendwelcher Art betreiben, zählen diese nicht mehr zur Religionsgemeinschaft. Sie sind dann entweder Betriebe, die konfessionellen Bestimmungen dienen und deshalb unter Abs. 1 fallen, oder sie zählen, wenn sie karitative oder erzieherische Zwecke verfolgen, zu den Einrichtungen des Abs. 2, auf die das BetrVG keine Anwendung findet (Schulen, Krankenhäuser [BAG 21. 11. 75 AP Nr. 6 zu § 118 BetrVG 1972], Kindergärten [BAG 25. 4. 78, 11. 3. 86 AP Nr. 2, 25 zu Art. 140 GG], Jugenddorf (BAG 30. 4. 97 AP Nr. 60 zu § 118 BetrVG 1972), Altersheime, Waisenhäuser, Diakonisches Werk e. V. [BAG 6. 12. 77 AP Nr. 10 zu § 118 BetrVG 1972], Innere Mission, Caritasverband e. V. BAG 31. 7. 02 AP Nr. 70 zu § 118 BetrVG 1972).

Ob das Wirken einer Einrichtung „karitativ" oder „erzieherisch" ist und dieses **59** zum religiösen Selbstverständnis der Religionsgemeinschaft gehört, bestimmt sich nach dem **Selbstverständnis der Religionsgemeinschaft.** Das schließt eine **gerichtliche Kontrolle** nicht aus (*WPK/Bender* Rn 77; *DKK-Wedde* Rn. 107b). Die ArbG haben zu prüfen, welchen Inhalt die Religionsgemeinschaft den in § 118 Abs. 2 genannten Zwecken geben und ob die betroffene Einrichtung nach ihrer Aufgabenstellung und Zwecksetzung diesen Vorgaben entspricht. Dafür sind im Einzelfall – ggf. durch Einholung entsprechender Auskünfte – die darauf bezogenen Grundsätze der Religionsgemeinschaft zu ermitteln und die Möglichkeiten zur Einflussnahme festzustellen (BAG 23. 10. 02 AP Nr. 72 zu § 118 BetrVG 1972). Zu berücksichtigen ist, dass das Definitionsrecht der Religionsgemeinschaften allein Inhalt und Tragweite ihres Sendungsauftrags betrifft (*Kühling* ArbuR 07, 138):

Für die Zuordnung einer rechtlich selbständigen Einrichtung zu einer Religions- **60** gemeinschaft reicht es nicht aus, dass die Einrichtung nach Aufgabe und Zweck auf die Verwirklichung des selbstgesetzten Auftrags der Religionsgemeinschaft gerichtet ist. Die Bereichsausnahme nach Abs. 2 verlangt weiter (*Dütz* Anm. AP Nr. 72 zu § 118 BetrVG 1972), dass die Religionsgemeinschaft über ein **Mindestmaß an Einflussmöglichkeiten** verfügt, um auf Dauer eine Übereinstimmung der religiösen Betätigung der Einrichtung mit ihren Vorstellungen gewährleisten zu können. Dieser Einfluss kann satzungsrechtlich abgesichert sein. Er kann sich auch personellen Verflechtungen ergeben. In allen Fällen muss die Religionsgemeinschaft in der Lage sein, einen etwaigen Dissens in religiösen Angelegenheiten zwischen ihr und der jeweiligen Einrichtung zu unterbinden, sich also durchzusetzen (*DKK-Wedde* Rn 107 b). Das wird bei einer historisch gewachsenen Mitgliedschaft im Diakonischen Werk stets der Fall sein (BAG 30. 4. 97 AP Nr. 60 zu § 118 BetrVG 1972), zwingend ist das nicht (BAG 5. 12. 07 AP Nr. 82 zu § 118 BetrVG 1972). Die bloße Möglichkeit der Einflussnahme, etwa durch die Verhängung von Kirchenstrafen gegenüber den Beschäftigten, genügt dafür nicht (*Thüsing* Anm. AP Nr. 70 zu § 118 BetrVG 1972). Eben so wenig dürfte die Möglichkeit des Ausschlusses aus dem Diakonischen Werk genügen, da dieses Mittel nur Folge einer fehlenden Einflussmöglichkeit ist, eine solche also nicht belegen kann. Ob sich die Religionsgemeinschaft in religiösen Fragen gegenüber der Einrichtung durchsetzen kann, ist von den Gerichten für Arbeitssachen zu kontrollieren (BAG 23. 10. 02 AP Nr. 72 zu § 118 BetrVG 1972). In einem solchen Verfahren kann die Religionsgemeinschaft bzw. ihre Untergliederung nicht als Nebenintervenient nach § 66 ZPO zur Unterstützung des ArbGeb. dem Verfahren beitreten.

61   Wegen kirchlichen Pressedienstes bei organisatorischer Verknüpfung des Vereins mit der Kirche vgl. BAG 24. 7. 91 AP Nr. 48 zu § 118 BetrVG 1972. Auch bei einer in der **Rechtsform einer GmbH** betriebenen katholischen Wohnungsbau- und Siedlungsgemeinschaft, die eine 100%-ige Tochter eines Erzbistums und eines Caritasverbandes ist, bedarf es der gesonderten Prüfung, ob der durch sie verfolgte Zweck und die konkrete Art ihrer Betätigung nach dem Selbstverständnis der katholischen Kirche als karitativ anzusehen ist (BAG 23. 10. 02 AP Nr. 72 zu § 118 BetrVG 1972). Insgesamt verdeutlicht und präzisiert die jüngere Rspr. des BAG die trotz der Beachtung des kirchlichen Selbstverständnisses verbleibende Kontrollbefugnisse der ArbG (*Reichold* NZA 09, 1377).

62   Aus diesem Grund ist auch bei **gemischt kirchlich–weltlichen Unternehmen,** also solchen, an denen die Religionsgemeinschaft nur beteiligt, nicht allein auf den Rechtsträger, sondern darauf abzustellen, ob der Religionsgemeinschaft ein hinreichender Einfluss iSd. Rspr. des BVerfG bleibt (*Richardi/Thüsing* Rn 211) aber auch, ob diese Betätigung dem Selbstverständnis der Religionsgemeinschaft nach karitativ oder erzieherisch ist.

VII. Streitigkeiten

63   Meinungsverschiedenheiten über die Frage, ob und inwieweit die Anwendung des BetrVG nach Abs. 1 eingeschränkt ist oder nach Abs. 2 überhaupt entfällt, entscheiden die ArbG im **BeschlVerf.** (Einzelheiten Nach § 1 Rn 7 ff.). Das Vorliegen einer Bereichsausnahme nach § 118 Abs. 2 kann im Wege eines Feststellungsantrags geklärt werden; für die abstrakte Feststellung der Tendenzeigenschaft nach Abs. 1 gilt das nach der neueren Rspr. des BAG nicht (BAG 14. 12. 10 – 1 ABR 93/09 – NZA 11, 473; *Dahm* SAE 11, 201; vgl. Nach § 1 Rn 17). In einem BeschlVerf. über die Berechtigung des BR zur Bestellung eines WiAusschusses ist ein bereits gegründeter WiAusschuss nicht zu beteiligen (BAG 15. 3. 06 AP Nr. 79 zu § 118 BetrVG 1972).

Über die Bereichsausnahme nach Abs. 2 dürfte regelmäßig im Wahlanfechtungsverfahren zu entscheiden sein. In diesen Verf. trägt derjenige die Darlegungslast, der sich auf die Geltung der Bereichsausnahme beruft. Handelt es sich um eine privatrechtlich organisierte Religionsgemeinschaft, sind die Merkmale einer Religionsgemeinschaft iSd. Art. 140 GG iVm. Art. 136 WRV vorzutragen. Ist dagegen die Geltung der Bereichsausnahme für eine privatrechtlich organisierte karitative oder erzieherische Einrichtung umstritten, an denen eine der verfassten Kirchen beteiligt ist, hat der ArbGeb. vorzutragen, dass die Einrichtung nach Aufgabe und Zweck entsprechend dem Selbstverständnis der jeweiligen Kirche den in Abs. 2 genannten Zwecken dient und die Kirche auch in der Lage ist, sich bei einem Dissens in religiösen Fragen durchzusetzen. Als Vorfrage kann über die Anwendung des § 118, dh die Nichtanwendung des BetrVG auch im **UrteilsVerf.** entschieden werden, zB in einem Kündigungsschutzprozess. Ist streitig, ob es sich um eine personelle Maßnahme mit Tendenzbezug handelt, so darf der ArbGeb. diese auch ohne Zustimmung des BR oder gerichtliche Ersetzung dieser Zustimmung zunächst durchführen. Er trägt dann aber das Risiko, dass ihm auf Antrag des BR die Aufrechterhaltung der Maßnahme nach § 101 untersagt wird (BAG 1. 9. 87 AP Nr. 11 zu § 101 BetrVG 1972). Wird allerdings die auch in Tendenzbetrieben bestehende Anhörungspflicht (Rn 37) verletzt, so kann der BR allein deshalb das Verfahren nach § 101 betreiben (BAG 1. 9. 87 AP Nr. 10 zu § 101 BetrVG 1972). Rechte aus einem vertraglich vereinbarten **Redaktionsstatut** sind vor dem ArbG im UrteilsVerf. geltend zu machen. Es handelt sich um eine Streitigkeit aus dem Arbeitsvertrag (BAG 21. 5. 99 AP Nr. 1 zu 611 BGB Zeitungsverlage).

Sechster Teil. Straf- und Bußgeldvorschriften

§ 119 Straftaten gegen Betriebsverfassungsorgane und ihre Mitglieder

(1) Mit Freiheitsstrafe bis zu einem Jahr oder mit Geldstrafe wird bestraft, wer

1. eine Wahl des Betriebsrats, der Jugend- und Auszubildendenvertretung, der Bordvertretung, des Seebetriebsrats oder der in § 3 Abs. 1 Nr. 1 bis 3 oder 5 bezeichneten Vertretungen der Arbeitnehmer behindert oder durch Zufügung oder Androhung von Nachteilen oder durch Gewährung oder Versprechen von Vorteilen beeinflusst,

2. die Tätigkeit des Betriebsrats, des Gesamtbetriebsrats, des Konzernbetriebsrats, der Jugend- und Auszubildendenvertretung, der Gesamt-Jugend- und Auszubildendenvertretung, der Konzern-Jugend- und Auszubildendenvertretung, der Bordvertretung, des Seebetriebsrats, der in § 3 Abs. 1 bezeichneten Vertretungen der Arbeitnehmer, der Einigungsstelle, der in § 76 Abs. 8 bezeichneten tariflichen Schlichtungsstelle, der in § 86 bezeichneten betrieblichen Beschwerdestelle oder des Wirtschaftsausschusses behindert oder stört, oder

3. ein Mitglied oder ein Ersatzmitglied des Betriebsrats, des Gesamtbetriebsrats, des Konzernbetriebsrats, der Jugend- und Auszubildendenvertretung, der Gesamt-Jugend- und Auszubildendenvertretung, der Konzern-Jugend- und Auszubildendenvertretung, der Bordvertretung, des Seebetriebsrats, der in § 3 Abs. 1 bezeichneten Vertretungen der Arbeitnehmer, der Einigungsstelle, der in § 76 Abs. 8 bezeichneten Schlichtungsstelle, der in § 86 bezeichneten betrieblichen Beschwerdestelle oder des Wirtschaftsausschusses um seiner Tätigkeit willen oder eine Auskunftsperson nach § 80 Abs. 2 Satz 3 um ihrer Tätigkeit willen benachteiligt oder begünstigt.

(2) Die Tat wird nur auf Antrag des Betriebsrats, des Gesamtbetriebsrats, des Konzernbetriebsrats, der Bordvertretung, des Seebetriebsrats, einer der in § 3 Abs. 1 bezeichneten Vertretungen der Arbeitnehmer, des Wahlvorstands, des Unternehmers oder einer im Betrieb vertretenen Gewerkschaft verfolgt.

Inhaltsübersicht

I. Vorbemerkung

1   Der Sechste Teil des G enthält die Straf- und Bußgeldvorschriften. Die **Straftatbestände** des § 119 beziehen sich auf die Behinderung oder rechtswidrige Beeinflussung der im BetrVG vorgesehenen Wahlen, die Störung oder Behinderung der Tätigkeit der Betriebsverfassungsorgane und die Benachteiligung oder Begünstigung ihrer Mitgl. oder Dritter, die bestimmte betriebsverfassungsrechtliche Funktionen ausüben. Für die betriebsrats- oder gremieninterne Wahlen gelten sie nicht (GK-*Oetker* Rn 10). Der durch die Strafvorschriften geschützte Personenkreis ist durch das **Betr-**

1894

Verf-ReformG erweitert worden. Es handelt sich um Folgeänderungen, die auf die Änderungen des § 3 Abs. 1 und die Schaffung einer KJugAzubiVertr. zurückgehen. Geschützt wird außerdem die Auskunftsperson nach § 80 Abs. 2 Satz 3. Die Strafvorschriften richten sich nicht nur gegen den ArbGeb. (Unternehmer) oder seine Vertr., sondern **gegen jedermann,** also gegen ArbN, Betriebsangehörige, die nach § 5 Abs. 2 nicht als ArbN gelten, leitende Ang. (§ 5 Abs. 3) und auch gegen außenstehende Dritte (hM; ausführlich zum strafrechtl. Schutz betriebsverfassungsrechtl. Organe *Dannecker FS Gitter* S. 167 ff.; *Reinecke* ArbuR 97, 139 ff.). Die Einleitung eines Strafverfahrens nach § 119 schließt ein Verfahren nach § 23 Abs. 3 gegenüber dem ArbGeb. nicht aus.

Entspr. Vorschriften: § 34 SprAuG, § 44 Abs. 1 Nr. 2, Abs. 3 EBRG.   **2**

II. Die einzelnen Tatbestände

Hinsichtlich der Tathandlung der Wahlbeeinflussung oder Wahlbehinderung **3** (§ 20), der Behinderung oder Störung der Amtsführung (§ 78 Satz 1) sowie der Benachteiligung oder einer unerlaubten Begünstigung (§ 78 Satz 2) wird auf die Kommentierung der jeweils zugrundeliegenden Vorschriften verwiesen. Trotz seiner weiten Fassung wahrt § 119 das strafrechtl. Bestimmtheitsgebot des Art. 103 Abs. 2 GG (*Pasewaldt* ZIS 07, 75).

1. Tatbestand der Nr. 1

Der Tatbestand der Nr. 1 schützt die **Integrität der Wahl des BR,** also die Frei- **4** heit der Willensbetätigung der Wahlbeteiligten (BGH 13. 9. 10 – 1 StR 220/09 – NJW 11, 88). Dieser Wahlschutz zielt letztlich auf die Sicherung der Funktionsfähigkeit der betriebsverfassungsrechtl. Organe und dient damit dem Schutz der MB (*Pasewaldt* ZIS 07, 75). Bei der zweiten Alt. geht es um den **Schutz der Willensbildung des Wählers,** auf dessen Entschließung nicht in einer von der Rechtsordnung missbilligten Weise eingewirkt werden soll (BGH 13. 9. 10 – 1 StR 220/09 – NJW 11, 88). Es handelt sich um Erfolgsdelikte; bei der ersten Alt. liegt der Erfolg im Eintritt einer konkreten Gefährdung, bei der zweiten Alt. in der Herbeiführung einer veränderten Kandidatur oder Stimmabgabe (WPK/*Preis* Rn 14 ff.; *Pasewaldt* ZIS 07, 75). Da der BR nach § 14 Abs. 1 in geheimer Wahl gewählt wird, bedarf es keines Kausalitätsnachweises, in welch konkreten Umfang die Tathandlung das Wahlergebnis beeinflusst hat (BGH 13. 9. 10 – 1 StR 220/09 – NJW 11, 88). Zulässig bleibt die **Wahlpropaganda** (LAG Köln NZA 94, 431), jedoch keine vom ArbGeb. finanzierte. Diesen trifft ein Neutralitätsgebot (*Maschmann* BB 2010, 245). Da nur ein Wahlrecht, aber keine Wahlpflicht besteht, ist die Wahlenthaltung von ArbN keine Wahlbehinderung. Im Übrigen ist unter einer Behinderung oder Beeinflussung der Wahl jedes Tun oder pflichtwidrige Unterlassen zu verstehen, das zu einem ungewöhnlichen Ablauf des Wahlvorganges führt (§ 20 Rn 7 ff.). Nach Nr. 1 können etwa strafbar sein (Übersicht bei *Maschmann* BB 2010, 245):
– Verhinderung/Behinderung einer BetrVerslg. zur Bestellung eines Wahlvorst. durch unwahre Angaben (Bay. OLG 29. 7. 80 AP Nr. 1 zu § 119 BetrVG 1972; LG Siegen AiB 92, 41; *Boldt/Gosch* AiB 97, 560);
– Manipulation der Wahlunterlagen nach Stimmabgabe (LG Braunschweig NStZ-RR 00, 93);
– Hausverbot gegen Mitgl. des Wahlvorstands oder Zugangsverbot für den Beauftragten einer im Betrieb vertretenen Gewerkschaft (AG Bremen AiB 92, 41 ff.):
– Verweigerung von Wahlunterlagen (AG Detmold BB 79, 783);
– wahrheitswidrige Angaben zum Schwellenwert für die Durchführung des vereinfachten Wahlverfahrens nach § 14a Abs. 1;

– Nötigung zum Abschluss eines Änderungsvertrags eines Wahlbewerbers, um durch dessen Versetzung und damit verbundenem Wegfall des aktiven wie passiven Wahlrechts die Wahl des BR zu verhindern oder erschweren (LG Marburg 10. 5. 07 AiB 08, 108);

– verdeckte finanzielle Unterstützung einer Wahlvorschlagsliste, deren Kandidaten sich deshalb nachhaltiger präsentieren können (BGH 13. 9. 10 – 1 StR 220/09 – NJW 11, 88);

– infrastrukturelle Unterstützung einer Wahlvorschlagsliste durch den ArbGeb.;

– Inaussichtstellen beruflicher oder finanzieller Vorteile für einzelne ArbN oder eine Gruppe von ArbN, um sie zur Kandidatur zu bewegen (BGH 13. 9. 10 – 1 StR 220/09 – NJW 11, 88).

5 Entspr. gilt für die Wahl der anderen in Nr. 1 genannten **Betriebsverfassungsorgane.** In §§ 63 Abs. 2, 115 Abs. 2, 116 Abs. 2 wird auf die Wahlvorschriften für den BR und damit auf § 20 verwiesen. Auch die Wahl der im Wege einer kollektivrechtlichen Vereinbarungslösung geschaffenen ANVertr. ist ebenfalls strafrechtlich gegen Behinderung oder rechtswidrige Beeinflussung geschützt wie die der übrigen Organe der Betriebsverfassung. Die Vorschrift gilt nicht für die Wahl der ArbN-Vertr. zum AR oder solcher betriebsverfassungsrechtlicher Organe, die auf Entsendung beruhen (*DKK-Trümner* Rn 11; GK-*Oetker* Rn 10; WPK/*Preis* Rn 12).

6 Die bes. Vorschriften des StGB zum Schutze der Wahlen (§§ 107 ff.) betreffen allgemeine Wahlen für die Volksvertretungen. Sie sind auf die betriebsverfassungsrechtlichen Wahlen nicht anwendbar (vgl. § 108 d StGB; *Richardi/Annuß* Rn 18). Ein Verstoß gegen Nr. 1 durch verschleierte Zuwendungen des ArbGeb. zur Unterstützung einer Wahlvorschlagsliste erfüllt nicht den Tatbestand der Untreue iSd. § 266 StGB, der die Verletzung einer jedenfalls das betreute Vermögen mittelbar schützenden Vorschrift verlangt. Eine derartige Zweckbestimmung fehlt bei der Nr. 1 (BGH 13. 9. 10 – 1 StR 220/09 – NJW 11, 88). Für solche Zahlungen gilt aber das Abzugsverbot des § 4 Abs. 5 Nr. 10 EStG, weshalb ein Steuerdelikt iSd § 370 Abs. 1 Nr. 1 AO vorliegen kann.

2. Tatbestand der Nr. 2

7 Nr. 2 stellt die Behinderung oder Störung (vgl. § 78 S. 1) der Amtsführung der in Nr. 2 genannten Organe der Betriebsverfassung unter Strafe. Geschützt werden soll die **ungestörte Amtsführung** (HSWGNR Rn 30). **Schutzzweck** ist die Sicherung der Funktionsfähigkeit der Betriebsverfassung. Verboten ist demnach jede Maßnahme, die einen unzulässigen Eingriff in die Geschäftsführung dieser Stellen oder eine Behinderung oder Verhinderung der Ausübung ihrer Tätigkeit und damit auch die des einzelnen Mitglieds im Rahmen des BetrVG darstellt (ErfK-*Kania* Rn 3; *Richardi/ Annuß* Rn 20; WPK/*Preis* Rn 22). Benachteiligung ist jede Schlechterstellung im Verhältnis zu anderen vergleichbaren ArbN, die arbeitsrechtlich gesehen ungerechtfertigt ist und damit wegen der Amtstätigkeit erfolgt (OLG Düsseldorf 27. 3. 08 EzA § 119 BetrVG Nr. 2) Es handelt sich ebenfalls um ein Erfolgsdelikt; Behinderung oder Störung müssen tatsächlich eingetreten sein (*Pasewaldt* ZIS 07, 75). Tathandlungen können **im Einzelnen** sein: Verweigerung der Anhörung (vgl. BAG 20. 9. 57 AP Nr. 34 zu § 1 KSchG; Verbot gegenüber ArbN, sich an den BR zu wenden (*DKK-Trümner* Rn 12); Hausverbot für Mitgl. des BR (AG Göttingen AiB 92, 41 m.Anm. *Zabel*) oder des Wahlvorst. (AG Bremen AiB 92, 42); Rücktrittsaufforderung an den BR, anderenfalls Zulagen gestrichen würden (Bay. OLG AP Nr. 1 zu § 119 BetrVG 1972); Aushang mit der Empfehlung, eine BetrVerslg. nicht zu besuchen (OLG Stuttgart BB 88, 2245); beharrliche Weigerung, die Kosten der BRTätigkeit zu tragen (§ 40); Verhinderung oder Unterbrechung von Telefonaten des BR (AG Passau AiB 92, 42); Verhinderung der Teilnahme von Gewerkschaftsvertretern an BRSitzungen trotz Vorliegens eines Beschlusses nach § 31 (*DKK-Trümner* Rn 12; nach OLG Stuttgart BB 78, 450 keine Bestrafung, wenn Zutritt eines Gewerkschafts-

vertreters zum BR außerhalb der BRSitzung verweigert wird); Vorenthalten erforderlicher Unterlagen nach § 80 Abs. 2; Weigerung BRMitgl. an Unfalluntersuchungen gem. § 89 Abs. 2 oder Besprechungen mit dem Sicherheitsbeauftragten nach § 89 Abs. 3 teilnehmen zu lassen. Strafbar ist auch die beharrliche Weigerung, überhaupt mit dem BR zusammenzuarbeiten, (*DKK-Trümner* Rn 12) oder die Forderung, gegen Gewährung von Vergünstigungen an die Belegschaft auf die Ausübung von Mitbestimmungsrechten zu verzichten (AiB 01, 182). Auch die beharrliche Missachtung der Mitbestimmungsrechte kann den Tatbestand der Behinderung der Amtsführung erfüllen. Die Verletzung einer Auskunftspflicht ist nach § 121 eine Ordnungswidrigkeit (GK-*Oetker* Rn 20).

Die Strafandrohung richtet sich nicht gegen die Mitgl. der Betriebsverfassungsorgane selbst, die in ihren eigenen Gremien Obstruktion betreiben; insoweit kommt ein Ausschluss nach § 23 Abs. 1 in Betracht (*DKK-Trümner* Rn 14; *Richardi/Annuß* Rn 20; ErfK-*Kania* Rn 4; WPK/*Preis* Rn 23; **aA** *Pasewaldt* ZIS 07, 75 GK-*Oetker* Rn 6 unter Hinweis auf den Schutzzweck der Norm). Aus diesem Grund ist die Entgegennahme einer Begünstigung durch ein BRMitgl. nicht nach § 119 strafbar. **8**

3. Tatbestand der Nr. 3

Strafbar ist nach Nr. 3 auch die **Benachteiligung oder Begünstigung** (vgl. § 78 **9** Rn 14 ff.) der **einzelnen Mitgl.** der in Nr. 3 genannten Stellen um ihrer Amtstätigkeit willen. Das betrifft auch amtierende ErsMitgl. (GK-*Oetker* Rn 26). Die Nachteile oder Vergünstigungen müssen sich auf die persönliche Rechtstellung beziehen (*Richardi/Annuß* Rn 25). **Geschützt wird die Tätigkeit der Mitgl. betriebsverfassungsrechtl. Organe** um ihrer inneren Unabhängigkeit willen. Es handelt sich um eine Erfolgsdelikt; Vor- oder Nachteile müssen tatsächlich eingetreten sein (*Pasewaldt* ZIS 07, 75). Strafbar kann etwa sein die Gewährung einer extrem unterschiedlichen Vergütung für den Vorsitzenden der E-Stelle und externe Beisitzer ohne eine sachliche Rechtfertigung gem. den Kriterien des § 76 a Abs. 4 S. 3–5 (LAG München AiB 92, 49) oder die Mitgl. des BR zu zwingen, BRSitzungen außerhalb der betriebsüblichen Arbeitszeit und unter Verzicht auf entsprechende Vergütung durchzuführen (AiB 01, 182). Strafbar kann auch sein die Zahlung gesetzlich nicht vorgesehener Vergütungen (Übernahme privater Ausgaben, rechtsgrundlose Sonderbonuszahlungen etc. LG Braunschweig CCZ 08, 32). Ob damit zugleich der Straftatbestand der Untreue (§ 266 StGb) erfüllt ist (*Graf/Link* NZA 09, 409; *Schemmel/Slowinski* BB 09, 82; *Rieble* BB 09, 1612) dürfte nach der Entscheidung des BGH vom 13. 9. 10 (– 1 StR 220/09 – NJW 11, 88) geklärt sein. Da auch die Nr. 3 nicht dem Schutz eines zu betreuenden Vermögen dient, ist deren Verletzung keine Pflichtwidrigkeit iSd. § 266 StGB. ArbNVertr. im AR werden in der Nr. 3 nicht genannt; eine entsprechende Anwendung ist wegen des strafrechtlichen Analogieverbots nicht möglich (GK-*Oetker* Rn 27). Die Strafbarkeit erfasst nur den Leistenden (*Fischer* BB 07, 997). Das begünstigte Mitgl. selbst steht nach § 119 nicht unter Strafandrohung; die Annahme der Vergünstigung ist deshalb nicht strafbar iSd Vorschrift (*Richardi/Annuß* Rn 27). Fordert das BRMitgl. eine solche Begünstigung, kann das eine strafbare Beihilfe nach § 27 StGB sein (*Fischer* BB 07, 997). Wegen der Annahme einer Vergünstigung kann eine Amtsenthebung von BRMitgl. nach § 23 Abs. 1 wegen grober Verletzung der gesetzl. Pflichten in Betracht kommen (*HSWGNR* Rn 38). Die bloße Ankündigung einer Benachteiligung oder Begünstigung erfüllt nicht den Tatbestand dieses Erfolgsdelikts.

III. Schuldform und Strafhöhe

Die Bestrafung wegen eines Verstoßes gegen Nr. 1–3 setzt **vorsätzliches Verhal-** **10** **ten** voraus; Fahrlässigkeit genügt nicht. Das ist in § 119 nicht ausdrücklich unter

Strafe gestellt (*DKK-Trümner* Rn 29; vgl. § 15 StGB). Der Vorsatz muss sich auf die Behinderung, die Störung, die Benachteiligung oder die Begünstigung erstrecken. Für den Vorsatz ist ausreichend das Wissen oder die Inkaufnahme, dass infolge eines Handelns oder Unterlassens sich ein Tatbestand der Nrn. 1 bis 3 verwirklicht (WPK/*Preis* Rn 4); eine Begünstigungs- oder Benachteiligungsabsicht ist nicht zu verlangen (*Richardi/Annuß* Rn 26; **aA** GK-*Oetker* Rn 31). Für den Vorsatz genügt, wenn der Täter zumindest billigend in Kauf nimmt, dass die benachteiligende Maßnahme aus arbeitsrechtlicher Sicht nicht gerechtfertigt ist (OLG Düsseldorf 27. 3. 08 EzA § 119 BetrVG Nr. 2). Da es sich um ein Vergehen handelt (§ 12 Abs. 2 StGB), ist der Versuch mangels ausdrücklicher Erwähnung in § 119 straflos (§ 23 Abs. 1 StGB).

11   Vorsätzliche Verstöße werden mit Freiheitsstrafe von einem Monat (§ 38 Abs. 2 StGB) bis zu einem Jahr oder mit Geldstrafe geahndet. Kommt nur eine Freiheitsstrafe unter 6 Monaten in Betracht, ist im Allgemeinen auf Geldstrafe zu erkennen (§ 47 Abs. 1 StGB). Eine Freiheitsstrafe statt einer Geldstrafe darf nur verhängt werden, wenn dies unerlässlich ist (§ 47 Abs. 2 StGB). Die **Höhe der Geldstrafe** kann zwischen fünf und dreihundertsechzig vollen Tagessätzen festgelegt werden (§ 40 Abs. 1 StGB; AG Detmold BB 79, 783: Geldstrafe von 30 Tagessätzen bei Weigerung, die Wahlunterlagen zur Verfügung zu stellen; AG Konstanz Ls 71/80: Geldstrafe von 25 Tagessätzen wegen Behinderung der BRWahl u. der Tätigkeit des BR). Bei der Festsetzung der Höhe des Tagessatzes zwischen 1 bis 5000 Euro sind die persönlichen und wirtschaftlichen Verhältnisse des Täters zu berücksichtigen. Liegt Bereicherung oder Versuch der Bereicherung vor, können **Geldstrafe und Freiheitsstrafe** verhängt werden (§ 41 StGB). Im Hinblick auf die Höhe der Strafandrohung sind alle nach § 119 verfolgbaren Handlungen Vergehen (§ 12 Abs. 2 StGB).

IV. Strafantrag

12   Sämtliche Verstöße nach § 119 sind **Antragsdelikte** (Abs. 2), was in Bezug auf den Straftatbestand des Nr. 3 die Effektivität der Strafverfolgung hinderlich ist (*Schemel/Slowinski* BB 09, 82). Es kann und darf keine Strafverfolgung von Amts wegen erfolgen. Der Antrag kann schriftlich zur Niederschrift der Strafverfolgungsbehörde (Staatsanwaltschaft, Gericht, Polizei) gestellt werden (§ 158 StPO). Ein fehlender oder unwirksamer Strafantrag begründet ein zwingendes Prozesshindernis (krit. *Schweibert* NZA 07, 1080).

13   **Antragsberechtigt** sind der BR, die anderen in Abs. 2 genannten Vertr. der ArbN, die im Betrieb vertr. Gewerkschaften (§ 2 Rn 23ff.), der Wahlvorst. oder der Unternehmer, nicht hingegen die ArbN oder ein einzelnes BRMitgl. Das Antragsrecht der Gewerkschaften soll einen wirksameren Schutz der Organe der Betriebsverfassung sicherstellen. Sie können frei von persönlichen Rücksichten handeln. Den Antrag kann der Vors. des BR bzw. des Wahlvorst. usw. nur auf Grund eines Beschlusses dieser Stellen (§ 26 Abs. 3) einreichen. Auch der BR, der die Geschäfte nach § 22 weiterführt, ist antragsberechtigt (OLG Düsseldorf AP Nr. 1 zu § 78 BetrVG 1952; GK-*Oetker* Rn 42). Der Wahlvorst. ist in erster Linie zuständig für Strafanträge wegen Behinderung oder Störung der Wahl des BR.

14   Der Strafantrag des BR ist **kein Grund zur fristlosen Entlassung** durch den angezeigten ArbGeb., es sei denn, die Anzeige ist rechtsmissbräuchlich erfolgt (WPK/*Preis* Rn 35; LAG Ba.-Wü. AP Nr. 2 zu § 78 BetrVG 1952). Ein Auflösungsantrag nach § 23 Abs. 1 als Reaktion auf einen Strafantrag ist regelmäßig unbegründet (*HSWGNR* Rn 17; GK-*Oetker* Rn 55; *Richardi/Annuß* Rn 35).

15   Der Antrag ist **binnen drei Monaten** (§ 77 b StGB) zu stellen. Die Frist beginnt mit dem Tag, an dem der BR (dh mindestens der Vors. der BR), der Wahlvorst., die Gewerkschaft, die anderen antragsberechtigten Vertr. der ArbN oder der Unternehmer von der Handlung oder Unterlassung und von der Person des Täters Kenntnis erhalten hat (§ 77 b Abs. 2 S. 1 StGB). Sie endet mit Ablauf des Tages des dritten

Monats, der dem Tag der Kenntnisnahme entspricht (§§ 187 Abs. 1, 188 Abs. 2 BGB). Die zuständige Staatsanwaltschaft kann das Ermittlungsverfahren einstellen. Die Gründe hierfür sind dem Antragsteller mitzuteilen (§ 171 StPO). Gegen die Entscheidung über die Einstellung des Ermittlungsverfahrens kann das antragstellende Betriebsverfassungsorgan oder die antragstellende Gewerkschaft (*DKK-Trümner* Rn 24; **aA** GK-*Oetker* Rn 59) binnen zwei Wochen Beschwerde bei der vorgesetzten Staatsanwaltschaft (Oberstaatsanwaltschaft, Generalstaatsanwalt) einlegen (vgl. § 172 StPO). Bleibt diese erfolglos, kann im Wege eines Klageerzwingungsverfahrens eine gerichtliche Entscheidung herbeigeführt werden.

Kenntnis ist anzunehmen, wenn ein vernünftiger Mensch auf Grund gewisser **16** Tatsachen einen sicheren Schluss auf Tat und Täter ziehen kann. Verdacht genügt nicht (GK-*Oetker* Rn 51).

Bei nicht rechtzeitig gestelltem Antrag entfällt eine Strafverfolgung. **17**

Der **Antrag** kann bis zur Rechtskraft des eine Bestrafung aussprechenden Urteils **18** zurückgenommen werden (§ 77d Abs. 1 S. 1 StGB). Ein zurückgenommener Antrag kann nicht erneut gestellt werden (§ 77d Abs. 1 S. 2 StGB).

Die **Verjährungsfrist** beträgt 3 Jahre (§ 78 Abs. 3 Nr. 5 StGB). Zu präventiven **19** Maßnahmen (*Zabel* ArbuR 92, 335).

§ 120 Verletzung von Geheimnissen

(1) **Wer unbefugt ein fremdes Betriebs- oder Geschäftsgeheimnis offenbart, das ihm in seiner Eigenschaft als**
1. **Mitglied oder Ersatzmitglied des Betriebsrats oder einer der in § 79 Abs. 2 bezeichneten Stellen,**
2. **Vertreter einer Gewerkschaft oder Arbeitgebervereinigung,**
3. **Sachverständiger, der vom Betriebsrat nach § 80 Abs. 3 hinzugezogen oder von der Einigungsstelle nach § 109 Satz 3 angehört worden ist,**
3 a. **Berater, der vom Betriebsrat nach § 111 Satz 2 hinzugezogen worden ist,**
3 b. **Auskunftsperson, die dem Betriebsrat nach § 80 Abs. 2 Satz 3 zur Verfügung gestellt worden ist, oder**
4. **Arbeitnehmer, der vom Betriebsrat nach § 107 Abs. 3 Satz 3 oder vom Wirtschaftsausschuss nach § 108 Abs. 2 Satz 2 hinzugezogen worden ist,**
bekannt geworden und das vom Arbeitgeber ausdrücklich als geheimhaltungsbedürftig bezeichnet worden ist, wird mit Freiheitsstrafe bis zu einem Jahr oder mit Geldstrafe bestraft.

(2) **Ebenso wird bestraft, wer unbefugt ein fremdes Geheimnis eines Arbeitnehmers, namentlich ein zu dessen persönlichen Lebensbereich gehörendes Geheimnis, offenbart, das ihm in seiner Eigenschaft als Mitglied oder Ersatzmitglied des Betriebsrats oder einer der in § 79 Abs. 2 bezeichneten Stellen bekannt geworden ist und über das nach den Vorschriften dieses Gesetzes Stillschweigen zu bewahren ist.**

(3) [1]**Handelt der Täter gegen Entgelt oder in der Absicht, sich oder einen anderen zu bereichern oder einen anderen zu schädigen, so ist die Strafe Freiheitsstrafe bis zu zwei Jahren oder Geldstrafe.** [2]**Ebenso wird bestraft, wer unbefugt ein fremdes Geheimnis, namentlich ein Betriebs- oder Geschäftsgeheimnis, zu dessen Geheimhaltung er nach den Absätzen 1 oder 2 verpflichtet ist, verwertet.**

(4) **Die Absätze 1 bis 3 sind auch anzuwenden, wenn der Täter das fremde Geheimnis nach dem Tode des Betroffenen unbefugt offenbart oder verwertet.**

(5) [1]**Die Tat wird nur auf Antrag des Verletzten verfolgt.** [2]**Stirbt der Verletzte, so geht das Antragsrecht nach § 77 Abs. 2 des Strafgesetzbuches auf die Angehörigen über, wenn das Geheimnis zum persönlichen Lebensbereich des Ver-**

letzten gehört; in anderen Fällen geht es auf die Erben über. [3] **Offenbart der Täter das Geheimnis nach dem Tode des Betroffenen, so gilt Satz 2 sinngemäß.**

Inhaltsübersicht

I. Vorbemerkung

1   Die Bestimmung ergänzt § 119. Sie stellt den **Bruch der Schweigepflicht** unter Strafe und hat mit der Erweiterung der Informationspflichten des Unternehmers durch das Risikobegrenzungsgesetz (§§ 106 Abs. 3 Nr. 9 a, 109 a) an Bedeutung gewonnen (*Schröder/Falter* NZA 08, 1100). Den weitgehenden Auskunftspflichten des ArbGeb. (Unternehmers) muss ein entspr. **Geheimnisschutz** gegenüberstehen (dazu ausführlich *Hitzfeld* Geheimnisschutz im Betriebsverfassungsrecht, 1990). Dieser Geheimnisschutz muss auch gegenüber Sachverständigen bestehen, die der BR nach § 80 Abs. 3 beauftragt. Nachdem das **BetrVerf-ReformG** dem BR die Möglichkeit eingeräumt hat, Berater bei Betriebsänderungen hinzuzuziehen (§ 111 Satz 2) oder sich betriebsangehöriger Auskunftspersonen zu bedienen (§ 80 Abs. 2) muss auch für diesen Personenkreis eine Verletzung der gesetzlichen Verschwiegenheitspflicht (§ 79) strafbewehrt sein (BT-Drucks. 14/5741 S. 53). Die Vorschrift dient weiter dem **Diskretionsschutz** der ArbN (*HSWGNR* Rn 4). Infolge der Befassung des BR oder auch anderer Betriebsverfassungsorgane mit dem persönlichen Lebensbereich des einzelnen ArbN unterliegt dieser nach Abs. 2 dem Geheimnisschutz.

1a   Entspr. Vorschriften: § 35 SprAuG, § 43, § 44 Abs. 1 Nr. 1, Abs. 2, 3 EBRG, § 155 SGB IX.

II. Offenbaren von Betriebs- oder Geschäftsgeheimnissen

2   Die Strafvorschrift bezieht sich auf die **Geheimhaltungspflicht** des § 79, die auch nach den Ausscheiden aus dem BR oder nach Ablauf des Gutachtens- oder Beraterauftrags gilt. Es muss ein Betriebs- oder Geschäftsgeheimnis (§ 79 Rn 3 ff.) vorliegen. Dieses muss der ArbGeb. ausdrücklich als geheimhaltungsbedürftig bezeichnet haben (§ 79 Rn 5). Die davon betroffenen Tatsachen, Erkenntnisse oder Unterlagen müssen einem Mitgl. des BR oder einer anderen in § 79 Abs. 2 bezeichneten Stelle sowie dem Personenkreis des Abs. 1 Nr. 1–4 in ihrer amtlichen Eigenschaft mitgeteilt worden sein.

3   Bestraft wird das **unbefugte Offenbaren** (WPK/*Preis* Rn 11) Das soll zum Ausdruck bringen, dass die Offenbarung eines Betriebs- oder Geschäftsgeheimnisses nach allgem. strafrechtlichen Grundsätzen gerechtfertigt sein kann (GK-*Oetker* Rn 17)). Unbefugt ist die ohne Zustimmung des Geheimnisträgers erfolgte Mitteilung an Personen, die nicht einem der in § 79 genannten Betriebsverfassungsorgane angehören (§ 79 Rn 10, 16; *Hitzfeld* aaO S. 82). Nimmt der ArbGeb. seine Erklärung der Geheimhaltungsbedürftigkeit zurück, erfolgt die Weitergabe entsprechender Informationen nicht mehr unbefugt. Abs. 3 S. 2 stellt zudem das **Verwerten eines Geheimnisses** ausdrücklich unter Strafe. Das betrifft auch das Ausnutzen eines Geheimnisses für eigene wirtschaftliche Zwecke ohne das Geheimnis Dritten gegenüber offen zu legen (GK-*Oetker* Rn 41).

4   Nach dem Straftatbestand des Abs. 1 richtet sich die Vorschrift gegen Mitgl. oder ErsMitgl. des BR, sowie die in § 79 Abs. 2 bezeichneten Stellen (*Richardi/Annuß*

Rn 9; ErfK-*Kania* Rn 2; einschr. *DKK-Trümner* Rn 5 ff. unter Hinnahme von Strafbarkeitslücken), Vertr. einer Gewerkschaft oder ArbGebVereinigung (Nr. 2), Sachverständige, die vom BR, vom WiAusschuss oder E-Stelle zugezogen worden sind (Nr. 3; §§ 80 Abs. 3 S. 2, 108 Abs. 2 S. 3, 109 S. 3), Berater und Auskunftspersonen, die der BR beauftragt hat (Nr. 3 a und Nr. 3 b) sowie ArbN, die der BR bzw. Wi-Ausschuss gemäß § 107 Abs. 3 S. 3, 4 oder der Unternehmer nach § 108 Abs. 2 S. 2 zusätzlich berufen bzw. zugezogen hat (Nr. 4). Insoweit enthält der Gesetzeswortlaut ein Redaktionsversehen; nicht der WiAusschuss, sondern der Unternehmer zieht ArbN nach § 108 Abs. 2 S. 2 zu, vgl. § 108 Rn 18; GK-*Oetker* Rn 25; *Richardi/ Annuß* Rn 7; *Hitzfeld* aaO S. 82). Die Vorschrift betrifft nicht die **ArbN-Vertr. im AR.** Für sie gilt die Sondervorschrift des § 404 AktG.

III. Offenbaren persönlicher Geheimnisse eines Arbeitnehmers

Mitgl. des BR oder amtierende ErsMitgl., aber auch Mitgl. der anderen in § 79 **5** Abs. 2 genannten Stellen erfahren im Rahmen ihrer Tätigkeit oft Dinge über einzelne ArbN (oder Bewerbers für einen Arbeitsplatz; *Richardi/Annuß* Rn 17) die nicht offenkundig, sondern nur einem eng begrenzten Personenkreis bekannt sind. Es kann sich insb. um den ausdrücklich genannten **persönlichen Lebensbereich** handeln (Familienverhältnisse, Krankheiten, Vorstrafen), aber auch um die betrieblichen Belange des einzelnen ArbN (Verhältnis zu Kollegen und Vorgesetzten, soweit nicht allgemein bekannt, Beurteilungen, Personalakten, Lohnhöhe uä.; GK-*Oetker* Rn 32). Das „unbefugte" Offenbaren dieser Informationen ist nach Abs. 2 strafbar, soweit das **BetrVG ausdrücklich vorschreibt,** dass Stillschweigen zu bewahren ist (*Hitzfeld* aaO S. 143; WPK/*Preis* Rn 18). Danach sind Arbeitnehmergeheimnisse geschützt wenn,
– wenn der ArbN bei der Erörterung der Berechnung oder der Zusammensetzung seines Entgelts ein Mitgl. des BR hinzuzieht (§ 80 Abs. 2 S. 3),
– der ArbN zusammen mit einem Mitgl. des BR seine Personalakte einsieht (§ 83 Abs. 1 S. 2),
– der BR im Zusammenhang mit personellen Einzelmaßnahmen bestimmte Kenntnisse erlangt (§ 99 Abs. 1 S. 1 Nr. 3) oder
– der BR in Zusammenhang mit Kündigungen bestimmte Informationen über den ArbN erlangt (§ 102 Abs. 2 S. 5 iVm. § 99 Abs. 1 S. 1 Nr. 3). In den beiden erstgenannten Fällen kann der ArbN das BRMitgl. von der Schweigepflicht, die selbst gegenüber anderen BRMitgl. gelten würde, entbinden.

Die Strafvorschrift schützt den ArbN aber nicht umfassend. Der BR hat keine **6** strafrechtlich geschützte Schweigepflicht wie ein Arzt oder Anwalt. Die StPO enthält **kein entsprechendes Aussageverweigerungsrecht** für BR. Der ArbN ist auch nicht vor der Beschlagnahme von Unterlagen, die er beim BR hinterlegt hat, geschützt (*Tag* BB 01, 1578).

IV. Schuldform, Strafhöhe, Strafantrag

Bestraft wird **vorsätzliches** Handeln (§ 119 Rn 8). Der Strafrahmen entspricht **7** dem des § 119 (§ 119 Rn 9).

Strafverschärfung tritt ein, wenn der Täter gegen Entgelt, dh eine vermögens- **8** werte Gegenleistung (§ 11 Abs. 1 Nr. 9 StGB) handelt oder in der Absicht, dh mit dem unmittelbaren Willen und Zweck, entweder sich durch eine Gesetzesverletzung persönliche (wirtschaftliche) Vorteile zu verschaffen oder einer anderen Person solche Vorteile zuzuwenden oder einem anderen, insb. dem Betrieb (Unternehmen) Schaden zuzufügen (Abs. 3 S. 1). Gleiches gilt nach Abs. 3 S. 2 für unbefugtes Verwerten (Rn 3) fremder Geheimnisse. In diesen Fällen kann auf Freiheitsstrafe bis zu zwei

Jahren oder Geldstrafe (§ 119 Rn 9) erkannt werden, bei (versuchter) Bereicherung auf beide Strafen (§ 41 StGB).

9 Die Tat wird nur auf **Antrag** des Verletzten verfolgt, also insb. des ArbGeb. oder des betroffenen ArbN (Abs. 4 S. 1). Wegen Übergangs des Antragsrechts auf Angehörige bzw. Erben vgl. Abs. 4 S. 2 und 3. Die Rücknahme des Antrags ist zulässig (vgl. § 119 Rn 13–16). Nach **Verjährungseintritt** kann kein Antrag mehr gestellt werden. Das Grunddelikt des unbefugten Offenbarens verjährt nach drei Jahren (§ 78 Abs. 3 Nr. 5 StGB). Der Qualifikationstatbestand des Offenbarens sowie die Verwertung verjähren nach fünf Jahren (§ 78 Abs. 3 Nr. 4 StGB).

10 Bei § 120 kommt eine **Konkurrenz mit anderen Straftatbeständen** in Betracht. Nach § 17 UWG wird mit Freiheitsstrafe bis zu drei Jahren und (oder) Geldstrafe bestraft, wer die ihm als ArbN anvertrauten Betriebs- oder Geschäftsgeheimnisse während eines bestehenden Arbeitsverhältnisses unbefugt aus Gründen des Wettbewerbs, des Eigennutzes oder in Schädigungsabsicht weitergibt. Betriebs- oder Geschäftsgeheimnis idS sind Tatsachen in Zusammenhang mit einem Geschäftsbereich, die nur einem eng begrenzten Personenkreis bekannt und nicht offenkundig sind und die nach dem ausdrücklich oder konkludent erklärten Willen des Betriebsinhabers aufgrund eines berechtigten wirtschaftlichen Interesses geheim gehalten werden sollen (*Richters/Wodtke* NZA-RR 03, 281). § 19 UWG stellt schon das Verleiten oder Erbieten zum Geheimnisverrat unter Strafe. Strafverfolgung nach dem UWG tritt nur auf Antrag ein (§ 19 Abs. 4 UWG).

11 Die Strafvorschrift des § 44 BDSG ist neben § 120 Abs. 2 als Sondervorschrift nicht anwendbar (*DKK-Trümner* Rn 14; *Richardi/Annuß* Rn 31; ErfK-*Kania* Rn 4). Eine **Idealkonkurrenz** mit § 203 Abs. 1 Nr. 3 StGB kann bei Rechtsanwälten als Mitgl. einer E-Stelle eintreten (GK-*Oetker* Rn 63). Um Idealkonkurrenz handelt es sich auch bei dem unbefugten Offenbaren von Insidertatsachen iSd. § 38 Abs. 1 Nr. 2 iVm. § 14 Abs. 1 Nr. 2 WpHG (GK-*Oetker* Rn 64).

§ 121 Bußgeldvorschriften

(1) **Ordnungswidrig handelt, wer eine der in § 90 Abs. 1, 2 Satz 1, § 92 Abs. 1 Satz 1 auch in Verbindung mit Abs. 3, § 99 Abs. 1, § 106 Abs. 2, § 108 Abs. 5, § 110 oder § 111 bezeichneten Aufklärungs- oder Auskunftspflichten nicht, wahrheitswidrig, unvollständig oder verspätet erfüllt.**

(2) **Die Ordnungswidrigkeit kann mit einer Geldbuße bis zu zehntausend Euro geahndet werden.**

Inhaltsübersicht

I. Vorbemerkung

1 Die Verletzung von Aufklärungs- oder Auskunftspflichten des ArbGeb. wird von der Vorschrift des § 121 erfasst. Sie wird als Ordnungswidrigkeit geahndet (ausführlich *Growe*, S. 5 ff.; *Schoof* AiB 90, 461). Mit dem **BetrVerf-ReformG** hat der Gesetzgeber die Verletzung von Informationspflichten hinsichtlich betrieblicher Maßnahmen zur Gleichstellung der Geschlechter und solcher zur Förderung der Vereinbarkeit von Familie und Erwerbstätigkeit in den Katalog der Ordnungswidrigkeiten aufgenommen. Das ist die Konsequenz aus der Erweiterung der informationspflichtigen Tatbestände des § 92 (vgl. BT-Drucks. 14/5741 S. 79; WPK/*Preis* Rn 1).

Gleiches gilt für die durch das **Risikobegrenzungsgesetz** vom 12. 8. 08 zusätzlich normierten Informationspflichten des Unternehmers gegenüber dem WiAusschuss (§ 106 Abs. 2, 3; Einzelheiten bei § 106 Rn 8 ff.) oder dem BR (§ 109 a; Einzelheiten bei § 109 a Rn 1) im Falle der Unternehmensübernahme (*Löw* DB 08, 758; *Simon/Dobel* BB 08, 1955).

Einen entspr. Tatbestand enthält § 156 Abs. 1 Nr. 7 und Nr. 9 SGB IX bei Verlet- **2** zung der Unterrichtungspflichten des ArbGeb. gegenüber der SchwbVertr. § 121 wird ergänzt durch § 130 OWiG. Danach kann auch ein fahrlässiges Unterlassen erforderlicher Aufsichtsmaßnahmen eine Ordnungswidrigkeit sein, wenn der Betriebsoder Unternehmensinhaber die Erfüllung der gesetzlichen Informationspflichten delegiert hat (GK-*Oetker* Rn. 42 ff.).

Entspr. Vorschrift: § 36 SprAuG, § 45 EBRG. **2a**

II. Verletzung der Aufklärungs- oder Auskunftspflichten

Die Vorschrift dient der Durchsetzung von Informationsrechten des BR, denen **3** keine weitergehenden Beteiligungsrechte folgen (ErfK-*Kania* Rn 1). Sie zählt die Unterrichtungspflichten, deren Verletzung ordnungswidrig ist, **abschließend** auf (GK-*Oetker* Rn 10; *Richardi/Annuß* Rn 3). Daneben kann die Verletzung von Unterrichtungspflichten auch den Straftatbestand des § 119 Abs. 1 Nr. 2 erfüllen, soweit damit eine Behinderung oder Störung der Überwachungstätigkeit des BR verbunden ist (DKK-*Trümner* Rn 2). Dessen ungeachtet kann der ArbGeb. nach § 23 Abs. 3 zur Erfüllung seiner Pflichten angehalten werden. In der Praxis hat sich die Vorschrift des § 121 nach überwiegender Meinung als wenig wirksam erwiesen (vgl. DKK-*Trümner* Rn 3; *Denk* RdA 82, 283; *Lipke* DB 80, 2240; aA *Growe* AiB 89, 285). Deshalb kann uU ein Verfahren auf Erlass einer einstw. Vfg. die Durchsetzung gesetzlicher Informationsrechte des BR effektiver sichern.

Als Ordnungswidrigkeit wird die Verletzung folgender Informationspflichten ge- **4** ahndet:
– Planung von Neubauten, technischen Anlagen, Arbeitsverfahren, Arbeitsabläufen, Arbeitsplätzen (§ 90 Abs. 1, 2 S. 1),
– Personalplanung (§ 92 Abs. 1 S. 1),
– betriebliche Maßnahmen zur Durchsetzung der Gleichstellung der Geschlechter (§ 80 Abs. 1 Nr. 2 a iVm. § 92 Abs. 3),
– betriebliche Maßnahmen zur Vereinbarkeit von Familie und Erwerbsleben (§ 80 Abs. 1 Nr. 2 b iVm. § 92 Abs. 3),
– personelle Einzelmaßnahmen (§ 99 Abs. 1, vgl. AiB 89, 22; AiB 97, 177),
– Unterrichtung des WiAusschusses (§ 106 Abs. 2),
– Erläuterung des Jahresabschlusses (§ 108 Abs. 5),
– Unterrichtung der ArbN über die wirtschaftliche Lage und Entwicklung des Unternehmens (§ 110),
– Unterrichtung des BR über geplante Betriebsänderungen (§ 111).

Ordnungswidrig ist das **Unterlassen** der Information, die **unvollständige,** die **5** **wahrheitswidrige** oder die **verspätete** Unterrichtung. Nichterfüllung liegt vor, wenn eine Information gänzlich unterleibt. Die Unterrichtung ist wahrheitswidrig, wenn die mitgeteilten Tatsachen nicht der Wirklichkeit entsprechen. Dagegen bestimmen sich die Unvollständigkeit der Unterrichtung sowie deren Rechtzeitigkeit nach dem Zweck des jeweiligen Unterrichtsrechts (GK-*Oetker* Rn. 13 ff.). Ordnungswidrig können nur der **ArbGeb. oder die von ihm beauftragten Personen** (§ 9 Abs. 2 OWiG) handeln. Sie sind nach dem G zur Information verpflichtet. Ist der ArbGeb. eine juristische Person oder eine Personenvereinigung, trifft die Auskunftspflicht die Mitglieder des vertretungsberechtigten Organs der Gesellschaft bzw. die vertretungsberechtigten Gesellschafter. Unterbliebene, wahrheitswidrige oder falsche

Informationen des Bieters im Rahmen von Unternehmensübernahmen zur beabsichtigten Geschäftigkeit bleiben nach § 121 folgenlos (*Simon/Dobel* BB 08, 1955).

6   Geahndet wird **nur vorsätzliches Handeln;** bedingter Vorsatz reicht aus. Fahrlässigkeit genügt nicht (§ 10 OWiG). Fehlendes Unrechtsbewusstsein schließt die Ordnungswidrigkeit aus, wenn der Irrtum nicht vorwerfbar ist (§ 11 OWiG). Auf fehlende Kenntnisse seiner gesetzlichen Informationspflichten kann sich der ArbGeb. nicht berufen Der versuchte Verstoß ist keine Ordnungswidrigkeit (§ 13 Abs. 2 OWiG).

7   Bei Verletzung der Auskunftspflichten (§ 121) kann die im Betrieb vertr. Gewerkschaft und (oder) der BR **Anzeige** bei der zuständigen Verfolgungsbehörde **erstatten** (§ 46 Abs. 1 OWiG iVm. § 158 Abs. 1 StPO). Sachlich zuständig sind nach der Grundnorm des § 36 Abs. 1 Nr. 2a OWiG die jeweiligen Arbeitsminister (Senatoren). Abweichende Regelungen nach § 36 Abs. 2 OWiG gelten in Baden-Württemerg (Regierungspräsidien), Bayern (Kreisverwaltungsbehörden), Hessen, Niedersachsen, Nordrhein-Westfalen, Rheinland-Pfalz, Sachsen und Sachsen-Anhalt (vgl. die Einzelübersicht bei GK-*Oetker* Rn 34).

8   Eine Einstellung des Verfahrens ist nach § 171 StPO iVm. § 46 OWiG dem Anzeigenden mitzuteilen. Ein Anspruch auf Mitteilung der Einstellungsgründe besteht nicht (WPK/*Preis* Rn 19; aA *DKK-Trümner* Rn 26). Die Verfolgungsbehörde ist nicht gehindert, die Einstellungsgründe mitzuteilen (*Göhler* OWiG, Vor § 59 16 B). Gegen die Einstellung ist nur die Aufsichtsbeschwerde gegeben.

III. Verhängung der Geldbuße

9   Die **Höhe der Geldbuße** beträgt mindestens 5 Euro (§ 17 Abs. 1 OWiG) und höchstens 10 000 Euro (§ 121 Abs. 2). Die Geldbuße kann bei **juristischen Personen** oder bei **Personenvereinigungen** nicht nur gegen Organmitglieder und vertretungsberechtigte Gesellschafter (§ 9 Abs. 1 Nr. 1 u. 2 OWiG), sondern uU auch gegen die juristische Person oder Personenvereinigung selbst verhängt werden (vgl. § 30 Abs. 1 OWiG). Bei der Festsetzung der Geldbuße ist die Bedeutung der Ordnungswidrigkeit, die Schwere des Vorwurfs und die wirtschaftlichen Verhältnisse des Täters zu berücksichtigen; deren Höhe soll die wirtschaftl. Vorteile der Ordnungswidrigkeit übersteigen (§ 17 Abs. 3 und Abs. 4 OWiG). Liegt **gleichzeitig eine strafbare Handlung** vor, insb. nach § 119 Abs. 1 Nr. 2, ist eine Geldbuße nur zu verhängen, wenn keine Bestrafung erfolgt (§ 21 OWiG).

10   Die Verfolgung von Ordnungswidrigkeiten liegt im **pflichtgemäßen Ermessen** der Behörde (§ 47 Abs. 1 OWiG). **Ordnungswidrigkeiten verjähren** zwei Jahre nach Begehung der Handlung (§ 31 Abs. 2 Nr. 2 OWiG). Gegen den Bußgeldbescheid (§§ 65, 66 OWiG) kann binnen zwei Wochen nach Zustellung schriftlich oder zur Niederschrift der Behörde, die den Bußgeldbescheid erlassen hat, Einspruch eingelegt werden (§ 67 OWiG). Über den Einspruch entscheidet das Amtsgericht (§ 68 OWiG). Dessen Entscheidung kann nach § 79 OWiG mit der Rechtsbeschwerde angegriffen werden.

Siebenter Teil. Änderung von Gesetzen

§ 122 (Änderung des Bürgerlichen Gesetzbuchs)
(gegenstandslos)

§ 123 (Änderung des Kündigungsschutzgesetzes)
(gegenstandslos)

§ 124 (Änderung des Arbeitsgerichtsgesetzes)
(gegenstandslos)

Achter Teil. Übergangs- und Schlussvorschriften

§ 125 Erstmalige Wahlen nach diesem Gesetz

(1) Die erstmaligen Betriebsratswahlen nach § 13 Abs. 1 finden im Jahre 1972 statt.

(2) [1]Die erstmaligen Wahlen der Jugend- und Auszubildendenvertretung nach § 64 Abs. 1 Satz 1 finden im Jahre 1988 statt. [2]Die Amtszeit der Jugendvertretung endet mit der Bekanntgabe des Wahlergebnisses der neu gewählten Jugend- und Auszubildendenvertretung, spätestens am 30. November 1988.

(3) Auf Wahlen des Betriebsrats, der Bordvertretung, des Seebetriebsrats und der Jugend- und Auszubildendenvertretung, die nach dem 28. Juli 2001 eingeleitet werden, finden die Erste Verordnung zur Durchführung des Betriebsverfassungsgesetzes vom 16. Januar 1972 (BGBl. I S. 49), zuletzt geändert durch die Verordnung vom 16. Januar 1995 (BGBl. I S. 43), die Zweite Verordnung zur Durchführung des Betriebsverfassungsgesetzes vom 24. Oktober 1972 (BGBl. I S. 2029), zuletzt geändert durch die Verordnung vom 28. September 1989 (BGBl. I S. 1795) und die Verordnung zur Durchführung der Betriebsratswahlen bei den Postunternehmen vom 26. Juni 1995 (BGBl. I S. 871) bis zu deren Änderung entsprechende Anwendung.

(4) Ergänzend findet für das vereinfachte Wahlverfahren nach § 14a die Erste Verordnung zur Durchführung des Betriebsverfassungsgesetzes bis zu deren Änderung mit folgenden Maßgaben entsprechende Anwendung:
1. Die Frist für die Einladung zur Wahlversammlung zur Wahl des Wahlvorstands nach § 14a Abs. 1 des Gesetzes beträgt mindestens sieben Tage. Die Einladung muss Ort, Tag und Zeit der Wahlversammlung sowie den Hinweis enthalten, dass bis zum Ende dieser Wahlversammlung Wahlvorschläge zur Wahl des Betriebsrats gemacht werden können (§ 14a Abs. 2 des Gesetzes).
2. § 3 findet wie folgt Anwendung:
   a) Im Fall des § 14a Abs. 1 des Gesetzes erlässt der Wahlvorstand auf der Wahlversammlung das Wahlausschreiben. Die Einspruchsfrist nach § 3 Abs. 2 Nr. 3 verkürzt sich auf drei Tage. Die Angabe nach § 3 Abs. 2 Nr. 4 muss die Zahl der Mindestsitze des Geschlechts in der Minderheit (§ 15 Abs. 2 des Gesetzes) enthalten. Die Wahlvorschläge sind abweichend von § 3 Abs. 2 Nr. 7 bis zum Abschluss der Wahlversammlung zur Wahl des Wahlvorstands bei diesem einzureichen. Ergänzend zu § 3 Abs. 2 Nr. 10 gibt der Wahlvorstand den Ort, Tag und Zeit der nachträglichen Stimmabgabe an (§ 14a Abs. 4 des Gesetzes).
   b) Im Fall des § 14a Abs. 3 des Gesetzes erlässt der Wahlvorstand unverzüglich das Wahlausschreiben mit den unter Buchstabe a genannten Maßgaben zu § 3 Abs. 2 Nr. 3, 4 und 10. Abweichend von § 3 Abs. 2 Nr. 7 sind die Wahlvorschläge spätestens eine Woche vor der Wahlversammlung zur Wahl des Betriebsrats (§ 14a Abs. 3 Satz 2 des Gesetzes) beim Wahlvorstand einzureichen.
3. Die Einspruchsfrist des § 4 Abs. 1 verkürzt sich auf drei Tage.
4. Die §§ 6 bis 8 und § 10 Abs. 2 finden entsprechende Anwendung mit der Maßgabe, dass die Wahl aufgrund von Wahlvorschlägen erfolgt. Im Fall des § 14a Abs. 1 des Gesetzes sind die Wahlvorschläge bis zum Abschluss der Wahlversammlung zur Wahl des Wahlvorstands bei diesem einzureichen; im Fall des § 14a Abs. 3 des Gesetzes sind die Wahlvorschläge spätestens eine Woche vor der Wahlversammlung zur Wahl des Betriebsrats (§ 14a Abs. 3 Satz 2 des Gesetzes) beim Wahlvorstand einzureichen.

5. § 9 findet keine Anwendung.
6. Auf das Wahlverfahren finden die §§ 21 ff. entsprechende Anwendung. Auf den Stimmzetteln sind die Bewerber in alphabetischer Reihenfolge unter Angabe von Familienname, Vorname und Art der Beschäftigung im Betrieb aufzuführen.
7. § 25 Abs. 5 bis 8 findet keine Anwendung.
8. § 26 Abs. 1 findet mit der Maßgabe Anwendung, dass der Wahlberechtigte sein Verlangen auf schriftliche Stimmabgabe spätestens drei Tage vor dem Tag der Wahlversammlung zur Wahl des Betriebsrats dem Wahlvorstand mitgeteilt haben muss.
9. § 31 findet entsprechende Anwendung mit der Maßgabe, dass die Wahl der Jugend- und Auszubildendenvertretung aufgrund von Wahlvorschlägen erfolgt.

Das Änderungsgesetz 1989 hat § 125 neu gefasst. Abs. 1 und 2 haben nur noch **1** Bedeutung für die Festlegung des Jahres der regelmäßigen Wahlen zum BR bzw. zur JugAzubiVertr. Gemäß Abs. 3 gelten die neuen Vorschriften über Minderheitenschutz erstmals für BR, die ab 1. 1. 89 gewählt werden.

Zu der ab 1. 1. 89 geltenden Neufassung des BetrVG und dieser Vorschrift **2** (BGBl. 1989 I S. 1) vgl. auch die Einleitung.

Das am 28. 7. 01 in Kraft getretene **BetrVerf-ReformG** verlängerte nicht die **3** Amtszeit bestehender BR oder JugAzubiVertr. (vgl. BT-Drucks. 14/5741 S. 53). Vielmehr galten für alle nach dem 28. 7. 2001 eingeleiteten Neuwahlen die Bestimmungen des BetrVerf-ReformG. Bis zum Inkrafttreten der WO vom 14. 12. 2001 (BGBl. I S. 3494) am 15. 12. 2001 war die bisherige WO entsprechend anwendbar. Diese erfasste nicht die Besonderheiten des mit dem BetrVerf-ReformG erstmals eingeführten vereinfachten Wahlverfahrens. Für dieses gab die Vorschrift des § 125 Abs. 4 bestimmte Maßgaben vor (vgl. BT-Drucks. 14/6352 S. 3). Mit dem Inkrafttreten der WO 2001 sowie der WOP vom 27. 2. 2002 (BGBl. I S. 946) am 28. 7. 2002 sind diese Bestimmungen überholt. Hinsichtlich der bis dahin eingeleiteten BRWahlen vgl. *Däubler* DB 01, 1669, 1671.

§ 126 Ermächtigung zum Erlass von Wahlordnungen

Das Bundesministerium für Wirtschaft und Arbeit wird ermächtigt, mit Zustimmung des Bundesrates Rechtsverordnungen zu erlassen zur Regelung der in den §§ 7 bis 20, 60 bis 63, 115 und 116 bezeichneten Wahlen über
1. die Vorbereitung der Wahl, insbesondere die Aufstellung der Wählerlisten und die Errechnung der Vertreterzahl;
2. die Frist für die Einsichtnahme in die Wählerlisten und die Erhebung von Einsprüchen gegen sie;
3. die Vorschlagslisten und die Frist für ihre Einreichung;
4. das Wahlausschreiben und die Fristen für seine Bekanntmachung;
5. die Stimmabgabe;
5 a. die Verteilung der Sitze im Betriebsrat, in der Bordvertretung, im Seebetriebsrat sowie in der Jugend- und Auszubildendenvertretung auf die Geschlechter, auch soweit die Sitze nicht gemäß § 15 Abs. 2 und § 62 Abs. 3 besetzt werden können;
6. die Feststellung des Wahlergebnisses und die Fristen für seine Bekanntmachung;
7. die Aufbewahrung der Wahlakten.

Inhaltsübersicht

I. Vorbemerkung

1   Die Vorschrift ermächtigt das jeweils zuständige Ministerium zum Erlass von RechtsVO, die das Verfahren der im BetrVG vorgesehenen Wahlen regeln. Diese RechtsVO bedürfen der Zustimmung des BR. Die Ermächtigung beschränkt sich auf die Wahlen der nach **diesem Gesetz** zu bildenden betriebsverfassungsrechtlichen Organe. Die durch das BetrVerf-ReformG eingeführte zwingende Geschlechterquote erfordert begleitende Regelungen in der WO zur Sitzverteilung und zum Verfahren, soweit nicht genügend Wahlbewerber des Minderheitsgeschlechts zur Besetzung der auf die Minderheit entfallenden Sitze vorhanden sind. Dem trägt das G durch die Erweiterung der Ermächtigungsgrundlage um die Nr. 5a Rechnung (vgl. BT-Drucks. 14/5741 S. 53).

2   Die **Ermächtigung** des § 126 **zum Erlass der RechtsVO** entspricht den Erfordernissen des Art. 80 GG. Nach Art. 80 Abs. 1 S. 2 GG müssen Inhalt, Zweck und Ausmaß der erteilten Ermächtigung im G bestimmt werden. Das ist in § 126 hinreichend geschehen (*Richardi/Annuß* Rn 2). Die jeweilige RechtsVO muss sich im Rahmen der in § 126 angeführten Regelungsgegenstände halten. Andere Fragen dürfen durch RechtsVO nicht geregelt werden (GK-*Weber* Rn. 2). Durch RechtsVO dürfen auch keine von den Vorschriften des BetrVG oder von sonstigen Gesetzesbestimmungen abweichenden Vorschriften getroffen werden.

3   Ermächtigt zum Erlass der WO ist der zuständige Minister für Arbeit. Er bedarf hierzu der **Zustimmung des Bundesrates.** Das Erfordernis der Zustimmung des Bundesrats ergibt sich aus Art. 80 Abs. 2 GG. Danach können RechtsVO, deren Rechtsgrundlage ein zustimmungsbedürftiges Gesetz ist, wiederum nur mit Zustimmung des Bundesrats erlassen werden. Das BetrVG ist ein Zustimmungsgesetz.

II. Gegenstand der Ermächtigung

4   Die Ermächtigung des § 126 erstreckt sich auf die nähere **Regelung der Wahlen** zum BR (§§ 7–20), zur JugAzubiVertr. (§§ 60–63), zur BordVertr. (§ 115) und zum SeeBR (§ 116). Zu den in den §§ 7–20 und § 115 bezeichneten Wahlen gehören außer der eigentlichen BRWahl bzw. der Wahl zur BordVertr. auch die Wahl des Wahlvorst. durch die Betr.- bzw. durch die Bordverslg. Die Ermächtigung deckt keine Regelungen zur Bestellung der Mitglieder von Ausschüssen des BR, GesBR oder KBR (*DKK-Trümner* Rn 4; *HSWGNR* Rn 1). Der GesBR, der KBR, der WiAusschuss, die GesJugAzubiVertr. und die KJugAzubiVertr. werden durch Beschluss des BR oder der JugAzubiVertr. bestimmt. Für die Regeln zu deren Bestellung gilt § 126 nicht.

III. Wahlordnungen

5   Die in § 126 vorbehaltenen näheren Wahlvorschriften erfordern keineswegs deren Erlass in einer einzigen, einheitlich die Regelung aller Wahlen umfassenden WO. § 126 lässt vielmehr für die Regelung der verschiedenen Wahlen eine Mehrzahl von RechtsVO zu (*Richardi/Annuß* Rn 2).

6   Die WO für die Wahl des BR ist in der Ersten Verordnung zur Durchführung des Betriebsverfassungsgesetzes vom 16. 1. 72 geregelt. Diese WO ist mehrfach geändert worden. Derzeit gilt die WO vom 11. 12. 01 (BGBl. I S. 3494). Zu den Einzelheiten der Änderungen vgl. die Kommentierung zur WO Vorbem. Rn 2 ff.

7   Die WO für die **Wahl der BR und der JugAzubiVertr.** ist als Erste Verordnung zur Durchführung des Betriebsverfassungsgesetzes am 16. 1. 72 erlassen worden (vgl.

BGBl. I S. 49). Sie ist am 20. 1. 72 in Kraft getreten. In ihr sind die Vorschriften über die Wahl des BR (vgl. §§ 1–29) und über die Wahl der JugAzubiVertr. enthalten (vgl. §§ 30ff.). Auch diese WO ist in Bezug auf die JugAzubiVertr. mehrfach geändert worden. Vgl. die Kommentierung der WO, Vorbem. Rn 1.

Für die **Wahl der BordVertr. und des SeeBR** gilt die Zweite Verordnung zur **8** Durchführung des Betriebsverfassungsgesetzes **(Wahlordnung Seeschifffahrt – WOS –)** vom 24. 10. 72 (BGBl. I S. 2029). Diese ist am 28. 10. 72 verkündet worden und entspr. § 63 WOS am 29. 10. 72 in Kraft getreten. Die WOS musste nach der Reform des G durch das BetrVerf-ReformG geändert werden (vgl. 125 Abs. 3 und Abs. 4). Bis zum Inkrafttreten der WOS vom 7. 2. 02 (BGBl. I S. 594) galten die bisherigen Vorschriften entsprechend.

Für die BRWahlen für die **Postunternehmen** sieht das BetrVerf-ReformG beson- **9** dere Regelungen vor, um der betriebsverfassungsrechtlichen Zuordnung von Beamten entsprechen zu können (vgl. Art. 6 BetrVerf-ReformG). Im Übrigen galt die WO 72, soweit sich aus der WO für die Postunternehmen (WOP) keine Besonderheiten ergaben (WahlO Post vom 26. Juni 1995, BGBl. I S. 871). Nunmehr regelt die WOP vom 22. 2. 02 (BGBl. I S. 946) das Wahlverfahren in den Betrieben der Postunternehmen. Diese WOP ist am 28. 2. 02 in Kraft getreten (§ 8 WOP).

§ 127 Verweisungen

Soweit in anderen Vorschriften auf Vorschriften verwiesen wird oder Bezeichnungen verwendet werden, die durch dieses Gesetz aufgehoben oder geändert werden, treten an ihre Stelle die entsprechenden Vorschriften oder Bezeichnungen dieses Gesetzes.

Die Regelung geht auf die Ablösung des BetrVG 52 durch das BetrVG 1972 zu- **1** rück. Insgesamt stellt sie aber klar, dass bei Verweisungen auf solche Vorschriften, die durch das BetrVG 1972 geändert oder ergänzt werden, die entsprechenden Bestimmungen des BetrVG 1972 gelten. Das gilt unabhängig davon, ob die bisherigen und die neuen Bestimmungen inhaltlich deckungsgleich sind. Maßgeblich ist der jeweilige Regelungsgehalt (GK-*Weber* Rn 1).

§ 128 Bestehende abweichende Tarifverträge

Die im Zeitpunkt des Inkrafttretens dieses Gesetzes nach § 20 Abs. 3 des Betriebsverfassungsgesetzes vom 11. Oktober 1952 geltenden Tarifverträge über die Errichtung einer anderen Vertretung der Arbeitnehmer für Betriebe, in denen wegen ihrer Eigenart der Errichtung von Betriebsräten besondere Schwierigkeiten entgegenstehen, werden durch dieses Gesetz nicht berührt.

Nach § 20 Abs. 3 BetrVG 52 konnten durch TV für Betriebe, in denen wegen ih- **1** rer Eigenart der Errichtung von BR bes. Schwierigkeiten entgegenstanden, die **Errichtung einer anderen Vertr. der ArbN** dieser Betriebe bestimmt werden. Derartige TV bedurften zu ihrer Wirksamkeit ebenfalls der Zustimmung der obersten Arbeitsbehörde des Landes bzw. des BMA, wenn sich der räumliche Geltungsbereich des TV nicht auf ein Land beschränkte.

Die **TV nach § 20 Abs. 3 BetrVG 52** gelten nunmehr bis zu ihrer Beendigung, **2** sei es in Form des Zeitablaufs, der Kündigung, der Aufhebung oder Ersetzung durch einen neuen TV, weiter. Das gilt für alle in den TV zulässigerweise enthaltenen, vom G abweichenden Regelungen. TV, die nach der früheren Vorschrift des § 3 Abs. 1 aF abgeschlossen wurden, bleiben unberührt (GK-*Weber* Rn 3).

§ 129 Außerkrafttreten von Vorschriften

Aufgehoben durch das DrittelbG vom 18. 5. 04 (BGBl. I S. 974)

§ 130 Öffentlicher Dienst

Dieses Gesetz findet keine Anwendung auf Verwaltungen und Betriebe des Bundes, der Länder, der Gemeinden und sonstiger Körperschaften, Anstalten und Stiftungen des öffentlichen Rechts.

Inhaltsübersicht

I. Vorbemerkung

1　Die Vorschriften grenzen den **Geltungsbereich des BetrVG** zum öffentlichen Dienst ab, für den die PersVG des Bundes und der Länder gelten (vgl. auch § 1 Rn 33).

II. Öffentlicher Dienst

2　Es gilt das PersVG des Bundes **(BPersVG)**, das eine weitgehende Angleichung an das BetrVG 72 enthält. Das BPersVG betrifft nur die Bediensteten (Beamte, Ang. und Arb., vgl. § 4 BPersVG) des Bundes; für die Beschäftigten der Länder gelten deren personalvertretungsrechtliche Bestimmungen.

3　Die Vorschrift grenzt den Geltungsbereich des BetrVG gegenüber dem Personalvertretungsrecht des Bundes und der Länder lückenlos und ohne Überschneidungen ab.

4　Danach kommt es ausschließlich auf die **formelle Rechtsform** des Betriebes oder der Verwaltung an: Alle Betriebe mit privater Rechtsform, auch wenn sie der öffentlichen Hand (ausschließlich oder überwiegend, zB durch Aktienbesitz) gehören, oder die sog. gemischtwirtschaftlichen Betriebe mit privater Rechtspersönlichkeit, unterliegen dem BetrVG; alle öffentlichen Verwaltungen sowie alle unmittelbar von der öffentlichen Hand geführten Betriebe (sog. „Eigenbetriebe") fallen dagegen unter das PersVG des Bundes oder der Länder (BAG 30. 7. 87 AP Nr. 3 zu § 130 BetrVG 1972, 18. 1. 89 AP Nr. 2 zu § 14 AÜG; zur Unterscheidung Eigen- oder Regiebetrieb ErfK-*Kania* Rn 3). Unmaßgeblich ist, wer wirtschaftlich gesehen Inhaber eines Betriebes ist, noch ob etwa TV für den öffentlichen Dienst angewandt werden (BAG 3. 12. 85 AP Nr. 2 zu § 74 BAT). Demnach fallen **Betriebskrankenkassen** als Körperschaften des öffentlichen Rechts (§ 29 Abs. 1 SGB IV) unter das PersVG (vgl. BAG 10. 10. 06 AP Nr. 85 zu § 75 BPersVG), obwohl ein privater Unternehmer ArbGeb. der in der Krankenkasse beschäftigten ArbN ist (*DKK-Trümner* Rn 4).

Beispiel:

Das städtische Wasserwerk wird in der Form einer privatrechtlichen AG betrieben; sämtliche Aktien befinden sich in Händen der Stadt; dieser sogen. Regiebetrieb (Einzelheiten bei *DKK-Trümner* Rn 2 b) unterliegt dem BetrVG. Wird das Wasserwerk dagegen unmittelbar von der Stadt betrieben (Eigenbetrieb) gilt das PersVG.

Auch kommt es nicht darauf an, ob und inwieweit eine öffentliche Verwaltung Hoheitsaufgaben wahrnimmt oder nicht. Es gilt stets das PersVG (hM). Für eine **Klosterbrauerei,** der die Eigenschaft einer Körperschaft des öffentlichen Rechts verliehen worden ist, gilt nicht das BetrVG, auch wenn die Anwendung des PersVG entfällt (BAG 30. 7. 87 AP Nr. 3 zu § 130 BetrVG 1972). § 130 ist keine Auffangvorschrift.

Die Unterscheidung zwischen **öffentlichem Betrieb** (Betriebsverwaltung) und **5** **öffentlicher Verwaltung** ist schwierig; die Grenzen sind fließend. Der Unterscheidung kommt indessen hier keine Bedeutung zu, da öffentliche Betriebe (Betriebsverwaltungen) und Verwaltungen gleicherweise nicht dem BetrVG unterliegen. So unterliegen sogn. Regiebetriebe dem PersVG, da sie Teil der Kommunalverwaltung sind. Ihnen fehlt eine eigene (privatrechtliche) Rechtspersönlichkeit wie eigenes Vermögen (*DKK-Trümner* Rn. 2b).

Sind an einem **Gemeinschaftsbetrieb** (§ 1 Rn 78ff.) sowohl eine juristische Per- **6** son des Privatrechts als auch eine Körperschaft des öffentlichen Rechts beteiligt, findet das BetrVG Anwendung, wenn sich die Betriebsführung mangels entgegenstehender Anhaltspunkte auf der Grundlage einer privatrechtlichen Vereinbarung in der Rechtsform einer BGB-Gesellschaft vollzieht (BAG 24. 1. 96 AP Nr. 8 zu § 1 BetrVG 1972 Gemeinsamer Betrieb). Die in einem solchen Betrieb eingesetzten Beamten waren ursprünglich weder wahlberechtigt noch wählbar ArbN (BAG 25. 2. 98 AP Nr. 8 zu § 8 BetrVG 1972). Nunmehr ist durch § 5 Abs. 1 S. 3 klargestellt, dass es sich um solche des Gemeinschaftsbetriebs handelt. Die ArbN des öffentl. ArbGeb. werden vom BR des Gemeinschaftsbetriebs vertreten (BVerwG 13. 6. 01 AP Nr. 14 zu § 1 BetrVG 19 72 Gemeinsamer Betrieb).

Auf die Bediensteten bei den **internationalen und zwischenstaatlichen Orga- 7 nisationen,** die Einrichtungen auf dem Gebiet der Bundesrepublik unterhalten, findet das PersVG keine Anwendung. Solche Einrichtungen sind keine juristischen Personen des öffentlichen Rechts iSd. § 1 BPersVG. Für sie gilt § 130 nicht. Deshalb ist das BetrVG anzuwenden, wenn im Inland ein Betrieb besteht und keine abweichende Regelung getroffen ist (vgl. § 1 Rn 14, *Birk* FS *Schnorr v. Carolsfeld*, S. 71; *Richardi/ Annuß* Rn 6).

Auf die ArbN bei den **alliierten Streitkräften** der NATO-Staaten findet das **8** BPersVG mit erheblichen Einschränkungen der MBR Anwendung. Die Rechte der sog. Betriebsvertretung der zivilen Arbeitskräfte bei einer Truppe bestimmen sich nach Art. 56 Abs. 9 Zusatzabkommen Natotruppenstatut (ZA-NTS) in der Fassung der am 29. 3. 98 (BGBl. II S. 1691) in Kraft getretenen Änderungen nach dem Abkommen vom 18. 3. 93 (BGBl. II 1994 S. 2594) sowie der am 5. 6. 98 in Kraft getretenen Änderungen nach dem Abkommen vom 16. 5. 94 (BGBl. II S. 3710). Danach gilt grundsätzlich das BPersVG vom 15. 3. 74 mit seinen späteren Änderungen bis einschließlich der vom 16. 1. 91. Die im BPersVG geregelten Mitbestimmungsrechte gelten jedoch nur nach Maßgabe des Abs. 6a des Unterzeichnungsprotokolls (UP) zu Art. 56 Abs. 9 ZA-NTS. Danach findet das BPersVG mit den Modifikationen des Abs. 6a ii–v UP zu Art. 56 Abs. 9 ZA-NTS Anwendung, soweit der Mitbestimmung im Einzelfall nicht besonders schutzwürdige militärische Interessen entgegenstehen. In diesen Fällen gilt das Mitwirkungsverfahren (Abs. 6b UP zu Art. 56 Abs. 9 ZA-NTS): vgl. *Altvater/Bacher/*ua. BPersVG, Anhang VII, Abschn. B.

Wegen **Bundeswehr** vgl. § 1 Rn 33. **9**

III. Übergangsmandat bei Privatisierung

Eine Regelungslücke ergibt sich beim Wechsel von einer öffentlich-rechtlichen in **10** eine privatrechtliche Organisationsform. Mit dem Stichtag der **Privatisierung** erlischt das Amt des PersR. Ein BR kann aber wegen der erforderlichen Wahlvorlaufzeit erst 6 bis 8 Wochen nach Geltung des BetrVG gebildet werden. Diese Regelungslücke hat der Gesetzgeber im Zuge einzelner Privatisierungen geschlossen. Das sind im Einzelnen:

1. Übergangsmandat der örtlichen Personalräte bei der Bahn

11   § 15 Abs. 1 DBGrG hat den örtlichen PersR derjenigen Dienststellen des BEV, die unter Beibehaltung ihrer organisatorischen Einheit als Betriebe, oder als nach damaligem Recht selbständige Betriebsteile oder Nebenbetriebe auf die DBAG übergegangen sind, ein bis zu drei Monate dauerndes Übergangsmandat verliehen. Durch TV konnte weiterhin bestimmt werden, welcher der von der Umstrukturierung der Dienststellen betroffenen örtlichen PersR Träger des Übergangsmandats sein soll (§ 15 Abs. 2 DBGrG; ausführlich dazu *Engels/Mauß-Trebinger* RdA 97, 217, 220 f.; *Engels/Müller/Mauß* DB 94, 475 ff.).

2. Übergangsmandat der Personalräte bei der Post

12   Aufgrund der bes. Struktur der Post ist nicht nur den bisherigen örtlichen PersR ein Übergangsmandat als BR für die Betriebe und Betriebsteile der privatisierten Postunternehmen, sondern auch den bisherigen HauptPersR ein Übergangsmandat als GesBR auf Unternehmensebene verliehen worden (§ 25 Abs. 1 S. 1 PostPersRG; vgl. BT-Drucks. 12/8060 S. 85, 195; *Bacher* PersR 94, 489 ff.). Danach galt der örtliche PersR als BR mit allen Rechten und Pflichten nach dem BetrVG und anderen G, mit Ausnahme des Rechts, die Mitgl. und Ersatzmitgl. des GesBR durch Entsendung nach § 47 Abs. 2 und 3 zu bestimmen (*Engels/Mauß-Trebinger* RdA 97, 217, 220 f.).

13   Die **Höchstdauer** des Übergangsmandats ist insb. wegen des langwierigen Umstrukturierungsprozesses bei der Deutschen Bundespost Postdienst auf 24 Monate erhöht worden (Bericht des Ausschusses für Post und Telekommunikation aaO). Das Übergangsmandat der PersR und der HauptPersR endet idR vorher, sobald im Betrieb eines Postunternehmens ein BR gewählt und das Wahlergebnis bekanntgegeben ist (§ 25 Abs. 1 S. 2 u. 3 PostPersRG). Ab diesem Zeitpunkt können die neugewählten BR vor Ort den ihnen nach § 32 Abs. 1 Nr. 1 PostPersRG iVm. § 47 Abs. 2 und 3 zustehenden Einfluss auf die personelle Zusammensetzung des GesBR nehmen. Den in diesem Zeitpunkt noch bestehenden PersR steht dann ebenfalls das ihnen bisher vorenthaltene Entsendungsrecht zum GesBR zu (*Engels/Mauß-Trebinger* RdA 97, 217, 221).

3. Übergangsmandat bei sonstigen Umwandlungen

14   Bei der Umwandlung der Deutschen Siedlungs- und Landesrentenbank durch das **DSLBUmwG** vom 16. 12. 1999 (BGBl. I S. 2441) mit Ablauf des 31. 12. 1999 hatte der bisherige PersR die Aufgaben eines BR übergangsweise bis zur Neuwahl eines BR, längstens bis zum 30. 6. 2000 wahrzunehmen (§ 12 Abs. 1 DSLBUmwG). Das galt auch für die JugAzubiVertr. und die SchwerbVertr. (§ 12 Abs. 1 Satz 2 DSLBUmwG). Entspr. ist der Gesetzgeber bei der Regelung der Rechtsstellung von Bundeswehrangehörigen bei Kooperationen zwischen der Bundeswehr und Wirtschaftsunternehmen durch das **BwKoopG** vom 30. 7. 04 (BGBl. I S. 2027) verfahren. Nach dessen § 7 Abs. 1 nimmt der PR der zuweisenden Stelle im Rahmen eines Übergangsmandats in einem betriebsratsfähigen Kooperationsbetrieb, für den noch kein BR gebildet ist, längstens für die Dauer von zwölf Monaten die Aufgaben eines BR nach dem BetrVG wahr. Mit dem G zur Organisationsform in der gesetzlichen Rentenversicherung **(RVOrgG)** vom 9. 12. 04 (BGBl. I S. 3242), das ua. die Zahl der bundesunmittelbaren Rentenversicherungsträger reduziert und den Zusammenschluss der BfA mit dem privatrechtlich organisierten VDR eV regelt, hat der Gesetz-

geber in Art. 83 § 4 Abs. 4 ebenfalls besondere Übergangsbestimmungen für die jeweiligen betrieblichen Interessenvertretungen im Fall der Eingliederung von Dienststellen und Betrieben getroffen. Die nach dem BMpVerwPG vom 12. 7. 06 (BGBl. I, 1466) bei der BRD-Finanzagentur GmbH eingesetzten Beamten und ArbN der Bundeswertpapierverwaltung wurden übergangsweise von einem nach § 8 BMpVerwPG gebildeten erweiterten BR vertreten. Dieser hatte unverzüglich Neuwahlen einzuleiten; seine Amtszeit endete spätestens am 31. 7. 07 (§ 8 Abs. 2 BMpVerwPG).

4. Generelles Übergangsmandat bei Privatisierung

Bei einer Privatisierung endet das Amt des PersR. Die ArbN verbleiben indessen **15** in der bisherigen betrieblichen Organisation. Allein die Änderung der Rechtsform der Betriebsorganisation hat den Verlust der bisherigen personalvertretungsrechtlichen Repräsentation zur Folge. Dieses allgemeine Prinzip galt ursprünglich für alle ArbN des öffentlichen Dienstes. In der Folgezeit hat aber der Gesetzgeber bei den vorgenannten Privatisierungen nach einem einheitlichen Muster ein gesetzliches Übergangsmandat anerkannt. Dadurch kommt es bei anderen Privatisierungen zu einer Schutzlücke für die betroffenen ArbN, für die es keine sachliche Rechtfertigung gibt. Auch wenn der Gesetzgeber diese Schutzlücke hätte schließen können, so lässt dessen Untätigkeit nicht das Bedürfnis nach Rechtsfortbildung entfallen (**aA** GK-*Weber* Rn 9). Zu Schließung der Schutzlücke bedarf es daher der **Anerkennung eines Übergangsmandats für alle Privatisierungsvorgänge** (vgl. BAG 31. 5. 2000 AP Nr. 12 zu § 1 BetrVG 1972 Gemeinsamer Betrieb; *WP/Preis* Rn 6; aA LAG Köln 10. 3. 00 NZA-RR 01, 423; *Richardi/Annuß* Rn 13; *Besgen/Langner* NZA 03, 1239; *Schipp* NZA 94, 865, 869; *Bauer/Lingemann* NZA 94, 1057 ff.; *Kast/Freihube* DB 04, 2530). Wie hier *DKK-Trümner* Rn 1; *Engels* FS *Wlotzke* S. 279, 289 f.; *Altvater/Bacher/Hörter/Peiseler/Sabottig/Schneider/Vohs* BPersVG § 1 Rn 9 d; *Frohner* PersR 95, 104; *Hammer* PR 97, 54, 61; ähnlich *Schlachter* RdA 93, 313, 316; *Trümner* Handbuch Rn 309 ff., *ders.* PersR 93, 473, 480.

Unabhängig davon ist die **Anerkennung eines Übergangsmandats** auch nach **16** **Unionsrecht** geboten (dazu vgl. § 21 a Rn 3). Die RL 2001/23/EG (Einzelheiten vgl. § 21 a Rn 3) erfasst nach ihrem Art. 1 Abs. 1 c auch öffentlich rechtliche Unternehmen, die eine wirtschaftliche Tätigkeit ausüben, unabhängig davon, ob sie Erwerbszwecke verfolgen oder nicht. Die RL nimmt nur behördeninterne Umstrukturierungen oder die Übertragung von Verwaltungsaufgaben von einer Behörde auf die andere von ihrem Geltungsbereich aus. In den Fällen der Privatisierung, die zum Verlust der bisherigen Arbeitnehmervertretung führt, ist daher ein Übergangsmandat zwingend (*Löwisch/Schmidt-Kessel* BB 01, 2162; *v. Roetteken* NZA 01, 414; **aA** *Besgen/Langner* NZA 03, 1239; *Pawlak/Leydecker* ZTR 08, 74).

Für ein **generelles Übergangsmandat bei Privatisierungen** dürfte Folgendes **17** gelten: Der PersR erhält automatisch ein Übergangsmandat zur weiteren Interessenvertretung der ArbN und der nun als ArbN iSd. BetrVG geltenden Beamten. Das Übergangsmandat dauert bis zur Wahl eines BR, längstens 6 Monate (vgl. § 21 a; ebenso *Richardi/Annuß* Rn 13; *Engels* FS *Wlotzke* S. 279, 290).

Der (Übergangs-)PersR bleibt als Organ und in seiner **personellen Zusammen-** **18** **setzung** bestehen und gilt als BR (*Engels/Müller/Mauß* DB 94, 476). Statt des personalvertretungsrechtlichen Beschlussfassungsrechts der jeweiligen Gruppe (vgl. § 38 BPersVG) gilt das betriebsverfassungsrechtliche Beschlussfassungsrecht nach § 33 (*Engels* FS *Wlotzke* S. 279, 290; *Engels/Müller/Mauß* aaO).

Der (Übergangs-)PersR hat die gleichen (Beteiligungs-)**Rechte und Pflichten** **19** nach dem BetrVG wie ein BR. Er hat insb. unverzüglich einen Wahlvorst. zu bestellen.

§ 131 (Berlin-Klausel)

(gegenstandslos)

§ 132 (Inkrafttreten)

In seiner ursprünglichen Fassung ist das BetrVG am 19. Januar 1972 in Kraft getreten; das **BetrVerf-ReformG** am 28. Juli 2001 (Art. 14). Allerdings gelten für die in diesem Zeitpunkt bestehenden BR die Änderungen des § 8 (Zahl der BRMitgl.), des § 15 (Zusammensetzung des BR) nach Beschäftigungsarten und Geschlechter sowie des § 47 Abs. 2 (Entsenderecht des BR zum GBR) erst nach einer Neuwahl.

Anhang

1. Erste Verordnung zur Durchführung des Betriebsverfassungsgesetzes (Wahlordnung 2001)

Vom 11. Dezember 2001 (BGBl. I S. 3494)

Geändert durch VO vom 23. Juni 2004 (BGBl. I S. 1393)

(FNA 801-7-1-1)

Inhaltsübersicht

Vorbemerkung

Die WO, die auf Grund des § 126 BetrVG vom BMA mit Zustimmung des Bundesrates erlassen worden ist, enthält nähere Regelungen zur Durchführung der in den §§ 7 bis 20 und §§ 60 bis 64 BetrVG enthaltenen Vorschriften über die Wahl des BR und der JugAzubiVertr. Die Erläuterungen der WO sind daher im Zusammenhang mit den Kommentierungen dieser Vorschriften zu verwenden, die bereits eingehende Ausführungen über die Wahl, insbesondere auch über den technischen Gang der Wahl, enthalten. **1**

Die WO ist bisher dreimal **geändert** worden. Nach der **Reform des Betriebsverfassungsgesetzes** (BetrVerf-ReformG vom 23. Juli 2001 BGBl. I S. 1852, Bekanntmachung der Neufassung des BetrVG in BGBl. I S. 2518) ist die **WO neu gefasst** worden. Die bisherigen Änderungen der WO sind dabei erhalten geblieben. **2**

Durch die VO vom 20. 7. 1988 (BGBl. I S. 1072) sind die Vorschriften über die Wahl der JugVertr. an die Änderungen des BetrVG durch das Gesetz zur Bildung von Jugend- und Auszubildendenvertretungen in den Betrieben vom 13. 7. 1988 (BGBl. I S. 1034) angepasst worden (zu diesen Gesetzesänderungen vgl. § 60 BetrVG Rn 2 ff.). **3**

Durch die 2. ÄnderungsVO vom 28. 9. 1989 (BGBl. I S. 1793) sind zum einen die erforderlichen Anpassungen der Vorschriften der WO an die Änderungen des BetrVG **4** durch das Änderungsgesetz vom 20. 12. 1988 (BGBl. I S. 2312) erfolgt. Dieses Gesetz hat insbesondere die Minderheitsrechte bei der Wahl des BR einschl. der Besetzung des Wahlvorst. erweitert, den Gewerkschaften ein allgemeines Vorschlagsrecht bei den Wahlen zum BR und zur JugAzubiVertr. eingeräumt (vgl. § 14 BetrVG Rn 61 ff., § 60 BetrVG Rn 2) sowie ein neues Verfahren für die Zuordnung der leitenden Ang. vorgeschrieben (vgl. § 18 a BetrVG). Zum anderen hat die 2. ÄnderungsVO den Datenschutz bei der Auslegung der Wählerlisten verbessert.

5   Mit der 3. ÄnderungsVO vom 16. 1. 1995 (BGBl. I S. 43) ist der im Gesetzgebungsverfahren zum 2. GleiBG (zu diesem G s. zB § 15 BetrVG Rn 11) getroffenen Vereinbarung entsprochen, in der WO dem Grundsatz des § 15 Abs. 2 BetrVG über die Berücksichtigung der Geschlechter im BR stärker als bisher im Rahmen der Vorbereitungen zu den BRWahlen Rechnung zu tragen (s. § 15 BetrVG Rn 11, § 16 BetrVG Rn 31). So war im WA nun auch der Anteil der Geschlechter im Betrieb, getrennt nach den Gruppen der Arb. und Ang., anzugeben und stets auf den Grundsatz des § 15 Abs. 2 BetrVG hinzuweisen. Dies ist mit der Neufassung des § 15 Abs. 2 BetrVG überholt (vgl. dazu § 15 BetrVG Rn 11, § 3 Abs. 2 Nr. 4 und 5 WO).

6   Aufgrund der grundlegenden Änderungen des Wahlrechts für die Wahl des BR und der JugAzubiVertr. im BetrVerf-ReformG ist die **WO** (Erste Verordnung zur Durchführung des Betriebsverfassungsgesetzes – WO – BGBl. I S. 3494) neu gefasst worden. Die neue WO vom 11. 12. 2001 ist einen Tag nach ihrer Verkündung im Bundesgesetzblatt am 15. 12. 2001 **in Kraft getreten.** Schwerpunkte der Neufassung sind die Aufhebung der Gruppen der Arb. und Ang., die Sicherstellung der anteilmäßigen Vertretung des Geschlechts in der Minderheit im BR (§ 15 Abs. 2 BetrVG) und in der JugAzubiVertr. (§ 62 Abs. 3 BetrVG), das vereinfachte Wahlverfahren (§§ 14 a, 17 a BetrVG) und das Wahlrecht für ArbN, die von einem anderen ArbGeb. zur Arbeitsleistung überlassen werden, wenn sie länger als drei Monate im Betrieb eingesetzt werden (§ 7 Satz 2 BetrVG). Zudem eröffnet die neue WO die Möglichkeit, die im Betrieb vorhandene IuK-Technik im Rahmen der BRWahl und der Wahl der JugAzubiVertr. zu nutzen. Im Übrigen berücksichtigt die Neufassung der WO die sprachliche Gleichbehandlung von Frauen und Männern (vgl. BR-Drucks. 838/01 S. 27).

7   Für die **Wahl der Bordvertr.** und **des SeeBR** enthält die Zweite Verordnung zur Durchführung des Betriebsverfassungsgesetzes (Wahlordnung Seeschifffahrt – WOS –) vom 24. 10. 1972 (BGBl. I S. 2029), geändert durch VO vom 28. 9. 1989 (BGBl. I S. 1795), neugefasst durch VO vom 7. 2. 2002 (war bei Redaktionsschluss noch nicht verkündet), nähere Regelungen.

8   Die **Wahl der Vertr. der ArbN im Aufsichtsrat** nach dem DrittelbG und der Widerruf ihrer Bestellung richtet sich nach der Verordnung zur Wahl der Aufsichtsratsmitglieder der Arbeitnehmer nach dem Drittelbeteiligungsgesetz (Wahlordnung zum Drittelbeteiligungsgesetz – WODrittelbG) vom 23. Juni 2004 (BGBl. I S. 1393). Die Wahl der ARMitgl. der ArbN nach dem MitbestG 1976 und dem MitbestErgG sind in eigenen WO geregelt. Für die Anwendung der WO zum MitbestErgG bestimmt § 22 MitbestErgG, dass die Vorschriften der WO nach Aufhebung der Gruppenprinzips Arb./Ang. entsprechend gelten (Artikel 10 BetrVerf-ReformG BGBl. I S. 1852, 1866, 1865). Die drei Wahlordnungen zum MitbestG 1976 sind im Zusammenhang mit der Änderung des MitbestG 1976 durch das Gesetz zur Vereinfachung der Wahl der Arbeitnehmervertreter in den Aufsichtsrat vom 23. März 2002 (BGBl. I S. 1130) neu gefasst und wesentlich vereinfacht worden – Erste Wahlordnung zum Mitbestimmungsgesetz (1. WOMitbestG) vom 27. Mai 2002 – BGBl. I S. 1682 –; Zweite Wahlordnung zum Mitbestimmungsgesetz (2. WOMitbestG) vom 27. Mai 2002 – BGBl. I S. 1708 –; Dritte Wahlordnung zum Mitbestimmungsgesetz (3. WO-MitbestG) vom 27. Mai 2002 – BGBl. I S. 1741 – (ausführlicher s. einführende Erläuterungen von *Kleinsorge/Freis/Kleinefeld*).

9   Für die BRWahl in den **Postunternehmen** galt die WOP vom 26. Juni 1995 (BGBl. I S. 871) gemäß § 125 Abs. 3 BetrVG bis zu deren Neufassung entsprechend.

Am 28. 2. 2002 ist die neue Wahlordnung Post (WOP) vom 22. Februar 2002 (BGBl. I S. 946) in Kraft getreten. Die anstehenden regelmäßigen BRWahlen im Frühjahr 2002 konnten damit bereits nach den neuen Vorschriften durchgeführt werden. Zu den Grundzügen s. § 14 BetrVG Rn 72 ff.

(hochgestellte Zahlen im Normtext verweisen auf die Rn der Erläuterungen)

Erster Teil. Wahl des Betriebsrats (§ 14 des Gesetzes)

Erster Abschnitt. Allgemeine Vorschriften

§ 1 Wahlvorstand[1]

(1) **Die Leitung der Wahl obliegt dem Wahlvorstand.**[2]

(2) **Der Wahlvorstand kann sich eine schriftliche Geschäftsordnung geben.** [3] **Er kann Wahlberechtigte als Wahlhelferinnen und Wahlhelfer zu seiner Unterstützung bei der Durchführung der Stimmabgabe und bei der Stimmenzählung heranziehen.**[4]

(3) **Die Beschlüsse des Wahlvorstands werden mit einfacher Stimmenmehrheit seiner stimmberechtigten Mitglieder gefasst.** [5] **Über jede Sitzung**[6] **des Wahlvorstands ist eine Niederschrift aufzunehmen, die mindestens den Wortlaut der gefaßten Beschlüsse enthält. Die Niederschrift ist von der oder dem Vorsitzenden und einem weiteren stimmberechtigten Mitglied des Wahlvorstands zu unterzeichnen.**[7–9]

Die **Bestellung** und **Zusammensetzung des Wahlvorst.** sowie die Zahl seiner **1** Mitgl. sind in §§ 16 und 17 BetrVG geregelt (vgl. § 16 BetrVG Rn 6 ff., insb. Rn 31 zur Berücksichtigung der Geschlechter; § 17 BetrVG Rn 4 ff., 11 ff., 32 ff.). Bei Säumigkeit kann der Wahlvorst. nach § 18 Abs. 1 S. 2 BetrVG auf Antrag des Betriebsrats, von mindestens drei Wahlberechtigten oder einer im Betrieb vertretenen Gewerkschaft vom ArbG durch einen anderen Wahlvorst. ersetzt werden (Näheres vgl. § 18 BetrVG Rn 44 ff.). Eine ohne Wahlvorst. durchgeführte BRWahl ist nichtig (vgl. § 19 BetrVG Rn 5); eine von einem fehlerhaft bestellten oder besetzten Wahlvorst. durchgeführte BRWahl kann anfechtbar sein (*DKK-Schneider/Homburg* Rn 1; vgl. auch § 19 BetrVG Rn 10 ff.).

Der Wahlvorst., nicht der Vors. des Wahlvorst. (vgl. unten Rn 5), hat die **Auf-** **2** **gabe,** die Wahl vorzubereiten, sie durchzuführen und das Wahlergebnis festzustellen (vgl. hierzu im Einzelnen §§ 2 ff. WO sowie § 18 BetrVG Rn 6 ff.). Er hat den BR zur konstituierenden Sitzung einzuberufen (vgl. § 29 BetrVG Rn 7 ff.). Soweit Entscheidungen des Wahlvorst. durch Beschluss zu treffen sind, dürfen an ihm nur die **stimmberechtigten Mitgl.** des Wahlvorst. teilnehmen, nicht die von den Gewerkschaften nach § 16 Abs. 1 S. 6 BetrVG entsandten Mitgl. (vgl. hierzu unten Rn 5 sowie § 16 BetrVG Rn 54). Durch ausdrückliche Regelung der WO können darüber hinaus bestimmte Tätigkeiten im Rahmen des Wahlverfahrens ebenfalls nur von stimmberechtigten Mitgl. des Wahlvorst. wahrgenommen werden (vgl. § 1 Abs. 3 S. 3, § 3 Abs. 1 S. 1 und § 16 Abs. 2: Unterzeichnung der Sitzungsniederschrift, des Wahlausschreibens und der Wahlniederschrift; § 12 Abs. 2 und 3 S. 1: Anwesenheit während der Stimmabgabe und Entgegennahme der Stimmzettel). Zur Berechtigung des Wahlvorst., einen **geschäftsführenden Ausschuss** zu bilden, vgl. § 18 BetrVG Rn 8.

Der Wahlvorst. – nicht der BR – kann eine **Geschäftsordnung** erlassen. Der Er- **3** lass einer Geschäftsordnung ist nicht zwingend vorgeschrieben. Wird sie erlassen, so muss auf jeden Fall die **Schriftform** gewahrt werden. Anderenfalls ist sie nichtig. Die Vorschriften der Geschäftsordnung müssen sich im Rahmen der WO und des Betr-

VG halten. Die Geschäftsordnung gilt nur für denjenigen Wahlvorst., der sie beschlossen hat (*DKK-Schneider/Homburg* Rn 9; *GL* Rn 5; *GK-Kreutz/Oetker* Rn 15; *Richardi/Thüsing* Rn 9).

4   **Wahlhelfer** sind kein Mitgl. des Wahlvorst. Für sie gilt deshalb auch nicht der besondere Kündigungsschutz nach § 15 Abs. 3 KSchG und § 103 BetrVG, wohl jedoch der sich aus dem Behinderungs- und Benachteiligungsverbot des § 20 BetrVG ergebende relative Kündigungsschutz (vgl. hierzu § 20 BetrVG Rn 12 ff.). Die durch die Tätigkeit als Wahlhelfer bedingte Arbeitsversäumnis hat keine Minderung des Arbeitsentgelts zur Folge (vgl. § 20 BetrVG Rn 43 ff.; *DKK-Schneider/Homburg* Rn 18; *GK-Kreutz/Oetker* Rn 16; *Richardi/Thüsing* Rn 12). Die **Aufgaben,** zu denen Wahlhelfer hinzugezogen werden können, sind in Abs. 3 Satz 2 aufgezählt. Sie dürfen den Wahlvorst. bei der **Durchführung der Stimmabgabe** (vgl. § 12 Abs. 2) und bei der **Stimmenauszählung** (vgl. §§ 13 und 22) unterstützen. Entscheidungen im Rahmen des Wahlverfahrens, insbesondere über die Ungültigkeit von Stimmzetteln (vgl. § 11 Abs. 4, § 14 Abs. 2), hat allein der Wahlvorstand zu treffen, und zwar durch Beschluss seiner stimmberechtigten Mitgl. (*GL* Rn 6). Die Auswahl der Wahlhelfer steht im Ermessen des Wahlvorst. (LAG Hamm, DB 61, 1491); gleiches gilt für ihre Anzahl, jedoch muss sich diese im Rahmen des Erforderlichen halten. Der Wahlvorst. kann nur wahlberechtigte ArbN des Betriebs (nicht Außenstehende) zu Wahlhelfern bestellen (*DKK-Schneider/Homburg* Rn 19). Die Aufgaben des Wahlhelfers können auch von den gem. § 16 Abs. 1 S. 6 BetrVG entsandten nicht stimmberechtigten Mitgl. des Wahlvorst. übernommen werden. Eine Verpflichtung zur Übernahme des Amtes als Wahlhelfer besteht nicht. Außer Wahlhelfern iSd. Abs. 2 S. 2 kann der Wahlvorst. im Einvernehmen mit dem ArbGeb. erforderlichenfalls auch **andere Personen** zur Unterstützung seiner Arbeit heranziehen, zB eine Schreibkraft oder eine Bürohilfskraft zur Erledigung der erforderlichen Schreib- oder sonstigen Büroarbeiten.

5   Abs. 3 S. 1 stellt klar, dass der Wahlvorst. – ebenso wie der BR nach § 33 BetrVG – **Kollegialentscheidungen** trifft und dass auch für ihn der Beschluss in einer Sitzung die allein mögliche Form der Willensbildung ist. An der Beschlussfassung dürfen nur die stimmberechtigten Mitgl. des Wahlvorst. teilnehmen, nicht die gem. § 16 Abs. 1 S. 6 BetrVG von den Gewerkschaften in den Wahlvorst. entsandten nicht stimmberechtigten Mitgl. Ihre Teilnahme führt zur Unwirksamkeit des Beschlusses, falls sie entscheidungserheblich ist. Ebenso wie beim BR ist eine Beschlussfassung im Umlaufverfahren unzulässig (*DKK-Schneider/Homburg* Rn 14; *GL* Rn 7; *GK-Kreutz/Oetker* Rn 7; *Richardi/Thüsing* Rn 13). Zur Wirksamkeit eines Beschlusses des Wahlvorst. ist die **einfache Stimmenmehrheit** seiner stimmberechtigten Mitgl. ausreichend (*GL* Rn 7; *GK-Kreutz/Oetker* Rn 10). Bei einem Wahlvorst. mit drei stimmberechtigten Mitgl. genügt also für eine Beschlussfassung die Zustimmung von zwei Mitgl. Dagegen ist nicht vorgeschrieben, dass alle stimmberechtigten Mitgl. des Wahlvorst. bei der Beschlussfassung anwesend sein müssen; wohl aber müssen alle Mitgl. zu der Sitzung eingeladen werden (*GL* Rn 7; *GK-Kreutz/Oetker* Rn 8; *Richardi/Thüsing* Rn 15). Die Ladung zu den Sitzungen des Wahlvorst. erfolgt durch den Vors. Dieser dürfte in entspr. Anwendung des § 29 Abs. 3 BetrVG zur Einberufung einer Sitzung verpflichtet sein, wenn ein Viertel der Mitgl. des Wahlvorst. dies beantragt (*GK-Kreutz/Oetker* Rn 8). Für die **Vertretungsbefugnis des Vors.** des Wahlvorst. gilt dasselbe wie für den BRVors.; er ist Vertr. in der Erklärung, nicht im Willen (*GK-Kreutz/Oetker* Rn 6. Näheres hierzu vgl. § 26 BetrVG Rn 38 ff.). Erklärungen gegenüber dem Wahlvorst. sind in entspr. Anwendung des § 26 Abs. 3 BetrVG dem Vors. gegenüber abzugeben. An der Betriebsadresse des Wahlvorst. können Erklärungen jedoch auch gegenüber jedem anderen Mitgl. des Wahlvorst. abgegeben werden (*GK-Kreutz/Oetker* Rn 6; *DKK-Schneider/Homburg* Rn 8; vgl. hierzu auch § 3 Rn 24 f.).

6   Die **Sitzungen des Wahlvorst.** sind grundsätzlich **nicht öffentlich.** Jedoch kann auch der Wahlvorst. andere Personen, zB Auskunftspersonen, Sachverständige,

Vertreter von Gewerkschaften, eine Schreibkraft, zu den Sitzungen hinzuziehen, soweit dies sachlich erforderlich ist (GK-*Kreutz/Oetker* Rn 11; *Richardi/Thüsing* Rn 13; weitergehend *DKK-Schneider/Homburg* Rn 11, der auch öffentliche Sitzungen des Wahlvorst. für zulässig hält; vgl. hierzu § 30 BetrVG Rn 16 f.). Die Stimmenauszählung und die Feststellung des Wahlergebnisses erfolgen allerdings stets öffentlich (vgl. § 13 WO sowie § 18 BetrVG Rn 21 f.).

Der Wahlvorst. ist verpflichtet, über jede Sitzung eine **Niederschrift** anzufertigen, **7** die vom Vors. und einem weiteren, und zwar stimmberechtigten Mitgl. des Wahlvorst. zu unterzeichnen ist. Die Niederschrift muss wenigstens den Wortlaut der gefassten Beschlüsse enthalten. Für die Wirksamkeit der Beschlüsse ist ihre Aufnahme in die Sitzungsniederschrift allerdings ohne Bedeutung (*DKK-Schneider/Homburg* Rn 16; *GL* Rn 8; GK-*Kreutz/Oetker* Rn 14; *Richardi/Thüsing* Rn 16). Die Unterlassung der Niederschrift begründet für sich allein auch keine Anfechtung der Wahl. Insofern gelten dieselben Grundsätze wie für die Niederschriften des BR (vgl. hierzu § 34 BetrVG Rn 26 f.). Jedes Mitgl. des Wahlvorst., auch das nicht stimmberechtigte gem. § 16 Abs. 1 S. 6 BetrVG, hat das Recht, **Einblick in die Sitzungsniederschriften** und anderer Unterlagen des Wahlvorst. zu nehmen. Das gilt insbesondere für nachrückende ErsMitgl. (GK-*Kreutz/Oetker* Rn 14). Die Niederschriften sind zunächst vom Wahlvorst. aufzubewahren und bei Beendigung seines Amtes dem neugewählten BR zu übergeben (GK-*Kreutz/Oetker* Rn 13).

Streitigkeiten über die Tätigkeit und Zuständigkeit des Wahlvorst. entscheiden **8** die ArbG im BeschlVerf. (§§ 2 a, 80 ff. ArbGG). Solange der Wahlvorst. noch im Amt ist, ist er Beteiligter des BeschlVerf. Nach Erlöschen seines Amtes ist der Wahlvorst. nicht mehr berechtigt, Rechtsmittel gegen einen arbeitsgerichtlichen Beschluss im Zusammenhang mit der BRWahl einzulegen (BAG 14. 11. 75, AP Nr. 1 zu § 18 BetrVG 1972). Entscheidungen und Maßnahmen des Wahlvorst. können **vor Abschluss der BRWahl selbständig** angegriffen werden (GK-*Kreutz/Oetker* Rn 18; vgl. auch § 18 BetrVG Rn 32 ff.). Das gilt auch für die Zuordnung der leitenden Ang. im Rahmen des Wahlverfahrens (vgl. § 18 a BetrVG Rn 65). Zur Einschränkung der Einspruchsmöglichkeit gegen die Wählerliste in diesen Fällen vgl. § 4 Rn 9 ff. **Antragsberechtigt** ist jeder, der durch Maßnahmen des Wahlvorst. in seinem aktiven oder passiven Wahlrecht betroffen wird (BAG 15. 12. 72, AP Nr. 1 zu § 14 BetrVG 1972; *GL* Rn 9; *Richardi/Thüsing* § 16 BetrVG Rn 67; vgl. auch § 18 BetrVG Rn 43).

Nach Durchführung der BRWahl kommen bei Mängeln der Wahl nur noch **9** ihre Anfechtung oder die Geltendmachung ihrer Nichtigkeit in Betracht. Dieses Verfahren ist gegen den BR oder, wenn nur die Wahl eines BRMitgl. angefochten wird, gegen das BRMitgl. zu richten. Über die Möglichkeit der Antragsumstellung vgl. § 18 BetrVG Rn 66.

§ 2 Wählerliste

(1) **Der Wahlvorstand hat für jede Betriebsratswahl eine Liste der Wahlberechtigten (Wählerliste), getrennt nach den Geschlechtern, aufzustellen.**[1-3] **Die Wahlberechtigten sollen**[4] **mit Familienname, Vorname und Geburtsdatum in alphabetischer Reihenfolge**[5] **aufgeführt werden. Die nach § 14 Abs. 2 Satz 1 des Arbeitnehmerüberlassungsgesetzes nicht passiv Wahlberechtigten sind in der Wählerliste auszuweisen.**[5]

(2) **Der Arbeitgeber hat dem Wahlvorstand alle für die Anfertigung der Wählerliste erforderlichen Auskünfte zu erteilen und die erforderlichen Unterlagen zur Verfügung zu stellen.**[6] **Er hat den Wahlvorstand insbesondere bei Feststellung der in § 5 Abs. 3 des Gesetzes genannten Personen zu unterstützen.**[7]

(3) **Das aktive und passive Wahlrecht steht nur Arbeitnehmerinnen und Arbeitnehmern zu, die in die Wählerliste eingetragen sind.**[8] **Wahlberechtigten Leih-**

arbeitnehmerinnen und Leiharbeitnehmern im Sinne des Arbeitnehmerüberlassungsgesetzes steht nur das aktive Wahlrecht zu (§ 14 Abs. 2 Satz 1 des Arbeitnehmerüberlassungsgesetzes).

(4) Ein Abdruck der Wählerliste und ein Abdruck dieser Verordnung sind vom Tage der Einleitung der Wahl (§ 3 Abs. 1) bis zum Abschluss der Stimmabgabe an geeigneter Stelle im Betrieb zur Einsichtnahme auszulegen. Der Abdruck der Wählerliste soll die Geburtsdaten der Wahlberechtigten nicht enthalten.[9] Ergänzend können der Abdruck der Wählerliste und die Verordnung mittels der im Betrieb vorhandenen Informations- und Kommunikationstechnik bekannt gemacht werden.[11] Die Bekanntmachung ausschließlich in elektronischer Form ist nur zulässig, wenn alle Arbeitnehmerinnen und Arbeitnehmer von der Bekanntmachung Kenntnis erlangen können und Vorkehrungen getroffen werden, dass Änderungen der Bekanntmachung nur vom Wahlvorstand vorgenommen werden können.[11]

(5) Der Wahlvorstand soll dafür sorgen, dass ausländische Arbeitnehmerinnen und Arbeitnehmer, die der deutschen Sprache nicht mächtig sind, vor Einleitung der Betriebsratswahl über Wahlverfahren, Aufstellung der Wähler- und Vorschlagslisten, Wahlvorgang und Stimmabgabe in geeigneter Weise unterrichtet werden.[12]

1   Die **Wählerliste** ist für die Durchführung der BRWahl von **erheblicher Bedeutung.** Nur in die Wählerliste eingetragene ArbN können ihr aktives und passives Wahlrecht ausüben (vgl. Abs. 3 und unten Rn 8). Hierzu gehören auch die Beamten, Soldaten und ArbN des öffentlichen Dienstes iSd. § 5 Abs 1 S. 3 BetrVG. Zur Wahlberechtigung und Wählbarkeit alle: in Betracht kommender Personengruppen vgl. § 7 BetrVG Rn 5 ff. und § 8 BetrVG Rn 5 ff. Die Wählerliste ist getrennt nach den Geschlechtern aufzustellen, da im BR dem Geschlecht in der Minderheit nach § 15 Abs. 2 BetrVG Mindestsitze zustehen (vgl. § 15 BetrVG Rn 11 ff.). Die Wählerliste muss bei Erlass des Wahlausschreibens vorliegen (§ 3 Abs. 2 Nr. 2). Der Wahlvorst. hat sie deshalb **unverzüglich** aufzustellen. Die Entscheidung über die Aufnahme oder Nichtaufnahme von ArbN in die Wählerliste trifft der Wahlvorst. durch Beschluss seiner stimmberechtigten Mitgl.

2   Wird die Wahl des BR zeitgleich mit der Wahl eines Sprecherausschusses für leitende Ang. eingeleitet oder ist dies zwar nicht der Fall, besteht jedoch ein betrieblicher oder Unternehmens-Sprecherausschuss, so ist bei der Bestimmung des Personenkreises der leitenden Ang. das besondere **Zuordnungsverfahren nach § 18 a BetrVG** zu beachten (Näheres hierzu vgl. § 18 a BetrVG Rn 6 ff.). Wird im Rahmen dieses Zuordnungsverfahrens der Personenkreis der leitenden Ang. anders abgegrenzt, als dies der Wahlvorst. zunächst beschlossen hatte, – sei es durch einvernehmliche Regelung zwischen den Wahlvorst. für die BR- und die Sprecherausschusswahl, sei es zwischen dem BRWahlvorst. und dem Sprecherausschuss, sei es durch eine Entscheidung des Vermittlers – so ist der Wahlvorst. verpflichtet, die Wählerliste entsprechend zu ändern. Vor einer fristgerechten Beendigung des Zuordnungsverfahrens ist die Wählerliste noch nicht endgültig aufgestellt. Im Vereinfachte Wahlverfahren nach § 14 a BetrVG findet § 18 a BetrVG keine Anwendung (§ 18 a BetrVG Rn 4).

3   Gegen unrichtige Eintragungen in die Wählerliste kann binnen einer Frist von zwei Wochen nach Erlass des Wahlausschreibens Einspruch eingelegt werden (vgl. § 4). Ein Einspruch ist jedoch grundsätzlich ausgeschlossen, wenn der Personenkreis der leitenden Ang. in dem Zuordnungsverfahren nach § 18 a BetrVG festgestellt worden ist (vgl. § 4 Rn 9). Scheiden ArbN aus dem Betrieb aus oder treten neue ArbN in den Betrieb ein, so ist die Wählerliste auch noch nach Ablauf der Einspruchsfrist bis zum Tage vor Beginn der Stimmabgabe zu berichtigen (vgl. § 4 Abs. 3 Satz 2; *GL* Rn 3). Davon erfasst werden auch LeihArbN, denen das aktive Wahlrecht nach § 7 Satz 2 BetrVG zusteht. Dies ist ua. der Fall, wenn im Zeitpunkt ihres Eintritts in den

Entleiherbetrieb feststeht, dass sie länger als drei Monate zur Arbeitsleistung überlassen werden; ihnen steht das aktive Wahlrecht ab dem ersten Tag im Entleiherbetrieb zu (vgl. § 7 BetrVG Rn 60; BT-Drucks. 14/5741 S. 36; ArbG Düsseldorf 2. 6. 06 juris). Ebenso sind LeihArbN bis zum Tag vor der Stimmabgabe in die Wählerliste aufzunehmen, wenn zB durch eine fortgesetzte Überlassung des LeihArbN die dreimonatige Überlassungsdauer überschritten wird und ihm dadurch das aktive Wahlrecht noch vor dem Wahltag zuwächst (zu den möglichen Fallvarianten vgl. § 7 BetrVG Rn 59 ff.). Zur Frage der Wahlberechtigung und Wählbarkeit von gekündigten ArbN vgl. § 7 BetrVG Rn 33 ff. und § 8 BetrVG Rn 18 ff. Berichtigungen und Ergänzungen der Wählerliste haben ebenso wie ihre Aufstellung durch Beschluss der stimmberechtigten Mitgl. des Wahlvorst. zu erfolgen. Die Entscheidungen des Wahlvorst. im Zusammenhang mit der Wählerliste können im arbeitsgerichtlichen BeschlVerf. angegriffen werden. Zur Frage, inwieweit die Durchführung des Einspruchsverfahrens Voraussetzung für die Anfechtung der BRWahl ist, vgl. § 4 Rn 2 ff. sowie § 19 BetrVG Rn 14.

Abs. 1 S. 2 ist eine **Sollvorschrift.** Ihre Verletzung beeinträchtigt im Allgemeinen **4** die Rechtmäßigkeit der Wahl nicht. Jedoch müssen die Angaben in der Wählerliste stets eine **Identifizierung der einzelnen ArbN** sowie die Beurteilung ihrer Wahlberechtigung ermöglichen. Deshalb ist die Angabe von Familienname, Vorname und Geburtstag (vgl. hierzu aber auch unten Rn 9) im Allgemeinen unerlässlich (*GL* Rn 7; *DKK-Schneider/Homburg* Rn 3; *Richardi/Thüsing* Rn 9). Nach LAG Baden-Württemberg (BetrR 93, 98 – LS –) setzt § 2 WO auch die Angabe des Datums des Eintritts der wahlberechtigten ArbN voraus.

Auch eine **andere Reihenfolge der Wahlberechtigten** ist zulässig, wenn sie **5** nach den betrieblichen Gepflogenheiten zweckmäßig ist, zB Reihenfolge nach der Personal- oder Schichtnummer (*DKK-Schneider/Homburg* Rn 3; *GL* Rn 7; *GK-Kreutz/Oetker* Rn 5). Grundsätzlich nicht vorgeschrieben ist die Angabe der Wählbarkeit der ArbN. Da jedoch Wahlberechtigung und Wählbarkeit auseinanderfallen können und die Kenntnis der Wählbarkeit für das Vorschlagsrecht bedeutsam ist, erscheint eine entspr. Kennzeichnung zweckmäßig. Dies kann auch in der Weise geschehen, dass man die nicht wählbaren ArbN entsprechend kennzeichnet. Verpflichtend vorgeschrieben ist dagegen in Abs. 1 S. 3, dass die nach § 14 Abs. 2 Satz 1 AÜG nicht passiv wahlberechtigten LeihArbN in der Wählerliste auszuweisen sind. Durch die Kennzeichnung dieses Personenkreises in der Wählerliste wird sichergestellt, dass LeihArbN, die gem. § 14 Abs. 2 AÜG im Entleiherbetrieb nicht passiv wahlberechtigt sind, nicht als Bewerber für ein Betriebsratsmandat im Entleiherbetrieb in Betracht kommen. Diese Verpflichtung zu Kennzeichnung beschränkt sich ausschließlich auf LeihArbN nach dem AÜG. Andere Personengruppen, denen nach § 7 Satz 2 BetrVG ein aktives Wahlrecht im Einsatzbetrieb zusteht, wie zB echte LeihArbN im Rahmen einer Konzernleihe, werden von dem Ausschluss des passiven Wahlrechts im Entleiherbetrieb nicht erfasst. Ihnen steht das aktive und passive Wahlrecht zu (vgl. § 7 BetrVG Rn 41, § 8 BetrVG Rn 26 ff.; *DKK-Schneider/Homburg* Rn 4; *Schneider* AiB 05, 271, 274; aA BAG 10. 3. 04 AP Nr. 8 zu § 7 BetrVG 1972; BAG 17. 2. 10 – 7 ABR 51/08 – NZA 10, 832; *Richardi/Thüsing* Rn 2).

Durch die 2. ÄnderungsVO vom 28. 9. 1989 (BGBl. I S. 1793) ist ausdrücklich **6** klargestellt worden, dass die Unterstützungspflicht des ArbGeb. bei der Aufstellung der Wählerliste eine ihm obliegende **Rechtspflicht** ist (so bisher schon die hM; vgl. *DKK-Schneider/Homburg* Rn 15; *GK-Kreutz/Oetker* Rn 9; *Richardi/Thüsing* Rn 11). Der ArbGeb. hat demnach dem Wahlvorst. alle für die Aufstellung der Wählerliste erforderlichen Auskünfte zu erteilen und Unterlagen zur Verfügung zu stellen. Diese Pflichten hat der ArbGeb. in dem Umfang zu erfüllen, dass dem Wahlvorst. die Aufstellung der Wählerliste möglich ist. Die Erfüllung dieser Pflicht kann im Bedarfsfall durch eine gerichtliche Entscheidung, ggf. auch durch eine einstweilige Verfügung sichergestellt werden (GK-*Kreutz/Oetker* Rn 10; *Richardi/Thüsing* Rn 11; vgl. auch LAG Schleswig-Holstein 7. 4. 11 – 4 TaBVGa 1/11 – JURIS; LAG Hamm NZA-

RR 05, 373; LAG Hamm DB 77, 1269, 1271). Steht im einstw. Verfg.Verf. die Verkennung des Betriebsbegriffs nicht mit großer Wahrscheinlichkeit fest, hat der Arb-Geb. dem Wahlvorst. die benötigten Auskünfte zur Erstellung einer Wählerliste zu erteilen (LAG Nürnberg 8. 2. 11 DB 11, 715 zur Annahme eines gemeinsamen Betriebs durch den Wahlvorst.). Der ArbGeb., der sich weigert, den Wahlvorst. in dem erforderlichen Umfang bei der Aufstellung der Wählerliste zu unterstützen, behindert die Wahl (LAG Schleswig-Holstein 7. 4. 11 – 4 TaBVGa 1/11 – Juris) und macht sich nach § 119 Abs. 1 Nr. 1 BetrVG strafbar (*GL* Rn 8; *DKK-Schneider/Homburg* Rn 15; *Richardi/Thüsing* Rn 11). Im vereinfachten, zweistufigen Wahlverfahren obliegt dem ArbGeb. die Pflicht, schon der einladenden Stelle alle für die Anfertigung der Wählerliste erforderlichen Unterlagen in einem versiegelten Umschlag auszuhändigen (§ 28 Abs. 2 WO und dort Rn 6).

7   Da die **Abgrenzung der leitenden Angestellten** im Einzelfall besonders schwierig sein kann, ist die Verpflichtung des ArbGeb., den Wahlvorst. bei der Feststellung dieses Personenkreises zu unterstützen, besonders hervorgehoben. Die gleiche Verpflichtung des ArbGeb. besteht, auch ohne dass dies ausdrücklich gesagt ist, hinsichtlich der in § 5 Abs. 2 BetrVG genannten Personen (*GK-Kreutz/Oetker* Rn 12; *Richardi/Thüsing* Rn 13). Das Gleiche gilt ferner, wenn zweifelhaft ist, ob im Betrieb tätige Personen als ArbN oder freie Mitarbeiter oder im Rahmen eines Werkvertrages Arbeitende anzusehen sind (**aA** wohl ArbG Augsburg BB 89, 218) oder zur Arbeitsleistung iS von § 7 Satz 2 BetrVG überlassen und damit wahlberechtigte ArbN sind. Der ArbGeb. hat dem Wahlvorst. alle **Auskünfte** und **Unterlagen** zu geben, die zur Beurteilung der Frage, ob ein ArbN zu den in § 5 Abs. 2 und 3 genannten Personen gehört oder ob ein im Betrieb Tätiger als ArbN oder nach § 7 Satz 2 wahlberechtigter ArbN (vgl. *Maschmann*, DB 01, 2446, 2447) oder als freier Mitarbeiter anzusehen ist, erforderlich sind, zB Beschreibung der Arbeitsaufgaben des Betreffenden, seine Eingliederung in den Betrieb, Organisationspläne des Unternehmens, uU auch die Gehaltslisten (vgl. *DKK-Schneider/Homburg* Rn 16; vgl. auch § 18a BetrVG Rn 53). Hinsichtlich der iS von § 7 Satz 2 BetrVG zur Arbeitsleistung überlassenen ArbN eines anderen ArbGeb. ist auch die vorgesehene Überlassungsdauer, Tag des Eintritts, und im Fall der wiederholten Überlassung auch deren vorherigen Zeiträume anzugeben. Die Entscheidung, ob jemand als leitender Ang. oder als Nicht-ArbN iS von § 5 Abs. 2 BetrVG oder als freier Mitarbeiter anzusehen ist oder nicht und deshalb in die Wählerliste aufzunehmen ist oder nicht, trifft **allein der Wahlvorst.** (*GL* Rn 1; *GK-Kreutz/Oetker* Rn 12; *Richardi/Thüsing* Rn 14; ArbG Ludwigshafen, BB 74, 1207). Bei der Beurteilung individualrechtlicher Statusfragen steht in Grenzfällen dem Wahlvorst. ein nach pflichtgemäßem Ermessen auszufüllender Beurteilungsspielraum zu (LAG Frankfurt BB 2001, 1095, 1096 mwN). Das Gleiche gilt für die Entscheidung, ob jemand wahlberechtigter Arbeitnehmer iS von § 7 Satz 2 BetrVG ist (vgl. *Maschmann*, DB 01, 2446, 2447). Hinsichtlich der leitenden Ang. hat der Wahlvorst. im Falle des § 18a BetrVG das besondere Zuordnungsverfahren zu beachten (vgl. oben Rn 2). Im Übrigen kann gegen seine Entscheidung nach § 4 Einspruch eingelegt und danach ggf. ein arbeitsgerichtliches BeschlVerf. eingeleitet werden.

8   Die Aufnahme in die Wählerliste ist **formelle Voraussetzung** für die Ausübung des **aktiven** und **passiven Wahlrechts**. Ohne Eintragung in die Wählerliste kann ein ArbN von seinem Wahlrecht keinen Gebrauch machen. Andererseits begründet die Eintragung in die Wählerliste nicht das aktive oder passive Wahlrecht, wenn seine materiellen Voraussetzungen (vgl. hierzu § 7 BetrVG Rn 5 ff., § 8 BetrVG Rn 5 ff.) nicht vorliegen (BAG 5. 3. 74, AP Nr. 1 zu § 5 BetrVG 1972; *DKK-Schneider/Homburg* Rn 13; *GL* Rn 2; *Richardi/Thüsing* Rn 6).

9   Die **ordnungsgemäße Anfertigung** sowie die **Auslegung** eines Abdrucks der Wählerliste bis zum Abschluss der Stimmabgabe sind wesentliche Voraussetzungen für die Durchführung der BRWahl. Verstöße hiergegen – nicht dagegen die Unterlassung der ebenfalls vorgeschriebenen Auslegung dieser Verordnung (insoweit **aA** *GK-Kreutz/Oetker* Rn 15) – begründen im Allgemeinen die Anfechtung der Wahl (LAG

Hamm 12. 1. 09 – 10 TaBV 17/07 juris; *DKK-Schneider/Homburg* Rn 9; *Richardi/ Thüsing* Rn 20). Auszulegen ist nicht das Original, sondern ein **Abdruck** der Wählerliste. In diesem ist aus Gründen des insoweit vorrangigen Schutzes von persönlichen Daten der ArbN ihr Geburtsdatum grundsätzlich nicht anzugeben. Hat ein ArbN Zweifel, ob ein in der Wählerliste Eingetragener schon das 18. Lebensjahr vollendet hat und damit wahlberechtigt ist, kann er den Wahlvorst. um Überprüfung bitten oder auch formell Einspruch gegen die Wählerliste einlegen. Die Angabe des Geburtstags von ArbN in dem Abdruck der Wählerliste ist nur zulässig, wenn dies zur Identifizierung des ArbN unerlässlich ist, zB wenn mehrere ArbN des Betriebs denselben Vor- und Zunamen haben und eine Unterscheidung nach anderen Merkmalen, etwa der Betriebsstätte oder Abteilung, nicht möglich ist.

Die Auslegung des Abdrucks der Wählerliste erfolgt am zweckmäßigsten im Ge **10** schäftszimmer des Wahlvorst. oder, falls dieser kein eigenes Geschäftszimmer hat, in dem des BR, ggf. auch am Arbeitsplatz (Büro) des Vors. des Wahlvorst. Die Auslegung an mehreren Stellen des Betriebs ist zulässig und in größeren Betrieben zweckmäßig (GK-*Kreutz/Oetker* Rn 13). Jeder ArbN, auch der zur Arbeitsleistung überlassene iSd. § 7 Satz 2 BetrVG, hat das Recht, **Einblick in die ausgelegte Wählerliste** zu nehmen (GK-*Kreutz/Oetker* Rn 16). Eine hierzu notwendige Arbeitsversäumnis hat keine Minderung des Arbeitsentgelts zu Folge (vgl. § 20 Abs. 3 Satz 2 BetrVG; ebenso *DKK-Schneider/Homburg* Rn 10; **aA** GK-*Kreutz/Oetker* Rn 17). Wegen ihres Anfechtungsrechts haben auch ArbGeb. und Vertreter der im Betrieb vertretenen Gewerkschaften das Recht, die ausgelegten Wählerlisten einzusehen (*DKK-Schneider/Homburg* Rn 10; GK-*Kreutz/Oetker* Rn 18).

Neben der herkömmlichen Form der Bekanntmachung durch Auslegung eines **11** Abdrucks der Wählerliste in Papierform kann die Bekanntmachung auch mittels der im Betrieb vorhandenen **Informations- und Kommunikationstechnik,** wie zB Intranet erfolgen (§ 2 Abs. 4 Satz 3, vgl. BR-Drucks. 838/01 S. 28) Die **Bekanntmachung** ausschließlich in **elektronischer Form** ist jedoch nur dann zulässig, wenn sichergestellt ist, dass alle ArbN von der Bekanntmachung Kenntnis erlangen können. Dies ist zB dann der Fall, wenn allen ArbN der Zugang zum Intranet zusteht, sei es an ihrem eigenem PC oder anhand eines – ähnlich wie beim schwarzen Brett – für alle ArbN allgemein zugänglichen PC nebst Bedienungsanleitung (zweifelnd *Rudolph/Fricke* AiB 05, 277 f.). Zudem müssen Vorkehrungen getroffen werden, dass nur der Wahlvorst. Änderungen an der Wählerliste vornehmen kann. So darf zB das Passwort nur WahlvorstMitgl. bekannt sein (LAG Niedersachsen 26. 7. 07 AE 2008, 47 f; *Heil/Bergmann* AiB 09, 363, 364). Die technischen oder organisatorischen Rahmenbedingungen müssen so beschaffen sein, dass der Zugriff auf das in elektronischer Form bekannt gemachte Dokument ausschließlich durch den Wahlvorst. erfolgt. Der Wahlvorst. darf sich der Hilfe Dritter bedienen, setzt aber zusätzliche Sicherungsmaßnahmen gegen unbefugte Veränderungen voraus (*Schneider/Wedde* AuR 07, 26, 28; *DKK-Schneider/Homburg* § 2 Rn 9 a; GK-*Kreutz* Rn 14). Diese Voraussetzung ist nicht erfüllt, wenn neben dem Wahlvorst. auch andere Mitarbeiter des ArbGeb. wie zB die Systemadministratoren auch ohne Mitwirkung des Wahlvorst. auf das Dokument tatsächlich zugreifen können (BAG 21. 1. 09 AP Nr. 61 zu § 19 BetrVG 1972; *Richardi/Thüsing* Rn 16). Nicht ausreichend ist, dass die Systemadministratoren arbeitsrechtlich nicht berechtigt sind ohne Mitwirkung des Wahlvorst. Zugriff auf die Dokumente zu nehmen; sie müssen auch tatsächlich nicht in der Lage sein können, auf das Dokument ohne Mitwirkung des Wahlvorst. zuzugreifen, ansonsten liefe die Regelung weitgehend ins Leere (BAG 21. 1. 09 AP Nr. 61 zu § 19 BetrVG 1972; **aA** *Jansen* DB 06, 334 f). Ein Wertungswiderspruch zum Aushang zB des Wahlausschreibens ist damit nicht verbunden: etwaige Manipulationen an dem Wahlausschreiben in Papierform sind leichter erkennbar als Änderungen des elektronisch bekannt gemachten Dokuments (BAG aaO). Im **Wahlausschreiben** ist darauf hinzuweisen, wo und wie von der Wählerliste und der Verordnung im Fall der elektronischen Bekanntmachung **Kenntnis** genommen werden kann (vgl. § 3 Abs. 2

Nr. 2 WO, § 31 Abs. 1 Nr. 2 WO). Der in der WO verwandte **Begriff „elektronische Form"** ist **nicht identisch** mit dem in § 126a BGB und § 2 Nr. 3 SignaturG verwandten Begriff. Die Bekanntmachung in elektronischer Form setzt daher zu ihrer Wirksamkeit kein qualifiziert signiertes Dokument iSd. vorgenannten Vorschriften voraus (*Rudolph/Fricke* AiB 05, 277f.). Eine Versendung per **E-Mail** an alle ArbN erfüllt nicht die Voraussetzungen an eine Bekanntmachung iS der VO (BAG 5. 5. 04 AP Nr. 1 zu § 3 WahlO BetrVG 1972 zur Bekanntmachung des Wahlausschreibens; *Richardi/Thüsing* Rn 16; *Rudolph/Fricke* AiB 05, 277, 279; *Beckschulze* DB 07, 1526, 1534; **aA** wohl *Berg/Heilmann* AiB 09, 363, 364; Jansen DB 06, 334f, will Rund-E-Mail zulassen, wenn diese entweder verschlüsselt ist oder Änderungen auf dem Weg zu den ArbN nicht möglich sind).

12   Durch Abs. 5 wird der Wahlvorst. im Hinblick auf die große Zahl **ausländischer ArbN** angehalten, diejenigen ausländischen ArbN des Betriebs, die der deutschen Sprache nicht mächtig sind, in geeigneter Weise über die BRWahl, über das Wahlverf., über die Aufstellung der Wähler- und Vorschlagslisten sowie über den Wahlvorgang und die Stimmabgabe zu unterrichten. **In welcher Form** diese Unterrichtung erfolgt, (zB durch ein Merkblatt in ausländischer Sprache oder durch einen Dolmetscher im Rahmen einer Versammlung dieser ausländischen ArbN des Betriebs), unterliegt der Entscheidung des Wahlvorst., der insoweit einen weiten Ermessensspielraum hat (*GL* Rn 11). Im Allgemeinen dürfte eine Übersetzung der Bekanntmachungen und Aushänge des Wahlvorst. allerdings stets erforderlich sein (vgl. hierzu LAG Hamm, DB 73, 1403; BAG 13. 10. 04 AP Nr. 1 zu § 2 WahlO BetrVG 1972; **aA** GK-*Kreutz/Oetker* Rn 21). Dagegen ist der Entscheidungsspielraum des Wahlvorst., **ob** er eine entsprechende Unterrichtung der im Betrieb beschäftigten ausländischen ArbN durchführt, trotz der Tatsache, dass Abs. 5 lediglich eine Sollvorschrift ist, eng. Dies folgt aus der grundsätzlichen Bedeutung des aktiven und passiven Wahlrechts für die ArbN (zustimmend *Brill,* BB 78, 1574; ebenso BAG aaO; LAG Niedersachsen 16. 6. 08 – 9 TaBV 14/07 – AE 2009, 131). Ein Verstoß gegen die Vorschrift rechtfertigt deshalb die Anfechtung der Wahl, wenn die ausländischen ArbN nicht die erforderlichen Kenntnisse hatten, um sich an der BRWahl zu beteiligen (BAG aaO; GK-*Kreutz/Oetker* Rn 19; *DKK-Schneider/Homburg* Rn 17; über den Umfang der fremdsprachlichen Unterrichtung vgl. LAG Hamm, DB 73, 1403: verneinend hinsichtlich der Aufforderung nach § 6 Abs. 6 WO bei Doppelunterzeichnung von Vorschlagslisten). Entscheidend ist, ob die Sprachkenntnisse ausreichen, um die zum Teil komplizierten Wahlvorschriften und den Inhalt des WA verstehen zu können. Im Zweifelsfall muss der Wahlvorst. von unzureichenden Sprachkenntnissen ausgehen; nicht ausreichend ist, dass die ausländischen ArbN über die für die tägliche Arbeit erforderlichen Deutschkenntnisse verfügen, wenn hierfür nur geringe Kenntnisse nötig sind (BAG aaO). In einem Betrieb mit einer Vielzahl von Nationalitäten ist eine Beschränkung auf die wesentlichen Hauptsprachen zulässig; Anhaltspunkt hierfür können die von der Geschäftsleitung zur Unterrichtung der ArbN benutzten geläufigen Sprachen sein (BAG aaO). Werden im Unternehmen zB auch komplizierte Anordnungen im Betrieb nicht in Fremdsprachen übersetzt, kann dies ein Indiz für den Wahlvorst. sein, dass die ausländischen ArbN über ausreichende Deutschkenntnisse verfügen, die es ihnen auch erlauben, die Wahlaushänge und das Wahlverfahren zu verstehen. Einer eigenständigen Prüfung ist der Wahlvorst. dadurch jedoch nicht enthoben.

§ 3 Wahlausschreiben[1]

(1) **Spätestens sechs Wochen vor dem ersten Tag der Stimmabgabe[4] erlässt der Wahlvorstand ein Wahlausschreiben, das von der oder dem Vorsitzenden und von mindestens einem weiteren stimmberechtigten Mitglied des Wahlvorstands zu unterschreiben ist.[5] Mit Erlass des Wahlausschreibens ist die Betriebsratswahl**

eingeleitet.[1-3] Der erste Tag der Stimmabgabe soll spätestens eine Woche vor dem Tag liegen, an dem die Amtszeit des Betriebsrats abläuft.[4]

(2) Das Wahlausschreiben muss folgende Angaben[6] enthalten:

1. das Datum seines Erlasses;[2]
2. die Bestimmung des Orts, an dem die Wählerliste und diese Verordnung ausliegen, sowie im Fall der Bekanntmachung in elektronischer Form (§ 2 Abs. 4 Satz 3 und 4) wo und wie von der Wählerliste und der Verordnung Kenntnis genommen werden kann;[7]
3. dass nur Arbeitnehmerinnen und Arbeitnehmer wählen oder gewählt werden können, die in die Wählerliste eingetragen sind, und dass Einsprüche[8] gegen die Wählerliste (§ 4) nur vor Ablauf von zwei Wochen seit dem Erlass des Wahlausschreibens schriftlich beim Wahlvorstand eingelegt werden können; der letzte Tag der Frist ist anzugeben;
4. den Anteil der Geschlechter und den Hinweis, dass das Geschlecht in der Minderheit im Betriebsrat entsprechend seinem zahlenmäßigen Verhältnis vertreten sein muss, wenn der Betriebsrat aus mindestens drei Mitgliedern besteht (§ 15 Abs. 2 des Gesetzes);[9, 10]
5. die Zahl der zu wählenden Betriebsratsmitglieder (§ 9 des Gesetzes) sowie die auf das Geschlecht in der Minderheit entfallenden Mindestsitze im Betriebsrat (§ 15 Abs. 2 des Gesetzes);[11]
6. die Mindestzahl von Wahlberechtigten, von denen ein Wahlvorschlag unterzeichnet sein muss (§ 14 Abs. 4 des Gesetzes);[12]
7. dass der Wahlvorschlag einer im Betrieb vertretenen Gewerkschaft von zwei Beauftragten unterzeichnet sein muss (§ 14 Abs. 5 des Gesetzes);[13]
8. dass Wahlvorschläge vor Ablauf von zwei Wochen seit dem Erlass des Wahlausschreibens beim Wahlvorstand in Form von Vorschlagslisten einzureichen sind, wenn mehr als drei Betriebsratsmitglieder zu wählen sind;[14, 15] der letzte Tag der Frist ist anzugeben;
9. dass die Stimmabgabe an die Wahlvorschläge gebunden ist und dass nur solche Wahlvorschläge berücksichtigt werden dürfen, die fristgerecht (Nr. 8) eingereicht sind;[16]
10. die Bestimmung des Orts, an dem die Wahlvorschläge bis zum Abschluss der Stimmabgabe aushängen;[17]
11. Ort, Tag und Zeit der Stimmabgabe[18] sowie die Betriebsteile und Kleinstbetriebe, für die schriftliche Stimmabgabe (§ 24 Abs. 3)[23] beschlossen ist;
12. den Ort, an dem Einsprüche, Wahlvorschläge und sonstige Erklärungen gegenüber dem Wahlvorstand abzugeben sind (Betriebsadresse des Wahlvorstands);[24]
13. Ort Tag und Zeit der öffentlichen Stimmauszählung.[27]

(3) Sofern es nach Größe, Eigenart oder Zusammensetzung der Arbeitnehmerschaft des Betriebs zweckmäßig ist, soll der Wahlvorstand im Wahlausschreiben darauf hinweisen, dass bei der Aufstellung von Wahlvorschlägen die einzelnen Organisationsbereiche und die verschiedenen Beschäftigungsarten berücksichtigt werden sollen.[28]

(4) Ein Abdruck des Wahlausschreibens ist vom Tage seines Erlasses bis zum letzten Tage der Stimmabgabe an einer oder mehreren geeigneten, den Wahlberechtigten zugänglichen Stellen vom Wahlvorstand auszuhängen und in gut lesbarem Zustand zu erhalten. Ergänzend kann das Wahlausschreiben mittels der im Betrieb vorhandenen Informations- und Kommunikationstechnik bekannt gemacht werden. § 2 Abs. 4 Satz 4 gilt entsprechend.[29, 30]

Die Vorschrift legt den **Inhalt des WA** und den Zeitpunkt fest, in dem dieses zu **1** erlassen ist. Das WA ist für die BRWahl von wesentlicher Bedeutung. Eine ohne WA durchgeführte Wahl ist auf jeden Fall anfechtbar (vgl. § 19 BetrVG Rn 22). Mit **Er-**

lass des WA ist die Wahl iSd. § 18 Abs. 1 S. 1 BetrVG **eingeleitet.** Wird das WA an mehreren Stellen des Betriebs ausgehängt, ist die Wahl mit dem letzten Aushang eingeleitet (LAG Hamm DB 76, 921; *DKK-Schneider/Homburg* Rn 3; GK-*Kreutz/Oetker* Rn 3; *Richardi/Thüsing* Rn 1). Der Tag des Aushangs des WA und das Datum seines Erlasses sollten tunlichst übereinstimmen. Ist dies nicht der Fall, bestimmen sich insbesondere Fristen, die mit dem Erlass des WA beginnen, allein nach dem Tag des Aushangs (*DKK-Schneider/Homburg* Rn 3; GK-*Kreutz/Oetker* Rn 3). Der Tag des Aushangs sollte vom Wahlvorst. aktenmäßig festgehalten werden.

2   Der Zeitpunkt des Erlasses des WA hat **Bedeutung** für die Bestimmung der Größe des BR (vgl. § 9 BetrVG Rn 34), für die Verteilung der BRSitze auf das Geschlecht in der Minderheit (vgl. § 15 BetrVG Rn 15, 16) sowie für den Beginn folgender Fristen: Einreichungsfrist der Wahlvorschläge (§ 6 Abs. 1 S. 2), Einspruchsfrist gegen die Wählerliste (§ 4 Abs. 1), Tag der Stimmabgabe (§ 3 Abs. 1).

3   Eine nachträgliche **Ergänzung** oder **Berichtigung** des WA ist zulässig, sofern sie so rechtzeitig erfolgt, dass sich die ArbN in ihrem Wahlverhalten im weiten Sinne, zB auch hinsichtlich ihres Wahlvorschlagsrechts, hierauf ordnungsgemäß einstellen können und eine Beeinträchtigung ihrer Wahlchancen bei objektiver Betrachtungsweise nicht zu befürchten ist (vgl. auch unten Rn 14 und 18). Ist dies nicht gewährleistet, zB in dem Fall, dass irrtümlich als selbstständig angesehene Betriebsteile oder Kleinstbetriebe nachträglich in die Wahl einbezogen werden, ist ein neues WA zu erlassen.

4   Zwischen dem Erlass des WA und dem ersten Tag der Stimmabgabe muss mindestens ein Zeitraum von **sechs Wochen** liegen. Dies gilt nicht für den Erlass des WA im vereinfachten Wahlverfahren (vgl. § 31 Abs. 1, § 36 Abs. 2). Der Tag des Erlasses des WA ist nicht mitzuzählen (vgl. § 187 Abs. 1 BGB). Eine Verletzung der Mindestfrist stellt einen Verstoß gegen wesentliche Vorschriften über das Wahlverfahren dar, der uU die Anfechtung der Wahl nach § 19 BetrVG rechtfertigen kann (*DKK-Schneider/Homburg* Rn 4; *Richardi/Thüsing* Rn 2). Demgegenüber ist eine Verletzung der bloßen Sollvorschrift des Abs. 1 Satz 2, nach der der Wahltag spätestens eine Woche vor Ablauf der Amtszeit des bestehenden BR liegen soll, im Allgemeinen kein Anfechtungsgrund (vgl. *Richardi/Thüsing* Rn 3). Zwar sollte der Wahlvorst. die Wahl so zügig vorbereiten und durchführen, dass eine betriebsratslose Zeit vermieden wird. Sofern jedoch eine ordnungsgemäße Vorbereitung der Wahl die Einhaltung dieser Frist nicht zulässt, kann der Wahlvorst. den Wahltag anderweitig festlegen (GK-*Kreutz/Oetker* Rn 5; *DKK-Schneider/Homburg* Rn 5). Wird das WA nachträglich in wesentlichen Punkten geändert, so dass ein neues WA zu erlassen ist (vgl. Rn 3), ist der Tag der Stimmabgabe entsprechend zu verschieben (*GL* Rn 11; GK-*Kreutz/ Oetker* Rn 5, 28).

5   Das WA ist von der oder dem Vors. und mindestens einem weiteren stimmberechtigten Mitgl. des Wahlvorst. zu **unterschreiben.** Die Unterschrift bloß der oder des Vors. oder die Mitunterzeichnung durch ein nicht stimmberechtigtes Mitgl. ist ein Verfahrensmangel. Dieser begründet allerdings nicht die Nichtigkeit der BRWahl; auch eine Anfechtbarkeit dürfte wohl kaum jemals in Betracht kommen, da nicht ersichtlich ist, wieso dieser Verfahrensmangel das Wahlergebnis beeinflussen kann (vgl. ArbG Gelsenkirchen, BB 68, 627; *DKK-Schneider/Homburg* Rn 7; *GL* Rn 4; GK-*Kreutz/Oetker* Rn 6; *Richardi/Thüsing* Rn 4). Fehlt jede Unterschrift, ist das WA nicht erlassen.

6   Abs. 2 schreibt im Einzelnen die Angaben vor, die das **WA grundsätzlich enthalten muss.** Bei der Wahl eines nur einköpfigen bzw. dreiköpfigen BR richtet sich der Inhalt des WA nach § 31 bzw. § 36 (vgl. dazu § 31 Rn 2 ff. und § 36 Rn 6). Unterbleiben die vorgeschriebenen Mitteilungen, so stellt dies im Allgemeinen einen Verstoß gegen wesentliche Wahlvorschriften dar, der unter den Voraussetzungen des § 19 BetrVG die Anfechtung der Wahl rechtfertigen kann (vgl. BAG 11. 3. 60, AP Nr. 13 zu § 18 BetrVG; BAG 19. 11. 03 AP Nr. 54 zu § 19 BetrVG 1972; GK-*Kreutz/Oetker* Rn 7; *DKK-Schneider/Homburg* Rn 10; *Richardi/Thüsing* Rn 6; vgl. aber auch unten Rn 18 ff.). Das WA kann über die in Abs. 2 genannten weitere im

Zusammenhang mit der Wahl stehende Angaben enthalten, falls dies sachdienlich erscheint, zB die Zusammensetzung des Wahlvorst. oder der Hinweis darauf, dass die Wahl des Betriebsrats auch dann durchgeführt wird, wenn kein Angehöriger des Geschlechts in der Minderheit sich zur Wahl zur Verfügung stellt bzw. vorgeschlagen wird. Allerdings sollte das WA nicht mit zu vielen zusätzlichen Angaben belastet werden, damit nicht die wesentlichen und zwingend vorgeschriebenen Mitteilungen optisch an Bedeutung verlieren (GK-*Kreutz/Oetker* Rn 25). Außerdem hat jede Wahlbeeinflussung zu unterbleiben (*GL* Rn 8; *Richardi/Thüsing* Rn 6).

Die **Auslegung des Abdrucks der Wählerliste** an mehreren Orten ist zulässig. 7 Durch die Auslage soll den ArbN die Nachprüfung der Richtigkeit der Wählerliste ermöglicht werden (vgl. im Einzelnen zur Wählerliste § 2 Rn 1ff.). Außer dem Ort sollte zweckmäßigerweise auch die Zeit angegeben werden, in der die Einsichtnahme möglich ist. Ist die Wählerliste auch in elektronischer Form bekannt gemacht worden, ist im WA ebenfalls anzugeben, wo und wie von der Wählerliste und der Verordnung Kenntnis genommen werden kann (vgl. § 2 Rn 11).

Näheres über das Einspruchsverfahren vgl. § 4. Der **Einspruch** kann nur inner- 8 halb der angegebenen **Ausschlussfrist von zwei Wochen** eingelegt werden. Die Berechnung der Frist bestimmt sich nach § 187 BGB (vgl. § 41). Sie beginnt am Tage nach Aushang bzw. elektronischer Bekanntmachung des WA; ist das WA an mehreren Stellen ausgehängt worden, am Tage nach dem letzten Aushang (vgl. LAG Hamm DB 76, 921). Wird das WA zB am 6. 3. 02 erlassen, so müssen etwaige Einsprüche bis zum 20. 3. 02 eingelegt sein. Dieser Tag ist als letzter Tag der Ausschlussfrist im WA anzugeben. Ist der letzte Tag der Frist ein Samstag, Sonntag oder gesetzlicher Feiertag, so läuft die Frist mit dem nächsten Werktag ab (§ 193 BGB). Der Wahlvorst. kann den Ablauf der Frist auf das **Ende der Dienststunden** am letzten Tag der Frist begrenzen, vorausgesetzt, der festgesetzte Fristablauf liegt nicht vor dem Ende der Arbeitszeit der überwiegenden Mehrheit der ArbN des Betriebs (BAG 4. 10. 77, AP Nr. 2 zu § 18 BetrVG 1972; *GL* Rn 6; GK-*Kreutz/Oetker* Rn 10; *Richardi/Thüsing* Rn 17; zur WO 1952 vgl. BAG 12. 2. 60, 1. 6. 66, AP Nr. 11 zu § 18 BetrVG, AP Nr. 2 zu § 6 WahlO). Um hier keine Unklarheiten aufkommen zu lassen, muss der Wahlvorst. in diesen Fällen den Ablauf der Frist auch uhrzeitmäßig genau angeben.

Nach Nr. 4 muss im WA der **Anteil der Geschlechter** im Betrieb, angegeben 9 werden. Aufgrund der neuen Regelung in § 15 Abs. 2 BetrVG hat der Wahlvorst. darauf hinzuweisen, dass das Geschlecht, welches im Betrieb in der Minderheit ist, entsprechend seinem zahlenmäßigen Verhältnis im BR vertreten sein muss, wenn dieser aus mindestens drei Mitgl. besteht. Stellt der Wahlvorst. fest, dass im Zeitpunkt des WA eine gleiche Anzahl von Angehörigen der jeweiligen Geschlechter im Betrieb ist, entfällt dieser Teil der Angabe mangels eines feststellbaren Geschlechts in der Minderheit (vgl. § 15 BetrVG Rn 19; § 5 Rn 2).

Die **Zahl der zu wählenden BRMitgl.** hängt in Betrieben mit mehr als 51 10 wahlberechtigten ArbN von der Zahl der im Betrieb tätigen ArbN – ohne Rücksicht auf ihre Wahlberechtigung – ab. In diesen Betrieben muss der Wahlvorst. deshalb neben der Erstellung der Wählerliste auch die Zahl der regelmäßig beschäftigten ArbN feststellen (vgl. hierzu im Einzelnen § 9 BetrVG Rn 9ff.).

Die Angabe der auf das Geschlecht in der Minderheit entfallenden Mindestsitze im 11 BR muss bereits im WA enthalten sein (Nr. 5). Die Bestimmung der Mindestsitzzahl für das Geschlecht in der Minderheit erfolgt nach § 5 (vgl. § 5 Rn 1, § 15 BetrVG Rn 15ff.). Die unzutreffende Angabe rechtfertigt zur Anfechtung der BRWahl (BAG 10. 3. 04 AP Nr. 8 zu § 7 BetrVG 1972; s. dazu auch § 19 Rn 20, 22, 27). Stellt der Wahlvorst. fest, dass im Betrieb beide Geschlechter gleich viele Angehörige haben, entfällt diese Angabe mangels eines feststellbaren Geschlechts in der Minderheit (vgl. § 15 BetrVG Rn 19; § 5 Rn 2).

Für die Mitteilung der erforderlichen Unterschriften unter einen Wahlvorschlag ist 12 ein bloßer Hinweis auf die Regelung des § 14 Abs. 4 BetrVG nicht ausreichend.

Vielmehr ist die **genaue Angabe** der für einen gültigen Wahlvorschlag **erforderlichen Zahl von Unterschriften** notwendig, zB in einem Betrieb mit 100 ArbN
die Angabe, dass der Wahlvorschlag der ArbN mindestens von fünf wahlberechtigten
ArbN unterschrieben sein muss (*GL* Rn 7; *GK-Kreutz/Oetker* Rn 13; *DKK-Schnei-
der/Homburg* Rn 16; *Richardi/Thüsing* Rn 11). Da ein ArbN nicht mehrere Wahlvorschläge unterschreiben darf, empfiehlt es sich, hierauf ausdrücklich hinzuweisen. Zur
Frage, wenn ein ArbN mehrere Wahlvorschläge unterschrieben hat, vgl. § 6 Rn 17.
Eine Rücknahme der Unterschrift nach Einreichung des Wahlvorschlags ist für dessen
Gültigkeit ohne Bedeutung (vgl. § 8 Abs. 1 Nr. 3; ferner § 14 BetrVG Rn 55).

13   Zum Wahlvorschlagsrecht der Gewerkschaften vgl. § 14 BetrVG Rn 58 ff. Zum
Erfordernis der Unterzeichnung durch zwei Beauftragte der Gewerkschaft vgl. unten
§ 27 Rn 3 sowie § 14 BetrVG Rn 67.

14   Die **Frist für die Einreichung von Wahlvorschlägen** (§ 6 Abs. 1) ist im Regel-
fall die gleiche, wie für die Einlegung von Einsprüchen gegen die Richtigkeit der
Wählerliste (vgl. oben Rn 8). Auch hier ist der Ablauf der Frist mit Datum und gfls.
Uhrzeit genau anzugeben. Eine Verlängerung oder Verkürzung der Zwei-Wochen-
Frist ist unzulässig und führt zur Anfechtung der Wahl (BAG 9. 12. 92 AP Nr. 2 zu § 6
WahlO BetrVG 1972). Werden die für Wahlvorschläge bedeutsamen Angaben (zB
Zahl der auf das Geschlecht in der Minderheit entfallenden Mindestsitze im BR, Erhöhung der Zahl der erforderlichen Unterschriften) **im WA nachträglich geändert,**
so ist für den Fall, dass zwischen der Bekanntmachung der Änderung und dem Ablauf
der Einreichungsfrist für Wahlvorschläge nicht mindestens eine Woche liegt, in entsprechender Anwendung des § 6 Abs. 2 S. 1 eine **Nachfrist** von einer Woche für die
Einreichung von Wahlvorschlägen zu setzen (ebenso *DKK-Schneider/Homburg* Rn 31;
aA *Richardi/Thüsing* Rn 19 f., der den Erlass eines neuen WA für notwendig hält;
ebenso *Schneider* Rn 32, für den Fall, dass bereits Wahlvorschläge eingereicht worden
sind; nach *GK-Kreutz/Oetker* Rn 29, ist in diesem Falle die Wahlvorschlagsfrist entsprechend zu verlängern). Die Gegenmeinung ist abzulehnen. Der Erlass eines neuen
WA hätte stets eine Verschiebung des Wahltermins und damit uU eine betriebsratslose
Zeit zur Folge, wenn nämlich der neue Wahltermin nach Ablauf der Amtszeit des bestehenden BR liegt. Das ist soweit wie vertretbar zu verhindern. Wird innerhalb der
Einreichungsfrist für einen Wahlgang **keine gültige Vorschlagsliste** eingereicht, ist
gem. § 9 eine Nachfrist von einer Woche für die Einreichung von Vorschlagslisten zu
setzen.

15   Zur Einreichung von Wahlvorschlägen vgl. im Einzelnen § 6 WO sowie § 14
BetrVG Rn 40 ff.

16   Die **Belehrung über die Stimmabgabe** und ihre Bindung an ordnungsgemäß
eingereichte Wahlvorschläge haben ausdrücklich und in verbaler Form zu erfolgen.
Nicht ausreichend ist der bloße Hinweis auf die einschlägigen Vorschriften der WO.

17   Zur Bestimmung des Orts, an dem die Wahlvorschläge bis zum Abschluss der
Stimmabgabe aushängen vgl. § 10 WO.

18   Der **Tag der Stimmabgabe** soll spätestens eine Woche vor dem Ablauf der
Amtszeit des bestehenden BR liegen (Abs. 1 S. 3). Hierdurch soll eine betriebsratslose
Zeit vermieden werden. Dies lässt sich insbesondere in größeren Betrieben nur sicherstellen, wenn der Wahlvorst. möglichst frühzeitig bestellt wird. Eine Verletzung
der Sollvorschrift des Abs. 1 S. 3 hat auf die Gültigkeit der Wahl keinen Einfluss. In
größeren Betrieben und in Betrieben, in denen in mehreren Schichten gearbeitet
wird, kann eine **Stimmabgabe über mehrere Tage** in Frage kommen. In diesem
Fall soll der letzte Tag der Stimmabgabe spätestens eine Woche vor Ablauf der Amtszeit des bestehenden BR liegen.

19   Die Verpflichtung, im WA außer dem Tag bereits auch **Ort und Zeit der
Stimmabgabe** genau anzugeben, kann in Großbetrieben angesichts der zu treffenden
notwendigen organisatorischen Maßnahmen und der Fülle der sonstigen Aufgaben,
die der Wahlvorst. vor Erlass des WA zu erledigen hat, auf Schwierigkeiten stoßen. Im
Gegensatz zum Wahltag als solchem, von dem die Wahlberechtigten schon deshalb

rechtzeitig Kenntnis haben müssen, um ggfs. wegen Abwesenheit vom Betrieb die Unterlagen für die schriftliche Stimmabgabe anfordern zu können, erscheint die genaue Kenntnis von Ort und Uhrzeit der Stimmabgabe bereits sechs Wochen vorher zur ordnungsgemäßen Ausübung des Wahlrechts nicht erforderlich. Deshalb ist der Wahlvorst., falls er aus sachlichen Gründen Ort und Uhrzeit der Stimmabgabe noch nicht im WA selbst genau angeben kann, berechtigt, sich insoweit im WA auf den Hinweis zu beschränken, dass Ort und Uhrzeit der Stimmabgabe durch einen besonderen und in gleicher Weise wie das WA bekannt zu gebenden Aushang rechtzeitig mitgeteilt werden (GK-*Kreutz/Oetker* Rn 19 *Boemke* BB 09, 2758, 2760 (neun Tage vor der Wahl); vgl. hierzu auch § 6 Abs. 2 Nr. 12 WOS; BAG 19. 9. 85, AP Nr. 12 zu § 19 BetrVG 1972, das auch ohne einen entsprechenden Hinweis im WA eine Ergänzung hinsichtlich des Ortes des Wahllokals zulässt, sofern sie so rechtzeitig erfolgt, dass für die Wahlberechtigten keine Einschränkung ihres Wahlrechts eintritt).

Besucht ein Wahlvorst. die Einzelnen **Filialen** eines Einzelhandelsunternehmens **20** nach einem bestimmten „**Tourenplan**", so muss vorher die konkrete Zeit, in der die Stimmabgabe zur Wahl des BR möglich ist, festgelegt und in den einzelnen Filialen bekannt gemacht werden, sei es im WA selbst oder in einer späteren Ergänzung des WA (LAG Brandenburg NZA-RR 99, 418; LAG Düsseldorf ArbuR 08, 120).

Die Wahl findet **während der Arbeitszeit** statt (vgl. § 20 BetrVG Rn 44). Jedoch **21** braucht die Zeit der Stimmabgabe nicht unbedingt mit der betrieblichen Arbeitszeit voll übereinzustimmen. So ist es zB zulässig, die Wahl auf sechs Stunden während der Arbeitszeit zu begrenzen, sofern diese Zeit ausreicht, um den ArbN die Ausübung ihres Wahlrechts in angemessener Weise zu ermöglichen; ferner ist es zulässig, in einem Betrieb, der in zwei Schichten arbeitet, die Wahlzeit so zu legen, dass sie teilweise in beide Schichten fällt (*DKK-Schneider/Homburg* Rn 23; *Boemke* BB 09, 2758, 2760).

Wird die im WA angegebene Zeit für die Stimmabgabe **nachträglich geändert** **22** und die Änderung im Betrieb nur mündlich bekannt gemacht, so stellt dies einen die Wahlanfechtung begründenden Verstoß gegen wesentliche Wahlvorschriften dar (BAG 11. 3. 60, AP Nr. 13 zu § 18 BetrVG; *GL* Rn 10; vgl. hierzu auch LAG Hamm DB 74, 1241). Eine Änderung der Wahlstunden innerhalb des gleich bleibenden Wahltages im WA ist aber nicht zu beanstanden, wenn zwingende Gründe vorliegen und die Änderung so rechtzeitig bekannt gemacht wird, dass alle ArbN des Betriebs zweifelsfrei davon Kenntnis nehmen können (GK-*Kreutz/Oetker* Rn 19; *DKK-Schneider/Homburg* Rn 33).

Zur schriftlichen Stimmabgabe vgl. §§ 24 bis 26. Die Betriebsteile und Kleinstbe- **23** triebe, für die eine schriftliche Stimmabgabe beschlossen worden ist, sind im WA genau zu bezeichnen (GK-*Kreutz/Oetker* Rn 20). Hierbei ist klarzustellen, dass insoweit eine Urnenwahl nicht zulässig ist.

Erklärungen sind zwar dem Wahlvorst., nicht seinem Vors. gegenüber abzugeben. **24** Jedoch ist in entsprechender Anwendung des § 26 Abs. 3 BetrVG der Vors. des Wahlvorst. berechtigt, dem Wahlvorst. gegenüber abzugebende Erklärungen entgegenzunehmen (vgl. auch § 1 Rn 5).

In Frage kommt in erster Linie das **Arbeitszimmer des Wahlvorst.**, insb. wenn **25** dieses ständig besetzt ist, ferner der Arbeitsplatz des Vors. des Wahlvorst., wenn dieser ihn während der Arbeitszeit idR nicht verlässt. Für schriftliche Erklärungen kann es jedoch durchaus zweckmäßig sein, eine andere Stelle zu bezeichnen (*DKK-Schneider/Homburg* Rn 25). Es dürfte sich ferner empfehlen, die Stunden anzugeben, in denen das mit der Entgegennahme von Einsprüchen, Vorschlagslisten usw. betraute Mitgl. des Wahlvorst. anzutreffen ist.

Für die Wahrung einer Frist (zB zur Einreichung von Wahlvorschlägen) reicht es **26** aus, wenn die Erklärung vor Ablauf der Frist dem Wahlvorst. an seiner Betriebsadresse zugeht. Das gilt auch dann, wenn zu diesem Zeitpunkt nicht der Vors. des Wahlvorst. oder sein Stellvertr. an der Betriebsadresse anwesend ist, sondern ein anderes Mitgl. des Wahlvorst. oder eine für den Wahlvorst. tätige Bürokraft (GK-*Kreutz/Oetker*

Rn 22). Anderseits kann eine Erklärung dem Vors. des Wahlvorst. gegenüber auch außerhalb der Betriebsadresse fristwahrend abgegeben werden (**aA** wohl *DKK-Schneider/Homburg* Rn 26).

27   Im WA ist auch Ort, Tag und Zeit der **öffentlichen Stimmauszählung** anzugeben. Die in § 18 Abs. 3 Satz 1 BetrVG vorgeschriebene Öffentlichkeit der Stimmauszählung erfordert, dass Ort, und Zeitpunkt der Stimmauszählung vorher im Betrieb öffentlich bekannt gemacht werden (BAG 15. 11. 2000 AP Nr. 10 zu § 18 BetrVG 1972).

28   Die Vorschrift des Abs. 3 will dahinwirken, dass Wahlvorschläge möglichst eine die Organisation des Betriebs und die Struktur der ArbNschaft widerspiegelnde Zusammensetzung enthalten (vgl. im Einzelnen § 15 BetrVG Rn 1 ff.). Die Vorschrift wird nur in größeren Betrieben von Bedeutung sein. Ihre Verletzung begründet keine Anfechtung der BRWahl (*GL* Rn 9; GK-*Kreutz/Oetker* Rn 24).

29   Das WA ist vom **Tag seines Erlasses bis zum Abschluss der Stimmabgabe** auszuhängen. Der Aushang hat im **Betrieb** so zu erfolgen, dass das Wahlausschreiben **allen Wahlberechtigten** zugänglich ist, d. h. diese von dem Inhalt des WA – zumindest in zumutbarer Weise – Kenntnis nehmen können. In einem Betrieb mit mehreren Betriebsstätten in unterschiedlichen Orten muss ein Abdruck des WA grundsätzlich in **jeder Betriebsstätte** ausgehängt werden (BAG 5. 5. 04 AP Nr. 1 zu § 3 WahlO BetrVG 1972; BAG 21. 1. 09 AP Nr. 61 zu § 19 BetrVG 1972). Sind mehrere Betriebsstätten in einem Ort, kann der Aushang eines Abdrucks in der Hauptbetriebsstätte dieses Orts ausreichend sein, wenn sicher ist, dass die ArbN der anderen Betriebsstätten die Hauptbetriebsstätte regelmäßig aufsuchen und dadurch die Möglichkeit haben, das WA dort zu Kenntnis zu nehmen (so aber noch offen lassend BAG 5. 5. 04 aaO). Nicht ausreichend ist, das Wahlausschreiben allen Wahlberechtigten zuzuleiten (BAG 5. 5. 04 aaO). Um die Lesbarkeit zu sichern, empfiehlt es sich, das WA vor Verschmutzung, Verstaubung und Verblassen der Schrift zu schützen; ggf. muss der Wahlvorst. regelmäßig die Vollständigkeit und Lesbarkeit des WA überprüfen. Es handelt sich um eine wesentliche Wahlvorschrift. Verstöße hiergegen rechtfertigen zur Wahlanfechtung, da sie grundsätzlich geeignet sind, das Wahlergebnis zu beeinflussen (BAG 5. 5. 04 aaO; GK-*Kreutz/Oetker* Rn 26). Ein zur Anfechtung berechtigender Wahlfehler liegt ggf. dann nicht vor, wenn zwar der Aushang des WA unzureichend war, aber die elektronische Bekanntmachung den Anforderungen des § 3 Abs. 4 iVm § 2 Abs. 4 S. 4 genügt (BAG 21. 1. 09 AP Nr. 61 zu § 19 BetrVG 1972).

30   Neben der herkömmlichen Form der Bekanntmachung kann das WA auch mittels der im Betrieb vorhandenen **IuK-Technik** bekannt gemacht werden. Das WA ausschließlich in elektronischer Form bekannt zu machen ist nur zulässig, wenn sichergestellt ist, dass a) alle ArbN von dem WA Kenntnis nehmen können und b) nur der Wahlvorst. Änderungen des WA vornehmen kann (vgl. dazu § 2 Rn 11; BAG 21. 1. 09 AP Nr. 61 zu § 19 BetrVG 1972; *Rudolph/Fricke* AiB 05, 277, 279). Erfolgt die Bekanntmachung des WA nur **ergänzend** mittels IuK-Technik, ist allein der Aushang nach Absatz 4 Satz 1 maßgeblich (BAG 5. 5. 04 AP Nr. 1 zu § 3 WahlO BetrVG 1972). Der in der WO verwandte **Begriff „elektronische Form"** ist **nicht identisch** mit dem in § 126 a BGB und § 2 Nr. 3 SignaturG verwandten Begriff. Die Bekanntmachung in elektronischer Form setzt daher zu ihrer Wirksamkeit kein qualifiziert signiertes Dokument iSd. vorgenannten Vorschriften voraus (*Rudolph/Fricke* AiB 05, 277 f.).

§ 4 Einspruch gegen die Wählerliste

(1) **Einsprüche gegen die Richtigkeit**[1] **der Wählerliste können**[2, 3] **mit Wirksamkeit für die Betriebsratswahl nur vor Ablauf von zwei Wochen**[4] **seit Erlass des Wahlausschreibens beim Wahlvorstand**[5, 6] **schriftlich**[7] **eingelegt werden.**

(2) Über Einsprüche nach Absatz 1 hat der Wahlvorstand unverzüglich zu entscheiden.[8] Der Einspruch ist ausgeschlossen, soweit er darauf gestützt wird, dass die Zuordnung nach § 18 a des Gesetzes fehlerhaft erfolgt sei.[9, 10] Satz 2 gilt nicht, soweit die nach § 18 a Abs. 1 oder 4 Satz 1 und 2 des Gesetzes am Zuordnungsverfahren Beteiligten die Zuordnung übereinstimmend[13] für offensichtlich fehlerhaft[11, 12, 14] halten. Wird der Einspruch für begründet erachtet, so ist die Wählerliste zu berichtigen. Die Entscheidung des Wahlvorstands ist der Arbeitnehmerin oder dem Arbeitnehmer, die oder der den Einspruch eingelegt hat, unverzüglich schriftlich mitzuteilen; die Entscheidung muss der Arbeitnehmerin oder dem Arbeitnehmer spätestens am Tage vor dem Beginn der Stimmabgabe zugehen.[8]

(3) Nach Ablauf der Einspruchsfrist soll der Wahlvorstand die Wählerliste nochmals auf ihre Vollständigkeit hin überprüfen. Im Übrigen kann nach Ablauf der Einspruchsfrist die Wählerliste nur bei Schreibfehlern, offenbaren Unrichtigkeiten, in Erledigung rechtzeitig eingelegter Einsprüche oder bei Eintritt von Wahlberechtigten in den Betrieb oder bei Ausscheiden aus dem Betrieb bis zum Tage vor dem Beginn der Stimmabgabe berichtigt oder ergänzt werden.[15]

Die **Wählerliste** ist **unrichtig**, wenn ein Wahlberechtigter nicht eingetragen oder ein Nichtwahlberechtigter eingetragen ist. Gegen andere Maßnahmen des Wahlvorst. als gegen die Richtigkeit der Wählerliste ist ein Einspruch nicht gegeben. Soweit diese Maßnahmen rechtswidrig sind, können sie jedoch vor dem ArbG sowohl im Laufe des Wahlverfahrens als auch nach Ablauf der Wahl durch Wahlanfechtung angegriffen werden (vgl. § 18 BetrVG Rn 32 ff., § 19 BetrVG Rn 10 ff.).   1

Einspruchsberechtigt ist, da der zu wählende BR alle ArbN vertritt, jeder ArbN, nicht nur der unmittelbar Betroffene (GL Rn 4; GK-*Kreutz/Oetker* Rn 2; *Richardi/Thüsing* Rn 4) sowie die nach § 7 S. 2 wahlberechtigten ArbN (*Maschmann*, DB 01, 2446, 2447; *Richardi/Thüsing* Rn 4; GK-*Kreutz/Oetker* Rn 2); ferner derjenige, der sich zu Recht oder zu Unrecht für einen leitenden Ang. nach § 5 Abs. 3 BetrVG hält (vgl. LAG Hamm, DB 72, 1297; LAG Baden-Württemberg, BB 72, 918; zur Einschränkung der Einspruchsmöglichkeit nach einem Zuordnungsverfahren gem. § 18 a BetrVG vgl. unten Rn 9 ff.).   2

Nicht einspruchsberechtigt sind dagegen der ArbGeb. und die im Betrieb vertretenen Gewerkschaften (vgl. BAG 29. 3. 74, 25. 6. 74, AP Nr. 2, 3 zu § 19 BetrVG 1972; BAG 11. 3. 75, AP Nr. 1 zu § 24 BetrVG 1972; *Richardi/Thüsing* Rn 5; *Maschmann*, DB 01, 2446, 2447; **aA** GK-*Kreutz/Oetker* Rn 3; HSWG § 19 BetrVG Rn 8 f.; *Bulla* DB 77, 304; hinsichtlich des ArbGeb.: DKK-*Schneider/Homburg* Rn 16; GL Rn 4). Sie können jedoch ggf. rechtwidrige Maßnahmen des Wahlvorst. vor dem ArbG angreifen bzw. nach Ablauf der Wahl eine Wahlanfechtung durchführen (vgl. BAG 5. 3. 74, AP Nr. 1 zu § 5 BetrVG 1972; ferner § 18 BetrVG Rn 32 ff.). Allerdings sollte der Wahlvorst. „Einsprüche" von ArbGeb. oder den im Betrieb vertretenen Gewerkschaften zum Anlass nehmen, von sich aus die Richtigkeit der Wählerliste zu überprüfen, um eine Wahlanfechtung zu vermeiden.   3

Die **Frist** ist eine **Ausschlussfrist**. Ihre Berechnung bestimmt sich nach § 187 BGB. Die Frist beginnt am Tage, nach dem das WA ausgehängt ist bzw. im Fall der Bekanntmachung in ausschließlich elektronischer Form an dem Tag, an dem das WA in das System eingestellt worden ist und alle Arbeitnehmer von dem WA Kenntnis erlangen können. Sie endet zwei Wochen später mit Ablauf des Wochentages, der dem Aushangtag bzw. dem Tag der Einstellung in das elektronische System entspricht. Hierbei kommt es nicht darauf an, ob dieser Tag ein Arbeitstag ist; jedoch ist § 193 BGB zu beachten (vgl. § 3 Rn 8). Hat der Wahlvorst. im Wahlausschreiben Dienststunden angegeben, so muss der Einspruch bis zum Ende der Dienststunden am letzten Tag der Frist beim Wahlvorst. eingegangen sein (vgl. § 3 Rn 8). Verspätet eingelegte Einsprüche sollte der Wahlvorst. zu Beweiszwecken mit einem Eingangsvermerk versehen und zu den Wahlakten nehmen. Obwohl verspätete Einsprüche   4 kein formelles Einspruchsverfahren nach Abs. 2 auslösen, können sie doch für den Wahlvorst. Veranlassung für eine Überprüfung der Wählerliste im Rahmen von Abs. 3 sein (vgl. unten Rn 15; GK-*Kreutz/Oetker* Rn 6).

5   **Versäumen** einspruchsberechtigte ArbN, rechtzeitig **Einspruch einzulegen,** so sind sie insoweit nicht mehr zur **Wahlanfechtung** nach § 19 BetrVG befugt (vgl. LAG Düsseldorf DB 73, 2050; LAG Frankfurt DB 76, 1271; offen gelassen BAG 27. 1. 93 AP Nr. 29 zu § 76 BetrVG (1952); *GL* Rn 2, anders aber § 19 BetrVG Rn 9; einschränkend *Richardi/Thüsing* § 19 BetrVG Rn 10; aA *DKK-Schneider/Homburg* Rn 15; GK-*Kreutz/Oetker* § 19 BetrVG Rn 59; *HSWG* § 19 BetrVG Rn 11; *Bulla* DB 77, 304; *Gnade* FS Herschel S. 145; *Hanau* DB 86, Beil. 4 S. 12). Etwas anderes gilt, wenn sie an der rechtzeitigen Einlegung des Einspruchs arglistig gehindert worden sind (vgl. LAG Kiel, AP Nr. 1 zu § 4 WO) oder sonstwie verhindert sind (BAG 27. 1. 93 aaO). Durch die Nichteinlegung eines Einspruchs gegen die Richtigkeit der Wählerliste geht das Wahlanfechtungsrecht der ArbN wegen sonstiger Verstöße nicht verloren (BVerwG, AP Nr. 1 zu § 9 PersVG). Das Anfechtungsrecht der im Betrieb vertretenen Gewerkschaften oder des ArbGeb. wegen Unrichtigkeit der Wählerliste besteht ohne Rücksicht darauf, ob ArbN gegen die Wählerliste Einspruch eingelegt haben (BAG 29. 3. 74, 25. 6. 74, AP Nr. 2, 3 zu § 19 BetrVG 1972).

6   Einsprüche sind **beim Wahlvorst.** einzulegen. Sie sind deshalb an den Wahlvorst. als solchen, nicht an ein Mitgl. des Wahlvorst. zu adressieren. Der Vors. des Wahlvorst. ist jedoch berechtigt, Erklärungen, die dem Wahlvorst. gegenüber abzugeben sind, entgegenzunehmen. Die Entgegennahme des Einspruchs durch den Vors. des Wahlvorst. reicht deshalb zur Wahrung der Frist aus. Das Gleiche gilt, wenn der Einspruch rechtzeitig im Wahlbüro abgegeben wird (vgl. hierzu § 3 Rn 25).

7   Der Einspruch muss **schriftlich** eingelegt werden; er ist vom Einspruchsführer zu unterschreiben (vgl. § 126 BGB). Telegraphische Übermittlung genügt (*GL* Rn 5) ebenso wie Telefax (GK-*Kreutz/Oetker* Rn 7). Ein mündlicher Einspruch ist rechtlich ohne Bedeutung; jedoch sollte der Wahlvorst. den ArbN auf die Notwendigkeit der Schriftform hinweisen (*Schneider* Rn 5). Eine **Begründung des Einspruchs** ist nicht vorgeschrieben; jedoch muss der Einspruchsführer angeben, in welcher Hinsicht die Wählerliste unrichtig sein soll (GK-*Kreutz/Oetker* Rn 7).

8   Der Wahlvorst. entscheidet über eingelegte Einsprüche durch **Beschluss seiner stimmberechtigten Mitgl. mit einfacher Stimmenmehrheit** (*DKK-Schneider/ Homburg* Rn 17; *GL* Rn 6). Die Entscheidung über den Einspruch ist in die Sitzungsniederschrift aufzunehmen. Der Wahlvorst. hat über Einsprüche **unverzüglich** zu entscheiden und seine Entscheidung dem Einspruchsführer ebenfalls unverzüglich, spätestens jedoch am Tage vor der Stimmabgabe, mitzuteilen. Die Unterrichtung des Einspruchsführers über die Behandlung seines Einspruchs kann ebenfalls telegraphisch oder durch Telefax erfolgen (GK-*Kreutz/Oetker* Rn 8). Eine Begründung der Entscheidung des Wahlvorst. über einen Einspruch ist nicht vorgeschrieben, kann jedoch zweckmäßig sein. Weist der Wahlvorst. den Einspruch zurück, so kann der durch die Entscheidung unmittelbar betroffene Einspruchsführer die Entscheidung des ArbG beantragen (vgl. § 18 BetrVG Rn 32ff.). Wird der Einspruch für begründet erachtet, sind alle Wählerlisten, dh das beim Wahlvorst. befindliche Original und alle im Betrieb ausgelegten Abdrucke entsprechend zu **berichtigen.** Wird die Wählerliste ausschließlich elektronisch geführt, ist die Berichtigung vom Wahlvorst. so vorzunehmen, dass hiervon alle ArbN Kenntnis erlangen. Die Berichtigung gehört zu den Amtspflichten des Wahlvorst. und muss spätestens am Tage vor Beginn der Stimmabgabe erfolgen (GK-*Kreutz/Oetker* Rn 9).

9   Diese Regelung steht in Zusammenhang mit § 18a BetrVG. Sie will verhindern, dass eine Bestimmung des Personenkreises der **leitenden Ang.** im **Zuordnungsverfahren** nach § 18a BetrVG durch eine andere Entscheidung im Einspruchsverfahren wieder in Frage gestellt wird. Hierbei kommt es nicht darauf an, ob die Zuordnung durch eine einvernehmliche Regelung der beteiligten Wahlvorst. bzw., wenn nur

eine Vertretung neu zu wählen ist, des Wahlvorst. für diese Wahl und der anderen, nicht neu zu wählenden Vertretung oder durch eine Entscheidung des Vermittlers erfolgt ist (vgl. hierzu im Einzelnen § 18a BetrVG Rn 6ff.). Mit diesem **Ausschluss der Einspruchsmöglichkeit** soll die grundsätzliche Bindung der Wahlvorst. an das Ergebnis des Zuordnungsverfahrens gesichert werden (vgl. hierzu auch die Regelung des § 18a Abs. 5 S. 2 BetrVG über den Ausschluss des Wahlanfechtungsrechts).

Der Ausschluss der Einspruchsmöglichkeit bezieht sich nur auf die Zuordnung der **10** leitenden Ang., nicht auf andere Mängel der Wählerliste hinsichtlich dieses Personenkreises, zB einer falschen Namensangabe. Ausgeschlossen ist auch nur der Einspruch gegen die Wählerliste, nicht ein gerichtliches (Status-)Verfahren zur Klärung der Frage, ob ein Ang. leitender Ang. ist oder nicht (vgl. auch § 18a BetrVG Rn 65ff.; dort auch Näheres zur Antragsberechtigung). Ergeht in einem Statusverfahren eine rechtskräftige Entscheidung oder auch einstweilige Verfügung und steht diese mit der im Zuordnungsverfahren getroffenen Entscheidung in Widerspruch, haben die Wahlvorst. die Wählerlisten – und zwar bis zum Tag vor Beginn der Stimmabgabe – entsprechend zu berichtigen (vgl. auch § 5 Abs. 4 Nr. 1 BetrVG).

Eine **Ausnahme** von dem grundsätzlichen Verbot einer Änderung der Zuord- **11** nungsentscheidung nach § 18a BetrVG im Einspruchsverfahren besteht dann, wenn die am Zuordnungsverfahren beteiligten Wahlvorst. bzw. die nicht neu zu wählende Vertr. die getroffene Zuordnung übereinstimmend für offensichtlich fehlerhaft halten (vgl. auch die Regelung des § 18a Abs. 5 S. 3 BetrVG und dortige Rn 70f.). Als **offensichtlich fehlerhaft** ist eine Zuordnung anzusehen, wenn sich die Fehlerhaftigkeit dem mit den Gegebenheiten des Betriebs und Unternehmens Vertrauten geradezu aufdrängt (*Wlotzke* DB 89, 126; *Löwisch/Kaiser* § 18a BetrVG Rn 16). Diese Ausnahmeregelung ermöglicht es zB, nach Abschluss des Zuordnungsverfahrens eintretende Veränderungen, etwa eine nachträgliche unstreitige Beförderung eines Ang. zum leitenden Ang., in der Wählerliste zu berücksichtigen. Eine derartige Berichtigung auf Grund nachträglicher Umstände ist von den Wahlvorst. nach gegenseitiger übereinstimmender Abstimmung auch dann vorzunehmen, wenn kein Einspruch eingelegt worden ist (vgl. auch Rn 15).

Offensichtlich fehlerhaft kann die Zuordnung jedoch auch schon im Zeitpunkt ih- **12** rer Entscheidung sein. Dies ist zB der Fall, wenn offensichtlich die Abgrenzungskriterien des § 5 Abs. 3 und 4 BetrVG und das zwischen diesen Absätzen bestehende Rangverhältnis missachtet worden ist (vgl. hierzu auch § 18a BetrVG Rn 70 und § 5 BetrVG Rn 416ff.) oder wenn bei der Zuordnung offensichtlich von falschen Annahmen ausgegangen worden ist, etwa weil der ArbGeb. über die Tätigkeit eines Ang. und seine Einordnung und Stellung im Betrieb oder Unternehmen falsche Angaben gemacht hat (*Löwisch/Kaiser* § 18a BetrVG Rn 16). Auch wenn die Frage, ob jemand leitender Ang. ist oder nicht, im Rahmen eines gerichtlichen Verfahrens inzidenter entschieden worden ist, zB in einem Kündigungsschutzverfahren, ist in der Regel eine offensichtliche Fehlerhaftigkeit anzunehmen.

Eine Berichtigung der Zuordnungsentscheidung im Rahmen eines Einspruchsver- **13** fahrens setzt neben ihrer offensichtlichen Fehlerhaftigkeit weiter voraus, dass die **beteiligten Wahlvorst.** (bzw. die nicht neu zu wählende Vertr.) die Zuordnung **übereinstimmend** für offensichtlich fehlerhaft halten. Durch dieses Erfordernis soll zum einen eine widerspruchsfreie Abgrenzung der zum BR und zum Sprecherausschuss wahlberechtigten und wählbaren ArbN und zum anderen die nur in diesem Fall eingreifende Einschränkung des Wahlanfechtungsrecht nach § 18a Abs. 5 S. 2 BetrVG sichergestellt werden. Die Entscheidung darüber, ob die Wahlvorst. eine offensichtliche Fehlerhaftigkeit bejahen, hat jeder beteiligte Wahlvorst. in einem ordnungsgemäßen Beschluss zu treffen. Erst nachdem übereinstimmende Beschlüsse vorliegen, sind die Wählerlisten entsprechend zu berichtigen. Ist eine Fehlerhaftigkeit der Zuordnung offensichtlich, dh. klar erkennbar zu bejahen, sind die Wahlvorst. **verpflichtet** einen entsprechenden Berichtigungsbeschluss zu fassen. Das folgt aus ihrer generellen Pflicht, eine gesetz- und rechtmäßige Durchführung der Wahlen zu gewährleisten, wozu insbesondere gehört, dem einzelnen ArbN die Ausübung seines aktiven und passiven Wahlrechts zu „seiner" Vertr. zu ermöglichen.

14   Ist zwar die getroffene Zuordnungsentscheidung fehlerhaft, ist die Fehlerhaftigkeit jedoch nicht offensichtlich oder ihre Offensichtlichkeit zweifelhaft, steht zwar das Einspruchsverfahren nach § 4 Abs. 1 und 2 nicht offen. Jedoch ist es den beteiligten Wahlvorst. nicht untersagt, im Rahmen ihrer allgemeinen Verpflichtung, die Wählerlisten bis zum Tage vor Beginn der Stimmabgabe laufend auf ihre Richtigkeit und Vollständigkeit zu überprüfen (vgl. Abs. 3 und Rn 15), auch in diesem Falle in beiderseitigem Einvernehmen die Wählerlisten entsprechend zu berichtigen. Denn es ist kein Grund ersichtlich, weswegen einvernehmliche Entscheidungen der beteiligten Wahlvorst. über die Zuordnung von leitenden Ang. nur im Rahmen des Zuordnungsverfahrens bis zur Aufstellung der Wählerliste, nicht jedoch auch noch später bis zum Tag vor Beginn der Stimmabgabe zulässig sein sollen, wenn die Wahlvorst. die im Zuordnungsverfahren erfolgte Entscheidung nachträglich übereinstimmend für falsch halten.

15   Obwohl Abs. 3 S. 1 lediglich als Sollvorschrift formuliert ist, ist der Wahlvorst. verpflichtet, auch **nach Ablauf der Einspruchsfrist** die Wählerliste laufend auf ihre Vollständigkeit zu überprüfen. Dies folgt daraus, dass die Eintragung in die Wählerliste Voraussetzung für die Ausübung des aktiven und passiven Wahlrechts ist und dieses soweit wie möglich gesichert werden muss. Diese laufende Überprüfung erstreckt sich insbesondere darauf, dass alle wahlberechtigten ArbN des Betriebs, insbesondere die neu in den Betrieb eingetretenen wahlberechtigten ArbN, in die Wählerliste aufgenommen sind. Ferner ist eine Änderung der Wählerliste in Form der Berichtigung von Schreibfehlern, und von offenbaren, dh klar erkennbaren Unrichtigkeiten (zB Streichung nicht mehr dem Betrieb angehöriger ArbN; Streichung eines ArbN, der am Wahltag noch nicht 18 Jahre alt ist; Aufnahme offensichtlich übersehener wahlberechtigter ArbN; Befolgung eines rechtskräftigen Beschlusses oder einer einstw. Vfg. eines ArbG zur Aufnahme oder Nichtaufnahme eines ArbN in die Wählerliste) zulässig. In anderen als den in Abs. 3 S. 1 genannten Fällen kann der Wahlvorst. die Wählerliste nicht berichtigen (BAG 27. 1. 93 AP Nr. 29 zu § 76 BetrVG 1952). Auch die zulässigen Berichtigungen und Ergänzungen erfordern einen entspr. Beschluss des Wahlvorst. (*DKK-Schneider/Homburg* Rn 28; *GL* Rn 8; *GK-Kreutz/Oetker* Rn 15). Diese Änderungen und Ergänzungen sind nur bis zum Tage vor Beginn der Stimmabgabe zulässig (*GL* Rn 8; *Richardi/Thüsing* Rn 13).

§ 5 Bestimmung der Mindestsitze für das Geschlecht in der Minderheit

(1) **Der Wahlvorstand stellt fest, welches Geschlecht von seinem zahlenmäßigen Verhältnis im Betrieb in der Minderheit ist[2]. Sodann errechnet der Wahlvorstand den Mindestanteil der Betriebsratssitze für das Geschlecht in der Minderheit (§ 15 Abs. 2 des Gesetzes) nach den Grundsätzen der Verhältniswahl.[1] Zu diesem Zweck werden die Zahlen der am Tage des Erlasses des Wahlausschreibens im Betrieb beschäftigten Frauen und Männer in einer Reihe nebeneinander gestellt und beide durch 1, 2, 3, 4 usw. geteilt. Die ermittelten Teilzahlen sind nacheinander reihenweise unter den Zahlen der ersten Reihe aufzuführen, bis höhere Teilzahlen für die Zuweisung der zu verteilenden Sitze nicht mehr in Betracht kommen.**

(2) **Unter den so gefundenen Teilzahlen werden so viele Höchstzahlen ausgesondert und der Größe nach geordnet, wie Betriebsratsmitglieder zu wählen sind. Das Geschlecht in der Minderheit erhält so viele Mitgliedersitze zugeteilt, wie Höchstzahlen auf es entfallen. Wenn die niedrigste in Betracht kommende Höchstzahl auf beide Geschlechter zugleich entfällt, so entscheidet das Los darüber, welchem Geschlecht dieser Sitz zufällt.**

Die Vorschrift enthält eine Beschreibung des d'Hondtschen Systems für die Ermitt- 1
lung der dem Geschlecht in der Minderheit zustehenden Mindestsitze im BR nach
§ 15 Abs. 2 BetrVG. Vgl. hierzu im Einzelnen § 15 BetrVG Rn 15 ff.

Eine Berechnung der Mindestsitzzahl für das Geschlecht in der Minderheit entfällt, 2
wenn der Wahlvorst. nach Abs. 1 S. 1 feststellt, dass beide Geschlechter **gleich viele
Angehörige** im Betrieb haben (*Richardi/Thüsing* Rn 2). Für die Ermittlung des Geschlechts in der Minderheit kommt es auf die Zahl der im Zeitpunkt des Erlass des WA
im Betrieb beschäftigten ArbN, einschließlich der nicht wahlberechtigten ArbN an
(vgl. § 15 BetrVG Rn 15, 16). Die Verteilung der nach § 9 BetrVG festgestellten
BRSitze erfolgt dann **unabhängig vom Geschlecht**; im Fall der **Verhältniswahl**
nach § 15 Abs. 1 bis 4 WO und im Fall der **Mehrheitswahl** in **entsprechender
Anwendung des § 22 Abs. 2 S. 2, Abs. 3 WO.** Zugleich entfallen auch die in
§ 3 Abs. 2 Nr. 4 und 5 WO maßgeblichen Angaben zur Vertretung des Geschlechts
in der Minderheit im BR.

Zweiter Abschnitt. Wahl von mehr als drei Betriebsratsmitgliedern (aufgrund von Vorschlagslisten)

Erster Unterabschnitt. Einreichung und Bekanntmachung von Vorschlagslisten

§ 6 Vorschlagslisten

(1) Sind mehr als drei Betriebsratsmitglieder zu wählen, so erfolgt die Wahl
aufgrund von Vorschlagslisten.[2] Die Vorschlagslisten sind von den Wahlberechtigten vor Ablauf von zwei Wochen seit Erlass des Wahlausschreibens beim
Wahlvorstand einzureichen.[3-6]

(2) Jede Vorschlagsliste soll mindestens doppelt so viele Bewerberinnen oder
Bewerber aufweisen, wie Betriebsratsmitglieder zu wählen sind.[7]

(3) In jeder Vorschlagsliste sind die einzelnen Bewerberinnen oder Bewerber
in erkennbarer Reihenfolge[8] unter fortlaufender Nummer und unter Angabe
von Familienname, Vorname, Geburtsdatum und Art der Beschäftigung im
Betrieb aufzuführen.[9] Die schriftliche Zustimmung der Bewerberinnen oder
Bewerber zur Aufnahme in die Liste ist beizufügen.[10]

(4) Wenn kein anderer Unterzeichner der Vorschlagsliste ausdrücklich als Listenvertreter[11] bezeichnet ist, wird die oder der an erster Stelle Unterzeichnete
als Listenvertreterin oder Listenvertreter angesehen. Diese Person ist berechtigt
und verpflichtet, dem Wahlvorstand die zur Beseitigung von Beanstandungen
erforderlichen Erklärungen abzugeben sowie Erklärungen und Entscheidungen
des Wahlvorstands entgegenzunehmen.

(5) Die Unterschrift eines Wahlberechtigten zählt nur auf einer Vorschlagsliste.[12 ff.] Hat ein Wahlberechtigter mehrere Vorschlagslisten unterzeichnet, so hat
er auf Aufforderung des Wahlvorstands[15] binnen einer ihm gesetzten angemessenen Frist, spätestens jedoch vor Ablauf von drei Arbeitstagen,[16] zu erklären,
welche Unterschrift er aufrechterhält. Unterbleibt die fristgerechte Erklärung, so
wird sein Name auf der zuerst eingereichten Vorschlagsliste gezählt und auf den
übrigen Listen gestrichen; sind mehrere Vorschlagslisten, die von demselben
Wahlberechtigten unterschrieben sind, gleichzeitig eingereicht worden, so entscheidet das Los darüber, auf welcher Vorschlagsliste die Unterschrift gilt.[17]

(6) Eine Verbindung von Vorschlagslisten ist unzulässig.

(7) Eine Bewerberin oder ein Bewerber kann nur auf einer Vorschlagsliste
vorgeschlagen werden. Ist der Name dieser Person mit ihrer schriftlichen Zu-

stimmung auf mehreren Vorschlagslisten aufgeführt, so hat sie auf Aufforderung des Wahlvorstands vor Ablauf von drei Arbeitstagen zu erklären, welche Bewerbung sie aufrechterhält. Unterbleibt die fristgerechte Erklärung, so ist die Bewerberin oder der Bewerber auf sämtlichen Listen zu streichen.[18, 19]

1   Mit der Aufhebung des Gruppenprinzips durch das BetrVerf-ReformG vom 23. Juli 2001 (BGBl. I S. 1852) **wählen** die **ArbN** den BR **gemeinsam.**

2   Der Ausdruck „Vorschlagsliste" ist gewählt, weil die Wahl des BR im Allgemeinen als **Verhältniswahl,** dh als Listenwahl durchgeführt wird. Eine Mehrheitswahl findet lediglich statt, wenn nur ein Wahlvorschlag eingereicht worden ist oder der BR im vereinfachten Wahlverfahren nach § 14a BetrVG zu wählen ist (vgl. § 14 Abs. 2 Satz 2 BetrVG). Ob nur ein Wahlvorschlag, dh nur eine gültige Vorschlagsliste eingereicht worden ist, ist jedoch erst nach Ablauf der Einreichungsfrist für die Wahlvorschläge feststellbar. Bei einer Vorschlagsliste müssen die Bewerber in erkennbarer Reihenfolge aufgeführt sein, da die Zuteilung der auf die Liste entfallenden BRSitze nach der Reihenfolge der Kandidaten auf der Liste erfolgt (vgl. § 15). Die Vorschlagslisten müssen **schriftlich eingereicht** werden und von einer **erforderlichen Anzahl wahlberechtigter ArbN unterzeichnet** sein. Näheres hierzu vgl. § 14 BetrVG Rn 40 ff, 52 f. Eine Ausnahme von dem Schriftlichkeitserfordernis der Wahlvorschläge besteht nur im vereinfachten zweistufigen Wahlverfahren (vgl. § 14a Abs. 2 Satz 2 2. Halbsatz BetrVG, dort Rn 31 und § 33 Abs. 1 Satz 2).

3   Die für die Einreichung von Vorschlagslisten gesetzte Frist von zwei Wochen nach Erlass des WA ist eine **Ausschlussfrist,** die weder verlängert noch verkürzt werden kann (vgl. BAG 9. 12. 92 AP Nr. 2 zu § 6 WahlO z. BetrVG 1972; LAG Hessen NZA-RR 07, 198). Die Frist beginnt am Tage nach dem Aushang des WA; wird das WA an mehreren Stellen im Betrieb ausgehängt, ist der letzte Aushang maßgebend (vgl. LAG Hamm, DB 76, 1075). Die Frist endet zwei Wochen später mit Ablauf desselben Wochentages, an dem das WA ausgehängt worden ist; der letzte Tag der Frist muss im WA angegeben werden (BAG 9. 12. 92 aaO; s. auch § 3 Rn 14). Wird zB das WA am 6. 3. 02 erlassen und ausgehängt, so läuft die Frist mit Ende des 20. 3. 02 ab. Hat der Wahlvorst. im WA bestimmte Dienststunden angegeben, so müssen die Wahlvorschläge bis zum Ende der Dienststunden am letzten Tage der Frist (im obigen Beispielsfall also am 20. 3. 2002) bei ihm eingegangen sein. Hierbei ist allerdings vorauszusetzen, dass die vom Wahlvorst. bestimmten Dienststunden nicht vor dem Ende der Arbeitszeit des überwiegenden Teils der ArbN enden (BAG 12. 12. 60, AP Nr. 11 zu § 18 BetrVG; BAG 4. 10. 77, AP Nr. 2 zu § 18 BetrVG 1972; *DR* Rn 4; *DKK-Schneider/Homburg* Rn 9; *GL* Rn 2; GK-*Kreutz/Oetker* Rn 6; vgl. auch § 3 Rn 8). In einem 24 Stunden-Schicht-Betrieb ist eine Frist bis 12.00 Uhr unzulässig (LAG Hessen NZA-RR 07, 198). Der letzte Tag der Frist ist **datum-** und **ggf. stundenmäßig im WA** anzugeben (vgl. § 3 Rn 14). Behält der Wahlvorst. eine ihm bereits vor Erlass des WA zugeleitete Vorschlagsliste, so kann er diese nach Erlass des WA nicht mehr wegen vorzeitiger Einreichung zurückgeben. Diese Liste ist als mit Erlass des WA eingereicht anzusehen (BAG 7. 7. 11 – 2 AZR 377/10; BVerwG, ZBR 58, 187; *DKK-Schneider/Homburg* Rn 11; GK-*Kreutz/Oetker* Rn 5; s. auch LAG Hamm 25. 2. 11 ArbR 11, 256 – nrkft). Die Zurücknahme eines beim Wahlvorst. ordnungsgemäß eingereichten Wahlvorschlags ist nur mit Zustimmung aller Unterzeichner zulässig (*DKK-Schneider/Homburg* Rn 12). Für das vereinfachte Wahlverfahren gelten andere Fristen zur Einreichung von Wahlvorschlägen (siehe dazu § 14a BetrVG Rn 34, § 33 Abs. 1 S. 2 WO, § 36 Abs. 5 S. 1 WO).

4   **Nach Ablauf der Frist** können grundsätzlich keine Wahlvorschläge mehr rechtswirksam eingereicht werden (vgl. § 8 Abs. 1). Zur Einhaltung der Ausschlussfrist reicht auch die Übermittlung der Wahlvorschläge per Telefax, wenn das Original nachgereicht wird (vgl. auch VG Hamburg, Personalrat 1993, 508, 509, weitergehender – auch ohne Nachreichung des Originals: *Jakob* NZA 06, 345 ff).

    Eine **Ausnahme** besteht nur dann, wenn innerhalb der Frist **keine gültige Vorschlagsliste** eingereicht worden ist (vgl. § 9).

In diesem Fall hat der Wahlvorst. für die Einreichung von Wahlvorschlägen eine 5
Nachfrist von einer Woche zu setzen. Diese Nachfrist ist in gleicher Weise bekannt
zu machen wie das WA. Eine ergänzende Ankündigung per E-Mail ist grundsätzl.
zulässig (*Richardi/Thüsing* Rn 6). Auch nach Ablauf der Nachfrist können rechtzeitig
eingereichte, jedoch fehlerhafte Wahlvorschläge gem. § 8 Abs. 2 noch berichtigt werden.
Die Wahlvorschläge sind an die aus dem WA (§ 3 Abs. 2 Nr. 12) zu ersehende **Be-** 6
triebsadresse des Wahlvorst. zu richten und dem Wahlvorst. an dieser Stelle unmittelbar auszuhändigen oder ihm auf andere Weise, zB durch die Betriebspost, zuzuleiten. Der Wahlvorst. muss bis zum Ablauf der Frist zur Entgegennahme von
Wahlvorschlägen bereit sein. Es genügt aber auch, wenn der Vors. des Wahlvorst. die
Liste außerhalb der Betriebsadresse des Wahlvorst. entgegennimmt (vgl. § 3 Rn 26;
nach *DKK-Schneider/Homburg* Rn 10 soll der Wahlvorst. dazu nicht verpflichtet sein).

Die Verletzung der reinen Ordnungsvorschrift des Absatzes 2 **(Sollvorschrift)** 7
führt nicht zur Ungültigkeit der Vorschlagsliste, selbst dann nicht, wenn bei mehreren
zu wählenden BRMitgl. eine Liste überhaupt nur eine Kandidatin oder einen Kandidaten enthält (BAG 29. 6. 65, AP Nr. 11 zu § 13 BetrVG; *GL* Rn 7, GK-*Kreutz/
Oetker* Rn 7; *DKK-Schneider/Homburg* Rn 14 f.; *Richardi/Thüsing* Rn 8; **aA** *Heinze*,
NZA 88, 570, insb. für den Fall, dass nicht durch andere Vorschlagslisten gewährleistet ist, dass deutlich mehr Bewerber zur Wahl stehen, als BRSitze zu vergeben sind).
Mit der Formulierung „... sollen mindestens doppelt so viele Bewerberinnen oder
Bewerber aufweisen ..." ist in der WO allein der Anforderung an eine die Gleichberechtigung der Frauen und Männer gerecht werdenden Sprache Rechnung getragen
worden (vgl. BR-Drucks. 838/01 S. 27). Nicht damit verbunden ist die Pflicht, zB
bei einem 9-köpfigen BR 18 Frauen und 18 Männer bzw. wenn in einem 9-köpfigen
BR davon 4 Sitze mindestens dem Geschlecht in der Minderheit (Frauen) zusteht,
nunmehr 8 Frauen und 10 Männer vorzuschlagen. Für die Vorschlagslisten und die
Wahlvorschläge insgesamt gibt es keine Vorgaben bzgl. deren Aufstellung. Es sind
uneingeschränkt reine Frauenlisten, reine Männerlisten und gemischte Listen mit
Frauen und Männern zulässig (vgl. Gesetzesbegründung BT-Drucks. 14/5741 S. 53
zu Nummer 81; *Engels/Trebinger/Löhr-Steinhaus*, DB 01, S. 532, 541). Lässt der Wahlvorst. eine derartige Liste nicht zu, so führt ein Wahlanfechtungsverfahren zur Ungültigkeit der BRWahl. Zur Berücksichtigung der Geschlechter bei der Aufstellung
von Wahlvorschlägen s. auch § 15 BetrVG Rn 12 ff.

Die erkennbare **Reihenfolge der Bewerberinnen und Bewerber** ist wichtig, 8
weil bei Vorliegen mehrerer Vorschlagslisten die gewählten Bewerber sich grundsätzlich nach der Reihenfolge ihrer Benennung auf der Vorschlagsliste bestimmen (vgl.
§ 15 Abs. 4). Bei der Verhältniswahl ergibt sich nur dann etwas anderes, wenn das
Geschlecht in der Minderheit danach noch nicht die ihm zustehenden Mindestsitze
erlangt hat (vgl. § 15 Abs. 5 Nr. 4). Ist der BR dagegen im vereinfachten Wahlverfahren (vgl. § 14a BetrVG) und damit nach den Grundsätzen der Mehrheitswahl zu
wählen, spielt die Reihenfolge der Bewerber keine Rolle (*Richardi/Thüsing* Rn 9;
GK-*Kreutz/Oetker* Rn 8). Ob (noch) eine erkennbare Reihenfolge der Bewerber
vorliegt, ist nicht nach formalen Kriterien, sondern danach zu beurteilen, ob sich
diese für einen unbefangenen und objektiven Dritten ohne Zweifel feststellen lässt
(*Heinze* NZA 88, 570; strenger wohl *DKK-Schneider/Homburg* Rn 19, der ein Unter-
einandersetzen der Namen verlangt). Sind die Bewerber auf der Vorschlagsliste nicht
in erkennbarer Reihenfolge aufgeführt, so ist die Liste **ungültig** (vgl. § 8 Abs. 1
Nr. 2). Das gilt auch dann, wenn nur diese Liste eingereicht wird und die Wahl gem.
§ 20 nach den Grundsätzen der Mehrheitswahl durchzuführen ist (GK-*Kreutz/Oetker*
Rn 8; *Richardi/Thüsing* Rn 9); denn im Zeitpunkt der Entscheidung des Wahlvorst.
kann nicht abgesehen werden, ob nicht innerhalb der Einreichungsfrist noch weitere
Wahlvorschläge eingehen. Der Wahlvorst. hat den Listenführer hierüber gem. § 7
Abs. 2 unverzüglich zu unterrichten. Eine neue ordnungsgemäße Liste kann nur innerhalb der allgemeinen Frist des § 6 Abs. 1 S. 2 beim Wahlvorst. neu eingereicht
werden (GK-*Kreutz/Oetker* Rn 9; *Richardi/Thüsing* Rn 9).

9   Das **Fehlen der Berufsangabe im Wahlvorschlag** ist kein wesentlicher Verstoß und rechtfertigt keine Wahlanfechtung, sofern die eindeutige Zuordnung und Individualisierung der Bewerberin oder des Bewerbers möglich bleibt (*GL* Rn 11; *GK-Kreutz/Oetker* Rn 10; *Richardi/Thüsing* Rn 10; *Heinze* NZA 88, 571; **aA** LAG Frankfurt, BB 65, 456; BVerwG 10. 1. 07 Der Personalrat 07, 171 zur unzureichenden Bezeichnung „Personalabteilung"). Entspr. gilt bei einer fehlerhaften Angabe des Namens, Vornamens (zB Angabe des Spitznamens) oder Geburtsdatums oder bei Fehlen des Vornamens oder Geburtsdatums.

10   Die **Zustimmungserklärung** ist schriftlich zu erteilen, dh von der Bewerberin oder dem Bewerber zu unterschreiben (vgl. § 126 Abs. 1 BGB; **aA** LAG Frankfurt, BB 88, 2317). Nicht erforderlich ist allerdings, dass die Bewerber ihre **Zustimmung** jeweils gesondert schriftlich erklären. Vielmehr kann die schriftliche Zustimmung auch durch Unterschrift auf einer Vorschlagsliste gegeben werden (vgl. BAG 12. 2. 60, AP Nr. 11 zu § 18 BetrVG; *DKK-Schneider/Homburg* Rn 30; *GL* Rn 12; *GK-Kreutz/Oetker* Rn 11; *Heinze* NZA 88, 571). In diesem Fall kann die Unterschrift zugleich Stützunterschrift iSd. § 14 Abs. 4 BetrVG sein, wenn ein entspr. Erklärungswille des Unterzeichners erkennbar ist (vgl. den Fall BAG aaO mit zustimmender Anm. *v. Küchenhoff*; s. auch *Heinze* aaO). Bei nicht eindeutiger Zuordnung gilt sie im Zweifel nur als Stützunterschrift. Liegt die schriftliche Zustimmung der Bewerber nicht vor, ist nach § 8 Abs. 2 zu verfahren. Ausreichend ist, dass der Bewerber seine schriftliche Zustimmungserklärung unmittelbar beim Wahlvorst. einreicht (nach *DKK-Schneider/Homburg* Rn 30: muss Zeitgleichheit bei der Einreichung u. Zustimmung vorliegen). Nach Ablauf der Frist kann die Zustimmung auch dann nicht mehr zulässig, wenn die allgemeine Frist für die Einreichung von Wahlvorschlägen noch nicht abgelaufen ist (*GK-Kreutz/Oetker* Rn 11; insoweit **aA** *Richardi/Thüsing* Rn 11). Wird das Verfahren nach § 8 Abs. 2 nicht durchgeführt, so bleibt die **Wahl anfechtbar**, auch wenn die schriftliche Zustimmung des Bewerbers nach Ablauf der Frist zur Einreichung von Vorschlagslisten nachgeholt wird (BAG 1. 6. 66, AP Nr. 15 zu § 18 BetrVG; *DKK-Schneider/Homburg* Rn 32; *GL* Rn 12). Eine **Rücknahme der Zustimmung** ist nicht zulässig (vgl. BVerwG, AP Nr. 1 zu § 9 WahlO z. PersVG; *DKK-Schneider/Homburg* Rn 34; **aA** *GL* Rn 13; *GK-Kreutz/Oetker* Rn 12; *Richardi/Thüsing* Rn 12; vgl. auch § 14 BetrVG Rn 56). Allerdings kann ein Wahlbewerber die Annahme der Wahl ablehnen (vgl. § 17 WO).

11   Jede Vorschlagsliste muss einen **Listenvertr.** haben, mit dem eventuelle Mängel oder sonstige notwendig werdende Rückfragen erörtert werden können. Listenvertr. kann nur sein, wer den Wahlvorschlag mitunterschrieben hat. Ist oder wird nicht ausdrücklich ein anderer Unterzeichner als Listenvertr. benannt, so gilt der an erster Stelle stehende Unterzeichner als Listenvertr. Bei Wahlvorschlägen der im Betrieb vertretenen Gewerkschaften (vgl. hierzu § 14 BetrVG Rn 58 ff.) ist mangels anderweitiger Bestimmung Listenvertreter der Beauftragte, der die Liste an erster Stelle unterschrieben hat (vgl. § 27 Rn 4). Der Listenvertr. ist berechtigt, alle mit der Vorschlagsliste zusammenhängenden Erklärungen abzugeben und entgegenzunehmen. Er ist hierbei nicht an die Zustimmung der weiteren Unterzeichner der Liste gebunden. Der Listenvertr. ist jedoch nicht befugt, einen beim Wahlvorst. eingereichten Wahlvorschlag zurückzunehmen; denn er hat keine Verfügungsbefugnis über den Wahlvorschlag (BVerwGE 48, 317).

12   Die Urschrift der Vorschlagsliste ist von der nach § 14 Abs. 4 BetrVG erforderlichen **Mindestzahl von wahlberechtigten ArbN zu unterzeichnen** (vgl. hierzu § 14 BetrVG Rn 45 ff.), anderenfalls ist die Vorschlagsliste ungültig (vgl. § 8 Abs. 1, Abs. 2 Nr. 3). Wegen der Unterzeichnung durch Bewerber und Mitgl. des Wahlvorst. vgl. § 14 BetrVG Rn 51; vgl. auch oben Rn 10. Zum Vorschlagsrecht der Gewerkschaften vgl. § 27.

13   Die Unterschriften müssen auf dem Wahlvorschlag geleistet werden. Bestehen Wahlvorschlag und Unterschriftenliste aus mehreren Blättern, muss eindeutig und zweifelsfrei erkennbar sein, dass sich die geleisteten Unterschriften auf den betreffenden

Wahlvorschlag beziehen und mit ihm eine einheitliche Urkunde bilden (BAG 25. 5. 05 AP Nr. 2 zu § 14 BetrVG 1972). Nach BAG aaO ist dafür eine körperliche, gegen Trennung gesicherte feste Verbindung nicht zwingende Voraussetzung; ausreichend für die Zusammengehörigkeit können danach auch den Schriftstücken anhaftende Merkmale wie zB die Wiedergabe des Kennworts auf den einzelnen Blättern sein. Zur Vermeidung von Unklarheiten empfiehlt es sich auch weiterhin, die Bewerberliste und die Blätter mit den Stützunterschriften durch zB Zusammenheften, körperlich fest und gegen Trennung gesichert, zu einer einheitlich zusammenhängenden Urkunde zu verbinden (vgl. hierzu § 14 BetrVG Rn 53 u. LAG Saarland NZA-RR 96, 172; LAG Bremen NZA-RR 98, 401; LAG Hessen ArbuR 04, 318; *Richardi/Thüsing* Rn 57; *DKK-Schneider/Homburg* Rn 19). Die Verbindung muss von Anfang an, dh beim Leisten der ersten Stützunterschrift, bis zur letzten Stützunterschrift bestehen (LAG Saarland NZA-RR 96, 172). Unterschriften auf blanken Blättern, die erst später der Vorschlagsliste mit den in § 6 Abs. 3 vorgeschriebenen Angaben angeheftet werden, sind unzulässig. Andererseits ist es jedoch zulässig, dass eine Vorschlagsliste in **mehreren gleich lautenden Ausfertigungen** bei den ArbN zur Unterzeichnung umläuft; jedoch müssen alle Ausfertigungen inhaltlich übereinstimmen und sämtliche in § 6 Abs. 3 vorgeschriebenen Angaben enthalten (GK-*Kreutz/Oetker* Rn 17; *DKK-Schneider/Homburg* Rn 23).

Eine nachträgliche **Rücknahme der Unterschrift** auf einem ordnungsgemäß **14** eingereichten Wahlvorschlag hat – wenn nicht der Fall des § 8 Abs. 2 Nr. 3, § 6 Abs. 5 S. 2 und 3 vorliegt (in diesem Falle ist nach § 8 Abs. 2 zu verfahren) – keine Bedeutung für die Gültigkeit der Liste (vgl. § 8 Abs. 1 S. 2 WO; BAG 1. 6. 66, AP Nr. 2 zu § 6 WO; *GL* Rn 16; *DKK-Schneider/Homburg* Rn 294). Vor Einreichung der Liste beim Wahlvorst. ist eine Rücknahme der Unterschrift durch Streichung zulässig; nach Einreichung hat sie durch schriftliche Erklärung gegenüber dem Wahlvorst., nicht gegenüber dem Listenvertreter, zu erfolgen (GK-*Kreutz/Oetker* Rn 19; BVerwG, AP Nr. 6 zu § 10 WahlO z. PersVG; vgl. auch § 14 BetrVG Rn 54).

Die Aufforderung des Wahlvorst. ist **nicht formgebunden.** Sie kann deshalb **15** schriftlich oder mündlich erfolgen. Im letzteren Fall sollte sie vom Wahlvorst. aktenkundig gemacht werden. Die Aufforderung gegenüber einem ausländischen ArbN kann in deutscher Sprache erfolgen (LAG Hamm DB 73, 1403; GK-*Kreutz/Oetker* Rn 18).

Zum Begriff des Arbeitstages vgl. § 41 Rn 2. Die Erklärungsfrist dauert längstens **16** drei Arbeitstage. Der Wahlvorst. kann eine kürzere Frist, zB zwei Arbeitstage, festlegen, sofern diese Frist angemessen ist. Nach Ablauf der Frist ist eine Erklärung nicht mehr zulässig. Vielmehr gilt dann die Unterschrift nur auf der zuerst eingereichten Liste (Abs. 5 S. 3). Gleiches gilt, wenn der ArbN erklärt, seine Unterschrift auf allen Vorschlagslisten zurückzuziehen; denn über die in Abs. 5 S. 2 genannte Regelung hinaus hat der Unterzeichner keine Dispositionsmöglichkeit über seine Unterschrift auf bereits eingereichten Vorschlagslisten mit Wirkung für die Gültigkeit der Listen (GK-*Kreutz/Oetker* Rn 18; vgl. auch § 8 Abs. 1 Nr. 3). Auf diese Folge ist der betreffende ArbN vom Wahlvorst. ausdrücklich hinzuweisen, anderenfalls kann die Wahl anfechtbar sein (vgl. LAG Hamm DB 66, 38; *GL* Rn 18; GK-*Kreutz/Oetker* Rn 18; *DKK-Schneider/Homburg* Rn 40). Im vereinfachten zweistufigen Verfahren kommt die Frist von längstens drei Arbeitstagen nicht zum Tragen. Gemäß § 33 Abs. 2 Satz 2 muss derjenige, der mehrere Wahlvorschläge unterstützt, dem Wahlvorstand auf Aufforderung in der Wahlversammlung zur Wahl des Wahlvorstands erklären, welche Unterstützung er aufrecht erhält (vgl. § 33 Rn 9). Im vereinfachten einstufigen Wahlverfahren gilt § 36 (vgl. dort Rn 16).

Ob Listen gleichzeitig eingereicht worden sind, bestimmt sich nach den allgemei- **17** nen Grundsätzen über den Zugang von Erklärungen. Durch **Streichung von Unterschriften** kann deren Zahl unter die in § 14 Abs. 4 BetrVG festgelegte Mindestzahl sinken, wodurch die Vorschlagsliste nach § 8 Abs. 2 Nr. 3 ungültig wird, wenn nicht die Mindestzahl der erforderlichen Unterschriften nachgeholt wird (vgl. ArbG Paderborn, DB 65, 979; *DKK-Schneider/Homburg* Rn 44; *GL* Rn 17).

18 Das Verbot der Kandidatur auf mehreren Vorschlagslisten ist die Folge des in Abs. 6 enthaltenen Verbots der Verbindung von Vorschlagslisten. Während bei der Unterzeichnung mehrerer Vorschlagslisten durch einen ArbN bei fehlender Erklärung nach Abs. 5 S. 3 die Unterzeichnung auf der zuerst eingereichten Vorschlagsliste gültig bleibt, ist ein Bewerber, der mit seiner Zustimmung auf mehreren Listen aufgeführt ist, **auf sämtlichen Listen zu streichen,** wenn er nicht binnen drei Arbeitstagen erklärt, welche Bewerbung er aufrechterhält. **Nach Ablauf der Frist** ist eine Erklärung nicht mehr zulässig; dies gilt auch dann, wenn die allgemeine Frist für die Einreichung von Wahlvorschlägen noch nicht abgelaufen ist (*GL* Rn 18; *DKK-Schneider/ Homburg* Rn 45; *Richardi/Thüsing* Rn 19). Allerdings kann der auf der Liste gestrichene Bewerber auf einem innerhalb der Einreichungsfrist eingereichten weiteren Wahlvorschlag erneut benannt werden. Die Regelung des Abs. 7 gilt nicht für die Wahl des BR im vereinfachten Wahlverfahren. Denn die BRWahl im vereinfachten Wahlverfahren findet gem. § 14 Abs. 2 BetrVG stets als Mehrheitswahl statt, so dass die Aufnahme eines Bewerbers in mehrere Wahlvorschläge insoweit keine Bedeutung hat (*DKK-Schneider/Homburg* Rn 47; *GL* Rn 20; GK-*Kreutz/Oetker* Rn 22; *Richardi/Thüsing* Rn 20).

19 Liegen die Voraussetzungen des § 6 Abs. 7 nicht vor, so darf der Wahlvorst. Kandidaten von einer eingereichten Liste auch dann nicht streichen, wenn sie es selbst wünschen (vgl. ArbG Paderborn, DB 65, 979; BVerwG, AP Nr. 1 zu § 9 WahlO z. PersVG; *DKK-Schneider/Homburg* Rn 46; **aA** GK-*Kreutz* § 14 BetrVG Rn 71). Die ohne Einverständnis aller Unterzeichner vorgenommene Streichung einzelner oder mehrerer Kandidaten bedeutet eine inhaltliche Änderung des Wahlvorschlags; der Wahlvorschlag wird durch die Streichung unrichtig und ist kein gültiger Wahlvorschlag iSd. BetrVG mehr (BAG 15. 12. 72 AP Nr. 1 zu § 14 BetrVG 1972; LAG Düsseldorf DB 82, 1628; *DKK-Schneider/Homburg* Rn 33; *GL* Rn 21). Der Kandidat hat jedoch die Möglichkeit innerhalb von drei Arbeitstagen seine Wahl abzulehnen (§ 17 Abs. 1).

§ 7 Prüfung der Vorschlagslisten

(1) Der Wahlvorstand hat bei Überbringen der Vorschlagsliste oder, falls die Vorschlagsliste auf eine andere Weise eingereicht wird, der Listenvertreterin oder dem Listenvertreter den Zeitpunkt der Einreichung schriftlich zu bestätigen.[1]

(2) Der Wahlvorstand hat die eingereichten Vorschlagslisten, wenn die Liste nicht mit einem Kennwort[2] **versehen ist, mit Familienname und Vorname der beiden in der Liste an erster Stelle benannten Bewerber zu bezeichnen.**[3] **Er hat die Vorschlagsliste unverzüglich, möglichst binnen einer Frist von zwei Arbeitstagen nach ihrem Eingang, zu prüfen**[4-6] **und bei Ungültigkeit oder Beanstandung einer Liste die Listenvertreterin oder den Listenvertreter unverzüglich**[7] **schriftlich unter Angabe der Gründe zu unterrichten.**[8]

1 Die schriftliche Bestätigung des Zeitpunktes der Einreichung dient der **Sicherung des Beweises für Eingang und fristgerechte Einreichung** einer Vorschlagsliste. Da der Zeitpunkt der Einreichung der Liste nicht nur für ihre Gültigkeit, sondern uU auch bei Doppelunterzeichnungen von Bedeutung ist (vgl. § 6 Abs. 5), ist nicht nur der Tag der Einreichung, sondern auch die genaue Uhrzeit zu bestätigen. Unabhängig von der Bestätigung sollte der Wahlvorst. auf der Liste selbst einen Eingangsvermerk anbringen (*DKK-Schneider/Homburg* Rn 2). Auch die Einreichung nach § 8 Abs. 2 berichtigter Vorschlagslisten ist zu bestätigen. Das Gleiche gilt für den Eingang einer verspätet eingereichten Liste (*DKK-Schneider/Homburg* Rn 1). Die Bestätigung ist vom Wahlvorst. zu unterschreiben. Die Unterschrift eines Mitgl. des Wahlvorst. dürfte genügen; desgleichen die Unterschrift einer im Wahlbüro tätigen Hilfskraft des

Wahlvorst. (GK-*Kreutz/Oetker* Rn 3; vgl. auch § 3 Rn 25). Der Überbringer einer Liste kann darauf bestehen, dass ihm die schriftliche Bestätigung sofort ausgehändigt wird. Der Wahlvorst. darf die Aushändigung nicht verweigern. Daher ist die Übergabe der Vorschlagsliste an dem im Wahlausschreiben bezeichneten Ort der sicherste Weg. Ist die Vorschlagsliste auf andere Weise eingereicht, zB durch die Werkpost, so kann die Bestätigung auf demselben Wege zugeleitet werden. Dies sollte umgehend geschehen, damit die Listenvertr. baldmöglichst von dem rechtzeitigen Eingang ihrer Liste Kenntnis erhalten und der Wahlvorst. vor Rückfragen verschont bleibt. Ist eine schriftliche Bestätigung unterblieben oder verloren gegangen, so kann der Beweis für die rechtzeitige Einreichung einer Vorschlagsliste auf andere Weise, zB durch Zeugen, geführt werden (*DKK-Schneider/Homburg* Rn 2; GK-*Kreutz/Oetker* Rn 4).

Parteipolitische Kennworte, den Gegner diffamierende oder gegen ihn aufhetzende **2** Kennworte sowie lächerlich machende, unsittliche oder irreführende Kennworte sind **unzulässig** (*DKK-Schneider/Homburg* Rn 6; *GL* Rn 3; GK-*Kreutz/Oetker* Rn 6; *Richardi/Thüsing* Rn 2). Durch das Kennwort darf **keine Verwechslungsgefahr** eintreten (vgl. hierzu BVerwG, AP Nr. 3 zu § 21 PersVG). Auf eine **Gewerkschaft hinweisende Kennworte** sind zulässig, sofern die Gewerkschaft hinter der Liste steht (*DKK-Schneider/Homburg* Rn 4; *GL* Rn 3; GK-*Kreutz/Oetker* Rn 7). Das Kennwort „Unabhängig" kann in einem Wahlvorschlag auch dann verwandt werden, wenn die Kandidaten gewerkschaftlich organisiert sind (OVG Münster, AP Nr. 1 zu § 21 PersVG; GK-*Kreutz/Oetker* Rn 7; *Richardi/Thüsing* Rn 2). Kennworte für neue Listen müssen sich von denen gebräuchlicher Gewerkschaftslisten deutlich unterscheiden (vgl. BVerwG, AP Nr. 3 zu § 21 PersVG). Der Wahlvorst. kann statt der Kennworte gebräuchliche Abkürzungen in die Stimmzettel einsetzen (BAG 3. 6. 69, AP Nr. 17 zu § 18 BetrVG). Ist das Kennwort unzulässig, so hat der Wahlvorst. den Listenführer hierüber unverzüglich zu unterrichten. Da das Kennwort Bestandteil der Liste ist, er nicht befugt, von sich aus das Kennwort zu streichen und die Liste mit den ersten beiden Kandidaten zu bezeichnen (*DKK-Schneider/Homburg* Rn 9; **aA** GK-*Kreutz/Oetker* Rn 6). Ebensowenig darf er eine Liste, die kein Kennwort hat, mit einem Kennwort versehen. In diesem Falle ist die Liste mit Familien- und Vornamen ihrer ersten beiden Bewerber zu bezeichnen.

Der Wahlvorst. bezeichnet die eingereichten Vorschlagslisten unmittelbar nach ih- **3** rem Eingang gemäß Abs. 2 Satz 1 und **prüft sie unverzüglich.** Er ist verpflichtet, rasch zu handeln, da bei schneller Beanstandung unheilbare Mängel, die nach § 8 Abs. 1 die Vorschlagsliste von vornherein ungültig machen, doch noch dadurch geheilt werden können, dass die Vorschlagsliste vor Ablauf der Einreichungsfrist erneut eingereicht wird.

Der Wahlvorst. hat jede innerhalb der Einreichungsfrist eingegangene Vorschlagslis- **4** te darauf zu prüfen, ob sie den vorgeschriebenen Erfordernissen entspricht. Diese Prüfung ist eine **Rechtspflicht des Wahlvorst.,** deren Verletzung als solche uU eine Wahlanfechtung rechtfertigen kann, zB wenn durch die verzögerte oder unterlassene Prüfung die rechtzeitige Einreichung einer neuen oder ergänzten Vorschlagsliste verhindert worden ist (BAG 21. 1. 09 AP Nr. 61 zu § 19 BetrVG 1972; GK-*Kreutz/Oetker* Rn 12f.; *DKK-Schneider/Homburg* Rn 7). Allerdings ist die Rechtspflicht nur verletzt, wenn der Wahlvorst. jegliche Prüfung unterlässt oder erkannte oder bei einer Prüfung nach bestem Gewissen erkennbare Mängel nicht beanstandet (vgl. hierzu BAG 2. 2. 62 AP Nr. 10 zu § 13 BetrVG; *GL* Rn 1). Die Prüfung muss stets mit der gebotenen Sorgfalt erfolgen und darf nicht nur kursorisch oberflächlich erfolgen (BAG 21. 1. 09 aaO). Ergibt die Prüfung, dass die Liste den Erfordernissen nicht genügt, so ist entweder ihre **Ungültigkeit festzustellen** (wenn es sich um einen unheilbaren Mangel handelt – § 8 Abs. 1) oder sie ist **zu beanstanden** (wenn es sich um einen heilbaren Mangel handelt – § 8 Abs. 2). So ist zu prüfen, ob die Unterzeichner der Liste wahlberechtigte ArbN sind. Nicht vorschlagsberechtigte Unterzeichner sind zu streichen. Bei Vorschlagslisten der Gewerkschaften ist ua. die ordnungsgemäße Unterzeichnung durch hierzu ermächtigte Beauftragte der Gewerkschaften zu prüfen. Hinsichtlich der vorgeschlagenen Bewerber ist zu prüfen, ob diese nach § 8 BetrVG wählbar sind. Die unberechtigte Streichung eines wählbaren Bewerbers rechtfertigt die Anfechtung der Wahl nach § 19 BetrVG ebenso wie die Zulassung einer ungültigen Vorschlagsliste oder die Nichtzulassung einer gültigen Vorschlagsliste.

5   Der Wahlvorst. ist nicht berechtigt, eine Ergänzung der Wahlvorschläge um zusätzliche, weder vom BetrVG noch der WO geforderten Angaben oder Kennzeichnungen zu verlangen oder derartige Ergänzungen selbst vorzunehmen, zB Ergänzung der Wahlvorschläge um Lichtbilder der Wahlbewerber (BAG 3. 12. 87, AP Nr. 13 zu § 20 BetrVG 1972).

6   Die Prüfung muss **unverzüglich,** dh ohne schuldhaftes Zögern erfolgen. Grundsätzlich ist sie spätestens innerhalb von zwei Arbeitstagen nach Eingang der Vorschlagslisten vorzunehmen. Bei besonderen Ermittlungen kann jedoch eine Überschreitung der Frist von zwei Arbeitstagen gerechtfertigt sein, zB wenn wegen der Feststellung der ArbNEigenschaft eine Rückfrage bei der an einem anderen Ort befindlichen Hauptverwaltung erforderlich wird. Die Fristbestimmung dient dazu, dass Einreicher ungültiger Vorschlagslisten dies noch so rechtzeitig erfahren, dass sie innerhalb der Einreichungsfrist uU eine gültige Vorschlagsliste nachreichen können. Am letzten Tag der Frist hat der Wahlvorst. Vorkehrungen zu treffen, die ihn in die Lage versetzen, eingehende Wahlvorschläge möglichst sofort zu prüfen und die Listenvertreter ggf. über Mängel sofort unterrichten zu können (BAG 25. 5. 05 AP Nr. 2 zu § 14 BetrVG 1972; BAG 21. 1. 09 AP Nr. 61 zu § 19 BetrVG 1972; zu einzelnen Fallvarianten siehe LAG Hessen 18. 9. 03 ArbuR 04, 318; LAG Schleswig-Holstein 14. 2. 07 – 6 TaBV 27/06). Verstößt der Wahlvorst. gegen seine unverzügliche Prüfungspflicht, rechtfertigt dies zur Anfechtung der BRWahl (BAG 25. 5. 05 aaO; LAG Hessen aaO; LAG Nürnberg AiB 05, 561 f.), es sei denn, auch eine sofort einberufene Sitzung hätte nicht mehr die Behebung des Mangels bewirken können. Nach LAG Nürnberg AiB 05, 561 ist eine abschließende Prüfung durch Wahlvorst. drei Stunden vor Ablauf der Einreichungsfrist nicht mehr unverzüglich (mit zust. Anm. *Manske* AiB 05, 562 f.).

7   Sofort nachdem der Wahlvorst. festgestellt hat, dass die Liste ungültig oder zu beanstanden ist, hat er die Listenvertreterin oder den **Listenvertreter** unter Angabe der Gründe hierüber zu **unterrichten.** Die Unterrichtung muss **schriftlich** erfolgen. Die beanstandete Liste darf der Wahlvorst. aus Beweisgründen nicht zurückgeben, da dann in einem eventuellen Anfechtungsverfahren nicht mehr feststellbar ist, ob die Liste nicht etwa gültig war oder ob die fristgerecht eingereichte neue Liste tatsächlich nur eine Ergänzung der beanstandeten und nicht ein unzulässiger neuer Wahlvorschlag ist (vgl. *GL* Rn 2; GK-*Kreutz*/*Oetker* Rn 11; *Richardi*/*Thüsing* Rn 9; offen gelassen von LAG Hessen NZA-RR 07, 198; **aa** *DKK-Schneider*/*Homburg* Rn 8, der Zurückbehalten einer Kopie für ausreichend hält). Wohl ist es zulässig und vielfach zweckmäßig, dem Listenführer eine Ablichtung der beanstandeten Liste auszuhändigen, damit ggf. auf dieser Ablichtung die Mängel behoben werden können. Eine Pflicht zur schnellen Unterrichtung besteht insbesondere dann, wenn der Ablauf der Frist für die Einreichung der Liste unmittelbar bevorsteht (BAG 25. 5. 05 AP Nr. 2 zu § 14 BetrVG 1972). Wird die Unterrichtung so verzögert, dass die sonst noch mögliche Einreichung einer neuen und einwandfreien Liste verhindert wird, kann ein Anfechtungsgrund vorliegen (BAG 4. 11. 69, AP Nr. 3 zu § 13 BetrVG; GK-*Kreutz*/*Oetker* Rn 10; *Richardi*/*Thüsing* Rn 7). Hat der Wahlvorst. den Verdacht, dass eine Vorschlagsliste unecht ist (zB weil die Liste Überklebungen, Streichungen oder Zusätze enthält), so hat er den Listenvertreter zur Stellungnahme aufzufordern (OVG Münster, AP Nr. 1 zu § 21 PersVG; *DKK-Schneider*/*Homburg* Rn 8 a).

8   Die Unterrichtung muss die **Mängel der Liste angeben.** Weiter wird der Wahlvorst. zweckmäßigerweise auf die sich aus § 8 Abs. 2 ergebende Frist für die Behebung der Mängel mit dem Hinweis aufmerksam machen, dass nach fruchtlosem Ablauf der Frist die Vorschlagsliste endgültig ungültig ist.

§ 8 Ungültige Vorschlagslisten

(1) Ungültig sind Vorschlagslisten,

1. die nicht fristgerecht eingereicht worden sind,

2. auf denen die Bewerberinnen oder Bewerber nicht in erkennbarer Reihenfolge aufgeführt sind,

3. die bei der Einreichung nicht die erforderliche Zahl von Unterschriften (§ 14 Abs. 4 des Gesetzes) aufweisen.[1ff.] Die Rücknahme von Unterschriften auf einer eingereichten Vorschlagsliste beeinträchtigt deren Gültigkeit nicht; § 6 Abs. 5 bleibt unberührt.[6]

(2) Ungültig sind auch Vorschlagslisten,[7]

1. auf denen die Bewerberinnen oder Bewerber nicht in der in § 6 Abs. 3 bestimmten Weise bezeichnet sind,

2. wenn die schriftliche Zustimmung der Bewerberinnen oder Bewerber zur Aufnahme in die Vorschlagsliste nicht vorliegt,

3. wenn die Vorschlagsliste infolge von Streichung gemäß § 6 Abs. 5 nicht mehr die erforderliche Zahl von Unterschriften aufweist,

falls diese Mängel trotz Beanstandung nicht binnen einer Frist von drei Arbeitstagen[8] beseitigt werden.

Die Versäumung der für die Einreichung der Vorschlagslisten vorgesehenen Aus- **1** schlussfristen (§ 6 Abs. 1 S. 2) zieht ebenso wie die nicht erkennbare Reihenfolge der Kandidaten auf der Liste und die unzureichende Unterzeichnung von Vorschlagslisten durch vorschlagsberechtigte ArbN im Zeitpunkt der Einreichung der Liste (vgl. hierzu § 14 BetrVG Rn 45 ff.) **stets die Ungültigkeit der Liste** nach sich (*GL* Rn 2). Gleiches gilt, wenn ein Wahlvorschlag der Gewerkschaft nicht gem. § 27 Abs. 2 von zwei Beauftragten unterschrieben ist (vgl. ArbG Siegen, DB 74, 1776). Die Ungültigkeit ist nach § 7 vom Wahlvorst. festzustellen und dem Listenvertr. unter Angabe der Gründe mitzuteilen. Ist die Frist für die Einreichung von Wahlvorschlägen noch nicht abgelaufen, so kann innerhalb der Frist ein neuer Wahlvorschlag eingereicht werden (*DKK-Schneider/Homburg* Rn 1). Im Falle des Abs. 1 Nr. 3 ist es zulässig, dass die ungültige Liste innerhalb der Einreichungsfrist um die fehlenden Stützunterschriften ergänzt wird (GK-*Kreutz/Oetker* Rn 2). Ist eine gewerkschaftliche Vorschlagsliste von einem nicht bevollmächtigten Beauftragten unterzeichnet worden, kann innerhalb der Einreichungsfrist die Beauftragung nachgeholt werden.

Außer den in Abs. 1 Nr. 1 bis 3 genannten Fällen ist eine Liste auch ungültig, **2** wenn sie ohne Einverständnis aller Unterzeichner von einigen Unterzeichnern nachträglich geändert worden ist. Das bedeutet eine unzulässige inhaltliche Änderung der Vorschlagsliste (BAG 15. 12. 72, AP Nr. 1 zu § 14 BetrVG 1972; *DKK-Schneider/Homburg* Rn 3). Nach LAG Hamburg (AiB 98, 701 m. zust. Anm. *Brinkmeier*) soll eine Vorschlagsliste, deren Stützunterschriften durch einen leitenden Ang. (Justitiar des ArbGeb.) gesammelt worden sind, ebenfalls unheilbar ungültig sein (s. § 20 BetrVG Rn 23).

Ist auf einer Vorschlagsliste **bei ihrer Einreichung ein nicht wählbarer Kandi-** **3** **dat** aufgeführt, so ist die Liste ungültig (vgl. BVerwG, AP Nr. 2 zu Nr. 10 § 10 WahlO z. PersVG; LAG Frankfurt BB 88, 2317; LAG Hamm 12. 1. 09 – 10 TaBV 17/07 juris; GK-*Kreutz/Oetker* Rn 9; *DKK-Schneider/Homburg* Rn 3; *Richardi/Thüsing* Rn 4; **aA** *Heinze* NZA 88, 573). Der Wahlvorst. darf die Liste nicht unverändert, dh mit dem nicht wählbaren Kandidaten zur Wahl stellen, da die Zulassung eines nicht wählbaren ArbN keine ordnungsgemäße Durchführung der Wahl ist. Er darf den nicht wählbaren Kandidaten jedoch auch nicht von der Liste streichen, da dies eine materielle Änderung des Wahlvorschlags darstellen würde, die grundsätzlich nur mit Zustimmung aller Unterzeichner zulässig ist (vgl. BAG 15. 12. 72, aaO). Eine Nachfrist nach Abs. 2 Nr. 2 kommt in diesem Falle nicht in Betracht, da diese

Regelung einen wählbaren Kandidaten voraussetzt. Der Wahlvorst. hat eine solche Liste unverzüglich beim Listenführer zu beanstanden, damit dieser ggfs. noch innerhalb der Einreichungsfrist eine neue Liste mit den erforderlichen Unterschriften einreichen kann.

4   **Etwas anderes** muss allerdings für den Fall gelten, dass ein Wahlbewerber **nach Einreichung des Wahlvorschlags** und **nach Ablauf der Einreichungsfrist** die Wählbarkeit verliert, zB weil er aus dem Betrieb ausgeschieden oder verstorben ist. Eine Rückgabe der Liste zur Behebung des Mangels ist wegen Ablaufs der Einreichungsfrist nicht möglich. Die Liste insgesamt als ungültig anzusehen und sie nicht zur Wahl zuzulassen, würde für jede Liste ein erhebliches Risiko bedeuten, da derartige Fälle nie auszuschließen sind. Da in diesen Fällen den Listenunterzeichnern die Aufnahme des nicht wählbaren Kandidaten auf der Liste nicht vorzuwerfen ist, wird man den Wahlvorst. hier für befugt halten müssen, den nicht mehr wählbaren Kandidaten auf der Liste zu streichen und im Übrigen die Liste zur Wahl zuzulassen (*DKK-Schneider/Homburg* Rn 4; im Ergebnis ebenso *GK-Kreutz/Oetker* Rn 9; *Richardi/Thüsing* Rn 4). Außer der Streichung hat der Wahlvorst. die Wähler auf den Verlust der Wählbarkeit des Wahlbewerbers in gleicher Weise und an denselben Stellen hinzuweisen, wie dies für die Bekanntmachung der Vorschlagslisten nach § 10 Abs. 2 erfolgt ist. Dies ist vor allem dann wichtig, wenn die Stimmzettel bereits gedruckt worden sind. Diese Ergänzung der Bekanntmachung ist den Unterlagen für die schriftliche Stimmabgabe beizufügen (ausführl. zur Problematik *Schneider* FS *Däubler* S. 286, 289 f.).

5   Der Verdacht einer Fälschung der Vorschlagsliste berechtigt den Wahlvorst. nicht, diese für ungültig zu erklären (OVG Münster, AP Nr. 1 zu § 21 PersVG). Wird eine Vorschlagsliste zu Unrecht als ungültig festgestellt, so ist die Wahl stets nach § 19 BetrVG anfechtbar. Wird innerhalb der Einreichungsfrist überhaupt keine gültige Liste eingereicht, ist nach § 9 eine Nachfrist von einer Woche zu setzen.

6   Diese Regelung hat den Zweck zu verhindern, dass auf ArbN, die bereits eine Liste unterzeichnet haben, eingewirkt wird, ihre Unterschrift zurückzuziehen, um auf diese Weise eine unerwünschte Liste zu Fall zu bringen. Die **Rücknahme einer Unterschrift nach Einreichung des Wahlvorschlags** ist grundsätzlich ohne Bedeutung; dies gilt nur dann nicht, wenn ein ArbN mehrere Vorschlagslisten unterzeichnet hat. In diesem Falle zählt nur die Unterschrift, die der ArbN im Verfahren nach § 6 Abs. 5 S. 2 aufrechterhält oder die bei einem Verschweigen des ArbN nach dieser Vorschrift als gültig fingiert wird. Auch wenn der Listenführer einer Vorschlagsliste Erklärungen wahlberechtigter ArbN einreicht, in denen sie ihre zuvor geleistete Unterschrift auf einer anderen Vorschlagsliste zurückziehen, bestimmt sich die Frage, welche der Unterschriften zählt, allein nach dem Verfahren des § 6 Abs. 5 S. 2 (BAG 1. 6. 66, AP Nr. 2 zu § 6 WahlO; *DKK-Schneider/Homburg* Rn 7). Nimmt der ArbN die Unterschrift auf allen Vorschlagslisten zurück, so ist die Rücknahme wie eine unterbliebene fristgerechte Erklärung nach § 6 Abs. 5 Satz 3 zu behandeln (*GK-Kreutz/Oetker* Rn 4; *Richardi/Thüsing* § 6 Rn 16; § 6 Rn 20; vgl. auch § 6 Rn 16). Führt die Streichung einer Unterschrift nach § 6 Abs. 5 dazu, dass die Liste nicht mehr die erforderliche Zahl von Unterschriften aufweist, so hat der Wahlvorst. den Listenführer eine Nachfrist von drei Arbeitstagen zur Behebung dieses Mangels zu setzen (vgl. Abs. 2 Nr. 3).

7   Die in Abs. 2 genannten Mängel sind **heilbare Mängel,** dh. Mängel, die die Vorschlagsliste nicht von vornherein, sondern erst dann ungültig machen, wenn trotz der Beanstandung die für die Beseitigung der Mängel zwingend vorgeschriebene Frist von drei Arbeitstagen fruchtlos abgelaufen ist. Der Wahlvorst. hat die in Abs. 2 genannten Mängel (vgl. hierzu im Einzelnen § 8 Rn 7 ff.) dem Listenvertr. unter Angabe der Gründe mitzuteilen (§ 7 Abs. 2 S. 2). Unterbleibt die Mitteilung, so ist die Wahl anfechtbar (LAG Frankfurt DB 65, 1746; *GL* Rn 3; *GK-Kreutz/Oetker* Rn 8; *Richardi/Thüsing* Rn 8; **aA** *Heinze* NZA 88, 574).

8   Die **Frist** ist **zwingend** vorgeschrieben. Sie beträgt drei Arbeitstage und läuft von der Unterrichtung des Listenvertr. gem § 7 Abs. 2 S. 2 an (LAG Düsseldorf DB 61,

1586). Der Tag der Mitteilung wird nicht mitgerechnet. Die Frist kann vom Wahl-vorst. weder verlängert noch verkürzt werden (BAG 1. 6. 66 AP Nr. 2 zu § 6 WahlO; *GK-Kreutz/Oetker* Rn 6; *DKK-Schneider/Homburg* Rn 14; *Richardi/Thüsing* Rn 6). Zum Begriff „Arbeitstag" vgl. § 41 Rn 2. Ist die gesetzte Nachfrist kürzer als drei Arbeitstage, so kann die BRWahl angefochten werden (BAG aaO; *GL* Rn 4; *GK-Kreutz/Oetker* Rn 6). Läuft die Frist ab, ohne dass die Mängel behoben werden, so ist die Vorschlagsliste **endgültig ungültig.** Das gilt auch, wenn der beanstandete Man-gel zwar behoben, die Liste jedoch neue Mängel enthält, die eine Nachbesserung iSd. Abs. 2 erforderlich machen würden. Eine erneute Beanstandung mit Nachfristsetzung kommt nicht in Betracht (*GL* Rn 5; *GK-Kreutz/Oetker* Rn 7; *DKK-Schneider/Hom-burg* Rn 12). Befinden sich auf der Ergänzungsliste nunmehr Doppelunterzeichner iSd. § 6 Abs. 5, so ist deren Unterschrift auf der Ergänzungsliste zu streichen (ArbG Gelsenkirchen BB 68, 627; *GK-Kreutz/Oetker* Rn 7; *DKK-Schneider/Homburg* Rn 13; **aA** *Richardi/Thüsing* Rn 9, für den Fall, dass die Doppelunterschrift für die Gültigkeit der Ergänzungsliste von Bedeutung ist).

§ 9 Nachfrist für Vorschlagslisten

(1) **Ist nach Ablauf der in § 6 Abs. 1 genannten Frist keine gültige Vorschlags-liste eingereicht,[1, 2] so hat dies der Wahlvorstand sofort in der gleichen Weise bekanntzumachen[3–5] wie das Wahlausschreiben[6] und eine Nachfrist von einer Woche für die Einreichung von Vorschlagslisten zu setzen.[7] In der Bekanntma-chung ist darauf hinzuweisen, dass die Wahl nur stattfinden kann, wenn inner-halb der Nachfrist mindestens eine gültige Vorschlagsliste eingereicht wird.[3]**

(2) **Wird trotz Bekanntmachung nach Absatz 1 eine gültige Vorschlagsliste nicht eingereicht, so hat der Wahlvorstand sofort bekannt zu machen, daß die Wahl nicht stattfindet.[8, 9]**

§ 6 Abs. 1 sieht für die Einreichung von Vorschlagslisten eine Ausschlussfrist von **1** zwei Wochen seit Erlass des WA vor. Ist innerhalb dieser Einreichungsfrist zwar eine ungültige Liste, jedoch mit nach § 8 Abs. 2 heilbaren Mängeln eingereicht worden, so ist vor Setzung einer Nachfrist abzuwarten, ob die Mängel geheilt werden. Denn anderenfalls wäre der notwendige Hinweis des Wahlvorst. nach Abs. 1 Satz 2 unrich-tig (*GK-Kreutz/Oetker* Rn 1; *DKK-Schneider/Homburg* Rn 2; *Richardi/Thüsing* Rn 1).

Ist eine Vorschlagsliste eingereicht worden, die jedoch keinen Kandidaten des Ge- **2** schlechts in der Minderheit enthält, obwohl diesem nach § 15 Abs. 2 BetrVG Mindest-sitze zustehen, so ist dennoch **keine Nachfrist** zur entsprechenden Auffüllung der Liste mit Vertretern dieses Geschlechts zu setzen; denn die eingereichte Vorschlagsliste ist gültig (vgl. § 15 BetrVG Rn 12 ff., § 6 Rn 7; *Engels/Trebinger/Löhr-Steinhaus,* DB 01, 532, 541). Dies gilt auch dann, wenn bei mehreren Vorschlagslisten keine Bewerber oder insgesamt weniger Bewerber des Geschlechts in der Minderheit für die Wahl des BR vorgeschlagen werden, als diesem Geschlecht Sitze im BR zustehen. Die von dem Geschlecht in der Minderheit nicht besetzbaren Sitze sind mit erfolgreichen Wahlbe-werbern des anderen Geschlechts zu besetzen (vgl. § 15 Abs. 5 Nr. 5, § 22 Abs. 4). Werden jedoch Vorschlagslisten mit insgesamt weniger Wahlbewerbern, als BRSitze zu besetzen sind eingereicht, hat der Wahlvorst. im Interesse, die Wahl eines der gesetz-lichen Größe des § 9 BetrVG entsprechenden BR zu ermöglichen, eine Nachfrist zur Gewinnung weiterer Wahlbewerber zu setzen (*GK-Kreutz/Oetker* Rn 1). Läuft diese Frist erfolglos ab, so ist der BR in der Größe zu wählen, die der nächstniedrigen Staffel des § 9 BetrVG entspricht (vgl. hierzu auch § 11 BetrVG Rn 8).

Bekanntzumachen sind: **3**
– die Tatsache, dass innerhalb der Einreichungsfrist (§ 6 Abs. 1) **keine gültigen Vor-schlagslisten** eingegangen sind,
– die für die Einreichung von Vorschlagslisten zu setzende **Nachfrist** von einer Wo-che (Abs. 1 S. 1),

– der Hinweis, dass eine Wahl nur stattfinden kann, wenn innerhalb der Nachfrist **mindestens eine gültige Vorschlagsliste eingereicht** wird.

4 Sind insgesamt weniger Bewerber vorgeschlagen, als BRSitze zu besetzen sind (vgl. Rn 2), ist dies bekannt zu machen und darauf hinzuweisen, dass, wenn keine weiteren Wahlbewerber vorgeschlagen werden, nur ein kleinerer BR in der Größe der nächst niedrigen Staffel des § 9 BetrVG gewählt werden kann.

5 Die Bekanntmachung hat **sofort,** dh am nächsten Arbeitstag nach Ablauf der Einreichungsfrist bzw. der Nachfrist nach § 8 Abs. 2, zu erfolgen (GK-*Kreutz/Oetker* Rn 2; enger *GL* Rn 2: nach Ende der betrieblichen Arbeitszeit am Tage des Fristablaufs).

6 Die Bekanntmachung ist **wie das WA** vom Tage der Bekanntgabe an bis zum letzten Tag der Stimmabgabe **auszuhängen** und in gut lesbarem Zustand zu erhalten und ggf. auch elektronisch bekannt zu machen (vgl. § 3 Abs. 3). Ist das WA an mehreren Stellen des Betriebs ausgehängt worden, so muss auch die Bekanntmachung nach Abs. 1 an diesen Stellen ausgehängt werden.

7 Die **Nachfrist** beträgt **eine Woche** und läuft von der Bekanntmachung an. Ergeht die Bekanntmachung zB an einem Mittwoch, so ist der Mittwoch der folgenden Woche der letzte Tag der Nachfrist, an dem noch Vorschlagslisten eingereicht werden können. Für die innerhalb der Nachfrist eingereichten Vorschlagslisten gelten die §§ 6 bis 8. Heilbare Mängel können innerhalb der Frist von § 8 Abs. 2 behoben werden (GK-*Kreutz/Oetker* Rn 5). Die Nachfrist hat zur Folge, dass eine etwa bereits zuvor, aber verspätet eingereichte Vorschlagsliste wieder zu berücksichtigen und jetzt als gültig zu behandeln ist (GK-*Kreutz/Oetker* Rn 5; *Richardi/Thüsing* Rn 3; aA *DKK-Schneider/Homburg* Rn 5, der eine Rückgabe und erneute Einreichung der verspätet eingereichten Liste fordert).

8 Wird auch in der Nachfrist **keine gültige Vorschlagsliste** eingereicht, so steht damit fest, dass die Wahl unterbleibt. Es wird kein BR gewählt.

9 Ist keine gültige Vorschlagsliste eingereicht worden, so **erlischt** mit der Bekanntmachung, dass die Wahl nicht stattfindet, das **Amt des Wahlvorst.** Wenn dennoch eine BRWahl durchgeführt werden soll, muss ein neuer Wahlvorst. bestellt werden (*DKK-Schneider/Homburg* Rn 6; *GL,* Rn 4; GK-*Kreutz/Oetker* Rn 7; *Richardi/Thüsing* Rn 5).

§ 10 Bekanntmachung der Vorschlagslisten

(1) **Nach Ablauf der in § 6 Abs. 1, § 8 Abs. 2 und § 9 Abs. 1 genannten Fristen[1] ermittelt der Wahlvorstand durch das Los die Reihenfolge der Ordnungsnummern, die den eingereichten Vorschlagslisten zugeteilt werden (Liste 1 usw.). Die Listenvertreterin oder der Listenvertreter sind zu der Losentscheidung rechtzeitig einzuladen.[2]**

(2) **Spätestens eine Woche vor Beginn der Stimmabgabe[3] hat der Wahlvorstand die als gültig anerkannten Vorschlagslisten bis zum Abschluss der Stimmabgabe in gleicher Weise bekannt zu machen wie das Wahlausschreiben (§ 3 Abs. 4).[4]**

1 Die Bestimmung der Reihenfolge der Ordnungsnummern für die eingereichten gültigen Vorschlagslisten erfolgt erst, nachdem die für die Einreichung von Vorschlagslisten gesetzte Ausschlussfrist (vgl. § 6 Abs. 1) bzw. die zum gleichen Zweck gesetzte etwaige Nachfrist (vgl. § 9 Abs. 1) abgelaufen und innerhalb dieser Fristen gültige Vorschlagslisten eingegangen sind. Auch der Ablauf von Berichtigungsfristen nach § 6 Abs. 5 und 7 sowie § 8 Abs. 2 ist abzuwarten (GK-*Kreutz/Oetker* Rn 1).

2 Ordnungsnummern sind nur von Bedeutung, wenn **mehrere Vorschläge,** eingereicht worden sind. Die Ordnungsnummern sind entscheidend für die **Reihenfolge der Vorschlagslisten auf den Stimmzetteln** (§ 11 Abs. 2). Diese Reihenfolge

bestimmt sich nicht nach der Reihenfolge des Eingangs der Wahlvorschlagslisten beim Wahlvorst., sondern wird durch **Losentscheid** ermittelt. Zur Kritik am Losentscheid vgl. *Pinther*, ArbuR 62, 83. Den Losentscheid hat der Wahlvorst. durchzuführen; er findet grundsätzlich in Gegenwart der Listenvertreter statt. Für die Zeit ihrer Teilnahme, die Teil der Ausübung des Wahlrechts iS von § 20 Abs. 2 Satz 2 BetrVG ist, ist ihnen das Arbeitsentgelt fortzuzahlen (*DKK-Schneider/Homburg* Rn 2). Bleiben die Listenvertreter dem Losentscheid fern, so ist dies unschädlich, wenn sie so rechtzeitig eingeladen worden sind, dass sie nach den betrieblichen Verhältnissen ohne Schwierigkeit zugegen sein konnten. Aus Beweisgründen dürfte sich die schriftliche Einladung der Listenvertreter empfehlen. Der Losentscheid selbst erfolgt **formlos** (*DKK-Schneider/Homburg* Rn 3). Es genügt zB, wenn Zettel mit der Bezeichnung der einzelnen Listen in gleichartige Umschläge gesteckt, in ein Behältnis geworfen, gemischt und vom Wahlvorst. nach der Reihenfolge des Wiederherausnehmens nummeriert werden. Nicht vorgeschrieben ist, dass der Wahlvorst. über den Losentscheid eine **Niederschrift** aufzunehmen hat. Allerdings ist diese aus Beweiszwecken zu empfehlen (*DKK-Schneider/Homburg* Rn 5; *GL* Rn 2).

Ist also zB die Stimmabgabe auf Mittwoch, den 17. 4. 2002 festgesetzt, so sind die **3** als gültig anerkannten Vorschlagslisten spätestens am Dienstag der voraufgegangenen Woche, also dem 9. 4. 2002 bekanntzumachen. Wie das Wort „spätestens" zeigt, ist eine frühere Bekanntmachung nicht ausgeschlossen. Sie ist im Gegenteil im Interesse einer frühzeitigen Information der Wahlberechtigten zu empfehlen (*DKK-Schneider/ Homburg* Rn 6). Eine Pflicht, die Vorschlagslisten vor der Bekanntmachung nach Abs. 2 geheim zu halten, besteht nicht (BAG 4. 11. 60, AP Nr. 3 zu § 13 BetrVG; *GL* Rn 3; *GK-Kreutz/Oetker* Rn 5).

Die Vorschlagslisten sind **in vollständiger Form** unter Angabe der vom Wahl- **4** vorst. nach Maßgabe des Abs. 1 zugeteilten **Ordnungsnummer und des Kennworts** oder der nach Maßgabe des § 7 an die Stelle des Kennworts tretenden Angaben des Familiennamens und des Vornamens der beiden in der Liste an erster Stelle Benannten sowie unter genauer Anführung aller Wahlkandidaten mit Angabe ihres Familiennamens, Vornamens, Geburtsdatums und ihrer Berufsbezeichnung (vgl. § 6 Abs. 3) in derselben Weise wie das WA bekannt zu machen. Ist das WA an mehreren Stellen des Betriebs bekannt gemacht worden, so sind auch die Wahlvorschläge an diesen Stellen auszuhängen. Die Wahlvorschläge müssen bis zur Beendigung der Wahl ausgehängt bleiben. Nicht bekannt zu machen sind die den Wahlvorschlag tragenden Unterschriften. Sie sind zwar für die Gültigkeit des Wahlvorschlags von Bedeutung, gehören jedoch nicht zum Inhalt des Wahlvorschlags (*DKK-Schneider/Homburg* Rn 8; *Richardi/Thüsing* Rn 2). Die Frist des § 10 Abs. 2 ist eine wesentliche Verfahrensvorschrift iSd. § 19 BetrVG (*DKK-Schneider/Homburg* Rn 9; *GL* Rn 3; *GK-Kreutz/Oetker* Rn 6; *Richardi/Thüsing* Rn 3; *Rewolle* BB 62, 297).

Zweiter Unterabschnitt. Wahlverfahren bei mehreren Vorschlagslisten (§ 14 Abs. 2 Satz 1 des Gesetzes)[1]

§ 11 Stimmabgabe

(1) **Die Wählerin oder der Wähler kann ihre oder seine Stimme nur für eine der als gültig anerkannten Vorschlagslisten abgeben.[2] Die Stimmabgabe erfolgt durch Abgabe von Stimmzetteln in den hierfür bestimmten Umschlägen (Wahlumschlägen).**

(2) **Auf den Stimmzetteln sind die Vorschlagslisten nach der Reihenfolge der Ordnungsnummern sowie unter Angabe der beiden an erster Stelle benannten Bewerberinnen oder Bewerber mit Familienname, Vorname und Art der Beschäftigung im Betrieb untereinander aufzuführen; bei Listen, die mit Kenn-**

worten versehen sind, ist auch das Kennwort anzugeben.[3] Die Stimmzettel für die Betriebsratswahl, müssen sämtlich die gleiche Größe, Farbe, Beschaffenheit und Beschriftung haben. Das Gleiche gilt für die Wahlumschläge.[4]

(3) Die Wählerin oder der Wähler kennzeichnet die von ihr oder ihm gewählte Vorschlagsliste durch Ankreuzen an der im Stimmzettel hierfür vorgesehenen Stelle.[5, 6]

(4) Stimmzettel, die mit einem besonderen Merkmal versehen sind oder aus denen sich der Wille der Wählerin oder des Wählers nicht unzweifelhaft ergibt oder die andere Angaben als die in Absatz 1 genannten Vorschlagslisten, einen Zusatz oder sonstige Änderungen enthalten, sind ungültig.[7]

1   Dieser Unterabschnitt regelt das Wahlverfahren, wenn **mehrere gültige Vorschlagslisten** eingereicht worden sind. Ist nur eine gültige Vorschlagsliste eingereicht worden, gelten die §§ 20 ff. Für den Fall, dass der BR im vereinfachten Wahlverfahren zu wählen ist, gelten die §§ 28 bis 37.

2   **Gewählt wird die Liste.** Die Wählerin oder der Wähler selbst hat keine Möglichkeit, die Liste durch Streichen oder Hinzusetzen von Namen auf dem Stimmzettel zu ändern. Solche Änderungen machen den Stimmzettel ungültig (vgl. Abs. 4).

3   Wegen Verwendung von Abkürzungen vgl. § 7 Rn 2. Unterbleibt die Angabe der beiden ersten Bewerber, so kann dies die Anfechtung der Wahl begründen (ArbG Wetzlar, DB 72, 1731).

4   Der Wahlvorst. hat für die Stimmabgabe Stimmzettel und Wahlumschläge zur Verfügung zu stellen. **Stimmzettel** und **Wahlumschläge** müssen gleich sein (vgl. Abs. 2 S. 3). Ein stärkerer Aufdruck eines Stimmkreises oder einer Vorschlagsliste macht die Wahl anfechtbar (vgl. BAG 14. 1. 69, AP Nr. 12 zu § 13 BetrVG).

5   Der Wähler muss **persönlich wählen**. Stellvertretung ist nicht zulässig. Ist ein Wahlberechtigter durch Krankheit, Urlaub, Dienstreise oder dergl. verhindert, an der Wahl teilzunehmen, so ist **schriftliche Stimmabgabe** möglich (vgl. §§ 24 ff.). Ist der Wähler infolge einer Behinderung bei der Stimmabgabe beeinträchtigt, ist es zulässig, dass ihn eine Person seines Vertrauens bei der Stimmabgabe behilflich ist (vgl. § 12 Abs. 4) (*DKK-Schneider/Homburg* Rn 7). Dagegen ist es nicht zulässig, dass ein deutscher ArbN einem ausländischen Kollegen bei der Stimmabgabe behilflich ist (vgl. ArbG Bremen, DB 72, 1831; *DKK-Schneider/Homburg* Rn 8; *GL* Rn 3; *Brill*, BB 78, 1574). Der Wahlvorst. hat dafür zu sorgen, dass den ausländischen ArbN der Stimmzettel, die auf ihm stehenden Listen und die notwendige Kennzeichnung in ausreichendem Maße bekannt sind (vgl. § 2 Rn 12).

6   Die Wahl selbst erfolgt durch Ankreuzen der gewählten Vorschlagslisten auf dem Stimmzettel. Jedoch ist auch eine sonstige Kenntlichmachung der gewählten Liste auf dem Stimmzettel zulässig, sofern der **Wille des Wählers unzweifelhaft feststeht.** Deshalb ist ein Stimmzettel, auf dem der Wähler alle Vorschlagslisten bis auf eine durchgestrichen hat, gültig und die Stimme als für die nicht durchgestrichene Vorschlagsliste abgegeben anzusehen (GK-*Kreutz/Oetker* Rn 3; DKK-*Schneider/Homburg* Rn 11; *Richardi/Thüsing* Rn 4). Da für die Stimmabgabe nicht die Form der Kennzeichnung, sondern die eindeutige Feststellung des Willens des Wählers das entscheidende Kriterium ist, ist – um zB in Großbetrieben eine maschinelle Auszählung der Stimmen (etwa durch ein EDV-Anlage) zu ermöglichen – auch eine „maschinengerechte" Kennzeichnung des Stimmzettels (zB durch eine Lochung) zulässig (*Richardi/Thüsing* Rn 4). Hierbei muss allerdings sichergestellt sein, dass die Wähler in ausreichendem Maße mit diesem Verfahren vertraut sind. Hat der Wähler einen Stimmzettel verschrieben, so ist ihm ein neuer auszuhändigen. Der verschriebene Stimmzettel ist ihm im Interesse des Wahlgeheimnisses zu belassen. Zur Frage, wenn ein Wahlumschlag mehrere Stimmzettel enthält, vgl. § 14 Rn 4.

7   **Ungültig** sind insbesondere Stimmzettel, auf denen mehr als eine Vorschlagsliste angekreuzt ist, die mit einem besonderen Merkmal versehen sind, so dass die Person

des Wählers bekannt werden kann, auf denen der Wähler zwischen zwei zum Ankreuzen vorgesehenen Stellen ankreuzt, so dass nicht ersichtlich ist, welche der beiden Vorschlagslisten der Wähler wählen wollte, die der Wähler mit seinem Namen unterschrieben oder auf denen er irgendwelche Vermerke, Erklärungen oder dergleichen angebracht hat, ebenso wenn er Namen von ArbN, die er wählen möchte, auf den Stimmzettel schreibt. Ungültig ist im Interesse des Wahlgeheimnisses (vgl. § 12 Abs. 3) ferner die Stimmabgabe, wenn der Stimmzettel nicht in einem Wahlumschlag abgegeben wird (*GL* Rn 4; *DKK-Schneider/Homburg* Rn 13). Der Wahlvorst. hat eine solche Stimmabgabe zurückzuweisen. Über die Gültigkeit der Stimmabgabe entscheidet der **Wahlvorst. durch Beschluss** seiner stimmberechtigten Mitgl. (vgl. § 14 Abs. 1; *DKK-Schneider/Homburg* Rn 14; *GL* Rn 1; *GK-Kreutz/ Oetker,* Rn 9; *Richardi/Thüsing* Rn 5). Die Entscheidung des Wahlvorst. ist im Rahmen eines Wahlanfechtungsverfahrens oder bei Geltendmachung der Nichtigkeit der Wahl gerichtlich überprüfbar.

§ 12 Wahlvorgang

(1) **Der Wahlvorstand hat geeignete Vorkehrungen für die unbeobachtete Bezeichnung der Stimmzettel im Wahlraum zu treffen**[1-3] **und für die Bereitstellung einer Wahlurne oder mehrerer Wahlurnen zu sorgen. Die Wahlurne muss vom Wahlvorstand verschlossen und so eingerichtet sein, dass die eingeworfenen Wahlumschläge nicht herausgenommen werden können, ohne dass die Urne geöffnet wird.**[4]

(2) **Während der Wahl müssen immer mindestens zwei stimmberechtigte Mitglieder des Wahlvorstands im Wahlraum anwesend sein; sind Wahlhelferinnen oder Wahlhelfer bestellt (§ 1 Abs. 2), so genügt die Anwesenheit eines stimmberechtigten Mitglieds des Wahlvorstands und einer Wahlhelferin oder eines Wahlhelfers.**[5, 6]

(3) **Die Wählerin oder der Wähler gibt ihren oder seinen Namen an und wirft den Wahlumschlag, in den der Stimmzettel eingelegt ist, in die Wahlurne ein, nachdem die Stimmabgabe in der Wählerliste vermerkt worden ist.**[7-9]

(4) **Wer infolge seiner Behinderung bei der Stimmabgabe beeinträchtigt ist, kann eine Person seines Vertrauens bestimmen, die ihm bei der Stimmabgabe behilflich sein soll, und teilt dies dem Wahlvorstand mit. Wahlbewerberinnen oder Wahlbewerber, Mitglieder des Wahlvorstands sowie Wahlhelferinnen und Wahlhelfer dürfen nicht zur Hilfeleistung herangezogen werden. Die Hilfeleistung beschränkt sich auf die Erfüllung der Wünsche der Wählerin oder des Wählers zur Stimmabgabe; die Person des Vertrauens darf gemeinsam mit der Wählerin oder dem Wähler die Wahlzelle aufsuchen. Sie ist zur Geheimhaltung der Kenntnisse verpflichtet, die sie bei der Hilfeleistung zur Stimmabgabe erlangt hat. Die Sätze 1 bis 4 gelten entsprechend für des Lesens unkundige Wählerinnen und Wähler.**[10-12]

(5) **Nach Abschluss der Stimmabgabe**[13] **ist die Wahlurne zu versiegeln,**[14, 15] **wenn die Stimmenzählung nicht unmittelbar nach Beendigung der Wahl durchgeführt wird. Gleiches gilt, wenn die Stimmabgabe unterbrochen wird, insbesondere wenn sie an mehreren Tagen erfolgt.**

Die Vorschrift dient der **Sicherung der geheimen Stimmabgabe.** Wird an **1** mehreren Stellen des Betriebs gewählt, so müssen die Vorkehrungen für das unbeobachtete Ankreuzen des Stimmzettels in jedem Wahlraum getroffen werden. Welche Vorkehrungen im Einzelnen zu treffen sind, ist nicht vorgeschrieben. Ist der Wahlraum mit einem Nebenraum so verbunden, dass der Zutritt zum Nebenraum überwacht werden kann, so kann der Wähler zum Ankreuzen des Stimmzettels den Ne benraum benutzen (so auch LAG Düsseldorf 3. 8. 09 – 9 TaBV 41/07 – juris). Wo das nicht der Fall ist, ist ein Aufstellen von Wandschirmen, Trennwänden usw. im Wahlraum selbst erforderlich. Zu den Vorkehrungen gehört auch, dass Schreibmaterial zum Ankreuzen der Stimmzettel in gebrauchsfähigem Zustand bereitliegt.

2   An den Grundsatz der geheimen Wahl sind **strenge Anforderungen** zu stellen (*GL* Rn 1; *GK-Kreutz/Oetker* Rn 1; *Richardi/Thüsing* Rn 1). Ist eine unbeobachtete Stimmabgabe nicht gesichert, der Wähler vielmehr gezwungen, unter den Augen anderer Personen den Stimmzettel anzukreuzen, so ist die Wahl stets nach § 19 BetrVG anfechtbar (*DKK-Schneider/Homburg* Rn 1 a).

3   Andererseits kann der Wähler **nicht gezwungen** werden, die vom Wahlvorst. vorgesehenen Einrichtungen zum unbeobachteten Ankreuzen des Stimmzettels zu benutzen. Zwar sollte sich jeder Wähler der Anweisung fügen, sich an den zum Ankreuzen des Stimmzettels vorgesehenen Ort zu begeben und dort seine Wahl vorzunehmen. Man wird aber nicht verhindern können, dass ein Wähler doch uU anderen Personen die Möglichkeit gibt, den Stimmzettel einzusehen (GK-*Kreutz/Oetker* Rn 3, *DKK-Schneider/Homburg* Rn 2).

4   Die **Wahlurne** ist ein verschließbares Behältnis aus Kunststoff, Holz oder einem sonstigen festen Material. Sie muss mit einem Schlitz versehen sein, durch den die Wahlumschläge eingeworfen werden. Der Schlitz muss so eingerichtet sein, dass die Wahlumschläge nicht wieder „herausgeangelt" werden können (s. dazu auch LAG Baden-Württemberg NZA-RR 09, 373 ff). Der Wahlvorst. hat die Wahlurne, nachdem er sich vergewissert hat, dass sie leer ist, vor Beginn der Stimmabgabe zu verschließen. Zweckmäßigerweise wird er zugleich auch das Schloss der Wahlurne versiegeln. Über die Behandlung der Urne nach Abschluss der Stimmabgabe siehe § 12 Abs. 5, § 14 (vgl. unten Rn 14 f.). Die Wahlurnen dürfen während des Wahlgangs **nicht unbeaufsichtigt** bleiben (vgl. LAG Hamm, BB 53, 234; *DKK-Schneider/ Homburg* Rn 3) oder **während des Wahlgangs geöffnet** werden, um vorzeitig mit der Stimmauszählung zu beginnen (vgl. ArbG Bochum, DB 72, 1730).

5   Zur **Sicherung** des ordnungsmäßigen äußeren Ablaufs der **Stimmabgabe** müssen während der gesamten Zeit der Stimmabgabe grundsätzlich mindestens zwei stimmberechtigte Mitgl. des Wahlvorst. anwesend sein. Sind Wahlhelferinnen oder Wahlhelfer bestellt, genügt es, wenn neben der Wahlhelferin oder dem Wahlhelfer ein stimmberechtigtes Mitgl. im Wahlraum anwesend ist. Die Funktion eines Wahlhelfers kann auch von einem nicht stimmberechtigten Mitgl. des Wahlvorst. übernommen werden.

6   Die **Stimmabgabe** kann an **mehreren** im WA (§ 3 Abs. 2 Nr. 11) festgelegten **Orten gleichzeitig** stattfinden. Da in jedem Falle – auch wenn Wahlhelferinnen oder Wahlhelfer bestellt worden sind – ein stimmberechtigtes WahlvorstMitgl. während der gesamten Wahl im Wahllokal anwesend sein muss, können äußerstenfalls so viele Orte für die Stimmabgabe festgelegt werden, wie der Wahlvorst. stimmberechtigte Mitgl. hat (*DKK-Schneider/Homburg* Rn 4). Auch in diesem Falle müssen mindestens gleichviele Wahlhelfer bestellt worden sein, wobei allerdings auch auf die nicht stimmberechtigten Mitgl. des Wahlvorst. zurückgegriffen werden kann. Zur Möglichkeit der nachträglichen Erhöhung der Zahl der Mitgl. des Wahlvorst. vgl. § 16 BetrVG Rn 29.

7   Die Wählerin oder der Wähler legt den ausgefüllten Stimmzettel in den Wahlumschlag und gibt ihren oder seinen Namen an und wirft den Wahlumschlag in die Wahlurne, nachdem die Stimmabgabe in der Wählerliste vermerkt worden ist.

8   Der **Vermerk über die erfolgte Stimmabgabe,** der auch durch den Wahlhelfer angebracht werden kann, hat den Zweck zu verhindern, dass ein Wähler zweimal seine Stimme abgibt. Deshalb ist zwingend vorgeschrieben, dass zuerst die Stimmabgabe zu vermerken ist und erst danach kann die Wählerin oder der Wähler den Wahlumschlag in die Urne einwerfen. Unzulässig ist es, die Wahlumschläge zurückzuhalten oder sonst von dem zwingend vorgeschriebenen Einwurf des Wahlumschlags in die Wahlurne abzuweichen. Verstöße hiergegen führen nach Maßgabe des § 19

BetrVG zur Anfechtbarkeit der Wahl (vgl. LAG Hamm, EzA § 19 BetrVG 1972 Nr. 9). Hat der Wahlvorst. mehrere Wahllokale eingerichtet, so muss er durch geeignete Maßnahmen sicherstellen, dass kein Wähler seine Stimme mehrfach abgeben kann. Das kann zB dadurch geschehen, dass für bestimmte Gruppen von ArbN jeweils ein bestimmtes Wahllokal festgelegt wird. Ferner kann der Wahlvorst. „**Wahlscheine**" ausgeben, die die ArbN zur Wahl in jedem Wahllokal berechtigen, die sie jedoch bei der Stimmabgabe vorzulegen und dem im Wahllokal anwesenden stimmberechtigten Mitgl. des Wahlvorst. abzugeben haben (*GL* Rn 5; GK-*Kreutz/Oetker* Rn 5; *DKK-Schneider/Homburg* Rn 4). Bei der Verwendung von Wahlscheinen muss jedoch durch geeignete Maßnahmen sichergestellt werden, dass auch bei Verlust des Wahlscheins dem ArbN die Teilnahme an der Wahl noch möglich ist. Dies ist deshalb erforderlich, weil anderenfalls das Wahlrecht des ArbN in einer nicht vom BetrVG oder dieser WO abgedeckten Weise eingeschränkt würde.

Wird die **Wählerliste** auch **elektronisch geführt,** hat der Wahlvorst. die Mög- **9** lichkeit den **Vermerk der Stimmabgabe** in der elektronisch geführten Wählerliste zu vermerken (vgl. BR-Drucks. 838/01 S. 28 zu § 2). Dies hat gerade für größere Betriebe mit Wahllokalen an unterschiedlichen Standorten den Vorteil, dass die ArbN entsprechend ihrem aktuellen Einsatzort in das in ihrer Nähe liegende Wahllokal gehen können. Eine aufwändige Zuweisung von Wahllokalen entfällt dadurch. **Sichergestellt** sein muss jedoch zur Vermeidung einer mehrfachen Stimmabgabe in verschiedenen Wahllokalen, dass der Eintrag der Stimmabgabe in der elektronisch geführten Wählerliste auch zugleich in den übrigen Wahllokalen vermerkt ist.

Ist die Wählerin oder der Wähler infolge einer Behinderung in der Stimmabgabe **10** beeinträchtigt, besteht die Möglichkeit, eine Person des Vertrauens zu bestimmen, die der Wählerin bzw. dem Wähler bei der Stimmabgabe behilflich sein soll. Welche Art der Behinderung gegeben sein muss, wird nicht bestimmt. Eine Behinderung, die die eigenständige Stimmabgabe beeinträchtigt, ist zB das Fehlen der Hände, Bestehen einer Schreibbehinderung durch eine Erkrankung etc. (vgl. *DKK-Schneider/Homburg* Rn 1a; *Altvater/Bacher/Hörter/Peiseler/Sabottig/Schneider/Vohs* § 16 WO BPersVG Rn 9). Wählerinnen und Wähler, die des Lesens unkundig sind können ebenfalls eine Hilfsperson bei der Stimmabgabe bestimmen (*DKK-Schneider/Homburg* Rn 1a).

Liegen die Voraussetzungen für die Hinzuziehung einer Hilfsperson nicht vor, hat **11** der Wahlvorst. die Begleitung des Wähler durch eine Hilfsperson in die Wahlzelle zu untersagen.

Wahlbewerberinnen oder Wahlbewerber, Wahlhelferinnen und Wahlhelfer sowie **12** Mitglieder des Wahlvorst. dürfen nicht zur Hilfeleistung herangezogen werden. Im Übrigen hat der Wahlvorst. keinen Einfluss auf die Auswahl der Vertrauensperson. Die Hilfeleistung der Vertrauensperson hat sich auf die Erfüllung der Wünsche der Wählerin oder des Wählers zur Stimmabgabe zu beschränken (GK-*Kreutz/Oetker* Rn 6). Eine Wahlbeeinflussung ist unzulässig. Die Person des Vertrauens ist verpflichtet, die Kenntnisse, die sie bei der Hilfeleistung zur Stimmabgabe erlangt geheim zu halten.

Abschluss der Stimmabgabe ist der Zeitpunkt, an dem die für die Stimmab- **13** gabe im WA (§ 3 Abs. 2 Nr. 11) festgelegte Zeit abgelaufen ist. Erstreckt sich die Stimmabgabe über mehrere Tage, so ist sie am letzten Tag mit dem Ende der für die Stimmabgabe vorgesehenen Zeit abgeschlossen. Haben alle in der Wählerliste eingetragenen wahlberechtigten ArbN ihre Stimme abgegeben, so kann die Stimmabgabe schon vor dem festgelegten Ende der Stimmabgabe abgeschlossen werden. Mit der Auszählung der Stimmen muss allerdings wegen der vorgeschriebenen Öffentlichkeit der Stimmauszählung bis zu dem im WA festgesetzten Ende der Stimmabgabe gewartet werden (*DKK-Schneider/Homburg* Rn 10).

Die Wahlurne ist zu versiegeln, nachdem die Stimmabgabe völlig abgeschlossen ist, **14** es sei denn, die Stimmauszählung wird unmittelbar nach Beendigung der Wahl durchgeführt. Des Weiteren ist die Wahlurne bei jeder **Unterbrechung des Wahlganges** zu versiegeln. Denn nur dann ist sichergestellt, dass nicht unzulässigerweise weitere Stimmzettel in die Wahlurne geworfen werden (*GL* Rn 3; GK-*Kreutz/Oetker* Rn 7; *DKK-Schneider/Homburg* Rn 9; *Richardi/Thüsing* Rn 5). Dies ist immer dann der Fall, wenn die Stimmabgabe an mehreren Tagen erfolgt, aber auch, wenn zB die BRWahl in einem Einzelhandelsunternehmen mittels „**mobiler Wahl-Teams**" durchgeführt wird. Auch hier ist, wenn die Wahlurne zu den einzelnen Filialen transportiert wird, für eine hinreichende Versiegelung der Wahlurne zu sorgen (LAG Brandenburg NZA-RR 99, 418; LAG Baden-Württemberg NZA-RR 09, 373 ff).

15   Die Versiegelung erfolgt durch **Zusiegeln** des Einwurfschlitzes für die Wahlumschläge. Es dürfte genügen, wenn die Einwurföffnung zugeklebt und der Klebestreifen von den im Wahlraum anwesenden Mitgl. des Wahlvorst. und Wahlhelfern unterschrieben wird, so dass die Öffnung der Urne nicht ohne Beschädigung des Streifens freigemacht werden kann (*DKK-Schneider/Homburg* Rn 8; *Richardi/Thüsing* Rn 5). Vor Beseitigung der Versiegelung hat sich der Wahlvorst. davon zu überzeugen, dass der Verschluss unversehrt ist.

§ 13 Öffentliche Stimmauszählung

Unverzüglich[1] **nach Abschluss der Wahl**[2] **nimmt der Wahlvorstand**[3] **öffentlich**[4–6] **die Auszählung der Stimmen vor und gibt das aufgrund der Auszählung sich ergebende Wahlergebnis bekannt.**

1   Unverzüglich bedeutet ohne schuldhaftes Zögern. Die Auszählung muss sich nicht unbedingt an die Stimmabgabe anschließen. Sofern dies für die Mitgl. des Wahlvorst. und die Wahlhelfer nicht unzumutbar erscheint, sollte dies jedoch im Allgemeinen geschehen, um einen Verdacht zwischenzeitlicher Manipulationen überhaupt nicht aufkommen zu lassen. Im Allgemeinen wird die Auszählung der Stimmen jedoch spätestens an dem auf den Wahltag folgenden Arbeitstag zu erfolgen haben (*GL* Rn 1; GK-*Kreutz/Oetker* Rn 2; *DKK-Schneider/Homburg* Rn 1).

2   **Abschluss der Wahl** ist der im WA für die Beendigung der Stimmabgabe genannte Zeitpunkt. Im Hinblick darauf, dass die Stimmauszählung öffentlich erfolgt, wird der Wahlvorst. im Allgemeinen auch dann, wenn bereits vorher alle wahlberechtigten ArbN ihre Stimme abgegeben haben, mit der Stimmauszählung bis zu dem im WA genannten Zeitpunkt des Endes der Stimmabgabe warten müssen. Im vereinfachten Wahlverfahren ist die Wahl im Fall der nachträglichen schriftlichen Stimmabgabe erst mit Ablauf der dazu gesetzten Frist abgeschlossen (vgl. § 34 Abs. 2, § 35 Abs. 3).

3   Die **Stimmauszählung** erfolgt durch den **gesamten Wahlvorst.**, nicht etwa nur durch den Vors. oder einzelne Mitgl. des Wahlvorst. Wahlhelfer können bei der Auszählung behilflich sein. Beschlüsse des Wahlvorst. über die Gültigkeit oder Ungültigkeit von Stimmen sind nur von den stimmberechtigten Mitgl. des Wahlvorst. zu fassen.

4   Die **Stimmauszählung** erfolgt **öffentlich** (vgl. § 18 Abs. 3 BetrVG). Öffentlich ist hier iS der **Betriebsöffentlichkeit** zu verstehen, dh die ArbN des Betriebs sowie sonstige am Ausgang der Wahl Interessierte, (zB Vertr. der im Betrieb vertretenen Gewerkschaften) dürfen bei der Stimmauszählung anwesend sein (*DKK-Schneider/Homburg* Rn 4, 6; *Richardi/Thüsing* Rn 3; vgl. hierzu im Einzelnen § 18 BetrVG Rn 23; zum Teilnahmerecht der im Betrieb vertretenen Gewerkschaften: BAG 16. 4. 03 AP Nr. 21 zu § 20 BetrVG 1972). Nicht erforderlich ist, dass alle ArbN der Stimmauszählung beiwohnen können. Ist zB der vorhandene Raum zu klein, so kann weiteren Personen der Zutritt versagt werden (vgl. BAG 15. 11. 2000 AP Nr. 10 zu § 18 BetrVG 1972; LAG Hamm, DB 61, 1491; LAG Hamm, BB 78, 358; *DKK-Schneider/Homburg* Rn 5; *Richardi/Thüsing* Rn 3). Den Interessierten muss jedoch ein ungehinderter Zugang zum Auszählungsraum möglich sein, was nicht gewährleistet ist, wenn dieser Raum erst auf Klingelzeichen geöffnet wird oder Ort, Tag und Zeit der Stimmauszählung nur einem „eingeweihten Kreis" bekannt ist (LAG Berlin, DB 88, 504; BAG 15. 11. 2000 AP Nr. 10 zu § 18 BetrVG 1972).

Bereits die Öffnung der Wahlurnen, nicht erst die Auszählung der Stimmen, er- 5 folgt öffentlich (ArbG Bochum, DB 72, 1730; *GL* Rn 2; *Richardi/Thüsing* Rn 4). Auch die Fertigung der Wahlniederschrift nach § 17 gehört noch zur Stimmauszählung und hat öffentlich zu erfolgen (ArbG Bochum, DB 75, 1898; GK-*Kreutz* § 18 BetrVG Rn 32; *Richardi/Thüsing* Rn 4; aA *DKK-Schneider/Homburg* Rn 8; vgl. hierzu § 18 BetrVG Rn 21). Das Prinzip der öffentlichen Stimmauszählung ist nur gewahrt, wenn die anwesenden ArbN in der Lage sind, die Stimmauszählung zu verfolgen. Dazu gehört auch, dass die ArbN über Ort, Tag und Zeit der **öffentlichen Stimmauszählung** durch Bekanntmachung im Betrieb unterrichtet sind (vgl. BAG 15. 11. 2000 AP Nr. 10 zu § 18 BetrVG 1972).

Ein Verstoß gegen das Gebot der öffentlichen Stimmauszählung ist im Allgemei- 6 nen als ein erheblicher Verstoß gegen wesentliche Vorschriften des Wahlverfahrens anzusehen, der eine Anfechtung der Wahl rechtfertigen und uU sogar die Nichtigkeit der BRWahl zur Folge haben kann (vgl. ArbG Bochum, DB 72, 1730; *GL* Rn 3; *DKK-Schneider/Homburg* Rn 7; *Richardi/Thüsing* Rn 5; einschränkend in Bezug auf die Nichtigkeit der Wahl GK-*Kreutz/Oetker* Rn 4). Wird im Falle einer maschinell vorzunehmenden Stimmauszählung diese deshalb in die frühen Morgenstunden verlegt, weil anderenfalls die EDV-Anlage nicht zur Verfügung steht, so liegt darin kein Verstoß gegen das Gebot der öffentlichen Stimmauszählung (vgl. LAG Hamm, BB 78, 358; *DKK-Schneider/Homburg* Rn 3).

§ 14 Verfahren bei der Stimmauszählung

(1) **Nach Öffnung der Wahlurne[1] entnimmt der Wahlvorstand die Stimmzettel den Wahlumschlägen und zählt die auf jede Vorschlagsliste entfallenden Stimmen zusammen.[2] Dabei ist die Gültigkeit der Stimmzettel zu prüfen.[3]**

(2) **Befinden sich in einem Wahlumschlag mehrere gekennzeichnete Stimmzettel (§ 11 Abs. 3), so werden sie, wenn sie vollständig übereinstimmen, nur einfach gezählt, andernfalls als ungültig angesehen.[4]**

Die Wahlurne darf nur vom Wahlvorst. und nur in der nach § 13 vorgeschriebenen 1 **öffentlichen Sitzung** geöffnet werden (*Richardi/Thüsing* Rn 1; *DKK-Schneider/ Homburg* Rn 1).

Die Benutzung einer **Datenverarbeitungsanlage** bei der Auszählung der Stim- 2 men ist zulässig (ArbG Bremen, DB 72, 1830; LAG Hamm, BB 78, 358; *GL* Rn 1; GK-*Kreutz/Oetker* Rn 3; *DKK-Schneider/Homburg* Rn 4; *Richardi/Thüsing* Rn 3). Jedoch muss die Verantwortung des Wahlvorst. für eine ordnungsgemäße Stimmenauszählung gewährleistet bleiben. Er darf diese nicht an andere Personen, zB Datenerfassungskräfte delegieren, ohne eine Kontrolle dieser Personen und ihrer Tätigkeit sicherzustellen (vgl. LAG Berlin, DB 88, 504; *DKK-Schneider/Homburg* Rn 4).

Der Wahlvorst. hat – ggf. mit Unterstützung der Wahlhelfer (§ 1 Abs. 2 S. 2) – die 3 Wahlumschläge zu öffnen, die Stimmzettel zu entnehmen und ihre Gültigkeit zu prüfen (vgl. § 11 Abs. 4). Der Wahlvorst. ermittelt, welche Vorschlagsliste auf den einzelnen Stimmzetteln durch Ankreuzen an der hierfür vorgesehenen Stelle gewählt ist (§ 11 Abs. 3), und stellt durch Zusammenzählen die auf jede Vorschlagsliste entfallenden Stimmen fest. Ist die Rechtmäßigkeit einer Stimmabgabe zweifelhaft, so entscheidet über ihre **Gültigkeit** oder **Ungültigkeit** der Wahlvorst. **durch Beschluss** seiner stimmberechtigten Mitgl. Der Beschluss ist im Rahmen der öffentlichen Stimmauszählung zu fassen (*Richardi/Thüsing* Rn 2). Ungültige Stimmzettel sollte der Wahlvorst. zweckmäßigerweise fortlaufend nummerieren und gesondert von den übrigen Stimmzetteln aufbewahren.

Die in einem Wahlumschlag einliegenden **mehreren Stimmzettel** sind als eine 4 Stimme anzuerkennen, wenn sie übereinstimmend dieselbe Vorschlagsliste kennzeichnen. Ebenso ist der Fall zu behandeln, wenn in einem Wahlumschlag mehrere

Stimmzettel eingelegt sind, aber nur einer nach § 11 Abs. 3 gekennzeichnet ist. Befinden sich dagegen in einem Wahlumschlag mehrere verschieden gekennzeichnete Stimmzettel, so sind sie sämtlich ungültig (*DKK-Schneider/Homburg* Rn 6; GK-*Kreutz/Oetker* Rn 5).

§ 15 Verteilung der Betriebsratssitze auf die Vorschlagslisten[1]

(1) Die Betriebsratssitze werden auf die Vorschlagslisten verteilt. Dazu werden die den einzelnen Vorschlagslisten zugefallenen Stimmenzahlen in einer Reihe nebeneinander gestellt und sämtlich durch 1, 2, 3, 4 usw. geteilt. Die ermittelten Teilzahlen sind nacheinander reihenweise unter den Zahlen der ersten Reihe aufzuführen, bis höhere Teilzahlen, für die Zuweisung der zu verteilenden Sitze nicht mehr in Betracht kommen.

(2) Unter den so gefundenen Teilzahlen werden so viele Höchstzahlen ausgesondert und der Größe nach geordnet, wie Betriebsratsmitglieder zu wählen sind. Jede Vorschlagsliste erhält so viele Mitgliedersitze zugeteilt, wie Höchstzahlen auf sie entfallen.[2] Entfällt die niedrigste in Betracht kommende Höchstzahl auf mehrere Vorschlagslisten zugleich, so entscheidet das Los darüber, welcher Vorschlagsliste dieser Sitz zufällt.

(3) Wenn eine Vorschlagsliste weniger Bewerberinnen oder Bewerber enthält, als Höchstzahlen auf sie entfallen, so gehen die überschüssigen Mitgliedersitze auf die folgenden Höchstzahlen der anderen Vorschlagslisten über.[3]

(4) Die Reihenfolge der Bewerberinnen oder Bewerber innerhalb der einzelnen Vorschlagslisten bestimmt sich nach der Reihenfolge ihrer Benennung.[4, 5]

(5) Befindet sich unter den auf die Vorschlagslisten entfallenden Höchstzahlen nicht die erforderliche Mindestzahl von Angehörigen des Geschlechts in der Minderheit nach § 15 Abs. 2 des Gesetzes, so gilt Folgendes[6]:
1. An die Stelle der auf der Vorschlagsliste mit der niedrigsten Höchstzahl benannten Person, die nicht dem Geschlecht in der Minderheit angehört, tritt die in derselben Vorschlagsliste in der Reihenfolge nach ihre benannte, nicht berücksichtigte Person des Geschlechts in der Minderheit.
2. Enthält diese Vorschlagsliste keine Person des Geschlechts in der Minderheit, so geht dieser Sitz auf die Vorschlagsliste mit der folgenden, noch nicht berücksichtigten Höchstzahl und mit Angehörigen des Geschlechts in der Minderheit über. Entfällt die folgende Höchstzahl auf mehrere Vorschlagslisten zugleich, so entscheidet das Los darüber, welcher Vorschlagsliste dieser Sitz zufällt.
3. Das Verfahren nach den Nummern 1 und 2 ist so lange fortzusetzen, bis der Mindestanteil der Sitze des Geschlechts in der Minderheit nach § 15 Abs. 2 des Gesetzes erreicht ist.
4. Bei der Verteilung der Sitze des Geschlechts in der Minderheit sind auf den einzelnen Vorschlagslisten nur die Angehörigen dieses Geschlechts in der Reihenfolge ihrer Benennung zu berücksichtigen.
5. Verfügt keine andere Vorschlagsliste über Angehörige des Geschlechts in der Minderheit, verbleibt der Sitz bei der Vorschlagsliste, die zuletzt ihren Sitz zu Gunsten des Geschlechts in der Minderheit nach Nummer 1 hätte abgeben müssen.[7, 8]

1   Die Vorschrift regelt die Verteilung der BR.Sitze auf die Vorschlagslisten (Abs. 1 bis 4) und das Verfahren zur Sicherstellung der Mindestsitze des Geschlechts in der Minderheit nach § 15 Abs. 2 BetrVG (Abs. 5).

2   Die Berechnung der den einzelnen Vorschlagslisten zufallenden BR.Sitze erfolgt nach dem **d'Hondtschen Höchstzahlensystem** (vgl. hierzu ausführlich § 14 BetrVG Rn 24 ff. und § 15 BetrVG Rn 21 ff.).

Beispiel:

Der BR besteht aus 15 Mitgl. Davon müssen nach der Berechnung nach § 5 mindestens 6 dem Geschlecht in der Minderheit angehören. Es wurden insgesamt 1449 gültige Stimmen abgegeben.

Es standen drei Vorschlagslisten zur Wahl, davon erhielt

Liste 1 .... 982 Stimmen,
Liste 2 .... 311 Stimmen,
Liste 3 .... 156 Stimmen.

Liste 1	: 982	Liste 2	: 311	Liste 3	: 156
Mann	: 1 = 982 ×	Frau	: 1 = 311 ×	Frau	: 1 = 156 ×
Mann	: 2 = 491 ×	Mann	: 2 = 155,5 ×	Frau	: 2 = 78
Mann	: 3 = 327,3 ×	Frau	: 3 = 103,6 ×	Frau	: 3 = 52
Mann	: 4 = 245,5 ×	Mann	: 4 = 77,7		
Frau	: 5 = 196,4 ×				
Mann	: 6 = 163,6 ×				
Frau	: 7 = 140,28 ×				
Mann	: 8 = 122,7 ×				
Mann	: 9 = 109,1 ×				
Frau	: 10 = 98,2 ×				
Mann	: 11 = 89,2 ×				

Die Liste 1 erhält 11 Sitze, die Liste 2 erhält 3 Sitze, auf die Liste 3 entfällt 1 Sitz.

Abs. 3 regelt den Fall, dass eine Vorschlagsliste weniger Bewerber hat, als Höchst- **3** zahlen auf sie entfallen und die insoweit überschüssigen Sitze von dieser Liste auf andere Listen mit den nächstfolgenden Höchstzahlen übergehen. Wenn also im Beispiel der Rn 2 die Liste 1 zwar nach den auf sie entfallenden Höchstzahlen 11 Sitze erhalten hätte, aber in ihr nur 10 Person benannt worden waren, so konnte die 11. auf sie entfallene Höchstzahl (89,2) von ihr nicht bedient werden. Gem. Abs. 3 ginge dieser Sitz dann auf eine andere Vorschlagsliste mit der nächstfolgenden Höchstzahl über. Dies ist im Beispiel Rn 2 die Höchstzahl 78 auf der Liste 3. Damit bekäme in diesem Fall die Liste 3 einen weiteren Sitz zugewiesen. Endergebnis: Die Liste 1 erhält 10 Sitze, die Liste 2 drei Sitze und die Liste 3 zwei Sitze.

Aus den einzelnen berücksichtigten Listen sind grundsätzlich die Bewerberinnen **4** und Bewerber in der Reihenfolge gewählt, in der sie in der Liste aufgeführt sind (Abs. 4). Im Beispielsfall (Rn 2) sind von der Liste 1 die Ersten elf Bewerberinnen und Bewerber, aus Liste 2 die Ersten drei und aus Liste 3 die erste Bewerberin gewählt. Damit besteht der BR aus 9 Männern und 6 Frauen. Die Mindestsitzzahl für das Geschlecht in der Minderheit ist erfüllt. Weitere Beispiele siehe zu § 15 BetrVG Rn 22 ff.

Die nicht gewählten Bewerber der jeweiligen Liste kommen als **ErsMitgl.** in Be- **5** tracht (vgl. § 25 BetrVG Rn 26 ff.).

Befindet sich unter den auf die Listen entfallenden Höchstzahlen **nicht** die erfor- **6** derliche **Mindestsitzzahl von Angehörigen des Geschlechts in der Minderheit** nach § 15 Abs. 2 BetrVG, enthält Abs. 5 die notwendigen **Auffangregelungen,** um die gesetzliche Vorgabe des § 15 Abs. 2 BetrVG zu erfüllen.

In einem **ersten Schritt** hat der Wahlvorst. die Person mit der niedrigsten **7** Höchstzahl zu ermitteln, die nicht dem Geschlecht in der Minderheit angehört. An deren Stelle tritt die Person des Geschlechts in der Minderheit, die nach ihr auf derselben Vorschlagsliste benannt ist (Nr. 1). Enthält diese Vorschlagsliste keine Person, die dem Geschlecht in der Minderheit angehört, hat der Wahlvorst. in einem **zweiten Schritt** zu ermitteln, auf welche Vorschlagsliste dieser Sitz nach Nr. 2 mit der nächstfolgenden, noch nicht berücksichtigten Höchstzahl und mit Bewerbern des Geschlechts in der Minderheit übergeht. Dieses **Verfahren** ist solange **fortzuführen,** bis der gesetzliche Mindestanteil an BR Sitzen für das Geschlecht in der Minderheit erreicht ist (Nr. 3). Vgl. ausführlich dazu mit Beispielsfällen § 15 BetrVG Rn 24 ff.; zur Verfassungsmäßigkeit des § 15 Abs. 5 s. BAG 16. 3. 05 AP Nr. 16 zu § 15

BetrVG 1972; LAG Niedersachsen 10. 3. 11 AiB 547. Ist bei der Ermittlung des Wahlergebnisses lediglich die Verteilung der Sitze auf die Vorschlagslisten fehlerhaft vorgenommen worden, berechtigt dies zur Teilanfechtung (BAG 16. 3. 05 aaO; s. auch § 19 BetrVG Rn 27; LAG Niedersachsen 10. 3. 11 AiB 547).

8   Entsprechend der Vorgabe des § 126 Nr. 5a BetrVG regelt Abs. 5 Nr. 5 den Fall, dass **mangels ausreichender Kandidatur von Angehörigen des Geschlechts in der Minderheit** die für dieses Geschlecht gesetzlich vorgesehene Mindestzahl an BRSitzen nicht besetzt werden kann. In diesem Fall verbleiben die Sitze bei den jeweiligen Vorschlagslisten mit Angehörigen des anderen Geschlechts. Damit wird sichergestellt, dass die in § 9 BetrVG vorgegebene BRGröße des BR beibehalten wird (vgl. § 15 BetrVG Rn 28).

Beispiel:

In dem Beispielsfall Rn 2 stehen der Liste 1 11 Sitze, der Liste 2 3 Sitze und der Liste 3 1 Sitz zu. Dem BR müssen mindestens 6 Frauen (hier das Geschlecht in der Minderheit) zustehen. Die Listen sind mit folgenden Bewerberinnen und Bewerber eingereicht worden:

Liste 1	Liste 2	Liste 3
Mann A	Mann M	Frau R
Mann B	Mann N	Frau S
Mann C	Frau O	Mann T
Mann D	Mann P	
Mann E	Mann Q	
Frau F		
Mann G		
Mann H		
Frau I		
Mann J		
Mann K		
Mann L		

Da sich die Reihenfolge der Bewerberinnen und Bewerber innerhalb der einzelnen Listen grundsätzlich nach der Reihenfolge ihrer Benennung richtet (Abs. 4), wären danach als Vertreter in den BR folgende Personen gewählt: Aus Liste 1 Herr A, Herr B, Herr C, Herr D, Herr E, Frau F, Herr G, Herr H, Frau I, Herr J und Herr K, aus Liste 2: Herr M, Herr N und Frau O sowie aus der Liste 3 Frau R. Danach bestünde der BR aus 11 Männern und 4 Frauen. Den Frauen stehen jedoch mindestens sechs BRSitze zu. Nach Abs. 5 hat der Wahlvorst. nunmehr zu ermitteln, welche weiteren Frauen anstelle von Männern in den BR gewählt sind. Es fehlen noch zwei Sitze für das Geschlecht in der Minderheit.

Nach Nr. 1 ist die niedrigste Höchstzahl die 89,2 auf der Liste 1 (s. Rn 2), an deren Rangfolge Herr K benannt ist. An dessen Stelle tritt eine nicht gewählte Person des Geschlechts in der Minderheit, die in derselben Vorschlagsliste nach ihm benannt ist. Da die Liste 1 jedoch über keine weitere Frau verfügt, hat der Wahlvorst. im zweiten Schritt die Vorschlagsliste mit der nächstfolgenden, noch nicht berücksichtigten Höchstzahl und Bewerbern des Geschlechts in der Minderheit zu ermitteln (Nr. 2). Die nächstfolgende, noch nicht berücksichtigte Höchstzahl ist die 78 auf Liste 3. Liste 3 verfügt auch über Bewerber des Geschlechts in der Minderheit, so dass der Sitz des Herrn K von Liste 1 auf Liste 3 an Frau S übergeht.

Jetzt fehlt nur noch ein Mindestsitz für das Geschlecht in der Minderheit. Gem. Nr. 3 ist das Verfahren nach Nr. 1 und 2 fortzusetzen, dh der Wahlvorst. hat die nächst niedrige verteilte Höchstzahl mit einem Bewerber des anderen Geschlechts zu ermitteln. Die nächst niedrige verteilte Höchstzahl ist die 98,2 auf der Liste 1, an deren Rangfolge Herr J benannt ist. Da die Liste 1 über keine weiteren Frauen verfügt, hat der Wahlvorst. eine andere Vorschlagsliste mit der nächstfolgenden, noch nicht berücksichtigten Höchstzahl und Bewerbern des Geschlechts in der Minderheit zu ermitteln (Nr. 2). Die nächstfolgende, noch nicht berücksichtigte Höchstzahl ist die 77,7 auf der Liste 2 (die Höchstzahl 78 ist bereits vergeben worden). Die Liste 2 verfügt jedoch ebenfalls über keine weiteren Bewerberinnen des Geschlechts in der Minderheit. Der Sitz geht nicht auf die Liste 2 über. Auch die Liste 3 verfügt über keine weiteren Bewerberinnen, so dass insgesamt keine Vorschlagsliste mehr über Angehörige des Geschlechts in der Minderheit verfügt. Gemäß Abs. 5 Nr. 5 verbleibt damit der zuletzt zu Gunsten des Geschlechts in der Minderheit zu verteilende BRSitz (hier der Sitz auf der Höchstzahl 98,2) auf der Liste 1. Herr J behält seinen Sitz.

Ergebnis: In den BR gewählt sind danach: Aus der Liste 1: Herr A, Herr B, Herr C, Herr D, Herr E, Frau F, Herr G, Herr H, Frau I und Herr J, aus der Liste 2: Herr M, Herr N und Frau O sowie aus der Liste 3 Frau R und Frau S. Der BR setzt sich damit aus 10 Männern und 5 Frauen zusammen.

Lehnt eine Bewerberin oder ein Bewerber die Wahl **ab,** so richtet sich die Er- 9 mittlung des an deren Stelle Gewählten nach § 17 Abs. 2 (siehe dort Rn 5 und § 15 BetrVG Rn 29).

§ 16 Wahlniederschrift

(1) **Nachdem ermittelt ist, welche Arbeitnehmerinnen und Arbeitnehmer als Betriebsratsmitglieder gewählt sind,**[3] **hat der Wahlvorstand in einer Niederschrift festzustellen:**[1, 2]

1. **die Gesamtzahl der abgegebenen Wahlumschläge**[3] **und die Zahl der abgegebenen gültigen Stimmen;**
2. **die jeder Liste zugefallenen Stimmenzahlen;**
3. **die berechneten Höchstzahlen;**[4]
4. **die Verteilung der berechneten Höchstzahlen auf die Listen;**
5. **die Zahl der ungültigen Stimmen;**[3]
6. **die Namen der in den Betriebsrat gewählten Bewerberinnen und Bewerber;**[5]
7. **gegebenenfalls besondere während der Betriebsratswahl eingetretene Zwischenfälle oder sonstige Ereignisse.**[6]

(2) **Die Niederschrift ist von der oder dem Vorsitzenden und von mindestens einem weiteren stimmberechtigten Mitglied des Wahlvorstands zu unterschreiben.**[7]

Die Niederschrift wird durch **Beschluss** der stimmberechtigten Mitgl. des Wahl- 1 vorst. festgelegt. Sie muss mindestens die unter Nr. 1 bis 7 genannten Angaben enthalten. Sie ist ein wichtiges Beweismittel, das die Nachprüfung des Wahlergebnisses (ggf. in einem Anfechtungsverfahren nach § 19 BetrVG) erleichtern soll. Ihre Erstellung erfolgt in der öffentlichen Sitzung nach § 13 (GK-*Kreutz/Oetker* Rn 1; *Richardi/ Thüsing* Rn 1; **aA** *DKK-Schneider/Homburg* Rn 2). Sie ist zu den Akten zu nehmen und bildet einen wesentlichen Bestandteil der Wahlakten. Eine Abschrift der Wahlniederschrift ist dem ArbGeb. und den im Betrieb vertretenen Gewerkschaften zu übersenden (vgl. § 18 Abs. 3 BetrVG).

Die **Unterlassung der Niederschrift** ist mit keinen Sanktionen bedroht. Irgend- 2 welche Rechtsnachteile sind daher an ihr Fehlen nicht geknüpft. Fehlerhafte Angaben der Niederschrift ziehen keine rechtlichen Folgen nach sich. Insbesondere ist die Niederschrift nicht Wirksamkeitsvoraussetzung für die Feststellung des Wahlergebnisses (*DKK-Schneider/Homburg* Rn 1; *GL* Rn 1; GK-*Kreutz/Oetker* Rn 5f.; *Richardi/Thüsing* Rn 2). Die Niederschrift kann bei Unrichtigkeiten nachträglich **berichtigt** werden, da sich das materielle Wahlergebnis allein nach den tatsächlich abgegebenen gültigen Stimmen, der richtigen Berechnung der Höchstzahlen und der richtigen Zuweisung der auf die einzelnen Listen entfallenden BRSitze entsprechend den Höchstzahlen bestimmt (*DKK-Schneider/Homburg* Rn 7; GK-*Kreutz/Oetker* Rn 5). Die Frist für die Anfechtung der Wahl beginnt erst mit der Bekanntgabe des Wahlergebnisses nach § 18.

Die Zahl der abgegebenen Wahlumschläge ist zugleich die Zahl der abgegebenen 3 Stimmen. Da gemäß Nr. 1 auch die Zahl der gültigen Stimmen anzugeben ist, ergibt der Unterschiedsbetrag der beiden Zahlen die Zahl der vom Wahlvorst. für ungültig erklärten Stimmen (vgl. Nr. 5 sowie § 11 Abs. 4).

4   In die Niederschrift ist die **vollständige Ausrechnung der Höchstzahlen,** die auf die Vorschlagslisten entfallen, aufzunehmen. Näheres hierzu vgl. in den Erläuterungen zu § 15.

5   Mit der Feststellung, dass ein Wahlbewerber in den BR gewählt worden ist, unterliegt er den besonderen Schutzbestimmungen für betriebsverfassungsrechtliche Funktionsträger (zB Kündigungsschutz); es kommt nicht auf den Beginn der Amtszeit des BR oder der JugAzubiVertr. an (vgl. BAG 22. 9. 83, AP Nr. 11 zu § 78 a BetrVG 1972; *DKK-Schneider/Homburg* Rn 8).

6   Besondere Ereignisse oder Zwischenfälle sind zB die vorzeitige Schließung des Wahlraums, weil sämtliche wahlberechtigten ArbN gewählt haben, Proteste von ArbN, die nicht in der Wählerliste eingetragen waren und deshalb zur Stimmabgabe nicht zugelassen worden sind, etwaige Unterbrechung der Wahlhandlung und die Gründe hierfür (*DKK-Schneider/Homburg* Rn 5; **aA** GK-*Kreutz/Oetker* Rn 4, der dies nur auf Ereignisse während der öffentlichen Stimmauszählung beschränkt wissen will); auch die verspätet eingegangenen Wahlbriefe sollten vermerkt werden.

7   Die Unterzeichnung der Niederschrift nur durch die oder den Vors. oder die Mitunterzeichnung durch ein nicht stimmberechtigtes Mitgl. des Wahlvorst. oder einen Wahlhelfer ist unzureichend. Es liegt keine ordnungsgemäße Niederschrift vor (vgl. auch § 3 Rn 5).

§ 17 Benachrichtigung der Gewählten

(1) Der Wahlvorstand hat die als Betriebsratsmitglieder gewählten Arbeitnehmerinnen und Arbeitnehmer[1] unverzüglich schriftlich von ihrer Wahl zu benachrichtigen.[2] Erklärt die gewählte Person nicht binnen drei Arbeitstagen nach Zugang der Benachrichtigung dem Wahlvorstand, dass sie die Wahl ablehne, so gilt die Wahl als angenommen.[3, 4]

(2) Lehnt eine gewählte Person die Wahl ab, so tritt an ihre Stelle die in derselben Vorschlagsliste in der Reihenfolge nach ihr benannte, nicht gewählte Person.[5, 6] Gehört die gewählte Person dem Geschlecht in der Minderheit an, so tritt an ihre Stelle die in derselben Vorschlagsliste in der Reihenfolge nach ihre benannte, nicht gewählte Person desselben Geschlechts, wenn ansonsten das Geschlecht in der Minderheit nicht die ihm nach § 15 Abs. 2 des Gesetzes zustehenden Mindestsitze erhält. § 15 Abs. 5 Nr. 2 bis 5 gilt entsprechend.

1   Zu benachrichtigen sind die ArbN, die der Wahlvorst. nach § 15 als gewählt ermittelt und deren Namen er in der Niederschrift aufgeführt hat (vgl. § 16 Abs. 1 Nr. 6). Eine Benachrichtigung der in Frage kommenden ErsMitgl. (§ 15 Rn 5) ist nicht vorgeschrieben, aber zweckmäßig.

2   Es genügt die **einfache schriftliche Mitteilung** an den ArbN, dass er als BR-Mitgl. gewählt ist (*DKK-Schneider/Homburg* Rn 1). Die Unterrichtung, die unverzüglich, dh ohne schuldhaftes Zögern nach den Feststellungen gemäß § 16 zu erfolgen hat, hat **keine materiellrechtliche** (konstitutive) **Bedeutung** (*DKK-Schneider/Homburg* Rn 1; GK-*Kreutz/Oetker* Rn 1; *Richardi/Thüsing* Rn 1). Es dürfte sich empfehlen sich darauf hinzuweisen, dass der Gewählte seine Wahl nur binnen drei Arbeitstagen ablehnen kann.

3   Es besteht **keine Pflicht zur Annahme der Wahl.** Die Erklärung des Gewählten an den Wahlvorst., dass er die Wahl ablehne, braucht nicht notwendig schriftlich zu erfolgen. Sie muss jedoch **eindeutig** sein. Die Erklärung kann rechtsverbindlich erst nach Zugang der Benachrichtigung des Wahlvorst. über die Wahl abgegeben werden (vgl. den Wortlaut von Abs. 1 S. 2).

4   Die Frist beträgt **drei Arbeitstage** und läuft vom Tage nach Zugang der Benachrichtigung an. Zum Begriff des Arbeitstags vgl. § 41 Rn 2. Erhält zB der ArbN die Mitteilung am Donnerstag vor Pfingsten, so kann er bei der Fünf-Tage-Woche wegen des Pfingstmontags bis einschließlich Mittwoch nach Pfingsten dem Wahlvorst. erklären, dass er die Wahl ablehnt. Ist bis zum Ablauf der Frist eine Erklärung nicht beim Wahlvorst. eingegangen, so **gilt die Wahl als angenommen.** Der Gewählte ist iSd. § 18 endgültig gewählt. Nach Ablauf der Erklärungsfrist kann er das Amt nur noch nach § 24 Abs. 1 Nr. 2 BetrVG niederlegen. Dies gilt auch dann, wenn die Amtszeit des BR noch nicht begonnen haben sollte (*Richardi / Thüsing* Rn 3). Die Amtsniederlegung ist nicht dem Wahlvorst., sondern dem BR gegenüber zu erklären (*DKK-Schneider/Homburg* Rn 3; *GL* Rn 1; *GK-Kreutz / Oetker* Rn 6).

Lehnt eine gewählte Person die Wahl ab, so wird sie so behandelt, als sei sie 5 nicht auf der Vorschlagsliste aufgeführt gewesen. An ihre Stelle tritt die in derselben Vorschlagsliste nach ihr benannte, nicht gewählte Person. Etwas anderes gilt nur dann, wenn die Ablehnung der Wahl durch eine gewählte Person, dazu führt, dass die dem Geschlecht in der Minderheit zustehende Anzahl von Mindestsitzen nach § 15 Abs. 2 BetrVG nicht mehr erfüllt ist. In diesem Fall tritt an die Stelle der die Wahl ablehnenden Person derjenige Wahlbewerber, der dem Geschlecht in der Minderheit angehört und in derselben Vorschlagsliste in der Reihenfolge nach der die Wahl ablehnenden Person steht. Findet sich auf dieser Vorschlagsliste kein Angehöriger mehr des Geschlechts in der Minderheit, so geht dieser Sitz entsprechend den Regeln des § 15 Abs. 5 Nr. 2 bis 5 auf die nächste Vorschlagsliste mit der nächsten, noch nicht berücksichtigten Höchstzahl und Angehörigen des Geschlechts in der Minderheit über. Erst wenn keine Vorschlagsliste mehr über Angehörige des Geschlechts in der Minderheit verfügt, verbleibt der Sitz auf der Vorschlagsliste und geht an einen Angehörigen des anderen Geschlechts über, der in derselben Vorschlagsliste in der Reihenfolge nach der die Wahl ablehnenden Person benannt ist. Führt im umgekehrten Fall die Ablehnung der Wahl dazu, dass ein zunächst notwendig gewordener Listensprung nicht mehr erforderlich ist, weil durch den nachrückenden Kandidaten die Mindestsitzzahl für das Geschlecht in der Minderheit auch ohne den vorherigen Listensprung erreicht wird, ist das Wahlergebnis durch den Wahlvorst. entsprechend zu korrigieren, d. h. der dazu zuletzt als erforderlich durchgeführte Listensprung ist rückgängig zu machen (s. dazu auch § 19 BetrVG Rn 27 und 18 WO Rn 1). Zur Möglichkeit der Teilanfechtung und Korrektur des Wahlergebnisses in diesem Fall s. LAG Niedersachsen 3. 3. 11 – 5 TaBV 96/10 – NZA 11, 465).

Die an die Stelle des ablehnenden gewählten Bewerbers tretende Person nimmt 6 kraft Gesetzes die rechtliche Stellung des ablehnenden Bewerbers ein, die dieser innehatte, bevor er die Wahl nach Abs. 1 ablehnte. Sie ist gewählt, wie wenn sie von Anfang an gewählt worden wäre. Das Eintreten des neuen Wahlbewerbers anstelle des ablehnenden ist in einer **Niederschrift nach § 16,** ggf. durch Ergänzung der ursprünglichen Niederschrift, festzustellen (*DKK-Schneider/Homburg* Rn 4; *GK-Kreutz / Oetker* Rn 5; *Richardi / Thüsing* Rn 5). Ebenfalls in die Niederschrift aufzunehmen ist der Fall des rückgängig gemachten Listensprungs s. Rn 5 a.E. Der anstelle des ablehnenden **neu eintretende Bewerber** ist hierüber nach § 17 zu unterrichten. Auch ihm steht eine Erklärungsfrist von 3 Arbeitstagen zur Verfügung (*DKK-Schneider/Homburg* Rn 5; *GK-Kreutz/Oetker* Rn 5). Gleiches gilt für den gewählten Kandidaten, der zunächst aufgrund des als erforderlich erachteten Listensprungs nicht nach § 17 benachrichtigt worden ist.

§ 18 Bekanntmachung der Gewählten

Sobald die Namen der Betriebsratsmitglieder endgültig feststehen,[1] hat der Wahlvorstand sie durch zweiwöchigen Aushang in gleicher Weise bekannt zu machen wie das Wahlausschreiben (§ 3 Abs. 4).[2, 3] Je eine Abschrift der Wahlniederschrift (§ 16) ist dem Arbeitgeber und den im Betrieb vertretenen Gewerkschaften unverzüglich zu übersenden.[4]

1   Die Namen der BRMitgl. stehen nach §§ 16 und 17 endgültig fest, sobald die Gewählten die Wahl ausdrücklich angenommen haben oder die Erklärungsfrist abgelaufen ist, ohne dass die gewählten ArbN nach § 17 Abs. 1 Satz 2 erklärt haben, dass sie die Wahl ablehnen, bzw. sobald der Wahlvorst. nach Ablauf der Erklärungsfrist festgestellt hat, wer von den zunächst gewählten ArbN die Wahl abgelehnt hat und wer nach § 17 Abs. 2 endgültig an ihre Stelle getreten ist. Das gleiche gilt, wenn die Ablehnung der Wahl durch einen Kandidaten auch zur Folge hat, dass ein zunächst notwendiger Listensprung nicht mehr erforderlich ist und rückgängig gemacht werden muss (s. dazu § 17 Rn 5).

2   Der Wahlvorst. hat diese Namen durch einen **zweiwöchigen Aushang** an den gleichen Stellen, an denen das WA ausgehängt war, bekannt zu machen. Auch diese Bekanntmachung ist von der bzw. dem Vors. und einem weiteren stimmberechtigten Mitgl. des Wahlvorst. zu unterzeichnen und in gut lesbarem Zustand zu halten (§ 3 Abs. 1 und 4). Ob der Wahlvorst. neben der zwingend vorgeschriebenen Bekanntmachung der gewählten BRMitgl. auch eine Abschrift der Wahlniederschrift aushängt, steht in seinem Ermessen (*DKK-Schneider/Homburg* Rn 4; *GK-Kreutz/Oetker* Rn 2).

3   Die Bekanntmachung der Namen der endgültig gewählten BRMitgl. setzt die **Frist für die Anfechtung der BRWahl** (§ 19 BetrVG) in Lauf. Erfolgt der Aushang an mehreren Stellen an verschiedenen Tagen, so ist für den Beginn der Anfechtungsfrist der letzte Aushang maßgebend. Der Tag des Aushangs zählt bei der Fristberechnung nicht mit (vgl. § 19 BetrVG Rn 34). Zum Ablauf der Anfechtungsfrist, wenn das endgültig bekannt gemachte Wahlergebnis vom Wahlvorst. korrigiert wird s. § 19 BetrVG Rn 35.

4   Vgl. hierzu § 18 BetrVG Rn 27.

§ 19 Aufbewahrung der Wahlakten

Der Betriebsrat hat die Wahlakten[1, 2] mindestens bis zur Beendigung seiner Amtszeit aufzubewahren.[3]

1   Wahlakten sind die **gesamten Wahlunterlagen** im weitesten Sinne einschließlich der Stimmzettel. Dazu gehören ua. die Sitzungsniederschriften, der Schriftwechsel des Wahlvorst., die Stimmzettel, die Niederschrift über das Wahlergebnis nach § 16, die abgenommenen Aushänge, das Wahlausschreiben (§ 3 Abs. 3), die Bekanntmachungen nach §§ 9, 10, auch Berechnungszettel und dergleichen. Zur Aufbewahrung verspätet eingehender Wahlbriefe vgl. § 26 Abs. 2.

2   Die Wahlakten können sowohl für die Anfechtung der BRWahl nach § 19 BetrVG als auch bei behaupteter Nichtigkeit der Wahl (§ 19 BetrVG Rn 4 ff.) von Bedeutung sein. Deshalb besteht auch ein **Einsichtsrecht** für ArbN, ArbG und jede im Betrieb vertretene Gewerkschaft (BAG 27. 7. 05 AP Nr. 1 zu § 19 WahlO BetrVG 1972; *GK-Kreutz/Oetker* Rn 3; *Richardi/Thüsing* Rn 2). Das Einsichtsrecht gilt nicht uneingeschränkt für alle Bestandteile der Wahlakten. Können aus Bestandteilen der Wahlakten Rückschlüsse auf das Wahlverhalten einzelner ArbN gezogen werden (zB die mit Stimmabgabevermerke versehene Wählerliste), ist eine Einsichtnahme nur dann zulässig, wenn dargelegt werden kann, dass dies zur Prüfung der Ordnungsgemäßheit der Wahl erforderlich ist (BAG aaO).

3   Der Wahlvorst. hat die entstandenen Wahlakten dem Vors. des BR, sobald sich dieser konstituiert hat, zum Zwecke der Aufbewahrung auszuhändigen (*GK-Kreutz/Oetker* Rn 1; *Richardi/Thüsing* Rn 1). Die Amtszeit des BR und damit die Aufbewahrungsdauer für die Akten ergibt sich aus §§ 21 und 22 BetrVG. Gehen nach Übergabe der Wahlakten an den BR noch **Wahlbriefe** von Briefwählern ein, sind diese dem BR unmittelbar zuzuleiten. Dieser hat sie einen Monat nach Bekanntgabe des Wahlergebnisses ungeöffnet zu vernichten, es sei denn, die Wahl ist angefochten worden (vgl. § 26 Abs. 2).

Dritter Unterabschnitt. Wahlverfahren bei nur einer Vorschlagsliste
(§ 14 Abs. 2 Satz 2 erster Halbsatz des Gesetzes)

§ 20 Stimmabgabe

(1) Ist nur eine gültige Vorschlagsliste eingereicht,[1] so kann die Wählerin oder der Wähler ihre oder seine Stimme nur für solche Bewerberinnen oder Bewerber abgeben, die in der Vorschlagsliste aufgeführt sind.[2]

(2) Auf den Stimmzetteln sind die Bewerberinnen oder Bewerber unter Angabe von Familienname, Vorname und Art der Beschäftigung im Betrieb in der Reihenfolge aufzuführen, in der sie auf der Vorschlagsliste benannt sind.[3]

(3) Die Wählerin oder der Wähler kennzeichnet die von ihr oder ihm gewählten Bewerberinnen oder Bewerber durch Ankreuzen an der hierfür im Stimmzettel vorgesehenen Stelle; es dürfen nicht mehr Bewerberinnen oder Bewerber angekreuzt werden, als Betriebsratsmitglieder[4] zu wählen sind.[5] § 11 Abs. 1 Satz 2,[3] Abs. 2 Satz 2 und 3,[6] Abs. 4,[7] §§ 12 und 13[8,9] gelten entsprechend.

Bei Vorliegen nur einer gültigen Vorschlagsliste werden die in dieser Liste aufgeführten Bewerber nach den **Grundsätzen der Mehrheitswahl** gewählt (vgl. im Einzelnen § 14 BetrVG Rn 29 ff.). **1**

Gewählt wird hier nicht wie bei der Listenwahl (bei mehreren gültigen Vorschlagslisten) die Liste (vgl. § 11 Abs. 1), sondern Bewerber, die auf der einen gültigen Vorschlagsliste aufgeführt sind **(Personenwahl)**. Die Wählerin bzw. der Wähler kann auswählen, welchen der auf der Liste stehenden Bewerberinnen oder Bewerber sie bzw. er die Stimme geben will. Für andere Personen, die nicht auf der Vorschlagsliste aufgeführt sind, kann die Wählerin bzw. der Wähler die Stimme nicht abgeben (*DKK-Schneider/Homburg* Rn 3). **2**

Die Mehrheitswahl der auf der Einzigen gültigen Vorschlagsliste aufgeführten Bewerberinnen oder Bewerber geschieht durch Abgabe von Stimmzetteln in den hierfür bestimmten Umschlägen (Wahlumschlägen; vgl. Abs. 3 Satz 2 iVm. § 11 Abs. 1 Satz 2). Auf dem Stimmzettel erscheinen die Namen sämtlicher auf der Vorschlagsliste angeführten Bewerberinnen oder Bewerber mit Familiennamen, Vornamen und Berufsbezeichnungen; sie sind in der **Reihenfolge** aufzuführen, wie sie in der **Vorschlagsliste benannt** sind. Eine andere Reihenfolge ist unzulässig, da sie eine nicht erlaubte Wahlbeeinflussung darstellen kann (*DKK-Schneider/Homburg* Rn 4; *GL* Rn 2; *Richardi/Thüsing* Rn 4). **3**

Die Wählerin bzw. der Wähler darf so viele Bewerberinnen oder Bewerber aus der Liste ankreuzen, wie BRMitgl. zu wählen sind. Der Wähler kann die ihm zustehenden Stimmen nur auf verschiedene Kandidaten verteilen. Gibt er einer Bewerberin oder einem Bewerber mehrere Stimmen (Stimmhäufung), so zählt dies nur als eine Stimme (*GL* Rn 3; *GK-Kreutz/Oetker* Rn 5; *DKK-Schneider/Homburg* Rn 3). Bei der Entscheidung, welcher Bewerberin oder welchem Bewerber die Wählerin bzw. der Wähler die Stimme geben will, ist der Wähler frei. Dh. er kann bei einem 5-köpfigen BR seine Stimme fünf männlichen Bewerbern geben, obwohl in dem BR auf Grund des Geschlechterverhältnisses (nach d'Hondt) auch mindestens zwei Frauen vertreten sein müssen und sich auch Frauen zur Kandidatur gestellt haben. **4**

Die Zahl der zu wählenden BRMitgl. ergibt sich aus dem Wahlausschreiben. Die Wählerin bzw. der Wähler darf auch weniger Namen ankreuzen. Kreuzt sie bzw. er mehr Bewerberinnen oder Bewerber an, als zu wählen sind, so ist der **Stimmzettel ungültig** (*GK-Kreutz/Oetker*, Rn 5; *Richardi/Thüsing* Rn 7; *DKK-Schneider/Homburg* Rn 3). **5**

Die Stimmzettel und die Wahlumschläge müssen insgesamt die **gleiche Größe, Farbe, Beschaffenheit und Beschriftung** aufweisen. **6**

7   Zur Ungültigkeit des Stimmzettels vgl. § 11 Rn 6 f. Unschädlich ist allerdings der vielfach zweckmäßige Hinweis, wie viele Bewerber der Wähler ankreuzen darf (GK-*Kreutz/Oetker* Rn 5; *DKK-Schneider/Homburg* Rn 7).

8   Die Regelungen des § 12 über den äußeren Gang des Wahlverfahrens bei der Listenwahl gelten auch für die Mehrheitswahl.

9   Der Wahlvorst. hat, wenn sich die Stimmauszählung nicht sofort an den Abschluss der Stimmabgabe anschließt, in der Regel spätestens am nächstfolgenden Arbeitstag nach Abschluss der Stimmabgabe das Wahlergebnis in öffentlicher Sitzung festzustellen (vgl. § 13 Rn 1).

§ 21 Stimmauszählung

Nach Öffnung der Wahlurne entnimmt der Wahlvorstand[1] die Stimmzettel den Wahlumschlägen und zählt die auf jede Bewerberin und jeden Bewerber entfallenden Stimmen zusammen;[2] § 14 Abs. 1 Satz 2 und Abs. 2 gilt entsprechend.[3]

1   Der Wahlvorst. kann hierbei Wahlhelferinnen oder Wahlhelfer hinzuziehen (vgl. § 14 Rn 3). Die Entscheidung über die Gültigkeit oder Ungültigkeit einer Stimme hat allein der Wahlvorst. durch Beschluss seiner stimmberechtigten Mitgl. zu treffen.

2   Die Auszählung und Feststellung des Wahlergebnisses erfolgen ebenfalls in **öffentlicher Sitzung** (vgl. § 18 Abs. 3 BetrVG). Während bei Listenwahl auf einem Stimmzettel nur eine Liste angekreuzt werden darf und deshalb der Stimmzettel nur eine Wahlentscheidung des Wählers enthält, kann der Wähler bei Mehrheitswahl so viele Wahlentscheidungen treffen, wie BRMitgl. insgesamt zu wählen sind. Ist der Stimmzettel gültig, so hat der Wahlvorst. die auf die einzelnen Bewerberinnen und Bewerber entfallenden Stimmen zu berücksichtigen.

3   Die für die Verhältniswahl geltenden Vorschriften über die Prüfung der Gültigkeit der Stimmzettel und die Beurteilung der Gültigkeit von mehreren Stimmzetteln in einem Wahlumschlag gelten auch bei der Mehrheitswahl (vgl. § 14 Rn 3 und 4).

§ 22 Ermittlung der Gewählten[1]

(1) Zunächst werden die dem Geschlecht in der Minderheit zustehenden Mindestsitze (§ 15 Abs. 2 des Gesetzes) verteilt. Dazu werden die dem Geschlecht in der Minderheit zustehenden Mindestsitze mit Angehörigen dieses Geschlechts in der Reihenfolge der jeweils höchsten auf sie entfallenden Stimmenzahlen besetzt.[2, 8, 9]

(2) Nach der Verteilung der Mindestsitze des Geschlechts in der Minderheit nach Absatz 1 erfolgt die Verteilung der weiteren Sitze. Die weiteren Sitze werden mit Bewerberinnen und Bewerbern, unabhängig von ihrem Geschlecht, in der Reihenfolge der jeweils höchsten auf sie entfallenden Stimmenzahlen besetzt.[3]

(3) Haben in den Fällen des Absatzes 1 und 2 für den zuletzt zu vergebenden Betriebsratsitz mehrere Bewerberinnen oder Bewerber die gleiche Stimmenzahl[4] erhalten, so entscheidet das Los darüber, wer gewählt ist.

(4) Haben sich weniger Angehörige des Geschlechts in der Minderheit zur Wahl gestellt oder sind weniger Angehörige dieses Geschlechts gewählt worden als ihm nach § 15 Abs. 2 des Gesetzes Mindestsitze zustehen, so sind die insoweit überschüssigen Mitgliedersitze des Geschlechts in der Minderheit bei der Sitzverteilung nach Absatz 2 Satz 2 zu berücksichtigen.[5–7]

Die Vorschrift regelt die Verteilung der BRSitze im Fall der Mehrheitswahl auf die 1
einzelnen Bewerberinnen und Bewerber unter Beachtung der dem Geschlecht in der
Minderheit nach § 15 Abs. 2 BetrVG zustehenden Mindestsitze.

Zunächst werden die dem **Geschlecht in der Minderheit** zustehenden **Min-** 2
destsitze verteilt, indem diese mit Angehörigen des Geschlechts in der Minderheit in
der Reihenfolge der jeweils höchsten auf sie entfallenden Stimmenzahlen besetzt
werden (Abs. 1). Bei der Verteilung der Mindestsitze für das Geschlecht in der Minderheit bleiben höhere Stimmenzahlen des anderen Geschlechts außer Betracht.

Im Anschluss an die Ermittlung der Mindestsitze für das Geschlecht in der Min- 3
derheit hat der Wahlvorst. die **weiteren BRSitze,** unabhängig vom Geschlecht, mit
Bewerberinnen und Bewerber in der Reihenfolge der jeweils höchsten auf sie entfallenden Stimmenzahlen zu besetzen (Abs. 2). Vgl. hierzu ausführlich mit Beispielsfall
§ 15 BetrVG Rn 31.

Haben mehrere Bewerberinnen oder Bewerber für den zuletzt zu verteilenden 4
BRSitze nach Abs. 1 oder nach Abs. 2 die **gleiche Stimmenzahl** erhalten, so entscheidet das **Los,** wer gewählt ist (Abs. 3). Der Losentscheid gilt bei der Ermittlung
der Mindestsitzzahl nur hinsichtlich der Bewerber, die dem Geschlecht in der Minderheit angehören.

Sind weniger Angehörige des Geschlechts in der Minderheit in den BR gewählt 5
worden oder haben sich nicht ausreichend Angehörige des Minderheitsgeschlechts für
das BRAmt beworben, gehen die insoweit überschüssigen BRSitze auf das andere
Geschlecht über (Abs. 4). Denn wer keine Stimme erhält, kann auch nicht Mitgl. des
BR werden (*GL* Rn 2 f.; GK-*Kreutz / Oetker* Rn 2; *Richardi / Thüsing* Rn 2; LAG Düsseldorf 15. 4. 11 NZA-RR 11, 531). Vgl. ausführlich mit Beispielsfall: § 15 BetrVG
Rn 33.

Steht dem Geschlecht in der Minderheit nach der Berechnung nach d'Hondt (vgl. 6
§ 5) kein Mindestsitz im BR zu, werden die zu verteilenden BRSitze gemäß Abs. 2
S. 2 und Abs. 3 unabhängig vom Geschlecht mit den Wahlbewerbern besetzt, die die
entsprechend höchsten Stimmenzahl erreicht haben (vgl. dazu ein Beispiel unter § 15
BetrVG Rn 34).

Lehnt eine Bewerberin oder ein Bewerber die Wahl **ab,** so richtet sich die Er- 7
mittlung des an deren Stelle Gewählten nach § 23 Abs. 2 (siehe dort Rn 6 und § 15
BetrVG Rn 35; *DKK-Schneider/Homburg* Rn 5 f.).

Die nicht gewählten Bewerber sind **ErsMitgl.,** die ggf. nach § 25 Abs. 1 BetrVG 8
(vgl. dort Rn 30 ff.) in den BR nachrücken. Die Reihenfolge des Nachrückens wird
durch die Zahl der auf die Bewerber entfallenden Stimmen bestimmt. Kein ErsMitgl.
ist der nicht gewählte Bewerber, auf den überhaupt keine Stimme entfallen ist (*GL*
Rn 3; GK-*Kreutz / Oetker* Rn 2; *Richardi / Thüsing* Rn 2; LAG Düsseldorf 15. 4. 11
NZA-RR 11, 531). Entfallen auf mehrere ErsMitgl. gleich viele gültige Stimmen, ist
zwischen ihnen die Reihenfolge des (möglichen) Nachrückens durch Losentscheid zu
ermitteln (*DKK-Schneider/Homburg* Rn 3). Gehört das Ausscheidende oder zu vertretende BRMitgl. dem Geschlecht in der Minderheit an und sinkt dadurch das Minderheitsgeschlecht unter seine gesetzliche Mindestzahl nach § 15 Abs. 2 BetrVG, so
rückt ausnahmsweise der Bewerber mit der nächsthöchsten Stimmenzahl, der dem
Geschlecht in der Minderheit angehört, als ErsMitgl. in den BR nach (vgl. § 25
BetrVG Rn 30).

Erhalten insgesamt **weniger Bewerber eine Stimme,** als der BR nach § 9 9
BetrVG Sitze hat, so besteht der BR nur aus so vielen Mitgl., wie Kandidaten gewählt worden sind. Entspricht diese Zahl nicht einer der in § 9 BetrVG genannten
BRGröße, so ist in entsprechender Anwendung des § 11 BetrVG die nächstniedrigere
der gesetzlichen BRGrößen maßgebend (*DKK-Schneider/Homburg* § 11 BetrVG Rn 4;
Richardi / Thüsing Rn 3; MünchArbR-*Joost* § 216 Rn 95; *Weber/Ehrich/Hörchens/Ober-
thür* Teil B Rn 129; **aA** *GL* Rn 3, und GK-*Kreutz* § 11 BetrVG Rn 11, nach denen
kein gesetzmäßiger BR bestehen soll).

§ 23 Wahlniederschrift, Bekanntmachung

(1) Nachdem ermittelt ist, welche Arbeitnehmerinnen und Arbeitnehmer als Betriebsratsmitglieder gewählt sind, hat der Wahlvorstand eine Niederschrift[1] anzufertigen, in der außer den Angaben nach § 16 Abs. 1 Nr. 1, 5 bis 7 die jeder Bewerberin und jedem Bewerber zugefallenen Stimmenzahlen festzustellen sind.[2] § 16 Abs. 2,[3] § 17 Abs. 1,[4] §§ 18 und 19[5] gelten entsprechend.

(2) Lehnt eine gewählte Person die Wahl ab, so tritt an ihre Stelle die nicht gewählte Person mit der nächsthöchsten Stimmenzahl. Gehört die gewählte Person dem Geschlecht in der Minderheit an, so tritt an ihre Stelle die nicht gewählte Person dieses Geschlechts mit der nächsthöchsten Stimmenzahl, wenn ansonsten das Geschlecht in der Minderheit nicht die ihm nach § 15 Abs. 2 des Gesetzes zustehenden Mindestsitze erhalten würde. Gibt es keine weiteren Angehörigen dieses Geschlechts, auf die Stimmen entfallen sind, geht dieser Sitz auf die nicht gewählte Person des anderen Geschlechts mit der nächsthöchsten Stimmenzahl über.[6, 7]

1   Über die Bedeutung der Niederschrift vgl. § 16 Rn 1.

2   Die **Niederschrift muss enthalten:**
   – die Gesamtzahl der abgegebenen Wahlumschläge und die Zahl der abgegebenen gültigen Stimmen;
   – die Zahl der jeden Bewerberin und jedem Bewerber zugefallenen Stimmen;
   – die Zahl der ungültigen Stimmzettel;
   – die Namen der in den BR gewählten Bewerberinnen und Bewerber;
   – gegebenenfalls besondere während der BRWahl eingetretene Zwischenfälle oder sonstige Ereignisse.

3   Die Niederschrift ist von der oder dem Vors. des Wahlvorst. und einem weiteren stimmberechtigten Mitgl. zu unterschreiben.

4   Der Wahlvorst. hat die von ihm als gewählt ermittelten ArbN unverzüglich **schriftlich zu benachrichtigen.** Wenn der Gewählte nicht binnen drei Arbeitstagen nach Zugang der Benachrichtigung dem Wahlvorst. erklärt, dass er die Wahl ablehnt, gilt die Wahl als angenommen.

5   Zur Bekanntmachung des endgültigen Wahlergebnisses und zur Aufbewahrung der Wahlunterlagen vgl. §§ 18 und 19.

6   An die Stelle des ablehnenden Bewerbers tritt grundsätzlich der Bewerber mit der nächst höchsten Stimmenzahl. Etwas anderes gilt nur dann, wenn die Ablehnung der Wahl durch eine gewählte Person dazu führt, dass die dem Geschlecht in der Minderheit zustehende Anzahl von Mindestsitzen nach § 15 Abs. 2 BetrVG nicht mehr erfüllt ist. In diesem Fall tritt an die Stelle der die Wahl ablehnenden Person derjenige Wahlbewerber, der dem Geschlecht in der Minderheit angehört und im Verhältnis zu den anderen Wahlbewerbern des Minderheitsgeschlechts die nächst höchste Stimmenzahl hat.

Beispiel:

Der BR besteht aus 11 Mitgl. von denen mindestens 4 Mitgl. dem Geschlecht in der Minderheit angehören müssen (hier Frauen):

1. Mann A	852 Stimmen
2. Frau B	525 Stimmen
3. Mann C	180 Stimmen
4. Mann D	375 Stimmen
5. Frau E	463 Stimmen
6. Mann F	764 Stimmen
7. Mann G	998 Stimmen
8. Frau H	222 Stimmen

9. Mann I	231 Stimmen
10. Frau J	188 Stimmen
11. Mann K	212 Stimmen
12. Mann L	341 Stimmen
13. Mann M	407 Stimmen
14. Frau N	65 Stimmen
15. Mann O	5 Stimmen
16. Mann P	47 Stimmen
17. Mann Q	28 Stimmen
18. Mann R	160 Stimmen
19. Mann S	517 Stimmen

Gewählt sind als Vertr. des Geschlechts in der Minderheit folgende Frauen: Nr. 2 (B), Nr. 5 (E), Nr. 8 (H) und Nr. 10 (J). Die 7 weiteren, vom Geschlecht unabhängige BRSitze gehen an die Nr. 7 (G), Nr. 1 (A), Nr. 6 (F), Nr. 19 (S), Nr. 13 (M), Nr. 4 (D) und Nr. 12 (L).

Da Frau J die Wahl ablehnt und nur mit ihr die Mindestsitzzahl 4 für das Geschlecht in der Minderheit erfüllt ist, geht der Sitz gem. § 23 Abs. 2 Satz 2 auf Frau N mit der Stimmenzahl 65 (siehe Nr. 14 der Liste) über, obwohl Bewerber des anderen Geschlechts mehr Stimmen erhalten haben.

Befindet sich unter den Wahlbewerbern kein weiterer Angehöriger des Geschlechts **7** in der Minderheit mehr oder hat kein weiterer Angehöriger des Geschlechts in der Minderheit Stimmen erhalten, geht dieser Sitz auf die nicht gewählte Person des anderen Geschlechts mit der nächst höchsten Stimmenzahl über (Abs. 2 S. 3). Hätte also im obigen Beispielsfall Frau N 0 Stimmen erhalten, so wäre der Sitz an Herrn I mit 231 Stimmen (Nr. 9 der Liste) übergegangen.

Dritter Abschnitt. Schriftliche Stimmabgabe

§ 24 Voraussetzungen

(1) **Wahlberechtigten,[1] die im Zeitpunkt der Wahl wegen Abwesenheit vom Betrieb verhindert sind, ihre Stimme persönlich abzugeben,[2] hat der Wahlvorstand auf ihr Verlangen[3–5]**
1. **das Wahlausschreiben,**
2. **die Vorschlagslisten,**
3. **den Stimmzettel und den Wahlumschlag,**
4. **eine vorgedruckte von der Wählerin oder dem Wähler abzugebende Erklärung, in der gegenüber dem Wahlvorstand zu versichern ist, dass der Stimmzettel persönlich gekennzeichnet worden ist, sowie**
5. **einen größeren Freiumschlag, der die Anschrift des Wahlvorstands und als Absender den Namen und die Anschrift der oder des Wahlberechtigten sowie den Vermerk „Schriftliche Stimmabgabe" trägt,**

auszuhändigen oder zu übersenden.[6, 7] Der Wahlvorstand soll der Wählerin oder dem Wähler ferner ein Merkblatt über die Art und Weise der schriftlichen Stimmabgabe (§ 25) aushändigen oder übersenden.[8] Der Wahlvorstand hat die Aushändigung oder die Übersendung der Unterlagen in der Wählerliste zu vermerken.[9]

(2) **Wahlberechtigte, von denen dem Wahlvorstand bekannt ist, dass sie im Zeitpunkt der Wahl nach der Eigenart ihres Beschäftigungsverhältnisses voraussichtlich nicht im Betrieb anwesend sein werden[10] (insbesondere im Außendienst[11] oder mit Telearbeit Beschäftigte[12] und in Heimarbeit Beschäftigte[13]), erhalten die in Absatz 1 bezeichneten Unterlagen, ohne daß es eines Verlangens der Wahlberechtigten bedarf.[14–17]**

(3) **Für Betriebsteile und Kleinstbetriebe, die räumlich weit vom Hauptbetrieb entfernt sind, kann der Wahlvorstand die schriftliche Stimmabgabe beschließen.[18] Absatz 2 gilt entsprechend.[19]**

1   Die nach § 24 für die schriftliche Stimmabgabe in Frage kommenden ArbN können – wie alle anderen ArbN – das aktive und passive Wahlrecht nur ausüben, wenn
sie in die Wählerliste eingetragen sind (vgl. § 2 Abs. 3). Die Tatsache der Eintragung
hat der Wahlvorst. der bzw. dem einzelnen ArbN auf Anfrage mitzuteilen.

2   Voraussetzung für die schriftliche Stimmabgabe ist eine Verhinderung an der persönlichen Stimmabgabe wegen **Abwesenheit von dem Betrieb,** für den der BR zu
wählen ist. Der Wahlvorst. darf nicht generell – ohne Vorliegen der Voraussetzungen
des § 24 – Briefwahl anordnen (LAG Hamm 16. 11. 07 – 13 TaBV 109/06; LAG
Schleswig-Holstein NZA-RR 99, 523; so zu § 26 WO 53 BAG 27. 1. 93 AP Nr. 29
zu § 76 BetrVG 1952; s. § 14 BetrVG Rn 14; *DKK-Schneider/Homburg* Rn 1; GK-
Kreutz/Oetker Rn 2). Auf welchen Gründen die Abwesenheit beruht, ist ohne Bedeutung. Es können betriebliche Gründe sein (zB Geschäftsreise, Montagearbeit) oder
persönliche (zB Urlaub, Arbeitsbefreiung, Krankheit). Unerheblich ist ferner, von
welcher Dauer die Abwesenheit ist. Entscheidend ist nur, dass der ArbN im Zeitpunkt der Wahl nicht im Betrieb anwesend ist. Erstreckt sich die Wahl über mehrere
Tage, genügt es, wenn er nur an einem dieser Tage nicht im Betrieb anwesend ist
(GK-*Kreutz/Oetker* Rn 8; aA *DKK-Schneider/Homburg* Rn 5). Sollte ein ArbN, dem
die Briefwahlunterlagen ausgehändigt worden sind, am Wahltag dennoch im Betrieb
anwesend sein, so kann er seine Stimme auch persönlich abgeben (vgl. unten Rn 16).
Die Regelung über die schriftliche Stimmabgabe gilt **entsprechend** für das vereinfachte Wahlverfahren (vgl. § 35 Abs. 1).

3   Die Wahlunterlagen sind im Falle der Rn 2 **nur auf Verlangen** eines Wählers
auszuhändigen oder zu übersenden, nicht von Amts wegen (anders im Fall des
Abs. 2; vgl. Rn 10). Der Antrag kann **mündlich** oder **schriftlich** gestellt werden. Ist
ein Antrag nicht schriftlich gestellt, so hat der Wahlvorst. einen Vermerk über den
Antrag anzufertigen. In dem Antrag sollte der Grund der voraussichtlichen Abwesenheit angegeben werden. Eine Nachprüfungspflicht des Wahlvorst., ob der Grund auch
tatsächlich vorliegt, besteht nicht (GK-*Kreutz/Oetker* Rn 6).

4   Der Wahlvorst. hat **folgende Wahlunterlagen** zu übersenden:
– Abschrift oder Abdruck des WA (§ 3 Abs. 3);
– Abschrift oder Abdruck der Bekanntmachung der als gültig anerkannten Vorschlagslisten (§ 10);
– den Stimmzettel, den Wahlumschlag und einen größeren Freiumschlag nach näherer Maßgabe dieser Vorschrift. Stimmzettel und Wahlumschlag dürfen keine Kennzeichen enthalten, die einen Schluss auf die Person des Wählers zulassen; sie dürfen
  sich insb. nicht von den übrigen Wahlumschlägen und Stimmzetteln unterscheiden
  (*DKK-Schneider/Homburg* Rn 19; *GL* Rn 6; GK-*Kreutz/Oetker* Rn 15; *Richardi/
  Thüsing* Rn 10);
– den Vordruck der Erklärung, mit der der Wähler gegenüber dem Wahlvorst. versichert, dass er den Stimmzettel persönlich gekennzeichnet hat.

5   Wird das **WA nachträglich geändert,** hat der Wahlvorst. auch diese Änderungen
den ArbN, die ihre Stimme schriftlich abgeben, zu übersenden (GK-*Kreutz/Oetker*
Rn 13). Hierzu gehören:
– sofern während der Einreichungsfristen des § 6 Abs. 1 keine gültige Vorschlagsliste
  eingereicht ist: Abschrift oder Abdruck der Bekanntmachung über den Nichteingang gültiger Vorschlagslisten innerhalb der Einreichungsfrist und über die Nachfrist von einer Woche für die Einreichung von Vorschlagslisten gemäß § 9 Abs. 1;
– sofern auch während der Nachfrist eine gültige Vorschlagsliste nicht eingereicht ist:
  Abschrift oder Abdruck der Bekanntmachung, dass die Wahl nicht stattfindet (§ 9
  Abs. 2).

6   Der Wahlvorst. ist verpflichtet, diese Unterlagen dem Wähler **auf Verlangen auszuhändigen oder zu übersenden.** Die Zusendung durch Boten (zB durch Mitgl.
des Wahlvorst. oder Wahlhelfer) ist zulässig (BVerwG, AP Nr. 1 zu § 17 WO/Pers-
VG; GK-*Kreutz/Oetker* Rn 18; *DKK-Schneider/Homburg* Rn 21). Die Unterlagen
sollten nach Möglichkeit vor dem Tage der Abwesenheit des Wählers überreicht wer-

den. Jedenfalls muss dafür Sorge getragen werden, dass der Wähler in der Lage ist, seine Stimme rechtzeitig abzugeben. Die Wahlunterlagen sollten daher spätestens im Laufe des Tages der Bekanntgabe der Vorschlagslisten (§ 10 Abs. 2) übersandt werden. Stellt der Wähler den Antrag erst nach dieser Bekanntgabe, zB weil die Geschäftsreise erst in diesem Zeitpunkt festgesetzt wird, so sind ihm die Wahlunterlagen **unverzüglich** auszuhändigen oder zu übersenden. Andererseits kann der Wahlvorst. verpflichtet sein, das WA schon unmittelbar nach dessen Erlass (§ 3 Abs. 1) einem Wähler vorab zu übersenden, wenn dieser darlegt, dass der Aushang des WA im Betrieb zur Wahrung seiner Rechte als Wähler nicht ausreicht, zB weil er aktiv in das Wahlgeschehen eingreifen möchte (zB Prüfung der Wählerliste zwecks event. Einspruchs, Mitwirkung am Erstellen einer Vorschlagsliste, vgl. LAG Baden-Württemberg AiB 91, 276; GK-*Kreutz/Oetker* Rn 20; *DKK-Schneider/Homburg* Rn 22). Ist der BR im vereinfachten Wahlverfahren zu wählen (§ 14 a BetrVG), müssen die wahlberechtigten ArbN ihr Verlangen auf nachträgliche schriftliche Stimmabgabe spätestens drei Tage vor dem Tag der WahlVerslg. zur Wahl des BR mitteilen (vgl. § 35 Abs. 1 und dort Rn 1).

Die durch die schriftliche Stimmabgabe **entstehenden Kosten** (Portokosten) sind **7** Wahlkosten im Sinne des § 20 Abs. 3 BetrVG und vom ArbGeb. zu tragen (BAG 26. 2. 92 AP Nr. 6 zu § 17 BetrVG 1972; *Richardi/Thüsing* Rn 11; GK-*Kreutz/Oetker* § 25 Rn 21).

Zwar nicht zwingend vorgeschrieben, jedoch in aller Regel geboten ist auch die **8** Übersendung eines Merkblatts über die in § 25 vorgeschriebene Art und Weise der schriftlichen Stimmabgabe (GK-*Kreutz/Oetker* Rn 17). Da es sich bei Abs. 1 S. 2 um eine Sollvorschrift handelt, dürfte ihre Verletzung nur bei Vorliegen besonderer Umstände eine Anfechtung der Wahl rechtfertigen (*DKK-Schneider/Homburg* Rn 20; GL Rn 1; weitergehend wohl GK-*Kreutz/Oetker* Rn 17).

Dieser Vermerk ist nicht zu verwechseln mit dem Vermerk über einen mündlichen **9** Antrag (vgl. oben Rn 3) oder mit dem Vermerk nach § 26. Hierdurch soll sichergestellt werden, dass nicht neben der schriftlichen Stimmabgabe noch eine persönliche Stimmabgabe desselben Wählers erfolgt.

Bei Abs. 2 handelt es sich um ArbN, die dem Betrieb betriebsverfassungsrechtlich **10** angehören, die aber **nach der Art ihres Beschäftigungsverhältnisses** ihre Arbeit ganz oder teilweise nicht im Betrieb selbst verrichten und deshalb im Zeitpunkt der Stimmabgabe voraussichtlich nicht im Betrieb anwesend sind. Diese Voraussetzungen erfüllen zB ArbN, die als Reisende, Montagearbeiter im Außendienst oder als Telearbeiter außerhalb des Betriebes tätig sind, aber auch ArbN in Kurzarbeit mit Nullstunden (dazu ArbG Halberstadt AuA 94, 57). Dazu gehören grundsätzlich auch Leiharbeitnehmer, da bei regelmäßig davon ausgegangen werden kann, dass sie im Zeitpunkt der Wahl verliehen und damit nicht im Verleihunternehmen anwesend sind (LAG Hessen 17. 4. 08 EzAÜG BetrVG Nr. 109).

Unter „Außenarbeiter" sind solche ArbN zu verstehen, die ihre Tätigkeit überwie- **11** gend oder ständig außerhalb des Betriebs ausüben, zB der Montagearbeiter, der damit beschäftigt ist, das im Betrieb hergestellte Erzeugnis beim Kunden zu installieren, der Reisevertreter, der ständig die Kundschaft besucht, oder Zeitungszusteller (dazu BAG 29. 1. 92 AP Nr. 1 zu § 7 BetrVG 1972).

Zu mit Telearbeit Beschäftigten vgl. § 5 BetrVG Rn 193 ff. **12**

Zu in Heimarbeit Beschäftigten vgl. § 5 BetrVG Rn 302 ff. **13**

ArbN, von denen **dem Wahlvorst. bekannt ist** (Kenntnis des Vors. genügt), dass **14** sie nach der Eigenart ihres Beschäftigungsverhältnisses ihre Arbeitsleistungen gewöhnlich außerhalb des Betriebs erbringen, hat er **von Amts wegen** die Unterlagen für die schriftliche Stimmabgabe zu übersenden. Eines bes. Antrags dieser ArbN bedarf es nicht (BAG 26. 2. 92 AP Nr. 6 zu § 17 BetrVG 1972). Dies gilt allerdings nur für ArbN, die nach der Eigenart ihres Beschäftigungsverhältnisses gewöhnlich außerhalb des Betriebes arbeiten. Der Wahlvorst. sollte den ArbGeb. hiernach fragen. Stehen die Wahlurnen 3 Tage ununterbrochen zur Ausübung des Wahlrechts bereit und besteht die Möglichkeit der Stimmabgabe damit auch für die ArbN mit auswärtigen Einsätzen, besteht nach ArbG Köln 6. 4. 10 – 1 BVGa 21/10 – BB 101020 keine Verpflichtung nach Abs. 2. Der ArbGeb. ist insoweit gemäß § 20 Abs. 1 S. 1 BetrVG **zur Auskunft** und **Mitteilung der Adressen** aller in Heimarbeit Beschäftigten, TeleArbN und AußenArbN **verpflichtet** (LAG Baden-Württemberg BR 93, 98 – unvollst. LS –; *DKK-Schneider/Homburg* Rn 13; GK-*Kreutz/Oetker* Rn 11). Dem stehen keine datenschutzrechtlichen Gesichtspunkte entgegen (LAG Baden-Württemberg aaO). Eine besondere Nachforschungspflicht des Wahlvorst. besteht allerdings nicht (*DKK-Schneider/Homburg* Rn 13; GK-*Kreutz/Oetker* Rn 11). Aufgrund des Tatbestandsmerkmals „**voraussichtlich** nicht im Betrieb anwesend" ist Abs. 2 für den dort genannten Personenkreis im Zweifel stets anzuwenden, denn die Möglichkeit der Teilnahme an der Wahl überhaupt ist jedenfalls im Verhältnis zum Vorrang der persönlichen Stimmabgabe das schützenswertere Rechtsgut (so zu § 19 Abs. 2 3. WO-MitbestG BAG 20. 2. 91 AP Nr. 1 zu § 9 MitbestG).

15 Für die Frage des rechtzeitigen Erhalts der Unterlagen gilt Rn 6, allerdings mit der Besonderheit, dass der Wahlvorst. bei diesen zumindest überwiegend außerhalb des Betriebs tätigen Beschäftigten prüfen muss, ob sie so rechtzeitig Kenntnis vom WA erhalten, dass sie auch aktiv ins Wahlgeschehen eingreifen können; andernfalls muss er ihnen das WA vorab aushändigen oder übersenden (LAG Baden-Württemberg AiB 91, 276; LAG Hamburg 28. 3. 07 AiB 09, 587). Ein Verstoß gegen die Übersendungspflicht nach Abs. 2 kann die Wahl anfechtbar machen (so zu § 19 Abs. 2 3. WOMitbestG BAG 20. 2. 91 aaO). Er wird nicht dadurch geheilt, dass der Wahlvorst. an einem bekanntgegebenen Tag zB Heimarbeiter persönlich mit mobilen Wahllokalen aufsucht und ihnen so die Teilnahme an der Wahl ermöglicht (vgl. ArbG Bremen AiB 91, 125 m. Anm. *Rudolf;* GK-*Kreutz/Oetker* Rn 11). Weiß der Wahlvorst. mit Sicherheit, dass ein ArbN, der nach der Eigenart seines Beschäftigungsverhältnisses gewöhnlich außerhalb des Betriebs arbeitet, am Wahltag im Betriebe ist, so besteht keine Übersendungspflicht (*DKK-Schneider/Homburg* Rn 13; GK-*Kreutz/Oetker* Rn 11).

16 ArbN, denen Unterlagen für die schriftliche Stimmabgabe übersandt worden sind, können, wenn sie am Wahltag im Betrieb sind, **ihre Stimme auch persönlich** nach § 12 **abgeben** (für die Personalratswahl vgl. BVerwG 3. 3. 03, Der Personalrat 03, 196). In diesem Falle müssen sie allerdings entweder die ihnen übersandten Unterlagen für eine schriftliche Stimmabgabe dem Wahlvorst. zurückgeben oder den übersandten Stimmzettel und Wahlumschlag für die persönliche Stimmabgabe benutzen (*Richardi/Thüsing* § 25 Rn 3; *DKK-Schneider/Homburg* Rn 24; *Carlson* AiB 09, 707, 711). Die Rückgabe der Briefwahlunterlagen ist auf der Wählerliste ebenso zu vermerken wie die persönliche Stimmabgabe (*DKK-Schneider/Homburg* Rn 24).

17 Auch im Falle des Abs. 2 hat der Wahlvorst. die Übersendung der Wahlunterlagen an die betreffenden ArbN in der Wählerliste zu vermerken (vgl. oben Rn 9).

18 Voraussetzung ist, dass die Kleinstbetriebe oder Betriebsteile keinen eigenen BR wählen, sondern betriebsverfassungsrechtlich – sei es auf Grund der gesetzlichen Regelung des § 4 BetrVG (vgl. dort Rn 5 ff.; 14 ff.), sei es auf Grund einer anderweitigen Zuordnung nach § 3 Abs. 1 Nr. 1 bis 3, Abs. 2 und 3 BetrVG (vgl. dort Rn 24 ff.; LAG Hessen 17. 4. 08 EzAÜG BetrVG Nr. 109) – zu dem Betrieb gehören, für den die BRWahl durchgeführt wird. Der in Abs. 3 verwandte Begriff „**vom Hauptbetrieb räumlich weit entfernt"** deckt sich nicht mit dem in § 4 BetrVG enthaltenen gleich lautenden Begriff. Das folgt schon daraus, dass anderenfalls die Regelung des Abs. 3 weitgehend leer liefe, da räumlich weit entfernte Betriebsteile iS von § 4 BetrVG im Allgemeinen einen eigenen BR zu wählen haben. Der Begriff der räumlich weiten Entfernung iSd. Abs. 3 ist entsprechend dem Sinn und Zweck der Vorschrift, den ArbN die Beteiligung an der BRWahl zu erleichtern, in einem weiten Sinne zu verstehen (*DKK-Schneider/Homburg* Rn 14). Entscheidend ist, ob es den ArbN der außerhalb des Hauptbetriebs liegenden Betriebsteile oder Kleinstbetriebe unter Berücksichtigung der bestehenden oder ggfs. vom ArbGeb. zur Verfü-

gung zu stellenden zusätzlichen Verkehrsmöglichkeiten (Pendelbus) **zumutbar** ist, im Hauptbetrieb persönlich ihre Stimme abzugeben (LAG Hamm 16. 11. 07 – 13 TaBV 109/06; *DKK-Schneider/Homburg* Rn 14; *GK-Kreutz/Oetker* Rn 12). Ist dies nicht der Fall, ist der Wahlvorst. verpflichtet dafür zu sorgen, dass diese ArbN in einer anderen zumutbaren Weise an der Wahl teilnehmen können. Anderenfalls setzt sich der Wahlvorst. der Gefahr einer Wahlanfechtung aus. Der Wahlvorst. hat in diesem Falle nur die Möglichkeit, entweder in den Betriebsteilen oder Kleinstbetrieben **eigene Wahllokale** einzurichten oder für die dort beschäftigten ArbN die **schriftliche Stimmabgabe** zu beschließen (im Ergebnis ebenso *Richardi/Thüsing* Rn 5; *GK-Kreutz/Oetker* Rn 12; *GL* Rn 4; *DKK-Schneider/Homburg* Rn 16). Zu welcher dieser beiden Möglichkeiten sich der Wahlvorst. entschließt, hat er nach **pflichtgemäßem Ermessen** zu entscheiden. Bei der Einrichtung eigener Wahllokale wird der Wahlvorst. auch die durch § 12 Abs. 2 bedingte begrenzte Anzahl der Wahllokale und bei einer Stimmabgabe mit „fliegenden Wahllokalen" über mehrere Tage die in diesem Fall bestehende größere Gefahr von tatsächlichen oder vermuteten Unkorrektheiten zu bedenken haben. Aus diesem Grunde kann auch für ausgelagerte Betriebsteile innerhalb einer Großstadt die schriftliche Stimmabgabe beschlossen werden, wenn die Verkehrsverhältnisse zum Wahllokal im Hauptbetrieb schwierig sind.

Wird für die räumlich weit vom Hauptbetrieb entfernten Betriebsteile und **19** Kleinstbetriebe **schriftliche Stimmabgabe** beschlossen, so hat der Wahlvorst. den dort beschäftigten ArbN **von Amts wegen** die erforderlichen Unterlagen auszuhändigen oder zu übersenden (*Richardi/Thüsing* Rn 8; *DKK-Schneider/Homburg* Rn 14).

Zu Besonderheiten der Briefwahl im vereinfachten Wahlverfahren vgl. § 35 **20** Rn 2 ff.

§ 25 Stimmabgabe

Die Stimmabgabe erfolgt in der Weise, dass die Wählerin oder der Wähler
1. **den Stimmzettel unbeobachtet persönlich kennzeichnet[1] und in dem Wahlumschlag verschließt,[2]**
2. **die vorgedruckte Erklärung unter Angabe des Orts und des Datums unterschreibt[3] und**
3. **den Wahlumschlag und die unterschriebene vorgedruckte Erklärung in dem Freiumschlag verschließt[4] und diesen so rechtzeitig an den Wahlvorstand absendet oder übergibt, dass er vor Abschluss der Stimmabgabe vorliegt.[5, 6]**

Die Wählerin oder der Wähler kann unter den Voraussetzungen des § 12 Abs. 4 die in den Nummern 1 bis 3 bezeichneten Tätigkeiten durch eine Person des Vertrauens verrichten lassen.

Für die Kennzeichnung des Stimmzettels gelten § 11 Abs. 3, § 20 Abs. 3, § 34 **1** Abs. 1 S. 3.

Das Verschließen des Wahlumschlags dient der **Sicherung des Wahlgeheimnis- 2** **ses.** Ist der Wahlumschlag nicht verschlossen, ist er gleichwohl bei der Stimmabgabe zu berücksichtigen (vgl. § 26 Rn 4; *Richardi/Thüsing* Rn 1). Der Wahlumschlag darf keine Kennzeichen enthalten, die einen Rückschluss auf die Person des Wählers gestattet.

Fehlt die vorgedruckte Erklärung oder ist sie vom Wähler nicht unterschrieben, so **3** liegt **keine ordnungsgemäße Stimmabgabe** vor. Die Stimme wird bei der Wahl nicht berücksichtigt (*DKK-Schneider/Homburg* Rn 4; *GK-Kreutz/Oetker* Rn 4).

Eine schriftliche Stimmabgabe, die ohne Verwendung des nach § 24 Abs. 1 Nr. 5 **4** vorgeschriebenen Freiumschlags erfolgt, ist nicht ordnungsgemäß (vgl. BVerwG, AP Nr. 2 zu § 17 WahlO z. PersVG). Der **Freiumschlag** muss **verschlossen** werden, da anderenfalls die Möglichkeit besteht, dass der Wahlumschlag mit Stimmzettel ausgetauscht wird. Ist der Freiumschlag nicht verschlossen, darf der Wahlumschlag bei der Wahl nicht berücksichtigt und nicht in die Wahlurne gelegt werden, da die Stimmabgabe ungültig ist (*DKK-Schneider/Homburg* Rn 4; GK-*Kreutz/Oetker* Rn 4; *GL* Rn 2).

5   Der Freiumschlag mit dem Wahlumschlag und der unterschriebenen vorgedruckten Erklärung muss **vor Ablauf der für die Stimmabgabe festgesetzten Zeit** (§ 3 Abs. 2 Nr. 11) dem Wahlvorst. zugegangen sein. Später eintreffende Freiumschläge dürfen bei der Stimmauszählung nicht mehr berücksichtigt werden. Dies auch dann nicht, wenn mit der Stimmauszählung noch nicht begonnen worden ist (*DKK-Schneider/Homburg* Rn 5). Wegen der Bedeutung des rechtzeitigen Eingangs sollte der Wahlvorst. jeden einzelnen Freiumschlag mit einem genauen Eingangsvermerk versehen. Zulässig ist es, den Freiumschlag schon vor dem Wahltag dem Wahlvorst. zu übergeben oder zu übersenden (etwa vor Urlaubsantritt oder einer längeren Dienstreise). Der Wahlvorst. hat diese Freiumschläge ungeöffnet bis zum Wahltag unter Verschluss zu nehmen, damit eine Veränderung oder Entwendung der Freiumschläge ausgeschlossen ist. In Betracht kommt zB eine versiegelte Wahlurne. Für die Entgegennahme des Freiumschlags ist der Vors. des Wahlvorst. (entsprechend § 24 Abs. 3 BetrVG) sowie jedes Mitgl. des Wahlvorst. zuständig, das im Wahlbüro (Betriebsadresse des Wahlvorst.) oder im Wahllokal Dienst tut. Wird der Freiumschlag im Wahlbüro oder im Wahllokal abgegeben, reicht auch die Entgegennahme durch eine dort tätige Hilfskraft oder durch einen Wahlhelfer aus. Die Übersendung erfolgt im Allgemeinen durch die Post, jedoch ist auch die Übersendung durch Boten zulässig (BVerwG, AP Nr. 1 zu § 17 WahlO z. PersVG; GK-*Kreutz/Oetker* Rn 3; *Richardi/Thüsing* Rn 2); allerdings kann der Wahlvorst. die Entgegennahme des Freiumschlags durch einen offensichtlich unzuverlässigen Boten verweigern (GK-*Kreutz/Oetker* Rn 3; *Rewolle* DB 62, 197).

6   Obwohl dies nicht ausdrücklich vorgeschrieben ist, sollte die Übersendung des Freiumschlags durch die Post durch **eingeschriebenen Brief** erfolgen. Da der Freiumschlag vom Wahlvorst. freizumachen ist, hängt es von ihm ab, durch entsprechende Freimachung die Übersendung als „Einschreiben" zu ermöglichen. Das **Risiko des rechtzeitigen Eingangs** des Freiumschlags beim Wahlvorst. trägt der Wähler, allerdings ist der Wahlvorst. verpflichtet, sich bis zum Abschluss der Stimmabgabe darüber zu vergewissern, ob nicht noch Freiumschläge an seiner Betriebsadresse eingegangen sind (GK-*Kreutz/Oetker* Rn 2).

7   Zu Besonderheiten der Briefwahl im vereinfachten Wahlverfahren vgl. § 35 Rn 2 ff.

§ 26 Verfahren bei der Stimmabgabe

(1) **Unmittelbar vor Abschluss der Stimmabgabe**[1] **öffnet der Wahlvorstand in öffentlicher Sitzung die bis zu diesem Zeitpunkt eingegangenen Freiumschläge**[2, 3] **und entnimmt ihnen die Wahlumschläge sowie die vorgedruckten Erklärungen. Ist die schriftliche Stimmabgabe ordnungsgemäß erfolgt (§ 25),**[4] **so legt der Wahlvorstand den Wahlumschlag nach Vermerk der Stimmabgabe in der Wählerliste ungeöffnet**[5] **in die Wahlurne.**

(2) **Verspätet**[6, 7] **eingehende Briefumschläge hat der Wahlvorstand mit einem Vermerk über den Zeitpunkt des Eingangs ungeöffnet zu den Wahlunterlagen zu nehmen.**[8] **Die Briefumschläge sind einen Monat nach Bekanntgabe des Wahlergebnisses ungeöffnet zu vernichten, wenn die Wahl nicht angefochten worden ist.**[9, 10]

1   Die Vorschrift des Abs. 1 S. 1, nach der der Wahlvorst. unmittelbar vor Abschluss der Stimmabgabe die eingegangenen Freiumschläge zu öffnen hat, ist nur praktikabel, wenn die Stimmabgabe in einem einzigen Wahllokal durchgeführt wird. Sind mehrere Wahllokale eingerichtet, so müssen gem. § 12 Abs. 2 in jedem von ihnen mindestens ein Mitgl. des Wahlvorst. bis zum Ende der Stimmabgabe anwesend sein, so dass der Wahlvorst. nicht bereits unmittelbar vor Abschluss der Stimmabgabe zur Öffnung

der Freiumschläge zusammentreten kann. In diesem Falle kann die Behandlung der Briefwahlunterlagen nach Abs. 1 erst nach Abschluss der Stimmabgabe durchgeführt werden (*DKK-Schneider/Homburg* Rn 2; *GK-Kreutz/Oetker* Rn 2; *Richardi/Thüsing* Rn 2). Hierbei ist besonders darauf zu achten, dass nur solche Freiumschläge geöffnet und bei der Wahl berücksichtigt werden, die bis zum Ende der für die Stimmabgabe festgesetzten Zeit beim Wahlvorst. eingegangen sind.

Der Wahlvorst. hat sich kurz vor Ablauf der Zeit für die Stimmabgabe zu verge- **2** wissern, ob nicht noch Wahlbriefe bei ihm, dh bei seiner Betriebsadresse, eingegangen sind. Er hat die notwendigen organisatorischen Maßnahmen zu treffen, um sicherstellen, dass noch etwa beim Pförtner durch Eilboten abgegebene Wahlbriefe unverzüglich an seine Betriebsadresse oder an die sonstige von ihm hierfür bestimmte Stelle weitergeleitet werden. Die Freiumschläge dürfen erst **unmittelbar vor bzw. nach Abschluss der Stimmabgabe** vom Wahlvorst. geöffnet werden. Bis zu diesem Zeitpunkt sind sie verschlossen zu lassen. Wahlumschläge in offenen Freiumschlägen bleiben unberücksichtigt, da nicht sichergestellt ist, dass der Wahlumschlag tatsächlich vom Absender des Freiumschlags stammt (*GL* Rn 1; *DKK-Schneider/Homburg* Rn 3; *Richardi/Thüsing* Rn 4).

Die **Öffnung der Freiumschläge** erfolgt in **öffentlicher Sitzung** des Wahl- **3** vorst., also bei normaler Öffnung des Wahllokals, so dass jeder ArbN die Möglichkeit hat, sich von der ordnungsmäßigen Behandlung der durch Briefwahl abgegebenen Stimmen zu überzeugen. Schickt der Wahlvorst. ArbN, die der Öffnung der Freiumschläge beiwohnen wollen, fort, um dann in deren Abwesenheit die Briefumschläge zu öffnen, so verstößt er gegen das Gebot der Öffentlichkeit (LAG Schleswig-Holstein NZR-RR 99, 523; LAG Nürnberg 30. 11. 07 LAGE Nr. 3 a zu § 19 BetrVG 2001). Die Öffnung erfolgt durch den Wahlvorst., dh durch eines seiner Mitgl., nicht durch Wahlhelfer (*GK-Kreutz/Oetker* Rn 3).

Nicht ordnungsgemäß ist die schriftliche Stimmabgabe, wenn der Freiumschlag **4** nicht verwandt worden ist (vgl. § 25 Rn 4) oder nicht verschlossen ist oder wenn die vorgedruckte Erklärung fehlt oder nicht unterschrieben ist (*GL* Rn 2; *GK-Kreutz/ Oetker* Rn 3; *Richardi/Thüsing* Rn 4). Obwohl § 25 Nr. 1 vorschreibt, dass auch der Wahlumschlag zu verschließen ist, hat der Wahlvorst. einen offenen Wahlumschlag – ohne von seinem Inhalt Kenntnis zu nehmen – in die Wahlurne zu legen, wenn im Übrigen die Stimmabgabe ordnungsgemäß ist (*DKK-Schneider/Homburg* Rn 3; *GL* § 27 aF Rn 1; *GK-Kreutz/Oetker* Rn 5; *Richardi/Thüsing* Rn 4 u. § 26 Rn 1). Ist die Stimmabgabe nicht ordnungsgemäß, was durch Beschluss der stimmberechtigten Mitgl. des Wahlvorst. festzustellen ist, darf die Stimme bei der Wahl nicht berücksichtigt, dh der Wahlumschlag nicht in die Wahlurne gelegt werden.

Die **Wahlumschläge bleiben verschlossen.** Sie werden erst bei der Stimmaus- **5** zählung geöffnet. Der Wahlumschlag darf erst in die Wahlurne gelegt werden, nachdem die Stimmabgabe in der Wählerliste vermerkt worden ist. Hierdurch soll sichergestellt werden, dass ein Wähler nicht zweimal seine Stimme abgibt. Hat ein ArbN entsprechend dem Vermerk nach § 12 Abs. 3 seine Stimme bereits persönlich abgegeben, so darf ein durch Briefwahl desselben ArbN übersandter Wahlumschlag nicht in die Wahlurne geworfen werden, sondern ist mit einem Vermerk über die bereits erfolgte Stimmabgabe zu den Wahlakten zu nehmen (*GK-Kreutz/Oetker* § 25 Rn 22 f.).

Verspätet eingegangen sind alle Freiumschläge, die nicht vor Ablauf der für die **6** Stimmabgabe festgesetzten Zeit den Wahlvorst. erreicht haben.

Ein Grund zur **Anfechtung** dürfte bestehen, wenn der Wahlvorst. die Stimme des **7** Wählers zu Unrecht als verspätet zurückgewiesen hat. Verzögert sich die Übersendung des Briefes aus irgendwelchen Gründen bei der Post, so trägt der Wähler hierfür das Risiko; eine solche Verzögerung rechtfertigt eine Anfechtung der Wahl jedenfalls nicht (*DKK-Schneider/Homburg* Rn 5).

Der Wahlvorst. ist verpflichtet, auf verspätet eingehenden Freiumschlägen das **Ein- 8 gangsdatum mit Uhrzeit zu vermerken** und sie ungeöffnet zu den Wahlakten (§ 19) zu nehmen. Da die Umschläge wie nicht abgegebene Stimmen zu behandeln sind, sind sie in der Niederschrift über die Wahl nicht als ungültige Stimmen nach § 16 Abs. 1 Nr. 5 zu zählen (*DKK-Schneider/Homburg* Rn 6; GK-*Kreutz/Oetker* Rn 6; *Richardi/Thüsing* Rn 6).

9 **Verspätet eingehende Briefe** werden dem Wähler nicht zurückgegeben. Sie sind vielmehr nach Ablauf eines Monats seit Bekanntgabe des Wahlergebnisses gemäß § 18 **ungeöffnet zu vernichten,** es sei denn, die Wahl ist angefochten worden (*DKK-Schneider/Homburg* Rn 9). Es dürfte sich empfehlen, die Briefumschläge zu verbrennen oder in den Reißwolf zu geben, damit das Wahlgeheimnis nicht verletzt wird. Die Vernichtung ist vom BR vorzunehmen, der hierüber einen Vermerk anzufertigen hat.

10 Wird die Wahl nach § 19 BetrVG angefochten, so werden die Briefumschläge bei den Wahlakten **bis zur rechtskräftigen Entscheidung weiterhin ungeöffnet** aufbewahrt. Sie dienen ggf. dem Nachweis über die Beteiligung des Wählers und über den tatsächlichen Eingang des Briefumschlags. Mit Rücksicht auf das Wahlgeheimnis dürfen sie auch während des Anfechtungsverfahrens nicht geöffnet werden. Nach Rechtskraft der gerichtlichen Entscheidung sind sie zu vernichten (*DKK-Schneider/Homburg* Rn 10 f.; GK-*Kreutz/Oetker* Rn 7; *Richardi/Thüsing* Rn 7).

11 Zu Besonderheiten der Briefwahl im vereinfachten Wahlverfahren vgl. § 35 Rn 2 ff.

Vierter Abschnitt. Wahlvorschläge der Gewerkschaften

§ 27 Voraussetzungen, Verfahren

(1) **Für den Wahlvorschlag einer im Betrieb vertretenen Gewerkschaft (§ 14 Abs. 3 des Gesetzes)[1] gelten die §§ 6 bis 26 entsprechend.[2]**

(2) **Der Wahlvorschlag einer Gewerkschaft ist ungültig, wenn er nicht von zwei Beauftragten der Gewerkschaft unterzeichnet ist (§ 14 Abs. 5 des Gesetzes).[3]**

(3) **Der an erster Stelle unterzeichnete Beauftragte gilt als Listenvertreterin oder Listenvertreter. Die Gewerkschaft kann hierfür eine Arbeitnehmerin oder einen Arbeitnehmer des Betriebs, die oder der Mitglied der Gewerkschaft ist, benennen.[4]**

1 Jede im Betrieb vertretene Gewerkschaft hat für die Wahl des BR ein eigenes Wahlvorschlagsrecht (vgl. hierzu im Einzelnen § 14 BetrVG Rn 58 ff.). Im Rahmen und zur Verwirklichung dieses Vorschlagsrechts hat sie gem. § 2 Abs. 2 BetrVG das **Recht auf Zutritt zu dem Betrieb,** um zB geeignete Wahlkandidaten zu gewinnen. Auch kann die Gewerkschaft in dem allgemeinen zulässigen Rahmen (vgl. hierzu § 20 BetrVG Rn 8) Wahlwerbung im Betrieb betreiben. Die Gewerkschaft kann jeden wählbaren ArbN, der mit der Kandidatur einverstanden ist, auf ihren Wahlvorschlag setzen, auch wenn dieser nicht bei ihr Mitgl. ist. Allerdings kann die Gewerkschaft ihren Wahlvorschlag auch auf bei ihr organisierte ArbN des Betriebs beschränken (*DKK-Schneider/Homburg* Rn 5; GK-*Kreutz/Oetker* Rn 5).

2 Die Wahlvorschläge der Gewerkschaften unterliegen – abgesehen von den zwei Ausnahmen in Rn 3 und 4 – **denselben Erfordernissen wie die Wahlvorschläge der ArbN** des Betriebs. Das gilt insbesondere auch für die Einhaltung der vom Wahlvorst. festgesetzten Fristen und die Form der Vorschlagslisten. Jede im Betrieb vertretene Gewerkschaft kann jeweils **nur einen Wahlvorschlag** machen.

3 Wahlvorschläge der Gewerkschaften brauchen nicht von wahlberechtigten ArbN des Betriebs unterstützt zu werden. Vielmehr reicht es aus – das ist allerdings für die Gültigkeit des Vorschlags auch erforderlich (vgl. ArbG Siegen, DB 74, 1776) –, dass der Wahlvorschlag von zwei **Beauftragten der Gewerkschaft unterschrieben** ist (vgl. Abs. 2 und § 14 Abs. 5 BetrVG). Die Beauftragten müssen zur Unterzeichnung

entweder durch die Satzung oder durch eine entsprechende Vollmacht der Gewerkschaft legitimiert sein. In Zweifelsfällen kann der Wahlvorst. einen Nachweis der Beauftragung (zB durch Auszug aus der Satzung der Gewerkschaft oder durch schriftliche Vollmacht) verlangen (*DKK-Schneider/Homburg* Rn 3; s. auch § 14 BetrVG Rn 68). Der Nachweis muss jedenfalls dann nicht innerhalb der Zweiwochenfrist des § 6 Abs. 1 S. 2 erbracht werden, wenn der Wahlvorst. dies nicht ausdrücklich fordert (LAG Hamm NZA-RR 98, 400; s. auch GK-*Kreutz* § 14 BetrVG Rn 93). Liegt eine rechtsgültige Beauftragung nicht vor, ist der Wahlvorschlag nur gültig, wenn diese bis zum Ablauf der Einreichungsfrist für Wahlvorschläge nachgeholt wird.

Der Beauftragte der Gewerkschaft, der den Wahlvorschlag an erster Stelle unter- **4** zeichnet hat, ist mangels anderweitiger Bestimmung von Gesetzes wegen **Listenvertreter** iS von § 6 Abs. 4. An erster Stelle ist der Wahlvorschlag von dem Beauftragten unterzeichnet, der bei nebeneinander stehenden Unterschriften links und bei untereinander stehenden Unterschriften an oberer Stelle unterzeichnet hat (*DKK-Schneider/Homburg* Rn 5). Die Regelung des Abs. 3 S. 1 gilt jedoch nur für den Fall, dass die Gewerkschaft keine anderweitige Bestimmung des Listenvertreters vornimmt. Sie kann auch einen Wahlbewerber oder einen anderen ArbN des Betriebs als Listenvertreter benennen. Jedoch muss dieser der Gewerkschaft als Mitglied angehören (vgl. Abs. 3 S. 2) und mit der Benennung einverstanden sein. Die Gewerkschaft kann auch den Beauftragten, der die Liste an zweiter Stelle unterschrieben hat, als Listenführer bestimmen. Die Bestimmung eines anderen Listenvertreters ist nicht formgebunden, muss jedoch von einem hierzu ermächtigten Vertreter der Gewerkschaft erklärt werden. Bei mündlicher Bestimmung gegenüber dem Wahlvorst. sollte dieser sie aktenkundig machen (*DKK-Schneider/Homburg* Rn 5).

Zweiter Teil. Wahl des Betriebsrats im vereinfachten Wahlverfahren (§ 14a des Gesetzes)

Erster Abschnitt. Wahl des Betriebsrats im zweistufigen Verfahren (§ 14a Abs. 1 des Gesetzes)

Erster Unterabschnitt. Wahl des Wahlvorstands

§ 28 Einladung zur Wahlversammlung

(1) **Zu der Wahlversammlung, in der der Wahlvorstand nach § 17a Nr. 3 des Gesetzes (§ 14a Abs. 1 des Gesetzes) gewählt wird, können drei Wahlberechtigte des Betriebs oder eine im Betrieb vertretene Gewerkschaft einladen[1] (einladende Stelle) und Vorschläge für die Zusammensetzung des Wahlvorstands machen. Die Einladung muss mindestens sieben Tage[2] vor dem Tag der Wahlversammlung erfolgen. Sie ist durch Aushang an geeigneten Stellen im Betrieb bekannt zu machen.[3] Ergänzend kann die Einladung mittels der im Betrieb vorhandenen Informations- und Kommunikationstechnik[4] bekannt gemacht werden; § 2 Abs. 4 Satz 4 gilt entsprechend. Die Einladung muss folgende Hinweise[5] enthalten:**

a) **Ort, Tag und Zeit der Wahlversammlung zur Wahl des Wahlvorstands;**

b) **dass Wahlvorschläge zur Wahl des Betriebsrats bis zum Ende der Wahlversammlung zur Wahl des Wahlvorstands gemacht werden können (§ 14a Abs. 2 des Gesetzes);**

c) **dass Wahlvorschläge der Arbeitnehmerinnen und Arbeitnehmer zur Wahl des Betriebsrats mindestens von einem Zwanzigstel der Wahlberechtigten, mindestens jedoch von drei Wahlberechtigten unterzeichnet sein müssen; in Be-**

trieben mit in der Regel bis zu zwanzig Wahlberechtigten reicht die Unterzeichnung durch zwei Wahlberechtigte;

d) dass Wahlvorschläge zur Wahl des Betriebsrats, die erst in der Wahlversammlung zur Wahl des Wahlvorstands gemacht werden, nicht der Schriftform bedürfen.

(2) Der Arbeitgeber hat unverzüglich nach Aushang der Einladung zur Wahlversammlung nach Absatz 1 der einladenden Stelle alle für die Anfertigung der
Wählerliste erforderlichen Unterlagen[7] (§ 2) in einem versiegelten Umschlag[8]
auszuhändigen.

1   **Einladungsberechtigt** zur WahlVerslg. zur Wahl des Wahlvorst. sind drei wahlberechtigte ArbN oder eine im Betrieb vertretene Gewerkschaft (vgl. hierzu § 17
BetrVG Rn 16ff., § 17a BetrVG Rn 10). In den Betrieben der privatisierten Post-
und Bahnunternehmen sowie Kooperationsunternehmen der Bundeswehr, in denen
für eine längere Übergangszeit auch Beamte bzw. Soldaten beschäftigt werden (vgl.
hierzu § 1 BetrVG Rn 38ff., § 5 BetrVG Rn 309ff., § 14 BetrVG Rn 62, 72ff.) sind
auch die im Betrieb vertretenen Berufsverbände der Beamten bzw. Soldaten einladungsberechtigt (vgl. § 2 BetrVG Rn 34). Die **drei einladenden wahlberechtigten
ArbN** stehen unter den besonderen **Kündigungsschutz** nach § 15a Abs. 3 KSchG
(vgl. § 17 BetrVG Rn 37ff.).

2   Die Einladung zur Wahl des Wahlvorst. muss mindestens **sieben Tage** vor dem Tag
der WahlVerslg. erfolgen. Für die Berechnung der Frist finden die §§ 186 bis 193 BGB
entsprechende Anwendung (vgl. § 41). Mit der Sieben-Tages-Frist wird ua. gewährleistet, dass die ArbN ausreichend Zeit haben, sich zu überlegen, ob und wenn ja,
welche Kandidaten sie zur Wahl des BR vorschlagen wollen.

3   Nach S. 3 ist die Einladung durch **Aushang** an geeigneten Stellen im Betrieb **bekannt zu machen.** Voraussetzung ist, dass die ArbN von der Einladung zur Wahl-
Verslg. Kenntnis nehmen können und damit die Möglichkeit erhalten, an ihr teilzunehmen. Will eine Gewerkschaft einladen, kann sie vom ArbGeb. die Übersendung
ihrer Einladungsschreiben verlangen, aus datenschutzrechtlichen Gründen jedoch
nicht die Überlassung der Namen und Adressen der ArbN zwecks eigener Versendung (vgl. auch § 17 BetrVG Rn 17 mwN).

4   Die Einladung kann ergänzend zum Aushang auch **mittels** der im Betrieb vorhandenen **Informations- und Kommunikationstechnik** bekannt gemacht werden,
wie zB durch Rund-Email oder durch Veröffentlichung im Intranet (vgl. § 17a
BetrVG Rn 13). Soll die Bekanntmachung ausschließlich in elektronischer Form, dh
ohne den üblichen Aushang im Betrieb erfolgen, so ist dies nur unter strengen Voraussetzungen möglich. Sichergestellt sein muss, dass alle ArbN von der Bekanntmachung Kenntnis erlangen können und Vorkehrungen getroffen sind, dass Änderungen
der Bekanntmachung nur von der einladenden Stelle vorgenommen werden können
(vgl. hierzu auch § 2 Rn 11). Nicht ausreichend ist beispielsweise, dass von 59 ArbN
52 per E-Mail erreichbar sind, wenn die Einladung ausschließlich in dieser Form
erfolgt (BAG 19. 11. 03 AP Nr. 54 zu § 19 BetrVG 1972). Wollen die Einladenden
die im Betrieb vorhandene Informations- und Kommunikationstechnik nutzen, hat
der ArbGeb. ihnen die bestehende Infrastruktur hierfür zur Verfügung zu stellen (vgl.
Thüsing/Lambrich, NZA-Sonderheft 01, 79, 88; *Richardi/Thüsing* Rn 3). Gleiches gilt,
wenn die Initiative von einer im Betrieb vertretenen Gewerkschaft erfolgt (*Richardi/
Thüsing* Rn 3). Der in der WO verwandte **Begriff „elektronische Form"** ist **nicht
identisch** mit dem in § 126a BGB und § 2 Nr. 3 SignaturG verwandten Begriff. Die
Bekanntmachung in elektronischer Form setzt daher zu ihrer Wirksamkeit kein qualifiziert signiertes Dokument iSd. vorgenannten Vorschriften voraus.

5   Wegen der Besonderheit des vereinfachten Wahlverfahrens im zweistufigen Verfahren, müssen die Einladenden neben dem **Hinweis** auf den Ort, Tag und Zeit der
WahlVerslg. zur Wahl des Wahlvorst. (Buchst. a) für die ArbN wesentliche Informationen für die Wahl des BR in ihre **Einladung** aufnehmen:

– Die ArbN müssen bereits mit der Einladung darüber informiert werden, dass Wahlvorschläge zur Wahl des BR nur bis zum Ende der WahlVerslg. zur Wahl des Wahlvorst. gemacht werden können (Buchst. b, s. auch §14a Abs. 2 BetrVG Rn 34), damit sie ausreichend Zeit und Gelegenheit haben, die Wahlvorschläge zur Wahl des BR vorzubereiten.

– Unter welche formellen Voraussetzungen die Wahlvorschläge zulässig sind (Buchst. c) und

– dass die Wahlvorschläge, wenn sie erst auf der WahlVerslg. zur Wahl des Wahlvorst. selbst gemacht werden, nicht der Schriftform bedürfen (Buchst. d, s. auch §14a Abs. 2 BetrVG Rn 31).

Hierbei handelt es sich um eine wesentliche Verfahrensvorschrift, deren Verletzung **6** unter den Voraussetzungen des §19 BetrVG die Anfechtung der Wahl rechtfertigen kann (*Richardi/Thüsing* Rn 4). Soweit die Einladung die wesentlichen Angaben (Zeitpunkt, Ort, Gegenstand der WahlVerslg. sowie die Einladenden) enthält und so bekannt gemacht ist, dass alle ArbN von ihr Kenntnis erlangen können, tangieren formelle Mängel des Einladungsschreibens, wie z.B. der fehlende Hinweis auf Buchst. b, nicht den Bestand des Kündigungsschutzes (LAG Berlin 25. 6. 03 – 17 Sa 531/03 – Juris; ArbG Frankfurt a.M. AuR 02, 394f.; *Berg* AiB 05, 740, 743). Anfechtungsgründe, die nicht die Nichtigkeit des Wahlverfahrens zur Folge haben, führen nicht zum Verlust des Kündigungsschutzes (ArbG aaO). Ist die Einladung hinsichtlich der weiteren Anforderungen des §28 WO formal mangelhaft, empfiehlt sich, dass die Einladenden ihre Einladung formal ordnungsgemäß nachholen.

Der Wahlvorst. hat unmittelbar nach seiner Wahl in der WahlVerslg. die Aufgabe, **7** die Wählerliste, getrennt nach den Geschlechtern, aufzustellen (§30 Abs. 1 S. 2). Um dies zu ermöglichen, ist der **ArbGeb.** verpflichtet, der einladenden Stelle unverzüglich nach Aushang der Einladung alle für die Anfertigung der Wählerliste erforderlichen Unterlagen in einem **versiegelten Umschlag** auszuhändigen. Die Versiegelung hat so zu erfolgen, dass eine unberechtigte Öffnung sofort erkennbar ist (GK-*Kreutz/ Oetker* Rn 8; *DKK-Schneider/Homburg* Rn 8). Ein Verstoß hiergegen begründet keinen wesentlichen Verfahrensfehler, der zur Wahlanfechtung berechtigt (ebenso GK-*Kreutz/Oetker* Rn 8). Einer gesonderten Aufforderung durch die Einladenden bedarf es nicht; der ArbGeb. hat die erforderlichen Unterlagen ohne schuldhaftes Zögern zusammenzustellen (vgl. §14a BetrVG Rn 19; *Thüsing/Lambrich,* NZA-Sonderheft 01, 79, 88; *Richardi/Thüsing* Rn 8). Hierzu steht ihm längstens der Zeitraum bis zum Tag der WahlVerslg. zur Wahl des Wahlvorst. zur Verfügung (*Richardi/Thüsing* Rn 6).

Die Bestimmung der **erforderlichen Unterlagen** richtet sich nach §2; vgl. daher **8** ausführlich §2 Rn 6ff. Dazu gehört ua. auch die Klarstellung des in §5 Abs. 2 und 3 BetrVG genannten Personenkreises sowie der nach §7 S. 2 BetrVG wahlberechtigten ArbN. Hinsichtlich der wahlberechtigten ArbN nach §7 S. 2 BetrVG umfasst dies auch Unterlagen über deren Beginn und voraussichtliches Ende ihres Einsatzes im Betrieb (*Richardi/Thüsing* Rn 9; HSWG §14a BetrVG Rn 5).

Verweigert oder verzögert der ArbGeb. seine Mitwirkungspflichten oder behindert **9** er in sonstiger Weise die Vorbereitung und Durchführung der Wahlversammlung zur Wahl des Wahlvorst. stellt dies einen Verstoß gegen das Verbot der Behinderung der BR-Wahl dar (§20 Abs. 1 BetrVG), die in bestimmten Fällen den Straftatbestand des §119 BetrVG erfüllen kann (*DKK-Schneider/Homburg* Rn 5; *Löwisch/Kaiser* §28 Rn 5). Die einladende Stelle kann die Erfüllung der Mitwirkungspflicht des ArbGeb. notfalls im Wege der **einstw. Vfg.** erzwingen (*Richardi/Thüsing* Rn 7; *DKK-Schneider/Homburg* Rn 5; *Löwisch/Kaiser* §28 Rn 7; *Berg* AiB 02, 17, 20).

Die **einladende Stelle** hat kein Einsichtsrecht (*DKK-Schneider/Homburg* Rn 4). **10** Ihr kommt lediglich **Botenfunktion** zu (vgl. §30 Abs. 1 S. 4 WO; *Richardi/Thüsing* Rn 7).

§ 29 Wahl des Wahlvorstands

Der Wahlvorstand wird in der Wahlversammlung zur Wahl des Wahlvorstands von der Mehrheit der anwesenden Arbeitnehmerinnen und Arbeitnehmer gewählt (§ 17 a Nr. 3 Satz 1 des Gesetzes).[1, 2] Er besteht aus drei Mitgliedern (§ 17 a Nr. 2 des Gesetzes).[3] Für die Wahl der oder des Vorsitzenden des Wahlvorstands gilt Satz 1 entsprechend.[3]

1   Liegen die Voraussetzungen für das zweistufige Wahlverfahren vor (vgl. dazu § 14 a BetrVG Rn 8 ff., § 17 a BetrVG Rn 9 ff.), wird der Wahlvorst. in der WahlVerslg. zur Wahl des Wahlvorst. von der Mehrheit der anwesenden ArbN gewählt. Die Wahlversammlung findet grundsätzlich während der Arbeitszeit statt (GK-*Kreutz/Oetker* Rn 1). **Teilnahme-, Vorschlags-** und **Stimmberechtigt** sind – bis auf die in § 5 Abs. 2 und 3 BetrVG genannten Personen – **alle ArbN,** auch die nach § 7 S. 2 Wahlberechtigten (vgl. § 17 a BetrVG Rn 15; GK-*Kreutz/Oetker* Rn 2; *DKK-Schneider/Homburg* Rn 2).

2   Eine bes. Form des Verfahrens ist nicht vorgeschrieben. In der Regel eröffnen die Einladenden die Versammlung und veranlassen zweckmäßigerweise zunächst die Wahl eines ArbN des Betriebs zum **Versammlungsleiter;** hierfür reicht die relative Mehrheit (§ 17 BetrVG Rn 23; *Richardi/Thüsing* § 17 BetrVG Rn 12; *DKK-Schneider/Homburg* Rn 2). Bis dahin leiten die Einladenden die Versammlung (vgl. § 17 BetrVG Rn 23). Die Wahl eines Versammlungsleiters ist nicht zwingend erforderlich. So kann zB auch der die Versammlung Eröffnende (zB ein Sekretär der einladenden Gewerkschaft) oder ein sonstiger ArbN die Leitung der Versammlung übernehmen, wenn die Mehrheit der Versammlungsteilnehmer hiermit erkennbar einverstanden ist, ohne dass dies auf die Gültigkeit der Bestellung des Wahlvorst. Einfluss hat (BAG 14. 12. 65 AP Nr. 5 zu § 16 BetrVG; § 17 BetrVG Rn 23; GK-*Kreutz* § 17 BetrVG Rn 32).

3   Die Mitgliederzahl des Wahlvorst. ist im vereinfachten Wahlverfahren auf drei beschränkt. Jedes zu wählende Mitgl. bedarf der Mehrheit der Stimmen der anwesenden ArbN. Aus dem Kreis der gewählten Mitgl. wählen die ArbN ebenfalls mit Stimmenmehrheit die oder den Vorsitzenden (GK-*Kreutz/Oetker* Rn 4; *Richardi/Thüsing* Rn 1). Wie auch bei der Wahl des Wahlvorst. in einer BetrVerslg. nach § 17 Abs. 2 ist eine förmliche, insb. geheime Wahl nicht erforderlich (GK-*Kreutz/Oetker* Rn 3); nach dem Verlauf der WahlVerslg. muss jedoch zweifelsfrei feststehen, wer als Mitgl. des Wahlvorst. gewählt ist (vgl. § 17 BetrVG Rn 27 mwN). Ergänzend können auch **ErsMitgl.** gewählt werden (vgl. § 17 a BetrVG Rn 7, 15; *DKK-Schneider/Homburg* Rn 3).

Zweiter Unterabschnitt. Wahl des Betriebsrats

§ 30 Wahlvorstand, Wählerliste

(1) Unmittelbar nach seiner Wahl hat der Wahlvorstand in der Wahlversammlung zur Wahl des Wahlvorstands die Wahl des Betriebsrats einzuleiten.[1] § 1 gilt entsprechend.[2] Er hat unverzüglich in der Wahlversammlung eine Liste der Wahlberechtigten (Wählerliste),[3] getrennt nach den Geschlechtern, aufzustellen. Die einladende Stelle hat dem Wahlvorstand den ihr nach § 28 Abs. 2 ausgehändigten versiegelten Umschlag zu übergeben.[3, 4] Die Wahlberechtigten sollen in der Wählerliste mit Familienname, Vorname und Geburtsdatum in alphabetischer Reihenfolge aufgeführt werden. § 2 Abs. 1 Satz 3, Abs. 2 bis 4 gilt entsprechend.

(2) Einsprüche[5–8] gegen die Richtigkeit der Wählerliste können mit Wirksamkeit für die Betriebsratswahl nur vor Ablauf von drei Tagen seit Erlass des Wahl-

ausschreibens beim Wahlvorstand schriftlich eingelegt werden. § 4 Abs. 2 und 3 gilt entsprechend.[9, 10]

Mit der Wahl des Wahlvorst. ist die WahlVerslg. zur Wahl des Wahlvorst. noch **1** nicht beendet. **Aufgabe** des Wahlvorst. ist es, nach seiner Wahl in der WahlVerslg. die Wahl des BR einzuleiten.

Der Wahlvorst., dem die Leitung der BRWahl obliegt, kann sich eine Geschäfts- **2** ordnung geben, wenn er dies für erforderlich hält und Wahlhelferinnen und -helfer zur Unterstützung bei der Stimmabgabe und Stimmenzählung in der zweiten Wahl-Verslg. zur Wahl des BR heranziehen (§ 1 Abs. 1 und 2; GK-*Kreutz/Oetker* § 29 Rn 3; *Richardi/Thüsing* Rn 1). Auch im vereinfachten Wahlverfahren fasst der Wahlvorst. die Beschlüsse mit einfacher Stimmenmehrheit; über die Beschlüsse hat er eine Niederschrift zu erstellen (§ 1 Abs. 3). Wegen der Besonderheit des vereinfachten Wahlverfahrens, wonach die Beschlüsse des Wahlvorst. noch in der WahlVerslg. gefasst werden müssen, sind diese grundsätzlich öffentlich (*DKK-Schneider/Homburg* Rn 7; *Berg* AiB 02, 17, 21 f; **aA** GK-*Kreutz/Oetker* § 29 Rn 5).

Bevor der Wahlvorst. das WA erlässt, hat er die **Wählerliste,** getrennt nach den **3** Geschlechtern, aufzustellen. Dazu hat die einladende Stelle dem Wahlvorst. den ihr vom ArbGeb. ausgehändigten versiegelten Umschlag zu übergeben. Verbleiben nach den vom ArbGeb. zur Verfügung gestellten Unterlagen Unklarheiten, so ist der Arb-Geb. verpflichtet, dem Wahlvorst. die zur Klärung erforderlichen Auskünfte zu erteilen und weitere Unterlagen zur Verfügung zu stellen (§ 30 Abs. 1 S. 6 iVm. § 2 Abs. 2). Dementsprechend ist dem ArbGeb. in der WahlVerslg. ein **Teilnahmerecht** zuzubilligen (vgl. § 14 a BetrVG Rn 21; GK-*Kreutz/Oetker* Rn 2; **aA** *Richardi/ Thüsing* § 28 Rn 12, § 29 Rn 2; wohl auch *Däubler,* ArbuR 01, 285, 287; **offen wohl** *Thüsing/Lambrich,* NZA-Sonderheft 01, 79, 89). Auf jeden Fall hat der Arb-Geb. bzw. sein für diese Fragen maßgeblicher Vertreter für evtl. Auskünfte zur Verfügung zu stehen (*Berg* AiB 02, 17, 22). Zur Einholung noch fehlender Auskünfte kann die WahlVerslg. auch kurzfristig unterbrochen werden (*DKK-Schneider/Homburg* Rn 1; GK-*Kreutz/Oetker* Rn 2; *Löwisch/Kaiser* vor § 28 Rn 4, § 30 Rn 10; *HSWG* § 14 a BetrVG Rn 5). Kommt der ArbGeb. seiner Unterstützungspflicht nicht nach, kann der Wahlvorst. die notwendigen Auskünfte notfalls im Wege der **einstw. Vfg.** erzwingen (*Richardi/Thüsing* § 28 Rn 11; *DKK-Schneider/Homburg* Rn 1; *Berg* AiB 02, 17, 22). Um eine Verzögerung des Wahlverfahrens zu vermeiden, hat der Wahlvorst. jedoch zunächst pflichtgemäß zu versuchen, die Wählerliste auch mit Hilfe anderer Erkenntnisquellen – eigenes Wissen, Informationen durch andere ArbN etc. – aufzustellen (*DKK-Schneider/Homburg* Rn 2; *Berg* AiB 02, 17, 22). Gelingt ihm dies nicht und ist er nicht in der Lage, die Wählerliste ordnungsgemäß aufzustellen, muss er die WahlVerslg. unterbrechen und vertagen (für die Möglichkeit der Unterbrechung: *Löwisch/Kaiser* Rn 10; *DKK-Schneider/Homburg* Rn 1; *Berg* AiB 02, 17, 22; **aA** GK-*Kreutz/Oetker* Rn 2; ebenso wohl auch *Richardi/Thüsing* § 28 Rn 12, der vom Wahlvorst. die Aufstellung der Wählerliste verlangt und auf die Möglichkeit verweist, innerhalb der Einspruchsfrist die Wählerliste die notwendigen bzw. vollständigen Angaben durch den ArbGeb. – ggf. auch gerichtlich – einzufordern – dies birgt jedoch die Gefahr, dass das ebenfalls in der WahlVerslg. zu erlassene Wahlausschreiben aufgrund der neuen Erkenntnisse neu erlassen werden muss – eine Verzögerung des Wahlverfahrens lässt sich durch diesen Weg nicht vermeiden). Muss der Wahlvorst. die WahlVerslg. unterbrechen und vertagen, hat er den frühest möglichen Zeitpunkt der Fortsetzung dieser WahlVerslg. zu beschließen und in der WahlVerslg. bekannt zu geben. In entsprechender Anwendung des § 28 Abs. 1 Satz 3 ist der Beschluss über die Unterbrechung, der Zeitpunkt der Fortsetzung der WahlVerslg., der erneute Hinweis über die Einreichung von Wahlvorschlägen gem. § 28 Abs. 1 Satz 5 Buchst. b bis c sowie die Bekanntgabe der bereits erfolgten Wahl des Wahlvorst. und seine personelle Zusammensetzung durch Aushang im Betrieb bekannt zu machen. Die Einladungsfrist von sieben Tagen nach § 28 Abs. 1 Satz 2 braucht in diesem Fall nicht eingehalten zu werden, da es sich lediglich um die Fortsetzung der dort in Rede stehenden WahlVerslg. handelt (*DKK-Schneider/Homburg* Rn 1; *Berg* AiB 02, 17, 22).

4   Weigert sich der ArbGeb., die erforderlichen Auskünfte und Unterlagen zur Verfügung zu stellen, macht er sich wegen **Wahlbehinderung** nach § 119 Abs. 1 Nr. 1 BetrVG strafbar (vgl. § 2 Rn 6 mwN; *DKK-Schneider/Homburg* Rn 2; *Richardi/Thüsing* § 28 Rn 11).

5   Gegen unrichtige Eintragungen in der **Wählerliste** kann binnen einer Frist von **drei Tagen** seit Erlass des WA **Einspruch** eingelegt werden. Die Frist bestimmt sich nach den §§ 186 bis 193 BGB (§ 41). Da das WA am Tag der WahlVerslg. erlassen wird, ist dieser Tag gem. § 187 BGB nicht mitzuzählen (GK-*Kreutz/Oetker* Rn 3). Ist damit zB das WA an einem Dienstag erlassen worden, endet die Einspruchsfrist gegen die Wählerliste am Freitag.

6   **Einspruchsberechtigt** ist jeder ArbN, einschließlich die nach § 7 S. 2 BetrVG wahlberechtigten ArbN; **nicht einspruchsberechtigt** sind dagegen der ArbGeb. und die im Betrieb vertretenen Gewerkschaften (vgl. ausführlich § 4 Rn 3). Wird die Einspruchsfrist versäumt, sind die ArbN insoweit nicht mehr zur **Wahlanfechtung** nach § 19 BetrVG befugt (vgl. § 4 Rn 5 mwN).

7   Im vereinfachten Wahlverfahren findet das Zuordnungsverfahren nach § 18a BetrVG keine Anwendung (vgl. § 18a BetrVG Rn 4), so dass insoweit die Vorschrift des § 4 Abs. 2 S. 2 und 3 hier nicht zum Tragen kommt.

8   Der Einspruch ist beim Wahlvorst. **schriftlich** einzulegen (vgl. dazu § 4 Rn 6 und 7).

9   Über Einsprüche hat der Wahlvorst. unverzüglich zu entscheiden, und wenn der Einspruch begründet ist, die Wählerliste entsprechend zu berichtigen. Über die Entscheidung hat der Wahlvorst. den Einspruchsführer ebenfalls unverzüglich zu unterrichten (vgl. § 4 Rn 8); sie muss dem Einspruchsführer spätestens am Tag vor der WahlVerslg. zur Wahl des BR zugehen (Abs. 2 iVm. § 4 Abs. 2 S. 5 2. Halbsatz).

10   Nach Ablauf der dreitägigen Einspruchsfrist hat der Wahlvorst. die Wählerliste nochmals auf ihre Vollständigkeit zu überprüfen (Abs. 2 iVm. § 4 Abs. 3) und ggf. erforderliche Korrekturen bis zum Tage vor dem Beginn der WahlVerslg. zur Wahl des BR vorzunehmen (*DKK-Schneider/Homburg* Rn 6). Hierzu gehört insb. die Aufnahme neu in den Betrieb eingetretener wahlberechtigter ArbN oder die Streichung von aus dem Betrieb geschiedener ArbN (vgl. ausführlich § 4 Rn 15). Dies umfasst auch die in § 7 S. 2 BetrVG wahlberechtigten ArbN. Stand zB bei Aufstellung der Wählerliste nicht fest, ob ein bestimmter LeihArbN länger als drei Monate im Betrieb eingesetzt wird, erfolgt aber noch vor dem Tag der WahlVerslg. eine Verlängerung der Überlassung, so ist dieser noch in die Wählerliste als wahlberechtigter ArbN aufzunehmen.

11   Stellt der Wahlvorst. nach seiner Wahl fest, dass im Betrieb mehr als fünfzig wahlberechtigte ArbN beschäftigt sind, kann er die BRWahl nicht im vereinfachten Wahlverfahren durchführen (*DKK-Schneider/Homburg* Rn 5). Liegt die Beschäftigtenzahl unter 100 wahlberechtigten ArbN, hat der Wahlvorst. jedoch die Möglichkeit, mit dem ArbGeb. nach § 14a Abs. 5 die Anwendung des vereinfachten Wahlverfahrens zu vereinbaren (vgl. BR-Drucks. 838/01 S. 34 zu § 30 WO; noch offengelassen von BAG 19. 11. 03 AP Nr. 54 zu § 19 BetrVG 1972, aber wohl mit zustimmender Tendenz; **aA** *Richardi/Thüsing* § 37; *Löwisch/Kaiser* § 37 Rn 1, die die Möglichkeit des Abschlusses einer Vereinbarung nach § 14a Abs. 5 BetrVG nur auf Wahlvorst., die nach § 16 BetrVG bestellt worden sind, beschränken). Das Wahlverfahren richtet sich dann nach den Vorschriften über das einstufige Verfahren (§ 37 iVm. § 36 WO; *DKK-Schneider/Homburg* Rn 5). Zum Abschluss einer Vereinbarung nach § 14a Abs. 5 BetrVG s. § 14a BetrVG Rn 53 ff.

12   Kommt keine Vereinbarung iSd. § 14a Abs. 5 BetrVG zustande, hat der Wahlvorst. das normale Wahlverfahren gem. § 18 BetrVG einzuleiten. Einer Neuwahl des Wahlvorst. bedarf es nicht; der Wahlvorst. ist entsprechend den Vorschriften des § 17 BetrVG ordnungsgemäß zustande gekommen (*DKK-Schneider/Homburg* Rn 5; *Berg* AiB 02, 17, 23).

§ 31 Wahlausschreiben

(1) Im Anschluss an die Aufstellung der Wählerliste erlässt der Wahlvorstand in der Wahlversammlung das Wahlausschreiben,[1] das von der oder dem Vorsitzenden und von mindestens einem weiteren stimmberechtigten Mitglied des Wahlvorstands zu unterschreiben ist. Mit Erlass des Wahlausschreibens ist die Betriebsratswahl eingeleitet. Das Wahlausschreiben muss folgende Angaben[2] enthalten:

1. das Datum seines Erlasses;[3]
2. die Bestimmung des Orts, an dem die Wählerliste und diese Verordnung ausliegen sowie im Fall der Bekanntmachung in elektronischer Form (§ 2 Abs. 4 Satz 3 und 4) wo und wie von der Wählerliste und der Verordnung Kenntnis genommen werden kann;[4]
3. dass nur Arbeitnehmerinnen und Arbeitnehmer wählen oder gewählt werden können, die in die Wählerliste eingetragen sind, und dass Einsprüche gegen die Wählerliste (§ 4) nur vor Ablauf von drei Tagen seit dem Erlass des Wahlausschreibens schriftlich beim Wahlvorstand eingelegt werden können; der letzte Tag der Frist ist anzugeben;[5]
4. den Anteil der Geschlechter und den Hinweis, dass das Geschlecht in der Minderheit im Betriebsrat mindestens entsprechend seinem zahlenmäßigen Verhältnis vertreten sein muss, wenn der Betriebsrat aus mindestens drei Mitgliedern besteht (§ 15 Abs. 2 des Gesetzes);[6]
5. die Zahl der zu wählenden Betriebsratsmitglieder (§ 9 des Gesetzes) sowie die auf das Geschlecht in der Minderheit entfallenden Mindestsitze im Betriebsrat (§ 15 Abs. 2 des Gesetzes);[7]
6. die Mindestzahl von Wahlberechtigten, von denen ein Wahlvorschlag unterzeichnet sein muss (§ 14 Abs. 4 des Gesetzes) und den Hinweis, dass Wahlvorschläge, die erst in der Wahlversammlung zur Wahl des Wahlvorstands gemacht werden, nicht der Schriftform bedürfen (§ 14a Abs. 2 zweiter Halbsatz des Gesetzes);[8, 9]
7. dass der Wahlvorschlag einer im Betrieb vertretenen Gewerkschaft von zwei Beauftragten unterzeichnet sein muss (§ 14 Abs. 5 des Gesetzes);[10]
8. dass Wahlvorschläge bis zum Abschluss der Wahlversammlung zur Wahl des Wahlvorstands bei diesem einzureichen sind (§ 14a Abs. 2 erster Halbsatz des Gesetzes);[11]
9. dass die Stimmabgabe an die Wahlvorschläge gebunden ist und dass nur solche Wahlvorschläge berücksichtigt werden dürfen, die fristgerecht (Nr. 8) eingereicht sind;[12]
10. die Bestimmung des Orts, an dem die Wahlvorschläge bis zum Abschluss der Stimmabgabe aushängen;[13]
11. Ort, Tag und Zeit der Wahlversammlung zur Wahl des Betriebsrats (Tag der Stimmabgabe – § 14a Abs. 1 Satz 3 und 4 des Gesetzes);[14]
12. dass Wahlberechtigten, die an der Wahlversammlung zur Wahl des Betriebsrats nicht teilnehmen können, Gelegenheit zur nachträglichen schriftlichen Stimmabgabe gegeben wird (§ 14a Abs. 4 des Gesetzes); das Verlangen auf nachträgliche schriftliche Stimmabgabe muss spätestens drei Tage vor dem Tag der Wahlversammlung zur Wahl des Betriebsrats dem Wahlvorstand mitgeteilt werden;[15]
13. Ort, Tag und Zeit der nachträglichen schriftlichen Stimmabgabe (§ 14a Abs. 4 des Gesetzes) sowie die Betriebsteile und Kleinstbetriebe, für die nachträgliche schriftliche Stimmabgabe entsprechend § 24 Abs. 3 beschlossen ist;[16, 17]

14. den Ort, an dem Einsprüche, Wahlvorschläge und sonstige Erklärungen gegenüber dem Wahlvorstand abzugeben sind (Betriebsadresse des Wahlvorstands);[18]
15. Ort, Tag und Zeit der öffentlichen Stimmauszählung.[19, 20]

(2) Ein Abdruck des Wahlausschreibens ist vom Tage seines Erlasses bis zum letzten Tage der Stimmabgabe an einer oder mehreren geeigneten, den Wahlberechtigten zugänglichen Stellen vom Wahlvorstand auszuhängen und in gut lesbarem Zustand zu erhalten. Ergänzend kann das Wahlausschreiben mittels der im Betrieb vorhandenen Informations- und Kommunikationstechnik bekannt gemacht werden. § 2 Abs. 4 Satz 4 gilt entsprechend.[21, 22]

1   Die Vorschrift bestimmt, dass das **WA in der WahlVerslg. zur Wahl des Wahlvorst.** zu **erlassen** ist und welchen **Inhalt das WA** haben muss. Mit dem Erlass des WA ist die BRWahl eingeleitet.

2   Hinsichtlich des Inhalts des WA knüpft die Vorschrift an die allgemeine Vorschrift des WA nach § 3 an und passt sie den Besonderheiten, die im vereinfachten, zweistufigen Wahlverfahren zu beachten sind an und ergänzt sie.

3   Wegen der mit Erlass des WA verbundenen Fristen für Einsprüche gegen die Wählerliste und Einreichung von Wahlvorschlägen, ist im WA das **Datum seines Erlasses** anzugeben.

4   Zur **Auslegung** der **Wählerliste** und der Wahlordnung vgl. § 3 Rn 7.

5   Zu Nummer 3 vgl. § 3 Rn 8. Zum Einspruchsverfahren selbst s. auch § 30 Rn 5 f.

6   Zu Nummer 4 vgl. § 3 Rn 9.

7   Die **Zahl der zu wählenden BRMitgl.** hängt in Kleinbetrieben von der Zahl der im Betrieb in der Regel beschäftigten **wahlberechtigten ArbN** ab. Zur Feststellung der regelmäßig beschäftigten ArbN s. § 9 BetrVG Rn 11 ff. Ist im vereinfachten, zweistufigen Wahlverfahren ein dreiköpfiger BR zu wählen, hat die Wahlvorst. anzugeben, ob dem Geschlecht in der Minderheit ein Mindestsitz zusteht. Zur Ermittlung vgl. § 32 und dort Rn 2.

8   Für die Mitteilung der erforderlichen Unterschriften unter einem Wahlvorschlag ist der allgemeine Hinweis auf § 14 Abs. 4 BetrVG nicht ausreichend; der Wahlvorst. hat vielmehr die genaue Anzahl der notwendigen **Stützunterschriften** anzugeben (siehe dazu auch § 3 Rn 12). In Betrieben mit in der Regel bis zu 20 wahlberechtigten ArbN sind dies zwei, in Betrieben mit in der Regel mehr als 20 bis zu 50 wahlberechtigten ArbN sind es drei Stützunterschriften.

9   Da Wahlvorschläge, die erst in der WahlVerslg. selbst gemacht werden, nicht der **Schriftform** bedürfen (§ 14a Abs. 2 zweiter Halbsatz BetrVG), hat der Wahlvorst. hierauf ebenfalls im WA hinzuweisen. Vgl. zu mündlich gemachten Wahlvorschlägen in der WahlVerslg. § 14a BetrVG Rn 31, § 33 Rn 3.

10   Zum Erfordernis der Unterzeichnung durch zwei Beauftragte der Gewerkschaft vgl. § 27 Rn 3 sowie § 14 BetrVG Rn 67. Zum Wahlvorschlagsrecht der Gewerkschaft vgl. § 14 BetrVG Rn 58 ff.

11   Im vereinfachten, zweistufigen Wahlverfahren können **Wahlvorschläge** zur Wahl des BR nur bis zum Abschluss der WahlVerslg. zur Wahl des Wahlvorst. gemacht werden (§ 14a Abs. 2 erster Halbsatz BetrVG). Vgl. hierzu auch § 14a BetrVG Rn 34. Zur Einreichung von Wahlvorschlägen vgl. § 14a BetrVG Rn 27 ff. und § 33 Rn 1 ff.

12   Die Belehrung über die Stimmabgabe und ihre Bindung an ordnungsgemäß eingereichte Wahlvorschläge hat ausdrücklich und in verbaler Form zu erfolgen. Nicht ausreichend ist der bloße Hinweis auf die einschlägigen Vorschriften in der WO.

13   Zur Bestimmung des Orts, an dem die Wahlvorschläge aushängen vgl. § 10 WO.

14   Die **WahlVerslg. zur Wahl des BR** findet eine Woche nach der ersten WahlVerslg. zur Wahl des Wahlvorst. statt (§ 14a Abs. 1 S. 4 BetrVG). Sie wird innerhalb der Arbeitszeit durchgeführt (§ 20 Rn 44, § 44 BetrVG Rn 5).

Können wahlberechtigte ArbN nicht an der WahlVerslg. zur Wahl des BR teil- **15** nehmen, ist ihnen Gelegenheit zur schriftlichen Stimmabgabe zu geben. Sie sind im WA darauf hinzuweisen, dass sie ihr Verlangen auf nachträgliche schriftliche Stimmabgabe spätestens drei Tage vor dem Tag der WahlVerslg. zur Wahl des BR dem Wahlvorst. mitgeteilt haben müssen. Der letzte Tag der Frist ist anzugeben.

Der Tag der nachträglichen schriftlichen Stimmabgabe liegt regelmäßig nach dem **16** Tag der WahlVerslg. zur Wahl des BR (vgl. § 14a BetrVG Rn 39), so dass im WA auch Ort, Tag und Zeit der nachträglichen schriftlichen Stimmabgabe anzugeben ist.

Soweit der Wahlvorst. die nachträgliche schriftliche Stimmabgabe für Betriebsteile **17** und Kleinstbetriebe nach § 24 Abs. 3 beschlossen hat, ist auch dies unter genauer Bezeichnung der Betriebsteile und Kleinstbetriebe im WA anzugeben.

Zu Nummer 14 vgl. § 3 Rn 24f. **18**

Im WA ist auch Ort, Tag und Zeit der **öffentlichen Stimmauszählung** anzuge- **19** ben. Die in § 18 Abs. 3 Satz 1 BetrVG vorgeschriebene Öffentlichkeit der Stimmauszählung erfordert, dass Ort, und Zeitpunkt der Stimmauszählung vorher im Betrieb öffentlich bekannt gemacht werden (BAG 15. 11. 2000 AP Nr. 10 zu § 18 BetrVG 1972).

Ist noch unklar, ob die Stimmauszählung am Ende der WahlVerslg. zur Wahl des **20** BR stattfindet oder erst nach Fristablauf für die nachträgliche schriftliche Stimmabgabe, weil nicht auszuschließen ist, dass ein entsprechender Antrag gestellt wird, hat der Wahlvorst. auch die Möglichkeit, die Angabe über Ort, Tag und Zeit der öffentlichen Stimmauszählung **alternativ** anzugeben. Gibt der Wahlvorst. diesen Termin alternativ an, so hat er unmittelbar nach Fristablauf zur Stellung eines Antrags auf nachträgliche schriftliche Stimmabgabe nach § 35 Abs. 1 S. 2 den endgültigen Termin für die Stimmauszählung bekannt zu machen (vgl. § 35 Rn 6).

Das WA ist bis zum **Abschluss der Stimmabgabe** auszuhängen. Ist eine nach- **21** trägliche schriftliche Stimmabgabe nicht erforderlich, ist dies der Tag der WahlVerslg. zur Wahl des BR. Wird nachträgliche schriftliche Stimmabgabe beantragt oder wird sie für den in § 24 Abs. 2 oder 3 genannten Personenkreis vom Wahlvorst. beschlossen, so ist das WA bis zum Tag der nachträglichen schriftlichen Stimmabgabe auszuhängen.

Neben der herkömmlichen Form der Bekanntmachung kann das WA auch mittels **22** der im Betrieb vorhandenen IuK-Technik bekannt gemacht werden. Das WA ausschließlich in elektronischer Form bekannt zu machen, ist jedoch nur zulässig, wenn sichergestellt ist, dass alle ArbN von dem WA Kenntnis nehmen können und sichergestellt ist, dass nur der Wahlvorst. Änderungen des WA vornehmen kann (vgl. auch § 2 Rn 11). Der in der WO verwandte **Begriff „elektronische Form"** ist **nicht identisch** mit dem in § 126a BGB und § 2 Nr. 3 SignaturG verwandten Begriff. Die Bekanntmachung in elektronischer Form setzt daher zu ihrer Wirksamkeit kein qualifiziert signiertes Dokument iSd. vorgenannten Vorschriften voraus.

§ 32 Bestimmung der Mindestsitze für das Geschlecht in der Minderheit

Besteht der zu wählende Betriebsrat aus mindestens drei Mitgliedern,[1] so hat der Wahlvorstand den Mindestanteil der Betriebsratssitze für das Geschlecht in der Minderheit (§ 15 Abs. 2 des Gesetzes) gemäß § 5 zu errechnen.[2, 3]

Gem. § 15 Abs. 2 BetrVG muss das Geschlecht in der Minderheit mindestens ent- **1** sprechend seinem zahlenmäßigen Verhältnis im BR vertreten sein, wenn dieser aus mindestens drei Mitgl. besteht. In Betrieben in denen das vereinfachte Wahlverfahren zur Anwendung kommt ist dies der Fall, wenn
a) in dem Betrieb in der Regel 21 bis 50 wahlberechtigte ArbN beschäftigt sind (zu wählen sind 3 BRMitgl.),

b) in Betrieben mit in der Regel 51 bis 100 wahlberechtigten ArbN die Anwendung des vereinfachten Wahlverfahrens vereinbart worden ist (§ 14 a Abs. 5 BetrVG, § 37). Zu wählen sind 5 BR Mitgl.

2   Die dem Geschlecht in der Minderheit zustehenden BRSitze errechnet der Wahlvorst. nach § 5. Dabei hat er zunächst festzustellen, welches Geschlecht in der Belegschaft in der Minderheit ist; haben beide Geschlechter gleich viele Angehörige, entfällt eine Berechnung der Mindestsitze (vgl. § 5 Rn 2, § 15 BetrVG Rn 19). Maßgeblich für die Berechnung ist die Zahl der Beschäftigten im Zeitpunkt des Erlass des WA (§ 5 Abs. 1 S. 3, vgl. dazu § 15 BetrVG Rn 15, 16).

3   Ergibt die Berechnung nach d'Hondt, dass dem Geschlecht in der Minderheit kein BRSitz zusteht, schließt dies nicht aus, dass Angehörige des Geschlechts in der Minderheit in den BR gewählt werden können (vgl. § 15 BetrVG Rn 20). Diesem Geschlecht steht lediglich kein Mindestsitz im BR zu. Zur Feststellung der Gewählten vgl. § 34 Abs. 5 iVm. § 22.

§ 33 Wahlvorschläge

(1) **Die Wahl des Betriebsrats erfolgt aufgrund von Wahlvorschlägen. Die Wahlvorschläge sind von den Wahlberechtigten und den im Betrieb vertretenen Gewerkschaften bis zum Ende der Wahlversammlung zur Wahl des Wahlvorstands bei diesem einzureichen.[1] Wahlvorschläge, die erst in dieser Wahlversammlung gemacht werden, bedürfen nicht der Schriftform (§ 14 a Abs. 2 des Gesetzes).[2–5]**

(2) **Für Wahlvorschläge gilt § 6 Abs. 2 bis 4[6–8] entsprechend. § 6 Abs. 5[9] gilt entsprechend mit der Maßgabe, dass ein Wahlberechtigter, der mehrere Wahlvorschläge unterstützt, auf Aufforderung des Wahlvorstands in der Wahlversammlung erklären muss, welche Unterstützung er aufrechterhält. Für den Wahlvorschlag einer im Betrieb vertretenen Gewerkschaft gilt § 27 entsprechend.[10]**

(3) **§ 7 gilt entsprechend. § 8 gilt entsprechend mit der Maßgabe, dass Mängel der Wahlvorschläge nach § 8 Abs. 2 nur in der Wahlversammlung zur Wahl des Wahlvorstands beseitigt werden können.[11, 12]**

(4) **Unmittelbar nach Abschluss der Wahlversammlung hat der Wahlvorstand die als gültig anerkannten Wahlvorschläge bis zum Abschluss der Stimmabgabe in gleicher Weise bekannt zu machen, wie das Wahlausschreiben (§ 31 Abs. 2).[13]**

(5) **Ist in der Wahlversammlung kein Wahlvorschlag zur Wahl des Betriebsrats gemacht worden, hat der Wahlvorstand bekannt zu machen, dass die Wahl nicht stattfindet.[14] Die Bekanntmachung hat in gleicher Weise wie das Wahlausschreiben (§ 31 Abs. 2) zu erfolgen.**

1   Die Wahl des BR erfolgt nach den Grundsätzen der **Mehrheitswahl** und damit auf Grund von Wahlvorschlägen. Die **Frist** zur Einreichung der **Wahlvorschläge** zur Wahl des BR endet mit Ablauf der WahlVerslg. zur Wahl des Wahlvorst. (§ 14 a Abs. 2 1 Halbsatz BetrVG und dort Rn 34). Nach Ablauf der Frist können rechtswirksam keine Wahlvorschläge mehr eingereicht werden.

2   Die Wahlvorschläge der ArbN können bereits vor der WahlVerslg. vorbereitet werden. Dies bietet sich an, wenn zB nicht alle wahlberechtigten ArbN, die den Vorschlag unterstützen wollen, am Tag der WahlVerslg. zur Wahl des Wahlvorst. anwesend sein können oder der Wahlbewerber an diesem Tag verhindert ist. In diesen Fällen sind die Wahlvorschläge bei dem Wahlvorst. **schriftlich** einzureichen (*Richardi/Thüsing* Rn 3; *DKK-Schneider/Homburg* Rn 1). Sie müssen, um **gültig** zu sein, ua. von der erforderlichen Anzahl wahlberechtigter ArbN unterzeichnet sein (vgl. § 14 a

BetrVG Rn 29). Dies sind gem. § 14 Abs. 4 BetrVG in Betrieben mit in der Regel bis zu 20 wahlberechtigten ArbN zwei, und in Betrieben mit in der Regel mehr als 20 und bis zu 50 wahlberechtigten ArbN drei **Stützunterschriften** (s. § 31 Rn 8). Der Wahlvorschlag kann einer Person des Vertrauens – einem der unterzeichnenden ArbN, einem Wahlbewerber aber zB auch der einladende Stelle – mitgegeben werden, die den Wahlvorschlag dem Wahlvorst. in der WahlVerslg. übergibt (*DKK-Schneider/Homburg* Rn 1).

Von dem **Schriftformerfordernis** der Wahlvorschläge der ArbN kann abgesehen **3** werden, wenn die Wahlvorschläge erst in der WahlVerslg. selbst gemacht werden (§ 14a Abs. 2 zweiter Halbsatz BetrVG). In diesen Fällen reicht es aus, dass zB die erforderliche Unterstützung des Wahlvorschlags nach § 14 Abs. 4 BetrVG anstatt durch eine Unterschrift durch **Handzeichen** erfolgt (vgl. BT-Drucks. 14/5741 S. 37; *Engels/Trebinger/Löhr-Steinhaus*, DB 01, 532, 535; *Thüsing/Lambrich*, NZA-Sonderheft 01, 79, 90; *Richardi/Thüsing* Rn 3; *DKK-Schneider/Homburg* Rn 2). Die Einreichung von mündlichen Wahlvorschlägen hat der Wahlvorst. zu **Protokoll** zu nehmen (GK-*Kreutz/Oetker* Rn 4).

Zur Unterstützung sind alle wahlberechtigten ArbN, einschließlich die in § 7 S. 2 **4** Genannten berechtigt (§ 14a BetrVG Rn 32; *Löwisch*, BB 01, S. 1734, 1737; *Maschmann*, DB 01, 2446, 2448).

Hat ein **schriftlicher Wahlvorschlag** noch nicht die erforderlichen Stützunter- **5** schriften, so kann dieser, so lange er noch nicht beim Wahlvorst. eingereicht ist, in der WahlVerslg. um die erforderlichen Stützunterschriften ergänzt werden; **nicht zulässig** ist jedoch, den schriftlichen Wahlvorschlag in der WahlVerslg. lediglich **mündlich zu unterstützen** (vgl. *Thüsing/Lambrich*, NZA-Sonderheft 01, 79, 90; *Richardi/Thüsing* Rn 3). Der Wahlvorschlag kann als **eine Einheit** entweder nur schriftlich oder nur mündlich gemacht werden. Ist der Wahlvorschlag bereits beim Wahlvorst. eingereicht, ist er wegen fehlender ausreichender Stützunterschriften nach § 8 Abs. 1 Nr. 3 ungültig; er kann nicht mehr um weitere Stützunterschriften ergänzt werden. In diesem Fall kann nur ein neuer Wahlvorschlag eingereicht werden (vgl. § 8 Rn 1).

Jeder Wahlvorschlag soll doppelt so viele Bewerberinnen oder Bewerber aufweisen, **6** wie BRMitgl. zu wählen sind (Abs. 2 iVm. § 6 Abs. 2). Da es sich hierbei um eine reine Ordnungsvorschrift **(Sollvorschrift)** handelt, ist ein Wahlvorschlag auch dann gültig, wenn nur ein Bewerber vorgeschlagen wird (§ 6 Rn 7 mwN). Auf dem Wahlvorschlag müssen mangels entsprechender Regelung auch keine Angehörige des Geschlechts in der Minderheit benannt werden, auch wenn diesen ein Mindestsitz im BR zusteht (vgl. ausführlich dazu § 6 Rn 4).

Die **Bewerberinnen** und Bewerber müssen ihre **Zustimmung** zur Aufnahme in **7** den Wahlvorschlag grundsätzlich **schriftlich** erklärt haben (Abs. 2 iVm. § 6 Abs. 3 S. 2). Wird der Wahlvorschlag nur **mündlich** gemacht (vgl. Rn 3), so reicht es aus, dass die Zustimmung des Bewerbers mündlich erklärt wird (GK-*Kreutz/Oetker* Rn 5). Der Wahlvorst. hat dies zu **Protokoll** zu nehmen. Liegt keine Zustimmung des Bewerbers vor, ist der Wahlvorschlag ungültig (Abs. 3 S 2 iVm. § 8 Abs. 2 Nr. 2); es sei denn der Mangel wird noch bis zum Ende der Wahlversammlung geheilt (vgl. Rn 11; nach *DKK-Schneider/Homburg* Rn 3 ist die Einholung der Zustimmung per telefonischer Nachfrage oder per E-Mail zulässig – damit kann jedoch keine Verpflichtung des Wahlvorst. verbunden sein, sich um die Zustimmung des Bewerbers zu kümmern; vielmehr ist es Aufgabe des/der Vorschlagenden, sich um die Behebung des Mangels zu kümmern – eine erst nach Abschluss der WahlVerslg. eingehende Zustimmungserklärung kann nicht berücksichtigt werden, vgl. LAG Berlin NZA-RR 03, 587). Nicht erforderlich ist, dass die Bewerber ihre Zustimmung jeweils gesondert erklären. Die Zustimmung kann auch durch die Stützunterschrift bzw. die mündliche Unterstützung des Wahlvorschlags gegeben werden (vgl. § 6 Rn 10 mwN). **Zulässig** ist es, dass eine **Bewerberin** oder ein Bewerber auf **mehreren Wahlvorschlägen** vorgeschlagen wird, da auf Abs. 7 nicht verwiesen wird (*Richardi/*

Thüsing Rn 1; GK-*Kreutz/Oetker* Rn 5). Einer solchen Verweisung bedarf es nicht, weil die Wahlbewerber – anders als bei den Vorschlagslisten – bei der **Persönlichkeitswahl** nur einmal – und zwar in alphabetischer Reihenfolge – auf den Stimmzetteln aufzuführen sind (§ 34 Abs. 1 S. 2).

8 **Listenvertreter** ist nach Abs. 4 derjenige, der an erster Stelle den Wahlvorschlag unterzeichnet bzw. unterstützt, es sei denn, es ist jemand ausdrücklich als Listenvertreter benannt worden. Sie ist diejenige Person, die berechtigt und verpflichtet ist, dem Wahlvorst. die zur Beseitigung von Beanstandungen erforderlichen Erklärungen abzugeben sowie Erklärungen und Entscheidungen des Wahlvorst. entgegenzunehmen. Kann diese Person an der WahlVerslg. zur Wahl des Wahlvorst. nicht teilnehmen, nimmt – soweit nichts anderes ausgemacht ist – der auf dem Wahlvorschlag nächste Unterzeichner diese Funktion wahr.

9 Der Wahlvorst. hat in der WahlVerslg. darauf zu achten, dass **verschiedene Wahlvorschläge** nicht von **denselben ArbN** schriftlich oder mündlich unterstützt werden. Unterstützt ein wahlberechtigter ArbN mehrere Wahlvorschläge, so hat er in der WahlVerslg. nach Aufforderung durch den Wahlvorst. zu erklären, welche Unterstützung er aufrechterhält (GK-*Kreutz/Oetker* Rn 5; *Richardi/Thüsing* Rn 4; *DKK-Schneider/Homburg* Rn 2). Nimmt der ArbN an der WahlVerslg. nicht teil, weil er zB verhindert ist, kann er diese Erklärung nicht abgeben. In diesem Fall zählt der zuerst eingereichte, vom ihm unterstützte Wahlvorschlag; sind die Wahlvorschläge gleichzeitig eingereicht worden, entscheidet das Los darüber, auf welchem Wahlvorschlag die Unterschrift gilt (Abs. 2 S. 2 iVm. § 6 Abs. 5 S. 2).

10 **Wahlvorschläge** der im Betrieb vertretenen **Gewerkschaften** können auch im vereinfachten Wahlverfahren ausschließlich **schriftlich** gemacht werden. Die Möglichkeit, Wahlvorschläge in der WahlVerslg. **mündlich** zu machen besteht, ausweislich § 14a Abs. 2 2. Halbsatz BetrVG nur für **Wahlvorschläge der ArbN** (vgl. § 14a BetrVG Rn 28; *Thüsing/Lambrich,* NZA-Sonderheft 01, 79, 90; *Richardi/Thüsing* Rn 5; GK-*Kreutz/Oetker* Rn 4). Im Übrigen vgl. zu den Wahlvorschlägen der Gewerkschaften die Ausführungen zu § 27 und § 14 BetrVG Rn 58ff.

11 Für die Wahlvorschläge gelten sinngemäß die Vorschriften des
– § 7 über die Bestätigung des Empfangs der Wahlvorschläge, über die Prüfung der Vorschläge und die Unterrichtung der Listenvertreter bei Ungültigkeit oder Beanstandung eines Wahlvorschlags (ausführlich s. dazu § 7).
– § 8 über die Ungültigkeit von Wahlvorschlägen bei verspäteter Einreichung oder bei Einreichung ohne die erforderliche Zahl von Unterschriften; über die Ungültigkeit, wenn in den Wahlvorschlägen die Bewerber nicht mit Familiennamen, Vornamen usw. aufgeführt sind, die Zustimmung der Bewerber (schriftlich oder mündlich – letzteres, wenn der Bewerber in der WahlVerslg. anwesend ist und der Vorschlag mündlich gemacht wird) zur Aufnahme in den Wahlvorschlag nicht gegeben ist, der Vorschlag infolge von Streichungen nach § 6 Abs. 5 nicht mehr die erforderliche Zahl von Unterschriften bzw. Unterstützungen aufweist und die genannten **Mängel nicht bis zum Ende der WahlVerslg. beseitigt** werden können.

12 Aufgrund der Besonderheit des verkürzten Wahlverfahrens nach § 14a BetrVG findet die Vorschrift des **§ 9** über die **Nachfristsetzung,** wenn kein gültiger Wahlvorschlag zur Wahl des BR eingereicht worden ist, im vereinfachten Wahlverfahren **keine Anwendung** (GK-*Kreutz/Oetker* Rn 7).

13 Das **Ende der WahlVerslg.** zur Wahl des Wahlvorst. richtet sich nach den jeweiligen Gegebenheiten in der WahlVerslg. (vgl. ausführlich dazu § 14a BetrVG Rn 34). Die Bekanntmachung der als gültig anerkannten Wahlvorschläge hat unmittelbar nach Abschluss der WahlVerslg. zu erfolgen, dh grundsätzlich noch am selben Tag, spätestens mit Beginn des folgenden Arbeitstages (*Thüsing/Lambrich,* NZA-Sonderheft 01, 79, 91; *Richardi/Thüsing* Rn 7).

14 Sind in der WahlVerslg. keine oder keine gültigen Wahlvorschläge eingereicht worden, **findet die BRWahl nicht statt.** Dies hat der Wahlvorst. ebenso wie das WA bekannt zu geben (vgl. § 31 Rn 21f.; GK-*Kreutz/Oetker* Rn 9; *Richardi/Thüsing*

Rn 8). Eine Nachfristsetzung zur Einreichung von Wahlvorschlägen ist nicht zulässig (LAG Berlin NZA-RR 03, 587; vgl. Rn 12).

§ 34 Wahlverfahren

(1) Die Wählerin oder der Wähler kann ihre oder seine Stimme nur für solche Bewerberinnen oder Bewerber abgeben, die in einem Wahlvorschlag benannt sind. Auf den Stimmzetteln sind die Bewerberinnen oder Bewerber in alphabetischer Reihenfolge unter Angabe von Familienname, Vorname und Art der Beschäftigung im Betrieb aufzuführen. Die Wählerin oder der Wähler kennzeichnet[1, 2] die von ihm Gewählten durch Ankreuzen an der hierfür im Stimmzettel vorgesehenen Stelle; es dürfen nicht mehr Bewerberinnen oder Bewerber angekreuzt[1, 2] werden, als Betriebsratsmitglieder zu wählen sind. § 11 Abs. 1 Satz 2, Abs. 2 Satz 2 und 3, Abs. 4 und § 12 gelten entsprechend.

(2) Im Fall der nachträglichen schriftlichen Stimmabgabe (§ 35) hat der Wahlvorstand am Ende der Wahlversammlung zur Wahl des Betriebsrats die Wahlurne zu versiegeln und aufzubewahren.[3]

(3) Erfolgt keine nachträgliche schriftliche Stimmabgabe, hat der Wahlvorstand unverzüglich nach Abschluss der Wahl die öffentliche Auszählung[4] der Stimmen vorzunehmen und das sich daraus ergebende Wahlergebnis bekannt zu geben. Die §§ 21, 23 Abs. 1[5] gelten entsprechend.

(4)[6] Ist nur ein Betriebsratsmitglied zu wählen, so ist die Person gewählt, die die meisten Stimmen erhalten hat. Bei Stimmengleichheit entscheidet das Los. Lehnt eine gewählte Person die Wahl ab, so tritt an ihre Stelle die nicht gewählte Person mit der nächsthöchsten Stimmenzahl.

(5)[7, 8] Sind mehrere Betriebsratsmitglieder zu wählen, gelten für die Ermittlung der Gewählten die §§ 22 und 23 Abs. 2 entsprechend.

Die **Stimmabgabe** erfolgt in der **WahlVerslg. zur Wahl des BR** durch Abgabe **1** von Stimmzetteln in den hierfür bestimmten Wahlumschlägen. Auf dem Stimmzettel hat die Wählerin oder der Wähler die Bewerberin bzw. den Bewerber, dem sie oder er seine Stimme abgeben will, durch Ankreuzen an der im Stimmzettel hierfür vorgesehenen Stelle zu bezeichnen. Andere als die im Stimmzettel aufgeführten Kandidaten können nicht gewählt werden. Werden dem Stimmzettel weitere Namen hinzugefügt, so macht dies die Stimme ungültig.

Die Wählerin bzw. der Wähler hat so viele Stimmen, wie BRMitgl. zu wählen sind. **2** Im vereinfachten Wahlverfahren ist dies entweder ein 1-köpfiger oder 3-köpfiger, im vereinbarten vereinfachten Wahlverfahren ein 5-köpfiger BR. Werden mehr Bewerber angekreuzt, als BRMitgl. zu wählen sind, ist die Stimme ebenfalls ungültig (*DKK-Schneider/Homburg* Rn 3).

Hat der Wahlvorst. in den Fällen des § 24 Abs. 2 und 3 die nachträgliche schrift- **3** liche Stimmabgabe beschlossen (s. § 35 Rn 2 f.) oder ist **nachträgliche schriftliche Stimmabgabe** beim Wahlvorst. beantragt worden (§ 35 Rn 1, 6), ist mit dem Ende der WahlVerslg. zur Wahl des BR die **BRWahl** noch **nicht abgeschlossen.** Denn regelmäßig liegt die nachträgliche schriftliche Stimmabgabe nach dem Tag der Wahl-Verslg. zur Wahl des BR (vgl. § 14a BetrVG Rn 39; *Thüsing/Lambrich,* NZA-Sonderheft 01, 79, 91). In beiden Fällen kann der Wahlvorst. die Stimmauszählung noch nicht vornehmen, sondern hat die **Wahlurne** bis zum Ende der Frist zur nachträglichen schriftlichen Stimmabgabe zu **versiegeln** und aufzubewahren (vgl. § 12 Rn 14; *DKK-Schneider/Homburg* Rn 5; *Richardi/Thüsing* Rn 6).

Dagegen ist mit Ende der WahlVerslg. zur Wahl des BR die **BRWahl abgeschlos- 4 sen,** wenn kein Fall der nachträglichen schriftlichen Stimmabgabe vorliegt (Rn 3). Die **Stimmauszählung** erfolgt **öffentlich** und durch den **gesamten Wahlvorst.**

(vgl. § 13 Rn 3 f.). Der Wahlvorst. kann Wahlhelferinnen oder Wahlhelfer hinzuziehen. Die Entscheidung über die Gültigkeit oder Ungültigkeit einer Stimme hat allein der Wahlvorst. durch Beschluss seiner stimmberechtigten Mitgl. zu treffen. Die für die Verhältniswahl geltenden Vorschriften über die Prüfung der Gültigkeit der Stimmzettel und die Beurteilung der Gültigkeit von mehreren Stimmzetteln in einem Wahlumschlag gelten auch bei der Mehrheitswahl im vereinfachten Wahlverfahren (vgl. dazu § 14 Rn 3 und 4).

5   Der Wahlvorst. hat nachdem er ermittelt hat, welche ArbN als BRMitgl. gewählt sind, eine Niederschrift anzufertigen (vgl. dazu ausführlich § 23 Rn 1 bis 5). Das endgültige Wahlergebnis ist bekannt zu machen (vgl. § 18).

6   Beim 1-köpfigen BR ist die Person mit den meisten Stimmen gewählt. Das Los entscheidet, wenn mehrere Personen die gleiche Stimmenzahl erhalten haben. Da das Geschlecht in der Minderheit erst beim 3-köpfigen BR zu berücksichtigen ist, rückt bei Ablehnung der Wahl immer die Person mit der nächsthöchsten Stimmenzahl nach.

7   Ist ein 3-köpfiger oder im Fall des vereinbarten vereinfachten Wahlverfahrens ein 5-köpfiger BR zu wählen, richtet sich die Ermittlung der Gewählten nach § 22. Stehen dem Geschlecht in der Minderheit gemäß § 15 Abs. 2 BetrVG Mindestsitze zu (s. zur Ermittlung § 5 und § 15 BetrVG Rn 15 ff.), werden zunächst die dem Geschlecht in der Minderheit zustehenden BRSitze mit Bewerbern dieses Geschlechts und sodann die übrigen BRSitze geschlechtsunabhängig mit Bewerbern, mit den jeweils höchsten auf sie entfallenden Stimmenzahlen besetzt (s. ausführlich § 22 Rn 2 ff.). Steht dem Geschlecht in der Minderheit nach der Berechnung nach d'Hondt (vgl. § 5) kein Mindestsitz im BR zu, werden die zu verteilenden BRSitze gemäß § 22 Abs. 2 S. 2 und Abs. 3 unabhängig vom Geschlecht mit den Bewerbern besetzt, die die höchsten Stimmenzahl erreicht haben (vgl. § 22 Rn 6).

8   Lehnt eine Person die Wahl ab, so richtet sich die Ermittlung der Person, die an die Stelle der ablehnenden Person tritt nach § 23 Abs. 2. Auch hierbei ist das Geschlecht in der Minderheit zu berücksichtigen, wenn diesem Mindestsitze zustehen (vgl. § 23 Rn 6 f.).

§ 35 Nachträgliche schriftliche Stimmabgabe

(1) Können Wahlberechtigte an der Wahlversammlung zur Wahl des Betriebsrats nicht teilnehmen, um ihre Stimme persönlich abzugeben, können sie beim Wahlvorstand die nachträgliche schriftliche Stimmabgabe beantragen[1] (§ 14 a Abs. 4 des Gesetzes). Das Verlangen auf nachträgliche schriftliche Stimmabgabe muss die oder der Wahlberechtigte dem Wahlvorstand spätestens drei Tage[1] vor dem Tag der Wahlversammlung zur Wahl des Betriebsrats mitgeteilt haben. Die §§ 24, 25 gelten entsprechend.[2–5]

(2)[6, 7] Wird die nachträgliche schriftliche Stimmabgabe aufgrund eines Antrags nach Absatz 1 Satz 1 erforderlich, hat dies der Wahlvorstand unter Angabe des Orts, des Tags und der Zeit der öffentlichen Stimmauszählung in gleicher Weise bekannt zu machen wie das Wahlausschreiben (§ 31 Abs. 2).

(3)[8] Unmittelbar nach Ablauf der Frist für die nachträgliche schriftliche Stimmabgabe öffnet der Wahlvorstand in öffentlicher Sitzung die bis zu diesem Zeitpunkt eingegangenen Freiumschläge und entnimmt ihnen die Wahlumschläge sowie die vorgedruckten Erklärungen. Ist die nachträgliche schriftliche Stimmabgabe ordnungsgemäß erfolgt (§ 25), so legt der Wahlvorstand den Wahlumschlag nach Vermerk der Stimmabgabe in der Wählerliste in die bis dahin versiegelte Wahlurne.

(4)[9] Nachdem alle ordnungsgemäß nachträglich abgegebenen Wahlumschläge in die Wahlurne gelegt worden sind, nimmt der Wahlvorstand die Auszählung der Stimmen vor. § 34 Abs. 3 bis 5 gilt entsprechend.

Gemäß § 14a Abs. 4 BetrVG ist wahlberechtigten ArbN, die an der WahlVerslg. **1** zur Wahl des BR nicht teilnehmen können Gelegenheit zur nachträglichen schriftlichen Stimmabgabe zu geben. Dementsprechend können wahlberechtigte ArbN, die wegen **Abwesenheit vom Betrieb** an der persönlichen Stimmabgabe in der Wahl-Verslg. verhindert sind, beim Wahlvorst. die nachträgliche schriftliche Stimmabgabe **beantragen.** In dem Antrag sollte der Grund der voraussichtlichen Abwesenheit angegeben werden; eine Nachprüfungspflicht des Wahlvorst. besteht jedoch nicht (vgl. § 24 Rn 3, § 14a BetrVG Rn 38). Wird kein Grund angegeben, ist dies grundsätzlich unschädlich (*Richardi/Thüsing* Rn 1). Der Antrag kann **mündlich** oder **schriftlich** erfolgen (*Thüsing/Lambrich,* NZA-Sonderheft 01, 79, 91; GK-*Kreutz/ Oetker* Rn 2; *DKK-Schneider/Homburg* Rn 3). Wird er mündlich gestellt, so hat der Wahlvorst. dies zu vermerken. Das Verlangen auf nachträgliche schriftliche Stimmabgabe muss dem Wahlvorst. spätestens **drei Tage** vor dem Tag der WahlVerslg. zur Wahl des BR mitgeteilt werden.

Mit dem Verweis auf die §§ 24 und 25 gelten im Übrigen die gleichen Vorausset- **2** zungen für die nachträgliche schriftliche Stimmabgabe wie für die schriftliche Stimmabgabe im Wahlverfahren mit mehr als fünfzig wahlberechtigten ArbN. Dh der Wahlvorst. hat den wahlberechtigten ArbN, die nachträgliche schriftliche Stimmabgabe verlangt haben, die nach § 24 Abs. 1 erforderlichen Wahlunterlagen auszuhändigen oder zu übersenden (vgl. dazu § 24 Rn 4). Obwohl nicht ausdrücklich als Voraussetzung genannt, ist es geboten, auch die Übersendung eines Merkblatts über die in § 25 vorgeschriebene Art und Weise der schriftlichen Stimmabgabe den Unterlagen beizufügen (vgl. § 24 Rn 8; *DKK-Schneider/Homburg* Rn 2). Die Zusendung durch Boten (zB durch Mitgl. des Wahlvorst. oder Wahlhelfer) ist zulässig (BVerwG, AP Nr. 1 zu § 17 WO/PersVG; GK-*Kreutz/Oetker* § 24 Rn 18; *DKK-Schneider/Homburg* § 24 Rn 21).

Ohne gesondertes **Verlangen** hat der Wahlvorst. denjenigen wahlberechtigten **3** ArbN, von denen ihm bekannt ist, dass sie am Tag der WahlVerslg. zur Wahl des BR nach der Eigenart ihres Beschäftigungsverhältnisses voraussichtlich nicht im Betrieb anwesend sein werden, wie zB AußenArbN, TeleArbN oder in Heimarbeit Beschäftigte (§ 24 Abs. 2), die Wahlunterlagen für die nachträgliche schriftliche Stimmabgabe zu übersenden (§ 14a BetrVG Rn 38; *DKK-Schneider/Homburg* Rn 2 **aA** *Thüsing/ Lambrich,* NZA-Sonderheft 01, 79, 91; *Richardi/Thüsing* Rn 2).

Gleiches gilt, wenn der Wahlvorst. für Kleinstbetriebe oder Betriebsteile, die räum- **4** lich weit vom Hauptbetrieb entfernt sind, nachträgliche schriftliche Stimmabgabe beschließt (vgl. § 24 Abs. 3 und dazu Rn 18).

ArbN, denen die Unterlagen zur nachträglichen schriftlichen Stimmabgabe auf **5** Verlangen oder unter den Voraussetzungen des § 24 Abs. 2 und 3 zugesandt worden sind, können, wenn sie am Tag der WahlVerslg. zur Wahl des BR doch im Betrieb sind, ihre **Stimme persönlich abgeben.** Sie müssen jedoch in diesem Fall entweder die ihnen übersandten Wahlunterlagen dem Wahlvorst. unbenutzt abgeben oder den übersandten Stimmzettel und Wahlumschlag für die persönliche Stimmabgabe benutzen (vgl. § 24 Rn 16). Der Wahlvorst. hat die Rückgabe der Unterlagen für die nachträgliche schriftliche Stimmabgabe sowie die persönliche Stimmabgabe in der Wählerliste zu vermerken.

Ist nachträgliche schriftliche Stimmabgabe nach Abs. 1 beantragt worden, liegt die- **6** se Stimmabgabe regelmäßig nach dem Tag der WahlVerslg. zur Wahl des BR (§ 14a BetrVG Rn 39; *Thüsing/Lambrich,* NZA-Sonderheft 01, 79, 91; *Heilmann,* AiB 01, 621, 623). Da die Stimmauszählung in diesem Fall nicht im Anschluss an die Wahl-Verslg. zur Wahl des BR erfolgen kann (vgl. § 34 Rn 3), hat der Wahlvorst. die ArbN hierüber zu unterrichten und Ort, Tag und Zeit der nach Ablauf der Frist zur nachträglichen schriftlichen Stimmabgabe vorgesehenen öffentlichen Stimmauszählung bekannt zu machen. Die Bekanntmachung hat in gleicher Weise zu erfolgen wie das WA (§ 31 Rn 21 f.).

Eine konkrete **Frist** zur nachträglichen schriftlichen Stimmabgabe wird von der **7** Wahlordnung nicht vorgesehen. Der **Wahlvorst.** hat die Frist so zu **bemessen,** dass unter Berücksichtigung der Bedingungen im Betrieb und der normalen Postlaufzeit eine ordnungsgemäße Briefwahl möglich ist (§ 14a BetrVG Rn 41; *Thüsing/Lambrich,* NZA-Sonderheft 01, 79, 92; *Heilmann,* AiB 01, 621, 623; GK-*Kreutz/Oetker* Rn 3; *DKK-Schneider/Homburg* Rn 4). Angemessen erscheint eine Frist von längstens einer Woche nach dem Tag der WahlVerslg. zur Wahl des BR (vgl. *Thüsing/Lambrich,* NZA-Sonderheft 01, 79, 92); *DKK-Schneider/Homburg* Rn 4 hält eine Frist von vier Tagen für ausreichend; nach *Richardi/Thüsing* Rn 6 ist eine Frist von Minimum drei Tagen bis längstens eine Woche für angemessen).

8   Es wird auf die Ausführung in § 26 Rn 5 verwiesen. Verspätet eingehende Freiumschläge hat der Wahlvorst. entsprechend § 26 Abs. 2 mit einem Vermerk über den Zeitpunkt ihres Eingangs ungeöffnet zu den Wahlunterlagen zu nehmen (vgl. § 26 Rn 6 ff.; GK-*Kreutz/Oetker* Rn 5). Sie werden dem Wähler nicht zurückgegeben, sondern sind einen Monat nach Bekanntgabe des Wahlergebnisses ungeöffnet zu vernichten, wenn die Wahl nicht angefochten worden ist (§ 26 Abs. 2 S. 2 und dort Rn 9).

9   Die **Stimmauszählung** hat **öffentlich** und durch den **gesamten Wahlvorst.** zu erfolgen (vgl. § 34 Rn 4). Zur Ermittlung der Gewählten gelten die § 34 Abs. 4 und 5 entsprechend, auf die Ausführungen hierzu wird verwiesen (s. § 34 Rn 6 f.). Nachdem der Wahlvorst. ermittelt hat, welche ArbN als BRMitgl. gewählt sind, hat er hierüber eine Niederschrift anzufertigen (vgl. dazu ausführlich § 23 Rn 1 bis 5) und das Wahlergebnis bekannt zu machen (§ 18).

Zweiter Abschnitt. Wahl des Betriebsrats im einstufigen Verfahren (§ 14a Abs. 3 des Gesetzes)

§ 36 Wahlvorstand, Wahlverfahren

(1) **Nach der Bestellung des Wahlvorstands[1] durch den Betriebsrat, Gesamtbetriebsrat, Konzernbetriebsrat oder das Arbeitsgericht (§ 14a Abs. 3, § 17a des Gesetzes) hat der Wahlvorstand die Wahl des Betriebsrats unverzüglich einzuleiten. Die Wahl des Betriebsrats findet auf einer Wahlversammlung statt[2] (§ 14a Abs. 3 des Gesetzes). Die §§ 1, 2 und 30 Abs. 2 gelten entsprechend.[3]**

(2) **Im Anschluss an die Aufstellung der Wählerliste erlässt der Wahlvorstand das Wahlausschreiben,[4] das von der oder dem Vorsitzenden und von mindestens einem weiteren stimmberechtigten Mitglied des Wahlvorstands zu unterschreiben ist. Mit Erlass des Wahlausschreibens ist die Betriebsratswahl eingeleitet. Besteht im Betrieb ein Betriebsrat, soll der letzte Tag der Stimmabgabe[5] (nachträgliche schriftliche Stimmabgabe) eine Woche vor dem Tag liegen, an dem die Amtszeit des Betriebsrats abläuft.**

(3) **Das Wahlausschreiben hat die in § 31 Abs. 1 Satz 3 vorgeschriebenen Angaben[6] zu enthalten, soweit nachfolgend nichts anderes bestimmt ist:**
1. **Abweichend von Nummer 6[7] ist ausschließlich die Mindestzahl von Wahlberechtigten anzugeben, von denen ein Wahlvorschlag unterzeichnet sein muss (§ 14 Abs. 4 des Gesetzes).**
2. **Abweichend von Nummer 8[8] hat der Wahlvorstand anzugeben, dass die Wahlvorschläge spätestens eine Woche vor dem Tag der Wahlversammlung zur Wahl des Betriebsrats beim Wahlvorstand einzureichen sind (§ 14a Abs. 3 Satz 2 des Gesetzes); der letzte Tag der Frist ist anzugeben.**
Für die Bekanntmachung[9] des Wahlausschreibens gilt § 31 Abs. 2 entsprechend.

(4)[10] **Die Vorschriften über die Bestimmung der Mindestsitze nach § 32, das Wahlverfahren nach § 34 und die nachträgliche Stimmabgabe nach § 35 gelten entsprechend.**

(5) Für **Wahlvorschläge** gilt § 33 Abs. 1 entsprechend mit der Maßgabe, dass die Wahlvorschläge von den Wahlberechtigten und den im Betrieb vertretenen Gewerkschaften spätestens eine Woche vor der Wahlversammlung zur Wahl des Betriebsrats beim Wahlvorstand schriftlich einzureichen sind[11] (§ 14a Abs. 3 Satz 2 zweiter Halbsatz des Gesetzes). § 6 Abs. 2 bis 5 und die §§ 7 und 8 gelten entsprechend mit der Maßgabe, dass die in § 6 Abs. 5 und § 8 Abs. 2 genannten Fristen nicht die gesetzliche Mindestfrist zur Einreichung der Wahlvorschläge nach § 14a Abs. 3 Satz 2 erster Halbsatz des Gesetzes überschreiten dürfen. Nach Ablauf der gesetzlichen Mindestfrist zur Einreichung der Wahlvorschläge hat der Wahlvorstand die als gültig anerkannten Wahlvorschläge bis zum Abschluss der Stimmabgabe in gleicher Weise bekannt zu machen wie das Wahlausschreiben (Absatz 3).

(6) Ist kein Wahlvorschlag zur Wahl des Betriebsrats gemacht worden, hat der Wahlvorstand bekannt zu machen, dass die Wahl nicht stattfindet. Die Bekanntmachung hat in gleicher Weise wie das Wahlausschreiben (Absatz 3) zu erfolgen.

Das vereinfachte, **einstufige Wahlverfahren** kommt immer dann zur Anwen- **1** dung, wenn der Wahlvorst. nicht erst durch eine WahlVerslg. gewählt werden muss, sondern durch den BR, GesBR bzw. KBR oder das ArbG bestellt wird. Vgl. zur Bestellung des Wahlvorst. im einstufigen Wahlverfahren ausführlich § 17a BetrVG Rn 1 ff. Dazu gehört auch der Fall, dass der GesBR bzw. der KBR den Wahlvorst. in einem betriebsratslosen Kleinbetrieb bestellt (s. dazu § 17a BetrVG Rn 8 mwN).

Die Wahl des BR erfolgt wie auch im zweistufigen Verfahren in geheimer und **2** unmittelbarer Wahl nach den Grundsätzen der Mehrheitswahl auf einer WahlVerslg.

Der Wahlvorst. hat nach seiner Bestellung unverzüglich die Wahl des BR einzulei- **3** ten. Er kann sich, wenn er dies für erforderlich hält, eine Geschäftsordnung geben (§ 1).

Seine erste Aufgabe ist es, die **Wählerliste,** getrennt nach den Geschlechtern, auf- **3a** zustellen. Gemäß § 2 hat der ArbGeb. dem Wahlvorst. alle für die Anfertigung der Wählerliste erforderlichen Auskünfte zu erteilen und die erforderlichen Unterlagen zur Verfügung zu stellen (vgl. daher ausführlich § 2 Rn 1 ff.). Weigert sich der Arb-Geb. die erforderlichen Auskünfte und Unterlagen zur Verfügung zu stellen, macht er sich wegen Wahlbehinderung nach § 119 Abs. 1 Nr. 1 BetrVG strafbar (vgl. § 2 Rn 6 mwN).

Die **Einspruchsfrist** gegen die Wählerliste beträgt wie im zweistufigen Verfahren **3b** **drei Tage** seit Erlass des WA (vgl. zum Einspruch gegen die Wählerliste die Ausführungen in § 30 Rn 5 ff.).

Nach der Aufstellung der Wählerliste erlässt der Wahlvorst. das **Wahlausschrei-** **4** **ben.** Mit dessen Erlass ist die **Wahl** des BR **eingeleitet.** Mit dem Tag des Erlasses beginnen die Fristen für Einsprüche gegen die Wählerliste und zur Einreichung von Wahlvorschlägen. Der Tag des Erlasses des WA ist ebenfalls maßgeblich für die Bestimmung der Größe des BR sowie für die Feststellung und Berechnung der Mindestsitze für das Geschlecht in der Minderheit (vgl. § 5, § 15 Abs. 2 BetrVG Rn 15, 16).

In Betrieben mit BR sollte möglichst eine betriebsratslose Zeit vermieden werden. **5** Daher soll bei der Bestimmung des Tags der WahlVerslg. zur Wahl des BR und der Festsetzung der Frist für die nachträgliche schriftliche Stimmabgabe darauf geachtet werden, dass der letzte Tag der Stimmabgabe eine Woche vor Ablauf der Amtszeit des BR liegt. Die Vorschrift ist nicht zwingend (*Richardi/Thüsing* Rn 6). Lässt eine ordnungsgemäße Vorbereitung der Wahl die Einhaltung dieser Sollvorschrift nicht zu, kann der Wahlvorst. einen anderweitigen Termin bestimmen (vgl. § 3 Rn 4).

Der Inhalt des WA richtet sich bis auf die Nr. 1 und 2 nach den in § 31 Abs. 1 S. 3 **6** festgelegten Angaben für das WA im zweistufigen Verfahren, so dass insoweit auf die Ausführung hierzu verwiesen werden kann (§ 31 Rn 3 bis 20).

7   Anders als im zweistufigen Wahlverfahren können die **Wahlvorschläge** im einstu-
     figen Wahlverfahren **ausschließlich nur schriftlich** gemacht werden (GK-*Kreutz/
     Oetker* Rn 6). Dementsprechend entfällt im WA für das einstufige Wahlverfahren der
     Hinweis, dass Wahlvorschläge in der WahlVerslg. zur Wahl des Wahlvorst. mündlich
     erfolgen können.

8   Anders als in § 31 Abs. 1 Nr. 8 ist anzugeben, dass die Wahlvorschläge spätestens
     eine Woche vor dem Tag der WahlVerslg. zu Wahl des BR beim Wahlvorst. einzurei-
     chen sind. Zur **Fristsetzung** s. unten Rn 11.

9   Für die Bekanntmachung des WA wird auf die Ausführungen zu § 31 Rn 21 f.
     verwiesen.

10   Es wird auf die Ausführungen zu § 32 Rn 1 ff., § 34 Rn 1 ff. und § 35 Rn 1 ff.
     verwiesen.

11   Die Wahl des BR im vereinfachten Wahlverfahren erfolgt nach den Grundsätzen
     der **Mehrheitswahl** und damit auf Grund von Wahlvorschlägen (§ 33 Abs. 1 S. 1,
     § 14 Abs. 2 S. 2 2. Halbsatz BetrVG). Anders als im zweistufigen Verfahren (§ 33
     Abs. 1 S. 2) sind die Wahlvorschläge der ArbN und der im Betrieb vertretenen Ge-
     werkschaften spätestens eine Woche vor dem Tag zur WahlVerslg. zur Wahl des BR
     beim Wahlvorst. einzureichen. Aufgrund der verschiedenen Fallkonstellationen, in
     denen der Wahlvorst. bestellt wird (vgl. dazu § 14 a BetrVG Rn 49), stehen dem
     Wahlvorst. unterschiedliche Zeiträume zur Durchführung der BRWahl zur Verfü-
     gung. Insoweit hat die Wahlordnung auf eine **Mindestfrist** für die Einreichung von
     Wahlvorschlägen **verzichtet.** Die Festsetzung einer **angemessenen Frist** steht im
     pflichtgemäßen Ermessen des Wahlvorst., sie sollte jedoch in Anlehnung an § 28
     Abs. 1 mindestens sieben Tage ab dem Erlass des WA betragen (im Ergebnis ebenso
     Richardi/Thüsing Rn 5; LAG Frankfurt 23. 1. 03 ArbuR 03, 158). Das **Fristende** ist
     gesetzlich vorgegeben, es muss spätestens eine Woche vor dem Tag der Wahl-
     Verslg. zur Wahl des BR liegen (§ 14 a Abs. 3 S. 2 1. Halbsatz BetrVG).

12   Die Wahlvorschläge der ArbN bedürfen für ihre Gültigkeit der nach § 14 Abs. 4
     BetrVG erforderlichen **Stützunterschriften** (s. § 33 Rn 2). Eine lediglich münd-
     liche Unterstützung ist im vereinfachten einstufigen Wahlverfahren nicht zulässig (s.
     Rn 7).

13   Jeder **Wahlvorschlag** soll **doppelt** so viele **Bewerberinnen oder Bewerber**
     aufweisen, als BRMitgl. zu wählen sind (Abs. 5 S. 2 iVm. § 6 Abs. 2); vgl. dazu § 33
     Rn 6.

14   Die **schriftliche Zustimmung** der Bewerberinnen oder Bewerber muss dem
     Wahlvorschlag beiliegen (Abs. 5 S. 2 iVm. § 6 Abs. 3 S. 2); vgl. dazu § 33 Rn 7. Eine
     lediglich mündliche Zustimmung ist nicht zulässig.

15   **Listenvertreter** ist nach § 6 Abs. 4 derjenige, der an erster Stelle den Wahlvor-
     schlag unterzeichnet bzw. unterstützt, es sei denn, es ist jemand ausdrücklich als Lis-
     tenvertreter benannt worden. Sie ist diejenige Person, die berechtigt und verpflichtet
     ist, dem Wahlvorst. die zur Beseitigung von Beanstandungen erforderlichen Erklä-
     rungen abzugeben sowie Erklärungen und Entscheidungen des Wahlvorst. entgegen-
     zunehmen.

16   **Unterstützt** ein ArbN **mehrere Wahlvorschläge,** hat er dem Wahlvorst. nach
     Aufforderung innerhalb der ihm gesetzten **Frist** zu erklären, welche Unterstützung er
     aufrechterhält (Abs. 5 S. 2 iVm. § 6 Abs. 5). Die Erklärung kann nur innerhalb der
     gesetzlichen Mindestfrist zur Einreichung der Wahlvorschläge erfolgen, dh längs-
     tens bis zum Ablauf der Frist zur Einreichung der Wahlvorschläge (*DKK-Schneider/
     Homburg* Rn 3; GK-*Kreutz/Oetker* Rn 6; *Richardi/Thüsing* Rn 11). Hat zB ein wahl-
     berechtigter ArbN zwei Wahlvorschläge unterzeichnet und sind diese bereits drei
     Tage vor Ablauf der Frist zur Einreichung von Wahlvorschlägen dem Wahlvorstand
     übergeben worden, kann der Wahlvorst. dem besagten ArbN eine Frist von drei Ta-
     gen setzen, innerhalb deren er dem Wahlvorst. mitzuteilen hat, welchen Wahlvor-
     schlag er unterstützen will. Gehen dagegen die Wahlvorschläge erst am letzten Tag
     ein, besteht die Möglichkeit der Erklärung nach § 6 Abs. 5 nur noch an diesem Tag.

Kann der ArbN keine Erklärung mehr abgeben, wird sein Name auf dem zuerst eingereichten Wahlvorschlag gezählt und auf den übrigen Wahlvorschlägen gestrichen; sind die Wahlvorschläge gleichzeitig eingereicht worden, entscheidet das Los darüber, auf welchem Wahlvorschlag die Unterschrift gilt (§ 6 Abs. 5 S. 2 2. Halbsatz).

§ 7 über die Bestätigung des Empfangs der Wahlvorschläge, über die Prüfung der **17** Vorschläge und die Unterrichtung der Listenvertreter bei Ungültigkeit oder Beanstandung eines Wahlvorschlags gilt uneingeschränkt (ausführlich s. dazu § 7).

Ebenfalls Anwendung findet § 8 über die Ungültigkeit von Wahlvorschlägen. Wie **18** auch bei der Anwendung des § 6 Abs. 5 besteht die Besonderheit, dass die **Frist zur Beseitigung** der nach § 8 Abs. 2 zur Ungültigkeit führenden **Mängel** ebenfalls nur innerhalb der **gesetzlichen Mindestfrist** zur Einreichung der Wahlvorschläge möglich ist (so auch GK-*Kreutz/Oetker* Rn 6; *DKK-Schneider/Homburg* Rn 3; *Richardi/ Thüsing* Rn 11). Dh, der Wahlvorst. kann für frühzeitig eingereichte Wahlvorschläge eine längere Frist zur Beseitigung von Mängeln setzen als für spät eingereichte.

Der Wahlvorst. hat nach Ablauf der Frist zur Einreichung der Wahlvorschläge die **19** als gültig anerkannten Wahlvorschläge bis zum Abschluss der Stimmabgabe – findet nachträgliche schriftliche Stimmabgabe statt, ist dieser Tag maßgeblich – in gleicher Weise wie das WA bekannt zu machen (vgl. § 31 Rn 21 f.).

Sind keine oder keine gültigen Wahlvorschläge eingereicht worden, **findet die 20 BRWahl nicht statt.** Dies hat der Wahlvorst. ebenso wie das WA bekannt zu machen (§ 31 Rn 21 f.; *DKK-Schneider/Homburg* Rn 3). Aufgrund der Besonderheit des verkürzten Wahlverfahrens nach § 14a BetrVG findet die Vorschrift des § 9 über die **Nachfristsetzung,** wenn kein gültiger Wahlvorschlag zur Wahl des BR eingereicht worden ist, im vereinfachten Wahlverfahren **keine Anwendung** (GK-*Kreutz/Oetker* Rn 6).

Dritter Abschnitt. Wahl des Betriebsrats in Betrieben mit in der Regel 51 bis 100 Wahlberechtigten (§ 14a Abs. 5 des Gesetzes)

§ 37 Wahlverfahren

Haben Arbeitgeber und Wahlvorstand in einem Betrieb mit in der Regel 51 bis 100 Wahlberechtigten die Wahl des Betriebsrats im vereinfachten Wahlverfahren vereinbart (§ 14a Abs. 5 des Gesetzes), richtet sich das Wahlverfahren nach § 36.

Vereinbaren ArbGeb. und Wahlvorst. die Anwendung des vereinfachten Wahlver- **1** fahrens, so ist die BRWahl nach dem einstufigen Wahlverfahren durchzuführen (s. dazu ausführlich § 14a BetrVG Rn 53 ff.). Die dafür maßgebliche Vorschrift ist § 36, insoweit wird auf die Ausführungen hierzu verwiesen.

Lehnt eine der Parteien die Anwendung des vereinfachten Wahlverfahrens ab, rich- **2** tet sich die Wahl des BR nach den Vorschriften, die für Betriebe mit mehr als 50 ArbN gelten (vgl. BT-Drucks. 14/6352 S. 54).

Dritter Teil. Wahl der Jugend- und Auszubildendenvertretung

§ 38 Wahlvorstand, Wahlvorbereitung

Für die Wahl der Jugend- und Auszubildendenvertretung[1] gelten die Vorschriften der §§ 1 bis 5 über den Wahlvorstand,[2] die Wählerliste,[3] das Wahlaus-

schreiben[4] und die Bestimmung der Mindestsitze für das Geschlecht in der Minderheit[5] entsprechend. Dem Wahlvorstand muss mindestens eine nach § 8 des Gesetzes wählbare Person angehören.[2, 3]

1   Über die Voraussetzungen für die Wahl einer JugAzubiVertr., über das aktive und passive Wahlrecht zu ihr, über ihre Größe, Zusammensetzung sowie über Zeitpunkt ihrer Wahl und die wesentlichen Wahlvorschriften vgl. §§ 60 bis 64 BetrVG.

2   Die Durchführung der Wahl der JugAzubiVertr. obliegt ebenfalls einem **Wahl-vorst.** (vgl. § 63 BetrVG). Der Wahlvorst. sowie sein Vors. werden durch den **BR** bestimmt. Zu Mitgl. des Wahlvorst. können sowohl zur JugAzubiVertr. wahlberechtigte ArbN, dh jugendliche ArbN unter 18 Jahren oder zu ihrer Berufsausbildung Beschäftigte unter 25 Jahren (vgl. hierzu § 61 BetrVG Rn 5 ff.), als auch sonstige ArbN des Betriebs bestellt werden. In jedem Falle muss dem Wahlvorst. ein zum BR wählbarer ArbN (vgl. hierzu § 8 BetrVG Rn 5 ff.) angehören. Hierdurch soll sichergestellt werden, dass ein ArbN mit größerer Betriebserfahrung im Wahlvorst. mitwirkt (*DKK-Schneider/Homburg* Rn 9).

3   Im Übrigen gilt für den Wahlvorst. zur Durchführung der Wahl der JugAzubiVertr. das Gleiche wie für den Wahlvorst. für die BRWahl. Auch er trifft seine Entscheidungen mit einfacher Mehrheit durch Beschluss seiner stimmberechtigten Mitgl.; auch er kann, soweit dies erforderlich erscheint, Wahlhelfer hinzuziehen und sich eine Geschäftsordnung geben (vgl. im Einzelnen hierzu § 1 Rn 2 ff.). Zu Wahlhelfern können auch jugendliche ArbN bestellt werden (*DKK-Schneider/Homburg* Rn 10).

4   Der Wahlvorst. hat in die Wählerliste alle zur JugAzubiVertr. wahlberechtigten ArbN des Betriebs, dh alle ArbN unter 18 Jahren und alle zu ihrer Berufsausbildung Beschäftigten unter 25 Jahren (vgl. hierzu § 61 BetrVG Rn 5 ff.), aufzunehmen. Für die Aufstellung der Wählerliste gilt im Übrigen § 2 entspr. (vgl. BAG 13. 3. 91 AP Nr. 2 zu § 60 BetrVG 1972). Die Regelung des § 2 Abs. 3, nach der wahlberechtigt und wählbar nur ist, wer in der **Wählerliste eingetragen** ist, findet auf die Wahl der JugAzubiVertr. uneingeschränkt nur in Bezug auf die Wahlberechtigung Anwendung (*DKK-Schneider/Homburg* Rn 13). In Bezug auf die Wählbarkeit gilt sie nur für Wahlbewerber, die noch keine 18 Jahre alt sind oder die zu ihrer Berufsausbildung beschäftigt werden und noch keine 25 Jahre alt sind, nicht jedoch für die ebenfalls zur JugAzubiVertr. wählbaren übrigen ArbN des Betriebs zwischen 19 und 25 Jahren (vgl. § 61 Abs. 2 BetrVG; *DKK-Schneider/Homburg* Rn 4; aA *Richardi/Thüsing* Rn 4, der bei der Wahl der JugAzubiVertr. § 2 Abs. 3 auf die Ausübung des aktiven Wahlrechts beschränkt sowie GK-*Kreutz/Oetker* Rn 7, der in entsprechender Anwendung des § 2 Abs. 1 Satz 3 auch die Aufnahme des nach § 61 Abs. 2 BetrVG passiv wahlberechtigten Personenkreises in die Wählerliste für erforderlich hält).

5   Im Übrigen gelten für die Auslegung eines Abdrucks der Wählerliste, die Bekanntmachung des Ortes dieser Auslegung im WA und die Möglichkeit von Einsprüchen gegen die Richtigkeit der Wählerliste und für das Einspruchsverfahren die §§ 2 bis 4 entsprechend (vgl. die dortigen Erläuterungen).

6   Auch für die Wahl der JugAzubiVertr. ist ein **WA zu erlassen.** Sein Inhalt bestimmt sich nach § 3. Die Mitteilung nach § 3 Abs. 2 Nr. 3 ist hinsichtlich der Wählbarkeit zu modifizieren, da wählbar nicht nur die zur JugAzubiVertr. Wahlberechtigten, sondern alle ArbN des Betriebs sind, die am Wahltag das 25. Lebensjahr noch nicht vollendet haben. Hierauf ist im WA ausdrücklich hinzuweisen (GK-*Kreutz/Oetker* Rn 11; *Richardi/Thüsing* Rn 5).

7   Nach § 62 Abs. 3 BetrVG muss das Geschlecht, welches unter den in § 60 Abs. 1 BetrVG genannten Arbeitnehmern in der Minderheit ist, mindestens entsprechend seinem zahlenmäßigen Verhältnis in der JugAzubiVertr. vertreten sein, wenn diese aus mindestens drei Mitgl. besteht (vgl. § 62 BetrVG Rn 9 f.). Die Berechnung der Anzahl der dem Geschlecht in der Minderheit zustehenden Mindestsitze erfolgt nach § 5 WO (mit Beispiel vgl. § 15 BetrVG Rn 15 ff.).

§ 39 Durchführung der Wahl[1]

(1) Sind mehr als drei Mitglieder zur Jugend- und Auszubildendenvertretung zu wählen, so erfolgt die Wahl auf Grund von Vorschlagslisten.[2] § 6 Abs. 1 Satz 2, Abs. 2 und 4 bis 7, die §§ 7 bis 10 und § 27 gelten entsprechend. § 6 Abs. 3 gilt entsprechend mit der Maßgabe, dass in jeder Vorschlagsliste auch der Ausbildungsberuf der einzelnen Bewerberinnen oder Bewerber aufzuführen ist.[3]

(2) Sind mehrere gültige Vorschlagslisten eingereicht, so kann die Stimme nur für eine Vorschlagliste abgegeben werden.[4] § 11 Abs. 1 Satz 2, Abs. 3 und 4, die §§ 12 bis 19[6] gelten entsprechend. § 11 Abs. 2 gilt entsprechend mit der Maßgabe, dass auf den Stimmzetteln auch der Ausbildungsberuf der einzelnen Bewerberinnen oder Bewerber aufzuführen ist.[3]

(3) Ist nur eine gültige Vorschlagsliste eingereicht, so kann die Stimme nur für solche Bewerberinnen oder Bewerber abgegeben werden, die in der Vorschlagsliste aufgeführt sind. § 20 Abs. 3, die §§ 21 bis § 23 gelten entsprechend.[7] § 20 Abs. 2 gilt entsprechend mit der Maßgabe, daß auf den Stimmzetteln auch der Ausbildungsberuf der einzelnen Bewerber aufzuführen ist.[3]

(4) Für die schriftliche Stimmabgabe gelten die §§ 24 bis 26 entsprechend.[8]

Besteht die JugAzubiVertr. aus mehr als drei Personen und sind für die Wahl **1** mehrere gültige Vorschlagslisten eingereicht worden, ist die Wahl als Verhältniswahl durchzuführen (vgl. Abs. 2 sowie § 63 BetrVG Rn 6 ff.). Steht nur eine gültige Vorschlagsliste zur Wahl, erfolgt die Wahl als Mehrheitswahl (vgl. Abs. 3). Sind nur ein bzw. drei Mitgl. zu wählen erfolgt die Wahl der JugAzubiVertr. nach dem vereinfachten Wahlverfahren (§ 40).

Auch die Wahl der JugAzubiVertr. erfolgt auf Grund von **Wahlvorschlägen,** die **2** bei der Wahl einer mehrköpfigen Vertr. als Vorschlagslisten bezeichnet werden. Für diese Wahlvorschläge gelten dieselben Regelungen wie für die Wahlvorschläge zur BRWahl. So gelten für diese Wahlvorschläge entsprechend zB die Vorschriften über die Vorschlagsberechtigung (vgl. hierzu auch § 63 BetrVG Rn 10 f.), die Einreichungsfrist, ihre Gestaltung, den Listenvertreter, das Verfahren bei Doppelunterzeichnungen und Doppelkandidaturen, die Prüfung der Vorschlagslisten und ihre Ungültigkeit, die Notwendigkeit einer Nachfrist sowie die Bekanntmachung der gültigen Vorschlagslisten. Auch für die Wahl der JugAzubiVertr. steht den im Betrieb vertretenen **Gewerkschaften** ein eigenständiges Wahlvorschlagsrecht zu (vgl. § 27 sowie § 63 BetrVG Rn 11). Im Einzelnen vgl. die Erläuterungen zu den in Bezug genommenen Vorschriften.

Ausdrücklich hervorgehoben ist die Verpflichtung der Vorschlagsberechtigten, in **3** den Wahlvorschlägen auch den **Ausbildungsberuf** der Wahlbewerber anzugeben. Steht ein Wahlbewerber in keinem Ausbildungsverhältnis und hat er auch keinen oder einen anderen Ausbildungsberuf erlernt, als seiner gegenwärtigen Tätigkeit entspricht, ist seine gegenwärtige Beschäftigungsart anzugeben (*DKK-Schneider/Homburg* Rn 3). Der Wahlvorst. ist verpflichtet, die Angaben über den Ausbildungsberuf auch in die **Stimmzettel** zu übernehmen, soweit in ihnen Angaben über die Wahlbewerber aufzunehmen sind (vgl. Abs. 2 und 3 sowie § 11 Abs. 2, § 20 Abs. 2).

Bei der Wahl einer mehrköpfigen JugAzubiVertr., für die mehrere gültige Wahl- **4** vorschläge eingereicht worden sind, erfolgt die Wahl als **Verhältniswahl.** Die für die BRWahl insoweit maßgebenden Regelungen der §§ 11 bis 19 über die Stimmabgabe, den Wahlvorgang, die Öffentlichkeit der Stimmauszählung und das bei ihr zu beachtende Verfahren, die Verteilung der Sitze auf die einzelnen Wahlvorschläge, die Wahlniederschrift, die Benachrichtigung und Bekanntmachung der Gewählten sowie die Aufbewahrung der Wahlakten gelten entsprechend (vgl. im Einzelnen die Erläuterungen der genannten Bestimmungen).

5   Der Wähler kann **nur eine** der zur Wahl anstehenden Listen **wählen.** Diese kann er weder ändern noch ergänzen. Das würde seine Stimmabgabe ebenso ungültig machen wie das Ankreuzen mehrerer Listen. Die Verteilung der auf die einzelnen Listen entfallenden Sitze in der JugAzubiVertr. bestimmt sich nach dem sog. d'Hondtschen Berechnungsverfahren (vgl. § 15). Entsprechend den auf die einzelnen Listen entfallenden Höchstzahlen, die für einen Sitz in Betracht kommen, sind die Wahlbewerber der einzelnen Listen in der Reihenfolge gewählt, in der sie auf der Liste aufgeführt sind.

6   Da durch die 1. ÄnderungsVO der ganze § 19 aF – jetzt § 18 – für entsprechend anwendbar erklärt worden ist, hat auch der Wahlvorst. für die Wahl der JugAzubi-Vertr. dem ArbGeb. und den im Betrieb vertretenen Gewerkschaften unverzüglich eine **Abschrift der Wahlniederschrift** zu übersenden. Die **Wahlakten** sind vom **BR**, nicht von der JugAzubiVertr., aufzubewahren, und zwar mindestens bis zur Beendigung der Amtszeit der JugAzubiVertr. (*DKK-Schneider/Homburg* Rn 14).

7   Sind mehr als drei JugAzubiVertr. zu wählen, ist jedoch nur eine gültige Vorschlagsliste eingereicht worden, so erfolgt die Wahl als **Mehrheitswahl.** Die für die BRWahl insoweit maßgebenden Vorschriften der §§ 20 bis 23 sind entsprechend anzuwenden. Auf den **Stimmzetteln** sind die Wahlbewerber in der Reihenfolge aufzuführen, in der sie auf der Vorschlagsliste benannt sind (anders bei der Wahl der JugAzubiVertr im vereinfachten Wahlverfahren; vgl. § 40). Der Wähler hat **so viele Stimmen,** wie JugAzubiVertr. zu wählen sind. Er kann auswählen, welchen der auf der Liste stehenden Bewerbern er seine Stimmen geben will. Der Wähler kann auch weniger Bewerber ankreuzen, als ihm Stimmen zustehen. Gibt er einem Wahlbewerber mehrere seiner Stimmen, so zählen diese jedoch nur als eine Stimme, da die WO die Möglichkeit der Stimmenhäufung nicht vorsieht. Kreuzt der Wähler mehr Bewerber an, als er Stimmen hat, ist seine Stimmabgabe ungültig. **Gewählt** sind die Bewerber, die für die Besetzung der zur Verfügung stehenden Sitze die meisten Stimmen erhalten haben. Haben für den letzten Sitz Bewerber die gleiche Stimmenzahl erhalten, entscheidet über dessen Besetzung das Los. Die nicht gewählten Bewerber sind in der Reihenfolge der erreichten Stimmenzahlen **ErsMitgl.** der JugAzubiVertr. Stehen dem Geschlecht in der Minderheit Sitze zu, richtet sich die Ermittlung der Gewählten bei Verhältniswahl nach § 15 (vgl. Abs. 2) und nach § 22, wenn nur eine Vorschlagsliste eingereicht wurde (vgl. Abs. 3).

8   Auch bei der Wahl der JugAzubiVertr. können Wahlberechtigte, auf die die Voraussetzungen des § 24 zutreffen, ihre **Stimme schriftlich abgeben.** Die §§ 24 bis 26 über die Aufgaben und Pflichten des Wahlvorst. bei der Durchführung der schriftlichen Stimmabgabe, über den äußeren Hergang der schriftlichen Stimmabgabe, über die Übermittlung des Wahlumschlags nebst Stimmzettel an den Wahlvorst. und über den Einwurf des Stimmzettels in die Wahlurne gelten entsprechend.

§ 40 Wahl der Jugend- und Auszubildendenvertretung im vereinfachten Wahlverfahren

(1) **In Betrieben mit in der Regel fünf bis fünfzig der in § 60 Abs. 1 des Gesetzes genannten Arbeitnehmerinnen und Arbeitnehmern wird die Jugend- und Auszubildendenvertretung im vereinfachten Wahlverfahren gewählt (§ 63 Abs. 4 Satz 1 des Gesetzes). Für das Wahlverfahren gilt § 36 entsprechend mit der Maßgabe, dass in den Wahlvorschlägen und auf den Stimmzetteln auch der Ausbildungsberuf der einzelnen Bewerberinnen oder Bewerber aufzuführen ist. § 38 Satz 2 gilt entsprechend.**

(2) **Absatz 1 Satz 2 und 3 gilt entsprechend, wenn in einem Betrieb mit in der Regel 51 bis 100 der in § 60 Abs. 1 des Gesetzes genannten Arbeitnehmerinnen und Arbeitnehmern Arbeitgeber und Wahlvorstand die Anwendung des vereinfachten Wahlverfahrens vereinbart haben (§ 63 Abs. 5 des Gesetzes).**

Die Wahl der JugAzubiVertr. im vereinfachten Wahlverfahren erfolgt in entspre- 1
chender Anwendung des § 36, der für die BRWahl im einstufigen Verfahren gilt. Die
Anwendung der Vorschriften für das zweistufige Verfahren scheiden für die Wahl der
JugAzubiVertr. aus, da der Wahlvorst. nicht durch die JugAzubiVertr. gewählt werden
kann, sondern ausschließlich vom BR oder, falls dieser untätig bleibt, nur durch das
ArbG oder den GesBR bzw. KBR bestellt werden kann (vgl. § 63 Abs. 2 und 3
BetrVG und dort Rn 12 ff. und Rn 18 ff.). Entsprechend § 38 Satz 2 muss dem
Wahlvorst. auch im vereinfachten Wahlverfahren ein wählbarer ArbN angehören.

Als Besonderheiten gegenüber § 36 kommt hinzu, dass auf den Stimmzetteln auch 2
der Ausbildungsberuf der jeweiligen Bewerberinnen und Bewerber aufzuführen ist.

Da die Bewerber für die Wahl der JugAzubiVertr. im vereinfachten Wahlverfahren 3
nach den Grundsätzen der Mehrheitswahl und damit als Personenwahl stattfindet,
sind die Bewerberinnen oder Bewerber auf den Stimmzetteln stets in alphabetischer
Reihenfolge aufzuführen (vgl. § 34 Abs. 1 S. 2). Unschädlich ist daher, wenn Wahlbewerber auf mehreren Vorschlagslisten vorgeschlagen werden. Die Vorschrift des § 6
Abs. 7 findet nur bei Vorschlagslisten Anwendung.

Ist nur ein Mitgl. der JugAzubiVertr. zu wählen, ist der Bewerber gewählt, der die 4
meisten Stimmen erhalten hat (§ 34 Abs. 4 S. 1). Bei Stimmengleichheit entscheidet
das Los. Sind mehrere Mitgl. zu wählen, richtet sich die Ermittlung der Gewählten
nach § 22, 23 Abs. 2 (§ 34 Abs. 5 und dort Rn 7 f.).

Die Durchführung der Wahl der JugAzubiVertr. erfolgt ebenfalls in entsprechender 5
Anwendung des § 36, wenn Arbeitgeber und Wahlvorst. nach Abs. 2 die Anwendung
des vereinfachten Wahlverfahrens vereinbart haben (vgl. § 63 BetrVG Rn 14).

Vierter Teil. Übergangs- und Schlussvorschriften

§ 41 Berechnung der Fristen[1]

**Für die Berechnung der in dieser Verordnung festgelegten Fristen[2] finden die
§§ 186 bis 193 des Bürgerlichen Gesetzbuchs[3–5] entsprechende Anwendung.[6]**

Einer solchen ausdrücklichen Vorschrift über die Anwendung der Auslegungsre- 1
geln der §§ 186 bis 193 BGB hätte es nicht bedurft, da diese Regeln nach § 186
BGB ohnehin für die in Gesetzen enthaltenen Fristen gelten.

Die Vorschrift gilt für alle in dieser WO festgelegten Fristen. Hierbei ist zu beach- 2
ten, dass diese Fristen zT auf Arbeitstage abstellen (zB in § 6 Abs. 6 und 8, § 7
Abs. 2, § 8 Abs. 2). Der **Begriff des Arbeitstages** ist nicht mit dem des Werktages
gleichzusetzen, dem Sonn- und Feiertage gegenüberstehen. Arbeitstag ist vielmehr
jeder Tag, an dem der Betrieb arbeitet, ohne Rücksicht darauf, ob es sich um einen
Werktag oder einen Sonn- oder Feiertag handelt (*Richardi/Thüsing* Rn 2). Andererseits sind aber nur diejenigen Tage Arbeitstage, an denen die **ganz überwiegende
Mehrzahl der Belegschaft** regelmäßig der Arbeit im Betrieb nachgeht (vgl. BAG
12. 2. 60 und 1. 6. 66, AP Nr. 11 zu § 18 BetrVG sowie AP Nr. 2 zu § 6 WahlO;
GK-*Kreutz/Oetker* Rn 4; *DKK-Schneider/Homburg* Rn 3). Nicht ausreichend ist es,
wenn lediglich eine oder einige Betriebsabteilungen an bestimmten Tagen arbeiten.
Soweit ein Betrieb auch am Samstag oder an Sonn- und Feiertagen arbeitet, kann
deshalb im Gegensatz zu den Vorschriften des BGB auch an diesen Tagen ein Fristablauf eintreten (*Richardi/Thüsing* Rn 2). Das gilt auch mit Wirkung für die ArbN, die
an diesen Tagen nicht arbeiten.

Besonders wichtig ist § 187 Abs. 1 BGB. Danach wird, wenn für den Anfang einer 3
Frist ein Ereignis (zB nach § 3 Abs. 1 der Erlass des WA) maßgebend ist, bei der Berechnung der Frist der Tag, an welchem das Ereignis eintritt (hier das WA erlassen
wird), nicht mitgerechnet. Eine nach Tagen bemessene Frist endet mit Ablauf des

letzten Tages der Frist. Eine nach Wochen bemessene Frist endet im Falle des § 187 Abs. 1 BGB mit Ablauf des Tages der letzten Woche, der durch seine Benennung dem Tage entspricht, an dem das den Fristbeginn auslösende Ereignis stattgefunden hat. Ist zB das WA am Dienstag bekanntgemacht worden, so läuft die Frist für Einsprüche gegen die Wählerliste oder die Einreichung von Wahlvorschlägen zwei Wochen später am Dienstag ab.

4   Die **Frist** ist **eingehalten,** wenn vor ihrem Ablauf die erforderliche Handlung vorgenommen wird oder die erforderliche Erklärung dem Empfänger zugegangen ist.

5   Trotz der generellen Verweisung auf die Vorschriften des Bürgerlichen Gesetzbuches ist es im Hinblick darauf, dass es sich bei der BRWahl um einen betrieblichen Vorgang handelt, als zulässig anzusehen, dass der Wahlvorstand den Ablauf einer Frist auf das **Ende der Arbeitszeit am letzten Tage der Frist** begrenzt, vorausgesetzt allerdings, dass es sich bei dem für den Fristablauf festgesetzten Zeitpunkt um das Ende der Arbeitszeit der überwiegenden Mehrheit der ArbN des Betriebs handelt (BAG 4. 10. 77, AP Nr. 2 zu § 18 BetrVG 1972; zur WO 1952: BAG 12. 2. 60 und 1. 6. 66, AP Nr. 11 zu § 18 BetrVG und AP Nr. 2 zu § 6 WahlO; *DKK-Schneider/Homburg* Rn 2; GK-*Kreutz/Oetker* Rn 5). Unerheblich ist dagegen für den Ablauf einer Frist, dass der einzelne ArbN infolge Krankheit, Urlaub usw. an dem letzten Tag der Frist nicht arbeitet (vgl. LAG Kiel, AP Nr. 1 zu § 4 WahlO; *DKK-Schneider/Homburg* Rn 2; GK-*Kreutz/Oetker* Rn 4).

6   Entsprechende Anwendung bedeutet, dass die genannten Vorschriften nur insoweit Platz greifen, als die einzelnen Bestimmungen nach ihrem Inhalt für die in Frage kommende Frist passen. Daher scheiden für Fristen, die nach Arbeitstagen bestimmt sind, die Vorschriften aus, die, wie die §§ 188 Abs. 2 und 3, 189, 191 bis 193 BGB, auf Kalendertage abstellen.

§ 42 Bereich der Seeschiffahrt

Die Regelung der Wahlen für die Bordvertretung und den Seebetriebsrat (§§ 115 und 116 des Gesetzes) bleibt einer besonderen Rechtsverordnung vorbehalten.[1]

1   Diese ist als Zweite Verordnung zur Durchführung des Betriebsverfassungsgesetzes (Wahlordnung Seeschifffahrt – WOS –) vom 24. 10. 1972 (BGBl. I S. 2029) erlassen und durch VO vom 28. 9. 1989 (BGBl. I S. 1795) geändert worden. Die WOS ist auf Grund der auch in den §§ 115 und 116 BetrVG vorgenommenen Änderungen durch das BetrVerf-ReformG neugefasst worden (WOS vom 7. 2. 2002, BGBl. I S. 594) und am 16. 2. 2002 in Kraft getreten. Zum gleichen Zeitpunkt ist die bis dahin geltende WOS außer Kraft getreten (§ 60 WOS).

§ 43 Inkrafttreten

Diese Verordnung tritt am Tage nach der Verkündung in Kraft.[1] Gleichzeitig tritt die Erste Verordnung zur Durchführung des Betriebsverfassungsgesetzes vom 16. Januar 1972 (BGBl. I S. 49), zuletzt geändert durch die Verordnung vom 16. Januar 1995 (BGBl. I S. 43), außer Kraft.

1   Die WO ist im BGBl. vom 14. 12. 2001 verkündet worden. Sie ist damit am 15. 12. 2001 in Kraft getreten. Damit ist zugleich die bis dahin geltende WO außer Kraft getreten.

2   Der bisherige Absatz 2 ist mit Artikel 2 der Verordnung zum Zweiten Gesetz zur Vereinfachung der Wahl der Arbeitnehmervertreter in den Aufsichtsrat (BGBl. I S. 1393, 1403) aufgehoben worden. Mit dem am 1. Juli 2004 in Kraft getretenen Gesetz über die Drittelbeteiligung der Arbeitnehmer im Aufsichtsrat vom 18. Mai

2004 (Drittelbeteiligungsgesetz – DrittelbG – BGBl. I S. 974) sind die bisherigen gesetzlichen Grundlagen für die (Drittel-)Beteiligung der Arbeitnehmer im Aufsichtsrat nach dem BetrVG 1952 außer Kraft getreten. Dementsprechend ist die nur noch für den Teil der Aufsichtsratswahl bestehende Wahlordnung zum BetrVG 1952 aufgehoben und durch die neue Verordnung zur Wahl der Aufsichtsratsmitglieder der Arbeitnehmer nach dem Drittelbeteiligungsgesetz (Wahlordnung zum Drittelbeteiligungsgesetz – WODrittelbG) vom 23. Juni 2004 (BGBl. I S. 1393) ersetzt worden. Zum neuen Drittelbeteiligungsgesetz und dessen Wahlordnung siehe ausführlich *Freis/Kleinefeld/Kleinsorge/Voigt.*

2. Gesetz über Europäische Betriebsräte (Europäische Betriebsräte-Gesetz – EBRG)[1)]

In der Fassung der Bekanntmachung vom 7. Dezember 2011 (BGBl. I S. 2650)

FNA 801-13

Erster Teil. Allgemeine Vorschriften

§ 1 Grenzübergreifende Unterrichtung und Anhörung

(1) [1]Zur Stärkung des Rechts auf grenzübergreifende Unterrichtung und Anhörung der Arbeitnehmer in gemeinschaftsweit tätigen Unternehmen und Unternehmensgruppen werden Europäische Betriebsräte oder Verfahren zur Unterrichtung und Anhörung der Arbeitnehmer vereinbart. [2]Kommt es nicht zu einer Vereinbarung, wird ein Europäischer Betriebsrat kraft Gesetzes errichtet.

(2) [1]Der Europäische Betriebsrat ist zuständig in Angelegenheiten, die das gemeinschaftsweit tätige Unternehmen oder die gemeinschaftsweit tätige Unternehmensgruppe insgesamt oder mindestens zwei Betriebe oder zwei Unternehmen in verschiedenen Mitgliedstaaten betreffen. [2]Bei Unternehmen und Unternehmensgruppen nach § 2 Absatz 2 ist der Europäische Betriebsrat nur in solchen Angelegenheiten zuständig, die sich auf das Hoheitsgebiet der Mitgliedstaaten erstrecken, soweit kein größerer Geltungsbereich vereinbart wird.

(3) Die grenzübergreifende Unterrichtung und Anhörung der Arbeitnehmer erstreckt sich in einem Unternehmen auf alle in einem Mitgliedstaat liegenden Betriebe sowie in einer Unternehmensgruppe auf alle Unternehmen, die ihren Sitz in einem Mitgliedstaat haben, soweit kein größerer Geltungsbereich vereinbart wird.

(4) [1]Unterrichtung im Sinne dieses Gesetzes bezeichnet die Übermittlung von Informationen durch die zentrale Leitung oder eine andere geeignete Leitungsebene an die Arbeitnehmervertreter, um ihnen Gelegenheit zur Kenntnisnahme und Prüfung der behandelten Frage zu geben. [2]Die Unterrichtung erfolgt zu einem Zeitpunkt, in einer Weise und in einer inhaltlichen Ausgestaltung, die dem Zweck angemessen sind und es den Arbeitnehmervertretern ermöglichen, die möglichen Auswirkungen eingehend zu bewerten und gegebenenfalls Anhörungen mit dem zuständigen Organ des gemeinschaftsweit tätigen Unternehmens oder der gemeinschaftsweit tätigen Unternehmensgruppe vorzubereiten.

(5) [1]Anhörung im Sinne dieses Gesetzes bezeichnet den Meinungsaustausch und die Einrichtung eines Dialogs zwischen den Arbeitnehmervertretern und der zentralen Leitung oder einer anderen geeigneten Leitungsebene zu einem Zeitpunkt, in einer Weise und in einer inhaltlichen Ausgestaltung, die es den Arbeitnehmervertretern auf der Grundlage der erhaltenen Informationen ermöglichen, innerhalb einer angemessenen Frist zu den vorgeschlagenen Maßnahmen, die Gegenstand der Anhörung sind, eine Stellungnahme abzugeben, die innerhalb des gemeinschaftsweit tätigen Unternehmens oder der gemeinschaftsweit tätigen Unternehmensgruppe berücksichtigt werden kann. [2]Die Anhörung muss den Arbeitnehmervertretern gestatten, mit der zentralen Leitung zusammenzu-

---

[1)] Dieses Gesetz dient der Umsetzung der Richtlinie 2009/38/EG des Europäischen Parlaments und des Rates vom 6. Mai 2009 über die Einsetzung eines Europäischen Betriebsrats oder die Schaffung eines Verfahrens zur Unterrichtung und Anhörung der Arbeitnehmer in gemeinschaftsweit operierenden Unternehmen und Unternehmensgruppen (ABl. L 122 vom 16. 5. 2009, S. 28).

kommen und eine mit Gründen versehene Antwort auf ihre etwaige Stellungnahme zu erhalten.

(6) Zentrale Leitung im Sinne dieses Gesetzes ist ein gemeinschaftsweit tätiges Unternehmen oder das herrschende Unternehmen einer gemeinschaftsweit tätigen Unternehmensgruppe.

(7) Unterrichtung und Anhörung des Europäischen Betriebsrats sind spätestens gleichzeitig mit der der nationalen Arbeitnehmervertretungen durchzuführen.

§ 2 Geltungsbereich

(1) Dieses Gesetz gilt für gemeinschaftsweit tätige Unternehmen mit Sitz im Inland und für gemeinschaftsweit tätige Unternehmensgruppen mit Sitz des herrschenden Unternehmens im Inland.

(2) [1] Liegt die zentrale Leitung nicht in einem Mitgliedstaat, besteht jedoch eine nachgeordnete Leitung für in Mitgliedstaaten liegende Betriebe oder Unternehmen, findet dieses Gesetz Anwendung, wenn die nachgeordnete Leitung im Inland liegt. [2] Gibt es keine nachgeordnete Leitung, findet das Gesetz Anwendung, wenn die zentrale Leitung einen Betrieb oder ein Unternehmen im Inland als ihren Vertreter benennt. [3] Wird kein Vertreter benannt, findet das Gesetz Anwendung, wenn der Betrieb oder das Unternehmen im Inland liegt, in dem verglichen mit anderen in den Mitgliedstaaten liegenden Betrieben des Unternehmens oder Unternehmen der Unternehmensgruppe die meisten Arbeitnehmer beschäftigt sind. [4] Die vorgenannten Stellen gelten als zentrale Leitung.

(3) Mitgliedstaaten im Sinne dieses Gesetzes sind die Mitgliedstaaten der Europäischen Union sowie die anderen Vertragsstaaten des Abkommens über den Europäischen Wirtschaftsraum.

(4) Für die Berechnung der Anzahl der im Inland beschäftigten Arbeitnehmer (§ 4), den Auskunftsanspruch (§ 5 Absatz 2 und 3), die Bestimmung des herrschenden Unternehmens (§ 6), die Weiterleitung des Antrags (§ 9 Absatz 2 Satz 3), die gesamtschuldnerische Haftung des Arbeitgebers (§ 16 Absatz 2), die Bestellung der auf das Inland entfallenden Arbeitnehmervertreter (§§ 11, 23 Absatz 1 bis 5 und § 18 Absatz 2 in Verbindung mit § 23) und die für sie geltenden Schutzbestimmungen (§ 40) sowie für den Bericht gegenüber den örtlichen Arbeitnehmervertretungen im Inland (§ 36 Absatz 2) gilt dieses Gesetz auch dann, wenn die zentrale Leitung nicht im Inland liegt.

§ 3 Gemeinschaftsweite Tätigkeit

(1) Ein Unternehmen ist gemeinschaftsweit tätig, wenn es mindestens 1000 Arbeitnehmer in den Mitgliedstaaten und davon jeweils mindestens 150 Arbeitnehmer in mindestens zwei Mitgliedstaaten beschäftigt.

(2) Eine Unternehmensgruppe ist gemeinschaftsweit tätig, wenn sie mindestens 1000 Arbeitnehmer in den Mitgliedstaaten beschäftigt und ihr mindestens zwei Unternehmen mit Sitz in verschiedenen Mitgliedstaaten angehören, die jeweils mindestens je 150 Arbeitnehmer in verschiedenen Mitgliedstaaten beschäftigen.

§ 4 Berechnung der Arbeitnehmerzahlen

[1] In Betrieben und Unternehmen des Inlands errechnen sich die im Rahmen des § 3 zu berücksichtigenden Arbeitnehmerzahlen nach der Anzahl der im

Durchschnitt während der letzten zwei Jahre beschäftigten Arbeitnehmer im Sinne des § 5 Absatz 1 des Betriebsverfassungsgesetzes. [2]Maßgebend für den Beginn der Frist nach Satz 1 ist der Zeitpunkt, in dem die zentrale Leitung die Initiative zur Bildung des besonderen Verhandlungsgremiums ergreift oder der zentralen Leitung ein den Voraussetzungen des § 9 Absatz 2 entsprechender Antrag der Arbeitnehmer oder ihrer Vertreter zugeht.

§ 5 Auskunftsanspruch

(1) [1]Die zentrale Leitung hat auf Verlangen einer Arbeitnehmervertretung die für die Aufnahme von Verhandlungen zur Bildung eines Europäischen Betriebsrats erforderlichen Informationen zu erheben und an die Arbeitnehmervertretung weiterzuleiten. [2]Zu den erforderlichen Informationen gehören insbesondere die durchschnittliche Gesamtzahl der Arbeitnehmer und ihre Verteilung auf die Mitgliedstaaten, die Unternehmen und Betriebe sowie über die Struktur des Unternehmens oder der Unternehmensgruppe.

(2) Ein Betriebsrat oder ein Gesamtbetriebsrat kann den Anspruch nach Absatz 1 gegenüber der örtlichen Betriebs- oder Unternehmensleitung geltend machen; diese ist verpflichtet, die erforderlichen Informationen und Unterlagen bei der zentralen Leitung einzuholen.

(3) Jede Leitung eines Unternehmens einer gemeinschaftsweit tätigen Unternehmensgruppe sowie die zentrale Leitung sind verpflichtet, die Informationen nach Absatz 1 zu erheben und zur Verfügung zu stellen.

§ 6 Herrschendes Unternehmen

(1) Ein Unternehmen, das zu einer gemeinschaftsweit tätigen Unternehmensgruppe gehört, ist herrschendes Unternehmen, wenn es unmittelbar oder mittelbar einen beherrschenden Einfluss auf ein anderes Unternehmen derselben Gruppe (abhängiges Unternehmen) ausüben kann.

(2) [1]Ein beherrschender Einfluss wird vermutet, wenn ein Unternehmen in Bezug auf ein anderes Unternehmen unmittelbar oder mittelbar
1. mehr als die Hälfte der Mitglieder des Verwaltungs-, Leitungs- oder Aufsichtsorgans des anderen Unternehmens bestellen kann oder
2. über die Mehrheit der mit den Anteilen am anderen Unternehmen verbundenen Stimmrechte verfügt oder
3. die Mehrheit des gezeichneten Kapitals dieses Unternehmens besitzt. [2]Erfüllen mehrere Unternehmen eines der in Satz 1 Nummer 1 bis 3 genannten Kriterien, bestimmt sich das herrschende Unternehmen nach Maßgabe der dort bestimmten Rangfolge.

(3) Bei der Anwendung des Absatzes 2 müssen den Stimm- und Ernennungsrechten eines Unternehmens die Rechte aller von ihm abhängigen Unternehmen sowie aller natürlichen oder juristischen Personen, die zwar im eigenen Namen, aber für Rechnung des Unternehmens oder eines von ihm abhängigen Unternehmens handeln, hinzugerechnet werden.

(4) Investment- und Beteiligungsgesellschaften im Sinne des Artikels 3 Absatz 5 Buchstabe a oder c der Verordnung (EG) Nummer 139/2004 des Rates vom 20. Januar 2004 über die Kontrolle von Unternehmenszusammenschlüssen (ABl. L 24 vom 29. 1. 2004, S. 1) gelten nicht als herrschendes Unternehmen gegenüber einem anderen Unternehmen, an dem sie Anteile halten, an dessen Leitung sie jedoch nicht beteiligt sind.

§ 7 Europäischer Betriebsrat in Unternehmensgruppen

Gehören einer gemeinschaftsweit tätigen Unternehmensgruppe ein oder mehrere gemeinschaftsweit tätige Unternehmen an, wird ein Europäischer Betriebsrat nur bei dem herrschenden Unternehmen errichtet, sofern nichts anderes vereinbart wird.

Zweiter Teil. Besonderes Verhandlungsgremium

§ 8 Aufgabe

(1) Das besondere Verhandlungsgremium hat die Aufgabe, mit der zentralen Leitung eine Vereinbarung über eine grenzübergreifende Unterrichtung und Anhörung der Arbeitnehmer abzuschließen.

(2) Die zentrale Leitung hat dem besonderen Verhandlungsgremium rechtzeitig alle zur Durchführung seiner Aufgaben erforderlichen Auskünfte zu erteilen und die erforderlichen Unterlagen zur Verfügung zu stellen.

(3) [1]Die zentrale Leitung und das besondere Verhandlungsgremium arbeiten vertrauensvoll zusammen. [2]Zeitpunkt, Häufigkeit und Ort der Verhandlungen werden zwischen der zentralen Leitung und dem besonderen Verhandlungsgremium einvernehmlich festgelegt.

§ 9 Bildung

(1) Die Bildung des besonderen Verhandlungsgremiums ist von den Arbeitnehmern oder ihren Vertretern schriftlich bei der zentralen Leitung zu beantragen oder erfolgt auf Initiative der zentralen Leitung.

(2) [1]Der Antrag ist wirksam gestellt, wenn er von mindestens 100 Arbeitnehmern oder ihren Vertretern aus mindestens zwei Betrieben oder Unternehmen, die in verschiedenen Mitgliedstaaten liegen, unterzeichnet ist und der zentralen Leitung zugeht. [2]Werden mehrere Anträge gestellt, sind die Unterschriften zusammenzuzählen. [3]Wird ein Antrag bei einer im Inland liegenden Betriebs- oder Unternehmensleitung eingereicht, hat diese den Antrag unverzüglich an die zentrale Leitung weiterzuleiten und die Antragsteller darüber zu unterrichten.

(3) Die zentrale Leitung hat die Antragsteller, die örtlichen Betriebs- oder Unternehmensleitungen, die dort bestehenden Arbeitnehmervertretungen sowie die in inländischen Betrieben vertretenen Gewerkschaften über die Bildung eines besonderen Verhandlungsgremiums und seine Zusammensetzung zu unterrichten.

§ 10 Zusammensetzung

(1) Für jeden Anteil der in einem Mitgliedstaat beschäftigten Arbeitnehmer, der 10 Prozent der Gesamtzahl der in allen Mitgliedstaaten beschäftigten Arbeitnehmer der gemeinschaftsweit tätigen Unternehmen oder Unternehmensgruppen oder einen Bruchteil davon beträgt, wird ein Mitglied aus diesem Mitgliedstaat in das besondere Verhandlungsgremium entsandt.

(2) Es können Ersatzmitglieder bestellt werden.

§ 11 Bestellung inländischer Arbeitnehmervertreter

(1) [1]Die nach diesem Gesetz oder dem Gesetz eines anderen Mitgliedstaates auf die im Inland beschäftigten Arbeitnehmer entfallenden Mitglieder des besonderen Verhandlungsgremiums werden in gemeinschaftsweit tätigen Unternehmen vom Gesamtbetriebsrat (§ 47 des Betriebsverfassungsgesetzes) bestellt. [2]Besteht nur ein Betriebsrat, so bestellt dieser die Mitglieder des besonderen Verhandlungsgremiums.

(2) [1]Die in Absatz 1 Satz 1 genannten Mitglieder des besonderen Verhandlungsgremiums werden in gemeinschaftsweit tätigen Unternehmensgruppen vom Konzernbetriebsrat (§ 54 des Betriebsverfassungsgesetzes) bestellt. [2]Besteht neben dem Konzernbetriebsrat noch ein in ihm nicht vertretener Gesamtbetriebsrat oder Betriebsrat, ist der Konzernbetriebsrat um deren Vorsitzende und um deren Stellvertreter zu erweitern; die Vorsitzenden und ihre Stellvertreter gelten insoweit als Konzernbetriebsratsmitglieder.

(3) Besteht kein Konzernbetriebsrat, werden die in Absatz 1 Satz 1 genannten Mitglieder des besonderen Verhandlungsgremiums wie folgt bestellt:
a) Bestehen mehrere Gesamtbetriebsräte, werden die Mitglieder des besonderen Verhandlungsgremiums auf einer gemeinsamen Sitzung der Gesamtbetriebsräte bestellt, zu welcher der Gesamtbetriebsratsvorsitzende des nach der Zahl der wahlberechtigten Arbeitnehmer größten inländischen Unternehmens einzuladen hat. Besteht daneben noch mindestens ein in den Gesamtbetriebsräten nicht vertretener Betriebsrat, sind der Betriebsratsvorsitzende und dessen Stellvertreter zu dieser Sitzung einzuladen; sie gelten insoweit als Gesamtbetriebsratsmitglieder.
b) Besteht neben einem Gesamtbetriebsrat noch mindestens ein in ihm nicht vertretener Betriebsrat, ist der Gesamtbetriebsrat um den Vorsitzenden des Betriebsrats und dessen Stellvertreter zu erweitern; der Betriebsratsvorsitzende und sein Stellvertreter gelten insoweit als Gesamtbetriebsratsmitglieder. Der Gesamtbetriebsrat bestellt die Mitglieder des besonderen Verhandlungsgremiums. Besteht nur ein Gesamtbetriebsrat, so hat dieser die Mitglieder des besonderen Verhandlungsgremiums zu bestellen.
c) Bestehen mehrere Betriebsräte, werden die Mitglieder des besonderen Verhandlungsgremiums auf einer gemeinsamen Sitzung bestellt, zu welcher der Betriebsratsvorsitzende des nach der Zahl der wahlberechtigten Arbeitnehmer größten inländischen Betriebs einzuladen hat. Zur Teilnahme an dieser Sitzung sind die Betriebsratsvorsitzenden und deren Stellvertreter berechtigt; § 47 Absatz 7 des Betriebsverfassungsgesetzes gilt entsprechend.
d) Besteht nur ein Betriebsrat, so hat dieser die Mitglieder des besonderen Verhandlungsgremiums zu bestellen.

(4) Zu Mitgliedern des besonderen Verhandlungsgremiums können auch die in § 5 Absatz 3 des Betriebsverfassungsgesetzes genannten Angestellten bestellt werden.

(5) Frauen und Männer sollen entsprechend ihrem zahlenmäßigen Verhältnis bestellt werden.

§ 12 Unterrichtung über die Mitglieder des besonderen Verhandlungsgremiums

[1]Der zentralen Leitung sind unverzüglich die Namen der Mitglieder des besonderen Verhandlungsgremiums, ihre Anschriften sowie die jeweilige Betriebszugehörigkeit mitzuteilen. [2]Die zentrale Leitung hat die örtlichen Betriebs- oder Unternehmensleitungen, die dort bestehenden Arbeitnehmervertretungen sowie

die in inländischen Betrieben vertretenen Gewerkschaften über diese Angaben zu unterrichten.

§ 13 Sitzungen, Geschäftsordnung, Sachverständige

(1) [1]Die zentrale Leitung lädt unverzüglich nach Benennung der Mitglieder zur konstituierenden Sitzung des besonderen Verhandlungsgremiums ein und unterrichtet die örtlichen Betriebs- oder Unternehmensleitungen. [2]Die zentrale Leitung unterrichtet zugleich die zuständigen europäischen Gewerkschaften und Arbeitgeberverbände über den Beginn der Verhandlungen und die Zusammensetzung des besonderen Verhandlungsgremiums nach § 12 Satz 1. [3]Das besondere Verhandlungsgremium wählt aus seiner Mitte einen Vorsitzenden und kann sich eine Geschäftsordnung geben.

(2) Vor und nach jeder Verhandlung mit der zentralen Leitung hat das besondere Verhandlungsgremium das Recht, eine Sitzung durchzuführen und zu dieser einzuladen; § 8 Absatz 3 Satz 2 gilt entsprechend.

(3) Beschlüsse des besonderen Verhandlungsgremiums werden, soweit in diesem Gesetz nichts anderes bestimmt ist, mit der Mehrheit der Stimmen seiner Mitglieder gefasst.

(4) [1]Das besondere Verhandlungsgremium kann sich durch Sachverständige seiner Wahl unterstützen lassen, soweit dies zur ordnungsgemäßen Erfüllung seiner Aufgaben erforderlich ist. [2]Sachverständige können auch Beauftragte von Gewerkschaften sein. [3]Die Sachverständigen und Gewerkschaftsvertreter können auf Wunsch des besonderen Verhandlungsgremiums beratend an den Verhandlungen teilnehmen.

§ 14 Einbeziehung von Arbeitnehmervertretern aus Drittstaaten

Kommen die zentrale Leitung und das besondere Verhandlungsgremium überein, die nach § 17 auszuhandelnde Vereinbarung auf nicht in einem Mitgliedstaat (Drittstaat) liegende Betriebe oder Unternehmen zu erstrecken, können sie vereinbaren, Arbeitnehmervertreter aus diesen Staaten in das besondere Verhandlungsgremium einzubeziehen und die Anzahl der auf den jeweiligen Drittstaat entfallenden Mitglieder sowie deren Rechtsstellung festlegen.

§ 15 Beschluss über Beendigung der Verhandlungen

(1) [1]Das besondere Verhandlungsgremium kann mit mindestens zwei Dritteln der Stimmen seiner Mitglieder beschließen, keine Verhandlungen aufzunehmen oder diese zu beenden. [2]Der Beschluss und das Abstimmungsergebnis sind in eine Niederschrift aufzunehmen, die vom Vorsitzenden und einem weiteren Mitglied zu unterzeichnen ist. [3]Eine Abschrift der Niederschrift ist der zentralen Leitung zuzuleiten.

(2) Ein neuer Antrag auf Bildung eines besonderen Verhandlungsgremiums (§ 9) kann frühestens zwei Jahre nach dem Beschluss gemäß Absatz 1 gestellt werden, sofern das besondere Verhandlungsgremium und die zentrale Leitung nicht schriftlich eine kürzere Frist festlegen.

§ 16 Kosten und Sachaufwand

(1) [1]Die durch die Bildung und Tätigkeit des besonderen Verhandlungsgremiums entstehenden Kosten trägt die zentrale Leitung. [2]Werden Sachverständige

nach § 13 Absatz 4 hinzugezogen, beschränkt sich die Kostentragungspflicht auf einen Sachverständigen. [3] Die zentrale Leitung hat für die Sitzungen in erforderlichem Umfang Räume, sachliche Mittel, Dolmetscher und Büropersonal zur Verfügung zu stellen sowie die erforderlichen Reise- und Aufenthaltskosten der Mitglieder des besonderen Verhandlungsgremiums zu tragen.

(2) Der Arbeitgeber eines aus dem Inland entsandten Mitglieds des besonderen Verhandlungsgremiums haftet neben der zentralen Leitung für dessen Anspruch auf Kostenerstattung als Gesamtschuldner.

Dritter Teil. Vereinbarungen über grenzübergreifende Unterrichtung und Anhörung

§ 17 Gestaltungsfreiheit

[1] Die zentrale Leitung und das besondere Verhandlungsgremium können frei vereinbaren, wie die grenzübergreifende Unterrichtung und Anhörung der Arbeitnehmer ausgestaltet wird; sie sind nicht an die Bestimmungen des Vierten Teils dieses Gesetzes gebunden. [2] Die Vereinbarung muss sich auf alle in den Mitgliedstaaten beschäftigten Arbeitnehmer erstrecken, in denen das Unternehmen oder die Unternehmensgruppe einen Betrieb hat. [3] Die Parteien verständigen sich darauf, ob die grenzübergreifende Unterrichtung und Anhörung durch die Errichtung eines Europäischen Betriebsrats oder mehrerer Europäischer Betriebsräte nach § 18 oder durch ein Verfahren zur Unterrichtung und Anhörung der Arbeitnehmer nach § 19 erfolgen soll.

§ 18 Europäischer Betriebsrat kraft Vereinbarung

(1) [1] Soll ein Europäischer Betriebsrat errichtet werden, ist schriftlich zu vereinbaren, wie dieser ausgestaltet werden soll. [2] Dabei soll insbesondere Folgendes geregelt werden:
1. Bezeichnung der erfassten Betriebe und Unternehmen, einschließlich der außerhalb des Hoheitsgebietes der Mitgliedstaaten liegenden Niederlassungen, sofern diese in den Geltungsbereich einbezogen werden,
2. Zusammensetzung des Europäischen Betriebsrats, Anzahl der Mitglieder, Ersatzmitglieder, Sitzverteilung und Mandatsdauer,
3. Aufgaben und Befugnisse des Europäischen Betriebsrats sowie das Verfahren zu seiner Unterrichtung und Anhörung; dieses Verfahren kann auf die Beteiligungsrechte der nationalen Arbeitnehmervertretungen abgestimmt werden, soweit deren Rechte hierdurch nicht beeinträchtigt werden,
4. Ort, Häufigkeit und Dauer der Sitzungen,
5. die Einrichtung eines Ausschusses des Europäischen Betriebsrats einschließlich seiner Zusammensetzung, der Bestellung seiner Mitglieder, seiner Befugnisse und Arbeitsweise,
6. die für den Europäischen Betriebsrat zur Verfügung zu stellenden finanziellen und sachlichen Mittel,
7. Klausel zur Anpassung der Vereinbarung an Strukturänderungen, die Geltungsdauer der Vereinbarung und das bei ihrer Neuverhandlung, Änderung oder Kündigung anzuwendende Verfahren, einschließlich einer Übergangsregelung.

(2) § 23 gilt entsprechend.

§ 19 Verfahren zur Unterrichtung und Anhörung

[1] Soll ein Verfahren zur Unterrichtung und Anhörung der Arbeitnehmer eingeführt werden, ist schriftlich zu vereinbaren, unter welchen Voraussetzungen die

Arbeitnehmervertreter das Recht haben, die ihnen übermittelten Informationen gemeinsam zu beraten und wie sie ihre Vorschläge oder Bedenken mit der zentralen Leitung oder einer anderen geeigneten Leitungsebene erörtern können. [2]Die Unterrichtung muss sich insbesondere auf grenzübergreifende Angelegenheiten erstrecken, die erhebliche Auswirkungen auf die Interessen der Arbeitnehmer haben.

§ 20 Übergangsbestimmung

[1]Eine nach § 18 oder § 19 bestehende Vereinbarung gilt fort, wenn vor ihrer Beendigung das Antrags- oder Initiativrecht nach § 9 Absatz 1 ausgeübt worden ist. [2]Das Antragsrecht kann auch ein auf Grund einer Vereinbarung bestehendes Arbeitnehmervertretungsgremium ausüben. [3]Die Fortgeltung endet, wenn die Vereinbarung durch eine neue Vereinbarung ersetzt oder ein Europäischer Betriebsrat kraft Gesetzes errichtet worden ist. [4]Die Fortgeltung endet auch dann, wenn das besondere Verhandlungsgremium einen Beschluss nach § 15 Absatz 1 fasst; § 15 Absatz 2 gilt entsprechend. [5]Die Sätze 1 bis 4 finden keine Anwendung, wenn in der bestehenden Vereinbarung eine Übergangsregelung enthalten ist.

Vierter Teil. Europäischer Betriebsrat kraft Gesetzes

Erster Abschnitt. Errichtung des Europäischen Betriebsrats

§ 21 Voraussetzungen

(1) [1]Verweigert die zentrale Leitung die Aufnahme von Verhandlungen innerhalb von sechs Monaten nach Antragstellung (§ 9), ist ein Europäischer Betriebsrat gemäß den §§ 22 und 23 zu errichten. [2]Das gleiche gilt, wenn innerhalb von drei Jahren nach Antragstellung keine Vereinbarung nach § 18 oder § 19 zustande kommt oder die zentrale Leitung und das besondere Verhandlungsgremium das vorzeitige Scheitern der Verhandlungen erklären. [3]Die Sätze 1 und 2 gelten entsprechend, wenn die Bildung des besonderen Verhandlungsgremiums auf Initiative der zentralen Leitung erfolgt.

(2) Ein Europäischer Betriebsrat ist nicht zu errichten, wenn das besondere Verhandlungsgremium vor Ablauf der in Absatz 1 genannten Fristen einen Beschluss nach § 15 Absatz 1 fasst.

§ 22 Zusammensetzung des Europäischen Betriebsrats

(1) [1]Der Europäische Betriebsrat setzt sich aus Arbeitnehmern des gemeinschaftsweit tätigen Unternehmens oder der gemeinschaftsweit tätigen Unternehmensgruppe zusammen. [2]Es können Ersatzmitglieder bestellt werden.

(2) Für jeden Anteil der in einem Mitgliedstaat beschäftigten Arbeitnehmer, der 10 Prozent der Gesamtzahl der in allen Mitgliedstaaten beschäftigten Arbeitnehmer der gemeinschaftsweit tätigen Unternehmen oder Unternehmensgruppen oder einen Bruchteil davon beträgt, wird ein Mitglied aus diesem Mitgliedstaat in den Europäischen Betriebsrat entsandt.

§ 23 Bestellung inländischer Arbeitnehmervertreter

(1) [1]Die nach diesem Gesetz oder dem Gesetz eines anderen Mitgliedstaates auf die im Inland beschäftigten Arbeitnehmer entfallenden Mitglieder des Eu-

ropäischen Betriebsrats werden in gemeinschaftsweit tätigen Unternehmen vom Gesamtbetriebsrat (§ 47 des Betriebsverfassungsgesetzes) bestellt. [2]Besteht nur ein Betriebsrat, so bestellt dieser die Mitglieder des Europäischen Betriebsrats.

(2) [1]Die in Absatz 1 Satz 1 genannten Mitglieder des Europäischen Betriebsrats werden in gemeinschaftsweit tätigen Unternehmensgruppen vom Konzernbetriebsrat (§ 54 des Betriebsverfassungsgesetzes) bestellt. [2]Besteht neben dem Konzernbetriebsrat noch ein in ihm nicht vertretener Gesamtbetriebsrat oder Betriebsrat, ist der Konzernbetriebsrat um deren Vorsitzende und um deren Stellvertreter zu erweitern; die Vorsitzenden und ihre Stellvertreter gelten insoweit als Konzernbetriebsratsmitglieder.

(3) Besteht kein Konzernbetriebsrat, werden die in Absatz 1 Satz 1 genannten Mitglieder des Europäischen Betriebsrats wie folgt bestellt:
a) Bestehen mehrere Gesamtbetriebsräte, werden die Mitglieder des Europäischen Betriebsrats auf einer gemeinsamen Sitzung der Gesamtbetriebsräte bestellt, zu welcher der Gesamtbetriebsratsvorsitzende des nach der Zahl der wahlberechtigten Arbeitnehmer größten inländischen Unternehmens einzuladen hat. Besteht daneben noch mindestens ein in den Gesamtbetriebsräten nicht vertretener Betriebsrat, sind der Betriebsratsvorsitzende und dessen Stellvertreter zu dieser Sitzung einzuladen; sie gelten insoweit als Gesamtbetriebsratsmitglieder.
b) Besteht neben einem Gesamtbetriebsrat noch mindestens ein in ihm nicht vertretener Betriebsrat, ist der Gesamtbetriebsrat um den Vorsitzenden des Betriebsrats und dessen Stellvertreter zu erweitern; der Betriebsratsvorsitzende und sein Stellvertreter gelten insoweit als Gesamtbetriebsratsmitglieder. Der Gesamtbetriebsrat bestellt die Mitglieder des Europäischen Betriebsrats. Besteht nur ein Gesamtbetriebsrat, so hat dieser die Mitglieder des Europäischen Betriebsrats zu bestellen.
c) Bestehen mehrere Betriebsräte, werden die Mitglieder des Europäischen Betriebsrats auf einer gemeinsamen Sitzung bestellt, zu welcher der Betriebsratsvorsitzende des nach der Zahl der wahlberechtigten Arbeitnehmer größten inländischen Betriebs einzuladen hat. Zur Teilnahme an dieser Sitzung sind die Betriebsratsvorsitzenden und deren Stellvertreter berechtigt; § 47 Absatz 7 des Betriebsverfassungsgesetzes gilt entsprechend.
d) Besteht nur ein Betriebsrat, so hat dieser die Mitglieder des Europäischen Betriebsrats zu bestellen.

(4) Die Absätze 1 bis 3 gelten entsprechend für die Abberufung.

(5) Eine ausgewogene Vertretung der Arbeitnehmer nach ihrer Tätigkeit sollte so weit als möglich berücksichtigt werden; Frauen und Männer sollen entsprechend ihrem zahlenmäßigen Verhältnis bestellt werden.

(6) [1]Das zuständige Sprecherausschussgremium eines gemeinschaftsweit tätigen Unternehmens oder einer gemeinschaftsweit tätigen Unternehmensgruppe mit Sitz der zentralen Leitung im Inland kann einen der in § 5 Absatz 3 des Betriebsverfassungsgesetzes genannten Angestellten bestimmen, der mit Rederecht an den Sitzungen zur Unterrichtung und Anhörung des Europäischen Betriebsrats teilnimmt, sofern nach § 22 Absatz 2 mindestens fünf inländische Vertreter entsandt werden. [2]§ 35 Absatz 2 und § 39 gelten entsprechend.

§ 24 Unterrichtung über die Mitglieder des Europäischen Betriebsrats

[1]Der zentralen Leitung sind unverzüglich die Namen der Mitglieder des Europäischen Betriebsrats, ihre Anschriften sowie die jeweilige Betriebszugehörigkeit mitzuteilen. [2]Die zentrale Leitung hat die örtlichen Betriebs- oder Unternehmensleitungen, die dort bestehenden Arbeitnehmervertretungen sowie die

in inländischen Betrieben vertretenen Gewerkschaften über diese Angaben zu unterrichten.

Zweiter Abschnitt.
Geschäftsführung des Europäischen Betriebsrats

§ 25 Konstituierende Sitzung, Vorsitzender

(1) [1]Die zentrale Leitung lädt unverzüglich nach Benennung der Mitglieder zur konstituierenden Sitzung des Europäischen Betriebsrats ein. [2]Der Europäische Betriebsrat wählt aus seiner Mitte einen Vorsitzenden und dessen Stellvertreter.

(2) [1]Der Vorsitzende des Europäischen Betriebsrats oder im Falle seiner Verhinderung der Stellvertreter vertritt den Europäischen Betriebsrat im Rahmen der von ihm gefassten Beschlüsse. [2]Zur Entgegennahme von Erklärungen, die dem Europäischen Betriebsrat gegenüber abzugeben sind, ist der Vorsitzende oder im Falle seiner Verhinderung der Stellvertreter berechtigt.

§ 26 Ausschuss

[1]Der Europäische Betriebsrat bildet aus seiner Mitte einen Ausschuss. [2]Der Ausschuss besteht aus dem Vorsitzenden und mindestens zwei, höchstens vier weiteren zu wählenden Ausschussmitgliedern. [3]Die weiteren Ausschussmitglieder sollen in verschiedenen Mitgliedstaaten beschäftigt sein. [4]Der Ausschuss führt die laufenden Geschäfte des Europäischen Betriebsrats.

§ 27 Sitzungen

(1) [1]Der Europäische Betriebsrat hat das Recht, im Zusammenhang mit der Unterrichtung durch die zentrale Leitung nach § 29 eine Sitzung durchzuführen und zu dieser einzuladen. [2]Das gleiche gilt bei einer Unterrichtung über außergewöhnliche Umstände nach § 30. [3]Der Zeitpunkt und der Ort der Sitzungen sind mit der zentralen Leitung abzustimmen. [4]Mit Einverständnis der zentralen Leitung kann der Europäische Betriebsrat weitere Sitzungen durchführen. [5]Die Sitzungen des Europäischen Betriebsrats sind nicht öffentlich.

(2) Absatz 1 gilt entsprechend für die Wahrnehmung der Mitwirkungsrechte des Europäischen Betriebsrats durch den Ausschuss nach § 26.

§ 28 Beschlüsse, Geschäftsordnung

[1]Die Beschlüsse des Europäischen Betriebsrats werden, soweit in diesem Gesetz nichts anderes bestimmt ist, mit der Mehrheit der Stimmen der anwesenden Mitglieder gefasst. [2]Sonstige Bestimmungen über die Geschäftsführung sollen in einer schriftlichen Geschäftsordnung getroffen werden, die der Europäische Betriebsrat mit der Mehrheit der Stimmen seiner Mitglieder beschließt.

Dritter Abschnitt. Mitwirkungsrechte

§ 29 Jährliche Unterrichtung und Anhörung

(1) Die zentrale Leitung hat den Europäischen Betriebsrat einmal im Kalenderjahr über die Entwicklung der Geschäftslage und die Perspektiven des ge-

meinschaftsweit tätigen Unternehmens oder der gemeinschaftsweit tätigen Unternehmensgruppe unter rechtzeitiger Vorlage der erforderlichen Unterlagen zu unterrichten und ihn anzuhören.

(2) Zu der Entwicklung der Geschäftslage und den Perspektiven im Sinne des Absatzes 1 gehören insbesondere

1. Struktur des Unternehmens oder der Unternehmensgruppe sowie die wirtschaftliche und finanzielle Lage,
2. die voraussichtliche Entwicklung der Geschäfts-, Produktions- und Absatzlage,
3. die Beschäftigungslage und ihre voraussichtliche Entwicklung,
4. Investitionen (Investitionsprogramme),
5. grundlegende Änderungen der Organisation,
6. die Einführung neuer Arbeits- und Fertigungsverfahren,
7. die Verlegung von Unternehmen, Betrieben oder wesentlichen Betriebsteilen sowie Verlagerungen der Produktion,
8. Zusammenschlüsse oder Spaltungen von Unternehmen oder Betrieben,
9. die Einschränkung oder Stilllegung von Unternehmen, Betrieben oder wesentlichen Betriebsteilen,
10. Massenentlassungen.

§ 30 Unterrichtung und Anhörung

(1) [1]Über außergewöhnliche Umstände oder Entscheidungen, die erhebliche Auswirkungen auf die Interessen der Arbeitnehmer haben, hat die zentrale Leitung den Europäischen Betriebsrat rechtzeitig unter Vorlage der erforderlichen Unterlagen zu unterrichten und auf Verlangen anzuhören. [2]Als außergewöhnliche Umstände gelten insbesondere

1. die Verlegung von Unternehmen, Betrieben oder wesentlichen Betriebsteilen,
2. die Stilllegung von Unternehmen, Betrieben oder wesentlichen Betriebsteilen,
3. Massenentlassungen.

(2) [1]Besteht ein Ausschuss nach § 26, so ist dieser anstelle des Europäischen Betriebsrats nach Absatz 1 Satz 1 zu beteiligen. [2]§ 27 Absatz 1 Satz 2 bis 5 gilt entsprechend. [3]Zu den Sitzungen des Ausschusses sind auch diejenigen Mitglieder des Europäischen Betriebsrats zu laden, die für die Betriebe oder Unternehmen bestellt worden sind, die unmittelbar von den geplanten Maßnahmen oder Entscheidungen betroffen sind; sie gelten insoweit als Ausschussmitglieder.

§ 31 Tendenzunternehmen

Auf Unternehmen und herrschende Unternehmen von Unternehmensgruppen, die unmittelbar und überwiegend den in § 118 Absatz 1 Satz 1 Nummer 1 und 2 des Betriebsverfassungsgesetzes genannten Bestimmungen oder Zwecken dienen, finden nur § 29 Absatz 2 Nummer 5 bis 10 und § 30 Anwendung mit der Maßgabe, dass eine Unterrichtung und Anhörung nur über den Ausgleich oder die Milderung der wirtschaftlichen Nachteile erfolgen muss, die den Arbeitnehmern infolge der Unternehmens- oder Betriebsänderungen entstehen.

Vierter Abschnitt. Änderung der Zusammensetzung, Übergang zu einer Vereinbarung

§ 32 Dauer der Mitgliedschaft, Neubestellung von Mitgliedern

(1) [1]Die Dauer der Mitgliedschaft im Europäischen Betriebsrat beträgt vier Jahre, wenn sie nicht durch Abberufung oder aus anderen Gründen vorzeitig endet. [2]Die Mitgliedschaft beginnt mit der Bestellung.

(2) [1] Alle zwei Jahre, vom Tage der konstituierenden Sitzung des Europäischen Betriebsrats (§ 25 Absatz 1) an gerechnet, hat die zentrale Leitung zu prüfen, ob sich die Arbeitnehmerzahlen in den einzelnen Mitgliedstaaten derart geändert haben, dass sich eine andere Zusammensetzung des Europäischen Betriebsrats nach § 22 Absatz 2 errechnet. [2] Sie hat das Ergebnis dem Europäischen Betriebsrat mitzuteilen. [3] Ist danach eine andere Zusammensetzung des Europäischen Betriebsrats erforderlich, veranlasst dieser bei den zuständigen Stellen, dass die Mitglieder des Europäischen Betriebsrats in den Mitgliedstaaten neu bestellt werden, in denen sich eine gegenüber dem vorhergehenden Zeitraum abweichende Anzahl der Arbeitnehmervertreter ergibt; mit der Neubestellung endet die Mitgliedschaft der bisher aus diesen Mitgliedstaaten stammenden Arbeitnehmervertreter im Europäischen Betriebsrat. [4] Die Sätze 1 bis 3 gelten entsprechend bei Berücksichtigung eines bisher im Europäischen Betriebsrat nicht vertretenen Mitgliedstaates.

§ 33 Aufnahme von Verhandlungen

[1] Vier Jahre nach der konstituierenden Sitzung (§ 25 Absatz 1) hat der Europäische Betriebsrat mit der Mehrheit der Stimmen seiner Mitglieder einen Beschluss darüber zu fassen, ob mit der zentralen Leitung eine Vereinbarung nach § 17 ausgehandelt werden soll. [2] Beschließt der Europäische Betriebsrat die Aufnahme von Verhandlungen, hat er die Rechte und Pflichten des besonderen Verhandlungsgremiums; die §§ 8, 13, 14 und 15 Absatz 1 sowie die §§ 16 bis 19 gelten entsprechend. [3] Das Amt des Europäischen Betriebsrats endet, wenn eine Vereinbarung nach § 17 geschlossen worden ist.

Fünfter Teil. Gemeinsame Bestimmungen

§ 34 Vertrauensvolle Zusammenarbeit

[1] Zentrale Leitung und Europäischer Betriebsrat arbeiten vertrauensvoll zum Wohl der Arbeitnehmer und des Unternehmens oder der Unternehmensgruppe zusammen. [2] Satz 1 gilt entsprechend für die Zusammenarbeit zwischen zentraler Leitung und Arbeitnehmervertretern im Rahmen eines Verfahrens zur Unterrichtung und Anhörung.

§ 35 Geheimhaltung, Vertraulichkeit

(1) Die Pflicht der zentralen Leitung, über die im Rahmen der §§ 18 und 19 vereinbarten oder die sich aus den §§ 29 und 30 Absatz 1 ergebenden Angelegenheiten zu unterrichten, besteht nur, soweit dadurch nicht Betriebs- oder Geschäftsgeheimnisse des Unternehmens oder der Unternehmensgruppe gefährdet werden.

(2) [1] Die Mitglieder und Ersatzmitglieder eines Europäischen Betriebsrats sind verpflichtet, Betriebs- oder Geschäftsgeheimnisse, die ihnen wegen ihrer Zugehörigkeit zum Europäischen Betriebsrat bekannt geworden und von der zentralen Leitung ausdrücklich als geheimhaltungsbedürftig bezeichnet worden sind, nicht zu offenbaren und nicht zu verwerten. [2] Dies gilt auch nach dem Ausscheiden aus dem Europäischen Betriebsrat. [3] Die Verpflichtung gilt nicht gegenüber Mitgliedern eines Europäischen Betriebsrats. [4] Sie gilt ferner nicht gegenüber den örtlichen Arbeitnehmervertretern der Betriebe oder Unternehmen, wenn diese auf Grund einer Vereinbarung nach § 18 oder nach § 36 über den

Inhalt der Unterrichtungen und die Ergebnisse der Anhörungen zu unterrichten sind, den Arbeitnehmervertretern im Aufsichtsrat sowie gegenüber Dolmetschern und Sachverständigen, die zur Unterstützung herangezogen werden.

(3) Die Pflicht zur Vertraulichkeit nach Absatz 2 Satz 1 und 2 gilt entsprechend für
1. die Mitglieder und Ersatzmitglieder des besonderen Verhandlungsgremiums,
2. die Arbeitnehmervertreter im Rahmen eines Verfahrens zur Unterrichtung und Anhörung (§ 19),
3. die Sachverständigen und Dolmetscher sowie
4. die örtlichen Arbeitnehmervertreter.

(4) Die Ausnahmen von der Pflicht zur Vertraulichkeit nach Absatz 2 Satz 3 und 4 gelten entsprechend für
1. das besondere Verhandlungsgremium gegenüber Sachverständigen und Dolmetschern,
2. die Arbeitnehmervertreter im Rahmen eines Verfahrens zur Unterrichtung und Anhörung gegenüber Dolmetschern und Sachverständigen, die vereinbarungsgemäß zur Unterstützung herangezogen werden, und gegenüber örtlichen Arbeitnehmervertretern, sofern diese nach der Vereinbarung (§ 19) über die Inhalte der Unterrichtungen und die Ergebnisse der Anhörungen zu unterrichten sind.

§ 36 Unterrichtung der örtlichen Arbeitnehmervertreter

(1) Der Europäische Betriebsrat oder der Ausschuss (§ 30 Absatz 2) berichtet den örtlichen Arbeitnehmervertretern oder, wenn es diese nicht gibt, den Arbeitnehmern der Betriebe oder Unternehmen über die Unterrichtung und Anhörung.

(2) [1]Das Mitglied des Europäischen Betriebsrats oder des Ausschusses, das den örtlichen Arbeitnehmervertretungen im Inland berichtet, hat den Bericht in Betrieben oder Unternehmen, in denen Sprecherausschüsse der leitenden Angestellten bestehen, auf einer gemeinsamen Sitzung im Sinne des § 2 Absatz 2 des Sprecherausschussgesetzes zu erstatten. [2]Dies gilt nicht, wenn ein nach § 23 Absatz 6 bestimmter Angestellter an der Sitzung zur Unterrichtung und Anhörung des Europäischen Betriebsrats teilgenommen hat. [3]Wird der Bericht nach Absatz 1 nur schriftlich erstattet, ist er auch dem zuständigen Sprecherausschuss zuzuleiten.

§ 37 Wesentliche Strukturänderung

(1) [1]Ändert sich die Struktur des gemeinschaftsweit tätigen Unternehmens oder der gemeinschaftsweit tätigen Unternehmensgruppe wesentlich und bestehen hierzu keine Regelungen in geltenden Vereinbarungen oder widersprechen sich diese, nimmt die zentrale Leitung von sich aus oder auf Antrag der Arbeitnehmer oder ihrer Vertreter (§ 9 Absatz 1) die Verhandlung über eine Vereinbarung nach § 18 oder § 19 auf. [2]Als wesentliche Strukturänderungen im Sinne des Satzes 1 gelten insbesondere
1. Zusammenschluss von Unternehmen oder Unternehmensgruppen,
2. Spaltung von Unternehmen oder der Unternehmensgruppe,
3. Verlegung von Unternehmen oder der Unternehmensgruppe in einen anderen Mitgliedstaat oder Drittstaat oder Stilllegung von Unternehmen oder der Unternehmensgruppe,
4. Verlegung oder Stilllegung von Betrieben, soweit sie Auswirkungen auf die Zusammensetzung des Europäischen Betriebsrats haben können.

(2) Abweichend von § 10 entsendet jeder von der Strukturänderung betroffene Europäische Betriebsrat aus seiner Mitte drei weitere Mitglieder in das besondere Verhandlungsgremium.

(3) [1] Für die Dauer der Verhandlung bleibt jeder von der Strukturänderung betroffene Europäische Betriebsrat bis zur Errichtung eines neuen Europäischen Betriebsrats im Amt (Übergangsmandat). [2] Mit der zentralen Leitung kann vereinbart werden, nach welchen Bestimmungen und in welcher Zusammensetzung das Übergangsmandat wahrgenommen wird. [3] Kommt es nicht zu einer Vereinbarung mit der zentralen Leitung nach Satz 2, wird das Übergangsmandat durch den jeweiligen Europäischen Betriebsrat entsprechend der für ihn im Unternehmen oder der Unternehmensgruppe geltenden Regelung wahrgenommen. [4] Das Übergangsmandat endet auch, wenn das besondere Verhandlungsgremium einen Beschluss nach § 15 Absatz 1 fasst.

(4) Kommt es nicht zu einer Vereinbarung nach § 18 oder § 19, ist in den Fällen des § 21 Absatz 1 ein Europäischer Betriebsrat nach den §§ 22 und 23 zu errichten.

§ 38 Fortbildung

(1) [1] Der Europäische Betriebsrat kann Mitglieder zur Teilnahme an Schulungs- und Bildungsveranstaltungen bestimmen, soweit diese Kenntnisse vermitteln, die für die Arbeit des Europäischen Betriebsrats erforderlich sind. [2] Der Europäische Betriebsrat hat die Teilnahme und zeitliche Lage rechtzeitig der zentralen Leitung mitzuteilen. [3] Bei der Festlegung der zeitlichen Lage sind die betrieblichen Notwendigkeiten zu berücksichtigen. [4] Der Europäische Betriebsrat kann die Aufgaben nach diesem Absatz auf den Ausschuss nach § 26 übertragen.

(2) Für das besondere Verhandlungsgremium und dessen Mitglieder gilt Absatz 1 Satz 1 bis 3 entsprechend.

§ 39 Kosten, Sachaufwand und Sachverständige

(1) [1] Die durch die Bildung und Tätigkeit des Europäischen Betriebsrats und des Ausschusses entstehenden Kosten trägt die zentrale Leitung. [2] Die zentrale Leitung hat insbesondere für die Sitzungen und die laufende Geschäftsführung in erforderlichem Umfang Räume, sachliche Mittel und Büropersonal, für die Sitzungen außerdem Dolmetscher zur Verfügung zu stellen. [3] Sie trägt die erforderlichen Reise- und Aufenthaltskosten der Mitglieder des Europäischen Betriebsrats und des Ausschusses. [4] § 16 Absatz 2 gilt entsprechend.

(2) [1] Der Europäische Betriebsrat und der Ausschuss können sich durch Sachverständige ihrer Wahl unterstützen lassen, soweit dies zur ordnungsgemäßen Erfüllung ihrer Aufgaben erforderlich ist. [2] Sachverständige können auch Beauftragte von Gewerkschaften sein. [3] Werden Sachverständige hinzugezogen, beschränkt sich die Kostentragungspflicht auf einen Sachverständigen, es sei denn, eine Vereinbarung nach § 18 oder § 19 sieht etwas anderes vor.

§ 40 Schutz inländischer Arbeitnehmervertreter

(1) [1] Für die Mitglieder eines Europäischen Betriebsrats, die im Inland beschäftigt sind, gelten § 37 Absatz 1 bis 5 und die §§ 78 und 103 des Betriebsverfassungsgesetzes sowie § 15 Absatz 1 und 3 bis 5 des Kündigungsschutzgesetzes entsprechend. [2] Für nach § 38 erforderliche Fortbildungen gilt § 37 Absatz 6 Satz 1 und 2 des Betriebsverfassungsgesetzes entsprechend.

(2) Absatz 1 gilt entsprechend für die Mitglieder des besonderen Verhandlungsgremiums und die Arbeitnehmervertreter im Rahmen eines Verfahrens zur Unterrichtung und Anhörung.

Sechster Teil. Bestehende Vereinbarungen

§ 41 Fortgeltung

(1) [1]Auf die in den §§ 2 und 3 genannten Unternehmen und Unternehmensgruppen, in denen vor dem 22. September 1996 eine Vereinbarung über grenzübergreifende Unterrichtung und Anhörung besteht, sind die Bestimmungen dieses Gesetzes außer in den Fällen des § 37 nicht anwendbar, solange die Vereinbarung wirksam ist. [2]Die Vereinbarung muss sich auf alle in den Mitgliedstaaten beschäftigten Arbeitnehmer erstrecken und den Arbeitnehmern aus denjenigen Mitgliedstaaten eine angemessene Beteiligung an der Unterrichtung und Anhörung ermöglichen, in denen das Unternehmen oder die Unternehmensgruppe einen Betrieb hat.

(2) [1]Der Anwendung des Absatzes 1 steht nicht entgegen, dass die Vereinbarung auf Seiten der Arbeitnehmer nur von einer im Betriebsverfassungsgesetz vorgesehenen Arbeitnehmervertretung geschlossen worden ist. [2]Das gleiche gilt, wenn für ein Unternehmen oder eine Unternehmensgruppe anstelle einer Vereinbarung mehrere Vereinbarungen geschlossen worden sind.

(3) Sind die Voraussetzungen des Absatzes 1 deshalb nicht erfüllt, weil die an dem in Absatz 1 Satz 1 genannten Stichtag bestehende Vereinbarung nicht alle Arbeitnehmer erfasst, können die Parteien deren Einbeziehung innerhalb einer Frist von sechs Monaten nachholen.

(4) Bestehende Vereinbarungen können auch nach dem in Absatz 1 Satz 1 genannten Stichtag an Änderungen der Struktur des Unternehmens oder der Unternehmensgruppe sowie der Zahl der beschäftigten Arbeitnehmer angepasst werden, soweit es sich nicht um wesentliche Strukturänderungen im Sinne des § 37 handelt.

(5) Ist eine Vereinbarung befristet geschlossen worden, können die Parteien ihre Fortgeltung unter Berücksichtigung der Absätze 1, 3 und 4 beschließen.

(6) [1]Eine Vereinbarung gilt fort, wenn vor ihrer Beendigung das Antrags- oder Initiativrecht nach § 9 Absatz 1 ausgeübt worden ist. [2]Das Antragsrecht kann auch ein auf Grund der Vereinbarung bestehendes Arbeitnehmervertretungsgremium ausüben. [3]Die Fortgeltung endet, wenn die Vereinbarung durch eine grenzübergreifende Unterrichtung und Anhörung nach § 18 oder § 19 ersetzt oder ein Europäischer Betriebsrat kraft Gesetzes errichtet worden ist. [4]Die Fortgeltung endet auch dann, wenn das besondere Verhandlungsgremium einen Beschluss nach § 15 Absatz 1 fasst; § 15 Absatz 2 gilt entsprechend.

(7) [1]Auf Unternehmen und Unternehmensgruppen, die auf Grund der Berücksichtigung von im Vereinigten Königreich Großbritannien und Nordirland liegenden Betrieben und Unternehmen erstmalig die in den §§ 2 und 3 genannten Voraussetzungen erfüllen, sind die Bestimmungen dieses Gesetzes außer in den Fällen des § 37 nicht anwendbar, wenn in diesen Unternehmen und Unternehmensgruppen vor dem 15. Dezember 1999 eine Vereinbarung über grenzübergreifende Unterrichtung und Anhörung besteht. [2]Die Absätze 1 bis 6 gelten entsprechend.

(8) [1]Auf die in den §§ 2 und 3 genannten Unternehmen und Unternehmensgruppen, in denen zwischen dem 5. Juni 2009 und dem 5. Juni 2011 eine Vereinbarung über die grenzübergreifende Unterrichtung und Anhörung unter-

zeichnet oder überarbeitet wurde, sind außer in den Fällen des § 37 die Bestimmungen dieses Gesetzes in der Fassung vom 28. Oktober 1996 (BGBl. I S. 1548, 2022), zuletzt geändert durch Artikel 30 des Gesetzes vom 21. Dezember 2000 (BGBl. I S. 1983), anzuwenden. ²Ist eine Vereinbarung nach Satz 1 befristet geschlossen worden, können die Parteien ihre Fortgeltung beschließen, solange die Vereinbarung wirksam ist; Absatz 4 gilt entsprechend.

Siebter Teil. Besondere Vorschriften, Straf- und Bußgeldvorschriften

§ 42 Errichtungs- und Tätigkeitsschutz

Niemand darf
1. die Bildung des besonderen Verhandlungsgremiums (§ 9) oder die Errichtung eines Europäischen Betriebsrats (§§ 18, 21 Absatz 1) oder die Einführung eines Verfahrens zur Unterrichtung und Anhörung (§ 19) behindern oder durch Zufügung oder Androhung von Nachteilen oder durch Gewährung oder Versprechen von Vorteilen beeinflussen,
2. die Tätigkeit des besonderen Verhandlungsgremiums, eines Europäischen Betriebsrats oder der Arbeitnehmervertreter im Rahmen eines Verfahrens zur Unterrichtung und Anhörung behindern oder stören oder
3. ein Mitglied oder Ersatzmitglied des besonderen Verhandlungsgremiums oder eines Europäischen Betriebsrats oder einen Arbeitnehmervertreter im Rahmen eines Verfahrens zur Unterrichtung und Anhörung um seiner Tätigkeit willen benachteiligen oder begünstigen.

§ 43 Strafvorschriften

(1) Mit Freiheitsstrafe bis zu zwei Jahren oder mit Geldstrafe wird bestraft, wer entgegen § 35 Absatz 2 Satz 1 oder 2, jeweils auch in Verbindung mit Absatz 3, ein Betriebs- oder Geschäftsgeheimnis verwertet.

(2) Die Tat wird nur auf Antrag verfolgt.

§ 44 Strafvorschriften

(1) Mit Freiheitsstrafe bis zu einem Jahr oder mit Geldstrafe wird bestraft, wer
1. entgegen § 35 Absatz 2 Satz 1 oder 2, jeweils auch in Verbindung mit Absatz 3, ein Betriebs- oder Geschäftsgeheimnis offenbart oder
2. einer Vorschrift des § 42 über die Errichtung der dort genannten Gremien oder die Einführung des dort genannten Verfahrens, die Tätigkeit der dort genannten Gremien oder der Arbeitnehmervertreter oder über die Benachteiligung oder Begünstigung eines Mitglieds oder Ersatzmitglieds der dort genannten Gremien oder eines Arbeitnehmervertreters zuwiderhandelt.

(2) Handelt der Täter in den Fällen des Absatzes 1 Nummer 1 gegen Entgelt oder in der Absicht, sich oder einen anderen zu bereichern oder einen anderen zu schädigen, so ist die Strafe Freiheitsstrafe bis zu zwei Jahren oder Geldstrafe.

(3) ¹Die Tat wird nur auf Antrag verfolgt. ²In den Fällen des Absatzes 1 Nummer 2 sind das besondere Verhandlungsgremium, der Europäische Betriebsrat, die Mehrheit der Arbeitnehmervertreter im Rahmen eines Verfahrens zur Unterrichtung und Anhörung, die zentrale Leitung oder eine im Betrieb vertretene Gewerkschaft antragsberechtigt.

§ 45 Bußgeldvorschriften

(1) Ordnungswidrig handelt, wer

1. entgegen § 5 Absatz 1 die Informationen nicht, nicht richtig, nicht vollständig oder nicht rechtzeitig erhebt oder weiterleitet oder
2. entgegen § 29 Absatz 1 oder § 30 Absatz 1 Satz 1 oder Absatz 2 Satz 1 den Europäischen Betriebsrat oder den Ausschuss nach § 26 nicht, nicht richtig, nicht vollständig, nicht in der vorgeschriebenen Weise oder nicht rechtzeitig unterrichtet.

(2) Die Ordnungswidrigkeit kann mit einer Geldbuße bis zu fünfzehntausend Euro geahndet werden.

Übersicht über das EBRG

1   Das EBRG ist am **1. November 1996** in Kraft getreten. Mit ihm ist die Richtlinie 94/45 EG des Rates vom 22. September 1994 über die Einsetzung eines Europäischen Betriebsrats oder die Schaffung eines Verfahrens zur Unterrichtung und Anhörung der ArbN in gemeinschaftsweit operierenden Unternehmen und Unternehmensgruppen umgesetzt worden. Das als Artikelgesetz konzipierte Umsetzungsgesetz enthält in Art. 1 ein eigenständiges, das BetrVG ergänzendes Gesetz über Europäische Betriebsräte (EBRG) und in Art. 2 Folgeänderungen im Arbeitsgerichtsgesetz (ArbGG).

2   Mit G vom 22. Dezember 1999 zur Umsetzung der Richtlinie 97/74/EG des Rates vom 15. Dezember 1997 zur Ausdehnung der Richtlinie 94/45/EG über die Einsetzung eines Europäischen Betriebsrats oder die Schaffung eines Verfahrens zur Unterrichtung und Anhörung der Arbeitnehmer in gemeinschaftsweit operierenden Unternehmen und Unternehmensgruppen auf das Vereinigte Königreich (**EBR-Anpassungsgesetz**), das am 31. 12. 1999 in Kraft getreten ist, ist das EBRG geändert worden. In § 2 Abs. 3 ist der bisher im bisherigen Ausschluß des **Vereinigten Königreiches** bewirkende Halbsatz (Einbeziehung nur der MS, die das Abkommen über die Sozialpolitik unterschrieben haben) aufgehoben worden, in § 22 Abs. 1 S. 1 ist die **Höchstzahl** der EBRMitgl. gestrichen und § 41 ein Abs. 7 angefügt worden, der die Möglichkeit des Abschlusses **freiwilliger Vereinbarungen** für Unternehmen schafft, die erstmals durch die Ausdehnung der Richtlinie auf das Vereinigte Königreich in den Anwendungsbereich des EBRG fallen.

3   Mit der **Richtlinie 2009/38/EG** des Europäischen Parlaments und des Rates vom 6. Mai 2009 über die Einsetzung eines Europäischen Betriebsrats oder die Schaffung eines Verfahrens zur Unterrichtung und Anhörung der ArbN in gemeinschaftsweit operierenden Unternehmen und Unternehmensgruppen (ABlEU Nr. L 122/28 v. 16. 5. 09; s. dazu *Hayen* AiB 09, 401 ff.; *Melot de Beauregard/Buchmann* BB 09, 1417 ff.; *Thüsing/Forst,* NZA 09, 408 ff.), die **bis** zum **5. 6. 2011** in nationales Recht **umgesetzt** werden muss, ist die Richtlinie 94/45 EG des Rates (s. Rn 1) aufgehoben worden (Art. 17 RL 2009/38/EG). Der neue Richtlinientext stellt eine Ergänzung und Neufassung der alten Richtlinie dar. Er enthält eine Reihe erheblicher Verbesserungen:

– Einführung einer Definition der **Unterrichtung,** die so rechtzeitig erfolgen muss, dass der EBR die möglichen Auswirkungen der beabsichtigten Maßnahmen des Unternehmens eingehend bewerten und ggf. eine Anhörung vorbereiten kann (Art. 2 Abs. 1 Buchst. f; Erwägungsgrund 22)

– Verbesserte Definition der **Anhörung;** sie muss vor einer endgültigen Entscheidung des Unternehmens durchgeführt werden (Art. 2 Abs. 1 Buchst. g; Erwägungsgrund 23).

– **Verbesserter** vertikaler und horizontaler **Informationsanspruch** (s. Rn 33 ff.) über die **Fakten** (insb. die Struktur des Unternehmens oder der Unternehmensgruppe), von deren Vorliegen die Bildung eines EBR abhängen (Art. 4 Abs. 4 iVm. Art. 5; Erwägungsgrund 25).

– Anerkennung der Rolle der **Gewerkschaften** als Sachverständige zur Unterstützung der Verhandlungen des BVG und ein entspr. Hinzuziehungsrecht des BVG zu den Verhandlungen mit der zentralen Leitung (Art. 5 Abs. 4; Erwägungsgrund 27).

– **Tagungsrecht** des **BVG** vor und nach jeder Sitzung mit der zentralen Leitung ohne deren Anwesenheit sowie Nutzung der erforderlichen Kommunikationsmittel (Art. 5 Abs. 4).

– Bessere Verwirklichung der Grundsätze der Repräsentativität und Proportionalität (s. Rn 46) bei der Besetzung des BVG durch Aufhebung der maximalen Mitgl.-Zahl von 30: Jeder MS erhält für **je angefangene 10% der Gesamtzahl** der in allen MS beschäftigten ArbN **einen Sitz** im BVG (Art. 5 Abs. 2 Buchst. b).

– Möglichkeit, in der EBR-Vereinbarung die Abgrenzung zwischen **EBR,** dessen **Zuständigkeit** sich auf länderübergreifende Angelegenheiten beschränkt, und nationalen Vertretungsgremien festzulegen. Geschieht dies nicht, haben die MS zu regeln, dass die Unterrichtung und Anhörung sowohl **im EBR** als auch **in den nationalen ArbNVertretungsgremien** zu erfolgen hat, wenn Entscheidungen wesentliche Veränderungen der Arbeitsorganisation oder der Arbeitsverträge mit sich bringen können (Art. 12 Abs. 2, 3; Erwägungsgründe 15 f., 29, 37).

– Anspruch der EBRMitgl. auf die **erforderlichen Mittel** zur kollektiven Wahrnehmung der Rechte aus der Richtlinie (Art. 10 Abs. 1).

– Kostenübernahme für erforderliche **Schulungen** und Entgeltfortzahlung während der Teilnahme für Mitgl. des BVG und des EBR (Art. 10 Abs. 4).

– Anpassungsklausel für EBR-Vereinbarungen bei wesentlicher **Strukturänderung** des Unternehmens/der Unternehmensgruppe und **Übergangsmandat** der EBR-Gremien (Art. 13). Die Verpflichtung zur Anpassung von EBR-Vereinbarungen nach Artikel 13 gilt unabhängig von Artikel 14 auch für (alte) Artikel 13 – sowie für Artikel 6 – Vereinbarungen nach der RL 94/45/EG, die innerhalb des Zwei-Jahres-Fensters angepasst bzw. neu abgeschlossen worden sind (Artikel 14 Abs. 1).

– Möglichkeit, innerhalb eines **Zwei-Jahres-Fenster,** d. h. bis zum Ablauf der Umsetzungsfrist, bestehende oder neue Artikel 6-Vereinbarungen noch nach den Regelungen der bisherigen Richtlinie 94/45/EG anzupassen bzw. abzuschließen (Artikel 14 Abs. 1 Buchstabe b).

– **Subsidiäre Vorschriften:** Aufhebung der maximalen **EBR-Größe** von 30 Mitgl.; statt dessen erhält jeder MS für je angefangene 10% der Gesamtzahl der in allen MS beschäftigten ArbN einen Sitz im EBR; Einführung eines obligatorischen Engeren Ausschusses mit höchstens fünf (bisher drei) Mitgl.

Die **Richtlinie 2009/38/EG** ist mit dem **Zweiten Gesetz zur Änderung** 4 **des Europäische Betriebsräte-Gesetzes (2. EBRG-ÄndG)** vom 14. Juni 2011 (BGBl. I S. 1050, Neufassung des EBRG in BGBl. I S. 2651) umgesetzt worden und am **18. Juni 2011 in Kraft** getreten.

Das **EBRG** findet **grundsätzlich keine Anwendung** auf die ArbN einer SE. 5 Hier geht das G vom 22. 12. 04 über die Beteiligung der ArbN in einer Europäischen Gesellschaft (SE-Beteiligungsgesetz – SEBG, BGBl. I S. 3675, 3686 ff.) vor, das die VO (EG) Nr. 2157/2001 des Rates vom 8. 10. 01 über das Statut der Europäischen Gesellschaft (Abl. EG Nr. L 294 S. 1) ergänzt und die RL 2001/86/EG des Rates vom 8. 10. 01 zur Ergänzung des Statuts der Europäischen Gesellschaft hinsichtlich der Beteiligung der ArbN (Abl. EG Nr. L 294 S. 22) umsetzt. Es sieht außer einer MB auf Unternehmensebene im Aufsichts- oder Verwaltungsorgan (vgl. § 21 Abs. 3, §§ 34 ff. SEBG) auf Betriebsebene einen SE-BR durch Vereinbarung oder durch G vor (vgl. § 21 Abs. 1, §§ 22 ff. SEBG). Eine bestimmte ArbNZahl ist nicht erforderlich. Der gesetzliche SE-BR hat im wesentlichen die gleichen Aufgaben und Rechte wie der EBR nach dem EBRG mit der Besonderheit, dass er bei der Sitzverteilung und Bestellung der ArbNVertr. im Aufsichts- oder Verwaltungsorgan nach § 36 SEBG zu beteiligen ist. Das **EBRG** kommt **jedoch** dann **zur Anwendung,** wenn das BVG nach § 16 Abs. 1 SEBG die Nichtaufnahme oder den Abbruch von Verhandlungen mit der Unternehmensseite beschließt. Dann können in diesen Unternehmen „normale EBR" nach dem EBRG gebildet werden (s. § 47 Abs. 1 Nr. 2 SEBG). Zu Einzelheiten des SEBG s. *Nagel/Freis/Kleinsorge* 3. Teil; S. 80 ff.; *Blanke* EBRG Teil A Rn 1 ff.; *Ulmer/Habersack/Henssler* Teil III; *Wlotzke/Wißmann/Koberski/Kleinsorge* Teil E Rn 29 ff.; *Engels* ArbuR 09, 10, 19 ff.

6 Das **EBRG** ist **grundsätzlich nicht anzuwenden** auf die ArbN einer **SCE.** Das G vom 14. 8. 06 über die Beteiligung der ArbN in einer Europäischen Genossenschaft (SCE-Beteiligungsgesetz – SCEBG, BGBl. I S. 1911, 1917 ff.; s. dazu *Wlotzke/ Wißmann/Koberski/Kleinsorge* Teil E Rn 67 ff.) geht vor; es ergänzt die VO (EG) Nr. 1435/2003 des Rates vom 22. 7. 03 über das Statut der Europäischen Genossenschaft (ABl. EU Nr. L 207 S. 1) und setzt die RL 2003/72/EG des Rates vom 22. 7. 03 zur Ergänzung des Statuts der Europäischen Genossenschaft hinsichtlich der Beteiligung der ArbN (ABl. EU Nr. L 207 S. 25) um. **Die Rechtslage entspricht der bei der SE** (s. § 21 Abs. 3, §§ 34 ff. SCEBG; *Engels* ArbuR 09, 10, 25 f.). Auf Betriebsebene ist ein SCE-BR durch Vereinbarung oder durch G vorgesehen (vgl. § 21 Abs. 1, §§ 22 ff. SCEBG). Der gesetzliche SCE-BR hat im wesentlichen die gleichen Aufgaben und Rechte wie der EBR nach dem EBRG, ist aber darüber hinaus bei der Sitzverteilung und Bestellung der ArbNVertr. im Aufsichts- oder Verwaltungsorgan nach § 36 SCEBG zu beteiligen. Das **EBRG** kann **jedoch** dann **zur Anwendung** kommen, wenn das BVG nach § 16 Abs. 1 SCEBG die Nichtaufnahme oder den Abbruch von Verhandlungen mit der Unternehmensseite beschließt (s. § 49 Abs. 1 Nr. 2 SCEBG) und insb. die (bei Genossenschaften eher selten gegebenen) ArbNZahlen des § 3 EBRG (s. Rn 17 ff.) vorliegen.

I. Regelungsziel und Konzeption des EBRG

7 Das EBRG schafft die Voraussetzung dafür, dass in größeren gemeinschaftsweit tätigen Unternehmen und Unternehmensgruppen das Recht auf Unterrichtung und Anhörung der ArbN über die nationalen Grenzen hinweg durch die Errichtung eines **EBR** gewährleistet oder verbessert wird (§ 1 Abs. 1 EBRG). Die grenzübergreifende Mitwirkung des EBR ergänzt die an den Grenzen endenden nationalen ArbN-Vertr.Systeme (*Engels* ArbuR 09, 10, 11 ff.).

8 Die Grundkonzeption des EBRG zeichnet dessen § 1 Abs. 1 S. 1 vor: Die grenzübergreifende Mitwirkung der ArbN soll **vorrangig** durch **Vereinbarung** der Beteiligten gewährleistet werden, und zwar entweder in Form eines **zentralen EBR** oder eines **dezentralen Unterrichtungs- und Anhörungsverfahrens.** Die Vereinbarungslösung ist ein von der RL vorgegebener, moderner Ansatz für ein ArbN-Vertr.Gesetz, auf die auch bei der SE zurückgegriffen worden ist (s. § 21 SEBG). Dieser moderne Lösungsansatz eröffnet große Chancen: Die unmittelbar Betroffenen, die gemeinschaftsweit tätigen Unternehmen und Unternehmensgruppen sowie ihre ArbN-Vertreter, haben es in der Hand, eine **maßgeschneiderte transnationale** „**Betriebsverfassung"** zu vereinbaren. Erst wenn dies nicht gelingt, ist ein EBR kraft Gesetzes zu errichten (§ 1 Abs. 1 S. 2, §§ 21 ff. EBRG; *Engels* ArbuR 09, 10, 12).

9 Der EBR ist zuständig in **grenzübergreifenden Angelegenheiten.** Das sind Angelegenheiten, die das gemeinschaftsweit tätige Unternehmen oder die gemeinschaftsweit tätige Unternehmensgruppe insgesamt oder mindestens zwei Betriebe oder zwei Unternehmen in verschiedenen Mitgliedstaaten (MS) betreffen (§ 1 Abs. 2 EBRG). Danach ist eine **grenzübergreifende Mitwirkung** des EBR immer dann gegeben, wenn Entscheidungen, Planungen oder sonstige bedeutende Maßnahmen der zentralen Leitung, die sich auf ArbN eines gemeinschaftsweit tätigen Unternehmens oder einer gemeinschaftsweit tätige Unternehmensgruppe auswirken, außerhalb

des MS getroffen werden, in dem die ArbN beschäftigt sind; auf die Zahl der betroffenen MS kommt es nicht an (vgl. GBegründung BT-Drucks. 17/4808 S. 9 f.). Eine
grenzübergreifende Angelegenheit liegt folglich vor, wenn ArbN in mindestens zwei
MS betroffen sind oder wenn Maßnahmen in einem MS getroffen werden und sich
in einem anderen MS auswirken (zB Entscheidung in Frankreich über Massenentlassungen in Deutschland; so wohl auch *Hohenstatt/Kröpelin/Bertke,* NZA 11, 1313,
1314; *Pauken* ArbRAktuell 11, 657).

Das Recht der ArbN auf grenzübergreifende Unterrichtung und Anhörung er- **10**
streckt sich in einem Unternehmen auf alle in einem MS liegenden Betriebe sowie in
einer Unternehmensgruppe auf alle Unternehmen mit Sitz in einem MS. Durch
Vereinbarung kann ein größerer Geltungsbereich vorgesehen und Betriebe oder Unternehmen in Drittländern einbezogen werden (§ 1 Abs. 3 EBRG).

Die grenzübergreifenden Mitwirkungsrechte des EBR sind **Unterrichtung** und **11**
Anhörung; eine grenzübergreifende MB gibt es nicht.

Der **Begriff** der **Unterrichtung** wird erstmals in § 1 Abs. 4 EBRG definiert. Un- **12**
terrichtung ist die Übermittlung von Informationen durch die zentrale Leitung oder
einer anderen geeigneten Leitungsebene an die ArbNVertr., um ihnen Gelegenheit
zur Kenntnisnahme und Prüfung der behandelten Frage zu geben. Die Modalitäten
der Unterrichtung werden ebenfalls festgelegt. Danach hat die Unterrichtung zu
einem Zeitpunkt, in einer Weise und in einer inhaltlichen Ausgestaltung zu erfolgen,
die dem Zweck angemessen sind und die ArbNVertr. in die Lage versetzt, mögliche
Auswirkungen eingehend zu bewerten und ggf. Anhörungen mit dem zuständigen
Organ des gemeinschaftsweit tätigen Unternehmens oder der Unternehmensgruppe
vorzubereiten. Damit wird dem EBR ein erheblicher zeitlicher Puffer zwischen Information und evt. Anhörung eingeräumt, die er für eine gründliche interne Beratung nutzen kann.

Die **Anhörung** nach dem EBRG ist **umfassender** und **intensiver** als die nach **13**
dem BetrVG; sie kommt dem betriebsverfassungsrechtlichen Begriff der **Beratung**
nahe (vgl. *Bachner* S. 209; *Blanke* EBRG § 1 Rn 22; *Engels/Müller* DB 96, 981; *Ruoff*
BB 97, 2478, 2483). Anhörung wird als Meinungsaustausch und die Einrichtung
eines Dialogs zwischen den ArbNVertr. und der zentralen Leitung oder einer anderen
geeigneten Leitungsebene definiert und nunmehr auch deren Modalitäten festgelegt
im neuen § 1 Abs. 5 EBRG. So hat die Anhörung zu einem Zeitpunkt, in einer
Weise und in einer inhaltlichen Ausgestaltung zu erfolgen, die es den ArbNVertr. auf
der Grundlage der erhaltenen Informationen ermöglichen, innerhalb einer angemessenen Frist zu den vorgeschlagenen Maßnahmen, die Gegenstand der Anhörung sind,
eine Stellungnahme abzugeben, die innerhalb des gemeinschaftsweit tätigen Unternehmens oder der Unternehmensgruppe berücksichtigt werden kann. Folglich ist
eine Anhörung immer dann erforderlich, wenn konkrete Maßnahmen beabsichtigt
sind, und sie hat zu erfolgen, bevor die zentrale Leitung über diese Maßnahmen entscheidet (*Hohenstatt/Kröpelin/Bertke* NZA 11, 1313, 1315). Die ArbNVertr. haben im
Rahmen der Anhörung das Recht, mit der zentralen Leitung zusammenzukommen
und eine mit Gründen versehene Antwort auf ihre Stellungnahme zu verlangen.

Auf zwingende **Formvorgaben** wie zB Schriftform der Unterrichtung oder der **14**
Stellungnahme bzw. deren Beantwortung im Rahmen der Anhörung **verzichtet** das
EBRG (vgl. GBegründung BT-Drucks. 17/4808 S. 10). Jedoch werden bei so komplexen Sachverhalten wie zB Umstrukturierungen, grundlegende Organisationsänderungen, Einführung neuer Arbeits- und Fertigungsverfahren, Massenentlassungen (s.
§ 29 EBRG) schriftliche Aufzeichnungen über derartige Vorhaben unverzichtbar
sein, um den in § 1 Abs. 4 und 5 EBRG verlangten Modalitäten einer angemessenen
Art und Weise der Unterrichtung und Anhörung gerecht zu werden (*Pauken* ArbR
Aktuell 11, 657).

Die Wahrnehmung grenzübergreifender Angelegenheiten der gemeinschaftsweit **15**
tätigen Unternehmen oder Unternehmensgruppen lösen nicht nur die Mitwirkungsrechte des EBR aus, sondern auch die oft weiter reichenden Beteiligungsrechte der

nationalen ArbNVertr. in den einzelnen MS, die von den beabsichtigten Entscheidungen und Maßnahmen der zentralen Leitung betroffen sind. Um eine sinnvolle Koordinierung der beiden Vertretungsebenen zu gewährleisten, sieht der neue § 1 Abs. 7 EBRG vor, dass **Unterrichtung** und **Anhörung** des **EBR** spätestens **gleichzeitig** mit denen der **nationalen ArbNVertr.** durchzuführen ist. Diese in Art. 12 Abs. 3 RL (s. auch Erwägungsgrund 37 der RL) vorgegebene **„Ansteckungsklausel"** bewirkt, dass die für die ArbNVertr. günstigste nationale Mitwirkungsregelung automatisch auch für den EBR gilt und über ihn ArbNVertr. frühzeitiger unterrichtet werden können, als es ihre nationale Regelung vorsieht. Das ist vor allem bei wesentlichen Änderungen der Unternehmens- bzw. Unternehmensgruppenstruktur oder der Arbeitsorganisation sowie bei Massenentlassungen von Vorteil.

16   Um einen EBR bilden zu können, ist der Auskunftsanspruch der ArbNVertr. gem. § 5 EBRG von grundlegender Bedeutung. Entspr. Art. 4 Abs. 4 der neuen RL, der die Rspr. des **EuGH** (29. 3. 01 – C-62/99 – Bofrost – AP Nr. 2 zu EWG-RL 94/45; 13. 1. 04 – C-440/00 – Kühne & Nagel. – AP Nr. 3 zu EWG-RL 94/45) aufgreift, ist § 5 EBRG durch das 2. EBRG-ÄndG zu einer **umfassenden Auskunftspflicht** der zentralen Leitung und der einzelnen Unternehmen einer gemeinschaftsweit tätigen Unternehmensgruppe untereinander ausgebaut worden (Näheres s. Rn 33 ff.).

II. Geltungsbereich

1. Unternehmen und Euro-Unternehmensgruppen mit Sitz in Deutschland

17   Das EBRG erfasst gemeinschaftsweit tätige Unternehmen mit Sitz in Deutschland sowie gemeinschaftsweit tätige Unternehmensgruppen, deren herrschendes Unternehmen in Deutschland liegt (§ 2 Abs. 1 EBRG). Ein **Unternehmen** ist **gemeinschaftsweit** tätig, wenn es insgesamt mindestens **1000 ArbN in den MS** und davon jeweils mindestens **150 ArbN** in mindestens **zwei MS** beschäftigt (§ 3 Abs. 1 EBR). Das ist zB der Fall, wenn ein Unternehmen in Deutschland 850 ArbN und in Frankreich 150 ArbN beschäftigt, nicht aber, wenn es in Frankreich, Belgien und Luxemburg nur jeweils 100 ArbN beschäftigt; dann hat es zwar insgesamt 1150 ArbN, jedoch nur in Deutschland mindestens 150 ArbN.

18   Eine **Unternehmensgruppe** ist **gemeinschaftsweit** tätig, wenn sie ebenfalls mindestens 1000 ArbN in den MS beschäftigt und ihr mindestens zwei Unternehmen mit Sitz in verschiedenen MS angehören, die ihrerseits jeweils mindestens je 150 ArbN in verschiedenen MS beschäftigen (§ 3 Abs. 2 EBRG). Hat zB ein Unternehmen in Deutschland mit 850 Beschäftigten nur ein Tochterunternehmen in der Schweiz, die kein MS (s. dazu Rn 19) ist, so findet das EBRG auch dann keine Anwendung, wenn das Schweizer Unternehmen in einem MS, zB Italien, einen Betrieb mit mindestens 150 ArbN hat; hier fehlt es an der Voraussetzung, dass beide Unternehmen ihren Sitz in einem MS haben müssen. Hat ein deutsches Unternehmen mit 850 ArbN ein Tochterunternehmen in einem MS, zB in Belgien, mit 150 ArbN, von denen aber 50 in einem Betrieb in Deutschland arbeiten, ist das EBRG ebenfalls nicht anwendbar; denn es arbeiten hier nur in einem MS, nämlich Deutschland, mindestens 150 ArbN (s. weitere Fallgestaltungen bei *Blanke* EBRG § 3 Rn 3 ff. u. *Müller* EBRG § 3 Rn 5 ff.; s. auch *Bachner* S. 191 ff., *Engels* ArbuR 09, 10, 12, *Franzen* BB 04, 938 ff.).

19   **Mitgliedstaaten (MS)** iSd. EBRG sind die MS der Europäischen Union (27 MS), also Belgien, Dänemark, Deutschland, Finnland, Frankreich, Griechenland, Großbritannien und Nordirland, Irland, Italien, Luxemburg, Niederlande, Österreich, Portugal, Schweden, Spanien, seit 1. 5. 04 Estland, Lettland, Litauen, Malta, Polen, Slowakei, Slowenien, Tschechien, Ungarn und Zypern und seit 21. 6. 05 Bulgarien und Rumänien sowie die MS des Europäischen Wirtschaftsraums (3 MS) Island, Liech-

tenstein und Norwegen (§ 2 Abs. 3 EBRG), so dass es z. Z. **30 MS** iSd. EBRG gibt. Zur EU-Erweiterung und ihre Auswirkung auf EBR s. *Franzen* BB 04, 938 ff.

Gehören diesen Unternehmen oder Unternehmensgruppen Betriebe oder Unter- **20** nehmen mit Sitz in anderen als den genannten Staaten (**Drittstaaten**) an, so werden diese Einheiten vom EBRG grundsätzlich nicht erfasst. Sie sind also weder bei den ArbN-Grenzzahlen zu berücksichtigen noch in die grenzübergreifende Unterrichtung und Anhörung einzubeziehen. Ihre Einbeziehung kann aber durch Vereinbarung der zentralen Leitung und des BVG erfolgen (§ 1 Abs. 3, § 14 EBRG).

Bei der Feststellung der in § 3 EBRG geforderten ArbN-Zahlen kommt es entspr. **21** Art. 2 Abs. 2 RL darauf an, **wieviele ArbN im Durchschnitt während der letzten zwei Jahre** vor Antragstellung oder Initiative der zentralen Leitung beschäftigt waren (§ 4 EBRG). Diese Zahl ist mittels der Formel „Zahl der je Tag beschäftigten ArbN, geteilt durch 730 (Tage)" zu ermitteln (*Blanke* EBRG § 4 Rn 2; *Müller* EBRG § 4 Rn 5; *Hromadka* DB 95, 1125, 1126). Diese dem BetrVG fremde Berechnungsformel kann Probleme bereiten: Wenn feststeht, dass sich die Gesamtzahl der ArbN durch Erwerb oder Veräußerung von Betrieben oder Unternehmen auf Dauer verändert, sollte diese ArbN-Zahl entscheidend sein mit der Folge, dass bei einer jetzt und auf absehbare Zeit bestehenden ArbN-Zahl der gesetzl. Mindestgröße ein EBR trotz geringerer Durchschnittszahl der zurückliegenden 2 Jahre gebildet werden sollte, und umgekehrt bei feststehender Unterschreitung der ArbN-Schwellen von der Errichtung eines EBR Abstand genommen werden sollte, auch wenn während der voraufgegangenen 2 Jahre die geforderte ArbN-Mindestzahl erreicht oder überschritten worden ist (ebenso *Müller* EBRG § 4 Rn 5 mwN; *Lerche* EBR u. dt. Wirtschaftsausschuss S. 181 ff.; s. auch *Hanau/Steinmeyer/Wank* § 19 Rn 56).

Wer **ArbN** ist, richtet sich nach dem Recht des jeweiligen MS, in dem das Unter- **22** nehmen oder die Unternehmensgruppe Beschäftigte hat (*Hanau/Steinmeyer/Wank* § 19 Rn 55). Für die Betriebe und Unternehmen in Deutschland gilt der ArbN-Begriff des § 5 Abs. 1 BetrVG (*Blanke* EBRG § 4 Rn 8; *Franzen* BB 04, 939; *Kunz* AiB 97, 267, 272). Die leitenden Ang. iSd. § 5 Abs. 3 BetrVG sind nicht erfasst. Sie können aber in Anlehnung an die Regelung zum Wirtschaftsausschuss in § 107 Abs. 1 S. 2 BetrVG Mitgl. im BVG und im EBR kraft Gesetzes werden (vgl. §§ 11 Abs. 4, 23 Abs. 6 EBRG), unter bestimmten Voraussetzungen ein Gastrecht im EBR erhalten und im Rahmen von Vereinbarungslösungen (§§ 18, 19 EBRG) noch stärker einbezogen werden (zB Sitzgarantie, Einschaltung der Sprecherausschüsse bei der Bestellung).

2. Euro-Unternehmen und Euro-Unternehmensgruppen mit Sitz in einem anderen Mitgliedstaat

Haben diese Unternehmen oder Unternehmensgruppen Betriebe oder Tochterun- **23** ternehmen in Deutschland, so bestimmt sich die Ausgestaltung der grenzübergreifenden Unterrichtung und Anhörung für die deutschen ArbN maßgeblich nach dem **Umsetzungsrecht des Sitzstaates** (zB transnationale Geltung des französischen Umsetzungsgesetzes bei Sitz der Zentrale in Paris). Soweit allerdings die RL bei diesem Sachverhalt dem deutschen Gesetzgeber Regelungsbereiche überlassen hat oder mangels einer einheitlichen europarechtlichen Regelung sachnotwendig überlassen musste, findet das **EBRG auf deutsche ArbN** sowie in Deutschland liegende Betriebe und Unternehmen von Euro-Unternehmen oder **Euro-Unternehmensgruppen mit Sitz in einem anderen MS** partiell Anwendung. Das gilt nach § 2 Abs. 4 EBRG für ArbNBegriff und Beschäftigtenzahlen (§ 4 EBRG), den Auskunftsanspruch (§ 5 Abs. 2, 3 EBRG), die Bestimmung des herrschenden Unternehmens (§ 6 EBRG), die Weiterleitung des Antrags auf Bildung des BVG (§ 9 Abs. 2 S. 3 EBRG), die gesamtschuldnerische Haftung des deutschen ArbGeb. (§ 16 Abs. 2 EBRG), die Bestellung der inländischen ArbN-Vertreter im BVG und im EBR

(§§ 11, 23 Abs. 1 bis 5, 18 Abs. 2 iVm. § 23 EBRG; s. BAG 18. 4. 07 AP Nr. 1 zu § 18 EBRG) und die für sie geltenden Schutzbestimmungen (§ 40 EBRG) sowie den Bericht über die grenzübergreifende Unterrichtung und Anhörung gegenüber den örtlichen ArbN-Vertretungen in Deutschland (§ 36 Abs. 2 EBRG).

3. Multis mit Sitz in Drittstaaten

24   Liegt die **zentrale Leitung** multinationaler Unternehmen oder Unternehmensgruppen, die gemeinschaftsweit iSv. § 3 EBRG tätig sind, in einem **Drittstaat,** so kann auf sie gleichwohl das deutsche Umsetzungsgesetz anwendbar sein (§ 2 Abs. 2 EBRG). Das ist der Fall, wenn es entweder eine der zentralen Leitung (zB in den USA) **nachgeordnete Leitung** für die Betriebe oder Unternehmen in den MS (Europazentrale) mit Sitz in **Deutschland** gibt (*Klebe/Kunz* FS Däubler S. 823, 829; *Hanau/Steinmeyer/Wank* § 19 Rn 42) oder die zentrale Leitung – mangels einer nachgeordneten Zentrale – einen Betrieb oder ein Unternehmen in Deutschland als ihren Vertreter ausdrücklich **benennt** oder – falls dies nicht erfolgt – der Betrieb oder das Unternehmen mit der **größten ArbNZahl** innerhalb der MS in Deutschland liegt. In diesen Fällen wird fingiert, dass die zentrale Leitung in Deutschland liegt, mit der Folge, dass für alle in den MS liegenden Betriebe und Unternehmen des Multis eine grenzübergreifende Unterrichtung und Anhörung nach Maßgabe des EBRG zu gewährleisten ist (*Franzen* BB 04, 938 f.). Gilt ein Betrieb oder Unternehmen in einem anderen MS als zentrale Leitung des Multis, so sind auf die in Deutschland liegenden Betriebe oder Unternehmen entspr. § 2 Abs. 4 EBRG nur die dort genannten Bestimmungen anwendbar (s. *Blanke* EBRG § 2 Rn 3 ff.; *Müller* EBRG § 2 Rn 2 ff.).

4. Bestimmung des herrschenden Unternehmens einer Unternehmensgruppe

25   In einer gemeinschaftsweit tätigen Unternehmensgruppe ist die Bestimmung des „**herrschenden Unternehmens**" von großer Bedeutung. Auf seine Rechtsform kommt es nicht an, so dass auch eine natürliche Person „Unternehmen" sein kann (BAG 30. 3. 04 AP Nr. 3 zu § 5 EBRG; *Schmidt* RdA 01 Sonderbeil. H. 5 S. 12, 16). Das herrschende Unternehmen ist als zentrale Leitung der Gruppe nicht nur dafür verantwortlich, dass eine grenzübergreifende Unterrichtung und Anhörung der ArbN geschaffen werden kann (vgl. Art. 4 Abs. 1 RL). Das herrschende Unternehmen ist der Adressat für den Antrag der europäischen ArbN oder ihrer Vertreter auf Bildung des BVG (vgl. §§ 9 ff. EBRG), das seitens der ArbN eine Vereinbarung über grenzübergreifende Unterrichtung und Anhörung aushandeln soll. Auf der Ebene des herrschenden Unternehmens ist auch der EBR kraft Gesetzes (vgl. §§ 21 ff. EBRG) zu errichten, wenn keine Vereinbarungslösung zustande kommt. Schließlich ist der Sitz des herrschenden Unternehmens entscheidend für die Frage, welche gesetzlichen oder kollektivvertraglichen Umsetzungsvorschriften von welchem MS anwendbar sind und welche nationale Gerichtsbarkeit in Streitfällen idR zuständig ist.

26   In § 6 EBRG wird in Anlehnung an die in Art. 3 RL vorgesehenen Kriterien die Bestimmung des herrschenden Unternehmens so ausgestaltet, dass Kollisionen mit dem Recht anderer MS möglichst vermieden werden oder doch zumindest eine sachgerechte Kollisionslösung erreicht werden kann. Nach dem G ergibt sich folgende **Regelungssystematik:**

27   a) Zunächst wird in § 6 Abs. 1 EBRG **generalklauselartig** bestimmt, dass ein Unternehmen einer gemeinschaftsweit tätigen Unternehmensgruppe als herrschendes Unternehmen zu qualifizieren ist, wenn es unmittelbar oder mittelbar einen beherrschenden Einfluss auf ein anderes Unternehmen derselben Gruppe (abhängiges Unternehmen; zu diesem Begriff im EU-ArbRecht *Forst* ZESAR 04/10 S. 154 ff.) ausüben kann. In § 6 Abs. 2 EBRG wird ein beherrschender Einfluss eines Unterneh

mens konkret vermutet (*Blanke* EBRG § 6 Rn 6; *Bachner/Nielebock* ArbuR 97, 129, 129 f.; *Ruoff* BB 97, 2478, 2480), wenn dieses in bezug auf ein anderes Unternehmen unmittelbar oder mittelbar

„1. mehr als die Hälfte der Mitgl. des Verwaltungs-, Leitungs- oder Aufsichtsorgans des anderen Unternehmens bestellen kann oder

2. über die Mehrheit der mit den Anteilen am anderen Unternehmen verbundenen Stimmrechte verfügt oder

3. die Mehrheit des gezeichneten Kapitals dieses Unternehmens besitzt."

Erfüllen mehrere Unternehmen eines der vorgenannten Kriterien, bestimmt sich **28** das herrschende Unternehmen nach der **numerischen Rangfolge** (1. vor 2. und 3. sowie 2. vor 3.; *Blanke* EBRG § 6 Rn 8; *Engels/Müller* DB 96, S. 981, 982). Die Kriterien und ihre Rangfolge sollen gleichermaßen für inländische Unternehmen und für diejenigen Unternehmen derselben Unternehmensgruppe gelten, die in einem anderen Staat liegen. Die Regelungen gelten unabhängig davon, ob das zu bestimmende herrschende Unternehmen einer Unternehmensgruppe (zentrale Leitung) letztlich im Inland liegt oder nicht (vgl. § 2 Abs. 4 EBRG). Die für ein inländisches Unternehmen bestehende Vermutung eines beherrschenden Einflusses kann zB von einem Unternehmen in einem anderen MS widerlegt werden, wenn dieses ein vorrangiges Kriterium iSd. § 6 Abs. 2 EBRG nachweist oder den Beweis erbringt, dass es in sonstiger Weise (zB aufgrund von gesellschaftsrechtlichen Vertragsbeziehungen) einen beherrschenden Einfluss nach § 6 Abs. 1 EBRG ausübt. Besitzt beispielsweise ein deutsches Unternehmen die Kapitalmehrheit innerhalb einer Unternehmensgruppe (§ 6 Abs. 2 Nr. 3 EBRG), wird dessen beherrschender Einfluss – zunächst – vermutet. Die Vermutung ist aber widerlegt, wenn ein Unternehmen aus einem anderen MS, zB aus den Niederlanden, nachweist, dass es über die Mehrheit der Stimmrechte verfügt (§ 6 Abs. 2 Nr. 2 EBRG). In diesem Fall gibt das bessere Kriterium Nr. 2 den Ausschlag zugunsten des niederländischen Unternehmens (*Müller* EBRG § 6 Rn 8). Durch die vorgenannten Umsetzungsvorschriften können **Kollisionsfälle** und eine daraus folgende Blockade bei der Anwendung der RL und der jeweiligen Umsetzungsbestimmungen weitgehend **vermieden werden,** sofern – wie dies zwischen den MS vereinbart worden ist – in allen MS konvergente Umsetzungen erfolgen, welche zumindest die Kriterien der Mehrheitsbeteiligung und ihre Rangfolge in gleicher Weise festlegen (s. *Müller* EBRG § 6 Rn 7).

b) Vergleicht man die Umsetzungsbestimmungen des EBRG mit den konzern- **29** rechtlichen Regelungen des Aktiengesetzes (AktG), so ergibt sich zunächst, dass die generalklauselartige Bestimmung des herrschenden Unternehmens in § 6 Abs. 1 EBRG weiter gefasst ist als der aktienrechtliche Konzernbegriff (s. dazu § 54 BetrVG Rn 8 ff.). Sie setzt keine Zusammenfassung eines herrschenden und eines oder mehrerer abhängiger Unternehmen unter der einheitlichen Leitung des herrschenden Unternehmens voraus (vgl. § 18 Abs. 1 AktG). Es reicht aus, dass der beherrschende Einfluss ausgeübt werden kann, ob es dazu tatsächlich kommt, ist unerheblich (BAG 30. 3. 04 AP Nr. 3 zu § 5 EBRG). Durch die für die Praxis wichtige Festlegung der Kriterien und der Rangfolge der Mehrheitsbeteiligungen in § 6 Abs. 2 EBRG ist aber im Ergebnis zu erwarten, dass sich auch ohne die Voraussetzung der „einheitlichen Leitungsmacht" das herrschende Unternehmen in gleicher Weise bestimmt, wie dies bei Anwendung des § 18 Abs. 1 AktG (sog. Unterordnungskonzern; s. dazu § 54 BetrVG Rn 8 ff.) der Fall wäre (*Blanke* EBRG § 6 Rn 4; *Müller* EBRG § 6 Rn 9; *Bachner/Kunz* ArbuR 96, 81, 84). Dafür spricht auch, dass sog. **„Gleichordnungskonzerne"** iSd. § 18 Abs. 2 AktG von den Umsetzungsbestimmungen nicht erfasst werden, weil in ihnen ein beherrschender Einfluss eines Unternehmens in bezug auf ein anderes Unternehmen gerade nicht ausgeübt wird (BAG 30. 3. 04 AP Nr. 3 zu § 5 EBRG mwN; *Blanke* EBRG § 6 Rn 5). Die Umsetzungsbestimmungen entsprechen insoweit auch den Wertungen des BetrVG, dessen § 54 Abs. 1 S. 1 für die Errichtung des KBR lediglich auf § 18 Abs. 1 AktG, nicht aber auf § 18 Abs. 2 AktG verweist.

30   c) **Gemeinschaftsunternehmen** (joint ventures) können nicht in die Unternehmensgruppen der an ihnen beteiligten Muttergesellschaften einbezogen werden,
wenn die jeweiligen Muttergesellschaften die gleichen Kapitalanteile halten (zB zwei
Mütter mit 50% zu 50% Beteiligungen) und auch im übrigen ein beherrschender
Einfluss weder zugunsten der einen noch der anderen Muttergesellschaft festgestellt
werden kann (*Müller* EBRG § 6 Rn 13 mwN; **aA** *Blanke* EBRG § 6 Rn 13; *Klebe/
Kunz* FS Däubler S. 823, 830). Das EBRG findet in diesen Fällen nur Anwendung,
wenn das Gemeinschaftsunternehmen für sich betrachtet die Anwendungsvoraussetzungen
erfüllt (vgl. § 2 Abs. 1 iVm. § 3 EBRG).

5. Europäischer Betriebsrat in Unternehmensgruppen

31   In § 7 EBRG wird entspr. Art. 1 Abs. 5 RL klargestellt, dass auch in einer gemeinschaftsweit tätigen Unternehmensgruppe **nur ein EBR** als zentrales Unterrich-
tungs- und Anhörungsgremium **obligatorisch** ist. Dies gilt vorbehaltlich einer an-
derslautenden Vereinbarung selbst dann, wenn der Unternehmensgruppe ein oder
mehrere Unternehmen oder Unternehmensgruppen („Konzern im Konzern") angehören, die ihrerseits eine grenzübergreifende Struktur aufweisen (*Blanke* EBRG § 7
Rn 1; *Müller* EBRG § 7 Rn 2).

III. Besonderes Verhandlungsgremium (BVG) der ArbN

1. Bildung

32   Verhandlungsführer und Partner einer Vereinbarung über eine grenzübergreifende
Unterrichtung und Anhörung ist auf ArbN-Seite das **BVG** (§§ 8 ff. EBRG). Es wird
auf schriftlichen Antrag der ArbN gegenüber der zentralen Leitung oder auf deren
Initiative hin gebildet (§ 9 Abs. 1 EBRG).

a) Auskunftsanspruch

33   Um in Erfahrung bringen zu können, ob die Voraussetzungen für eine grenzübergreifende Mitwirkung der ArbN in ihren Unternehmen oder Unternehmensgruppen
erfüllt sind, begründet § 5 EBRG einen entspr. **umfassenden Auskunftsanspruch**
(vgl. *Engels* ArbuR 09, 10, 12 ff.).

34   Aufgrund der **Prüfkompetenz** der ArbNVertr. ist der umfassende Auskunftsanspruch nicht erst dann begründet, wenn feststeht, dass die Voraussetzungen für die
Bildung eines EBR gegeben sind; vielmehr besteht er auch dann, wenn im Zeitpunkt
des Auskunftsbegehrens noch nicht feststeht, ob die Voraussetzungen der §§ 2 und 3
EBRG vorliegen (vgl. EuGH 29. 3. 01 Rs. C-62/99 – Bofrost –, 13. 1. 04 Rs
C-440/00 – Kühne & Nagel – AP Nr. 2, 3 zu EWG-RL 94/45; *Joost* BB 01,
2215 f.). Entsprechend dem Auskunftsverlangen hat die zentrale Leitung auch **Unterlagen** über die erbetenen Daten zur Verfügung zu stellen, wenn dies erforderlich ist.
Im Einzelnen gilt Folgendes:

35   Die zentrale Leitung hat auf Verlangen einer ArbNVertr. alle für die Aufnahme von
Verhandlungen zur Bildung eines EBR erforderlichen Informationen zu erheben und
an die ArbNVertr. weiterzuleiten (§ 5 Abs. 1 EBRG). Demnach kann jede ArbN-
Vertr. in einem MS von der zentralen Leitung in Deutschland Angaben über die
durchschnittliche **Gesamtzahl** der **ArbN** und deren **Verteilung** auf die **MS**, Unternehmen und Betriebe verlangen (*Junker* RdA 02, 33). Darüber hinaus umfasst der
Auskunftsanspruch auch Daten über die **Struktur** oder Organisation des Unternehmens oder der Unternehmensgruppe.

36   Dazu gehört auch die Auskunft darüber, ob ein **Unternehmen herrschend** iSd.
§ 6 EBRG ist. Für diesen Auskunftsanspruch ist nicht erforderlich, dass das Beherr-
schungsverhältnis bereits feststeht; es reicht eine gewisse Wahrscheinlichkeit (s. EuGH
29. 3. 01 aaO m. Anm. *Coen* ArbuR 02, 30 u. *Thüsing* SAE 02, 171; BAG 30. 3. 04

AP Nr. 3 zu § 5 EBRG; *Junker* RdA 02, 34; *Joost* BB 01, 2215 f.; *Schmidt* RdA 01 Sonderbeil. H. 5 S. 12, 16). Desweiteren folgt aus einer richtlinienkonformen Auslegung des § 5 Abs. 1, dass nach Scheitern der Bildung des BVG die ArbNVertr. Anspruch auf Mitteilung der **Anschriften** und genauen **Bezeichnungen** der in den anderen zur Gruppe gehörenden und in den MS liegenden Unternehmen und Betrieben **gebildeten ArbNVertr.** hat (EuGH 13. 1. 04 Rs C-440/00 – Kühne & Nagel – AP Nr. 3 zu EWG-RL 94/45; BAG 29. 6. 04 AP Nr. 5 zu § 5 EBRG).

Besonders zu vermerken ist, dass die zentrale Leitung den Auskunftsanspruch nicht **37** unter Hinweis darauf unterlaufen kann, sie verfüge nicht über die geforderten Informationen und könne sie auch nicht beschaffen. Sie wird durch § 5 Abs. 1 S. 1 EBRG verpflichtet, die verlangten und erforderlichen **Informationen zu erheben,** also tätig zu werden, um die ihr nicht vorliegenden Informationen in Erfahrung zu bringen (ebenso *Pauken* ArbRAktuell 11, 657).

Damit dies sichergestellt wird, tritt neben den **vertikalen Auskunftsanspruch** in **38** § 5 Abs. 1 EBRG ein **horizontaler Auskunftsanspruch** zwischen den Unternehmen einer Unternehmensgruppe. Die Regelung des § 5 Abs. 3 EBRG **verpflichtet** jede Leitung eines zu einer gemeinschaftsweit tätigen Unternehmensgruppe gehörenden Unternehmens sowie die zentrale Leitung die nach Abs. 1 erforderlichen Informationen zu erheben und untereinander zur Verfügung zu stellen, damit die geltend gemachten Auskunftsansprüche erfüllt werden können (*Pauken* ArbRAktuell 11, 657).

Diese Verpflichtung betrifft auch die **fingierte zentrale Leitung** nach § 2 Abs. 2 **39** EBRG (GBegründung BT-Drucks. 17/4808 S. 10). Dies entspricht der Rechtsprechung von EuGH (13. 1. 04 – C-440/00 – Kühne & Nagel – AP Nr. 3 zu EWG-RL 94/45; *Schmidt* RdA 01 Sonderbeil. H. 5 S. 12, 16; *Winter* Jahrb. des Arbeitsrechts Bd. 42 S. 70 f.) und BAG (29. 6. 04 AP Nr. 5 zu § 5 EBRG). Sie haben der fingierten zentralen Leitung (s. Rn 24) einen eigenen Auskunftsanspruch gegen die zur Gruppe gehörenden Unternehmen in den übrigen MS gegeben und diese verpflichtet, ihr die erforderlichen Informationen zu geben. Einen Informationsdurchgriff auf die in einem Drittstaat ansässige zentrale Leitung (dafür *Däubler* BB 04, 447, dagegen *Kort* JZ 04, 569) haben EuGH und BAG nicht einmal diskutiert (s. auch *Leder/Zimmer* BB 05, 445) und sieht auch das EBRG nicht vor. **Umgekehrt** besteht auch ein **Auskunftsanspruch** eines der Unternehmensgruppe angehörigen Unternehmens **gegen** die (fingierte) **zentrale Leitung** in einem anderen MS, wenn das Unternehmen die von der ArbNVertr. verlangten und für die Errichtung eines EBR erforderlichen Auskünfte nicht geben kann (EuGH 15. 7. 04 – C-349/01 – ADS Anker – AP Nr. 5 zu § 5 EBRG; *Winter* aaO).

Die Auskünfte nach § 5 Abs. 1 EBRG können BR, GesBR und KBR geltend **40** machen. Es handelt sich um einen **parallelen Auskunftsanspruch,** der jedem BRGremium zusteht (*Engels* ArbuR 09, 10, 12 f.).

Nach § 5 Abs. 2 EBRG kann ein **deutscher BR** oder GesBR – und, über den **41** GWortlaut hinaus – ein KBR im „Konzern im Konzern" (ebenso *Blanke* EBRG § 5 Rn 4; aA DKKW-*Däubler* § 5 EBRG Rn 4) seinen Auskunftsanspruch auch gegenüber der örtlichen Betriebs- oder Unternehmensleitung geltend machen, der dann ihrerseits die verlangten Informationen und erforderliche Unterlagen von der zentralen Leitung zu beschaffen hat. Dieser Auskunftsanspruch ist gegenüber dem nach § 5 Abs. 1 nicht nachrangig; der BR oder GesBR hat vielmehr ein Wahlrecht (BAG 30. 3. 04 AP Nr. 3 zu § 5 EBRG). Die Regelung soll den BR und GesBR in Deutschland die Information vor allem in den Fällen erleichtern, in denen die zentrale Leitung in einem anderen MS liegt, oder wenn für sie unklar ist, wo sich der Sitz der zentralen Leitung befindet.

b) Antragstellung

Das **Antragsrecht** auf Bildung des BVG steht den ArbN und jeder ArbNVertr. **42** und damit – wie der Auskunftsanspruch (Rn 33 ff.) – parallel den örtlichen BR sowie den überörtlichen GesBR und KBR zu (*Engels* ArbuR 09, 10, 13 f.). Der Antrag ist wirksam gestellt, wenn er der zentralen Leitung zugeht und von mindestens **100 ArbN** unterzeichnet ist, die aus mindestens **zwei** in verschiedenen **MS** liegenden Betrieben oder Unternehmen stammen. Die Unterschriften von **ArbN-Vertretern** reichen aus, wenn diese insgesamt 100 ArbN aus zwei MS repräsentieren (§ 9 Abs. 2 S. 1 EBRG).

43 Zur Vermeidung eventueller Schwierigkeiten bei einer grenzübergreifenden Antragstellung lässt § 9 Abs. 2 S. 2 EBRG zu, dass auch **mehrere Anträge** mit jeweils weniger Stützunterschriften aus jeweils nur einem MS gestellt werden, wenn die Stützunterschriften auf allen Anträgen insgesamt die geforderte grenzübergreifende Quote von mindestens 100 ArbN aus mindestens zwei MS erreichen (Extrembeispiel: Antrag von 99 ArbN aus Deutschland und Antrag von einem ArbN aus Frankreich). Ein Antrag kann auch bei einer in Deutschland liegenden örtlichen Betriebs- oder Unternehmensleitung (**„nationaler Briefkasten"**) eingereicht werden, die ihn dann unverzüglich an die zentrale Leitung weiterzureichen hat (§ 9 Abs. 2 S. 3 EBRG).

44 Die (wirksame) Antragstellung bei der zentralen Leitung löst den **Lauf der Fristen** aus, bei deren Verstreichen ein EBR kraft Gesetzes zu errichten ist (vgl. § 21 Abs. 1 EBRG).

45 Die zentrale Leitung ist verpflichtet, die Antragsteller, die örtlichen Betriebs- oder Unternehmensleitungen und die dortigen ArbNVertr. sowie die in deutschen Betrieben vertr. Gewerkschaften darüber zu **informieren, ob** ein **BVG** zu bilden ist und **wieviele Sitze** auf die jeweiligen MS entfallen (§ 9 Abs. 3 EBRG). So wird erreicht, dass die Beteiligten frühzeitig das Verfahren zur Bestellung der Mitgl. des BVG (§§ 10, 11 EBRG) einleiten können.

2. Größe, Sitzverteilung und Bestellung der deutschen Mitglieder

46 a) Art. 5 Abs. 2 Buchst. b der neuen RL nennt keine **Höchstzahl** der Mitgl. des BVG und nimmt eine bessere Gewichtung der bei der Verteilung der BVG-Sitze auf die MS zu beachtenden Grundsätze der **Repräsentativität** und **Proportionalität** zugunsten der letzteren vor. Nach dem entspr. neuen § 10 Abs. 1 EBRG ist für jeden Anteil der in einem MS beschäftigten ArbN, der 10% der Gesamtzahl der in allen MS beschäftigten ArbN des Unternehmens oder der Unternehmensgruppe oder einen Bruchteil davon beträgt, ein Mitgl. in das BVG zu entsenden.

Beispiel:

Hat eine gemeinschaftsweit tätige Unternehmensgruppe insgesamt 4500 ArbN, davon 2000 = 44, 4% in Deutschland, 1100 = 24,4% in Frankreich, 900 = 20% in Belgien und 500 = 11,1% in Spanien, dann kommen 5 Mitgl. aus Deutschland, 3 aus Frankreich, 2 aus Belgien und 2 aus Spanien; das BVG hat insgesamt 12 Mitgl. (s. GBegründung BT-Drucks. 17/4808 S. 10).

47 Die Bestellung von **Ersatzmitgl.** ist zulässig und sinnvoll, um die Kontinuität des BVG sicherzustellen (§ 10 Abs. 2 EBRG).

48 b) Die **Bestellung** der **inländischen Mitgl.** des **BVG** erfolgt nach § 11 EBRG, der unabhängig davon anwendbar ist, ob die zentrale Leitung in Deutschland oder in einem anderen MS liegt. Er verleiht das Bestellungsrecht den bestehenden zuständigen ArbNVertr.Gremien nach dem BetrVG (*Blanke* EBRG § 11 Rn 1 ff.; *Müller* EBRG § 11 Rn 2).

49 Das sind in einem gemeinschaftsweit tätigen **Unternehmen** der **GesBR** oder, falls ein solcher nicht besteht, der BR und in einer gemeinschaftsweit tätigen **Unternehmensgruppe** der **KBR** (§ 11 Abs. 1, 2 EBRG; *Engels* ArbuR 09, 10, 14 ff.). Für den Fall, dass einer Unternehmensgruppe mit Sitz in Deutschland zB ein Unternehmen in Frankreich angehört, das seinerseits einen oder mehrere Betriebe in Deutschland hat, so ist der KBR um den Vorsitzenden und dessen Stellvertreter des im KBR nicht vertretenen BR bzw. des GesBR der in Deutschland liegende Betriebe des französischen Unternehmens zu erweitern; sie nehmen als gleichberechtigte KBR-Mitgl. an der Bestellung der deutschen Mitgl. des BVG teil (§ 11 Abs. 2 S. 2 EBRG).

In § 11 Abs. 3 EBRG wird der Fall geregelt, dass es in einer Unternehmensgruppe **50** **keinen KBR** gibt (s. *Engels* ArbuR 09, 10, 15). Ausgehend von den dann möglichen **vier Grundkonstellationen** einer betriebsverfassungsrechtlichen Vertretung unterhalb der Ebene der zentralen Leitung bestimmt diese Vorschrift, dass die Bestellung der inländischen Mitgl. des BVG bei Bestehen mehrerer **GesBR** von diesen in einer **gemeinsamen Sitzung** zu erfolgen hat, bei Existenz nur eines GesBR und mehrerer in ihm nicht vertretener BR von dem um die BR-Vorsitzenden und deren Stellvertreter **erweiterten GesBR** (vgl. BAG 18. 4. 07 AP Nr. 1 zu § 18 EBRG). Bei ausschließlicher Existenz von BR wird die Bestellung von deren Vorsitzenden und ihren Stellvertretern, die entspr. § 47 Abs. 7 BetrVG mit einem Stimmengewicht ausgestattet sind, in einer gemeinsamen Sitzung vorgenommen. Besteht nur ein BR oder nur ein GesBR, so sind diese Gremien zur Bestellung befugt.

Beschlüsse über die Bestellung inländischer Mitgl. des BVG können entspr. § 19 **51** BetrVG gerichtlich überprüft werden; es gelten die Grundsätze über die Anfechtbarkeit und Nichtigkeit betriebsratsinterner Wahlen mit der Besonderheit, dass die Anfechtungsberechtigung nicht auf mindestens drei Wahlberechtigte beschränkt ist (BAG 18. 4. 07 AP Nr. 1 zu § 18 EBRG; s. ausführlich § 26 Rn 56 ff., § 27 Rn 96 ff., § 38 Rn 105 ff.)

c) In Anlehnung an § 107 Abs. 1 BetrVG über die personelle Zusammensetzung **52** des Wirtschaftsausschusses sieht § 11 Abs. 4 EBRG vor, dass auch **leitende Ang.** (§ 5 Abs. 3 BetrVG) zu Mitgl. des BVG bestellt werden können. Geschieht dies nicht, so ist den leitenden Ang. – anders als beim gesetzlichen EBR (§ 23 Abs. 6 EBRG, s. Rn 74) – der Zugang zum BVG versperrt.

d) **Frauen** und Männer sollen entspr. ihrem zahlenmäßigen Verhältnis bei der Be- **53** stellung der deutschen Mitgl. für das BVG berücksichtigt werden (§ 11 Abs. 5 EBRG). In Abweichung von § 15 Abs. 2 BetrVG (s. § 15 BetrVG Rn 11 ff.) gibt es keine Sitzgarantie für das Geschlecht in der Minderheit.

e) Sobald die **Mitgl. des BVG** feststehen, sind deren Namen, Anschriften und Be- **54** triebszugehörigkeit unverzüglich den nationalen Bestellungsgremien der zentralen Leitung **mitzuteilen** (§ 12 EBRG). Dieser obliegt es dann, die örtlichen Betriebs- oder Unternehmensleitungen und die dortigen ArbNVertr.etungen sowie die in deutschen Betrieben vertr. Gewerkschaften über die vorgenannten Angaben zu unterrichten. Mit Hilfe dieser Angaben werden die Beteiligten über die personelle Zusammensetzung des BVG informiert.

3. Geschäftsführung, Aufgabe, Zusammenarbeit

a) Sobald der zentralen Leitung die persönlichen Daten der Mitgl. des BVG nach **55** § 12 EBRG mitgeteilt worden sind, hat sie diese unverzüglich zur **konstituierenden Sitzung** des BVG einzuladen und unterrichtet die örtlichen Betriebs- oder Unternehmensleitungen. Zugleich unterrichtet sie die zuständigen europäischen Gewerkschaften und ArbGeb.-Verbände über den Beginn der Verhandlungen und die Zusammensetzung des BVG (§ 13 Abs. 1 S. 1, 2 EBRG). Gemeint sind solche Verbände, die nach Art. 154 AEUV von der Kommission gehört werden. Eine entspr. Liste wird von der Kommission laufend aktualisiert und im Internet veröffentlicht. Aus Vereinfachungsgründen haben die europäischen Dachverbände einheitliche E-Mail-Adressen vereinbart. Damit kann die zentrale Leitung ihrer Unterrichtungsverpflichtung nach § 12 EBRG durch eine Nachricht an ewc@etuc.org und ewc@business europe.eu nachkommen (GBegründung BT-Drucks. 17/4808 S. 10).

Auf der konstituierenden Sitzung wählt das BVG einen **Vorsitzenden** (§ 13 Abs. 1 **56** S. 3 EBRG). Es kann sich auch eine Geschäftsordnung geben, in der zB die Wahl eines stellvertretenden Vorsitzenden sowie die Bildung eines Vorstands oder Ausschusses vorgesehen werden kann (*Bachner/Nielebock* ArbuR 97, 129, 131; *Engels/Müller* DB 96, 981, 984). Beschlüsse des BVG werden, soweit im EBRG nichts anderes bestimmt ist (s. zB § 15 EBRG u. Rn 61), mit der Mehrheit der Stimmen seiner Mitgl. gefasst (§ 13 Abs. 3 EBRG). Aufgrund der verbesserten Regelung in § 10 EBRG (s. Rn 46) über die Zusammensetzung des BVG ist die Problematik dieser Vorschrift entschärft worden.

57   b) Das BVG hat die **Aufgabe,** mit der zentralen Leitung in vertrauensvoller Zusammenarbeit eine **Vereinbarung** über eine grenzübergreifende Unterrichtung und Anhörung auszuhandeln und abzuschließen (§ 8 Abs. 1, 3 EBRG). Gehören einem gemeinschaftsweit tätigen Unternehmen oder einer gemeinschaftsweit tätigen Unternehmensgruppe Betriebe oder Unternehmen mit Sitz in einem **Drittstaat** an und sollen diese in die grenzübergreifende Mitwirkung einbezogen werden, können zentrale Leitung und BVG vereinbaren, dass ArbNVertr. aus diesen Staaten als Gast oder sogar als Mitgl. im BVG vertreten sind (§ 14 EBRG; *Engels/Müller* DB 96, 981, 984).

58   c) Um der zentralen Leitung ein ebenbürtiger Verhandlungspartner sein zu können, hat sie dem BVG rechtzeitig alle erforderlichen **Auskünfte** zu erteilen und notwendige **Unterlagen** zur Verfügung zu stellen (§ 8 Abs. 2 EBRG). Dieser Verpflichtung hat sie – anders als nach § 5 Abs. 1 EBRG – von sich aus, ohne ein entspr. Verlangen des BVG, nachzukommen (*Blanke* EBRG § 8 Rn 5).

59   Außerdem kann das BVG **Sachverständige** seiner Wahl zur Unterstützung hinzuziehen, soweit dies zur Wahrnehmung seiner Aufgaben notwendig ist (§ 13 Abs. 4 EBRG; *Blanke* EBRG § 13 Rn 19; *Müller* EBRG § 13 Rn 6 mwN); Sachverständige können auch **Beauftragte von Gewerkschaften** sein § 13 Abs. 4 S. 2 EBRG). Der neue § 13 Abs. 4 S. 3 EBRG lässt nunmehr ausdrücklich zu, dass auf Wunsch des BVG Sachverständige und Gewerkschaftsvertr. **auch** an den **Verhandlungen** mit der zentralen Leitung beratend teilnehmen können; sie haben also kein eigenes Teilnahmerecht und auch kein Stimmrecht. Ist ein Gewerkschaftsvertr. als Sachverständiger benannt, hat die zentrale Leitung nach Maßgabe des allgemein für die Hinzuziehung von Sachverständigen geltenden § 16 EBRG die Kosten zu tragen (GBegründung BT-Drucks. 17/4808 S. 11).

60   Zur Vorbereitung und Abstimmung untereinander sowie zur Nachbereitung hat der Vorsitzende des BVG das Recht, **vor** und jetzt auch **nach** jeder Verhandlung mit der zentralen Leitung zu einer **internen Sitzung** einzuladen. Zeitpunkt, Häufigkeit und Ort der Verhandlungen und der Sitzungen des BVG werden zwischen den Parteien einvernehmlich festgelegt (§§ 8 Abs. 3 S. 2, 13 Abs. 2 EBRG). Auf diese Weise kann ein zeitlicher und räumlicher Zusammenhang beider Termine sichergestellt werden, falls dies aus Organisations- und Kostengründen angezeigt erscheint (*Engels/Müller* DB 96, 981, 984).

61   d) Das BVG kann allerdings auch auf eine grenzübergreifende Unterrichtung und Anhörung der ArbN einseitig **verzichten.** Ein entspr. schriftlich niederzulegender Beschluss bedarf mindestens zwei Drittel der Stimmen der Mitgl. des BVG. Ein erneuter Antrag auf Bildung eines BVG ist dann grundsätzlich erst in zwei Jahren zulässig (§ 15 EBRG).

62   e) Die **Kosten,** die durch Bildung und Tätigkeit des BVG entstehen, einschließlich der Kosten für nur einen Sachverständigen, trägt die zentrale Leitung (§ 16 Abs. 1 EBRG). Hierzu gehören grundsätzlich auch Kosten für die Übersetzung von Unterlagen in die Sprachen derjenigen MS, die im BVG vertreten sind, soweit dies erforderlich ist (vgl. § 40 BetrVG Rn 5 ff.). Außerdem hat die zentrale Leitung die für Sitzungen notwendigen Sachmittel (Räume), Büropersonal und Dolmetscher zur Verfügung zu stellen sowie die Reise- und Aufenthaltskosten zu tragen (vgl. § 40 BetrVG Rn 104 ff.; *Blanke* EBRG § 16 Rn 4 ff.; *Klebe/Kunz* FS Däubler S. 823, 834). Für den Kostenerstattungsanspruch ist eine gesamtschuldnerische Haftung des ArbGeb. der aus Deutschland bestellten Mitgl. des BVG vorgesehen (§ 16 Abs. 2 EBRG). Dies hat zur Folge, dass deutsche Mitgl. des BVG die ihnen aufgrund der Teilnahme an Sitzungen und Verhandlungen entstehenden Kosten im Streitfall vor

deutschen ArbG geltend machen können (vgl. *Blanke* EBRG § 16 Rn 10; *Müller* EBRG § 16 Rn 5 mwN).

IV. Gestaltungsmöglichkeiten von Vereinbarungen über grenzübergreifende Unterrichtung und Anhörung

In § 17 EBRG werden die **umfassenden Gestaltungsmöglichkeiten** verdeut- **63** licht, die für die zentrale Leitung und das BVG im Rahmen einer Vereinbarung über grenzübergreifende Unterrichtung und Anhörung der ArbN bestehen. Die Vertragspartner sind **weder strukturell noch inhaltlich** an die für den EBR kraft Gesetzes bestehenden Bestimmungen des Vierten Teils des G (vgl. §§ 21 ff. EBRG) **gebunden,** in dem die subsidiären Vorschriften des Anhangs der RL umgesetzt werden (*Müller* EBRG § 17 Rn 1).

Vorausgesetzt wird zunächst nur, dass die Vereinbarung eine **grenzübergreifende** **64** **Unterrichtung und Anhörung** vorsieht und sich auf **alle** in den MS beschäftigten **ArbN** erstreckt, in denen das Unternehmen oder die Unternehmensgruppe einen Betrieb hat (s. § 1 Abs. 3 EBRG; *Blanke* EBRG § 17 Rn 4). Das BVG wird zudem darauf zu achten haben, dass jeder MS im Rahmen der Vereinbarung durch mindestens einen ArbNVertr. repräsentiert wird und diejenigen MS zusätzliche Vertreter erhalten, die eine größere Anzahl von ArbN beschäftigen (*Engels/Müller* DB 96, 981, 984; aA *Franzen* BB 04, 940). Im Übrigen sollen sich die Parteien darauf verständigen, ob die grenzübergreifende Unterrichtung und Anhörung durch die Errichtung eines zentralen EBR oder durch ein dezentrales Verfahren zur Unterrichtung und Anhörung vereinbart werden soll. Es bleibt ihnen aber unbenommen, eine Kombination beider Systeme oder die Bildung von Ausschüssen vorzusehen, sofern die oben genannten Mindestvoraussetzungen erfüllt sind (ausführl. *Müller* EBRG § 17 Rn 1 ff.).

1. Europäischer Betriebsrat kraft Vereinbarung

Wollen die Verhandlungspartner einen EBR vereinbaren, so müssen sie dessen **65** Ausgestaltung gemäß § 18 Abs. 1 EBRG **schriftlich** niederlegen (s. Mustervereinbarung in Beck'sches Formularbuch Arbeitsrecht C. II. 23, S. 1168 ff.). Um ein gutes Funktionieren des EBR kraft Vereinbarung sicherzustellen, wird den Vertragspartnern in Anlehnung an Art. 6 Abs. 2 RL ein **Katalog** von Regelungsgegenständen als Orientierungshilfe **(Checkliste)** zur Verfügung gestellt, der durch das 2. EBRG-ÄndG erweitert worden ist (GBegründung BT-Drucks. 17/4808 S. 11). Seine Beachtung ist keine Wirksamkeitsvoraussetzung für die getroffene Vereinbarung (*Blanke* EBRG § 18 Rn 2; *Müller* EBRG § 18 Rn 2; *Engels/Müller* DB 96, 981, 985; kr. *Bachner/ Kunz* ArbuR 96, 81, 85).

In der Vereinbarung sollen ua ihr Geltungsbereich, die Größe, Zusammensetzung **66** und Sitzverteilung des EBR, seine Aufgaben und Befugnisse sowie das Verfahren zu seiner Unterrichtung und Anhörung, ggf. die Abstimmung dieses Verfahrens mit den **Beteiligungsrechten** der **nationalen ArbNVertr.**, in die **nicht eingegriffen** werden darf (GBegründung BT-Drucks. 17/4808 S. 11), Ort, Häufigkeit und Dauer der EBR-Sitzungen, die Errichtung eines Ausschusses einschl. seiner Zusammensetzung und Befugnisse sowie die für den EBR zur Verfügung zu stellenden finanziellen und sachlichen Mittel geregelt und für Fälle von Strukturänderungen eine **Anpassungsklausel** vorgesehen werden, um bei Spaltung, Fusion, Erwerb oder Verkauf von Unternehmen oder Betrieben eine repräsentative und ausgewogene Zusammensetzung des EBR aufrechtzuerhalten (*Blanke* EBRG § 18 Rn 16; *Asshoff/Bachner/Kunz* S. 232; nach *Franzen* BB 04, 940 kann die Klausel auf den Beitritt der neuen MS entspr. angewendet werden).

67 Außerdem sollen die Parteien die Geltungsdauer der Vereinbarung und das bei ihrer Neuaushandlung, Änderung oder Kündigung anzuwendende Verfahren regeln. In diesem Zusammenhang sollte schließlich auch eine **Übergangsregelung** vereinbart werden, um die Kontinuität der grenzübergreifenden Unterrichtung und Anhörung bis zum Abschluss einer neuen Vereinbarung sicherzustellen (*Blanke* EBRG § 18 Rn 19). Diese Regelungsgegenstände sollten auch dann beachtet werden, wenn anstelle eines EBR **mehrere** – zB **spartenbezogene** – **EBR** errichtet werden sollen.

2. Dezentrales Unterrichtungs- und Anhörungsverfahren

68 Beabsichtigen die zentrale Leitung und das BVG, anstelle eines oder mehrerer EBR ein dezentrales Verfahren zur Unterrichtung und Anhörung der ArbN zu vereinbaren, so sind sie gemäß § 19 EBRG zunächst ebenfalls gehalten, die Vereinbarung in **schriftlicher** Form abzufassen. Das dezentrale Verfahren kann inhaltlich beispielsweise so ausgestaltet werden, dass die zentrale Leitung zunächst das örtliche Management über die vereinbarten Angelegenheiten unterrichtet, das anschließend die örtlichen ArbNVertr. entspr. zu informieren hat (sog. by-pass-Lösung).

69 Um die Gleichwertigkeit zu einem nach § 18 EBRG vereinbarten zentralen Mitwirkungsgremium zu gewährleisten, sind entspr. den Vorgaben des Art. 6 Abs. 3 RL bestimmte **Mindestbedingungen** zu regeln. Die den ArbNVertr. zu erteilenden Informationen müssen sich insb. auf diejenigen grenzüberbreifenden Angelegenheiten erstrecken, die erhebliche Auswirkungen auf die Interessen der ArbN haben. Die Parteien müssen ferner eine Regelung darüber treffen, unter welchen Voraussetzungen die ArbNVertr. das Recht haben, die ihnen übermittelten Informationen gemeinsam zu beraten. Aus den neu gefassten Begriffsdefinitionen der Unterrichtung und Anhörung (vgl. § 1 Abs. 4, 5 EBRG u. dazu Rn 12 f.) ergibt sich zudem, dass den ArbNVertr. das Recht einzuräumen ist, ihre Vorschläge oder Bedenken mit der zentralen Leitung oder einer anderen geeigneten Leitungsebene erörtern und eine mit Gründen versehene Antwort auf ihr Stellungnahme verlangen zu können (vgl. *Blanke* EBRG § 19 Rn 3 ff.; *Müller* EBRG § 19 Rn 5 f.). Nur unter dieser Voraussetzung wird dem als „Meinungsaustausch" und „Einrichtung eines Dialogs" umschriebenen Anhörungsbegriff adäquat Rechnung getragen (*Blanke* EBRG § 19 Rn 3 ff.; *Müller* EBRG § 19 Rn 5 f.).

3. Übergangsbestimmung

70 Die in § 20 EBRG vorgesehene Übergangsbestimmung soll die **Kontinuität** der grenzübergreifenden Unterrichtung und Anhörung in den Fällen gewährleisten, in denen eine nach §§ 18 oder 19 EBRG bestehende Vereinbarung durch Zeitablauf oder durch Kündigung endet und die Vereinbarung selbst keine Übergangsregelung enthält. Die Vereinbarung gilt unter der Voraussetzung fort, dass vor dem Zeitpunkt ihrer Beendigung das Antrags- oder Initiativrecht zur Bildung des BVG ausgeübt worden ist. Außer den in § 9 Abs. 2 S. 1 EBRG genannten ArbN oder ihren Vertr. kann der Antrag auf Errichtung des BVG hier auch von einem aufgrund der Vereinbarung bestehenden ArbNVertr.Gremium, zB einem EBR, ausgeübt werden. Die Fortgeltung der bestehenden Vereinbarung endet spätestens dann, wenn sie durch neue Vereinbarung ersetzt oder ein EBR kraft Gesetzes (vgl. § 21 Abs. 1 EBRG u. Rn 71 ff.) errichtet worden ist.

V. Errichtung des Europäischen Betriebsrats kraft Gesetzes

71 Nach der in Art. 7 der RL vorgegebenen und im EBRG übernommenen Konzeption ist der EBR kraft Gesetzes (§§ 21 ff. EBRG) die subsidiäre Form einer grenzübergreifenden Mitwirkung der ArbN. **Absoluten Vorrang** haben **Vereinbarungs-**

lösungen (*Blanke* EBRG § 21 Rn 1 ff.). Nur wenn diese nicht zustande kommen, ist ein EBR kraft Gesetzes zu errichten. Das ist der Fall, wenn die zentrale Leitung die Aufnahme von Verhandlungen innerhalb von 6 Monaten nach Antragstellung (s. Rn 32, 42 f., 44) verweigert, es innerhalb von drei Jahren nach Antragstellung oder Initiative der zentralen Leitung zu keiner Vereinbarung nach §§ 18 oder 19 EBRG kommt oder zentrale Leitung und BVG bereits vorher übereinstimmend das Scheitern der Verhandlungen erklären (§ 21 Abs. 1 EBRG).

1. Größe, Sitzverteilung und Bestellung der deutschen Mitglieder

a) Im Gegensatz zu § 10 EBRG bestimmt § 22 Abs. 1 EBRG (vgl. Anhang Nr. 1 b **72** RL), dass **nur ArbN** des gemeinschaftsweit tätigen Unternehmens oder der Unternehmensgruppe **Mitgl. des EBR** sein können. Eine **Begrenzung der Mitgl.-Zahl** ist **nicht vorgesehen**.

b) Nach dem neuen § 22 Abs. 2 EBRG erfolgt die Verteilung der Sitze im EBR **73** auf die einzelnen MS in gleicher Weise wie beim BVG (s. § 10 EBRG u. Rn 46). Für jeden Anteil der in einem MS beschäftigten ArbN, der 10% der Gesamtzahl der in allen MS beschäftigten ArbN des Unternehmens oder der Unternehmensgruppe oder einen Bruchteil davon beträgt, wird ein Mitgl. in den EBR entsandt. Damit ist auch hier bei der Verteilung der EBR-Sitze auf die MS eine bessere Gewichtung des Grundsatzes der **Proportionalität** gegenüber der **Repräsentativität** erfolgt, die zu begrüßen ist. Zur Berechnung und Verteilung der Sitze sowie der Größe des EBR s. das Beispiel in Rn 46.

c) Die **Bestellung der deutschen Mitgl. des EBR** (§ 23 EBRG) erfolgt in glei- **74** cher Weise wie die der BVG-Mitgl. (s. Rn 48 ff.; s. BAG 18. 4. 07 AP Nr. 1 zu § 18 EBRG). Das gilt auch für die Bestellung eines **leitenden Ang.** (§ 5 Abs. 3 BetrVG) zum Mitgl. des EBR durch das zuständige BR-Gremium (§ 23 Abs. 6 EBRG). Für den Fall, dass eine derartige Bestellung eines leitenden Ang. unterbleibt, sieht § 23 Abs. 6 EBRG – anders als beim BVG – eine Sonderregelung zugunsten der leitenden Ang. vor, die allerdings auf gemeinschaftsweit tätige Unternehmen und Unternehmensgruppen mit Sitz in Deutschland beschränkt ist: In diesen Unternehmen oder Unternehmensgruppen kann das zuständige Sprecherausschussgremium einen leitenden Ang. bestimmen, der zwar ohne Sitz und Stimme, jedoch als Gast mit Rederecht an den Sitzungen des EBR teilnehmen kann, sofern mindestens fünf Mitgl. aus Deutschland entsandt werden (*Blanke* EBRG § 23 Rn 6 ff.).

d) Sobald die **Mitgl. des EBR feststehen,** sind deren Namen, Anschriften und **75** Betriebszugehörigkeit unverzüglich von den nationalen Bestellungsgremien der zentralen Leitung mitzuteilen. Sie hat die örtlichen Betriebs- oder Unternehmensleitungen und die dortigen ArbNVertr. sowie die in deutschen Betrieben vertr. Gewerkschaften über diese Angaben zu **unterrichten** (§ 24 EBRG), damit die Beteiligten über die personelle Zusammensetzung des EBR informiert sind.

2. Dauer der Mitgliedschaft, Neubestellung von Mitgliedern

Der **EBR** ist – wie GesBR und KBR – eine **Dauereinrichtung** ohne feste Amts- **76** zeit (*Blanke* EBRG § 21 Rn 5, § 36 Rn 1; *Müller* EBRG § 36 Rn 1; *Hromadka* DB 95, 1125, 1130); das Ausscheiden einzelner Mitgl. aus dem EBR oder die Entsendung neuer Mitgl. hat auf den Fortbestand des EBR keine Auswirkung. Die Dauer der **Mitgl.schaft** im EBR ist dagegen zeitlich auf **vier Jahre** begrenzt (§ 32 Abs. 1 EBRG). Die Mitgl.schaft beginnt mit der Bestellung durch die jeweiligen nationalen Gremien. Sie endet vorzeitig zB durch Abberufung, Niederlegung des Amtes oder Beendigung des ArbVerh. Eine erneute Bestellung ist zulässig (*Engels/Müller* DB 96, 981, 986).

Im Gegensatz zu diesen allein in der Sphäre der ArbN liegenden Gründen für eine **77** Änderung der personellen Zusammensetzung des EBR regelt der neue § 32 Abs. 2

EBRG den Fall, dass die Sitzverteilung infolge einer Erweiterung, Verkleinerung oder **Strukturänderung** des gemeinschaftsweit tätigen Unternehmens oder der Unternehmensgruppe nicht mehr der in § 22 Abs. 2 EBRG vorgeschriebenen Zusammensetzung des EBR entspricht; diese Regelung kommt insb. außerhalb des § 37 EBRG zum Tragen. Um diese Grundsätze in der Dauereinrichtung EBR über den Zeitpunkt seiner Errichtung hinaus verwirklichen zu können, ist die zentrale Leitung verpflichtet, **alle zwei Jahre**, vom Tag der konstituierenden Sitzung des EBR an gerechnet (§ 25 Abs. 1 EBRG), **zu prüfen**, ob sich die ArbN-Zahlen in den MS absolut und/oder in ihrem Verhältnis zueinander derart geändert haben (*Blanke* EBRG § 36 Rn 4 ff.; *Müller* EBRG § 36 Rn 3).

78 Das (positive oder negative) Prüfergebnis ist dem EBR mitzuteilen; dies sollte, falls erforderlich, unter Vorlage entspr. Unterlagen erfolgen. Ergibt sich daraus die Notwendigkeit einer **Änderung der Sitzverteilung** im EBR, so hat dieser dafür zu sorgen, dass (nur) in denjenigen MS, für die sich eine geänderte Zahl der EBR-Sitze ergibt oder auf die erstmals ein EBR-Sitz entfällt, die EBR-Mitgl. (neu) bestellt werden. Zu diesem Zweck hat er die betreffenden nationalen Bestellungs- oder Wahlgremien zur Neubesetzung der ihrem Land zustehenden Sitze aufzufordern. Mit der Neubestellung endet die Mitgl.-schaft der bisher aus dem jeweiligen MS stammenden ArbNVertr. im EBR (*Blanke* EBRG § 36 Rn 7).

3. Ende des Europäischen Betriebsrats kraft Gesetzes

79 In **drei Fällen** geht der als Dauerinstitution konzipierte EBR unter: 1. Bei **Wegfall** einer der in § 3 EBRG **genannten Voraussetzungen** entfällt der EBR sofort und ersatzlos, im Fall des § 33 EBRG kann er durch eine **Vereinbarungslösung** ersetzt werden.

80 2. Nach § 33 EBRG hat der EBR **vier Jahre nach seiner Konstituierung** darüber zu beschließen, ob nochmals versucht werden soll, die zentrale Leitung für den Abschluss einer Vereinbarung nach § 17 EBRG zu gewinnen und damit einen Wechsel vom EBR kraft Gesetzes hin zu einer maßgeschneiderten transnationalen „Betriebsverfassung" anzustreben. Wird der Beschluss mit der Stimmenmehrheit der EBR-Mitgl. gefasst, so nimmt er ab diesem Zeitpunkt eine **Doppelstellung** ein: Der EBR erhält zusätzlich die Rechtsstellung des BVG mit allen damit zusammenhängenden Rechten und Pflichten, um nach den für das BVG geltenden Regeln (§§ 8, 13, 14, 15 Abs. 1, §§ 16 bis 19) eine Vereinbarung mit der zentralen Leitung aushandeln zu können (§ 33 S. 2 EBRG). Seine Stellung als EBR behält er bei und ist zB auch weiterhin nach §§ 29 und 30 EBRG zu beteiligen (*Engels/Müller* DB 96, 981, 986 zu §§ 32, 33 aF). Gelingt eine Vereinbarungslösung, so endet das Mandat des gesetzlichen EBR (§ 33 S. 3 EBRG); gelingt sie nicht, bleibt der EBR bestehen (*Blanke* EBRG § 37 Rn 5; *Müller* EBRG § 37 Rn 2; *Engels/Müller* DB 96, 981, 986; **aA** *Rademacher* EBR S. 125).

81 3. Der EBR kraft Gesetzes kann bei wesentlichen Strukturänderungen iSv. § 37 EBRG untergehen (s. dazu Rn 100 ff.).

4. Geschäftsführung, Bildung eines Ausschusses

82 Da die Vorschriften des EBRG über die Geschäftsführung des EBR weitgehend an die §§ 26 ff. des BetrVG angelehnt sind, kann bei Zweifelsfragen allgemeiner Art auf die dortige Kommentierung zurückgegriffen werden. Im **Einzelnen** gilt folgendes:

83 a) Sobald der zentralen Leitung die persönlichen Daten der Mitgl. des EBR nach § 24 EBRG mitgeteilt worden sind, hat sie diese unverzüglich zur **konstituierenden Sitzung** des EBR einzuladen. Auf dieser Sitzung wählt der EBR aus seiner Mitte den **Vorsitzenden** und dessen Stellvertreter (§ 25 Abs. 1 EBRG). Der Vorsitzende und im Fall seiner Verhinderung der stellvertretende Vorsitzende sind die Vertre-

tungsorgane des EBR, die ihn im Rahmen seiner Beschlüsse vertreten und Erklärungen für ihn entgegennehmen können (§ 25 Abs. 2 EBRG).

b) Der neu gefasste § 26 EBRG sieht zwingend vor, dass jeder EBR, unabhängig **84** von seiner Mitgl.Zahl, aus seiner Mitte einen **Ausschuss** bildet. Ihm gehören der **Vorsitzende** und mindestens zwei, **höchstend vier weitere Mitgl.** des EBR an, die – nicht notwendigerweise geheim – zu wählen sind. Dem Grundsatz der Repräsentanz entsprechend sollen die Ausschussmitgl. aus verschiedenen MS stammen (*Blanke* EBRG § 26 Rn 2). Hiervon kann aber insb. aus Gründen einer effizienteren Ausschussarbeit zB bei Gleichsprachigkeit der Ausschussmitgl. abgewichen werden. Der Ausschuss hat eine doppelte Aufgabe: Zum einen erledigt er die laufenden Geschäfte, zum anderen ist er bei außergewöhnlichen Umständen anstelle des EBR nach § 30 Abs. 2 EBRG zu beteiligen.

c) Der EBR ist berechtigt, **interne Sitzungen** ohne Teilnahme der zentralen **85** Leitung durchzuführen und hierzu einzuladen (§ 27 Abs. 1 EBRG). Dies ist erforderlich, damit die ArbNVertr. aus den einzelnen MS anstehende Fragen gemeinsam erörtern, die Unterrichtungs- und Anhörungstermine vorbereiten und ggf. Beschlüsse fassen können. Allerdings wird verlangt, dass die Sitzungen aus Organisations- und Kostengründen in einem zeitlichen und räumlichen Zusammenhang sowohl mit der turnusmäßigen als auch mit der außerordentlichen Unterrichtung nach §§ 29, 30 EBRG stehen müssen. Zeitpunkt und Ort der Sitzungen sind deshalb mit der zentralen Leitung abzustimmen (*Blanke* EBRG § 27 Rn 3; *Müller* EBRG § 27 Rn 1; *Engels/Müller* DB 96, 981, 986; abl. *Bachner/Kunz* ArbuR 96, 81, 85; *Kohte* EuroAS 96, 115, 119).

Hält der EBR außer diesen gesetzlich vorgesehenen Sitzungen **weitere Sitzungen** **86** für erforderlich, so muss er hierfür das Einverständnis der zentralen Leitung einholen (*Blanke* EBRG § 27 Rn 6). Beide Seiten haben sich in dieser Frage vom Grundsatz der vertrauensvollen Zusammenarbeit gemäß § 34 EBRG leiten zu lassen. Die Sitzungen des EBR sind **nicht öffentlich,** so dass an ihnen als Externe grundsätzlich nur Sachverständige und als solche auch Beauftragte der Gewerkschaften (§ 39 Abs. 2 S. 2 EBRG) sowie Dolmetscher teilnehmen dürfen. Die vorstehenden Grundsätze gelten entspr., wenn die Mitwirkungsrechte des EBR dem **Ausschuss** übertragen sind (§ 27 Abs. 2 EBRG; *Hayen* AiB 11, 15, 17).

d) Der EBR fasst seine **Beschlüsse** als Kollegialorgan im allgemeinen mit einfa- **87** cher Stimmenmehrheit, also mit der Mehrheit der anwesenden Mitgl. (§ 28 S. 1 EBRG). Die absolute Mehrheit, dh die Mehrheit der Stimmen der EBR-Mitgl., verlangt das G für den Beschluss über die schriftlich abzufassende Geschäftsordnung, die sich der EBR geben muss (§ 28 S. 2 EBRG), und den Beschluss nach § 33 EBRG über die Aufnahme von Vertragsverhandlungen mit der zentralen Leitung.

5. Mitwirkungsrechte des Europäischen Betriebsrats kraft Gesetzes

a) Die zentrale Leitung hat den EBR nach § 29 EBRG **einmal im Kalenderjahr** **88** über die Entwicklung der Geschäftslage und die Perspektiven des gemeinschaftsweit tätigen Unternehmens oder der gemeinschaftsweit tätigen Unternehmensgruppe unter Vorlage der erforderlichen Unterlagen zu unterrichten und ihn dazu anzuhören. Zu den Unterrichtungs- und Anhörungsgegenständen gehören insb.

„1. Struktur des Unternehmens oder der Unternehmensgruppe sowie die wirtschaftliche und finanzielle Lage,
2. die voraussichtliche Entwicklung der Geschäfts-, Produktions- und Absatzlage,
3. die Beschäftigungslage und ihre voraussichtliche Entwicklung,
4. Investitionen (Investitionsprogramme),
5. grundlegende Änderungen der Organisation,
6. die Einführung neuer Arbeits- und Fertigungsverfahren,

7. die Verlegung von Unternehmen, Betrieben oder wesentlichen Betriebsteilen sowie Verlagerungen der Produktion,
8. Zusammenschlüsse oder Spaltungen von Unternehmen oder Betrieben,
9. die Einschränkung oder Stilllegung von Unternehmen, Betrieben oder wesentlichen Betriebsteilen sowie
10. Massenentlassungen."

89 Diese Konkretisierung der „Entwicklung der Geschäftslage und der Perspektiven" des gemeinschaftsweit tätigen Unternehmens oder der gemeinschaftsweit tätigen Unternehmensgruppe entspricht im wesentlichen den wirtschaftlichen Angelegenheiten iSd. § 106 Abs. 3 BetrVG, die der Unternehmer mit dem Wirtschaftsausschuss zu erörtern hat. Die in den Nummern 5 bis 10 bezeichneten Angelegenheiten sind jedoch enger gefasst und entsprechen eher den sich aus § 111 S. 2 BetrVG ergebenden Betriebsänderungen. Auf die Kommentierung dieser Vorschriften wird Bezug genommen.

90 b) Außer den vorgenannten turnusmäßigen Unterrichtungs- und Anhörungsrechten werden in § 30 EBRG dem EBR kraft Gesetzes weitere Mitwirkungsrechte eingeräumt, wenn **außergewöhnliche Umstände** eintreten oder **Entscheidungen** beabsichtigt sind, die erhebliche Auswirkungen auf die Interessen der ArbN haben. Zu diesen außergewöhnlichen Umständen zählt das G insb. die Verlegung oder **Stilllegung** von Unternehmen, Betrieben oder wesentlichen Betriebsteilen sowie **Massenentlassungen.** Dann hat die zentrale Leitung den EBR unter Vorlage der erforderlichen Unterlagen unverzüglich zu unterrichten und ihn auf Verlangen grundsätzlich so rechtzeitig anzuhören, dass seine Vorschläge oder Bedenken noch berücksichtigt werden können, bevor eine unternehmerische Entscheidung getroffen wird. Das folgt aus den neu gefassten Begriffsdefinitionen in § 1 Abs. 4, 5 EBRG (s. oben Rn 12 f.; so schon bisher *Blanke* EBRG § 33 Rn 10). Besteht ein **Ausschuss** nach § 26 EBRG, so ist dieser anstelle des EBR zu beteiligen.

91 Der EBR oder der ihn vertretende Ausschuss haben sowohl im Rahmen des § 29 EBRG als auch in den Fällen des § 30 EBRG das Recht, im Zusammenhang mit der Unterrichtung durch die zentrale Leitung eine **vorbereitende Sitzung** durchzuführen (vgl. § 27 Abs. 1 S. 1 und 2 EBRG), um die ihnen mitgeteilten Informationen zunächst in Abwesenheit des Managements erörtern zu können. An den Sitzungen des Ausschusses können auch diejenigen Mitgl. des EBR teilnehmen, die für die Betriebe oder Unternehmen bestellt worden sind, die unmittelbar von den geplanten Maßnahmen betroffen sind. Sie gelten insoweit als Ausschuss-Mitgl. (Näheres zu Sitzungen s. § 27 EBRG u. Rn 85 f.).

92 d) In § 31 EBRG ist für Presseunternehmen und andere sog. **Tendenzunternehmen** eine Einschränkung der Unterrichtungs- und Anhörungsrechte des kraft Gesetzes errichteten EBR und des Ausschusses vorgesehen. Danach hat eine Unterrichtung und Anhörung nur über den Ausgleich oder die Milderung der wirtschaftlichen Nachteile zu erfolgen, die den ArbN infolge der in § 29 Abs. 2 Nrn. 5 bis 10 und § 30 EBRG beispielhaft genannten Unternehmens- oder Betriebsänderungen entstehen. Durch diese Regelung werden die Wertungen des § 118 Abs. 1 S. 2 BetrVG übernommen, nach denen in Tendenzunternehmen kein Wirtschaftsausschuss (§§ 106 ff. BetrVG) zu bilden ist und die bei Betriebsänderungen bestehenden Beteiligungsrechte des Betriebsrats nur insoweit anzuwenden sind, als sie den Ausgleich oder die Milderung wirtschaftlicher Nachteile für die ArbN infolge von Betriebsänderungen regeln. Damit soll von der in Art. 8 Abs. 3 RL eröffneten Möglichkeit Gebrauch gemacht werden, für Tendenzunternehmen mit Sitz ihrer zentralen Leitung im Inland „besondere Bestimmungen" vorzusehen, um auch im Rahmen des EBRG den Wertungen des betriebsverfassungsrechtlichen Tendenzschutzes Rechnung zu tragen (ausführl. *Müller* EBRG § 34 Rn 1 ff. mwN; zur Kritik am Tendenzschutz *Blanke* EBRG § 34 Rn 1 ff.; *ders.* FS Däubler S. 841 ff.).

VI. Gemeinsame Bestimmungen für vereinbarten EBR und EBR kraft Gesetzes

Durch die neue Überschrift des 5. Teils des EBRG wird klargestellt, dass seine Be- **93** stimmungen **gleichermaßen** für die Arbeitsweise des **EBR** kraft **Vereinbarung** und des EBR kraft **Gesetzes** gelten (GBegründung BT-Drucks. 17/4808 S. 12).

1. Vertrauensvolle Zusammenarbeit

Die zentrale Leitung und die im Rahmen einer grenzübergreifenden Unterrich- **94** tung und Anhörung beteiligten ArbNVertr. werden in § 34 EBRG verpflichtet, vertrauensvoll zum Wohl der ArbN und des Unternehmens oder der Unternehmensgruppe zusammenzuarbeiten. Das Gebot der vertrauensvollen Zusammenarbeit mit der zentralen Leitung ist von den Mitgl. eines vereinbarten oder eines kraft Gesetzes errichteten EBR (vgl. §§ 18, 21 Abs. 1 EBRG) und den europäischen ArbNVertr. im Rahmen eines dezentralen Verfahrens zur Unterrichtung und Anhörung (vgl. § 19 EBRG) gleichermaßen zu beachten. Damit wird der RL-Vorgabe des Art. 9 in ähnlicher Weise entsprochen, wie es im nationalen ArbNVertr.Recht in § 2 Abs. 1 BetrVG vorgesehen ist. Durch das Gebot der vertrauensvollen Zusammenarbeit werden inzidenter auch **Arbeitskampfmaßnahmen** der **Beteiligten** ausgeschlossen. Dies gilt insb. auch bei Streitigkeiten über Gegenstand und Umfang der vereinbarten oder gesetzlich bestimmten Unterrichtungs- und Anhörungspflichten; insoweit ist ausschließlich der arbeitsgerichtliche Rechtsweg eröffnet.

2. Geheimhaltung

In § 35 Abs. 1 EBRG wird der zentralen Leitung zunächst das Recht gewährt, die **95** **Auskunftserteilung zu verweigern,** soweit dadurch **Betriebs- oder Geschäftsgeheimnisse** des Unternehmens oder der Unternehmensgruppe **gefährdet** werden. Dadurch wird gleichermaßen der Umfang der im Rahmen der §§ 18, 19 EBRG vereinbarten oder der sich für den EBR kraft Gesetzes aus §§ 29 und 30 Abs. 1 EBRG ergebenden Unterrichtungspflichten eingeschränkt. Die Geheimhaltungsbefugnis basiert auf Art. 8 Abs. 2 RL. Ihre Ausgestaltung orientiert sich an den betriebsverfassungsrechtlichen Vorgaben des **§ 43 Abs. 2 S. 3** und des **§ 106 Abs. 2** BetrVG; auf die dortige Kommentierung wird verwiesen.

3. Vertraulichkeit

Des weiteren werden die an der grenzübergreifenden Unterrichtung und Anhö- **96** rung beteiligten europäischen **ArbN-Vertreter verpflichtet,** ihnen aufgrund ihrer Funktion bekannt gewordene **Betriebs- oder Geschäftsgeheimnisse nicht zu offenbaren** und nicht zu verwerten (vgl. § 35 Abs. 2 bis 4 EBRG). Dies gilt sowohl für die Mitgl. und Ersatzmitgl. eines EBR und des BVG als auch für die ArbNVertr. im Rahmen einer Vereinbarung zur Unterrichtung und Anhörung nach § 19 EBRG. Sie gilt auch für Sachverständige und Dolmetscher sowie die örtlichen ArbNVertr. Zur Verschwiegenheit verpflichtet ist auch der vom zuständigen Sprecherausschussgremium bestimmte leitende Ang., der als Gast an den Sitzungen des EBR kraft Gesetzes teilnimmt (vgl. § 23 Abs. 6 S. 2 EBRG). Die in Art. 8 Abs. 1 RL vorgesehene Pflicht zur Vertraulichkeit setzt aber stets voraus, dass das jeweilige Betriebs- oder Geschäftsgeheimnis von der zentralen Leitung ausdrücklich als geheimhaltungsbedürftig bezeichnet worden ist.

Um den **Kommunikationsfluss** sowohl innerhalb als auch zwischen den ArbN- **97** Vertr.Gremien, den übrigen am Verfahren beteiligten ArbNVertr. einschließlich der Dolmetscher und der zur Unterstützung herangezogenen Sachverständigen zu gewährleisten, sind bestimmte Ausnahmen vom grundsätzlichen Verbot der Offenbarung von Betriebs- oder Geschäftsgeheimnissen vorgesehen, die im G im einzelnen geregelt sind. Die inhaltliche und strukturelle Ausgestaltung orientiert sich auch insoweit an § 79 BetrVG; auf die dortige Kommentierung wird verwiesen.

4. Unterrichtung der örtlichen Arbeitnehmervertreter

98 Der EBR oder der Ausschuss haben gemäß § 36 Abs. 1 EBRG den örtlichen ArbNVertr. in den Betrieben oder Unternehmen **über alle Unterrichtungen und Anhörungen** der zentralen Leitung oder einer anderen geeigneten Leitungsebene zu **berichten**. Gibt es keine örtlichen ArbNVertr., sind die jeweiligen Belegschaften entspr. zu unterrichten, sofern es sich nicht um vertraulich mitgeteilte Betriebs- oder Geschäftsgeheimnisse handelt (vgl. § 35 Abs. 2 bis 4 EBRG). Dadurch soll in Anlehnung an Art. 10 Abs. 2 RL gewährleistet werden, dass grenzübergreifende Angelegenheiten und ihre Auswirkungen so weit wie möglich auch den ArbN in den einzelnen Niederlassungen transparent gemacht werden.

99 § 36 Abs. 2 EBRG stellt zudem sicher, dass auch den **Sprecherausschüssen der leitenden Ang.** berichtet wird, wenn diese nicht durch einen von ihnen nach § 23 Abs. 6 EBRG bestimmten leitenden Ang. vertreten sind, der an der Sitzung zur Unterrichtung und Anhörung des EBR teilgenommen hat (s. Rn 74). In diesem Falle hat das Mitgl. des EBR oder des Ausschusses, das den örtlichen ArbNVertr. im Inland berichtet, diesen Bericht auf einer gemeinsamen Sitzung des Betriebsrats und des Sprecherausschusses (vgl. § 2 Abs. 2 Sprecherausschussgesetz) zu erstatten. Sofern der EBR oder der Ausschuss nur in schriftlicher Form berichten will, ist der Bericht auch dem zuständigen Sprecherausschuss der leitenden Ang. zuzuleiten. Die Modalitäten der Berichtspflicht gegenüber den Sprecherausschüssen gelten auch dann, wenn die zentrale Leitung nicht im Inland liegt (vgl. § 2 Abs. 4 EBRG).

5. Wesentliche Strukturänderung

100 Der neue § 37 setzt Art. 13 RL um und regelt die Modalitäten, die zu beachten sind, wenn aus Anlass von wesentlichen Strukturänderungen ein neuer EBR errichtet werden soll.

101 **Ändert** sich die **Struktur** des gemeinschaftsweit tätigen Unternehmens oder der Unternehmensgruppe **wesentlich** und besteht für diesen Fall keine Anpassungsklauseln in geltenden Vereinbarungen – so zB bei einem EBR kraft Gesetzes – oder sind diese unklar, weil sie sich widersprechen, so nimmt nach § 37 Abs. 1 S. 1 EBRG die zentrale Leitung von sich aus oder auf Antrag der ArbN oder ihrer Vertr. das Initiativrecht des § 9 Abs. 1 EBRG wahr und beginnt mit Verhandlungen über eine Vereinbarung nach § 18 oder 19 EBRG. (kr. *Hohenstatt/Kröpelin/Bertke* NZA 11, 1313, 1316). Nach dem nicht abschließenden („insbesondere") Beispielskatalog in § 37 Abs. 1 S. 2 EBRG gelten der Zusammenschluss, die Spaltung, die Verlegung und die Stilllegung von Unternehmen und Unternehmensgruppen sowie die Verlegung oder Stilllegung von Betrieben als wesentliche Strukturänderungen, soweit sie Auswirkungen auf die Zusammensetzung des EBR haben können.

102 Verhandlungspartner auf ArbNSeite ist das BVG, für das hier eine besondere Zusammensetzung vorgesehen ist. Nach § 37 Abs. 2 EBRG entsendet abweichend von § 10 EBRG **jeder** von der Strukturänderung **betroffene EBR** aus seiner Mitte **drei weitere Mitgl.** in das nach § 10 EBRG zu bildende **BVG.** Auf diese Weise kann den Interessen der von den Änderungen unmittelbar betroffenen ArbN besser Rechnung getragen werden.

103 Aus Gründen der Sicherung und Kontinuität der grenzübergreifenden Mitwirkung in der entscheidenden Phase einer Strukturänderung, die idR mit weitreichenden Auswirkungen für die ArbN einhergeht, wird jedem von der Strukturänderung betroffene EBR ein **Übergangsmandat** zuerkannt (§ 37 Abs. 3 EBRG). Dieses nimmt der jeweilige EBR entspr. den für ihn im Unternehmen oder in der Unternehmensgruppe geltenden Regelungen wahr. Mit der zentrale Leitung kann hiervon Abweichendes vereinbart werden; sind mehrere EBR betroffen, kann eine derartige Vereinbarung nur gemeinsam mit diesen getroffen werden (GBegründung BT-Drucks. 17/4808 S. 12). Das Übergangsmandat endet, wenn der neue EBR errichtet ist oder ein Beschluss nach § 15 EBRG gefasst worden ist.

§ 37 Abs. 4 EBRG stellt klar, dass die Vorschriften des EBRG nicht nur bei Abschluss einer neuen Vereinbarung gelten; kommt es zu keiner Vereinbarung nach §§ 18 oder 19 EBRG oder verweigert die zentrale Leitung die Aufnahme von Verhandlungen, so ist nach § 21 Abs. 1 EBRG ein EBR kraft Gesetzes zu errichten (GBegründung BT-Drucks. 17/4808 S. 12). So wird ein Leerlaufen der Regelung des § 37 EBRG ausgeschlossen (*Hayen* AiB 11, 15, 18). **104**

6. Fortbildung

Der neue § 38 EBRG regelt die Voraussetzungen für den Kollektivanspruch des **105** BVG und des EBR auf Teilnahme seiner Mitgl. an Schulungs- und Bildungsveranstaltungen (s. dazu auch § 37 BetrVG Rn 194 b ff.). Entscheidendes Kriterium für die Teilnahme an einer derartigen Veranstaltung ist deren **Erforderlichkeit** für die Gremienarbeit. Die Vermittlung von Kenntnissen ist erforderlich, wenn diese allgemein in gemeinschaftsweit tätigen Unternehmen oder Unternehmensgruppen oder unter Berücksichtigung der konkreten Verhältnisse in diesen Organisationen notwendig sind, damit der EBR seine gegenwärtigen oder in naher Zukunft anstehenden Aufgaben der Mitwirkung sach- und fachgerecht erfüllen kann (vgl. zum Begriff der Erforderlichkeit § 37 Abs. 6 BetrVG dortige Rn 138 ff.). Danach kommen neben Sprachkursen vor allem rechtliche und wirtschaftliche Themen wie zB europäisches Arbeitsrecht sowie die unterschiedlichen ArbNVertr.Strukturen und ihre Wirkungsweise in den MS, soweit deren Betriebe und Unternehmen vom EBR betreut werden, in Betracht. Gleiches gilt für die dort herrschenden Unternehmensstrukturen und ihre Einbettung in das jeweilige Wirtschaftssystem (vgl. *Pauken* ArbRAktuell 11, 657).

Die Gremien haben die **Teilnehmer** und die **zeitliche Lage** der Schulungsveran- **106** staltung rechtzeitig der **zentralen Leitung** mitzuteilen, die ihrerseits dafür zu sorgen hat, dass die Betriebe oder Unternehmen, in denen die Teilnehmer beschäftigt sind, entspr. informiert werden. Die Gremien verfügen über einen gewissen **Beurteilungsspielraum** bei der Beschlussfassung über die Auswahl und Zahl der fortzubildenden Mitgl. sowie die Lage und Dauer der Schulung. Bei der Festlegung der zeitlichen Lage haben sie jedoch die **betrieblichen Notwendigkeiten** (s. zum Begriff § 37 BetrVG Rn 238) zu berücksichtigen. Da diese idR nur in Rücksprache mit den jeweiligen Beschäftigungsbetrieben ermittelt werden können, verfügen die Betriebe bereits über die Information, wann und wie lange sie mit einem Ausfall der Arbeitskraft der an einer Schulung teilnehmenden EBR-/BVGMitgl. rechnen müssen. Hier erfolgt also eine Information sowohl der zentralen Leitung als auch der betroffenen Betriebe und Unternehmen über Teilnehmer und zeitliche Lage der Schulungsveranstaltung durch EBR bzw. BVG (GBegründung BT-Drucks. 17/4808 S. 12).

Der EBR kann die in Zusammenhang mit der Fortbildung stehenden Aufgaben **107** dem nach § 26 EBRG gebildeten Ausschuss (s. Rn 84) übertragen. Die Kostentragung der Schulungsveranstaltungen bemisst sich nach § 16 (Rn 62) bzw. § 39 Abs. 1 EBRG (Rn 108).

7. Kosten, Sachaufwand, Sachverständige

Der neue § 39 EBRG fasst die Regelungen über die **Kostentragung** für die Bil- **108** dung und Tätigkeit des **EBR** und des **Ausschusses** einschl. der Unterstützung durch Sachverständige **einheitlich** zusammen. Danach trägt die zentrale Leitung die durch den EBR – kraft Vereinbarung oder kraft Gesetz – und den Ausschuss entstehenden Kosten (Abs. 1). Sie hat insb. für die Sitzungen und die laufende Geschäftsführung in erforderlichem Umfang Räume, sachliche Mittel und Büropersonal, für die Sitzungen außerdem Dolmetscher zur Verfügung zu stellen. Sie trägt die erforderlichen Reise- und Aufenthaltskosten der Mitgl. des EBR und des Ausschusses. Umfasst sind auch die Kosten für erforderliche Fortbildungen nach § 38 EBRG (*Hohenstatt/Kröpelin/Bertke* NZA 11, 1313, 1316) und die für Sachverständige nach Maßgabe des § 39 Abs. 2 EBRG. Die in § 16 Abs. 2 (s. Rn 62) geregelte gesamtschuldnerische Haftung des inländischen ArbGeb. gilt entspr. (*Hayen* AiB 11, 15, 17 f.).

109   Nach § 39 Abs. 2 EBRG können sich der EBR und der Ausschuss durch **Sachverständige** ihrer Wahl unterstützen lassen, soweit dies zur ordnungsgemäßen Aufgabenerfüllung erforderlich ist. Als Sachverständige können auch **Gewerkschaftsbeauftragte** hinzugezogen werden. Allerdings beschränkt sich die Kostentragungspflicht jeweils nur auf einen Sachverständigen. In einer Vereinbarung nach § 18 oder 19 EBRG können jedoch hiervon abweichende Regelungen getroffen werden.

8. Schutz inländischer Arbeitnehmervertreter

110   Für die im **Inland beschäftigten Mitgl. eines EBR** (§§ 18, 21 Abs. 1 EBRG) gelten gemäß § 40 EBRG durch die entspr. Anwendung des § 37 Abs. 1 bis 5 BetrVG und der §§ 78 und 103 BetrVG sowie des § 15 Abs. 1, 3 bis 5 KSchG Schutzbestimmungen, wie sie nach geltendem Recht ua. den BR-Mitgl. gewährt werden (s. dortige Kommentierung). Bei Teilnahme an einer erforderlichen Fortbildung gilt nach dem neuen § 40 Abs. 1 S. 2 EBRG für die Freistellung und Entgeltfortzahlung § 37 Abs. 6 S. 1 und 2 BetrVG entspr. Den gleichen Entgelt- und Tätigkeitsschutz, Schutz vor Behinderungen und Benachteiligungen sowie Kündigungsschutz genießen nach § 40 Abs. 2 EBRG auch die Mitgl. des BVG und die ArbNVertr. im Rahmen eines Verfahrens zur Unterrichtung und Anhörung (§ 19 EBRG), sofern sie im Inland beschäftigt sind. Die Regelung entspricht Art. 10 Abs. 3 RL auch dann, wenn die zentrale Leitung des Unternehmens oder der Unternehmensgruppe nicht im Inland liegt (vgl. § 2 Abs. 4 EBRG).

VII. Gesetzesverdrängende Vereinbarungen

111   Gemäß dem Grundsatz der Subsidiarität und in **Anlehnung an Art. 14 der RL** bestimmt § 41 Abs. 1 EBRG, dass auf an sich vom EBRG erfasste Unternehmen und Unternehmensgruppen dieses G solange nicht anwendbar ist, wie eine **Vereinbarung,** die vor dem Stichtag für die Umsetzung der RL, dem 22. September 1996, abgeschlossen worden ist, wirksam ist (zu Praxisbeispielen s. *Blank/Geissler/Jaeger* EBR S. 33 ff.; *Mozet* DB 97, 477 ff.; *Schmidt* RdA 01 Sonderbeil. H. 5 S. 12, 17). Entsprechendes sieht der durch das EBRG-Anpassungsgesetz angefügte § 41 Abs. 7 S. 1 EBRG vor. Danach ist auf diejenigen Unternehmen und Unternehmensgruppen, die durch die Einbeziehung des Vereinigten Königreichs erstmalig die Voraussetzungen der §§ 2 und 3 EBRG erfüllen und damit in den Geltungsbereich des EBRG fallen, das G nicht anwendbar, wenn sie vor dem Stichtag für die Umsetzung der AnpassungsRL, dem 15. Dezember 1999, eine Vereinbarung abgeschlossen haben. Voraussetzung für die gesetzesverdrängende Wirkung ist, dass die Vereinbarung eine grenzübergreifende Unterrichtung und Anhörung zum Gegenstand hat (*Blanke* EBRG § 41 Rn 12), alle in den MS tätigen ArbN erfasst und eine Vertretung der ArbN aus denjenigen MS vorsieht, in denen ein Betrieb des Unternehmens oder der Unternehmensgruppe liegt (*Hanau/Steinmeyer/Wank* § 19 Rn 69).

112   Entspr. dem Eingangssatz in Art. 14 Abs. 1 RL und seiner Umsetzung durch das 2. EBRG-ÄndG ist in § 41 Abs. 1 und Abs. 7 (auch in Abs. 4, dazu Rn 113) EBRG eine Ergänzung eingefügt worden, die eine **Ausnahme** von der **gesetzesverdrängenden Wirkung** der dort genannten Vereinbarungen bestimmt. Danach tritt die gesetzesverdrängende Wirkung nicht ein, wenn die Voraussetzungen des § 37 EBRG vorliegen (*Hayen* AiB 11, 15, 18). Also immer dann, wenn es um eine **wesentliche Strukturänderung** geht und es hierzu keine oder sich widersprechende Regelungen in der oder den Vereinbarungen gibt, enden diese, sobald Verhandlungen über die Neuerrichtung eines EBR aufgenommen worden sind (Näheres hierzu, einschl. Übergangsmandat s. § 37 Rn 100 ff.).

Um Zweifel an der gesetzesverdrängenden Wirkung von durch Art. 13 RL ge-   **113** schützten Altvereinbarungen (Abschluss vor 22. 9. 1996 bzw. 15. 12. 1999) auszuräumen, enthält § 41 Abs. 2 EBRG zwei Klarstellungen: Für die **Wirksamkeit** einer gesetzesverdrängenden Vereinbarung **reicht es aus,** wenn diese auf ArbN-Seite von einer nach dem BetrVG zuständigen ArbNVertr. **(BR, GesBR, KBR)** ausgehandelt und abgeschlossen worden ist (*Blanke* EBRG § 41 Rn 7). Gleiches gilt, wenn anstelle nur einer Vereinbarung **mehrere Vereinbarungen** geschlossen worden sind, um besonderen Unternehmensstrukturen (zB **Spartenorganisation,** regionale Schwerpunktbildung) besser Rechnung tragen zu können. Schließlich enthält § 41 Abs. 3 bis 5 EBRG eine **Nachbesserungs-, Strukturanpassungs-** und **Verlängerungsklausel,** die der Bestandsicherung der Vereinbarung über den Stichtag hinaus dienen (*Müller* EBRG § 41 Rn 13 ff.; *Harazim* AiB 97, 634).

Die Strukturanpassungsklausel in § 41 Abs. 4 EBRG sieht vor, dass Altvereinba-   **114** rungen, die keine Regelung für den Fall einer Änderung der Struktur des Unternehmens oder der Unternehmensgruppe enthalten, entspr. angepasst werden können, ohne unter das EBRG zu fallen. Das gilt jedoch dann nicht, wenn es sich um eine **wesentliche Strukturänderung** iSv. § 37 EBRG handelt. In diesem Fall verliert die Vereinbarung ihre gesetzesverdrängende Wirkung und es wird das Verfahren nach § 37 EBRG ausgelöst, das zur Errichtung eines neuen EBR kraft Vereinbarung nach den §§ 18 oder 19 EBRG oder kraft Gesetzes führt, falls es nicht zu einer Vereinbarung kommt (§ 37 Abs. 4 EBRG; s. Rn 100 ff.).

Eine Art **Übergangsmandat** begründet § 41 Abs. 6 EBRG. Die Vorschrift ordnet   **115** für den Fall, dass die Vereinbarung zB durch Kündigung oder Zeitablauf endet, ihre vorübergehende Fortgeltung an, wenn vor dem Zeitpunkt ihrer rechtlichen Beendigung das Antrags- oder Initiativrecht nach § 9 Abs. 1 EBRG ausgeübt worden ist (s. Rn 32, 42 ff.). Geschieht dies, so endet die angeordnete Fortgeltung erst dann, wenn die Vereinbarung durch eine der gesetzlich vorgesehenen Formen grenzübergreifender Mitwirkung nach §§ 18, 19 oder 21 ff. EBRG ersetzt worden ist oder das BVG einen Beschluss nach § 15 Abs. 1 EBRG gefasst hat, auf eine grenzübergreifende Unterrichtung und Anhörung gänzlich zu verzichten.

Der neue § 41 Abs. 8 EBRG enthält einen **Bestandsschutz** für **Vereinbarun-**   **116** **gen,** die in der **Umsetzungsfrist** für die neue RL 2009/38/EG (s. deren Art. 16 Abs. 1, 17 Abs. 1) vom 5. Juni 2009 bis zum 5. Juni 2011 unterzeichnet oder überarbeitet worden sind. Für sie gilt das EBRG in seiner bis zum Inkrafttreten des 2. EBRG-ÄndG geltenden Fassung. Wie auch bei den nach § 41 Abs. 1 und 7 EBRG geschützten Vereinbarungen gilt der Bestandsschutz nach § 41 Abs. 8 EBRG jedoch nicht in den Fällen des § 37 EBRG. Des Weiteren kann eine in diesem Zeitraum befristet abgeschlossene Vereinbarung verlängert oder nach Maßgabe des § 41 Abs. 4 EBRG überarbeitet werden, solange die Vereinbarung wirksam ist. Auf bestehende Vereinbarungen nach Art. 6 RL 94/45/EG, die nicht in diesem Zeitraum überarbeitet worden sind, ist entspr. der Vorgabe der RL das neue Recht anzuwenden (GBegründung BT-Drucks. 17/4808 S. 13; *Giesen* NZA 09, 1174, 1175; *Hayen* AiB 11, 15, 18 f.).

Die Herausnahme der Fälle des § 37 EBRG aus § 41 Abs. 1, 7 und 8 EBRG hat   **117** gem. Art. 14 RL zur Folge, dass unter den in § 37 genannten Voraussetzungen in allen Fällen die Regelungen des EBRG in seiner aktuellen Fassung anzuwenden sind unabhängig davon, ob in den betroffenen Unternehmen oder Unternehmengruppen bisher eine Vereinbarung galt, auf die das EBRG nicht oder nur in seiner bis zum Inkrafttreten des 2. EBRG-ÄndG geltenden Fassung Anwendung fand (GBegründung BT-Drucks. 17/4808 S. 13).

VIII. Sonstige Bestimmungen

118   In Angelegenheiten eines EBR (vgl. §§ 18, 21 Abs. 1 EBRG), im Rahmen eines Verfahrens zur Unterrichtung und Anhörung (vgl. § 19 EBRG) oder in Angelegenheiten des BVG (vgl. §§ 8 ff. EBRG) findet das BeschlVerf. (vgl. §§ 80 ff. ArbGG u. ausführlich die Kommentierung Nach § 1 BetrVG) Anwendung. Örtlich zuständig ist das ArbG, in dessen Bezirk das Unternehmen oder das herrschende Unternehmen einer Unternehmensgruppe seinen Sitz hat. Bei einer freiwilligen Vereinbarung nach § 41 Abs. 1 und 7 EBRG ist insoweit der Sitz des vertragschließenden Unternehmens maßgebend (§ 82 Abs. 2 S. 2 ArbGG). Siehe auch die § 2a Abs. 1 Nr. 3b, § 10, §§ 82 Abs. 2 und 83 Abs. 3 ArbGG.

119   Die Bestellung der inländischen Mitgl. des EBR einer gemeinschaftsweit tätigen Unternehmensgruppe mit Sitz des herrschenden Unternehmens im Ausland nach §§ 18 Abs. 2, 23 Abs. 3a ist eine Angelegenheit des GesBR iSv. § 82 Abs. 1 S. 2 ArbGG. Für Streitigkeiten über die Rechtmäßigkeit der Bestellung ist das **ArbG örtlich und international zuständig,** in dessen Bezirk das nach der Zahl der wahlberechtigten ArbN größte Unternehmen, bei dem ein GesBR gebildet ist, seinen Sitz hat (BAG 18. 4. 07 AP Nr. 1 zu § 18 EBRG).

Fundstellennachweis

der nach AP zitierten Entscheidungen des Bundesarbeitsgerichts, des Bundesverfassungsgerichts und des Europäischen Gerichtshofs

BAG = Entscheidungen des Bundesarbeitsgerichts, RdA = Recht der Arbeit, BB = Betriebs-Berater, DB = Der Betrieb, NJW = Neue Juristische Wochenschrift, ArbuR = Arbeit und Recht, SAE = Sammlung Arbeitsrechtlicher Entscheidungen, EzA = Entscheidungssammlung zum Arbeitsrecht, NZA = Neue Zeitschrift für Arbeitsrecht, AiB = Arbeitsrecht im Betrieb

() = Anmerkung oder Besprechung von ...

Wegen der Fundstellen der Entscheidungen der Jahre 1954 bis 1971 siehe 13. und frühere Auflagen.

Datum	Fundstelle AP	Weitere Fundstellen
	1972	
14. 1. 1972	AP Nr. 2 zu § 20 BetrVG Jugendvertreter	DB 72, 686; SAE 73, 69 (Blomeyer); EzA § 22 BetrVG Nr. 2
22. 2. 1972	AP Nr. 1 zu § 15 BBiG (Söllner/Volmer, B.)	BAG 24, 133; BB 72, 1191; DB 72, 1731, 1783; ArbuR 73, 92; SAE 73, 108 (Monjau); EzA § 15 BBiG Nr. 1
29. 2. 1972	AP Nr. 9 zu § 72 BetrVG (Küchenhoff)	BAG 24, 141; DB 72, 1118; NJW 72, 1342; SAE 73, 73 (Schlüter)
16. 3. 1972	AP Nr. 10 zu § 611 BGB Lehrer, Dozenten (Söllner)	–
25. 4. 1972	AP Nr. 9 zu § 611 BGB Öffentlicher Dienst	BB 72, 1139; DB 72, 1783; NJW 72, 2016
14. 6. 1972	AP Nr. 54 zu §§ 22, 23 BAT (Wiedemann)	BAG 24, 307
6. 7. 1972	AP Nr. 3 zu § 626 BGB Ausschlussfrist (Söllner)	BAG 24, 341; BB 72, 1408; DB 72, 2119; ArbuR 73, 248; SAE 73, 134 (Schwerdtner); EzA § 626 BGB n. F. Nr. 15
11. 7. 1972	AP Nr. 1 zu § 80 BetrVG 1972 (Richardi)	BAG 24, 349; BB 72, 1322; DB 72, 2020; ArbuR 72, 279; SAE 74, 97 (Wiese); EzA § 80 BetrVG 1972 Nr. 1
17. 8. 1972	AP Nr. 65 zu § 626 BGB (Birk)	BAG 24, 401; BB 73, 1396; DB 73, 481; SAE 74, 42 (Beuthien); EzA § 626 BGB n. F. Nr. 22
31. 10. 1972	AP Nr. 2 zu § 40 BetrVG 1972 (Richardi)	BAG 24, 459; BB 73, 243, 287, 333; DB 73, 528; ArbuR 73, 187; SAE 74, 129 (Buchner); RdA 73, 129; EzA § 40 BetrVG 1972 Nr. 3 (Richardi)
9. 11. 1972	AP Nr. 36 zu 242 BGB Gleichbehandlung (Hueck, G.)	BB 73, 245; DB 73, 432; SAE 74, 87 (Wolf); EzA § 242 BGB Gleichbehandlung Nr. 1
15. 12. 1972	AP Nr. 5 zu § 80 ArbGG 1953	SAE 75, 37 (Dütz); EzA § 9 BetrVG 1972 Nr. 1
15. 12. 1972	AP Nr. 1 zu § 14 BetrVG 1972	BAG 24, 480; DB 73, 2052; ArbuR 73, 55; SAE 73, 234 (Bohn); EzA § 14 BetrVG 1972 Nr. 1
	1973	
11. 1. 1973	AP Nr. 110 zu Art. 3 GG	BB 73, 520; DB 73, 728; ArbuR 73, 87; SAE 74, 33 (Kreutz); EzA Art. 3 GG Nr. 1
30. 1. 1973	AP Nr. 1 zu § 37 BetrVG 1972 (Richardi)	BAG 25, 23; BB 73, 847; DB 73, 1025; ArbuR 73, 382; SAE 73, 236 (Bohn); EzA § 37 BetrVG 1972 Nr. 5

Datum	Fundstelle AP	Weitere Fundstellen
30. 1. 1973	AP Nr. 3 zu § 40 BetrVG 1972 (Buchner)	BB **73**, 474; ArbuR **74**, 29 (Leinemann); SAE **74**, 244 (Dütz); EzA § 40 BetrVG 1972 Nr. 4
16. 2. 1973	AP Nr. 1 zu § 19 BetrVG 1972 (Natzel)	BAG **25**, 60; BB **73**, 1071, 1634; DB **73**, 1254; ArbuR **73**, 119; SAE **74**, 233 (Galperin); EzA § 19 BetrVG 1972 Nr. 1
23. 2. 1973	AP Nr. 2 zu § 80 BetrVG 1972 (Hanau)	BAG **25**, 75; BB **73**, 1255; DB **73**, 799; NJW **73**, 1472; ArbuR **73**, 120; SAE **74**, 237 (Thiele); EzA § 80 BetrVG 1972 Nr. 3
1. 3. 1973	AP Nr. 1 zu § 611 BGB Persönlichkeitsrecht (Wiese)	BAG **25**, 80; BB **73**, 704; DB **73**, 972; NJW **73**, 1247; ArbuR **73**, 152; SAE **73**, 239 (Herschel); EzA § 611 BGB Nr. 10
13. 3. 1973	AP Nr. 1 zu § 87 BetrVG 1972 Werkmietwohnungen (Richardi)	BAG **25**, 93; BB **73**, 845; DB **73**, 1458; NJW **73**, 1900; ArbuR **73**, 153; SAE **73**, 229 (Bötticher); EzA § 87 BetrVG 1972 Werkwohnung Nr. 2
6. 4. 1973	AP Nr. 1 zu § 76 BetrVG 1972	BAG **25**, 174; BB **73**, 1438; DB **73**, 2197; ArbuR **73**, 59 (Lindner); SAE **74**, 211 (Hiersemann); EzA § 76 BetrVG 1972 Nr. 2 (Dütz)
6. 4. 1973	AP Nr. 1 zu § 99 BetrVG 1972 (Wiedemann)	BB **73**, 940 (Frey), 988; **81**, 501 (Pauly); DB **73**, 1456; NJW **73**, 1630; ArbuR **73**, 182; SAE **74**, 61 (Meisel); RdA **73**, 273; EzA § 99 BetrVG 1972 Nr. 4
10. 4. 1973	AP Nr. 38 zu § 242 BGB Gleichbehandlung (Crisolli)	DB **73**, 1755; EzA § 242 BGB Gleichbehandlung Nr. 3
11. 5. 1973	AP Nr. 2 zu § 20 BetrVG 1972 (Richardi)	DB **73**, 1659; EzA § 20 BetrVG 1972 Nr. 2
22. 5. 1973	AP Nr. 2 zu § 37 BetrVG 1972 (Meisel)	DB **73**, 1955; ArbuR **73**, 215; SAE **75**, 223 (Gitter); EzA § 38 BetrVG 1972 Nr. 3
22. 5. 1973 1 ABR 26/72	AP Nr. 1 zu § 38 BetrVG 1972 (Richardi)	BB **73**, 1305; DB **73**, 1901; **74**, 190 (Schumann); ArbuR **73**, 215; SAE **75**, 221 (Gitter); EzA § 38 BetrVG 1972 Nr. 4 (Hanau)
22. 5. 1973 1 ABR 2/73	AP Nr. 2 zu § 38 BetrVG 1972 (Richardi)	BAG **25**, 204; BB **73**, 1258; DB **73**, 1900; ArbuR **73**, 215; SAE **75**, 73 (Martens); EzA § 38 BetrVG 1972 Nr. 5 (Hanau)
26. 6. 1973	AP Nr. 2 zu § 2 BetrVG 1972 (Richardi)	BAG **25**, 242; BB **73**, 1437; DB **73**, 2146; NJW **73**, 2222; ArbuR **73**, 279; **74**, 157 (Becker); SAE **74**, 144 (Bohn); EzA § 2 BetrVG 1972 Nr. 5
26. 6. 1973	AP Nr. 4 zu § 20 BetrVG 1972 (Richardi)	DB **73**, 1955; EzA § 20 BetrVG 1972 Nr. 4 (Richardi)
5. 9. 1973	AP Nr. 3 zu § 24 BAT (Frieberg)	EzA §§ 22, 23 BAT Nr. 2
13. 9. 1973	AP Nr. 2 zu § 1 KSchG 1969 (Hueck, G.)	BAG **25**, 278; BB **73**, 1635; DB **73**, 2535; ArbuR **73**, 345; SAE **75**, 1 (Otto); EzA § 102 BetrVG 1972 Nr. 7
18. 9. 1973	AP Nr. 3 zu § 37 BetrVG 1972 (Weiss)	BAG **25**, 305; BB **74**, 89; NJW **74**, 335; ArbuR **73**, 345; **74**, 92; SAE **74**, 134 (Bohn); RdA **74**, 60; EzA § 37 BetrVG 1972 Nr. 12
18. 9. 1973	AP Nr. 1 zu § 44 BetrVG 1972 (Kreutz)	BAG **25**, 310; BB **74**, 90; DB **74**, 145; ArbuR **73**, 345; **74**, 92; SAE **74**, 209 (Bohn); EzA § 44 BetrVG 1972 Nr. 2
18. 9. 1973	AP Nr. 3 zu § 80 BetrVG 1972 (Richardi)	BAG **25**, 292; BB **74**, 133; DB **74**, 143; NJW **74**, 333; SAE **74**, 239 (Thiele); EzA § 80 BetrVG 1972 Nr. 5 (Buchner)
9. 10. 1973	AP Nr. 4 zu § 37 BetrVG 1972 (Natzel)	BAG **25**, 325; BB **74**, 88; DB **74**, 146; ArbuR **73**, 378; SAE **74**, 177 (Kraft); EzA § 37 BetrVG 1972 Nr. 14 (Richardi)
9. 10. 1973	AP Nr. 3 zu § 38 BetrVG 1972 (Buchner)	DB **74**, 339; EzA § 38 BetrVG 1972 Nr. 6

Datum	Fundstelle AP	Weitere Fundstellen
6. 11. 1973 1 ABR 8/73	AP Nr. 5 zu § 37 BetrVG 1972 (Kittner)	BAG **25**, 348; BB **74**, 461; DB **75**, 780; ArbuR **74**, 25; SAE **75**, 155 (Schlüter); EzA § 37 BetrVG 1972 Nr. 16 (Richardi)
6. 11. 1973 1 ABR 26/73	AP Nr. 6 zu § 37 BetrVG 1972 (Wiese)	BAG **25**, 357; BB **74**, 416; DB **74**, 633; ArbuR **74**, 25, 285 (Schoden); SAE **75**, 162 (Meisel); EzA § 37 BetrVG 1972 Nr. 17 (Richardi)
20. 11. 1973	AP Nr. 1 zu § 65 BetrVG 1972 (Kraft)	BAG **25**, 394; BB **74**, 416; DB **74**, 683; NJW **74**, 879, 1349 (Linder); ArbuR **74**, 26; EzA § 65 BetrVG 1972 Nr. 1
22. 11. 1973	AP Nr. 67 zu § 626 BGB (Küchenhoff)	BB **74**, 463; DB **74**, 878; SAE **75**, 127 (Wolf, E.); EzA § 626 BGB n. F. Nr. 33
22. 11. 1973	AP Nr. 22 zu § 1 KSchG Betriebsbedingte Kündigung (Meisel)	DB **74**, 438; SAE **75**, 135 (Weitnauer); EzA § 1 KSchG Nr. 28
27. 11. 1973	AP Nr. 4 zu § 40 BetrVG 1972	BAG **25**, 415; BB **74**, 368; DB **74**, 731; SAE **75**, 198 (Gravenhorst); RdA **74**, 123; EzA § 20 BetrVG 1972 Nr. 1
27. 11. 1973	AP Nr. 9 zu § 89 ArbGG 1953 (Richardi)	BAG **25**, 407; BB **74**, 507; DB **74**, 830; NJW **74**, 1156; ArbuR **74**, 27; EzA § 37 BetrVG 1972 Nr. 18 (Richardi)
6. 12. 1973	AP Nr. 1 zu § 17 KSchG 1969 (Hueck, G.)	BAG **25**, 430; BB **74**, 603; NJW **74**, 1263; SAE **74**, 191 (Herschel); EzA § 17 KSchG Nr. 1
11. 12. 1973	AP Nr. 5 zu § 80 BetrVG 1972 (Thiele)	BAG **25**, 439; BB **74**, 602; DB **74**, 880; SAE **75**, 263 (Kreutz); EzA § 37 BetrVG 1972 Nr. 19 (Richardi)
18. 12. 1973	AP Nr. 7 zu § 37 BetrVG 1972 (Richardi)	BAG **25**, 452; BB **74**, 601; DB **74**, 923; ArbuR **74**, 54; SAE **74**, 136 (Streckel); EzA § 37 BetrVG 1972 Nr. 20 (Richardi)

1974

Datum	Fundstelle AP	Weitere Fundstellen
15. 1. 1974	AP Nr. 1 zu § 68 PersVG Baden-Württemberg	BAG **25**, 470; BB **74**, 885; DB **74**, 455; NJW **74**, 1527; ArbuR **74**, 89
17. 1. 1974	AP Nr. 3 zu § 1 BUrlG (Boldt)	BB **74**, 509; DB **74**, 783; ArbuR **74**, 90; SAE **75**, 123 (Blomeyer); EzA § 1 BUrlG Nr. 17
29. 1. 1974 1 ABR 34/73	AP Nr. 8 zu § 37 BetrVG 1972	BB **74**, 1023; DB **74**, 1535; EzA § 40 BetrVG 1972 Nr. 14 (Dütz)
29. 1. 1974 1 ABR 39/73	AP Nr. 9 zu § 37 BetrVG 1972	ArbuR **74**, 90; EzA § 37 BetrVG 1972 Nr. 36
29. 1. 1974	AP Nr. 5 zu § 40 BetrVG 1972 (Kraft)	BAG **25**, 482; BB **74**, 883, 1029; DB **74**, 1292; ArbuR **74**, 90; SAE **75**, 81 (Weisemann); EzA § 40 BetrVG 1972 Nr. 12 (Richardi)
28. 2. 1974	AP Nr. 2 zu § 102 BetrVG 1972 (Richardi)	BAG **26**, 27; BB **74**, 836; DB **74**, 1294; ArbuR **75**, 123 (Zachert); SAE **75**, 119 (Meisel); EzA § 102 BetrVG 1972 Nr. 8 (Kraft)
5. 3. 1974	AP Nr. 1 zu 5 BetrVG 1972 (Wiedemann/Wank)	BAG **26**, 36; BB **74**, 553, 653 (Grüll); DB **74**, 826, 1237; NJW **74**, 965, 1161 (Hoffmann); ArbuR **74**, 149; SAE **74**, 165 (Beuthien); EzA § 5 BetrVG 1972 Nr. 7 (Kraft)
5. 3. 1974	AP Nr. 5 zu § 20 BetrVG 1972	DB **74**, 1534; ArbuR **74**, 149; SAE **75**, 44 (Böhm); EzA § 20 BetrVG 1972 Nr. 6
5. 3. 1974	AP Nr. 1 zu § 87 BetrVG 1972 Kurzarbeit (Wiese)	BAG **26**, 60; BB **74**, 931; DB **74**, 1389; NJW **74**, 1724; ArbuR **74**, 150; SAE **74**, 201 (Bötticher); EzA § 87 BetrVG 1972 Nr. 3 (Herschel)
19. 3. 1974	AP Nr. 1 zu § 17 BetrVG 1972	BB **74**, 1120; DB **74**, 1775; ArbuR **74**, 151; EzA § 17 BetrVG 1972 Nr. 1
19. 3. 1974	AP Nr. 1 zu § 26 BetrVG 1972 (Küchenhoff)	BB **74**, 1119; DB **74**, 1629; ArbuR **74**, 150; EzA § 26 BetrVG 1972 Nr. 1

Datum	Fundstelle AP	Weitere Fundstellen
28. 3. 1974	AP Nr. 3 zu § 102 BetrVG 1972 (Herschel)	BAG **26**, 102; BB **74**, 979; DB **74**, 1438; NJW **74**, 1726; SAE **74**, 112 (Meisel); EzA § 102 BetrVG 1972 Nr. 9
29. 3. 1974	AP Nr. 2 zu § 19 BetrVG 1972 (Seipel)	BAG **26**, 107; BB **74**, 837; DB **74**, 1342, 1680; ArbuR **74**, 152; EzA § 19 BetrVG 1972 Nr. 2
4. 4. 1974	AP Nr. 1 zu § 626 BGB Arbeitnehmervertreter im Aufsichtsrat (Hueck, G.)	BAG **26**, 116; BB **74**, 739; DB **74**, 1067; ArbuR **74**, 185, 380; SAE **75**, 245 (Reuter); EzA § 15 KSchG n. F. Nr. 1
23. 4. 1974	AP Nr. 11 zu § 37 BetrVG 1972 (Blumensaat)	BB **74**, 1119; DB **74**, 1725; ArbuR **74**, 186; EzA § 37 BetrVG 1972 Nr. 22
30. 4. 1974	AP Nr. 1 zu § 118 BetrVG 1972 (Mayer-Maly)	DB **74**, 1776; ArbuR **74**, 215; EzA § 80 BetrVG 1972 Nr. 6
10. 5. 1974 1 ABR 47/73	AP Nr. 2 zu § 65 BetrVG 1972	BB **74**, 1206; DB **74**, 2162; **75**, 446 (Teichmüller); ArbuR **74**, 215; EzA § 65 BetrVG 1972 Nr. 4
10. 5. 1974 1 ABR 57/73	AP Nr. 3 zu § 65 BetrVG 1972	DB **74**, 1773; **75**, 446 (Teichmüller); ArbuR **74**, 215; EzA § 65 BetrVG 1972 Nr. 2
10. 5. 1974 1 ABR 60/73	AP Nr. 4 zu § 65 BetrVG 1972	BB **74**, 1205; DB **74**, 1772; **75**, 446 (Teichmüller); ArbuR **74**, 215; EzA § 37 BetrVG 1972 Nr. 23
14. 5. 1974	AP Nr. 1 zu § 87 BetrVG 1972 Überwachung (Wiese)	DB **74**, 1868; NJW **74**, 2023; ArbuR **74**, 216; SAE **75**, 151 (Buchner); EzA § 87 BetrVG 1972 Kontrolleinrichtung Nr. 1
14. 5. 1974	AP Nr. 2 zu § 99 BetrVG 1972 (Kraft)	BAG **26**, 149; BB **74**, 1071; DB **74**, 1580; ArbuR **74**, 216; SAE **75**, 145 (Hueck, G.); EzA § 99 BetrVG 1972 Nr. 6
21. 5. 1974 1 ABR 73/73	AP Nr. 12 zu § 37 BetrVG 1972	BAG **26**, 156; BB **74**, 1123; DB **74**, 1726; ArbuR **74**, 247; SAE **75**, 49 (Halbach); EzA § 37 BetrVG 1972 Nr. 24
21. 5. 1974 1 AZR 477/73	AP Nr. 14 zu § 37 BetrVG 1972	BB **74**, 1163; DB **74**, 1823; ArbuR **74**, 246; EzA § 37 BetrVG 1972 Nr. 25
28. 5. 1974	AP Nr. 7 zu § 80 BetrVG 1972	DB **74**, 1868; EzA § 80 BetrVG 1972 Nr. 8
10. 6. 1974	AP Nr. 15 zu § 37 BetrVG 1972	DB **74**, 1824; EzA § 80 ArbGG Nr. 3
10. 6. 1974	AP Nr. 8 zu § 80 BetrVG 1972	DB **75**, 60; SAE **75**, 256 (Dütz); EzA § 5 BetrVG 1972 Nr. 5 (Kraft)
14. 6. 1974	AP Nr. 20 zu § 670 BGB (Wiedemann)	BAG **26**, 187; BB **74**, 1531; DB **74**, 2210; EzA § 72 MTB II Nr. 1
18. 6. 1974	AP Nr. 16 zu § 37 BetrVG 1972	EzA § 37 BetrVG 1972 Nr. 30
18. 6. 1974	AP Nr. 1 zu § 87 BetrVG 1972 Urlaub	BAG **26**, 193; DB **74**, 2263; NJW **75**, 80; SAE **76**, 9 (Blomeyer); EzA § 87 BetrVG 1972 Urlaub Nr. 1
19. 6. 1974	AP Nr. 3 zu § 3 BAT (Weber)	BAG **26**, 198; DB **74**, 1920; EzA § 19 BBiG Nr. 1
25. 6. 1974	AP Nr. 3 zu § 19 BetrVG 1972	DB **74**, 2115; ArbuR **74**, 248; EzA § 19 BetrVG 1972 Nr. 3
22. 8. 1974	AP Nr. 1 zu § 103 BetrVG 1972 (Hueck, G.)	BAG **26**, 219; BB **74**, 1578; DB **74**, 2310, 2370; NJW **75**, 181; ArbuR **74**, 312; SAE **75**, 213 (Kraft); EzA § 103 BetrVG 1972 Nr. 6 (Schlüter)
27. 8. 1974	AP Nr. 1 zu § 72 PersVG Niedersachsen	DB **75**, 62; ArbuR **74**, 313
11. 9. 1974	AP Nr. 39 zu § 242 BGB Gleichbehandlung (Birk)	DB **75**, 551; ArbuR **75**, 189 (Frey); EzA § 242 BGB Gleichbehandlung Nr. 9
11. 9. 1974	AP Nr. 3 zu § 1 TVG Tarifverträge: Metallindustrie (Wiedemann)	BAG **26**, 235; BB **75**, 44; DB **74**, 2485; EzA § 4 TVG Metallindustrie Nr. 7

Datum	Fundstelle AP	Weitere Fundstellen
13. 9. 1974	AP Nr. 84 zu § 611 BGB Gratifikation (Schwerdtner)	BB **74**, 1639; DB **74**, 2483; NJW **75**, 278; EzA § 611 BGB Gratifik., Prämie Nr. 43
17. 9. 1974	AP Nr. 17 zu § 37 BetrVG 1972 (Dütz)	EzA § 37 BetrVG 1972 Nr. 32
17. 9. 1974	AP Nr. 6 zu § 40 BetrVG 1972	DB **75**, 452; ArbuR **74**, 346; **75**, 122; SAE **75**, 260 (Monjau); EzA § 40 BetrVG 1972 Nr. 18
17. 9. 1974	AP Nr. 1 zu § 113 BetrVG 1972 (Uhlenbruck/Richardi)	BMG **26**, 257; BB **74**, 1483; **76**, 325 (Ritze); DB **74**, 2207; NJW **75**, 182; ArbuR **74**, 345; SAE **76**, 18 (Otto); EzA § 113 BetrVG 1972 Nr. 1 (Henckel)
27. 9. 1974	AP Nr. 1 zu § 6 BetrVG 1972	BAG **26**, 280; BB **75**, 651; DB **75**, 936; SAE **76**, 28 (Peterek); EzA § 6 BetrVG 1972 Nr. 1
27. 9. 1974	AP Nr. 18 zu § 37 BetrVG 1972 (Halberstadt)	BAG **26**, 269; DB **75**, 504; SAE **76**, 44 (Streckel); EzA § 37 BetrVG 1972 Nr. 33 (Weiss)
27. 9. 1974	AP Nr. 8 zu § 40 BetrVG 1972 (Weimar)	BB **75**, 371; DB **75**, 505; ArbuR **74**, 346; EzA § 40 BetrVG 1972 Nr. 15 (Herschel)
1. 10. 1974	AP Nr. 1 zu § 106 BetrVG 1972 (Hinz)	BAG **26**, 286; BB **75**, 327; DB **75**, 453; NJW **75**, 1091; ArbuR **74**, 374; SAE **76**, 144 (Schlüter); EzA § 106 BetrVG 1972 Nr. 1 (Buchner)
2. 10. 1974	AP Nr. 1 zu § 613 a BGB (Seiter)	BAG **26**, 301; BB **75**, 468; **77**, 501 (Hess); DB **75**, 601; NJW **75**, 1378; ArbuR **74**, 375; **75**, 379 (Herschel); SAE **76**, 74 (Stratmann); EzA § 613 a BGB Nr. 1 (Birk)
2. 10. 1974	AP Nr. 2 zu § 7 BUrlG Betriebsferien (Natzel)	BAG **26**, 312; DB **75**, 157; SAE **75**, 169 (Herschel); EzA § 7 BUrlG Nr. 17
8. 10. 1974	AP Nr. 7 zu § 40 BetrVG 1972	DB **75**, 698; ArbuR **75**, 51; SAE **76**, 47 (Streckel); EzA § 40 BetrVG 1972 Nr. 17
5. 11. 1974	AP Nr. 19 zu § 37 BetrVG 1972	DB **75**, 699; EzA § 37 BetrVG 1972 Nr. 35
14. 11. 1974	AP Nr. 1 zu § 87 BetrVG 1972 (Richardi)	BB **75**, 143; DB **75**, 647; ArbuR **75**, 252 (Nickel); SAE **76**, 14 (Reuter); RdA **75**, 143; EzA § 87 BetrVG 1972 Initiativrecht Nr. 2 Birk)
19. 11. 1974 1 ABR 20/73	AP Nr. 2 zu § 5 BetrVG 1972 (Wiedemann/Wank)	BAG **26**, 345; BB **75**, 279; DB **75**, 405; NJW **75**, 797, 1246 (Hoffmann); SAE **75**, 182 (Buchner); EzA § 5 BetrVG 1972 Nr. 9 (Kraft)
19. 11. 1974 1 ABR 50/73	AP Nr. 3 zu § 5 BetrVG 1972 (Wiedemann/Wank)	BAG **26**, 358; BB **75**, 326; DB **75**, 406; NJW **75**, 1244 (Hoffmann); SAE **75**, 187 (Buchner); EzA § 5 BetrVG 1972 Nr. 10 (Kraft)
26. 11. 1974	AP Nr. 6 zu § 20 BetrVG 1972	BAG **26**, 376; DB **75**, 1178; ArbuR **75**, 52; SAE **76**, 54 (Schukai); EzA § 20 BetrVG 1972 Nr. 7 (Heckelmann)
4. 12. 1974	AP Nr. 4 zu § 5 BetrVG 1972	BB **75**, 743; DB **75**, 1031; ArbuR **75**, 53; EzA § 5 BetrVG 1972 Nr. 14
17. 12. 1974 1 ABR 131/73	AP Nr. 6 zu § 5 BetrVG 1972 (Wiedemann/Wank)	BAG **26**, 403; BB **75**, 604; DB **75**, 887; NJW **75**, 1717; EzA § 5 BetrVG 1972 Nr. 11
17. 12. 1974 1 ABR 105/73	AP Nr. 7 zu § 5 BetrVG 1972	BB **75**, 787; DB **75**, 1032; SAE **76**, 177 (Richardi); EzA § 5 BetrVG 1972 Nr. 15
17. 12. 1974 1 ABR 113/73	AP Nr. 8 zu § 5 BetrVG 1972	BB **75**, 606; DB **75**, 889, 984; EzA § 5 BetrVG 1972 Nr. 12

1975

28. 1. 1975	AP Nr. 5 zu § 5 BetrVG 1972 (Zöllner)	BAG **27**, 13; BB **75**, 743; DB **75**, 1034; ArbuR **75**, 88; EzA § 5 BetrVG 1972 Nr. 16
28. 1. 1975	AP Nr. 20 zu § 37 BetrVG 1972	DB **75**, 1084, 1996; EzA § 37 BetrVG 1972 Nr. 37

Datum	Fundstelle AP	Weitere Fundstellen
29. 1. 1975	AP Nr. 8 zu § 4 TVG Nach-wirkung (Wiedemann)	BAG **27**, 22; BB **75**, 699; DB **75**, 2455; SAE **76**, 85 (Leipold); EzA § 4 TVG Nachwirkung Nr. 3
12. 2. 1975	AP Nr. 1 zu § 78 BetrVG 1972	BB **75**, 701; DB **75**, 1226; EzA § 78 BetrVG 1972 Nr. 4
13. 2. 1975	AP Nr. 9 zu § 242 BGB Ruhegehalt – Unverfallbarkeit (Canaris)	BB **75**, 789; DB **75**, 1080; SAE **75**, 204 (Ort-lepp); EzA § 242 Ruhegehalt Nr. 38
19. 2. 1975	AP Nr. 9 zu § 5 BetrVG 1972 (Richardi)	BAG **27**, 33; BB **75**, 925; DB **75**, 1320; NJW **75**, 1941 (Bulla); ArbuR **75**, 120; SAE **76**, 133 (Beuthien); EzA § 5 BetrVG 1972 Nr. 18
11. 3. 1975	AP Nr. 1 zu § 24 BetrVG 1972 (Ottow)	BB **75**, 967; DB **75**, 1753; EzA § 24 BetrVG 1972 Nr. 1
13. 3. 1975	AP Nr. 2 zu § 5 BBiG (Natzel/Volmer)	BB **75**, 883; DB **75**, 1417; EzA § 5 BBiG Nr. 3
18. 3. 1975	AP Nr. 1 zu § 111 BetrVG 1972 (Pfarr)	BAG **27**, 72; BB **75**, 884; DB **75**, 1322; ArbuR **75**, 153; EzA § 80 ArbGG Nr. 7
20. 3. 1975	AP Nr. 2 zu § 103 BetrVG 1972 (Richardi)	BAG **27**, 93; BB **75**, 880; DB **75**, 1321; ArbuR **75**, 153; SAE **77**, 1 (Rüthers); EzA § 103 BetrVG 1972 Nr. 7
22. 4. 1975	AP Nr. 2 zu § 118 BetrVG 1972 (Mayer-Maly)	BB **75**, 1066; DB **75**, 1516; NJW **75**, 1907; ArbuR **75**, 184; **76**, 59 (Ihlefeld); EzA § 118 BetrVG 1972 Nr. 4 (Mathy)
24. 4. 1975	AP Nr. 3 zu § 103 BetrVG 1972 (Hueck, G.)	BAG **27**, 113; BB **75**, 1014; DB **75**, 1610; ArbuR **75**, 184; SAE **75**, 3 (Rüthers); EzA § 103 BetrVG 1972 Nr. 8 (Dütz)
29. 4. 1975	AP Nr. 9 zu § 40 BetrVG 1972	BB **75**, 1111; DB **75**, 1708; EzA § 40 BetrVG 1972 Nr. 22 (Pfarr)
6. 5. 1975	AP Nr. 5 zu § 65 BetrVG 1972	DB **75**, 1706, 1947; EzA § 65 BetrVG 1972 Nr. 5
28. 5. 1975	AP Nr. 6 zu § 12 SchwBeschG (Schwedes)	BB **75**, 1345; DB **75**, 2330; NJW **75**, 2265; SAE **76**, 158 (Herschel); EzA § 11 SchwbG Nr. 1
3. 6. 1975	AP Nr. 1 zu § 5 BetrVG 1972 Rotes Kreuz	BAG **27**, 163; BB **75**, 1388; ArbuR **75**, 216; SAE **76**, 204 (Gitter); EzA § 5 BetrVG 1972 Nr. 19
3. 6. 1975	AP Nr. 3 zu § 87 BetrVG 1972 Werkmietwohnungen (Dütz)	BB **75**, 1159; DB **75**, 1752; ArbuR **75**, 215; EzA § 87 BetrVG 1972 Werkwohnung Nr. 4
10. 6. 1975	AP Nr. 6 zu § 65 BetrVG 1972	BB **75**, 1112; DB **75**, 1947; EzA § 65 BetrVG 1972 Nr. 6
10. 6. 1975	AP Nr. 1 zu § 73 BetrVG 1972	DB **75**, 2092, 2234; SAE **76**, 107 (Bohn); EzA § 37 BetrVG 1972 Nr. 42
11. 6. 1975	AP Nr. 1 zu § 77 BetrVG 1972 Auslegung	BAG **27**, 187; BB **75**, 1252; DB **75**, 1945; ArbuR **75**, 247; **76**, 285 (Herschel); SAE **76**, 103 (Glaubitz); EzA § 77 BetrVG 1972 Nr. 1
12. 6. 1975 1 ABR 13/74	AP Nr. 1 zu § 87 BetrVG 1972 Altersversorgung (Richardi)	BAG **27**, 194; BB **75**, 1062; **76**, 90 (Hanau), 605 (Gumpert); DB **75**, 1559; ArbuR **75**, 248; SAE **76**, 37 (Kraft); EzA § 87 BetrVG 1972 Lohn und Arbeitsentgelt Nr. 4 (Birk)
12. 6. 1975 1 ABR 137/73	AP Nr. 2 zu § 87 BetrVG 1972 Altersversorgung (Steindorff)	BB **75**, 1064; **76**, 90 (Hanau), 605 (Gumpert); ArbuR **75**, 248; EzA § 87 BetrVG 1972 Lohn und Arbeitsentgelt Nr. 2 (Birk)
12. 6. 1975 1 ABR 66/74	AP Nr. 3 zu § 87 BetrVG 1972 Altersversorgung (Blomeyer)	BB **75**, 1064; **76**, 90 (Hanau), 605 (Gumpert); ArbuR **75**, 248; EzA § 87 BetrVG 1972 Lohn und Arbeitsentgelt Nr. 3 (Birk)
23. 6. 1975	AP Nr. 10 zu § 40 BetrVG 1972	BB **75**, 1111; DB **75**, 1707; EzA § 40 BetrVG 1972 Nr. 21
25. 6. 1975	AP Nr. 4 zu § 611 BGB Parkplatz (Weitnauer/ Holtkamp)	BB **75**, 1343; DB **75**, 1992; ArbuR **75**, 281; **76**, 29; SAE **76**, 153 (Lepke); EzA § 611 BGB Für-sorgepflicht Nr. 17

Datum	Fundstelle AP	Weitere Fundstellen
4. 8. 1975	AP Nr. 4 zu § 102 BetrVG 1972 (Meisel)	BAG **27**, 209; BB **75**, 1435; DB **75**, 2184; SAE **76**, 185 (Bohn); EzA § 102 BetrVG 1972 Nr. 14 (Nickel)
7. 8. 1975	AP Nr. 169 zu § 242 Ruhegehalt	BB **75**, 1390; DB **75**, 1991; SAE **76**, 58 (Sieg); EzA § 112 BetrVG 1972 Nr. 5
19. 8. 1975	AP Nr. 5 zu § 102 BetrVG 1972 (Herschel)	BAG **27**, 230; BB **75**, 1485; DB **75**, 2138; ArbuR **75**, 343; SAE **76**, 261 (Otto); EzA § 102 BetrVG 1972 Nr. 15 (Meisel)
19. 8. 1975	AP Nr. 1 zu § 105 BetrVG 1972	BAG **27**, 218; BB **75**, 1483; DB **75**, 2231; ArbuR **75**, 343; SAE **76**, 257 (Otto); EzA § 102 BetrVG 1972 Nr. 16 (Meisel)
26. 8. 1975	AP Nr. 21 zu § 37 BetrVG 1972	DB **75**, 2450; EzA § 37 BetrVG 1972 Nr. 44
27. 8. 1975	AP Nr. 2 zu § 112 BetrVG 1972 (Natzel)	DB **75**, 2188; EzA § 4 TVG Bergbau Nr. 4
9. 9. 1975	AP Nr. 2 zu § 87 BetrVG 1972 Überwachung (1. Hinz, 2. Wiese)	BAG **27**, 256; BB **75**, 1480; DB **75**, 2233; NJW **76**, 261; ArbuR **76**, 91 (Nickel); SAE **76**, 189 (Peterek); RdA **75**, 386; EzA § 87 BetrVG 1972 Kontrolleinrichtung Nr. 2
18. 9. 1975	AP Nr. 6 zu § 102 BetrVG 1972	BAG **27**, 273; BB **76**, 227; DB **76**, 344; SAE **76**, 141 (Glaubitz); EzA § 102 BetrVG 1972 Nr. 17 (Schlüter)
18. 9. 1975	AP Nr. 10 zu § 626 BGB Druckkündigung (Hölters)	BAG **27**, 263; DB **76**, 634; EzA § 626 BGB Druckkündigung Nr. 1
3. 10. 1975	AP Nr. 15 zu § 611 BGB Abhängigkeit (Beuthin/Wehler)	DB **76**, 393; EzA § 611 BGB Arbeitnehmerbegriff Nr. 1
31. 10. 1975	AP Nr. 2 zu § 106 BetrVG 1972 (Hinz)	DB **76**, 295; ArbuR **75**, 375; EzA § 106 BetrVG 1972 Nr. 2
31. 10. 1975	AP Nr. 3 zu § 118 BetrVG 1972 (Mayer-Maly)	BAG **27**, 301; BB **76**, 136; DB **76**, 151; ArbuR **75**, 375; SAE **75**, 169 (Löwisch); EzA § 118 BetrVG 1972 Nr. 5
7. 11. 1975	AP Nr. 3 zu § 99 BetrVG 1972 (Kraft/Geppert)	BAG **27**, 322; BB **76**, 134; DB **76**, 152; ArbuR **76**, 24; SAE **77**, 35 (Meisel); EzA § 118 BetrVG 1972 Nr. 7 (Dütz)
7. 11. 1975	AP Nr. 4 zu § 118 BetrVG 1972 (Mayer Maly)	BB **76**, 416; DB **76**, 585; NJW **76**, 727; ArbuR **76**, 24; SAE **77**, 81 (Buchner); EzA § 118 BetrVG 1972 Nr. 9 (Dütz)
7. 11. 1975	AP Nr. 1 zu § 130 BetrVG 1972 (Mayer-Maly)	BAG **27**, 316; BB **76**, 270; DB **76**, 248; SAE **77**, 33 (Meisel); EzA § 118 BetrVG 1972 Nr. 8 (Dütz)
13. 11. 1975	AP Nr. 7 zu § 102 BetrVG 1972	BAG **27**, 331; BB **76**, 694; DB **76**, 969; NJW **76**, 1766; SAE **77**, 207 (Kreutz/Geppert); EzA § 102 BetrVG 1972 Nr. 20
14. 11. 1975	AP Nr. 1 zu § 18 BetrVG 1972	BB **76**, 270; DB **76**, 300; EzA § 16 BetrVG 1972 Nr. 4
14. 11. 1975	AP Nr. 5 zu § 118 BetrVG 1972 (Mayer-Maly)	BB **76**, 183; DB **76**, 297; SAE **76**, 172 (Löwisch); EzA § 118 BetrVG 1972 Nr. 6
21. 11. 1975	AP Nr. 6 zu § 118 BetrVG 1972 (1. Küchenhoff, 2. Richardi)	BB **76**, 249; NJW **76**, 1165; ArbuR **76**, 26; EzA § 118 BetrVG 1972 Nr. 11
5. 12. 1975	AP Nr. 1 zu § 47 BetrVG 1972 (Wiedemann/Strohn)	BAG **27**, 359; BB **76**, 414; DB **76**, 588; NJW **76**, 870; SAE **77**, 137 (Leipold); EzA § 47 BetrVG 1972 Nr. 1
5. 12. 1975	AP Nr. 1 zu § 87 BetrVG 1972 Betriebsbuße (Konzen)	BAG **27**, 366; BB **76**, 415; DB **76**, 583; NJW **76**, 909; ArbuR **76**, 54; SAE **77**, 88 (Meisel); EzA § 87 BetrVG 1972 Betriebl. Ordnung Nr. 1 (Wiese)
9. 12. 1975	AP Nr. 11 zu § 5 BetrVG 1972	BAG **27**, 374; DB **76**, 631; SAE **77**, 73 (Hueck, G.); EzA § 5 BetrVG 1972 Nr. 22 (Kraft)

Datum	Fundstelle AP	Weitere Fundstellen
9. 12. 1975	AP Nr. 7 zu § 118 BetrVG 1972 (Löwisch)	DB **76**, 584; ArbuR **76**, 54; SAE **77**, 84 (Buchner); EzA § 118 BetrVG 1972 Nr. 10 (Schulin)
11. 12. 1975	AP Nr. 1 zu § 15 KSchG 1969	DB **76**, 679; EzA § 15 KSchG n. F. Nr. 6

1976

20. 1. 1976	AP Nr. 10 zu § 89 ArbGG 1953 (Fenn)	DB **76**, 729; NJW **76**, 727; EzA § 89 ArbGG Nr. 4
20. 1. 1976	AP Nr. 2 zu § 47 BetrVG 1972	BB **76**, 510; DB **76**, 828; EzA § 171 ZPO Nr. 1
3. 2. 1976	AP Nr. 8 zu § 118 BetrVG 1972 (Dütz)	BAG **28**, 4; BB **76**, 509; DB **76**, 823; ArbuR **76**, 119; SAE **76**, 201 (Galperin); EzA § 118 BetrVG 1972 Nr. 12
4. 2. 1976	AP Nr. 40 zu § 611 BGB Gleichbehandlung (Schwerdtner)	BAG **28**, 14; BB **76**, 744; DB **76**, 1111; NJW **76**, 1551; EzA § 242 BGB Gleichbehandlung Nr. 10
10. 2. 1976	AP Nr. 4 zu § 99 BetrVG 1972 (Kraft)	BB **76**, 510; DB **76**, 778; SAE **77**, 15 (Glaubitz)
24. 2. 1976	AP Nr. 2 zu § 4 BetrVG 1972	BB **76**, 1075; DB **76**, 1579; SAE **77**, 52 (Fabricius/Decker); EzA § 4 BetrVG 1972 Nr. 1
4. 3. 1976	AP Nr. 5 zu § 103 BetrVG 1972	DB **76**, 1160; NJW **76**, 1368; EzA § 103 BetrVG 1972 Nr. 11
4. 3. 1976	AP Nr. 1 zu § 15 KSchG 1969 Wahlbewerber (Hueck, G.)	BAG **28**, 30; BB **76**, 1128; DB **76**, 1335; NJW **76**, 1652; ArbuR **76**, 151; EzA § 15 KSchG n. F. Nr. 8
9. 3. 1976	AP Nr. 3 zu § 44 BetrVG 1972 (Meisel)	BB **76**, 977; DB **76**, 1291; SAE **78**, 73; EzA § 44 BetrVG 1972 Nr. 4
10. 3. 1976	AP Nr. 17 zu § 618 BGB (Herschel)	SAE **77**, 12 (Sieg); EzA § 618 BGB Nr. 2
11. 3. 1976	AP Nr. 1 zu § 95 BetrVG 1972 (Hueck, G.)	BAG **28**, 40; BB **76**, 883; DB **76**, 1387; NJW **76**, 1470; SAE **77**, 145 (Peterek); RdA **76**, 270; EzA § 95 BetrVG 1972 Nr. 1 (Gamillscheg)
11. 3. 1976	AP Nr. 11 zu § 242 BGB Ruhegehalt Unverfallbarkeit (Canaris)	BB **76**, 841; DB **76**, 1236; EzA § 242 BGB Ruhegeld Nr. 51
16. 3. 1976	AP Nr. 22 zu § 37 BetrVG 1972	BB **76**, 509; EzA § 37 BetrVG 1972 Nr. 46
18. 3. 1976	AP Nr. 4 zu § 87 BetrVG 1972 Altersversorgung (Hanau)	BB **76**, 1175; DB **76**, 1631; EzA § 87 BetrVG 1972 Lohn und Arbeitsentgelt Nr. 5 (Weiss)
23. 3. 1976	AP Nr. 14 zu § 5 BetrVG 1972	EzA § 5 BetrVG 1972 Nr. 25
25. 3. 1976	AP Nr. 13 zu § 5 BetrVG 1972	BB **76**, 743; DB **76**, 1064; EzA § 5 BetrVG 1972 Nr. 23
25. 3. 1976	AP Nr. 6 zu § 103 BetrVG 1972	BAG **28**, 54; BB **76**, 932; DB **76**, 1337; NJW **76**, 2180; EzA § 103 BetrVG 1972 Nr. 12
1. 4. 1976	AP Nr. 8 zu § 102 BetrVG 1972	BAG **28**, 81; BB **76**, 884; DB **76**, 1241; NJW **76**, 1470; EzA § 102 BetrVG 1972 Nr. 23
2. 4. 1976	AP Nr. 9 zu § 102 BetrVG 1972	BB **76**, 1127; DB **76**, 1063; NJW **76**, 1519; SAE **77**, 210 (Kreutz/Geppert); EzA § 102 BetrVG 1972 Nr. 21 (Buchner)
6. 4. 1976	AP Nr. 23 zu § 37 BetrVG 1972	BAG **28**, 95; SAE **77**, 48 (Bohn); EzA § 37 BetrVG 1972 Nr. 48
6. 4. 1976	AP Nr. 2 zu § 50 BetrVG 1972 (Löwisch/Mikosch)	BB **76**, 791; DB **76**, 1290; SAE **77**, 41 (Körnig); EzA § 50 BetrVG 1972 Nr. 2
27. 4. 1976	AP Nr. 4 zu § 19 BetrVG 1972	NJW **76**, 2229; EzA § 19 BetrVG 1972 Nr. 8

Datum	Fundstelle AP	Weitere Fundstellen
11. 5. 1976 1 ABR 15/75	AP Nr. 2 zu § 76 BetrVG 1972 (Dütz)	BAG **28**, 103; NJW **76**, 2039; SAE **78**, 132 (Wiese); EzA § 78 BetrVG 1972 Nr. 5
11. 5. 1976 1 ABR 37/75	AP Nr. 3 zu § 76 BetrVG 1972 (Dütz)	BB **76**, 1222; DB **76**, 1772; EzA § 76 BetrVG 1972 Nr. 8
28. 5. 1976	AP Nr. 24 zu § 37 BetrVG 1972	SAE **77**, 105 (Schlüter); EzA § 37 BetrVG 1972 Nr. 49 (Otto)
28. 5. 1976	AP Nr. 11 zu § 40 BetrVG 1972	BAG **28**, 126; BB **76**, 1027; DB **76**, 1628; EzA § 40 BetrVG 1972 Nr. 27
1. 6. 1976	AP Nr. 15 zu § 5 BetrVG 1972	DB **76**, 1819; EzA § 5 BetrVG 1972 Nr. 26
1. 6. 1976	AP Nr. 1 zu § 28 BetrVG 1972 (Bulla)	EzA § 28 BetrVG 1972 Nr. 3 (Herschel)
10. 6. 1976	AP Nr. 2 zu § 6 BBiG	DB **76**, 2216; NJW **77**, 74; EzA § 6 BBiG Nr. 2
15. 6. 1976	AP Nr. 12 zu § 40 BetrVG 1972	EzA § 37 BetrVG 1972 Nr. 50 (Otto)
15. 6. 1976	AP Nr. 9 zu § 80 BetrVG 1972	BB **76**, 1223; DB **76**, 1773; ArbuR **77**, 125 (Schneider); EzA § 80 BetrVG 1972 Nr. 14
16. 6. 1976	AP Nr. 56 zu § 4 TVG Ausschlussfristen (Wiedemann)	BB **76**, 1464; DB **76**, 2261; NJW **77**, 74; EzA § 4 TVG Ausschlussfristen Nr. 27 (Falkenberg)
5. 7. 1976	AP Nr. 10 zu § 12 AZO (Schlüter)	BB **76**, 1223; **82**, 2053 (Linnenkohl); DB **76**, 1868; EzA § 12 AZO Nr. 2
12. 8. 1976	AP Nr. 10 zu § 102 BetrVG 1972 (Pfarr)	NJW **76**, 2366; SAE **78**, 77 (v. Maydell); RdA **76**, 398; EzA § 102 BetrVG 1972 Nr. 25 (Löwisch/Schreiner)
12. 8. 1976	AP Nr. 2 zu § 15 KSchG 1969 (Hueck, G.)	BAG **28**, 152; BB **76**, 1415; NJW **77**, 267; SAE **77**, 149 (Glaubitz); EzA § 15 KSchG n. F. Nr. 9
19. 8. 1976	AP Nr. 4 zu § 611 BGB Beschäftigungspflicht (Birk)	BAG **28**, 168; BB **76**, 1561; DB **76**, 2308; NJW **77**, 215; SAE **78**, 66 (Mayer-Maly); EzA § 611 BGB Beschäftigungspflicht Nr. 1
24. 8. 1976	AP Nr. 2 zu § 95 ArbGG 1953	BB **76**, 1516; DB **76**, 2312; NJW **77**, 408; EzA § 37 BetrVG 1972 Nr. 51
14. 9. 1976	AP Nr. 2 zu § 113 BetrVG 1972 (Richardi)	BB **77**, 142; DB **77**, 309; NJW **77**, 727; SAE **77**, 282 (Otto); EzA § 113 BetrVG 1972 Nr. 2 (Schwerdtner)
23. 9. 1976	AP Nr. 1 zu § 1 KSchG 1969 Wartezeit (Hueck, G.)	BAG **28**, 176; BB **77**, 194; DB **77**, 213; NJW **77**, 1311; SAE **77**, 153 (Lepke); RdA **77**, 123; EzA § 1 KSchG n. F. Nr. 35
12. 10. 1976	AP Nr. 1 zu § 8 BetrVG 1972	BAG **28**, 203; BB **77**, 243; DB **77**, 356; NJW **77**, 647; SAE **78**, 1 (Dütz); EzA § 8 BetrVG 1972 Nr. 2
12. 10. 1976	AP Nr. 5 zu § 19 BetrVG 1972	BAG **28**, 212; BB **77**, 244; DB **77**, 212; SAE **77**, 141 (Bohn); EzA § 19 BetrVG 1972 Nr. 10
12. 10. 1976	AP Nr. 2 zu § 26 BetrVG 1972 (Richardi)	BAG **28**, 219; BB **77**, 245; DB **77**, 168; NJW **77**, 831; SAE **77**, 273 (Fabricius); EzA § 26 BetrVG 1972 Nr. 2
13. 10. 1976	AP Nr. 15 zu § 242 BGB Ruhegehalt – Unverfallbarkeit	BB **77**, 497; DB **77**, 681; SAE **77**, 70; EzA § 242 BGB Ruhegeld Nr. 58
11. 11. 1976	AP Nr. 8 zu § 103 BetrVG 1972 (Hueck, G.)	BAG **28**, 233; BB **77**, 895; DB **77**, 1190; NJW **78**, 72; ArbuR **77**, 318; SAE **78**, 96 (Grasmann); EzA § 103 BetrVG 1972 Nr. 17 (Kraft)
6. 12. 1976	AP Nr. 2 zu § 1 KSchG 1969 Wartezeit	BAG **28**, 252; BB **77**, 445; DB **77**, 587; NJW **77**, 1309; ArbuR **77**, 216; SAE **77**, 238 (Sieg); EzA § 1 KSchG n. F. Nr. 36
8. 12. 1976	AP Nr. 3 zu § 112 BetrVG 1972 (Wiedemann/Willemsen)	DB **77**, 495; DB **77**, 729; SAE **77**, 277 (Weitnauer); EzA § 112 BetrVG 1972 Nr. 11

Fundstellennachweis

Datum	Fundstelle AP	Weitere Fundstellen
15. 12. 1976	AP Nr. 95 zu §§ 22, 23 BAT (Crisolli)	BB **77**, 544; EzA §§ 22, 23 BAT VergGr. VIII Nr. 2
17. 12. 1976	AP Nr. 52 zu Art. 9 GG Arbeitskampf (Richardi)	BAG **28**, 302; BB **77**, 544; DB **77**, 728; NJW **77**, 918; ArbuR **77**, 58; SAE **77**, 185 (Herschel); EzA Art. 9 GG Arbeitskampf Nr. 20

1977

Datum	Fundstelle AP	Weitere Fundstellen
13. 1. 1977	AP Nr. 2 zu § 19 AFG (Engels)	BAG **29**, 1; BB **77**, 596; DB **77**, 917; NJW **77**, 1023; SAE **78**, 257 (Hofmann); EzA § 19 AFG Nr. 2 (Herschel)
26. 1. 1977	AP Nr. 13 zu § 611 BGB Lehrer, Dozenten	DB **77**, 1323; SAE **77**, 136; EzA § 611 BGB Arbeitnehmerbegriff Nr. 8
27. 1. 1977	AP Nr. 7 zu § 103 BetrVG 1972	BB **77**, 544; DB **77**, 869; SAE **77**, 104; EzA § 103 BetrVG 1972 Nr. 16
3. 2. 1977	AP Nr. 4 zu § 1 KSchG 1969 Betriebsbedingte Kündigung	BB **77**, 849; DB **77**, 1320; NJW **77**, 1846; EzA § 1 KSchG Betriebsbedingte Kündigung Nr. 7
8. 2. 1977	AP Nr. 16 zu § 5 BetrVG 1972	BB **77**, 945; DB **77**, 1146; SAE **78**, 284 (Buchner); EzA § 5 BetrVG 1972 Nr. 27
8. 2. 1977	AP Nr. 26 zu § 37 BetrVG 1972	BB **77**, 995; DB **77**, 1323; EzA § 37 BetrVG 1972 Nr. 52
8. 2. 1977	AP Nr. 10 zu § 80 BetrVG 1972	BB **77**, 647; DB **77**, 914; **78**, 395 (Eich); ArbuR **77**, 121; SAE **78**, 45 (Schlüter); EzA § 70 BetrVG 1972 Nr. 1
9. 2. 1977	AP Nr. 83 zu § 611 BGB Fürsorgepflicht (Crisolli)	NJW **78**, 124; EzA § 611 BGB Fürsorgepflicht Nr. 21
10. 2. 1977	AP Nr. 9 zu § 103 BetrVG 1972 (Moritz)	BAG **29**, 7; BB **77**, 945, 1150; DB **77**, 1273; NJW **77**, 1413; SAE **78**, 171 (Schnorr v. Carolsfeld); EzA § 103 BetrVG 1972 Nr. 18
8. 3. 1977	AP Nr. 1 zu § 43 BetrVG 1972	BB **77**, 648; DB **77**, 962; EzA § 43 BetrVG 1972 Nr. 1
8. 3. 1977	AP Nr. 1 zu § 87 BetrVG 1972 Auszahlung (Wiedemann/Moll)	BAG **29**, 40; BB **77**, 1199; DB **77**, 1464; ArbuR **77**, 153, 378; SAE **78**, 139 (Peterek); EzA § 87 BetrVG 1972 Lohn und Arbeitsentgelt Nr. 6 (Klinkhammer)
10. 3. 1977	AP Nr. 4 zu § 1 KSchG 1969 Krankheit	BAG **29**, 49; BB **77**, 1098; DB **77**, 1463; NJW **77**, 2132; SAE **78**, 22 (Schukai); EzA § 1 KSchG Krankheit Nr. 4 (Falkenberg)
10. 3. 1977	AP Nr. 9 zu § 313 ZPO (Grunsky)	BAG **29**, 57; BB **77**, 948; DB **77**, 1322; NJW **77**, 1504; SAE **78**, 108 (Schreiber); EzA § 322 ZPO Nr. 3
15. 3. 1977	AP Nr. 24 zu Art. 9 GG (Wiedemann)	BAG **29**, 72; BB **77**, 593; DB **77**, 772; ArbuR **77**, 153, 281 (Däubler); SAE **78**, 37 (Kraft); RdA **77**, 258; EzA § 2 TVG Nr. 12 (Dütz)
18. 3. 1977	AP Nr. 27 zu § 37 BetrVG 1972	BAG **29**, 89; BB **77**, 995; DB **77**, 1148; SAE **78**, 50 (Bohn); EzA § 37 BetrVG 1972 Nr. 53
24. 3. 1977	AP Nr. 12 zu § 102 BetrVG 1972 (Hueck, G.)	BB **77**, 1249; DB **77**, 1853; NJW **78**, 122; SAE **78**, 82 (Bohn); EzA § 102 BetrVG 1972 Nr. 28 (Kittner)
29. 3. 1977	AP Nr. 1 zu § 87 BetrVG 1972 Provision (Schulze-Osterloh)	BAG **29**, 103; BB **77**, 1046, 1415; DB **77**, 1145, 1650 (Bolten); NJW **77**, 1654; ArbuR **77**, 184, 363 (Klinkhammer); SAE **78**, 91 (Lieb); EzA § 87 BetrVG 1972 Leistungslohn Nr. 2 (Löwisch)
29. 3. 1977	AP Nr. 11 zu § 102 BetrVG 1972 (Hueck, G.)	BAG **29**, 114; BB **77**, 947; DB **77**, 1320; NJW **77**, 2182; SAE **78**, 87 (Thiele); EzA § 102 BetrVG 1972 Nr. 27
20. 4. 1977	AP Nr. 111 zu Art. 3 GG (Wiedemann/Willemsen)	BAG **29**, 122; BB **77**, 1098; DB **77**, 1751; NJW **77**, 1742; SAE **77**, 286 (Blomeyer); EzA Art. 3 GG Nr. 4

Datum	Fundstelle AP	Weitere Fundstellen
27. 4. 1977	AP Nr. 1 zu § 611 BGB Entwicklungshelfer (Herschel)	BB **77**, 1304; EzA § 611 BGB Arbeitnehmerbegriff Nr. 10
5. 5. 1977	AP Nr. 3 zu § 50 BetrVG 1972	BB **77**, 1199; DB **77**, 1610; EzA § 50 BetrVG 1972 Nr. 4
17. 5. 1977	AP Nr. 28 zu § 37 BetrVG 1972	DB **77**, 1562; ArbuR **77**, 214; SAE **78**, 136 (Geppert); EzA § 37 BetrVG 1972 Nr. 54
18. 5. 1977	AP Nr. 175 zu § 242 BGB Ruhegehalt	BAG **29**, 169; BB **77**, 1353; DB **77**, 1655; NJW **77**, 1982; ArbuR **77**, 215; SAE **78**, 27 (Riedel); EzA § 242 BGB Ruhegeld Nr. 65
26. 5. 1977 2 AZR 135/76	AP Nr. 13 zu § 102 BetrVG 1972 (Meisel)	BB **77**, 1351; DB **77**, 1852; SAE **77**, 232; EzA § 102 BetrVG 1972 Nr. 29 (Klinkhammer)
26. 5. 1977 2 AZR 201/76	AP Nr. 14 zu § 102 BetrVG 1972 (Stebut)	BB **78**, 96; DB **77**, 2455; NJW **78**, 603; SAE **78**, 163 (Meisel); EzA § 102 BetrVG 1972 Nr. 30 (Käppler)
26. 5. 1977	AP Nr. 5 zu § 611 BGB Beschäftigungspflicht (Weber)	BAG **29**, 195; BB **77**, 1504; DB **77**, 2099; **83**, 939 (Feichtinger); NJW **78**, 239; **79**, 86 (Grunsky); ArbuR **77**, 252; **78**, 155 (Körnig); **80**, 97 (Wenzel); SAE **78**, 242 (Reuter); EzA § 611 BGB Beschäftigungspflicht Nr. 2 (Dütz)
14. 6. 1977	AP Nr. 30 zu § 37 BetrVG 1972	–
13. 7. 1977	AP Nr. 8 zu § 83 ArbGG 1953	DB **78**, 168; SAE **78**, 225 (Misera); EzA § 83 ArbGG Nr. 24
13. 7. 1977	AP Nr. 2 zu § 87 BetrVG 1972 Kurzarbeit (Löwisch)	BB **77**, 1702; DB **77**, 2235; SAE **79**, 145; EzA § 87 BetrVG 1972 Arbeitzeit Nr. 3
19. 7. 1977 1 AZR 376/74	AP Nr. 29 zu § 37 BetrVG 1972 (Schlüter)	BAG **29**, 242; BB **77**, 1601; DB **77**, 2101; SAE **78**, 157 (Ehmann); EzA § 37 BetrVG 1972 Nr. 55
19. 7. 1977 1 AZR 302/74	AP Nr. 31 zu § 37 BetrVG 1972	DB **77**, 2458; ArbuR **77**, 279; EzA § 37 BetrVG 1972 Nr. 57
19. 7. 1977	AP Nr. 1 zu § 77 BetrVG 1972	–
20. 7. 1977	AP Nr. 1 zu § 720 RVO	BB **77**, 1604; DB **77**, 2333
16. 8. 1977	AP Nr. 1 zu § 23 SchwbG	DB **77**, 2287; ArbuR **78**, 153; SAE **77**, 312; EzA § 23 SchwbG Nr. 3
18. 8. 1977	AP Nr. 10 zu § 103 BetrVG 1972 (Hueck, G.)	BAG **29**, 270; BB **78**, 43; DB **78**, 109, 586 (Eich); NJW **78**, 661; SAE **79**, 194 (Richardi); EzA § 103 BetrVG 1972 Nr. 20 (Herschel)
13. 9. 1977	AP Nr. 1 zu § 42 BetrVG 1972	BAG **29**, 281; DB **77**, 2452; ArbuR **77**, 344; **78**, 220 (Zachert); SAE **78**, 126 (Weitnauer); EzA § 45 BetrVG 1972 Nr. 1 (Hanau)
21. 9. 1977	AP Nr. 3 zu § 19 MTB II	EzA § 19 MTB II Nr. 2
4. 10. 1977	AP Nr. 2 zu § 18 BetrVG 1972	BB **78**, 254; DB **78**, 449; ArbuR **77**, 376; EzA § 8 BetrVG 1972 Nr. 3
13. 10. 1977	AP Nr. 1 zu § 1 KSchG 1969 Verhaltensbedingte Kündigung (Pfarr)	BB **78**, 660; DB **78**, 641; NJW **78**, 1872; EzA § 74 BetrVG 1972 Nr. 3 (Löwisch)
25. 10. 1977	AP Nr. 1 zu § 87 BetrVG 1972 Arbeitzeit (Wiedemann/Moll)	BB **78**, 610; DB **78**, 403; ArbuR **77**, 377; SAE **78**, 161 (Bohn); EzA § 615 BGB Nr. 4
3. 11. 1977	AP Nr. 1 zu § 75 BPersVG	DB **78**, 1135; SAE **79**, 201 (Dütz)
7. 11. 1977	AP Nr. 1 zu § 100 BetrVG 1972 (Richardi)	BAG **29**, 345; DB **78**, 447; NJW **78**, 848; ArbuR **78**, 55; SAE **78**, 228 (Koller); EzA § 100 BetrVG 1972 Nr. 1
9. 11. 1977	AP Nr. 13 zu Internat. Privatrecht, Arbeitsrecht (Beitzke)	BB **78**, 403; DB **78**, 451; NJW **78**, 1124; SAE **78**, 236 (Birk); EzA § 102 BetrVG 1972 Nr. 31

Datum	Fundstelle AP	Weitere Fundstellen
9. 11. 1977	AP Nr. 3 zu § 15 KSchG 1969 (Hueck, G.)	BB **78**, 359; DB **78**, 495; NJW **78**, 909; ArbuR **78**, 56; SAE **80**, 263 (Nickel/Kuznik); EzA § 15 KSchG n. F. Nr. 13
10. 11. 1977	AP Nr. 8 zu § 242 BGB Ruhegehalt-Unterstützungs-kassen (Kraft)	BB **78**, 762; DB **78**, 939; SAE **79**, 288 (Schnorr v. Carolsfeld); EzA § 242 BGB Ruhegeld Nr. 69
17. 11. 1977	AP Nr. 8 zu § 9 BUrlG (Trieschmann)	BB **78**, 360; DB **78**, 499; ArbuR **79**, 30 (Frey); SAE **78**, 75; EzA § 9 BUrlG Nr. 9
24. 11. 1977	AP Nr. 177 zu § 242 BGB Ruhegehalt (Weitnauer)	BAG **29**, 379; BB **78**, 450; DB **78**, 545; NJW **78**, 1069; EzA § 242 BGB Ruhegeld Nr. 67
28. 11. 1977	AP Nr. 2 zu § 8 BetrVG 1972	BAG **29**, 398; BB **78**, 255; DB **78**, 450; SAE **79**, 10; EzA § 8 BetrVG 1972 Nr. 4
28. 11. 1977	AP Nr. 6 zu § 19 BetrVG 1972	BAG **29**, 392; DB **78**, 643; SAE **78**, 153 (Fabricius/Decker); EzA § 19 BetrVG 1972 Nr. 14
1. 12. 1977	AP Nr. 11 zu § 103 BetrVG 1972	DB **78**, 355; SAE **78**, 291 (Bulla); EzA § 103 BetrVG 1972 Nr. 21
6. 12. 1977	AP Nr. 10 zu § 118 BetrVG 1972	BAG **29**, 405; DB **78**, 943; SAE **78**, 207 (Küchenhoff); EzA § 118 BetrVG 1972 Nr. 16 (Rüthers/Klosterkemper)
8. 12. 1977	AP Nr. 176 zu § 242 BGB Ruhegehalt (Hueck, G.)	BB **78**, 60; DB **78**, 991; SAE **79**, 56 (Mayer-Maly); EzA § 242 BGB Ruhegehalt Nr. 68
15. 12. 1977	AP Nr. 69 zu § 626 BGB (Anm. Schriftleitung)	DB **78**, 1038; NJW **78**, 1874; ArbuR **78**, 56; SAE **78**, 274 (Leipold); EzA § 626 BGB n. F. Nr. 61

1978

11. 1. 1978	AP Nr. 7 zu § 2 LohnFG (Trieschmann)	BB **78**, 502; DB **78**, 942; SAE **78**, 253 (Peterek); EzA § 2 LohnFG Nr. 11
17. 1. 1978	AP Nr. 1 zu § 1 BetrVG 1972 (Wiese/Starck)	BAG **30**, 12; BB **78**, 962; DB **78**, 1133; SAE **79**, 15 (Fabricius/Decker); EzA § 1 BetrVG 1972 Nr. 1
25. 1. 1978	AP Nr. 10 zu § 611 BGB Croupier (Wiedemann)	EzA § 1 TVG Nr. 9
14. 2. 1978	AP Nr. 7 zu § 19 BetrVG 1972	BAG **30**, 114; DB **78**, 1451; SAE **80**, 72 (Kreutz); EzA § 19 BetrVG 1972 Nr. 16
14. 2. 1978	AP Nr. 26 zu Art. 9 GG (Frank)	BAG **30**, 122; BB **78**, 710; DB **78**, 892; NJW **79**, 1844; ArbuR **79**, 39 (Säcker); 62; SAE **80**, 108 (Schwerdtner); EzA Art. 9 GG Nr. 25 (Rüthers/Klosterkemper)
14. 2. 1978 1 AZR 54/76	AP Nr. 57 zu Art. 9 GG Arbeitskampf (Konzen)	BAG **30**, 43; BB **78**, 913; DB **78**, 1231; NJW **78**, 2054; ArbuR **78**, 120; SAE **80**, 152 (Seiter); EzA § 15 KSchG n. F. Nr. 19 (Herschel)
14. 2. 1978 1 AZR 76/76	AP Nr. 58 zu Art. 9 GG Arbeitskampf (Konzen)	BAG **30**, 50; BB **78**, 1115; DB **78**, 1403; NJW **79**, 236; ArbuR **78**, 120; SAE **80**, 139 (Seiter); EzA Art. 9 GG Arbeitskampf Nr. 22 (Herschel)
14. 2. 1978	AP Nr. 60 zu Art. 9 GG Arbeitskampf (Konzen)	BAG **30**, 86; DB **78**, 1501; NJW **79**, 233; ArbuR **78**, 120; SAE **80**, 129 (Seiter); EzA § 102 BetrVG 1972 Nr. 33 (Herschel)
21. 2. 1978	AP Nr. 1 zu § 74 BetrVG 1972 (Löwisch)	BB **78**, 1116; DB **78**, 1547; ArbuR **78**, 120; SAE **79**, 59 (Bohn); EzA § 74 BetrVG 1972 Nr. 4
22. 2. 1978	AP Nr. 11 zu § 613 a BGB (Küchenhoff)	BB **78**, 914; DB **78**, 1453; SAE **79**, 84 (Hadding); EzA § 613 a BGB Nr. 18
22. 2. 1978	AP Nr. 3 zu § 17 BAT	DB **78**, 1284; EzA § 17 BAT Nr. 2
14. 3. 1978	AP Nr. 30 zu § 2 TVG (Wiedemann)	BB **78**, 1213; DB **78**, 1279
15. 3. 1978	AP Nr. 26 zu § 611 BGB Abhängigkeit	BAG **30**, 163; BB **78**, 760; DB **78**, 1035; RdA **78**, 266; EzA § 611 BGB Arbeitnehmerbegriff Nr. 17

Datum	Fundstelle AP	Weitere Fundstellen
15. 3. 1978	AP Nr. 45 zu § 620 BGB Befristeter Arbeitsvertrag	BB **78**, 1265; DB **78**, 1744; NJW **78**, 2319; EzA § 620 BGB Nr. 34 (Bunge)
16. 3. 1978	AP Nr. 15 zu § 102 BetrVG 1972 (Meisel)	BAG **30**, 176; BB **79**, 371; DB **78**, 1454; NJW **79**, 76; SAE **79**, 4 (Heckmann); EzA § 102 BetrVG 1972 Nr. 32
11. 4. 1978	AP Nr. 8 zu § 19 BetrVG 1972	BB **78**, 1467; DB **78**, 1452; ArbuR **78**, 185; EzA § 19 BetrVG 1972 Nr. 17
25. 4. 1978	AP Nr. 33 zu § 37 BetrVG 1972	BB **78**, 1263; DB **78**, 1976; EzA § 37 BetrVG 1972 Nr. 59 (Kittner)
25. 4. 1978	AP Nr. 11 zu § 80 BetrVG 1972	DB **78**, 1747; EzA § 80 BetrVG 1972 Nr. 15 (Blomeyer); AiB **81**, 64
25. 4. 1978	AP Nr. 2 zu Art. 140 GG (Mayer-Maly)	BAG **30**, 247; BB **78**, 1779; DB **78**, 2175; NJW **78**, 2116; EzA § 1 KSchG Tendenzbetrieb Nr. 4 (Dütz)
25. 4. 1978	AP Nr. 16 zu Internat. Privatrecht, Arbeitsrecht (Simitis)	BAG **30**, 266; DB **78**, 1840; SAE **79**, 221 (Lorenz); EzA § 8 BetrVG 1972 Nr. 6
17. 5. 1978	AP Nr. 42 zu § 242 BGB Gleichbehandlung	BB **78**, 1521; DB **78**, 1887; NJW **79**, 181; SAE **79**, 50 (Sieg); EzA § 242 BGB Gleichbehandlung Nr. 14 (Herschel)
19. 5. 1978	AP Nr. 3 zu § 43 BetrVG 1972	BB **78**, 1519; DB **78**, 2032; ArbuR **78**, 216; EzA § 46 BetrVG 1972 Nr. 2
19. 5. 1978	AP Nr. 1 zu § 88 BetrVG 1972 (Löwisch/Hetzel)	BAG **30**, 298; BB **78**, 1518; DB **78**, 2225; SAE **80**, 30 (Gamp); EzA § 77 BetrVG 1972 Nr. 6
30. 5. 1978	AP Nr. 9 zu § 60 HGB	BB **79**, 325; NJW **79**, 335; EzA § 60 HGB Nr. 11
30. 5. 1978	AP Nr. 4 zu § 15 KSchG 1969 (Hueck, G.)	BAG **30**, 320; BB **79**, 323; DB **79**, 359; NJW **80**, 80; SAE **79**, 235 (Thiele); EzA § 102 BetrVG 1972 Nr. 34
6. 6. 1978	AP Nr. 6 zu § 99 BetrVG 1972 (Löwisch)	DB **78**, 1841; ArbuR **78**, 252; SAE **79**, 1 (Herschel); EzA § 99 BetrVG 1972 Nr. 19
6. 6. 1978	AP Nr. 2 zu § 11 BetrVG 1972 (Ehmann)	DB **78**, 1650; EzA § 111 BetrVG 1972 Nr. 5 (Kittner)
20. 6. 1978	AP Nr. 8 zu § 99 BetrVG 1972	BB **79**, 422; DB **78**, 2033; EzA § 99 BetrVG 1972 Nr. 20 (Löwisch/Schiff)
5. 7. 1978	AP Nr. 2 zu § 75 BPersVG (Richardi)	BAG **30**, 366
6. 7. 1978	AP Nr. 16 zu § 102 BetrVG 1972 (Hueck, G.)	BAG **30**, 370; BB **79**, 627; DB **78**, 2367; NJW **79**, 1672; SAE **79**, 125 (Reuter); EzA § 102 BetrVG 1972 Nr. 37 (Hanau)
11. 7. 1978	AP Nr. 57 zu § 37 BetrVG 1972	DB **78**, 2177; AiB **81**, 14 (Schneider)
13. 7. 1978	AP Nr. 5 zu § 87 BetrVG 1972 Altersversorgung (Hanau)	BAG **31**, 11; BB **78**, 1617; DB **78**, 2189; NJW **79**, 2534; SAE **79**, 230 (Meisel); EzA § 87 BetrVG 1972 Sozialeinrichtung Nr. 9
13. 7. 1978	AP Nr. 17 zu § 102 BetrVG 1972 (Hueck, G.)	BAG **30**, 386; BB **79**, 322; DB **79**, 314; NJW **79**, 1677; SAE **79**, 206 (v.Hoyningen-Huene); EzA § 102 BetrVG 1972 Nr. 35 (Meisel)
13. 7. 1978	AP Nr. 18 zu § 102 BetrVG 1972 (Hueck, G.)	BAG **31**, 1; BB **79**, 323; DB **79**, 313; NJW **79**, 1675; SAE **79**, 210 (v. Hoyningen-Huene); EzA § 102 BetrVG 1972 Nr. 36 (Otto)
18. 7. 1978	AP Nr. 4 zu § 87 BetrVG 1972 Werkmietwohnungen	BB **78**, 1668; DB **78**, 2419; SAE **79**, 151; EzA § 87 BetrVG 1972 Werkwohnung Nr. 6
18. 7. 1978 1 ABR 8/75	AP Nr. 7 zu § 99 BetrVG 1972	BB **81**, 501 (Pauly); DB **78**, 2320; SAE **79**, 269 (Buchner); EzA § 99 BetrVG 1972 Nr. 22 (Peterek)
18. 7. 1978 1 ABR 79/75	AP Nr. 9 zu § 99 BetrVG 1972 (Kraft)	BAG **31**, 20; BB **78**, 1718 (Gumpert); DB **78**, 2319; ArbuR **78**, 278; SAE **79**, 276 (Schlüter/Belling); EzA § 99 BetrVG 1972 Nr. 21

Datum	Fundstelle AP	Weitere Fundstellen
18. 7. 1978	AP Nr. 1 zu § 101 BetrVG 1972 (Meisel)	BB **80**, 157, 522 (Becker); DB **78**, 2322; NJW **79**, 671; SAE **80**, 98 (Misera); EzA § 99 BetrVG 1972 Nr. 23 (Ehmann)
18. 7. 1978	AP Nr. 1 zu § 108 BetrVG 1972 (Boldt)	BB **78**, 1777; DB **78**, 2223; ArbuR **80**, 21, 30 (Herschel); EzA § 108 BetrVG 1972 Nr. 3 (Richardi)
19. 7. 1978	AP Nr. 8 zu §§ 22, 23 BAT 1975 (Zängl)	BAG **31**, 26; EzA §§ 22, 23 BAT Nr. 18
21. 7. 1978	AP Nr. 4 zu § 38 BetrVG 1972	BB **79**, 782; DB **78**, 2371; EzA § 37 BetrVG 1972 Nr. 60
15. 8. 1978	AP Nr. 1 zu § 23 BetrVG 1972	BB **79**, 522; DB **78**, 2275; EzA § 23 BetrVG 1972 Nr. 7
15. 8. 1978	AP Nr. 3 zu § 47 BetrVG 1972 (Löwisch/Hetzel)	BAG **31**, 58; BB **79**, 987; DB **78**, 2224; **81**, 214 (Gaul); EzA § 47 BetrVG 1972 Nr. 2; AiB **81**, 126 (Schneider)
31. 8. 1978	AP Nr. 1 zu § 102 BetrVG 1972 Weiterbeschäftigung (Grunsky)	BB **79**, 523; DB **79**, 652; SAE **79**, 189 (Weber); EzA § 102 BetrVG 1972 Beschäftigungspflicht Nr. 7
28. 9. 1978	AP Nr. 19 zu § 102 BetrVG 1972	BAG **31**, 83; BB **79**, 1094; DB **79**, 1135, 1136; NJW **79**, 2421; SAE **80**, 36 (Schreiber); EzA § 102 BetrVG 1972 Nr. 39; AiB **81**, 95 (Anm.)
3. 10. 1978	AP Nr. 18 zu § 5 BetrVG 1972	DB **79**, 1186; EzA § 5 BetrVG 1972 Nr. 33
3. 10. 1978	AP Nr. 14 zu § 40 BetrVG 1972 (Grunsky)	BAG **31**, 93; BB **79**, 163; DB **79**, 107; NJW **80**, 1486; ArbuR **79**, 156 (Däubler); SAE **79**, 216 (Hanau); EzA § 40 BetrVG 1972 Nr. 37
6. 10. 1978	AP Nr. 10 zu § 99 BetrVG 1972	BB **79**, 373; DB **79**, 311; SAE **79**, 154; EzA § 99 BetrVG 1972 Nr. 24
14. 11. 1978	AP Nr. 6 zu § 59 KO, (Uhlenbruck)	BB **79**, 522; DB **79**, 849; EzA § 40 BetrVG 1972 Nr. 39
16. 11. 1978	AP Nr. 5 zu § 611 BGB Gefährdungshaftung des Arbeitgebers	BAG **31**, 147; BB **79**, 783; DB **79**, 1091; NJW **79**, 1424; ArbuR **79**, 285 (Zilius); SAE **80**, 5 (Neumann-Duesberg); EzA § 670 BGB Nr. 12
21. 11. 1978 6 AZR 247/76	AP Nr. 34 zu § 37 BetrVG 1972 (Jülicher)	BB **79**, 627; DB **79**, 899; ArbuR **79**, 26; SAE **79**, 297 (Ottow); EzA § 37 BetrVG 1972 Nr. 63
21. 11. 1978 6 ABR 10/77	AP Nr. 35 zu § 37 BetrVG 1972	BB **79**, 422; DB **79**, 507; SAE **79**, 167; EzA § 37 BetrVG 1972 Nr. 62
21. 11. 1978	AP Nr. 15 zu § 40 BetrVG 1972 (Meisel)	BB **79**, 523; DB **79**, 751; SAE **79**, 164; EzA § 40 BetrVG 1972 Nr. 41 (Herschel); AiB **81**, 63 (Anm.)
21. 11. 1978	AP Nr. 4 zu § 50 BetrVG 1972 (Meisel)	BB **79**, 938; DB **79**, 703; EzA § 40 BetrVG 1972 Nr. 40
21. 11. 1978	AP Nr. 2 zu § 87 BetrVG 1972 Arbeitszeit (Wiedemann/Moll)	BB **79**, 576; DB **79**, 655; EzA § 87 BetrVG 1972 Arbeitszeit Nr. 7
21. 11. 1978	AP Nr. 3 zu § 101 BetrVG 1972 (Richardi)	BB **79**, 678; DB **79**, 749; SAE **80**, 101 (Misera); EzA § 101 BetrVG 1972 Nr. 3
28. 11. 1978	AP Nr. 2 zu § 42 BetrVG 1972	DB **79**, 1185; ArbuR **79**, 26; EzA § 42 BetrVG 1972 Nr. 2
29. 11. 1978	AP Nr. 7 zu § 112 BetrVG 1972	BB **79**, 474; DB **79**, 795; ArbuR **79**, 58; EzA § 112 BetrVG 1972 Nr. 16
29. 11. 1978	AP Nr. 18 zu § 611 BGB Bergbau (Boldt)	DB **79**, 995
5. 12. 1978	AP Nr. 4 zu § 101 BetrVG 1972 (Kittner)	BB **79**, 1556; DB **79**, 1282; EzA § 101 BetrVG 1972 Nr. 4

Datum	Fundstelle AP	Weitere Fundstellen
8. 12. 1978	AP Nr. 28 zu Art. 9 GG (Konzen)	BAG **31**, 167; BB **79**, 1400; DB **79**, 1043; NJW **79**, 1847; ArbuR **79**, 58, 242 (Pfarr), 255; SAE **80**, 23 (Weitnauer); EzA Art. 9 GG Nr. 28 (Zöllner)
13. 12. 1978	AP Nr. 6 zu § 112 BetrVG 1972	BB **79**, 267, 282 (Lux); DB **79**, 261; NJW **79**, 774 (Heilmann); **80**, 145 (Heinze); SAE **79**, 105 (Sieg); RdA **79**, 193 (Richardi); EzA § 112 BetrVG 1972 Nr. 15 (Heß)
15. 12. 1978 6 ABR 64/77	AP Nr. 5 zu § 76 BetrVG 1972 (Gaul)	BB **79**, 1293; DB **79**, 1467; **83**, 1148 (Gaul); EzA § 76 BetrVG 1972 Nr. 21
15. 12. 1978 6 ABR 93/77	AP Nr. 6 zu § 76 BetrVG 1972 (Gaul)	BB **79**, 1242; DB **79**, 1800; **83**, 1148 (Gaul); SAE **79**, 265 (Herschel); EzA § 76 BetrVG 1972 Nr. 23 (Wohlgemuth)
	1979	
16. 1. 1979	AP Nr. 5 zu § 38 BetrVG 1972	BB **79**, 1772; DB **79**, 1516; EzA § 38 BetrVG 1972 Nr. 9
16. 1. 1979	AP Nr. 5 zu § 78 a BetrVG 1972 (Schwedes)	BB **79**, 1037; **83**, 579 (Strieder); DB **79**, 1138; **81**, 889 (Schwedes); SAE **79**, 281 (Reuter); EzA § 78 a BetrVG 1972 Nr. 5
17. 1. 1979	AP Nr. 5 zu § 15 KSchG 1969 (Hueck, G.)	BB **79**, 888; DB **79**, 1136; SAE **80**, 265 (Nickel/Kuznik); EzA § 15 KSchG n. F. Nr. 21 (Dütz)
18. 1. 1979	AP Nr. 3 zu § 1 KSchG 1969 Wartezeit (Hueck, G.)	BB **79**, 1505; DB **79**, 1754; EzA § 1 KSchG Nr. 39
23. 1. 1979	AP Nr. 4 zu § 113 BetrVG 1972 (Meisel)	BB **79**, 782; DB **79**, 1139; SAE **79**, 248 (Peterek); EzA § 113 BetrVG 1972 Nr. 9
25. 1. 1979	AP Nr. 12 zu § 103 BetrVG 1972 (Grunsky)	BAG **31**, 253; BB **79**, 1242; DB **79**, 1704; ArbuR **80**, 56; EzA § 103 BetrVG 1972 Nr. 22
30. 1. 1979	AP Nr. 2 zu § 87 BetrVG 1972 Betriebsbuße (Pfarr)	BB **79**, 1451; DB **79**, 1511; SAE **79**, 242 (Gresmann); EzA § 87 BetrVG 1972 Betriebsbuße Nr. 3
30. 1. 1979	AP Nr. 11 zu § 118 BetrVG 1972 (Kraft)	BB **79**, 1555; DB **79**, 1609; ArbuR **80**, 59 (Ihlefeld); EzA § 118 BetrVG 1972 Nr. 20
31. 1. 1979	AP Nr. 8 zu § 112 BetrVG 1972	BAG **31**, 266; BB **79**, 833; DB **79**, 1039; NJW **79**, 1621; SAE **80**, 49 (Löwisch/Hetzel); EzA § 112 BetrVG 1972 Nr. 17
21. 2. 1979	AP Nr. 13 zu § 847 BGB (Wiese)	BB **79**, 1558; DB **79**, 1513; NJW **79**, 2532; **80**, 358 (Strauch); ArbuR **80**, 92 (Herschel); SAE **81**, 69 (Körnig); EzA § 847 BGB Nr. 3
23. 2. 1979 1 AZR 540/77	AP Nr. 29 zu Art. 9 GG (Konzen)	DB **79**, 1185; ArbuR **79**, 90, 381; EzA Art. 9 GG Nr. 30 (Zöllner)
23. 2. 1979 1 AZR 172/78	AP Nr. 30 zu Art. 9 GG (Mayer-Maly)	BAG **31**, 318; BB **79**, 887; DB **79**, 1089; ArbuR **79**, 90, 358, 381 (Zachert); SAE **80**, 187 (Buchner); EzA Art. 9 GG Nr. 29 (Zöllner)
6. 3. 1979	AP Nr. 20 zu § 102 BetrVG 1972 (Meisel)	BB **79**, 1142; DB **79**, 1464; NJW **79**, 2635; ArbuR **79**, 120; SAE **80**, 221 (Heinze); EzA § 102 BetrVG 1972 Nr. 40
27. 3. 1979	AP Nr. 7 zu § 80 ArbGG 1953	SAE **79**, 262 (Wittmann); EzA § 89 ArbGG Nr. 9
27. 3. 1979	AP Nr. 7 zu § 76 BetrVG 1972 (Gaul)	BB **79**, 1143; DB **79**, 1562; SAE **81**, 46 (Fabricius/Decker); EzA § 76 BetrVG 1972 Nr. 22
28. 3. 1979	AP Nr. 3 zu § 75 BPersVG (Richardi)	BB **79**, 1401; DB **79**, 1703; EzA § 611 BGB Fürsorgepflicht Nr. 24
3. 4. 1979	AP Nr. 1 zu § 13 BetrVG 1972	DB **79**, 2091; SAE **80**, 68 (Grunsky); EzA § 40 BetrVG 1972 Nr. 45

Datum	Fundstelle AP	Weitere Fundstellen
3. 4. 1979 6 ABR 63/76	AP Nr. 16 zu § 40 BetrVG 1972	DB **79**, 1706; EzA § 40 BetrVG 1972 Nr. 43
3. 4. 1979 6 ABR 70/76	AP Nr. 17 zu § 40 BetrVG 1972 (Hunold)	BB **79**, 1662; DB **79**, 1799; SAE **80**, 26 (Bohn); EzA § 40 BetrVG 1972 Nr. 44
3. 4. 1979	AP Nr. 2 zu § 87 BetrVG 1972	DB **79**, 2186; EzA § 87 BetrVG 1972 Nr. 7
10. 4. 1979	AP Nr. 1 zu § 87 BetrVG 1972 Arbeitssicherheit (Hanau)	BAG **31**, 357; BB **79**, 1713; DB **79**, 1995; NJW **79**, 2362; ArbuR **79**, 151; EzA § 87 BetrVG 1972 Arbeitssicherheit Nr. 2 (Gaul); AiB **80**, Nr. 5, 15
24. 4. 1979	AP Nr. 1 zu § 82 BetrVG 1972	DB **79**, 1755; ArbuR **79**, 152; EzA § 82 BetrVG 1972 Nr. 1
24. 4. 1979	AP Nr. 63 zu Art. 9 GG Arbeitskampf (Rüthers/Klosterkemper)	BAG **31**, 372; BB **79**, 1348; DB **79**, 1655; NJW **80**, 140; ArbuR **79**, 152, 333 (Wolter), 350; SAE **79**, 300 (Kraft); RdA **79**, 312; EzA Art. 9 GG Arbeitskampf Nr. 34
26. 4. 1979	AP Nr. 47 zu § 620 BGB Befristeter Arbeitsvertrag (Koller)	BB **79**, 1557; DB **79**, 1991; ArbuR **80**, 58, 314 (Schmidt, V.); SAE **80**, 345 (v. Hoyningen- Huene); EzA § 620 BGB Nr. 39
22. 5. 1979 1 AZR 848/76	AP Nr. 3 zu § 111 BetrVG 1972 (Birk)	BB **79**, 1501; **80**, 1750 (Hunold); DB **79**, 1897; ArbuR **79**, 185; SAE **80**, 85 (Reuter); EzA § 111 BetrVG 1972 Nr. 6 (Löwisch)
22. 5. 1979 1 ABR 17/77	AP Nr. 4 zu § 111 BetrVG 1972 (Birk)	BAGE **32**, 14; BB **79**, 1501; **80**, 1750 (Hunold); DB **79**, 1896; NJW **80**, 83; SAE **80**, 90 (Reu- ter); EzA § 111 BetrVG 1972 Nr. 7
22. 5. 1979 1 ABR 45/77	AP Nr. 12 zu § 118 BetrVG 1972	DB **79**, 2183; EzA § 118 BetrVG 1972 Nr. 21
22. 5. 1979 1 ABR 100/77	AP Nr. 13 zu § 118 BetrVG 1972	BB **79**, 1555; DB **79**, 2184; EzA § 118 BetrVG 1972 Nr. 22
19. 6. 1979	AP Nr. 36 zu § 37 BetrVG 1972	DB **80**, 546; ArbuR **79**, 217; EzA § 37 BetrVG 1972 Nr. 65
21. 6. 1979	AP Nr. 1 zu § 87 BetrVG 1972 Sozialeinrichtung (Martens)	BAG **32**, 39; BB **79**, 1718; DB **79**, 2039; SAE **81**, 31 (Dütz); EzA § 87 BetrVG 1972 Sozialein- richtung Nr. 10; AiB **80**, Nr. 3, 10
4. 7. 1979	AP Nr. 10 zu § 611 BGB Rotes Kreuz (Mayer-Maly)	BAG **32**, 47; DB **79**, 2282
5. 7. 1979	AP Nr. 6 zu § 15 KSchG 1969 (Richardi)	BB **79**, 1769; DB **79**, 2327; SAE **80**, 322 (Ni- ckel/Kuznik); EzA § 15 KSchG n. F. Nr. 22
10. 7. 1979 1 ABR 88/77	AP Nr. 2 zu § 87 BetrVG 1972 Lohngestaltung (Schulze-Osterloh)	BB **79**, 1824; DB **79**, 2497; SAE **81**, 41 (Lieb/ Randerath); EzA § 87 BetrVG 1972 Leistungs- lohn Nr. 3; AiB **80**, Nr. 3, 10
10. 7. 1979 1 ABR 50/78	AP Nr. 3 zu § 87 BetrVG 1972 Überwachung (Moritz)	DB **79**, 2428; EzA § 87 BetrVG 1972 Kontroll- einrichtung Nr. 6
10. 7. 1979 1 ABR 97/77	AP Nr. 4 zu § 87 BetrVG 1972 Überwachung (Moritz)	BB **79**, 1714; DB **79**, 2427; EzA § 87 BetrVG 1972 Kontrolleinrichtung Nr. 7
24. 7. 1979	AP Nr. 1 zu § 51 BetrVG 1972	BB **80**, 578; DB **80**, 263; ArbuR **79**, 280; SAE **81**, 272 (Buchner); EzA § 40 BetrVG 1972 Nr. 46
24. 7. 1979	AP Nr. 11 zu § 99 BetrVG 1972 (Kraft)	BB **80**, 104; DB **79**, 2327; ArbuR **80**, 185 (Bö- sche); EzA § 99 BetrVG 1972 Nr. 26
21. 8. 1979	AP Nr. 6 zu § 78 a BetrVG 1972 (Kraft)	BB **80**, 314; DB **80**, 454; **81**, 889 (Reinecke); NJW **80**, 1541; EzA § 78 a BetrVG 1972 Nr. 6
5. 9. 1979	AP Nr. 6 zu § 12 SchwbG (Meisel)	DB **80**, 455; NJW **80**, 1918; EzA § 12 SchwbG Nr. 8

Datum	Fundstelle AP	Weitere Fundstellen
6. 9. 1979	AP Nr. 7 zu § 15 KSchG 1969 (Löwisch/Mikosch)	BB **80**, 317; DB **80**, 451; **81**, 217 (Nipperdey); SAE **80**, 329 (Nickel); EzA § 15 KSchG n. F. Nr. 23 (Kraft)
12. 9. 1979	AP Nr. 10 zu § 850 ZPO (Walchhöfer)	BAG **32**, 96; BB **80**, 728; DB **80**, 358; SAE **80**, 165 (Herschel); EzA § 9 KSchG n. F. Nr. 8
9. 10. 1979	AP Nr. 4 zu § 9 KSchG 1969 (Hueck, G.)	BAG **32**, 122; BB **80**, 369; DB **80**, 501; NJW **80**, 1484; EzA § 9 KSchG n. F. Nr. 9
12. 10. 1979	AP Nr. 7 zu § 1 KSchG 1969 Betriebsbedingte Kündigung	BB **80**, 1163; EzA § 1 KSchG Betriebsbedingte Kündigung Nr. 12
15. 10. 1979	AP Nr. 5 zu § 111 BetrVG 1972 (Birk)	BB **80**, 524; DB **80**, 549, 550; EzA § 111 BetrVG 1972 Nr. 8
24. 10. 1979	AP Nr. 49 zu § 620 BGB Befristeter Arbeitsvertrag (Koller)	DB **80**, 455; EzA § 620 BGB Nr. 41 (Binkert)
26. 10. 1979	AP Nr. 5 zu § 9 KSchG 1969 (Grunsky)	BB **80**, 315; DB **80**, 356; NJW **80**, 1484; SAE **80**, 57 (Sieg); EzA § 9 KSchG n. F. Nr. 7
30. 10. 1979	AP Nr. 9 zu § 112 BetrVG 1972	DB **80**, 548; NJW **80**, 1542; SAE **80**, 316 (Beuthien); EzA § 76 BetrVG 1972 Nr. 26
7. 11. 1979	AP Nr. 3 zu § 87 BetrVG 1972 Betriebsbuße (Herschel)	BB **80**, 414; DB **80**, 550; SAE **81**, 236 (Thiele); EzA § 87 BetrVG 1972 Betriebsbuße Nr. 4
13. 11. 1979	AP Nr. 5 zu § 1 KSchG 1969 Krankheit (Herschel)	BB **80**, 836; DB **80**, 741; **81**, 1282 (Pauly); NJW **80**, 1917; EzA § 1 KSchG Verhaltensbedingte Kündigung Nr. 6
4. 12. 1979	AP Nr. 18 zu § 40 BetrVG 1972 (Hanau)	DB **80**, 2091; EzA § 40 BetrVG 1972 Nr. 47
4. 12. 1979	AP Nr. 6 zu § 111 BetrVG 1972 (Seiter)	BB **80**, 679; DB **80**, 743; SAE **80**, 226 (Bohn); EzA § 111 BetrVG 1972 Nr. 9 (Löwisch/Roeder); AiB **80**, Nr. 6, 15 (Schneider)
6. 12. 1979	AP Nr. 2 zu § 1 KSchG 1969 Verhaltensbedingte Kündigung (Kunze)	BAG **32**, 214; DB **80**, 547; SAE **81**, 91 (Koller); EzA § 1 KSchG Tendenzbetrieb Nr. 5 (Rüthers)
7. 12. 1979	AP Nr. 21 zu § 102 BetrVG 1972 (Meisel)	BB **80**, 628; DB **80**, 742; EzA § 102 BetrVG 1972 Nr. 42

1980

9. 1. 1980	AP Nr. 19 zu § 613a BGB (Vollkommer)	BB **80**, 990; DB **80** 1497; NJW **80**, 2148; EzA § 613a BGB Nr. 25 (Gaul)
15. 1. 1980 6 AZR 621/78	AP Nr. 7 zu § 78a BetrVG 1972	DB **80**, 1648; **81**, 889 (Reinecke); EzA § 78a BetrVG 1972 Nr. 8 (Grunsky)
15. 1. 1980 6 AZR 726/79	AP Nr. 8 zu § 78a BetrVG 1972	DB **80**, 1649; **81**, 889 (Reinecke); ArbuR **80**, 55; EzA § 78a BetrVG 1972 Nr. 9 (Grunsky)
15. 1. 1980 6 AZR 361/79	AP Nr. 9 zu § 78a BetrVG 1972	BAG **32**, 285; BB **83**, 579 (Strieder); DB **80**, 1647; **81**, 889 (Reinecke); NJW **80**, 2271; SAE **80**, 257 (Misera); EzA § 78a BetrVG 1972 Nr. 7 (Grunsky)
17. 1. 1980	AP Nr. 185 zu § 242 BGB Ruhegehalt	BAG **32**, 293; BB **80**, 941; DB **80**, 1399; NJW **80**, 1976; SAE **81**, 66 (Loewisch/Hetzel); EzA § 242 BGB Ruhegeld Nr. 86
18. 1. 1980	AP Nr. 1 zu § 626 BGB Nachschieben von Kündigungsgründen (Birk)	BB **80**, 1160; DB **80**, 1350; NJW **80**, 2486; EzA § 626 BGB n. F. Nr. 71
22. 1. 1980	AP Nr. 3 zu § 87 BetrVG 1972 Lohngestaltung (Moll)	BAG **32**, 350; BB **82**, 432; DB **80**, 1895; NJW **81**, 75; ArbuR **80**, 382, 367 (v. Friesen); SAE **81**, 109 (Weber); EzA § 87 BetrVG 1972 Lohn- und Arbeitsentgelt Nr. 11; AiB **81**, 47

Datum	Fundstelle AP	Weitere Fundstellen
22. 1. 1980	AP Nr. 7 zu § 111 BetrVG 1972 (Löwisch/Roeder)	BAG **32**, 339; BB **80**, 1267; DB **80**, 1402; NJW **80**, 2094; ArbuR **81**, 157 (Grunsky); SAE **82**, 220 (Kreutz); EzA § 111 BetrVG 1972 Nr. 11 (Fabricius/Cottmann)
29. 1. 1980 1 ABR 45/79	AP Nr. 22 zu § 5 BetrVG 1972 (Martens)	BAG **32**, 381; BB **80**, 1374; **82**, 949 (Wiesner); DB **80**, 1545; NJW **80**, 2665 (Martens); SAE **80**, 305 (Rüthers/Brodmann); RdA **80**, 281; EzA § 5 BetrVG 1972 Nr. 35 (Kraft)
29. 1. 1980 1 ABR 49/78	AP Nr. 24 zu § 5 BetrVG 1972 (Martens)	BB **80**, 1525; DB **80**, 1946; SAE **81**, 24 (Hromadka)
6. 2. 1980	AP Nr. 21 zu § 613a BGB (Herschel)	BB **80**, 1585; DB **80**, 1485; NJW **80**, 2149; ArbuR **80**, 348 (Pfarr); SAE **81**, 9 (Wolf); EzA § 613a BGB Nr. 26 (Gaul)
6. 2. 1980	AP Nr. 7 zu § 1 TVG Rückwirkung (Clemens)	–
12. 2. 1980	AP Nr. 12 zu § 80 BetrVG 1972	BB **80**, 1157, 1331 (Marienhagen); DB **80**, 1699; ArbuR **80**, 178; EzA § 80 BetrVG 1972 Nr. 16
4. 3. 1980	AP Nr. 3 zu Art. 140 GG (Stein)	BAG **33**, 14; BB **80**, 1102; NJW **80**, 2211; EzA § 1 KSchG Tendenzbetrieb Nr. 8
5. 3. 1980	AP Nr. 44 zu § 242 BGB Gleichbehandlung (Mayer-Maly)	BAG **33**, 57; BB **80**, 1269; DB **80**, 1650; NJW **80**, 2374; SAE **81**, 1 (Reuter); EzA § 242 BGB Gleichbehandlung (Falkenberg)
27. 3. 1980	AP Nr. 26 zu § 611 BGB Direktionsrecht (Löwisch)	BAG **33**, 71; BB **80**, 1267; DB **80**, 1603; SAE **81**, 269 (Hanau); EzA § 611 BGB Direktionsrecht Nr. 2
23. 4. 1980	AP Nr. 8 zu § 15 KSchG 1969 (Meisel)	BAG **33**, 94; BB **81**, 1335; DB **80**, 1601; NJW **80**, 2543; SAE **81**, 52 (Heckelmann); EzA § 15 KSchG n. F. Nr. 24
24. 4. 1980	AP Nr. 1 zu § 84 HGB (Küstner)	BB **80**, 1471; DB **80**, 2039
8. 5. 1980	AP Nr. 6 zu § 611 BGB Gefährdungshaftung des Arbeitgebers (Brox)	BAG **33**, 108; BB **81**, 183; DB **81**, 115; NJW **81**, 702; SAE **82**, 48 (v. Hoyningen-Huene); EzA § 670 BGB Nr. 14 (Käppler); AiB **81**, 48
10. 6. 1980	AP Nr. 66 zu Art. 9 GG Arbeitskampf (Mayer-Maly)	BB **80**, Beilage Nr. 4, 24; **81**, 2141 (Wohlgemuth/Bobke); DB **80**, 1355, 1694 (Müller), 2188 (Lieb); **81**, Beilage 7 (Müller); NJW **80**, 1653; ArbuR **80**, 216; **82**, 1 (Bobke), 73 (Kempen), 105 (Buschmann), 144 (Däubler/Wolter), 361 (Däubler); SAE **80**, 293 (Kraft); RdA **81**, 285 (Otto); EzA Art. 9 GG Arbeitskampf Nr. 38 (Rüthers)
19. 6. 1980	AP Nr. 8 zu § 1 BetrAVG Wartezeit	BB **81**, 911; DB **81**, 431; EzA § 1 BetrAVG Nr. 8
2. 7. 1980	AP Nr. 5 zu § 101 BetrVG 1972 (Misera)	BB **81**, 119; SAE **82**, 149 (Martens)
2. 7. 1980	AP Nr. 9 zu Art. 33 Abs. 2 GG (Misera)	BAG **34**, 1; BB **81**, 119; DB **81**, 272; NJW **81**, 703; SAE **82**, 154 (Martens); RdA **80**, 341; EzA § 99 BetrVG 1972 Nr. 28 (Löwisch/Roeder)
3. 7. 1980	AP Nr. 23 zu § 613a BGB (Bernert)	BAG **34**, 34; BB **81**, 1466; EzA § 613a BGB Nr. 29
3. 7. 1980	AP Nr. 2 zu § 18 SchwbG (Hueck, G.)	BAG **34**, 20; BB **81**, 1115; DB **81**, 103; NJW **81**, 1332; SAE **81**, 153 (Braasch); EzA § 18 SchwbG Nr. 3
9. 7. 1980	AP Nr. 7 zu § 1 TVG Form (Wiedemann)	BAG **34**, 42; DB **81**, 374; NJW **81**, 1574; ArbuR **82**, 116 (Gröbing); EzA § 1 TVG Nr. 13
22. 7. 1980	AP Nr. 3 zu § 74 BetrVG 1972	BAG **34**, 75; BB **81**, 494; DB **81**, 481; EzA § 74 BetrVG 1972 Nr. 5

Datum	Fundstelle AP	Weitere Fundstellen
29. 7. 1980	AP Nr. 37 zu § 37 BetrVG 1972 (Bernert)	BAG **34**, 80; BB **81**, 429; DB **81**, 427; NJW **81**, 1287; SAE **82**, 69 (Misera); EzA § 37 BetrVG 1972 Nr. 70 (Kittner)
13. 8. 1980	AP Nr. 2 zu § 77 BetrVG 1972	BB **81**, 554; DB **81**, 274; EzA § 77 BetrVG 1972 Nr. 8; AiB **81**, 32
13. 8. 1980	AP Nr. 37 zu § 611 BGB Abhängigkeit	BAG **34**, 111
20. 8. 1980	AP Nr. 15 zu § 6 LohnFG (Herschel)	DB **81**, 222; SAE **81**, 136 (Gamp); EzA § 9 LohnFG Nr. 6
21. 8. 1980	AP Nr. 7 zu § 1 BetrAVG Wartezeit	BAG **34**, 140; BB **81**, 671; DB **81**, 430; NJW **81**, 1855; SAE **82**, 53 (Hofmann); EzA § 1 BetrAVG Nr. 9
11. 9. 1980	AP Nr. 3 zu § 6 BetrAVG	BB **81**, 737; DB **81**, 944; EzA § 6 BetrAVG Nr. 4 (Herschel)
11. 9. 1980	AP Nr. 187 zu § 242 BGB Ruhegehalt (Herschel)	BB **81**, 851; DB **81**, 943; NJW **81**, 2773; EzA § 242 BGB Gleichbehandlung Nr. 22
23. 9. 1980	AP Nr. 4 zu § 47 BetrVG 1972	BB **81**, 1095; EzA § 47 BetrVG 1972 Nr. 3
7. 10. 1980	AP Nr. 1 zu § 27 BetrVG 1972	BB **81**, 909; DB **81**, 803; EzA § 27 BetrVG 1972 Nr. 6
14. 10. 1980	AP Nr. 7 zu Art. 140 GG (Schlaich)	BAG **34**, 195; DB **81**, 1290; NJW **81**, 1228; EzA § 1 KSchG Tendenzbetrieb Nr. 10 (Herschel)
17. 10. 1980	AP Nr. 10 zu § 1 KSchG 1969 Betriebsbedingte Kündigung	BB **81**, 555; DB **81**, 747; NJW **81**, 1686; SAE **81**, 148 (Peterek); EzA § 1 KSchG Betriebsbedingte Kündigung Nr. 15
21. 10. 1980	AP Nr. 1 zu § 54 BetrVG 1972 (Fabricius)	BAG **34**, 230; BB **81**, 1461; DB **81**, 895; EzA § 54 BetrVG 1972 Nr. 1
21. 10. 1980	AP Nr. 8 zu § 111 BetrVG 1972 (Seiter)	DB **81**, 698; NJW **81**, 2599; EzA § 111 BetrVG 1972 Nr. 12
21. 10. 1980	AP Nr. 17 zu Internat. Privatrecht, Arbeitsrecht (Beitzke)	DB **81**, 696; NJW **81**, 1175; ArbuR **81**, 252 (Corts); EzA § 102 BetrVG 1972 Nr. 43
30. 10. 1980	AP Nr. 3 zu § 1 BetrAVG	BAG **34**, 238; BB **81**, 555; DB **81**, 699; NJW **81**, 1632; SAE **81**, 212 Kraft; EzA § 112 BetrVG 1972 Nr. 20
18. 11. 1980	AP Nr. 3 zu § 87 BetrVG 1972 Arbeitszeit (Meisel)	BB **81**, 1464; DB **81**, 946; **82**, 2357 (Marsch-Barner); SAE **81**, 239 (Reuter); EzA § 87 BetrVG 1972 Arbeitszeit Nr. 8 (Klinkhammer): AiB **81**, 93
18. 11. 1980	AP Nr. 1 zu § 93 BetrVG 1972 (Küchenhoff)	BB **81**, 1463; DB **81**, 998; EzA § 93 BetrVG 1972 Nr. 1
18. 11. 1980	AP Nr. 2 zu § 108 BetrVG 1972	BAG **34**, 260; DB **81**, 1240; ArbuR **83**, 33 (Richardi), 60; SAE **81**, 243 (Koch); EzA § 108 BetrVG 1972 Nr. 4 (Wohlgemuth); AiB **81**, 143
25. 11. 1980	AP Nr. 3 zu § 18 BetrVG 1972	DB **81**, 1242; EzA § 18 BetrVG 1972 Nr. 4
5. 12. 1980	AP Nr. 9 zu § 15 KSchG 1969 Wahlbewerber (Pfarr)	BAG **34**, 291; DB **81**, 1142; EzA § 15 KSchG n. F. Nr. 25 (Löwisch/Arnold)
9. 12. 1980	AP Nr. 5 zu § 87 BetrVG 1972 Lohngestaltung (Herschel)	BAG **34**, 297; BB **81**, 735 (Gumpert); NJW **82**, 253; SAE **81**, 192 (Meisel); EzA § 87 BetrVG 1972 Betriebl. Lohngestaltung Nr. 1 (Weiss); AiB **81**, 94
17. 12. 1980	AP Nr. 4 zu § 87 BetrVG 1972 Lohngestaltung (Löwisch/Roeder)	BB **81**, 789; DB **81**, 1045; SAE **81**, 251 (Bohn); EzA § 87 BetrVG 1972 Betriebl. Lohngestaltung Nr. 2 (Weiss); AiB **81**, 126
18. 12. 1980	AP Nr. 22 zu § 102 BetrVG 1972 (Herschel)	BAG **34**, 309; BB **81**, 1845; DB **81**, 1624; NJW **81**, 2316; SAE **82**, 20 (Koller); EzA § 102 BetrVG 1972 Nr. 44; AiB **82**, 32 (Anm.)

Fundstellennachweis

Fette Zahl = Jahreszahl

Datum	Fundstelle AP	Weitere Fundstellen
22. 12. 1980 1 ABR 2/79	AP Nr. 70 zu Art. 9 GG Arbeitskampf (Richardi)	BAG **34**, 331; BB **81**, 609; DB **81**, 321, 578 (Seiter), 1086 (Adomeit); **90**, 322 (Trittin); NJW **81**, 937; ArbuR **82**, 361 (Däubler); SAE **81**, 197 (Konzen); RdA **81**, 124, 285 (Otto); EzA § 615 BGB Betriebsrisiko Nr. 7 (1. Dütz 2. Ehmann/Schnauder)
22. 12. 1980 1 ABR 76/79	AP Nr. 71 zu Art. 9 GG Arbeitskampf (Richardi)	BAG **34**, 355; BB **81**, 669; DB **81**, 327, 578 (Seiter); **90**, 322 (Trittin); NJW **81**, 942; ArbuR **82**, 105 (Buschmann), 361 (Däubler); SAE **81**, 205 (Konzen); RdA **81**, 130, 285 (Otto); EzA § 615 BGB Betriebsrisiko Nr. 8 (1. Dütz 2. Ehmann/Schnauder)

1981

Datum	Fundstelle AP	Weitere Fundstellen
13. 1. 1981	AP Nr. 8 zu § 76 BetrVG 1972	DB **81**, 1192; SAE **81**, 141 (Ottow); EzA § 76 BetrVG 1972 Nr. 31
13. 1. 1981	AP Nr. 2 zu § 46 BPersVG	–
27. 1. 1981	AP Nr. 2 zu § 80 ArbGG 1979 (Grunsky)	BAG **35**, 1; DB **81**, 2182; SAE **82**, 317 (Schreiber)
29. 1. 1981	AP Nr. 6 zu § 9 KSchG 1969 (Herschel)	BAG **35**, 30; DB **81**, 2438; NJW **82**, 1118; SAE **82**, 98 (Corts); EzA § 9 KSchG n. F. Nr. 10
29. 1. 1981	AP Nr. 10 zu § 15 KSchG 1969 (Beitzke)	BAG **35**, 17; BB **81**, 2069; DB **81**, 2283; NJW **82**, 252; EzA § 15 KSchG n. F. Nr. 26 (Schwerdtner)
5. 2. 1981	AP Nr. 1 zu § 72 LPVG NW (Meisel)	DB **82**, 1171; EzA § 102 BetrVG 1972 Nr. 47
10. 2. 1981	AP Nr. 25 zu § 5 BetrVG 1972 (Natzel)	BAG **35**, 59; DB **81**, 1935; ArbuR **82**, 133 (Fangmann); EzA § 5 BetrVG 1972 Nr. 37; AiB **81**, 192
10. 2. 1981	AP Nr. 2 zu § 54 BetrVG 1972	BAG **35**, 67; BB **81**, 1769; DB **81**, 1937; EzA § 54 BetrVG 1972 Nr. 2
17. 2. 1981	AP Nr. 9 zu § 111 BetrVG 1972 (Kittner)	BB **81**, 1214; DB **81**, 1190; 1244 (Gutbrod); NJW **81**, 2716; ArbuR **81**, 386 (Herschel); SAE **82**, 17 (Löwisch); RdA **81**, 325; EzA § 111 BetrVG 1972 Nr. 13
17. 2. 1981	AP Nr. 11 zu § 112 BetrVG 1972 (Kraft)	BAG **35**, 80; BB **81**, 1092; DB **81**, 1414; NJW **82**, 69; SAE **82**, 43 (Schulin); EzA § 112 BetrVG 1972 Nr. 21
25. 2. 1981	AP Nr. 24 zu § 613a BGB (Lüke)	BAG **35**, 104; BB **81**, 848; DB **81**, 1140; **82**, 1168 (Meilicke); NJW **81**, 2212; SAE **81**, 219 (Roemheld); RdA **81**, 260; EzA § 613a BGB Nr. 28
4. 3. 1981	AP Nr. 1 zu § 77 LPVG Baden-Württemberg (Hueck, G.)	BAG **35**, 118
19. 3. 1981	AP Nr. 14 zu § 80 BetrVG 1972 (Kemper/Küpper)	BB **81**, 1952; DB **81**, 2181; EzA § 80 BetrVG 1972 Nr. 18
24. 3. 1981	AP Nr. 2 zu § 87 BetrVG 1972 Arbeitssicherheit (Wiese/Starck)	BAG **35**, 150; DB **81**, 1674, 1882; NJW **82**, 404; SAE **82**, 203 (Schlüter/Belling); EzA § 87 BetrVG 1972 Betriebl. Ordnung Nr. 6; AiB **81**, 174 (Schneider)
24. 3. 1981	AP Nr. 12 zu § 112 BetrVG 1972 (Hilger)	BAG **35**, 160; BB **83**, 250; DB **81**, 2178; NJW **82**, 70; SAE **82**, 76 (Mayer-Maly); EzA § 112 BetrVG 1972 Nr. 22
25. 3. 1981	AP Nr. 1 zu § 19 BBiG (Weber)	BAG **35**, 173; NJW **81**, 2534; EzA § 19 BBiG Nr. 3
1. 4. 1981	AP Nr. 23 zu § 102 BetrVG 1972 (Hueck, G.)	BAG **35**, 190; BB **81**, 2008; DB **81**, 2128; NJW **81**, 2772; SAE **82**, 37 (Streckel); EzA § 102 BetrVG 1972 Nr. 45 (Löwisch)

Datum	Fundstelle AP	Weitere Fundstellen
7. 4. 1981 1 ABR 83/78	AP Nr. 16 zu § 118 BetrVG 1972 (Birk)	DB **81**, 2623; NJW **82**, 254; EzA § 118 BetrVG 1972 Nr. 26; AiB **81**, 96 (Schneider)
7. 4. 1981 1 ABR 62/78	AP Nr. 17 zu § 118 BetrVG 1972 (Birk)	EzA § 118 BetrVG 1972 Nr. 25; AiB **81**, 96 (Schneider)
28. 4. 1981	AP Nr. 1 zu § 87 BetrVG 1972 Vorschlagswesen (Herschel)	BAG **35**, 205; DB **81**, 1882; NJW **82**, 405; SAE **82**, 213, 220 (Kreutz); EzA § 87 BetrVG 1972 Vorschlagswesen Nr. 2 (Kraft); AiB **81**, 80
30. 4. 1981	AP Nr. 12 zu § 99 BetrVG 1972 (Löwisch)	BAG **35**, 228; BB **81**, 1833; DB **81**, 1833; NJW **81**, 2375; ArbuR **81**, 354 (Bobke); EzA § 95 BetrVG 1972 Nr. 4; AiB **82**, 79
13. 5. 1981	AP Nr. 24 zu § 59 HGB (v. Hoyningen-Huene)	BAG **35**, 239; DB **81**, 2547; EzA § 59 HGB Nr. 2
19. 5. 1981 1 ABR 109/78	AP Nr. 18 zu § 118 BetrVG 1972 (Meisel)	BAG **35**, 278; BB **82**, 1984; DB **81**, 2384; NJW **82**, 124, 2227 (Kull); SAE **82**, 124 (Kraft); EzA § 99 BetrVG 1972 Nr. 32; AiB **82**, 64
19. 5. 1981 1 ABR 39/79	AP Nr. 21 zu § 118 BetrVG 1972 (Herschel)	BAG **35**, 289; DB **82**, 129; EzA § 118 BetrVG 1972 Nr. 30
25. 6. 1981	AP Nr. 38 zu § 37 BetrVG 1972 (Grunsky)	BAG **35**, 337; DB **81**, 2180; **82**, 1368 (Loritz); NJW **82**, 68; SAE **84**, 5 (Richardi); EzA § 37 BetrVG 1972 Nr. 71; AiB **81**, 176 (Schneider)
30. 6. 1981	AP Nr. 15 zu § 80 BetrVG 1972 (Kraft)	BAG **35**, 342; BB **81**, 1950; DB **81**, 2386; NJW **82**, 123; ArbuR **82**, 245 (v. Friesen), 262; SAE **82**, 119 (Meisel); EzA § 80 BetrVG 1972 Nr. 19; AiB **81**, 144
30. 6. 1981	AP Nr. 20 zu § 118 BetrVG 1972 (1. Naendrup, 2. Fenn)	BAG **35**, 352; BB **82**, 990; DB **81**, 2624; NJW **82**, 125; SAE **82**, 231 (Koch); EzA § 118 BetrVG 1972 Nr. 27
28. 7. 1981 1 ABR 65/79	AP Nr. 3 zu § 87 BetrVG 1972 Arbeitssicherheit (Richardi)	BAG **36**, 138; BB **82**, 493; DB **82**, 386; EzA § 87 BetrVG 1972 Arbeitszeit Nr. 9 (Kraft); AiB **82**, 96 (Schneider)
28. 7. 1981 1 ABR 90/79	AP Nr. 4 zu § 87 BetrVG 1972 Arbeitszeit (Zmarzlik)	BAG **36**, 26; DB **82**, 117; NJW **82**, 1116; ArbuR **83**, 188 (Herschel); SAE **82**, 167 (Meisel); EzA § 6 AZO Nr. 1 (Kreutz); AiB **82**, 30 (Däubler)
28. 7. 1981	AP Nr. 2 zu § 87 BetrVG 1972 Provision (Schulze-Osterloh)	BAG **36**, 1; BB **82**, 1050; DB **81**, 2031; **82**, 279 (Heuking); SAE **82**, 113 (Löwisch); EzA § 87 BetrVG 1972 Leistungslohn Nr. 4 (Gaul)
28. 7. 1981	AP Nr. 2 zu § 87 BetrVG 1972 Urlaub (Boldt)	BAG **36**, 14; BB **82**, 616; DB **81**, 2621; NJW **82**, 959; SAE **84**, 114 (Birk); RdA **82**, 128; EzA § 87 BetrVG 1972 Urlaub Nr. 4
4. 8. 1981	AP Nr. 5 zu § 87 BetrVG 1972 Arbeitszeit (Herschel)	BAG **36**, 161; DB **82**, 705; NJW **82**, 671; EzA § 87 BetrVG 1972 Arbeitszeit Nr. 10
4. 8. 1981	AP Nr. 1 zu § 87 BetrVG 1972 Tarifvorrang (Mayer–Maly)	BAG **36**, 148; DB **82**, 383; SAE **82**, 293 (Buchner); EzA § 87 BetrVG 1972 Nr. 8
6. 8. 1981 6 AZR 505/78	AP Nr. 39 zu § 37 BetrVG 1972	EzA § 37 BetrVG 1972 Nr. 73
6. 8. 1981 6 AZR 1086/79	AP Nr. 40 zu § 37 BetrVG 1972 (Joachim)	DB **82**, 758; EzA § 37 BetrVG 1972 Nr. 74
25. 8. 1981	AP Nr. 2 zu § 83 ArbGG 1979 (Grunsky)	BAG **37**, 31; DB **82**, 546; SAE **82**, 195 (Zeiss)
26. 8. 1981	AP Nr. 13 zu § 103 BetrVG 1972 (Bickel)	BAG **36**, 72; BB **82**, 738; DB **81**, 2627; NJW **82**, 1175; EzA § 103 BetrVG 1972 Nr. 27

Datum	Fundstelle AP	Weitere Fundstellen
9. 9. 1981	AP Nr. 117 zu Art. 3 GG (Pfarr)	BAG **36**, 187; BB **82**, 676; DB **82**, 119; **83**, 1430 (Seeland); NJW **82**, 461; ArbuR **82**, 86 (Bertelsmann/Pfarr), 102; SAE **82**, 81 (Hromadka); EzA § 242 BGB Gleichbehandlung Nr. 26
23. 9. 1981	AP Nr. 22 zu § 611 BGB Lehrer, Dozenten	BAG **37**, 58; EzA § 611 BGB Arbeitnehmerbegriff Nr. 24
24. 9. 1981	AP Nr. 26 zu § 5 BetrVG 1972 (Natzel)	BAG **36**, 363; DB **82**, 606; SAE **82**, 277 (Gast)
8. 10. 1981	AP Nr. 2 zu § 49 BAT (Meisel)	NJW **82**, 1348
22. 10. 1981	AP Nr. 10 zu § 76 BetrVG 1972 (Hilger)	BAG **36**, 385; DB **82**, 811; SAE **82**, 228 (Gamp); EzA § 76 BetrVG 1972 Nr. 32 (Herschel)
5. 11. 1981	AP Nr. 9 zu § 76 BetrVG 1972	BAG **36**, 315; DB **82**, 604; SAE **83**, 329 (Hanau); EzA § 40 BetrVG 1972 Nr. 50; AiB **82**, 140 (Schneider)
24. 11. 1981	AP Nr. 24 zu § 76 BetrVG 1952	BAG **37**, 92; DB **82**, 755; NJW **82**, 2518; ArbuR **82**, 165 (Köstler); SAE **83**, 35 (Konzen/Heß); EzA § 76 BetrVG Nr. 11
24. 11. 1981	AP Nr. 11 zu § 76 BetrVG 1972 (Grunsky)	BAG **37**, 102; DB **82**, 1413; SAE **83**, 246 (Dütz); EzA § 76 BetrVG 1972 Nr. 33 (Gaul); AiB **81**, 142 (Schneider)
24. 11. 1981	AP Nr. 3 zu § 87 BetrVG 1972 Ordnung des Betriebes (Herschel)	BAG **37**, 112; BB **82**, 1421 (Schirdewahn); DB **82**, 1116; SAE **84**, 102 (Ehmann); EzA § 87 BetrVG 1972 Betriebl. Ordnung Nr. 7 (Weiss)
24. 11. 1981	AP Nr. 10 zu § 72 a ArbGG 1979 Divergenz	DB **82**, 1363; EzA § 72 a ArbGG 1979 Nr. 37; AiB **82**, 127 (Anm.)
25. 11. 1982	AP Nr. 11 zu § 15 KSchG 1969	BAG **37**, 128; BB **82**, 2047; DB **82**, 809; NJW **82**, 1719; SAE **83**, 17 (Baumgärtel); EzA § 15 KSchG n. F. Nr. 27 (Herschel)
25. 11. 1981	AP Nr. 3 zu § 9 TVAL II (Beitzke)	BAG **37**, 120; DB **82**, 909
26. 11. 1981	AP Nr. 8 zu § 9 KSchG 1969 (Denck)	BAG **37**, 135; BB **82**, 1113; DB **82**, 757; NJW **82**, 2015; SAE **82**, 133 (Beitzke); EzA § 9 KSchG n. F. Nr. 11 (Herschel)
3. 12. 1981 6 ABR 60/79	AP Nr. 16 zu § 80 BetrVG 1972	BB **82**, 615; DB **82**, 855; EzA § 80 BetrVG 1972 Nr. 21
3. 12. 1981 6 ABR 8/80	AP Nr. 17 zu § 80 BetrVG 1972	BAG **37**, 195; BB **82**, 615; DB **82**, 653; EzA § 80 BetrVG 1972 Nr. 20; AiB **82**, 95 (Blanke)
8. 12. 1981	AP Nr. 1 zu § 1 BetrAVG Unterstützungskassen (Herschel)	BAG **37**, 217; BB **82**, 246, 565 (Höfer/Küpper); DB **82**, 50; NJW **82**, 1773; SAE **83**, 197 (Reuter); EzA § 242 BGB Ruhegeld Nr. 97
8. 12. 1981	AP Nr. 1 zu § 1 BetrAVG Ablösung (Herschel)	BAG **36**, 327; BB **82**, 186, 565 (Höfer/Küpper); DB **82**, 46; **84**, 926 (Blomeyer); SAE **83**, 191 (Reuter); RdA **82**, 256; **83**, 201 (Richardi); EzA § 242 BGB Ruhegeld Nr. 96
8. 12. 1981	AP Nr. 6 zu § 87 BetrVG 1972 Lohngestaltung (Kraft)	BAG **37**, 212; BB **82**, 989; DB **82**, 960; SAE **83**, 73 (Hanau); EzA § 87 BetrVG 1972 Betriebl. Ordnung Nr. 8
8. 12. 1981	AP Nr. 1 zu § 87 BetrVG 1972 Prämie (Hilger)	BAG **37**, 206; BB **82**, 2106; DB **82**, 1276; SAE **84**, 192 (Beuthien); EzA § 87 BetrVG 1972 Leistungslohn Nr. 6 (Hanau)
9. 12. 1981	AP Nr. 14 zu § 112 BetrVG 1972	BAG **37**, 237; BB **82**, 1299; DB **82**, 908; NJW **82**, 1718; SAE **82**, 299 (Wolf/Hammen); EzA § 112 BetrVG 1972 Nr. 24
17. 12. 1981	AP Nr. 41 zu § 37 BetrVG 1972 (Grunsky)	BB **82**, 1546; SAE **84**, 6 (Richardi); EzA § 37 BetrVG 1972 Nr. 75; AiB **82**, 140 (Anm.)

Datum	Fundstelle AP	Weitere Fundstellen
22. 12. 1981	AP Nr. 7 zu § 87 BetrVG 1972 Lohngestaltung (Heckelmann)	BAG **37**, 255; BB **82**, 1920; DB **82**, 1274; SAE **83**, 12 (Löwisch/Röder); EzA § 87 BetrVG 1972 Betriebl. Lohngestaltung Nr. 3

1982

Datum	Fundstelle AP	Weitere Fundstellen
19. 1. 1982	AP Nr. 10 zu Art. 140 GG	BAG **37**, 331; BB **82**, 674; DB **82**, 1015; EzA Art. 9 GG Nr. 34 (Dütz)
21. 1. 1982	AP Nr. 1 zu § 70 BetrVG 1972 (Natzel)	BAG **37**, 348; DB **82**, 1277; SAE **82**, 200 (Kraft); EzA § 70 BetrVG 1972 Nr. 2
26. 1. 1982	AP Nr. 35 zu Art. 9 GG	BAG **41**, 1; BB **82**, 1173; DB **82**, 1327; NJW **82**, 2890; ArbuR **82**, 293 (Herschel); EzA Art. 9 GG Nr. 35
3. 2. 1982	AP Nr. 1 zu § 72 BPersVG (Herschel)	BAG **37**, 387; DB **82**, 1416; NJW **82**, 2791
9. 2. 1982	AP Nr. 24 zu § 118 BetrVG 1972	BAG **41**, 5; BB **82**, 924; DB **82**, 1414; EzA § 118 BetrVG 1972 Nr. 33
2. 3. 1982	AP Nr. 6 zu § 87 BetrVG 1972 Arbeitszeit	BAG **38**, 96; DB **82**, 1115; SAE **82**, 304 (Weber); RdA **82**, 321; EzA § 87 BetrVG 1972 Arbeitszeit Nr. 11; AiB **82**, 128 (Schneider)
2. 3. 1982	AP Nr. 8 zu Art. 5 Abs. 1 GG Meinungsfreiheit	BAG **38**, 85; DB **82**, 2142; EzA Art. 5 GG Nr. 10 (Löwisch/Schönfeld)
4. 3. 1982	AP Nr. 3 zu § 77 BetrVG 1972 (Anm. Schriftleitung)	DB **82**, 1829; SAE **84**, 324 (Körnig); EzA § 77 BetrVG 1972 Nr. 10
10. 3. 1982	AP Nr. 1 zu § 13 BAT	BAG **38**, 141
10. 3. 1982	AP Nr. 47 zu § 242 BGB Gleichbehandlung (Wiedemann)	BAG **38**, 118; BB **83**, 445; DB **82**, 1223; NJW **82**, 2575; EzA § 242 BGB Gleichbehandlung Nr. 29
10. 3. 1982	AP Nr. 7 zu § 75 BPersVG (Löwisch/Schüren)	BAG **38**, 130; DB **82**, 2712
10. 3. 1982	AP Nr. 2 zu § 2 KSchG 1969 (Meisel)	BAG **38**, 106; DB **82**, 1520; NJW **82**, 2839; SAE **83**, 104 (v. Hoyningen-Huene); EzA § 2 KSchG Nr. 3
11. 3. 1982	AP Nr. 28 zu § 5 BetrVG 1972	BB **82**, 1792; DB **82**, 1990; **83**, 1597 (Müller), 1653 (Müller); EzA § 5 BetrVG 1972 Nr. 41; AiB **83**, 14
16. 3. 1982	AP Nr. 2 zu § 87 BetrVG 1972 Vorschlagswesen (Misera)	BAG **38**, 148; BB **83**, 963; DB **82**, 1468; EzA § 87 BetrVG 1972 Vorschlagswesen Nr. 3
16. 3. 1982	AP Nr. 3 zu § 108 BetrVG 1972	BAG **38**, 159; DB **82**, 1326; EzA § 108 BetrVG 1972 Nr. 5
16. 3. 1982	AP Nr. 1 zu § 611 BGB Betriebsgeheimnis	BAG **41**, 21; BB **82**, 1792, 1795 (Gumpert); DB **82**, 2247; NJW **83**, 134; EzA § 242 BGB Nachvertragliche Treuepflicht Nr. 1
30. 3. 1982	AP Nr. 10 zu § 87 BetrVG 1972 Lohngestaltung (Weiss)	BB **82**, 1300; DB **82**, 1519; SAE **83**, 50 (Steindl); EzA § 87 BetrVG 1972 Betriebl. Lohngestaltung Nr. 4; AiB **82**, 143
30. 3. 1982	AP Nr. 74 zu Art. 9 GG Arbeitskampf (v. Stebut)	BAG **38**, 207; BB **83**, 766; DB **82**, 2139; NJW **82**, 2835; ArbuR **83**, 254 (Buschmann); SAE **83**, 55 (Hromadka); EzA Art. 9 GG Arbeitskampf Nr. 46 (Buschmann)
6. 4. 1982	AP Nr. 1 zu § 1 BetrAVG Gleichbehandlung (Pfarr)	BAG **38**, 382; BB **82**, 1176; **83**, 382 (v. Usslar); DB **82**, 1466, 1563 (Ahrend/Förster); NJW **82**, 2013; SAE **82**, 256 (Sieg); RdA **82**, 384; EzA § 1 BetrAVG Nr. 16
20. 4. 1982	AP Nr. 15 zu § 112 BetrVG 1972	BAG **38**, 284; BB **82**, 1423; DB **82**, 1727; EzA § 112 BetrVG 1972 Nr. 25
28. 4. 1982	AP Nr. 4 zu § 87 BetrVG 1972 Betriebsbuße (Herschel)	BAG **39**, 31; DB **83**, 775; EzA § 87 BetrVG 1972 Betriebsbuße Nr. 5

Datum	Fundstelle AP	Weitere Fundstellen
28. 4. 1982	AP Nr. 3 zu § 2 KSchG 1969 (v. Hoyningen-Huene)	BAG **38**, 348; BB **38**, 1413; DB **82**, 1776; NJW **82**, 2687; ArbuR **83**, 381 (Kempff); SAE **82**, 246 (Beitzke); EzA § 2 KSchG Nr. 4
29. 4. 1982	AP Nr. 4 zu § 15 BAT (Clemens)	BB **83**, 1280 (Friesen); DB **82**, 2469; EzA § 2 AZO Nr. 1
25. 5. 1982	AP Nr. 2 zu § 87 BetrVG 1972 Prämie (Gaul)	BAG **39**, 86; DB **82**, 2467; SAE **83**, 173 (Kraft); EzA § 87 BetrVG 1972 Leistungslohn Nr. 7 (Gaul)
25. 5. 1982	AP Nr. 53 zu § 611 BGB Dienstordnungs-Angestellte (Stuzky)	BAG **39**, 76; DB **82**, 2712
27. 5. 1982	AP Nr. 3 zu § 80 ArbGG 1979 (Schmidt, V.)	BAG **39**, 102; BB **83**, 442; DB **82**, 2410; SAE **83**, 20 (Grunsky); EzA § 83 ArbGG 1979 Nr. 1
27. 5. 1982	AP Nr. 1 zu § 34 BetrVG 1972	DB **82**, 2578; EzA § 34 BetrVG 1972 Nr. 1
27. 5. 1982	AP Nr. 3 zu § 42 BetrVG 1972 (Beitzke)	BAG **39**, 108; DB **82**, 2519; NJW **83**, 413; EzA § 42 BetrVG 1972 Nr. 3
2. 6. 1982	AP Nr. 3 zu § 284 ZPO (Baumgärtel)	BAG **41**, 37; BB **83**, 1727 (Schlund); DB **83**, 1827; NJW **83**, 1691; SAE **84**, 294 (Lorenz/Unger); EzA Art. 2 GG Nr. 2
8. 6. 1982	AP Nr. 7 zu § 87 BetrVG 1972 Arbeitszeit	BB **83**, 59; **84**, 676 (Neumann, M.); DB **82**, 2356, 2357 (Marsch-Barner); SAE **83**, 144 (Jahnke); EzA § 87 BetrVG 1972 Arbeitszeit Nr. 12; AiB **83**, 15 (Anm.)
9. 6. 1982	AP Nr. 1 zu § 107 BPersVG (Herschel)	BAG **39**, 118; DB **82**, 2711
20. 7. 1982	AP Nr. 26 zu § 76 BetrVG 1952	BB **83**, 832; DB **82**, 2087; SAE **83**, 334 (Otto/Bachmann); EzA § 76 BetrVG Nr. 12
20. 7. 1982	AP Nr. 5 zu § 611 BGB Mittelbares Arbeitsverhältnis (Koller)	BAG **39**, 200; NJW **83**, 645; SAE **83**, 46 (Zeiss); EzA § 611 BGB Mittelbares Arbeitsverhältnis Nr. 1
20. 7. 1982	AP Nr. 31 zu § 613 a BGB	BAG **39**, 208; DB **83**, 50, 1097 (Bauer); SAE **86**, 29 (Häuser); EzA § 613 a BGB Nr. 33
22. 7. 1982	AP Nr. 2 zu § 1 KSchG 1969 Verhaltensbedingte Kündigung (Otto)	BB **83**, 834; DB **83**, 180; NJW **83**, 700; SAE **83**, 313 (Ottow); EzA § 1 KSchG Verhaltensbedingte Kündigung Nr. 10 (Weiss); AiB **83**, 77 (Weiss)
29. 7. 1982	AP Nr. 5 zu § 83 ArbGG 1979	BAG **39**, 259; DB **83**, 666; SAE **83**, 343 (Schreiber); EzA § 81 ArbGG 1979 Nr. 2
3. 8. 1982	AP Nr. 12 zu § 87 BetrVG 1972 Lohngestaltung (Misera)	BAG **39**, 277; BB **83**, 376; DB **83**, 237; NJW **83**, 2519; SAE **83**, 317 (Hirschberg); EzA § 87 BetrVG 1972 Betriebl. Lohngestaltung Nr. 5
3. 8. 1982	AP Nr. 12 zu § 242 BGB Betriebliche Übung (Scheuring)	BAG **39**, 271; EzA § 242 BGB Betriebliche Übung Nr. 7
12. 8. 1982	AP Nr. 4 zu § 77 BetrVG 1972 (Hanau)	BAG **39**, 295; BB **82**, 2183; DB **82**, 2298, 2513 (Belling); **84**, 875 (Falkenberg); NJW **83**, 68; ArbuR **83**, 284 (Wohlgemuth); SAE **83**, 125 (Lieb); RdA **83**, 201 (Richardi), 217 (Martens), 278 (Richardi); EzA § 77 BetrVG 1972 Nr. 9 (Buchner)
12. 8. 1982	AP Nr. 5 zu § 77 BetrVG 1972	BB **83**, 249; DB **82**, 2301
17. 8. 1982	AP Nr. 5 zu § 87 BetrVG 1972 Ordnung des Betriebes	DB **82**, 2578; NJW **83**, 646; EzA § 87 BetrVG 1972 Betriebl. Ordnung Nr. 9; AiB **83**, 15
17. 8. 1982	AP Nr. 11 zu § 111 BetrVG 1972 (Richardi)	BAG **40**, 36; BB **83**, 501; DB **83**, 344; NJW **83**, 1870; SAE **84**, 234 (Mayer-Maly); EzA § 111 BetrVG 1972 Nr. 14

Datum	Fundstelle AP	Weitere Fundstellen
18. 8. 1982	AP Nr. 24 zu § 102 BetrVG 1972	BAG **40**, 42; BB **83**, 251; DB **83**, 288; NJW **83**, 2836; SAE **84**, 121 (Körnig); EzA § 102 BetrVG 1972 Nr. 48 (Heinze); AiB **83**, 79 (Schneider)
18. 8. 1982	AP Nr. 18 zu § 618 BGB (Lorenz)	BAG **40**, 50; BB **83**, 637; DB **83**, 234; EzA § 618 BGB Nr. 4
19. 8. 1982	AP Nr. 9 zu § 9 KSchG 1969 (Bernert)	BAG **40**, 56; BB **83**, 704; DB **83**, 663; NJW **83**, 1628; EzA § 9 KSchG n. F. Nr. 14
25. 8. 1982	AP Nr. 53 zu § 242 BGB Gleichbehandlung	BAG **39**, 336; BB **82**, 1921; DB **82**, 2354; **83**, 1430 (Seeland); NJW **83**, 190; ArbuR **83**, 219 (Pfarr); RdA **83**, 66; EzA § 242 BGB Gleichbehandlung Nr. 31
25. 8. 1982	AP Nr. 32 zu § 611 BGB Lehrer, Dozenten	BAG **39**, 329; EzA § 611 BGB Arbeitnehmerbegriff Nr. 25
27. 8. 1982	AP Nr. 25 zu § 102 BetrVG 1972	BAG **40**, 95; BB **83**, 377; DB **83**, 181; NJW **83**, 2835; EzA § 102 BetrVG 1972 Nr. 49; AiB **83**, 79 (Anm.)
31. 8. 1982	AP Nr. 8 zu § 87 BetrVG 1972 Arbeitszeit (Rath-Glawatz)	BAG **40**, 107; BB **83**, 1597; DB **83**, 453, 1818 (Joost); NJW **83**, 953; ArbuR **88**, 65 (Suhr); SAE **83**, 134 (Löwisch); RdA **83**, 189; EzA § 87 BetrVG 1972 Arbeitszeit Nr. 13 (Richardi); AiB **83**, 111 (Schneider), 191 (Anm.)
31. 8. 1982	AP Nr. 2 zu § 87 BetrVG 1972 Auszahlung	BAG **40**, 350; BB **83**, 60; DB **82**, 2519; NJW **83**, 2284; ArbuR **83**, 93 (Herschel); EzA § 87 BetrVG 1972 Nr. 9
1. 9. 1982	AP Nr. 65 zu §§ 22, 23 BAT 1975 (Jesse)	BAG **39**, 358
16. 9. 1982	AP Nr. 24 zu § 123 BGB (Brox)	BAG **41**, 54; DB **83**, 2780; NJW **84**, 446; EzA § 123 BGB Nr. 22 (Wohlgemuth)
16. 9. 1982	AP Nr. 4 zu § 22 KO	DB **83**, 504; NJW **83**, 1341; EzA § 1 KSchG Betriebsbedingte Kündigung Nr. 18 (Herschel)
23. 9. 1982	AP Nr. 3 zu § 4 BetrVG 1972	BAG **40**, 163; BB **83**, 1534; DB **83**, 1498; EzA § 1 BetrVG 1972 Nr. 3
23. 9. 1982	AP Nr. 42 zu § 37 BetrVG 1972	DB **83**, 182; EzA § 37 BetrVG 1972 Nr. 76; AiB **83**, 127 (Anm.)
7. 10. 1982	AP Nr. 5 zu § 620 BGB Teilkündigung (Wolf, M.)	BAG **40**, 199; BB **83**, 1791; DB **83**, 1368; SAE **83**, 185 (Beitzke); EzA § 315 BGB Nr. 28 (Herschel)
14. 10. 1982	AP Nr. 19 zu § 40 BetrVG 1972 (Otto)	BAG **40**, 244; BB **83**, 1215; DB **83**, 665; SAE **83**, 209 (Peterek); EzA § 40 BetrVG 1972 Nr. 52
14. 10. 1982	AP Nr. 36 zu § 613a BGB	DB **84**, 1306; EzA § 613a BGB Nr. 38
14. 10. 1982	AP Nr. 1 zu § 1 KSchG 1969 Konzern (Wiedemann)	BAG **41**, 72; DB **83**, 2635; NJW **84**, 381; SAE **84**, 139 (Windbichler); EzA § 15 KSchG n. F. Nr. 29
21. 10. 1982	AP Nr. 14 zu Art. 140 GG (Stein)	BB **83**, 2052; DB **83**, 2778; NJW **84**, 826; EzA § 1 KSchG Tendenzbetrieb Nr. 12 (Rüthers)
26. 10. 1982	AP Nr. 10 zu § 111 BetrVG 1972 (Richardi)	BAG **41**, 92; DB **83**, 1766; NJW **83**, 2838, 2803 (Kilian); SAE **84**, 269 (Buchner); EzA § 111 BetrVG 1972 Nr. 15
3. 11. 1982	AP Nr. 12 zu § 15 KSchG 1969	BAG **40**, 296; BB **83**, 1097; DB **83**, 830; NJW **83**, 1221; SAE **83**, 282 (Gangel); EzA § 15 KSchG n. F. Nr. 28
10. 11. 1982	AP Nr. 8 zu § 1 TVG Form (Mangen)	BAG **40**, 327; BB **83**, 1344; DB **83**, 717; EzA § 1 TVG Nr. 16
16. 11. 1982	AP Nr. 32 zu § 2 TVG (Rüthers/Roth)	DB **83**, 1151; **84**, 718 (Hagemeier); SAE **84**, 133 (Konzen); ArbuR **83**, 348 (Herschel); EzA Art. 9 GG Nr. 36
25. 11. 1982	AP Nr. 7 zu § 1 KSchG 1969 Krankheit (Meisel)	BAG **40**, 361; BB **83**, 899; DB **83**, 1047; **84**, 46 (Mohr); NJW **83**, 2897; EzA § 1 KSchG Krankheit Nr. 10 (Otto)

Datum	Fundstelle AP	Weitere Fundstellen
3. 12. 1982	AP Nr. 72 zu § 620 BGB Befristerer Arbeitsvertrag	BAG **41**, 110; DB **83**, 1553; NJW **83**, 2158; EzA § 620 BGB Nr. 63
9. 12. 1982	AP Nr. 73 zu § 626 BGB	BAG **41**, 150; BB **83**, 2257; DB **83**, 2578; NJW **84**, 1142; ArbuR **84**, 122 (Kohte); SAE **84**, 158 (Roemheld); EzA § 626 n. F. BGB Nr. 86 (Löwisch/Schönfeld)
14. 12. 1982	AP Nr. 1 zu § 1 BetrAVG Besitzstand (Wiedemann/Mangen)	BAG **41**, 163; BB **83**, 1034; DB **83**, 944, 1709 (Löwisch); SAE **85**, 9 (Pestalozza); EzA § 242 BGB Ruhegeld Nr. 100
16. 12. 1982	AP Nr. 13 zu § 15 KSchG 1969 (Kraft)	BAG **41**, 180; DB **83**, 1049; SAE **83**, 277 (Coester); EzA § 103 BetrVG 1972 Nr. 29
21. 12. 1982	AP Nr. 9 zu § 87 BetrVG 1972 Arbeitszeit (Gast)	BAG **41**, 200; BB **83**, 503; DB **83**, 611; SAE **83**, 321 (Wiese); EzA § 87 BetrVG 1972 Arbeitszeit Nr. 16

1983

Datum	Fundstelle AP	Weitere Fundstellen
13. 1. 1983	AP Nr. 42 zu § 611 BGB Abhängigkeit (Herschel)	BAG **41**, 247; BB **83**, 1855; NJW **84**, 1985; EzA § 611 BGB Arbeitnehmerbegriff Nr. 26
14. 1. 1983	AP Nr. 9 zu § 19 BetrVG 1972	BAG **41**, 275; BB **83**, 1223; DB **83**, 2142; EzA § 81 ArbGG 1979 Nr. 1
14. 1. 1983	AP Nr. 12 zu § 76 BetrVG 1972	BB **84**, 338; DB **83**, 2583; SAE **84**, 154 (Meisel); EzA § 76 BetrVG 1972 Nr. 34
19. 1. 1983	AP Nr. 28 zu § 102 BetrVG 1972	BB **83**, 1920; DB **83**, 1153; NJW **83**, 2047; EzA § 102 BetrVG 1972 Nr. 50
26. 1. 1983	AP Nr. 1 zu § 75 LPVG Rheinland-Pfalz (Pecher)	BAG **41**, 297
1. 2. 1983	AP Nr. 14 zu § 322 ZPO (Leipold)	BAG **41**, 316; DB **83**, 1660; NJW **84**, 1710; EzA § 322 ZPO Nr. 4
17. 2. 1983	AP Nr. 4 zu § 4 BetrVG 1972	BAG **41**, 403; BB **83**, 1790; DB **83**, 2039; ArbuR **83**, 283
17. 2. 1983	AP Nr. 14 zu § 15 KSchG 1969	BAG **41**, 391; BB **83**, 1218; DB **83**, 1551; NJW **83**, 1927; EzA § 620 BGB Nr. 64
17. 2. 1983	AP Nr. 6 zu § 212a ZPO	BAG **41**, 408; EzA § 212a BGB Nr. 4
22. 2. 1983	AP Nr. 2 zu § 23 BetrVG 1972 (v. Hoyningen-Huene)	BAG **42**, 11; BB **83**, 1724; **84**, 676 (Neumann), 1169 (Trittin); DB **83**, 1926; **84**, 2695 (Konzen/Rapp); NJW **84**, 196; ArbuR **83**, 284; **85**, 78 (Kümpel), 65 (Derleder); SAE **84**, 182 (Buchner); RdA **83**, 319; EzA § 23 BetrVG 1972 Nr. 9 (Rüthers/Henssler)
22. 2. 1983	AP Nr. 7 zu § 113 BetrVG 1972	BAG **42**, 1; BB **84**, 61; DB **83**, 1447; NJW **84**, 323; EzA § 4 TVG Ausschlussfristen Nr. 54
25. 2. 1983	AP Nr. 14 zu § 626 BGB Ausschlussfrist	BB **83**, 1922; **88**, 2032 (Gerauer); **89**, 1061 (Kapischke); DB **83**, 1605; EzA § 626 n. F. BGB Nr. 83
3. 3. 1983	AP Nr. 8 zu § 20 BetrVG 1972 (Löwisch)	BAG **42**, 71; DB **83**, 1366; NJW **84**, 198; EzA § 20 BetrVG 1972 Nr. 12
8. 3. 1983	AP Nr. 14 zu § 87 BetrVG 1972 Lohngestaltung (Weiß)	BB **83**, 2114; DB **83**, 2040; EzA § 87 BetrVG 1972 Betriebl. Lohngestaltung Nr. 6
8. 3. 1983	AP Nr. 26 zu § 118 BetrVG 1972 (Herschel)	BAG **42**, 75; BB **83**, 2115; DB **83**, 1875; NJW **84**, 1144; EzA § 118 BetrVG 1972 Nr. 34
17. 3. 1983	AP Nr. 18 zu § 80 BetrVG 1972	BAG **42**, 113; BB **83**, 1280 (v. Friesen), 1282; DB **83**, 1607; NJW **83**, 2463; ArbuR **84**, 56 (Wohlgemuth); EzA § 80 BetrVG 1972 Nr. 24 (Kroll); AiB **83**, 176
22. 3. 1983	AP Nr. 6 zu § 101 BetrVG 1972 (Löwisch)	BAG **42**, 121; BB **83**, 1986; DB **83**, 2313; SAE **84**, 59 (Kraft); EzA § 101 BetrVG 1972 Nr. 5; AiB **84**, 31 (Schneider)

Datum	Fundstelle AP	Weitere Fundstellen
21. 4. 1983	AP Nr. 43 zu § 37 BetrVG 1972	BB **83**, 1853; DB **83**, 2253; ArbuR **83**, 283; EzA § 37 BetrVG 1972 Nr. 79; AiB **84**, 79 (Schneider)
21. 4. 1983	AP Nr. 20 zu § 40 BetrVG 1972 (Naendrup)	BAG **42**, 259; BB **84**, 469; DB **84**, 248; NJW **84**, 2309; SAE **84**, 261 (Schwerdtner); EzA § 40 BetrVG 1972 Nr. 53 (Kreutz); AiB **84**, 15 (Schneider)
17. 5. 1983	AP Nr. 19 zu § 80 BetrVG 1972 (v. Hoyningen-Huene)	BAG **42**, 366; BB **83**, 1984; **84**, 676 (Neumann, M.); DB **83**, 1986; SAE **85**, 56 (Joost); EzA § 80 BetrVG 1972 Nr. 25
17. 5. 1983	AP Nr. 18 zu § 99 BetrVG 1972 (Faude)	BAG **42**, 386; DB **83**, 2638; EzA § 99 BetrVG 1972 Nr. 36
17. 5. 1983	AP Nr. 11 zu § 75 BPersVG (Wiese)	BAG **42**, 375; BB **84**, 140; DB **84**, 139; NJW **84**, 824; EzA Art. 2 GG Nr. 3
19. 5. 1983	AP Nr. 44 zu § 37 BetrVG 1972 (Weiss)	BAG **42**, 405; BB **84**, 532; DB **83**, 2038; EzA § 37 BetrVG 1972 Nr. 77
19. 5. 1983	AP Nr. 25 zu § 123 BGB (Mühl)	BB **84**, 533; DB **84**, 298; SAE **84**, 173 (Misera); EzA § 123 BGB Nr. 23 (Wank)
26. 5. 1983	AP Nr. 34 zu § 613a BGB (Grunsky)	BAG **43**, 13; BB **83**, 2116; DB **83**, 2690; NJW **84**, 627; EzA § 613a BGB Nr. 34; AiB **83**, 112
31. 5. 1983	AP Nr. 95 BetrVG 1972 (Löwisch)	BAG **43**, 26; BB **84**, 275; DB **83**, 2311; ArbuR **85**, 100 (Zachert); SAE **84**, 108 (Weber); EzA § 95 BetrVG 1972 Nr. 6; NZA **84**, 49
31. 5. 1983	AP Nr. 27 zu § 118 BetrVG 1972 (Misera)	BAG **43**, 35; DB **84**, 995; SAE **84**, 62 (Kraft); EzA § 118 BetrVG 1972 Nr. 36
9. 6. 1983	AP Nr. 2 zu § 23 KSchG 1969	BAG **43**, 80; BB **84**, 143; DB **83**, 2473; NJW **84**, 82; SAE **84**, 283 (Gast); EzA § 23 KSchG Nr. 4
10. 6. 1983	AP Nr. 10 zu § 19 BetrVG 1972	BAG **44**, 57; DB **83**, 2142; EzA § 19 BetrVG 1972 Nr. 19
14. 6. 1983	AP Nr. 58 zu § 242 BGB Gleichbehandlung (Herschel)	BAG **44**, 61; DB **84**, 1251
15. 6. 1983	AP Nr. 5 zu § 10 AÜG	BAG **43**, 102; DB **83**, 2420; NJW **84**, 2912; ArbuR **84**, 348 (Ulber); SAE **85**, 71 (Wank)
23. 6. 1983	AP Nr. 45 zu § 37 BetrVG 1972 (Löwisch/Reimann)	BAG **43**, 109; DB **83**, 2419; SAE **84**, 196 (Meisel); EzA § 37 BetrVG 1972 Nr. 78; AiB **83**, 190
23. 6. 1983	AP Nr. 10 zu § 78a BetrVG 1972 (Natzel)	BAG **43**, 115; DB **84**, 1786; NJW **84**, 1779; ArbuR **83**, 247; EzA § 78a BetrVG 1972 Nr. 11
30. 6. 1983	AP Nr. 15 zu Art. 140 GG (Richardi)	NJW **84**, 1917; EzA § 1 KSchG Tendenzbetrieb Nr. 14
19. 7. 1983	AP Nr. 5 zu § 87 BetrVG 1972 Betriebsbuße (Herschel)	DB **83**, 2695; ArbuR **84**, 220 (Weiss); EzA § 611 BGB Fürsorgepflicht Nr. 34 (Klinkhammer, Dieter + Heinz)
28. 7. 1983	AP Nr. 1 zu § 22 SchwbG (Herschel)	BAG **43**, 210; DB **84**, 133; EzA § 22 SchwbG Nr. 1
2. 8. 1983	AP Nr. 12 zu § 111 BetrVG 1972 (Fabricius/Pottmeyer)	BAG **43**, 222; BB **84**, 274; DB **83**, 2776; NJW **84**, 1781; ArbuR **83**, 310; SAE **84**, 148; EzA § 111 BetrVG 1972 Nr. 16 (1. Mummenhoff, 2. Klinkhammer)
16. 8. 1983	AP Nr. 2 zu § 81 ArbGG 1979	BB **84**, 729; DB **84**, 408; EzA § 81 ArbGG 1979 Nr. 3
16. 8. 1983	AP Nr. 5 zu § 50 BetrVG 1972	BAG **44**, 86; DB **84**, 129; NJW **84**, 2966; ArbuR **83**, 310; SAE **84**, 334 (Dütz); EzA § 50 BetrVG 1972 Nr. 9
25. 8. 1983	AP Nr. 7 zu § 77 BetrVG 1972 (Misera)	BAG **44**, 94; BB **84**, 981; DB **84**, 1302; EzA § 77 BetrVG 1972 Nr. 12

Datum	Fundstelle AP	Weitere Fundstellen
25. 8. 1983	AP Nr. 14 zu § 59 KO (Gerhardt)	DB **84**, 303; EzA § 59 KO Nr. 11
30. 8. 1983	AP Nr. 38 zu Art. 9 GG (Herschel)	BB **84**, 212; DB **84**, 462; EzA Art. 9 GG Nr. 37
13. 9. 1983	AP Nr. 3 zu § 87 BetrVG 1972 Prämie (Hanau)	BAG **43**, 278; BB **83**, 2051; DB **83**, 2470; ArbuR **84**, 92 (Pornschlegel); SAE **88**, 253 (Lieb); RdA **84**, 55; EzA § 87 BetrVG 1972 Leistungslohn Nr. 8 (Löwisch/Reimann)
13. 9. 1983	AP Nr. 1 zu § 1 TVG Tarifverträge: Druckindustrie (Reuter)	BAG **44**, 141; DB **84**, 1099; EzA § 4 TVG Druckindustrie Nr. 1
22. 9. 1983	AP Nr. 11 zu § 78a BetrVG 1972 (Löwisch)	BAG **44**, 154; BB **84**, 1682; DB **84**, 936; EzA § 78a BetrVG 1972 Nr. 12; NZA **84**, 45; AiB **84**, 80 (Blanke)
28. 9. 1983	AP Nr. 1 zu § 21 BetrVG 1972 (Gast)	BAG **44**, 164; DB **84**, 833; EzA § 102 BetrVG 1972 Nr. 56; NZA **84**, 52
28. 9. 1983	AP Nr. 9 zu § 1 TVG Rückwirkung (Herschel)	BAG **43**, 305; BB **84**, 724; DB **84**, 303; EzA § 1 TVG Rückwirkung Nr. 2
29. 9. 1983	AP Nr. 15 zu § 15 KSchG 1969 (Richardi)	DB **84**, 302; SAE **85**, 115 (Schulin); EzA § 15 KSchG n. F. Nr. 32
20. 10. 1983	AP Nr. 13 zu § 1 KSchG Betriebsbedingte Kündigung (v. Hoyningen-Huene)	BAG **43**, 357; BB **84**, 671; DB **84**, 563, 1467 (Vogt); NJW **84**, 1648; SAE **85**, 215 (Otto); EzA § 1 KSchG Betriebsbedingte Kündigung Nr. 28 (Kraft)
25. 10. 1983	AP Nr. 18 zu § 112 BetrVG 1972	BB **84**, 598; DB **84**, 725; SAE **84**, 326 (Hromadka); EzA § 112 BetrVG 1972 Nr. 28
2. 11. 1983	AP Nr. 29 zu § 102 BetrVG 1972	BAG **44**, 201; DB **84**, 407; EzA § 102 BetrVG 1972 Nr. 53 (Streckel)
13. 11. 1987	AP Nr. 18 zu § 78a BetrVG 1972	BAG **57**, 21; BB **88**, 2244; DB **88**, 2414; **92**, 1290 (Graf); SAE **89**, 144 (Natzel); EzA § 78a BetrVG 1972 Nr. 19; NZA **89**, 439
24. 11. 1983	AP Nr. 30 zu § 102 BetrVG 1972	BAG **44**, 249; BB **84**, 1045; DB **84**, 1149; EzA § 102 BetrVG 1972 Nr. 54 (Grunsky); NZA **84**, 93, 76 (Rummel)
29. 11. 1983	AP Nr. 10 zu § 113 BetrVG 1972	BAG **44**, 260; DB **84**, 724; NJW **84**, 1650; SAE **84**, 257 (Kraft); EzA § 113 BetrVG 1972 Nr. 11
1. 12. 1983	AP Nr. 13 zu § 76 BetrVG 1972 (Weiss)	DB **84**, 934; ArbuR **84**, 48; EzA § 40 BetrVG 1972 Nr. 54
6. 12. 1983	AP Nr. 7 zu § 87 BetrVG 1972 Überwachung (Richardi)	BAG **44**, 285; BB **84**, 850; **85**, 531 (Schwarz); DB **84**, 775, 1723 (Gaul), 2560 (Moll/Gaul); **85**, 1341 (Weng); NJW **84**, 1476; ArbuR **84**, 263 (Kohte); SAE **85**, 225 (Heinze); EzA § 87 BetrVG 1972 Bildschirmarbeitsplatz Nr. 1 (Ehmann); NZA **85**, Beilage 1, 2 (Ehmann)
15. 12. 1983	AP Nr. 12 zu § 78a BetrVG 1972 (Löwisch)	BAG **44**, 355; BB **84**, 1364; DB **84**, 1101; NJW **84**, 2598; EzA § 78a BetrVG 1972 Nr. 13; NZA **84**, 44
20. 12. 1983	AP Nr. 17 zu § 112 BetrVG 1972 (v. Hoyningen-Huene)	BAG **44**, 364; BB **84**, 2003; DB **84**, 723; NJW **84**, 1581; SAE **85**, 263 (Hanau); RdA **84**, 189; EzA § 112 BetrVG 1972 Nr. 29 (Kreutz); NZA **84**, 53

1984

19. 1. 1984	AP Nr. 4 zu § 74 BetrVG 1972	BAG **45**, 22; DB **84**, 1529; NZA **84**, 166
20. 1. 1984	AP Nr. 16 zu § 15 KSchG 1969	BAG **45**, 26; BB **84**, 1043; DB **84**, 1248; SAE **85**, 159 (Schlüter/Belling); EzA § 15 KSchG n. F. Nr. 33; NZA **84**, 38

Datum	Fundstelle AP	Weitere Fundstellen
25. 1. 1984	AP Nr. 67 zu § 242 BGB	BAG **45**, 76; BB **84**, 1940; DB **84**, 2251; NJW
5 AZR 89/82	Gleichbehandlung (Herschel)	**85**, 168; SAE **85**, 204 (Misera); EzA § 242
		BGB Gleichbehandlung Nr. 38 (Weiss); NZA
		84, 326
25. 1. 1984	AP Nr. 68 zu § 242 BGB	BAG **45**, 86; DB **84**, 2355; NJW **85**, 165; SAE
5 AZR	Gleichbehandlung (Herschel)	**85**, 200 (Misera); EzA § 242 BGB Gleichbe-
251/82		handlung Nr. 39 (Weiss); NZA **84**, 323
31. 1. 1984	AP Nr. 15 zu § 87 BetrVG	BAG **45**, 91; BB **85**, 398; DB **84**, 1353; EzA
	1972 Lohngestaltung (Satzky)	§ 87 BetrVG 1972 Betriebl. Lohngestaltung
		Nr. 8; NZA **84**, 167
31. 1. 1984	AP Nr. 3 zu § 95 BetrVG	BB **84**, 915; DB **84**, 1199; NJW **84**, 1709; EzA
	1972 (Löwisch)	§ 95 BetrVG 1972 Nr. 7; NZA **84**, 51
9. 2. 1984	AP Nr. 9 zu § 77 BetrVG	BAG **45**, 132; BB **84**, 1746; DB **84**, 1477; EzA
	1972	§ 77 BetrVG 1972 Nr. 13; NZA **84**, 96
14. 2. 1984	AP Nr. 21 zu § 112 BetrVG	DB **84**, 1529; SAE **85**, 321 (Löwisch); EzA
	1972 (Konzen)	§ 112 BetrVG 1972 Nr. 30; NZA **84**, 201
15. 2. 1984	AP Nr. 37 zu § 613 a BGB	BAG **45**, 140; BB **84**, 2266; DB **84**, 1403; EzA
	(Herschel)	§ 613 a BGB Nr. 39; NZA **84**, 32
23. 2. 1984	AP Nr. 2 zu § 82 BetrVG	BB **84**, 1874; DB **84**, 2098; SAE **85**, 27 (Pete-
	1972 (Schreiber)	rek); EzA § 82 BetrVG 1972 Nr. 2; NZA **85**,
		128
28. 2. 1984	AP Nr. 4 zu § 87 BetrVG	DB **84**, 1682; SAE **85**, 293 (v. Hoyningen-
	1972 Tarifvorrang	Huene); EzA § 87 BetrVG 1972 Leistungslohn
		Nr. 9; NZA **84**, 230
6. 3. 1984	AP Nr. 10 zu § 1 BetrAVG	BAG **45**, 178; DB **84**, 2516; EzA § 1 BetrAVG
		Nr. 31
8. 3. 1984	AP Nr. 15 zu § 13 BUrlG	BAG **45**, 199; BB **84**, 1489; DB **84**, 1885;
		ArbuR **84**, 153; SAE **86**, 166 (Bachmann); EzA
		§ 13 BUrlG Nr. 18; NZA **84**, 160
13. 3. 1984	AP Nr. 9 zu § 83 ArbGG	DB **84**, 2148; EzA § 83 ArbGG 1979 Nr. 2;
	1979	NZA **84**, 172
13. 3. 1984	AP Nr. 4 zu § 87 BetrVG	BAG **45**, 208; BB **84**, 2128; DB **84**, 2145; SAE
	1972 Provision (Hanau)	**85**, 120 (Meisel); EzA § 87 BetrVG 1972 Leis-
		tungslohn Nr. 10 (Otto); NZA **84**, 296
23. 3. 1984	AP Nr. 16 zu Art. 140 GG	BAG **45**, 250; BB **84**, 1552; NJW **84**, 2596;
	(Mayer-Maly)	EzA § 1 KSchG Tendenzbetrieb Nr. 15 (Her-
		schel); NZA **84**, 287
23. 3. 1984	AP Nr. 4 zu § 23 KSchG	BAG **45**, 259; DB **84**, 1684; SAE **85**, 127
	1969	(Hönn); EzA § 23 KSchG Nr. 7; NZA **84**, 88;
		AiB **84**, 141 (Wendeling-Schröder)
29. 3. 1984	AP Nr. 31 zu § 102 BetrVG	BAG **45**, 277; BB **84**, 1426; DB **84**, 1990; NJW
	1972 (v. Hoyningen-Huene)	**84**, 2374; SAE **85**, 88 (Reuter); EzA § 102
		BetrVG 1972 Nr. 55 (Moll); NZA **84**, 169
5. 4. 1984	AP Nr. 2 zu § 17 BBiG	DB **85**, 602; EzA § 17 BBiG Nr. 1; NZA **85**,
	(Herschel)	329; AiB **85**, 79 (Kempff)
5. 4. 1984	AP Nr. 46 zu § 37 BetrVG	DB **84**, 1785; EzA § 37 BetrVG 1972 Nr. 80;
	1972 (Löwisch/Riehle)	NZA **84**, 127
5. 4. 1984	AP Nr. 13 zu § 78 a BetrVG	BAG **45**, 305; DB **84**, 1992; ArbuR **84**, 186;
	1972	EzA § 78 a BetrVG 1972 Nr. 14
10. 4. 1984	AP Nr. 7 zu § 87 BetrVG	BB **85**, 121; DB **84**, 2097; NJW **84**, 2431;
	1972 Ordnung des Betriebes	SAE **86**, 21 (Kreutz); EzA § 87 BetrVG 1972
		Betriebl. Ordnung Nr. 10; AiB **84**, 142 (Schnei-
		der)
10. 4. 1984	AP Nr. 4 zu § 95 BetrVG	BB **84**, 1937; DB **84**, 2198; EzA § 95 BetrVG
	1972 (Höhn)	1972 Nr. 8; NZA **84**, 233
30. 4. 1984	AP Nr. 23 zu § 112 BetrVG	BAG **45**, 357; BB **84**, 1616; DB **84**, 1831;
	1972	NJW **84**, 2486; SAE **84**, 316 (Weitnauer); EzA
		§ 112 BetrVG 1972 Nr. 31; NZA **84**, 20 (Heß),
		191

Datum	Fundstelle AP	Weitere Fundstellen
3. 5. 1984	AP Nr. 15 zu § 76 BetrVG 1972	BB **84**, 1746; DB **84**, 2307; EzA § 40 BetrVG 1972 Nr. 56; NZA **84**, 330
3. 5. 1984	AP Nr. 5 zu § 95 BetrVG 1972 (Fabricius)	BAG **46**, 4; BB **85**, 125; DB **84**, 2413; EzA § 81 ArbGG 1979 Nr. 6
9. 5. 1984	AP Nr. 45 zu § 611 BGB Abhängigkeit	DB **84**, 2203; EzA § 611 BGB Arbeitnehmerbegriff Nr. 30
9. 5. 1984	AP Nr. 58 zu § 1 LohnFG	BAG **46**, 1; BB **84**, 1687; DB **84**, 2099; EzA § 1 LohnFG Nr. 71 (Söllner); NZA **84**, 162
17. 5. 1984	AP Nr. 21 zu § 1 KSchG 1969 Betriebsbedingte Kündigung (v. Hoyningen-Huene)	BAG **46**, 191; DB **85**, 1190; SAE **86**, 273 (Schulin); EzA § 1 KSchG Betriebsbedingte Kündigung Nr. 32; NZA **85**, 489
23. 5. 1984	AP Nr. 3 zu § 339 BGB (Brox)	BAG **46**, 50; BB **84**, 2268; **85**, 1402 (Stein); DB **84**, 2143; NJW **85**, 91; SAE **85**, 151 (Koller); NZA **84**, 255
5. 6. 1984	AP Nr. 3 zu Art. 119 EWG-Vertrag	BAG **46**, 70; DB **84**, 1577; EzA § 242 BGB Gleichbehandlung Nr. 35; NZA **84**, 84
6. 6. 1984	AP Nr. 7 zu § 611 BGB Persönlichkeitsrecht (Echterhölter)	BAG **46**, 98; BB **84**, 2130; DB **84**, 2626; NJW **84**, 2910; SAE **85**, 95 (Krause); EzA Art. 2 GG Nr. 4; NZA **84**, 321
6. 6. 1984	AP Nr. 83 zu § 620 BGB Befristeter Arbeitsvertrag	DB **84**, 2708; SAE **85**, 62 (Weber); EzA § 620 BGB Nr. 71; NZA **85**, 90
7. 6. 1984	AP Nr. 10 zu § 20 BetrVG 1972	BB **85**, 397; DB **84**, 2358; SAE **86**, 144 (Färber); EzA § 20 BetrVG 1972 Nr. 13; NZA **85**, 66
7. 6. 1984	AP Nr. 24 zu § 40 BetrVG 1972	BB **84**, 2192; DB **84**, 2200; EzA § 40 BetrVG 1972 Nr. 57; NZA **84**, 362
7. 6. 1984	AP Nr. 26 zu § 123 BGB	DB **84**, 2706; NJW **85**, 645; SAE **85**, 165 (Naendrup); EzA § 123 BGB Nr. 24 (Peterek); NZA **85**, 57
19. 6. 1984	AP Nr. 2 zu § 92 BetrVG 1972 (Kraft)	BAG **46**, 142; BB **84**, 2265; DB **84**, 2305; EzA § 92 BetrVG 1972 Nr. 1; NZA **84**, 329
19. 6. 1984	AP Nr. 3 zu § 1 TVG Verhandlungspflicht (Wiedemann)	BAG **46**, 129; DB **84**, 2415; NJW **85**, 220; SAE **85**, 339 (Coester); EzA § 256 ZPO Nr. 22; NZA **84**, 261
19. 6. 1984	AP Nr. 1 zu Art. 72 ZA-Nato-Truppenstatut (Beitzke)	BAG **46**, 107
28. 6. 1984	AP Nr. 1 zu § 85 BetrVG 1972 (Misera)	BAG **46**, 228; BB **85**, 1196; DB **85**, 1138; SAE **85**, 265 (Herschel); EzA § 85 BetrVG 1972 Nr. 1; NZA **85**, 189
3. 7. 1984	AP Nr. 20 zu § 99 BetrVG 1972 (Löwisch/Schönfeld)	BAG **46**, 158; DB **84**, 2304; ArbuR **85**, 229 (Bösche/Grünberg); EzA § 99 BetrVG 1972 Nr. 37 (Dütz); NZA **85**, 67; AiB **84**, 191 (Schneider)
12. 7. 1984	AP Nr. 32 zu § 102 BetrVG 1972	BB **85**, 1599; DB **85**, 340; EzA § 102 BetrVG 1972 Nr. 57; NZA **85**, 96
23. 8. 1984	AP Nr. 36 zu § 102 BetrVG 1972 (Richardi)	BAG **46**, 282; BB **85**, 1066; DB **85**, 1085; SAE **86**, 117 (Meisel); EzA § 102 BetrVG 1972 Nr. 59 (Wiese); NZA **85**, 566
23. 8. 1984	AP Nr. 17 zu § 103 BetrVG 1972 (van Venrooy)	BAG **46**, 258; BB **85**, 335; DB **85**, 554; ArbuR **86**, 92 (Heilmann); EzA § 103 BetrVG 1972 Nr. 30; NZA **85**, 254
13. 9. 1984	AP Nr. 3 zu § 1 BetrVG 1972	BAG **46**, 363; BB **85**, 997; DB **85**, 711; ArbuR **84**, 344; EzA § 19 BetrVG 1972 Nr. 20; NZA **85**, 293
14. 9. 1984	AP Nr. 9 zu § 87 BetrVG 1972 Überwachung (Richardi)	BAG **46**, 367; BB **85**, 193 (Hunold), 531 (Schwarz); DB **84**, 2513; **85**, 1341 (Weng); NJW **85**, 450 (Kilian); ArbuR **85**, 233 (Walz),

Datum	Fundstelle AP	Weitere Fundstellen
		261; SAE **85**, 193 (Ehmann); EzA § 87 BetrVG 1972 Kontrolleinrichtung Nr. 11 (Löwisch/ Rieble); NZA **85**, 28, Beilage 1, S. 2 (Ehmann), S. 11 (Samland), S. 15 (Hesse); AiB **85**, 165 (Apitzsch)
20. 9. 1984	AP Nr. 80 zu § 626 BGB	DB **85**, 655; SAE **85**, 171 (Oetker); EzA § 626 BGB n. F. Nr. 91 (Dütz); NZA **85**, 286, 588 (Tschöpe)
27. 9. 1984	AP Nr. 39 zu § 613a BGB	BAG **47**, 13; BB **85**, 1333; DB **85**, 1399; NJW **86**, 91; SAE **86**, 147 (Wank); RdA **85**, 183; EzA § 613a BGB Nr. 40; NZA **85**, 493
27. 9. 1984	AP Nr. 8 zu § 2 KSchG 1969 (v. Hoyningen-Huene)	BAG **47**, 26; BB **85**, 1130; DB **85**, 1186; NJW **85**, 1197; ArbuR **86**, 236 (Brill); SAE **86**, 216 (Hönn); EzA § 2 KSchG Nr. 5 (Kraft); NZA **85**, 455
23. 10. 1984	AP Nr. 8 zu § 87 BetrVG 1972 Ordnung des Betriebes (v. Hoyningen-Huene)	BAG **47**, 96; DB **85**, 495; EzA § 94 BetrVG 1972 Nr. 1; NZA **85**, 224
30. 10. 1984	AP Nr. 1 zu § 1 BetrAVG Betriebliche Übung (Hromadka)	BAG **47**, 130; DB **85**, 1747; SAE **86**, 1 (Beitzke); EzA § 242 BGB Betriebliche Übung Nr. 14; NZA **85**, 531
31. 10. 1984	AP Nr. 20 zu Art. 140 GG (Dütz)	BAG **47**, 144; DB **85**, 1855; EzA § 1 KSchG Tendenzbetrieb Nr. 16; NZA **85**, 215
15. 11. 1984	AP Nr. 2 zu § 25 BetrVG 1972	BAG **47**, 201; DB **85**, 1028; EzA § 102 BetrVG 1972 Nr. 58; NZA **85**, 367
20. 11. 1984	AP Nr. 3 zu § 106 BetrVG 1972	BAG **47**, 218; BB **85**, 927; DB **85**, 924; SAE **85**, 350 (Eich); EzA § 106 BetrVG 1972 Nr. 6; NZA **85**, 432; AiB **85**, 128
20. 11. 1984	AP Nr. 24 zu § 112 BetrVG 1972	BAG **47**, 214; BB **85**, 658; DB **85**, 926; NJW **85**, 1484; EzA § 112 BetrVG 1972 Nr. 32; NZA **85**, 227
20. 11. 1984	AP Nr. 38 zu § 613a BGB (Willemsen)	BAG **47**, 207; BB **85**, 869; DB **85**, 1135; EzA § 613a BGB Nr. 41; NZA **85**, 393
22. 11. 1984	AP Nr. 1 zu § 64 BetrVG 1972	DB **85**, 1534; EzA § 64 BetrVG 1972 Nr. 1; NZA **85**, 715
28. 11. 1984	AP Nr. 2 zu § 4 TVG Bestimmungsrecht (Wiedemann)	DB **85**, 183; EzA § 4 TVG Rundfunk Nr. 12
6. 12. 1984	AP Nr. 8 zu § 12 ArbGG 1979	EzA § 12 ArbGG 1979 Streitwert Nr. 34; NZA **85**, 296
6. 12. 1984	AP Nr. 14 zu § 61 KO	BB **85**, 998; DB **85**, 1349; NJW **85**, 1724; EzA § 9 KSchG n. F. Nr. 17; NZA **85**, 394
12. 12. 1984	AP Nr. 6 zu § 2 KSchG 1969	BAG **47**, 314; BB **85**, 731; DB **85**, 1240; NJW **85**, 2151; SAE **85**, 357 (Schüren); EzA § 315 BGB Nr. 29; NZA **85**, 321
18. 12. 1984	AP Nr. 11 zu § 113 BetrVG 1972	BAG **47**, 329; BB **85**, 1394; DB **85**, 1293, 1296 (Nipperdey); SAE **86**, 125 (Buchner); EzA § 113 BetrVG 1972 Nr. 12; NZA **85**, 400; AiB **92**, 348
18. 12. 1984	AP Nr. 8 zu § 611 BGB Persönlichkeitsrecht	DB **85**, 2307; NJW **86**, 341; EzA § 611 BGB Persönlichkeitsrecht Nr. 2; NZA **85**, 811
18. 12. 1984	AP Nr. 88 zu § 4 TVG Ausschlussfristen (Zeuner)	BAG **47**, 343; BB **85**, 1067; DB **85**, 1297; EzA § 4 TVG Ausschlussfristen Nr. 63; NZA **85**, 396
20. 12. 1984	AP Nr. 27 zu § 611 BGB Direktionsrecht (Brox)	BAG **47**, 363; BB **85**, 1853; **86**, 385 (Reuter); DB **85**, 2689; NJW **86**, 85; ArbuR **86**, 379 (Preuß); EzA § 1 KSchG Verhaltensbedingte Kündigung Nr. 16; NZA **86**, 21
20. 12. 1984	AP Nr. 9 zu § 620 BGB Bedingung (Belling)	DB **86**, 281; SAE **86**, 235 (Hromadka); EzA § 620 BGB Bedingung Nr. 4; NZA **86**, 325

Datum	Fundstelle AP	Weitere Fundstellen

1985

31. 1. 1985	AP Nr. 40 zu § 613 a BGB	BAG **48**, 40; BB **85**, 1913; DB **85**, 1852; NJW **86**, 87; EzA § 613 a BGB Nr. 42 (Wank); NZA **85**, 593
6. 2. 1985	AP Nr. 44 zu § 613 a BGB	BAG **48**, 59; DB **85**, 2411; NJW **86**, 453; EzA § 613 a BGB Nr. 44 (Gaul); NZA **85**, 735; **86**, 286 (Schröder)
7. 2. 1985	AP Nr. 48 zu § 37 BetrVG 1972	BB **85**, 1263; DB **85**, 1346; EzA § 37 BetrVG 1972 Nr. 81; NZA **85**, 600; AiB **86**, 94
7. 2. 1985	AP Nr. 3 zu § 46 BPersVG	BAG **48**, 76; BB **85**, 1396; DB **85**, 1699
12. 2. 1985	AP Nr. 27 zu § 76 BetrVG 1952 (Rittner)	BAG **48**, 96; BB **85**, 1330; DB **85**, 1799; SAE **86**, 23 (Peterek); EzA § 19 BetrVG 1972 Nr. 21; NZA **85**, 786
12. 2. 1985	AP Nr. 25 zu § 112 BetrVG 1972	BB **85**, 1129; DB **85**, 1487; EzA § 112 BetrVG 1972 Nr. 33; NZA **85**, 717
27. 2. 1985	AP Nr. 14 zu § 611 BGB Beschäftigungspflicht	BAG **48**, 122; BB **85**, 1978; **86**, 795 (Berkowsky), 799 (Bauer); DB **85**, 2197, 2610 (Dänzer-Vanotti); **86**, 168 (Bengelsdorf), 482 (Schukai), 692 (Eich); NJW **85**, 2968; ArbuR **86**, 97 (Schmidt), 159 (Herschel), 233 (Pahle), 326 (Ramm); **87**, 257 (Blanke); SAE **86**, 37 (Lieb); EzA § 611 BGB Beschäftigungspflicht Nr. 9 (Gamillscheg); NZA **85**, 702, 688 (Schuhmann), 691 (Schäfer); **86**, 209 (Dütz), 215 (Färber/Kappes); **87**, 295 (Grunsky); AiB **85**, 187 (Kempff)
26. 3. 1985	AP Nr. 10 zu § 6 BetrAVG	BB **86**, 877; DB **85**, 2617; EzA § 6 BetrAVG Nr. 9; NZA **86**, 232
11. 4. 1985	AP Nr. 39 zu § 102 BetrVG 1972	BAG **49**, 39; BB **87**, 1316; DB **86**, 1726; NJW **86**, 3159; EzA § 102 BetrVG 1972 Nr. 62 (Kraft); NZA **86**, 674; **87**, 361 (Schwerdtner)
18. 4. 1985	AP Nr. 5 zu § 23 BetrVG 1972 (v. Hoyningen-Huene)	BAG **48**, 246; BB **86**, 358; DB **85**, 2511; RdA **86**, 60; EzA § 23 BetrVG 1972 Nr. 10 (Konzen); NZA **86**, 783; AiB **86**, 45 (Kümpel)
23. 4. 1985 1 ABR 39/81	AP Nr. 11 zu § 87 BetrVG 1972 Überwachung	BB **85**, 1666; DB **85**, 1897; ArbuR **85**, 60 (Küpferle); SAE **85**, 284 (Ehmann); EzA § 87 BetrVG 1972 Kontrolleinrichtung Nr. 12; NZA **85**, 669
23. 4. 1985 1 ABR 2/82	AP Nr. 12 zu § 87 BetrVG 1972 Überwachung	BB **85**, 1664; DB **85**, 1898; SAE **85**, 287 (Ehmann); EzA § 87 BetrVG 1972 Kontrolleinrichtung Nr. 13; NZA **85**, 671
23. 4. 1985	AP Nr. 26 zu § 112 BetrVG 1972	BAG **48**, 294; NJW **86**, 150; SAE **85**, 327 (Reuter); EzA § 112 BetrVG 1972 Nr. 34; NZA **85**, 628
15. 5. 1985 5 AZR 30/84	AP Nr. 41 zu § 613 a BGB (v. Hoyningen-Huene)	BAG **48**, 345; BB **85**, 1794; NJW **86**, 454; EzA § 613 a BGB Nr. 43 (Birk); NZA **85**, 736
22. 5. 1985 5 AZR 173/84	AP Nr. 42 zu § 613 a BGB (Herschel)	BAG **48**, 365; BB **86**, 193; DB **85**, 2409; NJW **86**, 451; SAE **86**, 133 (Loritz); EzA § 613 a BGB Nr. 45 (Gaul); NZA **85**, 775
22. 5. 1985	AP Nr. 43 zu § 613 a BGB	BAG **48**, 376; BB **86**, 196; DB **85**, 2407; **86**, 1722 (Denck); NJW **86**, 448; EzA § 613 a BGB Nr. 46 (Gaul); NZA **85**, 773
13. 6. 1985	AP Nr. 19 zu § 611 BGB Beschäftigungspflicht (Belling)	BB **86**, 1437; DB **86**, 1827; SAE **87**, 11 (Kraft); EzA § 611 BGB Beschäftigungspflicht Nr. 16; NZA **86**, 562
13. 6. 1985	AP Nr. 10 zu § 1 KSchG 1969 (Wiedemann)	DB **86**, 1287; EzA § 1 KSchG Nr. 41; NZA **86**, 600

Datum	Fundstelle AP	Weitere Fundstellen
20. 6. 1985	AP Nr. 33 zu § 112 BetrVG 1972 (Weber)	DB **85**, 2357; EzA § 4 KSchG Ausgleichsquittung Nr. 1; NZA **86**, 258
25. 6. 1985	AP Nr. 23 zu § 7 BetrAVG (Kraft)	DB **85**, 2459; NJW **86**, 450; SAE **86**, 136 (Loritz); EzA § 613 a BGB Nr. 48; NZA **86**, 93
27. 6. 1985	AP Nr. 14 zu § 77 BetrVG 1972	BAG **49**, 151; DB **86**, 596; SAE **86**, 175 (Eich); EzA § 77 BetrVG 1972 Nr. 16; NZA **86**, 401
27. 6. 1985	AP Nr. 37 zu § 102 BetrVG 1972 (Ortlepp)	BAG **49**, 136; BB **86**, 321; DB **86**, 332; SAE **86**, 309 (Mummenhoff); EzA § 102 BetrVG 1972 Nr. 60; NZA **86**, 426; AiB **86**, 117
9. 7. 1985	AP Nr. 13 zu § 113 BetrVG 1972	BAG **49**, 160; DB **86**, 279; NJW **86**, 2454; EzA § 113 BetrVG 1972 Nr. 13; NZA **86**, 100
9. 7. 1985	AP Nr. 6 zu § 1 BetrAVG Ablösung	BB **86**, 1088; DB **86**, 1231; SAE **87**, 195 (Windbichler); EzA § 1 BetrAVG Nr. 37; NZA **86**, 517
9. 7. 1985	AP Nr. 16 zu § 75 BPersVG (Hromadka)	DB **86**, 230; ArbuR **85**, 289
16. 7. 1985	AP Nr. 17 zu § 87 BetrVG 1972 Lohngestaltung (Löwisch/Bernards)	DB **86**, 231; ArbuR **85**, 290; EzA § 87 BetrVG 1972 Betriebl. Lohngestaltung Nr. 9; NZA **86**, 235
16. 7. 1985	AP Nr. 21 zu § 99 BetrVG 1972 (Kraft)	BAG **49**, 180; BB **86**, 525 (Hunold); DB **86**, 124; ArbuR **86**, 185 (Kohte); SAE **86**, 180 (v. Hoyningen-Huene); EzA § 99 BetrVG 1972 Nr. 40; NZA **86**, 163
16. 7. 1985	AP Nr. 32 zu § 112 BetrVG 1972	BAG **49**, 199; DB **85**, 2207; **86**, 1571 (Spinti); NJW **86**, 94; SAE **86**, 75 (Hromadka); EzA § 112 BetrVG 1972 Nr. 38 (Mayer-Maly); NZA **85**, 713
1. 8. 1985	AP Nr. 30 zu § 123 BGB	BAG **49**, 214; DB **86**, 2238; NJW **87**, 398; EzA § 123 BGB Nr. 26 (Peterek); NZA **86**, 635
21. 8. 1985	AP Nr. 19 zu § 618 BGB (Mühl)	EzA § 618 BGB Nr. 5; NZA **86**, 324
22. 8. 1985	AP Nr. 50 zu § 37 BetrVG 1972	DB **86**, 599; EzA § 37 BetrVG 1972 Nr. 82; NZA **86**, 263
29. 8. 1985	AP Nr. 13 zu § 83 ArbGG 1979 (Wiedemann)	BAG **49**, 267; DB **86**, 1024; NZA **86**, 400
4. 9. 1985	AP Nr. 22 zu § 242 BGB Betriebliche Übung	BAG **49**, 290; DB **86**, 1627; NJW **87**, 2101; SAE **86**, 281 (Hromadka); EzA § 242 BGB Betriebliche Übung Nr. 16; NZA **86**, 521
10. 9. 1985	AP Nr. 3 zu § 117 BetrVG 1972 (Beitzke)	DB **86**, 331; EzA § 99 BetrVG 1972 Nr. 41
10. 9. 1985	AP Nr. 34 zu § 2 TVG	BAG **49**, 322; DB **86**, 755; NJW **86**, 1708; ArbuR **86**, 321 (Zachert), 351; SAE **86**, 229 (Brox); EzA § 2 TVG Nr. 14; NZA **86**, 332
11. 9. 1985	AP Nr. 76 zu § 262 BGB Gleichbehandlung (Hromadtka)	BAG **49**, 346; DB **86**, 2602; **87**, 2519 (Hromadtka); NJW **87**, 1285; SAE **88**, 293 (Hofmann); EzA § 242 BGB Gleichbehandlung Nr. 43; NZA **87**, 156
11. 9. 1985	AP Nr. 38 zu § 615 BGB	DB **86**, 1780; EzA § 615 BGB Nr. 49; NZA **86**, 785
12. 9. 1985	AP Nr. 7 zu § 102 BetrVG 1972 Weiterbeschäftigung	BB **86**, 802; DB **86**, 752; EzA § 102 BetrVG 1972 Nr. 61; NZA **86**, 424
19. 9. 1985	AP Nr. 12 zu § 19 BetrVG 1972	BAG **50**, 1; DB **86**, 864; EzA § 19 BetrVG 1972 Nr. 22; NZA **86**, 368
19. 9. 1985	AP Nr. 1 zu § 42 LPVG Rheinland-Pfalz	BAG **49**, 378
8. 10. 1985	AP Nr. 22 zu § 99 BetrVG 1972	DB **86**, 594; EzA § 99 BetrVG 1972 Nr. 42

Datum	Fundstelle AP	Weitere Fundstellen
22. 10. 1985	AP Nr. 3 zu § 87 BetrVG 1972 Leistungslohn (Streckel)	BAG **50**, 43; BB **86**, 1224; DB **86**, 544; SAE **86**, 248 (Löwisch/Rumler); EzA § 87 BetrVG 1972 Leistungslohn Nr. 11; NZA **86**, 296
22. 10. 1985	AP Nr. 18 zu § 87 BetrVG 1972 Lohngestaltung (Glaubitz)	BAG **50**, 29; DB **86**, 384; SAE **86**, 157 (Roemheld); EzA § 87 BetrVG 1972 Betriebl. Lohngestaltung Nr. 10; NZA **86**, 299
22. 10. 1985	AP Nr. 5 zu § 87 BetrVG 1972 Werkmietwohnungen	BAG **50**, 37; DB **86**, 704; EzA § 87 BetrVG 1972 Werkwohnung Nr. 7
22. 10. 1985	AP Nr. 23 zu § 99 BetrVG 1972 (Kraft)	BAG **50**, 55; DB **86**, 593; SAE **86**, 190 (Natzel); EzA § 99 BetrVG 1972 Nr. 44; NZA **86**, 366
23. 10. 1985	AP Nr. 33 zu § 1 TVG Tarifverträge: Metallindustrie	DB **86**, 595; SAE **86**, 286 (Coester); EzA § 4 TVG Metallindustrie Nr. 21
31. 10. 1985	AP Nr. 52 zu § 37 BetrVG 1972	BAG **50**, 76; DB **86**, 1026; EzA § 37 BetrVG 1972 Nr. 83
31. 10. 1985	AP Nr. 15 zu § 78 a BetrVG 1972	BAG **50**, 79; BB **86**, 1223; DB **86**, 700 EzA § 78 a BetrVG 1972 Nr. 15; NZA **86**, 401
31. 10. 1985	AP Nr. 5 zu § 46 BPersVG	–
5. 11. 1985	AP Nr. 2 zu § 98 BetrVG 1972 (Natzel)	BAG **50**, 85; DB **86**, 1341; EzA § 98 BetrVG 1972 Nr. 2; NZA **86**, 535
5. 11. 1986	AP Nr. 4 zu § 117 BetrVG 1972	EzA § 117 BetrVG 1972 Nr. 2
13. 11. 1985	AP Nr. 136 zu Art. 3 GG (Zuleeg)	BAG **50**, 137; BB **86**, 1085; DB **86**, 542; NJW **86**, 1006; SAE **86**, 161 (Scholz); EzA Art. 3 GG Nr. 18; NZA **86**, 321
19. 11. 1985	AP Nr. 4 zu § 2 TVG Tarifzuständigkeit (Reuter)	BAG **50**, 179; DB **86**, 1235; NJW **87**, 514; SAE **87**, 1 (Martens); EzA § 2 TVG Nr. 15; NZA **86**, 480
27. 11. 1985	AP Nr. 93 zu § 611 BGB Fürsorgepflicht (Echterhölter)	BAG **50**, 202; BB **86**, 594; DB **86**, 489; NJW **86**, 1065; ArbuR **86**, 199 (Linnenkohl/Töfflinger), 222; SAE **86**, 197 (Misera); EzA § 611 BGB Fürsorgepflicht Nr. 38; NZA **86**, 227; AiB **86**, 144
3. 12. 1985 4 ABR 7/85	AP Nr. 1 zu § 74 BAT (Clemens)	BAG **50**, 277; DB **86**, 1980; EzA § 1 TVG Auslegung Nr. 16
3. 12. 1985 4 ABR 60/85	AP Nr. 2 zu § 74 BAT (Clemens)	BAG **50**, 258; EzA § 1 TVG Nr. 21
3. 12. 1985	AP Nr. 8 zu § 95 BetrVG 1972 (Natzel)	BAG **50**, 226; DB **86**, 915; SAE **87**, 151 (Otto); EzA § 95 BetrVG 1972 Nr. 10; NZA **86**, 532
3. 12. 1985 1 ABR 29/84	AP Nr. 28 zu § 99 BetrVG 1972 (Otto)	BAG **50**, 251; DB **86**, 1076; EzA § 4 BetrVG 1972 Nr. 4 (Gamillscheg); NZA **86**, 334
3. 12. 1985 1 ABR 72/83	AP Nr. 29 zu § 99 BetrVG 1972 (Meisel)	BAG **50**, 236; BB **86**, 876; DB **86**, 917; EzA § 99 BetrVG 1972 Nr. 46; NZA **86**, 335; AiB **86**, 95 (Schneider)
3. 12. 1985 4 ABR 80/83	AP Nr. 31 zu § 99 BetrVG 1972	BAG **50**, 241; EzA § 118 BetrVG 1972 Nr. 37
3. 12. 1985	AP Nr. 3 zu § 146 KO	BAG **50**, 221; DB **86**, 650; NJW **86**, 1896; EzA § 146 KO Nr. 1; NZA **86**, 429
17. 12. 1985	AP Nr. 5 zu § 87 BetrVG 1972 Tarifvorrang (Kraft)	BAG **50**, 313; BB **86**, 734; DB **86**, 914, 1520 (Kappes), 1921 (Hromadka); **87**, 738 (Herbst); **91**, 2133 (Hromadka), 2386 (Stege); EzA § 87 BetrVG 1972 Betriebl. Lohngestaltung Nr. 11; NZA **86**, 364, 701 (Goos)
17. 12. 1985	AP Nr. 15 zu § 111 BetrVG 1972 (Löwisch)	BAG **50**, 307; DB **86**, 2085; EzA § 111 BetrVG 1972 Nr. 17; NZA **86**, 804; AiB **86**, 213

1986

Datum	Fundstelle AP	Weitere Fundstellen
9. 1. 1986	AP Nr. 20 zu § 626 BGB Ausschlussfrist	DB **86**, 1339; EzA § 626 BGB n. F. Nr. 98; NZA **86**, 467; **87**, 366 (Popp)

Datum	Fundstelle AP	Weitere Fundstellen
14. 1. 1986	AP Nr. 5 zu § 1 BetrAVG Gleichbehandlung (v. Hoyningen-Huene)	BAG **50**, 356; BB **86**, 2030; **87**, 1535; DB **86**, 2237; EzA § 1 BetrAVG Nr. 40; NZA **87**, 23
14. 1. 1986	AP Nr. 21 zu § 87 BetrVG 1972 Lohngestaltung	BAG **50**, 337; DB **86**, 1286; EzA § 95 BetrVG 1972 Nr. 11; NZA **86**, 531
14. 1. 1986	AP Nr. 10 zu § 87 BetrVG 1972 Ordnung des Betriebes (v. Hoyningen-Huene)	BAG **50**, 330; DB **86**, 1025, 1573 (Hromadka); **87**, 2256 (Liebers); NJW **86**, 1952; ArbuR **86**, 87; SAE **87**, 40 (Natzel); EzA § 87 BetrVG 1972 Betriebl. Ordnung Nr. 11; NZA **86**, 435
15. 1. 1986	AP Nr. 96 zu § 611 BGB Fürsorgepflicht (Echterhölter)	BHG **50**, 362; BB **86**, 943; DB **86**, 1075; NJW **86**, 1777; SAE **86**, 200 (Beitzke); EzA § 611 BGB Fürsorgepflicht Nr. 39; NZA **86**, 421
15. 1. 1986	AP Nr. 66 zu § 1 LohnFG	BAG **50**, 370; BB **86**, 1157; DB **86**, 1393; **87**, 92 (Ramrath); NJW **86**, 2133; SAE **86**, 258 (Misera); EzA § 1 LohnFG Nr. 79; NZA **86**, 561
23. 1. 1986 6 ABR 22/82	AP Nr. 30 zu § 5 BetrVG 1972	BAG **51**, 19; DB **86**, 1983; EzA § 5 BetrVG 1972 Nr. 43 (Gamillscheg); NZA **86**, 487
23. 1. 1986 6 ABR 51/81	AP Nr. 32 zu § 5 BetrVG 1972	BAG **51**, 1; DB **86**, 1131; SAE **87**, 85 (Martens); EzA § 5 BetrVG 1972 Nr. 42 (Gamillscheg); NZA **86**, 458 (Tenckhoff), 484
28. 1. 1986 1 ABR 8/84	AP Nr. 32 zu § 99 BetrVG 1972	BAG **51**, 34; DB **86**, 1398; EzA § 99 BetrVG 1972 Nr. 47; NZA **86**, 536
28. 1. 1986 1 ABR 10/84	AP Nr. 34 zu § 99 BetrVG 1972 (Dütz/Bayer)	BAG **51**, 42; BB **86**, 1778; DB **86**, 1077; SAE **87**, 54 (Natzel); EzA § 99 BetrVG 1972 Nr. 48; NZA **86**, 490
29. 1. 1986	AP Nr. 42 zu § 102 BetrVG 1972	DB **86**, 2549; EzA § 102 BetrVG 1972 Nr. 64; NZA **87**, 32
5. 2. 1986	AP Nr. 12 zu § 339 BGB (Löwisch)	DB **86**, 1979; EzA § 339 BGB Nr. 2; NZA **86**, 782
18. 2. 1986	AP Nr. 13 zu § 87 BetrVG 1972 Überwachung (Kraft)	BAG **51**, 143; BB **86**, 1154; DB **86**, 1178; NJW **86**, 2069; ArbuR **86**, 283 (Hinrichs); SAE **86**, 253 (Ehmann); EzA § 87 BetrVG 1972 Kontrolleinrichtung Nr. 14; NZA **86**, 488
18. 2. 1986	AP Nr. 33 zu § 99 BetrVG 1972 (Misera)	BAG **51**, 151; BB **86**, 2056; DB **86**, 1523; EzA § 95 BetrVG 1972 Nr. 12; NZA **86**, 616
20. 2. 1986	AP Nr. 2 zu § 5 BetrVG 1972 Rotes Kreuz	EzA § 5 BetrVG 1972 Nr. 45; NZA **86**, 690
20. 2. 1986	AP Nr. 1 zu § 63 BetrVG 1972	DB **86**, 2552; EzA § 64 BetrVG 1972 Nr. 2
20. 2. 1986	AP Nr. 31 zu § 123 BGB (Coester)	BAG **51**, 167; BB **86**, 1784, 1852; DB **86**, 2287, 2413 (1. Donat, 2. Bellgardt); NJW **87**, 397; ArbuR **86**, 120; **87**, 117 (Heilmann); EzA § 123 BGB Nr. 27; NZA **86**, 739; **87**, 4 (Hunold)
26. 2. 1986	AP Nr. 12 zu § 4 TVG Ordnungsprinzip	BAG **51**, 178; DB **86**, 2031; EzA § 4 TVG Tariflohnerhöhung Nr. 8; NZA **86**, 790
4. 3. 1986	AP Nr. 3 zu § 87 BetrVG 1972 Kurzarbeit (Wiese)	BAG **51**, 187; BB **86**, 1641; **88**, 623 (Meinhold); DB **86**, 1395; NJW **87**, 1844; SAE **87**, 34 (Reuter); EzA § 87 BetrVG 1972 Arbeitszeit Nr. 17; NZA **86**, 412 (Gäbert), 432; AiB **86**, 142 (Hinrichs)
6. 3. 1986	AP Nr. 1 zu § 620 BGB Altersgrenze	EzA § 620 BGB Bedingung Nr. 6
6. 3. 1986	AP Nr. 19 zu § 15 KSchG 1969 (Schlaeper)	BAG **51**, 200; DB **86**, 2605; EzA § 15 KSchG n. F. Nr. 34; NZA **87**, 102
11. 3. 1986	AP Nr. 14 zu § 87 BetrVG 1972 Überwachung (Kraft)	BAG **51**, 217; BB **86**, 1292; DB **86**, 1469; NJW **86**, 2724; ArbuR **86**, 285 (Hinrichs); SAE **87**, 94 (Meisel); EzA § 87 BetrVG 1972 Kontrolleinrichtung Nr. 15 (Wohlgemuth); NZA **86**, 526, 657 (Ehmann)

Datum	Fundstelle AP	Weitere Fundstellen
11. 3. 1986	AP Nr. 25 zu Art. 140 GG (Dütz)	BAG **51**, 239; NJW **86**, 2591; EzA § 611 BGB Kirchliche Arbeitnehmer Nr. 25; NZA **86**, 685
13. 3. 1986 6 AZR 381/85	AP Nr. 2 zu § 9 BPersVG	EzA § 78a BetrVG 1972 Nr. 16
13. 3. 1986 6 AZR 207/85	AP Nr. 3 zu § 9 BPersVG	BAG **51**, 261; BB **87**, 686; DB **86**, 2235; **87**, 109 (Trümner); EzA § 78a BetrVG 1972 Nr. 17
19. 3. 1986	AP Nr. 49 zu § 613a BGB (v. Stebut)	BAG **51**, 274; DB **86**, 1575; SAE **87**, 140 (Wank); EzA § 613a BGB Nr. 51; NZA **86**, 687
20. 3. 1986	AP Nr. 14 zu § 2 KSchG 1969	DB **86**, 2442; EzA § 2 KSchG Nr. 6 (Löwisch/Bernards); NZA **86**, 824
3. 4. 1986	AP Nr. 18 zu § 626 BGB Verdacht strafbarer Handlung	BB **87**, 1114; DB **86**, 2187; ArbuR **87**, 67; EzA § 102 BetrVG 1972 Nr. 63 (Rüthers/Bakker); NZA **86**, 677
15. 4. 1986 1 ABR 44/84	AP Nr. 35 zu § 99 BetrVG 1972 (Streckel)	BAG **51**, 337; BB **86**, 1986; DB **86**, 2497; SAE **87**, 298 (Schreiber); EzA § 99 BetrVG 1972 Nr. 50; NZA **86**, 688; AiB **86**, 262 (Grimberg)
15. 4. 1986 1 ABR 55/84	AP Nr. 36 zu § 99 BetrVG 1972	BAG **51**, 345; DB **86**, 1783; EzA § 99 BetrVG 1972 Nr. 49; NZA **86**, 755
22. 4. 1986	AP Nr. 13 zu § 87 BetrVG 1972 Altersversorgung (Schulin)	BAG **51**, 387; BB **86**, 1989; DB **86**, 1343; ArbuR **86**, 218; SAE **86**, 303 (Blomeyer); EzA § 87 BetrVG 1972 Altersversorgung Nr. 1; NZA **86**, 574
24. 4. 1986	AP Nr. 7 zu § 87 BetrVG 1972 Sozialeinrichtung (Mühl)	BAG **52**, 1; BB **87**, 547; DB **86**, 2680; SAE **87**, 244 (Bickel); EzA § 1 BetrVG 1972 Nr. 4 (Weber); NZA **87**, 100
6. 5. 1986	AP Nr. 8 zu § 128 HGB (Zeuner)	BAG **52**, 24; BB **87**, 1739; DB **86**, 2027; NJW **87**, 92; EzA § 112 BetrVG 1972 Nr. 39; NZA **86**, 800
7. 5. 1986	AP Nr. 18 zu § 103 BetrVG 1972 (Leipold)	BAG **52**, 51; DB **86**, 1882; SAE **87**, 58 (Weiss); EzA § 103 BetrVG 1972 Nr. 31; NZA **86**, 719
7. 5. 1986	AP Nr. 18 zu § 15 KSchG 1969	DB **86**, 1883; EzA § 17 BetrVG 1972 Nr. 5; NZA **86**, 753
15. 5. 1986 6 ABR 64/83	AP Nr. 53 zu § 37 BetrVG 1972	BAG **52**, 73; BB **87**, 332; DB **86**, 2189; SAE **87**, 103 (v. Hoyningen-Huene); EzA § 37 BetrVG 1972 Nr. 84; NZA **86**, 803
15. 5. 1986 6 ABR 74/83	AP Nr. 54 zu § 37 BetrVG 1972	BAG **52**, 78; DB **86**, 2496; EzA § 37 BetrVG 1972 Nr. 85; NZA **87**, 63
22. 5. 1986	AP Nr. 4 zu § 1 KSchG 1969 Konzern	DB **86**, 2547; ArbuR **86**, 181; SAE **87**, 129 (Windbichler); EzA § 1 KSchG Soziale Auswahl Nr. 22; NZA **87**, 125
27. 5. 1986	AP Nr. 15 zu § 87 BetrVG 1972 Überwachung	BAG **52**, 88; BB **86**, 2333 (Kappes); DB **86**, 2080; NJW **87**, 674; ArbuR **87**, 149 (Mostert); RdA **89**, 277 (Ehmann), 283; EzA § 87 BetrVG 1972 Kontrolleinrichtung Nr. 16; NZA **86**, 643; **87**, 7 (Versteyl)
10. 6. 1986	AP Nr. 26 zu § 80 BetrVG 1972	BAG **52**, 150; BB **87**, 62; DB **86**, 2393; SAE **88**, 275 (Dütz); EzA § 80 BetrVG 1972 Nr. 26; NZA **87**, 28
10. 6. 1986	AP Nr. 18 zu § 87 BetrVG 1972 Arbeitszeit	BAG **52**, 160; BB **87**, 543; DB **86**, 2391; SAE **88**, 184 (Loritz); EzA § 87 BetrVG 1972 Arbeitszeit Nr. 18; NZA **86**, 840
10. 6. 1986	AP Nr. 22 zu § 87 BetrVG 1972 Lohngestaltung	BAG **52**, 171; DB **86**, 2340; EzA § 87 BetrVG 1972 Betriebl. Lohngestaltung Nr. 12; NZA **87**, 30
12. 6. 1986	AP Nr. 33 zu § 5 BetrVG 1972	BAG **52**, 182; ArbuR **86**, 245, 353 (Mayer); EzA § 5 BetrVG 1972 Nr. 44

Datum	Fundstelle AP	Weitere Fundstellen
12. 6. 1986	AP Nr. 5 zu § 74 BetrVG 1972	BB **87**, 1810; DB **87**, 1898; ArbuR **88**, 63 (Derleder); EzA § 74 BetrVG 1972 Nr. 7; AiB **87**, 174 (Wendeling-Schröder)
19. 6. 1986	AP Nr. 33 zu § 1 KSchG 1969 Betriebsbedingte Kündigung (Gamillscheg)	DB **86**, 2498; NJW **87**, 211; EzA § 1 KSchG Betriebsbedingte Kündigung Nr. 39; NZA **87**, 21
24. 6. 1986	AP Nr. 37 zu § 99 BetrVG 1972	BAG **52**, 219; BB **87**, 60; DB **86**, 2392; EzA § 99 BetrVG 1972 Nr. 51; NZA **87**, 31
3. 7. 1986	AP Nr. 53 zu § 613a BGB (Loritz)	DB **87**, 99; SAE **88**, 50 (Reiff); EzA § 613a BGB Nr. 53; NZA **87**, 123
31. 7. 1986	AP Nr. 55 zu § 37 BetrVG 1972	DB **87**, 1845; EzA § 37 BetrVG 1972 Nr. 86; NZA **87**, 528
31. 7. 1986	AP Nr. 19 zu § 76 BetrVG 1972	DB **87**, 441; SAE **87**, 155 (van Venrooy); EzA § 76 BetrVG 1972 Nr. 36
31. 7. 1986	AP Nr. 5 zu § 17 KSchG 1969	DB **87**, 1591; SAE **88**, 33 (Tschöpke); EzA § 17 KSchG Nr. 3; NZA **87**, 587; AiB **92**, 347
7. 8. 1986	AP Nr. 5 zu § 1 BetrVG 1972 (Wiedemann)	BAG **52**, 325; BB **87**, 193; DB **87**, 176; ArbuR **87**, 245 (Beck); SAE **88**, 91 (Konzen); EzA § 4 BetrVG 1972 Nr. 5 (Gamillscheg); NZA **87**, 131
7. 8. 1986	AP Nr. 25 zu § 80 BetrVG 1972	BAG **52**, 316; BB **87**, 195; DB **87**, 101; ArbuR **86**, 346; SAE **87**, 230 (Natzel); EzA § 80 BetrVG 1972 Nr. 27; NZA **87**, 134
13. 8. 1986	AP Nr. 1 zu § 2 MTV Ang-DFVLR (Wiedemann)	EzA § 1 TVG Auslegung Nr. 15
14. 8. 1986	AP Nr. 43 zu § 102 BetrVG 1972	BAG **52**, 346; DB **87**, 1050; ArbuR **86**, 313; SAE **87**, 288 (Natzel); EzA § 102 BetrVG 1972 Nr. 69; NZA **87**, 601
20. 8. 1986	AP Nr. 6 zu § 1 TVG Tarifverträge: Seniorität (v. Hoyningen-Huene)	BAG **52**, 380; DB **87**, 693; EzA § 242 BGB Gleichbehandlung Nr. 44
5. 9. 1986	AP Nr. 26 zu § 15 KSchG 1969	BAG **53**, 23; BB **87**, 1319; DB **87**, 1641; EzA § 15 KSchG n. F. Nr. 36 (Schulin)
16. 9. 1986	AP Nr. 17 zu § 77 BetrVG 1972	BAG **53**, 41; BB **88**, 333 (Ahrend/Dernberger/Rößler); DB **87**, 383, 634 (Blomeyer), 986 (Kemper), 1888 (Belling); **88**, 2510 (Schuhmann); ArbuR **86**, 347; **87**, 349 (Däubler); SAE **87**, 175 (Löwisch); RdA **89**, 7 (Joost); EzA § 77 BetrVG 1972 Nr. 17 (Otto); NZA **87**, 168 (Richardi), Beilage **87** Nr. 3, S. 2 (Hromadka); Beilage **88** Nr. 1, S. 1 (Moll); AiB **87**, 109 (Schoden), 114, 119 (Stevens-Bartel)
23. 9. 1986	AP Nr. 20 zu § 75 BPersVG	BAG **53**, 97; DB **87**, 337; EzA § 87 BetrVG 1972 Betriebl. Ordnung Nr. 12; NZA **87**, 250
23. 9. 1986	AP Nr. 45 zu Art. 9 GG (Bauschke)	BAG **53**, 89; DB **87**, 440; NJW **87**, 2891; ArbuR **86**, 347; EzA Art. 9 GG Nr. 40; NZA **87**, 164
25. 9. 1986	AP Nr. 7 zu § 1 BetrVG 1972	BAG **53**, 119; BB **87**, 1668; DB **87**, 1202; SAE **87**, 224 (Kort); EzA § 1 BetrVG 1972 Nr. 6; NZA **87**, 708
9. 10. 1986	AP Nr. 23 zu § 15 KSchG 1969 (Glaubitz)	BAG **53**, 152; BB **87**, 613; DB **87**, 792; SAE **87**, 315 (Hammen); EzA § 15 KSchG n. F. Nr. 35; NZA **87**, 279; AiB **87**, 191 (Schneider)
14. 10. 1986	AP Nr. 5 zu § 117 BetrVG 1972	EzA § 117 BetrVG 1972 Nr. 3
14. 10. 1986	AP Nr. 11 zu Art. 119 EWG-Vertrag (Pfarr)	BAG **53**, 161; BB **87**, 829; DB **87**, 994; EzA § 1 BetrAVG Gleichberechtigung Nr. 1; NZA **87**, 445

Datum	Fundstelle AP	Weitere Fundstellen
16. 10. 1986	AP Nr. 58 zu § 37 BetrVG 1972	BAG **53**, 186; BB **87**, 1459; DB **87**, 891; SAE **88**, 22 (Winterfeld); EzA § 37 BetrVG 1972 Nr. 87; NZA **87**, 643
16. 10. 1986	AP Nr. 26 zu § 40 BetrVG 1972 (Uhlenbruck)	BAG **53**, 194; BB **87**, 2018; DB **87**, 1541; EzA § 40 BetrVG 1972 Nr. 58; NZA **87**, 752; AiB **87**, 291 (Oberhofer)
16. 10. 1986	AP Nr. 31 zu § 40 BetrVG 1972	NZA **87**, 753
16. 10. 1986	AP Nr. 95 zu § 626 BGB	BB **87**, 1952; DB **87**, 1304; EzA § 626 BGB n. F. Nr. 105
22. 10. 1986	AP Nr. 2 zu § 23 BDSG (Däubler)	BAG **53**, 226; BB **87**, 1461; DB **87**, 1048; NJW **87**, 2459; ArbuR **88**, 124 (Büllesbach); SAE **88**, 150 (Hromadka); EzA § 23 BDSG Nr. 4; NZA **87**, 415
28. 10. 1986	AP Nr. 20 zu § 87 BetrVG 1972 Arbeitszeit (Rath-Glawatz)	DB **87**, 692; SAE **87**, 277 (Blomeyer); EzA § 87 BetrVG 1972 Arbeitszeit Nr. 20; NZA **87**, 248
28. 10. 1986	AP Nr. 32 zu § 118 BetrVG 1972 (Mummenhoff)	BAG **53**, 237; BB **87**, 2298; DB **87**, 847; NJW **87**, 2540; EzA § 118 BetrVG 1972 Nr. 38; NZA **87**, 530
30. 10. 1986	AP Nr. 6 zu § 47 BetrVG 1972 (Dütz)	BAG **53**, 278; BB **87**, 1881; DB **87**, 1642; SAE **88**, 1 (Leipold); EzA § 47 BetrVG 1972 Nr. 4; NZA **88**, 27
30. 10. 1986	AP Nr. 1 zu § 55 BetrVG 1972	BAG **53**, 287; DB **87**, 1691; SAE **88**, 178 (v. Hoyningen-Huene); EzA § 54 BetrVG 1972 Nr. 3
11. 11. 1986	AP Nr. 4 zu § 1 BetrAVG Gleichberechtigung AP Nr. 18 zu § 77 BetrVG 1972	BAG **53**, 309; SAE **87**, 191 (Sieg); EzA § 1 BetrAVG Gleichberechtigung Nr. 2; NZA **87**, 449
11. 11. 1986	AP Nr. 21 zu § 87 BetrVG 1972 Arbeitszeit	BB **87**, 544; DB **87**, 336; EzA § 87 BetrVG 1972 Arbeitszeit Nr. 21; NZA **87**, 207
18. 11. 1986	AP Nr. 17 zu § 1 KSchG 1969 Verhaltensbedingte Kündigung (Conze)	BB **87**, 1252; DB **87**, 1303; EzA § 611 BGB Abmahnung Nr. 4 (Peterek); NZA **87**, 418
25. 11. 1986	AP Nr. 36 zu § 2 TVG	BAG **53**, 347; DB **87**, 947; ArbuR **88**, 193 (Hagemeier), 222; EzA § 2 TVG Nr. 17 (Schulin); NZA **87**, 492
4. 12. 1986	AP Nr. 13 zu § 19 BetrVG 1972	BAG **53**, 386; DB **87**, 232; ArbuR **87**, 82; SAE **87**, 220 (Wolf, A.); EzA § 19 BetrVG 1972 Nr. 24; NZA **87**, 166
16. 12. 1986	AP Nr. 13 zu § 87 BetrVG 1972 Ordnung des Betriebes (Rüthers/Henssler)	BAG **54**, 36; BB **87**, 683; DB **87**, 791; SAE **89**, 243 (Natzel); EzA Art. 9 GG Arbeitskampf Nr. 64; NZA **87**, 355
16. 12. 1986	AP Nr. 8 zu § 87 BetrVG 1972 Prämie (Linnenkohl/ Rauschenberg/Schütz)	BAG **54**, 46; BB **87**, 2450; DB **87**, 1198; SAE **88**, 257 (Lieb); EzA § 87 BetrVG 1972 Leistungslohn Nr. 14 (Gaul); NZA **87**, 568
18. 12. 1986	AP Nr. 10 zu § 7 BurlG (Leipold)	BAG **54**, 63; DB **87**, 1362; EzA § 7 BUrlG Nr. 48; NZA **87**, 379

1987

Datum	Fundstelle AP	Weitere Fundstellen
13. 1. 1987	AP Nr. 3 zu § 23 BDSG (Echterhölter)	BAG **54**, 67; BB **87**, 1037; DB **87**, 1153; SAE **88**, 114 (Mummenhoff); EzA § 87 BetrVG 1972 Kontrolleinrichtung Nr. 17; NZA **87**, 515
13 1. 1987	AP Nr. 26 zu § 87 BetrVG 1972 Lohngestaltung (Gaul)	BAG **54**, 79; DB **87**, 1096; EzA § 87 BetrVG 1972 Betriebl. Lohngestaltung Nr. 14 (Strekkel); NZA **87**, 386
13. 1. 1987	AP Nr. 33 zu § 118 BetrVG 1972	EzA § 118 BetrVG 1972 Nr. 39

Datum	Fundstelle AP	Weitere Fundstellen
15. 1. 1987	AP Nr. 21 zu § 75 BPersVG	BB **87**, 2092; DB **87**, 2315; EzA § 4 TVG Rundfunk Nr. 14
22. 1. 1987	AP Nr. 24 zu § 103 BetrVG 1972	BAG **55**, 9; DB **87**, 1743; EzA § 103 BetrVG 1972 Nr. 32; NZA **87**, 563
24. 1. 1987	AP Nr. 28 zu § 80 BetrVG 1972	BB **87**, 1880; DB **87**, 1438; EzA § 80 BetrVG 1972 Nr. 29; NZA **87**, 674
27. 1. 1987	AP Nr. 42 zu § 99 BetrVG 1972 (Zängl)	BAG **54**, 147; EzA § 99 BetrVG 1972 Nr. 55; NZA **87**, 489
27. 1. 1987	AP Nr. 30 zu § 13 BUrlG	BAG **54**, 141; BB **87**, 1672; DB **87**, 1151; **88**, 1161 (Bengelsdorf); EzA § 3 BUrlG Nr. 18; NZA **87**, 462
29. 1. 1987	AP Nr. 6 zu § 1 BetrVG 1972 (Schriftleitung)	DB **87**, 1539; EzA § 1 BetrVG 1972 Nr. 5; NZA **87**, 707; **88**, Beilage 4, S. 10 (Kamphausen)
10. 2. 1987	AP Nr. 27 zu § 80 BetrVG 1972 (Kraft)	BB **87**, 1177; DB **87**, 1152; EzA § 80 BetrVG 1972 Nr. 28; NZA **87**, 385
12. 2. 1987	AP Nr. 67 zu § 613a BGB	BB **87**, 2370; DB **87**, 126; EzA § 613a BGB Nr. 64; NZA **88**, 170; AiB **88**, 92 (Degen)
18. 2. 1987	AP Nr. 13 zu § 1 TVG Tarifverträge: Druckindustrie	EzA § 4 TVG Druckindustrie Nr. 9
24. 2. 1987	AP Nr. 21 zu § 77 BetrVG 1972 (Richardi)	BAG **54**, 191; BB **87**, 1246 (Gast); DB **87**, 1435; SAE **88**, 1 (Wiese); EzA § 87 BetrVG 1972 Nr. 10 (Gaul); NZA **87**, 639; **89**, 41 (Heinze)
24. 2. 1987	AP Nr. 28 zu § 80 BetrVG 1972	BB **87** 1880; DB **87**, 1438; EzA § 80 BetrVG 1972 Nr. 29; NZA **87**, 674
25. 2. 1987	AP Nr. 16 zu § 1 TVG Tarifverträge: Einzelhandel	–
26. 2. 1987	AP Nr. 5 zu § 26 BetrVG 1972	DB **87**, 1995; EzA § 26 BetrVG 1972 Nr. 4
26. 2. 1987	AP Nr. 7 zu § 38 BetrVG 1972	BAG **55**, 90; DB **87**, 1995; EzA § 38 BetrVG 1972 Nr. 10; NZA **87**, 750
26. 2. 1987	AP Nr. 2 zu § 79 BetrVG 1972 (Teplitzky)	BAG **55**, 96; BB **87**, 2448; DB **87**, 2526; SAE **88**, 58 (Kort); EzA § 79 BetrVG 1972 Nr. 1 (v. Hoyningen-Huene); NZA **88**, 63; AiB **88**, 68 (Bobke)
5. 3. 1987	AP Nr. 30 zu § 15 KSchG 1969	BB **87**, 2304; DB **87**, 2362; SAE **89**, 46 (Windbichler); EzA § 15 KSchG n. F. Nr. 38; NZA **88**, 32; AiB **88**, 92 (Degen)
12. 3. 1987	AP Nr. 47 zu § 102 BetrVG 1972	DB **88**, 658; EzA § 102 BetrVG 1972 Nr. 71 (Kraft); NZA **88**, 137; AiB **88**, 69 (Peiseler)
17. 3. 1987	AP Nr. 9 zu § 1 BetrAVG Ablösung	BAG **54**, 261; DB **87**, 1639; SAE **87**, 281 (Reuter); EzA § 1 BetrAVG Nr. 48 (Schulin); NZA **87**, 855
17. 3. 1987	AP Nr. 7 zu § 23 BetrVG 1972 (v. Hoyningen-Huene)	BB **87**, 1878; DB **87**, 2051; SAE **89**, 24 (Hönn); EzA § 23 BetrVG 1972 Nr. 16; NZA **87**, 786
17. 3. 1987	AP Nr. 29 zu § 80 BetrVG 1972	BAG **54**, 278; BB **87**, 1806; DB **87**, 1491; ArbuR **88**, 92 (Linnenkohl); SAE **88**, 106 (Kraft); EzA § 80 BetrVG 1972 Nr. 30; NZA **87**, 747; **88**, 305 (Weckbach); AiB **88**, 287 (Heilmann); **92**, 316 (Wagner)
17. 3. 1987	AP Nr. 18 zu § 111 BetrVG 1972	BB **87**, 1603; DB **87**, 1540; ArbuR **87**, 178; EzA § 111 BetrVG 1972 Nr. 19
18. 3. 1987	AP Nr. 132 zu §§ 22, 23 BAT 1975	–
26. 3. 1987	AP Nr. 7 zu § 26 BetrVG 1972	DB **87**, 2108; EzA § 26 BetrVG 1972 Nr. 3; NZA **88**, 65
1. 4. 1987	AP Nr. 64 zu § 613a BGB	BAG **55**, 154; DB **87**, 1643; SAE **87**, 301 (Reuter); EzA § 613a BGB Nr. 63; NZA **87**, 593

Datum	Fundstelle AP	Weitere Fundstellen
28. 4. 1987	AP Nr. 5 zu § 1 BetrAVG Betriebsveräußerung (Loritz)	NZA **88**, 198; RdA **88**, 56; BB **88**, 831; SAE **88**, 81; EzA § 613a BGB Nr. 67 (Willemsen)
5. 5. 1987 1 AZR 292/85	AP Nr. 4 zu § 44 BetrVG 1972 (Kraft/Raab)	BAG **54**, 314; BB **88**, 343; DB **87**, 2154; SAE **88**, 5 (Buchner); EzA § 44 BetrVG 1972 Nr. 7; NZA **87**, 853
5. 5. 1987 1 AZR 665/85	AP Nr. 5 zu § 44 BetrVG 1987 (Kraft/Raab)	BAG **54**, 325; BB **87**, 1809; DB **87**, 1945; SAE **88**, 15 (van Venrooy); EzA § 44 BetrVG 1972 Nr. 5; NZA **87**, 712
5. 5. 1987 1 AZR 666/85	AP Nr. 6 zu § 44 BetrVG 1972 (Kraft/Raab)	BAG **54**, 333; DB **87**, 1947; SAE **88**, 8 (Buchner); EzA § 44 BetrVG 1972 Nr. 6; NZA **87**, 714; AiB **87**, 212
7. 5. 1987	AP Nr. 19 zu § 9 KSchG 1969	BB **88**, 564; DB **88**, 450; NJW **88**, 159; EzA § 9 KSchG n. F. Nr. 21; NZA **88**, 15; AiB **88**, 194 (Jäger)
14. 5. 1987	AP Nr. 4 zu § 9 BPersVG (Grunsky)	BAG **55**, 284; DB **87**, 2104; SAE **88**, 231 (Bengelsdorf); EzA § 78a BetrVG 1972 Nr. 18; NZA **87**, 820
27. 5. 1987	AP Nr. 6 zu § 74 BAT	–
2. 6. 1987	AP Nr. 49 zu Art. 9 GG (Rüthers)	BAG **54**, 353; DB **87**, 2312; NJW **87**, 2893; EzA Art. 9 GG Nr. 43; NZA **88**, 64
3. 6. 1987	AP Nr. 85 zu § 1 TVG Tarifverträge: Bau	NZA **88**, 66
4. 6. 1987	AP Nr. 30 zu § 80 BetrVG 1972	BB **88**, 69, 766 (Linnenkohl); DB **88**, 50; ArbuR **88**, 289 (Trittin); EzA § 80 BetrVG 1972 Nr. 31; NZA **88**, 208; AiB **88**, 87 (Degen); **92**, 316 (Wagner)
4. 6. 1987	AP Nr. 2 zu § 22 SchwbG	BAG **55**, 333; DB **87**, 2467; EzA § 108 BetrVG 1972 Nr. 6; NZA **87**, 861; AiB **88**, 47
16. 6. 1987 1 ABR 41/85	AP Nr. 19 zu § 111 BetrVG 1972	BAG **55**, 356; BB **87**, 1737; DB **87**, 1842; SAE **89**, 214 (Eich); EzA § 111 BetrVG 1972 Nr. 20 (1. Gaul, 2. Kort); NZA **87**, 671; AiB **88**, 45 (Blank)
16. 6. 1987 1 AZR 528/85	AP Nr. 20 zu § 111 BetrVG 1972 (Löwisch/Göller)	BAG **55**, 344; BB **87**, 2231; DB **87**, 2365; SAE **88**, 138 (Otto); EzA § 111 BetrVG 1972 Nr. 21 (Preis); NZA **87**, 858
25. 6. 1987	AP Nr. 6 zu § 108 BetrVG 1972 (Däubler)	BAG **55**, 386; DB **87**, 2468; EzA § 108 BetrVG 1972 Nr. 7; NZA **88**, 167
15. 7. 1987	AP Nr. 14 zu § 611 BGB Persönlichkeitsrecht	BAG **54**, 365; BB **87**, 2300; DB **87**, 2571; NJW **88**, 791; SAE **89**, 42 (Krause); EzA § 611 BGB Persönlichkeitsrecht Nr. 5 (Wiese); NZA **88**, 53; AiB **88**, 183 (Schoof)
30. 7. 1987	AP Nr. 3 zu § 130 BetrVG 1972	BAG **56**, 1; DB **87**, 2658; NJW **88**, 933; EzA § 130 BetrVG 1972 Nr. 2; NZA **88**, 402
4. 8. 1987	AP Nr. 88 zu Art. 9 GG Arbeitskampf	BAG **56**, 6; BB **88**, 345; DB **87**, 2470; SAE **89**, 20 (Konzen); EzA Art. 9 GG Arbeitskampf Nr. 70 (Belling); NZA **88**, 61; **90**, 214 (Belling)
4. 8. 1987	AP Nr. 89 zu Art. 9 GG Arbeitskampf (Rüthers)	BB **88**, 347; DB **88**, 183; EzA Art. 9 GG Arbeitskampf Nr. 71; NZA **87**, 817
18. 8. 1987	AP Nr. 6 zu § 81 ArbGG 1979	BAG **56**, 44; DB **87**, 2368; **88**, 285 (Matthießen); ArbuR **87**, 342; EzA § 81 ArbGG 1979 Nr. 11; NZA **88**, 26
18. 8. 1987	AP Nr. 23 zu § 77 BetrVG 1972 (v. Hoyningen-Huene)	BAG **56**, 18; BB **87**, 2160; **88**, 1459 (Linnenkohl); DB **87**, 2257; **88**, 334 (Klevemann); SAE **88**, 97 (Löwisch/Rieble); RdA **88**, 49; EzA § 77 BetrVG 1972 Nr. 18; NZA **87**, 779; **89**, 41 (Heinze); **90**, 249 (Veit)
1. 9. 1987 1 ABR 22/86	AP Nr. 10 zu § 101 BetrVG 1972 (Fabricius)	BAG **56**, 71; DB **87**, 2656; NJW **88**, 370; ArbuR **87**, 374; EzA § 118 BetrVG 1972 Nr. 40; NZA **88**, 99; AiB **88**, 89 (Degen)

Datum	Fundstelle AP	Weitere Fundstellen
1. 9. 1987 1 ABR 23/86	AP Nr. 11 zu § 101 BetrVG 1972 (Fabricius)	BAG **56**, 81; BB **87**, 2653; DB **88**, 67; NJW **88**, 372; EzA § 118 BetrVG 1972 Nr. 41; NZA **88**, 97; AiB **88**, 88 (Degen)
15. 9. 1987	AP Nr. 9 zu § 87 BetrVG 1972 Sozialeinrichtung	DB **88**, 404; SAE **88**, 271 (Brunz); EzA § 87 BetrVG 1972 Sozialeinrichtung Nr. 15; NZA **88**, 104
15. 9. 1987 1 ABR 29/86	AP Nr. 45 zu § 99 BetrVG 1972 (Streckel)	BAG **56**, 99; DB **88**, 235; SAE **88**, 192 (Oetker); EzA § 99 BetrVG 1972 Nr. 56; NZA **88**, 625
15. 9. 1987 1 ABR 44/86	AP Nr. 46 zu § 99 BetrVG 1972 (Streckel)	BAG **56**, 108; BB **88**, 482; DB **88**, 128; SAE **88**, 194 (Oetker); EzA § 99 BetrVG 1972 Nr. 57; NZA **88**, 101
22. 9. 1987	AP Nr. 5 zu § 1 BetrAVG Besitzstand (Schulin)	BAG **56**, 138; DB **88**, 291; SAE **89**, 79 (v. Maydell); EzA § 1 BetrAVG Ablösung Nr. 1; NZA **88**, 732
25. 9. 1987	AP Nr. 1 zu § 1 BeschFG 1985	BAG **56**, 155; BB **88**, 1042; DB **88**, 1022; EzA § 1 BeschFG 1985 Nr. 2; NZA **88**, 358
7. 10. 1987	AP Nr. 15 zu § 611 BGB Persönlichkeitsrecht	BB **88**, 137; DB **88**, 403; ArbuR **87**, 415; EzA § 611 BGB Persönlichkeitsrecht Nr. 6 (Wiese); NZA **88**, 92
13. 10. 1987	AP Nr. 7 zu § 81 ArbGG 1979	DB **88**, 334 (Klevemann); EzA § 81 ArbGG 1979 Nr. 12; NZA **88**, 249
13. 10. 1987	AP Nr. 2 zu § 77 BetrVG 1972 Auslegung	DB **88**, 334 (Klevemann), 345; EzA 3611 BGB Teilzeitarbeit Nr. 2; NZA **88**, 253
13. 10. 1987	AP Nr. 24 zu § 87 BetrVG 1972 Arbeitszeit	BAG **56**, 197; BB **88**, 270; DB **88**, 334 (Klevemann), 341; SAE **88**, 217 (Reuter); EzA § 87 BetrVG 1972 Arbeitszeit Nr. 25; NZA **88**, 251
16. 10. 1987	AP Nr. 69 zu § 613a BGB (Windbichler)	DB **88**, 712; EzA § 613a BGB Nr. 66
27. 10. 1987	AP Nr. 22 zu § 76 BetrVG 1972	DB **88**, 503; EzA § 76 BetrVG 1972 Nr. 37; NZA **88**, 207
27. 10. 1987	AP Nr. 41 zu § 112 BetrVG 1972	BAG **56**, 270; BB **88**, 761, 764 (Hunold); DB **88**, 558; SAE **88**, 262 (Blomeyer); EzA § 112 BetrVG 1972 Nr. 41; NZA **88**, 203
3. 11. 1987	AP Nr. 25 zu § 77 BetrVG 1972 (Hromadka)	BAG **56**, 289; BB **88**, 1257; DB **88**, 966; SAE **88**, 311 (Eich); EzA § 77 BetrVG 1972 Nr. 20 (Wank); NZA **88**, 509; AiB **88**, 191 (Trittin)
10. 11. 1987	AP Nr. 24 zu § 77 BetrVG 1972 (Schmitt)	BAG **56**, 313; BB **88**, 911; DB **88**, 611; EzA § 77 BetrVG 1972 Nr. 19; NZA **88**, 255; AiB **88**, 90 (Degen)
10. 11. 1987	AP Nr. 15 zu § 113 BetrVG 1972 (Leipold)	BAG **56**, 304; BB **88**, 842; DB **88**, 388; SAE **88**, 288 (Zeiss); EzA § 113 BetrVG 1972 Nr. 16; NZA **88**, 287
13. 11. 1987	AP Nr. 61 zu § 37 BetrVG 1972	SAE **88**, 317 (Streckel); EzA § 37 BetrVG 1972 Nr. 88; NZA **88**, 403
13. 11. 1987	AP Nr. 18 zu § 78a BetrVG 1972	BAG **57**, 21; BB **88**, 2244; DB **88**, 2414; SAE **89**, 144 (Natzel); EzA § 78a BetrVG 1972 Nr. 19; NZA **88**, 439
20. 11. 1987	AP Nr. 2 zu § 620 BGB Altersgrenze (Joost)	BAG **57**, 30; BB **88**, 1820; DB **88**, 1501; SAE **89**, 84 (Weber); EzA § 620 BGB Altersgrenze Nr. 1 (Belling); NZA **88**, 617; AiB **88**, 290 (Schoden)
24. 11. 1987	AP Nr. 6 zu § 87 BetrVG 1972 Akkord (Gaul)	BB **88**, 977; DB **88**, 811; EzA § 87 BetrVG 1972 Leistungslohn Nr. 15; NZA **88**, 320
24. 11. 1987	AP Nr. 6 zu § 87 BetrVG 1972 Auszahlung (Pleyer)	BB **88**, 1387; DB **88**, 813; EzA § 87 BetrVG 1972 Lohn u. Arbeitsentgelt Nr. 14; NZA **88**, 405
26. 11. 1987	AP Nr. 36 zu § 5 BetrVG 1972	BAG **56**, 366; DB **88**, 972; EzA § 5 BetrVG 1972 Nr. 46; NZA **88**, 505; AiB **88**, 217 (Peiseler)

Datum	Fundstelle AP	Weitere Fundstellen
27. 11. 1987	AP Nr. 7 zu § 44 BetrVG 1972	DB **88**, 810; SAE **88**, 169 (van Venrooy); EzA § 44 BetrVG 1972 Nr. 8; NZA **88**, 661; AiB **88**, 85 (Buschmann)
3. 12. 1987	AP Nr. 13 zu § 20 BetrVG 1972	BAG **57**, 106; DB **88**, 862; SAE **88**, 224 (Kort); EzA § 20 BetrVG 1972 Nr. 14; NZA **88**, 440; AiB **88**, 184 (Degen)
3. 12. 1987	AP Nr. 62 zu § 37 BetrVG 1972	BAG **57**, 96; EzA § 37 BetrVG 1972 Nr. 89; NZA **88**, 437
8. 12. 1987	AP Nr. 4 zu § 98 BetrVG 1972	BAG **57**, 114; BB **88**, 1183, 2468 (Kaiser); DB **88**, 760; EzA § 98 BetrVG 1972 Nr. 3; NZA **88**, 401; AiB **88**, 112 (Peiseler)
11. 12. 1987	AP Nr. 7 zu § 47 BetrVG 1972 (Wiedemann)	BAG **57**, 144; DB **88**, 759; EzA § 47 BetrVG 1972 Nr. 5; AiB **88**, 186 (Schoof)
15. 12. 1987	AP Nr. 5 zu § 611 BGB Betriebsgeheimnis	BAG **57**, 159; DB **88**, 1020; NJW **88**, 1686; ArbuR **89**, 388; EzA § 611 Betriebsgeheimnis Nr. 1; NZA **88**, 502; AiB **88**, 268 (Degen)

1988

Datum	Fundstelle AP	Weitere Fundstellen
12. 1. 1988	AP Nr. 8 zu § 81 ArbGG 1979	BB **88**, 1331; DB **88**, 1272; EzA § 87 BetrVG 1972 Arbeitszeit Nr. 26; NZA **88**, 517; AiB **88**, 189 (Knauber-Bergs)
12. 1. 1988	AP Nr. 90 zu Art. 9 GG Arbeitskampf (Rüthers/Berghaus)	DB **88**, 1270; NJW **88**, 2061; SAE **88**, 307 (Mayer-Maly); EzA Art. 9 GG Nr. 73 (Preis); NZA **88**, 474; **89**, 81 (Kissel), 453 (Sibben); AiB **88**, 181 (Zachert)
19. 1. 1988	AP Nr. 70 zu § 613 a BGB (Blank)	NZA **88**, 501; RdA **88**, 253; BB **88**, 2039; AuR **88**, 186; EzA § 613 a BGB Nr. 69 (Streckel)
26. 1. 1988	AP Nr. 31 zu § 80 BetrVG 1972	DB **88**, 1551; EzA § 80 BetrVG 1972 Nr. 32; NZA **88**, 620
26. 1. 1988	AP Nr. 50 zu § 99 BetrVG 1972	BAG **57**, 242; BB **88**, 1327; DB **88**, 1167; SAE **89**, 73 (Kraft/Hoehn); EzA § 99 BetrVG 1972 Nr. 58 (Weber, Chr.); NZA **88**, 476; **92**, 731 (Ehrich); AiB **88**, 193 (Degen)
10. 2. 1988	AP Nr. 6 zu § 92 a ArbGG 1979	EzA § 72 a ArbGG 1972 Nr. 50
10. 2. 1988	AP Nr. 64 zu § 37 BetrVG 1972	BAG **58**, 1; DB **88**, 2206, 2367; EzA § 37 BetrVG 1972 Nr. 91; NZA **89**, 112; AiB **88**, 310 (Unterhininghofen)
10. 2. 1988	AP Nr. 33 zu § 87 BetrVG 1972 Lohngestaltung	BAG **57**, 309; BB **88**, 1118; DB **88**, 1223; EzA § 87 BetrVG 1972 Betriebl. Lohngestaltung Nr. 18 (Glaubitz); NZA **88**, 479; AiB **88**, 192 (Trittin)
10. 2. 1988	AP Nr. 5 zu § 98 BetrVG 1972	BAG **57**, 295; DB **88**, 1325; EzA § 98 BetrVG 1972 Nr. 4; NZA **88**, 549
10. 2. 1988	AP Nr. 53 zu § 99 BetrVG 1972 (Lund)	BAG **57**, 317; DB **88**, 1397; EzA § 1 TVG Nr. 34; NZA **88**, 699; **89**, 41 (Heinze)
23. 2. 1988	AP Nr. 9 zu § 81 ArbGG 1979	ArbuR **89**, 261 (Kempen), 291; EzA § 81 ArbGG 1979 Nr. 13; NZA **89**, 229
23. 2. 1988	AP Nr. 2 zu § 93 BetrVG 1972	DB **88**, 1452; NJW **88**, 2558; ArbuR **89**, 198; EzA § 93 BetrVG 1972 Nr. 3; NZA **88**, 551; AiB **88**, 291 (Degen)
24. 2. 1988	AP Nr. 3 zu § 1 BeschFG 1985	BB **88**, 1390; ArbuR **88**, 120; EzA § 1 BeschFG 1985 Nr. 3; NZA **88**, 545
16. 3. 1988	AP Nr. 63 zu § 37 BetrVG 1972	DB **88**, 1453; EzA § 37 BetrVG 1972 Nr. 90
17. 3. 1988	AP Nr. 99 zu § 626 BGB	BAG **58**, 37; BB **89**, 289; DB **89**, 329; NJW **89**, 546; SAE **89**, 186 (Börgmann); EzA § 626 BGB n. F. Nr. 116 (1. Kraft/Raab, 2. Willemsen); NZA **89**, 261

Datum	Fundstelle AP	Weitere Fundstellen
24. 3. 1988	AP Nr. 1 zu § 9 ASiG	BAG **58**, 69; DB **89**, 227; SAE **89**, 290 (Blomeyer/Reichold); EzA § 9 ASiG Nr. 1; NZA **89**, 60; AiB **89**, 91
13. 4. 1988	AP Nr. 100 zu § 611 BGB Fürsorgepflicht (Conze)	BB **88**, 1893; DB **88**, 1702; EzA § 611 BGB Fürsorgepflicht Nr. 47 (Buchner); NZA **88**, 654
14. 4. 1988	AP Nr. 36 zu § 118 BetrVG 1972 (Dütz/Bayer)	BAG **58**, 92; NJW **88**, 3283; EzA § 118 BetrVG 1972 Nr. 42
14. 4. 1988	AP Nr. 1 zu § 66 BPersVG	BAG **58**, 107
26. 4. 1988	AP Nr. 16 zu § 87 BetrVG 1972 Altersversorgung	BAG **58**, 156; BB **88**, 2249; DB **88**, 2411; SAE **89**, 20 (Schulin) EzA § 87 BetrVG 1972 Altersversorgung Nr. 2; NZA **89**, 219; AiB **89**, 20 (Schoden)
27. 4. 1988	AP Nr. 4 zu § 1 BeschFG 1985 (Gamillscheg)	BAG **58**, 183; BB **88**, 1751; DB **88**, 1803; EzA § 1 BeschFG 1985 Nr. 4; NZA **88**, 771; AiB **88**, 322 (Anm.)
27. 4. 1988	AP Nr. 37 zu § 5 BetrVG 1972	BAG **58**, 203; BB **88**, 2030; DB **88**, 2003; EzA § 5 BetrVG 1972 Nr. 47; NZA **88**, 809
27. 4. 1988	AP Nr. 71 zu § 613a BGB	BAG **58**, 176; DB **88**, 1653; NJW **88**, 3035; EzA § 613a BGB Nr. 70; NZA **88**, 655
28. 4. 1988	AP Nr. 2 zu § 29 BetrVG 1972	BAG **58**, 221; DB **88**, 2259; EzA § 29 BetrVG 1972 Nr. 1 (Klevemann); NZA **89**, 223; AiB **88**, 346 (Grimberg)
28. 4. 1988	AP Nr. 74 zu § 613a BGB (Hefermehl)	DB **89**, 430; ArbuR **89**, 59; EzA § 613a BGB Nr. 80 (Löwisch); NZA **89**, 265
5. 5. 1988	AP Nr. 8 zu § 1 AÜG (Wiedemann)	DB **89**, 1139; SAE **89**, 62 (Oetker); EzA § 1 ArbeitnehmerüberlassungsG Nr. 1; NZA **89**, 18
26. 5. 1988	AP Nr. 26 zu § 76 BetrVG 1972	BB **88**, 2174; DB **88**, 2154; EzA § 76 BetrVG 1972 Nr. 41; NZA **89**, 26; AiB **89**, 23
26. 5. 1988	AP Nr. 14 zu § 87 BetrVG 1972 Ordnung des Betriebes	BAG **58**, 297; BB **88**, 2316; DB **88**, 2055; ArbuR **89**, 77 (Beck/Trümner), 95; SAE **89**, 138 (Fabricius); EzA § 87 BetrVG 1972 Betriebl. Ordnung Nr. 11 (Löwisch/Rieble); NZA **88**, 811; **89**, 498 (Ziegler); AiB **89**, 16 (Däubler)
26. 5. 1988	AP Nr. 13 zu § 95 BetrVG 1972	BB **88**, 2100 (Hunold); DB **88**, 2158; EzA § 95 BetrVG 1972 Nr. 13 (Peterek); NZA **89**, 438
31. 5. 1988 1 AZR 192/87	AP Nr. 57 zu § 1 FeiertagslohnzahlungsG	BAG **58**, 315; BB **88**, 2465; DB **88**, 2261; NJW **89**, 123; EzA Art. 9 GG Arbeitskampf Nr. 77 (Mummenhoff); NZA **88**, 889
31. 5. 1988 1 AZR 200/87	AP Nr. 58 zu § 1 FeiertagslohnzahlungsG	BAG **58**, 310; BB **88**, 2466; DB **88**, 2262; NJW **89**, 124; ArbuR **89**, 218 (Pieper); EzA Art. 9 GG Arbeitskampf Nr. 78; NZA **88**, 887
7. 6. 1988	AP Nr. 106 zu Art. 9 GG Arbeitskampf	BAG **58**, 343; BB **89**, 503; DB **88**, 2102; NJW **89**, 63; EzA Art. 9 GG Arbeitskampf Nr. 80 (Wank); NZA **88**, 883
10. 6. 1988	AP Nr. 5 zu § 1 BeschFG 1985	DB **88**, 2004; EzA § 1 BeschFG 1985 Nr. 5 (Oetker); NZA **89**, 21
21. 6. 1988	AP Nr. 108 zu Art. 9 GG Arbeitskampf (1. Mayer-Maly, 2. NN., 3. Kirchner, 4. Steinkühler/Zwickel)	BAG **58**, 364; BB **89**, 2461; **89**, 1334 (Buchner); DB **88**, 1952, 2097 (Groggert), 1566 (Hohenstatt/Schmude), Beilage 16 S. 89 (Pieker); NJW **89**, 57; ArbuR **90**, 237 (Kempen); SAE **89**, 93 (Reuter); RdA **89**, 212 (Hirschberg); EzA Art. 9 GG Arbeitskampf Nr. 75 (Konzen); NZA **88**, 846; **89**, 81 (Kissel)
29. 6. 1988	AP Nr. 37 zu § 118 BetrVG 1972 (Kohte)	BAG **59**, 120; BB **89**, 628; DB **89**, 536; EzA § 118 BetrVG 1972 Nr. 43; NZA **89**, 431; AiB **89**, 170
29. 6. 1988	AP Nr. 1 zu § 24 BPersVG	EzA § 37 BetrVG 1972 Nr. 97; AiB **89**, 164 (Schoof)

Datum	Fundstelle AP	Weitere Fundstellen
29. 6. 1988	AP Nr. 2 zu § 72 LPVG NW	BAG **59**, 132; BB **89**, 1198; DB **89**, 1090; EzA § 7 BUrlG Nr. 62
12. 7. 1988	AP Nr. 54 zu § 99 BetrVG 1972	BB **88**, 2176; DB **89**, 633; EzA § 99 BetrVG 1972 Nr. 59; AiB **89**, 21 (Degen)
26. 7. 1988	AP Nr. 6 zu § 87 BetrVG 1972 Provision (Sibben)	DB **89**, 384; EzA § 87 BetrVG 1972 Leistungslohn Nr. 16 (Otto); NZA **89**, 109
26. 7. 1988	AP Nr. 45 zu § 112 BetrVG 1972 (Löwisch)	BB **88**, 2385; DB **88**, 2464; SAE **89**, 163 (Bengelsdorf); EzA § 112 BetrVG 1972 Nr. 43; NZA **89**, 25
27. 7. 1988	AP Nr. 83 zu § 242 BGB Gleichbehandlung	BB **88**, 2178; DB **88**, 2519; ArbuR **88**, 384; EzA § 242 BGB Gleichbehandlung Nr. 47; AiB **91**, 104
10. 8. 1988	AP Nr. 5 zu § 146 KO	BAG **59**, 197; BB **89**, 500; DB **88**, 2567; EzA § 146 KO Nr. 2; NZA **89**, 187; AiB **89**, 259 (Bichlmeier)
23. 8. 1988	AP Nr. 46 zu § 112 BetrVG 1972 (Löwisch)	BAG **59**, 255; BB **89**, 144; DB **88**, 2465; SAE **89**, 165 (Bengelsdorf); EzA § 112 BetrVG 1972 Nr. 44; NZA **89**, 28
23. 8. 1988	AP Nr. 17 zu § 113 BetrVG 1972 (Hromadka/Heise)	BAG **59**, 243; BB **88**, 2387; DB **88**, 2413; NJW **89**, 1054; ArbuR **89**, 153 (Bock); EzA § 113 BetrVG 1972 Nr. 17 (Löwisch/Rieble); NZA **89**, 31
7. 9. 1988	AP Nr. 35 zu § 87 BetrVG 1972 Lohngestaltung	BAG **59**, 276; EzA § 87 BetrVG Betriebl. Lohngestaltung Nr. 21; NZA **89**, 857
7. 9. 1988	AP Nr. 2 zu § 611 BGB Abmahnung (Conze)	BB **89**, 222; DB **89**, 284; NJW **89**, 545; EzA § 611 BGB Abmahnung Nr. 17 (Mummenhoff); NZA **89**, 272
8. 9. 1988	AP Nr. 49 zu § 102 BetrVG 1972	BAG **59**, 295; DB **89**, 1575; SAE **89**, 299 (Oetker); EzA § 102 BetrVG 1972 Nr. 73 (Schwerdtner); NZA **89**, 852
14. 9. 1988	AP Nr. 9 zu § 1 BetrVG 1972 (Reuter)	BAG **59**, 319; BB **89**, 495; DB **89**, 127; EzA § 1 BetrVG 1972 Nr. 7; NZA **89**, 190; AiB **89**, 115 (Wendeling-Schröder)
14. 9. 1988	AP Nr. 1 zu § 16 BetrVG 1972	BAG **59**, 328; BB **89**, 496; DB **89**, 51; ArbuR **89**, 156 (Schlömp-Röder); EzA § 16 BetrVG 1972 Nr. 6 (Gaul); NZA **89**, 360
28. 9. 1988	AP Nr. 29 zu § 87 BetrVG 1972 Arbeitszeit	BB **89**, 423; DB **89**, 385, 1033; SAE **90**, 74 (Peterek); EzA § 87 BetrVG 1972 Arbeitszeit Nr. 30; NZA **89**, 184; AiB **89**, 125 (Buschmann)
28. 9. 1988	AP Nr. 55 zu § 99 BetrVG 1 ABR 37/87 1972	BAG **59**, 371; BB **89**, 286; DB **89**, 386; SAE **89**, 149 (Walker); EzA § 95 BetrVG 1972 Nr. 14 (Rieble); NZA **89**, 188
28. 9. 1988	AP Nr. 60 zu § 99 BetrVG 1 ABR 85/87 1972	BAG **59**, 380; BB **89**, 910; DB **89**, 433; EzA § 99 BetrVG 1972 Nr. 68; NZA **89**, 358; AiB **89**, 222 (Ulber)
28. 9. 1988	AP Nr. 47 zu § 112 BetrVG 1972	BAG **59**, 359; BB **89**, 498; DB **89**, 48; NJW **89**, 290; SAE **89**, 219 (Dütz/Vogg); EzA § 112 BetrVG 1972 Nr. 49; NZA **89**, 186
29. 9. 1988	AP Nr. 76 zu § 613a BGB (Joost)	DB **89**, 2176; EzA § 613a BGB Nr. 85; NZA **89**, 799
18. 10. 1988	AP Nr. 56 zu § 99 BetrVG 1 ABR 26/87 1972	BB **89**, 422; DB **89**, 732; EzA § 95 BetrVG 1972 Nr. 15; NZA **89**, 402
18. 10. 1988	AP Nr. 57 zu § 99 BetrVG 1 ABR 33/87 1972	BAG **60**, 57; BB **89**, 626; DB **89**, 530; ArbuR **89**, 195; EzA § 99 BetrVG 1972 Nr. 69 (v. Hoyningen-Huene); NZA **89**, 355; AiB **89**, 221 (Plander)
18. 10. 1988	AP Nr. 4 zu § 100 BetrVG 1972 (Sundermann)	BAG **60**, 66; BB **89**, 700; DB **89**, 487; SAE **90**, 245 (Kuchinke); EzA § 100 BetrVG 1972 Nr. 4; NZA **89**, 183

Datum	Fundstelle AP	Weitere Fundstellen
25. 10. 1988	AP Nr. 1 zu § 1 BetrAVG Betriebsvereinbarung	BAG **60**, 78; BB **89**, 1548; DB **89**, 1195; EzA § 77 BetrVG 1972 Nr. 26 (Rüthers/Bakker); NZA **89**, 522
25. 10. 1988	AP Nr. 110 zu Art. 9 GG Arbeitskampf (Brox)	BAG **60**, 71; BB **89**, 1055; DB **89**, 862; SAE **90**, 202 (Loritz); EzA Art. 9 GG Arbeitskampf Nr. 89; NZA **89**, 353; AiB **89**, 157 (Schoof)
27. 10. 1988	AP Nr. 16 zu § 620 BGB Bedingung	DB **89**, 1730; EzA § 620 BGB Bedingung Nr. 9 (Moll); NZA **89**, 643; AiB **89**, 363 (Schoden)
8. 11. 1988	AP Nr. 6 zu § 1 BetrAVG Betriebsveräußerung	BAG **60**, 118; DB **89**, 1526; ArbuR **89**, 293 (Oberhofer), 322; SAE **90**, 38 (Reichold); EzA § 613a BGB Nr. 83; NZA **89**, 679
8. 11. 1988	AP Nr. 48 zu § 112 BetrVG 1972	BAG **60**, 84; BB **89**, 911; DB **89**, 587; EzA § 112 BetrVG 1972 Nr. 50; NZA **89**, 401
8. 11. 1988	AP Nr. 18 zu § 113 BetrVG 1972	BAG **60**, 87; BB **89**, 773; DB **89**, 331; EzA § 113 BetrVG 1972 Nr. 18; NZA **89**, 278
8. 11. 1988	AP Nr. 38 zu § 118 BetrVG 1972	DB **89**, 1295; EzA § 118 BetrVG 1972 Nr. 44; NZA **89**, 429
10. 11. 1988	AP Nr. 3 zu § 1 KSchG 1969 Abmahnung	BB **89**, 1483; DB **89**, 1427; NJW **89**, 2493; EzA § 611 BGB Abmahnung Nr. 18 (Peterek); NZA **89**, 633
23. 11. 1988	AP Nr. 77 zu § 613a BGB	BAG **60**, 191; BB **89**, 1054; DB **89**, 1194; ArbuR **89**, 148, 354 (Klevemann); EzA § 102 BetrVG 1972 Nr. 72 (Mummenhoff); NZA **89**, 433
29. 11. 1988	AP Nr. 7 zu § 1 BetrAVG Betriebsveräußerung	BB **89**, 558; DB **89**, 1140; EzA § 613a BGB Nr. 81; NZA **89**, 425
6. 12. 1988	AP Nr. 37 zu § 87 BetrVG 1972 Lohngestaltung (Reuter)	BAG **60**, 244; BB **89**, 1822; DB **89**, 984; ArbuR **89**, 149; SAE **90**, 1 (Wiese); EzA § 87 BetrVG 1972 Betriebl. Lohngestaltung Nr. 23 (Gaul); NZA **89**, 479
6. 12. 1988	AP Nr. 26 zu § 111 BetrVG 1972 (Streckel)	BAG **60**, 237; BB **89**, 1058; DB **89**, 883; ArbuR **89**, 150; SAE **89**, 160 (Misera); EzA § 111 BetrVG 1972 Nr. 23 (Teske); NZA **89**, 399, 577
7. 12. 1988	AP Nr. 15 zu § 19 BetrVG 1972	BAG **60**, 276; BB **89**, 1619; DB **89**, 1525; EzA § 19 BetrVG 1972 Nr. 25; NZA **89**, 731
14. 12. 1988	AP Nr. 30 zu § 76 BetrVG 1972	BB **89**, 983; EzA § 76 BetrVG 1972 Nr. 47; NZA **89**, 515
14. 12. 1988	AP Nr. 4 zu § 1 GesamthafenbetriebsG	BAG **60**, 292; NZA **89**, 565
20. 12. 1988	AP Nr. 5 zu § 92 ArbGG 1979	BAG **60**, 311; BB **89**, 1268; DB **89**, 1032; ArbuR **89**, 148; SAE **89**, 265 (Stolte); EzA § 80 BetrVG 1972 Nr. 33; NZA **89**, 393
20. 12. 1988 1 ABR 57/87	AP Nr. 9 zu § 87 BetrVG 1972 Auszahlung	BAG **60**, 323; BB **89**, 1056; DB **89**, 1340; ArbuR **89**, 148; EzA § 87 BetrVG 1972 Nr. 12; NZA **89**, 564
20. 12. 1988	AP Nr. 62 zu § 99 BetrVG 1972 (Misera)	BAG **60**, 330; BB **89**, 1549; DB **89**, 1240; ArbuR **89**, 149; SAE **89**, 307 (Pottmeyer); EzA § 99 BetrVG 1972 Nr. 70; NZA **89**, 518

1989

17. 1. 1989	AP Nr. 1 zu § 2 LPVG NW	DB **89**, 1528; ArbuR **89**, 259; EzA § 2 BetrVG 1972 Nr. 12
18. 1. 1989	AP Nr. 2 zu § 14 AÜG	BAG **60**, 368; BB **89**, 1127, 1408; DB **89**, 1419; ArbuR **90**, 55 (Ziemann); EzA § 14 AÜG Nr. 1; NZA **89**, 728
18. 1. 1989	AP Nr. 1 zu § 9 BetrVG 1972	BAG **61**, 7; BB **89**, 1406; DB **89**, 1420; ArbuR **90**, 55 (Ziemann); EzA § 9 BetrVG 1972 Nr. 4; NZA **89**, 725

Datum	Fundstelle AP	Weitere Fundstellen
18. 1. 1989	AP Nr. 28 zu § 40 BetrVG 1972	BAG **60**, 385; BB **89**, 1618; DB **89**, 1829; EzA § 40 BetrVG 1972 Nr. 60; NZA **89**, 641
25. 1. 1989	AP Nr. 2 zu § 2 BeschFG 1985 (Berger-Delhey)	BAG **61**, 43; BB **89**, 1271; DB **89**, 1726; **90**, 1461 (Kappes); EzA § 2 BeschFG 1985 Nr. 1; AiB **91**, 104
31. 1. 1989	AP Nr. 12 zu § 81 ArbGG 1979	EzA § 81 ArbGG 1979 Nr. 14; NZA **89**, 606
31. 1. 1989	AP Nr. 33 zu § 80 BetrVG 1972	BB **89**, 1693 (Hunold); DB **89**, 982, 1138 (Jedzig); SAE **90**, 69 (Koffka); EzA § 80 BetrVG 1972 Nr. 34; NZA **89**, 932; AiB **89**, 256 (Paasch)
31. 1. 1989	AP Nr. 31 zu § 87 BetrVG 1972 Arbeitszeit	BAG **61**, 57; DB **89**, 1631; ArbuR **90**, 133 (Buschmann); EzA § 87 BetrVG 1972 Arbeitszeit Nr. 32 (Streckel); NZA **89**, 646
31. 1. 1989	AP Nr. 15 zu § 87 BetrVG 1972 Tarifvorrang	BB **89**, 1339; DB **89**, 1630; EzA § 87 BetrVG 1972 Arbeitszeit Nr. 31; NZA **89**, 604
1. 2. 1989	AP Nr. 63 zu § 99 BetrVG 1972	BAG **61**, 66; DB **90**, 132; EzA § 256 ZPO Nr. 33; NZA **89**, 814
9. 2. 1989	AP Nr. 40 zu § 77 BetrVG 1972 (Richardi)	BAG **61**, 87; BB **89**, 2112; DB **89**, 2339; EzA § 77 BetrVG 1972 Nr. 27; NZA **89**, 765
9. 2. 1989	AP Nr. 4 zu § 2 BeschFG 1985	BAG **61**, 77; BB **89**, 1341; DB **89**, 1424; NJW **89**, 1948; SAE **90**, 46 (Schüren); EzA § 2 BeschFG 1985 Nr. 2; NZA **89**, 593
14. 2. 1989	AP Nr. 8 zu § 87 BetrVG 1972 Akkord	DB **89**, 1929; EzA § 87 BetrVG 1972 Leistungslohn Nr. 17 (Wiese); NZA **89**, 648
15. 2. 1989	AP Nr. 17 zu § 19 BetrVG 1972	BAG **61**, 125; DB **89**, 2626; SAE **90**, 289 (Weth); EzA § 19 BetrVG 1972 Nr. 28 (Marhold); NZA **90**, 115
15. 2. 1989	AP Nr. 70 zu § 37 BetrVG 1972	BB **90**, 777; DB **90**, 1141; EzA § 37 BetrVG 1972 Nr. 101; NZA **90**, 447
15. 2. 1989	AP Nr. 39 zu § 118 BetrVG 1972	BAG **61**, 113; NJW **90**, 2021; EzA § 118 BetrVG 1972 Nr. 45 (Henssler); NZA **90**, 240
16. 2. 1989	AP Nr. 46 zu § 138 BGB (Kramer)	BAG **61**, 151; BB **90**, 209; DB **89**, 2382; NJW **90**, 141; EzA § 138 BGB Nr. 23 (Wank); NZA **89**, 962; AiB **90**, 166 (Hinrichs)
2. 3. 1989	AP Nr. 101 zu § 626 BGB	BB **89**, 1553; DB **89**, 1679; EzA § 626 BGB n. F. Nr. 118; NZA **89**, 755
14. 3. 1989	AP Nr. 5 zu § 1 BetrAVG Gleichberechtigung	BAG **61**, 226; BB **89**, 2115; DB **89**, 2336; NJW **90**, 68; SAE **92**, 249 (Hanau); EzA § 1 BetrAVG Gleichberechtigung Nr. 4 (Steinmeyer); NZA **90**, 25; AiB **90**, 203 (Schoden)
14. 3. 1989	AP Nr. 64 zu § 99 BetrVG 1972	BAG **61**, 189; DB **89**, 1523; ArbuR **89**, 258; EzA § 99 BetrVG 1972 Nr. 71 (Schüren/Feuerborn); NZA **89**, 639
14. 3. 1989 8 AZR 447/87	AP Nr. 5 zu § 611 a BGB (Scholz)	BAG **61**, 209; BB **89**, 2187; DB **89**, 2279; NJW **90**, 65; ArbuR **89**, 490; **90**, 390 (Sokol); EzA § 611 a BGB Nr. 4; NZA **90**, 21
14. 3. 1989 8 AZR 351/86	AP Nr. 6 zu § 611 a BGB (Scholz)	BAG **61**, 219; DB **89**, 2281; NJW **90**, 67; ArbuR **90**, 392 (Sokol); EzA § 611 a BGB Nr. 5 (Schlachter); NZA **90**, 24
15. 3. 1989	AP Nr. 7 zu § 1 BeschFG 1985	EzA § 1 BeschFG 1985 Nr. 8 (Mayer-Maly)
18. 4. 1989	AP Nr. 2 zu § 1 BetrAVG Betriebsvereinbarung (1. Richardi, 2. Hanau)	BAG **61**, 323; BB **90**, 781; DB **89**, 2232; SAE **90**, 181 (Kraft); EzA § 77 BetrVG 1972 Nr. 28 (Schulin); NZA **90**, 67
18. 4. 1989 1 ABR 3/88	AP Nr. 33 zu § 87 BetrVG 1972 Arbeitszeit (Schüren/Feuerborn)	DB **89**, 1978; SAE **90**, 62 (v. Hoyningen-Huene); EzA § 87 BetrVG 1972 Arbeitszeit Nr. 35; AiB **89**, 356 (Buschmann)

Datum	Fundstelle AP	Weitere Fundstellen
18. 4. 1989 1 ABR 2/88	AP Nr. 34 zu § 87 BetrVG 1972 Arbeitszeit (Kraft/Raab)	BAG **61**, 305; DB **89**, 1926 JW **89**, 2771; SAE **90**, 145 (Hermann); EzA § 76 BetrVG 1972 Nr. 48 (Rotter); NZA **89**, 807; AiB **89**, 361 (Schoof)
18. 4. 1989	AP Nr. 18 zu § 87 BetrVG 1972 Tarifvorrang (Rieble)	BAG **61**, 296; BB **89**, 2039; DB **89**, 1676; SAE **90**, 18 (Hromadka); EzA § 87 BetrVG 1972 Nr. 13 (Wiese); NZA **89**, 887; AiB **89**, 290
18. 4. 1989	AP Nr. 65 zu § 99 BetrVG 1972 (Kraft/Raab)	BAG **61**, 283; BB **89**, 1696; DB **89**, 1774; **90**, 179; EzA § 99 BetrVG 1972 Nr. 73; NZA **89**, 804
19. 4. 1989	AP Nr. 68 zu § 37 BetrVG 1972	BB **90**, 281; DB **90**, 696; EzA § 37 BetrVG 1972 Nr. 99; NZA **90**, 317
19. 4. 1989	AP Nr. 29 zu § 40 BetrVG 1972 (v. Hoyningen-Huene)	BAG **61**, 340; DB **90**, 740; SAE **90**, 296 (Kri- chel); EzA § 40 BetrVG 1972 Nr. 62; NZA **90**, 233
19. 4. 1989	AP Nr. 35 zu § 80 BetrVG 1972	BAG **61**, 333; BB **89**, 1696; DB **89**, 1774; SAE **90**, 8 (Rieble); EzA § 80 BetrVG 1972 Nr. 35; NZA **89**, 936; AiB **90**, 36 (Trittin)
25. 4. 1989	AP Nr. 3 zu § 98 ArbGG 1979	BAG **62**, 1; DB **89**, 1928; SAE **91**, 37 (Salje); EzA § 98 ArbGG 1979 Nr. 6; NZA **89**, 976
25. 4. 1989	AP Nr. 34 zu Art. 140 GG (Stein)	BAG **61**, 376; NJW **89**, 2284; EzA § 611 BGB Kirchliche Arbeitnehmer Nr. 28
9. 5. 1989	AP Nr. 18 zu § 87 BetrVG 1972 Altersversorgung (v. Hoyningen-Huene)	BAG **62**, 26; DB **89**, 2491; SAE **90**, 156 (Wal- ker); EzA § 87 BetrVG 1972 Altersversorgung Nr. 3; NZA **89**, 889
24. 5. 1989	AP Nr. 1 zu § 611 BGB Gewissensfreiheit (1. Kraft/Raab, 2. Berger-Delhey)	BAG **62**, 59; BB **90**, 212; DB **89**, 2538; NJW **90**, 203; ArbuR **90**, 265 (Mayer, U.); SAE **91**, 1 (Bydlinski); EzA § 611 BGB Direktionsrecht Nr. 3; NZA **90**, 144
31. 5. 1989	AP Nr. 9 zu § 38 BetrVG 1972	BB **90**, 491; DB **90**, 742; EzA § 37 BetrVG 1972 Nr. 100; NZA **90**, 313; AiB **90**, 257 (Grimberg)
31. 5. 1989	AP Nr. 9 zu § 44 BetrVG 1972	DB **90**, 793; EzA § 4 BetrVG Nr. 9; NZA **90**, 449
7. 6. 1989 7 ABR 26/88	AP Nr. 67 zu § 37 BetrVG 1972	BAG **62**, 74; BB **90**, 137; DB **90**, 230; EzA § 37 BetrVG 1972 Nr. 98; NZA **90**, 149
7. 6. 1989 7 AZR 500/88	AP Nr. 72 zu § 37 BetrVG 1972	BAG **62**, 83, BB **90**, 993; DB **90**, 995; EzA § 37 BetrVG 1972 Nr. 102; NZA **90**, 531; AiB **90**, 255
8. 6. 1989	AP Nr. 6 zu § 17 KSchG 1969	DB **90**, 183; EzA § 17 KSchG Nr. 4; NZA **90**, 224
13. 6. 1989	AP Nr. 36 zu § 80 BetrVG 1972	BAG **62**, 100; DB **89**, 2439; EzA § 80 BetrVG 1972 Nr. 36; NZA **89**, 934
13. 6. 1989	AP Nr. 66 zu § 99 BetrVG 1972	BB **89**, 2328; DB **90**, 283; EzA § 99 BetrVG 1972 Nr. 74; NZA **89**, 937
13. 6. 1989	AP Nr. 3 zu § 112 a BetrVG 1972 (Willemsen)	BAG **62**, 108; BB **90**, 418; DB **89**, 2335; EzA § 112 a BetrVG 1972 Nr. 4; NZA **89**, 974
13. 6. 1989	AP Nr. 19 zu § 113 BetrVG 1972 (Lüke)	BAG **62**, 88; DB **89**, 2026; EzA § 113 BetrVG 1972 Nr. 19 (Uhlenbruck); NZA **89**, 894
14. 6. 1989	AP Nr. 16 zu § 4 TVG Tarifkonkurrenz (Wiedemann/Arnold)	DB **90**, 129; RdA **92**, 161 (Kraft); EzA § 4 TVG Nr. 4
15. 6. 1989	AP Nr. 45 zu § 1 KSchG 1969 Betriebsbedingte Kündigung	BB **89**, 2190; DB **89**, 2384; EzA § 1 KSchG Betriebsbedingte Kündigung Nr. 63 (Rotter); NZA **90**, 65
15. 6. 1989	AP Nr. 18 zu § 1 KSchG 1969 Soziale Auswahl	BAG **62**, 116; BB **90**, 351; DB **90**, 380; SAE **90**, 208 (Preis); EzA § 1 KSchG Soziale Auswahl Nr. 27 (Hergenröder); NZA **90**, 226

Datum	Fundstelle AP	Weitere Fundstellen
21. 6. 1989	AP Nr. 34 zu § 76 BetrVG 1972 (Berger-Delhey)	BAG **62**, 139; BB **90**, 138; DB **89**, 2436; NJW **90**, 404; SAE **90**, 105 (Eich); EzA § 40 BetrVG 1972 Nr. 61 (Vogg); NZA **90**, 91 (Sowka), 107
21. 6. 1989	AP Nr. 35 zu § 76 BetrVG 1972	BAGE **62**, 129; NZA **90**, 110; RdA **89**, 381; BB **89**, 2256; BB **90**, 1349; AuR **89**, 387
21. 6. 1989	AP Nr. 43 zu § 118 BetrVG 1972	BAG **62**, 156; BB **90**, 920; DB **90**, 794; EzA § 118 BetrVG 1972 Nr. 49; NZA **90**, 402
27. 6. 1989	AP Nr. 5 zu § 42 BetrVG 1972	BAG **62**, 192; DB **89**, 2543; SAE **90**, 162 (Belling/Liedmeier); EzA § 42 BetrVG 1972 Nr. 4; NZA **90**, 113
27. 6. 1989	AP Nr. 37 zu § 80 BetrVG 1972	DB **90**, 181; EzA § 80 BetrVG 1972 Nr. 37; NZA **89**, 929
27. 6. 1989	AP Nr. 35 zu § 87 BetrVG 1972 Arbeitszeit (Misera)	BAG **62**, 202; DB **89**, 2386; EzA § 87 BetrVG 1972 Arbeitszeit Nr. 36; NZA **90**, 35; AiB **90**, 37 (Oberhofer)
4. 7. 1989	AP Nr. 20 zu § 87 BetrVG 1972 Tarifvorrang (Dütz/Rotter)	BAG **62**, 233; BB **90**, 918; DB **90**, 127; EzA § 87 BetrVG 1972 Betriebl. Lohngestaltung Nr. 24 (Gaul); NZA **90**, 29; AiB **90**, 75 (Schoof)
4. 7. 1989	AP Nr. 27 zu § 111 BetrVG 1972	DB **90**, 485; ArbuR **89**, 387; EzA § 111 BetrVG 1972 Nr. 24; NZA **90**, 280
12. 7. 1989 5 AZR 494/88		nv
25. 7. 1989	AP Nr. 38 zu § 80 BetrVG 1972	DB **90**, 434; EzA § 80 BetrVG 1972 Nr. 38; NZA **90**, 33
25. 7. 1989	AP Nr. 38 zu § 87 BetrVG 1972 Arbeitszeit	DB **90**, 791; EzA § 87 BetrVG 1972 Arbeitszeit Nr. 38; NZA **89**, 979
26. 7. 1989	AP Nr. 4 zu § 2a ArbGG 1979	DB **91**, 184; EzA § 2a ArbGG 1979 Nr. 1
26. 7. 1989	AP Nr. 10 zu § 38 BetrVG 1972	BAG **63**, 1; BB **90**, 1271; DB **90**, 1290; EzA § 38 BetrVG 1972 Nr. 11; NZA **90**, 621
1. 8. 1989	AP Nr. 17 zu § 95 BetrVG 1972	DB **90**, 382; ArbuR **89**, 387; EzA § 95 BetrVG 1972 Nr. 16; NZA **90**, 196
1. 8. 1989	AP Nr. 68 zu § 99 BetrVG 1972	BAG **62**, 271; BB **90**, 419; SAE **90**, 356 (Reuter); EzA § 99 BetrVG 1972 Nr. 75; NZA **90**, 229; AiB **90**, 200 (Steen)
8. 8. 1989	AP Nr. 11 zu § 23 BetrVG 1972	DB **90**, 1191; SAE **91**, 63 (Löwisch); EzA § 23 BetrVG 1972 Nr. 27; NZA **90**, 569
8. 8. 1989	AP Nr. 3 zu § 87 BetrVG 1972 Initiativrecht (Wiese)	BAG **62**, 322; BB **90**, 347; DB **90**, 281; SAE **91**, 285 (Käppler); EzA § 87 BetrVG 1972 Initiativrecht Nr. 5; NZA **90**, 322
8. 8. 1989	AP Nr. 15 zu § 87 BetrVG 1972 Ordnung des Betriebes	DB **90**, 893; SAE **90**, 340 (Henssler); EzA § 87 BetrVG 1972 Betriebliche Ordnung Nr. 13 (Wiese); NZA **90**, 320
8. 8. 1989	AP Nr. 18 zu § 95 BetrVG 1972	BAG **62**, 314; DB **90**, 537; SAE **90**, 187 (Weber, H.J.); EzA § 95 BetrVG 1972 Nr. 18; NZA **90**, 198
8. 8. 1989	AP Nr. 6 zu § 106 BetrVG 1972	BAG **62**, 294; BB **90**, 458; DB **89**, 2621; ArbuR **89**, 318; SAE **91**, 225 (Dütz); EzA § 106 BetrVG 1972 Nr. 8 (Henssler); NZA **90**, 150; AiB **90**, 165 (Bösche-Moderegger)
23. 8. 1989	AP Nr. 42 zu § 77 BetrVG 1972 (Hromadka)	BB **89**, 2330; **91**, 1329 (Veit/Waas); DB **90**, 184; EzA § 140 BGB Nr. 16 (Moll/Kreitner); NZA **90**, 69
23. 8. 1989	AP Nr. 7 zu § 106 BetrVG 1972 (Wiedemann)	BAG **63**, 11; DB **90**, 1519; **91**, 384 (Nebendahl); EzA § 106 BetrVG 1972 Nr. 9; NZA **90**, 863
29. 8. 1989	AP Nr. 6 zu § 2 BeschFG 1985 (Schüren/Kirsten)	BAG **62**, 334; BB **89**, 2116; DB **89**, 2338; EzA § 2 BeschFG 1985 Nr. 3 (Kraft/Raab); NZA **90**, 37; AiB **90**, 78 (Buschmann)

Datum	Fundstelle AP	Weitere Fundstellen
30. 8. 1989	AP Nr. 73 zu § 37 BetrVG 1972	BAG **63**, 35; BB **90**, 1556 (Berger-Delhey); **91**, 475 (Mauer); DB **90**, 1241; EzA § 37 BetrVG 1972 Nr. 103 (Berger-Delhey); NZA **90**, 483
21. 9. 1989	AP Nr. 43 zu § 77 BetrVG 1972 (Löwisch)	BAG **62**, 360; BB **90**, 994; DB **90**, 692; SAE **90**, 329 (Schmitt); EzA § 77 BetrVG 1972 Nr. 33 (Otto); NZA **90**, 331 (Richardi), 351
21. 9. 1989	AP Nr. 72 zu § 99 BetrVG 1972	BB **90**, 631; DB **90**, 891 (Fastrich); SAE **92**, 9 (Fastrich); EzA § 99 BetrVG 1972 Nr. 76; NZA **90**, 314
21. 9. 1989	AP Nr. 1 zu § 25 SchwbG 1986	BAG **62**, 382; DB **90**, 796; EzA § 14 SchwbG 1986 Nr. 2; NZA **90**, 362
28. 9. 1989	AP Nr. 5 zu § 611 BGB Parkplatz (Brox)	BAG **63**, 63; BB **90**, 634; DB **90**, 690; SAE **90**, 362 (Misera); EzA § 611 BGB Parkplatz Nr. 1; NZA **90**, 345
29. 9. 1989	AP Nr. 76 zu § 613a BGB (Joost)	DB **89**, 2176; EzA § 613a BGB Nr. 85; NZA **89**, 799
3. 10. 1989	AP Nr. 28 zu § 76 BetrVG [1952]	DB **90**, 1142; EzA § 76 BetrVG Nr. 13
3. 10. 1989 1 ABR 68/88	AP Nr. 73 zu § 99 BetrVG 1972 (Natzel)	BB **90**, 851; DB **90**, 1140; EzA § 99 BetrVG 1972 Nr. 79; NZA **90**, 366; AiB **90**, 260
3. 10. 1989 1 ABR 73/88	AP Nr. 74 zu § 99 BetrVG 1972	DB **90**, 995; EzA § 99 BetrVG 1972 Nr. 77; NZA **90**, 231
3. 10. 1989 1 ABR 66/88	AP Nr. 75 zu § 99 BetrVG 1972	DB **90**, 1092; EzA § 99 BetrVG 1972 Nr. 83; NZA **90**, 359
11. 10. 1989	AP Nr. 55 zu § 102 BetrVG 1972	BB **90**, 1701; DB **90**, 1974; NJW **90**, 2489; EzA § 102 BetrVG 1972 Nr. 78 (Kraft); NZA **90**, 748
11. 10. 1989	AP Nr. 47 zu § 1 KSchG 1969 Betriebsbedingte Kündigung (Berger-Delhey)	BB **90**, 1628; DB **90**, 2024; EzA § 1 KSchG Betriebsbedingte Kündigung Nr. 64; NZA **90**, 607
17. 10. 1989	AP Nr. 39 zu § 76 BetrVG 1972 (Gaul)	BAG **63**, 140; BB **90**, 853; DB **90**, 589, 2018 (Nebendahl); SAE **90**, 170 (Rieble); EzA § 76 BetrVG 1972 Nr. 54; NZA **90**, 399
17. 10. 1989	AP Nr. 12 zu § 87 BetrVG 1972 Betriebsbuße (Brox)	BAG **63**, 169; BB **90**, 705; DB **90**, 483; SAE **91**, 21 (Danne); EzA § 87 BetrVG 1972 Betriebsbuße Nr. 8 (Leßmann); NZA **90**, 193 (Heinze); AiB **90**, 258 (Grimberg)
17. 10. 1989	AP Nr. 29 zu § 111 BetrVG 1972	BAG **63**, 162; BB **90**, 632; BB **90**, 694; EzA § 111 BetrVG 1972 Nr. 26; NZA **90**, 443
17. 10. 1989	AP Nr. 53 zu § 112 BetrVG 1972	BAG **63**, 152; BB **90**, 489; DB **90**, 486, 2018 (Nebendahl); EzA § 112 BetrVG 1972 Nr. 56; NZA **90**, 441; AiB **90**, 311 (Kempff)
24. 10. 1989	AP Nr. 29 zu § 11 BUrlG	BAG **63**, 181; BB **90**, 1414; DB **90**, 1040; EzA § 11 BUrlG Nr. 28; NZA **90**, 486
25. 10. 1989 7 ABR 1/88	AP Nr. 40 zu § 5 BetrVG 1972 (Natzel)	BAG **63**, 188; DB **90**, 1192; EzA § 5 BetrVG 1972 Nr. 48; AiB **90**, 254
25. 10. 1989 7 ABR 60/88	AP Nr. 42 zu § 5 BetrVG 1972	BAG **63**, 200; BB **90**, 1700; DB **90**, 1775; EzA § 5 BetrVG 1972 Nr. 49; NZA **90**, 820
7. 11. 1989	AP Nr. 46 zu § 77 BetrVG 1972	BAG **63**, 211; BB **90**, 1840; DB **90**, 1715 (Buchner), 1724; EzA § 77 BetrVG 1972 Nr. 34 (Otto); NZA **90**, 816
14. 11. 1989 1 ABR 87/88	AP Nr. 76 zu § 99 BetrVG 1972	BB **90**, 1129; DB **90**, 1093; EzA § 99 BetrVG 1972 Nr. 85; NZA **90**, 357
14. 11. 1989 1 ABR 88/88	AP Nr. 77 zu § 99 BetrVG 1972	BAG **63**, 226; BB **90**, 421; DB **90**, 636; SAE **90**, 192 (Pottmeyer); EzA § 99 BetrVG 1972 Nr. 84 (v. Maydell); NZA **90**, 368; AiB **90**, 169

Datum	Fundstelle AP	Weitere Fundstellen
16. 11. 1989	AP Nr. 2 zu § 13 BAT (Conze)	BAG **63**, 240; BB **90**, 708; DB **90**, 841; NJW **90**, 1933; EzA § 611 BGB Abmahnung Nr. 19; NZA **90**, 477
28. 11. 1989	AP Nr. 5 zu § 14 AÜG	BB **90**, 1343 (Hunold); DB **90**, 1139; EzA § 14 AÜG Nr. 2; NZA **90**, 364; AiB **90**, 260 (Paasch)
28. 11. 1989	AP Nr. 5 zu § 77 BetrVG 1972 Auslegung	BAG **63**, 274; BB **90**, 923; DB **90**, 792; EzA § 4 TVG Einzelhandel Nr. 13; NZA **90**, 445
28. 11. 1989	AP Nr. 4 zu § 87 BetrVG 1972 Initiativrecht (Schlömp-Röder)	BAG **63**, 283; BB **90**, 1062; DB **90**, 743; EzA § 87 BetrVG 1972 Kontrolleinrichtung Nr. 18 (Streckel); NZA **90**, 406; AiB **90**, 475 (Schlömp-Röder)
28. 11. 1989	AP Nr. 6 zu § 88 BetrVG 1972 (Frey)	BAG **63**, 267; SAE **91**, 292 (Windbichler); EzA § 315 BGB Nr. 37; NZA **90**, 559
29. 11. 1989	AP Nr. 3 zu § 10 ArbGG 1979 (Reuter)	BAG **63**, 302; DB **90**, 1568; EzA § 47 BetrVG 1972 Nr. 6; NZA **90**, 615
29. 11. 1989	AP Nr. 32 zu § 40 BetrVG 1972	BB **90**, 633; DB **90**, 1093; EzA § 40 BetrVG 1972 Nr. 63; NZA **90**, 448
29. 11. 1989	AP Nr. 20 zu § 78 a BetrVG 1972 (Berger-Delhey)	BAG **63**, 319; BB **91**, 65; DB **91**, 234; SAE **91**, 373 (Eich); EzA § 78 a BetrVG 1972 Nr. 20 (Kraft/Raab); NZA **91**, 233, 537 (Bengelsdorf)
30. 11. 1989	AP Nr. 53 zu § 102 BetrVG 1972	BAG **63**, 351; BB **90**, 704; BB **90**, 993; SAE **91**, 128 (Schmitt); EzA § 102 BetrVG 1972 Nr. 77; NZA **90**, 529
7. 12. 1989	AP Nr. 27 Intern. Privatrecht, Arbeitsrecht (Lorenz)	BB **90**, 707; DB **90**, 992; SAE **90**, 248 (Reiff); EzA § 102 BetrVG 1972 Nr. 74; NZA **90**, 658; AiB **90**, 262 (Sondermann)

1990

Datum	Fundstelle AP	Weitere Fundstellen
16. 1. 1990	AP Nr. 38 zu § 2 TVG	BB **90**, 281; EzA § 2 TVG Nr. 19; NZA **90**, 626
18. 1. 1990	AP Nr. 19 zu § 1 KSchG 1969 Soziale Auswahl	BAG **64**, 34; BB **90**, 1274; DB **90**, 1335, 1917 (Fenski); SAE **91**, 118 (v. Hoyningen-Huene); EzA § 1 KSchG Soziale Auswahl Nr. 28; NZA **90**, 729
18. 1. 1990	AP Nr. 27 zu § 2 KSchG 1969	BAG **64**, 24; BB **90**, 1843; DB **90**, 1773; SAE **91**, 11 (Oetker); EzA § 1 KSchG Betriebsbedingte Kündigung Nr. 65 (Steinmeyer); NZA **90**, 734
18. 1. 1990	AP Nr. 9 zu § 23 KSchG 1969	BB **90**, 2192; DB **91**, 500; EzA § 23 KSchG Nr. 9; NZA **90**, 977
23. 1. 1990	AP Nr. 7 zu § 1 BetrAVG Gleichberechtigung	BB **90**, 1202; DB **90**, 1620; SAE **92**, 253 (Hanau); EzA § 1 BetrAVG Gleichberechtigung Nr. 6 (Steinmeyer); NZA **90**, 778
24. 1. 1990	AP Nr. 16 zu § 2 ArbGG 1979	BAG **64**, 75; DB **91**, 1839; EzA § 2 ArbGG 1979 Nr. 17; NZA **90**, 539
30. 1. 1990	AP Nr. 41 zu § 87 BetrVG 1972 Lohngestaltung	BAG **64**, 117; BB **90**, 1842; DB **90**, 1090; SAE **90**, 347 (van Venrooy); EzA § 87 BetrVG 1972 Betriebl. Lohngestaltung Nr. 27; NZA **90**, 571; AiB **90**, 259 (Grimberg)
30. 1. 1990	AP Nr. 78 zu § 99 BetrVG 1972 (Schüren/Kirsten)	BAG **64**, 94; BB **90**, 1626; DB **90**, 2023; EzA § 99 BetrVG 1972 Nr. 86; NZA **90**, 493
30. 1. 1990	AP Nr. 44 zu § 118 BetrVG 1972 (Berger-Delhey)	BAG **64**, 103; BB **90**, 1904 (Reske/Berger-Delhey); DB **90**, 2224; SAE **90**, 281 (Reske/Berger-Delhey); EzA § 118 BetrVG 1972 Nr. 50 (Gaul); NZA **90**, 693
31. 1. 1990	AP Nr. 28 zu § 103 BetrVG 1972	BAG **65**, 28; BB **91**, 205; DB **91**, 495; EzA § 40 BetrVG 1972 Nr. 64; NZA **91**, 152; AiB **91**, 124

Datum	Fundstelle AP	Weitere Fundstellen
13. 2. 1990	AP Nr. 43 zu § 87 BetrVG 1972 Lohngestaltung	BAG **64**, 151; BB **90**, 1485; DB **90**, 1238, 2593 (Ramrath); **91**, 2386 (Stege/Rinke); SAE **90**, 221 (Lieb); EzA § 87 BetrVG 1972 Betriebl. Lohngestaltung Nr. 25; NZA **90**, 793 (Wiese)
13. 2. 1990	AP Nr. 44 zu § 87 BetrVG 1972 Lohngestaltung	BAG **64**, 138; DB **90**, 2593 (Ramrath); **91**, 2386 (Stege/Rinke); SAE **90**, 226 (Lieb); EzA § 87 BetrVG 1972 Betriebliche Übung Nr. 26 (Reuter); NZA **90**, 654, 793 (Wiese)
13. 2. 1990	AP Nr. 45 zu § 118 BetrVG 1972	EzA § 118 BetrVG 1972 Nr. 51; NZA **90**, 575
28. 2. 1990	AP Nr. 1 zu § 31 BetrVG 1972	BAG **64**, 229; BB **90**, 1347; DB **90**, 1288; SAE **91**, 31 (Meisel); EzA § 31 BetrVG 1972 Nr. 1 (Rieble); NZA **90**, 660
20. 3. 1990	AP Nr. 79 zu § 99 BetrVG 1972	BAG **64**, 254; BB **90**, 1271; DB **90**, 1671; EzA § 99 BetrVG 1972 Nr. 87 (v. Hoyningen-Huene); NZA **90**, 699; AiB **90**, 423 (Grimberg)
29. 3. 1990	AP Nr. 56 zu § 102 BetrVG 1972	BB **90**, 2118; DB **90**, 2124; EzA § 102 BetrVG 1972 Nr. 79 (Marhold); NZA **90**, 894; AiB **91**, 201 (Peiseler)
29. 3. 1990	AP Nr. 50 zu § 1 KSchG 1969 Betriebsbedingte Kündigung	BAG **65**, 61; DB **91**, 173; NJW **91**, 587; SAE **91**, 203 (Pottmeyer); EzA § 1 KSchG Soziale Auswahl Nr. 29 (Preis); NZA **91**, 181
3. 4. 1990	AP Nr. 20 zu § 113 BetrVG 1972	BB **90**, 1420; DB **90**, 2275; EzA § 113 BetrVG 1972 Nr. 20 (Uhlenbruck); NZA **90**, 619
4. 4. 1990	AP Nr. 1 zu § 60 BetrVG 1972	DB **91**, 281; EzA § 60 BetrVG 1972 Nr. 1
4. 4. 1990	AP Nr. 21 zu § 611 BGB Persönlichkeitsrecht	BAG **64**, 308; BB **90**, 1490; DB **90**, 1522; NJW **90**, 2272; EzA § 611 BGB Persönlichkeitsrecht Nr. 9; NZA **90**, 933
4. 4. 1990	AP Nr. 136 zu § 620 BGB Befristeter Arbeitsvertrag	BB **90**, 1907; DB **90**, 1874; EzA § 620 BGB Nr. 107; NZA **91**, 18
4. 4. 1990	AP Nr. 136 zu § 620 BGB Befristeter Arbeitsvertrag	BB **90**, 1907; DB **90**, 1874; EzA § 520 BGB Nr. 107; NZA **91**, 18
26. 4. 1990	AP Nr. 3 zu § 83 a ArbGG 1979	BAG **65**, 105; DB **90**, 2378; SAE **91**, 163 (Peterek/Jox); EzA § 83 a ArbGG 1979 Nr. 1; NZA **90**, 822
26. 4. 1990	AP Nr. 4 zu § 77 BetrVG 1972 Nachwirkung	BAG **64**, 336; DB **90**, 1871; EzA § 77 BetrVG 1972 Nr. 35; NZA **90**, 814; AiB **91**, 89 (Zachert)
8. 5. 1990	AP Nr. 80 zu § 99 BetrVG 1972	DB **90**, 2124; EzA § 99 BetrVG 1972 Nr. 88; NZA **90**, 896; AiB **91**, 121 (Grimberg)
8. 5. 1990	AP Nr. 46 zu § 118 BetrVG 1972	DB **90**, 2227; EzA § 118 BetrVG 1972 Nr. 52; NZA **90**, 901
22. 5. 1990	AP Nr. 11 zu § 1 BetrAVG Ablösung	BAG **65**, 157; BB **90**, 2047; SAE **92**, 293 (Hermann); EzA § 1 BetrAVG Ablösung Nr. 2; NZA **90**, 813
22. 5. 1990	AP Nr. 3 zu § 1 BetrAVG Betriebsvereinbarung	BAG **65**, 157; BB **90**, 2047; SAE **92**, 293 (Herrmann); EzA § 1 BetrAVG Ablösung Nr. 2; NZA **90**, 813
30. 5. 1990	AP Nr. 31 zu § 75 BPersVG	BB **90**, 2043; DB **91**, 338; EzA § 99 BetrVG 1972 Nr. 89; NZA **90**, 899; **93**, 721 (Maurer)
26. 6. 1990	AP Nr. 56 zu § 112 BetrVG 1972	BAG **65**, 199; BB **91**, 621; DB **90**, 2477; NJW **91**, 217; SAE **91**, 172 (Rieble); EzA § 112 BetrVG 1972 Nr. 55; NZA **91**, 111
27. 6. 1990 7 AZR 292/89	AP Nr. 76 zu § 37 BetrVG 1972	BAG **65**, 238; BB **91**, 272; DB **91**, 49; EzA § 37 BetrVG 1972 Nr. 104; NZA **91**, 200
27. 6. 1990 7 ABR 43/89	AP Nr. 78 zu § 37 BetrVG 1972	BAG **65**, 230; BB **91**, 759; DB **91**, 973; SAE **92**, 65 (Krichel); EzA § 37 BetrVG 1972 Nr. 105; NZA **91**, 430

Datum	Fundstelle AP	Weitere Fundstellen
3. 7. 1990	AP Nr. 81 zu § 99 BetrVG 1972	BB **90**, 2188; SAE **91**, 189 (Kreßel); EzA § 99 BetrVG 1972 Nr. 90; NZA **90**, 903
11. 7. 1990	AP Nr. 32 zu § 611 BGB Betriebsrisiko	BAG **65**, 260; BB **90**, 2493; DB **91**, 392; EzA § 615 BGB Betriebsrisiko Nr. 11; NZA **91**, 67; AiB **91**, 94 (Trittin)
12. 7. 1990	AP Nr. 87 zu § 613 a BGB	BB **91**, 140; DB **91**, 340; NJW **91**, 247; EzA § 613 a BGB Nr. 90 (Rüthers); NZA **91**, 63
1. 8. 1990	AP Nr. 8 zu § 106 BetrVG 1972	BAG **65**, 304; DB **91**, 1782; EzA § 106 BetrVG 1972 Nr. 16 (Rüthers/Franke); NZA **91**, 643
1. 8. 1990	AP Nr. 20 zu Art. 56 ZA-Nato-Truppenstatut	DB **91**, 47; ArbuR **91**, 188 (Wohlgemuth)
7. 8. 1990	AP Nr. 1 zu § 80 BGB	BAG **65**, 311; DB **91**, 808; NJW **91**, 514; EzA § 80 BGB Nr. 1
7. 8. 1990	AP Nr. 82 zu § 99 BetrVG 1972	BAG **65**, 329; BB **90**, 2489; DB **91**, 46; EzA § 99 BetrVG 1972 Nr. 91; NZA **91**, 150; AiB **91**, 120
7. 8. 1990	AP Nr. 34 zu § 111 BetrVG 1972	DB **91**, 760; EzA § 111 BetrVG 1972 Nr. 27; NZA **91**, 113
21. 8. 1990	AP Nr. 19 zu § 6 BetrAVG	EzA § 6 BetrAVG Nr. 16; NZA **91**, 507
21. 8. 1990	AP Nr. 5 zu § 77 BetrVG 1972 Nachwirkung	BAG **66**, 8; BB **90**, 2406; DB **91**, 232; EzA § 77 BetrVG 1972 Nr. 36 (Kittner); NZA **91**, 190; AiB **91**, 87 (Zachert)
21. 8. 1990	AP Nr. 17 zu § 87 BetrVG 1972 Ordnung des Betriebes	DB **91**, 394; EzA § 87 BetrVG 1982 Betriebl. Ordnung Nr. 16 (Joost); NZA **91**, 154
21. 8. 1990	AP Nr. 3 zu § 72 LPVG NW	DB **91**, 1469; NZA **91**, 392
22. 8. 1990	AP Nr. 8 zu § 2 BeschFG 1985	BAG **66**, 17; BB **91**, 141; DB **91**, 285; SAE **91**, 114 (Schüren/Kirsten); EzA § 2 BeschFG 1985 Nr. 4; NZA **91**, 107
5. 9. 1990	AP Nr. 19 zu § 4 TVG Tarifkonkurrenz	BB **91**, 344; DB **90**, 2527; RdA **92**, 161 (Kraft); EzA § 4 TVG Tarifkonkurrenz Nr. 5; NZA **91**, 202
11. 9. 1990	AP Nr. 8 zu § 1 BetrAVG Besitzstand	BAG **66**, 39; DB **91**, 503; EzA § 1 BetrAVG Ablösung Nr. 3 (Steinmeyer); NZA **91**, 176
11. 9. 1990	AP Nr. 8 zu § 1 BetrAVG Besitzstand	BAG **66**, 39; DB **91**, 503; EzA § 1 BetrÄVG Ablösung Nr. 3 (Steinmeyer); NZA **91**, 176
20. 9. 1990	1 ABR 74/89	EzA § 80 BetrVG 1972 Nr 39; AiB **92**, 579
20. 9. 1990	AP Nr. 83 zu § 99 BetrVG 1 ABR 17/90 1972	BAG **66**, 48; DB **91**, 552; EzA § 99 BetrVG 1972 Nr. 96; NZA **91**, 244; AiB **91**, 123 (Mayer)
20. 9. 1990	AP Nr. 84 zu § 99 BetrVG 1 ABR 37/90 1972	BAG **66**, 57; BB **91**, 550, 1263 (Hunold); DB **91**, 335; SAE **92**, 197 (Veit); EzA § 99 BetrVG 1972 Nr. 95 (Gaul); NZA **91**, 195; AiB **91**, 121 (Mayer)
25. 9. 1990	AP Nr. 8 zu § 9 TVG	BAG **66**, 71; EzA § 10 ArbGG 1979 Nr. 4; NZA **91**, 314
26. 9. 1990	AP Nr. 4 zu § 8 BPersVG	BAG **66**, 85; NZA **91**, 694
17. 10. 1990	AP Nr. 8 zu § 108 BetrVG 1972	BAG **66**, 120; BB **91**, 1264; DB **91**, 1523; EzA § 40 BetrVG 1972 Nr. 65; NZA **91**, 432
18. 10. 1990	AP Nr. 88 zu § 613 a BGB	DB **91**, 549; EzA § 613 a BGB Nr. 91 (Peterek); NZA **91**, 305
23. 10. 1990	AP Nr. 13 zu § 1 BetrAVG Ablösung	BAG **66**, 145; BB **91**, 699; DB **91**, 449; EzA § 1 BetrAVG Ablösung Nr. 4; NZA **91**, 242
31. 10. 1990	AP Nr. 11 zu § 1 TVG Tarifverträge: Presse	BAG **66**, 177; DB **91**, 607; EzA § 4 TVG Presse Nr. 3; NZA **91**, 201
6. 11. 1990	AP Nr. 8 zu § 3 AZO Kr	BAG **66**, 202; BB **91**, 1119; DB **91**, 2141; **92**, 374 (Rüthers); EzA § 87 BetrVG 1972 Nr. 15; NZA **91**, 355; AiB **91**, 119 (Hartwig)

Datum	Fundstelle AP	Weitere Fundstellen
6. 11. 1990	AP Nr. 3 zu § 92 BetrVG 1972	BAG **66**, 186; BB **91**, 689; DB **91**, 654; SAE **92**, 1 (Kraft/Raab); EzA § 92 BetrVG 1972 Nr. 2; NZA **91**, 358
6. 11. 1990	AP Nr. 94 zu § 1 TVG Tarifverträge: Metallindustrie	DB **91**, 758; EzA § 4 TVG Metallindustrie Nr. 78; NZA **91**, 193
14. 11. 1990	AP Nr. 25 zu § 611 BGB Arzt-Krankenhaus-Vertrag	BAG **66**, 214; BB **91**, 1268; NJW **91**, 2370; EzA § 622 BGB Teilkündigung Nr. 5; NZA **91**, 377
15. 11. 1990	AP Nr. 11 zu § 2 BeschFG 1985	BAG **66**, 220; BB **91**, 981; DB **91**, 865; ArbuR **91**, 283 (Buschmann); SAE **91**, 364 (Meisel); EzA § 2 BeschFG 1985 Nr. 5; NZA **91**, 346
20. 11. 1990	AP Nr. 14 zu § 1 BetrAVG Ablösung	BAG **66**, 228; BB **91**, 914; DB **91**, 915; SAE **92**, 276 (v. Maydell); EzA § 77 BetrVG 1972 Nr. 38; NZA **91**, 477
20. 11. 1990	AP Nr. 8 zu § 1 BetrAVG Gleichberechtigung	BAG **66**, 264; BB **91**, 1570; SAE **92** (v. Stebut); EzA Art. 119 EWG-Vertrag Nr. 2 (Boecken); NZA **91**, 635
20. 11. 1990	AP Nr. 43 zu § 76 BetrVG 1972	BAG **66**, 243; DB **91**, 1025; SAE **91**, 296 (Oetker); EzA § 76 BetrVG 1972 Nr. 55 (Rieble); NZA **91**, 473
20. 11. 1990	AP Nr. 48 zu § 77 BetrVG 1972	BB **91**, 835; DB **91**, 1229; EzA § 77 BetrVG 1972 Nr. 37; NZA **91**, 426
20. 11. 1990	AP Nr. 47 zu § 118 BetrVG 1972	DB **91**, 1474; NJW **91**, 2165; EzA § 118 BetrVG 1972 Nr. 57; NZA **91**, 513; AiB **91**, 339 (Sondermann)
20. 11. 1990	AP Nr. 40 zu § 2 TVG	BAG **66**, 258; DB **91**, 1027; **92**, 269 (Müller); NJW **91**, 1699; SAE **91**, 314 (Rieble); EzA § 2 TVG Nr. 20 (Hergenröder); NZA **91**, 428
27. 11. 1990	AP Nr. 41 zu § 87 BetrVG 1972 Arbeitszeit	BB **91**, 548; DB **91**, 706; EzA § 87 BetrVG 1972 Arbeitszeit Nr. 40 (Kraft); NZA **91**, 382
28. 11. 1990	AP Nr. 137 zu § 1 TVG Tarifverträge: Bau (Kraft)	BB **91**, 479; DB **91**, 659; EzA § 611 BGB Arbeitnehmerbegriff Nr. 37 (v. Maydell); NZA **91**, 392
4. 12. 1990	AP Nr. 1 zu § 97 BetrVG 1972	BAG **66**, 292; DB **91**, 971; SAE **91**, 261 (van Venrooy); EzA § 98 BetrVG 1972 Nr. 6; NZA **91**, 388
6. 12. 1990	AP Nr. 12 zu § 2 BeschFG 1985	BAG **66**, 314; DB **91**, 866; NJW **91**, 1974; ArbuR **91**, 285 (Buschmann); SAE **91**, 367 (Meisel); EzA § 2 BeschFG 1985 Nr. 7 (Oetker); NZA **91**, 350
18. 12. 1990	AP Nr. 85 zu § 99 BetrVG 1972	BAG **66**, 328; BB **91**, 761; DB **91**, 969; SAE **92**, 77 (Weber); EzA § 99 BetrVG 1972 Nr. 97; NZA **91**, 482; AiB **91**, 341 (Sondermann)
18. 12. 1990	AP Nr. 98 zu § 1 TVG Tarifverträge: Metallindustrie	BAG **66**, 338; DB **91**, 1076; EzA § 4 TVG Metallindustrie Nr. 79; NZA **91**, 484

1991

15. 1. 1991	AP Nr. 57 zu § 112 BetrVG 1972	BAG **67**, 29; BB **91**, 1488; DB **91**, 1526; SAE **92**, 70 (Danne); EzA § 112 BetrVG 1972 Nr. 56; NZA **91**, 692
15. 1. 1991	AP Nr. 21 zu § 113 BetrVG 1972	DB **91**, 1472; EzA § 303 Aktiengesetz Nr. 1 (Belling); NZA **91**, 681
15. 1. 1991	AP Nr. 114 zu Art. 9 GG Arbeitskampf	BAG **67**, 50; BB **91**, 1194; DB **91**, 1495; SAE **91**, 344 (Hennsler); EzA Art. 9 GG Arbeitskampf Nr. 96 (Weiss); NZA **91**, 604
16. 1. 1991	AP Nr. 2 zu § 24 MTA	BAG **67**, 59; DB **91**, 1285; EzA § 24 BAT Nr. 4; NZA **91**, 490

Datum	Fundstelle AP	Weitere Fundstellen
17. 1. 1991	AP Nr. 25 zu § 1 KSchG 1969 Verhaltensbedingte Kündigung	BAG **67**, 75; BB **91**, 1637; DB **91**, 1226; NJW **91**, 1906; SAE **92**, 116 (Bengelsdorfer); EzA § 1 KSchG Verhaltensbedingte Kündigung Nr. 37 (Rüthers); NZA **91**, 557
22. 1. 1991	AP Nr. 86 zu § 99 BetrVG 1972	DB **91**, 2088; EzA § 99 BetrVG 1972 Nr. 98; NZA **91**, 569; AiB **91**, 338 (Sondermann)
22. 1. 1991	AP Nr. 9 zu § 106 BetrVG 1972	BAG **67**, 97; BB **91**, 1191; DB **91**, 1176; EzA § 106 BetrVG 1972 Nr. 14; NZA **91**, 649; AiB **91**, 457 (Grimberg)
22. 1. 1991	AP Nr. 67 zu Art. 12 GG	EzA § 4 TVG Druckindustrie Nr. 22; NZA **91**, 675
30. 1. 1991	AP Nr. 8 zu § 10 AÜG	BAG **67**, 124; BB **91**, 2375; DB **91**, 2342; SAE **92**, 209 (Dauner-Lieb); EzA § 10 AÜG Nr. 3; NZA **92**, 19; AiB **92**, 357 (Mayer)
31. 1. 1991	AP Nr. 11 zu § 23 KSchG 1969	BB **91**, 1047; DB **92**, 48; EzA § 23 KSchG Nr. 1; NZA **91**, 562
5. 2. 1991	AP Nr. 10 zu § 106 BetrVG 1972	BAG **67**, 155; BB **91**, 1635; DB **91**, 1382; EzA § 106 BetrVG 1972 Nr. 15; NZA **91**, 645
5. 2. 1991	AP Nr. 89 zu § 613 a BGB	BAG **67**, 168; DB **91**, 1937; NJW **91**, 1971; EZA § 613 a BGB Nr. 93; NZA **91**, 639; AiB **91**, 274 (Mayer)
7. 2. 1991	AP Nr. 1 zu § 1 KSchG 1969 Umschulung	BAG **67**, 198; BB **92**, 214; DB **91**, 1730; EzA § 1 KSchG Personenbedingte Kündigung Nr. 9 (Kraft); NZA **91**, 806
14. 2. 1991	AP Nr. 4 zu § 615 BGB Kurzarbeit	BB **91**, 2017; DB **91**, 1990; EzA § 87 BetrVG 1972 Kurzarbeit Nr. 1; NZA **91**, 607, 679 (Waltermann)
19. 2. 1991	AP Nr. 42 zu § 87 BetrVG 1972 Arbeitszeit	DB **91**, 2043; SAE **92**, 320 (Worzalla); EzA § 87 BetrVG 1972 Arbeitszeit Nr. 46; NZA **91**, 609; AiB **91**, 431 (Schoof)
19. 2. 1991 1 ABR 21/90	AP Nr. 25 zu § 95 BetrVG 1972	BAG **67**, 225; BB **91**, 2079; DB **91**, 1469; SAE **92**, 300 (Hromadka); EzA § 95 BetrVG 1972 Nr. 23 (v. Hoyningen-Huene); NZA **91**, 601
19. 2. 1991 1 ABR 36/90	AP Nr. 26 zu § 95 BetrVG 1972	BAG **67**, 236; BB **91**, 1486; DB **91**, 1627; SAE **92**, 304 (Hromadka); EzA § 95 BetrVG 1972 Nr. 24; NZA **91**, 565; AiB **91**, 340 (Sondermann)
20. 2. 1991	AP Nr. 44 zu § 76 BetrVG 1972	BAG **67**, 248; BB **91**, 1190; DB **91**, 1939; NJW **91**, 1846; EzA § 76 BetrVG 1972 Nr. 56; NZA **91**, 651
20. 2. 1991	AP Nr. 131 zu § 620 BGB Befristeter Arbeitsvertrag	BB **91**, 2448; DB **91**, 2548; EzA § 620 BGB Nr. 109; NZA **92**, 31
20. 2. 1991	AP Nr. 1 zu § 9 MitbestG	BAG **67**, 254; BB **91**, 2446; DB **91**, 2550; EzA § 22 MitbestG Nr. 1; NZA **92**, 33
5. 3. 1991	AP Nr. 11 zu § 87 BetrVG 1972 Auszahlung	DB **91**, 2044; EzA § 87 BetrVG 1972 Lohn und Arbeitsentgelt Nr. 15; NZA **91**, 611; AiB **92**, 48 (Grimberg)
5. 3. 1991	AP Nr. 90 zu § 99 BetrVG 1972	BAG **67**, 290; BB **91**, 1338; DB **91**, 1334; ArbuR **92**, 40 (Wagner), 61; SAE **92**, 226 (Hager); EzA § 99 BetrVG 1972 Nr. 99; NZA **91**, 686; AiB **91**, 337 (Sondermann)
13. 3. 1991	AP Nr. 20 zu § 19 BetrVG 1972	BAG **67**, 316; BB **91**, 2452; DB **91**, 2495; EzA § 19 BetrVG 1972 Nr. 29; NZA **91**, 946
13. 3. 1991	AP Nr. 2 zu § 60 BetrVG 1972	BAG **67**, 320; BB **92**, 66; DB **92**, 99; EzA § 60 BetrVG 1972 Nr. 2; NZA **92**, 223
20. 3. 1991	AP Nr. 20 zu § 4 TVG Tarifkonkurrenz (Hanau)	BAG **67**, 330; BB **91**, 1861; **93**, 572 (Merten); DB **91**, 1779; **92**, 1678 (Hohenstatt); SAE **93**, 74 (Salje); RdA **92**, 161 (Kraft); EzA § 4 TVG Tarifkonkurrenz Nr. 7 (Vogg); NZA **91**, 736

Datum	Fundstelle AP	Weitere Fundstellen
26. 3. 1991	AP Nr. 21 zu § 87 BetrVG 1972 Überwachung	BB **91**, 1566; DB **91**, 1834; EzA § 87 BetrVG 1972 Überwachung Nr. 1; NZA **91**, 729; AiB **92**, 100 (Sondermann)
26. 3. 1991	AP Nr. 32 zu § 75 BPersVG	DB **91**, 1734; EzA § 87 BetrVG 1972 Arbeitszeit Nr. 47; NZA **91**, 783
27. 3. 1991	AP Nr. 53 zu § 611 BGB Abhängigkeit	BB **91**, 1414; EzA § 611 BGB Arbeitnehmerbegriff Nr. 38; NZA **91**, 933
9. 4. 1991	AP Nr. 15 zu § 1 BetrAVG Ablösung	BAG **67**, 385; BB **91**, 2161; DB **91**, 2040; EzA § 1 BetrAVG Ablösung Nr. 5; NZA **91**, 730
9. 4. 1991	AP Nr. 8 zu § 18 BetrVG 1972	BAG **68**, 1; BB **91**, 2087; DB **91**, 2392; EzA § 18 BetrVG 1972 Nr. 7 (1. Dütz/Rotter 2. Gamillscheg); NZA **91**, 812
9. 4. 1991	AP Nr. 1 zu § 77 BetrVG 1972 Tarifvorbehalt	BAG **67**, 377; BB **91**, 2012; DB **91**, 1629; SAE **92**, 193 (Höhn); EzA § 77 BetrVG 1972 Nr. 39 (Schulin); NZA **91**, 734
10. 4. 1991	AP Nr. 54 zu § 611 BGB Abhängigkeit	DB **91**, 2595; EzA § 611 BGB Arbeitnehmerbegriff Nr. 39; NZA **91**, 856
10. 4. 1991	AP Nr. 141 zu § 1 TVG Tarifverträge: Bau	EzA § 4 TVG Bauindustrie Nr. 59; NZA **91**, 857
23. 4. 1991	AP Nr. 7 zu § 98 BetrVG 1972	BB **92**, 565; DB **91**, 2347; EzA § 98 BetrVG 1972 Nr. 7; NZA **91**, 817
25. 4. 1991	AP Nr. 137 zu § 611 BGB Gratifikation	BAG **68**, 32; BB **91**, 1715; DB **91**, 1575; SAE **92**, 234 (Misera); EzA § 611 BGB Gratif., Prämie Nr. 84 (Hennsler); NZA **91**, 763
15. 5. 1991	AP Nr. 23 zu § 611 BGB Persönlichkeitsrecht	BAG **68**, 52; EzA § 1004 BGB Nr. 3; NZA **92**, 43
29. 5. 1991	AP Nr. 5 zu § 4 BetrVG 1972	BAG **68**, 67; BB **91**, 2373; DB **92**, 231; EzA § 4 BetrVG 1972 Nr. 6; NZA **92**, 74; AiB **92**, 230 (Grimberg)
29. 5. 1991	AP Nr. 2 zu § 9 BetrVG 1972	BAG **68**, 74; BB **92**, 136; DB **92**, 46; EzA § 19 BetrVG 1972 Nr. 31; NZA **92**, 36; AiB **92**, 452 (Grimberg)
29. 5. 1991	AP Nr. 1 zu § 17 BPersVG	BAG **68**, 84; BB **92**, 773; NZA **92**, 182
18. 6. 1991	AP Nr. 105 zu § 99 BetrVG 1972	BAG **68**, 104; BB **91**, 1933; DB **91**, 2086; SAE **92**, 169 (v. Hoyningen-Huene); EzA § 99 BetrVG 1972 Nr. 100; NZA **91**, 852
18. 6. 1991	AP Nr. 92 zu § 99 BetrVG 1972	BB **91**, 1860; DB **91**, 2140; ArbuR **91**, 248; EzA § 99 BetrVG 1972 Nr. 101; NZA **91**, 903
19. 6. 1991	AP Nr. 53 zu § 1 KSchG 1969 Betriebsbedingte Kündigung	BB **92**, 1067; DB **91**, 2442; ArbuR **91**, 317; EzA § 1 KSchG Betriebsbedingte Kündigung Nr. 70 (Kraft); NZA **91**, 891
9. 7. 1991	AP Nr. 19 zu § 87 BetrVG 1972 Ordnung des Betriebes	BAG **68**, 127; DB **92**, 143; EzA § 87 BetrVG 1972 Betriebliche Ordnung Nr. 18; NZA **92**, 126
9. 7. 1991	AP Nr. 94 zu § 99 BetrVG 1972	DB **92**, 327; EzA § 99 BetrVG 1972 Nr. 102 (v. Hoyningen-Huene); NZA **92**, 275; AiB **92**, 356 (Mayer)
11. 7. 1991	AP Nr. 57 zu § 102 BetrVG 1972	BB **91**, 2371; DB **91**, 2445; EzA § 102 BetrVG 1972 Nr. 81 (Kraft); NZA **92**, 38
16. 7. 1991	AP Nr. 44 zu § 87 BetrVG 1972 Arbeitszeit	BB **91**, 2156; DB **91**, 2492 (Trümner); EzA § 87 BetrVG 1972 Arbeitszeit Nr. 48; NZA **92**, 70; AiB **92**, 100 (Mittag)
16. 7. 1991	AP Nr. 49 zu § 87 BetrVG 1972 Lohngestaltung	BB **92**, 564; DB **91**, 2677; EzA § 87 BetrVG 1972 Betriebl. Lohngestaltung Nr. 28; NZA **92**, 178
16. 7. 1991	AP Nr. 28 zu § 95 BetrVG 1972	BAG **68**, 155; BB **91**, 2370; DB **92**, 145; SAE **92**, 309 (Hromadka); EzA § 95 BetrVG 1972 Nr. 25; NZA **92**, 180

Datum	Fundstelle AP	Weitere Fundstellen
24. 7. 1991	AP Nr. 23 zu § 78a BetrVG 1972	BAG **68**, 187; BB **92**, 352; DB **92**, 483, 1290 (Graf); EzA § 78a BetrVG 1972 Nr. 21; NZA **92**, 174; AiB **92**, 157
24. 7. 1991	AP Nr. 48 zu § 118 BetrVG 1972	BAG **68**, 170; DB **92**, 1427 EzA § 118 BetrVG 1972 Nr. 58; NZA **91**, 977
6. 8. 1991	AP Nr. 52 zu § 77 BetrVG 1972	BB **92**, 427; DB **92**, 146; SAE **92**, 197 (Rieble); EzA § 77 BetrVG 1972 Nr. 40; NZA **92**, 177
20. 8. 1991	AP Nr. 2 zu § 77 BetrVG 1972 Tarifvorbehalt	BAG **68**, 200; BB **92**, 490 (Reske); SAE **92**, 151 (Oetker); EzA § 77 BetrVG 1972 Nr. 41 (Berger-Delhey); NZA **92**, 317
20. 8. 1991	AP Nr. 50 zu § 87 BetrVG 1972 Lohngestaltung	BB **92**, 276; DB **92**, 687; SAE **93**, 337 (Käppler); EzA § 87 BetrVG 1972 Betriebl. Lohngestaltung Nr. 29 (Kohte); NZA **92**, 225; AiB **92**, 148
28. 8. 1991	AP Nr. 2 zu § 85 ArbGG 1979	BAG **68**, 232; BB **91**, 2306; DB **92**, 380; SAE **92**, 333 (Schreiber); EzA § 113 BetrVG Nr. 21 (Schilken); NZA **92**, 41
28. 8. 1991	AP Nr. 39 zu § 40 BetrVG 1972	BAG **68**, 224; BB **92**, 921; DB **91**, 2594; EzA § 40 BetrVG 1972 Nr. 66; NZA **92**, 72
28. 8. 1991	AP Nr. 16 zu § 46 BPersVG	BAG **68**, 242; EzA § 37 BetrVG 1972 Nr. 107; NZA **92**, 709
29. 8. 1991	AP Nr. 58 zu § 102 BetrVG 1972	DB **92**, 379; EzA § 102 BetrVG 1972 Nr. 82 (Winterfeld); NZA **92**, 416
3. 9. 1991	AP Nr. 3 zu § 1 BetrAVG Überversorgung	BAG **68**, 248; DB **92**, 994; EzA § 1 BetrAVG Ablösung Nr. 7; NZA **92**, 515
17. 9. 1991	AP Nr. 13 zu § 106 BetrVG 1972	BB **91**, 2527; DB **92**, 435; EzA § 106 BetrVG 1972 Nr. 17; NZA **92**, 418
17. 9. 1991	AP Nr. 59 zu § 112 BetrVG 1972	BAG **68**, 277; BB **92**, 1133; DB **92**, 229; ArbuR **92**, 223; SAE **92**, 202 (Koffka); EzA § 112 BetrVG 1972 Nr. 58 (Vogg); NZA **92**, 227
18. 9. 1991	AP Nr. 82 zu § 37 BetrVG 1972	BAG **68**, 292; DB **92**, 2303; EzA § 37 BetrVG 1972 Nr. 109; NZA **92**, 936; AiB **92**, 543 (Sondermann)
18. 9. 1991	AP Nr. 40 zu § 40 BetrVG 1972	DB **92**, 434; EzA § 40 BetrVG 1972 Nr. 67 (Berger-Delhey); NZA **92**, 315
26. 9. 1991	AP Nr. 28 zu § 1 KSchG 1969 Krankheit	BB **92**, 1930; DB **92**, 2195; NJW **94**, 2979 (Kasper); SAE **93**, 225 (Schiefer); EzA § 1 KSchG Personenbedingte Kündigung Nr. 10 (Raab); NZA **92**, 1073
23. 10. 1991	AP Nr. 5 zu § 43 BetrVG 1972	–
30. 10. 1991	AP Nr. 2 zu § 5 BetrVG 1972 Ausbildung (Natzel)	DB **92**, 1635; EzA § 5 BetrVG 1972 Nr. 50; NZA **92**, 808
30. 10. 1991	AP Nr. 59 zu § 611 BGB Abhängigkeit	BB **92**, 1356; DB **92**, 742; EzA § 611 BGB Arbeitnehmerbegriff Nr. 44; NZA **92**, 407
12. 11. 1991	AP Nr. 8 zu § 98 BetrVG 1972 (Natzel)	DB **92**, 741; ArbuR **92**, 326 (Hamm), 352; EzA § 98 BetrVG 1972 Nr. 8; NZA **92**, 657; AiB **92**, 354
13. 11. 1991	AP Nr. 9 zu § 26 BetrVG 1972	BAG **69**, 41; BB **92**, 2429; DB **92**, 1988; EzA § 26 BetrVG 1972 Nr. 5; NZA **92**, 944; AiB **92**, 652 (Grimberg)
13. 11. 1991	AP Nr. 3 zu § 27 BetrVG 1972	BAG **69**, 49; DB **92**, 1986; EzA § 27 BetrVG 1972 Nr. 7; NZA **92**, 989; AiB **92**, 737 (Grimberg)
13. 11. 1991	AP Nr. 80 zu § 37 BetrVG 1972 (Boenke)	BAG **69**, 34, BB **92**, 636; DB **92**, 740; EzA § 37 BetrVG 1972 Nr. 106; NZA **92**, 414; AiB **92**, 456 (Grimberg)
13. 11. 1991	AP Nr. 1 zu § 76a BetrVG 1972	BB **92**, 855; DB **92**, 789; EzA § 76a BetrVG 1972 Nr. 1 (Vogg); NZA **92**, 459; AiB **92**, 457

Datum	Fundstelle AP	Weitere Fundstellen
13. 11. 1991	AP Nr. 60 zu § 611 BGB Abhängigkeit	BAG **69**, 62; EzA § 611 BGB Arbeitnehmerbegriff Nr. 45; NZA **92**, 1125
13. 11. 1991	AP Nr. 7 zu § 611 BGB Abmahnung	BB **92**, 781; DB **92**, 843; SAE **92**, 316 (van Venrooy); EzA § 611 BGB Abmahnung Nr. 24; NZA **92**, 690; AiB **92**, 351 (Vogelsang)
13. 11. 1991	AP Nr. 13 zu § 850 ZPO	BAG **69**, 29; BB **92**, 358; DB **92**, 585; EzA § 850 ZPO Nr. 4; NZA **92**, 384
21. 11. 1991	AP Nr. 2 zu § 34 BAT	BAG **69**, 85; BB **92**, 1562; DB **92**, 1091; SAE **93**, 34 (Coester); EzA § 2 BeschFG 1985 Nr. 15; NZA **92**, 529 (Schüren), 545
27. 11. 1191	AP Nr. 6 zu § 1 KSchG 1969 Konzern (Windbichler)	BB **92**, 1062; DB **92**, 1247; **93**, 582 (Fiebig); EzA § 1 KSchG Betriebsbedingte Kündigung Nr. 72 (Rüthers/Franke); NZA **92**, 644; AiB **92**, 464 (Knauß–Klug)
27. 11. 1991	AP Nr. 22 zu § 4 TVG Nachwirkung (Löwisch)	BAG **69**, 119; BB **92**, 1559; DB **92**, 1294; SAE **93**, 126 (Krebs); EzA § 4 TVG Nachwirkung Nr. 15; NZA **92**, 800
3. 12. 1991	AP Nr. 51 zu § 87 BetrVG 1972 Lohngestaltung	BAG **69**, 134; BB **92**, 1418; **92**, 495 (Schwab); DB **92**, 1573 (Hromadka), 1579, 2342 (Stege); SAE **93**, 97, 114 (Lieb); EzA § 87 BetrVG 1972 Betriebl. Lohngestaltung Nr. 30 (Gaul); NZA **92**, 749; **93**, 632 (Weber); AiB **92**, 575 (Hinrichs)
3. 12. 1991	AP Nr. 52 zu § 87 BetrVG 1972 Lohngestaltung	DB **92**, 2342 (Stege); ArbuR **92**, 1 (Weyand), 28; AiB **92**, 575 (Hinrichs)
11. 12. 1991	AP Nr. 2 zu § 90 BetrVG 1972	BB **92**, 1351; DB **92**, 1732; EzA § 90 BetrVG 1972 Nr. 2; NZA **92**, 850; AiB **92**, 534 (Anm.)

1992

Datum	Fundstelle AP	Weitere Fundstellen
14. 1. 1992	AP Nr. 49 zu § 118 BetrVG 1972 (Berger-Delhey)	BAG **69**, 187; BB **92**, 1135 (Reske); DB **92**, 1143; SAE **92**, 374 (Reske); EzA § 118 BetrVG 1972 Nr. 59 (Hanau); NZA **92**, 512
15. 1. 1992	AP Nr. 10 zu § 26 BetrVG 1972	BAG **69**, 228; DB **93**, 334; EzA § 19 BetrVG 1972 Nr. 37; NZA **92**, 1091; AiB **93**, 234 (Grimberg)
15. 1. 1992	AP Nr. 84 zu § 37 BetrVG 1972	DB **93**, 1379; EzA § 37 BetrVG 1972 Nr. 110; AiB **93**, 236
15. 1. 1992	AP Nr. 41 zu § 40 BetrVG 1972	BAG **69**, 214; BB **93**, 138; DB **92**, 2504 (Schiefer); EzA § 40 BetrVG 1972 Nr. 68; NZA **93**, 189
28. 1. 1992	AP Nr. 1 zu § 96 BetrVG 1972	BB **92**, 1488; DB **92**, 1634; ArbuR **92**, 326 (Hamm), 352; EzA § 96 BetrVG 1972 Nr. 1; NZA **92**, 707; AiB **92**, 459 (Anm.)
28. 1. 1992	AP Nr. 95 zu § 99 BetrVG 1972	BB **92**, 994; DB **92**, 1049; ArbuR **92**, 251 (Kleveman); SAE **92**, 176 (Rieble); EzA 99 BetrVG 1972 Nr. 103 (Dauner-Lieb); NZA **92**, 606; AiB **92**, 355
29. 1. 1992	AP Nr. 1 zu § 7 BetrVG 1972 (Kohte)	BAG **69**, 286; BB **92**, 1486; DB **92**, 1429; SAE **94**, 69 (Kreutz); EzA § 7 BetrVG 1972 Nr. 1; NZA **92**, 894
29. 1. 1992	AP Nr. 47 zu § 5 BetrVG 1972 (Wank)	BB **92**, 1490; DB **92**, 1781; EzA § 5 BetrVG 1972 Nr. 52; NZA **92**, 835
29. 1. 1992	AP Nr. 1 zu § 7 BetrVG 1972 (Kohte)	BAG **69**, 286; BB **92**, 1486; DB **92**, 1429; ArbuR **92**, 91; SAE **94**, 69 (Kreutz); EzA § 7 BetrVG 1972 Nr. 1; NZA **92**, 894
29. 1. 1992	AP Nr. 16 zu § 2 BeschFG 1985	BAG **69**, 278; BB **92**, 856; DB **92**, 998; SAE **92**, 328 (Peterek); EzA § 2 BeschFG 1985 Nr. 16 (Schüren); NZA **92**, 611; AiB **92**, 585 (Vogelsang)

Datum	Fundstelle AP	Weitere Fundstellen
29. 1. 1992	AP Nr. 18 zu § 2 BeschFG 1985	DB **93**, 278; EzA § 2 BeschFG 1985 Nr. 19 (Raab); NZA **92**, 1037; AiB **92**, 666 (Vogelsang)
29. 1. 1992	AP Nr. 1 zu § 74 SGB V	BAG **69**, 272; BB **93**, 143; DB **92**, 1478; SAE **92**, 353 (Misera); EzA § 74 SGB V Nr. 1; NZA **92**, 643
11. 2. 1992	AP Nr. 50 zu § 76 BetrVG 1972	DB **92**, 1730; EzA § 76 BetrVG 1972 Nr. 60; NZA **92**, 702
11. 2. 1992	AP Nr. 50 zu § 118 BetrVG 1972	BAG **69**, 302; BB **92**, 993; EzA § 118 BetrVG 1972 Nr. 60 (Hanau); NZA **92**, 705
12. 2. 1992	AP Nr. 52 zu § 5 BetrVG 1972	EzA § 5 BetrVG 1972 Nr. 53; NZA **93**, 334
12. 2. 1992	AP Nr. 2 zu § 76a BetrVG 1972	BAG **69**, 331; BB **93**, 581; DB **93**, 743; SAE **95**, 23 (Bengelsdorf); EzA § 76a BetrVG 1972 Nr. 6 (Kaiser); NZA **93**, 605
12. 2. 1992	AP Nr. 9 zu § 611 BGB Weiterbeschäftigung	BAG **69**, 324; BB **92**, 2005; DB **92**, 2298; NJW **93**, 484; ArbuR **93**, 125 (Künzl); EzA § 611 BGB Beschäftigungspflicht Nr. 52 (Pallasch); NZA **93**, 177
12. 2. 1992	AP Nr. 5 zu § 620 BGB Altersgrenze	DB **93**, 443; EzA § 620 BGB Altersgrenze Nr. 2; NZA **93**, 998
17. 2. 1992	AP Nr. 1 zu § 84 ArbGG 1979	BAG **69**, 367; BB **92**, 2083; DB **92**, 1833; EzA § 112 BetrVG 1972 Nr. 59; NZA **92**, 999; AiB **92**, 651 (Neuhaus)
26. 2. 1992	AP Nr. 6 zu § 17 BetrVG 1972	BAG **70**, 12; DB **92**, 2147; EzA § 17 BetrVG 1972 Nr. 6; NZA **92**, 942; AiB **93**, 232
26. 2. 1992	AP Nr. 48 zu § 80 BetrVG 1972	BAG **70**, 1; DB **92**, 2245; ArbuR **93**, 70 (Wagner), 93; SAE **93**, 120 (Meisel); EzA § 80 BetrVG 1972 Nr. 40 (Kittner); NZA **93**, 86
26. 2. 1992	AP Nr. 18 zu § 46 BPersVG	DB **93**, 1424; EzA § 4 TVG Ausschlussfristen Nr. 99; NZA **93**, 423
10. 3. 1992	AP Nr. 1 zu § 77 BetrVG 1972 Regelungsabrede	BB **92**, 1489; DB **92**, 1734; SAE **93**, 164 (Raab); EzA § 77 BetrVG 1972 Nr. 47; NZA **92**, 952; AiB **92**, 583 (Neuhaus)
10. 3. 1992	AP Nr. 96 zu § 99 BetrVG 1972 (Steinmeyer)	BB **92**, 1790; DB **92**, 1530; EzA § 99 BetrVG 1972 Nr. 104; NZA **92**, 992; AiB **92**, 533 (Anm.)
10. 3. 1992	AP Nr. 5 zu § 1 BetrAVG Betriebsvereinbarung	BAG **70**, 41; BB **92**, 1928; DB **92**, 1735; EzA § 77 BetrVG 1972 Nr. 46; NZA **93**, 234; AiB **92**, 751 (Waschkow)
10. 3. 1992	AP Nr. 34 zu § 1 BetrAVG Unterstützungskassen (Blomeyer)	BAG **70**, 26; DB **92**, 1885; SAE **93**, 29 (Gitter); EzA § 87 BetrVG 1972 Altersversorgung Nr. 4; NZA **92**, 949; AiB **92**, 747 (Engel)
11. 3. 1992	AP Nr. 11 zu § 38 BetrVG 1972	BAG **70**, 53; BB **92**, 1887; SAE **94**, 262 (Schüren); EzA § 38 BetrVG 1972 Nr. 12; NZA **92**, 946; AiB **92**, 732 (Waschkow)
25. 3. 1992	AP Nr. 4 zu § 2 BetrVG 1972	BAG **70**, 85; DB **93**, 95; NJW **93**, 576 (Prütting); 612; ArbuR **93**, 88; SAE **93**, 302 (Schilken); EzA § 2 BetrVG 1972 Nr. 14 (Teske); NZA **93**, 134
25. 3. 1992	AP Nr. 48 zu § 5 BetrVG 1972 (Otto)	BAG **70**, 104; DB **92**, 1782; EzA § 6 BetrVG 1972 Nr. 3; NZA **92**, 899
26. 3. 1992	AP Nr. 23 zu § 626 BGB Verdacht strafbarer Handlung	DB **92**, 2194; NJW **93**, 83; EzA § 626 BGB Verdacht strafbarer Handlung Nr. 4 (Kittner); NZA **92**, 1121
8. 4. 1992	AP Nr. 15 zu § 20 BetrVG 1972	BAG **70**, 126; DB **93**, 1376; EzA § 20 BetrVG 1972 Nr. 15; NZA **93**, 415; AiB **93**, 321
8. 4. 1992	AP Nr. 11 zu § 26 BetrVG 1972	DB **93**, 1377; EzA § 26 BetrVG 1972 Nr. 6; NZA **93**, 270; AiB **94**, 307 (Duffner)

Datum	Fundstelle AP	Weitere Fundstellen
28. 4. 1992	AP Nr. 11 zu § 50 BetrVG 1972	DB **92**, 2641; ArbuR **92**, 313; SAE **93**, 155 (Sowka); EzA § 50 BetrVG 1972 Nr. 10; NZA **93**, 31
28. 4. 1992	AP Nr. 98 zu § 99 BetrVG 1972 (Hromadka)	BAG **70**, 147; BB **92**, 1852; DB **92**, 2144; EzA § 99 BetrVG 1972 Nr. 106 (Kaiser); NZA **92**, 1141; AiB **93**, 239 (Neuhaus)
28. 4. 1992	AP Nr. 25 zu § 16 BetrAVG (Wiedemann)	BAG **70**, 158; BB **92**, 2292; **93**, 70 (Dernberger), 1114 (Rauser), 2047 (Reinus); DB **92**, 2402; EzA § 16 BetrAVG Nr. 23; NZA **93**, 72
29. 4. 1992	AP Nr. 15 zu § 38 BetrVG 1972	BAG **70**, 178; DB **93**, 1527; EzA § 38 BetrVG 1972 Nr. 13; NZA **93**, 329
29. 4. 1992	AP Nr. 3 zu § 1 TVG Durchführungspflicht	BAG **70**, 165; BB **92**, 2214; **93**, 1001 (Riesenhuber); DB **92**, 1684; **93**, 682 (Kasper); SAE **93**, 238 (Walker); EzA § 1 TVG Durchführungspflicht Nr. 2 (Riehle); NZA **92**, 846; AiB **92**, 643 (Zachert)
5. 5. 1992	AP Nr. 97 zu § 99 BetrVG 1972	BAG **70**, 201; BB **92**, 1999; DB **92**, 1936; EzA § 99 BetrVG 1972 Nr. 105; NZA **92**, 1004
12. 5. 1992	AP Nr. 14 zu § 1 BetrAVG Betriebsveräußerung	BAG **70**, 209; BB **93**, 145; DB **92**, 2038; ArbuR **92**, 312; EzA § 613a BGB Nr. 104; NZA **92**, 1080; AiB **93**, 253
13. 5. 1992	AP Nr. 4 zu § 5 BetrVG 1972 Ausbildung	BAG **70**, 215; ArbuR **93**, 340 (Keßler); EzA § 5 BetrVG 1972 Nr. 54; NZA **93**, 762; AiB **93**, 568 (Stather)
21. 5. 1992	AP Nr. 30 zu § 1 KSchG 1969 Krankheit	BB **93**, 727; DB **93**, 1292; SAE **94**, 1 (Hromadka); EzA § 1 KSchG Krankheit Nr. 38; NZA **93**, 497
21. 5. 1992	AP Nr. 28 zu § 1 KSchG 1969 Verhaltensbedingte Kündigung	BB **92**, 2079; DB **92**, 2143; NJW **93**, 154; EzA § 1 KSchG Verhaltensbedingte Kündigung Nr. 42; NZA **92**, 1028
26. 5. 1992	AP Nr. 1 zu § 28 AGB-DDR	BAG **70**, 281; BB **92**, 2301; **93**, 217; EzA § 28 AGB 1977 (DDR) Nr. 1; NZA **92**, 1135
23. 6. 1992	AP Nr. 20 zu § 23 BetrVG 1972	DB **92**, 2450; EzA § 87 BetrVG 1972 Arbeitszeit Nr. 51; NZA **92**, 1095; AiB **93**, 117 (Unterhininghofen)
23. 6. 1992	AP Nr. 55 zu § 77 BetrVG 1972 (Wiedemann/Arnold)	BAG **70**, 356; BB **93**, 289; DB **93**, 441; EzA § 77 BetrVG 1972 Nr. 49; NZA **93**, 229
23. 6. 1992	AP Nr. 51 zu § 87 BetrVG 1972 Arbeitszeit	DB **92**, 2643; SAE **93**, 68 (Peterek); EzA § 87 BetrVG 1972 Arbeitszeit Nr. 50 (Berger-Delhey); NZA **92**, 1098
24. 6. 1992	AP Nr. 61 zu § 611 BGB Abhängigkeit	EzA § 611 BGB Arbeitnehmerbegriff Nr. 46; NZA **93**, 174
7. 7. 1992	AP Nr. 11 zu § 1 BetrAVG Besitzstand	BAG **71**, 1; DB **92**, 2451; EzA § 1 BetrAVG Ablösung Nr. 9; NZA **93**, 179
15. 7. 1992	AP Nr. 9 zu § 611 BGB Abmahnung (Conze)	BAG **71**, 14; DB **93**, 438; EzA § 611 BGB Abmahnung Nr. 26 (Kittner); NZA **93**, 220; AiB **93**, 184 (Anm.)
15. 7. 1992	AP Nr. 19 zu § 46 BPersVG	NZA **93**, 661
23. 7. 1992	AP Nr. 18 zu § 1 BetrAVG Gleichbehandlung	BAG **71**, 29; BB **93**, 437; DB **93**, 169; NJW **93**, 874; SAE **93**, 321 (Misera); EzA § 1 BetrAVG Gleichbehandlung Nr. 2; NZA **93**, 215; AiB **93**, 340 (Trümner)
28. 7. 1992	AP Nr. 7 zu § 87 BetrVG 1972 Werkmietwohnungen (1. Natzel 2. Däubler/Schiek)	DB **93**, 740; SAE **93**, 363 (Reichold); EzA § 87 BetrVG 1972 Werkswohnung Nr. 8; NZA **93**, 272
28. 7. 1992	AP Nr. 123 zu Art. 9 GG Arbeitskampf	BB **93**, 362; DB **93**, 232; SAE **93**, 48 (Belling); EzA Art. 9 GG Arbeitskampf Nr. 106 (Marhold); NZA **93**, 267, 967 (Schwarze)

Datum	Fundstelle AP	Weitere Fundstellen
30. 7. 1992	AP Nr. 1 zu § 1 TVAng Bundespost	BAG **71**, 68; DB **93**, 332; EzA § 4 TVG Geltungsbereich Nr. 3; NZA **93**, 324
5. 8. 1992	AP Nr. 8 zu § 611 BGB Abmahnung	DB **93**, 1677; EzA § 611 BGB Abmahnung Nr. 25; NZA **93**, 638, 828 (Schunck); AiB **93**, 57 (Anm.)
11. 8. 1992	AP Nr. 53 zu § 87 BetrVG 1972 Lohngestaltung	DB **93**, 46; SAE **93**, 111; EzA § 87 BetrVG 1972 Betriebl. Lohngestaltung Nr. 32; NZA **93**, 418; AiB **93**, 405 (Mayer)
13. 8. 1992	AP Nr. 32 zu § 15 KSchG 1969	DB **93**, 1424; EzA § 15 KSchG n. F. Nr. 39; NZA **93**, 224; AiB **93**, 325
19. 8. 1992	AP Nr. 3 zu § 76 a BetrVG 1972	BB **93**, 1433; DB **93**, 1196; EzA § 76 a BetrVG 1972 Nr. 7; NZA **93**, 710
19. 8. 1992	AP Nr. 102 zu § 242 BGB Gleichbehandlung	BB **92**, 2431; DB **93**, 539; NJW **93**, 679; SAE **93**, 329 (Misera); EzA § 242 BGB Gleichbehandlung Nr. 52 (Steinmeyer); NZA **93**, 171
19. 8. 1992	AP Nr. 5 zu § 8 BPersVG	BAG **71**, 110; DB **93**, 1525; EzA § 630 BGB Nr. 14; NZA **93**, 222
9. 9. 1992	AP Nr. 86 zu § 37 BetrVG 1972	DB **93**, 592; EzA § 37 BetrVG 1972 Nr. 113; NZA **93**, 468; AiB **93**, 430 (Peiseler)
9. 9. 1992	AP Nr. 19 zu § 630 BGB (van Venrooy)	BB **93**, 729; DB **93**, 644; NJW **93**, 2196; EzA § 630 BGB Nr. 15; NZA **93**, 698
9. 9. 1992	AP Nr. 40 zu Art. 140 GG	BAG **71**, 157; EzA § 611 BGB Kirchliche Arbeitnehmer Nr. 39; NZA **93**, 597
22. 9. 1992	AP Nr. 54 zu § 87 BetrVG 1972 Lohngestaltung (Kraft)	BAG **71**, 164; BB **93**, 137; DB **93**, 280; EzA § 87 BetrVG 1972 Betriebl. Lohngestaltung Nr. 33; NZA **93**, 232; AiB **93**, 402 (Mayer)
22. 9. 1992	AP Nr. 55 zu § 87 BetrVG 1972 Lohngestaltung	BAG **71**, 180; BB **93**, 135; DB **93**, 380; EzA § 87 BetrVG 1972 Betriebl. Lohngestaltung Nr. 35; NZA **93**, 668; AiB **93**, 403 (Mayer)
22. 9. 1992	AP Nr. 56 zu § 87 BetrVG 1972 Lohngestaltung (Henssler)	BB **93**, 726; DB **93**, 385; ArbuR **93**, 91; SAE **93**, 346 (Oetker); EzA § 87 BetrVG 1972 Betriebl. Lohngestaltung Nr. 36; NZA **93**, 566; AiB **93**, 402
22. 9. 1992	AP Nr. 57 zu § 87 BetrVG 1972 Lohngestaltung	DB **93**, 384; SAE **93**, 350 (Oetker); EzA § 87 BetrVG 1972 Betriebl. Lohngestaltung Nr. 38; NZA **93**, 569; AiB **93**, 402
22. 9. 1992	AP Nr. 60 zu § 87 BetrVG 1972 Lohngestaltung	DB **93**, 382; SAE **93**, 349 (Oetker); EzA § 87 BetrVG 1972 Betriebl. Lohngestaltung Nr. 37; NZA **93**, 568; AiB **93**, 401 (Mayer)
23. 9. 1992	AP Nr. 6 zu § 3 AZO Kr	DB **93**, 1194; EzA § 12 AZO Nr. 6; NZA **93**, 752
23. 9. 1992	AP Nr. 1 zu § 612 BGB Diskriminierung	BAG **71**, 195; BB **93**, 650; DB **93**, 737; NJW **93**, 3091; SAE **93**, 283 (Bittner); EzA § 612 BGB Nr. 16 (Schüren); NZA **93**, 891; AiB **93**, 554 (Degen)
6. 10. 1992	AP Nr. 5 zu § 1 BetrAVG Konzern	BB **93**, 866, 2383 (Nägele); DB **93**, 791; NJW **93**, 954; EzA § 303 Aktiengesetz Nr. 3; NZA **93**, 316
7. 10. 1992	AP Nr. 34 zu § 1 TVG Tarifverträge: Einzelhandel	BB **93**, 652; DB **93**, 891; EzA § 611 BGB Teilzeitarbeit Nr. 7; NZA **93**, 902
15. 10. 1992	AP Nr. 8 zu § 611 a BGB (Coester)	BAG **71**, 252; BB **93**, 433; DB **93**, 431 (Ehrich); 435; NJW **93**, 1115 (Schatzschneider), 1154; EzA § 123 BGB Nr. 37 (Winterfeld); NZA **93**, 257; **94**, 967 (Sowka); AiB **93**, 318 (Degen)
27. 10. 1992	AP Nr. 61 zu § 87 BetrVG 1972 Lohngestaltung	BB **93**, 1589; DB **93**, 1143; SAE **93**, 352 (Oetker); EzA § 87 BetrVG 1972 Betriebl. Lohngestaltung Nr. 40; NZA **93**, 561

Datum	Fundstelle AP	Weitere Fundstellen
27. 10. 1992	AP Nr. 29 zu § 95 BetrVG 1972	BAG **71**, 259; BB **93**, 1285; DB **93**, 885; SAE **94**, 7 (Hennsler/Holletscheck); EzA § 95 BetrVG 1972 Nr. 26; NZA **93**, 607; AiB **93**, 459 (Wedde)
28. 10. 1992	AP Nr. 4 zu § 29 BetrVG 1972	BB **93**, 580; DB **93**, 840; EzA § 29 BetrVG 1972 Nr. 2; NZA **93**, 466; AiB **93**, 286
28. 10. 1992	AP Nr. 16 zu § 38 BetrVG 1972	BAG **71**, 286; BB **93**, 1658; DB **93**, 2085; EzA § 38 BetrVG 1972 Nr. 14 (Wiese); NZA **93**, 910; AiB **93**, 655
28. 10. 1992	AP Nr. 63 zu § 112 BetrVG 1972	BB **93**, 140; DB **93**, 385; EzA § 112 BetrVG 1972 Nr. 60 (Fenn); NZA **93**, 420; AiB **93**, 464
28. 10. 1992	AP Nr. 65 zu § 112 BetrVG 1972	BB **93**, 792; DB **93**, 590; ArbuR **93**, 123; SAE **94**, 119 (Milde); EzA § 112 a BetrVG 1972 Nr. 6
28. 10. 1992	AP Nr. 66 zu § 112 BetrVG 1972	BAG **71**, 280; BB **93**, 506; DB **93**, 591; SAE **94**, 114 (Milde); EzA § 112 BetrVG 1972 Nr. 65; NZA **93**, 717; AiB **93**, 578 (Schirge)
28. 10. 1992	AP Nr. 67 zu § 112 BetrVG 1972	SAE **93**, 269 (Hermann); NZA **93**, 515
5. 11. 1992	AP Nr. 5 zu § 10 TV Arb Bundespost	EzA § 2 BeschFG 1985 Nr. 24; NZA **93**, 511
10. 11. 1992	AP Nr. 58 zu § 87 BetrVG 1972 Lohngestaltung	BAG **71**, 327; BB **93**, 360; DB **93**, 439; EzA § 87 BetrVG 1972 Betriebl. Lohngestaltung Nr. 39 (Ahrens); NZA **93**, 570
10. 11. 1992	AP Nr. 100 zu § 99 BetrVG 1972 (Loritz)	BAG **71**, 337; DB **93**, 1141; EzA § 99 BetrVG 1972 Nr. 108 (v. Hoyningen-Huene); NZA **93**, 376
19. 11. 1992	AP Nr. 145 zu § 611 BGB Gratifikation	BB **93**, 942; DB **93**, 843; NJW **93**, 1813; SAE **94**, 20 (Preis); EzA § 242 BGB Gleichbehandlung Nr. 54; NZA **93**, 405; AiB **93**, 560 (Plander)
25. 11. 1992	AP Nr. 8 zu § 1 GesamthafenbetriebsG	BAG **72**, 12; DB **93**, 2084; EzA § 9 BetrVG 1972 Nr. 5; NZA **93**, 955; AiB **93**, 564 (Goergens)
1. 12. 1992	AP Nr. 2 zu § 28 AGB-DDR	BAG **72**, 29; DB **93**, 942; EzA § 28 AGB 1977 (DDR) Nr. 2; NZA **93**, 508
1. 12. 1992	AP Nr. 3 zu § 77 BetrVG 1972 Tarifvorbehalt	DB **93**, 2291; EzA § 77 BetrVG 1972 Nr. 50; NZA **93**, 613; AiB **93**, 462
1. 12. 1992	AP Nr. 20 zu § 87 BetrVG 1972 Ordnung des Betriebes	BAG **72**, 40; BB **93**, 939; DB **93**, 990; SAE **94**, 316 (Weber); EzA § 87 BetrVG 1972 (Betriebliche Ordnung Nr. 20 (v. Hoyningen-Huene); NZA **93**, 711
2. 12. 1992 7 AZR 100/91	AP Nr. 5 zu § 620 BGB Altersgrenze	EzA § 620 BGB Altersgrenze Nr. 2; DB **93**, 443; NZA **93**, 998
2. 12. 1992	AP Nr. 28 zu § 23 a BAT	BAG **72**, 64; BB **93**, 503; DB **93**, 586; ArbuR **93**, 225 (Richter); EzA Art. 119 EWG-Vertrag Nr. 7 (Schüren); NZA **93**, 367
9. 12. 1992	AP Nr. 2 zu § 6 WahlO BetrVG 1972	BB **93**, 1217; DB **93**, 2084; EzA § 19 BetrVG 1972 Nr. 38; NZA **93**, 765
10. 12. 1992	AP Nr. 4 zu § 87 ArbGG 1979	DB **93**, 889; EzA § 103 BetrVG 1972 Nr. 33 (Schultes); NZA **93**, 501
10. 12. 1992	AP Nr. 41 zu Art. 140 GG	DB **93**, 1371; EzA § 611 BGB Kirchliche Arbeitnehmer Nr. 38; NZA **93**, 593
15. 12. 1992	AP Nr. 7 zu § 14 AÜG	BAG **72**, 107; BB **93**, 648; DB **93**, 888; ArbuR **93**, 188; SAE **94**, 109 (v. Hoyningen-Huene); EzA § 14 AÜG Nr. 3; NZA **93**, 513; AiB **93**, 711
17. 12. 1992	AP Nr. 105 zu § 242 BGB Gleichbehandlung (Fastrich)	EzA § 242 BGB Gleichbehandlung Nr. 55; NZA **93**, 691

Datum	Fundstelle AP	Weitere Fundstellen
	1993	
12. 1. 1993	AP Nr. 101 zu § 99 BetrVG 1972 (v. Hoyningen-Huene)	BAG **72**, 123; DB **93**, 1094; ArbuR **93**, 59; EzA § 99 BetrVG 1972 Nr. 112
26. 1. 1993	AP Nr. 102 zu § 99 BetrVG 1972 (v. Hoyningen-Huene)	BB **93**, 1871; DB **93**, 1475; EzA § 99 BetrVG 1972 Nr. 109; NZA **93**, 714; AiB **93**, 458
27. 1. 1993	AP Nr. 29 zu § 76 BetrVG [1952]	BAG **72**, 161; DB **93**, 2030; EzA § 76 BetrVG 1972 Nr. 14; SAE **95**, 269 (Dütz); NZA **93**, 949
9. 2. 1993	AP Nr. 103 zu § 99 BetrVG 1972 (Misera)	BAG **72**, 187; BB **93**, 1007; DB **93**, 1294; ArbuR **93**, 258; EzA § 99 BerVG 1972 Nr. 111; NZA **93**, 664; AiB **93**, 449
9. 2. 1993	AP Nr. 1 zu § 9 BildungsurlaubsG Hessen (Wank)	BAG **72**, 200; BB **94**, 646; DB **93**, 1573 (Schiefer); SAE **94**, 62 (Schiefer); EzA § 1 HBUG Nr. 2; NZA **93**, 1032
16. 2. 1993	AP Nr. 19 zu § 87 BetrVG 1972 Altersversorgung (Blomeyer)	BAG **72**, 229; BB **93**, 1291; DB **93**, 1240; EzA § 87 BetrVG 1972 Betriebl. Lohngestaltung Nr. 41; NZA **93**, 953
17. 2. 1993	AP Nr. 9 zu § 10 AÜG	BAG **72**, 255; DB **93**, 2287; EzA § 10 AÜG Nr. 6; NZA **93**, 1125; AiB **94**, 59 (Mayer)
17. 2. 1993	AP Nr. 37 zu § 40 BetrVG 1972	BAG **72**, 274; BB **93**, 1515; DB **93**, 1417 (Klebe/Wedde); SAE **94**, 78 (Peterek); EzA § 40 BetrVG 1972 Nr. 69; NZA **93**, 854; AiB **93**, 657 (Klebe)
17. 2. 1993	AP Nr. 2 zu § 42 LPVG Rheinland-Pfalz	BAG **72**, 268; DB **94**, 1427; EzA § 37 BetrVG 1972 Nr. 114; NZA **94**, 138
18. 2. 1993	AP Nr. 35 zu § 15 KSchG 9	BB **93**, 2381; DB **94**, 1426; EzA § 15 KSchG n. F. Nr. 40; NZA **94**, 74; AiB **94**, 190
3. 3. 1993	AP Nr. 20 zu § 630 BGB (van Venrooy)	BB **93**, 1439; DB **93**, 1624; NJW **93**, 2197; EzA § 630 BGB Nr. 17; NZA **93**, 697
4. 3. 1993	AP Nr. 101 zu § 613a BGB	EzA § 613a BGB Nr. 107; NZA **94**, 260
23. 3. 1993	AP Nr. 64 zu § 87 BetrVG 1972 Lohngestaltung (Hromadka)	BAG **72**, 376; BB **93**, 1873; **DB 93**, 1931; SAE **93**, 358 (Oetker); EzA § 87 BetrVG 1972 Betriebl. Lohngestaltung Nr. 42; NZA **93**, 904; AiB **93**, 729
23. 3. 1993	AP Nr. 26 zu § 87 BetrVG 1972 Tarifvorrang	BAG **72**, 367; BB **93**, 2088; DB **93**, 1980; EzA § 4 TVG Tariflohnerhöhung Nr. 24; NZA **93**, 806
23. 3. 1993	AP Nr. 8 zu § 87 BetrVG 1972 Werkmietwohnungen (Däubler)	DB **93**, 1829; EzA § 87 BetrVG 1972 Werkwohnung Nr. 9; NZA **93**, 766
24. 3. 1993	AP Nr. 1 zu § 1 TVG Tarifverträge: Autokraft	DB **94**, 482
31. 3. 1993	AP Nr. 2 zu § 9 AÜG (Eckardt)	DB **93**, 2337; EzA § 10 AÜG Nr. 5; NZA **93**, 1078
7. 4. 1993	AP Nr. 22 zu § 1 KSchG 1969 Soziale Auswahl (Gentges)	DB **93**, 1877; NJW **93**, 3156; EzA § 1 KSchG Soziale Auswahl Nr. 30 (Preis); NZA **93**, 795; **95**, 711 (Lunk); AiB **94**, 55 (Trittin)
20. 4. 1993	AP Nr. 106 zu § 99 BetrVG 1972 (Natzel)	BB **93**, 1946; DB **93**, 2033; EzA § 99 BetrVG 1972 Nr. 114; NZA **93**, 1096
21. 4. 1993	AP Nr. 4 zu § 25 SchwbG 1986	BAG **73**, 93; BB **94**, 716; DB **93**, 2388; SAE **94**, 104 (Meisel); EzA § 25 SchwbG 1986 Nr. 2; NZA **94**, 43; AiB **94**, 48 (Unterhininghofen)
22. 4. 1993	AP Nr. 102 zu § 613a BGB	BB **94**, 1861; DB **94**, 941; NJW **94**, 2170; EzA § 613a BGB Nr. 112; NZA **94**, 357; AiB **94**, 428 (Schirge)
22. 4. 1993	AP Nr. 103 zu § 613a BGB (Moll)	BB **94**, 505; DB **94**, 943; NJW **94**, 2245; EzA § 613a BGB Nr. 111; NZA **94**, 360; AiB **94**, 429 (Schirge)

Datum	Fundstelle AP	Weitere Fundstellen
28. 4. 1993	AP Nr. 32 zu § 111 BetrVG 1972	EzA § 111 BetrVG 1972 Nr. 28; NZA **93**, 1142
28. 4. 1993	AP Nr. 67 zu § 112 BetrVG 1972	BB **93**, 1807; DB **93**, 2034; EzA § 112 BetrVG 1972 Nr. 68; AiB **93**, 733 (Hamm)
28. 4. 1993	AP Nr. 24 zu § 113 BetrVG 1972	BAG **73**, 101; EzA § 130 BetrVG 1972 Nr. 3; NZA **93**, 1005
19. 5. 1993	AP Nr. 31 zu § 2 KSchG 1969 (Waas)	BAG **73**, 151; BB **93**, 2020; DB **93**, 1879; NJW **93**, 3218; SAE **94**, 150 (Steinmeyer); EzA § 1 KSchG Betriebsbedingte Kündigung Nr. 73 (Raab); NZA **93**, 1075; AiB **93**, 1075
26. 5. 1993	AP Nr. 2 zu § 612 BGB Diskriminierung	DB **93**, 2288; EzA § 2 BeschFG 1985 Nr. 28; NZA **93**, 1049; AiB **93**, 742 (Goergens)
26. 5. 1993	AP Nr. 42 zu Art. 119 EWG-Vertrag	BAG **73**, 116; BB **93**, 2451; DB **94**, 99; SAE **94**, 191 (Wank); EzA Art. 119 EWG-Vertrag Nr. 12; NZA **94**, 413
9. 6. 1993	AP Nr. 66 zu § 611 BGB Abhängigkeit	DB **94**, 787; EzA § 611 BGB Arbeitnehmerbegriff Nr. 51; NZA **94**, 169
17. 6. 1993	AP Nr. 32 zu § 2 BeschFG 1985 (Schüren)	BAG **73**, 262; BB **94**, 938; DB **94**, 1930; EzA § 2 BeschFG 1985 Nr. 34; NZA **94**, 764
22. 6. 1993	AP Nr. 22 zu § 23 BetrVG 1972	BAG **73**, 291; DB **94**, 234; SAE **94**, 136 (Schwarze); EzA § 23 BetrVG 1972 Nr. 35 (Kittner); NZA **94**, 184
22. 6. 1993	AP Nr. 193 zu Art. 3 GG (1. Maidowski, 2. Pfarr)	BAG **73**, 269; DB **94**, 429; NJW **93**, 2136; SAE **95**, 242 (Herrmann); RdA **94**, 77; EzA Art. 3 GG Nr. 40; NZA **94**, 77
23. 6. 1993	AP Nr. 2 zu § 83a ArbGG 1979	BB **94**, 284; DB **93**, 2390; EzA § 103 BetrVG 1972 Nr. 34 (Brehm); NZA **93**, 1052
23. 6. 1993	AP Nr. 1 zu § 34 BAT	BAG **73**, 307; BB **93**, 1875; DB **93**, 2188; EzA § 2 BeschFG 1985 Nr. 30; NZA **94**, 41; AiB **94**, 244 (Degen)
30. 6. 1993	AP Nr. 8 zu § 12a ArbGG 1979	BAG **73**, 314; BB **93**, 2449; EzA § 12a ArbGG 1979 Nr. 10; NZA **94**, 284
1. 7. 1993	AP Nr. 38 zu § 123 BGB (Wank)	BB **93**, 1087 (Buschbeck-Bülow), 2085 (Zeller); DB **93**, 1978 (Ehrich); NJW **94**, 148; EzA § 123 BGB Nr. 39 (Buchner); NZA **93**, 933; AiB **94**, 122 (Degen)
13. 7. 1993	AP Nr. 127 zu Art. 9 GG Arbeitskampf (v. Hoyningen-Huene)	BAG **73**, 320; BB **94**, 577; DB **94**, 148; NJW **94**, 74; EzA Art. 9 GG Arbeitskampf Nr. 112 (Hergenröder); NZA **93**, 1135
20. 7. 1993	AP Nr. 11 zu § 1 BetrAVG Gleichbehandlung	BAG **73**, 343; DB **94**, 102; EzA § 1 BetrAVG Gleichbehandlung Nr. 4; NZA **94**, 125
21. 7. 1993	AP Nr. 10 zu § 10 AÜG	BAG **73**, 372; BB **93**, 2533; DB **93**, 2536; EzA § 10 AÜG Nr. 7; NZA **94**, 217; AiB **94**, 433 (Mayer)
21. 7. 1993	AP Nr. 8 zu § 5 BetrVG 1972 Ausbildung	BAG **74**, 1; BB **94**, 575; DB **94**, 842; SAE **94**, 257 (Kraft); EzA § 5 BetrVG 1972 Nr. 56; NZA **94**, 713; **97**, 365 (Rohlfing); AiB **94**, 521 (Dannerberg)
21. 7. 1993	AP Nr. 144 zu § 1 TVG Auslegung	BAG **73**, 364; DB **94**, 1294; SAE **94**, 24 (Weber); EzA § 1 TVG Auslegung Nr. 28; NZA **94**, 181
27. 7. 1993	AP Nr. 3 zu § 93 BetrVG 1972	BB **93**, 2233; DB **94**, 332; SAE **94**, 129 (Hromadka); EzA § 99 BetrVG 1972 Nr. 115; NZA **94**, 92
27. 7. 1993	AP Nr. 110 zu § 99 BetrVG 1972 (Zängl)	BAG **74**, 10; DB **94**, 1373; EzA § 99 BetrVG 1972 Nr. 116; NZA **94**, 952
27. 7. 1993	AP Nr. 51 zu § 118 BerVG 1972	DB **94**, 2550; EzA § 118 BetrVG 1972 Nr. 61 (Dütz); NZA **94**, 329

Datum	Fundstelle AP	Weitere Fundstellen
4. 8. 1993	AP Nr. 1 zu § 1 BAT	BAG **74**, 47; BB **93**, 2530; DB **94**, 788; NZA **94**, 39
10. 8. 1993	AP Nr. 12 zu § 87 BetrVG 1972 Auszahlung	BB **94**, 140; DB **94**, 281; EzA § 87 BetrVG 1972 Lohn und Arbeitsentgelt Nr. 16 (Vogg); NZA **94**, 326
11. 8. 1993	AP Nr. 92 zu § 37 BetrVG 1972 (Schiefer)	BAG **74**, 72; DB **94**, 535 (Schiefer); SAE **94**, 240 (Glaubitz); EzA § 37 BetrVG 1972 Nr. 117; NZA **94**, 517
11. 8. 1993	AP Nr. 6 zu § 54 BetrVG 1972	DB **94**, 480; EzA § 54 BetrVG 1972 Nr. 4; NZA **94**, 326
11. 8. 1993	AP Nr. 71 zu § 112 BetrVG 1972	BAG **74**, 62; BB **94**, 359; DB **94**, 102; EzA § 112 BetrVG 1972 Nr. 139; NZA **94**, 139; AiB **94**, 319 (Hamm)
24. 8. 1993	AP Nr. 19 zu § 1 BetrAVG Ablösung	BB **94**, 1076; DB **94**, 891; EzA § 1 BetrAVG Ablösung Nr. 10 (Windbichler); NZA **94**, 807
16. 9. 1993	AP Nr. 62 zu § 102 BetrVG 1972	BB **94**, 429; DB **94**, 381; EzA § 102 BetrVG 1972 Nr. 84; NZA **94**, 311
21. 9. 1993	AP Nr. 62 zu § 87 BetrVG 1972 Arbeitszeit	BAG **74**, 206; BB **94**, 500; DB **94**, 1193; SAE **95**, 348 (Fastrich); EzA § 87 BetrVG 1972 Nr. 19; NZA **94**, 427; AiB **94**, 312
21. 9. 1993	AP Nr. 4 zu § 94 BetrVG 1972	DB **94**, 480; SAE **95**, 149 (Berger-Delhey); EzA § 118 BetrVG 1972 Nr. 62; NZA **94**, 375; AiB **94**, 425
23. 9. 1993	AP Nr. 19 zu Einigungs- vertrag Anlage I Kap. XIX	BAG **74**, 257; BB **94**, 218; DB **94**, 586; EzA Art. 20 Einigungsvertrag Nr. 26
30. 9. 1993	AP Nr. 37 zu § 123 BGB (Boemke)	BAG **74**, 281; BB **94**, 785 (Haller); DB **94**, 279, 982 (Zwanziger); NJW **94**, 980 (Bauer), 1021; EzA § 611 BGB Aufhebgungsvertrag Nr. 13 (Kaiser); NZA **94**, 209, 438 (Ehrich)
30. 9. 1993	AP Nr. 33 zu § 2 KSchG 1969 (Wlotzke)	BAG **74**, 291; BB **94**, 426; DB **94**, 637; SAE **95**, 360 (Waltermann); EzA § 99 BetrVG 1972 Nr. 118 (Kania); NZA **94**, 615; AiB **94**, 424 (Silberberg)
5. 10. 1993	AP Nr. 20 zu § 1 BetrAVG Lebensversicherung	BAG **74**, 309; BB **94**, 222; DB **94**, 739; SAE **94**, 174 (Blomeyer); EzA § 1 BetrAVG Lebens- versicherung Nr. 5; NZA **94**, 315; AiB **94**, 252 (Goergens)
12. 10. 1993	AP Nr. 66 zu § 87 BetrVG 1972 Arbeitszeit	DB **95**, 734; EzA § 87 BetrVG 1972 Kurzarbeit Nr. 2; NZA **95**, 641
20. 10. 1993	AP Nr. 5 zu § 28 BetrVG 1972	BAG **75**, 1; DB **94**, 989; EzA § 28 BetrVG 1972 Nr. 4; NZA **94**, 567
20. 10. 1993	AP Nr. 90 zu § 37 BetrVG 1972 (Schiefer)	BAG **74**, 351; DB **94**, 334; SAE **94**, 306 (Otto); EzA § 37 BetrVG 1972 Nr. 115; NZA **94**, 278; AiB **94**, 248 (Mayer)
20. 10. 1993	AP Nr. 91 zu § 37 BetrVG 1972	BB **94**, 139; DB **94**, 282; EzA § 37 BetrVG 1972 Nr. 115; NZA **94**, 190, 454 (Schiefer)
20. 10. 1993	AP Nr. 3 zu § 41 SGB VI (Linnenkohl)	BAG **74**, 363; BB **94**, 66, 69 (Reisner), 640 (v. Hoyningen-Huene), 945 (Bauder); DB **94**, 2394 (Hanau); NJW **94**, 499 (Moll); 538; SAE **94**, 165 (Gitter); RdA **94**, 257 (Simitis), 264 (Battis); EzA § 41 SGB VI Nr. 1 (Oetker); NZA **94**, 128; AiB **94**, 254 (Hin- richs)
26. 10. 1993	AP Nr. 6 zu § 77 BetrVG 1972 Nachwirkung	BAG **75**, 16; BB **94**, 1072; DB **94**, 987; SAE **95**, 277 (Krebs); EzA § 77 BetrVG 1972 Nr. 53 (Schulin); NZA **94**, 572; AiB **94**, 310 (Hamm)
2. 11. 1993	AP Nr. 32 zu § 95 BetrVG 1972	BAG **75**, 24; DB **94**, 985; NZA **94**, 627

Datum	Fundstelle AP	Weitere Fundstellen
10. 11. 1993	AP Nr. 4 zu § 78 BetrVG 1972	BB **94**, 1290; DB **94**, 2554; EzA § 611 BGB Abmahnung Nr. 29; NZA **94**, 500; AiB **94**, 502 (Grimberg)
11. 11. 1993	AP Nr. 38 zu § 123 BGB	BAG **75**, 77; BB **94**, 357; DB **94**, 939; NJW **94**, 1363; EzA § 123 BGB Nr. 40 (Rieble); NZA **94**, 407; AiB **94**, 572 (Unterhinninghofen)
23. 11. 1993	AP Nr. 33 zu § 95 BetrVG 1972	BAG **75**, 97; BB **94**, 935; DB **94**, 735; EzA § 95 BetrVG 1972 Nr. 28; NZA **94**, 718; AiB **94**, 316 (Hamm)
23. 11. 1993	AP Nr. 111 zu § 99 BetrVG 1972	DB **94**, 1575; EzA § 99 BetrVG 1972 Nr. 119; NZA **94**, 461
24. 11. 1993	AP Nr. 72 zu § 112 BetrVG 1972	DB **94**, 1043; EzA § 112 BetrVG 1972 Nr. 71; NZA **94**, 716
25. 11. 1993	AP Nr. 114 zu § 242 BGB Gleichbehandlung	BAG **75**, 143; DB **94**, 1089; SAE **95**, 137 (Schlachter); EzA § 242 BGB Gleichbehandlung Nr. 58; NZA **94**, 788
1. 12. 1993	AP Nr. 4 zu § 41 SGB VI (Steinmeyer)	BAG **75**, 166; DB **94**, 841, 2394 (Hanau); NJW **94**, 1490; SAE **94**, 267 (Hennsler); EzA § 41 SGB VI Nr. 2 (Oetker); NZA **94**, 369
14. 12. 1993	AP Nr. 81 zu § 7 BetrAVG	NZA **94**, 554; RdA **94**, 249; BB **94**, 652; AuR **94**, 200; EzA § 7 BetrAVG Nr. 47
14. 12. 1993	AP Nr. 65 zu § 87 BetrVG 1972 Lohngestaltung	DB **94**, 1573; EzA § 87 BetrVG 1972 Betriebl. Lohngestaltung Nr. 43; NZA **94**, 809; AiB **94**, 313 (Grimberg)

1994

Datum	Fundstelle AP	Weitere Fundstellen
18. 1. 1994	AP Nr. 51 zu § 76 BetrVG 1972	BAG **75**, 261; BB **94**, 1145, 1214; DB **94**, 838; EzA § 76 BetrVG 1972 Nr. 63; NZA **94**, 571; AiB **94**, 50 (Grimberg)
18. 1. 1994	AP Nr. 1 zu § 99 BetrVG 1972 Eingruppierung	BAG **75**, 253; BB **94**, 1287; EzA § 99 BetrVG 1972 Nr. 120; NZA **94**, 901; AiB **94**, 564 (Grimberg)
20. 1. 1994	AP Nr. 8 zu § 1 KSchG 1969 Konzern	BB **95**, 933; DB **94**, 1627; EzA § 1 KSchG Betriebsbedingte Kündigung Nr. 74; NZA **94**, 653
26. 1. 1994	AP Nr. 54 zu § 5 BetrVG 1972	BAG **75**, 312; DB **94**, 1371; SAE **94**, 334 (Meisel); EzA § 5 BetrVG 1972 Nr. 57; NZA **95**, 120
26. 1. 1994	AP Nr. 93 zu § 37 BetrVG 1972	BB **94**, 1215; DB **94**, 1244; EzA § 37 BetrVG 1972 Nr. 118; NZA **94**, 765; AiB **95**, 16 (Goergens)
2. 2. 1994	AP Nr. 4 zu § 273 BGB (Wank)	BAG **75**, 332; BB **94**, 1011, 1865 (Schmidt); DB **94**, 1087; SAE **95**, 64 (Mummenhoff); EzA § 618 BGB Nr. 10; NZA **94**, 610; **95**, 873 (Molkenbur); AiB **94**, 508 (Mayer)
9. 2. 1994	AP Nr. 104 zu § 613 a BGB	BAG **75**, 367; BB **94**, 1217; DB **94**, 1144; NJW **95**, 73; SAE **94**, 279 (Pottmeyer); EzA § 613 a BGB Nr. 115; NZA **94**, 612
15. 2. 1994	AP Nr. 12 zu § 1 BetrAVG Gleichberechtigung	BAG **76**, 1; BB **94**, 1638; DB **94**, 1479; EzA § 1 BetrAVG Gleichberechtigung Nr. 9; NZA **94**, 794
16. 2. 1994	AP Nr. 6 zu § 14 BBiG (Weber)	BAG **76**, 10; DB **94**, 1189; SAE **95**, 11 (Natzel); EzA § 14 BBiG Nr. 8; NZA **94**, 855
16. 2. 1994	AP Nr. 15 zu § 611 BGB Rundfunk	BAG **76**, 21; BB **94**, 2504; EzA § 611 BGB Arbeitnehmerbegriff Nr. 52; NZA **95**, 21
24. 2. 1994	AP Nr. 1 zu § 1 BAT-O	BAG **76**, 57; BB **94**, 1785; DB **94**, 2037; EzA § 4 TVG Geltungsbereich Nr. 4; NZA **95**, 133

Datum	Fundstelle AP	Weitere Fundstellen
8. 3. 1994	AP Nr. 6 zu § 303 AktG	BAG **76**, 79; BB **94**, 2350; DB **94**, 1780; NJW **94**, 3244; SAE **96**, 249 (Belling); EzA § 303 AktG Nr. 5; NZA **94**, 931; AiB **94**, 699 (Bichlmeier)
16. 3. 1994	AP Nr. 75 zu § 112 BetrVG 1972	DB **94**, 2635; EzA § 112 BetrVG 1972 Nr. 73; NZA **94**, 1147
16. 3. 1994	AP Nr. 68 zu § 611 BGB Abhängigkeit	SAE **95**, 122 (Boemke); EzA § 611 BGB Arbeitnehmerbegriff Nr. 53; NZA **94**, 1132
22. 3. 1994	AP Nr. 4 zu § 99 BetrVG 1972 Versetzung (Wohlgemuth)	BAG **76**, 184; BB **94**, 2070; **95**, 1352 (Wohlgemuth); DB **94**, 1678 (Ehrich); SAE **95**, 155 (v. Hoyningen-Huene); EzA § 99 BetrVG 1972 Nr. 121; NZA **94**, 1049; AiB **94**, 637 (Wedde)
22. 3. 1994	AP Nr. 130 zu Art. 9 GG Arbeitskampf (Oetker)	BAG **76**, 196; BB **95**, 410; **96**, 212 (Gamillscheg); DB **95**, 100, 2607 (Thüsing); NJW **95**, 477; **96**, 1256 (Schulte Westenberg); ArbuR **95**, 36 (Buschmann); SAE **95**, 254 (Lieb); EzA Art. 9 GG Arbeitskampf Nr. 115 (1. Fischer/ Rüthers 2. Thüsing); NZA **94**, 1097; AiB **95**, 134 (Mayer)
30. 3. 1994	AP Nr. 42 zu § 40 BetrVG 1972 (Sowka)	BB **94**, 2347; DB **94**, 2295 (Sowka); ArbuR **95**, 280 (Birk); SAE **97**, 147 (Loritz); EzA § 40 BetrVG 1972 Nr. 71; NZA **94**, 283, 454 (Schiefer); AiB **95**, 132 (Däubler)
30. 3. 1994	AP Nr. 76 zu § 112 BetrVG 1972	DB **95**, 1935; EzA § 112 BetrVG 1972 Nr. 74; NZA **95**, 88
30. 3. 1994	AP Nr. 113 zu § 242 BGB Gleichbehandlung	BB **94**, 1219; DB **94**, 2141; NJW **94**, 3310; EzA § 611 BGB Gratif., Prämie Nr. 110; NZA **94**, 786
13. 4. 1994	AP Nr. 1 zu § 57 c HRG	EzA § 620 BGB Nr. 125; NZA **95**, 67
13. 4. 1994	AP Nr. 9 zu § 72 LPVG NW (Plander)	BAG **76**, 234; DB **95**, 435; ArbuR **94**, 350; EzA § 620 BGB Nr. 123; NZA **94**, 1099
19. 4. 1994	AP Nr. 2 zu § 74 SGB V (Gitter)	DB **94**, 1880; EzA § 74 SGB V Nr. 2; NZA **95**, 123
20. 4. 1994	AP Nr. 77 zu § 112 BetrVG 1972 (Ernst)	BB **94**, 1938; DB **94**, 1882; EzA § 112 BetrVG 1972 Nr. 75; NZA **95**, 489; AiB **94**, 639 (Hamm)
20. 4. 1994	AP Nr. 27 zu § 113 BetrVG 1972	BAG **76**, 255; BB **94**, 1936; DB **94**, 2038; EzA § 113 BetrVG 1972 Nr. 22; NZA **95**, 89; AiB **94**, 638 (Hamm)
3. 5. 1994	AP Nr. 23 zu § 23 BetrVG 1972 (Richardi)	BAG **76**, 364; BB **94**, 2273; DB **94**, 2450; NJW **95**, 1004 (Adomeit), 1044, 1333 (Dobberahn); ArbuR **95**, 13 (Derleder), 67; SAE **95**, 93 (Walker); **96**, 139 (Bengelsdorf); EzA § 23 BetrVG 1972 Nr. 36 (Raab); NZA **95**, 8 (Richardi), 40; 865 (Konzen); **96**, 681 (Busemann); AiB **95**, 126 (Anm.); 138 (Trittin)
3. 5. 1994	AP Nr. 2 zu § 99 BetrVG 1972 Eingruppierung	BAG **77**, 1; BB **94**, 2490; DB **95**, 228; SAE **95**, 33 (Pallasch); EzA § 99 BetrVG 1972 Nr. 122 (Rieble); NZA **95**, 484; AiB **94**, 762
5. 5. 1994	AP Nr. 23 zu § 1 KSchG 1969 Soziale Auswahl (Mummenhoff)	DB **94**, 1827; NJW **94**, 3370; EzA § 1 KSchG Soziale Auswahl Nr. 31; NZA **94**, 1023; AiB **94**, 698 (Trittin)
18. 5. 1994	AP Nr. 64 zu § 102 BetrVG 1972 (Kraft)	BAG **77**, 13; BB **94**, 1783; DB **94**, 1984; EzA § 102 BetrVG 1972 Nr. 85 (Streckel); NZA **95**, 24
18. 5. 1994	AP Nr. 3 zu § 108 BPersVG	BB **94**, 1857; DB **95**, 532; EzA § 611 BGB Nr. 31 (Bährle); NZA **95**, 65

Datum	Fundstelle AP	Weitere Fundstellen
14. 6. 1994	AP Nr. 69 zu § 87 BetrVG 1972 Lohngestaltung	BAG **77**, 86; BB **95**, 825 (Reichold); DB **95**, 680; EzA § 87 BetrVG 1972 Betriebl. Lohngestaltung Nr. 45; NZA **95**, 543; AiB **95**, 746 (Schirge)
22. 6. 1994	AP Nr. 16 zu § 1 AÜG	BAG **77**, 102; DB **95**, 981; EzA § 1 AÜG Nr. 4; NZA **95**, 462
28. 6. 1994	AP Nr. 4 zu § 99 BetrVG 1972 Einstellung	BAG **77**, 165; DB **95**, 326; EzA § 99 BetrVG 1972 Nr. 123; NZA **95**, 387; AiB **95**, 122 (Plander)
13. 7. 1994	AP Nr. 97 zu § 37 BetrVG 1972	BAG **77**, 195; DB **95**, 383; EzA § 37 BetrVG 1972 Nr. 119; NZA **95**, 588; AiB **94**, 688
13. 7. 1994	AP Nr. 28 zu § 61 KO	BAG **77**, 128; BB **94**, 2142; DB **95**, 150; EzA § 40 BetrVG 1972 Nr. 70; NZA **94**, 1144; AiB **94**, 759 (Oberhofer)
20. 7. 1994	AP Nr. 73 zu § 611 BGB Abhängigkeit (Mohr)	BAG **77**, 226; DB **94**, 2502; EzA § 611 BGB Arbeitnehmerbegriff Nr. 54; NZA **95**, 161
20. 7. 1994	AP Nr. 26 zu § 256 ZPO 1977	DB **95**, 834; EzA § 256 ZPO Nr. 43; NZA **95**, 190
26. 7. 1994	AP Nr. 26 zu § 87 BetrVG 1972 Überwachung (Ehmann)	BAG **77**, 262; DB **95**, 147 (Hunold); SAE **95**, 208 (van Venrooy); EzA § 87 BetrVG 1972 Kontrolleinrichtung Nr. 19 (Peterek); NZA **95**, 185; AiB **95**, 527
27. 7. 1994	AP Nr. 4 zu § 76a BetrVG 1972	BAG **77**, 273; DB **95**, 835; ArbuR **95**, 238 (Fricke); EzA § 76a BetrVG 1972 Nr. 8; NZA **95**, 545
27. 7. 1994	AP Nr. 37 zu § 2 BeschFG 1985	BB **94**, 2279; DB **94**, 2348; SAE **95**, 339 (Künster); EzA § 2 BeschFG 1985 Nr. 36; NZA **94**, 1130
27. 7. 1994	AP Nr. 118 zu § 613a BGB (Gussen)	BB **94**, 1859 (Bastgen); **95**, 570; DB **95**, 431; ArbuR **95**, 156; EzA § 613a BGB Nr. 123; NZA **95**, 222
10. 8. 1994 7 ABR 35/93		BB **95**, 1034; NZA **95**, 796
10. 8. 1994	AP Nr. 86 zu § 112 BetrVG 1972 (v. Hoyningen-Huene)	BAG **77**, 313; BB **95**, 1240 (Keßler); DB **95**, 480; SAE **95**, 297 (Pottmeyer); EzA § 112 BetrVG 1972 Nr. 76; NZA **95**, 314; AiB **95**, 471 (Hamm)
10. 8. 1994	AP Nr. 1 zu § 115 BetrVG 1972	BAG **77**, 308; NZA **95**, 284
10. 8. 1994	AP Nr. 162 zu § 620 BGB Befristeter Arbeitsvertrag (Winterfeld)	BB **94**, 2494; DB **94**, 2504; NJW **95**, 981; SAE **95**, 332 (Hartmann); EzA § 620 BGB Nr. 126; NZA **95**, 30
30. 8. 1994	AP Nr. 6 zu § 99 BetrVG 1972 Einstellung	SAE **95**, 289 (Weber); EzA § 99 BetrVG 1972 Nr. 125; NZA **95**, 649
30. 8. 1994	AP Nr. 131 zu Art. 9 GG Arbeitskampf	BB **94**, 2280; BB **95**, 101; NJW **95**, 613; ArbuR **95**, 38 (Buschmann); EzA Art. 9 GG Arbeitskampf Nr. 114; NZA **95**, 32
30. 8. 1994	AP Nr. 132 zu Art. 9 GG Arbeitskampf	BAG **77**, 335; BB **95**, 99; DB **95**, 102; SAE **96**, 323 (Hergenröder); EzA Art. 9 GG Arbeitskampf Nr. 116; NZA **95**, 183; AiB **95**, 136 (Mayer)
31. 8. 1994	AP Nr. 98 zu § 37 BetrVG 1972	DB **95**, 1235; EzA § 611 BGB Abmahnung Nr. 33 (Berger-Delhey); NZA **95**, 225; AiB **95**, 293 (Däubler); **96**, 578 (Kossens)
13. 9. 1994	AP Nr. 11 zu § 1 TVG Rückwirkung	BAG **77**, 353; BB **95**, 675; DB **95**, 1133; EzA § 613a BGB Nr. 125; NZA **95**, 740
14. 9. 1994	AP Nr. 3 zu § 28 AGB-DDR	BAG **77**, 365; DB **95**, 535; NZA **95**, 687; AiB **95**, 21 (Mayer)
14. 9. 1994	AP Nr. 99 zu § 37 BetrVG 1972	BB **95**, 201; DB **95**, 634; EzA § 37 BetrVG 1972 Nr. 120; NZA **95**, 381, 454 (Schiefer); AiB **95**, 632 (Wedde)

Datum	Fundstelle AP	Weitere Fundstellen
14. 9. 1994	AP Nr. 87 zu § 112 BetrVG 1972	BAG **78**, 30; BB **95**, 407; DB **95**, 430; SAE **96**, 349 (Krichel); EzA § 112 BetrVG 1972 Nr. 77; NZA **95**, 440; AiB **95**, 469 (Hamm)
14. 9. 1994	AP Nr. 45 zu § 242 BGB Betriebliche Übung	DB **95**, 327; EzA § 242 BGB Betriebliche Übung Nr. 32; NZA **95**, 419
14. 9. 1994	AP Nr. 13 zu § 611 BGB Abmahnung	BAG **77**, 378; DB **95**, 732; NJW **95**, 1236; EzA § 611 BGB Abmahnung Nr. 32; NZA **95**, 220; AiB **95**, 138 (Weuster)
14. 9. 1994	AP Nr. 24 zu § 626 BGB Verdacht strafbarer Handlung	BAG **78**, 18; BB **95**, 1358; DB **95**, 534; NJW **95**, 1110; ArbuR **95**, 229; SAE **96**, 52 (Weber); EzA § 626 BGB Verdacht strafbarer Handlung Nr. 5; NZA **95**, 269; AiB **95**, 663 (Dörner)
22. 9. 1994	AP Nr. 68 zu § 102 BetrVG 1972	BAG **78**, 39; DB **95**, 477; SAE **96**, 22 (Boecken); EzA § 102 BetrVG 1972 Nr. 86 (Kittner); NZA **95**, 363
28. 9. 1994	AP Nr. 68 zu § 87 BetrVG 1972 Lohngestaltung (Reichold)	BAG **78**, 74; DB **95**, 678; EzA § 87 BetrVG 1972 Betriebl. Lohngestaltung Nr. 44 (Rolfs); NZA **95**, 277; AiB **95**, 747
4. 10. 1994	AP Nr. 32 zu § 16 BetrAVG	BAG **78**, 87; BB **95**, 777; DB **95**, 528 (Reiners); EzA § 16 BetrAVG Nr. 28; NZA **95**, 368
6. 10. 1994	AP Nr. 2 zu § 1 BAT-O	BAG **78**, 108; BB **95**, 565; DB **95**, 883; NZA **95**, 1057
12. 10. 1994	AP Nr. 66 zu § 87 BetrVG 1972 Arbeitszeit	DB **95**, 734; EzA § 87 BetrVG 1972 Kurzarbeit Nr. 2; NZA **95**, 641
18. 10. 1994	AP Nr. 70 zu § 87 BetrVG 1972 Lohngestaltung (Joost)	BB **95**, 566; DB **95**, 832; SAE **95**, 355 (Danne); EzA § 87 BetrVG 1972 Betriebl. Lohngestaltung Nr. 47; NZA **95**, 390
18. 10. 1994	AP Nr. 5 zu § 99 BetrVG 1972 Einstellung	BAG **78**, 142; BB **95**, 518; DB **95**, 382; SAE **96**, 157 (Waas); EzA § 99 BetrVG 1972 Nr. 124; SAE **95**, 281
25. 10. 1994	AP Nr. 40 zu § 2 BeschFG 1985 (Kisters-Kälkes)	EzA § 2 BeschFG 1985 Nr. 38; NZA **95**, 730
26. 10. 1994	AP Nr. 43 zu § 40 BetrVG 1972	BB **95**, 464, 878 (Molls); EzA § 40 BetrVG 1972 Nr. 72, NZA **95**, 386; AiB **95**, 468 (Rudolph)
26. 10. 1994	AP Nr. 18 zu § 611 BGB Anwesenheitsprämie (Thüsing)	BAG **78**, 174; BB **95**, 312; DB **95**, 830; SAE **95**, 316 (Meisel); EzA § 611 BGB Anwesenheitsprämie Nr. 10 (Gaul); NZA **95**, 266; AiB **95**, 539 (Schirge)
8. 11. 1994	AP Nr. 24 zu § 87 BetrVG 1972 Ordnung des Betriebes (Raab)	BAG **78**, 224; BB **95**, 1188 (Hunold); DB **95**, 1132; ArbuR **95**, 279; EzA § 87 BetrVG 1972 Betriebliche Ordnung Nr. 21; NZA **95**, 857
8. 11. 1994	AP Nr. 27 zu § 87 BetrVG 1972 Überwachung	BB **95**, 783; EzA § 87 BetrVG 1972 Kontrolleinrichtung Nr. 20; NZA **95**, 313
9. 11. 1994	AP Nr. 18 zu § 1 AÜG	BAG **78**, 252; BB **95**, 1293; DB **95**, 1566; EzA § 10 AÜG Nr. 8 (Feuerborn); NZA **95**, 572
9. 11. 1994	AP Nr. 33 zu § 23 a BAT	DB **95**, 1967; EzA § 23 a BAT Nr. 3; NZA **95**, 1003
9. 11. 1994	AP Nr. 85 zu § 112 BetrVG 1972	BB **95**, 1038; DB **95**, 782; EzA § 112 BetrVG 1972 Nr. 78; NZA **95**, 644, 769 (Meier)
15. 11. 1994	AP Nr. 121 zu § 242 BGB Gleichbehandlung (Röckl)	BAG **78**, 272; BB **95**, 409; DB **95**, 580; NJW **95**, 1309; EzA § 242 BGB Gleichbehandlung Nr. 61; NZA **95**, 939; AiB **95**, 360 (Schirge)
22. 11. 1994	AP Nr. 24 zu § 1 BetrAVG Gleichbehandlung (Höfer)	BAG **78**, 288; BB **95**, 2011; DB **95**, 930; EzA § 1 BetrAVG Gleichbehandlung Nr. 6; NZA **95**, 733
23. 11. 1994	AP Nr. 12 zu § 1 TVG Rückwirkung (1. Wiedemann, 2. Buchner)	BAG **78**, 309; DB **95**, 778; EzA § 12 TVG Rückwirkung Nr. 3; NZA **95**, 844

Datum	Fundstelle AP	Weitere Fundstellen
30. 11. 1994	AP Nr. 88 zu § 112 BetrVG 1972	BB **95**, 520; DB **95**, 781; EzA § 4 TVG Ausschlussfristen Nr. 108; NZA **95**, 643
30. 11. 1994	AP Nr. 89 zu § 112 BetrVG 1972	BB **95**, 620; DB **95**, 1238; EzA § 112 BetrVG 1972 Nr. 80; NZA **95**, 492
30. 11. 1994	AP Nr. 74 zu § 611 BGB Abhängigkeit	BAG **78**, 343; DB **95**, 1767; EzA § 611 BGB Arbeitnehmerbegriff Nr. 55; NZA **95**, 622; **97**, 856 (Bezani)
6. 12. 1994	AP Nr. 24 zu § 23 BetrVG 1972	BAG **78**, 379; SAE **96**, 137 (Bendelsdorf); EzA § 23 BetrVG 1972 Nr. 37; NZA **95**, 488, 865 (Konzen)
13. 12. 1994	AP Nr. 23 zu § 1 BetrAVG Gleichbehandlung	BAG **79**, 8; DB **95**, 930; EzA § 1 BetrAVG Gleichbehandlung Nr. 5; NZA **95**, 886
14. 12. 1994	AP Nr. 3 zu § 5 BetrVG 1972 Rotes Kreuz	BAG **79**, 47; EzA § 1 BetrVG 1972 Nr. 9; NZA **95**, 906; AiB **95**, 670
14. 12. 1994	AP Nr. 100 zu § 37 BetrVG 1972	BAG **79**, 43; DB **95**, 834; EzA § 37 BetrVG 1972 Nr. 122; NZA **95**, 593; AiB **95**, 361 (Anm.)
14. 12. 1994	AP Nr. 15 zu § 611 BGB Abmahnung	BAG **79**, 37; BB **95**, 622; EzA § 4 TVG Ausschlussfristen Nr. 109; NZA **95**, 676
15. 12. 1994	AP Nr. 66 zu § 1 KSchG 1969 Betriebsbedingte Kündigung	BAG **79**, 66; BB **95**, 930; DB **95**, 878; NJW **95**, 291 (Berkowsky), 339; EzA § 1 KSchG Betriebsbedingte Kündigung Nr. 76 (v. Hoyningen-Huene); NZA **95**, 413, 662 (Schiefer); AiB **95**, 462 (Däubler)
15. 12. 1994	AP Nr. 67 zu § 1 KSchG Betriebsbedingte Kündigung	DB **95**, 979; SAE **96**, 116 (Oetker); EzA § 1 KSchG Betriebsbedingte Kündigung Nr. 75 (v. Hoyningen-Huene); NZA **95**, 521, 664 (Schiefer); AiB **95**, 465 (Mittag)

1995

11. 1. 1995	AP Nr. 55 zu § 5 BetrVG 1972 (Wlotzke)	BAG **79**, 80; BB **95**, 1645; DB **95**, 1333; SAE **96**, 328 (Reichold); EzA § 5 BetrVG 1972 Nr. 58; NZA **95**, 747; AiB **95**, 602
11. 1. 1995	AP Nr. 103 zu § 37 BetrVG 1972	BB **95**, 1542; EzA § 37 BetrVG 1972 Nr. 123; NZA **96**, 105; AiB **96**, 40 (Hamm)
11. 1. 1995	AP Nr. 24 zu § 78 a BetrVG 1972	DB **95**, 1418 (Berger-Delhey); EzA § 78 a BetrVG 1972 Nr. 22 (Schiefer); NZA **95**, 647
17. 1. 1995	AP Nr. 7 zu § 77 BetrVG 1972 Nachwirkung (Loritz)	BB **95**, 1643; DB **95**, 1918; EzA § 77 BetrVG 1972 Nr. 54; NZA **95**, 1010; AiB **95**, 792
17. 1. 1995	AP Nr. 71 zu § 87 BetrVG 1972 Lohngestaltung	BAG **79**, 96; BB **95**, 1482; DB **95**, 1410; ArbuR **95**, 414 (Walter); SAE **96**, 94 (Kreßel); EzA § 87 BetrVG 1972 Betriebl. Lohngestaltung Nr. 48; NZA **95**, 792; AiB **95**, 801
25. 1. 1995	AP Nr. 46 zu § 40 BetrVG 1972	BB **95**, 1087; DB **95**, 1339; EzA § 40 BetrVG 1972 Nr. 73; NZA **95**, 591; AiB **95**, 673
26. 1. 1995	AP Nr. 69 zu § 102 BetrVG 1972	DB **95**, 1134; EzA § 102 BetrVG 1972 Nr. 87 (Kittner); NZA **95**, 672
26. 1. 1995	AP Nr. 34 zu § 1 KSchG 1969 Betriebsbedingte Kündigung (Fleck)	BAG **79**, 176; BB **95**, 1089; DB **95**, 1028; NJW **95**, 1851; ArbuR **95**, 231; EzA § 1 KSchG Verhaltensbedingte Kündigung Nr. 46; NZA **95**, 517
31. 1. 1995	AP Nr. 56 zu § 118 BetrVG 1972	DB **95**, 1670; EzA § 99 BetrVG 1972 Nr. 126 (Dütz); NZA **95**, 1059; AiB **95**, 793 (Müller-Knapp)
31. 1. 1995	AP Nr. 135 zu Art. 9 GG Arbeitskampf	BAG **79**, 152; BB **96**, 214; DB **95**, 1817; NJW **95**, 2869; ArbuR **95**, 374; EzA Art. 9 GG Arbeitskampf Nr. 119 (Thüsing); NZA **95**, 958

Datum	Fundstelle AP	Weitere Fundstellen
7. 2. 1995	AP Nr. 6 zu § 4 TVG Verdienstsicherung	DB **95**, 1769; EzA § 4 TVG Tariflohnerhöhung Nr. 30; NZA **95**, 894; AiB **95**, 611
14. 2. 1995 1 ABR 41/94	AP Nr. 72 zu § 87 BetrVG 1972 Lohngestaltung	BB **95**, 1481; DB **95**, 1411 (Sowka); ArbuR **95**, 416 (Walter); SAE **96**, 97 (Kreßel); EzA § 87 BetrVG 1972 Betriebl. Lohngestaltung Nr. 49; NZA **95**, 795
14. 2. 1995 1 AZR 565/94	AP Nr. 73 zu § 87 BetrVG 1972 Lohngestaltung	BB **95**, 2061; DB **95**, 1917; ArbuR **95**, 415 (Walter); EzA § 87 BetrVG 1972 Betriebl. Lohngestaltung Nr. 50; NZA **96**, 328
15. 2. 1995	AP Nr. 106 zu § 37 BetrVG 1972	BB **95**, 1906; ArbuR **95**, 418; NZA **95**, 1036; AiB **95**, 742 (Mache)
16. 2. 1995	AP Nr. 1 zu Einigungsvertrag Anlage II Kap. VI	BAG **79**, 193; DB **95**, 1519; EzA 3611 BGB Arbeitnehmerstatuts-DDR Nr. 2; NZA **95**, 881
22. 2. 1995 10 ABR 21/94	AP Nr. 7 zu § 112a BetrVG 1972	DB **95**, 1182; EzA § 112a BetrVG 1972 Nr. 7; NZA **95**, 699
22. 2. 1995 10 ABR 23/94	AP Nr. 8 zu § 112a BetrVG 1972	BB **95**, 1591; DB **95**, 1287; EzA § 112a BetrVG 1972 Nr. 8; NZA **95**, 697
7. 3. 1995	AP Nr. 26 zu § 1 BetrVG Gleichbehandlung (Bauschke)	BAG **79**, 236; BB **95**, 2217; DB **95**, 2020; SAE **97**, 96 (v. Maydell); EzA § 1 BetrAVG Gleichbehandlung Nr. 9 (Schulin); NZA **96**, 48; AiB **97**, 242 (Goergens)
8. 3. 1995	AP Nr. 123 zu § 242 BGB Gleichbehandlung	BB **95**, 1851; DB **95**, 1239; NJW **95**, 3140; EzA § 242 BGB Gleichbehandlung Nr. 62; NZA **95**, 675
15. 3. 1995	AP Nr. 105 zu § 37 BetrVG 1972	BAG **79**, 263; BB **95**, 1744; DB **95**, 1510 (Leege), 1514; ArbuR **96**, 16 (Hamm), 37; SAE **96**, 383 (Wietek); EzA § 37 BetrVG 1972 Nr. 124 (Kittner); NZA **95**, 961; AiB **95**, 735 (Nielebock)
22. 3. 1995	AP Nr. 21 zu § 5 ArbGG 1979	BAG **79**, 319; DB **95**, 1714; NJW **96**, 143; EzA Art. 140 GG Nr. 26; NZA **95**, 823
22. 3. 1995	AP Nr. 8 zu § 611 BGB Arbeitszeit	BAG **79**, 312; BB **95**, 1692; DB **95**, 2073; SAE **96**, 369 (Wiese); EzA § 611 BGB Arbeitszeit Nr. 1; NZA **96**, 107; AiB **95**, 533 (Grimberg)
19. 4. 1995	AP Nr. 124 zu § 242 BGB Gleichbehandlung	BB **95**, 2272; DB **95**, 2221; NJW **95**, 3406; EzA § 242 BGB Gleichbehandlung Nr. 63; NZA **95**, 985
19. 4. 1995	AP Nr. 172 zu § 611 BGB Gratifikation	NZA **96**, 133; DB **95**, 1966
25. 4. 1995	AP Nr. 130 zu § 242 BGB Gleichbehandlung	BAG **80**, 10; BB **95**, 2170; DB **96**, 278; EzA § 242 BGB Gleichbehandlung Nr. 65; NZA **95**, 1063; AiB **96**, 55
26. 4. 1995	AP Nr. 17 zu § 20 BetrVG 1972	BAG **80**, 54; DB **96**, 283; EzA § 20 BetrVG 1972 Nr. 17; NZA **96**, 160; AiB **96**, 40 (Schirge)
9. 5. 1995	AP Nr. 2 zu § 76 BetrVG 1972 Einigungsstelle	BAG **80**, 104; DB **95**, 2610; **96**, 137 (Bauer); SAE **97**, 58 (Schwarze); EzA § 76 BetrVG 1972 Nr. 66; NZA **96**, 156, 234 (Bertelsmann)
9. 5. 1995	AP Nr. 12 zu § 106 BetrVG 1972	BAG **80**, 116; EzA § 106 BetrVG 1972 Nr. 18; NZA **96**, 55
9. 5. 1995	AP Nr. 33 zu § 111 BetrVG 1972	DB **95**, 2075; EzA § 111 BetrVG 1972 Nr. 30; NZA **96**, 166; AiB **96**, 54 (Hamm)
16. 5. 1995	AP Nr. 8 zu § 4 TVG Verdienstsicherung	BB **96**, 57; DB **96**, 146; EzA § 4 TVG Verdienstsicherung Nr. 1; NZA **96**, 153
24. 5. 1995	AP Nr. 109 zu § 37 BetrVG 1972	DB **95**, 2530; DB **96**, 145; EzA § 37 BetrVG 1972 Nr. 127; NZA **96**, 783

Datum	Fundstelle AP	Weitere Fundstellen
24. 5. 1995	AP Nr. 57 zu § 118 BetrVG 1972	DB **96**, 1347; EzA § 118 BetrVG 1972 Nr. 63; NZA **96**, 444; AiB **95**, 791
1. 6. 1995	AP Nr. 5 zu § 1 BAT-O	BAG **80**, 152; BB **96**, 269; DB **96**, 284; EzA § 4 TVG Geltungsbereich Nr. 9; NZA **96**, 322
20. 6. 1995	AP Nr. 11 zu § 1 TVG Tarifverträge: Chemie	BAG **80**, 173; BB **96**, 1277; EzA Art. 119 EWG-Vertrag Nr. 33; NZA **96**, 600; AiB **96**, 508
20. 6. 1995	AP Nr. 1 zu § 1 TVG Tarifverträge: Nährmittelindustrie (Schüren)	DB **96**, 685; EzA § 2 BeschFG 1985 Nr. 41; NZA **96**, 597, 1306 (Schüren); **97**, 643 (Andritzky)
21. 6. 1995	AP Nr. 36 zu § 15 KSchG 1969 (Preis)	BAG **80**, 185; BB **95**, 2113; DB **95**, 2429; SAE **96**, 354 (Mummenhoff); EzA § 15 KSchG n. F. Nr. 43 (1. Bernstein 2. Oetker); NZA **95**, 1157; **97**, 465 (Hilbrandt); AiB **96**, 43 (Nielebock)
27. 6. 1995	AP Nr. 7 zu § 4 BetrVG 1972	BB **96**, 1504 (Kohte); DB **96**, 147; SAE **96**, 302 (v. Hoyningen-Huene); EzA § 111 BetrVG 1972 Nr. 31 (Gaul); NZA **96**, 164; AiB **96**, 47 (Bachner)
27. 6. 1995	AP Nr. 1 zu § 76 BetrVG 1972 Einigungsstelle	BAG **80**, 222; BB **95**, 2581; DB **95**, 2219; EzA § 79 BetrVG 1972 Nr. 65 (Heinze); NZA **96**, 161
28. 6. 1995	AP Nr. 8 zu § 4 BetrVG 1972	BB **96**, 113; DB **96**, 687; EzA § 4 BetrVG 1972 Nr. 7; NZA **96**, 276; AiB **96**, 242 (Trümner)
28. 6. 1995	AP Nr. 112 zu § 37 BetrVG 1972	BAG **80**, 230; BB **96**, 164; DB **96**, 226; NJW **96**, 1012; SAE **97**, 121 (Treber); EzA § 11 BUrlG Nr. 38; NZA **96**, 252; AiB **96**, 319 (Grimberg)
28. 6. 1995 7 ABR 47/94	AP Nr. 47 zu § 40 BetrVG 1972	DB **95**, 2121; SAE **96**, 280 (Thüsing); EzA § 40 BetrVG 1972 Nr. 75 (Bakker); NZA **95**, 1220
28. 6. 1995 7 ABR 55/94	AP Nr. 48 zu § 40 BetrVG 1972	BAG **80**, 236; BB **95**, 2478; DB **95**, 2118; ArbuR **95**, 419 (Müller-Knapp); SAE **96**, 283 (Thüsing); EzA § 40 BetrVG 1972 Nr. 74 (Bakker); NZA **95**, 1216; AiB **95**, 731 (Däubler)
11. 7. 1995	AP Nr. 10 zu § 1 TVG Tarifverträge: Versicherungsgewerbe	DB **97**, 51; EzA § 4 TVG Öffnungsklausel Nr. 1; NZA **96**, 264
13. 7. 1995	AP Nr. 23 zu § 5 ArbGG 1979 (Diller)	DB **95**, 2271; NJW **95**, 3338; EzA § 5 ArbGG 1979 Nr. 10; NZA **95**, 1070; AiB **95**, 803
19. 7. 1995	AP Nr. 25 zu § 23 BetrVG 1972	BAG **80**, 296; BB **96**, 328; DB **96**, 431; EzA § 43 BetrVG 1972 Nr. 3 (Bengelsdorf); NZA **96**, 332; AiB **96**, 316 (Grimberg)
19. 7. 1995	AP Nr. 110 zu § 37 BetrVG 1972	DB **95**, 2378; EzA § 37 BetrVG 1972 Nr. 126; NZA **96**, 442; AiB **95**, 791 (Grimberg)
19. 7. 1995	AP Nr. 96 zu § 112 BetrVG 1972 (v. Hoyningen-Huene)	BAG **80**, 286; BB **95**, 2534; DB **95**, 2531; **96**, 1570 (Löw); SAE **96**, 236 (Kraft); EzA § 112 BetrVG 1972 Nr. 82; NZA **96**, 271; AiB **96**, 51 (Tannheiser)
26. 7. 1995	AP Nr. 79 zu § 611 BGB Abhängigkeit	BB **96**, 60; DB **96**, 381; EzA § 611 BGB Arbeitnehmerbegriff Nr. 56; NZA **96**, 477
1. 8. 1995	AP Nr. 8 zu § 303 AktG	NJW **96**, 1491; NZA **96**, 311; RdA **96**, 125; DB **96**, 1526; AuR **96**, 323 (Oetker); BB **96**, 2153 (Bitter/Bitter)
16. 8. 1995	AP Nr. 30 zu § 76 BetrVG 1952	BAG **80**, 322; DB **96**, 335; NJW **96**, 1691; EzA § 76 BetrVG Nr. 15; NZA **96**, 274; AiB **96**, 483 (Köstler)
16. 8. 1995	AP Nr. 25 zu § 78 a BetrVG 1972	BB **96**, 537; DB **96**, 1631; EzA § 78 a BetrVG 1972 Nr. 23; NZA **96**, 493; AiB **96**, 728 (Grimberg)

Datum	Fundstelle AP	Weitere Fundstellen
16. 8. 1995	AP Nr. 53 zu § 80 BetrVG 1972	BAG **80**, 329; BB **96**, 479 (Leege), 485; DB **96**, 430; SAE **96**, 337 (Boemke), EzA § 80 BetrVG 1972 Nr. 41; NZA **96**, 330; AiB **96**, 380 (Grimberg)
23. 8. 1995	AP Nr. 134 zu § 242 BGB Gleichbehandlung	BB **96**, 855; DB **96**, 834; NJW **96**, 1914; SAE **97**, 228 (Boecken); EzA § 242 BGB Gleichbehandlung Nr. 69; NZA **96**, 829; AiB **97**, 240 (Schütz)
23. 8. 1995	AP Nr. 48 zu § 612 BGB	BAG **80**, 343; BB **96**, 1279; DB **96**, 889; SAE **97**, 182 (Henssler/Schaffner); EzA § 612 BGB Nr. 18 (Schüren); NZA **96**, 579
24. 8. 1995	AP Nr. 17 zu § 242 BGB Geschäftsgrundlage	BAG **80**, 363; BB **95**, 2584; DB **96**, 97; NJW **96**, 476; EzA § 242 BGB Geschäftsgrundlage Nr. 5; NZA **96**, 29
30. 8. 1995	AP Nr. 29 zu § 87 BetrVG 1972 Überwachung	BAG **80**, 366; BB **96**, 643; DB **96**, 333; SAE **96**, 342 (Schüren); EzA § 87 BetrVG 1972 Kontrolleinrichtung Nr. 21; NZA **96**, 218
30. 8. 1995	AP Nr. 5 zu § 99 BetrVG 1972 Versetzung	BB **96**, 797; DB **96**, 1140; ArbuR **96**, 212; EzA § 99 BetrVG 1972 Nr. 130; NZA **96**, 496; AiB **96**, 486 (Riepshoff)
7. 9. 1995	AP Nr. 24 zu § 242 BGB Auskunftspflicht	BAG **81**, 15; BB **96**, 749; DB **96**, 634; EzA § 242 BGB Auskunftspflicht Nr. 4; NZA **96**, 637
13. 9. 1995	AP Nr. 25 zu § 626 BGB Verdacht strafb. Handlung (Höland)	BAG **81**, 27; BB **95**, 2655; DB **96**, 96; NJW **96**, 540; EzA § 626 BGB Verdacht strafbarer Handlung Nr. 6 (Kraft); NZA **96**, 81
19. 9. 1995	AP Nr. 61 zu § 77 BetrVG 1972	BAG **81**, 38; BB **96**, 326; DB **96**, 1576; EzA § 76 BetrVG 1972 Nr. 67; NZA **96**, 386; AiB **96**, 381 (Schirge)
19. 9. 1995	AP Nr. 81 zu § 87 BetrVG 1972 Lohngestaltung	BB **96**, 1113; DB **96**, 736; EzA § 87 BetrVG 1972 Betriebl. Lohngestaltung Nr. 53; NZA **96**, 484
28. 9. 1995	AP Nr. 24 zu § 5 ArbGG 1979	DB **96**, 114, 484; NJW **96**, 614; ArbuR **96**, 29; EzA § 5 ArbGG 1979 Nr. 12; NZA **96**, 143
5. 10. 1995	AP Nr. 40 zu § 123 BGB	BAG **81**, 120; BB **96**, 696; DB **96**, 580; NJW **96**, 2323; EzA § 123 BGB Nr. 41; NZA **96**, 371; AiB **96**, 742 (Schmidt)
11. 10. 1995	AP Nr. 2 zu § 21 BetrVG 1972	BB **96**, 747; DB **96**, 1190; EzA § 81 ArbGG 1979 Nr. 16; NZA **96**, 485
11. 10. 1995	AP Nr. 115 zu § 37 BetrVG 1972	BAG **81**, 157; BB **96**, 1444; ArbuR **96**, 311; SAE **97**, 88 (Gutzeit); EzA § 37 BetrVG 1972 Nr. 131; NZA **96**, 934; AiB **97**, 53 (Peter)
20. 10. 1995	AP Nr. 36 zu § 2 ArbGG 1979	BB **96**, 274; DB **96**, 483; NJW **96**, 1076; EzA § 5 ArbGG 1979 Nr. 13; NZA **96**, 200
26. 10. 1995	AP Nr. 7 zu § 1 BAT-O	BAG **81**, 207; BB **96**, 1014; DB **96**, 1191; EzA § 242 BGB Gleichbehandlung Nr. 70; NZA **96**, 765
31. 10. 1995	AP Nr. 80 zu § 87 BetrVG 1972 Lohngestaltung	BB **96**, 646; DB **96**, 1189; EzA § 87 BetrVG 1972 Betriebl. Lohngestaltung Nr. 54; NZA **96**, 613
31. 10. 1995	AP Nr. 5 zu § 99 BetrVG 1972 Eingruppierung	BB **96**, 1009; DB **96**, 1142; SAE **97**, 18 (Eckert); EzA § 99 BetrVG 1972 Nr. 131 (Berger-Delhey); NZA **96**, 890; AiB **96**, 615 (Mayer)
31. 10. 1995	AP Nr. 140 zu Art. 9 GG Arbeitskampf	BAG **81**, 213; BB **96**, 1275; DB **96**, 578; NJW **96**, 1844; ArbuR **96**, 157; SAE **96**, 198 (Lieb); EzA Art. 9 GG Arbeitskampf Nr. 123; NZA **96**, 389

Datum	Fundstelle AP	Weitere Fundstellen
1. 11. 1995	AP Nr. 45 zu § 2 BeschFG 1985 (Schüren)	BAG **81**, 233; BB **96**, 1385; DB **96**, 1285; NJW **96**, 2812; ArbuR **96**, 507; SAE **97**, 219 (Fastrich); EzA § 2 BeschFG 1985 Nr. 43; NZA **96**, 813; AiB **96**, 626 (Feldhoff)
7. 11. 1995	AP Nr. 74 zu § 102 BetrVG 1972	BAG **81**, 245; BB **96**, 592; DB **96**, 1525; EzA § 102 BetrVG 1972 Nr. 88; NZA **96**, 380
7. 11. 1995	AP Nr. 71 zu Art. 119 EWG-Vertrag	BB **97**, 264; DB **96**, 941; EzA Art. 119 EWG-Vertrag Nr. 32; NZA **96**, 653
15. 11. 1995	AP Nr. 73 zu § 102 BetrVG 1972	DB **96**, 836; NJW **96**, 1556; EzA § 102 BetrVG 1972 Nr. 89; NZA **96**, 419; AiB **97**, 665 (Wehrisch)
22. 11. 1995	AP Nr. 7 zu § 54 BetrVG 1972 (Junker)	DB **96**, 1043; NJW **96**, 2884; ArbuR **96**, 325 (Oetker); EzA § 54 BetrVG 1972 Nr. 5; NZA **96**, 706
6. 12. 1995 10 AZR 123/95	AP Nr. 186 zu § 611 BGB Gratifikation	BB **96**, 1383; DB **96**, 2342; EzA § 242 BGB Gleichbehandlung Nr. 168; NZA **96**, 531
6. 12. 1995 10 AZR 198/95	AP Nr. 187 zu § 611 BGB Gratifikation	BB **96**, 1617; DB **96**, 739; ArbuR **96**, 149; EzA § 611 BGB Gratifik., Prämie Nr. 134; NZA **96**, 1027; AiB **96**, 61 (Grimberg)
7. 12. 1995	AP Nr. 29 zu § 1 KSchG 1969 Soziale Auswahl	BB **96**, 1992 (Keppler); DB **96**, 783; NJW **96**, 1843; EzA § 1 KSchG Soziale Auswahl Nr. 35 (Schwarze); NZA **96**, 473; AiB **96**, 567
12. 12. 1995	AP Nr. 6 zu § 99 BetrVG 1972 Eingruppierung	DB **96**, 2634; EzA § 99 BetrVG 1972 Nr. 136; NZA **96**, 837
12. 12. 1995	AP Nr. 8 zu § 99 BetrVG 1972 Versetzung	BAG **81**, 379; EzA § 99 BetrVG 1972 Nr. 132; NZA **96**, 667, AiB **96**, 729 (Spoo)
20. 12. 1995	AP Nr. 113 zu § 37 BetrVG 1972	BB **96**, 1169; DB **96**, 1139; ArbuR **96**, 213; EzA § 37 BetrVG 1972 Nr. 130; NZA **96**, 895; AiB **97**, 170 (Peter)
20. 12. 1995	AP Nr. 1 zu § 58 BetrVG 1972	BAG **82**, 36; BB **96**, 2686 (Feuerborn); DB **96**, 1985; SAE **97**, 139 (Windbichler); EzA § 58 BetrVG 1972 Nr. 1; NZA **96**, 945; AiB **97**, 662 (Wedde)
20. 12. 1995	AP Nr. 177 zu § 620 BGB Befristeter Arbeitsvertrag	DB **96**, 1418; EzA § 620 BGB Nr. 136; NZA **96**, 642
20. 12. 1995	AP Nr. 141 zu Art. 9 GG Arbeitskampf	DB **96**, 1423; NJW **97**, 341; ArbuR **96**, 508; EzA § 611 BGB Gratifik., Prämie Nr. 135; NZA **96**, 491; AiB **96**, 566 (Grimberg)

1996

Datum	Fundstelle AP	Weitere Fundstellen
16. 1. 1996	AP Nr. 222 zu Art. 3 GG	BB **96**, 1225; DB **96**, 939; NJW **96**, 2052; SAE **97**, 105 (v. Maydell); EzA Art. 3 GG Nr. 50; NZA **96**, 607; AiB **97**, 125 (Thannheiser)
18. 1. 1996	AP Nr. 25 zu § 242 BGB Auskunftspflicht	DB **96**, 2182; EzA § 242 BGB Auskunftspflicht Nr. 5; NZA **97**, 41; AiB **97**, 298 (Warschkow)
24. 1. 1996	AP Nr. 8 zu § 1 BetrVG 1972 Gemeinsamer Betrieb	BAG **82**, 112; DB **96**, 2131; EzA § 1 BetrVG 1972 Nr. 10; NZA **96**, 1110; AiB **97**, 655 (Thannheiser)
24. 1. 1996	AP Nr. 52 zu § 40 BetrVG 1972	BB **96**, 2355; DB **96**, 2034; EzA § 40 BetrVG 1972 Nr. 77; NZA **97**, 60
24. 1. 1996	AP Nr. 16 zu § 50 BetrVG 1972	BAG **82**, 79; BB **96**, 2093; EzA § 113 BetrVG 1972 Nr. 24; NZA **96**, 1107; AiB **96**, 670 (Hamm)
24. 1. 1996	AP Nr. 8 zu § 77 BetrVG 1972 Tarifvorbehalt (Moll)	BAG **82**, 89; BB **96**, 1717; DB **96**, 1882; SAE **97**, 41 (Misera); EzA § 77 BetrVG 1972 Nr. 55 (Fischer); NZA **96**, 948; AiB **97**, 11 (Thannheiser)

Datum	Fundstelle AP	Weitere Fundstellen
24. 1. 1996	AP Nr. 98 zu § 112 BetrVG 1972	DB **96**, 1682; EzA § 112 BetrVG 1972 Nr. 83; NZA **96**, 834; AiB **96**, 618 (Hamm)
24. 1. 1996	AP Nr. 179 zu § 620 BGB Befristeter Arbeitsvertrag (Plander)	BAG **82**, 101; BB **96**, 2042; DB **96**, 1779; NJW **96**, 3226; ArbuR **96**, 372; EzA § 620 BGB Nr. 139; NZA **96**, 1089; AiB **97**, 185 (Krüger)
31. 1. 1996	AP Nr. 80 zu § 102 BetrVG 1972	DB **96**, 1042; EzA § 102 BetrVG 1972 Nr. 90; NZA **96**, 649
7. 2. 1996	AP Nr. 85 zu § 87 BetrVG 1972 Lohngestaltung	BAG **82**, 47; BB **96**, 1838; DB **96**, 1630; SAE **97**, 309; EzA § 87 BetrVG 1972 Betriebl. Lohngestaltung Nr. 55 (Kraft); NZA **96**, 832; AiB **96**, 613 (Schirge)
14. 2. 1996 7 ABR 25/95	AP Nr. 5 zu § 76a BetrVG 1972	BB **96**, 1812; DB **96**, 2187; EzA § 40 BetrVG 1972 Nr. 76; NZA **96**, 892; AiB **96**, 610 (Warschkow)
14. 2. 1996 7 ABR 24/95	AP Nr. 6 zu § 76a BetrVG 1972	BB **96**, 1937; DB **96**, 2233; SAE **97**, 233 (Bengelsdorf); EzA § 76a BetrVG 1972 Nr. 9; NZA **96**, 1225
27. 2. 1996	AP Nr. 28 zu § 1 BetrAVG Gleichbehandlung	BAG **82**, 193; BB **96**, 1561; DB **96**, 1827; EzA § 1 BetrAVG Gleichbehandlung Nr. 10; NZA **96**, 992; AiB **97**, 122 (Goergens)
29. 2. 1996	AP Nr. 7 zu § 1 TVG Tarifverträge: Kirchen	EzA Art. 3 GG Nr. 56
5. 3. 1996	AP Nr. 226 zu Art. 3 GG (Schiek)	BAG **82**, 211; BB **96**, 1332; DB **96**, 2627; NJW **96**, 2529; ArbuR **96**, 128 (Schiek); EzA Art. 3 GG Nr. 52; NZA **96**, 751
7. 3. 1996	AP Nr. 9 zu § 102 BetrVG 1972	BB **96**, 1721; DB **96**, 1985; EzA § 102 BetrVG 1972 Beschäftigungspflicht Nr. 9 (Benica); NZA **96**, 930; AiB **96**, 616 (Wahsner)
12. 3. 1996	AP Nr. 1 zu § 24 TVArb Bundespost	DB **96**, 2085; EzA § 1 BetrAVG Gleichbehandlung Nr. 11; NZA **96**, 939
20. 3. 1996 7 ABR 46/95	AP Nr. 9 zu § 5 BetrVG 1972 Ausbildung	BAG **82**, 302; EzA § 5 BetrVG 1972 Nr. 59; NZA **97**, 326
20. 3. 1996 7 ABR 34/95	AP Nr. 10 zu § 5 BetrVG 1972 Ausbildung	EzA § 5 BetrVG 1972 Nr. 60
20. 3. 1996	AP Nr. 32 zu § 19 BetrVG 1972 (Krause)	BAG **82**, 291; BB **96**, 2469; EzA § 322 ZPO Nr. 10; NZA **96**, 1058
21. 3. 1996	AP Nr. 81 zu § 102 BetrVG 1972	BAG **82**, 316; BB **96**, 1502; DB **96**, 2230; NJW **97**, 410; EzA § 102 BetrVG 1972 Nr. 91; NZA **96**, 974
27. 3. 1996	AP Nr. 134 zu § 4 TVG Ausschlussfristen	BB **96**, 2302; DB **97**, 234; EzA § 4 TVG Ausschlussfristen Nr. 123; NZA **96**, 986; AiB **97**, 114
28. 3. 1996	AP Nr. 49 zu § 2 BeschFG 1985	BAG **82**, 344; BB **96**, 2464; DB **96**, 2549; ArbuR **96**, 504; **97**, 35; EzA Art. 3 GG Nr. 57; NZA **96**, 1280
2. 4. 1996	AP Nr. 5 zu § 87 BetrVG 1972 Gesundheitsschutz (Börgmann)	BAG **82**, 349; BB **97**, 1259; DB **96**, 1725; SAE **97**, 77 (Löwisch); EzA § 87 BetrVG 1972 Bildschirmarbeit Nr. 1 (Gaul); NZA **96**, 998; AiB **96**, 561 (Zabel)
2. 4. 1996	AP Nr. 34 zu § 95 BetrVG 1972	BB **96**, 1940; DB **96**, 1880; EzA § 95 BetrVG 1972 Nr. 29; NZA **97**, 112; AiB **97**, 59 (Grimberg)
2. 4. 1996	AP Nr. 7 zu § 99 BetrVG 1972 Eingruppierung	DB **96**, 2392; EzA § 99 BetrVG 1972 Nr. 138; NZA **96**, 1105; AiB **97**, 113
2. 4. 1996	AP Nr. 9 zu § 99 BetrVG 1972 Versetzung	BB **97**, 97; DB **97**, 81; SAE **98**, 92 (Kania); EzA § 99 BetrVG 1972 Versetzung Nr. 1; NZA **97**, 219; AiB **97**, 233 (Bolt)

Datum	Fundstelle AP	Weitere Fundstellen
17. 4. 1996	AP Nr. 101 zu § 112 BetrVG 1972	EzA § 112 BetrVG 1972 Nr. 84; NZA **96**, 1113; AiB **96**, 672 (Hamm)
24. 4. 1996	AP Nr. 5 zu § 76 BetrVG 1972 Einigungsstelle	BB **96**, 1991; DB **96**, 2232; SAE **97**, 190 (Bengelsdorf); NZA **96**, 1171
25. 4. 1996	AP Nr. 78 zu § 1 KSchG 1969 Betriebsbedingte Kündiung (Plander)	BAG **83**, 82; BB **97**, 369; DB **96**, 1780; NJW **97**, 1524; SAE **97**, 50 (Weber); EzA § 2 KSchG Nr. 25; AiB **97**, 416 (Krüger)
8. 5. 1996 5 AZR 971/94	AP Nr. 20 zu § 618 BGB	BAG **83**, 95; BB **96**, 2095; DB **96**, 1782; NJW **96**, 3028; EzA § 618 BGB Nr. 11; NZA **96**, 927
8. 5. 1996 5 AZR 315/95	AP Nr. 23 zu § 618 BGB (Wlotzke)	BAG **83**, 105; BB **97**, 208; DB **96**, 2446; SAE **97**, 316 (Mummenhoff); EzA § 273 BGB Nr. 5; NZA **97**, 86
9. 5. 1996	AP Nr. 79 zu § 1 KSchG 1969 Betriebsbedingte Kündigung	BAG **83**, 127; BB **96**, 2358; DB **96**, 2033; EzA § 1 KSchG Betriebsbedingte Kündigung Nr. 85 (Franzen); NZA **96**, 1145
13. 5. 1996	AP Nr. 27 zu § 5 ArbGG 1979	BB **96**, 1774; NJW **96**, 2678; EzA § 5 ArbGG 1979 Nr. 14; NZA **96**, 952
22. 5. 1996	AP Nr. 1 zu § 39 BAT	DB **96**, 1783; EzA § 2 BeschFG 1985 Nr. 45; NZA **96**, 938
22. 5. 1996	AP Nr. 154 zu § 613a BGB	BB **97**, 2110; DB **97**, 1720; NJW **97**, 3188; RdA **97**, 380; EzA § 613a BGB Nr. 149; NZA **97**, 1050
28. 5. 1996	AP Nr. 143 zu § 1 TVG Tarifverträge: Metallindustrie	DB **97**, 102; EzA Art. 3 GG Nr. 55; NZA **97**, 101
30. 5. 1996	AP Nr. 2 zu § 611 BGB Nebentätigkeit	DB **97**, 233; EzA § 611 BGB Abmahnung Nr. 34; NZA **97**, 145
12. 6. 1996	AP Nr. 4 zu § 611 BGB Werkstudent	BAG **83**, 168; BB **97**, 262; DB **97**, 429; NJW **97**, 962; EzA § 2 BeschFG 1985 Nr. 49; NZA **97**, 191; AiB **98**, 116 (Schoden)
13. 6. 1996	AP Nr. 1 zu § 15 AGB-DDR	DB **96**, 2393; EzA § 611 BGB Arbeitnehmerstatuts-DDR Nr. 3; NZA **97**, 542
13. 6. 1996	AP Nr. 2 zu § 15 KSchG 1969 Wahlbewerber	BB **96**, 2098; DB **96**, 1832; EzA § 15 KSchG n. F. Nr. 44; NZA **96**, 1032
19. 6. 1996	AP Nr. 102 zu § 112 BetrVG 1972	BB **96**, 2522; DB **96**, 2083; EzA § 112 BetrVG 1972 Nr. 85; NZA **97**, 562; AiB **97**, 671 (Hamm)
23. 6. 1996	AP Nr. 7 zu § 17 BErzGG (Bauschke)	BB **97**, 210; DB **96**, 2290; EzA § 2 BeschFG 1985 Nr. 46; NZA **97**, 160
26. 6. 1996	AP Nr. 12 zu § 2a ArbGG 1979	EzA § 2a ArbGG 1979 Nr. 2; NZA **96**, 1061
26. 6. 1996	AP Nr. 17 zu § 38 BetrVG 1972	BAG **83**, 234; BB **96**, 2356; DB **96**, 2185; EzA § 38 BetrVG 1972 Nr. 15; NZA **97**, 58
9. 7. 1996	AP Nr. 86 zu § 87 BetrVG 1972 Lohngestaltung	DB **97**, 332; EzA § 87 BetrVG 1972 Betriebl. Lohngestaltung Nr. 56; NZA **97**, 277; AiB **97**, 175
9. 7. 1996	AP Nr. 9 zu § 99 BetrVG 1972 Einstellung	BB **96**, 2570; DB **96**, 2551; ArbuR **96**, 506; EzA § 99 BetrVG 1972 Einstellung Nr. 1; NZA **97**, 447
16. 7. 1996	AP Nr. 21 zu § 1 BetrAVG Ablösung	BAG **83**, 293; BB **97**, 632; DB **97**, 631; EzA § 1 BetrAVG Ablösung Nr. 13; NZA **97**, 533; AiB **97**, 553 (Schoden)
18. 7. 1996	AP Nr. 147 zu § 613a BGB	BAG **83**, 302; BB **96**, 2305; DB **96**, 2288; SAE **97**, 154 (Sandmann); EzA § 613a BGB Nr. 142; NZA **97**, 148; AiB **97**, 483 (Bachner)
23. 7. 1996	AP Nr. 68 zu § 87 BetrVG 1972 Arbeitszeit (Heinze)	BB **97**, 472; DB **97**, 378; ArbuR **97**, 171 (Buschmann); EzA § 87 BetrVG 1972 Arbeitszeit Nr. 56 (Gamillscheg); NZA **97**, 274; AiB **97**, 354 (Unterhinninghofen)

Datum	Fundstelle AP	Weitere Fundstellen
23. 7. 1996	AP Nr. 26 zu § 87 BetrVG 1972 Ordnung des Betriebes	BB **97**, 206; DB **97**, 380; EzA § 87 BetrVG 1972 Arbeitszeit Nr. 55 (Berger-Delhey); NZA **97**, 216; AiB **97**, 351 (Gosch)
25. 7. 1996	AP Nr. 7 zu § 27 BAT	BAG **83**, 348; BB **97**, 790; NZA **97**, 619
25. 7. 1996	AP Nr. 6 zu § 35 BAT	BAG **83**, 327; EzA § 611 BGB Mehrarbeit Nr. 6; NZA **97**, 774
31. 7. 1996	AP Nr. 63 zu § 77 BetrVG 1972	DB **97**, 882; EzA § 112 BetrVG 1972 Nr. 88; NZA **97**, 167; AiB **97**, 350 (Hamm)
31. 7. 1996	AP Nr. 103 zu § 112 BetrVG 1972	BB **97**, 364; DB **97**, 281; EzA § 112 BetrVG 1972 Nr. 86; NZA **97**, 165; AiB **97**, 297 (Hamm)
14. 8. 1996	AP Nr. 47 zu § 242 BGB Betriebliche Übung	BB **96**, 2465; **97**, 1049 (Feudner); DB **96**, 2547; NJW **97**, 212; EzA § 611 BGB Gratifik., Prämie Nr. 144; NZA **96**, 1323; AiB **97**, 60 (Grimberg)
27. 8. 1996	AP Nr. 4 zu § 83a ArbGG 1979	NZA **97**, 623; DB **97**, 104; EzA § 83a ArbGG 1979 Nr. 4
28. 8. 1996	AP Nr. 117 zu § 37 BetrVG 1972	BB **96**, 2569; DB **97**, 283; EzA § 37 BetrVG 1972 Nr. 132; NZA **97**, 169; AiB **97**, 2 (Peter)
28. 8. 1996	AP Nr. 7 zu § 76a BetrVG 1972 (Joost)	BB **97**, 158; DB **97**, 283; ArbuR **97**, 37; EzA § 76a BetrVG 1972 Nr. 11; NZA **97**, 222
28. 8. 1996	AP Nr. 104 zu § 112 BetrVG 1972 (Meyer)	BB **96**, 2624; DB **97**, 100; EzA § 112 BetrVG 1972 Nr. 87 (Gaul); NZA **97**, 109
11. 9. 1996	AP Nr. 16 zu EWG-Richtlinie Nr. 77/187	BB **98**, 50; DB **97**, 2540; **98**, 309 (Preis); EzA § 613a BGB Nr. 153; NZA **98**, 31
12. 9. 1996	AP Nr. 11 zu § 5 BetrVG 1972 Ausbildung	BB **97**, 318; EzA § 5 BetrVG 1972 Nr. 61; NZA **97**, 273; AiB **97**, 595 (Dannenberg)
12. 9. 1996	AP Nr. 1 zu § 611 BGB Freier Mitarbeiter	BB **96**, 2690; DB **97**, 47; EzA § 611 BGB Arbeitnehmerbegriff Nr. 58; NZA **97**, 194
12. 9. 1996	AP Nr. 122 zu § 611 BGB Lehrer, Dozenten	DB **97**, 1037; EzA § 611 BGB Arbeitnehmerbegriff Nr. 60; NZA **97**, 600
12. 9. 1996	AP Nr. 1 zu § 30 ZDG	DB **97**, 484; NZA **97**, 381
25. 9. 1996	AP Nr. 4 zu § 97 ArbGG 1979 (Oetker)	DB **97**, 584; SAE **98**, 54 (Benecke); EzA § 97 ArbGG 1979 Nr. 2; NZA **97**, 668
25. 9. 1996 10 AZR 311/96	AP Nr. 105 zu § 112 BetrVG 1972	BAG **84**, 158; BB **96**, 2572; DB **97**, 281; NZA **97**, 163; EzA § 112 BetrVG 1972 Nr. 89; AiB **97**, 296; NJW **97**, 2065; SAE **97**, 201
26. 9. 1996	AP Nr. 3 zu § 15 KSchG 1969 Wahlbewerber	BB **97**, 2164; ArbuR **97**, 217; EzA § 15 KSchG n. F. Nr. 45; NZA **97**, 666; AiB **97**, 596 (Schneider)
24. 10. 1996	AP Nr. 87 zu § 102 BetrVG 1972	DB **97**, 630; NJW **97**, 2131; EzA § 17 KSchG Nr. 6; NZA **97**, 373
24. 10. 1996	AP Nr. 32 zu § 103 BetrVG 1972	BB **97**, 629; DB **97**, 1285; ArbuR **97**, 256; EzA § 103 BetrVG 1972 Nr. 37; NZA **97**, 371; AiB **97**, 541 (Dornieden)
6. 11. 1996	AP Nr. 26 zu § 78a BetrVG 1972	BB **97**, 1793 (Kukat); DB **97**, 1520; EzA § 78a BetrVG 1972 Nr. 24 (Franzen); NZA **97**, 783; AiB **97**, 604 (Hummel)
6. 11. 1996	AP Nr. 188 zu § 620 BGB Befristeter Arbeitsvertrag	BB **97**, 1897; DB **97**, 1927; EzA § 620 BGB Nr. 146; NZA **97**, 1222
13. 11. 1996	AP Nr. 4 zu § 620 BGB Aufhebungsvertrag	BB **97**, 1362; DB **97**, 936; NJW **97**, 3043; EzA § 620 BGB Nr. 90; NZA **97**, 390; AiB **98**, 50 (Hamm)
13. 11. 1996	AP Nr. 4 zu § 30 MantelG DDR	DB **97**, 729
19. 11. 1996	AP Nr. 152 zu § 613a BGB	BB **97**, 1051; DB **97**, 1036; ArbuR **97**, 215; EzA § 613a BGB Nr. 146; NZA **97**, 722
20. 11. 1996	AP Nr. 31 zu § 1 BetrAVG Gleichbehandlung	BB **97**, 267; DB **97**, 683; NJW **97**, 2836; EzA § 242 BGB Gleichbehandlung Nr. 71; NZA **97**, 312; AiB **97**, 492 (Helgers)

Datum	Fundstelle AP	Weitere Fundstellen
20. 11. 1996	AP Nr. 133 zu § 242 BGB Gleichbehandlung	DB **97**, 1139; NJW **97**, 2000; EzA § 612 BGB Nr. 19; NZA **97**, 724
10. 12. 1996	AP Nr. 37 zu § 111 BetrVG 1972	BB **97**, 1206; DB **97**, 1084; EzA § 111 BetrVG 1972 Nr. 33; NZA **97**, 733
10. 12. 1996	AP Nr. 110 zu § 112 BetrVG 1972	BB **97**, 1587; DB **97**, 1416; EzA § 111 BetrVG 1972 Nr. 35 (Kraft); NZA **97**, 898; **97**, 1325 (Lingemann)
10. 12. 1996	AP Nr. 32 zu § 113 BetrVG 1972	BB **97**, 1899; ArbuR **97**, 379; EzA § 111 BetrVG 1972 Nr. 34; NZA **97**, 787; AiB **97**, 669 (Weber)
11. 12. 1996	AP Nr. 36 zu § 242 BGB Unzulässige Rechtsausübung – Verwirkung	BB **97**, 1484; NJW **97**, 2618; EzA § 242 BGB Rechtsmissbrauch Nr. 2; NZA **97**, 818
18. 12. 1996	AP Nr. 1 zu § 1 TVG Kündigung (Löwisch)	DB **97**, 782, 2334 (Meyer); EzA § 1 TVG Fristlose Kündigung Nr. 2; NZA **97**, 830

1997

15. 1. 1997	AP Nr. 118 zu § 37 BetrVG 1972	BB **97**, 1480; DB **97**, 1475; EzA § 37 BetrVG 1972 Nr. 133; NZA **97**, 781; AiB **97**, 410 (Wolmerath)
15. 1. 1997	AP Nr. 1 zu § 39 PersVG Rheinland-Pfalz	EzA § 37 BetrVG 1972 Nr. 134; NZA **97**, 897
21. 1. 1997	AP Nr. 64 zu § 77 BetrVG 1972	EzA § 242 BGB Betriebliche Übung Nr. 36; NZA **97**, 1009; AiB **98**, 45 (Grimberg)
21. 1. 1997	AP Nr. 27 zu § 87 BetrVG 1972 Ordnung des Betriebes	BB **97**, 1690; EzA § 87 BetrVG 1972 Betriebliche Ordnung Nr. 23 (Kittner); NZA **97**, 785; AiB **97**, 539 (Gosch)
22. 1. 1997	AP Nr. 27 zu § 70 BAT	BB **97**, 1158; DB **97**, 880; EzA § 4 TVG Ausschlussfristen Nr. 125; NZA **97**, 445
29. 1. 1997	AP Nr. 131 zu § 626 BGB	DB **97**, 1411; EzA § 611 BGB Aufhebungsvertrag Nr. 27; NZA **97**, 813
29. 1. 1997	AP Nr. 32 zu § 1 KSchG 1969 Krankheit	BB **97**, 894; DB **97**, 1039; NJW **97**, 2700; SAE **98**, 15 (Gamillscheg); EzA § 1 KSchG Krankheit Nr. 42; NZA **97**, 709; AiB **97**, 545 (Kossens)
5. 2. 1997	AP Nr. 112 zu § 112 BetrVG 1972	BB **97**, 2167; DB **97**, 1623; ArbuR **97**, 119; EzA § 112 BetrVG 1972 Nr. 92; NZA **98**, 158; AiB **98**, 52 (Hamm)
6. 2. 1997	AP Nr. 86 zu § 102 BetrVG 1972	DB **97**, 2081; EzA § 102 BetrVG 1972 Nr. 97; NZA **97**, 877
12. 2. 1997	AP Nr. 19 zu § 38 BetrVG 1972	EzA § 38 BetrVG 1972 Nr. 16; NZA **97**, 782
19. 2. 1997	AP Nr. 24 zu § 618 BGB	BB **97**, 1364; DB **97**, 2623; SAE **97**, 324 (Mummenhoff); EzA § 273 BGB Nr. 7; NZA **97**, 821, 849 (Molkentin); AiB **97**, 550 (Bücker)
25. 2. 1997	AP Nr. 72 zu § 87 BetrVG 1972 Arbeitszeit	BB **97**, 2003; DB **97**, 1980; RdA **98**, 41 (Reichold); EzA § 87 BetrVG 1972 Arbeitszeit Nr. 57; NZA **97**, 955; AiB **98**, 111 (Bolt)
27. 2. 1997	AP Nr. 36 zu § 1 KSchG 1969 Verhaltensbedingte Kündigung	BB **97**, 1949; NJW **97**, 2540; EzA § 1 KSchG Verhaltensbedingte Kündigung Nr. 51 (Friese); NZA **97**, 761
27. 2. 1997	AP Nr. 1 zu § 1 KSchG 1969 Wiedereinstellung	BB **97**, 1953; DB **97**, 1414; **98**, 417 (Beckschulze); NJW **97**, 2257; SAE **98**, 98 (Walker); EzA § 1 KSchG Wiedereinstellungsanspruch Nr. 1; NZA **97**, 757; AiB **97**, 612 (Hinrichs)
5. 3. 1997	AP Nr. 123 zu § 37 BetrVG 1972	BB **97**, 2218; DB **98**, 373; ArbuR **98**, 171; EzA § 37 BetrVG 1972 Nr. 136; NZA **97**, 1242; AiB **98**, 105 (Nielebock)
5. 3. 1997	AP Nr. 56 zu § 40 BetrVG 1972	BB **97**, 1538; DB **97**, 2083; EzA § 40 BetrVG 1972 Nr. 79; NZA **97**, 844; AiB **97**, 471 (Rudolph)

Datum	Fundstelle AP	Weitere Fundstellen
5. 3. 1997	AP Nr. 10 zu § 77 BetrVG 1972 Tarifvorbehalt	SAE **98**, 66 (Kort); EzA § 77 BetrVG 1972 Nr. 58; NZA **97**, 951
18. 3. 1997	AP Nr. 16 zu § 1 BetrAVG Betriebsveräußerung	DB **97**, 2282; EzA § 613 a BGB Nr. 150; NZA **98**, 97
20. 3. 1997	AP Nr. 8 zu § 1 BAT-O	DB **97**, 1826; NZA **98**, 108
22. 4. 1997	AP Nr. 88 zu § 87 BetrVG 1972 Lohngestaltung	DB **97**, 2081; EzA § 87 BetrVG 1972 Betriebl. Lohngestaltung Nr. 60; NZA **97**, 1059
22. 4. 1997	AP Nr. 18 zu § 99 BetrVG 1972 Einstellung	EzA § 99 BetrVG 1972 Einstellung Nr. 3 (Kraft); NZA **97**, 1297; AiB **97**, 720 (Maßberg)
22. 4. 1997	AP Nr. 14 zu § 99 BetrVG 1972 Versetzung	DB **98**, 208; EzA § 99 BetrVG 1972 Versetzung Nr. 2; NZA **97**, 1358
30. 4. 1997	AP Nr. 60 zu § 118 BetrVG 1972	EzA § 118 BetrVG 1972 Nr. 66; NZA **97**, 1240
13. 5. 1997	AP Nr. 119 zu § 37 BetrVG 1972	BB **97**, 1691; DB **97**, 2131; SAE **98**, 1 (Kraft); EzA § 37 BetrVG 1972 Nr. 135; NZA **97**, 1062; AiB **97**, 661 (Schuster)
13. 5. 1997	AP Nr. 65 zu § 77 BetrVG 1972	BB **97**, 2328; EzA § 77 BetrVG 1972 Ruhestand Nr. 1; NZA **98**, 160
14. 5. 1997	AP Nr. 6 zu § 8 BetrVG 1972	DB **97**, 2083; SAE **98**, 89 (v. Hoyningen-Huene); EzA § 8 BetrVG 1972 Nr. 8; NZA **97**, 1245; AiB **97**, 658 (Rudolph)
15. 5. 1997	AP Nr. 12 zu § 29 BAT	NJW **98**, 1012; NZA **98**, 207; DB **98**, 2612
15. 5. 1997	AP Nr. 1 zu § 104 BetrVG 1972	DB **97**, 2227; EzA § 102 BetrVG 1972 Nr. 99; NZA **97**, 1106
3. 6. 1997	AP Nr. 69 zu § 77 BetrVG 1972	DB **98**, 267; EzA § 77 BetrVG 1972 Nr. 59; NZA **98**, 382
11. 6. 1997	AP Nr. 22 zu § 38 BetrVG 1972	SAE **98**, 50 (Brors); EzA § 38 BetrVG 1972 Nr. 17; NZA **97**, 1301
11. 6. 1997	AP Nr. 1 zu § 22 MitbestG	NZA **98**, 162; DB **98**, 139
11. 6. 1997	AP Nr. 7 zu § 41 SGB VI (Gitter/Boerner)	BB **97**, 2274; DB **97**, 2280; EzA § 620 BGB Altersgrenze Nr. 6; NZA **97**, 1290
17. 6. 1997	AP Nr. 2 zu § 3 TVG Betriebsnormen (Wiedemann)	DB **98**, 86; EzA § 99 BetrVG 1972 Einstellung Nr. 4; NZA **98**, 213
18. 6. 1997	AP Nr. 2 zu § 3 d BAT	BB **97**, 2378; DB **97**, 1874; SAE **98**, 33 (Natzel); EzA Art. 3 GG Nr. 66; NZA **97**, 1171
25. 6. 1997	AP Nr. 36 zu § 5 ArbGG 1979	DB **97**, 2029; NJW **98**, 260; EzA § 2 ArbGG 1979 Nr. 37; NZA **97**, 1363
9. 7. 1997	AP Nr. 23 zu § 38 BetrVG 1972	EzA § 37 BetrVG 1972 Nr. 137; NZA **98**, 164; AiB **98**, 100 (Roos)
16. 7. 1997	AP Nr. 37 zu § 5 ArbGG 1979	BB **97**, 2220; DB **97**, 2127; NJW **97**, 2973; ArbuR **97**, 499 (Buschmann); EzA § 5 ArbGG 1979 Nr. 24; NZA **97**, 1126
16. 7. 1997	AP Nr. 21 zu § 1 BetrAVG Ablösung	BB **97**, 632; DB **97**, 631; NZA **97**, 533; AiB **97**, 553 (Schoden)
16. 7. 1997	AP Nr. 4 zu § 611 BGB Zeitungsträger	BB **97**, 2377; DB **97**, 2437; EzA § 611 BGB Arbeitnehmerbegriff Nr. 61; NZA **98**, 368
17. 7. 1997	AP Nr. 15 zu EWG-Richtlinie Nr. 77/187	BB **97**, 1848; DB **97**, 1875 (Willemann); NZA **97**, 1050
6. 8. 1997	AP Nr. 116 zu § 112 BetrVG 1972 (Weber)	EzA § 112 BetrVG 1972 Nr. 95; NZA **98**, 155
6. 8. 1997	AP Nr. 2 zu § 1 KSchG 1969 Wiedereinstellung	BB **98**, 538; DB **98**, 423; NZA **98**, 254
12. 8. 1997	AP Nr. 14 zu § 99 BetrVG 1972 Eingruppierung	EzA § 99 BetrVG Umgruppierung Nr. 1; NZA **98**, 378; AiB **98**, 230 (Spoo)
12. 8. 1997	AP Nr. 15 zu § 99 BetrVG 1972	EzA § 99 BetrVG 1972 Versetzung Nr. 3; NZA **98**, 273; AiB **98**, 234 (Gillengerten)
26. 8. 1997	AP Nr. 27 zu § 1 BetrAVG Ablösung (Rolfs)	BB **98**, 1114; DB **98**, 1190; NZA **98**, 817

Datum	Fundstelle AP	Weitere Fundstellen
26. 8. 1997	AP Nr. 74 zu § 87 BetrVG 1972 Arbeitszeit	BB **98**, 845; NZA **98**, 441
26. 8. 1997	AP Nr. 117 zu § 112 BetrVG 1972	BB **98**, 371; DB **98**, 265; EzA § 112 BetrVG 1972 Nr. 96; NZA **98**, 216
3. 9. 1997	AP Nr. 1 zu § 611 BGB Dienstreise	BB **98**, 52; DB **98**, 264; EzA § 612 BGB Nr. 20
8. 9. 1997	AP Nr. 38 zu § 5 ArbGG 1979	DB **97**, 2544; NJW **98**, 701; NZA **97**, 1302
18. 9. 1997	AP Nr. 5 zu § 53 BAT	BB **98**, 164; DB **98**, 317; NJW **98**, 1733 L; NZA **98**, 153; NJ **98**, 222 L
18. 9. 1997	AP Nr. 35 zu § 103 BetrVG 1972	BB **98**, 482; DB **98**, 210; EzA § 15 KSchG n. F. Nr. 46; NZA **98**, 189
23. 9. 1997	AP Nr. 26 zu § 1 BetrAVG Ablösung	BB **98**, 849; DB **98**, 779
25. 9. 1997	AP Nr. 63 zu § 2 BeschFG 1985 (Wedde)	BB **98**, 590; DB **98**, 730; NZA **98**, 151
25. 9. 1997	AP Nr. 39 zu § 15 KSchG 1969	DB **98**, 525
8. 10. 1997	AP Nr. 29 zu § 4 TVG Nachwirkung	NZA **98**, 492
9. 10. 1997	AP Nr. 16 zu § 23 KSchG 1969	BB **98**, 222; DB **98**, 83; EzA § 23 KSchG Nr. 16; NZA **98**, 141
14. 10. 1997	AP Nr. 10 zu § 41 SGB VI	BB **98**, 321; DB **98**, 583; NJW **98**, 1973 L; NZA **98**, 652
15. 10. 1997	AP Nr. 10 zu § 4 TVG Verdienstsicherung	BB **98**, 847; DB **98**, 1336; NZA **98**, 608
29. 10. 1997	AP Nr. 27 zu § 611 BGB Persönlichkeitsrecht	BB **98**, 431, DB **98**, 371, NJW **98**, 1331, ArbuR **98**, 130 (Linnenkohl); NZA **98**, 307
5. 11. 1997	AP Nr. 17 zu § 4 TVG	DB **98**, 579; NZA **98**, 434
11. 11. 1997	AP Nr. 17 zu § 99 BetrVG 1972 Eingruppierung	DB **98**, 1923; NZA **98**, 319
11. 11. 1997	AP Nr. 42 zu § 111 BetrVG 1972	NZA **98**, 723; BB **98**, 1315
11. 11. 1997	AP Nr. 1 zu § 36 BDSG	BB **98**, 897; DB **98**, 627; NZA **98**, 385
12. 11. 1997 7 ABR 78/96	AP Nr. 2 zu § 58 BetrVG 1972	NZA **98**, 497
12. 11. 1997 7 ABR 14/97	AP Nr. 27 zu § 23 BetrVG 1972 (Bengelsdorf)	BB **98**, 1006; NZA **98**, 559
12. 11. 1997 7 ABR 63/96	AP Nr. 30 zu § 78 a BetrVG 1972	BB **98**, 1366; DB **98**, 1423; NZA **98**, 1056; NJ **98**, 500 L
12. 11. 1997 7 ABR 73/96	AP Nr. 31 zu § 78 a BetrVG 1972	BB **98**, 1638; DB **98**, 1720 (Natzel); NZA **98**, 1057
13. 11. 1997	AP Nr. 169 zu § 613 a BGB	BB **98**, 319; DB **98**, 309 (Preis), 316; EzA § 613 a BGB Nr. 154; NZA **98**, 251
19. 11. 1997	AP Nr. 90 zu § 611 BGB Abhängigkeit (Mayer)	BB **98**, 794; DB **98**, 624; NZA **98**, 364; NJW **99**, 310 L
3. 12. 1997	AP Nr. 24 zu § 1 AÜG	BB **98**, 1640; DB **98**, 1520; NJW **98**, 3374 L, NZA **98**, 876
3. 12. 1997	AP Nr. 124 zu § 37 BetrVG 1972	NZA **98**, 558; EuZW **99**, 544 L
4. 12. 1997	AP Nr. 4 zu § 1 KSchG Wiedereinstellung	BB **98**, 1108; DB **98**, 1087; NJW **98**, 2379; NZA **98**, 701
9. 12. 1997	AP Nr. 40 zu § 1 BetrAVG Gleichbehandlung	BB **98**, 2114; DB **98**, 1823; NZA **98**, 1173
9. 12. 1997	AP Nr. 3 zu § 77 BetrVG 1972 Regelungsabrede	NZA **98**, 609

Datum	Fundstelle AP	Weitere Fundstellen
9. 12. 1997	AP Nr. 11 zu § 77 BetrVG 1972 Tarifvorbehalt	NZA **98**, 661
10. 12. 1997 4 AZR 247/96	AP Nr. 20 zu § 3 TVG	BAG **87**, 257; NZA **98**, 484; DB **98**, 1089; EzA § 4 TVG Nachwirkung Nr. 25; SAE **99**, 176
11. 12. 1997	AP Nr. 171 zu § 613a BGB	BB **98**, 697; DB **98**, 885
17. 12. 1997	AP Nr. 1 zu § 3d BAT-O	DB **98**, 728; NZA **98**, 550
18. 12. 1997	AP Nr. 46 zu § 2 KSchG 1969 (Wiedemann)	DB **98**, 477; NJW **98**, 2075; NZA **98**, 304; NJ **98**, 275 L

1998

21. 1. 1998	AP Nr. 55 zu § 612 BGB	BB **98**, 796; DB **98**, 886; NJW **98**, 2694; NZA **98**, 594
22. 1. 1998	AP Nr. 11 zu § 174 BGB	DB **98**, 990; NZA **98**, 699; NJ **98**, 556 L; AuA **98**, 246
27. 1. 1998	AP Nr. 14 zu § 87 BetrVG 1972 Sozialeinrichtung	BB **98**, 1419; DB **98**, 1819; NZA **98**, 835; AuA **99**, 333 L
5. 2. 1998	AP Nr. 143 zu § 626 BGB (Höland)	BB **98**, 1330; DB **98**, 1035; NZA **98**, 771; NJ **98**, 611 L
11. 2. 1998	AP Nr. 121 zu § 112 BetrVG 1972	BB **98**, 1211; DB **98**, 1138; NZA **98**, 895; AuA **98**, 281
17. 2. 1998 3 AZR 783/96	AP Nr. 37 zu § 1 BetrAVG Gleichbehandlung	DB **98**, 1139; NZA **98**, 762; AuA **98**, 317; AuA **99**, 572 L (Still)
17. 2. 1998 3 AZR 578/96	AP Nr. 38 zu § 1 BetrAVG Gleichbehandlung	BB **98**, 1267; DB **98**, 1239; NZA **98**, 782
17. 2. 1998 9 AZR 84/97	AP Nr. 26 zu § 618 BGB (Börgmann)	BB **98**, 2113; DB **98**, 2068; NJW **99**, 162; NZA **98**, 1231; AuA **99**, 37 L (Hanau)
17. 2. 1998 9 AZR 130/97	AP Nr. 27 zu § 618 BGB	BB **98**, 2477; DB **99**, 100; NJW **99**, 888 L; NZA **99**, 33
17. 2. 1998	AP Nr. 87 zu Art. 9 GG (Oetker)	DB **98**, 1414; NJW **98**, 2691; NZA **98**, 754
19. 2. 1998	AP Nr. 12 zu § 40 BAT (Beduhn)	BB **98**, 2162; DB **98**, 2223; NZA **98**, 887
19. 2. 1998	AP Nr. 68 zu § 2 BeschFG 1985	BB **98**, 2420; NZA **98**, 1131
25. 2. 1998	AP Nr. 8 zu § 8 BetrVG 1972	NZA **98**, 838
25. 2. 1998 7 AZR 641/96	AP Nr. 11 zu § 1 TVG Tarifverträge: Luftfahrt	BAG **88**, 118; DB **98**, 1420; NZA **98**, 715; EzA § 620 BGB Altersgrenze Nr. 9; SAE **99**, 143
10. 3. 1998	AP Nr. 5 zu § 84 ArbGG 1979	NZA **98**, 1242
10. 3. 1998	AP Nr. 207 zu § 611 BGB Gratifikation	BB **98**, 2213; DB **98**, 2372; NJW **99**, 382 L; NZA **98**, 1297
11. 3. 1998 2 AZR 440/97	–	DB **98**, 626
11. 3. 1998	AP Nr. 57 zu § 40 BetrVG 1972	BB **98**, 1690; DB **98**, 1821; NZA **98**, 953; AuA **99**, 184 L (Sieg)
11. 3. 1998 7 AZR 700/96	AP Nr. 12 zu § 1 TVG Tarifverträge: Luftfahrt	BAG **88**, 162; DB **98**, 1422; NZA **98**, 716; EzA § 620 BGB Altersgrenze Nr. 8; ArbuR **99**, 66; SAE **99**, 146
19. 3. 1998 8 AZR 139/97	AP Nr. 177 zu § 613a BGB	BAG **88**, 196; EzA § 613a BGB Nr. 163; DB **98**, 1416; BB **98**, 1421; NZA **98**, 750; SAE **98**, 319 (Weber); RdA **98**, 318; NJW **98**, 3138; ArbuR **98**, 284 L

Datum	Fundstelle AP	Weitere Fundstellen
1. 4. 1998	AP Nr. 123 zu § 112 BetrVG 1972 (C. Meyer)	BB **98**, 1588; DB **98**, 1471; NJW **99**, 382 L; NZA **98**, 768
22. 4. 1998	AP Nr. 96 zu § 611 BGB Abhängigkeit	NZA **98**, 1275
22. 4. 1998 5 AZR 92/97	AP Nr. 25 zu § 611 BGB Rundfunk	BB **98**, 2211; DB **98**, 2608; NZA **99**, 82
22. 4. 1998 5 AZR 342/97	AP Nr. 26 zu § 611 BGB Rundfunk (Kamanabrou)	DB **98**, 2167 L; NZA **98**, 1336
28. 4. 1998	AP Nr. 11 zu § 77 BetrVG 1972 Nachwirkung (Rech)	BB **98**, 2315; DB **98**, 2423; NZA **98**, 1348
28. 4. 1998	AP Nr. 91 zu § 87 BetrVG 1972 Lohngestaltung	NZA **98**, 1188
28. 4. 1998	AP Nr. 18 zu § 99 BetrVG 1972 Eingruppierung	BB **98**, 2059; NZA **99**, 52
28. 4. 1998	AP Nr. 22 zu § 99 BetrVG 1972 Einstellung	DB **98**, 2278; NZA **98**, 1352; AuA **99**, 138 L (Rugenstein)
29. 4. 1998	AP Nr. 58 zu § 40 BetrVG 1972	BB **98**, 1950; NZA **98**, 1133
6. 5. 1998 5 AZR 347/97	AP Nr. 94 zu § 611 BGB Abhängigkeit	BB **98**, 1849; DB **98**, 2275; NJW **98**, 3140 L; NZA **98**, 873
6. 5. 1998 5 AZR 247/97	AP Nr. 102 zu § 611 BGB Abhängigkeit	NJW **99**, 382 L; NZA **99**, 205
7. 5. 1998 2 AZR 536/97	AP Nr. 94 zu § 1 KSchG 1969 Betriebsbedingte Kündigung (Schiefer)	BAG **88**, 363; EzA § 1 KSchG Interessenausgleich Nr 5; SAE **99**, 93; BB **98**, 2263 (Kappenhagen); DB **98**, 1768; NJW **98**, 3586; NZA **98**, 933
7. 5. 1998 2 AZR 55/98	AP Nr. 1 zu § 1 KSchG 1969 Namensliste	BAG **88**, 375; DB **98**, 1770; BB **98**, 1951; EzA § 1 KSchG Interessenausgleich Nr. 6
13. 5. 1998	AP Nr. 55 zu § 80 BetrVG 1972	BB **99**, 426; DB **98**, 1670; NZA **98**, 900
13. 5. 1998	AP Nr. 1 zu § 12 MitbestG	NZA **99**, 158
19. 5. 1998 9 AZR 307/96	AP Nr. 31 zu § 670 BGB; AP Nr. 22 zu § 611 BGB Croupier	BAG **89**, 26; BB **98**, 2527; NZA **99**, 38; DB **99**, 339; EzA § 670 BGB Nr. 28; AiB **99**, 234; SAE **99**, 152;
26. 5. 1998	AP Nr. 98 zu § 87 BetrVG 1972 Lohngestaltung	BB **98**, 2422; DB **98**, 2119; NZA **98**, 1292; RdA **99**, 261 (Hanau)
28. 5. 1998	AP Nr. 48 zu § 2 KSchG 1969 (Löwisch)	BB **99**, 1269; DB **98**, 2168; NZA **98**, 1167
16. 6. 1998	AP Nr. 44 zu § 5 ArbGG 1979	BB **98**, 1590; NJW **98**, 3734 L; NZA **98**, 839
16. 6. 1998	AP Nr. 7 zu § 87 BetrVG 1972 Gesundheitsschutz (Merten)	BB **99**, 55; DB **99**, 438; NZA **99**, 49
16. 6. 1998	AP Nr. 92 zu § 87 BetrVG 1972 Lohngestaltung	NZA **98**, 1185
16. 6. 1998	AP Nr. 3 zu § 543 ZPO	BB **98**, 1954 L (Reiserer); NZA **98**, 1079
17. 6. 1998 7 ABR 20/97	AP Nr. 61 zu § 40 BetrVG 1972	BB **99**, 262; NZA **99**, 220
17. 6. 1998 7 ABR 22/97	AP Nr. 62 zu § 40 BetrVG 1972	BB **99**, 107; DB **99**, 388; NZA **99**, 161; AuA **99**, 426 L (Still)
17. 6. 1998 7 ABR 25/97	AP Nr. 63 zu § 40 BetrVG 1972	BB **99**, 157; DB **99**, 387; NZA **99**, 163
17. 6. 1998	AP Nr. 49 zu § 2 KSchG 1969 (H. Hanau)	DB **98**, 2170; NJW **99**, 236 L; NZA **98**, 1225; AuA **99**, 279 L (Lenart)

Datum	Fundstelle AP	Weitere Fundstellen
25. 6. 1998	AP Nr. 1 zu § 1 TV Arb Bundespost	NZA **99**, 274; NJ **99**, 221 L (Lakies)
8. 7. 1998	AP Nr. 201 zu § 620 BGB Befristeter Arbeitsvertrag	BB **98**, 2582; DB **98**, 2472; NJW **99**, 597; NZA **99**, 81; AuA **99**, 326
8. 7. 1998	AP Nr. 214 zu § 1 TVG Tarifverträge: Bau	DB **99**, 386; NZA **99**, 493
9. 7. 1998 2 AZR 142/98	AP Nr. 36 zu § 103 BetrVG 1972	BAG **89**, 220; NJW **99**, 444; AiB **99**, 46; EzA § 103 BetrVG 1972 Nr 39; SAE **00**, 192; BB **98**, 2317; DB **98**, 2124; NJW **99**, 444; NZA **98**, 1273; AuA **99**, 281 L (Rugenstein)
21. 7. 1998	AP Nr. 63 zu § 118 BetrVG 1972	BB **99**, 1116; DB **99**, 641; NJW **99**, 1422 L; NZA **99**, 277; AuA **99**, 522 L (Oetker)
28. 7. 1998	AP Nr. 26 zu § 1 BetrAVG Ablösung	BB **99**, 536; DB **99**, 389; NZA **99**, 444; EzA § 1 BetrAVG Ablösung Nr. 18
28. 7. 1998	AP Nr. 9 zu § 79 LPVG Baden-Württemberg	DB **99**, 750; NZA **99**, 780
20. 8. 1998	AP Nr. 50 zu § 2 KSchG 1969	BB **99**, 320, 904 L (Günzel); DB **99**, 103; NJW **99**, 1735 L; NZA **99**, 255; AuA **99**, 231
20. 8. 1998 2 AZR 83/98	AP Nr. 10 zu § 1 KSchG 1969 Wartezeit (Schleusener)	BAG **89**, 307; EzA § 1 KSchG Nr. 50; DB **98**, 2475; NZA **99**, 314; AiB **99**, 175 (Mayer); BB **99**, 1822 L; SAE **99**, 205 L; RdA **99**, 229 L; ArbuR **98**, 490 L
26. 8. 1998	AP Nr. 203 zu § 620 BGB Befristeter Arbeitsvertrag	BB **99**, 424; DB **99**, 535; NZA **99**, 476
8. 9. 1998	AP Nr. 12 zu § 303 AktG	DB **99**, 1068; NJW **99**, 2612; NZA **99**, 543
16. 9. 1998 5 AZR 98/97	AP Nr. 54 zu § 242 BGB Betriebliche Übung	DB **99**, 589; BB **99**, 160; NZA **99**, 203; EzA § 242 BGB Betriebliche Übung Nr. 41 (Richardt)
30. 9. 1998	AP Nr. 103 zu § 611 BGB Abhängigkeit	BB **99**, 587; DB **99**, 436; NZA **99**, 374; RdA **99**, 334 (Raab)
27. 10. 1998 1 ABR 3/98	AP Nr. 99 zu § 87 BetrVG 1972 Lohngestaltung	BAG **90**, 76; BB **99**, 381, 744 L (Pohle); DB **99**, 370; NZA **99**, 381; EzA § 87 BetrVG 1972 Betriebliche Lohngestaltung Nr. 66; ArbuR **99**, 112; RdA **99**, 294; SAE **99**, 249
27. 10. 1998 1 AZR 766/97	AP Nr. 65 zu § 118 BetrVG 1972	BAG **90**, 65; BB **99**, 687 (Kukat); DB **99**, 2652; NZA **99**, 328; EzA § 113 BetrVG 1972 Nr. 27 (Kraft); ArbuR **99**, 145; RdA **99**, 294; SAE **99**, 249
27. 10. 1998 9 AZR 299/97	AP Nr. 211 zu § 611 BGB Gratifikation (Fastrich)	BAG **90**, 85; BB **99**, 1013; DB **99**, 1118; NZA **99**, 700; EzA § 242 BGB Gleichbehandlung Nr. 80; ArbuR **99**, 241 L
27. 10. 1998 1 AZR 24/98	AP Nr. 29 zu § 61 KO	DB **99**, 1069; NZA **99**, 719; BB **99**, 1069; EzA § 112 BetrVG 1972 Nr. 102; ArbuR **99**, 195 L; SAE **99**, 250 L
29. 10. 1998	AP Nr. 22 zu § 46 BPersVG	BAG **90**, 106; DB **00**, 151; NZA **99**, 717; EzA Art. 33 GG Nr. 20; ArbuR **99**, 241; RdA **99**, 358 L
11. 11. 1998 7 AZR 491/97	AP Nr. 129 zu § 37 BetrVG 1972	BB **99**, 1328; DB **99**, 2476; NZA **99**, 1119; EzA § 37 BetrVG 1972 Nr. 139; SAE **99**, 251 L
11. 11. 1998 7 ABR 57/97	AP Nr. 64 zu § 40 BetrVG 1972	BB **99**, 1923; DB **00**, 150; NZA **99**, 945; ArbuR **99**, 318 L; SAE **99**, 251 L
11. 11. 1998 4 ABR 40/97	AP Nr. 18 zu § 50 BetrVG 1972 (Jacobs)	BAG **90**, 135; DB **99**, 1458; NZA **99**, 1056; EzA § 50 BetrVG 1972 Nr. 16; BB **99**, 748 L; ArbuR **99**, 197 L; SAE **99**, 251 L
11. 11. 1998 7 ABR 47/97	AP Nr. 19 zu § 50 BetrVG 1972	BB **99**, 1327; DB **99**, 1457; NZA **99**, 947; EzA § 50 BetrVG 1972 Nr. 17; SAE **99**, 251 L
12. 11. 1998 2 AZR 91/98	AP Nr. 51 zu § 2 KSchG 1969	BAG **90**, 182; BB **99**, 956; DB **99**, 536; NJW **99**, 3577 L; NZA **99**, 471; EzA § 2 KSchG Nr. 33 (Löwisch); ArbuR **99**, 143 L

Datum	Fundstelle AP	Weitere Fundstellen
12. 11. 1998 8 AZR 365/97	AP Nr. 16 zu § 611a BGB	BAG **90**, 170; BB **99**, 372; DB **99**, 384; NJW **99**, 1419 L; NZA **99**, 371; EzA § 611a BGB Nr. 14 (Annuß); SAE **00**, 60 (Walker); ArbuR **99**, 110 L; RdA **99**, 420 L
12. 11. 1998 8 AZR 282/97	AP Nr. 186 zu § 613a BGB	BAG **90**, 163; DB **99**, 337; NJW **99**, 1131; NZA **99**, 310; EzA § 613a Nr. 170; BB **99**, 324 L; ArbuR **99**, 109 L; RdA **99**, 295 L; SAE **99**, 252 L
17. 11. 1998 1 ABR 12/98	AP Nr. 79 zu § 87 BetrVG 1972 Arbeitszeit	BAG **90**, 194; DB **99**, 854; NZA **99**, 662; RdA **99**, 342 (Veit); EzA § 87 BetrVG 1972 Arbeitszeit Nr. 59; SAE **00**, 149 (Worzalla); ArbuR **99**, 145 L
17. 11. 1998 1 AZR 221/98	AP Nr. 6 zu § 77 BetrVG 1972 Auslegung	DB **99**, 749; NZA **99**, 609; EzA § 112 BetrVG 1972 Nr. 101; AiB **99**, 290 (Hamm); ArbuR **99**, 145 L; RdA **99**, 295 L; SAE **99**, 252 L
17. 11. 1998 1 AZR 147/98	AP Nr. 162 zu § 242 BGB Gleichbehandlung (Richardi)	BB **99**, 692; DB **99**, 637; EzA § 242 BGB Gleichbehandlung Nr. 79; AiB **00**, 114; RdA **00**, 94 (Wiedemann); SAE **00**, 129 (Herrmann); NJW **99**, 2062 L; NZA **99**, 606; ArbuR **99**, 142 L
26. 11. 1998	AP Nr. 11 zu § 1 BAT-O	BAG **90**, 219; BB **99**, 2359; DB **99**, 1708; NZA **99**, 1108; EzA § 242 BGB Gleichbehandlung Nr. 81; ArbuR **99**, 280 L; RdA **99**, 422 L
3. 12. 1998	AP Nr. 99 zu § 102 BetrVG 1972	DB **99**, 1172; NJW **99**, 1653; NZA **99**, 477; EzA § 102 BetrVG 1972 Nr. 100 (Bährle); AiB **99**, 468 (Dornieden); ArbuR **99**, 145 L; RdA **99**, 296 L
10. 12. 1998	AP Nr. 187 zu § 613a BGB	DB **99**, 539; NJW **99**, 1884; NZA **99**, 420; EzA § 613a BGB Nr. 174; ArbuR **99**, 142 L; RdA **99**, 423 L
15. 12. 1998 3 AZR 239/97	AP Nr. 71 zu § 2 BeschFG 1985	BAG **90**, 303; BB **99**, 1435; DB **99**, 1762; NZA **99**, 882; EzA § 2 BeschFG 1985 Nr. 59; RdA **00**, 46 (Schüren); ArbuR **99**, 281 L; SAE **99**, 296 L
15. 12. 1998 1 ABR 9/98	AP Nr. 56 zu § 80 BetrVG 1972 (Wank)	BAG **90**, 288; BB **99**, 1497; DB **99**, 910; NZA **99**, 722; RdA **99**, 327 (Zeuner); ArbuR **99**, 242 (Buschmann); AiB **99**, 408 (Hjort); EzA § 80 BetrVG 1972 Nr. 43; SAE **99**, 297 (Weber)
15. 12. 1998 1 AZR 332/98	AP Nr. 126 zu § 112 BetrVG 1972	DB **99**, 1402; NZA **99**, 667; EzA § 112 BetrVG 1972 Nr. 103; ArbuR **99**, 197 L; RdA **99**, 423 L

1999

19. 1. 1999 1 AZR 499/98	AP Nr. 28 zu § 87 BetrVG 1972 Ordnung des Betriebes (v. Hoyningen-Huene)	BAG **90**, 316; BB **99**, 1380; DB **99**, 962; NJW **99**, 2203; NZA **99**, 546; AiB **99**, 404 (Heilmann); EzA § 87 BetrVG 1972 Betriebliche Ordnung Nr. 24; RdA **99**, 397; ArbuR **99**, 197 L; SAE **00**, 83 L
19. 1. 1999 1 AZR 342/98	AP Nr. 37 zu § 113 BetrVG 1972 (Meyer)	BB **00**, 47; DB **00**, 231; NZA **99**, 949; AiB **00**, 166 (Hamm); SAE **00**, 178 (Wellenhofer-Klein); EzA § 113 BetrVG 1972 Nr. 28; ArbuR **99**, 318 L
21. 1. 1999	AP Nr. 9 zu § 1 KSchG Konzern	BAG **90**, 353; BB **99**, 2513; DB **99**, 806; EzA § 1 KSchG Nr. 51; NJW **99**, 3143 L; NZA **99**, 539; ArbuR **99**, 143 L
21. 1. 1999 2 AZR 624/98	AP Nr. 3 zu § 1 KSchG 1969 Namensliste	BB **99**, 1556; NZA **99**, 866; DB **99**,1862; EzA § 1 KSchG Soziale Auswahl Nr 39

2121

Datum	Fundstelle AP	Weitere Fundstellen
21. 1. 1999 8 AZR 287/98		
10. 2. 1999 2 ABR 31/98	AP Nr. 42 zu § 15 KSchG 1969	BAG **91**, 30; DB **99**, 1121; NZA **99**, 708; EzA § 15 aF KSchG Nr. 47 (Auer); AiB **99**, 710 (Hinrichs); SAE **00**, 135 (Mummenhoff); ArbuR **99**, 195 L
10. 2. 1999 10 ABR 42/98	AP Nr. 5 zu § 83 a ArbGG 1979	NZA **99**, 1225; EzA § 83 a ArbGG 1979 Nr. 6; BB **99**, 1930 L; ArbuR **99**, 405 L
10. 2. 1999 2 AZR 716/98	AP Nr. 40 zu § 1 KSchG 1969 Soziale Auswahl	DB **99**, 908; NZA **99**, 702; BB **99**, 1714; EzA § 1 KSchG Soziale Auswahl Nr 38; NJW **99**, 3796
10. 2. 1999 10 ABR 49/98	AP Nr. 6 zu § 83 a ArbGG 1979	NZA **99**, 1226; EzA § 83 a ArbGG 1979 Nr. 5; BB **99**, 1930 L; ArbuR **99**, 405 L
18. 2. 1999	AP Nr. 31 zu § 611 BGB Persönlichkeitsrecht (Wiese)	BAG **91**, 49; BB **99**, 1119; DB **99**, 1506; NJW **99**, 1988; NZA **99**, 645; EzA § 611 BGB Persönlichkeitsrecht Nr. 13; AiB **99**, 720 (Grim- berg); ArbuR **99**, 239 L; SAE **99**, 328 L
24. 2. 1999	AP Nr. 45 zu § 5 ArbGG 1979	DB **99**, 1019; NZA **99**, 557; EzA § 5 ArbGG 1979 Nr. 32; BB **99**, 748 L; SAE **99**, 328 L; NJW **00**, 687 L; AiB **99**, 360 L
18. 3. 1999 8 AZR 190/98	AP Nr. 41 zu § 1 KSchG 1969 Soziale Auswahl	BAG **91**, 129; EzA § 1 KSchG Soziale Auswahl Nr. 40; DB **99**, 1805; BB **99**, 1712; NZA **99**, 870; SAE **00**, 286 (Schiefer); ArbuR **99**, 353; AiB **00**, 642 (Trittin); NJW **99**, 3508
23. 3. 1999 1 ABR 33/98	AP Nr. 80 zu § 87 BetrVG 1972 Arbeitszeit	NZA **99**, 1230; BB **99**, 2674; EzA § 87 BetrVG 1972 Arbeitszeit Nr. 60; 746 L; ArbuR **99**, 404 L
23. 3. 1999 1 ABR 28/98	AP Nr. 66 zu § 118 BetrVG 1972	BAG **91**, 144; BB **99**, 1873; NZA **99**, 1347; EzA § 118 BetrVG 1972 Nr. 69; ArbuR **99**, 356 L; SAE **00**, 81 L
15. 4. 1999 7 AZR 716/97	AP Nr. 22 zu § 611 BGB Abmahnung	EzA § 611 BGB Abmahnung Nr. 41; DB **99**, 1810; BB **99**, 2195; NZA **99**, 1037; SAE **00**, 81; NJW **99**, 3576; ArbuR **99**, 352 L
20. 4. 1999 1 AZR 631/98	AP Nr. 12 zu § 77 BetrVG 1972 Tarifvorbehalt	BAG **91**, 244; BB **99**, 1976; DB **99**, 1660; NZA **99**, 1059; EzA § 77 BetrVG 1972 Nr. 64; SAE **00**, 109 (Natzel); ArbuR **99**, 356 L
20. 4. 1999 1 ABR 72/98	AP Nr. 89 zu Art. 9 GG (Richardi)	BAG **91**, 210; BB **99**, 1657; DB **99**, 1555 (Thü- sing); NJW **99**, 3281; NZA **99**, 887 (Buchner); EzA Art. 9 GG Nr. 65 (Fischer); AiB **99**, 538 (Däubler); ArbuR **99**, 408; SAE **99**, 253 (Reu- ter); RdA **00**, 165 (Wiedemann)
29. 4. 1999	AP Nr. 21 zu § 23 KSchG 1969	BB **99**, 2406; DB **99**, 1710; NJW **99**, 3212; NZA **99**, 932; ArbuR **99**, 325; EzA § 23 KSchG Nr. 21; SAE **00**, 102 (Franzen)
4. 5. 1999 10 AZR 290/98	AP Nr. 55 zu § 242 BGB Betriebliche Übung (Kettler)	BAG **91**, 283; EzA § 242 BGB Betriebliche Übung Nr. 43 (Richardt); DB **99**, 1907; BB **99**, 1924, **00**, 2095 (Becker); NZA **99**, 1162; ArbuR **99**, 489, 463 (Goertz); AiB **00**, 46 (Hochhuth); NJW **00**, 308; SAE **00**, 81 L
6. 5. 1999	AP Nr. 46 zu § 5 ArbGG 1979	BB **99**, 1437; DB **99**, 1811; NJW **99**, 3069; NZA **99**, 839; EzA § 5 ArbGG 1979 Nr. 33; SAE **00**, 256 (Walle). ArbuR **99**, 319 L
11. 5. 1999 3 AZR 21/98	AP Nr. 6 zu § 1 BetrAVG Betriebsvereinbarung (Käppler)	BAG **91**, 310; EzA § 1 BetrAVG Betriebsverein- barung Nr. 1; DB **00**, 525; BB **00**, 516; NZA **00**, 322; RdA **00**, 365 (Blomeyer); AiB **00**, 512 (Schoden); SAE **00**, 214 L; ArbuR **00**, 117 L

Datum	Fundstelle AP	Weitere Fundstellen
12. 5. 1999	AP Nr. 65 zu § 40 BetrVG 1972 (Kort)	BAG **91**, 325; NZA **99**, 1290; EzA § 40 BetrVG 1972 Nr. 87; ArbuR **99**, 446 L; SAE **00**, 82 L
18. 5. 1999 9 AZR 682/98	AP Nr. 1 zu § 4 ArbGG 1979	NZA **99**, 1350; EzA § 4 ArbGG 1979 Nr. 1; BB **99**, 2090 L; ArbuR **99**, 405 L
18. 5. 1999 9 AZR 515/98	AP Nr. 223 zu § 1 TVG Tarifverträge: Bau	DB **00**, 428; NZA **00**, 155; EzA § 11 BUrlG Nr. 43; BB **00**, 1411; ArbuR **00**, 78 L
18. 5. 1999 9 AZR 13/98	AP Nr. 7 zu § 1 TVG Tarifverträge: Betonsteingewerbe	DB **99**, 2169; NZA **99**, 1166; EzA § 615 BGB Nr. 94; AiB **99**, 706 (Dornieden); BB **99**, 2194; ArbuR **99**, 403 L
20. 5. 1999 2 AZR 148/99	AP Nr. 4 zu § 1 KSchG 1969 Namensliste	DB **00**, 148; NZA **99**, 1039; BB **99**, 1880 L; ArbuR **99**, 355 L; SAE **00**, 82 L
20. 5. 1999 2 AZR 532/98	AP Nr. 5 zu § 1 KSchG 1969 Namensliste	BAG **91**, 341; BB **99**, 2032; DB **00**, 149; NZA **99**, 1101; ArbuR **99**, 355 L; SAE **00**, 83 L
20. 5. 1999 2 AZR 320/98	AP Nr. 50 zu § 123 BGB	BAG **91**, 349; EzA § 123 BGB Nr. 52; DB **99**, 1859; BB **99**, 2249; NZA **99**, 975; SAE **00**, 82; AiB **00**, 220 (Roos); NJW **99**, 3653; ArbuR **99**, 352 L
21. 5. 1999	AP Nr. 1 zu § 611 BGB Zeitungsverlage	NJW **99**, 3070 L; NZA **99**, 837; BB **99**, 1716; EzA § 2 ArbGG 1979 Nr. 43; ArbuR **99**, 319 L; SAE **00**, 83 L
26. 5. 1999	AP Nr. 104 zu § 611 BGB Abhängigkeit	BB **99**, 1876; DB **99**, 1704; NZA **99**, 983; EzA § 611 BGB Arbeitnehmerbegriff Nr. 75; ArbuR **99**, 352 L; SAE **00**, 83 L
8. 6. 1999 1 ABR 28/97	AP Nr. 57 zu § 80 BetrVG 1972	NZA **99**, 1345; EzA § 80 BetrVG 1972 Nr. 44; AiB **00**, 292 (Schneider); ArbuR **00**, 267 (Buschmann); SAE **00**, 84 L
8. 6. 1999 1 ABR 67/98	AP Nr. 31 zu § 87 BetrVG 1972 Ordnung des Betriebes	BB **99**, 2357; DB **99**, 2218; NZA **99**, 1288; EzA § 87 BetrVG 1972 Betriebliche Ordnung Nr. 25; ArbuR **99**, 447 L; SAE **00**, 84 L
8. 6. 1999 1 AZR 831/98	AP Nr. 47 zu § 111 BetrVG 1972 (Hess)	BAG **92**, 11; BB **99**, 2244; NZA **99**, 1168; SAE **00**, 169 (Löwisch); EzA § 111 BetrVG 1972 Nr. 37 (Jacobs); RdA **01**, 37 (Richardi); AiB **00**, 295 (Hamm); ArbuR **99**, 404 L
9. 6. 1999	AP Nr. 66 zu § 40 BetrVG 1972 (Kort)	BAG **92**, 26; EzA § 40 BetrVG 1972 Nr. 88; NZA **99**, 1292; AiB **99**, 702 (Stather); SAE **00**, 84 L
17. 6. 1999	AP Nr. 11 zu § 102 BetrVG 1972 Weiterbeschäftigung (Gussone)	EzA § 102 BetrVG 1972 Beschäftigungspflicht Nr. 10; DB **99**, 2012; NJW **00**, 236; NZA **99**, 1154; AiB **00**, 164 (Thannheiser); SAE **01**, 16 (Dedek); BB **99**, 2090 L; ArbuR **99**, 404 L
1. 7. 1999	AP Nr. 11 zu § 15 BBiG	DB **99**, 2216; NZA **99**, 1270; ArbuR **00**, 72 (Korinth); BB **99**, 2302; EzA § 15 BBiG Nr. 13; SAE **00**, 126 L
1. 7. 1999 2 AZR 826/98	AP Nr. 53 zu § 2 KSchG 1969	EzA § 2 KSchG Nr. 35; DB **99**, 2320; BB **99**, 2562; NZA **99**, 1336; NJW **00**, 756; ArbuR **99**, 403 L
7. 7. 1999 7 ABR 4/98	AP Nr. 19 zu § 20 BetrVG 1972	EzA § 24 BPersVG Nr. 1; NZA **99**, 1232; ArbuR **99**, 487 L
7. 7. 1999 7 AZR 661/97	AP Nr. 216 zu § 620 BGB Befristeter Arbeitsvertrag	BAG **92**, 125; EzA § 620 BGB Nr. 168; DB **01**, 281; BB **99**, 1299; NZA **00**, 542; AiB **00**, 445 (Krüger); SAE **00**, 166 L; ArbuR **00**, 194 L
20. 7. 1999 1 ABR 66/98	AP Nr. 8 zu § 76 BetrVG 1972 Einigungsstelle	EzA § 87 BetrVG 1972 Betriebliche Lohngestaltung Nr. 67; DB **00**, 929; NZA **00**, 495; AiB **00**, 439 (Hjort); BB **00**, 728 L; ArbuR **00**, 158 L

Datum	Fundstelle AP	Weitere Fundstellen
28. 7. 1999	AP Nr. 14 zu § 4 TVG Verdienstsicherung	NZA **00**, 47; EzA § 4 TVG Verdienstsicherung Nr. 7; ArbuR **99**, 487 L; SAE **00**, 127
3. 8. 1999 1 ABR 30/98	AP Nr. 7 zu § 25 BetrVG 1972	BB **00**, 621; DB **00**, 626; NZA **00**, 440; EzA § 33 BetrVG 1972 Nr. 1; AiB **00**, 355 (Böttcher); ArbuR **00**, 158 L; SAE **00**, 128 L
3. 8. 1999 1 AZR 735/98	AP Nr. 156 zu Art. 9 GG Arbeitskampf	BAG **92**, 154; EzA Art. 9 GG Arbeitskampf Nr. 133 (Nicolai); DB **00**, 677; BB **00**, 776; NZA **00**, 487; SAE **00**, 166 L; ArbuR **00**, 159 L
12. 8. 1999	AP Nr. 28 zu § 626 BGB Verdacht strafbarer Handlung	BAG **92**, 184; DB **00**, 48; AiB **00**, 173 (Zwanziger); NZA **00**, 421; EzA § 626 BGB Verdacht strafbarer Handlung Nr. 8 (Walker); NJW **00**, 1969; ArbuR **99**, 486 L
17. 8. 1999 3 ABR 55/98	AP Nr. 79 zu § 77 BetrVG 1972	BAG **92**, 203; EzA § 1 BetrAVG Betriebsvereinbarung Nr. 2; DB **00**, 774; BB **00**, 777; NZA **00**, 498; SAE **00**, 225 (Blomeyer); AiB **00**, 509 (Schoden); ArbuR **00**, 196 L, 198 L
25. 8. 1999 7 AZR 713/97	AP Nr. 130 zu § 37 BetrVG 1972	BB **00**, 774; DB **00**, 883; NZA **00**, 554; AiB **00**, 432 (Peter); EzA § 37 BetrVG 1972 Nr. 140; ArbuR **00**, 197 L; SAE **00**, 166 L
26. 8. 1999 8 AZR 718/98	AP Nr. 196 zu § 613a BGB	EzA § 613a BGB Nr. 185; DB **00**, 94; BB **00**, 466; NZA **00**, 144; AiB **00**, 516 (Trittin); NJW **00**, 1589; SAE **00**, 167 L; ArbuR **00**, 77 L
8. 9. 1999 4 AZR 661/98	AP Nr. 33 zu § 4 TVG Nachwirkung	BAG **92**, 259; EzA § 1 TVG Rückwirkung Nr. 4; DB **00**, 145; BB **00**, 99; NZA **00**, 223; SAE **00**, 167 L; ArbuR **00**, 78 L
16. 9. 1999 2 ABR 68/98	AP Nr. 38 zu § 103 BetrVG 1972	BAG **92**, 289; BB **00**, 306; DB **00**, 229; NJW **00**, 1132; NZA **00**, 158; EzA § 103 BetrVG 1972 Nr. 40; ArbuR **99**, 486 L; SAE **00**, 167 L
16. 9. 1999 2 AZR 712/98	AP Nr. 1 zu Art. 4 GrO kath. Kirche (Thüsing)	EzA § 611 BGB Kirchliche Arbeitnehmer Nr. 45 (Dütz); BB **00**, 52; DB **00**, 147; NZA **00**, 208; ArbuR **00**, 35 L; NJW **00**, 1286 L
21. 9. 1999 1 ABR 40/98	AP Nr. 21 zu § 99 BetrVG 1972 Versetzung (Stege)	EzA § 95 BetrVG 1972 Nr. 30; DB **00**, 928; BB **00**, 1036 (Hunold); NZA **00**, 781; AiB **01**, 55 (Böttcher); SAE **00**, 167 L; ArbuR **00**, 237 L
21. 9. 1999 1 ABR 59/98		NZA **00**, 898; AiB **01**, 54
19. 10. 1999 1 AZR 838/98	AP Nr. 135 zu § 112 BetrVG 1972	EzA § 112 BetrVG 1972 Nr. 104; DB **00**, 930; BB **00**, 884; NZA **00**, 732; SAE **01**, 248 (Meyer); AiB **00**, 507 (Thannheiser); ArbuR **99**, 237 L
19. 10. 1999 1 ABR 75/98	AP Nr. 58 zu § 80 BetrVG 1972	EzA § 80 BetrVG 1972 Nr. 45; DB **00**, 1031; BB **00**, 1297, 2153 (Pohle); NZA **00**, 837; ArbuR **00**, 268 (Buschmann); SAE **00**, 215 L
20. 10. 1999 7 ABR 25/98	AP Nr. 67 zu § 40 BetrVG 1972	EzA § 40 BetrVG 1972 Nr. 89; DB **00**, 524; BB **00**, 515; NZA **00**, 556; SAE **00**, 168 L; ArbuR **00**, 158 L
20. 10. 1999 7 ABR 37/98		–
28. 10. 1999 2 AZR 437/98	AP Nr. 44 zu § 15 KSchG 1969	EzA § 15 KSchG nF Nr. 48; DB **00**, 578; BB **00**, 514; NZA **00**, 825; AiB **00**, 581 (Backmeister); SAE **00**, 215 L; ArbuR **00**, 77 L
18. 11. 1999 2 AZR 743/98	AP Nr. 32 zu § 626 BGB Verdacht strafbarer Handlung	BAG **93**, 1; EzA § 626 BGB Verdacht strafbarer Handlung Nr. 9; DB **00**, 726; BB **00**, 672; NZA **00**, 418; SAE **01**, 177 (Gamillscheg); RdA **01**, 49 (Ricken); NJW **00**, 1211; ArbuR **00**, 156 L
2. 12. 1999 2 AZR 724/98	AP Nr. 16 zu § 79 BpersVG	BAG **93**, 41; BB **00**, 1092; NJW **00**, 2444; DB **00**, 1418; EzA § 94 BetrVG 1972 Nr. 4; SAE **00**, 341 (Gitter); NZA **01**, 107; ArbuR **00**, 156 L

Datum	Fundstelle AP	Weitere Fundstellen
2. 12. 1999 2 AZR 757/98	AP Nr. 45 zu § 1 KSchG 1969 Soziale Auswahl	BB **00**, 1040; NZA **00**, 531; EzA § 1 KSchG Soziale Auswahl Nr. 42; DB **00**, 1338
14. 12. 1999 1 AZR 81/99		nv
14. 12. 1999 1 AZR 268/99		nv
15. 12. 1999 5 AZR 566/98	AP Nr. 9 zu § 84 HGB	EzA § 611 BGB Arbeitnehmerbegriff Nr. 78; DB **00**, 723; BB **00**, 826; NZA **00**, 447; SAE **00**, 262; ArbuR **00**, 194
15. 12. 1999 5 AZR 3/99	AP Nr. 5 zu § 92 HGB	BAG **93**, 112; EzA § 611 BGB Arbeitnehmer- begriff Nr. 80; DB **00**, 879; BB **00**, 1469 (Reise- rer); NZA **00**, 534; SAE **00**, 262 L; ArbuR **00**, 233 L

2000

Datum	Fundstelle AP	Weitere Fundstellen
12. 1. 2000 10 AZR 840/98	AP Nr. 223 zu § 611 BGB Gratifikation	EzA § 611 BGB Gratifikation, Prämie Nr. 158; DB **00**, 1717; BB **00**, 2047; NZA **00**, 944; AiB **01**, 187 (Feldhoff); SAE **00**, 263 L; ArbuR **00**, 315 L
12. 1. 2000 7 ABR 61/98	AP Nr. 5 zu § 24 BetrVG 1972	EzA § 24 BetrVG 1972 Nr. 2; DB **00**, 1422; BB **00**, 1088; NZA **00**, 669; SAE **00**, 262 L; ArbuR **00**, 237 L
19. 1. 2000 5 AZR 644/98	AP Nr. 33 zu § 611 BGB Rundfunk	BAG **93**, 218; EzA § 611 BGB Arbeitnehmer- begriff Nr. 81; DB **00**, 1520; NZA **00**, 1102; RdA **00**, 360 (Rüthers); BB **00**, 1358 L; SAE **00**, 263 L; ArbuR **00**, 275 L
20. 1. 2000 2 ABR 19/99		RzK I 8 h Nr. 14; ZTR **01**, 89
25. 1. 2000 1 ABR 3/99	AP Nr. 34 zu § 87 BetrVG 1972 Ordnung des Betriebes (Worzalla)	BAG **93**, 276; EzA § 87 BetrVG 1972 Betriebli- che Ordnung Nr. 26 (Jacobs); DB **00**, 1128; BB **00**, 1195; NZA **00**, 665; ArbuR **00**, 237 L; NJW **00**, 2127 L
25. 1. 2000 1 ABR 1/99	AP Nr. 137 zu § 112 BetrVG 1972	EzA § 112 BetrVG 1972 Nr. 106; DB **00**, 2329; BB **00**, 2261; NZA **00**, 1069; AiB **01**, 363 (Hamm); ArbuR **00**, 399 L; SAE **00**, 310 L
9. 2. 2000 7 ABR 21/98		DB **00**, 384
17. 2. 2000 2 AZR 913/98	AP Nr. 113 zu § 102 BetrVG 1972	BAG **93**, 366; EzA § 102 BetrVG 1972 Nr. 103; DB **00**, 1130; BB **00**, 1407; NZA **00**, 761; NJW **00**, 3801; SAE **00**, 310 L; ArbuR **00**, 235 L (Große-Kock)
20. 2. 2000 8 AZR 180/99	AP Nr. 7 zu § 1 KSchG 1969 Namensliste	DB **00**, 1286; NZA **00**, 785; EzA § 1 KSchG Interessenausgleich Nr. 7, AiB **00**, 699
24. 2. 2000 8 AZR 167/99	AP Nr. 47 zu § 1 KSchG 1969 Soziale Auswahl	EzA § 102 BetrVG 1972 Nr. 104; DB **00**, 1420; NZA **00**, 764; SAE **01**, 117 (Reichold); AiB **00**, 696 (Windirsch); BB **00**, 1528 L; ArbuR **00**, 475 L
24. 2. 2000 8 AZR 180/99	AP Nr. 7 zu § 1 KSchG 1969 Namensliste	EzA § 1 KSchG Interessenausgleich Nr. 7; DB **00**, 1286; NZA **00**, 785; SAE **00**, 311; AiB **00**, 699 (Schmitz); BB **00**, 1358 L; ArbuR **00**, 277 L
29. 2. 2000 1 ABR 4/99	AP Nr. 105 zu § 87 BetrVG 1972 Lohngestaltung (Raab)	EzA § 87 BetrVG 1972 Betriebliche Lohnge- staltung Nr. 69; DB **00**, 2614; BB **00**, 2045; **01**, 780 (Pohle); NZA **00**, 1066; SAE **00**, 312 L; ArbuR **00**, 399 L

Datum	Fundstelle AP	Weitere Fundstellen
29. 2. 2000 1 ABR 5/99	AP Nr. 36 zu § 95 BetrVG 1972	EzA § 95 BetrVG 1972 Nr. 31; DB **00**, 2384; BB **00**, 1784; NZA **00**, 1357; AiB **00**, 763 (Warschkow); ArbuR **00**, 361 L
29. 2. 2000 1 ABR 15/99	AP Nr. 81 zu § 87 BetrVG 1972 Arbeitszeit	EzA § 87 BetrVG 1972 Arbeitszeit Nr. 61 (Wiese); DB **00**, 1971; NZA **00**, 1243; BB **00**, 1894 L; SAE **00**, 312 L; ArbuR **00**, 399 L
8. 3. 2000 7 ABR 11/98	AP Nr. 68 zu § 40 BetrVG 1972	BAG **94**, 42; EzA § 40 BetrVG 1972 Nr. 90; DB **00**, 1335; BB **00**, 1626; NZA **00**, 838; AiB **01**, 356 (Wedde); SAE **00**, 312 L; ArbuR **00**, 278 L
8. 3. 2000 7 ABR 73/98		ArbuR **00**, 142; ZBVR **01**, 122
15. 3. 2000 5 AZR 622/98	AP Nr. 10 zu § 14 BbiG	BAG **94**, 66; EzA § 14 BBiG Nr. 10; DB **00**, 1623; BB **00**, 1787; NZA **01**, 214; SAE **01**, 273 (Jacobs)
16. 3. 2000 2 AZR 75/99	AP Nr. 114 zu § 102 BetrVG 1972	DB **00**, 1524; BB **00**, 1677; EzA § 626 nF BGB Nr. 179; NZA **00**, 1332
22. 3. 2000 7 AZR 824/98	AP Nr. 222 zu § 620 BGB Befristeter Arbeitsvertrag	BAG **94**, 138; EzA § 620 BGB Nr. 171; DB **01**, 282; BB **00**, 1680; NZA **01**, 605; AiB **01**, 56 (Krüger); SAE **01**, 74 L; ArbuR **00**, 358 L
22. 3. 2000 7 ABR 34/98	AP Nr. 8 zu § 14 AÜG	BAG **94**, 144; EzA § 14 AÜG Nr. 4 (Hamann); DB **00**, 2330; BB **00**, 2098; NZA **00**, 1119; SAE **01**, 73 L
28. 3. 2000 1 ABR 16/99	AP Nr. 27 zu § 99 BetrVG 1972 Einstellung	BAG **94**, 169; EzA § 99 BetrVG 1972 Einstel- lung Nr. 6; DB **01**, 203; BB **00**, 2311; NZA **00**, 1294; SAE **01**, 74 L; ArbuR **00**, 478 L
28. 3. 2000 1 ABR 17/99	AP Nr. 39 zu § 95 BetrVG 1972	BAG **94**, 163; EzA § 95 BetrVG 1972 Nr. 33; DB **00**, 2176; BB **00**, 2414 (Hunold); NZA **00**, 1355; SAE **01**, 75 L; ArbuR **00**, 478 L
28. 3. 2000 1 AZR 366/99	AP Nr. 83 zu § 77 BetrVG 1972	BAG **94**, 179; EzA § 77 BetrVG 1972 Ablösung Nr. 1 (Krause); DB **01**, 47, 646 (Merten); BB **01**, 679; NZA **01**, 49, 756 (Annuß); SAE **01**, 145 (Benecke); ArbuR **01**, 38 L
4. 4. 2000 3 AZR 729/98	AP Nr. 2 zu § 1 TVG Gleichbehandlung	EzA § 1 BetrAVG Gleichbehandlung Nr. 19; RdA **01**, 110 (Dieterich); DB **01**, 876 L; BB **00**, 2642 L; ArbuR **01**, 38 L
5. 4. 2000 7 AZR 213/99	AP Nr. 131 zu § 37 BetrVG 1972	EzA § 37 BetrVG 1972 Nr. 141; BB **01**, 96; NZA **00**, 1174; DB **00**, 2074 L
5. 4. 2000 7 ABR 6/99	AP Nr. 33 zu § 78 a BetrVG 1972	EzA § 40 BetrVG 1972 Nr. 91; BB **01**, 1357; NZA **00**, 1178; SAE **01**, 75 L; ArbuR **00**, 398 L
5. 4. 2000 7 ABR 20/99	AP Nr. 62 zu § 5 BetrVG 1972	EzA § 5 BetrVG 1972 Nr. 63; NZA **01**, 629; AiB **01**, 225 (Schneider); DB **01**, 1424 L; ArbuR **00**, 398 L
18. 4. 2000 1 ABR 22/99	AP Nr. 33 zu § 87 BetrVG 1972 Überwachung	EzA § 87 BetrVG 1972 Betriebliche Ordnung Nr. 27; DB **00**, 2227; BB **00**, 2521; NZA **00**, 1176; SAE **01**, 76 L
18. 4. 2000 1 ABR 28/99	AP Nr. 9 zu § 98 BetrVG 1972	BAG **94**, 245; EzA § 98 BetrVG 1972 Nr. 9; DB **00**, 2433; NZA **01**, 167; SAE **01**, 76; AiB **01**, 231 (Heilmann)
11. 5. 2000 2 AZR 54/99	AP Nr. 13 zu § 102 BetrVG 1972 Weiterbeschäftigung	EzA § 102 BetrVG 1972 Beschäftigungspflicht Nr. 11; DB **00**, 1969; BB **00**, 2049; NZA **00**, 1055; SAE **01**, 20 (Dedek); AiB **01**, 179 (Buschmann); NJW **00**, 3587
11. 5. 2000 2 AZR 276/99	AP Nr. 42 zu § 103 BetrVG 1972	EzA § 103 BetrVG 1972 Nr. 41; DB **01**, 205; BB **00**, 2470; NZA **00**, 1106; ArbuR **01**, 28 (Pütz); NJW **00**, 3804 L
22. 5. 2000 8 AZR 416/99	AP Nr. 209 zu § 613 a BGB	BAG **95**, 1; DB **00**, 1966; BB **00**, 2156; NZA **00**, 1115; EzA § 613 a BGB Nr. 190; RdA **01**, 236

Datum	Fundstelle AP	Weitere Fundstellen
24. 5. 2000 5 AZB 66/99	AP Nr. 45 zu § 17 a GVG	NJW **00**, 2524; NZA **00**, 903; EzA § 17 a GVG Nr. 11
24. 5. 2000 10 AZR 629/99	AP Nr. 79 zu § 2 BeschFG 1985	EzA § 611 BGB Gratifikation, Prämie Nr. 159; DB **00**, 2431; NZA **01**, 216; BB **00**, 2052 L; SAE **01**, 116 L; ArbuR **00**, 438 L
31. 5. 2000 7 ABR 8/99	AP Nr. 20 zu § 20 BetrVG 1972	BAG **95**, 30; EzA § 20 BetrVG 1972 Nr. 19; DB **00**, 2532; BB **00**, 2574; NZA **01**, 114; AiB **01**, 604 (Grimberg); SAE **01**, 162 L; ArbuR **01**, 38 L
31. 5. 2000 7 ABR 78/98	AP Nr. 12 zu § 1 BetrVG 1972 Gemeinsamer Betrieb (v. Hoyningen-Huene)	BAG **95**, 15; EzA § 19 BetrVG 1972 Nr. 39; DB **00**, 2482; NZA **00**, 1350; ArbuR **01**, 30 (Buschmann)
6. 6. 2000 1 ABR 10/99	AP Nr. 55 zu § 2 TVG	BAG **95**, 36; DB **01**, 103; EzA § 2 TVG Nr 24; NZA **01**, 160
6. 6. 2000 1 ABR 21/99	AP Nr. 9 zu § 97 ArbGG 1979	BAG **95**, 47; DB **00**, 1231; ArbuR **00**, 266; EzA § 322 ZPO Nr. 12; NZA **01**, 156
8. 6. 2000 2 ABR 1/00	AP Nr. 3 zu § 2 BeschSchG	EzA § 15 KSchG nF Nr. 50; DB **00**, 2127; NZA **01**, 91; ArbuR **01**, 271 (Linde); BB **00**, 2052 L; SAE **01**, 163 L
8. 6. 2000 2 AZN 276/00	AP Nr. 41 zu § 103 BetrVG 1972	BAG **95**, 60; EzA § 102 BetrVG 1972 Nr. 106; DB **00**, 1772; BB **00**, 1944; NZA **00**, 899; AiB **00**, 543 (Grimberg); SAE **01**, 163 L; ArbuR **00**, 361 L
20. 6. 2000 9 AZR 405/99	AP Nr. 28 zu § 7 BUrlG	BAG **95**, 104; BB **00**, 2313; DB **00**, 2327; NZA **01**, 100; EzA § 1 BUrlG Nr. 23; NJW **01**, 460; SAE **01**, 328; AiB **03**, 55
21. 6. 2000 5 AZR 806/98	AP Nr. 60 zu § 612 BGB	EzA § 242 BGB Gleichbehandlung Nr. 83; DB **00**, 1920; NZA **00**, 1050; SAE **01**, 165; NJW **00**, 3589; ArbuR **00**, 398 L
21. 6. 2000 4 AZR 379/99	AP Nr. 121 zu § 102 BetrVG 1972 (Kraft)	BAG **95**, 124; EzA § 1 TVG Betriebsverfassungsnorm Nr. 1; DB **01**, 389; BB **01**, 258; NZA **01**, 271, 801 (Berkowsky); SAE **01**, 169 (Gutzeit); AiB **01**, 739 (Furier); ArbuR **01**, 38 L
27. 6. 2000 1 ABR 32/99 (A)	AP Nr. 1 zu EWG-Richtlinie 94/45	BAG **95**, 150; EzA Richtlinie 94/45 EG-Vertrag 1999 Nr. 1; DB **01**, 50; BB **01**, 414; NZA **00**, 1330; SAE **01**, 164 L; ArbuR **01**, 38 L
27. 6. 2000 1 ABR 36/99	AP Nr. 23 zu § 99 BetrVG 1972 Eingruppierung	EzA § 99 BetrVG 1972 Eingruppierung Nr. 3; DB **01**, 600; BB **01**, 1094; NZA **01**, 626; SAE **01**, 164 L, ArbuR **01**, 117 L
28. 6. 2000 7 ABR 57/98		ZTR **01**, 139
29. 6. 2000 8 ABR 44/99	AP Nr. 2 zu § 126 InsO	BAG **95**, 197; DB **00**, 2021; NZA **00**, 1180; EzA § 126 InsO Nr. 2; AiB **01**, 368; SAE **02**, 60
11. 7. 2000 1 ABR 39/99	AP Nr. 44 zu § 103 BetrVG 1972	BAG **95**, 240; EzA § 103 BetrVG 1972 Nr. 42 (Kittner); DB **01**, 765; NZA **01**, 516; SAE **01**, 265 (Franzen); ArbuR **01**, 197
11. 7. 2000 1 ABR 43/99	AP Nr. 2 zu § 109 BetrVG 1972	BAG **95**, 328; EzA § 109 BetrVG 1972 Nr. 2; DB **01**, 598; NZA **01**, 402; BB **01**, 580 L
11. 7. 2000 1 AZR 551/99	AP Nr. 16 zu § 87 BetrVG 1972 Sozialeinrichtung (v. Hoyningen-Huene)	BAG **95**, 221; EzA § 87 BetrVG 1972 Sozialeinrichtung Nr. 17; DB **01**, 545; BB **01**, 471; NZA **01**, 462; SAE **01**, 157 (Giesen)
20. 7. 2000 6 AZR 347/99	AP Nr. 1 zu § 2 BMT-G II SR 2 g	NZA **01**, 559; DB **01**, 202; EzA § 1 TVG Auslegung Nr. 32
9. 8. 2000 7 ABR 56/98	AP Nr. 9 zu § 47 BetrVG 1972	BAG **95**, 269; EzA § 47 BetrVG 1972 Nr. 7; DB **01**, 2101; BB **00**, 2637; NZA **01**, 116; SAE **01**, 197 L; ArbuR **01**, 197 L

Datum	Fundstelle AP	Weitere Fundstellen
30. 8. 2000 4 AZR 563/99	AP Nr. 25 zu § 4 TVG Geltungsbereich	BAG **95**, 277; EzA Art. 9 GG Nr. 74; DB **01**, 985; NZA **01**, 613; ArbuR **01**, 223 (Gamillscheg); BB **01**, 368 L
20. 9. 2000 5 AZR 61/99	AP Nr. 37 zu § 611 BGB Rundfunk	EzA § 611 BGB Arbeitnehmerbegriff Nr. 84; BB **01**, 888; NZA **01**, 551; DB **01**, 48 L; SAE **01**, 199 L; ArbuR **01**, 74 L
20. 9. 2000 5 AZR 271/99	AP Nr. 8 zu § 2 ArbGG 1979 Zuständigkeitsprüfung	BAG **95**, 324; EzA § 611 BGB Arbeitnehmerbegriff Nr. 83; DB **01**, 280; BB **01**, 48; NZA **01**, 210; SAE **01**, 199 L; ArbuR **01**, 40 L
5. 10. 2000 1 ABR 14/00	AP Nr. 69 zu § 118 BetrVG 1972	EzA § 118 BetrVG 1972 Nr. 72; NZA **01**, 1325; AiB **02**, 51, 189; BB **01**, 1536 L; SAE **01**, 239 L; ArbuR **01**, 318 L
5. 10. 2000 1 AZR 48/00	AP Nr. 141 zu § 112 BetrVG 1972	BAG **96**, 15; EzA § 112 BetrVG 1972 Nr. 107; DB **01**, 1563; NZA **01**, 849; SAE **02**, 193
5. 10. 2000 1 ABR 52/99	AP Nr. 35 zu § 23 BetrVG 1972	DB **01**, 2056; EzA § 256 ZPO Nr 54; AiB **02**, 371
18. 10. 2000 2 AZR 380/99	AP Nr. 59 zu § 123 BGB	BAG **96**, 123; EzA § 123 BGB Nr. 56; DB **01**, 707; BB **01**, 627; NZA **01**, 315; NJW **01**, 1885
18. 10. 2000 2 AZR 494/99	AP Nr. 49 zu § 15 KSchG 1969 (Schleusener)	BAG **96**, 78; EzA § 15 KSchG n. F. Nr. 51 (Auer); DB **01**, 1729; BB **01**, 1097; NZA **01**, 321; NJW **01**, 2420; SAE **02**, 1; RdA **02**, 52; AiB **02**, 321
25. 10. 2000 7 ABR 18/00	AP Nr. 32 zu § 76 BetrVG 1952 (Rombach)	BAG **96**, 163; EzA § 76 BetrVG 1952 Nr. 16; DB **01**, 706; BB **01**, 832; NZA **01**, 461; SAE **01**, 207 (Windbichler); AiB **01**, 359 (Kaus)
25. 10. 2000 7 AZR 487/99	AP Nr. 15 zu § 10 AÜG	BAG **96**, 150; EzA § 10 AÜG Nr. 10; DB **01**, 767; NZA **01**, 259; NJW **01**, 1516; RdA **02**, 107
7. 11. 2000 1 AZR 175/00	AP Nr. 14 zu § 77 BetrVG 1972 Tarifvorbehalt	BAG **96**, 208; EzA § 1 TVG Nr. 43; DB **01**, 1151; BB **01**, 1150; NZA **01**, 727; SAE **01**, 283 L; ArbuR **01**, 282 L
7. 11. 2000 1 ABR 55/99	AP Nr. 22 zu Art. 56 ZA-NATO-Truppenstatut	BAG **96**, 200; EzA § 83 ArbGG 1979 Nr. 9; NZA **01**, 1211; BB **01**, 1156 L; ArbuR **01**, 283 L
7. 11. 2000 1 ABR 17/00		EzA § 77 BetrVG 1972 Nachwirkung Nr. 2
15. 11. 2000 7 ABR 24/00		EzA § 40 BetrVG 1972 Nr. 92
15. 11. 2000 7 ABR 53/99	AP Nr. 10 zu § 18 BetrVG 1972	BAG **96**, 233; EzA § 18 BetrVG 1972 Nr. 9; DB **01**, 1152; BB **01**, 1534; NZA **01**, 853; SAE **01**, 283 L; AiB **01**, 663 (Rädel); ArbuR **01**, 281 L
15. 11. 2000 5 AZR 310/99	AP Nr. 84 zu § 77 BetrVG 1972	BAG **96**, 249; EzA § 77 BetrVG 1972 Ablösung Nr. 2; DB **01**, 1835; BB **01**, 1412; NZA **01**, 900; SAE **01**, 283 L; ArbuR **01**, 318; AiB **02**, 112
6. 12. 2000 7 ABR 34/99	AP Nr. 48 zu § 19 BetrVG 1972	BAG **96**, 326; EzA § 19 BetrVG 1972 Nr. 40; DB **01**, 1422; ArbuR **01**, 281 L
6. 12. 2000 7 AZR 302/99	AP Nr. 3 zu § 1 TVG Tarifverträge: Deutsche Post	EzA § 620 BGB Bedingung Nr. 16; NZA **01**, 792; BB **01**, 1156 L; SAE **01**, 285 L; ArbuR **01**, 280 L
7. 12. 2000 2 AZR 391/99	AP Nr. 113 zu § 1 KSchG Betriebsbedingte Kündigung	EzA § 1 KSchG Betriebsbedingte Kündigung Nr. 108; DB **01**, 1154; NZA **01**, 495; NJW **01**, 2737; BB **01**, 788 L; SAE **01**, 285 L
12. 12. 2000 9 AZR 508/99	AP Nr. 27 zu § 1 TVG Tarifverträge: Textilindustrie	BAG **96**, 344; EzA § 4 TVG Textilindustrie Nr. 11; DB **01**, 875; NZA **01**, 514; SAE **01**, 285; ArbuR **01**, 118

Datum	Fundstelle AP	Weitere Fundstellen

2001

Datum	Fundstelle AP	Weitere Fundstellen
18. 1. 2001 2 AZR 514/99	AP Nr. 115 zu § 1 KSchG 1969 Betriebsbedingte Kündigung (Schrader)	BAG **97**, 10; EzA § 1 KSchG Betriebsbedingte Kündigung Nr. 109; DB **01**, 1370; BB **01**, 1747; NZA **01**, 719; NJW **01**, 2116; ArbuR **01**, 237 L; SAE **02**, 47
18. 1. 2001 2 AZR 616/99	AP Nr. 1 zu § 28 LPVG Niedersachsen	DB **02**, 100; EzA § 626 BGB Krankheit Nr. 4; NZA **02**, 455
23. 1. 2001 1 ABR 36/00	AP Nr. 78 zu § 75 BPersVG	BB **01**, 1477; DB **01**, 1371; ArbuR **01**, 197; SAE **01**, 287 L; EzA § 75 BPersVG Nr. 1; NZA **01**, 741
24. 1. 2001 7 ABR 2/00	AP Nr. 50 zu § 81 ArbGG 1979	EzA § 253 ZPO Nr. 20; DB **01**, 1424 L
25. 1. 2001 8 AZR 336/00	AP Nr. 215 zu § 613 a BGB	EzA § 613 a BGB Nr. 194; NZA **01**, 840; NJW **01**, 2571
20. 2. 2001 1 AZR 233/00	AP Nr. 15 zu § 77 BetrVG 1972 Tarifvorbehalt (Edenfeld)	BAG **97**, 44; RdA **02**, 173; EzA § 77 BetrVG 1972 Nr. 65; DB **01**, 2100; BB **01**, 1532 (Schulz); NZA **01**, 903; AiB **01**, 666 (Peter); ArbuR **01**, 318 L
20. 2. 2001 1 AZR 322/00	AP Nr. 107 zu § 87 BetrVG 1972 Lohngestaltung	EzA § 77 BetrVG 1972 Nr 66; DB **01**, 2253; NZA **01**, 1204; BB **01**, 2481; NJW **01**, 3358 L
20. 2. 2001 1 ABR 27/00	AP Nr. 6 zu § 117 BetrVG 1972	BAG **97**, 52; EzA § 117 BetrVG 1972 Nr. 5; NZA **01**, 1089; BB **01**, 2172 L; ArbuR **01**, 318 L
20. 2. 2001 1 ABR 30/00	AP Nr. 23 zu § 101 BetrVG 1972	EzA § 99 BetrVG 1972 Einstellung Nr. 7; DB **01**, 2054; NZA **01**, 1033; BB **01**, 1908 L; ArbuR **01**, 358 L; AiB **02**, 375
21. 2. 2001 7 AZR 41/99	AP Nr. 49 zu § 19 BetrVG 1972	DB **02**, 154; EzA § 19 BetrVG 1972 Nr 41; NZA **02**, 282; BB **01**, 2328 L; ArbuR **01**, 358 L
21. 2. 2001 7 ABR 9/00		SAE **01**, 334; EzA § 1 BetrVG 1972 Nr 11; NZA **02**, 56
21. 2. 2001 2 AZR 15/00	AP Nr. 12 zu § 242 BGB Kündigung	BAG **97**, 92; RdA **02**, 99; BB **01**, 1683; DB **01**, 1677; SAE **01**,319; EzA § 242 BGB Kündigung Nr. 1; NZA **01**, 833, 934 (Wiehe/Gragert); ArbuR **01**, 316; AiB **02**, 774
21. 2. 2001 4 AZR 18/00	AP Nr. 20 zu § 4 TVG	BAG **97**, 107; BB **01**, 1847 (Waas); DB **01**, 1837 (Haußmann); SAE **02**, 19; EzA § 613 a BGB Nr. 195; NZA **01**, 1318
13. 3. 2001 1 ABR 7/00		EzA § 87 BetrVG 1972 Betriebliche Lohnge- staltung Nr. 72; ZTR **02**, 94
13. 3. 2001 1 ABR 33/00	AP Nr. 87 zu § 87 BetrVG 1972 Arbeitszeit	EzA § 87 BetrVG 1972 Arbeitszeit Nr. 62; DB **01**, 2055; NZA **01**, 976; BB **01**, 1640 L; ArbuR **01**, 358 L
13. 3. 2001 1 ABR 34/00	AP Nr 34 zu § 99 BetrVG 1972 Einstellung –	BB **01**, 2586; DB **01**, 2558; EzA § 99 BetrVG 1972 Einstellung Nr. 8; NZA **01**, 1262; AiB **02**, 434
13. 3. 2001 1 AZB 19/00	AP Nr. 17 zu § 2 a ArbGG 1979	BAG **97**, 167; BB **01**, 2119; NJW **01**, 3724; SAE **02**, 287; EzA § 2 a ArbGG 1979 Nr. 4; NZA **01**, 1037
15. 3. 2001 2 AZR 141/00	AP Nr. 46 zu § 4 KSchG 1969	NJW **02**, 459; EzA § 4 n. F. KSchG Nr. 61; NZA **01**, 1267
15. 3. 2001 2 AZR 24/99		EzA § 15 nF KSchG Nr 52; SAE **01**, 335 L; AuA **02**, 93 L
21. 3. 2001 10 AZR 444/00	AP Nr. 17 zu § 33 a BAT	EzA § 242 BGB Gleichbehandlung Nr. 84; DB **01**, 1369; BB **01**, 1414; NZA **01**, 782; NJW **01**, 2276; ArbuR **01**, 280 L

Datum	Fundstelle AP	Weitere Fundstellen
22. 3. 2001 8 AZR 565/00	AP Nr. 59 zu Art 101 GG	EzA Art 101 GG Nr 5; NZA **02**, 1349; ArbuR **01**, 359 L
28. 3. 2001 7 ABR 21/00	AP Nr. 5 zu § 7 BetrVG 1972	BAG **97**, 226; BB **01**, 1640 L; DB **02**, 221; EzA § 7 BetrVG 1972 Nr. 2; NZA **02**, 1294
5. 4. 2001 2 AZR 580/99	AP Nr. 32 zu § 99 BetrVG 1972 Einstellung	BAG **97**, 276; BB **01**, 2115; DB **01**, 2403; NJW **02**, 698; ArbuR **01**, 280 L; NZA **01**, 893
24. 4. 2001 1 ABR 38/00	–	SAE **02**, 74 L
25. 4. 2001 5 AZR 368/99	AP Nr. 80 zu § 2 BeschFG 1985	BAG **97**, 350; DB **01**, 2150; EzA § 2 BeschFG 1985 Nr. 64; NZA **02**, 1211
25. 4. 2001 7 ABR 26/00	AP Nr. 8 zu § 25 BetrVG 1972	BAG **97**, 340; BB **01**, 1854 L; DB **02**, 1165; ArbuR **01**, 358 L; SAE **02**, 98; EzA § 38 BetrVG 1972 Nr. 18; NZA **01**, 977; AiB **03**, 183
15. 5. 2001 1 ABR 39/00	AP Nr. 17 zu § 87 BetrVG 1972 Prämie	BAG **97**, 379; RdA **02**, 239; BB **01**, 2320; EzA § 87 BetrVG 1972 Leistungslohn Nr 18; NZA **01**, 1154; AiB **02**, 116;
15. 5. 2001 1 AZR 672/00	AP Nr. 176 zu § 242 BGB Gleichbehandlung	BAG **98**, 1; BB **01**, 2166; DB **02**, 273; EzA § 242 Gleichbehandlung Nr. 85
19. 6. 2001 1 ABR 25/00	AP Nr. 35 zu § 99 BetrVG 1972 Einstellung	BAG **98**, 70; BB **02**, 47; DB **02**, 1278; SAE **02**, 142; EzA § 99 BetrVG 1972 Einstellung Nr 9
19. 6. 2001 1 ABR 43/00	AP Nr. 1 zu § 87 BetrVG 1972 Leiharbeitnehmer	BAG **98**, 60; BB **01**, 2582; DB **01**, 2301; ArbuR **01**, 478 L; SAE **02**, 41; EzA § 87 BetrVG 1972 Arbeitszeit Nr 63; NZA **01**, 1263
19. 6. 2001 1 ABR 48/00	AP Nr. 8 zu § 83a ArbGG 1979	BAG **98**, 1; DB **01**, 2659; ArbuR **01**, 519; EzA § 83a ArbGG 1979 Nr 7; NZA **02**, 756
19. 6. 2001 1 AZR 463/00	AP Nr. 3 zu § 3 BetrVG 1972	BAG **98**, 76; RdA **02**, 363; BB **02**, 308; DB **02**, 223; SAE **02**, 276; EzA § 118 BetrVG 1972 Nr 73; NZA **02**, 397
21. 6. 2001 2 AZR 137/00	AP Nr. 50 zu § 15 KSchG 1969	DB **02**, 102; ArbuR **01**, 515 L; EzA § 15 nF KSchG Nr 53; NZA **02**, 212
27. 6. 2001 5 AZR 424/99	AP Nr. 20 zu § 611 BGB Faktisches Arbeitsverhältnis	BAG **98**, 157; NZA **02**, 83 DB **02**, 2443
1. 8. 2001 4 AZR 82/00	AP Nr. 225 zu § 613a BGB	BAG **98**, 314; NZA **02**, 41; DB **02**, 48; BB **02**, 203; EzA § 613a BGB Nr. 199; SAE **02**, 127
14. 8. 2001 1 ABR 52/00	AP Nr. 1 zu § 21b BetrVG 1972	BB **02**, 48; DB **01**, 2610; EzA § 24 BetrVG 1972 Nr. 3; NZA **02**, 109
14. 8. 2001 1 AZR 619/00	AP Nr. 85 zu § 77 BetrVG 1972	BAG **98**, 323; DB **02**, 380; BB **02**, 413; NZA **02**, 276; EzA § 613a BGB Nr. 200; AiB **02**, 438; SAE **02**, 263; RdA **03**, 297–301
14. 8. 2001 1 AZR 744/00	AP Nr. 4 zu § 77 BetrVG 1972 Regelungsabrede	DB **02**, 902; EzA § 88 BetrVG 1972 Nr 1; NZA **02**, 342
14. 8. 2001 1 AZR 760/00	AP Nr. 142 zu § 112 BetrVG 1972	DB **02**, 153; SAE **02**, 228; EzA § 112 BetrVG 1972 Nr 108; NZA **02**, 451
14. 8. 2001 2 ABN 20/01	AP Nr. 44 zu § 72a ArbGG 1979 Divergenz	BB **91**, 2335

Datum	Fundstelle AP	Weitere Fundstellen
15. 8. 2001 7 ABR 2/99	AP Nr. 10 zu § 47 BetrVG 1972	DB **02**, 330; EzA § 47 BetrVG 1972 Nr. 8; NZA **02**, 569
29. 8. 2001 4 AZR 32/00	AP Nr. 17 zu § 1 TVG Be- zugnahme auf Tarifvertrag	BAG **99**, 10; DB **02**, 431; NZA **02**, 513; EzA § 613a BGB Nr. 201; BB **02**, 1201; RdA **02**, 299
11. 9. 2001 1 ABR 5/01	AP Nr. 15 zu § 76 BetrVG 1972 Einigungsstelle	BAG **99**, 42; EzA § 76 BetrVG 1972 Nr 68; BB **02**, 576; NZA **02**, 572
18. 9. 2001 3 AZR 656/00	AP Nr. 179 zu § 242 BGB Gleichbehandlung	BAG **99**, 53; BB **01**, 2646; DB **02**, 225; NZA **02**, 148; EzA § 1 BetrAVG Gleichbehandlung Nr. 22
19. 9. 2001 7 ABR 32/00	AP Nr. 9 zu § 25 BetrVG 1972	BAG **99**, 103; BB **02**, 256; DB **02**, 51; EzA § 37 BetrVG 1972 Nr. 142
27. 9. 2001 2 AZR 176/00	AP Nr. 6 zu § 14 KSchG 1969	BB **02**, 2131; DB **02**, 1163; NJW **02**, 3192; EzA § 14 KSchG Nr. 6; NZA **02**, 1277
27. 9. 2001 2 AZR 236/00	AP Nr. 40 zu § 4 TVG Nachwirkung	BAG **99**, 167; BB **02**, 1914; DB **02**, 2169; EzA § 2 KSchG Nr. 44; NZA **02**, 750
27. 9. 2001 2 AZR 487/00	–	EzA § 15 nF KSchG Nr 54; AiB **02**, 446
24. 10. 2001 7 ABR 20/00	AP Nr. 71 zu § 40 BetrVG 1972	BAG **99**, 208; BB **02**, 2282; DB **02**, 849; ArbuR **01**, 508 L; EzA § 22 BetrVG 1972 Nr. 2; NZA **03**, 53; AiB **02**, 569
25. 10. 2001 2 AZR 358/00		DB **02**, 746 L; EzA § 5 BetrVG 1972 Nr. 64; NZA **02**, 584 L
30. 10. 2001 1 ABR 8/01	AP Nr. 26 zu § 99 BetrVG 1972 Eingruppierung	BAG **99**, 258; DB **02**, 798; SAE **03**, 18; EzA § 87 BetrVG 1972 Betriebliche Lohngestaltung Nr. 75; NZA **02**, 919; AiB **02**, 574; **03**, 494
30. 10. 2001 1 AZR 65/01	AP Nr. 145 zu § 112 BetrVG 1972	BAG **99**, 266; DB **02**, 903; SAE **03**, 168; EzA § 112 BetrVG 1972 Nr. 109; NZA **02**, 449; AiB **03**, 561
14. 11. 2001 7 ABR 31/00	AP Nr. 24 zu § 38 BetrVG 1972	BB **02**, 1318; EzA § 38 BetrVG 1972 Nr 19; NZA **02**, 755
14. 11. 2001 7 ABR 40/00		DB **02**, 2003 L; SAE **02**, 298 L; EzA § 19 BetrVG 1972 Nr. 42; NZA **02**, 1231 L
15. 11. 2001 2 AZR 380/00	AP Nr. 45 zu § 626 BGB Ausschlussfrist	BAG **99**, 358; BB **02**, 2284; DB **02**, 1509; SAE **02**, 313; EzA § 21 SchwbG 1986 Nr. 12; NZA **02**, 970
20. 11. 2001 1 AZR 12/01		SAE **02**, 251 L; EzA § 77 BetrVG 1972 Nr. 70; NZA **02**, 872 L
20. 11. 2001 1 AZR 97/01	AP Nr. 39 zu § 113 BetrVG 1972	BAG **99**, 377; DB **02**, 950; EzA § 113 BetrVG 1972 Nr. 29; BB **02**, 1862; NZA **02**, 992; AiB **02**, 633; ArbuR **03**, 68; AiB **03**, 700
6. 12. 2001 2 AZR 22/00		SAE **02**, 298 L; EzA § 1 KSchG Interessen- ausgleich Nr. 9; NZA **02**, 999 L; AiB **02**, 585 L
11. 12. 2001 1 AZR 193/01	AP Nr. 22 zu § 50 BetrVG 1972	BAG **100**, 60; BB **02**, 1487; DB **02**, 1276; SAE **03**, 41; EzA § 50 BetrVG 1972 Nr. 18; NZA **02**, 688; AiB **03**, 500
11. 12. 2001 3 AZR 512/00	AP Nr. 36 zu § 1 BetrAVG Ablösung	BAG **100**, 76; DB **03**, 293; EzA § 1 BetrAVG Ablösung Nr. 33; NZA **03**, 1414
11. 12. 2001 9 AZR 459/00	AP Nr. 1 zu § 209 InsO	BB **02**, 890; DB **02**, 1011; EzA § 210 InsO Nr. 1; NZA **02**, 975
12. 12. 2001 5 AZR 253/00	AP Nr. 111 zu § 611 BGB Abhängigkeit	BB **02**, 1702; DB **02**, 1610; NJW **02**, 2411; EzA § 611 BGB Arbeitnehmerbegriff Nr. 87; NZA **02**, 787

Datum	Fundstelle AP	Weitere Fundstellen

2002

Datum	Fundstelle AP	Weitere Fundstellen
15. 1. 2002 1 ABR 10/01	AP Nr. 23 zu § 50 BetrVG 1972	BAG **100**, 157; RdA **03**, 111; BB **02**, 1699; DB **02**, 1564; SAE **03**, 1; EzA § 50 BetrVG 1972 Nr. 19; NZA **02**, 988
15. 1. 2002 1 ABR 13/01	AP Nr. 12 zu § 87 BetrVG 1972 Gesundheitsschutz	BAG **100**, 173; DB **02**, 2278; EzA § 87 BetrVG 1972 Gesundheitsschutz Nr. 2; NZA **02**, 995; AiB **03**, 110
15. 1. 2002 1 AZR 58/01	AP Nr. 1 zu § 2 SozplKonkG	BAG **100**, 166; BB **02**, 1967; DB **02**, 1834; NJW **02**, 3493; EzA § 613a BGB Nr. 206; NZA **02**, 1034
15. 1. 2002 1 AZR 65/01		DB **02**, 1896 L; EzA § 614 BGB Nr. 1; NZA **02**, 1112 L
22. 1. 2002 3 ABR 28/01	AP Nr. 16 zu § 76 BetrVG 1972 Einigungsstelle	DB **02**, 1839; EzA § 76 BetrVG 1972 Nr. 69
22. 1. 2002 3 AZR 554/00	AP Nr. 4 zu § 77 BetrVG 1972 Betriebsvereinbarung	BB **02**, 2333; DB **02**, 1896; EzA § 77 BetrVG 1972 Ruhestand Nr. 2; NZA **02**, 1224
23. 1. 2002 4 AZR 56/01	AP Nr. 5 zu § 2 NachwG	BAG **100**, 225; BB **02**, 2606; DB **02**, 1661; EzA § 2 NachwG Nr. 3; NZA **02**, 800
23. 1. 2002 7 AZR 611/00	AP Nr. 230 zu § 620 BGB Befristeter Arbeitsvertrag	BAG **100**, 204; RdA **03**, 43; BB **02**, 1097; DB **02**, 1379; NJW **02**, 2265; ArbuR **03**, 389; SAE **03**, 52; EzA § 620 BGB Nr. 185; NZA **02**, 986; AiB **03**, 49
29. 1. 2002 1 ABR 18/01	AP Nr. 19 zu § 76 BetrVG 1972 Einigungsstelle	BAG **100**, 239; EzA § 76 BetrVG 1972 Nr. 70
29. 1. 2002 1 AZR 67/01		SAE **02**, 350 L; EzA § 77 BetrVG 1972 Nr. 71; NZA **02**, 927 L
14. 2. 2002 8 AZR 175/01	AP Nr. 21 zu § 611 BGB Haftung des Arbeitgebers	DB **02**, 2000; EzA § 611 BGB Arbeitgeberhaftung Nr. 10; NZA **02**, 1027
19. 2. 2002 1 ABR 26/01	AP Nr. 13 zu § 4 BetrVG 1972	EzA § 4 BetrVG 1972 Nr. 8; NZA **02**, 1300; AiB **03**, 692
21. 2. 2002 2 AZR 81/00		SAE **02**, 352 L; EzA § 1 KSchG 1969 Interessenausgleich Nr. 10; NZA **02**, 1360 L
27. 2. 2002 9 AZR 562/00	AP Nr. 36 zu § 1 TVG Tarifverträge: Rundfunk	BAG **100**, 339; DB **02**, 2054; BB **02**, 2018; NZA **02**, 1099; EzA § 4 TVG Rundfunk Nr. 23; SAE **03**, 93
7. 3. 2002 2 AZR 612/00	AP Nr. 11 zu § 15 SchwbG 1986	BAG **100**, 355; DB **02**, 2114; NJW **02**, 3568; EzA § 85 SGB IX Nr. 1; NZA **02**, 1145
12. 4. 2002 2 AZR 706/00	AP Nr. 56 zu § 1 KSchG 1969 Soziale Auswahl	NJW **02**, 3797; EzA § 1 KSchG Soziale Auswahl Nr. 48; NZA **03**, 42
16. 4. 2002 1 ABR 23/01	AP Nr. 69 zu § 5 BetrVG 1972	BAG **101**, 53; BB **02**, 2387; DB **02**, 2113; EzA § 5 BetrVG 1972 Nr. 66; NZA **03**, 56; AiB **03**, 483
16. 4. 2002 1 AZR 363/01	AP Nr. 38 zu § 4 TVG Übertarifl. Lohn und Tariflohnerhöhung	EzA § 4 TVG Tariflohnerhöhung Nr. 39; NZA **03**, 224
17. 4. 2002 5 AZR 89/01	AP Nr. 6 zu § 2 NachwG	BAG **101**, 75; BB **02**, 2022; DB **03**, 560; ArbuR **02**, 467; SAE **03**, 138; EzA § 2 NachwG Nr. 5; NZA **02**, 1096
25. 4. 2002 2 AZR 52/01	AP Nr. 11 zu § 543 ZPO 1977	NJW **03**, 918; EzA § 543 Nr. 11; NZA **03**, 272
28. 5. 2002 1 ABR 32/01	AP Nr. 39 zu § 87 BetrVG 1972 Ordnung des Betriebs	BAG **101**, 216; DB **03**, 287; EzA § 87 BetrVG 1972 Betriebliche Ordnung Nr. 29; NZA **03**, 166

Datum	Fundstelle AP	Weitere Fundstellen
28. 5. 2002 1 ABR 35/01	AP Nr. 23 zu Art. 56 ZA-Nato-Truppenstatut	BAG **101**, 232; NZA **03**, 1101
28. 5. 2002 1 ABR 37/01	AP Nr. 10 zu § 87 BetrVG 1972 Urlaub	BAG **101**, 203; EzA § 87 BetrVG 1972 Bildungsurlaub Nr. 1; NZA **03**, 171; AiB **03**, 491
28. 5. 2002 1 ABR 40/01	AP Nr. 96 zu § 87 BetrVG 1972 Arbeitszeit	DB **02**, 2385; EzA § 87 BetrVG 1972 Arbeitszeit Nr. 65; NZA **03**, 1352; AiB **03**, 313
29. 5. 2002 5 AZR 105/01		SAE **03**, 177 L; EzA § 2 NachwG Nr. 4; NZA **02**, 1360 L
29. 5. 2002 5 AZR 680/00	AP Nr. 27 zu § 812 BGB	BAG **101**, 247; DB **02**, 2330; NJW **03**, 457; EzA § 4 TVG Ausschlussfristen Nr. 155; NZA **02**, 1328
5. 6. 2002 7 ABR 17/01	AP Nr. 11 zu § 47 BetrVG 1972	BAG **101**, 273; DB **03**, 512; SAE **03**, 216; EzA § 47 BetrVG 1972 Nr. 9; NZA **03**, 336; AiB **03**, 312
11. 6. 2002 1 ABR 43/01	AP Nr. 118 zu § 99 BetrVG 1972	BAG **101**, 298; BB **03**, 310; DB **03**, 160; NJW **03**, 843; ArbuR **03**, 231; EzA § 99 BetrVG 1972 Nr. 139; NZA **03**, 226
11. 6. 2002 1 ABR 44/01	AP Nr. 70 zu § 256 ZPO	BAG **101**, 277; DB **02**, 2727; EzA § 256 ZPO Nr. 66
11. 6. 2002 1 ABR 46/01	AP Nr. 38 zu § 87 BetrVG 1972 Ordnung des Betriebes	BAG **101**, 285; BB **03**, 50; DB **02**, 2280; ArbuR **03**, 233; EzA § 87 BetrVG 1972 Betriebliche Ordnung Nr. 28; NZA **02**, 1299; AiB **03**, 629
11. 6. 2002 1 AZR 390/01	AP Nr. 113 zu § 87 BetrVG 1972 Lohngestaltung	BAG **101**, 288; DB **02**, 2725; EzA § 87 BetrVG 1972 Betriebliche Lohngestaltung Nr. 76; NZA **03**, 570; AiB **03**, 559
13. 6. 2002 2 AZR 234/01	AP Nr. 69 zu § 1 KSchG 1969	BAG **101**, 341; DB **03**, 396; EzA § 1 KSchG Verhaltensbedingte Kündigung Nr. 57; NZA **03**, 265
13. 6. 2002 2 AZR 391/01	AP Nr. 97 zu § 615 BGB	BAG **101**, 328; BB **03**, 53; DB **03**, 210; EzA § 15 nF KSchG Nr. 55; NZA **03**, 44
25. 6. 2002 3 AZR 167/01	AP Nr. 36 zu § 4 TVG Übertarifl. Lohn und Tariflohnerhöhung	DB **02**, 2494; EzA § 4 TVG Tariflohnerhöhung Nr. 38; NZA **02**, 1216
27. 6. 2002 2 ABR 22/01	AP Nr. 47 zu § 103 BetrVG 1972	BAG **102**, 30; DB **02**, 2655; SAE **03**, 246; EzA § 103 BetrVG 1972 Nr. 43; NZA **03**, 229; AiB **03**, 699
27. 6. 2002 2 AZR 67/01	AP Nr. 4 zu § 55 BAT	BAG **102**, 40; BB **03**, 314; DB **03**, 102; EzA § 626 BGB Unkündbarkeit Nr. 8
31. 7. 2002 7 ABR 12/01	AP Nr. 70 zu § 118 BetrVG 1972	BAG **102**, 74; DB **02**, 2729; EzA § 118 BetrVG 1972 Nr. 74; NZA **02**, 1409
31. 7. 2002 7 AZR 140/01	AP Nr. 14 zu § 1 TVG Tarifverträge: Luftfahrt	BAG **102**, 65; NZA **02**, 1155; BB **02**, 2504; EzA Art. 9 GG Nr. 78; DB **03**, 158
6. 8. 2002 1 AZR 247/01	AP Nr. 154 zu § 112 BetrVG 1972	EzA § 112 BetrVG 2001 Nr. 1; NZA **03**, 449
6. 8. 2002 1 AZR 21/01		Parallelentscheidung zu BAG 20. 11. 2001 – 1 AZR 97/01 –
6. 8. 2002 1 ABR 49/01	AP Nr. 27 zu § 99 BetrVG 1972 Eingruppierung	BAG **102**, 135; BB **03**, 639; DB **03**, 290; SAE **03**, 239; EzA § 99 BetrVG 1972 Umgruppierung Nr. 2; NZA **03**, 386
14. 8. 2002 7 ABR 29/01	AP Nr. 2 zu § 41 BetrVG 1972	BAG **102**, 182; ArbuR **03**, 271; EzA § 41 BetrVG 2001 Nr. 1; NZA **03**, 626
15. 8. 2002 2 AZR 214/01	AP Nr. 48 zu § 103 BetrVG 1972	BAG **102**, 190; BB **03**, 637; DB **03**, 453; NJW **03**, 1204; EzA § 103 BetrVG 1972 Nr. 44; NZA **03**, 432

Datum	Fundstelle AP	Weitere Fundstellen
20. 8. 2002 9 AZR 61/01	AP Nr. 27 zu § 38 BetrVG 1972	BAG **102**, 251; BB **03**, 1018; DB **03**, 1963; EzA § 38 BetrVG 2001 Nr. 1; NZA **03**, 1046
10. 9. 2002 3 AZR 635/01	AP Nr. 37 zu § 1 BetrAVG Ablösung	BB **03**, 2749; DB **03**, 1525; SAE **04**, 26; EzA § 1 BetrAVG Ablösung Nr. 34
18. 9. 2002 1 ABR 54/01	AP Nr. 7 zu § 77 BetrVG 1972 Betriebsvereinbarung	BAG **102**, 356; BB **03**, 1387; DB **03**, 1281; SAE **03**, 304; EzA § 613a BGB 2002 Nr. 5; NZA **03**, 670; AiB **04**, 41; RdA **04**, 167
18. 9. 2002 1 ABR 56/01	AP Nr. 31 zu § 99 BetrVG 1972 Versetzung	BAG **102**, 346; EzA § 99 BetrVG 1972 Nr. 140; SAE **04**, 102; EzA § 99 BetrVG 1972 Nr. 140; NZA **03**, 622
18. 9. 2002 1 AZR 668/01	AP Nr. 99 zu § 615 BGB	BB **03**, 740; DB **03**, 1121; EzA § 87 BetrVG 2001 Arbeitszeit Nr. 1
26. 9. 2002 2 AZR 636/01	AP Nr. 124 zu § 1 KSchG 1969 Betriebsbedingte Kündigung	BAG **103**, 31; BB **03**, 1729; DB **03**, 946; NJW **03**, 2116; SAE **03**, 233; EzA § 1 KSchG Be- triebsbedingte Kündigung Nr. 124; NZA **03**, 549
26. 9. 2002 2 AZR 424/01	AP Nr. 37 zu § 626 BGB Verdacht auf strafbare Handlung	EzA § 626 BGB 2002 Verdacht strafbarer Hand- lung Nr. 1; NZA **03**, 991 L; DB **03**, 1336 L
10. 10. 2002 2 AZR 472/01	AP Nr. 44 zu § 1 KSchG 1969 Verhaltensbedingte Kündigung	BAG **103**, 111; RdA **03**, 240; BB **03**, 1283; DB **03**, 830; NJW **03**, 1685; SAE **03**, 331; EzA § 1 KSchG Verhaltensbedingte Kündigung Nr. 58; NZA **03**, 483
10. 10. 2002 2 AZR 240/01	AP Nr. 45 zu § 9 KSchG 1969	BAG **103**, 100; DB **03**, 999; ArbuR **03**, 195; EzA § 9 n. F. KSchG Nr. 46
23. 10. 2002 7 ABR 55/01	AP Nr. 26 zu § 50 BetrVG 1972	DB **03**, 1852 L; SAE **03**, 276 L; EzA § 50 BetrVG 2001 Nr. 1; NZA **03**, 1360 L; AiB **03**, 449 L
23. 10. 2002 7 ABR 59/01	AP Nr. 72 zu § 118 BetrVG 1972	BAG **103**, 163; EzA § 118 BetrVG 2001 Nr. 1; NZA **04**, 334
29. 10. 2002 1 AZR 80/02		DB **03**, 2710 L; EzA § 112 BetrVG 2001 Nr. 4; NZA **03**, 879 L
29. 10. 2002 1 AZR 573/01	AP Nr. 18 zu § 77 BetrVG 1972 Tarifvorbehalt	BAG **103**, 187; RdA **03**, 290; BB **03**, 963; DB **03**, 455; EzA § 77 BetrVG 1972 Nr. 72; NZA **03**, 393
29. 10. 2002 1 AZR 603/01	AP Nr. 11 zu § 611 BGB Arbeitsbereitschaft	BAG **103**, 197; DB **03**, 2014; EzA § 4 ArbZG Nr. 1; NZA **03**, 1212
7. 11. 2002 2 AZR 599/01	AP Nr. 40 zu § 1 KSchG 1969 Krankheit	DB **03**, 724 L; EzA § 1 KSchG Krankheit Nr. 50; NZA **03**, 816 L
7. 11. 2002 2 AZR 475/01	AP Nr. 19 zu § 620 BGB Kündigungserklärung	BAG **103**, 277; BB **03**, 1178; DB **03**, 833; EzA § 130 BGB 2002 Nr. 1; NZA **03**, 719
12. 11. 2002 1 AZR 632/01	AP Nr. 155 zu § 112 BetrVG 1972	BAG **103**, 312; BB **03**, 2401; DB **03**, 1686; EzA § 112 BetrVG 2001 Nr. 2; NZA **03**, 676
12. 11. 2002 1 ABR 1/02	AP Nr. 41 zu § 99 BetrVG 1972 Einstellung	BAG **103**, 304; BB **03**, 850; DB **03**, 1228; EzA § 99 BetrVG 2001 Nr. 1; NZA **03**, 513
12. 11. 2002 1 ABR 60/01	AP Nr. 43 zu § 99 BetrVG 1972 Einstellung	BAG **103**, 329; ArbuR **03**, 309; EzA § 99 BetrVG 2001 Nr. 2; NZA **04**, 1289; AiB **05**, 188
12. 11. 2002 1 AZR 58/02	AP Nr. 159 zu § 112 BetrVG 1972	BAG **103**, 321; DB **03**, 1635; EzA § 112 BetrVG 2001 Nr. 3; NZA **03**, 1287
27. 11. 2002 7 ABR 36/01	AP Nr. 75 zu § 40 BetrVG 1972	BAG **104**, 32; DB **03**, 1799; EzA § 40 BetrVG 2001 Nr. 2; NZA **03**, 803; AiB **05**, 309

Datum	Fundstelle AP	Weitere Fundstellen
27. 11. 2002 7 ABR 33/01	AP Nr. 76 zu § 40 BetrVG 1972	EzA § 40 BetrVG 2001 Nr. 1; AiB **03**, 746; DB **03**, 1800 L; SAE **03**, 323 L; NZA **03**, 991 L
27. 11. 2002 7 AZR 655/01	AP Nr. 22 zu § 620 BGB Altersgrenze	EzA § 620 BGB 2002 Altersgrenze Nr. 2
3. 12. 2002 9 AZR 481/01	AP Nr. 2 zu § 81 SGB IX; AP Nr. 34 zu § 99 BetrVG 1972 Versetzung	BAG **104**, 45; BB **03**, 1014; DB **03**, 1230; ArbuR **03**, 29; EzA § 81 SGB IX Nr. 1; NZA **03**, 1215
3. 12. 2002 9 AZR 462/01	AP Nr. 1 zu § 124 SGB IX	BAG **104**, 73; DB **04**, 1621; NZA **04**, 1219; AiB **05**, 381; ArbuR **03**, 29; EzA § 124 SGB IX Nr. 1
3. 12. 2002 9 AZR 535/01	AP Nr. 57 zu § 11 BUrlG	BAG **104**, 65; BB **03**, 1232; EzA § 11 BUrlG Nr. 55; NZA **03**, 1219
4. 12. 2002 10 AZR 6/02	AP Nr. 2 zu § 38 InsO	BAG **104**, 94; DB **03**, 618; NJW **03**, 1964; EzA § 113 BetrVG 1972 Nr. 30; NZA **03**, 665; AiB **03**, 701
5. 12. 2002 2 AZR 549/01	AP Nr. 59 zu § 1 KSchG 1969 Soziale Auswahl	NZA **03**, 791; EzA § 1 KSchG Soziale Auswahl Nr. 49
5. 12. 2002 2 AZR 571/01	AP Nr. 125 zu § 1 KSchG 1969 Betriebsbedingte Kündigung	BAG **104**, 131; RdA **03**, 228; BB **03**, 1339; DB **03**, 1334; NJW **03**, 2258; EzA § 1 KSchG Be- triebsbedingte Kündigung Nr. 125; NZA **03**, 789
5. 12. 2002 2 AZR 697/01	AP Nr. 60 zu § 1 KSchG 1969 Soziale Auswahl	BAG **104**, 138; DB **03**, 1909; EzA § 1 KSchG Soziale Auswahl Nr. 52; NZA **03**, 849; BB **04**, 1229; AiB **04**, 439
10. 12. 2002 1 ABR 27/01	AP Nr. 42 zu § 95 BetrVG 1972	BAG **104**, 187; ArbuR **03**, 398; EzA § 99 BetrVG Umgruppierung Nr. 1
10. 12. 2002	AP Nr. 59 zu § 80 BetrVG 1972	BAG **104**, 175; BB **03**, 1900; DB **03**, 2072; SAE **03**, 343; EzA § 80 BetrVG 2001 Nr. 1; NZA **04**, 223
10. 12. 2002 1 AZR 96/02	AP Nr. 162 zu Art. 9 GG Arbeitskampf	BAG **104**, 155; RdA **03**, 356; BB **03**, 1125; DB **03**, 1116; SAE **03**, 277; EzA Art 9 GG Arbeits- kampf Nr. 134; NZA **03**, 734; ArbuR **04**, 149

2003

Datum	Fundstelle AP	Weitere Fundstellen
16. 1. 2003 2 AZR 707/01	AP Nr. 129 zu § 102 BetrVG 1972	BB **03**, 1791; NJW **03**, 3076; EzA § 102 BetrVG 2001 Nr. 2; NZA **03**, 927
21. 1. 2003 1 ABR 5/02	AP Nr. 117 zu § 87 BetrVG 1972 Lohngestaltung	EzA § 87 BetrVG 2001 Betriebliche Lohngestal- tung Nr. 1; NZA **03**, 810
21. 1. 2003 1 ABR 9/02	AP Nr. 1 zu § 21 a BetrVG 1972	EzA § 77 BetrVG 2001 Nr. 3; NZA **03**, 1097; AiB **03**, 513 L
21. 1. 2003 1 AZR 125/02	AP Nr. 118 zu § 87 BetrVG 1972 Lohngestaltung	DB **03**, 1584 L; EzA § 4 TVG Tariflohn- erhöhung Nr. 41; NZA **03**, 1056 L
21. 1. 2003 3 ABR 26/02		DB **03**, 2131 L; EzA § 50 BetrVG 2001 Nr. 2; NZA **03**, 992 L
21. 1. 2003 3 AZR 30/02	AP Nr. 13 zu § 3 BetrAVG	DB **03**, 2130; EzA § 3 BetrAVG Nr. 9; NZA **04**, 331
22. 1. 2003 9 AZB 7/03	AP Nr. 1 zu § 78 ArbGG 1979 nF; AP Nr. 12 zu § 78 ArbGG 1979	BAG **104**, 302; NZA **03**, 399; NJW **03**, 1621; BB **03**, 1020; EzA § 72 ArbGG 1979 Nr. 29; RdA **04**, 121
6. 2. 2003 2 AZR 621/01	AP Nr. 21 zu § 611 a BGB	BAG **104**, 304; BB **03**, 1734; DB **03**, 1795; ArbuR **04**, 65; EzA § 123 BGB 2002 Nr. 2; NZA **03**, 848; AiB **03**, 755; SAE **04**, 125
6. 2. 2003 2 AZR 672/01	AP Nr. 30 zu § 23 KSchG 1969	BAG **104**, 308; BB **03**, 1437; DB **03**, 1393; NJW **03**, 2188; ArbuR **04**, 107; EzA § 242 BGB 2002 Kündigung Nr. 1; NZA **03**, 717

Datum	Fundstelle AP	Weitere Fundstellen
6. 2. 2003 2 AZR 674/01	AP Nr. 71 zu § 2 KSchG 1969	BAG **104**, 315; BB **03**, 1731; DB **03**, 1178; ArbuR **03**, 195; EzA § 2 KSchG Nr. 47; NZA **03**, 659
13. 2. 2003 6 AZR 537/01	AP Nr. 2 zu § 7 BBiG	BAG **104**, 353; DB 2003, 1743; NZA **03**, 984; EzA § 77 BetrVG 2001 Nr. 1; ArbuR **03**, 473
13. 2. 2003 8 AZR 102/02	AP Nr. 245 zu § 613 a BGB	BB **03**, 1286; DB **03**, 1740; EzA § 613 a BGB 2002 Nr. 6
18. 2. 2003 1 ABR 2/02	AP Nr. 12 zu § 611 BGB Arbeitsbereitschaft	BAG **105**, 32; BB **03**, 2071; DB **03**, 1387; ArbuR **03**, 298; EzA § 7 ArbZG Nr. 4; NZA **03**, 742; AiB **03**, 759; SAE **04**, 265
18. 2. 2003 1 ABR 17/02	AP Nr. 11 zu § 77 BetrVG 1972 Betriebsvereinbarung;	BAG **105**, 19; DB **03**, 2290; ArbuR **03**, 119; EzA § 77 BetrVG 2001 Nr. 4; NZA **04**, 336
18. 2. 2003 9 AZR 136/02	AP Nr. 15 zu § 41 SGB VI	BAG **105**, 100; NJW **03**, 3005; EzA § 313 BGB 2002 Nr. 1; DB **03**, 2392; SAE **04**, 21
18. 2. 2003 9 AZR 164/02	AP Nr. 2 zu § 8 TzBfG	BAG **105**, 107; DB **03**, 2442; BB **03**, 2629; NZA **03**, 1392; NJW **04**, 386; ArbuR **04**, 66; EzA § 8 TzBfG Nr. 3; SAE **04**, 92
28. 2. 2003 1 AZB 53/02	AP Nr. 2 zu § 78 ArbGG 1979 nF; AP Nr. 13 zu § 78 ArbGG 1979	BAG **105**, 195; NZA **03**, 516; MDR **03**, 770; EzA § 78 ArbGG 1979 Nr. 5
18. 3. 2003 3 AZR 101/02	AP Nr. 41 zu § 1 BetrAVG Ablösung	BAG **105**, 212; DB **04**, 327; EzA § 1 BetrAVG Ablösung Nr. 39; BB **04**, 945; NZA **04**, 1099
19. 3. 2003 7 ABR 15/02	AP Nr. 77 zu § 40 BetrVG 1972	BAG **105**, 311; BB **03**, 1681; DB **03**, 1911; EzA § 40 BetrVG 2001 Nr. 3; NZA **03**, 870
25. 3. 2003 1 AZR 169/02		EzA § 112 BetrVG 2001 Nr. 6; NZA **04**, 64 L; SAE **04**, 40 L
25. 3. 2003 1 AZR 335/02		EzA § 112 BetrVG 2001 Nr. 5; NZA **04**, 64 L
27. 3. 2003 2 AZR 51/02	AP Nr. 36 zu § 87 BetrVG 1972 Überwachung	BAG **105**, 356; BB **03**, 2578; DB **03**, 2230; NJW **03**, 3436; EzA § 611 BGB 2002 Persön- lichkeitsrecht Nr. 1; NZA **03**, 1193; AiB **04**, 761; ArbuR **05**, 453
8. 4. 2003 2 AZR 15/02	AP Nr. 40 zu § 113 BetrVG 1972	EzA § 55 InsO Nr. 4; NZA **04**, 343 L
8. 4. 2003 2 AZR 515/02	AP Nr. 133 zu § 102 BetrVG 1972	BAG **106**, 14; DB **03**, 2342; EzA § 102 BetrVG 2001 Nr. 3; NZA **03**, 961
8. 4. 2003 2 AZR 355/02	AP Nr. 181 zu § 626 BGB	BB **03**, 2130; EzA § 626 BGB 2002 Unkünd- barkeit Nr. 2; NZA **03**, 856
16. 4. 2003 7 ABR 27/02	AP Nr. 1 zu § 95 SGB IX	BAG **106**, 57; EzA § 95 SGB IX Nr. 1; NZA **03**, 1105; AiB **04**, 446
16. 4. 2003 7 ABR 29/02	AP Nr. 21 zu § 20 BetrVG 1972	EzA § 20 BetrVG 2001 Nr. 1
16. 4. 2003 7 ABR 53/02	AP Nr. 7 zu § 9 BetrVG 1972; AP Nr. 1 zu § 9 BetrVG 2002	BAG **106**, 64; BB **03**, 2178; DB **03**, 2128; EzA § 9 BetrVG 2001 Nr. 1; NZA **03**, 1345; AiB **04**, 113; ArbuR **04**, 109; RdA **04**, 181; SAE **04**, 165
16. 4. 2003 7 AZR 423/01	AP Nr. 138 zu § 37 BetrVG 1972	BAG **106**, 87; NZA **04**, 171; EzA § 37 BetrVG 2001 Nr. 1; AiB **05**, 183

Datum	Fundstelle AP	Weitere Fundstellen
6. 5. 2003 1 ABR 11/02	AP Nr. 161 zu § 112 BetrVG 1972	BAG **106**, 95; BB **04**, 218; DB **04**, 193; NZA **04**, 108; EzA § 112 BetrVG 2001 Nr. 8; SAE **04**, 251; AiB **05**, 124
6. 5. 2003 1 ABR 13/02	AP Nr. 61 zu § 80 BetrVG 1972	BAG **106**, 111; DB **03**, 2445; ArbuR **04**, 70; NZA **03**, 1348; AiB **03**, 749; EzA § 80 BetrVG 2001 Nr. 2; SAE **04**, 114
6. 5. 2003 1 AZR 241/02	AP Nr. 21 zu § 3 TVG Verbandszugehörigkeit	BAG **106**, 124; DB **03**, 2499; EzA § 2 TVG Nr. 26; NZA **04**, 562
6. 5. 2003 1 AZR 340/02	AP Nr. 80 zu § 256 ZPO 1977	NZA **03**, 1422
3. 6. 2003 1 ABR 19/02	AP Nr. 1 zu § 89 BetrVG 1972	BAG **106**, 188; DB **03**, 2496; ArbuR **03**, 265; AiB **04**, 184; EzA § 89 BetrVG 2001 Nr. 1; SAE **04**, 287
3. 6. 2003 1 AZR 349/02	AP Nr. 19 zu § 77 BetrVG 1972 Tarifvorbehalt	BAG **106**, 204; DB **04**, 385; EzA § 77 BetrVG 2001 Nr. 5; NZA **03**, 1155; AiB **05**, 48
4. 6. 2003 7 ABR 42/02	AP Nr. 136 zu § 37 BetrVG 1972	BAG **106**, 233; BB **03**, 2517; DB **03**, 2344; ArbuR **03**, 266, 436; EzA § 40 BetrVG 2001 Nr. 4; NZA **03**, 1284; AiB **05**, 248
4. 6. 2003 7 AZR 489/02	AP Nr. 245 zu § 620 BGB Befristeter Arbeitsvertrag	BAG **106**, 246; DB **04**, 142; ArbuR **03**, 434; NZA **03**, 1143; SAE **04**, 81
4. 6. 2003 10 AZR 586/02	AP Nr. 2 zu § 209 InsO	EzA § 209 InsO Nr. 1; NZA **03**, 1087
5. 6. 2003 6 AZR 114/02	AP Nr. 7 zu § 611 BGB Bereitschaftsdienst	BAG **106**, 252; DB **04**, 138; ArbuR **03**, 266; NZA **04**, 164; EzA § 7 ArbZG Nr. 6
17. 6. 2003 3 ABR 43/02	AP Nr. 44 zu § 1 BetrAVG Ablösung	BAG **106**, 301; DB **04**, 714; EzA § 1 BetrAVG Ablösung Nr. 40; NZA **04**, 1110; RdA **04**, 304
1. 7. 2003 1 ABR 20/02	AP Nr. 107 zu § 87 BetrVG 1972 Arbeitszeit	BAG **107**, 1; EzA § 87 BetrVG 2001 Arbeitszeit Nr. 3; NZA **04**, 620; SAE **04**, 188; DB **05**, 170; ArbuR **04**, 78
1. 7. 2003 1 ABR 22/02	AP Nr. 103 zu § 87 BetrVG 1972 Arbeitszeit	BAG **107**, 9; DB **04**, 607; EzA § 87 BetrVG 2001 Arbeitszeit Nr. 2; NZA **03**, 1209; SAE **04**, 106
3. 7. 2003 2 AZR 235/02	AP Nr. 45 zu § 1 KSchG 1969 Verhaltensbedingte Kündigung	BAG **107**, 36; DB **04**, 878; NZA **04**, 427; NJW **04**, 1547; EzA § 1 KSchG Verhaltensbedingte Kündigung Nr. 61; BB **04**, 1964; ArbuR **04**, 427; SAE **04**, 374
3. 7. 2003 2 AZR 487/02	AP Nr. 7 zu § 18 BErzGG	BAG **107**, 50; BB **03**, 2518; DB **03**, 2494; NZA **03**, 1335; NJW **04**, 244; EzA § 113 InsO Nr. 14; AiB **04**, 698; SAE **05**, 18
9. 7. 2003 5 AZR 305/02	AP Nr. 14 zu § 102 BetrVG Weiterbeschäftigung	BAG **107**, 66; BB **03**, 2400; DB **03**, 2233; NJW **04**, 314; EzA § 102 BetrVG 2001 Beschäftigungspflicht Nr. 1; NZA **03**, 1191; SAE **04**, 145; AiB **04**, 504
22. 7. 2003 1 ABR 28/02	AP Nr. 108 zu § 87 BetrVG 1972 Arbeitszeit	BAG **107**, 78; DB **04**, 766; NZA **04**, 507; EzA § 87 BetrVG 2001 Arbeitszeit Nr. 4; ArbuR **03**, 298
22. 7. 2003 1 AZR 496/02		NZA **04**, 568 L
22. 7. 2003 1 AZR 541/02	AP Nr. 42 zu § 113 BetrVG 1972	BAG **107**, 91; DB **03**, 2708; ArbuR **03**, 475; NZA **04**, 93; AiB **03**, 709; NJW **04**, 875; EzA § 111 BetrVG 2001 Nr. 1

Datum	Fundstelle AP	Weitere Fundstellen
22. 7. 2003 1 AZR 575/02	AP Nr. 160 zu § 112 BetrVG 1972	BAG **107**, 100; DB **03**, 2658; EzA § 112 BetrVG 2001 Nr. 7; BB **04**, 2022
29. 7. 2003 3 ABR 34/02	AP Nr. 18 zu § 87 BetrVG 1972 Sozialeinrichtung	BAG **107**, 112; DB **04**, 883; BB **04**, 943; EzA § 87 BetrVG 2001 Betriebliche Lohngestaltung Nr. 2; NZA **04**, 1344
29. 7. 2003 3 AZR 630/02	AP Nr. 45 zu § 1 BetrAVG Ablösung	EzA § 1 BetrAVG Ablösung Nr. 42
6. 8. 2003 7 AZR 180/03	AP Nr. 6 zu § 9 AÜG	BB **04**, 669; EzA § 1 AÜG Nr. 13
28. 8. 2003 2 ABR 48/02	AP Nr. 49 zu § 103 BetrVG 1972	BAG **107**, 204; NZA **04**, 501; DB **04**, 1156; EzA § 118 BetrVG 2001 Nr. 3
28. 8. 2003 2 AZR 368/02	AP Nr. 1 zu § 125 InsO	NZA **04**, 432; EzA § 125 InsO Nr. 1; BB **04**, 2692
28. 8. 2003 2 AZR 377/02	AP Nr. 134 zu § 102 BetrVG 1972	BAG **107**, 221; DB **04**, 937; BB **04**, 1056; EzA § 102 BetrVG 2001 Nr. 4; SAE **05**, 45
3. 9. 2003 7 ABR 8/03	AP Nr. 79 zu § 40 BetrVG 1972	BAG **107**, 231; DB **04**, 493; NZA **04**, 280; BB **04**, 557; EzA § 40 BetrVG 2001 Nr. 6; AiB **04**, 692; ArbuR **05**, 110; SAE **05**, 129
3. 9. 2003 7 ABR 12/03	AP Nr. 78 zu § 40 BetrVG 1972	DB **04**, 491; NZA **04**, 278; BB **04**, 668; EzA § 40 BetrVG 2001 Nr. 5; AiB **04**, 692; ArbuR **05**, 110; SAE **05**, 126
18. 9. 2003 2 AZR 79/02	AP Nr. 14 zu § 17 KSchG 1969	BAG **107**, 318; NZA **04**, 375; BB **04**, 1223; EzA § 17 KSchG Nr. 11; DB **04**, 2817
18. 9. 2003 2 AZR 139/03	AP Nr. 12 zu § 1 KSchG 1969 Konzern	SAE **05**, 1
23. 9. 2003 1 ABR 35/02	AP Nr. 28 zu § 99 BetrVG 1972 Eingruppierung	BAG **107**, 338; DB **04**, 550; EzA § 99 BetrVG 2001 Nr. 3; NZA **04**, 800
23. 9. 2003 1 AZR 576/02	AP Nr. 43 zu § 113 BetrVG 1972	BAG **107**, 347; DB **04**, 658; NZA **04**, 440; EzA § 113 BetrVG 2001 Nr. 3; BB **04**, 1168
24. 9. 2003 5 AZR 500/02	AP Nr. 9 zu § 615 BGB Böswilligkeit; AP Nr. 4 zu § 11 KSchG 1969	BAG **108**, 27; BB **03**, 2688; NJW **04**, 316; NZA **04**, 90; DB **04**, 437; EzA § 615 BGB 2002 Nr. 4
21. 10. 2003 1 ABR 39/02	AP Nr. 62 zu § 80 BetrVG 1972	BAG **108**, 132; DB **04**, 322; EzA § 80 BetrVG 2001 Nr. 3; NZA **04**, 936; BB **04**, 2467; ArbuR **04**, 78
21. 10. 2003 1 AZR 407/02	AP Nr. 163 zu § 112 BetrVG 1972	BAG **108**, 147; BB **04**, 722; DB **04**, 991; EzA § 112 BetrVG 2001 Nr. 9; NZA **04**, 559
22. 10. 2003 7 ABR 3/03	AP Nr. 28 zu § 38 BetrVG 1972	BAG **108**, 185; AiB **04**, 239; DB **04**, 939; EzA § 38 BetrVG 2001 Nr. 2; NZA **04**, 1052
22. 10. 2003 7 ABR 18/03	AP Nr. 21 zu § 1 BetrVG 1972 Gemeinsamer Betrieb	EzA § 1 BetrVG 2001 Nr 1
22. 10. 2003 7 AZR 113/03	AP Nr. 6 zu § 14 TzBfG	BAG **108**, 191; EzA § 14 TzBfG Nr. 6; NJW **04**, 3586; NZA **04**, 1275; DB **04**, 2815; SAE **05**, 50
18. 11. 2003 1 AZR 30/03	AP Nr. 162 zu § 112 BetrVG 1972	BAG **108**, 294; NZA **04**, 220; BB **04**, 556; EzA § 113 BetrVG 2001 Nr. 2; DB **04**, 2820
18. 11. 2003 1 AZR 604/02	AP Nr. 15 zu § 77 BetrVG 1972 Nachwirkung	BAG **108**, 299; DB **04**, 1508; NZA **04**, 803; EzA § 77 BetrVG 2001 Nr. 9; BB **04**, 2529

Datum	Fundstelle AP	Weitere Fundstellen
18. 11. 2003 1 AZR 637/02	AP Nr. 76 zu § 118 BetrVG 1972	BAG **108**, 311; DB **04**, 1372; NZA **04**, 741; EzA § 118 BetrVG 2001 Nr. 4
19. 11. 2003 7 ABR 24/03	AP Nr. 54 zu § 19 BetrVG 1972	BAG **108**, 375; NZA **04**, 395; AiB **04**, 432; EzA § 19 BetrVG 2001 Nr. 2; ArbuR **04**, 309; SAE **04**, 193; DB **04**, 2819
19. 11. 2003 7 ABR 25/03	AP Nr. 55 zu § 19 BetrVG 1972	EzA § 19 BetrVG 2001 Nr. 1
19. 11. 2003 7 AZR 11/03	AP Nr. 19 zu § 1 BetrVG 1972 Gemeinsamer Betrieb	BAG **109**, 1; BB **04**, 720; DB **04**, 822; NZA **04**, 435; NJW **04**, 1613; EzA § 22 BetrVG 2001 Nr. 1
27. 11. 2003 2 AZR 654/02	AP Nr. 136 zu § 102 BetrVG 1972	EzA § 102 BetrVG 2001 Nr. 6
27. 11. 2003 2 AZR 48/03	AP Nr. 64 zu § 1 KSchG 1969 Soziale Auswahl	BAG **109**, 40; NZA **04**, 477; EzA § 1 KSchG Betriebsbedingte Kündigung Nr. 128; AiB **04**, 767; DB **04**, 2759
27. 11. 2003 2 AZR 135/03	AP Nr. 1 zu § 312 BGB	BAG **109**, 22; DB **04**, 1208; NZA **04**, 597; NJW **04**, 2401; BB **04**, 1852; EzA § 312 BGB 2002 Nr. 1; SAE **05**, 63
9. 12. 2003 1 ABR 44/02	AP Nr. 1 zu § 33 BetrVG 1972	BAG **109**, 61; NZA **04**, 746; DB **04**, 2055
9. 12. 2003 1 ABR 49/02	AP Nr. 27 zu § 50 BetrVG 1972	BAG **109**, 71; EzA § 50 BetrVG 2001 Nr. 3; NZA **05**, 234; SAE **05**, 76
9. 12. 2003 1 ABR 52/02		EzA § 77 BetrVG 2001 Nr. 6
11. 12. 2003 2 AZR 536/02	AP Nr. 65 zu § 1 KSchG 1969 Soziale Auswahl	EzA § 102 BetrVG 2001 Nr. 5; AiB **05**, 55
11. 12. 2003 6 AZR 64/03	AP Nr. 7 zu § 4 TzBfG	BAG **109**, 110; NZA **04**, 723; EzA § 4 TzBfG Nr. 8

2004

Datum	Fundstelle AP	Weitere Fundstellen
14. 1. 2004 7 ABR 26/03		AiB **05**, 759
20. 1. 2004 9 AZR 343/03	AP Nr. 18 zu § 1 AEntG	BAG **111**, 247; NZA **05**, 114; EzA § 1 AEntG Nr. 3; SAE **05**, 189
22. 1. 2004 2 AZR 111/02	AP Nr. 1 zu § 112 BetrVG 1972 Namensliste	EzA § 1 KSchG Interessenausgleich Nr. 11
22. 1. 2004 2 AZR 237/03	AP Nr. 31 zu § 23 KSchG 1969	BAG **109**, 215; NZA **04**, 479; BB **04**, 1059; NJW **04**, 1818; EzA § 23 KSchG Nr. 26; DB **04**, 1946
27. 1. 2004 1 ABR 7/03	AP Nr. 40 zu § 87 BetrVG 1972 Überwachung	BAG **109**, 235; NZA **04**, 556; BB **04**, 1389; DB **04**, 1733; EzA § 87 BetrVG 2001 Kontrollein- richtung Nr. 1
27. 1. 2004 1 AZR 105/03	AP Nr. 35 zu § 64 ArbGG 1969	EzA § 64 ArbGG 1979 Nr. 39
27. 1. 2004 1 AZR 148/03	AP Nr. 166 zu § 112 BetrVG 1972	BAG **109**, 244; BB **04**, 1282; NZA **04**, 667; EzA § 77 BetrVG 2001 Nr. 7; RdA **05**, 45; AiB **05**, 565
5. 2. 2004 8 AZR 112/03	AP Nr. 23 zu § 611a BGB	BAG **109**, 265; NZA **04**, 540; NJW **04**, 2112; EzA § 611a BGB 2002 Nr. 3; DB **04**, 1944
11. 2. 2004 7 ABR 27/03	AP Nr. 22 zu § 1 BetrVG 1972 Gemeinsamer Betrieb	BAG **109**, 332; DB **04**, 1213; NZA **04**, 618; EzA § 1 BetrVG 2001 Nr. 2; AiB **05**, 370

Datum	Fundstelle AP	Weitere Fundstellen
12. 2. 2004 2 AZR 163/03	AP Nr. 1 zu § 15 KSchG 1969 Ersatzmitglied	EzA § 15 n. F. KSchG Nr. 56; AiB **05**, 376
19. 2. 2004 6 AZR 552/02	AP Nr. 33 zu § 611 BGB Ausbildungsbeihilfe	BAG **109**, 345; EzA § 611 BGB 2002 Ausbildungsbeihilfe Nr. 5; ArbuR **04**, 107
2. 3. 2004 1 AZR 271/03	AP Nr. 31 zu § 3 TVG	BAG **109**, 369; DB **04**, 1669; NZA **04**, 852; EzA § 87 BetrVG 2001 Betriebliche Lohngestaltung Nr. 4; SAE **05**, 162
4. 3. 2004 2 AZR 147/03	AP Nr. 50 zu § 103 BetrVG 1972	BAG **110**, 1; DB **04**, 1370; NZA **04**, 717; NJW **04**, 2612; EzA § 103 BetrVG 2001 Nr. 3
10. 3. 2004 7 ABR 49/03	AP Nr. 8 zu § 7 BetrVG 1972	BAG **110**, 27; DB **04**, 1836; NZA **04**, 1340; BB **04**, 2753; EzA § 9 BetrVG 2001 Nr. 2
16. 3. 2004 9 AZR 323/03	AP Nr. 10 zu § 8 TzBfG	BAG **110**, 45; NZA **04**, 1047; DB **04**, 2320; EzA § 8 TzBfG Nr. 8; BB **05**, 1570
25. 3. 2004 2 AZR 295/03	AP Nr. 36 zu § 9 MuSchG 1968	EzA § 9 nF MuSchG Nr. 40
30. 3. 2004 1 ABR 61/01	AP Nr. 3 zu § 5 EBRG	BAG **110**, 100; NZA **04**, 863; DB **04**, 1997; EzA § 5 EBRG Nr. 1; SAE **05**, 205
30. 3. 2004 1 AZR 7/03	AP Nr. 47 zu § 113 BetrVG 1972	BAG **110**, 122; DB **04**, 1511; BB **04**, 1791; NZA **04**, 931; EzA § 113 BetrVG 2001 Nr. 4
30. 3. 2004 1 AZR 85/03	AP Nr. 170 zu § 112 BetrVG 1972	EzA § 112 BetrVG 2001 Nr. 10
7. 4. 2004 7 ABR 41/03	AP Nr. 17 zu § 106 BetrVG 1972	BAG **110**, 159; DB **04**, 1839; EzA § 106 BetrVG 2001 Nr. 1; NZA **05**, 311
7. 4. 2004 7 ABR 42/03	AP Nr. 3 zu § 94 SGB IX	NZA **04**, 745; EzA § 94 SGB IX Nr. 1
14. 4. 2004 4 AZR 232/03	AP Nr. 188 zu § 1 TVG Auslegung	BAG **110**, 164; DB **04**, 2703; EzA § 1 TVG Nr. 45; NZA **05**, 178
22. 4. 2004 2 AZR 244/03	AP Nr. 67 zu § 1 KSchG 1969 Soziale Auswahl	NJW-Spezial **04**, 374; NZA **04**, 1389; EzA § 1 KSchG Soziale Auswahl Nr. 53; AiB **05**, 379
22. 4. 2004 2 AZR 281/03	AP Nr. 27 zu § 620 BGB Aufhebungsvertrag	EzA § 312 BGB 2002 Nr. 2
27. 4. 2004 9 AZR 21/04	AP Nr. 39 zu § 15 BErzGG	BAG **110**, 224; NZA **04**, 1039; DB **04**, 2164; BB **04**, 2245; EzA § 15 BErzGG Nr. 13; RdA **05**, 51; SAE **05**, 239
29. 4. 2004 1 ABR 30/02	AP Nr. 3 zu § 77 BetrVG 1972 Durchführung	BAG **110**, 252; NZA **04**, 670; EzA § 77 BetrVG 2001 Nr. 8; BB **04**, 1967; DB **04**, 2220
5. 5. 2004 7 ABR 44/03	AP Nr. 1 zu § 3 WahlO BetrVG 1972	BAG **110**, 288; DB **04**, 1947; NZA **04**, 1285; EzA § 19 BetrVG 2001 Nr. 3; BB **05**, 108
13. 5. 2004 2 AZR 329/03	AP Nr. 140 zu § 102 BetrVG 1972	BAG **110**, 331; NZA **04**, 1037; BB **04**, 2190; DB **04**, 2327; EzA § 102 BetrVG 2001 Nr. 7
13. 5. 2004 2 AZR 36/04	AP Nr. 12 zu § 626 BGB Krankheit	DB **04**, 2273; NZA **04**, 1271; EzA § 626 BGB 2002 Krankheit Nr. 2
13. 5. 2004 8 AZR 98/03	AP Nr. 264 zu § 613a BGB	BAG **110**, 336; DB **04**, 2107; EzA § 613a BGB 2002 Nr. 25; BB **05**, 383
25. 5. 2004 3 AZR 45/03		EzA § 2 BetrAVG Nr. 21
27. 5. 2004 6 AZR 129/03	AP Nr. 5 zu § 1 TVG Gleichbehandlung	BAG **111**, 8; DB **04**, 2538; NZA **04**, 1399; BB **05**, 159; EzA Art. 3 GG Nr. 101; SAE **05**, 181

Datum	Fundstelle AP	Weitere Fundstellen
3. 6. 2004 2 AZR 577/03	AP Nr. 141 zu § 102 BetrVG 1972	NZA **05**, 175; EzA § 1 KSchG Soziale Auswahl Nr. 55
8. 6. 2004 1 ABR 4/03	AP Nr. 20 zu § 76 BetrVG 1972 Einigungsstelle	BAG **111**, 48; DB **05**, 233; NZA **05**, 227; EzA § 87 BetrVG 2001 Gesundheitsschutz Nr. 2; AiB **05**, 252; SAE **05**, 282
8. 6. 2004 1 ABR 13/03	AP Nr. 13 zu § 87 BetrVG 1972 Gesundheitsschutz	BAG **111**, 36; DB **04**, 2274; NZA **04**, 1175; EzA § 87 BetrVG 2001 Gesundheitsschutz Nr. 1; AiB **05**, 252; SAE **05**, 221
8. 6. 2004 1 AZR 308/03	AP Nr. 124 zu § 87 BetrVG 1972 Lohngestaltung	BAG **111**, 70; NZA **05**, 66; DB **05**, 168; EzA § 87 BetrVG 2001 Betriebliche Lohngestaltung Nr. 5; BB **05**, 723
16. 6. 2004 5 AZR 508/03	AP Nr. 11 zu § 615 BGB Böswilligkeit	BAG **111**, 123; DB **04**, 2166; NZA **04**, 1155; BB **04**, 2418; EzA § 615 BGB 2002 Nr. 7; NJW **05**, 1068
24. 6. 2004 2 AZR 63/03	AP Nr. 49 zu § 1 KSchG 1969 Verhaltensbedingte Kündigung	NZA **05**, 158; NJW **05**, 619; EzA § 1 KSchG Verhaltensbedingte Kündigung Nr. 65
24. 6. 2004 2 AZR 326/03	AP Nr. 76 zu § 1 KSchG 1969	NZA **04**, 1268; EzA § 1 KSchG Betriebsbedingte Kündigung Nr. 132
24. 6. 2004 2 AZR 461/03	AP Nr. 22 zu § 620 BGB Kündigungserklärung	NZA **04**, 1330; EzA § 102 BetrVG 2001 Nr. 9
29. 6. 2004 1 ABR 32/99	AP Nr. 6 zu § 5 EBRG	BAG **111**, 191; DB **05**, 112; NZA **05**, 118; BB **05**, 440; EzA § 5 EBRG Nr. 2
29. 6. 2004 1 ABR 14/03	AP Nr. 10 zu § 97 ArbGG 1979	BAG **111**, 164; NZA **04**, 1236; EzA § 97 ArbGG 1979 Nr. 4
29. 6. 2004 1 ABR 21/03	AP Nr. 41 zu § 87 BetrVG 1972 Überwachung	BAG **111**, 173; DB **04**, 2377; NZA **04**, 1278; NJW **05**, 313; BB **05**, 102; EzA § 611 BGB 2002 Persönlichkeitsrecht Nr. 2; ArbuR **05**, 454
29. 6. 2004 1 AZR 143/03	AP Nr. 36 zu § 1 TVG	EzA § 1 TVG Nr. 46
15. 7. 2004 2 AZR 376/03	AP Nr. 68 zu § 1 KSchG 1969 Soziale Auswahl	BAG **111**, 229; DB **04**, 2375; NJW **04**, 3795; BB **04**, 2640; EzA § 1 KSchG Soziale Auswahl Nr. 54; NZA **05**, 523
21. 7. 2004 7 ABR 38/03	AP Nr. 8 zu § 9 BetrVG 1972	EzA § 9 BetrVG 2001 Nr. 3
21. 7. 2004 7 ABR 57/03	AP Nr. 15 zu § 4 BetrVG 1972	EzA § 4 BetrVG 2001 Nr. 1
21. 7. 2004 7 ABR 58/03	AP Nr. 13 zu § 47 BetrVG 1972	BAG **111**, 269; NZA **05**, 170; EzA § 47 BetrVG 2001 Nr. 1; DB **05**, 730
21. 7. 2004 7 ABR 62/03	AP Nr. 4 zu § 51 BetrVG 1972	BAG **111**, 276; NZA **05**, 173; EzA § 51 BetrVG 2001 Nr. 1; DB **05**, 1066; SAE **05**, 267
21. 7. 2004 7 AZR 589/03	–	EzA § 620 BGB 2002 Altersgrenze Nr. 5; ArbuR **04**, 308; NZA **04**, 1352
24. 8. 2004 1 ABR 23/03	AP Nr. 174 zu § 112 BetrVG 1972	BAG **111**, 335; DB **05**, 397; NZA **05**, 302; EzA § 112 BetrVG 2001 Nr. 12; BB **05**, 1631; AiB **05**, 623
24. 8. 2004 1 ABR 28/03	AP Nr. 12 zu § 98 BetrVG 1972	BAG **111**, 350; NZA **05**, 371; DB **05**, 781; EzA § 98 BetrVG 2001 Nr. 1; ArbuR **05**, 270; SAE **05**, 244
25. 8. 2004 7 ABR 60/03	AP Nr. 1 zu § 43a BRAO	BAG **111**, 371; DB **05**, 288; NZA **05**, 168; NJW **05**, 921

Datum	Fundstelle AP	Weitere Fundstellen
7. 9. 2004 3 AZR 550/03	AP Nr. 15 zu § 1 BetrAVG Gleichberechtigung	BAG **112**, 1; EzA Art. 141 EG-Vertrag 1999 Nr. 16; DB **05**, 507; NZA **05**, 1239
16. 9. 2004 2 AZR 511/03	AP Nr. 142 zu § 102 BetrVG 1972	EzA § 102 BetrVG 2001 Nr. 10
16. 9. 2004 2 AZR 628/03	AP Nr. 78 zu § 2 KSchG 1969	BAG **112**, 58; DB **05**, 395; BB **05**, 946; EzA § 623 BGB 2002 Nr. 2; NZA **05**, 635
29. 9. 2004 1 ABR 29/03	AP Nr. 112 zu § 87 BetrVG 1972 Arbeitszeit	BAG **112**, 87; DB **05**, 343; NZA **05**, 313; EzA § 87 BetrVG 2001 Arbeitszeit Nr. 6
29. 9. 2004 1 ABR 30/03	AP Nr. 81 zu § 40 BetrVG 1972	BAG **112**, 96; BB **05**, 163; NZA **05**, 123; EzA § 40 BetrVG 2001 Nr. 7
29. 9. 2004 1 ABR 39/03	AP Nr. 40 zu § 99 BetrVG 1972 Versetzung	BAG **112**, 100; NZA **05**, 420; DB **05**, 951; EzA § 99 BetrVG 2001 Nr. 4
29. 9. 2004 1 AZR 445/03	AP Nr. 16 zu § 77 BetrVG 1972 Nachwirkung	NZA **05**, 532
29. 9. 2004 1 AZR 634/03		EzA § 42 d EStG Nr. 2
30. 9. 2004 8 AZR 462/03	AP Nr. 275 zu § 613 a BGB	BAG **112**, 124; DB **05**, 56; NZA **05**, 43; NJW **05**, 775; BB **05**, 605; EzA § 613 a BGB 2002 Nr. 28; SAE **05**, 322; RdA **06**, 228
7. 10. 2004 2 AZR 81/04	AP Nr. 56 zu § 15 KSchG 1969	BAG **112**, 148; BB **05**, 334; NZA **05**, 156; DB **05**, 894; EzA § 15 KSchG nF Nr. 57
12. 10. 2004 3 AZR 557/03	AP Nr. 23 zu § 1 BetrAVG Hinterbliebenenversorgung	BAG **112**, 155; DB **05**, 783; BB **05**, 945; NZA **05**, 580; EzA § 1 BetrAVG Hinterbliebenenver- sorgung Nr. 11
13. 10. 2004 7 ABR 56/03	AP Nr. 9 zu § 54 BetrVG 1972	BAG **112**, 166; DB **05**, 1335; NZA **05**, 647; EzA § 54 BetrVG 2001 Nr. 1; SAE **06**, 289
13. 10. 2004 7 ABR 5/04	AP Nr. 1 zu § 2 WahlO BetrVG 1972	BAG **112**, 160; DB **05**, 675; AiB **05**, 245; EzA § 19 BetrVG 2001 Nr. 4
13. 10. 2004 7 ABR 6/04	AP Nr. 71 zu § 5 BetrVG 1972	BAG **112**, 180; DB **05**, 837; NZA **05**, 480; EzA § 5 BetrVG 2001 Nr. 1; SAE **06**, 186
26. 10. 2004 1 ABR 31/03 (A)	AP Nr. 113 zu § 87 BetrVG 1972 Arbeitszeit	BAG **112**, 227; NZA **05**, 538; EzA § 87 BetrVG 2001 Arbeitszeit Nr. 7
26. 10. 2004 1 ABR 37/03	AP Nr. 29 zu § 99 BetrVG 1972 Eingruppierung	BAG **112**, 238; DB **05**, 561; NZA **05**, 367; EzA § 99 BetrVG 2001 Umgruppierung Nr. 2
26. 10. 2004 1 ABR 45/03	AP Nr. 41 zu § 99 BetrVG 1972 Versetzung	BAG **112**, 251; NZA **05**, 535; BB **05**, 1453; EzA § 99 BetrVG 2001 Nr. 5
26. 10. 2004 1 AZR 493/03	AP Nr. 49 zu § 113 BetrVG 1972	BAG **112**, 260; DB **05**, 115; NZA **05**, 237; BB **05**, 559; EzA § 113 BetrVG 2001 Nr. 5
26. 10. 2004 1 AZR 503/03	AP Nr. 171 zu § 112 BetrVG 1972	EzA § 112 BetrVG 2001 Nr. 11
28. 10. 2004 8 AZR 391/03	AP Nr. 69 zu § 1 KSchG 1969 Soziale Auswahl	BAG **112**, 273; NZA **05**, 285; DB **05**, 673; BB **05**, 892; EzA § 1 KSchG Soziale Auswahl Nr. 56
4. 11. 2004 2 AZR 17/04	AP Nr. 3 zu § 623 BGB	BB **05**, 1007; NJW **05**, 1533; NZA **05**, 513; EzA § 130 BGB 2002 Nr. 4
4. 11. 2004 2 AZR 96/04	AP Nr. 57 zu § 15 KSchG 1969	AiB **05**, 446; EzA § 15 nF KSchG Nr. 58
9. 11. 2004 1 ABR 11/02 (A)		NZA **05**, 70

Datum	Fundstelle AP	Weitere Fundstellen
10. 11. 2004 7 ABR 12/04	AP Nr. 11 zu § 8 BetrVG 1972	BAG **112**, 305; DB **05**, 1067; DB **05**, 1175; NZA **05**, 707; EzA § 8 BetrVG 2001 Nr. 1
10. 11. 2004 7 ABR 17/04	AP Nr. 4 zu § 3 BetrVG 1972	EzA § 3 BetrVG 2001 Nr. 1; AiB **05**, 619
10. 11. 2004 7 ABR 19/04	AP Nr. 7 zu § 17 BetrVG 1972	BAG **112**, 310; NZA **05**, 426; DB **05**, 1011; AiB **05**, 373; EzA § 17 BetrVG 2001 Nr. 1; SAE **06**, 114
10. 11. 2004 7 AZR 131/04	AP Nr. 140 zu § 37 BetrVG 1972	BAG **112**, 322; NZA **05**, 704; EzA § 37 BetrVG 2001 Nr. 3
16. 11. 2004 1 ABR 48/03	AP Nr. 44 zu § 99 BetrVG 1972 Einstellung	BAG **112**, 329; DB **05**, 1469; NZA **05**, 775; EzA § 99 BetrVG 2001 Einstellung Nr. 2
16. 11. 2004 1 ABR 53/03	AP Nr. 3 zu § 82 BetrVG 1972	BAG **112**, 341; DB **05**, 504; NZA **05**, 416; EzA § 82 BetrVG 2001 Nr. 1; BB **05**, 1505
16. 11. 2004 1 AZR 642/03	AP Nr. 58 zu § 111 BetrVG 1972	EzA § 111 BetrVG 2001 Nr. 2
23. 11. 2004 2 AZR 24/04	AP Nr. 132 zu § 1 KSchG 1969 Betriebsbedingte Kündigung	NZA **05**, 929; EzA § 1 KSchG Betriebsbedingte Kündigung Nr. 135
23. 11. 2004 9 AZR 639/03	AP Nr. 1 zu Art. 72 GG	BAG **113**, 1; EzA § 75 BetrVG 2001 Nr. 1; NZA **05**, 833
23. 11. 2004 9 AZR 644/03	AP Nr. 9 zu § 8 TzBfG	BAG **113**, 11; DB **05**, 1279; BB **05**, 1739; EzA § 8 TzBfG Nr. 12; NZA **05**, 769; SAE **06**, 7
1. 12. 2004 5 AZR 597/03	AP Nr. 14 zu § 50 ZPO	BAG **113**, 50; NJW **05**, 1004; NZA **05**, 318; EzA § 50 ZPO 2002 Nr. 3
1. 12. 2004 7 ABR 18/04	AP Nr. 82 zu § 40 BetrVG 1972	EzA § 40 BetrVG 2001 Nr. 8
1. 12. 2004 7 ABR 27/04		EzA § 18 BetrVG 2001 Nr. 1
1. 12. 2004 7 AZR 129/04	AP 00 Nr. 00	EzA § 78 a BetrVG 2001 Nr. 1; NZA **05**, 779
14. 12. 2004 1 ABR 51/03	AP Nr. 1 zu § 2 TVG Tariffähigkeit	BAG **113**, 82; BB **05**, 1054; DB **05**, 1117; NZA **05**, 697; EzA § 2 TVG Nr. 27; SAE **06**, 94
14. 12. 2004 1 ABR 54/03	AP Nr. 121 zu § 99 BetrVG 1972	BAG **113**, 102; DB **05**, 729; NZA **05**, 424; BB **05**, 1170; EzA § 99 BetrVG 2001 Einstellung Nr. 1
14. 12. 2004 1 ABR 55/03	AP Nr. 122 zu § 99 BetrVG 1972	BAG **113**, 109; NZA **05**, 1524; NZA **05**, 827; EzA § 99 BetrVG 2001 Nr. 6
14. 12. 2004 1 AZR 504/03	AP Nr. 32 zu § 611 BGB Haftung des Arbeitgebers	BAG **113**, 121; NJW **05**, 2172; DB **05**, 1578; NZA **05**, 818; BB **05**, 2193; EzA § 13 GmbH-Gesetz Nr. 4
16. 12. 2004 2 AZR 66/04	AP Nr. 133 zu § 1 KSchG 1969 Betriebsbedingte Kündigung	NZA **05**, 761; EzA § 1 KSchG Betriebsbedingte Kündigung Nr. 136
16. 12. 2004 2 AZR 148/04	AP Nr. 64 zu § 123 BGB	EzA § 123 BGB 2002 Nr. 5

2005

Datum	Fundstelle AP	Weitere Fundstellen
18. 1. 2005 3 ABR 21/04	AP Nr. 24 zu § 77 BetrVG 1972 Betriebsvereinbarung	BAG **113**, 173; DB **05**, 2417; EzA § 77 BetrVG 2001 Nr. 11; NZA **06**, 167
19. 1. 2005 7 ABR 24/04		ZBVR **05**, 110
19. 1. 2005 7 AZR 208/04		AuA **05**, 436

Datum	Fundstelle AP	Weitere Fundstellen
19. 1. 2005 7 AZR 250/04	AP Nr. 1 zu § 267 SGB III	BAG **113**, 184; EzA § 620 BGB 2002 Nr. 11; NZA **05**, 873
20. 1. 2005 2 AZN 941/04	AP Nr. 1 zu § 72a ArbGG 1979 Rechtliches Gehör	BAG **113**, 195; NZA **05**, 316; NJW **05**, 1214; EzA § 72a ArbGG 1979 Nr. 97
20. 1. 2005 2 AZR 675/03	AP Nr. 1 zu § 85 SGB IX	NZA **05**, 689; NJW **05**, 2796; EzA § 85 SGB IX Nr. 3
20. 1. 2005 2 AZR 134/04	AP Nr. 18 zu § 113 InsO	BAG **113**, 199; DB **05**, 1691; BB **05**, 1685; EzA § 113 InsO Nr. 15; NZA **06**, 1352
25. 1. 2005 1 ABR 59/03	AP Nr. 114 zu § 87 BetrVG 1972 Arbeitszeit	BAG **113**, 206; DB **05**, 1630; NZA **05**, 945; EzA § 99 BetrVG 2001 Einstellung Nr. 3; SAE **06**, 83; AiB **06**, 384; BB **06**, 2421
25. 1. 2005 1 ABR 61/03	AP Nr. 48 zu § 99 BetrVG 1972 Einstellung	BAG **113**, 218; BB **05**, 2189; NZA **05**, 1199; DB **05**, 1693; EzA § 99 BetrVG 2001 Nr. 7
25. 1. 2005 1 AZR 657/03	AP Nr. 123 zu Art. 9 GG	BAG **113**, 230; NJW **05**, 1596; NZA **05**, 592; EzA Art 9 GG Nr. 81
9. 2. 2005 5 AZR 175/04	AP Nr. 12 zu § 611 BGB Lohnrückzahlung	NZA **05**, 814; EzA § 818 BGB 2002 Nr. 1
15. 2. 2005 9 AZN 892/04	AP Nr. 50 zu § 72a ArbGG 1979 Divergenz	BAG **113**, 315; NZA **05**, 484; NJW **05**, 1452; EzA § 72a ArbGG 1979 Nr. 98
16. 2. 2005 7 AZR 95/04	AP Nr. 26 zu § 46 BPersVG	NZA-RR **05**, 556; EzA § 46 BPersVG Nr. 3
16. 2. 2005 7 AZR 330/04	AP Nr. 141 zu § 37 BetrVG 1972	NZA **05**, 936; EzA § 37 BetrVG 2001 Nr. 4
24. 2. 2005 2 AZR 214/04	AP Nr. 4 zu § 1 KSchG 1969 Gemeinschaftsbetrieb	NZA **05**, 867; EzA § 1 KSchG Soziale Auswahl Nr. 59
14. 3. 2005 1 AZN 1002/04	AP Nr. 53 zu § 72a ArbGG 1979	BAG **114**, 67; NZA **05**, 596; NJW **05**, 1885; EzA § 72a ArbGG 1979 Nr. 100
16. 3. 2005 7 ABR 33/04	AP Nr. 14 zu § 47 BetrVG 1972	EzA § 47 BetrVG 2001 Nr. 2; NZA **05**, 1080 L; ArbuR **05**, 385
16. 3. 2005 7 ABR 37/04	AP Nr. 5 zu § 51 BetrVG 1972	BAG **114**, 110; NZA **05**, 1069; EzA § 51 BetrVG 2001 Nr. 2
16. 3. 2005 7 ABR 40/04	AP Nr. 3 zu § 15 BetrVG 1972	BAG **114**, 119; NZA **05**, 1252; EzA § 15 BetrVG 2001 Nr. 1; ArbuR **05**, 153
16. 3. 2005 7 ABR 43/04	AP Nr. 6 zu § 28 BetrVG 1972	BAG **114**, 136; NZA **05**, 1072; EzA § 28 BetrVG 2001 Nr. 2; SAE **05**, 345
17. 3. 2005 2 ABR 2/04	AP Nr. 58 zu § 15 KSchG 1969	NZA **05**, 949; EzA § 15 n. F. KSchG Nr. 59
17. 3. 2005 2 AZR 275/04	AP Nr. 6 zu § 27 BetrVG 1972	NZA **05**, 1064; EzA § 28 BetrVG 2001 Nr. 1; SAE **05**, 315; AiB **06**, 178
22. 3. 2005 1 ABN 1/05	AP Nr. 3 zu § 72a ArbGG 1979 Rechtliches Gehör	BAG **114**, 157; NZA **05**, 652; EzA § 72a ArbGG 1979 Nr. 101
22. 3. 2005 1 ABR 64/03	AP Nr. 26 zu § 4 TVG Geltungsbereich	BAG **114**, 162; EzA § 77 BetrVG 2001 Nr. 10; RdA **06**, 312; SAE **07**, 285

Datum	Fundstelle AP	Weitere Fundstellen
22. 3. 2005 1 AZR 3/04		EzA § 112 BetrVG 2001 Nr. 13; NZA **05**, 831
22. 3. 2005 1 AZR 49/04	AP Nr. 48 zu § 75 BetrVG 1972	BAG **114**, 179; DB **05**, 1467; NZA **05**, 773; EzA § 75 BetrVG 2001 Nr. 2
14. 4. 2005 1 AZN 840/04	AP Nr. 4 zu § 72 a ArbGG 1979 Rechtliches Gehör	BAG **114**, 200; NJW **05**, 1965; NZA **05**, 708; EzA § 72 a ArbGG 1979 Nr. 102
19. 4. 2005 3 AZR 468/04	AP Nr. 9 zu § 1 BetrAVG Betriebsvereinbarung	DB **05**, 1527; EzA § 1 BetrAVG Ablösung Nr. 43; NZA-RR **05**, 598
19. 4. 2005 9 AZR 233/04	AP Nr. 44 zu § 15 BErzGG	BAG **114**, 206; DB **05**, 2582; NZA **05**, 1354; BB **06**, 553; EzA § 15 BErzGG Nr. 15; SAE **06**, 128; NJW **06**, 1832
20. 4. 2005 2 AZR 201/04		BB **05**, 2083; EzA § 1 KSchG Soziale Auswahl Nr 60; NZA **05**, 877; RdA **06**, 238
20. 4. 2005 7 ABR 14/04	AP Nr. 84 zu § 40 BetrVG 1972	BAG **114**, 219; NZA **05**, 1010; DB **05**, 2754; AiB **06**, 56
20. 4. 2005 7 ABR 20/04	AP 00 Nr. 00	DB **05**, 1855; NZA **05**, 1006; EzA § 14 AÜG Nr. 5; BB **06**, 383
20. 4. 2005 7 ABR 44/04	AP Nr. 30 zu § 38 BetrVG 1972	BAG **114**, 228; DB **05**, 2416; NZA **05**, 1426; EzA § 38 BetrVG 2001 Nr 4
20. 4. 2005 7 ABR 47/04	AP Nr. 29 zu § 38 BetrVG 1972	BAG **114**, 236; NZA **05**, 1013; EzA § 38 BetrVG 2001 Nr. 3
21. 4. 2005 2 AZR 162/04	AP Nr. 4 zu § 623 BGB	BB **05**, 1627; NZA **05**, 865; NJW **05**, 2572; EzA § 623 BGB 2002 Nr. 4
21. 4. 2005 2 AZR 241/04	AP Nr. 74 zu § 1 KSchG 1969 Soziale Auswahl	BAG **114**, 258; BB **05**, 2471; DB **05**, 2527; NZA **05**, 1307; NJW **06**, 108; RdA **06**, 235
21. 4. 2005 2 AZR 244/04	AP Nr. 80 zu § 2 KSchG 1969	DB **05**, 2250; NZA **05**, 1294; EzA § 2 KSchG Nr. 52; AiB **06**, 186
21. 4. 2005 2 AZR 55/04	AP Nr. 4 zu § 91 SGB IX	BAG **114**, 264; DB **05**, 2028; NZA **05**, 991; BB **05**, 2306; EzA § 91 SGB IX Nr. 1
26. 4. 2005 1 ABR 1/04	AP Nr. 118 zu § 87 BetrVG 1972 Arbeitszeit	BAG **114**, 272; NZA **05**, 884; DB **05**, 2030; EzA § 87 BetrVG 2001 Gesundheitsschutz Nr. 3; ArbuR **06**, 123
26. 4. 2005 1 AZR 76/04	AP Nr. 12 zu § 87 BetrVG 1972	BAG **114**, 286; DB **05**, 1633; EzA § 87 BetrVG 2001 Betriebliche Lohngestaltung Nr. 6; BB **05**, 2418; NZA **05**, 892
10. 5. 2005 9 AZN 195/05	AP Nr. 5 zu § 72 a ArbGG 1979 Rechtliches Gehör	BAG **114**, 295; NJW **05**, 2637; EzA § 72 a ArbGG 1979 Nr. 103; NZA **05**, 1205
12. 5. 2005 2 AZR 149/04	AP Nr. 145 zu § 102 BetrVG 1972	NZA **05**, 1358; EzA § 102 BetrVG 2001 Nr. 13
12. 5. 2005 2 AZR 159/04	AP Nr. 5 zu § 91 SGB IX	NZA **05**, 1173; NJW **05**, 3514; EzA § 91 SGB IX Nr. 2
24. 5. 2005 8 AZR 398/04	AP Nr. 284 zu § 613 a BGB	BAG **114**, 374; DB **05**, 2472; NZA **05**, 1302; BB **06**, 105; EzA § 613 a BGB 2002 Nr. 35
25. 5. 2005 5 AZR 347/04	AP Nr. 117 zu § 611 BGB Abhängigkeit	BAG **115**, 1; EzA § 611 BGB 2002 Arbeitnehmerbegriff Nr. 6
25. 5. 2005 7 ABR 10/04	AP Nr. 16 zu § 47 BetrVG 1972	NZA **06**, 215; EzA § 47 BetrVG 2001 Nr. 3

Datum	Fundstelle AP	Weitere Fundstellen
25. 5. 2005 7 ABR 38/04		DB **05**, 1914; EzA § 1 BetrVG 2001 Nr. 3
25. 5. 2005 7 ABR 39/04	AP Nr. 2 zu § 14 BetrVG 1972	BAG **115**, 34; EzA § 14 BetrVG 2001 Nr. 1; AiB **06**, 51; NZA **06**, 116
25. 5. 2005 7 ABR 45/04	AP Nr. 13 zu § 24 BetrVG 1972	NZA **05**, 1002; EzA § 40 BetrVG 2001 Nr. 9; AiB **06**, 322
31. 5. 2005 1 AZR 141/04	AP Nr. 124 zu Art. 9 GG	BAG **115**, 58; NJW **05**, 3019; NZA **05**, 1182; EzA Art. 9 GG Nr. 84; SAE **05**, 301
31. 5. 2005 1 AZR 254/04	AP Nr. 175 zu § 112 BetrVG 1972	BAG **115**, 68; DB **05**, 1744; BB **05**, 1967; NZA **05**, 997; EzA § 112 BetrVG 2001 Nr. 14
2. 6. 2005 2 AZR 158/04	AP Nr. 73 zu § 1 KSchG 1969 Soziale Auswahl	BAG **115**, 82; NZA **05**, 1175; DB **05**, 2196; BB **05**, 2244; NJW **05**, 3446; EzA § 1 KSchG So- ziale Auswahl Nr. 61
16. 6. 2005 6 AZR 411/04	AP Nr. 12 zu § 14 BBiG	EzA § 14 BBiG Nr. 13; NZA **06**, 680
16. 6. 2005 6 AZR 476/04	AP Nr. 13 zu § 3 ATG	BAG **115**, 122; BB **05**, 2357; DB **05**, 2303; AiB **06**, 124; EzA § 1 KSchG Betriebsbedingte Kündigung Nr. 137; NZA **06**, 270
21. 6. 2005 9 AZR 409/04	AP Nr. 14 zu § 8 TzBfG	BAG **115**, 136; DB **06**, 105; NZA **06**, 316; EzA § 8 TzBfG Nr. 13; BB **06**, 1169
22. 6. 2005 7 ABR 57/04	AP Nr. 23 zu § 1 BetrVG 1972 Gemeinsamer Betrieb	NZA **05**, 1248; DB **05**, 2643; EzA § 1 BetrVG 2001 Nr. 4
22. 6. 2005 10 ABR 34/04	–	NZA-RR **06**, 23
23. 6. 2005 2 AZR 193/04	AP Nr. 11 zu § 138 ZPO	NZA **05**, 1233; EzA § 102 BetrVG 2001 Nr. 12
28. 6. 2005 1 ABR 25/04	AP Nr. 146 zu § 102 BetrVG 1972	BAG **115**, 165; DB **05**, 2827; NZA **06**, 48; EzA § 102 BetrVG 2001 Nr. 14; BB **06**, 1059
28. 6. 2005 1 ABR 26/04	AP Nr. 49 zu § 99 BetrVG 1972 Einstellung	BAG **115**, 173; NZA **06**, 111; EzA § 99 BetrVG 2001 Nr. 8; AiB **06**, 242
28. 6. 2005 1 AZR 213/04	AP Nr. 25 zu § 77 BetrVG 1972 Betriebsvereinbarung	EzA § 77 BetrVG 2001 Nr. 12
20. 7. 2005 1 ABR 23/03 (A)	AP Nr. 2 zu § 8 BRAGO	DB **05**, 2086
21. 7. 2005 6 AZR 592/04	AP Nr. 50 zu § 113 BetrVG 1972	BAG **115**, 225; NZA **06**, 162; EzA § 125 InsO Nr. 2
26. 7. 2005 1 ABR 29/04	AP Nr. 43 zu § 95 BetrVG 1972	BAG **115**, 239; DB **05**, 2530; BB **05**, 2819; NZA **05**, 1372; AiB **06**, 710; SAE **06**, 261
27. 7. 2005 7 ABR 54/04	AP Nr. 1 zu § 19 WahlO BetrVG 1972	BAG **115**, 257; NZA **06**, 59; EzA § 19 BetrVG 2001 Nr. 5
27. 7. 2005 7 AZR 443/04	AP Nr. 27 zu § 620 BGB Altersgrenze	BAG **115**, 265; NZA **06**, 37; BB **06**, 222; DB **06**, 339; EzA § 620 BGB 2002 Altersgrenze Nr. 6
28. 7. 2005 3 AZR 457/04	AP Nr. 25 zu § 1 BetrAVG Hinterbliebenenversorgung	BAG **115**, 317; DB **06**, 2018; NZA-RR **06**, 591; EzA § 1 BetrAVG Hinterbliebenenversor- gung Nr. 12; SAE **07**, 189; NZA **06**, 1293 L; BB **07**, 672 L
17. 8. 2005 7 ABR 56/04	AP Nr. 10 zu § 55 InsO	BAG **115**, 332; NZA **06**, 109; EzA § 40 BetrVG 2001 Nr. 10

Datum	Fundstelle AP	Weitere Fundstellen
17. 8. 2005 7 ABR 62/04		nv
17. 8. 2005 7 AZR 528/04	AP Nr. 142 zu § 37 BetrVG 1972	NZA **06**, 448; EzA § 37 BetrVG 2001 Nr. 5
17. 8. 2005 7 AZR 553/04		EzA § 78 a BetrVG 2001 Nr. 2
18. 8. 2005 8 AZR 523/04	AP Nr. 31 zu § 620 BGB Aufhebungsvertrag	BAG **115**, 340; DB **06**, 107; NZA **06**, 145; BB **06**, 665; NJW **06**, 938; EzA § 613 a BGB 2002 Nr. 40; SAE **06**, 106
31. 8. 2005 5 AZR 517/04	AP Nr. 288 zu § 613 a BGB	BAG **115**, 367; BB **06**, 440; NZA **06**, 265; EzA § 613 a BGB 2002 Nr. 39
22. 9. 2005 2 AZR 519/04	AP Nr. 10 zu § 81 SGB IX	BAG **116**, 7; DB **06**, 952; NZA **06**, 486; EzA § 81 SGB IX Nr. 10
22. 9. 2005 2 AZR 544/04	AP Nr. 59 zu § 15 KSchG 1969	NZA **06**, 558; EzA § 1 KSchG Betriebsbedingte Kündigung Nr. 141
22. 9. 2005 6 AZR 526/04	AP Nr. 1 zu § 323 UmwG	BAG **116**, 19; DB **06**, 788; BB **06**, 1278; NZA **06**, 658; EzA § 113 InsO Nr. 18
22. 9. 2005 6 AZR 607/04	AP Nr. 20 zu § 1 KSchG 1969 Wartezeit	NZA **06**, 429; NJW **06**, 1612; EzA § 1 KSchG Nr. 58
27. 9. 2005 1 ABR 32/04	AP Nr. 25 zu Art 56 ZA-Nato-Truppenstatut	DAG **116**, 36
27. 9. 2005 1 ABR 41/04	AP Nr. 18 zu § 2 TVG Tarif- zuständigkeit	BAG **116**, 45; NZA **06**, 273; DB **06**, 620; EzA § 2 TVG Tarifzuständigkeit Nr. 9; ArbuR **06**, 240
28. 9. 2005 5 AZR 52/05	AP Nr. 7 zu § 307 BGB	BAG **116**, 66; BB **06**, 327; NZA **06**, 149; NJW **06**, 795; EzA § 307 BGB 2002 Nr. 8; SAE **06**, 177; DB **06**, 1959
6. 10. 2005 2 AZR 316/04	AP Nr. 150 zu § 102 BetrVG 1972	EzA § 102 BetrVG 2001 Nr. 16; NZA **06**, 990
19. 10. 2005 7 AZR 32/05	AP Nr. 26 zu § 77 BetrVG 1972 Betriebsvereinbarung	NZA **06**, 393; EzA § 77 BetrVG 2001 Nr. 13; BB **06**, 1747
27. 10. 2005 6 AZR 5/05	AP Nr. 4 zu § 22 InsO	BAG **116**, 168; BB **06**, 781; DB **06**, 955; NZA **06**, 727; EzA § 22 InsO Nr. 1
1. 11. 2005 1 AZR 355/04	AP Nr. 16 zu § 33 BAT	BAG **116**, 175; EzA § 4 TVG Tariflohnerhö- hung Nr. 46
10. 11. 2005 2 AZR 623/04	AP Nr. 196 zu § 626 BGB	NZA **06**, 491; EzA § 626 BGB 2002 Nr. 11; AiB **06**, 762
10. 11. 2005 2 AZR 44/05	AP Nr. 42 zu § 1 KSchG 1969 Krankheit	NZA **06**, 655; EzA § 1 KSchG Krankheit Nr. 52
16. 11. 2005 7 ABR 9/05	AP Nr. 4 zu § 94 SGB IX	BAG **116**, 205; NZA **06**, 340; DB **06**, 847; EzA § 94 SGB IX Nr. 3; AiB **06**, 447; SAE **07**, 155
16. 11. 2005 7 ABR 11/05	AP Nr. 7 zu § 28 BetrVG 1972	DB **06**, 731; NZA **06**, 445; EzA § 28 BetrVG 2001 Nr. 3
16. 11. 2005 7 ABR 12/05	AP Nr. 64 zu § 80 BetrVG 1972	BAG **116**, 192; BB **06**, 1004; NZA **06**, 553; DB **06**, 1437; EzA § 80 BetrVG 2001 Nr. 4; AiB **06**, 758
17. 11. 2005 6 AZR 107/05	AP Nr. 19 zu § 113 InsO	BAG **116**, 213; DB **06**, 844; NZA **06**, 661; BB **06**, 1636; EzA § 125 InsO Nr. 4; SAE **06**, 242

Datum	Fundstelle AP	Weitere Fundstellen
17. 11. 2005 6 AZR 118/05	AP Nr. 60 zu § 15 KSchG 1969	NZA **06**, 370; EzA § 1 KSchG Soziale Auswahl Nr. 64
22. 11. 2005 1 ABR 49/04	AP Nr. 7 zu § 117 BetrVG 1972	BAG **116**, 223; NZA **06**, 389; EzA § 99 BetrVG 2001 Versetzung Nr. 1
24. 11. 2005 2 ABR 55/04	AP Nr. 55 zu § 103 BetrVG 1972	EzA § 103 BetrVG 2001 Nr. 5
24. 11. 2005 2 AZR 514/04	AP Nr. 43 zu § 1 KSchG 1969 Krankheit	NZA **06**, 665; EzA § 1 KSchG Krankheit Nr. 51
24. 11. 2005 2 AZR 614/04	AP Nr. 19 zu § 1 KSchG 1969 Wartezeit	BAG **116**, 254; DB **06**, 728; NZA **06**, 366; NJW **06**, 1899; EzA § 1 KSchG Nr. 59
13. 12. 2005 1 ABR 51/04	AP Nr. 50 zu § 99 BetrVG 1972 Einstellung	EzA § 99 BetrVG 2001 Einstellung Nr. 4; NZA **06**, 1369; AiB **07**, 52
13. 12. 2005 1 AZR 551/04	AP Nr. 179 zu § 112 BetrVG 1972	EzA § 112 BetrVG 2001 Nr. 16
15. 12. 2005 2 AZR 148/05	AP Nr. 55 zu § 4 KSchG 1969	BAG **116**, 336; DB **06**, 1116; NJW **06**, 2284; NZA **06**, 791; ArbuR **06**, 282; EzA § 4 nF KSchG Nr. 72; BB **06**, 2359; SAE **07**, 147
15. 12. 2005 6 AZR 199/05	AP Nr. 76 zu § 1 KSchG 1969 Soziale Auswahl	NJW **06**, 1757; NZA **06**, 590; EzA § 1 KSchG Soziale Auswahl Nr. 66
21. 12. 2005 7 AZR 541/04	AP Nr. 18 zu § 14 TzBfG	DB **06**, 564; NZA **06**, 321; NJW **06**, 1084; BB **06**, 894; EzA § 14 TzBfG Nr. 25

2006

11. 1. 2006 5 AZR 98/05	AP Nr. 113 zu § 615 BGB	BAG **116**, 359; NZA **06**, 314; DB **06**, 787; BB **06**, 835; EzA § 615 BGB 2002 Nr. 11; AiB **06**, 642; SAE **07**, 123
12. 1. 2006 2 AZR 126/05	AP Nr. 82 zu § 2 KSchG 1969	BB **06**, 1115; DB **06**, 1114; NZA **06**, 587; EzA § 2 KSchG Nr. 56; SAE **06**, 221; AiB **06**, 767
12. 1. 2006 2 AZR 179/05	AP Nr. 54 zu § 1 KSchG 1969 Verhaltensbedingte Kündigung	NZA **06**, 980; EzA § 1 KSchG Verhaltensbe- dingte Kündigung Nr. 68
18. 1. 2006 7 ABR 25/05	–	dbr **06**, Nr 7, 38; AuA **07**, 697
24. 1. 2006 1 ABR 60/04	AP Nr. 65 zu § 80 BetrVG 1972	NZA **06**, 1050; EzA § 80 BetrVG 2001 Nr. 5
24. 1. 2006 1 ABR 6/05	AP Nr. 8 zu § 3 ArbZG	BAG **117**, 27; DB **06**, 1161; BB **06**, 1685; NZA **06**, 862; EzA § 87 BetrVG 2001 Arbeits- zeit Nr. 8
24. 1. 2006 3 AZR 484/04	AP Nr. 15 zu § 2 BetrAVG	DB **07**, 471; NZA **07**, 278; EzA § 87 BetrVG 2001 Altersversorgung Nr. 1
1. 2. 2006 5 AZR 187/05	AP Nr. 28 zu § 77 BetrVG 1972 Betriebsvereinbarung	BAG **117**, 44; BB **06**, 1057; DB **06**, 1165; NZA **06**, 563; NJW **06**, 2060; EzA § 310 BGB 2002 Nr. 3
2. 2. 2006 2 AZR 38/05	AP Nr. 142 zu § 1 KSchG 1969 Betriebsbedingte Kündigung	EzA § 1 KSchG Betriebsbedingte Kündigung Nr. 144; ArbuR **06**, 252 L; NZA **07**, 352 L
9. 2. 2006 6 AZR 283/05	AP Nr. 56 zu § 4 KSchG 1969	BAG **117**, 68; NZA **06**, 1207; EzA § 4 nF KSchG Nr. 73

Datum	Fundstelle AP	Weitere Fundstellen
15. 2. 2006 7 AZR 232/05	AP Nr. 1 zu § 14 TzBfG Vertretung	BAG **117**, 104; BB **06**, 1453; NZA **06**, 781; NJW **06**, 3451; EzA § 14 TzBfG Nr. 27; SAE **07**, 130
28. 2. 2006 1 ABR 1/05	AP Nr. 51 zu § 99 BetrVG 1972 Einstellung	BAG **117**, 123; DB **06**, 2183; NZA **06**, 1178; EzA § 99 BetrVG 2001 Nr. 10
28. 2. 2006 1 AZR 460/04	AP Nr. 127 zu Art. 9 GG	BAG **117**, 137; DB **06**, 1381; NZA **06**, 798; BB **06**, 1798; EzA Art. 9 GG Nr. 87; SAE **07**, 100
28. 2. 2006 1 AZR 461/04	–	SAE **07**, 106; EzA-SD **06**, Nr 5, 3; ArbuR **06**, 118; AiB Newsletter **06**, Nr 4, 3
2. 3. 2006 2 AZR 46/05	AP Nr. 6 zu § 91 SGB IX	BAG **117**, 168; NZA **06**, 1211; EzA § 91 SGB IX Nr. 3; SAE **07**, 218
2. 3. 2006 2 AZR 83/05	AP Nr. 61 zu § 15 KSchG 1969	BAG **117**, 178; NZA **06**, 988; DB **06**, 2299; EzA § 1 KSchG Betriebsbedingte Kündigung Nr. 145
2. 3. 2006 8 AZR 147/05	AP Nr. 302 zu § 613a BGB	NZA **06**, 1105; EzA § 613a BGB 2002 Nr. 50; ArbuR **06**, 119
15. 3. 2006 7 ABR 24/05	AP Nr. 79 zu § 118 BetrVG 1972	NZA **06**, 1422; EzA § 118 BetrVG 2001 Nr. 5; ArbuR **06**, 294 L; DB **06**, 2300 L
15. 3. 2006 7 ABR 39/05	–	EzAÜG BetrVG Nr. 93
23. 3. 2006 2 AZR 162/05	AP Nr. 13 zu § 1 KSchG 1969 Konzern	DB **06**, 2351; EzA § 1 KSchG Betriebsbedingte Kündigung Nr. 147; NZA **07**, 30
23. 3. 2006 2 AZR 343/05	AP Nr. 21 zu § 17 KSchG 1969	BAG **117**, 281; DB **06**, 1902; BB **06**, 19/1; NZA **06**, 971; NJW **06**, 3161; EzA § 17 KSchG Nr. 16; SAE **07**, 264
28. 3. 2006 1 ABR 59/04	AP Nr. 128 zu § 87 BetrVG 1972 Lohngestaltung	BAG **117**, 337; NZA **06**, 1367; EzA § 83 ArbGG 1979 Nr. 10
28. 3. 2006 1 ABR 5/05	AP Nr. 12 zu § 112a BetrVG 1972	BAG **117**, 296; DB **06**, 1792; NZA **06**, 932; BB **06**, 2084; EzA § 111 BetrVG 2001 Nr. 4
6. 4. 2006 8 AZR 222/04	AP Nr. 299 zu § 613a BGB	BAG **117**, 349; DB **06**, 1379; NJW **06**, 2138; NZA **06**, 723; BB **06**, 2697; EzA § 613a BGB 2002 Nr. 49
11. 4. 2006 9 AZR 528/05	–	NJW **06**, 2875; NZA **06**, 1217; DB **06**, 2349 L
26. 4. 2006 7 AZR 500/04	AP Nr. 23 zu § 14 TzBfG	BAG **118**, 76; DB **06**, 1734; BB **06**, 1858; AiB **06**, 646; NZA **06**, 1162; SAE **07**, 34; EzA § 14 TzBfG Nr. 28
3. 5. 2006 1 ABR 63/04	AP Nr. 61zu § 81 ArbGG 1979	NZA **07**, 285
3. 5. 2006 1 ABR 2/05	AP Nr. 31 zu § 99 BetrVG 1972 Eingruppierung	BAG **118**, 141; DB **06**, 2746; NZA **07**, 47; EzA § 99 BetrVG 2001 Umgruppierung Nr. 3
3. 5. 2006 1 ABR 14/05	AP Nr. 119 zu § 87 BetrVG 1972 Arbeitszeit	DB **07**, 60; EzA § 87 BetrVG 2001 Arbeitszeit Nr. 9
3. 5. 2006 1 ABR 15/05	AP Nr. 29 zu § 50 BetrVG 1972	BAG **118**, 131; BB **06**, 2250; DB **06**, 2410; EzA § 112 BetrVG 2001 Nr. 17; AiB **07**, 494; NZA **07**, 1245
3. 5. 2006 4 AZR 189/05	AP Nr. 17 zu § 612a BGB	BAG **118**, 152; DB **06**, 2638; BB **06**, 2758; NZA **06**, 1420; EzA § 612a BGB 2002 Nr. 3
3. 5. 2006 4 AZR 795/05	AP Nr. 8 zu § 1 TVG Kündigung	BAG **118**, 159; NZA **06**, 1125; EzA § 1 TVG Nr. 47

Datum	Fundstelle AP	Weitere Fundstellen
18. 5. 2006 2 AZR 207/05	AP Nr. 5 zu § 55 BAT	EzA § 2 KSchG Nr. 60; BB **07**, 668; NZA-RR **07**, 272; ArbuR **06**, 201; DB **06**, 1851 L
18. 5. 2006 2 AZR 230/05	AP Nr. 83 zu § 2 KSchG 1969	BAG **118**, 190; DB **06**, 1790; BB **06**, 1803; NZA **06**, 1092; NJW **06**, 3373; EzA § 2 KSchG Nr. 59
18. 5. 2006 6 AZR 627/05	AP Nr. 2 zu § 15 KSchG 1969 Ersatzmitglied	NZA **06**, 1037; NJW **06**, 3020; DB **06**, 2693; EzA § 69 ArbGG 1979 Nr. 5
24. 5. 2006 7 ABR 40/05		EzA § 97 SGB IX Nr. 1
24. 5. 2006 7 AZR 201/05	AP Nr. 6 zu § 29 BetrVG 1972	NZA **06**, 1364; EzA § 29 BetrVG 2001 Nr. 1; DB **07**, 696
30. 5. 2006 1 ABR 17/05	AP Nr. 80 zu § 118 BetrVG 1972	BAG **118**, 205; NZA **06**, 1291; DB **06**, 2748; EzA § 98 BetrVG 2001 Nr. 2
30. 5. 2006 1 ABR 21/05		EzA § 4 TVG Chemische Industrie Nr. 9; DB **06**, 2468 L; NZA **06**, 1240 L
30. 5. 2006 1 AZR 25/05	AP Nr. 5 zu § 209 InsO	BAG **118**, 222; BB **06**, 1745; DB **06**, 1851; NZA **06**, 1122; EzA § 113 BetrVG 2001 Nr. 7
30. 5. 2006 1 AZR 111/05	AP Nr. 23 zu § 77 BetrVG 1972 Tarifvorbehalt	BAG **118**, 211; DB **06**, 1795; BB **06**, 2356; NZA **06**, 1170; EzA § 77 BetrVG 2001 Nr. 14
14. 6. 2006 5 AZR 592/05	AP Nr. 62 zu § 5 ArbGG 1979	BAG **118**, 278; BB **06**, 2248; DB **06**, 2239; NZA **06**, 1154; NJW **07**, 396; EzA § 5 ArbGG 1979 Nr. 40
14. 6. 2006 5 AZR 584/05	AP Nr. 200 zu § 242 BGB Gleichbehandlung	BAG **118**, 268; NZA **07**, 221; EzA § 242 BGB 2002 Gleichbehandlung Nr. 9; DB **06**, 2070 L; BB **06**, 2088 L; ArbuR **06**, 372 L
21. 6. 2006 7 AZR 389/05		NZA **06**, 1417; ZTR **07**, 166; DB **06**, 2412 L; EzA-SD **06**, Nr. 22, 19 L; ArbuR **07**, 61 L
21. 6. 2006 7 AZR 418/05		AuA **07**, 120; ArbuR **06**, 454 L
27. 6. 2006 1 ABR 18/05	AP Nr. 14 zu § 112a BetrVG 1972	BAG **118**, 304; DB **07**, 63; NZA **07**, 106; EzA § 112a BetrVG 2001 Nr. 2
27. 6. 2006 1 ABR 35/05	AP Nr. 47 zu § 95 BetrVG 1972	BAG **118**, 314; DB **06**, 2468; NZA **06**, 1289; BB **06**, 2647; EzA § 95 BetrVG 2001 Nr. 3
27. 6. 2006 1 AZR 322/05	AP Nr. 180 zu § 112 BetrVG 1972	BAG **118**, 321; BB **06**, 2027; DB **06**, 2131; NZA **06**, 1238; EzA § 112 BetrVG 2001 Nr. 18
27. 6. 2006 3 AZR 255/05	AP Nr. 49 zu § 1 BetrAVG Ablösung	BAG **118**, 326; NZA **06**, 1285; DB **07**, 118; EzA § 1 BetrAVG Ablösung Nr. 45
27. 6. 2006 3 AZR 352/05 (A)	AP Nr. 6 zu § 1 b BetrAVG	BAG **118**, 340; DB **06**, 2524; NZA **06**, 1276; EzA Richtlinie 2000/78 EG-Vertrag 1999 Nr. 2; SAE **07**, 201
28. 6. 2006 10 ABR 42/05	AP Nr. 30 zu § 99 BetrVG 1972 Eingruppierung	BAG **118**, 353; BB **06**, 1913; DB **06**, 2016; NZA-RR **06**, 648; EzA § 99 BetrVG 2001 Eingruppierung Nr. 1; ArbuR **06**, 240
6. 7. 2006 2 AZR 443/05	AP Nr. 48 zu § 95 BetrVG 1972	EzA-SD **07**, Nr. 1, 3;NZA **07**, 197; NJW-Spezial **07**, 86; AiB Newsletter 2007, Nr. 3, 4 L; DB **07**, 636 L
6. 7. 2006 2 AZR 520/05	AP Nr. 80 zu § 1 KSchG 1969	EzA-SD **06**, Nr. 23, 4; NZA **07**, 266; EzA § 1 KSchG Soziale Auswahl Nr. 68; ArbuR **06**, 454 L

Datum	Fundstelle AP	Weitere Fundstellen
13. 7. 2006 6 AZR 198/06	AP Nr. 22 zu § 17 KSchG 1969	BAG **119**, 66; DB **06**, 2820; NZA **07**, 25; BB **07**, 156; EzA § 17 KSchG Nr 17
13. 7. 2006 8 AZR 303/05	AP Nr. 311 zu § 613 a BGB	BAG **119**, 81; DB **06**, 2409; NZA **06**, 1273; NJW **07**, 244; EzA § 613 a BGB 2002 Nr. 55; ArbuR **07**, 217
13. 7. 2006 8 AZR 305/05	AP Nr. 312 zu § 613 a BGB	BAG **119**, 91; DB **06**, 2406; NZA **06**, 1268; BB **06**, 2583; NJW **07**, 246; EzA § 613 a BGB 2002 Nr. 56; ArbuR **07**, 215
18. 7. 2006 1 ABR 36/05	AP Nr. 19 zu § 2 TVG Tarifzuständigkeit	BAG **119**, 103; DB **06**, 2185; NZA **06**, 1225; AiB **07**, 117; EzA § 2 TVG Tarifzuständigkeit Nr. 10
18. 7. 2006 1 AZR 578/05	AP Nr. 15 zu § 850 ZPO	BAG **119**, 122; BB **07**, 221; DB **07**, 227; EzA § 75 BetrVG 2001 Nr. 4; NJW **07**, 1302; NZA **07**, 462
26. 7. 2006 7 AZR 514/05	AP Nr. 24 zu § 14 TzBfG	BAG **119,** 149; DB **06**, 2581; BB **06**, 2755; NZA **06**, 1402; NJW **07**, 315; EzA § 14 TzBfG Nr. 30
2. 8. 2006 10 ABR 48/05		NZA-RR **07**, 554
15. 8. 2006 9 AZR 571/05	AP Nr. 1 zu § 84 LPVG Ber- lin	BAG **119**, 181; NZA **07**, 1310
15. 8. 2006 9 AZR 8/06	AP Nr. 1 zu § 9 TzBfG	BAG **119**, 194; NZA **07**, 255; BB **07**, 781; EzA § 9 TzBfG Nr. 1
22. 8. 2006 3 AZR 319/05	AP Nr. 30 zu § 77 BetrVG 1972 Betriebsvereinbarung	DB **07**, 639; EzA § 77 BetrVG 2001 Nr. 17; NZA **07**, 1187
23. 8. 2006 7 ABR 51/05	AP Nr. 12 zu § 54 BetrVG 1972	EzA § 54 BetrVG 2001 Nr. 2; DB **07**, 1091; NZA **07**, 768 L
23. 8. 2006 7 ABR 55/05	AP Nr. 88 zu § 40 BetrVG 1972	NZA **07**, 337; AiB Newsletter **07**, Nr. 5, 1 L; NJW-Spezial **07**, 276
23. 8. 2006 7 AZR 12/06	AP Nr. 1 zu § 14 TzBfG Verlängerung	BB **07**, 383; NZA **07**, 204; EzA § 14 TzBfG Nr. 33; SAE **07**, 176
24. 8. 2006 8 AZR 414/05	AP Nr. 3 zu § 276 BGB Vertragsverletzung	DB **06**, 2745; NJW **07**, 172; NZA **07**, 51; EzA § 40 BetrVG 2001 Nr. 11
24. 8. 2006 8 AZR 556/05	AP Nr. 315 zu § 613 a BGB	DB **06**, 2818; EzA § 613 a BGB 2002 Nr. 59
12. 9. 2006 9 AZR 807/05	AP Nr. 13 zu § 81 SGB IX	BAG **119**, 262; DB **07**, 747; NZA **07**, 507; EzA § 81 SGB IX Nr. 14
12. 9. 2006 9 AZR 271/06	AP Nr. 1 zu § 611 BGB Personalakte	BAG **119**, 238; DB **07**, 523; NJW **07**, 794; NZA **07**, 269; EzA § 611 BGB 2002 Persön- lichkeitsrecht Nr. 4; ArbuR **07**, 213
12. 9. 2006 9 AZR 686/05	AP Nr. 17 zu § 8 TzBfG	BAG **119**, 254; DB **07**, 525; NZA **07**, 253; NJW **07**, 1613; EzA § 8 TzBfG Nr. 15
19. 9. 2006 1 ABR 53/05	AP Nr. 5 zu § 2 BetrVG 1972	BAG **119**, 279; NJW **07**, 1018; NZA **07**, 518; DB **07**, 1256; EzA Art. 9 GG Nr. 89
19. 9. 2006 1 ABR 58/05	AP Nr. 29 zu § 77 BetrVG 1972 Betriebsvereinbarung	EzA § 77 BetrVG 2001 Nr. 16
20. 9. 2006 6 AZR 219/06	AP Nr. 24 zu § 17 KSchG 1969	

Datum	Fundstelle AP	Weitere Fundstellen
20. 9. 2006 6 AZR 249/05	AP Nr. 316 zu § 613a BGB	NZA **07**, 387; EzA § 613a BGB 2002 Nr. 62; BB **07**, 672 L
20. 9. 2006 10 ABR 57/05		NZA-RR **07**, 336 L
21. 9. 2006 2 AZR 760/05	AP Nr. 15 zu § 1 KSchG 1969 Namensliste	EzA § 1 KSchG Soziale Auswahl Nr. 72; DB **07**, 1141 L; BB **07**, 1172 L
21. 9. 2006 2 AZR 840/05	AP Nr. 37 zu § 23 KSchG 1969	BAG **119**, 343; DB **07**, 691; BB **07**, 831; NZA **07**, 438; EzA § 23 KSchG Nr. 29
21. 9. 2006 2 AZR 120/06	AP Nr. 86 zu § 2 KSchG 1969	BAG **119**, 332; DB **07**, 634; BB **07**, 891; NZA **07**, 435; ArbuR **07**, 272; EzA § 2 KSchG Nr. 61
21. 9. 2006 2 AZR 284/06		nv
10. 10. 2006 1 ABR 59/05	AP Nr. 24 zu § 77 BetrVG 1972 Tarifvorbehalt	DB **07**, 751; NZA **07**, 523; EzA § 77 BetrVG 2001 Nr. 18
10. 10. 2006 1 ABR 68/05	AP Nr. 68 zu § 80 BetrVG 1972	BAG **119**, 356; BB **07**, 106; DB **07**, 174; NZA **07**, 99; EzA § 80 BetrVG 2001 Nr. 6; AiB **07**, 422
18. 10. 2006 2 AZR 434/05	AP Nr. 1 zu § 92a BetrVG 1972	DB **07**, 810; NZA **07**, 552; EzA § 1 KSchG Betriebsbedingte Kündigung Nr. 151; NJW- Spezial **07**, 228
18. 10. 2006 2 AZR 473/05	AP Nr. 86 zu § 1 KSchG 1969 Soziale Auswahl	BAG **120**, 18; DB **07**, 922; NZA **07**, 504; EzA § 1 KSchG Soziale Auswahl Nr. 70
18. 10. 2006 2 AZR 676/05		NZA **07**, 798; EzA § 1 KSchG Soziale Aus- wahl Nr. 73; ArbuR **06**, 408; AiB Newslet- ter **06**, Nr. 12, 3; NJW **07**, 2206 L; DB **07**, 2212 L
18. 10. 2006 7 AZR 419/05	AP Nr. 1 zu § 14 TzBfG Haushalt	BAG **120**, 42; BB **07**, 329; NZA **07**, 332; EzA § 14 TzBfG Nr. 34
18. 10. 2006 7 AZR 145/06	AP Nr. 4 zu § 14 TzBfG Verlängerung	BAG **120**, 34; BB **07**, 943; NZA **07**, 443; EzA § 14 TzBfG Nr. 35; DB **07**, 1471
8. 11. 2006 5 AZB 36/06	AP Nr. 89 zu § 2 ArbGG 1979	BAG **120**, 92; NZA **07**, 53; NJW **07**, 1227; EzA § 2 ArbGG 1979 Nr. 65; SAE **07**, 212
8. 11. 2006 5 AZR 706/05	AP Nr. 118 zu § 611 BGB Abhängigkeit	BAG **120**, 104; DB **07**, 577; NZA **07**, 321; EzA § 611 BGB 2002 Arbeitnehmerbegriff Nr. 8
9. 11. 2006 2 AZR 812/05	AP Nr. 87 zu § 1 KSchG 1969 Soziale Auswahl	BAG **120**, 137; DB **07**, 1087; NZA **07**, 549; BB **07**, 1393; EzA § 1 KSchG Soziale Auswahl Nr. 71; NJW **07**, 2429; AiB **07**, 667
14. 11. 2006 1 ABR 4/06	AP Nr. 43 zu § 87 BetrVG 1972 Überwachung	BAG **120**, 146; NZA **07**, 399; DB **07**, 1141; EzA § 50 BetrVG 2001 Nr. 6
14. 11. 2006 1 ABR 5/06	AP Nr. 121 zu § 87 BetrVG 1972 Arbeitszeit	BAG **120**, 162; DB **07**, 749; NZA **07**, 458; EzA § 87 BetrVG 2001 Arbeitszeit Nr. 10
14. 11. 2006 1 AZR 40/06	AP Nr. 181 zu § 112 BetrVG 1972	BAG **120**, 173; DB **07**, 173; BB **07**, 218; NZA **07**, 339; EzA § 112 BetrVG 2001 Nr. 19
15. 11. 2006 7 ABR 15/06	AP Nr. 38 zu § 78a BetrVG 1972	BAG **120**, 205; DB **07**, 1646; EzA § 78a BetrVG 2001 Nr. 3; ArbuR **06**, 446; AiB News- letter **06**, Nr. 12, 1; BB **07**, 1284 L
21. 11. 2006 9 AZR 138/06	AP Nr. 18 zu § 8 TzBfG	BB **07**, 1001; EzA § 8 TzBfG Nr. 16; DB **07**, 2155; NZA **07**, 712 L

Datum	Fundstelle AP	Weitere Fundstellen
23. 11. 2006 8 AZR 349/06	AP Nr. 1 zu § 613 a BGB Wiedereinstellung	BB **07**, 1054; EzA § 613 a BGB 2002 Nr. 61; NZA **07**, 866; ArbuR **06**, 447; AiB Newsletter **07**, Nr. 1, 4; BB **07**, 672 L; AiB **07**, 246 L; NJW-Spezial **07**, 180
6. 12. 2006 4 AZR 798/05	AP Nr. 1 zu § 1 TVG Sozialplan	BAG **120**, 281; DB **07**, 1362; NZA **07**, 821; EzA § 112 BetrVG 2001 Nr. 21
6. 12. 2006 7 ABR 62/05	AP Nr. 5 zu § 21 b BetrVG 1972	
7. 12. 2006 2 AZR 182/06	AP Nr. 56 zu § 1 KSchG 1969 Verhaltensbedingte Kündigung	BAG **120**, 293; DB **07**, 1089; NZA **07**, 617; NJW **07**, 1995; ArbuR **07**, 275; EzA § 84 SGB IX Nr. 1
12. 12. 2006 1 ABR 38/05	AP Nr. 27 zu § 1 BetrVG 1972 Gemeinsamer Betrieb	DB **07**, 1361; EzA § 87 BetrVG 2001 Betriebliche Lohngestaltung Nr. 13; NZA **07**, 712 L
12. 12. 2006 1 ABR 13/06	AP Nr. 32 zu § 99 BetrVG 1972 Eingruppierung	BAG **120**, 303; DB **07**, 527; NZA **07**, 348; EzA § 99 BetrVG 2001 Eingruppierung Nr. 2; AiB **07**, 431
12. 12. 2006 1 AZR 96/06	AP Nr. 94 zu § 77 BetrVG 1972	BAG **120**, 308; DB **07**, 866; NZA **07**, 453; EzA § 88 BetrVG 2001 Nr. 1; ArbuR **07**, 145 L; NJW-Spezial **07**, 179
12. 12. 2006 3 AZR 476/05	AP Nr. 45 zu § 1 BetrAVG	BAG **120**, 330; DB **07**, 2043; EzA § 1 BetrAVG Nr. 89; NZA-RR **07**, 653; AiB **08**, 114
13. 12. 2006 10 AZR 674/05	AP Nr. 31 zu § 1 AÜG	BAG **120**, 352; BB **07**, 610; EzA § 10 AÜG Nr. 12; NZA **07**, 751; ArbuR **07**, 143 L
14. 12. 2006 8 AZR 763/05	AP Nr. 318 zu § 613 a BGB	DB **07**, 975; NZA **07**, 682; BB **07**, 1340; NJW **07**, 2134; EzA § 613 a BGB 2002 Nr. 63
19. 12. 2006 9 AZR 356/06	AP Nr. 20 zu § 8 TzBfG	NZA-RR **07**, 477; EzA § 4 TVG Einzelhandel Nr. 56; DB **07**, 1820 L

2007

Datum	Fundstelle AP	Weitere Fundstellen
16. 1. 2007 1 ABR 16/06	AP Nr. 52 zu § 99 BetrVG 1972 Einstellung	EzA § 99 BetrVG 2001 Versetzung Nr. 3; DB **07**, 1820 L; AiB Newsletter **07**, Nr. 9, 1 L
17. 1. 2007 5 AZB 43/06	AP Nr. 40 zu § 64 ArbGG 1979	BAG **121**, 1; NZA **07**, 644; EzA § 78 ArbGG 1979 Nr. 8; NJW **07**, 3303
17. 1. 2007 7 ABR 63/05	AP Nr. 18 zu § 4 BetrVG 1972	BAG **121**, 7; NZA **07**, 703; EzA § 4 BetrVG 2001 Nr. 2; DB **07**, 1872
17. 1. 2007 7 AZR 20/06	AP Nr. 30 zu § 14 TzBfG	BAG **121**, 18; DB **07**, 863; NZA **07**, 566; EzA § 14 TzBfG Nr. 37
25. 1. 2007 5 AZB 49/06	AP Nr. 1 zu § 16 SGB II	NJW **07**, 1485; NZA **07**, 580; EzA § 233 ZPO 2002 Nr. 6
1. 2. 2007 2 AZR 44/06		DB **07**, 1474; ArbuR **07**, 274; BB **07**, 1790; NZA **07**, 925; EzA § 2 KSchG Nr. 65
1. 2. 2007 2 AZR 333/06		NZA **07**, 744; EzA § 626 BGB 2002 Verdacht strafbarer Handlung Nr. 3; DB **07**, 1540 L; NJW-Spezial **07**, 372; BB **07**, 2187 L
7. 2. 2007 5 AZR 41/06	AP Nr. 17 zu § 1 TVG Tarifverträge: Bewachungsgewerbe	DB **07**, 1537; EzA § 4 TVG Zulage Nr. 1; NZA **07**, 934
7. 2. 2007 5 AZR 422/06	AP Nr. 12 zu § 615 BGB Böswilligkeit	BAG **121**, 133; DB **07**, 974; BB **07**, 1059; NZA **07**, 561; NJW **07**, 2062; EzA § 615 BGB 2002 Nr. 19; AiB **07**, 678
13. 2. 2007 1 ABR 14/06	AP Nr. 81 zu § 118 BetrVG 1972	BAG **121**, 139; NZA **07**, 1121; EzA § 80 BetrVG 2001 Nr. 7

Datum	Fundstelle AP	Weitere Fundstellen
13. 2. 2007 1 ABR 18/06	AP Nr. 40 zu § 87 BetrVG 1972 Ordnung des Betriebes	BAG **121**, 147; NZA **07**, 640; DB **07**, 1592; EzA § 87 BetrVG 2001 Betriebliche Ordnung Nr. 2
13. 2. 2007 1 AZR 163/06	AP Nr. 185 zu § 112 BetrVG 1972	BAG **121**, 159; DB **07**, 1315; NZA **07**, 756; EzA § 112 BetrVG 2001 Nr. 20
13. 2. 2007 1 AZR 184/06	AP Nr. 17 zu § 47 BetrVG 1972	BAG **121**, 168; DB **07**, 1419; NZA **07**, 825; EzA § 47 BetrVG 2001 Nr. 4
13. 2. 2007 9 AZR 575/05	AP Nr. 2 zu § 9 TzBfG	BAG **121**, 199; DB **07**, 1140; BB **07**, 1169; NZA **07**, 807; EzA § 9 TzBfG Nr. 2
13. 2. 2007 9 AZR 729/05	AP Nr. 13 zu § 4 TzBfG	BAG **121**, 205; DB **07**, 1536; NZA **07**, 860; EzA § 4 TzBfG Nr. 11
14. 2. 2007 7 ABR 26/06	AP Nr. 13 zu § 54 BetrVG 1972	BAG **121**, 212; DB **07**, 1589; NZA **07**, 999; EzA § 54 BetrVG 2001 Nr. 3
14. 2. 2007 7 AZR 193/06	AP Nr. 2 zu § 14 TzBfG Haushalt	BAG **121**, 236; NZA **07**, 871; EzA § 14 TzBfG Nr. 38
14. 2. 2007 10 AZR 181/06	AP Nr. 264 zu § 611 BGB Gratifikation	NJW **07**, 1548; NZA **07**, 558; EzA § 611 BGB 2002 Gratifikation, Prämie Nr. 20
15. 2. 2007 8 AZR 310/06	AP Nr. 2 zu § 613 a BGB Widerspruch	DB **07**, 1759; EzA § 613 a BGB 2002 Nr. 66
15. 2. 2007 8 AZR 397/06	AP Nr. 38 zu § 23 KSchG 1969	BAG **121**, 273; BB **07**, 1453; NZA **07**, 739; EzA § 23 KSchG Nr. 30
1. 3. 2007 2 AZR 650/05		EzA § 1 KSchG Betriebsbedingte Kündigung Nr. 154; DB **07**, 1540 L; AiB Newsletter **07**, Nr. 10, 2 L
1. 3. 2007 2 AZR 217/06	AP Nr. 2 zu § 90 SGB IX	BAG **121**, 335; DB **07**, 1702; AiB **07**, 614; EzA § 90 SGB IX Nr. 1; NZA **08**, 302
13. 3. 2007 1 ABR 22/06	AP Nr. 52 zu § 95 BetrVG 1972	EzA § 95 BetrVG 2001 Nr. 5; NZA-RR **07**, 581; AiB Newsletter **07**, Nr. 9, 2 L
13. 3. 2007 1 ABR 24/06	AP Nr. 21 zu § 2 TVG Tarifzuständigkeit	BAG **121**, 362; NZA **07**, 1069; EzA § 97 ArbGG 1979 Nr. 8
13. 3. 2007 1 AZR 232/06	AP Nr. 32 zu § 77 BetrVG 1972 Betriebsvereinbarung	NZA-RR **07**, 411
13. 3. 2007 1 AZR 262/06	AP Nr. 183 zu § 112 BetrVG 1972	EzA § 112 BetrVG 2001 Nr. 22; NZA **08**, 190
13. 3. 2007 9 AZR 612/06	AP Nr. 1 zu § 4 f BDSG	BAG **121**, 369; BB **07**, 1115; DB **07**, 198; NZA **07**, 563; EzA § 4 f BDSG Nr. 1; NJW **07**, 2507
13. 3. 2007 9 AZR 494/06	AP Nr. 13 zu § 14 BBiG	EzA § 14 BBiG Nr. 14; ArbuR **07**, 135; ArbRB **07**, 94
14. 3. 2007 5 AZR 420/06	AP Nr. 204 zu § 242 Gleich- behandlung	BAG **122**, 1; DB **07**, 1817; NZA **07**, 862; NJW **07**, 2939; EzA § 242 BGB 2002 Gleich- behandlung Nr. 12
14. 3. 2007 5 AZR 499/06	AP Nr. 13 zu § 611 BGB Arbeitnehmerähnlichkeit	NZA-RR **07**, 424; EzA § 611 BGB 2002 Ar- beitnehmerbegriff Nr. 10

Datum	Fundstelle AP	Weitere Fundstellen
22. 3. 2007 6 AZR 499/05		NZA **07**,1101; EzA § 17 KSchG Nr. 19; DB **07**, 1596 L; ArbuR **07**, 324 L
28. 3. 2007 7 ABR 33/06		FA **07**, 317
28. 3. 2007 10 AZR 719/05	AP Nr. 184 zu § 112 BetrVG 1972	NZA **07**, 1066; EzA § 112 BetrVG 2001 Nr. 23
28. 3. 2007 10 AZR 261/06	AP Nr. 265 zu § 611 BGB Gratifikation	NZA **07**, 687; EzA § 611 BGB 2002 Gratifika- tion, Prämie Nr. 21
18. 4. 2007 7 ABR 30/06	AP Nr. 1 zu § 18 EBRG	BAG **122**, 96; EzA § 82 ArbGG 1979 Nr. 2; NZA **07**, 1375
24. 4. 2007 1 ABR 27/06	AP Nr. 20 zu § 2 TVG Tarif- zuständigkeit	BAG **122**, 121; DB **07**, 1651; NZA **07**, 1011; EzA § 256 ZPO 2002 Nr. 8
24. 4. 2007 1 ABR 47/06	AP Nr. 124 zu § 87 BetrVG 1972 Arbeitszeit	BAG **122**, 127; DB **07**, 1475; NZA **07**, 818; EzA § 87 BetrVG 2001 Arbeitszeit Nr. 11
24. 4. 2007 1 AZR 252/06	AP Nr. 2 zu § 1 TVG Sozial- plan	BAG **122**, 134; DB **07**, 1924; NZA **07**, 987; BB **07**, 2235; EzA Art. 9 GG Arbeitskampf Nr. 139; NJW **07**, 3660; AiB **07**, 732
25. 4. 2007 6 AZR 746/06	AP Nr. 14 zu § 4 TzBfG	BAG **122**, 215; NZA **07**, 881; EzA § 4 TzBfG Nr. 12; ArbuR **07**, 180
26. 4. 2007 8 AZR 695/05	AP Nr. 4 zu § 125 InsO	EzA-SD **07**, Nr. 10, 14; AiB Newsletter **07**, Nr. 6, 4
26. 4. 2007 8 AZR 612/06		EzA § 125 InsO Nr. 6
8. 5. 2007 9 AZR 874/06	AP Nr. 3 zu § 9 TzBfG	BAG **122**, 235; DB **07**, 2207; NZA **07**, 1349; EzA § 9 TzBfG Nr 3
8. 5. 2007 9 AZR 1112/06	AP Nr. 21 zu § 8 TzBfG	NJW **07**, 3661; EzA § 8 TzBfG Nr 18; ArbuR **09**, 312
10. 5. 2007 2 AZR 626/05	AP Nr. 1 zu § 626 BGB Unkündbarkeit	BAG **122**, 264; DB **07**, 2488; NZA **07**, 1278; EzA § 626 BGB 2002 Unkündbarkeit Nr. 15
15. 5. 2007 1 ABR 32/06	AP Nr. 30 zu § 1 BetrVG 1972 Gemeinsamer Betrieb	BAG **122**, 280; DB **07**, 2429; NZA **07**, 1240; EzA § 1 BetrVG 2001 Nr. 5
15. 5. 2007 1 AZR 370/06		ZIP **07**, 1575
16. 5. 2007 7 ABR 45/06	AP Nr. 90 zu § 40 BetrVG 1972	BAG **122**, 293; DB **07**, 2036; NZA **07**, 1117; EzA § 40 BetrVG 2001 Nr. 12
16. 5. 2007 7 ABR 63/06	AP Nr. 3 zu § 96a ArbGG 1979	
16. 5. 2007 8 AZR 693/06	AP Nr. 64 zu § 111 BetrVG 1972	NZA **07**, 1296; BB **08**, 53; EzA § 613a BGB 2002 Nr. 70
16. 5. 2007 8 AZR 709/06	AP Nr. 5 zu § 611 BGB Mobbing	BAG **122**, 304; NZA **07**, 1154; EzA § 611 BGB 2002 Persönlichkeitsrecht Nr. 6; SAE **08**, 294
31. 5. 2007 2 AZR 254/06	AP Nr. 65 zu § 111 BetrVG 1972	DB **07**, 2376; NZA **07**, 1307; EzA § 1 KSchG Interessenausgleich Nr. 12
5. 6. 2007 9 AZR 82/07	AP Nr. 49 zu § 15 BErzGG	BAG **123**, 30; NZA **07**, 1352; EzA § 15 BErzGG Nr. 16; AiB **08**, 433

Datum	Fundstelle AP	Weitere Fundstellen
12. 6. 2007 3 AZR 14/06	AP Nr. 1 zu § 1a BetrAVG	BAG **123**, 72; DB **07**, 2722; NZA-RR **07**, 650; EzA § 1a BetrAVG Nr. 2
13. 6. 2007 7 ABR 44/06	AP Nr. 12 zu § 5 BetrVG 1972 Ausbildung	NZA-RR **08**, 19; EzA § 5 BetrVG 2001 Nr. 2
13. 6. 2007 7 ABR 62/06	AP Nr. 31 zu § 38 BetrVG 1972	NZA **07**, 1301; AiB **08**, 53; EzA § 40 BetrVG 2001 Nr. 13
13. 6. 2007 7 AZR 700/06	AP Nr. 39 zu § 14 TzBfG	BAG **123**, 109; DB **07**, 2485; EzA § 14 TzBfG Nr. 40; NZA **08**, 108; ArbuR **08**, 68
19. 6. 2007 1 AZR 340/06	AP Nr. 4 zu § 1a KSchG 1969	BAG **123**, 121; DB **07**, 2600; NZA **07**, 1357; BB **07**, 2810; NJW **08**, 169; EzA § 1a KSchG Nr. 2
19. 6. 2007 1 AZR 454/06	AP Nr. 4 zu § 58 BetrVG 1972	BAG **123**, 152; DB **07**, 2377; NZA **07**, 1184; EzA § 58 BetrVG 2001 Nr. 1
19. 6. 2007 1 AZR 541/06		nv
19. 6. 2007 2 AZR 304/06	AP Nr. 16 zu § 1 KSchG 1969 Namensliste	BAG **123**, 160; NZA **08**, 103; BB **08**, 224; EzA § 1 KSchG Interessenausgleich Nr. 13; SAE **08**, 181; AiB **08**, 676
19. 6. 2007 4 AZR 670/06	AP Nr. 202 zu § 1 TVG Auslegung	BAG **124**, 110; EzA § 1 TVG Auslegung Nr. 45; NZA **08**, 950; DB **08**, 2490
28. 6. 2007 6 AZR 873/06	AP Nr. 61 zu § 4 KSchG 1969	BAG **123**, 209; NJW **07**, 2716; DB **07**, 986; BB **07**, 2015; EzA-SD **07**, Nr. 18, 3; NZA **07**, 972
12. 7. 2007 2 AZR 619/05	AP Nr. 33 zu § 17 KSchG 1969	
12. 7. 2007 2 AZR 716/06	AP Nr. 28 zu § 1 KSchG 1969 Personenbedingte Kündigung	BAG **123**, 234; DB **08**, 189; BB **08**, 277; NZA **08**, 173; MDR **08**, 394; AiB **08**, 301; ZTR **08**, 273; EzA § 84 SGB IX Nr. 3; SAE **08**, 195
19. 7. 2007 6 AZR 774/06	AP Nr. 18 zu § 35 GmbHG	BAG **123**, 294; DB **07**, 2093; NZA **07**, 1095; NJW **07**, 3228; EzA § 623 BGB 2002 Nr. 7; BB **08**, 390; SAE **08**, 121
26. 7. 2007 8 AZR 769/06	AP Nr. 324 zu § 613a BGB	DB **07**, 2843; NZA **08**, 112
8. 8. 2007 7 AZR 855/06	AP Nr. 41 zu § 14 TzBfG	BAG **123**, 327; DB **08**, 471; NZA **08**, 229; EzA § 14 TzBfG Nr. 42
14. 8. 2007 8 AZR 1043/06	AP Nr. 325 zu § 613a BGB	DB **07**, 2654; BB **07**, 2742; NZA **07**, 1431; EzA § 613a BGB 2002 Nr. 74
14. 8. 2007 9 AZR 943/06	AP Nr. 1 zu § 33 AGG	BAG **123**, 358; DB **08**, 128; NZA **08**, 99; EzA § 611a BGB 2002 Nr. 5
21. 8. 2007 3 AZR 269/06	AP Nr. 60 zu § 1 BetrAVG Gleichbehandlung	BAG **124**, 22; EzA § 1 BetrAVG Gleichbehand- lung Nr. 29; DB **08**, 710; NZA-RR **08**, 649
28. 8. 2007 1 ABR 70/06	AP Nr. 53 zu § 95 BetrVG 1972	DB **08**, 70; NZA **08**, 188; EzA § 95 BetrVG 2001 Nr. 6; ArbuR **08**, 227
29. 8. 2007 4 AZR 767/06	AP Nr. 61 zu § 1 TVG Bezugnahme auf Tarifvertrag	BAG **124**, 34; NZA **08**, 364; BB **08**, 1009; ArbuR **08**, 181; DB **08**, 1270; EzA § 3 TVG Bezugnahme auf Tarifvertrag Nr. 37; SAE **08**, 361

Datum	Fundstelle AP	Weitere Fundstellen
16. 9. 2007 2 AZR 387/06	AP Nr. 169 zu § 1 KSchG 1969 Betriebsbedingte Kündigung	NZA **08**, 405; EzA § 1 KSchG Soziale Auswahl Nr. 78
16. 9. 2007 2 AZR 715/06	AP Nr. 170 zu § 1 KSchG 1969 Betriebsbedingte Kündigung	BAG **124**, 48; DB **08**, 640; BB **08**, 727; NZA **08**, 633; EzA § 1 KSchG Interessenausgleich Nr. 14
18. 9. 2007 3 AZR 639/06	AP Nr. 33 zu § 77 BetrVG 1972 Betriebsvereinbarung	BAG **124**, 71; NZA **08**, 56; EzA § 1 BetrAVG Gleichbehandlung Nr. 30; DB **08**, 823
19. 9. 2007 4 AZR 656/06	AP Nr. 17 zu § 10 AÜG	DB **08**, 243; NZA-RR **08**, 231; AiB **08**, 430; EzA § 13 AÜG Nr. 1
26. 9. 2007 5 AZR 857/06	AP Nr. 3 zu § 16 SGB II	NZA **07**, 1422; EzA § 611 BGB 2002 Arbeitnehmerbegriff Nr. 12
26. 9. 2007 10 AZR 569/06	AP Nr. 205 zu § 242 BGB Gleichbehandlung	DB **07**, 2778; NJW **07**, 3801; NZA **07**, 1424; BB **08**, 337; EzA § 242 BGB 2002 Gleichbehandlung Nr. 13
2. 10. 2007 1 ABR 59/06	AP Nr. 23 zu § 2a ArbGG 1979	BAG **124**, 175; DB **08**, 646; NZA **08**, 372; EzA § 280 BGB 2002 Nr. 3
2. 10. 2007 1 ABR 79/06		NZA **08**, 429; EzA § 559 ZPO 2002 Nr. 1
2. 10. 2007 1 ABR 60/06	AP Nr. 54 zu § 99 BetrVG 1972 Einstellung	BAG **124**, 182; NZA **08**, 244; AiB **08**, 225; EzA § 99 BetrVG 2001 Einstellung Nr. 7
2. 10. 2007 1 AZN 793/07	AP Nr. 52 zu § 75 BetrVG 1972	EzA-SD **07**, Nr. 26, 15; DB **08**, 69; EzA § 75 BetrVG 2001 Nr. 6
2. 10. 2007 1 AZR 815/06		NZA-RR **08**, 242, EzA § 77 BetrVG 2001 Nr. 20
10. 10. 2007 7 ABR 51/06	AP Nr. 17 zu § 26 BetrVG 1972	BAG **124**, 188; DB **08**, 478; BB **08**, 671; NZA **08**, 369; AiB **08**, 418; EzA § 26 BetrVG 2001 Nr. 2
10. 10. 2007 7 ABR 61/06	AP Nr. 72 zu § 5 BetrVG 1972	DB **08**, 590; EzA § 5 BetrVG 2001 Nr. 3
10. 10. 2007 7 AZR 795/06	AP Nr. 5 zu § 14 TzBfG Verlängerung	BAG **124**, 196; BB **07**, 2814; DB **08**, 131; NJW **08**, 538; NZA **08**, 295; EzA § 14 TzBfG Nr. 41; SAE **08**, 351
16. 10. 2007 9 AZR 110/07	AP Nr. 3 zu § 241 BGB	BAG **124**, 203; NZA **08**, 367; DB **08**, 819; EzA § 241 BGB 2002 Nr. 1
24. 10. 2007 10 AZR 825/06	AP Nr. 32 zu § 307 BGB	BAG **124**, 259; NZA **08**, 40; DB **08**, 126; BB **08**, 166; NJW **08**, 680; EzA § 307 BGB 2002 Nr. 26
25. 10. 2007 8 AZR 593/06	AP Nr. 6 zu § 611 BGB Mobbing	BAG **124**, 295; NZA **08**, 223; DB **08**, 529; EzA § 611 BGB 2002 Persönlichkeitsrecht Nr. 7; AiB **08**, 436; SAE **08**, 307
25. 10. 2007 8 AZR 917/06	AP Nr. 333 zu § 613a BGB	DB **08**, 989; BB **08**, 1175; NZA-RR **08**, 367; EzA § 613a BGB 2002 Nr. 82
29. 10. 2007 3 AZB 25/07		NJW **08**, 1400; EzA § 115 ZPO 2002 Nr. 5; NZA **08**, 967
6. 11. 2007 1 AZR 826/06	AP Nr. 35 zu § 77 BetrVG 1972 Betriebsvereinbarung	BAG **124**, 314; NZA **08**, 422; DB **08**, 1218; EzA § 77 BetrVG 2001 Nr. 19; AiB **08**, 616
6. 11. 2007 1 AZR 862/06	AP Nr. 337 zu § 613a BGB	BAG **124**, 323; DB **08**, 935; NZA **08**, 542; EzA § 613a BGB 2002 Nr. 83

Fundstellennachweis

Datum	Fundstelle AP	Weitere Fundstellen
6. 11. 2007 1 AZR 960/06	AP Nr. 190 zu § 112 BetrVG 1972	BAG **124**, 335; DB **08**, 356; NZA **08**, 232; EzA § 112 BetrVG 2001 Nr. 25; AiB **08**, 673
7. 11. 2007 7 AZR 484/06	AP Nr. 42 zu § 14 TzBfG	NZA **08**, 467; NJW **08**, 1688; EzA § 14 TzBfG Nr. 43
8. 11. 2007 2 AZR 554/05	AP Nr. 28 zu § 17 KSchG 1969	EzA § 1 KSchG Betriebsbedingte Kündigung Nr. 156
8. 11. 2007 2 AZR 314/06	AP Nr. 63 zu § 4 KSchG 1969	BAG **124**, 367; DB **08**, 707; NJW **08**, 1336; EzA § 4 nF KSchG Nr. 81; NZA **08**, 936
13. 11. 2007 3 AZR 191/06	AP Nr. 336 zu § 613 a BGB	BAG **125**, 1; NZA **08**, 600; DB **08**, 1506; EzA § 613 a BGB 2002 Nr. 87
13. 11. 2007 3 AZR 455/06	AP Nr. 3 zu § 313 BGB	BAG **125**, 11; DB **08**, 994; EzA § 1 BetrAVG Geschäftsgrundlage Nr. 3; NZA-RR **08**, 520
13. 11. 2007 9 AZR 36/07	AP Nr. 25 zu § 8 TzBfG	BAG **125**, 45; NZA **08**, 314; AiB **08**, 236; EzA § 8 TzBfG Nr. 20; DB **08**, 1436
29. 11. 2007 2 AZR 763/06	AP Nr. 95 zu § 1 KSchG 1969 Soziale Auswahl	EzA § 1 KSchG Soziale Auswahl Nr. 79
5. 12. 2007 7 ABR 72/06	AP Nr. 82 zu § 118 BetrVG 1972	BAG **125**, 100; NZA **08**, 653; EzA § 118 BetrVG 2001 Nr. 8
11. 12. 2007 1 ABR 67/06	AP Nr. 86 zu § 75 BPersVG	BAG **125**, 122; NZA-RR **08**, 333; EzA § 75 BPersVG Nr. 4
11. 12. 2007 1 ABR 73/06	AP Nr. 45 zu § 99 BetrVG 1972 Versetzung	NZA-RR **08**, 353; EzA § 95 BetrVG 2001 Nr. 7
11. 12. 2007 1 AZR 824/06		DB **08**, 1163; NZA-RR **08**, 298; EzA § 77 BetrVG 2001 Nr. 21
11. 12. 2007 1 AZR 953/06	AP Nr. 37 zu § 77 BetrVG 1972 Betriebsvereinbarung	DB **08**, 1215; EzA § 77 BetrVG 2001 Nr. 22
11. 12. 2007 3 AZR 249/06	AP Nr. 1 zu § 2 AGG	BAG **125**, 133; DB **08**, 766; NZA **08**, 532; EzA § 2 AGG Nr. 1; BB **08**, 557
13. 12. 2007 2 AZR 537/06	AP Nr. 210 zu § 626 BGB	DB **08**, 1633; NJW **08**, 2732; NZA **08**, 1008; ArbuR **08**, 398; EzA § 626 BGB 2002 Nr. 20

2008

16. 1. 2008 7 ABR 66/06	AP Nr. 12 zu § 7 BetrVG 1972	BAG **125**, 232; EzA § 7 BetrVG 2001 Nr. 1; NZA-RR **08**, 634
16. 1. 2008 7 ABR 71/06	AP Nr. 92 zu § 40 BetrVG 1972	BAG **125**, 242; DB **08**, 938; NZA **08**, 546; AiB **08**, 421; EzA § 40 BetrVG 2001 Nr. 14
16. 1. 2008 7 AZR 887/06	AP Nr. 144 zu § 37 BetrVG 1972	NZA **08**, 836; EzA § 37 BetrVG 2001 Nr. 6; DB **09**, 794
17. 1. 2008 2 AZR 821/06	AP Nr. 62 zu § 15 KSchG 1969	BAG **125**, 267; NZA **08**, 777; EzA § 15 nF KSchG Nr. 62; DB **08**, 2835
17. 1. 2008 2 AZR 902/06	AP Nr. 40 zu § 23 KSchG 1969	BAG **125**, 274; DB **08**, 1501; NZA **08**, 872; NJW **08**, 2665; ArbuR **08**, 311; EzA § 23 KSchG Nr. 31

Datum	Fundstelle AP	Weitere Fundstellen
23. 1. 2008 1 ABR 64/06	AP Nr. 10 zu § 83a ArbGG 1979	BAG **125**, 300; NJW **08**, 1977; NZA **08**, 841; EzA § 83a ArbGG 1979 Nr. 8
23. 1. 2008 1 ABR 74/06	AP Nr. 14 zu § 14 AÜG	BAG **125**, 306; DB **08**, 822; NZA **08**, 603; EzA § 99 BetrVG 2001 Einstellung Nr. 8
23. 1. 2008 1 ABR 82/06	AP Nr. 9 zu § 87 BetrVG 1972 Leistungslohn	NZA **08**, 774
23. 1. 2008 1 AZR 988/06	AP Nr. 40 zu § 77 BetrVG 1972 Betriebsvereinbarung	NZA **08**, 709; EzA § 77 BetrVG 2001 Nr. 24
23. 1. 2008 4 AZR 602/06	AP Nr. 63 zu § 1 TVG Bezugnahme auf Tarifvertrag	EzA § 3 TVG Bezugnahme auf Tarifvertrag Nr. 38
26. 1. 2008 7 AZR 603/06	AP Nr. 5 zu § 9 TzBfG	BAG **125**, 248; DB **08**, 1323; NZA **08**, 701; NJW **08**, 2140; EzA § 14 TzBfG Nr. 44
28. 1. 2008 3 AZB 30/07	AP Nr. 17 zu § 97 ArbGG 1979	NZA **08**, 489; EzA § 97 ArbGG 1979 Nr. 9; ArbuR **08**, 313
29. 1. 2008 3 AZR 42/06	AP Nr. 13 zu § 87 BetrVG 1972	NZA-RR **08**, 469; EzA § 87 BetrVG 2001 Betriebliche Lohngestaltung Nr. 14
31. 1. 2008 8 AZR 1116/06	AP Nr. 2 zu § 613a BGB Unterrichtung	NZA **08**, 642; BB **08**, 1342; EzA § 613a BGB 2002 Nr. 85
13. 2. 2008 2 AZR 864/06	AP Nr. 5 zu § 85 SGB IX	BAG **125**, 345; DB **08**, 1920; NZA **08**, 1055; EzA § 4 nF KSchG Nr. 83
19. 2. 2008 1 ABR 65/05	AP Nr. 11 zu § 83a ArbGG 1979	NZA-RR **08**, 490
19. 2. 2008 1 ABR 84/06	AP Nr. 69 zu § 80 BetrVG 1972	NZA **08**, 1078; EzA § 80 BetrVG 2001 Nr. 8
19. 2. 2008 1 ABR 86/06	AP Nr. 97 zu § 77 BetrVG 1972	BAG **125**, 361; NZA **08**, 899; EzA § 85 ArbGG 1979 Nr. 2; DB **09**, 127
19. 2. 2008 1 AZR 1004/06	AP Nr. 191 zu § 112 BetrVG 1972	BAG **125**, 366; DB **08**, 1384; NZA **08**, 719; BB **08**, 1793; EzA § 112 BetrVG 2001 Nr. 26; AiB **09**, 172
19. 2. 2008 1 AZR 114/07	AP Nr. 41 zu § 77 BetrVG 1972 Betriebsvereinbarung	DB **08**, 1384; NZA-RR **08**, 412; EzA § 77 BetrVG 2001 Nr. 23
19. 2. 2008 3 AZR 61/06	AP Nr. 52 zu § 1 BetrAVG	EzA § 1 BetrAVG Betriebliche Übung Nr. 9; NZA-RR **08**, 597
19. 2. 2008 3 AZR 290/06	AP Nr. 5 zu § 313 BGB	BAG **126**, 1; DB **08**, 1387; EzA § 1 BetrAVG Geschäftsgrundlage Nr. 4; NZA-RR **08**, 600
20. 2. 2008 5 AZR 290/07	AP Nr. 4 zu § 16 SGB II	DB **08**, 1159; NZA-RR **08**, 401; EzA § 611 BGB 2002 Arbeitnehmerbegriff Nr. 13
20. 2. 2008 7 AZR 786/06	AP Nr. 43 zu § 14 TzBfG	NJW **08**, 2457; NZA **08**, 883; DB **08**, 2485; EzA § 14 TzBfG Nr. 45
21. 2. 2008 8 AZR 157/07	AP Nr. 342 zu § 613a BGB	BAG **126**, 105; DB **08,** 1578; NZA **08**, 815; EzA § 613a BGB 2002 Nr. 90
18. 3. 2008 1 ABR 77/06	AP Nr. 66 zu § 111 BetrVG 1972	BAG **126**, 169; NZA **08**, 957; EzA § 111 BetrVG 2001 Nr. 5; DB **09**, 126
18. 3. 2008 1 ABR 81/06	AP Nr. 56 zu § 99 BetrVG 1972 Einstellung	BAG **126**, 176; NZA **08**, 832; DB **08**, 1922; EzA § 99 BetrVG 2001 Einstellung Nr. 9
18. 3. 2008 1 ABR 3/07	AP Nr. 6 zu § 3 BetrVG 1972	BAG **126**, 161; NZA **08**, 1259; EzA § 3 BetrVG 2001 Nr. 2; DB **09**, 795
19. 3. 2008 5 AZR 435/07	AP Nr. 5 zu § 16 SGB II	NZA **08**, 760; DB **08**, 2085; EzA § 16 SGB II Nr. 3

Datum	Fundstelle AP	Weitere Fundstellen
19. 3. 2008 7 ABR 2/07		EzB BetrVG § 37 Nr. 17; ArbuR **08**, 362
20. 3. 2008 8 AZR 1016/06		EzA-SD **08**, Nr. 18, 8; BB **08**, 2072; NZA **08**, 1354; SAE **09**, 218
3. 4. 2008 2 AZR 879/06	AP Nr. 17 zu § 1 KSchG 1969 Namensliste	NZA **08**, 1060; EzA § 1 KSchG Interessenausgleich Nr. 15
3. 4. 2008 2 AZR 965/06	AP Nr. 159 zu § 102 BetrVG 1972	NZA **08**, 807; NJW **08**, 3084; EzA § 102 BetrVG 2001 Nr. 21; SAE **09**, 7
15. 4. 2008 1 ABR 14/07	AP Nr. 54 zu § 95 BetrVG 1972	NZA **08**, 1020
15. 4. 2008 1 ABR 44/07	AP Nr. 70 zu § 80 BetrVG 1972	EzA § 80 BetrVG 2001 Nr. 9; NZA-RR **09**, 98
15. 4. 2008 1 AZR 65/07	AP Nr. 133 zu § 87 BetrVG 1972 Lohngestaltung	BAG **126**, 237; NZA **08**, 888; AiB **08**, 547; EzA § 87 BetrVG 2001 Betriebliche Lohngestaltung Nr. 15
15. 4. 2008 1 AZR 86/07	AP Nr. 96 zu § 77 BetrVG 1972	BAG **126**, 251; NZA **08**, 1074; EzA § 1 TVG Nr. 49
15. 4. 2008 9 AZR 26/07	AP Nr. 42 zu § 77 BetrVG 1972 Betriebsvereinbarung	NZA-RR **08**, 580
15. 4. 2008 9 AZR 159/07	AP Nr. 38 zu § 1 TVG Altersteilzeit	EzA § 4 TVG Tarifkonkurrenz Nr. 21; NZA-RR **08**, 586
15. 4. 2008 9 AZR 380/07	AP Nr. 50 zu § 15 BErzGG	BAGE **126**, 276; DB **08**, 1753; NZA **08**, 998; NJW **08**, 2937; EzA § 15 BErzGG Nr. 17
16. 4. 2008 7 ABR 4/07	AP Nr. 32 zu § 1 BetrVG 1972 Gemeinsamer Betrieb	DB **08**, 1864; NZA-RR **08**, 583; EzA § 1 BetrVG 2001 Nr. 7
16. 4. 2008 7 AZR 1048/06	AP Nr. 46 zu § 14 TzBfG	BB **08**, 1959; DB **08**, 2255; NZA **08**, 1184; NJW **08**, 3453; EzA § 14 TzBfG Nr. 47
23. 4. 2008 2 ABR 71/07	AP Nr. 56 zu § 103 BetrVG	NZA **08**, 1081; EzA § 103 BetrVG 2001 Nr. 6
23. 4. 2009 LAZR 699/06	AP Nr. 65 zu § 4 KSchG 1969	NZA-RR **08**, 466; EZA § 4 nF KSchG Nr. 84
23. 4. 2008 2 AZR 1110/06	AP Nr. 177 zu § 1 KSchG 1969 Betriebsbedingte Kündigung	DB **08**, 1631; NZA **08**, 939; NJW **08**, 3309; EzA § 1 KSchG Betriebsbedingte Kündigung Nr. 160
24. 4. 2008 8 AZR 257/07	AP Nr. 2 zu § 33 AGG	NJW **08**, 3658; NZA **08**, 1351; EzA § 611a BGB 2002 Nr. 6; ArbuR **09**, 95
7. 5. 2008 7 ABR 15/07	AP Nr. 19 zu § 1 BetrVG 1972 L	NZA **09**, 328; AiB **09**, 521 L
7. 5. 2008 7 ABR 17/07	AP Nr. 12 zu § 9 BetrVG 1972	NZA **08**, 1142; EzA § 9 BetrVG 2001 Nr. 4
7. 5. 2008 7 AZR 90/07	AP Nr. 145 zu § 37 BetrVG 1972	DB **08**, 2659; EzA § 37 BetrVG 2001 Nr. 7; NZA-RR **09**, 195
7. 5. 2008 7 AZR 198/07	AP Nr. 8 zu § 14 TzBfG Haushalt	NZA **08**, 880; BB **08**, 2016; EzA § 14 TzBfG Nr. 48
20. 5. 2008 1 ABR 19/07	AP Nr. 4 zu § 81 BetrVG 1972	EzA § 81 ArbGG 1979 Nr. 19; NZA-RR **09**, 102
21. 5. 2008 8 AZR 84/07		NZA **08**, 753; ArbuR **08**, 402; SAE **09**, 149
28. 5. 2008 10 AZR 51/07	AP Nr. 12 zu § 305 BGB	BAG **127**, 1; DB **08**, 1748; NZA **08**, 1066; EzA § 307 BGB 2002 Nr. 35

Datum	Fundstelle AP	Weitere Fundstellen
2. 6. 2008 3 AZB 24/08	AP Nr. 11 zu § 85 ArbGG 1979	EzA § 23 BetrVG 2001 Nr. 2
5. 6. 2008 2 AZR 754/06	AP Nr. 211 zu § 626 BGB	NZA **08**, 1002; EzA-SD **08**, Nr. 19, 15; NJW **08**, 3514; BB **09**, 612
5. 6. 2008 2 AZR 907/06	AP Nr. 179 zu § 1 KSchG 1969 Betriebsbedingte Kündigung	NZA **08**, 1120; EzA § 1 KSchG Soziale Auswahl Nr. 81; BB **09**, 447
17. 6. 2008 1 ABR 20/07	AP Nr. 46 zu § 99 BetrVG 1972 Versetzung	BAG **127**, 51; DB **08**, 2200; NZA **08**, 1139; EzA § 81 SGB IX Nr. 16; AiB **10**, 43
17. 6. 2008 1 ABR 37/07	AP Nr. 126 zu § 99 BetrVG 1972	EzA § 99 BetrVG 2001 Umgruppierung Nr. 4
17. 6. 2008 1 ABR 38/07	AP Nr. 47 zu § 99 BetrVG 1972 Versetzung	DB **08**, 2771; EzA § 95 BetrVG 2001 Nr. 8
17. 6. 2008 1 ABR 39/07	AP Nr. 34 zu § 99 BetrVG 1972 Eingruppierung	DB **08**, 2658; EzA § 99 BetrVG 2001 Eingruppierung Nr. 3
17. 6. 2008 3 AZR 553/06	AP Nr. 55 zu § 133 BGB	EzA-SD **08**, Nr. 20, 11; ArbRB **08**, 328; NZA **08**, 1320; BB **08**, 2804
17. 6. 2008 3 AZR 254/07	AP Nr. 53 zu § 1 BetrAVG	DB **08**, 2491
18. 6. 2008 7 AZR 116/07	AP Nr. 48 zu § 14 TzBfG	DB **08**, 2654; NZA **08**, 1302; BB **09**, 217; EzA § 14 TzBfG Nr. 49
18. 6. 2008 7 AZR 214/07	AP Nr. 50 zu § 14 TzBfG	NZA **09**, 35; EzA § 14 TzBfG Nr. 50
24. 6. 2008 9 AZR 313/07	AP Nr. 8 zu § 117 BetrVG 1972	NZA **08**, 1309; EzA § 8 TzBfG Nr. 21
24. 6. 2008 9 AZR 514/07	AP Nr. 26 zu § 8 TzBfG	BAG **127**, 95; DB **08**, 2543; NZA **08**, 1289; EzA § 8 TzBfG Nr. 22
26. 6. 2008 2 AZR 264/07	AP Nr. 42 zu § 23 KSchG 1969	BAG **127**, 102; DB **08**, 2311; EzA § 23 KSchG Nr. 32; ArbuR **09**, 98
16. 7. 2008 7 ABR 13/07	AP Nr. 50 zu § 78 a BetrVG 1972	BAG **127**, 126; DB **08**, 2837; NZA **09**, 202; EzA § 78 a BetrVG 2001 Nr. 4; AiB **09**, 306; SAE **09**, 191
16. 7. 2008 7 AZR 278/07	AP Nr. 51 zu § 14 TzBfG	BAG **127**, 140; NJW **09**, 107; NZA **08**, 1347; EzA § 14 TzBfG Nr. 51
22. 7. 2008 1 ABR 40/07	AP Nr. 14 zu § 87 BetrVG 1972	BAG **127**, 146; DB **08**, 2485; BB **08**, 2520; NZA **08**, 1248; AiB **08**, 669; NJW **08**, 3731; EzA § 87 BetrVG 2001 Betriebliche Ordnung Nr. 3
22. 7. 2008 1 AZR 259/07		EzA § 4 TVG Versicherungswirtschaft Nr. 7
24. 7. 2008 8 AZR 175/07	AP Nr. 347 zu § 613 a BGB	EzA-SD **08**, Nr. 24, 12; DB **08**, 2716; NJW- Spezial **08**, 756; BB **09**, 784
30. 7. 2008 10 AZR 497/07		NZA **08**, 1412; DB **09**, 67; EzA § 242 BGB 2002 Gleichbehandlung Nr. 17; AiB **09**, 456
12. 8. 2008 9 AZR 1117/06	AP Nr. 29 zu § 618 BGB	BAG **127**, 205; DB **08**, 2030; NZA **09**, 102; EzA § 618 BGB 2002 Nr. 3; SAE **10**, 158

Datum	Fundstelle AP	Weitere Fundstellen
13. 8. 2008 7 ABR 21/07		NZA-RR **09**, 255; EzA-SD **08**, Nr. 26, 14; DB **09**, 184 L; ArbRB **09**, 38
13. 8. 2008 7 AZR 450/07	AP Nr. 51 zu § 78 a BetrVG 1972 L	
13. 8. 2008 7 AZR 513/07		BAG **127**, 239; NZA **09**, 27; EzA § 14 TzBfG Nr. 52
19. 8. 2008 3 AZR 194/07	AP Nr. 82 zu § 242 BGB Betriebliche Übung	BAG **127**, 260; DB **09**, 463; NZA **09**, 196; EzA § 1 BetrAVG Gleichbehandlung Nr. 32
21. 8. 2008 8 AZR 201/07	AP Nr. 353 zu § 613 a BGB	NZA **09**, 29; NJW **09**, 391; EzA § 613 a BGB 2002 Nr. 95
26. 8. 2008 1 ABR 16/07	AP Nr. 54 zu § 75 BetrVG 1972	BAG **127**, 276; DB **08**, 2144; NZA **08**, 1187; BB **08**, 2743; EzA § 87 BetrVG 2001 Überwachung Nr. 2; AiB **09**, 108
26. 8. 2008 1 AZR 354/07	AP Nr. 15 zu § 87 BetrVG 1972	BAG **127**, 297; DB **08**, 2709; NZA **08**, 1426; BB **09**, 501; EzA § 87 BetrVG 2001 Betriebliche Lohngestaltung Nr. 16
27. 8. 2008 5 AZR 821/07	AP Nr. 206 zu § 1 TVG Tarifverträge: Metallindustrie	
28. 8. 2008 2 AZR 967/06	AP Nr. 140 zu § 2 KSchG 1969	BAG **127**, 342; NZA **09**, 505; EzA § 2 KSchG Nr. 73
16. 9. 2008 9 AZR 781/07	AP Nr. 6 zu § 9 TzBfG	BAG **127**, 353; DB **08**, 2426; NZA **08**, 1285; EzA § 9 TzBfG Nr. 4; AiB **09**, 381; SAE **09**, 261
16. 9. 2008 9 AZR 791/07	AP Nr. 15 zu § 81 SGB IX	BAG **127**, 367; NZA **09**, 79; DB **09**, 177; EzA § 81 SGB IX Nr. 17
24. 9. 2008 10 AZR 634/07	AP Nr. 1 zu § 24 TVöD	BAG **128**, 21; DB **08**, 2768; NZA **08**, 1422; EzA § 4 TzBfG Nr. 15
30. 9. 2008 1 ABR 54/07	AP Nr. 71 zu § 80 BetrVG 1972	BAG **128**, 92; DB **09**, 407; NZA **09**, 502; EzA § 80 BetrVG 2001 Nr. 10
30. 9. 2008 1 ABR 81/07		DB **09**, 350; EzA § 99 BetrVG 2001 Einstellung Nr. 10
30. 9. 2008 1 AZR 684/07	AP Nr. 197 zu § 112 BetrVG 1972	BAG **128**, 102; DB **09**, 573; NZA **09**, 386; EzA § 112 BetrVG 2001 Nr. 29
16. 10. 2008 7 AZR 253/07 (A)	AP Nr. 55 zu § 14 TzBfG	BAG **128**, 134; DB **09**, 850; NZA **09**, 378; EzA § 14 TzBfG Nr. 54
16. 10. 2008 7 AZR 360/07	AP Nr. 56 zu § 14 TzBfG	EzA § 14 TzBfG Nr. 53; NZA **09**, 676
22. 10. 2008 10 AZR 734/07	AP Nr. 31 zu §§ 22, 23 BAT Zuwendungs-TV	EzA § 4 TzBfG Nr. 16
23. 10. 2008 2 ABR 59/07	AP Nr. 58 zu § 103 BetrVG 1972	DB **09**, 1131; NZA **09**, 855; EzA § 626 BGB 2002 Nr. 25; SAE **10**, 64
23. 10. 2008 2 AZR 163/07	AP Nr. 18 zu § 1 KSchG 1969 Namensliste	BB **09**, 1758; EzA § 1 KSchG Interessenausgleich Nr. 16
28. 10. 2008 3 AZR 317/07	AP Nr. 56 zu § 1 BetrAVG	BAG **128**, 199; DB **09**, 1714; NZA **09**, 844; EzA § 1 BetrAVG Nr. 92

Datum	Fundstelle AP	Weitere Fundstellen
30. 10. 2008 8 AZR 855/07	AP Nr. 359 zu § 613a BGB	DB **09**, 739; NZA **09**, 723; EzA § 613a BGB 2002 Nr. 102
6. 11. 2008 2 AZR 523/07	AP Nr. 182 zu § 1 KSchG 1969 Betriebsbedingte Kündigung	BAG **128**, 238; DB **09**, 626; NZA **09**, 361; EzA § 1 KSchG Soziale Auswahl Nr. 82; ArbuR **09**, 358; SAE **09**, 301
6. 11. 2008 2 AZR 701/07		Parallelentscheidung zu 2 AZR 523/07
6. 11. 2008 2 AZR 935/07	AP Nr. 4 zu § 18 KSchG 1969	BAG **128**, 256; DB **09**, 515; BB **09**, 725; EzA § 18 KSchG Nr. 1; SAE **09**, 155; NZA **09**, 1013
11. 11. 2008 1 ABR 68/07	AP Nr. 35 zu § 99 BetrVG 1972 Eingruppierung	BAG **128**, 265; NZA **09**, 450; EzA § 87 BetrVG 2001 Betriebliche Lohngestaltung Nr. 17
11. 11. 2008 1 AZR 475/07	AP Nr. 196 zu § 112 BetrVG 1972	BAG **128**, 275; DB **09**, 347; NZA **09**, 210; EzA § 112 BetrVG 2001 Nr. 30
12. 11. 2008 7 ABR 73/07		ArbuR **09**, 105; ArbRB **09**, 138
18. 11. 2008 3 AZR 192/07		DB **09**, 853; NZA **09**, 435; EzA § 307 BGB 2002 Nr. 42; ArbuR **09**, 426
18. 11. 2008 9 AZR 865/07	AP Nr. 2 zu § 611 BGB Personalakte	BAG **128**, 299; DB **09**, 458; NZA **09**, 206; NJW **09**, 1627; EzA Art. 33 GG Nr. 35
19. 11. 2008 10 AZR 658/07	AP Nr. 4 zu § 67 BMT-G II	NZA **09**, 269; NJW **09**, 1434
27. 11. 2008 2 AZR 757/07	AP Nr. 9 zu § 55 BAT	BAG **128**, 308; NZA **09**, 481; MDR **09**, 700; EzTöD 100 § 34 Abs 2 TVöD-AT Betriebsübergang Nr. 4
3. 12. 2008 5 AZR 74/08	AP Nr. 206 zu § 242 BGB Gleichbehandlung	BAG **128**, 342; NJW **09**, 1101; NZA **09**, 367; EzA § 242 BGB 2002 Gleichbehandlung Nr. 19
9. 12. 2008 1 ABR 74/07	AP Nr. 58 zu § 99 BetrVG 1972 Einstellung	BAG **128**, 351; DB **09**, 743; NZA-RR **09**, 260; EzA § 99 BetrVG 2001 Einstellung Nr. 11
9. 12. 2008 1 ABR 75/07	AP Nr. 356 zu § 613a BGB	BAG **128**, 358; NJW **09**, 872; NZA **09**, 254; EzA § 83 ArbGG 1979 Nr. 11
9. 12. 2008 1 ABR 79/07	AP Nr. 36 zu § 99 BetrVG 1972 Eingruppierung	BAG **128**, 364; DB **09**, 1357; NZA **09**, 627; EzA § 99 BetrVG 2001 Nr. 11; AiB **09**, 593; AiB **11**, 127
9. 12. 2008 3 AZR 384/07	AP Nr. 22 zu § 9 BetrAVG	EzA § 1 BetrAVG Ablösung Nr. 47; NZA **09**, 1341
10. 12. 2008 10 AZR 35/08	AP Nr. 281 zu § 611 BGB Gratifikation	NZA **09**, 258; NJW **09**, 1370; EzA § 611 BGB 2002 Gratifikation, Prämie Nr. 24
11. 12. 2008 2 AZR 395/07	AP Nr. 362 zu § 613a BGB	BAG **129**, 25; DB **09**, 966; NZA **09**, 556; NJW **09**, 2153; EzA § 90 SGB IX Nr. 5
16. 12. 2008 9 AZR 893/07	AP Nr. 27 zu § 8 TzBfG	BAG **129**, 56; NJW **09**, 1527; NZA **09**, 565; DB **09**, 1242; EzA § 8 TzBfG Nr. 23

2009

Datum	Fundstelle AP	Weitere Fundstellen
14. 1. 2009 3 AZR 20/07	AP Nr. 315 zu Art 3 GG	BAG **129**, 105; BB **09**, 954; NZA **09**, 489; DB **09**, 1545; EzA § 2 AGG Nr. 3
14. 1. 2009 3 AZR 427/07	AP Nr. 1 zu § 24 BBiG	NZA **09**, 738; SAE **09**, 254; EzB BBiG § 21 Abs. 3 Nr. 18; DB **09**, 2722

Datum	Fundstelle AP	Weitere Fundstellen
15. 1. 2009 2 AZR 641/07	AP Nr. 141 zu § 2 KSchG 1969	EzA-SD **09**, Nr. 12, 7; DB **09**, 1299; NZA **09**, 957
20. 1. 2009 1 ABR 78/07	AP Nr. 44 zu § 77 BetrVG 1972 Betriebsvereinbarung	EzA § 547 ZPO 2002 Nr. 2
20. 1. 2009 1 AZR 740/07	AP Nr. 198 zu § 112 BetrVG 1972	DB **09**, 1023; NZA **09**, 495
20. 1. 2009 1 AZR 515/08	AP Nr. 137 zu Art 9 GG	BAG **129**, 145; NJW **09**, 1990; NZA **09**, 615; DB **09**, 1410; EzA Art. 9 GG Nr. 96; SAE **09**, 285
21. 1. 2009 7 ABR 65/07	AP Nr. 61 zu § 19 BetrVG 1972	NZA-RR **09**, 481; EzA § 19 BetrVG 2001 Nr. 7
21. 1. 2009 7 AZR 630/07	AP Nr. 57 zu § 14 TzBfG	NZA **09**, 727; EzA § 14 TzBfG Nr. 55
22. 1. 2009 8 AZR 808/07	AP Nr. 4 zu § 613a BGB Unterrichtung	NZA **09**, 547; EzA § 613a BGB 2002 Nr. 105
22. 1. 2009 8 AZR 906/07	AP Nr. 1 zu § 15 AGG	BAG **129**, 181; EzA § 15 AGG Nr. 1; NZA **09**, 945; DB **09**, 2045
22. 1. 2009 8 AZR 73/08		Parallelentscheidung zu 8 AZR 906/07
28. 1. 2009 4 ABR 92/07	AP Nr. 37 zu § 99 BetrVG 1972 Eingruppierung	BAG **129**, 238; NZA **09**, 1042
3. 2. 2009 5 AZB 100/08	AP Nr. 66 zu § 5 ArbGG 1979	DB **09**, 907; NJW **09**, 2078; NZA **09**, 669; EzA § 5 ArbGG 1979 Nr. 43
10. 2. 2009 1 ABR 94/07	AP Nr. 21 zu § 87 BetrVG 1972 Sozialeinrichtung	BAG **129**, 313; NZA **09**, 562; DB **09**, 1655; EzA § 87 BetrVG 2001 Sozialeinrichtung Nr. 1
10. 2. 2009 1 ABR 36/08	AP Nr. 138 zu Art 9 GG	BAG **129**, 322; DB **09**, 1657; NZA **09**, 908; EzA § 2 TVG Tarifzuständigkeit Nr. 12
10. 2. 2009 1 AZR 767/07	AP Nr. 1 zu § 28 SprAuG	BAG **129,** 302; DB **09**, 967; NZA **09**, 970; EzA § 28 SprAuG Nr. 1
10. 2. 2009 3 AZR 653/07		DB **09**, 1303; NZA **09**, 796; EzA § 1 BetrAVG Betriebsvereinbarung Nr. 6
19. 2. 2009 2 AZR 286/07	AP Nr. 38 zu § 9 MuSchG 1968	NZA **09**, 980; BB **09**, 2092; EzA § 4 nF KSchG Nr. 88
19. 2. 2009 8 AZR 176/08	AP Nr. 368 zu § 613a BGB	BAG **129**, 343; DB **09**, 2106; NZA **09**, 1095; NJW **09**, 3386; EzA § 613a BGB 2002 Nr. 109
25. 2. 2009 4 AZR 986/07	AP Nr. 40 zu § 3 TVG	EzA Art. 9 GG Nr. 97
25. 2. 2009 7 ABR 61/07		DB **09**, 1473; AiB **09**, 590; EzB BetrVG § 78a Nr. 12
25. 2. 2009 7 AZR 954/07	AP Nr. 146 zu § 37 BetrVG 1972	
10. 3. 2009 1 ABR 87/07	AP Nr. 16 zu § 87 BetrVG 1972	BAG **129**, 364; DB **09**, 2275; EzA § 87 BetrVG 2001 Betriebliche Ordnung Nr. 4; NZA **10**, 180
10. 3. 2009 1 ABR 93/07	AP Nr. 127 zu § 99 BetrVG 1972	BAG **130**, 1; DB **09**, 1301; NZA **09**, 622; EzA § 99 BetrVG 2001 Nr. 12
10. 3. 2009 1 AZR 55/08	AP Nr. 134 zu § 87 BetrVG 1972 Lohngestaltung	BAG **129**, 371; NZA **09**, 684; DB **09**, 1471; EzA § 87 BetrVG 2001 Betriebliche Lohngestaltung Nr. 18

Datum	Fundstelle AP	Weitere Fundstellen
12. 3. 2009 2 ABR 24/08	AP Nr. 59 zu § 103 BetrVG 1972	NZA-RR **10**, 180
12. 3. 2009 2 AZR 418/07	AP Nr. 97 zu § 1 KSchG 1969 Soziale Auswahl	DB **09**, 1932; NZA **09**, 1023; EzA § 1 KSchG Interessenausgleich Nr. 17; SAE **09**, 309
12. 3. 2009 2 AZR 47/08	AP Nr. 63 zu § 15 KSchG 1969	DB **09**, 1712; NZA **09**, 1264; EzA § 15 nF KSchG Nr. 63; AiB **10**, 273
18. 3. 2009 10 AZR 338/08	AP Nr. 20 zu § 4 TzBfG	EzA § 4 TzBfG Nr. 20; BB **09**, 717
25. 3. 2009 7 ABR 2/08	AP Nr. 73 zu § 5 BetrVG 1972	DB **09**, 1825; NZA **09**, 1296; EzA § 5 BetrVG 2001 Nr. 4; NJW **10**, 313
25. 3. 2009 7 AZR 34/08		NJW **09**, 3180; DB **09**, 2272; BB **09**, 2372; EzA § 14 TzBfG Nr. 57; NZA **10**, 34
26. 3. 2009 2 AZR 296/07	AP Nr. 19 zu § 1 KSchG 1969 Namensliste	BAG **130**, 182; DB **09**, 1882; NZA **09**, 1151; BB **09**, 2539; EzA § 1 KSchG Interessenaus- gleich Nr. 18
26. 3. 2009 2 AZR 883/07	AP Nr. 45 zu § 23 KSchG 1969	EzA-SD **09**, Nr. 13, 5; DB **09**, 1409; BB **09**, 1924
21. 4. 2009 3 AZR 674/07	AP Nr. 53 zu § 1 BetrAVG Ablösung	NZA-RR **09**, 548; DB **09**, 2386
22. 4. 2009 4 ABR 14/08	AP Nr. 38 zu § 99 BetrVG 1972 Eingruppierung	BAG **130**, 286; NZA **09**, 1286; BB **09**, 1013; AiB **11**, 122
22. 4. 2009 4 AZR 100/08	AP Nr. 371 zu § 613 a BGB	BAG **130**, 237; DB **09**, 2605; NZA **10**, 41; EzA § 613 a BGB 2002 Nr. 110; DB **10**, 2116
22. 4. 2009 7 AZR 743/07	AP Nr. 9 zu § 14 TzBfG Haushalt	BAG **130**, 313; NJW **09**, 3048; NZA **09**, 1143; EzA § 14 TzBfG Nr. 59
22. 4. 2009 7 AZR 96/08	AP Nr. 60 zu § 14 TzBfG	BAG **130**, 322; NZA **09**, 1099; EzA § 14 TzBfG Nr. 58
23. 4. 2009 6 AZR 189/08	AP Nr. 40 zu § 611 BGB Persönlichkeitsrecht	BAG **130**, 347; DB **09**, 1936; NZA **09**, 974; EzA § 611 BBG 2002 Persönlichkeitsrecht Nr. 9; NJW **10**, 104; SAE **10**, 144
23. 4. 2009 6 AZR 263/08	AP Nr. 160 zu § 102 BetrVG 1972	BAG **130**, 364; NZA **09**, 915; DB **09**, 1995; EzA § 102 BetrVG 2001 Nr. 24; AiB **10**, 46
28. 4. 2009 1 ABR 97/07	AP Nr. 40 zu § 99 BetrVG 1972 Eingruppierung	BAG **131**, 1; NZA **09**, 1102; DB **09**, 2662; EzA § 99 BetrVG 2001 Eingruppierung Nr. 4
28. 4. 2009 1 ABR 7/08	AP Nr. 99 zu § 77 BetrVG 1972	
19. 5. 2009 9 AZR 241/08	AP Nr. 30 zu § 618 BGB	BAG **131**, 18; DB **09**, 1540; NZA **09**, 775; NJW **09**, 2698; EzA § 618 BGB 2002 Nr. 4
20. 5. 2009 5 AZR 31/08	AP Nr. 16 zu § 611 BGB Arbeitnehmerähnlichkeit	EzA § 611 BGB 2002 Arbeitnehmerbegriff Nr. 15; NZA-RR **10**, 172
26. 5. 2009 1 ABR 12/08	AP Nr. 203 zu § 112 BetrVG 1972	DB **09**, 2331; NZA-RR **09**, 588; EzA § 112 BetrVG 2001 Nr. 32
26. 5. 2009 1 AZR 198/08	AP Nr. 200 zu § 112 BetrVG 1972	BAG **131**, 61; DB **09**, 1766; NZA **09**, 849; ArbuR **09**, 359; BB **09**, 2428; EzA § 112 BetrVG 2001 Nr. 31
26. 5. 2009 1 AZR 212/08	AP Nr. 201 zu § 112 BetrVG 1972	
28. 5. 2009 2 AZR 844/07	AP Nr. 222 zu § 626 BGB	BAG **131**, 78; NZA **09**, 954; DB **09**, 2105; EzA § 1 KSchG Interessenausgleich Nr. 19

Datum	Fundstelle AP	Weitere Fundstellen
28. 5. 2009 8 AZR 273/08	AP Nr. 370 zu § 613a BGB	NZA **09**, 1267; EzA § 17 KSchG Nr. 20
28. 5. 2009 8 AZR 536/08	AP Nr. 1 zu § 8 AGG	BAG **131**, 86; NZA **09**, 1016; NJW **09**, 3672; EzA § 8 AGG Nr. 1
17. 6. 2009 7 AZR 112/08 (A)	AP Nr. 64 zu § 14 TzBfG	BAG **131**, 113; EzA Richtlinie 2000/78 EG-Vertrag 1999 Nr. 12; SAE **10**, 279
23. 6. 2009 1 ABR 23/08	AP Nr. 48 zu § 99 BetrVG 1972 Versetzung	BAG **131**, 145; NZA **09**, 1430; NJW **10**, 172; EzA § 99 BetrVG 2001 Nr. 13; BB **10**, 768; SAE **10**, 220
23. 6. 2009 1 ABR 30/08	AP Nr. 59 zu § 99 BetrVG 1972 Einstellung	NZA **09**, 1162
23. 6. 2009 1 AZR 214/08	AP Nr. 45 zu § 77 BetrVG 1972 Betriebsvereinbarung	NZA **09**, 1159; DB **09**, 2720
23. 6. 2009 2 AZR 474/07	AP Nr. 47 zu § 626 BGB Verdacht strafbarer Handlung	BAG **131**, 155; NZA **09**, 1136; EzA § 626 BGB 2002 Verdacht strafbarer Handlung Nr. 8; BB **10**, 1856; SAE **10**, 328
1. 7. 2009 4 ABR 18/08	AP Nr. 39 zu § 99 BetrVG 1972 Eingruppierung	BAG **131**, 197; NZA **10**, 290
1. 7. 2009 4 AZR 261/08	AP Nr. 14 zu § 3 TVG Verbandsaustritt	BAG **131**, 176; BB **09**, 1581; NZA **10**, 53; EzA § 3 TVG Verbandsaustritt Nr. 3
15. 7. 2009 5 AZR 486/08	AP Nr. 209 zu § 242 BGB Gleichbehandlung	DB **09**, 2496; NZA **09**, 1202; EzA § 242 BGB 2002 Gleichbehandlung Nr. 20
21. 7. 2009 1 ABR 35/08	AP Nr. 4 zu § 3 AÜG	BAG **131**, 250; DB **09**, 2157; NZA **09**, 1156; BB **10**, 319; EzA § 99 BetrVG 2001 Einstellung Nr. 12
21. 7. 2009 1 ABR 42/08	AP Nr. 1 zu § 13 AGG	BAG **131**, 225; DB **09**, 1993; NZA **09**, 1049; EzA § 87 BetrVG 2001 Betriebliche Ordnung Nr. 5
21. 7. 2009 1 AZR 167/08	AP Nr. 11 zu § 38 EStG	NZA **09**, 1213; EzA § 611 BGB 2002 Nettolohn, Lohnsteuer Nr. 4
21. 7. 2009 1 AZR 566/08	AP Nr. 202 zu § 112 BetrVG 1972	BAG **131**, 244; NZA **09**, 1107; DB **09**, 2666; EzA § 112 BetrVG 2001 Nr. 33
29. 7. 2009 7 ABR 95/07	AP Nr. 93 zu § 40 BetrVG 1972	NZA **09**, 1223; EzA § 40 BetrVG 2001 Nr. 15
29. 7. 2009 7 ABR 27/08	AP Nr. 7 zu § 3 BetrVG 1972	BAG **131**, 277; NZA **09**, 1424; DB **10**, 117; SAE **10**, 30; EzA § 3 BetrVG 2001 Nr. 3; BB **10**, 1604
5. 8. 2009 10 AZR 634/08	AP Nr. 21 zu § 4 TzBfG	
5. 8. 2009 10 AZR 666/08	AP Nr. 208 zu § 242 BGB Gleichbehandlung	NZA **09**, 1135; DB **09**, 2495; EzA § 612a BGB 2002 Nr. 6
11. 8. 2009 3 AZR 23/08	AP Nr. 139 zu Art 9 GG	BAG **131**, 298; DB **10**, 341; NZA **10**, 408; EzA § 10 AGG Nr. 1; SAE **11**, 19
12. 8. 2009 7 ABR 15/08	AP Nr. 2 zu § 34 BetrVG 1972	BAG **131**, 316; DB **09**, 2439; NZA **09**, 1218; EzA § 34 BetrVG 2001 Nr. 1
12. 8. 2009 7 AZR 218/08		NZA **09**, 1284; EzA § 37 BetrVG 2001 Nr. 8
18. 8. 2009 1 ABR 43/08	AP Nr. 16 zu § 87 BetrVG 1972 Gesundheitsschutz	BAG **131**, 351; DB **09**, 2552; NZA **09**, 1434; EzA § 87 BetrVG 2001 Gesundheitsschutz Nr. 4

Datum	Fundstelle AP	Weitere Fundstellen
18. 8. 2009 1 ABR 47/08	AP Nr. 1 zu § 3 AGG	BAG **131**, 342; DB **10**, 284; NZA **10**, 222; EzA § 17 AGG Nr. 1
18. 8. 2009 1 ABR 49/08	AP Nr. 128 zu § 99 BetrVG 1972	BAG **131**, 358; NZA **10**, 112; EzA § 99 BetrVG 2001 Nr. 14
18. 8. 2009 9 AZR 517/08	AP Nr. 28 zu § 8 TzBfG	NZA **09**, 1207; EzA § 8 TzBfG Nr. 24
26. 8. 2009 5 AZR 522/08	AP Nr. 2 zu § 84 AktG	BAG **132**, 27; DB **09**, 2480; NZA **09**, 1205; EzA § 84 AktG Nr. 1
2. 9. 2009 7 AZR 162/08	AP Nr. 14 zu § 14 TzBfG Haushalt	BAG **132**, 45; NZA **09**, 1257; EzA § 14 TzBfG Nr. 60
2. 9. 2009 7 AZR 233/08	AP Nr. 66 zu § 14 TzBfG	BAG **132**, 59; NZA **09**, 1253; EzA § 14 TzBfG Nr. 61
10. 9. 2009 2 AZR 822/07	AP Nr. 142 zu § 2 KSchG 1969	BAG **132**, 78; DB **10**, 563; NZA **10**, 333; NJW **10**, 1161; EzA § 2 KSchG Nr. 74
22. 9. 2009 1 AZR 316/08	AP Nr. 204 zu § 112 BetrVG 1972	BAG **132**, 132; DB **09**, 2664; BB **10**, 640; EzA § 112 BetrVG 2001 Nr. 34
23. 9. 2009 4 AZR 220/08	AP Nr. 6 zu §§ 22, 23 BAT Rückgruppierung	ZTR **10**, 298; EzTöD 400 Eingruppierung BAT Ärzte VergGr Ib Nr. 2; DB **10**, 964; NZA **10**, 528
23. 9. 2009 4 AZR 331/08	AP Nr. 71 zu § 1 TVG Bezugnahme auf Tarifvertrag	BAG **132**, 169; NZA **10**, 513; NJW **10**, 1831; EzA § 3 TVG Bezugnahme auf Tarifvertrag Nr. 45; BB **10**, 1796; DB **10**, 2112; SAE **11**, 37
24. 9. 2009 8 AZR 705/08	AP Nr. 2 zu § 3 AGG	DB **10**, 618; NZA **10**, 387; EzA § 3 AGG Nr. 1
13. 10. 2009 9 AZR 722/08	AP Nr. 1 zu § 7 AGG	BAG **132**, 210; DB **10**, 397; NZA **10**, 327; EzA § 10 AGG Nr. 2; BB **10**, 1668
13. 10. 2009 9 AZR 910/08	AP Nr. 29 zu § 8 TzBfG	DB **10**, 340; NZA **10**, 339; EzA § 8 TzBfG Nr. 25
21. 10. 2009 4 ABR 40/08	AP Nr. 42 zu § 99 BetrVG 1972 Eingruppierung	BB **10**, 180; DB **10**, 232; EzA § 99 BetrVG 2001 Umgruppierung Nr. 6; NZA **10**, 528
22. 10. 2009 8 AZR 642/08	AP Nr. 2 zu § 15 AGG	DB **10**, 507; NZA **10**, 280; EzA § 15 AGG Nr. 4
5. 11. 2009 2 AZR 487/08	AP Nr. 65 zu § 15 KSchG 1969	NZA-RR **10**, 236; EzA § 15 nF KSchG Nr. 64
5. 11. 2009 2 AZR 676/08	AP Nr. 183 zu § 1 KSchG 1969 Betriebsbedingte Kündigung	NZA **10**, 457; NJW **10**, 1395; EzA § 1 KSchG Interessenausgleich Nr. 20
10. 11. 2009 1 ABR 54/08	AP Nr. 125 zu § 87 BetrVG 1972 Arbeitszeit	DB **10**, 454; EzA § 87 BetrVG 2001 Arbeitszeit Nr. 14; NZA-RR **10**, 301; ArbuR **10**, 338
10. 11. 2009 1 ABR 64/08	AP Nr. 43 zu § 99 BetrVG 1972 Eingruppierung	DB **10**, 455; EzA § 25 BetrVG 2001 Nr. 2; NZA-RR **10**, 416
10. 11. 2009 1 AZR 511/08	AP Nr. 48 zu § 77 BetrVG 1972 Betriebsvereinbarung	NZA **11**, 475
11. 11. 2009 7 ABR 26/08	AP Nr. 23 zu § 20 BetrVG 1972	BAG **132**, 232; NZA **10**, 353; DB **10**, 734; EzA § 80 BetrVG 2001 Nr. 11
26. 11. 2009 2 AZR 185/08	AP Nr. 64 zu § 15 KSchG 1969	BAG **132**, 293; NZA **10**, 443; EzA § 15 nF KSchG Nr. 65

Datum	Fundstelle AP	Weitere Fundstellen
8. 12. 2009 1 ABR 41/09	AP Nr. 129 zu § 99 BetrVG 1972	BAG **132**, 324; DB **10**, 906; NZA **10**, 665; EzA § 21 b BetrVG 2001 Nr. 1
8. 12. 2009 1 ABR 66/08	AP Nr. 380 zu § 613a BGB	BAG **132**, 314; DB **10**, 511; NZA **10**, 404; EzA § 87 BetrVG 2001 Betriebliche Lohngestaltung Nr. 20; NJW **10**, 1990
9. 12. 2009 4 AZR 190/08	AP Nr. 48 zu § 3 TVG	NZA **10**, 712; DB **10**, 1467; EzA § 3 TVG Nr. 34; BB **10**, 3154
9. 12. 2009 7 ABR 38/08	AP Nr. 19 zu § 4 BetrVG 1972	DB **10**, 1409; EzA § 1 BetrVG 2001 Nr. 8; NZA **10**, 906
9. 12. 2009 7 ABR 46/08	AP Nr. 97 zu § 40 BetrVG 1972	BAG **132**, 357; DB **10**, 1188; NZA **10**, 662; EzA § 40 BetrVG 2001 Nr. 17; SAE **10**, 263
9. 12. 2009 7 ABR 90/07	AP Nr. 96 zu § 40 BetrVG 1972	BAG **132**, 333; DB **10**, 678 NZA **10**, 461; EzA § 40 BetrVG 2001 Nr. 16; NJW **10**, 2154; NJW **10**, 2154; AiB **11**, 58
9. 12. 2009 7 AZR 399/08	AP Nr. 67 zu § 14 TzBfG	BAG **132**, 344; DB **10**, 847; NZA **10**, 495; - NJW **10**, 1548; EzA § 14 TzBfG Nr. 62
10. 12. 2009 2 AZR 198/09	AP Nr. 3 zu § 84 SGB IX	DB **10**, 1015; NZA **10**, 639; EzA § 1 KSchG Krankheit Nr. 57
10. 12. 2009 2 AZR 400/08	AP Nr. 48 zu § 1 KSchG 1969 Krankheit	DB **10**, 621; NZA **10**, 398; EzA § 1 KSchG Krankheit Nr. 56
15. 12. 2009 9 AZR 72/09	AP Nr. 2 zu § 15 BEEG	DB **10**, 731; NZA **10**, 447; EzA § 15 BErzGG Nr. 18
15. 12. 2009 9 AZR 769/08	AP Nr. 1 zu § 8 ASiG	BAG **133**, 1; DB **10**, 791; NZA **10**, 506; EzA § 8 ASiG Nr. 1
16. 12. 2009 5 AZR 157/09	AP Nr. 3 zu § 4 ArbZG	NZA **10**, 505; EzA § 4 ArbZG Nr. 3
17. 12. 2009 6 AZR 242/09	AP Nr. 41 zu § 620 BGB Aufhebungsvertrag	NZA **10**, 273; NJW **10**, 1100; EzA § 623 BGB 2002 Nr. 10
17. 12. 2009 8 AZR 670/08	AP Nr. 2 zu § 7 AGG	NZA **10**, 383; EzA § 15 AGG Nr. 6; AiB **10**, 697

2010

19. 1. 2010 1 ABR 55/08	AP Nr. 47 zu § 23 BetrVG 1972	BAG **133**, 75; NZA **10**, 659; EzA § 23 BetrVG 2001 Nr. 4; DB **11**, 120
19. 1. 2010 1 ABR 62/08	AP Nr. 49 zu § 99 BetrVG 1972 Versetzung	BAG **133**, 69; NZA **10**, 592; EzA § 23 BetrVG 2001 Nr. 3
19. 1. 2010 3 ABR 19/08	AP Nr. 49 zu § 77 BetrVG 1972 Betriebsvereinbarung	DB **10**, 1131; NZA-RR **10**, 356; EzA § 1 BetrAVG Betriebsvereinbarung Nr. 7
20. 1. 2010 5 AZR 99/09	AP Nr. 119 zu § 611 BGB Abhängigkeit	DB **10**, 788; EzA § 611 BGB 2002 Arbeitnehmerbegriff Nr. 16
20. 1. 2010 7 ABR 39/08	AP Nr. 2 zu § 97 SGB IX	BAG **133**, 114; EzA § 94 SGB IX Nr. 6; NZA **10**, 1435
20. 1. 2010 7 ABR 68/08	AP Nr. 98 zu § 40 BetrVG 1972	NJW **10**, 2077; NZA **10**, 777; EzA § 40 BetrVG 2001 Nr. 18
20. 1. 2010 7 ABR 79/08	AP Nr. 99 zu § 40 BetrVG 1972	BAG **133**, 129; DB **10**, 1243; NJW **10**, 1901; NZA **10**, 709; EzA § 40 BetrVG 2001 Nr. 19; AiB **10**, 687
21. 1. 2010 6 AZR 785/08	AP Nr. 4 zu § 123 InsO	BAG **133**, 136; DB **10**, 567; NZA **10**, 413; EzA § 123 InsO Nr. 1

Datum	Fundstelle AP	Weitere Fundstellen
28. 1. 2010 2 AZR 764/08	AP Nr. 4 zu § 3 AGG	BAG **133**, 141; DB **10**, 1071; NZA **10**, 625; BB **10**, 1733; EzA § 1 KSchG Personenbedingte Kündigung Nr. 24; SAE **10**, 253
16. 2. 2010 3 AZR 216/09	AP Nr. 50 zu § 77 BetrVG 1972 Betriebsvereinbarung	BAG **133**, 158; NZA **10**, 701; EzA § 1 BetrAVG Gleichbehandlung Nr. 35
17. 2. 2010 7 ABR 51/08	AP Nr. 14 zu § 8 BetrVG 1972	BAG **133**, 202; DB **10**, 1298; NZA **10**, 832; EzA § 8 BetrVG 2001 Nr. 2
17. 2. 2010 7 ABR 54/09	AP Nr. 103 zu § 40 BetrVG 1972	
17. 2. 2010 7 ABR 81/09	AP Nr. 100 zu § 40 BetrVG 1972	NZA-RR **10**, 413; DB **10**, 2676; NJW **11**, 796
17. 2. 2010 7 ABR 89/08	AP Nr. 53 zu § 78 a BetrVG 1972	DB **10**, 1355; EzA § 78 a BetrVG 2001 Nr. 5
17. 2. 2010 7 ABR 92/09	AP Nr. 104 zu § 40 BetrVG 1972	
23. 2. 2010 1 ABR 65/08	AP Nr. 100 zu § 77 BetrVG 1972	EzA-SD **10**, Nr. 9, 16; NZA **10**, 728; DB **10**, 1767
23. 2. 2010 2 AZR 656/08	AP Nr. 66 zu § 15 KSchG 1969	BAG **133**, 226; EzA § 15 nF KSchG Nr. 66; DB **10**, 2621; NZA **10**, 1288; SAE **11**, 167
23. 2. 2010 2 AZR 659/08	AP Nr. 8 zu § 85 SGB IX	BAG **133**, 249; EzA § 85 SGB IX Nr. 6; DB **11**, 595; NZA **11**, 411
25. 2. 2010 6 AZR 911/08	AP Nr. 3 zu § 3 AGG	BAG **133**, 265; DB **10**, 960; NZA **10**, 561; ArbuR **10**, 267; EzA § 10 AGG Nr. 3; BB **10**, 2635
16. 3. 2010 3 AZR 31/09	AP Nr. 8 zu § 106 GewO	BAG **133**, 307; DB **10**, 1710; NZA **10**, 1028; NJW **10**, 3259; EzA § 106 GewO Nr. 5
17. 3. 2010 5 AZR 168/09	AP Nr. 211 zu § 242 BGB Gleichbehandlung	NZA **10**, 696; EzA § 242 BGB 2002 Gleichbehandlung Nr. 22
17. 3. 2010 7 ABR 95/08	AP Nr. 12 zu § 74 BetrVG 1972	BAG **133**, 342; DB **10**, 1649; NZA **10**, 1133; NJW **10**, 3322; EzA § 74 BetrVG 2001 Nr. 1; AiB **11**, 540; SAE **11**, 186
17. 3. 2010 7 AZR 640/08	AP Nr. 70 zu § 14 TzBfG	BAG **133**, 319; NZA **10**, 633; NJW **10**, 2232; EzA § 14 TzBfG Nr. 63
17. 3. 2010 7 AZR 706/08	AP Nr. 18 zu § 47 BetrVG 1972	EzA § 47 BetrVG 2001 Nr. 5; DB **10**, 2812
18. 3. 2010 2 AZR 468/08	AP Nr. 184 zu § 1 KSchG 1969 Betriebsbedingte Kündigung	NZA **10**, 1059; DB **10**, 2230; EzA § 1 KSchG Soziale Auswahl Nr. 83
18. 3. 2010 8 AZR 77/09	AP Nr. 2 zu § 8 AGG	DB **10**, 1534; NZA **10**, 872; EzA § 8 AGG Nr. 2
23. 3. 2010 1 ABR 81/08	AP Nr. 72 zu § 80 BetrVG 1972	EzA § 80 BetrVG 2001 Nr. 12; DB **10**, 2623; NZA **11**, 811
23. 3. 2010 1 ABR 82/08	AP Nr. 135 zu § 87 BetrVG 1972 Lohngestaltung	BAG **133**, 373; DB **10**, 1765; AiB **10**, 619; EzA § 50 BetrVG 2001 Nr. 7; NZA **11**, 642
23. 3. 2010 1 AZR 832/08	AP Nr. 55 zu § 75 BetrVG 1972	DB **10**, 1353; NZA **10**, 774; EzA § 112 BetrVG 2001 Nr. 35
23. 3. 2010 1 AZR 981/08	AP Nr. 207 zu § 112 BetrVG 1972	DB **10**, 1595; EzA § 112 BetrVG 2001 Nr. 36
30. 3. 2010 7 AZB 32/09	AP Nr. 24 zu § 2 a ArbGG 1979	BAG **00**, 00; NJW **10**, 1769; NZA **10**, 668; EzA § 2 a ArbGG 1979 Nr. 6

Datum	Fundstelle AP	Weitere Fundstellen
14. 4. 2010 7 ABR 91/08	AP Nr. 44 zu § 99 BetrVG 1972 Eingruppierung	DB **10**, 1536; EzA § 99 BetrVG 2001 Eingruppierung Nr. 5; NZA-RR **11**, 83; SAE **11**, 152
14. 4. 2010 7 AZR 121/09	AP Nr. 72 zu § 14 TzBfG	NZA **10**, 942; NJW **10**, 2684; EzA § 14 TzBfG Nr. 65
20. 4. 2010 1 ABR 78/08	AP Nr. 9 zu Art. 5 Abs. 1 GG Pressefreiheit	BAG **00**, 00; NZA **10**, 902; NJW **10**, 2906; EzA § 118 BetrVG 2001 Nr. 9; BB **10**, 2766
20. 4. 2010 1 ABR 85/08	AP Nr. 4 zu § 82 BetrVG 1972	BAG **00**, 00; DB **10**, 1646; EzA § 82 BetrVG 2001 Nr. 2; NZA **10**, 1307
20. 4. 2010 1 AZR 988/08	AP Nr. 208 zu § 112 BetrVG 1972	NZA **10**, 1018; EzA § 112 BetrVG 2001 Nr. 37
20. 4. 2010 3 AZR 509/08	AP Nr. 26 zu § 1 BetrAVG Hinterbliebenenversorgung	BAG **00**, 00; DB **10**, 2000; EzA § 1 BetrAVG Hinterbliebenenversorgung Nr. 14; NZA **11**, 1092
21. 4. 2010 4 AZR 768/08	AP Nr. 387 zu § 613a BGB	BAG **00**, 00; DB **10**, 1998; BB **10**, 2965; EzA § 613a BGB 2002 Nr. 118
22. 4. 2010 2 AZR 491/09	AP Nr. 145 zu § 2 KSchG 1969	BAG **00**, 00; DB **10**, 2285; NZA **10**, 1235; EzA § 2 KSchG Nr. 77
22. 4. 2010 2 AZR 991/08	AP Nr. 163 zu § 102 BetrVG 1972	NZA-RR **10**, 583; DB **10**, 2509; EzA § 102 BetrVG 2001 Nr. 26
22. 4. 2010 6 AZR 948/08	AP Nr. 38 zu § 17 KSchG 1969	BAG **00**, 00; DB **10**, 1763; NZA **10**, 1057; EzA § 17 KSchG Nr. 22
5. 5. 2010 7 ABR 70/08	AP Nr. 130 zu § 99 BetrVG 1972	EzA § 99 BetrVG 2001 Nr. 16
5. 5. 2010 7 ABR 97/08	AP Nr. 74 zu § 5 BetrVG 1972	NZA **10**, 955; NJW **10**, 2746; EzA § 5 BetrVG 2001 Nr. 5
5. 5. 2010 7 AZR 728/08	AP Nr. 147 zu § 37 BetrVG 1972	BAG **00**, 00; NZA **10**, 1025; EzA § 37 BetrVG 2001 Nr. 9
12. 5. 2010 2 AZR 551/08	AP Nr. 20 zu § 1 KSchG 1969 Namensliste	DB **10**, 2454; EzA § 1 KSchG Interessenausgleich Nr. 21; NZA **11**, 114
12. 5. 2010 2 AZR 587/08	AP Nr. 67 zu § 15 KSchG 1969	NZA-RR **11**, 15; EzA § 15 nF KSchG Nr. 67
18. 5. 2010 1 ABR 6/09	AP Nr. 51 zu § 77 BetrVG 1972 Betriebsvereinbarung	BAG **00**, 00; DB **10**, 2175; NZA **10**, 1433; EzA § 77 BetrVG 2001 Nr. 30
18. 5. 2010 1 ABR 96/08	AP Nr. 34 zu § 50 BetrVG 1972	EzA § 50 BetrVG 2001 Nr. 8; NZA **11**, 171
18. 5. 2010 1 AZR 187/09	AP Nr. 209 zu § 112 BetrVG 1972	DB **10**, 2059; NZA **10**, 1304; EzA § 112 BetrVG 2001 Nr. 38
18. 5. 2010 3 AZR 97/08	AP Nr. 52 zu § 5 BetrAVG	BAG **00**, 00; EzA § 5 BetrAVG Nr. 35; NZA **11**, 581
19. 5. 2010 4 AZR 903/08	AP Nr. 46 zu § 1 TVG Tarifverträge: Lufthansa	BB **10**, 2498; DB **10**, 2568; NZA-RR **11**, 56
19. 5. 2010 5 AZR 162/09	AP Nr. 10 zu § 106 GewO	BAG **00**, 00; DB **10**, 2056; NJW **10**, 3112; NZA **10**, 1119; EzA § 615 BGB 2002 Nr. 33
20. 5. 2010 6 AZR 148/09 (A)	AP Nr. 9 zu § 27 BAT	BAG **00**, 00; NZA **10**, 961; EzA Richtlinie 2000/78 EG-Vertrag 1999 Nr. 15
20. 5. 2010 6 AZR 319/09 (A)	AP Nr. 10 zu § 27 BAT	BAG **00**, 00; NZA **10**, 768; EzA Richtlinie 2000/78 EG-Vertrag 1999 Nr. 16

Datum	Fundstelle AP	Weitere Fundstellen
2. 6. 2010 7 ABR 24/09	AP Nr. 1 zu § 96 SGB IX	EzA § 96 SGB IX Nr. 1; ZTR **10**, 671
2. 6. 2010 7 AZR 85/09	AP Nr. 73 zu § 14 TzBfG	NZA **10**, 1293; DB **10**, 2809; EzA § 14 TzBfG Nr. 68
2. 6. 2010 7 AZR 136/09	AP Nr. 71 zu § 14 TzBfG	BAG **00**, 00; NZA **10**, 1172; NJW **10**, 3675; DB **10**, 2810; EzA § 14 TzBfG Nr. 67
9. 6. 2010 5 AZR 332/09		NJW **10**, 2455; DB **10**, 1830; NZA **10**, 877; EzA § 611 BGB 2002 Arbeitnehmerbegriff Nr. 18
10. 6. 2010 2 AZR 420/09	AP Nr. 98 zu § 1 KSchG 1969 Soziale Auswahl	DB **10**, 2566; NZA **10**, 1352; EzA § 1 KSchG Interessenausgleich Nr. 22
10. 6. 2010 2 AZR 541/09	AP Nr. 229 zu § 626 BGB	BAG **00**, 00; DB **10**, 2395; NZA **10**, 1227; BB **11**, 59; NJW **11**, 167; AiB **11**, 61; ArbuR **11**, 69; EzA § 626 BGB 2002 Nr. 32; SAE **11**, 139
22. 6. 2010 1 AZR 179/09	AP Nr. 142 zu Art 9 GG	BAG **00**, 00; DB **10**, 2674; NZA **10**, 1365; AiB **11**, 137; EzA Art. 9 GG Nr. 101; SAE **11**, 117; ArbuR **11**, 361
22. 6. 2010 1 AZR 853/08	AP Nr. 136 zu § 87 BetrVG 1972 Lohngestaltung	BAG **00**, 00; NZA **10**, 1243; DB **10**, 2807; EzA § 87 BetrVG 2001 Betriebliche Lohngestaltung Nr. 22
23. 6. 2010 7 ABR 1/09	AP Nr. 60 zu § 99 BetrVG 1972 Einstellung	BAG **00**, 00; DB **10**, 2173; NZA **10**, 1302; EzA § 99 BetrVG 2001 Einstellung Nr. 13
23. 6. 2010 7 ABR 3/09	AP Nr. 17 zu § 81 SGB IX	BAG **00**, 00; DB **10**, 2511; NZA **10**, 1361; BB **11**, 317; EzA § 99 BetrVG 2001 Einstellung Nr. 14
23. 6. 2010 7 ABR 103/08	AP Nr. 106 zu § 40 BetrVG 1972	BAG **00**, 00; NZA **10**, 1298; EzA § 40 BetrVG 2001 Nr. 20
23. 6. 2010 7 AZR 1021/08	AP Nr. 76 zu § 14 TzBfG	NZA **10**, 1248; ZTR **10**, 581; EzA § 620 BGB 2002 Altersgrenze Nr. 8
7. 7. 2010 4 AZR 549/08	AP Nr. 140 zu Art 9 GG	BAG **00**, 00; NZA **10**, 1068; EzA § 4 TVG Tarifkonkurrenz Nr. 25
14. 7. 2010 7 ABR 80/08	AP Nr. 107 zu § 40 BetrVG 1972	BAG **00**, 00; DB **10**, 2731; AiB **11**, 54; EzA § 40 BetrVG 2001 Nr. 21; SAE **11**, 103
22. 7. 2010 8 AZR 1012/08	AP Nr. 2 zu § 22 AGG	DB **11**, 177; NZA **11**, 93; EzA § 22 AGG Nr. 2
27. 7. 2010 1 ABR 74/09	AP Nr. 51 zu § 253 ZPO	DB **10**, 2624
27. 7. 2010 1 AZR 874/08	AP Nr. 212 zu § 242 BGB Gleichbehandlung	NZA **10**, 1369; EzA § 242 BGB 2002 Gleichbehandlung Nr. 23
12. 8. 2010 2 AZR 945/08	AP Nr. 147 zu § 2 KSchG 1969	DB **11**, 597; NZA **11**, 460; EzA § 2 KSchG Nr. 79
17. 8. 2010 9 AZR 839/08	AP Nr. 4 zu § 15 AGG	NJW **11**, 550; AiB **11**, 131; NZA **11**, 153; EzA § 81 SGB IX Nr. 21
19. 8. 2010 8 AZR 370/09	AP Nr. 19 zu § 81 SGB IX	NZA **11**, 200; EzA § 15 AGG Nr. 11
19. 8. 2010 8 AZR 466/09	AP Nr. 5 zu § 3 AGG	DB **11**, 359; NZA **11**, 203; EzA § 15 AGG Nr. 12
19. 8. 2010 8 AZR 530/09	AP Nr. 5 zu § 15 AGG	NZA **10**, 1412; AiB **11**, 274; EzA § 15 AGG Nr. 10

Datum	Fundstelle AP	Weitere Fundstellen
25. 8. 2010 4 ABR 104/08	AP Nr. 37 zu § 1 TVG Tarif- verträge: Deutsche Bahn	DB **11**, 660; NZA **11**, 712
8. 9. 2010 7 ABR 33/09	AP Nr. 54 zu § 78 a BetrVG 1972	NZA **11**, 221; EzA § 78 a BetrVG 2001 Nr. 6
8. 9. 2010 7 ABR 73/09	AP Nr. 131 zu § 99 BetrVG 1972	BAG **00**, 00; EzA § 99 BetrVG 2001 Nr. 17; AiB **11**, 478; NZA **11**, 934
8. 9. 2010 7 AZR 513/09	AP Nr. 148 zu § 37 BetrVG 1972	NZA **11**, 159; DB **11**, 537; EzA § 4 TVG Aus- schlussfristen Nr. 198
9. 9. 2010 2 AZR 714/08	AP Nr. 66 zu § 622 BGB	BAG **00**, 00; DB **11**, 655; NZA **11**, 343; NJW **11**, 1626; EzA § 622 BGB 2002 Nr. 8
9. 9. 2010 2 AZR 936/08	AP Nr. 149 zu § 2 KSchG 1969	ZTR **11**, 296; EzTöD 100 § 34 Abs 1 TVöD- AT Betriebsbedingte Änderungskündigung Nr. 9
14. 9. 2010 1 ABR 29/09	AP Nr. 83 zu § 118 BetrVG 1972	BAG **00**, 00; NZA **11**, 225; EzA § 118 BetrVG 2001 Nr. 10
14. 9. 2010 1 ABR 30/09	AP Nr. 61 zu § 76 BetrVG 1972	BAG **00**, 00; EzA § 76 BetrVG 2001 Nr. 1; NZA-RR **11**, 526
14. 9. 2010 1 ABR 32/09		NZA **11**, 364; EzA § 253 ZPO 2002 Nr. 4
23. 9. 2010 8 AZR 567/09	AP Nr. 389 zu § 613 a BGB	DB **11**, 246; NZA **11**, 197; EzA § 613 a BGB 2002 Nr. 120
5. 10. 2010 1 ABR 20/09	AP Nr. 53 zu § 77 BetrVG 1972 Betriebsvereinbarung	BAG **00**, 00; DB **11**, 1113; NZA **11**, 598; EzA § 87 BetrVG 2001 Betriebliche Lohngestaltung Nr. 23
5. 10. 2010 1 ABR 31/09		BAG **00**, 00; NZA **11**, 420; EzA § 76 BetrVG 2001 Nr. 2; AiB **11**, 466
5. 10. 2010 1 ABR 71/09	AP Nr. 12 zu § 85 ArbGG 1979	BAG **00**, 00; NZA **11**, 174; EzA § 85 ArbGG 1979 Nr. 4
5. 10. 2010 1 ABR 88/09	AP Nr. 7 zu § 2 TVG Tarif- fähigkeit	BAG **00**, 00; DB **11**, 481; NZA **11**, 300; NJW **11**, 1386; AiB **11**, 410; EzA § 2 TVG Nr. 30; BB **11**, 2877
6. 10. 2010 7 ABR 18/09	AP Nr. 132 zu § 99 BetrVG 1972	DB **11**, 658; NZA **11**, 360; AiB **11**, 404; EzA § 99 BetrVG 2001 Nr. 18
6. 10. 2010 7 ABR 80/09	AP Nr. 45 zu § 99 BetrVG 1972 Eingruppierung	EzA § 99 BetrVG 2001 Nr. 19
6. 10. 2010 7 AZR 397/09		BAG **00**, 00; EzA § 14 TzBfG Nr. 70; NZA **11**, 1155
17. 10. 2010 4 AZR 391/09	AP Nr. 391 zu § 613 a BGB	BAG **00**, 00; NZA **11**, 356; BB **11**, 1981; EzA § 3 TVG Bezugnahme auf Tarifvertrag Nr. 51
27. 10. 2010 7 ABR 36/09		NZA **11**, 527; BB **11**, 1277; EzA § 99 BetrVG 2001 Einstellung Nr. 16
27. 10. 2010 7 ABR 85/09		BAG **00**, 00; DB **11**, 769; NZA **11**, 524; EzA § 54 BetrVG 2001 Nr. 4
27. 10. 2010 7 ABR 86/09		BAG **00**, 00; DB **11**, 771; NZA **11**, 418; BB **11**, 1598; EzA § 99 BetrVG 2001 Einstellung Nr. 15
27. 10. 2010 7 AZR 485/09 (A)		BAG **00**, 00; NZA-RR **11**, 272; EzA § 14 TzBfG Nr. 71
28. 10. 2010 2 AZR 392/08	AP Nr. 48 zu § 23 KSchG 1969	BAG **00**, 00; DB **11**, 118; BB **11**, 1339; EzA § 23 KSchG Nr. 37; SAE **11**, 195
28. 10. 2010 8 AZR 546/09	AP Nr. 7 zu § 611 BGB Mobbing	EzA § 611 BGB 2002 Persönlichkeitsrecht Nr. 10; NZA-RR **11**, 378
9. 11. 2010 1 ABR 75/09		NZA-RR **11**, 354; EzA § 87 BetrVG 2001 Arbeitszeit Nr. 15

Datum	Fundstelle AP	Weitere Fundstellen
9. 11. 2010 1 AZR 147/09		NZA-RR **11**, 278; ArbuR **11**, 180
9. 11. 2010 1 AZR 708/09		BAG **00**, 00; DB **11**, 941; NZA **11**, 466; EzA § 111 BetrVG 2001 Nr. 6
16. 11. 2010 9 AZR 573/09		BAG **00**, 00; DB **11**, 822; NJW **11**, 1306; NZA **11**, 453; BB **11**, 1212; SAE **11**, 160; EzA § 241 BGB 2002 Nr. 2
17. 11. 2010 4 ABR 19/09	AP Nr. 46 zu § 99 BetrVG 1972 Eingruppierung	BB **11**, 308; DB **11**, 479; NZA **11**, 311
17. 11. 2010 4 AZR 391/09	AP Nr. 391 zu § 613 a BGB	BAG **00**, 00; NZA **11**, 356; BB **11**, 1981; EzA § 3 TVG Bezugnahme auf Tarifvertrag Nr. 51
17. 11. 2010 7 ABR 100/09		BAG **00**, 00; EzA § 76 BetrVG 2001 Nr. 3; NZA **11**, 940
17. 11. 2010 7 ABR 113/09		NZA **11**, 816; EzA § 37 BetrVG 2001 Nr. 10
17. 11. 2010 7 ABR 120/09		NZA-RR **11**, 415; EzA § 99 BetrVG 2001 Nr. 20
17. 11. 2010 7 ABR 123/09		BAG **00**, 00; DB **11**, 1000; NZA **11**, 531; EzA § 99 BetrVG 2001 Eingruppierung Nr. 7
17. 11. 2010 7 AZR 443/09 (A)	AP Nr. 74 zu § 14 TzBfG	BAG **00**, 00; NZA **11**, 34; EzA § 14 TzBfG Nr. 72; SAE **11**, 178
8. 12. 2010 7 ABR 69/09		NZA **11**, 362; EzA § 83 a ArbGG 1979 Nr. 9
8. 12. 2010 7 ABR 98/09		BAG **00**, 00; NZA **11**, 751; EzA § 1 TVG Betriebsnorm Nr. 5; SAE **11**, 263
8. 12. 2010 7 ABR 99/09		NZA-RR **11**, 315; EzA § 83 a ArbGG 1979 Nr. 10
8. 12. 2010 7 AZR 438/09	AP Nr. 77 zu § 14 TzBfG	BAG **00**, 00; NZA **11**, 586; EzA § 620 BGB 2002 Altersgrenze Nr. 10
14. 12. 2010 1 ABR 19/10	AP Nr. 6 zu § 2 TVG Tariffähigkeit	BAG **00**, 00; DB **11**, 593; NZA **11**, 289; BB **11**, 827; SAE **11**, 68; AiB **11**, 330; EzA § 2 TVG Nr. 31
14. 12. 2010 1 ABR 93/09		BAG **00**, 00; NZA **11**, 473; NJW **11**, 1624; EzA § 256 ZPO 2002 Nr. 10; SAE **11**, 206
14. 12. 2010 1 AZR 279/09		NZA-RR **11**, 182; EzA § 112 BetrVG 2001 Nr. 39
14. 12. 2010 3 AZR 799/08		EzA-SD **10**, Nr. 26, 9; ArbuR **11**, 41
16. 12. 2010 2 AZR 485/08	AP Nr. 232 zu § 626 BGB	NZA **11**, 571; EzA § 626 BGB 2002 Nr. 33
16. 12. 2010 2 AZR 576/09		EzA § 2 KSchG Nr. 81; DB **11**, 1587; NZA **11**, 1247

2011

Datum	Fundstelle AP	Weitere Fundstellen
11. 1. 2011 1 ABR 104/09		BAG **00**, 00; DB **11**, 1111; NZA **11**, 651; EzA § 87 BetrVG 2001 Gesundheitsschutz Nr. 5

Datum	Fundstelle AP	Weitere Fundstellen
11. 1. 2011 1 AZR 375/09		DB **11**, 1171; BB **11**, 1533
12. 1. 2011 7 ABR 15/09		NZA-RR **11**, 574; EzA § 99 BetrVG 2001 Umgruppierung Nr. 7
12. 1. 2011 7 ABR 25/09		EzA § 99 BetrVG 2001 Nr. 21; NZA **11**, 1304
12. 1. 2011 7 ABR 34/09		BAG **00**, 00; EzA § 99 BetrVG 2001 Eingrup- pierung Nr. 8; NZA **11**, 1297
12. 1. 2011 7 ABR 94/09		NZA **11**, 813; EzA § 37 BetrVG 2001 Nr. 11
12. 1. 2011 7 AZR 194/09	AP Nr. 78 zu § 14 TzBfG	NZA **11**, 507; EzA § 14 TzBfG Nr. 73
19. 1. 2011 3 AZR 29/09		BAG **00**, 00; NZA **11**, 860; EzA § 1 BetrAVG Gleichberechtigung Nr. 14; SAE **11**, 245
19. 1. 2011 10 AZR 738/09	AP Nr. 50 zu § 307 BGB	DB **11**, 1056; NZA **11**, 631; BB **11**, 1468; EzA § 106 GewO Nr. 7
27. 1. 2011 2 ABR 114/09		NZA-RR **11**, 348; EzA § 103 BetrVG 2001 Nr. 8
27. 1. 2011 2 AZR 825/09		BAG **00**, 00; NJW **11**, 2231; NZA **11**, 798; BB **11**, 2172; EzA § 626 BGB 2002 Verdacht strafbarer Handlung Nr. 10
27. 1. 2011 8 AZR 326/09		NZA **11**, 1162; EzA § 613 a BGB 2002 Nr. 123
27. 1. 2011 8 AZR 483/09	AP Nr. 6 zu § 3 AGG	NZA **11**, 689; EzA § 611 a BGB 2002 Nr. 7
27. 1. 2011 8 AZR 580/09		NJW **11**, 2070; NZA **11**, 737; EzA § 22 AGG Nr. 3
1. 2. 2011 1 ABR 79/09		BAG **00**, 00; DB **11**, 1282; NJW **11**, 1757; NZA **11**, 703; EzA § 93 BetrVG 2001 Nr. 1
1. 2. 2011 1 AZR 417/09		DB **11**, 1284; EzA-SD **11**, Nr. 11, 13; BB **11**, 1459; ArbuR **11**, 314; NZA **11**, 880
9. 2. 2011 7 ABR 11/10		BAG **00**, 00; NZA **11**, 866; BB **11**, 2043; DB **11**, 1980; EzA § 54 BetrVG 2001 Nr. 5; AiB **11**, 696
9. 2. 2011 7 AZR 32/10		DB **11**, 1528; NZA **11**, 791; EzA § 10 AÜG Nr. 14
15. 2. 2011 9 AZR 584/09		NZA-RR **11**, 467; EzA-SD 11, Nr. 4, 14; BB **11**, 564; ArbuR **11**, 133
15. 2. 2011 9 AZR 750/09		BAG **00**, 00; NZA **11**, 740; NJW **11**, 2535; DB **11**, 2043; EzA § 7 AGG Nr. 1; SAE **11**, 252
23. 2. 2011 5 AZR 84/10		NZA **11**, 693; EzA § 242 BGB 2002 Gleichbe- handlung Nr. 24
24. 2. 2011 2 AZR 830/09		DB **11**, 1399; NZA **11**, 708
9. 3. 2011 7 ABR 127/09		EzA-SD **11**, Nr. 14, 19; NZA **11**, 880; BB **11**, 2164; DB **11**, 2328
9. 3. 2011 7 ABR 137/09		BAG **00**, 00; NZA **11**, 871; EzA § 99 BetrVG 2001 Einstellung Nr. 17; BB **11**, 1844; DB **11**, 2099; ArbuR 2011, 368, 416

Datum	Fundstelle AP	Weitere Fundstellen
9. 3. 2011 7 AZR 657/09		EzA § 14 TzBfG Nr. 75; NZA **11**, 1147; DB **11**, 2494
9. 3. 2011 7 AZR 728/09		BAG **00**, 00; NZA **11**, 911; EzA § 14 TzBfG Nr. 76
15. 3. 2011 1 ABR 97/09		BAG **00**, 00; DB **11**, 1698; NZA **11**, 1112
15. 3. 2011 1 ABR 112/09		NZA-RR **11**, 462; EzA § 80 BetrVG 2001 Nr. 13; DB **11**, 1588
15. 3. 2011 1 AZR 808/09		EzA § 112 BetrVG 2011 Nr. 40; NZA **11**, 944; BB **11**, 2164
15. 3. 2011 10 AZB 49/10		BAG **00**, 00; NZA **11**, 653; EzA § 2 ArbGG 1979 Nr. 78; ArbuR **11**, 452
23. 3. 2011 4 AZR 268/09		EzA-SD **11**, Nr. 19, 15; BB **11**, 2420
23. 3. 2011 4 AZR 366/09		BAG **00**, 00; DB **11**, 1867; NZA **11**, 920; SAE **11**, 232; EzA Art. 9 GG Nr. 104
23. 3. 2011 5 AZR 7/10		BAG **00**, 00; DB **11**, 1526; NZA **11**, 850; EzA § 10 AÜG Nr. 15; AiB **11**, 700
23. 3. 2011 10 AZR 562/09		DB **11**, 1926; NZA **11**, 1036; BB **11**, 2683
6. 4. 2011 7 ABR 136/09		BAG **00**, 00; DB **11**, 2207
6. 4. 2011 7 AZR 524/09		DB **11**, 2038; NZA **11**, 970; NJW **11**, 3113
6. 4. 2011 7 AZR 704/09		BAG **00**, 00; DB **11**, 1756; EzA-SD **11**, Nr. 18, 5; NJW **11**, 2748
6. 4. 2011 7 AZR 716/09		BAG **00**, 00; EzA § 14 TzBfG Nr. 77; DB **11**, 1811; NZA **11**, 905; ArbuR **11**, 409
7. 4. 2011 8 AZR 679/09		NZA-RR **11**, 494
7. 4. 2011 8 AZR 730/09		NZA **11**, 1231; BB **11**, 1011; EzA-SD **11**, Nr. 8, 7; ArbuR **11**, 226; BB **11**, 2036; EzA- SD **11**, Nr. 17, 7
12. 4. 2011 1 AZR 412/09		BAG **00**, 00; NZA **11**, 989; BB **11**, 2811
12. 4. 2011 1 AZR 505/09		NZA **11**, 1302; EzA-SD **11**, Nr. 17, 13; DB **11**, 2207; BB **11**, 2752
12. 4. 2011 1 AZR 743/09		BAG **00**, 00; DB **11**, 1641; NZA **11**, 985
12. 4. 2011 1 AZR 764/09		DB **11**, 1758; NZA **11**, 988
13. 4. 2011 10 AZR 88/10		BAG **00**, 00; DB **11**, 1923; NZA **11**, 1047

Datum	Fundstelle AP	Weitere Fundstellen
14. 4. 2011 6 AZR 727/09		BAG **00**, 00; DB **11**, 1341; NZA **11**, 683; BB **11**, 2236; EzA § 174 BGB 2002 Nr. 6
4. 5. 2011 7 ABR 3/10		BAG **00**, 00; NZA **11**, 1373; EzA-SD **11**, Nr. 22, 12; BB **11**, 2804; ArbuR **11**, 458
4. 5. 2011 7 ABR 10/10		BAG **00**, 00; NZA **11**, 1239; BB **11**, 2420; EzA-SD **11**, Nr. 20, 12; ArbuR **11**, 458
4. 5. 2011 7 AZR 252/10		BAG **00**, 00; EzA-SD **11**, Nr. 20, 3; NZA **11**, 1178
17. 5. 2011 1 ABR 121/09		EzA-SD **11**, Nr. 17, 13; BB **11**, 2227; DB **11**, 2099
17. 5. 2011 1 AZR 473/09		BAG **00**, 00; NZA **11**, 1169; BB **11**, 1395; EzA-SD **11**, Nr. 11, 12; ArbuR **11**, 498; EzA-SD **11**, Nr. 20, 14; BB **11**, 2548
1. 6. 2011 7 ABR 18/10		EzA-SD **11**, Nr. 19, 13; BB **11**, 2419
1. 6. 2011 7 ABR 117/09		NZA **11**, 1435; EzA-SD **11**, Nr. 20, 13; BB **11**, 2548
7. 6. 2011 1 ABR 110/09		DB **11**, 2498; BB **11**, 2612; EzA-SD 11, Nr. 21, 12
7. 6. 2011 1 AZR 34/10		BAG **00**, 00; NZA **11**, 1370; EzA-SD **11**, Nr. 12, 13; BB **11**, 1587; ArbuR **11**, 316
7. 6. 2011 1 AZR 807/09		NZA **11**, 1234; EzA-SD **11**, Nr. 22, 13; BB **11**, 2740
9. 6. 2011 6 AZR 132/10		BAG **00**, 00; EzA-SD **11**, Nr. 16, 12; BB **11**, 1587, 1972; ArbuR **11**, 317, 366
9. 6. 2011 2 AZR 703/09		NZA-RR **11**, 516; EzA § 85 SGB IX Nr. 7; BB **11**, 2228; NJW-Spezial **11**, 564
9. 6. 2011 2 AZR 323/10		DB **11**, 2609; EzA-SD **11**, Nr. 23, 3; NZA **11**, 1342
22. 6. 2011 8 AZR 48/10		BAG **00**, 00; DB **11**, 2438; NZA **11**, 1226; EzA-SD **11**, Nr. 14, 5; ArbuR **11**, 317
29. 6. 2011 7 ABR 5/10		NZA-RR **11**, 647; BB **11**, 2484; NJW-Spezial **11**, 659; EzA-SD **11**, Nr. 21, 12
29. 6. 2011 7 ABR 24/10		EzA-SD **11**, Nr. 19, 13; BB **11**, 2420; NJW-Spezial **11**, 627; ArbuR **11**, 416
29. 6. 2011 7 ABR 135/09		BAG **00**, 00; EzA-SD **11**, Nr. 14, 18; ArbuR **11**, 317; BB **11**, 1780
29. 6. 2011 7 AZR 774/09		NZA **11**, 1151; BB **11**, 2484; EzA-SD **11**, Nr. 20, 5
29. 6. 2011 7 AZR 6/10		BAG **00**, 00; NJW **11**, 3675; NZA **11**, 1346; DB **11**, 2921
6. 7. 2011 4 AZR 596/09		BAG **00**, 00; NZA **11**, 1426
7. 7. 2011 2 AZR 377/10		BeckRS **2011**, 78748

Datum	Fundstelle AP	Weitere Fundstellen
7. 7. 2011 6 AZR 248/10		BAG **00**, 00; NZA **11**, 1108; NJW **11**, 3180
19. 7. 2011 3 AZR 434/09		BAG **00**, 00; EzA-SD **11**, Nr. 15, 6; BB **11**, 1843; ArbuR **11**, 372
27. 7. 2011 7 ABR 61/10		BAG **00**, 00
16. 8. 2011 1 ABR 22/10		BAG **00**, 00
16. 8. 2011 1 ABR 30/10		BAG **00**, 00; BeckRS **11**, 79052
18. 8. 2011 8 AZR 312/10		BAG **00**, 00; DB **11**, 2850
24. 8. 2011 7 ABR 8/10		
6. 10. 2011 6 AZN 815/11		BAG **00**, 00; NZA **11**, 1431
13. 10. 2011 8 AZR 608/10		
18. 10. 2011 1 ABR 25/10		
18. 10. 2011 1 AZR 335/10		PM Nr. 79/11
13. 12. 2011 1 ABR 2/10		
15. 12. 2011 2 AZR 42/10		PM Nr. 96/11
15. 12. 2011 7 ABR 65/10		PM Nr. 95/11

EuGH

EuGHE = Entscheidungen des Europäischen Gerichtshofs

1984

| 10. 4. 1984
C-14/83
von Colsom
u. Kamann | AP Nr. 1 zu § 611a BGB | EuGHE **1984**, 1891; DB **84**, 1042, 1297 (Bertelsmann), 1574 (Bleckmann); NJW **84**, 2021; SAE **84**, 237 (Scholz); RdA **84**, 252; EzA § 611a BGB Nr. 1; NZA **84**, 145 (Birk), 157 |

1986

| 13. 5. 1986
170/84
Bilka | AP Nr. 10 zu Art. 119
EWG-Vertrag | EuGHE **1986**, 1607; BB **86**, 1509; DB **86**, 1525; NJW **86**, 3020; SAE **87**, 165 (Mayer-Maly); NZA **86**, 599 |
| 28. 11. 1986
181/84
Pronuptia | – | EuGHE **1986**, 353; BB **87**, 74 (Kevekordes); **96**, 1899 (Skaupy); DB **86**, 637; NJW **86**, 1415 |

1988

| 10. 2. 1988
C-324/86
Tellerup | – | EuGHE **1988**, 739 |

Fundstellennachweis

Datum	Fundstelle AP	Weitere Fundstellen

1989

| 13. 7. 1989
C-171/88
Rinner-Kühn | AP Nr. 16 zu Art. 119
EWG-Vertrag | EuGHE **1989**, 2743; BB **89**, 2114; DB **89**, 1922 (Wißmann); NJW **89**, 3087; SAE **92**, 372 (Loritz); EzA § 1 LohnFG Nr. 107; NZA **90**, 437; AiB **89**, 365 (Nielebock) |
| 17. 10. 1989
109/88
Danfoss | AP Nr. 19 zu Art. 119
EWG-Vertrag | EuGHE **1989**, 3199; ArbuR **91**, 122 (Bertelsmann); NZA **90**, 772 |

1990

17. 5. 1990 C-262/88 Barber	AP Nr. 20 zu Art. 119 EWG-Vertrag	EuGHE I **1990**, 1889; BB **91**, 2074 (Bezler); DB **90**, 1824; **91**, 1276 (Hanau); NJW **91**, 2204; SAE **92**, 257 (Hanau); EzA Art. 119 EWG-Vertrag Nr. 4; NZA **90**, 775; **91**, 449 (Blomeyer)
27. 6. 1990 C-33/89 Kowalska	AP Nr. 21 zu Art. 119 EWG-Vertrag	EuGHE I **1990**, 2591; DB **91**, 100; EzA Art. 119 EWG-Vertrag Nr. 3 (Berger-Delhey); NZA **90**, 771; AiB **91**, 105
8. 11. 1990 C-177/88 Dekker	AP Nr. 23 zu Art. 119 EWG-Vertrag	EuGHE I **1990**, 3941; BB **91**, 692 (Mauer), 1124 (Zeller); DB **91**, 286, 650 (Wißmann); **93**, 431 (Ehrich); NJW **91**, 628; EzA § 611a BGB Nr. 7; NZA **91**, 171; **94**, 967 (Sowka); AiB **91**, 207 (Meißner)

1992

26. 2. 1992 C-357/89 Raulin	–	NJW **92**, 1493; EuZW **92**, 315
4. 6. 1992 C-360/90 Bötel	AP Nr. 39 zu Art. 119 EWG-Vertrag	EuGHE I **1992**, 3589; DB **92**, 1481 (Schiefer); NJW **94**, 2527 (Junker); ArbuR 382 (Dieball); EzA § 37 BetrVG 1972 Nr. 108; NZA **92**, 687; **93**, 56 (Mauer); AiB **92**, 528 (Kuster)
16. 12. 1992 C-132/91 Katsikas u. a.	AP Nr. 97 zu § 613a BGB	EuGHE I **1992**, 6577; BB **93**, 860; DB **93**, 230; SAE **93**, 214 (Neuendahl); EzA § 613a BGB Nr. 105; NZA **93**, 169, 635 (Ehrich); **94**, 494 (Ende)

1993

| 14. 12. 1993
C-110/91
Moroni | AP Nr. 16 zu § 1 BetrAVG
Gleichbehandlung | EuGHE I **1993**, 6591; DB **94**, 228; NJW **94**, 645; EzA Art. 119 EWG-Vertrag Nr. 16; NZA **94**, 165 |

1994

| 14. 4. 1994
C-392/92
Schmidt | AP Nr. 106 zu § 613a BGB | EuGHE I **1994**, 1311; BB **94**, 1433 (Bauer), 1500, 1506 (Kohte); DB **94**, 1370, 1417 (Buchner), 1982 (Bauer), 2621 (Zwanziger), 2625 (Buchner); **95**, 924 (Willemsen), 1331 (Zwanziger); **97**, 1333 (Trittin); NJW **94**, 2443, 2527 (Junker); ArbuR **96**, 168 (Heilmann); SAE **96**, 85 (Worzalla); EzA § 613a BGB Nr. 114 (Blomeyer); NZA **94**, 542 (Röder), 545; **95**, 205 (Voss); AiB **94**, 506 (Trittin), 568 (Mayer) |
| 5. 5. 1994
C-421/92
Habermann, Beltermann | AP Nr. 3 zu Art. 2
EWG-Richtlinie Nr. 76/207 | EuGHE I **1994**, 1657; DB **94**, 1089; NJW **94**, 2077; **95**, 761 (Schulte Westenberg); ArbuR **94**, 379; EzA § 8 MuSchG Nr. 3; NZA **94**, 609 |

Datum	Fundstelle AP	Weitere Fundstellen
15. 12. 1994 C-399/92 Helmig u. a.	AP Nr. 7 zu § 611 BGB Teilzeit	EuGHE I **1994**, 5727; BB **95**, 153, 1238 (Hanau); DB **95**, 49, 826 (Stückmann); EzA Art. 119 EWG-Vertrag Nr. 24; NZA **95**, 218; AiB **95**, 200 (Gussone)

1995

31. 5. 1995 C-400/93 Royal Copenhagen	AP Nr. 68 zu Art. 119 EWG-Vertrag	EuGHE I **1995**, 1275; BB **95**, 1484; DB **95**, 1615; SAE **96**, 265 (Fuchs); EzA Art. 119 EWG-Vertrag Nr. 28
17. 10. 1995 C-450/93 Kalanke	AP Nr. 6 zu EWG-Richtlinie 76/207	EuGHE I **1995**, 3051; BB **95**, 2481; **96**, 265 (Colneric); NJW **95**, 3109; **96**, 1724 (Schmidt); ArbuR **95**, 373; **96**, 128 (Schick); SAE **97**, 11 (Blomeyer); EzA Art. 3 GG Nr. 47; NZA **95**, 1095; **96**, 1308 (Hasselbach); AiB **96**, 184 (Goergens)

1996

6. 2. 1996 C-457/93 Lewark	AP Nr. 72 zu Art. 119 EWG-Vertrag AP Nr. 114 zu § 3 BetrVG 1972	EuGHE I **1996**, 243; BB **96**, 426 (Stichler), 429; DB **96**, 82; ArbuR **96**, 115; EzA § 37 BetrVG 1972 Nr. 129; NZA **96**, 319 (Deinert); AiB **96**, 375 (Nielebock)
30. 4. 1996 C-13/94 P/S u. Cornwall County Council	–	NZA **96**, 695; NJW **96**, 2421; EzA Art. 119 EWG-Vertrag Nr. 39; NVwZ **96**, 398; EuZW **96**, 398

1997

11. 11. 1997 C-409/95 Marschall	AP Nr. 14 EWG-Richtlinie Nr. 76/207	EuGHE I **1997**, 6363; BB **97**, 2590; DB **97**, 2383; NJW **97**, 3429; ArbuR **98**, 14 (Pape); EzA Art. 3 GG Nr. 69; NZA **97**, 1337; AiB **98**, 124 (Goergens)
11. 12. 1997 C-246/96 Magorrian u. Cunningham	AP Nr. 8 zu Art. 119 EG-Vertrag	NZA **98**, 361; EuZW **98**, 276; ArbuR **98**, 125 L

1998

17. 2. 1998 C-249/96 Grant	AP Nr. 9 zu Art. 119 EG-Vertrag	BB **98**, 899; NJW **98**, 969, 3332 (Cirkel); NZA **98**, 301; NVwZ **98**, 491 L; EuZW **98**, 212 (Szczekalla); EzA Art. 119 EWG-Vertrag Nr. 51

1999

9. 9. 1999 C-281/97 Krüger	AP Nr. 11 zu Art. 119 EG-Vertrag	BB **99**, 2085; NJW **00**, 647; NZA **99**, 1151, **00**, 405 (Lelley); EuZW **99**, 664; ArbuR **99**, 401
21. 10. 1999 C-333/97 Lewen	AP Nr. 14 zu Art. 119 EG-Vertrag	EuGHE I **1999**, 7243; DB **00**, 223; NZA **99**, 1325; ArbuR **00**, 66 (Feldhoff); EzA Art. 119 EWG-Vertrag Nr. 57

2000

3. 2. 2000 C-207/98 Mahlburg	AP Nr. 18 zu § 611 a BGB	EuGHE I **2000**, 549; EzA § 611 a BGB Nr. 15 (Gamillscheg); DB **01**, 380; NZA **00**, 255; **01**, 526 (Stürmer)
28. 3. 2000 C-158/97 Georg Badeck u. a.		EuGHE I **2000**, 1875; NJW **00**, 1549; NZA **00**, 473

Datum	Fundstelle AP	Weitere Fundstellen
6. 7. 2000 C-407/98 Abrahamsson	AP Nr. 22 zu EWG-Richtlinie Nr. 76/207	EzA Richtlinie 76/207 EG-Vertrag 1999 Nr. 2; NZA **00**, 935; NJW **00**, 2653

2001

25. 1. 2001 C-172/99 Liikenne	AP Nr. 31 zu EWG-Richtlinie Nr. 77/187	EuGHE I **2001**, 745; NZA **01**, 249
29. 3. 2001 C-62/99 bofrost	AP Nr. 2 zu EWG-Richtlinie 94/45	EzA Richtlinie 94/45 EG-Vertrag 1999 Nr. 2; BB **01**, 2219; NZA **01**, 506; NJW **01**, 1847 L
4. 10. 2001 C-109/00 Tele Danmark	AP Nr 27 zu EWG-Richtlinie Nr 76/207	EuGHE I **2001**, 6993; NJW **02**, 123; BB **01**, 2478; DB **01**, 2451; NZA **01**, 1241; EzA § 611a BGB Nr. 16; SAE **03**, 134

2002

19. 3. 2002 C-476/99 Lommers	AP Nr. 29 zu EWG- Richtlinie Nr. 76/207	EuGHE I **2002**, 2891; NJW **02**, 1859; NZA **02**, 501; DB **02**, 1450; EzA Richtlinie 76/207 EG- Vertrag 1999 Nr. 4

2003

20. 3. 2003 C-187/00 Kutz-Bauer	AP Nr. 32 zu EWG-Richtlinie Nr 76/207	EuGHE I **2003**, 2741; NZA **03**, 506; EzA Richtlinie 76/207 EG-Vertrag 1999 Nr. 5; ArbuR **03**, 267

2004

13. 1. 2004 C-440/00 Kühne & Nagel	AP Nr. 3 zu EWG-Richtlinie Nr. 94/45	EuGHE I **2004**, 787; NZA **04**, 160; BB **04**, 441; DB **04**, 605; ArbuR **04**, 117; EzA Richtlinie 94/45 EG-Vertrag 1999 Nr. 3; RdA **04**, 307; SAE **04**, 328
15. 7. 2004 C-349/01 ADS Anker	AP Nr. 5 zu § 5 EBRG	NZA **04**, 1167; ArbuR **05**, 38; NJW **05**, 1178
5. 10. 2004 C-397/01 Pfeiffer u. a.	AP Nr. 12 zu EWG- Richtlinie Nr. 93/104	DB **04**, 2270; BB **04**, 2353; NZA **04**, 1145; NJW **04**, 3547; EzA Richtlinie 93/104 EG- Vertrag 1999 Nr. 1; SAE **05**, 23; RdA **05**, 115
9. 12. 2004 C-19/02 Hlozek	AP Nr. 20 zu EWG- Richtlinie Nr. 75/117	EuGHE I **2004**, 11491; BB **05**, 273; DB **05**, 167 L

2005

22. 11. 2005 C-144/04 Mangold	AP Nr. 1 zu Richtlinie 2000/78/EG	DB **05**, 2638; NJW **05**, 3695; BB **05**, 2748; NZA **05**, 1345; EzA § 14 TzBfG Nr. 21; SAE **06**, 53; ArbuR **06**, 167
15. 12. 2005 C-232, 233/04 Güney- Görres	AP Nr. 1 zu Richtlinie 2001/23/EG	EuGHE I **2005**, 11237; NZA **06**, 29; BB **06**, 272; DB **06**, 395; AiB **06**, 183; NJW **06**, 889; EzA § 613a BGB 2002 Nr. 41

2006

11. 7. 2006 C-13/05 Chacon Navas	AP Nr. 3 zu EWG- Richtlinie Nr. 2000/78/EG	DB **06**, 1617; NZA **06**, 839; EzA Richtlinie 2000/78 EG-Vertrag 1999 Nr. 1; SAE **07**, 225

Datum	Fundstelle AP	Weitere Fundstellen

2007

Datum	Fundstelle AP	Weitere Fundstellen
13. 9. 2007 C-307/05 Del Cerro Alonso	AP Nr. 5 zu Richtlinie 99/70/EG	NZA **07**, 1223; EzA Richtlinie 99/70 EG-Vertrag 1999 Nr. 2
16. 10. 2007 C-411/05 Felix Palacios de la Villa	AP Nr. 8 zu Richtlinie 2000/78/EG	DB **07**, 2427; NJW **07**, 3339; NZA **07**, 1219; BB **07**, 2629; EzA Richtlinie 2000/78 EG-Vertrag 1999 Nr. 3
6. 12. 2007 C-300/06 Voß	AP Nr. 17 zu Art 141 EG	NZA **08**, 31; DB **08**, 187; NJW **08**, 499; ArbuR **08**, 107; EzA Art. 141 EG-Vertrag 1999 Nr. 21
11. 12. 2007 C-438/05 International Transport Worker's Federation und Finnish Seamen's Union	AP Nr. 3 zu Art. 43 EG	NZA **08**, 124; ArbuR **08**, 55; DB **08**, 298; EzA Art. 9 GG Arbeitskampf Nr. 141; SAE **08**, 218
18. 12. 2007 C-341/05 Laval un Partneri	AP Nr. 15 zu Art. 49 EG	ArbuR **08**, 59; DB **08**, 71; NZA **08**, 159; EzA Art. 9 GG Arbeitskampf Nr. 142; SAE 08, 227

2008

Datum	Fundstelle AP	Weitere Fundstellen
1. 4. 2008 C-267/06 Maruko	AP Nr. 9 zu Richtlinie 2000/78/EG	NZA **08**, 459; DB **08**, 996; NJW **08**, 1649; EzA Richtlinie 2000/78 EG-Vertrag 1999 Nr. 4
10. 7. 2008 C-54/07 Feryn	AP Nr. 1 zu Richtlinie 2000/43/EG	NZA **08**, 929; NJW **08**, 2767; EzA Richtlinie 2000/43 EG-Vertrag 1999 Nr. 1
17. 7. 2008 C-303/06 Coleman	AP Nr. 10 zu Richtlinie 2000/78/EG	NZA **08**, 932; NJW **08**, 2763; EzA Richtlinie 2000/78 EG-Vertrag 1999 Nr. 6
17. 7. 2008 C-94/07 Raccanelli	AP Nr. 17 zu Art 39 EG	NZA **08**, 995; EzA Art. 39 EG-Vertrag 1999 Nr. 3
23. 9. 2008 C-427/06 Bartsch	AP Nr. 11 zu Richtlinie 2000/78/EG	NZA **08**, 1119; BB **08**, 2353; NJW **08**, 3417; EzA Richtlinie 2000/78 EG-Vertrag 1999 Nr. 7

2009

Datum	Fundstelle AP	Weitere Fundstellen
12. 2. 2009 C-466/07 Klarenberg	AP Nr. 4 zu Richtlinie 2001/23/EG	DB **09**, 517; NZA **09**, 251; AiB **09**, 309; BB **09**, 1133; EzA Richtlinie 2001/23 EG-Vertrag 1999 Nr. 2; NJW **09**, 2029
5. 3. 2009 C-388/07 Age Concern England	AP Nr. 12 zu Richtlinie 2000/78/EG	NZA **09**, 305; EzA Richtlinie 2000/78 EG-Vertrag 1999 Nr. 9; SAE **10**, 129
18. 6. 2009 C-88/08 Hütter	AP Nr. 13 zu Richtlinie 2000/78/EG	BB **09**, 1811; NZA **09**, 891; EzA Richtlinie 2000/78 EG-Vertrag 1999 Nr. 11
16. 7. 2009 C-12/08 Mono Car Styling	AP Nr. 5 zu Richtlinie 98/59/EG	EzA Richtlinie 98/59 EG-Vertrag 1999 Nr. 2

Fundstellennachweis

Datum	Fundstelle AP	Weitere Fundstellen
10. 9. 2009 C-44/08 Akavan Erityisalojen Keskusliitto		NZA **09**, 1083; EzA-SD **09**, Nr. 21, 3; ArbR **09**, 134
22. 10. 2009 C-116/08 Meerts	AP Nr. 2 zu Richtlinie 96/34/EG	NZA **10**, 29; EzA Richtlinie 96/34 EG-Vertrag 1999 Nr. 2; NJW **10**, 1582

2010

Datum	Fundstelle AP	Weitere Fundstellen
19. 1. 2010 C-555/07 Kücükdeveci	AP Nr. 14 zu Richtlinie 2000/78/EG	DB **10**, 228; NZA **10**, 85; NJW **10**, 427; BB **10**, 507; AiB **10**, 265; EzA Richtlinie 2000/78 EG-Vertrag 1999 Nr. 14; SAE **10**, 84; ArbuR **10**, 264
29. 7. 2010 C-151/09 UGT-FSP	AP Nr. 5 zu Richtlinie 2001/23/EG	NZA **10**, 1014; EzA Richtlinie 2001/23 EG-Vertrag 1999 Nr. 4; DB **11**, 58; BB **10**, 2827
12. 10. 2010 C-45/09 Rosenbladt	AP Nr. 18 zu Richtlinie 2000/78/EG	DB **10**, 2339; NZA **10**, 1167; NJW **10**, 3767; NJW **10**, 3736; EzA § 620 BGB 2002 Altersgrenze Nr. 9; AiB **11**, 270
12. 10. 2010 C-499/08 Ole Andersen	AP Nr. 17 zu Richtlinie 2000/78/EG	BB **10**, 2894; NZA **10**, 1341; EzA Richtlinie 2000/78 EG-Vertrag 1999 Nr. 17
21. 10. 2010 C-242/09 Albron Catering	AP Nr. 7 zu Richtlinie 2001/23/EG	NZA **10**, 1225; DB **11**, 303; NJW **11**, 439; EzA Richtlinie 2001/23 EG-Vertrag 1999 Nr. 5
11. 11. 2010 C-232/09 Danosa		NZA **11**, 143; EzA Richtlinie 92/85 EG-Vertrag 1999 Nr. 5; NJW **11**, 2343; DB **11**, 2270
18. 11. 2010 C-250/09 Georgiev		NJW **11**, 42; NZA **11**, 29; EzA Richtlinie 2000/78 EG-Vertrag 1999 Nr. 18

2011

Datum	Fundstelle AP	Weitere Fundstellen
3. 3. 2011 C-235/10 Claes		NZA **11**, 337; EzA-SD **11**, Nr. 14, 3
10. 3. 2011 C-109/09 Deutsche Lufthansa		NZA **11**, 397; EzA § 14 TzBfG Nr. 69; NJW **11**, 1426; ArbuR **11**, 225
10. 5. 2011 C-147/08 Römer		DB **11**, 1169; NZA **11**, 557; NJW **11**, 2187; EzA Richtlinie 2000/78 EG-Vertrag 1999 Nr. 19
8. 9. 2011 C-297/10 C-298/10 Hennigs		NZA **11**, 1100; EzA-SD **11**, Nr. 19, 9
13. 9. 2011 C-447/09 Prigge		NZA **11**, 1039; DB **11**, 2205; NJW **11**, 3209

EGMR

2011

Datum	Fundstelle AP	Weitere Fundstellen
21. 7. 2011 28274/08		ArbuR **11**, 355; EzA-SD **11**, Nr. 16, 3

Fundstellennachweis

Datum	Fundstelle AP	Weitere Fundstellen

BVerfG
BVerfGE = Entscheidungen des Bundesverfassungsgerichts

1979

| 27. 3. 1979 | AP Nr. 31 zu Art. 9 GG | BVerfG **51**, 77; NJW **79**, 1875 |

1981

| 17. 2. 1981 | AP Nr. 9 zu Art. 140 GG | NJW **81**, 1829; BB **81**, 1150; SAE **81**, 257; EzA Art. 9 GG Nr. 32 |

1983

| 15. 12. 1983 1 BvR 209/83 u. a. | – | BVerfGE **65**, 1; NJW **84**, 419; DB **84**, 36 |

1991

| 26. 6. 1991 | AP Nr. 117 zu Art. 9 GG Arbeitskampf | NJW **91**, 2549; NZA **91**, 809; BB **91**, 1565; BB **92**, 426 (Slupik); SAE **91**, 329 (Konzen); ArbuR **92**, 29; EzA Art. 9 GG Arbeitskampf Nr. 97 (Rieble) |

1995

| 14. 11. 1995 | AP Nr. 80 zu Art. 9 GG | NZA **96**, 381; NJW **96**, 1201; NJW **97**, 375 (Schulte); BB **96**, 590; DB **96**, 1627; SAE **96**, 317; EzA Art. 9 GG Nr. 60 (Thüsing) |

1996

| 15. 10. 1996 1 BvL 44/92 1 BvL 48/92 | | BVerfG **95**, 64; NJW **97**, 722 |

1997

| 8. 7. 1997 1 BvR 195/95 | AP Nr. 39 zu Art. 2 GG | BVerfG **96**, 171; EzA Art. 20 Einigungsvertrag Nr. 55; NZA **97**, 992; NJW **97**, 2307; ArbuR **97**, 405 L |
| 3. 12. 1997 2 BvR 882/97 | | BVerfG **97**, 67; DB **98**, 653; NJW **98**, 1547 |

1998

| 27. 1. 1998 | AP Nr. 18 zu § 23 KSchG 1969 | BVerfG **97**, 186; EzA § 23 KSchG Nr. 18; BB **98**, 1060, **99**, 1160 (Rossa); DB **98**, 829; NJW **98**, 1478; NZA **98**, 469, 731 (Kittner); JZ **98**, 851 (Otto) |

1999

| 24. 2. 1999 | AP Nr. 18 zu § 20 BetrVG 1972 | EzA Art. 9 GG Nr. 64; DB **99**, 2422; NJW **99**, 2657; NZA **99**, 713; ArbuR **99**, 236, 387 (Sachse) |
| 2. 3. 1999 1 BvL 2/99 | AP Nr. 2 zu § 3 MitBestEG | BVerfGE **99**, 367; EzA § 3 MitBestErgG Nr. 1; DB **99**, 1404; BB **99**, 598; NZA **99**, 435; RdA **99**, 389 (Raiser); ArbuR **99**, 140; NJW **99**, 1535 |

Datum	Fundstelle AP	Weitere Fundstellen
30. 3. 1999 1 BvR 1814/94	–	EzA § 41 SGB VI Nr. 8
15. 12. 1999	–	NZA **00**, 264; NJW **00**, 2339
15. 12. 1999 1 BvR 729/92	AP Nr. 68 zu § 118 BetrVG 1972	NZA **00**, 84; NJW **00**, 1711

2000

Datum	Fundstelle AP	Weitere Fundstellen
18. 2. 2000 1 BvR 491/93	AP Nr. 9 zu Art. 5 GG Rundfunkfreiheit	EzA Art. 5 GG Nr. 25; NZA **00**, 653
22. 8. 2000 1 BvR 2121/94	–	NZA **00**, 1097

2002

Datum	Fundstelle AP	Weitere Fundstellen
9. 12. 2002 1 BvR 1611/96 u. a.	AP Nr. 34 zu § 611 BGB Persönlichkeitsrecht	BVerfG **106**, 28; NJW **02**, 3619; EzA § 611 BGB Persönlichkeitsrecht Nr. 15

2004

Datum	Fundstelle AP	Weitere Fundstellen
5. 2. 2004 2 BvR 2029/01		BVerfG **109**, 133; NJW **04**, 739
3. 3. 2004 1 BvR 2378/98 u. a.	–	BVerfG **109**, 279; NJW **04**, 999
13. 7. 2004 1 BvR 1298/94 u. a.		BVerfG **111**, 191 „Notarkassensatzung"; NJW **05**, 45
10. 9. 2004 1 BvR 1191/03	AP Nr. 167 zu Art. 9 GG Arbeitskampf	NZA **04**, 1338; EzA Art. 9 GG Arbeitskampf Nr. 136; ArbuR **05**, 77 L
12. 10. 2004 1 BvR 2130/98	AP Nr. 2 zu § 12 MitbestG	BVerfG **111**, 289; DB **04**, 2480; NZA **04**, 1395; EzA § 12 MitbestG Nr 2

2006

Datum	Fundstelle AP	Weitere Fundstellen
11. 7. 2006 1 BvL 4/00	AP Nr. 129 zu Art. 9 GG	BVerfG **116**, 202; NJW **07**, 51; NZA **07**, 42; ArbuR **07**, 95
21. 9. 2006 1 BvR 308/03	AP Nr. 24 zu § 611a BGB	NJW **07**, 137; NZA **07**, 195; EzA § 611a BGB 2002 Nr. 4

2007

Datum	Fundstelle AP	Weitere Fundstellen
6. 2. 2007 1 BvR 978/05		NZA **07**, 394; ArbuR **07**, 146 L; NJW **07**, 1672 L

2010

Datum	Fundstelle AP	Weitere Fundstellen
25. 2. 2010 1 BvR 230/09		NZA **10**, 439; NJW **10**, 1268; EzA § 17 KSchG Nr. 21

Datum	Fundstelle AP	Weitere Fundstellen
1. 12. 2010 1 BvR 1682/07		NZA **11**, 354; EzA § 4 TVG Ausschlussfristen Nr. 197; ArbuR **11**, 268; DB **11**, 1526; NJW **11**, 2713
16. 12. 2010 2 BvL 16/09		NVwZ-RR **11**, 387

2011

25. 1. 2011 1 BvR 1741/09		NZA **11**, 400; EzA Art. 12 GG Nr. 48; NJW **11**, 1427; BB **11**, 2108

BGH

BGHSt = Entscheidungen des Bundesgerichtshofs in Strafsachen

2009

13. 9. 2009 1 StR 220/09		BGHSt **55**, 288; NJW **11**, 88; EzA § 20 BetrVG 2001 Nr. 3

Stichwortverzeichnis

Fett gedruckte Zahlen verweisen auf die §§ des Betriebsverfassungsgesetzes 1972 idF vom 25. 9. 2001; **WO** = Wahlordnung 2001 (Anhang 1); **EBRG** = Europäische Betriebsräte-Gesetz (Anhang 3); magere Zahlen verweisen auf die Randnummern

A

Abbau von Überstunden
- kein Mitbestimmungsrecht des Betriebsrats bei – **87**, 149

Abberufung
- Ausbilder **98**, 17, 26
- Betriebsarzt **87**, 319
- Betriebsratsvorsitzender **26**, 20
- Fachkraft für Arbeitssicherheit **87**, 319
- freigestellte Betriebsratsmitglieder **38**, 71 ff.
- keine – eines Einigungsstellenbeisitzers **76**, 46
- keine – von Mitgliedern des Wahlvorstands **16**, 26, 85
- Mitglied der Gesamt-Jugend- und Auszubildendenvertretung **72**, 22 ff.
- Mitglied der Konzern-Jugend- und Auszubildendenvertretung **73 a**, 23
- Mitglied des Betriebsausschusses oder eines anderen Ausschusses **27**, 45 ff.; **28**, 31
- Mitglied des Gesamtbetriebsrats **49**, 16
- Mitglied des Konzernbetriebsrats **55**, 10; **57**, 12
- Mitglied des Wirtschaftsausschusses **107**, 15

Abfindungsklage 113, 38 f.

Abfindung
- gesetzlicher Abfindungsanspruch **102**, 2 a
- Nachteilsausgleich s. dort
- Sozialplan s. dort

Abfindungsanspruch
- gesetzlicher **102**, 2 a

Abgeltungsanspruch
- bei Betriebsratstätigkeit außerhalb der Arbeitszeit **37**, 106 ff.
- bei Teilnahme an Schulungs- und Bildungsveranstaltungen **37**, 187 ff.
- Wahlvorstandsmitglieder **20**, 48

Abhängigkeit
- persönliche – **5**, 56 ff. s. a. *Persönliche Abhängigkeit*
- wirtschaftliche – **5**, 59, 93

Abhören von Telefongesprächen 40, 129; **75**, 145

Ablauf der Amtszeit s. *Amtszeit*

Ablehnung
- des Vorsitzenden der Einigungsstelle wegen Befangenheit **76**, 43 ff.
- keine – eines Einigungsstellenbeisitzers wegen Befangenheit **76**, 46

ABM-Beschäftigte
- Arbeitnehmer **5**, 148 ff., 338
- untertarifliche Entlohnung von – **99**, 194
- Wahlberechtigung **7**, 7

Abmahnung
- Beschwerde **85**, 6
- Betriebsratsmitglied bei Irrtum über Anspruch auf Arbeitsbefreiung **37**, 34 f., 41
- Betriebsratsmitglied bei Verletzung der Abmeldepflicht **37**, 56
- Entfernungsanspruch **83**, 15
- Häufigkeit der – als Gesichtspunkt einer Auswahlrichtlinie **95**, 24
- kein Mitbestimmungsrecht des Betriebsrats bei – **87**, 82
- Unzulässigkeit einer betriebsverfassungsrechtlichen – **23**, 17 a

Abmelden vor Verlassen des Arbeitsplatzes
- Pflicht des Arbeitnehmers vor Aufsuchen der Sprechstunde des Betriebsrats **39**, 28
- Pflicht des Betriebsratsmitglieds **37**, 50 ff.

Abschaffung
- Mitbestimmungsrecht des Betriebsrats bei der – technischer Kontrolleinrichtungen **87**, 251

Abschlussnormen
- Inhalt einer Betriebsvereinbarung **77**, 45; **95**, 7

Abschrift
- Gehaltslisten **80**, 76
- Unterlagen des Jahresabschlusses **108**, 36

Abspaltung
- Begriff **1**, 162
- Fall der Betriebsänderung **111**, 86
- Fortgeltung einer Betriebsvereinbarung **77**, 166
- Übergangsmandat des Betriebsrats **21 a**, 8 f.

Abstammung
- Begriff **75**, 65

Abstimmung s. a. *Wahl und Betriebsratsbeschluss*
- der Arbeitnehmer über die Zuordnung selbständiger Betriebsteile **4**, 31 ff.
- in der Einigungsstelle – **76**, 79 ff.

Abteilungsversammlung
- Anzahl **43**, 5 ff.
- außerordentliche – **43**, 38 ff., 46 ff.
- Durchführung **42**, 71 ff.
- Einberufung **42**, 28 ff.

2187

Stichwortverzeichnis

Stichwortverzeichnis

fette Zahlen = §§

Stichwortverzeichnis

fette Zahlen = §§

magere Zahlen = Randnummern

magere Zahlen = Randnummern